Golfo de Vizcaya
Adour
Tolosa
Montpellier
FRANCIA
San Sebastián(Donostia)
Bilbao(Bilbo)
País Vasco (Euskadi)
Pirineos
Las iglesias románicas del valle de Boí
ANDORRA
Perpiñán
Vitoria (Gasteiz)
Pamplona
Navarra
Andorra la Vella
Logroño
La Rioja
Aragón
Cabo de Creus
Golfo de Rosas
Huesca
Ebro
Segre
Gerona(Girona)
Cardoner
Costa Brava
Soria
Montserrat
Zaragoza
Lérida(Lleida)
Cataluña (Catalunya)
Monasterio de Poblet
Barcelona
Jalón
Aragón
Parque y Palacio Güell y Casa Milá en Barcelona
Sitges
Palau de la música catalana y hospital de Sant Pau, Barcelona
Sistema Ibérico
Jiloca
Tarragona
Dorada
Ebro
El Escorial, Madrid
Guadalajara
Arquitectura mudéjar de Aragón
Universidad y recinto histórico de Alcalá de Henares
Teruel
Costa del Azahar
Cuenca
Castellón de la Pla
Mijares
de Toledo
Ciudad histórica fortificada de Cuenca
La Lonja de la Seda de Valencia
Mar Baleares
Palma de Mallorca
Bahía de Palma
Turia
Valencia
Baleares(Balears)
Campo de Criptana
Cabriel
Júcar
Ibiza(Eivissa)
Valencia
Golfo de Valencia
Albacete
Ibiza, biodiversidad y cultura
Islas Baleares
Cabo de la Nao
Formentera
El palmeral de Elche
Alicante(Alacant)
Segura
Costa Blanca
Béticos
Murcia
Murcia
Arte rupestre del Arco Mediterráneo de la Península Ibérica
Mar Mediterráneo
Cabo de Palos
Argel
Almería
Cabo de Gata
Blida
Golfo de Almería
Oued Chélif
Ech Chélif
Mostaganem
ARGELIA
Orán
Melilla
Aïn Temouchent

クラウン
西和辞典

CROWN
DICCIONARIO ESPAÑOL-JAPONÉS

原 誠
Enrique Contreras／寺崎英樹
秋山紀一／阿部三男／高垣敏博…[編]

三省堂

© Sanseido Co., Ltd. 2005
Printed in Japan

編　者	原　　　誠	Enrique　Contreras	寺崎　英樹
	秋山　紀一	阿部　三男	高垣　敏博

執筆者	秋山　紀一	阿部　三男	上野　勝広	落合　佐枝
	川上　茂信	木村　琢也	小池　和良	佐藤　邦彦
	佐藤麻里乃	高垣　敏博	寺崎　英樹	中井　博康
	原　　　誠	山村ひろみ		

編集協力	青砥　清一	青山　典裕	今村　啓子	岩崎　昌子
	押領司智子	河合正一郎	佐々木憲子	佐藤　佐知
	鈴木恵美子	丸山　共恵	村岡　直子	山本　昭代
	吉田　泰子	三省堂辞書編集システム		

システム設計	上西俊雄
地図	ジェイ・マップ
装丁	三省堂デザイン室

はじめに

　辞書の編集には往々にして長い年月がかかるものであるが，この辞書もその例外ではなく，構想段階から数えると優に20年を経過している．当時，国内では，現在のように各社から何冊もすぐれた西和辞典が出ているという状況にはなく，スペイン国内で学習者向け，外国人向けの新しいスペイン語辞典(たとえば，Real Academia Española編，Planeta 刊，María Moliner編)がようやく揃いはじめた時期であった．

　版元の要請を受けて，項目の記述に際してはスペイン語学および言語学双方からのアプローチを意図するよう執筆者にもお願いしたが，そのために執筆のスピードが鈍ったことは否めない．大筋としては，言葉の使い方が具体的に理解できるフルセンテンスの用例をできるかぎり充実し，類義語や反意語にも目配りした新しい西和辞典を作るというのが編集委員会の意図したことであった．用例に関しては，エンリーケ・コントレーラスが徹底したチェックを行なった．また実験的な試みではあったが，約7,600の重要語を編集委員が品詞別に分担して執筆した．これは，語の機能ごとに統一された記述内容を追求したためであるが，他の側面での統一という面では不十分な点を残したかもしれない．

　そのほか，クラウンシリーズの特長を踏襲し，重要語は記述の分量を厚くして丁寧に解説し，動詞の活用形や接頭辞，形容詞女性形から派生した名詞形の一部を独立見出しとするなど学習者が検索しやすいようにした．また，地名等の固有名詞も見出し語として掲載した．語義ごとに類義語や反意語を示したので，中上級者がスペイン語の簡単なシソーラス(類語辞典)として利用することも可能である．

　最近の西西辞典の充実には目を見張るものがあり，Universidad de Salamanca編やManuel Seco編などそれぞれ特色のある辞典が出ている．中南米のスペイン語やヒスパニックなどを扱った辞書も出始めており，世界のスペイン語が激しく変化している状況にあって，上記の編集方針がどこまで有効なものとなっているかは読者の判断に委ねるほかないが，世界中に多くの話者人口を抱えるスペイン語の広大かつ多様な一側面を本書がいくらかでも提示できれば幸いである．

　編集委員の力が及ばず不十分な点が多々残っているかもしれないが，読者からもご教示をいただき，長く使われ続ける辞典として成長して行ければ望外の喜びである．

　多忙な公務のかたわら，長年にわたり真摯に執筆を続けてこられた執筆協力者諸兄姉に満腔の謝意を表する．また，編集・製作に関わった三省堂外国語辞書編集部および三省堂印刷の担当諸氏に厚くお礼を申し上げる．

2005年1月

　　　　　　　　　　　　　　　　　　　　　編集委員代表　原　　誠

凡　例

1. 見出し語

1-1. 45,000 余の見出し語をアルファベット順に配列し，見出し語に 2 つ以上の品詞がある場合は，―― で区分した．この棒見出しの数は 9,300 余である．

1-2. 同じつづりの語は，原則として語源を異にする場合に右肩に番号を付して別見出しとした．ただし，同語源であっても品詞が異なる場合に，右肩に番号を付した場合がある．

    :canto¹ [kánto] 男 ❶ 歌，歌曲．♦canto は歌の
    :canto² [kánto] 男 ❶ (板状のものの)へり，縁(ふち)．

1-3. 外来語，地名，人名，接頭辞，不規則動詞の活用形と形容詞から派生した女性名詞の一部なども見出し語とした．

1-4. 見出し語は性によって変化する場合は，その変化する部分をイタリック体で示した．

    papandu*jo, ja* [papandúxo, xa] 形 《話》熟しすぎた，熟れすぎて柔らかくなった．

1-5. 最重要語は 2 行取り色付きの大字を用いて目立つようにした．語数は 1,400 余である．

    ∗∗cabello [kaβéjo カベヨ] 男 ❶【集合的に】髪の毛，頭髪；(1 本の)毛．――

1-6. 上記以外の重要語にはアステリスクを 1 つまたは 2 つ付け，色で示した．語数は 6,200 余である．

    ∗abatir [aβatír] 他 ❶ を倒す，破壊する．――El terremoto *abatió* muchas casas. 地震で多くの家が壊れた．❷ ...
    ∗gabán [gaβán] 男【複 gabanes】❶【服飾】オーバーコート，外套(がいとう)．――〜 de pieles 毛皮のコート．

2. 発音

2-1. 発音は [ ] の中に音声記号によって示した．また最重要語にはカタカナによって発音の目安をも示した．

2-2. 詳細については「文字と発音」参照．

3. 動詞の活用

3-1. 不規則動詞の場合，巻末の動詞活用表の番号を示して検索の便をはかった．

    :cabalgar [kaβalɣár] **[1.2]** [<caballo] 自 ❶

3-2. -iar, -uar 型の動詞で，直接法現在と接続法現在において -i-, -u- にアクセント符号がまったく付かないものは，規則活用をすると見なした．

4. 派生関係と借用語

4-1. 見出し語の派生関係を〔 〕内に示した．

    :opues*to, ta* [opuésto, ta] 過分 〔<oponer〕形 ❶ 反対の，相反する，対立する．――...

4-2. 同様にして借用語の元の言語名を示した．英語からの借用語のうち，綴りが元の英語と異なる語には英語の綴りを示した．

    tour [túr] 〔<仏〕男【複 tours】❶ ツアー，周遊旅行．❷ ...
    kart [kár(t)] 〔<英 cart〕男【複 karts】ゴーカート．

凡　例　　　　　　　　　　V

4-3. 次の言語名には略称を用いた．
　　　英: 英語, 独:ドイツ語, 仏: フランス語, 伊: イタリア語,
　　　露: ロシア語, 日: 日本語, 中: 中国語

5. 品　詞
5-1. 見出し語の品詞・性数などを次のように略語で示した．

名: 名詞	代(関係): 関係代名詞	副(疑問): 疑問副詞
男: 男性名詞	動: 動詞	副(関係): 関係副詞
女: 女性名詞	自: 自動詞	前: 前置詞
男女: 通性名詞	他: 他動詞	接: 接続詞
固名: 固有名詞	再: 再帰動詞	間: 間投詞
固名(男): 男性固有名詞	形: 形容詞	接頭: 接頭辞
固名(女): 女性固有名詞	形(不定): 不定形容詞	冠(定): 定冠詞
代: 代名詞	形(所有): 所有形容詞	冠(不定): 不定冠詞
代(指示): 指示代名詞	形(数): 数形容詞	過分: 過去分詞
代(不定): 不定代名詞	形(指示): 指示形容詞	副(疑問): 疑問副詞
代(所有): 所有代名詞	形(疑問): 疑問形容詞	現分: 現在分詞
代(人称): 人称代名詞	形(関係): 関係形容詞	単: 単数
代(疑問): 疑問代名詞	副: 副詞	複: 複数

5-2. 名 は語尾によって男性または女性を使い分ける名詞であることを示し，男女 は同じ綴りが男性名詞としても女性名詞として用いられることを示す．

6. 専門分野と位相
6-1. 語義の専門分野を《　》内に示した．

　　bacinete[baθinéte] 男 ❶《歴史》兜(かぶと)．❷ かぶとを身に着けた兵士．❸《解剖》骨盤．類 **pelvis**．

6-2. 《　》内に位相を示した．そのうち次のものには略語を用いた．
《文》: 文章体　《俗》: 俗語　《古》: 古語　《雅》: 雅語　《卑》: 卑語　《話》: 談話体, 口語
《隠》: 隠語　《詩》: 詩語　《戯》: 戯語　《幼》: 幼児語　《方》: 方言(スペイン国内)

7. 語義と注記
7-1. 語義の配列に当たっては, 頻度を重視した．
7-2. 語義の区分は, ❶, ❷, ❸…によって示した．これを更に区分する時は, (*a*), (*b*), (*c*)…を用いた．また, ❶, ❷, ❸…の上位区分として, I, II, III を用いることがある．❶, ❷, ❸…を参照先として示すときは, ①, ②, ③…を用いた．
7-3. (　)内に語義の補足説明を入れた．
7-4. 〔　〕内に使用地域を示した．

　　balacera[balaθéra] 女 〔中南米〕銃による撃ち合い．類 **tiroteo**．
　　bagualón[baɣwalón] 男 〔アルゼンチン〕調教中の馬．

7-5. 〔　〕内にはまた, 見出し語と共起する前置詞, 動詞などおよび, 文法的な注意事項を示した．

　　＊**más**[más マス] 副 〖mucho の比較級〗❶ 〔形容詞・副詞(句)の前で〗〔＋que〕…

8. 用　例
8-1. 用例は語義ごとに示し, 用語と語義は ― で区分した．
8-2. 用例中の見出し語に当たる部分は, 見出し語と同形の時は 〜 で示した．語末に s, es が付くだけの男性複数は見出し語の部分を 〜 で示し, 〜*s*, 〜*es* のようにした．語頭が大文字の場合は *A*〜, *N*〜s のように示した．また, 女性形が用例に現れる時は全書してイタリック体で示した．

8-3. 用例中, スモールキャピタルで現われる SU, LE は人称によって変化することを表わす.

9. 類義語・反意語

9-1. 類義語と反意語は語義ごとに, 類, 反として示した.

> ****bajar** [baxár バハル] 〔＜bajo〕自 **❶** (気温・値段・水位などが)下がる. ─ Estos días *baja* notablemente la temperatura por la noche. この 2・3 日夜になると温度がいちじるしく下がる. 類**descender, disminuir.** 反**subir.**

9-2. 類語 として類義語間のニュアンスや用い方の差を示した場合がある.

> … 類語**bajo** はよく抽象的な意味で用いられる(「…の下(と)で」). **debajo de** は具体的な場所を示す(「…の下(た)で」). El niño se metió debajo de la cama. その子はベッドの下にもぐった.

10. 成　句

10-1. 13,600 余の成句は品詞別の記述の最後に, 改行してボールドイタリック体で示した.
10-2. 成句は原則として, 成句を構成する語のうち中心的と思われる語を見出しとする項目に挙げた.
10-3. 成句中では見出し語も全書し, その用例もイタリック体で全書した.
10-4. 成句の語義は (1), (2) で区分した.
10-5. 成句中に現われる SU, LE は人称によって変化することを示す.

11. 記述中の記号

( ): 語義の補足説明に用いたほか, 欧文中および和文中で省略可能を示す.
[ ]: 欧文中および和文中で前の語(句)との交替を示す. 欧文と和文の両方に用いられた場合は, 欧文と和文の対応を示すことが多い.
〚 〛: 見出し語および成句などと共起する前置詞・動詞などを示すほか, 語義の使用地域, 文法的な注意事項などを示す.
(( )): 語義の専門分野を示す.
《 》: 語義の位相を示す.
♦ : 語義および用例の百科的・文化的説明を示す.
/ : 用例や成句を 2 つ以上併記する場合, 〚 〛内に見出し語と共起する前置詞や動詞を 2 つ以上併記する場合などにその区切りとして用いた.

文字と発音

1. アルファベット (el Alfabeto)

スペイン語のアルファベットは以下の27文字である.

文字	名称	文字	名称
A a	[á] アー	N n	[éne] エネ
B b	[bé] ベー	Ñ ñ	[éɲe] エニェ
C c	[θé] セー	O o	[ó] オー
D d	[dé] デー	P p	[pé] ペー
E e	[é] エー	Q q	[kú] クー
F f	[éfe] エフェ	R r	[ére/ére] エレ
G g	[xé] ヘー	S s	[ése] エセ
H h	[átʃe] アチェ	T t	[té] テー
I i	[í] イー	U u	[ú] ウー
J j	[xóta] ホタ	V v	[úβe] ウベ
K k	[ká] カー	W w	[úβeðóβle] ウベドブレ
L l	[éle] エレ	X x	[ékis] エキス
M m	[éme] エメ	Y y	[iɣɾiéɣa] イグリエガ
N n	[éne] エネ	Z z	[θéta] セタ

1994年まではこの27文字に以下の3文字を加えた計30文字とされていて, ch と ll は辞書などの配列でもそれぞれ1つの文字として扱われていた. また, rr は語頭に来ることがないので大文字がない.

Ch ch [tʃé] チェー　　Ll ll [éje] エイェ　　rr [éreðóβle/ére] エレドブレ/エレ

2. 母音 (vocales)
2.1. 単母音 (monoptongos)

a　[a] 口を大きく開けて「ア」と発音する.

e　[e] 口を中程度に開き, 唇をやや左右に引いて「エ」と発音する.

i　[i] 唇を強く左右に引いて「イ」と発音する.

o　[o] 唇を丸くして「オ」と発音する.

u　[u] 唇を丸くして突き出し, 「ウ」と発音する. 日本語の「ウ」よりも暗い音色を持ち, やや「オ」に近く聞こえることもある.

2.2. 二重母音 (diptongos)

5つの母音のうち a, e, o を開母音, i, u を閉母音と呼び, 以下の1)~3)のような2母音の連続を二重母音と呼ぶ. 二重母音は音節の分け方 (4. 参照) に関しては1つの母音として扱われ, 発音の際には2つの母音の間を区切らずに続けて発音する. 以下, 音節の境界をハイフン (-) で示す.

1) 開母音+閉母音

　ai-re「空気」, **pei**-ne「くし」, **boi**-na「ベレー帽」, **cau**-sa「原因」, **deu**-da「借金」, **bou**「引き網漁」, **hay**「ある」, **rey**「王」, **voy**「私は行く」.

　開母音のほうを強く発音する. 語末の ai, ei, oi はそれぞれ ay, ey, oy と綴る規則である.

2) 閉母音+開母音

　o-**diar**「憎む」, **tiem**-po「時間」, **Dios**「神」, **cua**-tro「4」, **sue**-lo「地面」, **cuo**-ta「割り当て」.

　開母音のほうを強く発音する.

3) 閉母音+閉母音

　triun-fo「勝利」, **fui**「私は行った」, **rui**-do「騒音」, **muy**「とても」.

　原則として, 後のほうの母音を強く発音する. ただし, 語末で uy と綴られた場合は u のほうを強く発音する.

2.3. 母音分立 (hiatos)

以下の1)～3)のような2母音の連続の場合には，二重母音を形成しない．これを母音分立と呼び，その2母音の間で音節が区切られる．

1) 開母音＋開母音

pa-e-lla「パエリャ」, ve-a「見なさい」, ve-o「私は見る」, po-e-ta「詩人」, to-a-lla「タオル」, ca-os「混乱」.

2) 開母音＋アクセントのついた閉母音

pa-ís「国」, ba-úl「トランク」, se-ís-mo「地震」, re-ú-ma「リューマチ」, o-í-do「耳」.

3) アクセントのついた閉母音＋開母音

tí-a「おば」, rí-e「彼は笑う」, mí-o「私の」, pú-a「とげ」, con-ti-nú-e「続けなさい」, dú-o「二重唱」.

2.4. 三重母音 (triptongos)

3母音が閉母音＋開母音＋閉母音のように連続したとき，これを三重母音と呼ぶ．三重母音は，音節の分け方 (4. 参照) に関しては1つの母音として扱われ，発音の際には3つの母音の間を区切らずに続けて発音する．

es-tu-di-áis「君たちは勉強する」, cam-bi-éis「君たちは変える〔接続法現在形〕」, U-ru-guay「ウルグアイ」, buey「去勢した雄牛」.

この辞典の発音記号では，二重母音・三重母音の中で弱く発音される [i], [u] をそれぞれ [i̯], [u̯] で示す．

3. 子音 (consonantes)
3.1. 個々の子音

b ba バ　be ベ　bi ビ　bo ボ　bu ブ

[b] 休止の直後，m の直後の b は日本語の「バ行」の子音を上下の唇を閉じてはっきりと発音する．boca [bóka **ボカ**]「口」, tumba [túmba **トゥンバ**]「墓」.

[β] それ以外の位置の b は上下の唇の間にかすかなすき間を作り，そこから息がもれる感じでやわらかく「バ行」の子音を発音する．cabo [káβo **カボ**]「岬」, cabra [káβra **カブラ**]「ヤギ」.

c ca カ　co コ　cu ク / ce セ　ci シ
　　cha チャ　che チェ　chi チ　cho チョ　chu チュ

[k] e, i, h の直前以外の位置では「カ行」の子音と同じ．campo [kámpo **カンポ**]「野原」, acto [ákto **アクト**]「行為」.

[θ] e, i の直前では，舌先を上の前歯の先に当ててそのすき間から息をもらす音．cena [θéna **セナ**]「夕食」, cine [θíne **シネ**]「映画館」. (ただしスペイン南部と中南米のほぼ全域では，s と同じく日本語の「サ，セ，ス，ソ」の子音 [s]).

[tʃ] ch というつづりは日本語の「チャ行」のような発音で読む．chaqueta [tʃakéta **チャケタ**]「上着」, hecho [étʃo **エチョ**]「事実」.

d da ダ　de デ　di ディ　do ド　du ドゥ

[d] 休止の直後，l, n の直後の d は，舌先を上の前歯の裏に当ててはっきりと「ダ，デ，ド」の子音を発音する．dolor [dolór **ドロル**]「痛み」, falda [fálda **ファルダ**]「スカート」, onda [ónda **オンダ**]「波」.

[ð] それ以外の位置の d は，舌先と上の前歯の裏の間にかすかなすき間を作り，そこから息がもれる感じでやわらかく「ダ，デ，ド」の子音を発音する．todo [tóðo **トド**]「すべて」, verde [bérðe **ベルデ**]「緑色の」.

[(ð)] 語末の d は，上記の [ð] をきわめて弱く発音する．ほとんど聞こえない場合もある．usted [usté(ð) **ウステ**]「あなた」, Madrid [maðrí(ð) **マドリ**]「マドリード」.

f fa ファ　fe フェ　fi フィ　fo フォ　fu フ

[f] 上の前歯を下の唇に当てて，そのすき間から息をもらして発音する．fama [fáma **ファマ**]「名声」, tifón [tifón **ティフォン**]「台風」.

g ga ガ　go ゴ　gu グ / ge ヘ　gi ヒ
　　gue ゲ　gui ギ / güe グエ　güi グイ

[g] e, i の前以外で，かつ休止の直後または n の直後では，後舌面 (舌の後ろのほう) を軟口蓋 (上あごの奥のほう) につけて「ガ行」の子音を発音する．goma [góma **ゴマ**]「ゴム」, manga [máŋga **マンガ**]「袖」.

[ɣ] e, i の前以外で，かつ休止の直後でも n の直後でもない位置では，後舌面と軟口蓋の間にかすかなすき間を作り，その間から息をもらすようにしてやわらかく「ガ行」の子音を発音する．agua [áɣua **アグワ**]「水」, algo [álɣo **アルゴ**]「何か」.

gue, gui というつづりでは，u の文字を発音せずそれぞれ「ゲ」，「ギ」と読む．u の文字を発音させるには，u

の上に点々(diéresis または crema と呼ぶ)を打ち, güe, güi と書く. guitarra [gitáɾa ギタラ]「ギター」, pagué [paɣé パゲ]「私は支払った」, vergüenza [berɣṷénθa ベルグエンサ]「恥」, lingüística [lingṷístika リングイスティカ]「言語学」.

[x] e, i の前では, 後舌面と軟口蓋の間にかすかなすき間を作り, その間に息を強く通して「ハ, ヘ, ホ」の子音を発音する. gente [xénte ヘンテ]「人々」, gigante [xiɣánte ヒガンテ]「巨人」.

h ha ア　he エ　hi イ　ho オ　hu ウ
この文字は無音であり, 読むときは無視して発音する (ch の場合を除く). hi+母音字は hi を y のように, hu+母音字では hu を [w]「(ワ行」の子音)で読む. hospital [ospitál オスピタル]「病院」, alcohol [alkoól アルコオル]「アルコール」, hierba [jérβa イエルバ]「草」, huerta [wérta ウエルタ]「農園」.

j ja ハ　je ヘ　ji ヒ　jo ホ　ju フ
[x] ge, gi というつづりのときの g と同じく, 後舌面と軟口蓋の間にかすかなすき間を作り, その間に息を強く通して「ハ, ヘ, ホ」の子音を発音する. joven [xóβen ホベン]「若い」, hoja [óxa オハ]「葉」.

k
[k]「カ行」の子音. この文字は本来のスペイン語には用いず, 外来語にのみ用いられる. kimono [kimóno キモノ]「着物」, Tokio [tókjo トキオ]「東京」.

l la ラ　le レ　li リ　lo ロ　lu ル
　　lla ヤ(ジャ・リャ)　lle イェ(ジェ・リェ)　lli リ(リ)　llo ヨ(ジョ・リョ)　llu ユ(ジュ・リュ)
[l] 舌先を上の前歯の内側の歯茎につけたまま, 舌の両わきに息を通らせ, 声を出して発音する. lago [láɣo ラゴ]「湖」, clavel [klaβél クラベル]「カーネーション」.
[j] ll と同じくつづりのときは y と同じく舌先を舌の裏につけた状態で「ヤ」の子音を発音する.「ヤ行」のように聞こえる場合も, 摩擦の音が生じて「ジャ行」のように聞こえる場合もあるが, どちらでもよい (スペインの一部では, ll というつづりのとき, 舌先を下の前歯の裏につけ, 前舌面(舌の中央よりも前の部分)を硬口蓋(上あごの前のほう)につけて, 舌の両わきに息を通らせ,「リャ」行に近い発音をする: [ʎ]). lluvia [júβja ユビア]「雨」, calle [káje カイェ]「街路」.

m ma マ　me メ　mi ミ　mo モ　mu ム
[m]「マ行」の子音. 語末では普通 n と同じく発音になる. mano [máno マノ]「手」, humo [úmo ウモ]「煙」, álbum [álβun アルブン]「アルバム」.

n na ナ　ne ネ　ni ニ　no ノ　nu ヌ
[n] 舌先を上の前歯の内側の歯茎につけて発音する「ナ行」の子音. 他の子音の直前ではその子音に合わせて両唇音 [m], 唇歯音 [m], 硬口蓋音 [ɲ], 軟口蓋音 [ŋ] などと発音が変化するが, すべて日本語の「ン」のつもりで発音すればよい. nave [náβe ナベ]「船」, enviar [embiár エンビアル]「送る」, informe [imfórme インフォルメ]「報告」, ancho [áɲtʃo アンチョ]「幅広い」, manga [máŋga マンガ]「袖」.

ñ ña ニャ　ñe ニェ　ñi ニ　ño ニョ　ñu ニュ
[ɲ] 舌先を下の前歯の裏につけ, 前舌面を硬口蓋につけて「ニャ行」を発音する. uña [úɲa ウニャ]「爪」, niño [níɲo ニニョ]「男の子」.

p pa パ　pe ペ　pi ピ　po ポ　pu プ
[p]「パ行」の子音. punto [púnto プント]「点」, mapa [mápa マパ]「地図」.

q que ケ　qui キ
[k] 常に que または qui というつづりでのみ用いられ, qu で [k] の子音を表わす. queso [késo ケソ]「チーズ」, aquí [akí アキ]「ここ」.

r ra ラ　re レ　ri リ　ro ロ　ru ル
　　rra ラ　rre レ　rri リ　rro ロ　rru ル
[ɾ] 下記以外の場合, 上の前歯の内側の歯茎を舌先で1回はじいた「ラ行」の子音. cara [káɾa カラ]「顔」, árbol [árβol アルボル]「木」.
[r̃] r が語頭または l, n, s の直後にある場合, または rr というつづりの場合には, 上の前歯の内側の歯茎で舌先を2〜3回震わせて発音する. rosa [r̃ósa ロサ]「バラ」, perro [pér̃o ペロ]「犬」, alrededor [alr̃eðeðór アルレデドル]「周囲に」, honrado [onr̃áðo オンラド]「正直な」, Israel [isr̃aél イスラエル]「イスラエル」.

s sa サ　se セ　si シ　so ソ　su ス

[s]「サ行」の子音（スペインでは前舌面を凹面状にして舌先をやや立てて発音し、ときに「シャ行」に近く聞こえることもある）. saco [sáko サコ]「袋」, asno [ásno アスノ]「ロバ」, martes [mártes マルテス]「火曜日」.

t   ta タ   te テ   ti ティ   to ト   tu トゥ
[t] 舌先を上の前歯の裏にあてて「タ, テ, ト」の子音を発音する. tapa [tápa タパ]「ふた」, tinta [tínta ティンタ]「インク」.

v   va バ   ve ベ   vi ビ   vo ボ   vu ブ
[b] b と同じく, 休止の直後, n（発音上は [m]）の直後では上下の唇を閉じてはっきりと「バ行」の子音を発音する. vino [bíno ビノ]「ワイン」, invierno [imbjérno インビエルノ]「冬」.
[β] それ以外の位置では上下の唇の間にかすかなすきまを作り, そこから息がもれる感じでやわらかく「バ行」の子音を発音する. uva [úβa ウバ]「ブドウ」, pavo [páβo パボ]「シチメンチョウ」.

w
[b][β] この文字は本来のスペイン語には用いず, 外来語にのみ用いられる. b, v と同じ発音になることが多い. wáter [báter バテル]「トイレ」, Kuwait [kuβái(t) クバイ(ト)]「クウェート」.
[w] 単語によっては「ワ行」の子音で読まれるものもある. Wáshington [wáʃinton ワシントン]「ワシントン」.

x   xa クサ   xe クセ   xi クシ   xo クソ   xu クス
[ks] 母音字の前では「クス」と発音する.「グズ」と濁ることは決してない. examen [eksámen エクサメン]「試験」.
[(k)s] 子音字の前では「ス」と発音することが多いが, ていねいな発音では子音字の前でも「クス」となる. explicar [e(k)splikár エスプリカル]「説明する」.

y   ya ヤ(ジャ)   ye イェ(ジェ)   yi ジ   yo ヨ(ジョ)   yu ユ(ジュ)
[j] 舌先を下の前歯の裏につけた状態で「ヤ行」の子音を発音する.「ヤ行」のように聞こえる場合も, 摩擦の音が生じて「ジャ行」のように聞こえる場合もあるが, どちらでもよい（「リャ行」に近い [ʎ] 音で読むことはない）. yo [jó ヨ]「私」, mayo [májo マヨ]「五月」.
[i] 語末の y は「イ」と発音し, 直前の母音と組み合わさって二重母音（または三重母音）を形成する. rey [r̄éi レイ]「王」, Paraguay [paraɣuái パラグワイ]「パラグアイ」.

z   za サ   zo ソ   zu ス
[θ] ce, ci というつづりのときの c の読み方と同じで, 舌先を上の前歯の先に当ててそのすきま間から息をもらす音. zapatos [θapátos サパトス]「靴」, zona [θóna ソナ]「地域」. 原則として ze, zi というつづりは用いず, その発音を表わすためにはそれぞれ ce, ci と書く. (スペイン南部と中南米のほぼ全域では, s と同じく日本語の「サ, ス, セ, ソ」の子音 [s]).

3.2. 二重子音 (consonantes agrupadas)

pl, pr, bl, br, fl, fr, tr, dr, cl, cr, gl, gr の12種の2子音連続を二重子音と呼ぶ. 二重子音は音節の分け方（4.参照）に関しては1つの子音として扱われ, 発音の際には2つの子音の間を区切らずに続けて発音する. 以下, 音節の境界をハイフン (-) で示す.

pla-to「皿」, **pre**-gun-ta「質問」, a-**blan**-dar「軟らかくする」, o-**bre**-ro「労働者」, **flor**「花」, **frí**-o「寒さ」, cua-**tro**「4」, cua-**dro**「絵」, re-**cla**-mar「要求する」, es-**cri**-bir「書く」, **glo**-ria「栄光」, lo-**grar**「得る」.

4. 音節の分け方 (silabeo)

単語は, 以下の1)～4)の規則に従って音節に分けられる. その際, 二重母音・三重母音はそれぞれ1つの母音, 二重子音, ch, ll, rr はそれぞれ1つの子音と数えることに注意.

1) 母母 → 母-母

母音が2つ並んでいる（母音分立をなしている）場合, その2つの母音の間で音節が分かれる. le-o「私は読む」, tí-o「おじ」, pa-ís「国」.

2) 母子母 → 母-子母

母音間に子音が1つ挟まっている場合, その子音の直前で音節が分かれる. mu-se-o「博物館」, te-a-tro「劇場」, te-lé-fo-no「電話」, co-che「車」, ca-lle「街路」, a-gra-da-ble「快適な」.

3) 母子子母 → 母子-子母

母音間に子音が2つ並んで挟まっている場合, 2つの子音の間で音節が分かれる. car-ta「手紙」, es-tre-lla

「星」, ac-ción「行動」.

4) 母子子子母 → 母子子-子母
　母音間に子音が3つ並んで挟まっている場合，第2と第3の子音の間で音節が分かれる．ins-tin-to「本能」, cons-truc-ción「建設」.

なお，印刷物の場合，音節の途中で行を変えてはならない．また，1つの母音で1音節をなしているときは，その音節だけを切り離さない方がよい．

5. アクセント (acento)

5.1 強勢語と無強勢語 (palabras tónicas y átonas)
スペイン語の単語は強勢語(どこかにアクセントを持つ語)と無強勢語(どこにもアクセントを持たない語)の2種に分かれる．無強勢語は前置詞，接続詞，定冠詞，関係詞のほとんど，代名詞の一部である．

　desde (前置詞「…から」), que (接続詞，関係代名詞), el (男性単数定冠詞).

強勢語は名詞，動詞，形容詞，数詞，副詞，疑問詞，不定冠詞，関係詞の一部，代名詞のほとんどである．1音節からなる強勢語は，単語全体にアクセントがある．

　té「茶」, **dos**「2」, **bien**「上手に」.

5.2 アクセントの位置 (posición del acento)
2音節以上からなる強勢語のアクセントの位置は，以下の1)～3)の規則によって決まる．アクセントのある音節を色付きの文字で示す．

1) 母音字および n, s で終わる単語 → 最後から2番目の音節にアクセント
　pa-**ta**-ta「ジャガイモ」, **can**-tan「彼らは歌う」, **lu**-nes「月曜日」.

2) n, s 以外の子音字 (y を含む) で終わる単語 → 最後の音節にアクセント
　ho-**tel**「ホテル」, na-**riz**「鼻」, jer-**sey**「セーター」.

3) 上記1), 2) の規則に当てはまらない単語の場合は，アクセントのある音節の主たる母音にアクセント記号をつけてそれを示す．
　mú-si-ca「音楽」, es-ta-**ción**「駅」, **lá**-piz「鉛筆」.

主要参考文献

Collins Spanish Dictionary, Harper Collins, 2000
Diccionario Anaya de la Lengua, Anaya, 1991
Diccionario de la Lengua Española [Ilustrado], VOX, 1997
Diccionario de la Lengua Española, Real Academia Española, Espasa-Calpe, 2001
Diccionario del Español Actual, Manuel Seco et al, Aguilar, 1999
Diccionario del Español Actual, GRIJALBO, 1999
Diccionario de Uso del Español, María Moliner, Gredos, 2000
Diccionario General de la Lengua Española, Espasa-Calpe, 1989
Diccionario para la Enseñanza de la Lengua Española, Universidad de Alcalá de Henares, VOX, 1995
Diccionario Planeta de la Lengua Española Usual, Planeta, 1982
Diccionario Salamanca de la Lengua Española, Santillana, Universidad de Salamanca, 1996
Gran Diccionario de la Lengua Española, SGEL, 1985
Gran Diccionario de la Lengua Española, Larousse Planeta, 1996
The Oxford Spanish Dictionary, Oxford U.P., 2003

西和中辞典, 桑名一博他編, 小学館, 1990
新スペイン語辞典, カルロス・ルビオ/上田博人編, 研究社, 1992
現代スペイン語辞典(改訂版), 宮城昇・山田義郎編, 白水社, 1999
ポケットプログレッシブ西和・和西辞典, 高垣敏博他編, 小学館, 2003
クラウン和西辞典, カルロス・ルビオ/上田博人他編, 三省堂, 2004
学術用語集(地学編他), 文部省他編
マグロウヒル科学技術用語大辞典, 日刊工業新聞社, 1996
英和科学用語辞典, 崎川範行監修, 講談社, 1979
国際環境科学用語集, 環境庁地球環境部監修, 日刊工業新聞社, 1995
岩波理化学辞典, 岩波書店, 1979
新化学用語辞典, 橋本吉郎, 三共出版, 1969
岩波生物学辞典, 岩波書店, 1979
医学英和辞典, 研究社, 1999
最新医学大辞典, 後藤稠他編, 医歯薬出版, 1987
南山堂医学大辞典, 南山堂, 1998
標準看護学英和辞典, 金原出版, 2001
朝日園芸植物辞典, 朝日新聞社, 1987
建築大辞典, 彰国社, 1993
建築学用語辞典, 岩波書店, 1993
図解土木用語辞典, 土木用語辞典編集委員会, 日刊工業新聞社, 1986
土木技術者のためのスペイン語辞典, 相澤正雄, 山海堂, 1983
日・英・西技術用語辞典, 小谷卓也/群亜都彦編, 研究社, 1990
コンサイス外国人名辞典, 三省堂, 1999
コンサイス外国地名辞典, 三省堂, 1998
ギリシア・ローマ神話辞典, 大修館書店, 1988
現代キリスト教用語辞典, 大修館書店, 1985
諸外国の学校教育(中南米編), 文部省, 1996
新経営英和辞典, 野田信夫, ダイヤモンド社, 1985
総合水産辞典, 金田禎之編, 成山堂, 1986
農林水産用語対訳辞典, 農林水産用語研究会, ぎょうせい, 1992
フェアチャイルドファッション辞典, 鎌倉書房, 1992
フランス料理用語辞典, 白水社, 1974
イタリア料理用語辞典, 白水社, 1992
仏英独=和洋菓子用語辞典, 白水社, 1974
スポーツ大辞典, 大修館書店, 1987
スポーツ用語辞典, 学習研究社, 1998

A, a

A, a [á] 囡 ❶ スペイン語アルファベットの第1文字. ❷《音楽》イ音(ラ, la), イ調.
a por a y be por be 詳細に, 逐一.

＊a [ア] 前 [無強勢; a+el は al となる]

> I 〖補語〗…に, …から(間接補語); …を(直接補語).
> II 〖場所, 方向, 距離〗…に, …へ, …まで.
> III 〖時〗…に.
> IV 〖数量, 値段, 配分〗…で, …ずつ, …につき.
> V 〖手段, 方法, 材料〗…で, …によって.
> VI 〖準拠〗…によって, …にしたがって.
> VII 〖比較, 様態〗…よりも.
> VIII 〖対比〗…に対して, …対….
> IX 〖臭い, 味〗…の臭い[味]がする.
> X 〖a+不定詞の用法〗.

I 〖補語〗❶ 〖間接補語〗(a) …に. — Pedro regaló un reloj *a* su padre. ペドロは父親に時計をプレゼントした. (b) 〖付加対象〗— Agregaron una oficina *a* la fábrica. 彼らは工場に事務所を増設した. (c) 〖自動詞の間接補語〗…にとって. — *A* José le gusta la música moderna. ホセは現代音楽が好きだ. Falta *a* los alumnos la paciencia. 生徒たちは辛抱が足りない. (d) [『奪取』の動詞とともに] …から. — Quita esta parte *a* tu artículo. 君の論文からこの部分を削りなさい. He comprado estas rosas *a* esa niña. 私はこのバラをその女の子から買った. ❷ 〖直接補語〗(a) …を〖直接補語が人の場合〗. — ¿Conoce usted *al* señor López? あなたはロペスさんをご存じですか. (b) …を〖直接補語が擬人化された動物や物の場合〗. — Acaricié *a* Platero. 私はプラテーロ(ロバの名)をなでた. Teme *a* la muerte. 彼は死を恐れている. (c) …を〖直接補語が地名の場合 a をつけることがある〗. — Ver *a* Toledo es leer *a* un mismo tiempo la historia de España. トレドを見ることは同時にスペインの歴史を読むことにもなる. (d) 〖主語と直接補語の混同を避けるために, 補語の前に用いる〗. — Venció *a* la dificultad el entusiasmo. 熱意が困難を克服した.

II 〖場所, 方向, 距離〗❶ 〖場所, 位置〗(a) …に[で], …の近くに. — El baño está *al* final del pasillo. 浴室は廊下の突き当たりにあります. *a* la derecha 右側に. El hotel está *a* la orilla del mar. ホテルは海岸沿いにある. (b) …に[離れずに]ついて, …の前で. — sentarse *a* la mesa 食卓につく. La mecanógrafa se pasa todo el día *a* la máquina. タイピストは一日中タイプの前にいます. *al* sol 日なたで. (c) …に, (体の一部に)つけて. — Se cargaba los sacos *a* las espaldas. 彼は袋を背中にかついでいた. Los soldados marchaban con el fusil *al* hombro. 兵士達は銃を肩にかついで進んで行った. ❷ (a) 〖方向, 目的地, 到達点〗…まで; …へ, …に. — de Tokio *a* Osaka 東京から大阪まで. El viaje *a* Kioto cuesta 500 yenes. 京都までの旅費は500円です. Echó los papeles *a* la basura. 彼は書類をくず箱に捨てた. Señaló *a* un punto en el horizonte. 彼は地平線の一点を指した. Se fue *a* José como un león. 彼はライオンのようにホセに向かって行った. Llegó *a* una conclusión errónea. 彼は誤った結論に達した. (b) 〖対象〗…への, …に対する. — amor *a* la patria 祖国愛. Tiene una gran afición *al* baloncesto. 彼はバスケットボールが大好きだ. (c) 〖範囲〗…まで. — Pasamos el río con el agua *a* las rodillas. 私たちはひざまで水につかって川を渡った. ❸ 〖距離〗…(の所)に, …の距離に[で]. — La ciudad está *a* diez kilómetros de aquí. 町はここから10kmのところにあります.

III 〖時点〗…に, …のころ, …たった時に. — ¿Vas a salir *a* estas horas? こんな時間に君は出かけるのか. Se casó *a* los treinta años. 彼は30才のときに結婚しました. *A* los dos años de casarse, ella empezó *a* engordar. 結婚して2年たつと, 彼女は太り始めた.

IV 〖数量, 値段, 配分〗❶ 〖数量, 程度〗…で. — El tren marchaba *a* mucha velocidad. 列車は高速で進んで行った. ❷ 〖価格, 数値〗…で. — La habitación sale *a* 150 euros por día. 部屋代は1日150ユーロになる. Necesito diez sellos *a* sesenta yenes. 私は60円切手が10枚必要です. *a* cuatro por ciento 4パーセントで. ❸ 〖配分〗…ずつ, 毎に. — Repasó el libro línea *a* línea. 彼はその本を1行ずつ見直した. Día *a* día fue ganándose la confianza de sus compañeros. 彼は日毎に仲間達の信頼を得ていった. ❹ 〖割合〗…に[つき]. — Fumo sólo cinco o seis cigarrillos *al* día. 私は1日に5, 6本のタバコしか吸いません.

V 〖手段, 方法, 材料〗…で, …によって. — pescar *a* caña 釣り竿()で釣る. matar *a* pedradas 石を投げて殺す. Mi madre ha cosido este vestido *a* mano. 私の母はこの服を手で縫った. Pintó un cuadro *al* óleo. 彼は油絵を描いた. *a* pie [caballo] 徒歩で[馬に乗って]. jugar *a* las cartas トランプで遊ぶ. suave *al* tacto 手ざわりがなめらかな.

VI 〖準拠, 様態〗❶ 〖準拠〗…にしたがって. — *A* ley de Castilla le castigaron. 彼はカスティーリャの法に従って罰せられた. *a* instancias de mi padre 私の父の要望で. ❷ 〖様態〗…に. — Ella viste *a* la moda de París. 彼女はパリの流行にあわせて服を着る.

VII 〖比較〗…よりも〖superior, inferior, anterior, posterior 等の形容詞や動詞 preferir と共に〗. — Sus conocimientos son superiores *a* los míos. 彼の知識の方が私のよりも優っている. Prefiero el frío *al* calor. 私は暑さよりも寒さの方

を好む。

VIII【対比】…に対して，…対…．— El equipo nacional derrotó a su oponente por dos a uno. ナショナルチームは2対1で敵を破った．

IX【臭い，味】…の臭い[味]がする．— un sabor *a* mostaza からしの味．Este pastel sabe *a* pescado. このケーキは魚の味がする．Huele *a* humo. 煙の臭いがする．

X【a＋不定詞の用法】❶【条件】…であれば，…すれば．— *A* decir verdad, no quiero ir con ellos. 本当のことを言えば，私は彼らと行きたくはないのです．❷【目的，指向】…するために，…しようと，…しに．— Se dispuso *a* partir. 彼は出発しようとした．Comenzó *a* gritar. 彼は叫び出した．Les enseñaron *a* escribir. 彼は彼らに書き方を教えた．propenso *a* resfriarse 風邪をひきやすい．❸【未来，予定】…になるはずの，…べき《中南米で多く用いられる．スペインでは，por, para が普通》．— problemas *a* resolver 解決すべき問題．tarea *a* realizar 実行すべき仕事．❹【命令】…しなさい．— ¡*A* dormir, que ya son las diez. もう十時だから寝なさい．¡*A* callar! お黙りなさい!

a [＋物] (商品を呼び売りする際のかけ声)…だよ，…はいかが．¡*A* las ricas sardinas! おいしいイワシだよ!

al [＋不定詞] …する時，…して；…したので．*Al* salir del cine se encontró con sus padres. 彼は映画館から出た時，両親と出くわした．

a la [＋形容詞女性形] …風に，…式に．Celebraron la fiesta *a la* española. 彼らはスペイン式にパーティーを催した．

a la(s) … …時に．¿*A* qué hora comienza la reunión?-Comienza *a la* una y media [*a las* dos]. 会議は何時に始まりますか?-1時半[2時]です．

a lo … …のように．Conduce siempre *a lo* loco. 彼はいつもすさまじい運転をする．

a por … …を探しに，…を求めて．Vete *a por* el vino. ワインを取って来てちょうだい．

a que … きっと…だろう．¡*A que* llueve esta noche! きっと今晩雨になるだろう．

【数字】*a* [＋前述と同じ数字] …ずつ．Se comía las cerezas dos *a* dos. 彼女はサクランボを2つずつ食べていた．

A. 《略号》= Amperio アンペア．

a. 《略号》= área アール．

a- [a-] 接頭 ❶「否定(非・無)」の意．— anormal, ateo. ❷「傾向，近接」の意．— anaranjado, atraer. ❸「他動詞化」の意．— acostar, alargar.

a/a. 《略号》= a la atención de …担当者御中.

abacá [aβaká] 男 ❶【植物】アバカ，マニラ麻．❷ マニラ麻の布地．

abacería [aβaθería] 女 食料品店．

abacero, ra [aβaθéro, ra] 名 食料品店主．

abacial [aβaθjál] 形 修道院(長)の，(僧会に属する)教会(長)の．

ábaco [aβako] 男 ❶ (子供に数の数え方を教える)百玉計算器．❷ (*a*) そろばん．(*b*) 計算図表．❸【建築】アバクス，柱頭板．

abad [aβá(ð)] 男 修道院長，(僧会に属する)教会の長．

abadejo [aβaðéxo] 男 ❶ (*a*)【魚類】タラ．→ bacalao. (*b*) (塩漬けにした)タラ．❷【鳥類】ミソサザイ．❸【虫類】ハンミョウ．

abadengo, ga [aβaðéŋgo, ga] 形 修道院長の，修道院長管轄の．

abadesa [aβaðésa] 女 尼僧院長．

abadía [aβaðía] 女 ❶ 修道院[尼僧院]長の職；その管区．❷ 修道院，教会．❸ (地域によっては)神父の家．

abajeño, ña [aβaxéɲo, ɲa] 形【中南米】低地帯の，沿海地域の．
— 名 低地帯[沿海地域]の人．

abajero, ra [aβaxéro, ra] 形【中南米】(何かの)下に置く，下の．

abajino, na [aβaxíno, na] 形【チリ】北部地方の．
— 名【チリ】北部地方の人．

＊abajo [aβáxo アバホ] 副 ❶ 下に[へ]；階下に[へ]．— desde ~ 下から，por ~ 下側[下面]に．la parte de ~ 下部．los de ~ 下層[下積み]の人々，恵まれない人々．los vecinos de ~ (アパートなどの)階下の住人．Tu amigo está ~ en la cafetería. 君の友だちは下のコーヒー店にいる．Ella te espera ~. 彼女は下で君を待っている．Quédate aquí ~. 下のここにいてくれ．Hay un gato por ahí ~. 彼女の下の方にネコがいる．Me miró de arriba ~. 彼は上から下まで私を眺めまわした．反 **arriba**. ❷ 下って，降りて．— Echó a correr calle ~. 彼は通りを下って走り出した．Tropezó y cayó rodando escaleras ~. 彼はつまずいて階段を転がり落ちた．❸ (文書で)下記で，後で．— el ~ firmante 下記の者，(下記の)署名者．Véase ~, página veinte. 後の20ページを参照．❹ (通常，命令文で)…反対，打倒せよ．— ¡*A* ~ el dictador! 独裁者打倒．

abajo de … …の下に[へ]に．*Abajo de* casa viven los abuelos. 家の下の階には祖父母が住んでいる．

cuesta abajo 坂を下って．*Cuesta abajo* se anda peor. 坂を下っていくと益々悪くなる．

más abajo (1) もっと下に[へ]．dos pisos *más abajo* 2階下に．(2) (本の)もっと後で．Los detalles se explicarán *más abajo*. 詳細はもっと後のページで説明する．

río [*aguas*] *abajo* 下流へ．El pueblo se encuentra a ocho kilómetros *río abajo*. 町は8キロ下流にある．

abalanzar [aβalanθár] [1.3] 他 (＜balanza) 釣り合わせる．
— *se* 再 [＋a/hacia/sobre] …に突進する，飛びつく．— *~se hacia* la salida de emergencia 非常口の方へ殺到する．El joven *se abalanzó sobre* el atracador. その若者は強盗に飛びかかった．

abalaustrado, da [aβalaustráðo, ða] 形 手すりのついた；手すり子(欄干の小柱)の形の．

abaldonar [aβaldonár] (＜baldón) 他 ❶ (人)を侮辱する．❷ (人)の品位を落とす．

abalear [aβaleár] (＜baleo) 他 (穀粒と藁(わら)かすを)掃き分ける．— ~ un montón de centeno たくさんのライ麦を掃き分ける．

abaleo [aβaléo] 男 (穀粒と藁(わら)かすを)掃き分けること．

abalizamiento [aβaliθamjénto] (＜baliza) 男 浮標(ブイ)を置くこと；標識の設置．

abalizar [aβaliθár] [1.3] 他 (海などに)浮標[ブイ，標識]を設ける．— ~ la entrada del puerto 港の入口に浮標を設置する．

abalorio [aβalórjo] 男《主に 複》❶ ビーズ. ❷ ビーズのアクセサリー; 安物のアクセサリー.

abaluartar [aβaluartár]〔< baluarte〕他《軍事》(ある場所)を稜堡(ﾘｮｳﾎｳ)で強化する, 土のうなどを積む.

abanderado [aβanderáðo]〔< bandera〕男 ❶ (a)《軍事》(連隊などの)旗手. (b)(行列の)旗持ち. ❷ リーダー.

abanderar [aβanderár] 他《海事》❶ (外国船)の船籍を登録する. ❷ (船)の船籍を証明する.

abanderizar [aβanderiθár] [1.3]〔< banda〕他 (集団)を小グループに分断する.
── se 再〖＋a〗(党などに)加入する.

*__abandonado, da__ [aβandonáðo, ða] 過分 形 ❶ 〖estar＋〗 見捨てられた, 放棄された. ── El campo se encontraba muy ~. 畑は荒れ放題だった. Nos tienes muy ~s, ya no nos visitas. 私たちにあなたから相手にされていないのですね, もう私たちに会いに来てくれないのですもの. Tiene a sus hijos muy ~s. 彼は息子たちと一緒にいることはほとんどない. 類 **desatendido, descuidado**. ❷ だらしない, なげやりな. ── Siempre ha sido muy ~ en el vestir. 彼の服の着方はいつも非常にだらしない. Desde la muerte del marido está muy *abandonada*. 彼女は夫に先立たれてからなげやりになっている. No seas ~ y pon un poco de orden en tu cuarto. そんなだらしなくしてないで部屋をちょっとは片付けなさい. ¡Qué ~! Hace años que no se hace un reconocimiento médico. なんていいかげんなんだ. もう何年も彼は医者の診察を受けていない. Es muy ~ y todo lo deja para el día siguiente. 彼は何事につけてもだらしがない. 何でも先にのばす. 類 **dejado, desaliñado**.

abandonamiento [aβandonamjénto] 男 → abandono.

:**abandonar** [aβandonár] 他 ❶ (人・動物)を見捨てる, 捨てる. ── El padre *abandonó* a su familia. 父親は家族を見捨てた. La *abandonó* por otra. 彼は彼女を捨てて他の女に走った. ❷ (物)を放置する, 捨てる, 放り出す. ── *Abandonaron* las basuras en la playa. 彼らはごみを海岸に捨てた. ❸ (考えなど)を放棄する, 断念する. ── *Ha abandonado* toda pretensión de salir elegido. 彼は選出される望みをまったく捨てた. ❹《文》(場所)を離れる, 去る; (乗物)を降りる. ── Los estudiantes *abandonaron* el salón de actos. 学生たちは講堂から出て行った. Le concedieron un plazo de 24 horas para ~ el país. 彼は出国するために24時間の猶予を与えられた. Miles de personas *abandonan* la ciudad porque se acerca el huracán. ハリケーンが接近してくるので何千人もの人々がその町を離れる. Las tropas han comenzado a ~ la zona fronteriza. 部隊は国境地帯から撤退を始めた. *Abandonó* la reunión en señal de protesta. 彼は抗議のしるしに, 会議の席から退場した. ❺〖＋a〗を任せる, 譲る. ── *Abandonó* a su hijo mayor la dirección de la empresa. 彼は長男に会社の経営を任せた. *Abandonó* su cuerpo al sofá y dejó vagar la imaginación. 彼はソファーに身をもたれ, 空想のおもむくままにした. Decidió volver, *abandonando* al grupo a su suerte. 彼は仲間を運命にまかせて引っ返すことに決心した. ❻ (活動・使用など)をやめる, 放棄する; 怠る. ── *Abandonó* los estudios. 彼女は学業を放棄した. *Abandonó* la carrera cuando faltaban 500 metros para la meta. 彼はゴールの500メートル手前でレースを放棄した. *Abandonó* la dieta que estaba siguiendo. 彼は続けていた食餌療法をやめた. ❼ (運命などが人)を見放す, (力などが人)からなくなる. ── Las fuerzas lo *abandonaron* súbitamente y se desvaneció. 突然彼は力が抜けて, 気を失った. La suerte nos *ha abandonado*. 運が私たちを見放した. Nunca lo *abandona* el buen humor. 彼はいつも機嫌がよい.
── 自 (試合を)棄権する, 放棄する; (チェスなどで)負けを認める. ── Al quinto asalto, *abandonó*. 彼は第5ラウンドで棄権した.
── se 再 ❶〖＋a〗(a) 身を任せる, 身をゆだねる. ── *Se ha abandonado* en manos de la suerte. 彼は運命の手に身をゆだねた. (b)(悪習などにふける, おぼれる, (誘惑などに)負ける. ── *Se abandonó* al ocio. 彼女は安穏な生活にふけった. ~ al sueño 睡魔に負ける. 類 **entregarse**. ❷ なりふりを気にしなくなる, だらしなくなる, 無精になる. ── Desde que se separó del marido *se ha abandonado*. 彼女は夫と別れて以来, なりふりを気にしなくなった. 類 **descuidarse**. ❸ 自暴自棄になる, あきらめる. ── No *te abandones* y ve al médico. あきらめないで, 医者にかかりなさい.

abandonismo [aβandonísmo] 男 悲観的な態度; 敗北主義; 投げやりなこと.

abandonista [aβandonísta] 形 (態度などが)放棄的な, 敗北主義の, 悲観論の. ── actitud ~ 投げやりな態度. política ~ 敗北主義的な政策.
── 男女 敗北主義者, 悲観論者.

:**abandono** [aβandóno] 男 ❶ 放置, 放棄. ── La casa se halla en un lamentable estado de ~. その家は見捨てられて悲惨な状態にある. Da lástima ver el ~ en que se encuentra el parque. 公園は荒れ果てていますので見るかげもない. Dejó a sus ancianos padres en el más completo ~. 彼は年老いた両親を放っておいてまったく面倒をみなかった. ❷ だらしなさ, なげやり. La ropa que lleva da una imagen de ~. あの服を着ているとだらしなく見える. 類 **descuido, desatención**. ❸《文》退去, 放棄. ── La policía ordenó el ~ del edificio. 警察は全員に建物から出て行くように命じた. El capitán ordenó el ~ del barco. 船長は船を放棄するように命じた. ❹《スポーツ》棄権, 試合放棄. ── El ~ de Garrido se produjo en la quinta vuelta. ガリドは5周目で棄権した. ❺《法律》(配偶者・被扶養者に対する)遺棄; (財産・権利の)放棄.

abanicar [aβanikár] [1.1] 他 ❶ を扇などであおぐ, …に風を送る. ❷ (人)にへつらう, ごまをする.
── se 再 (扇などで)自分をあおぐ. ── Muerto de calor *se abanicaba* con una revista. 暑さでまいってしまって, 彼は雑誌で自分をあおいでいた.

abanicazo [aβanikáθo] 男 扇子で打つこと. ── Enfadada, le propinó un fuerte ~. 彼女は怒って, 彼を扇子で強くぶった.

:**abanico** [aβaníko] 男 ❶ 扇子, 団扇(うちわ), 扇 (女性だけが使う). ~ ~ eléctrico《中米》扇風機. abrir [cerrar] el ~ 扇を開く[閉じる]. ❷ 扇形, 扇状のもの. ~ ~ aluvial 扇状地. El pavo real abrió su cola formando un precioso ~ de muchos colores. 孔雀は尾羽をカラフルできれいな

abanique(-)

扇状に拡げた. bóveda de ～《建築》扇形ヴォールト, 扇形穹窿(きゅうりゅう). ❸《比喩》(可能性・選択などの)幅, 範囲, 選択の幅, 豊富な取り揃え. —un ～ de posibilidades 種々の可能性. — salarial [de salarios] 給与の高低の幅. un amplio ～ de alternativas 広範な選択の[余地]. un amplio ～ de precios 広い価格帯. [類]**gama**. ❹ サーベル;《隠》刀剣. ❺《キューバ, プエルトリコ》《鉄道》(扇形の)分岐標識. ❻《海事》デリック起重機.
abanico de chimenea 暖炉のついた(火の粉止め), 火気よけ(攻撃用).
en abanico/en forma [figura] de abanico 扇状に[の], 扇形に[の]. extender [abrir, desplegar] *en abanico* 扇形に広げる. Las tropas se abrieron [se desplegaron] *en abanico*. 部隊は扇形に散開した.

abanique(-) [aβanike(-)] 動 abanicar の接・現在.

abaniqué [aβaniké] 動 abanicar の直・完了過去・1単.

abaniquear [aβanikeár] 他 →abanicar.

abaniqueo [aβanikéo] 男 ❶ 扇などをせわしくあおぐこと. —La cháchara y ～ de las señoras no me dejaba dormir. 女性たちのおしゃべりと扇子をあおぐ音で私は眠ることができなかった. ❷ (話す時の)大きな手振り.

abaniquero, ra [aβanikéro, ra] 名 ❶ 扇子製造者[職人]. ❷ 扇子販売者[商人].

abanto [aβánto] 男《鳥類》エジプトハゲワシ. **alimoche**. — 形 ❶ とんまな. ❷《叙述補語になる時は estar を使う》《闘牛》(雄牛が)怖気(おじけ)ついた.

abaratamiento [aβaratamiénto] 男〔<barato〕値下げ, 値下がり. —La apreciación del yen ha conducido al ～ de los productos importados. 円高が輸入製品の値下がりを招いた.

abaratar [aβaratár] 他 (商品などを)値下げする, 安くする. —La competencia *abarata* la mercancía. 競争で商品が値下がりする.

abarca [aβárka] 女 革[ゴム]製のサンダル.
quedar a [＋人] *como una abarca* (服などが)(人)に大きすぎる.

abarcamiento [aβarkamiénto] 男 抱くこと, (両腕で)かかえること.

‡**abarcar** [aβarkár] [1.1] 他 ❶ を包含する, 含む, (範囲が)…まで及ぶ. —El programa *abarca* desde el Renacimiento hasta el siglo XIX. この番組はルネサンスから19世紀までの期間を扱っている. Mis tierras *abarcan* desde la carretera hasta el río. 私の土地は国道から川にまで及んでいる. Este término municipal *abarca* tres pueblos. この都市区域は3つの町を含んでいる. ❷ を見渡せる, 一望できる. —Desde la cima *abarcamos* todo el valle. 山頂から私たちは渓谷全体を見渡せる. ❸ (両手で)かかえる, 抱きかかえる, かかえ込む. —Ni siquiera entre los tres podemos ～ el tronco de este árbol. 私たち3人がかりでもこの木の幹をかかえることはできない. No me *abarco* la muñeca con la mano. 私は片手では彼の手首を握ることができない. ❹ (仕事などを)抱え込む, 引き受ける. —Se ha echado encima más tareas de las que puede ～. 彼は抱え切れないくらい仕事を抱え込んだ. Quien mucho *abarca* poco aprieta.《諺》二兎を追うものは一兎をも得ず(←たくさん抱え込む者はあまりつかめない). ❺《中南米》を買い占める, 独占する.

abaritonado, da [aβaritonáðo, ða] 形 バリトンの音色の. —voz *abaritonada* バリトンの声.

abarloar [aβarloár]〔<barloa〕他 (船)を(桟橋か他の船に)横づけにする.

abarque(-) [aβarke(-)] 動 abarcar の接・現在.

abarqué [aβarké] 動 abarcar の直・完了過去・1単.

abarquillamiento [aβarkijamiénto] 男 反(そ)り, 反ること, 曲がること.

abarquillar [aβarkijár] 他 (薄手の板など)を反(そ)らせる, 曲げる. —La humedad *ha abarquillado* las tablas del piso. 湿気で床板が反ってしまった. —**se** 再 反る, 曲がる.

abarraganamiento [aβařaɣanamiénto] 男 ❶ 同棲(どうせい). ❷ 内縁関係. →amancebamiento.

abarraganarse [aβařaɣanárse]〔<barragana〕再 同棲する. →amancebarse.

abarrancadero [aβařaŋkaðéro] 男 ❶ 泥沼, ぬかるみ. ❷ 窮地, 苦境.

abarrancar [aβařaŋkár] [1.1] ❶ (雨水などが地面に)細い溝を作る. ❷ を泥の中に沈める. — 自 (船が)座礁する. —**se** 再 ❶ (船が)座礁する. ❷ 窮地[苦境]に陥る.

abarrotar [aβařotár] 他〔<barrote〕(何か)を棒で固定する. ❷《海事》(積荷のすき間)を小荷物で埋める. ❸【＋de】(何か)を(空間に)詰め込む, (何か)で(空間)を埋め尽す. —He *abarrotado* la maleta *de* libros. 私はスーツケースに本を詰め込んだ. — **se** 再《中南米》(品物が過剰で)値崩れする.

abarrotería [aβařotería] 女《中南米》食料品店, 金物屋. →abacería.

abarrotero, ra [aβařotéro, ra] 名《中南米》食料品店主. →abacero, ra.

abasida [aβasíða] 形 アッバース朝の.

Abasidas [aβasíðas] 固名 アッバース朝(750-1258, イスラムの王朝, 首都バグダッド Bagdad).

abastardar [aβastardár]〔<bastardo〕自 退化する; 堕落する. [類]**bastardear**.

abastecedor, dora [aβasteθeðór, ðóra] 形 (必要な物)を供給する. —Argentina es una nación *abastecedora* de granos. アルゼンチンは穀物の供給国である. — 名 供給者.

‡**abastecer** [aβasteθér] [9.1]〔<basto〕他【＋con/de (必需品)】を…に供給する, 補給する. —El ejército *abastece* de víveres a los damnificados del seísmo. 軍が地震の被災者たちに食糧を供給している. [類]**proveer**. [反]**privar**.
—**se** 再 【＋de】調達する, 入手する. —La familia *se abastece de* alimentos para una semana. 家族は1週間分の食料品を買い込む. *Se abastecen de* agua mediante camiones cisterna. 彼らは給水車によって水の供給を受けている.

*abastecimiento** [aβasteθimiénto] 男 ❶ 供給(すること), 補給, 調達. —El ～ de agua se hará en camiones cisterna. 水の供給はタンクローリーで行なわれるだろう. [類]**abasto, provisión, suministro**. ❷ 糧食.

abastero [aβastéro] 男 【チリ】(肉の)屠(と)殺[卸売]業者.

abastionar [aβastjonár] 他 《築城》を稜堡(りょうほ)で強化する. 類 **abaluartar**.

abasto [aβásto] 男 ❶ 食糧の蓄え. ❷【主に複】食料品の供給.
dar abasto 《+a+名詞/para+不定詞》…の必要を満たす,を賄う. Ni con diez personas más *damos abasto* al trabajo. もう10人いても我々はその仕事をこなせない.

abatanado, da [aβatanáðo, ða]《＜batán》形 ❶ (布目が)密な. ❷ 熟練した. →abatanar.

abatanar [aβatanár] 他 ❶ (縮絨(しゅくじゅう)機で)(布地を)搗(つ)く. ❷ をなぐる.— Le *abatanaron* y lo dejaron maltrecho. 彼はなぐられて,ひどく傷ついた. 類 **golpear, maltratar**.

abatatar [aβatatár] 他 【アルゼンチン,パラグアイ,ウルグアイ】を怖がらせる.

abate [aβáte] 男 ❶ (下級の)聖職者. ❷ (外国人,特にフランス人・イタリア人の)僧侶.

abatí [aβatí] 男 【アルゼンチン,パラグアイ】❶ トウモロコシ. 類 **maíz**. ❷ トウモロコシの蒸留酒.

abatible [aβatíβle] 形 ❶ 折り畳める.— silla [mesa] ~ 折り畳み式の椅子[テーブル]. 類 **plegable**. ❷ 下すことのできる.— El avión volaba a una altura ~. 飛行機は撃墜可能な高度を飛んでいた.

*__abatido, da__ [aβatíðo, ða] 過分 形 《estar+》みじめな; 落胆した,打ちひしがれた.— Está muy ~ por la muerte de su mujer. 妻が死んで彼はひどく落胆している. Siempre ha sido muy alegre pero ahora lo veo muy ~. 彼はいつもあんなに陽気な人間だったのに,今ではひどく意気消沈しているように思われる. La enfermedad lo tiene muy ~. 彼は病気のために意気消沈している. 類 **deprimido, desanimado, triste**.

abatimiento [aβatimjénto] 男 ❶ (心身の)衰弱,意気消沈. ❷ 《海事,航空》風圧偏位,偏流(船・飛行機が風で進路からずれること).

*__abatir__ [aβatír] 他 ❶ を倒す,破壊する.— El terremoto *abatió* muchas casas. 地震で多くの家が壊れた. ❷ を撃ち落とす,撃ち倒す.— *Abatieron* tres aviones enemigos. 敵機を3機撃墜された. ❸ を気落ちさせる.— El fracaso lo *abatió* mucho. 彼はその失敗で非常に落胆した. ❹ を降ろす,下げる.— ~ las velas de una *embarcación*. 船の帆を降ろす. *Abatió* la bandera. 彼は旗を降ろした.
— 自 船が進路からそれる.
— *se* 再 ❶《+sobre に》襲いかかる.— El león *se abatió* sobre su presa. ライオンが獲物に襲いかかった. El bombardero *se abatió* sobre el pueblo. 爆撃機はその町を襲った. La desgracia *se abatió* sobre su familia. 彼の家族は不幸に見舞われた. ❷ 落胆する,がっかりする.— *Se abatió* al conocer la mala noticia. 彼はその悪いニュースを知ってがっかりした. No debes *abatirte* por una tontería así. そんなつまらない事で落胆するな.

abazón [aβaθón] 男 《動物》(猿・リスなどの)頬(ほお)袋.

Abderramán [aβðeRamán] 固名 ❶ (~ I) アブデラマン[アブド・アッラフマーン]1世(?-790,スペイン・ウマイア朝 Omeya の創立者). ❷ (~ III) アブデラマン[アブド・アッラフマーン]3世(891-961,スペイン・ウマイア朝の第8代君主,初めてカリフ califa の称号を用いた).

abdicación [aβðikaθjón] 女 ❶ (王の)譲位,退位.— El rey anunciará mañana la ~ en su hijo. 王は息子への譲位を明日宣言するだろう. ❷ (権利・信念などの)放棄.

abdicar [aβðikár] [1.1] 他 ❶《+en》(人)に(王位などを)譲る.— El rey *abdicó* el trono *en* su hijo. 王は息子に王位を譲った. ❷ (権利・信念など)を放棄する,捨てる.— *Abdicó* la presidencia debido a su avanzada edad. 高齢のため彼は大統領の職を辞任した.
— 自 ❶《+en》(人)に譲位する. ❷《+de》(権利・信念など)を放棄する.— Colaborar con él sería ~ *de* mis ideas. 彼に協力することは私の信念を捨てることになるだろう.

abdomen [aβðómen] 男 《解剖》腹部; (昆虫などの)腹部. 類 **barriga, vientre**.

abdominal [aβðominál] 形 腹部の; 腹腔の.— dolor [pared] ~ 腹痛[腹壁].
— 男 腹筋(＝músculos abdominales).

abducción [aβðukθjón] 女 ❶ (特に女性・子供の)誘拐,拉致(らち). ❷《解剖》外転(四肢や眼球などを体軸から外側に向ける運動).— del ojo 眼球外転運動. 反 **aducción**. ❸《論理》(アリストテレスの)アパゴーゲー; (パースの)アブダクション,仮説形成.

abductor, tora [aβðuktór, tóra] 形 《解剖》外転の.
— 男 ❶《解剖》外転筋(＝músculo ~). 反 **aductor**. ❷《化学》誘導管.

abecé [aβeθé] 男 ❶ アルファベット. ❷ 初歩(の知識); いろは. 類 **abecedario, alfabeto**.
no entender [saber] el abecé (人が)何も知らない

abecedario [aβeθeðárjo] 男 ❶ アルファベット. ❷ 伝達手段として使われる記号の総称.— ~ manual 手話. ~ Morse モールス信号. ❸ (文字を習うための)初歩読本. ❹ アルファベット順の表. ❺ 初歩(の知識); いろは. 類 **abecé, alfabeto**.

abedul [aβeðúl] 男 《植物》シダカンバ. ❷ カンバ材.

*__abeja__ [aβéxa アベハ] 女 ❶《虫類》ミツバチ(蜜蜂), ハチ(蜂). ~ reina [maestra, machiega, maesa] 女王バチ. ~ obrera [neutra] 働きバチ. ~ carpintera クマバチ(熊蜂), ダイクバチ(大工蜂). ~ albañila ハキリバチ, カベヌリハナバチ. ❷《比喩》働き者(＝trabajador). ❸ (A~)《天文》蝿座(はえざ). 類 **Mosca**.
nido de abeja 蜂の巣; 《刺繍》蜂の巣形, ハニカム構造; 《刺繍》ハニカムステッチ; 《織物》蜂巣(ほうす)織. radiador de *nido de abeja* 蜂巣型放熱器, ハニカムラジエター.

abejar [aβexár] 男 (ミツバチの)巣箱のある所; 養蜂場. 類 **colmenar**.

abejarrón [aβexaRón] 男 《虫類》マルハナバチ. → abejorro.

abejaruco [aβexarúko] 男 ❶《鳥類》ヨーロッパハチクイ. ❷ うわさ好きの人.

abejero, ra [aβexéro, ra] 名 養蜂家. 類 **apicultor, colmenero**.— 男 《鳥類》→abejaruco.

abejón [aβexón] 男 ❶《虫類》雄ミツバチ. → zángano. ❷《虫類》マルハナバチ. → abejorro.

abejorreo [aβexoɾéo] 男 ❶ (ミツバチなどの)ぶんぶんいう音. ❷ (人声による)ざわめき. —Me despertó el ~ que venía del pasillo. 廊下から聞こえてくるざわめきで私は目覚めた.

abejorro [aβexóɾo] 男 ❶《虫類》マルハナバチ. ❷《虫類》コフキコガネ(コガネムシ科の害虫). ❸ 話が長くて迷惑な人.

abellacado, da [aβejakáðo, ða] [<bellaco] 形 悪党に; 下劣な. 類**bellaco, vil**.

abellotado, da [aβejotáðo, ða] [<bellota] 形 ドングリの形をした.

abemolar [aβemolár] [<bemol] 他 ❶《音楽》…に変音記号(フラット)をつける; 半音下げる. ❷ (声)を和らげる. —Cuando el niño *abemola* la voz, es que quiere pedir algo. 子供が甘えた声を出す場合は, 何か頼みごとがあるのだ.

aberenjenado, da [aβeɾenxenáðo, ða] [<berenjena] 形 ❶ ナス色の, 暗紫色の. ❷ ナス形の.

aberración [aβeɾaθjón] 女 ❶ (行動・考えなどの)常軌の逸脱. —El estupro es una ~. 強姦(ごうかん)は異常な行為だ. ~ mental《医学》精神異常. ~《天文》光行差. ~《光学》(レンズの)収差. —~ cromática 色収差. ~ de esfericidad 球面収差. ~《生物》変体, 変状. —~ cromosómica 染色体異常.

aberrante [aβeřánte] 形 常軌を逸した, 異常な, (心などが)屈折した. —El plan que propones es ~. 君が提案している計画は常軌を逸している.

aberrar [aβeřár] 自 ❶ 常軌を逸脱する. ❷ 誤る; 道に迷う.

abertal [aβertál] 形 ❶ (農地などが)(さくなどで)囲まれていない. ❷ (土地が)(日照りで)亀裂(きれつ)しやすい.

‡**abertura** [aβertúɾa] 女 ❶ 隙間, 割れ目, 亀裂 (→「開始, 始まり」のような抽象的な意味には *apertura* を使う). —penetrar por una ~ 隙間から入り込む. Se cuela mucho frío por la ~ que queda entre las dos hojas de la ventana. 窓の両開きの間にできる隙間から寒気が入り込んでいる. 類**boquete, hendidura, rendija, resquicio**. ❷ (抜け)穴, 入口. —~ de una cueva 洞窟の入口. hacer unas ~s en la tela de la camisa para los ojales ワイシャツの生地にボタンホールを開ける. El gato se metió por una ~ de la pared. その猫は壁の穴から入り込んだ. 類**agujero, orificio**. ❸ 開ける[開く]こと;《法律》(遺言状の)開封. —~ de un testamento 遺言状の開封. La ~ de la herida se me produjo al hacer un esfuerzo. 無理に動いた時傷口が開いた. 類**apertura**. 反**cierre**. ❹《服飾》(上着・スカートなどの)ベンツ, スリット. —una chaqueta con ~s laterales [con ~ en el centro] サイド[センター]ベンツの上着. ❺《言語》(調音点での調音器官の)開き, 開口度. —~ de la boca 口の開き. Cada sonido se emite con diferente grado de ~. 音はそれぞれ異なる開口度で発せられる. ❻ (建物の)正面の)開口部(窓・戸・空気孔など). —~ de ventilación 換気孔. Las catedrales góticas presentan muchas más ~s que las románicas. ゴチック様式のカテドラルはロマネスク様式のカテドラルよりもはるかに開口部が多い. ❼ 心が広いこと, 寛大さ, 開けっぴろげなこと, 率直さ. —~ de espíritu 心の広いこと, 率直さ. ~ en el trato 気のおけなさ. 類**confianza, franqueza**. ❽ (地面の)ひび割れ, 地割れ. 類**hueco**. ❾《地理》(山間の)開けた広い土地, 山間(さんかん), 狭間. —La carretera pasa por aquella ~. 高速道路は山間を通っている. ❿《地理》入り江. 類**ensenada**. ⓫《光学》(レンズの)口径;《写真》開口度, (カメラの)絞り. —~ numérica 開口数. ⓬《電気》アパーチャ; (機械)(はさみ・コンパスなどの)開き. —~ de un compás コンパスの開き.

abetal, abetar [aβetal, aβetár] 男 モミ(樅)林.

abeto [aβéto] 男 ❶《植物》モミ(樅). ❷ モミ材.

abetunado, da [aβetunáðo, ða] [<betún] 形 ❶ 瀝青(れきせい)質の, タールのような. ❷《俗》(髪や肌が)濃褐色の(人).

*abiertamente** [aβjértaménte] 副 率直に, ざっくばらんに. 類**claramente, francamente**.

abierto [aβjérto] *abrir* の過去分詞.

‡**abierto, ta** [aβjérto, ta アビエルト, タ] 過分 [<abrir] ❶ 開いた, あいている. —La puerta está *abierta*. ドアが開いている. herida *abierta* 開いている傷口. con las piernas *abiertas* 脚を開いて. Me recibió con los brazos ~. 彼は両腕を広げて私を迎えた. dejar ~ el grifo 蛇口をあけたままにしておく. La niña dormía con la boca *abierta*. 少女は口をあけて眠っていた. El humo sale por la ventana *abierta*. 開いた窓から煙が出る. ❷ 公開された, 開かれている. —carta *abierta* 公開状. curso ~ 公開講座. La panadería permanece *abierta* hasta las ocho. パン屋は8時まで開いている. ❸ (視界をさえぎるものがなくて)広々とした, 開けた(土地). —Me encanta pasear por el campo ~. 私は広々とした野原を散歩するのが大好きだ. ❹ (城壁などで)囲まれていない, 無防備の. —ciudad *abierta* 無防備[非武装]都市. ❺《海事》デッキ[甲板]のない(船). ❻ (a) (人の性格が)開放的な, 率直な. —Los andaluces son gente *abierta*. アンダルシーア人はあけっぴろげな人々だ. (b) 寛容な, 理解のある. —~ a las nuevas costumbres 最近の風俗に寛大な. ❼《文法》開口音の, 開音節の. ❽《スポーツ》オープン(トーナメント). —Se ha celebrado el ~ de tenis. テニスのオープン・トーナメントが行われた.

a cielo abierto 野天[露天]で. Dormimos *a cielo abierto*. 私たちは屋外で寝た. 類**al aire libre, al descubierto**.

con la boca abierta びっくり仰天(ぎょうてん)した, 呆然(ぼうぜん)とした. Al verme se quedó *con la boca abierta*. 私を見て彼はびっくり仰天した. 類**admirado, asombrado, sorprendido**.

con los brazos abiertos (人を迎える時に)歓迎して, 好意的に. Nos recibieron *con los brazos abiertos*. 私たちは歓迎された. 類**afectuosamente, cariñosamente**.

abigarrado, da [aβiɣařáðo, ða] 形 ❶ 雑色の, ごたまぜの色の. —camisa *abigarrada* (配色の悪い)色シャツ. ❷ 雑多な, 不統一な.

abigarramiento [aβiɣařamjénto] 男 ❶ 雑多色での, つりの ~ de mal gusto. 彼は趣味の悪い配色のものを着ている. ❷ 雑駁(ざっぱく)さ, 雑然としていること, 不統一.

abigarrar [aβiɣařár] 他 を雑多な色で彩る.

abintestato [aβintestáto] 男《法律》遺言の

ない死者の遺産の法的処理.

abisal [aβisál] 形 深海の. — fauna ～ 深海動物相. 類**abismal**.

abiselar [aβiselár] 他 を斜めに切る.

abisinio, nia [aβisínio, nia] 形 アビシニアの(Abisinia)の. —— 名 アビシニア人. —— 男 アビシニア語.

abismal [aβismál] 形 ❶ 深淵(ﾋﾞ)の; 深海の. 類**abisal**. ❷ 深遠な, はかり知れない. — diferencia ～ とても大きな相違.

abismar [aβismár] 他 ❶ 〖+en〗(深み)に沈める. — La muerte de su hija le *abismó en* la desesperación. 娘の死は彼を絶望の淵(ﾌﾁ)に沈めた. ❷ を当惑[混乱]させる. — Aquel paisaje grandioso *abismaba* nuestros ojos. その雄大な景色が私たちの目を驚嘆させていた. 類**confundir**. — **se** 再 〖+en〗(人が)(何かに)没頭する, われを忘れる. — *Se abisma en* la música. 彼は音楽に没頭している.

*__abismo__ [aβísmo] 男 ❶ 深淵(ﾋﾞ), 底知れぬ深み; 深海, 海淵 (=～ marino [del mar]). — una choza al borde del ～ 崖っぷちにある小屋. caer [precipitarse] al ～ 深淵に落ちる. los ～s de la historia 歴史の深淵. 類**precipicio, sima**. ❷《比喩》(悲しみ・絶望などの)どん底, 極み. — Vive sumido en el profundo ～ de la desesperación. 彼は深い絶望のどん底に沈んでいる. un dolor de ～ 計り知れない苦しみ[苦労]. ❸《心・事・理論など》底知れぬ深いもの, 計り知れないもの. — El corazón femenino es un ～ insondable. 女性の心は計り知れないものである. ～s del alma 精神の不可解さ. ❹ (意見・性格などの)大きな隔たり[相違], 深い断絶. — En tu caso, del dicho al hecho hay un ～. 君の場合言うこととすることが全く違う. ❺《カトリック》《詩》奈落, 地獄. — ser condenado al ～ 地獄に落ちる. 類**averno, infierno**. ❻《紋章》盾形紋章の中央部.

al borde del abismo (1) 深淵の縁に. Al llegar *al borde del abismo*, el coche se detuvo. 崖っぷちに来た時, 車が止まった. (2) 大変危険な状態に, 危機に瀕して〖estar/poner+〗. Arriesga mucho y siempre está *al borde del abismo*. 彼はよく危険を冒し, いつもきわどい状態にある.

haber [mediar] un abismo 大きな隔たり[違い]がある. Entre tus ideas y las mías *media un verdadero abismo*. 君の考えと私の考えは全く違う.

abitar [aβitár] [<bita] 他《海事》(錨(ｲｶﾘ)の鋼索など)を繋柱(ｹｲﾁｭｳ)につなぐ.

abjuración [aβxuraθjón] 女 ❶ 棄教, 改宗. ❷ (主義などの)放棄. Firmar ese manifiesto sería la ～ de mis principios liberales. この声明に署名することは私の自由主義を放棄することになるでしょう.

abjurar [aβxurár] 他 ❶ (信仰)を宣誓して捨てる. ❷ (主義など)を公然と捨てる, 放棄する.
—— 自〖+de〗❶ (信仰)を宣誓して捨てる. — El rey *abjuró del* catolicismo. 王はカトリック教の棄教宣誓をした. ❷ (主義など)を公然と捨てる, 放棄する. 類**renegar**. 類**renunciar**.

ablación [aβlaθjón] 女 ❶《地質》浸食, 削磨. ❷《医学》(外科手術による)削除, 剥離(ﾊｸﾘ).

ablandabrevas [aβlandaβréβas] [<ablandar+breva] 男女《俗》役立たずの人, 怠け者.

ablandamiento [aβlandamjénto] [<blan-

abocado 7

do] 男 柔らかくする[なる]こと, 軟化; 和らぐ[和らげる]こと, 緩和.

*__ablandar__ [aβlandár] [<blando] 他 ❶ (a) を柔らかくする. — El calor *ablanda* la cera. 熱によって蠟(ﾛｳ)は柔らかくなる. 類**suavizar**. 反**endurecer**. (b) を和らかげる, 緩和する; 下痢させる. — ～ las exigencias 要求を軟化させる. Tus ruegos *ablandaron* su actitud. 君の懇願で彼の態度は和らいだ. ❷ をなだめる, (怒りなど)を静める. — Le *ablandaron* las palabras de cariño de su hija. 彼は娘の愛情のこもったことばに態度を和らげた. ❸ を感動させる. 類**conmover**.
—— 自 (風)が凪(ﾅ)ぐ; (寒さ)がゆるむ, 弱まる, 和らぐ. — Por fin *ha ablandado* el frío. ついに寒さが和らいだ.
—— **se** 再 ❶ (風, 寒さなど)が和らぐ, 軟らかくなる, 弱まる. — *Se ablandó* el vendaval. 強風は弱まった. ❷ 軟らかくなる. — Esta carne necesita cocerse una hora para que *se ablande*. この肉は軟らかくなるまで1時間煮る必要がある. ❸ ひるむ, おじける.

ablande [aβlánde] 男〖アルゼンチン, ウルグアイ〗《自動車》慣らし運転.

ablativo [aβlatíβo] 男《文法》奪格(起点からの分離・原因・手段などを表す). — ～ absoluto 絶対奪格, 独立奪格.

ablución [aβluθjón] 女 ❶ 身体を洗うこと, 沐浴(ﾓｸﾖｸ). — Este niño es poco amigo de ～. この子はあまり身体を洗うのが好きではない. ❷ *(a)*《宗教》みそぎ, 洗浄. *(b)*《カトリック》洗浄(ミサで司祭が指と聖杯を洗い清めること). *(c)*《カトリック》複 洗浄に用いた水とブドウ酒.

ablusado, da [aβlusáðo, ða] [<blusa] 形 (服が)だぶだぶの, ゆとりのある. — Le gusta llevar camisas *ablusadas*. 彼はゆったりしたシャツを着るのが好きだ.

*__abnegación__ [aβneɣaθjón] 女 自己犠牲, 献身, 自制, 克己. — Aquel acto de ～ nos conmovió profundamente. あの献身的な行為に私たちは深く感動した. Aceptó la enfermedad con ～. 彼はその病気を甘受した. 類**generosidad**. 反**egoísmo**.

abnegado, da [aβneɣáðo, ða] 形 献身的な, 犠牲的な.

abnegarse [aβneɣárse] [**4.4**] 再 自己を犠牲にする.

abobado, da [aβoβáðo, ða] [<bobo] 形 ばかみたいな, 愚鈍な, ぼけっとした. — El niño, ～, contemplaba el escaparate de la juguetería. その子はぼけっとしておもちゃ屋のショーウインドーを眺めていた.

abobamiento [aβoβamjénto] 男 ❶ 唖然(ｱｾﾞﾝ)とさせる[となる]こと, 茫然(ﾎﾞｳ)自失. ❷ 愚かさ.

abobar [aβoβár] 他 ❶ (人)を唖然(ｱｾﾞﾝ)とさせる, 仰天させる. — Me *abobó* ver tanta gente en Tokio. 東京であまりにたくさんの人を見て私は唖然となった. ❷ (人)を愚鈍にする, 鈍らせる. 類**embobar**.

abocado, da [aβokáðo, ða] [<boca] 形 ❶ (辛口と甘口を混ぜた)口あたりのよい(ブドウ酒). ❷〖+a〗(危険など)にさらされた, を運命づけられた. — Este gobierno está ～ *a* una crisis. この政府は

危機にひんしている.

abocar [aβokár] [1.1] 他 ❶ (何か)を口にくわえる. ❷ [+en] (他の容器へ容器の中身を)(口から口へ)注ぐ, 移す. —*Abocó en* la cantimplora el vino de la botella. 口を合わせてびんのワインを水筒へ移した. ❸ [+a] を…に近づける. —*Abocó* el equipaje *a* la entrada. 荷物を入口に近づけた.
— 自 《海事》[+en] (船が海峡などに)入る.
—**se** ❶ (商談などのために)集まる, 会合する. —Los líderes sindicales *se abocaron* en un hotel para discutir la convocatoria de una huelga. 労働組合のリーダーたちはストの召集を討議するためにホテルに集まった.

abocardado, da [aβokarðáðo, ða] 形 口の広がった, ラッパ形の(主に火器に用いる). 類 **abocinado**.

abocardar [aβokarðár] 他 (管などの)口を広げる.

abocetado, da [aβoθetáðo, ða] [<boceto] 形 素描的な, (絵について)素描した.

abocetar [aβoθetár] 他 素描する, 下絵をかく.

abochornado, da [aβotʃornáðo, ða] 形 ❶ のぼせた. ❷ 赤面した. 類 **confundido, confuso**.

abochornar [aβotʃornár] [<bochorno] 他 ❶ (暑さが)(人)を上気させる, のぼせさせる. —Baja la calefacción, que nos va a ~ a todos. 暖房を弱めてくれ, 我々は皆のぼせてしまうから. ❷ (人)を赤面させる, 恥をかかせる. 類 **avergonzar**.
—**se** 再 ❶ [+de/por] (物・人のこと)で赤面する, 恥ずかしく思う. —*Se abochornó por* la actitud de su marido en la fiesta. パーティーでの夫の態度で彼女は恥ずかしくなった. 類 **avergonzarse**. ❷ 《農業》(暑さで植物が)焼ける, 枯れる.

abocinado, da [aβoθináðo, ða] 形 ❶ ラッパ形の, ❷ 《馬術》(馬が)前かがみに歩く. ❸ 《建築》(アーチなどが)扁円の, 低半円の. —arco ~ 分円アーチ.

abocinar [aβoθinár] [<bocina] 他 (管などを)ラッパ状に広げる.

abofetear [aβofeteár] 他 (人)の頬を張る[たたく].

abogacía [aβoɣaθía] 女 弁護士業. —ejercer la ~ 弁護士業を営む.

abogaderas, abogaderías [aβoɣaðeras, aβoɣaðerías] 女 複 《中南米》屁(へ)理屈.

abogado, da [aβoɣáðo, ða] アボガド, ダ [abogadoは女性にも使われる] 图 ❶ 《法律》弁護士[人], 法律家**. —bufete de ~ 弁護士事務所. ~ defensor 被告側弁護人. ~ de oficio [de pobre(s)] 国選弁護人. ~ del Estado 国側弁護人. ~ fiscal 検察官. ~ consultor 顧問弁護士. ~ demandante [de la acusación] 原告側弁護士. ~ criminalista [penalista] 刑事専門弁護士. ~ defensa [defensor] 被告側弁護士. ~ laboralista 労働問題専門弁護士. pasante ~ 見習い弁護士. ejercer [establecerse] de [como] ~ 弁護士を開業する. hacerse el ~ de... (人)の弁護人[擁護者]となる; 代弁する. recibirse de ~ 《中南米》弁護士の資格を得る. ~ de secano 三百代言; 知ったかぶりする人. 類 **defensor, jurista, letrado**. ❷ 仲裁者, 調停者. —Siempre soy yo el que hace de *abogada* en las peleas de mis hermanos. 兄弟喧嘩の仲裁役を務めるのはいつも私だ. 類 **intercesor, mediador**. ❸ 《比喩》弁護する人, 擁護者; 代弁者. ❹ 《宗教》守護聖人, 守り神. 類 **patrono**.

abogado del diablo (1) 《カトリック》列聖調査審問検事(悪魔の弁護人:聖人に列すべき候補者に不利な事実を述べる非難役) [= promotor de la fe]. (2) 《話》敢えて正論に異論を唱える人, 故意にけちをつける人, 天邪鬼(じゃき).

abogado de causas perdidas [de pleitos pobres] 《話, 軽蔑》勝ち目のない訴訟の弁護人.
— 女 弁護士の妻.

abogar [aβoɣár] [1.2] 自 ❶ [+a favor de/en favor de/por] (人)のために取りなす. —Este escritor *aboga* siempre *por* los marginados. この作家はいつも差別されている人たちの味方をする. 類 **interceder**. ❷ (訴訟で)弁護する.

abolengo [aβolénɡo] 男 ❶ (有名な)先祖, 祖先. —de rancio ~ 古くから続いている家系の, 旧家の. 類 **alcurnia, estirpe, linaje**. ❷ 《法律》世襲財産.

abolición [aβoliθjón] 女 (法律・習慣などの)廃止, 取消し. —la ~ de las armas nucleares 核兵器の廃絶.

abolicionismo [aβoliθjonísmo] 男 (特に奴隷制の)廃止論.

abolicionista [aβoliθjonísta] 形 (奴隷制などの)廃止論の.
— 男女 (奴隷制などの)廃止論者.

abolir [aβolír] 他 [欠如動詞. abolímos, abolís のように活用語尾に-i- の残る活用形だけ使われる] (法律・習慣など)を廃止する. —El nuevo gobierno ha decidido ~ la pena de muerte. 新政府は死刑を廃止することを決定した. 類 **anular, derogar, suprimir**.

abolladura [aβoʎaðúra] [<bollo] ❶ くぼみ, へこみ. ❷ (金・銀器などの)浮彫り.

abollar [aβoʎár] 他 ❶ (何かの表面)をくぼませる, でこぼこにする. ❷ (a) (金属)に浮彫りを施す. (b) (布)に丸いボ装飾をつける.

abolsado, da [aβolsáðo, ða] [<bolsa] 形 袋状の. —ojeras *abolsadas* 目の下のたるんだ隈(くま).

abolsarse [aβolsárse] 再 ❶ 袋状になる. —*Se le han abolsado* las ojeras y está muy fea. 彼女は目の隈(くま)がたるんできて, とても醜い. ❷ (壁紙などが)ふくらむ.

abombado, da [aβombáðo, ða] [<bomba] 形 ❶ 凸状の, 反った. ❷ 茫然となった. ❸ 《中南米》(a) 腐りかけた. —agua [carne] *abombada* 腐りかけた水[肉]. (b) 酔っぱらった.

abombar [aβombár] 他 ❶ を凸状にする, 反らせる. —La presión del agua *ha abombado* la compuerta. 水圧で扉が反ってしまった. 類 **combar**. ❷ を茫然とさせる, くらくらさせる. —El puñetazo me *abombó* la cabeza. 殴られて私は頭がぼうとなった. 類 **aturdir**.
—**se** 再 《中南米》❶ 腐りはじめる. ❷ 酔っぱらう. 類 **emborracharse**.

abominable [aβomináβle] 形 ❶ 嫌悪すべき, いまわしい. —crimen [costumbre] ~ いまわしい犯罪[風習]. 類 **aborrecible, detestable**. ❷ 不快な, 俗悪な. —Está haciendo un verano ~. 不快な夏だ. 類 **desagradable, molesto**. ❸ 質の

悪い. ❹ 巨大な.

abominación [aβominaθjón] 囡 嫌悪, 嫌悪すべきもの[こと].

abominar [aβominár] 他 を嫌悪する, 忌み嫌う, 憎む. ― 圊 〖+de〗を嫌悪する, 憎む. ― *Abomino de* la guerra. 私は戦争が大きらいだ.

abonado, da [aβonáðo, ða] 形 ❶ (金銭的に)信用されている. ❷ (土地が)施肥[に適]している. ― *terreno mal* ～ 施肥が足りない土地. ❸ 予約[加入]している.
― 图 (新聞などの)予約[定期]購読者, (ガス, 水道などの)利用者, (電話などの)加入者, 定期会員.
― 男 《農業》施肥.

abonanzar [aβonanθár] [**1.3**] (<bonanza) 圊 (天気が)回復する, (嵐などが)静まる.

*__abonar__ [aβonár] (<bueno) 他 ❶ (*a*) を保証する, …の保証人を引受ける, 保証人となる. ― *Las investigaciones abonan* la sospecha de asesinato. 捜査によって殺人容疑が裏付けされている. (*b*) を良しとする, 是認する. ― *Le creímos porque la abonaba* su reconocida sinceridad. 彼がまじめなことはよく知られていたので, われわれは彼を信用した. 類 **avalar**. ❷ (*a*) を決済する, 支払う. ―*Abonó* cien euros por el arreglo de la televisión. 彼はテレビの修繕代として100ユーロ支払った. 類 **pagar**. (*b*) 入金する. ―*El importe de esta transferencia lo abonamos* en su cuenta. この振込額を貴口座に入金します. (*c*) 〖+en cuenta〗《商業》貸方勘定に記入する. 反 **cargar**. ❸ 〖+a を〗(人)のために予約する. ― *Mi padre me abonó a* esa revista. 父はその雑誌の購買を私のために予約してくれた. ❹ (土地)に肥料をやる, 施肥する. ― ～ *los campos* de trigo 小麦畑に肥料をやる.
― 圊 (風)なぐ, (しけなどが)静まる.
― *se* 再 〖+a 芝居など〗前売券を買う, (新聞・雑誌などの)定期購読の申込をする. ―～*se a la televisión por cable* ケーブル・テレビの申込をする. *Me he abonado a la temporada de ópera*. 私はオペラ・シーズンの通しの前売券を手に入れた.

abonaré [aβonaré] 男 《商業》約束手形〖もとは abonar の直説法未来1人称単数形〗. 類 **pagaré**.

*__abono__ [aβóno] 男 ❶ (新聞・雑誌などの)定期購読の申込み, 予約購読(料), (催し物などの)予約申込み, 予約(金). ― pagar el ～ a una revista 雑誌の定期購読料を払う. tomar un ～ a una revista 雑誌の定期購読を申込む. 類 **suscripción**. ❷ (演劇・コンサート・闘牛・スポーツなどの)定期入場券, シーズンチケット, 回数券; 会員証. ― *Ya están a la venta los ～s de temporada para la feria taurina*. 闘牛祭のシーズンチケットがもう売り出されている. ❸ (鉄道などの)定期券, 回数券. ― ～ *del autobús [del metro]* バス[地下鉄]の定期券. billete de ～ 定期券. 類 **bono**. ❹ 支払い; 〖中米〗〖話〗分割払い. ― ～ mensual 月々の支払い. ～ parcial 分割払い. realizar el ～ del recibo de la comunidad 町会費を払う. *Muchos socios se han negado a hacer* el ～ de la cuota. 多くの会員は会費の支払いを拒んだ. en [por] ～s 分割払いで(＝ a plazos). 類 **pago**. ❺ (電気・水道などの)支払い金, 料金; (月額)分割払い金. ― ～ de la tarifa del gas ガス料金. ～ de la luz 電気料金. ❻ 《簿記》貸方記入. ― ～ en cuenta 貸方. nota de ～ 貸方票. Procede-

remos al ～ de intereses en su cuenta. 利子はあなたの口座に振込みます. ❼ 《農業》肥料, 堆肥; 施肥. ― ～ orgánico 有機肥料. ～ mineral [inorgánico] 無機肥料. ～ químico [artificial] 化学肥料. ～ natural 天然肥料. ～ en verde 緑肥. ～ nitrogenados 窒素肥料. echar ～ a los rosales del jardín 庭のバラに肥料をやる. 類 **fertilizante**. ❽ 《商業》保証金, 内金(＝ ～ *a cuenta*). 類 **fianza, garantía**. ❾ 改善, 改良. 類 **mejora**.
en abono de … (学説などの)裏付け[証拠]として.
ser de abono para … (人)のためになる, 有効である.

aboquillar [aβokiʎár] (<boquilla) 他 ❶ (物)に吸い口をつける. ❷ 《建築》(管など)の口を広げる. ❸ 《建築》(木材・石材など)の角(稜)をとる, 面取りする. 類 **achaflanar**.

abordable [aβorðáβle] (<borde) 形 ❶ (場所が)近づくことのできる. ❷ (問題など)取り扱うことのできる. ― *Esta cuestión no es* ～ por ahora. この問題は今のところ取り組むことができない. ❸ (人が)近づきやすい, 愛想のよい. ―*una persona alegre y* ～ 陽気で親しみやすい人. ❹ (値段が)手ごろな.

*__abordaje__ [aβorðáxe] 男 (<borde) ❶《海事, 軍事》(敵船などに)乗込むこと, 接舷; (船との)衝突, 衝突. ―*El capitán dio la orden de* ～. 船長は敵船への接舷命令を出した. La habilidad de los dos capitanes evitó un peligroso ～. 2人の船長の腕のよさで危険な衝突が回避された. ❷ (難しいテーマ・問題に)取組むこと, アプローチ; (人への)接近. ―*El* ～ de ciertos temas tabúes causó una reacción inmediata. あるタブーへのテーマに取組んで直ちに反発を招いた. ❸ 接岸, 入港. ❹〖中南米〗(乗り物に)乗ること.
al abordaje (1) 〖entrar, saltar, pasar, tomar などと共に〗接舷して. tomar [saltar, entrar, pasar] *al abordaje* (攻撃のために)敵船に乗込み, 敵船に接舷して攻撃する. (2) *¡Al abordaje!* 敵船に接舷せよ〖命令〗.

*__abordar__ [aβorðár] (<bordo) 他 ❶ (難問・難題)に取り組む, (問題)を取り上げる. ―Se *abordó* el tema de la pena de muerte. 死刑の問題が取上げられた. ❷ (ある目的をもって, 人)に近づく. ―*Los periodistas abordaron* a la actriz a la salida del hotel. 記者たちはホテルの出口で女優に接近した. 類 **acercarse**. ❸ 《海事》(他の船など)に接触する, 接舷する, 横づける. ― ～ *un avión* [*un barco, un tren*] 他の飛行機[船, 列車]に接触する. ❹ (船)を接岸させる.
― 圊 入港する, 接岸する; 漂着する. ―*Robinson abordó* en una isla desierta. ロビンソンはある無人島に漂着した.

aborigen [aβoríxen] (<ab-+origen) 形〖複 *aborígenes*〗(人が)先住の, 原住の, 土着の, (動植物など)土産(さん)の. ― 男女 先住民, 土着民. ―男女 複 先住民, 原住民, 土着民.

*__aborrecer__ [aβoreθér] [**9.1**] 他 ❶ (人・物)を嫌う, 憎む, 忌み嫌う. ―*Aborrece* a su propia madre. 彼は自分自身の母親を嫌っている. *Me encanta el vino pero aborrezco* la cerveza. 私はワインは大好きだが, ビールは大嫌いだ. 類 **detestar, no gustar, odiar**. 反 **amar, querer**. ❷ (動物が

aborrecible [aβoreθíβle] 形 嫌悪すべき, 忌わしい.

aborrecido, da [aβoreθíðo, ða] 形 ❶ 嫌われた. ❷ (人が)退屈した, うんざりした.

aborrecimiento [aβoreθimjénto] 男 ❶ 嫌悪, 反感. ❷ 倦怠(けんたい), 退屈.

aborregado, da [aβoreɣáðo, ða] 形 ❶ (空が)白いまだら雲[うろこ雲]で覆われた. ❷ (人が)付和雷同的の, 自主性のない.

abortar [aβortár] 自 ❶ 流産する, 妊娠中絶する. ❷ (計画などが)失敗する, 挫折する. —El golpe de estado *abortó* por falta de apoyo popular. クーデターは民衆の支持がなかったため失敗した. 類 **fracasar, malograrse**. ❸ (植物などが)発育不全になる.

abortivo, va [aβortíβo, βa] 形 ❶ 流産の, 月足らずの. ❷ 流産を起こさせる. ── 男 堕胎薬.

aborto [aβórto] 男 ❶ 流産, 妊娠中絶. —~ provocado 人工流産, 堕胎. ~ inminente [habitual] 切迫[習慣性]流産. ❷ (計画などの)失敗, 挫折. —Una traición provocó el ~ de la conjura. 裏切りで陰謀が失敗した. ❸ (植物などの)発育不全.

abota(r)gado, da [aβotaɣáðo, ða] 形 (身体・器官が)腫(は)れた, むくんだ.

abota(r)gamiento [aβotaɣamjénto] 男 (身体・器官の)腫(は)れ, むくみ.

abota(r)garse [aβotaɣárse] [1.2] 再 (身体またはその一部が)腫(は)れる, むくむ, ふくれる.

abotonador [aβotonaðór] [<botón] 男 ボタンかけ(靴などのボタンをかける時に用いるホック).

abotonar [aβotonár] 他 (衣服)のボタンをかける. ── 自 (植物が)芽を出す. —Los rosales han comenzado a ~. バラの木が芽を出しはじめた.

abovedado, da [aβoβeðáðo, ða] 形 ❶ アーチ形天井の. ❷ アーチ形の, 弓なりの.

abovedar [aβoβeðár] [<bóveda] 他 ❶ …にアーチ形天井[穹窿(きゅうりゅう)]を作る. ❷ (何かを)アーチ形にする.

aboyar [aβojár] [<boya] [海事] …に浮標[ブイ]を設ける. ── 自 ❶ 水面に浮ぶ. —Restos del avión siniestrado *aboyaban* esparcidos por varios kilómetros. 事故に遭った飛行機の残骸が何キロにも渡って散乱して水面を漂っていた. 類 **boyar, flotar**.

abozalar [aβoθalár] [<bozal] 他 (犬など)に口籠(くつこ)をはめる.

abr. 《略号》=abril 4月.

abra [áβra] 女 ❶ 小さな湾. ❷ (山間の)開けた土地. ❸ (土地の)亀裂. ❹《造船》(帆柱間の)隔たり, 距離. ❺【中南米】峠.

abracadabra [aβrakaðáβra] 男 アブラカダブラ. ▶病気よけなどの呪文で, 逆三角形になるようにABRACADABRAの文字を配列する.

abracadabrante [aβrakaðaβránte] 形 奇妙な, ちんぷんかんぷんな, わけのわからない. 類 **extraño, sorprendente**.

abrace(-) [aβraθe(-)] 動 abrazar の接・現在.

abracé [aβraθé] 動 abrazar の直・完了過去・1単.

abrasado, da [aβrasáðo, ða] [<brasa] 形 ❶ 焼けた. ❷ 熱い. ❸ (情熱などに)燃えた.

abrasador, dora [aβrasaðór, ðóra] 形 ❶ 焼ける[焼きつく]ような. —Caía un sol ~. 灼熱(しゃくねつ)の太陽がそそいでいた. ❷ 熱烈な, 激しい. —Siente una pasión *abrasadora* por las carreras de caballos. 彼は競馬に激しい熱情を感じている.

:**abrasar** [aβrasár] [<brasa] 他 ❶ (火・熱などが)を焼く, 焼きつくす, 灰にする. —El incendio *ha abrasado* el bosque. 火事で森が焼けた. 類 **quemar**. ❷ を焼けるような感じにさせる, …にひりひりさせる. —No tomes aún el caldo, que te *abrasará* la garganta. まだスープを飲むな, のどがやけどしそうだから. Aquel guiso estaba tan picante que *abrasaba* el estómago. あのシチューはとても辛かったので, 胃が焼けつきそうになった. ❸ (感情などを)燃え立たせる, じりじり(かっかと)させる. —Los celos la *abrasaban*. 彼女は嫉妬で燃え上がっていた. ❹ (暑さ・寒さで植物)を枯らす, しおれさせる. —Las heladas *abrasaron* los manzanos. 霜でリンゴの木が枯れた. 類 **marchitar**. ❺ (財産)を浪費する. 類 **despilfarrar**.

── 自 焼け焦げしそうである, 熱くて焼けそうである. —El caldo *está abrasando*. スープはやけどするくらい熱い. 類 **quemar**.

── se 再 ❶ 焼ける, 焦げる, やけどする. —Me olvidé del guisado y *se me abrasó*. 私はシチューを火にかけたのを忘れ, 焦がしてしまった. Al intentar salvar a su madre, *se abrasó* las piernas. 母親を救助しようとして彼は両脚にやけどをした. ❷ [+de/en で] 身を焦がす, 身悶えする; 熱くて焼けそうになる. —~ *se en* [*de*] amor [odio] 愛情[憎悪]で身を焦がす. En aquel cuarto *me abrasaba de* calor. あの部屋で私は暑くて焼けそうになった.

abrasión [aβrasjón] 女 ❶ 磨耗, すりへること. ❷《地学》浸食(風食, 海食など). ❸《医学》表皮剥脱. —~ corneal 角膜剥離.

abrasivo, va [aβrasíβo, βa] 形 研磨用の. —papel ~ 紙やすり. ── 男 研磨剤.

abrazadera [aβraθaðéra] 女 ❶ 物を囲むように止める器具(はめ輪・首輪・鉄たがなど). ❷《印刷》大括弧({ }), 角括弧([ ]).

abrazamiento [aβraθamjénto] [<brazo] 男 抱きしめること, 抱擁.

:**abrazar** [aβraθár アブラサル] [1.3] [<brazo] 他 ❶ (*a*) (人)を抱く, 抱擁する. —*Abrazó* emocionada a su amiga. 彼女は感動のあまり彼女の友だちを抱擁した. (*b*) をかかえる, かかえ込む, …に手を回す. —El niño puede ~ ese haz de leña. 子どもはそのまきの束をかかえられる. (*c*) (ツタなどが)…に巻きつく. —La yedra *abrazaba* el viejo tronco. ツタが古い木の幹に巻きついていた. ❷ を含む, 包含する, 包括する. —El siglo de oro *abraza* unos cien años. 黄金世紀はおよそ100年を含んでいる. 類 **incluir**. ❸ (主義など)を奉じる, 信奉する, 標榜(ひょうぼう)する. —Los indígenas *abrazaron* el cristianismo. 先住民はキリスト教を信奉した. 類 **admitir, adoptar, seguir**. ❹ (職務など)を引受ける, 担当する. —~ un negocio 取引を担当する.

── se 再 ❶ [+a で] 抱きつく, しがみつく. —La niña *se abrazó a* su madre. 女の子は母親に抱きついた. *Se abrazó a* una roca para que no le arrastrara la corriente. 彼は水の流れに押し流さ

れないように岩にしがみついた. ❷ 抱き合う, 抱擁し合う. —Los dos *nos abrazamos* muy emocionados. われわれ二人はとても感動して抱き合った.

abrazo [aβráθo アブラソ] 男 ❶ 抱擁, 抱きしめること. —dar un ～ 抱きしめる, 抱きしめる. Al despedirse se dieron un beso y un fuerte ～. 彼らは別れ時キスして強く抱き合った. ❷ (un～; ～s)(手紙, 電話)(親しい間柄での別れの挨拶・結辞)さようなら, お元気で; (第三者への挨拶)…によろしく. —Un (fuerte) ～ de …(手紙)…より愛を込めて. ¡Abrazos! ごきげんよう!(親しい人への手紙の結語). Te llamaré el sábado. Un ～. 土曜日に電話するよ.じゃ,また. (Dale) un fuerte ～ a tu madre de mi parte. おかあさんによろしく.

fundirse en un abrazo (2人が強く長く)抱き合う. Los dos *se fundieron en un* largo *abrazo*. 2人は長い間抱き合った.

abreboca [aβreβóka] 男女 《中南米》放心した人.

abrebotellas [aβreβotéjas] 男《単複同形》栓抜き. 類 **abridor**.

abrecartas [aβrekártas] 男《単複同形》(封を切るための)ペーパーナイフ.

ábrego [áβreɣo] 男 南風, 南西風.

abrelatas [aβrelátas] 男《単複同形》缶切り. 類 **abridor**.

abrevadero [aβreβaðéro] 男 (動物の)水飲み場.

abrevar [aβreβár] 他 ❶(家畜)に水を飲ませる. ❷(なめすために皮)を水につける. ❸(人にまずい飲み物)を飲ませる. —**se** 再 (家畜)が水を飲む.

abreviación [aβreβjaθjón] [＜breve] 女 ❶ (期間などを)短くすること, 短縮. ❷ (テキストなどの)要約. 類 **compendio**. ❸ 略語.

abreviadamente [aβreβjaðaménte] 副 概略的に, 簡単に.

abreviado, da [aβreβjáðo, ða] 形 ❶ (期間などが)短縮された, 短い. ❷ (論文・話などが)要約された, 簡略な. —diccionario ～ 小辞典.

*abreviar** [aβreβjár] [＜breve] 他 ❶ **短くする**, 縮める, 短縮する. —*Abrevió* su estancia en Londres. 彼はロンドン滞在期間を短縮した. Esta carretera *abreviará* la distancia entre las dos ciudades. この新ハイウェイは両都市間の距離を縮めるだろう. *Abrevia* un poco el artículo. 記事を少し短くしてまえ. 類 **reducir**. 反 **alargar, aumentar**. ❷ 早める, 急がせる. —Deberían ～ los trámites. 彼らは諸手続を急がなければならないだろう.

—自 ❶〔＋en を〕急ぐ. —*Abrevia*, que va a llover. 急ぎなさい, 雨が降りそうだから. *Abrevió* en su intervención quirúrgica. 彼は手術を急いだ. 類 **acelerar**.

*abreviatura** [aβreβjatúra] 女 ❶ 省略形, 短縮形, 略号. —"afmo." es la ～ de "afectísimo". afmo. は afectísimo の略語だ. 類 **abreviación**. ❷ 要約, 短縮. 類 **compendio, resumen**.

en abreviatura (1) 省略して, はしょって. (2) (話)急いで. 類 **compendio, resumen**.

abridor, dora [aβriðór, ðóra] 形 (物を)開ける(道具など). —máquina *abridora* (織物)開繊機. — 男 ❶ (植物)モモの一品種(種(さね)が割

れやすい. ❷ 接木用ナイフ. ❸ 穴空け用ピアス(女児のピアスの穴をあけたばかりの時に穴がふさがらないようにするために用いる金の輪). ❹ 缶切り. 類 **abrelatas**. ❺ 栓抜き. 類 **abrebotellas**. ❻ 版彫工(＝abridor de láminas).

abriga [aβríɣa] 女 →abrigadero①.

abrigadero [aβriɣaðéro] 男 ❶ 風などを防ぐ場所, 避難所. 類 **abrigo**. ❷《海事》(船を避難させる)波よけ場.

abrigado, da [aβriɣáðo, ða] 形 ❶ (風・寒さから)守られた. —El pueblo se asienta en un ～ valle. その村は風の当らない谷間に位置する. ❷ (寒さから)守られた. —Buscan una casa que esté *abrigada*. 彼らは暖かい家を探している. ❸ (人が寒さを防ぐために)着込んでいる; (着込んで)暖かく感じる. —Con este abrigo irás más ～. このコートを着れば君はもっと暖かくなるよ.

— 男 (風を防ぐ)場所. 類 **abrigo**.

abrigaño [aβriɣáɲo] 男 (風を防ぐ)場所, 避難所. 類 **abrigo**.

*abrigar** [aβriɣár] [1.2] 他 ❶ (a)〔＋de (悪天候など)から〕を**守る**, かばう, 保護する. —El gorro nos *abriga* la cabeza. 帽子はわれわれの頭を保護してくれる. Las montañas *abrigan* la ciudad de los vientos del norte. 山々がその都市を北風から守ってくれる. 類 **proteger**. (b)暖める, 暖かくする. —Esta chaqueta *abriga* mucho. この上着はとてもあたたかい. ❷ (考え・感情などを)抱く, 内に秘める. —Ese señor *abriga* malas intenciones. その人は悪い意図を内に秘めている. *Abriga* la esperanza de volver. 彼は戻れるという期待を抱いている. *Abrigo* la sospecha de que nos engaña. 彼は私たちをだますのではないかと私は疑いを抱いている.

—**se** 再 ❶〔＋de (悪天候など)から〕身を守る, 厚着をする. —*Me abrigué* con una zamarra. 私はジャンパーを着込んだ. *Abrígate* bien, que hace mucho frío. とても寒いから厚着をしなさい. *Nos abrigamos* de la lluvia en una cueva. 私たちは洞穴の中で雨をしのいだ.

abrigo [aβríɣo アブリゴ] 男 ❶ オーバー, コート, 外套. —ponerse el ～ de piel(es) [de visón] 毛皮[ミンク]のコートを着る. salir con [sin] ～ オーバーを着て[着ないで]出かける. 類 **gabán**. ❷ 防寒; (服による)暖かさ. —El mendigo utiliza los cartones como ～. 乞食は防寒用にダンボールを利用している. ❸ 援助, 庇護, 保護. —No encontré otro ～ que sus palabras de comprensión. 私には彼の理解の言葉以外に頼れるものが見当たらなかった. buscar ～ en los amigos 友人に助けを求める. 類 **amparo, auxilio, protección**. ❹ (風雨・寒暑・危険からの)避難所, 隠れ場, 隠れ場所, 退避所, 風待ち場. —un antiaéreo 防空壕. ～ antiatómico 核シェルター. buscar un ～ natural para resguardarse de la tormenta 嵐から身を守る自然避難所を探す. 類 **cobijo, refugio**. ❺《海事》(天然の)港, (船が退避する)入り江.《考古》(自然のあまり深くない)洞窟.

al abrigo de … (1)…に守られて, …の陰に. fugarse *al abrigo de* la noche 夜陰に紛れて逃げる. dormir *al abrigo de* un árbol 木陰で眠る. (2)(風・寒暑・危険など)を避けて, …から守られて.

12 abrigue(-)

de abrigo (1) 防寒の, 暖かい. *sacar la ropa de abrigo* 防寒着[防寒服]を取り出す. *Esta manta te será de mucho abrigo.* この毛布を掛ければ大変暖かくなるよ. (2)《話》ひどい, 大変な, 恐るべき; 本当の, 最高の. *un tonto de abrigo* ひどい馬鹿. (3)《話》危険な, 要注意の. *delincuente* [*elemento*] *de abrigo* 大変危険な犯罪者[やつ]. *La situación es de abrigo.* 状況は悪い.

abrigue(-) [aβriɣe(-)] 動 abrigar の接・現在.

abrigué [aβriɣé] 動 abrigar の直・完了過去・1単.

‡**abril** [aβríl] 男 ❶ 4月(略 abr.). —*En ~ suele llover mucho.* 4月はいつも雨が多い. ❷《比喩》青春, 青春時代. —*en el ~ de la vida* 青年期に, 青春時代に, 人生の春に. ❸ 圏《話》(特に若い女性について)…歳, 年齢, 年. —*muchacha de quince ~es* 15歳の少女. 類 **años**. *Abril, aguas mil.*【諺】4月は雨が多い. *Abril lluvioso, hace mayo florido y hermoso.*/*Abril lluvioso trae un mayo florido y hermoso.*【諺】4月に雨が多いと5月は花いっぱいで美しくなる. *parecer* [*estar hecho*] *un abril* 若くて美しい. *Para los años que tiene, mi abuelo está hecho un abril.* 私の祖父は年齢の割に若くて美男子である.

abrileño, ña [aβriléɲo, ɲa] 形 4月の, 4月らしい.

abrillantador, dora [aβriʎantaðór, ðóra] [<brillante] 形 つや出しの. —*pomada* [*crema*] *abrillantadora* つや出しのポマード[クリーム]. —男 ❶ 宝石細工師. ❷ (宝石用の)研磨器, 光沢剤.

abrillantar [aβriʎantár] 他 ❶ …に光沢を与える, を輝かせる. —*Busco un cepillo para ~ los zapatos.* 靴磨き用のブラシを探してる. ❷ (宝石・貴金属)をブリリアント・カットする. ❸ (文章・演説などを)華美にする, 飾る.

‡‡**abrir** [aβrír] アブリル [3.1] 他 ❶ (a) を開(ʰ)く, 開(ʱ)く. —*~ una puerta* [*un cajón*] 扉[引出し]を開ける. *~ el armario* タンスを開ける. *~ una lata de conservas* かん詰を開ける. *~ un abanico* 扇子を開く. *~ el grifo* 蛇口を開ける. *~ la llave del gas* ガス栓を開く. *El niño no podía ~ el paraguas.* その子は雨傘を開くことができなかった. (b)（掛け金などを)はずす. —*No consigo ~ el pestillo.* 私は留め金をはずせない. (c) (道などを)(切り)開く; (穴を)開ける, (溝を)掘る. —*~ un túnel en el bosque* 森の中に道を通す. *~ un camino en el bosque* 森の中に道を通す. *La policía iba abriendo paso.* 警官が道を開けさせようとしていた. 反 **cerrar**. ❷ (a) (両腕・両脚・指などを)広げる. —*~ las piernas* 両脚を開く. *Nos abrieron los brazos en señal de bienvenida.* 彼らは歓迎のしるしにわれわれに対して両腕を広げた. (b) (手)を差し伸べる. —*~ la mano* 手を差し伸べる. (c) (ハサミ・刃などを)広げる. —*~ unas tijeras* はさみを広げる. *~ una navaja* ナイフの刃を広げる. *~ las alas* 翼を広げる. 類 **desplegar**. ❸ (a) (折り目などを)切る, 切り開く. —*Abre las páginas de ese libro con esta plegadera.* このペーパーナイフでその本のページを切り開きなさい. (b) (果物などを)切る, 割る. —*Hay que ~ el melón para saber si está maduro.* メロンが熟れているかどうか知るためには切ってみなければならない. (c) (はれものなどを)切開する. —*~ un tumor* 腫瘍を切開する. ❹ (a)（営業・儀式などを)開始する, 開業する. —*~ un bar* バルを開店する. *el curso escolar* 開講する. *~ la autopista al tráfico* 高速道路を開通させる. *Por fin han abierto las negociaciones.* ようやく彼らは交渉を開始した. *A la una abren la sesión.* 議会の開会は1時だ. (b) (口座などを)開く, 開設する. —*~ una cuenta en un banco* 銀行に口座を開く. (c) …の先頭に立つ. —*Tres líderes políticos abrían la manifestación.* 3人の政治指導者がデモの先頭に立っていた. ❺ …に彫る, きざむ, 彫刻する. —*~ una lámina* 金属板に彫る. ❻ (欲望などを)そそる, 起こさせる. —*Este jarabe te abrirá el apetito.* このシロップは君の食欲をそそるだろうよ. *Aquella noticia abrió mi curiosidad.* あのニュースは私の好奇心をそそった. ❼ を開放する, 提供する.

—自 開(ʰ)く, 開(ʱ)く; 咲く. —*Los bancos abren las ocho.* 銀行は8時に開店する. *La dama de noche abre sólo por la noche.* ヤコウカの花は夜だけ咲く. *Este paraguas no abre bien.* この傘はうまく開かない.

—**se** 再 ❶ 開(ʰ)く, 開(ʱ)く. (a) 開く. —*Esta puerta se abre automáticamente.* このドアは自動的に開く. *Se abrió el telón y dio comienzo la obra.* 幕が上って, 芝居が始まった. (b)【+a/con に】本心を打明ける. —*Generalmente los hijos no se abren con sus padres.* 一般に子どもは両親には本心を打明けないものだ. (c)【+a/sobre (場所・方向)に】面している, 向いている. —*Mi cuarto se abre a un patio.* 私の部屋は中庭に面している. *Este balcón se abre a mediodía.* このバルコニーは南向きだ. (d) 晴れる. —*El día se abrió y empezó a lucir un sol espléndido.* 天気がよくなり, すばらしい太陽が輝きはじめた. (e) (花が)咲く. (f) 裂ける, 割れる. —*Se abrió la tierra a causa del seísmo.* 地震によって地割れがした. ❷ 広がる, 展開する; (軍隊が)散開する. —*Ante ella se abría un brillante porvenir.* 彼女の前には輝かしい未来が開けていた. ❸ (信号が)青になる. —*Un momento, aún no se ha abierto el disco.* ちょっと待って, 信号はまだ青になってないよ. ❹《話》立ち去る, 逃げ出す. —*Se abrieron para que no los detuvieran.* 彼らは捕らないように逃げてしまった.

abrochador [aβrotʃaðór] 男 (靴の)ボタンかけ. 類 **abotonador**.

‡**abrochar** [aβrotʃár] [<broche] 他 (衣服の)ボタン[ホック]をはめる, 留め金をする. —*~ la chaqueta al niño* 子どもに上着のボタンをはめてやる. 反 **desabrochar**.

—**se** 再 (自分の衣服の)ボタン[ホック]をはめる, シートベルトを締める. —*Apaguen los cigarrillos y abróchense los cinturones.* (飛行機の離・着陸時に)皆様, おタバコを消して, シートベルトをご着用ください.

abrogación [aβroɣaθión] 女《司法》(法令などの)廃止, 撤廃.

abrogar [aβroɣár] [1.2] 他《司法》(法令・規則などを)廃止[撤廃]する. —*~ una ley* 法令・廃止する. 類 **abolir, derogar, revocar**.

abrojal [aβroxál] 男 アザミ(abrojo)の生い

茂った土地.
abrojo [aβróxo] 男 《植物》アザミ.
abroncar [aβronkár] [1.1] [<bronca] 他 ❶ (人)を激しく叱る. ❷ (人)をやじる, ののしる. 類 **abuchear**. ❸《俗》(人)を赤面させる, (人)に恥をかかせる. 類 **abochornar, avergonzar**.
— **se** 再 ❶ 赤面する, 恥ずかしく感じる. ❷ 怒る, 不愉快になる.
abroquelado, da [aβrokeláðo, ða] 〔<broquel〕形 ❶ 盾形の. ❷《植物》(葉が)盾状の.
abroquelar [aβrokelár] 他 ❶《海事》(船首から風を受けるように帆)を操作する. ❷ を守る. 類 **defender, escudar, resguardar**.
— **se** 再 ❶〔+con〕(盾)で身を守る. ❷〔+con/de/en〕(攻撃や義務を回避するために)(何か)を盾に取る, 利用する. —Se abroquela en su condición de estudiante para no hacer la mili. 彼は兵役を逃れるために学生の身分を利用している. 類 **escudarse**.
abrótano [aβrótano] 男 《植物》サザンウッド, キダチヨモギ.
***abruma**dor, dora [aβrumaðór, ðóra] 形 ❶ 圧倒的な, 決定的な. —victoria abrumadora 決定的勝利. La propuesta fue aprobada por una mayoría abrumadora. その提案は圧倒的多数で承認された. ❷ 耐え難い, 打ちのめされるような. —trabajo 〜 苦しい仕事. calor 〜 ひどい暑さ. La visita a tantos templos resultó abrumadora. これほどたくさんの寺院を訪れるのは耐え難いものとなった.
***abrumar** [aβrumár] 他 ❶〔+con で〕を悩ませる, 困惑させる, 困らせる. —Aun los pequeños problemas le abruman. 小さな問題にも彼は悩まされている. Me abrumaban con sus atenciones. 彼らの親切は私にはありがた迷惑だった. ❷ …の重荷になる, 負担になる, うちひしがれる. —Cayó abrumado por el peso del saco que cargaba. 彼はかついでいた袋の重みに耐えかねて転んだ. La responsabilidad lo abruma. 責任が彼には重荷になっている.
***abrumarse** [aβrumárse] 再 霧で包まれる, もやでかすむ.
abrupto, ta [aβrúpto, ta] 形 ❶ (土地・道などが)険しい, 起伏のある. —camino 〜 険しい道. 類 **accidentado, escarpado**. ❷ ぞんざいな, 粗野な. —carácter 〜 粗野な性格. 類 **áspero, rudo, violento**.
abrutado, da [aβrutáðo, ða] 〔<bruto〕形 (話し方や態度が)粗野な, がさつな.
ab(s)- [aβ(s)-] 接頭 「分離; 過度」の意. —abdicar, abusar, abstraer.
absceso [aβsθéso] 男 《医学》膿瘍(のうよう).
abscisa [aβsθísa] 女 《幾何》横座標. 反 **ordenada** (縦座標).
abscisión [aβsθisjón] 女 ❶ (刃物による)切断. ❷ 中断.
absentismo [aβsentísmo] 男 ❶ 不在地主制. ❷ 欠勤, 欠席, 常習的[計画的]欠勤. —〜 laboral 欠勤率. tasa de 〜 欠勤率. 類 **ausentismo**.
absentista [aβsentísta] 形 ❶ 不在地主(制)の, 不在地主制を実践する. ❷ 常習的[計画的]に欠勤する.
— 男女 ❶ 不在地主. ❷ 常習的[計画的]欠勤者.
ábside [áβsiðe] 男/女 《建築》(教会の)後陣

— 男 《天文》(長円軌道の)長軸端. 類 **ápside**.
absidiola [aβsiðjóla] 女 《建築》(教会の)小後陣, 後陣礼拝堂. 類 **absidiolo**.
absidiolo [aβsiðjólo] 男 《建築》→absidiola.
absintio [aβsíntjo] 男 《植物》ニガヨモギ(アブサン酒の香りづけに用いる).
absolución [aβsoluθjón] 女 ❶ 赦免. ❷《カトリック》罪のゆるし, 免罪. —〜 sacramental (ゆるしの秘跡による)罪のゆるし. ❸《司法》免訴, 釈放. —〜 de la demanda 被告側の全面的な勝訴. 〜 libre 無罪宣告.
absoluta [aβsolúta] 女 ❶ 絶対的な肯定. ❷《軍事》兵役の全面免除.
‡**absolutamente** [aβsolútaménte] 副 ❶ 絶対に, 完全に. —Estoy 〜 de acuerdo con ustedes. 私はあなた方とまったく同意見だ. ❷ (否定的に)まったく, 全然. —¿No tienes miedo?-A〜. こわくない.-全然(こわくない).
absolutismo [aβsolutísmo] 男 《政治, 歴史》専制主義, 絶対主義, 絶対制.
absolutista [aβsolutísta] 形 《政治, 歴史》専制[絶対]主義の.
— 男女 《政治, 歴史》専制[絶対]主義者.
‡**absoluto, ta** [aβsolúto, ta] 形 ❶ 絶対的の, 絶対的な. —dieron 〜 絶対多数. mayoría absoluta 絶対多数. poder 〜 絶対的権力. valor 〜《数学》絶対値. lo 〜 絶対性. Tengo la absoluta certeza de que está mintiendo. 彼がうそをついていることについては絶対の確信がある. 反 **relativo**. ❷ 完全な, まったくの; 無制限の. —Permanecimos unos minutos en el más 〜 silencio. 私たちは数分間完全に沈黙していた. Nuestro apoyo al Presidente es 〜. 私たちは大統領を全面的に支持する. 類 **complemento, total**. ❸ 専制の; 専横な. —monarquía absoluta 絶対王制. Era un jefe 〜. 彼は押しつけがましい上役だった. ❹《文法》絶対的な; 独立の, 遊離した. —participio 〜 独立分詞. tiempo 〜 絶対時制.
en absoluto (否定的に)まったく, 全然. No me interesa en absoluto. 私はそれに全然関心がない. Sobre este tema no me considero en absoluto competente. その問題に関して私が能力があるとはまったく思っていない. ¿Le gustan los gatos?-En absoluto. ネコはお好きですか.-全然(好きではありません).
nada en absoluto 全然…ではない.
absolutorio, ria [aβsolutórjo, rja] 形 ❶《司法》(判決などが)免訴の, 放免の. ❷《カトリック》赦免の.
absolvederas [aβsolβeðéras] 女 複《カトリック》(聴罪師の)過度な寛大さ〔形容詞 buenas, grandes, bravas が前置されることがある〕.
‡**absolver** [aβsolβér] [5.2] 他 ❶ …に無罪を宣告する, を釈放する. —El tribunal absolvió al presunto asesino. 裁判所は殺人容疑者に無罪を宣告した. ❷《カトリック》〔+de (罪)〕…に赦(ゆる)す, 赦免する. —El Sacerdote tiene el poder de 〜 los pecados. 司祭は罪を赦す権限を有する. 類 **perdonar**. 反 **condenar**.
absorbencia [aβsorβénθja] 女 ❶ 吸収. → absorción. ❷《物理, 化学》吸収性[力].
‡**absorbente** [aβsorβénte] 形 ❶ 吸収する, 吸収力のある, 吸収性の. —La esponja es muy

absorber 14

スポンジは非常に吸収力がある. ❷ 夢中にさせるような; (人の)関心を[時間]を奪うような. — Es un trabajo ~ que consume todo mi tiempo. それは私の時間を全部とられてしまう仕事だ. ❸ 要求がましい, 専横な, 独占欲の強い.
—— 男 吸収材, 吸収剤; 脱脂綿. ~ higiénico 生理ナプキン.

:**absorber** [aβsorβér] 他 ❶ を吸収する, 吸い込む. — La sal *absorbe* el agua. 塩は水分を吸収する. Las plantas *absorben* oxígeno. 植物は酸素を吸収する. ~ las vibraciones 振動を吸収する. ❷ を吸い取る, 使い果たす, 消化する. — La construcción de la fábrica *absorbió* los beneficios. 工場建設によって利益がなくなってしまった. ❸ (*a*) (時間などを奪う, 取る. — La preparación del examen *absorbe* todo su tiempo. 試験の準備のため彼のすべての時間は奪われてしまう. (*b*) …の注目を引く, 心を捉える, を夢中にさせる. — La música le *absorbe* por completo. 音楽に彼は完全に夢中だ. 類**cautivar**. ❹ (企業を)吸収合併する.

absorción [aβsorθjón] 女 ❶ 吸収, 吸いこむこと. ❷ 摂取. ❸ 没頭, 無我夢中.

absorto, ta [aβsórto, ta] 形 ❶ [+en] (何か)に没頭した, 心を奪われた. ❷ 驚嘆した, 魅了された. 類**admirado, pasmado**.

abstemio, mia [aβstémjo, mja] 形 酒を飲まない, 禁酒している.
—— 名 酒を飲まない人, 禁酒している人.

abstención [aβstenθjón] 女 (行動を)自制すること, 棄権.

abstencionismo [aβstenθjonísmo] 男 棄権主義[論], 不介入の態度.

abstencionista [aβstenθjonísta] 形 棄権の, 棄権主義[論]の.
—— 男女 棄権者, 棄権主義[論]者.

abstendr- [aβstendr-] 動 abstenerse の未来, 過未来.

・**abstenerse** [aβstenérse] [10.8] 再 動 [+de を]断つ, 差し控える, つつしむ. — Deberías *abstenerte del* tabaco. 君は禁煙すべきだ. ~*se de* tomar carne 肉食を断つ. 類**contener**. ❷ 棄権する. — Un gran porcentaje de ciudadanos *se abstuvo* (*de* votar) en el referéndum. 国民投票では多数の割合の国民が棄権した.

abstenga(-) [aβstenga(-)] 動 abstener の接・現在.

abstengo [aβstengo] 動 abstener の直・現在・1 単.

abstien- [aβstjén-] 動 abstener の直・現在.

abstinencia [aβstinénθja] 女 ❶ (宗教的・道徳的・医学的理由による)禁欲, 節欲. ❷ 《カトリック》小斎(日を定めて鳥獣の肉を断つこと).

abstinente [aβstinénte] 形 ❶ 禁欲[節欲]している. ❷ 《カトリック》小斎を守る.
—— 男女 ❶ 禁欲家, 節制家. ❷ 《カトリック》小斎を守る人.

・**abstracción** [aβstrakθjón] 女 ❶ 抽象(化), 《文》抽象概念. ❷ 捨象, 除外. — hacer ~ de を除外する. ❸ 没頭, 物思いにふけること. — Le tocó el brazo para sacarlo de su ~. 彼が物思いから我に返るよう腕をつかんだ. 類**ensimismamiento**.

abstracto, ta [aβstrákto, ta] 形 ❶ 抽象的な, 抽象の. —lo ~ 抽象性. nombre ~ 抽象名詞. número ~ 《数学》無名数. El bien y la belleza son conceptos ~*s*. 善と美は抽象的概念である. 反**concreto**. ❷ 観念上の, 理論的な; (抽象的で)難解な. — Los alumnos no pueden seguir los ~*s* razonamientos del profesor. 生徒たちは先生の抽象的な論法について行けない. ❸ 《美術》抽象(派)の. — arte ~ 抽象芸術. pintura *abstracta* 抽象絵画. escultor ~ 抽象派の彫刻家.

en abstracto 抽象的に, 純理論上. Es conveniente presentar la cuestión *en abstracto*. 問題を一般論として提示するのが適当である.

・**abstraer** [aβstraér] [10.4] 他 ❶ を抜き出す, 抽象する. — ~ las ideas principales de cada clase それぞれの種類の主要な概念を抜き出す. ❷ (ものを)抽象的に考える. — El filósofo posee la facultad de ~. 哲学者はものごとを抽象的に考える能力を有する.
—— 自 [+de を]忘れ去る, 無視する. — ~ de considerar la naturaleza de las cosas 物事の本質を考慮に入れていない. 類**prescindir**.
—— **se** 再 [+de を]忘れ去る, 無視する. — Traté de ~*me de* todo lo que me rodeaba. 私は自分を取囲んでいるものすべてを忘れようとつとめた.

abstraído, da [aβstraíðo, ða] 形 うわの空の, 放心した, ぼんやりした. — Estaba tan ~ la lectura que no comprendí lo que me dijo. あまり読書に打ち込んでいたので, 彼の言ったことがわからなかった. 類**absorto**.

abstraiga(-) [aβstraiɣa(-)] 動 abstraer の接・現在.

abstraigo [aβstráiɣo] 動 abstraer の直・現在・1 単.

abstraj- [aβstrax-] 動 abstraer の直・完了過去, 接・過去.

abstruso, sa [aβstrúso, sa] 形 難解な, 晦渋な. — una tesis larga y *abstrusa* 長くて難解な論文.

abstuv- [aβstuβ-] 動 abstener の直・完了過去, 接・過去.

absuelto, ta [aβswélto, ta] 過分 [<absolver] 釈放された, 赦免された.
—— 名 釈放された人.

absurdidad [aβsurðiðá(ð)] 女 ❶ ばかげたこと, 非常識. ❷ 理にかなわないこと, 不条理, 不合理. 類**absurdo**.

:**absurdo, da** [aβsúrðo, ða] 形 ❶ 不条理な, 不合理の. — Han llegado a conclusiones *absurdas*. 彼らは道理に合わない結論に達した. lo ~ 不条理, 不合理. ❷ ばかげた, おかしな, 非常識な. — Es ~ que pierdas esta oportunidad. 君がこの機会を逃すのは愚かなことだ. — Vamos, no seas ~. おい, ばかはやめろよ. 類**disparatado, incoherente, irracional**.
—— 男 ❶ 不条理, 不合理, ばかげたこと. — decir ~*s* ばかなことを言う. A mí eso me parece un ~. 私にはそれはばからしいことに思える. literatura del ~ 不条理文学.

abubilla [aβuβíja] 女 《鳥類》ヤツガシラ.

abuchear [aβutʃeár] 他 (聴衆が人)を野次(*やじ*)る, …に不満を表す. — El público *abucheó* al árbitro. 観客は審判を野次った.

abucheo [aβutʃéo] 男 野次(*やじ*), 野次ること. —

El orador fue acogido con un gran ~. 演説者はものすごい野次で迎えられた.

abuela [aβuéla アブエラ] 囡 ❶ 祖母, おばあさん. —abuela paterna [materna] 父方[母方]の祖母. tía ~ 大伯母, 大叔母. 類**yaya**. ❷《話》(一般に)年寄り, おばあさん, 老人. —Levántate para que se siente esta abuelita. 立って, こちらのおばあさんを座らせて. **anciano, viejo**. 反**joven, moza**. ❸《su ~, tu ~ の形で》〖否定・拒絶の強め〗絶対…しない. —La comida la va a hacer tu abuela. 食事を作るのはごめんだね.

¡Cuéntaselo a tu [la] abuela!/¡Que se lo cuente a su [la] abuela!《話》うそつけ, そんなとあるものか!

no necesitar [no tener] abuela《皮肉》自慢し過ぎる. Con tanto autobombo, no necesitas abuela. 君, そんなに自画自賛して自慢してるぞ!

habérsele muerto su abuela →no necesitar [no tener] abuela.

¡Éramos pocos y parió mi abuela!《皮肉》(それでも十分なのに)もうたくさんだ!

abuelita [aβuelíta] [<abuela] 囡 ❶ おばあちゃん. ❷〖チリ〗(幼児用の)帽子(紐で下で結んで固定する). ❸〖コロンビア〗揺りかご.

abuelo [aβuélo アブエロ] 男 ❶ 祖父, おじいさん. —abuelo paterno [materno] 父方[母方]の祖父. tío ~ 大伯父, 大叔父. 類**yayo**. ❷ 複 祖父母. —Los ~s cuidan de la niña mientras sus padres trabajan. 両親が働いている間祖父母は子供の面倒を見ている. ❸ 複 先祖. —salir de la tierra de los ~s 先祖伝来の土地を離れる. 類**antepasados**. ❹《話》(一般に)年寄り, 長老, 老人. —ayudar a cruzar la calle a un ~ お年寄りが道路を渡るのに手を貸す. 類**anciano, viejo**. 反**joven, mozo**. ❺《軍事》兵役期間が残り6か月を切った兵士, 古強者. ❻《主に複》《話》(女性の)襟足の(後れ)毛; 両鬢(びん)の巻き毛.

Quien no sabe de abuelo no sabe de bueno.《諺》祖父母は孫に優しい.

abuhardillado, da [aβuardiʎáðo, ða] [<buhardilla] 形 屋根裏部屋の, (天井が)傾いた. —cuarto ~ 屋根裏部屋.

abulense [aβulénse] 形 アビラ (Ávila) の.
— 男女 アビラ人.

abulia [aβúlja] 囡 意志・活力の欠如, 無気力.

abúlico, ca [aβúliko, ka] 形 無気力な, 意志の欠如した. —carácter ~ 無気力な性格.
— 名 無気力な人.

:**abultado, da** [aβultáðo, ða] 過分 形 [<bulto] ❶ かさばった, ふくらんだ. —paquete ~ かさばった小包. Llevaba bajo el brazo una *abultada* carpeta. 彼はぱんぱんにふくらんだ紙挟みを小脇に抱えていた. 類**grande, grueso**. ❷《スポーツ, 選挙》大きな, 完全な. —sufrir una *abultada* derrota 完敗を喫する. una *abultada* victoria 大勝.

abultamiento [aβultamjénto] [<bulto] 男
❶ かさばること. ❷ ふくらみ, 出っ張り. ❸ 誇張.

abultar [aβultár] 他 ❶ …の空間を占領する, をふくらませる, かさばらせる. —El niño, aburrido, *abultaba* las mejillas llenándolas de aire. その子は退屈してほっぺを空気でふくらませていた. ❷ (ある事柄の重要性)を誇張する. 類**encarecer, exagerar, ponderar**.
— 自 ふくらむ, かさばる.

abundamiento [aβundamjénto] 男 → abundancia.

a mayor abundamiento その上, さらに.

:**abundancia** [aβundánθja] 囡 ❶ 豊富, たくさん, 多量, 多数. —año de ~ 豊年. país de ~ 資源の豊かな国. En este barrio hay ~ de comercios. この界隈には店がたくさんある. 類**copiosidad**. 反**escasez**. ❷ 裕福, 富裕. —vivir en la ~ 裕福な暮らしをする. 類**opulencia, riqueza**. 反**estrechez, pobreza**. ❸《天文》(元素の)存在量.

cuerno de la abundancia《ギリシャ神話》豊饒(じょう)の角(つの)(→cornucopia).

De la abundancia del corazón habla la boca.《聖書》心からあふれることを口が語るものである(マタイによる福音書12:34).

en abundancia (1) 豊富に, 大量に, たくさん, あり余るほど. (2) 裕福に.

nadar [estar, vivir] en la bundancia 裕福に暮らす, 金があり余っている.

:**abundante** [aβundánte] 形 〖+en〗(物・人が)豊富な, 沢山の. —El río lleva agua ~. その川は水量が豊富だ. Es una región ~ *en* minerales. それは鉱物が豊富な地方だ.

:**abundar** [aβundár] 自 ❶ (*a*) …がたくさんある, 豊富である. —*Abunda* la naranja en España. スペインではオレンジが豊富である. (*b*) 〖+de/en に〗富む, 恵まれている. —La historia *abunda en* errores parecidos. 歴史には似たような誤りがたくさんある. El japonés actual *abunda en* anglicismos. 現代日本語には英語の外来語がたくさんある. ❷ 〖+en(意見など)を〗支持する, 賛同する, 固執する. —Él *abunda en* las opiniones de su profesor. 彼は先生の意見にいつも賛成だ.

Lo que abunda, no daña.《諺》多々ますます弁ず(一財産はいくらあっても害にはならない).

aburguesamiento [aβurɣesamjénto] [<burgués] 男 ブルジョワ化(すること).

aburguesarse [aβurɣesárse] 再 ブルジョワ化する, ブルジョワ(風)になる.

:**aburrido, da** [aβuříðo, ða] 過分 形 ❶ 〖estar+〗…に退屈している, うんざりしている. —Estoy muy ~. 私はひどく退屈している. Me tienes ~ con tus quejas. 君の愚痴に私はうんざりしている. Estoy ~ de sus bromas. 私は彼女のジョークにあきあきしている. Estoy ~ de pedírselo. もう彼にそれを頼むのはうんざりだ. 類**harto**. ❷ 〖ser+〗(映画や人間などが)退屈な. —La conferencia fue muy *aburrida*. 講演は本当に退屈だった.

aburrimiento [aβuřimjénto] 男 ❶ 退屈, 倦怠, 不快さ. —Los continuos bostezos del público evidenciaban su ~ de la conferencia. 聴衆の絶え間ない欠伸が講演の退屈さを示していた. ❷ 退屈なもの[こと], いやな[不快な]もの. —Este trabajo es un ~. この仕事は退屈だ.

:**aburrir** [aβuříř] 他 ❶ (人)を退屈させる, うんざりさせる; 当惑させる. —Esa obra me *aburría*. その作品は私には退屈だった. *Aburría* a cualquiera con sus prolijas historias. 彼の冗長な話にはどんな人でもうんざりするのだった. 類**cansar, fastidiar**. ❷ (時・金)を浪費する, 無駄遣いする.

—se 再 【+con/de/en に】…に退屈する、うんざりする、飽き飽きする。—*Me aburrí de esperarla y me marché.* 私は彼女を待ちくたびれて帰ってきた。*Se aburre con el fútbol.* 彼はサッカーには飽きている。

‡abusar [aβusár] 自 ❶【+de で】(*a*) 乱用する、悪用する。—*¿No estará usted abusando de su autoridad?* ひょっとしてあなたはご自分の権力を濫用しておいでではないしょうね。~ *de la bebida* [*del tabaco*] 酒を飲みすぎる[タバコを吸いすぎる]。(*b*) ほしいままにする、こき使う。—*Abusas de su hospitalidad.* 君は彼の手厚いもてなしに甘え過ぎだ。*Este restaurante tiene un buen servicio, pero abusa en los precios.* このレストランのサービスはよいが、値段が高すぎる。❷【+de で】(女性に)暴行する。—~ *de una menor* 未成年の少女に暴行する。

abusión [aβusjón] 女 ❶ 乱用、誤用。❷ 非常識、不合理。❸ 迷信。❹《修辞》濫喩(%)。

abusivo, va [aβusíβo, βa] 形 ❶ 不当な、限度を越えた。—*Los precios de la vivienda en las grandes ciudades son* ~*s.* 大都市の住宅の価格は度を越している。❷ (人の)権利を乱用する。

‡abuso [aβúso] 男 ❶ (職権・地位・人の好意などの)**乱用、悪用**、誤用、《法律》濫用。—*El* ~ *de superioridad por parte del jefe crea problemas en la empresa.* 上司による地位悪用が社内に問題を生んでいる。~ *de palabra* 言葉の濫用。❷ 使い過ぎ、食べ過ぎ、飲み過ぎ、乱用。—*El* ~ *de las grasas* [*de sal*] *es perjudicial para la salud.* 脂肪[塩分]の摂り過ぎは健康によくない。~ *de televisivo.* テレビの見すぎ。類 **exceso**、反 **moderación**。❸ (弱者などを)ひどく扱うこと、虐待、《法律》性的虐待、セクハラ、陵辱(½⅟)(= ~ *deshonesto*)。—~ ~ *sexual infantil* 性的幼児虐待。*Es un* ~ *cobrar quinientos yenes por un café.* コーヒー 1 杯の代金として 500 円請求するなんてひどい。❹ 弊害、悪習。—*suprimir los* ~*s* 弊害を無くする。

abuso de autoridad [*de poder*] 《法律》職権乱用、権力乱用、越権行為。*La oposición acusa al Gobierno de abuso de poder.* 野党は政府を権力乱用だと非難している。

abuso de confianza 背任、背信。*acusar a ... de abuso de confianza* (人)を背任罪に問う。

abuso de derecho 権利乱用。

abusos deshonestos [*sexuales*] 《法律》性的虐待、セクハラ、強制猥褻(½⅟)行為、陵辱(½⅟)。*La secretaria acusó a su jefe de abusos deshonestos.* 女性秘書は上司をセクハラで訴えた。

abusón, sona [aβusón, sóna] 形 (人が)度を越す、権利を乱用する、(好意などに)つけ込む。
—— 名 度を越してふるまう人、権利を乱用する人、(好意などに)つけ込む人。

abyección [aβjekθjón] 女 ❶ 卑劣[下劣]さ。類 **bajeza**、**vileza**。❷ 堕落、悲惨。

abyecto, ta [aβjékto, ta] 形 ❶ (人の行為や性格が)卑劣[下劣]な。— *ser* — 下劣な存在である。*comportamiento* — 卑劣な行い。類 **despreciable**、**rastrero**、**ruin**、**vil**。❷《まれ》屈辱的な、みじめな。

a/c《略号》❶ = a cargo (de)…気付け、…宛、…の責任[負担]で。❷ = a cuenta 内金として、先

払いで。❸ = al cuidado …気付け。

a.C.《略号》= antes de Cristo (西暦)紀元前、BC.

＊acá [aká アカ] 副 ❶ (空間的・時間的に)こへ、こちらへ[に]、こちらの方へ[に]。—*Ven* ~. ここへおいで。*Vente más para* ~. もっとこっちの方へ来いよ。*Vive del lado de* ~ *del río.* 彼は川のこちら側に住んでいる。*De Toledo para* ~ *todo es llanura.* トレドからこちらまでは平野だ。*más* ~ もっとこちらへ、*muy* ~ すぐ近くに。*Se marchó y no ha vuelto por* ~. 彼は出て行って、ここには戻って来ていない。類 **aquí**。反 **allá**。❷《話》(自分また自分の近くの人を指して)こちら。—*A* ~ *nos entendemos.* こちらはうまくいっている。*A* ~ *tiene mucha razón.* こっちの人の言うことはもっともだ【*acá* は話し手の方向または時点への移動または広がりを示すが、中南米では、*aquí* の代りに用いられることが多い】。

acá y allá あちこちに[で]。*Trabaja acá y allá sin empleo fijo.* 彼は定職もなくあちこちで働いている。

de acá para allá あちらこちらへ、あちこちと。*Siempre anda de acá para allá.* 彼はいつもあちこちと歩きまわっている。

de [*desde*] *... acá* …以来(今まで)。*De mayo acá no ha llovido.* 5 月以来雨が降っていない。*¿De cuándo acá lo empezó?* いつからそれを始めたんですか。

desde entonces [*de cuando*] *acá* それ以来、それ以降。*Desde entonces acá la vida en mi pueblo ha cambiado mucho.* その時以来村の生活は非常に変ってしまった。

＊acabado, da [akaβáðo, ða] 過分 形 ❶【*estar*+】終わっている。—*El trabajo tiene que estar* ~ *para el viernes.* この仕事は金曜日までに終わらなければならない。❷【*estar*+】熟達した; 完璧な。—*Son todos productos muy bien* ~*s.* みんなよく仕上がった製品だ。類 **completo**、**perfecto**。❸ 衰弱した; 傷んだ、使い古した。—*Lo encontré viejo y* ~. 彼は年をとって衰弱しているように見えた。*Políticamente está* ~. 彼は政治的にはもう先がない。
—— 男 仕上げ、仕上がり。—*El traje tiene defectos de* ~. そのスーツの仕上がりがよくない。

acabador, dora [akaβaðór, ðóra] 形 (何かを)仕上げる、終える。
—— 名 (何かを)仕上げるもの[人]、完成者。

acaballadero [akaβajaðéro] 〔<caballo〕男 ❶ (馬・ロバの)種馬場、種馬牧場。❷ 交尾期。

acaballado, da [akaβajáðo, ða] 形 (顔・鼻などが)馬に似た、馬のような。—*cara acaballada* 馬面(½⅟)。

acaballar [akaβajár] 他 ❶ (雄馬が雌馬と)交尾する。❷ (何かを)上にのせる。類 **encaballar**。

acaballonar [akaβajonár] 他 《農業》(大地に)畝(½)を作る。

acabamiento [akaβamjénto] 男 ❶ 完成、実現。❷ 終り、完了。❸ 死。

＊＊acabar [akaβár アカバル] 〔<cabo〕他 ❶ …を終える、終了させる。—*Todavía no he acabado el servicio militar.* 私はまだ兵役を終えていない。*Acabó sus días en su propia casa.* 彼は人生を自分の家で終えた。*Cuando acabó la carrera, se puso a trabajar.* 大学を終えると彼は働き始めた。類 **terminar**。反 **empezar**。

❷ を仕上げる, 完成する. — Por aquellos días yo estaba *acabando* el cuadro. あの頃私はその絵を完成していた. ❸ を食べ終える, 飲み終える; 使い切る. — El niño se levantó sin *acabar* la merienda. 男の子はおやつを食べ終えずに立ち上がった. ❹ を殺す.

── 自 ❶ 終わる, 終了する. — Las clases *acaban* en junio. 授業は6月に終る. Ese drama *acaba* bien. そのドラマはハッピーエンドで終る. Las espadas *acaban* en punta. 刀の端は切っ先(きっ)となっている. El camino *acaba* en una laguna. その道の先は沼になっている. (*b*) (愛情関係が)終る. — María y yo *hemos acabado* para siempre. マリアと私は永遠に別れることになった. ❷〖+con を〗終らせる, こわす, だめにする. — La diabetes *acabó* con su vida. 糖尿病で彼は命を失った. Los disgustos *acabaron* con ella. 悩みのために彼女はまいってしまった. *Acabó* con la merienda en un santiamén. 彼はたちまちのうちにおやつを平らげた. 類 **aniquilar, destruir, exterminar**. ❸〖+de+不定詞〗(*a*) …したばかりである〖現在完了形よりも現在に近い〗. — *Acabo* de ponerle un telegrama. 私はたったいま彼に電報を打ったばかりだ. (*b*)〖no を前に置いて婉曲表現〗どうも…できない, とうとう…しない. — No *acaba* de gustarnos la proposición. その申出はどうも私たちにはうれしいというわけにはまいりません. ❹〖+por+不定詞〗とうとう[最後に, ついに]…する. — Estoy seguro de que *acabará* por ceder. 私は彼が最後には譲歩してくれるだろうと確信している. ❺〖+現在分詞〗とうとう[最後に, ついに]…する. — Tras veinte años de matrimonio *acabamos aborreciéndonos*. 20年間の結婚生活ののちわれわれ夫婦は結局嫌いあうようになった. ❻ 死ぬ, 絶滅する.

¡acabara ya!/¡acabáramos (con ello)! やっとわかったそ.

de nunca acabar 際限のない, いつまでも終らない. Esta discusión es el cuento *de nunca acabar*. この議論はとても切りがない話だ.

¡hemos acabado! (相手の発言を止めようとして) そこまで!

── **se** 直 ❶ …が終わる, 終了する. ❷ …が尽きる; を使い切る. — *Se ha acabado* la sal. 塩が切れた. Se han acabado las vacaciones. 休暇が終った. ❸ …が死ぬ, 絶滅する. — Fue *acabándose* lentamente, roída por el cáncer. ガンにむしばまれて彼女はゆっくりと死に近づいていった.

se acabó (lo que se daba) 万事終わりだ, これで終った; (相手の発言を止めようとして) そこまで!

acabildar [akaβildár] 〖<cabildo〗他 (異なる意見)をまとめる.

acabóse [akaβóse] 男〖次の成句で〗

ser el acabóse 最悪である(災厄・不幸などを表す言い回し). Si continúa la sequía una semana más, *será el acabóse*. もう1週間日照りが続けば, 最悪の事態になるだろう.

acachetar [akatʃetár] 〖<cachete〗他 (闘牛の牛)に短剣でとどめを刺す.

acacia [akáθja] 女 ❶ 〘植物〙アカシア属の植物. — ～ blanca[falsa] ニセアカシア, ハリエンジュ. ❷ アカシア材.

‡**academia** [akaðémja] 女 ❶ (A～)〘科学者・芸術家・文学者などの〙**協会**, アカデミー, 学士院, 芸術院, 翰林(かん)院; 学会. — A～ de Ciencias Exactas, Físicas y Naturales 精密科学・物理学・自然科学アカデミー. Real A～ Española (de la Lengua) スペイン王立言語アカデミー(スペイン語を純化し確立し光輝を与えるために, 1714年にフェリーペ5世によって創設された). 類 **institución, sociedad**. ❷ (私立の各種)**専門学校**, 学院, 塾. — ～ de idiomas [de contabilidad, de música] 外国語[簿記, 音楽]学校. ～ de comercio ビジネススクール. ～ de peluquería [de baile] 理容[舞踊]学校. ～ de corte y confección 洋裁学校. ～ militar 陸軍士官学校. A～ General del Aire 空軍士官学校. ❸ (歴史, 哲学)アカデメイアの園(プラトン Platón が哲学を講じたアテナイ近郊の遊園), アカデメイア学派; プラトン哲学. ❹〘美術〙裸体画[裸像]の習作.

academicismo [akaðemiθísmo] 男 (美術・文芸の)伝統主義, 形式尊重, アカデミズム, 型にはまった作風.

‡**académico, ca** [akaðémiko, ka] 形 ❶ 学士院[芸術院]の, アカデミーの. — normas *académicas* アカデミーの規範. ❷ 大学の, 学術研究の, 学術的な. — título ～ 学位. expediente ～ 学業成績. El año ～ en Japón comienza en abril. 日本で学年が4月から始まる. ❸ (文体・様式が)伝統的な, 古典的な, 古めかしい. — pintura *académica* 正統的な絵画.

── 名 学士院[芸術院]会員, アカデミー会員. — ～ de número 学士院正会員. ～ correspondiente 学士院準会員.

acaecedero, ra [akaeθeðéro, ra] 形 (ある事が)起こりうる.

acaecer [akaeθér] [9.1] 自〘単人称動詞〙(事件などが)起こる. — Cerca de mi casa *acaeció* un accidente de tráfico. 私の家の近くで交通事故が起こった. 類 **ocurrir, pasar, suceder**.

acaecimiento [akaeθimjénto] 男 出来事, 事件.

acaezca- [akaéθka-] 動 acaecer の接・現在.

acaezco [akaéθko] 動 acaecer の直・現在・1単.

acahual [akauál] 男〘中南米〙〘植物〙ひまわりの一種(丈が高い雑草).

acalabrotar [akalaβrotár] 〖<calabrote〗他〘海事〙(綱)を三つよりにする, (3本の綱を太綱に)綯(な)い合せる.

acalambrarse [akalambrárse] 〖<calambre〗再 痙攣(けいれん)を起こす.

acalculia [akalkúlja] 女〘医学〙失算.

acalefo [akaléfo] 形 ハチクラゲ(類)の. ── 男 複 ハチクラゲ類.

acalenturarse [akalenturárse] 〖<calentura〗再 発熱する.

acallar [akaʎár] 他 ❶ (人)を黙らせる, (騒音)を静める. — La policía tuvo que intervenir para ～ a los que protestaban. 抗議している人たちを静めるために警察が介入しなければならなかった. ❷ (人)をなだめる, 落着かせる. ❸ (痛み)をやわらげる. 類 **aplacar, calmar**.

acaloradamente [akaloraðaménte] 〖<calor〗副 熱心に, 熱烈に. — discutir ～ 激しく議論をする.

acalorado, da [akaloráðo, ða] 形 ❶ (人が)とても興奮した, 激昂した. 類 **vehemente**. ❷ (討

論などが)熱気に満ちた.
acaloramiento [akaloramjénto] 男 ❶ 熱くなる[熱くする]こと. ❷ 熱中. ❸ 興奮, 激昂.
acalorar [akalorár] 他 ❶ を熱くする. ❷ (暑さなどが人)を赤くする, ほてらせる. —El vino le *acaloró* la cara. 彼はワインで顔が赤くなった. 類 **congestionar, sofocar**. ❸ (人)を怒らせる, 興奮させる. 類 **enfadar, excitar**.
——**se** ❶ (激しい運動などで)赤くなる, ほてる. 類 **sofocarse**. ❷ (話に)熱中する, (討論などで)興奮する. 類 **enardecerse, excitarse**.
acamar [akamár] 〔＜cama〕他 (風雨が作物を)なぎ倒す.
acampada [akampáða] 〔＜campo〕女 ❶ キャンプ(をすること), 野営. ❷ キャンプ地[場], 野営地.
acampanado, da [akampanáðo, ða] 形 鐘(ᵏᵃⁿᵉ)の形をした. —falda *acampanada* フレアスカート.
acampanar [akampanár] 〔＜campana〕他 を鐘(ᵏᵃⁿᵉ)の形にする.
acampar [akampár] 〔＜campo〕自 キャンプをする, (軍隊などが)野営する. —— 他 (軍隊を)野営させる. ——**se** 再 野営する.
acanalado, da [akanaláðo, ða] 〔＜canal〕形 ❶ 溝を通る. ❷ (建築, 土木)縦溝のある; (織物)畝(ᵘⁿᵉ)織りの. ❸ 長く反(ᵗᵉ)った形の. —uñas *acanaladas* 長く反った爪.
acanaladura [akanalaðúra] 女 〔建築〕(柱などの)縦溝, フルーティング.
acanalar [akanalár] 他 ❶ …に溝をつける. ❷ 〔建築〕(柱などに)溝彫りをする, 縦溝をつける.
acanallado, da [akanajáðo, ða] 〔＜canalla〕形 (人が)下劣な, いやしい.
acanelado, da [akaneláðo, ða] 〔＜canela〕形 肉桂色(薄茶色)の, 肉桂(シナモン)の風味の.
acantilado, da [akantiláðo, ða] 形 ❶ 切り立った, 急傾斜の. ❷ (海底が)階段状になった. —— 男 (主に海岸の)断崖, 絶壁.
acanto [akánto] 男 ❶ 〔植物〕アカンサス(南欧原産のゴマ/ハクサ科大型多年草). ❷ (コリント式柱頭の)アカンサス葉飾り.
acantonamiento [akantonamjénto] 〔＜cantón〕男 〔軍事〕❶ (部隊の)宿営. ❷ 宿営地.
acantonar [akantonár] 他 〔軍事〕(部隊を)宿営させる.
acantopterigios [akantopteríxjos] 男 複 〔魚類〕棘鰭(ᵏʸᵒᵏᵘᵏⁱ)類(背びれの棘が発達した魚. マグロ・カジキなど).
acaparador, dora [akaparaðór, ðóra] 形 ❶ (物を)買占める. ❷ 独り占めにする.
—— 名 ❶ 買占め人. ❷ 独占する人. —No seas ～ y deja algo para tus hermanos. 独り占めしないで君の兄弟に少し残しておきなさい.
acaparamiento [akaparamjénto] 男 買占め; 独占.
acaparar [akaparár] 他 ❶ (商品を)買占める. —Las grandes firmas *han acaparado* la cosecha de cebada. 大企業が収穫した大麦を買占めた. ❷ を独占する. —～ los títulos de los periódicos 新聞の見出しを独占する. ❸ (人の注目などを独り占めする, (時間などを)取る. —Ese diputado *acaparó* la atención de toda la audiencia. その議員は全聴衆の注目を独り占めにした.
acápite [akápite] 男 〔中南米〕段落. —punto ～ (書き物などで)ピリオドを打って, 行を変えること. 類 **párrafo**.
Acapulco [akapúlko] 固名 アカプルコ(メキシコの観光都市).
acaracolado, da [akarakoláðo, ða] 〔＜caracol〕形 カタツムリの形をした, らせん形の.
acaramelado, da [akarameláðo, ða] 〔＜caramelo〕形 ❶ カラメルを塗った. —turrón ～ カラメルのかかったトゥロン. ❷ (男女が)いちゃついた, べたべたした. ❸ (声などが)甘ったるい. —voz *acaramelada* 猫なで声.
acaramelar [akaramelár] 他 …にカラメルをかぶせる[塗る]. ——**se** 再 《俗》(恋人同士が)愛情を示し合う, いちゃつく. —A los cinco minutos ya *se habían acaramelado*. 二人は5分後にはもうべたべたしていた.
acardenalar [akarðenalár] 〔＜cardenal〕他 (人)にあざをつける.
——**se** 再 (皮膚に)紫色のあざができる.
acarear [akareár] 他 (人)を対決(対面)させる. →carear. ❷ 合致する, 対応する.
acariciador, dora [akariθjaðór, ðóra] 〔＜caricia〕形 ❶ 愛撫する. ❷ (人が)やさしい. ❸ (風などが)やさしく触れる, 心地よい.
—— 名 ❶ 愛撫する人. ❷ やさしい人.
:**acariciar** [akariθjár] 〔＜caricia〕他 ❶ (a) を愛撫する, 撫(ᵇᵘ)でる, そっとさわる. —Ella le *acaricia* la mano. 彼女は彼の手をそっと撫でている. La brisa *acariciaba* su rostro. そよ風が彼の顔を撫でていた. ～ las cuerdas de la guitarra ギターの弦に軽く触れる. (b) を愛撫する, …にやさしくする. ❷ (考えなど)を抱く, 内に秘める. —Desde hace tiempo *acaricia* el proyecto de abrir una sucursal en España. 彼はずっと以前からスペインに支店を開くという計画を持っている.
ácaro [ákaro] 男 ❶ 〔動物〕ダニ. ❷ 複 ダニ目.
acarreador, dora [akařeaðór, ðóra] 形 運搬する.
—— 名 ❶ 運搬人.
—— 男 (収穫した穀物を脱穀場に)運ぶ人.
acarreamiento [akařeamjénto] 男 →acarreo.
:**acarrear** [akařeár] 〔＜carro〕他 ❶ (不愉快なこと・損害)を引起こす, もたらす. —La sequía *acarreó* la ruina de la cosecha de trigo. 旱魃(ᵏᵃⁿᵇᵃᵗˢᵘ)によって小麦の収穫は壊滅状態になった. 類 **causar, ocasionar**. ❷ (a) を運ぶ. —Con los burros *acarreaban* la paja a los hogares. 彼らはロバでわらを家まで運んでいた. Estas son tierras de aluvión *acarreadas* por el río. これは川の氾濫によって運ばれた土だ. (b) を馬車で運ぶ.
Bien acarrea, pero mal empiedra. 〔諺〕金持金の使い道知らず(←彼は運び方はうまいが, 舗装の仕方はへただ).
***acarreo** [akařéo] 男 ❶ 運搬, 運送(費・料). —gastos [precio] de ～ 運送料. 類 **transporte**. ❷ 〔地質〕沖積, 堆積. —tierras [terrenos] de ～ 沖積土, 沖積層.
de acarreo (1) (風や流水によって)よそから運ばれてきた. Las materiales *de acarreo* han formado una pequeña isla en la desembocadura del río. 沖積堆積物で河口に小さな島ができた. (2) (作家・研究者などが)さまざまな情報源から得た, 寄せ集めの. Es un artículo escrito con mate-

riales *de acarreo*. その論文は寄せ集めの資料で書かれている.

acarton*ado, da* [akartonáðo, ða]〔＜*cartón*〕形 ❶ 厚紙のように固い. ❷ (人が)老いてやせた.

acartonarse [akartonárse] 再 ❶ 厚紙のように固くなる. —*El cutis del anciano pescador se ha acartonado con el sol y el viento marino*. 老いた漁師の顔の皮膚は日射しと海風で固くなっていた. ❷ (人が)老いてやせる. 類 **apergaminarse**.

‡acaso [akáso アカソ] 副 ❶ 〖文頭で〗ことによると, ひょっとすると, おそらく〖＋接続法, 時に直説法未来(完了)・過去未来(完了)〗. —*A ~ venga mi padre mañana*. もしかすると父は明日来るかもしれない. *A~ ella sintiera temor*. ひょっとすると彼女は怖がっていたかも知れない. *¿Se habrá herido?*-*A~*. 彼は負傷したんだろうか.-たぶんね. 類 **quizá, tal vez**. ❷〖疑問文の文頭で〗もしかして, ひょっとして〖＋直説法〗. —*¿A ~ hice algo que no debía?* もしかすると私はするべきではないことをしてしまったのだろうか. *¿A ~ no te lo he dicho mil veces?* もしかしてお前にくどいほど言わなかったとでも言うのかね.

por si acaso (1) もしかすると…かもしれないから〖＋直説法/接続法〗. *Llévate el abrigo, por si acaso hace frío*. もしかすると寒いかもしれないからコートを持って行きなさい. (2) 万一に備えて. *No le digas nada, por si acaso*. 万一ということもあるから彼には何も言うな.

si acaso (1) 万一……なら〖＋直説法/接続法〗. *Si acaso te falta dinero, avísame*. 万一金が足りない場合は知らせてくれ. (2) たとえそうであっても. *No sé si podré ir hoy; si acaso, a última hora*. 今日行けるかどうか分からない. 行けたとしても遅い時間になるよ. 類 **si acaso**.

—— 男 偶然(のこと). —*El — hizo que viajara en el avión siniestrado*. 偶然彼女は不運な飛行機に乗り合わせることになった. 類 **casualidad**.

al acaso 成り行き任せで. *No se puede dejar esta decisión al acaso*. この決定を成り行き任せにしておくべきではない.

acatadamente [akatáðamènte] 副 うやうやしく, 敬意をこめて.

acatamiento [akatamjénto] 男 ❶ 尊敬, 敬意. ❷ 尊重, (法などの)遵守. 類 **acato**.

acatar [akatár] 他 ❶ …に敬意を表わす. ❷ (法などの)遵守する, 尊重する. —*Los automovilistas deben ~ el código de la circulación*. 運転者は交通法規を遵守せねばならない. 類 **obedecer, someterse**. ❸〖中南米〗気づく.

acatarrar [akatařár]〔＜*catarro*〕他 (人に)風邪をひかせる. —— *se* 再 (人が)風邪をひく.

acato [akáto] 男 →*acatamiento*.

acaudal*ado, da* [akauðaláðo, ða]〔＜*caudal*〕形〖通常名詞の前に置く〗金持ちの, 資産家の. 類 **adinerado, pudiente, rico**.

acaudalar [akauðalár] 他 ❶ (金)をためこむ, (知識などを)蓄える. —*~ experiencias* 経験を積む. *~ conocimientos* 知識を蓄える. *Emigró a Brasil y acaudaló una gran fortuna*. 彼はブラジルに移住して莫大な財産を築いた. 類 **acumular, atesorar**.

acaudillar [akauðiʎár]〔＜*caudillo*〕他 (軍隊などを)指揮する, (政治運動などを)主導する. —*Ese general acaudilló el golpe de estado*. その

将軍がクーデターを指揮した. 類 **capitanear, dirigir**. —— *se* 再 (集団が)頭(かしら)・長を選ぶ.

acaule [akáule] 形〖植物〗茎が見えないほど短い, 無茎の.

‡acceder [akθeðér] 自 ❶〖＋*a* に〗同意する, 聞き入れる. —*Accedió de buen grado a mi petición*. 彼は快く私の頼みを聞き入れてくれた. *No accedió a concedernos una entrevista*. 彼は私たちに面会することを認めてくれなかった. 類 **consentir**. 反 **disentir, negar, rehusar**. ❷〖＋*a* に〗昇進する, (地位・状態に)達する. —*Accedió a la presidencia de la empresa*. 彼はその会社の社長に昇任した. *Han accedido a un mayor grado de bienestar*. 彼らはより安楽な生活水準に達した. ❸〖＋*a*(場所など)に〗(*a*) 接近する, 立入る. —*Por esta puerta se accede al dormitorio*. このドアから寝室に行ける. (*b*) 〖情報〗アクセスする. ❹〖＋*a* を〗入手する. —*~ a la propiedad* 所有権を手に入れる.

accesibilidad [akθesiβiliðà(ð)] 女 ❶ (場所への)到達の可能性, 近づきやすさ. ❷ 入手の可能性.

accesible [akθesíβle] 形 ❶ (場所が)到達[接近]することのできる, 入ることのできる. —*Esa cima sólo es ~ a alpinistas experimentados*. その頂上へはベテランの登山家だけが到達できる. 類 **alcanzable**. ❷ (物が)入手できる, 手の届く. 類 **asequible**. ❸ (概念が)理解できる. —*Es un programa ~ para los niños*. それは子供にも理解できる番組だ. 類 **comprensible**. ❹ (人が)愛想のよい, 気さくな. 類 **tratable**.

accesión [akθesjón] 女 ❶ 同意. ❷ 付属物. ❸〖医学〗(間欠熱の)発熱. ❹〖法学〗(*a*) 従物取得. (*b*) 取得従物. ❺ 性交, 交尾.

accésit [akθésit] 男〖コンクールなどの〗次席賞.

‡acceso [akθéso] 男 ❶〖＋*a*〗(建物・場所への)出入り, 立入り, 接近, 到達. —*~ prohibido* [*prohibido el ~*] 立入禁止. *~ al poder* 権力の座への到達[道]. *tener ~ al palacio* 王宮へ出入りできる. *Tiene libre ~ a la biblioteca municipal*. 市立図書館は自由に利用できる. 類 **entrada, paso**. 反 **salida**. ❷〖＋*a*〗入口, 出入口, 門, 通路. —*puerta de ~ al comedor* 食堂に通じるドア. *puerta de ~ al recinto* 境内への通用門. *Los terroristas entraron en la ciudad por un ~ no controlado por la policía*. テロリストたちは警察の検問がない入口から町に入った. 類 **entrada, paso**. 反 **salida**. ❸〖情報〗資料などに)接する便宜, 利用の権利. —*El tiene ~ a los documentos confidenciales*. 彼は機密文書を入手できる. ❹ (人との)接触, 面会. —*Sólo él tiene ~ directo al ministro*. 大臣に直接面会できるのは彼だけだ. ❺ (病気の)発作, (感情の)激発. —*tener* [*sufrir, darle a*] *un ~ de tos* 咳の発作に襲われる, 咳込む. *tener un ~ de celos* 嫉妬(や̀き)に燃える[癇癪(かんしゃく)を起こす]. 類 **ataque**. 反 **remisión**. ❻〖航空〗(滑走路への)進入(路). —*~ en un avión* 飛行機の進入路. ❼ 交接, 性交(*~ carnal*). ❽〖コンピュータ〗アクセス, ヒット. —*~ al azar* [*aleatorio*] ランダムアクセス. *~ directo* [*remoto*] ダイレクト[リモート・アクセス]. *~ secuencial* シーケンシャル・アクセス.

de fácil [*difícil*] *acceso* (1) 近づきやすい[に

い], とっつきやすい[にくい]. persona de fácil acceso [de difícil acceso] 親しみやすい[気難しい]人. (2) 入りやすい[にくい], 行きやすい[にくい]. lugar de difícil acceso 入りにくい場所. (3) 入手しやすい[にくい].

accesoria [akθesória] 囡 ❶ 付属建築物. ❷ (独立した入口のある)1階の部屋.

accesorio, ria [akθesórjo, rja] 形 付属の, 付随的な, 副次的な. ーgastos ～s 付随的な支出. puerta accesoria 脇戸, 通用門. 類**secundario**. ー男 ❶ (機械などの)付属品, アクセサリー. ー～s de automóvil 車の付属品. ～s de limpieza [cocina] 清掃[台所]用品. ～s (de) hogar 家庭用品. 類**utensilio**. ❷ 圏 《演劇》小道具.

accidentado, da [akθiðentáðo, ða] 形 ❶ 事故[トラブル]の多い, 波瀾にとんだ. ーTuvo una juventud muy accidentada. 彼はとても波瀾にとんだ青春時代を送った. ❷ (人・車などが)事故にあった. ーavión ～ 事故機. ❸ (土地が)起伏にとんだ. ーcamino ～ でこぼこ道. 類**abrupto, escabroso**. ー男 犠牲者.

‡**accidental** [akθiðentál] 形 ❶ 偶然の, 思いがけない, 意外な. ーFue totalmente ～ que nos conociéramos. 私たちが知り合ったのはまったくの偶然だった. 類**casual, ocasional**. ❷ 本質的でない, 付随的な. ーdato ～ 付随的な資料. 類**secundario**. ❸ 臨時の. ーalcalde ～ 市長代行. empleo ～ 臨時雇用.
ー男 《音楽》臨時記号.

accidentalidad [akθiðentaliða(ð)1] 囡 偶然性.

accidentar [akθiðentár] 他 (事故・トラブル)を起こす. ーse 再 ❶ 事故にあう. ❷ 気を失う.

‡**accidente** [akθiðénte アクシデンテ] 男 ❶ 事故, 災難, 災害. ー～ de tráfico [de (la) circulación] 交通事故. ～ aéreo [de aviación] 航空機事故. matarse en un ～ automovilístico [de coche] 自動車事故で亡くなる. sufrir un ～ 事故に遭う. causar un ～ 事故を起こす. ～ laboral [de(l) trabajo] 労働災害, 労災事故. seguro contra ～s 事故保険. ❷ 偶然(性), 非本質的なこと. ーFue un mero ～. それはほんの偶然だった. 類**azar, casualidad**. ❸ (哲学)偶有(性). ーEn la filosofía de Aristóteles, el concepto de "sustancia" aparece opuesto al de "～". アリストテレスの哲学では「実体」の概念は「偶有」の概念と対立している. 類**contingencia**. 反**esencia**. ❹ (土地の)起伏, でこぼこ(=～ geográfico). ー～s del terreno 土地の起伏. Este territorio no es llano, tiene muchos ～s. この地域は平らではなく起伏に富んでいる. 類**irregularidad**. ❺ 《文法》(性数・活用などの)語形変化(=～ gramatical). ーEn español los ～s gramaticales del nombre son el género y el número. スペイン語では名詞の語形変化は性と数である. 類**variación**. ❻ 《医学》失神, 気絶; 偶発症状, 余病. ーLe dio [Le sobrevino] un ～. 彼は失神した. 類**desmayo, síncope**. ❼ 《音楽》臨時記号(♯, ♭ など).
por [de] accidente (1) 偶然, たまたま(=por casualidad). (2) 事故で.

‡**acción** [akθjón アクシオン] 囡 ❶ 行動, 活動, 実行. ーponer ... en ～ … を実行に移す; 作動させる. hombre de ～ 行動的な人. campos de ～ 行動範囲. dejar sin ～ そのままにしておく. buena [mala] ～ 善行[悪行]. ～ de protesta [censurable] 抗議[非難に値する]行動. Es preciso pasar a la ～. 実行に移すことが重要だ. ❷ (a) 作用, 働き. ーEstudio la ～ del ácido sobre los metales. 金属に及ぼす酸の影響を研究している. (b) (天然現象などの)影響, 作用. ー～ de la erosión sobre las rocas. 岩に及ぼす侵食作用. ❸ (小説・映画などの)ストーリー, 筋. ーLa ～ de la película se desarrolla en México. 映画のストーリーはメキシコで展開する. ❹ 《商業》株権, 株式. ーHe invertido mis ahorros en ～es de una compañía. 貯金をある会社の株式に投資した. ❺ 《法律》訴訟. ーejecutar una ～. 訴訟を起こす. iniciar una ～ judicial contra él. 彼に対して訴訟を始める. ❻ 《文学》展開. ❼ 戦闘, 戦い. ーEl resultado de la ～ fue desastroso para el enemigo. 戦闘の結果は敵にとって惨憺たるものだった. ❽ 体の動き, 身振り.
¡acción! スタート [撮影開始].
acción de gracias 《宗教》神への感謝.
acción directa 直接行動.
acciones cotizadas 上場株式.
acciones en circulación 発行済株式.
acciones liberadas 無償株; ボーナス株, 景品株.
acciones nominales[nominativas] 記名株.
acciones preferentes[de preferencia] 優先株式.
acción judicial 訴訟.
acción militar [de armas, de guerra] 軍事行動.
ganar a ... la acción … を出し抜く.

accionado [akθjonáðo] 男 身振り(をすること).

‡**accionar** [akθjonár] [<acción] 他 (機械など)を作動させる, 働かせる. ーUn mando a distancia acciona el mecanismo de apertura de la puerta. リモコンによって扉の開閉装置が作動する. ー自 身振り[手振り]をする. ーMientras hablaba accionaba con la mano derecha. 彼は話しているあいだ右手で色々な手振りをするのだった.
ーse 再 (機械などが)作動する, 働く.

accionariado [akθjonarjáðo] 男 [集合的に] 株主.

accionista [akθjonísta] 男女 ❶ 株主. ーjunta general de ～s 株主総会. ❷ 活動家.

acebo [aθéβo] 男 ❶ 《植物》セイヨウヒイラギ(西洋柊). ◆葉はクリスマスの飾りに, 樹皮は鳥もちの原料に用いられる. ❷ ヒイラギ材.

acebolladura [aθeβoʎaðúra] [<cebolla] 囡 《林業》年輪層剥離.

acebuche [aθeβútʃe] 男 ❶ 《植物》野性オリーブの木. ❷ 野性のオリーブ材.

acebuchina [aθeβutʃína] 囡 《植物》野性オリーブの実.

acechadera [aθetʃaðéra] 囡 ❶ 見張り場. ❷ 待伏せの場所.

acechar [aθetʃár] 他 ❶ を見張る, 監視する. ーLa policía le acechaba desde un coche camuflado. 警察は偽装した車から彼を監視していた. 類**espiar, vigilar**. ❷ を待伏せる. ーEl cazador lleva dos horas acechando. 狩人は獲物を待伏せて2時間になる. ❸ を脅かす. ーNo supo prever la grave crisis que le acechaba. 彼を脅かし

ている重大な危機を予期できなかった. 類**amenazar**.

acechaza [aθetʃáθa] 囡 ❶ 見張り, 監視, 内偵. 類**acecho, espionaje**. ❷ 待伏せ.

acecho [aθétʃo] 男 ❶ 見張り, 監視. ❷ 待伏せ. **al [en] acecho** (1) 見張って, 用心して. (2) 待伏せて. Permanecieron tres días *en acecho* pero no apareció. 彼らは3日間待伏せたが, 彼は現われなかった.

acecinar [aθeθinár] [＜cecina] 他 (肉)を燻製にする. ——**se** 再 (人が老いて)やせ細る.

acedar [aθeðár] 他 ❶ を酸っぱくする. ❷ (人)を不快にさせる, いら立たせる. ——**se** 再 (植物)が黄ばむ.

acedera [aθeðéra] 囡 《植物》スカンポ.

acederaque [aθeðeráke] 男 《植物》→cinamomo.

acedía [aθeðía] 囡 ❶ 酸っぱさ, 酸味. ❷ 胸やけ. ❸ (態度の)荒々しさ. ❹ (植物の)黄ばみ. ❺ (魚類)カレイ(類).

ace*do, da* [aθéðo, ða] 形 ❶ 酸っぱい. ❷ (人の性質などが)荒々しい, とげとげしい. ❸ (物が)ざらざらした. —— 男 酸っぱい果汁.

acefalía [aθefalía] 囡 ❶ 頭のないこと, 無頭であること.

acéfa*lo, la* [aθéfalo, la] 形 ❶ 無頭の. ❷ (集団が)指導者[首長]のいない. ❸ 《貝類》無頭綱の. —— 男 《貝類》無頭綱. →lamelibranquio.

aceitar [aθeitár] 他 …に油をさす[塗る]. ～ los tornillos ネジに油をさす.

aceite [aθéite アセイテ] 男 ❶ 《料理》油; (特に)オリーブ油. ～ de ballena 鯨油. ～ de colza 菜種油. ～ de hígado de bacalao タラ(鱈)のレバーオイル. ～ de oliva オリーブ油. ～ de oliva (extra) virgen エクストラ・バージン・オリーブオイル(最初の圧搾で得られる). ❷ (機械, 技術)油. —El motor está perdiendo [話]pasando] ～. エンジンから油が漏れている. ～ de parafina 鉱油. ～ ligero [pesado] 軽[重]油. ～ lubricante 潤滑油. ❸ (薬用の)油. ～ de bebé [para niños] ベビーオイル(= ～ baby). ～ de ricino ひまし油. ～ solar 日焼けオイル. **echar aceite al fuego 火に油を注ぐ.

aceitera [aθeitéra] 囡 ❶ 油を入れる容器, 油差し. ❷ 複 (食卓におく)酢と油を入れる容器.

aceitería [aθeitería] 囡 ❶ 油の販売店, 油屋. ❷ 油屋の仕事.

aceite*ro, ra* [aθeitéro, ra] 形 油の, 製油の, 油に関する. —industria *aceitera* 製油業. —— 男 油商. ❶ (かつて牧人が用いた)円錐形の油入れ. ❷ 《植物》インドシスボク(ミカン科).

aceitón [aθeitón] 男 ❶ どろどろした油. ❷ (容器の底にたまる)不純物の混じった油. ❸ 昆虫が葉に残す粘液.

aceito*so, sa* [aθeitóso, sa] 形 ❶ 油質の, 油を(多く)含んだ. —tortilla muy *aceitosa* 油っぽいトルティーリャ. ❷ べとついた.

*aceituna [aθeitúna] 囡 オリーブの実. ——～*s* rellenas スタッフド・オリーブ. ～ sin hueso 核を抜いたオリーブ. ～ gordal 女王オリーブ(塩漬けに適する大きなオリーブ. スペイン産のものが有名) ～ negra [verde] ブラック[グリーン]オリーブ.

aceituna*do, da* [aθeitunáðo, ða] 形 (顔色な

どが)オリーブ色の, 緑っぽい. —rostro ～ 土気色の顔.

aceitune*ro, ra* [aθeitunéro, ra] 名 オリーブを摘む[運搬する, 売る]人. —— 男 (収穫後の)オリーブ貯蔵所. —— 囡 《方》オリーブの収穫期.

aceituno [aθeitúno] 男 《植物》オリーブの木. →olivo.

aceleración [aθeleraθjón] 囡 ❶ 加速, スピードアップ. —Con este motor es imposible conseguir mayor ～. このエンジンではこれ以上加速するのは不可能だ. ❷ 促進. ❸ 《映画》クイック・モーション.

*aceleradamente [aθeleraðaménte] 副 急いで; 速く. 類**de prisa**.

*acelera*do, da* [aθeleráðo, ða] 過分 形 ❶ 速い, 急いだ; 加速度的な. —Íbamos a paso ～. 我々は速足で歩いていた. movimiento ～ 加速運動. ❷ (時ան)急な. ❸ [話](人が)神経質な. 類**impaciente, nervioso**.

acelera*dor, dora* [aθeleraðór, ðóra] 形 加速する, 促進する. —— 男 ❶ (自動車などの)加速装置, アクセル. ❷ アクセル・ペダル. ❸ 《情報》アクセラレータ. ——～ gráfico グラフィックス・アクセラレータ.

aceleramiento [aθeleramjénto] 男 ❶ →aceleración. ❷ 急ぐこと. —No debes hacer las cosas con tanto ～. 君はそんなに急いで物事をすべきではない. 類**prisa**.

*acelerar [aθelerár] 他 ❶ を速める, 加速する; 早める. —Al entrar en la autopista, la *aceleró* la marcha del coche. 自動車専用道路に入ると, 彼女は車を加速した. La fábrica *acelera* la producción de automóviles. 工場は車の生産を増大させている. ❷ を早める, 促進させる. —La muerte del dictador *aceleró* el cambio de régimen. 独裁者の死が体制変革を早めた. —— 自 加速する; 急ぐ. —Es muy peligroso ～ en las curvas. カーブで加速するのは危険だ. *Acelera*, que llegamos tarde. 急げ, 私たちは遅刻してしまうから.

——**se** 再 あわてる.

aceleratriz [aθeleratríθ] 形 【aceleradorの女性形】加速する. —fuerza ～ 加速力.

acelga [aθélɣa] 囡 《植物》フダンソウ(不断草); スペイン風菜園(水菜).

acémila [aθémila] 囡 ❶ 《動物》(荷運び用の)ラバ(騾馬). ❷ まぬけ.

acemilero [aθemiléro] 男 ラバ(騾馬)引き.

acendra*do, da* [aθendráðo, ða] 形 純粋な, 純化された (amor, cariño, fidelidad, honradez などを形容する). 類**inmaculado, puro**.

acendramiento [aθendramjénto] 男 ❶ (金属の)精錬. ❷ 洗練, 改良.

acendrar [aθendrár] 他 ❶ (金属)を精錬する. ❷ を洗練する, 改良する. 類**acrisolar, depurar, purificar**. ——**se** 再 [＋con/en] …で磨きがかかる. —La fe se *acendra* en el dolor. 信仰は苦しみを通して磨かれる.

acensuar [aθensuár] [1.6] 他 (物)に課税する.

*acento [aθénto] 男 ❶ 《音声》アクセント, 強勢. ——～ tónico [de altura] ピッチ[高低]アクセント. ～ de intensidad ストレス[強勢]アクセント. ～ or-

22　acentuación

tográfico アクセント記号. ~ prosódico 発音上のアクセント. ~ secundario 第二強勢, 第二アクセント(スペイン語では副詞の接尾辞-mente [mén]). ~ rítmico [métrico]《詩学, 音声》リズムアクセント. El ~ en español es un ~ de intensidad スペイン語のアクセントはストレス[強勢]アクセントである. llevar ~ en la última sílaba 最後の音節にアクセントをつける. poner el ~ en … …にアクセントをつける. 類**acentuación**.　❷《音声》アクセント符号(=~ ortográfico). — ~ agudo 揚音符, アクサン・テギュ(´). ~ grave 抑音符, アクサン・グラーブ(`). ~ circunflejo 曲折音符, アクサン・シルコンフレックス(^). 類**tilde**.　❸《言葉の》訛(なま)り. —sin ~ なまりがない. Habla con ~ andaluz. 彼はアンダルシーア訛りで話す. Tiene ~ extranjero. 彼は外国人訛りがある. 類**deje**.　❹《poner / cargar +》《話などの》**強調(点), 力説(点)**; 強い関心, 専心. —poner (el) ~ en … …を強調[力説]する; …に専心する. 類**atención, énfasis, intensidad**.　❺ 口調, 語調, 抑揚, 調子. — ~ con ~ solemne [suplicante] もったいぶった[哀願]口調で. 類**tono**.　❻《文》《詩学》詩歌), 詩句.　❼《音楽》アクセント.　❽ 特徴, 特色.

acentuación [aθentuaθjón] 囡 ❶ アクセント(符号)をつけること.　❷ 強調, 際立たせること.

acentuado, da [aθentuáðo, ða] 圏 ❶ アクセント(符号)のついた. —vocal [sílaba] *acentuada* 強勢母音[音節].　❷ 際立った, 目立つ. 類**acusado, marcado, notorio**.

:**acentuar** [aθentuár] [1.6] [<acento] 他 ❶ (a) …にアクセントを置く. —Cuando lee, no *acentúa* adecuadamente. 彼は読むときに正しいアクセントのつけ方をしない. (b) (ある文字)にアクセント記号をつける.　❷ を**強調する, きわ立たせる, 誇張する**. — *Acentuó* las palabras para que entendieran bien lo que decía. 彼は言っていることが分ってもらえるよう言葉を強調した. Este pintor *acentúa* demasiado los colores. この画家の絵は色彩がどぎつすぎる.　❸ を**増大させる, 強める**. El paro *acentúa* la crisis política. 失業が政治的危機を増大させている.

— **se** 再 大きくなる, 強まる; きわ立つ. —Su depresión *se acentuó* con la muerte de su madre. 彼のふさぎ込みは母親の死とともにひどくなった. Ese pestilente olor *se acentúa* con la llegada del verano. その悪臭は夏の到来とともに強くなっている.

aceña [aθéɲa] 囡 (製粉用の)水車.

aceñero [aθeɲéro] 男 水車番.

acepción [aθepθjón] 囡 ❶ (語の用法的な)意味, 語義. —Este adjetivo tiene dos *acepciones* muy distintas. この形容詞は全く異なる2つの意味がある. 類**sentido, significación**.　❷ 偏愛, 特別扱い. — ~ de personas えこひいき.

acepilladora [aθepiʎaðóra] [< cepillo] 囡《機械》平削り盤.

acepilladura [aθepiʎaðúra] 囡 ❶ 鉋(かんな)かけ.　❷ 鉋くず, 削りかす.

acepillar [aθepiʎár] 他 (材木などに)鉋(かんな)をかける, (鉋で)平らに削る.

aceptabilidad [aθeptaβiliðáð] 囡 受け入れられること, 容認[許容]できること, 容認可能性.

aceptable [aθeptáβle] 圏 ❶ 受け入れられる. —condición ~ 受諾できる条件.　❷ まずまずの, 許容できる. —Le pagan un sueldo ~. 彼は満足できる給料を受け取っている. 類**admisible, pasable, tolerable**. 反**inaceptable**.

:**aceptación** [aθeptaθjón] 囡 ❶ 受け入れ(られ)ること, 受理, 受納, 受領. — ~ de una donación (または un regalo) 寄付金[贈り物]の受納. ~ de un pedido 注文の受理.　❷ 《提案・契約・責任などの》**承認, 受諾**, 承諾, 賛同, 応諾. —Mi propuesta contó con la general ~. 私の提案は全員に承認された. 類**aprobación**. 反**rechazo**.　❸ 評判, 好評, ヒット, 成功, 歓迎. —tener (una) buena ~ [(una) gran ~, mucha ~] 評判が良い. tener mala ~ 評判が悪い. Ese libro ha tenido mucha ~ entre los lectores jóvenes. その本は若い読者に好評だった. tener poca ~ あまり評判が良くない; 売れ行きが悪い. 類**acogida**. 反**fracaso**.　❹《商業》(手形などの)引受け. — ~ condicional [expresa] 制限[単純]引受け. ~ bancaria (または mercantil) 銀行[商業]引受手形. falta de ~ 手形引(受)拒絶.

aceptación de personas えこひいき.

aceptante [aθeptánte] 圏 受け入れる, (手形などを)受領する. 男女《商業》手形引受人.

***aceptar** [aθeptár] アセプタル 他 ❶ (a) (贈り物など)を**受ける, 受け取る**; 受理する. —No se *aceptan* propinas en los restaurantes japoneses. 日本のレストランではチップは受け取らない. No me han *aceptado* el artículo en la revista. その雑誌に私の原稿は受理されなかった. (b) (職務)を**引き受ける**, (責任)をとる. — ~ el cargo de rector 学長の職を引き受ける. En estas condiciones no *acepto* la responsabilidad. こうした状況では私は責任を負わない. (c) を**受け入れる, 承認する**, 容認する. —Tienes que ~lo como él es. 君はありのままの彼を受け入れなければならない. No *acepto* excusas de ninguna clase. 私はどんな種類の弁解も認めない. *Aceptaron* una subida salarial del cinco por ciento. 5%の賃上げが認められた. (d) (挑戦など)を**受けて立つ**, (招待など)に**応じる**. — ~ un desafío 挑戦を受けて立つ. *Aceptó* ilusionada tu invitación. 彼女は期待して君の招待に応じた. 反**rehusar**.　❷《商業》(手形)を**引き受ける**. — *Aceptó* letras por valor de cincuenta mil euros. 彼は額面5万ユーロの手形を引き受けた.

acepto, ta [aθépto, ta] 圏《叙述用法では ser を用いる》(+a)…に快い, 歓迎される.

aceptor [aθeptór] 男 ❶ えこひいきをする人(= ~ de personas).　❷ (a)《物理》アクセプター(電気伝導率を高めるために半導体の結晶に混ぜられる不純物). (b)《化学》受容体.

acequia [aθékja] 囡 (導水・排水用の)溝, 用水路.

:**acera** [aθéra] 囡 ❶ **歩道**. —caminar [ir] por la ~ 歩道を歩く. Súbete a la ~, que te va a pillar un coche. 車道に上がりなさい. 車に轢(ひ)かれるから.　❷ 家並み; 片側. —tomar la ~ (通りを)壁寄りに歩く. Vive en la ~ derecha de la avenida. 彼は大通りの右側に住んでいる. vivir en la ~ de los pares [de los impares] 偶数[奇数]番地側に住んでいる.　❸《建築》壁面, (壁の)仕上げ面; (壁面仕上げ用の)装飾用石材[タイル].

ser de la acera de enfrente [*de la otra acera*]《話, 軽蔑, 婉曲》同性愛者である, ホモである.

acerado, da [aθeráðo, ða] 〔<acero〕形 ❶ (刃物などが)鋼の, 鋼のような. ❷ (言葉などが)辛辣[しんらつ]な. — Todos temen su *acerada* lengua. 皆彼の辛辣な言葉を恐れている. 類**incisivo, mordaz, penetrante**.

acerar [aθerár] 他 ❶ (*a*) (鉄)を鋼鉄にする. (*b*) (刃物類)を張る. (性格など)を強くする, 強固にする. 類**fortalecer, vigorizar**. ❷ (人)を辛辣[しんらつ]にする, とげとげしくする.

acerbidad [aθerβiðá(ð)] 女 ❶ 苦み, 渋み. ❷ 辛辣[しんらつ]さ, 厳しさ.

acerbo, ba [aθérβo, βa] 形 ❶ 苦い, 渋い. — Nos sirvieron un vino de sabor ~. 私たちは口当りの悪いワインを出された. ❷ (言葉などが)辛辣[しんらつ]な, (苦しみなどが)つらい, 耐えがたい. —*crítica acerba* 辛辣な批評. 類**cruel, despiadado, mordaz**.

*‡**acerca de** [aθérka ðe アセルカ デ] 前 …について, 関して. — Nos habló *acerca de*l Quijote. 彼は私たちにドン・キホーテについて話した. 類**de, sobre**.

acercamiento [aθerkamjénto] 男 ❶ 近づく[近づける]こと, 接近. ❷ 歩み寄り, 和解.

‡**acercar** [aθerkár] **[1.1]** 〔<cerca〕他 ❶ 〖+*a* に〗近づける, 近寄せる, 接近させる. — Por favor, *acerca* la silla *a* la mesa. すまないがその椅子をテーブルに近づけてくれ. *Acercó* la televisión para verla mejor. 彼はもっとよく見えるようにテレビを近寄せた. *Acércame* el diccionario. 辞書をとってくれ. 反**alejar**. ❷ (人)を送って行く, (いっしょに)運んで行く. — Yo vuelvo a casa pero, si quieren, los *acerco* a la estación. 私は家に帰るけれど, もしよかったらあなたたちを駅まで送って行くよ.

— **se** 再 〖+*a* に〗 ❶ 近づく, 接近する. —*Me acerqué a* aquel gentío a ver qué ocurría. 私は何が起こっているのか見ようとあの人の群に近づいた. *Se acercan* las vacaciones de verano. 夏休みが近づいている. 類語 **acercarse** 主として場所的に近づく時に用いる. **aproximarse** 時節を表す主語が時間的に迫ってくることを表すことが多い. **arrimarse** ある人が他の人に親近感を抱いて精神的に接近することを意味することが多い. ❷ …に立寄る. — Si sales, *acércate* a correos y echa esta carta. もし出かけるのなら, 郵便局に寄ってこの手紙を投函してくれ.

acería [aθería] 女 製鋼所.

acerico [aθeríko] 男 ❶ 小さな枕. ❷ 針刺し, 針山. →**acerillo**.

acerillo [aθerijo] 男 針刺し, 針山.

‡**acero** [aθéro] 男 ❶ 鋼鉄, 鋼, はがね. — ~ inoxidable ステンレス鋼. ~ dulce [duro] 軟[硬]鋼. lana de ~ スチールウール. materiales de ~ 鋼材. ~ adamascado [damasquino] ダマスカス鋼. ~ carbonatado [al carbono] 炭素鋼. ~ cementado 転炉鋼. ~ fundido [colado, moldeado] 鋳鋼. ~ de aleación 合金鋼, 特殊鋼. ~ de herramientas 工具鋼, ~s especiales 特殊鋼 (~s al cromo「クロム鋼」, ~s al manganeso「マンガン鋼」など). ~ templado 鍛造鋼. ❷ 《文》剣, 刀剣類, 刃物. — ~ homicida 凶器. 類 **espada**. ❸ 複 焼(入れ), 焼き戻し硬度, 切れ味. —espada de buenos ~s 十分に焼きを入れてある刀. 類**temple**. ❹ 複 勇気, 大胆, 気迫, 元気, 決断力. —tener muchos [buenos] ~ 非常に勇気[ガッツ]がある, 豪胆である. 類**ánimo, valor**.

❺ 複 食欲, 空腹. —comer con buenos ~s もりもり食べる. ❻ 《北米》フライパン.

cruzar el acero 一戦を交える, 争う; 論争する.

de acero (1) 鋼鉄(製)の, 鋼[はがね]でできた. (2) 鉄のような, 硬い. *corazón de acero* 何事にも動じない心, 冷酷な心. *tener nervios de acero* 豪胆である, 何事にも動じない, 図太い.

pulmón de acero 《医学》鉄の肺(人工呼吸器).

telón de acero 鉄のカーテン.

acerola [aθeróla] 女 《植物》西洋サンザシの実, アセローラ.

acerolo [aθerólo] 男 《植物》西洋サンザシの木.

acerque(-) [aθérke(-)] 動 acercar の接・現在.

acerqué [aθerké] 動 acercar の直・完了過去・1単.

acérrimo, ma [aθérrimo, ma] 形 〖acre の絶対最上級〗(信者や支持者などが)強力な, 頑固な, 熱烈な. — partidario ~ del anarquismo 無政府主義の熱烈な賛同者.

acerrojar [aθerroxár] 〔<cerrojo〕他 (物)を(掛金をかけて)しまう, (人)を閉じ込める.

*‡**acertado, da** [aθertáðo, ða] 過分 形 当を得た, 適切な, 適当な, 賢明な. — Hizo una observación muy *acertada*. 彼は適切な意見を述べた. Me parece poco *acertada* su decisión. 私にはあまり適切な決定であるとは私は思わない. No estuviste muy ~ en la elección. 君の選択はあまり賢明なものではなかった. Ha sido la compra más *acertada* que jamás he hecho. こんな買い物をしたのは初めてだ.

acertante [aθertánte] 形 (予想)的中させる, (なぞを)解く, 見抜く.
— 名 (予想を)的中させる人, 正解者.

‡**acertar** [aθertár] **[4.1]** 〔<cierto〕他 ❶ を(偶然)見つける, …に行き当たる. —*Acerté* la casa por casualidad. 私は偶然その家を見つけた. ❷ を言い当てる, 的中させる. — ~ una adivinanza なぞなぞの答えを当てる. *Acertó* todos los resultados en las quinielas. 彼はサッカーくじで勝敗をすべて当てた. ❸ …に命中させる. — ~ el blanco 的に命中させる, 的中させる.

— 自 〖+*a*+不定詞〗(*a*) たまたま[偶然]…する. —*Acertó a* pasar por allí una monja. たまたまそこを一人の修道女が通りかかった. *Acertó a* ser domingo aquel día. あの日はたまたま日曜日だった. (*b*) うまく…する, …し遂げる. — No *acertó a* obtener la colocación que deseaba. 彼は希望していた職につくことができなかった. ❷ 〖+*en*/*a* に〗命中[的中]する, (的などに)当たる. —Hizo diez disparos, pero sólo uno *acertó en* el blanco. 彼は弾[たま]を10発撃ったが, わずか1発しか的に命中しなかった. ❸ 〖+*con* を〗(ふと)見つける, (…が偶然)見つかる. — No *acerté con* la casa. 私はその家を見つけられなかった. ❹ 〖+現在分詞/*al*+不定詞/*con/en* で〗うまく…する, …するのは適切である. —*Acertaste* marchándote ayer. 君が昨日外出していてよかった. No *ha acertado con* [*en*] la elección de su carrera profesional y está amargado. 彼は職業の選択を誤ってしまい, つらい生活を送っている. ❺ 〖+*con/en* を〗言い当てる. — Si *aciertas con* [*en*] la contestación a estas preguntas, conseguirás un premio. もし君がこれらの問に正解をすれば, 賞がもらえるだろう.

Aciértalo tú, que yo lo diré. 秘密はぜったいあかさないぞ(←当ててごらん、そのあとなら私が種明かしするから.)

acertijo [aθertíxo] 男 ❶ なぞなぞ(遊び), クイズ. ❷ 謎, 疑わしいこと. 類 **adivinanza, enigma**.

acervo [aθérβo] 男 ❶ (豆類のような小さな物の)山[堆積]. ❷ 資産, 財産, 遺産. 類 **patrimonio**.

acetato [aθetáto] 男 ❶《化学》酢酸塩. ❷ アセテート(化学繊維)

acético, ca [aθétiko, ka] 形 《化学》酢酸の, 酢の. —ácido ～ 酢酸. fermentación *acética* 酢酸発酵.

acetificar [aθetifikár] [1.1] 他《化学》酢化する.

acetileno [aθetiléno] 男 《化学》アセチレン. —lámpara de ～ アセチレン・ランプ.

acetona [aθetóna] 女《化学》アセトン.

acetre [aθétre] 男 ❶ 小型のひしゃく. ❷《カトリック》(携帯用の)聖水容器.

acezar [aθeθár] [1.3] 自 ❶ 息をはずませる. 類 **jadear**. ❷ 熱望する.

‡**achacar** [atʃakár] [1.1] 他 《＋a の》(悪いこと)を…のせいにする, …に帰する, 責任転嫁する. —*Achacan a* la actual juventud defectos que siempre han existido. 彼らはいつの世にも存在した欠点を現在の青少年のせいにしている. *Me achacó* la culpa para eludir su responsabilidad. 彼は責任逃れのため私に過ちおしたとした.

achacoso, sa [atʃakóso, sa]《＜achaque》形 (軽症の, 慢性の)病気をわずらっている, 病弱な. 類 **enfermizo**.

achaflanar [atʃaflanár]《＜chaflán》他 (木材・石材などの)角をとる, 面取りをする.

achampañado, da [atʃampanáðo, ða]《＜champaña》形 (飲料水が)シャンペン風の, 発泡性の. —sidra *achampañada* 発泡性りんご酒.

achancharse [atʃantʃárse] 再《中南米》❶ 恥じる. 類 **avergonzarse, turbarse**. ❷ 太る.

achantar [atʃantár] 他 を怖がらせる, 気後れさせる. 類 **acobardar, acoquinar, intimidar**.
—se ❶ (危険を避けるために)身を隠す, 隠れる. ❷ おとなしくなる.

achaparrado, da [atʃaparráðo, ða]《＜chaparro》形 低くて太い(形の), 小太りの, (人などが)ずんぐりした. —Ese pino ha crecido ～. その松はずんぐりした形に育った.

achaque [atʃáke] 男 ❶ (軽症・慢性の)病気, 持病. —Son ～s de la vejez. それは老化からくる病だ. ❷ 口実, 弁解. ❸ 月経; 妊娠.
con (el) achaque de … という口実で.
en achaque de … …に関して.

achares [atʃáres] 男 複 嫉妬, やきもち. 類 **celos**.
dar achares a … …にやきもちをやかせる.

achatamiento [atʃatamjénto]《＜chato》男 平らにする[なる]こと.

achatar [atʃatár] 他 を平たくする, ぺちゃんこにする. —Los boxeadores tienen *achatada* la nariz. ボクサーの鼻はつぶれている.

achicado, da [atʃikáðo, ða]《＜chico》形 子供のような. —conducta *achicada* 子どもっぽい振舞い.

achicador [atʃikaðór] 男 (船底にたまった水をくみ出す)ひしゃく.

achicamiento [atʃikamjénto] 男 ❶ (人を)おじけづかせること. ❷ (物の大きさを)小さくすること, 縮小. ❸ (船底や坑内にたまった水の)排水, かい出し.

achicar [atʃikár] [1.1] 他 ❶ (人)をおじけづかせる. 類 **acobardar, intimidar**. ❷ を小さくする, 縮小する. ❸ (船底や坑内にたまった水)を排除する, かい出す. —～ el agua 水をかい出す.

achicharradero [atʃitʃarraðéro] 男 焼けつくように暑い所.

achicharrante [atʃitʃarránte] 形 (暑さなどが)焼けつくような, 燃えるような. —calor ～ うだるような暑さ.

achicharrar [atʃitʃarrár] 他 ❶ (黒焦げにしない程度に食物)をよく焼く. ❷ (太陽などが)を焼きつける, しよれさせる. —Hacía un sol que *achicharraba*. こげつくような日差しだった. ❸ をうんざりさせる, 悩ませる.

achicharronar [atʃitʃarronár] 他《中南米》を平らにする, 砕く, 押しつぶす.

achicoria [atʃikórja] 女《植物》チコリー. ◆葉と芽はサラダ用, 根は炒ってコーヒーの代用にする.

achiguarse [atʃiɣwárse] 再《中南米》ふくれる, たるむ, 肥満する.

achinado, da [atʃináðo, ða]《＜chino》形 ❶ (顔などが)中国人[東洋人]のような. —ojos ～s 東洋人の目. ❷《中南米》(白人とインディオの)混血の. ❸《中南米》卑しい, 下品な.

achinar [atʃinár] 他《俗》をびっくりさせる.

achinelado, da [atʃineláðo, ða]《＜chinela》形 (履物が)スリッパの形をした.

achique [atʃíke] 男 (船底や坑内にたまった水の)排水, かい出し.

achiquillado, da [atʃikijáðo, ða]《＜chiquillo》形《中南米》子供のような.

achiquitar [atʃikitár]《＜chiquito》他《中南米》を小さくする, 縮小する.

achispado, da [atʃispáðo, ða]《＜chispa》形 ほんのり酔った, 一杯酔いの.

achispar [atʃispár] 他 (人)をほろ酔いにさせる.

achisparse [atʃispárse] 再 ほろ酔いになる.

achocharse [atʃotʃárse]《＜chocho》再 (年をとって)ぼけはじめる, (頭脳が)もうろくしはじめる.

achocolatado, da [atʃokolatáðo, ða]《＜chocolate》形 チョコレート色の.

acholado, da [atʃoláðo, ða]《＜cholo》形《中南米》❶ (白人とインディオの)混血の. ❷ 恥じている. ❸ おびえた.

achubascarse [atʃuβaskárse]《＜chubasco》再 雨模様になる, 空が雨雲でおおわれる.

achuchado, da [atʃutʃáðo, ða] 形 困難な, 込み入った《estar＋》. —La vida está muy *achuchada*. 生活がとても困難だ.

achuchar [atʃutʃár] 他 ❶《＋a/contra に》をけしかける. ❷《話》を押しつける[つぶす].
—se 再《話》押し合う.

achuchón [atʃutʃón] 男 ❶ 乱暴に押す[突く]こと. —Me dieron un ～, y me caí al agua. 私は一突きされて川に落ちた. ❷ 軽い病気[体調のくずれ]. 類 **indisposición**.

achulado, da [atʃuláðo, ða]《＜chulo》形 ❶ (人が)空威張りの, 強がりの; 無礼な. ❷ 粋(いき)な, 優美な. ❸ うぬぼれた, 粋がった.

achulapado, da [atʃulapáðo, ða] 形 →

achulado.

achura [atʃúra] 囡 《中南米》(四足獣の)臓物.

achurar [atʃurár] 他 《中南米》❶ (四足獣の)臓物を取り出す. ❷《俗》(人)を刺し殺す.

aciago, ga [aθiáɣo, ɣa] 形 不幸をもたらす, 不運な, 不吉な. —Este ha sido un año ~ para él. 今年は彼にとってついてない1年だった. 類 **desafortunado, desgraciado, infausto, nefasto**.

acial [aθiál] 男 鼻捻(はなねじ)(蹄鉄(ていてつ)を打つ際, 馬を静かにさせるために使う道具).

aciano [aθiáno] 男 《植物》ヤグルマギク.

acíbar [aθíβar] 男 ❶《植物》アロエ. 類 **áloe**. ❷ アロエ汁. ❸ 苦渋, 苦い思い. 類 **amargura, disgusto**.

acibarar [aθiβarár] 他 ❶ …にアロエ汁を加える, を苦くする. ❷ …に苦い思いをさせる, を不快にする. 類 **amargar**.

acicalado, da [aθikaláðo, ða] 形 めかしこんだ. —— 男 磨くこと.

acicaladura [aθikalaðúra] 囡 →acicalamiento.

acicalamiento [aθikalamjénto] 男 ❶ 刀剣類を磨くこと. ❷ 飾りたてること, めかしこむこと.

acicalar [aθikalár] 他 ❶ (主に刀剣などを)磨く. 類 **bruñir, pulir**. ❷ を飾りたてる, めかしこませる. 類 **aderezar, adornar, ataviar**. —— se 再 着飾る, おめかしする.

acicate [aθikáte] 男 ❶ 拍車. ❷ 刺激, 励み. 類 **aliciente, espuela, estímulo, incentivo**.

acidemia [aθiðémja] 囡 《医学》酸(性)血圧症.

acidez [aθiðéθ] 囡 ❶ 酸味, 酸っぱさ. ❷《医学》胃酸過多. ❸《化学》酸(性)度. ❹ とげとげしさ, 辛辣(しんらつ)さ.

acidia [aθíðja] 囡 怠惰, 物ぐさ, 無気力さ. 類 **flojedad, pereza**. 反 **diligencia**.

acidificar [aθiðifikár] [1.1] 他 を酸っぱくする, 酸性にする.

acidímetro [aθiðímetro] 男 《化学》酸定量器.

:**ácido, da** [áθiðo, ða] 形 ❶ 酸っぱい. —uvas *ácidas* 酸っぱいブドウ. ❷《化学》酸の, 酸性の. —lluvia *ácida* 酸性雨. ❸ 辛辣な; 気難しい. —opinión *ácida* 辛辣な意見. un viejo de carácter ~ 気難しい性格の老人.

—— 男 ❶《化学》酸. ~ acético 酢酸. ~ acetilsalicílico アセチルサリチル酸. ~ ascórbico アスコルビン酸. ~ carbónico [fénico] 石炭酸. ~ cianídrico シアン化水素酸, 青酸. ~ cítrico クエン酸. ~ clorhídrico 塩化水素酸, 塩酸. ~ desoxirribonucleico デオキシリボ核酸. ~ láctico 乳酸. ~ lisérgico リセルグ酸. ~ málico リンゴ酸. ~ nítrico 硝酸. ~ nitroso 亜硝酸. ~ nucleico 核酸. ~ oxálico シュウ酸. ~ prúsico 青酸. ~ ribonucleico リボ核酸 (RNA). ~ sulfúrico 硫酸. ~ tánico タンニン酸. ~ úrico 尿酸. ❷《話》LSD, 麻薬.

acidosis [aθiðósis] 囡 《医学》アシドーシス.

acidular [aθiðulár] 他 をやや酸っぱくする.

acídulo, la [aθíðulo, la] 形 多少酸味のある.

aciert- [aθjért-] 動 acertar の直・現在, 接・現在, 命令・2単.

:**acierto** [aθjérto] 男 ❶ (結果的に)的中, 命中, 図星; (答案の)正解, (宝くじなどで)大当たり. —alcanzar en las quinielas un ~ pleno キニエラスで完全的中させる. He tenido sólo diez ~s en las cincuenta preguntas. 50問中10問しか正解しなかった. ❷ 成功, 成果. —Ese nuevo producto ha constituido un ~ sin precedentes. その新製品は空前の大成功を収めた. 類 **éxito**. ❸ 賢明な選択[決定], 正しい判断, 先見の明. —Fue un ~ sacar las entradas el día anterior, porque se acabaron enseguida. 前日にチケットを買ったのは正解だった. すぐに売り切れたから. ❹ 巧みさ, 器用さ, 手腕. —El primer ministro ha mostrado un singular ~ político en la resolución de los problemas. 首相は問題解決に抜群の政治的手腕を発揮した. 類 **capacidad, destreza, habilidad**. 反 **desacierto, torpeza**. ❺ 慎重さ, 思慮分別. —Actuó con ~ cuando se retiró de la competición por no estar en forma. 彼は体調が悪かったので競技を棄権したのは賢明だった. 類 **cordura, prudencia, tino**. ❻ 偶然. 類 **casualidad, coincidencia**.

acije [aθíxe] 男 《化学》硫酸塩. →caparrosa.

ácimo, ma [áθimo, ma] 形 酵母を入れない, 無酵母の. —pan ~ (過越(すぎこし)祭の)無酵母のパン. →ázimo.

acimut [aθimú(t)] 男 《天文》方位角. →azimut.

acinesia [aθinésja] 囡 《医学》無動症.

acino [aθíno] 男 《医学》腺房.

ación [aθjón] 囡 (馬具の)鐙(あぶみ)革(鎧を鞍につり下げる革の紐).

acirate [aθiráte] 男 ❶ 土地の境界を示すあぜ. ❷ (小さな)並木道.

acitrón [aθitrón] 男 砂糖づけのシトロン (cidra).

aclamación [aklamaθjón] 囡 ❶ 喝采, 歓呼. ❷ 歓呼で選ぶこと.

por aclamación 満場一致で, 歓呼による賛成で.

:**aclamar** [aklamár] 他 ❶ (人)を歓呼してたたえる, …に拍手喝采する. —*Aclamaron* a los reyes al salir de la catedral. 大聖堂を出てくると国王夫妻は歓呼の声で迎えられた. 類 **alabar**. ❷ (人)を満場一致で(ある地位に)指名[推戴]する. —Lo *aclamaron* jefe de la banda. 彼は仲間のボスにかつがれた. La *aclamaron* como presidenta de la asociación. 彼女は協会会長に満場一致で選ばれた.

:**aclaración** [aklaraθjón] 囡 ❶ 明らかにすること. —Quisiera hacer una ~. Yo no me encontraba en el lugar de los hechos. 一つだけはっきりさせておきたいことがある. 私は事件が起きた場所にはいなかったのだ. ❷ 説明, 解明. —El policía le pidió *aclaraciones* sobre las circunstancias del accidente. 警察官はその事故をめぐる状況に関する説明を彼に求めた.

aclarado [aklaráðo] [<claro] 男 (洗濯物などを)すすぐこと, すすぎ.

:**aclarar** [aklarár] [<claro] 他 ❶ を明らかにする, 解明する, 説明する. —El profesor *aclara* con ejemplos las ideas que expone. 先生は提示した考えを例を出して説明する. ❷ (色・液体など)を薄める; (水)を澄ませる. —~ el chocolate con leche ココアをミルクで薄める. El sol *ha aclarado* el color de las cortinas. 日光のためカーテンの色

があせた. ❸ (植物など)をまばらにする, 間引く, すき間を空ける. —Es preciso ~ los narcisos para que florezcan. 水仙に花を咲かせるには間引きが必要である. ❹ (声)をはっきりさせる. —Carraspeó para ~ la garganta. のどをすっきりさせるためせき払いをした. ❺ (洗濯物)をすすぐ, 水洗いする. —No te olvides de ~ la colada antes de ponerla a secar. 衣類を日に干す前にすすぐことを忘れるなよ. 類 **enjuagar**.

── 自 ❶ (天気)がよくなる, 晴れる. —Saldremos cuando aclare. 天気がよくなったら出掛けよう. La niebla ha empezado a ~. 霧が晴れ始めた. ❷ (東の空)が白む, 夜が明ける. —A las seis comienza a ~. 6 時に夜が明け始まる.

── se 再 ❶ 明らかになる, はっきりする, (考えが)まとまる. —Mis ideas sobre el tema siguen sin ~se. その件についての私の考えはまだまとまっていない. ❷ 晴れる, 明るくなる. —La tarde se fue aclarando. 午後空は明るくなっていった. ❸ 澄む, (色などが)薄くなる. —Después de la tormenta las aguas se han ido aclarando. あらしのあと河の水は澄んでいった. ❹〖+con に〗心の内を打ち明ける. ❺ 理解する.

:**aclaratorio, ria** [aklaratórjo, rja] 形 説明の(ための), 解明的な, 解釈上の. —explicación *aclaratoria* 解説. nota *aclaratoria* 注記.

aclimatable [aklimatáβle] 〔<clima〕形 (新しい風土・環境などに)順化[順応]できる.

aclimatación [aklimataθjón] 女 ❶ (新しい風土への)順化. ❷ (人の新しい環境への)順応, 適応.

aclimatar [aklimatár] 他〖+a〗❶ …に(動植物)を順化させる. ❷ (新しい環境などに)(人)を順応させる. ❸ …に(思想・風習などを)を移植する.

── se 再〖+a〗(新しい環境)に順化[順応]する, 慣れる.

acné [akné] 男《医学》痤瘡 (ざそう), にきび.

ACNUR [aknúr]〔<Alta Comisaría [Alto Comisionado] de las Naciones Unidas para los Refugiados〕女 国連難民高等弁務官事務所(英 UNHCR).

acobardamiento [akoβarðamjénto] 男 恐怖を感じること, ひるむこと.

acobardar [akoβarðár]〔<cobarde〕他 ❶ (人)を怖がらせる, おびえさせる. —Me *acobarda* la altura. 私は高い所が怖い. 類 **amedrentar, atemorizar, intimidar**. ❷ (人)の勇気[気力]をくじく, を落胆させる. 類 **desalentar, desanimar**.

── se 再〖+de+不定詞; +ante/con/frente a+名詞〗…を怖がる, …におじけつく, ひるむ. —*Se acobarda* de bañarse en el mar. 彼は海水浴をするのを怖がる. No *se debe acobardar* uno ante nada. 何に対してもひるむべきではない.

acobrado, da [akoβráðo, ða]〔<cobre〕形 銅色の, 赤褐色の.

acochinar [akotʃinár] 他 ❶ (抵抗できない人)を殺す. ❷ (人)を怖がらせる. 類 **acoquinar, intimidar**.

acodado, da [akoðáðo, ða]〔<codo〕形 ❶ 肘(ひじ)形に曲がった, 肘形の. ❷ 肘をついた.

acodadura [akoðaðúra] 女 ❶ 肘(ひじ)をつくこと. ❷《園芸》取木, 圧条. ❸ 肘形のもの.

acodalar [akoðalár] 他《建築》を支柱で支える, 控え柱で支える.

acodar [akoðár]〔<codo〕他 ❶ (管・棒など)を肘(ひじ)形に曲げる. ❷《園芸》取木をする. ❸《建築》を支柱で支える. ── se 再 肘をつく.

acodillar [akoðiʎár] 他 (管・棒など)を肘(ひじ)形に曲げる. ── 自 (四足獣が)前にひざをつく.

acodo [akóðo] 男 ❶《園芸》(a) 取木する枝. (b) 取木, 圧条(植え木の枝を親木につけたまま土に埋め, 根を出させて苗木を取る方法). ❷《建築》(ドアや窓の)額縁.

acogedor, dora [akoxeðór, ðóra] 形 ❶ (人が)喜んで迎える, 愛想のいい, 温かい. —Vive con una familia simpática y *acogedora*. 彼は親切で temporaryいい家族と暮らしている. ❷ (場所・雰囲気が)快適な, 居心地のよい. —ambiente ~ 温かい雰囲気.

:**acoger** [akoxér] **[2.5]**〔<coger〕他 ❶ (人)を受け容れる, 迎え入れる, 迎える. —Nos *acogió* en su casa durante nuestra estancia en Bogotá. 彼はボゴタ滞在中私たちを自宅に迎え入れてくれた. Ese país *acoge* a los exiliados políticos. その国は政治的亡命者たちを受け入れた. ❷ (人)を収容する, 保護する. —Este asilo *acoge* a los ancianos desamparados. この施設は身よりのない老人を収容している. ❸ (考えなど)を受け入れる, 取り入れる, 採用する. —~ la idea 考えを取り入れる. *Acogió* la noticia con una enorme alegría. 彼は大喜びでその知らせを受け取った.

── se 再 ❶〖+a に〗保護を求める, 避難する, 逃げ込む. —*Se acogieron* a la protección del consulado. 彼らは領事館に保護を求めた. *Se acogió* a la ley de amnistía para delitos políticos. 彼は政治犯に対する恩赦法を頼りにした. ❷〖+a を〗口実にする. —*Se acogió* a un resfriado para justificar su ausencia. 彼は欠席したのはかぜのせいだとした.

:**acogida** [akoxíða] 女 ❶ 迎え[受け]入れること, 歓迎, もてなし, 歓待. —buena ~ 歓迎. dar [dispensar] una ~ cálida [calurosa] 熱烈に歓迎する recibir [tener] una ~ cordial [triunfal] 温かい[熱狂的な]歓迎を受ける. ~ fría 冷たいもてなし, 冷遇. Nos dio una ~ amistosa. 彼は私たちを心を込めて歓迎してくれた. 類 **acogimiento, recibimiento**. ❷ 歓迎, 受容, 人気. —tener [recibir] buena ~ [una ~ favorable] entre … …の間で好評を博す, 歓迎される. tener [recibir] mala ~ entre … …の間で悪評を受ける, 歓迎されない. 類 **aceptación, recibimiento**. 反 **rechazo**. ❸ 保護, 庇護, 収容(施設); 避難所, 隠居所. —casa de ~ 保護[収容]施設. familia de ~ 里親. centro de ~ para indigentes 生活困窮者のための保護施設. 類 **amparo, protección**. ❹《商業》手形の引受け. —dar ~ a una letra 手形を引き受ける. 類 **aceptación**. ❺ 引き下がること. 類 **retirada**. ❻ (水などの)流入, 合流.

acogido, da [akoxíðo, ða] 形 ❶ 迎えられる, もてなされる〖bien, mal が前につくことが多い〗. —No fue bien ~ por la familia de su esposa. 彼は妻の家族に歓迎されなかった. ❷ 保護された. —~ a la ley 法の保護を受けた.

── 名 (慈善施設などに)収容された人.

acogimiento [akoximjénto] 男 →acogida.

acogollar [akoɣoʎár]〔<cogollo〕他《農業》(寒さ・雨から)(植物)を保護する, 遮蔽(しゃへい)する.

── 自 (キャベツなどが)結球する.

——**se** 再 (キャベツなどが)結球する．

acogotar [akoɣotár] 他 ❶ (後頭部を打って豚など)を撲殺する，殴り殺す． ❷ (えり首をつかんで人)を転倒させる，押さえつける． ❸ を圧倒する，屈服させる．

acoja(-) [akoxa(-)] 動 acoger の接・現在．

acojinar [akoxinár] [<cojín] 他 (布の間など)に綿を入れる． 類 **acolchar**.

acojo [akóxo] 動 acoger の直・現在・1 単．

acojonar [akoxonár] [<cojón] 他 (俗)を怖がらせる，おじけづかせる． 類 **acobardar, acoquinar, atemorizar**. ——**se** 再 おじけづく．

acolada [akoláða] 女 (叙任された騎士に対して行う)抱擁．

acolchado, da [akoltʃáðo, ða] [<colcha] 形 (綿などで詰め物をした，キルティングした．
—— 男 詰め物をすること，キルティング．

acolchar [akoltʃár] 他 …に詰め物をする，(綿・羊毛など)を詰める，キルティングする．

acolitado [akolitáðo] 男 《カトリック》侍祭の地位．

acólito [akólito] 男 ❶ 《カトリック》侍祭(下級叙階の最上位)． ❷ ミサ侍かえ． 類 **monago, monaguillo**. ❸ 仲間，子分． 類 **compinche**.

acollador [akoʎaðór] 男 《海事》締め綱，ラニヤード．

acollar [akoʎár] 他 ❶ 《農業》(植物)の根元に土をかける，…に土寄せをする． ❷ 《海事》コーキングする；(ラニヤード・締め綱で)きつく張る，固く締める．

acollarar [akoʎarár] [<collar] ❶ (犬など)に首輪をはめる． ❷ (牛馬)にくびきをつける． ❸ (複数の犬)を首輪でつなぐ．

acomedirse [akomeðírse] [6.1] 再 《中南米》(仕事をすると)進んで申し出る．

acometedor, dora [akometeðór, ðóra] 形 ❶ 攻撃的な． 類 **agresivo**. ❷ 進取的な，精力的な． 類 **emprendedor**.

:**acometer** [akometér] [<cometer] 他 ❶ (a)を襲う，攻撃する，急襲する．—El ejército *acometió* al enemigo. 軍は敵を襲撃した． 類 **atacar**. (b) (病気・眠気・欲望などが)人を襲う．—Le *acometió* un ataque de nervios. 神経発作が彼を襲った．Le *acometían* deseos de suicidarse. 彼は自殺したいという気持ちに襲われていた． ❷ を企てる，着手する．—*Acometió* en pleno invierno la escalada del Monte Blanco. 彼は真冬にモンブラン登山を企てた． 類 **emprender**.

acometida [akometíða] 女 ❶ 襲撃，攻撃． 類 **ataque, embestida**. ❷ (ガス管などの本管と支管の)連結部．—~ eléctrica 電気の引込線．

acometimiento [akometimjénto] 男 ❶ 襲撃，攻撃． ❷ 着手すること． ❸ (排水のための水道の)支管．

acometividad [akometiβiðáð] 女 ❶ 攻撃性，闘争性． ❷ 進取の気性，果敢な性格．

acomodable [akomoðáβle] 形 適応[順応]できる，妥協できる．

acomodación [akomoðaθjón] [<cómodo] 女 ❶ 適合，適応，順応．—La ~ a aquel ambiente le costó años. その環境に慣れるのに彼は数年かかった． ❷ 配置，整理． ❸ 和解，妥協． ❹ (目なとの)調節．

*****acomodadizo, za** [akomoðaðíθo, θa] 形 (人が)順応しやすい，妥協的な．—El marido se conforma con todo; es muy ~. その夫は何にで

acompañado 27

も順応する人で，とても折合いのいい人だった．

acomodado, da [akomoðáðo, ða] 形 ❶ 適合した，適切な．—unos zapatos ~s a sus enormes pies 彼の大きな足に合った靴． ❷ 裕福な，富裕な．—una familia *acomodada* 富裕な家庭． ❸ 適当な，ほどよい．—precio ~ 手ごろな値段． ❹ 設備の整った．—una casa bien *acomodada* 設備のよく整った家．

*****acomodador, dora** [akomoðaðór, ðóra] 名 (劇場・映画館などの)案内係，出方(でかた)．
—— 形 《生理, 機械》調節の，順応の．—músculo ~ (水晶体の)調節筋．

acomodamiento [akomoðamjénto] 男 ❶ 適合，適応，順応． ❷ 和解，妥協． ❸ 好都合，便宜． ❹ 整備．

:**acomodar** [akomoðár] [<cómodo] 他 ❶ 【+a (場所など)に】を**適合させる，適応させる，はめ込む**．—El carpintero *acomoda* la nueva ventana *al* marco. 大工は新しい窓を窓枠にはめ込んでいる．*Acomodó* los libros en la estantería. 彼は本を本棚に並べた．*Acomodó* el antiguo cuarto de los niños para despacho. 彼は古い子ども部屋を書斎に改装した．Mi madre me *acomodaba* los vestidos viejos de mi hermana. 母はよく姉の古着を私に仕立て直していた． ❷ 【+en に】を据える，座らせる，席を占めさす．—Nos *acomodó en* la tercera fila del teatro. 彼はわれわれを劇場の第 3 列目に座らせた． ❸ 【+en に】を就職させる，世話する．—La *acomodaron* de cajera *en* un supermercado. 彼らは彼女をあるスーパーにレジ係として就職させた．

—— 自 ❶ ぴったり合う，ふさわしい．—Le envío a una señorita que tal vez le *acomode* para niñera. 私はあなたにおそらく子守りとしてぴったりの女性を派遣します． ❷ 都合が良い．—Si te *acomoda*, puedes venir esta tarde. もし君の都合が良いなら，今日の午後来てもいいよ．

——**se** 再 ❶ 【+a に】協調する，適応[順応]する；妥協する．—No sabe ~*se al* nuevo sistema de vida. 彼は新しい生活様式に適応できない．Su modo de proceder no *se acomoda al* reglamento del club. 彼のふるまい方はクラブの規則に合っていない． 類 **avenirse, conformarse**. ❷【+en に】座を占める，座る．—Ha llegado y *se ha acomodado en* su sillón favorito. 彼はやってきて自分のお気に入りの腰掛け椅子に座った． ❸【+en に】就職する．—*Se acomodó* de enfermera *en* un hospital. 彼女はある病院に看護婦として就職した．

acomodaticio, cia [akomoðatíθjo, θja] 形 ❶ 順応性のある，融通のきく．—una política *acomodaticia* 柔軟性のある政策． 類 **adaptable, flexible**. ❷ (人が)妥協的な．—carácter ~ 妥協的な性格． 類 **acomodadizo, contemporizador**.

acomodo [akomóðo] 男 ❶ 職，勤め口． 類 **empleo, ocupación**. ❷ 適当な住みか． ❸ 《中南米》身繕い．

:**acompañado, da** [akompaɲáðo, ða] 過分 形 ❶【+de】(a) …に伴われた．—ir ~ de …に伴われて［…と共に行く．Ella siempre anda *acompañada de* su novio. 彼女はいつも恋人といっしょに出歩く． (b) を添えた．—Todos los documentos deben ir ~s de su copia. 全ての書類にはコピーを添えねばならない。❷【bien [mal]+】よい[悪い]仲間とつきあう。—Más vale estar solo que mal ~. 悪い仲間とつきあうなら一人でいる方がましだ。❸《まれ》人出の多い。—calle acompañada 人出の多い通り。類 **concurrido**.

—— 名 補佐人。

*acompañamiento [akompaɲamjénto] 男 ❶ 同伴, 同行, 随行。—No le gusta que su hija salga sin ~. 彼は娘が誰も連れずに一人で外出して欲しくない。❷【集合的に】お供, 随員, 付き添い;(葬儀の)参列者。—El entierro tuvo un gran ~. 葬儀には大勢の参列者が立ち会った。類 **cortejo, séquito**. ❸【料理】(肉・魚料理の)付け合せ。—un bisté con ~ de patatas fritas フライドポテト付きビフテキ。de [como]— 付け合せとして。類 **guarnición**. ❹《比喩》付随する物。—Cayó una lluvia torrencial, con gran ~ de truenos y relámpagos. ものすごい雷鳴と稲妻を伴って,滝のような雨が降った。❺〔音楽〕伴奏(部)。—~ musical 伴奏。cantar sin ~ [con ~ de piano] 無伴奏で[ピアノの伴奏で]歌う。hacer [ejecutar] el ~ con la guitarra ギターで伴奏する。❻〔演劇〕エキストラ, 脇役, 端役。—Muchos grandes actores empezaron trabajando como ~. 多くの偉大な俳優は初めエキストラだった。類 **comparsa, extras**.

acompañanta [akompaɲánta] 女 ❶ 《女性への》付き添い人, お付きの女性。❷ (女性の)伴奏者。

:acompañante [akompaɲánte] 形 いっしょに行く, 同行する, 付随する。—los dos coches ~s 同行する2台の車。

—— 男女 【女性形は acompañanta も用いる】❶ 連れ, 同行者; (車の)同乗者。—No tengo ~ para la fiesta de esta noche. 私は今夜のパーティーに同伴者がいない。❷ 付き添い, 随行者。—el presidente y sus ~s 大統領とその随員。❸ 伴奏者。❹ 愛人。

****acompañar** [akompaɲár アコンパニャル]【<compaña】他 ❶【+a に】同行する, …と一緒に行く[いる]。—¿Quiere usted ~me? 私と一緒に行ってくださいますか。Acompañó a su suegro hasta la estación. 彼は義理の父と駅まで同行した。❷【+con に】を同封する, 添付する。—Con esta circular acompañamos un folleto explicativo. この回状に説明書を同封します。❸【+en 感情などを】…と共にする, 分かち合う。—Le acompaño en el sentimiento. ご愁傷さまです。❹【+a に】(出来事などが)伴う, つきまとう, つきものである。—No ha dejado nunca de ~me la desgracia. 私には一度として不幸がつきまとわなかったことはない。Se acompaña un profundo sentido de la amistad. 彼には真の意味の友情がある。❺【+a/con で】(音楽)…の伴奏をする。—El propio compositor acompañó al piano a la violinista. 作曲者自身がピアノで女性ヴァイオリニストの伴奏をした。

—— se 再 【+con/de に】❶ 同伴される。—El rey se acompañaba de su séquito. 国王にはおつきの人々がつき従っていた。❷【+a/con で】自ら伴奏をする。—Le gustaba cantar acompañándose con el piano. 彼はピアノの弾き語りをするのが好きだった。

acompasado, da [akompasáðo, ða]【<compás】形 ❶ 拍子のとれた, リズミカルな; 規則的な。類 **rítmico**. ❷ ゆっくりした。—andar ~ ゆっくりした歩き方。類 **lento, pausado, reposado**.

acompasar [akompasár] 他【+a/con】(動きなどを)に合わせる, 適応させる;(量などを)…に調節する。—Tendrás que ~ los gastos a los ingresos. 君は支出を収入に合わせなければいけないよ。類 **compasar**.

acomplejado, da [akomplexáðo, ða]【<complejo】形 コンプレックス[劣等感]を持った。—Es un niño ~ por su enorme timidez. 彼は自分があまりにも内気であることにコンプレックスを持った子です。

acomplejar [akomplexár] 他 (人に)コンプレックス[劣等感]を持たせる。—Su condición humilde le acompleja ante sus amigos. 彼は自分の貧しい身分のため友人に対してコンプレックスを抱いている。—— se 再【+por】…にコンプレックス[劣等感]を持つ。

Aconcagua [akonkáɣwa] 固名 (el ~) アコンカグア山(アルゼンチン北西部, アンデス山脈の最高峰)。

aconchabarse [akontʃaβárse] 再 徒党を組む, ぐるになる。→ **conchabarse**.

aconchar [akontʃár] 他 ❶ (危険から人を)かくまう, (物を)かくす。❷ (海事)(風・潮流が船を)岸に押し流す。—— se 再 ❶ (身を守るために何かに近づく, 身を寄せる。❷ (海事) (a) (船が危険な場所に近づく, 流される。(b) (2隻の船が)くっつく。(c) (座礁した船が)横倒しになる。

acondicionado, da [akondiθjonáðo, ða]【<condición】形 ❶ 条件づけられた。❷ 整えられた。—bien [mal] ~ 良い[悪い]状態にある; 良く[悪く]整えられた。—una fábrica bien acondicionada 設備の良い工場。❸ (室内の空気などが)調節された。—despacho con aire ~ 冷暖房のある事務室。

acondicionador [akondiθjonaðór] 男 エア・コンディショナー, 空気調節器; コンディショナー(化粧品)。

acondicionamiento [akondiθjonamjénto] 男 ❶ 条件づけること。❷ 調整, 準備。—~ de un cuarto para despacho 事務室用に部屋を改装すること。❸ (空気の)調節。

acondicionar [akondiθjonár] 他 ❶ (特定の目的のために)条件づける。❷ を整える, 準備する。—Acondicionaron la sala para la fiesta. 彼らはパーティーのために部屋を整えた。類 **arreglar, preparar**. ❸ (室内の空気など)を調節する。→ climatizar.

acongojar [akongoxár] 他 (人)の心を痛ませる, …に苦痛を与える。

acónito [akónito] 男【植物】トリカブト。

aconsejable [akonsexáβle] 形 勧められる; 得策な。—un libro ~ 推奨できる本。

aconsejado, da [akonsexáðo, ða] 形 分別のある。—mal ~ 無分別な, 思慮に欠けた。類 **cuerdo, prudente**.

:**aconsejar** [akonsexár]【<consejo】他 ❶【+不定詞/+que+接続法(…するように)】…に助言する, 忠告する, 勧告する。—Le aconsejé que no se casara con ella. 私は彼に彼女とは結婚し

ないよう忠告した。❷ (物事が)示唆する, うながす. —Una situación tan delicada *aconseja* mucha prudencia. このように微妙な状況のため多大の慎重さが要求される.

— se 再 【+con/de に】助言を仰ぐ, 助言してもらう. —Debes ~*te de* un buen abogado. 君はよい弁護士の助言を仰ぐべきだ.

aconsonantar [akonsonantár] [< consonante] 自 《韻律》(語が)韻を踏む.
— 他 《韻律》(語に)韻を踏ませる.

acontecedero, ra [akonteθeðéro, ra] 形 起こる可能性のある, ありうる.

:**acontecer** [akonteθér] [9.1] 自 《不定詞・過去分詞・現在分詞および3人称単・複数形でのみ活用】起こる, 生じる. —*Aconteció* que en ese instante pasaba un guardia por allí. その瞬間に警官がそこを通りかかるという事態が起きた. *Aconteció* lo que era de esperar. 予想されたことが起きた. 類 **ocurrir**.

:**acontecimiento** [akonteθimjénto] 男 ❶ **重大な出来事, 大事件**, 大変なこと. — ~ artístico [político, social] 芸術上の[政治上の, 社会的]大事件. La llegada del Papa fue todo un ~ para los católicos. ローマ法王の来訪はキリスト教徒にとって全く大事件だった. 類 **suceso**. ❷ 出来事, 事件; 行事. —los ~s de hoy 今日の出来事. ~ casual [imprevisto] 偶然の[予期しない]出来事. ~ feliz [desgraciado] 幸運[不運]な出来事. ~ deportivo スポーツイベント. 類 **acaecimiento, suceso**.

adelantarse a los acontecimientos 性急にことを運ぶ, 先走る.

acontezca- [akonteθka-] 動 acontecer の接・現在.

acontezco [akontéθko] 動 acontecer の直・現・1単.

acopiar [akopjár] 他 ❶ (物を)蓄える. 類 **almacenar**. ❷ (物を)集める, 結ぶ. — ~ informaciones 情報を収集する. 類 **juntar, reunir**.

acopio [akópjo] 男 ❶ 蓄え(ること). —Han hecho ~ de arroz para tres meses. 彼らは3か月分の米を蓄えた. ❷ 寄せ集めること.

acoplado, da [akoplaðo, ða] [< copla] 形 ❶ 調和した, 釣り合った. ❷ 調整された.

acopladura [akoplaðúra] 女 組み合せ, 接合, 結合.

acoplamiento [akoplamjénto] 男 ❶ 組み合せること, 接合, 結合. — ~ de cápsulas 宇宙船のドッキング. ❷ 連結. ❸ 交尾, 交配.

acoplar [akoplár] 他 ❶ (2つの物を)組み合せる, 接合[結合]する, 適合させる. —El mecánico *acopló* la rueda a su eje. 工員はタイヤをシャフトにはめた. ❷ (牛馬)を2頭立てにする. ❸ (動物を)交尾させる. — se 再 【+a】(人が)…になじむ. —Logré ~*me* en seguida *a* mis nuevos compañeros. 私は新しい同僚にすぐなじんだ.

acoquinamiento [akokinamjénto] 男 怖れ, おびえ.

acoquinar [akokinár] 他 を怖がらせる, おびえさせる. 類 **acobardar, amedrentar, amilanar**.
— se 再 怖がる, おびえる.

acorar [akorár] 他 (人を)悲しませる.
— se 再 (気候の異変で植物が)しおれる.

acorazado, da [akoraθáðo, ða] 形 ❶ 装甲された, 鋼板で覆われた. —puerta *acorazada* 鋼鉄張りのドア. ❷ (人が痛みなどに)動じない, 無神経な. — 男 戦艦.

acorazar [akoraθár] [1.3] 他 (船体などを)装甲する, 鋼板で覆う.
— se 再 【+contra】…に対して動じなくなる.

acorazonado, da [akoraθonáðo, ða] [< razón] 形 心臓形の, ハート形の.

acorchado, da [akortʃáðo, ða] [< corcho] 形 ❶ (コルクのように)軟らかくなった, ふわふわの. 類 **blando, elástico, fofo**. ❷ (感覚が)しびれた, 麻痺した.

acorchamiento [akortʃamjénto] 男 ❶ 軟化. ❷ (感覚の)麻痺. ❸ 感受性の鈍化.

acorchar [akortʃár] [< corcho] 他 をコルクで覆う. — se 再 ❶ (コルクのように)軟らかく[ふわふわに]なる. ❷ (身体の一部が)しびれる. ❸ 感受性が鈍る. 類 **insensibilizarse**.

acordada[1] [akorðáða] 女 ❶ 《司法》(上級裁判所が下級裁判所に出す)命令. ❷ (発行者に証明の確認を求める)確認状.

acordadamente [akorðaðaménte] 副 みんな一致して; 熟慮して.

acordado, da[2] [akorðáðo, ða] 過分 [< acordar] 形 ❶ 合意された, 決議された. ❷ 熟考された, 分別のある.

lo acordado 《司法》判例, 同意事項.

****acordar** [akorðár アコルダル] [5.1] 他 ❶ (a) (合議の上で)…に決定する, 取り決める, 合意する. —*Hemos acordado* que es mejor esperar. われわれは待つのがよいと決定した. El Gobierno *acordó* despenalizar el aborto provocado. 政府は妊娠中絶を処罰しないことを決定した. (b) …することに決心する. ❷ 《音楽》【+con に】を音合わせする, 調律する. — ~ el violín *con* el piano ヴァイオリンの音をピアノに合わせる. ❸ 《美術》(色)を新調する.
— 自 ❶ 一致する. —El testimonio de los dos testigos *acordaba*. 2人の証人の証言は一致する. ❷ 【+con と】調和する. —Las cortinas no *acuerdan* con los muebles. カーテンが家具と調和していない.

— se 再 ❶ 【+de を】思い出す. —Siempre me *acordaré de* aquella noche. 私はいつもあの晩を思い出すでしょう. *Acuérdate de* escribir la carta. 手紙を書くのを忘れないでよ. ¿*Te acuerdas* cuándo terminaron de construir el puente? いつ橋の建設が終ったか覚えているかい. 類 **recordar**. ❷ 意気投合する. —Los dos *se acordaron* fácilmente. 二人はすぐに意気投合した.

si mal no me acuerdo 私の記憶に間違いなければ.

¡Te vas a acordar!/¡Ya te acordarás! おぼえてろよ, 今に見てろ.

acorde [akórðe] 形 ❶ 合致[一致]した. —Él está ~ con mi opinión. 彼は私の意見に同意している. 類 **conforme**. ❷ 【+con】…に調和した, 適応した. ❸ (色や音が)調和した.
— 男 《音楽》和音.

a los acordes de … …の伴奏で. Los novios entraron en la sala *a los acordes de* la marcha nupcial. 新郎新婦は結婚行進曲に合わせて会場に入って来た.

acordeón [akorðeón] 男 《音楽》アコーディオ

ン, 手風琴.

acordeonista [akorðeonísta] 男女 《音楽》アコーディオン奏者.

acordonado, da [akorðonáðo, ða] [＜cordón] 形 ❶ 紐(ひも)[縄]形の. ❷ 紐で締められた. ❸ 包囲された. ❹ 【メキシコ】やせた, ほっそりした.

acordonamiento [akorðonamjénto] 男 包囲, 非常線.

acordonar [akorðonár] 他 ❶ 紐(ひも)で締める. — ~ los zapatos 靴の紐を締める. ❷ (場所)を包囲する. ❸ (硬貨)の縁にギザギザをつける.

acornar [akornár] [5.1] 他 →acornear.

acornear [akorneár] [＜cuerno] 他 (牛などが)を角で突く. 類 **cornear**.

ácoro [ákoro] 男 《植物》ショウブ(菖蒲).

acorralar [akoralár] 他 ❶ (人・動物)を柵内に追いこむ, 追いつめる. ❷ (人)をとまどわせる. ❸ (家畜)を囲いに追いこむ[閉じこめる].

acorrer [akořér] 他 《古》(人)を救う, 助ける.
— 自 [＋a] (救助)に駆けつける. 類 **acudir, recurrir**.
— se 再 避難する. 類 **acogerse, refugiarse**.

acortamiento [akortamjénto] 男 [＜corto] (長さ・期間などの)短縮, (数量の)削減, 減縮.

acortar [akortár] 他 ❶ (長さ)を短縮する, (期間など)を短縮する, (数量)を減らす. — Acortó el pantalón tres centímetros. 彼はズボンを3センチ短くした. 類 **abreviar, mermar, reducir**. 反 **alargar**.
— se 再 短くなる, 減る. — En otoño los días se van acortando. 秋は日がだんだん短くなる.

acosador, dora [akosaðór, ðóra] 形 ❶ 追跡する. ❷ (うるさく)責め立てる.
— 名 ❶ 追跡者. ❷ 責めたてる人.

acosamiento [akosamjénto] 男 追跡, 追いつめること.

acosar [akosár] 他 ❶ (人・動物)を追跡する, 追いかける. — Los lobos acosaban a su presa. 狼たちは獲物を追っていた. 類 **estrechar, perseguir**. ❷ (しつこく人)を追い回す, (うるさく)人を責め立てる. — Me acosaron a preguntas. 私は質問攻めにあった. 類 **asediar, importunar, molestar**.

acoso [akóso] 男 ❶ 追跡, 追いつめること. 類 **acosamiento**. ❷ 責め立てること, しつこさ. — ~ sexual セクハラ. ~ sicológico de trabajo 職場での嫌がらせ.

acostar [akostár アコスタル] [5.1] [＜costa] 他 ❶ (人)を横たえる, 寝かせる. — Ya es hora de ~ a los niños. もう子どもたちを寝かしつける時刻だ. 反 **levantar. ❷ 《海事》(船)を横付けする. — La tormenta les impidió ~ el barco al remolcador. 嵐のために彼らは船をタグボートに横付けすることができなかった.
— 自 (船が)接岸する. — El barco acostó a las cinco de la madrugada. 船は夜明けの5時に接岸した.
— se 再 ❶ 横になる, 横たわる, 寝る. — Ya es hora de ~nos. 私たちはもう寝る時刻だ. ❷ 《話》[＋con (異性)](と)寝る, 関係を持つ. ❸ 傾く. — El edificio se acostó un poco con los temblores. 地震で建物は少し傾いた. ❹ (船が)接岸する.

*acostumbrado, da [akostumbráðo, ða] 過分 形 ❶ 慣れた. (a) [estar＋, ＋a] …に慣れた, 習慣になっている. — Estoy ~ al frío. 私は寒さに慣れている. Estamos ~s a acostarnos temprano. 我々は早い時間に寝ることに慣れている. (c) 慣れた, 訓練された. — Tiene al perro muy bien ~. 彼は犬をよく訓練した. Los niños están muy mal ~s. 子供たちは甘やかされて駄目になっている. (d) [＋a que＋接続法] …に慣れている. — No estoy ~ a que me traten de este modo tan poco educado. 私はこんな無礼に扱われることに慣れていない. 類 **habituado**. ❷ 習慣的な, いつもの; 熟達した, 手なれた. — con su acostumbrada tranquilidad 彼女のいつもの冷静さをもって. 類 **habitual**.

**acostumbrar [akostumbrár アコストゥンブラル] [＜costumbre] 他 ❶ [＋a を] …に習慣づける, を慣らす, 慣れさせる. — Los padres deben ~ a sus hijos a los buenos modales. 両親は息子たちに良い行儀の習慣をつけねばならない. ❷ [＋不定詞] …する習慣である, いつも…する. — Acostumbraba parar en algún bar para tomar una cerveza. 彼はビールを飲むためにどこかのバルに立寄るのが習慣だった.
— 自 [＋a／不定詞] …するのがならわしである, …するのを常とする, …する習慣である. — Acostumbro a oír música después de cenar. 私は夕食後音楽を聴く習慣である.
— se 再 [＋a] 慣れる, 適応する. — Se acostumbró enseguida a la vida en España. 彼はスペインの生活にすぐ慣れた. No he podido ~me a ese horario de comidas. 私はその食事時間にはまだ慣れることができない. 類 **habituarse**.

acotación [akotaθjón] [＜coto] 女 ❶ 境界(の画定). ❷ 注, 注釈. ❸ 《演劇》ト書き. ❹ 《地理》標高.

acotado, da [akotáðo, ða] 形 ❶ 境界[範囲]が定められた, 立入禁止の. — terreno ~ para la caza 狩猟用の区域. ❷ (文書などが)注釈のついた.

acotamiento [akotamjénto] 男 (土地などの)境界の画定.

acotar [akotár] 他 ❶ (a) (土地など)の境界を定める. (b) …の限界[範囲]を定める. ❷ (文書などに)注釈をつける. ❸ 《地理》(地図などに)標高を記す.

acotiledóneo, a [akotileðóneo, a] 形 《植物》無子葉の.

acotillo [akotíʎo] 男 (鍛冶屋の)大槌(づち).

acoyundar [akojundár] 他 (牛馬)をくびきでつなぐ.

acoyuntar [akojuntár] 他 (牛や馬)をつないで2頭立てにする.

acracia [akráθja] 女 無政府主義. 類 **anarquía, anarquismo**.

ácrata [ákrata] 形 無政府主義(者)の.
— 男女 無政府主義者.

acre[1] [ákre] 形 ❶ (味が)いがらっぽい, しぶい; (舌・鼻に)いがっとくる, 刺激性の. ❷ (言葉などが)辛辣(しんらつ)な, とげとげしい.

acre[2] [ákre] 男 エーカー(ヤード・ポンド法の面積の単位).

acrecencia [akreθénθja] 女 ❶ (数量の)増加, 増大. ❷ 《司法》相続[受贈]分の増加. ❸ 付加財産.

acrecentamiento [akreθentamjénto] 男 (数量の)増加, 増大.

acrecentar [akreθentár] [4.1] [＜creciente] 他 を増やす, 増大させる, 増加させる. ― Trabajando mucho *acrecentó* su patrimonio. よく働いて彼は財産を増やした. 類**aumentar**.
　― **se** 再 増える, 増大する. ― El temor a una guerra *se acrecienta* entre la población. 戦争への恐れが国民の間に増大している.

acrecer [akreθér] [9.1] 他 を増やす[増加]させる. 類**aumentar**.
　― 自 《法学》相続[受贈]分が増加する.

acrecimiento [akreθimiénto] 男 増加, 増大.

acreditación [akreðitaθjón] 女 ❶ 身分証明書, 信任状. ❷ 評判.

acreditado, da [akreðitáðo, ða] 過分 〔＜acreditar(se)＜crédito〕形 ❶ 信用[信頼]のある, 評判の高い. ❷ 公認の, 信用状を授けられた; (外交官が)信任状を与えられた. ― El representante de Japón ～ en la ONU pronunciará una conferencia. 日本の国連代表が演説を行うことになっている.

:**acreditar** [akreðitár] 〔＜crédito〕他 ❶ …に**信用を与える**, を保証する, 証明する. ― Este documento *acredita* su rango diplomático. この書類は彼が外交官であることを証明する. Este título no le *acredita* para enseñar en Japón. この資格は彼が日本で教えるための保証にはならない. Esta marca *acredita* la calidad del producto. この商標は品質を保証するものだ. ❷〔＋de/como として〕…に名声[評判]を与える. ― Esta obra le *acredita* de excelente literato. この作品により彼はすぐれた文学者であるという評価を得ている. Estos excelentes automóviles *acreditan* la marca. これらのすぐれた自動車はブランドの名声を高めている. ❸ (外交官に)信任状を与える. ― El gobierno *acreditó* a don José Valera como embajador en Japón. 政府はホセ・バレラ氏を駐日大使に任命した. ❹《商業》…の貸方勘定に記入する. 類**abonar**. 反**cargar**.
　― **se** 再 評判になる, 信用[名声]を得る. ― Tras su tercer accidente *se ha acreditado* de conductor temerario. 3度目の事故の後, 彼は無謀な運転者という評判が立った.

acreedor, dora [akreeðór, ðóra] 形 〔＋a〕…に値する, ふさわしい. 類**digno, merecedor**.
　― 名 債権者. 反**deudor**.

acreencia [akreénθja] 女《中南米》→crédito.

acribar [akriβár] 〔＜criba〕他 ❶ をふるいにかける. 類**cribar**. ❷ を穴[傷]だらけにする. 類**acribillar**.

acribillar [akriβiʝár] 他 ❶ を穴だらけにする. ❷ を(刺し)傷だらけにする. ❸ (人)を責めたてる.

acrílico, ca [akríliko, ka] 形《化学》アクリルの. ― 男 アクリル繊維.

acriminar [akriminár] 他 ❶ (人)を告発[告訴, 起訴]する. ❷ (過失などを人)の責任にする, …に責任を負わせる. ❸ (過失などを)誇張する.

acrimonia [akrimónja] 女 →acritud.

acrimonioso, sa [akrimonjóso, sa] 形 (言葉・態度などが)辛辣(しんらつ)な, とげとげしい.

acriollarse [akrjoʝárse] 〔＜criollo〕再《中南米》(外国人が)移住した国の習慣を身につける.

acrisolado, da [akrisoláðo, ða] 〔＜crisol〕形 ❶ (金属が)精錬された, 純粋な. ❷ 全く確かな,

actinia 31

立証された.

acrisolar [akrisolár] 他 ❶ (金属)を精錬する. 類**depurar**. ❷ を純化する, 洗練する. ― ～ el gusto 趣味を洗練する. 類**aquilatar, purificar**. ❸ (真実・美徳など)を確かめて明らかにする, 実証する.

acristianar [akristjanár] 〔＜cristiano〕他 ❶ (人)をキリスト教徒にする. 類**cristianar**. ❷ (人)に洗礼を施す. 類**bautizar**.

acritud [akritú(ð)] 女 ❶ (味の)いがらっぽさ, 渋み, (匂いが鼻に)つんとくる感覚, 刺激臭. ❷ (痛みの)鋭さ. ❸ (言葉などの)辛辣(しんらつ)さ, とげとげしさ. 類**acrimonia, aspereza**.

acrobacia [akroβáθja] 女 軽業, 曲芸, 離れ業. ― ～ aérea 曲芸飛行.

acróbata [akróβata] 男女 軽業師, アクロバット. 類**equilibrista**.

acrobático, ca [akroβátiko, ka] 形 軽業(師)の, 曲芸的な. ― ejercicios ～s 曲芸.

acrobatismo [akroβatísmo] 男 軽業, 曲芸. →acrobacia.

acrofobia [akrofóβja] 女 高所恐怖症.

acromatopsia [akromatópsja] 女《医学》色盲.

acromegalia [] 女《医学》末端肥大症.

acróstico, ca [akróstiko, ka] 形《詩学》折句(ざっく)形式の. ― 男《詩学》折句. ◆人名などを各行の初めに置いて作詩された詩.

acrotera [akrotéra] 女《建築》アクロテリオン. ◆切妻屋根の端または頂きに設置される装飾物をのせる台.

:**acta** [ákta] 〖単数冠詞は el, un(a)〗女 ❶〔主に複〕(会議・交渉などの)**議事録**, 覚書, 記録, 控え. ― El ～ de la reunión de ayer ocupa treinta folios. 昨日の会議の議事録は30枚になる. libro de ～s ～ taquigráficas [estenográficas] (会議などの)速記録. 類**memoria, relación, reseña**. ❷〔主に複〕(学会などの)議事録, 発表論文集, 会報. ― Se han publicado las ～s del Congreso Internacional. 国際学会発表論文集が出版された. ❸《法律》(公式の)**証明書**, 証書; …状. ― notarial 公正証書. ～ de nacimiento [de bautismo, de defunción] 出生[洗礼, 死亡]証明書. ～ matrimonial [de matrimonio] 結婚証明書. ～ de calidad 品質保証票. ～ de peritaje 鑑定(報告)書. ～ de acusación 起訴状. ～s judiciales (裁判所の)令状. 類**atestado, certificado**. ❹《政治》当選証 (＝～ de elección). ― ～ de senador [de diputado, de presidente] 上院議員[下院議員, 大統領]の当選証. ❺〔主に複〕《宗教》(聖人・殉教者の)聖なる記録, 聖人伝, 殉教録. ― ～s de los santos 聖人伝.

Acta de Navegación《英国史》航海(諸)条例 (海運業の保護と貿易拡張のため発布. 1651年 O. Cromwellのものが一番有名. 1849年に廃止).

constar en acta 議事録に残る.

levantar acta (1)〔＋de〕を議事録につける. El secretario *levantó acta* de la reunión. 秘書は会議の議事録を作成した. (2)証書[調書]を作成する. El notario *levantó acta*. 公証人は証書を作成した.

actinia [aktínja] 女《動物》イソギンチャク. 類

anémona de mar.

actínico, ca [aktíniko, ka] 形 《物理》光化学作用の, 化学線の.

actinio [aktínjo] 男 《化学》アクチニウム(元素記号 Ac).

actinomicosis [aktinomikósis] 女 《医学》放線菌症.

‡**actitud** [aktitú(ð)] 女 ❶ 態度, 心構え. — adoptar una ~ benévola [rebelde, amenazadora] con ... (人)に親切な[反抗的, 脅迫的]態度を取る. tomar una ~ firme [flexible, agresiva] 強硬な[柔軟な,けんか腰の]態度を取る. aclarar su ~ 態度を明らかにする. cambiar de ~ 態度を変える. Recibió la noticia con [en] ~ displicente. 彼はその知らせを無愛想な態度で受取った. ❷ 姿勢, ポーズ, 様子. ~ pensativa [provocativa, imponente] 憂いに沈んだ[挑発的な, 威圧的]姿勢. mostrar una ~ pensativa 考え込むような様子を見せる. El perro nos gruñó en ~ amenazadora. 犬は威嚇的姿勢で私たちにうなり声をたてた. 類**ademán, postura.**

en actitud de ... (今にも)…する様子で, …しようとして. *ponerse en actitud de ataque [de defensa]* 攻撃[防御]態勢をとる.

activación [aktiβaθjón] 女 活性化, 活発化, 促進. — ~ económica 経済の活性化.

activamente [aktíβaménte] 副 積極的に, 活発に.

activar [aktiβár] 他 ❶ を活発にする, 活性化する, 促進する. — ~ la circulación sanguínea 血行を促進する. 類**avivar, excitar.** ❷《情報》アクティブにする.

‡**actividad** [aktiβiðá(ð)] 女 ❶ 活動(状態), 作用, 働き. — ~ volcánica [sísmica] 火山[地震]活動. ~ de un ácido 酸の作用. ~ solar《天文》太陽活動. ~ extravehicular 宇宙船外活動. Después del accidente perdí la ~ en un brazo. 私は事故後片腕が利かなくなった. 類**acción, movimiento.** 反**inactividad.** ❷ 活発な行動, 行動力, 機敏さ. — ~ hombre de una ~ incansable 精力的な男. Pablo despliega una ~ pasmosa. パブロには驚くべき行動力がある. ❸ 活気, 活発, 活力, にぎやか; (市場の)活況. — En verano hay mucha ~ en la costa. 夏になると海岸は大変賑わう. La bolsa registró escasa ~. 市場は活気がなかった. Enero es siempre un período de baja ~ [de poca ~]. 1月はいつも閑散期である. dar ~ a ... を活気づける. desplegar [mostrar] gran ~ 活躍する. Es economista y se dedica a las ~es bursátiles. 彼はエコノミストで株取引に携わっている. 類**ajetreo, movimiento, trajín.** ❹ (個人・職業・会社などの)活動, 仕事, 業務, 営み; 分野, 領域. — esfera de ~ 活動分野. ~ política [cultural, social] 政治[文化, 社会]活動. ~ comercial [económica] 商業[経済]活動. ~ intelectual 知的活動. ~ empresarial [de la empresa] 会社の業務. ~ de los sindicatos 組合活動. ~ física 運動, スポーツ. — ~es domésticas 家事. ~ acuática 水泳(水泳・釣りなど). tener muchas ~ 様々な活動[仕事]をしている. Se dedica a la enseñanza como ~ profesional. 彼は教職に携っている. 類**ocupación, profesión, trabajo.** ❺〖主に複〗(特に教科の補完的な)課外活動, 実習, 宿題. — ~ escolar 校内活動. ~es extraescolares 課外活動. unas ~es de matemáticas. 数学の宿題. 類**tarea(s).** ❻《化学, 物理》活性. — residuos de alta ~ 高レベルの放射性廃棄物. ~ óptica 光学活性, 旋光性. La unidad de ~ radiactiva es el curio. 放射能の強さの単位はキュリーである.

en actividad (1) 活動中の, 操業中の. *volcán en actividad* 活火山. *El volcán ha entrado de nuevo en actividad.* その火山は再び活動を始めた. (2)〖中南米〗現役の[で]. *Es un oficial de la Armada en actividad.* 彼は海軍の現役将校だ.

otra actividad 趣味.

activista [aktiβísta] 形 積極的行動主義(者)の, 活動家の.

— 男女 (政党などの)積極的活動家.

‡***activo, va** [aktíβo, βa アクティボ, バ] 形 ❶ 活動的な, 活動中の, 現役の. — volcán ~ 活火山. población *activa* 労働人口. ❷ 活発な, 積極的な, 勤勉な. — Ha tomado parte *activa* en el proyecto. 彼はその計画に積極的な役割を果している. 類**diligente, eficaz.** ❸ (薬などが)よく効く, 活性の. — oxígeno ~ 活性酸素. Ni siquiera un veneno tan ~ ha conseguido eliminar las ratas. これより強力な毒薬でさえネズミを退治することはできなかった. ❹《文法》能動の. — voz *activa* 能動態.

— 男《商業》資産. — ~ y pasivo 資産および負債. ~ fijo [flotante] 固定[流動]資産.

en activo 現役の[で], 現職中の[で]. *militar en activo* 現役兵[軍人].

por activa y por pasiva 手段をつくして, できる限りのことをして. *Ya se lo he dicho por activa y por pasiva, pero no me hace ningún caso.* 私は手段をつくして彼に言ったのだが, 全然聞く耳を持たなかった.

****acto** [ákto アクト] 男 ❶ 行為. — Tú eres el responsable de tus ~s. 君は自分の行為に責任をとるべきだ. ~ bélico 戦争行為(非戦闘国に対する不法な). ~ criminal 犯罪行為. el ~ carnal [sexual]《文》性行為. ~ de contrición 悔恨の祈り. ~ de desagravio 償いの行為, 謝罪. ~ de fe 信念または信仰に基づく行為. hacer ~ de presencia 姿を見す, 出頭する. morir en ~ de servicio (兵士が)軍務中に死亡する, (警官や消防士が)殉職する. ~ fallido フロイト的失言(つい本音を出してしまった失言). ~ ilícito 不法行為. ~ jurídico 法的に義務のある行為. ~ público 公的行為. ~ religioso (教会の)礼拝. ~ reflejo 反射作用. 類**acción** ❷ 行事, 儀式. — ~ inaugural [de clausura] 開会[閉会]式. los ~s conmemorativos de ... …を記念する祝典 Asiste a todos los ~s oficiales. 彼はすべての公式行事に出席する. 類**ceremonia.** ❸《演劇》幕, 段. — una comedia en tres ~s 3幕から成るコメディー. salón de ~s 講堂.

acto seguido ただちに, すぐに.

en el acto 即座に, その場で. *Murió en el acto.* 彼は即死した. *Me cambiaron la rueda en el acto.* 彼らはその場でタイヤを換えてくれた. *llaves [fotocopias] en el acto* その場で作ってくれる合鍵[やってくれるコピー].

‡**actor**[1] [aktór] 男 ❶ 俳優, 男優, 役者(「女優」は actriz). — ~ cinematográfico 映画俳優.

cómico [trágico] 喜劇[悲劇]俳優. primer ~/ ~ principal 主演者, 主演男優(→protagonista). ~ secundario [de reparto] 助演者, 脇役. ~ doblaje 代役. 類**artista, comediante, cómico, intérprete**. ❷《比喩》役者. —Nos engañó a todos; es un ~ consumado. 私たちは全員彼にだまされた. 彼は完全に役者だ. ❸(事件などの)行為者, 当事者;(文学作品中の)人物.

actor², **tora** [aktór, tóra] [形]《法学》原告の. —parte *actora* 原告側.
— 图 《法学》原告. 類**demandante**.

:**actriz** [aktríθ] [複 actrices] 囡 女優「男優」は actor);《比喩》役者. ~ cómica [trágica] 喜劇[悲劇]女優. primera ~/ ~ principal 主演者, 主演女優(→protagonista). 類**artista, comediante, cómica, intérprete**.

:**actuación** [aktuaθjón] 囡 ❶《演劇》演技;上演, 公演, 演奏;(スポーツ)演技, (競技などの)成績. —Su ~ en la película fue brillante. 映画での彼の演技はすばらしかった. 類**interpretación**. ❷ 行動, 行為, 振舞い, 品行. —~ juiciosa 分別ある行動. disponer la línea de ~ 行動基準を定める. Su ~ nos puso en evidencia. 彼の振舞いに私たちは恥をかかされた. 類**comportamiento, conducta**. ❸ 活動, 働き, 活躍;(警察などの取る)処置. —Su ~ como abogado ha sido siempre intachable. 弁護士としての彼の働きはいつも申し分なった. ❹ 働き, 作用;(薬などの)効能, 効き目. —La ~ de esta medicación es bastante rápida. この薬はかなり即効性がある. 類**efecto**. ❺ 圈《法律》訴訟(行為), 訴訟手続き;手続き. 類**diligencias**. ❻《言語》言語運用(=~ lingüística).

actuación pericial (専門家による)鑑定[査定].

****actual** [aktuál アクトゥアル] [形] ❶ 現在の, 今の, 今日(ほ)の. —En las ~*es* circunstancias no podemos hacer nada. 今の状況では私たちは何もできない. la música ~ 今流行中の音楽. 類**presente**. ❷ 時事的な, 今日的な. —decoración ~ 今風の装飾. Es una cuestión muy ~. それは非常に今日的な問題だ. ♦英語の actual の意味との相違に注意.
— 閉 今月. —el 28 del ~ 今月 28 日.

:**actualidad** [aktualiðá(ð)] 囡 ❶ 現在. —En la ~, existe libertad de expresión en el país. 現在ではこの国には表現の自由がある. ❷ 現状, 現実. —la ~ cubana キューバの現在の状況. ❸ ニュース;《主に複》時事問題. —La ~ informativa está centrada en el tema de las elecciones generales. 今日のニュースの主な項目は総選挙についてである.

de actualidad 今日(ほ)的な;流行の. las noticias *de actualidad* 今日のニュース. problemas *de actualidad* 時事問題.

actualización [aktualiθaθjón] 囡 現実[具体]化, 現代化;《コンピュータ》アップデート. —~ de los datos データの更新.

actualizador, dora [aktualiθaðór, ðóra] [形] 現実[具体, 現代]化する.

:**actualizar** [aktualiθár] [1.3] 他 ❶ を今風 [現代風]にする, 現代化する, 実情に合わせる. —El ensayo *actualiza* las preocupaciones del hombre medieval. そのエッセイは中世の人間の悩みを現代によみがえらせている. ❷《哲学》を現実化する. ❸《言語》(冠詞などを付けて名詞を現前[現働]化する. ❹《通信》更新する, アップデート[アップグレード]する.

:**actualmente** [aktuálménte] 副 現在, 今, 目下. —A ~ vive en Burgos. 今彼はブルゴスに住んでいる. 類**ahora**.

****actuar** [aktuár アクトゥアル] [1.6]《< acto》自 ❶【+de を】務める, 【+como として】働く, 活動[行動]する. —*Has actuado* correctamente. 君はきちんと行動した. Japón *actúa* de mediador entre las naciones en conflicto. 日本は紛争諸国間の調停者として働いている. ❷(*a*)【+de の】役を演じる. —Ella *actúa* de Santa Teresa en la película. 彼女は映画でサンタ・テレーサの役を演じる. *Actuó como* presentador del concurso de belleza. 彼は美人コンテストの司会者を務めた. ❸ 出演する;上演する, 演奏する. —Esta noche *actuará* un conjunto de rock. 今晩あるロック・バンドが出演することになっている. ❸【+de/como として】機能する, 役立つ;効く. —El césped *actuó* de amortiguador. 芝生が緩衝装置として役立った. Esta medicina *actúa* como somnífero. この薬は睡眠薬として効力を持つ. ❹【+en を】受験する. ❺《法律》訴訟手続をとる.
— 他 (機械など)を動かす, 働かせる.

actuarial [aktuarjál] [形] アクチュアリー[保険数理士]の.

actuario [aktuárjo] 男 ❶《裁判所の》書記. ❷ ~ de seguros 保険計理[数理]士.

acuarela [akuaréla] 囡《美術》❶ 水彩画法. ❷ 水彩画.

acuarelista [akuarelísta] 男女《美術》水彩画家.

acuario [akuárjo] 男 ❶(魚・水草を入れる)水槽. ❷ 水族館. ❸《天文》水瓶(みずがめ)座;宝瓶(ほう)宮(黄道 12 宮の 11 番目). →zodíaco.

acuartelado, da [akuartelándo, ða] [過分]《< acuartelar(se)< cuartel》[形] ❶(部隊などが)宿営[待機]した. ❷《紋章》(盾形紋が)縦横に 4 分割された.

acuartelamiento [akuartelamjénto] 男 ❶(兵舎の)宿営, 駐屯. ❷(兵隊の)待機. ❸ 宿営地, 駐屯地.

acuartelar [akuartelár] 他 ❶(部隊など)を兵舎に滞在させる. ❷(兵隊)を待機させる, 外出禁止にする. ❸(土地)を区画に分ける.
—se 再 (兵舎に)待機する, 帰営する.

acuático, ca [akuátiko, ka] [形] ❶ 水生[水棲]の. —plantas *acuáticas* 水生植物. aves *acuáticas* 水鳥. ❷ 水の, 水に関する. —esquí ~ 水上スキー.

acuátil [akuátil] [形] →acuático.

acuatinta [akuatínta] 囡 アクアチント(腐食銅版画法の一つ).

acuatizar [akuatiθár] [1.3] 自(水上飛行機が)着水する.

acuchillado, da [akutʃiʎáðo, ða] [過分]《< acuchillar(se)< cuchillo》[形] ❶ 刃物で切られた[刺された, 傷つけられた, 殺された]. ❷(衣服が)スリットの入った. ❸(人が)経験を積んだ, 苦労をした.

acuchillar [akutʃiʎár] 他 ❶ を刃物で切る[刺す, 傷つける, 殺す]. ❷(衣服)に切れ込み[スリット]を入れる. ❸(木の床や木製品の)表面を滑らかにする

る，表面を仕上げる．——se 再 刃物で切り合いをする．

acucia [akúθja] 女 ❶ 熱心さ；性急さ，焦燥．[類] **diligencia, prisa**. ❷ 渇望，激しい欲求．

acuciador, dora [akuθjaðór, ðóra] 形 ❶ 急を要する，せき立てる．[類] **acuciante**. ❷ を渇望[切望]している．❸ 熱心な．

acuciamiento [akuθjamjénto] 男 ❶ 急がせること，せき立て．❷ 渇望，切望．❸ 熱心さ．

acuciante [akuθjánte] 形 急を要する，せき立てる．—una necesidad ～ 差し迫った必要．

acuciar [akuθjár] 他 ❶（人など）を急がせる，せかす，せき立てる．—La pobreza le *acuciaba*. お金がないので彼は焦っていた．❷ を渇望[切望]する．[類] **anhelar, desear**.

acucioso, sa [akuθjóso, sa] 形 ❶ 熱心な，ひたむきな．[類] **diligente, presuroso**. ❷ 急を要する，緊急の．

acuclillarse [akukliχárse]〔< cuclillas〕再 しゃがむ，うずくまる．

＊acudir [akuðír アクディル] 自 ❶〖+a（場所）に〗（用があって）出かける，出向く，行く．—*Acude* puntualmente *a* la oficina todos los días. 彼は毎日オフィスへ定時に出かける．Llamaron a la puerta y el niño *acudió a* abrir. 戸口で呼ぶと，子どもが戸を開けに出て来た．❷〖+a に〗通(か)う，（よく）出入りする．—*A* esa cafetería *acuden* muchos artistas. その喫茶店には多くの芸術家が出入りしている．❸〖+a に〗起き る；（考えが）思い浮かぶ．—Al pasar por la estación *acude a* su mente el recuerdo del atentado. 駅を通るときに彼の頭にはテロ事件の記憶が思い浮かぶ．❹〖+a（手段）に〗訴える，頼る，…の手を借りる．—*Acudió a* su madre en busca de consejo. 彼は助言を求めて母を頼った．～ *a* la violencia 暴力に訴える．

acueducto [akweðúkto] 男 導水管，水道[水路]橋．—el ～ de Segovia（1世紀に建造された）セゴビアの水道橋．

ácueo, a [ákweo, a]〔< agua〕形 ❶ 水の．❷ 水性の，水のような．—humor ～〖解剖〗（眼球の）房水，水様液．[類] **acuoso**.

acuerd- [akwérð-] 動 acordar の直・現在，接・現在，命令・2 単．

＊acuerdo [akwérðo アクエルド]〔< acordar〕男 ❶（感情・意見などの）一致，同意，合意，承諾．—llegar a un ～ 合意に達する，意見の一致を見る．～ básico 基本的合意．❷ 協定，取決め，契約；決議．—firmar [concertar, establecer] un ～ 協定を結ぶ．tomar el ～ de … …の決議をする．～ comercial 通商[貿易]協定．～ verbal 紳士協定．*A*～ General de Aranceles Aduaneros y Comercio 関税と貿易に関する一般協定（GATT）．[類] **compromiso, convenio**. ❸（色彩などの）調和．～ de los colores 色彩の調和．❹ 和合，親和．—Esa familia vive en (un) perfecto ～. その家族は皆仲睦まじく暮らしている．[類] **armonía, concordia**. 反 **desacuerdo**. ❺ 正気，明敏，意識．—volver en [a] su acuerdo 正気に返る，我に返る，気がつく．[類] **juicio**. ❻ 助言，意見．❼ 思い出，記憶．❽〖アルゼンチン〗閣議（= consejo de ministros）；上院による指名の承認．❾〖中南米〗諮問委員会，審議会．

acuerdo marco 基本協定．

de acuerdo（相手の提案への同意）承知しました，よろしい，オーケー，賛成です．¿Vamos al cine?- *De acuerdo*. 映画見に行こうか．-いいね．

de acuerdo con [a] … (1)〖+en〗(…について)(人)に同意して，(人)と意見が一致して（= conforme con …）．Estoy *de acuerdo con* Ud. 私はあなたに賛成です．(2) …に従って[従えば]（= conforme a …, según）．Yo actué *de acuerdo con* lo que me habías indicado. 私は君の指示に従って行動した（→estar [quedar] de acuerdo con … en …, ponerse de acuerdo）．

de mutuo acuerdo 合意の上で．

de [por] común acuerdo 満場一致で．

estar [quedar] de acuerdo con … en … (1)（物事）について（人）と意見が一致している，同意見である．*Estoy de acuerdo con* Ud. *en* aumentar el capital [en el aumento del capital]. 私は増資することに賛成だ．

ponerse de acuerdo 意見が一致する．

acuest- [akwést-] 動 acostar の直・現在，接・現在，命令・2 単．

acuidad [akwiðá(ð)]〔< agudo〕女（音・感覚などの）鋭さ．

acuitadamente [akwitaðaménte] 副 心を痛めて，悲しんで．

acuitar [akwitár] 他 を窮地に追いこむ，苦しめる，心配させる．—Le *acuitaban* pobreza y enfermedad. 彼は貧困と病気に苦しんでいた．[類] **afligir, apenar, apesadumbrar, atribular**.

acular [akulár]〔< culo〕他（馬など）の尻・(車)の後部をつける．

acullá [akuʎá] 副《まれ》あちらへ[に]，向こうへ[に]．—acá y ～ あちこちに．

＊acumulación [akumulaθjón] 女 ❶ 蓄積，集積，積み重ね，山．—～ de amonestaciones 反則イエローカードの累積．～ de arena 砂山．～ de basura ゴミの山．～ de objetos 物の散らかし．～ de provisiones 食糧の蓄積[買いだめ]．～ de poder 権力の集中．[類] **cúmulo**. ❷〖経済〗（資本などの）蓄積，累積．～ de capital 資本蓄積．～ de endeudamiento 債務の累積．～ de riquezas 富の蓄積．～ de dividendos 配当金の積み立て．❸〖地質〗堆積．—material de ～ 堆積物．❹〖法律〗併合．～～ de acciones 訴訟の併合．❺ 兼職，兼任（= ～ de empleos）．❻〖修辞〗列挙法．❼（罪の）転嫁．

＊acumulador, dora [akumulaðór, ðóra] 形 蓄積する．

—— 男 蓄電池；〖情報〗アキュムレータ，累算器．—～ de calor 蓄熱ヒーター．～ eléctrico 蓄電池．

acumular [akumulár]〔< cúmulo〕他 ❶ 積み重ねる，蓄積させる；蓄える．—El río *ha acumulado* mucha arena en su desembocadura. その河は大量の砂をその河口に堆積(たいせき)させた．*Ha acumulado* una gran fortuna en poco tiempo. 彼はわずかの間に一大財産を蓄えた．～ experiencia 経験を重ねる．[類] **amontonar**. ❷（罪を）なすりつける，転嫁する．

—— se 再 積み重なる，蓄積される．—En esa calle *se acumulan* los bancos. その通りには銀行が軒をつらねている．Las nubes *se acumulaban* en el horizonte. 水平線には雲がむらがっていた．

acumulativo, va [akumulatíβo, βa] 形 累積[累加]的.

acunar [akunár] 〔<cuna〕他 (主に赤ん坊)を揺りかごでゆする. —Por más que le *acunaba*, el nene no dejaba de llorar. どんなにゆすっても赤ん坊は泣きやまなかった.

acuñación [akuɲaθjón] 女 (硬貨などの)鋳造.

acuñador, dora [akuɲaðór, ðóra] 形 (硬貨などを)鋳造する. ── 男 鋳造工.

acuñar [akuɲár] 〔<cuño〕他 ❶ (硬貨を)鋳造する, (金属に)刻印を打つ. ❷ (表現などを)流行させる, 定着させる. ❸ …にくさびを打つ.

acuosidad [akuosiðá(ð)] 〔<agua〕女 ❶ 水気, 水分. ❷ 水気[水分]の多いこと.

acuoso, sa [akuóso, sa] 形 ❶ 水を多く含んだ. —terreno ~ 水分を多く含んだ地面. ❷ 水性の, 水のような. —disolución *acuosa* 水溶液. ❸ (果物などが)水分の多い. 類**ácueo**.

acupuntura [akupuntúra] 女 鍼(はり)療法, 針治療.

acurrucarse [akuřukárse] [1.1] 再 縮こまる, 身をすくめる, しゃがむ. —En la cima del monte *se acurrucó* de frío. 山頂で彼は寒のあまりしゃがみこんだ.

‡acusación [akusaθjón] 女 ❶ (法律)告発, 告訴, 起訴(状). —acta de ~ 起訴状. cargo de ~ 告訴箇条, 訴因. formar una ~ 告訴[起訴]する. Esas acusaciones son injustas y falsas. それらの告発は不当で偽りである. 類**denuncia**. ❷ [la +](法律)検察(=fiscal), 起訴者側. 反**defensa**. ❸ 非難, 言いがかり. —lanzar *acusaciones* contra el árbitro 審判に非難を浴びせる. rechazar una ~ 非難をはねのける. En clase sufre continuas *acusaciones*. 彼はクラスで頻繁にいじめられている. ❹ [+de/por](法律)…の容疑. —~ *por* homicidio 殺人容疑. Sobre ellos cayó la ~ *del* robo. 彼らに窃盗容疑がかかった. 類**sospecha**.

bajo (la) acusación de … …の容疑で. —Fue arrestado *bajo acusación de* robo. 彼は窃盗容疑で逮捕された.

‡acusado, da [akusáðo, ða] 過分 形 際立った, 目立った. —Respondió con *acusada* brusquedad. 彼はひどく唐突に答えた.
── 名 (el ~)(刑事)被告人,(民事)被告.

acusador, dora [akusaðór, ðóra] 形 ❶ 告発[告訴]する. ❷ 非難する, とがめるような. —mirada *acusadora* 非難の眼差し.
── 名 ❶ 告発者. ❷ ~ público 検察官. ❸ 非難する人.

‡acusar [akusár アクサル]〔<causa〕他 ❶ (a)〔+deのかどで〕を**告発す**る, 非難する, とがめる. —Le *acusan* de tráfico de estupefacientes. 彼は麻薬取引のかどで告発されている. Le *acusó* públicamente *de* ladrón. 彼は公の席上で彼のことを泥棒だと非難した. 類**acusar**は「告発する」という意味のこもった「非難する」の意味. **censurar**は原意が「検閲する」, **condenar**は「断罪する, 判決を下す」という意味が代表的. **reprochar**は少し堅いが, もっとも標準的な「非難する」. **tachar**の代表的な意味は「けちをつける, 抹消する」, **vituperar**の代表的な意味は「ののしる, 誹謗(ひぼう)する」である. **zaherir**はまれにしか用いられないが, その原意は「中傷する」である. (b)《司法》(被告に)不利な証拠を提示する. ❷ を示す, 明らか

にする, 暴く, 知らせる. —El termómetro *acusa* un cambio de temperatura. 温度計が温度の変化を示している. Su cara *acusa* un gran dolor. 彼の顔が激痛を訴えている. ❸ を知らせる, 通知する. —*Acuso* recibo de su grata carta. お手紙を拝受したことをお知らせします.

──**se** 再〔+de〕の罪を認める, (を)自白する. —~*se de* un delito ある罪状を認める. 類**confesar**.

acusativo, va [akusatíβo, βa] 形《文法》対格の. —caso ~ 対格. ── 男《文法》対格.

acusatorio, ria [akusatórjo, rja] 形 告発[告訴, 起訴]の. —acto ~ 告発行為.

acuse [akúse] 男 (受け取ったという)通知. —solicitar ~ de recibo 受領証を求める.

acusetas [akusétas] 男《中南米》→**acusón**.

acusete [akuséte] 男《中南米》→**acusón**.

acusica [akusíka] 形 名 →**acusón**.

acusón, sona [akusón, sóna] 形 (人が)告げ口をする. ── 名 告げ口屋. 類**chivato**, **soplón**.

acústica [akústika] 女 ❶ 音響学. ❷ (室内の)音響効果[状態]. —El nuevo teatro tiene una ~ estupenda. 新しい劇場は音響効果がすばらしい.

acústico, ca [akústiko, ka] 形 音の, 音響(学)の; 聴覚の. —trompetilla [corneta] *acústica* 補聴器. fonética *acústica* 音響音声学.

acutángulo, la [akutánɡulo, la] 形 鋭角の. —triángulo ~ 鋭角三角形.

ad- [að-] 接頭 「傾向, 近接; 合体; 強調」の意. —*ad*junto, *ad*yacente, *ad*mirar (→a-).

adagio¹ [aðáxjo] 男 格言, 諺. 類**aforismo**, **máxima**, **proverbio**, **refrán**, **sentencia**.

adagio² [aðáxjo] 男《音楽》アダージョ(ゆるやかに演奏せよという意の音楽の速度標語); アダージョの曲, 緩徐曲.

adagio³, **gia** [aðáxjo, xja] 形《音楽》ゆっくりとした. ── 副《音楽》ゆっくりと.

Adaja [aðáxa] 固名 アダーハ川(スペインの河川).

adalid [aðalí(ð)] 男 ❶ (軍隊の)指揮[司令]官. 類**caudillo**. ❷ (ある集団の)指導者, リーダー;(意見などの)首唱者.

adamado, da [aðamáðo, ða]〔<dama〕形 ❶ (男が)女性的な, 柔弱な. ❷ 優美な, 上品な, 繊細な. 類**elegante**, **fino**. ❸ (庶民の女性が)貴婦人のような.

adamantino, na [aðamantíno, na] 形《文》(光沢・硬さが)ダイアモンドのような. 類**diamantino**.

adamascado, da [aðamaskáðo, ða]〔<damasco〕形《織物》ダマスク織り風の.

adamascar [aðamaskár] [1.1] 他 (生地を)ダマスク風の紋織りにする.

Adán [aðán] 固名《聖書人名》アダム(旧約聖書創世伝説の人物, 人類の祖とされる).

adán [aðán] 男 (身だしなみに)だらしない人, ものぐさな人, 無精者. —Va siempre hecho un ~. 彼はいつもだらしない格好をしている. 類**dejado**, **desaliñado**, **desaseado**, **negligente**.

adaptabilidad [aðaptaβiliðá(ð)] 女 ❶ 適応[適合]性, 順応性. ❷ 翻案[脚色]の可能性.

adaptable [aðaptáβle] 形〔+a〕❶ …に適合

36 adaptación

[適応]できる, 順応できる. ❷ …に翻案[脚色]できる. ― novela ~ al cine 映画に脚色できる小説. ❸ 調整できる, 取り付けられる.

:adaptación [aðaptaθjón] 囡 ❶ 〔+a〕(…への)適応, 順応, 適合;《生物》(環境などへの)適応(性). ~ ― al medio ambiente [a las circunstancias] 環境への適応. ~ a la vida de la ciudad 都会生活への順応. ~ a la obscuridad 暗順応. Esa especie muestra una gran capacidad de ~ a los climas fríos. その種は寒い気候への大変な適応力を見せている. ❷ 脚色(作品), 翻案(物); 編曲. ― hacer una ~ de la novela al cine [al teatro] 小説を映画[劇]化する. ~ escénica 脚色. La película es una ~ cinematográfica de la última novela. その映画は最近の小説を映画化したものである. ❸ 改作[改造]物. ― El antiguo hotel ha sufrido una ~ para convertirlo en hospital. 古いホテルは病院に変えるために改造された. 類 **acomodación**. ❹ 合わせること, 調節, 調整. ~ ― del zapato al pie 靴を足に合わせること. La elasticidad de esta prenda permite una perfecta ~ a la forma del cuerpo. この服は柔軟性があるので体型にぴったり合わせられる. 類 **acomodación, ajuste**. ❺ 取付け, 設置.

adapt*ador*, *dora* [aðaptaðór, ðóra] 形 適合させる.
―― 名 翻案者, 脚色者; 編曲者.
―― 男 (電気製品などの)アダプター. ~ ― de vídeo 《情報》ビデオ・アダプタ.

:adaptar [aðaptár] 他 ❶ 〔+a に/para のために〕を適応させる, 合わせる, 合致させる. ― Hay que ~ los gastos *a* los ingresos. 支出は収入に見合うようにしなければならない. *Adaptaron* el antiguo almacén *para* restaurante. 彼らは古い倉庫をレストランに改装した. ❷ 〔+al〕を脚色する, 翻案する; 編曲する. ~ ― una novela *al* cine 小説を映画に脚色する. ~ una obra literaria para niños 文学作品を子ども向けに翻案する. ❸ 〔+a に〕を取りつける, 装着する. ― Le *adaptaron* un brazo artificial. 彼は義手を付けてもらった.
―― **se** 再 〔+a に〕適応する, ぴったりする, 合う. ― *Se adaptó* enseguida al nuevo ambiente. 彼は新しい環境にすぐ適応した. Estos zapatos *se adaptan* con dificultad. この靴は足にうまく合わない.

adaraja [aðaráxa] 囡 《建築》待歯(まちば)(増築用に壁を1段置きに突出させておく).

adarga [aðárɣa] 囡 (楕円形・ハート形の)革製の盾.

adarme [aðárme] 男 ❶〔主に否定語と用いられる〕ごくわずかな量. ― Este chiste no tiene un ~ de gracia. この小話はちっとも面白くない. por ~s ごくわずかに; けちけちと. ❷《古》ドラム(1.79グラムに相当する昔の重量の単位).

adarve [aðárβe] 男 ❶ 城壁の上部・内側の通路(空間). ❷《まれ》防御, 保護. 類 **defensa, protección**.

Addis Abeba [áðis aβéβa] 固名 アディスアベバ(エチオピアの首都).

adecentar [aðeθentár] (<decente) 他 (物)を整理[整頓]する. ―― **se** 再 (人が)身なりを整える.

adecuación [aðekuaθjón] 囡 適合[適応]させる[する]こと.

adecuadamente [aðekuáðaménte] 副 適切に, 適宜に.

:adecu*ado*, *da* [aðecuáðo, ða] 過分 形 適した, 適合した; 妥当な. ― Ese vestido parece poco ~ para la ocasión. そのドレスはこの場にあまりふさわしいとは思えない. Es la persona más *adecuada* para este cargo. 彼はその役職に一番適した人だ. Éste no es el momento ~. 今はまだその時ではない. 類 **aceptable, apropiado**.

adecuar [aðekuár] 他 〔+a に〕を適合[適応]させる. ― Habrá que ~ los procedimientos *a* las circunstancias actuales. やり方を現状に合わせなければならないでしょう. No te olvides de ~ el voltaje *al* de tu país. 電圧を君の国の電圧にするのを忘れるなよ. 類 **acomodar, ajustar, arreglar**.

adefesio [aðefésjo] 男 ❶ 滑稽(こっけい)な服装. ― ¿No te da vergüenza ir hecho un ~ a la boda? そんなおかしな格好で結婚式に行くのが恥ずかしくないのかい. ❷ 突飛な格好をした人[物], とても醜い人[物]. ❸ 常軌を逸したこと, でたらめ. 類 **despropósito, extravagancia**.

adehala [aðeála] 囡 ❶ チップ, 心づけ, 祝儀. 類 **propina**. ❷ 本給以外の報酬, ボーナス. 類 **gaje**.

adehesar [aðeesár] (<dehesa) 他 (大地)を牧草地にする.

a. de J.C. 《略号》= antes de Jesucristo (西暦)紀元前, B.C.

Adela [aðéla] 固名 《女性名》アデーラ.

adelantado [aðelantáðo] 男 《歴史》前線総督(レコンキスタ, 新大陸の発見時の国境地域の司政官).

·adelant*ado*, *da* [aðelantáðo, ða] 過分 形 ❶ 進んだ, 進歩した. ― país ~ 先進国. La medicina está muy *adelantada* en España. スペインでは医学が非常に進んでいる. Tengo ~ el reloj. 私の時計は進んでいる. Tengo [Llevo] bastante ~ el proyecto. 私は計画をかなり進めている. ❷ 早熟な. ― Este niño está muy ~ para su edad. この子は年の割りにはかなりませている. 類 **precoz**. ❸ 前もっての. ― Se exige el pago ~. 前払いが必要である. ❹ 大胆な, 軽率な, ずうずうしい. 類 **atrevido, imprudente**.
por adelantado 前もって. pagar *por adelantado* 前払いする. Te advierto *por adelantado* que no volveré a ayudarte. 二度と君を助けないとあらかじめ君に言っておくよ.

adelantamiento [aðelantamjénto] 男 ❶ 前に進めること, 前進. ❷ (車などの)追い越し, 先んじること. ❸ (時刻・時期を)早めること; 前払い, 前金. ~ ― del alquiler 家賃の前払い. ❹ 進歩, 向上; (仕事などの)進捗(しんちょく). ❺《歴史》地方総督[州知事]の職務.

:adelantar [aðelantár] 他 ❶ を前に出す, 前に進める. ― *Adelantó* la mesa para dejar más espacio libre. 彼はもっと間隔を空けるためにテーブルを前に出した. ❷ (を)追い越す. ― Es peligroso ~ en las curvas. カーブで追い越しをするのは危険だ. (b) (人)を追い抜く, 上回る. ― *Adelantaba* a sus compañeros porque estudiaba más. 彼は人より勉強したので仲間を追い抜いていた. ❸ (a)を早める; を速める; を前払いする. ― *Ha adelantado* el viaje por razones que desconocemos. 彼はわれわれの知らない理由で旅行日程

を早めた. 類**anticipar**. (*b*) …に前払いをする, 前貸しする. —Este mes tendré que ～le la paga. 今月私は彼に前払いしてやらねばなるまい. 類**anticipar**. ❹ (時計の針)を進める. —Para poner el reloj a la hora española tuve que ～ una hora. スペイン時間に時計を合わせるために私は針を1時間進めなければならなかった.

—自 ❶ 前進する, 進む. —La manifestación *adelantaba* lentamente. デモ隊はのろのろと前進していた. ❷ 『+en 』進歩する; (病気が)快方に向かう. —La niña *ha adelantado* mucho *en* inglés. その女の子は英語がとてもできるようになった. El enfermo, aunque muy lentamente, *adelanta*. 病人は大変ゆっくりとではあるが快方に向かっている. ❸ 『+con によって』得(?)をする. —No *adelantas* nada *con* ponerte nervioso. 君がいらいらしても一文の得もしない. ❹ (時計が)進む. —Este reloj *adelanta* mucho. この時計はうんと進む. ❺ 追い越す, 追い抜く. —En este tramo está prohibido ～. この区間は追い越し禁止である.

—se 再 ❶ 前に出る, 前進する; 出っ張る. —*Se adelantó* un poco para ver mejor. 彼はよく見ようとして前に出た. *Se adelantó* para abrirme la puerta. 彼は私のために扉を開けようと進み出た. Este reloj *se adelanta*. この時計は進む. ❷ 『+a に』先んじる, …の先を越す, 『+a+不定詞』先に…する. —Leonardo de Vinci *se adelantó* a los inventos de siglos posteriores. レオナルド・ダ・ビンチは後世の発明を先取りしていた. José *se adelantó a* pagar el coñac. ホセは先にコニャックの代金を払ってしまった. ❸ (時期が)早まる, くり上る. —El frío *se ha adelantado* este año. 今年は冬の訪れが早かった.

adelante [aðelánte アデランテ] 副 前(方)へ[に], 先へ; 向こうへ. —Con este gentío es imposible seguir ～. こんな人込みでは前に進むことはできない. Córranse un poco hacia ～. 皆さん, 少し前へつめてください. De ese tema el libro trata muy ～. その問題については, この本のずっと後の方で取り扱っている. 反 **atrás**.

camino [*calle/carretera*] *adelante* 道(通り/街道)のもっと先に[で]. *Camino adelante* encontrarás un semáforo. もっと先に行くと信号にぶつかる.

de ... en adelante …から先. *de* aquí [ahora/hoy] *en adelante* これから先, 今後. *de* cien euros *adelante* 100ユーロ以上.

en adelante これから先, 今後. *En adelante,* queda prohibido fumar en la oficina. 今後会社でタバコを吸うことは禁止される.

más adelante (1) もっと前方へ[に], もっと先に. Unos kilómetros *más adelante*, hay una estación de servicio. 数キロ先にはガソリンスタンドがある. (2) 後で, 後ほど. *Más adelante* se verá quien llevaba razón. もっと後になればだれが正しかったのか分かるだろう.

para más adelante もっと先へ[向かう]

—間 ❶ (外にいる人に)お入り. —¿Se puede? –¡A～! 入ってもいいですか.-どうぞ. ❷ (号令として)進め. ❸ 続けなさい. —A～, sigue leyendo. どうぞ, 続けて読んでください. A～ con la idea. 続けて考えてください.

‡**adelanto** [aðelánto] 男 ❶ 進歩, 前進. —los ～s de la ciencia 科学の進歩. Con los ～s de hoy en día las distancias ya no son un problema. 最近の研究の結果, 距離はもう問題でなくなっている. El sistema de telefonía móvil fue un gran ～. 携帯電話のシステムは偉大な進歩である. 類**avance, progreso**. ❷ 先行; 前進. —Lleva un ～ de unos cinco metros con respecto a los otros corredores. 彼は他の選手たちに約5メートルの差をつけている. El tren llegó con un poco de ～. 汽車は少し早く到着した. ❸ (賃金などの)前払い(金), 手付け金, 預かり金. —Pidió un ～. 彼女は前払いを要求した. Hay que abonar un ～ del 5%. 5%の手付け金を払わなければならない. 類**anticipo**.

adelfa [aðélfa] 女 《植物》キョウチクトウ(夾竹桃).

adelgace(-) [aðelɣaθe(-)] 動 adelgazar の接・現在.

adelgacé [aðelɣaθé] 動 adelgazar の直・完了過去・1単.

adelgazador, dora [aðelɣaθaðór, ðóra] [<delgado] 形 やせさせる. —régimen ～ やせるための食餌(?)療法.

adelgazamiento [aðelɣaθamjénto] 男 ❶ やせること. —dieta de ～ やせるためのダイエット. ❷ (物を)細く[薄く]すること.

‡**adelgazar** [aðelɣaθár] [1.3] [<delgado] 他 ❶ を細くする, 薄くする, とがらせる. —Los niños observaban cómo la madre *adelgazaba* la masa. 子どもたちは母親がいかにしてパンの生地を薄くのばすかを観察していた. ～ el grano con una criba 穀物をふるいにかける. ❷ をやせさせる. ❸ を精製する.

—自 やせる, 細くなる. —He adelgazado diez kilos en un mes. 1か月で私は10キロやせた.

—se 再 やせる, 体重が減る. —No *se adelgace* usted tanto, que no es bueno para la salud. そんなにやせてはいけません, 健康によくないから.

‡**ademán** [aðemán] [複 ademanes] 男 ❶ 身振り, しぐさ, 態度; 表情, 顔つき. —～ severo 厳しい表情[態度]. ～ amenazador 脅迫的な態度. 類**actitud, gesto**. ❷ 複 行儀, 振舞い. —Él tiene *ademanes* muy groseros. 彼は大変無作法な男だ. *ademanes* elegantes [refinados] 上品な[洗練された]物腰. *ademanes* nobles 堂々とした振舞い. ser de *ademanes* bruscos [toscos] 行儀が悪い. 類**maneras, modales**.

en ademán de ... (1) 『+不定詞』…しそうな様子で, …するかのように[するつもりで]. (2) 『+名詞』…のしるしとして. *en ademán de* respeto 尊敬のしるしとして. *en ademán de* agradecimiento 感謝の念を表わして.

hacer ademán de ... (1) 『+不定詞』…する素振りを見せる. Cuando *hizo ademán de* coger la pistola, el coronel le disparó. 彼がピストルを取りそうな様子を見せた時, 大佐が彼に発砲した. (2) 『+que+接続法』(…に…するように)合図する. Me *hizo ademán de que* me callase. 彼は私に黙るように合図した.

‡**además** [aðemás アデマス] 副 その上, さらに. —La calidad es excelente y, ～, el precio es razonable. 品質はすばらしいし, その上値段も手頃だ. Es una mujer

adenoide [aðenóiðe] 男《医学》アデノイド.

adenoideo, a [aðenoiðéo, a] 形《解剖》腺様［腺状］の. — vegetaciones *adenoideas* アデノイド, 扁桃(ﾍﾝﾄｳ)腺肥大.

adentellar [aðentejár]〔<diente〕他 ❶ …に歯をたてる. ❷《まれ》を噛む. 類 **morder**.

adentrarse [aðentrárse] 〔<dentro〕再〖[en]〗 ❶ …に深く入り込む. — Es peligroso ~*se en* esta selva. この密林の奥に入り込むのは危険だ. 類 **penetrar**. ❷ (学問などを)深くきわめる. 類 **profundizar**.

**adentro [aðéntro アデントロ] 副 中へ, 内(側)へ, 奥へ, 内部へ. — No te metas muy ~ del río, que es peligroso. 川の中の方にあまり入ってはいけないよ, 危険だから. Pasa ~. 中へ[屋内に]お入り.

mar adentro 外海へ, 沖の方に. La corriente los empujaba *mar adentro*. 海流によって彼らは沖合いに押し流された.

tierra adentro 内陸へ, 奥地へ. La tribu emigró a la costa de *tierra adentro*. その部族は内陸から海岸へ移住した. 反 **afuera**.

—— 男複 内心. — decir [hablar] para sus ~*s* 心の中でつぶやく. Para [En] sus ~*s* no está muy convencido. 内心では, 彼はあまり納得していない.

—— 間 (外にいる人に)お入り.

adepto, ta [aðépto, ta] 形 ❶〖+a〗(会・政党などに)加入[所属]している. 類 **afiliado**. ❷〖+a/de〗(思想などに)賛同している,(政党など)を支持[信奉]している. 類 **adicto**, **partidario**.
—— 名 ❶ (会・政党などの)加入者, 党員. ❷ (思想などの)賛同者,(政党などの)支持者, 信奉者.

aderezamiento [aðereθamjénto] 男 ❶ 美しく飾ること. ❷ 調理, 食事の用意. ❸ 調味. ❹ 準備, 用意. 類 **aderezo**.

aderezar [aðereθár] [1.3] 他 ❶ を美しく飾る, 整える. 類 **componer**, **hermosear**. ❷ (食物を)調理する,(食事の)用意をする. — ~ la cena y la merienda 夕食の支度をする. 類 **disponer**, **preparar**. ❸ (飲食物に)味つけをする, を調味する. ❹ を準備[用意]する. ❺ (布)を糊(ﾉﾘ)付けする. ❻ (話など)を面白くする.
——se 再 身支度をする, 着飾る.

aderezo [aðeréθo] 男 ❶ 美しく飾ること. ❷ 調理, 食事の用意. ❸ 調味, 調味料. ❹ 準備, 用意. ❺ 装身具類一式(ネックレス・イヤリング・ブローチ・ブレスレット). — medio ~ イヤリングとブローチ.

adeudado, da [aðeuðáðo, ða] 形 借金をしている, 負債がある.

adeudar [aðeuðár] 〔<deuda〕他 ❶ …に…の借金がある, を支払う義務がある. — Me *adeuda* todavía diez mil pesetas. 彼は私にまだ1万ペセタの借金がある. ❷《商業, 簿記》(金額)を借方に記入する. —— se 再 借金をする. 類 **endeudarse**.

adeudo [aðéuðo] 男 ❶ 借金, 負債. ❷《商業, 簿記》借方に記入すること. ❸ 関税.

*adherencia [aðerénθja] 女 ❶ 粘着性, くっつくこと. ❷ くっついたもの, 付属物. ❸《自動車》ロードホールディング(路面保持性能). ❹《医学》癒着.

*adherente [aðerénte] 形 ❶ 付着[粘着]する, くっついている. — sustancia ~ 接着剤. cinta ~ 粘着テープ. ❷〖+a〗を支持する, …に味方する.
—— 男女 支持者, 追随者. —— 男 接着剤.

*adherir [aðerír] [7] 他〖+a に〗を貼(ﾊ)りつける, 張る, くっつける. — El viento *adhería* la falda *a* sus piernas. 風で彼女のスカートは両脚にぴたっと張り付いていた. ~ un sello *al* sobre 切手を封筒に貼る.
—— 自〖+a に〗くっつく.
——se 再 ❶〖+a に〗くっつく — La pared estaba mojada y el cartel no *se adhería*. 壁がぬれていて, ポスターがくっつかない. ❷〖+a に〗(a)賛成する, を支持する. — *Me adhiero a* la propuesta. 私はその提案に賛成する. (b)加入する, 参加する, 入党する. — *Se adhirió al* partido socialista. 彼は社会党に入党した.

*adhesión [aðesjón] 女 ❶ 付着, 粘着(性, 力), 接着. — fuerza de ~ 接着[粘着]力. Con esta pasta se logra una perfecta ~. この糊(ﾉﾘ)で完全にくっつく. 類 **adherencia**. ❷〖+a〗(学説・意見・政党などの)支持, 信奉, 同意. — mensaje de ~ 賛成声明. manifestar [expresar] su ~ incondicional a … …への無条件支持を表明する. 類 **apoyo**, **solidaridad**. 反 **desacuerdo**, **discrepancia**. ❸〖+a〗(団体・組織・条約などへの)加入, 参加, 同盟. — En 1986 se produjo la ~ de España al tratado de la Comunidad Europea. 1986年にスペインのEC条約加盟が実現した. 類 **afiliación**. ❹《物理》(異種間の物体間に動く)付着力. ❺《チリ》入会金.

adhesivo, va [aðesíβo, βa] 形 粘着性の, くっつく. — cinta *adhesiva* 粘着テープ.
—— 男 接着剤.

adhier- [aðjér-] 動 adherir の直・現在, 接・現在, 命令・2単.

adhir- [aðir-] 動 adherir の直・完了過去, 接・現在/過去, 現在分詞.

adiar [aðjár] [1.6]〔<día〕他 (日付)を定める.

adicción [aðikθjón] 女 (麻薬などによる)中毒.

adición [aðiθjón] 女 ❶ 加えること, 追加, 付加. ❷ 加えられたもの, 付記. ❸《数学》加算.
adición de la herencia《法律》遺産の相続.

adicional [aðiθjonál] 形 付加される, 追加の. — cláusula ~ 付加条項.

adicionar [aðiθjonár] 他 ❶〖+a に〗を加える, 追加[付加, 添加]する. — ~ sal *al* potaje ポタージュに塩を入れる. ❷《数学》を足す.

adicto, ta [aðíkto, ta] 形〖+a〗❶ (思想などに)賛同している, 傾倒している; (人に)忠実な(ser +). ❷ (麻薬などを)常習する. — persona *adicta a* la cocaína コカイン常習者.
—— 名 ❶ (人・思想などに)傾倒している者, 忠実な人. ❷ (麻薬などの)常習者.

adiestrado, da [aðjestráðo, ða] 形 訓練された, 調教された, 練習を積んだ.

adiestramiento [aðjestramjénto] 男 訓練, 調教, 練習.

adiestrar [aðjestrár] 〔<diestro〕他〖+en を〗(人・動物)に訓練する, 教える. — ~ a los

soldados *en* el manejo de las armas 兵士達に武器の使用訓練をほどこす. 類 **aleccionar, amaestrar, ejercitar, instruir**.
　—se 再 〔＋en〕を訓練[練習]する.

adinerado, da [aðineráðo, ða]〔<dinero〕形 富裕な, 大金持ちの. —gente *adinerada* 大金持ちの人々. 類 **acaudalado, pudiente, rico**.
　— 名 大金持ち, 財産家.

adintelado, da [aðinteláðo, ða]〔<dintel〕形【建築】(アーチのカーブが)平らな.

**adiós [aðjós アディオス]〔<a Dios va-yáis, a Dios quedad〕間 ❶ さようなら, では また. —*A*～, hasta mañana. さようなら, またあした. *A*～ a todos. 皆さん, さようなら. *¡A*～, que te vaya bien! さようなら, お元気で！❷(驚き・不快・失望などを表わす)あれ！, あっ！, まあ！, おお！ *—¡A*～*!* Me han robado la cartera. あれ！財布を掏(ﾌ)られた.
　— 男〔複 adioses〕別れ(の言葉), 別離. —dar un ～ 別れる. Al llegar la hora de los ～*es* no pudieron contener las lágrimas. 別れの時が来ると彼らは涙をこらえなかった. 類 **despedida**.
　decir adiós a ... (1)（人・場所）に別れを告げる. *Nos dijeron adiós* con la mano. 彼らは私たちに手を振って別れを告げた. (2)（物・事）を諦める, 断念する.

adiposidad [aðiposiðá(ð)] 女【生理】肥満(症).

adiposis [aðipósis] 女【医学】脂肪症. —～ *dolorosa* 有痛脂肪症.

adiposo, sa [aðipóso, sa] 形 ❶ 脂肪(性)の. —tejido ～ 脂肪組織. ❷ 脂肪太りの. 類 **gordo, graso, grueso, obeso**.

adipsia [aðípsja] 女【医学】無飲症.

aditamento [aðitaménto] 男 付け加えたもの, 付加物. 類 **añadidura**.

aditivo, va [aðitíβo, βa] 形 付加[添加]する.
　— 男（食品の）添加物, (ガソリンなどの)添加剤.

adivinable [aðiβináβle] 形 察知できる, 見抜くことのできる.

*adivinación [aðiβinaθjón] 女 ❶ 占い(の術), 予言; 推測. —～ del futuro 未来を占うこと. ～ del pensamiento 読心術. prácticas de ～ 占い. No se ha cumplido ni una sola de las *adivinaciones* que me hicieron. 私は占ってもらったが一つも当たらなかった. ❷ 見抜くこと, 当てること, 的中; 謎解き. —La ～ del enigma era imposible. その謎を解くことは不可能だった.

adivinador, dora [aðiβinaðór, ðóra]（人が）察知する, 占いをする. —— 名 見抜く人, 占い師.

adivinamiento [aðiβinamjénto] →*adivinación*.

*adivinanza [aðiβinánθa] 女 ❶ なぞなぞ, なぞかけ. —acertar [proponer] una ～ 謎を解く[かける]. jugar a las ～s なぞなぞ遊びをする. 類 **acertijo**. ❷ 占い, 予言; 推測.

*adivinar [aðiβinár] 他 ❶ を言い当てる, 見抜く, …の見当をつける. —*Adivinó* trece resultados en las quinielas. 彼はサッカーくじで13の試合結果を当てた. *Adivina* quién vino. (目隠し鬼ごっこで)お前をぶったのだれだ. Con sólo mirarle *he adivinado* sus pensamientos. 私は彼の顔を見ただけで彼の考えていることがわかった. ❷ を占う, 予言する, 予測する. —Ella asegu-

adjunto 39

ra que tiene el poder de ～ el porvenir. 彼女は未来を予知できる能力があると断言する. ❸ かすかに見える, そっとのぞく. —Allá a lo lejos *adivinó* las torres de la catedral. その遠くの方に彼には大聖堂の塔がかすかに見えた. 類 **distinguir, vislumbrar**.
　—se 再 かすかに[ほの]見える. —A lo lejos *se adivinaba* la silueta del castillo. 遠くに城のシルエットがほの見えていた.

adivino, na [aðiβíno, na] 名 占い師, 易者. 類 **agorero, profeta, vate**.

adjetival [aðxetiβál] 形 形容詞的な, 形容詞の.

adjetivar [aðxetiβár] 他 ❶〔＋de〕…と(人・物)を形容する. 類 **apodar, calificar**. ❷《文法》（名詞などを）形容する, 形容詞として用いる.
　—se 再《文法》形容詞化する.

:adjetivo, va [aðxetíβo, βa] 形 ❶ 付随的な. —una circunstancia *adjetiva* 付随的状況. La discusión se centró en lo ～ del asunto. 議論は問題の付随的な部分に集中した. ❷《文法》形容詞の. —oración *adjetiva* 形容詞節. sufijos ～s 形容詞を作る接尾辞.
　— 男《文法》**形容詞**. —Se puede usar como ～. それは形容詞的に使うことができる. ～ calificativo 品質形容詞. ～ demostrativo 指示形容詞. ～ determinativo 限定形容詞. ～ indefinido 不定形容詞. ～ interrogativo 疑問形容詞. ～ numeral 数形容詞. ～ posesivo 所有形容詞.

*adjudicación [aðxuðikaθjón] 女 ❶《商業》競売, 入札, せり; 落札. —*adjudicaciones* administrativas (官公庁が業者などに行なう)競争入札. ～ de contratos a dedo 契約の指名入札. competir por la ～ de las obras públicas 公共事業の入札を争う. venta por ～ 入札販売. 類 **licitación, subasta**. ❷（特に競争による賞などの）授与. —～ de bienes (法的な)財産分与. ～ de una beca 奨学金の授与. 類 **concesión**. ❸《法律》裁定, 判決.

adjudicador, dora [aðxuðikaðór, ðóra] 形 競売を行う; (賞などを)授与する.
　— 名 競売人, 授与する人.

*adjudicar [aðxuðikár] [1.1] 他〔＋a に〕(賞など)を授与する, …の権利を付与する; 落札させる. —Me *han adjudicado* el primer premio. 私は一等賞を授与された. El proyecto fue *adjudicado a* una empresa extranjera. その案件は外国企業に落札された.
　—se 再 をわがものとする, 手中にする; 横取りする. —El equipo visitante *se adjudicó* la victoria. ビジターのチームが勝利を手中に収めた. *Se adjudicó* un éxito que no era suyo. 彼は自分のものではない成功を横取りした.

adjudicatorio, ria [aðxuðikatórjo, rja] 名 受賞者, (競売の)落札者.

adjuntar [aðxuntár] 他 ❶（書類などを）同封して送付する. —Con la carta le *adjunto* una lista de precios. 価格表を本状に同封致します. ❷《情報》アペンドする.

:adjunto, ta [aðxúnto, ta] 形 ❶〔＋a〕…に同封した, 添付した, 付属の. —Consúltese catálogo ～. 同封のカタログを御参照ください. con re-

40 adlátere

ferencia a la factura *adjunta a* su atenta お手紙に同封の請求書に関して. ❷ 補佐の, (職務が)補助の. —director ~ 助監督, 次長. ❸ …に付属[付随]な.
—— 男 ❶《文法》付加語[詞], 修飾語. ❷《通信》添付ファイル.
—— 名 補佐, 専任講師.
—— 副 同封[添付]して. —*A~ me complazco en remitirle la lista de precios.* 価格表を同封してお送り申し上げます.

adlátere [aðlátere] 形女 側近の者, 取り巻き.

adminículo [aðminíkulo] 男 ❶ (楊子(ようじ)・留め金のような)便利な小物, 付属品. ❷ (必要に備えて用意する)道具.

‡**administración** [aðministraθjón] 女 ❶ (会社などの)経営, 管理; (財産などの)管理. —*dedicarse a la ~ de la empresa* 会社経営に携わる. *~ de personal* 労務管理. *~ remota*《情報》リモート管理. *A~ de Fincas Públicas* 国有財産管理局. *Encargó la ~ de sus bienes a un conocido abogado.* 彼は財産の管理を有名な弁護士に委ねた. 類**dirección, gobierno**. ❷ 《政治》行政, 統治. — *local* 地方行政. *~ central* 中央行政(庁). *~ provincial* 県政. *~ civil* 民政. *jefe de ~* (部局長以上の)行政官. *órganos de la A~ del Estado* 国家の行政機構. ❸ 行政機関, 官公庁, 省庁;《集合観で》(ある役所の)全職員, 役人, 公務員. —*~ de aduanas* 税関(事務所), 税関の本庁. *~ de impuestos* 税務局. *~ tributaria* 税務署[機関]. ❹ 管理者[経営]陣; 管理職. —*consejo de ~*(会社の)取締役会, 理事会, 重役会, 役員会. *bajo nueva ~*《掲示》当社は経営者が変わりました. *Ocupa la ~ desde el año pasado.* 彼は去年から管理職に就いている. ❺ 事務所, オフィス. —*La ~ de la empresa está en el piso de arriba.* 会社の事務所は上の階にあります. 類**despacho, oficina**. ❻ 宝くじ発売所 (*~ de loterías*). ❼《医学》(薬剤の)投与, 服用. —*~ de antibióticos* 抗生物質の投与. *~ por vía oral* 経口投与; 経口服用のこと(注意書き). *Este medicamento es de ~ oral.* この薬は経口用である. ❽《カトリック》(秘跡)の授与. —*~ de la eucaristía* 聖体の授与. ❾《政治》(アメリカなどの)政府, 政権. —*la A~ del Estado* 政府. *la A~ [de] Bush* ブッシュ政権. *~ actual* 現政権. 類**gobierno**. ❿《体力・お金などの》セーブ, コントロール, 倹約. —*~ del dinero* お金の倹約. ⓫ (資金などの)供給, 配分. 類**distribución**.

Administración autonómica 自治行政(府).
Administración de Correos 郵便局, 集配局.
Administración de Hacienda 税務署, 収税局.
Administración de la Justicia 司法(行政), 裁判. *A los jueces les corresponde la administración de la justicia.* 裁判は裁判官の役目だ.
Administración Económica 経理局[部].
Administración militar 軍政; 兵站(へいたん)部.
Administración municipal 市政, 市役所.
Administración Pública [*activa*] 行政(機関).
en administración 委任[委託]して, 管理中の.

por administración 行政上; 公に.

‡**administrador, dora** [aðministraðór, ðóra] 形 管理する, 統治する.
—— 男 ❶ 管理者, 経営者; 管財人. —*Es buen ~.*〈話〉彼はお金の扱いがうまい. *~ de un edificio* 建物の管理者[人]. ❷《情報》アドミニストレーター. *~ de sistema* システム管理者. *~ de web* Web マスター.

‡**administrar** [aðministrár] 他 ❶ を管理する, 運営する, 経営する. —*~ una fundación* 財団を運営する. *Un abogado administra su fortuna.* ある弁護士が彼の財産を管理している. ❷ を統治する, 支配する. —*La metrópoli administraba las tierras de ultramar.* 本国が海外領土を支配していた. ❸ (職務など)を執行する, 遂行する. —*~ justicia* 裁判を行う. ❹[+a に](*a*) を投薬する, (薬)を服用させる. —*El médico tuvo que ~le calmantes.* 医者は彼に鎮静剤を与えねばならなかった. 類**suministrar**. (*b*)《カトリック》(秘跡)を授ける. —*El sacerdote le administró el sacramento del bautismo.* 司祭は彼に洗礼の秘跡を授けた. 類**conferir**. (*c*)〈殴打〉などを食らわす. —*Su padre le administró una buena paliza.* 父親は彼を棒でしたたかぶった. ❺ を規制する, 抑制する. —*Si no administras tus fuerzas, caerás enfermo.* 君は体力を保たないと病気になるよ.

—— *se* 再 倹約につとめる, 節制する. —*Tengo que ~me para poder llegar a fin de mes.* 私は月末にたどり着けるように倹約せねばならない.

administrativamente [aðministratiβaménte] 副 管理上.

‡**administrativo, va** [aðministratíβo, βa] 形 管理[経営](上)の, 行政(上)の. —*derecho ~* 行政法. *reforma administrativa* 行政改革. *medidas administrativas* 行政措置. *personal ~* 事務職員. —— 名 事務職員, 事務官.

‡**admirable** [aðmiráβle アドミラブレ] 形 ❶ (人・行為などが)感嘆, 感心な. —*El espectáculo es de una belleza ~.* ショーは驚くほど美しいものだった. 類**asombroso, extraordinario, magnífico**. ❷ (物が)見事な, 立派な, すばらしい.

‡**admirablemente** [aðmiráβleménte] 副 見事に, 立派に, すばらしく. —*El niño se portó ~.* その子は驚くほど行儀がよかった.

‡**admiración** [aðmiraθjón] 女 ❶ 感嘆, 感心, 賞賛, 敬服. —*tener* [*sentir*] *~ por* [*hacia*] *...* …に感心する, 敬服する, を素晴らしいと思う, 賞賛する. *obra digna de elogio y ~* 賞賛に値する作品. *Siente gran respeto y ~ hacia su maestro.* 彼は彼の先生には大変敬服している. 類**fascinación, respeto**. 反**desdén, desprecio**. ❷ 賞賛(憧れ)の的; すばらしい事[物]. —*Su inteligencia era la ~ de todos.* 彼の頭の良さはみんなの賞賛の的だった. 類**maravilla**. ❸ (意外なことによる)驚き, 驚嘆. —*Me llenó de ~ que llegara a la hora convenida.* 私は彼が定刻に着いたのには全く驚いた. 類**estupor, extrañeza, sorpresa**. ❹ 《文法》感嘆符 (=*signos* [*puntos*] *de ~*)(*¡ ...* !). —*escribir ... entre* (*signos* [*puntos*]) *de ~* を感嘆符で挟んで書く. 類**exclamación**.

causar [*producir*] *admiración* 驚かす; 感嘆の念を呼び起こす. *Mis palabras produjeron ~ en el público.* 私の発言に聴衆は驚いた.

no salir de SU *admiración* 非常に驚く. *No*

salía de mi admiración al ver la obra. 私はその作品に見とれてしまった.

admirado, da [aðmiráðo, ða] 過分 ❶ 称賛された. —un pintor muy ~ en su época. 全盛期には絶賛された画家. 類**reconocido**. ❷ 驚いている. —Me quedé ~ al verla. 私は彼女を見て驚いた. 類**sorprendido**.

admirador, dora [aðmiraðór, ðóra] 形 (人や作品などを)賞賛する, 崇拝する.
—— 名 賞賛する人, ファン. —Es un ferviente ~ del cante flamenco. 彼はフラメンコ歌謡の熱烈なファンだ.

admirar [aðmirár アドミラル] 〔<mirar〕他 ❶ (a) を驚嘆させる, 驚かせる, びっくりさせる. —Me ha admirado tu valor. 私は君の勇気に驚いた. 類**sorprender**. (b) をあきれさせる, 呆然とさせる, 奇異に思わせる. —Me admira que le hayan condenado a sólo dos años de cárcel. 彼がわずか2年の懲役刑に処せられたのに私はあきれた. ❷ (感心して)…に見とれる, を鑑賞する. —Hicimos un alto para ~ el paisaje. 景色を観賞するため私たちは立止った. ❸ …に感心する, 感服[敬服]する. —La admiro por su inteligencia. 私はその知性ゆえに彼女に敬服する.
—— se 再 〔+de に〕驚嘆する, 驚く, びっくりする. —Me admiro de su inteligencia. 私は彼の頭のよさに驚いている. Se admira de que aún no te hayas casado. 彼は君がまだ結婚していないことにびっくりしている. 類**asombrarse**.

ser de admirar …は驚くべきことだ. Con lo poco que ha estudiado, no *es de admirar* que le hayan suspendido. ほとんど勉強しなかったのだから, 彼が落第したのは不思議ではない.

admirativo, va [aðmiratiβo, βa] 形 (人が)感嘆した, (表情などが)感嘆を表す; 見事な. —mirada *admirativa* 感嘆のまなざし.

admisibilidad [aðmisiβiliðá(ð)] 女 容認[許容]できること.

:**admisible** [aðmisíβle] 形 容認される, 許される, 受け容れられる. —Esa conducta no es ~. その行状は許せない. Sus propuestas son ~s. 彼の提案は受け入れ可能だ. 反**inadmisible**.

:**admisión** [aðmisjón] 女 ❶ 入学[入会, 入場]許可; 合格, 採用. —examen [prueba] de ~ 採用試験; 入学試験(=examen de ingreso). solicitar [pedir] su ~ en el club クラブに入会を申し込む. el precio de ~ en la discoteca ディスコの入場料. 類**ingreso**. 反**expulsión, rechazo**. ❷ 受け入れ, 容認, 承認. —el plazo de ~ de solicitudes 願書受付期限. Mañana finaliza el plazo de ~ de solicitudes para el concurso. コンクール出場申込み受付けが明日締切られる. 類**aceptación**. 反**expulsión**. ❸ (機械)(内燃機関のシリンダー内への混合気の)吸入, 吸気. —válvula [lumbrera, tubo] de ~ 吸入弁[口, 管], 吸気弁[口, 管]. ❹ (法律) 予審. ❺ (経済) —~ temporal. 一時的保税輸入, 仮免税輸入許可.

Reservado el derecho de admisión. 《表示》御来店[御入場]をお断りすることがあります(喫茶店・バル・映画館などで店や他の客への迷惑となる場合). La dirección de este local *se reserva el derecho de admisión*. この店の経営者は歓迎できない客の御来店を断ることができる.

*:**admitir** [aðmitír アドミティル] 〔<meter〕他 ❶ …への入会[入会, 入学]を認める, (入ること)を許可する. —Fueron *admitidos* setenta alumnos en el departamento. その学科には70名の学生が入学を許可された. No lo *admitieron* en el club de golf. 彼はゴルフ・クラブへの入会を認められなかった. ❷ を受け取る, 受け付ける, 受け入れる. —No *admitimos* tarjetas de crédito. 当店ではクレジット・カードはお受けいたしません. ❸ を認める, 承認する. —~ su negligencia 自分の怠慢を認める. *Admito* que yo estaba equivocado. 私は自分がまちがっていたことを認める. Lo *admitieron* como jefe de ventas. 彼は販売主任となることが承認された. ❹ を許容する, 容認する, 許す. —No *admito* disculpa alguna. 私は一切の弁解を許さない. Esta frase *admite* varias interpretaciones. この文にはいくつかの解釈が可能である. Esta causa no *admite* dilación. この理由では遅延を許容できない. ❺ を収容できる, 入れられる. —Este vagón *admite* cincuenta viajeros. この車両は50人乗りだ.

admonición [aðmoniθjón] 女 ❶ 訓論, 訓戒. 類**amonestación**. ❷ 叱責(しっせき), 警告. 類**advertencia, reconvención**.

admonitor, tora [aðmonitór, tóra] 名 《カトリック》教戒師. —— 形 説論[訓戒]する人.

admonitorio, ria [aðmonitórjo, rja] 形 説論の, 警告的な.

ADN 〔頭字〕〔<ácido desoxirribonucleico〕男 デオキシリボ核酸(英 DNA).

adobado, da [aðoβáðo, ða] 形 《料理》マリネードに漬けた.
—— 男 《料理》マリネードに漬けた肉(特に豚肉).

adobar [aðoβár] 〔<adobo〕他 ❶《料理》(肉・魚)をマリネードに漬ける. ❷ (皮)をなめす. ❸ (話)を変える, 歪曲(わいきょく)する. 類**amañar**.

adobe[1] [aðóβe] 男 日乾(ひぼ)しれんが.

adobe[2] [aðóβe] 男 《古》(罪人につけた)鉄の足かせ.

adobera [aðoβéra] 女 ❶ 日乾(ひぼ)しれんがの型. ❷ 〔チリ, メキシコ〕(日乾しれんがの形をしたチーズを作る)型.

adobo [aðóβo] 男 ❶《料理》マリネード(油・酢・香辛料などを合せた肉・魚を漬けるための液汁); マリネードに漬けた肉[魚]; 〔メキシコ〕(肉の)トウガラシソース煮. ❷ 皮をなめすこと, なめす液.

adocenado, da [aðoθenáðo, ða] 〔<docena〕形 凡庸な, ありふれた. —un guitarrista ~ どこにでもいるギタリスト.

adocenar [aðoθenár] 他 をダース[12ずつ]に分ける. —— se 再 凡庸になる, うだつが上がらない.

adoctrinamiento [aðoktrinamjénto] 男 (なすべきことなどを)教え込むこと, 教化.

adoctrinar [aðoktrinár] 〔<doctrina〕他 (なすべきことを人に)教え込む, …に指示を与える. 類**aleccionar, doctrinar, enseñar, instruir**.

adolecer [aðoleθér] [9.1] 自〔+de〕❶ (病気)を患う. —*Adolece de* diabetes desde niño. 彼は子供の頃から糖尿病を患っている. 類**padecer**. ❷ …という欠点[悪習]を持っている. —Ese chico *adolece de* timidez. その子は内気が小さい.

:**adolescencia** [aðolesθénθja] 女 青年期; 思春期(14~18歳). —en [durante] la ~ 思春

期, 青年期に. La ~ es una etapa de transición de la infancia a la edad adulta. 思春期は幼年期から青年期への過度期である. Su ~ transcurrió durante los difíciles años de la posguerra. 彼は戦後の困難な時期に青春時代を送った. 類 **juventud**.

:**adolescente** [aðolesθénte] 形 ❶ **青春[思春]期の**, 未成年の. —Tiene dos hijas ya mayores y un hijo ~. 彼には成人した娘 2 人と未成年の息子 1 人がいる. Recordaba con nostalgia sus años ~s. 彼は郷愁をもって青春時代を思い出していた. ❷ 若々しい.
—— 名 青少年, 未成年者, 青春期の人. —Una banda de ~s tenía aterrorizado al barrio. 少年の不良グループがその地区をおびやかしていた.

Adolfo [aðólfo] 固名 《男性名》アドルフォ.

****adonde** [aðónde アドンデ] 副 《関係》【先行詞は方向を表す名詞句・副詞句】❶ 【制限用法】…である…, …する…. —Aquella es la casa ~ vamos ahora. あれがいま私達が行く家です. ¿Cómo se llama el museo ~ fuimos el otro día? この間行った美術館は何ていう名前ですか. ❷ 【説明用法】そしてそこに…. —Ahora mi marido está en Tokio, ~ iremos también nosotros en breve. 夫は今東京にいますが, 私たちもまもなくそちらへ行きます. ❸ 【独立用法】…の場所[ところ]へ, …の場所[ところ]に. —A donde voy yo, vosotros los niños no podéis venir. 私が行くところには君たち子どもは来てはいけません. Iré *a donde* tú me digas que vaya. 君が行けというところならどこでも行くよ《場所を示す先行詞が明示されていない場合には adonde か, 明示あるいは特定されていない場合には a donde と表記されるのが一般的》. ❹ 【+不定詞】【独立用法】…すべきところ[場所]. —No sabemos ~ ir. 私たちはどこに行ったらよいか分からない. ❺ 【+名詞句, 前置詞的】…のいる[ある]場所に, …のいる[ある]場所へ. —Voy un momento ~ la tía Teresa. ちょっとテレサおばさんのところに行ってきます.

****adónde** [aðónde アドンデ] 副 《疑問》どこに. —¿*A* ~ vamos? 我々はどこへ行くのだろうか. No sé ~ ir. どこへ行ったらよいのか分からない.

adondequiera [aðondekiéra] 〔<adonde+quiera (querer の接続法現在形)〕 副 《関係》【que+接続法】どこへ[どこで]…しても. —*A* ~ que vayas, te pondrán los mismos inconvenientes. どこへ行こうとも君は同じ障害に出会うだろう.

:**adopción** [aðopθjón] 女 ❶ (思想・習慣・態度などの)**採用**, 取入れ. —~ de un sistema de economía de mercado 市場経済の採用. ~ de nuevas técnicas 新技術の取入れ. ❷ (方策・措置・議案などの)採択, 採用, 可決, 選択. —~ de una decisión [de una resolución] 決議の採択. Decidieron la ~ de medidas contra el paro. 失業対策を取ることが決定された. ❸ 《法律》養子縁組. —Los trámites legales para una ~ son muy complicados. 養子縁組の法的手続きは非常に複雑である. 類 **prohijamiento**.
de adopción 帰化した. Aunque nació en Alemania, es español de adopción. 彼はドイツ生まれだが, スペインに帰化している. país de ~ 帰化した国, 第二の祖国.

***adoptable** [aðoptáβle] 形 採用できる; 養子にできる.

:**adoptar** [aðoptár] 〔<optar〕 他 ❶ を**採用する**, 取り入れる, 取る. —~ expresiones de otros idiomas 他言語の表現を取り入れる. ~ el cristianismo キリスト教に改宗する. ~ una política xenófoba 外国人排斥の政策を取る. *Ha adoptado* la nacionalidad japonesa. 彼は日本国籍を取得した. ❷ を養子にする. —Un matrimonio sin hijos *adoptó* a dos huérfanas vietnamitas. 子どものない夫婦がベトナムの二人の女の孤児を養子にした. ❸ を採択する, 可決する. —El consejo de ministros *ha adoptado* hoy medidas importantes contra el terrorismo. 閣議は重要なテロ対策を本日採択した.

***adoptivo, va** [aðoptíβo, βa] 形 ❶ 養子関係の, 養子の. —hijo ~ 養子. padres ~s 養父母. 類 **afiliado, ahijado**. ❷ (自分のものとして受け入れた, 採用した. —hijo ~ de la ciudad 名誉市民. patria *adoptiva* 帰化した国. lengua *adoptiva* 習得した言語.

adoquín [aðokín] 男 ❶ (舗装用の)舗石, 敷石. ❷ にぶい人 〔ser un+〕.

adoquinado, da [aðokináðo, ða] 形 舗石を敷いた.
—— 男 ❶ (舗石による)舗装. ❷ 舗装された場所, 石畳.

adoquinar [aðokinár] 〔<doquín〕 他 (道などを)敷石で舗装する, 石畳にする. 類 **enlosar, pavimentar**.

adorable [aðoráβle] 形 ❶ 崇(ホネ)めるべき. ❷ (人・表情などが)好感を抱かせる, 魅力的な, (物が)素晴らしい.

:**adoración** [aðoraθjón] 女 ❶ 《宗教》(神・神聖なものへの)**参拝**, 礼拝, 崇拝. —rendir ~ al Sol 太陽を崇拝する. En algunas religiones se sacrifican animales como muestra de ~ a su Dios. 宗教によっては神の崇拝の証しとして動物が生贄(ぃゖ)として捧げられる. ~ de ídolos (=idolatría) 偶像崇拝. 類 **reverencia**. ❷ 〔+por〕崇敬, 敬慕, 尊敬, 崇拝. —Siente una profunda ~ por su profesor de música. 彼は音楽の先生を大変尊敬している. ❸ 〔+por〕(人・物への)熱愛, 敬愛, 心酔; 憧れの的. —Siente ~ por el deporte. 彼はスポーツが大好きだ. 類 **amor, cariño, devoción**. 反 **desdén, desprecio, odio**.
la Adoración de los (Reyes) Magos (1) 《カトリック》東方の三博士の幼子キリスト礼拝, 御公現の祝日. El día seis de enero se celebra la fiesta de *la Adoración de los Reyes Magos*. 1月 6 日に御公現の祝日が祝われる. (2) 《美術》東方の三博士の礼拝.

adorador, dora [aðoraðór, ðóra] 形 ❶ 崇拝する. ❷ 熱愛する.
—— 名 ❶ 崇拝者. ❷ 熱愛する人. 類 **admirador, amante, pretendiente**.

****adorar** [aðorár アドラル] 〔<orar〕 他 ❶ を**崇拝する**, を崇める, 礼拝する. —Hoy día los jóvenes japoneses no *adoran* a sus antepasados. 今日日本の若者たちは彼らの祖先を崇拝しない. *Adoraban* al Sol. 彼らは太陽を崇拝した. ❷ を熱愛する, 〔…が〕大好きである. —Yo te *adoro*. 私は君が大好きだ. *Adora* la música clásica. 彼はクラシック音楽を熱愛している.
—— 自 祈る, お祈りをする. —*Adoraban* ante

el altar de rodillas. 彼らは祭壇の前にひざまずいて祈りをささげた. ❷ 〖+en を〗熱愛する. —Ella *adora en* su maestra. 彼女は先生をしたっている.

adormecedor, dora [aðormeθeðór, ðóra] 形 眠気を催させる, 眠気を誘う. —discurso ~ (退屈で眠くなるような)演説. voz monótona y *adormecedora* 単調で眠気を誘う声.

adormecer [aðormeθér] [9.1] (<dormir) 他 ❶ (人)を眠らせる, (人)に眠気を催させる. —Contaba al niño un cuento para ~lo. 子どもを眠らせるために話をしてやっていた. 類 **aletargar, amodorrar.** ❷ (苦痛などを)鎮静する. — ~ las inquietudes 不安を和らげる. 類 **acallar, mitigar, sosegar.** ❸ (身体の部分)の感覚を麻痺させる. —El frío me *ha adormecido* los pies. 寒さで私は足がかじかんでしまった. 類 **anestesiar, insensibilizar.** —— se 再 ❶ 眠りはじめる, うとうとする. 類 **adormilarse.** ❷ (手足が)かじかむ, しびれる.

adormecido, da [aðormeθíðo, ða] 過分 (< adormecerse) 形 ❶ 眠った, 眠そうな, うとうとした. ❷ 感覚が麻痺した, しびれた.

adormecimiento [aðormeθimjénto] 男 ❶ 眠気, 眠り, まどろみ. ❷ (苦痛などの)鎮静, 和らぐこと. ❸ (身体の部分の)感覚の麻痺, しびれ.

adormidera [aðormiðéra] 女 《植物》ケシ(の実).

adormilarse [aðormilárse] 再 うとうとする. → adormecerse, adormitarse.

adormitarse [aðormitárse] 再 うとうとする. →adormecerse.

adornamiento [aðornamjénto] 男 装飾(すること).

:**adornar** [aðornár] (<ornar) 他 ❶ 〖+con/de で〗を飾る, 飾りつける; 美しくする. —Le gusta ~ las paredes *con* cuadros. 彼は壁を絵で飾るのが好きだ. Jarrones con flores *adornaban* el cuarto. 花を生けた花びんが部屋を飾っていた. ❷ (美点などが)…に備わっている, 身に付いている. —Le *adornan* unas indudables dotes de mando. 彼にはまちがいなく統率の才能が備わっている. —— 自 装飾となる.

—— se 再 自分を飾る, めかす.

:**adorno** [aðórno] 男 ❶ 飾り, 装飾(品). — ~ de escaparates ショーウィンドーの飾りつけ. ~s navideños [de Navidad] クリスマスの飾り. ~ para el pelo 髪飾り. Llevaba una cinta de ~ en la cabeza. 彼女は頭にリボンの飾りをつけていた. 類 **aderezo, ornamento.** ❷ (衣服の)飾り, 装飾品; 〖隠〗着物. —ponerse un vestido con ~s de encaje. レース飾りのついたドレスを着る. ❸ (料理の)つま, 付け合せ, 添え物. —Le puso unas aceitunas de ~. 彼女は付け合せにオリーブの実を2, 3 個添えた. ❹ 閲 《植物》ホウセンカ(鳳仙花). ❺ (闘牛》アドルノ(牛に背を向けたり, 牛の角を使う技). ❼ 《音楽》装飾音. ❼ 〖隠〗うわば.

de adorno (1) 〖皮肉〗飾り物の, 何もしない. lámpara *de adorno* 装飾用ランプ. árbol *de adorno* 観賞用樹木. Carmen está *de adorno* en la oficina. カルメンは事務所の飾りである. (2)(必修ではなく)教養的な(科目: 絵, 音楽, 刺繍など).

adosamiento [aðosamjénto] 男 もたせかけること, 背中合せに置くこと.

adosar [aðosár] 他 〖+a〗…に(物をもたせかける, を背にして(物)を置く. — ~ una nevera *a* la pared 冷蔵庫を壁にくっつけて置く. casas *adosadas* 棟続きの家. 類 **apoyar, arrimar, respaldar.**

adovelado, da [aðoβeláðo, ða] 形 《建築》(アーチが)迫石(せりいし)で造られた.

adquier- [aðkjér-] 動 adquirir の直・現在, 接・現在, 命令・2 単.

adquirente [aðkirénte] 形 →adquiridor.

:**adquirido, da** [aðkiríðo, ða] 過分 形 ❶ 取得した. —méritos ~s con mucho esfuerzo とても努力して得た功績. derechos ~ 既得権. ❷ 後天性の[的な]. —carácter ~ 後天的性格. síndrome de inmunodeficiencia *adquirida* エイズ, 後天性免疫不全症候群.

adquiridor, dora [aðkiríðor, ðóra] 形 (物を)取得する, 購入する. —— 名 取得する人, 購入者.

::adquirir [aðkirír アドキリル] [4.7] (<querer) 他 ❶ を獲得する, 手に入れる; (習慣などを)身に付ける. —En un año *ha adquirido* un notable dominio del español. 1 年間で彼は見事にスペイン語をマスターした. 類 **ganar.** ❷ を購入する, 取得する. —Pienso ~ un terreno en los alrededores de Madrid. 私はマドリードの郊外に土地を購入しようと思っている. 類 **comprar.**

:**adquisición** [aðkisiθjón] 女 ❶ 取得(物), 獲得(物), 入手[品], 購入(品). —precio de ~ 購入価格. ~ de divisas 外貨獲得. hacer [realizar] una ~ 購入する. Ese cuadro fue una buena ~ para el museo. その絵は美術館にとってよい買い物だった. 類 **compra, obtención.** ❷ 掘り出し物, 買い得品, 安い買い物. —Esta casa por ese precio es una verdadera ~. その値段でこの家が買えるなんてまさに掘り出しものだ. 類 **ganga.** ❸ 習得. —Está haciendo un estudio sobre la ~ de la lengua en los niños. 彼は子供の言語習得に関して研究している. ❹ 〖話〗(質の点で)貴重な人[物], 宝物. —Este secretario es una verdadera ~ para nuestra oficina. この秘書は我が社にとって本当に貴重な人材だ. 類 **joya.** ❺ 〖情報〗— ~ de datos データ取得[収集]. ❻ 〖経済〗吸収合併, 乗っ取り. —oferta pública de ~ (会社乗っ取りなどのための)株式公開買付(〖略〗OPA). ~ apalancada 借入金をてこにした買収, レバレッジドバイアウト(〖略〗LBO). ~ de una empresa por sus propios directivos. マネジメントバイアウト(経営陣が自社株を買い取り, 株式を非公開にすること. 〖略〗MBO).

adquisidor, dora [aðkisiðór, ðóra] 形 名 →adquiridor.

:**adquisitivo, va** [aðkisitíβo, βa] 形 取得[購買]の. —poder ~ del euro [del obrero] ユーロの[労働者の]購買力.

adragante [aðraɣánte] 形 《植物》トラガカントゴムの. —goma ~ トラガカントゴム(=tragacanto).

:**adrede** [aðréðe] 副 ❶ 故意に, わざと, 意図的に. —Lo ha hecho ~ para fastidiarme. 彼は私にいやがらせをするためにわざとそれをした. 類 **aposta, de intento, deliberadamente, de propósito, expresamente, intencionadamente.** ❷ そのためにだけ, わざわざ.

adrenalina [aðrenalína] 女 《生化》アドレナリン.

Adriana [aðrjána] 固名 《女性名》アドリアーナ.

Adriano [aðrjáno] 固名 ❶《男性名》アドリアーノ. ❷ ハドリアヌス(プブリウス・アエリウス Publio Elio ~)(76-138, ローマ皇帝, スペインのイタリア生まれ, 在位 117-138).

Adriático [aðrjátiko] 固名 (Mar ~)アドリア海(イタリア半島とバルカン半島の間の海域).

adscribir [aðskriβír] [3.3] 他 [+a] ❶ (何かを)(ある人・物に)属するものとする, …のせいにする. —El padre no quiso ~ los bienes *a* sus hijos. 父は息子たちに財産を譲りたくなかった. 類 **asignar, atribuir.** ❷ (職務)に(人)を任命[配属]する; (用途・目的)に(物)を割当てる. —Me *adscribieron al* departamento de personal. 私は人事部に配属された. 類 **asignar, destinar.**
—— **se** 再 [+a] (団体などに)加入する.

adscripción [aðskripθjón] 女 ❶ 帰属させること, 帰すること. ❷ 任命, 配属; 割り当てること. ❸ (団体などへの)加入.

adscrito, ta [aðskríto, ta] 過分 [<adscribir] 形 [+a] ❶ …に属するものであるとされた, 帰せられた. ❷ …に任命[配属]された; 割当てられた. —Los dos extranjeros ~*s a* esta sucursal están casados. この支店に配属されたその二人の外国人は既婚者です. ❸ …に加入した.

adsorbente [aðsorβénte] 形《物理, 化学》吸着する, 吸着性の. —— 男 吸着剤.

adsorber [aðsorβér] 他《物理, 化学》(気体・液体)を吸着する.

adsorción [aðsorθjón] 女《物理, 化学》吸着.

:**aduana** [aðwána] 女 ❶ 税関, 税関事務所(=oficina de ~s). —pasar (por) la ~ 税関を通る, 通関する. oficial [agente] de ~ (s)/〖中南米〗despachante de ~ 税関吏, 税関職員. control de ~s 税関検査. En la ~ me preguntaron si tenía algo que declarar. 私は税関で何か申告するものがあるかどうか尋ねられた. ❷《商業》関税(=derechos de ~). —sin ~/libre de derechos de ~ 免税[の], 無関税[の]. trámites de ~ 税関の手続き. ❸《遊戯》すごろく遊びの一種.

:**aduanero, ra** [aðwanéro, ra] 形 税関の; 関税の. —tarifa *aduanera* 関税率. trámites ~*s* 通関手続.
—— 名 税関職員, 税関検査官. —Los ~*s se* limitaron a preguntarnos si teníamos algo que declarar. 税関職員は私たちに申告すべき物を持っているかどうか質問しただけだった.

aduar [aðwár] 男 テント・テントからなる小集落(ロマ・ベドウィン・アメリカインディアンなどのものを指す).

aducción [aðukθjón] 女《解剖》内転. —— ~ del brazo [del ojo] 腕[眼球]の内転. 反 **abducción.**

aducir [aðuθír] [9.3] 他 を口実にする; (正当化するために証拠など)を提示する, 引用する. —*Adujo* pruebas poco convincentes. あまり説得力のない証拠を彼は提示した.

aductor [aðuktór] 形《解剖》内転の. —— 男 ❶《解剖》内転筋 (= músculo ~). 反 **abductor.** ❷ (水道・ガスなどの)地下の配管.

adueñarse [aðweɲárse] [<dueño] 再 [+de] ❶ を不当に[力ずくで]わが物にする, 奪い取る. —Los militares *se han adueñado del* poder político. 軍人たちが政権を奪った. 類 **apoderarse.** ❷ (感情が人)をとらえる.

aduj- [aðux-] 動 aducir の直・完了過去, 接・過去.

aduja [aðúxa] 女《海事》(ロープ・鎖・帆)のひと巻き.

adujar [aðuxár] 他《海事》(ロープ・鎖・帆)をぐるぐると巻く, 巻きつける.
—— **se** 再 (小さくなるために)うずくまる, しゃがむ.

adulación [aðulaθjón] 女 大げさにほめること, へつらい.

adulador, dora [aðulaðór, ðóra] 形 (人が)へつらう. —— 名 へつらう人. 類 **adulón, lisonjero, melifluo, zalamero.**

adular [aðulár] 他 (気に入られるために人)を大げさにほめる, …にへつらう. —No me gusta ~ a nadie. 私は誰に対しても媚(こ)びるのは嫌いだ. 類 **agasajar, alabar, halagar, lisonjear, roncear.**

adulón, lona [aðulón, lóna] 形 (人が)卑屈にへつらう. —— 名 卑屈にへつらう人.

adulonería [aðulonería] 女〖中南米〗→adulación.

adulteración [aðulteraθjón] 女 ❶ 異物を混ぜて不純[粗悪]にすること, (貨幣などの)偽造, 変造. —Le han puesto una multa por ~ de los productos alimenticios que vendía. 彼は販売していた食品に異物を混入させたとして罰金を課せられた. ❷ (事実などの)歪曲, 改竄(ざん).

adulterado, da [aðulteráðo, ða] 形 ❶ (異物の混入で)不純になった; (貨幣などが)偽造[変造]された. —aceite ~ 粗悪油. ❷ (事実などが)歪曲(わいきょく)された.

adulterador, dora [aðulteraðór, ðóra] 形 ❶ 異物を混ぜて不純[粗悪]にする, 偽造する. ❷ 歪曲(わいきょく)する. —— 名 ❶ (混ぜ物で物を)不純[粗悪]にする人, 偽造者. ❷ 歪曲(わいきょく)する人.

adulterar [aðulterár] 他 ❶ (他の物質を混ぜて)ある物質)を不純なものにする; (貨幣など)を偽造[変造]する. ❷ (事実など)を歪曲する. —~ el contenido de un informe 報告書の内容を改竄(かいざん)する. 類 **falsear, falsificar.** —— 自 [+con] …と姦淫する.

adulterino, na [aðulteríno, na] 形 姦通の, 姦通によって生まれた. —hijo ~ 不義の子.

adulterio [aðultérjo] 男 ❶ 姦通, 不貞を働くこと. 類 **amancebamiento, infidelidad.** ❷ 異物の混入による不純[粗悪]化; 偽造, 変造.

adúltero, ra [aðúltero, ra] 形 姦通の, 不貞な, 姦通者の. —relaciones *adúlteras* 不倫関係. —— 名 不貞の夫[妻], 姦通者(姦夫, 姦婦).

:**adulto, ta** [aðúlto, ta] 形 ❶ 成人した, 成熟した, おとなの. —animal ~ 成熟した動物. país ~ 成熟した国. Reservada la entrada a sólo personas *adultas*. 成人のみ入場可. ❷ 成人[おとな]向きの.
—— 名 ❶ 大人, 成人, 成年者. —Han abierto en el barrio un centro de educación de ~*s*. その地域に成人教育センターが開設された. ❷ 成体(成熟した動植物).

adulzar [aðulθár] [<dulce] 他 ❶ (金属)を軟化させる, 可鍛性(かたんせい)にする. ❷ を和らげる. 類 **endulzar.**

adunar [aðunár] [<uno] 他《文》(何かをするために)…をひとつに集める, 統合する. 類 **aunar, juntar, reunir, unificar.**

adustez [aðustéθ] 囡 ❶ 無愛想, そっけなさ. 類 **aspereza, desabrimiento.** ❷ (風景などの)無味乾燥.

***adusto, ta** [aðústo, ta] 厖 ❶ (人, 顔つき, 風景などが)厳しい, 無愛想な, しかつめらしい. ─ hombre serio y ～ 生真面目でにこりともしない人. rostro ～ しかつめらしい顔. paisaje ～ 人を寄せ付けない風景. 類 **desabrido, hosco, rígido, serio.** 反 **amable, sociable.** ❷ (気候が)酷暑の, 焼け付くような. ─ terreno ～ 酷暑の土地.

aduzca(-) [aðuθka(-)] 動 aducir の接・現在.

aduzco [aðúθko] 動 aducir の直・現在・1 単.

advenedizo, za [aðβeneðíθo, θa] 厖 ❶ よそから来た. 類 **extranjero, forastero, intruso.** ❷ 身分不相応な地位をめざす, 成り上がりの.
── 图 ❶ 《軽蔑》よそ者. ❷ 成り上がり者.

advenimiento [aðβenimjénto] 男 ❶ (時期・時代の)到来, 出現. ─ el Santo A～ キリストの降臨. Él jugó un papel decisivo en el ～ de la democracia. 彼は民主主義の到来に決定的な役割を果たした. ❷ (王の)即位.
esperar el santo advenimiento (来るか来ないかわからないものを)待ちこがれる.

advenir [aðβenír] [**10.9**] 自 ❶ (時期が)到来する; (出来事が)起る. ❷ (王が)即位する.

adventicio, cia [aðβentíθjo, θja] 厖 ❶ 偶然に起る, 偶発の. ❷ 《植物》不定根の. ─ raíces *adventicias* 不定根. ❸ 《法律》偶発的な. ─ bienes ～s 偶発的財産.

adventismo [aðβentísmo] 男 《宗教》(キリストの)再臨説.

***adverbial** [aðβerβjál] 厖 《文法》副詞の, 副詞的な. ─ oración ～ 副詞節. sintagma ～ 副詞句. locución ～ 副詞相当句.

‡**adverbio** [aðβérβjo] 男 《文法》副詞. ─ ～ de modo [de tiempo, de lugar, de cantidad] 様態 [時, 場所, 量]の副詞. ～ interrogativo [relativo, exclamativo] 疑問 [関係, 感嘆] 副詞. ～ de afirmación [de negación, de duda] 肯定 [否定, 疑惑] の副詞. ～ oracional 文副詞.

***adversario, ria** [aðβersárjo, rja] 男囡 敵, 敵対者, 反対者. ─ El equipo se enfrentaba con un ～ muy potente. チームは強豪と戦っていた. 類 **enemigo.**

adversativo, va [aðβersatíβo, βa] 厖 《文法》(接続詞・節などが)反意の, 対立を示す. ─ conjunciones *adversativas* 反意接続詞 (pero, sino など). oración *adversativa* 反意文.

adversidad [aðβersiðá(ð)] 囡 ❶ 不都合. ─ ～ atmosférica 天候の不順. ❷ 不運な出来事 [状況], 逆境. 類 **desgracia, infortunio.**

***adverso, sa** [aðβérso, sa] 厖 ❶ (*a*) 逆の, 反対の. ─ viento ～ 逆風, 向い風. (*b*) (状況などが)好ましくない, 不都合な. ─ La suerte me es *adversa* en todo lo que emprendo. 私は何をやっても運に見放される. 類 **contrario, desfavorable.** ❷ (位置が)反対側の, 向い側の. ─ el lado ～ del río 川の対岸.

‡**advertencia** [aðβerténθja] 囡 ❶ 忠告, 警告, 注意; 予告. ─ hacer [dar] una ～a ... …に忠告する, 注意する. servir de ～警告, 警鐘として役立つ. sin ～ 警告 [予告] なしに. hacer disparos de ～ 威嚇射撃する. No hizo caso de [No atendió] las ～s de los profesores. 彼は先生の忠告に耳を貸さなかった. 類 **aviso, consejo.** ❷ (本などで読者向けの)注意書き, はしがき, 序文. 類 **aclaración, introducción.** ❸ 認知能力. ─ No se le puede exigir mucha ～ a su edad. 彼の年齢ではあまり彼に認知能力を要求できない. ❹ 戒告 (文). ❺ 《海事》(他の船に対する)国旗掲揚 [停船] 命令.

advertencia conminatoria (1) (声明・警察の)警告, 勧告. (2) 《法律》(裁判所などの)出頭命令 (書), 召喚 (状).

***advertido, da** [aðβertíðo, ða] 過分 厖 ❶ 通知 [警告] を受けた. ❷ 〖+de〗…に気付いた, を心得た. ─ Actuó ～ *del* peligro que corría. 彼は冒しかかっていた危険に気付いて行動した. ❸ 熟達した, 経験豊かな. ─ Es un médico ～. 彼は名医だ. 類 **capaz, experimentado, experto.** ❹ 利口な, 抜け目のない, 抜かりのない. ─ Es una chica *advertida* y sabe muy bien lo que hace. 彼女は利口な女の子で, 自分のしていることがよくわかっている. 類 **astuto, avisado, sagaz.** 反 **ignorante, inadvertido.**

‡**advertir** [aðβertír アドベルティル] [**7**] 他 〖＜verter〗 ❶ …に気づく, 注目する; 留意する. ─ ¿*Has advertido* que habla inglés con acento francés? 君は彼がフランス語なまりの英語を話すことに気づいたか. No *advertí* nada extraño en su conducta. 私は彼の行動に何ら変なところは気づかなかった. Debes ～ que te va a ser difícil aprobar el examen. 試験に合格するのはむずかしいことを君は心に留めておかねばならない. 類 **reparar.** ❷ 〖+de〗…に言っておく, 注意する; 〖+que+直説法〗を知らせる. ─ *Advertí* a todos del peligro que corrían. 私は全員に危険を犯そうとしていると注意した. Te *advierto* que hoy volveré tarde a casa. 私は今日は遅く帰宅すると言っておくよ. 類 **prevenir.** ❸ に (…に) 忠告する, 警告する. ─ Te *advierto* por última vez que está prohibido fumar en clase. これが君への最後通告だが, 授業中は禁煙だよ.
── 自 〖+de について〗知らせる, 警告する. ─ La señal *advertía de* la proximidad de un paso a nivel. 信号は踏切が近いことを警告している.

adviert- [aðβjért-] 動 advertir の直・現在, 接・現在, 命令・2 単.

advirt- [aðβirt-] 動 advertir の直・完了過去, 接・現在/過去, 現在分詞.

advocación [aðβokaθjón] 囡 《宗教》❶ (教会などに付けられる)守護聖人の名. ❷ 加護, 庇護. ─ Pusieron la iglesia bajo la ～ de San Pedro. その教会を聖ペドロの加護の下においた.

adyacente [aðjaθénte] 厖 〖＜yacer〗 〖+a〗 …に隣接した, …の近くにある. ─ ángulos ～s 《幾何》隣接角.

AEA 《頭字》〖＜Automovilista Europea Asociada〗 ヨーロッパ運転者協会.

AECI [aéθi] 《頭字》〖＜Agencia Española de Cooperación Internacional〗囡 スペイン国際協力局.

AEE 《頭字》〖＜Agencia Española del Espacio〗 スペイン宇宙局.

aeración [aeraθjón] 囡 ❶ 空気の供給; 換気, 通気. 類 **aireación, ventilación.** ❷ 《技術》空気混和, エレーション. ❸ 《医学》大気療法.

‡**aéreo, a** [aéreo, a] 厖 ❶ 空気の, 気体の; 風の.

46　aeriforme

― globo ~ 風船, 気球. ❷ 航空の. ― correo ~ 航空便(郵便). controlador ~ 航空管制官. fotografía *aérea* 航空写真. línea *aérea* 航空路線. puente ~ シャトル航空便. transporte ~ 航空輸送. Envié un paquete por vía *aérea*. 私は航空便で小荷物を送った. ❸ 空中の. ― combate ~ 空中戦. espacio ~ 空域, 領空. toma *aérea* アンテナ. plantas *aéreas* 気生植物. ❹ 空軍の. ― base *aérea* 空軍基地. fuerzas *aéreas* 空軍. ❺ 軽やかな; 軽くて薄い. ― velo ~ 軽やかなベール. Ella llevaba un ~ vestido de seda. 彼女は薄絹のドレスを身に着けていた. ❻ 空想的な, 幻の, 夢のような. ― Vive en un mundo ~ sin contacto con la realidad. 彼は現実と接することなく夢想的な世界で生きている. 類 **ligero, sutil**.

aeriforme [aerifórme] 形　(形状が)空気に似た, 気体状の.

aerobio, bia [aeróβjo, βja] 形　〖生物〗(細菌などが)好気性の.

　　― 男　〖生物〗好気性生物[菌]. 反 **anaerobio**.

aeroclub [aeroklu(β)] 男　民間航空パイロットの養成機関; 飛行クラブ.

aerodeslizador [aeroðesliθaðór] 男　ホバークラフト, エアクッションカー.

aerodinámica [aeroðinámika] 女　→**aerodinámico**.

aerodinámico, ca [aeroðinámiko, ka] 形 ❶ 空気[航空]力学の. ― freno ~　エアブレーキ. prueba *aerodinámica* 空気力学実験. túnel ~ 風洞. ❷ (車体などが)流線形の.

　　― 女　空気[航空]力学.

‡**aeródromo** [aeróðromo] 男　飛行場(特に滑走路など離着陸に必要な設備. 空港全体は **aeropuerto**).

aerofagia [aerofáxja] 女　〖医学〗空気嚥下(えんげ)症; 呑(どん)気症.

aerofaro [aerofáro] 男　(滑走路などにある)航空標識灯.

aerogenerador [aeroxeneraðór] 男　風力発電機.

aerograma [aeroɣráma] 男 ❶ (郵便)エアログラム, 航空書簡. ❷ 無線電報.

aerolito [aerolíto] 男　〖天文〗隕石(いんせき)(の断片).

aeromancia [aerománθja] 女　気ト(ぼく), 大気占い.

aerómetro [aerómetro] 男　気量計(気体の密度を測定する).

aeromodelismo [aeromoðelismo] 男　模型飛行機製作[操縦](技術).

aeromodelo [aeromoðélo] 男　模型飛行機.

aeromotor [aeromotór] 男　空気圧モーター.

aeromozo, za [aeromóθo, θa] 男女　〖中南米〗客室乗務員, フライトアテンダント. 類 **auxiliar de vuelo, azafata**.

aeronauta [aeronáu̯ta] 男女　〔< aero + nauta〕気球・飛行機の搭乗者[操縦士].

aeronáutica [aeronáu̯tika] 女　→**aeronáutico**.

aeronáutico, ca [aeronáu̯tiko, ka] 形　航空(機)の, 航空学[術]の. ― tecnología[industria] *aeronáutica* 航空テクノロジー[産業].

　　― 女 ❶ 航空学. ❷ 飛行術; 航空技術.

aeronaval [aeronaβál] 形　〖軍事〗海軍と空軍の, 海空の. ― operación ~　海空軍事行動.

aeronave [aeronáβe] 女 ❶ 飛行船. ― ~ espacial 宇宙船. 類 **aeróstato, dirigible, globo dirigible, zepelín**. ❷ 飛行機.

*****aeroplano** [aeropláno] 男　(機械として見た)飛行機(運輸・交通手段としては **avión**).

aeropostal [aeropostál] 形　航空便の.

‡**aeropuerto** [aeropu̯érto] 男　空港, 飛行場. ― ~ de Narita [Barajas] 成田[バラハス]空港. ~ internacional 国際空港. 類 **aeródromo**.

aerosol [aerosól] 男 ❶ 〖化学〗エアゾール, 煙霧質. ❷ スプレー, 噴霧器.

aerostación [aerostaθjón] 女　気球による航空; 気球の操縦.

aerostática [aerostátika] 女　→**aerostático**.

aerostático, ca [aerostátiko, ka] 形 ❶ 〖物理〗空気静力学の. ❷ 気球[飛行船]の. ― globo ~ 気球. vuelo ~ 気球による飛行. ❷ 〖物理〗空気静力学.

aeróstato [aeróstato] 男　気球; 飛行船.

aerotransportado, da [aerotransportáðo, ða] 形　空輸された.

aerovía [aeroβía] 女　(商業用の)航空路.

afabilidad [afaβiliðá(ð)] 女　愛想のよさ, 物腰の柔らかさ. ― Sabe tratar a la gente con ~. 彼は愛想よく人をもてなせる.

afable [afáβle] 形　〔+con/para/para con〕(人に対して)愛想のよい, 物腰の柔らかな. ― Sus ~s palabras me consolaron. 彼の親切な言葉に私はなぐさめられた. 類 **acogedor, afectuoso, agradable, amable, cordial, dulce**.

afamado, da [afamáðo, ða] 〔< fama〕形　有名な, 名高い. ― Es un ~ jugador de fútbol. 彼は有名なサッカー選手だ. Los coches japoneses han obtenido ~ renombre por su calidad. 日本車は品質の良さで名声を得た. 類 **célebre, acreditado, conocido, famoso, insigne, renombrado, reputado**.

afamar [afamár] 他　(人・物)を有名にする.

　　― se 再　有名[評判]になる, 名声を博する.

*****afán** [afán アファン] 〘複 afanes〙 〔+de/por〕(…に対する)熱望, 切望, 意欲. ― ~ de riqueza 金銭欲. ~ de superación [de aventuras] 向上[冒険]心. Todo su ~ es llegar a ser una gran actriz. 彼女の最大の望みは大女優になることだ. Tiene [Siente] mucho ~ por aprender. 彼は学習意欲に燃えている. No prestaba el dinero desinteresadamente, sino con ~ de lucro. 彼は無償ではなく欲得ずくで金を貸していた. La sostiene el ~ de volver a ver a su hijo con vida. 彼女は生きて息子に再会するのを楽しみに生きている. 類 **anhelo, ansia, deseo**. ❷ 熱心, 熱意, 努力, 骨折り. ― Puso todo su ~ en sacar a la familia de la miseria en que vivía. 彼は悲惨な暮らしから家族を救い出すことに全精力を傾けた. 類 **ahínco, esfuerzo**. 反 **apatía, desgana, desidia**. ❸〖主に複〗苦労, 辛苦, 刻苦. ― Le costó sudores y *afanes* llegar a ser campeón. チャンピオンになるのにずいぶん苦労した. los *afanes* cotidianos [de la vida]. 日々[人生]の労苦. ¡Tantos *afanes* para nada! こんなに苦労したが無駄だった. 類 **esfuerzo, fatiga, penalidad, trabajo**. ❹〖中南米〗急ぐこと(= **prisa**). ~ estar con ~ 急いでい

る.
Cada día trae su afán. 一日の苦労は一日にて足れり(明日の事まで思い煩うな)(聖書.マタイによる福音書 6:34).
con afán 熱心に, 一生懸命に (=con ahínco).

afanar [afanár] 他 《俗》(物)を盗む, だまし取る.
── 自 精を出す; 体を使って働く.
── **se** 再 〖+en〗…に精を出す. ─Durante toda la semana pasada *se afanó en* elaborar el informe. 彼は先週ずっと報告書の作成に精を出した. ❷〖+por〗…のために懸命にする, 尽力する. ─Todos *se afanaban por* ganar las oposiciones. 皆, 採用試験に合格しようと励んでいた.

:**afanoso, sa** [afanóso, sa] 形 ❶ 熱心な, 熱のこもった, 懸命の. ─trabajador ~ 熱心に働く労働者. Estudiaba *afanosa* por ser la primera. 彼女は首席になろうと懸命に勉強した. Todos los vecinos participaron en la *afanosa* búsqueda del niño. すべての住民がその子の捜索活動に熱心に加わった. ❷ 骨のおれる, つらい, 苦しい. ─Este ~ trabajo no lo soporto. このつらい仕事に私は耐えられない.

afaquia [afákja] 女 〖医学〗無水晶体.
afarolado, da [afarolá(ð)o, ða] 形 〖中南米〗興奮した; むかっ腹を立てた.
afarolarse [afarolárse] 再 〖中南米〗興奮する; むかっ腹を立てる.
afasia [afásja] 女 〖医学〗失語(症). ─~ semántica 意味性失語.
afásico, ca [afásiko, ka] 形 〖医学〗失語症の. ── 名 失語症患者.
afeamiento [afeamjénto] (<feo) 男 ❶ 醜くする[なる]こと; 醜悪化. ❷ 咎(とが)めること.
afear [afeár] 他 ❶ (人・物)を醜くする. ─La autopista *afea* el paisaje del pueblo. 高速道路が村の景観を損ねている. 類**deformar, deslucir, estropear**. ❷ (人の行為など)を咎(とが)める, を非難する. 類**censurar, reprender, tachar, vituperar**.
afección [afekθjón] 女 ❶〖医学〗疾患, 病気. ─~ renal 腎臓疾患. ~ nerviosa 神経症. ~ de ántrax 炭疽病の感染. 類**dolencia, enfermedad**. ❷ 愛着, 好み. 類**afición, inclinación**.
afeccionarse [afekθjonárse] 再 〖+a/por〗(人・物)を好きになる, 愛着をもつ. 類**aficionarse**.
afectación [afektaθjón] 女 ❶ (何かを)装うこと; 気取ること. ─con ~ 気取って. sin ~ 気取らずに. ❷ (行動などの)不自然さ.
:**afectado, da** [afektáðo, ða] 過分 形 ❶ 見せかけの, わざとらしい, 気取った. ─Me molesta el tono ~ con que habla. 私は彼のわざとらしい[気取った]話し方が嫌だ. enfermedad *afectada* 仮病. ❷ 被害を受けた; (病などに)おかされた.
── 名 被害者. ─los ~s del atentado [por las inundaciones] テロ[洪水]の被害者. los ~s por el ruido [por error médico] 騒音[医療事故]被害者.
:**afectar** [afektár] 自〖+a〗❶〖+aに〗(悪い)影響を及ぼす, 被害を与える. ─Este medicamento *afecta* al estómago. この薬は胃に害がある. ❷〖+aに〗関係がある, かかわる. ─Las nuevas medidas económicas *afectan a* las grandes empresas. 新しい経済対策は大企業にかかわりがある. 類**atañer, concernir**.
── 他 ❶ を装う, …のふりをする; 気取る. ─~ la voz 作った声を出す. ~ ignorancia 無知を装う. *Afecta* no saber nada del asunto. 彼はその件について何も知らないふりをする. 類**fingir**. ❷ …に(悪い)影響を及ぼす, 被害を与える. ─Las prolongadas lluvias *han afectado* la cosecha de uva. 長雨はブドウの収穫に被害を及ぼした. ❸ を動転させる, 悲しませる. ─Su muerte nos *ha afectado* a todos. 彼の死によって私たちは皆悲しみに沈んだ.
── **se** 再 動転する, 悲しくなる.
afectísimo [afektísimo] 形〖afectoの絶対最上級〗(手紙で)《文》─A~ amigo 拝啓. suyo ~ 敬具.
***afecto**[1] [afékto] 男 ❶ 親愛の情, 愛情. ─Le tiene gran ~ a[siente gran ~ por] su viejo profesor. 彼女は老教師が大好きだった. 類**cariño**. ❷ 複 友人. ─familiares y ~s (死亡記事で)家族および親しい友人たち.
afékto, ta アフェクト, タ
*:**afecto**[2], **ta** [afékto, ta] 形 ❶ …が好きな, 傾倒している. ─~ a las ideas xenófobas 外国人嫌いの思想に傾倒している. un profesor muy ~ al rector 学長派の教授. ❷ 配属された, 割り当てられた. ─personal ~ al departamento de ventas 販売部門に配属された職員. ❸ 〖法律〗差し押えられた. ❹ 病におかされた, 負傷した. ─Ingresó en el hospital ~ de tuberculosis. 彼は結核におかされて入院した.
afectuosidad [afektuosiðá(ð)] 女 愛情, 思いやり.
:**afectuoso, sa** [afektuóso, sa] 形 ❶ 情愛の深い, 優しい. ─La madre es poco *afectuosa* con sus hijos. その母親は子供達に対してあまり優しくない. 類**amable, cariñoso**. ❷ 愛情のこもった. ─Ella me dirigió una *afectuosa* sonrisa. 彼女は私に愛情のこもったほほえみを向けた. Reciba un ~ saludo. 心から御挨拶申し上げます(手紙の結びの挨拶).
afeitado, da [afeitáðo, ða] 形 ❶ ひげを剃(そ)った, 毛を剃った. ❷《闘牛》(牛が)角(つの)の先を削った. ── 男 ❶ (毛を)剃ること; ひげ剃り.
afeitadora [afeitaðóra] 女 電気かみそり, シェーバー. ─~ recargable 充電式電気ひげそり.
:**afeitar** [afeitár] 他 ❶ …のひげ[毛]をそる. ─El barbero me *ha afeitado* en cinco minutos. その床屋は 5 分間で私のひげをそってくれた. ❷《闘牛用の牛》の角の先を切る. ❸ (馬)のたてがみとしっぽを刈りそろえる. ❹ (植木)を剪定(せんてい)する, 刈り込む. ❺ (車などの)をかすめる. ─El coche pasó *afeitando* las farolas. 車が街灯をかすめるように通り過ぎて行った. ❻ …に化粧をする. ❼ を変造する, (悪い目的で)細工する.
── **se** 再 ❶ (自分の)ひげをそる. ─No le gusta que pase un día sin ~*se*. 彼はひげをそらずに一日を過ごすのが嫌いだ. ❷ おめかしをする.
afeite [aféjte] 男 ❶ 化粧; 化粧品. 類**cosmético**. ❷ 装飾(すること). 類**aderezo, compostura**.
afelio [afélio] 男 〖天文〗遠日点. 反**perihelio**.
afelpado, da [afelpáðo, ða] 形 フラシ天のような; ふわふわした感触の.
afelpar [afelpár] 〔<felpa〕他 ❶ (布地)をフラ

48 afeminación

afeminación [afeminaθjón]〔<hembra〕女 (男が)女性的になること; 女々(%)しさ, 軟弱さ. ― En su forma de hablar se nota cierta ~. 彼の話し方には若干女っぽさが感じられる.

afeminado, da [afemináðo, ða] 形 (男が)女っぽい, 女々(%)しい. ― voz afeminada 女っぽい声. ― 男 女っぽい男; ホモセクシュアル.

afeminamiento [afeminamjénto] 男 →afeminación.

afeminar [afeminár] 他 (見た目・動作などにおいて)(男)を女性的にする; を女々(%)しくする.
― se 再 女っぽくなる.

aferente [aferénte] 形《医学》(血管が)輸入性の;(神経が)求心性の. ― vaso ~ 輸入管. nervio ~ 求心性神経. 反 eferente.

aféresis [aféresis] 女《言語》語頭音消失(例: enhorabuena→norabuena).

aferradamente [aferáðaménte] 副 頑固に, かたくなに.

aferrado, da [aferáðo, ða] 形 ❶(人が)頑固な. (考えなどが)定着した. ― Sigue ~ a la tradición como buen japonés. 良き日本人として彼は伝統を重んじ続けている.

aferramiento [aferamjénto] 男 ❶しっかりつかむこと. ❷《海事》錨泊(½%). ❸固執.

aferrar [aferár]【4.1】〔<hierro〕他 ❶をしっかりつかむ[握る]. ― Aferró la barandilla y evitó caerse. 彼は手すりを強くつかんだのでころばなかった. 類 agarrar, asir. ❷《海事》(a)(帆・旗などを)巻く. (b)(鉤竿(%)などで)(何か)を引っ掛ける. (c)(船)を錨泊(½%)させる.
― se 再〔+a〕❶…にしっかりつかまる, しがみつく. 類 agarrarse. ❷(考えなどに)固執する. 類 obstinarse.

afestonado, da [afestonáðo, ða]〔<festón〕形 ❶花うなで飾られた. ❷《建築》花うな装飾を施した;《服飾》(襟などが)フリルのついた.

Afganistán [afɣanistán] 固名 アフガニスタン(首都カブール Kabul).

afgano, na [afɣáno, na] 形 アフガニスタンの; アフガニスタン人[語]の. ― 名 アフガニスタン人.
― 男 アフガニスタン語.

afiche [afítʃe] 男《中南米》ポスター, ビラ. 類 cartel.

*aficiόn** [afiθjón] 女 ❶〔+a/hacia/por〕…に対する好み, 愛好, 愛情. ― cobrar [coger, tomar] ~ a … …が好きになる. Tiene una gran ~ a la música. 彼は音楽が大好きです. Hay mucha ~ al fútbol en Europa. ヨーロッパではサッカーが大変人気がある. 類 inclinación. ❷〔+a/por/hacia〕愛着. ― Sentía mucha ~ por aquella muñeca. 彼女はその人形に愛着があった. 類 afecto, cariño. ❸趣味, 道楽. ― tener muchas aficiones 趣味が広い. 類 gusto, hobby. ❹(la ~)〔集合的に〕(特に闘牛・サッカーの)ファン, 観客. ― El último partido de ayer defraudó a la ~. 昨日の最後の試合はファンを失望させた. 類 público. ❺熱心さ, 熱中. ― trabajar con ~ 熱心に働く. 類 afán, ahínco.

de afición アマチュアの, 素人の. pintor de afición 素人画家. 類 aficionado.

carpintero de afición 日曜大工(=carpintero por afición). 反 profesional.

por afición 好きで, 趣味で; 素人の(→de afición).

*aficionado, da** [afiθjonáðo, ða] 過分 形〔ser+〕❶〔+a+物〕…を愛好している, …に熱中している. ― Es muy ~ a los deportes de invierno. 彼はウィンタースポーツに熱中している. En mi vecindad hay pocas personas aficionadas al teatro. 私の近所には劇鑑賞の愛好家はほとんどいない. 類 entusiasta. ❷アマチュアの, 素人の. 反 profesional.
― 名 ❶〔+a+物〕愛好家, ファン. ― los ~s al bricolaje 日曜大工に熱中する人. Es un ~ a los toros 彼は闘牛ファン. 類 entusiasta. ❷アマチュア, 素人. 反 profesional.

*aficionar** [afiθjonár] 他〔+a を〕(人)に好きにさせる, 趣味(愛好)を持たせる, (ある事に)人を凝らせる. ― La madre procura ~ a los hijos a la lectura. 母親は子どもたちに読書のくせをつけようと努力する.
― se 再〔+a が〕好きになる, (…に)凝る, (を)趣味とする. ― Me extraña que se haya aficionado tanto al fútbol. 彼があれほどサッカーに熱中したのは不思議だ.

afidávit [afiðáβi(t)] 男〔単複同形〕《法律》(外国人が行う)宣誓供述書.

áfido [áfiðo] 男《虫類》アリマキ, アブラムシ.

afiebrado, da [afjeβráðo, ða]〔<fiebre〕形 熱のある, 熱っぽい.

afijo, ja [afixo, xa] 形《文法》接辞の. ― partícula afija 接辞. ― 男《文法》接辞(接頭辞・接中辞・接尾辞を指す).

afiladera [afilaðéra] 女 砥(と)石.

afilado, da [afiláðo, ða]〔<filo〕形 ❶(刃物が)研(と)がれた, 鋭利な;(鉛筆などが)とがった. ― cuchillo ~ 鋭利なナイフ. ❷細い, やせ細った. ― nariz afilada つんとした鼻. ❸(声が)鋭い, 甲高い;(言葉などが)辛辣な. ~ voz afilada 甲高い声. lengua afilada 毒舌. 類 mordaz.

afilador, dora [afilaðór, ðóra] 形 (刃物などを)研(と)ぐ. ― muela afiladora 回転砥石, 車砥. ― 名 研ぎ師, 研削工. ― 男 研磨用具; 革砥(%)(→afilón). ― 女《中南米》浮気症な女.

afiladora [afilaðóra] 女 →afilador.

afiladura [afilaðúra] 女 (刃物などを)研(と)ぐこと, 研磨.

afilalápices [afilalápiθes]〔<afilar+lápiz〕

afilamiento [afilamjénto] 男 ❶ (顔や指などが)やせ細ること. ❷ (刃物を)研(と)ぐこと, 研磨. → afiladura.

‡**afilar** [afilár] 〔＜filo〕他 ❶ をとがらせる, 研(と)ぐ, (鉛筆などを)削る. ―～ unas tijeras はさみを研ぐ. Este cuchillo corta mal porque lleva mucho tiempo sin ～. このナイフは長い間研いでいないので切れない. ―～ un lápiz 鉛筆を削る. 類 **aguzar**. 反 **embotar**. ❷ をやせさせる. ―El tifus le *ha afilado* la cara. チフスのため彼は顔がやつれた. ❸ (声などを)鋭くする, かん高くする. ―Cada vez que se enfada, *afila* la voz. 彼は腹を立てるたびに声をかん高くする. ❹【南米】(女性)に言い寄る.

――**se** 再 ❶ とがる. ❷ やつれる. ―Con la gripe *se le ha afilado* la cara. かぜのため彼の顔はやつれてしまった. ❸【南米】入念に準備する.

afiliación [afiljaθjón] 女 〔＋a〕(団体などへの)加入, 入会, 加盟. ―～ a la seguridad social 社会保険への加入.

afiliado, da [afiljáðo, ða] 形 ❶〔＋a〕(団体などに)加入[加盟]した. ―los países ～*s a* la ONU 国連加盟国. ❷ (会社などが)系列下の. 類 **filial**. ―― 名 加入者, 加盟者, 会員; 社会保険加入者.

‡**afiliar** [afiljár] 他 〔＋a に〕(人)を加入[加盟]させる, 入会させる. ―*Ha afiliado* a su hijo al club local de fútbol. 彼は息子を地元のサッカー・クラブに入会させた.

――**se** 再 〔＋a に〕加入[加盟]する, 加担する, 入会する. ―Hace tres años *se afilió* al partido socialista. 3 年前に彼は社会党に入党した.

afiligranado, da [afiliɣranáðo, ða]〔＜filigrana〕形 ❶ 金[銀]線細工を施した[のような]. ―sortija *afiligranada* 金[銀]線細工の指輪. ❷ ほっそりした, とても繊細な.

afiligranar [afiliɣranár] 他 ❶ (物)に金[銀]線細工を施す. ❷ (物)を美しく磨く; (人)を美しく飾る. 類 **pulir**.

afilón [afilón] 男 革砥(とぎ).

afín [afín] 形〔＋a〕…と類似の, 似ている. ―Sólo se relaciona con personas de ideas *afines* a las suyas. 彼は自分と似通った考えの人とだけ付き合っている. ❷ 関連のある. ―el desarme y los problemas *afines* 軍縮とそれに関する諸問題. ❸ 隣接した. 類 **contiguo, próximo**.
―― 男女 姻戚(いんせき), 親類.

afinación [afinaθjón] 女〔＜fino〕❶ 完全なものにすること; 仕上げ. ❷ (物腰などの)洗練. ❸ (金属の)精錬. ❹【音楽】(楽器の)調律・音合せ. ❺ 鋭く[細く]すること.

afinado, da [afináðo, ða] 形 ❶ 完成した, 仕上った, 洗練された. ❷【音楽】(楽器が)調律した, 音の合った. 反 **desafinado**.

afinador, dora [afinaðór, ðóra] 名 《音楽》調律師. ―― 男 調律用具.

afinamiento [afinamjénto] 男 →afinación.

afinar [afinár]〔＜fino〕他 ❶ を完全なものにする, 仕上げる. ―～ el gusto 趣味を洗練させる. 類 **mejorar, perfeccionar**. ❷ (人)に教養をつける, を洗練させる. ―El trato con esa familia la ha ido *afinando*. その家族との付き合いで彼女は洗練されていった. 類 **educar**. ❸ (特に金属を)精錬する. ―～ el oro 金を精錬する. ❹《音楽》(楽器を)調律する, …の音を合せる. ―～ el piano ピアノを調律する. 類 **entonar, templar**. ❺ を鋭く[細く]する. ―～ el lápiz 鉛筆を削る.

―― 自 ❶ 正確である. ❷《音楽》正確な音程で歌う[演奏する]. ――**se** 再 ❶ 細くなる. ❷ 洗練される.

afincar [afiŋkár] [1.1]〔＜finca〕自 地所を買う.
―― 他 〔＋en〕(ある土地)に(人)を住みつかせる. 類 **arraigar, establecer**.
――**se** 再 〔＋en〕(ある土地)に住みつく, 定住する.

‡**afinidad** [afiniðáð] 女 ❶〔＋con/entre〕類似性, 相似性, 顔[姿]が似ていること. ―tener [guardar] ～ con … …と似ている. ―Entre ella y su madre hay una gran ～. 彼女と母親はよく似ている. 類 **parecido, semejanza**. 反 **diferencia, diversidad**. ❷ (性格・意見・趣味などの)類似性, 一致, 相性(のよさ). ―～ de ideas 考え方の類似性. Existe [Hay] entre los dos una gran ～ de caracteres. 2 人は性格的に大変似ているところがある. 類 **similitud**. ❸〔＋con〕【法律】姻戚(いんせき)関係 (＝parentesco por ～)(←結婚による親戚). ―pariente [deudo] por ～ 姻戚. 類 **parentesco**. ❹【言語】類縁関係, 類縁性. ―Todos conocemos la ～ entre las lenguas gallega y portuguesa. ガリシア語とポルトガル語に類縁関係があることは私たちみんなが知っている. ❺【物理, 化学】親和力[性]; 【生物】類縁性, 親和性. ―～ electrónica 電子親和力. ～*es* electivas 選択(的)親和力.

afinidad espiritual《カトリック》名付け親と子の間柄.

afino [afíno] 男 (金属の)精錬.

‡**afirmación** [afirmaθjón] 女 ❶ 言明, 主張. 類 **declaración**. ❷ 断言, 肯定. 類 **respuesta positiva**.

afirmado [afirmáðo] 男 (道路の)路床; 路面. 類 **firme**.

‡**afirmar** [afirmár アフィルマル]〔＜firme〕他 ❶ を**断言する**, 確言する, 明言する. ―*Afirma* que puede correr cien metros en once segundos. 彼は100 メートルを11 秒で走れると断言している. ❷ を肯定する. ―No *afirma* ni niega que haya habido presiones políticas. 彼は政治的圧力があったかどうかについては肯定も否定もしていない. ❸ (人)にある事への確信を与える, 保証する. ―El viaje por España le *afirmó* en las ideas que tenía sobre ella. スペインを旅行したことによって彼はスペインについて抱いていた考えに確信を得た. ❹ (物)を固定させる, 強固にする, 補強する. ―*Afirmó* la ventana con clavos y listones. 彼は釘と細板で窓を補強した.

―― 自 肯定する, はいと言う.
――**se** 再 ❶〔＋en〕確信を持つ. ―El director *se afirmó en* sus declaraciones. 重役は自分の明言したことを明らかにしようとはしなかった. ❷〔＋en で〕しっかりと立つ, 踏んばる. ―*Se afirmó en* el bastón para no caer. 彼は転ばないように杖にしっかりとすがった.

afirmativa [afirmatíβa] 女 →afirmativo.

‡**afirmativo, va** [afirmatíβo, βa] 形 肯定的

な, 賛成の; 断定的な. —Su respuesta fue *afirmativa*. 彼の回答は肯定的なものであった. en caso ～ 賛成の場合には, もし事実であれば. 類**positivo**.
—— 囡 肯定, 賛成. —contestar con la *afirmativa* 肯定の返事をする.

aflautado, *da* [aflaṷtáðo, ða] 形 ❶(音が)笛のような; (声・音が)高い, 甲高い. —voz *aflautada* 甲高い声. 類**atiplado**.

aflautar [aflaṷtár] 〔<flauta〕他 (声)を甲高くする, (音)を高くする. 類**atiplar**.

aflicción [aflikθjón]〔<afligir〕囡 苦悩, 悲嘆, 苦痛. —El divorcio de su hija le ha dado mucha ～. 彼の娘の離婚は彼には大変心を痛めた. 類**pena, pesar, tristeza**.

aflictivo, *va* [afliktíβo, βa] 形 ❶ 悲しませる. ❷〔法律〕苦痛を与える. —pena *aflictiva* 体刑.

afligente [aflixénte] 形 悲しませる, 苦悩を与える.

afligido, *da* [aflixíðo, ða] 形 ❶ 悲嘆にくれた. ❷〔+de〕…に苦悩する; (病気)を患っている. ❸ (家族などに)先立たれた.
—— 图 悲嘆にくれた人; 病人; 遺族.

afligir [aflixír] [3.6] 他 ❶(人)を悲しませる, 苦悩させる. —La muerte de su hijo *ha afligido* mucho a la madre. 息子の死で母はとても悲嘆にくれた. 類**apenar, atormentar, entristecer**. ❷ (人)に肉体的な苦痛を与える.
——se 再〔+con/por〕…によって悲しむ, 苦悩する, 悲嘆にくれる.

aflija(-) [aflíxa(-)] 動 afligir の接・現 単.

aflijo [aflíxo] 動 afligir の直・現・1単.

aflojamiento [afloxamjénto] 男 ❶(ねじ・綱などを)緩めること, 緩み. ❷ (a)(激しさ・強さの)弱まり, (b)(規律などの)ゆるみ; (意欲などの)衰え; (緊張などの)弛緩(しかん). ❸ 妥協, 譲歩.

‡**aflojar** [afloxár]〔<flojo〕他 ❶を緩める, 緩和する; 減速[減圧]する. —～ un tornillo [el nudo de la corbata] ねじ[ネクタイの結び目]を緩める. —～ el paso 歩調を緩める. —～ (話)(金など)を手放す, 手渡す. —Cada uno debe ～ diez euros. 各自が 10 ユーロ出さなければならない. ❷〔話〕譲歩する, 妥協する. —Para que lleguemos a un acuerdo, debes ～ un poquito. われわれが合意に達するには君が少し譲歩しなければならない. ❸ (関心・意欲などが)衰える, 低下する.
—— 自 ❶ 緩む, 弱まる, たるむ. —Esperamos a que *afloje* la tormenta. われわれは嵐がおさまるのを待っている. El corredor *aflojó* en los últimos mil metros. ランナーは最後の 1000 メートルでペースが落ちた. Por fin *ha aflojado* el calor. とうとう暑さも和らいできた. *Aflojó* la fiebre. 熱が下った. 類**remitir**. ❷ 譲歩する, 妥協する. ❸(関心・意欲などが)衰える, 低下する.
——se 再 ❶(自分の…を)緩める. —*Aflójate* el cinturón y estarás más cómodo. バンドを緩めなさい, そうすればもっと楽になるよ. ❷ 緩む, 衰える.

afloramiento [afloramjénto] 男 ❶ (a)(鉱床などの)露出; 露出した鉱物. (b)(地下水などの)湧出(ゆうしゅつ). ❷(問題などの)表面化, 表出.

aflorar [aflorár] 自 ❶ (a)(鉱床などが)露出する. (b)(地下水などが)わき出る. —El yacimiento de hierro *afloraba* a la superficie. 鉄の鉱床が地表に露出していた. ❷(考え・問題などが)表面に現われる. —— 他 (粉)をふるいにかける.

afluencia [afluénθja] 囡 ❶ (人・物の)殺到, 多量・多数. —～ de manifestantes en las calles 通りへ押し寄せたデモ参加者の大群. La ～ del producto en el mercado rebajó su precio. その製品が市場にあふれて価格が下落した. 類**abundancia**. ❷(川・液体の)流入. ❸ 能弁, 流暢(りゅうちょう). —hablar con ～ ぺらぺらと話す. 類**facundia**.

afluente [afluénte] 形 ❶(川などが)流入する, 合流する. ❷ 能弁な, 流暢(りゅうちょう)な. 類**facundo**.
—— 男 支流.

afluir [afluír] [11.1] 自〔+a〕❶(ある場所に)(人・物が)殺到する. —Los turistas *afluyen* al Museo del Prado. 観光客がプラド美術館に押し寄せる. 類**concurrir, confluir**. ❷ (a)(川が)(海など)に流入する, 注ぐ. —El Ebro *afluye* al Mediterráneo. エブロ川は地中海に注ぐ. 類**desaguar, desembocar, verter**. (b)(液体が)(ある所)に流れ込む. —La sangre le *afluyó* al cerebro. 彼は頭に血がのぼった. ❸ (道が)(ある場所)に通じる.

aflujo [aflúxo] 男 ❶(液体の)流入, 流れ. ❷ 〔医学〕(身体の一部への血などの)集注. —～ de sangre 充血.

afonía [afonía] 囡 〔医学〕失声(症).

afónico, ca [afóniko, ka] 形 失声(症)の, 声が出ない. —estar ～ 声が出なくなっている.

áfono, na [áfono, na] 形 =afónico.

aforador [aforaðór] 男 検量者; 検量[測定]器.

aforar [aforár] 他 ❶(流量)を測定する; (部屋・容器などの)容量を測る. —～ una corriente de agua 水量を測定する. ～ una garrafa ガラス瓶の容量を測る. ❷ (a)(在庫品の)数量と価格を計算する. —～ un almacén 倉庫の在庫品の数量と価格を計算する. (b)(課税のために商品)の価格を査定する. 類**tasar, valuar**.

aforismo [aforísmo] 男 格言, 警句, 箴言(しんげん). 類**adagio, apotegma, axioma, máxima, precepto, proverbio, refrán**.

aforístico, ca [aforístiko, ka] 形 格言の, 警句の, 箴言(しんげん)の.

aforo [afóro] 男 ❶ 流量[容量]の測定. ❷(在庫品・商品の)査定, 評価. ❸ 収容能力. —Construyen un teatro con un ～ de quinientas localidades. 500 席の収容力のある劇場が建てられている.

aforrar [aforár]〔<forro〕他 ❶〔+con/de/en〕(布で衣服などに)裏打ちする. 類**forrar**. ❷〔海事〕(太綱の一部)を細縄で巻く. ——se 再 ❶ たくさん着込む. ❷〔俗〕暴飲暴食する.

‡**afortunadamente** [afortunaðaménte] 幸運にも, 運よく; 幸いにも. —A～, había cancelado el viaje. 幸運にも彼は旅行を取消しにしていた.

‡**afortunado**, *da* [afortunáðo, ða] 〔<fortuna〕形 ❶ (a)(人などが)幸運な, 運のいい; 幸せな. —Es un hombre ～ porque ya le ha tocado tres veces la lotería. 彼はもう 3 度も宝くじが当ったのだから幸運な男だ. (b)(物事が)幸運をもたらす, 好都合の; 幸いな. —acontecimiento ～ 幸運なできごと. hogar ～ 幸福な家庭. Fuera de pequeños contratiempos, el viaje ha resultado ～. ちょっとした不運の出来事があったほかは, 旅行は上首尾に終った. 類**agraciado, dichoso, venturoso**. 反**desafortunado**. ❷ 適切な, 時宜

にかなった. —Has tenido una intervención *afortunada*. 君はちょうどいい時に手術をした. Estuvo poco ~ en su comentario. 彼のコメントはあまり適切なものではなかった. 類 **acertado, atinado, oportuno**. —— 名 幸運な[運のいい]人.

afrailado, da [afrailáðo, ða] 形 ❶《農業》(木の)剪定()された. ❷《印刷》刷りむらのある.

afrancesado, da [afranθesáðo, ða]〔＜francés〕形 ❶ フランス風の. ❷ フランスびいき[かぶれ]の. —— 名 ❶ フランスびいき[かぶれ]の人. ❷《歴史》(スペイン独立戦争時の)親仏派.

afrancesamiento [afranθesamjénto] 男 ❶ フランス風にすること, フランス化. ❷ フランスびいき[かぶれ].

afrancesar [afranθesár] 他 (人・物)をフランス風にする, フランス化する.
—— se 再 (人が)フランスびいきになる.

afrecho [afrétʃo] 男 (小麦などの)麩(), ぬか.

afrenta [afrénta] 女 ❶ 侮辱. —hacer ~ a ... (人)に侮辱を加える. ❷ 恥, 不面目, 不名誉. —Retractar lo dicho constituye una ~ para nosotros. 発言を翻すのは私たちにとって不名誉なことです. 類 **deshonor, vergüenza**.

afrentar [afrentár] 他 ❶ (人)を侮辱する. ❷ (人)の名誉を汚す, …に恥をかかせる. —Me *afrentó* que no me invitara a pesar de ser amigos. 友だちなのに彼が私を招かなかったことは私の面目をつぶした. 類 **humillar**.
—— se 再〔＋de/por〕を恥ずかしく思う, 不名誉に感じる. 類 **avergonzarse, sonrojarse**.

afrentoso, sa [afrentóso, sa] 形 ❶ 屈辱的な, (人を)侮辱する. ❷ 恥となる, 不名誉な. —conducta *afrentosa* 恥ずべき行動. 類 **deshonroso, vergonzoso**.

África [áfrika] 固名 アフリカ.

africanista [afrikanísta] 形 アフリカ学[研究]の. —— 男女 アフリカ学者[研究者].

africanizar [afrikaniθár] 他 をアフリカ化する, アフリカ風にする.

:**africano, na** [afrikáno, na] 形 アフリカ(産)の, アフリカ人の. —continente ~ アフリカ大陸.
—— 名 アフリカ人.

áfrico, ca [áfriko, ka] 形《まれ》→africano.
—— 男 南風, 南西風. →**ábrego**.

afroamericano, na [afroamerikáno, na] 〔＜afro＋americano〕形 アフリカ系アメリカ人の, アメリカ黒人の.
—— 名 アフリカ系アメリカ人, アメリカ黒人.

afroasiático, ca [afroasjátiko, ka] 形 アジア・アフリカの. —países ~ AA諸国.

afrodisiaco, ca, afrodisíaco, ca [afroðisjáko, ka, afroðisíako, ka] 形 性欲を催させる, 催淫()性の. 類 **enervante, estimulante, excitante**. —— 男 催淫薬.

afrontamiento [afrontamjénto] 男 ❶ (困難などに)立ち向かうこと. ❷ (意見などの)対立. ❸ 向かい合わせること, 向かい合うこと.

:**afrontar** [afrontár]〔＜frente〕他 ❶ …に立ち向う, **直面する**, …と対決する. —— al enemigo 敵に立ち向う. ~ un peligro [una responsabilidad] 危険[責任]に直面する. *Afrontó* la muerte con dignidad. 彼は死を堂々と迎えた. 類 **enfrentar**. ❷ を向い合せにする, 突き合わせる, 対決させる. —El juez mandó ~ a los dos testigos. 裁判官はそれら2人の証人を対決させるよう命じた. 類 **carear**.
—— 自〔＋con と〕向かい合う. —La fachada de mi casa *afronta con* la del Ayuntamiento. わが家の正面は市役所の正面と向かい合っている.

afta [áfta] 女《医学》アフタ, 鵞口瘡()※.

***afuera** [afuéra] 副 外(側)に[へ]; 戸外[屋外]に[へ]. —A~ hace un frío horrible. 外はすごく寒い. Vengo de ~. 私は外から来た. Vete ~ y espérame. 外に出て待っててくれ. Lo llevé de dentro ~ de la casa. 私はそれを家の中から外へ運び出した. Deja de mirar para ~ y escúchame. 外の方を見るのはやめて, 私の話を聞きなさい. 反 **adentro**.
—— 女 複 郊外; 町はずれ. —Han comprado una casa en las ~s de Barcelona. 彼らはバルセローナの郊外に家を1軒買った.
—— 間 出て行け, 立ち去れ. —¡A~! Los niños no tenéis nada que hacer aquí. 出て行きなさい. 子どもはここで何もすることはないんだから.

afufar [afufár] 自《俗》逃げる. 類 **huir**.

afufarlas《俗》逃げる, 逃れる.

afusión [afusjón] 女《医学》灌()注(患部に冷[温]水を注ぐ).

afuste [afúste] 男《軍事》砲架().

agabachar [aɣaβatʃár]〔＜gabacho〕他《俗》(人・物)をフランス風にする.

agachada [aɣatʃáða] 女 ❶《主に 複》術策, ごまかし. 類 **disimulo, pretexto, subterfugio**. ❷ 上半身[頭]をかがめること.

agachadiza [aɣatʃaðíθa] 女《鳥類》タシギ. *hacer la agachadiza* (見られないように)身を隠す.

:**agachar** [aɣatʃár]〔＜gacho〕他 (頭など)を下げる, (身)をかがめる, 垂れる. —*Agacha* un poco la cabeza, por favor. すみません, 頭をちょっと下げてください.
—— se 再 ❶ かがむ, しゃがむ, うずくまる. —*Agáchate*, o te verán. しゃがめ, そうしないと見つかるぞ. Se *agachó* para coger una piedra. 彼は石をひろうために身をかがめた. ❷ (逆境などを)やりすごす, 雌伏()する. —Deberías ~*te* y esperar que pase el temporal. 君はじっとがまんして嵐の過ぎるのを待つしかないだろう. 類 **ceder, sostenerse**.

agalbanado, da [aɣalβanáðo, ða]〔＜galbana〕形 怠け者の, 無精な.

agalla [aɣája] 女 ❶《植物》虫こぶ, 虫癭(). ❷ (*a*) (魚の)鰓(). 類 **branquia**. (*b*) (鳥の)側頭部. ❸ 勇気, 度胸. —tener ~s 勇気がある. Él es un hombre con muchas ~s. 彼はとても度胸のある男だ. 類 **valentía, valor**. ❹《中南米》貪欲.

agallón [aɣajón] 男 ❶ (首飾り用の)穴のあいた銀の玉. 類 **abalorio**. ❷ 木製の大きな数珠玉.

agalludo, da [aɣajúðo, ða] 形《中南米》❶ ずるい, 卑劣な. ❷ 欲の深い, けちな. 類 **ambicioso, avariento**. ❸ 大胆な, 向こう見ずな.

agamí [aɣamí] 男《鳥類》ラッパチョウ.

ágape [áɣape] 男《饗餐()》(初期キリスト教徒の会食). ❷ (何かを祝うための)宴会, 会食.

agarbanzado, da [aɣarβanθáðo, ða]〔＜garbanzo〕形 (エジプト豆のような)淡いベージュ色の.

agarbillar [aɣarβijár]〔＜garba〕他《農業》

(小麦などを)束ねる.

agareno, na [aɣaréno, na] 〔<Agar〕形 ❶ アガールの子孫の. ❷ イスラム教徒の.
―― 名 ❶ アガールの子孫. ❷ (中世のスペインを占領した)イスラム教徒.

agárico [aɣáriko] 男 《植物》ハラタケ(原茸)(食用).

agarrada [aɣaráða] 女 《話》激しい口論, 口げんか. 類 altercado, riña.

agarradera [aɣaraðéra] 女 ❶ 取っ手. ❷ 複 コネ, 手づる. 類 enchufe.

agarradero [aɣaraðéro] 男 ❶ 取っ手, つかむところ[柄, 握り]. 類 asa, asidero, mango. ❷ 口実, 言い訳. 類 excusa. ❸ 複 コネ, 手づる. → agarradera. ❹ (海事)投錨(とうびょう)地.

agarrado, da [aɣaráðo, ða] 過分 形 ❶ つかまった, つかまれて離れない; 〖+de〗(人の)…をつかんで. ― Los manifestantes van ~s del brazo. デモ参加者たちは腕を組んで行進する. ❷ 《俗》けちな〖ser+〗. 類 avaro, tacaño. ❸ 《俗》いいコネを持った〖estar/ir+〗. ❹ (舞踊)(ダンスが)身体をくっつけて踊る. ―― 名 けちな人. ―― 男 (舞踊)ペアが身体をくっつけて踊るダンス(タンゴなど).

agarrador, dora [aɣaraðór, ðóra] 形 ❶ つかむ, 取りつく. ❷ 《中南米》(酒が)強い.
―― 男 (アイロンなどの)取っ手.

‡**agarrar** [aɣarár] 〔<garra〕他 ❶ をつかむ, 手に取る. ― Agarra bien la escalera para que no se mueva. はしごが動かないようにしっかりつかんでくれ. La agarró por el brazo para que no se cayera. 彼は彼女が倒れないように彼女の腕を取った. 類 asir, coger. ❷ (病気)にかかる, (悪い状態)になる. ― ~ la gripe 風邪をひく. Ella agarró un tremendo disgusto. 彼女はとても不愉快な気持ちに襲われた. ❸ を手に入れる, 獲得する. ― Ha agarrado una estupenda colocación. 彼はすばらしい職をつかんだ. ❹ (不意をついて)を驚かせる. ― La tormenta nos agarró en la bajada. 下山中に私たちは嵐にみまわれた.

agarrarla 《話》酔っぱらう.
❶ (植物が)根づく. 類 arraigar, prender. ❷ しっかりくっつく[取りつく]. ― Este clavo no agarra en la pared. この釘は壁にしっかり刺さっていない.

agarrar y 〖+動詞〗《話》いきなり[さっさと]…する. ― Agarró y se fue. 彼はさっさと帰ってしまった.
―― se 再 ❶ 〖+a に〗しがみつく, つかまる. ― Se partió la rama a la que se había agarrado. 彼がしがみついていた木の枝が折れた. ❷ (病)が取りつく. ― Se le agarró la tos durante varios días. 彼は数日間せきが止らなかった. ❸ (つかみ合いの)けんかをする. ― Se agarraron por una estupidez. 彼らはばかばかしいことでとっくみ合いをした. ❹ 〖+a を〗口実にする. ― Este niño se agarra a cualquier cosa para no estudiar. この子はどんなことでも勉強しないの口実にする. ❺ (料理が)こげつく. ― Hoy se te ha agarrado la paella. 今日の君のパエーリャはこげついているよ. 類 pegarse.

agarrarse a un clavo ardiendo 窮余の策に打って出る, 切羽詰まってあえて危険を冒す(←焼けている釘にしがみつく).

¡Agárrate! 《話》(1)(これから聞く話に)驚くなよ. (2)(それが人に知れた時に備えて)覚悟しておけよ.

agarro [aɣáro] 男 (手で)つかむこと.

agarrochar [aɣarotʃár] 〔<garrocha〕他 ❶ (闘牛)(牛)を長槍(やり)で突く. ❷ (海事)(船が風上に向くように)帆桁(ほげた)を回す.

agarrón [aɣarón] 男 ❶ つかんで引っ張ること. ❷ 《中南米》→agarrada.

agarrotamiento [aɣarotamjénto] 〔<garrote〕男 ❶ 締めること, 強く縛ること; 締めつけ, 束縛. ❷ (筋肉などの)麻痺, 硬直. ❸ (機械の)潤滑油の不足による故障. ❹ (garrote による)絞殺, 絞首刑.

agarrotar [aɣarotár] 他 ❶ (a) (棒で紐をねじって)(梱包)を締める, 強く縛る. (b) を締めつける, 束縛する. ― La correa le agarrotaba la cintura y se la aflojó. ベルトがウエストを締めつけていたので, 彼はベルトをゆるめた. ❷ (手足など)を麻痺させる, 硬直させる. ❸ (潤滑油の不足で)(機械)を詰まらせる, 動かなくする. ❹ (人)を絞殺する.
―― se 再 ❶ (筋肉が)硬直する, こわばる. ― Se le agarrotaron los músculos y estuvo a punto de ahogarse. 彼は筋肉がこわばって, もう少しでおぼれるところだった. ❷ (機械などが)動かなくなる.

agasajado, da [aɣasaxáðo, ða] 過分 形 歓待された, 手厚くもてなされた.
―― 名 歓待される人, 来賓, 招待客.

agasajador, dora [aɣasaxaðór, ðóra] 形 歓待[歓迎]する. ―― 名 歓迎する人, 接待する人.

agasajar [aɣasaxár] 他 ❶ (人)を歓待する, 手厚くもてなす. ― Toda la familia nos agasajó el día que estuvimos allí. 私たちが訪れた日には家族中が私たちを歓待してくれた. ❷ 〖+con〗(人)に…の贈り物をする. ― Sus compañeros de trabajo le agasajaron con un ordenador personal en el día de su jubilación. 退職の日に彼の同僚たちに彼にパソコンを贈った. 類 obsequiar.

agasajo [aɣasáxo] 男 ❶ 歓待, 手厚いもてなし. ❷ 贈り物. 類 regalo.

ágata [áɣata] 女 《鉱物》瑪瑙(めのう).

agauchado, da [aɣautʃáðo, ða] 〔<gaucho〕形 ガウチョのような.

agaucharse [aɣautʃárse] 再 《中南米》ガウチョ風になる.

agavanza [aɣaβánθa] 女 《植物》野バラの実.

agavanzo [aɣaβánθo] 男 《植物》野バラ.

agave [aɣáβe] 女 《植物》リュウゼツラン(竜舌蘭). 類 maguey, pita.

agavilladora [aɣaβiʝaðóra] 女 《農業》バインダー.

agavillar [aɣaβiʝár] 〔<gavilla〕他 ❶ (実った穀物)を束ねる. 類 engavillar. ❷ (人)を集団にまとめる.

agazapar [aɣaθapár] 〔<gazapo〕他 (人)を捕まえる, つかむ. ―― se 再 ❶ (隠れるために)うずくまる; (ある場所に)身を隠す. ― El gato se agazapó debajo del sofá. 猫はソファーの下に隠れた.

‡**agencia** [axénθja] 女 ❶ 代理店, 取次店, 斡旋所, 営業所. ― ~ de viajes [de turismo] 旅行案内所, 旅行代理店. ~ de información turística 観光案内所. ~ publicitaria [de publicidad] 広告代理店, 広告会社. ~ de transportes 運送会社. ~ de colocaciones [de trabajo, de empleo] 職業紹介所, 職業安定所. ~ matrimonial [funeraria] 結婚相談所[葬儀社]. ~ de seguros 保険代理店. ~ de detectives 探偵社. ~ de créditos [de informes comerciales]

信用調査所[機関]. ～ de contactos デート斡旋所. ～ general [exclusiva] 総[独占]代理店. Alquilé un piso a través de una ～ inmobiliaria. 私は不動産屋の仲介でマンションを借りた. 類 **empresa, oficina**. ❷ 通信社. —— de prensa [de noticias, de información] 通信社. ❸ (会社, 特に銀行の)支店, 出張所. 類 **sucursal**. 反 **central**. ❹ (官公の)機関, 機構, 官庁. —A～ Internacional de Energía Atómica. 国際原子力機関. ～ de patentes 特許局[庁]. ～ de aduanas 税関. 類 **delegación, oficina**. ❺ 代理[代行]業務. ❻ 手続き, 処置. 類 **diligencia, trámite**. ❼〔まれ〕勤勉. ❽〔チリ〕質屋 (= casa de empeño).

agenciar [axenθjár] 他 [+a] (人に)…を見つけてやる. —Un amigo me *agenció* un buen empleo en Madrid. ある友人が私にマドリードで良い職を世話してくれた.
—— **se** 再 ❶ を何とか手に入れる. —～*se* una entrada para el Mundial de Fútbol サッカーのワールドカップの入場券を手に入れる〖この se は「自分自身に」を意味する与格再帰代名詞〗. 〖para+不定詞〗…するためにやりくりする. —Yo me *agenciaré* para encontrar hotel. 私は何とかホテルを見つける.

*agenciár*SE*las* 何とかやりくりする.

agenciero [axenθjéro] 男〖中南米〗質屋.

agencioso, sa [axenθjóso, sa] 形 勤勉な, 熱心な.

agenda [axénda] 女 ❶ (日付入りの)手帳. —～ electrónica 電子手帳. ❷ 予定された仕事.

‡**agente** [axénte] 形 ❶ 作用する, 要因の. —elemento ～ 要因. 〖文法〗行為者の, 動作主の. —complemento ～ 動作主補語. sujeto ～ 動作主主語.
—— 男女 ❶〖商業, 金融〗代理業者, ディーラー. ～ artístico [de artista] 芸術家の代理人, 芸能プロダクション. ～ comercial 販売代理人; 貿易事務官. ～ de bolsa[de cambio] 株式仲買人. ～ de exportación 輸出代理人(店). ～ de negocios 業務代理(仲介)業者. ～ de patentes 弁理士. ～ de publicidad [publicitario] 広告業者. ～ de seguros 保険代理人(店). ～ de ventas 販売代理店. ～ de viajes 旅行業者. ～ inmobiliario [de la propiedad inmobiliaria] 不動産業者. ～ literario 著作権代理業者. ❷〖文〗従業員, 係官. ～ de aduanas 税関の係官. ～ del orden [新聞]警官. ～ de policía 警官. ～ de seguridad 警備員. ～ de tráfico 交通警察官. ～ encubierto 秘密捜査員. ～ especial 特別捜査官. ～ fiscal 税務官. ～ provocador おとり(囮)捜査員. ～ secreto 秘密捜査員. 類 **funcionario**.
—— 男 ❶〖医学, 技術〗要因, 作用物, 薬剤. ❷〖言語, 文法〗行為者, 動作主. ❸〖化学〗薬品, …剤. —～ oxidante [químico] 酸化剤, 化学薬品. ～ contaminante 汚染物質.

ageusia [axéusja] 女〖医学〗無味覚症.

aggiornamento [aɣxjornaménto] 男〖宗教〗(教理などの)現代化.

agibílibus [axiβíliβus] 男〖単複同形〗〖俗〗(行動の)抜け目なさ, 処世術; 抜け目のない人, 世才にたけた人.

agible [axíβle] 形 実現できる.

agigantado, da [axiɣantáðo, ða] 過分〖<agigantarse〗形 (大きさが)巨大な; (物事が)並外れた, 度をこした.

a pasos agigantados (物事の進み方が)飛躍的に, 長足に.

agigantar [axiɣantár] 〖<gigante〗他 ❶ を巨大にする, とても大きくする. —～ las imágenes con el microscopio 顕微鏡で像を拡大する. ❷ を誇張する.
—— **se** 再 巨大になる.

ágil [áxil] 形〖+de/en〗❶ (動作などが)敏捷(びんしょう)な. —La abuela sigue muy ～ *de* piernas. おばあさんの足はまだ動きが速い. andar con paso ～ 軽快な足取りで歩く. ❷ (頭脳なども)鋭敏な. —mujer muy ～ *de* pensamiento 頭の回転のとても早い女性. 類 **expedito, ligero, pronto**.

‡**agilidad** [axiliðá(ð)] 女 (人に関して)敏捷さ, 軽快さ, 身軽であること; (方法に関して)活発さ, 軽快さ. —Trepó al árbol con una sorprendente ～. 彼は驚くほど身軽に木によじ登った. Tiene una gran ～ mental. 彼は頭の回転が速い.

agilitar [axilitár] 他 →agilizar.

agilizar [axiliθár] [1.3] 他 ❶ (動作など)を敏捷(びんしょう)にする. —La gimnasia *agiliza* los movimientos. 運動をすると動きは敏捷になる. ❷ (手続きなど)を迅速にさせる, 容易にする.

agio [áxjo] 男〖商業〗❶ (手形の割引・通貨の両替)手数料. ❷ 投機売買.

agiotador, dora [axjotaðór, ðóra] 名 → agiotista.

agiotaje [axjotáxe] 男〖商業〗(特に不正な)投機売買.

agiotista [axjotísta] 男女〖商業〗相場師, 投機家.

‡**agitación** [axitaθjón] 女 ❶ 煽動, 政治的不安. —La gente está preocupada por la ～ política reinante. 人々は政治的不安が広まって心配している. ❷ (個人的な)不安, 動揺. —La falta de noticias le creó una gran ～. 便りがないので彼はとても不安になった. 類 **nerviosismo**. ❸ (街や都市の)喧騒, ざわめき, 雑踏. 類 **actividad, animación**. ❹ 揺れ, 揺らすこと.

‡**agitado, da** [axitáðo, ða] 形 ❶ (海が)荒れた. ❷ (一日や生活が)忙しい, あわただしい. ❸ (政治的に)不安定な. —Aquélla fue una época *agitada*. 当時は政治的に混乱した時代だった. ❹ (人が)刺激されている, 興奮している.

agitador, dora [axitaðór, ðóra] 形 揺り動かす; 煽動的な. —— 名 煽動者, アジテーター.
—— 男 ❶〖化学〗撹拌(かくはん)棒. ❷ 撹拌機.

agitanado, da [axitanáðo, ða]〖<gitano〗形 (人が)ロマ(ジプシー)に似た, (物が)ジプシー風の.

‡**agitar** [axitár] 他 ❶ を振る, 揺り動かす. —*Agita* el frasco antes de abrirlo. 開ける前に小瓶をよく振りなさい. El viento *agitaba* las ramas de los árboles. 風で木の枝が揺れていた. ❷ (人)を動揺させる, (心)をかき乱す, 不安にさせる. —Los últimos atentados *han agitado* a los ciudadanos. 最近の一連のテロ事件は市民を動揺させた. 類 **inquietar**. ❸ を扇動する. —Los revolucionarios recorrían los pueblos *agitando* a los campesinos. 革命派は農民を扇動しようとして村々をまわって歩いた.
—— **se** 再 ❶ 揺れる, 揺れ動く. —Los cebadales

54 aglomeración

se agitan con el viento. 大麦畑が風で波打っている. El niño, calenturiento, *se agitaba* en la cama. 子どもは発熱してベッドの中で身もだえしていた. ❷〖+por に〗動揺する, 不安になる, そわそわ〔いらいら〕する. —*Se agitó* cuando supo la noticia de tu traslado. 彼は君が引越したという知らせを聞くと動揺した. ❸ (海などが)波立つ, 荒れる. —El mar *se está agitando*. 海が荒れている. Subiendo la cuesta, su respiración *se agitó* y tuvo que detenerse. 坂を上ると彼は呼吸が苦しくなって立ち止まらねばならなかった.

* **aglomeración** [aɣlomeraθjón] 囡 ❶ 集積(すること), 集まり. —~ de tráfico 交通渋滞. La riada produjo una ~ de tierra y piedras. 洪水で土石の山ができた. 類 **acopio, acumulación, montón.** ❷ 群集, 大勢の人 (= ~ de gente). —Había una gran ~ de gente en la avenida. 並木通りには大群衆がいた. 類 **gentío, muchedumbre.**

aglomerado [aɣlomeráðo] 過分〔< aglomerarse〕形 塊になる, 寄り集まる.
— 男 ❶ 練炭. ❷〖建築〗固めて作った建材(ブロック・合板など). —~ de madera 合板.

aglomerar [aɣlomerár] 他 ❶ (情報など)を寄せ集める. —~ datos データを集める. 類 **amontonar, juntar, reunir.** ❷〖結合材で物〗をつなぎ合わせる. —**se** 再 (人が)寄り集まる, 群がる; (物が)密集する.

aglutinación [aɣlutinaθjón] 囡 ❶ 接着, 粘着, くっつけること. ❷〖医学〗癒着; 凝集. ❸ (意見などの)一体化, 統合.

aglutinante [aɣlutinánte] 形 ❶ (物質が)粘着性の, 接着する. ❷〖医学〗癒着させる; 凝集させる. ❸〖言語〗膠着(ミ˝ちゃく)性の. —lengua ~ 膠着語. — 男 接着剤.

aglutinar [aɣlutinár] 他 ❶ (物)を接着する, くっつける. 類 **pegar, unir.** ❷〖医学〗(傷口など)を癒着させる. —~ los labios de una herida viva 傷口を癒着させる. ❸ (意志などを)一つにする, 統合する. —~ voluntades 意志を統合する.
— **se** 再 ❶ 接着する, くっつく. ❷ 癒着する ❸ (人が)まとまる.

agnación [aɣnaθjón] 囡 男系[父方]の親族関係.

agnosticismo [aɣnostiθísmo] 男〖哲学〗不可知論.

agnóstico, ca [aɣnóstiko, ka] 形〖哲学〗不可知論(者)の. — 名〖哲学〗不可知論者.

agnus, agnusdéi [áɣnus, aɣnusðéi] 男 ❶〖宗教〗神の子羊(キリストの意), 神の子羊の像 Agnus Dei で始まる祈り, 神羊誦(しょう).

ago. 《略号》= agosto 8月.

agobiador, dora [aɣoβjaðór, ðóra] 形 → agobiante.

agobiante [aɣoβjánte] 形 ❶ 重くのしかかる. —No puedo soportar esa ~ responsabilidad. 私はその重責に耐えられない. ❷ 疲労困憊(ばい)させる; 打ちひしぐような. —un trabajo ~ 骨の折れる仕事. Hace un calor ~. 耐えがたい暑さだ.

agobiar [aɣoβjár] 他 ❶ (身体)をかがめる. ❷ (のしかかった重さが)(身体)を曲げさせる; (物)をたわませる. ❸ (人)を疲労困憊(ばい)させる, 打ちひしぐ. —La *agobian* los quehaceres domésticos. 家事に彼女は疲れ果てている.

agobio [aɣóβjo] 男 ❶ (物理的・精神的)重荷・重圧. —Su rostro reflejaba el ~ de los años y las penas. 彼の表情には年月と苦悩の重圧が表われている. ❷ 疲労困憊(ばい)(させるもの); 心労.

agolpamiento [aɣolpamjénto] 男 ❶ 一か所に集める[集まる]こと. ❷ (出来事などが)同時に生じること.

agolpar [aɣolpár] 他 (多くの物)を一か所に集める. —*Agolparon* la basura en un rincón de la plaza. ゴミが広場の一角に集められた.
— **se** 再 ❶ (人・動物・物が)一か所に集まる. —Los hinchas *se agolparon* alrededor de ese famoso futbolista. ファンたちが有名なサッカー選手のまわりに群がった. ❷ (多くの事が)同時に起こる[生じる]. —El año pasado *se agolparon* grandes acontecimientos políticos. 昨年は政治上の大事件が重なって起きた.

agonía [aɣonía] 囡 ❶ 死に際(ぎゎ), 断末魔(の苦しみ). —Cuando llegó, su padre estaba en ~. 彼が着いた時彼の父は死にかけていた. ❷ 終末, 最期. —Aquellos disturbios presagiaban la ~ de la República. あの騒動は共和制の終末を予告していた. 類 **decadencia, final.** ❸ 苦悶, 苦しみ. ❹ 切望, 熱望. — 男女 覆 小心者, 臆病者.

agónico, ca [aɣóniko, ka] 形 死に際(ぎゎ)の, 断末魔の; 末期(まつご)の. —La economía de ese país atraviesa un período ~. その国の経済は瀕死の時期にある.

agonizante [aɣoniθánte] 形 ❶ 死にかけた. —un herido ~ 瀕死(ひんし)の負傷者. 類 **moribundo.** ❷ 滅亡寸前の; 消えかけた. ❸ 臨終に立ち会う. — 男女 瀕死の人. — 男 臨終に立ち会う聖職者.

agonizar [aɣoniθár] [1.3] 自 ❶ 死に瀕(ひん)している. —El telegrama decía que su padre estaba *agonizando*. 電報は彼の父が死にかけていると伝えていた. ❷ 滅びかけている; 消えようとしている. —Con la muerte del general el régimen militar comenzó a ~. その将軍の死で軍政は崩壊しはじめた. 類 **extinguirse, terminarse.**
— 他 (聖職者が人)の臨終に立ち会う.

ágora [áɣora] 囡〖単数定冠詞は el〗〖歴史〗古代ギリシャの都市の広場; そこで行われた集会.

agorafobia [aɣorafóβja] 囡〖医学, 心理〗広場恐怖症.

agorero, ra [aɣoréro, ra] 形 不幸を告げる; 不吉な, 縁起の悪い. —ave *agorera* 不吉な鳥. — 名 予言者, 占い師. 類 **adivinador, augur, mago, profeta.**

agorgojarse [aɣorɣoxárse] 〔< gorgojo〕再 (穀類の種などが)コクゾウムシに喰われる.

agostamiento [aɣostamjénto] 男 暑さで植物が枯れること, 夏枯れ.

agostar [aɣostár] 他 ❶ (暑さが植物)を枯らす. —Una ola de calor *agostó* la cebada. 熱波で大麦が枯れた. ❷ (雑草を除くために土地)を8月に耕す. ❸ (生気・活力)を枯渇(こかつ)させる, 衰弱させる. — 自 ❶ 枯れる. ❷ 衰弱する.

agostero, ra [aɣostéro, ra] 形 (家畜が)刈り株畑で草を食べる.

* **agosto** [aɣósto] 男 8月(〖略〗ago.). —En ~ cierran por vacaciones. 8月は休暇のため休業します. ❷ 収穫(の物, 期), 刈り入れ. —tener un

buen ～ 収穫が多い.

hacer su [**el**] **agosto** 《話》[＋con]（チャンスを利用して）(…で)大いに稼ぐ, 大もうけする. Los comerciantes de la costa hacen su agosto con los turistas. 海岸の商店主たちは観光客でぼろもうけする.

agotable [aɣotáβle] 形 (資源などが)枯渇しうる, なくなりうる.

agotado, da [aɣotáðo, ða] 形 空になった, 売り切れた, 絶版の, 疲れきった.

agotador, dora [aɣotaðór, ðóra] 形 (人を)ひどく疲れさせる. — un calor ～ 体を消耗させる暑さ. He tenido un día de trabajo ～. 仕事がきつい一日だった.

agotamiento [aɣotamjénto] 男 ❶ 汲みつくすこと. ❷ 使い果たすこと, 枯渇, 品切れ. ❸ (心身の)疲労, 消耗.

:**agotar** [aɣotár] [＜gota] 他 ❶ を使いきる, 利用しつくす, 売りつくす. — Agotaron las provisiones en pocos días. 彼らは数日間で food を使い果たしてしまった. Su terrible pereza me agotó la paciencia. 彼の恐るべき怠慢により私は堪忍袋の緒が切れた. Agotadas todas las entradas. 全席売り切れ. ❷ (容器などを)空(゚゙)にする, (水などを)くみつくす, 枯渇させる. — La persistente sequía ha agotado el pozo. 恒常的な旱魃(かんばつ)のために井戸がかれた. ❸ (人を)消耗させる, 疲労困憊(゙)させる. — Tantas horas de vuelo me han agotado. これほど長時間の飛行で私は疲れ切ってしまった. 類 **extenuar**.

— **se** 再 ❶ つきる, 品切れとなる; (本が)絶版となる. — No puedes comprar el libro porque se ha agotado la edición. その本は絶版になったから買えないよ. ❷ 空になる, (水などが)枯渇する. — Ese manantial se agotó hace años. その泉は数年前に枯れてしまった. ❸ 疲れ切る, 疲労困憊する. — Se ha agotado de tanto trabajar. あまり働いたので彼はくたくたになった.

agracejo [aɣraθéxo] 男 ❶ [植物] メギ属の1種. ❷ 熟さなかったブドウの実.

agraciado, da [aɣraθjáðo, ða] [＜gracia] 形 ❶ 優美な, 可愛らしい, 魅力的な. — Es alta y de rostro ～. 彼女は背が高くて魅力のある顔立ちだ. ❷ (抽選・宝くじなどで)当選した. — 名 当選者.

agraciar [aɣraθjár] 他 ❶ (人・物)を優美にする, 可愛らしくする. — Ese pequeño lunar le agracia el rostro. 小さなほくろは彼女の顔を可愛くしている. ❷ (人に)恩恵をほどこす. ❸ [＋con] (a)(叙勲などで)(人に)報いる. (b)[受動態で用いられる](賞を)(人に)授与する. — Resultó agraciado con el premio gordo de la lotería. 彼は宝くじで1等賞が当たった.

:**agradable** [aɣraðáβle] 形 ❶ 楽しい, 愉快な. — Hemos pasado un día muy ～. 私たちはとても楽しい1日を過ごした. 反 **desagradable**. ❷[＋a/para]…に気持ちのいい. — un [para] ～ a la vista 見た目に気持ちのいい. Es una tela ～ al tacto. それは触った感触がいい布地だ. Es un vino de sabor ～. それは味のいいブドウ酒だ. Soplaba una ～ brisa. 気持ちのよい風が吹いていた. Es un lugar muy ～ para vivir. それは住むには快適な場所だ. La estiman por su carácter. 彼女は人当たりのいい性格なので大事にされている.

*agradablemente** [aɣraðaβleménte] 副 楽しく, 愉快に; 気持ちよく. — Pasamos ～ la velada. 私たちはその晩を楽しく過ごした.

:**agradar** [aɣraðár] [＜grado] 自 [＋a に] 気に入る, うれしい, 喜ばしい. — Me agrada oír la Tercera Sinfonía de Beethoven. 私はベートーヴェンの第3交響曲を聴くのが好きだ. Esa obra agradó mucho al público. その作品は非常に観客を喜ばせた. Me agrada oír que has pasado el examen. 彼が試験にパスしたと聞いて私はうれしい. Ella se esforzaba por ～ a todos. 彼女は皆を喜ばせようと努力している. 類 **complacer, contentar, gustar**.

:★**agradecer** [aɣraðeθér アグラデセル] [9.1] 他 ❶[＋a に]を感謝する, ありがたく思う, …のことで謝意を表す. — Agradezco tu sinceridad. 私は君の真摯(しんし)な態度に感謝します. Te agradezco que hayas venido a visitarle. 君が彼を訪問してくれたことに感謝する. ❷ (好意・配慮などに)こたえる, こたえてくれる, よい見返りがある. — Si dejas de fumar, los pulmones te lo agradecerán. タバコを止めれば, 君の肺によいだろう. Esta puerta agradecería una mano de pintura. このドアは塗り直すとよくなるだろう.

:**agradecido, da** [aɣraðeθíðo, ða] 過分 形 ❶[＋a/de/por]…に感謝している. — Le estoy [quedo] a usted muy ～ por el favor. あなたのご好意に感謝いたしております. Le estaría muy ～ si me dejara el coche. 車を使わせていただければへんありがたいのですが. Es un hombre ～. 彼は感謝を忘れない男だ. una agradecida sonrisa 感謝の微笑. ❷ 《話》— i(Muy) A～! どうもありがとう! ❸ (努力・好意に)報いる, 応える. — Es una tierra muy agradecida. Cualquier cosa crece en ella. 大変肥沃な土地だ. そこならどんなものでも成育する.

:**agradecimiento** [aɣraðeθimjénto] 男 [＋por] (…に対する)感謝(の念). — en señal de ～ 感謝のしるしとして. Expresé mi ～ por su amabilidad. 私は彼のご親切に謝意を表した. Pronunció unas palabras de ～. 彼は感謝の言葉を述べた.

agradezca(-) [aɣraðeθka(-)] 動 agradecer の接・現在.

agradezco [aɣraðéθko] 動 agradecer の直・現在・1単.

:**agrado** [aɣráðo] 男 ❶ 喜び, 楽しみ, 嬉しさ, 好み. — hallar ～ en … …が楽しい, …して楽しむ. persona de mi ～ 私の好みの人. 類 **complacencia, gusto, placer, satisfacción**. 反 **desagrado, molestia**. ❷ 愛想のよさ, 親切り, 優しさ. — Ese profesor tiene un ～ especial para enseñar. この先生の教え方には特別好感が持てる. 類 **afabilidad, amabilidad**.

con agrado (1) 喜んで, 快く, 楽しく. Acepto su invitación con sumo agrado. 喜んでご招待をお受け致します. (2) 親切に, 優しく. tratar a … con agrado (人)に親切にする.

con el agrado de … (人)に承認[支持]されて.

ser del agrado de … (人)の気に入る. Haz lo que sea de tu agrado. 好きなようにしていいよ.

agrafia [aɣráfja] 女 [医学] 失書症.

agramadera [aɣramaðéra] 女 (繊維をとるた

56　agramado

めの)麻打ち機, スカッチャー.

agramado [aɣramáðo] 男 麻を打つこと.

agramar [aɣramár] 他 ❶ (繊維を開くために麻)を打つ. ❷ を殴る.

agramiza [aɣramíθa] 女 (繊維を開いた後の)麻くず.

agrandamiento [aɣrandamiénto] [＜grande] 男 大きくすること, 拡大, 拡張.

*__agrandar__ [aɣrandár] [＜grande] 他 ❶ を大きくする, 広げる, 拡大［拡張］する. —Están *agrandando* las ventanas del edificio. 彼らは建物の窓を大きくしているところだ. ❷ を大きく見せる. —La ausencia de plantas *agranda* el jardín. 植木がないので庭が広く見える.

— **se** 再 大きくなる, 広くなる. —Sus defectos *se agrandan* a medida que pasa el tiempo. 彼の欠点は時が経つにつれ大きくなる. Nuestras diferencias *se agrandan*. 私たちの違いは大きくなっている.

agranujado, da[1] [aɣranuxáðo, ða] [＜granuja] 形 粒状の; にきびのできた.

agranujado, da[2] [aɣranuxáðo, ða] 形 (外見・態度が)ごろつきのような.

*__agrario, ria__ [aɣrário, ria] 形 農地の, 土地の; 農業の. —reforma [política] *agraria* 農地改革［農業政策］. productos ～s 農作物.

agravación [aɣraβaθjón] 女 →agravamiento.

agravamiento [aɣraβamjénto] 男 (状況の)悪化, (事態の)深刻化; (病状などが)重くなること. —Se teme un ～ de la situación económica. 経済状況の悪化が懸念される.

agravante [aɣraβánte] 形 (状況などを)悪化させる, 深刻化する; (病気などを)重くする. —circunstancia(s) ～s (法律)加重情状. 反 **circunstancia(s) atenuante(s)**.

—— 女 (法律)加重情状.

agravar [aɣraβár] 他 ❶ (状況を)悪化させる, (事態を)深刻化する. —Una intervención militar puede ～ la situación. 軍事介入は状況を悪化させるかもしれない. ❷ (病気などを)重くする.

—— **se** 再 悪化する.

agraviador, dora [aɣraβjaðór, ðóra] 形 (人を)侮辱する. —— 名 侮辱する者.

agraviar [aɣraβjár] 他 ❶ (人)を侮辱する, (人)に無礼をはたらく. 類 **injuriar, ofender, ultrajar**. ❷ (人)に不利をもたらす. —— **se** 再 〖＋de〗(人)に腹を立てる; 〖＋por〗(侮辱などで)感情を害する. 類 **ofenderse, resentirse**.

*__agravio__ [aɣráβjo] 男 ❶ 侮辱, 無礼. —Se tomó aquellas palabras como ～. あの言葉を彼は侮辱と受け取った. 類 **ofensa**. ❷ (法律)損害, 被害. 類 **perjuicio**.

agravioso, sa [aɣraβjóso, sa] 形 (人の言葉・行動が)侮辱的な, 無礼な.

agraz [aɣráθ] 男 未熟のブドウ; 未熟のブドウからとった酸味のある果汁.

en agraz 未熟な, 準備中の, (職業で)見習い中の. un ingeniero *en agraz* 見習い中のエンジニア.

agrazón [aɣraθón] 男 ❶ (植物)野ブドウ; 未熟なブドウの房; 野生スグリ. ❷ 不快感. 類 **amargura, disgusto, sinsabor**.

agredir [aɣreðír] 他〖欠加動詞:活用語尾にi

が残る形でのみ使われる〗. ❶ (人)を襲う. —Unos golfos la *agredieron* en el metro. 数人のごろつきが地下鉄で彼女を襲った. ❷ (言葉・暴力で人)を攻撃する. 類 **insultar**.

agregación [aɣreɣaθjón] 女 (人・物)を加えること; 付加物, 付記, 付言; (人の)配属.

*__agregado, da__ [aɣreɣáðo, ða] 男女 ❶ (大使館の)随員. ～ comercial 大使館付商務官. ～ cultural 大使館付文化担当官. ～ militar 大使館付陸軍武官. ～ naval 大使館付海軍武官. ❷ 〘スペイン〙准教授. ❸ 〘コロンビア〙小作人. 類 **arrendatario**.

—— 男 (a) 集塊, 集合. (b) 付加物. 類 **añadido**.

agregaduría [aɣreɣaðuría] 女 ❶ 大使館職員の職［ポスト］. ❷ 副教授の職［ポスト］.

*__agregar__ [aɣreɣár] [1.2] 他 (a)〖＋a に〗を付け加える, 加える, 付け足す. —*Agrega* a la sopa un poco de pimienta. スープに少し胡椒を入れなさい. (b) を言い[書き]添える, 言い[書き]足す. —*Agregó* que le gustaría visitar nuestro país. 彼は私たちの国をできれば訪問したいと言い足した. 類 **añadir**. ❷ を配属する, (一時的に)任命する. —*Ha sido agregado* al Departamento de Ventas. 彼は販売部に配属された.

—— **se** 再 〖＋a に〗加わる, 加入する. —¿*Te agregas* a nuestro club de tenis? 君はわれわれのテニス・クラブに加入するか.

agremiar [aɣremjár] [＜gremio] 他 (人)を職業組合に加入させる, (人)を集めて職業組合を結成する. —— **se** 再 職業組合に加入する, 職業組合を結成する.

agresión [aɣresjón] 女 ❶ (人を)襲うこと, 襲撃. ❷ 攻撃; 侵略, 侵害. —guerra de ～ 侵略戦争. pacto de no ～ 不可侵条約. acto de ～ 侵略行為. 類 **acometida, acometimiento, ataque, embestida**.

agresividad [aɣresiβiðá(ð)] 女 攻撃性, 好戦性; 挑戦[挑発]的な性格.

agresivo, va [aɣresíβo, βa] 形 ❶ 攻撃的な, 好戦的な. —carácter ～ 攻撃的な性格. ❷ (態度などが)挑戦的な, 挑発的な. —palabras *agresivas* 売り言葉. Pronunció un discurso ～. 彼は挑発的な演説をした.

agresor, sora [aɣresór, sóra] 形 ❶ 襲撃する. ❷ 攻撃する, 侵略する. —país ～ 侵略国.

—— 名 ❶ 襲撃者. ❷ 攻撃する人, 侵略者.

agreste [aɣréste] 形 ❶ 田舎の, 田園の. —vida ～ 田舎の生活. 類 **campestre**. ❷ (土地が)未開拓の, 険しい. 類 **áspero, inculto**. ❸ (動植物が)野生の. ❹ (人が)粗野な, 教養のない. 類 **grosero, rudo**.

agrete [aɣréte] [＜agrio] 形 少し酸味のある.

agriado, da [aɣriáðo, ða] 形 ❶ 酸っぱくなった. —vino ～ 酸っぱくなったワイン. ❷ 気難しい, 不機嫌になった. —Es una mujer *agriada* por los desengaños. 彼女は落胆を経験して気難しい女になった.

agriar [aɣrjár] 〖規則活用; ただし [1.5] の活用もある〗他 ❶ (ワイン など) を酸っぱくする. —A ella le gusta el vinagre y siempre *agría* la salsa. 彼女は酢が好きで, いつもソースを酸っぱくする. ❷ (人)を気難しくさせる, 不機嫌にする. —Los desengaños amorosos la *agriaron* su carácter. 失恋で彼女は気難しい性格になった.

—se 再 ❶ 酸っぱくなる. ❷ 不機嫌になる.

agrícola [aɣríkola] 形 **農業の**, 農耕の. —labores ~s 農作業. población ~ 農業人口. productos ~s 農産物. región ~ 農業地帯.
—— 男女 農民, 農業者. 類 **labrador**.

agricultor, tora [aɣrikultór, tóra] 名 **農民**, 耕作者. —~ ecológico 有機農業者. 類 **labrador**.
—— 形 農業に従事する. —pueblo ~ 農耕民族.

agricultura [aɣrikultúra] 女 **農業**, 農耕, 農芸; 農学. —~ biológica [ecológica, orgánica] 有機農業. ~ intensiva [extensiva] 集約 [粗放] 農業. ~ de subsistencia 自給自足農業. Ministerio de A~, Silvicultura y Pesca 農林水産省.

agridulce [aɣriðúlθe] 形 ❶ (味が) 甘酸っぱい. —Estas manzanas tienen un sabor ~. このりんごは甘酸っぱい味がする. ❷ 快い反面不快でもある. —palabras ~s 優しいようでとげを含んだ言葉.

agriera [aɣrjéra] 女《中南米》胸やけ.

agrietamiento [aɣrjetamjénto] 男 ❶ 亀裂(ホっ)を入れること. ❷ 亀裂, 割れ目;(皮膚の)ひび, あかぎれ.

agrietar [aɣrjetár]〔<grieta〕他 …に亀裂(ホっ)を入れる, 割れ目を作る,(手などに)ひびを切らす. —El aire y el frío han agrietado sus manos. 風と寒さで彼の手にひび割れができた.
——se 再 亀裂(ホっ)が入る.

agrifolio [aɣrifóljo] 男〖植物〗西洋ヒイラギ. 類 **acebo**.

agrimensor, sora [aɣrimensór, sóra] 名 測量技師, 測量士.

agrimensura [aɣrimensúra] 女 土地測量 (術).

agrimonia [aɣrimónja] 女〖植物〗セイヨウキンミズヒキ属.

agringarse [aɣriŋgárse] [1.2]〔<gringo〕再 米国風になる.

agrio, ria [áɣrjo, rja] 形 ❶ 酸っぱい, 酸味の. —El limón tiene un sabor ~. レモンは酸っぱい味がする. Este vino se ha vuelto ~. このブドウ酒は酸っぱくなった. No tomes esta sopa que está agria. この酸っぱくなったスープは飲まないで. 類 **acedo, ácido**. ❷ きびしい, 辛辣(ミミネ)な, とげのある. —Su artículo fue objeto de agrias críticas. 彼の論文は痛烈な批判の的となった. Te mereces un ~ castigo. お前にはきびしい罰がふさわしい. ❸ 気難しい, 取っ付きにくい; 険しい. —carácter ~ 気難しい性格. Con voz agria me gritó que me marchase. 彼は不機嫌な声で私に出て行けとどなった. ❹ (色彩が) けばけばしい, 不調和な. —pintura agria けばけばしい色彩の絵.
—— 男 ❶《複》柑橘(カネ)類(の果物). —España es un gran productor de ~s. スペインは柑橘類の大生産国だ. ❷ 酸味, 酸っぱさ.

agripalma [aɣripálma] 女〖植物〗マザーワート, セイヨウメハジキ.

agrisado, da [aɣrisáðo, ða] 形 灰色がかった. 類 **grisáceo**.

agrisar [aɣrisár]〔<gris〕他 を灰色にする.

agro [áɣro] 男 農地. 類 **campo, tierra de labranza**.

agroambiental [aɣroambjentál] 形 農業や環境への.

agronomía [aɣronomía] 女 農学.

agronómico, ca [aɣronómiko, ka] 形 農学の, 農学に関する.

agrónomo, ma [aɣrónomo, ma] 形 農学に従事する. —ingeniero ~ 農業技師.
—— 名 農学者.

agropecuario, ria [aɣropekuárjo, rja] 形 農業と牧畜の.

agrupación [aɣrupaθjón] 女 ❶ (同じ目的を持つ人々の) 団体, グループ, 協会, …会. —~ coral コーラスグループ, 合唱団. ~ de jóvenes 青年団(会). ~ de vecinos 町内会. ~ política [cultural, ecologista] 政治[文化, 環境保護]団体. 類 **asociación, sociedad**. ❷ (物の) 集まり, 連合体. —~ de empresas 共同事業体, 財閥, コンツェルン. 類 **conjunto, grupo**. ❸ 分類, グループ分け, 組み分け. —~ de fichas por colores 色別カード分類. 類 **agrupamiento**. 反 **separación**. ❹《軍事》(臨時編成の) 特別混成部隊. 類 **regimiento**.

agrupamiento [aɣrupamjénto]〔<grupo〕男 ❶ 1つに集めること. ❷ 集団, グループ. ❸《情報》クラスタリング.

agrupar [aɣrupár]〔<grupo〕他 (グループに)集める, まとめる; グループ分けする. —Esa organización agrupa a estudiantes de todo el país. その組織は全国の学生を組織化している. Procura ~ a los niños por edades para la excursión de mañana. 明日の遠足のために子どもたちを年齢別に組分けしてみなさい. 類 **reunir**.
——se 再 集まる, まとまる, グループを作る. —Los campesinos se agruparon en una cooperativa agrícola. 農民たちは一つの農業協同組合にまとまっている.

agrura [aɣrúra] 女 ❶ 酸味. 類 **acidez**. ❷ 酸っぱい実のなる果樹; 《複》柑橘(カネ)類. ❸ 胸やけ.

＊＊agua [áɣua アグワ]〖単数定冠詞は el, 単数不定冠詞は un(a)〗 ❶ (一般に) 水, 湯 (あまり水と湯の区別はしない). —~ blanda [delgada, suave] 軟水(塩分を含まない水). ~ caliente [roja] 湯. ~ cibera 濯斎用水. ~ de grifo 水道水. ~ de pozo 井戸水. ~ destilada 蒸留水. ~ dulce 真水, 淡水. ~ dura [calcárea, cruda, gorda] /《中南米》~ gruesa 硬水(塩分を含む水). ~ estancada 淀んだ水, たまり水, 静水. ~ fría 冷水, 水. ~ hirviendo 熱湯. ~ muerta 淀んだ水, たまり水. ~ potable 飲料水. ~ pura [ultrapura] 純水[超純水]. beber un vaso de ~ fresca 冷たい水を1杯飲む. huevo pasado por ~ 半熟卵. Han cortado el ~. 水道を止められてしまった. El ~ de este río es buena para beber. /Las ~s de este río son buenas para beber. この川の水は飲める. ❷ (a) 水溶液; (果物・植物などの) 汁. —~ de arroz 重湯(キモ). ~ de cal 石灰水. ~ de capas《話》ワイン. ~ de coco ヤシの果汁. ~ de limón レモン水. ~ de mesa 食卓用ミネラルウォーター, 飲料用鉱水. ~ (de) sal (塩を入れて作った) 塩水. ~ de Seltz ゼルツ水(ドイツ Niederselters 産の鉱泉水, 炭酸水の一種). ~ fuerte エッチング用の硝酸水 (→**aguafuerte**). ~ gaseosa [carbonatada, con sifón, de soda] 炭酸水, 発泡性のミネラルウォーター. ~s mineral(es) ミネラルウォーター. (b) 化粧水. —~ de ángel [rosada] 香水. ~ de espliego [de alhucema] ラベンダー香水. ~ de rosas バラ香水. ~ perfumante [de Colonia, de olor] オーデコロン. (c) 加工飲料水. ~ compuesta 加工飲料. (d) 汚水. ~~ de fregar〔食器を洗った後の汚水;《話》まずいスープ〔飲み物〕. ~ turbia 濁り水. ~ residuales [inmundas, sucias] 汚水, 下水, 生活排水. (e) 羊水 (= ~ del amnios). (f) 化学的溶液. ~ de legía 漂白剤, 次亜塩素酸ナトリウムの水溶液. ~ medicinal [mineromedicinal] 薬用ミネラルウォーター. ~ oxigenada《化学》過酸化水素水, オキシフル. ~ pesada《化学》重水. ~ regia《化学》王水. ~s madres《化学》母液. ❸圏〔健康によい〕鉱水(水), 温泉(の湯). ~~ de Vichy [bítʃi] 圏 ヴィシー鉱泉水(フランス中部の温泉地Vichy産). las ~s termales de Alhama アラマ温泉地〔鉱泉〕(水)(アラゴン州サラゴーサ県にある). ❹ 雨, 雨水. ~~ llovediza [(de) lluvia, pluvial] 雨水. ~ nieve みぞれ, 雨雪(ﾏﾒ). ~ aguanieve(s)). ~ viento 吹き降り, スコール. no caer ni una gota de ~ 1滴の雨も降らない. Esta mañana ha caído mucha ~. 今朝大雨が降った. ponerse al ~《中南米》雨模様になる. 類 **lluvia**. ❺〔川·海などの〕水, 流水. ~~(s) corriente(s) 流水, 水道水. ~ de manantial [de pie] 湧き水, 流水. ~ de mar 海水. ~ de nieve 雪解け水. ~ estancada 淀んだ水, たまり水, 静水. ~ natural〔鉱物を含まない〕湧き水. ~ salada [salobre]〔海の〕塩水, 海水. ~ falsas 注ぎ出し水. ~s firmes 湧き水. ~s mansas 穏やかな流れ. ~s turbulentas del río 川の濁水. ~s vertientes〔山や屋根などの〕斜面を流れる水, 斜下方向. ~s vivas 流水, 湧き水;《中南米》《動物》クラゲ. Las ~s de la vertiente norte afluyen al Atlántico. 北斜面の水は大西洋に流れ込む. 圏 海域, 水域, 近海. ~s internacionales 公海. ~s jurisdiccionales [territoriales] 領海. El barco se hallaba en ~s de Inglaterra. その船はイギリス近海にいた. doscientas millas de ~s económicas 200海里の経済水域. ❼ 海流, 潮流;〔干満の〕潮. —Las ~s van en (una) dirección sur. 海流は南方へ向かっている. ~s llenas 満潮. ~s de creciente [de menguante] 上げ[引き]潮. ~s muertas 小潮, 淀んだ水. ~s mayores [menores] 大潮[小潮](→❾). ❽ 圏 航跡(= ~s del timón). — buscar [seguir] las ~s de un buque pirata 海賊船の行方を探す[追う]. 類 **estela**. ❾ 便, (特に)小便, 涙, 汗, よだれ, 羊水. ~s mayores [menores] 大[小]便. hacer ~s mayores 大便をする. Se prohíbe hacer ~s aquí. ここで小便することを禁ず. ❿《建築》〔屋根やひさしの〕斜面, 傾斜. a media ~ / a un ~ 片流れの. tejado de [a] dos ~ 切妻屋根. a cuatro ~s 寄せ棟の. cubrir a ~ 屋根かけをする. La casa tiene cubierta a [de] dos ~s. その家の屋根は両流れである. 類 **vertiente**. ⓫〔海事〕〔船の〕浸水個所. — abrirse una ~ en la bodega 船倉に亀裂[水もれ]ができる. ~ de pantoque〔海事〕淦水(ｶﾞﾝ)(船底にたまる汚水, 淦(ｱｶ)). vía de ~ 浸水経路. ⓬ 圏〔宝石·生地などの〕つや, 光沢, 輝き;〔生地·羽根·木材など〕光沢のある波紋;〔刀剣の〕刃文. ~~ un diamante de hermosas ~s 光沢の美しいダイヤ. ⓭〔宗教上の〕聖なる水. ~~ bendita《カトリック》聖水. ~ de socorro《カトリック》〔緊急時の略式洗礼〕. ~s bautismales 洗礼水, 聖水; 洗礼. ⓮〔ペル〕《俗》(agüitaの形でも). ⓯《中南米》ソーダ水. ~ herba ハーブ水. ⓰《中南米》《動物》巨大ガエル.

¡Agua! (1) →¡Hombre al agua! (2) →¡Agua va!

agua(s) abajo 川下[下流]へ.

agua(s) arriba 川上[上流]へ;《比喩》流れに逆らって.

agua de borraja [de cerrajas] 《話》つまらぬ物.

Agua pasada no mueve [muele] molino.〖諺〗好機逸すべからず, 覆水盆に返らず, 後の祭り.

Agua que no has de beber, déjala correr.〖諺〗さわらぬ神にたたりなし.

agua sucia《話》まずいスープ[コーヒー, 飲物].

¡Agua va!/¡Agua(s)! 頭上に注意!; あぶない!(昔窓から水や汚水を通りに捨てる時の掛け声から来ている).

ahogarse en poca agua [en un vaso de agua] 何でもないことにつまずく.

¡al agua, pato!s! さあ水に入ろう.

Algo tendrá el agua cuando la bendicen〖諺〗やたら褒めるのには裏があるもの.

bailarle a ... el agua [delante] (1)《話》(人)に媚びる, おべっかを使う, 取り入る, へつらう. (2)〖メキシコ〗がっかりさせる.

bañarse en agua de rosas [en agua rosada]〔だから言わないことではないと〕他人の不幸を喜ぶ.

cambiarle [mudarle] el agua a las aceitunas〔男性が〕小便をする.

claro como el agua〘estar/ser+〙大変明らかな, 明白な.

coger agua en cesto ざるで水をすくう, 無駄な努力をする.

como (el) agua 豊富に, 大量に; 感じないで. gastar dinero *como agua* お金を湯水のごとく使う.

como (el) agua de mayo [en mayo] 5月の雨のようにありがたい; 折りよく(→venir como *agua de mayo*). esperar *como el agua de mayo* 首を長くして待つ.

como pez en el agua 水を得た魚のように.

como quien se bebe un vaso de agua 瞬く間に, 子供だましのように(極めて容易なこと).

dar agua a ...〖メキシコ〗(人)を殺す.

Del agua mansa me libre Dios, que de la brava me guardaré yo [me libro yo]〖諺〗外見が穏やかな人ほど腹の底では何を考えているのか分からない.

echar agua arriba a ...〖メキシコ, チリ〗(人)をこっぴどく叱りつける.

echar agua al vino《話》主張を和らげる.

echar agua en el [la] mar 無駄骨を折る, 無駄なことをする.

echar el agua a ... (人)に洗礼を施す.

echar [llevar] el agua a su molino 我が田に水を引く.

echarse al agua 敢えて危険を冒す, 思いきって冒険をする.

echar las aguas [(to)da) el agua] al molino →llevar las aguas [(to)da) el agua] al molino.

entre dos aguas〔迷って〕どっちつかずで, 決めかね

て. Siempre anda *entre dos aguas*, le cuesta mucho decidirse. 彼はいつも迷って, 決断するのに苦労する.

estar como agua para chocolate 〘メキシコ, 中米, プエルトリコ〙かんかんに怒っている.

estar (con el) agua al cuello [hasta el cuello] (特にお金がなくて)苦境に陥っている. *Estoy con el agua al cuello porque debo mucho dinero y no puedo pagarlo.* 私は多額の借金を払えず苦境に陥っている.

estar hecho un agua 汗びっしょりである.

estar [nadar, moverse] entre dos aguas (迷って)どっちつかずでいる, 決めかねている, 決断できないでいる.

haber corrido mucha agua 長い時が過ぎた.

hacer agua (1) 〘海事〙(船が)漏水する, 水が漏れる; 浸水する. (2) (経済・商売などが)衰える[すれる].

hacer aguas (menores) 小便をする.

hacerse (una) agua en la boca 舌にとろけるほど柔らかい.

hacérsele a ... (una) agua la boca (欲しいもの・おいしいものを見たり思い出したりして)よだれが出る, 口につばがたまる. *Se me hace la boca agua pensando en las paellas que comía en España.* 私はスペインで食べていたパエーリャのことを思うとよだれが出てくる.

Hay agua puesta. 〘中南米〙雨が降りそうだ.

¡Hombre al agua!. (船から)誰か海に落ちたぞ!

irse al agua (計画などが)失敗する.

írsele a ... las aguas (人が驚きのあまり)小便を漏らす, 失禁する.

llevar ... a beber agua 〘プエルトリコ〙(物)を質に入れる.

llevar las aguas [(toda) el agua] al molino 《話》我田引水である, 自分の都合のいいようにする. *José siempre intenta llevar el agua a su molino.* ホセはいつも自分の利益ばかりを図ろうとする.

más claro que el agua/tan claro como el agua 《話》火を見るより明らかで, 極めて明白な, 分かりやすい.

mear agua bendita 大変信心深い.

meterse en agua el tiempo (何日も)雨がよく降る.

mover el agua a una mujer 〘メキシコ〙(女の)恋心をそそる, 気を引く.

No digas [Nadie diga, No se puede decir] de este agua no beberé. 〘諺〙私はこの水は飲まないぞ, などと言ってはいけない(安易な約束はしてはいけない).

no hallar agua en el mar 簡単なこともできない.

parecerse como dos gotas de agua 瓜二つである.

perro de aguas 《動物》ウォータースパニエル(犬).

pescar en agua turbia どさくさに紛れてうまいことをする.

quedar(se) en agua de borrajas (望み・計画などが)水泡に帰する.

romper aguas 《医学》(妊婦が)破水する. *El parto es inminente porque ya ha roto aguas.* 彼女がもう破水したので出産は間近だ.

sacar agua de las piedras ひどくがめつい[欲深い].

salto de agua 滝, 落水.

ser agua pasada 今となっては過ぎた[どうでもいい]ことである. *Olvidemos nuestras rencillas; todo aquello es ya agua pasada.* 私たちのいさかいは忘れよう. それらはすべて今となってはもう過ぎたことだ.

ser como el agua por San Juan 歓迎されない, 有害である.

ser como el agua de San Juan 有害[台無し]である, ありがたくない.

ser hombre al agua 陸(上)に上がった河童である.

sin decir agua va 何の前触れ[予告]もなく, 出し抜けに, 全く突然.

tomar las aguas (1) (医療用に)鉱泉水を飲む; 湯治する. (2) 屋根をつける.

venir como agua de mayo (人・物が)丁度よい時に[折りよく]やって来る, おあつらえ向きである. *Este dinero me viene como agua de mayo.* このお金は私には渡りに船だ.

volver las aguas a su cauce [por do(nde) solían (ir)] (変化・混乱の後)元の状態に納まる, 元通りになる, (川などが氾濫せずに)本来の流れに戻る.

volverse [convertirse en, quedar(se) en] agua(s) de cerrajas [de borrajas] (計画などが)水泡に帰す, 無駄になる.

aguacatal [aɣu̯akatál] 男 アボカドの畑.

aguacate [aɣu̯akáte] 男 《植物》アボカドの木[実].

aguacero [aɣu̯aθéro] 男 ❶ にわか雨, どしゃ降り. ― ~ fuerte 激しいどしゃ降り. ❷ 不快なことの連続.

aguacha [aɣu̯átʃa] 女 (ある場所に)たまった水, 腐った水.

aguachar [aɣu̯atʃár] 男 水たまり. →charco.

aguachento, ta [aɣu̯atʃénto, ta] 形 〘中南米〙水気の多い, 水っぽい.

aguachirle [aɣu̯atʃírle] (<agua+chirle) 女 本来の味・香りのない飲み物[スープ], 安ブドウ酒, 水っぽいスープ.

aguacil [aɣu̯aθil] 男 《俗》→alguacil.

aguada [aɣu̯áða] 女 ❶ 《美術》水彩絵の具; 水彩画. ― a la ~ 水彩で. ❷ 水飲み場. ❸ 《海事》(船舶の)貯蔵飲料水. ― hacer ~ (船が)飲料水を補給する.

aguaderas [aɣu̯aðéras] 女 複 (水がめ・水壺を積む)荷鞍.

aguado, da [aɣu̯áðo, ða] 過分 (<aguarse) 形 ❶ (酒などが)水っぽい, 水で薄められた. ― vino ~ 水で割った味のないワイン. ❷ (楽しみなどが)水を差された, 興をそがれた.

aguador, dora [aɣu̯aðór, ðóra] 名 水売り, 水の運び屋. ― 男 (水車の)水受け板.

aguaducho [aɣu̯aðútʃo] 男 ❶ 水・飲み物の売店. ❷ 水道橋(=acueducto). ❸ 水くみ水車(=noria).

aguafiestas [aɣu̯afiéstas] 男女 〘単複同形〙座を白けさせる人, 人の楽しみの邪魔をする人.

aguafuerte [aɣu̯afu̯érte] 女/男 複 aguafuertes. ❶ 硝酸. ❷ 《美術》エッチング, 腐食銅板(画).

aguafuertista [aɣu̯afu̯ertísta] 男女 《美術》エッチング画家.

aguaje [aɣu̯áxe] 男 ❶ 《海事》(a) 潮流, 海流. (b) 高潮; 潮の満干(ひ)に応じて港に出入りする海水; 激しい潮流. (c) 航跡; (船がすれちがう時に

生じる)渦(⊕). ❷ 水飲み場.

aguamala [aɣu̯amála] 囡 《動物》クラゲ. 類 **medusa**.

aguamanil [aɣu̯amaníl] 男 ❶ (手洗い用の)取手のついた水差し. ❷ (手洗い用の)洗面器; 洗面器台.

aguamanos [aɣu̯amános] 男〔単複同形〕❶ 手洗い用の水. ❷ (手洗いの)水差し, 洗面器. 類 **aguamanil**.

aguamar [aɣu̯amár] 男 →aguamala.

aguamarina [aɣu̯amarína] 囡 《鉱物》藍玉(ﾉォ), アクアマリン.

aguamiel [aɣu̯ami̯él] 囡 ❶ 蜂蜜水. 類 **hidromel, hidromiel**. ❷『中南米』(*a*) 砂糖水. (*b*) リュウゼツランの汁(これを発酵させて酒をつくる).

aguanieve [aɣu̯ani̯éβe] 囡 みぞれ.

aguanoso, sa [aɣu̯anóso, sa] 形 (野菜など)水気の多い; (土地などが)水を含んだ.

***aguantable** [aɣu̯antáβle] 形 我慢できる, 耐えられる. 類 **llevadero, soportable, tolerable**. 反 **inaguantable**.

aguantaderas [aɣu̯antaðéras] 囡 複《俗》→ aguante.

‡**aguantar** [aɣu̯antár] 他 ❶ を我慢する, こらえる, …に耐える. —Este niño no *aguanta* cinco minutos sentado. この子は5分と座っていられない. No puedo ~ al chulo de Antonio. 私は生意気なアントニオには我慢できない. Ya no *aguanto* más. もう我慢できない. Ella *ha aguantado* muchas miserias en la vida. 彼女は人生で多くの悲惨なことに耐えてきた. Este abrigo no puede ~ un invierno más. このコートはもう一冬は耐えない. ❷ を支える, しっかり持つ; (重さ)に耐える. — *Aguanta* bien la escalera. 梯子をしっかり支えてろよ. Grandes pilares *aguantan* la techumbre. 大きな柱が屋根を支えている. Este puente no podrá ~ un peso de veinte toneladas. この橋は20トンの重量には耐えられないだろう. ❸(闘牛で)(闘牛士)が姿勢を変えずに(牛)に止めを刺す.

—**se** 再 我慢する, じっとこらえる; あきらめる. —No podía —*me* la risa. 私は笑いをこらえることができなかった. *Aguántate*. 我慢しなさい/文句を言うな/あきらめなさい.

aguante [aɣu̯ánte] 男 (人の)忍耐力, 我慢強さ, (物の)耐久性, 強度. —tener mucho ~ (人が)とても我慢強い; (物が)非常に耐久性に富む. 類 **paciencia**.

aguapié [aɣu̯api̯é] 男 ブドウの搾りかすに水を加えて作ったワイン, 水っぽいワイン.

aguar [aɣu̯ár] [1.4] 他 ❶ (ワインなど)を水で薄める, …に水を加える. —~ el vino ワインを水で薄める. ❷ (楽しみなど)に水を差す, を台無しにする.

—**se** 再 (ある場所が)水びたしになる.

aguar la fiesta a … →fiesta.

aguardada [aɣu̯arðáða] 囡 待つこと, 待機.

****aguardar** [aɣu̯arðár アグワルダル] [<guardar] 他 ❶ を待つ, (待ち受ける, 待ちかまえる. —Yo te *aguardo* en la cafetería de la esquina. 私は角の喫茶店で君を待っているよ. — el autobús バスを待つ. Nos *aguardaba* una gran sorpresa. 大変驚くべきことが私たちを待ち受けていた. 類 **esperar**. ❷ (借金の返済など)を猶予する, (支払い)を待ってやる[くれ

る].

—自 〔+a+不定詞/que+接続法〕(…するの)を待つ. —*Aguardamos a* ver qué pasaba. 私たちは何が起きるか待ちかまえていた. *Aguarda a que* venga tu padre. お父さんが来るまで待ちなさい. Varias personas *aguardaban* en la sala de espera. 数人が待合室で待っていた.

—**se** 再 その場で待つ, じっとしている. —Si te *aguardas* un poco, te acompaño. もし君がしばらく待ってくれれば, 私は君のお伴をするよ.

aguardentería [aɣu̯arðentería] 囡 蒸留酒(aguardiente)を売る酒屋.

aguardentoso, sa [aɣu̯arðentóso, sa] 形 ❶ 蒸留酒[アルコール]の入った. —bebidas *aguardentosas* 蒸留酒. aliento ~ 酒くさい息. ❷ (声が)しゃがれた. —voz *aguardentosa* しゃがれ声.

***aguardiente** [aɣu̯arði̯énte] 男 ❶ 蒸留酒, 焼酎(ちゅう), 火酒(かしゅ). ~ alemán ドイツ火酒(下剤). ~ anisado ウイキョウ酒. ~ de cabeza 最初の蒸留でとれた酒. ~ de caña ラム酒. ~ de cerezas [de manzana] チェリー[アップル]ブランディー. 類 **matarratas**. ❷ —toro[vaca] de ~ 早朝の闘牛.

aguardo [aɣu̯árðo] 男 ❶ 待ち伏せ, 見張ること. —estar al ~ 待ち伏せる. ❷ (狩りで)獲物を待ち伏せる場所.

aguarrás [aɣu̯arrás] 男 テレビン油, テレペンチン.

Aguascalientes [aɣu̯askali̯éntes] 固名 アグアス・カリエンテス(メキシコの都市).

aguate [aɣu̯áte] 男 ❶ 水分[煮汁]の多いスープ[煮物]. ❷『中南米』(植物の)とげ.

aguatero, ra [aɣu̯atéro, ra] 名『中南米』水売り, 水の運び屋. →aguador.

aguaturma [aɣu̯atúrma]〔<agua+turma〕囡《植物》キクイモ(菊芋).

aguaviento [aɣu̯aβi̯énto]〔<agua+viento〕男 強い風雨, 吹き降り.

aguavientos [aɣu̯aβi̯éntos] 男〔単複同形〕《植物》サルビア.

aguazal [aɣu̯aθál] 男 雨水のたまる土地, 沼地.

aguazar [aɣu̯aθár] [1.3] 他 (地面)を水びたしにする, を水たまりにする. 類 **encharcar**. —男 →aguazal.

‡**agudeza** [aɣuðéθa] 囡 ❶ (感覚の)鋭さ, 鋭敏, 敏感さ. —~ visual 視覚の鋭さ. ~ auditiva 聴覚の鋭さ. ~ olfativa 嗅覚の敏感さ. 類 **perspicacia**. ❷ (*a*) 機知(に富んだ言葉), ウィット, エスプリ, しゃれ. —Es una persona muy graciosa, tiene mucha *agudeza*. 彼は大変面白い人で, 機知に富んでいる. 類 **ingenio, ocurrencia**. 反 **simpleza**. (*b*) 頭の回転の速さ, 頭脳の冴え, 明敏, (鋭い)洞察力. —Su conversación mostraba gran ~ e inteligencia. 彼の会話には頭の回転の速さと頭のよさが現われていた. 類 **perspicacia**. ❸ (痛みなどの)激しさ, 激烈. —La ~ del dolor le impedía dormir. 彼は激しい痛みで眠れなかった. 類 **intensidad**. ❹ (批評などの)辛辣さ, 痛烈さ. ❺ (刃先などの)鋭さ, 鋭利. —Estos cuchillos cortan muy bien por su ~. これらのナイフは鋭いのでとてもよく切れる.

agudizar [aɣuðiθár] [1.3] 他 ❶ (何か)を鋭くする. ❷ (状況など)を深刻化[激化]させる. —Las declaraciones del primer ministro *han agudizado* la polémica. 首相の声明は論争を激化さ

せた. — **-se** 再 (病気などが)悪化する.

‡**agudo, da** [aɣúðo, ða] 形 ❶ (a) 鋭い, 先のとがった. — filo ~ 鋭い刃. Tropezó y se dio un golpe contra el ~ canto de la mesa. 彼はつまづいて, テーブルのとがった角にぶつかった. (b) 《数学》鋭角の. — ángulo ~ 鋭角. 類 **afilado, puntiagudo**. 反 **obtuso, romo**. ❷ (a) (音などが)鋭い, かん高い, けたたましい. — Tiene una voz aguda y desagradable. 彼はかん高い不愉快な声をしている. (b) (痛み・視線などが)鋭い, 激しい, 突き刺すような. — comentarios ~s 鋭い論評. olor ~ 鼻をつくようなにおい. vista aguda 鋭い視線. Los perros tienen un ~ olfato. 犬は鋭い嗅覚を持っている. Sintió un ~ dolor en el pecho. 彼は胸に激しい痛みを感じた. ❸ (a) (知性・感性が)鋭敏な, 明敏な. — Es un escritor de aguda inteligencia. 彼は鋭い知性を持つ作家だ. (b) 機知に富んだ, 気のきいた. — dicho ~ 警句, 名文句. Es un hombre de ~ de ingenio. 彼は機知に富んだ人だ. ❹ (病気などが)急性の, 急激な. — Padece una enfermedad respiratoria aguda. 彼は急性の呼吸器疾患にかかっている. ❺ 《音楽》高音の, 高い. 反 **bajo, grave**. ❻ 《言語》最後の音節にアクセントのある, 末尾音節強勢の; 鋭音の. — "Papá" es una palabra aguda. "papá" は最後の音節にアクセントのある単語である. acento ~ 鋭アクセント(記号).

——— 男 ❶ 複 《音楽》高音部[域]. ❷ 《言語》鋭アクセント記号, 揚音符(´).

Águeda [áɣeða] 固名 《女性名》アグダ.

agüer- [aɣwer-] 動 agorar の直・現在, 接・現在, 命令・2単.

agüero [aɣwéro] 男 予兆, 前兆, 縁起(ぎ). 類 augurio, predicción, presagio.

ser ave de buen [mal] agüero/ser de buen [mal] agüero 縁起の良い[悪い], 吉兆[凶兆]を表す.

aguerrido, da [aɣeříðo, ða] 過分 [< aguerrir] 形 戦闘に慣れた, 鍛錬された, 勇敢な. — soldado ~ 百戦錬磨の兵士.

aguerrir [aɣeřír] 他 [< guerra] 他 《欠如動詞: 活用語尾に i が残る形又は不定詞・過去分詞で使われる》(新兵)を戦闘に慣れさせる; 鍛錬する.

aguijada [aɣixáða] 女 ❶ (牛などを駆り立てる)突き棒. 類 **llamadera**. ❷ (犁先(ホਖ਼ੑ)の土をとる)棒.

aguijar [aɣixár] 他 ❶ (牛など)を突き棒[声など]で追い立てる. 類 **aguijonear**. ❷ (人)を駆りたてる, せかせる. 類 **estimular, incitar**.

aguijar el paso 足を速める.

aguijón [aɣixón] 男 ❶ (突き棒の)鉄の穂先. ❷ (虫などの)針, 毒針. ❸ (植物の)とげ. ❹ 刺激, 衝動, 誘(セ*)い. — La posibilidad de una beca le sirvió de ~ para estudiar. 奨学金をもらえるかもしれないということが彼の勉強の励みになった. 類 **estímulo, incitación**.

aguijonazo [aɣixonáθo] 男 ❶ (突き棒の)穂先で突くこと; 針[とげ]の一刺し.

aguijonear [aɣixoneár] 他 ❶ (牛など)を突き棒で追い立てる. 類 **aguijar**. ❷ (a) (人・動物)を駆り立てる, せかせる. — ~ a los obreros en el trabajo 工員に仕事を急がせる. 類 **estimular**. (b) (人)を急に…したくさせる. — Me aguijoneaba la risa. 私は急に笑いたくなった. 類 **apremiar**. ❸ (人)を不安にさせる. 類 **atormentar, inquietar**.

‡**águila** [áɣila] 《単数冠詞は el, un(a)》女 ❶ 《鳥類》ワシ(鷲). — ~ barbuda [barbada] ヒゲワシ. ~ bastarda [calzada] 足に羽毛のある鷲 (= quebrantahuesos). ~ (cabeza) blanca ハクトウワシ, オオワシ(アンデス山脈中のミサゴの一種). ~ imperial カタジロワシ. ~ pescadora [marina, de río] ミサゴ, オジロワシ. ~ ratera [ratonera] ノスリ. ~ real [caudal, cabdal, caudalosa] イヌワシ. ❷ 《比喩》敏腕家, 切れ者, やり手, 頭脳明敏な人. — Para los negocios es un ~. 彼は商売にかけては大変目がきく[商売のやり手だ]. ❸ 《紋章》(翼を広げた)鷲(の紋章); 《軍事》鷲章の軍旗, 鷲章旗; 《歴史》ローマ軍団の戦旗. — el ~ negra de Prusia プロシアの黒鷲旗. ~ agrifada 《紋章》グリフィン(胴体がライオンで頭や翼などが鷲の想像上の動物→grifo). ~ bicéfala 《紋章》双頭の鷲. ~ explayada [pasmada] 《紋章》翼を広げた[畳んだ]鷲. ❹ (Carlos V 時代の)イーグル金貨 (10 reales 金貨); (メキシコの)20 ペソ金貨; (米国の)旧 10 ドル金貨 (1933 年廃止). — media ~ 10 ペソ金貨. ❺ (el A~) 《天文》鷲座. ❻ 《鉱物》— piedra de ~ 鷲石(ばく)(酸化鉄の一種). ❼ 【チリ】凧(こ) (= cometa).

mirada de águila 鋭い眼, 鋭い眼力.

vista de águila 遠くまで見える目.

——— 男 ❶ 《魚類》トビエイ (= ~ de mar). ❷ 葉巻の一種.

——— 男女 【チリ】詐欺師, ペテン師 (= petardista).

aguileña [aɣiléɲa] 女 《植物》オダマキ.

***aguileño, ña** [aɣiléɲo, ɲa] 形 ワシ(鷲)の(ような), (鷲のくちばしのように)曲がった, 鷲鼻[かぎ鼻]の. — plumas aguileñas 鷲の羽. nariz aguileña 鷲鼻[かぎ鼻]. Es un hombre alto y de rostro ~. 彼は背の高いあごのとがった細面の人である. 類 **aquilino, corvo, ganchudo**.

aguilera [aɣiléra] 女 ワシ(鷲)の巣, 鷲が巣を作る岩.

aguilón [aɣilón] 男 ❶ 《鳥類》大ワシ(鷲). ❷ 《紋章》くちばしと鉤爪(ﾂﾒ)のない鷲. ❸ クレーン(起重機の)ジブ. ❹ 角形の土管. ❺ 《建築》(a) 切妻(ヅﾏ)壁. (b) (屋根の稜角(ﾘｮｳ)に面した)瓦(ﾗ).

aguilucho [aɣilútʃo] 男 《鳥類》(a) チュウヒ属(タカ科)の1種. (b) → águila bastarda, águila calzada.

aguinaldo [aɣináldo] 男 (クリスマスに郵便配達人などに与える)心付け, チップ.

‡**aguja** [aɣúxa アグハ] 女 ❶ (裁縫などの)針. — labor(es) de ~ 針仕事 (= ~ de coser). ~ de zurcir かがり針. ~ capotera (縫い物用の)太い針. ~ de gancho [de ganchillo, de croché] かぎ針. ~ colchonera 布団針. ~ de tejer [de (hacer) punto, de (hacer) media, de calceta] 編み棒, 編み針. pasar la hebra por el ojo de la ~ 針に糸を通す. Enhebró la ~ con hilo blanco. 彼女は針に白糸を通した. ❷ 注射針. — ~ de inyección [de inyectar, de la jeringuilla] 注射針. ~ quirúrgica (手術用の)縫合針. ~ hipodérmica 皮下注射針. ❸ (時計・計器類の)針. ~ larga [grande] del reloj 時計の長針. ~ pequeña del reloj del sol 日時計の短針. ~ de la balanza 秤(ﾊｶﾘ)の針. ~ magnética [imantada]

磁針. — loca 狂った磁石. ~ de toque (金銀などの純度検査用の)試金針. ❹ 《海事》羅針盤(~ de bitácora [de marear, de marcar, náutica])(=brújula). — perturbación de la ~ 羅針盤の狂い. ❺ 《植物》(松などの)針葉. ~~ de pino 松葉. ❻ 《複》《鉄道》転轍(機, ポイント. — cambio de ~s 転轍(機). dar ~s 転轍する, ポイントを切り換える. 類 **desvío, riel.** ❼ レコード針(= ~ fonográfica [del tocadiscos, de gramófono]). ❽ 《料理》(細長い)ミートパイ. ~ de ternera 小牛のミートパイ. ❾ 《動物》のあばら; 《料理》あばら肉, スペアリブ (=carne de ~). — caballo alto de ~s 上背のある馬. ~s de ternera 子牛のリブ. ❿ (発酵してできたワインの)泡. — vino con [de] ~(s) 発泡性のワイン. ⓫ 《建築》(鐘楼の)尖塔; オベリスク. — ~ de la torre de la catedral カテドラルの鐘楼の尖塔. ⓬ 《魚類》(地中海や北大西洋産の)細長い魚の総称; ダツ科の魚(= ~ paladar). ⓭ 《料理》刺し針. — ~ mechera [de mechar] (料理)(風味付けのため脂身などを肉に差し込むための)刺し脂針, 刺し脂用小針. ⓮ — tacón (de) ~ (ヒールの尖ったスパイクヒール. ⓯ 《化粧》ヘアピン; 《服飾》飾りピン, ブローチ. — ~ de corbata ネクタイピン. 類 **alfiler, pasador.** ⓰ 《軍事》(銃の)打針, 撃針(= ~ de fogón). — fusil de ~ 針打ち銃, もと込め銃. ⓱ 《地形》尖峰, 針峰. ⓲ 《農業》(接木の)接穂(ぎ), 接ぎ枝. 類 **púa.** ⓳ 《商業》(税関の)探り棒. ⓴ 《情報》ピン. ㉑ 《中南米》《垣根・塀・柵の)杭(い), 丸太. ㉒ (橋の)天秤梁(ガジク), 針梁り. ㉓ (印刷の時できる)紙のしわ. ㉔ 《獣医》(馬の喉・脚・首などの)病気. ㉕ 《内燃》 — ~ de la cuba del carburador キャブレターのフロートニードル. ㉖ 《植物》— ~ de pastor [de Venus] ナガミノセリモドキ; フウロソウ科. ㉗ (養蜂の巣板・枠などの)横棒.

aguja de marear (1)《海事》羅針盤. (2)(商売などの)こつ, 巧みさ.

(como) buscar [encontrar] una aguja en un pajar [entre la paja] 見つけられそうもないものを探す; 不可能なことをしようとする, 無駄骨を折る.

entrar en agujas (1) 転轍機を通る. (2)(長年の問題を)最終的に解決する.

meter [dar] aguja y sacar reja 海老で鯛を釣る.

meterse por el hueco [por el ojo] de una aguja (1) 非常に狭い所に入る[を通り抜ける]. (2) 非常にずる賢い, 抜け目がない.

tumbar la aguja 猛スピードで運転する.

Una aguja para la bolsa y dos para la boca. 《諺》財布に一針, 口に二針(財布と口は閉めてかかれ, ただし口は財布よりも強く).

agujazo [aɣuxáðo] 男 針で刺すこと; 針による刺し傷.

agujerar [aɣuxerár] 他 →agujer(e)ar.

agujereado, da [aɣuxereáðo, ða] 形 (衣類などが)穴のあいた, 穴だらけの.

•agujer(e)ar [aɣuxer(e)ár] [< agujero] 他 …に穴をあける. — Con un punzón *agujereó* la correa. 彼は千枚通しでベルトに穴を開けた.

— se 再 …に穴があく. — *Se me han agujereado* las suelas de los zapatos con el uso. 私の靴は使い古して底に穴が開いてしまった.

‡**agujero** [aɣuxéro] 男 ❶ (洋服・壁などの)穴, 破れ目, 孔. — abrir [hacer] un ~ en la pared 壁に穴をあける. tapar un ~ 穴をふさぐ. Tiene un ~ en la suela del zapato. 彼の靴底に穴が開いている. Tiene ~s en un colador. それは穴だらけだ. 類 **abertura, boquete, orificio.** ❷ (正当化できない)金銭上の欠損, 赤字, 穴. — ~ presupuestario 財政赤字. ~ contable 帳簿の穴. El empresario se fugó dejando un ~ de cien millones de yenes en la empresa. 経営者は会社に1億円の欠損を出して逃亡した. ❸ 《話》部屋, 家. — Cuando estudia se encierra en su ~ y no contesta al teléfono. 彼は勉強する時, 自分の部屋に閉じこもって電話にも出ない. ❹ 針職人; 針売り, 針商人. ❺ 針入れ, 針刺し, 針箱. 類 **alfiletero.** ❻ 《卑》肛門, 陰門.

agujero de ozono/agujero de [en] la capa de ozono 《天文》オゾンホール.

agujero negro 《天文》ブラックホール;《比喩》(脱出・解決困難な)難局.

tapar agujeros 《話》穴を埋める, 赤字[欠損]を埋める.

tener un agujero en la mano [en el bolsillo] 《俗》手[ポケット]に穴が開いている, 浪費家である.

agujeta [aɣuxéta] 女 ❶ (両端に金具のついた)紐(ひ), 靴紐. ❷ 《複》(運動の後の)筋肉痛, だるさ. — tener ~s 筋肉痛がする.

agujón [aɣuxón] 男 [< aguja] ❶ 大きな針. ❷ 女性用の帽子の留めピン; ヘアピン.

aguosidad [aɣuosiðá(ð)] 女 体液.

agusanado, da [aɣusanáðo, ða] [< gusano] 形 うじがわいた.

agusanarse [aɣusanárse] 再 うじがわく. — La manzana *se ha agusanado*. りんごにうじがわいた.

Agustín [aɣustín] 固名 ❶ →San Agustín. ❷ 《男性名》アグスティン.

agustiniano, na [aɣustiniáno, na] 形 《カトリック》❶ 聖アウグスティヌスの. ❷ →agustino.
— 名 《カトリック》❶ 聖アウグスティヌスの教義の信奉者. ❷ →agustino.

agustino, na [aɣustíno, na] 形 《カトリック》アウグスティヌス会 (Orden de San Agustín)の.
— 名 《カトリック》アウグスティヌス会の修道士[修道女].

agutí [aɣutí] 男 《動物》アグーチ, オオテンジクネズミ(南米大陸に生息).

aguzadero, ra [aɣuθaðéro, ra] 形 鋭利にする. — piedra *aguzadera* 砥石(とし).

aguzado, da [aɣuθáðo, ða] 形 (刃物などが)鋭い, とがった;(知性などが)鋭い, 鋭敏な. 類 **afilado, agudo, puntiagudo.**

aguzador, dora [aɣuθaðór, ðóra] 形 鋭利にする, 研磨する. — 名 研磨職人. — 女 砥石(とし).

aguzadora [aɣuθaðóra] 女 →aguzador.

aguzamiento [aɣuθamiénto] 男 鋭くすること, 研磨.

aguzanieves [aɣuθaniéβes] 女 〔単複同形〕《鳥類》セキレイ.

aguzar [aɣuθár] [1.3] 他 ❶ (何かを)鋭くする, (刃物などを)研(と)ぐ. — ~ un cuchillo ナイフを研ぐ. 類 **afilar.** ❷ (感覚などを)鋭敏にする, 研ぎ澄ます. — ~ el oído [los oídos] 聞き耳を立てる. ~ las orejas 聞き耳を立てる. ~ la vista 目を凝らす.

ah [áh ア] 感 ❶ (幻滅や同情などの気持ちを表して)ああ, おお; (驚きを表して)ああ, おお, えっ; (同意, 賛成を表して)ああ, おお, はい, うん. — *¡Ah! ¿no viene Ana? ¿por qué?* えっ, アナは来ないの? 何故? *¡Ah, no te había conocido!* えっ, 君とは会ったことがないんだ. *¡Ah, sí, ahora me acuerdo!* ああ, そうだ, 思い出した. ❷ 『アンデス』(警告を表して)ああ, さあ, ほら. ❸ 『アンデス, ベネズエラ』(呼びかけ, 応答, 電話などで)ああ, やあ, うん, もしもし.

ahechaduras [aetʃaðúras] 女 複 モミ殻, ふるいかす.

ahechar [aetʃár] 他 (小麦など)をふるいにかける. 類 cribar.

aherrojamiento [aeroxamjénto] 男 ❶ 鎖でつなぐこと. ❷ 服従させること. 類 oprimir, subyugar.

aherrojar [aeroxár] 他 ❶ (人)を鎖でつなぐ. ❷ (人)を束縛する, 服従させる.

aherrumbrarse [aerumbrárse] 〔<herrumbre〕再 ❶ さびる. 類 oxidarse. ❷ 鉄色になる.

ahí [aí アイ] 副 そこに[へ, で], そちらに[へ, で]『本来相手の近くの場所を表す. → aquí, allí』. —*¿Qué es eso que hay ~?* そこにあるそれは何ですか. *Tu padre está ~ en la cafetería.* 君のお父さんはそこの喫茶店にいるよ. *La estación está ~ mismo.* 駅はすぐそこにある. *A~ tienes los billetes.* 切符はそこにあるよ. *A~ viene Alfonso.* ほらあそこにアルフォンソが来るよ. *A~ está precisamente el problema.* まさにそこが問題なのだ. *A~ fue ello.* それから面倒なことが起きたのだ. *A~ te mando la novela que me pediste.* (手紙で)注文のあった小説を同封し, そちらに送ります. *A~ tienes a Fernando.* それならこちらがフェルナンドです. ~ *arriba* [*abajo*] その上[下]に. *desde ~* そこから. *hacia ~* そちらの方へ. ❷ その時. —*A~ comenzaron los problemas.* その時から問題が始まったのだった. ❸ そこで, そういうわけで. —*Tú te ríes, pero ~ quisiera haberte visto yo.* 君は笑うだろうが, 同じ立場にたらどうなるか見たいものだね. ❹ その点で(は), それについて(は). —*Nos iremos turnando para cuidarle. A~ no es problema.* 私たちは交替で彼の世話をやります. その点は問題ありません.

Ahí es nada.《話》それは大変だ, そんなことってあるの.

Ahí me las den todas.《話》まったく気にしない, 痛くもかゆくもない.

Ahí va. わあ, 驚いた[すごい, しまった].

de ahí (1) そこから, その時から. *No te muevas de ahí.* そこから動くな. (2) そこで, その点から. *¿De ahí?* それでどうなったの, (皮肉の)それがどうしたと言うんだ. *De ahí mi perplejidad.* それで私は困ってしまった.

de ahí que 〖+接続法〗そこで, したがって. *Estudia muy poco, de ahí que le suspendan con tanta frecuencia.* 彼はほとんど勉強していない. だからあんなにたびたび落第するのだ.

por ahí (1) その辺に[で], そのあたりに[で]. *¿No hay unas tijeras por ahí?* その辺にはさみはないですか. (2) そこを通って. *Puedes pasar por ahí.* そこを通って行けるよ. (3) 〖o+〗だいたい, およそ. *Pagó por la casa 700.000 euros o por ahí.* 彼はその家にだいたい 70 万ユーロかそこら払った. (4) 世間では. *Dicen por ahí que te vas a divorciar. ¿Es cierto?* 世間では君が離婚するとか言っているけど. 確かなのかい.

por ahí, por ahí《話》およそ, そのくらい. *Entonces tú llegaste a Japón en el verano de 2003.* —*Sí, por ahí, por ahí.* それでは君は日本の 2003 年の夏に来たのかい. —だいたいその頃だ.

ahijado, da [aixáðo, ða] 名 ❶ 名付け子, 教子(キョウジ), 代子 (↔ padrino「教父, 代父」, madrina「教母, 代母」). ❷ お気に入り, 彼保護者. 類 protegido. ❸ 養子, 養女. 類 adoptado.
—— 形 養子[養女]にされた. —*hijo ~* 養子.

ahijar [aixár] [1.7] 〔<hijo〕他 ❶ (人)を養子にする. 類 adoptar, prohijar. ❷ (特に羊を自分の子でない子羊)を育てる. ——*se* 再 (人)を養子にする.

ahijuna [aixúna] 感 『中南米』畜生!

ahilar [ailár] [1.7] 自 列を作る.
——*se* 再 ❶ (病気で人が)やせ細る. ❷ (植物が)ひょろひょろに伸びる.

ahinc- [aiŋk-] 動 ahincar の直・現在, 命令・2単.

ahincadamente [aiŋkáðamente] 副 熱心に; 執拗(シツヨウ)に, しつこく.

ahincado, da [aiŋkáðo, ða] 形 ❶ 熱心な, 一所懸命な. 類 vehemente. ❷ 執拗な.

ahincar [aiŋkár] [1.10] 他 (人)をせき立てる, (人)にせがむ.
——*se* 再 ❶ 急ぐ. 類 apresurarse. ❷ しがみつく; 必死になる. 類 aferrarse, afirmarse.

ahínco [aíŋko] 男 ❶ 熱心さ. —*Se prepara con ~ para los exámenes.* 彼は熱心に試験の準備をしている. 類 afán. ❷ 執拗さ. 類 empeño.

ahinqué [aiŋké] 動 ahincar の直・完了過去・1単.

ahínque(-) [aíŋke(-)] 動 ahincar の接・現在.

ahitar [aitár] [1.7] 他 ❶ 〔<hito〕(土地)を境界石で区画する. ❷ 〔<ahíto〕(人)に消化不良を起こさせる.
——*se* 再 ❶ 〖+de〗(食物)をたらふく食べる. ❷ 消化不良を起こす.

ahíto, ta [aíto, ta] 形 ❶ (食べすぎで)消化不良を起こした〖estar+〗. —*Si estás ~, este digestivo te vendrá bien.* 君が食べすぎで気持ちが悪いなら, この消化剤を飲むといいよ. ❷ 〖+de〗(人・物)にうんざりした. —*A~ de la vida en el pueblo, se fue a vivir a la ciudad.* 彼は村での生活に飽きて, 都会へ行ってしまった. 類 cansado, fastidiado. ❸ 〖+de〗…でいっぱいの. 類 harto, saciado. —— 男 消化不良. 類 empacho, indigestión.

ahogadero, ra [aoɣaðéro, ra] 〔<ahogarse〕形 (空間などが)息が詰まるような.
—— 男 ❶ 人の密集している場所. ❷ 絞首刑用のロープ. ❸ (馬具の)のど革. ❹ チョーカー(首にぴったりとした首飾り). ❺ (カイコのまゆの)ゆで釜.

ahogado, da [aoɣáðo, ða] 〔<ahogarse〕形 ❶ 溺(オボ)れた, 溺死(デキシ)した, 窒息(死)した. —*Encontraron a los niños ~s en el río.* 川で溺死した子供たちが見つかった. ❷ (人・物が密集して)息の詰まりそうな. —*Trabaja en un cuarto oscuro y ~.* 彼は暗くて息の詰まりそうな部屋で仕

64　ahogamiento

事をしている。❸ 〚+de〛(仕事など)をたくさん抱えた。— estar ～ de deudas 借金で首が回らない。❹ (声が)詰まった。— Habló con voz *ahogada* por el llanto. 泣き声で声を詰まらせて彼は話した。— 图 溺死者; 窒息死した人。

ahogamiento [aoɣamjénto] 男 ❶ 溺れること, 溺死(でき)。❷ 窒息(死)。類 asfixia. ❸ 息が詰まること, 息苦しさ。類 ahogo, sofoco.

:**ahogar** [aoɣár] [1.2] 他 ❶ を溺死させる, 窒息させる。— *Ahogó* a tres cachorros arrojándolos al río. 彼は3匹の子犬を川に投げ込んで溺死させた。類 asfixiar. ❷ を息苦しくさせる, …に息の詰まる思いをさせる。— Me *ahogaba* la atmósfera cargada del bar. バーのむっとする雰囲気に私は息が詰まりそうだった。❸ (感情・活動などを)抑える, 抑圧する。❹ (火・音などを)消す。— El rey consiguió ～ el intento de un golpe de estado. 国王はクーデターの計画を抑えることに成功した。Los ruidos de la calle *ahogaban* la voz del locutor. 通りの騒音によりアナウンサーの声がかき消されていた。～ el llanto 泣き声を押し殺す。Echó ramas verdes al fuego y lo *ahogó*. 彼は生木の枝をくべて, 火を消してしまった。類 apagar, extinguir. ❺ を苦しめる, 悩ませる, 困らせる。— Le *ahoga* ver a los pobres pidiendo limosna por las calles. 貧しい人々が通りで施しを乞うているのを見るのは彼にとっては辛い。La profesora nos *ahoga* de deberes. 先生はわれわれに宿題で悩ませる。❻ (水のやりすぎ, 密植しすぎで植物を)枯らす, 枯死させる。❼ 〚自動車〛(キャブレターに燃料を送りすぎてエンジン)を不調にさせる。❽ 〚チェス〛(相手)を手詰まり[ステールメート]にする。❾ を水に入れる。— ～ las redes 網を海[川]に入れる。

—— se 再 ❶ 溺(で)死する, 溺れる, 窒息する。— No sabía nadar y *se ahogó*. 彼は泳げなかったので溺死した。❷ 息苦しくなる, 息が詰まりそうである。— *Se ahogaba* de calor y humedad en aquel pequeño cuarto. 彼はあの小さな部屋の中で暑さと湿気のために息が詰まりそうだった。❸ 悲嘆にくれる, 不安にさいなまれる。— *Se ahogaba* con aquella tragedia que presentía. 彼は直面しているあの悲劇によって悲嘆にくれるばかりであった。❹ (水のやりすぎ, 密植しすぎで植物が)枯れる, 枯死する。

*ahogo** [aóɣo] 男 ❶ 窒息, 息詰まり, 呼吸困難; (暑さなどによる)息苦しさ。— perecer por ～ 窒息(溺)死する。Le dio un ～. 彼は息が苦しくなった。Le acometían ～s y tos. 彼に呼吸困難と咳の発作が襲われた。類 agobio, asfixia, sofocación. ❷ 経済的困れ, 窮乏, 困窮。— pasar ～ económicos 金に困る, 貧窮に陥る。類 apremio, apuro. ❸ (一般に)困難, 苦しみ, 苦悩; 不安, 悲しみ。— Aprobó con grandes ～s. 彼は大変苦労して試験に合格した。類 aflicción, angustia, congoja. 反 alegría, aliento, satisfacción.

ahogue [aóɣe] 動 ahogar の接・現在。
ahogué [aoɣé] 動 ahogar の直・完了過去・1単。
ahoguío [aoɣío] 男 息苦しさ, 呼吸困難。
ahondamiento [aondamjénto] 〔<hondo〕 男 ❶ (穴などを)深くすること; (何かを深く埋め込むこと, 深く入り込むこと。❷ (問題などの)探究, 掘り下げ。
ahondar [aondár] 他 ❶ (穴など)を深くする。— Los cimientos habrá que ～los dos metros más. 基礎をもう2メートル深くしなければならないだろう。類 profundizar. ❷ を深く埋める[入れる]。——自〚+en〛(ある所に)深く入る。❸ (何か)を深く調べる, 探求する。— ～ en un problema ある問題を掘り下げて調べる。

ahonde [aónde] 男 →ahondamiento.❷〚歴史〛3か月間で約5.85メートル掘削すること(新大陸で発掘権を得るために必要とされていた)。

***ahora** [aóra アオラ] 副 ❶ (a) 今(では), 現在(は)(中南米では今の意味で ahorita がよく用いられる)。— A～ estoy ocupado. 今私は忙しい。A～ son las cuatro de la tarde en España. 今スペインは午後4時だ。A～ estamos en otoño. 今は秋だ。Entonces era más rica que ～. その頃彼女は今より金持ちだった。Los niños de ～ están muy mimados. 今時の子どもたちは非常に甘やかされている。(b) 今から, これから, すぐに。— A～ voy. 今行くよ。A～ te ayudo. 今助けてやる。(c) たった今, 今しがた。— A～ ha vuelto. 彼は戻ったところだ。A～ comprendo. 今分かった。❷ 今や, 今では, こうなると。— A～ ya no me importa nada lo que puedan decir. こうなったらもう何を言われようとかまわない。❸ さて, ところで; 今度は。— Y ～, ¿qué quieren ustedes? ところで, あなた方は何のご用ですか。❹ でも, だけど。— Ésa es mi opinión; ～, puede que esté equivocado. それが私の意見だが, でも間違っているかもしれない。❺ (相手をうながして)さあ, そら; 今だ。— ¡A～, date prisa! さあ, 急いでくれ。

ahora … ahora (1) 〚+直説法〛…したり…したり, …かあるいは…. Ahora se sentaba, *ahora* se levantaba. 彼は座ったり立ったりしていた。(2) 〚+接続法〛…しても…しても。*Ahora* hable de política, *ahora* de economía, su juicio siempre es atinado. 政治の話をしても, 経済の話をしても彼の判断が的確だ。

ahora bien (1) さて, ところで。*Ahora bien*, ¿cómo lo has pasado en Perú? ところで, ペルーではどう過ごしていたの？ (2) でも, しかし。No me gustaría hacerlo; *ahora bien*, si es necesario … 私はやりたくないのだけれど, でも必要ならば ….

ahora mismo (1) 今すぐ。*Ahora mismo* voy. 今すぐ行きます。(2) たった今, 今しがた。Acaba de llegar *ahora mismo*. 彼はたった今着いたところだ。

ahora o nunca 今こそ, まさに今。

ahora que (1) 〚+直説法〛…する今となって, 今は…だから。*Ahora que* se han marchado los niños, podemos hablar del tema. 子どもたちが今出て行ったから, その件で話し合える。*Ahora que* me acuerdo, tengo un recado para ti. 今思い出したんだが, 君に伝言がある。(2) だが, しかし。El trabajo es duro; *ahora que* le pagan muy bien. 仕事はきつい。だけど給料はとても良い。

ahora sí que 〚+直説法〛今度こそ。*Ahora sí que* me devuelves el dinero. 今度こそ金を返してもらうよ。Me han robado el pasaporte. *Ahora sí que* estoy arreglado. 旅券を盗まれてしまった。今度はたいへんなことになった。

de [desde] ahora en adelante 今後, 今から。
hasta ahora (1) 今まで, 現在[今日]まで。*Hasta ahora* me he aguantado con ella. 今まで私は彼女に我慢してきた。(2) (別れの挨拶)また後で, また

後ほど. Pues *hasta ahora*. それじゃまた後で.
por ahora 今のところ, さしあたり. *Por ahora* no pensamos viajar. 今のところ私たちは旅行するつもりはない.

ahorcado, da [aorkáðo, ða] 名 絞首刑になった人, 首つりで死んだ人.

ahorcadura [aorkaðúra] 女 絞首刑; 縊死(いし).

ahorcajarse [aorkaxárse] 再 『+en』…にまたがる, 馬乗りになる. ―*Se ahorcajó en* la barandilla de la escalera. 彼は階段の手すりにまたがる.

:**ahorcar** [aorkár] [1.1]〔<horca〕他 ❶ を絞首刑にする, 縛り首にする; 首を絞める. ―Antiguamente *ahorcaban* públicamente a los delincuentes. 昔は罪人を公開の場で絞首刑にした. ❷ (聖職など)を放棄する. ―~ los hábitos 還俗(げんぞく)する.

― **se** 再 首をつる, 縊死(いし)する. ―*Se ahorcó* en la celda de la cárcel. 彼は刑務所の独房で首つり自殺をした.

ahorita [aoríta]〔<ahora〕副 『中南米』今, たった今, 今すぐに. ―A~ vuelvo. 今すぐ帰ります.

ahormar [aormár]〔<horma〕他 ❶ (靴など)を型で調整する. ❷ (人)を道理に従わせる. ―Era un niño muy travieso pero en la escuela lo *han ahormado*. 彼はとてもいたずらっ子だったが学校でおとなしくなった. ❸ 『闘牛』(牛)をとどめを刺しやすい格好にさせる.

ahornagarse [aornaɣárse] 再 [1.2] (植物が)暑さで枯れる; (土地が)暑さで焼ける.

ahornar [aornár]〔<horno〕他 をオーブンに入れて焼く.

― **se** 再 (火が強すぎてパンの)外側だけが焼ける.

ahorquillado, da [aorkiʎáðo, ða] 過分〔<ahorquillarse〕形 二股(ふたまた)に分れた.

ahorquillar [aorkiʎár]〔<horquilla〕他 ❶ を熊手の形にする. ❷ (木の枝)を又木で支える.

― **se** 再 (…が)二股(ふたまた)に分れる.

*****ahorrado, da** [aoráðo, ða] 過分 形 ❶ 貯蓄した, 節約した. ❷ 節約する, つましい. ❸ (奴隷の身分から)解放された, 自由になった. 類 horro, libre.

ahorrador, dora [aoraðór, ðóra] 形 節約する. ― 名 節約[倹約]する人; 貯蓄家.

:**ahorrar** [aorár]〔<horro〕他 ❶ (お金)を蓄える, 貯蓄する. ―Se ha propuesto ~ *quinientos* euros cada mes. 彼は毎月 500 ユーロずつ貯蓄することに決めた. ❷ を節約する, 倹約する. ―Hay que ~ agua porque llueve poco. 雨がほとんど降らないので水を節約せねばならない. Existe la necesidad de ~ energía. エネルギーを節約する必要がある. ❸ (問題など)を避ける, 回避する; なしで済ます. ―Si pones una conferencia, *ahorras* un viaje. もし君が長距離電話をかければ, わざわざ行かずに済む. ❹ (労力など)を出し惜しむ. ―No *ahorra* medios para conseguir el objetivo que se propone. 出された目標を達成するためには彼は手段を惜しまない. 類 escatimar.

― **se** 再 ❶ (問題・困難など)を避ける, 回避する. ―Si no se lo cuentas, *te ahorrarás* problemas. 彼にそれを話さなければ, 君は問題を避けられるだろう. ❷ を節約[倹約]する. ―Si lo instalas tú mismo, *te ahorras* cien euros. 君自身がそれを取り付ければ 100 ユーロ節約できるよ.

ahorrativo, va [aoratíβo, βa] 形 倹約家の, けちな.

:**ahorro** [aóro] 男 ❶ (a) 貯蓄, 貯金. ―~ postal 郵便貯金. caja postal de ~s 郵便貯金局. caja de ~s 貯蓄銀行, 信用金庫. cartilla [libreta] de ~(s) 貯金通帳, 預金通帳. ~ nacional 国民貯蓄. bono de ~ 貯蓄債券. fomentar el ~ 貯蓄を奨励する. (b) 複 貯金, 貯え. ―retirar [sacar] los ~s del banco 銀行から預金を下ろす. gastarse los ~s 貯金を使い果たす. 類 peculio. ❷ (時間・エネルギーなどの)節約, 倹約, 切り詰め. ―~ de energía 省エネ. ~ de agua 節水.

ahorros de chicha y nabos 『話』爪に火をともすような倹約.

Ahuachapán [awatʃapán] 固名 アワチャパン(エルサルバドルの都市).

ahuchar [autʃár] [1.8] 他 ❶ (hucha)(金)を貯金箱に入れる, (物)を安全な所にしまう. ❷ (タカ)を "hucha" と言って呼ぶ.

ahuecamiento [aweekamjénto] 男 ❶ 凹ませること. ❷ ふっくらさせること. ❸ うぬぼれ. 類 engreimiento, envanecimiento.

ahuecar [awekár] [1.1]〔<hueco〕他 ❶ …に凹みをつける, を凹ませる. ―Las olas *han ahuecado* las rocas. 波が岩を凹ませた. ❷ (綿など)をふっくらさせる. ―~ la lana ウールをふっくらさせる. 類 esponjar, mullir. ❸ (声)を重々しくする.

ahuecar el ala 『話』立ち去る.

― 自 立ち去る『特に命令文で』. 類 irse, marcharse. ― **se** 再 ❶ 凹む. ❷ ふくらむ. ―*Se ha ahuecado* la capa de pintura con la humedad. 湿気でペンキの層が浮き上がってきた. ❸ うぬぼれる. 類 engreírse, hincharse.

ahuesado, da [awesáðo, ða]〔<hueso〕形 (色・固さが)骨のような, 骨に似た.

ahuesarse [awesárse] 再 『中南米』❶ (骨のように)やせ細る. ❷ (商品が)売り物にならなくなる.

ahuizote [awiɰóte] 男 『中南米』❶ 有害と思われているメキシコの両生類の一種. ❷ 呪術. ❸ しつこくて迷惑な人.

ahulado [auláðo] 男 『中南米』❶ ゴム引き布. ❷ 複 オーバーシューズ.

ahúm- [aúm-] 動 ahumar の直・現在, 接・現在, 命令・2 単.

ahumado, da [aumáðo, ða]〔<humo〕形 ❶ 煙のたちこめた. ❷ 燻(くん)製の. ―salmón ~ スモークサーモン. ❸ (煙のように)くすんだ色の. ―gafas de cristales ~s グレーのレンズのメガネ. cuarzo ~ 煙水晶. ❹ 『話, 俗』酔っぱらった.

― 男 ❶ いぶすこと. ❷ 燻製にすること. ❸ 黒くくすんだ色にすること.

ahumar [aumár] [1.8] 他 ❶ (a) (ある場所)を煙でいっぱいにする. ―La chimenea tiene un escape y *ahúma* las habitaciones. 煙突に穴があいていて, 部屋が煙だらけだ. (b) (ハチの巣など)をいぶす. ❷ (肉・魚など)を燻(くん)製にする. ―~ pescado 魚を燻製にする. ❸ をすすで汚す. ― 自 煙が出る. ― **se** 再 ❶ 煙が充満する. ―La leña no arde bien y la cocina *se ahúma*. まきがうまく燃えないので台所が煙だらけだ. ❷ 燻製っぽい味がする. ❸ すすで汚れる. ❹ 『話』酔っぱらる. 類 emborracharse.

66 ahusado

ahusado, da [aus̯áðo, ða] 形 (手紡(ぼう)ぎ用の)紡錘(ぼぅ)形の, 先細の.

***ahuyentar** [au̯jentár] [<huir] 他 ❶ を追い払う, 寄せつけない, 近づけない. ― El perro *ahuyentó* a los ladrones. 犬は泥棒を追い払った. ❷ (悩み・心配事など)を振り払う, 払いのける, …から逃れる. ― No podía ~ la idea de que iba a fracasar. 私は失敗するのではないかという考えを振り払うことができなかった. Bebe para ~ sus penas. 彼は彼の悲しみを忘れようと酒を飲む.

――**se** 再 逃げ去る.

AI [頭字] [<Amnistía Internacional] 女 国際アムネスティー.

aikido [ai̯kíðo] 男 [<日] 合気道.

ailanto [ai̯lánto] 男 〖植物〗ニワウルシ属の1種 (=árbol de cielo, barniz del Japón, maque).

aindiado, da [ai̯ndi̯áðo, ða] [<indio] 形 〖中南米〗(外観が)インディオに似た.

air- [aír-] 動 airar の直・現在, 接・現在, 命令・2単.

airadamente [ai̯raðaménte] 副 怒って.

:**airado, da** [ai̯ráðo, ða] 過分 [<airarse] 形 ❶ 怒った, 腹を立てた; 怒り狂った. ― con gesto ~ 怒った顔をして. Protestó con tono ~. 彼は怒った調子で抗議した. 類 **enojado, furioso, irritado**. ❷ 不道徳な, 堕落した. ― vida airada 堕落した生活.

airar [ai̯rár] [1.7] 他 (人)を怒らせる. ― La fechoría del niño *airó* a la madre. 子どものいたずらが母親を怒らせた. 類 **encolerizar, irritar**.

――**se** 再 [+con/contra] …に怒る; [+por] …で怒る. 類 **encolerizarse, irritarse**.

airbag [ai̯rβaɣ1] [<英] 男 [複] airbags または単複同形 〖自動車〗エアバッグ.

:*aire [ái̯re] アイレ 男 ❶ 空気, 外気, 大気. ― ~ limpio 澄んだ空気. ~ líquido 液体空気. Vamos a salir a la calle a respirar el ~ fresco. 外へ出て新鮮な空気を吸おう. El ~ está cargado. 空気が淀んでいる. exponer al ~ を空気にさらす. poner ~ a [sacar ~ de] los neumáticos タイヤに空気を入れる[から空気を抜く]. ❷ 〖時に複〗空, 空中, 航空. ― viaje por ~ 空の旅. ejército en el ~ 空軍. levantar castillos en el ~ 空中楼閣を築く. El águila alzó el vuelo y se elevó, majestuosa, por el ~. 鷲は飛び立って, 空を堂々と飛んだ. 類 **atmósfera**. ❸ 風. ― una bocanada [un golpe] de ~ 一陣の風. corriente de ~ [~ colado] 風通し, 隙間(ずま)風. ~ de mar 海風, 潮風. Sopla un ~ fresco [suave]. 涼しい[そよ]風が吹いている. ¿Qué ~s le traen por aquí? どういう風の吹き回しでいらしたのですか? Hacía mucho ~ y se me voló la gorra. 大変風が強く, 私は帽子を飛ばされた. Abre la ventana, que entre un poco de ~. 窓を開けて, 少し風を入れよ. 類 **viento**. ❹ 様子, 外見, 風采, 態度. ― ~ de suficiencia うぬぼれた[もったいぶった]様子. con (un) ~ triste [cansado, pensativo] 悲しげな[疲れた, 考え込んだ]様子で. Tras las reformas, la casa tiene un ~ nuevo. 改造したらその家は新築みたいだ. 類 **apariencia, aspecto**. ❺ (周りの)雰囲気, 気配, 様子. ― El descontento se respira en el ~. 不満な雰囲気が漂っていた. Esas ideas están en el ~. それらの考えは一般に広まっている. ❻ 空虚, 無, くだらないこと. ― tener la cabeza llena de ~ 頭が空っぽである, ばかである. 類 **vanidad**. ❼ [+a] 似たところ, 似寄り. ― un ~ de familia 骨肉の似寄り(親子・兄弟がよく似ていること). Todos los hermanos tienen un ~ a la madre. 兄弟はみんな母親似である. 類 **parecido, semejanza**. ❽ 〖複〗気取り, 虚栄心, うぬぼれ. ― darse ~s 気取る, もったいぶる, いばる. 類 **alardes, ínfulas**. ❾ (動き・振舞いの)優雅さ, 気品, 粋(いき). ― ¡Con qué ~ se mueve esta bailarina! このバレリーナの動きは何て優雅なのでしょう. Se da un buen ~. 彼女は身のこなしが上品である. 類 **gallardía, garbo, gracia**. ❿ 器用. ― Tiene [Se da] buen ~ para tocar el violín. 彼はバイオリンを弾くのがうまい. 類 **habilidad**. ⓫ (馬の)歩き[駆け]方. ⓬ 〖音楽〗(拍子の)速度, テンポ. ― La orquesta interpretó la marcha con ~ muy vivo. オーケストラはマーチをとても軽快に演奏した. ⓭ 〖音楽〗曲, 歌, 民謡; 〖中南米〗民族舞踊. ― ~ bailable 舞踏曲. ~ popular 民謡, 流行歌. El coro interpretó varios ~s típicos de la región. 合唱団は郷土民謡を数曲歌った. 類 **canción, melodía**. ⓮ 〖医学〗〖話〗(心臓・脳の)発作; 風邪. ― coger (un) ~ 風邪を引く. Le ha dado un ~ y ya no puede moverse. 彼は発作を起こして, もう動けない. ⓯ 〖医学〗空気嚥下(えんか)症 (=aerofagia). ⓰ 複 〖文芸・芸術の〗新風.

aire acondicionado エアコン, 空気調節冷暖房装置. un coche con *aire acondicionado* エアコン付きの車.

aire comprimido 圧縮空気. escopeta de *aire comprimido* 空気銃.

aire(s) nuevo(s) 新傾向.

al aire (1) 〖echar/lanzar/tirar+〗空に向けて, 空中に, 上に(投げる). disparar *al aire* 空に向けて発砲する, 威嚇射撃する. (2) 〖dejar/echar/quedar+〗あらわに, むき出しに, 露出した. un vestido con la espalda *al aire* 背中の開いたドレス. En pleno invierno iba con los brazos *al aire*. 彼は真冬に両腕をむき出しにしていた. (3) 根拠のない; 出まかせに. hablar *al aire* いい加減なことを言う, 口から出まかせを言う. (4) 放送されて. Ayer salió *al aire* ese programa. 昨日その番組が放送された.

al aire libre 戸外で[の], 野外で[の]. piscina *al aire libre* 屋外プール. teatro [concierto] *al aire libre* 野外劇場[コンサート].

a su aire 自己流に, 自分勝手に, 好きなように. ir a su aire 自分勝手にする, 好きなようにする, 自己流でやる.

azotar el aire 無駄骨を折る.

beber los aires por ... (女性)に心底惚れ込んでいる.

cambiar [mudar] de aires 転地保養[静養, 療法]する; 転勤する.

cogerlas [matarlas] en el aire 飲み込みが早い, 理解が早い.

correr buenos [malos] aires 好ましい[思わしくない]情況が重なる.

dar aire a ... (1) (人)を扇などであおいでやる. (2) (金などを)あっという間に使い果たす, 浪費する. dar (buen) *aire* al dinero 金遣いが荒い.

dar el aire de ... …の気配に気づく, …の気がする.

darse aires 【+de】(…を)気取る, もったいぶる. *darse aires* de intelectual [de sabio] インテリ[学者]ぶる.

de buen [mal] aire 上[不]機嫌で; 喜んで[いやいや].

en el aire (1)『dejar/estar/quedar+』『話』宙に浮いて, 未決定[未解決]の. dejar una pregunta *en el aire* 質問に答えない. El proyecto sigue [está, queda] *en el aire*. 計画は宙ぶらりんのままだ. (2) 根拠のない, 出まかせに. promesas *en el aire* 空約束. (3)『estar+』不安[心配]で. (4)『estar+』(ラジオ, テレビ)(特にラジオ番組が)放送中の, オンエアの(=en emisión). (5) たちまち, 大急ぎで.

guardar [llevar, seguir] el aire a ... (人)に調子を合わせる, 従う.

hacer aire (1) 風が吹く. (2) (涼しくするために)扇ぐ. (3) 迷惑をかける.

herir el aire 空をつんざく(ほど大声で嘆く).

lleno de aire 空っぽの.

llevar a ... el aire 《話》(人)のご機嫌をとる.

mantenerse [sustentarse] de aire 食うや食わずの暮らしをする.

mudar(se) a cualquier aire 意見を簡単に変えてしまう, 移り気である.

ofenderse del aire 神経過敏である.

por los aires [el aire] (1) 空中に[で], 空から, 空路で. atacar *por el aire* y por sorpresa 空から不意に攻撃する. (2) たちまち, 大急ぎで.

quedarse sin aire 息苦しくなる.

salir al aire (1) 外へ出る. (2) 《テレビ, ラジオ》放送される.

ser (un poco) de aire 空虚な, 根拠のない.

tener aire de gran señor 風采[態度]が堂々としている, 品位がある.

tomar el aire (1) 外気に当たる, 外の空気を吸う, 散歩に出る (=airearse). Necesitas salir a *tomar el aire*, porque llevas toda la semana en casa. 君は1週間ずっと家に閉じこもっているので, 外の空気に当たってきた方がいい. (2) (狩猟で)獲物の跡をかぎとる.

¡Vete a tomar el aire! 出て行け!

vivir del aire (1) 食うや食わずの暮らしをし, 霞を食って生きる(→mantenerse [sustentarse] de aire). (2) 夢に生きる, 夢を見る.

—— 間 《話》出て行け!; さっさと仕事しなさい!

aireación [aireaθjón] 囡 通風; 換気, 通気. 類**ventilación**.

airear [aireár] 他 ❶ (部屋などに)風を通す, 外気を入れる. ~ la casa 家の中を換気する. 類**ventilar**. ❷ (衣類などを)空気[外気・風]にあてる. 類**ventilar**. ❸ (秘密などを)漏らす, 公にする. —El secretario del diputado *aireó* el secreto. 議員の秘書は秘密を漏らした.

——se 再 ❶ 外気に当たるために屋外に出る. ❷ 風邪をひく.

airón [airón] 男 ❶ 〖鳥類〗アオサギ (=garza real). ❷ (鳥の)冠毛. ❸ (かぶと, 帽子または頭につける)羽飾り.

airosamente [airósaménte] 副 優雅に, さっそうと.

airosidad [airosiðá(ð)] 囡 優雅さ, さっそうとした様子[態度].

airoso, sa [airóso, sa] 形 ❶ (人が)優雅[優美]な. —Es una chica alta y de andares ~*s*. 彼

ajado 67

女は背が高くて, 歩き方が優雅な女性です. 類**gallardo, garboso**. ❷ (樹木などが)すらりとしてしなやかな. —Los pájaros cantaban en los ~*s* chopos de la ribera. 小鳥たちは川辺のしなやかなポプラにとまってさえずっていた. ❸ (場所が)風通しのよい; (場所・時期が)風の強い. ❹ …に成功する, うまく切り抜ける『quedar/salir+』. —Salió ~ de aquella situación comprometida. 彼はあの苦境をうまく切り抜けた.

aísl- [aísl-] 動 aislar の直・現在, 接・現在, 命令・2単.

aislacionismo [aislaθjonísmo] 〈< isla〉男 〖政治〗孤立主義, 不干渉主義. 反**intervencionismo**.

aislacionista [aislaθjonísta] 形 〖政治〗孤立主義の. —política ~ 孤立主義政策. —— 男囡 孤立[不干渉]主義者.

aisladamente [aisláðaménte] 副 孤立して, 別々に.

:**aislado, da** [aisláðo, ða] 過分 形 ❶ (a) 遠い, **隔離**された. 類**alejado**. (b) 孤立した; 【+de から】切り離された, 隔離される. —Varios pueblos han quedado ~*s*. いくつかの村が孤立状態になった. Desde que murió su marido vive *aislada* del mundo. 彼女の夫が死んで以来, 彼女は世間との接触を断っている. Vivimos en una urbanización *aislada*. 私たちは人里離れた町に住んでいる. (c) (ケース・事例が)他に例のない, 特殊な. —Se trata de un caso ~. それは特殊なケースだ. ❷ (電気)絶縁された.

aislador, dora [aislaðór, ðóra] 形 (電気を)絶縁する.

—— 男 〖電気〗絶縁体, 碍子(がいし).

aislamiento [aislamjénto] 男 ❶ 隔離, 離すこと. —La enfermedad que padece es contagiosa y es necesario su ~. 彼の病気は伝染するので隔離せねばならない. ❷ 孤立. —~ político 政治的孤立. 類**desamparo, incomunicación**. ❸ 〖電気〗絶縁(すること).

aislante [aislánte] 形 絶縁の; 断熱の; 防音の. —cinta ~ 絶縁テープ.

—— 男 絶縁体; 断熱材; 防音材. 類**aislador**.

:**aislar** [aislár] [1.7] 〈< isla〉他 ❶ を孤立させる, 隔離する, 絶縁させる. —La inundación *aisló* varios pueblos de la comarca. 洪水によってその地域のいくつかの町村が孤立した. Hay que ~le porque tiene cólera. 彼はコレラにかかっているから隔離せねばならない. ❷ (電気・熱などから)絶縁する, 断熱する. —~ los cables eléctricos 電線を絶縁する. Este es un material que *aísla* del frío [de la humedad]. これは冷気[湿気]を絶縁してくれる素材だ. ❸ 〖化学〗(成分などを)分離する, 抽出する. —~ el virus causante de una gripe 風邪を引き起こすウイルスを分離する. Ha conseguido ~ un componente químico desconocido hasta ahora. 彼はいままで未知の化学成分を抽出するのに成功した.

——se 再 孤立する, 引きこもる. —Desde que se jubiló *se ha aislado*. 彼は引退して以来引きこもってしまった.

¡ajá! [axá] 間 (満足して)いいぞ; (了解して)なるほど; (驚いて)おや, まあ.

ajado, da [axáðo, ða] 過分 形 擦り切れた; や

68　ajalá

つれた，しおれた．— tez *ajada* しわくちゃの顔．flores *ajadas* しおれた花．
—— 囡 《料理》ニンニクソース．

¡ajalá! [axalá] 圓 →¡ajá!

¡ajajay! [axaxái] 圓 →¡ajá!

ajamonarse [axamonárse] 再 (特に女性などが)太る．

ajar [axár] 他 ❶ (布・衣服などを)よれよれにする，しわくちゃにする，痛める．❷ しおれさせる，色あせさせる，新鮮さを失わせる．
—— se 再 ❶ よれよれになる，擦り切れる．❷ しおれる，しなびる，色あせる．

ajardinar [axarðinár] 他 (土地を)庭にする，造園する．

aje¹ [áxe] 男 [複] 持病. 類 **achaque**.

aje² [áxe] 男 ❶《植物》ミツバドコロ(ヤマノイモ属)．❷《虫類》エチニールカイガラムシ虫の一種．

ajedrea [axeðréa] 囡《植物》サボリ，キダチハッカ(煎じて胃薬として利用)．

ajedrecista [axeðreθísta] 男女 チェスの棋士．

‡**ajedrez** [axeðréθ] [複] ajedreces] 男 ❶《ゲーム》チェス，西洋将棋；[集合的に] チェスセット一式．— jugar al ～ チェスをやる．jugar una partida de ～ チェスを一勝負する．tablero de ～ チェスの盤．❷《海事》(後甲板などで敵の乗船を阻む木製の)防御格子．類 **enjaretado, jareta**.

ajedrezado, da [axeðreθáðo, ða] 形 《紋章》チェック[市松]模様の，碁盤縞の．

ajenjo [axéŋxo] 男 ❶《植物》ニガヨモギ．❷ アブサン(ニガヨモギを原料としたリキュール)．

‡**ajeno, na** [axéno, na] 形 ❶ 他人の，ひとの．— propiedad *ajena* 他人の所有物．Es mejor no inmiscuirse en asuntos ～s. 他人の問題には首をつっこまない方がよい．反 **propio**. ❷ [＋a] …と無関係の，…に無縁の．— Prohibida la entrada a toda persona *ajena* a este establecimiento. この施設の関係者以外の立入りを禁じます．Es ～ a la muerte de esas mujeres. 彼はその女性達の死にかかわっていない．Permanecía ～ a nuestra conversación. 彼は私達の会話に入ろうとしなかった．類 **extraño, impropio**. ❸ [＋a] …と異質の；その．— ～ a su estado 身分不相応の．Aquella lengua era muy *ajena* a cuantas había estudiado antes. あの言語は，私がそれ以前に学んだすべての言語と非常に異なっていた．❹ [＋a] …にそぐわない，合わない．— Aquel proceder era ～ a su carácter. あのやり方は彼の性格にそぐわないものだった．❺ [＋a] …を知らない，…に気付かない，無関心の[estar＋]．— Cuán ～ estaba *a* lo que me esperaba en España. 私はスペインで何が自分を待ち受けているか全く気づかなかったのだ．❻ [＋de] …のない，を欠いている．— una persona *ajena* *de* razón 理性が欠けている人．～ *de* prejuicios 偏見のない．～ *de* preocupaciones 心配のない．
estar ajeno de sí 我を忘れる，気が動転する．
—— 图 他人，よそ者，門外漢．

ajete [axéte] 男 ❶《植物》緑色の若いニンニク．❷《料理》ニンニクのソース，ガーリックソース．

ajetreado, da [axetreáðo, ða] 形 (仕事で)多忙な，忙しく動き回る．— Llevo una vida *ajetreada*. 私はあわただしい生活を送っている．

ajetrear [axetreár] 他 (人を)(命令や仕事を与えて)働かせる．
—— se 再 (仕事で)忙しく動き回る．— No debes ～*te* tanto. 君はそんなにあわただしく働くべきではない．

ajetreo [axetréo] 男 ❶ あわただしいこと，多忙．— No quiero ni pensar en el ～ de la mudanza. 私は引越しのあわただしさのことを考えたくもない．❷ (ある場所の)にぎわい，往来の激しさ．

ají [axí] 男《中南米》[複 ajíes] ❶《植物》トウガラシ．❷《料理》辛口のソース．類 **ajiaco**.

ajiaceite [axiaθéite] 男《料理》ニンニクソース(油とつぶしたニンニクで作る)．

ajiaco [axiáko] 男《中南米》《料理》❶ チリソース．❷ 肉・野菜のチリソース煮．

ajilimoje [aximilóxe] 男《料理》辛口のニンニク[ガーリック]ソース．❷ 雑然としていること．❸ [複] 付け合わせ，付加物．類 **aditamentos, agregados**.

ajilimójili [aximilóxili] 男 →ajilimoje.
con todos sus ajilimójilis 《話》余す所なくすべて込みで．

ajillo [axíjo] 男《料理》炒めたニンニクのソース．

ajimez [aximéθ] 男《建築》中央の柱で区切られたアーチ形の窓．

ajipuerro [axipu̯érro] 男《植物》野生のポロネギ．

‡**ajo**¹ [áxo] 男《料理》ニンニク．— una cabeza de ～ ニンニク玉．un diente de ～ ニンニクの一片．Mamá está haciendo una sopa de ～. ママがガーリックスープを作っている．～ cañete [castañete] 皮の赤いニンニク．～ porro [puerro] 長ネギ．
¡ajo y agua! 《話》あきらめるしか仕方がない．
andar [*estar*] *en el ajo* [*metido en el ajo*] …に関与している，巻き込まれる．
El que se pica, ajos come. 《諺》人に何か言われて腹を立てるのは思い当たるふしがあるからだ．
más tieso que un [*tieso como un*] *ajo* とても傲慢に，お高くとまって．

ajo² [áxo] 男《話》(carajo の婉曲用)野卑な言葉．— echar [soltar] ～s ののしる，毒づく．

ajó, ajo³ [axó, áxo] 圓 (赤ん坊に話しかけて)ばば!

ajoaceite [axoaθéite] 男 ニンニクソース．

ajoarriero [axoařiéro] 男《料理》ニンニクで味付けした干しタラの焼き物(バスク・アラゴン・ラ・リオーハ地方の料理)．

ajobar [axoβár] 他 (人・物)を背負う．

ajolote [axolóte] 男《動物》アホロートル，メキシコサンショウウオ．

ajomate [axomáte] 男《植物》ネジグサ属の淡水藻(*)．

ajonje [axóŋxe] 男 ❶ チャボアザミの根から抽出する粘着性の物質(鳥もちとして利用)．❷《植物》チャボアザミ．

ajonjolí [axoŋxolí] 男《植物》ゴマ，白ゴマ(太白)．

ajorca [axórka] 囡 金属性の腕輪[ブレスレット]；足輪，アンクレット．

ajornalar [axornalár] [＜jornal] 他 (人を)日給で雇う．

ajuiciado, da [axui̯θiáðo, ða] [＜juicio] 形 分別のある，正気の．類 **juicioso**.

ajuiciar [axui̯θiár] 他 ❶ (人に)分別を持たせる，を正気にさせる．❷ 判断を下す．類 **enjuiciar, juzgar**.

ajumado, da [axumáðo, ða] 形 《俗》酔っぱらった. 類 borracho. ― 名 《俗》酔っぱらい.

ajumar [axumár] 他 (人)を酔っぱらわせる. 類 emborrachar.

― se 再 (人が)酔っぱらう. 類 emborracharse.

ajuntar [axuntár] [< junto] ❶ (話)を集める. 類 juntar. ❷ [幼児語] (人)を仲間に入れる.

― se 再 ❶ (話)同棲する. 類 amancebarse. ❷ [幼児語] [+con] (人)と友だちになる.

ajustado, da [axustáðo, ða] [< justo] 形 ❶ (衣類などが)ぴったりした, 窮屈な. ― Le gusta llevar faldas *ajustadas*. 彼女はぴったりしたスカートをはくのが好きだ. ❷ [+a] (何か)に適合した, ぴったり合った. ― Es un piso ~ a nuestras disponibilidades. それは我々の収入に合ったマンションだ. ❸ (価格などが)妥当な, 適切な. ― un precio ~ 妥当な価格. El trabajo no es duro y el salario parece ~. 仕事はきつくないし, 賃金は妥当でしょう. 類 justo, recto. ― 男 調整. 類 ajuste.

ajustador, dora [axustaðór, ðóra] 形 調整する, 仕上げの. ― 男 ❶ 調整工, 仕上工. ❷ コルセット.

ajustamiento [axustamjénto] 男 →ajuste.

:**ajustar** [axustár] [< justo] 他 ❶ [+a に]をぴったり合わせる, 適合[適応]させる, 合致させる. ― Me era difícil ~ mi paso al suyo. 彼の歩調に合わせるのは私には難しい. ~ la radio a una determinada onda corta ラジオを特定の短波に合わせる. ~ los gastos a los ingresos 収支の帳尻を合わせる. ~ un tornillo ねじをはめ込む. ❷ を調整する, 調節する. ~ una balanza [un motor] はかり[エンジン]を調整する. ❸ [+a/en に] (値段・条件など)を取り決める. ~ las condiciones de pago 支払い条件を取り決める. *Ajustamos* la moto *en* mil euros. 私たちはオートバイの取引値段を1000ユーロに決めた. ❹ ~ に合意する, まとめる. ― Los dos países *han ajustado* una tregua de dos semanas. 両国は2週間の休戦を取り決めた. ❺ を決済する, 支払う. ~ las cuentas 勘定を決済する. ❻ [印刷] を組版する, ページに組む.

― 自 ぴったり合う[一致する]. ― La puerta no *ajusta* bien y deja pasar el aire. ドアの寸法がぴったり合ってないので, 風が入る.

― se 再 ❶ [+a に] ぴったりする, 適合する, はまる. ― El contenido del libro no *se ajusta a* su título. その本の内容は本のタイトルにそぐわない. Lo que me dijo no *se ajustaba a* la verdad. 彼が私に言ったことは事実に合わなかった. ❷ [+en に] 合意する, 折り合う. ― Debes ~*te* en todo momento a mis instrucciones. 君はどんな時でも私の指示に従わなければならない. *Se ajustó* de jardinero *en* mil euros al mes. 彼は庭師に月1000ユーロ払うことで合意した. ❸ (自分の体)にぴったり合わせる. ― ~*se* el cinturón ベルトをきちんと締める.

ajuste [axúste] 男 ❶ 合わせること, 適合させること, 調整. ― un ~ de una máquina 機械の調整. carta de ~ (テレビの)テストパターン. ❷ 合意, 取り決め. ― No hemos conseguido llegar a un ~ en el precio. 私たちは価格で合意に達することができなかった. ❸ 《商業》(勘定の)清算.

ajuste de cuentas 仕返し, 報復.

ajusticiado, da [axustiθjáðo, ða] 形 処刑された, 死刑に処せられた. ― 名 処刑された人.

ajusticiamiento [axustiθjamjénto] 男 処刑, 死刑執行.

ajusticiar [axustiθjár] [< justicia] 他 (人)を処刑する, ~ に死刑を執行する. 類 ejecutar.

al [al] [前置詞 a + 定冠詞 el の縮約形] →a.

:**ala** [ála アラ] 女 [単数形の冠詞は el] ❶ (鳥の)翼(ﾂﾊﾞｻ), (昆虫などの)羽. ― batir las ~s (鳥や虫が)羽ばたく. ❷ (飛行機の)翼, 主翼. ― ~ delta ハンググライダー. ❸ 《建築》(建物の)翼(ﾖｸ)部, 張り出し部分; ひさし. ❹ (帽子の)つば, ひさし. ❺ 《解剖》鼻翼(ﾋﾞﾖｸ), 小鼻. ❻ (政治の)翼(ﾖｸ), 派. ― ~ izquierda[derecha] 左翼[右翼], 左派[右派]. ❼ 《スポーツ》ウイング. ❽ 《軍隊》翼(ﾖｸ), 側面部隊.

ahuecar el ala 《話》立ち去る; 逃げる, 退散する.

caerse a ... las alas 《話》(人)の気力を失う, 気力が萎える.

cortar las alas a ... (人)の気力をそぐ, やる気をなくさせる.

dar alas a ... 《話》(人)にやる気を出させる, 元気づける; (人)に付け入らせる.

del ala 《話》[金額を強調して]. diez mil euros *del ala* 1万ユーロもの金額.

estar tocado del ala 《話》気のふれた, 頭がいかれた.

¡ala! [ála] 間 →¡hala!

alabado, da [alaβáðo, ða] 形 賞賛された. ― un discurso muy ~ 絶賛された演説.

― 男 《宗教音楽》聖体礼賛のモテット (Alabado sea で始まる).

alabador, dora [alaβaðór, ðóra] 形 賞賛する. ― 名 賞賛する人.

alabamiento [alaβamjénto] 男 →alabanza.

alabancioso, sa [alaβanθjóso, sa] 形 (人が)自慢癖のある, うぬぼれた. 類 jactancioso.

:**alabanza** [alaβánθa] 女 ❶ 賞賛, 賛美; 賛辞, 褒め言葉. ― decir ~s 賞賛する. merecer [ser digno de] la ~ 賞賛に値する. colmar [llenar] de ~s a .../deshacerse en ~s hacia [sobre] ... をほめそやす, ほめちぎる. 類 elogio, encomio. 反 censura. ❷ 自慢, 自画自賛.

en alabanza de ... ~を称賛して, ほめ称えて.

:**alabar** [alaβár] 他 をほめる, ほめたたえる, 賞賛する. ― Todos *alabamos* su modestia. われわれ皆は彼の腰の低さをほめたたえる. Le *alabaron* por su éxito en las negociaciones. 彼らは彼の商売上の成功をほめそやした. 類語 aclamar は「歓呼する」感じが強い.「ほめる」意味での alabar がもっとも一般的. aplaudir は「拍手喝采する」感じ, celebrar は「喜ぶ」感じがそれぞれ強い. elogiar は「ほめる」という意味だが, alabar より文面的.「賞賛する」感じ. encarecer は「いささか大げさにほめる」感じ, ほめやす, ensalzar は「称揚する」, exaltar は「いささか興奮気味に称揚する」という感じをそれぞれ表わす.

― se 再 [+de を] 自慢する, うぬぼれる. ― Carmen *se alaba de* ser alta y guapa. カルメンは背が高くて美人であることを自慢している. 類 jactarse, vanagloriarse.

alabarda [alaβárða] 女 《歴史》矛槍(ﾎｺﾔﾘ).

alabardero [alaβarðéro] 男 ❶ 《歴史》矛槍兵. ❷ 《話》(劇場などの)拍手屋, さくら.

alabastrado, da [alaβastráðo, ða] 形 → alabastrino.

alabastrino, na [alaβastríno, na] 形 ❶ 雪花石膏(せっこう)(のような). ❷ (特に女性の肌が)白い.

alabastro [alaβástro] 男 (鉱物)雪花石膏(せっこう), アラバスター. ~ oriental 透明度の高い雪花石膏, 霰石(あられいし). ~ yesoso 半透明の雪花石膏.

álabe [álaβe] 男 ❶ (水車の)水受け板; (水車・タービンの)羽根; (歯車の)歯. ❷ 垂れた枝.

alabeado, da [alaβeáðo, ða] 形 (板などが)反(そ)った, 歪(ゆが)んだ.

alabear [alaβeár] 他 (板などを反(そ)らせる, 歪(ゆが)める. ── se 再 反る, 歪む.

alabeo [alaβéo] 男 (板などの)反(そ)り, 歪(ゆが)み.

alacena [alaθéna] 女 はめ込みの食器棚.

alacha [alátʃa] 女 (魚類)ヒシコイワシ, アンチョビー.

alacrán [alakrán] 男 ❶ *(a)* (動物)サソリ. 類 **escorpión**. *(b)* ~ cebolloro (虫類)ケラ. (c) ~ marinero (魚類)アンコウ. ❷ (乗馬)馬銜(はみ)の部品. ❸ 金属製のボタンを留めるリング.

alacranado, da [alakranáðo, ða] 形 ❶ サソリに刺された. ❷ 悪習にそまった, 病気にかかった.

alacranera [alakranéra] 女 (植物)ツリシャクジャウ(マメ科, 花は黄色で実がサソリの尾の形をしている).

alacridad [alakriðá(ð)] 女 《文》快活さ, 陽気で生気のある状態.

alada [aláða] 女 羽ばたき.

aladar [alaðár] 男 〖主に複〗こめかみに垂れた髪の房.

aladierna [alaðjérna] 女 (植物)クロウメモドキの一種(実は薬剤・染料として用いられる).

aladierno [alaðjérno] 男 →aladierna.

alado, da [aláðo, ða] [<ala] 形 ❶ 翼[羽]のある. ── hormiga *alada* ワリアリ. ❷ (植物)翼のある. ❸ (動きが)軽やかな, すばやい. 類 **ligero, veloz**.

alagartado, da [alaɣartáðo, ða] [<lagarto] 形 トカゲの皮膚のような, 色とりどりの.

ALALC [alálk] [< Asociación Latinoamericana de Libre Comercio] 女 ラテンアメリカ自由貿易連合(英LAFTA).

alalimón [alalimón] 男 子供の遊びの一つ(二組に分れて alalimón と唱えながら遊ぶ). →alimón.

alamar [alamár] 男 (服飾) ❶ (マントなどに飾りとしてつける)ボタンとループ. ❷ (衣服の飾り紐, 房飾り). 類 **cairel**.

alambicado, da [alambikáðo, ða] 形 ❶ 蒸留した. ❷ (文章などが)凝(こ)りすぎた, 難解な. ── estilo ~ 凝(こ)りすぎた文体. 類 **exquisito, rebuscado, sutil**. ❸ よく吟味された, 細心の注意の行き届いた. ❹ (価格が)最低限の.

alambicamiento [alambikamjénto] 男 ❶ 蒸留. ❷ (文章などに)凝(こ)りすぎること, 難解さ. ❸ 吟味(すること).

alambicar [alambikár] [1.1] 他 ❶ (液体を)蒸留する. 類 **alquitarar, destilar**. ❷ (文章・文体などに)凝(こ)りすぎる. 類 **sutilizar**. ❸ (正確さを期すために何かを)よく吟味する. 類 **precisar**. ❹ (価格を)最低限に押える. 類 **aquilatar**.

alambique [alambíke] 男 (化学)蒸留器. 類 **destilador, retorta**.

alambrada¹ [alambráða] 女 (軍事)鉄条網, 有刺鉄線網 (= ~ de púas [de espino]); 金網(のフェンス). —Una ~ eléctrica rodea el campo de concentración. 電流を流してある鉄条網が収容所のまわりに張り巡らされている. 類 **alambrera**.

alambrado¹ [alambráðo] 男 ❶ 金網のフェンス. 類 **alambrada**. ❷ (網戸・炉格子・蝿帳(はいちょう)などの)金網(の覆い). 類 **alambrera**.

alambrado², da² [alambráðo, ða] 過分 形 金網[鉄条網]を巡らした.
rojo alambrado 燃えるような赤.

alambrar [alambrár] 他 (ある場所を)針金[鉄線]で囲む; …に金網を張る.

alambre [alámbre] 男 ❶ 針金, ワイヤー, 電線. ── tender la ropa en un ~ 針金に洗濯物を干す. cable de ~ ケーブル, 鋼索. piernas de ~ 非常に細い脚. ~ eléctrico 電線. red de ~ 金網. barreras de ~ electrificado 電流の流れている柵. ~ aislado 絶縁線. ~ conejo (兎などの)罠(わな)用針金. ~ de entrada 引き込み線. ~ de tierra アース線. ~ sin aislar 裸線. ❷ 有刺鉄線, 鉄条網 (= ~ de púas [de espino, espinoso]). ❸ スパイラル針金. ❹ 〖集合的に〗《まれ》(家畜の首につける多くの)鈴. ❺ 《話》痩(や)せた人, 骨と皮ばかりの人.
ser [estar hecho] un alambre がりがりに痩せている.

alambrera [alambréra] 女 (窓などに張る)金網, (虫かごなどの)金網の覆い.

alambrista [alambrísta] 男女 綱渡り芸人.

alameda [alaméða] 女 ❶ ポプラ並木道. ❷ (一般に) 並木道. 類 **avenida, paseo**.

álamo [álamo] 男 (植物)ポプラ(材). ── ~ blanco [bastardo] ハクヨウ(白楊), ギンドロ, ウラジロハコヤナギ. ~ negro コクヨウ(黒楊), セイヨウハコヤナギ, ポプラ. ~ temblón [alpino, líbico] (総称的に)ヨーロッパヤマナラシ, アスペン. ~ falso ニレ(楡).

alamparse [alampárse] 再 〖+por〗(特に飲んだり食べたりすること)を強く欲する.

alancear [alanθeár] [<lanza] 他 (牛などを)槍(やり)で突く[刺す].

alano, na [aláno, na] 形 ❶ (歴史)アラン族の. ❷ (動物)アラーノ犬(大型犬).
── 名 アラン族(5世紀初頭スペインへ侵入したグルマン系の民族). ── 男 (動物)ブルドッグとグレーハウンドの交配種の犬 (= perro alano).

alantoides [alantóiðes] 女 〖複 なし〗(解剖)尿膜, 尿囊(のう).

alar [alár] 男 ❶ 軒, ひさし. 類 **alero**. ❷ 歩道. ❸ シャコ(perdiz)捕り用の罠(わな).

Alarcón [alarkón] 固名 ❶ アラルコン(ペドロ・アントニオ・デ Pedro Antonio de ~)(1833-91, スペインの作家・政治家). ❷ アラルコン(フアン・ルイス・デ Juan Ruiz de ~)(1581?-1639, メキシコの劇作家).

alarde [aláɾðe] 男 ❶ 誇示, みせびらかすこと. ── Actuó así más por ~ que por convicción. 彼があのように行動したのは信念と言うよりは誇示のためだ. 類 **jactancia, ostentación**. ❷ (軍事)兵員の点呼; 武器の点検.
hacer alarde de = alardear.

alardear [alarðeár] 自 〖+de〗(何かを)誇示する, 自慢する. ── ~ *de ser* amigo del alcalde 彼

は市長の友人であることをひけらかす. 類**jactarse, presumir**.

alardeo [alarðéo] 男 →alarde①.
alargadera [alarɣaðéra]〔<largo〕女 ❶《化学》(蒸留器の)継足し管. ❷ 器具を長くする部品. — ~ del compás コンパスの継足し脚.
alargado, da [alarɣáðo, ða] 形 ❶ 長くなった, 伸びた. ❷ 細長い. — pasillo ~ 細長い廊下.
alargamiento [alarɣamjénto] 男 (何かを)長くすること, 伸ばすこと; (時間の)延長, 延期.
‡**alargar** [alarɣár] **[1.2]**〔<largo〕他 ❶ 長くする, 伸ばす. —Ella *ha alargado* la falda. 彼女はスカートのすそを長くした. ❷ (期間などを)延長する, 延期する, 引き延ばす. —*Alargó* una semana su estancia en Estados Unidos. 彼はアメリカ滞在を1週間延長した. Le *alargaron* el plazo de pago de la deuda. 彼は借金の返済期限を延ばしてもらった. ❸ (手足)を伸ばす, 出す. —*Alargó* el brazo y cogió un libro de la estantería. 彼は腕を伸ばして本棚から1冊の本を取り出した. ❹ (物)を渡す, 手渡す, 差し出す. —*Alárgame*, por favor, los guantes. すまないけど手袋を取ってくれ. ❺ (給料・配給量などを)増やす. — ~ el salario 給料を上げる. ~ la ración 給食を増やす. ❻ (感覚)を集中させる. — ~ la vista 目をこらす. — ~ el oído 聞き耳を立てる.
— **se** 再 ❶ 長くなる, 伸びる. —Los días han comenzado a ~*se*. 日が長くなり始めた. ❷ 長引く. —El partido de tenis *se alargó* hasta las diez de la noche. そのテニスの試合は夜の10時まで長引いた. ❸【+en を】長々と引き延ばす, だらだら行う. —El conferenciante *se alargó en* disquisiciones innecesarias. 講演者は不必要な話題で時間をとり過ぎた. ❹【+a に/hasta まで】立寄る, 出向く; 足を延ばす. —*Alárgate a* la farmacia y compra unas aspirinas. 薬局まで行ってアスピリンを買って来てくれ. Ya que estoy en Algeciras *me alargaré a* Marruecos. 私はアルヘシラスにいるのだからモロッコまでちょっと足を延ばしてみよう.

alargue(-) [alarɣe(-)] 動 alargar の接・現在.
alargué [alarɣé] 動 alargar の直・完了過去・1単.
alarido [alaríðo] 男 ❶ (恐怖・苦痛・怒りなどを表す)叫び声, 悲鳴. —dar un ~ 叫び声をあげる. ❷ モーロ人のときの声.
alarife [alarífe] 男 ❶ 建築現場の親方. ❷ れんが積み職人. ❸《アルゼンチン》利口な人.
‡**alarma** [alárma] 女 ❶ (危険に対する)**不安, 恐れ**. —La noticia sembró la ~ en [entre] la población. そのニュースは人々の間に警戒心を引き起こした. Se oían gritos de ~. 人々の不安な叫び声が聞こえていた. ❷ 警報; 警報装置, アラーム. —falsa ~ 虚報. el timbre de la ~ 警報のベル. conectar la ~ 警報装置をセットする. saltar [sonar] la ~ 警報を出す. dar la voz de ~ 危険を知らせる[ほのめかす], 警報を出す. ~ amarilla 黄色防空警報(第2レベルの警報). ~ antiaérea 空襲警報. ~ antirrobo 盗難防止警報機. ~ contra incendios 火災警報. ~ contra intrusos 侵入警報. ~ de seguridad セキュリティー警報. ~ roja 赤色防空警報(第1レベルの警報). ❸ (時計の)目覚まし装置.
*__alarmador, dora__ [alarmaðór, ðóra] 形 不安を与える, 人を驚かせる. —Las noticias que llegaban de la catástrofe eran *alarmadoras*. その大惨事の知らせは恐ろしいものであった. 類**alarmante**.
— 男 警報器. — ~ de fuego 火災報知器.
‡**alarmante** [alarmánte] 形 気懸かりな, 心配な; 人を驚かせる. —Llegan noticias ~s sobre la situación de los refugiados. 難民の状況について憂慮すべきニュースが入っている. El paro va en aumento de manera ~. 失業が驚くほど拡大している.
alarmar [alarmár] 他 ❶ (人)を警戒させる, …に危険を知らせる. —Extraños ruidos *alarmaron* a los vecinos y avisaron a la policía. 不審な物音に住民は警戒して, 警察に通報した. ❷ (人)を驚かせる, 不安にさせる. 類**asustar, inquietar**.
— **se** 再 ❶ 警戒する. ❷ 不安になる. —*Nos alarmamos* al oír un estallido. 爆音を聞いて私たちはおびえた.
alarmista [alarmísta] 形 ❶ 人騒がせな, 不安の種をまく. ❷ 心配性の.
— 男女 ❶ 人騒がせな人, 不安の種をまく人. ❷ 心配性の人.
alauita, alauí [alauíta, alauí] 形 男女〘複 alauitas, alauíes〙《宗教》(イスラム教の)アラウィー派の(人).
Álava [álaβa] 固名 アラバ(スペインの県).
alavense [alaβénse] 形 名 →alavés, vesa.
alavés, vesa [alaβés, βésa] 形 アラバ (Álava, スペイン北部の県)の. — 名 アラバの人.
alazán, zana [alaθán, θána] 形 (馬が)栗毛の, 赤褐色の. — 男 栗毛の馬.
‡**alba** [álβa] 女〘単数冠詞は el, un(a)〙 ❶ 暁(ᵃ̪ᵃ̮), 夜明け(→crepúsculo『夕暮れ』). —levantarse [salir] antes del ~ 夜明け前に起きる[出かける]. toque del ~ 明けの鐘. La del ~ sería cuando Don Quijote salió de la venta. ドンキホーテが宿屋を出たのは明け方だったろう. 類**alborada, amanecer, aurora**. 反**anochecer, atardecer**. ❷ 曙光(ᵇᵃ̪)(=lumbre del alba). 類**albor, aurora**. ❸《宗教, 服飾》白衣, アルバ. ◆司祭がミサを挙げる時に着る白麻の長い祭服. ❹《文》初期, 初め. —Nació en el ~ de los años noventa. 彼は1990年代初めに生まれた. ❺《文学史》暁の歌. ◆恋人との夜明けの別れを歌ったプロヴァンスの中世叙情詩. ❻《隠》シーツ.

al alba/con el alba/de alba 夜明けに, 明け方に, 夜明けとともに, 早朝に(=al amanecer). Me levanté *al alba* y salí de viaje. 私は夜明けに起きて旅行に出かけた.
lucero del alba 明けの明星(=lucero matutino [de la mañana]).
rayar [*romper, despuntar, apuntar, clarear, quebrar, reír*] *el alba* 夜が明け初める (=alborear, amanecer). al *rayar* [*romper*] *el alba* 夜明けに, 明け方に. Rayando *el alba*, lo despertó el canto del gallo. 明け方彼は雄鳥の泣き声で目が覚めた.

albacea [alβaθéa] 名 遺言執行人. 類**fiduciario, testamentario**.
albaceazgo [alβaθeáθɣo] 男 遺言執行人の職務.
Albacete [alβaθéte] 固名 アルバセテ(スペインの県・県都).

albacetense [alβaθeténse] 形 アルバセーテ (Albacete, スペイン南東部の県)の.
── 男女 アルバセーテの人.

albaceteño, ña [alβaθeteɲo, ɲa] 形名 → albacetense.

albacora¹ [alβakóra] 女 《魚類》ビンナガ(マグロ).

albacora² [alβakóra] 女 《植物》ハナイチジク(夏に収穫する早生のイチジク). 類 breva.

albahaca [alβaáka] 女 《植物》メボウキ, バジル.

albalá [alβalá] 男/女 (公私の)証書; 王の勅許状.

albanés, nesa [alβanés, nésa] 形 アルバニア(Albania)の.
── 名 アルバニア人.
── 男 アルバニア語.

Albania [alβánja] 固名 アルバニア(首都ティラナTirana).

albañil [alβaɲíl] 男 石工(ごう), 左官(石・れんが等で建造物を造る職人).

albañilería [alβaɲilería] 女 ❶ 石工(ごう)[左官]の仕事[技術]. ❷ 石・れんが等の建造物. ─ pared de ~ 石[れんが]造りの壁.

albar [alβár] 形 (動植物が)白い. ─ conejo ~ 白ウサギ. granada ~ 白ザクロ. tomillo ~ 白タイム.

albarán [alβarán] 男 ❶《商業》商品の受領書[受領伝票]. ❷ 証書 = albalá. ❸ 貼紙.

albarazado, da [alβaraθáðo, ða] 形 ❶《医学》ハンセン病(疱疹(ほうしん))にかかった. ❷ 赤と黒のまだらの.

albarda [alβárða] 女 (馬・ロバなどにつける)荷鞍(にぐら).
albarda sobre albarda くどくどと(無駄な繰返しをからかう表現).

albardar [alβarðár] (< albarda) 他 (馬・ロバなど)に荷鞍(にぐら)をつける; 馬具をつける. 類 embastar, enalbardar, enjalmar.

albardilla [alβarðíʎa] 女 ❶ (小馬)調教用の鞍. ❷《建築》(塀の上部の)笠石. ❸ (羊の背の)密生した毛. ❹ (a) 畑のあぜ. (b) (雨降りの後にできる)わだち. ❺ (a) (水の運び屋の)肩当て. (b) 鍋つかみ. (c) (剪毛(せんもう)用のはさみの)指当て. ❻《料理》(a) (揚げ物の)衣(ころも). (b) (鳥肉を焼く時に上に乗せる)薄切りのベーコン.

albardón [alβarðón] 男 ❶ 乗馬用の大きな荷鞍(にぐら). ❷ (アンダルシアの農民が使った)前後が突き出した鞍.

albareque [alβaréke] 男 イワシ漁用の網に似た網.

albaricoque [alβarikóke] 男 《植物》アンズの実; アンズの木 (= albaricoquero).

albarillo [alβarijo] 男 ❶《音楽》ギターの速弾き. ❷《植物》白アンズの実[木].

albarizo, za [alβaríθo, θa] 形 (土地が)白っぽい. 類 blanquecino.

albarrada¹ [alβaráða] 女 ❶ (セメントを使わずに積み重ねて作った)石の塀. ❷ (傾斜を利用した石の壁で支えられた)テラス. ❸ 畑の囲い. ❹ 防御壁.

albarrada² [alβaráða] 女 → alcarraza.

albarrana [alβarána] 女 《植物》カイソウ(海葱)(= cebolla albarrana).

albatros [alβátros] 男《単複同形》《鳥類》アホウドリ.

albayalde [alβajálde] 男《化学》鉛白, 白鉛. 類 blanco de plomo, cerusa.

albazano, na [alβaθáno, na] 形 (馬が)濃い栗毛の.

albazo [alβáθo] 男《中南米》❶ 夜明けの攻撃. 類 alborada. ❷ 朝方の音楽(恋歌). ❸ 早起き.

albeador [alβeaðór] 男《中南米》早起きする人.

albear [alβeár] 自 白くなる; 白っぽくなる.

albedrío [alβeðrío] 男 ❶ 意志. ─ libre ~ 自由意志. ❷ 気まぐれ.
a [según] su albedrío 自分の意志に従って; 自分の好きなように. Hazlo a tu albedrío. 君の好きなようにやりなさい.

albéitar [alβéitar] 男 獣医. 類 veterinario.

albeitería [alβeitería] 女 獣医学. 類 veterinaria.

Albéniz [alβéniθ] 固名 アルベニス(イサーク Isaac ~)(1860-1909, スペインの作曲家・ピアニスト).

alberca [alβérka] 女 ❶ 貯水槽. 類 balsa, poza. ❷《中南米》プール. 類 piscina.
en alberca (建造物が)屋根がなくて壁だけの.

albérchigo [alβértʃiɣo] 男《植物》モモの一種; アンズの一種.

alberchiguero [alβertʃiɣéro] 男《植物》モモの木; アンズの木.

albergar [alβerɣár] [1.2] 他 ❶ (a) (人)を泊める, 宿泊させる. (b) (人)を住まわせる. ─ La empresa alberga a los empleados en chabolas. 会社は従業員をバラックに住まわせている. (c) を収容する. ─ El nuevo edificio *albergará* todos los departamentos de la compañía. 新しい建物には会社の全ての部局が入るだろう. ❷ (感情・考えなど)を抱く. ─ *Alberga* odio hacia su ex mujer. 彼は前妻に憎しみを抱いている.
── se 再 泊まる; 避難する.

albergue [alβérɣe] 男 ❶ 宿, 宿屋, 山小屋. ─ ~ juvenil ユースホステル. dar ~ a … (人)を泊める. tomar ~ 泊まる, 宿をとる. ❷ 避難所. ─ ~ canino 野犬収容施設. ❸ (野生動物の)隠れ場.

Alberto [alβérto] 固名《男性名》アルベルト.

albigense [alβixénse] 形 アルビ(フランス南部の都市)の. ❷《宗教》アルビジョア派(カタリ派の一派)の.
── 男女 ❶ アルビの住民. ❷《宗教》アルビジョア派の人. ♦11-13世紀のキリスト教の異端的分派, 南フランスのアルビ, トゥールーズに広まった.

albillo, lla [alβíjo, ja] 形 小粒で甘い白ブドウの. ─ vino ~ 白ブドウ酒の一種.

albina [alβína] 女 潟(かた); 潟の塩.

albinismo [alβinísmo] 男 ❶《医学》白皮症. ❷《生物》白化現象.

albino, na [alβíno, na] 形 ❶《医学》白皮症の. ❷《生物》白化した. ─ cabello ~ 白髪.
── 名《医学》白皮症の患者, 白色種.

albis [álβis]〔< ラテン語〕〔次の成句で〕
in albis 何も知らずに, 何も分からない. Estoy *in albis* en esta materia. この件に関して私は何も知らない. Habló en japonés y me quedé *in albis*. 彼は日本語でしゃべったので私は何も分からなかった.

albitana [alβitána] 女 ❶ (植木を保護するための)囲い, 柵(さく). ❷《造船》副船首材, 船尾材の補強骨材.

albo, ba [álβo, βa] 形 《文, 詩》白い. 類 **blanco**.

albogue [alβóge] 男 ❶ ドゥルサイナ (dulzaina) (木管楽器の一種). ❷ 羊飼いの笛. ❸ 真鍮(ちゅう)製の小型シンバル.

albóndiga [alβóndiγa] 女 《料理》肉だんご, ミートボール. 類 **albondiguilla, almóndiga**.

albondiguilla [alβondiγíja] 女 《料理》肉だんご, ミートボール.

albor [alβór] 男 ❶ 《文, 詩》白さ. 類 **albura, blancura**. ❷ 夜明け, 暁; 曙光(しょこう). ❸ 《文》『主に 複』始まり, 初期. ― ~ [~*es*] de la vida 幼年期, 青春期.

quebrar albores 夜が明ける (= quebrar el alba).

alborada [alβoráða] 女 ❶ 夜明け, 暁. 類 **albor**. ❷ 暁に演奏する曲; 朝方の音楽 (人の家の前で演奏する). ❸ 《軍事》起床ラッパ; 夜明けの攻撃.

alborear [alβoreár] 自 ❶ 『単人称動詞』夜が明ける. 類 **amanecer**. ❷ 『主語は動詞の後に来る』兆候が現われる.

albornoz [alβornóθ] 男 ❶ バスローブ. ❷ (アラビア人の) フード付きバーヌース.

aboronía [alβoronía] 女 《料理》ナス・トマト・カボチャなどを使った野菜料理.

alborokee [alβoróke] 男 (売買が成立した時仲介者に渡す) 謝礼, 祝儀; 接待.

aboratadamente [alβorotaðáménte] 〔< alboroto〕副 騒々しく, あわただしく.

alborotadizo, za [alβorotaðíθo, θa] 形 (人が) すぐにかっとなる, 怒りっぽい.

alborotado, da [alβorotáðo, ða] 形 ❶ (人が) 興奮した. ― Los ánimos del pueblo están ~*s*. 民衆の心は興奮状態にある. ❷ (人が) そっかしい, せっかちな, 軽率な. ❸ 多忙な, あわただしい. ❹ (海が) 荒れた.

alborotador, dora [alβorotaðór, ðóra] 形 ❶ (人が) 騒々しい. ― niños ~*es* 騒々しい子供たち. ❷ 扇動的な.

― 名 ❶ 騒ぎを起こす人. ― Un grupo de ~*es* intentó cortar la circulación. 騒動好きのグループが交通を遮断しようとした. ❷ 扇動者.

:**alborotar** [alβorotár] 自 騒ぐ, 騒ぎ立てる, 大騒ぎする. ― No *alborotéis* tanto, que vais a despertar a la nena. 君たちそんなに騒ぐな, 赤ん坊を起こしてしまうから.

― 他 ❶ を混乱させる, …に騒ぎを引き起こす. ― Esos tres niños *alborotan* toda la clase. その3人の子どもがクラス中に大騒ぎを起こしている. Bandas de motoristas *alborotan* las calles los fines de semana. 暴走族が毎週末街に大騒ぎを起こしている. ❷ を乱れさす, かき乱す. ― El aire te *ha alborotado* el pelo. 風で君の髪の毛はばさばさになった. ❸ を扇動する, 蜂起させる. ― ~ al ejército 軍隊を蜂起させる.

― *se* 再 ❶ 騒ぐ, 騒ぎ立てる, 大騒ぎする. ― Cada vez que ella entra en clase, los estudiantes *se alborotan*. 彼女が教室に入るたびに学生たちは大騒ぎする. ❷ (人が) 動揺する, とり乱す. ❸ (海が) 荒れる. ― Se levantó el viento y el mar *se alborotó*. 風が吹いて海は荒れた.

:**alboroto** [alβoróto] 男 ❶ (*a*) 騒動, 興奮. ― Cuando el árbitro pitó penalti se armó un gran ~ en las gradas. 審判がペナルティーキックの判定をした時観客席は大騒ぎになった. 類 **agitación, nerviosismo**. (*b*) 騒ぎ, 騒音. ― El ~ de la plaza no me dejó dormir hasta la madrugada. 広場の騒音で朝まで眠れなかった. 類 **ruido**. ❷ (*a*) 騒乱, 攪乱. 類 **disturbio, jaleo**. (*b*) 類 **motín**.

alborotoso, sa [alβorotóso, sa] 形 『中南米』→alborotador.

alborozado, da [alβoroθáðo, ða] 形 大喜びした.

alborozar [alβoroθár] [1.3] 他 (人を) 笑わせる; 喜ばせる. ― La concesión del premio a su hijo *alborozó* a sus padres. 息子の受賞が両親を大喜びさせた. ― *se* 再 とても喜ぶ.

alborozo [alβoróθo] 男 大喜び, 歓喜. ― Miles de personas salieron a recibirle con gran ~. 大勢の人々が大喜びで彼を歓迎した.

albricias [alβríθjas] 女 『複』 ❶ 祝福の言葉 [品]. ― dar ~ a … (人) に祝辞を述べる. ❷ 吉報を伝えた人に与える祝儀. ― 間 《まれ》おめでとう.

Albufera [alβuféra] 固名 アルブフェーラ (スペインのバレンシア地方の潟).

albufera [alβuféra] 女 潟(かた), 潟湖(せきこ).

álbum [álβun] 男 〖複álbums, álbumes〗 (写真・切手などの) アルバム.

albumen [alβúmen] 男 ❶ 《動物》卵白. ❷ 《植物》胚乳.

albúmina [alβúmina] 女 《生化》アルブミン (可溶性蛋白質の総称).

albuminoide [alβuminóiðe] 男 《生化》アルブミノイド, 硬蛋白質.

― 形 →albuminoideo.

albuminoideo, a [alβuminoiðéo, a] 形 《生化》アルブミノイド性の.

albuminoso, sa [alβuminóso, sa] 形 《生化》アルブミンを含んだ.

albuminuria [alβuminúrja] 女 《医学》蛋白尿.

albur[1] [alβúr] 男 《魚類》ディス, ニシウグイ.

albur[2] [alβúr] 男 ❶ (トランプ遊び monte で) 親が引く最初の2枚のカード. ❷ 偶然性, 運. ― al ~ 成り行きに任せて. correr [jugar] un ~ 危険を冒す, 一か八かやってみる. 類 **contingencia, eventualidad**.

al albur de …に任せて.

albura [alβúra] 女 ❶ 白さ. ❷ 卵白. 類 **clara**. ❸ 《植物》(木の) 白太(しらた).

alburno [alβúrno] 男 《植物》(木の) 白太(しらた). 類 **albura**.

alca [álka] 女 《鳥類》オオハシウミガラス.

alcabala [alkaβála] 女 《歴史》売上税. ― ~ del viento 《歴史》外国人商人に課した売上税.

alcacel [alkaθél] 男 →alcacer.

alcacer [alkaθér] 男 《植物》青い大麦.

alcachofa [alkatʃófa] 女 ❶ 《植物》アーティチョーク, チョウセンアザミ, チョウセンアザミの花. ❷ (吸水管の先端の) 濾過(ろか)器; (シャワー・じょうろの) 散水口.

alcahuete, ta [alkauéte, ta] 名 ❶ 売春 [不倫な関係] の仲介者, ぽん引き. ❷ 陰謀などを隠蔽(いんぺい) する人. ❸ 他人のプライバシーを吹聴する人. 類 **chismoso, correveidile**.

alcahuetear [alkaueteár] 自 ❶ 売春 [不倫

74 alcahuetería

の仲介をする. ❷ 陰謀(いん)などを隠蔽(いん)する. ❸ 他人のプライバシーを言いふらす, うわさをして回る. 類 **chismorrear**.

alcahuetería [alkaḁetería] 囡 ❶ 売春[不倫]の仲介. ❷ 陰謀などの隠蔽(いん). ❸ 陰口.

alcaico, ca [alkájko, ka] 形 《詩学》アルカイオス格の. —verso ~ アルカイオス格の詩.

alcaide [alkájðe] 男 ❶ 《歴史》城の警備隊長. ❷ 《中南米》(刑務所の)看守長.

alcaidía [alkajðía] 囡 ❶ 《歴史》城の警備隊長の職[管轄区域]. ❷ 《中南米》看守長の職; 看守室, 刑務所長室.

Alcalá de Henares [alkalá ðe enáres] 固名 アルカラ・デ・エナレス(スペインの歴史的都市).

Alcalá Zamora [alkalá θamóra] 固名 アルカラ・サモーラ(ニセート Niceto ~)(1877-1945, スペインの大統領, 在任 1931-36).

alcaldada [alkaldáða] 囡 職権乱用, 横暴. —dar[hacer, meter] una ~ 職権を乱用する.

*‡**alcalde** [alkálde] 男 《政治》市長, 町[区, 村]長. ~ de barrio 区長. ~ pedáneo 村長.

*‡**alcaldesa** [alkaldésa] 囡 ❶ 女性の市[町, 村]長. ❷ 市[町, 村]長夫人.

alcaldía [alkaldía] 囡 ❶ 市[町, 村]長の職[行政区域]. ❷ 市役所, 町[村]役場.

alcalemia [alkalémja] 囡 《医学》アルカリ血症.

alcalescencia [alkalesθénθja] 囡 《化学》弱アルカリ性, アルカリ化.

alcalescente [alkalesθénte] 形 《化学》弱アルカリ性の, アルカリ化する.

‡**álcali** [álkali] 〖複〗**álcalis**〗 男 《化学》アルカリ(→**ácido**〖酸〗). ~ volátil アンモニア水 (=amoníaco). ~s térreos アルカリ土類. ~ mineral 炭酸ナトリウム. ~s cáusticos 苛性アルカリ.

alcalinidad [alkaliniðá(ð)] 囡 《化学》アルカリ性[度].

alcalinizar [alkaliniθár] [1.3] 他 をアルカリ化する.

alcalino, na [alkalíno, na] 形 《化学》アルカリ性の. —metales ~s アルカリ金属. rocas alcalinas (地質)アルカリ岩. tierras alcalinas (地質)アルカリ土壌.

alcaloide [alkalójðe] 男 《化学》アルカロイド. —— 形 《化学》アルカロイドの.

alcalóideo, a [alkalojðéo, a] 形 《化学》アルカロイドの.

alcalosis [alkalósis] 囡 《医学》アルカローシス. ~ metabólica 代謝性アルカローシス.

alcamonías [alkamonías] 囡〖複〗 ❶ スパイスとして使われる種子. ❷《俗, 話》陰口.

‡**alcance** [alkánθe] 男 ❶ 〖+de〗(手・活動などの)届く距離[範囲]. —proyecto de mucho ~ 非常に広範囲にわたるプロジェクト. Esta emisora de radio tiene ~ muy limitado. このラジオ放送局の受信範囲は大変限られている. 類 **cobertura**. ❷ 〖+de〗(能力・理解・影響・感覚などの及ぶ)有効範囲. —Eso está más allá del ~ de mi inteligencia. それは私の理解の範囲を超えている. ❸ 〖主に複〗〖主に否定的内容の文で〗能力, 知能, 知性. —persona de pocos [de cortos] ~s あまり聡明でない人, 頭の悪い人. 類 **inteligencia, luces, talento**.
❹ (出来事・言動の)重要性; 影響力, 意義. —noticia [acontecimiento] de mucho ~ 重大なニュース[出来事]. afirmación de mucho ~ 大変影響力のある意見. proyecto [política] de largo ~ 遠大な計画[政策]. Debes medir el ~ que pueden tener tus palabras. 君は君の言葉が持つ重要性をよく考えなければならない. 類 **importancia, trascendencia**.
❺ 《軍事》射程(距離). —misil de largo ~ [de corto ~] 長距離[短距離]ミサイル.
❻ (車の軽い)衝突; (列車の)追突事故.
❼ 《ボクシング, フェンシング》リーチ.
❽ 追跡. 類 **persecución, seguimiento**.
❾ 《新聞》(締切り間際に飛び込んだ)最新ニュース[欄] (=información [noticia] de ~).
❿ 《郵便》(前便に間に合わせる)特別速達郵便.
⓫ 《印刷》分割原稿. ⓬ 《商業》(金額などの)…台, 水準. —ser del ~ de ... euros …ユーロ台である. ⓭ 《商業》赤字, 欠損, 不足額. 類 **déficit**.
⓮ (馬などの)脚の打撲傷.

al alcance de ... /**a** su **alcance** (1) 〖estar/poner/tener+〗…の手の届く所に. Los peluqueros dejan algunas revistas al alcance de los clientes. 美容師はお客さんの手の届く所に何冊か雑誌を置いている. (2) (購買力・可能性などの)力の及ぶ範囲内に. En Japón los televisores están al alcance de cualquiera. 日本ではテレビは誰にでも買える. 反 **fuera del alcance de ...**

al alcance de la mano (容易に)手の届く所に, すぐ近くに, 手に入る. El atleta tuvo el triunfo al alcance de la mano. そのアスリートは勝利が手の届くところにあった.

dar alcance a ... (人)に追いつく; 捕まえる. La policía dio alcance a los ladrones en el callejón. 警察は路地で泥棒を捕まえた.

fuera del alcance de ... (1) …の手の届かない所に. Ponga las medicinas fuera del alcance de los niños. 薬は子供の手の届かない所に置いてください. (2) …の力の及ばない所に. Estos razonamientos están fuera de su alcance. これらの理屈は彼には理解できない.

ir [andar] a [en] los alcances de ... (1) (人)を尾行[追跡]する. (2) もう少しで…を達成するところである.

no ser de [no tener] muchos alcances あまり聡明でない, 頭が悪い.

seguir al alcance de ... (敵)を追跡[追撃]する.

tener pocos [cortos] alcances あまり聡明でない人, 頭が悪い.

alcance(-) [alkanθe(-)] 動 alcanzar の接・現在.

alcancé [alkanθé] 動 alcanzar の直・完了過去・1単.

alcancía [alkanθía] 囡 ❶ 貯金箱. 類 **hucha**. ❷ 《中南米》(教会の)献金箱. ❸ (昔の騎士のゲームに用いた)泥の玉. —correr [jugar] ~s (騎士たちが)泥玉投げをして遊ぶ. ❹ 火炎鍋(昔の武器).

alcándara [alkándara] 囡 ❶ (タカなどの)止まり木. ❷ ハンガー. 類 **percha**.

alcandía [alkandía] 囡 《植物》モロコシ.

alcanfor [alkaɱfór] 男 樟脳(しょう). —bolas de ~ 樟脳の玉.

alcanforar [alkaɱforár] 他 …に樟脳(しょう)を混ぜる.

alcanforero [alkaɱforéro] 男 《植物》クスノ

alcantarilla [alkantaríʎa] 女 ❶ 下水道; 排水溝 (= boca de alcantarilla). ❷ 小さな橋. ❸ 〖メキシコ〗(給水用)タンク.

alcantarillado [alkantariʎáðo] 男 下水施設[設備], 下水道.

alcantarillar [alkantariʎár] 他 …に下水設備を設ける.

alcantarillero [alkantariʎéro] 男 下水道係; 下水道職人.

alcanzable [alkanθáβle] 形 到達[達成]することのできる; 手の届く; 手に入れることのできる.

alcanzadizo, za [alkanθaðíθo, θa] 形 到達[達成]しやすい, 手に入れやすい.

alcanzado, da [alkanθáðo, ða] 形 ❶ 到達した, 達成された. ❷ (商取引などで人が)損をした, 負債[借金]を抱えた〖quedar / resultar / salir +〗. 類 **empeñado**. ❸〖+de〗金に困っている. 類 **falto, necesitado**.

alcanzadura [alkanθaðúra] 女《獣医》(馬などの)脚の打撲.

alcanzar [alkanθár アルカンサル] [1.3] 他 ❶ …に追い付く. — Aflojé el paso para que me *alcanzasen* los demás. 他の連中が追い付くように私は歩調をゆるめた. Si estudias un poco más, *alcanzarás* a tu hermano. もう少し勉強すれば君は兄さんに追い付けるよ. Corriendo mucho logré ~ el autobús de las ocho. うんと走って私は8時のバスに乗ることができた. ❷ …に到達する, 達する; (手が)届く. — No sé si *alcanzaremos* Zaragoza antes de que oscurezca. 暗くなる前にわれわれがサラゴサに着けるかどうか私にはわからない. Cuando *hayas alcanzado* la vejez comprenderás lo que digo. 君が老年に達したら, 私の言うことがわかるだろう. No *alcanzo* los libros del estante de arriba. 私は上の書棚の本に手が届かない. Este fusil *alcanza* trescientos metros. この銃は射程が300メートルある. ❸ を獲得する, 達成する. — No llegó a ~ el objetivo que perseguía. 彼は追求していた目標を達成するに至らなかった. 類 **lograr. ❹ を手渡す, 取ってやる. — ¿Me quieres ~ la chaqueta, por favor? すまないが, 上着を私に取ってくれないか. 類 **alargar**. ❺ …がわかる, 理解できる. — Por fin *alcancé* la raíz de aquel problema. とうとう私はあの問題の根源が理解できた. 類 **comprender**. ❻ (弾などが)…に当る; 突き当る; 衝突[追突]する. — El disparo le *alcanzó* en la cabeza. 発射された弾は彼の頭に命中した. ❼ (影響・効果などが)…に及ぶ, 届く. — La epidemia *alcanzó* a varios países. 伝染病は数か国にまで波及した. ❽ …と同時代に生れ合わせる. — Su bisabuelo *alcanzó* a Alfonso XII. 彼の曽祖父はアルフォンソ12世の時代に生きていた.

—— 自 ❶〖+a に〗達する, 到達する. — Adelardo *alcanzó* con la jabalina a 70 metros. アデラルドは槍投げで70メートルに達した. Es tan alto que *alcanza* casi hasta el techo. 彼は背がとても高いのでほとんど天井に届きそうだ. Los trigales se extienden hasta donde *alcanza* la vista. 見渡すかぎり小麦畑が広がっている. ❷〖+a+不定詞〗(…することが)できる. — Desde la cima se *alcanzaba* a ver el mar. 頂上からは海が見渡せる. No *alcanzo* a comprender por qué ha tomado esa decisión. なぜ彼があんな決定をしたのか私

にはわからない. ❸〖+para に〗充分である. — El vino no *alcanzó para* todos. ワインは全員には行き渡らない.

—— **se** 再 ❶ …がわかる, 理解できる. — No *se* me *alcanza* qué es lo que pretende. 彼が狙っていることが何なのか私にはわからない. ❷ (追いついて)一緒になる.

alcaparra [alkapářa] 女 ❶《植物》フウチョウボク. ❷《料理》ケーパー(フウチョウボクのつぼみの酢漬け).

alcaparrón [alkapařón] 男《植物》フウチョウボクの実.

alcaptonuria [alkaptonúrja] 女《医学》アルカプトン尿症.

alcaraván [alkaraβán] 男《鳥類》イシチドリ(石千鳥).

alcaravea [alkaraβéa] 女《植物》ヒメウイキョウ, キャラウェー.

alcarraza [alkařáθa] 女 素焼きの水壺(つぼ). 類 **botijo, cántaro, rallo**.

alcarreño, ña [alkařéɲo, ɲa] 形 アルカリア (La Alcarria) 地方の.
—— 名 アルカリア地方の人.

Alcarria [alkářja] 固名 →La Alcarria.

alcarria [alkářja] 女 (平坦で草地の少ない)台地, 高原.

alcatraz [alkatráθ] 男 ❶《鳥類》シロカツオドリ. ❷《植物》アルム.

alcaucil [alkauθíl] 男《植物》野生のアーティチョーク. 類 **alcachofa**.

alcaudón [alkauðón] 男《鳥類》モズ(百舌).

alcayata [alkajáta] 女 (物を吊るための)鉤(かぎ)状の釘(くぎ). 類 **escarpia**.

alcazaba [alkaθáβa] 女 (城壁を巡らした町の中の)砦(とりで), 城塞(じょうさい).

*alcázar [alkáθar] 男 ❶《建築》(特にアラビア風の)王宮, 王城, 居城. — el A~ de Segovia セゴビア城. 類 **palacio**. ❷《建築》城塞(じょうさい), 要塞, 砦. — ~ de la ciudad de Cuenca クエンカ市の要塞. 類 **alcazaba, castillo, fortaleza**. ❸《海事》船尾楼.

alce(-) [alθe(-)] 動 alzar の接・現在.

alcé [alθé] 動 alzar の直・完了過去・1 単.

alce[1] [álθe] 男《動物》ヘラジカ.

alce[2] [álθe] 男 (トランプゲームで)カットしたカードの束(たば).

alción [alθjón] 男 ❶《鳥類》カワセミ. 類 **martín pescador**. ❷《動物》ウミトサカ. ❸《ギリシャ神話》ハルシオン(海の風波を静めるといわれる空想上の鳥). ❹《天文》牡牛座の星団すばるで一番明るい星.

alcista [alθísta] 形《株式》(株価・相場が)上昇する, 強気筋の. — tendencia ~ 上昇傾向.
—— 男女《株式》強気筋, 買方.

*alcoba [alkóβa] 女 ❶ (古式の家の)寝室. — ~ matrimonial 夫婦の寝室. ~ de huéspedes [de respeto] 来客用寝室. 類 **aposento, dormitorio**. ❷ 寝室用寝具一式. — comprarse una ~ de estilo clásico クラシックスタイルの寝室用家具一式を買う. 類 **dormitorio**. ❸ (秤の)指針箱. ❹ (昔の)重量検査所. ❺ 地引き網の一種.
secretos de alcoba 寝室の睦言(むつごと), 夫婦間の

76 alcohol

秘密.

:**alcohol** [alkoól] 男 ❶ アルコール飲料, 酒類, 蒸留酒(コニャック, リキュールなど). — No puedo beber ~ porque tengo que conducir. 運転しなければならないのでお酒は飲めません. ❷《化学》アルコール, 酒精. — lámpara de ~ アルコールランプ. cuarenta grados de ~ アルコール度 40 度. ~ amílico アミルアルコール. ~ etílico エチルアルコール (=etanol). ~ metílico [azul de quemar], de madera] メチルアルコール (=metanol). ~ absoluto [desnaturalizado] 無水[変性]アルコール. ~ neutro 中性スピリッツ. ~ de arder [de quemar]. 燃料用アルコール. 類**etanol**. ❸《化粧》コール墨. ♦アラビアの婦人がアイシャドーなどに用いるアンチモンの粉末. ❹《鉱物》方鉛鉱.

alcoholar [alkoolár] 他 ❶《化学》(ある物質)をアルコール化する, …からアルコールを採る. ❷ (まぶた・眉毛・まつ毛)にコール墨を塗る. ❸ (目)をアルコールで洗浄する.

alcoholato [alkooláto] 男 ❶《薬学》アルコール製剤. ❷《化学》アルコラート.

:**alcohólico, ca** [alkoóliko, ka] 形 ❶ アルコール(性)の, アルコールによる. — bebidas *alcohólicas* アルコール飲料, 酒. disoluciones *alcohólicas* アルコール溶液. Este licor tiene alta graduación *alcohólica*. この酒は高いアルコール度数を持っている. ❷ アルコール中毒の.
—— 名 アルコール中毒者. — *A~s* Anónimos 断酒会. ~ rehabilitado アルコール中毒から回復した人.

alcoholímetro [alkoolímetro] 男 アルコール計.

alcoholismo [alkoolísmo] 男《医学》アルコール中毒[依存症].

alcoholización [alkooliθaθjón] 女 ❶ アルコール化; アルコールの添加. ❷ アルコールの摂取; アルコール中毒.

alcoholizado, da [alkooliθáðo, ða] 形《医学》アルコール中毒[依存症]の.
—— 名《医学》アルコール中毒[依存症]の患者.

alcoholizar [alkooliθár] [**1.3**] 他 ❶ (液体)にアルコールを混ぜる. ❷《化学》(ある物質)をアルコール化する. 類**alcoholar**. —— se 再 アルコール中毒になる.

alcor [alkór] 男 小さな丘, 小山. 類**colina, collado**.

alcornocal [alkornokál] 男 コルクガシの林.

alcornoque [alkornóke] 男 ❶《植物》コルクガシ, コルク材. ❷《俗・軽蔑》頭が足りない人, まぬけ. 類**ignorante, zoquete**.
pedazo de alcornoque →pedazo.

alcorque [alkórke] 男 ❶ (灌漑(かんがい)用に)木の根元に掘った穴. ❷ コルク底の履き物.

alcorza [alkórθa] 女 ❶《料理》(洋菓子の)砂糖衣, アイシング. ❷ 砂糖衣をまぶした菓子.

alcorzar [alkorθár] [**1.3**] 他 ❶《料理》(洋菓子)に砂糖衣をかける. ❷ を飾り立てる. 類**acicalar, asear, pulir**.

alcotán [alkotán] 男《鳥類》チゴハヤブサ.

alcotana [alkotána] 女 つるはしの一種(一方の先端が斧形で他方がとがっている).

alcubilla [alkuβíja] 女 貯水槽.

alcurnia [alkúrnja] 女 家系, 一族; 血統, 血筋. —familia de antigua ~ 旧家. 類**ascendencia, linaje**.

alcuza [alkúθa] 女 ❶ 油入れ. ❷《中南米》複 (卓上用の)酢とオリーブ油を入れる小瓶. 類**vinagrera**.

alcuzcuz [alkuθkúθ] 男《料理》クスクス. ♦北アフリカの料理. 蒸した小麦に肉・野菜の入ったソースをかけて食べる.

aldaba [aldáβa] 女 ❶ (鉄製・銅製の)ドアのノッカー. ❷ (馬などをつなぐため壁につけた)鉄の環. ❸ (扉・窓用の)かんぬき, 掛け金. ❹《俗》複 コネ, 後ろ盾.

aldabada [aldaβáða] 女 →aldabonazo.

aldabilla [aldaβíja] 女 (扉・窓の)止め金.

aldabón [aldaβón] 男 ❶ 大型のドアノッカー. ❷ 大きな取っ手.

aldabonazo [aldaβonáθo] 男 ❶ ドアノッカーでたたくこと[音]. —dar un ~ ドアノッカーをたたく. ❷《比喩》呼びかけ, 知らせ. —Aquellos dolores de cabeza fueron el primer ~ de la enfermedad. その頭痛が病気の最初の徴候だった.

:**aldea** [aldéa] 女 村, 村落. ♦行政組織を持たない小さな村. 行政組織を持つ村は pueblo. — una pequeña ~ de pescadores 小さな漁村. 類**lugar, pueblo**.

aldeaniego, ga [aldeanjéɣo, ɣa] 形 →aldeano.

:**aldeano, na** [aldeáno, na] 形 ❶ 村の, 村民の. — gente *aldeana* 村人達. ❷ 田舎の; ひなびた. — costumbres *aldeanas* 田舎の習慣. 類**campesino**. ❸ 田舎者らしい, 粗野な.
—— 名 ❶ 村人, 村民. — Un ~ nos indicó el camino. 一人の村人が私たちに道を教えてくれた. ❷ 田舎者.

aldehído [aldeíðo] 男《化学》アルデヒド. — ~ acético アセトアルデヒド. ~ fórmico ホルムアルデヒド.

*****aldehuela** [aldeuéla] [<aldea] 女 小さな村.

aldeorrio [aldeórjo] [《軽蔑》] 片田舎.

aldeorro [aldeóro] 男 →aldeorrio.

alderredor [alderreðór] 副 周囲に. → alrededor.

aldosteronismo [aldosteronísmo] 男《医学》アルドステロン症.

aleación [aleaθjón] 女 ❶ 合金を作ること. ❷ 合金. — ~ encontrada 純金と純度の低い金の合金. ~ ligera 軽合金.

alear [aleár] 他《+con》(他の金属とある金属)を合金にする; (2種類以上の金属)を合金にする.
—— 自 ❶ 羽ばたく. ❷《比喩》元気を取り戻す, 回復する《主に ir + 現在分詞で使われる》. —Mi padre ya va *aleando*. 父はだんだん元気になっている.

aleatorio, ria [aleatórjo, rja] 形 ❶ 偶然に左右される, 運次第の, 不確かな. — contrato ~《法律》射倖(しゃこう)契約. El resultado de una lotería es ~. 宝くじの結果は運任せだ. ❷《数学, 統計》確率的な. — número ~ 乱数.

alebrarse [aleβrárse] [**4.1**] [<liebre] 再 ❶ (身を隠すために)地面に伏せる. ❷ おじけづく. 類**acobardarse**.

aleccionador, dora [alekθjonaðór, ðóra] [<lección] 形 教訓的な; 戒めとなる. — experiencia *aleccionadora* 教訓的な体験. 類**instructivo**.

aleccionamiento [alekθjonamjénto] 男 ❶ 教えること, 訓戒. ❷ 説教.
aleccionar [alekθjonár] 〔＜lección〕他 ❶【en/para/sobre】(何かについて)(人)に教える, を訓練する. —Me han aleccionado en el manejo de un nuevo modelo de ordenador. 新型のコンピューターの操作を私は教わった…. 類 **amaestrar, enseñar, instruir**. ❷ …に教訓を与える.
　—**se** 再 (経験から)独りで学ぶ.
alechugar [aletʃuɣár] [1.2]〔＜lechuga〕他 (服などに)ひだ[フリル]をつける.
aledaño, ña [aleðáɲo, ɲa] 形 隣接した. —Cultiva unas tierras *aledañas* del bosque. 森の隣接地を開墾する. 類 **lindante**.
　—男 複 ❶ 隣接地, 周辺部. —Vivo en los ～s de Madrid. 私はマドリード近郊に住んでいる. 類 **inmediaciones**. ❷ 周囲.
alegación [aleɣaθjón] 女 ❶ 申し立て, 弁明. —La ～ del abogado no convenció a nadie. 弁護士の陳述には誰も納得できなかった. ❷ 引用, 引証. ❸《法律》弁論, 弁証.
alegar [aleɣár] 他 を申し立てる, 主張する.
alegato [aleɣáto] 男 ❶《法律》(主に弁護士の)陳述書, 口頭弁論. ❷ 声明, 申し立て. ❸《中南米》口論, 言い争い.
alegoría [aleɣoría] 女 ❶ 寓(ぐう)意, アレゴリー. ❷ 寓話, 寓意詩; 寓意画. ❸ 象徴.
alegórico, ca [aleɣóriko, ka] 形 寓(ぐう)意的な, アレゴリーの. —hablar en sentido ～ 寓意的に話す.
alegorizar [aleɣoriθár] [1.3] 他 を寓(ぐう)意的に表現[解釈]する.

*****alegrar** [aleɣrár アレグラル]〔＜alegre〕他 ❶ を喜ばせる, うれしがらせる. —El éxito de José *alegró* a sus padres. ホセの成功を彼の両親は喜んだ. ❷ (雰囲気)を楽しくする, 明るくする, 活気づける. —Unos cuadros *alegrarían* la habitación. 絵を数点かければ部屋はもっと見ばえがするだろうに. Comenzaron a cantar para ～ la fiesta. パーティーを活気づけるため彼らは歌いだした. ❸ (火)を燃え立たす, かき立てる. —Si no *alegras* el fuego, terminará por apagarse. 火をかき立てないと, 消えてしまうよ. 類 **avivar**. ❹ をほろ酔い気分にさせる. —Bastan unas copas para ～le. 彼を酔わせるには酒二, 三杯で十分だ.
　—**se** 再 ❶【＋de/con/por s; de que＋接続法】喜ぶ, うれしく思う. —*Me alegro de* saber que vas a ir a España. 君がスペインへ行くと知って私はうれしい. Todos *se alegraron con* las noticias. みんなはそのニュースを喜んだ. *Me alegro de que* vuelvas. 君が戻って来るとはうれしい. ❷ にぎわう, にぎやかになる. —Con vuestra llegada la fiesta comenzó a ～se. 君たちが来たのでパーティーはにぎやかになり始めた. ❸ ほろ酔い気分になる, 上機嫌になる. —Ella *se alegra* con un vaso de vino. ワイン1杯で彼女はほろ酔い気分になる.

*****alegre** [aléɣre アレグレ] 形 ❶ 快活な, 陽気な. —Es una chica ～ y encantadora. 彼女は陽気で魅力的な女の子だ. ❷ うれしい, 楽しい, 愉快な. —Está ～ con la noticia. 彼はその知らせを聞いて喜んでいる[うれしそうだ]. Estoy ～ de tenerte aquí otra vez. 君がまたここにいてくれてうれしい. Hemos pasado un día muy ～. 私たちはとても楽しい1日を過ごした. una cara ～ うれしそうな顔. Me gustan los programas de televisión ～s. 私は楽しいテレビ番組が好きだ. ❸ (色彩, 部屋などが)明るい; 派手な. —Llevaba un jersey de ～s colores. 彼女は派手な色のセーターを着ていた. Tienen un salón ～ y espacioso. 彼らは明るく広い居間を持っている. ❹ (天気・空が)晴れて明るい, 晴朗な. —cielo ～ よく晴れた空. Recuerdo que era un ～ día de primavera. それは明るい春の日だったことを思い出す. ❺ ほろ酔いの, 御機嫌な【estar＋】. —En cuanto toma unas copas se pone ～. 彼は2, 3杯酒が入ると上機嫌になる. 類 **achispado**. ❻ 軽率な, 軽はずみな, 向こう見ずの. —Se arruinó tras una serie de ～s negocios. 彼は何度か向こう見ずの取引をやった末に破滅した. ❼ ふしだらな, 放縦な, みだらな. —mujer de vida ～ ふしだら女, 商売女. chiste ～ きわどい冗談.
alegre de cascos 軽率な, 浅はかな.
*****alegremente** [aléɣreménte] 副 ❶ 陽気に, 快活に, 楽しく. —Los niños cantan ～. 子どもたちは楽しそうに歌っている. ❷ 軽はずみに, 向こう見ずに.
alegreto [aleɣréto] 副《音楽》アレグレットで, やや快速に. ——男《音楽》アレグレットの曲.
*****alegría** [aleɣría アレグリア] 女 ❶ 喜び, うれしさ, 楽しさ. —falsa ～ ぬか喜び. perder la ～ vital [de vivir] 生きる喜びを失う. llorar de ～ うれし泣きする. tener una ～ loca 大喜びする, 狂喜する, 大満足する. cantar la ～ de la juventud《文》青春を謳歌(おうか)する. Me dió mucha ～ verte. 私は君に会って大喜びした. 類 **contento, gozo, júbilo**. 反 **amargura, tristeza**. ❷ 陽気, 快活さ, にぎやかさ, 活気. —Su ～ es contagiosa. 彼の快活さはまわりまで明るくする. La ～ se hizo dueña del pueblo. 村は活気に満ちあふれた. 類 **entusiasmo, excitación**. ❸ 喜びを与えるもの, 楽しみ. —Los niños eran mi única ～. 子供たちだけが私の唯一の慰めだった. ❹ 明るさ. —～ del amanecer 夜明けの明るさ. Lo que más me gusta es la ～ de la casa. 私が一番気に入っているのはこの家の明るさだ. ❺ 軽率さ, 無責任. —Tanta ～ inversora llevó a la empresa a la ruina. そんな無責任な投資で会社は倒産した. 類 **irresponsabilidad, ligereza**. ❻ 複 アレグリーアス(アンダルシーア Andalucía 地方で発達した陽気なフラメンコの一つ). —bailar por ～s アレグリーアスを踊る. ❼《植物》胡麻(ごま)(の実). 類 **ajonjolí, sésamo**. ❽ 祝典, 祝賀行事. ❾《海事》(舷窓からの)明るみ, 光. ❿《隠》居酒屋. 類 **taberna**.
alegría de la casa (1) 一家の喜びの種, 家の楽しみ[慰め](＝alegría de la huerta). (2)《植物》ホウセンカ(＝alegría del hogar).
con alegría (1) 喜んで(＝con placer). Me invitaron a ir al cine y acepté *con alegría*. 私は映画に招待され, 喜んで応じた. (2) 軽はずみに. Actuó *con* demasiada *alegría* y derrochó toda su fortuna. 彼の行動は余りに軽率で, 全財産を浪費した. (3) 明るく, にぎやかに.
dar [pegar] saltos [brincos] de alegría/saltar de alegría 喜んで飛び跳ねる, 小躍りして喜ぶ. Cuando aprobó el examen *dio saltos de alegría*. 彼は試験に合格した時, 小躍りして喜んだ.

alegro [aléɣro] 副《音楽》アレグロで，快活に．── 男《音楽》アレグロの曲．

alegrón [aleɣrón] 男 **①**《話》思いがけない大きな喜び． **②** ぱっと燃え上がる炎．

Aleixandre [aleiksándre] 固名 アレイクサンドレ(ビセンテ Vicente ~)(1898-1984, スペインの詩人, 1977年ノーベル文学賞).

*__alejado, da__ [aleɣáðo, ða] 過分 形 **①**（場所が）遠い． ── Vive en un pueblo muy ~. 彼はとても人里離れた所に住んでいる． **②**【+de から】── Hace muchos años que está ~ de la política. 彼は長年政治から離れている．Desde aquel escándalo, está ~ de sus amigos. あのスキャンダル以来, 彼は友人たちと疎遠になっている．類 **distanciado**.

*__alejamiento__ [alexamjénto] [<lejos] 男 遠ざける[遠ざかる]こと, 疎遠, 不仲. ── Discrepancias políticas originaron un ~ entre padre e hijo. 政治思想の違いから親子の間に気持ちの隔たりができた. sufrir por el ~ de un amigo 友人と離れていることで悩む.

Alejandra [alexándra] 固名《女性名》アレハンドラ.

Alejandría [alexandría] 固名 アレクサンドリア (エジプトの港湾都市).

alejandrino, na [alexandríno, na] 形 **①** アレキサンドリアの(地名→Alejandría). **②** アレキサンダー大王の(人名→Alejandro Magno). **③**《詩学》アレクサンドル体の; ~s. この詩はアレキサンドル格で書かれている. ── 名 アレキサンドリアの出身者.
── 男《詩学》アレクサンドル格の詩句(2つの句からなる14音節の詩句).

Alejandro [alexándro] 固名 **①**《男性名》アレハンドロ. **②** ~ III (el Magno) アレキサンダー[アレクサンドロス]3世(大王)(前356-323, ギリシャからインドに及ぶ空前の世界帝国を建設したマケドニアの王).

‡**alejar** [alexár] [<lejos] 他 **①**【+de から】を遠ざける, 引き離す. ── Aleja a los niños del fuego. 子どもたちを火から遠ざけなさい. **②**（考えなどを）振り払う, 払いのける; （人・動物を）追い払う. ── Aleja de tu cabeza esas inútiles preocupaciones. 君は頭の中からそんな無用な心配を捨てなさい. Bastó un disparo para ~ a los lobos. オオカミを追い払うには1発発砲するだけで十分だった.
── se 再【+de から】遠ざかる, 遠のく. ── Se alejó de la casa con pasos apresurados. 彼は急ぎ足でその家から遠ざかった. Si no corriges tu carácter, todos se alejarán de ti. 君は性格を改めないと, みんなが君から離れていくよ.

Alejo [aléxo] 固名《男性名》アレーホ.

alelado, da [alelàðo, ða] [<lelo] 形【**estar** +】ぼっとした, 間の抜けた. ── Esa chica está alelada. その女の子はぼっとしている. hallarse [quedarse] ~ ぼっとしている[となる].

alelamiento [alelamjénto] 男 ぼっとすること, 茫然自失.

alelar [alelár] [<lelo] 他 （人を）ぼっとさせる, …の知性を鈍らせる. ── El golpe que se dio contra la pared lo aleló. 彼は壁にぶつかってぼうっとなった. ── se 再 ぼうっとする, 知性が鈍る.

alelí [alelí] 男 →**alhelí**.

aleluya [alelúxa] 間 **①**《宗教》ハレルヤ!◆ヘブライ語で主をほめたたえよの意. 神の栄光をたたえ神の恵みへの感謝を表す. **②** めでたい(歓喜を表す).
── 男《宗教》復活祭の時期. ── 男/女《宗教》ハレルヤ唱. ── cantar el [la] ~ ハレルヤを歌う. ── 女 **①**《宗教》(a) aleluya の文字の入っている宗教画[ミルクケーキ]. (b) 二行連句. **②** 喜び. ── cara de ~ 喜びの顔. estar de ~ 大喜びしている. 類 **alegría**. **③**《俗》下手な詩. **④** とてもやせた人[動物]. **⑤**《植物》カタバミ.

Alemán [alemán] 固名 アレマン(マテーオ Mateo ~)(1547-1614頃, スペインの小説家).

‡*__alemán, mana__ [alemán, mána アレマン, マナ] 形 ドイツ(Alemania)の, ドイツ(人)語の. ── literatura alemana ドイツ文学.
plata alemana 《金属》洋銀, 洋白.
── 名 ドイツ人. ── 男 ドイツ語. ── alto[bajo] ~ 高地[低地]ドイツ語.

Alemania [alemánja] 固名 ドイツ(公式名 República Federal de Alemania, 首都ベルリン Berlín).

alentada [alentáða] 女 一息. ── leer de una ~ 一気に読む.

*__alentado, da__ [alentáðo, ða] 過分【<alentarse】形 **①** 元気な, 威勢のいい; （病気から）元気になった. 類 **animoso, valiente**. **②** 高慢な, 尊大な. **③**《中南米》健康な; 利口な. ── Se le ve de lo más ~. とても元気になったみたいだ.

alentador, dora [alentaðór, ðóra] 形 元気づける. ── palabras alentadoras 励ましの言葉.

‡**alentar** [alentár] [4.1] [<aliento] 他 **①** を元気づける, 励ます, 激励する. ── Mis padres me alentaban a seguir luchando contra la enfermedad. 両親は私が病気と戦いつづけるよう励ましてくれた. Los hinchas alentaban al equipo. サポーターたちはチームを応援していた. 類 **animar**. **②**（希望などを）燃やし続ける, 奮い立たせる. ── Siempre he alentado el deseo de viajar al extranjero. いつも私は外国旅行をしたいという願いを持ち続けてきた.
── 自 **①**《文》呼吸する. ── Mientras aliente, te seguiré queriendo. 生きている限り私は君を愛し続ける. **②**（希望などが）生き続ける. ── En su pecho alienta una gran ilusión. 彼の胸の中では大きな夢が息づいている.

alerce [alérθe] 男《植物》カラマツ(唐松).

alergia [alérxja] 女 **①**《医学》アレルギー. ── ~ respiratoria [alimentaria, nasal] 呼吸器[食物性, 鼻]アレルギー. tener ~ al polen 花粉アレルギーである. **②**【+a】…に対する反感, 毛嫌い. ── Él tiene ~ a las multitudes. 彼は人ごみが嫌いだ.

alérgico, ca [alérxiko, ka] 形 **①**《医学》アレルギー(性)の, アレルギー体質の; 【+a】…にアレルギー反応を示す. ── reacciones alérgicas アレルギー反応. **②**【+a】を毛嫌いする, …に反感を持つ.
── 名《医学》【+a】…に対してアレルギー体質の人.

alergiólogo, ga [alerxjóloɣo, ɣa] 名 アレルギー専門医.

alero [aléro] 男 **①**《建築》軒(のき), ひさし. **②**（自

動車)泥よけ. 類**guardabarros**, **salvabarros**. ❸ 縁(ふち).

estar en el alero (計画などの)実現が定かでない. El proyecto de abrir una tienda *está* todavía *en el alero*. 店を開く計画はまだ実現の見通しが立っていない.

alerón [alerón] 男 ❶《航空》補助翼; フラップ. ❷ (自動車の後部の)ウイング. ❸《話》わきの下.

alerta [alérta] 囡 警戒, 警報. — ~ aérea 空襲警報. sonar la ~ 警報が鳴る. dar la ~ 警報を発する. estar [ponerse] en estado de ~ 警戒態勢にある[つく].
— 形 [男女同形] 警戒[用心]している, 油断のない, 注意深い. —estar con ojo ~ 注意深く見張る. escuchar con oído ~ 耳を傾けて聞く.
— 副 警戒[用心]して, 注意深く. — 間 警戒せよ!

alertar [alertár] 他 (人)に警戒するよう知らせる, …に警告[注意]する. —Nos han alertado sobre el mal estado de la carretera. 私たちは道路の状態が悪いので気をつけるよう警告された.
— 自《まれ》警戒している.

alerto, ta [alérto, ta] 形《まれ》→alerta 形.

aleta [aléta] 囡 ❶ (*a*) (魚などの)ひれ. ~ dorsal 背びれ. ~ caudal 尾びれ. ~ pectoral 胸びれ. ~ abdominal [ventral] 腹びれ. ~ anal 臀(でん)びれ. (*b*) (潜水用の)足ひれ. ❷《航空》(飛行機の)補助翼. 類**alerón**. ❸ (スクリューなどの)羽根. ❹《自動車》泥よけ. 類**guardabarros**. ❺ 小鼻, 鼻翼.

aletada [aletáða] 囡 羽ばたき.

aletargado, da [aletaryáðo, ða] 〔< letargo〕形 ❶《医学》嗜眠(しみん)[昏睡(こんすい)]状態の. ❷ 無気力な, 眠くなった.

aletargamiento [aletaryamjénto] 男 ❶《医学》嗜眠(しみん)[昏睡(こんすい)](状態に陥ること). ❷ 無気力(になること), 眠くなること. —El vino me produce un suave ~. 私はワインを飲むと少し眠くなる.

aletargar [aletaryár] [1.2] 〔< letargo〕他 を無気力に[にけだるく]する, を眠くさせる. —Esta música me *aletarga*. この音楽を聴くと私は眠気を催す. 類**adormecer**, **amodorrar**.
— **se** 再 無気力になる, 眠くなる.

aletazo [aletáθo] 男 羽ばたき; (魚の)ひれ打ち.

aletear [aleteár] 自 ❶ (鳥が)羽ばたく; (魚が)ひれを動かす. ❷ はためく. ❸《比喩》(何かが)断続的に現れる. ❹《まれ》活力を取り戻す, 元気になる.
— 他《比喩》(羽根のように)振り動かす. —~ los brazos 腕をばたばたと動かす.

aleteo [aletéo] 男 ❶ 羽ばたき; (魚が)ひれを動かすこと. ❷ はためき. ❸ 動悸(どうき).

aleucemia [aleu̯θémja] 囡《医学》無白血病.

aleve [aléβe] 形 →alevoso.

alevín [aleβín] 男 ❶ (放流用の)稚魚, 幼魚. ❷ (スポーツなどの)初心者, 新人.

alevino [aleβíno] 男 →alevín.

alevosía [aleβosía] 囡 ❶ (*a*) (犯罪の)計画性. —cometer un delito con ~ 計画的に犯罪を犯す. (*b*)《法律》予謀(よぼう). ❷ 裏切り, 背信. 類**perfidia, traición**.

alevoso, sa [aleβóso, sa] 形 ❶ (犯罪が)計画的な,《法律》予謀(よぼう)の. —un crimen ~ 計画的な犯罪. ❷ 裏切りの, 背信的な.

alexia [aléksja] 囡《医学》失読症.

alexitima [aleksitíma] 囡《医学》失感情症.

:alfa [álfa] 囡《ギリシャ文字の》アルファ(A, α). — ~ y omega 始めと終わり. partícula ~ アルファ粒子.

alfabéticamente [alfaβétikamén̦te] 副 アルファベット順に.

:alfabético, ca [alfaβétiko, ka] 形 アルファベット(順)の. —escritura *alfabética* アルファベット表記. por orden ~ アルファベット[ABC]順に.

alfabetización [alfaβetiθaθjón] 囡 ❶ アルファベット順に並べること. ❷ (文盲の人の)識字化, 読み書き教育. —campaña de ~ 文盲撲滅キャンペーン.

alfabetizado, da [alfaβetiθáðo, ða] 形 ❶ アルファベット順に配列された. ❷ 読み書きができる. 反**analfabeto**.

alfabetizar [alfaβetiθár] [1.3] 他 ❶ をアルファベット順に並べる. ❷ …に読み書きを教える.

:alfabeto [alfaβéto] 男 ❶《言語》アルファベット, 字母(表). —La letra 'n' sólo existe en el ~ español. ñ という文字はスペイン語のアルファベットにしかない. ~ griego ギリシャ語アルファベット. ~ rúnico (古代北欧の)ルーン文字. 類**abecedario**. ❷ (アルファベットに代わる)記号体系, 信号;《情報, 電気通信》文字符号. — ~ manual 手話のアルファベット. ~ de los sordomudos 指話文字(指話法用アルファベット). el ~ Braille ブライユ点字. ~ telegráfico 電信用文字符号. Utilizó el ~ Morse para pedir ayuda. 彼は救助を求めるためにモールス信号を使った.
alfabeto fonético internacional《音声》国際音声[音標]文字 (IPA).

alfaguara [alfayuára] 囡 豊かな泉.

alfajor [alfaxór] 男《料理》アルファホール(アーモンド・クルミ・松の実・蜂蜜などの入ったケーキ).

ALFAL [alfál] 〔< Asociación de Lingüística y Filología de América Latina〕囡 ラテンアメリカ言語文献学協会.

alfalfa [alfálfa] 囡《植物》アルファルファ, ムラサキウマゴヤシ.

alfalfal [alfalfál] 男 アルファルファの草原.

alfalfar [alfalfár] 男 →alfalfal.

alfandoque [alfandóke] 男《中南米》《料理》 ❶ 蜂蜜入りチーズケーキ. ❷ 棒状の砂糖菓子.

alfaneque [alfanéke] 男《鳥類》ノスリ属の1種.

alfanje [alfánxe] 男 ❶ 三日月[新月]刀. ❷《魚類》メカジキ (= pez espada).

alfanumérico [alfanumériko] 形 アルファニューメリック, 文字数字式.

alfaque [alfáke] 男〖主に 複〗(河口の)砂州.

alfaquí [alfakí] 男 イスラム教の法学者.

alfar [alfár] 男 ❶ 陶器工場. ❷ 陶土, 粘土. 類**arcilla**.

alfarda¹ [alfárða] 囡《建築》合掌(がっしょう).

alfarda² [alfárða] 囡《歴史》キリスト王国でイスラム教徒・ユダヤ教徒が納めた税.

alfarería [alfarería] 〔< alfar〕囡 ❶ 陶芸, 陶器製造. ❷ 陶器店. ❸ 陶器店.

alfarero, ra [alfaréro, ra] 图 陶工, 焼物工.

alfarje [alfárxe] 男 ❶ オリーブ油搾(しぼ)り機の下部の石; 搾(しぼ)油場. ❷《建築》彫り物を施した木材で造った格子状の天井.

80 alfarjía

alfarjía [alfarxía] 囡 《建築》窓枠[扉の枠]用の木材(幅14センチ,厚さ10センチ).

alfayate [alfajáte] 男 《古語》仕立て屋.

alféizar [alféiθar] 男 《建築》❶ (窓・扉用の)壁面の開口部. ❷ 窓敷居,(窓枠の)水切り.

alfeñicárse [alfeŋikárse] [1.1] 再《俗》❶ やせる. ❷ 上品ぶる.

alfeñique [alfeŋíke] 男 ❶ 棒状のねじり菓子. ❷《比喩・俗》やせて弱々しい人. ❸《比喩・俗》気取り. 類**remilgo**.

alferazgo [alferáθɣo] 男《軍事》❶ 少尉の職務[地位]. ❷ 旗手の職務[地位].

alferecía [alfereθía] 囡 《俗》《医学》癇(かん). 類**epilepsia**.

*****alférez** [alféreθ] 男 《軍事》陸軍[空軍]少尉. ~ alumno 士官候補生. ~ de fragata 海軍少尉. ~ de navío 海軍中尉.

alfil [alfil] 男《チェス》ビショップ,僧正.

:**alfiler** [alfilér] 男 ❶ (留め)ピン,留め針(=horquilla[ヘアピン]). —sujetar [prender] con un ~ ピンで留める. ~ de seguridad/《中南米》~ de gancho [de nodriza, de criandera] 安全ピン(=imperdible). ~ de París 丸釘. Antes de cortar el bajo del pantalón, lo cogí con ~*es*. ズボンの裾を切る前に私はピンで留めた. ❷ 複《服飾》飾りピン,ネクタイピン;ブローチ. — de sombrero ハットピン(婦人帽の留めピン). ~ de solapa 襟留め. En el ojal del abrigo llevaba prendido un ~ de oro. 彼女はオーバーのボタンホールに金のブローチを付けていた. ❸ 洗濯挟み. — ~ de la ropa 洗濯挟み. ❹ 複《まれ》(妻・子供などへの)小遣い銭; (中などへの)心づけ,チップ(=propina). —para ~*es*《話》チップ[小遣い]として,何かの足しに『多くはdar, pedir とともに』. ❺《植物》オランダフウロ(フウロ草科の一種).

como una cabeza de alfiler 非常に小さい.

de veinticinco alfileres 《話》着飾って[めかし込んで](=peripuesto, acicalado). asistir a la fiesta puesto *de veinticinco alfileres* めかし込んでパーティーに出席する.

no caber (ni) un alfiler 《話》満員[ぎゅうぎゅう詰め]である,立錐(りっすい)の余地もない.

no caber un alfiler de gusto 《中南米》[+間接目的語](人)は喜びのあまり我を忘れている,狂喜している.

no estar con sus alfileres 不機嫌である.

pegado [cogido, prendido, preso, sujeto] con alfileres (1)『estar, llevar, tener+』《話》不安定な[に],不確かな[に],いいかげんな[に]. La situación de la empresa *está prendida con alfileres*. 会社の状態が不安定だ. (2) 上っ面の知識しかない,あやふやにしか分かっていない.

alfilerar [alfilerár] 他 をピンで留める.

alfilerazo [alfileráðo] [< alfiler] 男 ❶ ピンの一刺し. ❷ 辛辣(しんらつ)な皮肉,毒舌. 類**indirecta, pulla**.

alfilerillo [alfilerijo] 男《中南米》《植物》(*a*)《アルゼンチン,チリ》オランダフウロ. (*b*)《メキシコ》長いとげのサボテン類. (*c*) サント・ドミンゴ産の木(具の材料になる). ❷《メキシコ》(タバコの葉につく)寄生虫.

alfiletero [alfiletéro] 男 ❶ 筒状の針入れ. = acerico.

alfininemia [arxinnémia] 囡 《医学》アルギニン血症.

alfolí [alfolí] 男 ❶ 穀物庫. ❷ 塩の貯蔵庫.

:**alfombra** [alfómbra] 囡 ❶ 絨毯(じゅうたん),カーペット,敷物. — mágica [voladora] 魔法の[空飛ぶ]絨毯. ~ de baño バスマット. ~ de cama ベッドの横に置く敷物. El suelo está cubierto con una soberbia ~ persa. 床には豪華なペルシャ絨毯が敷いてある. 類**entapizada, estera, felpado**. ❷ (草花などの)一面の広がり,一面に覆うもの. — una ~ de flores [de hierba] 花[草]の絨毯,一面の花[草原]. tumbarse sobre una ~ de flores. 草絨毯の上に横になる. Con la corriente de aire, quedó la habitación cubierta de una ~ de papeles. 風に飛ばされて部屋一面紙で覆われた. ❸《医学》風疹. 類**alfombrilla**. ❹《方》モケット.

alfombrado, da [alfombráðo, ða] 形 ❶ 絨毯(じゅうたん)を敷いた. —vestíbulo 絨毯を敷いたロビー. ❷『+de』で覆われた. —Las calles quedaron *alfombradas de* octavillas electorales. 通りは選挙用のビラで覆われた.

—— 男 ❶ 絨毯を敷くこと. ❷『集合的に』絨毯(類),敷物類.

alfombrar [alfombrár] 他 ❶ (床)に絨毯(じゅうたん)を敷く,を絨毯で覆う. ❷『+con/de』…で(床・地面)を覆う.

alfombrero, ra [alfombréro, ra] 名 絨毯(じゅうたん)職人[商人].

alfombrilla [alfombríja] 囡 ❶ 敷物,マット. ❷《医学》風疹(ふうしん).

alfombrista [alfombrísta] 男女 絨毯(じゅうたん)商人; 絨毯職人(製作・取り付けを含む).

alfóncigo [alfónθiɣo] 男 →alfónsigo.

alfonsí [alfonsí] 形 →alfonsino.

alfónsigo [alfónsiɣo] 男 《植物》ピスタチオの木[実].

alfonsino, na [alfonsíno, na] 形《歴史》アルフォンソ賢王[10世]の.→Alfonso X (el Sabio).

—— 男 《歴史》アルフォンソ賢王時代の硬貨.

Alfonso [alfónso] 固名 ❶《男性名》アルフォンソ. ❷ (~ VI) アルフォンソ6世(勇敢王)(1030-1109, カスティーリャ・レオン王, 在位1072-1109). ❸ (~ X (el sabio)) アルフォンソ10世(賢王)(1221-84, カスティーリャ・レオン王, 在位1252-84). ❹ (~ XIII) アルフォンソ13世(1886-1941, スペイン王, 在位1886-1931).

alforfón [alforfón] 男 《植物》ソバ(蕎麦).

alforja [alfórxa] 囡 ❶ 鞍袋,(振り分けて担ぐ)荷物袋. ❷ 旅行用の食料. ❸《俗》だぶだぶの服.

para este viaje no se necesitan alforjas 大騒ぎするほどのことはない; 苦労したかいがない.

sacar los pies de las alforjas 突然大胆な行動をとる.

alforza [alfórθa] 囡 ❶《服飾》(スカートや袖の内側につける)タック. ❷《比喩,俗》傷跡. 類**cicatriz, costurón**.

alforzar [alforθár] [1.3] 他《服飾》(スカートなど)にタックをつける.

Alfredo [alfréðo] 固名《男性名》アルフレード.

:**alga** [álɣa] 囡 (el ~) ❶《植物》藻(も),海藻(かいそう),海草; 海苔(のり). — ~ silicea 珪藻. ❷ 複藻(も)類. — ~s pardas [verdes, rojas] 褐[緑, 紅]藻類.

algaida [alɣáiða] 囡 ❶ やぶ,雑木林. ❷ 砂丘. 類 **duna**, **médano**.

algalia¹ [alɣália] 囡 じゃこう(香料). ― *gato de* ～《動物》《まれ》ジャコウネコ.

algalia² [alɣália] 囡 《医学》導尿管,カテーテル.

algara¹ [alɣára] 囡 《歴史》襲撃を行う騎馬隊; 騎馬隊による襲撃.

algara² [alɣára] 囡 (タマネギなどの)薄皮.

algarabía [alɣaraβía] 囡 ❶ ざわめき,騒ぎ声. 類 **jaleo**. ❷ アラビア語(→árabe). ❸ わけのわからない言葉[文章].

algarada [alɣaráða] 囡 ❶ 《歴史》騎馬隊による襲撃; 騎馬襲撃隊. ❷ 騒動,暴動.

algarroba [alɣařóβa] 囡 《植物》❶ (*a*) オオヤハズエンドウ(マメ科). (*b*) オオヤハズエンドウの種. ❷ イナゴマメの実.

algarrobal [alɣařoβál] 男 ❶ オオヤハズエンドウの畑. ❷ イナゴマメの畑.

algarrobero [alɣařoβéro] 男 《植物》→algarrobo.

algarrobilla [alɣařoβíʎa] 囡 《植物》→algarroba①(a).

algarrobo [alɣařóβo] 男 《植物》イナゴマメの木.

algazara [alɣaθára] 囡 ❶ 歓声,叫び声. 類 **alborozo**, **bulla**, **jaleo**. ❷ 《歴史》(モーロ人が攻撃の時に出した)鬨(とき)の声.

algazul [alɣaθúl] 男 《植物》オカヒジキ.

álgebra [álxeβra] 囡 ❶ 《数学》代数学. ― ～ *de boole* ブール代数. ❷ 《医学》接骨術.

algebraico, ca [alxeβráiko, ka] 形 《数学》代数(学)の.

Algeciras [alxeθíras] 固名 アルヘシラス(スペインの港湾都市).

algecireño, ña [alxeθiréɲo, ɲa] 形 アルヘシラス(Algeciras)の. ― 名 アルヘシラスの出身者.

algidez [alxiðéθ] 囡 《医学》❶ 悪寒(おかん),寒け. ❷ (病気の症状が)激しい瞬間.

álgido, da [álxiðo, ða] 形 ❶ 《医学》悪寒(おかん)を伴う,ぞくぞくする. ― *fiebre álgida* 悪寒を伴う発熱. ❷ とても寒い. ― *una región de clima* ～ 極寒地. ❸ (比喩)最高潮,頂点に達した; 重大[大事]な. 類 **culminante**, **máximo**.

algo [álɣo アルゴ] 代(不定)《無変化》❶ 《不定の物事を示す》何か,あること. ―*Cuéntanos* ～ *de tu viaje*. 私達に君の旅行の話を何かしてください. ¿*Desea* ～ *más*? 他に何かご入り用のものはございませんか. *Hay* ～ *que no comprendo*. どこか私の理解できない点がある. *Leeré* ～ *mientras espero*. 私は待っている間に何か読もう. 反 **nada**. ❷ 《不定の量を示す》多少,少し,少々,いくらか. ― *Ahorraremos* ～ *para el viaje*. 旅行のために少し貯金をしよう. *Tomaré* ～ *de vino*. ワインを少々いただきましょう. *Entiendo* ～ *de japonés*. 私は日本語がいくらか分かる. ❸ 《+形容詞》何か…のもの. ― ¿*Te apetece tomar* ～ *caliente*? 君は何かあたたかいものが飲みたいですか.

… *algo así* [*como*] …か何か,…とか何とか. *Es eslovena o algo así*. 彼女はスロベニア人か何かだ. *Tardaré algo así como dos horas*. 私は2時間かそこらかかるだろう.

algo es algo 少しだけでも役にたつ,ないよりはましである. *Sólo me han tocado treinta euros, pero algo es algo*. たった30ユーロしかあたらなかったけど,あたらないよりはましです.

*dar*LE *algo a …*《話》(人が)気分が悪くなる,失神する. *Si ese niño no deja ya de comer, le va a dar algo*. その子はこれ以上食べ続けると気分が悪くなるよ. *Me puse tan nervioso que creía que me daba algo*. 私はあんまり緊張したので頭がおかしくなるのではと思った.

por algo 何かわけがあって. *Por algo será*. 何かわけがあるのだろう.

tener algo de〘+形容詞変化形〙…のところがある. *Tus ideas del progreso tienen algo de quijotescas*. 君の進歩の考えには何かドン・キホーテ的なところがある.

― 男 ❶ ひとかどの人物,立派な人. ― *Se cree algo*. 彼は自分がひとかどの人物だと思っている. ❷ 何か得体の知らないもの. ― *Noté un algo raro en el ambiente*. 私はその雰囲気に何か変な形容し難いものを感じた.

― 副 ❶ すこし,やや,いくらか. ― *Ella estaba algo nerviosa*. 彼女はいくらか気持ちが高ぶっていた. ❷ 〘強調〙〘感情・評価を表す補語とともに〙― *Ese espectáculo es algo impresionante*. そのショーは本当に印象的だった. *Aquello fue algo de risa*. あれはまさに噴飯ものだった.

‡**algodón** [alɣoðón] 男 ❶ 《繊維,服飾》綿(めん),木綿; 綿糸[布,織物]. ― *vestido* [*blusa, camisa*] *de* ～ 木綿の服[ブラウス,ワイシャツ]. ～ *desmontado* 繰り綿. *tejido de* ～ 綿織物. ～ *pólvora* [*fulminante*] 綿火薬. *La ropa de* ～ *se arruga mucho*. 木綿の服はしわになりやすい. ❷ 《衛生,化粧》脱脂綿; 綿(めん); 《俗》(綿の)耳栓. ― ～ *hidrófilo* [*absorbente*] 脱脂綿. ～ *esterilizado* 消毒綿. *algodones desmaquilladores* 化粧綿(化粧を落とす). ❸ 《植物》ワタの木,綿花; 綿実. ― ～ *en rama* 綿花,原綿. *aceite de* ～ 綿実油. 類 **algodonero**. ❹ 《料理》綿菓子,綿飴(～ *dulce* [*de azúcar*]/*dulce de* ～).

entre algodones (育児などで)真綿で包むように,大事に; 過保護に,甘やかして. *Como hija única que era, fue criada entre algodones*. 彼女は一人娘だけあって,大切に育てられた.

tener [*llevar, meter*] *a … entre algodones*《話》(人)をちやほやする,もてなす. *Durante los primeros tiempos de casada su marido la llevó entre algodones*. 夫は結婚当初彼女をちやほやした.

algodonal [alɣoðonál] 男 綿畑.

algodonar [alɣoðonár] 他 …に綿を詰める.

algodoncillo [alɣoðonθíʎo] 男 《植物》フセントウワタ(ガガイモ科).

algodonero, ra [alɣoðonéro, ra] 形 綿の. ― *industria algodonera* 綿糸紡績産業.

― 名 ❶ 綿の栽培者. ❷ 綿商人. ❸ 綿糸紡績工. ― 男 《植物》ワタノキ(綿の木).

algodonosa [alɣoðonósa] 囡 →algodonoso.

‡**algodonoso, sa** [alɣoðonóso, sa] 形 ❶ 綿のような,ふわふわした. ― *nube algodonosa* 綿のような雲. ❷ 綿毛[うぶ毛]で覆われた. ― *fruta algodonosa* 綿毛で覆われた果実.

― 囡 《植物》ハハコグサの類.

82 algorín

algorín [alɣorín] 男 ❶ (油搾り機にかける前の)オリーブの実の貯蔵室. ❷ (オリーブの貯蔵室に囲まれた)中庭.

:**algoritmo** [alɣorítmo] 男 ❶《数学》アルゴリズム, 計算法. — ~ del máximo común divisor 最大公約数の出し方. ❷ (問題解決のための)段階的手続き.

alguacil [alɣuaθíl] 男 ❶ (裁判所の)執行官. ❷ (市役所などの)下級職員. ❸《歴史》警吏. ❹《虫類》ハエトリグモ(=~ de moscas).

alguacilillo [alɣuaθilíjo] 男《闘牛》(入場行進の)騎馬先導役(2人いる).

alguien [alɣien アルギェン] 代(不定)【無変化】❶〖不定の人を示す〗誰か. —Buscan a ~ que hable chino. 中国語の話せる人を探している. ¿Hay ~ en casa? 家に誰かいますか. 類alguno**. 反**nadie**. ❷ ひとかどの人物, 立派な人. —Se cree ~. 彼は自分がひとかどの人物だと思っている. ❸ (漠然と)ある人. —Me ha dicho ~ que piensas divorciarte. ある人から君が離婚するつもりだと聞いた.

algún [alɣún] 形 (不定)algunoの語尾脱落形. → alguno.

**alguno, na [alɣúno, na アルグノ, ナ] 形 (不定) 男 algunos, 女 algunas〖男性単数名詞の前では algún〗❶〖不定を意味する〗ある…, 何かの…. —Espero que algún día volverás. 君がいつの日か帰ってくることを期待します. ¿Hay alguna carta para mí? 私宛の手紙は何かありますか. ¿Me has visto borracho alguna vez? あなたはかつて私が酔払っているのを見たことがありますか. Cenaremos en algún restaurante de las afueras. 私たちはどこか郊外のレストランで夕食を食べよう. ❷〖不定の量を表わす〗いくつ[何人]かの, 何らかの, 多少の. —Necesito ganar algún dinero. 私は金を少々かせがなくてはならない. Faltan algunas horas hasta que llegue. 彼が着くまで数時間ある. Algunos amigos se ofrecieron a ayudarle. 何人かの[何人もの]友だちが彼を助けようと申し出た. ❸〖名詞のあとにおき, 否定の意味を強調する〗何も, 何かの…もない. —No le he hecho daño alguno. 私は彼を何も傷つけたことはない. Elvira se levantó sin hacer ruido alguno. エルビーラは何の物音もたてずに立ちあがった. En modo alguno puedo admitir eso. どうしても私はそれを容認できない. ❹ かなりの, 相当の. —Necesito resolver un problema de alguna importancia. 私はかなり重要な問題を解決しなければならない. Necesitamos una secretaria con algunos conocimientos de idiomas. 我々はある程度外国語の知識のある女性秘書を必要としている.

algún que otro 一人か二人の, 1つか2つの, 何人かの, いくつかの. Sólo salgo con *algún que otro* amigo. 僕は一人か二人の友人としか出歩かない.

— 代(不定) ❶〖単数, 不定の人や物を示す〗ある人, 誰か, あるもの, 何か. —*Alguno* de mis amigos viene. 私の友人の誰かが来ます. Si *alguno* se porta mal, dímelo. もし行儀の悪いのがいたら知らせてね. 類語欄 **alguno** は全体を考えて, そのうちの「ある人」という意味; **alguien** は単に「ある人」を示す.

❷ 複(全体を考えて, そのうちの)ある人たち, いくつかのもの. —Voy a leer *algunos* de estos libros. 私はこの本のうち何冊かを読みます. *Algunos* dicen que sí y otros dicen que no. ある人たちはそうだと言い, 別の人たちは違うと言う.

alguno que otro 一人か二人, 1つか2つ, 何人か, いくつか. *Alguno que otro* protestó. 一人か二人が抗議した.

hacer alguna [de las suyas]《話》よくないことをする. Me temo que *haga alguna de las suyas* en mi ausencia. 私のいない間に彼が悪さをしないかと心配だ.

:**alhaja** [aláxa] 女 ❶ 宝石. —Siempre va cargada de ~s. 彼女はいつもたくさんの宝石で飾りたてている. 類**joya, objeto valioso**. ❷ 大切な人, 価値ある人.

¡buena [vaya] alhaja! 偽善者め, 役立たず.

alhajar [alaxár] 他 ❶ を宝石で飾る. 類**enjoyar**. ❷ (家)に必要な家具を備えつける. 類**amueblar**.

alhajera [alaxéra] 女《中南米》宝石箱[ケース]. 類**estuche**.

Alhambra [alámbra] 固名 (la ~) アランブラ [アルハンブラ](スペイン, グラナダ市の丘上にあるムーア時代の遺跡).

alharaca [alaráka] 女《主に複》大げさな感情表現, 大げさな身振り[言い方]. —hacer ~s 大げさな仕草[言い方]をする.

alharaquiento, ta [alarakiénto, ta] 形 (身振り・言い方が)大げさな.

alharma [alárma] 女《植物》ハーマラ(ハマビシ科).

alhelí [alelí] 男《複alhelíes》《植物》アラセイトウ.

alheña [aléɲa] 女 ❶ (a)《植物》イボタノキ(属)(モクセイ科の落葉低木); イボタノキの花. (b) イボタノキの葉の粉末(染料として使う). ❷ (麦などの)うどんこ病.

hecho [molido como] una alheña (疲れなどで)くたくたである; (殴打などで)打ちのめされた.

alheñar [aleɲár] 他 をイボタの葉の粉末で染める.

—se 再 (麦などが)うどんこ病にかかる. 類**arroyarse**.

alhóndiga [alóndiɣa] 女 ❶ 公設の穀物市場. ❷ 公設の穀物倉庫.

alhucema [aluθéma] 女《植物》ラベンダー. 類**espliego, lavanda**.

aliacán [aliakán] 男《医学》黄疸(だん). 類**ictericia**.

aliáceo, a [aliáθeo, a] 形 ニンニクの味[匂い]のする.

***aliado, da** [aliáðo, ða] 過分 形 同盟した. —fuerzas *aliadas* 連合軍. países ~s 連合国.

— 男女 《歴史, 政治》同盟者, 同盟国. —los A~s 連合国, 連合軍(第一次世界大戦でドイツに敵対した同盟国; 第二次世界大戦で枢軸国側と戦った諸国).

— 男《チリ》《飲料》2種類の酒類の入った飲料; チーズとハムのサンドイッチ.

aliaga [aliáɣa] 女《植物》ハリエニシダ.

:**alianza** [aliánθa] 女 ❶ 同盟. —(la) A~ Atlántica 北大西洋条約機構, NATO. (la) A~ Norte (アフガニスタンの)北部同盟. ~ matrimonial 婚姻, 姻戚関係. 類**pacto, unión**. ❷ 結

指輪. 類anillo.

‡aliar [aliár] [1.6] 他 ❶ 〖+con と〗を同盟させる, 連携させる. —El deseo de quedar protegido *alió* al país *con* esa gran potencia. 保護してもらいたいという願望がその国をあの大国と同盟させることになった. ❷ 〖+a に/con と〗を結びつける, 結合させる. —Ella *alía* la gracia *con* la elegancia. 彼女は上品さと愛嬌を併せ持っている.

—— se 再 ❶ 同盟する, 連携する. —Todos los partidos de la oposición *se han aliado* para luchar juntos contra el gobierno. 全野党は政府に対して共闘するため同盟した. ❷ 結びつく, 結合する. —En él *se alían* el esfuerzo y la constancia. 彼にあっては努力と根気強さとが結びついている.

*alias [álias] 副 …という別名の, 別名は…. —Alfonso Tostado, ~ el Abulense. アルフォンソ・トスタードことエル・アブレンセ.

—— 男〖単複同形〗❶ あだな, 別名, 偽名. —En el pueblo me conocen por el ~. 村では私はあだ名の方が通りがよい. 類apodo. ❷《情報》エイリアス.

alicaído, da [alikaíðo, ða] 形 ❶《まれ》(鳥の)羽[翼]が垂れた. ❷ (*a*) (肉体的に)衰弱した, 弱った. (*b*) (精神的に)元気がない, 気落ちした. —He encontrado a mi abuelo muy ~. 私が会った祖父はとても衰弱していた. El fracaso de las oposiciones lo dejó ~. 採用試験に落ちて彼はがっくりした. 類desanimado, triste.

Alicante [alikánte] 固名 アリカンテ(スペインの県・県都).

alicante [alikánte] 男《動物》❶ アメリカマムシ, スナクサリヘビ. ❷ ブルスネークの1種.

alicantino, na [alikantíno, na] 形 アリカンテ(Alicante) の. —— 名 アリカンテ出身の人.

alicatado, da [alikatáðo, ða] 形 (壁などが)タイルを張った, タイル張りの. —— 男 タイル張り.

alicatar [alikatár] 他 (壁などを)タイル張りにする. 類azulejar.

alicates [alikátes] 男 複 プライヤー, ペンチ. —~ universales 万能ペンチ.

Alicia [aliθja] 固名《女性名》アリシア.

aliciente [aliθjénte] 男 ❶ 励み, 精神的刺激. —Un buen sueldo sirve de ~ a los trabajadores. 良い給料は労働者の励みになる. 類acicate, estímulo, incentivo. ❷ (特にある土地の持つ)魅力, 引きつけるもの. —los ~s de Granada グラナダの魅力. 類atractivo, encanto.

alicuanta [alikwánta] 形 《数学》割り切れない, 整除できない. —parte ~ 非約数.
—— 女《数学》非約数(= parte alicuanta).

alícuota [alíkwota] 形 ❶《数学》割り切れる, 整除できる. —parte ~ 約数. ❷ 等分した. 類proporcional.

alidada [aliðáða] 女《測量》アリダード, 平板測量用器具.

alienación [aljenaθjón] 女 ❶《法律》(財産・権利などの)譲渡. ❷《医学》精神異常. ❸《心理》疎外感.

alienado, da [aljenáðo, ða] 形 ❶《医学》精神異常の, 精神の錯乱した. ❷《心理》(人が)疎外された.
—— 名《医学》精神異常者. 類demente, loco.

alienar [aljenár] 他 ❶《法律》(財産・権利などを)譲渡する. ❷ (人を)狂わせる, ぼんやりさせる. 類enajenar. ❸ (人を)非人間化する, 疎外する.

alienista [aljenísta] 男女《医学》精神科医. 類psiquiatra.

alient- [aljént-] 動 alentar の直・現在, 接・現在, 命令・2単.

*aliento [aljénto] [<alentar] 男 ❶ 呼気, 息. —tener mal ~ [~ fétido] 息が臭い(→halitosis). exhalar mal ~ 臭い息を吐く. Le huele (mal) el ~. 彼の息が臭い. ❷ 呼吸, 息をすること. —Se detuvo en el rellano para recuperar el ~. 彼は一息入れるために階段の踊り場で立ち止まった. 類respiración. ❸〖〖覆〗も可〗元気, 気力, 精力; 勇気. —un hombre de ~ 元気のある人. A sus sesenta años aún conserva los ~s de su juventud. 彼は60才でもなお若い頃と変わらず元気である. 類ánimo, brío, energía. ❹ 元気[勇気]うけること, 励まし, 激励(となるもの). —decir unas palabras de ~ 励ましの言葉をかける. 類apoyo, estímulo. ❺ 芸術的霊感. —poema [escultura] de gran ~ 非常に感動的な詩[彫刻].

aguantar [*contener*] *el aliento* 息を止める, 息を殺す, 息を凝らす; かたずをのむ.

dar [*infundir*] *aliento a* … を元気づける, 励ます, 勇気づける.

dar los últimos alientos 息を引き取る, 死ぬ.

dejar sin aliento 息切れさせる.

de un aliento 一気に, 一息に[で]; 休まずに, 続けて. beberse un vaso de agua *de un aliento* コップ1杯の水を一気に飲み干す.

estar [*quedar*] *sin aliento* 息を切らしている, 喘(ぁ)いでいる; 元気がない.

exhalar su último aliento [*el postrer aliento*]→*dar los últimos alientos*.

nuevo aliento 呼吸整復(激しい運動後の平静な呼吸回復).

perder el aliento/quedar [*estar*] *sin aliento* 息を切らす, 喘ぐ; 落胆する.

quedarse sin aliento (1) 息切れがする, 喘ぐ; 元気がなくなる. (2) 大変驚く, びっくりする.

sin aliento (1) 息を切らして, 息切れして(→quedarse sin aliento). llegar a la meta *sin aliento* 息を切らして[息も絶え絶えに]ゴールする. (2) 大変驚いて(→quedarse sin aliento).

tomar [*cobrar*] *aliento* 一息入れる, 一息つく; 呼吸を整える; 元気を回復する, 息を吹き返す. *Tomó aliento* antes de subir la escalera. 彼は階段を上る前に呼吸を整えた.

alifafe [alifáfe] 男 ❶ 軽い病気, 持病. 類achaque. ❷《獣医》(馬の)飛節内腫(後脚の膝の腱鞘の軟腫).

aligación [aliɣaθjón] 女 ❶ 結合, 結束. 類ligazón. ❷《数学》混合法(=regla de ~).

aligátor [aliɣátor] 男《動物》アリゲーター, アメリカワニ. 類caimán.

aligeramiento [alixeramjénto] 男 ❶ (荷物・負担などを)軽くすること, 軽減. ❷ (*a*) (苦痛などの)軽減, 緩和. (*b*) (人員などの)削減. ❸ 急ぐこと.

aligerar [alixerár] [<ligero] 他 ❶ を軽くする, 軽減する. —~ la carga 荷を軽くする. ❷ (苦痛などを)和らげる, 緩和する. —~ el dolor [la tristeza] 苦痛[悲しみ]を和らげる. 類aliviar, mi-

tigar, moderar. ❸ (足どりなどを)速める. — el paso 足を速める. [類]**abreviar, acelerar.**
— 自 急ぐ. — Si no *aligeramos*, no llegaremos a tiempo. 急がないと,私たちは間に合わないだろう.
—**se** 再 [＋de] …を取り除いて身軽になる. —～*se de ropa* 服を脱いで身軽になる. ～*se de prejuicios* 偏見を捨てる.

alígero, ra [alíxero, ra] 形 [詩] ❶ 翼のある. ❷ 速い. [類]**rápido, veloz.**

aligustre [aliɣústre] 男 [植物] イボタノキ. [類]**alheña.**

alijador [alixaðór] 男 [海事] 艀(はしけ). [類]**barcaza.**

alijar¹ [alixár] 他 ❶ (船の積荷を)降ろす[陸揚げする]. ❷ (密輸品を)陸揚げする. ❸ をサンドペーパーで磨く. ❹ (綿を)繰(く)る.

alijar² [alixár] 男 ❶ [主に 複] 牧草地. ❷ 農園. [類]**cortijo.**

alijo [alíxo] 男 ❶ (船の積荷の)陸揚げ,軽減. ❷ 密輸,密輸品. —～ *de drogas* 麻薬密輸品.

alilaya [alilája] 女 《中南米》つまらない言い訳,言い逃れ.

alimaña [alimáɲa] 女 《軽蔑》《家畜などを荒らす》害獣.

alimañero [alimaɲéro] 男 害獣 (alimaña) のハンター.

***alimentación** [alimentaθjón] 女 ❶ (a) 食事,食物の補給. — una ～ *rica en proteínas* 蛋白質の豊富な食事. Una buena ～ *es importante para la salud.* よい食事が健康のために必要だ. La ～ *integral es cada vez más popular.* 健康食(自然食品など)に次第に人気が出ている. [類]**comida, nutrición.** (b) (食糧などの)供給,補給. — La ～ *de la población no va a ser fácil en el futuro.* 住民への食糧の供給は将来やしくはなくなっていく. *pastos destinados a la* ～ *de los animales* 家畜に牧草を食わせるための牧草地. ❷ 食餌療法, 食生活. — *El médico le ha recomendado que cambie de* ～. 医者は彼に食生活を変えるよう薦めた. ❸ (機械や自動車への)燃料の補給. —*fuente de* ～ *eléctrica* 電源,動力源. *bomba de* ～ 給油ポンプ.

alimentador, dora [alimentaðór, ðóra] 形 (食料・燃料などを)供給[補給]する. —*bomba alimentadora de agua* 給水ポンプ. — 男 [機械] フィーダー,供給機; [電気] 給電線. —～ *de documentos* シート・フィーダー.

⁑**alimentar** [alimentár] 他 ❶ …に食物(食料)を与える,養う; 栄養を与える. — *Alimenta* al pájaro *con lombrices.* 彼はミミズを鳥に食べさせている. El sueldo no le alcanza para ～ *a su familia.* 給料だけでは彼が家族を養うのに十分ではない. *La sopa de lentejas alimenta mucho.* レンズ豆のスープは栄養分が豊富だ. ❷ [＋con/de を]…に補給する,供給する. —～ *un ordenador con datos* コンピューターにデータを入力する. ～ *un motor con gasolina* エンジンにガソリンを補給する. ～ *un circuito de corriente eléctrica* 回路に電流を通じる. ❸ を助長する,促進する. — *El carbón alimenta las calderas.* 炭は大なべを煮立たせる. *Sólo alimenta ideas pesimistas.* 彼は厭世的な考えだけを助長している. *La despenalización del consumo de droga alimenta la delincuencia.* 麻薬使用の解禁は犯罪を助長する.
—**se** 再 [＋con/de を] 食べて生きる,糧(かて)とする,(…で)栄養をとる. — Sólo *se alimenta de verduras y pescado.* 彼は野菜と魚だけを食べている.

⁑**alimenticio, cia** [alimentíθjo, θja] 形 ❶ 食物の,食品の. —*industria alimenticia* 食品加工業. *productos* ～*s* 食料品. *Me han recomendado una dieta alimenticia.* 私は食餌療法を勧められた. ❷ 栄養の,栄養になる. —*valor* ～ 栄養価. [類]**nutritivo.**

alimentista [alimentísta] 男女 被扶養者.

⁑**alimento** [aliménto] 男 ❶ 食物,食品,食糧;栄養(物). —～ *congelado* 冷凍食品. ～ *bajo en calorías* 低カロリー食品. ～ *líquido* [*sólido*] 流動[固形]食. *higiene de los* ～*s* 食品衛生. — *del cuerpo* [*ingerir*] ～*s nutritivos* 栄養物を摂取する. [類]**alimentación.** ❷ 《比喩》(精神的な)糧(かて),支え; 激情をあおるもの. —*La lectura es el* ～ *del espíritu.* 読書は心の糧である. [類]**pasto, sostén.** ❸ 《複》[法律] (別居・離婚した妻への)別居[離婚]手当て,扶助料. —*vivir de* ～*s* 扶養手当てで生活する.

alimentoso, sa [alimentóso, sa] 形 栄養のある.

alimoche [alimótʃe] 男 [鳥類] エジプトハゲワシ. [類]**abanto.**

alimón [alimón] 男 [次の成句で]
al alimón (1) 2人で,いっしょに. *Han escrito un libro al alimón.* 彼らは2人で本を書いた. 2人の歌手の共演は拍手喝采(かっさい)を受けた. (2) 《闘牛》 2人の闘牛士が1枚のカポーテ (capote) を操ってた.

alindado, da [alindáðo, ða] 過分 形 ❶ 《まれ》美しい,めかし込んだ. [類]**hermoso, lindo.** ❷ 気取った. [類]**presumido.**

alindamiento [alindamjénto] 男 (地所などの)境界を定めること.

alindar [alindár] [＜lindo; linde] 他 ❶ (地所などの)境界を定める. —～ *una heredad* 地所の境界を決める. [類]**deslindar.** ❷ を美しくする.
— 自 [＋con] …と隣接している. — *Nuestro chalé alinda con el de los Martínez.* 私たちの別荘はマルティネス家の別荘と隣り合っている. [類] **lindar.**

alinderar [alinderár] 他 [中南米] (地所などの)境界を定める,境界標を定める.

alineación [alineaθjón] [＜línea] 女 ❶ 整列. —*La* ～ *de esta ciudad es muy irregular.* この町の町並みはとても不規則です. ❷ 《スポーツ》(チームの)ラインアップ. — *El entrenador da hoy a conocer la* ～ *de la selección nacional.* 監督はナショナルチームのラインアップを今日発表する. ❸ 《政治》同盟,連合. —～ *política de no* ～ 非同盟政策.

alineado, da [alineáðo, ða] 形 ❶ 真っ直ぐに並んだ. ❷ 《政治》同盟を結んだ,連合した. — *países no* ～*s* 非同盟諸国.

alineamiento [alineamjénto] 男 ❶ 整列すること. ❷ 《政治》同盟,連合. ❸ 《考古》列石,メンヒルの列.

alinear [alineár] 他 ❶ を真っ直ぐに並べる,整列させる. —～ *a los soldados por orden de estatura* 兵士たちを身長順に整列させる. ❷ 《スポーツ》(a) (チームー)を結成する. (b) (選手を)チームに

入れる.
—**se** 再 ❶ 整列する, 並ぶ. ❷ 《スポーツ》〔+en に〕(チームに)加わる[入る]. —Él y yo *nos alineamos* en el mismo equipo. 彼と私は同じチームに入った. ❸ 《政治》〔+con と〕同盟を結ぶ, 連合する. —Japón *se alineó con* Estados Unidos. 日本は米国と同盟を結んだ.

aliñador, dora [alinaðór, ðóra] 形 ❶ 《料理》味つけの. ❷ 飾る, 装飾的な.
—— 名 《中南米》整骨医.

aliñar [alinár] 他 ❶ 《料理》の味つけをする. —~ la ensalada サラダを味つけする. 類 **aderezar, condimentar, sazonar**. ❷ 飾る, 身繕いをする. 類 **aderezar, adornar, componer**. ❸ を用意[準備]する.
—— **se** (自分の)身繕いをする, おめかしする.

aliño [alíno] 男 ❶ 《料理》味つけ; 調味料. 類 **aderezo, condimento**. ❷ 飾ること, 身繕い.

alioli [alióli] 男 《料理》アリオリソース(すりつぶしたニンニクにオリーブ油を加えたソース). 類 **ajiaceite, ajoaceite**.

alionín [alionín] 男 《鳥類》アオガラ.

alípede [alípeðe] 形 →alípedo.

alípedo, da [alípeðo, ða] 形 ❶ 《詩》足に翼のある. ❷ 《動物》(コウモリなど)翼手類の. 類 **quiróptero**.

aliquebrado, da [alikeβráðo, ða] 形《まれ》 ❶ (鳥の)羽[翼]が垂れた. ❷ 《話》(a) 元気がない. 類 **alicaído, desanimado**. (b) 弱った. 類 **débil**.

alisado [alisáðo] 男 (何かの表面を滑らか[平ら]にすること; (板に)鉋(かんな)をかけること, 磨くこと.

alisador, dora [alisaðór, ðóra] 形 滑らか[平ら]にする, 削る[磨く]のに役立つ.
—— 男 ろうそくの表面を滑らかにする道具.

alisadura [alisaðúra] 女 ❶ (何かの表面を)滑らか[平ら]にすること; (板に)鉋(かんな)をかけること, 磨くこと. ❷ 複 鉋くず.

alisar¹ [alisár] 他 ❶ (a) (表面を滑らか[平ら]にする; (板に)鉋(かんな)をかける. (b) を磨く. ❷ (髪)を軽くとかす. —— 再 (自分の髪を軽くとかす. —*Alísate* el pelo, que lo tienes un poco revuelto. 髪を少しとかしなさい, 少し乱れているから.

alisar² [alisár] 男 ハンノキの林.

aliseda [aliséða] 女 =alisar².

alisio, sia [alísjo, sja] 形 複《気象》貿易風の. —vientos ~s 貿易風. —— 男 複《気象》貿易風.

aliso [alíso] 男 《植物》ハンノキ.

alistado, da [alistáðo, ða] 形 ❶ 名簿[リスト]に登録された. ❷ 《軍事》兵籍簿に登録された.

alistamiento [alistamjénto] 男 ❶ 《軍事》(a) 兵籍簿への登録, 入隊. (b) 徴兵. (c) (集合的に)(毎年徴兵される)新兵. ❷ (党派などへの)入党, 加入.

alistar [alistár] (<lista) 他 ❶ (人)を名簿に登録する; をリストに記入する. —~ las provisiones necesarias para la expedición 遠征に必要な食糧のリストを作る. ❷ 《軍事》(人)を兵籍簿に登録する. —— **se** 再 ❶ 《軍事》〔+en〕(a) 兵籍に入る. —*se en* el ejército del aire. 彼は空軍に入隊したがっている. (b) 自主的に入隊する. ❷〔+en〕(党派などに)加入[入党]する.

aliteración [aliteraθjón] 女 《修辞》頭韻(法)(語頭で同じ音を反復して用いること).

aliterado, da [aliteráðo, ða] 形 《修辞》(詩

句などが)頭韻を踏んだ.

alitranca [alitránka] 女《中南米》❶ (馬の)しりがい. ❷ 《自動車》ブレーキ.

aliviadero [aliβjaðéro] 男 (ダム・運河などの)水はけ口, 溢(いっ)水口.

aliviador, dora [aliβjaðór, ðóra] 形 《まれ》 (負荷・苦痛など)を軽減する.
—— 男 製粉機の調節レバー.

aliviar [aliβjár] 他 ❶ を軽くする, 軽減する. —~ la carga 荷を軽くする. 類 **aligerar, descargar**. ❷ (a) (症状など)を和らげる. —Este analgésico *te aliviará* el dolor. この鎮痛剤で君の痛みは鎮まるだろう. (b) (苦痛・心痛など)を緩和する, 軽くする. ❸〔+de/en で〕(人)を助ける. —~ al marido en el trabajo 夫の仕事を手伝う. ❹ (足どりなど)を速める. ❺ 《話》を盗む, くすねる. 類 **hurtar, robar**.
—— **se** 再 ❶ (苦痛などがなくなって)ほっとする, (肉体的に)楽になる. —*Se alivió* al saber que su marido no tenía cáncer. 夫が癌でないと分かって彼女はほっとした. ❷ (病人が快方に向かう.

‡**alivio** [aliβjo] 男 ❶ (痛みや症状の)緩和, 軽減. ❷ (問題や心配からの)安堵, 安心感. —¡Qué ~! ああ, ほっとした. Sintió un gran ~ al oir la voz de su hijo. 彼は息子の声を聞いて大いにほっとした. Dio un suspiro de ~. 彼はほっとしてため息を漏らした.
de alivio 《スペイン》ひどい, やっかいな. Ha agarrado un catarro *de alivio*. 彼はひどい風邪をひいた. Tiene una suegra *de alivio*. 彼にはやっかいな姑(しゅうとめ)がいる.
irse de alivio 《チリ》《話》気楽に構える.

aljaba [alxáβa] 女 矢筒, 箙(えびら).

aljama [alxáma] 女 ❶ モーロ人[ユダヤ人]の集会. ❷ モスク, イスラム教寺院. ❸ ユダヤ教会堂. 類 **sinagoga**. ❹ モーロ人[ユダヤ人]街.

aljamía [alxamía] 女 ❶ 《歴史》(スペインに住んでいたモーロ人にとっての)スペイン語; 外国語. ❷ 《文学史》アラビア文字で書かれたスペイン語文.

aljamiado, da [alxamjáðo, ða] 形 ❶ 《文学史》アラビア文字で書かれたスペイン語の. ❷ モーロ人の使うスペイン語(aljamía)を話す.

aljez [alxéθ] 男 《鉱物》石膏(せっこう).

aljibe [alxíβe] 男 ❶ (雨水の)貯水槽. 類 **cisterna**. ❷ (運搬用の)貯水タンク. ❸ 《海事》給水船; タンカー; 船の貯水槽.

aljofaina [alxofáina] 女 洗面器. 類 **palangana**.

aljófar [alxófar] 男 ❶ 《宝石》小粒で形の整っていない真珠; 小粒で形の整っていない真珠の集まり. ❷ (真珠のような)涙, 露, 水滴.

aljofarar [alxofarár] 他 を小粒で形の整っていない真珠(aljófar)で飾る.

aljofifa [alxofifa] 女 (床用の)モップ.

aljofifar [alxofifár] 他 (床)にモップをかける, をモップでふく.

aljuba [alxúβa] 女 《歴史》(モーロ人が着用した)半袖の外套.

*‡**allá** [ajá アヤ] 副 ❶ あちらに[へ, で], あの辺に[へ, で], かなたに[へ]en と a 以外の前置詞が付くこともある.allí よりも示す場所が不定であり, しばしば遠ざかって行く方向を示す. そのため,

86　allanamiento

allí と異なり程度を表す副詞 más などによって修飾されることがある〗. **～ abajo** あの下の方に[へ], ずっと下に[へ]. **～ lejos** はるか遠くに[へ], 遠方に[へ]. **Más ～ del río, a mano izquierda, está mi casa.** 川のもっと先の左手に君の家がある. **muy ～** ずっと先の方に[へ], はるか向こうに[へ]. **no tan ～** それほど先[遠く]ではなく. **por ～** あの辺[あたり]に. **A ～ voy.** 今(そっちへ)行きます. **Vamos ～.** あっち[向う]へ行こう, さあ行こう. **Ahora está ～ en Siberia.** 今彼はシベリアの方にいる. **No he estado de Gibraltar para ～.** 私はジブラルタルから先には行ったことがない. **Lo he sabido por los periódicos de ～.** 私はあちらの新聞でそれを知った. ❷〖時を表す副詞句の前で〗昔, あの頃. **～ en mis tiempos** 昔私の若い頃. **～ por los años sesenta** かつて60年代頃.

allá〖+1 人称以外の人称代名詞・不定代名詞〗…の責任[勝手]だ. **Allá tú** si te empeñas en hacerlo. どうしてもそうしたいと言うなら君の勝手にしてくれ.

allá arriba (1) あの上に[へ], ずっと上に[へ]. ***Allá arriba*** **pueden verse las ruinas de un castillo.** あそこの上方に城址が見える. (2) 天に[へ].

¡Allá va! (1) (離れた人に向かって)ほら投げるぞ, 落とすぞ. (2) おや(驚き, 不信).

Allá se las arregle [componga/entienda]〖1 人称以外の人が主語〗勝手にさせておけ, やらせておけ.

Allá se va. どっちにしろ同じだ, 同じようなものだ.
el más allá あの世, 来世.
más allá de（1) …の向こうに, 先に; を越えて. **Huyeron *más allá de* la frontera.** 彼らは国境のかなたに逃亡した. (2) …以上.
no andar [estar/ser] muy allá《話》(品質, 健康などが)あまり良くない. **No anda [está] *muy allá*.** 彼は健康状態があまり良くない. **Como profesor *no es muy allá*.** 彼は先生としてはあまり良くない.
... *y lo de más allá* …やその他のこと. **Nos pasamos una hora hablando de esto, de lo otro y de *lo de más allá*.** 私たちはあれやこれやその他もろもろのことを話して1時間過ごした.

allanamiento [aʝanamjénto]男 ❶ 平らにすること, 地ならし. (1)〘障害物などの〙除去; (困難などの)克服. ❸〘暴動などの〙鎮圧. ❹〘法律〙家宅侵入. **～ de morada** 家宅侵入(罪).

*__allanar__ [aʝanár]〖< llano〗他 ❶ を平らにする, 地ならしする. **—Allanaron el terreno para construir un polideportivo.** その土地はスポーツセンター建設のため整地された.〖類〗**aplanar**. ❷ (建物など)を取り壊す, (道)を切り開く. **—Van a ～ esos viejos edificios.** 彼らはそれらの古い建物を取り壊そうとしている. ❸ (困難・障害)を取り除く, 克服する. **—Allanó fácilmente los problemas que surgieron.** 彼は出てきた問題をたやすく克服した. ❹ を鎮圧する, 平定する. **—～ una revuelta** 暴動を鎮圧する. ❺ (家などに)侵入する, 押し入る, 踏み込む. **—Allanaron su casa mientras se encontraban de viaje.** 彼らの家は旅行している間に不法侵入された.
— se 再 ❶ 平らになる; 崩れる ❷〖+a〗をしぶしぶ受け入れる, (…と)折り合いをつける. **—No puedo ～me a lo que me pide.** 私は彼が要求していることを受け入れるわけにはいかない.〖類〗**avenirse, conformarse**.

allegadizo, za [aʝeɣaðíθo, θa]形 数をそろえるために集められた.

allegado, da [aʝeɣáðo, ða]形 ❶ 近い, 接近した. **—La gente *allegada* al primer ministro** 首相の側近の人々.〖類〗**cercano, próximo**. ❷ (**a**) 親戚の. (**b**) とても親しい, 親密な. ❸ 支持[援]する.〖類〗**parcial, partidario**.
— 名 ❶ (**a**) 親戚. (**b**) 親友. **—Ella se casó con un ～ de la familia.** 彼女は家族の親しい友人と結婚した. ❷ 支持者. **—los ～s al partido** 党の支持者.

allegar [aʝeɣár] [1.2] 他 ❶ を集める, 寄せ[かき]集める. **—～ datos [fondos]** 資料[資金]を集める.〖類〗**juntar, reunir**. ❷ を近づける. **—～ el oído *a* la pared** 壁に耳を近づける.〖類〗**arrimar**. **— se** 再〖+a〗同意[賛成]する.

Allende [aʝénde]固名 ❶ アジェンデ[アリェンデ] (サルバドール Salvador ～)(1908-73, チリの大統領, 在任 1970-73). ❷ アジェンデ(イサベル Isabel ～)(1942-, ペルー生れ, チリ育ちの作家).

allende [aʝénde]前〘古, 文〙…の向こうに, あちら側に. **—A ～ las montañas está mi pueblo.** 山の向こうに私の村がある. **—** 副〖+de〗…の他に, 上に. **—A ～ de ser guapa es muy inteligente.** 彼女は美人である上に, とても頭が良い.

＊allí [aʝí アジ]副 ❶ あそこに[で, へ]話し手と聞き手の両方から遠い場所を示す. **en** と **a** の前置詞がつくこともある〗. **—por ～** あの辺に, 向こうに. **Los niños están ～.** 子どもたちはあそこにいる. **Vete ～.** あっちへ行け. **Mira, ～ viene Antonio.** ごらん, あちらにアントニオが来るよ. **El agua sale de ～.** 水はあそこから出てくる. **Ponlo ～ arriba.** それをあの上に置いてくれ. **Se escondió ～ dentro.** 彼はあの中に隠れた. **En la reunión, aquí unos protestaban, ～ otros aplaudían.** 会議では, こちらで抗議する者もいれば, あちらで拍手する者もいるといったありさまだった. ❷ その時[折]. **—Hasta ～ todo marchó bien.** その時[そこ]までは万事うまく行っていた. **A ～ fue cuando comenzaron los problemas.** その時から問題が始まった.

allí donde (1)〖+直説法〗…するところはどこでも. ***Allí donde*** **iba, era bien recibida.** 彼女はどこへ行っても歓迎された. (2)〖+接続法〗どこに…しようとも. **Iré *allí donde* me digas.** 君が命じる所ならどこへでも行こう.

＊alma [álma アルマ]〖単数冠詞は **el**, **un** (**a**)〗女 ❶ 魂, 霊魂, 霊(→**cuerpo**). **—inmortalidad del ～** 霊魂の不滅. **rezar [rogar] por el ～ de un difunto** 故人の冥福を祈る. **Antes de morir se confesó para salvar su alma.** 彼は己の魂を救うべく, 亡くなる前に告解した.〖類〗**ánima, esencia, espíritu, psique**. ❷ 心, 精神. **—～ piadosa** 敬虔な心, 信心深い人. **~ noble** 気高い精神. **en cuerpo y ～** 心身ともに. **en el fondo del ～** 心の奥底に[で]. **tener un ～ caritativa** 慈愛に満ちた心を持っている. **Es un ～ inocente.** 彼は無垢な心の持ち主だ. **Tiene ～ de artista [de poeta]** 彼は芸術家[詩人]肌だ.〖類〗**bondad, corazón**. ❸ 人, 人間; 人口, 住民. **—No hay [No se ve] ni un ～ por la calle.** 通りには人っ子ひとりいない. **ciudad de cien mil ～s** 人口10万の都市. **～ gemela** 気心のぴったり合った人. **Tokio tiene más de diez millones de**

~s. 東京の人口は1千万人以上である. 類**habitante, individuo, persona**. ❹(ある場所・状況での)中心人物, 主役, 花形, 首謀者; 要. El número 5 es el ~ del equipo. 5番がチームの要だ. ~ del movimiento nacionalista 民族主義運動の中心人物. 類**motor**. ❺生命(力), 命の素, 元気, 活力, 精力, エネルギー. —hablar con mucha ~ 熱弁をふるう. trabajar con ~ 元気よく働く. tener mucha ~ 実に生き生きしている. Ha puesto toda el ~ en ese trabajo. 彼はその仕事に全力を注いだ. 類**coraje, empeño, energía, esfuerzo, ímpetu**. 反**desaliento, desánimo**. ❻真髄, 中心, 核心. —En su novela ha sabido captar el ~ de la ciudad. 彼は自分の小説で都市の本質を捉えることができた. 類**esencia**. ❼(銃・砲の)内腔(ないくう), 銃腔(じゅうくう). 類**ánima**. ❽(ケーブルなどの)心線, (糸玉・塑像などの)芯(しん), 核. —El cuchillo se quebró por el ~. そのナイフは芯から折れた. ❾〖建築〗(足場の)支柱, 足場, 支え. ❿〖機械〗ウェブ; 腹部. ⓫〖音楽〗(弦楽器の)魂柱(こんちゅう), 響柱. ⓬〖植物〗髄. ⓭(刃・剣の)柄(つか), 小身(こみ). ⓮〖ボリビア〗死体, 遺体.

abrir el [su] **alma a** ... (人)に心を打明ける, 胸襟を開く.

alma atravesada [**de Caín, de Judas**] 《話》極悪人.

alma de cántaro 《話》ばか, 間抜け, とんま. No le gastes bromas, que es un *alma de cántaro* y no tiene ningún sentido del humor. 彼をからかうなよ. 彼はばかで, ユーモアのセンスが全然ないんだから.

alma de Dios (誰にも悪いことのできない)純朴で善良な人, 心の優しい人. Este hombre es un *alma de Dios*, incapaz de levantar la voz ni a un mosquito. この人は蚊にすら声を荒げることのできない心の優しい人だ.

alma en pena (1) 〖カトリック〗煉獄で苦しむ霊魂, さまよえる亡霊. las *almas en pena* del purgatorio 煉獄で苦しむ霊魂. (2) 一人ぼっちで寂しい人, 孤独な人, 魂の抜けた人. Desde que murió su mujer, parece un *alma en pena*. 彼は奥さんが亡くなってから, 一人ぼっちで寂しそうだ.

alma máter (1)母校. (2)推進力, 活力源.

alma mía (1)(愛情を込めた呼びかけ)いとしいお前よ!, ねえあなた!(=mi alma). ¿Por qué lloras, *alma mía*? ねえお前, どうして泣いてるの? (2)(驚きを示すことば)まあ!, おや!, なんということか!

arrancar el alma a ... (1)(人)の命を奪う, 殺す. (2)(人)を殴る. Si vuelves a amenazar a mi familia, *te arranco el alma*. 君がまた私の家族を脅したら, 殴ってやる. (3)(人)をひどく悲しませる. Los niños hambrientos *arrancan el alma* de cualquiera. 飢えた子供たちを見ると誰でもかわいそうだと思う.

arrancársele a ... **el alma** (人)の心が痛む, 同情を禁じ得ない.

caérsele a ... **el alma a los pies** 《話》(人)ががっかりする, 落胆する. Cuando se enteró del suspenso, *se le cayó el alma a los pies*. 彼は不合格を知った時, がっかりした.

clavársele a ... **en el alma** (人)につらい[痛い]思いをさせる. Sus insultos *se me clavaron en el alma*. 彼の侮辱の言葉が私の胸にぐさっと突き刺さった.

como alma que lleva el diablo 〖ir(se)/marcharse/salir+〗《話》あわてて, 一目散に. En cuanto el chorizo vio al policía, salió *como alma que lleva el diablo*. スリは警官の姿を見るや否やあわてて出て行った.

como (un) alma en pena 一人当てどもなく.

con el alma en un hilo [**en vilo, en un hilo y en vilo**] (危険・不幸などに遭うのではと)心配して, 気をもんで, 不安でどきどきして(→estar con el alma en un hilo [en vilo]).

con toda el [su] **alma /con el alma** (**y la vida**)/**con alma y vida/con mil almas** 《話》(1)本当に心から, 心を込めて, 誠心誠意. Lo siento *con toda el alma*. きわめて残念です; 心から申し訳なく思います. Te lo agradezco *con toda mi alma*. 衷心より感謝します. (2)全力を尽くして, 精一杯, 激しく. trabajar *con toda el alma* 一生懸命に働く. (3)大変喜んで. Iré a verte *con el alma y la vida*. 大変喜んで君に会いに行きます.

cura de almas 〖宗教〗(主任司祭の務めである)魂の救済.

darle [**decirle**] **a** ... **el alma que** ... …という気がする, 予感する. Me da el alma que, finalmente, Juan no va a venir. 結局フアンは来ないような気がする.

dar [**entregar/exhalar/rendir**] **el alma** (**a Dios**) 《婉曲》息を引き取る, 亡くなる. Daba tales gemidos que parecía que iba a *dar el alma*. 彼は息を引き取るようなものすごいうめき声を発していた.

del alma 親しい, 愛する. mi amigo *del alma* 私の親友.

de mi alma 《話》(愛情・未練表現)私の好きな….

destrozar el alma a ... (人)につらい思いをさせる(→partir el alma a ...).

dolerle a ... **el alma de** ... (人)が…で飽きる. Ya *me duele el alma de* repetir que te estés quieto. 私は静かにしなさいというても飽きた.

encomendar [**recomendar**] **el alma a Dios** 魂を神に委ねる, (死にかけている人の)魂を救うためのお祈りをする.

en cuerpo y alma 身も心も, すっかり, 心から(→en el alma). dedicarse al trabajo *en cuerpo y alma* 仕事に全身全霊を打ち込む. Se entregó *en cuerpo y alma* al cuidado de sus hijos. 彼女は子供たちの世話に身も心も捧げた.

en el alma 〖agradecer/alegrarse/doler/sentir+〗心から, 心底から, とても. Te *agradezco en el alma* que te preocupes tanto por mí. 私のことをこんなに心配してくれて心から感謝している. Lo *siento en el alma*. 心底から残念に思います. Me *dolió en el alma* lo que me dijo. 私は彼に言われたことで大変心が痛んだ.

entregar el alma (**a Dios**) →dar el alma (a Dios).

estar con el alma en un hilo [**en vilo**] 《話》(危険・不幸などに遭うのではと)心配している, 気をもんでいる, 不安でどきどきしている. *Estaba con el alma en un hilo* por la tardanza de su hija. 彼は娘の遅いのが心配でたまらなかった.

exhalar el alma (**a Dios**) →dar el alma (a Dios).

hablar a ... **al alma** 《話》(人)に一生懸命に[率

直に話しかける.
írsele a ... el alma por [detrás de, tras] ... 《話》をひどく欲しがる, …が欲しくてたまらない. *Se le va el alma por* comprarse una moto. 彼はバイクを買いたくてたまらない.
llegar a ... al alma/tocar a ... en el alma (良くも悪くも)(人)を深く感動させる, (人)の心を打つ. *Aquel detalle tan amable que tuviste conmigo me llegó al alma*. 私に対する君のあんなに優しい心遣いに心を打たれた. *Me llegó al alma que hablaran mal de mi amiga*. 私は友人の悪口を言われて胸にこたえた.
llevar a ... en el alma 《話》(人)を深く[心から]愛する. Jamás te olvidaré, *te llevo en el alma*. 君のことは決して忘れません. 心底好きです.
mi alma (愛情を込めた呼びかけ)いとしいお前よ!, ねえあなた! (= alma mía).
no poder con SU alma ひどく疲れている. He me pasado todo el día subiendo y bajando escaleras y estoy que *no puedo con mi alma*. 私は1日中階段を昇り降りしていたので死ぬほど疲れている.
no tener alma 《話》薄情である, 冷酷である, 思いやりがない. Una madre que abandona a sus hijos *no tiene alma*. 我が子を捨てる母親は冷酷だ.
partir el alma a ... (1)《話》(人)をひどく悲しませる, 悲しくさせる. *Me parte el alma verte llorar así*. 君がそんなに泣くのを見ると私はつらい. (2)《話》(人)をめった打ちにする, 叩きのめす.
partirse [partírsele a ...] el alma 事故に遭う, 怪我する. Ten cuidado con la escalera, un día *te vas a partir el alma*. 階段に気をつけなさい. そのうち痛い目にあうよ.
paseársele a ... el alma por el cuerpo 無気力である, 怠け者である, 大変のんびりしている.
perder el [SU] alma (1)《宗教》地獄に落ちる. (2) 大変貴重なものを失う.
pesarle a ... en el alma 後悔する(→en el alma). ¿No *te pesa en el alma* haber obrado de ese modo? 君はそのような行動を取ったことを後悔してないの?
poner el alma en ... …に全力を尽くす, 全精力を注ぐ. Suele *poner el alma en* todo lo que hace. 彼は何をするにも全力を尽くす.
rendir el alma (a Dios) → dar el alma (a Dios).
romper el alma a ... 《話》(人)をめった打ちにする, 叩きのめす(→partir el alma a ...).
romperse el alma 《話》首の骨を折る, 死ぬ; 死ぬほど苦労する.
sacar el alma a ... (1)(人)を殺す; (人)を痛めつける, 虐待する. (2)(人)を一文無しにする.
salirle a ... del alma 《話》(1) 率直に言わざるを得ないと思う. Si le dije aquello a la cara es porque *me salió del alma*. 彼に面と向かってそう言ったのは, 率直に言わざるを得ないと思ったからだ. (2) こらえきれず[思わず, 衝動的に]…する. *Me salió del alma* regalárselo. 私は衝動的にそれを彼にプレゼントした.
sentir en el alma 心底から残念に思う; 本当にすまないと思う(→en el alma). *Siento en el alma* que te hayas enfadado conmigo. 君が私に腹を立てたことをとても残念に思う.
sin alma 薄情な(人); 情感のない. Baila *sin alma*. 彼女の踊りには情感がこもっていない.
tener el alma bien puesta 大胆である, やる気がある, 決然としている.
tener el alma en SU armario [en SU cuerpo, en SUS carnes] (1) 大胆である, やる気がある, 決然としている. A pesar de su aspecto bondadoso y pacífico, es hombre que *tiene el alma en su armario*. 彼は見た目には心優しく穏やかそうだが, 大胆な人だ. (2) 才能[センス]がある.
tener el alma en un hilo → estar con el alma en un hilo.
tocarle a ... en el alma 《話》(人)の心の琴線に触れる, 心をうつ.
vender el alma al diablo 悪魔に魂を売り渡す, 何でもする. Ése es capaz de *vender su alma al diablo* para conseguirlo. そいつはそれを得るためなら何でもできる.
volverle a ... el alma al cuerpo 《話》安心する, 安堵する, ほっとする. Al oír que lo habían encontrado vivo *le volvió el alma al cuerpo*. 彼が生きて発見されたことを知って彼女はほっとした.

:almacén [almaθén] (複 almacenes) 男 ❶ 倉庫, 貯蔵庫. ~ de granos 穀物倉. existencias [mercaderías] en ~ 在庫品. tener en ~ …の在庫がある. ~ de armas [de pólvora] 武器[弾薬]庫. ~ de depósito [de aduana] 保税倉庫. ~ de agua 船の水槽. ❷ 〘主に複〙デパート, 百貨店(= grandes almacenes). ❸ 卸問屋, 卸売店 (= ~ al por mayor). ❹ (銃の)弾倉. ❺ 《印刷》(ライノタイプの)活字の入っている箱. ❻ (カメラの)マガジン. ❼ 《南米》食料品店.

almacén de envío a domicilio (カタログによる)通信販売.

gastar (mucho) almacén (1) 安物でけばけばしくめかしをする. (2) (つまらないことを)回りくどく冗漫に話す.

•**almacenaje** [almaθenáxe] 男 《商業》❶ 倉敷料, 倉庫料, 保管料. ❷ 蔵入れ, 貯蔵; 保管. ~ frigorífico 冷蔵保管. ~ con suspensión de pagos 保税保管. coste de ~ 倉敷料, 倉庫[保管]料. [類] **almacenamiento**.

almacenamiento [almaθenamjénto] 男 ❶ 入庫, 倉庫に入れること. ❷ (商品などの)保管, 貯蔵. ❸ 《商業》在庫品, ストック. ❹ 収集[蓄積]すること. ❺ 《コンピュータ》(データの)記憶, ストレージ. ~ masivo 大容量記憶装置.

:almacenar [almaθenár] 他 ❶ を倉庫に入れる, 保存する, 貯蔵する. — El comerciante *almacena* existencias para un año. その商人は1年分の在庫を保管している. Los aljibes *almacenan* el agua de las lluvias. 貯水タンクは雨水を貯蔵している. ❷ を集める, 保管する. — Es amigo de ~ libros raros y valiosos. 彼は高価な珍本を集めるのが好きだ. A mi edad yo sólo *almaceno* recuerdos. 私の年になると, 私は思い出だけを大事にしている. ❸ 《情報》(情報)を保存する. — El disco duro *almacena* una ingente cantidad de información. ハードディスクには巨大な量の情報が保存されている.

almacenero [almaθenéro] 男 倉庫番. [類] **guardalmacén**.

almacenista [almaθenísta] 男女 《商業》❶ 卸売り業者; 倉庫業者. ❷ 倉庫の所有者.

almáciga[1] [almáθiɣa] 囡 苗床. 類**semillero**.

almáciga[2] [almáθiɣa] 囡 マスティック樹脂, 乳香.

almácigo [almáθiɣo] 男 《植物》マスティックトゥリー(ウルシ科), 乳香樹. 類**lentisco**.

almadana [almaðána] 囡 →**almádena**.

almádena [almáðena] 囡 (石割り用の)大型ハンマー.

almadía [almaðía] 囡 ❶ いかだ. 類**balsa**. ❷ カヌー, 丸木舟.

almadraba [almaðráβa] 囡 《漁業》❶ マグロ漁. ❷ マグロ漁場. ❸ マグロ漁用の網. ❹ 覆マグロ漁期.

almadrabero, ra [almaðraβéro, ra] 形 《漁業》マグロ漁に関する.
— 男 マグロ漁師.

almadreña [almaðréɲa] 囡 (ぬかるみ用の)木靴.

almagesto [almaxésto] 男 アルマゲスト(古代ギリシャの天文学書).

almagral [almaɣrál] 男 赤色のオークル(almagre)の豊富な土地.

almagrar [almaɣrár] 他 ❶ を赤色オークル(almagre)で着色する. ❷ …に印(しるし)をつける. ❸ 《俗》(a) (人)を中傷する. (b) (人)を傷つける.

almagre [almáɣre] 男 ❶《鉱物》赤色のオークル(酸化鉄と粘土からなる. 絵の具や塗料の原料), 赭土(しゃど), 代赭(たいしゃ)(= ocre rojo). ❷ 印(しるし).

almajaneque [almaxanéke] 男 《歴史, 軍事》(城壁を破壊するための)投石具.

alma máter [álma máter] 囡 母校.

***almanaque** [almanáke] 男 暦(こよみ), カレンダー, 暦書; 年鑑. ♦祝日・宗教行事・天文・気象などの情報まで載せた暦をいう. — ~ exfoliador [de taco] 日めくり, 柱暦. 類**calendario**.
hacer almanaques 取りとめのない思いにふける, ぼんやり考え事をする; 当てにならない予想を立てる. 類**hacer calendarios**.

almandina [almandína] 囡 《鉱物》貴ざくろ石, 鉄礬(てっぱん)ざくろ石(= granate almandino).

almarada [almaráða] 囡 ❶ 3稜の短剣. ❷ (麻の履物用の)大きな針. ❸ (パイプの詰まりを取り除く)円筒形の鉄棒.

almarjal [almarxál] 男 ❶ オカヒジキの野原. ❷ 沼地, 湿地.

almarjo [almárxo] 男 ❶《植物》オカヒジキ. ❷ ソーダ灰.

almazara [almaθára] 囡 ❶ オリーブ油工場. ❷ 油搾り機.

almea[1] [álmea] 囡 (近東の)歌って踊る女性.

almea[2] [álmea] 囡 ❶《植物》→**azúmbar**. ❷ (a) エゴノキの香油. (b) エゴノキの樹皮.

almeja [alméxa] 囡 《貝類》食用の二枚貝(アサリ・ハマグリなど).

almena [almena] 囡 城壁の上部にある狭間(はざま)[銃眼].

almenado, da [almenáðo, ða] 形 ❶ (城壁などが)狭間(はざま)[銃眼]のついた. ❷ 鋸(のこぎり)形の, 凹凸状の. — 男 →**almenaje**.

almenaje [almenáxe] 男 狭間(はざま)[銃眼]のついた城壁.

almenar[1] [almenár] 他 (城壁などに)狭間(はざま)[銃眼]をつける.

almenar[2] [almenár] 男 鉄製のかがり火台.

almenara [almenára] 囡 ❶ (合図のための望楼の)かがり火. ❷ 鉄製のかがり火台. 類**almenar**. ❸ 枝付きの燭台(しょくだい).

almendra [alméndra] 囡 ❶《植物》アーモンド(の実), 扁桃(へんとう). — ~ amarga [dulce] 苦[甘]扁桃. ~ garapiñada プラリーヌ(糖衣をかけたアーモンド菓子). ❷ 核果の種(たね). — ~ del melocotón 桃の種(たね)(スイカなどの種は pipa, リンゴなどの種は pepita). ❸ (a) (アーモンド形の)ダイヤモンド. (b) (シャンデリア用の)カットグラス. (c) 《建築》(アーモンド形の)玉縁. ❹《話》小石.

almendrada [almendráða] 囡 アーモンドで作った飲料.

almendrado, da [almendráðo, ða] 形 アーモンドの形をした. — ~ aメンドラダ アーモンド形のダイヤモンド. ojos ~s 切れ長の目.
— 男 《菓子》アーモンド入りクッキー.

almendral [almendrál] 男 ❶ アーモンド園. ❷《植物》アーモンドの木.

almendrera [almendréra] 囡 《植物》→**almendro**.

almendro [almendro] 男 《植物》アーモンドの木.

almendruco [almendrúko] 男 (熟していない)グリーンアーモンド.

almenilla [almeníja] [<almena] 囡 (衣服の縁の)ぎざぎざの飾り.

Almería [almería] 固名 アルメリーア(スペインの県・県都).

almeriense [almerjénse] 形 アルメリア(Almería)の. — 男女 アルメリアの住民[出身者].

almete [alméte] 男 《軍事, 歴史》❶ (金属製の)かぶと. ❷ かぶとをつけた兵士.

almez [almeθ] 男〖覆 almeces〗《植物》ヨーロッパハックベリー; ハックベリー材.

almeza [alméθa] 囡 《植物》ヨーロッパハックベリーの実.

almezo [almeθo] 男 《植物》→**almez**.

almiar [almjár] 男 《農業》わら[干し草]の山. 類**henil, pajar**.

almíbar [almíβar] 男 ❶ シロップ, 糖蜜. — fruta en ~ シロップ漬けの果物. ❷ (言葉などの)度を越した優しさ.
hecho un almíbar やけに優しい, とても甘えた.

almibarado, da [almiβaráðo, ða] 形 ❶ シロップ漬けの, シロップをかけた. ❷ (言葉などが)やけに優しい, 甘ったるい. 類**meloso**.

almibarar [almiβarár] [<almíbar] 他 ❶ (果物など)をシロップ[糖蜜]漬けにする. ❷ (言葉など)をやけに優しくする.

almidón [almiðón] 男 澱粉(でんぷん); 糊(のり). — ~ de maíz 《料理》コーンスターチ. dar [poner] ~ a una sábana シーツを糊づけする. planchar una camisa con ~ ワイシャツに糊をつけてアイロンをかける.

almidonado, da [almiðonáðo, ða] 形 ❶ (衣服が)糊(のり)づけしてアイロンがかかった, 糊の利いた. — sábana *almidonada* 糊の利いたシーツ. ❷《話》めかし込んだ; つんとした.

almidonar [almiðonár] [<almidón] 他 (洗濯物を)糊(のり)づけにする.
— se 再 入念に身支度をする.

almilla [almíja] 囡 ❶ (a) 《服飾》(婦人服の)

ボディス, 胴着. **(b)**(鎧の)下につける)チョッキ. ❷ 補強用の部品. **(a)**(木材の)ほぞ. ❺ 豚の胸肉.

almimbar [almimbár] 男 《イスラム教寺院の》説教壇.

alminar [alminár] 男 《イスラム教寺院の》尖塔, ミナレット(信者に祈りの時刻を知らせる). 類**minarete**.

almiranta [almiránta] 女 ❶ 旗艦. ❷ 提督夫人.

almirantazgo [almirantáθɣo] 男 ❶《軍事》**(a)** 海軍大将[提督]の職[地位]. **(b)** 海軍大将[提督]の管轄区域. ❷《歴史》(スペイン海軍へ納めた)入港税.

*__almirante__ [almiránte] 男女 ❶《軍事》海軍大将; 海軍将官, 提督, 艦隊司令長官. —~ de la flota 海軍元帥. ❷《軍事》海軍将官の位[職]. —— 女《軍事》旗艦(=nave ~).

almirez [almiréθ] 男 〖複 almireces〗 金属製のすり鉢[乳鉢].

almizcle [almíθkle] 男 じゃこう(麝香).

almizcleña [almiθkléɲa] 女《植物》ムスカリ(ユリ科の多年草).

almizcleño, ña [almiθkléɲo, ɲa] 形 じゃこう(麝香)の; じゃこうの香りのする.

almizclero, ra [almiθkléro, ra] 形 →almizcleño. —ratón ~ 《動物》デスマン. —— 男《動物》ジャコウジカ(麝香鹿).

almo, ma [álmo, ma] 形《詩》❶ 栄養[活力]を与える. —*Alma Ceres*《ローマ神話》豊穣の女神ケレス. ❷ 神聖な, 尊敬するに足る.

almocafre [almokáfre] 男《農業》除草用の鋤.

almocárabe [almokáraβe] 男 〖主に複〗《建築》❶ 花形飾りと線状飾りを組み合せた装飾. ❷ (天井などの)プリズムを施した飾り.

almocarbe [almokárβe] 男 〖主に複〗→almocárabe.

almocrí [almokrí] 男《宗教》(イスラム教寺院の)コーランの読誦(どくしょう)者.

almodrote [almoðróte] 男 ❶《料理》(オリーブ油・チーズ・ニンニクの)ソース. ❷ 雑多なものの寄せ集め.

almogávar [almoɣáβar] 男《歴史》(敵地を攻撃するために選抜された中世の)遊撃兵.

*__almohada__ [almoáða] 女 ❶ 枕. —~ neumática [de viento] 空気枕. — cervical 健康枕. apoyar la cabeza sobre la ~ 枕に頭をのせる. ❷ 枕カバー(=funda de ~). 類**almohadón, funda**. ❸ (椅子用の)クッション, 座布団. 類**almohadón, cojín**. ❹《建築》(切り石面の)こぶ出し, 切出し野面, 積層石.
aconsejarse [consultar] con la almohada (即答せずに)熟考する, 一晩じっくり考える.

almohade [almoáðe] 形《歴史》アルモアデ族[派]の. —— 男女《歴史》ムワッヒド朝の人.

almohadilla [almoaðíʝa] 女〔<almohada〕❶ 小さなクッション, 座布団. ❷ 針刺し. ❸ スタンプ台. ❹《服飾》肩パッド. ❺ (馬の)鞍敷(くらしき). ❻《建設》**(a)** 石の厚肌つら, 積層石. **(b)** (イオニア式柱頭の)渦巻き装飾の側面.

almohadillado, da [almoaðiʝáðo, ða] 形 ❶ 詰め物をした. ❷《建築》浮彫りを施された. —pared *almohadillada* 浮彫りのある壁.

—— 男 ❶ 詰め物; 詰め物をすること. ❷《建築》浮彫り.

almohadillar [almoaðiʝár] 他 ❶ (椅子など)に詰め物をする. ❷《建築》(切り石)に浮彫りを施す.

*__almohadón__ [almoaðón]〔<almohada〕男 〖複〗《ソファーなどに置く》❶ クッション; (教会で跪いて祈る時の)膝布団. 類**cojín, colchoneta**. ❷《建築》(アーチの)迫(せり)台.

almohaza [almoáθa] 女 馬ぐし.

almohazar [almoaθár] [1.3] 他 ❶ (馬)に馬ぐしをかける. ❷ を磨く.

almóndiga [almóndiɣa] 女 →albóndiga.

almoneda [almonéða] 女 ❶ 競売. —poner en ~ 競売にかける. 類**subasta**. ❷ 安売り, バーゲンセール. 類**saldo**.

almonedar [almoneðár] 他 →almonedear.

almonedear [almoneðeár] 他 ❶ を競売にかける. ❷ (商品)を安売りする.

almorávide [almoráβiðe] 形《歴史》アルモラビド族の. —— 男女《歴史》アルモラビド族, ムラービト朝の人. —— 男 複《歴史》アルモラビド族, ムラービト朝(1086年にイベリア半島に侵入し, 1145年までアル・アンダルスを支配).

almorranas [almořánas] 女 複《医学》痔疾(じ), 痔核. 類**hemorroide**.

almorta [almórta] 女《植物》レンリソウ属の1種.

almorzada [almorθáða] 女 両手ですくえる分量.

almorzado, da [almorθáðo, ða] 形 昼食[朝の軽食]をすませた. —No prepares nada, que iré ya ~. 何も作らないで, 昼食を済ませて行くから.

*__almorzar__ [almorθár] [5.5] 自 昼食をとる. —En España se suele ~ a las dos. スペインでの昼食時間はふつう2時である.
—— 他 を昼食にとる. —Hoy he almorzado paella valenciana. 今日私は昼食にバレンシア風パエーリャを食べた.

almotacén [almotaθén] 男 ❶ 度量衡器具の検査官. ❷ (モロッコの)市場監察官. ❸ 度量衡器具の検査所.

almud [almú(ð)] 男 アルムード(穀物量の単位; 半ファネガ(fanega)に相当).

almuecín [almueθín] 男 →almuédano.

almuédano [almuéðano] 男 《イスラム教寺院の》祈りの時刻を知らせる人.

almuerc- [almuérθ-] 動 almorzar の接・現在.

almuerz- [almuérθ-] 動 almorzar の直・現在, 命令.

*__almuerzo__ [almuérθo アルムエルソ] 男 ❶ 昼食(=comida); (一部地方によっては)朝食(=desayuno). —tomar el ~ 昼食をとる. 類**comida, desayuno**. 類**almohadón, cabezal**. ❷《話》(午前中の)おやつ, 軽食. ♦「朝食」desayuno と「昼食」comida の間に取る. —En el recreo los niños se tomaron el ~. 子供たちは休み時間に朝のおやつを食べた. Es la hora del ~. おやつの時間だ(→desayuno, comida, merienda, cena).

almuerzo de trabajo [de negocios] ビジネス[ワーク]ランチ, 昼食接待(昼食をとりながらの商談・会議).

alnado, da [alnáðo, ða] 名 継子(ままこ), 夫[妻

の連れ子. 類**hijastro**.

aló [aló] 間 《中南米》もしもし(電話の応答で).

alocación [alokaθjón] 女 《情報》割り当て.

alocadamente [alokaðaménte] 副 軽率に; 狂ったように.

alocado, da [alokáðo, ða] [<*loco*] 形 ❶ 軽率な, 思慮分別が足りない. — Cuando le conocí, era un chico ～ que sólo pensaba en divertirse. 私が知り合った時は楽しむことしか考えない軽率な青年だった. 類**irreflexivo, precipitado**. ❷ 狂ったような.

alocución [alokuθjón] 女 短かい演説, 訓辞. 類**arenga, perorata, soflama**.

alodio [alóðjo] 男 《歴史》(領主への租税を免除された)自由地.

aloe [alóe] 男 →áloe.

áloe [áloe] 男 ❶ 《植物》アロエ, ロカイ. ❷ アロエ汁(緩下剤として用いる).

aloja¹ [alóxa] 女 《鳥類》ヒバリ. 類**alondra**.

aloja² [alóxa] 女 ❶ 水・蜂蜜・香料を混ぜた飲料. ❷ 《中南米》チチャ(トウモロコシ酒). 類**chicha**.

alojado [aloxáðo] 男 《軍事》(上官の命令で)宿泊している兵士.

:**alojamiento** [aloxamjénto] 男 ❶ 宿泊所[先], 宿, 宿泊施設. — buscar [encontrar, reservar] ～ 宿を探す[見つける, 予約する]. ¿Has encontrado ～ para esta noche? 今夜の宿見つかりましたか? 類**hospedaje**. ❷ 宿泊; 居住. — dar [ofrecer, proporcionar] ～ a ... en la casa (人)を家に泊める. tomar ～ en un hotel ホテルに泊まる. El campamento permite el ～ temporal [provisional] de 30.000 refugiados. このキャンプには難民 3 万人が仮住まいできる. ❸ 宿泊料金. — pagar [subir] el ～ 宿泊料金を払う[上げる]. 類**hospedaje**. ❹《軍事》民家での宿営, 民家の宿舎. — boleta de ～ (兵士に渡される)民泊券, 民家宿営券.

:**alojar** [aloxár] 他 ❶ [＋*en* に] を泊める, 宿泊させる; (軍隊)を宿営させる. — Nos *alojaron* en un céntrico hotel. 私たちは中心部のホテルに宿泊させてもらった. Me *alojaba* en casa de una tía. 彼は私を伯母さんの家に泊めた. ❷ [＋*en* に] を入れる, はめ込む; 収納する. — una bala en el cargador 弾倉に弾をこめる. ❸ (建物などが)を含んでいる. — Ese edificio *aloja* el museo de cerámica. その建物には陶磁器博物館が入っている.
— **se** 再 ❶ 宿泊する; (軍隊)が宿営する. — *Me alojaba* sólo en hoteles de una estrella. 私は一つ星のホテルにばかり泊まっていた. ❷ 入る, はまり込む, 納まる. — La bala *se alojó* en el vientre. 弾丸は彼の腹部にくい込んだ.

alomado, da [alomáðo, ða] 形 弓なりになった; (馬の背が)弓なりの.

alomar [alomár] [<*lomo*] 他 ❶ 《農業》畝(ｽ)を立てる. ❷ 《乗馬》(馬)に前脚と背で釣り合いをとらせる. — **se** 再 ❶ (種つけできるように)雄馬が栄養をとって元気になる. ❷ (馬が)背を痛める.

alón [alón] 男 (羽を取り除いた)鳥の翼.

alondra [alóndra] 女 《鳥類》ヒバリ.

alongar [aloŋgár] [5.4] 他 ❶ を長くする, 引き延ばす. 類**alargar**. 反**acortar**.
— **se** 再 ❶ 長くなる, 伸[延]びる. ❷ 遠ざかる.

Alonso [alónso] 固名 ❶ 《男性名》アロンソ(姓でもある). ❷ アロンソ(ダマソ *Dámaso* ～)(1898-1990, スペインの詩人・批評家).

alópata [alópata] 形 《医学》逆症療法を用いる. — 男女 《医学》逆症療法医.

alopatía [alopatía] 女 《医学》逆症療法. 反**homeopatía**.

alopático, ca [alopátiko, ka] 形 《医学》逆症療法の.

alopecia [alopéθja] 女 《医学》脱毛症. — ～ areata 円形脱毛症. 類**calvicie, peladera**.

aloque [alóke] 形 ❶ 薄赤色の. ❷ (ワインが)淡紅色の, ロゼの. — 男 (赤ワインと白ワインを混ぜた)淡紅色のワイン; ロゼワイン.

alotropía [alotropía] 女 《化学》同素体, 同質異形.

alotrópico, ca [alotrópiko, ka] 形 《化学》同素体の, 同質異形の.

alpaca¹ [alpáka] 女 ❶ 《動物》アルパカ. ❷ 《織物》アルパカの毛[織物].

alpaca² [alpáka] 女 《金属》洋銀(ニッケル, 亜鉛, 銅の合金).

alpargata [alparɣáta] 女 [主に複] アルパルガータ(麻製のスペインの履物).

alpargatería [alparɣatería] 女 アルパルガータの工場[販売店].

alpargatero, ra [alparɣatéro, ra] 名 アルパルガータ職人; その販売者.

alpargatilla [alparɣatíʎa] 男女 《まれ》ずる賢い人. 類**astuto**.

alpende [alpénde] 男 ❶ (建物の)庇(ひさし), 軒(のき). ❷ (鉱山・土木工事の)道具小屋.

Alpes [álpes] 固名 (los ～)アルプス山脈.

alpinismo [alpinísmo] 男 ❶ 《スポーツ》アルピニズム, 高山登山. ❷ 山登り, 登山. 類**montañismo**.

alpinista [alpinísta] 男女 ❶ 《スポーツ》アルピニスト, 登山家. ❷ 登山者. — 形 高山登山の; 登山の. — club ～ 山岳会, 登山クラブ.

alpino, na [alpíno, na] 形 ❶ アルプス (los Alpes) の. ❷ 高山の, 山岳の. — flora *alpina* 高山植物. deportes ～*s* 山岳スポーツ. ❸ 高山登山の.

alpiste [alpíste] 男 ❶ 《植物》クサヨシ. ❷ クサヨシの種子(小鳥の餌になる). ❸ 《俗》酒.
dejar sin alpiste 《話》(人)の生活手段を奪う.

Alpujarras [alpuxáras] 固名 アルプハラス(スペインの地方).

alpujarreño, ña [alpuxaréɲo, ɲa] 形 アルプハラス(Alpujarras, アンダルシーア南部の山地)の. — 名 アルプハラスの出身者[住民].

alquequenje [alkekéŋxe] 男 《植物》ホウズキ; ホウズキの実(利尿剤として使われる).

alquería [alkería] 女 ❶ 農場にある家[小屋]. ❷ 農村.

alquiladizo, za [alkilaðíθo, θa] 形 ❶ 賃貸用の, レンタルの. ❷ 《軽蔑》金で雇われた.

alquilador, dora [alkilaðór, ðóra] 名 ❶ 貸し主. ❷ 借り手.

alquilamiento [alkilamjénto] 男 賃貸, 賃借.

:**alquilar** [alkilár] 他 ❶ を賃貸しする. — Se *alquilan* pisos. 賃貸アパートあり. ❷ を賃借りする. — Tengo *alquilado* mi piso por un buen precio. 私はアパートをかなりの値段で借りている. Ha *alquilado* el traje de novia para la boda.

彼女は結婚式のためにウエディング・ドレスを借りた. *Alquilaremos* un coche para viajar por Portugal. 私たちはポルトガル旅行のためにレンタカーを借りることにしよう.
── **se** 再 《文》(報酬を得て)雇われる. ── Durante el invierno Isabel *se alquila* como entrenadora de esquí. 冬の間中イサベルはスキーのコーチとして働く.

‡alquiler [alkilér] 男 **❶** 賃貸, 賃借. ── casa de ~ 借家, 貸家. coche de ~ レンタカー. piso de ~ 賃貸マンション. ~ con opción a compra 〖商業〗買取式賃借. dar [dejar] en ~ 賃貸する. **❷** 賃貸[賃借]料, 使用料, 地代; 〖主に複〗家賃, 部屋代. ── No pagaba el ~ y le echaron a la calle. 彼は家賃を払わなかったので追い出された.
de alquiler (1) 賃貸用[で]. (2) 賃貸料として.

alquimia [alkímja] 女 〖歴史〗錬金術.

alquimista [alkimísta] 男女 〖歴史〗錬金術師.

alquitara [alkitára] 女 蒸留器. 類 **alambique**.

alquitarar [alkitarár] 他 **❶** を蒸留する. **❷** (文章などに)凝(こ)りすぎる.

alquitrán [alkitrán] 男 タール, 瀝青(れきせい). ── ~ de hulla [mineral] コールタール. ~ de petróleo 石油タール.

alquitranado, da [alkitranáðo, ða] 形 タールを塗った. ── 男 **❶** 〖船舶〗タールを塗った防水布. **❷** 〖土木〗アスファルト舗装.

alquitranar [alkitranár] 他 …にタールを塗る.

‡alrededor [alreðeðór アルレデドル] 副 〖+de〗**❶** …のまわりに, 周囲に. ── La Tierra gira ~ del sol. 地球は太陽のまわりを回っている. A ~ de ese actor siempre hay muchos admiradores suyos. その俳優のまわりにはいつも多くのファンがいる. **❷** 約, ほぼ. ── Volverá ~ de las seis. 彼は6時頃帰って来るだろう. Al parecer tiene ~ de cuarenta años. 見たところ彼は40歳位だ.
── 男 周囲; 複 郊外, 近郊. ── Vive en los ~es de Madrid. 彼はマドリードの郊外に住んでいる. Conozco muy bien Barcelona y sus ~es. 私はバルセロナとその近郊をよく知っている.

Alsacia [alsáθja] 固名 アルザス地方(ドイツに接するフランスの地方).

alsaciano, na [alsaθjáno, na] 形 アルザス地方(Alsacia)の. ── 名 アルザス地方の住民[出身者]. ── 男 〖言語〗アルザス方言(ドイツ語の方言).

*alta [álta] 女 〖定冠詞 el ~〗**❶** 退院許可(書); 原隊復帰命令. ── dar el ~ a un enfermo 患者に退院許可を出す, 患者を退院させる. Dentro de poco tendrá el ~ del hospital. 近いうちに彼は退院許可が得られるだろう. **❷** 入会[入団, 入隊]登録(職業団体・結社などへの加入登録). ── Este año ha habido muchas ~s en el colegio de abogados. 今年, 弁護士会には多数の加入者があった. 類 **ingreso**. 反 **baja**. **❸** (税務当局に提出する)営業届, 開業申請. ── Tienes que presentar a Hacienda el ~ de la tienda antes de enero. 君は財務省に店の営業届を1月までに出す必要がある.
causar [ser] alta en …に入会[入団, 入隊]する; 《軍事》現役に復帰する. Doce nuevos miembros *han causado alta en* nuestra sociedad. 12人の新しいメンバーが我々の会に入会した.
dar le [el] alta a … (1) …に退院許可[命令]を出す. Abandonó la clínica antes que *le diesen de alta*. 彼は退院許可が出ないうちに診療所から出た. (2) (人)に加入[入会, 入隊]を認める. Tiene obreros trabajando sin *haberlos dado de alta* en la Seguridad Social. 彼は社会保険に加入させずに労働者を働かせている.
darse de alta en … (1) …に加入[入会, 入隊]登録をする. *Me di de alta* en el Club de Golf. 私はゴルフ・クラブに入会した. (2) (当局に)営業届を出す.

altamente [altaménte] 副 高く; とても, 非常に.

Altamira [altamíra] 固名 アルタミラ(スペインの洞窟遺跡).

altanería [altanería] 女 **❶** 高慢, 横柄. 類 **altivez, soberbia**. **❷** (タカなどの)高空飛行. **❸** タカ狩り. **❹** 高度, 高さ. 類 **altura**.

altanero, ra [altanéro, ra] 形 **❶** 高慢な, 横柄な. 類 **arrogante, desdeñoso, engreído, soberbio**. **❷** (鳥が)高く飛ぶ.

‡altar [altár] 男 **❶** 〖キリスト教〗祭壇, 聖壇; 正餐(せいさん)台. ── ~ mayor 主[中央]祭壇. ~ lateral 脇祭壇. mesa del ~ 祭台, 供物台. paño del ~ 祭壇布. ministro del ~ 《文》司祭. sacramento del ~ 聖体の秘跡(=Santísimo Sacramento). sacrificio del ~ ミサ. 類 **ara**. **❷** 《カトリック》(祭壇周囲を含む)内陣. **❸** 《古代宗教・その他の宗教の》祭壇, 供物台, 生贄(いけにえ)台. ── En las casas japonesas suele haber un ~ dedicado a los difuntos. 日本の家には普通仏壇がある. 類 **ara**. **❹** 《比喩》宗教, 教会, 司祭職. ── el trono y el ~ 王権と教会. **❺** (溶鉱炉口の)火堰(ひせき). **❻** (A~) 〖天文〗祭壇座(=la constelación del A~). 類 **ara**.
consagrarse al altar 司祭になる.
elevar a … *a los altares* 《カトリック》を列聖する(=canonizar, beatificar).
llevar [conducir] a … *al altar* 《話》…と結婚する, を妻にめとる. *La llevó al altar* al poco tiempo de conocerse. 彼は知り合ってまもなく彼女と結婚した.
pasar por el altar 《話》結婚する(=casarse).
poner [tener] en un altar/elevar … *a un altar* 《話》を誉めたたえる, 高く評価する.
quedarse para adornar altares (女性が)売れ残る.

‡altavoz [altaβóθ] 〖複 altavoces〗男 **❶** (オーディオ)スピーカー. ── anunciar por los *altavoces* スピーカーで知らせる. ~ de agudos [de graves] ツイーター[ウーファー]. ~ dinámico ダイナミックスピーカー. 類 **altoparlante, amplificador**. **❷** 拡声器. ── hablar por el ~ 拡声器で話す.

altea [altéa] 女 〖植物〗アオイ科の植物.

alterabilidad [alteraβiliðáð] 女 変わりやすさ, 変質[悪化]の可能性.

alterable [alteráβle] 形 **❶** 変化[変質]する. **❷** (食品が)傷みやすい. **❸** (人が)動揺しやすい. ── Es un chico muy emotivo, fácilmente ~. 彼はとても感受性が強くて, すぐに動揺する.

‡alteración [alteraθjón] 女 **❶** 変化, 変更. ── Se han producido *alteraciones* en el horario de trenes. 列車の時間表に若干の変更があった. ~ de los colores 変色. ~ de vino ワインの変質. 類**cambio, modificación**. ❷ 動揺, 驚き. —No dijo nada, pero su ~ era visible. 彼は何も言わなかったが, 動揺していることが見てとれた. 類**inquietud, sobresalto**. ❸ (治安や平和の乱れ, 混乱. —~ del orden público 平和の破壊. 類**agitación, alboroto, tumulto**. ❹ けんか. 類**altercado, disputa**.

alterado, da [alteráðo, ða] 形 ❶ 変化[変質]した. ❷ (食品が)傷んだ, 腐敗した. ❸ (人が)動揺した; (顔・声が)変化した.

‡**alterar** [alterár] 他 ❶ **を変える, 変化させる, 変更する**. —Aquella terrible experiencia *alteró* por completo su carácter. あの恐ろしい経験が彼の性格をすっかり変えた. 類**cambiar**. ❷ を混乱させる, かき乱す. —~ el orden público 治安を乱す. Napoleón *alteró* la paz de España a principios del siglo XIX. ナポレオンは19世紀の初頭にスペインの平和をかき乱した. 類**perturbar, trastornar**. ❸ を腐らせる, 変質させる. —El calor *altera* los alimentos. 暑さはあらゆる食物を腐らせてしまう. ❹ (人を)動揺させる, 不安にする; いら立たせる. —Aquel fracaso no *alteró* su ánimo. あの失敗は彼の意気をも動揺させることはなかった. Su falta de educación consiguió ~me. 彼の不作法にとうとう私は腹を立ててしまった.

—**se** 再 ❶ 変わる, 変化する. —El significado de una palabra puede ~*se* según el contexto. 語の意味は文脈によって変わりうる. ❷ とり乱す, 動揺する. —Al ver a su antiguo novio, ella *se alteró* visiblemente. 昔の恋人に会って彼女は明らかに動揺した. ❸ 腐る, 変質する. —Los alimentos *se alteran* a causa del calor. 食物は暑さによって変質する.

altercación [alterkaθjón] 女 →altercado.

altercado [alterkáðo] 男 激しい口論. 類**disputa**.

altercar [alterkár] [1.1] 自 激しく口論する, 言い争う. 類**disputar, porfiar, reñir**.

alternación [alternaθjón] 女 規則的な交替, 交互.

alternadamente [alternáðaménte] 副 交互に, 交替で.

alternado, da [alternáðo, ða] 形 交替する, 交互の.

alternador [alternaðór] 男 《電気》交流発電機.

alternancia [alternánθja] 女 ❶ 規則的な交替, 交互. ❷《生物》世代交番, 世代交代 (=~ de generaciones).

alternante [alternánte] 形 交替する, 交互の.

‡**alternar** [alternár] 自 ❶〖+con と〗**交替する, 交互に現れる**. —Los olivares *alternan con* las tierras áridas en esa región. その地方ではオリーブ畑が荒地と交互に現れる. *Alternan* los días claros *con* los lluviosos. 晴れた日と雨の日が交互にめぐって来る. ❷〖+con と〗交際する, 社交を行う; (女性が)接客する. —*Alterna con* personas de alto rango social. 彼は社会的地位の高い人たちと交際している. 類**relacionarse**.

—他〖+con と〗を交替させる, 交互に行う. —*Alternan* la vida en el campo *con* la vida urbana. 彼らは田舎で暮したり都会で暮したりしている.

—再 交代する, 交代して行う. —Marido y mujer *se alternan* para llevar a su hija a la guardería. 夫婦は交代で彼らの娘を保育所に連れて行く. Esos dos partidos *se alternan* en el gobierno. その2つの政党は政権を交代して取っている.

***alternativa** [alternatíβa] 女 ❶〖+de A o B〗(AかBかの)二者択一(の事態), どちらか1つを選ぶ余地. —Se hallan en la ~ de tener que aprobarla o que la echen de la universidad. 彼らは彼女を合格させるか大学から除籍するかしなければならない事態にある. ❷ (2つ以上の中から)選べるもの, 選択肢; 代案, 代りの方法. —No tienes otra ~ que marcharte. 君は出て行く以外に手はないよ. ❸ 交互に起きること[状態], 入れ替り. —El recibimiento que te haga dependerá de la ~ en que se encuentre. 君がどんな応対を受けるかはその時の彼の気分次第だ. ❹ 交替, 交代; 交替作業. ❺《闘牛》闘牛士昇格式(下級の闘牛士が正闘牛士 (espada) になる儀式). —tomar [dar] la ~ 正闘牛士に昇格する].

alternativamente [alternatíβaménte] 副 交互に.

***alternativo, va** [alternatíβo, βa] 形 ❶ 交互の, 交替の, かわるがわるの. —movimiento ~ del émbolo ピストンの往復運動. horario de trabajo ~ 交替制の勤務時間. 類**alterno**. ❷ 二者択一の, どちらか一つを選ぶべき. —selección *alternativa* 二者択一の選択. ❸ 代わりの, 代替の, 別の. —energías *alternativas* 代替エネルギー. medicina *alternativa* 代用薬.

alterne [alterné] 男《話》❶ 社交. ❷ (バーなどでの)接待. —Trabaja en un bar como chica de ~. 彼女はバーでホステスとして働いている.

alterno, na [altérno, na] 形 ❶ 交互の. ❷ (年・月・日などが)1つおきの. —Voy a la oficina en días ~s. 私は1日おきに会社へ行く. ❸《電気》交流の. —corriente *alterna* 交流. ❹《植物》互生の. —hojas *alternas* 互生葉. ❺《幾何》錯角の. —ángulos ~s 錯角.

***alteza** [altéθa] 女 ❶《文》(感情や思想の)高貴さ, 気高さ. —~ de miras 崇高な志. 類**elevación, excelencia, sublimidad**. ❷ (A~)〖敬称, 称号〗殿下. —Sí, (su) *Alteza*. はい, 殿下. su *Alteza Real* (特に王族に関して)殿下.

altibajo [altiβáxo] 男 ❶ 複 (土地の)起伏, (地面の)凸凹. ❷ (運命などの)浮沈, 変動, 急激な変化. —~s de salud 体調の波. ~s de la bolsa 株式市場での株価の乱高下. ❸ 上から下への剣の斬りつけ. ❹ ビロードに似た昔の布地.

altillo [altíjo] 男 ❶ 丘, 小山. 類**altozano, cerrillo, colina**. ❷ 中2階. ❸ 天袋. ❹〖中南米〗屋根裏部屋. 類**desván**.

altilocuencia [altilokwénθja] 女 大げさな話し方, 大言壮語; 雄弁. 類**grandilocuencia**.

altilocuente [altilokwénte] 形 大げさな話し方, 大言壮語の. 類**grandilocuente**.

altílocuo, cua [altílokuo, kua] 形 →altilocuente.

altimetría [altimetría] 女 高度測定. 類**hipsometría**.

altímetro [altímetro] 男 高度測定器, 高度計.

altiplanicie [altiplaníθje] 囡 〖地理〗高原, 台地.

altiplano [altipláno] 男 →altiplanicie.

*__altísimo, ma__ [altísimo, ma]〖絶対最上級[<alto]〗形 至高の, 《背・建物などが》非常に高い.
— 男 (El A～) 全能の神.

altisonancia [altisonánθja] 囡 (言葉・話し方の)仰々しさ, もったいぶった[大げさな]話し方.

altisonante [altisonánte] 形 (言葉・話し方が)仰々しい, もったいぶった, 大げさな. 類**pomposo, rimbombante**.

altísono, na [altísono, na] 形《雅》→altisonante.

altitud [altitú(ð)] 囡 ❶ 高さ, 高度. 類**altura**. ❷ 海抜, 標高. —El pueblo está a dos mil metros de ～ sobre el nivel del mar. その村は海抜 2000 メートルの所にある.

altivarse [altiβárse] 再《まれ》高慢になる.

altivez [altiβéθ] 囡 高慢, 横柄; 高貴. 類**orgullo, soberbia**.

altiveza [altiβéθa] 囡 →altivez.

altivo, va [altíβo, βa] 形 ❶《人が》高慢な, 横柄な; 高貴な. 類**orgulloso, soberbio**. ❷ とても高い, そびえ立つ. 類**elevado**.

alto¹, ta** [álto, ta アルト, タ] 形 (a) ～ 高い, 高さのある. —alta torre 高い塔. árbol ～ 高い木. montañas altas 高い山々. ～ horno 高炉. tacón ～ ハイヒール. El sol estaba y ～ cuando salieron. 彼らが出発したときにはもう日が高く上っていた. 類**elevado**. 反**bajo**. (b) 背の高い. —Es una chica delgada y alta. 彼女はやせた背の高い女の子だ. Es 10 centímetros más ～ que yo. 彼は私より10センチ背が高い. ❷〖限定的に主に名詞の前で〗(a)《程度・評価が》高い, 高度の. —～ porcentaje 高いパーセンテージ. ～ precio 高い値段. cable de alta tensión 高圧線. Ella tiene la presión alta. 彼女は高血圧だ. Le tengo en alta estima. 私は彼を高く評価している. alta costura オートクチュール. alta definición [resolución] 高解像度. alta frecuencia 高周波. alta traición 大逆罪, 国家反逆罪. ～ (地位・身分が)高級な, 高位の, 上級の. —～ puesto 高い地位. alta sociedad 上流社会. ～ personaje 高官. ～ funcionario 高級官僚. cámara alta 上院. Ocupa un ～ puesto en la compañía. 彼は会社で高い地位を占めている. (c)《人格・思想などが》高遠な, 高尚な, 高潔な. —～ estilo 高尚な文体[様式]. ～s pensamientos 高遠な思想. Tenían un ～ sentido del deber. 彼らは高度の義務感を持っていた. ❸〖限定的〗(a)(位置が)上の, 上部の; 高所にある. —pisos ～s 上階, 2 階以上の住居[部屋]. calle alta 上町(ヘメッ). (b) 高地の; (川の)上流の. —el ～ Guadalquivir グワダルキビビル川上流. el A～ Egipto 上エジプト地方. ～ alemán 高地ドイツ語. ❹《音の》~の. —en voz alta 大声で. leer en alta voz 音読する. La radio está muy alta. ラジオの音が非常に大きい. 類**fuerte**. ❺ (a)《音・声が》高い, 鋭い, かん高い. —en un tono ～ 高い調子で. (b)〖音楽〗アルトの. —saxofón ～ アルト・サックス. ❻〖名詞の前で〗(a)(時間・時期が)遅い, 深まった;(時代が)古い. —Volvieron a altas horas de la noche. 彼らは夜ふけに戻った. La alta Edad Media 中世初期. (b) 最盛期の, たけなわの. —En la alta temporada turística, los hoteles están llenos. 観光の繁忙期にはホテルは満員だ. ❼《音が》高い, 深い; 波の高い. —El río viene muy ～. 川が増水している. Hoy hay mar ～. 今日は海が荒れている.

alta mar 公海[外洋]. El petrolero se hundió en alta mar. タンカーは公海上で沈没した.

lo alto (1) 高い所; 頂上, てっぺん. Cayó rodando desde lo alto de la escalera. 彼は階段の一番上から転がり落ちた. Desde lo alto del monte Fuji se ve un magnífico panorama. 富士山の頂上からはすばらしい眺望が開けている. (2) 天, 空; 頭上. lanzar una pelota a lo alto 空にボールをほうり上げる. Ese castigo viene de lo alto. この罰は天から降ってきた(天罰だ).

por todo lo alto 盛大に. Inauguraron la exposición por todo lo alto. 博覧会の開会式が盛大に行われた.

— 副 ❶ 高く, 上に. —Vamos a subir más ～. もっと高いところに登ろう. Volábamos muy ～. 私たちは非常に高空を飛んでいた. 類**arriba**. ❷ 大声で, 声高に. —gritar ～ 大声で叫ぶ. No hables tan ～. そんなに大声で話すな.

picar muy [más] alto 高望みをする.

— 男 ❶ 高さ. —El muro tiene [es de] 3 metros de ～. その塀は高さが3メートルある. 類**altura**. ❷ 高み, 高所; 上部. —de ～ abajo 上から下へ[まで]. ❸ 丘, 高地. —los ～s de Golán ゴラン高原. ❹〖複〗(建物の)上階 (2 階以上). —Los ～s del edificio están alquilados. 建物の上階は賃貸されている. ❺〖音楽〗(a) アルト〖女声のアルトは普通contralto〗. (b) アルト楽器(ビオラなど). ❻〖中南米〗(物)の山, 積み重ね.

altos y bajos (1)(運命などの)浮き沈み, 消長. (2)(地面などの)起伏, 凹凸.

en alto 高く, 上に. Salieron con las manos en alto. 彼らは手を上にあげて出てきた.

pasar por alto →pasar.

*__alto__² [álto] 男 (行進, 活動などの)停止, 休止, 中止. —hacer un ～ en el trabajo 作業を休止[中止]する. ¡A～! 止れ(号令). ¡A～ ahí! (1)(行進に対し)止れ. (2)(演説などに)やめろ, 中止. ¡A～ el fuego! 射ち方やめ. ¡A～ de ahí [aquí]! そこ[この場]から出て行け.

dar el alto (1) 行進を止めさせる. (2) 誰何(ネッシ)する, 停止を命じる. Un soldado nos dio el alto. 1 人の兵士が私たちに停止を命じた.

hacer (un) alto (1) 立ちどまる, 休止する. Al llegar a la orilla del río hicimos un alto para descansar. 川岸に着いて私たちは休止した. (2) 熟考する.

Alto Paraná [álto paraná] 固名 アルト・パラナ (パラグアイの一州).

altoparlante [altoparlánte] 男〖中南米〗スピーカー, 拡声器. 類**altavoz**.

altozano [altoθáno] 男 ❶ 丘, 小山. ❷〖中南米〗(教会の)前庭. 類**atrio**.

altramuz [altramúθ] 男 〖複〗 altramuces〖植物〗ルピナス.

altruismo [altruísmo] 男 利他[愛他]主義, 利他的態度. 反**egoísmo**.

altruista [altruísta] 形 利他的な, 利他[愛他]主義の. — 男女 利他[愛他]主義者. 反**egoísta**.

‡**altura** [altúra] 囡 ❶〔垂直に測った〕高さ; 身長. ― ~ de un triángulo 三角形の高さ. ~ sobre el asiento 座高. salto de ~ 走り高跳び. ~ de caída 落差. ~ del barómetro〔気圧計の〕水銀柱〔気圧〕の高さ. edificio de gran ~ 非常に高いビル. José tiene [mide] 1,80 m de ~. ホセは身長が180センチある. 類**alto, estatura**. ❷ 高度; 海抜, 標高. ― ~ de un astro 天体の高度. Volamos a una ~ de once mil metros. 私たちは高度1万メートルを飛行中です. 類**altitud, elevación**. 反**bajura**. ❸《主に複》高所;〔大気・住居の〕高層部. ―Tiene miedo a las ~s. 彼は高所恐怖症だ. Ese alpinista ha escalado una de las mayores ~s del mundo. その登山家は世界最高峰の1つを登った. 類**alto**. ❹ 頂上; 高台, 丘. ―Desde la ~ teníamos una vista preciosa de la ciudad. 頂上からの町の眺めはすばらしかった. 類**cima, cumbre**. ❺《複》山頂. ―Hay nieve en las ~s. 山頂に雪がある. ❻《複》〔キリスト教〕天. ―Gloria a Dios en las ~s. いと高きところには栄光神にあれ〔新約聖書ルカによる福音書2: 14〕. 類**cielo, paraíso**. ❼ 卓抜さ, 優秀; 重要性, 価値. ―atleta de ~ internacional 国際級の運動手. Ha sido una conferencia de gran ~. それは大変価値のある講演だった. 類**categoría, importancia**. ❽〔感情・思想・言葉などの〕気高さ, 高尚, 高潔さ. ―La ~ de sus sentimientos dejó sorprendidos a todos. 彼の感情の気高さはみんなをあっと言わせた. 類**alteza**. 反**bajeza**. ❾《複》幹部, 上層部. ―orden de las ~s 上からの命令. La orden llegó de las ~s. 命令は上から来た. 類**director, jefe**. ❿ 音〔声の高さ, ピッチ(=~ de un sonido). ― ~ de la voz 声の高さ. 類**tono**.

a estas alturas この時点[段階]で. *A estas alturas no se ha tomado ninguna decisión.* 現段階ではまだ何ら決定されていない.

a la altura de ... (1)…のあたりに(=cerca de). (2)〖estar/quedar/llegar/ponerse など+〗…と同じ高さ[レベル]に(=al nivel de). *No llega a la altura de su padre.* 彼は父のレベルには達していない〔及ばない〕. (3)〖estar/ponerse など+〗困難な状況に対処できる, …に耐えられる. *estar a la altura de la tarea [del tiempo]* その仕事に耐える[時勢に〔遅れずに〕ついて行く]. *Compraría la casa si estuviera a la altura de mis posibilidades.* 私は買えるものならその家を買うのだが.(→ *estar a la altura de las circunstancias*).

acontecimiento social de altura 社会的な重大事件.

altura de miras 寛大さ, 広い視野.

altura meridiana《天文》子午線高度.

coger [ganar, tomar] altura〔飛行機・鳥などが〕上昇する, 高度を上げる(→perder altura).

de altura (1)《海事》外洋〔遠洋〕の, 沖合いの, 深い. *navegación de altura.* 外洋〔遠洋〕航海. *barco de altura* 外洋船. *pesca de altura* 沖合い漁業. *piloto de altura* 外洋水先人. (2) 極めて重要な.

estar a la altura de las circunstancias 期待にそえる. *El espectáculo no estuvo a la altura de las circunstancias y defraudó al público.* そのショーは期待にそえず, 観客の期待を裏切った.

estar en las alturas〔政治家や有名人などが〕現実離れしている, 現状に疎(ǔ)い.

mal de altura [de las alturas] 高山病. *sufrir el mal de altura* 高山病にかかる.

perder altura〔飛行機・鳥などが〕高度を下げる, 降下する. *perder altura por avería de un motor* エンジンの故障で降下する.

quedar a la altura del betún [de una zapatilla] 最悪[最低]である.

alubia [alúβja] 囡《植物》インゲンマメ(隠元豆). 類**judía**.

alucinación [aluθinaθjón] 囡 ❶ 幻覚, 錯覚. ― ~ auditiva [visual] 幻聴〔幻視〕. *tener alucinaciones* 幻覚を経験する. *producir [provocar] alucinaciones* 幻覚を生じさせる. ❷ 魅了.

alucinador, dora [aluθinaðór, ðóra] 形 ❶ 幻覚を起こさせる, 幻覚を伴う. ―*efecto ~* 幻覚作用. ❷ 魅了する.

alucinamiento [aluθinamjénto] 男 →alucinación.

alucinante [aluθinánte] 形 ❶ 幻覚を起こさせる. ❷ 目がくらむ程の, すばらしい. ―*una belleza ~* 目がくらむような美しさ. 類**asombroso, fantástico**.

alucinar [aluθinár] 他 ❶ …に幻覚〔錯覚〕を起こさせる. 類**asombrar, deslumbrar**. ❷〔人〕を魅了する.

――**se** 再 ❶ 幻覚を起こす, 錯覚する. ❷ 魅了される. 類**asombrarse, deslumbrarse**.

alucinógeno, na [aluθinóxeno, na] 形〔物質などが〕幻覚を誘発する. ―*sustancia alucinógena* 幻覚誘発物質.

―― 男 幻覚剤.

alud [alúð] 男 ❶ 雪崩(ǎ). ― *un ~ de nieve [piedras]* 雪崩〔石なだれ〕. 類**avalancha**. ❷ 殺到, どっと押し寄せるもの. ―*un ~ de protestas [quejas]* 抗議〔苦情〕の雨.

aluda [alúða] 囡《虫類》羽アリ.

aludido, da [aluðíðo, ða] 過分 いま問題にした, 当該の, 前述の. ―*la persona aludida* いま述べた人物.

‡**aludir** [aluðír] 自 ❶〖+a を〗(暗に)ほのめかす, それとなく言う. ―*Es evidente que él aludía a ti cuando tocó el tema del sindicato.* 彼が組合の問題に触れたとき, 君のことを暗にほのめかしていたのは明らかだ. *El nombre latino de esa planta alude a sus rasgos distintivos.* その植物の学名はそれらの固有の特徴に関連している. ❷〖+a を〗(ついでに)触れる, 言及する, (…について)述べる. ―*A propósito del terrorismo, el presidente aludió al tema de las extradiciones.* テロの件に関連して大統領は犯人引渡しの問題に触れた.

‡**alumbrado, da** [alumbráðo, ða] 過分 形 ❶ 照らされた, 照明の当たった. ―*Esta calle está mal alumbrada.* この通りは照明が悪い. ❷《話》ほろ酔い機嫌の. 類**achispado**.

―― 男 ❶ 照明, 照明装置. ― ~ *eléctrico* 電気による照明. ~ *público* 街灯. ❷《宗教》照明派. 類**iluminado**.

alumbramiento [alumbramjénto] 男 ❶ 明かりをつけること, 照明. ❷ 出産, 分娩(ん).

‡**alumbrar** [alumbrár] [<lumbre] 他 ❶ を照らす, 照明する. ―*Alúmbrame, que voy a cambiar la bombilla.* 私の手元を照らしてくれ, 電球を取り替えるから. *Esta linterna de bolsillo*

alumbra bien el camino. この懐中電燈は道をよく照らしてくれる. ❷ …に照明(装置)をつける. — Las calles están *alumbradas* ya para la Navidad. すでに街路にはクリスマスの照明がつけられている. El Ayuntamiento se ha comprometido a ~ el parque. 市役所は公園に街灯をつけることを承諾した. ❸ を出産する. — Carmen *alumbró* unas monísimas gemelas. カルメンはとてもかわいいふたごの女の子を出産した. ❹ を啓蒙する, 啓発する; 解明する.
━ 自 ❶ 光る, 輝く. — Esta linterna *alumbra* bien. この懐中電灯はとても明るい. El sol *alumbra*. 太陽は輝く. ❷ 出産する. — Ella *alumbró* ayer. 彼女は昨日出産した.
━se 再 ❶《話》ほろ酔い気分になる. — Se *alumbra* con un vasito de vino. 彼はグラス1杯のワインでほろ酔い気分になる.

alumbre [alúmbre] 男《化学》明礬(みょうばん).
alúmina [alúmina] 女《化学》アルミナ(酸化アルミニウムの通称).
aluminio [alumínjo] 男《化学》アルミニウム(元素記号 Al). — papel de ~ アルミ箔(はく).
alumnado [alumnáðo] 男 (集合的に)生徒, 生徒全体(個別的には alumno を用いる).

alumno, na [alúmno, na] アルムノ, ナ 名 ❶ 生徒, 学生. ~ modelo 模範生. ~ externo [interno] 通学生[寄宿生]. ~ universitario [de la universidad] 大学生. antiguo ~ 卒業生. asociación de antiguos ~s 同窓会. 類 **estudiante. ❷ (先生から見た)教え子, 生徒, 弟子. 類 **discípulo**.

alunarse [alunárse] 再 (ベーコンが)腐る.
alunizaje [aluniθáxe] 男 月面着陸.
alunizar [aluniθár] [1.3] 自 月面着陸する.
*alusión [alusjón] [<aludir] 女 [+a] ほのめかし, 暗示, 言及, (…に)触れること; 当てこすり. ~ velada. 遠回しなほのめかし[当てこすり]. hacer *alusiones* ofensivas [maliciosas] a … …を当てこする. en ~ a … …に関して. 類 **insinuación, mención, referencia**. ❷《修辞》隠喩(たとえを用いる).

alusión personal 個人的言及; 人への当てこすり[当てつけ, 非難]. No quiero hacer *alusiones personales* pero … 私は人の非難をしたくないが….
por alusiones それとなく, 遠まわしに. Por *alusiones*, cedieron el turno de palabra al ministro. それとなく発言の順番が大臣に譲られた.

*alusivo, va [alusíβo, βa] 形 [+a] ❶ を暗示する, ほのめかす. — Hizo un comentario ~ *a* su desgracia. 彼は自分の不運を暗示するような説明をした. ❷ …に関しての.
aluvial [aluβjál] 形 ❶ 洪水の. ❷《地質》沖積層の, 沖積の.
aluvión [aluβjón] 男 ❶ 洪水, 氾濫(はんらん). 類 **desbordamiento, inundación**. ❷《地質》沖積層, 沖積土. — terreno de ~ 沖積地. ❸ (人·物などの)殺到, どっと押し寄せること. — un ~ de preguntas 質問の雨.
de aluvión (1)《地質》沖積の. (2) 様々なところからきた, 寄せ集めの.
Álvaro [álβaro] 固名《男性名》アルバロ.
álveo [álβeo] 男 川床. 類 **cauce, lecho, madre**.
alveolado, da [alβeoláðo, ða] 形 蜂巣状の.
alveolar [alβeolár] 形 ❶《解剖》(a) 歯槽の. — arco ~ 歯槽弓. piorrea ~ 歯槽膿漏(のうろう). (b) 肺胞の. ❷《言語》歯茎音の. — consonante ~ 歯茎音.
alveolitis [alβeolítis] 女《医学》肺胞炎.
alveolo [alβeólo] 男 → alvéolo.
alvéolo [alβéolo] 男 ❶《解剖》(a) 歯槽(しそう). (b) 肺胞 = ~ pulmonar. ❷ (ハチの巣の)育房(いくぼう).
alverja [alβérxa] 女《植物》→ arveja.
alverjana [alβerxána] 女《植物》→ arveja.
alza [álθa] 女 ❶ (a) (価格の)上げ, 高騰. — el ~ de los precios 物価の値上がり. Esta mañana se ha registrado una importante ~ en la bolsa. 今日の午前中に株価は大きく上昇した. (b) (気温などの)上昇. ❷ (靴の木型の上に入れる)革. ❸ (銃の)照門, 照準器. ❹ (水門の)堰板(せきいた). ❺《印刷》(むら取り用の)紙.
en alza (1)〈estar/ir+〉 (価格などが)上昇中の. (2) (評判などが)高まっている.
jugar al alza《商業, 株式》騰貴を見込んで買い方に回る.

alzacuello [alθakwéjo] 男《宗教》(聖職者の服の)襟(飾り), カラー.
alzada[1] [alθáða] 女 ❶ 馬高, 馬の背丈. ❷《法律》控訴, 上告. 類 **apelación**.
alzado, da[2] [alθáðo, ða] 形 ❶ 上げた, 持ち上げられた. — El telón está ~. 幕は上がっている. ❷ 反乱を起こした. ❸ 前もって決めた. — He hecho la casa por un precio ~. 私は請負い価格で家を建てた. ❹《商業》計画倒産した.
━ 名 反乱者.
━ 男 ❶ 立面図, 正面図. ❷《印刷》丁合.
alzamiento [alθamjénto] 男 ❶ 上げる[上がる]こと, 上昇. ❷ (競売での)競り上げ. ❸ 反乱, 蜂起, 決起. — ~ popular [militar] 民衆[軍]の蜂起. 類 **levantamiento, rebelión, sublevación**. ❹《商業》計画倒産.
alzapaño [alθapáɲo] 男 カーテンの留め具[ひも].
alzaprima [alθapríma] 女 ❶ てこ. ❷ (物を持ち上げるための)木製[金属製]のくさび. ❸ (弦楽器の)駒(こま).
alzaprimar [alθaprimár] 他 ❶ (何か)をてこで持ち上げる. ❷ 活気づける.

:alzar [alθár] [1.3] [<alto] 他 ❶ を上げる, 持ち上げる, (旗などを)かかげる. — ~ la mano 手を上げる. ~ el telón 幕を上げる, 開幕する. ~ la persiana ブラインドを上げる. ~ la vista 視線を上げる. *Alzaron* las copas y brindaron. 彼らはグラスをとり上げ, 乾杯した. Cogió al niño por la cintura y lo *alzó*. 彼は子どもの腰のあたりをつかむと, 持ち上げた. ❷ を立てる, 直立させる. — Nos costaba trabajo ~ al borracho caído en el suelo. われわれが地面に倒れた酔っ払いを立たせるのには骨が折れた. ❸ (値などを)上げる. — El Ayuntamiento ha decidido ~ las tarifas de autobuses. 市役所はバス料金の値上げを決定した. ~ la voz 声を大きく上げる. 類 **elevar**. ❹ を建てる, 建立(こんりゅう)する, 設立する. — Han alzado un monumento a los caídos en la guerra. 彼らは戦死者記念碑を建てた. 類 **edificar**. ❺ を取り去る, はずす; 持ち去る. — No debes ~ el vendaje

todavía. 君はまだ包帯をとるべきではない. ～ un campeonato 選挙権を剥奪する. ❻ を反乱させる, 蜂起させる. —Riego *alzó* al pueblo en Las Cabezas de San Juan. リエゴはラス・カベーサス・デ・サン・フアンで民衆を蜂起させた. ❼《トランプ》(カードの束)をカットする. ❽《カトリック》(ミサで司祭が聖杯)を奉挙する.

¡alza!〔間投詞的に〕元気を出せ, ファイト!

— se 再 ❶ 立つ, そびえ立つ. — Al lado de la Plaza de España *se alza* la Torre de Madrid. スペイン広場のそばにはマドリード・タワーがそびえている. ❷〔+con を〕持ち去る, 持ち逃げする. —Los ladrones *se alzaron con* un millón de euros. 泥棒どもは百万ユーロを奪って逃げた. ～ con la victoria 勝利をさらって行く. ❸ 反乱を起こす, 蜂起する. — El pueblo *se alzó* contra el invasor. 国民は侵略者に対し蜂起した. 類**sublevarse**. ❹《司法》上訴する. ❺《中南米》(家畜が)野生化する.

alzaválvulas [alθaβálβulas] 男〔単複同形〕《機械》タペット, 凸子(ʌ).

alzheimer [alθeimér] 男 アルツハイマー病 (= enfermedad de ～).

alzo [álθo] 男《中南米》❶ 盗み, 窃盗. ❷《闘鶏》の勝利.

a.m.《頭字》(<ラテン ante meridie (antes del mediodía)〕午前.

‡**ama** [áma]〖単数冠詞は el, un(a)〗女 ❶ (一家の)主婦, 奥さん(→ama de casa). — Los electrodomésticos alivian el trabajo de las ～s de casa. 家庭電化製品のおかげで主婦の家事が楽になっている. 類**patrona, señora**. ❷《古》(使用人から見て)女主人(→amo「(男性の)主人」). ❸ 持ち主, 所有者(女); (動物などの)女性飼い主. 類**dueña, propietaria**. ❹ 女中頭; 家政婦. —El ～ organizó la limpieza general de la casa. 女中頭が家の大掃除の段取りをした. ❺ 乳母, 乳母. — seca (授乳をしないに関係なく)乳母, 育児係, 子守り. Cuando murió la madre, el niño quedó al cuidado de un ～ seca. お母さんが亡くなった時, その男の子は乳母に育てられた. ～ de brazos 《南米》子守り女 (=niñera). 類**nodriza**.

ama de casa 主婦.

ama de cría [*de leche*] 乳母.

ama de llaves [*de gobierno*] 家政婦.

‡**amabilidad** [amaβiliðá(ð)]〔< amable〕女 ❶ 親切(な行為), 好意, 厚情. —Tiene tantas ～*es* conmigo que no sé cómo agradecérselas. 大変親切にしていただき, 何とお礼を申していいのか分かりません. Tenga la ～ de hablar más bajo. もっと低い声で話してください. ¿Tendría la ～ de〔+不定詞〕? …していただけますでしょうか? 類**afabilidad, cordialidad**.

❷ 優しさ, 親切[感じ]のよさ. —La enfermera me trató con mucha ～. 看護婦は私に大変親切にしてくれた.

‡**amable** [amáβle アマブレ]形 ❶ 親切な, 愛想がよい, やさしい. —Es Ud. muy ～. (人に感謝して)どうも御親切に. Es ～ con [para con] todos. 彼はだれに対しても親切だ. Ella es ～ de carácter. 彼女は気立てのよい性格だ. Tus ～s consejos me han servido mucho. 君のやさしい言葉は私には大いに役立った. Ha sido Ud. muy ～ diciéndomelo. 言って下さってどうもありがとう. Es usted muy ～ en traerlo. それを持ってくださってどうもありがとうございます. ¿Sería Ud. tan ～ de cerrar la puerta? ドアを閉めていただけませんか. 類**afable, afectuoso, complaciente**. ❷ 愛すべき. —a mi ～ hijo (手紙などで)愛する息子へ.

amachetear [amatʃeteár]〔< machete〕他 を山刀 (machete) で切る.

Amadeo [amaðéo] 固名《男性名》アマデーオ.

Amadeo de Saboya [amaðéo ðe saβója] 固名 アマデーオ(デ・サボーヤ)(1845-90, スペインの国王, 在位 1871-73).

Amado [amáðo] 固名《男性名》アマード.

‡**amado, da** [amáðo, ða] 過分 形 愛される, 愛する, 最愛の. —Fue *amada* por cuantos la conocieron. 彼女は彼女を知る者すべてに愛された. ～ hijo 愛する息子.
—— 名 愛する人, 恋人. 類**querido**.

amador, dora [amaðór, ðóra] 形 愛する.
—— 名 愛する人.

amadrinamiento [amaðrinamjénto]〔< madrina〕男 ❶ 代母になること. ❷ 馬を2頭立てにすること.

amadrinar [amaðrinár]〔< madrina〕他 ❶ …の代母になる. ❷ (馬)を2頭立てにする.

amaestrado, da [amaestráðo, ða]〔< maestro〕形 (人に対して使うと軽蔑的)(動物が)調教された, 訓練を受けた; 芸を仕込まれた. — un caballo ～ *amaestrado* 調教された馬.

amaestrador, dora [amaestraðór, ðóra] 形 (動物を)調教[訓練]する. —— 名 調教師.

amaestramiento [amaestramjénto] 男 (動物の)調教, 訓練.

***amaestrar** [amaestrár]〔< maestro〕他 (動物)を調教する, 訓練する, 仕込む. —Se gana la vida *amaestrando* perros. 彼は犬を調教して生計を立てている. 類**adiestrar, enseñar**.

amagar [amaɣár] **[1.2]** 他 ❶ …の素振りを見せる. —～ una sonrisa かすかに微笑する. 類**fingir**. ❷〔+con〕(…すると人)にほのめかす. —Me *están amagando con* llevarme a juicio. 裁判に訴えると私は脅されている.
—— 自 ❶〔3人称で用いられる〕〔+con または直接名詞・不定詞が来て〕(何かが)起こりそうである, …の兆候[気配]がある. —Amaneció *amagando* nevar [nieve, con nevar]. 夜が明けた時雪が降ってきそうだった. *Amaga* una guerra. 戦争が起こりそうだ. 類**amenazar**. ❷ (人に)(病気の)兆候が現れる. —Le *amaga* una angina de pecho. 彼は狭心症の兆候がある. ❸《軍事》陽動作戦をとる. ❹ 殴る[攻撃する]素振りをする. ❺〔+a +不定詞〕(…する)素振りをする.

amagar y no dar《遊戯》子供の遊び(ぶつまねをするが相手の身体に触れなと負けになる).

amago [amáɣo] 男 ❶ 兆候, 気配. —Ha habido un ～ de golpe de estado. クーデターの起こりそうな兆しがあった. 類**indicio, señal, síntoma**. ❷ 素振り. —hacer un ～ de… …の素振りを見せる. ❸ 威嚇, 脅し. ❹《軍事》陽動作戦.

amainar [amainár] 自 ❶ (風雨などが)弱まる. —Volveremos cuando *amaine* la lluvia. 雨が小降りになったら戻ってきましょう. ❷ (欲望, 怒りなどが)静まる. —Su cólera tarda tiempo en ～.

彼の怒りは静まるのに時間がかかる. ❸ 〖+en〗(…を控え目にする, 抑える. ― ❶ (海事)帆を降ろす. ❷ 《まれ》(欲望, 怒りなど)を静める.

amaine [amájne] 男 ❶ (海事)帆を降ろすこと. ❷ (風雨, 怒りなどが)弱まること.

amajadar [amaxaðár]〔<majada〕他 ❶ (羊など)を囲い[牧舎]の中に入れる. ❷ (飼料を与えるためにある場所に羊など)を囲う.
―― 自 (羊などが)囲い[牧舎]にとどまる.

amalgama [amalɣáma] 女 ❶ 《化学》アマルガム(水銀と他の金属との合金). ❷ 《鉱物》アマルガム. ❸ 混合(物), 結合; 寄せ集め. ―una ~ de diversos colores 様々な色の混合.

amalgamación [amalɣamaθjón] 女 ❶ (a) 《化学》アマルガムを作ること. ❷ 《冶金》アマルガム法. ❸ (異なるものの)結合, 混合.

amalgamar [amalɣamár]〔<amalgama〕他 ❶ 《化学》(金属)をアマルガムにする, 水銀と化合させる. ❷ (異なるもの)を結合[合併]する, 混ぜ合わせる.

amalgamiento [amalɣamjénto] 男 →amalgamación.

Amalia [amálja] 固名 《女性名》アマリア.

amamantador, dora [amamantaðór, ðóra] 形 乳を与える.

amamantamiento [amamantamjénto] 男 授乳.

amamantar [amamantár] 他 …に乳を与える, 授乳する.

Amambay [amambái] 固名 アマンバイ(パラグアイの県).

amán [amán] 男 (イスラム教徒が降伏した時に求める)助命, 恩赦.

amancebamiento [amanθeβamjénto] 男 同棲, 内縁関係. ―vivir en ~ 同棲する. unirse en ~ 内縁関係になる. 類 **concubinato**.

amancebarse [amanθeβárse] 再 〖主語が複数形; 単数形の時は+con〗(男女が)同棲する.

amancillar [amanθiʎár] 他 ❶ …を汚す. ❷ (名誉など)を傷つける, けがす. 類 **mancillar**.

Amancio [amánθjo] 固名 《男性名》アマンシオ.

‡**amanecer** [amaneθér]〖9.1〗自 ❶ 〖無主語. 3人称単数形のみ〗夜が明ける. ―*Amanece* a las seis. 6時に夜が明ける. ❷ (人・物事が)夜明けを迎える; 夜明けに…にいる[…の状態にある]. ―Salí de Madrid a las diez de la noche y *amanecí* en Sevilla. 私は夜の10時にマドリードを出て, セビリヤで夜明けを迎えた. *Amaneció* la plaza cubierta de octavillas. 広場はビラが散らかったまま朝を迎えた. Aquel día *amaneció* nublado. あの日はくもり空で夜が明けた. ❸ (時代が)明け初める, 興る, 現れ出す. ―*Amanecía* el Siglo de Oro. 黄金世紀が始まろうとしていた. ❹《話》(意外な所に)出現する, 現れる.
―― 男 夜明け, 明け方, 暁(あかつき). ―al ~ 夜明けに, 明け方に. Desde la cumbre de la montaña contemplamos un espléndido ~. 山頂から私たちはすばらしい朝の景色を眺めた.

amanecida [amaneθíða] 女 《まれ》夜明け. ―a la ~ 夜明けに.

amanerado, da [amaneráðo, ða] 形 ❶ 気取った, 不自然な. ―un lenguaje ~ 気取った話し方. 類 **afectado**. ❷ (作風などが)マンネリ化した, 型にはまった. ―un pintor ~ マンネリの画家.

amaneramiento [amaneramjénto] 男 ❶ 気取り, 不自然さ. ―obrar con ~ 気取った振る舞いをする. 類 **afectación**. ❷ マンネリズム, 型にはまること. ―caer en un ~ マンネリに陥る.

amanerarse [amanerárse] 再 ❶ 気取る, 不自然に振る舞う. ❷ (芸術家などが)マンネリに陥る.

amanezca(-) [amaneθka(-)] 動 amanecer の接・現在.

amanezco [amanéθko] 動 amanecer の直・現在・1単.

amanita [amaníta] 女 《植物》テングダケ(きのこ).

amanojar [amanoxár] 他 を束にする.

amansador, dora [amansaðór, ðóra] 名 《中南米》(馬の)調教師.

amansadora [amansaðóra] 女 《中南米》❶ (調教されていない馬をつなぐ)柱. ❷ 待合室; 長時間待つこと.

amansamiento [amansamjénto] 男 ❶ (動物の)調教, 飼いならすこと. ❷ (性格が)穏やかになること. ❸ 鎮静, 和むこと.

amansar [amansár]〔<manso〕他 ❶ (a) (動物)を飼いならす, 調教する. 類 **amaestrar, domar, domesticar**. (b) (乱暴な性格)を穏やかにする. ―Sólo la edad consiguió *amansarle*. 齢(よわい)だけが彼の性格を穏やかにした. ❷ (情熱など)をしずめる; (苦痛)を和らげる. ―El calmante me *amansó* un poco el dolor. 痛み止めで少し私の痛みはしずまった. 類 **aliviar, mitigar**.
―― se 再 ❶ (性格が)柔和になる. ❷ (情熱・痛みなどが)しずまる, 落ち着く. 類 **apaciguarse**.

‡**amante** [amánte] 形 …を愛する, 愛情深い. ―un ~ esposo [padre] 愛情深い夫[父親]. Es ~ de la buena mesa. 彼はおいしい食べ物に目がない. Es muy ~ del orden. 彼は何でもきちんとしておくのが好きだ.
―― 男女 ❶ 愛人; 《文》恋をする人. 類 **querido**. ❷ 愛好家, ファン. ―los ~s del teatro 芝居愛好家, 劇場に通う人. 類 **aficionado**.

amantillo [amantíʎo] 男 《造船》(帆桁(ほげた)の)吊りなわ.

amanuense [amanwénse] 男女 ❶ 代書人, 筆耕. ❷ 書記.

amañado, da [amaɲáðo, ða] 形 ❶ 巧妙な, 器用な. 類 **hábil, mañoso**. ❷ でっち上げの, 巧みに仕組まれた. ―un documento ~ 偽造書類. 類 **falseado, falsificado**.

amañador [amaɲaðór] 男 ハッカー.

amañar [amaɲár]〔<maña〕他 ❶ (事柄)の体裁を整える, を不正に工作する. ―~ el balance 収支のつじつまを合わせる. ~ las elecciones 選挙を不正に行なう. ❷ をでっち上げる, 偽造する. ―~ el contrato 契約書を偽造する. 類 **falsificar**.
―― se 再 〖+con/para を〗うまくやりくりする, 巧みに振る舞う.

amañarse bien con ... (人)と気が合う, 折り合いがよい. Ella *se amaña bien con* su suegra. 彼女は姑(しゅうとめ)とうまくやっている.

amañárselas para ... うまくやりくりする.

amaño [amáɲo] 男 ❶ 巧妙さ, 器用さ, 才覚. ―con ~ 巧みに. ❷ 策略, 工作, 陰謀. ❸ 〖複〗道具, 工具.

‡**amapola** [amapóla] 囡 《植物》ヒナゲシ(雛罌粟), ケシ, 虞美(ぐ)人草. —ponerse rojo como una ～ (恥ずかしさなどで)顔が真っ赤になる.

‡‡**amar** [amár アマル] 他 ❶ を愛する, 好む. —*Amaba* a su madre con locura. 彼は自分の母親を熱愛している. Se *aman* desde los quince años. 彼らは15歳の時から愛し合っている. 類**querer**. 反**odiar**. ❷ …と愛し合う, セックスする.

amaraje [amaráxe] 男 《航空》(水上飛行機などの)着水. 類**amerizaje**.

amaranto [amaránto] 男 《植物》ハゲイトウ.

amarar [amarár] 自 《航空》(水上飛行機・宇宙船が)着水する. 類**amerizar**.

amargado, da [amarɣáðo, ða] 形 ❶ 落ち込んだ, 幻滅した. ❷ すねた, ひがみっぽい, 恨みを抱いた. —una persona *amargada* 気持ちのすさんだ人. 類**resentido**.

amargamente [amárɣaménte] 副 辛(つら)そうに, 落胆して.

‡**amargar** [amarɣár] [1.2]《<amargo》自 苦い, 苦い味がする; まずい. —La manzanilla *amarga*. カミツレは苦い.
— 他 ❶ を苦くする. —Tantas especias *han amargado* el gusto. そんなに香辛料を入れたので味が苦くなってしまった. ❷ を苦しめる, 悩ませる, 悲しませる. —Aquella traición le *amargó* la existencia. あの裏切りが彼の人生をつらいものにした. 類**apenar**.
—se 再 ❶ 苦しくなる. ❷ 『＋con に』苦しむ, 悩む. —No quiero pensar en eso porque me *amargo*. つらくなるから私はそれを考えたくない.

‡**amargo, ga** [amárɣo, ɣa] 形 ❶ 苦い. —Este café está ～. このコーヒーには苦い. 反**dulce**. ❷ つらい, 苦しい; 苦々しい. —～ dolor ひどい苦痛. Las experiencias *amargas* ayudan a madurar. 苦い経験は人を成熟させる. Viendo las *amargas* lágrimas que derramaba, su padre se conmovió. 彼女が流したつらい涙を見て, 父親は心を動かされた. ❸ 辛辣(しんらつ)な, きびしい. —ironía *amarga* 手きびしい皮肉.
— 男 ❶ 苦み. —Me encanta el ～ de las manzanas verdes. 私は青いリンゴの苦みが大好きだ. ❷ 苦いもの. ❸ 複 ビターズ(カクテルなどにまぜる).

amargón [amarɣón] 男 《植物》タンポポ(＝diente de león).

amargor [amarɣór] 男 ❶ 苦味(にがみ). ❷ 《比喩》苦い思い, 苦しみ, 不快さ. 類**aflicción**, **amargura**, **disgusto**.

‡**amargura** [amarɣúra] 囡 ❶ (特に失望・恨みによる)苦しさ, 辛(つら)さ, 不快; 悲しみ, 悲痛. —Ha pasado muchas ～es en su vida. 彼は人生で色々な苦しい経験をした. lágrimas de ～ 悲痛の涙. 類**disgusto**, **pena**, **pesar**. 反**alegría**, **satisfacción**. ❷ 苦々しさ. ❸ 苦み. —～ de la medicina 薬の苦味. 類**amargor**. 反**dulzor**.
con amargura (1) 苦々しく, つらく. sonreír *con amargura* 苦笑いする. recordar *con amargura* 苦々しく思い出す.
llevar [*traer*] *a ... por la calle de la amargura* →**calle**.

amaricado, da [amarikáðo, ða] 〔<marica〕形 《隠, 俗》(男が)女っぽい, おかまっぽい —poner cara *amaricada* 女っぽい顔つきをする. 類**afeminado**.

amariconado, da [amarikonáðo, ða] 〔<maricón〕形 →**amaricado**.

amarillear [amarijeár] [9.1] 自 ❶ 黄色くなる; 黄ばむ —Los trigales ya empiezan a ～. 小麦畑はもう黄色になり始めている. ❷ (顔が)青ざめる.

amarillecer [amarijeθér] [9.1] 自 黄色くなる.

‡**amarillento, ta** [amarijénto, ta] 形 ❶ 黄色っぽい, 黄色がかった; 黄ばんだ. —～s arrozales 黄色く色付いた稲田. La falda blanca se ha quedado *amarillenta* con la lejía. 白いスカートが漂白剤で黄ばんでしまった. ❷ (顔色が)青い, 血の気のない. —Tiene la tez *amarillenta*. 彼は青白い顔をしている.

amarilleo [amarijéo] 男 黄色くなること; 黄ばむこと, 黄ばみ.

amarillez [amarijéθ] 囡 (特に皮膚が)黄色いこと.

‡‡**amarillo, lla** [amaríjo, ja アマリヨ, ヤ] 形 ❶ 黄色い, 黄色の. —limón ～ 黄色いレモン. Las hojas de los árboles se pusieron *amarillas*. 木々の葉が黄色くなった. ❷ 黄色人種の. —raza ～ 黄色人種. ❸ (病気・恐怖などで)血の気を失った, 青白い. 類**pálido**.
fiebre amarilla 黄熱病.
Mar Amarillo 黄海(中国東岸の海).
ponerse amarillo 黄色くなる; (顔が)青白くなる.
Río Amarillo 黄河(Huang He; 中国第二の河川).
— 男 ❶ 黄色. —El ～ no va bien a esta habitación. この部屋に黄色は合わない(信号の「黄色」を表すには ámbar「コハク色」を用いる). ❷ 黄色いもの, 黄色い絵の具.

amariposado, da [amariposáðo, ða] 〔<mariposa〕形 ❶ (*a*) 蝶の形をした. (*b*) 《植物》(花冠が)蝶形の. ❷ 《俗》(男が)女っぽい.

amaro [amáro] 男 《植物》クラリセージ, オニサルビア(ハーブの1種).

amarra [amára] 囡 ❶ 《海事》もやい綱, 係船用ロープ. ❷ (馬具の)胸(むな)がい. ❸ 複 《話》コネ, 縁故関係 —tener buenas ～s よいコネがある. 類**agarraderas**, **apoyo**, **protección**.
soltar las amarras (1)(船が)(出港するために)もやい綱を解く. (2)(人が)依存から脱する.

amarradero [amaraðéro] 男 ❶ 《海事》係船柱[杭]. ❷ (物を繋ぐロープの)支柱.

amarrado, da [amaráðo, ða] 形 ❶ (ロープなどで)縛られた. ❷ 《海事》(船が)係留された. ❸ (人が)束縛された. ❹ 《俗》〔estar, ir＋〕猛勉強した. ❺ 〔estar, ir＋〕コネがある. ❻ 《中南米》けちな. 類**avaro**, **tacaño**.

amarradura [amaraðúra] 囡 ❶ (ロープなどで)縛ること. ❷ 《海事》(*a*) (船の)係留. (*b*) 巻いたロープなどの一巻き.

amarraje [amaráxe] 男 《海事》停泊料.

amarrar [amarár] 他 ❶ (*a*) (ロープなどで)を固定する, 結ぶ, 縛る. (*b*) 『＋a』…に…をつなぐ, 縛りつける —Me *amarraron* las manos *a* la espalda. 私は後ろ手に縛られた. ❷ 《海事》(船)を係留する, (もやい綱で)碇泊(ていはく)させる. ❸ を束(たば)ねる.

100 amarre

❹ (人)を拘束[束縛]する. 類**atar, encadenar**.
❺《トランプ》(カード)をいかさまに切る.
── 自 ❶《海事》停泊する. ❷《俗》(試験前に)猛勉強する. 類**empollar**.

amarrárselas [中南米] 酔っ払う.

amarre [amáre] 男 ❶ (ロープなどで)縛ること. ❷《海事》(船)の係留; 係留場.

amartelado, da [amartelaðo, ða] 形 ❶【estar+】(恋人たちが)愛し合っている, 恋に夢中である. ❷ (恋人たちが)とても仲睦(むつ)まじい, いちゃついた.

amartelamiento [amartelamjénto] 男 ❶ 恋に夢中になっていること. ❷ (恋人たちが)いちゃつくこと, 仲睦(むつ)まじいこと.

amartelar [amartelár] 他《まれ》❶ (人)を嫉妬させる. ❷ (人)に恋心を抱かせる.
── se 再 ❶ (恋人たちが)いちゃつく. ❷《まれ》【+de】(人)に恋をする, 夢中になる.

amartillar [amartiʎár] [<martillo] 他 ❶ を槌(つち)[ハンマー]で打つ. 類**martillar**. ❷ (銃の)撃鉄を起こす. ❸ (取引きなど)の確認をする.

amasadera [amasaðéra] 女 (パンなどを練る)練り桶(おけ).

amasadura [amasaðúra] 女 ❶ パンなどをこねること, 練ること. ❷ 練った生地.

amasamiento [amasamjénto] 男 ❶ (パンなどを)こねること, 練ること. ❷《医学》マッサージ. 類**masaje**.

amasar [amasár] 他 ❶ (a)をこねる, 練る, 練り合せる. (b) マッサージをする. ❷《俗》(悪事など)をたくらむ. 類**tramar**. ❸ (財産などを)蓄積する, ため込む. ── una fortuna 財産を作る.

amasijo [amasíxo] 男 ❶ (パンなどをこねること. ❷ (パン生地の)かたまり. ❸《建築》モルタル. ❹《俗》たくらみ. 類**chanchullo, intriga**. ❺ (考えなどの)寄せ集め, ごた混ぜ. ── El ensayo es un ~ de ideas trasnochadas. そのエッセイは言い古された考えの寄せ集めです.

amate [amáte] 男【中南米】《植物》イチジクの一種.

amateur [amatér] 形 アマチュア[素人]の ── equipo ~ アマチュアのチーム. 反**profesional**.
── 男女 アマチュア, 素人. 類**aficionado**. 反**profesional**.

amatista [amatísta] 女《鉱物》アメジスト, 紫水晶.

amatorio, ria [amatórjo, rja] 形 恋愛の, 性愛の, 愛欲の. ── poesía *amatoria* 恋愛詩. 類**amoroso, erótico**.

amaurosis [amaurósis] 女【単複同形】《医学》黒内障.

amauta [amáuta] 男【中南米】(古代ペルーの)賢者.

amazacotado, da [amaθakotáðo, ða] [<mazacote] 形 ❶ ぎっしり詰まった, (ぎっしり詰まって)固くなった. ── cojín ~ 固いクッション. 類**apretado, compacto**. ❷ (a)(文章などが)くどい, ごてごてした. 類**confuso, pesado**. (b) (芸術作品が)飾りすぎの. ❸ (食べ物が)こってりした, もたれる.

***amazona** [amaθóna] 女 ❶《神話》アマゾン, 女戦士, 女武者. ❷ 女性乗馬者, 女性騎手; 婦人用乗馬服.

Amazonas [amaθónas] 固名 ❶ アマゾナス(コロンビアの地区; ベネズエラの地区; ペルーの県). ❷ (el ~) アマゾン川.

amazónico, ca [amaθóniko, ka] 形 ❶ アマゾン川流域の, アマゾン地方の. ❷ アマゾン族の; 女戦士 (amazona) のような, 勇ましい.

ambages [ambáxes] 男複 遠回しな[回りくどい]言い方. ── gastar [andar(se) con, venir con] ~ 遠回しに言う. hablar [decir] sin ~ 単刀直入に言う. 類**circunloquios, rodeos**.

ambagioso, sa [ambaxjóso, sa] 形 (話が)遠回しな, 回りくどい.

ámbar [ámbar] 男 ❶ 琥珀(こはく). ❷ 竜涎(りゅうぜん)香.

ámbar negro《鉱物》黒玉.

ambarino, na [ambaríno, na] 形 琥珀(こはく)色の, 琥珀の.

Ambato [ambáto] 固名 アンバート(エクアドルの都市).

Amberes [ambéres] 固名 アントワープ(ベルギーの都市).

***ambición** [ambiθjón] 女【+de/por】(名声・権力・富などへの)**野心**, 大望, 野望, 大志; やる気. ── Les devora [ciega] la ~ de fama. 彼らは名声欲に燃えている[目がくらんでいる]. hombre dominado [poseído] por la ~ de poder 権力欲にとりつかれた人. Su única [mayor, gran] ~ era llegar a ser un buen actor. 彼の唯一[最大]の願いは立派な俳優になることだった. 類**afán, anhelo, ansia, aspiración, ilusión**. 反**apatía, conformismo, desinterés, modestia**.

ambicionar [ambiθjonár] 他 を切望する, 激しく望む. ── Sólo *ambiciono* buena salud. 私は健康だけを望む.

ambicioso, sa [ambiθjóso, sa] 形 ❶ (計画などが)野心的な, 大それた. ── proyecto ~ 野心的な計画. ❷ (a)【ser+】(人)が野心を抱いた. ── Es un chico ~ y llegará muy lejos. 彼は野心のある若者ですのでしょう. (b)【estar+; +de】(人)が…を切望している. ── *estar ~ de* fama y riqueza 名声と富を強く望んでいる.
── 名 野心家.

ambidextro, tra [ambiðé(k)stro, tra] 形 両手利きの. ── 名 両手利きの人.

***ambientación** [ambjentaθjón] 女 ❶《演劇》舞台装置, 背景; 音響効果. ❷ 雰囲気を作ること; 環境に馴れること.

ambientador [ambjentaðór] 男 芳香剤.

ambiental [ambjentál] 形 周囲の, 環境の; 大気の. ── música ~ バックグラウンドミュージック. problema ~ 環境問題. circunstancias ~*es* 周囲の環境. contaminación ~ 大気汚染.

ambientar [ambjentár] 他 ❶ …の雰囲気を作る. ❷ (場面や舞台を)設定する. ── ~ el escenario 舞台を設定する. El escritor *ambientó* el relato en la época de Felipe II. その作家は物語をフェリーペ2世の時代に設定した.
── se 再【+a/en】(環境などに)順応する.

***ambiente** [ambjénte] 男 ❶ (自然)**環境**; (社会的, 文化的な)環境. ── contaminación del (medio) ~ 環境汚染. Crecí en un ~ rural. 私は田舎の環境の下で育った. ❷ 雰囲気, 気分; 活気. ── El ~ del bar estaba muy cargado. バーの雰囲気はとても怪しかった. Había ~ de fiesta. お祭りのような気分だった. hacerle buen [mal] ~ a ... (人)を愉快な[いやな]気持ちにさせる. Había mucho ~ en la fiesta. パーティーはとても活気があった. 類**animación**. ❸ 社会階層, グループ; 縄張り. —~es intelectuales [populares] 知識[庶民]階級. ❹ 〖南米〗部屋. 類**habitación**.

ambigú [ambiɣú] 男 ❶ 盛り合わせの夜食. ❷ (劇場などの)軽食堂. 類**bar, café**.

ambiguamente [ambiɣwaménte] 副 あいまいに.

ambigüedad [ambiɣweða(ð)] 女 ❶ 曖昧(あいまい)さ, 曖昧なこと, 不明瞭. ❷ 両義性.

ambigu**o, gua** [ambíɣwo, ɣwa] 形 ❶ 曖昧(あいまい)な, 不明瞭な —No debes fiarte de una promesa tan *ambigua*. 君はそんなあやふやな約束を信じるべきではない. 類**dudoso, incierto**. ❷ 両義的な. 類**equívoco**. ❸ 〖文法〗両性の(男性形・女性形のいずれも使える:mar, arte など). ❹ (男が)女性のような.

ámbito [ámbito] 男 ❶ 区域, 境界内, 境内, 構内. —una empresa de ~ nacional 全国的規模の企業. en todo el ~ nacional [del país] 全国に. en el ~ de la universidad [de la familia] 大学の構内で[家庭内で]. Vivo en un pueblo fuera del ~ de la ciudad. 私は町の外にある村に住んでいる. ❷ (活動・学問などの)領域, 世界, 範囲. —en el ~ artístico [literario, teatral, del cine] 芸術[文学, 演劇, 映画]界で. en el ~ legal [de la ley] 法律の枠内で. en el ~ de sus atribuciones 自己の権限内で. Eso queda fuera del ~ de mis posibilidades. それは私にはできない. 類**campo, esfera, medio, sector**. ❸ (身分的な)グループ, 派. —en el ~ o entre intelectual 知識階層で. 類**ambiente, círculo**. ❹ 〖音楽〗音域.

ambivalencia [ambiβalénθia] 女 両義性, 両面性.

ambivalente [ambiβalénte] 形 両義的な, 両面性のある.

ambladura [amblaðúra] 女 (馬などの)側対歩.

amblar [amblár] 自 (馬などが)側対歩で歩く.

ambliopía [ambliopía] 女 弱視.

ambo [ámbo] 男 ❶ 〖中南米〗スーツ. ❷ (昔の富くじの)当選番号と2つの数字が重複していること.

ambón [ambón] 男 (教会の)朗読台, 説教室.

＊ambos, bas [ámbos, bas アンボス, バス] 形 〘不定〙〘常に複〙両方の. —A ~ lados del camino hay olivares. 道の両側にはオリーブ畑がある. Ambas niñas son huérfanas. 両方の女の子とも孤児だ.
——— 代 〘不定〙両方, 二人とも, 2つとも. —Hay dos televisores y ~ son de la misma marca. テレビが2台ありますが, 2つとも同じ会社の製品です〖ambos には冠詞がつかない. また, ambos の指示するものは文脈の中で予め特定されている〗.

ambos [*ambas*] *a dos* 両方とも.

ambrollar [ambrojár] →**embrollar**.

ambrosía [ambrosía] 女 ❶ 〖ギリシャ神話〗神々の食物, 神肴(しんこう). ❷ 〖文〗美味な食物, 佳肴(かこう). ❸ 〖植物〗アンブロシア, マリティマ(ブタクサ属).

ambrosiaco, ca [ambrosiáko, ka] 形 ❶ 〖ギリシャ神話〗神々の食物 (ambrosía) の. ❷ とても美味な.

Ambrosio [ambrósio] 固名 〖男性名〗アンブロシオ.

amenazador 101

‡**ambulancia** [ambulánθia] 女 ❶ 救急車. —llamar a una ~ 救急車を呼ぶ. dejar paso libre a la ~ 救急車に道を空ける. El enfermo fue llevado al hospital en una ~. 病人は救急車で病院に運ばれた. ❷ 〖軍事〗野戦病院; 衛生隊; 傷病者運搬者. —Trasladaban a los heridos a la ~. 負傷者は野戦病院へ運び込まれていた.

ambulancia de correos (列車の)郵便車.

‡**ambulante** [ambulánte] 形 ❶ 歩き回って歩く, 旅回りの. —vendedor ~ 露天商, 呼び売り商人, 行商人. actor ~ 旅役者. músico ~ 街頭音楽家, ストリート・ミュージシャン. 類**bohemio, nómada, vagabundo**. 反**quieto, sedentario**. ❷ 移動する, 巡回する; 巡業の. —biblioteca ~ 移動図書館. circo [teatro] ~ 移動サーカス[劇場]. puesto ~ 屋台. ——— 男女 (列車の)郵便車乗務員 (= ~ de correos).

ambulatorio, ria [ambulatórjo, rja] 形 ❶ 〖生物〗(器官などが)歩行のための. ❷ 〖医学〗(治療が)通院の, 外来の. —tratamiento ~ 通院治療. ❸ (病気などが)入院不要の, (患者が)歩行できる. ——— 男 保健室, 診療所.

ameba [améβa] 女 〖動物〗アメーバ.

amedrentar [ameðrentár] 他 を怖がらせる, 脅かす —El estruendo de una explosión *amedrentó* a los pasajeros. 爆発音で乗客たちはおびえた. 類**acobardar, atemorizar**.
——se 再 〖+de/por〗…におじけづく, (…を)怖がる. —Ella *se amedrenta* incluso *de* una cigarra. 彼女はセミさえ恐がる.

amelga [amélɣa] 女 〖農業〗(畑の)畝(うね).

Amelia [amélja] 固名 〖女性名〗アメリア.

amelia [amélja] 女 〖医学〗無肢症.

amelocotonado, da [amelokotonáðo, ða] 〔<melocotón〕形 モモ(桃)に似た.

amelonado, da [amelonáðo, ða] 〔<melón〕形 メロンの形をした.

＊**amén** [amén] 間 ❶ (祈りの言葉)アーメン. ❷ 〖話〗そうだといいね. —Te prometo que no lo volveré a hacer. -¡A~! もう二度としないと約束するよ.-そうだといいんだが.

amén de …のほかに, …と同様. *Amén de guapa era inteligentísima*. 彼女は美しいだけでなくとても頭がよい.

decir a todo amén 何人でも同意する.
en un decir amén あっという間に.

amenace(-) [amenaθe(-)] 動 amenazar の接・現在.

amenacé [amenaθé] 動 amenazar の直・完了過去・1単.

‡**amenaza** [amenáθa] 女 ❶ 脅し(の言葉), 脅迫, 威嚇(いかく). —recibir varias ~s de muerte 殺すぞと数回脅される. Hubo una ~ de bomba y tuvimos que desalojar el edificio. 爆弾の脅威があったので私たちはビルを立ち退かなければならなかった. ❷ 〖+para〗(…に対する)脅威. —~ para la paz [el medio ambiente] 平和[環境]に対する脅威. 類**peligro**. ❸ (悪いことの)兆し, 前兆, 恐れ. —Hay ~ de lluvias para mañana. 明日は雨が降りそうだ.

bajo amenaza(s) 脅迫されて, 脅されて.

amenazador, dora [amenaθaðór, ðóra] 形 脅迫的な, 威嚇(いかく)的な —actitud *amenazado-*

ra 威嚇的な態度.

amenazante [amenaθánte] 形 →amenazador.

‡**amenazar** [amenaθár] [1.3] 他 ❶ [+con/de で] を脅迫する, おどす. —Le *amenazaron con* secuestrar al hijo si no pagaba el impuesto revolucionario. 彼は革命税(バスクのテロリストが要求する金)を払わなければ息子を誘拐すると脅迫された. Le *han amenazado de* muerte. 彼は殺してやるとおどされた. ❷ …の恐れ[危険]がある, …しそうである. —Vamos volviendo, que *amenaza* lluvia. そろそろ帰ろうよ, 雨が降りそうだから. Nos *amenaza* una catástrofe medioambiental. われわれは環境の破壊的状況に陥る危険がある. —— 自 [+con + 不定詞](望ましくないことが)…しそうである, …する恐れがある. —Muchas especies de animales *amenazan con* desaparecer. 多数の種の動物が絶滅の危機に瀕している.

amenguar [amengwár] [1.4] 他 ❶ を減らす, を小さくする. 類 **disminuir, menoscabar**. ❷ (名誉などを)傷つける, を中傷する. 類 **deshonrar, infamar**.

*****amenidad** [ameniðá(ð)] 女 心地よさ, 楽しさ. —Da una gran ～ a sus clases. 彼の授業は面白い.

amenizar [ameniθár] [1.3] 他 を楽しくする, を活気づける

‡**ameno, na** [améno, na] 形 (物事・場所に)心地よい, 快適な, (物事・人が)楽しい, 愉快な. —conversación [fiesta] *amena* 楽しい会話[パーティー]. hombre [libro] ～ 楽しい人[本]. valle ～ 快適な谷間. Éste es el rincón más ～ de la casa. ここが家の中で一番居心地のいい片隅だ. Tiene un trato muy ～. 彼は付き合いやすい人だ. 類 **divertido, grato**. 反 **aburrido**.

amenorrea [amenoréa] 女 《医学》無月経.

amento [aménto] 男 《植物》尾状花序.

América [amérika] 固名 アメリカ(大陸). ◆特に中南米を指すことが多い. 日本で普通アメリカと呼ばれるアメリカ合衆国のことは (los) Estados Unidos (de América) と言う. —*A*～ del Norte 北米. *A*～ Central 中米. *A*～ del Sur 南米. *A*～ Latina ラテンアメリカ. las *A*～s 南北両アメリカ.

americana [amerikána] 女 《服飾》男性用ジャケット, 上着. 類 **chaqueta**.

americanismo [amerikanísmo] 男 ❶ 〈言語〉(*a*) ラテンアメリカ特有のスペイン語(法). (*b*) アメリカインディアン語からの借用語. (*c*) アメリカインディアン語(法). ❷ アメリカかぶれ[びいき]. ❸ アメリカ研究[学].

americanista [amerikanísta] 男女 アメリカ研究者, ラテンアメリカ研究者.

americanización [amerikaniθaθjón] 女 アメリカ[米国]化.

americanizar [amerikaniθár] [1.3] 他 をアメリカ[米国]化[風]にする. ——**se** 再 アメリカ[米国]化する.

‡**americano, na** [amerikáno, na アメリカノ, ナ] 形 ❶ アメリカ(人)の; ラテンアメリカ(人)の. ◆広い意味ではアメリカ大陸全体, 普通にはラテンアメリカについて言う. —continente ～ アメリカ大陸. ❷ アメリカ合衆国の, 米国の. ◆正式には estadounidense, また norteamericano とも言う. —Esta noche ponen por la televisión una película *americana*. 今晩アメリカ映画がテレビで放映される.
—— 名 アメリカ人(場所によりアメリカ大陸人, ラテン・アメリカ人または米国人).

amerindio, dia [ameríndjo, dja] 形 アメリカインディアンの. —lenguas *amerindias* アメリカインディアン諸語. —— 名 アメリカインディアン.

amerizaje [ameriθáxe] 男 《航空》(水上飛行機などの)着水. 類 **amaraje**.

amerizar [ameriθár] [1.3] 自 《航空》(水上飛行機・宇宙船が)着水する. 類 **amarar**.

amestizado, da [amestiθáðo, ða] [＜mestizo] 形 白人とインディオの混血(メスティーソ)の. —— 名 白人とインディオの混血児のような人.

ametrallador, dora [ametraʎaðór, ðóra] 形 《軍事》散弾を浴びせる. —fusil ～ 自動小銃. —— 男 《軍事》機関銃手[兵].

ametralladora [ametraʎaðóra] 女 《軍事》機関銃.

ametrallar [ametraʎár] 他 ❶ を機関銃で撃つ. ❷ 〈比喩〉を浴びせる. —Llegó la artista y los fotógrafos la *ametrallaron* con sus cámaras. 女性タレントが到着すると, カメラマンたちは機関銃のようにカメラを向け写真を撮った.

amianto [amjánto] 男 《鉱物》アミアンタス(石綿の一種).

amiba [amíβa] 女 →ameba.

amida [amíða] 女 《化学》アミド(アンモニアの水素をアシル基で置換した化合物).

amidol [amiðól] 男 《化学》アミドール(写真現像液).

amigable [amiɣáβle] 形 ❶ 好意的な, 友人のような. —en tono ～ 親しげな口調で. ❷ 〈情報〉ユーザーフレンドリ(の).

amigablemente [amiɣáβleménte] 副 好意的に.

amigacho [amiɣátʃo] 男 〈軽蔑〉悪友.

amigar [amiɣár] [1.2] 他 …と親しくさせる, 和解させる. 類 **amistar**. ——**se** 再 ❶ 仲良くなる. ❷ 〈俗〉同棲する. 類 **amancebarse**.

amígdala [amíɣðala] 女 《解剖》扁桃(ᐢᔑʰ), 扁桃腺.

amigdaláceo, a [amiɣðaláθeo, a] 形 《植物》バラ科ハタンキョウ属の.

amigdalitis [amiɣðalítis] 女 〖単複同形〗《医学》扁桃(ᐢᔑʰ)腺炎.

‡**amigo, ga** [amíɣo, ɣa アミゴ, ガ] 名 ❶ 友人, 友だち. —un ～ mío 私の友達. Somos íntimos ～s. 我々は親友だ. una *amiga* de la infancia [universidad] 子供のときの[大学での]友達. ～ del alma 彼女の親友. El perro es el mejor ～ del hombre. 犬は人間の最良の友達だ. ❷ 〖友だちでない場合にも用いる〗君, あなた; 人. —¡Un momento, ～! 少し待ってくれ. Querido [Estimado] ～ (手紙で)拝啓. El ～ aquí podrá orientarle. ここにいる人があなたにお教えします. ❸ 恋人, 愛人. ❹ 味方. 反 **enemigo**.
——, **ga** 形 ❶ 仲のよい, 友人の. —Voy a preguntar a un policía ～. 友だちの警官に尋ねてみよう. ❷ [+de]を好む. —Es muy ～ de fiestas [de viajar]. 彼はパーティ[旅行]が大好きだ. Son ～s de lo ajeno. 彼らは泥棒だ. ❸ 味方の, 友好

的な. —un país ～ 友好国. Echaron una mano *amiga* a los damnificados. 被災者に暖かい援助が差しのべられた. ❹ 好ましい. —Me dio una impresión *amiga*. 彼は私に好ましい印象を与えた.

—— 圐 —¡A～!, ahora me lo explico todo. ああ, それで分かった(納得がいった).

amigote, ta [amiɣóte, ta] 图 ❶《俗》仲の良い友人. ❷《軽蔑》悪友.

amiguete [amiɣéte] 男女 →amigote.

amiguismo [amiɣísmo] 男 《話》コネを使うこと, 縁故びいき. 類 **enchufismo, nepotismo**.

amiláceo, a [amiláθeo, a] 形 《化学》澱粉(ﾃﾞﾝ)質[性]の, 澱粉を含む.

amilanamiento [amilanamjénto] 男 ❶ 怖がらせること; 恐怖. ❷ 落胆させること, 落胆.

amilanar [amilanár] (<milano) 他 ❶ を怖がらせる. ❷ を落胆させる. —No es un hombre a quien *amilanan* las amenazas. 彼は脅しにひるむ男ではない.

—— **se** 再 怖がる, ひるむ.

amílico, ca [amíliko, ka] 形 《化学》アミルの —alcohol ～ アミルアルコール.

amillaramiento [amiʝaramjénto] 男 (課税のための住民の財産の)査定, 土地台帳の作成.

amillarar [amiʝarár] (<millar) 他 (課税額を決めるために住民の財産を)査定する, 土地台帳を作成する.

amilo [amílo] 男 《化学》アミル.

amiloidosis [amiloi̯ðósis] 女 《医学》アミロイド症.

amina [amína] 女 《化学》アミン.

aminoácido [aminoáθiðo] 男 《化学》アミノ酸.

aminoración [aminoraθjón] 女 減少, 縮小, 軽減, 削減, 低下.

aminorar [aminorár] (<menor) 他 を減らす, 少なくする, 縮小する. —～ la velocidad 速度を落とす. 類 **disminuir, menguar**.

—— 自 減少する, 低下する. —*Ha aminorado* el ritmo de crecimiento de la economía. 経済成長のリズムが低下した.

amiostenia [amjosténja] 女 《医学》筋無力症.

amiotrofia [amjotrófja] 女 《医学》筋萎縮症.

* **amistad** [amistá(ð) アミスタ(ドﾞ)] 女 ❶ 友情, 友愛; 友好, 親善. —～ firme 固い友情. estar sobrado de ～es 友人がたくさんいる. granjearse la ～ de ... (人)と近づきになる. por ～ 友情で. Los une una sólida ～. 彼らは固い友情で結ばれている. estrechar los lazos de ～ 友情の絆(ｷｽﾞﾅ)を結ぶ. Entre ellos germinó [surgió] una gran ～. 彼らに厚い友情が芽生えた. pacto [tratado] de ～ 友好条約. relaciones de ～ entre dos países 二国間の友好関係. ❷ 複 友人, 友達, 知り合い, 知己. —Durante mi viaje a España he hecho muchas ～es. 私はスペイン旅行中に友人がたくさんできた. 類 **amigos**. 反 **enemigos**. ❸ 慣 コネ, 伝手(ﾂﾃ). 類 **conocidos, relaciones**. ❹ 情交. 類 **amancebamiento**.

hacer [*trabar, entablar, anudar*] *amistad* [*amistades*] *con* ... (人)と親しくなる, 親交を結ぶ, 友達ができる.

hacer la(*s*) *amistad*(*es*) 仲直りする(＝hacer las paces).

romper la(*s*) *amistad*(*es*) 絶交する.

tener [*mantener*] *amistad* (*con* ...) (…と)親しい, 友人である. *Tienen amistad* desde pequeños. 彼らは幼い時からの友人である.

amistar [amistár] 他 ❶ を親しくさせる, 友達にする. ❷ を和解させる.

—— **se** 再 ❶ 親しくなる, 友達になる. ❷ 和解する.

amistosamente [amistosaménte] 副 友好的に, 仲よく.

* **amistoso, sa** [amistóso, sa] 形 友情のこもった, 友好的な. —una carta *amistosa* 友情に満ちた手紙. relaciones *amistosas* 友好関係. un arreglo ～ 和解. un partido ～ 親善試合.

amito [amíto] 男 《宗教》アミクトゥス(ミサの時司祭が用いる白い布).

amnesia [amnésja] 女 《医学》記憶喪失, 健忘症.

amnésico, ca [amnésiko, ka] 形 《医学》記憶喪失[健忘症]の.

—— 名 《医学》記憶喪失[健忘症]の人.

amnios [ámnjos] 男[単複同形]《解剖》羊膜.

amniótico, ca [amnjótiko, ka] 形 《解剖》羊膜の. —líquido ～ 羊水.

amnistía [amnistía] 女 恩赦(ｵﾝｼｬ), 特赦, 大赦 —conceder la ～ a los presos políticos 政治犯に恩赦を与える. A～ Internacional アムネスティー・インターナショナル.

amnistiar [amnistjár] [1.6] 他 …に恩赦[特赦, 大赦]を与える.

* **amo** [ámo] 男 ❶ 持主, 所有者, オーナー(男); (動物などの)飼い主(→ama「所有者(女); 女性飼い主」). —～ de una finca [de una fábrica, de una tienda] 農場[工場, 店]主. —～ de casa 家主 (→④). El perro acude a la llamada de su ～. その犬は飼い主に呼ばれると駆けつける. 類 **dueño, jefe, propietario**. 反 **criado, siervo**. ❷《古》(使用人から見て)雇い主(→ama「女主人」). —El criado pidió permiso a su ～ para salir. 使用人は主人に外出許可を求めた. ❸ 有力者, 実力者, 影響力のある人, 支配者, 監督, 人夫頭. —Es el ～ de la ciudad y hace lo que quiere. 彼は町の実力者で, 好きなようにしている. 類 **capataz, mayoral**. ❹ (一家の)主人, 主(ｱﾙｼﾞ), 家長(→ama「女主人」); 家主. —～ de casa 家長, 主夫. ¿Está el ～? ご主人はご在宅ですか? 類 **patrón, señor**. ❺《古》養育係り, 家庭教師(＝ayo).

El ojo del amo engorda al caballo.【諺】主人の監視の目は馬を肥やす.

hacerse el amo 〖＋*de*〗(…を)取り仕切る, 支配する, 牛耳る; 〖＋*de*〗を掌握する. Su carácter emprendedor le llevó a *hacerse el amo* de la situación. 彼は積極的な性格によって情況を把握した.

Nuestro Amo 〖中南米〗(ｶﾄﾘｯｸ)聖体, 聖餐用のパン.

perro de muchos amos 何でも器用にこなす人, よろず屋.

ser el amo (*del cotarro*) 《話》一切を取り仕切っている, 中心[指導]的な役割を果たす.

amoblar [amoβlár] [5.1] 他 →amueblar.

amodorrado, da [amoðoříáðo, ða] 形 異常

104 amodorramiento

な眠気に襲われた, 眠り込んだ. —La medicina le ha dejado 〜. 薬で彼は眠り込んでしまった.

amodorramiento [amoðořamjénto] 男 異常な眠気, 眠り込むこと. —Este calor me produce 〜. この暑さで私は眠くなってします.

amodorrarse [amoðořárse] 再 異常な眠気を催し, 眠り込む.

amohinar [amoinár] [1.7] 他 を不快にする, いらいらさせる. —se 再 いらいらする. 類 **disgustar, fastidiar**.

amojamar [amoxamár] [<mojama] 他 (マグロを)塩干しにする. —se 再 (人が年をとって)やせこけて皺(しゎ)だらけになる. 類 **acecinarse**.

amojonamiento [amoxonamjénto] [<mojón] 男 ❶ 境界標で境界を定めること. 類 **delimitación**. ❷〖集合的に〗境界標.

amojonar [amoxonár] [<mojón] 他 (土地などの)境界を境界標で定める.

amoladera [amolaðéra] 女 砥石(といし).

amolado, da [amoláðo, ða] 形 ❶ (刃物などが)研いである. ❷ (人が)うんざりした. — 男 研ぐこと, 研磨.

amolador [amolaðór] 男 研ぎ師. 類 **afilador**.

amoladura [amolaðúra] 女 ❶ 研ぐこと, 研磨. ❷ 複 研ぎくず.

amolar [amolár] [5.1] 他 ❶ を研ぐ. 類 **afilar**. ❷《話》(人を)悩ませる. —Los mosquitos me *amolaron* durante toda la noche. 一晩中私は蚊に悩まされた. 類 **fastidiar, molestar**. —se 再《話》我慢する. 類 **aguantarse**.

amoldamiento [amoldamjénto] 男 ❶ 型に合わせること. ❷ 適応.

amoldar [amoldár] [<molde] 他 ❶〖+a〗(型など)に…を合わせる —〜 un sombrero a la cabeza 帽子を頭に合わせる. 類 **acomodar**. ❷〖+a〗(…に)(人)を適応させる. 類 **adaptar**. —se 再〖+a〗(人が)…に適応する. —Ella no consiguió *se a* las costumbres del país. 彼女はその国の習慣に適応できなかった. 類 **adaptarse**.

amollar [amojár] 自 譲歩[妥協]する. 類 **ceder**. — 他《海事》(帆脚綱)を緩める.

amonarse [amonárse] 再《話》酔っ払う. 類 **embriagarse**.

amondongado, da [amondoŋgáðo, ða] [<mondongo] 形《話》太った, ぶよぶよした. 類 **gordo**.

amonedar [amoneðár] [<moneda] 他 (金属)を貨幣に鋳造する. 類 **acuñar**.

amonestación [amonestaθjón] 女 ❶ 訓戒, 叱責. ❷ (教会での)結婚の予告. —correr las *amonestaciones* (不都合がある場合は申し出るように教会が文書または口頭で)結婚の予告をする. ❸ (サッカーの)警告, イエローカード.

amonestador, dora [amonestaðór, ðóra] 形 (人が)訓戒の[叱責する].

amonestar [amonestár] 他 ❶ (人)を訓戒[叱責]する. —Le han *amonestado* por llegar tarde a la oficina. 彼は会社に遅刻したので叱られた. 類 **advertir, reprender**. ❷ (教会で)…の結婚を予告する. —se 再 (教会で)結婚の予告をしてもらう.

amoniacal [amonjakál] 形《化学》アンモニア

の. —olor 〜 アンモニア臭. solución 〜 アンモニア溶液.

amoníaco, ca [amoníako, ka] 形《化学》アンモニアの. —sal *amoníaca* 塩化アンモニウム. — 男《化学》❶ アンモニアガス. ❷ アンモニアゴム.

amonio [amónjo] 男《化学》アンモニウム.

amonita [amoníta] 女《古生物》アンモナイト, 菊石.

amontarse [amontárse] 再 山へ逃げる.

amontillado [amontijáðo] 男 モンティーリャ風シェリー酒.

amontillado, da [amontijáðo, ða] [<Montilla] 形 (ワインが)モンティーリャ風の.

amontonadamente [amontonáðaménte] 副 山積みになって.

* **amontonamiento** [amontonamjénto] 男《話》(物体の)山, 堆積. —un 〜 de basura 山のようなごみ. 〜 de gente [de basura] 山のような人だかり[人ごみ].

* **amontonar** [amontonár] [<montón] 他 ❶ を山積みする, 積み上げる, 積み重ねる. —No tenía estantería y *amontonaba* los libros en su cuarto. 彼は本棚を持っていないので, 本を部屋に積み重ねておくのであった. *Amontonó* disculpas y pretextos pero no le perdonaron. 彼は言い訳と口実を並べ立てたが, 彼らは許さなかった. 類 **acumular**. ❷ を寄せ集める, かき集める, 蓄える. —*Amontonaba* toda clase de datos para su tesis doctoral. 彼はあらゆる種類のデータを博士論文のために集めまくっていた. 〜 riquezas 富を蓄積する.
—se 再 ❶ 積み重なる, 山積む; (出来事が)集中する. —Los papeles *se amontonaban* en su mesa. 書類が彼の机の上に山積みになっていた. ❷ むらがる, 群れ集まる. —La gente *se amontonaba* a la salida del cine. 人々が映画館の出口にむらがっていた. ❸〖+con と〗同棲する.

** **amor** [amór アモル] 男 ❶〖+a/por/hacia〗…への愛, 愛情, 慈愛. —〜 materno [maternal, de madre] 母性愛. 〜 fraternal 兄弟愛. 〜 〖a la patria, a la humanidad〗 隣人[祖国, 人類]愛. el 〜 de Dios 神への愛. el 〜 de Dios 神の慈愛; 神への愛. 〜 a la verdad 真理を愛する心. Los hijos sienten 〜 hacia sus padres. 子供たちは両親が好きだ. El 〜 no quiere consejo. 愛は盲目. 反 **odio**. ❷ (異性間の)愛, 恋, 恋愛. —mi primer 〜 私の初恋(の人). 〜 pasajero かりそめの恋, 浮気. 〜 apasionado 激しい恋. 〜 a primera vista 一目惚れ. 〜 desgraciado 失恋. 〜 mutuo [correspondido] 相思相愛. 〜 mal pagado [no correspondido] 片思い. carta de 〜 ラブレター. poesía de 〜 恋愛詩. 〜 griego 同性愛. casarse por 〜 恋愛結婚する. declarar su 〜 恋を打ち明ける. 〜 cortés《文学》宮廷風恋愛. 反 **desprecio, odio**. ❸ (物に対する)好み, 愛着, 愛好. —〜 a la música [al lujo] 音楽[贅沢(ぜいたく)]好き. 〜 al dinero 金銭欲. 〜 a la patria 祖国愛, 郷土愛. 〜 por la libertad 自由への欲求. 類 **afición, inclinación**. 反 **menosprecio**. ❹ 愛する人, 恋人; 愛が[愛着する人]. —¡A〜 (mío)!/¡Mi 〜! (恋人・妻・夫への愛情を込めた呼び掛け)/ああ, あなた[君, お前, 坊や]. —Sólo tú eres mi único 〜. 私が好きなのは君だけ. Ella ha sido el gran 〜 de su vida. 彼女は彼にとって生涯最高の女性

だった. ❺ 複 恋愛関係, 情事, 肉体関係; 愛の言葉, 口説き. —decir mil ～es 色々お世辞を言う. ❻ 熱意, 専念; 丹精, 入念さ, 丁寧. —trabajar con ～ 入念[丹念, 丁寧]に仕事をする. 類 **dedicación, esmero**. 反 **dejadez, descuido**. ❼ 優しさ. —Limpia con ～ las porcelanas. 彼女は磁器をそっと磨いている. 類 **delicadeza, suavidad**. ❽《植物》— ～ al uso フヨウの一種. ～ de hombre ムラサキツユクサ. ～ de hortelano ヤエムグラ; ゴボウ; キビ. árbol de ～ ハナズオウ.

al amor de ... …の近くに[で], そばに[で].

al amor del agua 流れるままに; 時代に迎合して.

al amor de la lumbre [del fuego] (暖まる・暖めるために)火のそばに[で], 炉辺に[で].

Amor con amor se paga.【諺】愛は愛で報われる; (時に)目には目を.

Amor de padre [de madre], que todo lo demás es aire.【諺】親の愛情だけが確かで, そのほかのものはすべて空しい.

amor libre 自由恋愛.

amor platónico プラトニックラブ(精神的恋愛).

amor propio (1) 自尊心, 自負心, プライド(= autoestima). tener mucho *amor propio* 自負心が強い. (2) 根性, 競争心, ガッツ.

con amor (1) 愛情を込めて, 心から, 優しく. (2) 入念に, 丁寧に; 熱心に.

con [de] mil amores 大変喜んで, 心から, 進んで (= con mucho gusto, con agrado). Te ayudaré a hacer tus deberes *de mil amores*. 喜んで君の宿題を手伝いましょう.

Donde hay amor hay dolor.【諺】愛あるところに苦しみあり.

El amor es ciego.【諺】恋は盲目.

en amor y compañía《話》仲良く. Los dos abuelos están sentados, *en amor y compañía*, junto al fuego. おじいさんとおばあさんが仲睦まじく火のそばに座っている.

hacer el amor (1)〔+a/con〕《話》…とセックスする, 性交渉を持つ. (2)(女性)を口説く, 求愛する. Le *hacía el amor* con sus apasionadas cartas. 彼は熱烈な手紙で彼女に求愛していた.

por amor al arte《話》ただで, 無報酬で, 無料で(= gratuitamente, gratis).

por (el) amor de ... …のために.

por (el) amor de Dios (1)《話》(物乞いが)どうかお恵みを! ¡Déme una limosnita, *por amor de Dios*! どうかお恵みを! (2)〔懇願・抗議・驚き・怒りなどで〕どうかお願いだから, 後生だから.

requerir de amores a ...《文》を口説く, …に求愛する.

tener amores con ... …と恋愛関係にある, 情事をもつ.

tratar amores con ... …と肉体関係を結ぶ.

amoral [amorál] 形 道徳観念のない.

amoralidad [amoraliðá(ð)] 女 道徳観念の欠如, 無道徳.

amoratado, da [amoratáðo, ða] 形 紫色の; あざのできた.

amoratar [amoratár] 他 (体の一部などを)紫色にする, …にあざをつける.
—— se 再 (体の一部が)紫色になる.

amorcillo [amorθíjo] 男 キューピー人形.

amordazar [amorðaθár] [1.3]〔< mordaza〕他 ❶ …に猿ぐつわをはめる, (動物に)口輪をはめる.

— Los secuestradores *amordazaron* al niño. 誘拐犯たちは子供に猿ぐつわをした. ❷ …の口を封じる. — Sobornaron al testigo con el fin de ～le. 証人は口封じのために買収された.

amorfo, fa [amórfo, fa] 形 ❶ 無定形の. ❷ (人が)特徴のない, 個性のない.

amorío [amorío] 男 【主に複】《話》一時的な恋, たわむれの恋, ゆきずりの恋. 類 **devaneo**.

‡**amoroso, sa** [amoróso, sa] 形 ❶ *(a)*〔+ con に対して〕愛情のこもった, 情愛の深い. — Es muy *amorosa* con sus padres. 彼女は両親に対してとても優しい. *(b)*《音楽》愛情をこめた, 愛らしい. ❷ 愛の, 恋愛の. — una carta *amorosa* 恋文. miradas *amorosas* なまめかしい目つき. relación *amorosa* 恋愛関係. ❸ (天候が)穏やかな. — Este año tenemos un invierno ～. 今年は暖冬だ. 類 **apacible, templado**. ❹ (仕事や加工が)しやすい. — una tierra *amorosa* 耕しやすい土地. un metal ～ 鍛えやすい金属.

amorrar [amořár]〔< morro〕他〔+a〕…に…の顔を近づける. — Cogió al niño por el cuello y lo *amorró* al suelo. 彼は子供の首をつかんで, 地面に子供の顔を近づけた. —— se 再〔+a〕…に前かがみになって顔を近づける.

amortajar [amortaxár]〔< mortaja〕他 を死衣(に)に包む.

amortecer [amorteθér] [9.1] 他 を弱める, 和らげる. 類 **amortiguar**.

amortiguación [amortiɣwaθjón] 女 和らげる[弱くする]こと, 緩和, 軽減.

amortiguador, dora [amortiɣwaðór, ðóra] 形 (衝撃などを)和らげる, 弱める.
—— 男《機械》緩衝装置, ダンパー.

amortiguamiento [amortiɣwamjénto] 男 →amortiguación.

amortiguar [amortiɣwár] [1.4] 他 ❶ (衝撃など)を和らげる, 弱くする. — El calmante me *ha amortiguado* el dolor. 鎮痛剤のおかげで私の痛みは和らいだ. 類 **atenuar, mitigar**. ❷ (色・光など)を弱める.
—— se 再 和らぐ, 弱まる.

amortizable [amortiθáβle] 形《商業》償却[償還]できる. — valores públicos ～s 償還公債.

‡**amortización** [amortiθaθjón] 女 ❶ *(a)* (投資などに対する)償還. *(b)* (貸し付けに対する)返済. *(c)* (債券や担保の)買い戻し. ❷ (決算)減価見積もり, 償却. — ～ acelerada 加速償却. ～ decreciente(degresiva) 定率償却. ～ lineal 定額償却. ❸ (場所からの)排除.

amortizar [amortiθár] [1.3] 他 ❶《商業》(負債)を償還する, 返済する. — ～ una deuda con la venta del piso. マンションを売って借金を償還する. ❷《商業》を減価償却する, 元本を回収する ❸《法律》(財産を法人・教会に)死手譲渡[永代寄付]する. ❹ (職)を廃止する. ❺ を最大限に利用する.

amoscamiento [amoskamjénto] 男 立腹(すること).

amoscarse [amoskárse] [1.1] 再《話》腹を立てる. 類 **enfadarse**.

amostazar [amostaθár] [1.3]〔< mostaza〕他《話》(人)を怒らせる, いら立たせる. 類 **enojar, irritar**. —— se ❶《話》怒る, いら立つ. 類

amotinado, da [amotináðo, ða] 形 反乱[暴動]に加わった. — 名 反乱[暴動]の参加者.

amotinador, dora [amotinaðór, ðóra] 形 (人が)反乱に駆り立てる. — 名 (反乱の)扇動者.

amotinamiento [amotinamjénto] 男 反乱, 暴動.

amotinar [amotinár] (<motín) 他 を反乱に駆り立てる. —El general fracasó en su intento de ~ a las tropas. 将軍は軍を蜂起させるのに失敗した.
— **se** 再 [+contra] …に対して反乱[暴動]を起こす. —El ejército *se amotinó contra* el gobierno. 軍は政府に対して反乱を起こした. 類 **alzarse, insurreccionarse, sublevarse**.

amover [amoβér] [5.2] 他 ❶ [+de] (人)を解任[解雇]する. —La han *amovido de* ministra. 彼女は大臣の職を解かれた. 類 **destituir**. ❷ (胎れ)を流産させる.

amovible [amoβíβle] 形 ❶ 移動可能な, 取り外しできる. —Este aparato lleva varias piezas ~s. この機械は取り外しできる部品をいくつか備えている. ❷ (*a*) (人が)解任可能な, 配置転換できる. (*b*) (職務が)在職者を替えることのできる.

amovilidad [amoβiliðá(ð)] 女 ❶ 移動[取り外し]可能. ❷ 解任可能.

amparador, dora [amparaðór, ðóra] 形 保護する, 庇護を与える. — 名 保護する人.

:**amparar** [amparár] 他 **を保護する**, 庇護する, かばう. —Las leyes *amparan* a todos los ciudadanos. 法律は市民すべてを保護するものである. Dios le *ampare*. あなた[彼]に神の御加護がありますように. *Amparó* a muchos refugiados políticos. 彼は多くの政治的亡命者をかくまった. 類 **favorecer, proteger**.
— **se** 再 ❶ [+en に] 保護[庇護]を求める, すがる. —*Se ampara en* una ley del código civil. 彼は民法のある規定を頼りにしている. Se negó a colaborar *amparándose en* la poca viabilidad del proyecto. 彼は計画の実現性が乏しいということをかくれみのにして協力を拒んだ. ❷ [+de/contra から] 身を守る; 身を隠す. —*Se ampararon de* la lluvia bajo los soportales de la plaza. 彼らは広場のアーケードで雨宿りをした.

Amparo [ampáro] 固名 《女性名》アンパーロ.

:**amparo** [ampáro] 男 ❶ **庇護, 保護; 援助**. —Una cueva nos sirvió de ~ contra la lluvia. 洞窟が私たちの雨宿りする所になった. Puedo contar con su ~. 私はあなたの援助をあてにできる. pedir [buscar] el ~ de … (人)の保護を求める. 類 **protección, refugio**. ❷ 保護する人(になるもの), 保護者, 擁護者; 避難所. —Su único ~ es una pequeña pensión. 彼の唯一の頼みの綱は僅かな年金だ. 類 **apoyo, ayuda**. ❸ 保証, 裏付け.
al amparo de … (1) …に保護されて, …に守られて, …に隠れて. *al amparo de la ley* 法の保護下で. Vive *al amparo de* una estupenda pensión. 彼はすばらしい年金で生活をし. (2) …から保護されて, 免れて. ponerse *al amparo de* la lluvia 雨宿りする.
ni (para) un amparo 少しも…ない.
recurso de amparo (憲法裁判所への)保護申立て.

amperaje [amperáxe] 男 《電気》アンペア数.

amperímetro [amperímetro] 男 《電気》電流計.

amperio [ampérjo] 男 《電気》アンペア(電流の単位, 略号 A).

ampliable [ampljáβle] 形 拡大[拡張]可能な.

ampliación [ampljaθjón] 女 ❶ (場所や道路の)拡張, 拡大, 延長; (事業)の拡大. ❷ (商業, 金融) ~ de la plantilla スタッフ数の増加, 増員. ❸ (知識や語彙の)拡大, 増強. —debate sobre la ~ de una ley 法律の適用範囲の拡大に関する議論. ❹ (期限, 期間)の延長. ❺ 《写真》拡大, 引き延ばし; (コピー)拡大.

ampliador, dora [ampljaðór, ðóra] 形 拡大する, 大きく見せる. — 女 《写真》引き延ばし機.

ampliadora [ampljaðóra] 女 →ampliador.

*ampliamente** [ámpljaménte] 副 ❶ たっぷり, 十二分に. —El salario cubre ~ sus necesidades. 彼の給料は生活の必要を十分に満たしている. ❷ 余裕を持って, 楽々と. —Ganaron el partido ~. 彼らは試合に楽勝した. ❸ 広く, 広範に[汎]に, ことを細かに. —Discutimos ~ el proyecto. 私達はその計画について詳しく議論した.

:**ampliar** [ampljár] [1.6] 他 ❶ (大きさ・程度を)広げる, 拡張[拡大]する, (数量)を増大させる. —Están haciendo obras para ~ la cocina. 彼らは台所を拡張するため工事中である. Han lanzado una campaña para ~ la demanda. 彼らは需要拡大のためキャンペーンを打出した. 類 **dilatar, extender**. ❷ 《写真》を引伸ばす. —Voy a ~ esta foto de mis padres. 私は両親のこの写真を引伸ばそう.
— **se** 広がる, 増大する.

amplificación [amplifikaθjón] 女 ❶ 拡大. ❷ 《物理》増幅. ❸ 《修辞》敷衍(ᇂ˙ᇂ˚ん).

amplificador, dora [amplifikaðór, ðóra] 形 ❶ (大きさなどを)拡大する. ❷ 《物理》増幅する. — 男 《物理, 電気》増幅器, アンプ.

amplificar [amplifikár] [1.1] 他 ❶ (大きさなど)を拡大する. — ~ una fotografía 写真を拡大する. 類 **ampliar, dilatar**. ❷ (音量)を上げる — ~ el volumen del televisor テレビの音を大きくする. ❸ 《物理》を増幅する. ❹ 《修辞》を敷衍(ᇂ˙ᇂ˚ん)する.

:**amplio, plia** [ámplio, plia] 形 ❶ (範囲が)広い, 広範囲の, 広汎[範]な. —en el sentido ~ de la palabra その言葉の広い意味で. Es una persona *amplia* de miras. 彼は広い視野を持つ人だ. Es un profesor de ~s conocimientos históricos. 彼は幅広い歴史的知識を持つ先生だ. Ella dibujó en su rostro una *amplia* sonrisa. 彼女は顔に満面の笑みを浮かべた. *amplia* mayoría [victoria] 圧倒的多数[勝利]. 類 **extenso**. 反 **estrecho**. ❷ (衣服が)ゆったり[たっぷり]した; ぶだぶした. —Llevaba una bonita falda *amplia*. 彼女はたっぷりとしたスカートをはいていた. 類 **holgado**. ❸ (空間が)広々とした, 広大な. —piso ~ 広々としたマンション. Su despacho es ~. 彼の書斎は広い.

amplísimo, ma [amplísimo, ma] 形 [amplio の絶対最上級] とても広い.

:**amplitud** [amplitú(ð)] 女 ❶ (幅・面積が)広いこと, 広さ, 幅; 空間, スペース. — ~ de una falda

スカートの幅. tener mucha [poca] ～ 広い[狭い]. Esta clase no tiene suficiente ～ para tantos alumnos. この教室はこんなに大勢の学生には十分広くはない. Con el sofá la sala ha perdido ～. ソファーを入れたので部屋が狭くなった. **類 anchura, extensión**. ❷ (心・知性などの)広さ, 程度. ～ de sus conocimientos 知識の広さ. ～ de espíritu 心の広さ. persona con gran ～ de miras [de horizonte(s)] 心の広い人, 視野の広い人. ❸ (規模の)大きさ, 規模; 重要性. ～ de un desastre 災害の大きさ [規模]. ～ de los poderes 権限の及ぶ範囲. ～ de criterios 基準の曖昧さ [緩やかさ]. ❹ 〖物理〗振幅; 〖天文〗出没方位角; 〖数学〗(複素数の)偏角; 〖軍事〗射程. ❺ 〖気象〗(気温などの)較差.

ampo [ámpo] 男 ❶ (雪の)輝くような白さ. ❷ 複 雪片.

ampolla [ampója] 女 ❶ (火傷などによる)水ぶくれ, 水泡, (手足にできる)まめ. ❷ (水が沸騰した時に生じる)泡, 気泡. ❸ (注射液などのアンプル. ❹ (口の細くて胴が丸い)ガラスびん. ❺ 〖宗教〗聖油入れ(容器).

ampollar [ampojár] 他 …に水ぶくれ[まめ]を作る. — **se** 再 ❶ 水ぶくれ[まめ]ができる. ❷ 気泡ができる. — *Se han ampollado las paredes*. 壁にぶつぶつできた.

ampolleta [ampojéta] 女 ❶ (*a*) 砂時計 (= reloj de arena). (*b*) 砂時計のガラスの容器. (*c*) 砂時計の砂が落ちる時間. ❷ 〖チリ〗電球 (= bombilla eléctrica).

ampón, pona [ampón, póna] 形 《軽蔑》(服などが)だぶだぶの (ancho, amplio, hueco の軽蔑語).

ampulosidad [ampulosiðá(ð)] 女 (文体などの)粉飾, 誇張.

ampuloso, sa [ampulóso, sa] 形 (文体などが)飾りすぎた, 大げさな. —estilo ～ 仰々しい文体.

Ampurdán [ampurðán] 固名 男 アンプルダン地方(スペイン北東部, カタルーニャの一地方).

ampurdanés, nesa [ampurðanés, nésa] 形 アンプルダン (Ampurdán) の.
— 名 アンプルダンの人.

amputación [amputaθjón] 女 ❶ 〖医学〗(手足などの)切断. ❷ (文章などの)削除.

amputar [amputár] 他 ❶ 〖医学〗(手足などを)切断する. ❷ を削除する.

Amsterdam [amsterðán] 固名 アムステルダム (オランダの首都).

amuchachado, da [amutʃatʃáðo, ða] [<muchacho] 形 男の子のような, 子供っぽい. —rostro [comportamiento] ～ 子供っぽい顔[振る舞い].

amueblado, da [amueβláðo, ða] 形 家具付きの. —*Estoy buscando un piso* ～. 私は家具付きのマンションを探しています.

amueblar [amueβlár] [<mueble] 他 (部屋)に家具を備え付ける — ～ el piso マンションに家具を備え付ける.

amujerado, da [amuxeráðo, ða] [<mujer] 形 女のような. **類 afeminado**.

amulatado, da [amulatáðo, ða] [<mulato] 形 (白人と黒人の混血児)ムラートのような.

amuleto [amuléto] 男 お守り, 護符, 魔よけ.

amunicionar [amuniθjonár] [<munición] 他 …に軍需品を供給する.

anagogía 107

amuñecado, da [amuɲekáðo, ða] [<muñeco] 形 (容貌や身なりが)人形のような.

amura [amúra] 女 《船舶》❶ 船首の側面. ❷ (帆の風上側の)下隅索.

amurada [amuráða] 女 《船舶》(船舶の内側の)側面.

amurallar [amurajár] [<muralla] 他 (町など)を城壁で囲む.

amurar [amurár] 他 《航海》(帆を)タックする, 間切る.

amurrarse [amuřárse] 再 〖中南米〗ふさぎ込む.

amusgar [amusɣár] [1.2] 他 (牛や馬が)(耳を)後ろに反(そ)らす. — 自 (牛や馬が)耳を後ろに反らす.

an- [an-] 接頭 「否定(非・無)」の意. —*an*arquía, *an*alfabeto, *an*émico (→a-).

Ana [ána] 固名 女 《女性名》アナ.

ana [ána] 女 『冠詞は単数形の直前で el, un(a)』(測量)アナ(長さの単位, 約 1 メートル).

ana- [ana-] 接頭 「反対; 分離; 再」の意. —*ana*baptismo, *ana*cronismo, *aná*lisis, *ana*tomía.

anabaptismo [anaβaptísmo] 男 《宗教》再洗礼派の教義.

anabaptista [anaβaptísta] 形 《宗教》再洗礼派の. — 男女 再洗礼派の人.

anacarado, da [anakaráðo, ða] 形 真珠のような光沢の, 螺鈿(らでん)で飾った.

anacardo [anakárðo] 男 《植物》カシューの木; カシューナッツ.

anacoluto [anakolúto] 男 《文法》破格構文.

anaconda [anakónda] 女 《動物》アナコンダ (南米産の大蛇).

anacoreta [anakoréta] 男女 《雅》隠者, 独居修行僧; 世捨て人.

anacreóntica [anakreóntika] 女 →anacreóntico.

anacreóntico, ca [anakreóntiko, ka] 形 《詩学》アナクレオン (Anacreonte) 風の.
— 女 《詩学》アナクレオン体の詩.

anacrónico, ca [anakróniko, ka] 形 時代錯誤の; 時代遅れの.

anacronismo [anakronísmo] 男 ❶ 時代錯誤. —cometer [incurrir en] un ～ 時代錯誤に陥る. ❷ 時代遅れのもの.

anacuá [anakuá] 男 〖中南米〗悪魔.

ánade [ánaðe] 男 《鳥類》カモ(鴨); アヒル.

anadear [anaðeár] 自 カモのようによちよち歩く.

anadeo [anaðéo] 男 (カモのような)よちよち歩き.

anadón [anaðón] 男 カモ[アヒル]のひな.

anaerobio, bia [anaeróβjo, βja] 形 《生物》(菌類などが)嫌気性の.

anafe [anáfe] 男 携帯用こんろ.

anafilaxis [anafiláksis] 女 《医学》アナフィラキシー, 過敏症.

anafrodisiaco, ca [anafroðisjáko, ka] 形 《薬学》性欲を抑制する, 制淫の. — 男 《薬学》制淫剤.

anáglifo [anáɣlifo] 男 ❶ 浅く浮き彫りした器. ❷ (特殊なメガネで見ると立体的に見える)赤と緑で描かれた絵.

anagoge [anaɣóxe] 男 →anagogía.

anagogía [anaɣoxía] 女 ❶ 聖書の神秘的解

108 anagrama

釈. ❷ 法悦, 忘我.

anagrama [anaɣráma] 男 ❶ アナグラム, 語句の綴(つ)り換え(例:arroz→zorra). ❷ (固体名などの)略語(例:TVE=Televisión Española).

Anáhuac [anáwak] 固名 アナワク高原(メキシコの高原).

anal [anál] 形 《解剖》肛門(こう)の. —músculo ~ 肛門筋. fístula ~ 痔瘻(じろう).

analectas [analéktas] 女 複 選集. 類 **antología, florilegio**.

anales [análes] 男 複 ❶ 年代記, 年史. ❷ (学術的な)定期刊行物, 年報, 紀要.

analfabetismo [analfaβetísmo] 男 文盲; 無学. —tasa [índice] de ~ 文盲率. 類 **ignorancia, incultura**. 反 **cultura**.

analfabeto, ta [analfaβéto, ta] [<alfabeto] 形 ❶ 文盲の, 読み書きのできない. 類 **iletrado**. ❷ 無知な; 無学の, 無教養の.
—— 男 ❶ 文盲, 読み書きのできない人. —En esta nación no hay ~s. この国には文盲はいない. ❷ 無教養な人. —No le hagas caso; es un ~. 彼を相手にするな, 無教養な奴だから.

analgesia [analxésja] 女 《医学》無痛覚(症).

analgésico, ca [analxésiko, ka] 形 ❶ 《医学》無痛覚の. ❷ 《薬学》鎮痛の. —— 男 《薬学》鎮痛剤.

analice(-) [análiθe(-)] 動 analizar の接・現在.

analicé [analiθé] 動 analizar の直・完了過去・1単.

análisis [análisis アナリシス] 男 [単複同形] ❶ 分析, 分解(「総合」は síntesis). ~ científico 科学的分析. ~ lógico [psicológico] 論理的[心理]分析. tener capacidad de ~ 分析能力がある. hacer un ~ minucioso [detallado] 綿密な分析を行う. 反 **síntesis. ❷ (文学作品・問題・状況などの)分析的研究. ~ del mercado 市場分析. hacer [efectuar] un ~ acertado de la situación internacional 国際情勢の的確に分析する. 類 **estudio, examen**. ❸ 《化学, 物理》分析, 分析結果. ~ cualitativo [combinatorio] 定性分析. ~ cuantitativo 定量分析. ~ espectral スペクトル分析[分光]. ~ edáfico 土壌分析. ~ polarimétrico 偏光分析. ~ dimensional 次元解析. ❹ 《医学》検査, 分析; 検査結果. ~ clínico 臨床検査. 類 **analítica**. ❺ 《数学》解析(学), 分析. ~ matemático 解析. ~ infinitesimal 微積分. ~ factorial 因子分析. ~ armónico 調和解析. ~ de Fourier フーリエ解析. ❻ 《文法》解剖, 分析. ~ del discurso 談話分析. hacer un ~ gramatical [morfológico, morfosintáctico, sintáctico] 文法的[的]形態, 形態統語, 統語]分析を行う.

analista[1] [analísta] 男女 年代記編者.

analista[2] [analísta] 男女 ❶ 分析者, アナリスト. ~ político 政治評論家. ❷ 《数学》解析学者. ❸ 《医学》精神分析医.

analítico, ca [analítiko, ka] 形 ❶ 分析的な. —lengua analítica 《言語》分析的言語. 反 **sintético**. ❷ 《数学》解析的な. —geometría analítica 解析幾何学. ❸ 《医学》精神分析的な.

analizable [analiθáβle] 形 分析[分解]できる.

analizador, dora [analiθaðór, ðóra] 形 分析[分解]する. —— 男 分析装置.

:analizar [analiθár] [1.3] 他 を分析する, 分解する, 解析する. —La fonética analiza los sonidos y la fonología los sintetiza. 音声学は音を分析し, 音韻論は音を総合する.

:analogía [analoxía] 女 ❶ 類似, 類推. —Destacó la ~ entre los dos casos. 彼はその2つのケースの類似性を強調した. ❷ 《論理, 言語》類推, アナロジー. ❸ 《生物》相似.

analógico, ca [analóxiko, ka] 形 ❶ 類似の, 類推による. ❷ 《言語》類推の. ❸ 《情報工学》アナログの. —ordenador ~ アナログコンピューター. calculadora analógica アナログ計算機.

:análogo, ga [análoɣo, ɣa] 形 【+a】…に類似した, 相似の. —Los resultados de tu investigación son ~s a los de la mía. 君の調査結果は私のと類似している. 類 **parecido, semejante**.
—— 男 類似物[体], 《生物》相似器官.

anamita [anamíta] 形 アンナン(Anam)の, アンナン人の(現在のベトナムの中部地方). —— 男女 アンナン人. —— 男 アンナン語, ベトナム語.

ananá [ananá] 男 →ananás.

ananás [ananás] 男 [複 ananaes, ananases] 《植物》パイナップル. 類 **piña**.

anapelo [anapélo] 男 《植物》トリカブト. 類 **acónito**.

anapéstico, ca [anapéstiko, ka] 形 《詩学》短短長[弱弱強]格の. —verso ~ 短短長格の詩.

anapesto [anapésto] 男 《詩学》短短長格, 弱弱強格.

anaquel [anakél] 男 棚(たな), 棚板.

anaquelería [anakelería] 女 ❶ [集合的に] 棚. ❷ 棚家具.

anaranjado, da [anaranxáðo, ða] [<naranja] 形 オレンジ色の. —blusa de color ~ オレンジ色のブラウス. —— 男 オレンジ色.

:anarquía [anarkía] 女 ❶ (国家の)無政府(状態). —estar en un estado de ~ 無政府状態にある. En este país reina [domina] la ~. この国は無政府状態にある. 類 **acracia, anarquismo, desgobierno**. 反 **gobierno**. ❷ 《話》(指導者がいないための)無秩序, 混乱. —sumir al país en la ~ económica 国を経済的混乱に陥れる. En su casa reina la ~ y cada uno hace lo que quiere. 彼の家庭は目茶苦茶で, 各自が好き勝手なことをしている. Su cuarto se halla en completa ~. 彼の部屋は乱雑を極めている. 類 **caos, desconcierto, desorden**. 反 **disciplina, orden, organización**. ❸ 《話》(規律などのない)乱れ, 混乱. —Me gusta el desorden y vivir en la ~. 私は乱れた勝手気ままな生活が好きだ. 類 **desorden**. 反 **disciplina, orden**.
con anarquía 乱雑に, 混乱して (=en desorden).

:anárquico, ca [anárkiko, ka] 形 ❶ 無政府(状態)の, 無政府主義の. —El país se encuentra en estado ~. その国は無政府状態にある. ❷ 無秩序な, 乱雑な; 無法の. —Llevó una vida anárquica hasta que se casó. 彼は結婚するまで無軌道な生活を送った.
—— 名 ❶ 無政府主義者. 類 **anarquista**. ❷ だらしのない人, 無軌道な[無規律な]人.

:anarquismo [anarkísmo] 男 ❶ 《政治》無政府主義(運動), アナーキズム. ❷ 大混乱. 類 **acra-**

cia, anarquía, caos.

anarquista [anarkísta] 形 無政府主義(者)の.
── 男女 無政府主義者.

Anastasio [anastásio] 固名 《男性名》アナスタシオ.

anastomosis [anastomósis] 女 [単複同形] ❶ 《解剖》吻合(どう). ❷ 《医学》吻合術(血管や臓器をつなぎ合わせる手術).

anatema [anatéma] 男 ❶ 呪い; 非難. ─lanzar [pronunciar, fulminar] un contra ... ...に非難を浴びせる. 類 **imprecación, maldición**. ❷ 《宗教》破門, 異端排斥. ─pronunciar un contra ... (人)に破門を宣告する. 類 **excomunión**.

anatematizar [anatematiθár] [1.3] 他 ❶ (人を)呪う; 非難する. ❷ 《宗教》(人)を破門する.

‡**anatomía** [anatomía] 女 ❶ 解剖学. humana [animal, vegetal] 人体[動物, 植物]解剖学. patológica 病理解剖学. artística 美術解剖学(美術表現のための生体構造・運動・表情などの研究). comparada 比較解剖学. 類 **autopsia, disección**. ❷ 《まれ》解剖, 分解. ─hacer [practicar] la de un cadáver 死体を解剖する. prácticas de 解剖の実習. 類 **disección**. ❸ (人体・動植物の)(解剖学的な)構造, 組織; 解剖体. del cuerpo humano 人体構造. ❹ 《話》(特に審美的な観点から見た)体つき, 体形, 体格. ─tener una impresionante [espectacular] 立派な体格[体形]をしている. 類 **figura, tipo**. ❺ (問題・事件などの)綿密な分析[検討, 研究]. ─hacer una del conflicto 紛争を綿密に分析する.

‡**anatómico, ca** [anatómiko, ka] 形 ❶ 解剖の, 解剖学(上)の, 解剖組織上の. ─cuadro 解剖図. ❷ 解剖学/人間工学的に設計された. ─asiento 人間工学的にデザインされた椅子.
── 名 解剖学者. ─ forense 検死解剖医.

anatomizar [anatomiθár] [1.3] 他 ❶ (人体など)を解剖する. ❷ 《美術》(解剖的に筋肉を際立たせて)描く.

anca [áŋka] 女《冠詞は単数形の直前では el, un (a)》[主に 複] ❶ (馬などの)臀部(%), 尻(%). ❷ (動物の)股関節部. ─s de rana 《料理》カエルの足. ❸ 《俗》《話》人の尻.
a las ancas (馬に乗る時に)人の後ろに乗って.

ancestral [anθestrál] 形 先祖代々の, 祖先の. ─costumbre 昔ながらの習慣. 類 **atávico**.

ancestro [anθéstro] 男 [主に 複] →antepasado.

****anchamente** [antʃaménte] 副 広く, 広範囲に; ゆったりと.

***ancho, cha** [ántʃo, tʃa アンチョ, チャ] 形 ❶ 幅の広い, 広い. calle *ancha* 広い通り. carretera *ancha* 幅の広い国道. Es de espaldas. 彼は肩幅が広い. La alcoba es *ancha* y luminosa. 寝室は広くて明るい. 類語 box: calle ancha (広い通り), traje ancho (ゆったりした服). **amplio** は立体的に広々としていることや **ancho** と同じく衣服がゆったりしていることを表す: vivienda amplia (広々とした住宅). **espacioso** は一定の空間が広いことを表す: sala espaciosa (広い空間). **extenso** は平面的に大きいことを表す: terreno extenso (広大な土地). **dilatado** は見渡

す限りさえぎる物がない広さを表す: llanura dilatada (広々とした平原). **vasto** は広大無辺なことを表す: mundo vasto (広い世界). 反 **angosto, estrecho**.

❷ *(a)* (衣服が)ゆったりした, たっぷりした; だぶだぶの. ─ pantalones ~ s だぶだぶの服. La chaqueta te está *ancha*. その上着は君にはぶかぶかだ. *(b)* (入れ物より)大きい, 広すぎる. ─Este tapiz es ~ para la pared. この壁掛けは壁より広すぎる. El piso nos está un poco ~. そのアパートは私達には少々広すぎる. *(c)* (入れ物に対して)ゆとりがある, ゆったりできる. ─En estos asientos vamos muy ~s. この座席に座るとくつろげる. El avión llevaba pocos pasajeros y fuimos muy ~s. 飛行機は乗客が少なかったので私たちは非常にゆったりきた. ❸ (心・視野などが)広い, 寛大な, (精神的に)幅がある. ─Es un hombre de mente *ancha*. 彼は心の広い人だ. ❹ (気持ちが)ほっとした, のびのびした, 気楽な [estar+]. ─Me quedé al acabar los exámenes. 私は試験が終ってほっとした. ❺ 得意になった, うぬぼれた [estar+]. ─Dijo un disparate y se quedó tan ~. 彼はでたらめなことを言って得意になっていた.

a lo ancho 幅は…; 横方向に. Esta mesa mide 180 centímetros *a lo ancho*. このテーブルは幅が180cmある. Corta la tela *a lo ancho*. 布を横向きに切りなさい.

a sus anchas (1) 気楽に. En esta casa me siento *a mis anchas*. 私はこの家では気が楽だ. (2) 好きなように, 気ままに. Ella siempre ha vivido *a sus anchas*. 彼女は常に気ままに生きてきた.

quedarse tan ancho [más ancho que largo] 平然としている.

todo a [a todo] lo ancho de …の幅いっぱいに. Las ovejas pastaban *todo a lo ancho del prado*. 牛たちは牧場いっぱいに広がって草を食べていた.

venir ancho a ... (1) …には大きすぎる. El abrigo *me viene* algo *ancho*. その外套は私にはやや大きすぎる. (2) …の手に余る. El puesto *le viene* un poco *ancho*. その職は彼には少し荷が重い.

── 男 ❶ 幅, 横幅, 横. ~ de banda 《通信》帯域幅. La carretera tiene 10 metros de ~. その道路は幅が10メートルある. La alfombra mide 2 metros de largo por 3 metros de ~. そのじゅうたんは縦が2メートル, 幅が3メートルある. 類 **amplitud, anchura**. ❷ (一定幅の)布地. ─ doble ~ ダブル幅. Para la cortina se necesitan tres ~s de tela. カーテンには三幅(%%)の切れが必要だ. ❸ (鉄道の)ゲージ, 軌間. ─ ~ de vía 鉄道ゲージ.

anchoa [antʃóa] 女 ❶ 《魚類》アンチョビー. 類 **boquerón**. ❷ 《料理》塩とオリーブ油で漬けたアンチョビー.

anchova [antʃóβa] 女 →anchoa.

anchoveta [antʃoβéta] 女 《魚類》(ペルー沿岸産の)カタクチイワシ.

‡**anchura** [antʃúra] 女 ❶ 幅, 差し渡し. ─ ~ de pecho [espaldas] 胸囲[肩幅]. ~ de banda (周波数)帯域幅. ❷ (空間の)余裕, スペース. ─ No hay ~ para colocar el frigorífico. 冷蔵庫を置くスペースがない. 類 **holgura**. ❸ 自在さ, ゆとり, 気まま. 類 **desahogo, libertad, soltura**.

110 anchuroso

***anchuroso, sa** [antʃuróso, sa] 形 広々とした, 広大な. —*anchurosa* sala de estar 広々とした居間. *anchurosa* llanura 広大な平原. 類 **ancho, espacioso, vaso**.

***ancianidad** [anθjaniðá(ð)] 女 老年期, 老齢. —llegar a la ~ 老年に達する, 老境に入る. En [su] ~ 老年期に, 年をとってから. 類 **senectud, vejez**. 反 **juventud**.

****anciano, na** [anθjáno, na] アンシア ノ, ナ] 形 年老いた, 年寄りの. —Ha ido a visitar a un pariente ~. 彼は年老いた親戚を訪問しに行った. Tiene un andar ~. 彼は年寄りの歩き方だ.
—— 名 老人, お年寄り; 長老.

ancla [áŋkla] 女 ❶ (船の)錨(いかり). —echar ~s 錨を下す, 投錨(とうびょう)する. levar ~s 錨を上げる, 抜錨する. ❷ 〖建築〗(切り石などを固定する)埋め金具, アンカー. ❸〖情報〗アンカー.

ancladero [aŋklaðéro] 男 ❶〖海事〗投錨(とうびょう)地, 停泊地. ❷〖情報〗アンカー.

anclaje [aŋkláxe] 男〖海事〗❶ 投錨(とうびょう), 停泊. ❷ 停泊料.

anclar [aŋklár] 自 〖海事〗(船が)投錨(とうびょう)する, 停泊する. 類 **fondear**.
—— 他〖+a〗…に…をしっかり固定する.
—— ~se〖+en〗(考えなどに)固執する, こだわる.

anclote [aŋklóte] 男 小型の錨(いかり).

ancón [aŋkón] 男 ❶ (船が投錨(とうびょう)できる)小さな入江. ❷〖建築〗(壁などの蛇腹を支える)渦形持送り. ❸〖中南米〗隅.

anconada [aŋkonáða] 女 小さな入江(→ancón①).

áncora [áŋkora] 女 〖冠詞は単数形の直前で el, un(a)〗❶ 錨(いかり). 類 **ancla**. ❷ (時計の)アンクル.
áncora de salvación 頼みの綱, 最後の手段.

andada [andáða] 女〖次の成句で〗
volver a las andadas 昔の悪い癖が出る.

andaderas [andaðéras] 女 複(赤ん坊の)歩行器.

andadero, ra [andaðéro, ra] 形 (道などが)歩行可能な, 容易に歩ける.

andado, da [andáðo, ða] 形 ❶ (距離などを)歩いた, 走破した. ❷ (場所が)人通りの多い. —un camino poco ~ 人通りの少ない道. ❸〈衣服が〉着古した.

andador, dora [andaðór, ðóra] 形 ❶ たくさん[速く]歩く, 健脚の. ❷ あちこち歩き回る.
—— 名 ❶ 健脚の人. ❷ あちこち歩き回る人.
—— 男 ❶ (赤ん坊や老人用の)歩行器. 類 **andaderas**. ❷ 複(よちよち歩きの幼児を支える)ひも. ❸ 畦(あぜ)道.

andadura [andaðúra] 女 ❶ 歩くこと, 歩行. —Tras varias horas de penosa ~ llegamos al lago. 数時間のつらい行軍(こうぐん)の末, 我々は湖に到着した. ❷ (馬の)足並み. —paso de ~《乗馬》側対歩. ❸《比喩》道のり, 過程. —Te deseo mucha suerte en esta nueva ~ que hoy inicias. 君が今日から始める新しい活動における幸運を祈っています.

Andalucía [andaluθía] 固名 アンダルシーア(スペインの地方).

andalucismo [andaluθísmo] 男 ❶ (a) アンダルシーアびいき. (b) (政治・経済・文化にわたる)アンダルシーア地方主義. ❷ アンダルシーア特有の言い回し[語彙(ごい)]; アンダルシーアなまり.

:**andaluz, luza** [andalúθ, lúθa] 男 [複] andaluces] 形 アンダルシーアの, アンダルシーア人[方言]の. —toro ~ アンダルシーア産の雄牛. —— 名 アンダルシーア人. —— 男 アンダルシーア方言.

andaluzada [andaluθáða] 女 大げさな言い方[表現], 誇張. —decir ~s 大げさなことを言う.

andamiaje [andamjáxe] 男〖集合的に〗(建築現場などの)足場.

***andamio** [andámjo] 男 ❶ (建築現場などの)足場(組み). —~s suspendidos [colgantes] 吊り足場. colocar [levantar, montar] un ~ 足場を組む. 類 **andamiaje**. ❷ 仮設観覧席, 仮設ステージ. ❸〖話〗履物, 靴.

andana [andána] 女 ❶ (煉瓦(れんが)などの)列, 層. —casa de tres ~s de balcones バルコニーが3つ連なっている家. ❷ 蚕(かいこ)棚.

andanada [andanáða] 女 ❶〖軍事, 海事〗舷側砲の一斉射撃. ❷ 叱責. ❸〖闘牛〗最上部の席. ❹ 列, 層. →andana①.

andando [andándo] 間〖話〗さあ. —¿Sólo te quedan los deberes de historia? Bueno, pues ~, que vamos a salir. 君は歴史の宿題が残っているだけだね? それじゃ, さあ, がんばって. (終わったら)出かけよう.

andante [andánte] 形 ❶ 歩く, 動く. —Está tan demacrado que parece un cadáver ~. 彼はあまりにもやせこけていて生ける屍(しかばね)のようだ. ❷ 遍歴の. —caballero ~ 遍歴の騎士. —— 副〖音楽〗ゆるやかに, 歩くように. —— 男〖音楽〗アンダンテ.

andanza [andánθa] 女〖主に 複〗❶ (いろいろな所を回る)旅. ❷ (危険をはらむ)出来事, 事件, 冒険. —meterse en ~s 事件に首を突っ込む.

***andar**¹ [andár] アンダル] [20] 自 ❶ 歩く, 歩いて行く. —Regresó a su casa *andando*. 彼は歩いて帰宅した. No *andes* tan deprisa. そんなに急いで歩くな. ❷ 行く, 移動する. —~ a caballo 馬で行く. ~ en la bicicleta a la universidad. 自転車で大学に行く. *Anda* a Correos y recoge el paquete. 郵便局へ行って, 小包を取って来なさい. ❸ 動く, 作動する. —Mi coche *anda* muy bien. 私の車はよく走る. Esta aspiradora no *anda* bien. この掃除機は調子が悪い. ❹ ある状態にある. —El negocio *anda* muy bien. 仕事は非常にうまくいっている. *Ando* mal de dinero. 金に困っている. ¿Cómo *andas* de tu catarro? 風邪の具合はどうだ. ¿Cómo *anda* su padre? お父さんのご機嫌はいかがですか. ¿Cómo *anda* el asunto de que hablamos? 話した件はどうなっていますか. ❺〖+現在分詞〗…ている. —Siempre *andaba* pidiendo dinero. 彼はいつも金をねだっていた. Ando buscando trabajo desde hace un mes. 1 か月前から仕事を探しています. ❻〖+por〗(a) およそ…である. —Este ordenador *anda* por los 1500 euros. このコンピューターは 1500 ユーロくらいだ. (b) …あたりにある[いる]. —Tu cartera *andará* por ahí. 君の財布はそのあたりにあるだろう. Ese museo *anda* por la Gran Vía. その博物館はグランビアにある. (c) ほぼ…に達する. —*Anda* por los cuarenta años. 彼は 40 才くらいだ. ❼〖+en〗(a) (歳に)なろうとしている. —*Anda* en los treinta años. 彼

は30歳になるところだ． **(b)**《話》— No vuelvas a ～ en los cajones de mi escritorio. 二度と私の机の引出しに手を触れるな． **(c)** 一～ en pleitos 裁判中である．— en trámites de herencia 遺産相続の手続き中である． ❽ （時間が）経過する． ❾ 〖+con 人と〗付き合う． —Anda con malos amigos. 彼は悪い友達と付き合っている．"Dime con quién andas y te diré quién eres."〖諺〗交友関係を見れば人柄が分かる． ❿〖+con/sin …の〗状態にある；言動をする． —Anda siempre sin tiempo. 彼はいつも暇がない． No andes con bromas, que el asunto es serio. 冗談を言うな，問題は深刻なのだ． Andamos todavía sin saber nada de lo ocurrido. 我々は未だに出来事についてなにも知らない． Anda con los preparativos de la boda. 彼は結婚式の準備をしている． ⓫ …の状態にある，特定の状態にある． —Últimamente anda muy alegre. 最近，彼女は上機嫌である． ～ malo [triste] 病気である[悲しんでいる]．類 **estar, hallarse**. ⓬ いる，ある． —Andan muchos locos sueltos por la ciudad. 町には多くの狂気じみた人がうろついている． ⓭〖+a+行為の複数名詞〗— Andaron a cuchilladas [palos, tiros]. 彼らは切りかけた[しばしばけんかをした，発砲した]. ⓮〖+tras/detrás de を〗 **(a)** 追い求める． —Andaba tras un premio literario. 彼は文学賞を追い求めていた． **(b)** 捜索する． La policía anda tras un asesino. 警察は殺人犯を捜索している． ⓯〖+con で〗取扱う． —Es peligroso andar con pólvora. 火薬を取扱うのは危険だ．

¡anda!, ¡ande [usted]!〖呼びかけ，元気づけ，驚き，感嘆，失望など〗おい，さあ，おや，なんだ. ¡Anda, hombre, no seas tacaño! おい，けちけちするな. ¡Anda, ánimo, que ya queda poco! さあ，元気をだせ，もう少しだ. ¡Anda, está cerrado! おや，閉まっているぞ. ¡Anda, pero si es Paco! なんだ，パコじゃないか. ¡Ayúdame, anda! さあ，助けて. Mi regalo es mejor que el tuyo … ¡anda! 私のプレゼントは君のより良い，どうだ. ¡Anda, anda, no me vengas con cuentos! おい，くだらんことを言ってくるな.

¡andando! 急げ，さあ始めよう. ¡Andando dos cafés con leche! カフェオレ2杯，急いで.
andar a la que salta その日暮らしをする．
andar a una 力を合わせて行動する．
andar bien [mal] con … （人）と仲が良い[悪い]．
pues anda que tú [él, ella] 君[彼，彼女]の方こそだ．

——他 を歩く． —Tuve que ～ un buen trecho. かなりの距離を歩かなければならなかった．He andado todas las calles del pueblo. 町のすべての通りを歩いた．

——se 再 ❶ 歩き通す． —Me anduve 50 kilómetros. 私は50キロを歩き通した． ❷ 振舞う，行動する． —～ con mucho cuidado 非常に用心している．～ con contemplaciones 形式ばる，仰々しい. No te andes con rodeos y ve al grano. 単刀直入に本題に入る．
andarse por las ramas 婉曲に言う，遠回しに表現する（＝andarse con rodeos）．
Todo se andará. いずれうまくいくよ．

andar² [andár] 男 ❶ 歩くこと． ❷〖主に複〗歩き方． —Supe que era Antonio por sus ～es. 歩き方で私はその人がアントニオだと分かった． ❸ 振舞い．

a largo andar そのうちに，やがて．
a más andar **(1)** 大急ぎで． **(2)** せいぜい．
a todo andar 大急ぎで． Él avanzaba *a todo andar* bajo la nieve. 彼は雪の中を全速力で進んでいた．

*andariego, ga [andariéɣo, ɣa] 形 ❶ 健脚の；よく歩く，ほっつき回る．類 **andador, andarín**. —Mi abuelo es muy ～. 私の祖父は非常に足が丈夫である． ❷ 浮浪者，さまよい歩く． —vida *andariega* 放浪生活．類 **callejero, errante**.
——名 ❶ 健脚の人，足の丈夫な人；歩くのが好きな人． ❷ 浮浪者，放浪者． —～ empedernido 常習的な放浪者．類 **trotamundos, vagabundo**.

andarín, rina [andarín, rína] 形 健脚の，よく歩く．——名 健脚の人，よく歩く人．

andarivel [andariβél] 男 ❶ 渡し綱（川の両岸に張って舟や筏(いかだ)を誘導する）；渡し舟，ケーブルフェリー． ❷ （かごを誘導する）運搬索． ❸ （船の各所に張られた）綱，索，ロープ．

andas [ándas] 女 ❶ （聖像などをのせる）輿(こし)，担ぎ台． ❷ 担架．
llevar en andas a … （人）を大切に扱う，丁重にもてなす．

‡**andén** [andén] 男（複 andenes）男 ❶ 〘交通〙（駅の）プラットホーム． —billete de ～ 駅への入場券．～ de salida [de llegada] 出発[到着]駅． Nuestro tren sale del ～ número 3, vía número 5. 私たちの乗る列車は3番ホーム5番線から出ます． ❷ 〘海事〙（港の）桟橋，埠頭．類 **muelle**. ❸ 〘中南米〙《話》（街路の）歩道． —El ～ de mi calle es muy angosto. 私の通りの歩道は大変狭い．類 **acera**. ❹〘主に複〙（アンデス山麓の）段々畑の一段．類 **bancal**. ❺ （橋などの）歩道，歩行者通路；路肩，路側帯． ❻ 欄干，手すり．類 **parapeto, pretil**. ❼ 棚板．類 **anaquel**. ❽ （水汲み水車で）馬が回る場所．

Andes [ándes] 固名 (los ～) アンデス山脈（南アメリカの山脈）．

andinismo [andinísmo] 男 ❶〘中南米〙アンデス登山． ❷ 登山． —practicar el ～ 登山をする．類 **alpinismo, montañismo**.

andinista [andinísta] 男女 ❶〘中南米〙アンデス登山家． ❷ 登山家．

andino, na [andíno, na] 形 アンデス山脈の． —la cordillera *andina* アンデス山脈. países ～s アンデス諸国．
——名 アンデスの住民．

andolina [andolína] 女 →andorina.

andorga [andórɣa] 女 《話》おなか，腹．類 **barriga, vientre**.

andorina [andorína] 女 〘鳥類〙ツバメ．類 **andolina, golondrina**.

Andorra [andóřa] 固名 アンドラ（首都アンドラ・ラ・ベリャ Andorra la Vella）．

andorrano, na [andořáno, na] 形 アンドラ (Andorra) の．——名 アンドラの住民．

andorrear [andořeár] 自 《話》ほっつき歩く．類 **cazcalear**.

andorrero, ra [andořéro, ra] 形 （特に女性が）出歩く[ほっつき歩く]のが好きな．
——名 出歩く[ほっつき歩く]のが好きな人．

andrajo [andráxo] 男 ❶ ぼろ切れ． —Llevaba un abrigo lleno de ～s. 彼はぼろぼろのオー

バーを着ていた. ❷《軽蔑》つまらないもの; 軽蔑すべき人.

andrajoso, sa [andraxóso, sa] 形 (人が)ぼろをまとった.

Andrés [andrés] 固名《男性名》アンドレス.

androceo [androθéo] 男《植物》雄(蕊)群.

andrógeno [andróxeno] 男《生化》アンドロゲン, 雄性ホルモン物質の総称.

andrógino, na [andróxino, na] 形 ❶ 両性を備えた. ❷《植物》雌雄両花のある. ── 名 ❶ 男女両性具有者. ❷《植物》雌雄両花序.

androide [andróiðe] 男 アンドロイド, 人造人間. ── 形 男性的な.

andrómina [andrómina] 女《話》大ぼら, 大うそ. 類**embuste, engaño, patraña**.

andullo [andúʝo] 男 ❶ 巻きタバコの大きな葉. ❷ タバコの葉の束. ❸《造船》(船の滑車につける)摩擦防止用の布.

andurrial [anduřiál] 男〖主に複〗へんぴな所, 人里離れた所.

anduv- [anduβ-] 動 andar の直・完了過去, 接・過去.

anea [anéa] 女《植物》ガマ. 類**enea**.

aneblar [aneβlár] [4.1](<niebla) 他 ❶ を曇らせる. 類**anublar**. ❷ を霧で覆う.
── **se** 再〖単人称動詞〗❶ 曇る. ❷ 霧がかかる.

‡**anécdota** [anékðota] 女 ❶ 逸話, 逸事, エピソード, 秘話. ─contar una 〜 divertida (curiosa, graciosa) 面白い逸話を語る. 類**curiosidad, historieta**. ❷ 瑣末(ﾏ)事, 枝葉末節. ─Por favor, no te detengas en 〜s y ve al grano. どうか瑣末なことにこだわるのはやめて本題に入ってよ. 類**detalle**.

anecdotario [anekðotárjo] 男 逸話集.

anecdótico, ca [anekðótiko, ka] 形 ❶ 逸話の, 逸話的な. ❷ 付随的な, 本質からはずれた.

anegación [aneɣaθjón] 女 ❶ 水浸しにすること. ❷ 洪水, 冠水.

anegadizo, za [aneɣaðíθo, θa] 形 (土地が)洪水になりやすい. ── 男 洪水になりやすい土地.

anegamiento [aneɣamjénto] 男 →anegación.

anegar [aneɣár] [1.2] 他 ❶〖+de〗(ある場所)を水浸しにする, を(液体)であふれさせる. ─El río desbordado *anegó* las huertas. 氾濫した川は畑を水浸しにした. ❷ (人)を溺(詳)れさせる. 類**ahogar**. ❸〖+de〗(人を…で)圧倒する, うんざりさせる. ── a ... de preguntas (人)を質問攻めにする. 類**abrumar, agobiar**.
── **se** 再 ❶ 浸水[冠水]する. ❷〖+de/en〗…でいっぱいになる. ─Sus ojos *se anegaron* de lágrimas. 彼の目は涙でいっぱいになった. ❸ 溺れる. 類**ahogarse**.

anejar [anexár] 他〖+a〗❶ …に…を付加[添付]する. ❷ …に(土地)を併合する.

anejo, ja [anéxo, xa] 形〖+a〗…に付属の, 付加[添付]された.
llevar anejo ... (事・物)を伴う. Este cargo lleva anejas muchas responsabilidades. この任務は多くの責任を伴う.
── 男 ❶ 付属物. ❷ 付属建物, 別館. ❸ 付録. ❹ (a) (他の村に属する)村落. (b) (教区司祭のある教会に属する)教会.

anélido, da [anélido, ða] 形《動物》環形動物の. ── 男 複《動物》環形動物.

anemia [anémia] 女《医学》貧血(症). ─〜 aplástica[perniciosa, hemolítica] 再生不良性[悪性, 溶血性]貧血.

anémico, ca [anémiko, ka] 形《医学》貧血の, 貧血症の. ── 男 貧血症の人.

anemófilo, la [anemófilo, la] 形《植物》風媒の.

anemógrafo [anemóɣrafo] 男 自記風速計.

anemómetro [anemómetro] 男 風速計.

anémona, anemone, anémone [anemóna, anemóne, anémone] 女《植物》アネモネ; アネモネの花. ❷《動物》イソギンチャク.
anémona de mar《動物》イソギンチャク.

anencefalia [anenθefálja] 女《医学》無脳症.

aneroide [aneróiðe] 形 (気圧計が)アネロイド式の. ─barómetro 〜 アネロイド気圧計.

anestesia [anestésja] 女 ❶《医学》麻酔. ─〜 local 局部麻酔. 〜 general 全身麻酔. ❷ 無感覚.

anestesiar [anestesjár] 他《医学》…に麻酔をかける.

anestésico, ca [anestésiko, ka] 形《医学》(物質などが)麻酔を起こさせる, 麻酔の. ─técnicas[sustancias] *anestésicas* 麻酔技術[物質]. ── 男《医学》麻酔剤[薬].

anestesista [anestesísta] 男女《医学》麻酔専門医.

Aneto [anéto] 固名 (Pico de 〜) アネート山(スペインの山).

aneurisma [aneurísma] 男/女 ❶《医学》動脈瘤(ﾘｭｳ). ─〜 ventricular (aórtico) 心室[大動脈]瘤. ❷ 心臓肥大.

anexar [aneksár] 他 →anexionar.

anexión [aneksjón] 女 ❶ (土地などの)併合. ❷ 付加(物), 添付(書類).

anexionar [aneksjonár] 他 (土地などを)併合する. ── **se** 再 (土地などを)併合する.

anexionismo [aneksjonísmo] 男《政治》(領土の)併合主義.

anexionista [aneksjonísta] 形《政治》併合主義の, 併合論の. ─política 〜 併合政策.
── 男女《政治》併合主義者, 併合論者.

anexo, xa [anékso, ksa] 形〖+a〗…に付属の, 付加[添付]された. ─documentos 〜s 添付書類. Pasamos a un despacho 〜 *a* la oficina principal. 私たちはメインオフィスに付属の部屋に移った. ── 男 ❶ 付属物. ❷ 付属建物, 別館. ❸ 付録, 添付書類.

anfi- [anfi-] 接頭「両; 周囲」の意(→retro-). ─*anfi*bios, *anfi*teatro.

anfibio, bia [amfíβjo, βja] 形 ❶《動物, 植物》水陸両生の, 両生類の. ❷ 水陸両用の. ─vehículo 〜 水陸両用車. ── 男 複《動物》両生類.

anfíbol [amfíβol] 男《鉱物》角閃(ﾂ)石.

anfibología [amfiβoloxía] 女《修辞》あいまい語法; (表現の)あいまいさ.

anfictión [amfiktjón] 男《歴史》(古代ギリシャの)アンフィクティオニア会議の代表者.

anfisbena [amfisβéna] 女 ❶《動物》アシナシトカゲ. ❷《ギリシャ神話》両端が頭の蛇.

anfiscio, cia [amfísθjo, θja] 形 赤道地帯の,

熱帯地方の.
── 名 熱帯地方の住民(季節によって正午の影の位置が南北に変化する地域の住民).
anfiteatro [aɱfiteátro] 男 ❶ (古代ローマの)円形劇場. ❷ (劇場・映画館の)階段席, 天上桟敷. ❸ 階段教室. ❹ すり鉢状に凹んだ地形.
anfitrión, triona [aɱfitrjón, trjóna] 名 (客をもてなす)主人, 接待役.
── 形 主催する. ─país ～ 主催国.
ánfora [áɱfora] 女 ❶ 《歴史》アンフォラ(古代ギリシャ・ローマの取っ手の二つある壺). ❷ 《歴史》アンフォラ(古代ギリシャ・ローマの体積の単位). ❸ 《カトリック》聖油壺.
anfractuosidad [aɱfraktuosiðá(ð)] 女 ❶ 〖主に複〗(土地などの)起伏, でこぼこ. ─las ─es de un terreno 土地の起伏. ❷ 〖主に複〗曲がりくねり, 曲折. ❸ 《解剖》大脳溝.
anfractuoso, sa [aɱfraktuóso, sa] 形 ❶ (土地などが)起伏の多い. 類 **desigual, quebrado**. ❷ 曲がりくねった. 類 **sinuoso**.
angarillas [aŋgaríʎas] 女複 ❶ 担架. ❷ (馬などにつける)荷鞍(ぐら), 荷かご. ❸ (酢と塩の)薬味スタンド. 類 **vinagreras**.
Ángel [áŋxel] 固名 ❶ 《男性名》アンヘル. ❷ (Salto del ～)アンヘル[エンゼル]滝(ベネズエラの大滝).
*****ángel** [áŋxel] 男 ❶ 天使; 天使の像. ─～ caído (天国を追われた)堕天使, 悪魔. Yo no creo en la existencia de los ángeles. 私は天使の存在を信じない. ❷ (特に女・子供の)魅力, 愛らしさ, 愛嬌[感じ]のよさ, 優しさ. ─tener mal ～ [no tener ～] 全然魅力がない, 意地が悪い. ¡Qué ～! まあかわいい! bailar con mucho ～ 大変魅力的に踊る. 類 **encanto, gracia, simpatía**. ❸ 天使のような人(愛らしい・優しい・慎み深い女性, 可愛らしい・素直な子供など). ─ser (como) un ～ さながら天使である. bueno como un ángel (子供が)行儀がよい, おとなしい. 類 **bendito**. 反 **demonio, diablo**. ❹ ─～ de mar 《魚類》エンゼルフィッシュ.
ángel bueno [de luz] (1) 良天使. (2) 後見人, 保護者, 救いの神. En el profesor de música encontró su *ángel bueno*. 音楽の先生が彼の後見人になった.
ángel custodio [guardián, de la guarda] 守護天使, 守護神.
ángel malo [rebelde, de las tinieblas] 悪天使, 悪魔; 悪魔のような人, たちの悪いやつ. Evita la amistad de ese *ángel malo*. そんな悪いやつと付き合うのはやめなさい.
ángel patudo 見かけだけよい人, 猫かぶり, 偽善者, 陰険な人.
cabello de ángel 《料理》(砂糖漬の)カボチャ菓子.
como los ángeles (天使のように)大変上手に, 申し分なく, 完璧に. cantar *como los ángeles* 天使のような美しい声で歌う. dormir *como los ángeles* 心地よくぐっすり眠る.
fideos de cabello de ángel 《料理》極細麺.
El tonto se lanza donde el ángel teme andar. 〖諺〗馬鹿に怖(き)じず.
Ha pasado un ángel. 天使のお通りだ(会話中にふと気まずい沈黙が生じた時にいう). Dejó *pasar un ángel* como para recordar algo. 彼は何かを思い出すかのようにふと黙った.

salto del ángel (水泳の)前飛び伸び型飛び込み, スワンダイブ.
Ángela [áŋxela] 固名 《女性名》アンヘラ.
Ángeles [áŋxeles] 固名 《女性名》アンヘレス.
Angélica [aŋxélika] 固名 《女性名》アンヘリカ.
angélica [aŋxélika] 女 ❶ 《植物》アンゼリカ(セリ科. 薬用のほか茎の砂糖漬けを菓子の香料に用いる). ❷ 《宗教》聖土曜日に歌われる宗教歌.
*****angelical** [aŋxelikál] 形 天使の(ような). ─cara [niño] ～ 天使のような顔[子供]. Tras su ～ sonrisa se esconde un despiadado corazón. 彼の天使のように無邪気な微笑みの裏には冷酷な心が隠れている. 類 **angélico, candoroso, inocente**.
angélico, ca [aŋxéliko, ka] 形 ❶ 天使の. ─la salutación *angélica* アベマリア, 天使祝詞. ❷ 天使のような.
Angelina [aŋxelína] 固名 《女性名》アンヘリーナ.
angelito [aŋxelíto] 男 ❶ 幼児. ❷ 無邪気を装う大人. ❸ 《比喩》死んだばかりの幼児.
estar con los angelitos (1) ぼんやりしている. (2) 眠っている.
angelote [aŋxelóte] 男 ❶ 丸々と太っておだやかな子. ❷ 《話》お人好し.
angina [aŋxína] 女 ❶ 《医学》〖主に複〗アンギナ, 狭心症, 口峡[咽頭]炎, 急性扁桃炎. ─tener [estar con] ─s 咽頭炎を患う. ataque de ～ 狭心症発作. ～ inestable 不安定狭心症.
angina de pecho [cardíaca] 《医学》狭心症.
angioma [aŋxjóma] 男 《医学》血管腫.
angiomatosis [aŋxjomatósis] 女 《医学》血管種症.
angioneurosis [aŋxjoneurósis] 女 《医学》血管神経症.
angiopatía [aŋxjopatía] 女 《医学》血管障害.
angiosperma [aŋxjospérma] 女 →angiospermo.
angiospermo, ma [aŋxjospérmo, ma] 形 《植物》被子植物の. ── 女 《植物》被子植物.
anglesita [aŋglesíta] 女 《鉱物》硫酸鉛鉱.
anglicanismo [aŋglikanísmo] 男 《宗教》英国国教会主義.
anglicano, na [aŋglikáno, na] 形 《宗教》英国国教(徒・会)の. ─La Iglesia *Anglicana* 英国国教会. ── 名 《宗教》英国国教徒.
anglicismo [aŋgliθísmo] 男 《言語》 ❶ (外国語に入った)英語の語句[表現]. ❷ 英語特有の語法.
anglicista [aŋgliθísta] 男女 英語学者, 英文学者, 英国文化研究家.
anglo, gla [áŋglo, gla] 形 →anglosajón.
angloamericano, na [aŋgloamerikáno, na] 形 ❶ 英米の. ❷ 英国系アメリカ人の.
── 名 英国系アメリカ人.
anglófilo, la [aŋglófilo, la] 形 イギリスびいきの, 親英の. ── 名 イギリスびいきの人.
anglófobo, ba [aŋglófoβo, βa] 形 イギリス嫌いの. ── 名 イギリス嫌いの人.
anglófono, na [aŋglófono, na] 形 英語を話す. ── 名 英語を話す人.

anglomanía [aŋlománia] 女 イギリスびいき.

anglómano, na [aŋlómano, na] 形 イギリスびいきの. ―― 名 イギリスびいきの人.

anglonormando, da [aŋlonormándo, da] 形 ノルマン朝の.

anglosajón, jona [aŋlosaxón, xóna] 形 ❶ アングロサクソン(人・系)の. ❷ 英国系の. ―― 名 ❶ アングロサクソン人. ❷ 英国人. ―― 男 アングロサクソン語.

Angol [aŋɡól] 固名 アンゴル(チリの都市).

Angola [aŋɡóla] 固名 アンゴラ(首都ルアンダ Luanda).

angoleño, leña [aŋɡoléɲo, léɲa] 形 アンゴラ(Angola)の. ―― 名 アンゴラ人.

angora [aŋɡóra] 形 《性・数変化しない》《動物》アンゴラ種の. ―― 女 《動物》アンゴラ種(ネコ・ウサギ・ヤギ). ― conejo de ～ アンゴラウサギ.

angorina [aŋɡorína] 女 《繊維》合成アンゴラ.

angostar [aŋɡostár] 他 を狭く[細く]する. 類 **estrechar**. ―― se 再 狭く[細く]なる.

***angosto, ta** [aŋɡósto, ta] 形 (幅が)狭い. ― calle *angosta* 狭い街路. La carretera cruza un ～ valle. 街道は狭い谷を横切って行く. 類 **estrecho**.

angostura [aŋɡostúra] 女 ❶ 狭さ, 狭いこと. ― La ～ del camino no permitía pasar al camión. 道幅が狭くてトラックが通れなかった. ❷ (地理) 狭い道, (川幅の)狭い所. ❸ 《植物》アンゴスツラ(南米産のミカン科の木); その樹皮(強壮剤の原料).

angra [áŋɡra] 女 《まれ》入り江.

angrelado, da [aŋɡreláðo, ða] 形 ❶ (紋章)波形で縁取られた. ❷ (建築)(装飾物が)周囲が波形の. ❸ (硬貨などが)周囲にぎざぎざのある.

:**anguila** [aŋɡíla] 女 ❶ ウナギ(鰻). ― ser escurridizo como una ～ ウナギのようにすべりやすい[ぬるぬるした]. ❷ (海事) 複 船架級, 進水台.

angula [aŋɡúla] 女 《魚類》ウナギの稚魚, シラスウナギ.

angular [aŋɡulár] 形 角(⺼)の; 角にある; 角をなす. ― piedra ～ (建築) 隅石(⺼), 礎石. distancia ～ 角距離. ―― 男 L 型鋼.

angulero [aŋɡuléro] 男 ウナギ稚魚養漁者.

:**ángulo** [áŋɡulo] 男 ❶《数学》角, 角度. ～ agudo [obtuso] 鋭[鈍]角. ～ interno [externo] 内[外]角. ～ recto [oblicuo] 直[斜]角. ～ plano [llano] 2直角, 平角. ～ diedro [triedro] 二面[三面]角. ～ acimutal 方位角. ～ alterno externo 外錯角. ～ alterno interno 内錯角. ～ de ataque 迎え角. ～ central [inscrito] 中心[内接]角. ～ complementario [suplementario] 余[補]角. ～ cóncavo [saliente] 凹角. ～ convexo [entrante] 凸角. ～ curvilíneo 曲線角. ～ de avance (機械) 前進角. ～ de incidencia (物理) 投射[入射]角. ～ de mira (砲術) 照準角, 射角. ～ de reflexión [de refracción] 反射[屈折]角. ～ de tiro (砲術) 仰角. ～ de vista (カメラの)画角. ～ esférico 球面角. ～ facial (人類学) 顔面角. ～ horario (天文) 時角. ～ mixto [mixtilíneo] 直線と曲線からなる角度. ～ óptico [visual] (光学) 視角. ～ poliedro [sólido] 多面[立体]角. ～s adyacentes 隣接角. ～s alternos 錯角. ～s correspondientes 同位角. ～s opuestos por el vértice 対頂角. formar un ～ de no 10 grados con ... と10度の角度をなす. El camino tiene un ～ de inclinación de 15 grados. その道は15度傾斜している. ❷ 隅, コーナー. ～ del ojo 目尻; 目頭. Ha colocado el fichero en un ～ de su despacho. 彼は事務所の片隅にカードボックスを置いた. 類 **rincón**. ❸ 角(⺼). **arista, esquina**. ❹ (物事を見る)角度, 観点, 見方(＝punto de vista). ―desde un ～ diferente 違った観点から. analizar desde todos los ～s あらゆる観点から分析する. mirar desde otro ～ 別の見方をする. 類 **enfoque, perspectiva**.

ángulo muerto 死角.

en ángulo 角度をなして; 傾斜して. *en ángulo recto* 直角に(曲がった).

anguloso, sa [aŋɡulóso, sa] 形 ❶ (輪郭が)角張った. ―facciones *angulosas* 角張った顔. ❷ (道などが)曲がりくねった.

angurria [aŋɡúrɾja] 女 ❶《医学》排尿困難. ❷ 《中南米》《話》強い欲求. ❸《中南米》《話》空腹.

angurriento, ta [aŋɡurɾjénto, ta] 形 《中南米》けちな, 欲の深い. 類 **ávido, codicioso**.

:**angustia** [aŋɡústja] 女 ❶ 苦悶, 苦悩, 苦痛. ― sentir [tener, pasar] ～ 苦しむ. vivir en la ～ 苦悩に生きる. poner cara de ～ 顔に苦悶の色を浮かべる. gritos de ～ 苦悶[苦問]の叫び. 類 **congoja, pesar**. ❷ (危険・不幸を気遣っての)不安, 心配, 気遣い, 恐怖. ― no poder disimular la ～ 不安の色を隠しきれない. sentirse preso de ～ 不安に駆られる. vivir momentos de ～ 不安な時を過ごす. Vive con la ～ de que algún día la despidan. 彼女にはいつか解雇されるのではないかという心配がいつも付きまとっている. 類 **ansiedad, desasosiego**. 反 **alivio, tranquilidad**. ❸ (医学)(呼吸困難などを伴う)胸部[腹部]圧迫感, 息苦しさ. ― sentir (una) ～ en el pecho 胸が息苦しい. ～s de la muerte 断末魔の息. El miedo a los espacios cerrados produce ～s. 閉所恐怖症だと息苦しくなる. 類 **ahogo, sofoco**. ❹ 吐き気, むかつき, 腹部圧迫感. ― tener [sentir] (una) ～ 吐き気がする. Me dan ～s cada vez que veo la comida. 私はその食べ物を見る度に吐き気を催す. 類 **ansias, náuseas**. ❺ (精神医学)不安. ― neurosis de ～ 不安神経症. ❻ (哲学)不安. ～ ～ existencial [vital] 存在の苦悩, 実存[形而上学]的不安. ❼ (女性名) → Angustias.

con angustia 心配して, 不安にさいなまれて; 苦しんで, つらく. Esperaba *con angustia* noticias de su madre. 彼はやきもきしながら母の知らせを待っていた.

dar angustia a ... ⑴ (人)を苦しめる, 悲しませる. *Me da angustia* ver la escena. その光景を見るのはつらい. ⑵ (人)の気分を悪くする. *Me da angustia* presenciar una operación. 私は手術を目の当たりにすると気分が悪くなる.

***angustiado, da** [aŋɡustjáðo, ða] 過分 ❶ 苦しんでいる, 悲しんでいる, 悲嘆に暮れた. ― No me olvidaré nunca de la mirada *angustiada* que ella me dirigió. 私は彼女が向けた悲しみの表情を決して忘れることはないだろう. ❷ 不安な, 心配

している. —Vivía ~ por aquella preocupación constante. 彼はあの絶え間ない心配に苦しみながら生きていた. ❸ みじめな, 哀れな. ❹ 窮屈な.

angustiar [aŋgustjár] 他 (人)を不安にする; 悲しませる, 苦しみを与える. —Le *angustia* pensar que puede tener cáncer. 癌にかかるかもしれないと考えて彼は不安になる.

—**se** 再 ❶ 〔+de〕…に苦悩する. ❷ 〔+por〕…しようとやっきになる.

Angustias [aŋgústjas] 固名 《女性名》アングスティアス (María de las Angustias に由来する).

angustiosamente [aŋgustjosaménte] 副 不安に陥って, 苦悶して.

:**angustioso, sa** [aŋgustjóso, sa] 形 ❶ 苦悩させるような, 苦しみに満ちた; 苦しい. —viaje ~ 苦しみに満ちた旅. Pasaron horas *angustiosas* esperando noticias del accidente. 彼らは事故のニュースを待ちながら不安にかられる時間を過ごした. 類 **apenado, inquieto**. ❷ 苦悩している, 苦しそうな. —voz *angustiosa* 苦しそうな声. Su respiración era *angustiosa*. 彼の息は苦しそうだった.

anhelante [anelánte] 形 ❶ 息切れした, 呼吸が荒い. ❷ 〔+por〕…を強く望む, 渇望する. —Ella estaba ~ *por* saber el resultado del examen. 彼女は試験の結果をとても知りたがっていた.

anhelar [anelár] 自 ❶ 息をはずませる, 喘(あえ)ぐ. 類 **jadear**. ❷ 〔+por〕…を渇望する.

— 他 を渇望する.

:**anhelo** [anélo] 男 《文》強い願望, 切望, 熱望, 憧れ. —Tiene [Vive con] el ~ de llegar a ser campeón. 彼はチャンピオンになりたくてしょうがない. ~ de superación 向上心. 類 **afán, ansia**. ❷ 切望の的.

con anhelo 切望[熱望]して, 憧れて.

anheloso, sa [anelóso, sa] 形 →anhelante.

anhídrido [aníðriðo] 男 《化学》無水物. ~ sulfúrico 無水亜硫酸.

anhidrosis [aniðrósis] 女 《医学》無汗症.

Aníbal [aníβal] 固名 ハンニバル (前247頃-183頃, ローマを悩ましたカルタゴの将軍).

anidar [aniðár] 〔<nido〕 自 ❶ (鳥が)巣を作る. ❷ 〔+en〕…に(感情が)宿る, (心に)巣食う. —Nunca *anidó* la desesperanza *en* su corazón. 絶望はけっして彼の心に宿らなかった. ❸《まれ》(人・動物が)住みつく.

anidro, dra [aníðro, ðra] 形 《化学》無水の.

anilina [anilína] 女 《化学》アニリン.

anilla [aníʎa] 女 ❶ (カーテンなどの)輪, リング; (鳥の)脚環. ❷ 複 《スポーツ》つり輪(競技).

anillado, da [aniʎáðo, ða] 形 ❶ 輪の形をした, 環状の. ❷ (動物)環形動物の. ❸ (鳥の)脚環をはめられた. ❹ 巻き毛の, (髪の毛が)カールした.

— 男 (動物)環形動物.

:**anillo** [aníʎo] 男 ❶ 指輪. —ponerse [quitarse] un ~ 指輪をはめる[外す]. ~ de boda 結婚指輪. ~ de compromiso [de pedida, de prometida] 婚約指輪. ~ pastoral 司教指輪. llevar un ~ de brillantes en el dedo anular 薬指にダイヤの指輪をはめている. 類 **alianza, sortija**. ❷ 輪形環状のもの, 輪, 環. —~s de la culebra ヘビのとぐろ. ❸《植物》年輪(＝~ anual); (動物)(環形動物の)環節, 体環. ❹ 複 《天文》(土星などの)環. —~s de Saturno 土星の環. ❺ (建築)(円柱の)環紋(かんもん), 刳形(くりかた). ❻ (闘牛)砂場. 類 **arena, coso, redondel**. ❼ (缶詰の)プルトップ, プルリング. ❽《数学》環形 (~ circular: 2つの同心円の中間にある円環). ❾ 複 (歴史)足かせ. ❿ (医学) —~ vaginal 膣リング. ⓫ (機械)リング. ~~ de rodadura レース; (軸受けの)軌道.

Anillo en dedo, honra sin provecho. 〔諺〕虚栄のための浪費を慎め.

de anillo (報酬・権限のない)名誉職の. presidencia *de anillo* 名誉総裁職.

caérsele los anillos 〔主に否定文で, +por〕《話》(人の)体面[品位]に傷がつく, 威信が失墜する.

como anillo al dedo 〔caer/ir/venir/quedar/sentar/venir+〕折りよく, 時宜を得た; ぴったり(合う), おあつらえ向きで(ある). Estas vacaciones me vienen *como anillo al dedo* para terminar un trabajo que tengo pendiente. 今度の休暇はまだやっていない仕事を終えるのに丁度いい.

ánima 女 《単数冠詞は el》❶ 魂, (特に煉獄(れんごく)の)霊魂. ❷ (銃砲の)内腔. ❸ 複 晩鐘の(時刻).

:**animación** [animaθjón] 女 ❶ (行動・言葉の)活気, 生き生きした動き, 元気; (雰囲気などの)盛り上がり. —tener mucha [poca] ~ 元気一杯である[あまり元気がない]. Últimamente carece de ~; debe de estar deprimido. 最近彼は元気がない. 落ち込んでいるに違いない. 類 **alegría, ánimo, exaltación, viveza, vivacidad**. 反 **decaimiento, desánimo**. ❷ (人の)賑わい, 人出; 活況. —En este barrio hay mucha ~ por las noches. この界隈は夜になると大変賑やかだ. Hoy ha habido poca [mucha] ~ en la Bolsa. 今日の株式市場は閑散としていた[活況を呈した]. 類 **afluencia, ambiente, trajín**. ❸ (映画)アニメーション, 動画. ❹ (社会文化的グループ活動の)推進, 指導, 促進. ❺ (絵画)(色彩の)鮮やかさ.

con animación 活発に, 元気に, 生き生きと. discutir *con gran animación* 活発に議論する.

dar animación a … (雰囲気など)を活気づける, 盛り上げる, 賑やかにする. Los bailes y canciones regionales *daban animación a* la fiesta del barrio. 郷土舞踊と民謡でその地区のお祭りが盛り上がっていた.

animadamente [animáðaménte] 副 活気に満ちて, にぎやかに.

:**animado, da** [animáðo, ða] 過分 形 ❶ 生命のある. —seres ~s 生きとし生けるもの. 反 **inanimado**. ❷ 活気のある, 元気がよい. —La fiesta estuvo muy *animada*. パーティーはとても活気があった. Su padre es un hombre ~ y simpático. 彼のお父さんは元気で明るい人だ. Ahora está más ~. 彼は今いつもより元気がある. 類 **con ánimo, optimista**. ❸ 〔+a+不定詞〕…しようと張り切る, その気になる. —Estoy más ~ a presentarme al examen. 私は試験を受けてみる気になっている. ❹ 〔+de/por〕…に元気づけられた[た](励まされた[た]). un movimiento ~ de excelentes principios すぐれた主義に鼓舞された運動. Actuó ~ de buenas intensiones. 彼はきわめてよい意図をもって行動した. 類 **impulsado**.

animador, dora [animaðór, ðóra] 形 活気を与える, 元気[勇気]づける.

— 名 ❶ 芸人, エンターテイナー. ❷ (テレビ番組などの)司会者. ❸《中南米》応援団のリーダー, チア

116 animadversión

ガール.

animadversión [animaðβersjón] 囡 ❶ 〔+ a, hacia, por〕…に対する反感, 敵意, 嫌悪感. ❷ 非難, 批評.

**animal [animál アニマル] 男 動物; (人間以外の)動物, 獣 (ﾞけもの) (= ~ irracional). ~ ~ de carga 荷獣, 役畜. ~ de tiro (荷を引く)役畜. ~ de compañía ペット. ~ doméstico 家畜; ペット. ~ salvaje 野生動物, 野獣. ~es dañinos 害獣. ~ de sangre caliente [de sangre fría] 温血[冷血]動物. ~ fabuloso [fantástico, quimérico] 幻想動物, 奇獣, 怪獣. ~es vivos (屠殺されないで生きている動物)[家畜]. ~ cornudo [de asta] 有角動物. rey de los ~es 百獣の王. comer como un ~ たくさん食べる, 大食する. El hombre es un ~ racional. 人間は理性的な動物である.
— 图 ❶《話》粗野な人, 粗暴な人, 乱暴者; 下品な人. —Durante la cena se comportó como un ~, comiendo con los dedos y eructando. 夕食の間彼は指で食べたりげっぷをしたりして行儀が悪かった. 類 **bruto**. ❷《話》愚か者, 間抜けな, ろくでなし. 類 **bruto, zopenco**. ❸《話》すごいやつ, 優れた人, 怪物; 頑強な人. —¡Qué ~! Has sacado un diez en el examen. すごいやつだ, 試験で満点取ったよ. 類 **monstruo**.
animal de bellota(s) (1) 豚. (2)《話》粗暴な人; 間抜けな, あほう.
animal político 根っからの政治家.
pedazo de animal《話》ばか, 愚か者.
— 形 ❶ 動物の; 動物性の[質]の. —reino ~ 動物界. proteína ~ 動物性蛋白質. aceite ~ 動物油. grasa ~ 獣脂. carbón ~ 骨炭. funciones ~es (生理)動物性機能(運動・感覚・神経性相関). 反 **vegetal**. ❷ 動物的な, 獣的な, 本能的な. —instinto ~ 動物的本能. apetito ~ 獣欲. parte ~ del hombre 人間の獣的な部分, 獣性. ❸《話》乱暴な, 粗暴な, 荒っぽい. —Es un chico tan ~ que lo rompe todo. 彼は非常に乱暴な子で何でも壊してしまう. 類 **bestia, bruto, burro, tarugo**. ❹《話》頑強な. ❺《話》ばかな, 愚かな, 間抜けな, ろくでなしの. —No seas ~ y tira los papeles al cubo de la basura. ばかなことをしないで, 紙屑をゴミバケツに捨てなさい. 類 **bruto**.
magnetismo animal（動物磁気による）催眠術.

*animalada [animaláða] 囡《話》ばかげたこと, 愚行. —Cuando le reprendí me soltó una ~. 私が彼を叱ったら彼はばかなことを言い出した. Pago una ~ de impuestos. 私は法外な税金を払っている. Fue una ~ decírselo de aquella manera. 彼にそんなふうに言うなんて馬鹿だよ. 類 **burrada**.

animálculo [animálkulo] 男 (動物) 極微動物.

animalejo [animaléxo] (< animal) 男 ❶ (愛情を込めて)動物. ❷ (軽蔑的に)虫けら.

animalidad [animaliðá(ð)] 囡 ❶ 動物の特性, 獣性. ❷ (人間の)獣性.

animalizar [animalißár] [1.3] 他 ❶ (人間を)動物化する. ❷ (食物を)同化する. —se 再 動物のように野蛮になる. 類 **embrutecerse**.

animalote [animalóte] (< animal) 男 大きな動物.

animalucho [animalútʃo] (< animal) 男 (軽蔑的に)気味の悪い動物.

:animar [animár] 他 ❶ …を元気づける, …に元気を与える, を励ます. —Está muy decaído y tenemos que ~le. 彼は非常に落ち込んでいるから私たちは励ましてやらねばならない. ❷〔+ a + 不定詞〕(…するよう)を元気[勇気]づける, …する気を起させる. —Tus palabras me *animaron* a seguir adelante. 君の言葉によって私は前進を続ける勇気がわいてきた. 類 **alentar**. ❸ をにぎやか[陽気]にする, 活発にする, (雰囲気などを)盛り上げる. —El ambiente de la sala de fiestas la *animó* bastante. 彼女はダンスホールの雰囲気でかなり陽気になった. Su simpatía *animaba* la conversación. 彼の愉快さが会話を活気づけていた. Un broche de perlas *animaba* el abrigo. 真珠のブローチがコートを引立てていた. ❹ …に生命を吹き込む, 魂を入れる.
—se 再 ❶ 元気が出る, 活気づく, 生き生きとする. —¡Anímate! Ya queda poco para el final. 元気を出せ, 終りまであと少しだ. Con un trago de agua fría *te animarás*. 冷たい水を一飲みすれば君は元気が出るよ. ❷ にぎわう, 盛り上る. —Hacia las siete y media comienza a ~se la sala de fiestas. 7時半ごろダンス・ホールはにぎわいはじめる. ❸〔+ a + 不定詞〕…する気になる. —No *me animo a* ir. 私は行く気になれない.

anímico, ca [anímiko, ka] 形 精神的, 心の, 魂の. —estado ~ 精神状態.

animismo [animísmo] 男 (宗教) アニミズム, 霊魂信仰.

animista [animísta] 形 (宗教) アニミズムの. — 男女 (宗教) アニミズム論者[信奉者].

:ánimo [ánimo] 男 ❶ 魂, 心. —La separación de su marido la dejó con el ~ por el suelo. 夫と別れて彼女の心は打ちのめされた. Su presencia contribuyó a apaciguar [calmar] los ~s. 彼がいたのでみんなが冷静になることができた. estado de ~ 精神状態, 気分. dilatar el ~ 心を慰める. ❷ (時に 複) 気力; 勇気, 元気. —darle el ~ (s) a ... (人)を励ます, (拍手や歓声で人)を元気づける. Sus palabras me dieron [me infundieron] ~(s). 彼女の言葉が私を勇気づけた. El equipo cobró ~ en el segundo tiempo. 後半になってチームは気力を奮い起こした. No tiene ~(s) de [para] nada. 彼女は何もしたい気分でない. 類 **aliento, coraje, valor**. ❸〔+ de〕…する意図, …する気持ち. —Es una asociación sin ~ de lucro. それは非営利の団体だ. con ~ de aplacarle 彼の緊張を緩和する意図(目的)で. Lo dije sin ~ de ofender a nadie. 誰も怒らせるつもりはないのです. 類 **intención, propósito**.
— 間 がんばれ, しっかり. —¡A~!, que ya falta poco para la cumbre! 頑張れ, もうすぐ頂上だ.
caer(se) de ánimo 落胆する, 意気消沈する.
hacerse el ánimo de を受け入れる, 信じる. No *se hace el ánimo de* que su marido ha muerto. 彼女は夫が亡くなったことを受け入れることができない.

animosidad [animosiðá(ð)] 囡 ❶ 反感, 敵意. 類 **animadversión**. ❷《まれ》活気.

:animoso, sa [animóso, sa] 形 ❶ 勇ましい, 元気のよい; 意欲的な. —A pesar de su desgracia se muestra muy *animosa*. 不幸であるにもかかわらず彼女は元気な様子だ. 類 **atrevido, valiente**.

❷ 決然とした. 類**decidido, resuelto**.

aniñado, da [aniɲáðo, ða] 形 子供のような, 子供じみた, 幼稚な. —rostro ～ 童顔.

aniñarse [aniɲárse] 再 子供っぽくする, 子供のように振る舞う.

anión [anión] 男 《物理》陰イオン. 反**catión**.

aniquilación [anikilaθjón] 女 →aniquilamiento.

aniquilador, dora [anikilaðór, ðóra] 形 無に帰させる, 全滅[消滅]させる.

aniquilamiento [anikilamjénto] 男 無に帰すること, 全滅, 消滅.

aniquilar [anikilár] 他 ❶ を全滅[消滅, 壊滅]させる. —Este insecticida puede ～ todas las cucarachas de la cocina. この殺虫剤で台所のゴキブリを全て退治できる. ❷ ひどく損ねる. 類**arruinar, destruir**. ❸ 気落ちさせる.
——se 再 ❶ 全滅する. ❷ 体を壊す. ❸ 気落ちする. 類**anonadarse, humillarse**.

anís [anís] 男 ❶ 《植物》アニス; アニスの実. ❷ アニス酒. ❸ アニス菓子.
no ser grano de anís 重要である.

anisado, da [anisáðo, ða] 形 アニス(酒)で香りをつけた. —— 男 アニス酒.

anisakis [anisákis] 女 アニサキス(魚の寄生虫).

anisar [anisár] [〈anís〉他 …にアニスで香りをつける, アニス酒を加える.

anisete [aniséte] 男 アニス酒.

anisófilo, la [anisófilo, la] 《植物》不等葉の.

anisopétalo, la [anisopétalo, la] 形 《植物》不等花弁の.

Anita [aníta] 固名 《女性名》アニータ(Ana の愛称).

‡**aniversario** [aniβersárjo] 男 ❶ (出来事の)記念日, 記念祭. —～ de boda 結婚記念日. ❷ [メキシコ]誕生日. 類**cumpleaños**.

Ankara [aŋkára] 固名 アンカラ(トルコの首都).

ano [áno] 男 《解剖》肛門(記).

‡‡**anoche** [anótʃe アノチェ] 副 昨晩, ゆうべ, 昨夜. —A～ fui al concierto después de cenar. 昨晩夕食後に私はコンサートに行った. 類語**anoche** 昨日の日暮れから寝るまでの間, **ayer por la noche** の意味. **la noche pasada** 昨夜寝てから今朝までの間, 前夜. **esta noche** 今晩, 今日の夜, または **la noche pasada** と同じく, 今日夜明の意.
antes de anoche 一昨夜, おとといの晩[夜].

‡**anochecer** [anotʃeθér] [9.1] [〈noche〉自 ❶ 〖無主語. 3 人称単数形のみ〗夜になる, 日が暮れる. —Anocheció antes de que llegásemos a Madrid. われわれがマドリードに着く前に夜になった. En verano *anochece* muy tarde. 夏は日が暮れるのが大変遅い. ❷ (人・物事が)夜を迎える, 日暮れに…にいる[…の状態にある]. —Pensaba llegar a Barcelona a las siete, pero *anochecí* en Lérida. 私は 7 時にバルセロナに着こうと思っていたが, レリダで夜になった. Aquel veinte de mayo *anochecía* y una suave brisa refrescaba el ambiente. あの 5 月 20 日は暮れて, やさしいそよ風が雰囲気を涼しやかにのにしていた.
—— 男 日暮れ時, 夕方. —al ～ 日暮れに, 夕方に.

anochecida [anotʃeθíða] 女 《まれ》夕暮れ, たそがれ. —a la ～ 夕暮れに.

anochecido [anotʃeθíðo] 副 夜になって, 日が暮れて. —regresar a casa ya ～ 日が暮れてから帰宅する.

anochezca(-) [anotʃeθka(-)] 動 anochecer の接·現在.

anochezco [anotʃéθko] 動 anochecer の直·現在·1 単.

anódico, ca [anóðiko, ka] 形 《電気》陽極の.

anodino, na [anoðíno, na] 形 ❶ 内容のない; (人が)取るに足らない, 人畜無害の. —película *anodina* つまらない映画. crítica *anodina* 当たりさわりのない批評. ❷ 《医学》鎮痛の, 痛み止めの. —— 男 《医学》鎮痛剤.

ánodo [ánoðo] 男 《物理》陽極. 反**cátodo**.

anomalía [anomalía] 女 ❶ 変則, 異例, 異常. ❷ 《生物》異常, 《文法》変則, 《物理》偏差, 《天文》近点離角.

anómalo, la [anómalo, la] 形 変則的な, 異例の, 普通と違った. —Hace un calor ～ este verano. 今年の夏は異例の暑さだ. 類**extraño, irregular**.

anona [anóna] 女 《植物》バンレイシ(熱帯アメリカ原産の半落葉低木).

anonadación [anonaðaθjón] 女 ❶ 全滅, 壊滅. ❷ 意気消沈, 呆然. —Las noticias del sangriento atentado causaron la ～ de la gente. 残虐なテロのニュースは人々を呆然とさせた.

anonadamiento [anonaðamjénto] 男 → anonadación.

anonadar [anonaðár] 他 ❶ を全滅[壊滅]させる. 類**aniquilar**. ❷ (人)を圧倒する, (人)を打ちひしぐ. 類**abatir**. ❸ (人)を呆然とさせる.

anonimato [anonimáto] 男 匿名(紀); 無名; 作者不詳.

‡**anónimo, ma** [anónimo, ma] 形 ❶ 匿名の, 名のわからない; 作者不明の. —obsequio ～ 匿名の贈り物. llamada *anónima* 匿名の電話. obra *anónima* 作者不明の作品. sociedad *anónima* 株式会社. ❷ 無名の, 名もない. —un ciudadano ～ 名もない市民.
—— 男 ❶ 匿名の人, 匿名[無名]氏. —Nos lo denunció un ～. 匿名の人物が私達にそれを通報してきた. ❷ 匿名, 無記名; 作者不明. —conservar [ampararse en] el ～ 匿名にしておく, 名を明かさない. ❸ 匿名の手紙[投書](中傷·告発·脅迫のための). —Hemos recibido un ～ y estamos preocupados. 私達は脅迫状を受取って, 心配している. ❹ 作者不明の文書[作品].

anorak [anorá(k)] 男 〖複 anoraks〗《服飾》アノラック.

anorexia [anoréksja] 女 《医学》食欲不振症, 摂食障害.

anoréxico, ca [anoréksiko, ka] 形 《医学》食欲不振症にかかった. —— 名 食欲不振症の患者.

‡**anormal** [anormál] 形 ❶ 異常な, 普通ではない, 変則の. —Este calor es ～ en abril. この暑さは 4 月としては異常だ. 反**normal**. ❷ (知能·発育が)通常[標準]以下の, 発育不全の; 知恵遅れの. 類**subnormal**.
—— 名 ❶ 異常者. ❷ 知恵遅れの人.

‡**anormalidad** [anormaliðá(ð)] 女 異常さ; 精神異常; 《政治》非常事態.

118 anosmia

anosmia [anósmja] 女 《医学》無嗅覚症.

***anotación** [anotaθjón] 女 ❶ メモ, 書き込み, 注釈. —*anotaciones* al margen 余白への書き込み. ~ preventiva 登録商標. ❷ 《スポーツ》得点, スコア, 《アメリカンフットボール》タッチダウン, 《バスケットボール》ポイント.

anotador, dora [anotaðór, ðóra] 形 記録する, メモをとる. —— 名 《映画》スクリプター.

‡**anotar** [anotár] [<nota]他 ❶ 書き留める, メモする. — Espera, que voy a ~ la matrícula del taxi. 待ってよ, そのタクシーのナンバーをメモするから. ❷ を注釈する, …に注をつける; 注意書をつける. —Cuervo *anotó* la Gramática de Bello. クエルボはベーリョの文法書に注をつけた. ❸ を得点する. —*Anotó* dos goles en el segundo tiempo. 彼は後半で2ゴール得点した. ❹ を記録[記載]する, 登録する, 記帳する. ❺ を採点する.
—**se** 再 《スポーツ》(勝・敗を)達成する, 記録する. —El equipo más débil *se anotó* la victoria. 最も弱いチームが優勝を達成した.

anoxemia [anoksémja] 女 《医学》無酸素血症.

anoxia [anóksja] 女 《医学》無酸素症.

anquilosamiento [aŋkilosamjénto] 男 ❶ 《医学》関節が強直すること. —El ~ de los dedos se debe a la artrosis que padece. 彼の指関節の強直は関節症によるものだ. ❷ 停滞, 麻痺.

anquilosar [aŋkilosár] 他 《医学》(関節)を強直させる. —— **se** 再 ❶《医学》(関節が)強直する. ❷ 停滞する, 麻痺する. — Aquellas normas *se anquilosaron* porque nadie las adaptó a las nuevas circunstancias. その規則は誰も新しい状況に合わせなかったので形骸化した.

anquilosis [aŋkilósis] 女《単複同形》《医学》関節強直, 強直症.

anquilostoma [aŋkilostóma] 男 《動物》十二指腸虫, 鉤虫(こうちゅう).

ansa [ánsa] 女 =hansa.

ánsar [ánsar] 男 《鳥類》ガチョウ; ガン.

ansarino [ansaríno] 男 《鳥類》ガチョウ[ガン]のひな.

ansarino, na [ansaríno, na] 形 《鳥類》ガチョウの; ガンの.

ansarón [ansarón] 男 →ansarino.

anseático, ca [anseátiko, ka] 形《歴史》ハンザ同盟の. 類hanseático.

Anselmo [ansélmo] 固名《男性名》アンセルモ.

‡**ansia** [ánsja] 《単数冠詞は el, un(a)》女 ❶《時に複》強い欲求, 切望, 渇望. — tener ~s de riquezas [de dinero] 金銭欲がある. colmar las ~s de saber [de poder] 知識[権勢]欲を満たす. saciar [satisfacer] el ~ de libertad 自由への希求を満足させる. 類afán, anhelo, ansiedad. ❷ 不安, 気がかり. —tener [sentir] ~ de ... を心配する, 不安になる. 類desasosiego, desazón. 反alivio, tranquilidad. ❸ 憂い, 苦悶, 息苦しさ. —~s de la muerte 死[断末魔]の苦しみ. 類angustia, ansiedad. ❹《複》吐き気, むかつき. — tener [sentir] ~s 吐き気がする, 気分がよくない. provocar ~s a ... (人)に吐き気を催させる. 類bascas, náuseas.
con ansia (1) 切望して. comer *con ansia* 貪るように[がつがつ]食べる. (2) 不安な気持ちで, 苦しみに苛(さいな)まれながら.

‡**ansiar** [ansjár] [1.6] 他 を熱望する, 切望する. —*Ansiaba* entrar en esa universidad. 彼はその大学に入学することを熱望していた. Todos *ansiábamos* que acabara la guerra. 私たちは皆戦争が終わるのを切に願っていた.

‡**ansiedad** [ansjeðáð] 女 ❶《危険・恐怖などによる一時的な》**不安**, 心配, 焦燥. —Con las noticias de la catástrofe aérea muchas familias sufrían de ~. 飛行機事故のニュースを聞いて, 多くの家族は心配でたまらなかった. 類**ansia, inquietud, zozobra.** 反**despreocupación, tranquilidad.** ❷《精神医学》(多くの病気, 特にノイローゼに伴う)不安, 苦悶. —Vive en un permanente estado de ~. 彼はいつも不安にさいなまれている. 類**angustia.** ❸ 切望, 熱望. 類**afán, anhelo, ansia.** 反**despreocupación.**
con ansiedad やきもきしながら, 心配[不安]そうに. Esperaba *con ansiedad* el resultado de los exámenes. 彼は試験結果をやきもきしながら待っていた.

‡**ansioso, sa** [ansjóso, sa] 形 ❶ 〖estar+; +de/por+名詞/不定詞〗(a)を心配して, 案じて, 気にして. —Está ~ *por* conocer el resultado. 彼は結果を知りたくてやきもきしている. (b)を切望して, しきりに…したがって. —Están ~s *de* visitar España. 彼らはしきりにスペインに行きたがっている. ❷〖ser ~〗貪欲な, 欲ばりな. — Es tan ~ que lo quiere todo. 彼は非常に欲ばりで何でも欲しがる. —— 名 貪欲な人, 欲ばり.

anta[1] [ánta] 女 〖単数形に付く定冠詞は el, 不定冠詞は un(a)〗《動物》ヘラジカ.

anta[2] [ánta] 女 〖単数形に付く定冠詞は el, 不定冠詞は un(a)〗 ❶ メンヒル(新石器時代の巨石立柱). 類**menhir.** ❷《建築》壁端柱.

antagónico, ca [antaɣóniko, ka] 形 対立する, 相反する. —Estos hermanos tienen caracteres ~s. この兄弟は正反対の性格をしている.

antagonismo [antaɣonísmo] 男 (思想などの)対立, 敵対関係. —El ~ existente entre los dos países complica la situación. 両国間の敵対関係が状況を複雑にしている.

antagonista [antaɣonísta] 形 ❶ 敵対[対立]する. ❷《解剖》(筋肉が)拮抗(きっこう)する.
—— 男女 ❶ 敵対者. ❷ (映画などの)悪役, 敵(かたき)役.

antaño [antáɲo] 副 はるか昔に.

antañón, ñona [antaɲón, ɲóna] 形 とても古い.

antártico, ca [antártiko, ka] 形 南極の. — zona *antártica* 南極地方. 反**ártico** (北極の).

Antártida [antártiða] 固名 南極大陸.

ante[1] [ánte] 男 ❶ 《動物》ヘラジカ. ❷ ヘラジカの皮, バックスキン.

***ante**[2] [ante アンテ] 前 ❶〖場所〗…の前で[に]. —Se detuvo ~ la puerta de la oficina. 彼は事務所のドアの前で立ち止まった. ❷〖対面〗…に直面して, …を前にして, 眼(め)のあたりにして. —No podía creer que estuviera ~ las cataratas del Niágara. 私はナイアガラの滝を眼のあたりにしていることが信じられなかった. ❸〖比較〗…と比べて[比べれば]. —A ~ ella yo no soy nada. 彼女に比べたら僕なんて何者でもないよ. El hombre es un pequeño ser viviente ～ la naturaleza. 人間は自然の前では小さな生き物にすぎない. ❹ 〖原因〗…を前にして, …のために. ―A～ la persistente lluvia tuvimos que suspender la excursión. 降り続ける雨を前にして(の ために)私たちは遠足を中止しなければならなかった. ❺ …に関して, …について. ―A～ esa decisión del profesor, la única solución es protestar. 先生のその決断に関しての解決策は抗議だけである. **類語** ante は普通, 「…に直面して」のような抽象的な関係を示す. **delante de** は具体的に場所が前であることを示す. Delante de mi casa hay unos árboles muy altos. 私の家の前にはとても高い木が数本ある. **antes de** は時間が前であることを示す. Antes de comer, debes lavarte las manos. 食事の前には手を洗わなくてはいけません.

ante todo →todo.

ante- [ante-] 〖接頭〗 「前, 先」の意. ―*ante*ojos, *ante*pasados, *ante*ayer.

anteado, da [anteáðo, ða] 〔<ante〕形 ヘラジカ色の.

antealtar [anteal̄tár] 〔<altar〕男 祭壇の前, 内陣.

anteanoche [anteanótʃe] 副 一昨日の晩.

‡**anteayer** [anteajér] 副 **一昨日**, おととい. ―～ (por la) tarde おとといの午後. A～ cumplió mi abuela cincuenta y cinco años. 一昨日祖母は85歳になった. **類antes de ayer**.

antebrazo [anteβráθo] 男 ❶ 前腕. ❷ (馬などの)前肢の上部.

anteburro [anteβúɾo] 男 〖中南米〗《動物》バク.

antecama [antekáma] 女 (ベッドの足元の)敷物.

antecámara [antekámaɾa] 女 控えの間, 次の間.

hacer antecámara 面会を待つ. →hacer ANTESALA.

‡**antecedente** [anteθeðénte] 形 〖+a〗に)先立つ, 先行する, (より)前の. ―Hubo un incidente ～ al otro. 別の事故に先立つ一つの事故があった. **類anterior, precedente**.

―― 男 ❶ (a)〖主に **複**〗いきさつ, 経緯, 先行する事情. ―Voy a explicarte los ～s de este problema. この問題の経緯を君に説明しよう. **反** **consecuencia**. (b) 先行する事件, 前例. ―Tenía un ～ de enfermedad cardíaca. 彼には心臓病の既往症があった. ❷ 複 前歴, 履歴, 素性. ―～s penales 犯罪歴. Tiene malos ～s. 彼には悪い前歴がある. ❸ (a)〖文法〗先行詞. (b)《数学》(比の)前項. (c)〖論理〗前件.

antecedentes penales 犯罪歴, 前科. No es fácil encontrar trabajo para las personas con *antecedentes penales*. 犯罪歴のある人々にとって職を探すのは容易ではない.

estar en antecedentes よく事情に通じている, 経緯を知っている. Sobre el asunto debes de *estar en antecedentes*. その件について君は事情をよく知っているはずだ.

poner en antecedentes a (人)に事情を知らせる. *Póngame en antecedentes* de lo que ha ocurrido. 起きたことを私に教えてください.

antecedentemente [anteθeðéntemente] 副 《まれ》以前には, 昔は. **類anteriormente**.

‡**anteceder** [anteθeðér] 〔<ante- +ceder〕自 〖+a に〗先行する, 先立つ. ―La argumentación *antecede a* la conclusión. 論証は結論に先行する. **類preceder**. **反seguir**.

***antecesor, sora** [anteθesór, sóra] 形 〖+a〗 (時間的に)…より以前の, 先の.

―― 名 ❶ 前任者. **類predecesor**. ❷〖主に **複**〗 祖先, 先祖. **類antepasado, ascendiente**.

antecocina [antekoθína] 女 台所のそばにある部屋(食器・台所用品をしまう), 食器室; 配膳室.

antecoro [antekóɾo] 男 (教会の)聖歌隊席手前の空間.

antecristo [antekɾísto] 男 《宗教》キリストの敵, 反キリスト. **類anticristo**.

antedata [anteðáta] 女 《法律》前日付(実際の日付より以前の日付をつけること).

antedatar [anteðatáɾ] 他 《法律》(小切手などに)実際よりも早い日付を記す.

antedicho, cha [anteðítʃo, tʃa] 形 前述[前記]の, 上記の.

antediluviano, na [anteðiluβjáno, na] 形 ❶ ノアの大洪水 (el Diluvio) 以前の. ❷《俗》大昔の; 時代遅れの.

antefirma [antefíɾma] 女 ❶ (書類の署名の前に書く)肩書き[役職名]. ❷ (手紙などの)儀礼的な結辞.

anteiglesia [antejɣlésja] 女 ❶ 教会の前の庭[入り口]. ❷ (バスク地方の村の)教区教会.

*‡**antelación** [antelaθjón] 女 (時間・順序で)先立つこと, 先行. ―con ～ a ……の前[先]に. Saqué un billete con un mes de ～ [con ～ de un mes] a la partida. 私は出発の1か月前に切符を買った. **類adelanto, anticipación**.

con antelación (1) あらかじめ, 前もって, 事前に (=de antemano). Si no puedes venir a la fiesta, dímelo *con antelación*. もしパーティーに来られなければ, 前もって知らせて. (2) (予定より)早めに (=antes de tiempo).

antelina [antelína] 女 スエード, 人造バックスキン.

‡**antemano** [antemáno] 副 〖de+〗前もって, あらかじめ. ―Vamos a hacer planes *de* ～. あらかじめ計画を立てよう. Le agradezco *de* ～. あらかじめ御礼申し上げておきます(人にものを頼む時の表現). **類por anticipado, previamente**.

antemeridiano, na [antemeɾiðjáno, na] 形 《まれ》午前の.

ante merídiem [ánte meɾíðjen] 副 午前.

‡**antena** [anténa] 女 ❶ アンテナ. ～ emisora 送信用アンテナ. ～ receptora 受信用アンテナ. ～ interior 室内アンテナ. ～ parabólica パラボラアンテナ. ～ colectiva 集合アンテナ. ❷《動物》触角. ❸ (船舶)帆布. **類entena**.

estar en antena (番組が)放送されている.

poner en antena (番組を)放送する.

antenatal [antenatál] 形 出生前の.

antenombre [antenómbɾe] 男 (名前の前につける)敬称 (don, doña, san, fray など).

anteojera [anteoxéɾa] 女 ❶ 眼鏡ケース. ❷ (馬などの両側の視界を遮るための)目隠し.

anteojero [anteoxéɾo] 男 眼鏡を作る職人; 眼鏡を販売する人.

*‡**anteojo** [anteóxo] 男 ❶ 複 眼鏡, メガネ (gafas の方が普通); 《まれ》鼻メガネ (=quevedos).

—~s de sol [para el sol] サングラス. ponerse [quitarse] los ~s 眼鏡をかける[外す]. llevar ~s 眼鏡をかけている. 類**gafas, lentes**. ❷ 複 双眼鏡 (=~s binoculares). —~s de teatro [de puño] オペラグラス. ~s prismáticos プリズム双眼鏡. 類**gemelos, prismáticos**. ❸ 望遠鏡 (=~ de larga vista). —~ astronómico 天体望遠鏡. ~ de nivelación 《測量》水準器. ~ buscador ファインダー (=visor). 類**catalejo, telescopio**. ❹ 複 (馬の)側面目隠し(革), 遮眼帯 (=anteojera).

serpiente de anteojos 《動物》コブラ, メガネヘビ.

ver [mirar] con anteojo de aumento [con anteojo de larga vista] 予想する; 大げさに考える.

antepalco [antepálko] 男 《劇場のボックス席の》控えの間.

antepasado, da [antepasáðo, ða] 過分 形 (時間的に)前に. —el año ~ 一昨年. el día ~ al accidente その事故の前日.
—— 男女 先祖, 祖先. —la tierra de mis ~s 私の先祖の土地.

antepecho [antepétʃo] 男 ❶ 《建築》欄干, 手すり. 類**barandilla, pretil**. ❷ 《建築》窓台. ❸ (馬の)革製の胸当て.

antepenúltimo, ma [antepenúltimo, ma] 形 終わりから3番目の.

anteponer [anteponér] [10.7] 他 [過分 antepuesto][+a] ❶ …よりも…を前に置く. ❷ …よりも…を優先させる. —Hay que ~ el bien común al particular. 個人の利益よりも公益を優先させるべきだ.

anteportada [anteportáða] 女 (本の)前扉.

anteportal [anteportál] 男 玄関の前の空間, ポーチ.

anteposición [anteposiθjón] 女 ❶ 前に置くこと. ❷ 優先させること.

anteproyecto [anteprojékto] 男 草案, 草稿; 青写真. —El ~ de ley de la reforma laboral ha sido muy criticado por la oposición. 労働改革法の草案は野党に激しく批判された.

antepuerto [antepwérto] 男 ❶ 峠の前のでこぼこした土地. ❷ 《海事》外港.

antepuesto, ta [antepwésto, ta] 過分 (<anteponer) 形 [+a] ❶ …の前に置かれた. ❷ …より優先された.

antequerano, na [antekeráno, na] 形 アンテケーラ (Antequera)の. —— 名 アンテケーラの人.

antera [antéra] 女 《植物》葯(ˀ).

anterior [anterjór アンテリオル] 形 ❶ [+a] …より(時間・順序が)前の, 先の. —en la página ~ 前ページに. texto ~ a 977 977年より前の文献. el día ~ (過去または未来の時点から見て)前日. En 1986 estuve en Madrid y el año ~ había estado en Tokio. 1986年に私はマドリードにいたが, その前年は東京にいた. 類precedente, previo**. 反**posterior**. ❷ [+a] …より(空間的に)前の, 前方の, 前部の. —la parte ~ del avión 飛行機の前部. Está sentada en la fila ~ a la mía. 彼女は私の前の列に座っている.

*anterioridad [anterjorjðáð] 女 《文》(時間・順位などで)前[先]であること; 先行; 優先. —con tres días de ~ 3日前から[に]. 類**antelación, anticipación**. 反**posterioridad**.

con anterioridad (1) 前に, 以前に (=antes). (2) 前もって, あらかじめ (=anteriormente, con antelación).

con anterioridad a ... …よりも前に[優先的に], …に先立って.

*anteriormente [anterjórménte] 副 ❶ (時間的に)前に, 先に, 以前に. 類**antes**. 反**posteriormente**. ❷ 前もって, あらかじめ. —A ~ había mandado a su secretaria al despacho. 彼は前もって秘書を事務所にやっていた.

antes [ántes アンテス] 副 ❶ (a) (時間的に)前に, 以前に. —Me lo ha dicho ~. 以前彼は私にそれを言ったことがある. mucho [poco] ~ de Navidad クリスマスよりずっと[少し]前に. (b) 【時を表す名詞の後で】…前に. —Dijo que (unos) meses ~ se habían ido. 彼らは数か月前に去ったと彼は言った. Un año ~ empezarán a preparar el congreso. 一年前に大会の準備が始まるだろう. 類語 **antes 過去または未来の時点から見て前. **anteriormente antes** と大体同じ意味だが, 時を表す名詞とともに用いることはない. **hace** 現在から見て前の意味で用い, 非人称動詞. 反**después**. ❷ (時間・順序が)先に, 前に. —¿Quién ha llegado aquí ~? 先にここへ着いたのはだれですか. ❸ (時間的に)前には, 以前は. —A ~ había allí un colegio. 昔あそこには小学校があった.

antes al [por el, por lo] contrario →antes bien.

antes bien それどころか, むしろ. No estoy satisfecho, *antes bien,* me he desengañado. 私は満足していないどころか, 幻滅した.

antes con antes →cuanto antes.

antes de (1) (時間・順序の上で)…の前に, …する前に. *antes de* abril 4月より前に. *antes de* anochecer 日暮れ前に. *antes de* terminada la conferencia 講演が終わる前に. Tu nombre estaba *antes del* mío en la lista. 君の名前はリストの中で私の前にあった. (2) …の手前に. Fuimos por la última calle *antes del* canal. 私達は運河のすぐ手前の通りを進んだ.

antes de anoche 一昨晩, おとといの晩[夜] 類**anteanoche**.

antes de ayer 一昨日, おととい. 類**anteayer**.

antes de Jesucristo 西暦紀元前(略語 a. de J. C.). El año 216 *a.de J.C.* Aníbal derrotó a los romanos en Cannas. 紀元前216年ハンニバルはローマ人をカンネーで破った.

antes de nada 何よりもまず, まず最初に. *Antes de nada* tengo que felicitarte. なによりまず君にお祝いを言わねばならない.

antes (de) que 【+接続法】…する前に, …しないうちに. *antes de que* amanezca 夜が明ける前に. *Antes que* me diera cuenta, huyeron. 私が気づく前に彼らは逃げた.

Antes hoy que mañana 早ければ早いほどよい (←明日より今日の方がよい).

antes que [+名詞・代名詞・不定詞] (1) (時間・順序の上で)…より前に. —Ella habló *antes que* yo. 私より前に彼女が話した. (2) …(する)よりむしろ. *Antes* preferiría morir *que* pedirle un

favor. 彼に頼むくらいなら死んだ方がましだ.
antes que nada (1) →antes de nada. (2) 何よりも先の. La seguridad es *antes que nada*. 安全がまず第一だ.
cuanto antes なるべく[できるだけ]早く. Vente *cuanto antes*. なるべく早く来てくれ.
de antes (時間・順序が)前の, 以前の. **la noche *de antes*** 前の晩. No sé las cosas *de antes*. 私は以前の事は知らない.
lo antes posible →cuanto antes.
── 接 それどころか, むしろ. ── No facilitaste mi labor, ～ me molestaste. 君は私の仕事をやりやすくしてくれるどころか私のじゃまをした.
── 形 [時を表す名詞の後で] 前の. ─el día ～ de su partida 彼の出発の前日. La noche ～ nevó mucho. 前の晩大雪が降った.

antesala [antesála] 女 ❶ (病院などの)待合室. ❷ 前ぶれ, 前段階.
hacer antesala 待つ, 待たされる.

antevíspera [anteβíspera] 女 前々日, 2日前.

anti- [anti-] 接頭 「反対, 対抗」の意. ─*anti*gás, *anti*rreligioso, *anti*pirético, *anti*pútrido, *anti*biótico, *anti*social.

antiácido, da [antjáθiðo, ða] 形 《化学》制酸の, 耐酸性の. ── 男 《医学》制酸剤.

antiaéreo, a [antjaéreo, a] 形 《軍事》対空の, 防空の. ─artillería *antiaérea* 高射砲. ── 男 《軍事》高射砲.

antialcohólico, ca [antjalkoóliko, ka] 形 禁酒主義の, 飲酒反対の. ─campaña *antialcohólica* 禁酒キャンペーン.

antiamericano, na [antjamerikáno, na] 形 反米主義の.

antiatómico, ca [antjatómiko, ka] 形 ❶ 放射能を防ぐ, 対原爆の. ─refugio ～ 核シェルター. ❷ 核兵器反対の.

antibiótico, ca [antiβjótiko, ka] 形 《医学》抗生の. ── 男 《医学》抗生物質.

anticiclón [antiθiklón] 男 《気象》高気圧.

‡**anticipación** [antiθipaθjón] 女 ❶ 早める[早まる]こと, 先行. ─con ～ 前もって. Hay que reservar los billetes con mucha ～. ずいぶん前から切符を予約しなければならない. con varios meses de ～ 数か月前から. Será necesaria la ～ de su partida. 彼の出発の日程を繰り上げる必要がある. 類 **adelanto, antelación**. ❷《修辞》予弁法.

anticipadamente [antiθipaðaménte] 副 前もって, あらかじめ.

anticipado, da [antiθipáðo, ða] 形 ❶ 予定より早い, 期限前の. ─pago ～ 前払い. elecciones *anticipadas* 繰り上げ選挙.
por anticipado 前もって, あらかじめ.

‡**anticipar** [natiθipár] [1.6] 他 ❶ を(予定より)早める, 早くする, 繰り上げる. ─～ las decisiones 決定を早める. Tuve que ～ mi vuelta a Japón. 私は日本の帰国を早めねばならなかった. 類 **adelantar**. ❷ (*a*) を前払い[先払い]する, 前貸する. ─Ha pedido a la empresa que le *anticipe* la mitad del sueldo. 彼は会社に給料の半額を前貸してくれるよう頼んだ. (*b*) を手付金として払う. ❸ を予告する, 前もって言う. ─El primer ministro *ha anticipado* que subirá los impuestos. 首相は増税を行うと予告した. ❹ を予告する, 予測する.

── **se** 再《[+a に]》❶ 先んじる, 先を越す. ─Tenía intención de hospedarle en mi casa, pero ella *se anticipó*. 私は彼を家に泊めてあげようと思っていたのに彼女に先を越された. ❷ 早まる, 早くなる. ─～*se* la llegada del avión 飛行機の到着が早まる. Las lluvias *se han anticipado* este año. 今年は雨期が早く来た.

anticipo [antiθípo] 男 ❶ 前払い金. ─Le han dado un ～ de cien mil yenes. 彼は10万円の前払いをしてもらった. ❷ 前触れ, 前兆.

anticlerical [antiklerikál] 形 反聖職者主義の, 反教権主義の.
── 男女 反教権主義者.

anticlericalismo [antiklerikalísmo] 男 反聖職者主義, 反教権主義.

anticlinal [antiklinál] 形 《地質》背斜の.
── 男 《地質》背斜.

anticoagulante [antikoaɣulánte] 形 《医学》抗凝血の, 抗凝固の. ── 男 《医学》抗凝血剤.

anticolonialismo [antikolonjalísmo] 男 《政治》反植民地主義.

anticomunismo [antikomunísmo] 男 《政治》反共主義.

anticomunista [antikomunísta] 形 《政治》反共主義の. ── 男女 反共主義者.

anticoncepcional [antikonθepθjonál] 形 →anticonceptivo.

anticonceptivo, va [antikonθeptíβo, βa] 形 避妊の. ─métodos ～s 避妊法. píldora *anticonceptiva* 避妊用ピル. ── 男 避妊具[薬].

anticongelante [antikoŋxelánte] 形 《機械》凍結防止の. ── 男 《機械》不凍液.

anticonstitucional [antikonstituθjonál] 形 憲法に違反する, 違憲の.

anticristo [antikrísto] 男 《宗教》キリストの敵, 反キリスト.

‡**anticuado, da** [antikuáðo, ða] 過分 形 ❶ 古めかしい, 古臭くなった; 流行[時代]遅れの. ─hacerse [quedarse] ～ 時代遅れになる. persona *anticuada* 考えの古い人. idea *anticuada* 古臭い考え. ropa *anticuada* 流行遅れの服. Tiene un automóvil de un modelo muy ～. 彼は非常に旧式の自動車を持っている. 類 **arcaico, pasado, viejo**. 反 **actual, moderno**. ❷ 廃れた. ─palabra *anticuada* 廃語. 類 **desusado, obsoleto**. 反 **vigente**.

anticuar [antikuár] [1.6] 他 を廃れさせる.
── 再 廃れる, 時代遅れになる. ─El reglamento *se ha anticuado* con el paso del tiempo. 規則は時の経過とともに古くなってしまった.

anticuario [antikuárjo] 男 ❶ 骨董(とう)商, 古美術商. ❷ 古物研究家.

anticuerpo [antikuérpo] 男 《医学》抗体.

antidemocrático, ca [antidemokrátiko, ka] 形 民主主義に反対する; 非民主的な.

antideportivo, va [antiðeportíβo, βa] 形 スポーツマン精神に反する, スポーツマンらしくない.

antideslizante [antiðeslihánte] 形 滑り止めの(付いた), 滑り止め加工された. ─pala con mango de madera ～ 滑り止め付き木製柄付きスコップ. ── 男 滑り止め用具.

antideslumbrante

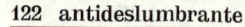

antideslumbrante [antiðeslumbránte] 形 〔対向車の前照灯による〕眩惑(ﾋﾞｮｳ)を防止する.
—— 男 《自動車》眩惑防止装置.

antidetonante [antiðetonánte] 形 制爆性の, ノッキング防止の. —— 男 〔内燃機関の〕制爆剤, アンチノック剤.

antídoto [antíðoto] 男 ❶《医学》解毒剤. ❷（悪いことを）防止する手段.

antidumping [antiðúmpinɣ] 形《無変化》《経済》ダンピング防止の. — medidas ~ ダンピング防止策.

antieconómico, ca [antjekonómiko, ka] 形 経済の原理に反する, 採算の合わない.

antiemético, ca [antjemétiko, ka] 形《医学》吐き気を鎮める. —— 男《医学》鎮吐剤.

antiespasmódico, ca [antjespasmóðiko, ka] 形《医学》抗痙攣(ﾘｭｳ)性の. —— 男《医学》鎮痙剤.

antiestético, ca [antjestétiko, ka] 形 美的でない, 見た目が悪い.

anti-estrés [antjestrés] 形 ストレス解消の.

antifascismo [antifaθísmo] 男 反ファシズム.

antifascista [antifasθísta] 形 反ファシズムの. —— 男女 反ファシズムの人.

antifaz [antifáθ] 男 (複 antifaces) ❶（仮装用の）仮面, マスク. ❷（日光を避けるための）目隠し布.

antífona [antífona] 女《宗教》交唱聖歌(聖歌の前後に歌われる).

antífrasis [antífrasis] 女《修辞学》反語.

antifricción [antifrikθjón] 女《機械》減摩メタル, 減摩材.

antigás [antiɣás] 形 防毒ガス用の. — careta [máscara] ~ 防毒マスク.

antígeno [antíxeno] 男《医学》抗原.

antigualla [antiɣuája] 女《軽蔑》❶ 古い物, 古道具, 骨董(ﾄﾞｳ)品. ❷ 時代[流行]遅れのもの. ❸ 古い慣習. ❹ 昔の話.

antiguamente [antiɣuaménte] 副 昔(は), かつて.

antiguar [antiɣuár] [1.4] 自〔職場で〕古参[古顔]になる.

Antigua y Barbuda [antíɣua i βarβúða] 固名 アンティグア・バーブーダ(首都セントジョンズ Saint John's).

antigubernamental [antiɣuβernamentál] 形 反政府の.

‡**antigüedad** [antiɣueðá(ð)] 女 ❶ 古さ, 古いこと. — de una familia 家柄の古さ. casa de mucha [de gran] ~ 非常に古い家. Los fósiles tienen más de 800.000 años de ~. それらの化石は 80 万年前のものである. ❷ (漠然と)昔, 上古;《集合的に》古代人. —en la remota [alta] ~ はるか大昔に. 反 **actualidad**. ❸ (A~)（ギリシャ・ローマ時代の）古典 (=A~ clásica). — En la ~, España fue una provincia romana. 昔スペインはローマの一州だった. ❹ 勤続年数, 年功, 古参. —ascenso por ~ 年功序列による昇進. Es uno de los trabajadores de más ~ en la empresa. 彼は会社の最古参の一人である. ❺ 複 骨董品, 古美術品; 古代の遺物[遺跡, 記念碑]. —tienda de ~es 骨董店, 古美術品店. coleccionar ~es 骨董品を収集する.

antiguo, gua [antíɣuo, ɣua アンティグオ, グワ] 形 ❶ 古代の, 古い時代の, 昔の. —historia antigua 古代史. Grecia antigua 古代ギリシャ. español ~ 古期スペイン語. En este pueblo aún se conservan costumbres antiguas. この村には昔の習慣がまだ残っている. Los iberos fueron ~s habitantes de la Península Ibérica. イベーロ人はイベリア半島の古代の住民であった. 類 **viejo. 反 **moderno**. ❷ 古い, 古くからの; 年代ものの. —palacio ~ 古い宮殿. ~ continente 旧大陸. Le gusta coleccionar muebles ~s. 彼は年代物の家具を収集するのが好きだ. ❸《主に名詞の前で》(a) 前の, 元の. —~ primer ministro 元[前]首相. Este país formaba parte de la antigua Unión Soviética. この国は旧ソ連の一部を構成していた. (b) 古参の, 先輩の, 先任の. —~ alumno 卒業生, 先輩; 古い友人. — Soy un ~ socio del club náutico. 彼はヨットクラブの古参会員だ. Es más ~ que yo en la empresa. 彼は会社で私よりも先輩だ. 類 **veterano**. ❹ 古風な, 旧式の, 時代遅れの. —~ utensilio 旧式の道具. 類 **anticuado**.

a la antigua [*lo antiguo*] 古風に[の], 昔風に[の]. Celebraron la boda *a la antigua*. 彼らは古風な結婚式をあげた.

de antiguo 昔から, 久しく.

desde muy antiguo 大昔から, 非常に古くから.

en lo antiguo 昔(は), 以前(は). Dicen que *en lo antiguo* este lugar era un lago. この場所は昔は湖だったと言われている.

—— 名 ❶ 先輩, 古参の[古くからいる]人. —Los ~s del lugar aún recuerdan con horror el terremoto. 土地の古老はいまだに恐れおののいて地震のことを思い出す. ❷ 昔かたぎの人; 時代遅れの人. —— 男 複 古代人; 古代ギリシャ・ローマ人. —Los ~s llamaron Hispalis a Sevilla. 古代ローマ人はセビーリャをヒスパリスと呼んだ.

antihéroe [antiéroe] 男 アンチヒーロー.

antihigiénico, ca [antiixjéniko, ka] 形 非衛生的な, 健康に悪い.

antihistamínico, ca [antiistamíniko, ka] 形《医学》抗ヒスタミン性の.

anti-hormigas [anti-ormíɣas] 男 アリ駆除剤. — ~ en pulverizador スプレー式アリ駆除剤.

antiimperialismo [antiimperjalísmo] 男《政治》反帝国主義.

antiliberal [antiliβerál] 形 反リベラルの.

antillano, na [antijáno, na] 形 アンティル諸島 (Antillas) の. —archipiélago ~ アンティル諸島. — 名 アンティル諸島の人.

Antillas [antíjas] 固名 ❶ (las Pequeñas ~) 小アンティル諸島. ❷ (las Grandes ~) 大アンティル諸島.

antilogaritmo [antiloɣarítmo] 男《数学》（対数の）真数.

antilogía [antiloxía] 女 自己矛盾.

antilógico, ca [antilóxiko, ka] 形 矛盾した, 論理に合わない.

antílope [antílope] 男《動物》レイヨウ(羚羊), アンテロープ.

antimacasar [antimakasár] 男〔汚れ防止のためにソファーなどの背もたれにつける〕背布.

antimilitarismo [antimilitarísmo] 男《政治》反軍国主義.

antimonio [antimónjo] 男 《化学》アンチモン(元素記号 Sb).

antinacional [antinaθjonál] 形 反国家的な.

antinatural [antinaturál] 形 反自然の.

antinomia [antinómja] 女 (2つの原理などの)矛盾, 二律背反.

antinómico, ca [antinómiko, ka] 形 矛盾した, 二律背反の.

antinuclear [antinukleár] 形 →antiatómico.

Antioquía [antjokía] 固名 アンティオキーア(コロンビアの県).

antioxidante [antjoksiðánte] 形 酸化防止の, さび止めの. — 男 酸化防止剤.

antipapa [antipápa] 男 《宗教, 歴史》(正統のローマ教皇に対する)対立教皇.

antipara [antipára] 女 ❶ ついたて, 屏風(🈁). ❷ 〖主に 複〗すね当て.

antiparras [antipáras] 女 複〖戯〗メガネ, 眼鏡. 類 **anteojos, gafas**.

****antipatía** [antipatía アンティパティア] [<antipático] 女 〖+a/contra/hacia/por/para con〗(…の)反感, 嫌悪, 毛嫌い, 反発. — tener [sentir] ~ a [por] ……が嫌いである, …に反感を持っている. coger [tomar] ~ a … を毛嫌いする, 反感を抱く. causar [inspirar] ~ 反感を買う. Le tengo ~ a tu nuevo amigo. 私は君の新しい友人が嫌いだ. Siente una gran ~ hacia su nuevo trabajo. 彼は今度の仕事が大嫌いである. Los borrachos me inspiran una profunda ~. 私は酔っ払いには強い反発を感じる. 類 **aversión, repugnancia.** 反 **simpatía.**

****antipático, ca** [antipátiko, ka アンティパティコ, カ] 形 (人・物事が)感じの悪い, 付き合いにくい, 気にくわない. —Es un tipo muy ~. 彼はとてもいやな奴だ. Me cae *antipática* desde que la conocí. 彼女は知り合った時から気にくわない. El ambiente resultaba ~. その雰囲気は感じが悪かった. 反 **simpático.**
— 名 感じの悪い人, 不愉快な人.

antipatriota [antipatrjóta] 男女 反愛国主義者.

antipatriótico, ca [antipatrjótiko, ka] 形 愛国心の欠如した, 反愛国的な.

antipedagógico, ca [antipeðaɣóxiko, ka] 形 非教育的な, 教育効果の上がらない.

antipirético, ca [antipirétiko, ka] 形 《医学》解熱性の, 解熱作用のある. — 男 《医学》解熱剤.

antipirina [antipirína] 女 《薬学》アンチピリン(解熱・鎮痛剤).

antípoda [antípoða] 形 ❶ 対蹠(たいせき)地の, 地球の反対側の. —países ~s 地球の裏側にある国々. ❷ 正反対の. —opiniones ~s 正反対の意見. — 男女 対蹠地に住む人. — 女 ❶ 対蹠地. ❷ 正反対の事柄.

antiquísimo [antikísimo] [<antiguo+ísimo] 形 とても古い, 大昔の.

antirrábico, ca [antiráβiko, ka] 形 《医学》狂犬病治療の, 狂犬病予防の. —vacuna *antirrábica* 狂犬病予防ワクチン.

antirreglamentario, ria [antireɣlamentárjo, rja] 形 規則[法規]に反する, 違法の.

---

antirreligioso, sa [antireliɣjóso, sa] 形 反宗教的な.

antirrobo [antiróβo] 形 〖無変化〗盗難防止の. —Tiene instalado en el coche un sistema ~. 彼は車に盗難防止装置をつけている.
— 男/女 盗難防止装置[器具].

antiscio [antísθjo] 男 〖主に 複〗赤道の両側で同一子午線上に住む人.

antisemita [antisemíta] 形 反ユダヤの.
— 男女 反ユダヤ主義者.

antisemítico, ca [antisemítiko, ka] 形 反ユダヤの.

antisemitismo [antisemitísmo] 男 反ユダヤ主義, ユダヤ人排斥主義.

antisepsia [antisépsja] 女 防腐(法), 消毒(法).

antiséptico, ca [antiséptiko, ka] 形 防腐の, 消毒の, 殺菌の. — 男 防腐剤, 消毒剤.

***antisocial** [antisoθjál] 形 ❶ 反社会的な, 社会秩序を乱す. —ideas ~es 反社会的な思想. ❷ 社会性のない, 非社交的な. —Es un pintor ~ y nunca concede entrevistas. 彼は非社交的な画家で, 決して会見を受け付けない. ❸ 〖南米〗犯罪的な.
— 男女 反社会的な人; 社会性のない人.

antistrofa [antistrófa] 女 《詩学》アンチストロペ(古代ギリシャ詩の第2連).

antisubmarino, na [antisuβmaríno, na] 形 《軍事》対潜水艦の.

antitanque [antitánke] 形 《軍事》対戦車用の.

antítesis [antítesis] 女〖単複同形〗❶ 正反対(の物・人), 対照(となる物・人). —Pedro es la ~ de su hermano. ペドロは弟と正反対の人物だ. Lo que dice es la ~ de lo que hace. 彼の言うことは, することと正反対だ. ❷ 《哲学》アンチテーゼ, 反定立. ❸ 《修辞》対句, 対照法.

antitético, ca [antitétiko, ka] 形 ❶ 正反対の, 対照的な. —Frío y calor son conceptos ~s. 寒さと暑さは正反対の概念です. ❷ 《哲学》アンチテーゼの. ❸ 《修辞》対照法の.

antitoxina [antitoksína] 女 《医学》抗毒素.

antituberculoso, sa [antituβerkulóso, sa] 形 《医学》抗結核性の, 結核予防の. —patronato ~ 結核予防協会.

antivirus [antiβirus] 形〖単複同形〗《情報》ウイルスを検出する.
— 男 《情報》アンチウイルスソフト, ウイルス除去プログラム.

Antofagasta [antofaɣásta] 固名 アントファガスタ(チリの州・州都).

antojadizo, za [antoxaðíθo, θa] 形 気まぐれな, 移り気な. 類 **caprichoso.**

antojado, da [antoxáðo, ða] 形 〖+de〗を欲しがる.

antojarse [antoxárse] 再〖3人称の活用形のみ〗〖+a にとって〗❶ …したい気がする〖+不定詞〗, …が欲しいと思う. —Se me antoja ir a Grecia. 私はギリシャに行ってみたい. Puede usted hacer lo que se le *antoje*. あなたはやりたいことをやってよろしい. Se me antoja una rosa. バラが一輪欲しい. ❷〖+que+直説法〗…のような気がする. —Se me antoja que nos están engañando. 私に

antojo [antóxo] 男 ❶ 気まぐれ, 思いつき, むら気, わがまま. —Esto no es más que un ~. これは一時の気まぐれに過ぎない. seguir sus ~s 気の向くままにする, 勝手気ままに振舞う. satisfacer todos sus ~s a ... (人)にわがままを許す. 類 **capricho**. ❷ (特に妊婦の気まぐれな[変わった]嗜好. —Las embarazadas suelen tener ~s. 妊婦はよく変わった嗜好を示す. ❸[単または複](新生児の)母斑(ほくろ), あざ.

a su antojo 思う[気の向く]ままに, 好きなように. Maneja el marido *a su antojo*. 彼女は夫を思いのままに操っている.

antología [antoloxía] 女 ❶《文学》選集, 詞華集. —Estoy leyendo una ~ de la poesía española. 私はスペイン詩の選集を読んでいる. ❷《音楽》名曲集.

de antología《話》すばらしい.

antológico, ca [antolóxiko, ka] 形 ❶ 選集の. ❷《話》すばらしい. —El jugador metió un gol ~. その選手はすばらしいゴールを決めた.

Antonia [antónja] 固名《女性名》アントニア.

antónimo, ma [antónimo, ma] 形 反意語の, 反義語の. 反 **sinónimo**.
—— 男 反意語, 反義語. 反 **sinónimo**.

Antonio [antónjo] 固名《男性名》アントニオ.

antonomasia [antonomásja] 女《修辞》換称(有名な人の固有名詞を普通名詞の代りに用いること, またはその逆. 例えば el Apóstol で San Pablo を指すこと).

por antonomasia 言わずと知れた, とりわけすぐれた.

antorcha [antórtʃa] 女 ❶ たいまつ, トーチ. —la ~ de los juegos olímpicos オリンピックの聖火. ❷《文》(道徳的な)導きの光, (何かを)照らし出すもの.

antraceno [antraθéno] 男《化学》アントラセン.

antracita [antraθíta] 女《鉱物》無煙炭.

ántrax [ántra(k)s] 男〖単複同形〗《医学》炭疽(たんそ)(病), 癰(よう).

antreno [antréno] 男《虫類》マルカツオブシムシ.

antro [ántro] 男 ❶ 洞窟, ほら穴. 類 **caverna, cueva, gruta**. ❷ 穴蔵(あなぐら)のような所, 雰囲気や居心地の悪い店. —~ de perdición 悪徳の巣窟(そうくつ).

antropocéntrico, ca [antropoθéntriko, ka] 形 人間中心の.

antropocentrismo [antropoθentrísmo] 男《哲学》人間中心主義.

antropofagia [antropofáxja] 女 人食いの風習, 食人. 類 **canibalismo**.

antropófago, ga [antropófaɣo, ɣa] 形 食人の. —— 名 食人種.

antropoide [antropójðe] 形 ❶ 人類に似た. ❷ 類人猿の. —— 男 類人猿.

antropoideo, a [antropójðeo, á] 形《動物》類人猿の.

antropología [antropoloxía] 女 人類学. —~ cultural 文化人類学.

antropológico, ca [antropolóxiko, ka] 形 人類学の.

antropólogo, ga [antropóloɣo, ɣa] 名 人類学者.

antropometría [antropometría] 女 人体測定(法).

antropomorfismo [antropomorfísmo] 男 ❶ 擬人観. ❷《宗教》神人同形論.

antropomorfo, fa [antropomórfo, fa] 形 人間の形をした. —— 男複 類人猿.

antropónimo [antropónimo] 男 人名.

antruejo [antrwéxo] 男 カーニバル, 謝肉祭.

antucá [antuká] 男《中南米》パラソル.

antuviada [antuβjáða] 女 不意の殴打.

antuvión [antuβjón] 男《話》❶ 不意の殴打, 不意打ち. ❷ 殴られる前に殴る人.

de antuvión 不意に, 急に.

anual [anwál] 形 ❶ 1年の, 年間の. —producción ~ 年産. ventas ~es 年間売上高. Gana 50,000 euros ~es. 彼は年に5万ユーロ稼ぐ. Se dan cursos de español ~es y semestrales. 年間コースと半期コースのスペイン語講座が開かれる. ❷ (a) 毎年の, 年々の, 年々の. —anillo ~ 年輪. Mañana comienzan las fiestas ~es del pueblo. 明日村の毎年恒例の祭が始まる. (b) 年1回の, 年刊の. —memoria ~ 年報, 年次報告書. ❸《植物》1年生の. —planta ~ 1年生の植物.

anualidad [anwaliðáð] 女 ❶ 毎年行なわれること, 年間. ❷ 年会費; 年間の支払い額. —Estoy devolviendo el préstamo en ~es de dos millones de yenes. 私は年間 200 万円のローンを返済している. ❸ 年金.

anualmente [anwálménte] 副 毎年, 年に 1 回ずつ.

anuario [anwárjo] 男 年報, 年鑑.

anubarrado, da [anuβarráðo, ða] [＜nubarrón] 形 ❶ (空が)雲で覆われた, 曇った. 類 **nublado**. ❷ (絵画で)雲に似せて描いた.

anublar [anuβlár] [＜nube] 他 ❶ (空)を雲で覆う. ❷ (評判など)を汚す, 傷つける. 類 **empañar, oscurecer**.
——se 再 ❶ (空が)曇る. ❷ (評判などが)汚される. ❸ (植物が)しおれる, 枯れる. ❹ (希望などが)消える. 類 **desvanecerse**.

anublo [anúβlo] 男 →añublo.

anudadura [anuðaðúra] 女 結び目を作ること, 結び目.

anudamiento [anuðamjénto] 男 →anudadura.

anudar [anuðár] [＜ⁿudo] 他 ❶ ...に結び目をつける, を結ぶ. —~ la corbata ネクタイを結ぶ. ❷ (傷など)を結ぶ. ❸ (友情など)を結ぶ, 交わす. ❹ (声)を詰まらせる. —La emoción anudó su voz. 彼は感動のあまり声を詰まらせた. ❺ (中断していたこと)を続ける, 再開する.
——se 再 ❶ を結ぶ. —El niño no sabe ~se los cordones de los zapatos. その子は靴のひもを自分で結べない. ❷ (声が)詰まる.

anuencia [anwénθja] 女 承諾, 同意. 類 **consentimiento**.

anuente [anwénte] 形 承諾を意味する, 同意する.

anulable [anuláβle] [＜nulo] 形 (契約などが)取消[解約]可能な, 無効にできる.

anulación [anulaθjón] 女 (契約などの)取り消し, 解約, (法律の)失効, 破棄.

‡**anular**¹ [anulár] [<nulo] 他 ❶ を取り消す, 取りやめる, 無効にする. — ~ un acuerdo [un compromiso] 合意[約束]を取り消す. Una enfermedad me obligó a ~ el viaje. 急病のため私は旅行を取りやめねばならなかった. ❷ をだめにする, (人)を無能にする, 抑え込む. — Aquel ambiente opresivo me *anulaba*. あの抑圧的な雰囲気の中で彼女はすっかり精彩を欠いていた.

— **se** 再 ❶ 無効になる, 取消[取りやめ]になる. — Debido a la quiebra *se anuló* el contrato automáticamente. 会社の破産により契約は自動的に無効となった. ❷ だめになる, 無に等しくなる. — Era muy tímido y *se anulaba* ante personas desconocidas. 彼はとても内気なので, 知らない人の前ではまるでだめだった.

anular² [anulár] 形 指輪の, 指輪の形をした. — dedo ~ 薬指. eclipse ~ 金環食.

— 男 薬指.

‡**anunciación** [anunθjaθjón] 女 ❶ (la A~)《カトリック》受胎告知, お告げ(大天使 el Arcángel San Gabriel が聖母マリアに);(聖母マリア)お告げの祝日(3月25日). ❷ 知らせ, 告知, 告示; 予告. 類**anuncio**. ❸ (A~)《女性名》アヌンシアシオン.

anunciador, dora [anunθjaðór, ðóra] [<nuncio] 形 →anunciante.

anunciante [anunθjánte] 形 ❶ 告げる, 知らせる. ❷ 広告の, 宣伝の. — entidad ~ 広告会社. — 男女 広告主, スポンサー.

‡‡**anunciar** [anunθjár] [<nuncio] 他 ❶ (*a*)を知らせる, 通告する, 通報する. — Aún no han *anunciado* la llegada del avión. まだその飛行機の到着は告げられていない. ❷ を発表する, 告知する, 公表[公示]する. — Mañana *anunciarán* oficialmente su casamiento. 明日彼らは結婚を正式に発表するだろう. (*c*) (来訪)を取り次ぐ. — La secretaria *anunció* nuestra visita. 秘書が私たちの来訪を取次いでくれた. ❷ を予告する, …の前兆となる. — Esas nubes *anuncian* tormenta. あの雲は嵐の前兆だ. ❸ を宣伝する, 広告する. — Esa marca *anuncian* en televisión. そのブランドはテレビで宣伝している.

— **se** 再 ❶ (自己)を宣伝する, 広告する. — La compañía *se anuncia* en televisión y prensa. その会社はテレビや新聞で宣伝している. ❷ 現れ出す, …の兆しがある. — *Se anuncia* buen tiempo mañana. 明日はよい天気になりそうだ.

‡‡**anuncio** [anúnθjo アヌンシオ] 男 ❶ 知らせ, 告知, 発表, 通知. — oficial 公告. — ~ de la fecha de las elecciones 選挙期日の公示[告示]. Hizo el ~ de su separación. 彼は別居を発表した. ❷ 広告, コマーシャル, ポスター; 掲示; 貼紙, ビラ;《情報》バナー. — ~s de la televisión. テレビコマーシャル. ~s breves [clasificados] (求人・貸家などの)項目別小広告. ~s electorales 選挙ポスター. hombre ~ サンドイッチマン. publicar [poner, insertar] un ~ en el periódico 新聞に広告を出す. tablero [tablón, tablilla] de ~s 掲示板. Prohibido fijar ~s. 貼紙禁止. 類**propaganda, publicidad.** ❸ 掲示板, 広告板, 立て看板. 類**valla.** ❹ 前兆, 前触れ, 先触れ. — Esas nubes son el ~ de una tormenta. その雲は嵐の前触れである. 類**presagio, pronóstico.**

anuncios por palabras (新聞などの)三行広告, 求人広告(語数に応じて支払う).

anuo, nua [ánuo, nua] 形 《植物が》一年生の.

anuria [anúrja] 女《医学》無尿.

anuro, ra [anúro, ra] 形《動物》無尾の. — 男 複 無尾類(カエルなど).

***anverso** [ambérso] 男 ❶ (硬貨・メダルなどの)表(おもて), 表面(→reverso「裏面」). — Gobierno y partido son el ~ y reverso de la misma moneda. 政府と党は表裏一体である. 類**cara, faz, haz.** 反**cruz, envés.** ❷《印刷》(本の)表[右]ページ(紙の表. 反**reverso.**

Anzoátegui [anθoáteɣi] 固名 アンソアテギ(ベネズエラの州).

anzuelo [anθwélo] 男 ❶ 釣り針. ❷ (人を引きつけるための)策略, 餌(えさ). 類**aliciente, atractivo.** *caer [picar] en el anzuelo* だまされる, 策略にはまる. La colmó de atenciones y *picó en el anzuelo*. 彼女はいろいろと親切にされて, だまされてしまった.

echar el anzuelo だます, わなにかける.

morder [tragar] el anzuelo →CAER en el anzuelo.

añada [apáða] 女 ❶ (農業での)1年間. ❷ ワインの年間の収穫.

añadido, da [apaðíðo, ða] 形 『+a』…に付け加えられた, 追加された.

— 男 ❶ 付加[追加](すること・したもの), 加筆. — hacer [poner] un ~ a ... …に付加[追加]する. 類**añadidura.** ❷ 入れ毛, ヘアピース.

*‡**añadidura** [apaðiðúra] 女 ❶ 追加, 付加;(原文への)加筆. — hacer alguna ~ al texto テキストに加筆する. ❷ 追加物(量り売りなどの)おまけ, サービス. — dar algo de ~ en una compra 買い物で何かをおまけする. ❸ (衣服などの)継ぎ足し部分.

por [de] añadidura その上, さらに, おまけに (= además, encima); チップとして (= de propina).

‡‡**añadir** [apaðír アニャディル] 他 ❶ (言葉)を付け加える, 言い添える, 言い足す;《情報》アペンドする. — Al terminar la conferencia, añadió unas palabras de agradecimiento. 講演を終えるに当り, 彼は感謝のことばを付け加えた. 類**agregar.** ❷ を付け足す, 増やす; 増補する. — *Añadió* un poco de sal a la ensalada. 彼はサラダに少し塩を足した. *Añadió* tres centímetros a los pantalones. 彼はズボンのすそを3センチ伸ばした. 類**agregar, ampliar, aumentar.**

añagaza [apaɣáθa] 女 ❶ (鳥を捕るための)おとり. ❷ 策略, ごまかし.

añal [apál] 形 ❶ 1年の, 毎年の (= anual). ❷ (牛・羊などが)生後1年の.

— 男 ❶ 生後1年の子羊[子牛, 子ヤギ]. ❷ (1周忌に供えるための)供物.

añalejo [apaléxo] 男《カトリック》(年間の聖務を記した)教会暦.

añascar [apaskár] [1.1] 他 ❶ (つまらない物)を少しずつ収集する. ❷ を紛糾させる. 類**embrollar, enredar.**

añejar [apexár] 他 (酒など)を熟成させる, 寝かす. — ~ el jamón ハムを熟成させる.

— **se** 再 (酒が)熟成する.

añejo, ja [anéxo, xa] 形 ❶ (酒が)熟成した，年代ものの．—vino ~ 年代もののワイン．❷ (慣習などが)昔からの，古い．—noticia *añeja* 古いニュース．

añicos [aníkos] 男 複 (物が壊れた時の)破片．
hacer añicos ずたずたにする．
hacer añicos (a ...) (人)を疲労困憊(訟)させる，打ちのめす．Aquella caminata me *hizo añicos*. あのハイキングは私を疲労困憊させた．

añil [aníl] 男 ❶《植物》アイ(藍)．❷ 藍色．
—— 形 藍色の．

añilar [anilár] 他 を藍(%)で染める，藍色に染める．

añinos [anínos] 男 複 生後1年以下の子羊の毛皮[毛]．

*año [áno アニョ] 男 ❶ 年，(紀元)…年，『期間』年．—Eso fue en el ~ 1980. それは1980年のことだった．en los ~s 50 50年代に．el ~ pasado 去年．el ~ que viene 来年．Suelo viajar dos veces al ~. 私は毎年2回旅行する．Hoy se cumplen 100 ~s de su nacimiento. 今日は彼の生誕100年目だ．Al ~ de estar allí, ya se quería volver. 彼はそこに移って1年も経つと戻りたくなった．Por ti no pasan los ~s. 少しも年取ったように見えないね．Hace ~s que no lo veo. この何年も彼に会っていない．a lo largo de este ~ [de los ~s] 今年のうちに[何年もかかって]．❷ 年齢．—¿Cuántos ~s tienes? あなたは何歳ですか．Tengo 14 ~s. 私は14歳です．Esas ruinas tienen más de 1.000 ~s. その廃墟は1,000年以上前のものだ．¿Cuándo cumples ~s? お誕生日はいつですか．¿Cuántos ~s cumples? あなたは何歳になるところですか．Hoy cumple 18 ~s. 彼女は今日18歳になる．Ya debe de tener sus ~s. 彼はもう年だろう．en sus ~s mozos 彼が若い頃には．Hay que ver, a sus ~s ya se va a bailar a las discotecas. すごいじゃないか．彼はあの年でディスコダンスに行くんだ．❸ 学年；年度．—¿Qué ~ haces? [¿En qué ~ estás?] あなたは何年生ですか．Perdí el ~. 留年する羽目になった．~ académico [escolar] 学年．~ fiscal 会計年度．❹ (暦の)年．—~ anomalístico 近点年．~ astronómico 天文年．~ bisiesto 閏年．~ civil 暦年，カレンダーの1年．~ de gracia《古》キリスト紀元．~ sabático (大学教授の)休暇年度，サバティカル；(古代ユダヤの)安息の年．~ santo (カトリックの25年ごとの)聖年．~ solar (恒星年に対して)太陽年．~ lunar 太陰年．
A los cien años todos calvos.【諺】食え，飲め，騒げ(われわれはどうせ死ぬのだから)．
año (de) luz 光年．複《比喩》とても離れていること．estar [encontrarse] *a años luz de* …からとてつもなく離れている．
Año Nuevo 新年．día de *Año Nuevo* 元日．¡Feliz *Año Nuevo*! 新年おめでとう．*Año Nuevo*, vida nueva. 新年とともに新しいスタートを切る．
año y vez (耕作と休耕が)1年交代の．
de buen año 太って健康な．
echársele [venírsele] los años encima 急に老けこむ．
el año catapún [de la nana, de la pera, de la polca] 昔々その昔；非常に古くさい，時代おくれ．Esto se hace desde *el año catapún*. これは大昔から行なっている．Tiene un coche *del año de la pera*. 彼はとても旧型の車を持っている．
entrado en años 年配の．Se casó con un señor ya *entrado en años*. 彼女はすでに年配の男と結婚した．
ganar año《話》試験に合格する．
no hay quince años feos 若さはそれ自体美しい．
perder año 学年末試験に落ちる，留年する．
por los años de …年に．Eso debió ocurrir *por los años de 1890*. それは1890年に起こったはずだ．
quitarse años 年齢を若く言う(見せる)，歳のさばをよむ．

añojal [anoxál] 男《農業》休耕地，休閑地． 類 *barbecho*.

añojo [anóxo] 男 満1歳の子牛[子羊]．

añoranza [anoránθa] 女 郷愁，懐旧の念．—Tenemos ~ de aquel canario que cantaba bien. 我々はきれいにさえずっていたあのカナリアが懐かしい． 類 *nostalgia*.

añorar [anorár] 他 を懐しむ．—Ella *añora* mucho su pueblo natal. 彼女は自分の生まれ故郷をとても懐かしく思っている．
—— 自 郷愁[懐旧の念]にかられる．

añoso, sa [anóso, sa] 形 (樹木が)年を経た，高齢の．—una encina *añosa* カシの老木．

añublar [anuβlár] 他 →anublar.
—**se** 再 →anublarse.

añublo [anúβlo] 男《植物》胴枯れ病；(麦などの)銹(%)病．

añudar [anuđár] 他 →anudar.

añusgar [anusɣár] 自 ❶ 喉(%)を詰まらせる． 類 *atragantarse*. ❷ 憤慨する． 類 *disgustarse, enfadarse*.

aojar [aoxár] [＜*ojo*] 他 ❶ …に目で呪いをかける．❷ を台無しにする．

aojo [aóxo] 男 目で呪いをかけること；呪詛(%)の目つき．

aoristo [aorísto] 男《文法》(ギリシャ語文法の)アオリスト，不定過去．

aorta [aórta] 女《解剖》大動脈．

aórtico, ca [aórtiko, ka] 形《解剖》大動脈の．—aneurisma ~ 大動脈瘤(%)．

aovado, da [aoβáđo, đa] [＜*huevo*] 形 (葉が)卵形の，長円形の．—hojas *aovadas* 長円形の葉．

aovar [aoβár] 自 (鳥・魚などが)卵を産む，産卵する．

aovillarse [aoβiʎárse] [＜*ovillo*] 再 (寒さなどで)体を丸くする，身を縮める．

APA [ápa] [＜*Asociación de Padres de Alumnos*] 女《スペイン》父母連盟(全国PTA)．

apabullar [apaβuʎár] 他 ❶《話》を押しつぶす．❷ を圧倒する．

apacentadero [apaθentađéro] 男 放牧地，牧草地．

apacentamiento [apaθentamiénto] 男 ❶ 放牧．❷ 牧草．

apacentar [apaθentár] [4.1] 他 ❶ (家畜)を放牧する，(家畜)に牧草を食べさせる．—El pastor *apacienta* su rebaño. 羊飼いは自分の群れに牧草を食べさせた．❷《比喩》(人)を教え導く． 類 *enseñar, instruir*. ❸ (感情などを)かき立てる．
—**se** 再 ❶ (家畜が)草を食(%)む．❷『＋*con, de*』を糧(%)とする．

apache [apátʃe] 男女 ❶ アパッチ族(北米インディアン). ❷ (大都市の)ならず者.
—— 形 アパッチ族の.

*__apacibilidad__ [apaθiβiliðáð] 女 ❶ (気候・海の)穏やかさ, のどかさ, 静けさ; (生活の)穏和, 安穏. ~ del clima 気候の穏やかさ. ~ de la tarde 午後ののどかさ. 類 __tranquilidad__. ~ de carácter 性格の温和, 温厚, 優しさ. —Envidio la ~ de tu carácter. 君の性格の温厚さが羨ましい. 類 __dulzura, suavidad__.

*__apacible__ [apaθíβle] 形 (人柄・天候・自然現象などが)穏やかな, 静かな, 緩やかな. —niño ~ おとなしい男の子. vida ~ 平穏な生活. viento ~ 穏やかな風. Hace un invierno bastante ~. かなり穏やかな冬である. 類 __agradable, suave, tranquilo__.

apaciguador, dora [apaθiɣwaðór, ðóra] 形 なだめる, 和らげる; 調停する. —La intervención *apaciguadora* de un amigo evitó que se liaran a bofetadas. 友人が仲裁したので殴り合いは回避された. —— 名 調停する人.

apaciguamiento [apaθiɣwamjénto] 男 ❶ なだめること, 平静. ❷ 鎮静.

apaciguar [apaθiɣwár] [1.4] 他 ❶ をなだめる. —Las palabras del rector no lograron ~ a los estudiantes. 学長の言葉は学生たちを説得できなかった. 類 __aquietar__. ❷ (痛みなどを)鎮静させる. ~ el dolor 痛みを和らげる.
—— se 再 静まる, 和らぐ.

apadrinamiento [apaðrinamjénto] 男 ❶ (洗礼で)代父[名付け親]になること. ❷ (結婚式で)付添人になること. ❸ 後援, 庇護. 類 __patrocinio__.

apadrinar [apaðrinár] [< padrino < padre] 他 ❶ …の代父[名付け親]となる. —En el bautizo del niño, le *apadrinaron* los abuelos paternos. その子の洗礼で父方の祖父母が名付け親になった. ❷ (結婚式で)…の付添人になる. ❸ …の後援者となる, を援助する. —Ellos buscan a alguien que *apadrine* el proyecto de investigación. 彼らは研究プロジェクトを援助してくれる人を探している. 類 __patrocinar__. ❹ 〖乗馬〗(調教のために子馬)に伴走する. —— se 再 〖+a/bajo〗…の庇護(⁽ᵖ⁾)を受ける, …に身を寄せる.

apagadizo, za [apaɣaðíθo, θa] 形 燃えにくい, 消えやすい.

apagado, da [apaɣáðo, ða] 形 ❶ (火・明かりが)消えた, 電源が切れた. —La luz está *apagada*. 明かりは消えている. ❷ (人が)生気[元気]のない, 気弱な. 類 __apocado__. ❸ (声などが)弱々しい. —Hablaba con un tono de voz triste y *apagada*. 悲しげで弱々しい声で彼は話していた. ❹ (色が)くすんだ. —Ese color tan ~ no te favorece. そんなにくすんだ色は君には似合わないよ.
—— 男 〖情報〗シャットダウン.

apagador [apaɣaðór] 男 ❶ ろうそく消し. ❷ 〖楽器〗(ピアノの)ダンパー, 止音器.

**apagar [apaɣár アパガル] [1.2] 他 ❶ (火・明かり・電源を)消す, 切る, 止める. ~ la luz [el gas] 明かり[ガス]を消す. ~ el motor エンジンを止める. No se te olvide ~ el televisor. テレビを消し忘れるな. 反 __encender__. ❷ (欲望, 感情などを)鎮める, 和らげる, (かわきを)止める. ~ el entusiasmo [los afectos] 熱狂[愛情]をさます. ~ el odio 憎しみを和らげる. ~ el hambre [la sed] 空腹[かわき]をいやす. ❸ (色・音)を弱める, 薄める.

—— se 再 ❶ (火・明かりなどが)消える, 切れる. —De repente se *apagó* la luz. 突然明かりが消えた. ❷ (欲望・感情などが)収まる, 弱まる, 衰える. —Su vida *se apaga*. 彼の命はつきようとしている. ❸ (色が)あせる, 薄くなる.

apaga y vámonos 〖話〗もうおしまいにしよう, もう切り上げよう. Si te pones así, *apaga y vámonos*. もし君がそんな態度をとるなら, もう話はやめよう.

apagavelas [apaɣaβélas] 男〖単複同形〗ろうそく消し.

apagón [apaɣón] 男 停電. —~ gigantesco 大停電.

apague(-) [apaɣe(-)] 動 apagar の接・現在.

apagué [apaɣé] 動 apagar の直・完了過去・1単.

apainelado, da [apainelaðo, ða] 形 〖建築〗(アーチが)半円より低い, 三心アーチの.

apaisado, da [apaisáðo, ða] 形 横長の, 長方形の. —cuadro [libro] ~ 横長の額⁽ᵏ⁾[本].

apajarado, da [apaxaráðo, ða] 形 〖中南米〗まぬけな.

apalabrar [apalaβrár] [< palabra] 他 を口頭で約束する, 口頭で取り決める.
—— se 再 〖+con〗…と口頭で約束する.

Apalaches [apalátʃes] 固名 (Montes ~) アパラチア山脈(北アメリカ大陸の山脈).

apalancamiento [apalaŋkamjénto] 男 ❶ てこを利用した動かすこと. ❷ 支援, 援助.

apalancar [apalaŋkár] [1.1] [< palanca] 他 ❶ をてこで持ち上げる[動かす, 開ける]. ❷ を支援[援助]する. —— se 再 〖話〗〖+en〗…に落ち着く.

apaleamiento [apaleamjénto] 男 ❶ 棒でたたくこと. ❷ 棒でたたいて果実を落とすこと. ❸ 〖農業〗穀物のふるい分け.

apalear [apaleár] [< palo] 他 ❶ を棒でたたく. 類 __varear__. ❷ (果樹)を棒でたたいて実を落とす. ❸ 〖農業〗(穀物)をふるい分ける. 類 __aventar__.
apalear oro [plata, dinero] 大金をかせぐ.

apaleo [apaléo] 男 → apaleamiento.

apamparse [apampárse] 再 〖中南米〗当惑する.

apanalado, da [apanaláðo, ða] 形 ハチの巣の穴の形をした.

apandar [apandár] 他 〖話〗を盗む, くすねる.

apandillar [apandiʎár] [< pandilla] 他 を一味[仲間]にする. —— se 再 徒党を組む.

apanojado, da [apanoxáðo, ða] 形 〖植物〗円錐花序の.

apantanar [apantanár] [< pantano] 他 (土地)を水浸しにする.

apañado, da [apaɲáðo, ða] 形 ❶ 有能な, 熟練した. —Mi primo es muy ~ para arreglar aparatos electrónicos. 私のいとこは電子機器を直すのが上手だ. 類 __hábil, mañoso__. ❷ (形や大きさが)格好の, あつらえ向きの, 実用的な. —una maleta muy *apañada* とても実用的なスーツケース. ❸ 着飾った. —Vive en una chabola pero va siempre muy ~. 彼はあばら屋に住んでいるが, いつも着飾っている. ❹ 〖estar/ir+〗困った; 間違えている. —¡Estás ~ si crees que te van a subir el sueldo! 給料を上げてもらえると思ったら大

apañamiento [apaɲamiénto] 男 →apaño.

*****apañar** [apaɲár] 他 ❶ …の応急修理をする, (衣類を)繕う. —He apañado la ducha hasta que pueda venir el fontanero. 修理屋が来てくれるまで私はシャワーを応急修理した. 類**arreglar, reparar**. ❷《話》うまくごまかす, とりつくろう. —Han apañado las actas de la junta. 彼らは会議の議事録をでっち上げた. ❸ …の身支度をする, …にきちんとした身なりをさせる. —Apaña a los niños, que queda poco tiempo. 子どもたちの身仕度をしてあげなさい, 時間があまりないから. 類**acicalar, asear**. ❹ くすねる, 盗む. —Apañó todo lo que encontró de valor en la casa. 彼はその家で見つけた高価なものをすべてくすねた. ❺ 調理する, …に味付けをする. ❻〖南米〗(人)をかばう, かくまう.

—— 自〖+con を〗盗む, くすねる, ちょろまかす. —Apañaron con todo lo que había en la casa. 彼らは家にあったものすべてを盗んだ.

——**se** 再 ❶ 身仕度をする, 身繕いをする. —Apáñate, que vamos a hacer una visita. きちんと身仕度しなさい, 私たちは人を訪問するのだから. 類**acicalarse, asearse**. ❷〖+con に〗満足する, (…が)気に入っている. —Nos apañamos bien con la nueva casa. 私たちはこんどの家に満足している. No me apaño en la ciudad; echo de menos el pueblo. 私には都会の居心地が悪い, 田舎が懐かしい. ❸〖+con (人)と〗うまくやって行く.

apañárselas やりくりする, (苦しい中で)うまくやりおおせる, 頭を働かす. No te preocupes, que yo me las apañaré solo. 心配しないでください. 私はひとりで何とかやって行きますから.

apaño [apáɲo] 男 ❶ 修繕. ❷ 準備. ❸ 身支度, ❹ 盗み, 急場しのぎの策. 類**componenda**. ❺ 情事. ❻ 熟練, 手腕. —una persona de mucho ~ 手腕のすぐれた人. 類**habilidad, maña**. ❼ 情事. —Su mujer ha descubierto que tenía un ~. 彼の浮気は妻に見つかった.

no tener apaño《話》どうしようもない, 処置がほどこせない.

apañuscar [apaɲuskár] [1.1] 他〖apañar の軽蔑語〗❶ を握りつぶす. ❷ を盗む.

*****aparador** [aparaðór] 男 ❶ 食器戸棚, サイドボード. 類**cristalera**. ❷(店の)ショーウィンドー, 陳列棚. 類**escaparate, vidriera**. ❸ 仕事場, 作業場. ❹(祭壇わきの)卓.

aparato [aparáto アパラト] 男 ❶(一組の)器具, 機械, 装置. —~ de acondicionamiento de aire/~ de aire acondicionado 空調設備. ~ (de uso) doméstico 家庭用品. ~s electrónicos 電子機器. ~s electrodomésticos 家庭電化製品. ~ de precisión 精密機械. ~ salvavidas 救命具. ~s de mando (航空機の)操縦装置. ~ para destilar agua 蒸留器. un ~ para tomar la tensión arterial 血圧測定器. ❷(テレビ, ラジオ)受像機, 受信機; カメラ. — ~ fotográfico. ~ de televisión [de radio] テレビ[ラジオ]1台. ❸《話》電話, 受話器. —Ponte al ~, es para ti. あなたに電話よ, 出て. ¡Diga!, ¿quién está al ~? もしもし, どちらさまでしょうか? ¡Oiga! Deseo hablar con el señor Felipe López.-Al ~. もしもし, フェリペ・ロペスさんとお話ししたいのですが. -はい, 私です. 類teléfono**. ❹〖集合的に〗〖解剖〗…器官. — ~ circulatorio [digestivo, respiratorio] 循環[消化, 呼吸]器. ~ excretor [urinario] 排泄[泌尿]器官. ~ reproductor [genital] 生殖器. ~ locomotor 運動器官. 類**sistema**. ❺〖主に複〗(スポーツ)(体操の)用具, 器械; (理化学・医療用の)器具, 装置. — ~s de gimnasia (器械)体操用具, 運動器具. ~s de laboratorio 実験器具[装置]. gimnasia con ~s 器械体操. Los ~s del dentista están esterilizados. 歯医者の器具は消毒してある. ❻〖文〗飛行機. 類**aeronave, aeroplano, avión**. ❼(儀式・行列などの)華美, 壮麗; 仰々しさ, 大げさ(→con mucho [gran] aparato). —sin ~ 地味に. fiesta de mucho ~ 盛大なパーティー. Le gusta rodearse de mucho ~. 彼は派手にお供を連れ歩くのが好きだ. ¡Vaya un ~ para semejante menudencia! そんな些細なことに何と大げさなことだ. 類**ostentación, pompa**. 反**sencillez, sobriedad**. ❽《話》大騒ぎ. —armar [hacer, mover] ~ 大騒ぎする. 類**follón**. ❾〖医学〗矯正具, 医療補助具(ギプス・義肢・義歯・歯列矯正具・補聴器など). — ~ dental 義歯. ~ de ortodoncia 歯列矯正具. Lleva un ~ ortopédico en el brazo. 彼は腕に矯正具をつけている. ~ auditivo 補聴器(=audífono). Le han puesto un ~ corrector en los dientes. 歯列矯正具を付けられた. 類**apósito, vendaje**. ❿(政治)(政党・組合などの)執行部, 中枢機関; (政府・国家・行政などの)機構, 機関, 組織. —el ~ del partido 党の執行部[中枢部]. ~ del estado 国家機構. ~ administrativo [burocrático, policial] 行政[官僚, 警察]機構. ⓫(ある現象・事柄に先行・付随する)兆候, しるし, 合図; 徴候, 症状. —Nos sorprendió una tormenta con gran ~ de truenos y relámpagos. 私たちはものすごい雷鳴と稲妻を伴う嵐に会った. ⓬〖婉曲〗男性器.

aparato crítico〖言語〗(本・文献の)注釈, 注記, 考証資料.

aparato de Golgi《生物》ゴルジ体(核の近くにある細胞質内小器官).

aparato eléctrico 電気器具.

aparato escénico〖演劇, 映画〗演出, 上演.

aparatosamente [aparatosaménte] 副 派手に, 華々しく.

aparatosidad [aparatosiðá(ð)] 女 華々しいこと, 派手さ, 人目を引くこと. —A pesar de la ~ del accidente, sólo una persona resultó herida. 大きな事故だったにもかかわらず, 1人が負傷しただけですんだ.

aparatoso, sa [aparatóso, sa] 形 華々しい, 派手な, 人目を引く. —un traje ~ 派手なドレス. 類**exagerado, ostentoso, pomposo**.

aparcamiento [aparkamjénto] 男 ❶ 駐車. ❷ 駐車場.

aparcar [aparkár] [1.1] 他 ❶(車)を駐車する. ❷(軍事)(軍需品)を集積[配置]する. ❸《話》(計画などを)延期する, 後回しにする.

—— 自 駐車する.

aparcería [aparθería] 女 ❶〖農業〗分益小作法; 分益小作契約. ❷〖中南米〗友情.

aparcero, ra [aparθéro, ra] 名 ❶〖農業〗小作人, 分益小作農. ❷〖中南米〗友達.

apareamiento [apareamjénto] 男 ❶ 対にす

ること. ❷ 交配, 交尾.
aparear [apareár] 他 ❶ 対にする. ❷ (動物)を交配させる.
— **se** 再 ❶ 対になる. ❷ 交尾する.

**aparecer [apareθér アパレセル] [9.1] 自 ❶ 現れる, 出る, 出現する. — *Han aparecido* las primeras estrellas. 一番星が出た. Ya nunca *aparece* por aquí. 彼はもう全然この辺には現れない. ❷ (不明だった人・物が)見つかる, 出てくる. — El reloj *apareció* en un cajón. 時計は引き出しの中から出てきた. *Han aparecido* casos de tuberculosis en la región. その地方で結核患者が見つかった. ❸ (市場・新聞などに)出る, 載る; 刊行される. — Esa novela no *apareció* hasta después de su muerte. 彼の小説は彼の死後まで刊行されなかった.
¡Ya aparecíó aquello! とうとうわかったぞ, ついに本音が出たな.
— **se** 再【＋a/ante の前に】(神・幻影などが)現れる, 姿を現わす. — La tradición dice que la Virgen María *se apareció al* apóstol Santiago en Zaragoza. 伝説によるとサラゴサで聖母マリヤが使徒聖ヤコブの前に姿を現した.

*aparecido [apareθíðo] 男 ❶ 幽霊. 類 **espectro**. ❷ 『アンデス』《話》成り上がり者, 成り金. 類 **advenedizo**.

aparejado, da [aparexáðo, ða] 形 ❶ 準備[用意]のできた. ❷ 適切な, ふさわしい.
ir aparejado con ... …と緊密な関係にある.
llevar [*traer*] *aparejado ...* …を必然的に伴う.

aparejador, dora [aparexaðór, ðóra] 名 建築施工士, 現場監督.

aparejar [aparexár] 他 ❶ を準備[用意]する. 類 **disponer, preparar**. ❷ (馬)に馬具をつける. ❸ 《船舶》(船)を艤装(ぎそう)する. — **se** 再 ❶ 対になる. ❷ 準備が整う. ❸ 着飾る.

aparejo [aparéxo] 男 ❶ 準備, 用意. ❷ 馬具. ❸ 道具, 用具. — ~s de pescar 釣り道具. ❹ 《船舶》(索具などの)艤装(ぎそう)品. ❺ 《機械》滑車装置. ❻ 《美術》下塗り. ❼ 《建築》(煉瓦などの)積上げ, 石積み.

*aparentar [aparentár] 他 ❶ を装(ょそお)う, …と見せかける, いつわる. — *Aparenta* cordialidad pero la verdad es que está muy enfadada conmigo. 彼女は親切を装っているが, 実は私のことをとても怒っている. 類 **fingir**. ❷ (外見が)…に見える. — *Aparenta* más edad de la que tiene. 彼は実際の年齢よりふけて見える. *Aparenta* ser un pícaro, pero no lo es. 彼は悪者であるように見えるが, 実際はそうではない. 類 **parecer**.
— 自 見えである.

*aparente [aparénte] 形 ❶ 見せかけの, 見かけの, 外見上の; もっともらしい. — Su fortaleza es sólo ~. 彼の強さは単に見かけだけだ. Nos ha engañado su ~ mansedumbre. 私たちは彼女の見かけ上のおとなしさにだまされた. 類 **disimulado, fingido**. ❷【＋para】…にふさわしい, 適当な, 格好の. — Es un vestido muy ~ para la abuela. それは祖母に大変似合いの服だ. Después de insistir, me dijo un precio muy ~. 彼はしつこく言い張った末に非常にいい値段を言ってくれた. 類 **adecuado, conveniente**. ❸ 目に見える, 明らかな. — Cancelaron el viaje sin motivo ~. 彼らははっきりした理由もなく旅行をキャンセルした. ❹ 《話》見ばえのよい, 目立つ. — Se ha comprado un coche muy ~. 彼は非常に目立つ車を買った.

*aparentemente [aparéntemente] 副 ❶ 外見上は, 見かけは. — A~ está tranquilo, pero en realidad, está muy preocupado. 彼はうわべは落ち着いているが, 実際には非常に心配している. ❷ 見たところ, おそらく.

aparezca(-) [apareθka(-)] 動 aparecer の接・現在.

aparezco [apareθko] 動 aparecer の直・現在・1単.

*aparición [apariθjón] 女 ❶ 出現, 現れること. — Hizo una ~ por sorpresa en la fiesta. 彼はパーティーに突然現れた. ❷ 出版. — libro de próxima ~ 近刊書. La ~ de su nuevo disco está prevista para octubre. 彼の新しいレコードの発売は10月に予定されている. 類 **publicación**. ❸ 幽霊, 妖怪. — ver una ~ 幽霊を見る. No creo en apariciones. 私は幽霊の存在を信じない. 類 **aparecido, espectro, fantasma**. ❹ 発見. — La ~ del cuerpo sin vida de la niña desaparecida ha conmocionado a todo el pueblo. 行方不明になった女の子が遺体となって発見され, 町中がショックを受けた. 類 **hallazgo**. 反 **desaparición**. ❺ 《カトリック》御公現. — la ~ de la Virgen en Fátima ファティマにおける聖母の出現[御公現].

*apariencia [aparjénθja] 女 ❶ 外見, 外観; 見かけ, 風采(ふうさい), 容貌(ようぼう); ~ falsa 見せかけ. chico de buena ~ 見た目のいい男の子. casa de mucha ~ 見ばえのいい家, 豪華な外観の家. a juzgar por las ~s 外見から判断すると. fiarse de las ~s 外見を信じる. con ~ de mendigo 乞食のような姿で[の]. Tiene la *apariencia* de una persona más joven. 彼はもっと若く見える. 類 **aire, aspecto**. ❷ 気配, 徴候, 形勢, 状況. — Todas las ~s están a su favor en las elecciones. どう見ても選挙の形勢は彼に有利である. según todas las ~s どう見ても. 類 **indicios, señales**. ❸ ありそうなこと. — Tiene toda la ~ de que se han enfadado. 彼らは怒ったようだ. ❹ 複 (昔の舞台装置の)書き割り.
de apariencia 外見だけの; 高価そうな. hombre *de apariencia* うわべだけの男.
en apariencia 見たところ, 外見上は, うわべは (= al aparecer). *En apariencia*, se hallaba tranquilo antes del examen. 見たところ, 試験開始前彼は落ち着いているようだった.
guardar [*cubrir, salvar*] *las apariencias* 体裁を繕う, 体面を保つ, うわべを飾る.
Las apariencias engañan. 《話》見かけは当てにならない.

aparque(-) [aparke(-)] 動 aparcar の接・現在.

aparqué [aparké] 動 aparcar の直・完了過去・1単.

apartadero [apartaðéro] 男 ❶ (鉄道の)待避線. ❷ (道路の)車の待避所. ❸ (道の脇にある移牧用の)放牧地. ❹ 羊毛の仕分け場. ❺ (闘牛)牛の囲い場.

apartadijo [apartaðíxo] 男 ❶ 離れた場所 (=apartadizo). ❷《軽蔑》複 細分化して小さくなったもの.

apartadizo

apartadizo, za [apartaðíθo, θa] 形 引っ込み思案の, 内向的な. 類 **huraño, retirado**.
— 男 → apartadijo①.

＊apartado, da [apartáðo, ða] 過分 形 ❶ [estar+, +de]…から(空間的に)離れた, 引き離された, 別にされた. —Vive en una calle apartada del centro. 彼は中心部から離れた通りに住んでいる. El armario está ~ de la pared para que puedan pintarla. 箪笥(たんす)は壁にペンキを塗れるように壁から引き離してある. Estas corbatas están apartadas para que elijas una entre ellas. これらのネクタイは, 君の中から選ぶように置いてある. 類 **alejado, distante, lejano, separado**. 反 **cercano, próximo**. ❷ (場所が)人里離れた, 辺鄙(へんぴ)な; (特に中心部から)離れた. —Eva vive en un lugar muy ~. エバは人里離れた所に住んでいる. En el café se sentaron en una mesa algo apartada para poder hablar tranquilamente. 彼らは喫茶店で静かに話せるように片隅っこのテーブルについた. 類 **alejado, retirado**. 反 **céntrico**. ❸ (他人から)隔絶した, (人)と没交渉の; 表立たない, 隠遁した. —El pastor vive en el monte, ~ de la gente. 羊飼いは世間と没交渉の山暮らしをしている. 類 **aislado, retirado, solitario**. ❹ 平穏な, 穏やかな. —llevar una vida muy apartada 大変平穏な生活を送る. ❺ 異なる, 違った, 同じではない. —Era imposible que se pusieran de acuerdo: sus formas de pensar eran muy apartadas. 彼らが意見の一致を見るのは不可能だった. 考え方が大変違っていたので. 類 **aparte, diferente, diverso**.

apartado del mundo 俗世間(の喧騒)から離れた[隔絶した]. Están de vacaciones en una isla apartada del mundo. 彼らは俗世間の喧騒から隔絶した島に休暇で行っている.

mantenerse apartado 表には出ないでいる, 他人と没交渉でいる. mantenerse apartado de la vida pública 公的生活から身を引いている. Este político se mantiene apartado de las luchas intestinas de su partido. この政治家は自分の党の内部抗争には加わらずにいる.

— 男 ❶ (郵便)私書箱(=~ postal [de correos]/【中南米】casilla postal [de correo]). —Voy a recoger las cartas que me han dejado en el ~ de correos. 私は私書箱に入れられた手紙を取りに行く. ❷ (郵便)私書箱番号 (=~ de correos). —Mi dirección es «~ de correos nº695, Granada». 私の住所は「グラナダの私書箱695番」だ. ❸ (法律・条約などの)条項, 条. —El artículo 26 del Estatuto de Autonomía de Andalucía, en el ~ segundo, dice: «El Parlamento es elegido por cuatro años». アンダルシーア自治憲章第 26 条第 2 項には「州議会議員の任期は4年とする」と書いてある. ❹ (文章の)段落, 節. —El tercer capítulo de este libro está dividido en cinco ~s. この本の第3章は5節に分けられている. 類 **capítulo, párrafo**. ❺ (闘牛)牛分け(闘牛開始前に囲い場 chiquero に入れること); (家畜などの)(金・銀の)(金・銀の純度検定); (【メキシコ】選鉱(所). ❼ (演劇)わき台詞(せりふ), 傍白. ❽ 別室, 離れ(部屋). ❾ 離れた場所, 静かな所.

apartado de localidades プレイガイド.

apartamento [apartaménto] 男 アパート (piso よりも狭い).

＊apartamiento [apartamiénto] 男 ❶ 引退, 退職, 孤立, 分離. 類 **retiro, separación**. ❷ (法律)(権利などの)取り下げ, 放棄. ❸ 辺鄙(へんぴ)な所.

＊＊apartar [apartár アパルタル] [<parte] ❶ を離す, 遠ざける; 振り払う. —Mientras dure la película, es imposible ~lo de la televisión. 映画をやっている間, 彼をテレビから引き離すのは不可能だ. Apartó a los perros que se peleaban. 彼はけんかをしている犬たちを引き離した. Aparta de mí a esos niños, que me están molestando. その子どもたちを私のそばからつれて行ってくれ, 邪魔でしょうがないから. 類 **separar**. ❷ をどける, 取り除く. —Aparta esos trastos, que estorban la entrada. それらのガラクタをどけてくれ, 入り口を邪魔しているから. ❸ [+de]…に断念させる, あきらめさせる. —Ella le apartó de su intención de ser actor. 彼女は彼の俳優になりたいという意向をあきらめさせた. ❹ (物)を別にする, 取りのけておく. —Te he apartado un trozo de pastel. お前にケーキを一切れとっておいたよ. ❺ [+de los] をそらせる, 外れさせる. —Apartó la vista del periódico y dirigió a su nieto una cariñosa sonrisa. 彼は新聞から視線をそらすと, 孫にやさしいほほ笑みを向けた.

— se 再 ❶ 離れる, 遠ざかる, はずれる. —Hace tiempo que se apartó de la droga. しばらく前に彼は麻薬から手を切った. No te apartes del tema. 話題をそれないでくれ. ❷ どく, あとずさりする. —Apártese un poco, por favor. すみません, ちょっと下がってください. ❸ 引き込もる, 隠棲(いんせい)する.

＊＊aparte [apárte アパルテ] [<parte] 副 ❶ 別に, 分けて; 離して. —Colocar ~ los libros nuevos. 新しい本を分けて置きなさい. Me llamó ~ para hablarme. 彼は話をするため私をわきへ呼んだ. El asunto de los precios lo trataremos ~. 価格の件は別扱いにしましょう. 類 **separadamente**. 反 **conjuntamente**. ❷ [名詞・代名詞の後で] を別にして, …をおいて, 分けて. —bromas ~ 冗談はさておき. Los niños comen en una mesa ~. 子供達は食卓を別にして食事をする. ❸ 別々に, 別れて, 単独に. —Quieren actuar cada uno ~. 彼らはそれぞれ別々に行動したがっている. ❹ その上, さらに, そのほかに. —Tiene dos casas y, ~, un chalet en el campo. 彼は家を2軒持ち, そのほかに別荘1軒別荘がある. ❺ 傍白で, わきぜりふで; こっそりと. —El presidente habló ~ con el ministro. 大統領は大臣に耳打ちした. ❻ 改行して. —hacer párrafo ~ 改行する.

aparte de [+名詞/代名詞/que+直説法] (1) を別にすれば, を別として. —Aparte de un amigo, nadie más me conocía allí. 1人の友人を別とすればあそこではだれも私を知らなかった. (2) …のほかに, …の上に. —Aparte del color, el diseño es magnífico. 色彩に加えてデザインがすばらしい.

dejar aparte をさておく, わきにおく; ほうっておく. Dejemos aparte la cuestión financiera por ahora. 財政問題はさし当りわきにおくことにしよう.

eso aparte それは別として, その上, そのほかに.

Eso es capítulo aparte. それは別の話[事]だ.

hacer rancho aparte → rancho.

poner aparte (1) を分ける,別にする. *poner aparte los billetes y las monedas* 紙幣と硬貨とを分ける. (2) をわきにおく,とっておく,のける. *Ponga los documentos importantes aparte.* 重要書類はとりのけておいてください.
tener aparte をはずす,締め出す,別にしておく. *En el grupo siempre la tienen aparte.* そのグループではいつも彼女を仲間はずれにしている.
── 男 ❶ (演劇)傍白,わきぜりふ.— *En esta escena el protagonista tiene un ~.* この場面で主役は傍白をする. ❷ ひそひそ話,内緒話.— *En un ~ me comentó que el novio de Ana era un tipo rarísimo.* 内緒話で彼は私にアナの恋人はとても変った奴だと言った. ❸ 改行.— *Punto y ~.* (書取りで)終止符[ピリオド]を打って改行しなさい.
── 形 ❶ 別の,独自の,特別の.— *El caso requiere una consideración ~.* その事例は特別の考慮を要する. *García Lorca es un autor ~ en la poesía española del siglo XX.* ガルシア・ロルカは20世紀のスペイン詩の中でも異例の作家である. ❷ 内密の.— *Mantuvieron una conversación ~.* 彼らはひそひそ話をした.

aparvar [aparβár] 他 ❶ (脱穀するために麦を)集める. ❷ (脱穀した麦を)積む.

***apasionadamente** [apasjonáðamente] 副 ❶ 熱烈に,情熱的に,熱中して. ❷ 不公平に,偏って.

***apasiona**_do, da_ [apasjonáðo, ða] 過分 形 ❶ 情熱的な,熱烈な.— *temperamento ~* 激しい気性. *discusión apasionada* 激論. ❷〖+ estar, + por/con〗…に熱中している.— *Miguel está ~ por la nueva alumna.* ミゲルはその新しい女生徒に熱をあげている.
── 名 熱狂的なファン.— *Es un ~ del fútbol.* 彼はサッカーの大ファンである.

apasionamiento [apasjonamjénto] 男 ❶ 熱中,情熱.— *discutir con ~* 熱心に議論する. *Me admira el ~ con que estudias.* 君の勉強の熱心さに私は感心する. ❷ 興奮.

apasionante [apasjonánte] 形 熱中[興奮]させる.— *Ha sido un partido ~.* 熱狂的な試合だった.

‡**apasionar** [apasjonár] 〖< pasión〗他 を興奮させる,熱中させる.— *Me apasiona el fútbol.* 私はサッカーが大好きだ.
── se 再 〖+ por/con/en に〗夢中になる,熱中する.— *Se apasiona por las quinielas.* 彼はサッカーくじに熱中している. *Es una persona fría, que nunca se apasiona.* 彼は冷静な人物で,情熱に駆られることは全くない.

Apastepeque [apastepéke] 固名 アパステペケ(エルサルバドルの都市).

apatía [apatía] 女 ❶ 無気力,消極性.— *Lo encontré sumido en un estado de profunda ~.* 彼が完全な無気力状態に陥っているのが分かった. ❷ 無関心,無感動.— *Tiene una ~ total por la música.* 彼は全く音楽には関心がない.

apático, ca [apátiko, ka] 形 〖+ a, en〗…に無関心の.— *Es un chico ~, incapaz de emocionarse con nada.* 彼は無関心で,何にも感動しない子だ.

apátrida [apátriða] 形 無国籍の,国籍[祖国]のない. ── 男女 無国籍者.

apeadero [apeaðéro] 男 ❶ (玄関先にある乗馬用の)踏み台. ❷ (街道の旅人用の)休息所. ❸ (乗降専用の)小さな駅,停車所. ❹ 仮の宿.

apeador [apeaðór] 男 (土地の)測量技師.

apear [apeár] 他 ❶ 〖+ de〗(a) (車や馬車から)…を降ろす,降ろしてやる.— *Ayudó a ~ a una anciana que estaba mareada.* 彼は酔っている老女が降りるのを手伝った. (b) を降ろす,下げる. ❷ (人)を辞めさせる,引きずり降ろす.— *Le apearon de su puesto de director general.* 彼は社長の地位を奪われた. ❸〖話〗〖+ de〗(人)に断念させる.— *Nadie podrá ~le de su idea.* 誰も彼の考えを思いとどまらせることはできないだろう. 類 **disuadir**. ❹ (木)を切り倒す. ❺ を克服する. 類 **sortear, superar**. ❻ (馬など)の足を縛る. ❼ (車)に輪止めする. ❽ を支柱で支える. ❾ (土地)を測量する,境界を定める.
── se 再 ❶〖+ de〗(車や馬車)から降りる.— *Yo me apeo en la próxima parada.* 私は次の停留所で降ります. ❷〖話〗〖+ de〗を引っ込める,撤回する.

apearse de su error 自分の過ちを認める.
apear el tratamiento 敬称なしで話す.
apear del burro 非を認めさせる.

apechugar [apetʃuɣár] 〖1.2〗〖< pechuga < pecho〗自 ❶〖+ con〗を引き受ける,我慢する.— *Ahora tendrás que ~ con las consecuencias.* 君は今度は結果を受け入れなければならないだろう. ❷ 胸をぶつける.

apedazar [apeðaθár] 〖1.3〗〖< pedazo〗他 ❶ …に継ぎを当てる. ❷ を細かくちぎる.

apedreamiento [apeðreamjénto] 男 ❶ 投石. ❷ 石で打ち殺すこと. ❸ 雹(ひょう)が降ること.

apedrear [apeðreár] 〖< piedra〗他 ❶ (人)に石を投げる.— *Lo han detenido por ~ a la policía.* 警察に投石したということで彼は逮捕された. ❷ を石で打ち殺す. 類 **lapidar**. ── 自 雹(ひょう)が降る. ── se 再 (作物が)雹で被害を受ける.

apedreo [apeðréo] 男 → apedreamiento.

***apegadamente** [apeɣaðaménte] 副 献身的に,一心に.

apegado, da [apeɣáðo, ða] 形 〖+ a〗…に愛着を持った,執着した.— *Está muy apegada a su madre.* 彼女は母親にべったりだ. *~ a las tradiciones* 伝統に固執した.

***apegarse** [apeɣárse] 〖1.2〗再 〖+ a に〗愛着を感じる,執着する; 傾倒する.— *Se ha apegado a la vida del pueblo y no quiere cambiar.* 彼は村の生活に愛着を持っていて,変えようとはしない.

***apego** [apéɣo] 男 〖+ a/por/hacia〗❶ (人への)愛情,情愛.— *El niño siente [tiene] un gran ~ por su padre.* その子供はお父さんが大好きだ. 類 **afecto, amor, cariño**. 反 **antipatía, despego**. ❷ (物への)愛着,執着; 強い興味,関心,傾倒.— *tomar [cobrar] ~ a [por, hacia] …* …に愛着を抱く. *tener [demostrar] ~ a los estudios* 勉強に興味を示す,勉学にいそしむ. ❸ (伝統・規範・法律・制度などの)敬意,尊重,重視.— *un pueblo con mucho ~ a sus tradiciones* 伝統を重んじる民族. 類 **consideración, respeto**.

apelable [apeláβle] 形 《法律》上訴できる.

***apelación** [apelaθjón] 女 ❶ 《法律》上訴,控

132 apelambrar

訴, 上告, 抗告. —tribunal de ~/sala de apelaciones 上訴裁判所. El abogado presentó una ~ ante el Tribunal Supremo. 弁護士は最高裁判所に上告した. interponer ~ contra la sentencia 判決を不服として上訴[控訴]する. 類 **alzada, reclamación, recurso.** ❷ 〖+a〗(…への)呼び掛け, アピール, 訴え. —~ a la conciencia 良心に訴える. Hizo una ~ a su generosidad para que le perdonara. 彼女は許してくれるように彼の厚情に訴えた. 類 **llamada, llamamiento.** ❸《まれ》《医学》対診, 立会い(診察). —médico de ~ 相談医, 対診医, 立会い医.

en apelación 控訴審で.

no haber [no tener] apelación (1)《法律》(判決が)確定している. 上訴不可能である. (2) (問題が)どうしようもない, 解決策がない.

recurso de apelación 《法律》上訴, 控訴, 上告, 抗告. interponer *recurso de apelación contra* ... …を不服として控訴する.

sin apelación 手の打ちようがない;《法律》控訴を認めない(で). juicio *sin apelación* 確定判決.

apelambrar [apelambrár] 他 (皮革)を石灰水につけて脱毛する.

apelante [apelánte] 形 《法律》上訴する.
— 共 《法律》上訴する人.

:**apelar** [apelár] 自 ❶〖+aに〗訴える, 頼る, すがる. —Tuvimos que ~ *a* la fuerza para desalojarlos. 私たちは彼らを追い出すために力に訴えるしかなかった. Apelaron al Defensor del Pueblo. 彼らは国民オンブズマンに頼った. ❷〖+de/ante に〗上訴[控訴・上告]する. —*Apelaron* la sentencia *ante* el Tribunal Supremo. 彼らはその判決について最高裁判所に上訴した〖過去分詞については, sentencia apelada(控訴された判決), La sentencia ha sido apelada. (判決は控訴された)のような他動詞的用法が認められている〗.

— 他 を…と呼ぶ, …にあだ名を付ける.

apelativo, va [apelatíβo, βa] 形 《文法》呼称の. — 男 ❶《文法》呼称, 呼び名. —Cuando se dirige a su hijo, ella siempre lo hace con ~s cariñosos. 彼女は息子を呼ぶ時, いつも愛称で呼ぶ.

apellidar [apeʎiðár] 他 ❶ を…という名前[あだ名]で呼ぶ. —Alfonso X *fue apellidado* "el Sabio". アルフォンソ10世は賢王と呼ばれた. ❷〖+de〗を…と呼ぶ[見なす]. ❸ (兵)を召集する.

— se 再 …という姓である. —¿Cómo *se apellida* usted? あなたの姓は何ですか.

:**apellido** [apeʎíðo] 男 ❶ 姓, 名字. —~ materno [paterno] 母方[父方]の姓. ~ de soltera (既婚女性の)旧姓. ¿Me dice su nombre y ~s, por favor? あなたのフルネームをお願いします. ❷ 渾名(あだな), 異名. 類 **apodo, sobrenombre.** ❸《軍事》召集(部隊). ❹ 叫び, 喚声.

apelmazado, da [apelmaθáðo, ða] 形 ❶ 固まった, 固い. —Las sábanas estaban sucias y la lana del colchón *apelmazada*. シーツは汚れていて, マットレスのウールは固くなっていた. ❷ (文学作品などが)難解な, 分かりにくい.

apelmazar [apelmaθár] [**1.3**] 他 ❶ を固くする. ❷ を分かりにくくする. — se 再 固くなる.

apelotonar [apelotonár]〖< pelota〗他 ❶ を塊(かたまり)にする. ❷ を一箇所に集める. —Ella no tenía estantería y *apelotonó* los libros en un rincón del cuarto. 彼女は本棚がなかったので, 本を部屋の隅に積み上げた.

— se 再 ❶ 一箇所に集まる, 群がる. —Los hinchas *se apelotonaron* a la salida del estadio. 熱狂的なファンたちが競技場の出口に群がった. ❷ 玉状になる.

*apenar [apenár]〖< pena〗他 ❶ を悲しませる, つらい思いをさせる. —Me *apena* su muerte. 私は彼の死を悲しむ. Tu comportamiento me *ha apenado* mucho. お前の行動に私はとてもつらい思いをした. 類 **afligir, entristecer.** 反 **alegrar, regocijar.**

— se 再 ❶ 悲しむ. —*Se apenó* mucho al enterarse de que le habían suspendido. 彼は落第したと知ったとき大そう悲しんだ. ❷〖中南米〗恥じ入る, はずかしがる.

*:**apenas** [apénas アペナス] 副 ❶〖動詞の前, またはno+動詞の後で〗ほとんど…ない. —A~ la oigo. 私には彼女の言っていることがほとんど聞こえない. A~ tengo tiempo para estudiar. 私は勉強する時間がほとんどない. No trabaja ~. 彼はほとんど働いていない. ❷ かろうじて, やっと. —El estudiante ~ aprobó las matemáticas. その学生はかろうじて数学の試験に受かった. ❸〖動詞の前で〗…するとすぐに, …したとたん. —A~ sentado [se sentó] a la mesa, se puso a comer. 彼は食卓に着くとすぐ食べ始めた. ❹〖数詞の前で〗せいぜい, わずかに. —Hace ~ ocho días que la vi. 私はわずか1週間ほど前に彼女に会った.

apenas ... cuando (1) …するかしないうちに, …するとすぐに. *Apenas* vio el joven aparecer al guardia *cuando* salió corriendo. 若い男は警官が現れるのを見るとたちまち走って出て行った. (2) …する時ちょうど. *Apenas* había comenzado la reunión *cuando* el edificio comenzó a temblar. 建物がゆれ出したのちょうど会議が始まった時だった.

apenas si〖動詞の前で〗《話》(1) ほとんど…ない. En esta estación *apenas si* para el tren. この駅にはほとんど列車が止まらない. (2) かろうじて, やっと.

apencar [apeŋkár] [**1.1**]〖< penca〗自《話》〖+con〗(嫌なこと)を引き受ける, …の責任をとる. —Ahora tienes que ~ *con* las consecuencias. 今度は君が結果に責任を持たなければならない. 類 **apechugar.**

apendectomía [apendektomía] 女 《医学》虫垂切除(術).

apéndice [apéndiθe] 男 ❶ (本などの)付録, 補遺. —Este diccionario tiene unos ~s muy útiles. この辞書には大変役立つ付録がついている. ❷《解剖》突出部; 虫垂. ❸ 付属物. ❹ 取り巻き, 子分.

apéndice cecal [**vermicular, vermiforme**]《解剖》虫垂, 虫様突起.

apendicitis [apendiθítis] 女〖単複同形〗《医学》虫垂炎, 盲腸炎. —Por los síntomas parece que tiene ~. 症状からすると彼は盲腸炎のようだ.

apeo [apéo] 男 ❶ 土地の測量. ❷ 伐採. ❸《建築》支柱で支えること; 支柱.

apeonar [apeonár] 自 (鳥, 特にウズラが)地面を走る.

apepsia [apépsja] 囡《医学》消化不良.
aperar [aperár] 他 ❶（農具）を用意する. ❷『+de』…に…を装備する. ── **se** 再『+de』を準備する.

*__apercibimiento__ [aperθiβimjénto] 男 ❶ 警告. ─ ～ del desalojo 立退きの警告. 類**advertencia, aviso**. ❷ 準備, 用意. ❸ 知覚.

apercibir [aperθiβír] 他 ❶『+de』を(人に)知らせる, 警告する. ─ El guía nos *apercibió de* que había rateros en el metro. ガイドは私たちに地下鉄にはスリがいると注意してくれた. 類**advertir, prevenir**. ❷『+con/por』…だと(人)を脅かす. ❸ を準備[用意]する. 類**preparar**.
── **se** 再 ❶『+de』に気付く. ❷『+a/para』…の準備をする. 類**prepararse**.

apercollar [aperkoʝár] 他 ❶（人）の首を捕まえる. ❷ えり首を殴って殺す. ❸ をかっぱらう.

apergaminado, da [aperɣaminádo, ða] 形 ❶（皮膚などが）しなびた, 色つやがなくなった. ─ Era un viejo flaco y de rostro ～. 彼はやせて顔の肌がしなびた老人だった. ❷ 羊皮紙 (pergamino)のような.

apergaminarse [aperɣaminárse] 〔<pergamino〕再（皮膚が）しなびる, 色つやがなくなる. 類**acartonarse**.

:**aperitivo, va** [aperitíβo, βa] 形 ❶ 食欲を増進する. ─ bebida *aperitiva* 食前酒. ❷《医学》通じをつける, 緩下作用のある.
── 男 食前酒, アペリチフ; 食欲を増進する物(つまみ・飲み物). ─ Como ～ tomo un vino blanco. 私はアペリチフとして白ワインを飲む.

apero [apéro] 男 ❶《主に複》（農業）農具; 道具. ❷（農耕用の）家畜. ❸ 家畜小屋.

aperreado, da [apeřeádo, ða] 形《話》（生活などが）多忙な, 大忙しの. ─ He tenido una semana *aperreada* y necesito descansar. 大忙しの1週間だったので, 私は休息が必要です.

aperreador, dora [apeřeaðór, ðóra] 形（人）を疲れさせる, うんざりさせる.

aperrear [apeřeár] 〔<perro〕他 ❶（人）に対して犬をけしかける. ❷（話）（人）をへとへとさせる, 悩ます. ── **se** 再 ❶『+en』…と言い張る. ─ Mi mujer *se ha aperreado en* comprar un descapotable. 私の妻はコンバーチブルの車を買うと言い張った. ❷ 働きすぎる; 疲れ果てる.

aperreo [apeřéo] 男《俗・話》❶ 迷惑をかけること. ❷ 疲労困憊(ｺﾝﾊﾟｲ).

apersogar [apersoɣár] [1.2] 他《まれ》（動物）の首をつなぐ.

apersonado, da [apersonádo, ða] 形 風采(ﾌｳｻｲ)の良い (mal を伴うと「風采のあがらない」の意).

apersonarse [apersonárse] 〔<persona〕再 ❶ 出頭する. 類**comparecer**. ❷ 面会する.

:**apertura** [apertúra] 〔<abrir〕囡 ❶ 開く[開かれる]こと. ─ ～ de una puerta ドアを開くこと. ～ de una carta 手紙の開封. caja fuerte de retardada ～ タイムロック式の金庫. ❷（活動・期限などの）開始, 開会, 開場, 開通, 開設. ─ ～ del parlamento [del congreso] 議会の開会. ～ de una sesión 会議の開会. ～ de los cursos 開講(式). ～ de la pesca 漁の解禁. discurso de ～ 開会の辞. ～ de crédito《商業》信用状の開設. realizar la ～ de una cuenta bancaria 銀行口座を開設する. ～ de hostilidades 戦闘開始. hora de ～ 開店[開館, 開場]時間. 類**comienzo, inicio**. 反**cierre, clausura**. ❸ 開会[開幕]式; 始業式, 開講式 (= ceremonia de ～ del curso académico [de las clases]). ─ ～ de la autovía ハイウェイの開通式. ～ de los Juegos Olímpicos オリンピックの開会式. 類**inauguración**. 反**clausura**. ❹ 開放(性), 門戸開放主義, 開国;（異なる思想・政治的姿勢への）理解, 柔軟性. ─ ～ económica 経済的開放. ～ del gobierno 開かれた政府. ～ del mercado 市場開放. ❺ 遺書の開封 (～ del testamento). ❻（株式の）寄付き. ─ precio de ～ 寄り値. ❼《チェス》初手. ❽（独裁体制における）民主主義思想の擁護. ❾《正書法で》（ペアの）最初の句読記号を打つこと. 反**cierre**. ❿ 開口部, 穴口, 隙間, あき間, 穴. ⓫《光学》口径. ⓬《解剖》開口, 孔.
apertura de un juicio hipotecario《商業》(担保物の)受け戻し権喪失, 抵当流れ.

aperturista [aperturísta] 形男女 開放主義者, 寛大な人.

apesadumbrado, da [apesaðumbráðo, ða] 形 悲しんでいる. ─ Con cara *apesadumbrada* se fue despidiendo de todos. 彼は悲しげな表情で, 皆に別れを告げていた. 類**afligido**.

apesadumbrar [apesaðumbrár] 〔<pesadumbre〕他（人）を悲しませる, 苦悩させる. 類**afligir**. ── **se** 再『+con/de/por』を悲しむ, …に苦悩する.

apesarar [apesarár] 他 →**apesadumbrar**.

apestado, da [apestáðo, ða] 形 ❶ 悪臭のする, とても臭い. ❷ ペストに感染した. ❸《話》『+de』(…)で一杯になった, あふれた. ─ El estadio está ～ de gente. 競技場は人であふれている.

apestar [apestár] 〔<peste〕他 ❶ を悪臭で満たす. ─ El humo del incinerador de basuras *apesta* el pueblo. ゴミ焼却炉の煙で村は悪臭であふれている. ❷『+con』（人）をうんざり[いらいら]させる. ─ Ese alumno *apesta* al profesor con continuas preguntas. その生徒は質問攻めで教師をうんざりさせる. 類**fastidiar**. ❸ をペストに感染させる. ❹《話》『+de』…で…を一杯にする. ─ Han *apestado* la ciudad de carteles electorales. 町が選挙ポスターであふれてしまった.
── 自 悪臭を放つ. ─ Abre las ventanas, que este cuarto *apesta*. 窓を開けなさい. この部屋は悪臭がします. ── **se** 再 ペストに感染する.

apestoso, sa [apestóso, sa] 形 ❶ 強い悪臭のある, とても臭い. ─ El basurero despedía un olor ～. ごみ箱は強い悪臭を放っていた. ❷ うんざり[いらいら]させる.

apétalo, la [apétalo, la] 形《植物》花弁のない, 無弁の.

apetecedor, dora [apeteθeðór, ðóra] 形 人の心をそそる, 望ましい.

apetecer [apeteθér] [9.1] 自 ❶『与格代名詞を伴って』(人の)食欲をそそる. ─ Me *apetece* una cerveza bien fría. 私はよく冷えたビールが飲みたい. ❷『+不定詞, que+接続法』(…する)気にさせる. ─ ¿No te *apetece* ir a la piscina esta tarde? 今日の午後プールに行かないかい.
── 他 を欲しいと思う, 望む. ─ El jefe sólo *apetece* dinero y honores. 上司は金と名誉だけを望んでいる. 類**desear**.

apetecible [apeteθíβle] 形 ❶ 食欲をそそる. 類**apetitoso, sabroso**. ❷ 望ましい, 魅力的な.

***apetencia** [apeténθja] 女【+de】(…の自然な)欲望, 欲求; 切望, 渇望, 望み. — No tengo 〜 de poder ni de riquezas. 私には権勢欲も金銭欲もない. 〜 sexual 性欲. 類**anhelo, apetito, deseo**. ❷《文》食欲. — tener [sentir] 〜 食欲がある. 類**apetito**.

apetezca(-) [apeteθka(-)] 動 apetecer の接・現在.

apetezco [apetéθko] 動 apetecer の直・現在・1単.

apetitivo, va [apetitíβo, βa] 形 ❶ 食欲をそそる, おいしそうな. ❷ 欲求の. — facultad *apetitiva* 欲望.

****apetito** [apetíto アペティト] 男 ❶ 食欲. —tener buen [mucho] 〜 食欲旺盛である. abrir [dar, despertar] el 〜 食欲をそそる. perder el 〜 食欲をなくす. 反**inapetencia**. ❷【+de】(…に対する)欲望, 欲求. 〜 sexual [carnal] 性欲, 肉欲. 〜 de riquezas 金銭欲. 類**deseo**.

:**apetitoso, sa** [apetitóso, sa] 形 ❶ 食欲をそそる, うまそうな. — El aroma del marisco es 〜. 魚貝類の香りがおいしそうだ. 類**apetecible**. ❷ うまい. — Este restaurante sirve platos 〜s. このレストランはうまい料理を出す. 類**gustoso, sabroso**. ❸ 心をそそる, 魅力的な. — Es un cargo muy 〜. それは非常に魅力のある任務だ. 類**apetecible, deseable**.

apezonado, da [apeθonáðo, ða] 形 乳頭[乳首]の形をした.

apiadar [apjaðár] 他 (人)に哀れみの気持ちを起こさせる. — Aquellas lágrimas *apiadaron* a su padre y le perdonó. 娘のその涙が父親に憐れみの情を起こさせ, 父は娘を許した.
— se 再【+de】をかわいそうに思う.

apical [apikál] 形 ❶《音声》舌尖(ぜっせん)の. ❷《植物》先端の. ❸ 頂点の.
— 女《音声》舌尖音.

apicararse [apikarárse] [＜pícaro] 再 悪党[ならず者]になる.

ápice [ápiθe] 男 ❶《文》先端, 頂点. — de la lengua 舌の先. ❷ 絶頂, ピーク. — Ese premio lo ha elevado al 〜 de la gloria. その賞は彼を栄光の絶頂に押し上げた. ❸ (アクセント符号やñ の波印などの)符号. ❹【否定文で】みじん, かけら. — No tiene ni un 〜 de vergüenza. 彼は恥のかけらもない.

apícola [apíkola] 形 養蜂(ようほう)の.

apicultor, tora [apikultór, tóra] 名 養蜂(ようほう)家, 養蜂業者.

apicultura [apikultúra] 女 養蜂(ようほう)(業).

apilamiento [apilamjénto] 男 積み重ね, 山積み. 類**montón**.

apilar [apilár] [＜pila] 他 を積み重ね, 山積みにする. — Vais sacando los muebles y los *apiláis* en la acera. 君たちは家具を出して, 歩道に積み上げなさい. 類**amontonar**. — se 再 山積みになる.

apiñado, da [apiñáðo, ða] 形 ❶ ぎっしりと詰まった, ぎゅうぎゅう詰めの. — La gente, *apiñada* en el andén, esperaba la llegada del ídolo. 人々はホームに一杯になって, アイドルの到着を待っていた. ❷ 松かさ状の.

apiñamiento [apiñamjénto] 男 詰め込み, ぎゅうぎゅう詰め. 〜 de gente a la salida del cine. 映画館の出口に人の群れができた.

apiñar [apiñár] 他 をぎっしりと詰め込む. — La cárcel es pequeña y *apiñan* a los presos en las celdas. 刑務所は小さいので, 囚人を房に詰め込んでいる. — se 再 ぎっしりと詰まる. — Los manifestantes *se apiñaban* en la plaza. デモ参加者は広場にひしめいていた.

apio [ápjo] 男《植物》セロリ.

apiolar [apjolár] 他 ❶ (動物の)脚を縛る. ❷ (獲物を)吊るす. ❸《話》を捕まえる(=prender). ❹《話》を殺す(=matar).

apiparse [apipárse] 再《話》【+de】(…を)たらふく食べる[飲む].

apiporrarse [apipořárse] 再 →apiparse.

apirexia [apiréksja] 女《医学》無熱, 発熱間欠期.

apisonadora [apisonaðóra] 女 ❶ ローラー車, 地ならし機. ❷《話》反対意見を退ける人.

apisonar [apisonár] 他 …の地ならしをする, …にローラーをかける.

apitonar [apitonár] [＜pitón] 自 ❶ (動物の)角が生える. ❷《植物》が芽を出す. — 他 (ひなが)(卵のから)を破る. — se 再《話》腹を立てる. 類**enojarse, repuntarse**.

apizarrado, da [apiθařáðo, ða] [＜pizarra] 形 石板の色をした, 青みがかった黒の.

aplacamiento [aplakamjénto] 男 和らげること; 鎮静, 緩和. — Esperamos el 〜 del temporal para zarpar. 私たちは出港するために嵐が収まるのを待った.

aplacar [aplakár] [1.1] 他 を和らげる, 静める. — El calmante no logró 〜 el dolor. 鎮痛剤で痛みは鎮まらなかった. 〜 el hambre 空腹をいやす. 類**amansar, mitigar**.
— se 再 和らぐ, 静まる. — El viento *se va aplacando*. 風が徐々に静まっていく.

aplace(-) [aplaθe(-)] 動 aplazar の接・現在.

aplacé [aplaθé] 動 aplazar の直・完了過去・1単.

aplanacalles [aplanakájes] 男【単複同形】【中南米】(街をぶらつく)怠け者.

aplanadera [aplanaðéra] 女《機械》ランマー(地盤を締め固める機械).

aplanador, dora [aplanaðór, ðóra] 形 ❶ (地面などを)平らにする. ❷ (人を)気落ちさせる.
— 女【中南米】→apisonadora①.

aplanadora [aplanaðóra] 女 →aplanador.

aplanamiento [aplanamjénto] 男 ❶ 地ならし, 平らにすること. ❷《話》気落ち, 意気消沈. — Este calor húmedo me produce 〜. この蒸し暑さには気が滅入ってしまう.

***aplanar** [aplanár] [＜plano] 他 ❶ を平らにする, 地ならしする. — 〜 el terreno para construir un campo de fútbol サッカー場建設のため地ならしする. 類**allanar**. ❷ (精神的に)打ちのめす, 落胆させる, がっかりさせる. —Me ha *aplanado* la noticia de su muerte. 彼の死亡の知らせに私は打ちひしがれた.
— se 再 落胆する, がっかりする, まいってしまう.

aplasia [aplásja] 女《医学》形成不全.

aplastamiento [aplastamiénto] 男 ❶ 押しつぶすこと. ❷ 打ち負かすこと; 論破. —El ~ de la rebelión se realizó sin derramamiento de sangre. 反乱の鎮圧は流血なしに行われた.

aplastante [aplastánte] 形 圧倒的な, 文句なしの. —victoria ~ 圧倒的勝利. 類**abrumador, definitivo**.

aplastar [aplastár] 他 ❶ を押しつぶす, をぺちゃんこにする. — ~ una caja de cartón ダンボール箱を押しつぶす. ❷ (敵など)を打ち負かす, 圧倒する. —El ejército *aplastó* la sublevación. 軍隊は反乱を完全に制圧した. 類**derrotar, vencer**. ❸ (人)を萎縮させる, 混乱させる. —La responsabilidad que conlleva ese cargo le *aplasta*. その職務に伴う責任に彼は萎縮する. 類**apabullar**.
—**se** 再 ❶ つぶれる, ぺちゃんこになる. ❷ 体を伏せる. —Me *aplasté* contra el suelo para que no me vieran. 私は見られないように地面に体を伏せた.

aplatanado, da [aplatanáðo, ða] 形 やる気をなくした. 類**inactivo, indolente**.

aplatanar [aplatanár] [<*plátano*] 他 (人の)やる気をなくさせる. —Este clima me *aplatana*. この気候は私のやる気を奪う.
—**se** 再 (人が)やる気をなくす.

‡aplaudir [aplauðír アプラウディル] 他 ❶ …に拍手喝采(かっさい)する. —El público *aplaudió* la excelente interpretación de la pianista. 観客は女性ピアニストのすばらしい演奏に拍手喝采を送った. ❷ を称賛する, ほめたたえる; 賛同する. —Todos *aplaudimos* la rapidez con la que ha actuado. 私たちは皆彼の行動の早さを称賛した. 類**alabar**.

‡aplauso [apláuso アプラウソ] 男 ❶ 拍手喝采. —recibir un ~ cerrado 拍手喝采を受ける. recibir con un cerrado ~ 万雷の拍手喝采で迎える. recoger grandes ~s [~s nutridos] 盛んな拍手を浴びる. ¡Aplausos! さあ拍手だ! 類**ovación**. ❷ 賞賛, 賛同. —merecer [ser digno de] ~ 賞賛に値する. No le regateo [No le escatimo] mi ~ a su última novela. 私は彼の最新の小説への賛辞を惜しまない. Su actitud merece el mayor ~. 彼の行動は最大の賛辞に値する. 類**alabanza, elogio**.

aplazamiento [aplaθamiénto] 男 延期. —sufrir un ~ (会議などが)延期になる. El ~ del concierto provocó fuertes protestas. コンサートの延期は強い抗議を引き起こした.

‡aplazar [aplaθár] [1.3] [<*plazo*] 他 ❶ を延期する, 延ばす. —Hemos tenido que ~ la excursión a causa de la lluvia. われわれは雨のためにハイキングを延期しなければならなかった. 類**diferir**. ❷ を日時を定めて召集する, 日時を…に指定する. 類**emplazar**. ❸ 『中南米』を不合格にする, 留年させる.

aplebeyar [apleβejár] [<*plebeyo*] 他 を俗悪[下品]にする. —**se** 再 俗悪[下品]になる.

aplicabilidad [aplikaβiliðá(ð)] 女 適用性.

‡aplicable [aplikáβle] 形 〖+a〗…に適用[応用]できる, 当てはまる. —Esta regla no es ~ a todos los casos. この規則はすべての事例に適用することはできない.

‡aplicación [aplikaθjón] 女 ❶ 〖+a〗(…への)適用, 応用; 用途; (金銭の)充当. —La justicia descansa en la correcta ~ de las leyes. 裁判は法律の正しい適用に基づいている. campo de ~ 適用[応用]範囲. ejercicios de ~ 応用問題. ~ de la teoría a la práctica 理論の実践への応用. escuela de ~ 〖軍事〗実習学校. ~ del plan de desarrollo 開発計画の実施. ❷ 〖+a/en〗(勉強などへの)専念, 精励, 熱中, 勤勉. —estudiar con ~ 熱心に[勤勉に]勉強する. ~ al estudio 勉強への専心. mostrar ~ en el trabajo 仕事[勉強]への打ち込みを見せる. 類**asiduidad, constancia, diligencia**. 反**negligencia, pereza**. ❸ 〖文〗〖医学〗(薬などを)塗る[貼る]こと, 塗付, 貼付. — ~ de una pomada sobre la herida 傷に軟膏を塗ること. ❹ 〖主に複〗〖手芸〗アップリケ; 飾り(付け), 付属物. —Llevaba una blusa de seda con *aplicaciones* de encaje. 彼女は袖にレースの飾りがついた絹のブラウスを着ていた. 類**adorno**. ❺ 〖数学〗写像. ❻ 〖コンピュータ〗アプリケーション. 類**aplique**. ❼ 〖中南米〗申込(書), 申請(書), 出願(書). —enviar su ~ 申請書を提出する. 類**solicitud**.

aplicacioncita [aplikaθjonθíta] 女 〖情報〗アップレット.

‡aplicado, da [aplikáðo, ða アプリカド, ダ] 過分 形 ❶ 勤勉な. —Es un alumno muy ~. 彼は非常に勤勉な生徒だ. 類**diligente**. ❷ 〖学問, 技術〗応用の, 応用された. —lingüística *aplicada* 応用言語学. matemáticas *aplicadas* 応用数学.

‡aplicar [aplikár アプリカル] [1.1] 他 〖+a に〗 ❶ (a) を適用する, 応用する; あてはめる. — ~ una ley 法律を適用する. ~ la teoría *a* la práctica. 理論を実践に応用する. Se empeña en ~ el estructuralismo *a* la filosofía. 彼は構造主義を哲学に適用することを主張している. (b) を充当する, (努力など)を注ぎ込む, 向ける. —Le *aplicaron* crueles suplicios. 彼は残酷な刑罰を加えられた. *Aplicaron* todo su esfuerzo *a* la reconstrucción del país. 彼らは国家再建にあらゆる努力を傾注した. *Aplicaron* la ayuda financiera *a* la creación de empleo en el país. 彼らは国の雇用創出のため財政援助を振り向けた. 類**asignar, destinar**. ❷ を取り付ける, くっつける, 塗り[貼り]付ける. —*Aplicó* la oreja *a* la puerta para *oír* lo que *decían*. 彼は彼らの話を立ち聞きしようと扉に耳をくっつけた. ~ un esparadrapo *a* la herida 傷口に絆創膏(ばんそうこう)を貼る.
—**se** 再 ❶ 〖+a に〗適用[応用]される; あてはまる. —Esta norma *se aplica* a todos los empleados. この基準はあらゆる社員に適用される. ❷ 〖+en に〗精を出す, 励む. — ~*se en* los estudios 勉強に励む.

aplique [aplíke] 男 ❶ 壁に取り付ける照明ランプ. — ~ exterior 屋外ウォールランプ. ❷ (壁・家具などの)飾り. ❸ 〖演劇〗(幕を除いた)舞台装飾.

aplique(-) [aplike(-)] aplicar の接・現在.

apliqué [aplikḗ] 動 aplicar の直・完了過去・1単.

aplomado, da [aplomáðo, ða] 形 ❶ 鉛の, 鉛色の. ❷ 垂直の. ❸ 冷静[沈着]な, 落ち着いた. —Es un chico inteligente y ~. 彼は聡明で落ち着いた若者だ.

aplomar [aplomár] [<*plomo*] 他 ❶ 〖建築〗

(a) (壁など)が垂直かどうかを調べる. (b) 垂直にする. を重くする. —se 再 ①(人が)冷静になる, 自信を持つ. —Era una chica muy nerviosa, pero se ha ido *aplomando* con los años. 彼女はとても神経質な女の子だったが, 年とともに落ち着いていった. ②崩れる.

aplomo [aplómo] 男 ❶ 冷静, 沈着, 落ち着き; 自信. —tener ～ 落ち着いている. perder el ～ 落ち着きを失う. recuperar el ～ 落ち着きを取り戻す. contestar con mucho ～ とても冷静に答える. 類 **circunspección, gravedad, serenidad**. ❷ 垂直性. ❸《乗馬》複 馬の脚つき.

apnea [apnéa] 女《医学》無呼吸, 呼吸停止, 窒息.

apocado, da [apokáðo, ða] 形 ❶(人が)内気な, 気が小さい, 自信がない. 類 **encogido, tímido**. ❷ 卑しい.

apocalipsis [apokalípsis] 男《単複同形》❶《聖書》(A～)(ヨハネの)黙示録. ❷ 啓示, 黙示. ❸ 世界の終末.

apocalíptico, ca [apokalíptiko, ka] 形 ❶《聖書》黙示録の. —literatura *apocalíptica* 黙示文学(世界の終末と救済について記述したユダヤ・キリスト教文学の類型). ❷ 世界の終末を思わせる, 身の毛のよだつ. —El espectáculo de la ciudad después del terremoto era ～. 地震の後の町の様子はこの世の終わりを思わせるものだった. 類 **espantoso, terrorífico**. ❸ 非常にひどい. —tormenta *apocalíptica* 最悪の嵐.

apocamiento [apokamjénto] 男 ❶ 内気, 自信のなさ. ❷ 落胆, 意気消沈.

apocar [apokár] [1.1] (＜*poco*) 他 ❶ を小さく[少なく]する, 減らす. ❷(人)をおじけさせる. —*Apocando* a los alumnos no vas a conseguir nada. 生徒を萎縮させてしまっては君はなんの成果も上げられないよ. 類 **acobardar, humillar**. ❸(人)を卑屈にする.

—se 再 ❶ おじけつく, 内気になる. ❷ 卑下する.

apocopar [apokopár] 他《文法》(語)の語尾の文字[音]を消失させる.

apócope [apókope] 女《文法》語尾文字[音]脱落(*bueno→buen, grande→gran* など).

apócrifo, fa [apókrifo, fa] 形 ❶《聖書》(聖書が)正典外の, 外典の. —evangelios ～s 外典福音書. ❷ (文献が) 典拠の疑わしい, (作品などが)偽の. —autor ～ 偽の作者. 類 **falso**.

apodar [apoðár] (＜*apodo*) 他 (人)にあだ名をつける. —Se llama Ricardo, pero lo *apodan* "el Presidente". 彼はリカルドという名前だが, 「大統領」というあだ名がついている.

*****apoderado, da** [apoðeráðo, ða] (＜*poder*) 名 ❶ 代理人(権), 代表者; 支配人. —El contrato fue firmado por los ～s de ambas empresas. 契約は両社の代理人によって調印された. 類 **representante**. ❷(スポーツ選手, 闘牛士などの)マネージャー, 代理人. —El ～ del joven matador firmó los contratos. その若い闘牛士のマネージャーは契約書にサインした. 類 **agente**.

—— 男《情報》プロキシ.

—— 過分 形 ❶ 委任された, 代理の. ❷〔+por〕…に取り付かれた, (感情・思考に)とらわれた.

‡**apoderar** [apoðerár] (＜*poder*) 他 …に権限[代理権]を与える. —La asociación *apodera* al presidente para que determine el lugar del próximo congreso. 学会は会長に次期大会の開催地を決定する権限を与える.

—se 再 〔+de〕❶(…を力ずくで)わが物とする, 占拠する. (…に)取りつく. —El ejército *se apoderó de* la ciudad. 軍はその都市を占拠した. El pánico *se apoderó de* la gente. 恐怖が人々に取りついた. 類 **quedarse con**.

apodo [apóðo] 男 あだ名, ニックネーム;《通信》ハンドル・ネーム. 類 **mote**.

ápodo, da [ápoðo, ða] 形《動物》無足の.
—— 男 複《動物》無足類.

apódosis [apóðosis] 女《単複同形》《文法》(条件文の)帰結節. 反 **prótasis**.

apófisis [apófisis] 女《単複同形》《解剖》(骨)突起.

apogeo [apoxéo] 男 ❶《天文》遠地点. 反 **perigeo**. ❷ 最盛期, 絶頂, 頂点. —La crisis política de nuestro país ha llegado a su ～. 我が国の政治危機は最大の局面に達した.

apolillado, da [apolijáðo, ða] 形 ❶(衣類などが)虫に食われた. ❷ 古くなった, 時代遅れの. 類 **anticuado, rancio**.

apolilladura [apolijaðúra] 女 (衣類などの)虫食い.

apolillar [apolijár] (＜*polilla*) 他 (衣類など)を虫が食う. —se 再 ❶(衣類などが)虫に食われる. ❷ 古くなる, 時代遅れになる. —Si no lees, se van a *apolillar* tus ideas. 読書をしなければ君の考えは時代遅れになるだろう.

apolíneo, a [apolíneo, a] 形 ❶《ギリシャ神話》アポロン(Apolo)の. ❷(男性が)アポロンのように美しい, 美男子の.

apolítico, ca [apolítiko, ka] 形 非政治的な; 政治に関心のない, ノンポリの.

apologética [apoloxétika] 女 →apologético.

apologético, ca [apoloxétiko, ka] 形 ❶ 弁明[弁護]の, 賞賛の. —El discurso ～ que pronunció el ministro fue muy comentado. 大臣の行った擁護の演説は多くの物議を醸した. ❷《宗教》護教の. —— 女《宗教》護教論.

apología [apoloxía] 女 弁明, 弁護; 賞賛. —hacer una ～ de … …を弁護[賞賛]する.

apológico, ca [apolóxiko, ka] 形 寓話(ぐうわ)の.

apologista [apoloxísta] 男女 弁護[擁護]する人, 支持[賞賛]者.

apólogo [apóloɣo] 男 寓話(ぐうわ)(＝*fábula*).

apoltronado, da [apoltronáðo, ða] 形 ❶ ゆったりと座った. ❷ 怠けた, 無精な.

apoltronarse [apoltronárse] (＜*poltrón*) 再〔+en〕❶(ソファーなど)にゆったりと座る. ❷ …に安住して何もしない, 怠ける. —*Se ha apoltronado en* su trabajo y no le interesa aprender nada nuevo. 彼は自分の職に安住して, 何も新しいことを学ぶ気がない.

apomazar [apomaθár] [1.3] 他 を軽石でこする[磨く].

aponeurosis [aponeurósis] 女《単複同形》《解剖》腱膜(筋肉に付着する線維膜).

apoplejía [apoplexía] 女《医学》卒中, 溢血(いっけつ). —～ cerebral 脳卒中. tener un ataque de ～ 卒中の発作を起こす.

apopléjico, ca [apopléxiko, ka] 形 →apo-

apoplético, ca [apoplétiko, ka] 形 《医学》 ❶ 卒中の. ❷ 卒中体質の. — 名 《医学》卒中患者.

apoquinar [apokinár] 他 〔話, 俗〕(金)をしぶしぶ払う. — Perdí la apuesta y tuve que ~ cien euros. 私は賭けに負けて百ユーロ払わなければならなかった.

aporcar [aporkár] [1.1] 他 《農業》(木の根元・野菜などに)土をかぶせる, 土寄せする.

aporrar [aporár] 自 《話》言葉に詰まる.
— se 再 《話》(人が)迷惑がられるようになる.

aporreado, da [aporeádo, ða] 形 ❶ 殴られた, 打ちのめされた. — Lo encontraron inconsciente y brutalmente ~. 彼は意識を失ってひどく殴られた状態で発見された. ❷ 貧しい, 悲惨な. — llevar una vida *aporreada* 惨めな生活をする. 類 **arrastrado, desafortunado, pobre**.

aporreamiento [aporeamiénto] 男 → aporreo.

aporrear [aporeár] 〔< porra〕他 ❶ を棍棒で殴る. ❷ を打つ, たたく. — ~ la puerta ドアをドンドンたたく. ❸ を困らせる, うるさがらせる. 類 **importunar, machacar, molestar**.
— se 再 ❶ 度を越して働く. ❷ 棍棒で殴り合う.

aporreo [aporéo] 男 殴打(すること), 打つ[たたく]こと.

aportación [aportaθjón] 女 ❶ 〔+a〕(…への)貢献, 寄与, 助け. — Sus investigaciones han constituido una gran ~ a la lucha contra esa enfermedad. 彼の研究はその病気との戦いに多大な貢献をした. 類 **contribución**. ❷ 〔+a〕(…への)寄付(金); 出資(金), 分担(金). — ~ a una fiesta de caridad 慈善事業への寄付. ~ de fondos 出資. Dudo que tenga ingresos suficientes para hacer tal ~. 彼にそのような寄付をするだけの十分な収入があるとは思えない. 類 **aporte, contribución**. ❸ (必要物の)提供, 提出, 提示, 供給. — ~ de nuevas pruebas 新しい証拠の提示. ~ de nuevas ideas 新しいアイディアの提供. ❹ 《法律》(夫婦の)持ち寄り財産, 持参金.

aportadera [aportaðéra] 女 ❶ (馬具につける)運搬用の箱. ❷ (ブドウを運ぶ)木の箱.

aportar [aportár] 他 ❶ (ある事を)もたらす, 持って来る, …に寄与[貢献]する. — Sus esfuerzos nunca *han aportado* buen resultado. 彼の努力は一度も好結果をもたらさなかった. ❷ (証拠・理由などを)提示[提出]する. — *Aportaron* pruebas irrebatibles. 彼らは反論する余地のない証拠を提出した. ❸ (婚資)を持参する; 出資する, 拠出[分担]する. — Ella *aportó* un piso heredado de un abuelo. 彼女は祖父から相続したマンションを持参金として持ってきた. Cada uno deberá ~ cien euros para gastos de transporte. 各自が運賃として100ユーロを分担しなければならないだろう. 類 **traer**.
— 自 〔+en に〕 ❶ たどり着く, 現れる. — El náufrago *aportó* en una isla desierta. 遭難者は無人島にたどり着いた. ❷ 入港する.

aporte [apórte] 男 ❶ 寄与; 寄付金. ❷ 出資(金). ❸ 《地理》沖積土.

aportillar [aportijár] 〔< portillo〕他 ❶ (壁などに)穴を開ける. ❷ を壊す.
— se 再 (壁の一部が)崩れる.

aposentamiento [aposentamjénto] 男 ❶ 宿泊. ❷ 宿泊する場所, 宿. 類 **aposento, posada**.

aposentar [aposentár] 他 (人)を泊める, 宿泊させる. — Me *aposentaron* en una habitación que daba al mar. 私は海に面した部屋に泊めてもらった.
— se 再 〔+en〕…に泊まる, 宿泊する. 類 **alojarse**.

＊**aposento** [aposénto] 男 ❶ 部屋. — Se ha retirado a descansar a su ~. 彼は自分の部屋に引っ込んで休んだ. 類 **habitación**. ❷ 宿泊. — tomar ~ en una fonda 宿屋に泊まる. buscar ~ para pasar la noche その夜の宿泊先を探す. 類 **alojamiento, hospedaje, posada**. ❸ 《演劇》(昔の)桟敷席.
dar aposento a … (人)を泊める. *Me dio aposento* en su casa. 彼は私を家に泊めてくれた.

aposición [aposiθjón] 女 《文法》同格 〖Tokio, capital de Japón (日本の首都である東京)のような表現〗.

apósito [apósito] 男 《医学》外傷の手当て; ガーゼ・包帯などの)外傷の治療品.

aposta [apósta] 副 故意に, わざと. — Ana se ensució la camisa ~. アナはわざとブラウスを汚した. 類 **adrede**.

apostadero [apostaðéro] 男 ❶ 《軍事》駐屯地. ❷ 《軍事》軍港, 海軍補給地.

apostador, dora [apostaðór, ðóra] 形 → apostante.

apostante [apostánte] 形 賭(⁎)をする.
— 男女 賭をする人, ばくち打ち.

＊**apostar**¹ [apostár] [5.1] 他 〔+a に〕を賭(⁎)する. — *Apostó* mil euros *al* caballo favorito. 彼はいきの馬に1000ユーロ賭けた. Te *apuesto* una botella de coñac *a* que llega tarde. 私は彼が遅刻して来るという方にコニャック一びんを賭けよう.
— se 再 〔+a に〕を賭ける. — ¿Qué *te apuestas a* que no ha cerrado con llave la puerta? きっと彼は戸に鍵をかけなかっただろう（←彼が戸に鍵をかけなかったことに君は何か賭けないか）.

＊**apostar**² [apostár] 他 を待機させる, 配置する. — El alcalde mandó ~ a los guardias en la plaza. 市長は広場に警官を配置するよう命じた.
— 自 ❶ 〔+en に〕金を賭ける. — Gasta todo el sueldo en ~ en las carreras de bicicletas. 彼は競輪にお金を賭けて給料全部をつぎこむ. ❷ 〔+por を〕(確かなものと)あてにする, 期待する. — Nuestra compañía *ha apostado por* el mercado suramericano. わが社は南米市場に期待をかけている. ❸ 〔+con と〕争う, 競う.
— se 再 〔+en に〕待機する, (…の)位置に付く. — La policía *se apostó* tras la tapia y desde allí disparaba. 警官隊は土壁の背後に配置され, そこから発砲した.

apostárselas con 〔+人〕*a* … …で…に挑戦する. *Se las apuesta* con cualquiera *a* aguantar la respiración. 彼は息を止められる長さなら誰にでも挑戦する.

apostas [apóstas] 副 → aposta.

apostasía [apostasía] 女 《宗教》背教, 棄教, 背信.

apóstata [apóstata] 形 《宗教》背教[背信]する. — 男女 《宗教》背教[背信]者.

apostatar [apostatár] 自 《宗教》【+de】(信仰を)捨てる, 背教する. —～ *del* cristianismo キリスト教信仰を捨てる.

apostema [apostéma] 女 《医学》膿瘍(のうよう).

apostilla [apostíʎa] 女 注, 注記, 注釈. — poner ～s al margen de un texto 文書の脇に注を付ける.

apostillar [apostiʎár] 他 (文書に)注をつける.
— **se** 再 《医学》かさぶたができる.

‡**apóstol** [apóstol] 男 ❶《宗教》使徒(キリストの12人の弟子)(〖略〗apóst.). —el A～ (de las gentes [de los gentiles]) 異邦人の使徒, 聖パウロ. los Hechos [Actos] de los A～es 使徒言行録. ◆使徒はキリストの十二使徒(los A～es)のほか, 聖パウロ(San Pablo), 聖バルナバ(San Barnabé)をも指す. 〖類〗**propagador**. ❷(各国・各地の最初のキリスト教の)伝道者, 布教者; (その他の宗教の)布教者. —el ～ de las Indias インド人への布教者(聖フランシスコ・ザビエルのこと). 〖類〗**predicador**. ❸(主義・思想の)主唱者, 唱道者. —～ de la paz universal 世界平和の唱道者. Marx fue el ～ del socialismo. マルクスは社会主義の主唱者であった. Gandhi fue ～ de la no violencia. ガンジーは非暴力の主唱者だった. 〖類〗**defensor, propagador**.

apostolado [apostoláðo] 男《宗教》❶ 使徒の任務. ❷ 布教, 伝道. ❸ 十二使徒, 使徒団. ❹ 宣伝活動. —Él realiza una encomiable labor de ～ en pro del desarme. 彼は軍縮のための賞賛に値する活動をしている.

‡**apostólico, ca** [apostóliko, ka] 形 ❶(キリストの)使徒の, 使徒伝来の. —doctrina *apostólica* 使徒教義. ❷ ローマ教皇の. —sede *apostólica* 聖座, 教皇庁, ローマ・カトリック教会. Los peregrinos recibieron la bendición *apostólica*. 巡礼者たちは教皇猊下(げいか)の祝福を受けた. ❸ 〖歴史〗使徒派の. — 男 〖歴史〗使徒派党員(スペインで1820年革命後, 絶対王制とカトリック正統主義を擁護した政党の).

apostrofar [apostrofár] 他 ❶《修辞》話を中断して(頓呼(とんこ)法で)呼びかける. ❷ をののしる.

apóstrofe [apóstrofe] 男／女《修辞》呼びかけ法, 頓呼(とんこ)法. ❷ 罵(ば)倒, ののしり. —proferir [dirigir] ～s 罵声を浴びせる. 〖類〗**dicterio, insulto**.

apóstrofo [apóstrofo] 男《文法》省略符号, アポストロフィ(').

apostura [apostúra] 女 ❶(態度・様子などの)優雅さ, 気品. —La ～ de ese joven actor la vuelve loca. その若い俳優の優雅さに彼女は参っている. ❷ 態度, 物腰. 〖類〗**actitud, ademán**.

apotegma [apotéɣma] 男 格言, 警句.

apotema [apotéma] 女《数学》辺心距離(正多角形の中心から辺の中心までの長さ).

apoteósico, ca [apoteósiko, ka] 形 熱狂的な, 華々しい. —un éxito ～ 大成功. un recibimiento ～ 熱烈な歓迎. una actuación *apoteósica* 素晴らしい演技.

apoteosis [apoteósis] 女〖単複同形〗❶(英雄などの)神格化, 崇拝. ❷(ショーなどの)フィナーレ, 大詰め.

‡**apoyar** [apoʝár] アポヤル〔<poyo〕他 ❶【+en/sobre に】をもたせかける, 寄りかからせる, 載せる. —*Apoyé* la escalera *en* la pared. 私ははしごを壁にもたせかけた. *Apoyó* su cabeza *sobre* mi hombro. 彼は頭を私の肩にもたせかけた. ❷【+con/en に】を基づかせる, 関連づける, 依拠させる. —*Apoya* su orden *en* razones sin fundamento. 彼の命令は曖昧な根拠に基づいている. ❸ を支える, 支持する. —Datos positivos *apoyan* mi teoría. 実証的なデータが私の理論を支えている. ❹ を支持[支援]する. —Todos los miembros del comité han *apoyado* las decisiones tomadas. 委員会の全員が採択された決定を支持した.

— 自 【+en に】寄りかかる, 支えられる. —Las columnas *apoyan en* los pedestales. 柱は台座に支えられている.

— **se** 再【+en に】よりかかる, もたれる. —El anciano caminaba *apoyándose en* un bastón. 老人は杖によって歩いていた. Se levantó *apoyándose en* los brazos del sillón. 彼はひじかけいすのひじに寄りかかって立ち上がった.

apoyatura [apoʝatúra] 女 ❶《音楽》前打音. ❷ 支柱 (=apoyo).

‡**apoyo** [apóʝo] 男 ❶【+a】(…への)支え, 支柱, 土台; 支える[支持する]こと. —Los pilares sirven de ～ a las vigas. 柱が梁(はり)の支えとなっている. pared de ～ 土留め壁, 擁(よう)壁. hacer ～ en … …に支えられる. 〖類〗**base, soporte, sostén, sustento**. ❷【+a】(…に対する)支持, 援助, 支援, 後援, 擁(よう)護. —prestar ～ a un candidato 立候補者を応援[支援]する. una campaña de ～ a la investigación científica 科学研究に対する支援キャンペーン. No tienen [No cuentan con] el ～ popular [del pueblo]. 彼らは国民の支持を得ていない. precio de ～ (政府による)最低保障[維持]価格. 〖類〗**auxilio, ayuda, protección**. ❸(理論・思想などの)論拠, 根拠, 裏付け, 証拠. —Su declaración sirvió de ～ para corroborar las teorías de la defensa. 彼の証言が弁護側の理論を裏付ける論拠となった. 〖類〗**argumento, confirmación, fundamento, prueba**. ❹《言語》—vocal[consonante] de ～ 嵌入(かんにゅう)的な母音[子音]. ❺《軍事》火力支援, 援護. ❻《中南米, 北米》(乳牛などの)最後のひと絞り.

en apoyo de … …の支え[証拠, 裏付け]として, を支持して. venir *en apoyo de* … を支持する, …の支え[証拠]となる; を助長する. Se manifestó *en apoyo de* la nueva ley de educación. 彼は教育に関する新しい法律の支持を表明した.

punto de apoyo (1) 支え, 根拠, 拠り所; (軍隊などの)拠点. No hay ningún *punto de apoyo* para la escalera. はしごを掛ける所が全然ない. (2)《物理》(てこの)支点.

applet [áple(t)] 〔<英〕男《情報》アプレット.

APRA [ápra] 〔<Alianza Popular Revolucionaria Americana〕女《ペルー》アプラ党(アメリカ革命人民同盟).

‡**apreciable** [apreθjáβle] 形 ❶ 目につくほどの, 感じられるくらいの; かなりの. —Ayer se registraron precipitaciones ～s en esa región. 昨日その地方にかなりの降雨量が記録された. 〖類〗**considerable, notable**. ❷ 価値ある, 評価[尊重]に値する. —El resultado de sus investigaciones es muy ～. 彼の調査結果は非常に評価できる.

‡**apreciación** [apreθjaθjón] 女 ❶ 評価, 鑑定.

判断; 意見. —error de ～ 評価の誤り. gozar de una ～ justa 正当な評価を受ける. Es tenido en gran ～ por todos sus compañeros. 彼は仲間のみんなから大変評価されている. 類**estimación**. ❷ (価格の)決定, 査定. 類**tasación**. ❸ (芸術の)鑑賞. ❹ 見分け, 認識, 識別, 把握. ❺ (経済)(通貨・株・評価額の)値上がり, 高騰. —～ de la moneda [del dólar] 貨幣価値[ドル]の騰貴.

‡**apreciar** [apreθiár] [<precio] 他 ❶ を**評価する**, 価値を認める; 鑑定する. —*Apreciamos* la política deflacionista del gobierno. われわれは政府のデフレ政策を評価する. 類**estimar**. ❷ …に親しみ[敬意]を感じる, 尊敬する. —*Aprecio* a esa chica. 私はその娘に愛着を感じている. 反**despreciar**. ❸ を見分ける, 識別する, 感づく. —Es difícil ～ la diferencia entre chinos y japoneses. 中国人と日本人の違いを見分けるのはむずかしい. El médico le *apreció* una anomalía en el hígado. 医者は彼の肝臓の異常に気づいた.

——**se** 再 (通貨が)切り上げられる, 値上がりする.

apreciativo, va [apreθiatíβo, βa] 形 ❶ 評価の, 査定の. —valor ～ 査定額. ❷ 価値を認める, 好意的な.

aprecio [apréθio] 男 ❶ 敬意, 尊敬. —A ese profesor le tengo mucho ～. 私はその先生をとても尊敬している. ❷ 評価(すること), 価値を認めること. —El director no hizo ningún ～ a mi informe. 所長は僕の報告書を全く評価しなかった.

aprehender [apreendér] 他 ❶ (人)を逮捕する. —El terrorista fue *aprehendido* en la frontera. そのテロリストは国境で逮捕された. ❷ を押収する, 差し押さえる. —La policía *aprehendió* un alijo de droga. 警察は密輸の麻薬を押収した. ❸ (概念など)を理解する.

aprehensible [apreensíβle] 形 理解できる.

aprehensión [apreensjón] 女 ❶ 逮捕. ❷ 押収, 差し押さえ. ❸ 理解, 感知.

apremiador, dora [apremiaðór, ðóra] 形 →apremiante.

apremiante [apremjánte] 形 急を要する, 緊急の, 急ぎの. —trabajo [tarea] ～ 急ぎの仕事. Es ～ resolver este asunto. この件を急いで解決しなければならない.

apremiar [apremjár] 他 ❶ (人)をせきたてる, 急がせる. —No lo *apremies* tanto, que todavía hay tiempo. 彼をあまり急がせるな, まだ時間があるから. ❷ (人)を強制する. 類**presionar**. ❸ 《法律》を督促する. —— 自 急を要する. —Me *apremia* saber el resultado del examen. 僕は早急に試験の結果を知らなければならない. *Apremia* que se solucione el problema. その問題の解決が急がれる. 類**urgir**.

apremio [aprémjo] 男 ❶ せきたてること, 急がせること, 緊急. —Con tanto ～ voy a cometer muchos errores. こんなに急がされると, 僕はたくさんのミスをしてしまう. 類**prisa**. ❷ 督促, 催促. ❸ 《法律》延滞追徴(金); 強制執行. ❹ (時間・金などの)不足, 欠如, 逼迫(ﾋ;).

‡**aprender** [aprendér アプレンデル] ❶ を**学ぶ**, 習う; [+a+不定詞] (…すること)を習う. —Hace tres años que *aprendemos* español. われわれは 3 年前からスペイン語を学んでいる. He *aprendido* muchas cosas en el viaje. 私は多くのことを旅行で学んだ. Quiero ～ a tocar el piano. 私はピアノを弾くことを習いたい. ❷ を覚える, 暗記する. —Todavía no he podido ～me los apellidos de todos los alumnos de mi clase. 私は私のクラスの全生徒の姓をまだおぼえ込めない. 類**memorizar**.

——**se** 再 を暗記する.

‡**aprendiz, diza** [aprendíθ, díθa] 〖複 aprendices, zas〗 名 ❶ [+de] (手仕事や芸術の)見習い, 弟子, 卵; 初心者, 新米. —～ de carpintero [de cocinero] 大工[コック]の見習い. colocar [poner] de ～ con … (ある人)に見習いに出す. Trabaja de *aprendiza* en una peluquería. 彼女は美容師の見習いをしている. 反**maestro**. ❷ (同業組合の一番下の序列)徒弟(→oficial「職人, 熟練工」, maestro「親方」). —Antes de ser oficial, trabajé dos años de ～. 職人になる前は 2 年間徒弟をしていた. 類**meritorio**. 反**experto, maestro, veterano**.

Aprendiz de todo, oficial de nada. 〖諺〗多芸は無芸.

aprendizaje [aprendiθáxe] 男 ❶ 習得, 学習, 修業. ❷ 見習い期間. —Esta chica aún está en el ～. この女性はまだ見習い期間中だ.

aprensar [aprensár] 他 ❶ を圧縮[圧搾]する, 絞る. ❷ (人)を苦悩させる.

aprensión [aprensjón] 女 ❶ 懸念, 心配, 不安. —tener [sentir] ～ 心配である. coger [tomar] ～ 心配になる. Me da ～ tomar este medicamento. 僕はこの薬を飲むのが不安だ. ❷ 複 妄想, 思い込み. —Sólo son *aprensiones* tuyas. それは単なる君の思い込みだ. ❸ 気配り, 配慮. 類**delicadeza, miramiento, reparo**.

aprensivo, va [aprensíβo, βa] 形 心配性の, 神経質な; 懸念する.

apresador, dora [apresaðór, ðóra] 形 捕獲する, 逮捕する.

apresamiento [apresamjénto] 男 捕獲, 拿捕(ﾀﾎ), 逮捕.

apresar [apresár] [<presa] 他 ❶ (獲物)を捕まえる. ❷ (人)を逮捕する; (船など)を拿捕(ﾀﾎ)する. —La policía *ha apresado* al terrorista más buscado del país. 警察は国中で最も探されているテロリストを逮捕した. 類**aprehender, capturar**. ❸ (人)を投獄する.

aprestar [aprestár] 他 ❶ を準備[用意]する. ❷ (布など)に糊(ﾉﾘ)付けをする. —No me *han aprestado* bien el cuello de la camisa. 私のワイシャツの襟の糊付けが不十分だ.

——**se** 再 〘+a〙…の準備[用意]をする. —Me *aprestaba* a salir cuando sonó el teléfono. 電話が鳴った時, 僕は出かけようとしていた.

apresto [aprésto] 男 ❶ 準備, 用意, 支度. ❷ 仕上げ糊(ﾉﾘ); (織物の)仕上げ加工.

apresuración [apresuraθjón] 女 →apresuramiento.

***apresuradamente** [apresuráðaménte] 副 大急ぎで, あわてて. —Salió ～ a la calle. 彼は大急ぎで通りに出ていった. 類**rápidamente**.

apresurado, da [apresuráðo, ða] 形 急いでいる, 慌てている. —un viaje de negocios ～ 急ぎの出張.

apresuramiento [apresuramjénto] 男 ❶ 急ぐこと. —comer con ～ 急いで食べる. ❷ 急がせること, せきたてること.

140 apresurar

apresurar [apresurár] 他 を急がせる, せかす; 早める. —Si me *apresuras*, tardaré más. 君がせかすと, 私はもっと遅れるよ. *Apresura el paso, que vamos con retraso.* 歩調を速めなさい, 私たちは遅れているのだから.

— **se** 再 急ぐ,『+a+不定詞』急いで…する. —Si no *te apresuras*, perderás el tren. 急がないと列車に乗り遅れるよ. *Me apresuro a contestar a su carta.* あなたのお手紙に急いでお返事します.

apretadamente [apretáðaménte] 副 ❶ きつく, しっかりと. —Se abrazaron ~. 彼らは強く抱き合った. ❷ ぎりぎりで. —vivir ~ ぎりぎりの生活をする.

apretadera [apretaðéra] 女 ❶ ひも, 縄, バンド. ❷《複》《話》督促, 催促.

apretado, da [apretáðo, ða] 過分 形 ❶ 締めつけられた. ❷ (*a*) 固く締めた, ぴったりした, きつい. —nudo ~ 固い結び目. colchón ~ 詰ったふとん. *El corcho de la botella está muy* ~. びんのコルク栓はとてもしっかり締っている. *La chaqueta me queda apretada.* 上着が私にはきつめだ. (*b*)《文字などが》ぎっしり詰った. —tejido ~ 目のつんだ織物. (*c*) 読みにくい. —texto escrito con letra *apretada* 読みにくい文字で書かれたテキスト. ❸ 窮屈な. —La gente iba muy *apretada* en el autobús. バスはすし詰めだった. vivir ~ en un piso アパートに狭苦しく住む. ❹ むずかしい, 困窮した. —caso ~ むずかしい問題. situación *apretada* 難局. estar ~ de dinero 金に不足している. conseguir una *apretada* victoria やっとのことで勝つ, 辛勝する. ❺《話》けちな. 類 **estrecho, mezquino, miserable**.

apretamiento [apretamiénto] 男 締めつけること, 圧迫.

apretar [apretár] [4.1] 他 ❶ (*a*) を抱きしめる, 握り締める, 締めつける. —Juana *apretó* la carta de Felipe contra su pecho. フアナはフェリーペの手紙を胸に抱きしめた. *Vino hacia mí y me apretó la mano.* 彼は私の方にやって来て握手した. *He comido tanto que me aprieta el cinturón.* 私は食べ過ぎてバンドがきつくなった. 類 **estrechar**. 反 **aflojar**. (*b*) を強く引く, 引きしめる. —Si *aprietas* tanto la cuerda, se va a romper el paquete. もし君がそんなにひもを引っ張ると, 小包をこわしてしまうよ. ❷ を押さえつける, 詰め込む. — ~ la ropa en la maleta 衣類をスーツケースに詰め込む. ~ el botón ボタンを押す. ❸ を責め立てる, …に厳しくする, 圧力をかける. —No la *aprietes* con tus preguntas, que está a punto de llorar. 彼女を質問攻めにするよ, 泣きそうになっているから. *Dejó la fábrica porque le apretaban en el trabajo.* 彼は仕事で酷使されたのでその工場を辞めた. ❹ を速める; せき立てる. —Al ver que amenazaba tormenta, *apretó* el paso. 彼は嵐が迫っているのに気づいて歩を速めた.

— 自 ❶ (程度が) ひどくなる, 強くなる, 増す. —Me puse el abrigo porque *apretaba* el frío. 寒さが強まっていたので私はオーバーを着た. Hoy *aprieta* el sol. 今日は日射しがきつい. ❷ 頑張る. —Has aprobado porque *apretaste* en los estudios. 君は勉強を頑張ったから合格したのだ. ❸ 厳しくする, 圧力をかける, 締めつける. —La profesora *aprieta* mucho en las clases. 先生は授業が非常に厳しい.

¡Aprieta!『間投詞的に』《話》くだらん, やめろ.

apretar a correr 走り出す.

— **se** 再 ぎゅうぎゅう詰めになる, ひしめく. —Los pasajeros *se apretaban* en el autobús. 乗客がバスの中にひしめいていた.

apretón [apretón] 男《複 apretones》❶ (急な) 締め付け, 握り締め, 固い握手 (=~ de manos); 強く押すこと. —Con un ~ en el brazo me indicó que me callase. 私の腕を握り締めて黙るように指示した. — ~ 抱擁, 抱き締め. —Me ha dado un fuerte ~ y un beso. 彼は私を強く抱き締めキスした. 類 **abrazo**. ❸『主に複』人のぎゅうぎゅう詰め, 押し合いへし合い. —En el metro me han dado muchas *apretones*. 地下鉄の混雑はひどかった. 類 **apiñamiento, apretujón, apretura**. ❹《話, まれ》窮地, 苦境; 窮乏. — ~ financiero 財政難. estar『colocar』en un ~ 窮地に陥っている [追い込む], 苦境に立つ [立たせる]. pasar algunos apretones お金で苦労する. 類 **aprieto, apuro**. ❺《話》ダッシュ, 突っ走り, 突進, 全力疾走.

apretujar [apretuxár] 他 を強く押す, 押しつぶす.

— **se** 再 押し合いへし合いする.

apretujón [apretuxón] 男 強く押すこと, 押し合いへし合い. —Si el tren va lleno, hay que aguantar los *apretujones*. 列車が満員なら, 押し合いへし合いに耐えなければならない.

apretura [apretúra] 女 ❶ 満員, すし詰め. —No puedo soportar las ~s del metro. 私は地下鉄の混雑には耐えられません. ❷ 窮地, 困窮. 類 **apuro**. ❸ (食料などの) 不足.

apriet- [apriét-] 動 apretar の直・現在, 接・現在, 命令・2 単.

aprieto [apriéto]〔<apretar〕男 ❶ 窮地, 困窮, 窮迫. —salir del ~ 窮地を脱す. Pasé muchos ~s cuando me perdí en la montaña. 私は山で道に迷った時, 非常に困った. 類 **apuro, atolladero, conflicto**. ❷ 締め付け, (人の) ぎゅうぎゅう詰め. 類 **apretura, estrechez, opresión**.

estar『*encontrarse, hallarse, verse*』*en un aprieto* 窮地にある, 困っている.

poner『*tener*』*a … en un aprieto* を窮地に陥れる, 困らせる.

apriorismo [apriorísmo] 男 ❶ 先験 (先天) 説. ❷ 演繹(えんえき)的推理.

apriorístico, ca [apriorístiko, ka] 形 先験説の; 演繹(えんえき)的推理の. —razonamiento ~ 演繹的推論.

aprisa [aprísa] 副 速く, 急いで, すぐ. —Salió ~ y se olvidó de cerrar la puerta. 彼は急いで出て, 戸を閉めるのを忘れていた. 類 **deprisa, rápidamente, velozmente**.

apriscar [apriskár] [1.1] 他 (家畜) を囲い場に入れる.

aprisco [aprísko] 男 (家畜を寒さなどから守るための) 囲い場.

aprisionar [aprisionár]〔<prisión〕他 ❶ (人) を刑務所に入れる, 投獄 [収監] する. ❷ を動けなくする. —La abuela *aprisionó* a su nieto entre sus brazos. おばあさんは孫を抱き締めた.

aproar [aproár]〔<proa〕自《航海》(ある方向)に船首を向ける. —*Aproamos* hacia la ensena-

da. 私たちは入り江に船首を向けた.

‡**aprobación** [aproβaθjón] 囡 ❶ (計画, 法律, 動議などの)**可決, 承認**. —La ~ del nuevo reglamento ha sido bien acogida. 新しい条例はみごと可決された. ❷ (貸し付けや協定の)承認, 賛成. ❸ (行動やふるまいの)承認. —Cuentas con mi ~. 私は君に賛成する.

‡**aprobado, da** [aproβáðo, ða] 過分 形 ❶ 承認された, 認可された; 可決された. —La ley fue *aprobada* por el Senado. その法律は上院で可決された. ❷ 合格した, 可となった. —Salí [Fui] ~ en los exámenes. 私は試験に合格した. —— 男 合格, 可. —Tuvo cinco ~s. 彼は可を5つもらった. 類 **apto**.

***aprobar** [aproβár アプロバル] [5.1] 他 ❶ (*a*) を承認する, 容認する, 認可する. —El Ayuntamiento *aprobó* el proyecto. 市議会はその計画を承認した. (*b*) に同意する, 賛成する. —~ una opinión 意見に賛成する. Los padres *aprobaron* la boda. 両親は結婚に同意した. ❷ …に合格する; を合格させる. —No *aprobó* dos asignaturas. 彼は2科目合格していない. —— 自 合格する.

aprobatorio, ria [aproβatórjo, rja] 形 承認[同意]の. —Me dirigió una sonrisa *aprobatoria*. 彼は私に同意の微笑みを投げかけた.

aproches [aprótʃes] 男 複《軍事》敵の要塞攻略の準備.

aprontar [aprontár] [< pronto] 他 ❶ (処置・対策など)を急いで行なう. —~ la solución 解決を急ぐ. ❷ (お金)を遅れずに支払う.

apropiación [apropjaθjón] 囡 ❶ 私物化, 横領; 占有. —~ indebida de bienes 違法な財産の横領. ❷ 適合.

apropiadamente [apropjáðaménte] 副 適切に.

apropiado, da [apropjáðo, ða] 形 [+para] …にふさわしい, 適切な. —No tengo ningún traje ~ *para* asistir a la boda. 僕は結婚式に出席するのにふさわしい服を1着も持ってない.

apropiar [apropjár] 他 [+a] …を適合させる. —Debes ~ tu comportamiento *a* las circunstancias. 君は状況に応じた行動をとらなければならない. ❷ он ものにする.
—**se** 再 [+de] を自分のものにする, 横領[私物化]する. —El abogado *se apropió del* dinero de su cliente. 弁護士は顧客の金を横領した. 類 **adueñarse, apoderarse**.

apropincuarse [apropiŋkwárse] 再《まれ》 [+a] …に近づく.

***aprovechable** [aproβetʃáβle] 形 ❶ 利用[使用]できる, 役に立つ. —Estas maderas son ~s. これらの木材は利用可能である. 類 **explotable, útil, valedero**. ❷ 着用できる, 着られる. —Este traje todavía está ~. この服はまだ着られる.

aprovechadamente [aproβetʃáðaménte] 副 抜け目なく.

***aprovechado, da** [aproβetʃáðo, ða] 過分 形 ❶ 日和見主義(者)の, 金に汚い. —comerciantes ~s. 強欲な商人. No seas ~. (状況に)乗じるな. 類 **oportunista**. ❷ (学生が)勤勉な. 類 **aplicado, diligente**. ❸ [+bien [mal]] ~ dinero [tiempo] bien ~ 有効に利用した時間[金]. Es dinero [tiempo] mal ~. それは時間[金]の浪費だ. El espacio de la cocina está muy mal ~. 台所のスペースは使い勝手がとても悪い.
—— 名 ❶ 勤勉な人, 仕事熱心な人. ❷ 金に汚い人, 抜け目ない人.

aprovechamiento [aproβetʃamjénto] 男 ❶ 利用, 開発. —~ de la energía solar 太陽エネルギーの利用. ~ de los recursos naturales 天然資源の開発. ❷ 《主に複》産物, 資源. —~s forestales 森林資源. ❸ (学習などの)成果, 向上, 進歩. —seguir los cursos con ~ 熱心に授業を受ける.

aprovechamiento de aguas 《法律》水利権.

***aprovechar** [aproβetʃár アプロベチャル] [< provecho] 他 を利用[活用]する, 役立たせる. —*Aprovechó* esa hora libre para hacer la compra. 彼はその空き時間を買い物に利用した. *Aprovecho* la ocasión para enviarle un cordial saludo. この機会に心から ご挨拶申し上げます. *Aprovecharon* aquellas ofertas para amueblar el piso. 彼らはその特別価格を利用してマンションに家具を入れた.
—— 自 ❶ 役立つ, 有用である. —Los esfuerzos del médico no *aprovecharon* en nada. 医者の努力は何の役にも立たなかった. ❷ (営業などで)向上する, 進歩する, 上達する. —~ en los estudios 勉強が進む.

Que aproveche. (食事中の人に対する挨拶)おいしく召しあがれ.

—**se** 再 ❶ [+de に] つけ込む, つけ入る; (を)悪用する. —*Se aprovechó de* su ignorancia para engañarla. 彼は彼女をだますために彼女の無知につけ込んだ. *Se aprovechaba de* su cargo. 彼は自分の地位を悪用した. ❷ (だましたり, 力ずくで相手に)みだらな事をする.

aprovisionamiento [aproβisjonamjénto] 男 ❶ (食糧などの)供給, 調達, 支給, 補給. 類 **abastecimiento**. ❷ 供給されたもの, 糧食.

aprovisionar [aproβisjonár] [< provisión] 他 [+de] を…に供給[支給]する. —~ *de* víveres a las tropas 部隊に食糧を補給する. 類 **abastecer**.
—**se** 再 [+de] を調達する.

‡**aproximación** [aproksimaθjón] 囡 ❶ 《数学》近似値, 概算. —Esta cifra sólo es una ~. この数字は概算にすぎない. Lo calcularon con una ~ del 90%. 彼らはそれを90%の精度で計算した. ❷ 接近, 和解, 歩み寄り. —Ha habido una ~ entre los dos países 両国の間に和睦が成立した. un intento de ~ 関係改善の試み. 類 **acercamiento**. ❸ (宝くじなどの)前後賞(当選番号の前後の番号に与えられる賞). ❹ 《航空》接近.

‡**aproximadamente** [aproksimáðaménte] 副 およそ, ほぼ, だいたい. —En esta escuela hay 1.500 alumnos ~. この学校には約1,500人の生徒がいる. No lo veo desde hace ~ un año. およそ1年前から彼に会ってない. 類 **casi, más o menos**.

***aproximado, da** [aproksimáðo, ða] 過分 形 —un cálculo [precio] ~ 概算[おおよその値段]. hora *aproximada* de llegada al hotel ホテルに到着予定時刻.

‡**aproximar** [aproksimár] [< próximo] 他

142 aproximativo

[+a に]を近づける，接近させる，近寄せる. ― *Aproximó* el sofá *a* la pared. 彼はソファーを壁に近づけた. Las conversaciones han servido para ~ posiciones. 会話は双方の立場を接近させるのに役立った.
― **se** 再 [+a に]近づく，接近する，近寄る. ― *Se nos aproxima* la estación de las lluvias. 雨季が近づいている. Las pérdidas *se aproximan a* cien mil euros. 損失は10万ユーロに近かった. 類 **acercarse**.

aproximativo, va [aproksimatíβo, βa] 形 概算の，おおよその. ― valor ~ 近似値. hacer un cálculo ~ 概算する. 類 **aproximado**.

apruéb- [apruéβ-] apuobar の直・現在，接・現在，命令.

ápside [ápsiδe] 男《天文》(長円軌道の)長軸端(遠日点または近日点).

áptero, ra [áptero, ra] 形 ❶《虫類，鳥類》無翅(むし)の，無翼の. ― insecto ~ 無翅の昆虫. ❷《建築》側柱のない.

****aptitud** [aptitú(δ)] [<apto] 女 ❶《主に複》[+para](…の)素質，天分，才能; (獲得しえた)能力. ― Desde niña demostró grandes ~*es* [una gran ~] para la pintura. 彼女は子供の時から絵の優れた素質を発揮した. 類 **talento**. ❷ [+para] (…の)適性，素質. ― pruebas de ~ fisica 肉体的能力(適性)検査. Ese empleo va muy bien con sus ~*s*. その仕事は彼の素質にぴったり合っている. el certificado de ~ para entrar en la Universidad 大学入学の資格証明書. 類 **idoneidad**. ❸(環境への)適応性.

prueba [examen] de aptitud 適性検査.

apto, ta [ápto, ta] 形 ❶ [+para] …に能力が向いた，有能な. ― intérprete *apto para* la traducción simultánea 同時通訳のできる通訳者. 類 **capaz, hábil**. ❷ [+para] …にふさわしい，適した. ― película no *apta para* menores de dieciocho años 18歳未満お断りの映画. 類 **idóneo**.

apuést- [apuést-] 動 apostar の直・現在，接・現在，命令.

:**apuesta** [apuésta] [<apostar] 女 ❶ 賭(事). ― los juegos de ~*s* 賭け事，ギャンブル. ~*s* deportivas スポーツ賭博. aceptar [ganar, perder] una ~ 賭けに応じる[勝つ，負ける]. hacer una ~ de veinte euros en las quinielas キニエラで20ユーロ賭ける. ❷ 賭金，賭けた物. ― pagar la ~ 賭金を払う. Subió la ~ a diez euros. 彼は賭金を20ユーロに上げた. ❸ 賭けの対象. ― Potenciar el turismo es la ~ del nuevo ayuntamiento. 今度の市役所は観光促進に賭けている. ❹ [+por] (危険なものをも考えや人への)支持，信頼. ― La ~ *por* la innovación de esta empresa ha sido muy alabada en círculos especializados. この会社の新機軸に対する支持はその専門分野では大変賞賛された.

apuestas mutuas 馬券制度(競馬などで勝馬に賭けた人たちが賭金から手数料・税金を差引いた残額を分配する方式); この方式による勝馬投票，billete de *apuestas mutuas* 馬券[連勝式馬券].

apuesto, ta [apuésto, ta] 形 (人が)優雅で端正な，さっそうとした. ― ¡Qué joven tan ~! 何てすてきな青年でしょう.

apunarse [apunárse] 再《中南米》高山病にかかる.

apuntación [apuntaθjón] 女 ❶ 書き留めること. 類 **apuntamiento**. ❷《音楽》記譜法; 音譜. ❸ 照準を合わせること.

apuntado, da [apuntáδo, δa] 形 先のとがった.

****apuntador, dora** [apuntaδór, δóra] 男女 プロンプター，(劇で俳優に)影からセリフをつける人. ― ~ automático テレプロンプター. ♦セリフを拡大して出演者に見せる機械.

apuntalamiento [apuntalamjénto] 男 支柱で支えること，補強.

apuntalar [apuntalár] 他 ❶ を支柱で支える. ― Han apuntalado el torreón del viejo castillo. 古い城の大きな塔が支柱で支えられた. ❷ を補強[強化]する. ― El profesor *apuntaló* sus razonamientos con refranes. 教師は諺を用いて自分の理屈を裏付けた. ❸(人を)支える，助ける.

apuntamiento [apuntamjénto] 男 ❶ 照準を合わせること. ❷ 書き留めること. ❸《法律》公判調書.

:**apuntar** [apuntár アプンタル] [<punto, da] 他 ❶ …の狙いをつける，照準を合わせる. ― *Apunté* la escopeta al blanco y tiré del gatillo. 私は小銃の照準を合わせ，引き金を引いた. ❷ を書き留める，メモする; 記入する. ― En seguida *apunté* la fecha y hora de nuestra entrevista. 私はすぐにわれわれの会見の日時を書き留めた. Esta ronda la *apuntas* a mi cuenta. このお代りは私の勘定に付けといてくれ. 類 **anotar**. ❸ を指摘する; 示唆する，ほのめかす. ― El profesor *apuntó* con el dedo el error que él había cometido en el examen. 先生は彼女が試験で犯したミスを指さして示した. El joven atleta *apunta* un brillante porvenir. その若い選手に輝かしい未来が予感される. ❹(プロンプターが)…にせりふを教える，こっそり教える. ― Le castigaron por ~ la respuesta a un compañero. 彼は仲間に答をこっそり教えたので罰せられた. ❺ をリスト・アップする，…の名前を記載する. ❻ を仮縫いする，仮に打ちつける.

― 自 ❶ [+a を]指す，指示する. ― La brújula *apunta* al norte siempre. 磁石はいつも北を指している. ❷ [+a に]狙いをつける，照準を合わせる; (を)目指している. ― *Apuntaba* con la pistola *a* la cabeza. 彼はピストルで頭を狙おうとしていた. La reforma laboral *apunta* a la creación de empleo. 労働改革は雇用の創出を狙いとしている. ❸ 現れはじめる，現れ出す. ― Partieron en cuanto *apuntó* el día. 彼らは日が出るとすぐに出発した. Ya *apuntan* los trigale*s*. もう麦の芽が出始めている.

― **se** 再 ❶ [+a/en に]申し込む，参加する，加わる. ― ~*se* al paro ストに参加する. *Me apunto a* la excursión del domingo. 私は日曜日のハイキングに参加する. ❷ を獲得する，自分のものにする. ― ~ dos tantos 2点稼ぐる. ~ el éxito de una empresa 事業で成功を収める.

:**apunte** [apúnte] 男 ❶ (*a*) メモ，覚書; 《複》(学生がとる)ノート. ― Ella nunca toma ~*s* en clase. 彼女は授業中いつもノートを取らない. cuaderno de ~*s* ノート. 類 **nota**. (*b*)《複》(会議や教室などで配る)プリント. ❷ 《芸術》スケッチ，素描;《文学》概略，アウトライン. (*b*)《中南米》(映画，

演劇》概略. ❸《商業》記帳, 記入, 登録. ❹《演劇》プロンプター.

apuntillar [apuntiʝár] 他《闘牛》(牛)に短剣でとどめを刺す.

apuñalar [apuɲalár] 他 を短刀で刺す.

apuñar [apuɲár] 他 ❶ を握る, つかむ. ❷ → apuñear.
── 自 こぶしを握る.

apuñear [apuɲeár] 他 をげんこつで殴る.

apuracabos [apurakáβos] 男《単複同形》ろうそく立て.

apuradamente [apuráðaménte] 副 ❶ 困窮して, 貧乏して. ─vivir ~ 貧乏暮らしをする. ❷ かろうじて, やっとの思いで. ─*Apuradamente* conseguí salir vivo del hotel en llamas. 炎に包まれたホテルから私はやっとの思いで生還した. ❸ 入念に, 正確に. ❹《中南米》急いで.

apura*do, da* [apuráðo, ða] 形 ❶ 困窮した. ─encontrarse [estar, verse] en una situación *apurada* 窮地に立たされている. ❷ (金・時間が)不足した. ─andar [estar] ~ de dinero [tiempo] 金に困っている[時間がない]. ❸ 入念な, 正確な. ❹《中南米》急いでいる.

apura*dor, dora* [apuraðór, ðóra] 形 困窮させる, 厄介な.

apuramiento [apuramjénto] 男 ❶ 困窮(すること). ❷ 真相の究明. ❸ 浄化.

*§**apurar** [apurár]〈＜形 puro〉他 ❶ (*a*) を使い切る, 使い果たす, しつくす. ─*Apuraba* hasta los últimos segundos del día para estudiar. 彼は一刻も無駄にせずに勉強したのだった. (*b*) を飲み干す, 空(ｶﾗ)にする. ─*Apuró* una jarra de cerveza y pidió un vaso de vino. 彼はジョッキ1杯のビールを空けるとワイン1杯を注文した. ❷ を詳しく調べる, 発表する. ❸ をせき立てる, 急がせる. ─No me *apures* tanto, que tenemos tiempo suficiente. そんなにせかさないでよ, 私たちには十分時間があるのだから. 類**apremiar, apresurar.** ❹ …にうるさく言う, を悩ます; …に恥ずかしい思いをさせる. ─Me *apura* decirle que está equivocada. 彼は私に彼女がまちがっていると言うようとつらく思う. ❺ を怒らせる. ─Le *apuré* tanto que me dio un puñetazo. 私は彼をひどく怒らせたので, げんこつを食らった.
──**se** 再 ❶《＋por》に心を痛める, (を)心配する. ─No *te apures por* lo que ha pasado, que yo lo soluciono todo. 過ぎたことをくよくよするな, すべて私が解決するから. ❷ 急ぐ. ─*Apúrate*, o perderás el tren. 急がないと列車に乗り遅れるよ.

Apure [apúre] 固名 アプーレ(ベネズエラの州).

Apurímac [apurímak] 固名 アプリマク(ペルーの県・県都).

*§**apuro** [apúro] 男 ❶ 困惑, 窮地, 困った立場. ─estar [verse, encontrarse] en un ~ [en ~s]/pasar [tener] un ~ 苦境にある, 困っている. sacar de un ~ 苦境[貧困]から救う. salir de ~s 苦境から抜け出す. poner [dejar] en un ~ [en ~s]/hacer pasar un ~ 困らせる, 窮地に追い込む. 類**aprieto, brete.** ❷《主に複》(金銭上の)困難, 困窮, 窮乏. ─estar en ~s [en un ~ de dinero]/tener ~s de dinero [en económicos]. 金に困っている. 類**apretura.** 反**prosperidad.** ❸ 苦難, 苦労, 難儀, 辛いこと. ─Al principio pasé muchos ~s con la lengua. 初

aquello 143

め言葉ができなくて大変苦労した. con grandes ~s 大変苦労して. 類**dificultad.** ❹ 恥ずかしさ, きまり悪さ, 心苦しさ. ─Me da ~ pedirle el dinero que me debe. 君に借金を請求するのは心苦しい. 類**reparo, vergüenza.** ❺《中南米》大急ぎ, せきたて. ─en el ~ 大急ぎで. tener ~ por … 急いで…する, …しようとあせる. Apresúrate, que estoy con mucho ~. 早くして, 急いでいるんだから. 類**apremio, prisa, urgencia.**

aquejar [akexár] 他 (病気などが)(人)を苦しめる, 悩ませる. ─Le *aqueja* un ataque de reuma. 彼はリューマチの発作に苦しんでいる.

*§**aquel, aquella** [akél, akéʝa] アケル, アケヤ 形《指示》《複 aquellos, aquellas》《+名詞》(空間的・心理的に話し手からも聞き手からも遠いもの[人]を指す)あの《→este, ese》. ─¿Ves ~ pequeño lago? あの小さな湖が見えますか. *Aquella* discoteca ya no existe. あのディスコはもうない. Se informará debidamente a *aquellas* personas a quienes corresponda. 関係各位にはしかるべく通知されることになっている. ❷《+名詞》(現在から遠い過去のことを指す)あの. ─A~s años fueron los más felices de mi vida. あの時代が私の人生の中で一番幸せなときだった. Por ~ entonces yo vivía en Sevilla. あの頃私はセビーリャに住んでいた. ❸《+名詞》(文脈上で前に述べたもの[人]を指す)前者の, 前の. ─En la fiesta estaban una amiga y su hermana, pero con *aquella* amiga no pude hablar. パーティーには女友達とその妹が来ていたんだけど, 友だちの方とは話ができなかった. ❹《名詞の後》(強調・怒り・軽蔑を示す)あの, あんな. ─No me gusta nada el hombre ~. あんな男は全然好きではない.

── 代《指示》 ❶ あれ, あのもの, あの人. 《→ 田 aquello. 中性を除く指示代名詞は, 指示形容詞と誤解される恐れがある場合にはアクセント記号を付けなければならない. →este]. ─*Aquella* es la casa donde vivíamos. あれが私たちの住んでいた家だ. ¿A~ es tu padre? あれが君のお父さんですか. Cenamos juntos el día de Navidad. A~ sería nuestro último encuentro. 私たちはクリスマスにいっしょに夕食を食べた. あれが私たちが会った最後だろう. A~ que ves allí es mi coche. あそこに見えるのが私の車です. ❷《文脈上で先に述べたもの[人]を指す)前者《→este》. ─Te han llamado tu madre y tu mujer. Esta no ha dicho el motivo y *aquella* que volverá a llamar. 君のお母さんと奥さんから電話があったよ. 奥さん(後者)は何の用事か言わなかったけれど, お母さん(前者)は後で電話すると言ってた.

── 男 (特に女性の)魅力, 性的魅力. ─Tiene un ~, aunque no es guapa. 彼女は美人ではないが, 魅力がある. María tiene mucho ~. マリアは女性の魅力に満ちている. 類**atractivo, donaire, gracia.**

aquelarre [akeláře] 男 ❶ 魔女[魔法使い]の夜の集まり. ❷ 大騒ぎ, どんちゃん騒ぎ.

*§**aquello** [akéʝo] 代《指示》《中性》 ❶ (心理的に話し手からも聞き手からも遠い事柄を指す)あれ, あのこと, 例のこと. ─¿Qué hay de ~? あのことはどうなりましたか. Ahora debes apartarte de todo ~ ajeno a tu estudio. 今はとにかく君は勉強に関係

ないことからいっさい離れるべきだ. Sólo ～ que está fuera de nuestro alcance nos interesa de veras. われわれの手の届かないものだけが真にわれわれの関心を引くのだ. Me gustaba ～ de pasear con mi abuelo. 私はおじいさんと散歩するのが好きだった. ❷ (空間的に話し手からも聞き手からも遠い未知のものまたは漠然としたものを指す)あれ, あのもの. ―¿Qué es ～? あれは何ですか. A～ está muy poblado. あそこはとても人が多い.

por aquello de ... 《話》(理由・原因を表す)…のために. No se han divorciado todavía *por aquello de* el qué dirán. 彼らはあとの噂が恐くてまだ離婚していない.

aquende [akénde] 副 《文》…のこちら側で[に]. ～ los Pirineos ピレネー山脈のこちら側で. 反 **allende**.

aquenio [akénjo] 男 《植物》痩果(*ぶん*).

aqueo, a [akéo, a] 形 (古代ギリシャの)アカイヤ(Acaya)の; 古代ギリシャの. ― 名 アカイア人.

aquerenciarse [akerenθjárse] 〔＜querencia〕再 〔＋a〕(主に動物が)(ある場所に)住み着く, 好む.

＊＊aquí [akí アキ] 副 ❶ (*a*) ここに[で, へ], こ こ(話し手のいる場所か近くの場所, またはその場所への方向を示す). ～ en Tokio ここ東京では. ― cerca この近くに. Ven ～. こっちへ来い. ¡Paco, ～! パコ, こっちに来て[助けて]. Elena Ortiz.―A～. (出欠をとって)エレーナ・オルティス. ―はい(ここにいます). Camarero, ～ un café. ボーイさん, ここにコーヒー1つ(頼みます). A～ estoy. ただ今着ました. A～ está el autobús. 今バスが来た. A～ está tu toalla. そらタオルはここにあるよ. A～ lloran, allí ríen. こちらでは泣き, あちらでは笑っている. A～ en Tokio las viviendas son muy caras. ここ東京では住宅が非常に高い. Ella no quiere saber nada de nosotros, de ～. 彼女はこの人たちのことは何も知ろうとしない. De ～ a la estación se tardará cinco minutos andando. ここから駅までは歩いて5分くらいかかるでしょう. (*b*) この点で, ここで. ―A～ está la dificultad del asunto. ここに問題のむずかしさがある. ❷ (*a*) この時(に), 今. ―Por lo que se ha dicho hasta ～, no hay nada claro. これまで述べられたことでは全然はっきりしない. (*b*) その時(に), そこで. ―A～ ～ es cuando todos le aplaudieron. その時, 全員が彼に拍手した. ❸ (*a*) (話し手の近くの人を指して)こちら, この人. ―A～～, el señor quiere preguntarles algo. こちらの方があなた方に何か聞きたがっています. A～, Carlos, uno de mis mejores amigos. この人がカルロスで, 私の親友の一人です. (*b*) (話し手を指して)こちら, 当方. ―Oiga, ～ Pablo García. (電話でもしもし, こちらはパブロ・ガルシーアです. A～ Radio Japón transmitiendo desde Tokio. こちらはラジオ・ジャパン, 東京からお送りしています.

aquí mismo このすぐ近くに[で, へ]. *Aquí mismo* tienes una parada. このすぐ近くに停留所がある.

aquí y ahora 今の状況では.

aquí y allí [*allá*] あちこちに[で]. Crecían amapolas *aquí y allí*. あちこちにヒナゲシが生えていた.

de aquí ここから, この時から; このため. *De aquí* la inmensa alegría que sintió. この時から彼は限りない喜びを感じたのだ.

de aquí que 〔＋接続法〕それ故, このため. Tengo fiebre; *de aquí que* no tenga apetito. 私は熱がある. だから食欲がないのです.

de aquí a [*en*] …たてば, 今から…以内に. *de aquí a* ocho días 今から1週間たてば[以内に]; 来週の今日. *de aquí a* poco まもなく.

de aquí en adelante 今度は, これからは. *De aquí en adelante* no deben fumar en lugares públicos. 今後, 公共の場所でタバコをすってはいけない.

de aquí para allí [*allá*] あちらこちらに. He estado todo el día *de aquí para allí*. 私は1日中あちらこちらと歩きまわっていた.

de aquí te espero →esperar.

hasta aquí (1) ここまで. Acércate *hasta aquí*. ここまで近くによりなさい. Hasta aquí podíamos llegar. とうとう事はここまで来てしまった(もうがまんでき ない). (2) 今まで, これまで. *Hasta aquí* se ha arreglado bien. これまでのところ彼はうまくやってきた.

por aquí (1) このあたりに, この辺に. Nadie vive *por aquí*. だれもこのあたりには住んでいない. ¿Qué te trae *por aquí*? どうしてこんな所に来てるの. (2) こちらに[へ]. (Pase) Por aquí. こちらへどうぞ. (3) ここを通って. (4) これによって. *Por aquí* se puede conocer la verdad. これで真実がわかるかもしれない.

aquiescencia [akjesθénθja] 女 承諾, 同意. 類 **consentimiento**.

aquietar [akjetár] 〔＜quieto〕他 ❶ (興奮などを)鎮める. ―El amo *aquietó* al perro con las caricias. 飼い主は撫(*ぶ*)でて犬を落ち着かせた. ❷ (痛みなどを)和らげる. ―El calmante te *aquietará* el dolor. 鎮痛剤で君の痛みは和らぐだろう.
―**se** 再 ❶ (興奮などが)静まる. ❷ (痛みなどが)和らぐ.

aquilatamiento [akilatamjénto] 男 ❶ (金などの)カラット数を調べること; 試金. ❷ 充分な調査, 評価, 吟味.

aquilatar [akilatár] 〔＜quilate〕他 ❶ (金・真珠・宝石などの)カラット数を調べる, 試金する. ❷ を吟味する. ―Conviene ～ las consecuencias antes de tomar una decisión. 決断を下す前に結果を吟味したほうがよい. ❸ (精神的な資質)を磨き上げる. ❹ …の価格をできるだけ下げる.

aquilino, na [akilíno, na] 形 《詩》ワシの(ような). ― nariz *aquilina* 鷲(*わし*)鼻. 類 **aguileño**.

aquillado, da [akiʎáðo, ða] 形 ❶ 竜骨(キール)(quilla)の形をした. ❷ (船舶)竜骨[キール]の長い.

aquilón [akilón] 男 《詩》北風.

aquistar [akistár] 他 《古》を征服する, 獲得する. 類 **adquirir, conquistar, conseguir**.

Aquitania [akitánja] 固名 アクイタニア(古代ローマの属州).

ara [ára] 〔冠詞は単数形の直前で el, un(a)〕女 ❶ 祭壇. ❷ 祭壇の聖石. ❸ (A～)《天文》祭壇座.

en aras de ... …のために.

:árabe [áraβe] 形 アラブ(人)の, アラビア(人)の, アラビア語の. ― raza ～ アラブ民族. países ～s アラブ諸国. 男女 アラブ人, アラビア人.
―― 男 アラビア語. ―Para mí como si hubiera hablado en ～. 私にはまるで彼がアラビア語を話しているみたいだった(ちんぷんかんぷんだった).

arabesco, ca [araβésko, ka] 形 アラビア(風)の.
— 男 アラビア風様式の装飾.
Arabia [aráβia] 固名 アラビア. —Península de ～ アラビア半島.
Arabia Saudí [aráβia sauðí] 固名 サウジアラビア(首都リヤド Riyad).
arábigo, ga [aráβiɣo, ɣa] 形 アラビア(人)の. —Península *arábiga* アラビア半島. número ～ アラビア数字. Mar A～ アラビア海.
— 男 アラビア語.
arabismo [araβísmo] 男 《言語》アラビア語風の表現[言い回し]; アラビア語源の語.
arabista [araβísta] 男女 アラビア学者, アラビア語[文学]の研究者.
arabizar [araβiθár] [1.3] 他 をアラビア風にする.
arable [aráβle] 形 《農業》(土地が)耕作に適した.
arácnido, da [áraknido, ða] 形 《動物》クモ形類の. — 男 《動物》クモ形類.
aracnoideo, a [araknoiðéo, á] 形 《解剖》クモ膜の.
aracnoides [araknóiðes] 女《単複同形》《解剖》クモ膜.
arada [aráða] 女《農業》❶ 耕作, 耕すこと. —La ～ de ese bancal la dejamos para mañana. この区画の耕作は明日に回すことにしよう. ❷ (a) 耕地. (b) 1 日に耕作できる広さの耕地.
arado [aráðo] 男 ❶《農業》(耕作用の)すき. ❷ 『中南米』耕地.
arador [araðór] 男《動物》ヒゼン(皮癬)ダニ(= arador de la sarna).
Aragón [araɣón] 固名 アラゴン(スペインの地方).
***aragonés, nesa** [araɣonés, nésa] 形 アラゴン (Aragón)の, アラゴン人[方言, 語]の. —dialecto ～ アラゴン方言.
— 名 アラゴン人[住民], アラゴン出身者. —Goya es un ～ célebre. ゴヤは有名なアラゴン人である.
— 男 (スペイン語の)アラゴン方言; アラゴン語.
— 女 ブドウの 1 品種(大粒で赤い).
***aragonesa** [araɣonésa] 女 →aragonés.
aragonesismo [araɣonesísmo] 男 ❶ アラゴン方言, アラゴン方言特有の表現. ❷ アラゴン自治主義.
Aragua [áraɣua] 固名 アラグア(ベネズエラの州).
araguato [araɣuáto] 男 《動物》ホエザル.
arambel [arambél] 男 ❶ 掛け布. ❷ ぼろきれ.
arameo, a [araméo, a] 形 《歴史》アラム(人・語)の. — 名 《歴史》アラム人. — 男 アラム語(北西セム語派の言語).
arana [arána] 女 ぺてん, 詐欺.
arancel [aranθél] 男 関税; 関税率. —cobrar los ～es 関税を徴収する. pagar los ～es 関税を支払う. reducción de ～es 関税の引き下げ.
arancelario, ria [aranθelário, ria] 形 関税の. —derechos [impuestos] ～s 関税.
arándano [arándano] 男 《植物》ブルーベリー, コケモモ; ブルーベリーの実, コケモモの実.
arandela [arandéla] 女 ❶《機械》座金(ざがね), ワッシャー. ❷ (ろうそく立ての)ろうの受け皿. ❸ (槍の)つば. ❹ アリよけ(木に取り付けてアリが昇るのを防止するじょうご形の器具).

arbitrario 145

arandillo [arandíjo] 男 《鳥類》ヨシキリ属の 1 種.
Aranjuez [araŋxuéθ] 固名 アランフエス(マドリードの南東にある町).
***araña** [arána] 女 ❶《虫類》クモ. —tela [red] de ～ クモの巣. ❷ シャンデリア. ❸ (小鳥を捕える)かすみ網. ❹《話》抜け目のない人. ❺ 売春婦. ❻《植物》クロタネソウ.
araña de agua アメンボウ.
araña de mar クモガニ.
***arañar** [aranár] 他 をひっかく, こする, …にひっかき傷[擦り傷]をつくる. —No toques al gato, que te *araña*. ネコに触らないで, ひっかくから.
—se 再 ❶ (自分の体に)ひっかき傷ができる, すりむく. —Me caí en la calle y me *arañé* la mano. 私は通りでころんで手に擦り傷をつくった. ❷ をかき集める, けずり取る. —*Arañando* dinero consiguió comprar el piso. 彼は金をかき集めてマンションを買うことができた.
***arañazo** [aranáθo] 男 引っ掻き, かすり傷, 爪跡痕. —El gato me hizo un ～. 私は猫に引っ掻かれた. ～ del coche 車の擦(す)り傷. 類 **rasguño**.
arañuela [arapuéla] 女 ❶《植物》クロタネソウ (キンポウゲ科の草花. 種子が黒). ❷ (クモの巣状の巣を張る害虫の)幼虫.
arar¹ [arár] 他 (地面・畑)を耕す, すく; …にあぜを作る. —Los labradores comienzan a ～ los campos. 農民たちは畑を耕し始める.
arar² [arár] 男《植物》❶ アフリカカラマツ. ❷ ヨウシュネズ(洋種可松), セイヨウビャクシン(西洋柏槇).
Arauca [aráuka] 固名 ❶ アラウカ(コロンビアの地区). ❷ (el ～) アラウカ川(コロンビア, ベネズエラの河川).
araucano, na [araukáno, na] 形 アラウコ(人・語)の. — 名 アラウコ人(チリ中部に住む先住民). — 男 《言語》アラウコ語.
araucaria [araukária] 女 《植物》ナンヨウスギ.
Arauco [aráuko] 固名 アラウコ(チリの県).
arbitrador, dora [arβitraðór, ðóra] 名 仲裁[調停]者.
arbitraje [arβitráxe] 男 ❶ (a) 仲裁, 調停. (b) (スポーツなどの)審判. ❷ (仲裁者の)裁定; (審判の)判定.
arbitral [arβitrál] 形 ❶《法律》仲裁の, 調停の. —juicio ～ 仲裁裁定. sentencia ～ 調停者の裁定. ❷《スポーツ》審判の. —decisión ～ 審判の判定.
arbitrar [arβitrár] 他 ❶《法律》を仲裁[調停]する. —～ un conflicto laboral 労働紛争を調停する. ❷《スポーツ》を審判する. —Pedro va a ～ el próximo partido. ペドロが今度の試合の審判をすることになっている. ❸ (手段などを)見つける. ❹ (寄付金などを)集める. —se 再 工夫する.
arbitrárselas 何とかやりくりする.
arbitrariamente [arβitrárjaménte] 副 気まぐれに, 独断的に; 恣意的に.
arbitrariedad [arβitrarjeðá(ð)] 女 ❶ 独断的行為, (職権の)濫用. ❷ 気まぐれ, 恣意(しい)性.
***arbitrario, ria** [arβitrário, ria] 形 ❶ (a) 勝手気ままな, 独断的な; 横暴な. —gobierno ～ 専制的な政治. interpretación *arbitraria* 勝手気ままな解釈. decisión *arbitraria* 専断, 不当な

決定. (b) 不法な, 不正な. —detención *arbitraria* 不法な拘留. 反 *legal*. ❷ 任意の; 恣意(シ゛)的な, 気まぐれな. —Elija un número ~. 任意の数字を選びなさい.

arbitrio [arβítrio] 男 ❶《法律》判決, 裁定. —asunto sujeto al ~ de un juez superior 上級判事の裁定に依存した案件. ❷ (a) 意志, 裁量, 判断. —Hemos dejado la decisión a su ~. 私たちは決定を彼の判断に委ねた. (b) 気まぐれ, 恣意(シ゛). ❸ 手段, 方法. ❹ 複 税金. —~s municipales 市民税.
estar al arbitrio de ... …次第である, …に依存している.

arbitrista [arβitrísta] 男女 (机上の空論に基づいて)政策を立てる人.

árbitro, tra [árβitro, tra] 名 ❶《スポーツ》審判員, アンパイア, レフェリー. 類 *colegiado*. ❷ 仲裁[調停]者. ❸ 自分の意志で行動する人. ❹ 特定の分野で影響力のある人. —Esos diseñadores son los ~s de la moda. そのデザイナーたちは流行に影響力を持っている.

árbol ** [árβol アルボル] 男 ❶ 木, 樹木. —~ frutal 果樹. ~ de Navidad [navideño] クリスマス・ツリー. ~ de la cruz (キリストの)十字架. ~ de la cera《植物》シロヤマモモ. ~ del Paraíso タイワンセンダン (台湾栴檀). ~ del cielo ニワウルシ(漆庭). ~ del clavo チョウジ(丁子の木). ~ del diablo パラゴムの樹. ~ del pan パンの木. ~del pie 実生(ミ゛ョウ)の植物. ~ de la canela 肉桂(ニッ)の木. ~ de María 照葉木(テ゛ラ). ~ padre (伐採後残した)親木. ~ de hoja caduca [de hoja perenne] 落葉[常緑]樹. ❷ 樹木状のもの;《言語》樹形図. —~ genealógico [de costados]《系図, 系譜図(家系などの). ~ respiratorio 呼吸器系統図. ❸《機械》軸, シャフト. —~ motor ドライブ・シャフト, 駆動軸. ~ de levas カム・シャフト. ~ de transmisión de un automóvil プロペラ・シャフト. ❹《海事》マスト, 帆柱. —~ mayor メイン・マスト. 類 *mástil, palo*. ❺《建築》(螺旋(ラ゛)階段の中心になる)軸柱.

árbol de la ciencia [del bien y del mal] 《聖書》(善悪を知る)知恵の木, 禁断の木 (アダムとイブがこの木の果実を食べた).

árbol de la vida (1)《聖書》生命の樹. (2)《解剖》小脳活樹. (3)《植物》ニオイヒバ.

Al que [Quien] a buen árbol se arrima buena sombra le cobija.『諺』寄らば大樹の陰.

Del árbol caído todos hacen leña.『諺』木が倒れれば誰でも薪にする(他人の不幸は気の毒がるよりも自分の利益のために利用しようとする).

Por el fruto se conoce el árbol.『木の値打ちはその実を見れば分かる』(人は行いで判断される)(聖書マタイ伝12:33).

árbol de Judas [del amor] セイヨウハナズオウ (西洋蘇方: ユダが首をつって死んだと伝えられる木)(→ciclamar).

arbola*do*, da [arβoláðo, ða] 形 ❶ (土地が)木が植えられた, 樹木の茂った. —Las riberas del río están *arboladas*. 川べりには木が植えられている. ❷ (海が)高波の. —mar *arbolada* 高波の海. —— 男 木立.

arboladura [arβolaðúra] 女《船舶》(集合的に)(船の)帆柱.

arbolar [arβolár] 他 ❶ (船舶)(船)にマストを立てる. ❷ (旗など)を高く上げる, 掲揚する. 類 *enarbolar*. ❸ (武器など)を振り回す. ❹ (地に)木を植える.
—**se** 再 ❶ 高波が立つ. ❷ (馬が)棹(サ゛)立ちになる. 類 *encabritarse*.

arboleda [arβoléða] 女 木立, 雑木林. —Descansamos un rato bajo la fresca sombra de la ~. 私たちは涼しげな木立の下で少し休んだ.

arboledo [arβoléðo] 男 木立の茂った所.

arborecer [arβoreθér] 自 成木になる.

arbóreo, a [arβóreo, a] 形 ❶ 木の, 樹木の. —vegetación *arbórea* 樹木群. ❷ 樹木状の. ❸《動物》樹上生活をする.

arborescente [arβoresθénte] 形 樹木状の, 木のように枝分かれした.

arboricultor, tora [arβorikultór, tóra] 男 樹木栽培者.

arboricultura [arβorikultúra] 女 樹木栽培, 育林.

arbotante [arβotánte] 男 ❶《建築》飛び控え壁. ❷《船舶》舷外(ヒ゛)浮材.

arbustivo, va [arβustíβo, βa] 形 灌木(カン)の, 低木の. —vegetación *arbustiva* 灌木の群生.

arbusto [arβústo] 男 灌木(カン), 低木.

arc- 接頭 [archi- の異形です].

arca [árka]《単数冠詞は el, un(a) を使用》女 ❶ (衣類用などの蓋付き)大箱, 櫃(ヒ゛). —~ de agua 水槽, 揚水タンク. ~ de la Alianza [del Testamento]《聖書》契約の櫃(ヒ゛). 類 *arcón, cofre*. ❷ (a) 金庫 (= ~ de caudales)(団体の)金庫. —~ fuerte del banco 銀行の金庫. 類 *caja fuerte*. (b) 複 財源. —~s públicas [estatales, del Estado, fiscales] 国庫. —~s municipales 市[町, 村]の金庫, 地方財政. ❸《解剖》胸郭, 胸腔 (= ~ del pecho); (体の)胴部, 脇腹. —~ del cuerpo 胴体.

arca cerrada 口の堅い人.

Arca de Noé [del diluvio] (1)《聖書》ノアの箱舟. (2) 乱雑な場所. (3)《貝類》フネガイの一種.

arcabucear [arkaβuθeár] [< arcabuz] 他 ❶ を火縄銃で撃つ. ❷ (人)を火縄銃で処刑する.

arcabucería [arkaβuθería] 女 ❶ 火縄銃の軍団. ❷ (総称的に)火縄銃. ❸ 火縄銃の発砲.

arcabucero [arkaβuθéro] 男 火縄銃兵.

arcabuz [arkaβúθ] 男 [複 arcabuces] ❶ 火縄銃. ❷ 火縄銃兵.

arcabuzazo [arkaβuθáθo] 男 火縄銃の一撃.

arcada [arkáða] 女 ❶《建築》アーケード, 拱廊(キ゛ョウ). —Los niños juegan bajo las ~s de la plaza. 子供たちは広場のアーケードの下で遊んでいる. ❷《土木》(橋の)スパン, 梁間(ハ゛リマ). ❸ 複 むかつき, 吐き気を伴う胃の痛み.

árcade [árkaðe] 形 アルカディア (Arcadia) の. —— 男女 アルカディア人. —— 男《文学史》(ローマに設立された)アルカディア学会の会員.

arcádico, ca [arkáðiko, ka] 形 ❶ アルカディア(人)の. ❷ 牧歌的な.

arcadio, dia [arkáðio, ðia] 形 → *árcade*.

arcaduz [arkaðúθ] 男 [複 arcaduces] ❶ 水道管. ❷ (揚水機の)バケット. ❸ 手段, 方策.

arcaicé [arkaiθé] 動 arcaizar の直・完了過去・1単.

arcaíce(-) [arkaíθe(·)] 動 arcaizar の接・現在.

arcaico, ca [arkáiko, ka] 形 ❶ 古風な, 擬古的な. —estilo ~ 古風な文体. 類**arcaizante**. ❷ 古代の, 古い. —español ~ 古期スペイン語. 類**antiguo**. ❸ 古めかしい, 時代遅れの. —instalaciones *arcaicas* 時代遅れの設備. 類**anticuado**. ❹《地質》始生代の.

arcaísmo [arkaísmo] 男 ❶ 古語, 古い表現; 古風なこと. —Ese novelista utiliza frecuentes ~s. その小説家は古い表現を頻繁に使う. ❷ 擬古主義.

arcaíz- [arkaíθ-] 動 arcaizar の直・現在, 命令・2 単.

arcaizante [arkaiθánte] 形 懐古趣味の, 古風な.

arcaizar [arkaiθár] [1.3] 他 を古風[擬古的]にする. —— 自 古い表現を使う.

arcángel [arkánxel] 男《宗教》大天使.

arcano, na [arkáno, na] 形 秘められた, 神秘的な.
—— 男 奥義, 秘密, 神秘. —los ~s de la ciencia 学問の奥義. los ~s del alma humana 人の心の不思議.

arcar [arkár] [1.1] 他 ❶ をアーチ形にする, 弓なりに曲げる. ❷《羊毛》をすく. 類**arquear**.

arce [árθe] 男《植物》カエデ(楓).

arcediano [arθeðjáno] 男《宗教》司教座聖堂助祭, 助祭長.

arcén [arθén] 男 ❶ (道路の)路肩(ﾛかた), 縁(ふち)の部分. ❷ 井戸の縁石, 井桁(いげた).

archi- [artʃi-] 接頭「優越, 主, 大」の意. —*archi*duque, *archi*millonario, *archi*sabido, *archi*tonto.

archicofradía [artʃikofraðía] 女《カトリック》大兄弟会.

archiconocido, da [artʃikonoθíðo, ða] 形《話》とても有名な.

archidiácono [artʃiðjákono] 男 →arcediano.

archidiócesis [artʃiðjóθesis] 女《宗教》(カトリックの)大司教区;(プロテスタントの)大監督区;(ギリシャ正教の)大主教区.

archiducado [artʃiðukáðo] 男 ❶ 大公領. ❷ 大公国. ❸ 大公の地位.

archiducal [artʃiðukál] 形 大公の, 大公領の.

archiduque [artʃiðúke] 男 大公.

archiduquesa [artʃiðukésa] 女 大公妃.

archimandrita [artʃimandríta] 男《宗教》(ギリシャ正教の)大修道院長.

archimillonario, ria [artʃimijonárjo, rja] 名 億万長者, 大富豪. 類**multimillonario**.

archipámpano [artʃipámpano] 男《話, 戯》お偉方. —~ de las Indias [de todas las Rusias] (皮肉で)偉大な王様.

archipiélago [artʃipjélaɣo] 男 ❶ 群島, 諸島, 列島. —el ~ de las Filipinas フィリピン群島. el ~ canario [balear, de las Azores] カナリア[バレアレス, アゾレス]諸島. ~ del Japón 日本列島. ❷ 多島海. (A~) エーゲ海(=el Mar Egeo). 類**piélago**. ❸《比喩》無数, 多数.

archirredicho, cha [artʃireðitʃo, tʃa] 形 (話し方や表現が)とても気取った.

archisabido, da [artʃisaβíðo, ða] 形《話》誰でも知っている, 知れ渡った.

archivador, dora [artʃiβaðór, ðóra] 形 文書を保管する. —— 名 文書保管係. —— 男 書類キャビネット, ファイル保管庫. —~ CD CD ケース. —~ de disquetes フロッピィ・ケース.

archivar [artʃiβár] 他 ❶ (文書)を保管する, 綴(つ)じ込む, ファイルする. —Hay que ~ los expedientes por orden alfabético. アルファベット順に書類をファイルしなくてはならない. ❷ を記憶する. ❸ (問題など)を棚上げにする, 握りつぶす. —El caso ha quedado *archivado* por falta de pruebas. その事件は証拠不足で棚上げになった.

archivero, ra [artʃiβéro, ra] 名 文書保管係.

archivo [artʃíβo] 男 ❶ 古文書[記録]保管所, 古文書館, 史料館. —A~ de Indias (セビーリャの)西インド資料館, インディアス古文書館. A~ Histórico Nacional (マドリードの)国立歴史資料館. 類**archivador**. ❷ 書類用キャビネット, ファイル, 文書保管棚. —~ de la biblioteca 図書館のファイル. Sacó una carpeta del ~. 彼はファイルキャビネットからファイルを取り出した. 類**archivador**. ❸ 《集合的に》古文書, 公文書, (古い)記録; 史料集. —~ personal 個人の記録, ~s policiales [de la policía] 警察の調書. consultar los ~s 古文書を参考にする. 類**fichero, registro**. ❹ (情報)アーカイブ; ファイル. —nombre de ~ ファイル名. ~ autoextraíble 自己解凍ファイル. ~ binario バイナリー・ファイル. ~ ejecutable 実行ファイル. ~ maestro マスターファイル. ~ oculto 隠しファイル. ~ por lotes バッチ・ファイル. ~ secuencial シーケンシャル・ファイル. ~ temporal テンポラリ・ファイル. Eliminé [Borré] varios ~s de texto del disco duro. 私はハードディスクから幾つかのテキストファイルを削除した. 類**fichero**. ❺ 模範, 典型, お手本(=dechado). ❻ 口の固い人.

de archivo 古臭い, 時代遅れの.

archivología [artʃiβoloxía] 女 古文書学, 公文書学.

archivolta [artʃiβólta] 女《建築》飾り迫縁(せり), アーキボルト(=arquivolta).

arci- 接頭 [archi- の異形] —*arci*preste.

arcilla [arθíja] 女 ❶ 粘土. —~ figulina 陶土. ❷ 材料.

arcilloso, sa [arθijóso, sa] 形 粘土質の. —terreno ~ 粘土質の土地.

arciprestazgo [arθiprestáθɣo] 男《カトリック》首席司祭の職務とその管轄区.

arcipreste [arθipréste] 男 大司祭, 祭司長, (カトリックの)首席司祭. —A~ de Hita イタの主席司祭(フアン・ルイス Juan Ruiz (1283?-1351?, スペインの詩人). A~ de Talavera タラベラの主席司祭 (1398?-1470?, スペインの著述家).

arco [árko] 男 ❶《建築》アーチ, 迫持(せりもち), 拱門(きょうもん). —El ~ de herradura es típico de las construcciones árabes. 馬蹄(ばてい)形アーチはアラビア建築特有のものである.

参考 ~ abocinado → ~ rampante [por tranquil]. ~ adintelado [plano, a nivel] フラットアーチ. ~ apuntado [ojival, mitral, de todo punto, de punto entero] 尖頭アーチ. ~ capialzado 窓裏[戸裏]アーチ. ~ carpanel [apainelado] 三心アーチ. ~ cegado [ciego, falso] 擬[化粧]アーチ. ~ conopial [canopial, aquillado [蔥花(ﾈｷﾞﾊﾅ)] [蓮華(ﾚﾝｹﾞ)]アーチ. ～ convexo [en gola] 波刻形(ﾊｺｸｹｲ)アーチ (S字形の刳形). ～ cortinado [de cortina, festoneado] 内反りアーチ，湾曲アーチ. ～ de descarga 隠しアーチ (荷重を支えるための補助アーチ)(= sobrearco). ～ de herradura [morisco, arábigo] 馬蹄(ﾊﾞﾃｲ)形アーチ. ～ de medio punto 半円アーチ. ～ escarzano (60度の)低半円[三心]アーチ, 扇形アーチ. ～ fajón [perpiaño] 横断アーチ, リブアーチ. ～ formero 壁付きアーチ. ～ lanceolado ランセット[尖頭]アーチ. ～ lobulado 裂葉[小葉]状アーチ. ～ peraltado [realzado] 高半円[上心]アーチ, スティルテッドアーチ. ～ rampante [por tranquil] 段差アーチ(起点に高低の差がある). ～ rebajado 低半円アーチ, 三心アーチ. ～ tercelete (ボールト天井の)枝リブ, 副肋(ゴシック様式アーチの補助リブ). ～ toral 補強アーチ. ～ trebolado [trilobulado] 三葉形アーチ. ～ tudor チューダーアーチ.

❷《武器》弓. —armar [desarmar, tensar] un ～ 弓弦をかける[外す, 引き絞る]. tirar [cazar] con ～ 弓を射る[弓で狩する]. ❸《音楽》(弦楽器の)弓(→|弦|は cuerda). —instrumentos de ～ 弓奏弦楽器. rozar las cuerdas con un ～ 弓で弦をこする. ❹ 弧[アーチ]型のもの. —en ～ 弓形の[に]. describir [trazar] un ～ 弧を描く. El cauce del río describe un ～ en la desembocadura. 川床は河口で弧を描く. ❺《スポーツ》弓. —tiro con [de] ～ アーチェリー, 弓術. ❻《幾何》弧, 弓形. ～ de círculo 円弧. ～ complementario [suplementario] 余[補]弧. ～ de una elipse 楕円弧. ❼《解剖》弓. ～ alveolar 歯列弓. ～ branquial 鰓(ｴﾗ)弓. ～ crural 大腿弓. ～ de la aorta 大動脈弓. ～ superciliar 眉(ﾏﾕ)弓, 眉毛. ～ hemal (原型椎骨の)血道[血管]弓. ～ plantar [del pie] 足底弓, 土踏まず. ～ reflejo 反射弓(反射の経路). ❽《電気》アーク, 電弧 (=～ voltaico [eléctrico]). lámpara de ～ (voltaico)アーク灯. soldadura al ～ [por ～] アーク溶接. ❾《地理》 ～ insular 島弧, 弧状列島. ❿ (樽・桶などの)たが. ⓫《中南米》《スポーツ》(サッカーなどの)ゴール. —La pelota entró en el ～. ボールはゴールに入った. 類 **portería**.

arco de iglesia《話》非常に困難なこと.

arco triunfal [de triunfo] 凱旋門.

aflojar el arco 緊張をほぐす.

arco iris [del cielo, de San Martín] (1)《気象》虹. (2)《比喩》(まとまった)多種多様なもの. Esa ciudad fue un *arco iris* de razas y religiones. その町は人種と宗教が多種多様である.

arco parlamentario [político] 国会議員団. Ese comité está formado por representantes de todos los partidos del *arco parlamentario*. その委員会は国会の全政党の代表者からなる.

pasarse por el arco del triunfo《話》(他人の)意見を軽蔑して)拒絶する, 受け付けない. *Me paso su invitación por el arco del triunfo.* 私はあなたの招待をお断りします.

arcón [arkón] [< arca] 男 大櫃(ﾋﾞﾂ), 大箱.

aconte [arkónte] 男《歴史》アルコン(古代アテネの執政官).

ardentía [arðentía] 女 ❶ 胸焼け. ❷ (荒れた海の)波間の燐光(ﾘﾝｺｳ).

:**arder** [arðér] 自 ❶ 燃える, 燃焼する, 焼ける. —La casa era de madera y *ardió* totalmente. その家は木造だったので, 全焼した. ❷ 熱く感じる, 燃えるように熱い. —Me *arde* la cara [el estómago]. 私は顔がほてっている[胃が焼けそうだ]. ❸ (a)『+en/en de 』(人が)燃える, 熱くなる. —*Arde en* deseos de aprobar el examen. 彼は試験に合格しようと意欲を燃やしている. *Ardía de ira*. 彼は怒りに燃えていた. El pueblo estaba en fiestas y las calles *ardían de* animación. 町は祭りの最中で通りは燃えるような活気にあふれていた. (b)『+por+不定詞』…したくてたまらない, 熱心に…しようとする. —*Arde por* casarse con ella. 彼は彼女と結婚しようという一念に燃えている. ❹ 『+en (争い・祭りなど)で』沸き立つ, 騒然となる. —El país *ardía en* guerras civiles. その国は内戦で騒然としていた.

ir que arde《話》期待した以上だ, それで十分だ.

estar que arde《話》(1) 燃えるように熱い. La sopa *está que arde*. スープはにえたぎっている. (2) 激怒している. Le han robado en casa y *está que arde*. 彼は家にどろぼうに入られひどく怒っている. (3) 騒然としている.

—— 他 を燃やす, 焼く.

——**se** 再 ❶ 燃える, 焼ける. ❷ (わらなどが)発酵する, むれる.

ardid [arðí(ð)] 男 策略, 計略. —emplear [usar, valerse de] un ～ 策略を用いる.

ardido, da [arðíðo, ða] 形 ❶ 勇敢な, 大胆な. ❷《中南米》怒った. 類 **enojado**, **irritado**.

:**ardiente** [arðjénte] 形 ❶ (a) 燃える, 燃え立つ. —llama ～ 燃え上るほのお. (b) 熱い, 燃えるような, 焼けつくような. —fiebre ～ 燃えるような高熱. bebida ～ アルコール分の強い飲み物. ❷ 熱心な, 熱烈な, (欲望などが)激しい. —deseo [amor] ～ 激しい欲望[愛]. ～ patriota 熱烈な愛国者. sed ～ (比喩的に)渇望. 類 **apasionado**, **ardoroso**. ❸ (色が)燃えるような, 鮮やかな. —rosa ～ 燃えるようなバラ色.

ardientemente [arðjénteménte] 副 熱烈に, 情熱的に. —Defendió ～ su opinión. 彼は情熱的に自説を主張した.

:**ardilla** [arðíʎa] 女 ❶《動物》リス(栗鼠). —～ voladora モモンガ; ムササビ. ～ rayada [listada] シマリス. ～ de África アフリカリス. ～ terrestre ジリス. ❷《話》機敏な人; 頭の切れる人. —ser un ～ 目から鼻に抜けるような[頭の切れる]人である, 機敏な人である.

listo como una ardilla/más listo que una ardilla《話》目から鼻に抜けるような, 頭の切れる, 抜け目のない.

ardimiento [arðimjénto] 男 ❶ 燃焼. ❷ 熱意. ❸ 勇敢さ.

ardite [arðíte] 男 ❶《歴史》アルディーテ(昔のスペインの少額の古銭). ❷ 値打ちのないもの. —Esto no vale un ～. これは一文の価値もない.

:**ardor** [arðór] 男 ❶ 酷暑, 猛暑, 灼熱, 焼けつくような暑さ. —los ～s abrumadores del verano 夏の猛暑. Me voy a la sombra porque no puedo soportar el ～ del sol. 私は灼熱の太陽には我慢できないので日陰に入る. 類 **calor**. 反 **frío**. ❷ (体の)ほてり, 熱; ひりひりする感じ. —Hacía calor y empezó a sentir un fuerte ～ en la cara. 暑かったので彼は顔が大変ほてってきた. La quemadura le causaba un ～ intenso. 彼は火傷したのでひどくひりひりしていた。Siento un gran ～ en la garganta. 喉が大変ひりひりする。—Pone [Muestra] mucho ～ en el trabajo. 彼は仕事に大変情熱を燃やしている。Los ～es que sentía el joven se reflejaban en sus ojos. 若者の血気は目に表われていた。**類apasionamiento, entusiasmo. 反desaliento, desapasionamiento.** ❸ 情熱, 熱意. ❹ 熱烈さ, 激しさ, 興奮, 激情. —～ de la pelea 戦い[喧嘩]の熾烈(しれつ)さ. llamaradas de ～ sexual [erótico] 欲情の炎. — amoroso 愛情の激しさ. **類apasionamiento, enardecimiento, fogosidad, pasión. 反apatia, frialdad.** ❺ 大胆, 勇敢. **類arrojo, intrepidez, valentía, valor. 反cobardía.** ❻ (火・色などの)輝き, 光. —～ de los colores 色調の鮮やかさ. El ～ de la hoguera iluminaba los rostros de todos los presentes. 焚き火の明かりが居合わせた人たちの顔を照らしていた. **類brillo, luminosidad, resplandor.**

ardor de estómago 胸焼け. Tengo *ardor de estómago*. 私は胸焼けがする.

en el ardor de la batalla [de la disputa] 戦い[議論]の真最中に, 戦い[議論]が白熱して. *En el ardor de la disputa*, le asesté un golpe mortal. 議論が白熱して私から相手に致命的な一撃を加えた.

•ardoroso, sa [ardoróso, sa] 形 ❶ 燃えるような, 灼熱の, 暑い. —Caminaba bajo el sol ～ de verano. 私は夏の灼熱の太陽の下を歩いていた. Tiene la frente *ardorosa*. 彼は燃えるような額をしている. **類ardiente, febril.** ❷ 熱烈な, 激しい. —mirada *ardorosa* 燃えるまなざし. Se dedicó con ～ empeño a terminar la obra cuanto antes. 彼はできるだけ早く仕事を終えようと熱心に打ち込んだ. **類apasionado.**

arduidad [arðuiðá(ð)] 女 とても困難なこと.

arduo, dua [árðuo, ðua] 形 とても困難な, 骨の折れる. —un trabajo ～ 骨の折れる仕事.

*área [área アレア] 女 ❶ *(a)* 区域. —las ～s más afectadas por las inundaciones 洪水で最悪の影響を受けた区域. ～ francófona de África アフリカのフランス語圏. ～ de servicio サービス[パーキング]エリア. ～ metropolitana 大都市圏, 首都圏. **類zona.** *(b)* 分野. —un ～ de la medicina poco investigada 研究がまだ行われていない医学の分野. ～ lingüística 言語学の分野. **類campo, ámbito.** *(c)*《スポーツ》—～ de castigo [de penalty] ペナルティーエリア. ～ chica [pequeña, de gol] ゴールエリア. ❷ 面積; アール(面積の単位). ❸《解剖》面, 野, 領. —Siente molestias en el ～ venal. 彼は血行がよくないと感じている.

areca [aréka] 女《植物》ビンロウジュ(檳榔樹)(の実)(熱帯産の常緑高木).

‡arena [aréna] 女 ❶ 砂, 砂粒; 金属粉. —jugar con la ～ 砂遊びをする. reloj de ～ 砂時計. playa de ～ 砂浜. grano [granito] de ～ 砂粒. ～s de oro 砂金. ～ de pulidora 磨き砂. ～ fluvial 川砂. ～ de mina [de cantera] 山砂. bajo de ～ (海・川・湖の)砂州, 浅瀬(＝bajo, bajío). banco de ～ 砂州. ～ de ampolleta (非常に細かい)砂時計用の砂. ～ de miga 粘土性の砂. ❷ 砂地, 砂浜. ❸ 闘技場(古代ローマの円形劇場の中央にある). —Los gladiadores batallaban a muerte en la ～ con animales feroces. 剣闘士たちは闘技場で獰猛な動物と死闘を繰り広げた. **類palestra.** ❹ (闘牛)(闘牛場の)砂場. **類ruedo.** ❺ 複《医学》(腎臓・膀胱などの砂状の)結石. **類cálculos.** ❻《比喩》論争[闘争]の場(＝palestra). —en la ～ política [del Congreso] 政治[国会]の駆引きの場で. ❼《気象》—tempestad [tormenta] de ～ 砂嵐.

arenas movedizas 流砂(水を含む流動性の砂で, 踏み込むと引き込まれる).

castillo de arena (1) 砂の城. hacer [construir] un *castillo de arena* en la playa. 海辺で砂の城を作る. (2) 砂上の楼閣(＝castillos de naipes).

dar [echar] una cal y otra de arena 功罪相半ばする, 気まぐれである.

edificar [construir, escribir] sobre arena 砂上に楼閣を築く. Su inversión estaba *construida sobre arena*, y le ha llevado a perder mucho dinero. 彼の投資は砂上の楼閣で, 大金を失った.

estar en la arena (闘う人が)にらみ合っている, 対峙(たいじ)している.

hacer una montaña de un grano de arena 大げさに考える.

sembrar en arena 無駄骨を折る.

arenal [arenál] 男 ❶ 砂地, 砂原. ❷ 流砂.

arenar [arenár] 他 ❶ …に砂をまく. ❷ を砂で磨く.

arenero [arenéro] 男 ❶ (機関車の)砂箱(走行を安定させるためにまいた). ❷《闘牛》闘牛場の整備員.

arenga [aréŋga] 女 ❶ (特に士気を高めるための)演説, 熱弁. —dirigir [echar, pronunciar] una ～ 熱弁をふるう. ❷ 長くて不快な演説.

arengar [areŋgár] [1.2] 自 演説をする, 熱弁をふるう. —El general *arengó* a los soldados para avivar sus ánimos. 将軍は士気を高めるために兵士たちに熱弁をふるった.

arenilla [arenííja] 女 ❶ 細かい砂. ❷《医学》結石. —Tengo ～ en el riñón. 僕は腎臓に結石がある.

arenisca [areníska] 女 砂岩.

arenisco, ca [arenísko, ka] 形 砂質の, 砂の混じった.

arenoso, sa [arenóso, sa] 形 ❶ 砂の, 砂質の. —terreno ～ 砂地. ❷ 砂のような. —pasta *arenosa* ざらざらした練り粉.

arenque [aréŋke] 男《魚類》ニシン. —～ ahumado [en salazón] 燻製の[塩漬けの]ニシン.

areola, aréola [aréola, aréola] 女 ❶《医学》(皮疹の)紅輪. ❷ 乳輪.

areómetro [areómetro] 男《物理》液体比重計, 浮き秤(ばかり).

areópago [areópaɣo] 男《歴史》(古代アテネの)アレオパゴス会議.

arepa [arépa] 女 『中南米』トウモロコシ・バター・卵で作ったパン.

Arequipa [arekípa] 固名 アレキパ(ペルーの県・県都).

arestín [arestín] 男 ❶《植物》ヒゴタイサイコ, エリンゲウム(セリ科の多年草. アザミのような葉が特徴). ❷《獣医》馬の足首の表皮剥離.

arete [aréte] 男 (輪状の)小さなイヤリング.

arfada [arfáða] 女 (船の)縦揺れ, ピッチング.

arfar [arfár] 自 (船が)縦揺れする, ピッチングする.

argadijo [arɣaðíxo] 男 →argadillo.

argadijo [arɣaðíxo] 男 ❶ 糸巻き(器具). ❷ (人形の内側の)骨組み. ❸《話》うるさくて出しゃばりな人.

argallera [arɣajéra] 女 (樽板の)溝のこぎり.

argamandijo [arɣamandíxo] 男 小さな道具一式.

argamasa [arɣamása] 女 《建築》モルタル.

argamasar [arɣamasár] 他 …にモルタルを詰める. — 自 モルタルを作る.

argamasón [arɣamasón] 男 モルタルの塊.

árgana [árɣana] 女〔単数定冠詞は el, 単数不定冠詞は un(a)〕《土木, 機械》クレーン, 起重機.

árganas [árɣanas] 女複 ❶ (2個のかごでできている)荷かご. ❷ 鞍袋.

arganeo [arɣanéo] 男 《船舶》錨環(びょう).

Argel [arxél] 固名 アルジェ(アルジェリアの首都).

Argelia [arxélia] 固名 アルジェリア(首都アルジェ Argel).

argelino, na [arxelíno, na] 形 ❶ アルジェリアの. ❷ アルジェの. — 名 アルジェリア人.

argén [arxén] 男 《紋章》銀(白)色.

argentado, da [arxentáðo, ða] 形 ❶ 銀めっきをした, 銀をかぶせた. ❷ 銀色の.

argentar [arxentár] 他 …に銀めっきをする, 銀をかぶせる.

argénteo, a [arxénteo, a] 形 ❶ (輝き・光沢が)銀色の, 銀のような. — brillo ~ 銀色の輝き.

argentería [arxentería] 女 ❶ 銀細工品, 銀細工師の職. ❷ 銀[金]糸刺繡(しゅう). ❸ (美術品などの)華麗さ. ❹ 美辞麗句.

argentero [arxentéro] 男 銀細工師.

argentífero, ra [arxentífero, ra] 形 銀を含む. — minerales ~s 銀を含む鉱物. mina argentífera 銀鉱山.

Argentina [arxentína] 固名 アルゼンチン(公式名 República Argentina, 首都ブエノスアイレス Buenos Aires).

argentina [arxentína] 女 《植物》ヘビイチゴの類.

argentinismo [arxentinísmo] 男 《言語》アルゼンチン特有の語[表現・用法].

:**argentino, na** [arxentíno, na] 形 ❶ アルゼンチンの. — tango ~ アルゼンチン・タンゴ. República Argentina アルゼンチン共和国. Jorge Luis Borges es un escritor ~. ホルヘ・ルイス・ボルヘスはアルゼンチンの作家である. ❷ 銀色の. — brillo ~ 銀色の輝き. ❸〔音が〕さえた, 鈴を振るような. — Ella tiene una voz argentina. 彼女は鈴を振るような声をしている. risa argentina ほがらかな笑い声. — 名 ❶ アルゼンチン人. ❷《植物》キジムシロ属の1種.

argento [arxénto] 男 《文, 詩》銀. — ~ vivo 水銀.

argivo, va [arxíβo, βa] 形 アルゴス(Argos)の; ギリシャの. — 名 アルゴスの人; ギリシャ人.

argo [árɣo] 男 →argón.

argolla [arɣója] 女 ❶ 金輪(船・馬などをつなぐ). ❷ 木製の玉を鉄の輪に通過させる球技. ❸ (a) 首飾り. (b) 腕輪. ❹《歴史》(見せしめのため罪人に首枷(くび)をはめる)さらし刑. ❺ 束縛. ❻《中南米》結婚指輪. ❼《中南米》不正な政治的取り引き.

argón [arɣón] 男 《化学》アルゴン(元素記号 Ar).

argonauta [arɣonáuta] 男 ❶《ギリシャ神話》(金の羊毛を求めて航海に出た)アルゴ船の一行. ❷《動物》カイダコ.

argot [arɣó(t)] 男〔複 argots〕隠語, 仲間内の言葉. — ~ médico 医者同士の隠語. ~ juvenil 若者言葉. 類 **jerga, jerigonza**.

argucia [arɣúθja] 女 へ理屈, 詭弁(きべん).

árguenas [árɣenas] 女複 ❶ 担架. 類 **angarillas**. ❷ 鞍(くら)袋.

argüir [arɣuír] [11.1] 他 ❶ …と推論する. — Por lo que dice, arguyo que no está de acuerdo con nosotros. おっしゃることから, あなたは私たちに賛成ではないと私は思う. ❷ を立証[証明]する. — De su declaración arguyeron su culpabilidad. 彼の証言から, 有罪が立証された. ❸ …と弁解する. ❹ を非難する.

— 自 論じる. — ~ a [en] favor de [en contra de] …に賛成[反対]意見を述べる. Arguyó en favor de nuestra propuesta. 彼は私たちの提案に賛成の意見を述べた. 類 **argumentar**.

argumentación [arɣumentaθjón] 女 ❶ 論じること. — Hizo una impecable ~ de su pensamiento. 彼は完璧に自分の考えを述べた. ❷ 論拠, 理屈.

argumentador, dora [arɣumentaðór, ðóra] 形 ❶ (人が)論争する, 議論する. ❷ 議論好きの. — 名 論争する人; 議論好きの人.

*****argumentar** [arɣumentár] 他 ❶ を論証する; 主張する. — Las razones que argumentan los terroristas carecen de sentido. テロリストたちの主張する理由は無意味である. ❷ を推論する.

— 自 主張する, 論じる. — ~ con datos irrebatibles 反論の余地のないデータによって主張する. Argumentó en contra de la propuesta del director. 彼は重役They反対の主張をした.

argumentativo, va [arɣumentatíβo, βa] 形 ❶ 議論の, 論証の. — ensayo ~ 議論文, 小論文. ❷ (物語の)筋の, プロットの.

:**argumento** [arɣuménto] 男 ❶ 論拠, 論証, 論法; 主張, 議論. — dar un ~ convincente [contundente] 説得力のある論拠を示す. ~ irrefutable [válido] 反論しようのない[有効な]論拠. buen ~ もっともな言い分. Defendió su postura con ~s. 彼は論拠を示して自分の立場を弁護した. Esgrimió ~s sólidos y convincentes. 彼はしっかりした説得力のある論拠を示した. 類 **argumentación, razonamiento**. ❷ (小説・映画などの)筋, ストーリー, 梗概(こうがい), 構想, プロット. — obra pobre de ~ 筋の貧弱な作品. En la cartelera podemos leer el ~ de las películas. 映画のストーリーは娯楽案内欄で読むことができる. 類 **asunto, trama**. ❸《数学》独立変数, 引き数; (複素数の)偏角.

argumento ad hóminem 《哲学, 論理》対人論証.

argumento Aquiles 決定的論証.

argumento ontológico 《哲学, 神学》本体[存在]論的証明.

argumento cornuto ジレンマ, 両刀論法(=dilema).

arguy- [aɾɣuj-] 動 argüir の直・現在/完了過去, 接・現在/過去, 現在分詞.

argüye [aɾɣúje] 動 argüir の命令・2単.

aria [áɾja] 安《単数定冠詞は el, un(a)》《音楽》アリア, 詠唱.

aridecer [aɾiðeθéɾ] **[9.1]** 他 (土地を)乾燥させる, 干上がらせる.

aridez [aɾiðéθ] 安 ❶ (土地などの)乾燥, 不毛. ❷ 無味乾燥, 味気なさ.

‡**árido, da** [áɾiðo, ða] 形 ❶ (土地などが)乾燥した, 乾ききった; 不毛の. —clima [terreno] 〜 乾燥した気候[土地]. El interior de Australia es 〜 y desierto. オーストラリアの内陸は乾燥して不毛である. 類 **desértico, seco, yermo.** ❷ 無味乾燥な, つまらない. —Su conferencia resultó muy *árida*. 彼の講演は非常につまらなかった. 類 **aburrido, fastidioso**.
—— 男 ❶ 複 穀物(穀物・豆類・乾燥果実を含む), 乾物類. ❷ (コンクリートの)骨材(砂, 石など).

Aries [áɾies] 男 ❶《天文》牡羊(物)座. ❷《占星術》白羊宮.

ariete [aɾjéte] 男 ❶ (昔の)破城槌(?). ❷《俗》(サッカーの)センターフォワード. ❸ 有能な戦闘員[論客].

arijo, ja [aɾíxo, xa] 形 (土地が)耕しやすい.

arillo [aɾíjo] 男 (法衣の立襟を留める)木製の輪.

arilo [aɾílo] 男《植物》種衣(?).

arimez [aɾiméθ] 男《建築》突出部.

ario, ria [áɾjo, ɾja] 形《歴史》アーリア人の, アーリア語の. ——名《歴史》アーリア人.

arisco, ca [aɾísko, ka] 形 ❶ (人が)無愛想な, 不親切な, 付き合いづらい. —Ese fracaso le ha vuelto 〜 y desconfiado. その失敗で彼は無愛想で, 疑い深い人間になった. ❷ (動物が)人に馴(¨)れない.

arista [aɾísta] 安 ❶《植物》(麦などの)芒(?)(実の殻にある堅い毛). ❷ 山の張り, 角(?), へり. ❸《幾何》稜(¨)ः. ❹《地学》鋭い岩山稜. ❺ 困難. —Este asunto tiene todavía muchas 〜s y llevará tiempo solucionarlo. この件にはまだたくさんの問題点があるので, 解決には時間がかかるだろう. ❻ 複 無愛想.

aristado, da [aɾistáðo, ða] 形 ❶ 稜(¨)[角]のある. ❷《植物》(麦などの)芒(?)のある.

aristarco [aɾistáɾko] 男 痛烈に批判する人.

‡**aristocracia** [aɾistokɾáθja] 安 ❶《集合的に》貴族, 貴族階級[社会], 特権[上流]階級. —La nueva 〜 del dinero lleva un ostentoso tren de vida. 成金たちは見よがしの豪奢な暮しをしている. Toda la 〜 del país asistió a la boda real. その国の全貴族が王室の結婚式に列席した. 類 **nobleza.** 反 **plebe, pueblo.** ❷《集合的に》一流の人々, エリート. —〜 intelectual [del saber] 知的エリート, 一流の知識人たち. 〜 militar エリート軍人. La 〜 del deporte español asistió a la inauguración del estadio. スペインスポーツのエリートたちがスタジアムの落成式に出席した. 類 **élite.** ❸《政治》貴族政治(の社会). 反 **democracia.** ❹ (貴族的な)上品さ, 気品. —Llama la atención por la 〜 de sus modales. 彼の行儀作法には気品があるので人目を引く. 類 **estilo, prestancia.**

‡**aristócrata** [aɾistókɾata] 男女 ❶ 貴族. 類 **noble.** 反 **plebeyo.** ❷《政治》貴族政治主義者. ❸ 一流の人, エリート, 特権階級の人.

arma 151

—— 形 貴族の, 貴族的な.

‡**aristocrático, ca** [aɾistokɾátiko, ka] 形 ❶ 貴族の, 貴族的な, 貴族政治の. —sociedad *aristocrática* 貴族社会. título 〜 爵位. Ella pertenece a una familia rica y *aristocrática*. 彼女は金持ちで上品なアリストクラートの家族の一員だ. ❷ 高貴な, 上品な. —Es una persona de modales y gestos 〜s. 彼は上品なマナーと物腰を持った人だ. 類 **distinguido, fino, refinado.**

aristoloquia [aɾistolókja] 安《植物》ウマノスズクサ(馬の鈴草, つる性の多年草).

aristón [aɾistón] 男 ❶《楽器》(手回しオルガンに似た)携帯用の楽器. ❷《建築》(石造りの建造物の)角.

Aristóteles [aɾistóteles] 固名 アリストテレス(前384-322, ギリシャの哲学者).

aristotélico, ca [aɾistotéliko, ka] 形《哲学》アリストテレスの; アリストテレス学派の.
—— 名 アリストテレス学派の人.

aritmética [aɾitmétika] 安 算数, 算術. —La asignatura que mejor se me da es la 〜. 私の一番得意な科目は算数です.

aritmético, ca [aɾitmétiko, ka] 形 算数[算術]の. —operación *aritmética* 四則演算. progresión *aritmética* 等差級数. —— 男 算術家.

arlequín [aɾlekín] 男 ❶《演劇》アルレッキーノ(イタリア喜劇の道化役). ❷ おどけ者.

arlequinada [aɾlekináða] 安 道化芝居; おどけた行為.

arlequinesco, ca [aɾlekinésko, ka] 〔<arlequín〕形 ❶ アルレッキーノのような. ❷ おどけた.

Arles [áɾles] 固名 アルル(フランスの都市).

*‡**arma** [áɾma アルマ] 安 ❶ (a) 武器. —venta de 〜s 武器の販売. tenencia ilícita de 〜s 武器の不法所持. ¡A las 〜s! 武器を取れ, 戦闘用意. ¡A 〜s al hombro! 担え, 銃(?)! ¡Presenten 〜s! 捧げ銃! alzarse [levantarse] en 〜s 蜂起する. rendir las 〜s 武器を置く, 戦いをやめる. tomar (las) 〜s 武器を取る. 〜 arrojadiza 飛び道具. 〜 atómica 原子兵器, 核兵器. 〜 asturdidora [de asturdimiento] スタンガン. 〜 biológica 生物兵器. 〜 blanca 刃物. 〜 convencional 通常兵器(核兵器以外の兵器). 〜 de fuego 火器. 〜 corta 小火器. 〜 ligera [pesada] 軽[重]火器. 〜 nuclear 核兵器. 〜 química 化学兵器. 〜 reglamentaria 通常兵器. 〜 secreta 秘密兵器. (b) 道具, 手段, 方策. —La huelga es la única 〜 eficaz que tenemos los obreros. ストライキが我々労働者の唯一の効果的な方策[武器]だ. 〜 de 〜 de que dispone este animal para defenderse. この動物が持っている身を守る唯一の手段. 類 **instrumento, medio.** ❷ 部隊. —el 〜 de artillería [infantería] 砲兵隊, 歩兵隊. 類 **cuerpo militar.** ❸ 複 (a) 軍隊. —la carrera de 〜s 兵役. Las 〜s de Francia フランス軍. 〜s aliadas 同盟軍. (b) 複 甲冑(?); (盾形の)紋章.

de armas tomar (性格が)大胆な, 豪放な. Se ha casado con una mujer *de armas tomar*. 彼は豪放な性格の女性と結婚した.

hacer sus primeras armas 第一歩を踏み出す; 初陣に出る.

152 armada

llegar a las armas 戦いになる，争う．
medir las armas 張り合う，競い合う．
pasar a ... por las armas 銃殺する；《話》(人の弱みなどに)つけ込む．
poner en armas 軍備蜂起させる．
rendir armas (兵士が)聖体に向ってひざまずいて銃を傾ける．
ser un arma de doble filo [de dos filos] 両刃の剣である．
sobre las armas 臨戦態勢で．
tomar las armas 武器を取る．
velar las armas (叙任式の前に騎士になる者が)武器の不寝番をする．

⁑armada [armáða] 囡 ❶ (軍事)**海軍**. —La *A～ Española* luchó contra la inglesa en 1588. スペイン海軍は 1588 年にイギリス海軍と戦った. *oficial de la ～* 海軍士官. *alistarse en la ～* 海軍に志願する. 圞 **marina**. ❷ (軍事)艦隊. 圞 **escuadra, flota**. ❸ 狩りの勢子(ぜ). ❹『南米』(投げ縄の)輪差(わ).

armadía [armaðía] 囡 いかだ(筏).

armadijo [armaðíxo] 男 (獲物用の)罠(た),落し穴.

armadillo [armaðíʎo] 男 (動物)アルマジロ.

*****armado, da** [armáðo, ða] 過分 形 (軍事)武装した，武器を持った．—*intervención armada* 武力干渉. *insurrección armada* 武装蜂起. *El jardinero apareció ～ de una cuchara*. 庭師は長い柄の鎌を持って現われた. ❷ (鉄骨などで)補強された.

armador [armaðór] 男 ❶ (船舶)船主. ❷ (歴史)胴衣，胴着 (＝jubón).

armadura [armaðúra] 囡 ❶ 鎧甲(よろいかぶと),甲冑(かっちゅう),武具. ❷ 枠(わく),縁(ふち). —*gafas con ～ de plata* 銀縁のメガネ. ❸ (建造物などの)骨組み，枠組み. ❹ 骨組み. ❺ (物理，電気)電機子，電動子. ❻ (音楽)調号.

armajo [armáxo] 男 (植物)オカヒジキ.

armamentista [armamentísta] 形 軍備拡張の，兵器製造産業の.
—— 男囡 軍備拡張主義者，平気製造者.

armamento [armaménto] 男 ❶ 軍備，武装. —*carrera de ～s* 軍拡競争. *reducción de ～* 軍縮. ❷ (集合的に)武器，兵器.

Armando [armándo] 固名 《男性名》アルマンド.

⁑armar [armár] 他 ❶ (a) を**武装させる**. —*El presidente de la República Española no quiso ～ al pueblo madrileño*. スペイン共和国の大統領はマドリードの民衆を武装させようとはしなかった. (b) …に軍備を持たせる；戦闘準備をさせる. —*El dictador está armando la nación*. 独裁者は国の軍備を整えつつある. ❷ (銃に)装填(そうてん)する，弾を込める，射撃の準備をする. —*una fusil* 小銃に弾を込める. 圞 **cargar**. ❸『＋de を』(人)に持たせる，与える. —*Ella armó a su hijo de unas buenas botas para la excursión*. 彼女は遠足のために息子にじょうぶなブーツをはかせた. ❹ 組み立てる；据えつける. —*～ una tienda* テントを張る. *～ una máquina* 機械を組立てる. 圞 **montar**. ❺ を準備する，用意する；組織する. —*～ un viaje* 旅行を計画する. *～ un baile* ダンスパーティを準備する. ❻ (騒ぎなど)を引き起こす，まき起こす. —*～*
un jaleo [una bronca] 騒ぎ[乱闘]を引き起こす. *～ ruido* 騒音を立てる. ❼ (船)を艤装(ぎそう)する. ❽ (金銀などを金属)にかぶせる.
——*se* 再 ❶ 起こる，持ち上がる. —*～se una tormenta* 嵐が起こる. *En la plaza se armó un gran jaleo*. 広場で大騒ぎが起こった. ❷ 武装する. —*El pueblo quiso ～se, pero el gobierno se opuso*. 民衆は武装したがったが，政府が反対した. ❸『＋de を』備える，準備する. —*～se de valor* [paciencia] 勇気[忍耐]を備える. *Se armó de todo lo necesario para la travesía del desierto*. 彼は砂漠横断に必要なあらゆるものを準備した.

armarla (1) 騒ぎを起こす. *En cuanto bebe un poco, la arma*. 酒を少し飲むと，彼はすぐ騒ぎを起こす. (2) (トランプで)いかさまをする.

armar(se) la de Dios es Cristo/armar(se) la gorda/armar(se) la de San Quintín 《話》大騒動をひき起こす，大騒ぎになる. *Cada vez que discuten, acaban armando la de Dios es Cristo*. 彼らは議論するたびに，最後は大騒ぎになる.

⁑armario [armárjo] 男 ❶ **洋服だんす**，衣装戸棚 (=～ *ropero de la ropa*), ロッカー. ❷ *～ de luna* 鏡付き洋服[衣装]だんす. *guardar* [*colgar*] *el abrigo en el ～* 洋服だんすにオーバーをしまう[掛ける]. 圞 **alacena, guardarropa, ropero**. ❷ (台所・浴室などの)戸棚，キャビネット. —*～ botiquín* 薬棚，洗面戸棚. *～ para libros* (扉付きの)本棚. *～ de (la) cocina* 食器戸棚. *～ frigorífico* 大型冷蔵庫. *～ trastero* 不用品入れ. *～ de seguridad* 金庫，キャビネット. *Tengo un cepillo de dientes en el ～ del baño*. 私は洗面用キャビネットに歯ブラシを入れている. 圞 **alacena**.

armario empotrado (壁の中などに)作り付けの箪笥(たんす)[食器棚]，押入れ.

armatoste [armatóste] 男 ❶ 大きいわりには役に立たないもの(家具など). ❷ 《話》でくのぼう，うどの大木.

armazón [armaθón] 囡/男 ❶ 枠組み，骨組み. —*El ～ del sillón está ya muy viejo*. 肘掛け椅子の枠組みはもうだいぶ古くなっている. ❷ 基本，基盤.

armella [armé̞ʎa] 囡 (機械)アイボルト，輪のついたねじ.

Armenia [arménja] 固名 ❶ アルメニア(首都エレバン Erevánエレバン). ❷ アルメニア(コロンビアの都市).

armeni**o, nia** [arménjo, nja] 形 アルメニア(人・語)の. — 名 ❶ アルメニア人. ❷ アルメニア語.

armería [armería] 囡 ❶ 兵器博物館. ❷ 銃砲店.

armero [arméro] 男 ❶ 武器を製造[販売，修理，管理]する人. ❷ 木製の兵器棚[銃架].

armilar [armilár] 形 (天文)環状の —*esfera ～* 天球儀の一種.

armiñado, da [armiɲáðo, ða] 形 ❶ アーミンの毛皮で飾られた. ❷ アーミンの毛のように真っ白な.

armiño [armíɲo] 男 ❶ (動物)アーミン，オコジョ(イタチ科の動物で，その毛皮は高級品). ❷ アーミンの毛皮. ❸『比喩』純白；無垢.

*****armisticio** [armistíθjo] 男 休戦，停戦；休戦条約[協定]. —*firmar un ～* 休戦条約に調印する[を結ぶ]. 圞 **tregua, paz**.

armón [armón] 男 (軍事)(砲車の)前車.

⁑armonía [armonía] 囡 ❶ (部分・色・形などの)

調和, 釣合い; 均整美. ～～ de colores [de colorido] de un cuadro 絵の色彩の調和. ～ entre cuerpo y alma 心身の調和. ❷《音・言葉の》**諧調**, ハーモニー, 調和', 快い響き. —La ～ de las voces del coro fue perfecta. コーラスの声のハーモニーは申し分なかった. ～ imitativa《詩》擬音的諧調:言葉の響きによる自然音の模倣 (＝onomatopeya). ～ de un verso 詩句の諧調[快い響き]. ～ vocálica《音声》母音調和. El canto de los pájaros formaba una dulce ～. 小鳥たちのさえずりは快い響きとなっていた. 類**melodía**. ❸《人間同士の》**協調**, 和合. —vivir en paz y ～ 仲よく暮らす, 仲睦まじく暮らす. En mi familia hay paz y ～. 私の家族は仲がよい. 類**amistad, concordia**. 反**discordia, enemistad**. ❹《音楽》和声(法・学). —tabla de ～ (楽器などの)共鳴板, 反響板. Estudio ～ y composición. 私は和声学と作曲を勉強している.
en armonía (con ...) (1)《…と》調和して, 釣合って, poner ～ *en armonía con* ～ …と調和させる.(2)…と仲良く, 仲睦まじく. Viven en perfecta *armonía con* sus vecinos. 彼らは皆近所の人たちと仲良く暮らしている.

armónica [armónika] 囡 《楽器》ハーモニカ. —tocar la ～ ハーモニカを吹く.

armónicamente [armónikaménte] 副 調和して.

***armónico, ca** [armóniko, ka] 形 ❶ 和声の; 倍音の. —sonido ～ 倍音. ❷調和した, 調和の取れた. —Me impresionó la composición *armónica* de la pintura. その絵の調和のとれた構成は私の印象に残った.
—— 男 《音楽》倍音.

armonio [armónjo] 男 《楽器》ハルモニウム, リードオルガン. —tocar el ～ ハルモニウムを弾く.

armonioso, sa [armonjóso, sa] 形 ❶ 調和のとれた. —con suaves paso ～s きちんとした足取りで. una joven de proporciones *armoniosas* 調和の取れたプロポーションの若い女性. ❷耳に快い.

armonización [armoniθaθjón] 囡 ❶ 調和させること. ❷《音楽》和音をつけること.

armonizador, dora [armoniθaðór, ðóra] 形 ❶ 調和させる, 調和する. —color ～ 調和的な色. ❷《音楽》和音をつける; 音程を変える.
—— 男 《音楽》ハーモナイザー(音程を調整したり, 和声を加える機械).

armonizar [armoniθár]【1.3】他 ❶〔＋con〕…と…を調和させる. ❷《音楽》(旋律)に和音をつける. —— 自〔＋con〕…と調和する. —Las cortinas *armonizaban* bien *con* la decoración de la habitación. カーテンは部屋の装飾とうまく調和していた.

armuelle [armuéje] 男 《植物》ハマアカザ.

arnés [arnés] 男 ❶ 甲冑(ちゅう). ❷ 複(arneses) 馬具. ❸ 備品, 道具.

árnica [árnika] 囡《単数冠詞は直前でel, un (a)》❶《植物》アルニカ(ウサギギク属の植物). ❷ アルニカチンキ[エキス](打ち身・打撲などの消炎作用がある).

aro¹ [áro] 男 ❶ 輪状の部品. ～～ de un tonel 樽のたが. ～～ de un pistón ピストンの圧縮弁. ❷ フラフープ; 輪回しの輪. —jugar al *aro* フラフープで遊ぶ. ❸《中南米》イヤリング. ❹《スポーツ》(新体操の)フープ.
pasar [entrar] por el aro《話》妥協する, 屈服

する.

aro² [áro] 男 《植物》アルム(サトイモ科).

‡**aroma** [aróma] 男 ❶《香水や植物などの》**芳香**, よい香り, 香気. —desprender [despedir] ～ 芳香を発する. — de una colonia オーデコロンの香り. 類**fragancia, perfume**. ❷《食品の》香り. —percibir el ～ del café recién hecho 入れ立てのコーヒーの香りを感じる. ❸《皮肉》くさい臭い, 悪臭. ❹ 香料; 香草, 香木.
—— 囡 《植物》キンゴウカン(金合歓:aromo)の花.

aromático, ca [aromátiko, ka] 形 芳香を放つ, 香りのよい. —plantas *aromáticas* 香草.

aromatizante [aromatiθánte] 男 香料.
—— 形 香りをつける, 風味をつける.

aromatizar [aromatiθár]【1.3】他 …に香りをつける. ～～ el pañuelo con agua de colonia オーデコロンでハンカチに香りをつける.

aromo [arómo] 男 《植物》キンゴウカン(金合歓) (マメ科. アカシアの仲間).

arpa [árpa] 囡 《単数冠詞は直前でel, un(a)》《楽器》ハープ, 竪琴. —tocar [tañer] el ～ ハープを弾く.

arpado, da [arpáðo, ða] 形 ❶《武器などの》 こぎりの歯状の. ❷《雅, 詩》(鳥が)美しい声でさえずる.

arpar [arpár] 他 ❶ を爪で引っかく. ❷ を引き裂く.

arpegio [arpéxjo] 男 《音楽》アルペジオ.

arpeo [arpéo] 男 《航海, 船舶》(船同士をつなげるための)道具.

arpía [arpía] 囡 ❶《ギリシャ神話》ハルピュイア(女面鷲身の怪物). ❷ 性悪女.

arpillera [arpiʎéra] 囡 粗麻の布.

arpista [arpísta] 男女 《音楽》ハープ演奏者.

arpón [arpón] 男 ❶《漁業》銛(もり). ❷《闘牛》 (牛の首, 肩に刺す)銛. 類**banderilla**. ❸《建築》 かすがい.

arponar [arponár] 他 →arponear.

arponear [arponeár] 他 を銛(もり)で突く, …に銛を打ち込む.

arponero [arponéro] 男 《漁業》銛(もり)打ち師, 捕鯨砲手.

arqueado, da [arkeáðo, ða] 形 弓形の, 湾曲した. —Pedro tiene las piernas *arqueadas*. ペドロはがに股だ.

arqueador [arkeaðór] 男 ❶ (船舶の積載量を)測定する技師. ❷ (羊毛を)すく職人.

arquear¹ [arkeár] 他 を弓形に曲げる, 湾曲させる. —Al oír aquel comentario *arqueó* las cejas. そのコメントを聞いて, 彼は眉をひそめた. ❷ (羊毛を)すく.

arquear² [arkeár] 他 ❶《商業》(金庫の現金) を数える. ❷《船舶》(船舶の積載量を)測定する.

arquegonio [arkeɣónjo] 男 《植物》(シダ・コケ類の)造卵器(雌性器官).

arqueo¹ [arkéo] 男 ❶ 弓形[アーチ形]にする[なる]こと, たわみ, 湾曲. ❷ 羊毛をすくこと.

arqueo² [arkéo] 男 ❶《金庫の現金を数えること, 会計検査. ❷《船舶》積載量, 容積トン数.

arqueolítico, ca [arkeolítiko, ka] 形 石器時代の.

‡**arqueología** [arkeoloxía] 囡 **考古学**. —especializarse en ～ 考古学を専攻する. Museo

154 arqueológico

Nacional de A~ 国立考古学博物館.

arqueológico, ca [arkeolóxiko, ka] 形 考古学(上)の. — excavación *arqueológica* 考古学的な発掘. museo ~ 考古学博物館.

‡**arqueólogo, ga** [arkeóloɣo, ɣa] 图 考古学者.

arquería [arkería] 囡 〖集合的に〗(建築)アーケード.

arquero [arkéro] 男 ❶ 弓兵, 弓の射手. ❷ (樽の)たが職人. ❸ 現金出納係. ❹《中南米》《スポーツ》ゴールキーパー.

arqueta [arkéta] 〔<arca〕囡 小形の櫃(ひつ), 小箱.

arquetípico, ca [arketípiko, ka] 形 原型の, 典型的な.

arquetipo [arketípo] 男 ❶ 原型. — Celestina es el ~ de alcahueta. セレスティーナは女衒(ぜげん)の原型である. 類 **prototipo**. ❷ 典型, 模範, 代表例; 理想像. — Ella es el ~ de la mujer moderna. 彼女は現代女性の典型である. 類 **modelo**. ❸《心理》古型型(ユングの用語).

arqui-〖接頭〗〖archi-の異形〗 — arquitecto.

arquiepiscopal [arkiepiskopál] 形 大司教の(=arzobispal).

Arquímedes [arkimeðes] 固名 アルキメデス (前287?-212, ギリシャの数学者・技術者).

arquimesa [arkimésa] 囡 ライティング・デスク, 整理棚付きの机.

‡**arquitecto, ta** [arkitékto, ta] 图 建築家. — ~ técnico [aparejador] 建築技師. uno de los ~s del plan de paz 平和計画の立案者の一人.

arquitectónico, ca [arkitektóniko, ka] 形 建築学の, 建築の.

‡arquitectura [arkitektúra アルキテクトゥラ] 囡 ❶ 建築 (術・学). ~ civil [militar] 一般建築[城 築 (術)]. ~ naval 造船(術・学). ~ moderna [modernista] 寺院建築, 教会建築. ~ paisajística 造園(術). ~ funcional 機能(主義)的建築. ❷ 建築様式. ~ gótica [barroca] ゴシック[バロック]建築様式. ❸ 〖集合的に〗建築物, 建造物. — La complicada ~ del hotel dificultó la evacuación. ホテルの構造が複雑なので避難が困難になった. ❹ (建築などの)構造, 構成, 骨組み;《情報》アーキテクチャ. — ~ cerrada クローズド・アーキテクチャ.

arquitrabe [arkitráβe] 男 《建築》アーキトレーブ, 台輪, 軒桁.

arquivolta [arkiβólta] 囡 《建築》飾り迫縁(せりぶち), アーキボルト(=archivolta).

arrabal [araβál] 男 ❶〖主に 複〗町外れ, 郊外, 市外地区, 場末, スラム街. — En los ~es de las grandes ciudades se encuentran barrios de chabolas. 大都市近郊にはスラム街が集中している. 類 **afueras, alrededores, extrarradio, suburbio**. 反 **casco, centro**. ❷《中南米》スラム街.

arrabalero, ra [araβaléro, ra] 形 ❶《話》町外れの. ❷ (人の)育ちの悪い, 品のない. — lenguaje ~ 品のない言葉遣い. — 图 ❶《話》町外れに住む人. ❷《軽蔑》育ちの悪い人.

arrabio [araβjo] 男 《冶金》鋳鉄(ちゅうてつ), 銑鉄.

arracacha [arakátʃa] 囡 ❶《植物》アラカチャ (セリ科. 白い根が食用). ❷〖中南米〗ばかげたこと.

arracada [arakáða] 囡 下げ飾りのあるイヤリング(=pendiente).

arracimado, da [araθimáðo, ða] 過分 形 ❶ 房の形をした. ❷ 群がった, 鈴なりになった.

arracimarse [araθimárse] 〔<racimo〕再 ❶ 房の形になる. ❷ 群がる, 鈴なりになる. — Los niños *se arracimaban* alrededor del payaso. 子供たちがピエロの周りに群がっていた. 類 **apiñarse**.

arraclán [araklán] 男 《植物》クロウメモドキ属の1種.

arraigadamente [araiɣaðaménte] 副 根を下ろして, 根付いて, 根深く.

arraigado, da [araiɣáðo, ða] 過分 形 ❶ (植物が)根ざした, 根を張った. ❷ (慣習などが)定着した, 根を下ろした. — costumbre *arraigada* 根強い慣習. ❸ (人がある地域に)定住して良い評判を得た, 顔の広い. — Pertenece a una familia *arraigada* del pueblo. 彼は村の有力者の家の出だ.
— 图 地主. — 男 《航海》係留, 停留.

arraigar [araiɣár] [1.2] 自 ❶ 《植物》(植物が)根づく, 根を張る. — El árbol que planté el mes pasado no *ha arraigado* bien. 先月植えた木はうまく根付かなかった. 類 **enraizar**. ❷〔+en〕(慣習などが)(ある場所に)定着する, 根を下ろす. — El budismo *arraigó en* Japón. 仏教は日本に定着した. ❸〔+en〕(人が)(ある場所に)定住する, 住みつく. — se 再 ❶ 根を下ろす. ❷ 住みつく.

arraigo [araiɣó] 男 ❶《植物》根を張ること. ❷ (慣習などの)定着; 定住. — Esa fiesta tiene mucho ~ en nuestro pueblo. その祭りは私たちの村に深く定着している. ❸ 不動産. ❹ 影響力. — tener (mucho) ~ (大きな)影響力がある. hombre de ~ 有力者.

arramblar [arramblár] 他 (洪水などが土地を)土砂で埋める. — 自〔+con〕(人が)…を持ち逃げする, 強引に奪う. — El joven *arrambló con* algunos libros de la biblioteca. その若者は図書館から本を数冊持ち逃げした.

arrancaclavos [araŋkakláβos] 男〖単複同形〗くぎ抜き(道具).

arrancada [araŋkáða] 囡 ❶ 急発進, 急に加速すること. — Cuidado con la jaca, que tiene ~s muy bruscas. その子馬には気をつけなさい, 急に走り出すくせがありますから. ❷《スポーツ》(重量挙げの)スナッチ.

arrancado, da [araŋkáðo, ða] 形 ❶ 根こそぎにされた, 引き抜かれた. ❷《話》無一文の, 破産した(=arruinado).

arrancador [araŋkaðór] 男 ❶《自動車, 電気, 機械》起動装置, スターター. ❷ 根株を掘り起こす道具.

arrancadura [araŋkaðúra] 囡 根から引き抜くこと; その跡.

arrancamiento [araŋkamjénto] 男 → arrancadura.

‡arrancar [araŋkár アランカル] [1.1] 他 ❶ 根こそぎにする, 引き抜く, 抜く. — ~ un árbol 木を引き抜く. ~ un clavo [una muela] 釘[奥歯]を抜く. ❷ を取り去る, 奪い取る, ひったくる. — El ratero le arrancó el bolso. スリは彼女からハンドバッグをひったくった. ❸〔+de から〕を引き離す, 遠ざける, やめさせる. — Le *arranqué del* mal hábito de fumar. 私は彼に喫煙の悪習をやめさせた. No pudimos *arrancarlo* de la fiesta hasta la madrugada. 私たちは明け方まで彼をパーティーから追い出すことができなかった. ❹ (巧妙に・力ずくで)を引き出す, 手に入れる. —Yo conseguiré ~le el secreto. 私が彼から秘密を聞き出してやろう. Su actuación *arrancó* interminables aplausos. 彼の演技は際限のない拍手喝采を始動させる. —Antes de que *arrancara* el coche, llegó la policía. 彼が車を発車させる前に警官がやって来た.

—— 圓 ❶ 動き出す, 始動する. —Este viejo coche tarda mucho en ~. この古い車は動き出すのにとても時間がかかる. ❷【+de を】出発する, あとにする. —*Arrancamos de* Madrid a las seis de la mañana en autocar. われわれは朝6時に貸切りバスでマドリードを出発した. ❸【+de から】始まる, 発する, (…に)由来する. —La palabra 'ojo' *arranca de* la latina 'oculu'. ojo(眼)という語はラテン語の oculu に由来する. *De* la carretera de La Coruña *arranca* un ramal que conduce hasta Zamora. ラ・コルーニャ街道からサモーラへ通じる支線が出ている. ❹【+a+不定詞】(…し)始める. —La niña, asustada, *arrancó a* llorar. 女の子はおびえて泣き始めた.

—— se 再 急に以する. —Cada vez que se emborracha, *se arranca* por soleares. 彼は酔うたびにソレアーレスを歌い始める.

arranchar [arantʃár] 圓 (航海) ❶ (海岸の近くの)浅瀬・岬)を航行する. ❷ (帆のロープ)を最大限に引く.

:**arranque** [aráŋke] [＜arrancar] 男 ❶ 《機械》(車・機械などの)始動, 発進, 発車, 出発. —~ del motor エンジンの始動. botón de ~ 始動ボタン. motor [aparato] de ~ スターター, 始動機. Esta moto tiene un ~ muy potente. このバイクは出足がものすごい. ❷ (感情などの)激発, 爆発, 突発; 狂気. —Los ~s de ira de mi padre son temibles. 父の発作的な怒りは恐い. en un ~ de ira [de cólera] 突然怒りが爆発して, かっとなって. En un ~ de celos mató a su mujer. 彼は嫉妬に狂って妻を殺した. ❸ 初め, 始まり, 起源, 根源, 元. —~ de la era moderna 近代の幕開け. ~ del conflicto 紛争の原因. 類 **comienzo, principio**. ❹【時に 圆】決断力, 決心, ふんぎり, 気力. —Tiene mucho ~ y llegará lejos en el futuro. 彼は大変決断力があり, 将来偉くなるだろう. 類 **decisión, empuje**. ❺ (突然の)思いつき, 機知(のひらめき), アイデア. —tener ~s ingeniosos 独創的なことを思いつく. 類 **ocurrencia, salida**. ❻ 引抜くこと. —Dedicó la mañana al ~ de las malas hierbas del jardín. 彼は午前中を庭の雑草を引き抜くことに当てた. ❼ (機械)スターター, 起動機 (=aparato [motor] de ~). —~ automático セルフ・スターター. Al coche no le funciona el ~. 車のスターターが故障している. ❽ (建築)最下部, 基部, 迫元(セリ). —~ de la bóveda 丸天井の迫元. ~ de la escalera/peldaño de ~ 階段の1段目. línea de ~ スプリングライン. ❾ 〖コンピュータ〗起動ディスク (=disco [disquete] de ~); スタートアップ. —~ en caliente ウォーム・ブート. ~ en frío コールド・ブート. ❿ 〖スポーツ〗スタート, スパート; 助走. ⓫ 《解剖, 植物》(身体部分などの)付け根, 基部. ⓬ 《鉱業》採鉱. ⓭ 〖中南米〗貧乏, どん底. *no servir ni para el arranque* 〖中米〗全く役に立たない.

punto de arranque 出発点, 起点; 始まり.

arranque(-) [araŋke(-)] 動 arrancar の接・現在.

arranqué [araŋké] 動 arrancar の直・完了過去・1単.

arrapiezo [arapjéθo] 男 ❶ 〖話〗腕白小僧. ❷ ぼろ切れ.

arras [áras] 女 圆 ❶ (結婚式の際花婿が花嫁に贈る)13枚の硬貨; 贈り物. ❷ 《商業》手付け金, 保証金.

arrasado, da [arasáðo, ða] 形 ❶ 破壊された. —una ciudad *arrasada* por los bombardeos 爆撃によって荒廃した町. ❷ (土地が)平らな, ならされた. ❸ (波などで)あふれた, 満たされた. ❹ (布地が)滑らかな.

arrasamiento [arasamjénto] 男 ❶ 破壊. ❷ (土地を)平らにすること, 地ならし.

*arrasar [arasár] [＜raso] 他 ❶ をなぎ倒す, 倒壊[壊滅]させる. —El tifón *arrasó* la cosecha de arroz. 台風で稲作は壊滅状態になった. El incendio *arrasó* cien hectáreas de bosque. 火災は100ヘクタールの森林を焼きつくした. 類 **asolar, desolar, devastar**. ❷ (眼)を涙でいっぱいにする. —Al ver a su padre muerto, el llanto *arrasó* sus ojos. 死んだ父親を見ると, 涙が彼の目にあふれた. ❸ を平らにする, ならす. —Para sembrar es preciso ~ la tierra. 種子を蒔くには地面を平らにせねばならない.

—— 圓 圧勝する.

arrasarse en lágrimas (目が)涙であふれる. Al enterarse de la victoria de su hermano, sus ojos *se arrasaron en lágrimas*. 彼の弟の勝利を知って彼の両眼は涙でいっぱいになった.

arrastradamente [arastráðamente] 圓 ❶ 惨めに, やっとの思いで.

arrastradero [arastraðéro] 男 ❶ (林業)(山で伐採した木材を運搬するために)木材を引きずってできた道. ❷ (闘牛)殺された牛の保管所.

arrastradizo, za [arastraðíθo, θa] 形 ❶ 引きずることのできる. ❷ (農業)脱穀された.

arrastrado, da [arastráðo, ða] 形 ❶ 〖話〗惨めな, 悲惨な. —Ha llevado siempre una vida *arrastrada*. 彼は常に悲惨な生活を送ってきた. ❷ 〖俗〗〖ir+〗(人が)お金のない. ❸ (トランプ)打ち返しの. —— 男 〖話〗ごろつき.

*arrastrar [arastrár] [＜rastro] 他 ❶ を引きずる, 引っ張る, 引いていく; 運び去る. —El abuelo anda *arrastrando* los pies. 祖父は両足を引きずって歩いている. Levanta la silla, no la *arrastres*. いすを持ち上げなさい, 引きずってはいけない. La corriente los *arrastraba* alejándolos de la orilla. 海流は彼らを海岸から離れた所へ押し流していった. ❷ を引く, 引っ張る, 牽引する. —Un burro no puede ~ un carro tan pesado. 1匹のロバではそんなに重い馬車を引っ張ることはできない. ❸ ~に堪える, を忍ぶ. —Cada uno *arrastra* sus penas. 人はそれぞれ悩みに堪えるのだ. 類 **padecer, sufrir**. ❹ を引き起こす, 生じさせる. —La embriaguez *arrastra* muchos accidentes de tráfico. 酩酊(ﾒｲﾃｲ)は多くの交通事故を引き起こす. ❺ (人)を引きつける. —El equipo *arrastra* seguidores adondequiera que va a jugar. そのチームはどこでプレイしてもサポーターを引きつける. ❻

156 arrastre

《情報》ドラッグする. — ～ y soltas ドラッグ・アンド・ドロップする.
—— 自 ❶ (床まで)垂れる; (地面を)する; すそを引きずる. —La cortinas *arrastran*. カーテンが床まで垂れている. Está de moda que los pantalones *arrastren*. ズボンのすそを引きずるのが流行になっている. ❷ 《カルタ》切り札を出す.
—se 再 ❶ はう, はって行く. —Uno de los heridos *se arrastró* hasta la puerta y pidió auxilio. 負傷者の一人は戸口まではって行って助けを求めた. ❷ 卑屈になる, 卑下する. —*Se arrastró* para lograr aquel puesto. 彼はその地位を得ようと卑屈な態度をとった.

arrastre [arástre] 男 ❶ 引きずること, 引っ張ること. ❷〖林業〗(伐採した木材の)運搬. ❸(トランプで)同じ札のカードを出すこと. ❹〖闘牛〗死んだ牛を闘牛場から片づけること.
estar para el arrastre 心身共に衰弱している.
pesca de [al] arrastre 《漁業》トロール漁業.

arrastrero, ra [arastréro, ra] 形《漁業》(船舶が)網を引く.
—— 男 引き網漁船 (=barco ～).

Arrau [árau] 固名 アラウ(クラウディオ Claudio ～)(1903-91, チリのピアニスト).

arrayán [arayán] 男 〖植物〗ギンバイカ(フトモモ科の常緑低木).

¡arre! [áre] 間 〖農村〗はいどう!, それ!(馬などを歩かせるときに言う).

arreador [areaðór] 男 ❶ (オリーブの実を棒でたたき落とす人. ❷ 〖方〗農園の現場監督. ❸ 〖中南米〗むち.

arrear[1] [areár] 他 ❶(馬など)を駆り立てる, 追い立てる. —*Arrea* al burro, que se nos hace de noche en el camino. ロバを急がせないと, 途中で夜になってしまうから. ❷《俗》(げんこつなど)を食らわせる. —Le *arreó* una tremenda bofetada. 彼はものすごいびんたを食らわされた.

arrear[2] [areár] 他 ❶(馬)に馬具をつける. ❷を飾る. —— 自 ❶《話》急ぐ. ❷〖+con〗を強引に奪う, 持ち去る.

arrebañaduras [areβaɲaðúras] 女 複(食べ物などの)残りもの.

arrebañar [areβaɲár] 〖<rebaño〗他 ❶を全て拾い集める. ❷(料理の入った皿)をきれいに平らげる (=rebañar).

arrebatadamente [areβataðaménte] 副 あわてふためいて, 慌ただしく.

arrebatadizo, za [areβataðíθo, θa] 形 短気な, すぐにかっとなる.

arrebatado, da [areβatáðo, ða] 形 ❶ 慌ただしい, あたふた. —Cuando oyó que venía la policía salió ～ de casa. 警察がやって来ると聞くと, 彼はあたふたと家を出た. ❷ 怒った, 逆上した. ❸(顔が)赤らんだ.

arrebatador, dora [areβataðór, ðóra] 形 魅惑的な, 人を魅了する. —sonrisa *arrebatadora* 魅惑的な微笑.

arrebatamiento [areβatamjénto] 男 ❶ 奪い取ること, 強奪. ❷ 激怒. ❸ 魅惑, 魅了すること.

***arrebatar** [areβatár] 〖<rebato〗他 ❶〖+a/de から〗を奪い取る, もぎとる. ❷ 吹き飛ばす. —Le *arrebató* el bolso y echó a correr. 彼は彼女からハンドバックを強奪すると走り出した. ❷ …の心を奪う, 魅了する. —Es muy guapo y *arrebata a* las chicas. 彼は非常にハンサムで女の子たちをとりこにする. La conferencia *arrebató a* todos los que las escucharon. その講演は聞いた人すべてを魅了した. ❸ 憤慨[激高]させる. ❹(暑さが植物)を枯らす.
—se 再 ❶ 憤慨[激高]する. —Tranquilízate, no *te arrebates*. 落ち着け, かっとなるなよ. ❷(料理が)生焼け[生煮え]になる.

arrebatiña [areβatíɲa] 女 つかみ合い, 奪い合い.
a la arrebatiña 奪い合いになって.

arrebato [areβáto] 男 (*a*) 感情の爆発. —En un ～ de cólera rompió el ordenador. 彼は怒りが爆発してコンピューターを壊した. (*b*) 激怒. ❷ 忘我, 恍惚(こうこつ). 類éxtasis.

arrebol [areβól] 男 (*a*) 夕焼け, 朝焼け. (*b*) 圏 夕[朝]焼け雲. ❷(頬(ほお)の)赤味. —El ～ de sus mejillas revelaba la vergüenza que sentía. 頬が赤くなったので彼が恥ずかしがっているのが分かった.

arrebolar [areβolár] 他 を赤く染める.
—se 再 赤く染まる, 赤くなる. —Es tan tímida que *se arrebola* por nada. 彼女はとても内気なので何でもないことですぐに赤くなる.

arrebozar [areβoθár] 他 [1.3] を覆う. —*Arrebozaron* el cargamento de hachís. 彼らはハシッシュの積み荷にカバーをかけた.
—se 再 ❶〖+con/en〗(コートなどに)身を包む, くるまる. ❷(虫が)群がる.

arrebujadamente [areβuxaðaménte] 副 曖昧(あいまい)に.

arrebujar [areβuxár] 他 ❶ (衣服)を無造作に詰め込む, くしゃくしゃに丸める. —Julio *arrebujó* sus ropas en el armario. フリオは衣類をたんすに押し込んだ. ❷ (衣服)でくるむ, 包む.
—se 〖+en/entre〗…にくるまる. —*Se arrebujó entre* las mantas pero permaneció un rato despierto. 彼は毛布にくるまったが, しばらく目が覚めたままだった.

arrecharse [aretʃárse] 再 ❶ 〖中南米〗かっとなる, 怒り狂う. 類**indignarse, enfurecerse**. ❷ 〖中南米〗《俗》(性的に)興奮する.

arrechera [aretʃéra] 女 〖中南米〗《俗》❶ 怒り, 腹立ち. ❷ 性的な興奮.

arrecho, cha [aretʃo, tʃa] 形 〖中南米〗❶《俗》性的に興奮した. ❷《話》怒り狂った, いきりたった. ❸ 直立した, 立った. ❹ 意気込んだ, やる気になった.

arrechucho [aretʃútʃo] 男《話》❶ 発作; 一時的な体の不調. ❷《話》(感情の)爆発.

arreciar [areθjár] 〖<recio〗自 (雨・風・怒りなどが)強まる, 激しくなる. —De repente *arreció* la lluvia. 突然雨足が強まった.

arrecife [areθífe] 男 ❶ 岩礁. —～ de coral さんご礁. ❷ 石畳みの道

arrecirse [areθírse] 再 〖欠如動詞〗かじかむ, (寒さで)感覚がなくなる.

arredramiento [areðramjénto] 男 おじけづくこと.

arredrar [areðrár] 他 ❶ をおじけづかせる. ❷ を引き離す. —Los ladridos del perro *arredran* a los que se acercan a la verja. 犬の遠吠えが柵(さく)に近づく者を遠ざける. —se 再 おじけづく,

しり込みする. — Es un hombre que no *se arredra* ante nada. 彼は何事にもおじけづかない男だ.

arregazado, da [areɣaθáðo, ða] 形 ❶ (裾・袖を)まくった. ❷ (鼻が)天井を向いた.

arregazar [areɣaθár] [1.3] [<regazo] 他 (衣類の裾・袖を)まくる.

***arreglado, da** [areɣláðo, ða] 過分 形 ❶ (a) 清潔な, 整頓された. — Siempre tiene la casa muy *arreglada*. 彼女はいつも家の中を清潔にしている. 類 limpio, ordenado. (b) 身なりがきちんとした. — Va siempre muy *arreglada*. 彼女はいつも身なりをきちんとしている. Ella siempre ha llevado una vida *arreglada*. 彼女はこれまでいつも規則正しい生活をしてきた. ❷ 有能な. — Es un jardinero muy ~. 彼は有能な庭師だ. ❸《皮肉》たいへんなことである, 困ったことになる. — Estamos ~s si ahora perdemos el tren. 汽車に乗り遅れたら大変なことになる. Estamos ~s con este frigorífico. この冷蔵庫には困ったものだ. 類 ataviado. ❹《スポーツ》勝負が決まった, 決着がついた;《エレクトロニクス》固定した.

**arreglar [areɣlár アレグラル] [<regla] 他 ❶ を整理[整頓]する, 片付ける. — He dedicado la mañana a ~ mi habitación. 私は午前中を部屋の片付けをするのにあてた. ❷ を直す, 修理[修繕]する, 調整する. — Hay que ~ el televisor. テレビを修繕しなければならない. 類 reparar. ❸ を仕立て直し; 編曲する, 脚色する. — La madre le *arregló* los pantalones. 母親は彼のズボンを仕立て直した. Ravel *a-regló* para orquesta 'Cuadros de una exposición' para piano de Mussorgski. ラヴェルはムソルグスキーのピアノのための『展覧会の絵』をオーケストラ用に編曲した. ❹ を解決する. No te preocupes; yo *arreglaré* el asunto. 心配するな, 私がその件は解決しよう. ❺ (書類などを)整える, 用意[準備]する; 支度をする. — Están *arreglando* los papeles para divorciarse. 彼らは離婚するための書類を用意している. *Arregló* a los niños para salir de paseo. 彼は散歩に出かけるため子供たちの身支度をした. ❻ …に味付けをする. — ~ una ensalada サラダに味付けをする. ❼《話》をこらしめる, 叩き直す. — Ya te *arreglaré* yo a ti. もうお前を容赦しないぞ.

— **se** 再 ❶ 身支度をする, 身だしなみを整える, おめかしをする. — Ella *se está arreglando*. 彼女は身支度をしているところだ. — ~*se* el pelo 髪を整える. 類 acicalar. ❷ うまく事を運ぶ, 何とかする. — *Nos arreglamos* bien con el salario de mi marido. 私たちは夫の給料で何とかやりくりしている. 類 apañarse. ❸ 取り決める, 合意に達する. — No consiguieron ~*se* en el precio. 彼らは価格について合意に達しなかった. ❹ [+con と] (人と)うまくやっていく. — ¿Qué tal *te arreglas con* tu suegra? しゅうとめとうまくやっているかい.

arreglárselas うまく事を運ぶ, 何とか片付ける. Ella puede *arreglárselas* sola. 彼女は一人でうまくやって行ける.

arreglista [areɣlísta] 男女《音楽》編曲家, アレンジャー.

arreglo [areɣlo アレグロ] 男 ❶ 修理, 修繕, 調整. — El ~ del ordenador me ha costado más caro que uno nuevo. コンピュータの修理代は新品を買うより高くついた. 類 reparación. ❷ 合意, 和解, 折り合い. — Han llegado a un ~ sindicatos y patronal. 労働組合と経営者側は合意に達した. 類 **acuerdo, avenencia. 反 **desacuerdo**. ❸ 整理, 整頓, 片付け; 秩序正しさ. — ~s florales 生け花. Los niños se encargan de la limpieza y el ~ de sus habitaciones. 子供たちは部屋の掃除と整理を任されている. ❹ (外出前などの)身支度, 化粧, 身だしなみ, 身繕い (= ~ personal). — Tardas demasiado en tu ~ y llegaremos tarde a la cena. 君が身支度に時間がかかりすぎて, 私たちは夕食に遅れるよ. 類 **acicalamiento, aseo**. ❺ (体の部分の)手入れ. — ~ de uñas 爪の手入れ. 類 **cuidado**. ❻ (問題などの)解決, 決着; 清算. — Tardé una hora en el ~ de estos asuntos. 私はこれらの問題解決に1時間かかった. 類 **solución**. ❼ [主に]《音楽》編曲, アレンジ (= ~s musicales). — hacer ~s musicales 編曲する. ❽《話》不倫関係, 情交[愛人](関係). — Él y ella tuvieron un breve ~ hace unos años. 彼と彼女は数年前つかの間の不倫関係にあった. ❾《料理》(味の)調整, 味付け, 調味料. — Al hacerles el ~, se me pegaron las lentejas 味付けをする時にレンズ豆を焦がしてしまった. 類 **aderezo, aliño**. ❿ 不正, 八百長 (= tongo).

arreglo de cuentas 復讐 (= venganza).

con arreglo a … …に従って, 準拠して, …によって (= según, conforme a …, de acuerdo con..). *con arreglo a la ley* 法律に従って, 法律どおりに.

no tener arreglo どうしようもない, 直しようがない, 処置なしだ. Mi tío *no tiene arreglo*. 私の叔父は処置なしだ. El problema *no tiene arreglo*. この問題は手の施しようがない.

arregosto [areɣósto] 男《話》趣味, 道楽.

arrejuntarse [arexuntárse] 再《俗》[+con] …と同棲(ドウセイ)する.

arrellanarse [areʎanárse] 再 ❶ [+en] (ソファーなど)にゆったりと座る, 深々と座る. — Puso la radio y *se arrellanó en* el sofá. 彼はラジオをつけてソファーに腰を下ろした. ❷ [+en] (仕事)に安住する, 満足する.

arremangar [aremaŋgár] [1.2] [<remango] 他 (ズボンの)裾(すそ)をたくし上げる, (衣服の)袖(そで)をまくり上げる (= remangar).

— **se** 再 ❶ 裾[袖]をまくり上げる. ❷ (努力を要することをする)決意を固める. — Venga, *arremángate*, que tenemos que pintar tres habitaciones. さあ, 準備をして. 私たちは3部屋のペンキ塗りをしなければならないから.

arrematar [arematár] [<remate] 他《話》を終らせる; 完了する, 仕上げる.

*arremeter [aremetér] 自 ❶ [+contra を] 強襲する, 攻撃する, …に襲いかかる. — El ejército del Cid *arremetió contra* el alcázar de Valencia. エル・シードの軍隊はバレンシアの城塞に猛攻を加えた. La prensa *ha arremetido contra* la política del primer ministro. 新聞は首相の政策を攻撃した. ❷ (目や耳)を強く刺激する. — ~ a la vista [al oído] 目障り[耳障り]である. ❸ (強い決意で)取り組む, 対処する.

arremetida [aremetíða] 女 襲いかかること, 襲撃; 攻撃. — De una ~ lo lanzó contra la barra. 彼は一気に襲いかかって相手をカウンターへ

投げつけた.

arremolinarse [aremolinárse] 〔<remolino〕自 ❶ (水などが)渦巻く, ぐるぐる回る. ❷ (人・動物が)ひしめき合う.

arrempujar [arempuxár] 他 《俗》→empujar.

arrendable [arendáβle] 形 賃貸借可能な.

arrendado, da [arendáðo, ða] 形 ❶ 賃貸[賃借]された. ❷ (馬が)従順な.

arrendador, dora [arendaðór, ðóra] 名 ❶ 家主, 地主. ❷ 借地[借家]人. ── 男 (馬をつなぐ)鼻輪.

arrendajo [arendáxo] 男 ❶ 《鳥類》カケス. ❷ 人のまねをする人. ❸ 下手な模倣.

arrendamiento [arendamiénto] 男 ❶ 賃貸借. ─ tomar ... en ～ (…を)賃貸する. ❷ 賃貸[賃借]契約. ❸ 賃貸[賃借]料.

‡arrendar¹ [arendár] [4.1] 〔<renta〕他 賃貸し[賃借り]する. ─ Han arrendado un piso en Marbella para veranear. 彼らは避暑のためにマルベーヤにアパートを借りた. 類 **alquilar**.

arrendar² [arendár] 〔<rienda〕他 ❶ (牛馬)をつなぐ, つなぎとめる. ❷ (馬)を調教する, しつける.

arrendatario, ria [arendatárjo, rja] 形 賃貸借の. ── 名 借地[借家]人.

arreo [aréo] 男 ❶ 装飾(品), 飾り. ❷ 複 馬具. ❸ 複 身の回りのもの, 小物.

arrepanchi(n)garse [arepantʃi(ŋ)gárse] [1.2] 再 (ソファーなどに)深々と座る.

arrepentida [arepentíða] 女 → arrepentido.

arrepentido, da [arepentíðo, ða] 形 〖estar +, +de〗 後悔した, 悔やんだ. ── 女 改悛(?)して修道院に入った元売春婦.

‡arrepentimiento [arepentimiénto] 男 ❶ 後悔, 悔恨. ─ Su ～ me pareció sincero. 彼はほんとうに後悔しているように私には思えた. sentir ～ 後悔する. ❷ (絵の)補筆.

‡arrepentirse [arepentírse] [7] 再 〖+de を〗 ❶ (a) 後悔する, 悔いる. ─ Ahora me arrepiento de no haber ido a España. 今私はスペインへ行かなかったことを後悔している. (b) 〖カトリック〗悔い改める, 痛悔する. ❷ (…の)約束を破る, 決心を変える. ─ Dijo que me iba a hacer los deberes, pero se arrepintió. 彼は宿題をやってくれると言ったが, 約束を破った.

arrepient- [arepiént-] 動 arrepentirse の直・現在, 接・現在, 命令・2 単.

arrepint- [arepint-] 動 arrepentirse の直・現在/完了過去, 接・現在/過去, 命令・2 単, 現在分詞.

arrequesonarse [arekesonárse] 〔<requesón〕再 (牛乳が)凝固する.

arrequives [arekíβes] 男 複 ❶ よけいな飾り, 度を越した飾り. ─ María va con todos sus ～. マリアは全ての装飾品を身に付けている. 類 **adornos**. ❷ (公式行事などの)細々とした形式.

arrestado, da [arestáðo, ða] 形 ❶ 逮捕された. ❷ 大胆な.

arrestar [arestár] 他 (人)を逮捕する. ─ La policía arrestó ayer a unos traficantes de droga. 警察は昨日数人の麻薬密売人を逮捕した. 類 **apresar**. ── **se** 再 〖+a+不定詞〗を思い切って実行する, …に大胆に立ち向かう. 類 **determinarse, resolverse**.

arresto [arésto] 男 ❶ 逮捕, 検挙. ❷ 監禁, 抑留, 投獄. ─ permanecer bajo ～ domiciliario 自宅監禁されている. Lo condenaron a dos meses de ～. 彼は2か月間の禁固刑を言い渡された. ❸ 複 大胆さ, 勇気. ─ tener ～s para+不定詞 …する勇気がある.

arrestro mayor 31日から6か月間の禁固(刑).

arresto menor 1日から30日までの禁固(刑).

arrevesado, da [areβesáðo, ða] 形 こみ入った, 複雑な.

arrezagar [areθaɣár] [1.2] 他 ❶ (衣服の)袖(※)[裾(※)]をまくり上げる. ❷ (腕)を上げる. 類 **arremangar**.

arriada¹ [arjáða] 女 洪水, 氾濫(%).

arriada² [arjáða] 女 《航海》帆を下ろすこと, 索を緩めること.

arrianismo [arjanísmo] 男 《宗教》アリウス主義(キリストの異端性を唱える).

arriano, na [arjáno, na] 形 《宗教》アリウス派の. ── 名 《宗教》アリウス主義者.

arriar¹ [arjár] [1.6] 他 (川が氾濫(%)して)…を水浸しにする.

arriar² [arjár] [1.6] 他 ❶ (旗など)を降ろす. ─ ～ las velas 帆を下ろす. ❷ 《航海》(索)を緩める. ── **se** 再 (川が)氾濫(%)する, 洪水になる. ─ La plaza se arrió con aquellas lluvias torrenciales. 広場はその豪雨で水びたしになった.

arriate [arjáte] 男 ❶ (庭園の塀に沿った)細長い花壇. ❷ 通路, 道.

‡＊arriba [aríβa アリバ] 副 ❶ 上へ[に], 上の方へ[に]; 高く. ─ hacia ～ 上の方へ. Te esperamos allá ～. 私たちはあの上の方で君を待っているよ. Iba desnudo de la cintura para ～. 彼は腰から上は裸だった. El viento viene de ～. 風は上から吹いてくる. El niño miraba ～ y abajo de la calle. 子どもは通りを上から下から見まわした. Huyó escaleras ～. 彼は階段の上の方へ逃げた. 反 **abajo**. ❷ 上の階へ[に], 上階へ[に]. ─ Mi hijo vive ～. 私の息子は2階に住んでいる. La vecina de ～ ha traído este regalo. 上の階に住む女性がこの贈り物を持ってきた. ❸ (本・手紙などの)前の部分で, 上に. ─ Como se ha dicho más ～, … 先に述べたように…. Véase más ～. 上記参照. el párrafo de ～ 上[前]の段落. ❹ 上部で, 上流(階級)で. ─ Los de ～ no preveían la crisis. 上流[上層部]の人々は危機を予知していなかった.

aguas [río] arriba 上流へ.

arriba de ... (1) …の上へ[に]. *arriba del todo* 頂上[てっぺん]に. Lo puse *arriba del* estante. 私はそれを本棚の上に置いた. (2) (主に否定文で)…以上. No tendrá *arriba de* veinte años. 彼は20歳をこえていないだろう.

arriba mencionado 上記の, 前述の. la fecha *arriba mencionada* 前記の日付.

arriba y abajo あちこち. Paseaba *arriba y abajo* nerviosa y angustiada. 彼女はいらいらして不安にかられながらあちこち歩き回った.

boca arriba → boca.

calle arriba 通りを上って, 通りの向こう[先]に. La oficina de correos está *calle arriba*. 郵便局は通りの先の方にある.

cuesta arriba 坂の上へ.

de arriba (1) 上(の方)から(の). Esta orden viene *de arriba*. この命令は上層部から来ている. (2) 天から(の). Ya sólo podemos esperar un milagro *de arriba*. 今はもう天の奇跡を待つだけだ.

de arriba abajo (1) 上から下まで[へ]. Se cayó por las escaleras *de arriba abajo*. 彼は階段の上から下まで落ちた. (2) 始めから終りまで; くまなく, すっかり. La policía registró el piso *de arriba abajo*. 警察はそのマンションを隅から隅まで捜索した. (3) 見下して. La señora la miró *de arriba abajo*. 夫人は彼女を上から下まで[見下すように]じろじろながめた.

de ... para arriba …以上. Cuesta de mil euros *para arriba*. それは1,000ユーロ以上する.

estar arriba 起きる, 立ち上る.

ir para arriba 上り調子である, うまく行っている. Gracias a Dios, el negocio *va para arriba*. おかげ様で商売はうまく行っている.

por arriba y por abajo 至る所に.

que si arriba …, *que si abajo* あれやこれや, 何やかや. Se quejaba de *que si arriba que si abajo*. 彼は何やかやと文句を言っていた.

── 間 (人を励まして)さあ, 頑張れ. ¡A~ esos ánimos! さあ元気を出せ. ¡A~ el Real Madrid! レアル・マドリード万歳. ❷ (命令的に) (*a*) 立て, 起きろ. ─¡A~! Vas a llegar tarde al colegio. さあ起きなさい. 学校に遅れるよ. (*b*) (杯などを)上げよ, (ある物を)上げろ. ─¡Manos ~! 手を上げろ.

arribada [aříβáða] 囡 《航海》(船の)入港, 到着. ─ ~ forzosa 《航海》緊急入港. Una fuerte tormenta retrasó la ~ al puerto. 激しい嵐で入港が遅れた.

arribaje [aříβáxe] 男 →arribada.

*****arribar** [aříβár] 自 【+a に】入港する; 到着する. ─El barco *arribó* a Barcelona con tres días de retraso. 船は3日遅れでバルセロナに入港した. Mañana *arribarán* los víveres para los damnificados del terremoto. 明日地震被災者の食糧が到着するだろう.

arribazón [aříβaθón] 男 魚群が岸に到来すること.

arribeño, ña [aříβéɲo, ɲa] 形 〖中南米〗(沿岸部の住民から見て)山間部の住民, 山間部に住む. 反 **abajeño**.

── 名 〖中南米〗山間部の住民.

arribista [aříβísta] 男女 出世優先の, 出世のためには手段を選ばない人, 成り上がり者.

arribo [aříβo] 男 ❶《航海》(船の)入港. ❷ 到着. 類 **llegada**.

arricés [ariθés] 男 鐙(%)革を鞍(%)に固定する留め金.

arriend- [aříénd-] 動 arrendar の直・現在, 接・現在, 命令・2単.

arriendo [aříéndo] 男 →arrendamiento.

arriero [aříéro] 男 馬引き, 荷車引き.

arriesgadamente [aříesɣaðaménte] 副 危険を冒して, 大胆に.

arriesgado, da [aříesɣáðo, ða] 形 ❶ 危険な, 冒険的な. ─deportes ~*s* 危険なスポーツ. una decisión *arriesgada* 危険な決断. ❷ 大胆な, 向う見ずな. ─Para emprender ese negocio hay que ser una persona *arriesgada*. その商売を始めるには大胆な人間でなければならない.

arriesgar [aříesɣár] 【1.2】(< riesgo) 他 ❶ を危険にさらす. ─Los bomberos *arriesgaron* su vida para salvar a una anciana. 消防士たちは命がけで老女を救出した. ❷ (仮説など)を思い切って試みる.

──**se** 再 ❶ 危険を冒す. ─Sabía que *se arriesgaba* pero ha tenido éxito. 彼は危険を承知していたが, 成功した. Quien no *se arriesga* no pasa el río [la mar]. 〖諺〗虎穴に入らずんば虎児を得ず(←危険を冒さない者は川[海]を渡らない). ❷ 【+a+不定詞】を思い切ってする.

arrimadero [aříma ðéro] 男 ❶ 支えとなる人[物]. ❷ 踏み台.

arrimadillo [arimaðíjo] 男 (布・むしろでできた壁の)装飾帯.

*****arrimar** [aľimár] 他 ❶【+a に】を近づける, 近寄せる. ─*Arrimó* la silla *a* la pared. 彼はいすを壁に近づけた. ❷ (職業など)を捨てる, 放棄する. ─~ los libros 書を捨てる(学業を放棄する). ─ la pluma ペンを捨てる(文筆を断つ). 類 **abandonar, dejar**. ❸《話》殴る, (打撃)をくらわす.

──**se** 再【+a に】❶ 近づく, 近寄る, 接近する. ─No *te arrimes* tanto *a* mí. そんなに私に近寄らないよ. Ella sabe muy bien *a* quién ~*se*. 彼女はだれに近付いたらいいかよくわかっている. 類 **acercarse**. ❷ 寄りかかる, もたれかかる. ─Tenía tanto sueño que *se arrimó a* un árbol y se quedó dormido. 彼はとても眠かったので, 1本の木に寄りかかって眠りこんだ. ❸ 頼る, 頼りにする; (グループと)いっしょになる. ─*Se arrimó a* un tío suyo buscando protección. 彼は庇護を求めておじの1人を頼りにした. ❹《話》同棲する.

Al que a buen árbol se arrima, buena sombra le cobija. 寄らば大樹の蔭. (←よい木に寄りかかる人はよい蔭がかぶってくる).

arrimo [aľímo] 男 ❶ 支え, 援助, 庇護(ʰ). ─El niño buscó el ~ de su madre. その子は母親の助けを求めた. 類 **apoyo, auxilio, ayuda**. ❷ 仕切り壁, 境界壁. ❸ 愛着, 好み. 類 **afición, apego**. ❹ 接近. 類 **acercamiento, aproximación**.

al arrimo de …の庇護(ʰ)を受けて.

arrimón [aľimón] 男 通りで壁にもたれている人.

estar de arrimón 壁にもたれて見張りをする.

hacer el arrimón 酔っ払って壁にもたれる.

arrinconado, da [aříŋkonáðo, ða] 形 ❶ 隅に押しやられた. ❷ 追い詰められた. ❸ 使わなくなった, 用済みになった. ❹ 見放された. 類 **marginado**.

arrinconar [aříŋkonár] 他 〈rincón〉を隅に押しやる. ❷ を追い詰める, 追い込む. ─Los policías *arrinconaron* al ladrón en un callejón. 警官たちは泥棒を路地に追い詰めた. 類 **acorralar**. ❸ を使うのをやめる. ❹ を仕事から降ろす, 仲間外れにする, 見放す. 類 **marginar**.

──**se** 再 人との交際を避けて閉じこもる.

arriñonado, da [aříɲonáðo, ða] 形 腎臓(ˢ)の形をした.

Arrio [ářjo] 固名 アリウス(256 頃-336 頃, リビア出身の神学者, アリウス派の祖).

arriscadamente [ařiskaðaménte] 副 大胆に, 勇敢に.

arriscado, da [ařiskáðo, ða] 形 ❶ (土地が)岩の多い, 険しい. ─Subimos por una ladera

arriscada. 私たちは険しい斜面を登った. 類**escabroso**. ❷ 危険な, 冒険的な. ❸ (人が)大胆な, 冒険好きな. 類**atrevido**. ❹ 颯爽とした. ❺『中南米』(鼻が)天井を向いた.

arriscamiento [ařiskamjénto] 男 危険を冒すこと, 大胆さ.

arriscar [ařiskár] [1.1] 他 ❶ を危険にさらす. —*Arriscó* su vida para salvar al niño del incendio. 火事から子供を救うために身を危険にさらした. 類**arriesgar**. ❷ を突き落とす. —— 自 (金額が)達する. ——**se** 再 ❶ 危険を冒す. ❷ (四足獣が岩場から)転落する. 類**despeñarse**. ❸ 思い上がる. ❹ 激怒する. 類**enfurecerse**. ❺『中南米』着飾る.

arritmia [ařítmja] 女 ❶ リズムの不整. ❷《医学》不整脈. —~ sinusal [ventricular] 洞性[心室性]不整脈.

arrítmico, ca [ařítmiko, ka] 形 ❶ リズムが不整な. ❷《医学》不整脈の.

arrizar [ařiθár] [1.3] 他『航海』❶ (船の)帆を巻いて縮める, 縮帆する. ❷ (船の揺れに耐えられるように船)に固定する. ❸ 縄などで を固定する.

arroba [ařóβa] 女 ❶ アローバ(重量の単位で, 地方差がある. 11〜12キログラム位). ❷ アローバ(容量の単位で, 地方差がある. ワインは16.1リットル, 油は12.5リットル, 略号は@). ❸ (電子メールの)アットマーク(略号は@).

por arrobas《話》大量に, 山ほど. Gané dinero *por arrobas*. 私は大金を稼いだ.

arrobador, dora [ařoβaðór, ðóra] 形 (人を)魅了する, うっとりとさせる. —mirada *arrobadora* 人を魅了する視線.

arrobamiento [ařoβamjénto] 男 恍惚(とした状態). —La abuela contemplaba a su nieto con ~. 祖母は孫をうっとりとして眺めていた. 類**arrobo, éxtasis**.

arrobar [ařoβár] 他 ❶ (人を)魅了する. —La música de Mozart lo *arroba*. モーツァルトの音楽は彼を取りこにする. 類**cautivar, embelesar**. ❷ をアローバ(arroba)で計量する. ——**se** 再 【+ante】…にうっとりとする.

arrobo [ařóβo] 男 →**arrobamiento**.

arrocero, ra [ařoθéro, ra] 形 米の. —campo ~ 水田. industria *arrocera* 米産業. zona *arrocera* 稲作地帯. —— 名 米の生産者.

arrodillamiento [ařoðijamjénto] 男 ひざまずくこと.

arrodillar [ařoðijár] [<rodilla] をひざまずかせる. —Antes era costumbre ~ a los niños como castigo. 以前は罰として子供たちをひざまずかせる習慣があった. ——**se** ひざまずく.

arrodrigonar [ařoðriɣonár] [<rodrigón] 他 (植物)に支柱[添え木]を立てる.

arrogación [ařoɣaθjón] 女 ❶ 不正取得, 横領. ❷『法律』養子の入籍.

arrogancia [ařoɣánθja] 女 ❶ 傲慢(ぞぅ), 横柄. —con ~ 横柄に. Trata a sus subordinados con una ~ insoportable. 彼は自分の部下たちにとても横柄に接する. 類**orgullo, soberbia**. ❷ 颯爽とした様子, 勇敢. ❸ 自尊心, 誇り.

arrogante [ařoɣánte] 形 ❶ 傲慢(ぞぅ)な, 横柄な. —Con un gesto ~ indicó que nos marcháramos. 彼は横柄なしぐさで私たちに立ち去るように指示した. 類**orgulloso, soberbio**. ❷ 颯爽(ぞぅ)とした, 凛々しい. 類**animoso, decidido**.

arrogantemente [ařoɣántenénte] 副 ❶ 傲慢(ぞぅ)に, 横柄に. ❷ 颯爽(ぞぅ)と, 勇ましく.

arrogar [ařoɣár] [1.2] 他 (人)を養子にする. ——**se** 再 を不正に取得する, 横領する. 類**atribuirse**.

arrojadamente [ařoxáðaménte] 副 勇敢に, 大胆に.

arrojadizo, za [ařoxaðíθo, θa] 形 投げることのできる. —arma *arrojadiza* 飛び道具.

arrojado, da [ařoxáðo, ða] 形 勇敢な, 大胆な. —Parecía muy tímido, pero demostró ser un joven ~. とても内気そうに見えたが, 大胆な若者であることが分かった. 類**atrevido, osado, valiente**.

***arrojar** [ařoxár アロハル] 他 ❶ を投げる, 投げつける, ぶつける. —Los niños *arrojaban* piedras contra los cuervos. 子どもたちはカラスに石を投げつけた. ~ la jabalina (槍投げの)槍を投げる. 類**echar, lanzar, tirar**. ❷ を(投げ)捨てる. —Está prohibido ~ la basura al río. 川にごみを投げ捨てることは禁止されている. ❸『+de から』を追い出す, 追放する. —Enfadado por su descaro, le *arrojé de* mi cuarto. 彼のずうずうしさに腹が立って私は彼を部屋から追い出した. El claustro de profesores le *ha arrojado del* decanato de la Facultad. 教授会は彼を学部長職から追放した. 類**expulsar**. ❹ を出す, 放つ, 放出する. —Esta leche *arroja* un insoportable olor. この牛乳はがまんできない臭いを放っている. ~ humo 煙を吐き出す[溶岩を噴き出す]. ~ lava 溶岩を噴き出す. El farol *arroja* luz sobre el jardín. 街灯が庭園に光を投げかけている. ❺ を吐く, 吐き出す, 嘔吐(ぅ)する. —Carlos tiene el mal hábito de ~ cuando se emborracha. カルロスには, 酔っ払うと吐く癖がある. ❻ (結果として)を出す, 生じる, 示す. —El balance *arroja* un saldo negativo. 収支決算は赤字となっている.

——**se** ❶『+a に』飛び込む, 飛び降りる. —~*se* por una ventana 窓から飛び降りる. *Se arrojó* a las llamas para salvar a su hijo. 彼は息子を助け出そうと炎の中に飛び込んだ. ❷『+sobre/contra に』飛びかかる. —El lobo *se arrojó sobre* su presa. オオカミは獲物に飛びかかった. ❸『+a+不定詞』思い切って…する, 身を投じる. —Si fuera más joven, *me arrojaría a* colaborar en el proyecto. もしもっと若ければ, 私は計画に協力するのだが.

arrojo [ařóxo] 男 勇気, 大胆さ. —tener ~ 勇気がある. 類**audacia, osadía, valentía**.

***arrollador, dora** [ařojaðór, ðóra] 形 ❶ 席巻する, 一掃する; 破壊的な. —La fuerza *arrolladora* del huracán derribó algunos árboles de la carretera. ハリケーンの壊滅的な力により街道の木が何本か倒れた. ❷ 圧倒的な, 強烈な. —Ella tiene una *arrolladora* simpatía. 彼女はまわりを圧倒するような愛嬌がある.

arrollamiento [ařojamjénto] 男 ❶ 巻くこと. ❷《電気》巻線.

arrollar [ařojár] 他 ❶ を巻く. 類**enrollar**. ❷ (車などが)をひく. —El camión *arrolló* a un peatón que cruzaba la calle. トラックは道を横断中の歩行者をひいた. 類**atropellar**. ❸ を打ち負かす, やり込める. —~ al enemigo 敵を一掃す

d. El Barcelona *arrolló* al equipo visitante en el partido de ayer. バルセロナは昨日の試合でビジターチームを打ち負かした. ❹ を踏みにじる. ❺ (風などが)押し倒す. —La riada *arrolló* muchos coches. 洪水で多くの車が流された.

arromanzar [aromanθár] **[1.3]** 〚<romance〛他 をロマンス語に翻訳する;(特に)(ラテン語)をスペイン語に翻訳する.

arropamiento [aropamiénto] 男 包むこと,くるむこと.

arropar¹ [aropár] 〚<ropa〛他 ❶ …に衣服を着せる, を包む, くるむ. ❷ を保護する. 類 **amparar, proteger**.
—**se** 再 〚+con〛…に身をくるむ. —*Se arropó con* una manta en el sofá e intentó dormir. 彼はソファーで毛布にくるまり, 眠ろうとした.

arropar² [aropár] 〚<arrope〛他 (ワイン)に煮たブドウ液を加える.

arrope [arópe] 男 ❶ 発酵前のブドウ液を煮たもの. ❷ シロップ. ❸ 糖蜜.

arropía [aropía] 女 糖蜜を煮つめて練ったもの. 類 **melcocha**.

arrorró [aroró] 男 《中南米》子守歌.

arrostrado, da [arostráðo, ða] 形 〚bien [mal] を伴い〛顔立ちの良い[悪い].

arrostrar [arostrár] 〚<rostro〛他 (不幸・危険)に立ち向かう, 敢然と挑む. —Estaba dispuesto a ~ cualquier peligro para conseguir el poder. 彼は権力を手に入れるためにはいかなる危険にも立ち向かうつもりでいた. —**se** 再 〚+con〛(…)に立ち向かう.

arroyada [aroxáða] 女 ❶ (小川の)川床. ❷ 雨水でできた溝. ❸ (川の)増水.

arroyar [aroxár] 他 (雨水が)…に流れ[溝]を作る. —El último temporal *ha arroyado* las laderas de la montaña. この前の雨で山の斜面に溝ができた. —**se** 再 〚植物〛ウドンコ病にかかる.

‡**arroyo** [arójo] 男 ❶ 小川. 類 **riachuelo, rivera**. ❷ 川床. 類 **rivera**. ❸ 〚話〛惨めな境遇[生活]. —estar [vivir, quedar] en el ~ どん底生活をしている, 路頭に迷っている. ❹ (涙・血などの)多量の流出. —~ de lágrimas [de sangre] あふれ出る涙[血]. 類 **afluencia**. ❺ (道路わきの)排水[下水]溝, 側溝, どぶ.
salir del arroyo 惨めな[どん底]生活から抜け出す.
tirar [echar] a … al arroyo/plantar [poner, dejar] a … en el arroyo (1) (人)を家の外へ追い出す, 外へ放り出す. (2) (人)を解雇する.

arroyuelo [arojuélo] 男 小川, せせらぎ.

***arroz** [aróθ アロス] 男 ❶ 米. —~ a la cubana 目玉焼きや料理用バナナを乗せて, トマトソースをかけたご飯. ~ blanco 白米, 炊いた白米[ご飯]. ~ con leche ライスプディング(砂糖を入れて牛乳で炊いたご飯). ~ en blanco ご飯, おかゆ. ~ integral 玄米. ❷ 〚植物〛イネ(稲). —~ salvaje ワイルドライス, アメリカマコモ.

arrozal [aroθál] 男 水田, 稲田. —Está trabajando en el ~ 彼は水田で働いている.

arrufadura [arufaðúra] 女 〚船舶〛舷弧(げんこ).

arrufar [arufár] 他 〚造船〛(船)に舷弧(げんこ)をつける. — 自 〚造船〛舷弧(げんこ)がついている.
—**se** 再 (猫が)背を弓なりにする.

arruga [arúɣa] 女 ❶ (皮膚の)しわ. —tener muchas ~s しわがたくさんある. un rostro surcado de ~s しわの刻まれた顔. ❷ (服などの)しわ. —Mi camisa está llena de ~s. 私のシャツはしわだらけだ. ❸ 《中南米》詐欺, ぺてん. ❹ 《ペルー》借金.

arrugamiento [aruɣamiénto] 男 しわ;しわを作る[寄せる]こと.

arrugar [aruɣár] **[1.2]** 他 ❶ (顔など)にしわを寄せる. —~ el ceño (眉の間にしわを寄せて)顔をしかめる. ❷ (服などに)しわを作る, しわくちゃにする. ❸ (人)を萎縮させる.
—**se** 再 ❶ しわが寄る;しわになる. —Esta falda *se arruga* mucho. このスカートはよくしわになる. ❷ (人が)萎縮する. 類 **acobardarse, apocarse**.

arruinamiento [aruinamiénto] 男 ❶ 破滅(させること). ❷ 破産.

‡**arruinar** [aruinár] 〚<ruina〛他 ❶ を破壊する, 荒廃させる;…に大損害を与える. —La guerra civil *arruinó* el país. 内戦は国を荒廃させた. ❷ を破産させる, 倒産させる. —La incapacidad del presidente *arruinó* la compañía. 社長の無能力のために会社は倒産した.
—**se** 再 ❶ 荒廃する;大損害を蒙る. —Este año *se ha arruinado* la cosecha de trigo. 今年小麦の収穫は壊滅状態になった. ❷ 破産する, 倒産する. —*Se arruinó* en el juego. 彼は賭博で破産した.

arrullador, dora [aruʎaðór, ðóra] 形 (音が)耳に心地よい. —Puso un disco de música *arrulladora* para tranquilizarse. 彼は落ち着くために耳に心地よい音楽のレコードをかけた.

arrullar [aruʎár] 他 ❶ (雄バトが)(雌バト)にクークー鳴いて求愛する. ❷ 〚話〛…に甘い言葉でささやく. ❸ (子守歌で)(子供)を寝かしつける. —El pequeño no se duerme si no lo *arrullan*. その子は寝かしつけないと寝付かない. ❹ (心地よい音で)(人)をなごませる. — 自 (ハトが)クークーと鳴く.
—**se** 再 (男女が)いちゃつく.

arrullo [arúʎo] 男 ❶ (ハトが)クークーと鳴くこと. —Suena el ~ de las palomas en el olivar. オリーブ畑でハトの鳴き声が聞こえる. ❷ (男女の)甘いささやき. —Cautiva a las mujeres con el ~ de sus palabras. 彼は甘いささやきで女たちをとりこにする. ❸ 子守歌. ❹ 心地よい音.

arrumaco [arumáko] 男 〚話〛❶ おべっか, 甘い[優しい]言葉. —Paseaban por la playa haciéndose ~s. 彼らは甘い言葉を言い合いながら浜辺を散歩していた. 類 **carantoña, zalamería**.
❷ 安物の装飾品.

arrumaje [arumáxe] 男 (船に)積み荷を配置すること.

arrumar [arumár] 他 〚海事〛(船に)(積み荷)を振り分けて置く. —**se** 再 《航海》(空が)雲で覆われる.

arrumazón [arumaθón] 女 ❶ (船に)積み荷を配置すること;積み荷. ❷ 曇り空.

arrumbar¹ [arumbár] 他 ❶ (不用になった物)を片付ける, しまう. —Al terminar el curso, *arrumbó* todos los libros de texto. 学年が終わると彼は教科書をすべて片付けた. 類 **arrinconar**.
❷ (人)を無視する, 敬遠する.

arrumbar² [arumbár] 他 《航海》(船)の針路を定める. — 自 《航海》針路を定める. —**se** 再 《航海》(船が)現在位置を確かめる.

arrurruz [aruɾúθ] 男 ❶ 《植物》クズウコン, アロールト. ❷ ①の根茎からとった澱粉(☆☆), くず粉.

arsenal [arsenál] 男 ❶ 造船所. 類**astillero, dársena**. ❷ 《軍隊》(a) 海軍工廠(こうしょう). (b) 兵器庫. — ~ de destruccion (テロ組織の)武器製造所. ❸ 蓄積, 宝庫.

arseniato [arsenjáto] 男 《化学》砒酸(ひさん)塩.

arsénico, ca [arséniko, ka] 形 《化学》砒(ひ)素の, 砒素を含む.
—— 男 《化学》砒(ひ)素(元素記号 As).

****arte** [árte アルテ] 男/女《単数冠詞は el, un(a). 複数形は女性名詞. 単数形は幾つかの例外を除いて, 普通男性名詞》. ❶ 芸術; 美術;『集合的に』(一国・一時代の)芸術[美術]作品. —una obra de ~ 芸術[美術]作品. academia de ~ 美術学校. ~ cinematográfico 映画芸術. ~ conceptual 概念芸術. ~ dramático 舞台芸術. ~ de la cerámica 陶芸. ~ de la pintura [de la danza] 絵画[舞踊]芸術. ~ azteca [bizantino] アステカ[ビザンチン]美術. retirarse del ~ 芸能界から引退する. Este museo tiene una excelente colección de ~ contemporáneo. この美術館には現代美術の素晴らしいコレクションがある. ❷ (職業などに特有の)技術, 技法, 技能;『de+不定詞』〜する技で). —— ~ culinario 料理法. ~ cisoria 肉を切り分ける技術. ~ poético 詩法. ~ militar 戦術, 戦法. ~s domésticas 家政術. dominar el ~ de vivir 処世術[生きる術]をマスターする. Hágase según ~. (処方箋で)定法により調製のこと. ❸ 複(中世の)学芸, 学術, 人文科学. —~s mecánicas 工芸. Facultad de *Artes* y Ciencias 教養学部. ❹ 巧みさ, 熟練. —con mal ~ 不器用に. Tiene buen gusto y ~ para la decoración. 彼女の装飾は趣味がよく上手だ. 類**destreza, habilidad, técnica.** 反**incapacidad, inhabilidad, torpeza.** ❺《主に複》《軽蔑》狡(こう)さ, 術策, 策略. —Puso en juego todo su ~ para convencernos. 彼は私たちを説得するためにあらゆる手管(てくだ)を駆使した. 類**astucia, maña.** ❻ (自然に対し)人工, 人為. 反**naturaleza.** ❼ 複《漁業》釣り道具(= ~s de pesca). ❽『詩学』詩型. — mayor [menor] 詩行が 12 音節以上 [8 音節以下]の詩.

arte abstracto 抽象芸術.

artes decorativas 装飾芸術. La pintura mural es *un arte decorativa*. 壁画は装飾芸術である.

arte figurativo 具象芸術.

artes liberales 教養科目(課程), 自由科目, 教養 7 科目, リベラルアーツ. ♦artes mecánicas「工芸」に対する. 中世の大学で雄弁に必要な trivio 3 学: gramática「文法」, dialéctica「弁証法」, retórica「修辞学」. 中世の大学の自由科目 4 科: aritmética「算術」, geometría「幾何学」, astronomía「天文学」, música「音楽」.

artes gráficas グラフィックアーツ.

artes marciales 《スポーツ》(東洋の)武術, 武道, 格闘技, マーシャルアーツ.

artes plásticas 造形芸術(絵画・彫刻・建築).

bellas artes 美術, 芸術(絵画, 彫刻, 建築, 音楽, 詩, 舞踊).

(como) por arte de magia [de birlibirloque, de encantamiento] 《話》まるで手品のように, まるで魔法のように, 突然.

con arte 巧みに.

con todas las reglas del arte 慣例[定石]通りに, 杓子(しゃくし)定規に.

de buen [mal] arte 上機嫌で[不機嫌に].

malas artes 策略, ずる. con [a base de] *malas artes* 策略を用いて.

no tener [no ser] arte ni parte en ... 《話》…に全く関与していない, …と何の関係もない, 縁もゆかりもない.

por amor al arte 《話》ただで; 好きで, 趣味で.

por buenas o malas artes 手段を選ばずに.

Quien tiene arte, va por toda parte.【諺】芸は身を助ける.

séptimo arte 映画, 第 7 芸術 (=cinematografía).

ser del arte (その道の)専門家である(=ser del oficio).

sin arte 下手に, ぎこちなく.

sin arte ni parte en ... (…の中で)ただ無意味に, 大したこともなく.

tener arte 上手である, 巧みである. Tiene mucho *arte* peinándose [para peinarse]. 彼女は髪をセットするが大変うまい.

artefacto [artefákto] 男 ❶ 装置, 仕掛け, 機械. —~ explosivo 爆発装置. —~s bélicos [militares] 兵器. ~ incendiario 火炎装置. ❷《話》ぽんこつ. ❸《考古》人工的遺物.

artejo [artéxo] 男 ❶《解剖》指の関節, 指節(しせつ). ❷《動物, 虫類》体節.

artemisa [artemísa] 女《植物》ヨモギ.

arteramente [artéramente] 副 抜け目なく, ずる賢く.

arteria [artérja] 女 ❶《解剖》動脈. —~ coronaria [carótida] 冠状[頚]動脈. ❷《比喩》幹線(道路), 主要河川.

artería [artería] 女 抜け目のなさ, 狡猾(こうかつ).

arterial [arterjál] 形《解剖, 医学》動脈の. — presión [tensión] ~ 血圧. sangre ~ 動脈血.

arteriola [arterjóla] 女《解剖》小動脈, 細動脈.

arterio(e)sclerosis [arterjo(e)sklerósis] 女《医学》動脈硬化症.

arteriovenoso, sa [arterjoβenóso, sa] 形 動静脈の.

artero, ra [artéro, ra] 形 抜け目のない, ずる賢い, 狡猾(こうかつ)な. 類**astuto, hábil.**

artesa [artésa] 女 ❶ 木製の桶(パンをこねたり, 家畜にえさをやったり, 洗濯用に使う). ❷《地理》くぼ地.

artesanado [artesanáðo] 男『集合的に』❶ 職人(階級). ❷ 手工芸(品)(=artesanía).

artesanal [artesanál] 形 手工芸の, 職人の. — producto ~ 手工芸品.

***artesanía** [artesanía] 女 ❶ 工芸品; 工芸の技術. —medidas para fomentar la ~ tradicional 伝統工芸を奨励する方策. una tienda de objetos de ~ popular 伝統工芸品を売る店. ~s en barro [cuero] 伝統陶器[皮革製品]. mercado de ~ 工芸品市場. 類**productos artesanos.** ❷『集合的に』職人(階級).

artesano, na [artesáno, na] 名 職人, 手工芸家. —~ de madera 木工職人.

artesiano, na [artesjáno, na] 形 ❶ アルトワ

(Artois)(北部フランスの旧地方名)の. ❷ (井戸を)掘り抜きの. —pozo ~ 掘り抜き井戸.

artesón [artesón] 男 ❶ →artesa. ❷ 《建築》(天井の)格間(ごうま).

artesonado, da [artesonáðo, ða] 形 《建築》格間(ごうま)で飾られた. —techo ~ 格天井.
—— 男 《建築》格天井.

artesonar [artesonár] 〔<artesón〕他 (天井)に格間(ごうま)を施す.

ártico, ca [ártiko, ka] 形 北極の, 北極地方の. —Océano Á~ 北極海. círculo polar ~ 北極圏.
—— 男 (el Á~) 北極(地方).

articulación [artikulaθjón] 女 ❶ 《解剖》関節. ~ de la mandíbula [de la rodilla, del codo] 顎(がく)[膝, 肘]関節. ❷ 《音声》調音, 発音. —punto de ~ 調音点. ❸ 《機械》連結(部), ジョイント. ❹ 《植物》節.

articuladamente [artikuláðamente] 副 (話し方が)明瞭に, はきはきと.

articulado, da [artikuláðo, ða] 形 ❶ 連結した, ジョイントでつながった. —camión ~ トレーラー. ❷ 関節のある, 関節でつながった. ❸ 《言語》分節的な. —lenguaje ~ 分節言語.
—— 男 ❶ 《法律》条項. ❷ 《動物》体節動物.

articular[1] [artikulár] 他 ❶ 連結する, つなぎ合せる. —El folleto explica cómo ~ las piezas de la mesa. パンフレットはテーブルの部品をどのように組立てるかを説明している. ❷ (a) 《音声》調音する. (b) (言葉)を明瞭に発音する. ❸ 《法律》条項にまとめる. ❹ 陳述する.

articular[2] [artikulár] 形 《解剖》関節の. —reúma ~ 関節リュウマチ.

articulatorio, ria [artikulatórjo, rja] 形 《音声》調音の, 発声の. —movimiento ~ 調音運動.

articulista [artikulísta] 男女 ❶ 論説記者. ❷ 投稿者.

‡**artículo** [artíkulo] 男 ❶ (新聞・雑誌などの)記事, 論説. —~ de periódico 新聞記事. ~s de actualidad 時事的な記事等. Los ~s económicos de este periódico los escriben conocidos economistas. この新聞の経済記事は有名なエコノミストが書いている. ❷ (科学・人文雑誌の)論文. —Ha acudido a conocer los resultados de su investigación en un ~ publicado en 'Nature'. 彼は自分の研究成果をNatureに発表した論文で公表した. ❸ 《主に複》品物, 商品(= de comercio). —~s de consumo 消費財, 消耗品. ~s de deporte スポーツ用品. ~s de limpieza 掃除道具. ~s de lujo 贅沢(ぜいたく)品, 高級品. ~s de tocador [de belleza] 化粧品. ~s de escritorio 文房具, 事務用品. ~s alimenticios [de alimentación] 食料品. ~s para caballero 紳士用品. ~s del [para el] hogar 家庭用品. una tienda de artículos de [para] regalo ギフトショップ. ~s en oferta お買得品, 特品. 類 **producto**. ❹ (条約・法律などの)条項, 箇条, 項目. —~ adicional 追加条項. La Declaración Universal de los Derechos Humanos tiene 30 ~s. 世界人権宣言は30条からなる. ❺ 《文法》冠詞. —~ determinado [definido] 定冠詞. ~ indeterminado [indefinido] 不定冠詞. ~ neutro 中性(定)冠詞. ~ partitivo 部分冠詞. ❻ (辞書の)見出し語[項目]. —Este diccionario tiene [cuenta con] más de 50.000 ~s. この辞書は見出し語で5万語以上ある. 類 **entrada**. ❼ 《解剖》関節, 節(ふし); 《動物》体節.

artículo de fe (1) 《カトリック》信仰箇条, 信条. (2) 絶対真理, 金科玉条. tomar como *artículo de fe* を固く信じる.

artículo de fondo (1) 社説, 論説(=editorial). (2) 記事.

artículo de primera necesidad 必需品(生きていく上で最も欠かせないもの:水, パンなど).

artículo por artículo 逐次的に, 箇条書きにして; 項目を追って.

en (el) artículo de (la) muerte 死に際して, 死の間際に, 死に瀕して.

formar [hacer] artículo de ... …に反論する, 難癖をつける. Tiene por costumbre *formar artículo* cuando hablo sólo por llevar la contraria. 彼は私が言うとただ逆らうために反論する習慣がある.

hacerle a ... el artículo de ... (1) (商品を)大いに売り込む, 宣伝する, 薦める (2) 《話》激賞する, ほめ讃える, ごまをする.

in articulo mortis 〔<ラテン〕→en (el) artículo de (la) muerte.

*artífice [artifíθe] 男女 ❶ 作った人. —Fue el ~ y ejecutor material del atentado. 彼がテロを計画して実行した. el ~ de este triunfo この勝利の立役者. los ~s del actual sistema de pensiones 現在の年金システムの考案者. Ella fue la ~ de su desgracia. 彼が不幸なのは彼女のせいだった. 類 **responsable, autor**. ❷ 工芸家, 職人, 芸術家. 類 **artista**.

*artificial [artifiθjál] 形 ❶ 人工の, 人造の, 人為的な. —fecundación [inseminación] ~ 人工授精. flores ~es 造花. inteligencia ~ 人工知能. mano ~ 義手. fuegos ~es 花火. respiración ~ 人工呼吸. satélite ~ 人工衛星. Las paredes son de mármol ~. 壁は人造大理石でできている. 類 **artificioso**. 反 **natural**. ❷ 不自然な, わざとらしい. —Nos trató con una amabilidad ~. 彼は私達をわざとらしい親切さでもてなした.

artificiero [artifiθjéro] 男 ❶ 花火師. ❷ 爆弾の専門家. —Los ~s de la policía desactivaron la bomba colocada por los terroristas. 警察の爆弾の専門家たちはテロリストが仕掛けた爆弾の起爆装置を外した.

‡**artificio** [artifíθjo] 男 ❶ 装置, 仕掛け. —un ~ para simular la salida del sol en escena 舞台の日の出を表わす装置. ~ escénico 舞台装置. inventar un ingenioso [extraño] ~ 独創的な[不思議な]装置を発明する. 類 **aparato, artefacto, máquina**. ❷ 巧妙なやり方, 巧みさ, 技巧; 技法. —Emplea muchos ~s para disimular su edad. 彼女は自分の年齢を隠すためにあの手この手を使う. 類 **arte, destreza, habilidad, ingenio, primor, técnica**. ❸ 策略, 術策, 手管(てくだ), ごまかし. —emplear [usar, utilizar] ~s 手管[技巧]を弄する. Los políticos usan muchos ~s para ganar votos. 政治家は票を獲得するために色々な手を使う. 類 **artimaña, disimulo, doblez**. ❹ (芸術作品で)わざとらしさ, 不自然さ. —Su estilo tiene demasiado ~. 彼の文体はあまりにわざとらしい. 類 **afectación, artificiosidad**. 反

artificiosidad

espontaneidad, frescura.
con artificio (1) 巧みに. La sátira está escrita *con* mucho *artificio* [*con gran artificio*]. その風刺文はとても巧みに書かれている. (2) わざとらしく, 不自然に. comportarse *con* mucho *artificio* わざとらしく振舞う.
de artificio 人工の, 模造の. flor *de artificio* 造花. los fuegos *de artificio* 花火 (= artificios pirotécnicos).
sin artificios 策を弄さずに; 率直に[な]. una belleza *sin artificios* 飾らない自然な美しさ.

artificiosidad [artifiθjosiðá(ð)] 女 ❶ 人工的なこと; 不自然さ, わざとらしさ. — Sus obras se caracterizan por la ~ del lenguaje. 彼の作品は使用する言葉の技巧性によって特徴づけられる. Me desagradó la ~ de su sonrisa. 彼の作り笑いで私は不愉快になった.

‡**artificioso, sa** [artifiθjóso, sa] 形 ❶ ずる賢い, 狡猾(こうかつ)な; 見せかけの. —Adopta con los demás una actitud *artificiosa*. 彼は他人に対しずる賢い態度をとっている. 類 astuto, cauteloso, disimulado. ❷ 技巧的な, 巧妙な; 不自然な. —Pronunció un discurso ~. 彼は技巧にみちた演説をした.

Artigas [artíɣas] 固名 アルティガス(ウルグアイの都市).

artillar [artiʎár] 他 《軍事》❶ …に大砲を配備する. ❷ …に砲兵隊を配備する. —— se 再 武装する.

‡**artillería** [artiʎería] 女 ❶ 《軍事》〔集合的に〕砲, 大砲; 砲兵隊. —una pieza de ~ 大砲1門. ~ antiaérea 高射砲(兵). ~ ligera [pesada] 軽[重]砲. ~ de campaña [de montaña] 野[山]砲. ~ naval 艦砲. fuego de ~ 砲火. regimiento de ~ 砲兵連隊. 《軍事》砲術. —academia de ~ 砲兵学校. ❸ 《話》(目的達成の有力な)手段; 論拠 (= ~ verbal). —utilizar [hacer uso de] toda su ~ あらゆる手段を用いる, できるだけのことをする. ❹ 《スポーツ》フォワード, 攻撃陣.
poner [*asestar, disparar*] *toda su artillería* できるだけのことをする, あらゆる手段を使う; 有力な論拠をすべて持ち出す.

artillero [artiʎéro] 男 ❶ 《軍事》砲兵. ❷ 《スポーツ》ストライカー.

artilugio [artilúxjo] 男 ❶ 簡単な装置[仕掛け]. ❷ 策略, わな. 類 ardid, maña. ❸ 道具.

artimaña [artimáɲa] 女 ❶ 策略, 狡猾(こうかつ)さ. ❷ わな, 仕掛け.

****artista** [artísta アルティスタ] 男女 ❶ 芸術家, アーティスト; 画家. —— plástico 造形芸術家. 類 creador. ❷ 俳優, 芸能人, タレント; 歌手; 演奏者. —— de cine [de teatro] 映画[舞台]俳優. ~ de variedades バラエティーショーのタレント, 寄席芸人. 類 actor, estrella, intérprete. ❸ 《話》達人, 名人. —Es un ~ jugando al fútbol. 彼はサッカーが非常に上手だ. Es un ~ de la cocina. 彼の料理は名人芸だ. 類 figura, fenómeno. ❹ 美的感覚のある人, 芸術家肌の人. —Es un ~ para la música. 彼は音楽的な素質に恵まれている.

artísticamente [artístikaménte] 副 芸術的に.

‡**artístico, ca** [artístiko, ka] 形 ❶ 芸術(家)の, 美術(家)の. —círculo ~ 芸術家サークル. Su padre es el director ~ de esta compañía de teatro. 彼の父親はこの劇団の美術監督をしている. ❷ 芸術的な, 美的な; 芸術がわかる. —~ mantel 芸術的なテーブルクロス. Ella carece de sentido ~. 彼女は美的感覚が欠けている.

artrítico, ca [artrítiko, ka] 形 《医学》関節炎の; 関節痛を持病とする.
—— 名 関節炎患者; 持病とする人.

artritis [artrítis] 女 《医学》関節炎. —~ reumatoide crónica 慢性関節リウマチ.

artritismo [artritísmo] 男 関節炎体質, リュウマチ素質.

artropatía [artropatía] 女 《医学》関節症.

artrópodo, da [artrópoðo, ða] 形 《動物》節足動物の. —— 男 節足動物(昆虫・カニ・クモなど). —— 男 節足動物[門].

artrosis [artrósis] 女 《医学》関節症. —tener [padecer] ~ 関節症を病む.

Arturo [artúro] 固名 《男性名》アルトゥーロ.

arúspice [arúspiθe] 男 《歴史》(古代ローマの)腸ト(ちょうぼく)師(いけにえにされた動物の内臓を見て占いをした).

arveja [arβéxa] 女 《植物》❶ ヤハズエンドウ (= algarroba). ❷ 〖中南米〗エンドウ豆, グリンピース (= guisante).

arvejal [arβexál] 男 ❶ ヤハズエンドウの畑. ❷ 〖中南米〗エンドウ豆の畑.

arz- 接頭 〔archi- の異形〕— *arzobispo*.

arzobispado [arθoβispáðo] 男 《宗教》大司教[監督, 主教]の地位[管轄区].

arzobispal [arθoβispál] 形 《宗教》大司教[監督, 主教]の. — palacio ~ 大司教の館.

***arzobispo** [arθoβíspo] 男 《カトリック》大司教, 《プロテスタント》大監督, 《ギリシア正教》大主教, 《英国国教会》大主教.

arzolla [arθóʎa] 女 ❶ 《植物》ヤグルマギク属の1種. ❷ 《植物》オオアザミ, ミルクシスル (= cardo lechero). ❸ アーモンドの青い実.

arzón [arθón] 男 《馬術》鞍橋(くらばし).

as[1] [ás] 男 ❶ (a) (トランプ)エース. —~ de espadas (スペインのトランプの)剣のエース. (b) (さいころの)1. ❷ 第一人者, エース.

as[2] [ás] 男 《歴史》(古代ローマの)青銅貨.

asa [ása] 女 〖単数冠詞は el, un(a)〗❶ 取っ手, 柄. —las ~s de la olla なべの取っ手. ❷ 口実, よりどころ. ❸ 《植物》樹液, 汁.
así o [*que*] *asá* どちらにしても, どっちみち.

asadero, ra [asaðéro, ra] 形 (ある種のチーズなどが)焼いて食べる, あぶり焼き用の.
—— 男 ❶ → asador. ❷ とても暑い所.

asado, da [asáðo, ða] 形 《料理》焼いた. — pollo ~ ローストチキン.
—— 男 《料理》焼き肉, ステーキ; バーベキュー. —~ de cerdo 豚の焼肉.

asador [asaðór] 男 ❶ (肉の)あぶり焼き器, ロースター. ❷ 焼き串.

asadura [asaðúra] 女 ❶ 〖主に 複〗(動物の)内臓(肝臓・心臓・肺など). ❷ 怠惰な人. 類 pachorra.
echar las asaduras 《話》度を越して働く.

asaetear [asaeteár] 〔< saeta〕他 ❶ …に矢を射る; (人)を矢を射って殺す. ❷ (人)を困らせる, うん

ざりさせる. ― ～ a ... con [a] preguntas (人)を質問攻めにする.

asainetado, da [asai̯netáðo, ða] 〔＜sainete〕形 笑劇風の.

asalariado, da [asalarjáðo, ða] 〔＜salario〕形 給与所得者の, サラリーマンの. ―trabajador ～ サラリーマン. ―名 ❶ サラリーマン. ❷《軽蔑》スポンサーの言いなりになる人.

asalariar [asalarjár] 他 (人)に給料を支払う, 雇用する.

asalmonado, da [asalmonáðo, ða] 形 ❶ サケ(salmón)に似た. ❷ サーモンピンクの.

asaltador, dora [asaltaðór, ðóra] 形 名 → asaltante.

asaltante [asaltánte] 形 襲撃する.
―― 男女 襲撃者, 強盗.

‡**asaltar** [asaltár] 〔＜asalto〕他 ❶ を攻撃する, 襲撃する. ―La fortaleza de Sagunto *fue asaltada* por los cartagineses. サグントの城塞はカルタゴ軍によって襲撃された. ❷ を急襲する, …におそいかかる. ―Unos bandoleros *asaltaron* el tren. 盗賊が列車を襲った. ❸ (病気・死・ある考えなどが)(人)を襲う. ―De repente me *asaltó* una duda. ある疑いが突然私を襲った.

‡**asalto** [asálto] 男 ❶ (a) 強盗(行為). ―Negó su participación en el ～ del banco. 彼は銀行強盗には加わっていないと言った. un ～ a mano armada 武装強盗. !Esto es un ～! 強盗だ! 類 **robo**. (b) 攻撃, 襲撃, 急襲. ―armas [carro] de ～ 攻撃用武器[車輌]. guardia de ～ 突撃隊. el ～ a[de] la embajada[fortaleza] 大使館[砦]の急襲. tomar por ～ 急襲して奪う. de ～ 攻撃の. 類 **ataque**. ❷ (a) 《ボクシング》ラウンド. (b) 《フェンシング》試合. ❸ (a) ポットラックパーティー(みんなで食べ物を持ち寄るパーティー). (b) サプライズパーティー(主賓に事前に知らせずに当日驚かせるパーティー). 類 **fiesta sorpresa**.

‡**asamblea** [asambléa] 女 **会議, 集会**; 議会, 委員会. ―una ～ de padres de familia (学校の)父母会, 父兄会. celebrar una ～ 会議を開催する. Los trabajadores están reunidos en ～. 労働者たちは集会を開いている. La ～ carecía de la debida autorización. 集会は認可されていなかった. ～ de accionistas 株主総会. (la) A～ General 『ウルグアイ』国会, 国民議会. ― legislativa 立法議会. (la) A～ Nacional 国会, 国民議会. 類 **reunión**.

asambleísta [asambleísta] 男女 ❶ 会議参加者. ❷ 議会議員.

‡**asar** [asár] 他 ❶ を焼く, 焙(あぶ)る. ―¿Te gusta el cordero *asado*? 君は子羊の焼肉は好きか. ― sardinas a la lumbre イワシを焼く. ❷ を(しつこく)悩ます, 困らせる. ―José me *asó* con sus continuas intervenciones. ホセはひっきりなしに口出しをして私を困らせた. 類 **importunar**.
――**se** 再 とても暑くなる, 火焙りになる. ―En el gimnasio *nos asamos* vivos. 体育館の中は火焙りにされているようだ.

asargado, da [asaryáðo, ða] 〔＜sarga〕形 サージ織り(sarga)のような.

asaz [asáθ] 副 《雅》かなり, 十分に. 類 **bastante**.

asbesto [asβésto] 男 《鉱物》石綿, アスベスト.

ascalonia [askalónja] 女 《植物》ワケギ, エシャロット.

ascariasis [askarjásis] 女 《医学》回虫症.

ascáride [askáriðe] 女 《動物》回虫.

ascendencia [asθendénθja] 女 ❶『集合的に』先祖, 祖先; 家系. ❷ 支配権, 影響力.

***ascendente** [asθendénte] 形 ❶ 上(昇)る, 上昇する, 上向きの. ―movimiento ～ [tendencia ～] 上昇運動[傾向]. marea ～ 上げ潮. 反 **descendente**. ❷ (鉄道)上(昇)りの, 上り線の(首都方面に向かう). ―tren ～ 上り列車. línea ～ 上り線. 反 **descendente**. ❸ (情報)昇順の(の).
―― 男 《占星術》星位(誕生時に東の地平線上にかかる黄道の位置にある星座).

***ascender** [asθendér アセンデル] **[4.2]** 自 ❶ 〔＋a に/hasta まで〕昇る, 上がる. ―El helicóptero comenzó a ～. ヘリコプターは上昇を始めた. El termómetro *ha ascendido* hasta los 40 grados. 温度計は 40 度まであがった. ❷ 〔＋a に〕(金額)にのぼる. ―Los gastos de transporte *ascienden* a mil euros. 交通費は 1000 ユーロにのぼる.
―― 他 〔＋a に〕を進級させる, 昇任させる. ―Le *han ascendido* a jefe de personal. 彼は人事部長になった.

ascendiente [asθendjénte] 形 上昇する, 上向きの. 類 **ascendente**.
―― 男女 先祖, 祖先. 反 **descendente**.
―― 男 影響力. ―tener [ejercer] ～ sobre ... (人)に影響を及ぼす. 類 **influencia**.

ascensión [asθensjón] 女 ❶ 上昇, 登ること. ―la ～ a la cumbre del Aconcagua アコンカグア山頂への登山. ❷ 昇進, 昇任, 昇格. ❸ (A～) 《宗教》キリストの昇天; 昇天祭(復活祭から 40 日目).

ascensional [asθensjonál] 形 上昇する, 上昇させる, 押し上げる. ―movimiento ～ 上昇運動.

ascensionista [asθensjonísta] 男女 ❶ 登山家, アルピニスト. 類 **alpinista**. ❷ 飛行士.

‡**ascenso** [asθénso] 男 ❶ 〔＋a〕(…への)**昇進**, 昇格, 出世, 台頭. ―ganarse el ～ 昇進する. ― por méritos [por antigüedad] 業績[年功序列]による昇進. lista de ～s 昇進者名簿. ～ a la primera división 一部リーグへの昇格. ～ del fascismo en Europa ヨーロッパにおけるファシズムの台頭. 類 **promoción**. ❷ 上昇; 騰貴; 向上. ―～ de un globo aerostático 気球の上昇. ～ de los precios 物価の騰貴. Las temperaturas seguirán en ～ durante el fin de semana. 週末は気温が上昇し続けるだろう. 類 **aumento, subida**. 反 **bajada, descenso**. ❸ 登山, 登攀(とうはん); 上り坂, 上がり道. ―iniciar el ～ al Monte Fuji 富士登山を開始する. 類 **ascensión, escalada, subida**. 反 **bajada, descenso**.

***ascensor** [asθensór] 男 ❶ エレベーター, 昇降機 (→escalera mecánica「エスカレーター」). ―subir [bajar] en ～ エレベーターで上がる[下がる]. hueco [cabina] del ～ エレベーターシャフト[ボックス]. 類 **elevador**. ❷ 貨物用リフト(＝montacargas).

ascensorista [asθensorísta] 男女 エレベーター係, エレベーター技術者.

ascesis [asθésis] 女『単複同形』苦行, 修業, 禁欲生活.

asceta [asθéta] 男女 ❶ 苦行者, 禁欲主義者. ❷ とても質素な生活を送っている人.

ascética [asθétika] 囡 →ascético.

ascético, ca [asθétiko, ka] 形 ❶ 苦行の, 禁欲的な. ❷ とても質素な. —Siempre ha llevado una vida *ascética*. 彼は常にとても質素な生活を送ってきた. 囡 →ascetismo①.

ascetismo [asθetísmo] 男 ❶ 苦行, 禁欲生活; 禁欲主義. —practicar el ～ 禁欲を実践する. ❷ 質素, 簡素.

ascidia [asθíðja] 囡 《動物》ホヤ.

asciend- [asθjénd-] 動 ascender の直・現在, 接・現在, 命令・2単.

ascitis [asθítis] 囡《単複同形》《医学》腹水, 腹水病.

‡**asco** [ásko] 男 ❶ 嫌悪感, 不快感, 嫌気. —¡Qué ～ de tiempo! 嫌な天気だ! poner cara de ～ 嫌な顔をする. Da ～ ver tanta suciedad en el suelo. こんなに汚い床を見ると虫酸(ず)が走る. 類 **asquerosidad, fastidio, repugnancia**. 反 **agrado, atracción, placer, satisfacción**. ❷ 大嫌い, 反感, 忌避. —coger [cobrar, tomar] ～ a ... …が大嫌いだ. sentir ～ por ... を嫌う. tener ～ a la vida 人生に嫌気がさす. Le tengo ～ al queso. 私はチーズが大嫌いだ. 類 **repugnancia, repulsión**. ❸ 不快なもの, 嫌いなもの, 大嫌いなもの. —Siempre se avería cuando lo necesito, es un ～ de coche. 必要な時にいつも故障ばかりして, これは嫌な車だ. 類 **asquerosidad, repugnancia**. 反 **delicia, encanto**. ❹ 退屈, 倦怠感; 退屈なもの. —En el campo me muero de ～. 私は田舎に行くと退屈でどうしようもない. 類 **aburrimiento**. ❺《話》ひどいもの, 出来の悪いもの. —Esa película es un ～. その映画はひどい代物だ. ❻ 吐き気, むかつき. —El olor de las sardinas me produce ～. 私は鰯(い)の臭いを嗅ぐとむかむかする(→dar asco a ...). 類 **náusea, repugnancia, repulsión**. ❼《話》ひどく汚れ, 汚い場所.

dar asco a ... (1)《人》に吐き気を催させる(=producir asco a ...). (2)《人》に嫌悪感を催させる, 不快にする, うんざりさせる. Las cucarachas me dan mucho *asco*. 私はゴキブリが大嫌いだ. Péinate un poco, que estás que *das asco*. 少し髪を梳(と)かしなさい, 君は人に不快感を与えるよ.

hacer ascos a [de] .../irle con ascos a ...《話》《物・人》を軽蔑する, 鼻先であしらう, 不当にけなす; 拒絶する(→no hacer ascos a .../no irle con ascos a ...). Es una persona escrupulosa que *hace ascos* a todo. 彼は何にでもけちをつける何かと言う人だ.

hecho un asco (1)《人・物》がひどく汚れている, ひどく汚い, だらしのない. El niño se ha caído en un charco y se ha puesto *hecho un asco*. 子供が水溜りで転んで, ひどく汚れてしまった. A ver si te arreglas un poco, porque vas *hecho un asco*. 少し身なりを整えたらどうだ. だらしないぞ. (2)《話》《人》が心身共に最悪の状態で, 見る影もなくやつれて[老けて]. Esta enfermedad me ha dejado *hecha un asco*. この病気で私はすっかりやつれてしまった. (3)《物》がひどい状態で, 傷んで.

no hacer ascos a .../no irle con ascos a ...《話》喜んで受け取る[受け入れる]. Cuando le di el dinero *no le hizo ascos*. 私が彼にお金を与えると, 喜んで受け取った.

¡Qué asco!《話》ああ, 何て嫌なし, ああ, 気持ち悪い!, 何てまずそうだ! ¡*Qué asco*!: este huevo está podrido y huele muy mal. ああ気持ち悪い! この卵は腐っていて, すごく嫌な臭いがする. ¡*Qué asco de vida*! ああ, いやな人生だ!

ser un asco《話》(1) 出来が悪い, 最低である, 何の価値もない. Esa película *fue un asco*. その映画は全然面白くなかった. Esta comida *es un asco* y no hay quien se la coma. この食事はまずくとても食べられない. (2) 嫌なことである, 不快[下品]である. *Es un asco* tener que hacer ahora los deberes. 今宿題をしなければならないなんてうんざりだ. Esta película *es un asco*, pura violencia y sexo. この映画は暴力とセックスばかりでうんざりだ. (3) ひどく汚い, 不潔である. Tienen la casa que *es un asco*. 彼らの家は豚小屋みたいに汚い.

ascomiceto [askomiθéto] 男 子嚢(のう)菌; 覆子嚢(のう)菌類.

ascua [áskwa] 囡《単数冠詞は el, un(a)》真っ赤に焼けた炭火.

arrimar el ascua a su sardina 自分の利益になるように事を運ぶ.

estar en [sobre] ascuas (人が)落ち着かないでそわそわしている.

aseadamente [aseáðaménte] 副 清潔に, 身だしなみを整えて.

aseado, da [aseáðo, ða] 形 ❶ 清潔な. ❷ 身だしなみの整った, きちんとした. —Espera un poco, porque los niños aún no están ～s. 少し待ってくれ. 子供たちの身仕度がまだすんでいないから.

ASEAN [aseán] 〔< 英 Association of South East Asian Nations (Asociación de Naciones del Sureste Asiático)〕囡 東南アジア諸国連合.

‡**asear** [aseár] 他 をきれいにする, 清潔にする, 清掃する. —Tenemos que ～ la casa porque mañana tenemos visita. 明日お客が来るのでわれわれは家を掃除しておかねばならない. 類 **limpiar**.
—*se* 再 身だしなみを整える. 類 **arreglarse**.

asechanza [asetʃánθa] 囡 わな, 計略, 悪だくみ. —tender ～s わなを仕掛ける. 類 **engaño, trampa**.

asechar [asetʃár] 他 …にわなを仕掛ける.

asecho [asétʃo] 男 →asechanza.

asediador, dora [aseðjaðór, ðóra] 形 ❶ 包囲する. ❷ しつこく攻め立てる.

asediar [aseðjár] 他 ❶ (ある場所)を包囲[攻囲]する. —Los invasores *asediaron* la ciudad durante semanas. 侵略者たちは町を何週間も包囲した. ❷ (人)をしつこく攻め立てる. —Los periodistas *asediaban* a la actriz. ジャーナリストたちはその女優をしつこく攻め立てた.

asedio [aseðjo] 男 ❶《軍事》包囲, 攻囲, 封鎖. 類 **cerco**. ❷ しつこく攻め立てること.

aseguración [aseɣuraθjón] 囡 保険契約.

***aseguradamente** [aseɣuráðaménte] 副 確実に, 確固として.

***asegurado, da** [aseɣuráðo, ða] 過分 形 ❶ 保証された, 確実な〖estar+〗. —El éxito de esta película está ～. この映画の成功は確実だ. ❷〖+contra/de〗(…に対して)保険が掛かっている, 付保された; 保険に入っている. —Tengo el piso ～ *contra* [*de*] in*cendios*. 私はマンションに火災保険を掛けてある. Las joyas robadas esta-

ban *aseguradas* en dos millones de euros. その宝石類には2百万ユーロの保険が掛けてあった. 類**cubierto, garantizado**.
— 图 被保険者, 保険加入者; 付保物件. — Los ～s recibieron indemnización. 保険加入者は補償金を受け取った.

asegurador, dora [aseɣuraðór, ðóra] 形 ❶ 固定する. ❷ 保証する. — 图 保証人; 保険会社.

aseguramiento [aseɣuramjénto] 男 ❶ 固定, 取り付け. ❷ 保証. ❸ 保険.

***asegurar** [aseɣurár アセグラル] [<seguro] 他 ❶ を確かなものにする, 固定する, 確保する. — *Aseguré* el paquete con dos cordones. 私は2本のひもで小包をしっかりとしばった. ❷ 確言する, 確約する, 保証する. — Me *aseguró* que vendría mañana. 彼は私に明日来ると確約した. ❸〖＋contra に対する〗保険を…にかける. — Tengo mi casa *asegurada contra* incendios. 私は私の家に火災保険をかけてある.
—se 再 ❶〖＋en に〗しっかりと立ち, 身体の安定を確保する. — Se *aseguró* con sus pies *en* una rama del árbol. 彼は足の力で木の枝にしっかりと立った. ❷〖＋de で〗たしかめる, 確認する; 必ず…する. — Al salir de casa, *asegúrate de* que está cerrada la puerta. 家を出る時はドアがロックされていることを確認しなさい. ❸〖＋contra に対して〗保険に加入する. — Se *aseguró contra* robos para el viaje. 彼は旅行のため盗難保険に入った.

***asemejar** [asemexár] 他〖＋a に〗を似させる; たとえる, なぞらえる. — Su atuendo le *asemeja* a un payaso. 彼のその衣裳のゆえに彼はピエロに似ている. Calderón *asemejó* la vida al sueño. カルデロンは人生を夢にたとえた.
—se 再〖＋a に〗似る. — Sus opiniones *se asemejan*. 彼らの意見は似ている. 類**parecerse**.

asendereado, da [asendereáðo, ða] 形 ❶ (道が)踏み固められた, 人がよく通る. ❷ 疲れ果てた. ❸ 経験の豊富な.

asenderear [asendereár] [<sendero] 他 ❶ …に道を作る[開く]. ❷ (人)に迷惑をかける. ❸ (人)をしつこく追い回す.

asenso [asénso] 男 同意, 承諾. — dar [conceder] ～ a ... …に同意する; を信用する.

asentada [asentáða] 女〖次の成句で〗*de una asentada* 一気に.

asentaderas [asentaðéras] 女 複《話》尻(しり). 類**nalgas**.

asentado, da [asentáðo, ða] 形 ❶〖＋en に〗…に位置している. ❷〖＋en に〗…に定着した, 定住した; 固定した. ❸ (人が)分別のある, 思慮深い.

asentador [asentaðór] 男 ❶ 卸売り商, 仲買人. ❷ 設置をする人. ❸ (かみそりの刃用の)革砥(とぎ). ❹ 鋼鉄製のやすり.

asentamiento [asentamjénto] 男 ❶ 定着, 定住. — ～s de judíos (パレスチナの)ユダヤ人入植地. Se ha descubierto un ～ fenicio cerca de la costa. 海岸の近くにフェニキア人の定住地が発見された. ❷ 設置, 据え付け.

asentar [asentár] [4.1] 他 ❶ を**位置させる**, 置く, 据える. — El ejército *asentó* sus reales junto al lago. 軍隊は湖のほとりに野営した. ❷ (平手打ちなど)をくらわせる. — Le *asenté* una tremenda bofetada. 私は彼に平手打ちを1発くらわせた.
—se 再 ❶ 位置する, 立っている. — El edificio *se asienta* sobre una colina. そのビルはある丘の上に建っている. ❷〖＋en に〗定住する, 定着する. — El Greco pasó de Grecia a Italia y después *se asentó en* Toledo. エル・グレコはギリシャからイタリアに渡り, その後トレドに定住した.

asentimiento [asentimjénto] 男 同意, 承諾.

asentir [asentír] [7] 自〖＋a〗…に同意する[賛成]する. —*Asiento a* lo que dices. 僕は君の言うことに賛成です.

asentista [asentísta] 男女 (公的機関の)指定業者, 御用商人.

aseñorado, da [aseɲoráðo, ða] 形 紳士[淑女]の(ような).

aseo [aséo] 男 ❶ 身支度. — ～ personal 身繕(づくろ)い. ❷ 清潔さ. ❸ 浴室, 洗面所.

asépalo, la [asépalo, la] 形〖植物〗無萼片の.

asepsia [asépsja] 女 ❶〖医学〗(*a*) 無菌. (*b*) 無菌法. ❷ 冷淡, 沈着.

aséptico, ca [aséptiko, ka] 形 ❶〖医学〗無菌の. ❷ 感情のない, 淡々とした. — Pronunció un discurso ～. 彼は感情の入っていない演説をした.

asequible [asekíβle] 形 ❶ 入手可能な. ❷ (値段が)手ごろな, 手の届く. — Busco un piso con un precio ～. 手ごろな価格のマンションを私は探している. ❸ (人が)気さくな, 接しやすい. — El jefe es un hombre ～. 上司は気さくな男だ. 類**accesible**. ❹ 理解しやすい. — libro ～ わかりやすい本. ❺ (計画などが)実行可能な.

aserción [aserθjón] 女 断言, 主張. — hacer [efectuar] una ～ 断言する. 類**aserto, aseveración**.

aserradero [aseraðéro] 男 製材所.

aserrado, da [aseráðo, ða] 形 のこぎりの歯状の, ぎざぎざの. — 男 のこで切ること.

aserrador, dora [aseraðór, ðóra] 形 のこぎりで切る. — 图 のこで切る人. — 女 製材所.

aserradora [aseraðóra] 女 → aserrador.

aserradura [aseraðúra] 女 ❶ のこぎりで切ること. ❷ 切り口, 切れ目 ❸ 複 おがくず.

aserrar [aserár] [4.1] [<sierra] 他 をのこぎりで切る(=serrar).

aserrín [aserín] [<serrucho] 男 おがくず(=serrín).

aserruchar [aserutʃár] 他 を手のこで切る.

asertivo, va [asertíβo, βa] 形 断定の, 断定的な.

aserto [asérto] 男 断言, 主張(=aserción). — hacer un ～ 断言する.

asertor, tora [asertór, tóra] 图 断言する人, 主張する人.

asertorio, ria [asertórjo, rja] 形 ❶ 断定的な. ❷〖倫理〗実然(確然)的の.

***asesinar** [asesinár] 他 ❶ を**暗殺する**, 謀殺する; 殺す. — El marido la *asesinó*. 夫が彼女を殺した. ❷ を台無しにする, ぶちこわす. — La composición musical es buena, pero la interpretación la *ha asesinado*. 曲は良いのだが, 演奏で曲が台無しになった.

***asesinato** [asesináto] 男 ❶ 暗殺, 謀殺. — ～ premeditado 謀殺. cometer un ～ 暗殺する;

168　asesino

殺人を犯す. ❷ 殺人, 殺害. —declararse culpable del ～ 殺人を犯したことを認める. 類 crimen, homicidio.

asesino, na [asesíno, na] 名 暗殺者, 刺客, 人殺し, 殺人犯. —～ pagado [profesional, a sueldo] 〔雇われ〕殺し屋. 類 **criminal, homicida**.
— 形 ❶ 暗殺的; 殺人の, 殺意のある. —intenciones *asesinas* 殺意. El arma *asesina* fue encontrada en el fondo del estanque. 凶器が池の底で発見された. 類 **criminal, homicida**. 《話》残忍な, 恐ろしい, 敵意のある. —Me lanzó [dirigió] una mirada *asesina*. 彼は恐ろしい目つきで私を見た. 類 **criminal**. ❸ ものすごい, 猛烈な, 困らせる.

mano asesina 人をあやめる[あやめた]手; 暗殺者.

asesor, sora [asesór, sóra] 名 顧問, 相談役, コンサルタント, カウンセラー. —～ jurídico [técnico] 法律[技術]顧問. ～ fiscal 税理士, 税務相談士. ～ financiero 財政[財務]顧問. ～ administrativo [de empresas] 経営コンサルタント. ～ agrónomo 農業技術指導員. *asesora* de la seguridad nacional (米国の)安全保障担当大統領補佐官. 類 **consejero**.

asesor de imagen (政治家・俳優などの)イメージメーカー.

— 形 助言を与える, 忠告の; 顧問の. —juez ～ 陪席判事. abogado ～ 顧問弁護士. comisión asesora 諮問委員会. El juez se guió por el dictamen del letrado ～. 裁判官は法律顧問の意見に従って行動した.

asesoramiento [asesoramjénto] 男 助言, 勧告, 指導. —Busco el ～ de un experto en la materia. 私はこの問題の専門家の助言を求めている.

asesorar [asesorár] 他 (人)に助言する. —Un buen economista le *asesora* en el negocio. 有能な経済学者が彼に商売における助言を与えている. —se 再 〔＋con/de〕…に助言を求める. —Es mejor ～*se con* un abogado. 弁護士に相談したほうがいい.

asesoría [asesoría] 女 ❶ コンサルタント[顧問] (asesor)の職[仕事, 事務所]. —～ jurídica 法律コンサルタントの仕事. ❷ 顧問料.

asestar [asestár] 他 ❶ (武器などを)的に向ける, …の狙いを定める. —～ los cañones hacia las posiciones enemigas 大砲を敵陣へ向けて狙いを定める. ❷ 発射する. ❸ (打撃などを)加える. —～ una bofetada 平手打ちを食らわせる. 類 **propinar**.

aseveración [aseβeraθjón] 女 断言, 主張. 類 **afirmación**.

aseverar [aseβerár] 他 を断言する, 主張する.

aseverativo, va [aseβeratíβo, βa] 形 ❶ 断定的, 確言的な. —Lo dijo con tono ～. 彼は断定的な調子でそう言った. ❷ 《言語》平叙文の. —oraciones aseverativas 平叙文. 類 **enunciativo**.

asexuado, da [aseksuáðo, ða] 形 中性的な, 性別のない. —insecto ～ 無性の昆虫.

asexual [aseksuál] 形 《生物》無性の, 無性生殖の. —reproducción ～ 無性生殖.

asfaltado, da [asfaltáðo, ða] 形 アスファルトで舗装した. —calle *asfaltada* アスファルト道路.

— 男 アスファルト舗装.

asfaltar [asfaltár] 他 をアスファルトで舗装する.

asfalto [asfálto] 男 アスファルト.

***asfixia** [asfíksja] 女 ❶ 《医学》窒息, 呼吸困難; 仮死(状態), 気絶. —muerte [morir] por ～ 窒息死(する). tener ～ 窒息する. 類 **ahogo, sofocación, sofoco**. ❷ (暑さなどによる)息苦しさ, 息詰まるような気持ち. —sentir ～ 息苦しい. ❸ (発展の)停滞, 障害, 妨げ.

asfixiado, da [asfiksjáðo, ða] 形 窒息した, 息が詰まった. —La niña murió asfixiada en el incendio. その少女は火事で窒息死した.

asfixiador, dora [asfiksjaðór, ðóra] 形 ❶ 窒息させる. ❷ 息詰まるような (=asfixiante).

***asfixiante** [asfiksjánte] 形 ❶ 窒息させる, 窒息性の. —gas ～ 窒息性ガス. ❷ 息の詰まるような, 息苦しい. —ambiente ～ 息詰まるような雰囲気. Hace un calor ～. 息苦しいくらいに暑い. 類 **agobiante**.

***asfixiar** [asfiksjár] 他 を窒息させる. —Un escape de gas *asfixió* a diez obreros. ガス漏れで労働者が10人窒息した. 類 **ahogar**.
—se 再 窒息する. —No pudo abrir la ventana y *se asfixió*. 彼は窓を開けることができず窒息した.

asfódelo [asfóðelo] 男 《植物》アスフォデル(ユリ科の多年草).

asga(-) [asɣa(-)] 動 asir の接・現在.

asgo [ásɣo] 動 asir の直・現在・1 単.

＊así [así アシ]〔<sí〕副 ❶ その[この]ように, そう[こう]いう風に. —Voy a hacerlo ～. 私はそれをこういう風にするつもりだ. No me hables ～. そんな口のきき方をしないでくれ. ¿Cómo ～? どうしてそうなのか, それはどういうわけか. ❷ 〔叙述補語として〕そう, その[この]ようで. —No es ～. そんなことはない. Las cosas están ～. 事情はこんな具合だ. A～ es la vida. 世の中はそんなものだ. ❸ 〔名詞の後で形容詞的に〕その[この]ような. —No ha habido un desastre ～ desde hace muchos años. このような災難は長年なかった.

así así まあまあの, 良くも悪くもない; まずまずの. ¿Cómo te encuentras estos días?–*Así así*. この頃どうだい.–まあまあだよ.

así como (1) …と同様に. *Así como* yo trabajo, podrías trabajar tú también. 私が働くのと同様に君も働けるはずなんだが. (2) 〔… *así como* …〕…も…も. Estaban los padres *así como* los niños. 親も子供もいた. (3) 〔未来を表す場合, ＋接続法〕…するとすぐ. *Así como* lo acabes, te pagaré. お前がそれを終えたら, すぐ払ってやろう.

así … como … …と同様に…も, …も…も. Iniciaron la búsqueda *así* por tierra *como* por mar. 陸上でも海上でも捜索が始まった.

así como así (1) 何でもないように, 軽々しく. Nos pidieron un millón de dólares *así como así*. 彼らは我々に何でもないことのように100万ドルを要求した. (2) いずれにせよ, どうしても. No está dispuesta a aceptarlo *así como así*. 彼女はどのみちそれを承知するつもりはない.

así de 〔＋形容詞〕それほど, そんなに. No seas *así de* terco. そんなに頑固になるなよ.

Así es その通りだ.

así o[que] asá どちらともつかず; どちらにしても. No hagas las cosas *así o asá*. 物事をどっちつか

ずにしないでくれ. Lo mismo me da *así que asá.* どちらにしても私には同じことだ.

así pues そこで, だから. Tengo prisa; *así pues,* te llamo esta noche. 私達は急いでいる, だから今夜電話するよ.

así que ... 【未来を表す場合, ＋接続法】…するとすぐ. *Así que* te decidas, avísamelo. 決心したらすぐそれを知らせてくれ. (2)【＋直説法】そこで, だから. Tenemos que prepararlo con tiempo, *así que* no te entretengas. 私達はあらかじめそれを準備しなければならないのだから, ぐずぐずしないでくれ.

así ... que 【＋直説法】それほど[そのように]…なので. *Así* lloró *que* todos la compadecieron. 彼女はあれほど泣いたので, だれもが彼女に同情した.

así (es) que →así que ...(2).

así y todo それでもやはり, たとえそうだとしても. No quiero meterme en sus asuntos; *así y todo* tengo que decirles algo. 私は彼らの事に介入したくはない. それでも彼らに何か言わなければならない.

como [según] ..., así ... …と同様に, …. *Como* me tratan, *así* los trataré. 彼らが私を扱ったのと同様に彼らを扱ってやろう.

... o así …かその位, およそ. Cuesta diez mil pesos *o así.* だいたい 1 万ペソ位はかかる.

por decirlo así →decir.

y así (1) そこで, それだから, そういうわけで. *¡Y así* ya estamos libres! そういうわけで我々は自由なんだ. Nadie quiso ayudarle, *y así* tuvo que desistir de su empeño. だれも彼を助けようとはしなかったので, 彼は宿願を断念せざるをえなかった. (2) その上, そしてまた. Es impertinente *y así* bruto. 彼はずうずうしく, その上粗暴でもある.

y así (sucesivamente) …など, 等々.

── 接 ❶ そういうわけで, そこで, だから. ─Tuvo un accidente, ~ no pudo llegar a tiempo. 彼は事故があったので, 時間通りに着けなかった. ❷【反語文】それでは, そうすると, さては…. ─¿A ~ me abandonas? それじゃ私を見棄てるのか. ❸【＋接続法】たとえ…でも. ─Protestaré ~ me echen de la compañía. たとえ会社から放り出されても私は抗議をする. 類aunque. ❹【＋接続法】…であるように, …であればいいのに. ─¡A ~ llegue a tiempo! 彼が時間通りに着けばいいんだが. ¡A ~ sea! そうならないんだが. (2) それもそれでいい.

Asia [ásja] 固名 アジア.

‡**asiático, ca** [asjátiko, ka] 形 **アジアの, アジア人の, アジア的な.** ─el Continente A~ アジア大陸. países ~s アジアの国々. El Sureste ~《地名》東南アジア. Turquía *asiática* アジア側のトルコ(イスタンブール地方を除く).

── 名 アジア人.

asidero [asiðéro] 男 ❶ 取っ手, 握り. 類asa. ❷ 後ろだて, コネ. ─Saldrá adelante porque tiene muchos ~s. 彼は何とかやって行くだろう. だってたくさんコネがあるから. ❸ 口実. ─La gripe de su mujer es un buen ~ para no ir al trabajo. 妻のインフルエンザは仕事に行かないための彼のいい口実です. 類excusa, pretexto.

asiduamente [asiðwaménte] 副 勤勉に, せっせと.

asiduidad [asiðwiðá(ð)] 女 ❶ 勤勉. ❷ 頻繁.

‡**asiduo, dua** [asíðwo, ðwa] 形 ❶ 常連の, しょっちゅう出入りする; いつもの. ─Me hacen un descuento porque soy un ~ cliente. 私は常連の客だから割引をしてもらっている. 類frecuente, habitual. ❷ 精勤な, 几帳面な; 根気のよい. ─Estamos muy agradecidos por su *asidua* colaboración. 私達はいつも変わらぬ御協力に大変感謝しています.

── 名 常連, 常客. ─Es un ~ de nuestro círculo de lingüística hispánica. 彼は私達のスペイン語学研究会の常連の会員だ. 類contertulio, parroquiano.

‡**asiento** [asjénto] 男 ❶ (乗り物などの)**座席,** 席, シート, 椅子. ~ delantero [trasero] 前部[後部]座席. ~ plegable [giratorio] 折畳み[回転]椅子. ~ reclinable リクライニングシート. ~ del conductor [del acompañante] 運転[助手]席. ~ del piloto [del pasajero] 操縦[乗客]席. ~ expulsor [proyectable, de eyección]《航空》射出座席. ceder [dejar] un ~ 席を譲る[外す]. ❷ (列車・劇場などの指定席(＝ ~ reservado). ─reservar un ~ 席を予約する. ~s de platea 平土間席. conseguir dos ~s de primera fila para el teatro 劇場の最前列席を 2 つとる. ❸ (椅子の)座部; (自転車の)サドル. ─Hay que cambiar los ~s de estas sillas. これらの椅子の座部を変えなければならない. ❹ (法廷・委員会などの)席, 議席, 裁判官席. ─Ha perdido el ~ que tenía en la junta directiva. 彼は理事会のポストを失った. ❺《建築》(建物の)基礎, 基盤, 土台; (機械などの)台座; 砲座. ─~ de válvula 弁座, バルブシート. Unas columnas de hormigón armado son el ~ del edificio. 鉄筋コンクリートの柱がビルを支えている. 類base. ❻ (容器・茶碗などの)底, 台, 糸底; 俗 臀部(でん). ─baño de ~s 腰湯. ~ de una botella 瓶の底. ❼ (容器などの)安定(性), 座り(具合). ─dar ~ a ... …の座りをよくする. 類estabilidad. ❽ (職・思想などの)定着; 安定, 落ち着き. ~─persona de poco ~ en su trabajo 仕事を色々変える人. Esas teorías tienen poco ~ y pronto serán olvidadas. それらの理論は定着していないので, すぐに忘れ去られるだろう. ❾ 分別, 良識, 思慮. ─hombre de ~ 良識家. 類cordura, juicio, prudencia. ❿ (町・村・建物などの)所在地, 位置, 場所. 類emplazamiento, lugar, sitio. ⓫《商業》(帳簿への)記入(欄), 記帳; (予算・帳簿の)記載項目; メモ. ─libro de ~ 帳簿. ~ en el diario 仕訳帳への記入. ~ duplicado 二重帳簿. Repasó los ~s que figuraban en el registro. 彼は帳簿に記載されている項目をチェックした. 類anotación, partida. ⓬ (液体の)澱(おり), 沈殿物. 類poso, sedimento. ⓭《医学》(胃の)もたれ, 消化不良(＝ ~ de estómago). ⓮《建築》(建物の)沈下. ─El ~ de este edificio se ha debido a un fallo en las obras. この建物の沈下は欠陥工事によるものだった. ⓯《商業》(食料品・お金などの)納入請負, 調達契約. ⓰《商業》契約(の条項); 融資契約. ⓱《歴史》アシエント(16–18 世紀にスペインが特定の個人や他国と交わしたスペイン領新世界植民地への黒人奴隷供給契約). ⓲《船舶》トリム.

asiento de colmenas 養蜂(ほう)場[箱].

asiento de pastor [de pastos]《植物》エニシダ.

culo [culillo] de mal asiento《話》腰が落ちつかない人, 長続きしない人.

calentar el asiento (人が)何もしないでいる(→no

170 asignación

calentar el asiento).
de asiento (1) (ある場所に)落ち着いて, 定住して. 反 *de paso*. (2) 分別のある. persona *de mucho asiento* [*de poco asiento*] とても良識のある[愚かな]人. (3) 座る. localidad de asiento 座席, 席.
hacer asiento (1) 座りがよい, 安定する. (2) 定住する, 落ち着く. *hacer asiento* en su pueblo natal 故郷に身を落ち着ける. (3) (建物が)沈下する.
no calentar el asiento (職・住居を)よく変える, 腰が落ち着かない.
tomar asiento (1) 腰掛ける, 座る. Hágame el favor de *tomar asiento*./Tome asiento, por favor. どうぞお座りください. (2) (ある場所に)落ち着く, 定住する.
pegárseLE a ... el asiento 長居する, 居座る.

asignación [asiɣnaθjón] 女 ❶ 割り当て, 配分. ❷ 手当, 給料. ~ familiar 家族手当. Mi hija se gasta su ~ mensual en una semana. 私の娘は1週間で月給を使ってしまう. ❸ (会合などの)約束.

:asignar [asiɣnár] 他 [+a に] ❶ を割り当てる, 指定する, 差し向ける. ─Me gusta el cargo que me *han asignado*. 私に割り振られた職務は私の気に入っている. Ojalá que me *asignen* la plaza de Zaragoza. サラゴサのポストを私に割り振ってもらえばなあ. ❷ を支出する, 与える, あてがう. ─Me van a ~ un sueldo de 1.300 euros. 私は1300ユーロの月給をもらうことになる. Me *han asignado* doscientos euros para gastos de viaje. 私は旅費として200ユーロを支給してもらった.

asignatorio, ria [asiɣnatórjo, rja] 名 〖中南米〗遺産受取人.

:asignatura [asiɣnatúra] 女 (学校の)科目, 教科. ─cursar [tomar] ocho ~s 8科目履修する. ~ obligatoria [opcional] 必修[選択]科目. Me aprobaron en siete ~s y me suspendieron en dos. 私は7科目に合格し, 2科目落とした. 類 *disciplina*.
asignatura pendiente (1) 再履修[追試]科目. (2) 未解決問題, 懸案事項.

asilado, da [asiláðo, ða] 名 収容されている人.

asilar [asilár] 他 ❶ (人)を保護する, かくまう. ─El gobierno se ha ofrecido a ~ a los refugiados. 政府は難民を保護すると申し出た. ❷ (人)を保護施設に収容する.
──se 再 避難する. ─El perseguido escritor *se asiló* en un país sudamericano. その迫害された作家は南米のある国に避難した.

*asilo [asílo] 男 ❶ 収容所, 保護施設; 避難所. ─Dormía en un ~ para personas sin hogar. 彼はホームレスの施設に宿泊していた. ~ de ancianos [de la tercera edad] 老人ホーム. ❷ 保護, 収容. ─Una caritativa familia le dio ~ durante varios días. ある慈悲深い家族が彼を何日か保護してくれた. Ella es el ~ de sus sufrimientos. 彼女が彼の苦しみを慰めてくれる人である. ~ político 亡命; 右外法権(地域); 避難権. 類 *amparo*, *protección*.

asilvestrado, da [asilβestráðo, ða] 形 ❶ (動物, 植物が)野生化した. ─perros ~s 野良犬. ❷ 《比喩, 時に軽蔑》粗野な, 品性のない. ─Estos niños están completamente ~s. この子達は本当に行儀が悪い.

asilvestrarse [asilβestrárse] 再 野生化する; 粗野になる.

asimetría [asimetría] 女 不均整, 非対称.

asimétrico, ca [asimétriko, ka] 形 不均整な, 非対称の. 反 *simétrico*.

asimiento [asimjénto] 男 つかむこと, 握ること.

asimilable [asimiláβle] 形 ❶ [+a] …に同化できる, 吸収できる. ─alimento fácilmente ~ 吸収されやすい食物. ❷ 理解できる. ─Debes explicar el problema de forma que resulte ~. 君は分かりやすくその問題を説明すべきだ. 類 *comprensible*.

asimilación [asimilaθjón] 女 ❶ (*a*) 同化(作用), 吸収. (*b*) 同化すること. ─La ~ de los refugiados a la nueva sociedad es admirable. 避難民の新しい社会への同化は, 驚くべきものがある. ❷《音声》同化. 反 *disimilación*.

:asimilar [asimilár] (<símil) 他 ❶ [+a と] を同格に扱う, 同一視する, …に同等の扱いをする. ─No se puede ~ una banda terrorista *a* un ejército de liberación. テロリスト集団を解放軍と同一視すべきではない. En este país las mujeres *están asimiladas* a los hombres. この国では女性は男性と同等の扱いを受けている. ❷ (*a*) を消化吸収する. ─Está tan débil que no *asimila* los alimentos. 彼は食べ物を消化できないほど弱っている. (*b*) を学習理解する, わがものとする. ─Le cuesta ~ lo que estudia. 彼は勉強したことを消化するのに苦労している. ❸ [+a に] を似させる; くらべる, たとえる. ❹《音声》を同化させる. ─Una bilabial que sigue a la n la *asimila* a m. n の あとに来る両唇音はnをmに同化させる.
──se 再《音声》[+a に] 同化する. ─La n que precede a una bilabial *se le asimila*. ある両唇音に先行するnはそれに同化する.

*asimismo [asimísmo アシミスモ] (<así mismo) 副 ❶ 同様に, 同じように; …もまた. ─A ~ se trataron otros temas importantes en la reunión. 会議ではその他の重要議題も同様に扱われた. 類 *igualmente*, *también*. ❷ そのまま. ─No hace falta que pases a limpio el informe; entrégalo ~. 報告書を清書する必要はない. そのまま渡してくれ.

asíndeton [asíndeton] 男 《修辞, 文法》連辞[接続詞]省略.

asint(-) [asint(-)] 動 asentir の直・完了過去, 接・現在/過去, 現在分詞.

asintomático, ca [asintomátiko, ka] 形 《医学》(病気が)無症候性の, 無症状の.

asíntota [asíntota] 女 《数学》漸近線.

:asir [asír] [**10.3**] (<asa) 〖日常会話では主に -g- の現れる形は用いられる. agarrar, coger が用いられる〗他 《文》をつかむ, 手に取る, とらえる. ─María *asió* a Isabel de los brazos y la levantó del suelo. マリアはイサベルの腕をつかんで, 床から助け起こした.
──se 再 [+a に] ❶ つかまる. ─La anciana *se asió* a la barandilla y subió las escaleras. 老婆は手すりにつかまって階段を上った. ❷ こだわる, 固執する. ─El anciano *se asía* obstinadamente *a* las mismas ideas. 老人は頑固に同じ考えに固執していた.

Asiria [asírja] 固名 アッシリア.

asirio, ria [asírio, ria] 形 アッシリア(人・語)の. ── 名 アッシリア人. ── 男 アッシリア語.

Asís [asís] 固名 アッシジ(イタリアの都市).

‡**asistencia** [asisténθja] 女 ❶ [+a] …への出席. ─Contamos con tu ~ a la velada. 我々は君がパーティーに出席してくれるものと期待している. A pesar del intenso frío, la ~ fue muy numerosa. とても寒かったにもかかわらず出席者は多かった. 類 **presencia**. ❷《文》援助, 救援(活動); 看護. ─La ~ a los damnificados fue muy rápida. 被災者への救援活動は迅速だった. prestar ~ a ... (人)に援助を与える. ~ en carretera 車が走行中に故障した場合, 現地まで来て修理してくれるサービス. ~ médica 医療, 治療. ~ médica pública 地方自治体の医療サービス;〖チリ〗事故および緊急時のセンター. ~ pública domiciliaria〖スペイン〗在宅介護. ~ sanitaria 医療, 治療. ~ social 社会福祉. ~ técnica〖商業〗アフターサービス,〖情報〗テクニカルサポート. 類 **ayuda, servicio**. ❸〖スポーツ〗アシスト.

asistencial [asistenθjál] 形 福祉の, 支援の. ─programas ~*es* destinados a los damnificados 被災者への支援策.

asistenta [asisténta] 女 ❶ 家政婦, (通いの)お手伝いさん. 類 **criada, doméstica**. ❷ (修道院の)院長の補佐.

‡**asistente** [asisténte] 形 ❶ 出席している, 立ち会いの. ─Entre el público se encontraba el Ministro de Educación. 出席者の中に教育相がいた. los delegados ~*s* a la asamblea 会議に出席していた[いる]代表団. ❷ 補佐の, 付き添いの.
── 男女 ❶ (a) 助手, 補佐. 類 **ayudante**. (b)《教育》補助教員, 語学補助教員. (c)《軍隊》当番兵, 従卒. ~ social ソーシャルワーカー, 社会福祉活動家. ❷《文》(集会の)**出席者**, (ショーなどの)観客, 聴衆.

asistido, da [asistíðo, ða] 過分 形 ❶ 出席した; 援助された. ❷ 機械[装置]の助けを借りた. ─respiración *asistida* 人工呼吸器による呼吸. dirección *asistida*〖自動車〗パワーステアリング.

‡**asistir** [asistír アシスティル] 自 [+a に] **出席する**. 顔を出す. ─Ayer ella no asistió a la clase de Lapesa. 昨日彼女はラペーサ先生の授業に出席しなかった.
── 他 ❶ …につき従う, 随伴する. ─El ministro de asuntos exteriores *asistió* a los reyes en su viaje a Japón. 外相は王夫妻の日本訪問に随行した. ❷ (a) を助ける, 介抱する, 看護する. ─Durante la operación, tres ayudantes *asisten* al cirujano. 手術の間中 3 人の助手が執刀医を助けている. 類 **ayudar**. (b) …に仕える, 応対する, を世話する. ─El anfitrión debe ~ a todos los invitados durante el banquete. ホストは宴会の間中お客全部に応対しなければならない.

askenazí, askenazi [askenaθí, askenaθí] 形 アシュケナジムの, (中央, 東ヨーロッパ系の)ユダヤ人の. ── 男女 アシュケナジム, (中央, 東ヨーロッパ系の)ユダヤ人.

asma [ásma] 女〖直前の単数冠詞は el, un(a)〗《医学》喘息(ぜんそく).

Asmara [asmára] 固名 アスマラ(エリトリアの首都).

asmático, ca [asmátiko, ka] 形 《医学》喘息(ぜんそく)の. ─ataque asmático 喘息の発作.
── 名 《医学》喘息(ぜんそく)患者.

asna [ásna] 女〖単数冠詞は el, un(a)〗雌ロバ (→asno).

asnada [asnáða] 女《話》愚かなこと. 類 **necedad, tontería**.

asnal [asnál] 形 ❶ ロバの(ような). ❷《話》愚かな.

asnería [asnería] 女 ❶ ロバの群れ. ❷《話》愚かなこと. 類 **necedad, tontería**.

‡**asno, na**. [ásno, na] 名 ❶《動物》ロバ. ── ~ silvestre 野生のロバ (=onagro)(アジアやアフリカに住む). 類 **borrico, burro**. ❷《話, 軽蔑》ばか, まぬけ. ─Te has portado como un ~. 君ははかなまねをしたよ. 類 **acémila, burro, necio**. 反 **lince, listo**.

apearse [caer] de su asno 自分の非を認める.
no ver tres [siete] sobre [en] un asno 全然目がみえない, 大変目が悪い.

── 形 ばかな, 間抜けな, 愚かな. ─No es una persona tan ~ como parece. 彼は見かけほどばかではない.

‡**asociación** [asoθjaθjón] 女 ❶ **協会**, …会, 組合, 結社, 学会; 連合; ~ cooperativa [de trabajadores, de consumidores] 共同[労働, 消費者]組合. ~ cultural 文化協会. ~ política 政治結社. ~ de vecinos 町内会. A~ Europea de Libre Comercio 欧州自由貿易連合 (EFTA). formar [disolver] una ~ 会を結成する[解散する]. En ese país no existe libertad de ~. その国には結社の自由がない. A~ de Padres de Alumnos 父兄会, PTA. A~ Latinoamericana de Integración ラテンアメリカ統合連合. A~ Internacional de Transportes Aéreos 国際航空輸送協会. 類 **agrupación, sociedad**. ❷ 連合, 協力, 提携; 関係, 参加. ─por ~ de ideas 連想[観念連合]によって, método de ~ libre《心理》自由連想法. área de ~《医学》連合野. ❸《生物》群集, 群叢(そう). ❹《情報》関連付け.

en asociación con ... …と共同で, 提携して.

asociacionismo [asoθjaθjonísmo] 男 ❶《哲学, 心理学》観念連合論. 連合心理学. ❷ 連合主義.

‡**asociado, da** [asoθjáðo, ða] 過分 形 (事業やプロジェクト等に)**協力した**, 参加した, 参画した, 共同の. ─María está *asociada* al negocio de sus hermanos. マリアは兄弟の商売に出資している. miembro ~ 準会員. empresa *asociada* 関連会社.
── 名 ❶ (協会・学会等の)**会員**, 組合員, 仲間. ─Los ~*s* tienen derecho a un descuento. 会員は割引の特典がある. ❷《商業》(事業や会社の)**提携者**, 共同者, 共同経営[出資]者. 類 **socio**.

asociar [asoθjár] 他 ❶ [+a/con] を…と関連づける, 結びつける. ─*Asocio* el calor *a* mi llegada a Sevilla. 私は暑さというとセビーリャへ着いた時のことを思い出す. ❷ [+a] (人)を…に入会させる. ─El padre *asoció* a sus hijos *al* negocio familiar. 父親は息子たちを家業に参画させた.
── ~se 再 ❶ [+a/con] …と結びつく. ─Los tres amigos *se han asociado* para abrir una tienda. その 3 人の友人たちは店を開くために協力した. ❷ [+a] …に入会する.

asocio [asóθjo] 男 ❶【中南米】協力, 提携. —en ~ de ... ...と協力して. ❷【スペイン】《まれ》→ asociación.

asolador, dora [asolaðór, ðóra] 形 破壊(荒廃)させる, 破壊的な. —viento ~ すさまじい風.

asolamiento [asolamjénto] 男 破壊, 荒廃させること.

asolar[1] [asolár] 他 を破壊する. —Un gran incendio producido ayer *asoló* todo el bosque. 昨日の大火事で森がすべて壊滅した. 類 **arrasar, destruir**.

asolar[2] [asolár] 他 (日照りに)(植物)を枯らす.

asoleada [asoleáða] 女 ❶ 日光浴をすること. ❷【中南米】《医学》日射病. 類 **insolación**.

asolear [asoleár] 他 を日光にあてる (=solear). —**se** 再 ❶ 日光浴をする, 日に焼ける. —Él está en la terraza *asoleándose*. 彼はテラスで日光浴をしている. ❷《獣医》(家畜が)日射病にかかる.

asoleo [asoléo] 男【中南米】《医学》日射病.

asomada [asomáða] 女 ❶ (何かが)少しの間現われること. —La ~ de la policía al bar nos inquietó. 警察がバルに立ち寄ったので私たちは不安になった. ❷ 何かが見渡せる場所.

:**asomar** [asomár] 自 ❶ のぞく, 出る. —Le *asomaba* el vello entre los botones de la camisa. 彼のシャツのボタンの間から胸毛がのぞいていた. Las lágrimas *asomaban* a sus ojos. 涙が彼の目に浮んだ. ❷ 現れる, 現れ始める. —La luna *asomaba* por el horizonte. 月が地平線から姿を現し始めた.
— 他 をのぞかせる, 出す. —Es peligroso ~ la cabeza por la ventanilla del tren. 列車の窓から顔を出すのは危険だ.
—**se** 再 ❶ 姿を現わす, 現れる, 出る. —*Se asomó* a la ventana para ver si venía su madre. 彼は母親が来たかどうか見ようと窓に顔をのぞかせた. ❷《話》[+a に] 首を突っ込む, (を)生かじりにする, 鵜呑みにする. —*Se asoma a* cualquier disciplina, pero no profundiza en ninguna. 彼はどんな学問分野にも首を突っ込むが, どれ一つとして掘り下げようとはしない.

asombradizo, za [asombraðíθo, θa] 形 ❶ (人が)驚きやすい(=espantadizo). ❷ (人が)臆病な.

asombrado, da [asombráðo, ða] 過分 形 [estar+] 驚いた, びっくりした.

asombrador, dora [asombraðór, ðóra] 形 驚くばかりの.

:**asombrar** [asombrár] [<sombra] 他 ❶ を驚かす, びっくり仰天させる. —Me *asombró* lo guapa que estaba. 彼女の愛くるしさに私はびっくりした. *Asombró* a todos su cortesía. 彼の礼儀正しさに皆が驚いた. 類 **sorprender**. ❷ 陰影をつける, 陰を落す.
—**se** 再 驚く, びっくり仰天する. —*Se asombró* al verla tan delgada. 彼女がそんなにやせたのを見て彼はびっくりした.

:**asombro** [asómbro] 男 ❶ (突然の激しい)驚き, 驚愕, 仰天. —¡Qué ~ me causó verle tan envejecido! 彼があんなに老けたのを見て本当にびっくりしたよ. No podía salir de su ~ al ver que había sido suspendida. 彼女は自分が落第しているのを見て呆然としていた. 類 **espanto, susto**. ❷ 驚嘆, 賛嘆, 感嘆. —Se quedó mudo de ~ al enterarse de la verdad. 彼は真実を知って言葉を失った. Todos miraban con ~ la belleza de la princesa. みな王女の美しさに目を見張っていた. 類 **admiración, sorpresa**. ❸ 驚くべきもの(人), 驚愕すべきもの(人); 感嘆(賛嘆)すべきもの(人). —A través de la ventana del hotel se veía un ~ de paisaje. ホテルの窓からすばらしい景色が眺められた.

asombrosamente [asombrósaménte] 副 驚くほど, 目覚ましく.

:**asombroso, sa** [asombróso, sa] 形 ❶ 驚くべき, びっくりするような. —Es *asombrosa* la capacidad que tiene para las lenguas. 彼の外国語に対する能力は驚くほどだ. 類 **maravilloso, pasmoso**. ❷ (悪い意味で)途方もない, あきれるばかりの. —Es ~ que los hayan puesto en libertad. 彼らを釈放するなんてとんでもないことだ. 類 **inconcebible, indignante**.

asomo [asómo] 男 ❶ 様子, 兆候. —~ de mejoría 快復のきざし. 類 **atisbo**.
ni por asomo 少しも...でない.

asonada [asonáða] 女 反乱, 暴動, 蜂起.

asonancia [asonánθja] 女《詩》類音韻. 母音の一致.

asonantar [asonantár] 他《詩》類音韻を踏ませる. — 自《詩》類音韻を踏む.

asonante [asonánte] 形《詩》(詩が)類音韻の. —rima ~ 類音韻.

asonar [asonár] [5.1] 自《詩》類音韻を踏む.

asordar [asorðár] 他 ...の耳を聾(ろう)する. 類 **ensordecer**.

asorocharse [asorotʃárse] [<soroche] 再【中南米】《医学》高山病にかかる.

aspa [áspa] 女 [直前の単数冠詞は el, un(a)] ❶ X形の十字架. ❷ (風車などの)羽根. —las ~s de un ventilador 扇風機の羽根. ❸ 糸を巻く器具. ❹《鉱物》鉱脈の交わる所.

aspado, da [aspáðo, ða] 形 ❶ X形の. —cruz *aspada* X形の十字架. ❷ 両腕を棒に縛られた.

aspar [aspár] 他 ❶ (人)を x 形の十字架にかける. ❷ (糸)を巻き付ける. ❸ (人)をうんざりさせる.
aunque (*así*) *aspen* 【否定の強調表現】殺されても...しない. Antonio no lee un libro *así* lo *aspen*. アントニオは殺されたって本なんか読まない.
Que me aspen si 【+直説法】《話》...なら十字架にかけられても構わない. *Que me aspen si* te entiendo, hija. (娘に向かって)お前の言うことは全く分からない.

aspaventero, ra [aspaβentéro, ra] 形 態度(身振り)が大げさな. —*Era* una mujer tierna y *aspaventera*. 彼女はやさしいが身振りが大げさな女性だった.

aspaviento [aspaβjénto] 男 (恐怖・喜び・驚きなどの)大げさな態度で表すこと. —hacer ~s 大げさに振る舞う.

aspecto [aspékto アスペクト] 男 ❶ (物の)外観, 様子; 景色. —~ del cielo 空模様. La ciudad, después de pasado el huracán, ofrecía un ~ desolador. ハリケーンが去った後の町は惨澹たる様相を呈していた. 類 **apariencia, cariz**. ❷ (人の)様子, 顔色, 表情, 健康状態. —Era un hombre de ~ simpático y acogedor. 彼は優しくて親切そうな人だった。 Tienes ~ cansado [de estar cansado]. 君は疲れた[疲れている]みたいだね。 類 **presencia, semblante**. ❸ (意味などの)側面, 観点, 見方, 局面, 様相. — ~s legales del problema 問題の法的側面. presentar [ofrecer] un ~ grave 深刻な様相を呈する. 類 **fase, lado**. ❹《文法》(動詞の)相, アスペクト. — ~ perfectivo [imperfectivo, resultativo] 完了[不完了, 結果]相. ❺《占星》(星の)相. ❻《生物》(植生の)季相.

a [al] primer aspecto 一見して, ひと目で.

tener buen [mal] aspecto (1) 顔色がよい[悪い]. El abuelo tiene hoy buen aspecto. 今日おじいさんは顔色がよい. (2) 外見が立派である[よくない]. Esta paella tiene buen ~. このパエリャはおいしそうだ.

*aspereza [asperéθa] 囡 ❶ (手触りが)粗いこと, ざらざらしていること; (声が)粗いこと, しわがれていること; (味が)酸っぱいこと, 渋いこと; (臭い・音が刺激的で)不快なこと. — Al acariciarle ella la mano, sus dedos sintieron la ~ de la piel. 彼の手を撫でると彼女の指は彼の皮膚がざらざらしているのを感じた. La ~ de su voz tiene cierto encanto. 彼女の声にはハスキーなところが魅力だ. 反 **suavidad**. ❷ (土地の)でこぼこ, (土地が)荒れていること, (土地の)険しさ. — Un terreno lleno de ~s dificultaba el avance de las tropas. 起伏に富んだ土地が進軍を難しくしていた. ❸ (性格が)無愛想なこと, 感じが悪いこと; (人が)乱暴なこと. — Me contestó con ~. 彼は私につっけんどんに答えた. 類 **brusquedad, desabrimiento**. ❹ (天候・気候が)厳しいこと, 苛酷なこと. 類 **inclemencia**.

limar asperezas 事を丸く収める; 対立関係[緊張感]を和らげる. En aquel ambiente era imposible *limar asperezas*. あの雰囲気では事を丸く治めるのは不可能だった.

asperges [aspérxes] 男《単複同形》 ❶《宗教》灌水(ｶﾝｽｲ). ❷《宗教》(この語で始まる)灌水の聖歌. ❸ 灌水器. 類 **aspersorio, hisopo**.

asperilla [asperíja] 囡《植物》クルマバソウ(アカネ科)(乾燥させたものを香料とする).

asperillo [asperíjo] 男 (熟していない果物の)渋み.

asperjar [asperxár] 他 ❶ …に水を振りかける. 類 **rociar**. ❷《宗教》に聖水を振りかける. 灌水(ｶﾝｽｲ)する.

‡áspero, ra [áspero, ra] 形 ❶ (a) (手ざわりが)ざらざらした, きめの粗い. — piel *áspera* 荒れた肌. ~ al tacto 手ざわりがざらざらする. 類 **rasposo, rugoso**. 反 **suave**. (b) (土地が)でこぼこの; 険しい. — terreno ~ でこぼこの土地. 類 **abrupto, escabroso**. ❷ (味が)酸っぱい, 渋い; すえたにおいがする. — sabor ~ 酸味. Esta clase de manzana es *áspera* al paladar. この種のリンゴは味が酸っぱい. ❸ (声が)耳ざわりな, しわがれた, 荒々しい. — Con una voz tan *áspera* ella no vale para recepcionista. あんなしわがれ声をしていては彼女は受付には向かない. ❹ (a)〖+con〗…に対して(性格・態度などが)きつい, 荒々しい, 無愛想な. — Tiene un carácter ~ y resentido. 彼は無愛想で, ひがみっぽい性格だ. Era muy ~ *con* su familia. 彼は自分の家族に対して非常に厳しくあたった. 類 **duro, tosco**. (b) (気候・状況などが)厳しい, 苛酷な. — Esta región tiene un clima muy ~. この地方は気候が厳しい.

aspirar 173

asperón [asperón] 男 (砥石として使われる)砂岩.

aspersión [aspersjón] 囡 ❶ 散水. — riego por ~ 散水器による水まき. ❷《宗教》灌水(ｶﾝｽｲ).

aspersor [aspersór] 男 散水器.

aspersorio [aspersórjo] 男 ❶《宗教》灌水(ｶﾝｽｲ)器. ❷ →aspersor.

áspid [áspi(ð)] 男《動物》❶ (猛毒のある)毒蛇の一種(エジプト・インドの)毒蛇.

áspide [áspiðe] 男 →áspid.

aspidistra [aspiðístra] 囡《植物》ハラン(葉蘭).

aspillera [aspijéra] 囡 (砦(とりで)の)銃眼, 狭間(はざま). 類 **saetera**.

‡aspiración [aspiraθjón] 囡 ❶ (息を)吸うこと, 吸い込むこと. — El enfermo tiene una ~ irregular. その病人は呼吸が不規則だ. 類 **inspiración**. 反 **espiración**. ❷ 望み, 願い, 願望; 覆 野心, 大望, 野望. — Mi única ~ es ser una buena madre. 私の唯一の願いは良き母になることだ. Es un chico que no tiene *aspiraciones*. 彼は野心のない青年だ. 類 **ambición, deseo, pretensión**. ❸《音声》(帯)気音, 気(息)音; 帯気(化), 気息(化). — En el español iberoamericano es frecuente la ~ de la s. 中南米のスペイン語ではsの帯気化がよく起こる. ❹《機械》(機械でガスなどを)吸引すること, 吸い込み. — No funciona la bomba de ~. 吸い上げポンプが壊れている. ❺《音楽》(ポーズより短い)息づぎ. ❻《神学》(神話的神学における)神への渇望.

aspirado, da [aspiráðo, ða] 形《言語, 音声》帯気音の. — En esta zona se pronuncia la "j" como *aspirada*. この地域ではjを帯気音で発音する.

aspirador, dora [aspiraðór, ðóra] 形 吸入する, 吸い込む. — 囡/男 電気掃除機. — ~ de mano 肩掛け式掃除機, ハンドクリーナー. Pasa la ~ por la alfombra, por favor. じゅうたんに掃除機をかけてちょうだい.

aspiradora [aspiraðóra] 囡 →aspirador.

‡aspirante [aspiránte] 男女 ❶〖+a〗(仕事・地位・資格等の)志願者, 応募者, 申し込み者; 候補者. — ~ a un empleo 求職者. Hubo más de treinta ~s a una sola plaza de profesor numerario. たった 1 名の常勤講師の職に 30 名以上の応募[志願]があった. ~ a presidente [al primer premio] 大統領[1 等賞]候補者. 類 **candidato, pretendiente**. ❷ (士官学校や警察学校等の)入学者.

—— 形 ❶ 吸う, 吸い込む, 吸い上げる. — bomba ~ 吸い上げポンプ. ❷《音声》(帯)気音の, 気(息)音の. — sonidos ~s 帯気音. ❸〖+a〗を熱望した, …にあこがれた.

‡aspirar [aspirár] 他 ❶ (空気を)吸う. — Me gusta ~ el aire limpio del bosque. 私は森林のきれいな空気を吸うのが好きだ. 類 **exhalar**. ❷ を吸い上げる, 吸い込む. — Han instalado una bomba para que aspire el agua. 水を吸い上げるためにポンプが設置された. ❸《音声》を気音[帯気]で発音する, 有気[帯気]音化する. — Algunos andaluces suelen ~ la s final de sílaba. アンダルシアの一部の人々は音節末の s を h で発音するのがつねである.

―― 自 【＋a を】志す，志望する，(…)になりたいと望む．— *Aspira* a presidente del Banco. 彼は銀行の頭取の地位を望んでいる．Sólo *aspiro* a tener un piso propio. 私は自分のマンションを持ちたいだけだ．

aspirina [aspiɾína] 囡 《薬学》アスピリン．

asquear [askeáɾ]〔＜asco〕他 ❶ (人)に吐き気を催させる．❷ (人)に不快感を抱かせる．嫌悪を感じさせる．— Me *asquea* esa pensión tan sucia. 私はその汚いペンションは大嫌いです．❸ (仕事などが)(人)をうんざりさせる．— La vida en este pueblo *asquea*. この村の生活はうんざりする．
―― se 再 ❶ 吐き気を催す．❷ 嫌悪を感じる．【＋de】…にうんざりする．

asquenazí [askenaθí] →askenazi.

asquerosamente [askeɾósaménte] 副 吐き気を催すぐらい．

asquerosidad [askeɾosiðáð] 囡 ❶ 不快感を抱かせるもの[こと]．❷ 不潔さ．❸ 下劣，卑劣．— Lo que has dicho es una ~. 君の言ったことは下劣だ．

asqueroso, sa [askeɾóso, sa] 形 ❶ 吐き気を催させる．— Nos sirvieron una comida *asquerosa*. 私たちは気持ちの悪い料理を出された．❷ とても汚い．— Esta habitación está *asquerosa*. この部屋はとても汚い．❸ 下劣な，卑しい．— una conducta *asquerosa* 下劣な行い．❹ (人が)吐き気を催す，神経質な．

asta [ásta] 囡〔直前の単数冠詞は el, un(a)〕❶ (槍(⁽ᵞ⁾)の)柄(ᵉ)．❷ 旗竿(⁽ᵏᵏ⁾)．❸ (古代ローマの)投げ槍．❹【主に複】(牛・シカなどの)角(⁽ᵏ⁾)(櫛(⁽ᵏ⁾)などの材料として使う)．類 **cuerno**．❺ (船舶)肋材(⁽ᵏᵏ⁾)．

a media asta 半旗で．La bandera ondeaba *a media asta*. 半旗の旗がなびいていた．

dejar a … en las astas del toro 《話》(人)を見捨てる．

astado, da [astáðo, ða] 形 (動物)角(⁽ᵏ⁾)がある．―― 男 ❶ 闘牛の雄牛．❷ (古代ローマの)槍兵(⁽ᵏᵏ⁾)．

astasia [astásja] 囡 《医学》起立不能．

astático, ca [astátiko, ka] 形 《化学》アスタティックの．

ástato [ástato] 男 《化学》アスタチン(放射性同位元素の1つ)．

astenia [asténja] 囡 《医学》無力症．

asténico, ca [asténiko, ka] 形 《医学》無力症の．―― 名 《医学》無力症の患者．

astenopía [astenopía] 囡 《医学》眼精疲労．

aster [astéɾ] 男 《植物》シオン．

asterisco [asteɾísko] 男 星印，アステリスク，アスタリスク(*)．

asteroide [asteɾójðe] 形 《天文》星形の，星状の．―― 男 《天文》小惑星．

astigmática, ca [astiɣmátiko, ka] 形 《医学》乱視の．— vista *astigmática* 乱視．―― 名 《医学》乱視の人．

astigmatismo [astiɣmatísmo] 男 ❶ 《医学》乱視．❷ 《光学》(レンズの)非点収差．

astil [astíl] 男 ❶ (斧(ᵅᵏ)・鍬(⁽ᵏ⁾)などの)柄(ᵉ)．❷ 竿(⁽ᵏ⁾)．❸ (羽根の)軸．

astilla [astíʎa] 囡 ❶ 木屑，木片；(石・骨などの)かけら．❷ 《話》(役人への)賄賂(⁽ᵏᵏ⁾)．

De tal palo, tal astilla 【諺】カエルの子はカエル(←この木にしてこの木片)．

hacer astillas … (何か)を粉砕する，粉々にする．

astillar [astiʎáɾ] 他 ❶ ばらばらにする，粉砕する，砕く．— La bala se incrustó en la contraventana y la *astilló*. 弾丸はよろい戸にめり込んでそれをばらばらにした．❷ 《比喩》(評判などを)損なう．— El escándalo *ha astillado* su reputación. そのスキャンダルで彼の評判は損なわれた．
―― se 再 ばらばらになる，割れる．

astillero [astiʎéɾo] 男 ❶ 造船所．類 **atarazana**．❷ 槍(⁽ᵞ⁾)掛け．❸ 木材置場．

astilloso, sa [astiʎóso, sa] 形 砕けやすい．

astracán [astɾakán] 男 《服飾》アストラカン(ロシアのアストラカン原産の子羊の毛皮)．

astracanada [astɾakanáða] 囡 《演劇》茶番劇，道化芝居．

astrágalo [astɾáɣalo] 男 ❶ 《解剖》距骨(⁽ᵏᵏᵏ⁾)．かかとの骨．❷ 《建築》玉縁．❸ 《植物》トラガカントゴム(→tragacanto)．

astral [astɾál] 形 星の(ような)．— carta ~ 占星図．類 **estelar**．

astreñir [astɾeɲíɾ] [6.5] 他 →astringir.

astricción [astɾikθjón] 囡 《医学》収斂(⁽ˢʰᵘ́ᵉⁿ⁾)作用，便秘．

astringencia [astɾinxénθja] 囡 《医学》収斂(⁽ˢʰᵘ́ᵉⁿ⁾)性．

astringente [astɾinxénte] 形 ❶ 《医学》収斂(⁽ˢʰᵘ́ᵉⁿ⁾)性の．❷ 便秘を生じさせる．— El arroz es ~. 米は便秘になりやすい．
―― 男 《医学》収斂剤，アストリンゼン．

astringir [astɾinxíɾ] [3.6] 他 ❶ 《医学》を収斂(⁽ˢʰᵘ́ᵉⁿ⁾)させる．❷ 便秘させる．

:astro [ástɾo] 男 ❶ 《天文》天体，星．— el ~ rey [del día] 太陽．類 **estrella**．❷ (映画・スポーツなどの)スター；人気俳優[選手]．— ~ del cine [de la pantalla] 映画スター．類 **estrella**．

astrobiología [astɾoβjoloxía] 囡 宇宙生物学．

astródomo [astɾóðomo] 男 ❶ ドーム型ホール[競技場]，ドーム．❷ 《航空》天測窓．

astrofísica [astɾofísika] 囡 《物理》宇宙物理学．

astrofísico, ca [astɾofísiko, ka] 名 宇宙物理学者．

astrolabio [astɾoláβjo] 男 《天文》(昔の)天体観測儀．

astrología [astɾoloxía] 囡 占星術，星占い．

astrológico, ca [astɾolóxiko, ka] 形 占星術の．

astrólogo, ga [astɾóloɣo, ɣa] 名 占星術師．

astronauta [astɾonáwta] 男女 宇宙飛行士．類 **cosmonauta**．

astronáutica [astɾonáwtika] 囡 宇宙航行学．

astronáutico, ca [astɾonáwtiko, ka] 形 宇宙工学の．

astronave [astɾonáβe] 囡 宇宙船(＝nave espacial)．

:astronomía [astɾonomía] 囡 《天文》天文学．

astronómico, ca [astɾonómiko, ka] 形 ❶ 天文学の．❷ (値段・数字が)天文学的な．— cifras *astronómicas* 天文学的な数字．

astrónomo, ma [astɾónomo, ma] 名 天文学者．

astrosamente [astrósaménte] 副 みすぼらしく, 汚らしく, 卑しく.

astroso, sa [astróso, sa] 形 ❶ (人の外見や衣服などが)汚らしい, みすぼらしい. 類**andrajoso**. ❷ 卑劣な.

‡astucia [astúθia] [<astuto] 女 ❶ 抜け目なさ, 悪[ずる]賢さ; 目端が利くこと. —tener ～ 抜け目なく立ち回る, ずるい手を使う. Su ～ evitó que aquellos timadores lo estafaran. 彼は目端が利くので, あの詐欺師たちに騙し取られずに済んだ. ～ diabólica 悪辣(あくらつ)極まりない悪賢さ. obrar con ～ 抜け目なく立ち回る. 類**picardía, sagacidad**. 反**ingenuidad, simpleza**. ❷ 悪巧み, 策略, 計略. —Este niño es un maestro en ～s. この子は策略の名人だ. emplear ～ 策略を用いる. 類**ardid, maña, treta**.

astur [astúr] 形 ❶ (歴史, 地名)アストゥル人の. ❷ →asturiano.

*__asturiano, na__ [asturjáno, na] 形 アストゥリアス(Asturias)の, アストゥリアス人[方言]の, (中世の)アストゥリアス王国の. —habla *asturiana* アストゥリアス方言. —— 名 アストゥリアス人[住民], アストゥリアス出身者. —— 男 (レオン方言の中の)アストゥリアス方言.

Asturias [astúrjas] 固名 ❶ アストゥリアス(スペインの地方). ❷ アストゥリアス(ミゲル・アンヘル Miguel Ángel ～)(1899-1974, グアテマラの作家, 1967年ノーベル文学賞受賞).

‡astuto, ta [astúto, ta] 形 ❶ 利口な, 明敏な, 抜け目のない. —Con él no valen fingimientos, porque es un hombre muy ～. 彼にはごまかしは通用しない. 彼は非常に抜け目のない人間だから. 類**sagaz, taimado**. ❷ ずるい, 狡猾(こうかつ)な, 悪賢い. —— como un zorro キツネのようにずる賢い. Es un ～ estafador. 彼はずる賢い詐欺師だ. 類**ladino, marrullero**.

asueto [aswéto] 男 短い休暇, 休息.

‡asumir [asumír] 他 ❶ (責任・仕事)を引き受ける, とる, 負う. —Ayer *asumió* la presidencia del gobierno. 昨日, 彼は首相の職を引き受けた. ❷ を受け入れる, 容認する, 認める. —Yo *asumiría* mis limitaciones y me dedicaría a otra cosa. 私だったら自分の限界を認めて別のことに専念するだろう. ❸ を獲得する, …に達する. —El incendio asumió pavorosas proporciones. 火事は恐るべき規模にまで達した. 類**adquirir**.

Asún [asún] 固名 《女性名》アスン (Asunción の愛称).

Asunción [asunθjón] 固名 ❶ アスンシオン(パラグアイの首都). ❷ (La ～) アスンシオン(ベネズエラの都市). ❸ 《女性名》アスンシオン.

asunción [asunθjón] 女 ❶《雅》就任. ❷ 即位式. ❸ (A～)《宗教》被昇天.

‡‡asunto [asúnto アスント] 男 ❶ (何かに関する)事柄, 件; (漠然と)こと; 問題, 事件. —Durante la cena discutiremos ese ～. 夕食の時その件を話し合う. pelearse por el ～ de la herencia 遺産のことで仲たがいする. ～s pendientes 未処理の件[問題]. ～ delicado 微妙な問題, ～ en curso 審議中[未解決]の問題. mal ～ 厄介な問題. ～ de estado 国事, 国務. arreglar [solucionar, resolver] un ～ peliagudo 厄介な問題を解決する. comprender el fondo del ～ 事の本質を理解する. Es otro ～. それは別問題だ. Tengo un ～ muy importante entre manos. 私は大変重大な問題を扱っている. meterse [entrometerse, injerirse] en ～s ajenos 他人のことに口出しする. No sé qué ～ se trae entre manos. 彼がどんなことを企んでいるのか分からない. Si compro ～ no compro la casa, no es ～ tuyo. 私がその家を買おうと買うまいと, お前の知ったことではない(余計なお世話だ). Esto es ～ mío. 余計なお世話だ. No es ～ mío. それは私の知ったことではない. 類**cuestión, materia, problema**. ❷ (やるべき)仕事, 業務, 務め; 用事, 用件. ——s personales [públicos] 私事[公務]. ～s de negocios 取引の業務. 類**negocio, ocupación, quehacer**. ❸ (絵・彫刻・演説などの)テーマ, 主題. ——～ principal 主要なテーマ. cuadros de ～ religioso 宗教画. poemas de ～ amoroso 恋愛詩. El ～ de la conferencia es la ayuda a los países del Tercer Mundo. 講演の題目は第三世界に対する援助である. 類**tema**. ❹ (映画・文学作品などの)筋. —El ～ de la novela transcurre entre mil divertidas peripecias. その小説の筋はたくさんの面白いどんでん返しのなかで展開する. 類**argumento**. ❺ 商売. —— ～ sucio 不正取引. Tengo entre manos un ～ que va a dar mucho dinero. 私はたくさん儲かる商売をかかえている. Ha confiado todos los ～s a su hijo. 彼は商売をすべて息子に任せた. 類**negocio, trato**. ❻ (軽蔑)(秘めた情事, 浮気, 恋愛関係. —— de faldas 女性問題, 女性スキャンダル. Creo que tiene un ～ con alguna compañera de su oficina. 彼は誰かの会社の同僚と関係を持っていると思う. 類**trato**.

¿A asunto de qué …?《南米》なぜ…?, どうして…?.

asunto de honor 決闘.

asuntos exteriores [extranjeros] 外務. Ministerio de *Asuntos Exteriores* 外務省.

asuntos internos 内政問題, 内部事情. El gobierno no acepta injerencias en los *asuntos internos* del país. 政府は内政干渉を認めない.

ir al asunto《話》問題の核心に触れる; 肝心の仕事に取りかかる. ¡Vamos al asunto! 本題に入ろ!

el asunto es que … 実[事実]は…である(=el caso es que …).

¡Y asunto concluido [despachado, terminado]! これでおしまい(解決・決定を締めくくる言葉).

asurar [asurár] 他 ❶ (水分の不足で)(調理しているもの)を焦げ付かせる. ❷ (暑さが)(作物)を枯らす. ❸ (人)をしつこく悩ます.

‡asustadizo, za [asustadíθo, θa] 形 臆病な, びくびくした, おびえやすい. ——carácter ～ 臆病な性格. Es más *asustadiza* que una mona. 彼女は非常に小心だ(=彼女はサルよりも臆病だ). 類**espantadizo, miedoso, temeroso**.

‡asustado, da [asustáðo, ða] 過分 形 おびえた, こわがった; 驚いた. —Estaba tan *asustada* que no pudo responder con claridad. 彼女はあまりにどきどきしていたのではっきりと答えることができなかった. El repentino temblor nos dejó ～s a todos. 突然の揺れで我々みんなが驚いた.

‡asustar [asustár] [<susto] 他 ❶ をおどろかす, びっくりさせる, …にショックを与える. —La *asustó* el ladrido del perro en la oscuridad. 暗やみで犬がほえたので彼女はびっくりした. 類**sorprender**.

❷ をおびえさせる，おじけづかせる，こわがらせる．— Sus amenazas no me *asustan*. 彼の脅しなんかこわくない．類**atemorizar**. **❸** …のひんしゅくを買う，まゆをひそめさせる．— Aquella escena subida de tono la *asustó*. あのきわどいシーンに彼女はまゆをひそめた．類**escandalizar**.

— **se** 再〔＋de/con/por に〕**❶** びっくりする，たまげる，こわがる．— *Me asusté de* verla tan cambiada. 私は彼女がとても変わったのを見てびっくりした．El niño *se asustó con* los gritos. 子どもは叫び声にびっくりした．**❷** おびえる，こわがる．— Soy un policía; no *se asuste*. 私は警官だ．こわがらなくていいですよ．

At. 《略号》 ＝Atención 《通信》…宛，…御担当．

atabacado, da [ataβakáðo, ða] 形〔＜tabaco〕タバコのような色をした．

atabal [ataβál] 男《楽器》**❶** ティンパニー．**❷** (一本のばちで鳴らす)細長い小太鼓．

atabalear [ataβaleár] 自 **❶** (指で)トントンたたく．**❷** (馬が速く走る時に)蹄(ʰɪ̀ːsɕ̑)で地面を鳴らす．

atacable [atakáβle] 形 攻撃することのできる．

atacado, da [atakáðo, ða] 形 **❶** 物怖(ʰsɕ̏)じした，躊躇(ʰsɕ̏)した．**❷** 臆病な．

atacador [atakaðór] 男 **❶**《武器》(大砲に弾薬を詰める)込め棒〔矢〕，槊杖(ʰsɕ̏)(銃の内部を掃除するための細長い棒)．**❷** (パイプに葉タバコを詰める)タンパー．

Atacama [atakáma] 固名 **❶** アタカーマ(チリの県)．**❷** (Desierto de 〜) アタカーマ砂漠

atacante [atakánte] 形 攻撃する．— El torpedo destruyó uno de los barcos 〜s. 魚雷が攻撃して来る船の一隻を破壊した．

— 男女 **❶** 攻撃する人．**❷**《スポーツ》アタッカー．

***atacar**¹ [atakár アタカル] **[1.1]** 他 **❶** *(a)* を攻撃する，襲う，…に襲いかかる．— *Atacaron* el castillo al amanecer. 彼らは夜明けに城を攻め立てた．El asesino la *atacó* por la espalda. 殺人犯は彼女を背後から襲った．*(b)* を非難する，…に反論する．— *Ataqué* todos sus argumentos. 私は彼のあらゆる議論を批判した．類**impugnar, refutar.** *(b)* …に悪影響を及ぼす，を損う．— Si sigues fumando tanto, el tabaco *atacará* tus pulmones. もし君がそんなにタバコを吸い続けると，肺に悪い影響があるぞ．類**dañar, perjudicar.** *(b)* (突然)捉える，(病気)が(人)を冒(ʰsɕ̏)す．— La *ha atacado* una fuerte pulmonía. 彼女は重度の肺炎にかかった．Me *atacan* deseos de hacer novillos. 私は授業をさぼりたくてたまらない．*(c)*《化学》を腐食する．— La humedad *ataca* los metales. 湿気は金属を腐食する．**❸** …にやりかかる，を始める．— El pianista *atacó* el primer movimiento con fuerza. ピアニストは第1楽章を力強く弾き始めた．El ciclista *atacó* en la bajada de la montaña. その自転車選手は山の下り坂で勝負を仕掛けた．*Ataqué* directamente el tema de la lección quinta. 私はすぐ第5課の作文にとりかかった．

atacar² [atakár] (＜taco] 他 …をいっぱいにする，ぎゅうぎゅう詰めにする．— Sacó la pipa y comenzó a 〜la con tabaco. 彼はパイプをとり出すと，それにタバコを詰め込み始めた．

atacar³ [atakár] 他《まれ》(ベルトなどで体)を締

めつける，(衣服)のボタン〔ホック〕をかける．

atadera [ataðéra] 女 複(ストッキング用の)靴下留め．

atadero [ataðéro] 男 **❶** つなぐこと．**❷** つなぐ箇所．**❸** (つなぐための)鉤(ʰsɕ̏)，ホック，輪．

atadijo [ataðíxo] 男 **❶** 小さな包み．**❷** つなぐもの(のひも・縄)．

atado, da [atáðo, ða] 形 **❶** 縛られた，制限された．**❷** (人が)内気な．— 男 束(ʰsɕ̏)．— un 〜 de billetes 札束．

atador, dora [ataðór, ðóra] 形 縛る，束ねる．— una máquina *atadora* 結束機，(農業用の)バインダー．— 名 (穀物などの)束を作る人．— 女《農業》バインダー，結束機．

atadora [ataðóra] 女 →atador.

atadura [ataðúra] 女 **❶** 縛ること，結ぶこと．**❷** 縛る・結ぶためのもの(ひも，縄)．— El preso rompió las 〜s de los pies. 囚人は両足の縄をほどいた．**❸** 転 束縛，拘束．— Se ha marchado de casa porque quiere vivir sin 〜s. 束縛されずに暮らしたかったので彼は家を出た．

atafagar [atafaɣár] **[1.2]** 他 **❶** (強い臭いが)息苦しくさせる，ぼうっとなる．— El tufo que salía de la letrina me *atafagó*. 便所から出る悪臭に私は息苦しくなった．**❷** (人)をしつこく悩ます．

ataguía [ataɣía] 女《土木》**❶** (河川工事のために川の流れを止める)粘土などでできた堰(ʰsɕ̏)．類**dique.** **❷** 小さな堤防．

Atahualpa [atawálpa] 固名 アタワルパ(1502?-33, インカの最後の王)．

***atajar** [ataxár] 自〔＋por を通って〕近道する．— Si no *atajamos por* esta calle, perderemos el tren. 私たちはこの通りを近道しなければ，列車に乗り遅れそうだ．

— 他 **❶** をせき止める，くい止める，(火)を消す．— Los bomberos lograron 〜 el fuego. 消防士たちは火を消すことに成功した．**❷** …の前に立ちふさがる．— En la oscuridad me *atajó* un señor de dudoso aspecto. 暗闇の中で怪しげな風体の男が私の前に立ちふさがった．**❸** …の話を遮(ʰsɕ̏)る，話の腰を折る．— Haz el favor de no 〜 me cuando estoy hablando. 私が話しているときは，頼むからじゃまをしないでくれないか．類**interrumpir**.

:**atajo** [atáxo] 男 **❶** 近道．— ir (echar, cortar) por 〜/coger [tomar] un 〜 近道をする，近道を行く．Por el 〜 ahorras diez minutos. 近道を行けば10分節約できるよ．**❷** てっとり早い方法〔手順〕．— Él pensaba qué 〜 sería el mejor para adelantar la obra. 彼は工事を捗らせるのに一番てっとり早い方法は何か考えていた．**❸**〔＋de〕(嘘・中傷などの)連発，一連，たくさん．— un 〜 de disparates 多くのでたらめ．類**sarta. ❹**〔＋de〕《軽蔑》(人・物の)集まり，集団，群れ．— un 〜 de ladrones 盗賊団．un 〜 de cobardes 臆病者ぞろい．Sois un 〜 de vagos [de gandules]. お前たちは怠け者ぞろいだ．類**cuadrilla, hatajo. ❺** (家畜の)小さい群れ，一 〜 de corderos 子羊の群れ．類**hatajo. ❻** (文書での)削除，カット．— dar 〜 a … を削除する．**❼** 分割，仕切り，分離．**❽**《フェンシング》フェイント攻撃．— poner el 〜 フェイント攻撃をする．

No hay atajo sin trabajo 〖諺〗学問に王道なし(←苦労なしに成果は得られない)．

poner atajo (有害な結果をもたらす行為などの進展)を食い止める，阻む．

salir al atajo (人の)話を遮(さえぎ)る, 話に割り込む. Me *salieron al atajo* con frases de protesta. 私は抗議の言葉で話を遮られた.

atalaya [atalája] 囡 ❶ 望楼, 監視塔. ❷ 見晴らし台. —Desde la ～ se divisa todo el valle. 見晴らし台から谷間全体が見渡せる. ❸ (物事を判断するのに)有利な立場[状況].
—— 男 監視兵, 見張り番.

atalayar [atalajár] 他 (*a*) (監視塔から)を見張る, 偵察する. 類 **atacar**. ❷ (見晴らし台から)(野・海など)を眺める. —Desde la torre *se atalaya* una gran panorámica de la ciudad. 塔からすばらしい町の全景が見渡せる. 類 **otear**.

atanasia [atanásja] 囡 ❶ 〖印刷〗14ポイントの活字. ❷ 〖植物〗コストマリー, アレコスト, バルサム菊(ハーブの1種) = hierba de Santa María.

atañer [atañér] [**2.7**] 自〖3人称で〗〔+a〕 (人)に関わる, 関係する. —A ti no te *atañe* este asunto. 君にはこの件は関わりがない. 類 **afectar, concernir**. ❷ …の責任である.

en [por] lo que atañe a ... …に関しては.

‡**ataque** [atáke] 〖< atacar〗男 ❶ 攻撃, 襲撃. —～ aéreo 空襲. ～ general 総攻撃. emprender [iniciar] el ～/lanzarse al ～ 攻撃を開始する. un ～ por sorpresa 奇襲攻撃. 類 **agresión, asalto, insulto, ofensa**. 反 **defensa**. ❷ (言葉による)攻撃, (激しい)非難. —Interpretó mis críticas cono un ～ personal. 彼は私の批判を個人攻撃ととった. La oposición lanzó duros ～s contra el gobierno. 野党は政府を猛攻撃した. 類 **crítica**. 反 **defensa**. ❸ 〖医学〗(病気の)発作; (感情などの)激発; ヒステリー. —morir de un cardíaco [al corazón, de corazón] 心臓発作で死ぬ. ～ histérico [epiléptico, de apoplejía] ヒステリー[癲癇(てんかん), 卒中]の発作. ～ de asma [gota] 喘息[痛風]の発作. ～ de fiebre 熱中症. ～ reumático [de reuma] リューマチの発作. en un ～ de celos [de risa] 嫉妬に燃えて[おかしくて吹き出して]. en un ～ de rabia [de ira] かっとなって, 癇癪を起こして. Al oírlo le dio un ～ de nervios. 彼はそれを聞いてヒステリー[神経発作]を起こした. ❹ 〖スポーツ〗攻撃, アタック. —ensayar las nuevas jugadas de ～ 新しい攻め手[攻撃プレー]を練習する. ❺ (物理, 化学) 侵食, 腐食. —el ～ de un ácido sobre el cobre 酸による銅の腐食. ❻ (仕事などの)着手, 開始. ❼ (音楽の)歌い[弾き]出し. —empezar la sinfonía con un ～ suave シンフォニーの演奏をソフトに始める. ❽〖音声〗(母音調音の時, 声帯が位置につく運動). —～ duro [fuerte, glotal] 荒い声で.

¡*al ataque!* 〖軍事, 号令〗突撃開始!

ataque(-) [atake(-)] 動 atacar の接・現在.

ataqué [ataké] 動 atacar の直・完了過去・1単.

‡**atar** [atár] 他 ❶〔+a に〕を結びつける, ゆわえつける, 縛る. —*Ata* el caballo *a* ese tronco. 馬をその木の幹につないでおきなさい. ❷ (*a*) を結ぶ. —Aún no sabe ～ los cordones de los zapatos. 彼はまだ靴のひもが結べない. ～ に ひもをかける. —～ un paquete 小包にひもをかける. ❸ をまとめる, 関連させる. —No *ató* bien las partes de su discurso. 彼は自分の講演の各部分をうまくまとめられなかった. ❹ を束縛する, 妨害する, じゃまする. —El kimono es una prenda que te *ata* para trabajar. 着物は仕事をするには体を締め付ける衣服だ.
—— 自 自由がきかない, 束縛が多い. —Los hijos *atan* mucho. 子供にはとても世話が焼ける. La tienda es un negocio que *ata*. 商店は束縛の多い仕事だ.

——**se** 再 ❶〔+a に〕拘束される, しばられる; こだわる. —No le gusta ～*se a* un horario fijo de comidas. 彼は定まった食事時間にしばられるのが嫌いだ. *Se ata* excesivamente *a* su creencia. 彼はあまりにも自分の信念にこだわっている. No *me* caso porque no quiero ～*me a* nadie. 私はだれにも束縛されたくないから結婚しない. ❷ 身動きがとれない, がんじがらめになる. —Por no saber decir que no, *se ata* demasiado. 彼は否と言えないので, にっちもさっちもいかなくなっている.

atar corto a ... (人)をきびしく管理する, しっかりと押えつける. Habrá que *atarla corto* porque está muy mimada. 彼女はとても甘やかされているから締め上げねばなるまい.

atar de pies y manos a ... (1) (人)の手足を縛る. *Ataron a* los rehenes *de pies y manos*. 彼らは人質の手と足を縛った. (2) 身動きをとれなくする. Esa promesa *te atará de pies y manos*. そんな約束をすると君は身動きがとれなくなるよ.

no atar ni desatar (1) 支離滅裂なしゃべり方をする, でたらめにしゃべる. Está tan borracho que *no ata ni desata*. 彼は大変酔っ払っていてろれつが回らない. (2) 優柔不断である, ぐずぐずしている. Tenemos un jefe que *no ata ni desata*. 私たちは優柔不断な上司をかかえている.

atarantado, da [ataɾantáðo, ða] 形 ❶ (人が)呆然(ぼうぜん)とした. 類 **aturdido, espantado**. ❷ 落ち着きがなくて騒がしい. ❸ タランチュラに噛(か)まれた.

atarantar [ataɾantár] 他 (人)を呆然(ぼうぜん)とさせる. 類 **aturdir**.

atarazana [ataɾaθána] 囡 ❶ (軍艦の)造船所. 類 **astillero**. ❷ ロープ工場.

atardecer [ataɾðeθér] [**9.1**] 〖< tarde〗自 〖3人称単数のみ〗日が暮れる. —En Japón *atardece* pronto en invierno. 日本では冬は日が暮れるのが早い. Cuando llegamos a Sevilla, estaba *atardeciendo*. 私たちがセビーリャに到着した時は日が暮れようとしていた.
—— 男 夕方, 日暮れ.

al atardecer 日暮れに. Se presentó en casa *al atardecer*. 彼は日暮れに家に現れた.

atareado, da [ataɾeáðo, ða] 形 (人が)多忙な〔estar+〕. —He tenido un día muy ～. とても多忙な1日だった.

atarear [ataɾeár] 他 〖< tarea〗《まれ》(人)に仕事を与える.
——**se** 再 〔+con/en〕(人が)(仕事に)精を出す, 一所懸命になる.

atarjea [ataɾxéa] 囡 ❶ (水道管を保護する)レンガの覆い. ❷ 下水管. 類 **alcantarilla**. ❸ 用水路. 類 **acequia**.

atarugamiento [ataɾuɣamjénto] 男 ❶ 詰め込むこと. ❷ 満腹になること. ❸ 木片・木釘で固定すること.

atarugar [ataɾuɣár] [**1.2**] 〖< tarugo〗他 ❶〔+de〕…で詰め込む. —*Atarugó* el saco de

patatas hasta que reventó. 袋にじゃがいもを詰め込みすぎて袋が破れてしまった. ❷ (人)にたらふく食べさせる. —El niño está tan gordo porque su madre lo *ataruga*. その子はとても太っている. というのは母親が食べさせすぎるからだ. ❸ (人)を黙らせる. —No le grites, que lo vas a 〜. 彼をどなるな, 黙ってしまうから. ❹ を木片・木釘で固定する.
——se 再 ❶ (人が)言葉に詰まる. —Es un chico tímido y *se ataruga* al hablar. 彼は内気な子で話す時言葉に詰まる. ❷ (人が)混乱する.

atascadero [ataskaðéro] 男 ❶ ぬかるみ, 泥沼. —Algunos camiones quedaron atrapados en el 〜. トラックが数台ぬかるみにはまってしまった. 類**atolladero**. ❷ 苦境. —salir del 〜 苦境から抜け出す.

atascamiento [ataskamjénto] 男 →atasco.

***atascar** [ataskár] [1.1] [<tasca] 他 ❶ を詰まらせる, 詰める, …に詰め物をする. —No eches tanto papel, que vas a 〜 el desagüe. そんなに紙を捨てないでよ, 排水管が詰まるから. ❷ をじゃまする. —El cambio de presidente *atascó* la buena marcha de las negociaciones. 社長が代わったので交渉の進行がとどこおった.
——se 再 ❶ 詰まる. —*Se me ha atascado* la pipa. 私のパイプが詰まってしまった. ❷ (*a*) はまりこむ, 動かなくなる. —El coche *se atascó* en un barrizal. 車がぬかるみにはまりこんだ. (*b*) ことばに詰まる, 立ち往生する. —La actriz estaba tan nerviosa que *se atascó* en cuanto salió al escenario. 女優はとてもあがってしまい, 舞台に出たとたんにせりふが出なくなった.

atasco [atásko] 男 ❶ 詰まること, つかえること, 滞ること. —Ha llamado a un fontanero para que arregle el 〜 del desagüe. 彼は下水管の詰まりを直してもらうために水道屋さんを呼んだ. ❷ 妨害物, 障害. ❸ 交通渋滞. —A esta hora siempre hay 〜s en Madrid. この時間はマドリードはいつも交通渋滞だ.

:**ataúd** [ataú(ð)] 男 棺桶(ホヒネミ), 柩(ミタ). —meter en el 〜 納棺する. 類**féretro**.

ataujía [atauxía] 女 象眼細工. ◆金属, ほうろうなどに金や銀の糸を埋め込んだ細工.

ataurique [atauríke] 男 浮き彫り細工.

ataviar [ataβjár] [1.6] 他 [+con/de] (人)に着せて飾る. —La madre ha *ataviado* a su hija *con* un traje de noche. 母親は娘にイブニングドレスを着せた. ——se 再 [+con/de] (…を着て)盛装する. —*Se atavió con* su mejor traje para la fiesta. 彼はパーティーに一番いい服を着た.

atávico, ca [atáβiko, ka] 形 ❶ 《生物》隔世遺伝の. ❷ 先祖から受け継いだ. —costumbres *atávicas* 先祖代々の慣習.

atavío [ataβío] 男 ❶ 着飾ること, 盛装. —Concluido el 〜, el torero se postró ante una imagen de la Virgen. 闘牛服を着終えると, 闘牛士は聖母マリアの像の前にひざまづいた. ❷ [単または複] 衣装, 装身具.

atavismo [ataβísmo] 男 ❶ 《生物》隔世遺伝, 先祖返り. ❷ 遺伝的本能, 先祖から受け継いだ慣習.

ataxia [atáksja] 女 《医学》運動失調症. —〜 locomotora 歩行運動失調.

***ateísmo** [ateísmo] 男 無神論; 無神論的行為 [態度].

***ateísta** [ateísta] 男女 無神論者. 類**ateo**.
—— 形 無神論(者)の, 無神論的な.

atelaje [ateláxe] 男 ❶ 〖集合的に〗引き馬の馬具一式. ❷ 〖集合的に〗(砲車の)引き馬.

atelectasia [atelektásja] 女 《医学》無気肺.

atemorizar [atemoriθár] [1.3] [<temor] 他 (人)を怖がらせる, おびえさせる. —Su grito *atemorizó* a los vecinos. 彼の叫び声は隣人をぎょっとさせた. ——se 再 怖がる, おびえる. —El niño *se atemorizó* con el perro y comenzó a llorar. その子は犬におびえて泣き出した.

atemperación [atemperaθjón] 女 ❶ (感情などを)和らげること, 抑制. ❷ 適合させること.

atemperar [atemperár] 他 ❶ (感情などの激しさ)を和らげる. —los nervios 神経の興奮を和らげる. ❷ [+a] …に…を適合させる. —*atemperar* los gastos *a* los ingresos 出費を収入に合わせる. 類**acomodar**.
——se 再 和らぐ. —Su ira *se fue atemperando*. 彼の怒りはだんだん和らいでいった.

atenacear [atenaθeár] 他 →atenazar.

Atenas [aténas] 固名 アテネ(ギリシャの首都).

atenazar [atenaθár] [1.3] 他 [<tenaza] ❶ (やっとこで肉を引きちぎって)(人)を拷問する. ❷ (考えや感情が)(人)を苦しめる. —Me *atenazan* los remordimientos de conciencia. 良心の呵責(ホシェ゚)が私を苦しめる. ❸ を締め付ける. —— los dientes 歯をくいしばる.

***atención** [atenθjón アテンシオン] 女 ❶ 注意(力), 注目, 留意; 入念さ. —〜 intensa [sostenida, viva] 細心の注意. merecer la 〜 注目に値する. atraer la 〜 注意を引く. centrar la 〜 de todos みんなの注目の的になる. pedir la 〜 del público 聴衆に静粛を求める. Le gusta ser el centro de (la) 〜. 彼女は注目の的になるのが好きだ. ¡Gracias por su 〜! ご清聴ありがとうございました. En el ambulatorio recibí 〜 primaria. 私は診療所で応急手当を受けた. ❷ 関心, 興味. —Su 〜 por estos problemas ha sido muy grande. これらの問題に対する彼の関心は大変大きかった. 類**interés**. 反**desinterés**. ❸ [主に 複] 心づくし, 配慮, 心遣い, 気配り, 敬意. —Nunca olvidaré sus atenciones. ご親切は決して忘れません. Le agradezco mucho su amable 〜. 親切なお心遣いありがとう. 類**consideración**. 反**desconsideración, descortesía**. ❹ (お客への)応対. —horario de 〜 al público 営業[受付]時間. departamento de 〜 al cliente 顧客サービス課. ❺ [主に 複] 仕事, 所用. —*Atenciones* más urgentes retrasaron su viaje. 彼は急用ができて旅行を延期した.

a la atención de ... (手紙で)…(様)宛に. enviar un paquete *a la atención de*l alcalde. 市長宛に小包を送る.

con atención (1) 注意して, 注意深く. escuchar *con atención* sostenida [viva] 細心の注意を払って聴く, 注意をこらして聴く. (2) 入念に, 丹念に. (3) 丁重に, 親切に.

centrar su *atención* en ... /*dedicar* su *atención a* ... …に注意を集中する, 焦点を当てる. *Dedicó* toda *su atención a* la educación de los hijos. 彼は子供の教育に精魂を傾けた.

deshacerse en atenciones con [para] ... …に親切にする, 色々と気を配る, 丁重にもてなす.

en atención a ... を考慮[配慮]して, に留意して.
llamada de atención 注意を促すこと, 警鐘. una *llamada de atención* al gobierno 政府への警鐘.
*llamar*LE *la atención* (1)(人の)注意を引く, 関心を引く; 目立つ. Su postura algo rara *nos llama la atención*. 彼のいささか風変りな態度は我々の関心を引く. (2)『+por』(…のことで)を非難する, 叱責する. El profesor *le llamó la atención por* haberse dormido en clase. 先生は彼が授業中に眠ったので彼を叱った. (3) 驚かす. *Nos llamó* mucho *la atención* que llegaran por separado. 私たちは彼らが別々にやって来たことに大変驚いた.

prestar atención a .../*poner atención en* ... …に注意を払う.

tener (muchas [mil]) atenciones con [para] ... …に親切にする, 色々と気を配る, 丁重にもてなす. *Ha tenido muchas atenciones* conmigo. 彼は私に親切にしてくれた.

toque de atención 警告.

——間 ❶ (危ない)気をつけろ!; (アナウンスで)皆さまにお知らせします; (荷物の損れに)ご用心. ¡A～ a los pies! 足元に注意! ¡A～! Se avisa que el tren llegará con una hora de retraso. 皆さまにお知らせします. 列車は1時間遅れて着く予定です. ❷《軍》《軍隊で》気をつけ! ¡A～! ¡Marchen! 気をつけ! 進め! ❸《映画》用意!(撮影でスタート前の合図).

atender [atendér アテンデル] [4.2] 自 『+a に』 ❶ 注意を払う, を傾聴する. ―*Atiende* bien *a* lo que dice el profesor. 先生のおっしゃることによく耳を傾けるんだよ. ❷ …の世話をする, 接待をする. —En esta tienda se *atiende* bien *a* los clientes. この店は客扱いがよい. ❸ …に応じる, 応(ぇ)える. —Por falta de existencias no podemos ～ *a* su pedido. 在庫品がないので弊社ではご注文に応じられません.

—— 他 ❶ …の世話をする, 面倒をみる, …に応対する. —Una sola enfermera no puede ～ *a* diez enfermos. たった一人の看護婦では10人の患者の面倒は見きれない. ❷ (*a*) …に耳をかす, を聞き入れる, 考慮に入れる. —Si no *atiendes* mis consejos, fracasarás. 私の忠告に耳をかさないと失敗するよ. *Atendiendo* a su corta edad, fue perdonado. 低年齢であること考慮して彼は放免となった. (*b*) …に応じる, 応(ぇ)える. —una petición ～ 応ずべき要請. ❸ …に身を入れる, 精力を注ぐ. —*Atiende* bien sus negocios, pero tiene descuidada a su familia. 彼は自分の事業は大変熱心だが, 自分の家族のことはわすれている.

atendible [atendíβle] 形 考慮に値する. —una razón ～ 傾聴すべき理由.

ateneísta [ateneísta] 男女 文芸協会の会員.

*ateneo [atenéo] 男 文芸[学芸]協会と; その組織, 建物.

atenerse [atenérse] [10.8] 再 ❶ 『+a』(規則・法律などに)従う. —Tienes que *atenerte a* las instrucciones. 君は指示に従わなければいけません. ❷《主に命令文で》『+a』を甘んじて受ける. —Si desobedeces a tu padre, *atente* a las consecuencias. 君が父親の言うことをきかないのなら, その結果は甘んじて受け入れなさい. ❸『+a』に頼る. ❹『+a』(発言などを)まったく変更[訂正]しない. —*atenerse a* las declaraciones anteriores 前の言明をまったく変えない.

ateniense [ateniénse] 形 アテネ(Atenas)の.
——男女 アテネの住民[出身者].

*atentado, da [atentáðo, ða] 過分形 ❶ 襲撃された, テロ行為を被った; テロ[侵略]行為を被った. ❷ 穏健な, 節度ある, 分別ある, 賢明な. 類 cuerdo, moderado.

—— 男 ❶ 謀殺, (生命・資産等を狙った)テロ行為, テロ事件, 襲撃, 攻撃. — ～ suicida 自爆テロ. el ～ del 11 de septiembre 米国同時テロ事件. El ～ terrorista causó la muerte de tres niños. テロ行為によって3人の子供が死んだ. Tras el ～ contra el dictador, se impuso el toque de queda. 独裁者に対するテロの後, 夜間外出禁止令が出された. ❷『+contra』(…の)侵害, 侵略, (…の)侵害[侵略]行為. —La discriminación sexual es un grave ～ *contra* los derechos humanos. 男女差別は人権に対する重大な侵害である. ❸ 非合法, 違法, 不法行為. 類 agresión.

atentamente [aténtaménte] 副 ❶ 注意深く. —Escucha ～ lo que voy a decir. 私が言うことを注意して聞きなさい. ❷ (*a*) 丁重に, 礼儀正しく. (*b*)《手紙》(A～) 敬具.

atentar [atentár] 自 ❶『+contra』を乱す, 背く, 侵害する. — ～ *contra* la moral pública 風紀を乱す. ～ *contra* la seguridad del estado 国家の安全を侵す. ❷『+a/contra』を襲撃する.

atentatorio, ria [atentatório, ria] 形 『+contra』を侵害する. —una política atentatoria *contra* los derechos humanos 人権を侵害する政策.

‡**atento, ta** [aténto, ta]〈<atender〉形 ❶『+a』…に注意深い, 気をつけている. —Estamos ～s *a* ver si pasa. 私達は彼が通るのではないかと注意している. Es una alumna muy *atenta* en clase. 彼女は授業中熱心な生徒である. 反 desatento. ❷『+con』…に対して親切な, 思いやりのある; 丁寧な. —Estuvo muy ～ *con* todos. 彼は誰に対しても親切だった. 類 amable, cortés. 反 descortés.

atento a 『+名詞/que+直説法』を考慮して, …に鑑みて. *Atento* a este problema, diferimos la decisión. この問題を考慮して, 私達は決定を延期する.

su atenta (carta) お手紙, 貴書(相手の手紙に対する丁寧語).商業文での略記.su atta.

(Quedo) su atento y seguro servidor (主に商業文で)敬具『略語 s.a.s.s.』.

atenuación [atenwaθjón] 女 緩和, 軽減. — ～ de las tensiones internacionales 国際緊張の緩和. Tomó un calmante para ver si conseguía una ～ del dolor. 痛みが和らぐかどうか試しに彼は鎮痛剤を飲んだ.

atenuante [atenwánte] 形 和らげる, 軽減する. —circunstancias ～s《法律》情状酌量. 女/男《主に複》《法律》情状酌量.

atenuar [atenwár] [1.6] 他 ❶ を和らげる, 軽減[緩和]する. —Este cristal de la ventana *atenúa* la luz del sol. この窓ガラスは太陽光線を和らげる. ❷《法律》(罪などを)軽減[酌量]する.

——se 再 和らぐ, 弱まる. —La agresividad de su carácter *se atenuó* con el paso del tiempo. 彼の攻撃的な性格は年月とともに和らいだ.

ateo, a [atéo, a] 形 無神論(者)の. —Vivimos en una sociedad atea. 私達は無神論の社会に生きている. 類 **ateísta**. — 名 無神論者. —Es un ~ convencido. 彼は確信的な無神論者だ.

aterciopelado, da [aterθjopeláðo, ða] 形 〔<terciopelo〕ビロードのような.

aterido, da [ateríðo, ða] 形 凍(こご)えた. —Se despertó a medianoche ~ de frío. 真夜中に寒さに凍えて彼は目を覚ました.

aterimiento [aterimjénto] 男 凍(こご)え. —causar ~. 凍えさせる. El anciano había muerto de ~. その老人は凍え死んでいた.

aterir [ateŕír] [7] 他 を凍(こご)えさせる〔不定詞と過去分詞しか用いられない欠如動詞〕.
— **se** 再 凍える. — ~ se de frío 寒さで凍える.

ateroma [ateróma] 女 《医学》アテローム.

aterotrombosis [aterotrombósis] 女 《医学》アテローム性血栓症.

aterrador, dora [ateřaðór, ðóra] 形 ぞっとするような, 恐ろしい. —situación aterradora 恐ろしい状況.

aterrajar [ateřaxár] 〔<terraja〕他 《機械》(ダイス回しで)…にねじを切る.

aterrar[1] [ateřár] 他 (人)を怖がらせる, おびえさせる. —Me aterra viajar en avión. 私は飛行機に乗るのが怖い. 類 **aterrorizar**. — **se** 再 怖がる. —La niña se aterra con las arañas. その女の子はクモを怖がる. 類 **aterrorizarse**.

aterrar[2] [ateřár] [4.1] 他 ❶ を倒す. ❷ …に土をかぶせる.

aterrizaje [ateřiθáxe] 男 着陸. — ~ forzoso 不時着. tren de ~ (飛行機の)車輪. efectuar el ~ 着陸する. realizar un ~ de emergencia 緊急着陸する.

aterrizar [ateřiθár] [1.3] 自 ❶ (飛行機などが)着陸する. —El avión aterrizó con media hora de retraso. 飛行機は30分遅れて着陸した. 反 **despegar**. ❷ (人が)予告なしにやってくる. —Aterrizaron en casa a la hora de la siesta. 昼寝の時間に彼らは家にやって来た. ❸ 《話》(新しい場所に)やってくる. —Acaba de ~ en este departamento y está aún desorientado. 彼はこの課に来たばかりなのでまだ右も左も分からない.

aterronarse [ateřonárse] 〔<terrón〕再 (土などが)塊(かたまり)になる.

aterrorizar [ateřoriθár] [1.3] 〔<terror〕他 (人)を怖がらせる, おびえさせる. —El golpe de Estado aterrorizó a toda la nación. クーデターで国中を恐怖に陥れた.
— **se** 再 怖がる. —Este niño se aterroriza con la oscuridad. この子は暗闇を怖がる.

atesar [atesár] [4.1] 他 (何か)をぴんとさせる, ぴんと張る. — ~ las velas 帆をぴんと張る.

atesoramiento [atesoramjénto] 男 ❶ 蓄財. ❷ (文化財などの)所蔵.

atesorar [atesorár] 〔<tesoro〕他 ❶ (お金・財産)を蓄える. — ~ riquezas 富を蓄える. ❷ (文化財など)を所蔵する. ❸ (才能・特質)を持つ. — ~ una gran humanidad 人間性が豊かである.

atestación [atestaθjón] 〔<atestar〕女 証言(すること), 証明. 類 **testificación**.

atestado, da [atestáðo, ða] 形 ❶ 〔+de で〕…で一杯になった. —vagón ~ de gente 満員の車両. ❷ 頑固な, 強情な. 類 **testarudo**.
— 男 《法律》証明書. —La policía levantó el ~ del accidente. 警察は事故の調書を作成した.

***atestar** [atestár] [4.1] 他 ❶ 〔+de で〕をいっぱいにする, ぎゅうぎゅう詰めにする. —Habrá que ~ el baúl de ropa si queremos llevarla toda. もし私たちが衣類を全部持っていきたいと思えばトランクを衣類でいっぱいにしなければならないだろう. ❷ (人がある場所に)をいっぱいに満たす, 満員にする. —Los estudiantes, que atestaban el salón, protestaban contra el gobierno. 講堂いっぱいの学生たちは政府に対して抗議していた. ❸ 〔+de で〕を満腹する. — ~ de croquetas al niño 子供にコロッケをたくさん食べさせる. 類 **llenar**.
— 自 《司法》証言する, (証人として)証言台に立つ. —No tendrás más remedio que ~ ante el juez, si el fiscal te lo pide. もし検事が要請したら, 君は判事の前で証言するより仕方があるまい.
— **se** 再 〔+de で〕いっぱいになる, いっぱいに詰まる, 満腹する. —El tren se ha atestado en cinco minutos. 列車は5分間で満員になった.

atestiguar [atestiɣwár] [1.4] 他 ❶ (証人として)証言する. —Ella se negó a ~ en el juicio. 彼女は裁判の証言を拒否した. ❷ を証明する, 立証する. —Las huellas dactilares atestiguaban su presencia en la casa. 指紋が彼がその家に居たことを立証していた.

atetosis [atetósis] 女 《医学》アテトーシス.

atezado, da [ateθáðo, ða] 形 日に焼けた, 肌が褐色になった.

atezar [ateθár] [1.3] 他 ❶ (特に太陽が)(肌)を褐色にする, 日焼けさせる. 類 **broncear**. ❷ を滑らかにする.

atiborrar [atiβořár] 他 ❶ 〔+de で〕…で…を詰め込む, 押し込む. — ~ la maleta de ropa スーツケースに衣服をぎゅうぎゅう詰めにする. ❷ を満たす. — **se** 再 ❶ 〔+de で〕…で満腹になる. — ~ se de dulces 甘いものを腹一杯食べる. ❷ …で一杯になる. —A estas horas el autobús se atiborra de gente. この時間バスは満員です.

Ática [átika] 固名 アッティカ(古代ギリシャ南東部の地方).

aticismo [atiθísmo] 男 《雅》簡潔で典雅な表現.

ático, ca [átiko, ka] 形 ❶ アッティカ(Ática)の. ❷ 機知に富んだ. ❸ 渋くて優雅な. — 名 アッティカ(Ática)の人. — 男 ❶ 《歴史, 言語》(古代ギリシャ語の)アッティカ方言. ❷ 《建築》屋根裏部屋.

atiend- [atjénd-] 動 atender の直・現在, 接・現在, 命令・2単.

atiesar [atjesár] 〔<tieso〕 をぴんとさせる(ひげなどを)固める. —Atiesó el cuello de la camisa con almidón. シャツの襟をのり付けして固くした.

atigrado, da [atiɣráðo, ða] 〔<tigre〕形 虎縞模様の. — gato ~ 虎縞模様のネコ.

atildado, da [atildáðo, ða] 形 ❶ めかし込んだ, 上品な. —Su novio es un chico fino y ~. 彼女のフィアンセは洗練された上品な方です. 類 **elegante, pulcro**. ❷ (文章などが)凝った.

atildamiento [atildamjénto] 男 ❶ めかし込むこと. ❷ 非難(すること).

atildar [atildár] 〔<tilde〕他 ❶ (人)を念入りにおめかしさせる. —Deberías ~ un poco a los

niños antes de salir. 君は外出させる前に子供たちを少し身だしなみを整えてやるべきです ❷ 『+de』…であると(人)を非難する. **— se** 再 めかし込む.

atinadamente [atinaðaménte] 副 適切に, 的確に.

atina*do*, *da* [atináðo, ða] 形 適切な, 的確な. — Hiciste un ~ comentario. 君は的確なコメントをした.

*****atinar** [atinár] [<tino] 自 ❶ 『+con を』(ふと・幸運にも)見つける, 見つけ出す. — *Atiné* enseguida *con* el hotel que buscaba. 私はすぐに探していたホテルを見つけ出した. ❷ 『+con/en を』言い当てる, わかる. — No *atino* a saber por qué está tan enfadada conmigo. 彼女がなぜ私のことをあんなに怒っているのか私にはわからない『con/en はあとに por qué を省略する』. ❸ 『+a/con/en; 現在分詞』正しい行いをする, 正しい, 正解である. — *Atinaste en* llevar mucho dinero contigo. お金をたくさん持って行ったのは正解だったね. ❹ 『+con/en に』命中させる, 命中する. — ~ *en* el blanco 的に命中する.

atipla*do*, *da* [atipláðo, ða] 形 (声が)甲高い, 金切り声の, (音が)高い. — Era un hombre menudo y de voz *atiplada*. 彼は小柄で甲高い声の男だった.

atiplar [atiplár] 他 (楽器・声)を高くする. — ~ la guitarra ギターの音を上げる.
— se 再 (音・声が)高くなる. — Cuando se pone nervioso, la voz *se le atipla*. 彼は緊張すると声が高くなる.

atirantar [atirantár] [<tirante] 他 ❶ (テントなど)をぴんと張る. — Su postura *atirantó* la falda. 彼女の姿勢でスカートがぴんと張った. ❷ (関係など)を緊張させる, 緊張させる.
— se 再 緊張が高まる. — Las relaciones entre los dos países volvieron a ~*se*. 両国の関係は再び緊迫した.

atisbadero [atisβaðéro] 男 のぞき穴.

atisbar [atisβár] 他 ❶ をのぞく, こっそり観察する. — Abrió un pequeño agujero en la puerta para ~ lo que ocurría dentro. 中で何が起こっているのかのぞくために彼はドアに小さな穴を開けた. ❷ …がおぼろげに見える, なんとか見える. 類 **vislumbrar. — se** 再 おぼろげに見える. — *Se atisbó* la torre de la iglesia a lo lejos. 遠くに教会の塔がおぼろげに見えた. 類 **vislumbrarse**.

atisbo [atísβo] 男 ❶ しるし, 兆候, 兆し. — Tiene ~s de demencia senil. 彼にはボケの兆候が見られる. ❷ のぞくこと, うかがうこと, 見張ること.

Atitlán [atitlán] 固名 (Lago de ~) アティトゥラン湖(グアテマラの湖).

atiza [atíθa] 間 うわぁ, こりゃおどろいた. —¡A ~, nos hemos pasado de estación! こりゃ, いけない, 乗り越した.

atiza*dor*, *dora* [atiθaðór, ðóra] 形 ❶ (火を)かき立てる. ❷ (喧嘩などを)あおり立てる, 扇動する. — Se acusa a ese gobierno de ~ conflictos exteriores. 外部の紛争を扇動しているとその政府は非難されている. —— 男 火かき棒.

*****atizar** [atiθár] [1.3] [<tizón] 他 ❶ (火)をかき立てる. — El fuego estaba a punto de apagarse y lo aticé. 火が消えかかっていたので私はそれをかき立てた. ❷ 『話』の激情をあおる, (不和など)を助長させる. — El perfume de señora que desprendía la ropa de su marido *atizaba* sus sospechas. 夫の衣服が放つ女性の香水のにおいに彼女は疑いをつのらせた. ❸ (一撃を)与える, くらわせる. — *Atizó* una patada al pobre perro. 彼はかわいそうな犬を足蹴にした.
—— 再 『話』を過食[過飲]する, 食べ[飲み]過ぎる. — *Se atizó* un buen bistec de ternera. 彼は子牛の上等のビフテキを平らげた.

atlante [atlánte] 男 《建築》男像柱.

Atlántico [atlántiko] 固名 ❶ (el Océano ~) 大西洋. ❷ アトランティコ(コロンビアの県).

atlántico, *ca* [atlántiko, ka] 形 ❶ 大西洋の. — el Océano *A*~ → Atlántico ①. costa *atlántica* 大西洋岸. ❷ アトラス山脈の.

Atlas [átlas] 固名 ❶ 《ギリシャ神話》アトラス(地球を両肩にかつぐ巨人神). ❷ (Cordillera de ~) アトラス山脈(アフリカの大山脈).

atlas [átlas] 男 [単複同形] ❶ 地図帳. ❷ 図鑑, 図解集. — ~ histórico 歴史地図帳. ~ lingüístico 言語地図帳. ❸ 《解剖》環椎(ｶﾝ), 第一頚椎(ｹｲﾂｲ).

atleta [atléta] 男女 《スポーツ》(主に)陸上(競技)選手, 運動選手, スポーツマン. — ~ de decatlón 十種競技選手. 類 **deportista, gimnasta**.

pie de atleta 《医学》(足にできる)水虫, 汗疱状白癬(ｶﾝﾎﾟｳｼﾞｮｳﾊｸｾﾝ).
—— 男 ❶ 筋骨たくましい人. — estar hecho todo un ~ 体がしっかりしている. ❷ (古代ギリシャ・ローマの)競技[闘技]者. ❸ 《比喩》擁護者.

atlético, *ca* [atlétiko, ka] 形 ❶ 《スポーツ》運動[陸上]競技の, 運動[陸上]選手の. — ejercicios ~s 運動. pruebas *atléticas* 陸上競技. ❷ (運動選手のように)筋骨隆々な, 頑健な. — Los defensas del equipo son muy ~s. チームのディフェンスの選手たちはとても筋骨隆々である.

atletismo [atletísmo] 男 《スポーツ》運動[陸上]競技.

*****atmósfera, atmosfera** [atmósfera, atmosféra] 女 ❶ (地球を取巻く)大気(圏), 空気; (天体を取巻く)ガス体. — ~ terrestre 地球の大気. contaminación de la ~ 大気汚染. ❷ (特定の場所の)空気. — ventilar [refrescar] la ~ de la habitación 部屋の空気を入れ換える. ❸ 雰囲気, 気分, ムード; 情況, 環境. — En la reunión había una ~ cargada. 会議の雰囲気は重苦しかった. Se respira una ~ tensa. 緊張感が漂っている. ~ amistosa [acogedora] 和やかな雰囲気. estropear la ~ agradable いい雰囲気を壊す. La película crea muy bien la ~ de la época. その映画は時代の雰囲気をとてもよく醸(ｶﾓ)し出している. Las negociaciones se desenvolvieron en una ~ de mutua confianza. 交渉は相互信頼の雰囲気の中で展開した. 類 **ambiente, medio**. ❹ 《物理》気圧(圧力単位, (略)atm.).

*****atmosférico, *ca*** [atmosfériko, ka] 形 大気の, 大気中の. — presión *atmosférica* 気圧. perturbación *atmosférica* 《気象》大気擾(ｼﾞｮｳ)乱, 《通信》空電妨害. contaminación *atmosférica* 大気汚染.

atoar [atoár] 他 《航海》(船)を引っ張る, 曳航(ｴｲｺｳ)する.

atocha [atótʃa] 女 《植物》アフリカハネガヤ, エス

182 atocinado

パルト(イネ科ハネガヤ属。紙・縄などの原料).

atocinado, da [atoθináðo, ða] 形 [<tocino] (人が)太った.

atocinar [atoθinár] [<tocino] 他 ❶ をベーコンにする. ❷ (豚)を切り裂く. ❸ (人)を殺す.
— **se** 再 ❶ 太りすぎる. — Hay que hacer ejercicio para no ~*se*. 太りすぎないためには運動をしなくてはいけません. ❷ 怒る.

atol [atól] 男 →atole.

atole [atóle] 男 『中米』 トウモロコシの粉と水や牛乳などからなる重湯状の飲料.

atolladero [atojaðéro] 男 ❶ ぬかるみ, 泥沼. — Unos excursionistas le ayudaron a sacar el coche del ~. 数人のハイカーたちが彼の車をぬかるみから出すのを手伝った. ❷ 窮地, 難局. — meterse en un ~ 窮地に陥る. salir de un ~ 窮地を脱する.

atollar(se) [atojár(se)] 自(再) ぬかるみにはまる. — El coche *se* le *atolló* en el camino y tuvo que seguir andando hasta el pueblo. 途中で車がぬかるみにはまり, 彼は村まで徒歩で行かなければならなかった.

atolón [atolón] 男 環礁($\overset{かん}{\text{じょう}}$).

atolondrado, da [atolondráðo, ða] 形 軽率に行動する; 慌てた.

atolondramiento [atolondramjénto] 男 当惑, ぼうっとすること, 慌てること.

atolondrar [atolondrár] 他 (人)を当惑させる, 慌てさせる. — La madre *atolondra* a sus hijos con los gritos que les da. 母親は怒鳴り声で子供たちを当惑させる. 類 **aturdir, ofuscar**.
— **se** 再 慌てる. — Conduce despacio y no *te atolondres*. ゆっくり運転しなさい, 慌てずに.

‡**atómico, ca** [atómiko, ka] 形 ❶ 原子の. — energía *atómica* 原子力. física *atómica* 原子物理学. masa *atómica* 原子量. núcleo ~ 原子核. número ~ 原子番号. teoría *atómica* 原子論. ❷ 原子力の, 原子力利用の. — bomba *atómica* 原子爆弾. pila *atómica* 原子炉. refugio ~ 核シェルター. 類 **nuclear**.

atomización [atomiθaθjón] 女 原子化; 粉砕; 霧状にすること.

atomizador [atomiθaðór] 男 噴霧器.

atomizar [atomiθár] [**1.3**] 他 ❶ を微粒子化する, 霧状にする. ❷ を粉砕する, ばらばらにする.
— **se** 再 ばらばらになる; 破綻($\overset{は}{\text{たん}}$)する.

‡**átomo** [átomo] 男 ❶《物理, 化学》原子(→ molécula「分子」). — núcleo del ~ 原子核 (= ~ atómico). ~ de hidrógeno [de oxígeno] 水素[酸素]原子. ~ gramo [複]~*s* gramo) グラム原子. ❷《話》微量, かけら; [否定語を伴って] 少しも [微塵も] (…ない). — no tener ni un átomo de sentido común 常識のひとかけらもない. 類 **nada, pizca**.

atonal [atonál] 形《音楽》無調の. — música ~ 無調の音楽.

atonía [atonía] 女 ❶ 無気力, 活力の欠如. — Ha sido una semana de gran ~ en la bolsa. 株式市場は全く活気のない一週間だった. 類 **apatía, desinterés**. ❷《医学》弛緩($\overset{し}{\text{かん}}$)症, アトニー. — ~ gástrica 胃アトニー, 胃弛緩症.

atónito, ta [atónito, ta] 形 [+con/de/por] …にびっくり仰天した. — quedarse ~ びっくり仰

天する. Me dejó ~ *con* sus declaraciones. 私は彼の発言にびっくり仰天した. 類 **estupefacto**.

átono, na [átono, na] 形《文法》強勢のない, アクセントのない. 反 **tónico**.

atontado, da [atontáðo, ða] 形 ぼんやりした, ぼうっとなった. — No sé qué te pasa hoy, pero pareces ~. 今日, 君はどうしたか分からないけど, ぼうっとしているね.

atontamiento [atontamjénto] 男 ❶ ぼうっとなる[する]こと. — producir ~ a ... (人)をぼうっとさせる. ❷ ぼけること.

atontar [atontár] [<tonto] 他 ❶ (人)をぼうっとさせる. — El golpe en la cabeza me ha *atontado*. 私は頭を打ってぼうっとなった. ❷ (人)をぼけさせる. — Esta clase de vida *atonta* a cualquiera. こんな生活をすれば誰でもぼけてしまいます.

atontolinar [atontolinár] 他 →atontar.

atopia [atópja] 女《医学》アトピー.

atópico, ca [atópiko, ka] 形 アトピー性の. — dermatitis *atópica* アトピー性皮膚炎.

atorar [atorár] 他 ❶ を詰まらせる, ふさぐ. — El barro *ha atorado* la cañería. 泥が管を詰まらせた. — **se** 再 ❶ 詰まる. — El desagüe *se ha atorado*. 排水管が詰まってしまった. 類 **atascarse**. ❷ 言葉に詰まる. 類 **atragantarse**.

atormentador, dora [atormentaðór, ðóra] 形 苦しめる, 悩ませる. — Anoche tuve una *atormentadora* pesadilla. 昨夜, 私はつらい悪夢を見た.

atormentar [atormentár] [<tormenta] 他 ❶ (人)を拷問にかける, 苦痛を与える. — En esta sala del penal *atormentaban* a los presos. 刑務所のこの部屋で囚人に拷問がかけられていた. 類 **torturar**. ❷ (人)を苦しめる, 悩ます. — Con el tiempo desaparecieron los celos que lo *atormentaban*. 時がたつにつれ, 彼を苦しめていた嫉妬は消えていった.

atornillador [atornijaðór] 男『中南米』ドライバー, ねじ回し. — ~ a batería 電池式電動ドライバー.

atornillar [atornijár] [<tornillo] 他 ❶ をねじで締める. — La mesa se tambalea porque no la *has atornillado* bien. 君がしっかりねじを締めなかったからテーブルがガタがたついている. ❷ (人)に圧力をかける. — Lo *atornillaron* hasta que no tuvo más remedio que firmar. 署名せざるをえなくなるまで彼は圧力をかけられた.
— 自 (ねじが)締まる. — **se** 再 (地位などに)居座る.

atoro [atóro] 男 ❶ 詰まること. ❷ 窮地.

atorrante [atoránte] 男女『南米』浮浪者. 類 **holgazán, vagabundo**. — 女 売春婦.

atortolar [atortolár] 他《話》(人)を当惑させる, おびえさせる. 類 **acobardar, aturdir**.
— **se** 再 (男女が)いちゃつく[主に過去分詞で使われる]. — Los novios estaban *atortolados* en un banco del parque. 恋人たちは公園のベンチでいちゃついていた.

atosigador, dora [atosiɣaðór, ðóra] 形 せきたてる, 焦らせる.

atosigamiento [atosiɣamjénto] 男 せきたてること, 焦り. — El ~ de los reporteros sacaba de quicio a la actriz. リポーターたちがせきたてるので女優は怒っていた.

atosigar [atosiɣár] [**1.2**] [<tósigo] 他 ❶

(人)をせきたてる, 焦らせる. —Los periodistas lo *atosigaban* a preguntas. ジャーナリストたちは彼を質問攻めにしていた. ❷ (人)に迷惑をかける. ❸ に毒を盛る. —**se** 再 心配する. —Cuando llegan los exámenes *se atosiga*. 試験の時期になると, 彼は不安になる.

atrabancar [atraβaŋkár] [1.1] 他 【アンダルシーア, カナリア諸島】を詰め込む. 類 abarrotar.

atrabiliario, ria [atraβiliário, ria] 形 ❶ (人が)怒りっぽい, 短気な, かんしゃく持ちの. —Tiene un carácter ~. 彼は短気な性格だ. 類 irascible, irritable. ❷ 突飛な, 奇抜な. 類 extravagante.

atrabilioso, sa [atraβilióso, sa] 形 →atrabiliario.

atrabilis [atraβílis] 女 ❶ 《医学》黒胆汁(古い病理学による 4 つの気質分類の 1). ❷ 短気な性格.

atracadero [atrakaðéro] 男 桟橋(きょう), 船着き場.

atracador, dora [atrakaðór, ðóra] 名 強盗.

atracar [atrakár] 他 ❶ 《海事》を接岸(接舷)させる, 係留する. — ~ en un puerto. 港に停泊する. ❷ 強盗を働く, を襲撃する. — ~ un banco. 銀行強盗をする. ❸ [+de に]をたらふく食わせる, 満腹させる.
—— 自 《海事》停泊する, 接岸(接舷)する.
—— **se** 再 ❶ 【中南米】殴り合う, 口論する. ❷ 【南米】[+a に]近づく.

:**atracción** [atrakθión] 女 ❶ 引きつけること, 引き寄せること;《物理》引力. —Se sorprendió al ver la ~ del imán sobre los clavos. 彼は磁石がくぎを引きつけるのを見て驚いた. La ~ universal fue descubierta por Newton. 万有引力はニュートンによって発見された. ❷ 魅力的なこと[もの], 人を引きつけること[もの]; 魅力, 魅惑. —Es un político de personalidad que ejerce una gran ~ sobre las masas. 彼は大衆を強く引きつける個性を持った政治家だ. No podía disimular la ~ que sentía por ella. 彼は彼女に好もちが引かれるのを隠すことができなかった. 類 atractivo. ❸ 【主に 複】(サーカスやバラエティショー等の)出し物, 演目; アトラクション. —La ~ presentada en el último lugar fue la más aplaudida por el público. 最後に演じられた出し物が聴衆にもっとも受けた. 類 espectáculo. ❹ (遊園地など娯楽施設の)乗り物, 施設, 装置. —Entre los jóvenes, la noria es la ~ más popular. 若者の間では観覧車がもっとも人気のある乗り物だ. ❺ (行事や集会の)注目のもの, 主役, 華. —Con su elocuencia fue la ~ de la reunión. その雄弁さで彼は集会の主役となった.

parque de atracciones 遊園地. A mis niños les encanta el *parque de atracciones*. 私の子どもたちは遊園地が大好きだ.

atraco [atráko] 男 強盗, 強奪. —cometer un ~ 強盗をはたらく. 類 robo.

atracón [atrakón] 男 ❶ 《話》たらふく食べること, 飽食. —darse [pegarse] un~ de ... をたらふく食べる. ❷ (何かを)飽きるほどすること. —Me he dado un ~ de cine durante las vacaciones. 私は休暇中に映画を飽きるほど見た.

:**atractivo, va** [atraktíβo, βa] 形 ❶ 人を引きつける, 魅力的な. —La agencia de viajes ofrece una gira por España muy *atractiva*. その旅行代理店は非常に魅力的なスペイン一周旅行を売り出している. ❷ (物事を)引きつける; 引力のある. —fuerza *atractiva* 引力.
—— 男 魅力, 人を引きつける力. —Trabajar en la sucursal de Londres tiene mucho ~ para mí. ロンドン支店で働くことは私にとって大変な魅力だ. 類 encanto.

:**atraer** [atraér] [10.4] 《<traer》他 ❶ (a)(物理的に)を引き寄せる, 引きつける; 吸いつける. —La gravedad de la tierra *atrae* todas las cosas hacia su centro. 地球の引力はすべての物をその中心へ向かって吸い寄せる. (b)《比喩》を引き寄せる, 引きつける. —El extraño traje de María *atraía* las miradas de los transeúntes. マリアの奇妙なスーツは通行人の眼を引きつけた. ❷ を魅惑する, 魅了する. —El clima de Alicante *atrae* a muchos extranjeros. アリカンテの気候は多くの外国人を魅了する. ❸ を引き起こす, 惹起(きょき)する.

atragantarse [atraɣantárse] 再 ❶ 喉が詰まる. —El bebé *se atragantó* con un trozo de magdalena. 赤ん坊はマドレーヌのかけらで喉を詰まらせた. ❷ 口ごもる, 言葉を詰まらせる. —Cuando está nervioso, *se atraganta*. 彼は緊張すると言葉に詰まる. ❸ (人)を気に入らない, (人・事物)が苦手である. —Las matemáticas *se me han atragantado*. 私は数学が苦手です.

***atraído, da** [atraído, ða] 過分 《<traer》形 引きつけられた, 引き寄せられた; 魅了された, 魅惑された. —A ~ por su belleza, la miraba embobado. その美しさに魅惑され, 彼は彼女をぼうっと眺めていた.

atraiga(-) [atráiɣa(-)] 動 atraer の接・現在.

atraigo [atráiɣo] 動 atraer の直・現在・1 単.

atraillar [atraiʎár] 《<trailla》他 (犬)を紐でつなぐ.

atraj- [atrax-] atraer の直・完了過去, 接・過去.

atramparse [atrampárse] 《<trampa》再 ❶ わなにはまる. ❷ (管が)詰まる. ❸ (ドアの掛け金が)動かなくなる.

atrancar [atraŋkár] [1.1] 《<tranca》他 ❶ (ドア・窓)にかんぬきをかける. ❷ (管を)詰まらせる; (道を)遮断する.
—— **se** 再 [+en に](部屋)に内側から鍵をかけて閉じこもる.

atranco [atráŋko] 男 ❶ 詰まること. ❷ 難局

atrapamoscas [atrapamóskas] 男 《植物》ハエトリグサ.

atrapar [atrapár] 他 ❶ 捕らえる, つかまえる. ❷ 獲得する, まんまと手中に収める. ❸ 欺く, まんまとだます.

atraque [atráke] 男 《海事》(船の)接岸. 桟橋(きょう).

*****atrás** [atrás アトラス] 副 ❶ 後ろに[へ], あとに[へ], 背後に[へ]. —ir ~ 後ろへ下がる, 後戻りする; 後について行く. dar un paso ~ 一歩後ろへ下がる; 後退する. mirar hacia [para] ~ 後ろを振り返る. *¡A ~!* 後ろへ下がれ, 戻れ. Si no se echan un poco ~, no podemos pasar. 彼らが少し下がってくれないと私達は通れない. Andaba por el cuarto con las manos cogidas ~. 彼は手を後ろに組んで部屋を歩いてい

184 atrasado

た. 反**adelante**. ❷ 後部に[へ]; 奥に[へ]. —Se levantaron los que estaban ~. 後ろにいた人達は立ち上がった. Los vagones de primera van ~. 一等車は後部に[ついている]. ❸ 〔時間を〕後ろへのぼって, (現在または過去の時点より)以前に[へ]. ~ tres años ~ 3年前. desde muy ~ 非常に以前から. La encontré días ~ en la calle Princesa. 私は彼女に数日前ブリンセーサ街で出会った.

cuenta atrás 秒読み, カウントダウン.

de atrás 後ろの, 後部の; 奥の. ruedas *de atrás* 後輪. La oficina queda en el edificio *de atrás*. 事務所は後ろのビルにある.

dejar atrás 追い抜く, 置き去りにする. Ya ha *dejado atrás* a sus rivales. 彼はもうライバル達を抜いてしまった.

echarse para atrás 前言を翻す, 約束に背く.

estar muy atrás (発達・流行などの上で)遅れている. *Estaba muy atrás* en matemáticas. 彼は数学が大変遅れていた.

marcha atrás 後退, (車の)バック. hacer [dar] *marcha atrás* 後退[バック]する.

quedar(se) atrás 遅れをとる, ついて行けなくなる. El alumno *se ha quedado* muy *atrás* en la clase. その生徒はクラスの中でついて行けなくなった.

venir de atrás (1) 後ろから来る. El viento *viene de atrás*. 風は背後から吹いてくる. (2) 昔にさかのぼる. El intercambio cultural entre los dos países *viene de* muy *atrás*. 両国の文化交流は非常に昔にさかのぼる.

volverse atrás 引き返す; 約束に背く.

atrasado, da [atrasáðo, ða] 過分 ❶【estar+】(時間に)遅れた. —El vuelo 55 llegó ~. 55便は遅れて到着した. periódicos ~s 古新聞. Tengo sueño ~. 私はこのところあまり寝ていない. ❷【estar+】(進度が)遅れた. —Marta *está atrasada* en los estudios. マルタは勉強が遅れている. países ~s 後進国(「発展途上国」は países en vías de desarrollo).

:**atrasar** [atrasár][＜atrás] 他 ❶ を遅らせる, 遅くする. —*Atrasé* mi reloj dos minutos porque adelantaba. 私は時計が進んでいたので2分おくらせた. La nieve *ha atrasado* la recogida de aceituna. 雪のためにオリーブの実の収穫がおくれた. ❷ を延期する. — ~ el viaje por motivos de salud 旅行を健康上の理由で延期する. 類 **atrasar** はもっとも普通の「遅れる」の意味. **retardar** にはある行為を遅らせるだけでなく, 「抑制する」とか「くいとめる」という意味がある. **retrasar** には, 「何かで他人にひけをとる, 負ける」といった悪い意味を持つことがある.

—— 自 遅れる. —Este reloj *atrasa* mucho. この時計は遅れがひどい.

——**se** 再 ❶ おくれる, 延着する, 遅刻する. —Perdona que me haya atrasado. おくれてしまってごめんね. ❷ (支払などが)延滞する. —El pago *se ha atrasado* por causa de la huelga. 支払はストのため延延している.

atraso [atráso] 男 ❶(時間・進度の)遅れ, 遅滞. —llevar ~ 遅れている. El tren lleva una hora de ~. 列車は1時間遅れている. ❷ 複 滞納金, 未納金. —pagar [cobrar] los ~s 滞納金を支払う[徴収する]. ❸ 遅れていること. —¿No tienes móvil? Chico, ¡qué ~! 携帯電話を持っていな

いのかい, 君, 遅れているね.

*****atravesado, da** [atraβesáðo, ða] 過分 形 ❶ 横切った, 横断した, 交差した. —Un coche ~ en el camino les impedía avanzar. 道路を塞いでいる車が彼らが前進するのを妨げていた. ❷ 貫いた, 貫通した, 突き刺さった. —Encontraron un conejo ~ por una flecha. 彼らは矢の刺さったウサギを見つけた. ❸ 斜視の, やぶにらみの. 類 **bizco**. ❹ 悪意のある, 意地の悪い, 根性の曲がった, たちの悪い. —Me replicó con palabras *atravesadas*. 彼は私に意地の悪い言葉で反論した. 類 **avieso**, **maligno**, **perverso**.

poner atravesado 横向きにする[置く].

tener atravesado …に反感を持つ, いやだと思う. El profesor me *tiene* muy *atravesado*. 先生は私が気に入らないのだ.

tener la cara atravesada 不機嫌な顔をする, 仏頂面をする.

***atravesar** [atraβesár アトラベサル] 他 [4.1] [＜través] ❶ (a) を横切る, 渡る, 越える. — ~ la calle [el río] 通り[川]を横断する. Los cartagineses atravesaron los Alpes. カルタゴ軍はアルプス山脈を横断した. 類 **cruzar**. (b) を横向きに並べて通行を遮断する. —Los amotinados *atravesaron* autobuses en la carretera. 暴徒たちは道路にバスを横向きに並べて通行を妨害した. ❷ (a) を貫く, 貫通する; …にしみとおる. —La estocada del torero *atravesó* el corazón al toro. 闘牛師の一突きが牛の心臓を貫いた. (b) (心)をよぎる. —Una gran pena me *atravesó* el corazón al oír la noticia. その知らせを聞いて大きな悲しみが私の心をよぎった. ❸ を経過中である. —El país *atraviesa* una época de gran desarrollo económico. その国は経済的大発展の時代を迎えている.

——**se** 再 ❶ (横切って)横たわる, 遮る, たちふさがる. —Al caer, el árbol *se atravesó* sobre los raíles del tren. 木が倒れて線路をふさいだ. (b) (不祥事が)起こる. —Si no *se hubiese atravesado* ese problema, todo estaría ya resuelto. その問題が起こっていなかったら, 今頃はすべて解決ずみであろうに. ❷ 刺さる. —*Se me ha atravesado* una espina en la garganta. 魚の骨が私のノドに刺さった. ❸【＋en】干渉する, 介入する, 話の中に割って入る. —Le gusta ~*se en* los líos de los demás. 彼は他人のごたごたに介入するのが好きだ. ❹ 鼻持ちならない, 気に入らない, 不愉快になる. —*Se me ha atravesado* la vecina y no la soporto. 私は近所の女性が気に入らなくて, がまんできない.

atravies- [atraβjés-] atravesar の直・現在, 接・現在, 命令・2単.

atrayendo [atrajéndo] 動 atraer の現在分詞.

***atrayente** [atrajénte] 形 引きつける; 人を引きつける, 魅力ある. — persona [música] ~ 魅力的な人物[音楽]. 類 **atractivo**, **sugestivo**.

atresia [atrésia] 女 〖医学〗閉鎖症. — ~ pulmonar 肺動脈閉鎖症.

:**atreverse** [atreβérse アトレベルセ] 再 【常に再帰形で】❶【＋a】思い切って…する; 厚かましくも…する. —¿Cómo *te atreves* a hablar así al presidente! 君よくも社長にそんな口調で話せるな. *No se atreve* a salir sola de noche. 彼女には夜ひとりで外出する勇気

がない. ❷ 【+con に】とりかかる, (を)始める; 平らげる. ——~se con un filete de medio kilo 500 グラムのステーキを平らげる.

atrevidamente [atreβíðaménte] 副 大胆に.

***atrevido, da** [atreβíðo, ða] 過分 (<atreverse) 形 ❶ 大胆な, 冒険的な, 無謀な, 向こう見ずな; 危険な. ——Él nunca ha sido ~, sino más bien cobarde. 彼は一度でも向こう見ずだったことはない, むしろ臆病者だ. Llevaba un vestido con un escote muy ~. 彼女はとても大胆な襟ぐりのドレスを着ていた. Delante de los niños no debes contar chistes tan ~s. 子どもの前ではあんなきわどい冗談を言うべきではない. El nuevo gobierno ha puesto en marcha una *atrevida* reforma económica. 新政府は大胆な経済改革に着手した. 類 **arriesgado**. ❷ 不遜な, 横柄な, 厚かましい. ——Es un chico muy ~ en su trato con los mayores. 彼は目上の人に対してひどく不遜な態度をとる青年だ. 類 **descarado, insolente**.
——图 ❶ 大胆な, 冒険的な, 向こう見ずな人, 無謀な人. ❷ 不遜な人, 横柄な人, 厚かましい人.

‡**atrevimiento** [atreβimjénto] 男 ❶ ずうずうしいこと, 厚かましいこと; 不遜, 横柄, 大胆, 無謀. ——Tuvo el ~ de marcharse sin pagar. 彼はずうずうしくも支払いをせずに出て行った. Me desagrada mucho su ~. 私は彼の厚かましさが嫌いだ. 類 **descaro, desvergüenza, insolencia, osadía**. ❷ 厚かましい [不遜な] 言動, 横柄な態度. ——Criticar al dictador constituía un ~ imperdonable. 独裁者を批判するのは許されないことだった.

atrezo [atréθo] 男 《映画, 演劇》 大道具, 道具. 類 **utilería**.

atribución [atriβuθjón] 女 ❶ 【+a】 (何かを) …に帰すること, 帰属. ——Nuevos documentos confirman la ~ del libro *a* ese autor. 新しい文書がその本の著者があの作家であることを確証している. ❷ 《主に 複》 権限, 職権. ——No figura entre mis *atribuciones* poder conceder este permiso. この許可を与えることは私の権限に入っていません.

‡**atribuir** [atriβuír] [11.1] 他 【+a に】 ❶ 帰する, (原因などが)あるとする, を(…の)せいにする. ——*Atribuyó* su éxito *al* cálido respaldo de sus amigos. 彼は自分の成功を友人たちの熱烈な支援によるものとした. ❷ 授与 [付与]する, を与える. ——El claustro le *atribuyó* la misión de reformar la facultad. 教授会は彼に学部を改革する任務を付与した.
——se 再 ❶ 自分のせいにする; 自分のものとする. ——*Se ha atribuido* la culpa para amparar a su íntimo amigo. 彼は親友をかばうため責任は自分にあるとした. El dictador *se atribuyó* todos los poderes. 独裁者は全権力を自らの手中にした. ❷ 【+a に】 帰せられる, (…の)ものとされる. ——Este cuadro *se atribuye* a Zurbarán. この絵はスルバランの作だとされている.

atribular [atriβulár] 他 (人)を精神的に苦しめる, 悩ます. ——La enfermedad del hijo *atribula* a los padres. 息子の病気が両親を苦しめている. 類 **apesadumbrar**. —— 再 精神的に苦しむ, 悩む.

atributivo, va [atriβutíβo, βa] 形 《文法》 (形容詞などの修飾が)限定的な, 属性を示す.

***atributo** [atriβúto] 男 ❶ 属性, 特性, 特質. ——La razón es ~ del hombre. 理性は人間の特性である. ~s divinos [de Dios] 神の属性 (全知・全能・永遠など). ~ del archivo 《コンピュータ》 ファイル属性. 類 **cualidad, propiedad**. ❷ (身分・官職などの)象徴, しるし, 持ち物. 類 **símbolo**. ❸ 《文法》 属詞, 属辞, 属語(句)(形容詞など)(→epíteto). ❹ 《論理》 賓辞(᠑).

atribuy- [atriβuj-] 動 atribuir の直・現在/完了過去, 接・現在/過去, 命令・2 単, 現在分詞.

atrición [atriθjón] 女 《宗教》 (神の罰の恐れからくる)痛悔.

atril [atríl] 男 譜面台, 書見台.

atrincheramiento [atrintʃeramjénto] [<trinchera] 男 《軍事》 ❶ 塹壕(ᡷᡠ)で固めること. ❷ 【集合的に】 塹壕.

atrincherar [atrintʃerár] [<trinchera] 他 《軍事》を塹壕(ᡷᡠ)で固める. —— ~ las posiciones 陣地を塹壕で固める.
—— se 再 【+en/tras】 ❶ …で身を守る, 立てこもる. —— ~ *en* el mutismo 黙りこくって返事をしない. *Se atrincheró en* sus ideas marxistas. 彼はマルクス主義の考えに固執した. ❷ 《軍事》 (塹壕(ᡷᡠ)な)などに立てこもる.

***atrio** [átrjo] 男 ❶ 《建築》 アトリウム, 四方を柱廊やアーケードに囲まれた覆いのない中庭; (古代ローマの住宅建築の)中庭付中央広間. 類 **patio**. ❷ 《建築》 (教会・宮殿などの)覆(ぉぉ)いのある柱廊玄関; 玄関. 類 **zaguán**. ❸ 《解剖》 心房. 類 **aurícula del corazón**.

atriquia [atríkja] 女 《医学》 無毛症.

atrito, ta [atríto, ta] 形 《宗教》 痛悔している.

atrochar [atrotʃár] [<trocha] 自 近道をする.

***atrocidad** [atroθiðá(ð)] 女 ❶ 残虐さ, 残忍; 残虐行為. ——hacer [cometer] ~es 残虐行為を働く. 類 **barbaridad, brutalidad, crueldad**. ❷ 【主に 複】 暴言, 罵言(᠒ᡠ), 侮辱. ——soltar una ~ 暴言を吐く. 類 **insulto**. ❸ でたらめ, ばかげたこと, たわ言. ——No digas ~es. ばかげたこと言わないで. 類 **disparate, necedad, tontería**. ❹ 《話》 あまりにひどいこと, 程度の異常さ, 無謀. ——Estudiar veinte horas seguidas es una ~. 20時間ぶっ続けて勉強するなんてむちゃだ. 類 **barbaridad, exceso**. ❺ 【una ~】 《話》 (副詞的に)ひどく, すごく; 【una ~ de …】 大量, 大勢. ——trabajar una ~ 猛烈に働く. una ~ de trabajo たくさんの仕事. 類 **barbaridad**.

atrofia [atrófja] 女 ❶ 《医学》 萎縮(ᡙᡠᡩ)症. —— ~ muscular 筋萎縮症. ❷ 衰退. ——El país sufre de ~ industrial. その国は産業の衰退に苦しんでいる.

atrofiar [atrofjár] 他 ❶ 《医学》を萎縮(ᡙᡠᡩ)[衰退]させる. ——La falta de actividad física *atrofia* los músculos. 運動不足が筋肉を衰退させる. ❷ を衰えさせる. ——Con la educación que dieron al hijo le *atrofiaron* la voluntad. 受けた教育によって, 息子の意志の力は衰えた.

atronado, da [atronáðo, ða] 形 (人が)ぼうっとした.

atronador, dora [atronaðór, ðóra] 形 (音や声が)耳をつんざくような. ——un ruido ~ 轟音(ᡟᡠ).

atronar [atronár] [5.1] 他 ❶ (轟音が)(場所)に鳴り響く. ——Las tracas *atronaron* las calles durante todo el día. 爆竹が一日中通りに鳴り響

いた。❷《轟音が》(人)の耳をつんざく、(人)をぼうっとさせる。── 自 鳴り響く。── Sus carcajadas *atronaron* en el silencio de la noche. 彼の高笑いが夜の静けさの中に鳴り響いた。

atropar [atropár] 他 ❶ (人)を一団にまとめる。❷ (収穫した)穀物を束にする。

atropelladamente [atropeʎáðamente] 副 あわてふためいて。

atropella*do, da* [atropeʎáðo, ða] 過分 形 あわてふためいた、急いでいる ── Sólo la saludé porque iba muy *atropellada*. 私は彼女にあいさつだけした。彼女はとても急いでいたから。

:**atropellar** [atropeʎár] [<tropel] 他 ❶ を轢(ひ)く、踏みつける; を押し倒す。── El camión *atropelló* a un anciano en el cruce. トラックが交差点で老人をひいた。El ladrón echó a correr y *atropelló* a varias personas. どろぼうが走り出して数人を突きとばした。❷ をふみにじる、蹂躙(じゅうりん)する; 無視する。── Con tal de tener éxito no duda en *atropellar* a todo el mundo. 彼は出世のためなら平気で誰でも踏み付けにする。❸ を侮辱する、罵倒する、口汚くののしる。── Fui *atropellado* en público. 私は公衆の面前で侮辱された。❹ をやっつけ仕事で片付ける。── ~ la construcción de un edificio あるビルの建設に手抜き工事をする。❺ を(精神的に)打ちのめす、…に精神的打撃を与える、を苦しめる。

── 自 [+por に] 耳をかさない、を無視する、かえりみない。── *Atropelló* por todos los obstáculos para casarse con María. 彼はマリアと結婚するためらすべての障害を意に介しなかった。

── **se** 再 ❶ ひしめきあう、殺到する。── La gente *se atropellaba* en las salidas del teatro para huir del fuego. 人々は火事を逃れようと劇場の出口に殺到した。❷ あわてふためく; せきこんで話す、早口でしゃべる。── Si hablaras más despacio, no *te atropellarías*. もっとゆっくりしゃべれば君はつっかえることがあるだろう。

:**atropello** [atropéʎo] 男 ❶ (車が)轢(ひ)くこと、はねること、人身事故; 踏みつけ、押しつぶし。── El ~ se produjo en un paso de cebra. その轢死(れきし)事故は横断歩道で起こった。❷ [+contra] (権利・法などの)蹂躙(じゅうりん)、侵害、不法行為、違反。── ~ de los derechos humanos 人権蹂躙。cometer un ~ contra la libertad de prensa 報道の自由を踏みにじる。❸ (職権乱用による)侮辱、無礼、虐待。── No podemos soportar más los ~s de nuestro jefe. 私たちは上司の職権乱用にはもうこれ以上我慢できない。類**abuso**。❹《主に 腹》大慌て、急ぐこと。── Habló con tanto ~ que no entendí lo que dijo. 彼は息急(いきせ)き切って話したので、私は彼の言うことが理解できなかった。Habla más despacio, sin ~s. あわてないでもっとゆっくり話してごらん。類**precipitación, prisa**。

atropina [atropína] 女 《化学》アトロピン(鎮痙(ちんけい)、瞳孔(どうこう)の拡大などに用いる)。

:**atroz** [atróθ] (腹 atroces) 形 ❶ ひどい、ひどく悪い; ものすごい。── Nos sirvieron un vino ~. 私達はひどいブドウ酒を出された。Tiene un genio ~. 彼は非常に根性が悪い。❷ おそろしく大きい、ばかでかい。── un río de anchura y profundidades *atroces* 幅と深さがおそろしく大きい川。

❸ 恐ろしい、残虐な、非道な。類**cruel, inhumano**。

***atrozmente** [atróθménte] 副 ❶ 残虐に、むごたらしく。❷ 実にひどく、ものすごく。── Me duele ~ la cabeza. 頭がすごく痛い。

atte.《略号》=atentamente (手紙の末尾で)敬具。

atuendo [atuéndo] 男 装い、服装。── ~ deportivo スポーツウェア。

atufa*do, da* [atufáðo, ða] [<tufo] 過分 形 ❶ (人が)(悪臭で)気分が悪くなった。❷ (人が)いらいらした。

atufar [atufár] [<tufo] 他 ❶ (人)を悪臭で不快にする。❷ に中毒を起こす。❸《まれ》(人)をいらいらさせる。── 自 ❶ 悪臭を放つ。── Este pescado *atufa*. この魚は臭い。❷《軽蔑》[+a]…気味である、…臭い。

── **se** 再 ❶ (悪臭で)気分が悪くなる。❷ (人が)怒る。── *Se atufó* con tus indirectas. 君の当てこすりに彼は怒った。類**enfadarse**。

atufo [atúfo] 男 苛立(いらだ)ち、立腹。類**enfado**。

:**atún** [atún] 男 腹 atunes ❶《魚類》マグロ(鮪)。── ~ atlántico メバチマグロ(=patudo)。❷《料理》ツナ、マグロ。── ensalada de ~ ツナサラダ。❸《話、軽蔑》大ばか者、間抜け。── ser un pedazo de ~ 大ばか者[あほう]である。類**ignorante, rudo**。

por atún y a ver al duque 二つの目的で。

atuner*o, ra* [atunéro, ra] 男女 マグロ売り。── 形《漁業》❶ マグロ漁の。❷ マグロ漁船の。

aturdi*do, da* [aturðíðo, ða] 形 ❶ [ser+] (人が)そそっかしい。── Pedro es un poco ~. ペドロは少しそそっかしい。❷ [estar/quedar+] (人が)ぼうっとした。

aturdimiento [aturðimjénto] 男 ❶ 困惑[当惑](すること)。❷ そそっかしいこと、軽率。── Ante ese problema debes actuar con serenidad y sin ~. その問題には君は冷静に、あせらずに対処すべきだ。

***aturdir** [aturðír] [<tordo] 他 ❶ (人)を茫然(ぼうぜん)とさせる、唖然(あぜん)とさせる、眩惑(げんわく)する。── Me *aturdió* la muerte repentina de mi mejor amigo. 親友の突然の死に私は茫然となった。

── **se** 再 茫然となる、唖然となる。── *Me aturdí* con tanto ruido. 私はあのひどい騒音で頭が変になった。

aturrullamiento [aturuʎamjénto] 男 (頭が)混乱すること。

aturrullar [aturuʎár] 他 (人)の頭を混乱させる。── El policía *aturrulló* al pobre chico con sus gritos. その警察官は怒鳴ってそのかわいそうな青年を混乱させた。── **se** 再 頭が混乱する。

aturullamiento [aturuʎamjénto] 男 →aturrullamiento.

aturullar [aturuʎár] 他 →aturrullar.

atusar [atusár] 他 ❶(髪・ひげ)を手[くし]でなでつける。── le bigote ひげを手でなでつける。❷《まれ》(毛)を切りそろえる。❸《まれ》(植木など)を刈りそろえる。── **se** 再 めかし込む。── Ella *se está atusando* para ir a la fiesta. 彼女はパーティーへ行くのにめかし込んだ。

atuv- [atuβ-] 動 atener の直・完了過去、接・過去。

:**audacia** [auðáθja] 女 ❶ 大胆不敵、勇敢さ; 大胆な行為。── tener la audacia de『+不定詞』

大胆にも…する. tener 〜 大胆不敵である, 勇敢である. 類**atrevimiento, osadía**. ❷ 厚かましさ, 図々しさ. ❸ 斬新さ, 新機軸.

‡**audaz** [auðáθ] [複 audaces] 形 ❶ (a) 大胆な, 思い切った. ―proyecto 〜 思い切った計画. La intervención de los bomberos fue rápida y 〜. 消防隊の対処は迅速で思い切ったものだった. 類**atrevido, intrépido, osado**. 反**tímido**. (b) 向こう見ずな, 無謀な. ❷ 厚かましい, ずうずうしい人. ―名 大胆な人, 向こう見ずな人; ずうずうしい人. ―La fortuna es de los *audaces*. 運命の女神は勇者に味方する.

audibilidad [auðiβiliðá(ð)] 女 聞き取り可能なこと, 可聴度.

audible [auðíβle] 形 聞き取れる.

audición [auðiθjón] 女 ❶ 聞くこと, 聴取. ❷ 聴覚, 聴力. ❸ コンサート, リサイタル. ❹ オーディション.

‡**audiencia** [auðjénθja] 女 ❶ (国王・法王・高官などの) 謁見, 接見, 引見, 会見. ―〜 papal [real] 法王 [国王] の謁見. conceder [dar, recibir en] 〜 a … (人) に謁見を許す, 接見する. Fuimos recibidos en 〜 privada por el Papa. 私たちは法王より内々の拝謁を許された. ❷ (ラジオ・テレビ) 視聴者, 聴衆; 観客; 視聴率 (= índice de 〜). ―Una numerosa 〜 acudió a oír su disertación. 彼の講演を聴きに大勢の聴衆が駆けつけた. el programa de mayor 〜 del mes 月間最高視聴率番組. tener mucha 〜 視聴率が高い. ❸ (A〜)《法律》裁判所, 法廷; 司法管区. ―apelar a la 〜 provincial [territorial] 地方 [高等] 裁判所に控訴する. Su causa pasó a la A〜 Nacional. 彼の訴訟は最高裁判所に移った. ❹ 《法律》(法廷の) 審問. ―〜 pública 公判. sala de 〜 法廷. hacer 〜 裁判を行なう. ❺《法律》(建物・場所としての) 裁判所.

audífono [auðífono] 男 ❶ 補聴器. ❷〖中南米〗イヤホーン.

audio [áuðjo] 男 オーディオ. ―aparatos de 〜 オーディオ機器. señal de audio オーディオ信号. ―形 オーディオの. ―técnica 〜 オーディオ技術.

audiofrecuencia [auðjofrekwénθja] 女《電気》可聴周波数.

audiómetro [auðjómetro] 男 聴力測定器.

audiovisual [auðjoβiswál] 形 視聴覚の, オーディオビジュアルの. ―educación [enseñanza] 〜 視聴覚教育.

auditar [auðitár] 他 (組織などの) 会計を監査する.

auditivo, va [auðitíβo, βa] 形 耳の, 聴覚の, 聴力の. ―conducto 〜《解剖》耳道, nervio 〜 聴神経. sensación *auditiva* 聴覚.

auditor [auðitór] 男 ❶ 司法官 ❷ (企業の) 会計監査官.

auditoría [auðitoría] 女 ❶ 司法官の職. ❷ (企業の) 会計監査官の職. ❸ 会計監査事務所. ❹ 会計監査の報告書; 会計監査.

‡**auditorio**[1] [auðitórjo] 男 ❶ [集合的に] (特にコンサート・講演の) 聴衆, 観客. ―entusiasmar [conmover, impresionar] al 〜 聴衆を感動させる. Todo el 〜 en pie aplaudió con entusiasmo a la orquesta. 聴衆は全員立ってオーケストラに熱狂的な拍手を送った. 類**asistentes, audiencia, concurrencia, espectadores, público**. ❷ (式典・コンサート用の) 講堂, ホール, 公会堂. ―Se interpretarán obras de Mozart en el 〜 de la universidad. 大学の講堂でモーツァルトの作品が演奏される. 類**auditórium**. ❸ (劇場の) 観客席.

auditorio[2]**, ria** 形 →auditivo.

‡**auge** [áuxe] 男 ❶ 絶頂, 頂点, 極み. ―Ella está en el 〜 de su belleza. 彼女は今美しい盛りだ. 類**apogeo, cumbre, plenitud**. 反**decadencia, declive, ocaso**. ❷ 《商業》ブーム, 繁栄, 飛躍, 好景気, 増加. ―〜 constructor [de la literatura latinoamericana] 建築 [ラテンアメリカ文学] ブーム. tener mucho 〜 ブームになっている. 類**apogeo**. 反**perigeo**. ❸《天文》遠地点.

Augsburgo [auɣsβúrɣo] 固名 アウグスブルク (ドイツの都市).

augur [auɣúr] 男《歴史》(古代ローマの) ト占官 (古代ローマで鳥の行動を観察して公事の吉凶を予言した祭司).

augurar [auɣurár] 他 ❶ 〜を予言する. ―Te *auguro* un porvenir feliz. 君は将来幸せになると思います. ❷ …の前兆を示す. ―Esos nubarrones *auguran* tormenta. あの黒雲は嵐の前触れだ. 類**presagiar**.

augurio [auɣúrjo] 男 前兆, 兆候. ―ser de buen [mal] 〜 良い [悪い] 兆しである. 類**presagio**.

Augusto [auɣústo] 固名 ❶ アウグストゥス (カエサル・オクタビアヌス César Octavio 〜) (前63-後14, 初代ローマ皇帝, 在位前27-後14). ❷《男性名》アウグスト.

‡**augusto, ta** [auɣústo, ta] 形 威厳のある, 荘厳な; 恐れ多い, 高貴な (王族への敬語として用いる). ―la *augusta* pareja 国王 [親王] 親夫妻. ―男 ❶ 道化師, ピエロ. ❷《歴史》ローマ皇帝の尊称.

aula [áula] 〘単数詞は el, un(a) を使用〙 女 ❶ 教室, 講義室. ―〜 magna 講堂, 大教室. 類**clase**. ❷《詩》御殿.

aulaga [auláɣa] 女《植物》ハリエニシダ.

áulico, ca [áuliko, ka] 形《歴史》宮廷の. ―名《歴史》宮廷人.

aúll- [aúʝ-] 動 aullar の直・現在, 接・現在, 命令・2単.

aullador, dora [auʝaðór, ðóra] 形 (犬・オオカミが) 遠吠えする.

‡**aullar** [auʝár] [1.8] 自 (犬などが) 吠 (ほ) える, 遠吠えする; (風が) うなる. ―El perro no ha parado de 〜 en toda la noche. 犬は一晩中ひっきりなしに吠えた.

***aullido, aúllo** [auʝíðo, aúʝo] 男 ❶ (狼・犬などの長く尾を引く悲しい) 遠吠え. ❷ (苦痛などの) うめき声; (風のうなり声. ―dar [lanzar] 〜s de dolor 苦痛のあまり, うめき声をあげる.

dar un aullido (1) 吠える. (2) うめく, うなる.

aúllo [áuʝo] 男 →aullido.

****aumentar** [aumentár アウメンタル] 他 ❶ 〜を増す, 増加させる, ふやす. ―〜 la velocidad de un coche 車のスピードを上げる. ❷ を上げる, 値上げする, 高める. ―El presidente no quiere 〜 el sueldo a sus empleados. 社長は社員たちの給料を上げる気はない. ❸ を拡大する. 類**acrecentar**.

―自 ❶〘[+de を]〙増す, 増加する, ふえる. ―El frío *aumenta* cada día más. 寒さが日増しにつの

188 aumentativo

d. Su mujer *ha aumentado de* peso. 彼の妻は体重が増えた. ❷ あがる. —Por Navidad siempre *aumentan* los precios. クリスマスの頃にはいつも物価があがる.
— **se** 再 ❶ 増す, 増加する, ふえる. ❷ あがる.

aumentativo, va [auméntatíβo, βa] 形 (文法)増大辞の. — sufijos ~s 増大接尾辞. 反 **diminutivo**.
— 男 《文法》増大辞. (例:スペイン語の主な増大辞:-ón, -azo, -acho, -ote) — Amigazo es ~ de amigo. amigazo は amigo の増大辞です.

‡**aumento** [auménto] 男 ❶ 増大, 増加; 増加量. — de los ingresos [de los beneficios] 増収[増益]. ~ de población 人口増加. 類 **incremento**. 反 **disminución**. ❷ (物価などの)上昇; 値上がり, 昇給. — ~ de precios 物価の上昇, 値上がり. pedir un ~ de sueldo 賃上げ[昇給]を要求する. 類 **subida**. 反 **disminución**. ❸ 《光学》拡大, 倍率. — lente de ~ 拡大鏡. lupa de 20~s 20倍の虫眼鏡. 類 **ampliación**. ❹ 〖中南米〗(手紙での)追伸 [= posdata].

‡**aun** [aun アウン] 副 ❶ 〖修飾する語句の直前におく. たまに強勢が置かれることもあるが, たいてい無強勢〗…さえ, …でも, …すら. —Todos los trenes, ~ los de cercanías están climatizados. あらゆる列車は, たとえ近距離列車でも冷暖房が付いている. Aquí no hace calor ~ en pleno verano. 当地では真夏でも暑くない. 類 **hasta, incluso**. ❷〖+現在分詞, 過去分詞〗…だけれども, …だが; たとえ…でも. —A~ estando enferma siguió trabajando. 彼女は病気だったが, 働き続けた. ◆aunque+直説法または aunque+接続法(たとえ…でも)と同義.

aun cuando (1)〖+接続法〗たとえ…でも. *Aun cuando* vayas despacio, llegarás a tiempo. たとえゆっくり行っても君は間に合うだろう. (2)〖+直説法〗…にもかかわらず; …の時でも. *Aun cuando* dormía, no me dejaban en paz. 私が眠っている時でも, 彼らは私を落着かせてくれなかった.

aun así それでもなお, たとえそうだとしても. *Aun así* no lo conseguirás. そうだとしても君はそれを得られないだろう.

aun si (1)〖+直説法〗たとえ…でも. *Aun si* llegas muy tarde, iré a recibirte. たとえ君が非常に遅く着いても迎えに行こう. (2)〖+接続法過去・過去完了〗…だとしても〖非現実的仮定〗. *Aun si* eso ocurriera, habría remedio. たとえそれが起きても手だてはあるだろう.

ni aun (1)〖+名詞〗…さえ…ではない. *Ni aun* su mayor amigo le ayudó. 彼の親友すら彼を助けなかった. (2)〖+現在分詞, 過去分詞〗たとえ…でも…ではない. *Ni aun* yendo en taxi, llegarás a tiempo. (= Aun yendo en taxi, no llegarás a tiempo.) たとえタクシーで行っても君は間に合わないだろう.

ni aun así それでもなお…ではない. *Ni aun así* le presto dinero. (= Aun así no le presto dinero.) それでもやはり彼にお金を貸さない.

y aun あるいは…でも, …ですら. Pagará 20 millones, *y aun* 50 por esa casa. 彼はその家のためには2千万, いや5千万でも払うだろう.

‡**aún** [aún アウン] 副 〖aun と語源は同じだが, これには強勢がかかる〗❶ まだ, なお, いまだに. —A~ me quedaré tres días más en Madrid. 私はまだ3日マドリードにいるつもりだ. Si no tomamos medidas, la situación se complicará ~ más. もし私達が対策を講じないと, 事態はさらに複雑になるだろう. 類 **todavía**(aún は todavía より少し文語的). ❷〖no の前で〗まだ…(で はない). —A~ no han salido. まだ彼らは出発していない.

aún … cuando 〖+直説法〗…の時にはまだ…, まだ…なのにもう. —A~ no habíamos salido de Sevilla *cuando* el coche se averió. 私達がセビリャを出ないうちにもう車が故障した.

aún- [aún-] 動 aunar の直・現在, 接・現在, 命令・2単.

aunar [aunár] [1.8] (<uno) 他 を一つにする, 結合する. — ~ esfuerzos 力を合わせる.
— **se** 再 一つになる, 結合する.

‡**aunque** [aunke アウンケ] 接 〖弱勢〗❶〖逆接を示す〗(実際に)…だけれど. —*Aunque* no va el sol, yo sí iré. 彼に行かないけれど, 私は行きます〖直説法が用いられる〗. ❷〖譲歩を示す〗(たとえ)…でも, …であるかもしれないが. —*Aunque* llueva mañana, partiremos. 明日雨が降っても, 私達は出発します〖接続法が用いられる〗. ❸〖追加・補足的に〗とは言っても…, …ではあるが. —No he visto nada de eso, *aunque* sí otras cosas. 他の物なら見ましたが, 他の物ならば見ました〖直説法が用いられる〗.

ni aunque 〖+接続法〗たとえ…であっても.

aúp- [aúp-] 動 aupar の直・現在, 接・現在, 命令・2単.

aúpa [aúpa] 間 《幼》肩車して, 抱っこして!; それ!; がんばれ!

de aúpa (1) 《話》すごい, ひどい. Le han dado una paliza *de aúpa*. 彼は手ひどくなぐられた. (2) 《話》気難しい, 要注意の. Cuidado con ellos, que son *de aúpa*. 要注意人物だから, 彼らには気をつけなさい.

aupar [aupár] [1.8] 他 ❶ (人)を抱き上げる. —*Aupó* al niño para que pudiera ver mejor. 彼はよく見えるように子供を抱き上げた. ❷〖+a〗(人)を(ある地位に)押し上げる; (褒めて人)を持ち上げる. —Lo *auparon* al poder. 彼は権力の座に押し上げられた. — **se** 再 上にあがる. —Se *aupó* en su compañero para saltar la tapia. 塀を越えるために友達の上に乗った.

aura [áura] 女 〖直前にくる単数冠詞は el, una〗❶ 霊気, オーラ. ❷〖詩〗そよ風, 微風. ❸《医学》(てんかんの発作などの)前兆. ❹〖文〗信用. 類 **crédito, prestigio**.

Aurelio [aurélio] 固名 ❶ アウレリウス(マルクス Marco ~)(121-180, ローマ五賢帝の一人, 在位 161-180). ❷〖男性名〗アウレリオ.

áureo, a [áureo, a] 形 ❶〖詩〗金(色)の, 黄金の. ❷ 黄金世紀の. ~ pintor ~ 黄金世紀の画家. — 男 《歴史》ローマ時代の金貨.

aureola [auréola] 女 ❶《宗教》(神が聖人に与える)天上の宝冠; (聖像の)後光, 光背. ❷《天文》(月などの)かさ. ❸ 栄誉, 名声. 類 **fama, prestigio**.

aureolar [aureolár] 他 ❶ を後光で包む. ❷ (人)を栄光で包む.

aureomicina [aureomiθina] 女 《医学, 薬学》オーレオマイシン(抗生物質).

aurícula [aurikula] 女 《解剖》(心)臓の)心

耳(¹⁵). ❷《解剖》外耳(⁵ʰ⁰), 耳たぶ. ❸《植物》耳状部. ❹《植物》アツバサクラソウ.

auricular [au̯rikulár] 形 ❶ 聴覚の; 耳の. — lesión ～ 聴覚障害. ❷《医学》耳の.
—— 男 ❶ 受話器; イヤフォン. ❷ 複《両耳用の》イヤフォン, ヘッドフォン. ❸ 小指. 類**meñique**.

auriense [au̯rjénse] 形 オレンセ (Orense) の.
—— 男女 オレンセの人.

aurífero, ra [au̯rífero, ra] 形 金を含む, 金を産出する. — yacimiento de mineral ～ 金の鉱脈.

auriga [au̯ríɣa] 男 ❶《歴史》(競争用二輪馬車の)御者(ʰ³ʰ). ❷ (A～)《天文》御者座.

auriñaciense [au̯riɲaθjénse] 形《考古》オーリニャック文化(西ヨーロッパから西南アジアにかけて分布する後期旧石器時代初期の文化)の.
—— 男 (A～) オーリニャック文化.

Aurora [au̯róra] 固名 ❶《ローマ神話》アウローラ [オーロラ](あけぼのの女神). ❷《女性名》アウローラ.

:**aurora** [au̯róra] 女 ❶ 夜明けの光, 曙光(¹⁵⁵); 曙(⁵ʰᵃ), 明け方. — despuntar [romper] la ～ 夜が明け初める. antes de la ～ 夜明け前に. 類**alba, amanecer**. 反**anochecer, ocaso**. ❷《気象》オーロラ, 極光 (=～ polar). ～ [boreal] 南極[北極]光. ❸《文》初め, 初期, 黎明(⁵⁵ʰ)期. — ～ de la civilización 文明の夜明け. 類**amanecer, nacimiento**. ❹《料理》— ～ salsa オーロラソース.

acabar como el rosario de la aurora → rosario.

auscultación [au̯skultaθjón] 女《医学》聴診.

auscultar [au̯skultár] 他 ❶《医学》を聴診する. ❷ を探る.

:**ausencia** [au̯sénθja] 女 ❶ 不在, 留守, 欠席, 欠勤(→presencia「出席, 存在」). — Aprovechando la ～ del rey, el ejército dio un golpe de estado. 王の不在を利用して軍がクーデターを起こした. En la reunión nadie notó tu ～. 君が会議に欠席していることに誰も気づかなかった. Siente mucho la ～ de su mujer. 彼は奥さんがいなくてとても寂しく思っている. 類**falta**.
❷ 不在[欠席, 欠勤]期間, 留守の間. — Yo regaré las plantas en tu ～. 君の留守中私が植物に水をやりましょう. Su ～ de casa dura ya varios meses. 彼が家を留守にしてもう数か月になる. 類**falta, vacío**.
❸〖+de〗欠如, 不足, (…の)ないこと. — total ～ de buen sentido [de ética] 良識[倫理]の完全な欠如. Los análisis demostraron la ～ de alcohol en la sangre. 検査の結果, 血液中にはアルコールは検出されなかった. 類**carencia, escasez, falta, privación**. 反**abundancia, existencia, presencia**.
❹《法律》失踪(⁵⁵), 行方不明. — declaración de ～ 失踪宣告, 生死不明の認定. 類**desaparición**. ❺ 放心(状態), 上の空, ぼんやり. — mirada de ～ うつろな目. tener ～s 放心状態である, 上の空だ, ぼんやりしている. 類**abstracción**. ❻《医学》(一時的な)記憶喪失, 度忘れ; 欠神(癲癇(てんかん))などによる一時的な軽い意識喪失). — Las lagunas y ～s son frecuentes en la demencia senil. 記憶の～と度忘れは老年痴呆によく見られる. 類**desmayo**.

brillar por su ausencia …がない[いない]のがやけに目立つ. En este restaurante la limpieza *brilla por su ausencia*. このレストランは汚いのがやけに目立つ.

en ausencia de … …がいない時に(は), …の留守中, …がない[いない]ので. *En ausencia del director*, no podemos decidir nada. 社長がいないと我々は何も決められない.

hacer [guardar] buenas ausencias de … 本人のいない所でほめる.

hacer [guardar] malas ausencias de … 本人のいない所でけなす.

tener buenas ausencias 評判がよい.

ausentarse [au̯sentárse] 再 ❶〖+de〗欠席[欠勤]する, 留守にする. — *Se ausenta* con frecuencia *de* los entrenamientos. 彼は頻繁に練習をさぼる. ❷〖+de〗を離れる. — *Se ausentará un año de* España. 彼はスペインを1年間離れるでしょう.

*:**ausente** [au̯sénte] 形 ❶〖+de〗欠席の, 欠勤の, 不在の. — Ha telefoneado diciendo que estará ～ *de* la oficina todo el día. 彼は一日中会社を休むと電話した. 反**presente**. ❷〖+de〗(場所・人から)離れて, 留守の; 在外の. — Permanecerá ～ *de* España durante un año. 彼は1年間スペインを留守にする. A～ *de* su familia, cayó en una profunda depresión. 彼は家族から離れていたため, 深い鬱(う)状態に陥った. ❸《法律》失踪した, 行方[生死]不明の.
—— 名 ❶ 欠席者, 欠勤者. 不在者. — No está bien criticar a los ～s. 欠席者たちを批判するのはよくない. ❷《法律》失踪者.

ausentismo [au̯sentísmo] 男 ❶ 不在地主制, 地主の長期不在. ❷ 欠勤の多いこと.

auspiciar [au̯spiθjár] 他 ❶ を予言する. ❷〖中南米〗を後援する, 援助する. — *Ese partido auspicia* la reforma de la Constitución. その政党は憲法の改正を支持している. 類**favorecer, promover**.

*:**auspicio** [au̯spíθjo] 男 ❶〖主に複〗兆し, 前兆, 前触れ, 吉兆. — El torneo empezó con buenos ～s para el equipo. トーナメントでチームは幸先よいスタートを切った. 類**agüero, augurio**. ❷〖時に複〗後援, 援助, 賛助, 協賛; 保護, 庇護. — contar con el ～ de la embajada 大使館の保護を当てにする. 類**amparo, protección**. ❸ 予言, 占い. 類**pronóstico**.

bajo el auspicio [bajo los auspicios] de … …の後援で, …の協賛で, …の主催で. La exposición se celebró bajo el auspicio de la corona. 展覧会は王室主催で開催された.

auspicioso, sa [au̯spiθjóso, sa] 形〖中南米〗幸先(⁵⁵⁵)の良い, 吉兆の.

*:**austeridad** [au̯steriðá(ð)] 女 ❶ 厳格, 厳粛, 厳しいこと. — La ～ de muchas iglesias románicas impresiona. 多くのロマネスク様式の教会の厳格さは印象的である. 類**rigidez, severidad**. ❷ 質素, 簡素, 控えめ, 節制; 地味. — Es presidente de un banco pero vive con ～. 彼は銀行の頭取だが質素に暮らしている. 類**moderación, sobriedad**.

*:**austero, ra** [au̯stéro, ra] 形 ❶ 厳格な, 厳しい. — Su vida siempre ha sido *austera* y

190 austral

honrada. 彼の人生はいつも厳格で正直であった. ❷ 無駄な, 無駄のない, 禁欲的な. —estilo ~ 無駄のない文体. El monasterio de El Escorial es un edificio ~. エル・エスコリアル修道院は無駄な装飾のない建物である. Es ~ en el comer. 彼は質素な食事に甘んじている.

austral [auʂtrál] 形 南の, 南方の, 南部の. —hemisferio ~ 南半球. 反**boreal**. —— 男 アルゼンチンの旧通貨 (1985年～1991年まで).

Australia [auʂtrália] 固名 オーストラリア連邦 (首都キャンベラ Canberra).

australiano, na [auʂtraljáno, na] 形 オーストラリア(人)の. —— 名 オーストラリア人.

australopiteco [auʂtralopitéko] 男 《人類》アウストラロピテクス.

Austrasia [auʂtrásja] 固名 アウストラシア(フランク王国の東部地方).

Austria [áuʂtrja] 固名 オーストリア(首都ウィーン Viena).

austriaco, ca [auʂtrjáko, ka] 形 オーストリア(人)の. —— 名 オーストリア人.

austro [áuʂtro] 男 《文》南風.

autarquía [autarkía] 女 ❶《政治》独裁政治. ❷《経済》自給自足経済制度, 経済的自立.

autárquico, ca [autárkiko, ka] 形 ❶《政治》独裁制の, 専制政治の. —gobierno ~ 独裁政府. ❷《経済》自給自足の. —sistema económico ~ 自給自足経済制度.

auténtica [auténtika] 女 ❶ (聖骨などが本物であることの)証明書. ❷ 謄本.

autenticar [autentikár] [1.1] 他 →autentificar.

*__autenticidad__ [autentiθiða(ð)] 女 **本物であること, 真正であること; 確実性, 真実性, 信憑(シシネ)性**. —Se duda mucho de la ~ de ese cuadro. その絵が本物かどうかは大いに疑問視されている. La ~ de su carnet de identidad está fuera de duda. 彼の身分証明書が本物であることは疑いの余地がない. 類**credibilidad**.

:__auténtico, ca__ [auténtiko, ka] 形 ❶ **本物の, 真の, 正真正銘の**. —diamante ~ 本物の[天然の]ダイヤモンド. firma *auténtica* 自筆の署名. Es un Goya ~. それは本物のゴヤの絵だ. Es un atleta. 彼は真のスポーツ選手だ. Dudo de si eso es ~ o inventado. 私はそれが本当なのか作りごとなのか疑っている. 類**genuino, original, verdadero**. 反**falsificado, falso**. ❷ 真実の, 本当の. —Nunca se sabe si lo que dice es ~ o inventado. 彼が言っていることが真実なのか作りごとなのかは全くわからない. ❸ 真正の, 正式の; (写しではない)元の. —copia *auténtica* 公正謄本.

autentificar [autentifikár] [1.1] 他 《法律》(署名や書類が本物であること)を証明する. —— una firma 署名が本物であることを証明する. 類**autenticar**.

autentizar [autentiθár] [1.3] 他 →autentificar

autillo¹ [autíjo] 男 《鳥類》コノハズク(小型のフクロウ).

autillo² [autíjo] 男 《歴史》(異端審問所の)判決.

autismo [autísmo] 男 《医学》自閉症; 《心理》自閉性.

autista [autísta] 男女 自閉症患者.

auto- [auto-] 接頭 「自己の」の意. —*auto*biografía, *auto*móvil, *auto*nomía.

*__auto__¹ [áuto] 男 《主に中南米》《話》**自動車** (automóvil の省略形)(=coche). —— ~s de choque バンパー・カー, 電気豆自動車(遊園地でぶつけ合って遊ぶ). ~ lavado 自動洗車機.

:__auto__² [áuto] 男 ❶《法律》**宣告, 判決**, 審判. — definitivo [interlocutorio] 終局[中間]判決. ~ de procesamiento 起訴状, 告訴状 (=acta de acusación). dictar un ~ 判決を言渡す. dictar ~ de prisión 収監[拘留(ネネョ)]し, 逮捕状を出す. 類**sentencia**. ❷ 複《集合的に》《法学》訴訟記録; 訴訟行為, 訴訟手続き. —constar en [de] ~s 訴訟記録に載っている, 判決で認められている. 類**causa, sumario**. ❸ 《スペイン文学》聖史劇, アウト. —《*A* ~ de la Pasión》(Lucas Fernández) 『受難の聖史劇』(ルカス・フェルナンデス). ~ de comparecencia 召喚状, 出頭命令.

auto de fe (1) 《スペイン史》宗教裁判所[異端審問所](Inquisición)の死刑宣告と死刑執行, (特に異教徒の)火刑. (2) 焚書(シシ).

auto sacramental 聖体神秘劇(7つの秘跡 sacramento のどれかをテーマにして, 聖体の祝日 el día del Corpus Christi に上演された 16-17世紀スペインの一幕物の寓意的宗教劇).

de autos 問題の, 用件の. día [lugar] *de autos* 犯行日[現場].

estar en (los) autos 知っている, よく事情に通じている.

hacer auto de fe de ... を焼く.

poner a ... en autos de ... 《まれ》を…に知らせる, 教える.

autoabastecerse [autoaβasteθérse] [9.1] 再 【+de】を自給する. —Este piso *se autoabastece* de agua caliente con energía solar. このマンションは太陽熱でお湯を自給できる.

autoacusación [autoakusaθjón] 女 自己告発, 自責の念.

autoacusarse [autoakusárse] 再 自分を告発する, 自責の念に駆られる.

autoadhesivo, va [autoaðesíβo, βa] 形 (シールなどが)接着剤つきの. —logotipo ~ 接着剤のついたシンボルマーク. —— 男 接着剤付きのシール.

autoafirmación [autoafirmaθjón] 女 自己肯定.

autobiografía [autoβjoɣrafía] 女 自叙伝, 自伝.

autobiográfico, ca [autoβjoɣráfiko, ka] 形 自叙伝(風)の. —novela *autobiográfica* 自叙伝風の小説.

autobiógrafo, fa [autoβjóɣrafo, fa] 名 自伝作家.

autobomba [autoβómba] 女 ❶ (消防用の)ポンプ車. ❷ 自動車爆弾.

autobombo [autoβómbo] 男 自画自賛. —darse ~ 自画自賛する.

:__autobús__ [autoβús] 男 《複》autobuses ❶《自動車》**バス**. ◆主に市内を走る路線バスで, メキシコでは camión を用いる. — ~ escolar [alquilado] スクール[貸切り]バス. coger [tomar] un ~ バスに乗る. parada de ~ バス停. línea [trayecto] de autobuses バス路線. ~ imperial [de dos pisos] 二階建てバス. 類**bus, colectivo, guagua, micro, ómnibus**. ❷ (都市間の)長距離バス (=

autocar). — ~ **de línea** (長距離の)路線バス. ~ **de largo recorrido** 長距離バス. ❸ 『中南米』(レンガ作りの)平屋根家宅.

autocamión, na [aut̪okamjón] 男 『まれ』貨物自動車, トラック(=camión).

autocar [aut̪okár] 男 『スペイン』長距離バス, 観光バス.

autocaravana [aut̪okaraβána] 女 キャンピングカー.

autocartera [aut̪okartéra] 女 《経済》自社株.

autocierre [aut̪oθjérre] 形 巾着式の. — **bolsa** ~ 巾着式ポリ袋.

autocine [aut̪oθíne] 男 ドライブインシアター.

autoclave [aut̪okláβe] 女 ❶《機械》高圧釜. ❷《医療》加圧蒸気滅菌器.

autocompadecerse [a u t̪okompaðeθérse] 再 自らを哀れむ, 自分をかわいそうだと思う.

autocompasión [aut̪okompasjón] 女 自己憐憫.

autocracia [aut̪okráθja] 女 《政治》専制政治, 独裁政治.

autócrata [aut̪ókrata] 男女 《政治》専制君主, 独裁者.

autocrático, ca [aut̪okrátiko, ka] 形 《政治》専制的の, 独裁者の.

autocrítica [aut̪okrítika] 女 自己批判, 自己評価. — **hacerse una** ~ 自己批判をする.

autocromo [aut̪okrómo] 男 天然色写真(カラー写真の初期段階).

autocross [aut̪okrós] 男 《スポーツ》オートクロス(自動車によるクロスカントリーレース).

autóctono, na [aut̪óktono, na] 形 ❶ 土着の. — **música *autóctona*** 土着の音楽. ❷ 自生の. — **planta *autóctona*** 自生の植物.
— 名 原住民, 先住民.

autodefensa [aut̪oðefénsa] 女 自己防衛, 自衛. — **Fuerzas Armadas de *A*** ~ (日本の)自衛隊.

autodefinirse [aut̪oðefinírse] 再 自らを定義する, 自己規定する. — **Él se *autodefine* como un romántico.** 彼は自分をロマンチストであると特徴づける.

autodegradación [aut̪oðeɣraðaθjón] 女 卑下(すること).

autodestrucción [aut̪oðestrukθjón] 女 自己破壊, 自滅.

autodeterminación [aut̪oðeterminaθjón] 女 《政治》(民族の)自決, 自己決定.

autodeterminado, da [aut̪oðetermináðo, ða] 形 自分で決めた.

autodidacto, ta [aut̪oðiðákto, ta] 名 独学者, 独習者. — 形 独学の, 独習の.

autodisciplina [aut̪oðisθiplína] 女 自己鍛錬, 自己規律.

autódromo [aut̪óðromo] 男 (自動車レース用の)サーキット.

autoedición [aut̪oeðiθjón] 女 DTP, デスクトップパブリッシング.

autoescuela [aut̪oeskwéla] 女 自動車教習所, 運転教習所.

autofinanciación [aut̪ofinanθjaθjón] 女 自己金融.

autofoco [aut̪ofóko] 男 《写真》オートフォーカス.

autogamia [aut̪oɣámja] 女 《生物》自家生殖, 自家受粉.

autógeno, na [aut̪óxeno, na] 形 自然発生の, 自生の. — **soldadura *autógena*** 《工学》自生溶接(ガス溶接など接着剤を用いない溶接技術).

autogestión [aut̪oxestjón] 女 (企業などの)自己経営, 自主管理.

autogiro [aut̪oxíro] 男 《航空》オートジャイロ.

autogobierno [aut̪oɣoβjérno] 男 自主管理, 自分で統治すること. — ~ **vasco** バスク自治.

autografía [aut̪oɣrafía] 女 《美術, 印刷》自画石版, 石版印刷.

autógrafo, fa [aut̪óɣrafo, fa] 形 自筆の. — **documento** ~ 自筆の文書. — 男 自筆の原稿, 自署; (有名人の)サイン. — **Ha conseguido un ~ de Raúl.** 彼はラウルのサインを手に入れた.

autoinculpación [aut̪oiŋkulpaθjón] 女 自己告発.

autoinducción [aut̪oinḏukθjón] 女 《電気》自己誘導.

autoinjerto [aut̪oiŋxérto] 男 《医学》自己移植, 自家移植.

autoinmunidad [aut̪oimmuniðá(ð)] 女 《医学》自己免疫.

autointoxicación [aut̪ointoksikaθjón] 女 《医学》自家中毒症.

autolesión [aut̪olesjón] 女 《医学》自傷(行為).

automación [aut̪omaθjón] 女 → **automatización**.

autómata [aut̪ómata] 男 ❶ ロボット, 自動人形. — **Saluda como un** ~. 彼はロボットみたいにあいさつをする. ❷ 『話』他人のいいなりになる人, 自分の行動に注意を払わない人. ❸ 『コンピュータ』オートマトン.

:**automático, ca** [aut̪omátiko, ka] 形 ❶ 自動の; (装置・制度などが)自動的な. — **armas *automáticas*** 自動火器(機関銃など). **juguete** ~ 機械仕掛けのおもちゃ. **lavadora *automática*** 自動洗濯機. **piloto** ~ 自動操縦装置. ❷ 無意識的な, 機械的な, 習慣的な. — **reflejo** ~ 無意識の反射運動. **Su reacción fue *automática*.** 彼の反応は無意識のものだった. 類 **indeliberado, maquinal**. ❸ 必然的な, 不可避の. — **El incumplimiento de estas normas supondrá el despido** ~. この基準を満たさない場合は必然的に解雇される. — 男 ❶ (衣服の)ホック, スナップ(ボタン). ❷ (電気)ブレーカー.

automatismo [aut̪omatísmo] 男 ❶ (機械の)自動作用. ❷ 無意識の行動. ❸ 《生理》自動性.

automatización [aut̪omatiθaθjón] 女 自動制御, オートメーション化.

automatizar [aut̪omatiθár] [1.3] 他 ❶ を自動化する, オートメーション化する. ❷ (体の動きなど)を自然にできるようにする.

automedicación [aut̪omeðikaθjón] 女 処方箋なしの薬剤使用.

automotor, tora [aut̪omotór, tóra] 形 『女性形は **automotriz** もある』(機械が)自動推進する. — 男 ❶ 《鉄道》気動車, ディーゼルカー. ❷ 『中南米』自動車.

automotriz [aut̪omotríθ] 形 『女性形のみ』(機械が)自動推進する; 自動車(関連)の. — **una máquina** ~ 自動装置. **industria** ~ 自動車産

業.

automóvil [au̯tomóβil アウトモビル] 男 自動車[auto と省略されることがある]. —Fuimos a Segovia en ~. 私たちは自動車でセゴビアに行った. Ayer visitamos la exposición de ~es. 昨日私たちはモーターショーを訪れた. 類語 **coche** 普通スペインで使用される. **carro** 主に中南米で使用される.
automóvil de turismo 9人乗りの自動車.
salón del automóvil モーターショー.
automóvil club 自動車連盟[クラブ].
—— 形 (機械の, 自動車推進の. —un vehículo — 自動車. una máquina — 自動機械.

automovilismo [au̯tomoβilísmo] 男 ❶ 自動車の運転. ❷《スポーツ》カーレース. ❸ 自動車産業.

automovilista [au̯tomoβilísta] 形 自動車の. —— 男女 自動車運転者, ドライバー, カーレーサー.

automovilístico, ca [au̯tomoβilístiko, ka] 形 自動車の. —accidente ~ 自動車事故. carrera *automovilística* カーレース. industria *automovilística* 自動車産業.

autonomía [au̯tonomía] 女 ❶《政治》自治(権), 自主独立. —~ regional 地方自治. ❷ 自治体, 自治州. —A ~ Palestina パレスチナ自治区. ❸ 自立. ❹《航空, 船舶》航続距離.《自動車》走行距離.

autonómico, ca [au̯tonómiko, ka] 形 《政治》自治の. —gobierno ~ 自治政府.

autónomo, ma [au̯tónomo, ma] 形 ❶ 自治の, 自治権のある. —comunidad ~ (スペインの)自治州. movimiento ~ 自治権運動. 反 **dependiente, heterónomo**. ❷ 自主[自立]的な; 独立の, 自営の. —fotógrafo ~ フリーのカメラマン. Ella es una trabajadora *autónoma*. 彼女はフリーアルバイターである. —— 名 自営業者.

autopista [au̯topísta] 女 高速道路. —~ de peaje 有料の高速道路.

autoplastia [au̯toplástia] 女《医学》自家移植.

autopropulsado, da [au̯topropulsáðo, ða] 形 (ロケットなどが)自動推進の. —un cohete ~《航空》自動推進型ロケット.

autopropulsión [au̯topropulsjón] 女 (ロケットなどの)自動推進.

autopsia [au̯tópsja] 女 ❶《医学, 法律》死体解剖, 検死. ❷ 綿密な分析.

autor, tora [au̯tór, tóra アウトル, トラ] 男女 ❶ (本の)著者, 作者, 作家; (絵画・音楽・彫刻などの)製作者, 作者 (→*escritor* は職業としての「作家」). —anónimo [desconocido] 作者不明. ~ del Quijote 『ドン・キホーテ』の作者. derechos de ~ 著作権(料), 印税. ❷《法律》犯人(=~ del crimen); (事件・事故・企みなどの)張本人. —~ del robo [del homicidio] 窃盗[殺人]犯. 類 **causante, delincuente**. ❸ 発明[発見]者; 創始者, 考案者. —~ de la penicilina ペニシリンの発見者. ~ de una idea 発案者, 考案者. ~ de mi ser《文》私の父親. 類 **creador, inventor**.

autoreconocerse [au̯torekonoθérse] 再 自己認識をする.

autoría [au̯toría] 女 ❶ (芸術作品などの)作者であること. ❷ (犯罪などの)犯人であること.

autorice(-) [au̯toríθe(-)] 動 autorizar の接・現在.

auticé [au̯toriθé] 動 autorizar の直・完了過去・1単.

autoridad [au̯toriðá(ð)] 女 ❶ 権力, 権限, 権能, 職権. —No tiene ~ para decidirlo. 彼にはそれを決める権限がない. El ministro tuvo que dimitir por abusar de su ~. その大臣は職権乱用で辞任しなければならなかった. ~ estatal [judicial] 国家[司法]権. ~ divina 神権. 類 **poder, potestad**. ❷ (政治・行政・警察等の)当局, 権力機関[機構]; (特に)官憲, 警察. —~es de certificado 認証局. ~ gubernativa [judicial, militar, administrativa] 政府[司法, 軍, 行政] 当局. El ladrón fue entregado a la ~. 泥棒は警察に引き渡された. ❸ (当局, 権力機関[機構]の) 役人, 官公吏. —La ceremonia estuvo presidida por las ~es de la localidad. 式はその土地の権力者によって執り行われた. ❹ 権威, 支配力; 威信, 威光. —No tiene ~ sobre sus hijos. 彼は息子たちに対して権威がない. 類 **ascendiente**. ❺ (その道の)権威, 権威者, 大家, 大御所, 泰斗(たいと). —Menéndez Pidal es una ~ en el "Cantar de Mío Cid". メネンデス・ピダルは『わがシッドの歌』の権威である. ❻ 複 (信頼するに足る)作家, 作品; 典拠, 出典. —"Diccionario de A~es"『典拠辞典』(スペイン王立アカデミーが編纂した最初の辞書の通称).

autoritario, ria [au̯toritárjo, rja] 形 ❶ 権威主義的な, 独裁的な. —régimen ~ 権威主義的体制. Los sistemas políticos ~s se basan en el poder indiscutible de un líder. 権威主義的政治体制とはある指導者の有無を言わせぬ権力に基づくものである. 類 **absorbente, mandón, tiránico**. ❷ 横暴な, 押し付けがましい, わがままな. —Es un padre muy ~. 彼は非常に横暴な父親である. —— 名 ❶ 権威主義者, 独裁者. —Presume de liberal, pero en el fondo es un ~. 彼は自由主義者を装っているが, 本質的には権威主義者である. ❷ 横暴な[わがままな]人. —Es una *autoritaria*, que siempre va con exigencias. 彼女は横暴な人で, いつも無理なことを要求する.

autoritarismo [au̯toritarísmo] 男《軽蔑》権威主義, 権力盲従主義; 専横, 横暴. —No aguanto el ~ con que nos trata mi padre. 私は父の私たちに対する権威主義が我慢ならない.

autorización [au̯toriθaθjón] 女 ❶ 権能[権限]の(授与[委任]), (権力・権能を有する人からの)許可, 認可, 公認. —Me han dado ~ para resolver ese asunto según crea conveniente. 私はその件を自分の裁量で解決するための権限を与えられた. Los alumnos internos necesitan la ~ del director para salir de noche. 寮生が夜間外出するためには寮長の許可が必要だ. 類 **permiso**. ❷ 許可書, 認可書, 免許. —Necesitas la ~ del juez para visitarlo en la cárcel. 刑務所の彼を訪問するには裁判官の許可が必要だ.

autorizadamente [au̯toriθáðaménte] 副 ❶ 認可を受けて. ❷ 権威的に.

autorizado, da [au̯toriθáðo, ða] 過分 形 ❶ 認可された, 公認の, 正式の. —precio ~ 公定価格. ❷ 権威のある, 信憑できる. —Es una noticia de fuente *autorizada*. それは信頼すべき筋から

ニュースである. ❸ (映画などが)未成年者向けに許可された. — película *autorizada* 未成年者向けに指定された映画.

‡**autorizar** [auto̞riθár] [1.3] [<autor] 他 ❶ 『+a/para+不定詞』(…する)権限を…に与える. — El claustro *autorizó* al decano para reformar el reglamento de la facultad. 教授会は学部長に学部規定を改める権限を付与した. ❷ 認可する, 許可する, 承認する. — La policía *ha autorizado* la manifestación. 警察はデモを許可した. ❸ を権威づける, 正当化する. — Nuestros datos *autorizan* la conclusión. われわれのデータは結論を正当化する. ❹ を適法[公式]なものとする, 有効にする. — ~ un documento ある書類を正式なものとする.

autorradio [auto̞r̄áðio̞] 男/女 《自動車》カーラジオ.

autorretrato [auto̞r̄etráto̞] 男 自画像.

autoservicio [auto̞serβíθio̞] 男 ❶ (レストランや商店などの)セルフサービス方式. ❷ セルフサービスのレストラン[商店].

autostop [auto̞stó(p)] 男 ヒッチハイク.

autostopista [auto̞sto̞písta] 名 ヒッチハイクをする人.

autosuficiencia [auto̞sufiθjénθja] 女 ❶ 自給自足. ❷ 自信過剰. 類 **engreimiento, presunción**.

autosuficiente [auto̞sufiθjénte] 形 ❶ 自給自足の, 自分で何でもできる. ❷ (人が)自信過剰な.

autosugestión [auto̞suxestjón] 女 自己暗示.

autoventa [auto̞βénta] 女 《経済》巡回販売員, 外回り営業.

autovía [auto̞βía] 女 自動車専用道路, 複数車線の道路 (autopista のような道路で料金所はない).

autumnal [autumnál] 形 《文》秋の. 類 **otoñal**.

auxiliador, dora [auksiljaðór, ðóra] 形 助ける, 補助する. — 男女 補助する人, 援助する人.

‡**auxiliar**¹ [auksiljár] 形 補助の, 補佐の. personal ~ 補助要員. servicios ~*es* 補助業務. obispo ~ 補佐司教. verbo ~ 助動詞.
— 名 助手, 補助者; (平の)係員. ~ de laboratorio 実験助手. ~ de vuelo (旅客機の)スチュワード, 男性客室乗務員. ~ técnico 技官, 技術職員. 類 **agregado, ayudante**.
— 男 助動詞.

auxiliar² [auksiljár] 『規則活用; ただし [1.5] の活用もある』 他 ❶ (人を)助ける, (人を補助[援助]する. — Dedica los domingos a ~ a los ancianos sin hogar. 彼は日曜はホームレスの老人の援助に当たっている. 類 **ayudar, socorrer**. ❷ (学祭などに)(人の)死をみとる. ❸《文法》(動詞が)複合時制を作る.

‡**auxilio** [auksíljo̞] 男 助け, 援助, 救援; 救助. —¡*A*~! 助けてくれ! prestar *~s* ... a ... を助ける. pedir ~ 助けを求める. con el ~ de ... (人・物)に助けられて, …の助けを借りて, …のバックアップを得て. ~ en carretera (ハイウェーなどの)修理サービス(センター). 類 **ayuda, socorro**.
primeros auxilios 応急手当. botiquín [hospital] de *primeros auxilios* 救急箱[病院]. dar los *primeros auxilios* 応急手当をする.

Auxilio Social 民生保護, 養護施設, 孤児院.

Av., Avda.《略号》=avenida 通り.

avahar [aβaár] 他 ❶ …に息[呼気]をかける. — El niño *avahó* el cristal de la ventana y dibujó una montaña con el dedo. その子は窓ガラスに息をかけて, 指で山を描いた. ❷ を息で暖める. — 自 湯気が立つ.

aval [aβál] 男《商業》❶ 保証; 保証[担保]書類. — ~ bancario 銀行の保証. Tu recomendación será un ~ para que me admitan en el club. 君の推薦は私がクラブに入会させてもらうための保証になるだろう. ❷ 保証人, 担保. ❸ 保証人の署名.

avalador, dora [aβalaðór, ðóra] 形 保証する. — entidad *avaladora* 保証機関, 保証体.
— 名 保証人.

avalancha [aβalántʃa] 女 ❶ 雪崩(なだれ). — Una ~ sepultó parte del pueblo. 雪崩が村の一部を埋めてしまった. 類 **alud**. ❷ (人・物の)殺到. — una ~ de hinchas 熱狂的なファンの殺到.

avalar [aβalár] 他 ❶ を保証する. ❷《商業》(融資などの)保証人になる.

avalista [aβalísta] 男女 保証人.

avalorar [aβalorár] [<valor] 他 ❶ …の価値を高める. ❷ を激励する, (人)を励ます.

avaluación [aβaluaθjón] 女 評価, 鑑定.

avaluar [aβaluár] [1.6] 他 を評価する, 鑑定する. 類 **valuar**.

avalúo [aβalúo̞] 男 →avaluación.

‡**avance** [aβánθe] 男 ❶ 前進, 進行, 進捗(しんちょく). — impedir el ~ del enemigo 敵の前進を阻む. ~ de las tropas alias. ~ del desierto 砂漠化. 反 **retroceso**. ❷ 進歩, 上達, 向上. — ~*s* de la ciencia 科学の進歩. ~*s* tecnológicos 技術革新. experimentar un espectacular ~ 目覚ましい発展を遂げる. 類 **adelanto, mejora, progreso**. 反 **retraso**. ❸ ほのめかし, 暗示. — Le tiré algún ~ en la conversación previa. 私は前もって彼ににおわしておいた. 類 **insinuación, sugerencia**. ❹ 《テレビ, ラジオ》ニュース予告(ニュース番組の最初に流す要約)(=~ informativo). ❺ 《情報》~ de línea 改行.

avance(-) [aβanθe(-)] 動 avanzar の接・現在.

avancé [aβanθé] 動 avanzar の直・完了過去・1単.

avante [aβánte] 副《航海》前方へ.
avante toda《航海》全速力で.

avantrén [aβantrén] 男《軍事》(大砲の移動に用いる)砲車.

avanzada [aβanθáða] 女 ❶《軍事》前哨(ぜんしょう), 先発隊. ❷ 前衛.

avanzadilla [aβanθaðíja] 女 ❶《軍事》尖兵(せんぺい). ❷ (上陸用の)桟橋(さんきょう). ❸ 前衛. 類 **avanzada, vanguardia**.

avanzado, da [aβanθáðo̞, ða] 形 ❶ 進んだ, 進歩した. — ideas *avanzadas* 進歩的な考え. países ~*s* 先進国. 類 **adelantado, progresista**. 反 **atrasado**. ❷ (時が)経過した, 遅くなった; 《医学》進行性の. — a una hora *avanzada* de la noche 夜更け時に. ❸ (年齢が)高い, 高齢の. — personas de edad *avanzada* 高齢者.

*‡**avanzar** [aβanθár アバンサル] [1.3] 自 ❶ 前進する, 前へ進む. — Los

manifestantes *avanzaban* hacia el ayuntamiento. デモ隊は市役所に向かって進んだ. ❷ 進歩する. —La informática *ha avanzado* mucho en los últimos años. 情報科学は近年非常に進歩した. ❸ (*a*) (時間が)進む, 経過する. —A medida que *avanzaba* el siglo, los problemas sociales se recrudecían. 20世紀の経過とともに社会問題が激化していった. (*b*) 年を取る. —estar *avanzado* en edad 老年である.

—— 他 ❶ …を前進させる, 前へ進める. —*Avanzó* el cuerpo y la besó. 彼は身体をのり出して彼女にキスをした. ❷ を早める. —Si termino pronto este trabajo, *avanzaré* la salida. もしこの仕事を早く終えたら, 私は出発を早めることにしよう.

avanzo [aβánθo] 男 《商業》 ❶ 貸借対照表. ❷ 予算.

:**avaricia** [aβaríθja] 女 貪欲, 強欲; けち. —La ～ es uno de los siete pecados capitales. 貪欲は七つの大罪のひとつである.
　La avaricia rompe el saco. 『諺』一文惜しみの銭失い(←欲張りすぎると袋が破れる). 類 **avidez, codicia**.
　con avaricia 《話》極度に, ひどく. Come *con avaricia*. 彼はがつがつ食べる. Es feo *con avaricia*. 彼はひどく醜い. 類 **en extremo, mucho**.

avaricioso, sa [aβariθjóso, sa] 形 →avaro.
avariento, ta [aβarjénto, ta] 形 →avaro.
avariosis [aβarjósis] 女 《まれ》(医学)梅毒. 類 **sífilis**.

:**avaro, ra** [aβáro, ra] 形 ❶ 欲深い, 貪欲な. —Tiene fama de mujer *avara*. 彼女は欲の深い女だという評判だ. 類 **avaricioso, codicioso**. ❷ けちな, 出し惜しみする［＋de］. —No seas ～ y préstale el dinero. けちけちしないで, 彼に金を貸してやれよ. Es muy *avara* de su tiempo. 彼女は非常に時間を惜しむ. 類 **mezquino, tacaño**.
—— 名 欲深な人, けちん坊.

avasallador, dora [aβasaðaðór, ðóra] 形 圧倒的な, 威圧的な, 服従を強いる. —fuerza *avasalladora* 圧倒的な力. poder ～ 圧倒的権力, triunfo ～ 圧倒的勝利. —— 名 威圧する人.

avasallamiento [aβasaʎamjénto] 男 威圧すること, 服従させること.

avasallar [aβasaʎár] 〔＜vasallo〕他 ❶ (人)を服従させる. —Los señores feudales *avasallaban* tierras y personas. 封建君主たちは土地と人々を支配していた. ❷《話》(人)を圧倒[威圧]する. —Un grupo de jóvenes entró *avasallando* a los demás. 若者のグループが他の客たちを威圧してバルに入って来た.

avatar [aβatár] 男 ❶《主に 複》(人生の)浮き沈み, 変転. —los ～*es* de la vida 人生の浮き沈み. 類 **vicisitud**. ❷ (通信)アバター.

AVE [áβe] [＜Alta Velocidad Española] 女 スペイン高速鉄道, 新幹線.

:**ave** [áβe] 〔単数冠詞は el, un(a) を使用〕女 鳥; 複 鳥類. ～ acuática [marina] 水[海]鳥. ～ canora 鳴禽(ﾒｲｷﾝ)類. ～ corredora 走鳥(ｿｳﾁｮｳ)類, 鳩胸(ﾊﾄﾑﾈ)類. ～ de corral 鶏, 家禽. ～ de ribera 渉禽(ｼｮｳｷﾝ)類. A～ Fénix 不死鳥. ～*s* zancudas 渉禽類.
　ave del Paraíso ゴクラクチョウ(極楽鳥); 《天文》風鳥(ﾌｳﾁｮｳ)座.
　ave de paso 渡り鳥;《比喩》流れ者, 渡り歩く人.
　ave fría タゲリ(田鳥); 覇気のない退屈な人.
　ave migratoria [emigrante, pasajera, peregrina] 渡り鳥, 候鳥.
　ave no migratoria 留鳥(ﾘｭｳﾁｮｳ).
　ave nocturna 夜鳥(ﾔﾁｮｳ)(フクロウ, ヨタカなど); 《比喩》夜遊びする人, 宵っ張り.
　ave rapaz [de presa, de rapiña] 猛禽(ﾓｳｷﾝ)類(鷲・鷹など);《比喩》かっ払い, 劫掠家.
　ave tonta [zonza] 《鳥類》キノドアオジ;《比喩》間抜け, のろま.
　ser un ave (人が)とても身軽ですばやい.

avechucho [aβetʃútʃo] 男《軽蔑》❶ 醜い鳥. ❷ 馬鹿で機転のきかない人.

avecilla [aβeθíʎa] 〔＜ave〕女 小さな鳥.
avecilla de las nieves 《鳥類》ハクセキレイ. 類 **aguzanieves**.

avecinar [aβeθinár] 〔＜vecino〕他 ［＋a］を…に近づける. 類 **acercar**.
—— 自 (出来事が)近づく, (悪天候などが)接近する.
——**se** 再 ❶ (出来事が)近づく, (悪天候などが)接近する. —Se *avecinan* las Navidades. クリスマスが近づく. ❷［＋en］…に居を定める.

avecindar [aβeθindár] 他［＋en］…に(人)を居住[定住]させる.
——**se** 再［＋en］…に居を定める. —Al jubilarse *se avecindó en* un pueblo de Granada. 退職すると彼はグラナダのある村に居を定めた.

avefría [aβefría] 女《鳥類》タゲリ(チドリ科の渡り鳥).

avejentar [aβexentár] 他 (人)を老けて見せる. —Sólo tiene treinta años, pero las canas y arrugas le *avejentan*. 彼はたった30才なのに白髪としわで老けて見える. 類 **aviejar**.
——**se** 再 (人が)老ける, 年をとる. 類 **aviejarse**.

avejigarse [aβexiɣárse] [1.2] 再 水ぶくれになる.

avellana [aβeʎána] 女《植物》ハシバミの実, ヘーゼルナッツ.

avellanado, da [aβeʎanáðo, ða] 形 ❶ しわの寄った, (皮膚が)干からびた. ❷ ハシバミの実の色の.

avellanador [aβeʎanaðór] 男《機械》フライス盤.

avellanal [aβeʎanál] 男 ハシバミの林.
avellanar¹ [aβeʎanár] 他《機械》(ネジ穴の開口部)を広げる, …に皿穴をあける. ——**se** 再 干からびる.
avellanar² [aβeʎanár] 男 ハシバミの林.
avelleneda [aβeʎanéða] 女 →avellanal.
avellanedo [aβeʎanéðo] 男 →avellanal.
avellano [aβeʎáno] 男《植物》ハシバミの木.

***avemaría** [aβemaría] 〔＜Ave María〕〖単数冠詞は el, un となることが多い〗女 ❶《カトリック》天使祝詞, アベマリア("bios te salve, María..." "聖母マリアに幸あれ"で始まる祈りの全体を指す名称). —De niña me *enseñaron* a rezar [decir] tres ～*s* antes de *acostarme*. 子供の頃私は寝る前にアベマリアを3回唱えるように教えられた. ❷ (Ave María)《カトリック》アベマリア(大天使 Gabriel による聖母マリアへの祝詞と聖イサベル等の聖母マリアへの言葉を原典とするローマカトリック教会のラテン文の祈りの冒頭の語). ❸《宗教》祈り.

小さい玉. ❹《宗教》晩鐘, お告げの祈り, アンジェラス.

── 間 ❶【Ave Maríaと表記される】(驚きを示す)あら!, まあ!. ──*¡Ave María!* No le ha atropellado el coche de milagro. ああ, 奇跡的にも彼は車に轢かれなかった. ❷《カトリック》教会等の宗教施設に入る際の挨拶の言葉; 懺悔[告解]を始める際の言葉.

al avemaría 夕暮れに, 日が落ちる頃に.

en un [una] avemaría《比喩, 話》あっという間に, 瞬時に, たちまちに. *En un [una] avemaría preparó el desayuno.* 彼女はあっという間に朝食を用意した.

saber ... como el avemaría《比喩, 話》を完全に諳(そら)んじている, きっちり[はっきり]覚えている; を熟知している. *Mi hijo sabe la tabla de multiplicar como el avemaría.* 私の息子は九九を完全に諳(そら)んじている.

avén [aβén] 動 avenirの命令・2単.

avena [aβéna] 囡《植物》❶ エンバク(燕麦). ── *loca [morisca]* カラス麦. ❷ エンバクの種子.

avenado, da [aβenáðo, ða] 形 (人が)少し頭のおかしい.

avenal [aβenál] 男《植物》エンバク(燕麦)の畑.

avenamiento [aβenamjénto] 男 (土地の)排水.

avenar [aβenár] 他 (土地の)水を排水溝を作って流し出す.

avenate [aβenáte] 男 エンバクから作る咳止めの飲料.

avendr- [aβendr-] 動 avenirの未来, 過去未来.

avenencia [aβenénθja] 囡 ❶ 合意, 同意. ❷ 協定, 和解.

en buena ~ 調和して. 反 **desavenencia**.

avenga(-) [aβeŋga(-)] 動 avenirの接・現在.

avengo [aβéŋgo] 動 avenirの直・現在・1単.

‡**avenida** [aβeníða] 囡 ❶ (並木の)大通り, 並木道, ...通り(《略》Avda., Ave.). ── *pasear por una ~ bordeada de sauces* 柳の並木道を散歩する. *A~ Diagonal [de Barcelona]* ディアゴナル[バルセロナ]大通り. ❷ (急な)増水, 出水, 洪水, 氾濫. ── *La crecida del río han estropeado la cosecha.* 川の氾濫で作物がだめになった. 類 **crecida**. ❸ (人・物の)殺到, 大勢の人, 大量.

avenido, da [aβeníðo, ða] 形 ── *bien [mal] ~ con ...* (人との仲が)よい[悪い], (運など)折り合いがよい[悪い]. *Son hermanos, pero andan siempre mal avenidos.* 彼らは兄弟だが, いつも仲が悪い.

avenimiento [aβenimjénto] 男 合意, 一致; 和解(→avenencia). ── *buen [mal] ~ con ...* ...と仲がよい[悪い]こと.

‡**avenir** [aβenír] [**10.9**] (〈a+venir〉) 他 を仲直りさせる, 和解させる, 調停する. ── *Hizo todo lo posible para ~ a las partes en litigio.* 係争中の当事者同士を調停しようと彼は最善を尽くした. 類 **reconciliar**.

── *se* 再 ❶ [＋*en*について] 折り合う, 意見が一致する. ── *No hemos conseguido ~nos en las condiciones de pago.* われわれは支払条件で折り合うことができなかった. ❷ [＋*con*と] (*a*) 協調する, うまくやる. ── *No se aviene con su nuera.* 彼は息子の嫁とうまく行かない. (*b*) と一致する, 矛盾しない, マッチする. ── *No se aviene su dejadez con la seriedad que pide en el trabajo.* 彼の怠けぶりは, 彼が仕事の上で要求するまじめさと矛盾している. ❸ [＋*a*に] 同意する, 満足する. ── *Se avino a* ceder su terreno a la municipalidad. 彼は市に自分の地所を譲渡することに同意した.

aventador, dora [aβentaðór, ðóra] 形 (穀物を)吹き分ける. ── 名 (穀物を)吹き分ける機械.

aventajado, da [aβentaxáðo, ða] 形 ❶ 抜きん出た, 優秀な. ── *un jugador ~* 優れた選手. ❷ (状況などが)有利な.

‡**aventajar** [aβentaxár] (〈ventaja〉) 他 ❶ を追い抜く, 追い越す. ── *Me aventajó en el último kilómetro de la carrera.* 彼は競走の最後の1キロで私を抜いた. ❷ を凌駕する, しのぐ, 上回る. ── *Aventaja a todas sus amigas en belleza.* 彼女は美しさではあらゆる友達より優っている. 類 **superar**.

aventar [aβentár] 他 ❶ (穀物を)吹き分ける. ── *Antes había que ~ el trigo en las eras.* 以前は脱穀場で小麦を吹き分けなければならなかった. ❷ を(風が)吹き飛ばす. ── *El viento aventa las hojas de los árboles.* 風が木々の葉を吹き飛ばす. ❸ (人)を追い払う. ── *se* 再 ❶ 風で膨らむ. ❷《俗》あわてて立ち去る.

‡**aventura** [aβentúra] 囡 ❶ 冒険, 異常な[珍しい]体験. ── *tener [correr] una ~* 冒険する. 類 **peripecia**. ❷ 危険(な試み), 賭け. ── *Invertir en ese negocio es una ~.* その商売に投資するのは危険だ. *meterse en ~s* 危険なことをする. 類 **correría, riesgo**. ❸ 偶然, 運. ── *a la ~* 行き当たりばったりに, 成り行きに任せて. ❹《話》(束の間の)情事, 火遊び, 浮気, 不倫, アバンチュール. 類 **romance**.

embarcarse en aventuras [en una aventura] / lanzarse a la aventura 冒険に乗り出す, 冒険を企てる, 危険なことに手を出す.

aventurado, da [aβenturáðo, ða] 形 ❶ 冒険的な, 危険な, 無謀な, 大胆な. ── *una inversión aventurada* 危険な投資. ❷ (意見などが)根拠に乏しい. ── *Francamente hablando, me parece una afirmación aventurada.* 率直に言うと, それは根拠に乏しい主張だと私には思えます.

‡**aventurar** [aβenturár] (〈aventura〉) 他 ❶ を危険にさらす, 犠牲にする. ── *Yo aventuraría mi vida por salvar a un niño.* 子どもを救うためだったら私は生命を投げ出すだろう. 類語 **arriesgar** に対し **aventurar** は, 運を天に任すといった意味がある. ❷ を大胆に主張する. ── *~ una nueva hipótesis* 新しい仮説を大胆に出張する.

── *se* 再 ❶ [＋*a*+不定詞] ...する. ── *Me aventuré a dar una vuelta por aquel peligroso barrio.* 私はあの危険な地区を思い切って一回りした.

El que no se aventura no pasa la mar.【諺】虎穴に入らずんば虎児を得ず(←思い切ってやらない人は海を越えられない).

aventurera [aβenturéra] 囡 → aventurero.

‡**aventurero, ra** [aβenturéro, ra] 形 冒険好きの, 向こう見ずな, 大胆な. ── *espíritu ~* 冒険精神.

── 名 ❶ 冒険家, 向こう見ずな人. ── *El ~ de-*

sapareció en la jungla del Amazonas. その冒険家はアマゾンのジャングルで行方不明になった. ❷ 山師, 投機家; 不法に金を稼ぐ人.

—— 囡 男たらし, 浮気女. —Su novia tiene fama de *aventurera*. 彼の恋人は浮気だという評判だ.

average [áβerit(ʃ)] 〔<英〕男 平均(値); 《スポーツ》アベレージ, 得点率. —Gana el Madrid por un gol ~. マドリードがゴール・アベレージで勝利する.

avergoncé [aβeryonθé] 動 avergonzar の直・完了過去・1 単.

avergonzado, da [aβeryonθáðo, ða] 形 ❶ (人が)恥じ入った. —En su rostro se dibujó una *avergonzada* sonrisa. 彼の顔に恥ずかしそうな笑みが浮かんだ. ❷ (人が)困った, とまどった. —El niño bajó la cabeza ~. その子は困って頭を垂れた.

:**avergonzar** [aβeryonθár] [**5.5**] 他 〔< vergüenza〕…に恥をかかせる, を嘲弄(ちょうろう)する, 侮辱する. —El comportamiento del hijo *avergonzó* a sus padres. 息子の行状が両親に恥じをかかせることになった.

—— se 再 〖+de/por を〗恥じる, 恥ずかしく思う. —*Me avergüenzo de* haber actuado de aquella forma. 私はあんなふうに行動したことを恥ずかしく思う.

avergüence(-) [aβeryuénθe(-)] 動 avergonzar の接・現在.

avergüenz- [aβeryuénθ-] 動 avergonzar の直・現在, 命令・2 単.

:**avería**[1] [aβería] 囡 ❶ 《機械, 自動車》故障, 破損. —arreglar [reparar] una ~ 故障を修理する. sufrir una ~ en la autopista ハイウェーで故障する. El coche tiene una ~ en el motor. その車はモーターが故障している. Rómpase el cristal en caso de ~. 故障の場合ガラスを割ってください. 類**daño, desperfecto, deterioro, rotura.** 反**arreglo, reparación.** ❷ (商品・積荷の)損傷, 損害; 《海事》海損. —~ gruesa 共同海損. ~ simple [particular] 単独海損. ajustamiento de ~ 海損清算. repartidor [tasador] de ~s 海損清算人. El cargamento no sufrió ~ de ninguna especie. 積荷は全然損害を被らなかった. ❸《中南米》不運な出来事; 悪事, 犯罪. —hombre de ~ 無法者, 極悪人. ❹《歴史》アベリア, 護衛船料.

avería[2] [aβería] 囡 ❶ 鳥小屋. ❷ 鳥の群. 類**bandada.**

averiado, da [aβerjáðo, ða] 形 ❶ (機械が)故障した. ❷ (貨物などが)損傷をうけた.

averiar [aβerjár] [**1.6**] 他 ❶ (機械)を故障させる. ❷ …に損傷をあたえる, 破損する.

—— se 再 ❶ (機械が)故障する. —El televisor *se nos averió* cuando veíamos un partido de fútbol. サッカーの試合を見ている時にテレビが故障してしまった. ❷ 損傷を受ける.

averiguable [aβeriyuáβle] 形 調査することのできる, 確かめることが可能な.

:**averiguación** [aβeriyuaθjón] 囡 ❶ 〔主に複〕調査, 調べ, 捜査. —hacer [realizar] *averiguaciones* 調査する, 調べる. 類**indagación, investigación, pesquisa.** ❷ 確認, 点検.

:**averiguar** [aβeriyuár] [**1.4**] 他 ❶ を調べる, 調べあげる, 調査する. —Hay que ~ dónde vive y a qué se dedica. 彼がどこに住んで何に携わっているか調査しなければならない. ❷ を確かめる, 確認する. —Necesito ~ si Carlos dice la verdad. 私はカルロスが, 本当のことを言っているのかどうかを確かめねばならない.

averigüe(-) [aβeriyue(-)] 動 averiguar の接・現在.

averigüé [aβeriyué] 動 averiguar の直・完了過去・1 単.

averno [aβérno] 男 《詩, 文》地獄.

Averroes [aβeร̄óes] 固名 アベロエス[アベロイス](1126-98, スペイン生まれの西方イスラム世界の哲学者・医者).

averroísmo [aβeร̄oísmo] 男 《哲学》アベロエス(12 世紀コルドバのイスラム哲学者)派の思想[主義].

averrugado, da [aβeร̄uɣáðo, ða] 形 いぼのある.

aversión [aβersjón] 囡 嫌悪感. —sentir ~ a [por] … …に嫌悪を感じる. tener ~ a … …を嫌う.

avestruceras [aβestruθéras] 囡 複〔アルゼンチン, ウルグアイ〕(ダチョウの狩猟に用いる)投げ玉.

avestruz [aβestrúθ] 男〔複 avestruces〕 ❶ 《鳥類》ダチョウ. —~ de América アメリカダチョウ.(=ñandú) ❷ 無愛想で非社交的な人. *táctica* [*política*] *del avestruz* 《話》不快なことや困難を直視しない態度.

avetado, da [aβetáðo, ða] 形 木目(縞模様)のある.

avetoro [aβetóro] 男 《鳥類》サンカノゴイ(山家五位)(サギ科).

avezado, da [aβeθáðo, ða] 形 〖+a/en〗…に習熟した, 経験豊かな, 慣れた. —un escalador ~ ベテランの登山家.

avezar [aβeθár] [**1.3**] 他 〖+a〗…に(人)を慣れさせる. —~ a los niños a una alimentación sana 子供たちを健康な食事に慣れさせる.

—— se 再 〖+a〗…に慣れる. —Sería bueno que *se fueran avezando* a lo inevitable. 不可避の事態にだんだん慣れていくのがいいでしょう.

:**aviación** [aβjaθjón] 囡 ❶ 飛行, 航空(術);〖集合的に〗航空機い=個々の「飛行機」は avión). —~ civil 民間機; 民間航空. ~ militar 空軍, 軍用機. compañía [academia] de ~ 航空会社[専門学校]. ❷《軍事》空軍, 航空部隊(→ejército). —capitán [coronel] de ~ 空軍大尉[大佐]. hacer el servicio en ~ 空軍で兵役を務める.

aviado, da [aβjáðo, ða] 形 ❶〖estar+〗用意のできた. —La cena ya está *aviada*. 夕食の用意がもうできている. ❷〖estar/ir+〗《話》困った, がっかりした. —¿*Has* perdido el pasaporte? Pues sí que estás ~. 君がパスポートをなくしたのかい. それは困ったもんだ.

aviador, dora [aβjaðór, ðóra] 名 (飛行機の)操縦士, パイロット.

aviar[1] [aβjár] [**1.6**] 他 ❶ を準備する, …の用意をする. —~ la cena 夕食の仕度をする. ❷ を整理整頓する. —~ la habitación 部屋を片付ける. ❸〖+de〗を(人)に与える, 供給する. —Yo te *aviaré de*l dinero que necesites. 君が必要なお金を私が準備しましょう. —— 自 急ぐ. —*Avía* que no tenemos tiempo. 急いで, 私たちは時間がな

から． ── **se** 再 ❶ 身支度をする．❷ 急ぐ．

aviar² [aβiár] 他《文》鳥の，鳥類の．

aviario, ria [aβiário, ria] 形 鳥の，鳥類の．

avícola [aβíkola] 形 養鶏の，鳥類飼養の．── granja ～ 養鶏場．── 女 養鶏業．

avicultor, tora [aβikultór, tóra] 名 養鶏家，鳥類飼養家．

avicultura [aβikultúra] 女 養鶏，鳥類飼養．

:**avidez** [aβiðéθ] 女 強い欲望，**貪欲**，切望，熱心さ．── saciar la ～ de poder [de riqueza, de conocimientos] 権力欲[金銭欲，知識欲]を満足させる．類 **ansia, codicia**.

con avidez 貪欲に，貪るように，がつがつと；熱心に．comer [devorar, engullir] *con avidez* 貪り食う，がつがつ食う．leer *con avidez* 貪るように読む．

:**ávido, da** [áβiðo, ða] 形 ❶【+de】…が欲しくてたまらない，を渇望する，貪(どん)欲に求める．── Es un hombre ～ *de* dinero. 彼は金に飢えている．El niño, ～ *de* saber, leía todo lo que caía en sus manos. 知識欲が旺盛で，手に入るものは何でも読むのだった．類 **ansioso, codicioso**. ❷ 貪欲な，むさぼるような．── Ella lo miraba con ojos ～*s* de placer. 彼女はそれを快楽に飢えたような目付きでながめていた．

aviejar [aβiexár] 他 老けさせる，老けて見せる．── Ese traje de *la avieja* mucho. その服を着ると彼はひどく老けてみえる．類 **avejentar**.

── **se** 再 老い込む，年をとる．

aviene(-) [aβiéne(-)] 動 avenir の直・現在．

aviesamente [aβiésaménte] 副 悪意を持って，邪悪に，意地悪く．

avieso, sa [aβiéso, sa] 形 ❶（視線などが）歪(ゆが)んだ．❷ 邪悪な，悪意のある．── un hombre ～ 意地の悪い男．una *aviesa* mirada 悪意のある目つき．類 **maligno, malvado**.

avifauna [aβifáuna] 女《動物》鳥相，鳥類．

Ávila [áβila] 固名 アビラ（スペインの州・県名）．

avilantez [aβilantéθ] 女 厚かましさ．── tener la ～ de…【+不定詞】厚かましくも…する．類 **atrevimiento, insolencia**.

avilés, lesa [aβilés, lésa] 形 アビラ (Ávila) の (=abulense). ── 名 アビラの住民[出身者]．

avilesino, na [aβilesíno, na] 形 アビレス (Avilés) の．

── 名 アビレスの住民[出身者]．

avin- [aβin-] 動 avenir の直・完了過去，接・過去，現在分詞．

avinagrado, da [aβinaɣráðo, ða] 過分 形 ❶ 酸味のある，酸っぱい．❷（人・性格が）気難しい，無愛想な，（言動などが）とげとげしい．── carácter ～ 気難しい性格．

avinagrar [aβinaɣrár] [<vinagre] 他 ❶ を酸っぱくする．── El calor excesivo suele ～ el vino. 暑すぎると普通ワインは酸っぱくなる．❷（人・性格）を無愛想にする．── Aquella enfermedad *avinagró* su carácter. あの病気で彼は無愛想な性格になった．❸ を台無しにする．── Comenzaron a hablar de política y nos *avinagraron* la fiesta. 彼らは政治の話を始めて私たちのパーティーを台無しにした．

avío [aβío] 男 ❶ 準備，用意，仕度．❷ 整理整頓．❸（羊飼い・農民の）弁当．❹（個人的）私利益．── Enseguida comprendí que allí cada uno buscaba su ～. 私はそこでは各自が自分の利益を

求めていることがすぐに分かった．❺ 複《話》道具，用具．

hacer (*un buen* [*gran*]) *avío/dar* (*el*) *avío* (と ても）役に立つ．Es un coche viejo pero me *hace avío*. 古い車だが私の役に立つ．

al avío さあ仕事にかかろう．Venga, menos charlar y *al avío*. さあ，おしゃべりはほどほどにして仕事を始めよう．

****avión** [aβión アビオン] 男 ❶ 飛行機，航空機．── subir al [bajar del] ～ 飛行機に乗る[を降りる]．ir en [por] ～ 飛行機で行く．volar en ～ 飛行機で飛ぶ．fletar un ～ 飛行機をチャーターする．El ～ aterriza [despega]. 飛行機が着陸[離陸]する．～ de pasajeros [de línea] 旅客機．～ militar 軍用機．～ comercial 商用機．～ de caza [de combate] 戦闘機．～ de bombardeo 爆撃機（=bombardero）．～ de [a] reacción [chorro] ジェット機．～ sin motor. グライダー（=planeador）．～ supersónico 超音速機．～ anfibio 水陸両用機．～ de hélice プロペラ機．～ de reconocimiento 偵察機．～ de interceptor 迎撃機．～ monomotor [bimotor] 単発[双発]機．～ monoplano [biplano] 単葉[複葉]機．～ nodriza [cisterna] 空中給油機．類 **aeroplano**. ❷（鳥類）イワツバメ．

hacer el avión a … ひどい目にあわせる．

írsele el avión 【メキシコ】《話》ぼんやりする．

avioneta [aβionéta] 女 軽飛行機，小型飛行機．

avisadamente [aβisáðaménte] 副 抜け目なく，思慮深く．

avisado, da [aβisáðo, ða] 形 ❶ 抜け目のない，賢明な，思慮深い．── mal ～ 軽率な．Se esperaba poco de él, pero demostró ser un político ～. 皆彼にあまり期待していなかったが，彼は賢い政治家であることを証明した．類 **sagaz**. ❷（人が何かを知らされた，通告された．❸ 用心した．── No creo que vuelva a engañarnos, pero conviene estar ～*s*. 彼が再び私たちをだますことはないと思うが，用心していた方がよい．類 **alerta, precavido**.

avisador, dora [aβisaðór, ðóra] 形 警告する，知らせる．── 名《演劇》（劇場の）役者の登場を告げる人．── 男 警報装置．

****avisar** [aβisár アビサル] 他 ❶ を知らせる，通知する，通告する．── *Avisé* a mi mujer que volvería a casa un poco tarde. 私は妻に少し遅く帰宅することになると知らせた．～ a la policía 警察に通報する．❷ …と忠告する，警告する，注意する．── Le *avisé* que tuviese cuidado con los rateros. 私はスリに気をつけるよう彼に注意した．❸ を呼ぶ．── Es mejor ～ al médico. 医者を呼んだほうがよい．

:**aviso** [aβíso] 男 ❶ 知らせ，通知，予告；通達．── carta de ～ 通知[案内]状．oír el ～ para embarcar 乗船[搭乗]案内を聞く．publicar un ～ 発表[公表]する；警告を発する．～ por escrito 文書による通達．poner un ～ en el periódico 新聞に案内広告を掲載する．mandar ～ a …（人）に知らせる，伝える．～ de recibo（書留郵便などの）受領通知書．類 **anuncio, noticia**. ❷ 掲示，告示；メッセージ，メモ，ことづけ．── tablón de ～*s* 掲示板．Me dejó el ～ en la mesa. 彼は私の机の上にメモを残して置いた．類 **mensaje, nota, recado**.

❸ (危険などの)警告, 戒告, 注意, 忠告. —No hizo caso de mi ~. 彼は私の忠告に耳を貸さなかった. 類**advertencia, amonestación, consejo, precaución**. ❹ 前兆, 前触れ. ~ de tormenta 嵐の前触れ. Los mareos son el primer ~ de sus desmayos. めまいは彼の気絶の前触れである. 類**indicio, señal**. ❺ (闘牛)(規定時間内に牛を殺せない場合, 主催者が闘牛士に発する)警告. — Al torero le dieron el segundo ~. その闘牛士は2度目の警告を受けた. ❻ (海事)(命令書輸送用の)通報艇. ❼ (主に中南米)広告. ~s clasificados (limitados, económicos)(新聞の)項目別小広告.

conferencia telefónica con aviso (電話の)指名通話.

dar (un [el]) aviso a ... (1)(人)に知らせる, 通知する. (2)〘+por〙(…で)警告[注意]する.

estar (andar) sobre aviso (1)〘+de〙(…について)あらかじめ聞いて知っている. No entiendo por qué Juan actuó de esa manera si *estaba sobre aviso* de lo que iba a suceder. 何が起こるかあらかじめ知っていたのなら, フアンがなぜそのような行動に出たのか分からない. (2)〘+de〙(…について警戒して)待ち構えている.

poner sobre aviso a ... 〘+de〙(危険などについて)(人)に警戒させる, 警告する; (人)に前もって知らせる.

salvo aviso en contrario 別途に通知のない限り.

avispa [aβíspa] 囡 《虫類》スズメバチ.
avispado, da [aβispáðo, ða] 厖 (人が)飲み込みの速い, 賢い. 類**despierto, listo**.
avispar [aβispár] 他 ❶ (馬)に拍車をかける. ❷ (人)に知恵をつける. 賢くする. ——se 再 (人が)賢くなる.
avispero [aβispéro] 男 ❶ スズメバチの巣; スズメバチの群れ. ❷ 群れ. ❸ 《話》厄介事, 面倒. — meterse en un ~ 厄介事に巻き込まれる. ❹ (医学)化膿したできもの.
avispón [aβispón] 男 《虫類》モンスズメバチ.
avistar [aβistár] 他 を遠くに見る. —Un guardacostas *avistó* el barco a la deriva. 沿岸警備艇が漂流している船を遠くに認めた. 類**divisar**.
avitaminosis [aβitaminósis] 〔<vitamina〕囡〔単複同形〕《医学》ビタミン欠乏症.
avituallamiento [aβituʎamjénto] 男 糧食[食糧]の補給.
avituallar [aβituaʎár] 他〔<vitualla〕…に糧食を補給する. 類**aprovisionar**.
avivador, dora [aβiβaðór, ðóra] 厖 (何かに)活気を与える. 刺激する.
avivar [aβiβár] 他 ❶ …に活気を与える. ~ la discusión 議論が活気づく. ❷ (火)をかき立てる. ~ el fuego 火をかき立てる. 類**atizar**. ❸ (色などを)鮮やかにする. ❹ (足取りを)速める. ~ el paso 足を速める. —— 自 急ぐ. ——se 再 強まる. —Se ha *avivado* la antigua rivalidad entre las dos ciudades. その2つの町の昔のライバル意識が激しくなった.
avizor [aβiθór] 厖 〘次の成句で〙
ojo avizor 警戒して. En esta calle hay que estar siempre *ojo avizor*. この通りはいつも警戒していなければならない.

avizorar [aβiθorár] 他 ❶ を注視する, 注意して見る. —*Avizoró* en el horizonte el perfil de un petrolero. 彼は水平線上にあるタンカーの姿を注意して見た. ❷ を予測する, 監視する. —Desde una esquina *avizoraba* la entrada. 彼は角から入り口を見張っていた. 類**acechar**.
avocar [aβokár]【1.1】他《法律》(下級裁判所の訴訟)を上級裁判所へ移審させる.
avoceta [aβoθéta] 囡 《鳥類》ソリハシセイタカシギ(くちばしの長いシギ科の渡り鳥).
avorazado, da [aβoraðáðo, ða] 厖 《メキシコ》貪欲な, がめつい.
AVT 《頭字》〔< Asociación de víctimas del Terrorismo〕囡 スペイン・テロ被害者協会.
avutarda [aβutárða] 囡 《鳥類》ノガン(野雁).
axial [aksjál] 厖 軸の. —simetría ~ (幾何)軸対称.
axil [aksíl] 厖 →axial.
axila [aksíla] 囡 ❶ 《解剖》腋(わき)の下, 腋窩(えきか). 類**sobaco**. ❷ (植物)葉腋(ようえき).
axilar [aksilár] 厖 ❶ 《解剖》腋(わき)の下の. ❷ (植物)葉腋(ようえき)の.
axioma [aksjóma] 男 原理, 自明の理, 公理.
axiomático, ca [aksjomátiko, ka] 厖 自明の, 公理の. —definición *axiomática* 公理的定義.
axis [áksis] 男〔単複同形〕《解剖》軸椎(じくつい), 第二頸椎(けいつい).

*ay **ay** [ái アイ] 間 ❶ (特に, 驚き, 痛み, 困惑, 悲しみ等を表わす)ああ!, おお!; あっ! —*¡Ay!* ¡No me empujes! el que me pinchado el dedo con la aguja. 痛い! 針で指をさしちゃった. ¡Ay, ay, ay! ¡Otra vez se me ha bloqueado el ordenador! ああ, またコンピュータがフリーズした! ¡Ay, qué alegría! No sabía que estabas aquí. ああ, うれしい! あなたがここにいるなんて知らなかったわ! ❷〘+de 名詞/代名詞〙(…に対する哀れみ, 悲嘆, 同情を表わす)かわいそうな…; (…に対する脅(おど)しを)…はひどい目にあうぞ!. —*¡Ay de mí!* ¿Por qué tengo que sufrir tanto? ああ, かわいそうな私! なぜこんなに苦しまなくてはならないの? *¡Ay de ella!* Con tres hijos y divorciada. ああかわいそうな彼女, 3人も子供がいて離婚してるなんて! *¡Ay de ti* como se entere tu mujer! 奥さんが知ったら大変な事になるぞ!
—— 男 《文》うめき(声), 嘆息, 嘆き声, 悲鳴. —tiernos [desgarradores] *ayes* 甘い吐息[心を引き裂くようなうめき声]. El enfermo estaba en un *ay*. その病人は苦痛のうめきをあげていた. La madre dio un *ay* al encontrar a su hijo completamente desfigurado. 母は息子の変わり果てた姿を見て悲嘆の声をあげた. 類**quejido, suspiro**.

Ayacucho [ajakútʃo] 固名 アヤクーチョ(ペルーの県・県都).

*ayer **ayer** [ajér アイエル] 副 ❶ きのう, 昨日. — ~ por la noche [~ noche] 昨夜. A~ hizo más calor que hoy. きのうは今日より暑かった. Llegó ~ temprano. 彼はきのう早く来た. Está ausente desde ~. 彼はきのうから不在だ. No le digas lo de ~. きのうのことは彼に言うな. ❷ ついきのう; つい最近, 今しがた. —Parece que fue ~ cuando nos conocimos, pero ya han pasado diez años. 私達が知り合ったのはついきのうのように思えるが, もう10年たっている. ❸ 以前, 昔. —Ya no es lo que *era* ~. 彼は以前の彼では

ない. Hoy las mujeres ocupan puestos en la sociedad que eran impensables ~. 今日女性は以前は考えられなかった社会の地位を占めている.

antes de ayer おととい, 一昨日.

de ayer acá [a hoy] つい最近, 近頃. *De ayer a hoy* las cosas han cambiado mucho. つい最近事態は非常に変った.

—— 男 きのう; 以前, 昔. —La España de ~ 過去のスペイン. No vuelve el ~. きのうという日は戻ってこない.

ayllu [ajjú] 男 【南米】(ケチュア族の)血族, 血縁集団.

ayo, ya [ájo, ja] 名 家庭教師, 養育係.

ayote [ajóte] 男 【メキシコ, 中米】【植物】カボチャ, ひょうたん (=calabaza).

Aysén [aisén] 固名 アイセン(チリの県).

***ayuda** [ajúa アユダ] 女 (<ayudar) ❶ 助け, 手助け, 手伝い, 援助, 協力; 救援. —~ humanitaria 人道援助. Muchas gracias por su ~. どうもありがとうございます, おかげで助かりました. Traduje esa carta con ~ de un diccionario. 私は辞書の助けを借りてその手紙を訳した. Cuando yo estudiaba en Londres, mi hermana me prestó[dio] ~ económica. 私がロンドンで勉強していたとき, 姉が経済的に援助してくれた. Si necesitas mi ~, avísame. 私の助けが必要ならば知らせてね. Muchos voluntarios acudieron en ~ de los damnificados. 多くのボランティアが被災者救援に駆け付けた. Con la ~ de Dios podremos salir de esta difícil situación. 神のご加護があればこの困難な状況から抜け出すことができるだろう. ~ de vecino 《話》他人の手助け[援助]. ~ condicionada [atada] 《経済》ひもつき援助. ~ de costa 資金援助[補助]. ~ estatal 国庫補助. 類 **auxilio, colaboración, socorro**. ❷ 援助[救援]物資; 援助する人, 手伝う[手助けする]人. —Salió un avión con ~ para la zona del conflicto. 援助物資を積んだ飛行機が紛争地に向けて飛び立った. Las ONG canalizan la ~ para los campos de refugiados. NGO が難民キャンプのための援助物資を誘導する. Su única ~ es su hermana. 彼の頼りの綱は姉だけだ. ❸ 手当て, 補助の報酬. —Además del sueldo cobramos algunas ~s. 私たちは給料の他にいくつかの手当てを受け取っている. ❹ 《婉曲》浣腸液[剤]. 類 **enema, lavativa**. ❺ 《縮小辞を伴って》施し物, 施し, お恵み. —Déme una *ayudita*, señor. だんな, お恵みを. 類 **limosna**. ❻ 《羊飼い[牧畜]の間の》水運び; 【グラナダ】飼い葉を運ぶ人. ❼ 《馬術》騎手が馬勒(ロ)や拍車などで馬に与える鼓舞[激励, 刺激]. ❽ 《海事》補助綱[索]. ❾ 《情報》ヘルプ.

ayuda de cámara 男 主人の衣服の世話をする使用人[従僕, 下男].

costar [necesitar] Dios y ayuda …するのは一苦労[大仕事]である; 一苦労する. *Costó Dios y ayuda* convencer a aquel cabezota. あの頑固者を説得するのは一苦労だった. Vas a *necesitar Dios y ayuda* para sacar adelante sola a tres hijos. あなたひとりで 3 人の子どもを育てるのは大仕事だ.

***ayuda*do*, da** [ajuáo, ða] 過分 形 《闘牛》(ムレータのパセが)両手で持って行われた.

—— 男 《闘牛》ムレータ(muleta)を両手で持って行うパセ.

***ayudante** [ajuánte] 男女 《女性形は時にayudanta》 (<ayudar) ❶ (会社, 事務所等のスタッフの)助手, アシスタント; (学校等の)補助教員, (大学の)助手. —profesor [médico] ~ 補助教員[アシスタントドクター]. ~ de enfermería 看護助手. ~ técnico sanitario 看護士(《略》ATS). Está muy ocupado porque es ~ de dirección [operador]. 彼は助監督[撮影助手]だからとても忙しい. Mi hija trabaja como *ayudanta* de peluquería. 私の娘は見習い美容師として働いている. ❷ 《軍事》副官. —~ de campo [plaza] 陣地[要塞]の副官.

ayudantía [ajuantía] 女 助手の職; 助手の地位.

***ayudar** [ajuár アユダル] 他 ❶ …を助ける, 手伝う, …の手助けをする. —*Ayuda* a su padre en la oficina. 彼は事務所で父親を手伝っている. Este plano le puede ~ a orientarse. この地図はあなたに進路を定める手助けとなるだろう. Su enfermedad *ayudó* a que el negocio se viniera abajo. 彼の病気のために事業は左前になった. ❷ を救う, 救助する, 援助する. —Antonio me *ayudó* a salir de aquel apuro. アントニオは私が窮地を逃れるのを手伝ってくれた.

—se 再 《con/de》 を用いる, 利用する. —Los ladrones lograron abrir la puerta *ayudándose con* un alambre. 泥棒たちは 1 本の針金を使ってドアをあけることに成功した.

Ayúdate y Dios te ayudará. 《諺》天は自ら助くる者を助く (←君は君自身を助けよ, そうすれば神は君を助けるだろう).

ayunar [ajunár] 自 断食をする, 絶食をする.

***ayuno** [ajúno] (<ayunar) 男 断食, 絶食. —hacer [guardar] ~ 断食[絶食]する.

***ayuntamiento** [ajuntamjénto] 男 ❶ 【大文字で表記されることが多い】市[町・村]の自治体, 市[町・村]の議会. —Los ~s se eligen en España cada cuatro años. スペインでは 4 年おきに市町村議会の選挙が行われる. ❷ 【大文字で表記されることが多い】市役所[町役場, 村役場], 市庁舎, 役所. —Mi padre trabaja en el A~. 父は市役所[役場]に勤めている. ❸ 《文, 婉曲》性交, 交接, 交尾. —~ carnal 性交. 類 **cópula**. ❹ 《文》集り, 集合; 会議, 会. 類 **junta, reunión**.

ayuntar [ajuntár] 他 《文》 ❶ を集める. 類 **juntar, unir**. ❷ を付け加える. 類 **añadir**.

—— 自 性交する.

—se 再 性交する.

azabacha*do*, da [aθaβatʃáðo, ða] 形 漆黒(とっ)の.

azabache [aθaβátʃe] 男 ❶ 《鉱物》黒玉. —Montaba un caballo negro como el ~. 彼は真っ黒な馬に乗っていた. ❷ 《鳥類》ヒガラ.

azacán, cana [aθakán, kána] 形 重労働に従事する, 苦役をする.

—— 名 苦役をする人. —Se ha pasado la vida trabajando como un ~. 彼は額(ひたい)に汗して必死に働いてきた.

—— 男 《歴史》水を運ぶ人, 水売り (=aguador).

azacanearse [aθakaneárse] 再 一所懸命働く.

azada [aθáða] 女 《農業》鍬(くわ). —~ motori-

zada モーターで動く鍬(%).
azadilla [aθaðíja] 囡 《農業》小さな鍬(%).
azadón [aθaðón] 男 《農業》刃が横長の大きな鍬(%).
azadonada [aθaðonáða] 囡 鍬(%)による一撃.
azadonar [aθaðonár] 他 (土地を)鍬(%)で掘る[耕す].
azafata [aθafáta] 囡 ❶ (旅客機の)女性客室乗務員, フライトアテンダント, コンパニオン. (b) (テレビ番組の)女性アシスタント. ❸ 《歴史》女官, 侍女.
azafate [aθafáte] 男 ❶ 平たいかご. ❷ お盆(%).
azafato [aθafáto] 男 《話》(旅客機の)男性客室乗務員, フライトアテンダント, スチュワード, パーサー.
azafrán [aθafrán] 男 《植物》サフラン.
azafranado, da [aθafranáðo, ða] 形 ❶ サフラン色の. ❷ 《料理》サフランで風味をつけた.
azafranal [aθafranál] 男 サフラン畑.
azafranar [aθafranár] 他 《料理》(料理)にサフランで風味をつける.
azagaya [aθaɣája] 囡 小型の投げ槍.
azahar [aθaár] 男 (オレンジ・レモンのようにかおりの強い)柑橘(%)類の花.
azalea [aθaléa] 囡 《植物》ツツジ, アザレア.
Azaña [aθáɲa] 固名 アサーニャ(マヌエル Manuel ～)(1880-1940, スペインの政治家・首相, 在任 1931-33, 1936-39).
‡**azar** [aθár] 男 ❶ 偶然(性), 成り行き, 巡り合わせ. —Conocernos fue un puro ～. 私たちが知り合ったのはまったくの偶然だった. dejar ... al ～ を成り行きに任せむする. 類**casualidad**. ❷ 運, 幸運. —juego(s) de ～ 博打(%), 運任せの勝負事. Encontrar ese piso fue un ～ irrepetible. そのマンションを見つけたのは二度とない幸運だった. 類**fortuna, suerte**. ❸ 不慮の出来事, 不幸, 不運, 事故. —Si por cualquier ～ no hemos llegado a las dos, os vais. 私たちがもしかして2時に着かなかったら, 君たちは行ってって. 類**contingecia, desgracia**. ❹ 複(人生などの)浮沈, 禍福, 波乱, 変転. —Los ～es de la vida me trajeron hasta aquí. 変転極まりない人生を経て私はここに到った. 類**vicisitudes**.
al azar (1) 行き当たりばったりに, よく考えずに, でたらめに. escoger una carta *al azar* 無作為に1枚のカード[手紙]を選ぶ. (2) 当てもなく. pasear [caminar] *al azar* 当てもなく散歩する[歩く].
el azar quiso que 〖＋接続法過去〗 偶然にも…となった. *El azar quiso que* yo pasara por allí en aquel momento. その時私はたまたまそこを通りかかった.
por azar (1) 偶然に, たまたま (=por casualidad). Ayer coincidimos *por azar* en el supermercado. 昨日私たちはたまたまスーパーで一緒になった. (2) 幸運にも (= por suerte). Conseguí ese trabajo *por azar*. 私は幸運にもその仕事を得た.
azarado, da [aθaráðo, ða] 形 当惑した.
azaramiento [aθaramjénto] 男 当惑(すること). —dar muestras de ～ 当惑した様子を見せる.
azarar [aθarár] 他 を当惑させる.

—**se** 再 当惑する, 恥ずかしがる.
azarbe [aθárβe] 男 (灌漑(%)の)余剰水の排水溝.
azarosamente [aθarósaménte] 副 危険を冒して.
‡**azaroso, sa** [aθaróso, sa] 形 ❶ 危険な, 危険の多い, 冒険的な. —Se embarcaron en un proyecto ～ y fracasaron. 彼らは危険な計画に乗り出したが失敗した. 類**arriesgado, aventurado**. ❷ 不運な, 逆境の. —vida *azarosa* 波乱にとんだ人生.
Azerbaiyán [aθerβaiján] 固名 アゼルバイジャン(首都バクー Bakú).
azerbaiyano, na [aθerβaijáno, na] 形 アゼルバイジャン(Azerbaiyán)の.
—— 名 アゼルバイジャン人.
azerí [aθerí] 形男女 =azerbaiyano.
—— 名 アゼルバイジャン語.
ázimo, ma [áθimo, ma] 形 →ácimo.
azimut [aθimú(t)] 男 →acimut.
azoado, da [aθoáðo, ða] 形 《古》《化学》窒素を含む.
azoar [aθoár] 他 《古》《化学》…に窒素を加える.
azoato, ta [aθoáto, ta] 形 《古》《化学》窒素を含む. 類**nitrico**.
ázoe [áθoe] 《古》《化学》窒素. 類**nitrógeno**.
azófar [aθófar] 男 《化学》真鍮(%).
azogadamente [aθoɣáðaménte] 副 落ち着きなく.
azogado, da [aθoɣáðo, ða] 形 ❶ 水銀を塗った. ❷ 水銀中毒にかかった. ❸ 落ち着きのない, 絶えず動く. —Navegábamos por las *azogadas* aguas del estrecho. 海峡の荒れた海を私たちは航海していた.
azogamiento [aθoɣamjénto] 男 ❶ 水銀の塗布. ❷ 《医学》水銀中毒. ❸ 落ち着きのなさ.
azogar [aθoɣár] [1.2] 他 ❶ (鏡を作るためにガラスなどに)水銀を塗る. ❷ (石灰)を消和する. —**se** 再 ❶ 《医学》水銀中毒になる. ❷ そわそわする.
azogue [aθóɣe] 男 《化学》水銀. 類**mercurio**.
ser un azogue 落ち着きのない, 絶えず動き回る. Este niño *es un azogue*. この子は落ち着きがない.
tener azogue en el cuerpo →ser un azogue.
Azogues [aθóɣes] 固名 アソグェス(エクアドルの都市).
azoico, ca [aθóiko, ka] 形 ❶ 《化学》窒素を含む. ❷ 《地質》無生代の.
azolar [aθolár] [5.1] (<azuela)他 (木材)を手斧(ちょう)で削る.
azoospermia [aθoospérmja] 囡 《医学》無精子症.
azor [aθór] 男 《鳥類》オオタカ(大鷹).
azorado, da [aθoráðo, ða] 形 ❶ 当惑した. ❷ 恥ずかしがった.
azoramiento [aθoramjénto] 男 ❶ 当惑. ❷ 恥ずかしがること.
azorar [aθorár] 他 ❶ (人)を当惑させる. ❷ (人)を恥ずかしがらせる (=azarar).
—**se** 再 当惑する, どきどきする (=azararse).
Azores [aθóres] 固名 (Islas ～) アゾレス諸島.
Azorín [aθorín] 固名 アソリン(1873-1967, 本名 José Martínez Ruiz, スペインの作家).
azorrarse [aθořárse] 再 まどろむ, うとうとする

(=amodorrarse).

azotacalles [aθotakájes] 男 〖単複同形〗《話》街をぶらつく人.

azotado, da [aθotáðo, ða] 形 ❶ むちで打たれた. ❷ (雨風が)激しく打ちつけられた.

azotaina [aθotáina] 女 ❶ むち打ち. ❷《話》(子供の)お尻をぴしっと叩くこと.

azotamiento [aθotamjénto] 男 ❶ むちで打つこと. ❷ (雨風などが)激しく打ちつけること.

azotar [aθotár] 他 ❶ むちで打つ. ❷ 激しく打つ. —El viento *azotaba* los árboles de la playa. 風が浜辺の木々を激しく打っていた. ❸ に打撃を与える, 被害をもたらす. —Una epidemia de gripe *ha azotado* el país. インフルエンザの流行が国に打撃を与えた.

azotazo [aθotáθo] 男 むち打ち.

azote [aθóte] 男 ❶ (a) 鞭(ﾑﾁ), むち打ち. (b) お尻を手の平で叩くこと. —dar [propinar] un ~ むちで打つ; 手の平でお尻を叩く. ❷ (雨風の)打ちつけ. ❸ 天災, 災害. —Hay países que siguen sufriendo el ~ del cólera. コレラの蔓延(ﾏﾝｴﾝ)に苦しみ続けている国がある. ❹《複》〖歴史〗むち打ちの刑.

‡**azotea** [aθotéa] 女 ❶ 屋上, 陸(ﾛｸ)〖平〗屋根. —tomar el sol en la ~ 屋上で日光浴する. 〖類〗**terraza**. ❷《話》(人の)頭(=cabeza). —darse un golpe en la ~ 頭をぶつける. ❸《中南米》(レンガ作りの)平屋根家屋.

estar [andar] mal de la azotea / tener pájaros en la azotea《話》頭がおかしい, 頭がどうかしている. Tú *estás mal de la azotea* si piensas que te voy a dejar mi coche nuevo. 私の新車を貸してもらえると考えるなんて, 君は頭がどうかしている.

*azteca [aθtéka] 形 ❶ アステカ(メキシコの先住民族)の, アステカ人[語]の. —cultura ~ アステカ文化. ❷ メキシコの.
— 男女 ❶ アステカ人. ❷《比喩的に》メキシコ人. —Los ~s golearon a la selección española. メキシコ・チームはスペイン選抜チームに対しゴールの雨を降らせた.
— 男 アステカ語.

****azúcar** [aθúkar アスカル] 男/女〖単数形では男性名詞としての使用頻度が高く, 複数形では男性名詞:los azúcares. ただ, 口語ではしばしば冠詞は男性形で, 形容詞は女性形で使われる:el azúcar morena〗❶ 砂糖. —un terrón de ~ 角砂糖1個. fábrica de ~ 製糖工場. caña de ~ 砂糖きび. pan de ~ 円錐形に固めた白砂糖. ~ de malta [de uva, de remolacha] 麦芽[ブドウ, 甜菜(ﾃﾝｻｲ)]糖. ~ refinado 精製糖. ~ de quebrados 塊の砂糖, 塊状の砂糖. echar ~ en [a] ... …に砂糖を入れる. Tomo el café con leche sin ~. 私はカフェオレに砂糖を入れないで飲む. ❷《化学, 生理》糖. — ~ de plomo [de Saturno]《化学》鉛酸(酢酸鉛). Es diabético, tiene muy alto el nivel de ~ en la sangre. 彼は糖尿病患者で血糖値が大変高い.

azúcar blanco [de flor, florete] 白砂糖.
azúcar cande [candi] 氷砂糖.
azúcar (de) cortadillo [en terrones, en cubos] 角砂糖.
azúcar glasé [glas, en polvo, de lustre] 粉砂糖, 粉糖, パウダーシュガー.
azúcar granulado [granulada] グラニュー糖.

azúcar negro [moreno, amarillo] 赤砂糖.

azucarado, da [aθukaráðo, ða] 過分 形 ❶ 砂糖の入った. ❷ (味の)砂糖のような. —De esta fruta se obtiene un delicioso jugo ~. この果実からとても甘くておいしいジュースがとれる. ❸《比喩》(言葉や態度が)甘美な, 優しい.

azucarar [aθukarár] 他 ❶《料理》…に砂糖を入れる, 砂糖をかぶせる. —*Has azucarado* demasiado el café. 君はコーヒーに砂糖を入れすぎた. ❷ (言葉や態度を)優しくする, 甘えた感じにする.

azucarera [aθukaréra] 女 ❶ 砂糖入れ(容器). ❷ 製糖工場.

azucarería [aθukarería] 女 ❶《メキシコ》砂糖を売る店. ❷ 製糖産業.

azucarero, ra [aθukaréro, ra] 形 砂糖の, 製糖の. —industria *azucarera* 製糖産業.
— 男 ❶ 砂糖職人. ❷《鳥類》ミツドリ. ❸ 砂糖入れ.

azucarillo [aθukarijo] 男 ❶ 糖蜜・卵白・レモンで作ったスポンジケーキ. ❷ 角砂糖.

‡**azucena** [aθuθéna] 女 ❶〖植物〗シラユリ(白百合); シラユリの花. — ~ de agua スイレン(睡蓮). 〖類〗**lirio blanco**.

azud [aθú(ð)] 男 ❶ 堰(ｾｷ). ❷ 水揚げ車.

azuda [aθúða] 女 →azud.

azuela [aθuéla] 女 手斧(ﾃｵﾉ).

azufaifa [aθufáifa] 女〖植物〗ナツメの実.

azufaifo [aθufáifo] 男〖植物〗ナツメの木.

azufrado, da [aθufráðo, ða] 形 ❶ 硫黄(ｲｵｳ)を散布した. ❷ 硫黄を含む. ❸ 硫黄色の.

azufrar [aθufrár] [<azufre] 他 (植物)に硫黄(ｲｵｳ)を散布する. — ~ las vides ブドウの木に硫黄を散布する.

azufre [aθúfre] 男《化学》硫黄(ｲｵｳ).

azufrera [aθufréra] 女《地学》硫黄(ｲｵｳ)の鉱床.

azufroso, sa [aθufróso, sa] 形 硫黄(ｲｵｳ)を含む. —tierra *azufrosa* 硫黄を含んだ土地.

****azul** [aθúl アスル] 形 青い, 空色の, 紺色の. —color ~ 青色. cielo ~ 青空. Sus ojos son ~es. 彼の目は青い.

el príncipe azul 理想の男性. A la espera de su *príncipe azul* se quedó para vestir imágenes. 彼女は理想の王子様を待っていて独身で終わってしまった.

enfermedad azul チアノーゼ, 青藍(ｾｲﾗﾝ)色症.

La Costa Azul (南フランスの)コート・ダジュール, リヴィエラ地方.

sangre azul 貴族[王族]の生れ(の人). Es de *sangre azul*. 彼は貴族の出身だ.

— 男 ❶ 青色, 空色, 紺色. —Me gusta el ~. 私は青が好きだ. Va a pintar la pared de ~. 彼は壁を青く塗ろうとしている. libro ~ (政府が発行する)青書.

〖参考〗azul はスペクトルでは verde と añil の中間の色. ~ celeste [cielo] 空色. ~ claro 淡青色. ~ de cobalto コバルト色, 濃い青色. ~ de Prusia 紺青(ｺﾝｼﾞｮｳ). ~ de Sajonia サクソニー青, 淡青色(染料). ~ marino [de mar] 濃紺色, ネーヴィー・ブルー. ~ oscuro 紺. ~ turquí 藍色. ~ ultramarino [de ultramar] 群青(ｸﾞﾝｼﾞｮｳ)色, ウルトラマリーン. ~ verdoso ブルーグレー.

❷ 青色の絵の具[ペンキ, 染料]. ❸ 青色のもの(服, 布など), 青色の服[制服]を着た人

azulado, da [aθuláðo, ða] 形 青みをおびた, 青っぽい.

azular [aθulár] 他 《まれ》を青に染める.

azulear [aθuleár] 自 青みをおびる, 青くなる. — Las montañas *azuleaban* con la luz del amanecer. 山々は朝日を浴びて青味をおびていた.

azulejar [aθulexár] [<azulejo] 他 《建築》…にタイルを張る.

‡**azulejo**¹ [aθuléxo] 男 《建築》タイル, 化粧タイル, つや出しタイル. — Hemos alicatado la cocina con ~s blancos. 私たちは台所に白いタイルを貼った. 類**baldosín**.

azulejo² [aθuléxo] 男 ❶《鳥類》ハチクイ(鳥). 類**abejaruco**. ❷《鳥類》中南米のシジュウカラの一種. ❸《植物》ヤグルマギクの一種. 類**aciano**.

azulenco, ca [aθuléŋko, ka] 形 青みをおびた, 青っぽい. 類**azulado**.

azulete [aθuléte] 男 (洗濯物の漂白に使う)青み剤; 藍(ぁぃ)の粉末.

azulgrana [aθulɣrána] 形 青とえんじ色の.

azulino, na [aθulíno, na] 形 青みをおびた, 青っぽい. 類**azulado**.

azulón, lona [aθulón, lóna] 形 鮮やかな青の. — 男 ❶ 鮮やかな青. ❷《鳥類》大きなカモの一種.

azuloso, sa [aθulóso, sa] 形 青みをおびた, 青っぽい. 類**azulado**.

azúmbar [aθúmbar] 男《植物》オモダカ科の植物.

azumbrado, da [aθumbráðo, ða] 形 《俗》酔っぱらった.

azumbre [aθúmbre] 女 アスンブレ(昔の液量の単位, 約2リットル).

azur [aθúr] 形 《詩》《紋章》紺色の.

azurita [aθuríta] 女 《鉱物》藍(ぁぃ)銅鉱.

azuzar [aθuθár] [1.3] 他 ❶ (犬などを)けしかける. — *Azuzó* al perro contra los niños para asustarlos. 彼は子供たちを怖がらせるために犬をけしかけた. ❷ (戦うように人や動物を)あおる.

B, b

*B, b [bé] 女 ❶ スペイン語アルファベットの第2文字. — vitamina B ビタミンB. ❷《音楽》口音(シ, si), 口調.

c por b / por c o por b →ce.
por h o por b =por c o por b.

*baba [báβa] 女 ❶ よだれ, つば; (動物の)口の泡. —echar [soltar] ~ よだれを垂らす. limpiar la ~ al niño con el pañuelo 子供のよだれをハンカチで拭いてやる. 類saliva. ❷《動物, 植物》粘液; 樹液. —El caracol deja su rastro de ~ al desplazarse. カタツムリが移動すると粘液の跡が残る. 類babaza. ❸《動物》南米産のワニの一種. ❹《菓子》サバラン.

caérsele a ... la baba (1) よだれを垂らす. A mi padre, de lo goloso que es, *se le cae la baba* cuando ve pasteles. 父は甘党なのでケーキを見るとよだれが出る. (2)《話》[+con]《見・聞き・話したりする時》…が(人に)うっとりする, 可愛くてたまらない. *Se le caía la baba* viendo a su nieta cantar en la fiesta de cumpleaños. 彼は孫娘が誕生パーティーで歌うのを見てうっとりしていた. (3)《話》欲しくてたまらなくなる. (4) ばか(みたい)である.
cambiar babas《話》キスし合う(=besarse).
mala baba《話》悪意, 意地悪; ねたみ. Me puso una zancadilla con muy *mala baba*. 彼は大変意地悪い策を弄して私を陥れた.
tonto de baba ばか者.

babada [baβáða] 女 (動物の)膝蓋(ﾋﾞ)骨.
babador [baβaðór] 男 よだれ掛け. 類babero.
Babaoyo [baβaójo] 固名 ババオーヨ(エクアドルの都市).
babaza [baβáða] 女 ❶ (動物の)よだれ, (植物の)分泌液 (=baba). ❷《動物》ナメクジ. 類babosa.
babear [baβeár] [<baba] 自 ❶ よだれを垂らす. —El corredor llegó a la meta jedeando y *babeando*. ランナーはぜいぜい息を切らして, よだれを垂らしながらゴールにたどり着いた. ❷《話》(女性や子供の)機嫌をとる.
Babel [baβél] 固名 バベル(古代バビロニアの都市).
babel [baβél] 男/女 大混乱.
babélico, ca [baβéliko, ka] 形 ❶ バベルの塔の. ❷ とても混乱した.
babeo [baβéo] 男 ❶ よだれを垂らすこと. ❷ (女性の)機嫌をとること.
babera [baβéra] 女 ❶ (兜(ｶﾌﾞﾄ)の)あご当て. ❷ よだれ掛け. 類babero.
babero [baβéro] 男 ❶ よだれ掛け; (料理を食べる時の)胸当て. 類babera. ❷ (子供の)上っ張り, スモック (=babi).
babi [báβi] 男 ❶ (子供の)上っ張り, スモック. ❷ (仕事用の)白衣.
Babia [báβja] 固名 バビア地方(スペインのレオン山岳地帯).
babieca [baβjéka] 形《話》(人が)頭の足りない, 愚かな. 類abobado, atontado.
— 男女 頭の足りない人, 愚かな人.
babilla [baβíja] 女 ❶ (食用の動物の)腿(ﾓﾓ)の肉. ❷ →babada.
Babilonia [baβilónja] 固名 ❶ バビロニア(前23頃のメソポタミアの王国). ❷ バビロン(バビロニアの首都).
babilonia[1] [baβilónja] 女 大混乱している所.
babilónico, ca [baβilóniko, ka] 形 ❶《歴史》バビロニアの. —Imperio ~ バビロニア王国. ❷ 豪華な, 奢侈(ｼｬｼ)な. —Han celebrado una boda *babilónica*. 彼らは豪華な結婚式を行なった.
babilonio, nia[2] [baβilónjo, nja] 形《歴史》バビロニア(人)の.
—名《歴史》バビロニア人.
babirusa [baβirúsa] 男《動物》(アジアに生息する)野性のイノシシの一種.
bable [báβle] 男《言語》アストゥリアス(Asturias)の方言.
babor [baβór] 男《船舶》左舷. —virar a ~ 左舷時に曲がる. 反estribor.
babosa [baβósa] 女《動物》ナメクジ. 類babaza.
babosear [baβoseár] 他 ❶ をよだれで汚す. ❷【中南米】をからかう, 嘲笑する. 類burlarse, mofarse.
— 自《話》(女性に)惚(ﾎ)れ込む.
baboseo [baβoséo] 男 ❶ よだれで汚すこと. ❷ (女性に)惚(ﾎ)れ込むこと.
baboso, sa [baβóso, sa] 形 ❶ よだれを垂らす. —Llevaba en sus brazos a un niño ~ y sonriente. 彼はよだれを垂らしてにこにこしている子供を抱いていた. ❷ (女性に)惚(ﾎ)れっぽい. —Es un viejo ~ y desagradable. 彼は女に惚れっぽい不快な老人だ. ❸ まぬけ, とんま. 類bobo, simple, tonto.
— 名 ❶ よだれを垂らす子供. ❷《話》青二才, 生意気な子供. —Es un ~ y ya está fumando. 彼は青二才のくせにもうタバコを吸っている. ❸《話》おべっかを使う人. 類adulador. ❹ まぬけ, とんま.
— 男《魚類》イソギンポ. 類budión.
babucha [baβútʃa] 女 スリッパに似た上履き.
babuino [baβuíno] 男《動物》ヒヒ.
baby [báβi, béiβi] 男《衣服》(子供用の)スモック. 類babi.
baca [báka] 女 (車の屋根の上の)荷台, ラック.
bacalada [bakaláða] 女 塩ダラ.
bacaladero, ra [bakalaðéro, ra] 形《漁業》タラの, タラ漁の. —barco ~ タラ漁船.
bacaladilla [bakalaðíja] 女《魚類》小さなタラの一種.
*bacalao, bacallao [bakaláo, bakajáo] 男

204 bacán

❶〖魚類〗タラ(鱈); 特に干鱈(ﾋﾞﾀﾗ) (= ~ seco, bacalada). —salazón del ~ タラの塩付け加工. ~ al pil-pil タラのニンニク・オリーブ油・赤トウガラシ煮込み(バスク料理). 類**abadejo**. **❷**〖音楽〗《話》(ディスコ音楽等で)強烈なビートの曲 (= música ~; bakalao).
cortar [partir] el bacalao 《話》実権を握る, 支配する.
te conozco, bacalao (aunque vengas disfrazado) 《話》君の意図[下心]が見え見えである.

bacán [bakán] 男 〖ラ・プラタ〗若い女を囲う中年男; 金持ちで派手な服を着る男.

bacanal¹ [bakanál] 形 《ローマ神話》酒の神バッカスの.

bacanal² [bakanál] 男 《歴史》酒の神バッカスの祭り. ❷ どんちゃん騒ぎ.

bacante [bakánte] 女 ❶〖歴史〗酒の神バッカスの巫女(ﾐｺ). ❷《まれ》節度のない女.

bacará [bakará] 男 (トランプ)バカラ.

bacarrá [bakará] 男 →bacará.

bache [bátʃe] 男 ❶ 路面の穴, へこみ, くぼみ. —carretera llena de ~s 穴だらけの道路. ❷〖航空〗エアポケット. —El avión pasaba por una zona de ~s atmosféricos. 飛行機はエアポケットの空域を通過していた. ❸ 精神的な落ち込み, 気落ち.

bachear [batʃeár] 他 路面の穴ぼこを埋める.

bachicha [batʃítʃa] 共〖中南米〗《軽蔑》イタリア人. — 女〖メキシコ〗❶ タバコの吸殻. ❷ 複 (コップに残った)飲み残し.

bachiche [batʃítʃe] 共〖エクアドル, ペルー〗《軽蔑》イタリア人.

*bachiller¹ [batʃiʎér] 男女 ❶ 高等学校教育修了者; 高校生. —grado [título] de ~ 高等学校課程[高校卒の肩書き]. ❷《話》高等学校教育課程 (=bachillerato). —Mis padres se conocieron cuando estudiaban el ~. 私の両親は高校生の時知り合った. ❸《古》学士, 得業士(大学前期課程修了者). —Es ~ en Teología por la Universidad de Salamanca. 彼はサラマンカ大学卒業の神学士だ. 類**diplomado, graduado**.

bachiller² *llera* [batʃiʎér, ʎéra] 形名《軽蔑》(特に女性について)おしゃべりな(人), 知ったかぶりな(人). —Nuestro vecino es un ~ de muchísimo cuidado. 我々の隣人は口が軽く全く信用できない. 類**charlatán, pedante, sabihondo**.

bachillerato [batʃiʎeráto] 男 ❶ 中等教育課程. ❷ 中等教育課程の修了資格[学位]. ❸《歴史》(昔の)学士(得業士)の学位[学位].

bachillerear [batʃiʎereár] 自《俗》知ったかぶってしゃべりまくる.

bachillería [batʃiʎería] 女《まれ》知ったかぶりのおしゃべり.

bacía [baθía] 女 ❶ (家畜用の)木製の餌箱(ｴｻﾊﾞｺ). ❷ (昔の床屋が用いた客のあごの下に置く)ひげ剃り用の受け皿.

bacilar [baθilár] [<bacilo] 形《医学》バチルス性の, 杆菌(ｶﾝｷﾝ)の.

*bacilo [baθílo] 男《医学》桿菌(ｶﾝｷﾝ), バチルス; 細菌. —~ botulínico [cólico] ボツリヌス[大腸]菌. ~ de Koch [de la tuberculosis] 結核菌. 類**bacteria**.

bacilosis [baθilósis] 女《医学》桿菌(ｶﾝｷﾝ)症.

bacín [baθín] 男 ❶ 皿. ❷ 施しを受け取る皿. ❸ 溲瓶(しびん), 尿瓶. 類**orinal**. ❹ 軽蔑すべき人, げすな奴(ﾔﾂ).

bacineta [baθinéta] 女 施しを受け取る皿.

bacinete [baθinéte] 男 ❶《歴史》兜(ｶﾌﾞﾄ). ❷ かぶとを身に着けた兵士. ❸《解剖》骨盤. 類**pelvis**.

bacinica [baθiníka] 女 →bacineta.

backup [báka(p), báku(p)] [<英] 男《コンピュータ》バックアップ.

Baco [báko] 固名《ローマ神話》バッカス(酒の神).

bacon [béjkon] [<英] 男 ベーコン.

bacteria [baktéria] 女 バクテリア, 細菌.

bacteriano, na [bakterjáno, na] 形 バクテリアの, 細菌の.

bactericida [bakteriθíða] 形 殺菌の. —líquido ~ 殺菌液. — 男 殺菌剤.

bacteriófago [bakterjófaɣo] 男《生物》バクテリオファージ(ウイルスの1種).

bacteriología [bakterioloxía] 女《医学》細菌学.

bacteriológico, ca [bakterjolóxiko, ka] 形《医学》細菌学の, 細菌の. —armas *bacteriológicas* 細菌兵器.

bacteriólogo, ga [bakterjóloɣo, ɣa] 名 細菌学者.

báculo [bákulo] 男 ❶《文》(a)杖. 類**bastón**. (b) (司教などの権威の象徴としての)杖 (= báculo pastoral). ❷《比喩》支え, 助け.

badajada [baðaxáða] 女 ❶ 鐘の舌で鐘を鳴らすこと, 鐘の一打ち. ❷ くだらない話, ばかげた話. 類**necedad, tontería**.

badajazo [baðaxáθo] 男 鐘の舌による一撃[一打ち].

badajo [baðáxo] 男 ❶ (鐘の)舌. ❷ 能無しのおしゃべり. ❸《話》よく動いて不安定なもの.

badajocense [baðaxoθénse] 形 バダホス(Badajoz)の(人の). 類**pacense**.
— 男女 バダホス(Badajoz)の出身者[住民].

badajoceño, ña [baðaxoθéɲo, ɲa] 形 →badajocense. — 名 →badajocense.

Badajoz [baðaxóθ] 固名 バダホス(スペインの県・県都).

badana [baðána] 女 (質の悪い)羊のなめし革. *zurrar [zumbar, sacudir] la badana (a ...)* (人を)殴る.
— 男女《話》[主に 複]なまけ者. —Tu cuñado es un ~s. 君の義兄[義兄]はなまけ者だ.

badea [baðéa] 女 ❶ (質の悪い)スイカ[メロン, キュウリ]. ❷《話》中身のないもの[こと]. ❸《話》なまけ者.

badén [baðén] 男 ❶ 雨水によってできた溝. ❷ (道や道路の)くぼみ, 溝. ❸ (車を通すための)歩道のくぼみ, 車両出入口 (=vado).

badián [baðján] 男《植物》ダイウイキョウ(大茴香)(実を香味料とする. セリ科).

badiana [baðjána] 女 →badián.

badil [baðíl] 男 ❶《暖炉の》(暖炉の灰などをすくう)シャベル. ❷《暖炉の》火かき棒. 類**badila**.

badila [baðíla] 女 →badil.
dar (a ...) con la badila en los nudillos (襞(ｱﾔ)められると思っていた人)を叱る.

bádminton [báðmintoŋ] 男《スポーツ》バドミントン.

badulaque [baðuláke] 男 ❶ ばか, 間抜け. 類

bobo, tonto. ❷ (女性が昔使っていた)化粧品の一種. ❸ 動物の内臓の揚げ物.

Baeza [baéθa] 固名 バエーサ(スペインの都市).

baffle, bafle [báfle] 男 (スピーカーボックスの)バッフル.

baga [báγa] 女 《植物》アマ(亜麻)の種子の蒴菓(さくか).

bagaje [baγáxe] 男 ❶ (*a*) 軍の移動用の荷物. (*b*) (旅行時の)荷物. ❷ 軍の荷物を運ぶ家畜. ❸ (知識の)蓄え. ―~ artístico [intelectual] 芸術的[知的]財産. ❹《中南米》手荷物.

bagatela [baγatéla] 女 つまらないこと[物], 価値のない物, 役に立たない物. 類**nadería**.

bagazo [baγáθo] 男 (オリーブ, サトウキビなどの)絞りかす.

Bagdad [baγðá(ð)] 固名 バグダード(イラクの首都).

bagre [báγre] 男 ❶《中南米》《魚類》アメリカ産のナマズ. ❷《中南米》不愉快な奴.

bagual [baγuál] 男女《中南米》❶ 気性の荒い馬. ❷ 粗野な人.

baguala [baγuála] 女 アルゼンチンの民謡.

bagualada [baγualáða] 女《中南米》調教していない馬の群れ.

bagualón [baγualón] 男《アルゼンチン》調教中の馬.

baguarí [baγuarí] 男《鳥類》アメリカトキコウ(南米産の大型のコウノトリの一種).

:**bah** [bá] 間 ❶ (不信, 無関心, 軽蔑を表わす)ふん, へん, ばかばかしい. ―¡*B*~! No le hagas caso. Estaba bromeando. ふん, 彼の言った事など気にするな, 冗談だったんだから. ¡*B*~! Eso lo hace cualquiera. ばかばかしい, そんなこと誰でもするよ! ❷ (諦めの気持ちを表わす)ああ, まったく. ―¡*B*~! Otra vez, la misma historia, ¿eh? まったく! また同じ話じゃない!

Bahamas [baámas] 固名 (Islas ~) バハマ諸島.

bahameño, ña [baaméɲo, ɲa] 形 バハマ(Bahamas)の. 名 バハマの住民.

bahareque [baaréke] 男 →bajareque.

baharí [baarí] 男《鳥類》ハイタカ.

bahía [baía] 女 ❶ (地理)湾, 入り江. ♦ 普通 golfo より小さく, ensenada, cala より大きい湾. ―*B*~ de Málaga マラガ湾. ❷《コンピュータ》(ドライブ)ベイ.

Bahía Blanca [baía βláŋka] 固名 バイア・ブランカ(アルゼンチンの都市).

Bahrain [baráin] 固名 バーレーン(首都マナマ Manamah).

bailable [baíla̱βle] 形 (音楽が)踊れる, ダンス向きの. ―música ~ ダンス音楽.

bailador, dora [bailaðór, ðóra] 形 踊りの; 踊り好きの. ―名 踊り子, ダンサー.

bailaor [bailaór] 男 男性のフラメンコダンサー.

bailaora [bailaóra] 女 女性のフラメンコダンサー.

**bailar [bailár バイラル] 自 ❶ 踊る, ダンスをする. ―Señorita, ¿quiere usted ~ conmigo? お嬢さん, 私と踊っていただけますか. ❷ ぶかぶかである, だぶだぶである, ぐらぐらする. ―Mis dedos *bailan* en estos guantes. この手袋は私の指にはぶかぶかだ. ❸ (数字・文字)の順番を違える. ❹ (コマなど)が回る. *otro que tal baila* 似たり寄ったりのこと, 変わり

ばえがしない. Ha dejado a Antonio por José, que es *otro que tal baila*. 彼はホセの代わりにアントニオを残したが, いずれにせよ変わりばえがしない. ― 他 ❶ を踊る. ―~ un tango タンゴを踊る. ❷ (コマなど)を回す. ―Vamos a jugar *bailando* el trompo. コマ回しで遊ぼうよ.

:**bailarín, rina** [bailarín, rína] 名 ダンサー, 舞踊家; バレエダンサー. ―*bailarina* de ballet バレリーナ. ~ de claqué タップダンサー. Es la primera *bailarina* de la compañía. 彼女はそのバレエ団のプリマドンナだ. ―形 踊る, 踊り好きな. ―De joven, mi marido era muy ~. 若い頃, 私の主人はとても踊り好きだった.

:**baile** [báile] 男 ❶ 踊り, 舞踊, ダンス, バレー. ―~ folklórico [popular, regional] 民俗舞踊, フォークダンス. ~ clásico 古典舞踊, クラシックバレエ. ~ moderno [de salón, de figuras] モダン[社交, スクエア]ダンス. El jarabe tapatío es el ~ nacional de México. ハラベ・タパティオ(メキシカン・ハットダンス)はメキシコの民族舞踊である. cante y ~ flamencos フラメンコの歌と踊り. 類**danza**, **ballet**. ❷ 舞踏会, ダンスパーティー. ―celebrar [dar] un ~ ダンスパーティーを催す. ~ de etiqueta 正装の舞踏会. ~ de sociedad 社交舞踏会; ダンスパーティー. ~ de gala (祝祭日の催しの)舞踏会, ダンス競技会. ~ de piñata (四旬節の)お祭り騒ぎのダンスパーティー. ~ de contribución《中南米》(有料の)ダンスパーティー. ~ 舞踏会場. ―~ de candil [de botón gordo/《中南米》de medio pelo] 大衆的なダンスホール. ❹《音楽》ダンス音楽, 舞[踏]曲 (música de ~). ❺ ―~ de San Vito《医学》舞踏病. ❻《話》神経質な動き, 貧乏揺すり; (波などの)規則的な揺れ. ―~ de las olas 波のたゆたい. ❼《話》2つの数字[文字]の書き間違い(例: 26 を 62 と記入). ―un ~ de cifras 数字の書き間違い. ❽《話》(思考・知識の)混乱, 揺れ, 乱れ. ―Suspendió el examen por el ~ de fechas y nombres. 彼は年代と名前が混乱して試験に落ちた. ❾《話》(選挙が接戦で)なかなか当選確実にならないこと.

bailiaje [bailiáxe] 男《宗教, 歴史》聖ヨハネ騎士団の称号.

bailío [bailío] 男《宗教, 歴史》聖ヨハネ騎士団の称号を持つ騎士.

bailón, lona [bailón, lóna] 形 踊るのが好きな. ―名 踊り好きな人.

bailongo [bailóŋgo] 男《軽蔑, 戯》庶民の踊り.

bailotear [bailoteár] 自 形式にこだわらずに踊る.

bailoteo [bailotéo] 男 ❶ 形式にこだわらずに踊ること. ❷ 秩序のない動き.

baivel [baiβél] 男《道具》(石工が使う)角度定規.

:**baja** [báxa] (<bajar) 女 ❶ 下がること, 低くなること, 降下, 減少. ―Para mañana se prevé una ~ barométrica [de la temperatura]. 明日は気圧[気温]の低下が予想される. La ~ del dólar tendrá un impacto favorable en la economía de nuestro país. ドルの下落は我が国の経済によい効果をもたらすだろう. En los países desarrollados sigue la ~ de la natalidad. 先進国では出生率の低下が続いている. 類**bajada**.

caída, descenso, disminución. ❷ 休職(者), 退職(者), 休業(者), 辞職(者); (仕事・活動等の)休止, 停止; 選手の欠場. —Está de ~ por enfermedad [temporal]. 彼は病気で[一時]休職中だ. El año pasado tuvimos diez ~s por jubilación. 昨年当社では10名の定年退職者があった. Ella va a tomar la ~ de un año por maternidad. 彼女は1年の産休を取るつもりだ. Mi hermano dejó la compañía por ~ incentivada [voluntaria]. 兄は早期退職優遇制度[自己都合]で会社をやめた. ❸ 休職[休業]の保証書; 休職[休業]の申請書. —Debe usted presentar la ~ firmada por el médico. 医者の署名入りの休職申請書を提出しなければなりません. ❹ 《軍事》(戦闘における)死傷兵, 行方不明者; (戦闘の)被害[損害]. —Nuestro ejército tuvo mil ~s en la batalla. その戦闘で我が軍は千人の人的損害を被った. ❺ (エレベーターなどの表示の)1階. ❻ 《音楽》アルマンド.

a la baja 《商業》(株や相場が)下がり調子の, 弱気の.

causar baja 退職[辞職, 休業]する. Mi secretaria *causó baja* por jubilación el año pasado. 私の秘書は去年定年退職した.

dar baja 大いに評価[価値]が下がる[落ちる]. Ese banco *ha dado baja* este año. その銀行は今年株価が下がった.

dar de baja (1) 解雇する, 退職させる. *Fue dado de baja* en la compañía por su mal comportamiento. 彼は素行不良で会社を解雇された. (2) 《軍事》欠員兵[者]を登録する.

darse de baja (1) 休職[休業]する, (仕事・活動等を)休止する, 停止する. Está muy mal de salud, pero no quiere *darse de baja* en la compañía. 彼はとても身体の調子が悪いが, 休職しようとはしない. (2) 退職する, (仕事・活動等を)辞める. Mi abuelo *se ha dado de baja* en el club de golf. 私の祖父はゴルフクラブをやめた.

estar [ir] de [en] baja 《話》(人が)元気がない, 調子が悪い; (物の評価[評判]が)下がっている[落ちている].

jugar a la baja 《商業》株・相場の下落を予想して投機する[相場を張る].

ser baja 《軍事》(転役, 死亡, 病気等で)隊を抜ける[抜けている].

bajá [baxá] 男 パシャ(トルコで軍司令官などの高官に与えられる称号).

Baja California [báxa kalifórnja] 固名 バハ・カリフォルニア(メキシコの州).

bajada [baxáða] 女 ❶ 下ること, 下降, 降下. —~ del telón 閉幕. Al amanecer iniciaron la ~ de la montaña. 彼らは夜明けに下山を開始した. 類 **descenso**. ❷ 下り坂. ❸ 《情報》ダウンロード.

bajada de bandera (タクシーの運転手が客をのせた時に)メーターを倒すこと, 初乗料金.

ir de bajada 下降する, 減少する.

bajamar [baxamár] 女 ❶ 干潮. 反 **pleamar**. ❷ 干潮時.

bajante [baxánte] 女/男 下水管, 排水管.

*bajar [baxár] (<bajo) 自 ❶ (気温・値段・水位などが)下がる. —Estos días *baja* notablemente la temperatura por la noche. この2・3日夜になると温度がいちじるしく下がる. 類 **descender, disminuir**. 反 **subir**. ❷ (*a*) 『＋de』降りる. —*Bajó del* tren y se dirigió a la salida. 彼は列車から降りて出口に向かった. (*b*) 『＋a・へ』降り立つ, 降りてくる, 降りていく. —*Baja a* la bodega y tráete dos botellas de vino tinto. 酒倉に降りていって, 赤ワイン酒2びんを持ってきてくれ. (*c*) (幕・カーテンなどが)下りる. —Dentro de unos minutos *bajará* el telón. あと2・3分で幕が下りるだろう. ❸ (*a*) 『（くわえなどが）減る. —Las provisiones *bajan*. 食料のたくわえが減る. (*b*) 衰える, 弱る. —Ya tengo sesenta años y me *ha bajado* la vista. 私はもう60歳になって視力が衰えた. ❹ (潮)が引く. —Pronto empezará a ~ la marea. 潮が引きはじめるだろう. ❺ (川が川下へ)流れる. —El río *baja* limpio y transparente. 川は清く澄んで流れている. ❻ 『＋*de*』下げる, 落とす. —Este producto *ha bajado* de calidad. この製品は品質が落ちた.

— 他 ❶ (*a*) を下りる, 下(お)る. —~ la escalera de dos en dos escalones 階段を2段ずつ下りる. (*b*) (番地の若い方へと通りを)行く, たどる. —*Baja* la calle de Bravo Murillo hacia la Puerta del Sol. 彼はプエルタ・デル・ソル広場方向へブラーボ・ムリーヨ通りを下って行く. ❷ を下ろす. —Vamos a ~ los bultos del camión. 荷物をトラックから下ろそう. 類 **bajar**が標準的. **abatir** では「倒す」という意味が強い. ❸ (熱・値段・値段など)を下げる. —Ni con antibióticos consiguen ~ la fiebre al enfermo. 抗生物質をもってしても患者の熱を下げられない. ❹ (*a*) (声・音など)を低くする, 小さくする. —*Baja* la voz, que las paredes oyen. 声を小さくしろ, 壁に耳あり. (*b*) (頭)を垂れる. —Avergonzado, *bajó* la cabeza. 彼は恥じ入って, 頭(ぁたま)を垂れた.

— **se** 再 ❶ ~ *Se bajó del* tren y cogió un taxi. 彼は汽車から降りてタクシーに乗った. ❷ 身をかがめる, 前かがみになる.

bajareque [baxaréke] 男 ❶ 『キューバ』掘立小屋. ❷ 『グアテマラ, ホンジュラス』土壁. 類 **bahareque**.

bajel [baxél] 男 《雅, 詩》船. 類 **barco, buque**.

bajero, ra [baxéro, ra] 形 下に置く, 下で使う. —sábanas *bajeros* シーツ, 敷布. Mi abuela llevaba siempre una falda *bajera*. 私の祖母はいつもペチコートをはいていた.

bajete [baxéte] 男 《音楽》 ❶ バリトン(歌手). 類 **baritono**. ❷ (和音練習用の)低音部記号で書かれた主題.

bajeza [baxéθa] 女 ❶ 下劣な行為. —cometer una ~ 卑劣なことをする. ❷ 品のないこと, 卑しいこと. —Me dejó perplejo a la ~ moral de aquel hombre. あの男のモラルの低さは私をとまどわせた.

bajini, bajinis [baxíni, baxínis] 男 次の成句で.

por lo bajini(s) 《話》 小声で. こっそりと.

bajío [baxío] 男 ❶ 浅瀬, 砂州. ❷ 『中南米』低地.

bajista [baxísta] 男女 《株式》弱気筋の人.
— 形 値下がりする. —*En* la Bolsa continúa la tendencia a ~. 株式市場では値下がり傾向が続いている.

bajo¹ [baxo バホ] ❶ 〖場所, 位置〗…の下に[へ]. —Me gustaba pasear ~ la sombra de los árboles. 私は木陰を散歩するのが好きでした. Estamos a cinco grados ~ cero. 気温は零下5度です. Caminaba cantando ~ la lluvia. 彼は雨の中を歌いながら歩いていた. ❷ **debajo de**. 反**encima de, sobre**. 類〖従属〗…の下に, …に従属して, …の指揮[命令, 支配]の下に[で]. —B~ la monarquía española no era posible el progreso económico de las colonias americanas. スペイン王国に従属していてはアメリカの植民地の経済的発展は不可能だった. ~ el reinado de Felipe II フェリペ2世の治世下に. Nació ~ el signo de Piscis. 彼は魚座の星の下に生れた. ❸ 〖意見, 観点〗…によれば. —B~ mi punto de vista no debemos invertir más en acciones. 私の見方によれば私たちはこれ以上株に投資すべきではない. ❹ 〖保護, 庇護〗…の下に[で]. —La niña está ~ la tutela de su abuela. その女の子は祖母の保護下にある. El asesino ha sido trasladado al hospital ~ protección policial. その殺人犯は警察に保護されて病院に運ばれた. ❺ 〖状況〗…に[で]. —Está ~ tratamiento médico. 彼は医者の治療を受けている. Vivió varios años ~ amenaza de muerte. 彼は何年もの間死の脅威の下で生きてきた. ❻ 〖法令, 規則〗…を科して. —Se prohíbe arrojar basuras ~ pena de multa. ゴミの投げ捨てには罰金を科す. ❼ 〖理由, 口実〗…ということで, …として. —Ha sido puesto en libertad ~ fianza. 彼は保釈金で自由の身になった. Le detuvieron ~ la acusación de robo a mano armada. 彼は強盗のかどで逮捕された. Esas medidas han sido adoptadas ~ pretexto de combatir el terrorismo. その手段が取られたのはテロに対抗するという名目からだった. ❽ 〖主義・思潮など〗…の下に. —B~ el nombre de Romanticismo se incluye a muy diferentes escritores. ロマン主義という名の下にはいろいろな作家が含まれる. 類語 **bajo** はよく抽象的な意味で用いられる(「…の下に[で]」). **debajo de** は具体的な場所を示す(「…の下に[で]」). El niño se metió debajo de la cama. その子はベッドの下にもぐった.

bajo², **a** [báxo, xa バホ, ハ] 形 ❶ 〖高さ〗低い, 低い所にある; (背が)低い. 反**alto**. —El techo era muy ~. その天井はとても低かった. Andaba con la cabeza *baja* y los hombros caídos. 彼は頭を垂れ肩をすぼめて歩いていた. Ese niño es ~ para su edad. その男の子は年の割には小柄だ. ❷ 〖階〗. —Estamos en la planta *baja*. 私たちは1階にいます. ❸ 下品な, 粗末な, 下等の, 下層の; (川が)下流の. —ba-rrios ~s 下層地区. ❹ 〖地位・身分などが〗低い, 下層の, 卑しい; (程度・速度などが)低い; (音・声が)低い, 低い調子の, 小声の. —velocidad *baja* 低いスピード. Siempre habla en voz *baja*. 彼はいつも低い声で話す. ❺ 〖値段・費用が〗安い. —precio ~ 安値. El coste de la vida en este país es ~. この国の生活費は安い. No puedo vivir con unos ingresos tan ~s. こんな少ない収入では暮らし[=生計]が立たない. Hipotecas *bajas* significan que las casas se compran fácilmente. ローンが安く借りられると家が買いやすくなる. ❻ 後期の. —*baja* Edad Media 中世後期. ❼ (色が)くすんだ, 鈍い; (金属が)混ざり物のある, 劣

位の. —oro ~ 混ざり物のある金.
— 副 ❶ 低い調子で, 小声で. —¡Habla más bajo! もっと小声で話して! ❷ (高さを)低く, 低い所に. ❸ (値段が)安く, (程度が)低く.
— 男 ❶ 1階. —Vivía en un ~ de un edificio en la Calle Alcalá. 私はアルカラ通りの建物の1階に住んでいた. ❷ 低地. ❸ 《音楽》チェロ; チェロ奏者; バス, ベース(最も低最低音域). ❹ 〖主に 複〗(服飾)下着, (ズボン・スカートなど)の裾(ま), 縁(ま), 折返し. ❺ 複 地階, 地下室. —los ~s del bar バルの地階(地下貯蔵室). 類**sótano**.
echando por [lo] bajo 少なく見積って, 少なくとも.
por lo bajo 小声で, 秘密に.
bajón [baxón] 男 ❶ (水量・健康・知能などの)顕著な衰退. —dar [sufrir] un ~ 急激に衰える. ❷ 〖商業〗暴落. —dar un ~ 暴落する. ❸ 《楽器》バスーン.
bajonazo [baxonáθo] 男 ❶ →*bajón*①. ❷ (闘牛)牛の首から肺への突き刺し.
bajonista [baxonísta] 男女 《音楽》バスーン奏者.
bajorrelieve [baxořeljéβe] 男 〖建築, 美術〗浅浮き彫り.
bajuno, na [baxúno, na] 形 卑しい, 下劣な.
bajura [baxúra] 女 低さ, 低い所[部分].
pesca de bajura 沿岸漁業.
Bakú [bakú] 固名 バクー(アゼルバイジャンの首都).
:**bala** [bála] 女 ❶ 弾丸, 弾, 銃弾, 砲弾. —a prueba de ~ 防弾の. ~ del calibre 38 38口径の弾丸. disparar con ~ 射撃する. ~ de cañón 砲弾. ~ fría ひょろひょろ弾. ~ trazadora 曳光(ﾌｪｵｳ)弾. ~ dum-dum ダムダム弾. ~ de goma [de plástico] (暴動鎮圧用などの)ゴム[プラスチック]弾. ~ fogueo [de salva] 空包. ~ hombre (ショーの)人間砲弾. tren ~ 弾丸列車. Donde pone el ojo, pone la ~. 百発百中. Hay dos impactos de ~ en la pared. 壁に弾痕が2つある. una herida de ~ 銃創. ❷ (嚢(ﾉｳ)・綿・羊毛などの圧縮して縛った)梱(ｺﾘ), 梱包. —una ~ de algodón 1梱の綿花, 綿1梱. 類**fardo**. ❸ 巻蝋製の着色した小さなボール(中に水や香水を入れてカーニバルの時ぶっけ合って遊ぶ). ❺ 丸い金平糖. ❻ 〖印刷〗(ゲラ刷り用の)インクローラー. ❼ 〖中南米〗《スポーツ》砲丸(= peso). —practicar el lanzamiento de ~ 砲丸投げをする.
como una bala 〖話〗(鉄砲玉のように)すばやく, あっという間に. salir *como una bala* 飛び出す. Mi moto nueva va *como una bala*. 私の新車は弾丸のように速い.
echar bala 〖メキシコ〗 (1) 砲弾[銃弾]を撃つ. (2) 激怒する, 急に怒り出す. Con lo del matrimonio de su hija está que *echa bala*. 彼女は娘の結婚のことにむかっ腹を立てている.
ni a bala 〖中南米〗決して[全然]…ない. Las matemáticas no le entran *ni a bala*. 彼は全然数学ができない.
no entrarle balas a … 〖チリ〗(人・物が)丈夫である. Tiene 80 años y *no le entran balas*. 彼は80歳でぴんぴんしている.
tirar con bala (rasa) 悪意を込めて話す, (悪意で)ずけずけ言う. Pedro es de los que *tiran con*

bala, y algunas veces ofende. ペドロは物事をずけずけ言う人で, 時々人の気を悪くすることがある.
── 男女 《主に男》 ❶ ごろつき, ろくでなし, どうしようもない人, 真面目でない人 (=tarambana). ❷ 《話》優れた人. ─Andrés es un ~ para las matemáticas. アンドレスは数学がよくできる. ❸ 〖北米〗抜け目ないやつ; 浮気者.

bala perdida (1) 《話》放蕩(ほうとう)者, 道楽者, 思慮分別のない人, 勝手気ままな人. José es un *bala perdida* que sólo piensa en divertirse. ホセはただ楽しむことしか頭にない放蕩者だ. (2) 流れ弾. Lo mató una *bala perdida*. 彼は流れ弾に当たって死んだ.

bala rasa 《話》放蕩(ほうとう)者 (=balarrasa), 道楽者.

balacera [balaθéra] 女 〖中南米〗銃による撃ち合い. 類 **tiroteo**.

balada [baláða] 女 ❶《音楽》バラード. ❷《詩学》バラード.

baladí [balaðí] 形 〖複 baladíes〗 つまらない, 取るに足りない, ささいな.

baladre [baláðre] 男 《植物》キョウチクトウ, 類 **adelfa**.

baladrón, drona [balaðrón, ðróna] 形 (人が)虚勢を張る. 強がる. 類 **fanfarrón**.
── 名 虚勢を張る人, 強がり. 類 **fanfarrón**.

baladronada [balaðronáða] 女 虚勢を張ること, 強がること. 類 **fanfarronada**.

baladronear [balaðroneár] 自 虚勢を張る. 強がる. 類 **fanfarronear**.

bálago [bálaɣo] 男 ❶ (脱穀した後の穀物に残る)長いわら. ❷ 石鹸の泡.

balaj [balá(x)] 男 《鉱物》バラス・ルビー, 紫色のルビー.

balaje [baláxe] 男 → balaj.

:**balance** [balánθe] 男 ❶ 《商業》決算, 収支勘定, 貸借対照表, バランスシート; (収支決算の)結果. ─El ~ comercial [anual] de nuestro país ha sido muy positivo. 我が国の貿易[年間]収支は大変好調だった. Yo soy el encargado de hacer el ~ de este mes. 私は今月の決算業務を引き受けている. cuadrar un ~ 勘定を締める. "Gran liquidación por ~". 決算前の在庫一掃セール. libro de ~s 《商業》残高表. 類 **inventario**. ❷ (プラス面とマイナス面の)検討, 分析, 比較検討[分析]; 検討[分析]結果. ─En la cumbre se hará el ~ de la situación internacional. サミットでは国際情勢の分析が行われるだろう. El partido está haciendo el ~ de los resultados electorales. その党は選挙結果の分析をしているところだ. ❸ 《海事》(船の)横揺れ, ローリング; (体の)揺れ; 交互の揺れ. ─En un ~ de la barca, perdió el equilibrio y cayó al agua. 彼は船の横揺れでバランスを失い海に落ちた. ❹ 《スポーツ》フェンシングで足元を動かさず体だけを前後に揺らす動作. ❺ 《比喩》ためらい, 迷い, 不安定, 不決断. ─No es extraño que no se decida, porque está siempre en un ~. 彼が決断できないのも不思議ではない, いつも迷ってばかりいるからだ. ❻ 《物理》(物質やエネルギーの)収支バランス; 《音響》ステレオの音が左右均衡であること. ❼ (事故の犠牲者の)総数. ─ ~ de víctimas 犠牲者の内訳. El ~ del accidente fue de cinco muertos y cinco heridos. 事故の犠牲者総数は死者 5 名に負傷者 5 名だった. ❽ 〖キューバ〗《俗》揺り椅子, ロッキングチェア. 類 **mecedora**. ❾ 〖コロンビア〗《俗》商売, 仕事. 類 **asunto**, **negocio**.

*balancear [balanθeár] [<balance] 他 ❶ … の平衡をとる. ─ ~ los gastos con los ingresos 支出と収入の帳尻を合わせる. ❷ を揺する. ─Si *balanceas* demasiado la cuna, va a llorar la niña. 君があまりゆりかごを揺らしすぎると, 子どもが泣くぞ.
── 自 ❶ 揺れる. ─El barco *balanceaba* suavemente. 船が心地よく揺れた. ❷ ちゅうちょする, ためらう, 迷う.
── se 再 ❶ (船・振子などが)揺れる. ❷ (ブランコなどで)揺られる. ─La lámpara *se balanceaba* con el viento. ランプが風で揺れていた.

balanceo [balanθéo] 男 ❶ 揺れ. ❷ 《海事》(船の)横揺れ.

balancín [balanθín] 男 ❶ 揺り椅子, ロッキングチェアー. 類 **mecedora**. ❷ シーソー. ❸ (綱渡り用の)バランス棒. ❹ (馬車の)横木. ❺ 《機械》(エンジンの)揺り腕, ロッカーアーム. ❻ 《造船》舷外(げんがい)浮材.

balandra [balándra] 女 《船舶》一本マストの帆船.

balandrán [balandrán] 男 聖職者用の丈の長い上着.

balandro [balándro] 男 《船舶》(スポーツ用の)細長い一本マストの帆船.

balano [baláno] 男 《解剖》亀頭. 類 **bellota**, **glande**.

bálano [bálano] 男 → balano.

:**balanza** [balánθa] 女 ❶ 秤(はかり), 天秤(てんびん)(しばしば正義のシンボルとして用いられる). ─En los supermercados se usan generalmente las ~s automáticas. スーパーでは普通自動秤が使われている. ~ analítica 化学天秤. ~ de cocina [baño] キッチンスケール[ヘルスメーター]. ~ de cruz [Roberval] 腕の両端に皿をつるした[のせた]天秤. ~ romana [de muelle] 竿ばかり秤. ~ de precisión 精密秤. ❷ 《経済》収支勘定. ─La ~ comercial [de comercio] de ese país es deficitaria. その国の貿易収支は赤字である. ~ de pagos (国際)収支. El nuevo gobierno se ha propuesto equilibrar la ~ de pagos. 新政府は国際収支のバランスを保つことを計画した. ❸ 《政治》バランス, 均衡. ─En los últimos años ha cambiado la ~ del poder militar. ここ数年軍事力のバランスが変化した. 類 **equilibrio**. ❹ 《比喩》比較検討[分析]. ❺ (B~)《天文》天秤座; 《占星》天秤宮. 類 **Libra**.

caer la balanza (人の意見等がある方向に)傾く, なびく. Esta vez, *la balanza ha caído* del lado de los sindicatos a su favor. 今回は形勢が組合側から彼に傾いた.

en balanza [balánθas] (1) 《比喩》迷った, ためらった, 不安定な. (2) 《比喩》危険にさらされた, 危険な状態の.

inclinar la balanza 《比喩》片方の肩を持つ, 有利にする. La pésima actuación del árbitro *inclinó la balanza a favor* del equipo visitante. 審判の最悪の行動でビジターチームが有利になった.

inclinarse la balanza 《比喩》(対立する二者の片方が)有利になる, 形勢が傾く. Con la llegada del invierno, *la balanza se inclinó* a favor de los aliados. 冬の到来とともに、形勢は連合国側に傾いた。

poner ... en balanza (1)《比喩》を秤にかける、検討する。 (2)《比喩、まれ》をためらわせる、躊躇(ちゅうちょ)させる。 類 **titubear**.

balaquear [balakeár] 自 【南米】虚勢を張る、強がる。 類 **fanfarronear**.

balar [balár] 自 (ヒツジ・ヤギ・シカが)鳴く。—Se oía ~ las ovejas. 羊がメーメー鳴くのが聞こえた。

balarrasa [balařása] 男 ❶《話》強い安酒。 ❷《話》分別のない人。 類 **tarambana**.

balastar [balastár] 他 (道などに)砂利を敷く。

balasto [balásto] 男 (線路・舗装用の)砂利. 類 **grava**.

balastro [balástro] 男 →balasto.

balaustrada [balaustráða] 女 (手すり子のある)手すり、欄干(らんかん).

balaustre, balaústre [baláustre, baláustre] 男 手すり子.

balay [baláj] 男 【中南米】(ヤナギ・アシで作った)かご.

*__balazo__ [baláθo] 男 ❶ (銃弾の)発射、発砲; 銃声。—Lo mataron de un ~ en el pecho. 彼は胸を撃たれて殺された。Se oyeron dos ~s. 銃声が2発聞こえた。 類 **disparo, tiro**. ❷ 弾傷、弾創。—Tenía tres ~s en el pecho. 彼は胸に3か所弾創があった。

ser (un) balazo para ... 【チリ】…に対して実行力にあふれた人である。

Balboa [balβóa] 固名 バルボア(バスコ・ヌーニェス・デ Vasco Núñez de ~)(1475頃-1519, スペインの探検家・植民地統治者).

balboa [balβóa] 男 バルボア(パナマの貨幣単位).

balbucear [balβuθeár] 自 たどたどしく話す、途切れ途切れに話す。
—— 他 を途切れ途切れに言う。—Presa del pánico sólo consiguió ~ su nombre. パニックに陥って彼女は自分の名前を途切れ途切れに言うのがやっとだった。

balbuceo [balβuθéo] 男 ❶ たどたどしく話すこと. ❷ (幼児などの)片言. ❸ 《主に 複》(歴史的事件の)発端、はじまり。—los primeros ~s de la Guerra Civil 内戦の最初の兆し。

balbuciente [balβuθjénte] 形 (話し方が)たどたどしい、途切れ途切れの.

balbucir [balβuθír] [9.2] 自他 【活用語尾にiが残る人称 (balbucir, balbucía など)だけが使われる欠如動詞】→balbucear.

Balcanes [balkánes] 固名 (Península de los ~) バルカン半島.

balcánico, ca [balkániko, ka] 形 《地名》バルカン半島[諸国]の.
—— 名 バルカン半島[諸国]の住民.

*__balcón__ [balkón] 男 《複》 balcones ❶ (建築)バルコニー、露台; バルコニーの手すり。—salir [asomarse] al ~ にバルコニーに出る。❷ (バルコニーの)手すり。—apoyarse en el ~ 手すりにもたれる。 類 **balaustrada, barandilla**. ❸ 見晴し台、展望台.

balconada [balkonáða] 女 (手すりが共通の)ひと続きのバルコニー.

*__balconaje__ [balkonáxe] 男 【集合的に】(1つの建物全体の)バルコニー、一続きのバルコニー. 類 **balconada**.

balconear [balkoneár] 他 【アルゼンチン】《話》❶ (通りの出来事を)バルコニーから眺める.
—— 自 ❶ 【アルゼンチン】《話》に過ごす. ❷ 【グアテマラ】(恋人同士が)窓辺でささやき合う.

balda [bálda] 女 ❶ (家具の)棚、棚板。—He comprado una estantería de madera con seis ~s. 私は6段の木製の書棚を買った。 類 **anaquel, entrepaño**. ❷ (ドアの)かんぬき.

baldada [baldáða] 女 【アルゼンチン】バケツ一杯.

baldado, da [baldáðo, ða] 形 ❶ (手足が)不自由になった. ❷ 疲れ果てた. —Llegué a la cumbre ~. 私は頂上へ疲れ果てて到着した. 類 **rendido**.

baldadura [baldaðúra] 女 身体障害.

baldamiento [baldamjénto] 男 →baldadura.

baldaquín [baldakín] 男 (ベッド・祭壇などの)天蓋(てんがい).

baldaquino [baldakíno] 男 →baldaquín.

baldar [baldár] 他 ❶ (病気・事故が)(手足の一部を)不自由にする. —El accidente le dejó baldadas las dos piernas. 事故で彼は両足が不自由になった. ❷ (人)をぐったりさせる. —Lo baldaron a palos. 彼は棒で叩きのめされた.
—— se 他 疲れ果てる、くたくたになる.

‡__balde__[1] [bálde] 男【次の成句で】
de balde 無料で[の]、ただで. trabajar de balde ただで働く. Le encantaba colarse y viajar de balde en el metro. 彼は切符を持たずに地下鉄に無賃乗車するのが大好きだった. comer de balde ただ食いする.

en balde 無駄に[な]、…したが無駄だった. tanto esfuerzo en balde 無駄骨、骨折り損. perder el tiempo en balde 無為に過ごす.

estar de balde (1) 何もしないでいる、ぶらぶらしている、何もすることがない. El jefe da la impresión de que está siempre de balde. 上司はいつも何もしていない印象を与える. (2) (ある場所で)邪魔である、無用[無益、余計]である.

no en balde 当然である、不思議ではない(=con razón).

¡No en balde! 【中南米】あれ、知らなかった.

balde[2] [bálde] 男 (特に海語としての)水桶、バケツ. —Volcó un balde de agua en la cubierta y comenzó a fregarla. 彼はバケツ1杯の水を甲板にぶちまけ、甲板をこすり始めた. 類 **barreño, cubo**.

baldear [baldeár] 他 ❶ (甲板)に水をまく、(甲板)を水で掃除する. ❷ (溝などの水)をバケツで汲み出す.

baldeo [baldéo] 男 ❶ (甲板に)水をまくこと. ❷ バケツで水を汲み出すこと.

baldíamente [baldíamente] 副 無駄に. —Hemos estado trabajando dos días ~. 私たちは2日間無駄に働いた.

baldío, a [baldío, a] 形 ❶ (行為などが)無駄な. —Nuestros esfuerzos han resultado ~s. 私たちの努力は無駄に終った. ❷ (土地が)未開墾の、荒れた、不毛な. ❸ (人が)役立たずの、怠惰な. 類 **perdido, vagabundo**.
—— 男 不毛な土地、未開墾の土地. 類 **yermo**.

baldón [baldón] 男 ❶ 汚点、恥、不名誉. 類 **afrenta, deshonra**. ❷ 侮辱. 類 **injuria**.

baldonar [baldonár] 他 (人)を侮辱する. 類

injuriar.

baldonear [baldoneár] 他 →baldonar.
baldosa [baldósa] 女 (庭・床の)タイル, 敷石.
baldosado [baldosáðo] 男 ❶ 敷石を敷くこと, (床に)タイルを張ること. ❷ 敷石を敷いた地面, タイル張りの床.
baldosar [baldosár] 〔<baldosa〕他 (地面に)敷石を敷く, (床に)タイル張りにする.
baldosín [baldosín] 男 (壁に張る)小さなタイル. 類 azulejo.
balduque [baldúke] 男 ❶ 書類をたくさん必要とする事務手続き. ❷ 《まれ》(書類をまとめる)細いひも.
balear¹ [baleár] 他 〖中南米〗に発砲する, (人)を射殺する.
balear² [baleár] 形 (地名)バレアーレス諸島の. ―Islas Baleares バレアーレス諸島. ―男女 (地名)バレアーレス諸島の住民.
Baleares [baleáres] 固名 (Islas ～) バレアーレス諸島.
baleárico, ca [baleáriko, ka] 形 →balear². ―男女 →balear².
baleo¹ [baléo] 男 〖中南米〗発砲, 銃による撃ち合い.
baleo² [baléo] 男 ドアマット. 類 esterilla, felpudo.
balido [balíðo] 男 ヒツジ・ヤギ・シカの鳴き声. ―dar ～s 〔ヒツジ・ヤギが〕鳴く.
balín [balín] 男 ❶ 小口径の銃の弾. ❷ 空気銃の弾, 散弾.
balística [balístika] 女 《軍事》弾道学.
balístico, ca [balístiko, ka] 形 《軍事》弾道(学)の. ―análisis ～ 弾道分析. misil ～ de alcance intercontinental 大陸間弾道ミサイル.
balita [balíta] 女 フィリピンの農業で使う面積を示す単位(約27.95アール).
baliza [balíθa] 女 ❶ (航海)浮標, ブイ. ❷ (航空)(滑走路の)標識灯.
balizaje [balíθáxe] 男 (航空)滑走路の照明.
balizamiento [balíθamjénto] 男 →balizaje.
balizar [balíθár] 〖1.3〗他 ❶ (航海)…に浮標を設ける. ❷ 《航空》(滑走路)に航路標識を設ける. 類 abalizar.
:**ballena** [bajéna] 女 ❶ 〖動物〗クジラ(鯨). ―pesca [caza] de la ～ 捕鯨. aceite de ～ 鯨油. esperma de ～ 鯨蠟(ろう), 鯨髄(＝barba de ～). ～ azul シロナガスクジラ. ❷ (鯨の髭(ひげ), 鯨髭(ひげ)(＝barba de ～). ❸ 《話》非常に太った人. ―ser [parecer] una ～ 大変太っている. ❹ (B～)〖天文〗鯨座.
ballenato [bajenáto] 男 〖動物〗子どものクジラ(鯨).
ballenera [bajenéra] 女 →ballenero.
***ballenero, ra** [bajenéro, ra] 形 捕鯨の. ―barco ～ 捕鯨船. industria ballenera 捕鯨業. arpón ～ 捕鯨用の銛(もり).
――名 捕鯨する人, 捕鯨船員.
――男 捕鯨船(＝barco ～).
――女 (捕鯨用の)キャッチャーボート.
ballesta [bajésta] 女 ❶ 石弓, 大弓(ゆみ)(石をはじき飛ばすのに用いた大形の弓). ❷ 《機械》(車両の)板ばね, スプリング.
ballestero [bajestéro] 男 大弓(ゆみ)の射手.

ballestilla [bajestíja] 女 ❶ (馬車の)小型の横木. ❷ トランプのいかさま. ❸ 《天文, 航海》昔の天体観測器. ❹ 釣り針付きの釣糸.
ballestrinque [bajestrínke] 男 《海事》ロープの先が交差するようにした2回結び.
ballet [balé] 男〖複 ballets〗❶ バレエ. ―～ clásico クラシックバレエ. ❷ バレエ団.
ballico [bajíko] 男 〖植物〗ライグラス(飼料用の麦)(＝vallico).
ballueca [bajuéka] 女 〖植物〗カラスムギ.
Balmes [bálmes] 固名 バルメス(ハイメ Jaime ～)(1810-48, スペインの哲学者).
balneario, ria [balneário, ria] 形 温泉の, 湯治の. ――男 温泉, 湯治湯.
balneoterapia [balneoterápja] 女 温泉療法.
balompédico, ca [balompéðiko, ka] 形 《スポーツ》サッカーの. 類 futbolístico.
balompié [balompjé] 男 《文》《スポーツ》サッカー, 蹴球. 類 fútbol.
:**balón** [balón] 男〖複 balones〗〔<bala〕❶ (大型の)ボール, 球, 毬(まり). ―peinar el ～ 《サッカー》ボールを回転させる. ～ de waterpolo [de rugby] 水球[ラグビー]ボール. ～ oval [ovalado] ラグビーボール. pasar el ～ ボールをパスする. ～ alto 《スポーツ》ロングパス; 《ラグビー》キックアンドラッシュ. ◆balón はサッカー (fútbol, balompié), バスケットボール (baloncesto), ハンドボール (balonmano), バレーボール (voleibol, balonvolea), ラグビー (rugby) などで使われる大型のボール. 類 esférico. ❷ 気球, 風船. ―～ de hidrógeno 水素気球. ～ de gas (気球などの)気嚢(のう), ガス気球. ～ meteorológico 観測気球. ―lanzar un ～ de ensayo 観測気球を揚げる; 探りを入れる. ❸ 《化学》球形[丸底]フラスコ, ガラス瓶. 類 garrafa. ❹ 《海事》スピンネーカー, 補助帆. ❺ (商品の入った)大樽(たる), 包み, 俵. ❻ (紙束の単位)一連 (～ de papel＝24 resmas＝1万2千枚).
balón de oxígeno (1) 酸素ボンベ. (2) 援助, 頼みの綱.
balón medicinal メディシンボール(筋肉鍛錬・リハビリ用の革張りの重いボール).
balón muerto 《球技》アウトボール.
echar balones fuera 《話》まずい質問をはぐらかす(うまくかわす), 曖昧な返事をする, 逃げ口上を言う.
baloncestista [balonθestísta] 男女 《スポーツ》バスケットボール選手.
:**baloncesto** [balonθésto] 男 《スポーツ》バスケットボール. ―jugar al ～ バスケットボールをする. 類 básquetbol, basket(ball).
balonmano [balommáno] 男 《スポーツ》ハンドボール.
balonvolea [balombolea] 男 《スポーツ》バレーボール. 類 voleibol.
balota [balóta] 女 (投票用の)小球.
balotaje [balotáxe] 男 〖中南米〗(投票の)集計, 開票作業.
balotar [balotár] 自 (小球で)投票する.
balsa¹ [bálsa] 女 ❶ 筏(いかだ). ―～ neumática [salvavidas] ゴム[救命]ボート. ❷ 〖植物〗バルサ, バルサ材.
balsa² [bálsa] 女 ❶ 水たまり, 溜池. ❷ 搾りかすを廃棄する池.
balsa de aceite (場所や人の集まりが)静まりか

えていること. Estas calles son una *balsa de aceite* cuando anochece. これらの通りは夜になると静まりかえっている.

balsadera [balsaðéra] 囡 (川にある筏(^{いかだ})の)渡し場.

balsadero [balsaðéro] 男 →balsadera.

balsámico, ca [balsámiko, ka] 形 **❶** バルサムの, バルサムを含む, かぐわしい. — planta *balsámica* 芳香性の植物. pomada *balsámica* 芳香剤. **❷** 苦痛を和らげる. — Las alentadoras noticias tuvieron un efecto ~ en la familia. その明るいニュースは家族の心を和らげた.

balsamina [balsamína] 囡 〖植物〗ホウセンカ(鳳仙花).

bálsamo [bálsamo] 男 **❶** バルサム, 香油(薬用・工業用の芳香性樹脂). **❷** 芳香性の液体の塗り薬. **❸** (比喩的に)苦痛を和らげるもの. 題 **consuelo**.

balsar [balsár] 男 イバラの茂み. 題 **zarzal**.

balsear [balseár] 他 筏(^{いかだ})で川を渡る.

balsero, ra [balséro, ra] 名 筏(^{いかだ})の船頭;(筏などで海を渡る)不法入国者.

Báltico [báltiko] 固名 (Mar ~) バルト海.

báltico, ca [báltiko, ka] 形 バルト海の. —el Mar *B*~ →Báltico.

—— 名 バルト海沿岸諸国の住民.

baluarte [baluárte] 男 要塞, 後ろ盾.

balumba [balúmba] 囡 **❶** (物が散らばって)乱雑な状態. **❷** 〖中南米〗大騒ぎ.

bamba [bámba] 囡 **❶** バンバ(メキシコの民族舞踊). **❷** 〖主に複〗スニーカー. **❸** (ビリヤード)まぐれ, フロック. **❹** 丸い(生)クリームパン. — Me encantan las ~s de crema. 私はクリームパンが大好きです.

bambalear [bambaleár] 自 →bambolear.

bambalina [bambalína] 囡 〖演劇〗(舞台正面の上方の)横に長い幕. 一文字(^{いちもんじ}).

detrás de las [entre] bambalinas (1) 舞台裏で. (2) 〖演劇〗演劇界で, 見世物の世界で. (3) 陰で.

bambarria [bambárja] 名 まぬけ.

—— 囡 (ビリヤード)まぐれ, フロック.

bamboche [bambótʃe] 男 《話》《まれ》赤い顔のずんぐりした男.

bambolear [bamboleár] 自《俗》**❶** (木・船・建物などが)揺れる, 揺らめく, ぐらつく. — Las ramas (*se*) *bambolean* con el viento. 枝が風に揺れる. **❷** (人が)よろよろ歩く.

—— 他 を揺らす. — El fuerte viento *bambolea* los cables de alta tensión. 強風が高圧線を揺らしている. —— **se** 再 →bambolear.

bamboleo [bamboléo] 男 揺れ, ぐらつき, よろめき.

bambolla [bambója] 囡 **❶**《話》(富・地位などを)ひけらかすこと, 虚勢. **❷** 〖中南米〗おしゃべり. 題 **charlatanería**. **❸** 〖中南米〗虚勢. 題 **boato**, **fausto**, **pompa**.

bambollero, ra [bambojéro, ra] 形《話》虚勢を張った, 見栄っ張りの.

:**bambú** [bambú] 男〖複 bambúes, bambús〗〖植物〗タケ(竹). — caña de ~ 竹の茎. vara de ~ 竹竿.

banal [banál] 形 陳腐な, 月並みな, 平凡な. —idea ~ 平凡な考え. Estuvimos hablando sobre temas ~*es*. 私たちは月並みなことを話してい

た. 題 **insustancial, trivial**.

banalidad [banaliðáð] 囡 陳腐さ, 平凡さ. — Las dos vecinas se pasan horas hablando de ~*es*. その2人の隣人の婦人たちはつまらないことを話して何時間も過ごす. 題 **trivialidad**.

:**banana** [banána] 囡 〖中南米〗〖植物〗バナナ(の木・実). ♦スペインでは plátano. — Pisó una monda de ~ y resbaló. 彼はバナナの皮を踏んで滑った.

—— 形 男女 〖南米〗《軽蔑》ばか(な).

bananal [bananál] 男 〖中南米〗バナナ園.

bananero, ra [bananéro, ra] 形 **❶** バナナの. **❷** バナナに依存した(主にカリブ諸国について言う).

—— 男 **❶** 〖植物〗バナナ, バナナの木. **❷** バナナ園; バナナの積み出し船.

banano [banáno] 男 =banana.

banasta [banásta] 囡 大きな籠(^{かご}).

banasto [banásto] 男 深い丸籠(^{かご}).

:**banca** [báŋka] 囡 **❶** 〖集合的に〗銀行, 銀行業界; 銀行業務(→banco〖個別的な銀行〗). — negocios de ~ 銀行業務. horas de ~ 銀行の営業時間. sector de ~ 銀行業界. casa de ~ 銀行(店のこと) nacionalización de la ~ 全銀行の国有化. trabajar en la ~/ser empleado de ~. 銀行に勤めている. **❷** (野市場)の売物台, 陳列台. — En verano las ~*s* rebosan de frutas y verduras. 夏になると売物台は果物や野菜で一杯だ. **❸** (背もたれのない)腰掛け, ベンチ. 題 **banqueta**. **❹** (賭博・トランプの)胴元, 親, 貸元. **❺** (賭博)胴元の持ち金, 場銭, 親の金. **❻** 〖中南米〗(スポーツ)ベンチ. — El entrenador estaba sentado en la ~. コーチはベンチに腰掛けていた. 題 **banquillo**. **❼** 〖中南米〗(政治)(国会の)議席(数). 題 **escaño**. **❽** (学校で机に固定された)椅子. **❾** (遊戯)バンコ(トランプ遊びの一種). **❿** (洗濯女の膝つき箱). **⓫** 〖中南米〗賭博場, カジノ. **⓬** (フィリピンの)カヌー.

copar la banca 《賭博》(バカラなどで)1人で親と同額を賭ける.

hacer saltar la banca 《賭博》(胴元に勝って)場銭をさらう, 胴元をつぶす.

saltar la banca 《賭博》(胴元に勝って)場銭をすべて獲得する.

tener banca 〖南米〗影響力[権力, 財力]がある, 顔が利く, コネがある.

tener la banca 《賭博》胴元[親]になる; 銀行家である.

bancada [baŋkáða] 囡 **❶** (船, ボートの)漕ぎ座. **❷** (機械)(旋盤などの)ベッド, フレーム. **❸** 〖南米〗〖集合的に〗席, 議席.

bancal [baŋkál] 男 〖農業〗**❶** (畑の)区画. **❷** (段々畑の)段.

bancario, ria [baŋkárjo, rja] 形 銀行の. — cheque ~ 銀行小切手. crédito ~ 〖スペイン〗銀行ローン.

bancarrota [baŋkařóta] 囡 **❶** 破産, 倒産. — La depresión económica provocó la ~ de la empresa. 不況でその会社は倒産した. **❷** (比喩)完全な失敗, 破綻(^{はたん}).

*:**banco** [báŋko] バンコ 男 **❶** 銀行. — depositar [meter] el dinero en el ~. 銀行に預金をする. Fui al ~ a sacar dinero. 私はお金を引き出しに銀行へ行った. billete [em-

pleado]de ~ 銀行員[員]. B~ Mundial [de España] 世界[スペイン]銀行. ~ agrícola 農業銀行. ~ central 中央銀行. ~ nacional 国立銀行. ~ hipotecario 不動産[抵当]銀行, 勧業銀行. ~ industrial 興行銀行. ~ mercantil 英国のマーチャントバンク. ~ de ahorros 貯蓄銀行. ~ de descuento 割引銀行. ~ de emisión 発券銀行. ~ de crédito (固有名詞として)信用銀行. ~ de fomento 勧業銀行. ~ de inversiones [de negocios] 投資銀行. ~ de préstamo 貸付銀行. ~ de acciones 合資銀行. ~ de la liquidación 手形交換所.
❷ ベンチ, 長椅子; (教会の)信者席;《法律》陪席, 証人席. —~ azul (議会の)大臣席. Todos los ~s están ocupados. ベンチはすべてふさがっている. [類] asiento, grada. ❸《医学》(臓器などの)銀行, バンク;貯蔵所. —~ de sangre 血液銀行. ~ de semen [de esperma] 精子銀行. ~ de ojos アイバンク. ❹ (大工などの)仕事台, 作業台[机](=mesa ~). —~ de carpintero 大工の仕事台. ❺《海事》(海・川・湖の)浅瀬, 洲, 堆(たい). —~ de coral サンゴ礁. encallar en un ~ de arena 砂州に座礁する. [類] alfaque, bajío, bajo. ❻《海事》(魚の)群, 魚群. —El barco echó las redes cuando descubrió el ~ de atunes. 船はマグロの群を見つけた時, 網を打った. [類] cardume, cardumen. ❼《地理》地層, 堆積層; (厚い)層. —En esta pared de la roca se ven estratos y ~s. この岩壁には地層が見える. ~ de nubes《気象》雲堤. ~ de niebla《気象》霧峰. ~ de nieve 雪の吹きだまり. [類] estrato.
banco de datos《コンピュータ》データバンク.
banco de hielo 氷山, 流氷.
banco de memoria《コンピュータ》記憶装置.
banco de pruebas《機械・エンジン・乗り物の》テストベッド, 実験台, 試験台;《比喩》試金石.
cizalla de banco 剪(せん)断機.
herrar o quitar el banco (するかしないか)決断する, 決心する.
pata de banco 的外れな言動, へま, 失言.
salida de pata [de pie] de banco 的外れな言動, 暴言, へま.
sentarse [estar] en el banco de la paciencia じっと我慢する, 耐える.

*banda¹ [bánda]《<仏》囡 ❶ (服飾)(肩から反対側のわき腹にかけて身につける)飾り帯, サッシュ, 綬(じゅ), 懸章. —El alcalde iba con traje de gala, ~ y vara. 村長は晴れ着, サッシュを身に着け, 職杖を持っていた. [類] faja. ❷ リボン, リボン状のもの; ひも, 縁どり, 縁飾り. —Llevaba el pelo recogido con una ~ muy bonita. 彼女は髪をとても美しいリボンで束ねていた. [類] cenefa, cinta, franja, tira. ❸《服飾》太い縞(しま), 太いストライプ, 縞模様, 縞模様のもの. —La camiseta con ~s azules es su preferida. ブルーのストライプの入ったTシャツが彼女のお気に入りだ. [類] lista. ❹ 幅, 帯域. —un programa de ~ horaria de prime-time ゴールデンアワーの時間帯の番組. ~ de frecuencia《通信》周波数帯. ~ ancha ブロードバンド, 広域帯. ~ de rodadura [rodaje, rodamiento] (タイヤの)接地面, 踏み面, トレッド. ~ humeral《カトリック》《衣服》(司祭, 副助祭の)肩衣. ~ magnética (カード等の)磁気を帯びた

部分, 磁気帯. ~ sonora[de sonido]《映画》サウンドトラック. El sonido se mueve en una ~ entre los 500 y 600 khz. その音は500キロヘルツから600キロヘルツの間を動く. ❺ 車線, 自動車レーン, レーン. —La calzada tiene tres ~s. その車道は3車線である. ❻《紋章》右上から左下にかけて区切った部分(紋地の3分の1.
arriar en banda《海事》ロープ[綱, 索]を完全に解く[放つ].
caer [estar] en banda《海事》…が宙に垂れる[垂れている]. Hay un cabo que *está en banda*. 宙に垂れているロープが一本ある.

*banda² [bánda]《<ゴート》囡 ❶ (非合法行為を行う)一団, 一味, (悪漢の)集団, 群れ, 徒党;若者の集団[一団, 群れ]. —La policía detuvo a una ~ de narcotraficantes. 警察は麻薬密輸の一味を逮捕した. Esta plaza se llena de ~s juveniles todos los fines de semana. この広場は週末になると若者の群れでいっぱいになる. [類] cuadrilla. ❷《音楽》(主に)吹奏楽の)楽隊, バンド, 楽団; 軍楽隊. —La ~ de música tocaba en la plaza del parque. 公園の広場で音楽隊が演奏していた. ❸ (鳥, 動物の)群れ, 一団. —Cada año una ~ de grullas emigra aquí de Siberia. 毎年ツルの一団がシベリアからここへ渡ってくる. [類] bandada. ❹ 党派, 派閥. [類] facción. ❺ (物・場所の)側, 側面, 面;《古》わき腹, 横腹. —Mi pueblo está situado a la otra ~ del río. 私の故郷は川の対岸にある. [類] costado, lado. ❻《スポーツ》サイドライン, タッチライン. —fuera de ~ (サッカー, ラグビーで)タッチラインを割る[割った]. juez de ~ ラインズマン, 線審. quedarse en la ~ (試合に出場せずに)ベンチにいる. saque de ~ (サッカーの)スローイン, (ラグビーの)ラインアウト. ❼《海事》舷側(げんそく). ❽ (ビリヤードの)玉突き台のクッション[弾力性のある縁]. —Juega muy bien por ~. 彼はクッションに当ててたくてもうまくプレーする.
cerrarse en [de, a la] banda《俗》《比喩》強情を張る, 自分の考えに固執する. Se cerró en la banda y no había modo de convencerlo. 彼は強情を張ったので説得する術がなかった.
coger [agarrar, pillar] ... por banda (1)《話》長話につきあわせる, 長話で引き止める. Cuando está borracho, se pone pesadísimo con todo aquel que *coge por banda*. 彼は酔うとまわりの人にからんで手に負えなくなる. (2)《話》けりをつけるやつに…と話す. El día que le *pille por banda*, me las pagará. 彼とけりをつける日が来たら, この貸しは返してもらう.
dar a la banda《海事》(船底の点検, 清掃, 修理等のために)を片舷に倒す[傾ける].
de banda a banda 端から端まで, 貫いて; 一方からもう一方へ.
a dos [tres] bandas 二[三]者が参加した. La FIFA planea una reunión *a tres bandas*. FIFA国際サッカー協会は三者会談を計画している.
jugar a dos bandas 二股をかける; 相手の対立を利用して自分の利益を計る. No confíes en él porque *está jugando a dos bandas*. 彼を信用してはいけないよ, 二股かけているからね.

bandada [bandáða] 囡 ❶ (鳥・魚の)群れ. —~ de patos アヒルの群. ❷ 人の群れ. —La gente salía del estadio en ~s. 人々はスタジアムから群れになって出て来ていた.

bandazo [bandáθo] 男 ❶《海事》(船が)急に傾くこと; (車が)急に方向を変えること. ❷ 左右に激しく揺れること, ふらつき. —Estaba borracho e iba dando ～s por la calle. 彼は酔って通りをふらふらしながら歩いていた. ❸《比喩》(態度・方向などの)急激な変化. —El país da muchos ～s en su política exterior. その国の外交はころころ変わる. 類 **vaivén**. ❹《話》散歩(= paseo).

bandear [bandeár] 他《中南米》(川など)を渡る, 横切る.
—**se** 再 ❶ 困難などを切り抜ける, 何とかやっていく. —Carmen se bandea bien en el nuevo trabajo. カルメンは新しい職場で何とかうまくやっている. ❷《中南米》鞍替えする, 意見などを変える. ❸《中南米》失敗する, しくじる.

bandeja [bandéxa] 女 ❶ 盆(ぼん), トレー. ❷《中南米》大皿, 配食皿. ❸ (トランクなどの)仕切り板, 懸仕(かけ). ❹ (家具のトレー状の引き出し. ❺《自動車》リアボード.
pasar la bandeja 献金を集める.
servir [poner] en bandeja (de plata)《話》(人に)お膳立てをして与える, 便宜をはかる.

:**bandera** [bandéra] 女 ❶ 旗, 国旗, 軍旗, チーム[グループ]の旗. —La ～ española es roja y amarilla. スペイン国旗は赤と黄だ. ～ a media asta 半旗. ～ a cuadros [ajedrezada] オート[モーター]レースに用いられるチェッカーフラッグ. izar [bajar] la ～ 旗を掲揚する[降ろす]. cuarto [sala] de ～s《軍事》指令部, 指令室. ❷ 信号・合図を示す旗. ～ blanca [de paz] 降伏[休戦]を示す白旗. ～ negra 海賊が掲げる黒旗, 海賊旗;《比喩》敵意のしるし. ～ de inteligencia《海事》送られてきた信号が理解できたことを示す旗. ～ azul 海岸と海水の清潔さに関して EU が定めた条件を満たした海域地域に与えられる評価. El juez de línea levantó la ～ indicando córner. 線審は旗を揚げてコーナーを示した. ❸《比喩》船籍. —Llegó al puerto un carguero de ～ panameña. パナマ船籍の貨物船が港に到着した. ❹《比喩》(主義主張の象徴としての)旗. —Siempre defendió la ～ de la libertad de expresión. 彼はつねに表現の自由の旗を守った. ❺ タクシーの料金メーター. —bajada de ～ タクシーの料金メーターを倒すこと;《比喩》基本料金. bajar [levantar] la ～ タクシーのメーターを倒す[元に戻す]. ❻《軍事》(同じ旗での)部隊, 軍隊; (16, 17 世紀スペインの)歩兵連隊; (アフリカ等における)戦術部隊. —una ～ de paracaidistas パラシュート[落下傘]部隊. ❼《製本》(本の折りこみ)ページ. ❽《コンピュータ》フラッグ.
a banderas desplegadas (1)《比喩》順風満帆に, 何の障害もなく. (2)《比喩》隠さず, 率直に; 公然と.
afianzar [afirmar, asegurar] la bandera《比喩》《海事》国旗掲揚の際にその正当性を示すために大砲を一発打つ.
alzar [levantar] bandera [banderas] (1)《比喩》《海事》決起をする, 旗揚げをする. (2)《比喩》(反乱, 暴動等の)首謀者になる.
arriar bandera [la bandera]《比喩》(船が)降伏する.
batir banderas《軍事》敬意を表して旗先を傾ける.
dar a ... la bandera《比喩》…に一目を置く.
de bandera (1)《話》とびきりの, すばらしい, すごい. Me he comprado un ordenador *de bandera*.

私はとびきり上等のコンピュータを買った. (2)《話》(女性が)大変魅力的な. La nueva secretaria es una chica *de bandera*. 今度の秘書はとびきりの女性だ.
enarbolar la bandera de ...《文》…の旗幟(き)を鮮明にする.
jurar bandera [la bandera] (軍人, 士官が)国家に忠誠を誓う.
llenarse hasta la bandera《話》(場所が)いっぱいになる, 満ちる.
lleno hasta la bandera《話》(場所が)いっぱいの, 満ちた.
llevarse la bandera《比喩》抜きん出る, 秀でる.
militar bajo [seguir] la bandera de ...《比喩》…の側につく, …の旗幟につく.
rendir la bandera (1)《海事》(敬意を表して)旗を降ろす. (2)《軍事》聖体に敬意を表するために旗を降ろす.
salir con banderas desplegadas《軍事》旗を掲げて撤退する(包囲された軍が陣地から撤退する際に与えられる名誉のひとつ).

bandería [bandería] 女 党派, 徒党. 類 **bando, facción**.

banderilla [banderíja] 女 ❶《闘牛》バンデリーリャ(牛の背・肩に刺す飾りつけ矢のもの). ❷《印刷》校正用のはり紙, 付箋(ふせん). ❸《料理》(スペインのバルに見られる)楊子にさしたおつまみ類.
poner [clavar, plantar] banderillas a ... をあざける, ののしる.

banderillear [banderijeár] 自《闘牛》バンデリーリャ(banderilla)を打つ, 突刺す.
— 他《闘牛》(牛に)banderilla を打つ, 突刺す.

banderillero [banderijéro] 男《闘牛》バンデリリェーロ(バンデリーリャ banderilla を使う闘牛士).

banderín [banderín] 男 ❶ (一般に)小旗, ペナント. ❷《軍事》(銃砲に付ける)三角形の小旗, ペナント; 旗手兵.
banderín de enganche (1) 志願兵募集所. (2)《比喩》支持者, 共鳴者を獲得するためのスローガン, キャッチフレーズ, または, そのための機会.

banderita [banderíta] 女 小旗(募金者につけるバッジ).

banderizo, za [banderíθo, θa] 形 派閥の, 派閥に属する.

banderola [banderóla] 女 ❶《軍事》(槍・マストなどの先端の)小旗. ❷《スポーツ》旗, フラッグ. —banderola de esquina (サッカーの)コーナーフラッグ.

bandidaje [bandiðáxe] 男 略奪行為, 山賊行為, 不法行為. 類 **bandolerismo**.

:**bandido, da** [bandíðo, ða] [< 伊] 図 ❶《話》悪党, ならず者; 詐欺師, ペテン師. —No te fíes de él. Es un ～. 彼を信用するな, 詐欺師だから. ¡Cómo me ha engañado aquella *bandida*! あのいかさま女よくも俺をだましたな! 類 **granuja, malhechor, truhán**. ❷ 山賊, 追いはぎ. —Terminada la guerra, muchos guerrilleros se convirtieron en ～s. 戦争が終わると多くのゲリラ兵は山賊に変わった. 類 **bandolero, salteador**. ❸ お尋ね者, 指名手配者. —La policía ofrecía una recompensa a quien capturara al ～. 警察はお尋ね者を捕らえたものに褒賞金を提供していた. 類

fugitivo. ❹ (時に親愛の情を込めて)いたずら者, 悪たれ. —Este niño es un ~: se ha ido a la cama sin hacer los deberes. この子は悪いのよ. 宿題もせずに寝てしまうんだから.

—— 形 (時に親愛の情を込めて)いたずらの, ろくでなしの. —El muy ~ se bebió toda la botella. あのろくでなし, 瓶ごと全部飲んじまった. 類**canalla, sinvergüenza, travieso.**

:**bando**[1] [bándo] 男 ❶ 布告, 公示, 告示, 命令, 法令. ~ de policía [de la alcaldía]. 警察[市町村]の命令. ~ de destierro 追放令. publicar un ~ 布告を出す, 布告する. 類**decreto, edicto, orden.** ❷ 《主に ﾒﾘｶ》結婚告示, 婚姻公示.

:**bando**[2] [bándo] 男 ❶ 党, 党派. —dividirse en dos ~s 2 派に分かれる. pasarse al ~ enemigo [al ~ contrario, al otro ~] 敵方に寝返る, 反対派に回る. 類**facción.** ❷ (魚の)群れ. —un ~ de atunes マグロの群れ. 類**banco.** ❸ 鳥の群れ. —un ~ de gorriones スズメの群れ. **bandada.**

bandola [bandóla] 女 ❶《音楽》マンドリン. ❷《海事》仮マスト, 応急マスト.

bandolera [bandoléra] 女 ❶ 弾薬帯, 負い革. ❷ 女山賊.

en bandolera 肩から斜めに掛けて.

bandolerismo [bandolerísmo] 男 山賊行為.

bandolero [bandoléro] 男 山賊, おいはぎ(追剥).

bandolina [bandolína] 女 ❶《楽器》マンドリン. —tocar la ~ マンドリンを弾く. ❷ 整髪料.

bandoneón [bandoneón] 男《楽器》バンドネオン(アルゼンチン音楽で用いられるアコーディオンの一種).

bandullo [bandúʝo] 男《話》腹; 腸. 類**intestino, tripa.**

bandurria [bandúrrja] 女《楽器》大型マンドリン. —tocar la ~ 大型マンドリンを弾く.

Bangkok [baŋkók] 固名 バンコク(タイの首都).

Bangladesh [baŋɡlaðés] 固名 バングラデシュ(首都ダッカ Dacca).

baniano [banjáno] 男 (インドからの)行商人.

banjo [bánxo] 男《楽器》バンジョー. —tocar el ~ バンジョーを弾く.

banquero, ra [baŋkéro, ra] 名 ❶ 銀行家, 銀行経営者. ❷ (賭博の)親元.

banqueta [baŋkéta] 女 ❶ (背のない)腰掛け, ベンチ. —sentarse en una ~ 腰掛けに座る. 類**escabel, taburete.** ❷ 踏み台. 類**escabel.** ❸〔メキシコ, 中米〕歩道(=acera).

banquete [baŋkéte] 男 ❶ (大勢の客を招いての)宴会, 祝宴, 晩餐会. —~ nupcial [de bodas] 結婚披露宴. dar [ofrecer] un ~ 宴会を開く, 晩餐会を催す. 類**ágape, convite, festín.** ❷ ご馳走, 豪華な料理. —La comida hoy ha sido un verdadero ~. 今日の食事は本当に豪華だった.

banquetear [baŋketeár] 他 を宴会を開いてなす, 饗応する. ——**se** 再 宴に列する.

banquillo [baŋkíʝo] 男 ❶ ベンチ, 背のない腰掛け, 腰掛台(=banqueta). ❷《法律》(刑事法廷の)被告席. —sentarse [ir al] en el ~ [de los acusados] 被告席に座る. ❸《スポーツ》ベンチ. *calentar* [*chupar*] *el banquillo* [*banquillos*]《スポーツ》ベンチにいる, 予備の選手である.

banquisa [baŋkísa] 女 氷原, 氷山. 類**iceberg.**

banzo [bánθo] 男 ❶ 刺繍台の枠. ❷ (はしごや椅子の背の)支柱. ❸ 水路などの縁, 側面.

bañadera [baɲaðéra] 女《中南米》浴槽(=bañera).

·**bañado, da** [baɲáðo, ða] 過分 形 ❶ [estar +, + con/de/en] …でぬれた, …にまみれた; (海岸などが)…の波に洗われた. —Esta camiseta *está bañada en* sudor. この T シャツは汗にまみれている. Tenía los ojos ~s *en* lágrimas. 彼女の両目は涙でぬれていた. países ~s *por* el Atlántico 環大西洋諸国. ❷ (菓子が)糖衣で覆われた. —rosquillas *bañadas* 砂糖をまぶしたドーナツ.

—— 男《中南米》沼地, 湿地帯. ❷《まれ》尿器, 尿瓶. 類**bacín, orinal.**

·**bañador** [baɲaðór] 男 ❶ 水着, 海水パンツ(=traje de baño). —~ de dos piezas セパレーツの水着. ❷ たらい, 容器.

——, **dora** 名 水浴する人, 海水浴客. 類**bañista.**

**bañar [baɲár バニャル][<baño] 他 ❶ を入浴させる, 風呂に入れる. —Hay que ~ al niño al menos una vez al día. 赤ん坊は少なくとも 1 日に 1 度は入浴させるべきだ. 〔+con/de/en〕(*a*) を浸す, つける, まぶす. —~ el bizcocho *con* chocolate スポンジケーキにチョコレートをまぶす. (*b*) をコーティングする, メッキする. —~ *de* plata los cubiertos 食器を銀メッキする. ❷ (海水・川の水が)を洗う. —El río *baña* las murallas del castillo. 川の流れが城壁を洗っている. ❸ (光などが)…に降り注ぐ, を照らす. —A la luz de la luna *bañaba* el balcón. 月光がバルコニーを照らしていた.

——**se** 再 入浴する; 水浴する, 泳ぐ. —Prefiere ~se antes de cenar. 彼は夕食の前に入浴するのが好きだ. En esta playa está prohibido ~se. この浜辺では遊泳禁止だ.

bañera [baɲéra] 女 浴槽. —meterse en la ~ 浴槽に入る.

bañero, ra [baɲéro, ra] 名 (プール・海岸の)監視員.

:**bañista** [baɲísta] 男女 ❶ 海水浴客, 水泳客. —La playa estaba llena de ~s. 浜辺は海水浴客でいっぱいだ. ❷ 湯治客, 温泉客(= del balneario). —Los ~s se paseaban en albornoz por el jardín. 湯治客はバスローブで庭を散歩していた. ❸ (水泳の)ライフセーバー, 監視員. 類**socorrista.**

**baño [báɲo バニョ][<ラテン] 男 ❶ 入浴, 風呂に入ること;〔+de〕…浴, …風呂. —Me di un ~ antes de acostarme. 私は寝る前に風呂に入った. Como hace mucho calor, me apetece tomar un ~. とても暑いので, ひと風呂浴びたい. ~ de vapor [ruso] スチームバス[サウナ風呂]. ~ de asiento [pies]《医療》腰[足]湯. ~ de sol [arena, barro] 日光浴[砂風呂, 泥風呂]. ~ de mar 海水浴. ~ turco ハマム(トルコ式風呂). traje de ~ 水着(=bañador). casa de ~ [~s públicos] 公衆浴場. ❷ 浴室(=cuarto de baño), バスルーム;《婉曲》トイレ, 洗面所. —Deseo una habitación con ~ completo. バス・トイレ付きの部屋がほしいのですが. báscula de

スメータ(風呂場専用の体重計). salida de ~【中南米】バスローブ(=albornoz de baño). ❸ 浴槽, 湯ぶね. —Este ~ es transportable. この浴槽は持ち運び可能である. alfombrilla de ~ バスマット. 類 **bañera**. ❹ 榎 **温泉**, 温泉場, 湯治場. —s termales [medicinales] 温泉. Mi abuela va a los ~s cada año para que mejore su reúma. 祖母は毎年リューマチの治療に温泉に行く. 類 **balneario**. ❺ 上塗り, メッキ, コーティング, 被覆物; (食物の)衣, 糖衣, 皮. —Esta pulsera lleva un ~ de oro [plata]. このブレスレットは金[銀]メッキが施してある. un ~ de pintura ペンキの塗装. 類 **capa**. ❻《比喩》見せかけ, みかけ, うわべ. —Tiene un cierto ~ de distinción. 彼女の上品さはうわべだけだ. Allí reciben un ~ de formación militar. あそこでは軍事教練らしきものが受けられる. 類 **barniz, capa, tinte, tintura**. ❼《比喩, 話》圧勝, 完勝, 打ち負かし. —Le dimos al equipo rival un buen ~. 我々はライバルチームに圧勝した. 類 **revolcón**. ❽【冶金】炉内の溶解した金属. ❾【化学】[+de]…浴(加熱するものと加熱されるものの間に…を介在させ得られる適温). —~ de arena 砂浴. ❿【歴史】モーロ人たちが囚人を閉じ込めていた牢獄. —Cervantes estuvo cautivo en los ~s de Argel. セルバンテスはアルジェリアの牢獄に捕らわれていた. 類 **cárcel**.

al baño (de) María (1)【料理】湯煎(で). Calenté la comida al baño María. その料理を湯煎で温めた. (2)《比喩》弱めた, 緩めた, 質の落ちた. Todos ellos eran burgueses *al baño María*. 彼らはみんなブルジョアもどきだった.

baño de sangre《比喩》大虐殺, 血の粛清.

dar un [el] baño a ...《比喩, 話》…に圧勝する, を打ち負かす.

darse un baño de ...《比喩, 話》を一浴びする, …の表面的な知識を身に着ける.

bao [1bao] 男【海事】(船の)横梁(はり), ビーム.

baobab [baoβá(β)] 男 ❶【植物】バオバブ(アフリカ産の巨木). ❷【南米】【植物】オンブーの木(=ombú).

baptista [baptísta] 男女【宗教】バプテスト派の人. —— 形【宗教】バプテスト派の.

baptisterio [baptistérjo] 男 ❶【宗教】洗礼場, 洗礼堂. ❷【宗教】洗礼用の水槽.

baque【báke】男【転落, 転倒の擬音語】ドスン, ドシン, バタン.

baqueano, na [bakeáno, na] 形 →baquiano, na.

baquelita [bakelíta] 女 ベークライト(合成樹脂の商品名).

baqueta [bakéta] 女 ❶ 榎【音楽】(太鼓の)ばち. ❷(銃の)槊杖(さくじょう), 洗い矢. ❸【建築】玉縁(たまぶち)飾り.

tratar a la baqueta《話》つらくあたる, 厳しく扱う.

baquetazo [baketáθo] 男《話》ぶつけること, 打撃. —Me dio un tremendo ~ contra el armario. 彼はタンスにすごい勢いでぶつかった.

a baquetazos《話》乱暴に, 手荒に. No se deben tratar las cosas prestadas *a baquetazos*. 借りた物を手荒に扱うものじゃないよ.

baqueteado, da [baketeáðo, ða] 過分 形 ❶【estar+, +en】…に熟達した, 経験豊かな. —Él *está* ~ en el negocio del azúcar. 彼は砂糖の商売のベテランである. ❷【estar+】痛めつけられた,

barajar 215

酷使された. —Aunque sólo tiene 40 años, ya *está* muy ~. 彼はまだ40歳なのにかなりの苦労人である.

baquetear [baketeár] 他 ❶ を虐待する. ❷《話》を悩ませる, うるさがらせる, 困らせる. ❸《話》をしごく, 鍛(きた)える.

baqueteo [baketéo] 男 ❶ 虐待. ❷《話》悩ますこと. ❸《話》しごき, 鍛練.

baquía [bakía] 女【中南米】❶ 土地勘, 土地の起伏などについての知識. ❷ 手先の器用さ.

baquiano, na [bakjáno, na] 形【中南米】❶ 熟練した, ベテランの. ❷ 土地の事情に詳しい.
—— 男 土地の事情に詳しい人, 案内人.

báquico, ca [bákiko, ka] 形 ❶ バッカス神の. ❷ 酔っ払った, お祭り騒ぎの.

báquira [bákira] 男【中南米】【動物】ペッカリー(イノシシに似た野生動物). 類 **pecarí, saíno**.

:**bar**[1] [bár] 男 バル, 居酒屋, カフェ, スナックバー. ◆(子供でも, 大衆的スナックで, カウンターでアルコール類・コーヒー・清涼飲料水・軽食などを立ち飲み・立ち食いするのが普通.)—ir al ~/ir de ~es バル[飲み]に行く. 類 **taberna**.

bar de alterne [de citas] ハントバー.

bar[2] [bár] 男【物理】バール(気圧の旧単位).

barahúnda [baraúnda] 女 騒ぎ, 混乱, がやがや. —armar una ~ 騒ぎを起こす. 類 **alboroto**.

:**baraja** [baráxa] 女 ❶ (1組の)トランプ(una ~ de cartas [de naipes]). トランプゲーム. — ~ española スペイン式トランプ (48枚ある). ~ francesa フランス式トランプ (52枚ある). jugar a la ~ トランプをする. peinar [levantar] la ~ トランプを切る. 類 **cartas, naipes**. ❷ (選択できる可能性・解決法などの)多様性, 幅. —una amplia ~ de oportunidades 一連の好機. 類 **abanico**. ❸《主に榎》《文》口げんか, 口論, 言い争い.

jugar con [a (las)] dos barajas《話》二枚舌を使う, 二心を抱く, 二股(ふたまた)をかける.

O jugamos todos o se rompe [rompemos] la baraja.《話》全員参加でなければやめる.

romper la baraja《話》(怒って突然)約束[協定]を取消す; 交渉を打ち切る.

tener (todas) las cartas de la baraja 成功の可能性が大である.

barajadura [baraxaðúra] 女《遊戯》札の切り混ぜ方; シャッフル.

:**barajar** [baraxár] 他 ❶ (トランプのカード)を切る. —Antes de repartir las cartas, hay que ~las bien. カードを配る前に, カードをよく切らねばならない. ❷ (a)(名前)を並べ立てる, 列挙する, 引用する. —Barajó tres nombres para la presidencia del tribunal supremo. 最高裁長官候補として彼は3人の名を挙げた. (b)を操る, もてあそぶ. —En su ponencia barajó muchos números, pero no dijo nada de nuevo. 彼は研究発表で多くの数字をもてあそんだが, 新しいことは何も言わなかった. ❸ をごちゃまぜにする, 一緒にくたにする.

—— 自【+con と】けんかする, 言い争う, 口論する. —María *ha barajado con* su novio. マリーアは恋人とけんかした.

——se 再 ごちゃまぜになる, 一緒くたになる. —Los documentos *se barajaron* mientras estuvieron sobre la mesa. 書類はテーブルの上に置いてある間にごちゃごちゃになってしまった.

baranda [baránda] 囡 ❶ 《建築》手すり, 欄干(らん). 類 **barandilla**. ❷ (玉突台の)クッション.

barandal [barandál] 男 ❶ 《建築》手すり, 欄干(らん)(=barandilla). ❷ 《建築》(手すりの)横木.

barandilla [barandíʝa] 囡 《建築》手すり, 欄干(らん).

baratear [barateár] 自 安売りする.

baratería [baratería] 囡 ❶ 《法律》訴訟教唆罪. ❷ 《法律》詐欺, 不正行為.

•**baratija** [baratíxa] 〔<barato〕囡 《主に 複》安い小物, つまらない物, ちょっとした物. —Vende ~s a los turistas. 彼は安物を観光客に売っている. gastar dinero en ~s y chucherías くだらないものに金を使う. 類 **bagatela**.

baratillero, ra [baratiʝéro, ra] 图 安い小物を売る人, 格安品の露店商.

baratillo [baratíʝo] 男 ❶ 《集合的に》がらくた, 安物品. ❷ 安物を売っている店, 中古品屋, のみの市. ❸ 安物大売り出し.

barato, ta [baráto, ta バラト, タ] 形 ❶ (品·店·物価などが)安い, 安く売る. 反 **caro**. —Esta tienda es relativamente *barata*. この店は比較的安い. Comprando esos artículos ahora, salen más ~s. その品物は今買うと割安になる. ❷ 安っぽい, 安物の, 下品な, くだらない. —Esa joya *barata* la puedes hallar en cualquier sitio. そんな安物の宝石ならどこにでも転がっているよ.
—— 副 ❶ 安く. —Los impresos pueden mandarse ~. 印刷物は安く郵送できる. En ese restaurante se come ~. そのレストランは安い. ❷ 安っぽく, 軽々しく.
—— 男 安売り, 大売り出し, バーゲンセール.
de barato ただで, 無利子で. 類 **de balde, gratis**.
Lo barato es caro. 【諺】安物買いの銭失い.

báratro [báratro] 男 《詩》《神話》冥府, 冥土; 地獄.

baratura [baratúra] 囡 値段の安さ, 安価.

baraúnda [baraúnda] 囡 →**barahunda**.

barba [bárβa バルバ] 〔<ラテン〕囡 ❶ (顎(あご)先と頬(ほほ)の)ひげ, 顎ひげ, (動物, 特にヤギの)顎ひげ. —Mi marido se afeita la ~ todas las mañanas. 私の夫は毎朝ひげをそる. Ahora, entre los jóvenes, está de moda llevar ~. 最近若者の間でひげを生やすのが流行している. dejarse la ~ ひげを伸ばしっぱなしにする. ~ cerrada [poblada] 《比喩》濃いひげ. ~ corrida 伸び放題にしたひげ. ~s de chivo 《比喩, 話》ヤギひげ; 伸び縮みのひげ. ~s de zamorro (比喩, 話》濃く縮れたひげ. 類語 **bigote** 口ひげ. **perilla** 顎先に伸ばしたひげ, ヤギひげ. **mosca** 下唇と顎の間にはえるひげ. **mostacho** 濃い口ひげ. **patilla** もみあげ. ❷ 顎先, 顎 —Juan tiene una ~ muy afilada. フアンは顎がとてもとがっている. 類 **barbilla**. ❸ 《主に 複》(動物·魚などのひげ状のもの, (鳥類の)羽毛ひげ, (植物の)ひげ根, 芒(のぎ)(稲·麦などの穀の殻にある針状の毛). ~ ~s de ballena 《動物》鯨類の顎ひげ. ❹ (紙や布の縁に残った)ぎざぎざ, でこぼこ; 細糸, 繊維. —Si encuentras algunas ~s en el borde de las páginas, córtaselas. ページの縁にぎざぎざがついていたら, 切って下さい. ❺ 《鳥類)肉垂. ❻ 《養蜂》ミツバチが新たな群れを作る際に群れる巣箱の上部; 巣箱から出る最初のミツバチの群れ.

—— 男 複 《話》ひげをはやした男性, ひげ面の男性. —María estuvo bailando con un ~s. マリアはひげの男性と踊っていた.

barba a barba (関係者だけで)面と向かって. Ellos decidieron hablar *barba a barba* para solucionar sus problemas. 彼らは問題を解決するために第三者なしで直接話し合うことにした.

con más barbas que un zamarro いい年をして (子どもじみた行動を取った者への叱責の言葉).

con toda la barba 《話》一人前の, 十分な資質を持つ. Tu hijo ya es un hombre *con toda la barba*, estudia en la universidad y hace su vida. 君の息子はもう一人前だ, 大学で勉強し自立しているのだから.

Cuando las barbas del [de tu] vecino veas pelar [cortar], echa [pon] las tuyas a remojar. 【諺】今日は他人(ひと)の身, 明日は我が身 (隣人のひげが剃られるのを見たら, 自分のひげを濡らしておけ).

echar a las barbas de ... 《比喩》…に面と向かって非難する.

en las barbas de ... 《話》…に面と向かって, …の目の前で. Ella se burló de su marido *en sus propias [mismas] barbas*. 彼女は目の前で夫を馬鹿にした.

hacer la barba (1) ひげをそる. Hazme la barba, por favor. ひげそりをお願いします. Esta mañana no *se ha hecho la barba*. 今朝彼はひげをそらなかった. (2) 《比喩, 話》いらいらさせる, …に迷惑をかける. (3) 《比喩, 話》…へつらう, 追従(ついしょう)する.

mentir por la barba [con toda la barba, por mitad de la barba] ぬけぬけと嘘をつく.

por barba 《話》(特に女性を除いた場合の)一人あたり. Comimos muy bien y sólo nos tocó diez euros *por barba*. 私たちはとてもおいしい食事をしたが一人10ユーロしかかからなかった.

subírse le a ... a las barbas 《比喩, 話》…に対する礼を欠く, を侮る. Su falta de autoridad hacía que los alumnos *se le subieran a las barbas*. 彼には権威が欠けていたので生徒たちは彼を侮っていた.

temblar le a ... la barba 《比喩, 話》…が怖れる, 不安に思う.

tener pocas barbas 《比喩, 話》若くて未熟である.

tentarse las barbas 《話》事前に熟考する, 事前によく考える. Tiéntate las barbas antes de decidirlo. それを決める前にはよく考えなさい.

tirarse las barbas 《比喩》憤怒の情をあらわにする. Se tiraba de las barbas al saber que había perdido el tren. 電車に乗り遅れたと知って彼はくやしがった.

—— 男 《演劇》老け役.

barbacana [barβakána] 囡 ❶ (城の)銃眼, 狭間(はざま)(=aspillera). ❷ (楼門, 橋楼などの)外防備, 物見やぐら.

barbacoa [barβakóa] 囡 ❶ 《中南米》《料理》バーベキュー(の串, 鉄板); 鉄板焼きグリル. —hacer una ~ バーベキューをする. tacos de ~ 焼肉のタコス. ❷ 《アンデス》屋根裏部屋.

barbada [barβáða] 囡 ❶ (馬の)下顎. ❷ (馬

具の)はみ.

barba*do*[1], ***da***[1] [barβáðo, ða] 形 ひげのある.
— 男 ❶ 苗木, 若木. ❷ 種から大きくなった草木, 実生(ﾐｼｮｳ).

barba*do*[2], ***da***[2] [barβáðo, ða] 形 バルバドス (Barbados)(人)の. — 名 バルバドス人.

Barbados [barβáðos] 固名 バルバドス(首都ブリッジタウン Bridgetown).

barbar [barβár] 自 ❶ ひげを生やす. ❷ (植物が)根づく.

Bárbara [bárβara] 固名 《女性名》バルバラ.

*__bárbaramente__ [bárβaménte] 副 ❶ 野蛮に; 乱暴に, 不作法に. ❷ ものすごく, すごく(よく). — Es una asignatura ~ difícil. それはすごく難しい科目だ.

barbárico, ca [barβáriko, ka] 形 野蛮人の, 未開人の.

:**barbaridad** [barβariðá(ð)] 女 ❶ **野蛮, 残虐, 非道な行為, 蛮行**. — Durante la guerra se cometieron muchas e indescriptibles ~es. 戦争中には幾多の筆舌に尽くしがたい蛮行が行なわれた. 類 **atrocidad**. ❷《話》ばかげたこと, 無茶, でたらめ, 無分別なこと. — Estaba bebido y comenzó a decir ~es. 彼は酔っ払ってでたらめを言い始めた. Hijo, por favor, no hagas la ~ de salir con este mal tiempo. お前, お願いだから, こんな悪天候に外出するなんて無茶なことはしないでおくれ. La composición estaba llena de ~es. その作文はばかげた話だらけだった. 類 **disparate**. ❸ 〖una +〗《話》けた外れな数[量, 値段]. — Oye, tú bebes una ~. ねえ, 君すごく飲むね. Este nuevo coche me ha costado una ~. この新車はとんでもなく高かった. Había una ~ de gente. すっごくたくさんの人がいた. 類 **muchísimo**.

¡Qué barbaridad! (感嘆, 驚嘆, 悲嘆, 不満を表わす)何とまあ!, まあ, すごい!.まあ, あきれた!. *¡Qué barbaridad!* Cinco euros, una botella de vino de mesa. ひどいわ! テーブルワインが1本5ユーロなんて!. *¡Qué barbaridad!* Es increíble que mi hijo haya sacado un sobresaliente en matemáticas. 何とまあ! 私の息子が数学で優を取ったなんて信じられないわ.

*__barbarie__ [barβárje] 女 ❶ (共同体, 民族が)未開なこと, 野蛮なこと. — Aún existen tribus que viven en la ~. いまだ未開な民族が存在する. ❷ 蛮行, 残虐行為. — La ~ del terrorismo no tiene sentido. テロの残虐行為は意味がない.

barbarismo [barβarísmo] 男 ❶《文法》破格な[正しくない語構文]. ❷ 野蛮, 残酷.

barbarizar [barβariθár] [1.3] 他 ~を残虐にする. — 自 でたらめを言う.

:**bárbaro, ra** [bárβaro, ra] 形 ❶ 残酷な, 残忍な. — El trato que reciben los encarcelados es ~. 囚人が受ける扱いは残酷だ. ❷ 粗野な, 乱暴な; 下品な, 無教養な. — No seas ~ y deja de molestar. 乱暴はやめて迷惑をかけるな. ❸《歴史》蛮族の; 未開な, 野蛮な. — invasores ~s 蛮族の侵入者. un pueblo ~ 野蛮な民族. ❹《話》すごい, とてもすばらしい. — Hoy hace un frío ~. 今日はめちゃくちゃ寒い.
— 副《話》とてもよく, 最高に. — Fuimos a comer juntos y lo pasamos ~. 一緒に食事をして楽しくやろう.
— 名 ❶ たいへんな人, あきれた人. 類 **arrojado**,

barboteo 217

temerario. ❷《歴史》(主にローマ帝国に侵入した)蛮族, 外夷. ❸ 粗野な人, ぶこつ者. 類 **grosero, inculto**.

¡Qué bárbaro!《話》何とひどい!, まあ, あきれた!. すごい! (驚き・不快を表し; 逆に賞賛を表わすこともある). *¡Qué bárbaro! ¡Cómo trabaja!* すごい! よく働くなあ!

barbear [barβeár] 他 ❶ 〖+con〗…と同じくらいの高さに達する. ❷《闘牛》(牛が出口を探して)囲いに沿って歩く.
— 他 ❶ …の高さに達する. ❷ 〖中南米〗(牛などの)角をつかんで倒す. ❸ 〖メキシコ〗ごまをする, へつらう. ❹ …のひげをそる.

barbechar [barβetʃár] 他《農業》(土地を)すき返しただけで休めておく.

barbechera [barβetʃéra] 女《農業》❶ 休耕中の畑, 休耕田. ❷ 休耕, 土地を休ませること.

barbecho [barβétʃo] 男《農業》休閑[地], 休耕[地].

estar en barbecho《農業》(土地が)休耕中である.

barbería [barβería] 女 理髪店, 床屋 (= peluquería).

:**barbero, ra** [barβéro, ra] 名 ❶ 理容師, 理髪師, 床屋. — la del ~ 床屋に行く, 床屋での髭剃り用受け皿. «El ~ de Sevilla»《文学, 音楽》『セビリアの理髪師』. ❷ 〖中米〗へつらう人 (= adulador).
— 男《魚類》ツバメコノシロ科の一種.
— 形 理髪用(具)の, (特に)かみそりの. — navaja barbera 西洋かみそり.

barbián, biana [barβján, βjána] 形《話》陽気な. 類 **arriscado, desenvuelto, gallardo**.
— 名《話》陽気者, だて者.

barbicano, na [barβikáno, na] 形 あごひげが白髪の, 白ひげの.

barbijo [barβíxo] 男 ❶ 〖中南米〗(帽子などの)あご紐. 類 **barboquejo, barbuquejo**. ❷ 〖アルゼンチン〗医療用マスク. ❸ 〖アルゼンチン〗顔の傷.

barbilampiño, ña [barβilampíɲo, ɲa] 形 ひげのうすい.

barbilindo, da [barβilíndo, ða] 形《文, まれ》気取った, きざな.
— 男 気取った男, きざな男.

barbilla [barβíʎa] 女 ❶ あご(先). 類 **mentón**. ❷《工芸》ほぞ. ❸ (魚の)ひげ.

barbinegro, gra [barβinéɣro, ɣra] 形 あごひげが黒い, 黒ひげの.

barbiponiente [barβiponiénte] 形《話》ひげが生えかけの; 若い, 未熟な.

barbitúrico, ca [barβitúriko, ka] 形《化学》バルビツル酸塩[誘導体]の.
— 男《化学》バルビツル酸塩(鎮痛・睡眠剤).

barbo [bárβo] 男《魚類》ニゴイ(似鯉).

barbón, bona [barβón, βóna] 名 あごひげを生やした人, ひげもじゃの人. 類 **barbudo**.

barboquejo [barβokéxo] 男《服飾》(帽子の)あごひも.

barbotar, barbotear [barβotár, barβoteár] 自 ぶつぶつ言う, (怒りの言葉などを)つぶやく; (不明瞭な)音をたてる. — 他 (不明瞭な言葉や音を)発する, 吐く. 類 **barbullar**.

barboteo [barβotéo] 男 つぶやき, ざわめき, 不

明瞭な声[音].

barbudo, da [barβúðo, ða] 形 ひげをはやした, ひげの濃い, ひげもじゃの. ― *Era un joven alto y* ~. 彼は背が高くてひげもじゃの青年だった. ― 男 ひげをはやした男.

barbullar [barβuʝár] 自《話》急き込んで話す, 不明瞭に話す. ― *El bebé empezó a barbullar.* 赤ん坊が, ばぶばぶ言い始めた. 類 **barbotar**.

barbullón, llona [barβuʝón, ʝóna] 形 早口の, 不明瞭に話す.
― 名《話》早口の人, 不明瞭に話す人.

barbuquejo [barβukéxo] 男 →barboquejo.

:**barca** [bárka] 女 小舟, ボート. ― ~ *de pesca* 釣り船, 漁船. ~ *de pasaje* 渡し船. ~ *de [a] motor* モーターボート. ~ *de remos* 手漕ぎ舟. *puente de* ~《海事, 軍事》舟橋(ふなばし), 船橋, 浮橋. 類 **bote, lancha**.
en la misma barca《話》同じ状況下に.

barcada [barkáða] 女 ❶ 一回の渡し, 航行. ❷ (船一杯分の)船荷.

barcaje [barkáxe] 男 ❶ (船の)渡し. ❷ 船賃, 渡し賃.

barcarola [barkaróla] 女《音楽》ゴンドラの船頭が歌う)船歌.

barcaza [barkáθa] 女 大型ボート.

Barcelona [barθelóna] 固名 バルセロナ(スペインの県・県都; ベネズエラの都市).

barcelonés, nesa [barθelonés, nésa] 形 (スペインの)バルセロナ(Barcelona)の. ― 名 バルセロナの人.

barcia [bárθja] 女 もみ殻.

barco [bárko バルコ] 男 ❶ 船. ― *Fuimos a Mallorca en* ~. 私たちは船でマヨルカ島に行った. ~ *cisterna* (液体を運ぶ)タンカー. ~ *de carga* 貨物船. ~ *de guerra* 軍[戦]艦. ~ *del práctico* 水先案内船. ~ *de pasajeros* 客船. ~ *de pesca* [*pesquero*] 漁船. ~ *de recreo* 遊覧船. ~ *de vapor* 汽船. ~ *de velas* [*velero*] 帆船. ~ *hospital* 病院船. ~ *mercante* 商船. ~ *nodriza* 母船. ~ *patrullero* 巡視船, 哨戒(しょうかい)艇. 類語 **barca 釣り船などの小型船. **buque** 甲板のある大型船. **embarcación** 船舶の総称. **nave** 大型帆船, 現代の宇宙船. ❷ (字面通りの)カブёО, ❸ (気球の)つりかご, ゴンドラ.
― 形《無変化》ボートネックの. ― *Llevaba un precioso vestido de escote* ~. 彼女はボートネックの素敵なドレスを着ていた. *He comprado un jersey de cuello* ~. 私はボートネックのセーターを買った.
estar [*ir*] *en el mismo barco*《比喩》興味, 関心, 利害関係等を共有している[分かち合う].

barda [bárða] 女 ❶《歴史》(中世の)馬よろい. ❷《建築》小枝やわらなどで作った屋根, 壁屋根. ❸ (まれ)《海事》雷雲.

bardal [barðál] 男 →barda.

bardana [barðána] 女《植物》ゴボウ.

bardar [barðár] 他 (塀などの上に)小枝[わら]をのせる, …に生垣を作る.

bardo [bárðo] 男 ❶《歴史》(ケルト族の)楽人. ❷《詩》歌人, 詩人. (=poeta)

baremo [barémo] 男 ❶《比喩》基準, 指標. ❷ 価格早見表, 計算表.

bargueño [barɣéɲo] 男 バルゲーニョ(足付き飾り箪笥(たんす), 多くの引き出しがある).

Barinas [barínas] 固名 バリナス(ベネズエラの都市).

bario [bárjo] 男《化学》バリウム(元素記号 Ba, 原子番号 56).

barita [baríta] 女《化学》酸化バリウム.

barítono [barítono] 男《音楽》バリトン(テノールとバスの中間の男声音).

barloventear [barloβenteár] 自 ❶《海事》風上に帆走する, 間切り走りをする. ❷《話》放浪する, 流れ歩く.

barlovento [barloβénto] 男《海事》風上(風下は sotavento).

barman [bárman] 〔<英〕 男 [複 **barmans**] バーテン(=cantinero).

barnacla [barnákla] 女《鳥類》カオジロガン(顔白雁).

***barniz** [barníθ] 男 [複 **barnices**] ❶ ワニス, ニス; (陶器の)釉薬(ゆうやく); エナメル. ― *Dale una capa de* ~ *al armario y parece nuevo.* 彼が箪笥(たんす)にニスを塗ったら, 新品に見える. ~ *aislante* 絶縁ワニス. 類 **laca**. ❷《比喩》うわべだけの見せかけ, 見てくれ; 生かじりの知識. ― *Sólo tiene un* ~ *de cultura.* 彼には薄っぺらな教養しかない. *Es un hombre naturalmente grosero con un* ~ *de cortesía.* 彼は一見礼儀正しそうに見えるが, もともと不作法なやつだ. 類 **baño, capa, tinte**. ❸ (植物) ~ *del Japón* ウルシ(漆の木), ニワウルシ (=*ailanto*). ❹ 化粧品, クリーム; マニキュア液 (= ~ *para uñas*). ❺ 印刷用インク.
grabado al barniz blando《版画》エッチング.

barnizado [barniθáðo] 男 ニス塗り; 釉薬(ゆうやく)かけ. ― *Este armario necesita un* ~. この箪笥(たんす)はニスを一塗りする必要がある.

barnizador, dora [barniθaðór, ðóra] 名 ニス塗り職人; 釉薬(ゆうやく)かけ職人.

barnizar [barniθár] [1.3] 他 …にワニスを塗る.

barógrafo [baróɣrafo] 男 自記気圧計.

Baroja [baróxa] 固名 バローハ(ピーオ Pío ~) (1872-1956, スペインの小説家).

barométrico, ca [barométriko, ka] 形 気圧(計)の.

barómetro [barómetro] 男 ❶《気象》気圧計, バロメーター, 晴雨計. ― ~ *aneroide* アネロイド気圧計. ~ *registrador* 自記気圧計. ❷ (一般に)指標, バロメーター. ― *Las encuestas son un* ~ *de la opinión pública.* アンケートは世論のバロメーターだ.

:**barón** [barón] 男 ❶ 男爵(→nobleza). ❷ (政党・会社・組織などの)実力者, 幹部, ボス.

baronesa [baronésa] 女 男爵夫人, 女男爵.

baronía [baronía] 女 男爵の位, 男爵領.

baroscopio [baroskópjo] 男 バロスコープ, 気圧計(大きすぎない気圧の変化を示す).

barquear [barkeár] 他 (川や湖を)小船[ボート]で渡る. ― 自 小船[ボート]で行く.

barquero, ra [barkéro, ra] 名 (ボートの)漕ぎ手, 船頭, 舟人.
las verdades del barquero →verdad.

barquichuelo [barkitʃwélo] 男 小船, ボート.

barquilla [barkíʝa] 女 [<*barca*] ❶ (気球に吊り下げる)ゴンドラ, かご. ❷ 小船. ❸ (細長い)菓子の焼型.

barquillero, ra [barkiʝéro, ra] 名 コーン型ウ

エハース売り. ── 男 コーン型ウエハースを作る型. ── 女 コーン型ウエハースを入れる金属容器.
barquillo [barkíʝo] 男 《料理》巻きせんべい, (ソフトクリームの)コーン.
barquinazo [barkináθo] 男 （乗り物の）激しい揺れ, 転覆.
Barquisimeto [barkisiméto] 固名 バルキシメート（ベネズエラの都市）.
:**barra** [bára] 女 ❶（金属などの）棒, 棒状のもの, 測量用ポール; 延べ棒; 塊. ── Montaban el circo con gruesas ~s de hierro. 太い鉄の棒でサーカス小屋が組み立てられた. ~ de chocolate チョコバー, 棒チョコ. ~ de oro 金の延べ棒. ~ de jabón/jabón en ~ 棒状石鹸. ~ de la cortina カーテンレール. ~ protectora antivuelco《自転車》ロールバー. ~s portacargas《自転車》キャリア. 類 **barrote, tranca.** ❷ 棒状パン, バゲット; 塊. ── ~ de pan バゲット, 棒パン. ~ pequeña サンドイッチ(bocadillo)用のパン. ❸《スポーツ》棒;（バレエ練習用の）バー. ── ejercitarse [hacer ejercicios] en la ~ バーレッスンをする. ~ de discos バーベル. practicar las ~s paralelas 平行棒をやる. ~s paralelas asimétricas 段違い平行棒. ❹《スポーツ》平均台（＝~ de equilibrio）. ❺（酒場などの）カウンター. ── precio en ~（テーブルチャージなしの）カウンターでの料金. Tomé una cerveza, en la ~ del bar. 私はバルのカウンターでビールを1杯飲んだ. 類 **mostrador.** ❻ 分別の記号, スラッシュ (/);《音楽》(楽譜の小節を区切る)縦線;（習字の）線. ── ~ inversa バックスラッシュ (\). ~ doble 複縦線. ❼ (布・紙・紋章・肩章などの)縞(模様), 棒線. ── las ~s de Aragón アラゴンの棒状斜線紋. Cada cinco años de servicio equivalen a una ~ dorada. 年功序列は兵役 5 年で金モール 1 本となる. ~ dorada. 金筋. (bandera de) ~s y estrellas 星条旗. La camiseta del equipo tiene ~s verticales. チームのシャツには縦縞が入っている. ❽（法廷の）仕切り柵［手すり］（裁判官と傍聴人を隔てる）; 証人席［台］; 《中米》傍聴人. ── llevar a ... a la ~ を出廷させる, 裁判にかける. ❾（河口・港口の）砂州, 浅瀬. ❿（牛・馬の）はみ受け. ⓫《コンピュータ》バー. ── ~ espaciadora [de espaciado] スペースバー. ~ de enrollar [estaco, herramientas, menús, tareas, título] スクロール［ステータス, ツール, メニュー, タスク, タイトル］バー. ⓬ てこ; 閂(かんぬき);（船の）舵柄(だへい)（＝ ~ de timón). ── Utilizaron una ~ para levantar la piedra. 石を持ち上げるのにてこが使われた. ⓭《中南米》ファン, 応援団（＝hinchada）. ⓮《南米》柵(さく), 檻(おり); 仲間, 友人グループ. ⓯《中南米》(会議などの)出席者, 参加者.
a barras derechas 誠実に, 間違いなく.
barra americana (1)（ホステスのいる）バー, クラブ.（2)（台所と居間の間にある）カウンター.
barra de labios リップスティック, 口紅（＝ lápiz de labios, pintalabios).
barra fija (1)《スポーツ》鉄棒. obtener la medalla de bronce en *barra fija*. 鉄棒で銅メダルを獲得する. (2)《バレエ》(練習用の)バー. La bailarina ensaya en la barra fija. バレリーナはバーレッスンをする.
barra libre (バルやディスコでの)無料の飲み放題, 無料の飲みもの[おつまみ].
de barra a barra 端から端まで(＝ de lado a lado).

estirar la barra (達成のために)最善を尽くす, できるだけのことをする.
no parar(se) [reparar, mirar, tropezar] en barras (危険・障害など)何事も考えない, 後先を考えない, 脇目もふらない No se paraba en barras para conseguir lo que quería. 彼は自分の望みを達成するためには後先のことを考えなかった.
sin parar(se) [reparar, mirar, tropezar] en barras (不都合・障害・危険など)何事も考えずに, 後先を考えずに, 敢然と.
tirar la barra《話》できるだけ高い値段で売る.
barrabás [baraβás] 男 ❶《話》ならず者. 類 **malo, perverso.** ❷《話》いたずらっ子, 腕白坊主. 類 **travieso.** ❸ (B~)《聖》バラバ(民衆の要求でキリストの代わりに放免された盗賊).
barrabasada [baraβasáða] 女 ❶《話》ひきょうな手口, 悪質ないたずら. ── hacer una ~ ひきょうなことをする. ❷ 無礼な振舞い, ばかげた言動.
:**barraca** [baráka] 女 ❶ バラック, あばら屋. ── Esa pobre gente vive en unas ~s sin agua corriente ni luz eléctrica. その哀れな人々は水道も電気もないバラックに住んでいる. 類 **chabola.** ❷《建築》バラーカ（バレンシア地方特有の）萓(かや)葺き屋根の農家. ❸ (市, 祭り等の)仮設小屋. ── En la feria había una ~ de tiro al blanco. 縁日には射的小屋がひとつあった. 類 **caseta.** ❹《中南米》(穀物, 木材, 皮革等の)商品倉庫. 類 **almacén, depósito.**
barracón [barakón] 男 (多人数を収容する)宿舎, 仮設小屋; 兵舎.
barracuda [barakúða] 女《魚類》バラクーダ, オニカマス.
barragana [baraɣána] 女 内縁の妻, 愛人.
barraganería [baraɣanería] 女 同棲, 内縁関係. 類 **amancebamiento, concubinato.**
barranca [baráŋka] 女 崖(がけ), 絶壁, 峡谷.
barrancal [baraŋkál] 男 崖(がけ)の多い土地, 峡谷.
barranco [baráŋko] 男 ❶ 崖(がけ), 絶壁, 峡谷. ── ~ profundo 切り立つような絶壁. ❷《話》障害, 困難.
salir del barranco《話, 比喩》困難を切り抜ける, 克服する.
barrancoso, sa [baraŋkóso, sa] 形 崖(がけ)の多い, 切り立った.
Barranquilla [baraŋkíʝa] 固名 バランキーヤ (コロンビアの都市).
barredera [bareðéra] 女 →barredero.
barredero, ra [bareðéro, ra] 形 ❶ 一掃する, さらう. ── red *barredera*《漁業》引き網, トロール網. ❷ 掃く, 掃除の. ── 女 パン焼き窯の中を掃くためのはたき. ── 女 (都会の)通りを清掃するための掃除機; 道路清掃車.
barredor, dora [bareðór, ðóra] 形 清掃する, 掃く, 一掃する, 運び去る. ── 名 ❶ 清掃人. ❷《スポーツ》(サッカーの)スイーパー.
barredura [bareðúra] 女 ❶ 掃除. ❷ 複 掃き寄せたもの, ごみくず.
barreminas [baremínas] 男〖単複同形〗《海事》掃海艇. 類 **dragaminas.**
barrena [baréna] 女 ❶ きり(錐), 穿(せん)孔機, ドリル. ❷《航空》(飛行機の)きりもみ降下. ── caer [entrar] en ~ 飛行機がきりもみ降下する.

barrenado

barrena̱do, da [bařenádo, ða] 形 《話》気が狂った，いかれた．

barrenar [bařenár] 他 ❶ …に穴をあける，くり抜く． ❷ …のじゃまをする，くじく，失敗させる． ❸ (法律・規則などを)破る，犯す，侵害する．

barrendero, ra [bařendéro, ra] 名 道路掃除[清掃]人，清掃夫[婦]．

barrenillo [bařenílo] 男 ❶《虫類》キクイムシ． ❷《植物》キクイムシによる被害．

barreno [bařéno] 男 ❶ らせん錐(ホ)，ドリル． ❷ (ドリルの)穴． ❸ 発破孔，発破． ❹ 傲(┦)慢，横柄，うぬぼれ．

barreño [bařéɲo] 男 (土器製の)おけ，洗い鉢．

‡**barrer** [bařér] 他 ❶ (a)を掃く，掃除する，掃き清める． — No te olvides de ~ la escalera. 階段を掃くのを忘れるなよ． (b)を擦(ザ)る，こする，…につく． — Con esa falda vas a *ir barriendo* el suelo. そのスカートでは床を引きずってしまうよ． ❷ を取り去る，一掃する；消し去る． — Un fuerte viento *barrió* las nubes. 強風のため雲は一掃された． Sus palabras de consuelo *barrieron* todas mis penas. 彼の慰めのことばが私のすべての悲しみを一掃した．
— 自 〔+con＋〕一人占めする，一人勝ちする． — Los niños *barrieron* con la comida en dos minutos. 子どもたちは 2 分間で食べ物を片付けてしまった． Ese partido *ha barrido* en las últimas elecciones. その党は最近の選挙で圧勝した．
barrer hacia [para] adentro 自分のことしか考えない，自分本位の行動をとる． Siempre *barres para adentro*. 君はいつも自分のことしか考えない．

barrera¹ [bařéra] (＜barro) 女 ❶ 陶土採掘場． ❷ 瀬戸物棚．

‡**barrera**² [bařéra] (＜barra) 女 ❶ (通行を阻む)障壁，防壁． — poner [colocar] una ~ 防壁を立てる，柵を巡らす． Han puesto una ~ alrededor de sus tierras. 彼の土地の周囲に柵が巡らされた． 類**cerca, valla**. ❷ 障壁，障害(物)． ~ infranqueable [insalvable] 乗り越えられない障害． ~s arancelarias [aduaneras] 関税障壁． ~ comercial 貿易障壁． ~ coralina バリアリーフ，堡礁． ~ generacional 世代間のギャップ． ~ racial 人種上の障壁． ~ cultural [psicológica] 文化的[心理的]障壁． superar la ~ del idioma 言葉の障壁を乗り越える． Los Pirineos forman una ~ natural entre Francia y España. ピレネー山脈はフランスとスペインの間で自然の障壁となっている． 類**impedimento, obstáculo**. ❸ (踏切・駐車場などの)遮断機． ~ — de golpe 自動遮断機． paso a nivel con ~ 遮断機のある踏切． ❹《闘牛》(闘牛場の)フェンス；最前列の席． — comprar una entrada [localidad] de ~ 最前列席の入場券を買う． ver una corrida desde la ~ 最前列席から闘牛を見る． ❺《スポーツ》(ディフェンスの)壁． — Los jugadores formaron la ~ siguiendo las instrucciones del portero. 選手たちはキーパーの指示に従って壁を作った． ❻ 限界，壁，境界． — Ese actor ha superado ya la ~ de los cincuenta años. その俳優はもう 50 歳の壁を超えた． 類**límite**.
barrera arquitectónica 《建築》建築上の障害(身障者に利用上不便な建築構造)．
no reconocer barreras 際限がない． La codicia humana *no reconoce barreras*. 人間の貪欲には際限がない．
pasar [superar, romper] la barrera del sonido 音速(秒速約 340 メートル)障壁を越える．
ver [mirar] los toros desde la barrera 高見の見物をする，傍観する．

barrero [bařéro] 男 ❶ 陶工，陶芸家． 類**alfarero**. ❷ 陶土採掘場． ❸ ぬかるみ，泥土地． 類**barrizal**.

barreta [bařéta] 女 ❶ 小さな棒，てこ． ❷《料理》(菓子)のバー．

barretina [bařetína] 女《服飾》バレティーナ(カタルーニャ地方の帽子)．

·**barriada** [bařiáða] 女 ❶ (都市や大きな町を構成する)地区，区域． — Vivía en una popular ~ de la capital. 彼は首都の人気のある地区に住んでいた． 類**barrio**. ❷ 界隈，街 (barrio の一部)． ❸《南米》スラム街[地区]．

barrial [bařiál] 男 →barrizal

barrica [baříka] 女 樽(ts)．

‡**barricada** [bařikáða] 女 バリケード，防塞，防塁；障害物． — Los manifestantes formaron [levantaron, hicieron] ~s con bancos y coches volcados. デモ隊はベンチや車をひっくり返してバリケードを築いた． 類**barrera, parapeto**.

barrida [baříða] 女《中南米》❶ (警察の)手入れ，一斉捜査． ❷ 一斉解雇；大量の落第． ❸ ひとはきで掃くこと，掃き掃除．

barrido [baříðo] 男 ❶ 掃くこと，掃除． — dar un ~ 見直し，見直す． 類**repaso, revisión**. ❷《物理》走査． ❸《映画》一定点から水平方向にカメラを動かす撮影技法．

barriga [baříɣa] 女 ❶《話》おなか，腹． — tener ~ おなかが出ている． 類**vientre**. ❷《軽蔑的に，または滑稽に》大きなおなか，太鼓腹． ❸ (腹のように)ふくらんだ部分，ふくらみ，そり，(樽の)胴．
echar barriga おなかが出る，太る．
llenarse la barriga たらふく食べる．
rascarse [tocarse] la barriga 《話》のらくらと暮らす． 類**gandulear**.

barrigón, gona [bařiɣón, ɣóna] 形 →barrigudo.

barrigudo, da [bařiɣúðo, ða] 形《話》腹の出た，大きなおなかをした．

barriguera [bařiɣéra] 女 馬車馬用の腹帯．

barril [baříl] 男 ❶ 樽(ts)． — cerveza de ~ 樽ビール，生ビール． ❷ (陶器製の)大樽，土瓶，水がめ． ❸ (石油の容量単位)バレル (＝ ~ de petróleo)．
un barril de pólvora 火薬樽[庫]，一触即発の危険状態[物]．

barrilamen [bařilámen] 男 →barrilería.

barrilería [bařilería] 女 ❶《集合的に》樽(ts)． ❷ 樽製造所．

barrilero [bařiléro] 男 ❶ 樽(ts)職人，樽製造者． ❷ 樽商人，樽販売者．

barrilete [bařiléte] 男 ❶ 小さな樽(ts)． ❷ (銃の)弾倉． ❸《建築》(材木を固定する)留め金．

barrillo [baříʎo] 男 にきび (＝ barro)．

‡‡**barrio** [bářio] バリオ 男 ❶ (都市の)地区，…街，街，界隈，… 街． ~ residencial 住宅街[地区]． ~ comercial 商店街[地域]． ~ de las latas 貧民街，スラム街． ~ popular 下町． ~s antiguos de la ciudad 旧市街． ~ obrero 労働者地区． ~s céntricos 中心街，

都市部. 類**barriada, distrito**. ❷ 町内(の人々). — gente del ~ 町内の人々. Lo sabe todo el ~. 町中がそれを知っている. 類**barriada**. ❸ 近郊, 郊外住宅地区, 周辺地区 (~ periférico). — ~ recién construido 新開発地区. 類**arrabal, extrarradio**. ❹〖米国〗ヒスパニックの居住区.

barrios bajos [marginales] 貧民街, スラム街, 下町.

barrio chino 《話》(一般に港町などの)歓楽街, 売春地区; 中華街, チャイナタウン.

barrio histórico 旧市街 (= casco antiguo).

de barrio 地元の, 近所の(あまり大きくない店など). supermercado [cine] *de barrio* 近所のスーパー[映画館].

el otro barrio (1)《話》あの世, 来世. irse al otro barrio 死ぬ. mandar a … al otro barrio (人)を殺す. (2) ser *del otro barrio* 同性愛者である.

barriobajero, ra [bařioβaxéro, ra] 形 下品な.

barritar [bařitár] 自 (象が)鳴く.

barrizal [bařiθál] 男 ぬかるみ, 泥沼. 類**lodazal**.

‡**barro**¹ [bářo] 男 ❶ 泥, ぬかるみ. — Se me atascó el coche en el ~. 車がぬかるみにはまって立ち往生した. Arrastraron su buen nombre por el ~. 彼は名声を汚された. 類**lodo**. ❷ 粘土, 陶土, 土; 土器, 陶器;《話》(ビールの)ジョッキ. — ~ refractario 耐火粘土. ~ de alfareros 陶土. ~ cocido テラコッタ, 粘土の素焼き. un botijo de ~ cocido 素焼きの水差し. Los alfareros hacen vasijas de ~. 陶工は素焼きの壷を作る. ❸ くだらぬもの. — No somos más que frágil ~. 私たちは頼りないつまらぬ者に過ぎない.

estar comiendo [mascando] barro 死んで埋葬されている.

estar con barro hasta los ojos 全身泥まみれになる.

tener barro a mano ふんだんに金をもっている.

barro² [bářo] 男 複 にきび, 面皰(めんぽう). — Se le llena la cara de ~s. 彼の顔はにきびだらけだ. 類**barrillo, espinilla, grano**.

‡**barroco, ca** [bařóko, ka] 形 ❶《美術, 音楽》バロック(様式)の. — época del ~ バロック時代. el arte ~ バロック芸術. Se aplica el nombre *B*~ al estilo artístico de los siglos XVII y XVIII. バロックの名称は17世紀と18世紀の芸術様式に適用される. ❷ 装飾過剰の,(趣味などが)くどい.

— 男 ❶《建築, 美術》バロック様式, バロック時代;《音楽》バロック音楽. ❷ 装飾過剰.

barroquismo [bařokísmo] 男 バロック調[様式].

barroso, sa [bařóso, sa] 形 ❶ 粘土質の, ぬかるみやすい. ❷ 赤褐色の, 泥色の. ❸ にきび面の, にきびの多い.

barrote [bařóte] 男 ❶ (補強用の)棒. ❷ 横木. ❸ (はしごの)横木.

barruntar [bařuntár] 他 を推量する, 予感する, 予知する,〖+que〗気のせいか…と思う. — *Barrunto que* él nos está engañando. 彼は私たちをだましているような気がする. 類**conjeturar, presentir**. — se 再 推量する.

barrunte [bařúnte] 男 →**barrunto**.

barrunto [bařúnto] 男 ❶ 推量, 推測, 気のせい, 予感. ❷ 兆候, 兆し. 類**indicio**.

bartola [bartóla] (次の成句で)

a la bartola 《話》不注意に, 無頓着に, のらくらと. Se ha pasado el día tumbado *a la bartola*. 彼は一日中横になってのらくらと過ごした.

bartolillo [bartolíʎo] 男 (カスタードクリームや肉などを詰めた)小型パイ.

Bartolomé [bartolomé] 固名《男性名》バルトロメー.

bártulos [bártulos] 男 複〖集合的に〗❶ 道具, 器具. — ~ de pesca 釣り道具. ❷ (人の)持ち物. — Recoge tus ~s y márchate. 荷物をまとめて出て行け.

liar los bártulos 《話》荷物をまとめる, 旅行[引っ越し]の用意をする.

barullo [barúʎo] 男 《話》混乱, 乱雑, 大騒ぎ, 騒音, 雑踏. — armar ~ 騒ぎを起こす. 類**confusión, desorden, lío**.

a barullo 《話》たくさん, どっさり.

barzón [barθón] 男 ❶ → **arzón**. ❷《農業》くびき と 鋤(すき)の連結部.

dar barzones ぶらつく, ぶらぶら歩く.

basa [bása] 女 ❶ 基盤, 土台, 礎(いしずえ) (= base). ❷ (柱の)基部, 台座. ❸《比喩》起源, もと.

basada [basáða] 女《造船》進水架, クレードル.

***basado, da** [basáðo, ða] 過分 形〖+en〗…に基づいた, 基礎を置いた.

basáltico, ca [basáltiko, ka] 形《鉱物》玄武岩のような(を含む).

basalto [basálto] 男《鉱物》玄武岩.

basamento [basaménto] 男《建築》(構造物の)基礎; (柱の)台座.

‡**basar** [basár] [<base] 他〖+en に〗を基づかせる, …の根拠を置く; を賭ける. — *Baso* mis argumentos *en* la teoría de la relatividad. 私は論拠を相対性原理に基づかせる. *Basa* todo su futuro *en* ganar mucho dinero. 彼は大金をもうけることに将来すべてを賭けている. ❷ を置く, 定置する, 据える. — una cruz grande sobre un pedestal 大きな十字架を台の上に据える.

— se 再 〖+en に〗基づく. — Su teoría *se basa en* la gramática transformacional. 彼の理論は変形文法に基づいている.

basca [báska] 女 ❶〖主に複〗吐き気, むかつき. — sentir [tener] ~s 吐き気がする. El olor de la gasolina le provoca ~s. ガソリンの臭いは彼に吐き気を催させる. ❷ (犬の)怒り. ❸《話, 比喩》感情の激発, 衝動, むら気. — Juan obra según le da la ~. ファンは好きなように振る舞う. ❹《話》〖集合的に〗遊び仲間 (= amigotes). 類**pandilla**.

bascosidad [baskosiðáð] 女 ❶ 汚物, 不潔物. 類**inmundicia, suciedad**. ❷ 卑猥な言葉.

bascoso, sa [baskóso, sa] 形 汚い, むかつくような.

báscula [báskula] 女 秤(はかり), 台秤. — ~ de baño 体重計, ヘルスメーター. ~ electrónica 電子体重計[ヘルスメーター]. 類**balanza, peso**.

pasar a la báscula 《俗》〖メキシコ〗…の所持品から金目のものを探す.

basculante [baskulánte] 形 上下に動く. — camión ~ ダンプカー.

bascular [baskulár] 自 上下に動く.

base¹ [báse] 男女《バスケットボール》ゲームメイカー；ガード。— jugar de ～ en un equipo de baloncesto ゲームメイカーとしてプレーする。

base² [báse バセ] 女 ❶ 土台, 基礎, 基部, 底。— de un edificio 建物の土台[基礎]。— sólida しっかりした基礎。Una vasija de poca ～ se cae fácilmente. 底の小さい器は倒れやすい。— múltiple 電気用マルチタップ。 [類]**cimiento, fundamento**。 ❷ 台座。— de una estatua 彫像の台座。Colocaron el busto del poeta sobre una ～ de mármol. 大理石の台座の上に詩人の胸像が据えられた。❸ (物事の)**基礎**, 根本, 基本。— salario [sueldo] ～ 基本給。precio ～ 基準価格。comunidad de ～ キリスト教会基礎共同体。sentar las ～s de ... ⋯の基礎を築く。La justicia es la ～ de un Estado. 司法は国家の柱石である。[類]**fundamento**。❹ 基礎知識。— Tiene una buena ～ de inglés. 彼は英語の基礎がよく身についている。❺ 根拠。— Esta afirmación carece de ～s sólidas. この主張には確固たる根拠がない。[類]**fundamento**。❻ 主要素, 主成分。— alimento ～ 主食。❼ 複(コンクール・競技などの)ルール, 条件。—～s de licitación 入札条件。～s del concurso de fotografía 写真コンクールのルール。❽《軍事》基地。— campamento (de) ～ ベースキャンプ。— aérea [naval] 空軍[海軍]基地。— de operaciones 作戦基地。— militar 軍事基地。— auxiliar 中継基地。❾ 複(政党・労組などの)下部組織。— Los líderes del partido no consultaron a la ～. 党の指導者たちは下部に相談しなかった。❿《幾何》底辺[面]。— de un triángulo 三角形の底辺。⓫《数学》基数, 基線。— sistema de ～ diez 10進法。⓬《数学》(累乗・対数の)底。⓭《化粧》ファンデーション (=～ de maquillaje)。⓮《野球》塁, ベース。— pelota ～ 野球 (=béisbol)。primera [segunda, tercera] ～ 1[2, 3]塁。meta ～ 本塁。⓯《化学》塩基。⓰《地形測量》(測量の)基線 (器官の基部[底]部)。

a base de ... (1)⋯のお陰で；を用いて (=por medio de, con). traducir *a base de* diccionarios 辞書を使って訳す。(2) を基礎[根拠]にして；を主成分とする。bebida *a base de* ron ラム酒をベースにした飲み物。

a base de bien (1)《話》非常によい, 大変よく。Hicieron una boda *a base de bien*. 彼らは大変すばらしい結婚式を挙げた。(2)《話》とてもたくさん。

base de datos (コンピュータ) データベース. *base de datos* distribuida [relacional, tipo tarjeta] 分散[リレーショナル, カード型] データベース。

base de lanzamiento 打上げ基地。

base del cráneo《解剖》頭蓋[がい]底。

base imponible 課税の基礎, 課税対象所得。

caer por su base (物事に)根拠[論拠]がない。

de base 基本の, 基礎的かな。

en [con] base a ... ⋯によって, ⋯によると, をもとにして。*en base a* las recientes encuestas 最近のアンケート調査によると。

partiendo de la base de que〘+直説法〙⋯だとすれば, ⋯ならば。

sobre la base de ... ⋯に基づいて. *sobre la base de* estos datos これらのデータに基づいて。

básico, ca [básiko, ka] 形 ❶ 基礎の, 基本的な, 根本的な。❷《化学》塩基(性)の。

basilar [basilár] 形 基部の；《解剖》頭蓋底の。

basílica [basílika] 女 ❶《宗教》(特に重要な教会に対する)一種の名誉称号 大寺院, 大聖堂。— B～ de Navidad (ベツレヘムの)御降誕教会。La ～ del Pilar está en Zaragoza. 聖母ピラールの聖堂はサラゴサにある。❷ バシリカ。◆古代ローマで裁判・集会に用いられた公会堂をキリスト教の礼拝堂に改造した長方形聖堂建築様式。❸ バシリカ風建築。❹《宗教》大寺院, 大聖堂, バシリカ。◆初期のキリスト教教会堂と思われるローマの13の聖堂を指す。— B～ de San Pedro en Roma ローマのサン・ピエトロ大寺院。B～ de Santa María la Mayor 聖マリア・マッジョーレ大聖堂。❺ 王宮。

basilisco [basilísko] 男 ❶《動物》バシリスク(熱帯アメリカ産の大トカゲ)。❷ (B～) バシリスク。◆アフリカの砂漠に住み, にらんで人を殺したという伝説上の怪物。

hecho [como] un basilisco《比喩》怒り狂って, 激怒して。

básquetbol, basket (ball) [básketβol, βaskét(βol)] 男《中南米》バスケットボール。**baloncesto**。

basquiña [baskíɲa] 女 (黒い)スカート。

basta [básta] 女 ❶ 仮縫い, しつけ縫い, しつけ糸。❷ (クッションやふとんの)刺し縫い。

bastante [bastánte バスタンテ] 形(不定)❶〘+名詞〙かなりの, 相当な。— Hoy hace ～ frío. 今日はかなり寒い。Quizás no te lo creas, pero la verdad es que yo tengo ～ problemas. きっと君は信じないだろうけど, 本当に僕は問題を一杯かかえているんだよ。❷〘主に+名詞〙十分な,〘+para〙…に十分な。— No tenía ～ dinero en el bolso. 彼女はハンドバックに十分な金を持っていなかった。No tiene ～ inteligencia *para* entenderlo. 彼にはそれが分かるだけの知性がない。Esta temperatura no es ～ *para* calentarlo. 水を加熱するにはこの温度は十分でない。[類]**suficiente**。

—— 代(不定) 十分な人[物・事], かなりの人[もの・こと]。—¿Su novio tiene dinero?—Sí, tiene ～. 彼女の恋人はお金を持っているの？—ええ, かなり持っているわ。

—— 副 かなり, 十分に。—¿Cómo te fue en el examen?—B～ bien. あなた試験はどうだった。—かなりよかったよ。He comido ～. 私は十分いただきました。No come ～ *para* lo que necesita. 彼は必要とするほど十分には食べていない。Se ha mejorado ～ esta última semana. ここ一週間で彼女はかなり良くなった。[類]**suficientemente**。

lo bastante como para ... ⋯には十分に[かなり]。Madruga *lo bastante como para* coger el tren. その列車に十分乗れるくらいに早起きしなさい。

bastar [bastár バスタル] 自 ❶ (a)〘+para〙に⋯で十分である, 足りる。— *Basta* empujar la parte superior del termo *para* que salga el agua caliente. お湯を出すにはポットの上部を押せばよい。(b)〘+con そ〙十分である〘無主語〙。— *Para* despejarme *basta con* que duerma un rato. 私は頭をすっきりさせるにはちょっと眠れば十分。Me *basta con* que apruebes. 私は君が合格するだけで十分だ。❷〘+de〙たくさんだ, もういらない〘無主語〙。—¡*Basta* ya *de* cháchara y *a* dormir! おしゃべりはもうたくさんだ, 寝ようよ。

¡basta! もうたくさんだ, もう終わりにしよう, おだまり. —**se** 再 〖+para に〗十分な能力がある. —*Para este trabajo yo me basto solo.* この仕事には私一人で十分だ.

bastardear [bastaɾðeáɾ] 自 悪くなる, 堕落する. —他 堕落させる.

bastardía [bastaɾðía] 女 ❶ 見下げた行ない, 堕落. ❷ 庶出, 私生児であること.

bastardilla [bastaɾðíʎa] 女 ❶《印刷》イタリック体 (=letra *bastardilla*). —タイトルはイタリック体で書かれなくてはならない. ❷《音楽》フルートの一種. —形《印刷》イタリック体の. 類 **cursivo, itálico**.

bastardo, da [bastáɾðo, ða] 形 ❶《軽蔑》私生児の, 非嫡出の. —*hijo* ~ 私生児. ❷《動植物が》雑種の. ❸《文》(意図などが) 堕落した, 卑劣な. —*Descubrí a tiempo sus bastardas intenciones.* 折よく私は彼の汚い意図を見抜いた. —名 ❶《軽蔑》非嫡出児, 私生児. ❷《動植物の》雑種.

bastedad [basteðá(ð)] 女 ❶ 粗悪さ. —*La confección de ese mantel es de una gran* ~. そのテーブルクロスの縫製はとても粗い. ❷ 粗野.

***basteza** [bastéθa] [<bastо] 女 ❶ 下品, 不作法. —*A pesar de su* ~ *era amable y cariñosa.* 彼女は下品だが, とても優しい人だ. 類 **rusticidad, tosquedad**. ❷ (物について) 粗雑さ, 粗末さ, 粗悪さ.

***bastidor** [bastiðóɾ] 男 ❶ (一般に) 枠, フレーム, 枠型. —*un* ~ *para bordar* 刺繍用フレーム. —*El* ~ *de la ventana es metálico.* その窓枠は金属製だ. ❷ 複《演劇》書割(ホネミ); 舞台裏. —~*es de ropa* 舞台の袖に控えている人々. ❸ 車台, シャシー, (機械の) 台枠. —*Este coche tiene muy buen* ~. この車のシャシーはとてもしっかりしている. ❹《海事》スクリューの軸を支える金属製の軸.

entre bastidores (1) 演劇関係者の間で[の], 舞台裏で. *Entre bastidores*, *la popular actriz era muy criticada.* 演劇関係者の間ではその人気女優はひどく批判されていた. (2)《比喩, 話》内密に, ひそかに, こっそり. *Antes de la reunión oficial, hubo otra entre bastidores.* 公式会議の前に別の内密の会議があった.

Bastilla [βastíʎa] 固名 (la ~) バスティーユ監獄.

bastilla [bastíʎa] 女《服飾》かがり縫い, まつり縫い.

bastimento [bastiménto] 男 ❶〖主に複〗(軍隊, 包囲された都市などの) 食糧, 糧食. —*tenedor de* ~*s*《軍隊》食糧係. ❷ 船舶. ❸《歴史》(サンティアゴ騎士団の) 受採権.

bastión [bastjón] 男 ❶《城郭》稜堡(½ʒ), 要塞. ❷《比喩》砦, 防御となるもの. —~ *de la libertad* 自由の砦. 類 **baluarte**.

‡**basto¹, ta** [básto, ta] 形 ❶ 粗末な, 粗雑な, 粗い, 荒れた. —*El tacto* ~ *de la tela sobre la piel me resultaba grato.* ざらっとした布の肌ざわりが心地よかった. ❷ (人柄・言葉などが) 粗野な, 下品な, がさつな. —*hombre* ~ 野卑な男. *modales* ~*s* 下品な態度. 類 **grosero, tosco, zafio**.

***basto²** [básto] 男 ❶ (スペイントランプの) 棍棒札. (トランプの) クラブのエース. ❷ (馬などの) 荷鞍や; (馬の) 鞍敷き.

bastón [bastón] 男 ❶ 杖, ステッキ. —*caminar* [*andar*] *con* ~ 杖をついて歩く. ❷ 指揮棒, (官位を象徴する) 杖(½ɛ). —~ *de mando* 指揮棒. ❸ 権力, 支配権. ❹《スキー》ストック.

empuñar el bastón 指揮をとる, 支配する.

bastonada [bastonáða] 女 →**bastonazo**.

bastonazo [bastonáθo] 男 杖の一撃. —*dar un* ~ 杖でなぐる.

bastoncillo [bastonθíʎo] 男 ❶ 綿棒; 軸状のもの. ❷《解剖》(網膜の) 杆(ネミ)体. ❸ ステッキ状の飾り[菓子].

bastonero, ra [bastonéɾo, ɾa] 名 ❶《中南米》パレードの先導者. ❷《中南米》(スポーツ) サポーターのリーダー, チアガール. ❸ 社交ダンス会場を取り仕切る人. ❹ ステッキ職人[業者]. —女 ❶ 傘立て. ❷ バトントワラー.

basura [basúɾa] 女 ❶ ごみ, がらくた, 廃物. —*camión de la* ~ 清掃車. ~ *orgánica* 生ごみ. ❷ ごみ箱. —*tirar a la* ~ ごみ箱に捨てる. ❸《比喩》くだらないもの, 役に立たないもの. —*Ese programa es una* ~. その番組は全くくだらない. *comida* ~ ジャンクフード. ❹ (牛馬の) 糞(ᵃ) (=excrementos).

bono basura《商業》ジャンクボンド, ボロ社債 (低価格, 高利回りの投機的な債券).

basurero, ra [basuɾéɾo, ɾa] 形 ごみ収集の. —*camión* ~ ごみ回収[収集]車. —名 ごみ収集家. —男 ごみ箱, ごみ捨て場.

bata [báta] 女 ❶《服飾》ガウン, 化粧着, 部屋着. —*ponerse una* ~ ガウンを着る. *estar en* ~ ガウンを着ている. ❷ 仕事着, 作業衣. ❸ (医者などの) 白衣. ❹〖チリ〗(スポーツ) (野球の) バット.

bata de cola 長いフラメンコ衣装.

media bata (=batín) 短いガウン, スモーキングジャケット.

batacazo [batakáθo] 男 ❶ どしんと落ちること. ❷《比喩》凋落, 壊滅. —*Nadie esperaba el* ~ *electoral del partido.* 誰も選挙でその党が凋落するとは予想していなかった.

darse [pegarse] un batacazo どしんと落ちる, どしんと倒れる.

batahola [bataóla] 女《話》騒ぎ, 騒音, がやがや, どたばた.

****batalla** [batáʝa バタヤ] 女 ❶《軍事》(特定地域での) 戦闘, 戦い, 会戦. —~ *sangrienta* 血みどろの戦い, *campo de* ~ 戦場. *frente de* ~ 戦線, 戦地. *B*~ *naval de Lepanto* レパントの海戦 (1571年). 類 **combate**. ❷《軍事》戦闘隊形, 陣形. —*en* ~ 散開隊形で. *formar la* ~ 散開隊形を取る. ❸ 争い, 戦い, 闘争, けんか; 試合. —~ *de almohadas* 枕投げ. ~ *de flores* 花合戦. ~ *singular* 一騎打ち, 決闘. *Los dos candidatos al puesto sostienen una dura* ~. そのポストを巡って2人の候補者が厳しい戦いを展開している. 類 **combate, lucha**. ❹ (心の) 葛藤(タシミ), 迷い, 苦しみ. —*Mi deseo y mi deber libran una cruda* ~. 私の願望と義務が激しく葛藤している. 類 **conflicto, lucha**. ❺《美術》戦争画. ❻《自動車》ホイールベース, 軸距. ❼ 鞍壺(ᾲみ) (鞍の座る部分). ❽ 複〖よくbatallitasで使用〗経験談.

batalla campal (1) 野戦. (2) (多人数の) 喧嘩, 乱闘, 論争. *El partido se convirtió en una batalla campal.* 試合は乱闘になった.

caballo de batalla (1) 得意の話題[議論], 十八番. (2) 軍馬.
dar mucha batalla てこずらせる, 手を焼かせる, 困らせる.
dar [presentar] (la) batalla (問題に)取り組む, 戦いを挑む, 決起する. *dar la batalla* a la inflación インフレに取り組む.
de batalla 《話》(衣服が)普段の, 日常用の. *traje [ropa] de batalla* 普段着.
librar [trabar] batalla con …と戦闘を交える, 会戦する, 戦端を開く.

batallador, dora [batajaðór, ðóra] 名 戦士, 兵士, 闘士. — 形 戦う, 戦いの.

batallar [batajár] 自 ❶ [＋con/contra] …と戦う, 闘う, 戦争する. 類 **combatir, luchar**. ❷《比喩》骨折る, 奮闘する. *~ por el pan de cada día* 日々の生活のために闘う. ❸《比喩》議論する, 論争する.

‡**batallón, llona** [batajón, jóna] 形 ❶ 議論を巻き起こす; 闘争的な. *una cuestión batallona* 論議の的となっている問題. *Me ha sorprendido su batallona actitud.* 彼の食ってかかるような態度に私は驚いた. ❷《話》(子どもが)手に負えない. ❸《話》普段の, 作業用の. *traje ~*《話》普段着.
— 男 ❶《軍事》(数個の中隊 (compañías) からなり中佐[少佐によって指揮される]大隊. *un ~ de infantería* 歩兵大隊. ❷《比喩, 話》大人数, 大勢. *En el aeropuerto un ~ de seguidores esperaba la llegada del equipo.* 空港では大勢のサポーターがチームの到着を待っていた. ❸《隠》(兵士の間で)ジャガイモの煮込み料理.

batán [batán] 男 (毛織物の)縮絨機.
batanar [batanár] 他 ❶ (毛織物を)密にする, 縮絨する. ❷ (人を)ぶつ, なぐる.
batanear [bataneár] 他 ❶《話》(何回も)殴る, たたきのめす. ❷ (織物を)縮絨する.
batanero [batanéro] 男 縮絨技術者, 縮絨業者.
bataola [bataóla] 女 → batahola.
batata [batáta] 女 ❶《植物》サツマイモ. ❷『ラ・プラタ』はにかみ, 内気, 人見知り. — 男女 意気地のない人.
batatar, batatal [batatár, batatál] 男 サツマイモ畑.
batayola [batajóla] 女《海事》(舷側の)手すり; ハンモック収納箱.
bate [báte] 男《スポーツ》(野球の)バット.
batea [batéa] 女 ❶ ぼん(盆). ❷《海事》平底小舟, 帆船. ❸ 平台型貨車(無蓋で側面がついている). ❹ 鉢, たらい.
bateador, dora [bateaðór, ðóra] 名《スポーツ》(野球の)バッター.
batear [bateár] 他《スポーツ》(をバットで)打つ, 当てる.
batel [batél] 男 小舟, 小型ボート.
batelero, ra [bateléro, ra] 名 船頭, (小船の)こぎ手.

‡**batería** [batería] [＜仏] 女 ❶《電気》バッテリー, 蓄電池, 直列の 2 個以上の電池, 直列の発電機. *una ~ recargable* 充電式電池. *~ de seguridad*《情報》バッテリー・バックアップ. *La ~ de este coche nunca ha causado problemas.* この車のバッテリーは一度も問題を起こしたことがない. *La ~ está descargada.* バッテリーが上がっている. *Ese coche corre con ~ solar.* その自動車は太陽電池で走る. ❷《比喩》圏(人)の力, 体力, 勢い. —*Quiero tomar unas vacaciones para recargar ~s.* 力を充填するために休みを取りたい. ❸《音楽》圏(人)(オーケストラなどの)打楽器部門の総称; (ジャズやロックの)ドラム. —*La ~ de esta orquesta es muy buena.* このオーケストラの打楽器部はとてもよい. *Mi novio toca la ~ en un grupo de rock.* 私の恋人はロックグループでドラムを叩いている. ❹《集合的に》台所用品一式 (=~ *de cocina*). —*Mi madre se ha comprado una ~ de acero inoxidable.* 母はステンレスの台所用品を一式買った. ❺ 同質, 同類のもの[人]の集合; 『＋de』一連の…, ……一式, ……一隊. —*Se ha comprado una ~ de trajes de invierno.* 彼女は冬の服一式を買った. *Una ~ de grúas, de excavadoras y de martillos automáticos inició las obras.* クレーン, 掘削機, ドリルの一隊が仕事を始めた. ❻《演劇》フットライト. —*La actriz se acercó a la ~.* その女優はフットライトに近づいた. ❼《軍事》砲台, 砲列, 要塞; 砲兵隊; 《軍事》備砲, 砲列. —*entrar en ~*《軍事》戦闘態勢にし, 戦闘準備をする. *Las ~s del regimiento han salido de maniobras.* 砲兵連隊は軍事演習に出発した. ❽《中南米》(教育, 心理, 医学などで行われる)総合テスト (=~ *de test*). ❾ (シャワーなどの)混合水栓. ❿ 突破口, 裂け目; チャンス. 類 **brecha**. ⓫《比喩, まれ》しつこくせがむこと. ⓬《比喩, まれ》印象的なもの[こと].
— 男女 ドラマー, 打楽器奏者. —*Se ha casado con el ~ de la banda.* 彼女はそのバンドのドラマーと結婚した.

en batería 平行に, 並列に. *estacionamiento en batería* 並列駐車. *Aquí los coches se aparcan en batería.* ここでは車は並列駐車される.

batiborrillo [batiβorrijo] 男 → batiburrillo.
batiburrillo, batiborrillo [batiβurríjo, batiβorríjo] 男 『スペイン』ごたまぜ, 混乱. —*~ de papeles* (混乱した)書類の山. 類 **baturrillo, revoltijo**.
baticola [batikóla] 女《馬具》尻繋((鞍を安定させるための帯).
batida [batíða] 女 ❶ 獲物の狩り出し. —*dar una ~* 狩り出す. ❷ (警察の)手入れ, 捜索, 追跡, 探索. —*dar ~* 捜索する. *Hicieron una ~ en busca de los niños desaparecidos.* 失踪した子どもたちを探して綿密な捜索が行われた. 類 **barrido**.
batidero [batiðéro] 男 ❶ 何度も打ちつけること; 散らかすこと. ❷ でこぼこ道; (金属などを)打ち延ばす場所. ❸《海事》圏 防波板; (帆の)補強布.
batido, da [batíðo, ða] 形 ❶《料理》(クリームなどが)泡立てられた, ホイップした. —*huevos ~s* 卵. ❷ (道が)踏みつけられた, 踏みならされた, 人通りが多い. ❸ (絹が)玉虫色の.
— 男 ❶《料理》ミルクセーキ, …シェイク. —*~ de chocolate* ココアシェイク. *tomar un ~* ミルクセーキを飲む. ❷《料理》(牛乳・鶏卵・パンなどの)こねもの, 練り粉. ❸ 攪拌すること, かき混ぜること.

tierra batida → tierra.
batidor [batiðór] 男 ❶《軍事》斥候, 偵察兵. ❷ (狩猟の)せこ(勢子). ❸ あわ立て器, 攪

押(át)器.
— 女 《料理》ミキサー.
—, dora 形 撹拌する, かき混ぜる.

batiente [batjénte] 男 ❶《建築》(入口・窓などの両側の)だき, わき柱. ❷《建築》扉扱. ❸ 波打ち際, なぎさ(海岸, 防波堤など). ❹《音楽》(ピアノの)ダンパー, 止音器.
— 形 打つ, たたく.
a tambor batiente →tambor.
reírse a mandíbula batiente 高笑いする.

batihoja [batjóxa] 男 箔(はく)打ち職人; 箔打ち機.

batimetría [batimetría] 女 水深測量(法).

batimiento [batimjénto] 男 ❶ 打つ[打ち当てる]こと. ❷ 撹拌(かくはん).

batín [batín] 男 《服飾》短いガウン, 作業衣, 白衣. — ponerse el ~ 作業衣を着る.

batir [batír バティル] 他 ❶ (*a*) を打つ, 叩く; 打ち延ばす. — ~ el hierro 鉄を打つ. ~ el metal 金属を打ち延ばす. Grandes olas *batían* sin cesar el acantilado. 大波が絶えず断崖を洗っていた. (*b*) (風・雨などが)に当たる, をかすめる, 撫(な)でる. — Un viento frío del norte le *batía* la cara. 冷たい北風が彼の顔に吹きつけていた. (*c*) をバタバタさせる, 激しく振り動かす. — El cisne *batía* sus blancas alas. 白鳥はその白い羽をバタバタさせていた. (*d*) をかき回す, かきまぜる, 撹拌(かくはん)する. — *Bate* los huevos y ve haciendo la tortilla. 卵をかきまぜて玉子焼をつくりなさい. ❷ (*a*) をぶち壊す, 倒す. — Un cañonazo *batió* la fachada principal del Ayuntamiento. 砲撃のため市役所の正面玄関が壊れた. (*b*) を打破る, 樹立する; …に勝つ. — ~ un récord mundial 世界記録を樹立する. (*c*) を打ち負かす, 破る. — El púgil peruano *batió* al canadiense. ペルーのボクサーがカナダのボクサーを破った. ❸ を探し回る, 探索する. — Hombres y perros *batieron* la zona en busca de supervivientes. 人間と犬は生存者を探し求めてその一帯を歩き回った. ❹ (テントを)たたむ, (陣地を)引き払う. ❺ (髪型にふくらみをもたせるため髪)にくしで逆毛(さかげ)を立てる.
— 自 (心臓が)激しく打つ.
—se 再 戦う. — Los soldados *se batieron* valientemente. 兵士たちは勇敢に戦った. 類 **luchar, pelear**.

batiscafo [batiskáfo] 男 深海潜水艇, バチスカーフ. — descender en ~ 深海潜水艇で潜る.

Batista [batísta] 固名 バティスタ(フルヘンシオ Fulgencio ~)(1901-73, キューバ大統領, 在任 1940-44, 1955-58).

batista [batísta] 女 《服飾》バチスト布, キャンブリック.

bato [báto] 男 ❶《まれ》うすのろ, まぬけ. ❷《まれ, 話》いなか者.

batracio, cia [batráθjo, θja] 形《動物》両生類[無尾類]の. — 男《動物》両生類[無尾類]の動物.

Batuecas [batuékas] 固名 バトゥエカス(スペイン, サラマンカ県の地方).

batueco, ca [batuéko, ka] 形 (スペイン, サラマンカ県の)バトゥエカスの.
— 名 バトゥエカスの人[出身者].

baturrillo [baturíʝo] 男 →batiburrillo.

baturro, rra [batúro, ra] 形 (スペイン)のアラゴン(Aragón)地方の農民の, 田舎の; 無骨な.

— 名 アラゴン地方の農民.

batuta [batúta] 女 《音楽》指揮棒.
llevar la batuta 《話》指揮する, 牛耳る. Su mujer es la que *lleva la batuta* en casa. 彼の妻は妻を牛耳っている.

baúl [baúl] 男 ❶ トランク, (大型の)旅行用トランク(=~ de viaje). —~ mundo 大型トランク. ~ de ropa 衣装トランク. deshacer el ~ トランクから荷物を出す, 荷物をほどく. 類 **arca, arcón, cofre**. ❷《俗》(大きな)腹, 太鼓腹. — henchir [llenar] el ~ たらふく食べる. 類 **barriga, vientre**. ❸《中南米》(車の)トランク(= maletero, portaequipajes).
baúl de los recuerdos. 心の奥底.

bauprés [bauprés] 男《海事》バウスプリット, 船首斜檣(しゃしょう).

bausa [báusa] 女 【中南米】怠け, 怠惰. 類 **holganza**.

bautice(-) [bautiθe(-)] 動 bautizar の接・現在.

bauticé [bautiθé] 動 bautizar の直・完了過去・1単.

bautismal [bautismál] 形 《宗教》洗礼の. — pila ~ 洗礼盤.

bautismo [bautísmo] 男 ❶《キリスト教》(秘跡としての)洗礼(式), バプテスマ. — administrar [recibir] el ~ 洗礼を施す[受ける]. fe [partida] de ~ 洗礼証明書. nombre de ~ 洗礼[受洗]名. pila de ~ 洗礼盤. ~ de infusión 灌水(礼), ~ de inmersión 浸礼. ~ de sangre 血の洗礼, 殉教. 類 **bautizo**. ❷《比喩》洗礼, 初体験. ❸ 命名(式). ❹《婉曲》頭.
bautismo de [*del*] *aire* (パイロットや乗客などにとって)初飛行.
bautismo de fuego (1)《軍事》砲火の洗礼, 初陣, 初出動. recibir el *bautismo de fuego* (初陣で)砲火の洗礼を受ける. (2)(職業としての)初仕事.
romper el bautismo a … 《話》(おどし文句で)(人)の頭をかち割る.

bautista [bautísta] 男名 ❶《宗教》洗礼者, 洗礼をおこなう人. ❷ (el B~)(聖)洗礼者ヨハネ (=San Juan Bautista).

bautisterio [bautistérjo] 男 →baptisterio.

bautizar [bautiθár] [1.3] 他 ❶ …に洗礼を施す; …に洗礼名をつける. — Mañana *bautizaremos* al niño. 明日赤ん坊に洗礼を施そう. ❷ …に名前をつける, 命名する. — *Bautizaron* el barco con el nombre de un poeta. その船はある詩人にちなんで命名された. ❸ 水で薄める, 水で割る. — Creo que este vino está *bautizado*. このワインは水増ししてあると思う. ❹ …に水をかける.

bautizo [bautíθo] 男 《宗教》洗礼. — celebrar el ~ 洗礼を祝う.

bauxita [bauksíta] 女 《鉱物》ボーキサイト(アルミニウムの原鉱).

bávaro, ra [báβaro, ra] 形 バイエルン(Baviera)の. — 名 バイエルンの人.

baya [bája] 女 ❶ (核のない果実の柔らかな)食用小果実, 漿果(しょうか). ❷《チリ》グレープジュース.

bayadera [bajaðéra] 女 (インドの)ダンサー[アーティスト].

bayeta [bájeta] 女 ❶ 床雑巾(ぞうきん). — limpiar con una ~ 雑巾で拭く. ~ cristales ガラス拭き

bayetón

雑布. ❷ フランネル.

bayetón [bajetón] 男 《織物》バイエタ(起毛させた粗い毛織物).

bayo, ya [bájo, ja] 形 (馬が)鹿毛(%)の, 黄色がかった白色の. 馬 — 赤トの白色の馬. — 男 《虫類》カイコ(蚕), カイコガ(蚕蛾).

bayoneta [bajonéta] 女 《軍事》銃剣.
atacar a la bayoneta [calada] 銃剣突撃する.

bayonetazo [bajonetáθo] 男 銃剣による一刺し.

baza [báθa] 女 ❶ (トランプの)でき役, 強い札. — *ganar [hacer] la* ~ (トランプの場に)勝つ. ❷ 利点, 長所, 強み.
hacer baza 成功する, 希望を達成する.
jugar sus bazas 《話》可能性[能力]を生かす.
meter baza en ... …に干渉する, おせっかいをする, を詮索(梵)する.
no dejar meter baza a ... 《話》…に横槍を入れなさい, …にしゃべらせない.

bazar [baθár] 男 ❶ (東洋の)市場, マーケット. ❷ バザー, 慈善市, 店.

bazo, za [báθo, θa] 形 黄色がかった茶色の.
— 男 《解剖》脾臓.

bazofia [baθófja] 女 ❶ 《軽蔑》かす, くず; まずい食べ物. — *La comida en este restaurante es pura* ~. このレストランの食事は本当にまずい. ❷ 《軽蔑》駄作, 価値のないもの.

bazooka, bazuka [baθóka, baθúka] 〔< 英〕女/男 バズーカ砲.

BCE 《頭字》(< Banco Central Europeo) 男 欧州中央銀行(英 ECB).

be[1] [bé] 男 ❶ 文字 B, b の名称.
be alta [larga] (= be) 文字 B, b.
be por be ひとつひとつ, 逐一.
tener las tres bes 申し分なく,「よい」(bueno)・「美しい」(bonito)・「安い」(barato) の三拍子そろっている.

be[2] [bé] 《擬音》(羊, ヤギ, シカなどの鳴き声)メエメエ.

beatería [beatería] 女 ❶ 信心家ぶること, 偽善. ❷ こちこちの信仰.

beaterio [beatérjo] 男 《宗教》女子修道院.

beatificación [beatifikaθjón] 女 《宗教》授福, 列福(式).

beatificar [beatifikár] [1.1] 他 《宗教》を列福する(死者を天福を受けた者の列に加える).

beatífico, ca [beatífiko, ka] 形 ❶ 穏やかな, 邪気のない. — *sonrisa beatífica* 穏やかな笑い. ❷ 至福の, 幸福な.

beatísimo, ma [beatísimo, ma] 形 至聖の, この上ない祝福を与えられた.
Beatísimo Padre 《カトリック》教皇聖下, 法王聖下.

beatitud [beatitúð] 女 ❶ 《宗教》至福, 天福. ❷ 幸福, 平安. 類 **bienestar, felicidad**. ❸ (Su B~) 聖下(教皇に与えられる称号).

beatnik [bítnik, bíθnik] 男 〔< 英〕 〖複 beatniks または beatnik〗 ビート族(1950 年代のアメリカなどで見られた, 物質文明に背を向けた若者たち).

beato, ta [beáto, ta] 形 ❶ 祝福された, 幸せな. ❷ 敬虔(災)な, 信心深い. ❸ 《宗教》神聖な, 清められた. ❹ 《話》信じ込んだ, 宗教に凝り固まった. — 名 ❶ 《宗教》福者, 授福を受けた者. ❷ 敬虔(災)な人. ❸ 《話》宗教に凝り固まった人. — 男 平修道士.

Beatriz [beatríθ] 固名 《女性名》ベアトリス.

:bebé [bebé] 男 ❶ (主に1才未満の)赤ん坊, 赤ちゃん, ベビー(アルゼンチンには女性形 beba の形もある). — *ropa para* ~ 赤ちゃん用の服. — *probeta* 試験管ベビー(= niño probeta). *carruaje de* ~ 〖グアテマラ〗ベビーカー(= cochecito). ❷ (動物の)子供, 赤ちゃん. — *En el zoo vimos dos* ~*s de foca*. 私たちは動物園で赤ちゃんアザラシを2頭見た. 類 **cachorro**.

bebedero, ra [beβeðéro, ra] 形 飲める, 飲用に適する.
— 男 ❶ 動物用水桶. 類 **abrevadero**. ❷ (土瓶(½)などの)口, 飲み口. ❸ 〖複〗《服飾》(袖口などの)補強布.

bebedizo, za [beβeðíθo, θa] 形 飲める, 飲用に適する. — 男 ❶ 《医学》水薬. ❷ 毒薬(の一服). ❸ 惚(ぽ)れ薬.

bebedor, dora [beβeðór, ðóra] 形 酒飲みの.
— 名 (人をさして)酒飲み.

:beber [beβér ベベル] 他 ❶ (水・酒など)を飲む. — *No bebas agua de esa fuente*. その泉の水を飲むな. ❷ (*a*)〖+ de/en から〗…の知識を得る. — *Ha bebido su saber en fuentes clásicas*. 彼は古典作品から知識を得た. (*b*) を貪(發)り尽くす, …に傾聴する. — *Mientras hablabas, ella bebía tus palabras*. 君が話している間彼女はじっと君のことばに聴き入っていた.
— 自 ❶ 酒を飲む. — *Desde la muerte de su hijo, bebe demasiado*. 彼の息子が死んでから, 彼は飲み過ぎだ. ❷ 乾杯する. — *Vamos a* ~ *por nuestra salud*. われわれの健康のために乾杯しよう.
dar de beber 飲み物を与える. *Dale de* ~, *que tiene sed*. 彼はのどがかわいているから, 飲み物をやれ.
Nadie diga, de este agua no beberé. 【諺】先のことはわからない(←この水は飲まないとだれも言ってはいけない).
— *se* 再 飲み干す. — *Se bebió una botella de vino en un cuarto de hora*. 彼はワイン1瓶(%)を15分で飲み尽くした.

:bebida [beβíða] 〔< beber〕女 ❶ 飲み物, 飲料. — ~ *alcohólica* アルコール飲料, 酒類. *pedir [servir] una* ~ *refrescante* さわやかな飲み物を注文する[出す]. *refrescar [enfriar] las* ~*s con hielo*. 飲み物を氷で冷やす. *¿Qué toma Ud. de* ~? お飲み物は何になさいますか? ❷ 飲酒(癖); 飲むこと. — *darse [entregarse] a la* ~ 酒におぼれる, 酒浸りになる. *dejar la* ~ 酒をやめる.
bebida y comida (1) 飲食物. (2) 飲み食い.
tener mala bebida 酒癖が悪い.

:bebido, da [beβíðo, ða] 過分 形 ❶ 飲んだ, 飲まれた. — *No tuve tiempo de desayunar y me tomé un café* ~ *de un sorbo*. 私は朝食をとる時間がなかったので, コーヒーを一息で飲んだ. ❷ 酔いのまわった, 酔った (*estar* +). — *Está muy* ~ *y no sabe lo que dice*. 彼は非常に酔っていて自分の言っていることがわからない.

:beca [béka] 女 ❶ 奨学金, 給費 (= ~ *de estudios*, *bolsa de estudios*). — ~ *de investigación* 研究のための給費. *recibir [disfrutar de] una* ~ 奨学金を受ける[受けている]. *pedir una* ~ 奨学金を申請する. *Ganó una* ~ *para estudiar* un año en España. 彼は1年間スペインに留学する奨学金を得た. 類**subvención**. ❷《服飾》(学生の)V字型懸章(肩から胸と背中に掛ける垂れ布).

becada [bekáða] 囡《鳥類》ヤマシギ.

becado, da [bekáðo, ða] 名 奨学金受給者, 奨学生. ── 形 奨学金を得ている.

becafigo [bekafíɣo]〔〈伊〕男 →oropéndola.

becario, ria [bekárjo, rja] 名 奨学生, 奨学金受給者. ─Estudia en Inglaterra como ~. 彼はイギリスで奨学生として学んでいる.

becerrada [beθerráða] 囡《闘牛》子牛の闘牛.

becerrillo [beθerríʝo] 男 カーフスキン, 子牛のなめし革.

becerro, rra [beθéro, ra] 名 (2歳までの)子牛.
── 男 ❶《闘牛》(2歳から3歳までの)若牛. 類**novillo**. ❷ カーフスキン, 子牛のなめし革. 類**becerrillo**.

becerro de oro (旧約聖書の)金の子牛; (物質的)富.

becerro marino《動物》アザラシ. 類**foca**.

bechamel, bechamela [betʃamél, betʃaméla]〔〈仏〕名 =besamel, besamela.

Bechet [betʃé(t)] 固名 ベーチェット(トルコの医師). *─enfermedad de ~* ベーチェット病.

Bécquer [béker] 固名 ベ(ッ)ケル(グスターボ・アドルフォ Gustavo Adolfo ~)(1836-70, スペインの詩人・小説家).

becuadro [bekwáðro] 男《音楽》本位記号, ナチュラル(♮記号).

bedel [beðél] 男 (学校・大学の)用務員.

beduino, na [beðwíno, na] 名 ❶ ベドウィン人(アラビアの遊牧民). ❷ 野蛮人, 悪漢. ── 形 ベドウィンの.

befa [béfa] 囡 やじ, あざけり. 類**mofa**.
hacer befa de ... をあざける, ばかにする.

befar [befár] 他《まれ》あざける, ばかにする.
── 自 (馬が)口を伸ばす.

befo, fa [béfo, fa] 形 ❶ 厚い(下)唇の. ❷ (足が)内曲がりの, X脚の.
── 男 ❶ 厚い(下)唇(=belfo). ❷《動物》オナガザル(猿). ❸ (馬,犬,猿などの)唇.

begonia [beɣónja] 囡《植物》ベゴニア.

behaviorismo [beaβjorísmo] 男〔<英 behaviorism〕《心理》行動主義.

BEI〔頭字〕〔< Banco Europeo de Investigación〕男 欧州投資銀行.

beige [béis, béiʃ, béi(x)] 男 ベージュ色.
── 形 ベージュ色の. **─camisa ~** ベージュのブラウス.

Beijing [beijín] 固名 ペキン[北京](中華人民共和国の首都).

Beirut [beirú(t)] 固名 ベイルート(レバノンの首都).

:béisbol [béisβol] 男《スポーツ》**野球**. *─jugador de ~* 野球選手. *partido de ~* 野球の試合. *jugar al ~* 野球をする.

bejuco [bexúko] 男《植物》ヨシ, カズラ, トウ(藤).

belcebú [belθeβú] 男 悪魔.

beldad [belda(ð)] 囡 ❶《文》(特に女性の)美しさ, 美. 類**belleza**. ❷ 絶世の美女.

Belén [belén] 固名 ❶ ベツレヘム(パレスチナの古

都). ❷《女性名》ベレン.

belén [belén] 男 ❶ (クリスマスに飾る)キリスト降誕の場面を表現した馬小屋と人形の模型. ❷《俗》混乱, 乱雑(な場所);〖主に複〗面倒, ごたごた. *─meterse en belenes* ごたごたに巻き込まれる.

belenista [belenísta] 男女 ベレン人形製作者.

beleño [beléɲo] 男《植物》ヒヨス.

belfo, fa [bélfo, fa] 形 (下)唇が厚い. ── 名 (下)唇が厚い人. ── 男 (馬, 犬, 猿などの)たれ下がった唇.

:belga [bélɣa] 形 ベルギー(Bélgica)(人)の.
── 男女 ベルギー人.

Bélgica [bélxika] 固名 ベルギー(首都ブリュッセル Bruselas).

Belgrado [belɣráðo] 固名 ベオグラード(セルビア・モンテネグロの首都).

Belice [belíθe] 固名 ベリーズ(首都ベルモパン Belmopan).

belicismo [beliθísmo] 男《政治》主戦論.

belicista [beliθísta] 男女《政治》主戦論者.
── 形《政治》主戦論の.

bélico, ca [béliko, ka] 形 戦争の, 軍事の.

belicosidad [belikosiðá(ð)] 囡 攻撃性, 好戦的気質.

belicoso, sa [belikóso, sa] 形 好戦的な, 戦闘的な.

beligerancia [belixeránθja] 囡 ❶ 交戦状態, 戦争. ❷ 交戦国であること.
dar [conceder] beligerancia a ...《比喩》を重視する.

beligerante [belixeránte] 形 交戦中の.
── 男 ❶ 交戦国. ❷ 戦闘員.

belígero, ra [belíxero, ra] 形《詩》戦いの, 戦闘的な. 類**belicoso, guerrero**.

belitre [belítre] 形《話》ならず者の, 悪党の, 素行の悪い. ── 名 ならず者, ごろつき, 悪党.

bellaco, ca [beʝáko, ka] 形 ❶ ごろつきの, いたずらな, 悪党の. ❷ 抜け目のない, ずるい. ❸〖ラ・プラタ〗(馬が)言うことをきかない, 御しにくい.
── 男女 ごろつき, やくざ者, 悪党.

belladona [beʝaðóna] 囡《植物》ベラドンナ.

bellamente [beʝaménte] 副 美しく, きれいに. *─Las calles estaban ~ iluminadas.* 通りは美しくイルミネーションで飾られていた.

bellaquería [beʝakería] 囡 ❶ いたずら, 狡猾, ずるさ. ❷ かたり, ペテン, 悪事.

:belleza [beʝéθa] 囡 ❶ 美しさ, 美. *── ideal [suprema]* 美の極致, 理想美, 非の打ちどころのない美しさ. *~ femenina* 女性美. *~ artística [estatuaria]* 芸術的な[彫像のような]美しさ. *~ deslumbrante [incomparable]* まばゆいばかりの[類(祇)稀な]美しさ. *actor de gran ~* 大変美しい俳優. *tener ~* 美しい. *admirar la ~ del paisaje* 風景の美しさに見とれる. *La eligieron reina de belleza.* 彼女は美の女王に選ばれた. *No hay nada como la ~ de una puesta de sol en el mar.* 海に沈む太陽ほど美しいものはない. 類**hermosura, lindeza, preciosidad**. 反**fealdad**. ❷ 美人; 美しいもの. *─concurso de ~* 美人コンテスト. *~ oriental* 東洋美人. *Lucía es toda una ~.* ルシアは本当に美人だ. 類**beldad, hermosura**. ❸ 美容. *─cuidado de la ~* ビューティケア. *salón de ~* 美容院, エステティックサロン. *produ-*

ctos de ~ 化粧品. instituto de ~ 美容学校. *decir bellezas* 上品に言う.

bell*id*o, da [bejíðo, ða] 形 美しい, 優美な. 類 bello, hermoso.

Bello [béjo] 固名 ベジョ[ベーヨ, ベーリョ](アンドレス Andrés ~)(1781-1865, ベネズエラ出身の作家・文法学者・法学者).

bello, lla [béjo, ja ベヨ, ヤ] 形《文》❶ 美しい, うるわしい. —Era una mujer muy *bella*. 彼女は非常に美しい女性だった. 類 **bonito, hermoso, lindo. ❷〘主に名詞の前〙立派な, 高潔な. —Es una *bella* persona. 彼は立派な人物だ. Pronunció unas *bellas* palabras. 彼は美辞麗句を述べた.
bellas artes →arte.
—— 名 美男[美女]. —la *bella* y la bestia 美女と野獣.

bellota [bejóta] 女 ❶【植物】ドングリの実. ❷(どんぐりの形をした)玉房. ❸《俗》(陰茎の)亀頭.
animal de bellota →animal.
bellota de mar【動物】フジツボ.

belvedere [belβeðére] [くbe伊] 男 見晴し台, 展望台, 眺望のよい建物. 類 **mirador**.

bembo [bémbo] 男【中南米】厚い唇, めくれた唇. 類 **bezo**.

bemol [bemól] 男《音楽》変音, フラット(半音低い音, 記号は♭; →sostenido「嬰音」)
——《音楽》変音の, 半音下の, フラットの. —sí ~ 半音下がったシ.
tener [tres] bemoles《話》〘3人称で〙とても困難である.

Benavente [benaβénte] 固名 ベナベンテ(ハシント Jacinto ~)(1866-1954, スペインの劇作家, 1922年ノーベル文学賞受賞).

bencedrina [benθeðrína] 女 →**anfetamina**.

benceno [benθéno] 男《化学》ベンゼン(コールタールからとる無色の液体).

bencina [benθína] 女《化学》ベンジン.

:bendecir [bendeθír] [10.12] 他 ❶ (a) を称賛する, ほめたたえる. —*Bendijo* la hora en que la conoció. 彼は彼女と知り合えた時間に感謝した. (b)を祝福する, …に十字を切る. —El sacerdote *bendijo* a los presentes en la ceremonia. 司祭はその儀式で出席者を祝福した. ❷ を祝別する, 清める. —~ el agua 水を祝別する. 〘+con で〙…に恵みを与える, を守護する. —Dios *ha bendecido* a la familia *con* diez hijos. 神はその一家に10人もの子どもを授けてくださった.

bendí [bendí] 動 bendecirの命令・2単.

bendic- [bendiθ-] 動 bendecirの直・現在, 命令・2単, 現在分詞.

:bendición [bendiθjón] 女 ❶《キリスト教》(神の)祝福, 祝別, 加護; 祝別式. —dar [echar, impartir] la ~ a ... …に祝福を授ける. recibir la ~ episcopal 司教の授ける祝福を受ける. — de la mesa 食前[食後]の祈り. Que Dios te llene de *bendiciones*. 君に神の祝福がありますように. ❷ 許可, 承諾, 承認, 祝福. —El padre le dio la ~ para que se casaran. 父親は二人に結婚を許した. 類 **aprobación, beneplácito, permiso**. ❸ 神の恵み, 天恵, 喜ばしい事, 満足した事(→maldición「のろい」). —Esta lluvia ha sido una ~ (de Dios). この雨は天の恵みだ. 反 **maldición**. ❹

(教会・鐘・新造船などの)祝別(式). —ceremonia de la ~ del cirio pascual 復活祭の大ろうそく祝別式. — de una nueva iglesia 新しい教会の祝別式. 類 **consagración**. ❺《複》(教会での)結婚式, 結婚の祝福(=bendiciones nupciales).
bendición apostólica [papal, del Papa] 教皇祝福(式).
echar la bendición a ... (1)(人)を祝福する. (2)(仕事など)をやめる, 手を引く, 諦める; (人)と絶交する, 手を切る. Ese negocio iba tan mal que ya le *eché la bendición*. その商売はあまりよくなかったので, もうやめた.
echar las bendiciones (教会で)結婚させる. Ya les *echaron las bendiciones*. もう彼らは正式に結婚した.
... *que es una bendición (de Dios)* (1) 本当にすばらしい, 豊富である, 有難い, 喜ばしい, 幸運である. (2) 本当にすばらしい, 豊富だ. El niño está *que es una bendición*. その子は大変健康だ.
ser una bendición (de Diós) 本当にすばらしい, 豊富である, ありがたい, 喜ばしい, 幸運である. La cosecha de trigo de este año *ha sido una bendición*. 今年の小麦は豊作だった.

bendiga(-) [bendiɣa(-)] 動 bendecirの接・現在.

bendigo [bendíɣo] 動 bendecirの直・現在・1単.

bendij- [bendix-] 動 bendecirの直・完了過去, 接・過去.

:bendito, ta [bendíto, ta] 形 ❶《宗教》神聖な, 清められた. —agua *bendita*《宗教》聖水. ¡Jesús ~!. ああ, イエス様! ❷ 祝福された, 恵まれた. 反 **maldito**. ❸ ありがたい, 喜ばしい. —¡*Bendita* ignorancia!《諺》知らぬが仏. ❹ お人好しの.
—— 男 ❶《宗教》聖人. ❷《話》お人好し, ばか. —Pedrote es un ~. ペドローテはお人好しだ. ❸《宗教》祈り.
¡Bendito sea Dios! (1)《話》ああ何ということか!, ああ困った(不快を表わす). (2)《話》ああ助かった!, ありがたい!
dormir como un bendito《話》すやすや眠る.
reír como un bendito《話》大笑いする.

benedictino, na [beneðiktíno, na] 形 ❶《宗教》ベネディクト会の. ❷《飲物》ベネディクティンの.
—— 名《宗教》ベネディクト会修道者.
—— 男《飲物》ベネディクティン(フランス産リキュールの一種).

Benedicto [beneðíkto] 固名《男性名》ベネディクト.

benefactor, tora [benefaktór, tóra] 名 慈善家.
—— 形 慈善心に富む, 奇特な. 類 **bienhechor**.

・beneficencia [benefiθénθja] 女 ❶ 慈善行為[事業], 慈善. —casa de ~ 救護院. Dedica su tiempo libre al ejercicio de la ~. 彼は余暇を慈善事業に充てている. 類 **auxilio, caridad, limosna**. ❷ 社会福祉(施設)(=~ pública), 生活保護. —vivir de la ~ 生活保護を受けている. Era tan pobre que *estaba acogida a la* ~. 彼女は貧しかったので生活保護を受けていた. casa de ~ →casa.

beneficiado [benefiθjáðo] 男《カトリック》(主に下級の)聖職禄受領者.

beneficiar [benefiθiár] [＜beneficio] 他 ❶ …によいことをする, …のためになることをする, を益する. —La reforma propuesta no *beneficia* a nadie. 提案されている改革はだれのためにもならない. ❷ (鉱物)を採掘する; 精錬する. ❸ 《商業》(手形・株券などを)割引いて売る. ❹ (職)を金で買う. — un empleo. 金で職を手に入れる.

—**se** 再 利益になる, 有利になる. —Con la nueva ley electoral, sólo *se benefician* los grandes partidos. こんどの選挙法では大政党だけが有利になる.

***beneficiario, ria** [benefiθiárjo, rja] 名 受益者, 受取人(特に保険金・遺産・年金・小切手などの). — de un testamento 遺言の受益者. — Ella es la *beneficiaria* de la herencia. 彼女がその遺産の相続人である. ~ de la Seguridad Social 社会保障の受益者. ~ de patente (専売)特許権所有者.

— 形 利益[恩恵]を受ける.

:**beneficio** [benefíθjo] [＜ラテン] 男 ❶ 益, 利益; 有用, 有益. —Esta reforma redundará en ~ de todos. この改革はみんなのためになるだろう. Lo hice sólo en ~ tuyo. 僕はただ君のためにそうしただけだ. No lo hice por el ~ que pudiera reportarme. 私は自分にもたらされるかもしれない利益のためにそれをしたのではない. La variación de clima le produjo mucho ~. 気候の変化がすいぶんと彼の状態に幸いした. 類**provecho, utilidad.** 反**daño.** ❷ 《商業》《主に複》利益, 収益, 利潤. —Este negocio dio [rindió] grandes ~s en poco tiempo. このビジネスは短期間に莫大な利益をあげた. El margen de ~ era más pequeño de lo que había imaginado. 利ざや[マージン]は予想していたより小さかった. ~ neto 純益[利益]. ~ bruto 総利益. tasa de ~ 利益率. 類**ganancia.** ❸ 善行, 恩恵; 親切, 世話. —El turismo produce muchos ~s a esta ciudad. 観光業はこの町に多大な恩恵を与えている. No sé cómo agradecerle todos los ~s que he recibido de usted. あなたからのご親切の数々にどう感謝してよいのやら言葉も見つかりません. Le debemos muchos ~s. 私たちは彼にずいぶんとお世話になっています. ~s sociales 社会福祉. ❹ 慈善興行. ❺ 《鉱業》(鉱山, 鉱物の)採掘, 開発. —Trabaja en una empresa que se dedica al ~ de minas de carbón. 彼は炭鉱の採掘をする企業に勤めている. 類**explotación.** ❻ 《カトリック》聖職禄(?)(＝~ eclesiástico). ❼ 《中南米》畜殺, 肉の解体. ❽ 《中南米》加工[開発]施設[設備]. —Tuvimos ocasión de visitar un ~ de café en Guatemala. 我々はグアテマラのコーヒー加工施設を訪れる機会があった.

a beneficio de ... …のために[の]. Se organizó una colecta *a beneficio* de las víctimas de la inundación. 水害の被災者のための寄付金が募られた.

a beneficio de inventario (1) 《法律》故人が残した遺産以上の負債を支払う義務のない相続方法. (2) 《比喩》無頓着に, のんきに, 軽率に. Tomó el cargo *a beneficio de inventario*. 彼はその職務を無頓着に引き受けた. (3) 《比喩》慎重に, 懐疑的に. Tomamos sus propósitos de enmienda *a beneficio de inventario*. 我々は彼の改心の情を懐疑的に受けとめた.

en beneficio de ... …のための[に]. Hacemos esto así *en beneficio de* la brevedad. 簡潔にするためにこの件はこのようにします.

concederLE el beneficio de la duda 《比喩》証拠なしに…を信用する, 疑わしと判断しない. Le *concedimos el beneficio de la duda* hasta que supimos cómo era. 彼がどんな人か分かるまで我々は彼を疑わなかった.

beneficioso, sa [benefiθjóso, sa] 形 有益な, 利益をもたらす. —Este clima no es ~ para tu salud. この気候は君の健康にはよくない.

benéfico, ca [benéfiko, ka] 形 ❶ 慈善の. — tarifa *benéfica* 慈善のくじ引き. institución *benéfica* 慈善団体. ❷ 慈善深い, 慈愛心に富む. ❸ 《+a/para》…によい, 好都合な, ありがたい. —Esta lluvia será benéfica para el campo. この雨は畑にはありがたいだろう.

Benelux [benelú(k)s] [＜Bélgica, Países Bajos (Nederlands), Luxemburgo] 男 ベネルクス3国.

benemérito, ta [benemérito, ta] 形 称賛に値する, 功績のある, 勲功のある, すぐれた.

La Benemérita 《スペイン》治安警察隊(＝Guardia Civil).

beneplácito [beneplάθito] 男 賛成, 是認, 許可, 協賛. 類**aprobación, permiso.**

benevolencia [beneβolénθja] 女 ❶ 慈悲心, 博愛. —tratar con ~ 思いやりをもって接する. ❷ 親切, 好意.

benevolente [beneβolénte] 形 思いやりのある, 親切な.

benévolo, la [benéβolo, la] 形 《+con/hacia》…に優しい, 情け深い, 親切な, 好意的な.

bengalí [beŋgalí] 形 《複》bengalíes または bengalís ベンガル地方(バングラデシュとインドにまたがる地方)の. — 男女 ベンガル人. — 男 ベンガル語.

Beni [béni] 固名 ❶ ベニ(ボリビアの県). ❷ (el Río ~) ベニ川(ボリビアの河川).

Benidorm [benidórm] 固名 ベニドルム(スペインの都市).

benignamente [beniɣnaménte] 副 親切に, 優しく, 寛大に. —Nos acogieron ~ en el nuevo trabajo. 新しい職場で私たちは暖かく迎えられた.

benignidad [beniɣniðá(ð)] 女 ❶ 優しさ, 温情, 仁愛. —tratar con ~ 優しく接する. ❷ 《医学》(疾患の)良性.

benigno, na [beníɣno, na] 形 ❶ 恵み深い; 《+con》…に親切な, 優しい. 類**benévolo.** ❷ 穏やかな, のどかな, 適度の. 類**templado, suave.** ❸ 《医学》(疾患の)良性の. 反**maligno.** —tumor ~ 良性の腫瘍.

Benín [benín] 固名 ベナン(旧称ダホメー).

Benito [beníto] 固名 《男性名》ベニート.

benito, ta [beníto, ta] 形 《宗教》ベネディクト会の.

— 名 ベネディクト会の修道士[修道女]. 類**benedictino.**

Benjamín [beŋxamín] 固名 《男性名》ベンハミン.

benjamín [beŋxamín] 男 (男の)末っ子, 愛児.

benjuí [beŋxuí] 男 《化学》ベンゾイン, 安息香.

beocio, cia [beóθjo, θja] 形 ❶ (ギリシャの)ボイオティア地方の. ❷《話》馬鹿な, 無知な. 類 **bobo, tonto**. ── 名 ボイオティア地方の人.

beodez [beoðéθ] 女 酔い, 酩酊. 類 **borrachera, embriaguez**.

beodo, da [beóðo, ða] 形 酔っている. ── 名 酔客. 類 **borracho, embriagado**.

berberecho [berβerétʃo] 男 〖貝類〗ザルガイ.

berberisco, ca [berβerísko, ka] 形 ベルベル人の(北アフリカ山地に住む). ── 名 ベルベル人.

berbiquí [berβikí] 男 回し錐, ハンドドリル.

Berceo [berθéo] 固名 ベルセーオ(ゴンサーロ・デ Gonzalo de ～)(1180頃-1264頃, スペインの詩人・聖職者).

beréber, bereber [beréβer, bereβér] 形 ベルベル人の; (北西アフリカの)バーバリ地方の; ベルベル語の. ── 名男女 ベルベル人. ── 男 ベルベル語.

beréber [beréβere] 形 →**beréber**.

berenjena [berenxéna] 女 〖植物〗ナス.

berenjenal [berenxenál] 男 ❶ ナス畑. ❷《話, 比喩》面倒, やっかい.
meterse en un berenjenal 面倒なことに巻き込まれる. *Se ha metido en un berenjenal* del que le va a ser difícil salir. 彼女は脱け出すのが難しいやっかいな事に巻き込まれた.

bergamota [berɣamóta] 女 ❶〖植物〗ベルガモット(ミカン科, 果皮からベルガモット油を取る). ❷ 洋ナシの一種.

bergante, ta [berɣánte, ta] 名《話》ならず者, ごろつき. 類 **bribón, granuja, sinvergüenza**.

bergantín [berɣantín] 男〖海事〗ベルガンチン船(二本マストの帆船).

beriberi [beriβéri] 男〖医学〗脚気(かっけ). ── tener [padecer] el beriberi 脚気を病む.

berilo [berílo] 男 〖鉱物〗緑柱石(エメラルドなど).

Berlín [berlín] 固名 ベルリン(ドイツの首都).

berlina [berlína] 女 ❶ 四輪箱馬車. ❷《自動車》セダン車.

berlinés, nesa [berlinés, nésa] 形 ベルリンの. ── 名 ベルリンの人.

berma [bérma] 女 ❶〖中南米〗路肩. 類 **arcén**. ❷〖建築〗犬走り(外壁沿いの帯状の平面).

bermejear [bermexeár] 自 朱色がかる, 赤みが差す.

bermejizo, za [bermexíθo, θa] 形 朱色がかった, 赤みを帯びた. ── 男〖動物〗コウモリの一種.

bermejo, ja [berméxo, xa] 形 朱色の, 赤い.

bermellón [bermeʎón] 男 ❶ 朱, 辰砂(しんしゃ). ❷ 朱色.

Bermuda [bermúða] 固名 (Islas ～) バミューダ諸島(イギリス領, 北大西洋の諸島).

bermudas [bermúðas] 男 複 バミューダ・ショーツ.

Bernabé [bernaβé] 固名《男性名》ベルナベー.

Bernarda [bernárða] 固名《女性名》ベルナルダ.

Bernardino [bernarðíno] 固名《男性名》ベルナルディーノ.

Bernardo [bernárðo] 固名《男性名》ベルナルド.

bernardo, da [bernárðo, ða] 形 聖ベルナルド会の, シトー会の. ── 名 聖ベルナルド会[シトー会]修道士[修道女]. ── 男〖動物〗セントバーナード犬.

bernés, nesa [bernés, nésa] 形 ベルン(Berna)の.

berraco, ca [beřáko, ka] 形男 →**verraco**.

berrear [beřeár] 自 ❶ (子牛などが)モーと鳴く. ❷《話》(子供が)金切り声をあげて泣き叫ぶ. ❸《話》きいきい声で話す; 調子はずれに歌う.

berrenchín [beřentʃín] 男 →**berrinche**.

berrendo, da [beřéndo, da] 形 ぶちの, まだらの. ── ～ en negro 黒のぶちの.

berrido [beříðo] 男 ❶ (子牛などの)鳴き声. ── dar un ～ 鳴き声をあげる. ❷《話, 比喩》金切り声, 悲鳴, かん高い声.

berrinche [beříntʃe] 男《話》かんしゃく, 短気, 怒気, 不機嫌, むかっ腹. ── coger [llevarse] un ～ かんしゃくを起こす.

berro [béřo] 男〖植物〗クレソン, オランダガラシ. ── ensalada de ～s クレソンのサラダ.

berroqueña [beřokéɲa] 女 花崗(こう)岩.

berrueco [beřuéko] 男 花崗(こう)岩の大岩.

Berta [bérta] 固名《女性名》ベルタ.

berza [bérθa] 女 ❶〖植物〗キャベツ, 玉菜(= col). ❷ 複《話》=**berzotas**.

berzal [berθál] 男 キャベツ畑.

berzotas [berθótas] 名〖無変化〗《話》馬鹿, 間抜け(=tonto).

besalamano [besalamáno] 男 (無署名の)挨拶状, 招待状, 通知状.

besamanos [besamános] 男〖単複同形〗❶ (国王の)接見, 謁見. ❷ 手の甲に接吻をする挨拶.

besamel, besamela [besamél, besaméla] 〖＜仏〗女〖料理〗ベシャメルソース.

besana [besána] 女〖農業〗畝上げした農地, 耕作予定地.

besante [besánte] 男〖歴史〗ベザント(ビザンチン帝国の金貨[銀貨]).

★★besar [besár ベサル] 他 ❶ …にキスをする, 接吻する. ── *Besé* a la niña en las mejillas. 私は女の子の頬に接吻した. ❷ (物が)…に触れる, (水が)洗う. ── El Pacífico *besa* esa costa. 太平洋がその海岸を洗っている.
── **se** 再 ❶ キスし合う. ── Los dos *se besaron* en el parque. 二人は公園で口づけを交わした. ❷ 不意にぶつかる, (二つの物が)触れ合ってこわれる. ── Estaba tan oscuro que les faltó poco para ～*se*. とても暗かったので彼らはもう少しでぶつかるところであった.

besito [besíto] 男 軽いキス. ── dar un ～ 軽くキスをする.

★★beso [béso ベソ] 〖＜besar＜ラテン〗男 ❶ キス, 接吻(な), くちづけ. ── Abrazó a su abuela y le dio un ～. 彼は祖母を抱擁してキスをした. Desde el balcón me tiró [echó] un ～. 彼女はバルコニーから僕にキスを投げてくれた. ❷ 接触, 衝突. ── ¡Menudo ～ se dieron al doblar la esquina corriendo! 彼らが角を走って曲がった時のぶつかり方といったら! 類 **choque, golpe**.

beso de Judas 裏切りのキス, 偽りの親愛の情.

beso de la vida マウス・ツー・マウスの人工呼吸法 (=respiración boca a boca).

beso de paz 和解のキス. Olvida lo pasado y daros un *beso de paz*. 君たち, 過去は忘れて仲直りのキスをしなさい.

comer(se) a besos a …《話》…にキスの雨を降らせる. Era lógico que *se comieran a besos* porque hacía más de dos años que no se veían. 彼らがキスの雨を降らせ付け加わる決まり文句)愛情を込めて. Luego te llamo. *Un beso*. 後で電話するね, じゃあ. Da *besos* a todos de mi parte. みんなによろしく.

bestezuela [besteθuéla] 囡 小獣, 小動物.

bestia [béstja] 囡 ❶(四つ足の)獣. ❷家畜, 牛馬. ― ~ de carga 荷獣. ― 男囡《話》ひどい人, 無知な人. ― mala ~ いやな人, 嫌なやつ. 類無知な人.

bestial [bestjál] 形 ❶獣の, 動物的な. 類**brutal, salvaje**. ❷《話, 比喩》ものすごい, 法外な, 巨大な. ― Has tenido una suerte ~. 君はとてつもなく運がよかった. 類**extraordinario**.

bestialidad [bestjaliðáð] 囡 ❶獣性, 野蛮. ― La ~ de ese hombre me repugna. 私はあの人の野蛮さが大嫌いだ. 類**brutalidad**. ❷蛮行, 野蛮な行為, ひどいこと. ― decir [hacer] ~es ひどいことを言う[する]. Es una ~ bañarse en el mar con el frío que hace. こんな寒さに海で泳ぐなんて野蛮だ. 類**salvajada**. ❸《話》ばか, 愚かさ. ❹《話》膨大な量. ❺獣姦(じゅうかん).

bestiario [bestjárjo] 男 動物寓話(中世ヨーロッパの寓話).

best seller [bés(t) séler] 〔<英〕男 ベストセラー.

besucar [besukár] [1.1] 他《話》→besuquear.

besucón, cona [besukón, kóna] 形《話》キス好きな, やたらにキスをする. ― 名《話》キスが好きな人, やたらにキスをする人.

besugo [besúɣo] 男 ❶《魚類》タイ(鯛). ❷《話, 比喩》ばか, まぬけ. 類**necio, torpe**.

besuguera [besuɣéra] 囡 ❶(魚を煮込む)楕円形の鍋. ❷鯛売り.

besuquear [besukeár] 他《話》(…に)キスを浴びせる, 何回もキスする.

besuqueo [besukéo] 男《話》キスを浴びせること.

beta¹ [béta] 囡 ❶ベータ(ギリシャ語アルファベットの第2字; Β, β). ❷《物理》ベータ粒子(高速度の電子). ― rayos beta《物理》ベータ線.

beta² [béta] 囡《海事》大索(ホォサー).

betarraga [betarráɣa] 囡《植物》ビート, サトウダイコン, テンサイ. 類**remolacha**.

betarrata [betarráta] 囡 →betarraga.

betel [betél] 男《植物》キンマ(コショウ科の木).

Bética [bétika] 固名 ベティカ(古代のアンダルシーア地方).

bético, ca [bétiko, ka] 形 ベティカ(Bética)の, (古代)アンダルシーアの. ― 名 ベティカ人, (古代)アンダルシーア人.

betún [betún] 男 [複 betunes] ❶靴墨. ❷《鉱物》瀝青(れきせい), タール, アスファルト.

betunero [betunéro] 男 ❶靴磨き人. 類**limpiabotas**. ❷靴墨売り.

bezo [béθo] 男 ❶厚い下唇. ❷(傷が癒えて生じる)肉芽, ふくらみ.

bezoar [beθoár] 男《獣医》胃石(消化器官中の結石).

bezudo, da [beθúðo, ða] 形 厚い唇の. ― 名 厚い唇の人.

---

biblioteca 231

bi- [bi-] [接頭] [bis- の異形] ― *bi*cicleta, *bi*lingüe, *bi*pedo.

biabia [bjáβja] 囡《中南米》《話》殴打, お仕置き.

bianual [bjanuál] 形 年2回の. ― boletín ~ 年2回発行の刊行物.

bibelot [biβeló(t)] [<仏]男 [複 bibelots] 飾り物, 置物.

biberón [biβerón] 男 哺乳びん(瓶), (赤ん坊の)ミルク. ― dar el ~ al bebé 赤ちゃんにミルクをあげる.

**biblia [bíβlja ビブリア] 囡 ❶《宗教》(la B~)聖書, バイブル(=la Santa B~, Sagrada Escritura) ('Antiguo' Testamento「旧約聖書」と 'Nuevo' Testamento「新約聖書」から成る). ― rezar con la B~ 聖書を読んで祈る. jurar sobre la B~ 聖書にかけて誓う. El Corán es la ~ de los musulmanes. コーランはイスラム教の聖典である. ❷(一般的な)バイブル. ❸上質紙, インディア・ペーパー(= papel ~).
la biblia en verso [*en pasta*] (人・物について)多くの事[人], 何でも, 事細かに, 過度に. Hacía dos años que no se veían y se contaron la biblia en verso. 彼らは2年振りに会ったので色々事細かに話した.
saber(se) la biblia en verso/*saber(se) más que la biblia* 何でもよく知っている, 博識である.
ser la biblia en pasta [*en verso*]《話, 主に皮肉》すごい, あまりにひどい, よすぎる.

*bíblico, ca [bíβliko, ka] 形 ❶聖書の[に関する]. ― estudios ~s 聖書研究. ❷聖書のような, ありがたい.

bibliofilia [biβljofílja] 囡 蔵書癖, 書物道楽.

biblió*fi*lo, la [biβljófilo, la] 名 愛書家, 蔵書道楽家.

*bibliografía [biβljoɣrafía] 囡 ❶(本・論文・出版物などの)参考文献, 参考書目一覧, 文献目録. ― consultar la ~ sobre el tema そのテーマに関する文献目録を調べる. ❷書誌, 著作目録; 図書目録, 出版カタログ. ― ~ médica 医学書誌. La ~ de este autor es muy larga, aunque todavía es joven. この著者はまだ若いが著作目録はかなりある. ❸書誌学, 書籍解題(書物の著者・出版日付・版などの記述).

*bibliográ*fi*co, ca [biβljoɣráfiko, ka] 形 書誌(学)の; 参考文献の, 文献目録の. ― estudios ~s 書誌学研究. índice ~ 文献索引.

biblió*gra*fo, fa [biβljóɣrafo, fa] 名 参考文献作成者, 書籍解題者, 書誌学者.

bibliomanía [biβljomanía] 囡 蔵書癖, 書籍狂.

*biblioteca [biβljotéka] 囡 ❶図書館[室]; 書庫. ― ~ nacional [municipal] 国立[市立]図書館. ~ universitaria [del Congreso] 大学[国会]図書館. ~ móvil (circulante) 巡回図書館, 移動図書館(= biblioteca ambulante). sacar un libro de la ~/tomar [coger] prestado un libro en [de] la ~ 図書館から本を借り出す. devolver un libro a la ~ 図書館に本を返却する. 類**archivo**. ❷(図書館や個人の)蔵書. ― Esta ~ está formada por 50.000 títulos. この蔵書は5万点からなる. 類**colección**. ❸叢書(そうしょ), 双書, …文庫. ― ~ de autores clásicos 古典文

家叢書. ~ de préstamo 貸出文庫. ~ de Ciencias Naturales 自然科学叢書. ~ de derecho romano ローマ法叢書. ❹ 書棚, 書架, 本棚, 本箱. 類**estante, estantería, librería**. ❺ (個人の)書斎. ❻《情報》ライブラリ. ~ de clases [funciones] クラス[関数]ライブラリ.

biblioteca ambulante (1) 移動[巡回]図書館. (2) 生き字引.

biblioteca viviente 生き字引.

ser una biblioteca (ambulante) 生き字引である.

:**bibliotecario, ria** [biβljotekárjo, rja] 图 司書, 図書館員.

—— 形 司書の, 図書館員の. —Este verano voy a inscribirme en un curso de formación *bibliotecaria*. この夏私は司書養成講座に申しこむつもりだ.

bicameral [bikamerál] 形 《政治》(上下)二院制の. —sistema político ~《政治》二院制. 反 **unicameral**.

bicameralismo [bikameralísmo] 男 《政治》(上下)二院制.

bicarbonato [bikarβonáto] 男 《化学》重炭酸塩.

bicarbonato sódico 重炭酸ソーダ, 重曹.

bicéfalo, la [biθéfalo, la] 形 双頭の. —águila *bicéfala* 双頭の鷲.

bicentenario [biθentenárjo] 男 200年記念, 200年祭.

bíceps [bíθeps] 男《単複同形》《解剖》二頭筋, 力こぶ.

bicha [bítʃa] 女 ❶《話, 婉曲》蛇. 類**culebra, serpiente**. ❷ 半獣半人の想像上の生き物(の装飾). ❸ →bicho.

mentar[nombrar] la bicha《話》人の嫌がる話題を持ち出す, タブーに触れる.

bichear [bitʃeár] 自 他《話》偵察する, 様子を窺う, 調べる.

:**bicho** [bítʃo]《<俗ラテン》男 ❶ 気持ちの悪い虫, 不快感をもたらす小動物(特に, 昆虫, 爬虫類). —¡Ay! Me ha picado un ~. あ, 痛っ! 虫に刺された. Mira, está trepando un ~ verde por la pared. 見て, 緑色の虫が壁を這ってる. 類**sabandija**. ❷《話》動物(特に家畜). —Tiene en su casa perros, gatos y toda clase de ~s. 彼は家に犬, 猫のほかあらゆる種類の動物を飼っている. 類**animal**. ❸《比喩, 軽蔑》『しばしば mal+/+malo』たちの悪い人, 性悪, 狡猾な人, 嫌なやつ. —Juan es un ~, va siempre hablando mal de todo el mundo. フアンは性悪だ, いつもみんなのことを悪く言って歩いている. No le hagas caso, que es un mal ~. 彼女は性悪だから気にかけるな, 嫌なやつなんだから. ❹《比喩, 軽蔑》風変りな人, 醜い人. ❺《隠》(軍隊の)新兵, 補充兵. 類**recluta**. ❻《俗》陰茎. ❼《闘牛》牛. ❽《中南米》《話》カップルが相手に呼びかける際の愛情表現. ❾《隠》1回分の麻薬.

Bicho malo nunca muere.【諺】憎まれっ子世にはばかる(←害虫は決して死なない).

bicho raro (性格や行動が)異常な人, 変人, 変わり者. No le digas que soy un *bicho raro*. 彼に私が変わり者なんて言わないで.

¿qué bicho LE ha picado?《軽蔑》一体…はどう

したんだ? *¿Qué bicho le ha picado* al jefe? Hoy está muy raro. 一体ボスはどうしたんだろう. 今日はとっても変だ.

todo [cualquier, cada] bicho viviente《話》すべての人, 生きとし生けるものすべて. No te preocupes. Eso le ocurre a *todo bicho viviente*. 心配しなさんな. それは誰にでも起こることだから.

bici [bíθi] 女《<bicicleta》《話》自転車.

:**bicicleta** [biθikléta] 女 自転車(《略》bici). —ir en ~ 自転車で行く. salir a pasear [a dar un paseo] en ~ サイクリングに出かける. ¿Sabe Ud. montar en ~? あなたは自転車に乗れますか? ~ de carreras 競輪[競技]用自転車. ~ de montaña マウンテンバイク, carrera de ~s 競輪, 自転車競技. ~ estática (室内運動用の)エアロバイク, サイクリングマシン.

***biciclista** [biθiklísta] 图《誤用》(→ciclista) サイクリスト; 自転車競技選手.

biciclo [biθíklo] 男 (大きな前輪に直接ペダルをつけた)自転車. 類**velocípedo**.

bicoca [bikóka] 女《俗》❶ つまらないもの, くだらないもの. ❷ 掘出し物, 見切品. —Esa moto fue una verdadera ~. そのバイクは本当に掘出し物だ. 類**ganga**.

bicolor [bikolór] 形 ❶ 二色の, ツートンカラーの. ❷《印刷》二色刷の.

bicóncavo, va [bikónkaβo, βa] 形 両凹(お)の. —lente *bicóncava* 両凹レンズ.

biconvexo, xa [bikombékso, ksa] 形 両凸(の)の. —lente *biconvexa* 両凸レンズ.

bicorne [bikórne] 形《文》2角の, 双頭の, 2つの角(の)を持つ. —una ~ bestia 2角獣. útero ~《医学》双角子宮.

bicornio [bikórnjo] 男 (=sombrero de dos picos) 二角帽.

bicúspide [bikúspiðe] 形《解剖》二尖弁の.

—— 男 (心臓の)左房室弁, 二尖弁, 僧帽弁.

BID《頭字》(<Banco Interamericano de Desarrollo) 米州開発銀行(英 IDB).

bidé [biðé] 男 ビデ.

bidón [biðón] 男 (液体用の)金属製容器, 缶.

biela [bjéla] 女《機械》連接棒, ロッド.

bielda [bjélda] 女《農業》(干し草などをすくう)さすまた.

bieldar [bjeldár] 他《農業》(穀物・もみがらを)あおぎ分ける.

bieldo [bjéldo] 男《農業》(干し草などをすくう)さすまた.

Bielorrusia [bjeloRúsja] 固名 ベロルシア[ベラルーシ](首都ミンスク Minsk).

****bien** [bjén] ビェン 副《比較級→mejor》❶ 良く, 申し分なく. —Lo has hecho muy ~. 君はそれを非常に上手にやった. portarse ~ 行儀がいい. Es un chico ~ plantado. 彼は格好の良い男の子だ. ¿Te parece ~?–Me parece ~. あなたはいいと思う?–私はいいと思うよ. 反**mal** (悪く). ❷ うまく, 上手に. —cocinar ~ 料理が上手い. Habla español muy ~. スペイン語を話すのがとても上手い. ❸ 正しく, 立派に. —Este reloj no anda ~. この時計は正確ではない. ¿Voy por aquí a la Plaza Mayor? ここを通るとマヨール広場へ行けますか? ❹ きちんと, 十分に. —Fíjate ~. よく考えてください. よく見てください. ¿Has comido ~? よく食べましたか? No lo oigo ~. よ

こえません. Ayer estudié ~. 昨日は良く勉強をしました. ❺ 元気に. —estar [encontrarse] ~ 具合がいい, 状態がいい. no sentirse ~ 気分が良くない, 元気ない. ¿Cómo está usted?-B~. お元気ですか?-はい, 元気です. Esa chica está muy ~. その女の子は非常に元気だ. ¡Que le vaya ~! どうかお元気で. ❻ 心地良く. —Aquí se está muy ~. ここはとても居心地が良い. ❼ 都合良く, 適切に. —Esa camisa te está ~. そのシャツは君に似合っている. Has hecho ~ en no ir. 君が行かなかったのは良かった. B~ podrías haberme avisado antes. 前に知らせてくれれば良かったのに. ❽ とても, かなり. —Me gusta el café ~ caliente. 私はとても熱いコーヒーが好きだ. Llegamos de noche, ~ tarde. 私たちは夜になって, 大変遅くに着いた. B~ conoce que es incapaz para ese trabajo. 彼がその仕事に対して無能なことはよく分かっている. Vendía ~ sus pinturas. 彼女の絵をたくさん売った. ❾ おそらく, およそ. —(Muy) B~ tardará una semana más. それはまだ少なくとも一週間はかかるだろう. B~ se pagaron mil euros. およそ千ユーロ払った. ❿【感嘆】—¡Qué ~! 良かったです ね! ¡Qué ~ te expresas! いいことを言いますね! ¡Qué ~ que llegó a tiempo! 彼(彼女)が間に合って良かった! ¡Ojalá que todo salga ~! 万事上手く行くといいですね! ⓫【同意】いいですよ, 分かりました. 類**bueno, vale.** —¿Profesor, podría ir al baño?-B~. 先生, トイレに行ってもいいですか?-いいです. ¿Me llevas en tu coche?-B~. 車に乗せてくれる?-いいよ. ⓬【名詞の後で形容詞的に】上流の, 立派な, 良い家の. —Por aquí vive la gente ~. このあたりは上流の連中が住んでいる. Es una chica de casa ~. 彼女は良家の娘だ.

bien ... bien …かまたは…か. Este equipo, *bien* gana con facilidad, *bien* pierde estrepitosamente. このチームはやすやすと勝つかと思えば, 大負けする怖さもある. *Bien* lo haga yo, *bien* lo haga usted, será lo mismo. 私がやってもあなたがやっても同じことでしょう.

bien que【+接続法】/*bien sea que*【+接続法】たとえ…であっても. *Bien que* llueva, iremos de excursión mañana. たとえ雨が降っても, 私たちは明日遠足に行くだろう. Hágalo, *bien sea* a disgusto. たとえ嫌でもそれをしてください. Invítala, *bien sea que* no te guste ella. 彼女を招待しなさい, たとえ彼女を好きではなくても.

darse bien a【+人】…が得意だ. *Se me da bien* el deporte. 私は運動が得意だ.

de bien en mejor ますますよく. El negocio marcha *de bien en mejor*. 商売はますます順調に行っている.

estar bien de ... …がよい. *estar bien de* dinero 懐が暖かい. *estar bien de* salud 健康である.

ir bien a【+人】(1) うまくいく. ¿Qué tal le ha ido el concierto?-A mí *me ha ido bien*. コンサートはどうでしたか?-うまくいきました. (2)(…にとって)都合(具合)が良い. ¿Le *va bien* esta mesa? このテーブルでいいですか?

más bien むしろ.

¡Muy bien! たいへんよろしい, よくできました.

no bien …するとすぐ. *No bien* terminó de comer, se fue a dormir. 彼は食事が終わるとすぐ床についた.

pues bien さて, それでは.

tener a bien【+不定詞】…してくださる, …していただく. Le ruego *tenga a bien* enviarme un catálogo. カタログをお送りくださいますようお願いします.

y bien ところで, それはそうと. *Y bien*, ¿qué piensas hacer ahora? ところで, 今度は何をするつもりだね.

¡ya está bien! もう結構!, もうたくさん! 類**¡basta!**

— 形 良い, 立派な. —gente ~ 立派な人.

— 男 ❶ 幸福, 利益. —Juan desea el ~ de María. ファンはマリアの幸福を願っている. el ~ público 公共の利益. 反**mal**(不幸, 不利). ❷ 善, よいこと. —hacer (el) ~ よいことをする. Hay que enseñar a los niños a discernir el ~ del mal. 子どもたちには善と悪を区別することを教えなければいけない. Siempre ha sido un hombre de ~. 彼は常に誠実な人だった. ❸ 複 財産. —~es comunes [comunales] 共有財産. ~es de equipo 資本財, 生産財. ~es gananciales 夫婦の共有財産. ~es inmuebles [raíces] 不動産. ~es muebles 動産. ~es nullius 無生物. ~es semovientes 家畜資産. ❹ 複 商品. —bienes de producción 製品.

:**bienal** [bjenál] 形 2年ごとの, 2年に1度の; 2年続く. —congreso ~ 2年ごとの大会. — 女 2年に1度の催し, ビエンナーレ(＝exposición bienal). —celebrarse una ~ ビエンナーレが開催される.

bienandante [bjenandánte] 形 幸運な, 幸せな. 類**afortunado, dichoso, feliz.**

bienandanza [bjenandánθa] 女 ❶ 幸運, 幸福. ❷ 繁栄.

bienaventurado, da [bjenaβenturáðo, ða] 形 ❶ 幸運の, 幸せな. 類**dichoso, feliz.** ❷【宗教】祝福された, 清められた. ❸【まれ】天真爛漫な, だまされやすい, めでたい.
— 名 ❶ 恵まれた人, 幸運な人. ❷ 天真爛漫な人, だまされやすい人, めでたい人.

bienaventuranza [bjenaβenturánθa] 女 ❶【宗教】(天国の)至福. ❷ (B~)【宗教】キリストが山上の垂訓中に説いた福音. —Las ocho B~s【宗教】真福八端. Eterna B~【宗教】天国の至福. ❸ 繁栄, 幸福.

:**bienestar** [bjenestár] 男 ❶ 福祉, 繁栄. —estado [sociedad] de ~ 福祉国家[社会]. ~ social [público] 社会[公共]の福祉. ❷ (精神的・肉体的な)楽, 心の平静, 心地よさ; 健康. —Sus palabras me hicieron sentir un gran ~. 彼の言葉で私は大変気が楽になった. El calmante le proporciona ~ al enfermo durante un rato. 患者はその鎮痛剤でしばらく楽になる. 類**comodidad, dicha, paz, sosiego, tranquilidad.** 反**malestar.** ❸ (物質的な)豊かさ, 豊かな生活, 安楽な暮らし. —gozar [disfrutar] de cierto ~ ある程度豊かな生活を楽しむ. ~ económica 経済的豊かさ. 類**desahogo, holgura.** 反**escasez, pobreza.** ❹ 幸福, 満足. —Tus padres sólo buscan tu ~. 君の両親は君の幸せだけを求めている. 類**felicidad, satisfacción.** 反**malestar.**

bienhablado, da [bjenaβláðo, ða] 形 うまくしゃべる, はっきりとしゃべる.

bienhadado, da [bjenaðáðo, ða] 形 幸運な,

運のよい. 類afortunado. 反malhadado.

bienhechor, chora [bjenetʃór, tʃóra] 形 恩を施す, 援助する; 情け深い.
── 名 恩人, 後援者; 慈善家. 類benefactor.

bienintencionado, da [bjenintenθjonáðo, ða] 形 好意の, 善意の. ── Su acto ha sido ~, aunque las consecuencias hayan sido lamentables. 彼の行為は, 結果はよくなかったにしても善意から出たものだった. 反malintencionado.

bienio [bjénjo] 男 ❶ 2 年間. ❷ 2 年ごとの昇給.

bienmandado, da [bjemmandáðo, ða] 形 素直な, 従順な.

bienoliente [bjenoljénte] 形 香りのよい, いい匂いのする. 類fragante.

bienquerencia [bjeŋkerénθja] 女 好意, 親切, 厚情, 愛情. ── tener ~ por [hacia] ... …に好意を持つ.

bienquerer [bjeŋkerér] [4.8] 他 を貴ぶ, 重んずる, 尊重する, …に好意を持つ. ── 男 ❶ 好意, 親切, 厚情. ❷ 愛情.

bienquistar [bjeŋkistár] 他 【+con】(…と)を仲良くさせる. ──se 再 【+con】…と仲良くなる.

bienquisto, ta [bjeŋkísto, ta] 形 尊ばれる, 尊重される, 気に入られる. 反malquisto.

bienvenida [bjembeníða] 女 →bienvenido.

:**bienvenido, da** [bjembeníðo, ða] 形 (人が)歓迎されている, 喜んで迎えられる. ── Quien venga será ~. おいでになる方はどなたに限らず歓迎します. Sea usted ~. ようこそいらっしゃいました. Se queda tanto tiempo que no es ~. 彼はよく長居して嫌われる.
── 間 【+a】…へようこそ! ── ¡B~ a Japón! ようこそ日本へ.
── 女 歓迎, 歓待, 歓迎の言葉. ── recibir una cálida [fría] ~ 暖かく[冷たく]迎えられる.

dar la bienvenida a ... …を歓迎する, …を喜んで迎える.

bienvivir [bjembiβír] 自 ちゃんとした暮らしをする, (経済的に)余裕を持って暮らす.

bies [1bjes] 男【次の成句で】
al bies 斜めに.

bifásico, ca [bifásiko, ka] 形 《電気》2 相の. ── corriente *bifásica* 二相電流.

bife [bífe] 男【中南米】❶ ビーフステーキ. 類**bistec**. ❷ 《話》殴打, パンチ. 類bofetada.

bífido, da [bífiðo, ða] 形 《動物》2 つに分かれた, 二股の. ── lengua *bífida* de la serpiente ヘビの二股の舌.

bifocal [bifokál] 形 (レンズが)二焦点の, 遠近両用の. ── lentes ~es 遠近両用レンズ.

:**biftec, bifstec** [bifté(k), bifsté(k)] [<英 beefsteak]男 《料理》ビーフステーキ, ステーキ. 類**bistec, bisté**.

bifurcación [bifurkaθjón] 女 ❶ 二股に分かれること, 分岐. ❷ 分岐点, 合流点.

bifurcado, da [bifurkáðo, ða] 形 二股の, 二つに分かれた.

bifurcarse [bifurkárse] [1.1] 自 二股に分かれる.

bigamia [biɣámja] 女 ❶ 《法律》二重結婚, 重婚. ❷ 《法律》重婚罪.

bígamo, ma [bíɣamo, ma] 形 《法律》重婚の. ── 名 《法律》重婚者.

bigardear [biɣarðeár] 自 《話》ぶらぶらして暮らす, ほっつき歩く. 類**vagar, vagabundear**.

bigardo, da [biɣárðo, ða] 形 ❶ 怠け者の, 遊び人の. ❷ 《話, 軽蔑》体つきのがっしりした, でかい. ❸《古》(僧)品行の悪い.
── 名 ❶ 《話, 軽蔑》大柄でごつい人. ❷ 怠け者, 放蕩者, 遊び人.

bígaro, bigarro [bíɣaro, biɣáro] 男 《貝》タマキビガイ.

bigornia [biɣórnja] 女 二角(ど)金敷(ぎき)(両端に角のついた).

:**bigote** [biɣóte] 男 ❶ 口ひげ. ── ~ postizo [retorcido] つけ[天神]ひげ. ~ con guías カイゼルひげ. tener [llevar, gastar] ~. 口ひげを生やしている. dejarse ~ 口ひげを生やす. recortarse ~ 口ひげをカットする. 類**mostacho**. ❷ 【主に複】《話》上唇に付着した飲食物の跡. ── Límpiate los ~s que te ha dejado la leche. 牛乳を飲んで口元についた跡を拭きなさい. 類**bigotera, bocera**. ❸ 【集合的に】(動物)(猫・虎・ネズミなどの)ひげ; (エビなどの)触鬚(しょく), ひげ. ❹ 《話, 軽蔑》口ひげの多い男(=bigotudo). ❺ 《印刷》メント(中央部が太く両端が細い装飾用の罫線(けい)). ❻ 《鉱業》(溶鉱炉の)出滓(しゅっさい)口. ❼ 【メキシコ】《料理》コロッケ.

de bigote(s) 《話》大変すばらしい, ものすごい. ofrecer un banquete *de bigotes* 大変なご馳走を出す.

hombre de bigotes 男らしい男, 勇猛果敢な男.
jugarse el bigote 《話》大変な危険を冒す.
menear [mover] el bigote 《話, 戯》食べる(=comer).

no tener malos bigotes 女の器量がいい, きれいな.

tener bigotes 男らしい[立派な]男である, 勇猛果敢である, 気骨がある.

tener sus bigotes 困難[厄介]なことである.

tocar los bigotes a ... 【中南米】(人)を怒らす.

bigotera [biɣotéra] 女 ❶ 《技術》スプリングコンパス. ❷ (口のまわりの)飲物の跡. ❸ (折り畳み式)補助椅子.

bigotudo, da [biɣotúðo, ða] 形 口ひげが多い.

bigudí [biɣuðí] [<仏] 男 【複bigudíes, bigudís】(髪の毛を巻く)ローラー.

bikini, biquini [bikíni] 男 《服飾》ビキニ(水着). ── estar en [llevar] ~ ビキニを着ている.

bilabial [bilaβjál] 形 《音声》両唇(りょうしん)の[で発音される] ── 女 《音声》両唇音([p], [b], [m]など).

bilateral [bilaterál] 形 相互的な, 互恵の, 二者間の. ── acuerdos ~ es 双務協定. negociaciones ~ es 相互交渉.

bilbaíno, na [bilβaíno, na] 形 ビルバオ(Bilbao, スペイン・バスク地方・ビスカヤ県の県都)の.
── 名 ビルバオの人[出身者].

Bilbao [bilβáo] 固名 ビルバオ(スペインの都市).

bilbilitano, na [bilβilitáno, na] 形 ❶ カラタユー(Calatayud, スペイン・アラゴン地方・サラゴサ県の町)の. ❷ 《歴史》ビルビリス(Bílbilis, 古代ローマでカラタユー近辺にあった町)の.
── 名 カラタユーの人[出身者]; ビルビリスの人[出身者].

biliar [biliár] 形 胆汁の. ─ cálculos ~*es* 《医学》胆石.

bilia**rio, ria** [biliário, ria] 形 →biliar.

bilingüe [bilíngwe] 形 ❶ 2か国語を話す, 2か国語を用いる, バイリンガルの; ❷ 2か国語で書かれた. ─ Cataluña es una autonomía ~ con dos idiomas oficiales:español y catalán. カタルーニャはスペイン語, カタルーニャ語という二つの公用語を持つ二言語併用地域である. diccionario ~ 対訳辞書.

bilingüismo [bilingwísmo] 男 二言語併用, 二言語使用, バイリンガリズム.

bilioso, sa [bilióso, sa] ❶ 胆汁質の. ❷ 怒りっぽい, 気むずかしい.

bilis [bílis] 女 ❶ 胆汁. ❷ かんしゃく, 不機嫌. 類 **cólera, enojo**.
revolvérsele [*alterársele*] *a ... la bilis* 《話》いら立つ, 激怒する.
tragar bilis. 《話》怒りを抑える.

billa [bíʎa] 女 （ビリヤードで)ポケットに入った球.

billar [biʎár] 男 ❶ ビリヤード, 玉突き. ─ jugar al ~ ビリヤードをする. una partida de ~ ビリヤードの1ゲーム. ❷ 複 玉突き室.

billarista [biʎarísta] 男女 《スポーツ》ビリヤードプレイヤー.

billetaje [biʎetáxe] 男 『集合的に』(劇場, 乗り物の)切符, 入場券.

billete [biʎéte ビジェテ]〔<仏〕男 ❶ 切符, 乗車券, チケット. ─ ~ de avión abierto por 30 días 30日間のオープン航空券. ~ circular 周遊券. ~ de metro [autobús] 地下鉄[バス]の切符. sacar un ~ 切符を買う. Si tomas el autobús todos los días, te recomiendo que compres [saques] un ~ de abono. 毎日そのバスに乗るのなら, 回数券を買うことを勧めるよ. ~ de ida y vuelta [sencillo] 往復[片道]切符. ~ kilométrico 割引切符(一定の距離内なら何度も使える). 類 〖中南米〗 **boleto**.
❷ 紙幣, 札, 銀行券 (= ~ de banco). ─ Pagó con un ~ de cincuenta euros. 彼は50ユーロ札で支払った.
❸ (劇場, 催し物の)入場券, 切符, チケット. ─ En la taquilla aparecía el cartel de "No hay ~s". その切符売り場には「満員」の札が出ていた. 類 **boleta, butaca, entrada, localidad**.
❹ (特に, 10票に分けてばら売りのできる)宝くじ券 (= ~ de lotería, ~ verde).
❺ スペインのペセタが流通していた頃の1000ペセタ札.
❻ 〖古〗短い手紙.
❼ 〖紋章〗〖主に複〗市松模様を作る方形.

billetero, ra [biʎetéro, ra] 名 札入れ, 財布, 紙入れ.
─ 名 〖中南米〗宝くじ売り.

billón [biʎón] 男 1兆 (100万の100万倍). ◆イギリス billion, アメリカ trillion.

bilobulado, da [bilobuláðo, ða] 形 二裂片からなる; 〖植物〗二浅裂の.

bilongo [bilóngo] 男 〖キューバ〗《話》呪い, 魔術. 類 **brujería**.

bimano, na, bímano, na [bimáno, na, bímano, na] 形 《動物》2本の手を持つ, 二手類の.
─ 男 二手類(ヒトのこと).

bimensual [bimensuál] 形 ひと月に2回の. ─ revista ~ ひと月に2回発行される雑誌.

bimestral [bimestrál] 形 2か月ごとの, 隔月の.

bimestre [biméstre] 形 2か月ごとの, 隔月の.
─ 男 2か月間.

bimetalismo [bimetalísmo] 男 《経済》複本位制度 (2種類以上の金属(通常は金と銀)を本位貨幣とする貨幣制度).

bimotor [bimotór] 形 2個のエンジンを備えた, 双発の.
─ 男 双発の飛行機, 双発機.

binadera [binaðéra] 女 《農業》(除草や鋤(すき)起こし用の)鍬(くわ).

binador [binaðór] 男 ❶《農業》2度鋤きをする人. ❷《農業》(2度鋤き用の)耕運機, 鍬(くわ).

binar [binár] 他 ❶《農業》(畑を)2回耕す, (畑に)2回鍬を入れる. ❷ (一般に)を2回する.
─ 自 《カトリック》一日にミサを2回行う.

bina**rio, ria** [binário, ria] 形 ❶ 《数学》2進の; 《情報》バイナリ(の). ─ sistema ~ 2進法. ❷ 2 [双, 複]の.

binocular [binokulár] 男 複 双眼鏡. ─ 形 両眼の, 2つのレンズの.

binóculo [binókulo] 男 鼻メガネ. ─ llevar ~ 鼻メガネをする.

binomio [binómio] 男 ❶《数学》二項式. ❷《比喩》コンビ.

binza [bínθa] 女 (卵・タマネギなどの)膜, 薄膜, 薄皮.

Bío-bío [bíoβio] 固名 ビオビオ(チリの県).

biodegradable [bioðeɣraðáβle] 形 分解性の, 土にかえる. ─ Este envase es ~. この容器は分解されて土にかえる.

bioética [bioétika] 女 生命倫理学.

biofísica [biofísika] 女 《生物》生物物理学.

biogénesis [bioxénesis] 女 《生物》生物発生説.

:**biografía** [bioɣrafía] 女 伝記, 一代記(→autografía, hagiografía). ─ escribir [leer] una ~ de Napoleón ナポレオンの伝記を書く[読む]. ~ de los grandes hombres 偉人伝. 類 **semblanza, vida**.

biografiar [bioɣrafiár] [1.5] 他 …の伝記を書く, 伝記にする.

biográfico, ca [bioɣráfiko, ka] 形 伝記(体)の. ─ novela *biográfica* 伝記小説. diccionario ~ 人名辞典.

・**biógrafo, fa** [bióɣrafo, fa] 名 伝記作家[作者].

:**biología** [bioloxía] 女 **生物学**. ─ ~ molecular [marina, espacial] 分子[海洋, 宇宙]生物学.

:**biológico, ca** [biolóxiko, ka] 形 **生物(学)の**. ─ diversidad *biológica* 生物多様性. evolución *biológica* 生物の進化.

・**biólogo, ga** [bióloɣo, ɣa] 名 生物学者.

biombo [biómbo] 男 (折り畳み式の)ついたて, 屏風(びょうぶ).

biopsia [biópsia] 女 《医学》(実験・診断などのための)生検(法), バイオプシー. ─ hacer [realizar] una ~ バイオプシーをする.

bioquímica [biokímika] 女 生(物)化学.

bioquímico, ca [biokímiko, ka] 形 生化学の, 生化学的な.

236 biosfera

— 名 生化学者.

biosfera [biosféra] 女 《生物》生物圏, 生活圏.

biotester [biotéster] 男 携帯アルコール検知器.

bióxido [bióksiðo] 男 《化学》二酸化物. —～ de carbono《化学》二酸化炭素.

bipartido, da [bipartíðo, ða] 形 →bipartito.

bipartito, ta [bipartíto, ta] 形 ❶《政治》2党間の. —tratado ～ 2 党間の協定. ❷ 2 部 [2 通] に分かれた.

bípedo, da [bípeðo, ða] 形 《動物》2 本足の.
— 男 (特に) 人間.

biplano [bipláno] 男 《航空, 歴史》複葉機.

biplaza [bipláθa] 男 二人乗り機 [車], 複座機.

bipolar [bipolár] 形 二極(式)の.

BIRD [頭字] (＜Banco Internacional para la Reconstrucción y el Desarrollo. Banco Mundial) 男 国際復興開発銀行, 世界銀行 (英 IBRD).

BIRF →BIRD.

birimbao [birimbáo] 男 《音楽》ビヤボン (口にくわえ指で引く楽器).

birlar [birlár] 他 ❶《話》[＋a]（…から）を奪い取る, 盗む. —Me *birlaron* la cartera en el metro. 私は地下鉄で財布を盗まれた. 類 **robar**. ❷《スポーツ》(ボーリングで) 2 回目に球を転がす. ❸《話》を一発 [一撃] で殺す.

birlibirloque [birliβirlóke] 男
por (el) arte de birlibirloque 魔法のように, あっという間に.

birlocho [birlótʃo] 男 (四人乗りの) 無蓋四輪馬車.

birlonga [birlóŋga] 女 →birlongo.

birlongo, ga [birlóŋgo, ga] 形 《闘牛》巧妙な, ずるい, あくどい.
— 女 トランプ遊びの一種.
a la birlonga 遊び歩いて, ぶらぶらして.

Birmania [birmánja] 固名 ビルマ (ミャンマーの旧名).

birmano, na [birmáno, na] 形 ミャンマー(人)の, ビルマ (Birmania) (人・語) の. —gato ～ ビルマ猫.
— 名 ミャンマー人, ビルマ人.
— 男 《言語》ビルマ語.

birreactor, tora [bireaktór, tóra] 形 双発ジェットエンジンの.
— 男 双発ジェット機.

birrefringente [bireffriŋxénte] 形 《物理》複屈折の.

birreme [biréme] 形 《海事》二段オールの.
— 名 《海事》二段櫂船.

birreta [biréta] 女 《宗教》ビレタ (聖職者用四角帽子).

birretina [biretína] 女 《軍隊》(擲弾(てきだん)兵, 後に軽騎兵が用いた) 毛皮帽.

birria [bírːja] 女 ❶《話》役に立たないもの, くだらないもの. —Con esa ～ de sueldo no podemos vivir. そんな給料では私たちは生活していけない. ❷《話》醜いもの [人]. 類 **mamarracho**.

bis [bís] 副 ❶ 2, …の 2 (同一番号の下位区分). —La oficina está en la calle Serrano, 40 ～. そのオフィスはセラーノ通り 40 番地の 2 にある. ❷ 再び, もう一度. ❸《音楽》繰り返し. — 間 アンコール!

bis-, biz- [βis-, βiθ-] 接頭 「二, 両, 複, 双, 重」の意. —*bis*abuelo, *bis*nieto, *biz*nieto, *biz*cocho.

bisabuelo, la [bisaβuélo, la] 名 ❶ 曾祖父, 曾祖母, ひいおじいさん, ひいおばあさん. ❷ 複 曾祖父母.

bisagra [bisáɣra] 女 ❶ ちょうつがい (蝶番). —ventana a ～ 観音開きの窓. ❷ (靴底用の) つや出し器. ❸《政治》=partido bisagra→partido.

bisar [bisár] 他 を (アンコールに応じて) 再演 [奏] する.

bisbisar, bisbisear [bisβisár, bisβiseár] 他 自 《話》つぶやく, ささやく, ぼそぼそ言う. 類 **musitar**.

bisbisear [bisβiseár] 他 →bisbisar.

bisbiseo [bisβiséo] 男 《話》もぐもぐ [ぶつぶつ] 言うこと.

biscuit [biskuí(t)] ［＜仏］男 ❶ ビスケット, クッキー. 類 **galleta**. ❷ カステラ, ケーキ. 類 **bizcocho**. ❸ 陶磁器製品. 類 **bizcocho**.

bisecar [bisekár] [1.1] 他 《数学》を 2 等分する.

bisección [bisekθjón] 女 《数学》2 分, 2 等分.

bisector, triz [bisektór, triθ] 形 《数学》2 等分する.
— 男 《数学》2 等分線.

bisel [bisél] 男 斜面, 面 (木材などの稜角を削り取った部分). —tallar en ～ 斜めに削る.

biselado [biseláðo] 過分 男 《技術》(厚板ガラスなどの) 面取り加工.

bisemanal [bisemanál] 形 2 週間に 1 回の.

bisexual [biseksuál] 形 ❶《生物》両性の, 雌雄同体の. ❷ 両性愛者の. — 男女 両性愛者.

bisiesto [bisjésto] 男 うるう年 (＝año ～).
— 形 うるう年の.

bisílabo, ba [bisílaβo, βa] 形 《文法》《詩》2 音節の.

bismuto [bismúto] 男 《化学》ビスマス (元記号 Bi, 原子番号 83).

bisnieto, ta [bisnjéto, ta] 名 曾孫(ひまご).

bisojo, ja [bisóxo, xa] 形 《話》(内) 斜視の, やぶにらみの (＝bizco).

bisonte [bisónte] 男 《動物》バイソン, アメリカ野牛.

bisoñé [bisoɲé] 男 かつら. —llevar [usar] ～ かつらをつける.

bisoño, ña [bisóɲo, ɲa] 名 新米, 未熟者.
— 形 ❶ 新米の, 未熟な. ❷《軍事》新兵の.
— 男 《軍事》新米, 新兵.

bisté [bisté] 男 →bistec.

bistec, bisté [bisté(k), bisté] ［複 bistecs, bistés］男 《料理》ビフテキ, ステーキ (用の肉) (＝filete). — poco [medio, bien] hecho レア [ミディアム, ウェルダン] のビフテキ. — ～ ruso ハンバーグ (＝hamburguesa). — ～ tártaro タルタルステーキ. asar ～ ステーキを焼く.

bistorta [bistórta] 女 《植物》イブキトラノオ (タデ科の多年草).

bisturí [bisturí] 男 《医学》(外科用) メス. —cortar con el ～ メスで切る.

bisulco, ca [bisúlko, ka] 形 《動物》双蹄の, ひづめの割れた.

bisutería [bisutería] 女 ❶ 模造宝石, 人造た

身具. ❷ 人造装身具店.

bit [bít] [（←英）男] 《情報》ビット. —*s por pulgada* ビット・パー・インチ, BPI. —*s por segundo* ビット/秒.

bita [bíta] 女 《海事》係柱.

bitácora [bitákora] 女 《海事》羅針箱. —*cuaderno de* ～ 航海日誌.

bitongo, ga [bitoŋgo, ga] 形 《話》甘ったれの, 子供っぽい. 類 **zangolotino**.

bitoque [bitóke] 男 ❶ 樽の栓. ❷ 《中南米》(薬品を注入する)挿管. ❸ 《メキシコ》水栓, 蛇口.

bituminoso, sa [bituminóso, sa] 形 アスファルトの(を含む), タールの.

bivalente [biβalénte] 形 《化学》2 価の.

bivalvo, va [biβálβo, βa] 形 《動物》両弁の, 二枚貝の.

Bizancio [biθánθjo] 固名 ビザンティウム(ビザンティン帝国の主都, 現在のイスタンブール Istanbul).

bizantinismo [biθantinísmo] 男 ❶ ビザンティン文化研究. ❷ ささいな問題の議論に明け暮れること.

bizantino, na [biθantíno, na] 形 《歴史》ビザンティウムの. —*Fin del Imperio B*～ 《歴史》東ローマ帝国滅亡(1453年).
── 名 《歴史》ビザンティウムの人.
discusiones bizantinas こまかいことにこだわる議論.

bizarría [biθarría] 女 ❶ 勇敢, 武勇. 類 **gallardía, valor**. ❷ 高潔さ, 寛大さ. 類 **generosidad, lucimiento**.

bizarro, rra [biθáro, ra] 形 ❶ 勇敢な, 雄々しい. —*soldado* ～ 勇敢な兵士. 類 **esforzado, valiente**. ❷ 寛大な, おうような. 類 **generoso, espléndido**. ❸ 《まれ》奇妙な, 突飛な.

bizcar [biθkár] [1.1] 他 (片目を)つぶる, ウインクする. 類 **guiñar**. ── 自 横目で見る.

bizco, ca [bíθko, ka] 形 斜視の, やぶにらみの. 類 **estrábico**. ── 名 斜視の人.

:**bizcocho** [biθkótʃo] 男 ❶ 《菓子》スポンジケーキ, カステラ(→*galleta*「ビスケット」). —*borracho* サバラン, ババ(甘いリキュール・シロップ・ラム酒に浸したスポンジケーキ). ❷ 《海事》(保存用の)乾パン, 堅(カタ)パン. 類 **galleta**. ❸ 素焼きの陶器, 無釉(ムユウ)器. ❹ 石膏.
embarcarse con poco bizcocho 十分な準備をせずに事を始める.

bizcotela [biθkotéla] 女 《料理》砂糖の衣をかけたカステラ.

bizma [bíθma] 女 《医学》パップ, 湿布剤, 膏薬.

bizmar [biθmár] 他 …にパップ(膏薬)を張る.

biznaga [biθnáɣa] 女 《メキシコ》《植物》タマサボテン.

biznieto, ta [biθnjéto, ta] 名 →**bisnieto**.

bizquear [biθkeár] 他 ❶ (目を)細める. ❷ …に目くばせする. ── 自 ❶ 斜視である. ❷ 横目で見る.

bizquera [biθkéra] 女 《話》やぶにらみ, 斜視. 類 **estrabismo**.

Blanca [bláŋka] 固名 《女性名》ブランカ.

blanca [bláŋka] 女 ❶ ブランカ(スペインの古い硬貨). ❷ 《音楽》2 分音符. ❸ 類 カササギ.
estar sin blanca 《話》すっからぴんである.

Blanco [bláŋko] 固名 (Mar ～) 白海.

**blanco, ca [bláŋko, ka ブランコ, カ] 形 ❶ 白い; 無色の; 薄色

の. —*calcetines* ～*s* 白い靴下. *oso* ～ シロクマ. *vino* ～ 白ブドウ酒. *pescado* ～ 白身の魚. *ropas blancas* リンネル類, 下着. *Es blanca de cara*. 彼女は顔が白い. *Tiene el pelo* ～. 彼は白髪である. *Pintó las paredes de color* ～. 彼は壁を白く塗った. *desportes* ～*s* 雪のスポーツ. ❷ 白人の. —*la raza blanca* 白色人種. ❸ 空白の, 白紙の, 何も書いてない. ❹ (顔色の)青白い, まっさおの. —*Llegó al final de la cuesta sudorosa y con la cara blanca*. 彼女は汗びっしょりで, まっさおな顔をして坂の上にたどり着いた.

no distinguir lo blanco de lo negro 白黒の区別もつかない, 全くの無知である.

── 名 白人.

── 男 ❶ 白色, 白さ; 白い物. —*foto en* ～ *y negro* 白黒写真. *calentar al* ～ (金属などを)白熱させる. *El* ～ *armoniza bien con el negro*. 白は黒とよく調和する. ❷ (*a*) 空白, 空所, 空席. —*Hoy hay muchos* ～*s en las gradas*. 今日はスタンドにたくさん空席がある. (*b*) 余白, 空欄. —*dejar un* ～ *en el formulario* 書式に空欄を残しておく. ❸ 的, 標的; 目標. —*tiro al* ～ 射撃, 射的. *apuntar al* ～ 的を狙う. *atinar al [dar el]* ～ 命中する. *errar el* ～ 的をはずす. *ser el* ～ *de las miradas [burlas]* 視線(からかい)の的である. ❹ (物の)白い所(部分); (動物の体毛の)白斑(ハン). ❺ 《チェス》白の(持ち手, 先手). 反 **negro**.

blanco de España 白壁用の塗料(白亜など).
blanco de la uña 爪の半月, 小爪.
blanco de ojo 白目.
blanco de plomo 白鉛.
blanco y negro クリーム入りアイスコーヒー.
cheque en blanco 白地式小切手.
hacer [dar en el] blanco 的中する, 的を射る, うまく当てる. *Tus sospechas han hecho blanco*. 君の感じた疑念は的中した.
en blanco (1) 白紙の(で), 書いて(印刷して)ない. *páginas en blanco* 白紙のページ. *rellenar las líneas en blanco* 空欄を埋める. *votar en blanco* 白票を投じる. *firmar en blanco* 白紙委任をする, 全権を委ねる. (2) 何もしないで, むだの(に). *pasar el día en blanco* 無為に日を過ごす. (3) 眠らずに, まんじりともしないで. *pasar la noche en blanco* 眠れない夜を過ごす.
poner [quedarse] en blanco 理解できない, 分らない. *En la conferencia de hoy me he quedado en blanco*. 今日の講義は全然わからなかった.

── 女 ❶ 《音楽》2 分音符. ❷ ドミノの牌(ハイ), ストーン; (チェスの)白の駒. —*blanca doble* ダブレット(ぞろ目のドミノ牌). ❸ 昔の銀貨. ❹ 《隠》コカイン.

no tener [estar, quedarse sin] blanca 金がない.

blancor [blaŋkór] 男 《まれ》白さ, 純白, 真っ白 (=**blancura**).

:**blancura** [blaŋkúra] 女 白さ, 白いこと. —*la* ～ *de la nieve* 雪の白さ. ～ *del ojo* 《医学》角膜白斑(ハン) (=*nube del ojo*).

blancuzco, ca [blaŋkúθko, ka] 形 白っぽい.

•**blandamente** [blándaménte] 副 柔らかく, ソフトに, 穏やかに, 優しく.

blandear[1] [blandeár] 他 ❶ を和らげる, 穏和にする. ❷ を納得させる. ── 自 ❶ 屈服する, 譲る.

—se 再 【+con】…に屈服する, 譲る.

blandear[2] [blandeár] 他 (刃物などを)振り回す.

blandengue [blandéŋge] 形 《話, 軽蔑的に》気の弱い, おとなしい, 弱々しい, 弱い性質. —carácter ~ 気の弱い性質.

blandicia [blandíθja] 女 ❶ へつらい, 甘言. ❷ 軟弱, 柔弱.

blandir [blandír] 他 (刃物などを)振り回す, 振る. —la espada 剣を振り回す.

****blando, da** [blándo, da ブランド, ダ] 形 ❶ (物体が)やわらかい. 反 **duro**. —Las fuertes lluvias han dejado *blanda* la tierra. 大雨で地盤が緩くなっている. ❷《比喩》【+con】(性格などが)人に優しい, 穏やかな, 甘い, 柔和な, 寛大な;(力・意志が)弱い, 小心の, 臆病な. —Entonces era riguroso, ahora es mucho más ~. 彼は昔実に堅い人だったが, 今はずいぶん柔らかくなった. ❸ のんびりした, 安楽な, 気ままな, 穏やかな, 心地よい. —Nos dirigió una *blanda* sonrisa. 彼女は私たちに穏やかな微笑を送ってくれた. 類 **delicado, suave**. ❹ (天候が)暑くも寒くもない. 類 **templado**.
— 副 やさしく, 穏やかに.

blandón [blandón] 男 ❶ 大ろうそく; 大きな燭台.

blanducho, cha [blandútʃo, tʃa] 形 《＜blando》《話, 軽蔑》軟らかい, 手ごたえのない, 軟弱な.

***blandura** [blandúra] 女 ❶ 柔らかさ, ソフトであること. —No pude dormir bien por la ~ del colchón. マットが柔らかくてよく眠れなかった. 反 **dureza**. ❷ (人の)穏やかさ, 優しさ, 温和さ. —La ~ de aquella mujer me conmovió. あの女性の優しさは私を感動させた. ❸ (人の)軟弱さ, 甘さ, 無気力, 怠惰. —Ha educado a sus hijos con demasiada ~. 彼の息子たちに対する教育はあまりに甘かった. ❹ 空気の生暖かさ, 寒気の緩み. ❺ こび, へつらい, お世辞. 類 **alabanza, lisonja**. ❻ 安楽さ, 安逸さ, 贅沢. 類 **molicie**. ❼ おしろい. 類 **blanquete**. ❽〖医学〗腫れものを柔らかくするためのパップ剤. ❾【中南米】下痢.

blanduzco, ca [blandúθko, ka] 形 軟らか目の, やや軟らかい; 軟弱な.

blanqueado [blaŋkeádo] 過分 男 →**blanqueo**.

blanqueador, dora [blaŋkeaðór, ðóra] 形 漂白する, 白くする.
— 名 漂白剤; 白くするもの[人].

blanqueadura [blaŋkeaðúra] 女 →**blanqueo**.

***blanquear** [blaŋkeár]〔＜blanco〕他 ❶ 白くする. —Sus preocupaciones le han *blanqueado* el cabello. 心配事のために彼の髪は白くなった. ❷ 白く塗る. —*Blanquean* las paredes de sus casas para las fiestas. 彼らは家の壁を祭りのために白く塗る. ❸ (金属)を磨く, 光らせる. — ~ el oro 金を磨く. ❹ (不法な金)を合法的に見せかける, マネーロンダリングする.
— 自 白く光る, 白く見える. —Los almendros *blanqueaban* en la ladera. アーモンドの花が山腹を白く染めていた.

blanquecer [blaŋkeθér] 【9.1】他《まれ》 ❶ 白くする, 漂白する. (＝blanquear) ❷ (金・銀なçç

blanquecino, na [blaŋkeθíno, na] 形 白っぽい, やや白い.

blanqueo [blaŋkéo] 男 ❶ 白くすること, 漂白. ❷ (砂糖の)精製. ❸ (ブラックマネーの)浄化, 隠蔽. — ~ de dinero del narcotráfico 麻薬の利益金であることの隠蔽.

blanquete [blaŋkéte] 男 (昔の)白粉(おしろい); 漂白剤.

blanquillo, lla [blaŋkíjo, ja]〔＜blanco〕形 ❶ 白い, 白っぽい. — pan ~ 白パン. azúcar *blanquilla* 角砂糖. ❷《スポーツ》レアル・サラゴサ (Real Zaragoza, スペインのサッカーチーム)の.
— 男 ❶ 白パン; 白小麦. ❷〖魚類〗チリアマダイ. ❸【中南米】〖植物〗トウダイグサ科の樹木. ❹【中南米】(果実)白桃. ❺【中米】鶏卵.

blanquinegro, gra [blaŋkinéɣro, ɣra] 形 白と黒の2色からなる, 白黒の.

blanquizco, ca [blaŋkíθko, ka] 形 →blanquecino.

Blasco Ibáñez [blásko iβáɲeθ] 固名 ブラスコ・イバニェス(ビセンテ Vicente ~)(1867-1928, スペインの作家).

blasfemador, dora [blasfemaðór, ðóra] 形 不敬な言葉を吐く, 冒瀆(ぼうとく)する.
— 名 不敬な言葉を吐く人, 冒瀆者.

blasfemar [blasfemár] 自 ❶【+contra/de】(神・神聖なものに)不敬な言葉を吐く. ❷ 呪う, ののしる. 類 **maldecir, vituperar**.

blasfematorio, ria [blasfematórjo, rja] → blasfemo.

blasfemia [blasfémja] 女 ❶ 神への不敬, 冒瀆(ぼうとく), 悪罵, 罰当り. —decir [proferir] ~s 冒瀆の言葉を吐く. ❷ 侮辱, 悪態.

blasfemo, ma [blasfémo, ma] 形 不敬な, 冒瀆(ぼうとく)的な.
— 名 不敬な言葉を発する人, 冒瀆者.

***blasón** [blasón] 男〔複 blasones〕 ❶ (主に盾形の)紋章(＝escudo de armas), 記章. ❷ 紋章学図形[図案]. —Los blasones de esa ciudad son un león y un castillo. その都市の市章の図案はライオンと城である. ❸ 紋章学. 類 **heráldica**. ❹ 複 高貴な家柄, 名門. —Está orgulloso de sus *blasones*. 彼は名門の出であることを誇りに思っている. ❺ 名誉, 栄光, 誉れ. —Para él es un ~ haber logrado aprobar. 合格できたことは彼にとって名誉なことだ. 類 **gloria, honor**.
hacer blasón de ... を自慢(じまん)する.

blasonar [blasonár] 自【+de】を自慢する, 誇る.
— 他 を紋章で飾る.

blástula [blástula] 女 胞胚(ほうはい).

bledo [bléðo] 男 ❶〖植物〗アカザ科の植物. ❷《話》少しも…ない. —Eso no vale un ~. それは何の価値もない.
importarle [*dársele*] *a* ... *un bledo* …にとって少しも重要でない. *Me importa un bledo* lo que diga de mí. 彼が何て言おうとかまわない.

blenda [blénda] 女〖鉱物〗閃(せん)亜鉛鉱.

blenorragia [blenorráxja] 女〖医学〗淋菌性尿道炎(による膿漏); 淋病.

blenorrea [blenorréa] 女〖医学〗淋病.

blindado, da [blindáðo, ða] 形〖軍事〗装甲した. —coche ~ 装甲車.

blindaje [blindáxe] 男 ❶〖軍事〗(塹壕(ざんごう)

内の)防弾壁, 装甲. ❷ 鎧甲(よろいかぶと), 具足.

blindar [blindár] 他 ❶《軍事》を装甲する, …に鋼鉄を張る. ❷《話》(人や物)をしっかりと防御する, をしっかりと守る. — Tiene la casa *blindada* con alarma en todas las habitaciones. 彼女はすべての部屋に警報器をつけて家をしっかりとガードしている.

bloc [bló(k)]〈＜英〉男【複 blocs】 ❶ はぎ取り帳, (はぎ取り式の)つづり, メモ用紙. — ~ de apuntes メモ帳. escribir en un ~ メモ帳に書く. ❷ ブロック, 街区(= bloque). ♦ 四方を道路に囲まれた一区画.

blocao [blokáo] 男《軍事》小要塞, トーチカ.

blocar [blokár] [1.1] 他《スポーツ》を妨害する, ブロックする.

blonda [blónda] 女《服飾》絹レース; (紙製の)テーブルセンター.

blondo, da [blóndo, da] 形 金髪の, ブロンドの(= rubio).

‡**bloque** [blóke] 男 ❶(未加工の大きな石・木などの)塊(かたまり). — ~ de mármol 大理石の塊. ~ de hielo 氷塊. de un solo ~ 一塊の. ❷《建築》建築用石材[木材], ブロック, 角石, 角材(~ escuadrado). — ~ de cemento [de hormigón] コンクリート・ブロック. muro de ~s ブロック塀. ❸(政治・経済上の)陣営, ブロック, …圏, 連合. — ~ monetario (同一)通貨圏. — dólar ドル圏. — El ~ de la expedición viaja en barco. 遠征隊の本隊は船で行く. 類 **gruesos**. (市街地の)ブロック, 一区画, 街区. — Mi casa está dos ~s más allá. 私の家は 2 ブロック先です. 類 **manzana**. ❾《自動車》シリンダーブロック(~ de cilindros). — ~ del motor エンジンブロック. ❿《電気》— ~ de alimentación パワーブロック. ⓫《統計》— ~ a aleatorizados 乱塊法. ⓬《コンピュータ》ブロック. — ~ de memoria メモリーブロック. ⓭ 複《玩具》ブロック(~ de construcción). — ~ para construcciones 積み木.

bloque del matrizar《機械》雌ねじ型.

bloque diagrama《技術》ブロックダイヤグラム.

en bloque (1) 一括して, ひとまとめにして, 一括で. *vender en bloque* 一括で売る. *hacer una reserva en bloque* de veinte plazas en el avión 飛行機の座席を 20 席ブロックづめにする. (2) 一団となって, 大挙して, 結束して. *dimitir en bloque* 総辞職する. *acudir en bloque* 大挙して押しかける. (3) 全体としては, 大筋で. *El asunto, en bloque, me parece interesante.* その問題は全体としては面白そうだ.

formar bloque con … …と一体をなす.

bloquear [blokeár] 他 ❶《軍事》を封鎖する, 包囲する, 遮る, 阻止する. ❷ …に障害となる, を妨げる. — La nieve *ha bloqueado* la autopista. 雪でハイウェーは遮断された. ❸《商業, 経済》(資産など)を凍結する. — El Juez ordenó ~ las cuentas bancarias del acusado. 裁判官は被告の銀行口座の凍結を命じた. ❹《機械》を止める, 動かなくする. ❺《スポーツ》を妨害する, ブロックする.(= blocar) ❻（活動・進行）を鈍らせる, を妨げる.

— **se** 再 ❶《機械》が故障する, 動かなくなる. ❷ (頭が)ぼうっとする, 鈍くなる. — *Me bloqueé* y no supe qué contestar. 私はぼうっとして何を答えるべきか分からなかった.

bloqueo [blokéo] 男 ❶ 封鎖, 閉塞, 阻止, 妨害. — someter a un ~ 封鎖する. *Bloqueo de Berlín*《歴史》ベルリン封鎖 (1948 年). el ~ de una carretera 道路封鎖. ❷《商業》(資産などの)凍結, 封鎖. ❸《スポーツ》妨害, ブロック. ❹ 能力の麻痺, 能力の機能停止.

bloqueo ecónomico《経済》経済封鎖.

blues [blús]〈＜英〉男【単複同形】《音楽》ブルース.

bluff [blúf, blóf]〈＜英〉男【複 bluffs】期待はずれ, はったり, まやかし.

‡**blusa** [blúsa] 女 ❶《服飾》ブラウス. — ponerse [quitarse] la ~ ブラウスを着る[脱ぐ]. ~ de camisera シャツブラウス. ~ de marinero 水兵服. ❷《服飾》(襟も袖口もない)作業服, 仕事着(= ~ de trabajo). 類 **guardapolvo**.

blusón [blusón] 男《服飾》スモック, ブルゾン(ジャンパーのような上着) — ponerse un ~ スモックを着る.

boa[1] [bóa] 女《動物》ボア, オウジャ(王蛇).

boa[2] [bóa] 男《服飾》ボア(婦人用の毛皮または羽毛でできた襟巻き).

boardilla [boarðíja] 女 →buhardilla.

boato [boáto] 男 (豊かさの)見せびらかし, 見栄.

bobada [boβáða] 女 ❶ ばかげた言動. — decir ~s ばかげたことを言う. hacer ~s ばかげたことをする. 類 **bobería, tontería**. ❷ どうでもいいもの, 取るに足らないもの. — Regálale cualquier ~. 何でもいいから彼女にプレゼントしてやれ.

bobalicón, cona [boβalikón, kóna] 形《話》ばか, 愚かな. — 名《話》ばか, 愚か者.

bobear [boβeár] 自 ばかなことをする.

bobería [boβería] 女 ばかなこと.(= bobada)

bóbilis [bóβilis] 次の成句で

de bóbilis bóbilis (1)《話》努力なしで. *vivir de bóbilis bóbilis* ぶらぶらと暮らす. (2)《話》ただで.

bobina [boβína]〈＜仏〉女 ❶ 糸巻き, ボビン. ❷《電気》コイル. — ~ de encendido《自動車》イグニッション・コイル. ❸《写真》巻き取り軸. ❹《映画》(フィルムの)リール.

bobinado [boβináðo] 男 ❶ (糸巻きなどへの)巻きつけ. ❷《電気》(1回路中の)コイル.

bobo, ba [bóβo, βa] 形 ❶ 愚かな, ばかな. 類 **lelo, tonto**. ❷ あまりに無邪気な, あまりにうぶな. — Es *boba* y se lo cree todo. 彼女はあまりにうぶで何でも信じてしまう. 類 **cándido, crédulo**.

— 名 ❶ 愚か者, ばか. ❷ (愛情をこめて)おばかさん. — 男《演劇》道化役.

andar a [comer] la sopa boba →sopa.

hacer el bobo ばかなことをする.

hacerse el bobo →hacerse el tonto.

el bobo de Coria 極めつきの愚か者.

‡**boca** [bóka ボカ]〈＜ラテン〉女 ❶ (人, 動物の消化器官としての)口, 口腔(こうこう).

boca

口もと, 唇; 歯の総体. —Se limpió la ~ con una servilleta de papel. 彼は紙ナプキンで口を拭いた. Aquí no hay nada que llevarse a la ~. ここには食べるもの[口に運ぶべきもの]が何もない. Tiene una ~ bien dibujada. 彼女はとても形のよい口もとをしている. Me dio un beso en la ~. 彼は私の唇にキスをした. Tengo que llevar a mi niño al dentista para que le arreglen la ~ (= dientes). 歯を治してもらうために子供を歯医者に連れて行かなければならない. ~ de espuerta 《比喩, 話》とても大きな口. ❷ (発声, 発語器官としての) 口. —abrir [cerrar] la ~ 口を開ける[閉じる]. ¿Qué le pasa? No abre la ~ desde que ha vuelto a casa. 彼はどうしたんだ? 家に帰ってから一言も口をきかないが. Tú cierra la ~ y no digas nada aunque te pregunten. 質問されても君は口を閉じて何も言うな. De su ~ no salió ni una palabra, te lo aseguro. 彼の口から一言も出なかった, それは確かだよ. Lo oí de ~ de una amiga. それは女友達の口から聞いた. ~ de escorpión 毒舌家, 悪口を言う人. ~ de oro 《比喩》話が上手な人, 雄弁家 (=pico de oro). ~ de verdades 《比喩》直言の人. ❸ 《比喩, 話》扶養すべき人, 養い口. —Tengo que trabajar mucho para alimentar a siete ~s. 私は7人を食べさせていくために一生懸命働かねばならない. ❹ (ある場所への) 出入り口; (管, 管状のもの, 容器等の) 口, 開口部; 《主に 地理》河口. ~ de metro [puerto, túnel, un canal] 地下鉄[港, トンネル, 運河]の入口. En la ~ del metro me robaron la cartera. 地下鉄の入り口で財布を盗まれた. ~ del estómago《俗》みぞおち. ~ de fuego《軍事》(大砲, 鉄砲, ピストル等の) 銃器類. De repente me dirigió la ~ del fusil. 彼は突然私に銃口を向けた. ~ de(l) gol《スポーツ》サッカーのゴール直前の位置. ~ de incendio[riego] 消火[散水]栓. Para preparar esta comida se necesita una olla de ~ ancha. この料理を作るには口の広い鍋がひとつ必要だ. las ~s del Guadalquivir グアダルキビール川の河口. ❺《話》穴, 破れ目, 裂け目. —Tienes una ~ en la suela del zapato. 君の靴底に穴が一つあいている. [類] agujero, orificio, rotura. ❻ (ワインの) 味, 口あたり, 風味. —Este vino tiene buena ~. このワインは口あたりがよい. [類] gusto, sabor. ❼ (道具) (鍬[(%)], 斧[(%)]等の) のみ, たがね等の) 刃先, (ハンマー, 金槌[(%)]等の) 頭, (万力, やっとこ等の) 挟む部分. ❽ (動物) (エビ, カニ等の) はさみ. ~ de la isla シオマネキ属のbarrilete と呼ばれるカニの大きなはさみ(美味とされている). ~ dragón [león] 《植物》キンギョソウ. [類] pinza.

a boca 口頭で, 口で.

a boca de ... …の初めに. *A boca de* noche, empezó a bajar la temperatura. 夜になると気温は下がり始めた.

a boca (de) jarro (1) 至近距離で, 間近に. El asesino le disparó *a boca de jarro* y murió al instante. 暗殺者は至近距離から発砲し彼は即死した. (2) 出し抜けに, いきなり. La compañía nos comunicó *a boca de jarro* que estábamos despedidos. 会社はいきなり私たちが解雇されていると伝えてきた.

a boca llena 包み隠さず, あからさまに, 歯に衣を着せず. Ella empezó a insultarnos *a boca llena*. 彼女はあからさまに私たちをののしり始めた.

abrir tanta boca [tamaña boca] 【中南米】《比喩》びっくり仰天する.

abrir [hacer] boca《比喩, 話》食欲を呼び起こす, アペリティフとする. Para *abrir [hacer] boca*, tomamos unas aceitunas y una copa de jerez bien seco. 私たちはアペリティフとしてオリーブとうんと辛口のシェリーを一杯やった.

abrírsele la boca あくびがでる, あくびをする. Tenía sueño y no dejaba de *abrírsele la boca*. 彼は眠かったのであくびが止まらなかった.

andar [correr] de boca en boca《比喩》(知らせ, 噂等が) 公になる. La noticia *corrió de boca en boca* por el pueblo. そのニュースは村中の知るところとなった.

andar [estar, ir] en boca [bocas, la boca] de ...《比喩, 話》…の噂になる, …の噂をされている. Su dimisión ya *anda en boca de* todos. 彼の辞任はもうみんなの噂になっている.

a pedir de boca《比喩》期待通りに; 的確に, 正しく. Todo nos salió *a pedir de boca*. すべて私たちの望みどおりに運んだ.

a qué quieres, boca《比喩》思い通りに, 望みどおりに. En su casa todos lo trataban *a qué quieres, boca*. 家では誰もが彼の意向に従っていた.

blando de boca (1)《馬術》(馬が) くつわに敏感な. (2)《比喩》(馬が) 口が軽い.

boca abajo (1) うつぶせになって. Ponte *boca abajo* y te unto crema en la espalda. うつぶせになって, 背中にクリームを塗るから. (2) (容器等を) 伏せて, 裏返しにして. Pon los vasos *boca abajo* para que escurra el agua. 水が切れるようにコップは伏せて置いてね. (3)《比喩》追従した, 従順な. Habla el jefe y todo el mundo, *boca abajo*. 上司が言うことにはみんな従ってしまう.

boca a boca マウス・ツー・マウス方式の人工呼吸. Inmediatamente le hicieron el *boca a boca*. 彼にはただちにマウス・ツー・マウスの人工呼吸が行われた.

boca arriba 仰向けに. Se tumbó *boca arriba* en el sofá. 彼はソファーに仰向けに寝そべった.

buscarle la boca a ...《比喩》…に喧嘩を売る, を挑発する. Oye, ¡no me *busques la boca*! おい, 俺に喧嘩を売るなよ.

(caballo) de buena boca《まれ, 話》性格がよく手のかからない人. No te preocupes por él, que es *caballo de buena boca* y se las arregla solo. 彼のことは気にしないで, 性格はいいし全部自分でできるから.

calentársele la boca a ...《比喩》話に夢中になる, 激して話す. Cuando *se le calienta la boca*, desbarra. 彼は話に夢中になるととんでもないことを言う.

callar(se) la boca《話》黙る, 沈黙する, 口を閉じる. ¡Cállate la boca! 黙れ!

cerrarle la boca a ...《比喩, 話》(人) を黙らせる, …の口を封じる. Lo sobornaron para *cerrarle la boca*. 口を封じるために彼らは彼を買収した.

como boca de lobo《比喩》漆黒の闇. La noche estaba tan oscura *como boca de lobo*. その夜はとても暗くまるで漆黒の闇だった.

con la boca abierta《比喩》唖然[(%)]とした, 呆然[(%)]とした, (驚きで) 開いた口がふさがらない. Al verlo, nos quedamos *con la boca abierta*. それを見て我々は唖然とした. Su descaro nos dejó *con la boca abierta*. 彼の図々しさに私たちは開いた口がふさがらなかった.

coserse la boca 《比喩, 話》黙る, 口を閉じる.

darse un punto en la boca 《比喩, 話》黙る, 沈黙する, 口を閉じる. Yo, aunque sabía la verdad, *me di un punto en la boca*. 私は本当のことを知っていたけれど黙っていた.

de boca [boquilla] (1)《話》口先の, 口先だけの[で]. Él me dice que me quiere, pero *de boca*. 彼は愛してると言うけど, 口先だけよ. (2)(売買において)口約束の[で]. Acordamos la compra *de boca*. 私たちは口約束でその購入を決めた.

de buena [mala] boca (人の)評判がいい[悪い].

decir … con la boca chica [chiquita, pequeña] 《比喩, 話》礼儀として…と言う, 心にもなく…と言う. Me dijo que me prestaría dinero, pero lo *dijo con la boca chica*. 彼はお金を貸してくれると言ってくれたけれど, それは礼儀として言ったに過ぎなかった.

decir lo (primero) que le viene [se le viene] a la boca 《比喩, 話》口からでまかせを言う, 思いつきを言う. El problema de ella es que siempre *dice lo que se le viene a la boca*. 問題は彼女がいつも口からでまかせを言う点だ.

dejar a … con la palabra en la boca 《比喩》(人の)話を最後まで聞かない, 話し終わる前に立ち去る. Mi novia me colgó de repente al teléfono y *me dejó con la palabra en la boca*. 僕の恋人は僕の話を最後まで聞かず突然電話を切った.

dejar mal sabor de boca →*sabor*.

echar boca (1)《道具》《比喩》…の刃先を鍛える. (2)《ゲーム》消耗したビリヤードのキューを補修する.

echar por aquella [la] boca 《話》罵詈雑言(ばりぞうごん)をはく, 悪態をつく. No puedes imaginar lo que *echó por aquella boca*. 彼がどんな罵詈雑言をはいたかあなたには想像もできない.

En boca cerrada no entran moscas. 《諺》口は災いのもと(←閉じた口にハエは入らない).

estar colgado [pendiente] de la boca de … 《比喩》(人の)話を熱心に聞く, …の話に聞き入っている.

estar con la boca [la boca pegada] a la pared 《比喩, 話》寄る辺もなく貧窮をきわめている.

guardar la boca (1)《比喩》黙る, 沈黙する, 口を閉じる. (2)《比喩》ほどよい量の食事を取る.

haber hecho a … la boca un fraile 《比喩, 話》執拗にせびる人である, しつこく無心する人である. A mi hijo parece que *le ha hecho la boca un fraile*. No cesa de pedirme dinero. 息子はとんだせびり屋になったみたいだ. 私に金ばかり無心する.

hablar por boca de ganso [de otro] 《比喩, 話》他人の受け売りをする, 他人の考え[意見]にしたがって話す. Se veía claramente que *hablaba por boca de ganso*. 彼が他人の受け売りをしていたのは明らかだった.

hacérsele a … la boca agua 《比喩, 話》(人)が(食べ物[ある事柄]のことを考えて)よだれが出る. Cuando vi el pastel, *se me hizo la boca agua*. そのケーキを見ると, 私はよだれが出た.

halagar la boca y morder con la cola 《比喩, 話》口では相手の気に入ることを言いながら, 裏切り行為をする.

heder la boca a … 《比喩, 話》(人)はしつこいせびり屋[無心屋]である.

boca 241

irse de [la] boca 《比喩》口が軽い, しゃべりすぎる.

írsele la boca a … 《比喩》(人)が口が軽い, しゃべりすぎる. No bebas demasiado, que cuando te emborrachas, *se te va la boca*. 飲み過ぎないでね, 酔っ払うと口が軽くなるんだから.

mentir con toda la boca 《比喩, 話》いけしゃあしゃあと嘘をつく. ¡Cuidado con él! *Miente con toda la boca*. 彼には気をつけて! 平気で嘘をつくんだから.

meterse en la boca del lobo 《比喩》あえて危険に身をさらす, 無謀なことをする(←オオカミの口に入りこむ). Andar por esas calles es *meterse en la boca del lobo*. その辺りの通りを歩くのは狼の口に入りこむようなものだ.

no caérsele a … de la boca 《比喩》…は(人)の口癖である, (人)の口によくのぼる. Tiene que gustarle esa chica porque *no se le cae de la boca*. 彼はその娘が好きに違いない, だってしょっちゅうその娘のことが彼の口にのぼるから.

no decir esta boca es mía 《比喩, 話》押し黙る[黙っている], 何も言わない. Pasó toda la velada *sin decir esta boca es mía*. 彼は一晩中押し黙っていた.

no descoser [despegar, desplegar] la boca 何も言わない, 黙る[黙っている], 沈黙をとおす.

no tener nada que llevarse a la boca 《比喩》食べ物がない.

no tomar … en boca [la boca] 《比喩》…について話さない, 言及しない.

partir la boca a … 《話》(人)の顔を殴る(主に脅し文句として使用される). ¡Te callas o *te parto la boca*! 黙れ, でなきゃ殴るぞ!

pide [pida usted] por esa boca [boquita] 《話》何でも言って[お申しつけ]ください. *Pida usted por esa boquita* lo que desee. 何でもお望みのことをお申しつけください.

poner [la] boca en … 《比喩》…のことを悪く言う.

poner bocas 〖中南米〗仕事の口利きを求める.

poner … en boca de … 《比喩》…を(人)が言ったことにする; を…に言わせる.

poner la boca al viento 《話》食べ物がない.

Por la boca muere el pez. 《諺》口は災いのもと(←魚は口から死んでいく).

por una boca 一致して, 異口同音に.

Quien [El que] tiene boca se equivoca. 〖諺〗誰にでも間違いはある(←口を持つものは間違う).

quitar … a (人) de la boca 《比喩, 話》…に先んじて…を口に出す, …より先に…を言う. Se lo iba a contar yo, pero *me lo has quitado de la boca*. 僕が彼女にそれを言おうとしたのに君が僕より先に言ってしまった.

quitarse … de la boca 《比喩, 話》(他人のために)…をがまんして, …なしですます.

respirar por la boca de … 《比喩》(人)に依存しきっている, …のいいなりになっている, を盲信している.

romper la boca →*partir la boca*.

ser la boca de … medida 《比喩, 話》…の望むものをすべて与える.

tapar bocas 《比喩, 話》陰口[中傷, うわさ話等]を封じる.

tapar la boca a ... (1)《比喩, 話》(人)の口を封じる, を黙らせる. *Los mafiosos le taparon la boca amenazándole con secuestrar a su hija.* マフィアは娘を誘拐すると脅して彼の口を封じた. (2)《比喩, 話》の反論を断つ. *Con aquel contundente argumento tapó la boca a su rival.* あの決定的な論法で彼はライバルの反論を断った.

tener buena [mala] boca (1)《比喩, 話》(他人のことを)よく[悪く]言う. (2)《比喩》(馬が)従順である[従順でない].

tener mala boca 《比喩》下品な物言いをする, 口が悪い.

tener a ... sentado en la boca del estómago 《比喩, 話》(人)が大嫌いである, (人)に嫌悪を抱いている. *La tengo sentada en la boca del estómago.* 私は彼女が大嫌いだ.

tener [traer] ... siempre en la boca 《比喩》…が口癖である, いつも…について話す.

tomar [traer] ... en la boca [bocas] 《比喩》…の噂をする, …の陰口をたたく, を話題にする.

torcer la boca (不快感から)顔をしかめる, 顔をゆがめる.

venirse a ... a la boca (1)《比喩, 話》(人)が頭に浮かんだことを口に出したくなる. *Piensa un poco y no digas sólo lo que se te viene en boca.* もう少し考えて思いつきで話すのはやめなさい. (2) 胃の中の物の味を感じる.

bocacalle [bokakáʎe] 囡 **❶** 曲がり角, (街路の)入口. **❷** わき道, 枝道.

‡**bocadillo** [bokaðíʝo] 男 **❶** 《料理》ボカディーリョ(小型フランスパンにハムやトルティーリャなどをはさだサンドイッチ). —~ de jamón [de queso, de chorizo] ハム[チーズ, チョリーソ]のボカディーリョ. **❷** (朝食と昼食の間にとる)午前のおやつ, 軽食, 間食. —tomar un ~ 軽食を食べる, 軽い食事をする. *Por la mañana paran el trabajo un rato a la hora del ~.* 午前中のおやつの時間に彼らは仕事を少し中断する. 類 **refrigerio**. **❸** (漫画のせりふを囲む)吹出し. 類 **globo**. **❹** (演劇)(俳優の)台詞(ぜりふ)の少ない出演. **❺** 『中南米』(牛乳・コナッツ・グアバ・バナナなどで作った)砂糖菓子. **❻** 《古》飾りひも, リボン; 薄手の麻布. **❼** 《話》つまむ[はさむ]こと(=pinzamiento).

bocadito [bokaðíto] [<bocado] 男 **❶** (クリームなどをはさんだ)小型パイ, 小皿料理. 類 **pincho**.

bocado [bokáðo] 男 **❶** ひと口(分) —probar un ~ ひと口食べてみる. *Se comió medio pastel de un ~.* 彼女はケーキ半分を一口で平らげてしまった. **❷** かみつき. —dar un ~ かみつく. 類 **mordisco**. **❸** 軽い食事, おやつ. —comer un ~ 軽い食事をする. 類 **refrigerio**. **❹** 《料理》カナッペ, つまみ. **❺** (馬の)くつわ; くつわのはみ.

bocado de Adán のどぼとけ.

buen bocado ぼろもうけ, もうけ物. *Le ha sacado un buen bocado a la venta del piso.* 彼はマンションを売ってぼろもうけした.

con el bocado en la boca 食事が終わったとたんに.

llevarse el bocado del león もうけの最良の部分をとる.

no probar [sin probar] bocado 全く何も食べない[全くなにも食べないで].

bocajarro [bokaxáro] 男 【次の成句で】

a bocajarro (1) 間近で, 至近距離で(=a boca de jarro). (2) あけけに, だしぬけで.

bocal [bokál] 男 **❶** (広口の)水差し, 細い壺(つぼ). **❷** 〖海事〗水路, 水道.

bocamanga [bokamáŋɡa] 囡 《服飾》袖口.

bocamina [bokamína] 囡 坑道の入り口, 坑口.

bocana [bokána] 囡 **❶** 港口, 湾口. **❷** 『中南米』河口.

bocanada [bokanáða] 囡 **❶** ひと吹き(の量). —lanzar [echar] una ~ ひと吹き吐く. **❷** 口いっぱい, 一口分. —*Se asomó a la ventana para aspirar una ~ de aire fresco.* 彼女は新鮮な空気を吸い込むために窓に近づいた. **❸** ひと飲み(の量). —tomar una ~ de agua 水を一口飲む. **❹** (煙, 風, 怒りなどの)一吹き, 噴出. —*Una ~ de gente salía del teatro.* 一団の人々が劇場から出て来ていた.

a bocanadas (煙が)もくもくと. *El humo salía de las chimeneas a bocanadas.* 煙が煙突からもくもくと出ていた.

echar bocanadas ほらを吹く, 自慢する.

bocata [bokáta] 男 《話》=bocadillo.

—— 囡 空腹, 飢え.

bocaza, bocazas [bokáθa, bokáθas] 男女 〖複〗 bocazas 《話, 軽蔑》おしゃべり, 口が軽い人; はったりを言う人.

bocel [boθél] 男 〖建築〗大玉縁(おおたまぶち), トーラス.

bocera [boθéɾa] 囡 **❶** 〖しばしば 複〗口のまわりの食べ物のよごれ. —tener ~s 口のまわりがよごれている. **❷** 〖医学〗口角炎.

boceras [boθéɾas] 男女《無変化》**❶** 《話》おしゃべり. **❷** 《話》ばか. 類 **bocazas, hablador**.

‡**boceto** [boθéto] 男 **❶** 《絵画》スケッチ, 下絵, 習作. —~ a lápiz 鉛筆の下絵. hacer un ~ 下絵を描く; 下ごしらえをする. 類 **bosquejo**. **❷** 《彫刻》粗削り, 粗彫り; 雛形. —*El maestro hacía el ~ y los discípulos realizaban la escultura.* 先生が粗彫りを施して, 弟子たちが彫刻していた. **❸** 草稿, 草案, 概略, 概要. —~ de una novela 小説の草稿. *Le presenté el ~ del proyecto a mi jefe.* 私は上司にプロジェクトの草案を示した. 類 **bosquejo, esbozo**.

bocha [bótʃa] 囡 **❶** 〖複〗〖遊戯〗木柱戯(立てた柱に玉を近くになるようにころがす遊び). **❷** (木柱戯用の)木球.

bochar [botʃáɾ] 他 **❶** 〖遊戯〗ひとつのボールを別のボールに当てて動かす. **❷** 『中南米』《話》を拒絶する, (異性を)振る; 落第させる.

boche [bótʃe] 男 **❶** (ビー玉遊びのための)小さな穴. **❷** 『南米』口論, けんか. (=pendencia)

bochinche [botʃíntʃe] 男 **❶** 《話》騒ぎ, 騒動, けんか; 混乱. —armarse un ~ 騒動が起きる. 類 **alboroto, barullo**. **❷** 飲み屋, 下級酒場.

bochorno [botʃóɾno] 男 **❶** (夏の)熱風, 蒸し暑さ, うだるような暑さ. **❷** 赤面, 恥ずかしい思い, 赤面. —tener [sentir, pasar] ~ 恥ずかしい思いをする. 類 **rubor, vergüenza**.

bochornoso, sa [botʃornóso, sa] 形 **❶** 蒸し暑い, うっとうしい. **❷** 恥ずかしい.

bocina [boθína] 囡 **❶** (自動車の)警笛, クラクション(=claxon). —tocar la ~ クラクションを鳴らす. **❷** 角笛(つのぶえ). **❸** メガホン. **❹** (らっぱ形)補聴器. **❺** (la B~)《天文》小熊座.

bocinazo [boθináθo] [＜bocina] 男 ❶ 大きくクラクションを鳴らす音． ❷《話》怒鳴り声，叱責． —La madre dio un ～ a los niños para que entraran en casa. 母親は子供たちに家に入るよう怒鳴った．

bocio [bóθjo] 男 〖医学〗甲状腺腫． —tener [padecer] ～ 甲状腺腫を病む．

bock [bó(k)] 男 （250ccの）ジョッキ，ビアグラス；（ボック）ビール1杯．

bocón, cona [bokón, kóna] 形 ❶《話》口の大きい，大口の． 類**bocudo**． ❷《話，軽蔑》口が軽い，大口をたたく，口ばかりの． 類**bravucón, fanfarrón**.
—— 名 ❶《話》口の大きい人． ❷《話，軽蔑》口が軽い人．

bocoy [bokój] 男 大樽(おおだる)．

bocudo, da [bokúðo, ða] 形 口の大きい，大口の．

boda [bóða ボダ] 女 ❶[複 も可]結婚式，婚礼; 結婚． —～ civil 民事婚(役所で手続きをする)． ～ religiosa 宗教婚，教会結婚． anillo [regalo] de ～ 結婚指輪[祝い]． vestido [pastel] de ～ ウェディングドレス[ケーキ]． ❷ 結婚披露宴． —banquete de ～ 結婚披露宴． celebrar la ～ por todo lo alto 豪華な結婚式を挙げる． ir de ～/asistir a la ～ 結婚式に出席する． 類casamiento, enlace, esponsales, nupcias**. 反**divorcio, separación**. ❸ 結婚記念日(＝ aniversario de ～), …式; 創業[創立, 動続]記念日． —～s de platino プラチナ婚式(65周年記念)． ～s de diamante ダイヤモンド婚式(60周年記念)． ～s de oro 金婚式(50周年記念)． ～s de rubí ルビー婚式(40周年記念)． ～s de plata 銀婚式(25周年記念)． ～s de papel 紙婚式(10周年記念)． Mañana celebraremos las ～s de oro de la fundación del colegio. 明日私たちは学校創立50周年を祝います．

boda de negros どんちゃん[乱痴気]騒ぎ．
hacer una buena [mala] boda (結婚で経済的・社会的・精神的に)得する[損する]．
lista de boda(s) (新郎新婦が選び，招待客が支払う)結婚祝い品目録．
noche de bodas →noche.
ser el pato de la boda 〖アルゼンチン〗《話》濡れ衣を着せられている．

:**bodega** [boðéɣa] 女 ❶ (普通地下にある)酒倉，ワインセラー，ワイン貯蔵室． —Esta ～ cuenta con más de 10.000 botellas. この酒倉にはワインが1万本以上ある． ❷ ブドウ酒店，酒屋; 〖中米〗酒場，飲食店． —En las ～s suelen tener vino embotellado y vino en toneles. ブドウ酒店にはいつも瓶詰めと樽詰めのワインが置いてある． ❸ ワイン醸造所． ❹ (ある地域・年の)ワイン生産(高); ブドウ(ワイン)の出来具合． —La ～ de este año en Valdepeñas ha sido bastante buena. バルデペニャスの今年のワイン生産高はかなり良かった． 類**cosecha**. ❺ (家庭の)食糧貯蔵室; 穀物倉． —guardar las latas de conserva en la ～ 缶詰を食糧貯蔵室にしまっておく． 類**almacén, despensa, sótano**. ❻ 〖海事〗船倉(積荷・奴隷などを入れて運ぶだ); （港の）倉庫; 〖航空〗貨物室． —El pesquero regresó con la ～ repleta de atunes. 漁船は船倉をマグロでいっぱいにして戻ってきた． ❼ 〖中南米〗食料品店(＝abacería)． —ir a la ～ para comprar harina 小麦粉を買いに食料品店に行く． ❽ 〖中南米〗倉庫，貯蔵所．

***bodegaje** [boðeɣáxe] 男 〖中南米〗(商業)倉敷料，倉庫料[保管料]; 貯蔵，保管． 類**almacenaje**.

bodegón [boðeɣón] 男 ❶ 〖美術〗静物画． —pintar un ～ 静物画を描く． ❷ 安料理店，居酒屋．

bodeguero, ra [boðeɣéro, ra] 名 ❶ ワイン蔵担当者[所有者]; 酒屋，ワイン業者． ❷ 〖中南米〗飲食店主; 食料品店主． ❸ 〖中南米〗倉庫所有者．

bodijo [boðíxo] 男 ❶《話，軽蔑的に》貧しい結婚式． ❷《話》不つりあいな結婚．

bodoque [boðóke] 男 ❶ (土を丸めた)小球，小弾丸． ❷《話，比喩》ばか，間抜け． ❸ 〖メキシコ〗こぶ，はれもの．

bodorrio [boðórjo] 男 《話》→bodijo.

bodrio [bóðrjo] 男 《話》へたくそ． —Esa película es un ～. その映画は失敗作だ． ❷《話》粗末な食事． ❸ (修道院で)貧民に与えられるスープ． ❹《話》(ソーセージ用の)豚の血と玉ねぎを混ぜたもの． ❺《話》ごたまぜ．

bóer [bóer] 男女 ボーア人(南アフリカのオランダ移住民の子孫)． —— 形 ボーア人の．

bofe [bófe] 男 (主に～s)〖料理〗(牛などの)肺(＝pulmón).
echar el bofe [los bofes] (1)《話》たゆまず働く，精を出す． *Echaron los bofes* entrenándose. 彼らは必死になってトレーニングした． (2) 〖中南米〗《話》はあはあ言う，へとへとになる．

bofetada [bofetáða] 女 ❶ 平手打ち，ぴしゃりと打つこと． —dar una bofetada a … をぶつ，たたく． ❷《比喩》侮辱． 類**desaire, desprecio**.
darse de bofetadas con … 《話》…と合わない，調和しない． La corbata que lleva *se da de bofetadas con* el traje. 彼のネクタイは服と合っていない．

bofetón [bofetón] 男 ❶ 強くびしゃりと打つこと． —dar un ～ びしゃりと叩く． ❷ 〖演劇〗回り舞台．

boga [bóɣa] 女 ❶ 流行，はやり． —La minifalda vuelve a estar en ～. ミニスカートが再び流行っている． ❷ 〖海事〗漕ぐこと． ❸ 〖魚類〗ブリーム(ヨーロッパ産のコイ科の淡水魚)． —— 男女 〖集合的に〗〖海事〗漕ぎ手．

bogada [boɣáða] 女 〖海事〗1漕ぎ; 1漕ぎで進む距離．

bogador, dora [boɣaðór, ðóra] 名 〖海事〗漕ぎ手．

bogar [boɣár] [1.2] 自 ❶ 漕ぐ(＝remar)． ❷ 〖鉱業〗溶けた金属からかすをすくい取る．

bogavante [boɣaßánte] 男 ❶ 〖歴史，海事〗(ガレー船の)整調手． ❷ 〖動物〗ウミザリガニ，ロブスター．

Bogotá [boɣotá] 固名 ボゴタ(コロンビアの首都，公式名 Santa Fe de Bogotá, D.C.).

bogotano, na [boɣotáno, na] 形 ボゴタ(Bogotá)の． —— 名 ボゴタの人．

bohardilla [boarðíja] 女 →buhardilla.

bohemio, mia [boémjo, mja] 形 ❶ (芸術家などが)慣習に縛られない，自由奔放な． ❷ ボヘミア(Bohemia)の． ❸ →gitano.
—— 名 慣習に縛られない人，ボヘミアン．

244 bohío

bohío [boío] 男 【中南米】小屋.

bohordo [bórðo] 男 ❶ 【歴史】(昔の)投げ槍(槍試合で使われた). ❷ 《植物》花茎.

boicot [bojkót] 〔<英〕男〔複 boicots〕ボイコット, 不買運動. —— hacer un [el] ～ ボイコットする.

boicotear [bojkoteár] 他 ❶ をボイコットする, 阻止する, 妨害する, 放棄する. ❷ を不買同盟で苦しめる.

boicoteo [bojkotéo] 男 →boicot.

:**boina** [bójna] 女《服装》ベレー帽. —— ～ vasca バスクベレー. —— ～ verde《軍事》グリーンベレー(部隊員). ponerse [quitarse] la ～ ベレー帽をかぶる [取る]. Los vascos llevan una ～ muy grande que se llama chapela. バスク人はチャペラという名の大変大きいベレー帽をかぶっている. 類 **chapela**.
pasar la boina. 《話》(見世物などの後で)お金を集める, カンパを募る.

boite [bójte] 女 ナイトクラブ.

boj [bó(x)] 男 《植物》ツゲ(材).

bojar [boxár] 自 《海事》島・岬の周囲を航行する.

boje [bóxe] 男 ❶ →boj. ❷ 《鉄道》ボギー台車.

bol¹ [ból]〔<英 bowl〕男 どんぶり, 椀, ボール.

bol² [ból] 男 《海事》地引網.

:**bola** [bóla] 女 ❶ 玉, 球(状体), ボール. —— ～ de vidrio ガラス玉, ビー玉. ～ de naftalina ナフタリン玉. ～ de caramelo あめ玉. ～ del mundo 地球. cojinete [rodamiento] de ～s ボール・ベアリング. ～ de billar ビリヤードの球. ～ del golf ゴルフのボール. ～ pampa 【中南米】雪玉(=boleadoras). tirarse ～s de nieve 雪合戦をする. 類 **esfera, globo**. ❷ 複《遊戯》ビー玉遊び(=canicas). —— jugar a las ～s ビー玉遊びをする. ❸ (投票・抽選用の)玉. ❹《話》噂話, でたらめ. —— contar [meter] ～s でたらめを言う. inventar ～s 作り話をでっち上げる. Eso que dices es una ～ y nadie se lo cree. 君の言うことはでたらめで, 誰もそんなことは信じない. 類 **bulo, embuste, mentira, trola**. 反 **verdad**. ❺《話》力こぶ, 二頭筋. —— sacar (mucha) ～ (大きな)力こぶを作る. 類 **biceps**. ❻ 靴墨. —— Le di ～ a los zapatos. 私は彼の靴を靴墨で磨いた. ❼ 砲丸投げ. ❽ 複《俗》睾丸(ぶん). ❾ 【中南米】群集. —— una ～ de gente 大勢の人. ❿ 【中南米】騒乱, 暴動, 騒ぎ, 喧嘩. —— sofocar las ～s 暴動を鎮圧する. 類 **sublevación, tumulto**. ⓫ 【中南米】《服飾》水玉模様. ⓬ 犬の毒殺団子. ⓭ 《トランプ》完勝, スラム. —— media ～ 13 組中 12 組までを取ること. ⓮《海事》信号球. ⓯ 【南米】(狩猟用の)ひもをつけた投げ玉.
a bola vista. 《トランプ》カードを表向きにして.
acertar con las bolas. 【中南米】(人を)ひどい目に会わせる.
andar como bola sin manija. 【中南米】方向を見失っている.
a su bola [ir/andar/estar+]. 《話》(他人の望み・利益は考えず)好き勝手に, わがままに.
bola de nieve. (1) 雪のボール, 雪玉. (2)《植物》カンボク(肝木), 手鞠(ぢ)花. (3)《比喩》雪だるま式に大きくなるもの(噂, 名声, 富など).
bola de partido. 《スポーツ》マッチポイント.
bola negra. 反対票. echar *bola negra* 反対投票をする, 拒絶する.

botar la bola. 【中米】偉業を成し遂げる.
correr la bola. 《話》噂[ニュース]を広める. Se *ha corrido la bola* de que me casaré el mes que viene. 私が来月結婚するという噂が流れた.
¡Dale bola! またか!, いい加減にしろ!
dar a [con] la bola. 【中南米】狙いが的中する, 成功する.
dar [darle] bola a ... (1)【中南米】(靴墨で)磨く. (2)【中南米】を気にかける, …に気を配る, 注目する.
dejar que ruede [dejar rodar] la bola. 《話》自然の成り行きに任せる.
darse bola. 《話》行ってしまう, 帰ってしまう, 立ち去る. Como no me gustaba el ambiente de la fiesta, *me di bola* enseguida. パーティーの雰囲気が気に入らなかったので, 私はすぐに帰ってきた.
en bolas (1) 《話, 俗》裸で, 服を着ないで(= en pelotas). (2) 不意をつかれて; 手の施しようのない.
escurrir la bola. 逃げる. 類 **huir**.
estar de [como] bola. 【中米】ひどく酔っている.
niño de la bola. 幼子イエス; 幸福な子.
no dar pie con bola/no rascar bola. へまばかりする.
hasta la bola. (1)《闘牛》(牛への一突きの estocada が)柄(ぬ)まで深く. (2) いっぱいの, 満員の.
pasar la bola. 《話》(1)(他人に)責任をなすりつける[転嫁する], 仕事を他人に回す. No le gustaba ese trabajo y me *ha pasado la bola*. 彼はその仕事が気に入らなくて, 私に回した. (2) (伝言ゲームの)次の人に伝える.
¡Ruede la bola! なるようになれ!, 運を天に任せよう!
sacar bola. 《話》(腕を曲げて)力こぶを作る.

bolada [boláða] 女 ❶ 【中南米】好機, チャンス. —— Puedes aprovechar esta ～ para empezar tu empresa. この好機をつかんで会社を始めるといいよ. ❷ 【中南米】デマ, うそ, 作り話. ❸ 投球; (ビリヤードの)ストローク. ❹ (大砲の)砲身.

bolado [boláðo] 男 ❶ 【中南米】事柄, 件, 用事. 類 **asunto, negocio**. ❷ →azucarillo.

bolardo [bolárðo] 男 ❶ 《海事》係船柱, ボラード. ❷ (自動車の)進入禁止柱, 駐車防止の鉄柱.

bolazo [boláθo] 男 ❶ ボールで当てること. —— dar un ～ ボールを当てる. ❷ 【南米】うそ, でたらめ. 類 **engaño, mentira**.
de bolazo. 《話》急いで, あわてて.

bolchevique [boltʃeβíke] 男女 《政治》ボルシェビキの一員(ロシア社会民主労働党の多数派). —— 形 《政治》ボルシェビキの.

bolchevizmo, bolchevismo [boltʃeβikísmo, boltʃeβísmo] 男 《歴史》(ロシアの)ボルシェビズム, ボルシェビキの政策[思想].

boleadoras [boleaðóras] 女複 『ラ・プラタ』 ボレアドーラ(ひもの先に鉄球をつけたもの, 牛などの脚にまきつけて捕らえる).

bolear [boleár] 自 ❶ (ビリヤードで)ボールを打つ. ❷ ボールを投げる. ❸ 《話》うそをつく. —— 他 ❶ 《話》を投げる. ❷ 《メキシコ》(靴)を磨く. ❸ 【南米】を阻む, 否決する (= rechazar). —— se 再 【中南米】間違える.

bolera [boléra] 女 ボーリング場.

bolero, ra [boléro, ra] 形 ❶《話》うそつきの, ずるい. —— 名 ❶ ボレロ舞踊家(軽快なスペイン舞踊). ❷《話》うそつき, 嘘つき. ❸ 男 ❶《音楽》ボレロ.

—bailar un ~ ボレロを踊る. ❷《服飾》(婦人用の)短い上衣, ボレロ. ❸《中南米》(人をさして)靴みがき. ❹《中南米》シルクハット.

boleta [boléta] 囡 ❶《中南米》入場券, 切符(=billete). ❷ (くじ・賭け事の)札, 抽籤券.

boletería [boletería] 囡 【中南米】切符売り場. 類 **taquilla**.

boletero, ra [boletéro, ra] 图【中南米】切符[入場券]売り.

:**boletín** [boletín] [<boleta] [複 boletines] 男
❶ 公報, (公的な)報告書, 告示. —B~ Oficial del Estado 官報, 公報[略]BOE). ~ de prensa 新聞発表. ~ meteorológico 天気予報, 気象通報. La oferta de empleo ha salido en el ~ oficial. 求人が公報に載った. 類 **gaceta**, **revista**. ❷ (学会・団体などの)定期報告書, 学術報告, 会報, 紀要. —~ anual [mensual, semanal] 年[月, 週]報. ~ comercial 商業時報. ~ literario 文芸評論. B~ de la Real Academia Española スペイン王立アカデミー紀要. ~ de antiguos alumnos 同窓会の会報. ~ facultativo 容体報告(書). ~ de multas (交通違反の)調書. 類 **publicación, revista**. ❸《テレビ, ラジオ》(定時の短く簡潔な)ニュース番組. —En el próximo ~ (de noticias) les informaremos de la previsión meteorológica. 次のニュース番組で天気予報をお知らせいたします. 類 **informativo, noticiario**. ❹ 申込書 (~ de inscripción). —Rellene Ud. este ~, por favor. どうぞ申込書に記入してください. ❺ (学校の)通信簿, 成績表 (= ~ escolar [de notas, de calificaciones]). ❻ (富くじの)券; [中南米](鉄道の)切符. —dos boletines para la Habana ハバナ行きの切符2枚.

boletín informativo [de noticias] 《ラジオ, テレビ》(定時の短いニュース番組; ニュースレター). Nuestro próximo boletín informativo será a las cinco de la tarde. 次のニュース番組は午後5時になります.

boleto [boléto] 男 ❶【中南米】切符(=billete). —comprar [sacar] los ~s 切符を買う. ❷【中南米】入場券 (=entrada). ❸ 宝くじ券. ❹ (一般に)券.

boli [bóli] 男 [<bolígrafo] 《話》ボールペン.

boliche [bolítʃe] 男 ❶《スポーツ》[中南米]ボウリング, ボウリング場 (=bolos). —jugar al ~ ボウリングをする. salón de ~ ボウリング場. ❷ 小さなボール[球]. ❸《遊戯》けん玉(遊び). ❹《チリ, ラ・プラタ》居酒屋 (=taberna). ❺《海事》小さい地引き網.

bolichear [bolitʃeár] 圓 ❶ 小さな商売をする. ❷【中南米】《話》飲み屋に入り浸る.

bolichero, ra [bolitʃéro, ra] 图【中南米】《話》❶ 小さな店の店主. ❷ 飲み屋の常連.

bólido [bóliðo] 男 ❶《天文》火球, 大流星. ❷ 競技用自動車, レーシングカー. ❸《比喩》行動のすばやい人, 早い動きをするもの.

bolígrafo [bolíɣrafo] 男 ボールペン. —escribir con ~ ボールペンで書く.

bolilla [bolíʎa] 囡【中南米】❶ (くじ引きで用いられる)玉. ❷ 授業シラバスの項目.

dar bolilla a ... ...に耳を傾ける, 注意を払う.

bolillo [bolíʎo] 男 ❶【主に複】《服飾》(レース編み用の)糸まき棒, ボビンレース. —hacer ~s ボビンレースをする. encaje de ~s ボビンレース. ❷【料理】(棒についた)おしゃぶり飴(窓). ❸ 複【中南米】《音楽》(太鼓の)ばち, スティック. ❹《メキシコ》ロールパン.

bolina [bolína] 囡 ❶《海事》はらみ綱. ❷《海事》測鉛線. ❸《話》騒音, 騒ぎ.

Bolívar [bolíβar] ❶ ボリバル(エクアドルの県; コロンビアの県; ベネズエラの州). ❷ ボリバル(シモン Simón ~)(1783-1830, ベネズエラ出身の独立運動指導者).

bolívar [bolíβar] 男 ボリバル(ベネズエラの貨幣単位).

Bolivia [bolíβia] 固名 ボリビア(公式名 República de Bolivia, 首都ラパス La Paz).

:**boliviano, na** [bolíβiáno, na] 形 ボリビア (Bolivia)(人)の.
——— 男 ボリビア人.
——— 男 ボリビアーノ(ボリビアの貨幣単位, bs と略される).

bollar [boʎár] 他 ❶ (生地などに)商標タグをつける. ❷ (金属や皮革に)飾り鋲を打ち込む.

bollería [boʎería] 囡 ❶ 菓子パン(bollo)を売る店. ❷【集合的に】菓子パン.

bollero, ra [boʎéro, ra] 图 菓子パン売り; 菓子パン製造者. ——— 囡《俗, 軽蔑》レズビアン.

bollo [bóʎo] 男 ❶《料理》ロールパン, 菓子パン. —comerse un ~ ロールパンを食べる. ❷ (ぶつかってできた)こぶ(瘤)(=chichón). —De la caída, le ha salido un ~ en la cabeza. 転倒して彼は頭にこぶができた. ❸《話》混乱, 騒動, けんか. 類 **jaleo, lío**. ❹ へこみ, 傷. ❺【中南米】げんこつ, パンチ.

No está el horno para bollos. 《文》→horno.

bollón [boʎón] 男 飾り鋲(ˇ).

bolo [bólo] 男 ❶ 複《スポーツ》ボウリング. —jugar a los ~s ボウリングをする. ❷ (ボウリングの)ピン. ❸ (名)のろま, 愚か者. 類 **ignorante, necio**. ❹《建築》(らせん階段の)軸柱. ❺《演劇》地方巡業, どさ回り. —Esa compañía va a hacer unos ~s por el sur. その一座は南の方を巡業することになっている. ❻《中米》酔っ払い. 類 **borracho, ebrio**.

bolo alimenticio 一度に飲み込む食物.

bolón [bolón] 男 ❶【中南米】大量; たくさんの人. ❷《南米》(建物の基礎に用いる)石材.

bolón de verde バナナ料理.

Bolonia [bolónia] 固名 ボローニャ(イタリアの都市).

boloñés, ñesa [boloɲés, ɲésa] 形 ボローニャ (Bolonia) の. ——— 图 ボローニャの人.

:**bolsa** [bólsa] 囡 [<ラテン] 男 ❶ (布, 紙等の)袋, 袋状の入れ物, 手提げ, かばん, バッグ. —~ de agua caliente 《古》お湯を入れた袋(湯たんぽのように使用された). ~ de aseo 洗面用具入れ, 化粧ポーチ. ~ de basura ごみ袋. ~ de deportes [viaje] スポーツ[ボストン]バッグ. ~ de dormir 【中南米】寝袋 (=saco de dormir). ~ de la compra 買物袋; 1日分の食事に必要な食品類. ~ del pan パン袋(パンを保存しておく布製の袋). ~ de lona キャンバス地製の袋, トートバッグ. ~ de papel 紙袋. ~ de plástico [plástica] ビニール[ポリ]袋. ~ bomba 爆弾を仕掛けた袋. ~ isotérmica クーラーバッグ. Le compró al niño una ~ de pipas. 彼は子供にヒマワリの種を一袋買ってやった. Metió el bañador y la toalla en una ~. 彼女は水着とタオルとを手提げに入れた. Para pescar usaban una red en forma de ～. 漁業用に袋状の網が使われていた. [類]**bolso, saco**. ❷ (時にB～)(商業)相場, 株[商品]取引; 証券[商品]取引所, 株式市場(ベルギー, ブリュッセルの銀行家の名前van der Burse de la Bolsa を意味することから). ～ de cereales 穀物相場[取引]. ～ de comercio [valores] 商品[証券]取引所. ～ negra 闇相場, 闇取引; 《中南米》闇市. bajar [subir] la ～ 相場[株]が下がる[上がる]. La ～ ha bajado hoy diez puntos. 今日相場は10ポイント下げかった. Los estudiantes de Economía han visitado la B～ de Tokio. 経済学部の学生たちは東京証券取引所を訪問した. jugar a la ～ 株売買をする. Esa empresa no cotiza en ～. その企業は上場されていない. El índice Dow Jones de la B～ de Nueva York ha subido tres puntos. ニューヨーク株式相場のダウ指数が3ポイント上がった. Hoy no hay ～. 今日は株取引がない. ❸ 〖+de〗(新聞等の)…売場欄. —En la ～ de la propiedad inmobiliaria he encontrado un inmueble muy bueno. 不動産売買欄でとてもいい物件をひとつ見つけた. 〖+de〗…市, …市場. ～ de trabajo[empleo] 職業[仕事]紹介所. Todos los domingos se celebra la ～ filatélica en la plaza. 毎週日曜日広場で切手の市が開かれる. ❺ (まれ)(昔は主に革製の)巾着(きんちゃく)状の財布; 財布. [類]**cartera, monedero**. ❻ 〖文〗懐; 具合, 状態; 財産, 所持金. —Encontré un hotel que iba bien con mi ～. 私の懐具合にあうホテルを見つけた. Con ese desfalco se habrá llenado bien la ～. その横領で奴は懐がずいぶん温かくなっているだろう. [類]**bolsillo, caudal, dinero**. ❼ 給費金, 助成金, 補助金; 奨学金. ～ de estudios 奨学金. ～ de viaje 旅行手当[旅費]. [類]**beca**. ❽ (ボクシング等の)ファイトマネー. ❾ (衣服等の)たるみ, しわ; 目の下などのたるみ[しわ]. —Los pantalones le hacían unas feas ～s. 彼のズボンにはみっともないたるみがあった. No nota la fatiga en las ～s que le han salido. 彼の疲労は目の下がたるんでいるのを見れば分かる. ❿ (解剖)嚢(のう), 包; 陰嚢(いんのう) (=escroto). —～ lacrimal [sinovial] (解剖) 涙嚢(るいのう)[滑液嚢]. ～ de las aguas (解剖) 羊膜(ようまく). ～ marsupial (動物)(有袋類の)育児嚢, 腹袋. Los calamares tienen una ～ de tinta. イカには墨汁嚢がある. ⓫ (鉱業)鉱嚢, 鉱脈瘤(石油やガス等の球状のたまり). —una ～ de petróleo 石油の溜まり. ⓬ 気体, 液体等のかたまり. —～ de aire (航空)エアーポケット. ⓭ 貧困地域[階層]. —En los barrios periféricos de las grandes ciudades hay ～ de pobreza. 大都市の周辺には貧困地域がある. ⓮ (軍事)敵の包囲網, 包囲された軍隊. ⓯ 座っている時に足を入れて暖める袋状の毛皮. ⓰ 男性が髪用のヘアネット.

bolsa de hierro 《比喩》けちけちした人, しみったれ.

bolsa de pastor (植物)(アブラナ科)ナズナ, ペンペングサ.

bolsa rota 《比喩》浪費家, 金遣いの荒い人. [類]**manirrota**.

aflojar la bolsa 《比喩, 話》財布の紐を緩める, 金を与える, 金を支払う. Hoy te toca a ti *aflojar la bolsa*. 今日は君がお金を払う番だよ.

alargar la bolsa 《比喩, 話》大きな支出のために金を用意する.

castigar a ... en la bolsa 《話》…に罰金を科する.

echar a ... a [en] la bolsa 《中南米》を打ち負かす.

hacer a ... bolsa 《中南米》(物)を砕く, 粉々にする.

volver a ... bolsa 《中南米》(人)をだます, ぺてんにかける.

estar peor que en la bolsa 《比喩, 話》(職や金が)不安だ, 安心できない.

¡La bolsa o la vida! (昔の脅し文句)命が惜しければ金を出せ(←財布か命か!).

tener (物) como en la bolsa を獲得する自信満々である.

— [形] ❶ 《中南米》《話》怠惰な, 怠け者の. ❷ 《中南米》《俗》ばかな, 愚鈍な.

bolsear [bolseár] [他] ❶ 《中米》盗み取る, 掏(す)る. ❷ 《中南米》ふくらむ, たるむ.

bolsero, ra [bolséro, ra] [名] ❶ 《中米》《俗》すり, (ポケットから金を抜く)泥棒. ❷ 《南米》《話》たかり, 人の懐を当てにする人. ❸ カバン職人[業者].

bolsillo [bolsíjo ボルシジョ] [<bolso] [男] ❶ (服飾)ポケット. —con las manos metidas en los ～s ポケットに両手を入れて. ～ trasero del pantalón ズボンの後ろポケット. ～ de pecho 胸ポケット. ～ con cartera フラップ[折返し]ポケット. ～ de parche 張付け[パッチ]ポケット. ～ exterior con cremallera チャック付き外ポケット. Se ha guardado su dinero en el ～ interior de la chaqueta. 彼は上着の内ポケットにお金をしまった. ❷ (個人の)所持金, 懐具合, ポケットマネー. —consultar con el ～ 懐[財布]と相談する. tener buen ～ 懐具合がよい. José cuenta con mi ～. ホセは私の懐を当てにしている. ❸ 財布, ポーチ. —Ten cuidado con el ～, no te lo roben. 財布に気をつけて, 盗まれないように. [類]monedero, portamonedas**.

aflojar el bolsillo 《話》(特にいやいや)お金を払う (→rascar(se) el bolsillo).

de bolsillo (1) ポケットサイズの, 携帯用の. reloj *de bolsillo* 懐中時計. agenda *de bolsillo* ポケット手帳. diccionario *de bolsillo* ポケット版[小型]辞書, 豆辞典. paraguas *de bolsillo* 折畳み傘. edición *de bolsillo* ポケットブック版, 文庫版. libro *de bolsillo* ポケットブック, 文庫本. calculadora *de bolsillo* ポケット電卓. (2) 小型の. submarino *de bolsillo* 小型潜水艦.

meter(se) a ... en el bolsillo 《話》(個人・団体)の気持ちをつかむ, 支援[信頼]を得る, 味方に付ける; (人)を完全に支配している. Es tan guapo y simpático que *se mete a* todas las chicas *en el bolsillo*. 彼は大変ハンサムで感じがいいので, 女の子全員の心をつかむ.

no echarse [meterse] nada en el bolsillo 何の得にもならない, 何の得もしない. Con esto *no me meto nada en el bolsillo*. これで私は何の得もしない.

pagar de su (propio) bolsillo 身銭を切る, 自腹を切る. La cena tuve que *pagármela de mi bolsillo*. 夕食代は自分の金で払わなければならなかった.

poner de su bolsillo 《話》損をする, 足が出る.

rascar(se) el bolsillo (特にいやいや)お金を払う

(→aflojar el bolsillo). ¡Anda, *ráscate el bolsillo* e invita! さあ、お金を出しておごってよ.
sin echarse la mano en el bolsillo 一銭も使わずに.
tener a ... en el bolsillo →meter(se) a ... en el bolsillo.
tener un agujero en el bolsillo ポケットに穴が開いている; 浪費家である(=despilfarrar).
bolsín [bolsín] 〔<bolsa〕男 〖経済〗(株式)場外取引(所).
bolsista [bolsísta] 男女 ❶ 〖商業〗株式仲買人, 株屋. ❷【メキシコ, 中米】スリ.
bolsita [bolsíta] 〔<bolsa〕女 小袋, 小さい袋.
:**bolso** [bólso] 男 ❶ ハンドバッグ, バッグ. —Ella llevaba el ~ en bandolera. 彼女はバッグを斜めに掛けていた. Le robaron el ~ mientras tomaba una cerveza en la cafetería. カフェテリアでビールを飲んでいる間にハンドバッグを盗まれた. ❷ (革, キャンバス地の)かばん, 大きな袋. — ~ de la compra 大きな買物袋. Mi hija lleva un ~ de lona cuando va a la escuela. 私の娘は登校際キャンバス地のかばんを持っていく. [類]**bolsa**. ❸ (衣類の)ポケット. —Métete las llaves en el ~ del abrigo. 鍵をコートのポケットに入れておきなさい. [類]**bolsillo**. ❹ 〖海事〗風による帆の膨らみ. [類]**seno**.
rascarse el bolso 〘話〙しぶしぶ金を出す. [類] **rascarse el bolsillo**.
bolsón [bolsón] 男 ❶ 大袋. ❷ 〖中米〗怠け者; 沼. ❸〖南米〗ハンドバッグ. ❹【中米】愚か者.
:**bomba** [bómba] 女 ❶ 爆弾, 砲弾. —Una ~ atómica fue lanzada sobre Hiroshima. 広島に原子爆弾が投下された. ~ de hidrógeno [~H] 水素爆弾. ~ termonuclear 熱核爆弾. ~ de demolición 軍事施設破壊用爆弾. ~ de dispersión 集束爆弾. ~ de humo 発煙筒; 〘比喩〙煙幕. ~ de neutrones [~ N] 中性子爆弾. ~ de mano 手榴弾, 手投げ弾. ~ de tiempo; ~ de acción retardada [de relojería] 時限爆弾. ~ de fragmentación クラスター爆弾. ~ casera 手製爆弾. ~ cazabobos [trampa] 仕掛け爆弾. ~ fétida 悪臭弾. ~ lacrimógena [de gas tóxico] 催涙[毒ガス]弾. ~ incendiaria 焼夷弾. ~ Molotov [incendiaria] 火炎瓶. ~ volcánica 火山弾. paquete ~ 小包爆弾. coche ~ 自動車爆弾. carta ~ 手紙爆弾. a prueba de ~ ひどく頑丈な, 堅牢な. salud a prueba de ~ びくともしない健康体. desactivar una ~ 爆弾の起爆装置を外す. [類]**explosivo, proyectil**. ❷ ポンプ. —Usaron una ~ para sacar el agua. 彼らはポンプを使って水を汲み上げた. cebar la ~ ポンプに呼び水を差す. ~ aspirante [impelente] 吸上げ[押上げ]ポンプ. ~ de aceite (エンジンの)オイルポンプ. ~ de aire [de agua] 空気[水道]ポンプ. ~ de bicicleta 自転車用の空気入れ. ~ de calor ヒートポンプ. ~ de compresión 圧縮ポンプ. ~ de incendio(s) 消防ポンプ, 消防車. ~ de engrase 潤滑油注入器. ~ de gasolina (給油用)ガソリンポンプ; ガソリンスタンド. ~ de inyección 燃料噴射ポンプ. barco de ~ 消防艇. ~ de émbolo ピストン[プランジャー]ポンプ. ~ neumática 真空ポンプ. ❸ (思いもよらない)衝撃的な出来事, ショック. [類] **bombazo**. ❹〖形容詞的に〗〘話, 比喩〙あっと驚く, すばらしい. ~ noticia 衝撃的なニュース. éxito ~ 空前の大成功. fiesta ~ どんちゃん騒ぎのパーティー. ❺〖医学〗~ corazón-pulmón 人工心肺. ❻【中南米】ガソリンスタンド. ❼ (電球の)球形の笠, グローブ, ほや. [類] **globo**. ❽ (パーティーなどでの)即興詩. ❾【中南米】酔い, 酩酊. — pegarse [agarrar] una ~ ひどく酔っ払う. ❿【中南米】泡(=burbuja, pompa). ⓫【中南米】嘘, 疑わしいニュース. ⓬【中米】山高帽子, シルクハット. ⓭【中米】(ユカタン半島の)滑稽な[愛の]流行歌. ⓮【南米】電球.
bomba de cobalto コバルト爆弾;〖医学〗コバルト照射器(ガン治療用).
caer como una bomba 〘話〙(発言やニュースなどが)衝撃的である, 愕然とさせる, 驚かす. La noticia de su dimisión *cayó como una bomba*. 彼の辞任の知らせは晴天の霹靂(へきれき)だった.
estar bomba 〘話〙(女性が)グラマーである.
estar [ir] echando bombas 〘話〙(1)激怒している. No toques este asunto, que *está echando bombas*. このことには触れるな. 彼はカッとなっているから. (2) (物が)熱い, 沸騰している.
pasarlo [pasárselo] bomba (1) 心ゆくまで楽しむ, 非常に楽しい時を過ごす. *Me lo pasé bomba* en el circo. 私はサーカスがものすごく楽しかった.
ser la bomba 〘話〙信じられない, 信じがたい, おかしい.
bombacha [bombátʃa] 女【中南米】❶〖服飾〗すそを絞った幅広ズボン. ❷ パンティー.
bombarda¹ [bombárða] 女〖歴史, 軍事〗(昔の)射石砲. ❷ 臼砲を積んだ二帆船.
bombarda² [bombárða] 女〖音楽〗(オルガンの)ボンバルドン(低音)音栓.
*****bombardear** [bombarðeár] 〔<bombarda〕他 ❶ を爆撃する, 砲撃する. —La aviación norteamericana no *bombardeó* Kioto. アメリカ空軍は京都を爆撃しなかった. ❷〖物理〗(原子などに)粒子で衝撃を与える. ❸ (質問・要求で)を攻め立てる.
:**bombardeo** [bombarðéo] 男 ❶〖軍事〗爆撃, 砲撃, 爆弾投下. — ~ aéreo 空爆, 空襲. ~ en picado 急降下爆撃. ~ postal 〖通信〗メール爆弾. ~ publicitario 〖通信〗スパム. ~ por [de] saturación 絨毯(じゅうたん)爆撃. avión de ~ 爆撃機. ~ atómico [nuclear] 原子力[核]爆弾投下. ❷〘比喩〙(質問・要求・情報などを)浴びせること, 攻め立て. —Los testigos fueron sometidos a un ~ de preguntas. 証人たちは質問攻めに遭った. ❸〖物理〗(原子核の)衝撃;(放射線の)照射.
apuntarse [abonarse] a un bombardeo 〘話〙(どんな活動・招待にも)必ず参加する, いつも乗り気である. Seguro que viene a la fiesta, ése *se apunta a un bombardeo*. 彼はきっとパーティーに来るよ. やつはいつも乗り気だから.
bombardero, ra [bombarðéro, ra] 形 〖軍事〗爆撃(用)の. —— 男〖軍事〗❶ 爆撃機. ❷ 爆撃手.
bombardino [bombarðíno] 男 〖音楽〗ユーフォニアム, バリトン・サクソルン(金管楽器の一種).
bombasí [bombasí] 男 →fustán.
bombástico, ca [bombástiko, ka] 形 大げさな, もったいぶった. — lenguaje ~ 大げさな言葉使い. [類] **grandilocuente**.

bombazo [bombáθo] 男 ❶《爆弾の》爆発. ❷《話, 比喩》衝撃, ショック, ビッグニュース.

bombear[1] [bombeár] 他 ❶《軍事》爆撃する, 砲撃する. ❷《スポーツ》《ボールを》ロブで送る, 高く打ち上げる. ❸《話》をほめあげる, おせじを言う. ❹ を曲げる, 反らせる, 膨らませる. ── **se** 再 反る, ひずむ, 曲がる.
bombear el pecho いばる.

bombear[2] [bombeár] 他 ポンプで《水を》揚げる, 吸い出す. ── **~ agua** ポンプで水を吸い出す.

bombeo [bombéo] 男 ❶ 曲げること, 反らせること. ❷ 膨らみ. ❸《ポンプでの》吸い出し, 汲み上げ.

:**bombero, ra** [bombéro, ra] 名 ❶ 消防士, 消防隊員; [男] 消防団[隊](=*cuerpo de ~s*). ── *coche* [*camión*] *de ~s* 消防車. *cuartel* [*cuartecillo*] *de ~s* 消防署. *La rápida intervención de los ~s evitó que el incendio se propagase a la casa contigua.* 消防隊のすばやい出動で隣家への延焼を免れた. ❷ ポンプ操作係り. ❸《軍事》臼砲(きゅう), 迫撃砲. ❹【中南米】ガソリンスタンドの店員. ❺【アルゼンチン】《軍事》スパイ, 斥候(せっこう), 偵察(兵).
idea(s) de bombero 突拍子もない[気違いじみた, とんでもない]考え.
── 形 名 【キューバ】ばか(な), 間抜け(な).

bombilla [bombíja] 女 ❶《電気》電球. ── *bombilla de cien vatios* 100 ワットの電球. ❷【ラ・プラタ】《マテ茶用の》パイプ. ❸【メキシコ】かわいい子(こ), ひしゃく. ❹《海事》《船上の》灯, ランプ. ❺ 小型ポンプ(=*bombillo*).

bombillo [bombíjo] 男 ❶ 防臭弁. ❷《液体を移す》管, ピペット. ❸ 小型ポンプ, 吸水器. ❹【中南米】電球(=*bombilla*).

bombín [bombín] 男《話》山高帽子.

bombo [bómbo] 男 ❶《くじの番号を入れる》回転式箱, 宝くじ抽選器. ❷ 驚き, 混乱. ❸ ほめ立てること. ── *dar ~* ほめそやす. ❹ はで《の宣伝》, 騒ぎ. ❺《音楽》《大》太鼓; 《大》太鼓奏者. ❻《話》妊婦の大きなおなか.
──, **ba** 形《話》たまげた, おどろいた. ── *El fuerte dolor me dejó ~.* 強烈な痛みに私はたまげてしまった.
a bombo y platillo 大げさに, 誇大に.
darse bombo 自慢する, うぬぼれる.
tener [*ponerse*] *la cabeza como un bombo* → *cabeza*.

bombón [bombón] [<仏]男 ❶《料理》チョコレートのつめもの, 糖菓. ❷《話》かわいい子(こ), いかす子. ❸ ── ~ *de camping-gas* キャンピング用ガスボンベ.

bombona [bombóna] 女 ❶ ボンベ. ── ~ *de butano* ブタンガスのボンベ. ❷ 細口大瓶(びん).

bombonera [bombonéra] 女 ボンボン入れ.

bombonería [bombonería] 女 チョコレート販売店[工場], 菓子屋[工場].

bonachón, chona [bonatʃón, tʃóna] 形《話》人のよい, お人よしの. ── 名《話》お人好し, 親切な人.

bonaerense [bonaerénse] 形 ブエノスアイレス(BuenosAires)の. ── 男女 ブエノスアイレスの人(=*porteño*).

bonancible [bonanθíβle] 形 ❶ 静かな, 穏やかな, 平穏な. 類 **sereno, suave, tranquilo**. ❷《海事》《海が》凪(な)いだ.

bonanza [bonánθa] 女 ❶《海事》《海上の》平穏時, なぎ. ❷ 繁栄, 繁盛. ── *Aquellos fueron unos años de ~.* あの数年間は好景気だった. 類 **prosperidad**. ❸《鉱物》富鉱帯.
mar en bonanza. なぎの海(=*mar en calma*).

bonapartista [bonapartísta] 形 ナポレオン支持の, ボナパルティズムの. ── 男女 ナポレオン支持者[主義者].

*★**bondad** [bondá(ð) ボンダ] 女 ❶ 善良さ; 善. ── ~ *suma* 至高の善. *Es la ~ personificada.* 彼は善良そのものだ. *Es un hombre de gran ~.* 彼は非常に善良な人だ. 類 **benevolencia, benignidad**. 反 **maldad, malignidad**. ❷ 優しさ, 温和さ. ── ~ *del corazón* 心の優しさ. 類 **afabilidad, dulzura, suavidad**. ❸《気候の》良さ, 穏やかさ. ── *Muchos turistas vienen a España por la ~ de su clima.* 気候がいいので多くの観光客がスペインにやってくる. ❹《物事の》よさ. ❺《主に複》親切心, 親切な行為, 好意. ── *Le agradezco sus ~es.* あなたのご親切に感謝しています. *por ~* 親切心から. 類 **amabilidad, atención, cortesía**.
tener la bondad de《+不定詞》《丁寧表現》…してくださる(=*tener la amabilidad de, hacer el favor de*). *Tenga la bondad de esperar un momento.* 少々お待ちください.

bondadosamente [bondaðósaménte] 副 親切に, 優しく, 思いやりをもって.

*★**bondadoso, sa** [bondaðóso, sa ボンダドソ, サ] 形 善良な, 親切な. ── *Es de un natural bondadoso.* 彼は気立てがいい. *Muchas gracias por ser tan ~ y ayudarme.* ご親切にお助けいただいてありがとうございました.

bonete [bonéte] 男 ❶ ビレッタ帽(カトリックの聖職者がかぶる四角い帽子); (学生などがかぶった)角帽. 類 **birreta**. ❷ 縁なし帽. 類 **gorro**. ❸《反芻動物の》第二胃, 網胃. ❹ 菓子皿. 類 **dulcera**.
a tente bonete 過度に, 執拗に.
tirarse los bonetes 激しく議論する, 主張する.
valer puro bonete【メキシコ】ほとんど価値がない.

bonetería [bonetería] 女 ❶【メキシコ】(下着などの)洋品小物店. ❷ 帽子屋; 帽子工場.

bongo [bóngo] 男【中南米】小舟, カヌー.

bongó [bongó] 男《音楽》ボンゴ.

bonhomía [bonomía] 女 → *bondad*.

boniato [bonjáto] 男《植物》サツマイモ(=*batata*).

bonificación [bonifikaθjón] 女 ❶ 特別手当, ボーナス. ── *hacer una ~ de verano* 夏のボーナスを与える. ❷《商業》割引, 値下げ. ── *hacer una ~ al precio del televisor* テレビの値段を下げる. ❸ 改良, 改善. ❹《スポーツ》ボーナスポイント.

bonificar [bonifikár] [1.1] 他 ❶ を割引する. ── ~ *un 6% (seis por ciento) sobre el precio total* 総額について6%割引きする. ❷ を割増する. ── *Me han bonificado con una paga extra.* 私は別途手当を割増して支払われた. ❸《スポーツ》(ボーナスポイント)を与える.

bonísimo, ma [bonísimo, ma] [<*bueno*] 形 → *buenísimo*.

bonitamente [bonitaménte] 副 ❶ うまくうまらんに, ずるく. ❷ きれいに, かわいらしく. ❸ のろく,

ゆっくりと.

bonito¹, ta [boníto, ta ボニト, タ] 形 ❶ きれいな, かわいらしい, すてきな, すばらしい, 心地よい. ― Tu novia es muy *bonita*. 君の恋人はとてもかわいい. Vives en un piso muy 〜. 君はとてもすてきなマンションに住んでいる. Es un día 〜. すばらしい日だ. 類 **bello, guapo, lindo. ❷ 《話》かなりの, 相当の. ― La casa le ha costado una *bonita* cantidad de dinero. その家に彼は相当のお金を支払った. ❸ 〖皮肉に〗ひどい, 大変な. ―¡*Bonita* hora para hacer una visita! 人の家を訪れるにはいい時間だこと! ❹ 《話》(特に女性が子どもや親しい人に対して呼びかける際に用いる)ねえ, あなた. ― Anda, 〜, no llores más. ねえ, もう泣かないでね.
── 副 〖中南米〗《話》よく, 上手に.
la niña bonita →niño.
¡Muy bonita! (非難・叱責に用いられる)それはひどい!
por tu [su] cara bonita やすやすと, まんまと.
¿Te parece bonito? →¡Muy bonito!

bonito² [boníto] 男 〖魚類〗カツオ(鰹).

bono [bóno] 男 ❶ 配給券, 引き換え券, …券. ❷ 《商業》債券, 証券. 〜*s del Tesoro* 国債. 〜 *de empresa* 社債.

bonobús [bonoβús] 男 バスの回数券.

bonzo [bónθo] 男 (仏教の)坊主, 僧.
suicidarse [quemarse] a lo bonzo 焼身自殺する.

boñigo [boníɣo] 男 ふん(糞)のかたまり.

boom [bún] 男 《<英》ブーム. ― el 〜 *de la novela latinoamericana en los años 60(se-senta)* 60年代のラテンアメリカ文学のブーム.

boqueada [bokeáða] 女 臨終のあえぎ, 末期(まっご). *dar las (últimas) boqueadas* 今わの際(きわ)にいる, 死にかけている.

boquear [bokeár] 自 ❶ 口をぱくぱくする. ❷ 最後の息を引き取る, 死に際である. ❸ 《話, 比喩》終わりかけている. ― Las vacaciones están ya *boqueando*. 休みはもう終わりかけている. ── 他 (言葉を)発する, 言う.

boquera [bokéra] 女 ❶ 《農業》(用水路の)水門. ❷ 《医学》口角炎(口の回りのただれ).

Boquerón [bokerón] 固名 ボケロン(パラグアイの県).

boquerón [bokerón] 男 ❶ 〖魚類〗カタクチイワシ(片口鰯). ❷ 大きな裂け目, 開き口.

boquete [bokéte] 男 ❶ 裂け目, 割れ目. ― *abrir [hacer] un* 〜 裂け目を作る. 類 **abertura, orificio**. ❷ 狭い入口.

boquiabierto, ta [bokiaβiérto, ta] 形 ❶ 口をあけた, 口のあいた. ❷ 〖estar+〗(驚いて)口をあけている. ― *quedarse* 〜 驚いてぽかんとする. 類 **pasmado**.

boquilla [bokíʝa] 女 ❶ 《音楽》(楽器の)マウスピース. ❷ (パイプなどの)吸い口, (巻きタバコの)フィルター. ❸ (巻タバコ用)小パイプ. ❹ はぎ穴. ❺ 水口, 注ぎ口. ― 〜 *de grifo* 蛇口. ❻ (爆弾の火薬をつめる)口. ❼ (ガスなどの)火口, ノズル. ❽ (哺乳瓶の)乳首. ❾ (ハンドバックの)留め金.
de boquilla 口先だけで[で]. ― *Es un comunista de boquilla*. 彼は口先だけの共産党員だ.

boquituerto, ta [bokituérto, ta] 形 〖<boca+tuerto〗口の曲がった, 口のゆがんだ.

borato [boráto] 男 《化学》ホウ酸塩.

borbollar [borβoʝár] 自 煮えたぎる, 泡立つ.
borbollear [borβoʝeár] 自 →borbollar.
borbollón [borβoʝón] 男 →borbotón.
borbollonear [borβoʝoneár] 自 →borbollar.

borbónico, ca [borβóniko, ka] 形 ❶ ブルボン家の. ❷ 《政治》ブルボン王家主義の.
── 名 《政治》ブルボン王家主義者.

borborigmo [borβoríɣmo] 男 〖主に複〗《医学》お腹がごろごろ言うこと.

borboritar [borβoritár] 自 →borbotear.

borbot(e)ar [borβot(e)ár] 自 泡立つ, 煮えたぎる, ぐらぐら沸騰する. ― *Se oía* 〜 *el agua de la cazuela en la lumbre*. かまどの火で鍋の水が煮えたぎっているのが聞こえた.

borboteo [borβotéo] 男 (沸騰水, 湧き水などの)泡立ち, ぶくぶくいうこと.

borbotón [borβotón] 男 泡立つこと.
a borbotones (1) 慌てて, とぎれとぎれに, せき込んで. *hablar a borbotones* とぎれとぎれに話す. (2) ドクドクと, ブクブクと, こんこんと. (3) 煮えたぎって. *Hay que dejar hervir el agua a borbotones*. お湯をぐつぐつと沸騰させなければならない.

borceguí [borθeɣí] 男 〖複borceguíes〗《古》〖主に複〗ハーフ・ブーツ.

borda¹ [bórða] 女 ❶ 《海事》船べり. ❷ 《海事》(ガレー船の)主帆.
echar [tirar] por la borda (1) 《話, 比喩》無駄にする, 逃がす. *No debes echar por la borda tu porvenir*. 君は将来を無駄にしてはいけない. (2) 《海事》船から投げる. (3) 《話, 比喩》払いのける, 取り除く, 追いやる.
motor fuera (de) borda 船外モーター.

borda² [bórða] 女 小屋. 類 **cabaña, choza**.

***bordada** [borðáða] 女 ❶ 《海事》斜航路, 間切り(風に向かってジグザグに進むこと). ❷ 《俗》(行き来を繰り返す)散歩.
dar bordadas 《海事》間切る.

***bordado, da** [borðáðo, ða] 過分 形 ❶ 刺繍(ししゅう)した, 刺繍入りの. ― *blusa bordada* 刺繍入りのブラウス. *pintura bordada* 刺繍画. ❷ 完了した, 完璧な〖quedar/salir+〗. ― *El dibujo le salió* 〜. 彼の絵は完成した. *La actuación le salió bordada*. 彼女の演技は完璧だった.
── 男 《服飾》刺繍(ししゅう). ― *Los* 〜*s del vestido son hechos a mano*. ドレスの刺繍は手作りである. *hilo [aguja] de* 〜 刺繍糸[針]. 〜 *(de) sobrepuesto* アップリケ. *hacer un* 〜 *de punto de cruz* クロスステッチに縫う, 千鳥掛けにする. 〜 *de realce [a tambor, a canutillo]* 浮上げ[フレーム, 金銀モール]刺繍. 類 **bordadura, labor**.

bordador, dora [borðaðór, ðóra] 名 《服飾》刺繍(ししゅう)家, 刺繍工.

bordadura [borðaðúra] 女 《服飾》刺繍(ししゅう), 縫い取り.

bordar [borðár] 〖<borde〗他 ❶ を刺繍(ししゅう)する, を刺繍で飾る. ― *Ella bordó las servilletas con hilos de seda*. 彼女は絹糸でナプキンに刺繍をした. ❷ をじょうずに仕上げる, 好演する. ― *Un actor novato ha bordado el papel de Hamlet*. 新人の俳優がハムレットの役を好演した.

:**borde¹** [bórðe] 男 ❶ 縁, へり, 端, 際(きわ). ― 〜 *de una tela* 布のへり, ヘム. *Estaba sentada en* el ~ de la cama. 彼女はベッドの縁に座っていた. Florecitas silvestres crecen a los ~s de la carretera. 道路の脇に野花が茂っている. Un niño jugaba al ~ del sendero. 子供が一人道端で遊んでいた. Limpia bien el ~ del vaso. コップの縁をよく洗०てね. El cubo estaba lleno de agua hasta el ~. バケツは縁まで水でいっぱいだった. Aleja al niño del ~ de la terraza, que es peligroso. 子どもをテラスのへりから離しなさい, 危ないから. 類**extremo, orilla**. ❷ 水辺, 岸辺, 岸; 海岸, 川岸, 湖岸. ―El ~ del río está poblado de chopos. 川岸にはポプラが生えている. Los ~s del lago están llenos de chalés. 湖岸は別荘でいっぱいだ. 類**orilla, ribera**. ❸《海事》舷(ぶ), 船べり. 類**borda**.

al borde de ... (1) …の縁に, …のへりに. El pueblo se asienta *al borde de*l mar. その村は海岸沿いにある. (2) …の瀬戸際に, …に瀕して. Estaba *al borde de* la muerte [la locura]. 彼女は死に瀕していた[狂気の淵にいた]. "Mujeres *al borde de* un ataque de nervios" '神経衰弱ぎりぎりの女たち' (スペインの映画監督 Pedro Almodóvar の代表作の題名).

borde² [bórðe] 形 ❶《話》意地が悪い, 悪意のある, (人が)いやみましい, 感じが悪い; (人が)やっかいな, うんざりする. ―Es muy guapa, pero no hay nadie tan ~ como ella. 彼女はとても美人だけど, 彼女ほど意地が悪い人はいない. Trata a los demás de una manera muy ~. 彼は他人に対してとても意地悪く接する. Ese profesor es un poco ~. その先生は少しやっかいだ. 類**antipático, malintencionado, odioso, pesado**. ❷ 野卑な, 粗野な. 類**bruto, tosco**. ❸ 庶子の, 庶出の. ―hijo ~ 庶子, 私生児. 類**bastardo, natural**. ❹《植物》自生の, 野生の. ―té [naranjo] ~ 野生のお茶[オレンジ]の木. 類**silvestre**.

―― 男女 ❶《話, 俗》意地悪, 悪意のある人, うんざりする人. ❷《話》野卑な人, 粗野な人. ❸ 庶子, 私生児.

bordear [borðeár] 他 ❶ …と境を接する, 囲む. ―La carretera *bordea* el lago. 道路は湖をめぐっている. ❷《比喩》…の寸前である, 間近にある. ―Ella *bordea* los sesenta años. 彼女はもうすぐ60歳だ. ❸《海事》…の沿岸を進む. ―Navegamos *bordeando* la península. 私たちは半島の沿岸を航海していった. ❹ …に縁をつける;〔+ de/con〕…の縁を(…で)飾る.

―― 自 ❶ あふれそうである. ❷《海事》斜航する, 間切る.

bordelés, lesa [borðelés, lésa] 形 ボルドー(Burdeos)の.

bordillo [borðíʎo] 男 (歩道などの)縁石(ぶ). ―el ~ de la acera 歩道の縁石.

‡**bordo** [bórðo] 男 ❶《海事》舷側(ぶ), 舷上, 船内, 船上. 類**costado**. ❷《海事》間切り(航法), 斜航路. ―dar ~s 間切って進む(=dar bordadas). ❸『中南米』堤防.

a bordo 船内に, 船上に, 船で, 機内[で]. hombre de *a bordo* 乗組員. diario de *a bordo* 航海日誌. ir *a bordo* 船で行く. subir *a bordo* 乗船する, 飛行機に乗る.

a bordo de ... (船・飛行機に)乗って. Hicimos el crucero *a bordo de* un transatlántico. 私たちは大西洋横断定期船に乗って船旅をした.

de alto bordo (1) 大きな(船). En el puerto se veían algunos barcos *de alto bordo*. 港には数隻の大型船がいた. (2) 重要な(人・取引). persona *de alto bordo* 有力者. negocio *de alto bordo* 重要な取引.

rendir el bordo sobre [*en*] ... …に着く.

bordón [borðón] 男 ❶ (巡礼用の)長い杖. ❷ 折り返し文句. ❸ 何回も繰り返す言葉, 口ぐせ. ❹《音楽》低音弦. ―bordones de la guitarra ギターの低音弦. ❺《印刷》脱落, 脱字. ❻《比喩》杖代わりの人, 他人を支える人.

bordonear [borðoneár] 自 ❶《音楽》低音弦を鳴らす. ❷ (虫などが)ぶんぶんいう. ❸ 杖で地面を探る, 杖をついて歩く; 杖でたたく. ❹ 物乞いをして歩く.

boreal [boreál] 形《詩》北風の, 北の. ―aurora ~ 北極のオーロラ. hemisferio ~《地理》北半球.

bóreas [bóreas] 男〖単複同形〗《詩》北風.

Borges [bórxes] 固名 ボルヘス(ホルヘ・ルイス Jorge Luis ~) (1899-1986, アルゼンチンの詩人・小説家).

Borgoña [borɣóɲa] 固名 ブルゴーニュ(フランスの地方).

borgoñón, ñona [borɣoɲón, ɲóna] 形 ブルゴーニュ(Borgoña)の. ―― 名 ブルゴーニュの人.

bórico, ca [bóriko, ka] 形《化学》ホウ素の(を含む). ―ácido ~ ホウ酸.

borinqueño, ña [boriŋkéɲo, ɲa] 形 プエルトリコの(=portorriqueño). ―― 名 プエルトリコ人.

***borla** [bórla] 女 ❶《服飾》玉房, 飾り房(大学の角帽, 軍帽など). ―El gorro lleva una ~ de color verde. 縁なし帽には緑色の飾り房がついている. ❷《化粧》パフ(=~ para polvos). ―Se empolvó la cara con la ~ que llevaba en la polvera. 彼女はコンパクトのパフで顔におしろいをつけた. ❸ 《植物》ハゲイトウ(葉鶏頭), アマランサス. 類**amaranto**.

tomar la borla 大学を卒業する, 博士号を取る. Mi promoción *tomó la borla* hace dos años. 私の同期生は2年前に博士号を取得した.

borne [bórne] 男 ❶《軍事》槍先. ❷《電気》ターミナル, 端子, プラグ. ―~s de batería de coche 車のバッテリーの端子.

bornear [borneár] 他 ねじる, 曲げる.
―― se 再 曲がる, 反る.

boro [bóro] 男《化学》ホウ素(元素記号 B, 原子番号 5).

borona [boróna] 女 ❶《植物》キビ. ❷《植物》トウモロコシ. ❸《料理》トウモロコシパン. ❹『中南米』パンくず.

borra [bóra] 女 ❶《動物》(雌の)子羊. ❷ 羊毛の質の悪い部分, 毛くず, 綿くず. ❸ 綿ぼこり, 綿くず. ❹ おり, かす. ❺《話》よけいな言葉.

***borrachera** [boratʃéra] 女 ❶ 酔い, 酩酊(ぶ). ―agarrar [coger, pescar, pillar] una ~/〖メキシコ〗pegarse [ponerse] una ~ 酔っ払う. Aún no se le ha pasado la ~. 彼はまだ酔いがさめない. 類**embriaguez, ebriedad**. ❷《比喩》陶酔, 有頂天. ―estar en plena ~ de gloria [de poder] 栄光[権力]に酔いしれている. sentir la ~ del éxito [del triunfo] 成功[勝利]に酔いしれる. ❸ どんちゃん騒ぎ. ―ir de ~ どんちゃん騒ぎをする. 類

orgía, parranda.

borrachín, china [boratʃín, tʃína] 名《話》酒飲み, 飲んだくれ.

borracho, cha [borátʃo, tʃa] 形 ❶〔estar+〕(酒に)酔った, 酔っぱらった;〔ser+〕酒飲みの, 酔いどれの(=alcohólico). — Por su voz se notaba que estaba ~. 彼が酔っていることが声で分かった. Volvió a casa tarde y además ~. 彼の帰宅は遅かったし, 加えて酔っていた. 類ebrio**. ❷〔estar+〕夢中になって, うっとりして, われを忘れて. — Pedro estaba ~ de ira. ペドロは怒りで我を忘れていた. ❸《料理》(菓子が)酒に浸した, 酒入りの. ❹ (花・果実・野菜などが)紫色の, 暗紫色の.
— 名 酔っぱらい, 大酒飲み, 飲んだくれ. — El ~ no se tenía en pie. 酔っ払いは足もとがふらついていた.

borrador [boraðór] 男 ❶ 草稿, 下書き, 素案, 草案, 原稿. — hacer un ~ 草稿を書く. pasar a limpio un ~ 原稿を清書する. ❷ メモ用紙. ❸ 消しゴム(=goma de borrar). ❹ 黒板ふき. ❺《商業》取引日記帳.
sacar de borrador a ... ...にまともな服を着せる.

borradura [boraðúra] 女 (線を引いて)消すこと, 抹消.

borraja [boráxa] 女《植物》ルリチシャ.
quedar(se) en agua de borrajas 水泡に帰する.

borrajear [boraxeár] 他 ❶ をいたずら書きする. ❷ を走り[殴り]書きする.

**borrar [borár ボラル] 他 ❶ を消す, 抹消する, 消し去る. — Borra todo lo que está escrito en la pizarra. 黒板に書いてあることを全部消しなさい. Borraba a los compañeros de la clase con su inteligencia. 彼は頭の良さでクラスの仲間をいないも同然にしていた. ❷ を忘れ去る.
— se 再 ❶ 消える, 忘れられる. — Se me han borrado todos los recuerdos de la infancia. 幼少の頃の記憶はすべて私から消え失せた. ❷〔+de から〕身を引いて, を退会する. — Dentro de poco *se borrará de* nuestro club. 近いうちに彼はわれわれのクラブを脱退するだろう.

borrasca [boráska] 女 ❶《気象》嵐, 暴風雨, 吹雪. ❷《比喩》波乱, 危険, 危機. — Esta política tardará tiempo en pasar. この政治的危機が過ぎ去るには時間がかかるだろう. ❸《話》どんちゃん騒ぎ, 酒宴. ❹《話》大げんか, 口論, 騒動.

borrascoso, sa [boraskóso, sa] 形 ❶ 嵐の, 暴風雨の, 吹雪の. — «*Cumbres borrascosas*» (E. Bronte)《文学》『嵐が丘』(E. ブロンテ). ❷《比喩》嵐のような, 波乱の. — vida borrascosa 波乱の人生.

borrega [boréɣa] 女名 →borrego, ga.

borregada [boreɣáða] 女 子羊の群れ, 羊の群れ.

borrego, ga [boréɣo, ɣa] 名 ❶《動物》子羊(=cordero). ❷ うぶなよい子, 世間知らず. ❸ 無知な人, 単純な人.

borreguil [boreɣíl] 形 ❶ 子羊の, 子羊に関する. ❷ 他人の意見にすぐ動かされる, 自分の考えを持たない. — masa ~ 無知蒙昧(もうまい)な大衆.

borricada [borikáða] 女 ❶《話, 比喩》ばかな言動. — decir [hacer] ~s ばかなことを言[する]. ❷ ロバの群れ. ❸ ロバに乗ること.

borrico, ca [boríko, ka] 形 ❶《話, 軽蔑》馬鹿な, 頭の悪い. 類**necio**. ❷《話》頑固な, 融通のきかない. ❸《話》よく働く, 辛抱強い.
— 名 ❶《動物》ロバ. 類**asno**. ❷《話》馬鹿な人; 頑固な人; 辛抱強い人. — No seas ~. El Ebro no pasa por Sevilla. 馬鹿なこと言わないで. エブロ川はセビーリャを通っていないわよ. 類**bruto, ignorante**.
— 男《技術》木びき台.
ser un borrico (仕事で)忍耐強く働く人である.

borriqueño, ña [borikéɲo, ɲa] 形 ロバの, ロバに関する.

borriquero, ra [borikéro, ra] 形 ロバの.
cardo borriquero《植物》オオヒレアザミ.
— 名 ロバ追い.

borriquete [borikéte] 男《技術》木びき台.

borriquillo, lla [borikíjo, ja] 〔<borrico〕名 子ロバ, 小さいロバ.

borrón [borón] 男 ❶ (インクの)汚れ, しみ. ❷ きず, 欠点, 汚点. — En su pasado no había ningún ~. 彼の過去にはひとつの汚点もなかった. ❸《美術》最初の素描[スケッチ].
[Hacer] *borrón y cuenta nueva* 過去のことを忘れる, 過去のことを水に流す.

borronear [boroneár] 自 走り[なぐり]書きをする.

:borroso, sa [boróso, sa] 形 ❶ ぼんやりした, ぼやけた, 不鮮明な. — visión *borrosa* 不鮮明な視界. El monitor se ve ~. モニターがぼやけて見える. ❷ 濁った, 汚い.

borujo [borúxo] 男 ❶ (うまく混ざらないでできた)かたまり(塊), つぶつぶ. ❷ (オリーブ・ぶどうなどの)絞りかす.

boscaje [boskáxe] 男 ❶ 小さい森, 林, 木立ち. ❷《美術》森の風景.

boscoso, sa [boskóso, sa] 形 樹木の茂った, 森の多い.

Bósforo [bósforo] 固名 (Estrecho de ~) ボスポラス海峡.

Bosnia-Hercegovina [bósnja erθeɣoβína] 固名 ボスニア・ヘルツェゴビナ(首都サラエボ Sarajevo).

bosnio, nia [bósnjo, nja] 形 ボスニアの; ボスニア・ヘルツェゴビナの.
— 名 ボスニア人.

bosque [bóske ボスケ] 男 ❶ 森, 森林, 林(一般にはselvaより小さい). — ~ de pinos 松林. ~ comunal [del Estado] 公有[国有]林. ~ maderable 用材林. ~ ecuatorial [pluvial] 熱帯雨林. proteger los ~s 森林を保護する. 類arboleda, selva**. ❷ 錯雑, 錯綜 (密集)したもの, 林立. — Es difícil comprender el ~ de ideas de este autor. その著者の錯綜した思想を理解するのは困難だ. ❸《比喩》もじゃもじゃの鬘(かつら)[髪].

bosquecillo [boskeθíjo] 男 藪(やぶ), 林, 木立.

*bosquejar [boskexár] 〔<bosquejo〕他 ❶ ...のスケッチをする, 素描をする. — ~ una pintura 下絵をスケッチする. ❷ (プラン・計画)を立てる. — ~ un proyecto [plan] 計画を立てる. ❸ ...の概略を述べる. — Se limitó a ~ su idea dado el poco tiempo de que disponía. 彼は時間が少ししかなかったので考えの概略を示すだけにとどめた.

252 bosquejo

*bosquejo [boskéxo] 男 ❶ 《美術》スケッチ, デッサン, 下絵; (彫刻の)粗彫り; 略図, 下絵. —— de un retrato 肖像画の下絵. ~ de un libro 本の草稿. 類 **boceto, esbozo**. ❷ (考え・計画・状況などの)概略, 概要. —— pedir [hacer] un ~ de la situación 状況の概略を求める[示す]. 類 **esbozo**.

en bosquejo 未完成の.

bosquimano, na [boskimáno, na] 名 ブッシュマン(南アフリカの民族). —— 形 ブッシュマンの.

bosta [bósta] 女 ❶ (肥料として用いられる)牛糞, 馬糞. ❷ 〖中南米〗やっつけ仕事.

bostezar [bosteθár] [1.3] 自 あくびをする. —— ~ de sueño 眠くてあくびをする.

bostezo [bostéθo] 男 あくび(をすること). —— dar un ~ あくびをする.

bota¹ [bóta] 女 ❶ (ワイン用の)皮袋, 酒袋. —— pasarse la ~ de mano en mano 酒袋で回し飲みする. ❷ 樽, 酒樽. ❸ 《古》(容積の単位)ボータ (約516リットル).

:bota² [bóta] 女 ❶ 長靴, ブーツ; (女性用の)編み上げ靴. —— calzarse [ponerse] unas ~s 長靴を履く. ~s de agua [de lluvia, de goma] 雨靴, ゴム長靴. ~s altas [de montar] 乗馬靴. ~s de escalada 登山靴. ~s de esquiar [de esquí] スキー靴. ~s de campaña 狩猟用の乗馬靴, トップブーツ. ~s camperas 農作業用の長靴. ~ de media caña [de ~ alta] ハーフ[ロング]ブーツ. ~s piel 革製ブーツ. ~(《スポーツ》(サッカーやバスケットボールの)シューズ —— ~s de fútbol [de futbolista] サッカーシューズ.

colgar las botas (職業などを)やめる, 引退する.

estar con las botas puestas (1) 出かける用意ができている. (2) 何でもすぐにできる態勢にある.

morir con las botas puestas 《話》(1) (仕事の最中に)急死する, 戦死する. (2) (あらゆる手を尽したが)失敗する, 敗北する.

ponerse las botas (1) 長靴を履く. (2) 大もうけする. Con la venta de las parcelas se pusieron las botas. 彼らは土地の区画販売でたっぷりもうけた. (3) 腹一杯食べる[飲む]. ponerse las botas con la tarta ケーキを腹一杯食べる.

botadero [botaðéro] 男 〖中南米〗ゴミ捨て場 (= ~ de basura).

botado, da [botáðo, ða] 過分 形 ❶ (顔の一部分が)腫れぼったい, 飛び出た. ❷ 〖中南米〗《話》[estar +] ひどく安い; (試験などが)楽勝の. ❸ 〖中南米〗気前のよい, 浪費家の. ❹ 見捨てられた. ❺ 〖中南米〗《話》ふんだんにある, 羽振りのよい; 最高の.

botador, dora [botaðór, ðóra] 形 〖中南米〗金遣いの荒い, 浪費家の (=derrochador).
—— 名 ❶ 〖中南米〗金遣いの荒い人, 浪費家. ❷ 《木工》釘抜き. ❸ 《医学》抜歯鉗子.

botadura [botaðúra] 女 《海事》(船の)進水, 進水式.

botafumeiro [botafuméiro] 男 《宗教》(教会の)香炉.

manejar el botafumeiro 《話》こびる, へつらう (=adular).

botalón [botalón] 男 ❶ 《海事》帆げた, ブーム. ❷ 〖南米〗(動物をつなぐ)杭.

botamen [botámen] 男 《海事》(飲料水の)タンク.

botana [botána] 女 ❶ 栓, ふた (=tapa). ❷ 〖メキシコ, 中米〗酒のつまみ (=tapa). —— tomar una ~ 酒のつまみを食べる.

botánica [botánika] 女 植物学.

:botánico, ca [botániko, ka] 形 植物の, 植物学上の. —— jardín ~ 植物園.
—— 名 植物学者.

botanista [botanísta] 男女 植物学者.

botar [botár] 他 ❶ 《話》[+de] を(…から)追い出す, 放り出す, 解雇する, 首にする. —— Lo han botado del colegio. 彼は放校になった. ❷ を投げ捨てる, 捨てる (=tirar). —— El árbol bota las hojas. その木は葉を落とす. ❸ 《海事》(船を)進水させる. ❹ 《スポーツ》(ボールを)バウンドさせる, キックする. ❺ 《海事》(船の)方向を変える. —— ~ a babor [estribor] 左舷[右舷]に(船の)方向を変える.
—— 自 ❶ 《スポーツ》(ボールが)跳ねる. ❷ 飛ぶ, 飛び上がる. —— El coche botaba por aquella carretera llena de baches. その車は穴ぼこだらけの道を飛びはねながら進んでいた. ❸ (馬が)踊り跳ねて進む.
—— se 再 (馬が)反り返る.

estar que bota 《話》怒っている.

botarate [botaráte] 男 ❶ 《話》とっぴな人, 馬鹿者. ❷ 〖中南米〗浪費家.

botarel [botarél] 男 《建築》→contrafuerte.

botarga [botárɣa] 女 ❶ 《服飾》(道化師の)まだら服. ❷ 道化師.

botavara [botaβára] 女 《海事》スパンカーブーム(帆船の最後部の縦帆).

bote¹ [bóte] 男 ボート, こぎ舟. —— ~ de remos オールのボート. ~ salvavidas 救命ボート.

bote² [bóte] 男 ❶ 跳ね返り, 弾(はず)み. —— El balón dio unos ~s antes de caer a la piscina. そのボールはプールに落ちる前に何度も弾んだ. ❷ 飛び上がること, 飛び跳ね. —— El perro dio un ~ al oír la sirena. サイレンの音を聞くとその犬は飛び上がった. ❸ (馬の)跳躍. ❹ (槍の)突き(刺し). ❺ 《スポーツ》(ボールの)バウンド. —— dar un ~ バウンドさせる.

a bote pronto 《話》臨機応変に.

dar a ... el bote 《話》…を追い出す.

darse el bote 《話》立ち去る, ずらかる, 行ってしまう.

de bote pronto ショートバウンドで.

bote³ [bóte] 男 ❶ 〖スペイン〗(円筒形の)容器, 広口瓶, 缶. —— un ~ de mermelada 1瓶のジャム. ~ de humo 発煙筒. ❷ (バルなどの)チップ入れ, チップ. —— Hoy hemos hecho 100 euros de ~. 今日私たちが手に入れたチップは100ユーロだ. ❸ (当たりが出なかった時の)次回への繰り越し.

chupar del bote 〖スペイン〗《話》甘い汁を吸う, いい目にあう.

de bote en bote ぎゅうぎゅう詰めの.

tener [meter] ... en el bote 《話》を手中におさめる, 自分の味方につける.

**botella [botéʝa ボテヤ] 女 ❶ ビン(瓶). —— ~ de vidrio [de plástico] ガラス[プラスチック]瓶. ~ de leche 牛乳瓶. ~ termo 魔法瓶. beber de la ~ らっぱ飲みする. ~ de cerveza [en] ~ 瓶詰のビール. abrir una ~ 瓶を開ける. descorchar la ~ de vino ワインのコルクを抜く. ❷ 1ビンの量, ビン1本. —— una ~ de gaseosa [de aceite, de oliva] ソーダ水[オリーブ

油]1本. Media ~ de vino, por favor. ワインのハーフボトルをください. ❸ ボンベ, (特殊用途の)ビン(瓶). ~~ de oxígeno [de gas] 酸素[ガス]ボンベ. ~ de Leiden 〖物理〗ライデン瓶[蓄電器]. ❹ (la ~)〖話〗飲酒(癖). —darle a la ~ 酒浸りになる, 酒に溺れる. ❺ 〖中南米〗実入りのいい職[仕事](=prebenda). —pillar una ~ 実入りのいい仕事にありつく.

verde botella 濃[暗]緑色.

cuello de botella 隘路(ぁぃぅ), ネック.

no es [no se trata de] soplar y hacer botellas はたで見るほど容易ではない.

botellazo [boteʎáθo] 男 びんでの殴りつけ. —*dar un* ~ びんで殴りつける.

botellero, ra [boteʎéro, ra] 名 ❶ ビン製造[販売]業者. ❷ 〖中南米〗くず屋, ぼろ屋. —— 男 ボトルラック.

botellín [boteʎín] 男 小瓶(びん). —~ de cerveza [de agua mineral] ビール[ミネラルウォーター]の小びん.

botellón [boteʎón] 男 大瓶(びん); 路上飲酒.

botepronto [boteprónto] 男 〖スポーツ〗バウンド直後のキック[ショット], (ラグビーの)ドロップキック, (サッカーの)ハーフボレー, (テニスなどの)ライジングショット.

de botepronto =de BOTE pronto.

botería [botería] 女 ❶ (ワイン用皮袋などの)皮革加工品. ❷ 皮革加工工場. ❸ 〖海事〗→botamen.

botero [botéro] 男 ❶ 皮袋職人. ❷ 《海事》船頭.

botica [botíka] 女 ❶ 薬局, 薬屋. ❷ 〖集合的に〗薬, 薬剤. ❸ 雑貨店.

Haber de todo como en botica この世の中にはいろんな人がいる[物がある].

boticario, ria [botikárjo, rja] 名 薬剤師. 類 **farmacéutico**.

venir como pedrada en ojo de boticario → pedrada.

botija [botíxa] 女 (口が細くて狭い)素焼の水差し, 土びん.

botijo [botíxo] 男 (取っ手つきの)素焼の水差し.

botillería [botiʎería] 女 〖中南米〗清涼飲料水店; 酒屋.

botín[1] [botín] 男 ❶ 《軍事》戦利品, 略奪品. —~ de guerra 戦利品. ❷ (窃盗による)略奪品, 盗品.

botín[2] [botín] 男〖主に 複〗❶ 半長靴, (くるぶしあたりまでの)ブーツ, ハーフブーツ. —~ de piel 革製ショートブーツ. ❷ 《服飾》スパッツ, ゲートル(かかとの少し上までの短いゲートル). ❸ 〖中南米〗《服飾》短い靴下, ソックス.

botiquín [botikín] 男 ❶ 救急箱. ❷ 救急用の薬一式. ❸ (学校などの)医務室(=enfermería).

botivoleo [botiβoléo] 男 〖スポーツ〗ボールをバウンドさせてから打つこと.

boto[1], **ta** [bóto, ta] 形 ❶ 鈍い, なまくらの. ❷ 愚鈍な. ❸ 先が丸い. 類 **romo**.

boto[2] [bóto] 男 〖主に 複〗《服飾》(乗馬用の)ブーツ. ❷ (ぶどう酒を入れる)皮袋.

:**botón** [botón] 男〖複 **botones**〗❶ 《服飾》(衣服の)ボタン, 飾りボタン. —~ charro サラマンカ地方のボタン. ~ automático スナップ, ホック. ~ forrado en [de] tela くるみボタン. poner [pegar, coser] un ~ a la camisa ワイシャツにボタンをつける. ❷ (電気器具の)ボタン, スイッチ, つまみ; (ベルの)押しボタン. —~~ de arranque スターター. ~ eléctrico [del timbre] 呼び鈴のボタン. ~ de contacto [de presión] 押しボタン. ~ de maximizar 〖情報〗最大化ボタン. ~ de opción オプション・ボタン. ~ de radio ラジオ・ボタン. ~ de sintonización 同調つまみ. ~ nuclear 核ミサイルの発射ボタン. apretar [empujar, oprimir, pulsar, tocar] el ~ ボタンを押す, スイッチを押す, スイッチをひねる. ❸ 《フェンシング》(フルーレ florete などの剣先に付ける)たんぽ. ❹ 《植物》つぼみ. —echar *botones* つぼみをつける[出す]. Las rosas están en ~. バラがつぼみの状態である. 類 **capullo**. ❺ 《植物》芽, 新芽, 花芽. —Las ramas ya tienen *botones*. 枝にはもう新芽が出ている. 類 **brote, yema**. ❻ 《吹奏楽器》のキー, 鍵(けん). ❼ (ドア・引き出しなどの)取っ手, 握り, ノブ(=pomo, tirador). ❽ 〖南米〗《話》警官, おまわり.

al (divino) botón 〖南米〗 (1) 無駄に, 無益に(=en vano). (2) でたらめに, いいかげんに, 確信なく(=al buen tuntún).

botón de fuego 《医学》焼灼(しょうしゃく)(術).

botón de oro 《植物》ミヤマキンポウゲ(金鳳花).

botón de muestra 見本, 例, サンプル. como *botón de muestra* 例として, 例えば.

botón gustativo 《解剖》舌乳頭.

darle al botón ボタンを[スイッチを]押す, スイッチをひねる; 取っ手を回す.

de botones dentro 心の底[中]で, ひそかに.

Para muestra (basta) un botón. 例えば(一例挙げれば十分だろう).

botonadura [botonaðúra] 女 《服飾》(服1着分の)ボタン.

botonazo, za [botonáθo, θa] 男 《スポーツ》(フェンシングの)先留め付けの剣による突き. —— 名 〖アルゼンチン〗《話》密告する人.

botonero, ra [botonéro, ra] 名 ボタン屋, ボタン製造[販売]業者.

botones [botónes] 男〖単複同形〗(ホテル・銀行の)ボーイ. 類 **mozo**.

Botswana [botswána] 固名 ボツワナ(首都ガボローネ Gaborone).

botulismo [botulísmo] 男 《医学》ボツリヌス菌中毒, ボツリヌス症.

bou [bou] 男 《海事》引き網漁.

:**bóveda** [bóβeða] 女 ❶ 《建築》穹窿(きゅうりゅう), 丸天井, ボールト. —~ de [por] arista(s) 交差穹窿. ~ de [en] cañón 筒型穹窿. ~ de crucería [de nervada] 連動肋交差穹窿. ~ de medio punto 半円形穹窿. —baída [vaída] ドーム形穹窿. ~ esférica 半円形穹窿. ~ claustral [esquifada, de aljibe] 穹窿. clave de ~ (アーチの頂上の)要石(かなめいし). 類 **cúpula, domo**. ❷ 丸天井形のもの. —~ craneana [craneal] 《解剖》頭蓋(ずがい). ❸ 《建築》丸天井の部屋; 地下貯蔵室; (丸天井の)地下納骨室[堂](=cripta). —poner el ataúd en la ~ 棺(ひつぎ)を地下の納骨堂に納める. ❹ 〖中南米〗墓地, 霊園. 類 **panteón**.

bóveda celeste 天空, 大空(=cielo, firmamento).

bovedilla [boβeðíʎa] 女 ❶ 《建築》小型のアーチ型[丸型]天井. ❷ 《海事》船尾突出部.

254 bovino

bovino, na [boβíno, na] 形 《動物》ウシ(牛)の. ── 名 《動物》ウシ科の動物.

box [bó(k)s] 男 →boxeo.

:**boxeador, dora** [bokseaðór, ðóra] 名 《スポーツ》ボクサー, 拳闘家. ── ~ profesional [aficionado, amateur] プロ[アマチュア]ボクサー. 類 **púgil**.

boxear [bokseár] 自 《スポーツ》ボクシングをする, 拳闘する.

:**boxeo** [bokséo] 男 《スポーツ》ボクシング, 拳闘. ── ~ profesional [aficionado, amateur] プロ[アマチュア]ボクシング. practicar el ~ ボクシングをする. 類 **pugilato**.

bóxer [bókser] 男 《動物》ボクサー(犬).

boy [bói] 〔<英〕男 《複 boys》(集団で踊る)男性ショーダンサー. ❷ ボーイ, ウェーター.

boya [bója] 女 ❶ 《海事》ブイ, 浮標. ── luminosa 灯浮標. ❷ (魚網の)浮き.

Boyacá [bojaká] 固名 ボヤカ(コロンビアの県).

boyada [bojáða] 女 雄牛の群.

boyante [bojánte] 形 ❶ 繁栄する, 繁盛する, 幸運な. ── un negocio [una empresa] ~ 景気のいい商売[会社]. ❷ 《海事》浮揚性のある.

boyar [bojár] 自 浮く, 浮かぶ(=flotar).

boyardo, da [bojárðo, ða] 名 《歴史》ボヤール(ロシアの古い大貴族).

boyera [bojéra] 女 →boyeriza.

boyeriza [bojerí̧θa] 女 牛小屋, 牛舎; 牛の囲い場. 類 **boyera**.

boyerizo [bojerí̧θo] 男 牛飼い. 類 **boyero**.

boyero, ra [bojéro, ra] 名 牛飼い.
── 男 (B~)《天文》牛飼い座; 《鳥類》ムクドリモドキ科の鳥.

boy scout [bói skáu(t)] 〔<英〕男《複 boys scouts》ボーイスカウトの一員.

boyuno, na [bojúno, na] 形 《動物》ウシ(牛)属の, ウシの.

bozal [boθál] 形 ❶ 《話》無経験な, 不慣れな, 新米の. 類 **bisoño, inexperto**. ❷《話》愚かな. 類 **idiota, necio**. ❸ (馬が)野生の. 類 **cerril**.
── 男 ❶ (家畜用の)はめ口具. ── poner el ~ a una caballería 馬に口具をはめる. ❷ 〖中南米〗(家畜をつなぐ)杭(;).
── 男女 ❶ 《話》未熟者, 新米, 初心者. ❷《話》愚か者. ❸《古》(連れてこられたばかりの)黒人奴隷.

bozo [bóθo] 男 ❶ (上唇の上にはえる)うすひげ. ❷ 口のまわり. ❸ (馬の)はうな(端綱).

braceada [braθeáða] 副分 女 ❶ 腕を振り回すこと. ── El náufrago daba ~s y pedía socorro. 遭難者は腕を振って救助を求めていた.

braceaje [braθeáxe] 男 ❶ 《海事》水深, 尋数. ❷ 貨幣の鋳造.

bracear [braθeár] 自 ❶ 腕を振る. ❷ (抜き手で)泳ぐ. ❸ (馬が)足早で走る. ❹ 《海事》帆げたを回す.

bracero [braθéro] 男 労働者, 肉体労働者, 労務者, 日雇い人夫. 類 **peón**.

bracete [braθéte] 〔□の成句で〕
de bracete 《話》腕を組んで. Los dos tórtolos iban *de bracete*. その恋人たちは腕を組んで歩いていた.

bracmán [bra(k)mán] 男 →brahmán.

braco, ca [bráko, ka] 名 《動物》セッター犬.

bráctea [bráktea] 女 《植物》包葉(;), 苞(;).

braga [bráɣa] 女 ❶ おむつ, おしめ(=pañal). ❷《服飾》パンツ, パンティー. ❸《服飾》ズボン, 半ズボン. ── ponerse las ~s 半ズボンをはく. quitarse las ~s 半ズボンを脱ぐ. ❹ 張り綱, つり綱.

estar en bragas (1)《話》無一文である. (2)《話》何も知らない.
estar hecho una braga 《話》とても疲れている.
pillar en bragas ... 《話》…の不意をくう.
quedarse en bragas 《話》無一文になる.

bragado, da [braɣáðo, ða] 形 《話》勇敢な, 果敢な.(=valiente)

bragadura [braɣaðúra] 女 ❶ (身体の)股(;). ❷《服飾》股(の部分).

bragazas [braɣáθas] 形《単複同形》《話》おとなしい, 素直な. ── 男《単複同形》《話》おとなしい人, 妻の言いなりになっている男.

braguero [braɣéro] 男 《医学》ヘルニア[脱腸]帯.

bragueta [braɣéta] 女 《服飾》(ズボンの)チャック, 前開き.

estar como bragueta de fraile 〖ラ・プラタ〗《話》くそまじめである.

braguetazo [braɣetáθo] 男《俗》金目当てで金持ちの女と結婚すること. ── dar (un [el]) ~ (男が)金目当ての結婚をする.

brahmán [brahmán] 男 ❶ 《宗教》ブラフマン, 梵(ぼん)(インド, バラモン思想の中心概念). ❷ バラモン(インドの四種姓の最上位).

brahmánico, ca [brahmániko, ka] 形 《宗教》バラモン教の.

brahmanismo [brahmanísmo] 男 《宗教》バラモン教.

braille [brájje] 男 点字, (ブライユ)点字法. ◆フランスのブライユ(1809-52)が考案した点字法.

brama [bráma] 女 《動物》(鹿などの)さかりの鳴き声, 発情(期).

bramadero [bramaðéro] 男 ❶ (野生動物が)つがう場所. ❷ 〖中南米〗(家畜をつなぐ)杭(;).

bramante [bramánte] 形 ほえる, ごうごうという. ── 男 ❶ ひも, 細ひも. ❷ 麻糸, 麻ひも. ❸ 亜麻布.

bramar [bramar] 自 ❶ (牛・鹿などが)大声で鳴く. ❷《比喩》(風などが)うなる, ヒューヒューいう. ❸ 怒号する, わめく. ── El herido *bramaba* de dolor. その負傷者は痛みでうめき声をあげていた.

bramido [bramíðo] 男 ❶ (牛などの鳴き声, (動物の)うなり声. ── dar un ~ うなり声を上げる. ❷《比喩》(風の)うなり, 風などがたてうなる音. ── el ~ del viento [del mar] 風[海]のうなり声. ❸《話》(怒り・痛み・無念さからの)叫び声, 大声.

brandy [brándi] 男 《飲物》ブランディー. ── una copa de ~ 1 杯のブランディー.

branquia [bránkja] 女 《魚類》(魚の)えら.

branquial [braŋkjál] 形 《魚類》えらの, えらに関する. ── respiración ~ えら呼吸.

braquial [brakjál] 形 《解剖》腕の.

braquicéfalo, la [brakiθéfalo, la] 形 《医学》短頭症の.

brasa [brása] 女 (火の)おき, 真っ赤に焼けた炭火.

a la brasa 《料理》焼いた, あぶった. sardinas [carne] *a la brasa* 炭焼きのイワシ[肉].

pasar como sobre brasas por [sobre] … …には軽く触れるだけにする.

brasero [braséro] 男 火鉢 (camilla と呼ばれるテーブルの下に入れる). —calentarse al ~ 火鉢で暖まる.

Brasil [brasíl] 固名 ブラジル(公式名 República Federativa de Brasil, 首都ブラジリア Brasilia).

brasil [brasíl] 男 ❶《植物》ブラジルスオウ(材). ❷ 口紅, 頬紅.

:**brasileño, ña** [brasileH1no, H1na] 形 ブラジル (Brasil)(人)の. —música *brasileña* ブラジル音楽.
—— 名 ブラジル人.

brasilete [brasiléte] 男 《植物》ブラジルボク (材), ブラジルウッド.

Brasilia [brasílja] 固名 ブラジリア(ブラジルの首都).

Braulio [bráuljo] 固名 《男性名》ブラウリオ.

***bravamente** [braβaménte] 副 荒々しく, 猛々しく; 勇敢に.

bravata [braβáta] 女 虚勢, 空威張り, おどし, すかし. —echar [lanzar] ~s 虚勢を張る.

bravear [braβeár] 自 ❶ 見栄を張る, 空威張りする, 強がる. ❷ 荒れ狂う.

bravera [braβéra] 女 かまどの空気窓, 通気口.

braveza [braβéθa] 女 ❶ 勇ましさ, 勇敢さ(= bravura). ❷ (暴風雨などの)激烈さ, 猛威.

bravío, a [braβío, a] 形 ❶ (a)(動物が)野生の, 荒々しい. 類 **bravo, indómito, salvaje**. (b)《比喩》荒々しい. —mar ~ 荒々しい海. ❷ (植物が)野生の. 類 **silvestre**. ❸ (人が)粗野な, 粗暴な; 反抗的な. —carácter ~ 粗暴な性格. 類 **indómito, rebelde**.
—— 男 (主に動物の)野生, 凶暴性. —Era un toro de mucho ~. それは大変凶暴な牛だった.

Bravo [bráβo] 固名 (el ~) ブラーボ川(メキシコ, アメリカ合衆国の河川).

****bravo, va** [bráβo, βa ブラボ, バ] 形 ❶ 勇敢な, 勇気のある. —luchador ~ 勇敢なレスラー. 類 **esforzado, valiente**. 反 **cobarde**. ❷ 荒れた, 獰猛な, 激しい. —mar ~ 荒海. —Aplaudieron al toro por lo ~. 人々はその荒々しい牛の勇猛さを賞賛した. 類 **feroz, fiero**. ❸ 野生の, 自然のままの. —paisaje ~ de la jungla 人跡未踏のジャングルの景観. 類 **fragoso, inculto**. ❹〔estar+〕《話》(味が)辛い (=picante). —patatas [papas] a la *brava*《料理》辛いソースをつけたポテト. ❺《話》自慢げな, 空いばりの; (性格が)乱暴な, 荒っぽい. ❻《話》すばらしい. —Vive en una *brava* casa. 彼はすばらしい家に住んでる. 類 **magnífico, soberbio**.
—— 男 喝采, 歓呼, 応援.
—— 間 ❶ ばんざい!, うまいぞ!, でかした! iB~! ¡Bien hecho [dicho]! うまいぞ! お見事! iB~! ¡Hemos ganado! わあ, 勝ったぞ! ❷ ブラボー! (演奏者などをほめる叫び声)

a [por] las bravas 軽率に, 軽はずみに; 乱暴に.
pisar bravo 荒々しい足取りで進む.
toro bravo (闘牛用の)牛.

bravucón, cona [braβukón, kóna] 形《話》自慢する, ほら吹きの, 空威張りの. 類 **fanfarrón**.
—— 名《話》自慢家, ほら吹き, 空威張りする人.

bravuconada [braβukonáða] 女 自慢(の種), ほら, 自慢話, 空威張り.

:**bravura** [braβúra] 女 ❶ (動物の)獰猛(ぞう)さ. —~ del toro 闘牛の戦闘意欲. ❷ (人の)勇猛, 勇敢さ, 勇気. 類 **braveza, valentía, valor**. 反 **cobardía, mansedumbre**. ❸ 強がり, 虚勢, 空威張り. —Sus palabras no eran más que ~s y fanfarronerías. 彼の言葉は強がりに過ぎなかった. 類 **bravata**.

braza [bráθa] 女 ❶《スポーツ》平泳ぎ, ブレスト. —nadar a ~ 平泳ぎで泳ぐ. ❷《海事》尋(ひろ)(1.67m). ❸《海事》操桁(そうこう)索.

brazada [braθáða] 女 ❶ ストローク, (水泳の)一かき, (ボートの)一漕ぎ; 腕を引き寄せる動作. ❷ → brazado. ❸ →braza.

brazado [braθáðo] 男 一抱え, 両腕[片腕]で抱えられる分量. —un ~ de leña 薪(たきぎ)一抱え.

brazal [braθál] 男 ❶ (よろいの)腕甲. ❷ 腕章. ❸《農業》(灌漑用の)水路.

brazalete [braθaléte] 男 ❶ 腕輪, ブレスレット. —llevar un ~ ブレスレットをしている. ❷ (よろいの)腕甲. ❸ 腕章. —Lleva un ~ negro en señal de luto. 彼は黒い喪章をつけている.

****brazo** [bráβo ブラソ] 男 ❶ (a) 腕(肩から肘までの部分, あるいは肩から手までの部分. 手を含まないこともある). —Se había quitado la chaqueta y la llevaba bajo el ~. 彼は上着を脱ぎながら腕の下に抱えていた. Levantó el ~ derecho y dijo adiós con la mano. 彼は右手をあげてさよならをした. La abuela llevaba al nieto en ~s. おばあさんは孫を腕に抱いていた. Antonio iba paseando del ~ de su señora. アントニオは奥さんと腕を組んで散歩していた. (b) 四足動物の前脚. —La jaca retrajo los ~s como atemorizada. その子馬はおびえたように前脚を引いた. (c) (イカ・タコ等)頭足動物の触手. —Los ~s del pulpo están provistos de ventosas. タコの足には吸盤がある. 類 **tentáculos**. ❷ (椅子, ソファー等の)腕, アーム, ひじ掛け. —Tenga cuidado, que está roto el ~ izquierdo del sillón. お気をつけください. ひじ掛け椅子の左のアームが壊れていますので. ❸ (器具, 用具の)腕, アーム, 腕状の支え; (起重機, クレーン等の)アーム, 腕木. —~ robótico (宇宙船の)ロボットアーム. Dejó la toalla en el ~ del lavabo. 彼は洗面台のアームにタオルをかけた. En el vestíbulo había un farol colgado de un ~ de hierro colocado en la pared. 玄関には壁に取り付けた鉄のアームに吊るされたカンテラがあった. El fuerte viento provocó la caída del ~ de una grúa. 強風でクレーンのアームが落下した. ❹《天秤(てんびん)》のさお, 棒. ❺ 十字架の横木. —En la pared había una cruz de ~s muy largos. 壁には横木がずいぶん長い十字架があった. ❻ 木の枝, 枝状のもの; (燭台, 電灯, スタンド等の)枝. —Las palomas se posaron en el ~ de un pino. ハトが松の枝に止まった. He comprado un candelabro de seis ~s. 私は6本の枝がついた燭台を買った. ❼《地理》(川)の支流, 分流, 入り江. —~ de mar 入り江. —~ de tierra 中洲. ❽《物理》作用点と支点の間の距離. ❾ 複《比喩》労働力[者], 人手. —Se necesitan más ~s en la época de la siega. 刈り入れの時期にはもっと人手が必要だ. 類 **bracero, jornalero, trabajador**. ❿ 複(命令, 指揮に従って動く)機動部隊, 機動部門. —Ayer detuvieron al

jefe del ～ armado de la banda terrorista. 昨日テログループの武装部隊のリーダーが捕まった. ⓫ 力, 威力, 権力; 圏《比喩》保護者, 擁護者. —Nada resiste a su ～. 彼の力に抗しきれるものはない. Se valió de buenos ～s para conseguir el trabajo. 彼はその職を得るためにコネを使った. ⓬《歴史》昔の階級制議会の議員団. ——～ eclesiástico [de la nobleza, del estado llano] 聖職[貴族, 平民]議員団. ～ del reino 階級制議員団. ～ secular 非聖職者からなる裁判官によって行われる裁判権.

a brazo 手作りの, 機械を用いない. Me regalaron chocolates elaborados *a brazo* para mi cumpleaños. 私は誕生日に手作りチョコレートをプレゼントされた.

a brazo partido (1)《比喩》懸命に, 必死に. Tuvo que luchar *a brazo partido* para difundir sus ideas antibelicistas. 彼は自分の反戦思想を広げるために必死に戦わねばならなかった. (2) 素手で, 武器を使わずに. Se asomó al balcón y vio que dos jóvenes se peleaban *a brazo partido*. 彼はバルコニーから外をのぞいて二人の若者が取っ組み合いのけんかをしているのを見た.

al brazo 腕に抱えて. La gabardina la llevaba echada *al brazo*. 彼はコートを腕に抱えていた.

ama de brazos《比喩》ベビーシッター, 子守.

brazo a brazo 体と体をぶつけた. combate *brazo a brazo* 取っ組み合い, 肉弾戦.

brazo de gitano《料理》ロールケーキ.

brazo derecho《比喩》右腕, 頼りになる人. Juan es el *brazo derecho* del director. フアンは部長の右腕だ.

con los brazos abiertos《比喩》喜んで, 温かく, 親愛をこめて, 愛情をこめて; 腕を広げて. Los padres de mi novia me han recibido *con los brazos abiertos*. 恋人の両親は僕を温かく迎え入れてくれた. Te esperamos *con los brazos abiertos*. 私たちは君を大歓迎するよ.

con los brazos cruzados《比喩》腕をこまねいて, 何もせずに. Se pasa el día *con los brazos cruzados*. 彼は一日何もせずに過ごす.

cruzarse de brazos 腕組みをする;《比喩》腕をこまぬく, 何もしない. La profesora *se cruzó de brazos* y esperó a que sus alumnos callaran. 先生は腕組みをして生徒たちが黙るのを待った.

dar el brazo a ... (1) …に腕を貸す. Le *di el brazo a* la anciana para ayudarle a subir al autobús. 私はおばあさんがバスに乗るのを助けるために腕を貸した. (2)《比喩》…に手を貸す, を援助する.

dar los brazos a ...《比喩, 話》を抱きしめる, 抱擁する.

de brazos cruzados →con los brazos cruzados.

del brazo 腕を組んで. María pasea *del brazo* de su novio. マリアは恋人と腕を組んで散歩する.

echarse [abandonarse, entregarse, ponerse] en brazos de ...《比喩, 話》…に自らをゆだねる, …に頼りきる. El pueblo *se entregó en brazos de* los revolucionarios. 民衆は革命家たちにすべてをゆだねた.

hecho un brazo de mar《話》たいそうめかし込んだ, 着飾った. ¿A dónde vas? Estás *hecho un brazo de mar*. どこへ行くの. ずいぶんめかしこんでるね.

huelga de brazos caídos《比喩》怠業, 職場には出勤するが何もしないという形のストライキ.

no dar su *brazo a torcer*《比喩, 話》頑として譲らない, 屈服しない. El testarudo de mi padre *no dará su brazo a torcer* fácilmente. 頑固者の私の父は簡単には譲らないだろう.

tener brazo《比喩, 話》力が強い, 頑強である.

vivir por su [sus] *brazo* [*brazos*]《比喩》自活する.

brazuelo [braθwélo] 男 (動物の)前肢の部分, 肩の部分.

brea [bréa] 女 ❶ タール, ピッチ, 瀝青(ᴺᴶ)物質. ——～ mineral コールタール, アスファルト. ～ seca コロホニー. ❷ タール塗りの防水布, 油布.

brear [breár] 他《話》をひどい目にあわせる, ぶつ.

brebaje [breβáxe] 男 まずい飲料, 安物の飲料. —tomar un ～ 安物の飲料を飲む.

breca [bréka] 女 ❶《魚類》ギンレウラオ. ◆コイ科の1種. 鱗(ᵘʳᵒ)は模造真珠の材料. ❷《魚類》タイの一種.

brecha [brétʃa] 女 ❶《軍事》(壁・岩などの)裂け目, 突破口. ❷《比喩》突破口, チャンス. —abrir ～ 突破口を開く. ❸《地質》角礫(ᵏᵃᵏᵘ)岩.

estar en la brecha いつも攻撃に対して身構えている.

hacer brecha en ... …に感銘を与える.

morir en la brecha 戦死する, 仕事中に死ぬ, 殉職する.

brécol [brékol] 男《植物》ブロッコリー.

brecolera [brekoléra] 女《植物》ブロッコリーの一種.

brega [bréɣa] 女 ❶ 努力, がんばり, 戦い. ❷ けんか, いさかい, 口論. 類 discusión, lucha. ❸ いたずら, 悪さ, 冗談. 類 burla, chasco.

andar a la brega がんばる, 努力する.

bregar [breɣár] [1.2] 自［＋con］…と戦う, けんかする, 口論する. ❷ がんばる, 苦闘する;［＋en/por に］精を出す. —*Bregó* mucho para sacar adelante a la familia. 彼女は家族を養っていくために頑張った.

—— 他 をこねる, 練る.

breña [bréɲa] 女 荒れ地, 雑草のはえた荒れ地.

breñal [breɲál] 男 →breña.

breñoso, sa [breɲóso, sa] 形 岩だらけで雑草の多い, 荒地の.

bresca [bréska] 女 ミツバチの巣, 巣板. 類 panal.

Bretaña [bretáɲa] 固名 ❶ →Gran Bretaña, Reino Unido. ❷ ブリタニア(ローマ時代のローマの属州). ❸ ブルターニュ地方(フランスの地方).

brete [bréte] 男 ❶《歴史》(囚人の)足かせ. ❷《比喩》窮地, 窮境. —estar en un ～ 窮地にある. poner a ... en un ～ を窮地に追い込む. ❸《まれ》牢, 土牢(＝calabozo).

bretón, tona [bretón, tóna] 形 ブルターニュ(Bretaña)の.

—— 名 ブルターニュの人.

—— 男 ブルターニュ語.

breva [bréβa] 女 ❶《植物》(夏果の)イチジク. ❷《話》思いがけない幸運. 類 ganga. ❸ ブレーバ(やわらかく巻いた葉巻). ❹『中南米』噛みタバコ.

más blando que una breva《話》非常におとなしい.

no caerá esa breva 《話》(期待していることが)そう簡単には行かない. ¿Conseguirás ese empleo? —*No caerá esa breva.* その仕事にありつけそうかい. —そううまくは行かないよ.

breve [bréβe ブレベ] 形 ❶ 簡潔な, 手短かな. —Su explicación fue ~ y concisa. 彼女の説明は簡潔で要領を得ていた. Si se me permite una ~ digresión … 余談になりますが(=ちょっと話をそらせていただきますと). ❷ 短時間の. —un ~ silencio 短い沈黙.
—— 女 《音楽》2全音符.
—— 男 (新聞, 雑誌などの)コラムの短い記事.
en breve すぐに. Llegará *en breve*. 彼はすぐにここに到着するでしょう.

*brevedad [breβeðá(ð)] 女 ❶ (時間の)短さ; 手短さ, 簡潔さ. —hablar con ~ 手短かに[簡潔に]話す. con [a] la mayor ~ (posible) できるだけ早く. para mayor ~ 簡単に言えば, 要するに. ~ de la vida 人生の短さ. ~ del estilo 文体の簡潔さ. 類 concisión, cortedad. 反 longitud. ❷ 《まれ》(長さの)短さ. —niña vestida con ~ 裾(㋐)の短い服を着た女の子. ~ de la cintura ウエストの細さ.

*brevemente [breβeménte] 副 簡潔に, 手短に(言うと).

breviario [breβiárjo] 男 ❶ 《宗教》日課祈祷(㋑)書. —rezar el ~ 日課祈祷書を読んで祈る. ❷ 要約, 概論. 類 epítome. ❸ 《印刷》ブレビア(8ポイント活字).

brezal [breθál] 男 ヒースの茂る荒野, ヒースの群生地.

brezo [bréθo] 男 ❶ 《植物》ヒース. ❷ 《まれ》ゆりかご(=cuna).

briba [bríβa] 女 不良生活, 放浪生活.
andar [vivir] a la briba ぶらぶら暮らす, なまけて暮らす.

bribón, bona [briβón, βóna] 形 ❶ 悪党の, ならず者の, ごろつきの. 類 granuja. ❷ 《話》いたずらものの, 腕白な. 類 pícaro. —— 名 ❶ 悪党, ならず者. ❷ 《話》いたずらっ子, 腕白小僧.

bribonada [briβonáða] 女 不良生活, いたずら, 悪党の仕業, わるさ. —hacer [cometer] una ~ わるさをする.

bribonear [briβoneár] 自 ❶ 怠けて暮らす, だらしない生活を送る. ❷ 悪事を働く, 卑劣な行為をする.

bribonería [briβonería] 女 ❶ 放縦(㋐)な暮らし; 悪事, 悪行.

bricbarca [brikβárka] 女 《海事》(三本マストの)帆船, バーク.

bricolaje [brikoláxe] 男 日曜大工.

*brida [bríða] 女 ❶ (馬具)馬勒(㋓); 手綱. —a la ~ 鐙(㋐)を長くして. poner la ~ a un caballo 馬に馬勒をつける. beber la ~ (馬が)馬銜をかむ(制御がきかなくなる). ◆馬勒は轡(㋐), bocado, 面繋(㋐), cabezada, 馬銜 freno, 手綱 rienda などの総称. ❷ 《技術》(管などの)継ぎ手, フランジ; 留め金, 締め金. 類 abrazadera, collarín. ❸ 医 《医学》(傷口・膿瘍(㋐)などの)線維性癒着根. 類 adherencia.
a toda brida 全速力で(=a todo correr).

bridge [brit(ʃ)] 男 《<英》 (トランプの)ブリッジ. —jugar al ~ ブリッジをする.

bridón [briðón] 男 ❶ 《馬術》小勒(㋐)馬銜(㋐), 小型の轡(㋐). ❷ 馬勒をつけた馬; 騎手.

brincar 257

brigada [briɣáða] 女 ❶ 《軍事》旅団. —*Brigadas Internacionales* 《スペイン史》国際旅団(スペイン内戦時の国際義勇軍). ❷ 《軍事》分隊, 隊. —~ paracaidista [acorazada] 落下傘[機甲]部隊. ❸ 労働者の一群, 一部隊. —~s antidisturbios 機動隊. B ~ de Investigación Criminal 犯罪捜査局. —— 男女 ❶ 《軍事》(陸・空軍の)曹長. ❷ 《軍事》(海軍の)上等兵曹.

brigadier [briɣaðjér] 男 《軍隊》旅団長, 兵団長; 准将, 代将.

brigadista [briɣaðísta] 男女 (スペイン内戦時の)国際旅団参加者.

brillante [briʝánte ブリヤンテ] 形 ❶ (宝石・星などが)光輝く, きらびやかな, 輝く. —luz ~ 明るい光. El ~ color naranja de la alfombra no combina con el tono general de la sala. その敷物の鮮やかなオレンジ色は部屋の全体の色調と合わない. ❷ 立派な, 華々しい, 才気ある, 優れた. —Tiene un porvenir ~ como cantante. 彼女の歌手としての将来は明るい. Su ~ actuación encantó al público. 彼のみごとな演技は観客を楽しませた.
—— 男 (ブリリアンカットの)ダイアモンド.

*brillantez [briʝantéθ] 女 ❶ (物の)輝き, 明るさ. —Esta crema da ~ al pelo. このヘアークリームは髪の毛に艶(㋐)を出す. 類 brillo. ❷ 《比喩》輝かしさ, すばらしさ; 卓越. —Terminó la carrera con gran ~. 彼は大変優秀な成績で卒業した. ❸ 華やかさ, 華麗. —Las ceremonias se han desarrollado con gran ~. 式典は華麗に繰り広げられた.

brillantina [briʝantína] 女 ❶ ブリリアンチン(頭髪用チック). —echarse [ponerse] ~ チックをつける. ❷ (金属用の)磨き粉.

:**brillar** [briʝár] [<brillo] 自 ❶ 光り輝く, きらめく, 輝く, きらきら[ぴかぴか]光る. —Los diamantes *brillaban* en las vitrinas. ダイヤモンドはショーケースの中で輝いていた. Sólo las estrellas *brillaban* en aquella noche oscura. あの暗い夜星だけが輝いていた. ❷ ぬきんでる, 目立つ. —*Brilla* entre todas por su hermosura. みんなの中で彼女はその美しさぬきん出ている.

:**brillo** [bríʝo] [<brillar] 男 ❶ 輝き, 光輝, きらめき, 光彩; 光沢. —el ~ de una estrella [del sol] 星[太陽]の輝き. El ~ maligno de sus ojos me dejó desconcertado. 彼の目が意地悪く光って私はとまどった. 類 lustre, resplandor. ❷ 《比喩》栄光, 栄誉. —Con ese escándalo se ha apagado completamente el ~ de su fama. その醜聞とともに彼の名声は完全に消えてしまった. 類 gloria, lucimiento. ❸ 《比喩》傑出, 卓越; 華麗さ, きらびやかさ. —El ~ de su ingenio es algo irresistible. 彼の卓越した機知には抗しきれない. El ~ de su oratoria excitó a todo el auditorio. 彼の弁舌の華麗さに聴衆はみんな興奮した. ❹ 《物理》輝度. ❺ 《情報》グレア.
sacar [dar] brillo a … を磨く, 光らせる[輝かせる], …のつやを出す. Todas las mañanas ella *saca brillo a* los zapatos de su hijo. 毎朝彼女は息子の靴を磨く. La presencia del embajador *dio brillo al* acto. 大使の出席がその式典に華を添えた. 類 abrillantar, bruñir, lustrar.

brincar [briŋkar] [1.1] 自 ❶ 跳ね回る, 飛び回

258 brinco

る. ❷［＋de］…の感情を激しく表わす. —～ de alegría 小躍りして喜ぶ.
estar que brinca《話》興奮する, 怒り狂う.

brinco [bríŋko]　男　跳躍, 飛ぶこと. —dar un ～飛ぶ.
dar [pegar] brincos de alegría とても喜ぶ.
dar [pegar] un brinco / darle [pegarle] a ... un brinco el corazón びっくりする, 恐怖で驚く.

brindar [brindár]〔＜brindis〕自［＋por のために］乾杯する. —*Brindemos por* nuestra salud. われわれの健康のために乾杯しよう.
—他　❶ を授与する, 提供する, 申し出る. —*Su visita a Japón me brindó* la oportunidad de hablar en español. 彼の訪日によって私はスペイン語で話すチャンスが得られた. Nos *brindaste* tu ayuda cuando más la necesitábamos. われわれがもっともそれを必要としたときに君は援助の手をさしのべてくれた. 類*dar*. ❷《闘牛》(闘牛師が…に牛)を捧げる. — Escamillo *brindó* a Carmen tres toros. エスカミーリョはカルメンに 3 頭の牛を捧げた.
—*se* 再［＋a＋不定詞］(…しようと)自ら申し出る. —*El médico se brindó a* reconocerme gratis. その医者は私を無料で診察してやろうと申し出てくれた.

brindis [bríndis] 男〔単複同形〕❶ 乾杯, 祝杯. —Propongo un ～ por el éxito de nuestro negocio. 私たちのビジネスの成功を祝して乾杯しましょう. hacer un ～ por la felicidad de los recién casados 新婚夫婦の幸せを祈念して乾杯する. *¡B～!* 乾杯! ❷ 乾杯の音頭[挨拶]. —Procura que el ～ sea breve. 乾杯の挨拶は短くお願いします. ❸《闘牛》闘牛を捧げること[挨拶]. —Antes de empezar, el torero hizo el ～. 闘牛士は試合前に闘牛士棒呈の挨拶をした.
echar un brindis 乾杯する, 乾杯の音頭をとる.

brío [brío]《主に複》男 ❶ 意気込み, 元気, 活力, 勢い, 頑張り. —hombre de ～s 意気盛んな人, エネルギッシュ人. El toro embistió con muchos ～s. その牛はすごい勢いで襲いかかった. El negocio ha tomado ～. 商売が活気づいた. 類*denuedo, empuje, energía*. 反*desánimo*. ❷ りりしさ, 気品, 颯爽(さっそう). —No todos los actores caminan con ese ～. 俳優がすべてそのように颯爽と歩くわけではない. 類*gallardía, garbo*. ❸ 決意, 決断力; 勇気. —luchar con ～s 断固戦う. Si quieres aprobar, tendrás que estudiar con más ～. 君は合格したければ, もっとしっかり勉強しなければならない. 類*decisión, firmeza*. 反*indecisión*.
cortarle los bríos (人の)意気込みを抑える, 精力を奪う.
voto a bríos《古》(怒り)くそっ!, こんちくしょう!(＝voto a Dios).

briofita [briofíta]　女　→briofito.

briofito, ta [briofíto, ta]　形《植物》コケ類の. —　女　複　コケ類.

briosamente [briosaménte]　副　勢いよく; 決然と, 勇敢に, 雄雄しく.

:**brioso, sa** [brióso, sa]　形　元気に満ちた, 力強い, 勇ましい, 意気込んだ. —caballo ～ 元気のいい馬. pincelada *briosa* 力強い筆使い.

briqueta [brikéta]　女　煉炭, たどん.

brisa¹ [brísa]　女　ブドウの搾り粕. 類*orujo*.

:**brisa**² [brísa]　女 ❶《海辺の》そよ風, 微風. —marina [del mar] 海風, 海軟風 ～ de tierra 陸風. Hoy corre una deliciosa ～ marina. 今日は海から心地よいそよ風が吹いている. ❷《文》そよ風, 微風. —dulce ～ 心地よいそよ風. 類*aura, céfiro*. ❸ 北東の風(→vendaval《南西の風》). ❹《中南米》貿易風. ❺《中南米》《話》空腹, 食欲.

brisca [bríska]　女　ブリスカ(トランプゲームの一種). —jugar a la ～ ブリスカをする.

:**británico, ca** [britániko, ka]　形　英国(Inglaterra)(人)の. — Museo B～ 大英博物館.
—　名　英国人.

británo, na [brítano, na]　形 ❶《歴史》(古代)ブリトン人の, ブリタニアの. ❷ イギリスの, イギリス出身の（ブリテンの, 類*inglés, británico*. 今日
—　名《古代》ブリトン人/イギリス人.

brizna [bríθna]　女 ❶〔否定文で〕少しも(…ない). —No corría ni una ～ de aire. 全く空気の流れがなかった. ❷ 繊維, 筋, 細い線条のもの. ❸ 小さなかけら. —una ～ de paja わらの断片.

broca [bróka]　女 ❶《技術》穴あけ工具, きり(先). —taladrar con una ～ きりで穴をあける. ❷《靴》の鋲(びょう). ❸ 糸巻き, つむ, ボビン.

brocado [brokáðo]　男《服飾》錦織り, 金襴(きんらん), ブロケード.

brocal [brokál]　男 ❶ 井桁(いげた), 井筒, 縁石. —～ del pozo 井戸の縁石. ❷ 酒袋の吸い口. ❸《盾》の鋼鉄の縁. ❹《鉱業》たて杭の入口.

brocamantón [brokamantón]　男（宝石などの）ブローチ.

brocatel [brokatél]　男 ❶《服飾》(装飾用色絞入り)大理石. ❷《服飾》浮き織り錦.

brocha [brótʃa]　女 ❶（太めの）はけ[刷毛]. —pintar con una ～ はけで塗る. ❷ ブラシ. ❸ ひげ剃り用ブラシ(＝brocha de afeitar).
pintor de brocha gorda (1) ペンキ屋, 塗装工. (2) (下手な絵描き).

brochada [brotʃáða]　女　→brochazo.

brochazo [brotʃáθo]　男（刷毛(はけ)などによる）一塗り.

broche [brótʃe]　男 ❶ ブローチ, 婦人用の胸の飾りピン. —ponerse un ～ en la chaqueta 上着にブローチをつける. ❷《服飾》留め金, ホック, 締め金, スナップ. 類*alfiler*. ❸《中南米》(紙をはさむ)クリップ. ❹　複《服飾》《中南米》カフスボタン. ❺（儀式・行事の）フィナーレ. — Como ～ de las fiestas, actuará la banda municipal. お祭りのフィナーレとして市の楽隊の演奏があるだろう.
broche de oro フィナーレ, 有終の美. El discurso del primer ministro cerrará con *broche de oro* el congreso. 首相の演説がその会議の有終の美を飾った.

brocheta [brotʃéta]　女　→broqueta.

brócoli, bróculi [brókoli, brókuli]　男《植物》ブロッコリー.

bróculi [brókuli]　男　→brécol.

broma [bróma ブロマ]〔＜ギリシャ〕女 ❶ 冗談, しゃれ, ジョーク. —*Bromas* aparte [Fuera de ～], ¿ cuándo vais a casaros? 冗談はさておき, 君たちはいつ結婚するつもりなの? ¡Basta [Déjate] *ya de ～s!* 冗談はもうやめて! Mis padres son muy alegres y están de ～ todo el día. 私の両親は大変陽気で一日中冗談を

言っている. Me han dicho que te vas a Madrid. Será una ～, ¿verdad? あなたがマドリードに行ってしまうと聞いたけど，冗談でしょ? Perdón, hoy no estoy para ～s. すみません, 今日は冗談を言う気分ではないんです. No me lo creo. Lo dices en[de] ～, ¿verdad? そんなこと信じないわ. あなた冗談で言ってるんでしょ? No te preocupes, es una ～. 心配しないで, 冗談よ. ¿Qué? ¿Nos atrasan la paga otra vez? ¡Vaya una [menuda] ～! 何? また給料延期だって? ずるいじゃないか!
burla, chanza. ❷ いたずら, からかい. —A mi padre no le gusta que le gasten ～s. 私の父はからかわれるのが嫌いだ. Le han escondido la cartera por ～. 彼らはふざけて彼の財布を隠した.
burla, engaño. ❸ 《比喩, 話, 皮肉》予想に反して高くついたもの[こと], 結果的に不快になったもの[こと]. —La ～ de la boda les salió por un pico. 彼らの結婚式は思いのほか高くついた. La ～ de la multa me ha costado 50 euros. 罰金に私はなんと50ユーロも使ってしまった. ❹ 《動物》フナクイムシ.

broma pesada たちの悪い冗談[いたずら]. Decirle que le han suspendido es una *broma* muy *pesada*. 彼に落第したんてて言うのは悪い冗談だ.

de la broma 冗談好きの. Tu novio es *de la broma*, ¿eh? あなたの恋人って冗談言うのが好きね.

en [de] broma 冗談で, いたずらで, ふざけて. No te preocupes, que lo ha dicho *en broma*. 気にしないで, 彼は冗談で言ったんだから.

entre bromas y veras 冗談半分で.

gastar [dar, hacer] broma(s) a (人) をからかう, …にいたずらする. ¡No hay derecho! Me *han gastado la broma* de que me habían concedido el primer premio. ひどいよ! 彼らは私が一等賞をとったなんて言って私をだましたんだ.

hasta ahí podían llegar las bromas 《話》冗談ではない, それ以上行くと笑い事では済まされない (相手の横暴に我慢ができないことを示す決まり文句).

ir de broma …は冗談である, …はいたずらである.

menos bromas 《話》冗談はやめてくれ. Le pregunté si podía prestarme algo de dinero y sólo me dijo que *menos bromas*. 私は彼に少しお金を貸してもらえないかと尋ねたが, 彼はただ「冗談はやめてくれ」と言うだけだった.

ni en[por] broma 決して…しない. *Ni en broma* debes considerarte infeliz porque todos te queremos mucho. 君は決して自分を不幸だと思ってはならないよ, だってみんな君をとても愛しているのだから.

para qué las bromas 《話》冗談のような…. Vino a una velocidad que *para qué las bromas*. 彼はうそみたいな速さでやって来た.

¿Qué broma es esta? 《話》（不快, 狼狽を示す）いったいこれは何事か.

salir por una broma 《比喩, 話, 皮肉》（物事が）とても高くつく. Aquella fiesta nos *salió por una broma*. あのパーティーはとても高くついた.

tomar [echar] ... a [en] broma を本気にしない, 軽視しない, 冗談だと思う. Yo hablaba en serio, pero él lo *tomó a broma*. 私は真面目に話していたが, 彼はそれを本気にしなかった.

bromazo [bromáθo] 男 ひどい冗談, 悪ふざけ. —dar [gastar] un ～ a …にひどくふざけをする.
bromear [broméár] 自《＋estar》冗談を言う, ふざける. —No le hagas caso. Sólo *está bromeando*. 彼の言うことを本気にするなよ. 冗談を言っているだけなんだから.
— 再 →自.
bromista [bromísta] 形 ❶ 冗談を言う, ふざける. ❷ 冗談好きな. — 男女 冗談を言う人, おどけ者.
bromo [brómo] 男 《化学》臭素（元素記号 Br, 原子番号 35）.
bromuro [bromúro] 男 ❶ 《化学》臭化物. ❷ （特に）臭化カリ. —papel de ～《写真》ブロマイド印画紙.
bronca [brónka] 女 ❶ 叱責, 叱ること. —echar [armar] una [la] ～ 叱りつける. ❷ けんか, 口論, 反目. —armar una ～ けんかをする. ❸ やじ, ぶーイング声.

buscar bronca 挑発する, けんかを売る.

:**bronce** [brónθe] 男 ❶ 《合金》ブロンズ, 青銅. —edad de ～《歴史》青銅器時代. campana [candelabro] de ～ 青銅の鐘[枝付き大燭台]. ～ de aluminio アルミニウム青銅. ～ de cañón 砲金. ❷ 《彫刻》ブロンズ像（＝estatua de ～）. ブロンズ製品. ❸ 《スポーツ》銅メダル（＝medalla de ～）. —ganar el ～ 銅メダルを獲得する. ❹ 《詩》大砲, 鐘, ラッパ. —Tras la tregua, habló el ～. 休戦後, 大砲が轟いた. una fanfarria de ～s ラッパのファンファーレ. ❺ 青銅貨幣.

escribir en bronce 記憶に留める.

gente de [del] bronce 良からぬ生活をしている人, ごろつき.

ley de bronce de los salarios 《経済》賃金鉄則（ラッサルLassalle の説）.

ligar bronce 日に焼ける, 肌を焼く, 日光浴をする. Nos vamos a la playa a *ligar bronce*. 私たちは肌を焼きに海岸へ行くところです.

ser de bronce/ser un bronce (1) （労働で）疲れを知らない, 頑健[頑強]である. Su padre *es de bronce*, nunca cambia de opinión. 彼の父は強情で, 決して意見を変えない. (2) 非情[冷酷]である.

bronceado, da [bronθeáðo, ða] 形 ❶ 《estar＋》青銅色の. ❷ 《estar＋》日に焼けた.
— 男 →自.
bronceador, dora [bronθeaðór, ðóra] 形 日焼け用の. —crema *bronceadora* 日焼け用クリーム. — 男 日焼け用オイル.
broncear [bronθeár] 他 を青銅色にする. ❷ を日に焼けさせる. —se 再 （体を）日に焼く.
broncíneo, a [bronθíneo, á] 形 青銅（ブロンズ）の; 青銅色の.
broncista [bronθísta] 男女 青銅鋳物(の)屋, 鋳造職人.
bronco, ca [brónko, ka] 形 ❶ 耳ざわりな, がらがらの, しわがれ声の. —voz *bronca* しわがれ声. ❷ （木・金属が）もろい, 砕けやすい. —rama *bronca* 折れやすい枝. ❸ （馬が）野生の, 馴れない. —caballo ～ 野生の馬. ❹ あらい, ざらざらした. ❺ 《まれ, 比喩》（性格が）無愛想な, とげとげしい, ぶっきらぼうな.
bronconeumonía [broŋkoneumonía] 女 《医学》気管支肺炎.
bronquedad, bronquera [broŋkeðá(ð), broŋkéra] 女 ❶ 雑なこと, 粗さ. ❷ 荒々しさ, ぶっきらぼうなこと. ❸ （声などの）かすれ.
bronquial [broŋkjál] 形 《解剖》気管支の.

260 bronquina

asma ~ 気管支喘息(ﾃﾝｿｸ).

bronquina [bronkína] 囡 《話》(小さな)けんか. 類 **pendencia, riña**.

bronquio [brónkjo] 男 『主に 複』〖解剖〗気管支.

bronquiolo, bronquíolo [bronkjólo, bronkíolo] 男 『主に 複』〖解剖〗細気管支.

bronquitis [bronkítis] 囡 〖医学〗気管支炎. —tener [padecer] ~ 気管支炎になる.

broquel [brokél] 男 ❶ (木製の)小さな盾. ❷ 《比喩》庇護を与えるもの, 盾. ❸〖メキシコ〗イヤリングの一種.

broquelarse [brokelárse] 再 →aboquelarse.

broqueta [brokéta] 囡 (肉などを刺す)串, ブロシェット; 串焼き料理. 類 **brocheta**.

brotadura [brotaðúra] 囡 ❶〖植物〗発芽, 芽吹き, 葉や花がつくこと. ❷ 噴出, 発生, (突然の)出現.

:**brotar** [brotár] [<brote] 自 ❶ (a) …の芽が出る, 芽生える. —Todavía no *ha brotado* la cebada. まだ大麦の芽は出ていない. (b) …の葉が出る, (花が)咲く. —Pronto *brotarán* las hojas de los árboles. やがて木々の葉が出てくるだろう. ❷ (a) (水が)湧き出る. —El agua de este arroyo *brota* de una fuente. この小川の水はある泉から出ている. (b) (血・涙・火花が)出る. —Al ser proclamada campeona, le *brotaron* lágrimas de los ojos. チャンピオンになったとき, 彼女の眼から涙がしたり落ちた. ❸ (考え・疑いなどが)浮かぶ. —Esa clase de ideas sólo *brotan* en su cabeza. その種の考えは彼の頭の中にのみ宿る. ❹ (症候が皮膚に)出る, 現れる. —~ el sarampión ハシカの症状が出る.

:**brote** [bróte] 男 ❶〖植物〗芽, 新芽; 発芽. —echar [recoger] ~s 芽を出す[摘む]. ~s de bambú タケノコ. ~s de soja (verde) モヤシ. En primavera salen nuevos ~s en los árboles. 春になると木々の新芽が出る. 類 **pimpollo, renuevo**. ❷〖植物〗つぼみ. —Los ~s del cerezo están a punto de abrirse. 桜のつぼみが今にも開きそうである. 類 **botón, capullo**. ❸ (伝染病など危険なものの)出現, 発生; 兆候, 兆し. —Hubo un nuevo ~ de cólera. またコレラが発生した. Aquel año aparecieron los primeros ~s contra la dictadura. その年独裁打倒の兆候が現れた. ❹〖医学〗発熱; 発疹(ﾎｯｼﾝ). —Tuvo un ~ de fiebre pero no ha enfermado. 彼は熱が出たが, 病気にならなかった. ~ de viruela 疱瘡(ﾎｳｿｳ)にかかること. ❺ (涙などの)湧出.

broza [bróθa] 囡 ❶ 藪(ﾔﾌﾞ), 茂み. 類 **maleza**. ❷ 枯葉, ごみ, 木の枝などの切れ端, 木から出たくずごみ. —Una alfombra de ~s cubría el paseo. 通りには落ち葉のじゅうたんに覆われていた. ❸ 廃物, かす, ごみ, くず, むだな部分. ❹〖印刷〗(活字用)はけ. ❺《話》付け足し, 埋め草. —Ese artículo no es más que ~. その記事は付け足しにすぎない. 類 **hojarasca**.

bruces [brúθes]〖次の成句で〗
darse de bruces con ... …と正面衝突する.
de bruces うつ伏せに. *caer de bruces* うつ伏せに倒れる.

*bruja** [brúxa] 囡 ❶ 魔女, 魔法使い, 魔法使い (男性は brujo). —tren de la ~ 幽霊列車. el hechizo de la ~ 魔法使いの魔法. Las ~s aparecen montadas en escobas. 魔女は箒(ﾎｳｷ)に乗って現れる. 類 **hechicera**. ❷ (未開社会の)女性呪術師(ｼﾞｭｼﾞｭﾂｼ), 呪医. 類 **adivina**. ❸ 《話, 軽蔑》意地悪な女, 鬼婆; 醜い老婆. —Ya no aguanto más a la ~ de mi suegra. 意地悪な姑にはもう耐えられない. 類 **arpía**. ❹ (鳥類)フクロウ(梟). 類 **lechuza**. ❺〖中南米〗幽霊. ❻〖中米〗売春婦.

caza de brujas (1)〖歴史〗魔女狩り. (2)(政治的・思想的偏見による反対者の)迫害.

Brujas [brúxas] 固名 ブリュージュ(ベルギーの都市).

brujear [bruxeár] 自 魔術を使う;《話》詮索する.

brujería [bruxería] 囡 魔法, 妖術.

*brujo¹** [brúxo] 男 ❶ (男の)魔法使い, 魔術師, 妖術師(女性は bruja). 類 **adivino, hechicero, mago**. ❷ (未開社会の)まじない師, 呪(ｼﾞｭ)医. —~ de la tribu 部族のまじない師. 類 **chamán, hechicero**.

:**brujo²*, ja** [brúxo, xa] 形 ❶ 魅惑的な, 魅力的な. —mujer con unos ojos ~s 魅惑的な目をした女性. mirada [sonrisa] *bruja* 魅惑的な眼差し[微笑み]. amor ~ 魂を奪うような恋. 類 **cautivador, encantador**. ❷ (casar/estar/quedar (se)+) (a)〖中米, カリブ〗お金が無い, 貧乏な. (b)〖メキシコ〗健康がすぐれない. ❸〖チリ〗偽りの.

brújula [brúxula] 囡 ❶〖海事〗羅針盤, 羅針儀, コンパス(=brújula marina). —orientarse por [con] la ~ 羅針盤で位置を調べる. ❷ コンパス, 磁石.

brujulear [bruxuleár] 他 《話》をたくらむ, ねらう.

brulote [brulóte] 男 ❶ (爆発物を積んで敵船に向ける)火船, 焼き討ち船. ❷〖中南米〗非難, 中傷; 辛らつな批判.

bruma [brúma] 囡 ❶〖気象〗(特に海の)霧, もや. ❷ 複《比喩》混乱, 乱雑.

brumazón [brumaθón] 男 濃い霧.

brumoso, sa [brumóso, sa] 形 〖気象〗霧のかかった. —mar[día] ~ 霧のかかった海[天気].

Brunei [brúno, na] 固名 ブルネイ(公式名は Negara Brunei Darrussalam, 首都バンダルスリブガワン Bardar Seri Bugawan).

bruno, na [brúno, na] 形 《まれ》暗紫の, 黒の.

bruñido, da [bruñíðo, ða] 形 つやのある, ぴかぴかの. 類 **reluciente**.
—— 男 (金属や石の)つや出し, 磨き.

bruñidor, dora [bruñiðór, ðóra] 形 つや出しをする, 磨く. —— 男 研磨器, つや出し器.

bruñir [bruñír] [3.10] 他 ❶ 磨く, …のつやを出す. ❷ を化粧する. ❸〖中南米〗を悩ませ, 困らせる, 苦しめる. ——se 再 《話》(自分に)化粧する.

:**bruscamente** [brúskaménte] 副 ❶ 突然に, あわただしく, 不意に. —Abrió la puerta ~ y sin llamar. 彼はノックもせずにいきなり戸を開けた. La temperatura bajó [caɣó] ~. 温度が急に下がった. ❷ ぶっきらぼうに, 無愛想に.

*brusco, ca** [brúsko, ka] 形 ❶ 不意の, 突然の, 唐突な, 慌ただしい. —Hubo una caída *brusca* de las acciones [la Bolsa]. 株価が急に下落した. 類 **repentino**. ❷ (性格が)ぶっきらぼうな, 無愛想

な. —Perdone una pregunta tan *brusca*, pero … つかぬ事をお尋ねしますが(唐突な質問で失礼ですが). El incidente tuvo un ~ final. その事件の幕切れはあっけなかった[突然の幕切れだった]. Es un hombre de carácter ~. 彼は無愛想な奴だ. 類 **áspero, desapacible**.

Bruselas [brusélas] 固名 ブリュッセル(ベルギーの首都).

brusquedad [bruskeða(ð)] 女 ❶ ぶっきらぼう, 無愛想. 類 **aspereza**. ❷ 唐突, だしぬけ, 突然.

:**brutal** [brutál] 形 ❶ 野蛮な, 下品な, 乱暴な, 獣のような. —palabras ~es 下品な言葉. ❷ ひどい, すごい, 大変な, 巨大な. —Fue una guerra ~. それはひどい戦争だった. ❸《話》急な, 突然の.

:**brutalidad** [brutaliða(ð)] 女 ❶ 乱暴(な行為), 残忍(な行為), 野蛮. —con ~ 手荒に. Es una ~ pegar así a un niño. あんなに子供を殴るなんて乱暴だよ. La ~ del atentado sorprendió a todo el mundo. そのテロの残忍さに皆は唖然とした. 類 **crueldad, salvajada**. ❷ むちゃ, 無謀, 愚行. —Es una ~ beber tanto. あんなに飲むなんてむちゃだ. Comieron una ~ de fruta. 彼らはものすごくたくさん果物を食べた. Me gusta una ~. 私むのすごく好きだ. 類 **barbaridad, exceso**.

brutalizar [brutaliθár] [1.3] 他《まれ》野蛮化する, 粗野にする; 乱暴に扱う.
—**se** 自《まれ》野蛮になる, 粗野になる.

•**brutalmente** [brutálménte] 副 ❶ 野蛮に, 下品に, 乱暴に, 獣のように. —La policía trató ~ a unos periodistas. 警察は新聞記者たちを乱暴に扱った. ❷《話》ひどく, すごく. ❸《話》急に, 突然に.

bruteza [brutéθa] 女 ❶ →brutalidad. ❷ 簡素, 飾り気のなさ.

Bruto [brúto] 固名 ブルートゥス[ブルータス](マルクス·ユニウス Marco Junio ~)(前85-43, ローマの政治家·軍人, シーザー César の暗殺者の一人).

:**bruto, ta** [brúto, ta] 形 ❶ 粗野な, 下品な, 乱暴な; 大胆な. —¡Qué ~ eres! なんて乱暴な! ❷ 総計の, 総体の, 全体の. —producto nacional ~ 国民総生産(P. N. B. と略される). peso ~ 総重量. 反 **neto**. ❸ 馬鹿な, 無知な. —Ese amigo tuyo es un poco ~. 君のあの友人は少しばかり馬鹿だ. 類 **incapaz, necio**. ❹ 生の, 天然のままの, 加工していない. —petróleo ~ 原油.
—— 名 乱暴者, 粗野な人, 無教養な人, 田舎者.
—— 男 動物, 家畜. —noble ~ 馬(=caballo).

a lo bruto とてつもない.

en bruto (1) 総体の, 風袋(ふうたい)と内容. peso *en bruto* 総重量. Mi salario mensual es de 400.000 yenes *en bruto*. 私の月給は税込みで40万円です. (2) 未加工の, 精製されていない. diamante *en bruto* ダイヤモンドの原石, 磨かれていないダイヤ(比喩的に用いられることが多い).

bruza [brúθa] 女 (馬などに用いる)ブラシ.
bruzar [bruθár] [1.3] 他 (馬に)ブラシをかける, (活版などに)ブラシをかける.

Bs. As.《略号》=Buenos Aires ブエノスアイレス.

bu [bú] 男 [複 búes]《幼》おばけ, 化け物.
búa [bɫua] 女 →buba.

buba [búβa] 女 ❶《主に 複》《医学》横根(鼠蹊(そけい)リンパ節が炎症を起こして腫(は)れたもの). ❷ 腫瘍; 膿を伴う腫れ.

bubón [buβón] 男 《主に 複》《医学》よこね(横根). —tener *bubones* よこねがある.

bubónico, ca [buβóniko, ka] 形《医学》横根の. —peste *bubónica* 腺ペスト.

bucal [bukál] 形《解剖》口の, 口内の. —cavidad ~《解剖》口腔.

bucanero [bukanéro] 男 《歴史》バッカニア (17-18世紀アメリカ大陸のスペイン領沿岸を荒らした海賊).

Bucaramanga [bukaramáŋga] 固名 ブカラマンガ(コロンビアの都市).

Bucarest [bukarés(t)] 固名 ブカレスト[ブクレシュティ](ルーマニアの首都).

búcaro [búkaro] 男 ❶ 芳香性粘土. ❷ (芳香性粘土の)壷(つぼ), 花瓶.

buccino [bukθíno] 男《貝類》エゾバイ.

buceador, dora [buθeaðór, ðóra] 形 潜水する, 潜水の. —— 名 潜水夫, ダイバー.

bucear [buθeár] 自 ❶ 水中へもぐる, 潜水する. ❷ [+en を]探求する, 研究する.

buceo [buθéo] 男 潜水, ダイビング.

buchaca [butʃáka] 女 ❶ 袋; 財布, ポケット. ❷《中南米》(ビリヤードの)ポケット. ❸《中米》《話》口; 監獄.

buchada [butʃáða] 女 →bocanada.

buche [bútʃe] 男 ❶ ひと口に口に含んだ水. ❷《話, 比喩》胸中, 情. —guardar en el ~ 心の中にしまう, 秘密にする. ❸ (鳥の)餌袋. ❹《話, 比喩》胃. ❺ 生まれたてのロバ. ❻ (服の)しわ, ひだ, たるみ. ❼《アンデス》山高帽子. ❽《メキシコ》《医学》甲状腺腫.

guardar [tener] en el buche 秘密にする.
hacer buches 口をすすぐ.
llenar(se) el buche《話》腹いっぱい食べる.

bucle [búkle] 男 ❶ 巻き毛, カール. —pelo con ~s カールした髪. tener ~s 巻き毛がある. ❷《情報》ループ.

bucólica [bukólika] 女 ❶《詩》牧歌, 田園詩. ❷《話》食事, 食物.

bucólico, ca [bukóliko, ka] 形 田園の, 牧歌的な, 田園生活の. —vida *bucólica* 田園生活. paisaje ~ 田園の風景. —— 名 田園詩人.

Buda [búða] 固名 仏陀(前463-383頃, インドの宗教家, 仏教の開祖).

Budapest [buðapés(t)] 固名 ブダペスト(ハンガリーの首都).

budín [buðín] 男《料理》プディング(=pudin).
budión [buðjón] 男《魚類》ベラの一種.

:**budismo** [buðísmo] 男 《宗教》仏教(仏陀 Buda の教え).

:**budista** [buðísta] 男女 《宗教》仏教徒. —Los ~s siguen las enseñanzas de Buda. 仏教徒は仏陀の教えに従う.
—— 形 仏教徒の, 仏教の. —doctrinas ~s 仏教の教え. religión ~ 仏教. templo ~ 仏教寺院.

•**buen** [buén] 形《男性単数名詞の前で用いられる語尾脱落形》→bueno.

•**buenamente** [buénaménte] 副 ❶ 簡単に, 容易に. —Hazlo como ~ puedas. 簡単にできるならしてごらん. ❷ 快く, 喜んで, 自発的に.

Buenaventura [buenaβentúra] 固名 ブエナベントゥーラ(コロンビアの都市).

•**buenaventura** [buenaβentúra] 女 ❶ 幸運. ❷ 運勢, 占(うらな)い. —echar [decir] la ~ 占いを

buenazo, za [bwenáθo, θa] 形 《話》お人よしの. — 名 《話》お人よし.

buenísimo, ma [bwenísimo, ma] 形 〖bueno の絶対最上級〗この上なく良い. 類 **bonísimo**.

bueno, na [bwéno, na ブエノ, ナ] 形 〖比較級は mejor; 男性単数名詞の前では buen になる〗❶ 〖ser+〗上等な, 立派な; 善良な**. 反 **malo**. —Tengo una *buena* idea. 私にいい考えがある. Oye, tienes *buen* aspecto, ¿eh? 顔色がいいですね. En general, saca *buenas* notas. 彼の成績はおおむね良好だ. No es 〜 decir mentiras. うそをつくのはよくないことだ.
❷〖+para〗**…のためになる, …に適している, 有効な**. —Es 〜 para la salud el mantener un horario fijo. 早寝早起きは健康にいい.
❸ **優しい, 親切な, 寛大な**. — Su marido es una persona muy *buena*. 彼女のだんなさんはとてもいい人だ.
❹ **上手な, うまい**. —Es muy 〜 cocinando. 彼の料理の腕前は大したものだよ. Es una *buena* actriz. 彼女は演技がうまい. Su madre es muy *buena* cocinera. 彼の母親はとても料理が上手だ (必ずしも職業が料理人であることを意味しない).
❺ **十分な, かなりの, 結構な, 相当な**. —De aquí a la ciudad hay una *buena* distancia. ここからその町まではかなりの距離がある. Los campesinos gozaron de una *buena* cosecha. 農夫たちは豊かな収穫を享受した.
❻ **親しい; 仲が良い**. —Son 〜s amigos. かれらは仲がよい. ❼ **楽しい, 快い, 魅力的な**. —Hemos pasado un *buen* fin de semana. 私たちは楽しい週末を過ごした. Hoy hace un *buen* día. 今日は本当にいい日だ. ❽ 〖estar+〗(食品などが)うまい, おいしい. —Esta sopa está realmente *buena*. このスープはなかなかいける. ❾〖estar+〗**丈夫な, 健全な, 強い**. —José ya está 〜. ホセはもう元気になった. ❿ **役立つ, 有用な, まだ使える**. —Estos pantalones están todavía 〜s. このズボンはまだはける. ⓫《話》お人よしの, だまされやすい. ⓬《皮肉に》大変な, ひどい. —¡*Buena* la has hecho! とんでもないことをしてくれたな!. ⓭〖estar+〗《俗》セクシーな.

— 間 ❶ **そうですね, ええまあ**(相手の言葉を受けて言う). —B〜, pues en el lugar de siempre, ¿de acuerdo? じゃ, いつもの所でね. B〜, ¿y para cuándo lo vas a querer?–Ahora mismo. ところでそれはあとどれくらいしたら要るの–今すぐ. B〜, tal vez sea cierto. うん, そうかもしれないね.
❷ **よろしい!, 承知しました, オーケー!, うん!**. — ¿Vienes a mi casa?–B〜. 私の家に来る?–うん. ❸ **ところで, さて, それでは**(話を続けたり, 気分を変えるときに言う). —B〜, la verdad es que … あのう実は…. B〜, es hora de volver. さて, そろそろ帰らなくてはなりません. ❹〖メキシコ〗(電話で)**もしもし**! (=¡Oiga?). —¿B〜? ¿Es la casa del Sr. Martínez? もしもし, マルティネスさんのお宅ですか? ❺ **まあ!, おや!, え?!, さてさて**(驚き, 諦め, 安心の気持ちを表わす). —¡B〜! Por fin hemos llegado. やれやれ, やっと着いたぞ. ❻ **もう結構, やれやれ**(いらいらした気持ちを表わす). —¡Pero 〜 ! ¿Quieres dejar de molestarme ? もう!いい加減じゃまするのはやめてくれないか! —— 男 良いこと, 善.

a buenas **喜んで, 快く**.
a la buena de Dios **いいかげんに, 行き当たりばったりに**.
¡*Buen día*! 〖アルゼンチン〗**こんにちは**!
¡*buena es esa [está]*! 《皮肉》(奇異な気持ち, 不賛成の意味を込めて)**それは結構**.
¡*Buenas*! 《話》**やあ!, こんにちは**!
¡*Buenas noches*! (1) **こんばんは**. (2) **おやすみなさい**. (3) **さようなら**.
¡*Buenas tardes*! (1) **今日は**!(午後, 昼食後の挨拶). (2) **さようなら**!
¡*bueno*!(=*basta*) **もうたくさんだ**.
¡*Buenos días*! (1) **お早うございます**!, **今日は**!(午前, 昼食前の挨拶). (2) **さようなら**.
de buenas a primeras (1) **突然, だしぬけに**. (2) **一目で, 最初に**.
de las buenas **最上の, 一流の**.
estar a buenas con ... …**と仲がよい**.
estar de buenas 《話》**機嫌がよい, 陽気である**.
estaría bueno [que+接続法] (懸念, 叱責の意味を込めて)**ひどいことだ, 困ったことだ**. Eso no te lo consiento, *estaría bueno*. それは許さないよ, そんなことになったら大変だからね. *Estaría bueno* que encima tuviera que pagarlo yo. その上私が支払わなければならないなんてとんでもないことだ.
hacer bueno 〖3人称単数形で無主語〗**よい天気である**. Hoy *hace bueno* en todo el país. 今日は全国的に快晴に恵まれている.
hacerla buena 《話》**とんでもないことをする**.
lo bueno es [está] que+直説法 《皮肉》**面白い[奇妙な]ことに…だ; …とは面白い[奇妙だ]**. Maltrata a su mujer, pero *lo bueno es que* dice que la adora. 彼女を熱愛しているなんて言う.
poner bueno a ... **をひどく非難する**.
por las buenas **進んで, 快く, よろこんで**.
¡*Qué bueno*! 《話》**いいぞ!, でかした!, 最高**!
¿*Qué dice [le trae] de bueno*? 《文》→¿Qué hay de bueno?
¿*Qué hay de bueno*? 《文, 話》**どうだい, 元気かい**?
saber [ver] lo que es bueno **問題になっている事柄がいかに不快であるかが分かる**. Mira, si te caes de ahí y te rompes una pierna, vas a *saber lo que es bueno*. いいか, そこから落ちて足を折ってみろ, どうなるか分かるな.
ser más bueno que el pan →pan.
un buen día (1) **ある日**(突然). (2) **天気の良い日**.

Buenos Aires [bwénos ájres] 固名 **ブエノスアイレス**(アルゼンチンの首都).

‡**buey** [bwéi] 〖複 bueyes〗男 ❶《動物》(労役用・食用の去勢された)**雄ウシ**(牛)〜toro「(去勢されていない)雄牛」, vaca「雌牛」). 〜 almizclado **ジャコウウシ**. 〜 de labor **労役用の去勢牛**. 〜 giboso **コブウシ**. trabajar como un 〜 **牛馬のように働く**. El 〜 muge. 牛が鳴く. Es un 〜 para el trabajo. 彼は非常によく働く. ❷《魚類》**オマールエビ**(=〜 del mar). ❸《建築》**丸窓**. —ojo de 〜 **小円窓, 丸窓**. El oleaje era tan fuerte, que el agua entraba por el ojo de buey. うねりが高いので海水が丸窓から入ってきていた. ❹《海事》(大波で船内に)**どっとなだれこむ水** (〜 de agua). ❺〖メキシコ〗**妻を寝取られた男**. ❻〖メキシ

コ]ばか, 愚か者. 類**estúpido, tonto**. ❼[メキシコ]友達, 仲間. ❽[中南米]大金. ❾《動物》マナティー, 海牛(=manatí, vaca marina).

a paso de buey のろのろと.

arar con los bueyes que se tiene 《話》手持ちの手段に満足し, それをうまく活用する.

¡El buey suelto bien se lame!【諺】自由に勝るものは無い(←解き放たれた牛はよく体をなめる).

hablar de bueyes perdidos (1)[南米]《話》(重要な話の最中に都合の悪い人が)関係のないくだらないことを言い出す.

¡Habló el buey y dijo mu! ふだん無口な人が言い出したことはろくでもないことだった; あなたがたまに口を開くとろくなことを言わない.

poner el carro delante de los bueyes《俗》物事の順序を逆にする, 本末を転倒する.

sacar el buey de la barranca[南米]《話》(誰かが失敗したことを)再びやる; 問題を解決する.

bufa [búfa] 囡 ❶ 冗談, しゃれ, ひやかし. — hacer ~ de ... をひやかす. 類**broma, burla**. ❷[メキシコ, カリブ]酔い, 酩酊.

búfalo, la [búfalo, la] 名《動物》水牛, バッファロー.

:**bufanda** [bufánda] 囡 ❶《服装》マフラー, 襟(ᑋᵢ)巻き, スカーフ. — de lana ウールマフラー. ~ de seda 絹のスカーフ. ponerse [llevar] una ~ マフラーをする[している]. ❷ 臨時のボーナス. 類 **gratificación, sobresueldo**.

bufar [bufár] 自 ❶《動物が》鼻をならす. ❷《話, 比喩》(人が)(不満・怒りなどで)鼻をならす.

estar que bufa《話》とても怒っている.

buffer [báfer] 男[複 **buffers**]《情報》バッファ. — ~ de impresora プリンタ・バッファ.

bufet, bufé, bufette [bufé(t)] 男 ❶ 立食, 立食用テーブル. — ~ libre バイキング(式のレストラン). ❷ 食器戸棚. ❸(駅や空港などの)軽食を取ることのできる場所, カフェテリア.

bufete [bufête] 男 ❶ 書き物机. ❷ 法律事務所, 弁護士事務所. ❸《集合的に》事件依頼人.

bufido [bufíðo] 男 ❶ 鼻をならすこと, 鼻息. ❷ 怒りの表情[声].

dar bufidos (1) 鼻息を荒くする. (2) 激しく怒る

bufo, fa [búfo, fa] 形 ❶《演劇》喜劇の. — ópera bufa《演劇》喜歌劇. ❷ おどけた, 滑稽な.
—— 名《演劇》道化師.

bufón, fona [bufón, fóna] 形 おどけた, 滑稽な.
—— 名 ❶《演劇》道化師. ❷《歴史》宮廷内の道化. — Velázquez inmortalizó en sus cuadros a los ~s. ベラスケスはその絵の中で道化を不朽のものにした.

bufonada [bufonáða] 囡 冗談, 悪ふざけ, おどけること.

bufonearse [bufoneárse] 再 ❶ ふざける. ❷ [+de を]からかう.

bufonesco, ca [bufonésko, ka] 形 道化師の, こっけいな; (冗談などが)趣味の悪い.

buganvilla [buɣambíʝa] 囡《植物》ブーゲンビリア.

bugle [búɣle] 男《音楽》ビューグル(ラッパの一種).

buglosa [buɣlósa] 囡《植物》ウシノシタグサ(ムラサキ科の薬草の一種).

buharda [buárða] 囡 →**buhardilla**.

buhardilla [buarðíʝa] 囡 ❶《建築》屋根窓.

❷《建築》屋根裏部屋. — vivir en una ~ 屋根裏部屋に住む.

buharro [buáro] 男《鳥類》コノハズク. 類**corneja**.

:**búho** [búo] 男 ❶《鳥類》ミミズク. — ~ real ワシミミズク. tren ~ 夜行列車. Los ~s cazan al atardecer porque pueden ver en la oscuridad. ミミズクは暗がりで目が見えるので, 日が暮れると狩りをする. 類**lechuza, mochuelo**. ❷《話》(都市の)夜間バス. ❸《比喩》非社交的な人, 人嫌い, 無愛想な人. — Es un ~, siempre está solo. 彼は人嫌いで, いつもひとりでいる. 類**hosco, huraño**. ❹《話》夜ふかしする人, 夜型の人.

buhonería [buonería] 囡《集合的に》(行商人の売る)安物雑貨.

buhonero [buonéro] 男(安物雑貨の)行商人, 呼び売り商人.

buido, da [buíðo, ða] 形 ❶ 鋭い, とがった. ❷ 溝のある.

buitre [buítre] 男 ❶《鳥類》ハゲワシ, ハゲタカ. ❷《比喩》やり手, ずるい人, 強欲な人.

buitrear [buitreár] 自 ❶《話》他人を利用する, たかる. ❷[中南米]《俗》吐く.
—— 他《話》たかる, 利用する, 失敬する.

buitrón [buitrón] 男 ❶《漁業》仕掛けかご. ❷(シャコ, ウズラを捕える)仕掛け, 網. ❸《冶金》溶鉱炉; (溶鉱炉の)灰受け.

buje [búxe] 男《機械》軸箱.

bujería [buxería] 囡 安ぴかもの, (安価な)金属・ガラス製品.

bujía [buxía] 囡 ❶ ろうそく. ❷《機械》(エンジンの)点火栓, 点火プラグ. — cambiar la ~ de la moto オートバイのプラグを換える. ❸《物理》燭光(光の強さの単位). ❹《医学》ブジー(尿道・食道狭窄(ᵏᵒᵘ)などを広げる器具).

*****bula** [búla] 囡 ❶《カトリック》教皇教書, 大勅書(鉛に教皇印を押し封印した正式の書); 大勅書に押された教皇印. — ~ de carne 小斎免除(肉を食べてはいけない日に食べることができる許可). ~ de la Cruzada[la Santa Cruzada] 大斎免除(断食日に食事をする許可). ❷《歴史》古代ローマの貴族の子弟が記章として首からぶら下げていたメダル.

echar las bulas a ...《比喩, 話》(人)に負担をかける; を厳しく叱る[責める].

no poder con la bula《比喩, 話, まれ》力がなくて何もできない.

no valerle a ... la bula de Meco《比喩, 話》(脅し文句として)(人)には容赦しない.

tener bula《話》(えこひいき等によって)特権を持っている[持つ]. Póngase a trabajar, que aquí nadie *tiene bula*. 仕事について下さい, ここでは誰も特権を持っていないのですから.

bulbo [búlβo] 男 ❶《植物》球根. ❷《解剖》毛塊, 髄, 球. — ~ ocular《解剖》眼球. — ~ piloso《解剖》毛根. — ~ raquídeo《解剖》延髄.

bulboso, sa [bulβóso, sa] 形《植物》球根の, 球根のある.

buldog [buldóɣ] 男 →**bulldog**.

bulerías [bulerías] 囡[複]《音楽》ブレリーアス(アンダルシーア地方の音楽, 舞踊).

bulevar [buleβár] 男(広い)並木路, 遊歩道.

Bulgaria

Bulgaria [bulɣárja] 固名 ブルガリア(首都ソフィア Sofia).

búlgaro, ra [búlɣaro, ra] 形 ブルガリア(Bulgaria)(人, 語)の. — 名 ブルガリア人. — 男 〖言語〗ブルガリア語.

bulimia [bulímja] 女〖医学〗過食症.

bulla [búja] 女 ❶ 騒ぎ, 騒音. —meter [armar] ~ 騒ぎを起こす. ❷ 群衆, 人ごみ. —Algo debe pasar poque en la plaza hay una ~ tremenda. 何かが起こったに違いない. 広場がすごい人だかりだから.

bullabesa [bujaβésa] 〔<仏〕女《料理》ブイヤベース.

bullanga [bujáŋga] 女 騒ぎ, 騒音, がやがや. 類**alboroto, bulla, bullicio**.

bullanguero, ra [bujaŋgéro, ra] 形 ❶ 騒がしい. ❷ 不穏な. — 名 ❶ 騒々しい人. ❷ 不穏な人物.

bullaranga [bujaráŋga] 女〖中南米〗→bullanga.

bulldog [buldó(ɣ)] 〔<英〕男《動物》ブルドッグ.

bulldozer [buldóθer] 〔<英〕男 ブルドーザー.

bullebulle [bujeβúje] 男女《話》おせっかい焼き.

bullicio [bujíθjo] 男 ❶ ざわめき, 騒ぎ, 騒音, がやがや. —armar ~ 騒ぎを起こす. ❷ 雑踏, 人の波.

bullicioso, sa [bujiθjóso, sa] 形 騒がしい, 騒々しい, にぎやかな. —calle bulliciosa にぎやかな通り. — 名 騒々しい人.

bullidor, dora [bujiðór, ðóra] 形 活発な, 活力のある, 沸き立つ.

bullir [bujír]〖**3.9**〗自 ❶ (液体が)沸く, 沸騰する, たぎる; 泡立つ, ぶくぶく沸く(=hervir). —El agua bullía en la olla. お湯が鍋で煮立っていた. ❷ (せわしなく)動き回る, 騒ぐ, もぞもぞ動く. ❸ かっとなる, 興奮する, 動揺する. ❹ 頻発する, しきりに…する. —En aquellos años bullían las huelgas. あの頃はストライキが頻発していた.
— 他 ❶ を興奮させる, かき立てる. ❷ を動かす. —No bulló la cabeza en todo el rato. 彼はずっと頭を動かさなかった. 類**mover**. —**se** 再 動く.

bulo [búlo] 男《話》でっちあげ, デマ. —meter [decir, contar] un ~ デマを飛ばす.

:**bulto** [búlto] 〔<ラテン〕男 ❶ (小)荷物, (小)包み. —~s de mano 手荷物. No me gusta viajar con muchos ~s. 私はたくさん抱えて旅行するのは好きではない. 類**fardo, paquete**. ❷ ふくらみ, こぶ状のもの; こぶ, しこり, 腫れ物. —Tengo un ~ en la rodilla. 私は膝が腫れている. ¡Pobrecito! Le ha salido un ~ en la cabeza. かわいそうに! 彼は頭にこぶができている. El calor ha formado ~s en el asfalto. 暑さでアスファルトにでこぼこができている. ❸ 《空間に占める》大きさ, かさ, ボリューム. —una figura de ~《美術》像, 彫像, 塑像(=busto, estatua). El pañuelo hace ~ en el bolsillo. ハンカチがポケットの中でかさばっている. 類**volumen**. ❹ その形が判然としないもの, 物影, 人影. —Le pareció ver dos ~s en la oscuridad. 彼は暗闇に二つの人影を見たように思った. ❺〖中南米〗書類かばん, かばん, 学生かばん; ファイル. 類**cartapacio, cartera, portafolio**. ❻ カバーを除いた枕の本体. ❼ 本体, 中身. ❽《闘牛》牛の面前に現れる人あるいは馬.

a bulto《比喩》大体のところ, 目分量で, ざっと; いい加減に. Calculando a bulto habría unas doscientas personas en la fiesta. そのパーティーには約 200 人がいただろう. Contesta con precisión. No contestes a bulto. きちんと答えなさい. いい加減に答えてはいけません. 類**a ojo, aproximadamente**.

A [Cuanto] menos bultos, más claridad.〖諺, 話〗来たくなければ[いたくなければ]来なくてよい[いなくてよい](←かさが小さければ, それだけ明るい).

buscarLE a … el bulto《話》(人)に喧嘩を売る, を挑発する.

de bulto (1) (誤り, 間違い, 過失, 落度が)重大な, 著しい, 目立つ. Reconoce que has cometido un error de bulto. 君は重大な間違いを犯したということを認めなさい. (2)《話》(催し物の)さくらとして, 頭数を揃えるための要員として. Yo viajo con el grupo sólo de bulto. 私は頭数を揃えるためにそのグループと旅行するだけですよ.

de bulto redondo《美術》(芸術作品が)像の, 彫像の, 塑像の.

escurrir [escabullir, guardar, hurtar, rehuir] el bulto《比喩, 話》(苦労, 危険, 責任等の)面倒事を逃れる. Juan, a la hora de trabajar, siempre quiere escurrir el bulto. フアンはいざ仕事になるといつも面倒を避けようとする.

escurrirLE a … el bulto《話》(人)を避ける. Ahora comprendo por qué José me escurría el bulto. なぜホセが私を避けていたか今分かった.

hacer bulto《話》(催し物の)頭数を揃える, (催し物の)さくらになる. No fui a la reunión por interés sino sólo por hacer bulto. 私がその会議に行ったのは興味があったからではなくただ頭数を揃えるためです.

poner de bulto《比喩》をひけらかす, 誇示する.

ser de bulto《比喩》明々白々である, 歴然としている. Es de bulto que no tienes culpa. 君のせいでないのは歴然としている.

bumerán, bumerang [bumerán]〔<英 boomerang〕男 ブーメラン.

bungalow [búŋgalou, bóŋ-]〔<英〕男 バンガロー. —vivir en un ~ バンガローで生活する.

buniato [bunjáto] 男 →boniato.

búnker [búŋker] 男 ❶ 防空壕. ❷《政治》ブンケル(スペインの守旧派, 極右派).

buñolería [buɲolería] 女 ブニュエロ店.

buñolero, ra [buɲoléro, ra] 名 揚げ菓子[ドーナツ, フリッター]売り.

Buñuel [buɲuél] 固名 ブニュエル(ルイス Luis ~)(1900-83, スペインの映画監督).

buñuelo [buɲuélo] 男 ❶《料理》ブニュエロ(長い揚げパン). ❷《話》へま, 不手際, へたな仕事.

BUP [búp]〔<Bachillerato Unificado Polivalente〕男〖スペイン〗総合中等教育課程.

:**buque** [búke] 男 ❶《海事》(大型の船), 船舶, 艦船. —~ de cabotaje 沿岸貿易船. — ~ mercante 商船. ~ de guerra《軍事》軍艦. ~ escuela 練習船. ~ de ruedas 外輪船. ~ de vapor [de vela] 汽(帆)船. ~ nodriza 母船, 補給船. ~ aljibe [cisterna, tanque] タンカー. ~ carguero [de carga] 貨物船. ~ de pasaje [de pasajeros] 客船. ~ de cruz 横帆船. ~ faro 灯船. ~ fantasma 幽霊船. ~ sanitario 病院船.

Los ~s factoría ultracongelan el pescado. 工船は魚を急速冷凍する. 類**barco, navío**. ❷《海事》船体. 類**casco**. ❸ 容積. 類**cabida, capacidad**.

buque insignia [*almirante*] (1) 旗艦. *buque insignia* de la escuadra 艦隊の旗艦. (2)(グループの)象徴, 要, 中心.

burbuja [burβúxa] 囡 泡, あぶく. —hacer ~s 泡立つ.

burbujear [burβuxeár] 圓 泡立つ, 沸騰する, たぎる.

burbujeo [burβuxéo] 男 泡立ち, ブクブクいうこと.

burdégano [burδéɣano] 男《動物》ケッティ (雄ウマと雌ロバとの交配種).

burdel [burδél] 男 売春宿. 類**prostíbulo**.

Burdeos [burδéos] 固名 ボルドー(フランスの都市).

burdeos [burδéos] 男〖単複同形〗❶(ボルドー産)ブドウ酒. —Nos sirvieron un excelente ~. 私たちはすばらしいボルドーワインをふるまわれた. ❷ ワインレッド(= color burdeos).

bur*do, da* [búrδo, δa] 形 ❶ 粗雑な, 粗悪な. —tela *burda* 粗布. 類**basto, tosco**. ❷ 粗野な, 教養のない. —mentira *burda* 見えすいたうそ. 類**grosero**.

bureo [buréo] 男《話》娯楽, 遊戯, 気晴らし. —ir [salir] de ~ 気晴らしに行く. 類**diversión**.

bureta [buréta] 囡《化学》ビュレット(目盛り付ガラス管).

burga [búrɣa] 囡《まれ》鉱泉, 温泉.

burgado [burɣáδo] 男《動物》食用カタツムリの一種.

burgalés, lesa [burɣalés, lésa] 形 ブルゴス(Burgos)の. —— 名 ブルゴスの人.

burgo [búrɣo] 男 ❶ 城市. ❷ 小村落, 村.

burgomaestre [burɣomaéstre] 男 (オランダ・ベルギー・ドイツなどの)市長.

Burgos [búrɣos] 固名 ブルゴス(スペインの県・県都).

:**burgués, guesa** [burɣés, ɣésa] 形 ❶ ブルジョワの, 中産階級の, 市民階級の. —clase *burguesa* ブルジョワ階級. ❷ 小市民的な, 保守的な. ❸ 城市内の.
—— 名 ❶ ブルジョワ, 中産階級の人, 市民階級の人. ❷《古》(城市の)市民.

burguesía [burɣesía] 囡 ❶ ブルジョワジー, 有産階級, 中産[中流]階級の人. —alta ~ 有産階級, 上層ブルジョワジー(資本家・高級官僚など). pequeña ~ プチブル, 下層中産階級(中小自営業者・サラリーマン・公務員など). La ~ catalana impulsó la industria textil en España. カタルニアのブルジョワジーはスペインで繊維業を促進した. ❷《歴史》(封建貴族に対し中世都市で市民権を持つ)市民階級, ブルジョアジー.

buril [buril] 男《技術》たがね, 彫刻刀. —grabar con el ~ 彫刻刀で掘る.

burilar [burilár] 他 (たがね・彫刻刀で)彫る, 刻む.

Burkina Faso [burkína fáso] 固名 ブルキナ・ファソ(首都ワガドゥグー Ouagadougou).

:**burla** [búrla] [<burlar] 囡 ❶ ひやかし, からかい, ばかにすること; 嘲笑, 愚弄(ぐろう). —El niño es víctima de las ~s de sus compañeros. その子は仲間たちの嘲笑の犠牲者だ. hacer ~ a [de]

burocracia 265

(人・物)をからかう, ひやかす, 嘲笑する. Mientras el maestro estaba de espalda, mi hermano le hacía ~ con la mano. 先生が後ろを向いている間, 弟は親指を鼻先にあてて彼をからかっていた. No está bien hacer ~ de las creencias religiosas de los demás. 他人の宗教信条を嘲笑することはよくない. Hacernos esperar tanto tiempo es una ~. こんなに待たせるなんて我々をばかにしている. 類**chanza, mofa**. ❷ 冗談, 軽口. ❸ 欺くこと, 欺瞞(ぎまん), ぺてん. —Me prometieron un estupendo regalo si lo compraba, pero fue una ~. それを買えば素敵なプレゼントをくれる約束だったのに, それはペテンだった. 類**engaño**.

burla burlando《話》知らないふりをして, しらばっくれて.

de burlas 冗談で. Hablaba *de burlas*. 彼は冗談で話していた. 反**de veras**.

entre burlas y veras《比喻, 話》冗談半分で.

gastar a burlas [*gastar burlas con*] ... (人)にいたずらする, を笑いものにする.

mezclar burlas con veras 冗談と真面目なことを取り混ぜて話す[書く], 冗談めかして本当のことを言う[書く].

burladero [burlaδéro] 男《闘牛》待避場(闘牛場の柵内に作られた安全地帯).

burlador, dora [burlaδór, δóra] 男 誘惑者, 女たらし. —*«El B~* de Sevilla y Convidado de Piedra» (Tirso de Molina)《スペイン文学》『セビリアの色事師と石の招客』(ティルソ・デ・モリーナ).
—— 形 からかう, 愚弄する.

:**burlar** [burlár] [< burla] 他 ❶ (*a*) をだます, あざむく; …の期待を裏切る. —Han arrestado al estafador que *burlaba* a los ancianos. 老人たちをだましていた詐欺師が逮捕された. La *burló* con falsas promesas de matrimonio. 彼は偽りの結婚の約束で彼女をだました. (*b*) …の目をかすめる, の目をかいくぐる. —Los presos *burlaron* la vigilancia y lograron escapar. 囚人たちは監視の目をかいくぐって逃亡に成功した. ❷ を避ける, かわす. —El torero *burló* la acometida del toro. 闘牛師は牛の突進をかわした.

—**se** 再〖+de+物〗愚弄する, 嘲笑する, からかう. —No debes *burlarte de* las leyes. 君は法を愚弄すべきではない.

burlería [burlería] 囡 ❶ まやかし, ペテン; あざむくこと. 類**burla, engaño**. ❷ おとぎ話, 昔話.

burlesco, ca [burlésko, ka] 形 ❶《演劇》おどけた, 道化の, 戯作的な. —teatro ~ 喜劇. 類**festivo, jocoso**. ❷《話》おかしな, こっけいな, からかうような. —Lo dijo con un desagradable tono ~. 彼はそれを感じの悪いからかうような調子で言った.

burlete [burléte] 男《建築》(窓・ドアの)目張り.

·**burlón, lona** [burlón, lóna] 形 ふざけた, からかうような; あざけりの. —Hombre, no seas ~. おい, からかうのはやめろよ. Su risa *burlona* me molestó. 彼のからかうような笑い方は私には迷惑だった. 類**bromista, guasón**.
—— 名 からかい屋, おどけ者. —Ese amigo tuyo es un ~. あの君の友達はからかい屋だ.

buró [buró] 男 ❶ 事務机. ❷ 事務局. ❸〖メキシコ〗ナイトテーブル(= mesa de noche).

burocracia [burokráθia] 囡 ❶《政治》官僚

政治[主義, 制度] ❷ お役所仕事, 面倒な手続き, 形式主義.

burócrata [burókrata] 男女 ❶ 官僚. ❷ 官僚式の人, 官僚主義者.

burocrático, ca [burokrátiko, ka] 形 ❶ 官僚の. —organización burocrática 官僚機構. ❷ 官僚式の, お役所の, 官僚主義の. —trámites 〜s 形式的な手続き.

burrada [buřáða] 女 ❶《話》ばかげた言動, 行い. —decir burradas ばかなことを言う. hacer burradas ばかなことをする. 類 **barbaridad**. ❷《話》たくさん. —La casa le ha costado una 〜 de dinero. その家に彼は途方もないお金を支払った. ❸ ロバの群れ.

burrajo [buřáxo] 男 馬糞(ふん)(乾燥させて燃料にする).

burrero, ra [buřéro, ra] 形 【中南米】《話》粗野な, がさつな, いなかの.
— 名 ❶ ロバの乳売り; ロバの持ち主. ❷【中南米】《話》競馬ファン. ❸ (麻薬などの)運び屋.

‡**burro, rra** [búřo, řa] 名 ❶【動物】ロバ. —ir montado en 〜 ロバに乗って行く. Los 〜s rebuznan. ロバが鳴く. 類 **asno**, **borrico**, **rucio**. ❷《話》ばか者, 間抜け, とんま. —Es una burra y no sabe ni dónde tiene la cabeza. 彼女はばかだから. 何にも知らないんだから. 類 **animal**, **berzotas**, **ignorante**, **tonto**. 反 **lince**. ❸《話》乱暴な人. —Eres un 〜, ime has hecho daño! 乱暴な奴だな, 痛いじゃないか! 類 **animal**, **bestia**, **bruto**. ❹《話》下品な人, 粗野な人. 類 **basto**, **grosero**. 反 **educado**, **fino**. ❺ 強情な人, 頑固な人. 類 **terco**. 反 **lince**. ❻《話》忍耐強く)働き者 (〜 de carga). —Es un 〜 para [en] el estudio. 彼は勉強の鬼だ. 類 **bruto**. 反 **listo**.
A muerto burro cebada al rabo.【諺】後の祭り.
apearse [bajarse, caerse] del [de su] burro《話》自分の誤りを認める, 納得する, 承服する. Es un cabeza dura y no *se apea del burro*. 彼は頑固で絶対自分の誤りを認めようとしない.
burro [burra] de carga《話》(忍耐強い)働き者, あくせく働く人.
burro cargado de libros [de letras]《話》知ったかぶりをする人.
Burro grande, ande o no ande.【諺】質より量.
como un burro《話》ロバのように, 非常によく. Llevo varios días estudiando *como un burro*. 私はここ数日間猛勉強している.
hacer el burro 乱暴[ばか]なことをする, 下品な振舞いをする.
no ver tres [dos] en un burro ほとんど何も見えない. Sin gafas *no veo tres en un burro*. メガネをかけないとほとんど何も見えない.
— 女《話》オートバイ. 類 **motocicleta**.
— 男 ❶ トランプの一種(負けた人はロバという名がつく). —jugar al 〜 ブーロをする. echar una partida al 〜 一勝負する. ❷《隠》ヘロイン, 麻薬. ❸ 木挽(びき)台(= borriquete). ❹《スポーツ》跳び箱(= plinto). —Me da miedo saltar el 〜. 私はこの跳び箱を跳びえるのが恐い. ❺【中南米】アイロン台. —〜 plegable 折畳み式アイロン台. ❻【キューバ, メキシコ】折畳み式はしご. —

poner las cortinas con el 〜 折畳み式はしごを使ってカーテンを取り付ける. ❼【中南米】(自動車)スターター (= 〜 de arranque, motor de arranque).
— 形 ❶《話》無知な, ばかな. —Ese amigo tuyo es bastante 〜. この君の友人はずいぶん無知なんだなあ. 類 **ignorante**, **inculto**. 反 **inteligente**, **listo**. ❷《話》ひどく強情な[頑固な]. —Se puso burra y no hubo forma de hacerle cambiar de opinión. 彼女は人の言うことを聞かなくなって, 意見を変えさせようがなかった. 類 **cabezota**, **terco**. ❸《話》乱暴な, 粗暴な. —Es tan 〜 que rompe todo lo que toca. 彼は非常に荒っぽくて触れるものすべて壊す. 類 **bruto**, **violento**. ❹《話》(忍耐強く)働き者の; 頑強な. ❺《話》下品な, 粗野な. 類 **grosero**, **maleducado**. 反 **educado**.

bursátil [bursátil] 形《商業》株式取引の. —operación 〜 証券取引.

burujo [burúxo] 男 →borujo.

burujón [buruxón] 男 ❶ (頭の)こぶ, はれもの. 類 **chichón**. ❷【中米】大勢の人; たくさんのもの.

Burundi [burúndi] 固名 ブルンジ(首都ブジュンブラ Bujumbura).

bus [bús] 男 [複 **buses**] ❶ バス. (= autobús). ❷《情報》バス, 母線. —〜 de datos データバス.

‡**busca** [búska] 女 ❶ 探すこと, 捜索, 探求, 追求. —〜 de empleo 求職. perro de 〜 猟犬. —〜 de los montañeros perdidos 行方不明の登山者の捜索. La policía ha salido a la 〜 y captura del asesino. 警察は殺人犯の捜索・逮捕に乗り出した. 類 **búsqueda**. ❷ ゴミあさり, 有用な廃品の収集. —〜 de objetos romanos en las excavaciones 発掘でのローマ時代の遺物収集. ❸ (狩猟での)獲物の狩出し, 追込み. 類 **batida**. ❹ 複【中南米】(職務から生じる)役得, 副収入. —Este puesto tiene sus 〜s. この職には役得がある.
en [a la] busca de ... を探して[求めて], …に会いに (= en [a la] búsqueda de ...). Mi abuelo se marchó *a la busca de* fortuna. 私のおじいさんは富を求めて出かけた. Ha ido *en busca del* sombrero que perdió ayer. 彼は昨日失くした帽子を探しに行った.
ir a la busca (1) 探しに行く. (2) ゴミあさりする.
— [< buscapersonas] 男《話》ポケベル; 救難信号発信装置. —El médico de guardia llevaba un 〜 para ser localizado en cualquier momento. 当直医はいつでも居場所が分かるようにポケベルを持ち歩いていた.

buscador, dora [buskaðór, ðóra] 形 探す, 捜す, 求める.《情報》検索する.
— 名 探す人, 探索者. —〜 de oro 金の探鉱者. 〜 de setas キノコ取り(人).
— 男《情報》検索[サーチ]エンジン. —〜 por rastreo 走査器. ❷(望遠鏡の)ファインダー.

buscaniguas [buskaníɣuas] 男【単複同形】【中南米】→buscapiés.

buscapiés [buskapiés] 男【単複同形】❶ ねずみ花火. ❷ (会話の中での)ほのめかし, 探り.

buscapleitos [buskapléitos] 名【無変化】【中南米】けんか好きな人.

‡**buscar** [buskár ブスカル] [1.1] 他 ❶ を捜す, 探す, 探し求める. —Estoy buscando el monedero. 私は小銭入れを探している. Buscamos un empleado que hable es-

pañol bien. 当社はスペイン語をじょうずに話せる社員を求めている. ❷ を出迎える. —Te voy a ~ al aeropuerto a las diez. 君を空港へ10時に迎えに行くよ. ❸ 【+不定詞】…しようとする. ❹ を挑発する. —No la busques, que se enfada contigo en seguida. 彼女をからかうなよ、すぐに腹を立てるから. ❺ 《情報》を検索する.
Quien busca halla. 【諺】求めよ、さらば与えられん(←捜す人は見つけられる).

buscavidas [buskaβíðas] 男女 [無変化] ❶《話》やり手. ❷《話》おせっかいな人, 世話好き.

buscón, cona [buskón, kóna] 形 ❶ 追求する, 探求する, 詮索する. ❷ 騙(だま)す, ごまかす.
— 名 ❶ 追求する人, 詮索する人. ❷ 詐欺師. 類 **estafador**. ❸ すり. 類 **ratero**.

buscona [buskóna] 女《俗》売春婦, 街娼. 類 **prostituta**.

busilis [busílis] 男 [単複同形]《話》問題, 困難, 障害. —Ahí está el ~ de todo este asunto. この件の問題はまさにそれだ.
dar en el busilis 核心をつく.
tener mucho busilis 難しい点が多い.

busque(-) [buske(-)] 動 buscar の接·現在.

busqué [buské] 動 buscar の直·完了過去·1単.

búsqueda [búskeða] 女 探すこと, 捜索, 追求, 探求, 追跡. —iniciar la ~ del niño desaparecido 失踪した子どもの捜索を開始する. Andamos a la ~ de una solución al problema. 私たちはその問題の解決策を追求している. ~ binaria [de texto completo] 2 (分)[全文]検索.
en búsqueda de ... を求めて, 探して.

:**busto** [bústo] 男 ❶《絵画, 彫刻》胸像, 半身像. —un ~ esculpido en bronce ブロンズに彫った胸像. ❷ 上半身. —José tomaba el sol con el ~ desnudo. ホセは上半身裸で日光浴していた. 類 **pecho, tórax, torso, tronco**. ❸ (女性の)バスト, 胸部. —Este sujetador realza mucho el ~. このブラジャーを身に着けると君のバストは大変引き立つ. ~ *prominente* 高く突出したバスト.

:**butaca** [butáka] 女 ❶ (時にリクライニング式の) 肘掛け[安楽]椅子. —sentarse cómodamente en la ~ 肘掛け椅子にゆったり座る. 類 **asiento, sillón**. ❷ (劇場·映画館の)座席, シート;(特に)平土間席, 1階席(=~ de patio [de platea]). —patio de ~s 平土間, 1階. entrada de ~ de patio 平土間席券. ❸ (劇場·映画館の)入場券, 切符; (特に平土間の)座席券. —He sacado dos ~s para la sesión de la tarde. 私は午後の部の券を2枚買った. 類 **entrada, localidad**.

Bután [bután] 固名 ブータン(首都ティンブーThimbu).

butano [bután̥o] 男《化学》ブタン. —gas ~ ブタンガス.

butifarra [butifára] 女《料理》ブティファーラ (カタルーニャ地方のソーセージ).

butilo [butílo] 男《化学》ブチル(基).

butírico, ca [butíriko, ka] 形《化学》酪酸の.

buyo [bújo] 男 ベテルチューイング(東南アジアなどに見られる噛みタバコの一種).

buzamiento [buθamién̥to] 男《地学》地層[鉱層]の傾斜.

buzar [buθár] 自 ❶ →bucear. ❷《地学》(地層[鉱層]が)傾斜する.

buzo [búθo] 男 ❶ 潜水夫, ダイバー. —traje de ~ 潜水服. 類 **submarinista**. ❷ つなぎの作業衣. 類 **mono**.

·**buzón** [buθón]【複 buzones】男 ❶ (郵便)ポスト;(各家庭の)郵便受け, 郵便箱. —~ de correos 郵便ポスト. echar una carta al [en el] ~ 手紙を投函する. ~ de sugerencias 投書箱, 提案箱. ~ electrónico [de correo]《通信》メールボックス. ❷《話, 軽蔑》大きな口. —Abrió el ~ y de un mordisco se comió media manzana. 彼は大きな口を開け、ひとかじりでりんご半分を平らげた. ❸ (電話が通じない時の)メールボックス(=buzón de voz). —Si el teléfono no está disponible, deje sus mensajes en el ~ de voz. もし電話が通じなければメッセージをメールボックスに残してください. ❹ (新聞などの)読者欄, 投書欄. —~ del lector 読者欄. ❺ (水槽·池などの)排水口, 水門, 堰(せき);排水口の栓[蓋].
venderle a ... un buzón《南米》《話》(人)を欺く, だます.

buzonero [buθonéro] 男《中南米》郵便集配人;(家庭への)チラシ配布人.

byte [báit]《<英》男《情報》バイト.

C, c

C, c [θé] 女 ❶ スペイン語のアルファベットの第3文字.母音字 e, i が後続すると [θ], その他の場合は [k] と発音する.ただし,中南米やスペイン南部では母音字 e, i が後続した場合,[s] と発音される. ❷ 《音楽》ハ音(ド, do), ハ調. ❸ (大文字で)ローマ数字の100. ❹ 《化学》炭素の元素記号.
c por b/por c o por b →ce.

C 〔頭字〕(＜centígrado, Celsius) 摂氏.

c/〔略号〕❶ ＝calle 通り. ❷ ＝cargo 負担;貨物. ❸ ＝cuenta 勘定. ❹ ＝caja 荷箱.

***ca** [ká]〔＜¡qué ha! の省略〕間 《話》(相手の発言に対する否定,拒否,不信を表わす)とんでもない,まさか,ばかな. —Me ha prometido que me devolverá el dinero. -¡Ca! Olvídate. 彼はお金を返してくれると約束したんだ.-まさか!そんなこと忘れてしまいなさい.

C. A.《略号》❶ ＝Centroamérica 中米. ❷ ＝corriente alterna 交流(英 AC). ❸ ＝Comunidad Autónoma (スペイン)自治州.

Caacupé [ka(a)kupé] 固名 カクペー(パラグアイの都市).

Caaguazú [ka(a)gwaθú] 固名 カグアスー(パラグアイの県).

Caazapá [ka(a)θapá] 固名 カサパー(パラグアイの都市).

‡**cabal** [kaβál] 形 ❶ 完全な,まったくの;申し分ない,立派な. —conocimiento ~ de informática 情報技術の完璧な知識. ❷ ちょうどの,正確な. —Aquí tiene doscientos euros ~*es.* こちらにちょうど200ユーロあります.
estar en sus cabales 正気である. Creo que no *está en sus cabales*. 彼は正気でないと思う.
por sus cabales 厳密に,過不足なく.

cábala [káβala] 女 ❶ カバラ,ヘブライ神秘哲学. ❷ 複 推量, 推測, 憶測. —hacer ~*s* 推測する. ❸《話》陰謀. —meterse en ~*s* 陰謀に加わる. ❹ 占い.

cabalgada [kaβalɣáða] 女 ❶ 乗馬での遠出. ❷《軍事》騎馬隊, 騎兵隊. ❸《軍事》騎兵隊の襲撃.

cabalgador, dora [kaβalɣaðór, ðóra] 名 (馬の)乗り手.

cabalgadura [kaβalɣaðúra] 女 《動物》荷物運搬[乗用]用の家畜(馬・ロバなど).

‡**cabalgar** [kaβalɣár] [1.2] (＜caballo) 自 ❶ [+en/sobre] (馬など)に乗る,乗って行く. —A ella le encanta ~. 彼女は乗馬が大好きだ. Ya está viejo y hay que ayudarle a ~ *sobre* el caballo. 彼はもう年老いているから馬に乗るのを助けてやらねばならない. 類 montar. ❷ [+sobre に]馬乗りになる. —El niño, *cabalgando sobre* la tapia, contemplaba la pelea. 子どもは塀に馬乗りになってけんかを眺めていた. ❸ (眼鏡が)ずり落ちる. —Las gafas *cabalgan sobre* la nariz. 眼鏡が鼻をずり落ちている.
— 他 ❶ (馬など)に乗る. —~ un burro ロバに乗る. ❷ (雄が雌)と交尾する.

***cabalgata** [kaβalɣáta] 女 (祭りの)騎馬行進,馬車行列,パレード. —~ de Río リオのパレード. Miles de niños presenciaron la ~ de los Reyes Magos. 大勢の子供たちが東方の三博士のパレードに参加した. 類 desfile, procesión.

cabalista [kaβalísta] 男女 カバラ学者.

cabalístico, ca [kaβalistiko, ka] 形 ❶ 神秘的な, 秘密の, 難解な. —signo ~ 神秘的な符号. ❷ カバラの,ヘブライ神秘哲学の.

caballa [kaβáʎa] 女 《魚類》サバ(鯖)

caballada [kaβaʎáða] 女 ❶ 馬の群れ. ❷『中南米』ばかげたこと,でたらめ.

caballar [kaβaʎár] 形 《動物》馬の, 馬に関する.

caballejo [kaβaʎéxo] 男 →caballete.

caballerear [kaβaʎereár] 自 紳士ぶる,紳士のようにふるまう.

caballeresco, ca [kaβaʎerésko, ka] 形 騎士(道)の. —comportamiento ~ 騎士的な振舞い. literatura *caballeresca* 騎士道文学.

caballerete [kaβaʎeréte] 男 《話,軽蔑的に》きざな若者.

‡**caballería** [kaβaʎería] 女 ❶《動物》乗用馬,乗用動物(馬・ロバ・ラクダなど). —~ mayor 馬やラバ. ~ menor ロバ. ir en ~ 馬に乗って行く. ❷ (中世の)騎士道. —ley de ~ 騎士道の掟(慧). ❸ 騎兵隊 (＝cuerpo[arma] de caballería). —carga de ~ 騎兵隊の強襲. ~ ligera 軽騎兵. hacer [prestar] el servicio militar en (la) ~ 騎兵隊で兵役を務める. ❹《歴史》騎士団(＝orden de ~). ❺ カバジェリーア(面積の単位). ◆スペインでは3863アール, キューバでは1343アール, プエルトリコでは7858アール. ❻《間投詞的に》❶畜生!
andarse en caballerías 慇懃(銀)無礼である.
caballería andante (1) 騎士の遍歴, 遍歴の騎士業. Profesaba la *caballería andante*. 彼は遍歴の騎士を職業としていた. (2)『集合的に』遍歴の騎士.
caballería villana《歴史》『集合的に』馬1頭を所有する郷土の最下層の貴族.
echar la caballería (1)『チリ』《話》怒る, 攻撃的になる.
libro [novela] de caballerías 騎士(道)物語.
meterse en libros de caballerías 他人のことに干渉する.
orden de caballería (1) 騎士団,騎士修道会. (2) 騎士道の掟(鰥).

caballeriza [kaβaʎeríθa] 女 ❶ 馬[ラバ, ロバ]小屋, 厩舎. ❷『集合的に』馬,ラバ,ロバ. ❸『集合的に』馬丁,別当.

caballerizo [kaβaʎeríθo] 男 馬丁. —~ mayor《歴史》(王の馬の世話をする)主馬頭(しゅめのかみ).

caballero [kaβajéro カバイェロ]男 ❶ 紳士, 立派な男. —Es todo un ~./Es un verdadero (cumplido) ~. 彼は本当の紳士だ. ❷《女性に対し》男性が; (丁寧語として)殿方, 男の方; (→「淑女, 女性」dama; 「女性, 婦人」mujer; 「未婚女性」señorita). — sección de ~ s 紳士服[用品]売り場. Acepta tu derrota como un ~. 男らしく自分の敗北を認めなさい. C~s(トイレなどの表示)男性用, 殿方(→「婦人用」Damas). ❸ (呼びかけで)あなた, だんな様; 複後に続く皆様. —iC~!, por favor! / iPerdone Ud., ~! あのう, すみませんが. iDamas y ~s [Señoras y ~s], el espectáculo va a empezar! 紳士淑女の皆様(=señoras y señores), まもなくショーが始まります. 類señor. ❹《歴史》(中世の)騎士; (軍事)騎兵. —Don Quijote era un ~ andante. ドン・キホーテは遍歴[回国]の騎士だった. el de la Triste Figura 憂い顔の騎士(Don Quijote のこと). los ~s de Malta マルタ島騎士修道会. el C~ de la Rosa バラの騎士. Fue nombrado ~ de la orden de Santiago. 彼はサンティアーゴ騎士団の騎士に任ぜられた. 類cabalgador, caballista, jinete. ❺ 貴族. 類aristócrata, hidalgo, noble. 反villano. ❻《城郭》櫓(やぐら).

a caballero お高くとまって.

armar caballero a ... (人)を騎士に叙する. El rey *armó caballeros* a los tres nobles de su reino. 王は領内の3人の貴族を騎士に叙した.

caballero cubierto スペインの大公爵(王の前で脱帽しないでいい貴族).

caballero de hábito 騎士団所属の騎士.

caballero de (la) industria (一見紳士風の)いかさま[詐欺]師(=estafador).

caballero de mohatra にせ紳士, 詐欺師.

caballero en plaza 《闘牛》騎馬闘牛士(=rejomeador).

de caballero a caballero 率直に, 腹蔵なしに, じかに.

Poderoso caballero es Don Dinero. 【諺】地獄の沙汰(さた)も金次第.

—, *ra* 形 ❶ [+en/sobre](馬・ロバなどに)跨(またが)った, 騎乗の. —Iba ~ *en* una mula. 彼はよくラバに乗って行った. 類montado. ❷ [+en](意志・意見などに)固執した, 執着した. —Pero él, ~ *en* su opinión, no cedió ni un ápice. しかし, 彼は自分の意見を頑として変えず, 少しも譲らなかった. 類firme, obstinado.

caballerosamente [kaβaʝerosaménte] 副 紳士的に, 紳士らしく.

caballerosidad [kaβaʝerosiða(ð)] 女 ❶ 紳士らしさ. ❷ 騎士道精神.

caballeroso, sa [kaβaʝeróso, sa] 形 ❶ 紳士的な, 紳士らしい. —Le agradeció su ~ comportamiento. 彼女は彼の紳士的な態度に感謝した. ❷ 騎士道の.

caballete [kaβaʝéte] 男 ❶《美術》画架, イーゼル. ❷《建築》棟(むね). ❸ 煙突елев. ❹ 木びき台. ❺ 鼻ばしら. ❻《歴史》拷問台. ❼《農業》畝(うね).

caballista [kaβaʝísta] 男女 名騎手, 乗馬の名手, 曲馬師.

caballito [kaβaʝíto] 男 ❶《動物》小馬. ❷ 木馬. ❸ 複 ルーレット. ❹ 複 回転木馬, メリーゴーラウンド(=tiovivo).

caballito de mar 《動物》タツノオトシゴ.

caballito del diablo 《虫類》トンボ.

caballo [kaβáʎo カバイョ]男 ❶《動物》ウマ(馬); 雄馬(→「雌馬」yegua, 「子馬」potro, potra). —montar a ~ 馬に乗る, 乗馬をする. azotar un ~ 馬に鞭(むち)を入れる. hacer de ~ (子供を背中に乗せて)お馬さんになる. fuerte como un ~ とても強健な. ~ pura sangre サラブレッド. ~ de balancín [mecedor, de vaivén]《玩具》(揺り)木馬. ~ de carrera 競走馬. ~ de Troya トロイの木馬. coche de ~(s) 馬車. mozo de ~s 馬子, 馬屋番. 類corcel.
❷《物理》馬力(= ~ de vapor [de fuerza]). —motor de ocho ~s 8馬力のエンジン. ~ hora 馬力時(1時間に1馬力の仕事量[のエネルギー]).
❸《ゲーム》(チェスの)ナイト; (スペイン・トランプの)馬(数字は11). ~ de bastos [de oros](スペイン・トランプで)棍棒[金]の馬.
❹《軍事》騎兵. —tropas de a ~ 騎馬隊. ~ ligero 軽騎兵. soldados de a ~ 騎兵. El ejército tiene cinco mil ~s. 軍隊には5000の騎兵がいる. ❺《スポーツ》(体操競技の)鞍馬(あんば)(=potro con aros). — ~ de saltos 跳馬(=potro). ❻ 木製の❶台. ❼《鉱物》岩塊. ❽《林業》(木の)交差した糸. ❾《医学》(鼠径(そけい)部の)横痃(よこね), 横根. ❿《俗》ヘロイン(=heroína). ⓫《中南米》愚か者, ばか; 粗野な人.

a caballo (1)【estar/ir/montar+】馬に乗って. guardia *a caballo* 騎馬警官. (2)【+de/en】(馬・乗物)に乗って. Hizo el viaje *a caballo* de un mulo. 彼はラバに跨(またが)って旅した. (3)《比喩》(隣接するものに)跨って; …にしがみついて. Su obra está *a caballo* entre el renacimiento y el barroco. 彼の作品はルネッサンスとバロックに跨っている.

a caballo en la tapia 日和見(ひよりみ)をして.

A caballo regalado no le mires [no hay que mirarle] el diente. 【諺】貰(もら)い物にはケチをつけるな(←贈られた馬はその歯を見るな[見るべきではない]).

a mata caballo 《俗》全速力で, 大急ぎで. Tuve que salir *a mata caballo* para no perder el avión. 私は飛行機に乗り遅れないよう, 大急ぎで出掛けなければならなかった.

andar a caballo (1) 馬に乗って行く. (2)【南米】(物が)不足している, 高価である.

a uña de caballo 《俗》全速力で, 大急ぎで. correr *a uña de caballo* 全速力で走る.

caballo blanco 危険な企てに出資する人, 危ない事業に金をつぎ込む人.

caballo de batalla (1) 軍馬. (2) 十八番, おはこ, 独壇場. La química es su *caballo de batalla*. 化学は彼の得意とするところである. (3) 論点; 難点, 頭の痛い所.

caballo de buena boca (良くも悪くも)他人の言いなりになる人(特に食事について).

caballo de Frisia [de frisa, de frisa] 《軍事》防柵(ぼうさく), 拒馬, 逆茂木(さかもぎ).

caballo del diablo 《虫類》トンボ(蜻蛉)(=libélula, caballito del diablo).

caballo de mar [marino, de agua] 《魚類》タツノオトシゴ(=hipocampo); 《動物》カバ(河馬)(=hipopótamo).

caballo de río 《動物》カバ(河馬)(=hipopóta-

270 caballón

mo).
caballo de silla [de mano] (2頭立て馬車の)左側[右側]の馬.
caballo fiscal 財政力.
Caballo Menor 《天文》小熊座.
caballo negro 《政治》(政界・選挙などでの)ダークホース.
como caballo desbocado 大急ぎで, 素早く.
con (cien) mil de a caballo/con cuatrocientos [dos mil] de a caballo (一般に人を追い出すために)怒って.
de caballo 多くの. Le dieron una dosis *de caballo*. 彼は大量の薬を与えられた.
ser de a caballo 【中南米】乗馬が上手である.

caballón [kaβaxón] 男 《農業》(畑の)畝, 盛り土.

caballuno, na [kaβaxúno, na] 形 馬の, 馬のような. —cara *callulluna* 馬面(ﾂﾞﾗ). boca[risa] *callulluna* 馬のような口[笑い方].

‡**cabalmente** [kaβálménte] 副 ❶ 完全に. —cumplir ~ el compromiso adquirido 約束を完全に果たす. ❷ ちょうど, 正確に, きっかり. それぞれの, 毎, 個々の, 各々の.

cabaña [kaβáɲa] 女 ❶ 小屋, 掘っ立て小屋. —~ de pastores 羊飼いの小屋. «La Cabaña del tío Tom»(Beecher Stowe)《文学》『アンクル・トムの小屋』(ビーチャ・ストウ). ❷ 〖集合的に〗家畜(牛・馬・羊など). —la ~ porcina ブタ.

cabañal [kaβaɲál] 形 家畜の, 牧畜の. —camino ~ 牧畜の通り道. —— 男 村落.

cabañuelas [kaβaɲuélas] 女 複 (特定の日の天候に基づく)伝統的な年間気象予報; 降雨量の予測.

cabaret, cabaré [kaβaré(t)] 〔〈仏〕男 〖cabaret(s)s〗 キャバレー, ショーやダンスを楽しむ酒場.

cabaretero, ra [kaβaretéro, ra] 形 キャバレーの, ショーの.
—— 名 キャバレーに出演する芸人, ショーダンサー.
—— 女 〈話, 軽蔑〉売春婦.

cabeceamiento [kaβeθeamjénto] 男 →cabeceo.

cabecear [kaβeθeár] 自 ❶ うとうとする, 舟をこぐ, こっくりする. ❷ 頭を上下[左右]に振る, 振り動かす. ❸ 《海事》(船が)上下に揺れる. ❹ (荷物などが)がたがた揺れる. ❺ 《スポーツ》(サッカーで)ヘディングする.
—— 他 ❶ (ワインを)混合する. ❷ 《印刷》(本に)ヘッドバンドをつける. ❸ (カーペットなどに)縁取りをつける. ❹ 《スポーツ》(頭でボールを)打つ, …にヘディングする. ❺ 《農業》耕す, すく.

cabeceo [kaβeθéo] 男 ❶ (車の)大きな揺れ; (船の)ピッチング. ❷ 居眠りで頭をこっくり動かすこと. ❸ 《サッカー》ヘディング.

cabecera [kaβeθéra] 女 ❶ 枕元, 枕. —médico de ~ かかりつけの医者, 主治医. libro de ~ 枕頭の書, 枕元におく本. ❷ 始め, 先頭. —Ella iba a la ~ de la manifestación. 彼女はデモ隊の先頭に立っていた. El equipo sigue en la ~ de la clasificación. そのチームはリーグのトップをキープしている. ❸ 上位, 上席, 首座. —estar a la ~ 上位にいる. Me sentaron a la ~ de la mesa. 私はテーブルの上座にすわらせられた. ❹ 郡庁所在地, (地方の)行政中心地. ❺ (本のページの上欄の)表題, (新聞記事などの)見出し. ❻ 《農業》枕地(ﾏｸﾗﾁ)(畑のすみの耕していない部分). ❼ (a) (川の源流, 起点. (b) (バス路線の)起点. ❽ 頭, 長, 首領, 代表者. ❾ 覆 《印刷》ヘッドバンド. ❿ 《情報》ヘッダー.
cabecera de puente 《軍事》橋頭堡(ｷｮｳﾄｳﾎ).

cabecilla [kaβeθíʝa] 男女 ❶ 首謀者, 頭目, (犯罪組織の)ボス. ❷ 乱暴者, 無作法者.

cabellera [kaβeʝéra] 女 ❶ (全体として)頭髪, 髪. —Su hermosa ~ rubia resplandecía bajo los focos. 彼女の美しい金髪はフラッシュを浴びて光り輝いていた. ❷ かつら, 入れ毛. ❸ 《天文》(彗星の)尾.

‡‡**cabello** [kaβéʝo カベヨ] 男 ❶ 〖集合的に〗髪の毛, 頭髪; (1本の)毛. —~ lacio [liso] まっすぐな髪の毛, 直毛. ~ rizado 巻き毛. ~ ondulado ウェーブのある髪. ~s postizos かつら, 入れ毛. ~ graso 油っぽい髪. ~ blanco 白髪. ~ castaño 栗毛の髪. ~ negro 黒髪. ~ seco ぱさぱさの髪. caída del ~ 髪が抜け落ちること. atusar el ~ 髪をなでつける. cepillarse el ~ 髪をくしでとかす. Tiene el ~ rubio. 彼女は金髪である. Lleva el ~ suelto [recogido]. 髪を垂らしに[アップにして]いる. 類 **cabellera, melena, pelo**. ❷ 覆 トウモロコシの毛. ❸ 《植物》—~ de Venus クジャクシダ(孔雀羊歯).
agarrar [asir, coger] la ocasión por los cabellos 僅かなチャンスをものにする, 幸運をつかむ.
asirse de un cabello 何でも利用する, 藁(ﾜﾗ)にもすがる.
cabello de ángel (1) 《料理》カボチャの砂糖漬け菓子. (2) 極細のパスタ, バーミセリ(スパゲッティーより細いパスタ).
cortar [partir] un cabello en el aire 大変頭が切れる, 一を聞いて十を知る.
en cabello 垂髪で, 乱れ髪で.
en cabellos 無帽で.
estar pendiente de un cabello 危機に瀕している.
llevar [tirar] a ... por [de] los cabellos (人)を意のままに操る.
mesarse los cabellos (絶望・悔しさで)髪の毛を掻きむしる.
ponérsele a ... los cabellos de [en] punta (恐怖・嫌悪で人)が髪の毛を逆立てる.
traído por los cabellos 無理な, こじつけの, 強引な.

cabelludo, da [kaβeʝúðo, ða] 形 ❶ 毛の多い, 毛深い, 毛むくじゃらの. —cuero ~ 頭皮. ❷ 《植物》繊維状の, 毛でおおわれた.

‡‡**caber** [kaβér カベル] [18] 自 ❶ 〖+en に〗(a) 入れる, 収容可能である, 乗れる. —Ya no *cabe* más ropa *en* la maleta. スーツケースにもうこれ以上衣類は入らない. Los cinco *cabemos en* este coche. われわれ5人はこの車に乗れる. La estantería no *cabe en* esta pared. この壁にはその書棚は入らない, 入る余地がある, あり得る. —No me *cabe* la menor duda de que es inocente. 彼が無罪であることに私は少しの疑いも持っていない. No me *cabe en* la cabeza que haya roto con Encarna. 彼がエンカルナと別れたなんて私には信じられない. ❷ 〖+a に〗当る, …の番である. —Me *cupo* el honor de acompañar al alcalde. 市長にお伴する名誉が私

に舞い込んだ. ❸ 〖+名詞・不定詞・que+接続法〗(…が)できる, 可能である. —Sólo *cabe* una solución. 一つの解決策のみが可能である. *Cabe que* esté enferma. 彼女は病気なのかもしれない.

no caber en sí (1) 喜びにあふれている, 有頂天になっている. *No cabe en sí* de alegría por el triunfo de su hijo. 彼は息子の勝利で喜びにあふれている. (2) 思い上がっている.

(que) no cabe más これ以上はない(ほど). Es guapa *que no cabe más*. 彼女はこの上なくかわいらしい娘だ.

cabestrante [kaβestránte] 男 →cabrestante.

cabestrar [kaβestrár] 他 (牛馬に)端綱(はづな)をかける. — 自 (牛を使って)狩をする.

cabestrillo [kaβestríʝo] 男 ❶ 〖医学〗吊り包帯. ❷ 《まれ》首飾り, ネックレス.

cabestro [kaβéstro] 男 ❶ 端綱(はづな)(牛馬の口につける綱). ❷ (牛の群れを導く)先頭の牛.

**cabeza [kaβéθa カベサ] 女 ❶ (人・動物の)頭, 頭部. —Tengo dolor de ~. 私は頭が痛い. ~ calva 禿げ頭. asentir [afirmar] con la ~ 首を縦に振る, うなずく. negar con la ~ 首を横に振る. asomar la ~ por entre las cortinas カーテンの隙間から顔をのぞかせる. Cortarle a ... la ~ de un tajo (人)の首をばっさり切り落とす. echar la ~ atrás 頭をのけぞらせる. girar la ~ a la derecha 頭を右に向ける. pasar la mano por la ~ 頭をなでる. con la ~ descubierta 帽子をかぶらずに.

❷ 頭脳, 知力, 思考. —usar [utilizar] la ~ 頭を使う. tener una ~ cerrada 理解力がない. ser duro de ~ 頑固である. un hombre de ~ [de poca ~] 思慮分別のある人[のない人]. Es un gran ~. 彼は偉大な頭脳の持ち主だ. Esa idea no dejaba de rondarme en la ~. その考えは私の頭から離れなかった. Juan tiene una buena [una gran ~]. フアンは頭がいい. Nadie sabe lo que tiene en la ~. 彼が何を考えているか誰にも分からない. Nunca tuve ~ para las ciencias. 私には決して理系のオが無かった. Al pobre niño no le da la ~. かわいそうにその子供にはそんな知恵がない. Procura actuar con la ~. 頭を使うように努めなさい. 類**capacidad, inteligencia, juicio, talento**.

❸ 首, 命. —pedir la ~ de un asesino 殺人者の首[生命]を要求する.

❹ 先頭, 首位; 最上位, 頂上. —Ana está a la ~ de la clase de inglés. アナは英語のクラスで一番だ. La montaña asoma la ~ por entre las nubes. 雲の上から山が頭を出している. vagón de ~ 先頭車両. ~ de cordada ザイル・パーティーの先頭. en ~ de una manifestación デモの先頭に. hacer ~ 主宰する. hacerse con la ~ 先頭に立つ. terminar en ~ 一位でゴールする. La ~ del Gobierno es el primer ministro. 政府のトップは総理大臣である. La ~ de la iglesia católica es el Papa. カトリック教会のトップは法王である. Estamos a la ~ de las empresas del sector. 我が社はこの分野ではマーケットリーダーである. 類**caudillo, guía, rey, líder**. 反**cola**.

❺ (人)一人. —¿A cuánto tocamos por ~? 一人あたりいくらになるの? En el reparto tocaron a diez caramelos por ~. 彼らの分け前は一人あたりキャラメル10個だった. Sale a tanto por ~. 一人あたりしかじかとなる. 類**barba, individuo, persona**. ❻ (家畜の)1頭, 1匹, 一匹. —un rebaño de mil ~s 千頭の群れ. cien ~s de ganado 100頭の家畜. ~ mayor 牛や馬など. ~ menor 羊や山羊など. 類**res**. ❼ 一つ, 一かけら. —una ~ de ajo [de ajos] ニンニク一玉. ❽ 頭一つ分の長さ[高さ]. —ganar por una ~ 《競馬》首一つの差で勝つ. El caballo favorito entró en la meta a sólo dos ~s del ganador. ひいきの馬は僅か頭二つ差でゴールした. María le saca [le lleva] la ~ a su novio. マリーアは恋人より頭一つ背が高い. ❾ (州や地域の)中心都市, 首府. —Esta población es la ~ de la comarca. この町はその地方の中心都市である. ❿ (物の)頭部, 先端. —la ~ de una cerilla [un alfiler, un clavo, un martillo] マッチ[ピン, 釘, ハンマー]の頭. ~ de espárrago アスパラガスの先. ~ de viga 梁(はり)の先端. ~ de muerto 《印刷》げた. La ~ del tren es la locomotora. 列車の先頭は機関車である. La ~ de los dientes es la parte blanca que vemos. 歯冠(=corona)は私たちに見える白い部分である. Ese clavo no sirve porque tiene la ~ doblada. その釘は頭が曲がっているので役に立たない. 反**cola**. ⓫ 《オーディオ, 情報》—~ grabadora [de grabación] 録音ヘッド. ~ lectora [reproductora] 〘磁気テープ用の〙再生ヘッド. ~ borradora 消去ヘッド. ⓬ 《製本》(本の小口の)天; (ページの)上部余白, 頂部小口. —corte de ~ 天 (反対: corte de pie「地」). ¿Cuántos centímetros dejo de margen en la ~? (ページの)上に何センチの余白を残しましょうか? ⓭ 《軍事》—~ atómica [nuclear] 核弾頭. ~ buscadora (ロケットなどの)自動誘導弾頭. ~ explosiva [de guerra] 弾頭. ⓮ 《スポーツ》ヘディング. —marcar [meter] un gol de ~ ヘディングシュートを決める. ⓯ 《解剖》骨突起 (= ~ redondeada de un hueso). —~ de fémur 大腿骨突起. ⓰ 《農業》—echar de ~ 取り木する. ⓱ 《音楽》符頭. ⓲ 初め, 発端; 《中米》水源(地). —~ de línea (交通路線の)起点.

—— 男女 ❶ 〖+形容詞女性形〗…な頭の人. —~ rapada スキンヘッドの人. ❷ 先頭[首位]の人; 指導者, 頭目, 責任者. —~s de países 国の首脳たち. ~ de cordada (登山)ザイルのトップ. ~ de lista 候補者名簿の筆頭. 類**jefe**.

abrirLE **a ... la cabeza** 〖時に脅し〗(人)の頭を割る[傷つける] (=descalabrar). *Se abrió la cabeza* al caer por la escalera. 彼は階段を転げ落ちて頭に傷を負った. De una pedrada *le abrieron la cabeza*. 彼は石をぶつけられて頭に負傷した(→romperle a ... la cabeza).

agachar la cabeza (1) 頭を下げる[垂れる], おじぎする; (恥じて)顔を伏せる, 恥じる; 謝る(→inclinar la cabeza). (2) (口答えせずに)従う, 屈服する, 頷(うなず)く. Es mejor que *agaches la cabeza* y hagas lo que mandan. 君はここでは逆らわずに, 命令通りにした方がよい(→bajar la cabeza, doblar la cabeza).

a la cabeza (de ...) (1) (…の)先頭に[で]. *A la cabeza de* la manifestación iban los líderes políticos. デモ隊の先頭には政治指導者たちがいた. Se colocaron *a la cabeza de* los otros partidos en los sondeos. 彼らは投票の世論調査で他

党をリードした. Su padre lo ha dejado *a la cabeza de* los negocios familiares. 父親は彼に家業を継がせた. (2)《スポーツ》(順位表の)一位に, 首位に. Alemania va *a la cabeza de* la clasificación. ドイツが現在首位である(→en cabeza (de …)).

alzar cabeza →alzar la cabeza(3).

alzar la cabeza (1) 頭[顔]を上げる. *Alzó la cabeza* para que lo viéramos. 彼は我々から見えるようにと顔を上げた. (2) 胸を張る, 毅然とする. (3) (健康面・経済面で)立ち直る, 回復する, 苦境から脱する. Está mejor, pero le cuesta *alzar la cabeza*. 彼の症状はよくなっているが, 快癒(ゅ)は困難である(→levantar cabeza, levantar la cabeza).

andar de cabeza《話》(1) (急用で)とても忙しい, 慌てる. Entre los niños y el arreglo de la casa, *ando de cabeza* todo el día. 私は子供たちの世話や家の片づけで一日中目の回るような忙しさだ. (2)〖+con/por〗をひどく欲しがる;…のために何でもする. *Anda de cabeza por* un ordenador personal. 彼はパソコンをひどく欲しがっている. *Anda de cabeza por* ella. 彼は彼女にのぼせ上がっている.

andar mal [tocado] de la cabeza 頭がおかしい, 気がふれている. Dices tantas tonterías que van a pensar que *andas mal de la cabeza*. 君はあまりばかなことばかり言うので, 頭がいかれていると思われるぞ(→estar mal [tocado] de la cabeza).

apostarse la cabeza a que〖+直説法〗《話》…に首を賭ける, きっと…だ, 断言する. *Me apuesto la cabeza a que* no te devuelve el dinero. 彼はきっと君に金を返さないよ(→jugarse la cabeza a que〖+直説法〗).

asentar la cabeza 分別がつく, 真面目になる. Espero que la niña *asiente la cabeza* este año y apruebe todas las asignaturas. その女の子は今年は真面目になり, 全科目に合格すると期待しています.

bajar la cabeza《話》(1) 頭を下げる[垂れる], おじぎをする; (面目なくて)顔を伏せる, 恥じる; 謝る. *bajar la cabeza* avergonzado 恥ずかしげに顔を伏せる. *Bajó la cabeza* al salir del despacho del jefe. 彼は上司の部屋を出るとき, おじぎをした. No tengo por qué *bajar la cabeza* ante nadie. 私は誰にも恥じる理由はない. (2) (口答えせずに)従う, 屈服する. No estaba de acuerdo con la orden, pero *bajó la cabeza* y la acató. 彼は命令に賛成ではなかったが, 屈服してそれに従った(→agachar la cabeza, doblar la cabeza).

cabeza abajo (1) 上下を逆さにして. Poner las sillas *cabeza abajo* sobre las mesas. テーブルの上に椅子を逆さまに置く. (2) まったく混乱して, 無秩序に. Puso el cuarto *cabeza abajo* buscando la cartera. 彼は財布を探して部屋中をひっかき回した.

cabeza ajena 他人. aprender en *cabeza ajena* 他山の石とする, 他人の失敗を教訓にする. escarmentar en *cabeza ajena* 他人の失敗例になって懲りる.

cabeza a pájaros 空っぽの頭, 軽薄.

cabeza arriba 上下を正しく(逆にせずに). Si no pones el libro *cabeza arriba*, me es imposible leer. 君が本を逆さまに置いたら私には読むことはできない.

cabeza cuadrada (1)《話》《軽蔑》頑固; 頭の固い人. Tiene la *cabeza cuadrada*./El es un *cabeza cuadrada*. 彼は頭が固い[融通がきかない]. Esa señora tiene la *cabeza cuadrada*; es difícil convencerla. その婦人は頑固だから, 説得するのはむずかしい. (2) すばらしい記憶力(の持ち主). Ese chico tiene la *cabeza cuadrada*, se sabe todas las leyes. その男の子はすばらしい記憶力の持ち主で, 法律をすべて覚えている.

cabeza de biela [de émbolo]《機械》大端(連接棒・ピストン棒のクランク側の端部).

cabeza de chorlito (1) 注意散漫な人, おっちょこちょい, あわて者. ¿Por qué no has guardado el helado en el congelador, *cabeza de chorlito*? うっかり者, なぜアイスクリームを冷凍庫に入れて置かなかった? ¡Pero, *cabeza de chorlito*, cómo has podido olvidarte la cartera! あわて者, 君はどうして財布なんか忘れるんだ! (2) 軽薄な人, 判断力に欠ける人. Es una *cabeza de chorlito* que no piensa en las consecuencias de sus actos. 彼は判断力に欠け, 行動の結果を考えない. Es una *cabeza de chorlito* que sólo piensa en divertirse. 彼女は娯楽のことしか考えない軽薄な人だ(→cabeza loca).

cabeza de familia 家長, 世帯主.

cabeza de jabalí 豚[猪]の頭の肉の小片を集めた冷肉.

cabeza de la Iglesia ローマ法王(= El Papa).

cabeza del Dragón《天文》昇交点.

cabeza del linaje 家長.

cabeza de lista (選挙)候補者名簿の筆頭. Se presenta como *cabeza de lista* del partido por Toledo. 彼はトレード選挙区から党の候補者名簿の筆頭に載っている.

cabeza de olla《料理》鍋から最初に取ったスープ, 一番出し.

cabeza de partido (第一審が置かれる)地方裁判所の管轄区の首市, 県庁[郡役所]所在地.

cabeza de perro《植物》クサノオウ, キツネノボタン.

cabeza de pescado〖チリ〗くだらないこと, ばかげた話. Hablaban *cabezas de pescado*. 彼らはくだらないことばかり話していた.

cabeza de playa《軍事》海岸堡(ほ)(敵前上陸後の最初の拠点).

cabeza de puente (1)《軍事》橋頭堡(きょうとう). (2) (新地域での最初の)事業展開拠点[設備]. La factoría de Panamá será la *cabeza de puente* de nuestra firma en América. パナマの工場はアメリカにおける我が社の事業展開拠点となるだろう. (3) 信頼できる情報提供者.

cabeza de serie《スポーツ》シード(選手・チーム・校).

cabeza de turco 贖(しょく)罪の山羊, 他人の罪を着せられる人, スケープゴート, 身代わり(= chivo expiatorio). Buscaron una *cabeza de turco* que cargara con la responsabilidad de lo sucedido. 彼らは事件の責任をとらせる身代わりを探した.

cabeza dura (1)《話》《軽蔑》(1) 頑固者, 石頭. tener una [la] *cabeza dura* 石頭である. Es una *cabeza dura* y no dará su brazo a torcer. 彼女は石頭で, 頑として譲らない. (2) (理解力に欠ける)ばかな人). Ha repetido curso porque es

cabeza dura. 彼はばかで, 何回も留年した.
cabeza hueca [*vacía*, *sin seso*]《話, 軽蔑, 親愛》(1) 頭が空っぽ, 軽薄, 無分別. tener la *cabeza hueca* 頭が空っぽ[軽率, 軽薄]である. (2) 頭が空っぽな人, 軽薄な人, 無分別な人.
cabeza loca《話》軽薄[無分別]な人.
cabeza llena de grillos《話》狂った頭.
cabeza pensante (集団の)頭脳, 理論的指導者. Lo consideran la *cabeza pensante* de la organización terrorista. 彼はテロ組織の理論的指導者とみなされている.
cabeza rapada スキンヘッド(の人). ♦急進的思想を持つ丸刈り髪の若者で, 都市部で集団をなし暴力を振るったりもする.
cabeza visible 代表者, 指導者.
*calentar*LE [*hinchar*LE] *a ... la cabeza*《話》(1)《+con/de》(人)にでたらめを吹き込む, 甘い幻想を抱かせる, おだてる. A tu amigo le han calentado la cabeza con la idea de la revolución. 君の友人は革命をやろうと言われておだてに乗った(→llenar la cabeza de aire [de pájaros, de viento]). (2)(人)を悩ます, うるさがらせる. Cállate ya y no *me calientes la cabeza*. もうお黙り!ごちゃごちゃ言うな! No *me calientes* más *la cabeza* y deja de protestar de una vez. しつこいぞ!文句を言うのはいい加減にしなさい. (3) 心配させることを言う. Alguien *le calentó la cabeza* y se echó atrás. だれかが彼を不安がらせることを言ったので彼は尻込みした.
calentarse la cabeza《話》よく考える, 知恵を絞る, 頭を悩ます. No merece la pena que *te calientes la cabeza* con un problema que no tiene solución. 解決のつかない問題に頭を悩ますには及ばない(→romperse [quebrarse] la cabeza).
*cargárse*LE *a ... la cabeza* (人)は頭が重い. Con tanto humo *se me ha cargado la cabeza*. こんなにすごい煙で私は頭が重くなった.
con la cabeza alta [*levantada*, *erguida*] 毅然と, 堂々と, 恥ずかしがる必要もなく. Puedo ir *con la cabeza* bien *alta* porque no he hecho nada malo. 私は何も悪いことをしていないので, 堂々としていられる.
con la cabeza baja 頭を下げて; うつ向いて.
con la cabeza entre las manos (考え込んで)頭を抱えて.
conservar la cabeza (老人・病人が)頭[意識]がしっかりしている, もうろくしていない.
cortar cabezas クビにする, 解雇する. En cuanto asumió el cargo entró a *cortar cabezas*. 彼女がそのポストに就くや否やクビになる人が出だした.
dar a ... en la cabeza (いやがらせをして)(人)を怒らす. Viene todos los días tarde por *darle en la cabeza* al jefe. 彼は上司を怒らすために毎日遅刻する.
dar de cabeza en el suelo まっさかさまに落ちる(→de cabeza).
*dar*LE *a ... vueltas la cabeza*《話》頭がくらくらする, めまいがする, 乗物酔いをする. *Me da vueltas la cabeza*. Debe de ser por culpa del alcohol. 私は頭がくらくらする, アルコールのせいに違いない.
darse (*con*) *la cabeza contra*[*en*] *la pared* [*contra las paredes*]/*darse de cabeza contra la pared*《話》(絶望・悔しさなどで)壁に頭を打ちつける; [誇張表現](へまをして)怒り狂う, やけ

cabeza 273

になる. Ha perdido esa oportunidad y ahora *se da con la cabeza en las paredes*. 彼はそのチャンスを逃がしたので, 今自暴自棄になっている.
darse de cabeza (へま・どじの結果)思いがけない不幸に出会う. Anda siempre metido en líos y cualquier día *se va a dar de cabeza*. 彼はいつも厄介なことに巻き込まれてばかりいるが, いつかそのうちひどい目に会うだろう.
dar vueltas en [*a*] *la cabeza a ...* をよく考える, 脳みそをしぼる, 熟考する. *dar vueltas a* la cuestión *en la cabeza* その問題をあれこれ考える.
de cabeza (1) 頭から(突っ込んで). caerse *de cabeza* まっさかさまに落ちる. arrojarse *de cabeza* 頭から飛び込む. tirarse al mar *de cabeza* 海に頭から飛び込む. (2) 迷わずに, ためらわずに, 一直線に. Va *de cabeza* a la ruina. 彼は破滅に向かってまっしぐらだ(→meterse de cabeza en ...). (3) 暗記して (=de memoria). No sé si éstos son los nombres exactos de los organismos porque te los estoy dando *de cabeza*. 君には暗記して言っているので, これらが器官の正確な名称かどうか分からない. (4)《サッカー》ヘディングの[で]. (5) → andar de cabeza, ir de cabeza, llevar a ... de cabeza, meterse de cabeza en ..., traer [tener] a ... de cabeza.
decir todo lo que le viene a [*se le pasa por*] *la cabeza* 言うことに慎みがない.
de la cabeza a los pies 完全に, 全く. Es tonto *de la cabeza a los pies*. 彼は全くのばかだ.
de pies a cabeza/*de los pies a la cabeza* (1) 完全に, まったく. un caballero *de los pies a la cabeza* 非の打ちどころない紳士. (2) 全身が…で, 頭のてっぺんから足先まで. mojarse *de pies a cabeza* 全身びしょ濡れになる.
doblar la cabeza (1) 頭を下げる[垂れる], おじぎをする; (恥じて)顔を伏せる, 恥じる; 謝る. *doblar la cabeza* ante el rey 王の前でおじぎをする(→inclinar la cabeza). (2) (口答えせず)従う, 屈服する. No tuve más remedio que callarme y *doblar la cabeza*. 私は黙って従うより他に仕方がなかった. (3) 死ぬ(=morirse).
Dos cabezas piensan más que una.【諺】三人寄れば文殊の知恵.
echar cabezas 首脳陣を更迭する.
echarse de cabeza a un pozo《話》無茶な[無分別な]ことをする(→tirarse de cabeza a un pozo).
en cabeza (*de ...*) (1)(…の)先頭に[で]. escapar del pelotón *en cabeza* 先頭集団を抜け出す. La empresa va *en cabeza de* sus competidores en el sector de los ordenadores baratos. その企業は安いコンピュータの業界で第一位だ. (2)《スポーツ》(順位表の)一位に, 首位に. El equipo va *en cabeza de* la clasificación. そのチームは首位にある(→a la cabeza (de ...)). (3)【中南米】帽子をかぶらずに.
enderezar la cabeza →alzar la cabeza.
*entrar*LE *a ... en la cabeza*《話》[強調表現, 主に否定文で] 理解できる, 分かる, 頭に入る. No *le entra en la cabeza* la lección. 彼は授業が頭に入らない. No *me entra en la cabeza* por qué lo hizo. 彼がなぜそんなことをしたのか私には理解できない.

274 cabeza

erguir la cabeza →alzar la cabeza.

escarmentar en cabeza ajena 《話》他人の過ちから学ぶ,他山の石とする. ¡Fíjate en lo que me ha pasado y *escarmienta en cabeza ajena*! 私の身に起こったことをよく考えて,他山の石としなさい.

estar a la cabeza →a la cabeza, en cabeza.

estar de cabeza →andar de cabeza.

estar mal [tocado] de la cabeza/no estar bien de la cabeza 《話》頭がおかしい,気がふれている,常軌を逸している. ¿Cómo se te ocurre cruzar la carretera sin mirar? ¿Es que *estás mal de la cabeza*? 君はどうして道路をよく見ないで渡る気になるの? 頭がおかしいんじゃないの? Para hacer esa tontería hay que *estar mal de la cabeza*. そんな馬鹿なことをするなんて頭がどうかしているに決まっている.

estar pasado de cabeza (老年)痴呆症に苦しんでいる.

estrujarse la cabeza よく考える,知恵を絞る,頭を悩ます. No *te estrujes la cabeza* intentando encontrar una solución. 解決法を見出そうとして頭を悩ますな(→calentarse la cabeza, romperse [quebrarse] la cabeza).

hacer ir de cabeza →llevar a ... de cabeza.

hacérsele a ... un bolo en la cabeza (人)がぼんやりしている,頭の働きが鈍っている,判断力を失う(→obscurecérsele [ofuscársele, embotársele] a ... la cabeza).

hinchar*LE *a ... la cabeza →calentar LE a ... la cabeza.

humillar la cabeza (服従のしるしとして)頭を垂れる,頭を下げる. *Humilló la cabeza* ante su jefe y esperó la orden. 彼は上司に頭を下げ命令を待った.

inclinación de cabeza うなずき,会釈. hacer una ligera *inclinación de cabeza*/afirmar con leve *inclinación de cabeza* 軽くうなずく.

inclinar la cabeza (1) 頭を下げる[垂れる],おじぎをする;うなずく. *Inclinó la cabeza* para poder leer mejor la carta. 彼はテキストがよく見えるように頭を下げた. *inclinar la cabeza* en señal de respeto [a modo de saludo] おじぎする[会釈する](→agachar la cabeza, bajar la cabeza, doblar la cabeza). (2) 首をかしげる. *inclinar la cabeza* en señal de extrañeza 首をかしげる(→ladear la cabeza).

ir de cabeza (1) 調子が悪い,うまくいかない. Apenas tienen clientes; el negocio *va de cabeza*. ほとんどお客さんがいなくて,商売はうまくいっていない. (2) 《話》とても忙しい(→andar de cabeza).

ir de cabeza por ... (1) 〖+物〗をひどく欲しがる. (2) 〖+人〗(人)を喜ばせようと[役立とうと]できるだけのことをする(→andar de cabeza(2)).

írsele a ... de la cabeza (人・物・事が)(人)(に)忘れられる. Ahora *se me ha ido* su nombre *de la cabeza*. 私は彼の名前を忘れてしまった.

írsele a ... la cabeza 《話》頭がくらくらする,めまいがする. He bebido demasiado alcohol; *se me va la cabeza*. 私は酒を飲み過ぎたようだ. 目が回る. Se te va la cabeza porque llevas horas sin probar bocado. 君は何時間も一口も食べていないので,頭がくらくらしている.

jugarse la cabeza a que 〖+直説法〗→apostarse la cabeza a que 〖+直説法〗.

ladear la cabeza 頭を傾ける,首をかしげる. Juan *ladeó la cabeza* hasta tocar el hombro con su oreja. フアンは耳が肩に触れるまで頭を傾けた. *ladear la cabeza* en un gesto de duda けげんそうに首をかしげる.

levantar cabeza 《話》〖通例,否定文で用いる〗(経済的・健康面・精神的に)立ち直る,貧困[苦悩]を脱する. El enfermo sigue sin *levantar cabeza*. この患者はまだ回復していない. La selección no *levanta cabeza*. 選抜チームの不振が続いている. Desde que le echaron del trabajo, está que no *levanta cabeza*. 彼は仕事を辞めさせられてから,すっかり落ち込んでいる.

levantar la cabeza (1) 頭[顔]を上げる. *Levanté la cabeza* a ver qué había pasado. 私は頭をもたげて何がおきたのか見た. Ha estado estudiando todo el día sin *levantar la cabeza*. 彼は一日中勉強に没頭していた. (2) 《話》〖仮定法で〗生き返る,よみがえる. ¡Si mi padre *levantase la cabeza* y viese el estado ruinoso en que ha quedado este negocio! 父が生き返ってこの商売の破綻状態を目にしたら(驚いて再び死んでしまうだろう)(→alzar la cabeza, levantar cabeza).

llenar a ... de cabeza de pájaros [de pajaritos, de aire, de viento] 《話》(人)にでたらめを吹き込む,甘い幻想を抱かせる,おだてる. Aprende a ser realista y no te *llenes la cabeza de pájaros*. 現実的になって,甘い夢にひたらないようにしなさい. Le han *llenado la cabeza de pájaros* y está convencida que será excelente actriz. 彼女はでたらめを吹き込まれ,すばらしい女優になれると確信している(→calentar LE [hinchar LE] a ... la cabeza).

llevar a ... de cabeza 《話》(人)を煩わす,手を焼かせる,心配させる. Este niño *nos lleva de cabeza* con tantos problemas. この子の持ちかけ沢山の難題に私たちはほとほと手を焼いている(→traer [tener] a ... de cabeza).

llenársele a ... la cabeza de humos うぬぼれる,思い上がる. Con tantos halagos *se le llenó la cabeza de humos*. 彼がちやほやされてすっかり思い上がってしまった.

llevarse las manos a la cabeza (1) (驚いて)頭に手をやる,びっくりする,憤慨する. (2) (困って)頭を抱える,困惑する.

mala cabeza (1) 記憶力[頭]の悪さ. No se me ocurrió; ¡qué *mala cabeza la mía*! 私はそれを思いつかなかった. 私はなんてばかなんだろう! (2) 分別[良識]のなさ,放埒さ,道楽. Por culpa del *mala cabeza* de tu padre estamos en la miseria. 君のお父さんが道楽者のため私たちは悲惨な暮らしをしている.

Más vale [Mejor] ser cabeza de ratón que cola de león./Más vale [Mejor] ser cabeza de sardina que cola de salmón. 〖諺〗鶏口となるも牛後となるなかれ.

meter a ... en la cabeza (1) (人)に…を理解させる,分からせる,説得する. (2) (心配させるようなことを)(人)に言う. *Métele en la cabeza* que saldrá perjudicado. 損するぞと彼に教えてやりたまえ(→calentar LE [hinchar LE] a ... la cabeza).

meter (la) cabeza 位置する(=situarse).

meter la cabeza debajo del [bajo el] ala 現実に目をつぶる，事の真相を見ようとしない．

meter la cabeza en … (仕事・組織)に入れることを許可される．*Consiguió meter la cabeza en aquella universidad como profesor interino, y ahora es rector.* 彼はあの大学に非常勤として雇ってもらえたが今では学長だ．

meterse de cabeza en … (仕事など)に決然と着手する，身を打ち込む．*Se ha metido de cabeza en su investigación y no está para nada más.* 彼は自分の研究に身を打ち込み，他には何もする気になれない．

metérseLE a … en la cabeza 《話》(1)(根拠もないのに確かだと)思い込む．*No sé por qué se me metió en la cabeza que Antonio se había separado de su mujer.* 私はなぜ自分がアントニオが妻と別れたと思い込んだのか分からない．(2)(…を)思いつく，思い立つ，…したい気分になる．*Como se le meta algo en la cabeza, no para hasta que lo consigue.* 彼は何か思い立つと，達成するまであきらめない．

no anda bien de la cabeza 頭がおかしい(→*estar mal* [*tocado*] *de la cabeza, no estar bien de la cabeza*).

no caber LE *a … en la cabeza* (人)に理解できない，考え[信じ]られない．*No me cabe en la cabeza que hayas podido cometer un error tan garrafal.* 君がなんとでもない間違いを犯すことができたなんて考えられない．*¡En qué cabeza cabe meter un plato de plástico en el horno!* オーブンにプラスチック製の皿を入れるなんてとても信じられない．

no tener donde [*adonde*] *volver la cabeza* 救いを求める相手がいない．

no tener (*ni*) *pies ni cabeza* 《話》支離滅裂である，でたらめである．*Lo que dices no tiene ni pies ni cabeza.* 君の言うことは支離滅裂だ．

obscurecérseLE [*ofuscárseLE, embotárseLE*] *a … la cabeza* ぼんやりしている，頭の働きが鈍っている．

pasarLE [*pasárseLE*] *a … por la cabeza* 思いつく，頭に浮かぶ，…したい気分になる．*No se me pasó por la cabeza que podía engañarme.* 私は彼にだまされるとは決して思わなかった．*Jamás se me pasó por la cabeza semejante idea.* 私はそんな考えは決して思いつかなかった(→*metérseLE a … en la cabeza*).

perder la cabeza 《話》(1)(怒り・恐怖で)分別[理性]を失う，かっとなる．*Cálmate, no pierdas la cabeza.* 落ち着きなさい，取り乱さないで．*Procuremos no perder la cabeza y analicemos fríamente la situación.* 理性を失わないように努め，情勢を冷静に分析しましょう．(2)気が変になる．*Ha perdido la cabeza y cree que es Napoleón.* 彼は気が変になり，自分はナポレオンだと思っている．(3) 『+*por*』(人)にすっかり惚れ込む，夢中になる．*No haces más que pensar en ella; parece que has perdido la cabeza.* 君は彼女にぞっこん惚れ込んだようだ．君は彼女のことしか考えられない．

ponerLE a … la cabeza bomba (人)を呆然[ぼうっ]とさせる．

poner precio a la cabeza de … (人)の首に賞金を懸ける．

ponerLE a … la cabeza como un bombo (人)の頭を呆然[ぼうっ]とさせる．

ponerse la cabeza como un bombo/ponérseLE a … la cabeza pesada →*cargárseLE a … la cabeza.*

ponérseLE a … en la cabeza →*metérseLE a … en la cabeza.*

por cabeza 1人[1頭]あたり．*Hay seis trozos y somos tres, luego tocamos a dos por cabeza.* 6切れあって，我々は3人なので，従って1人当たり2切れになる．

quebradero*(*s*) *de cabeza 《話》悩み[頭痛]の種．*Esta tesis me está dando muchos quebraderos de cabeza.* この論文は私に頭痛の種ばかりもたらしている．

quebrar la cabeza 〖中南米〗頭を悩ます，大変心配する．

quebrarse la cabeza →*calentarse la cabeza, romperse la cabeza.*

¡Qué cabeza la mía! 私の頭はどうかしている! *¡Qué cabeza la mía! Se me había olvidado completamente tu cumpleaños.* 私はなんて記憶力が悪いんだろう! 彼女の誕生日をすっかり忘れていた．

quitar a … la cabeza 理性を失わせる．

quitarLE a … de la cabeza (説得して)(人)に…を思い止まらせる，やめさせる．*No hay quien le quite de la cabeza que tiene cáncer.* 癌(がん)だという彼の思い込みを取り去れる人はいない．

quitarse de la cabeza 《話》(考えなどを)やめる，忘れる．*Quítate de la cabeza esa idea; no te saldrás con la tuya.* そんな考えはやめなさい．君の思い通りにはならないよ．

quitárseLE a … de la cabeza 忘れる．*No se me quita de la cabeza el feo que me hizo.* 彼が私に働いた非礼が私の頭から離れない．

rodar cabezas 首脳陣を更迭する[辞めさせる]．*Si el equipo no gana, van a rodar cabezas.* もしチームが勝たなければ，首脳陣は更迭されるだろう．

romperLE a … la cabeza 〖時に脅し〗(人)の頭を割る[傷つける](= *descalabrar*). *¡Te voy a romper la cabeza si no te estás quieto!* 静かにしていないと頭を割るぞ．

romperse [*quebrarse*] *la cabeza* 《話》よく考える，知恵を絞る，頭を悩ます．*Se rompió la cabeza intentando solucionar el problema.* 彼はこの問題を解釈しようと試みて知恵を絞った(→*calentarse la cabeza, estrujarse la cabeza*).

sacar a … de la cabeza →*quitarLE a … de la cabeza.*

sacar la cabeza (1) 顔を覗かせる．*sacar la cabeza por la ventana* 窓から首を出す．*Está sacando la cabeza el otoño.* 秋の気配がする．(2)(抑制されていたが)大胆な行動に出る．(3)『+*a*』(人)より頭一つ背が高い．

salir con las manos en la cabeza (口論・喧嘩などの後で)さんざんな目に会う; (頼まれ事が)無視される．

sentar*(*la*) *cabeza 《話》(放蕩生活の後)真面目になる，分別がつく，身[腰]を落ち着ける．*Ya es hora de que sientes la cabeza y te busques un trabajo.* 君はもうそろそろ分別がついて職を探してもいいころだよ．*Era frívolo e irresponsable, pero luego sentó cabeza.* 彼は軽薄で無責任な男であったが，後に良識を持つようになった(→*asen*-

tar la cabeza].

ser un cabeza de alcornoque 馬鹿[あほ, 間抜け]である. Por mucho que te molestes en explicarle la lección, no la entenderá; *es un cabeza de alcornoque*. 君がわざわざその学課を説明しても彼はわからないだろう. 馬鹿だから.

sin pies ni cabeza 《話》でたらめに[の], 支離滅裂に[の].

subírsele a … a la cabeza 《話》(1) (人)が(金・地位・成功・おべっかなど)で思い上がる, 高慢になる, うぬぼれる. *Se le ha subido* el éxito *a la cabeza*. 彼は成功してすっかり天狗になった. (2) (アルコール飲料で)酔っぱらう. *Se le subió a la cabeza* el coñac y empezó a desbarrar. 彼はコニャックで酔っぱらい, ばかなことを言いだした.

subírsele a … la sangre a la cabeza (人)の頭に血がのぼる.

tener algo más que pájaros en la cabeza まんざら馬鹿ではない.

tener buena [mala] cabeza →tener mala cabeza.

tener la cabeza a pájaros [llena de pájaros, a los once] 《話》(1) 分別[判断力, 良識]に欠ける, 頭がおかしい, 気が変だ. *Tiene la cabeza a pájaros* y no se da cuenta del mundo en que vive. 彼は良識に欠け, 世事に疎い. (2) ぼんやり[うっかり]している, 抜けている. El camarero se equivocó tres veces seguidas al servir la comida; seguro que *tenía la cabeza a pájaros*. そのウェーターは食事を出す時, 3 回続けて間違えた. 彼はぼんやりしていたに違いない.

tener la cabeza (bien puesta) sobre los hombros 《話》思慮分別がある(→tener la cabeza en su sitio).

tener la cabeza bomba 《話》呆然[ぼうっ]としている.

tener la cabeza como [hecha] un bombo 《話》(1) 頭がガンガンする, 頭が割れるように痛い. (2) 呆然と[ぼうっと]している. He trabajado en la oficina ocho horas sin parar; *tengo la cabeza hecha un bombo*. 8 時間休みなしに働いたために, 頭がぼうっとしている. Con tanta llamada telefónica *tengo la cabeza como un bombo*. たくさん電話がかかってきたので, 頭がぼうっとしている.

tener la cabeza como una olla de grillos [como una jaula] 困惑している.

tener la cabeza como un colador ひどく物覚えが悪い.

tener la cabeza en su sitio 《話》分別がある, 足地に着いている(→tener la cabeza (bien puesta) sobre los hombros).

tener mala cabeza 《話》(1) 頭[記憶力]が悪い. *Tengo muy mala cabeza* para las fechas. 私は日付を覚えるのがまったく苦手だ. *Tengo mala cabeza*, así que apuntaré el recado en un papel. 私は記憶力が悪いので, 言伝てを紙にメモしよう. (2) 分別[良識]がない, 正気ではない. Antonia tuvo mala cabeza al dejar los estudios sin terminar. アントニアは学業を中退した時, 分別を失っていた.

tener … metido en la cabeza …のことばかり考える, …に取りつかれている.

tener (mucha [buena]) cabeza 頭がいい, 記憶力がいい. Según el maestro, el chaval *tiene cabeza*, pero es un gandul. 先生によると, その子供は頭はいいが, 怠け者だ.

tener pájaros en la cabeza →tener la cabeza a pájaros.

tener poca cabeza 頭[記憶力]が悪い, 分別[良識]がない. Este chico *tiene poca cabeza*; aún no ha terminado sus estudios y ya quiere casarse. この男の子は分別がない. まだ学業も終えていないのに, もう結婚したがっている.

tocado de la cabeza 《話》頭の変な, 気がふれた, 常軌を逸した(→estar mal [tocado] de la cabeza).

torcer la cabeza (1) 振り向く. (2) 《まれ》死ぬ (→doblar la cabeza).

traer a … a la cabeza 《話》(人)に…を思い出させる. Aquella canción *me trajo a la cabeza* el recuerdo de mi madre. あの歌を聞いて私は母親のことを思い出した.

traer [tener] a … de cabeza (1) 《話》(人)を惑わす, 手を焼かせる, 心配させる. Estos niños me *traen* todo el día *de cabeza* con sus travesuras. この子供たちのいたずらで私は一日中煩わされている(→llevar a … la cabeza, hacer ir de cabeza). (2) (人)を夢中にさせる, 熱中させる, 魅了する. Las chicas le *traen de cabeza*. 彼は女の子たちのとりこになっている. *Trae* a los hombres *de cabeza*. 彼女は男の人たちを夢中にさせる.

venir a … por [a] la cabeza 思い浮かぶ, 思い出す. Al verte *me vino a la cabeza* que te debo dinero. 君に会った時, 君に借金していることを思い出した. Le dije lo primero que *me vino a la cabeza*. 私は先ず最初に頭に浮かんだことを彼に言った(→metérsele a … en la cabeza).

volver la cabeza a … (1) (人)を振り向く, 振り返る. Alguien me chistó y por eso *volví la cabeza*. 誰かが私に「しっ」と言ったので, 私は振り返った. (2) (人)にそっぽを向く, 挨拶しない. (3) 援助を断る.

voz de cabeza 《音楽》裏声, ファルセット(= falsete).

cabezada [kaβeθáða] 囡 ❶ 居眠り, こっくり. — dar ～s こっくりする, 居眠りする, 舟をこぐ. ❷ 頭をぶつけること(＝cabezazo). — El niño se ha dado una ～ contra la pared. その子は壁に頭をぶつけた. ❸ うなずき. ❹ (馬の)面繋(おもがい). ❺ 《海事》(船の)縦揺れ, ピッチング. ❻ (本の)花ぎれ, 糸かがり.

echar una cabezada ひと眠りする, つかの間のあいだ眠る.

cabezal [kaβeθál] 男 ❶ 《機械》(テープレコーダーの)ヘッド. ❷ 長いクッション.

cabezazo [kaβeθáθo] 男 ❶ 頭(ず)突き, 頭をぶつけること. — darse un ～ 鉢合せをする. ❷ 《スポーツ》ヘディング. — dar un ～ ヘディングする. El delantero marcó un gol de un formidable ～. フォワードがすばらしいヘディングで1点を決めた.

cabezo [kaβéθo] 男 ❶ 山頂, 小山. ❷ 《海事》(小さな)岩礁.

cabezón, zona [kaβeθón, θóna] 形 ❶ 《話》頑固な, 強情な. 類 **terco, testarudo**. ❷ 《話》大きな頭の.
—— 名 ❶ 《話》頑固者, 強情な人. ❷ 《話》大きな頭, 頭でっかち.

—— 男 ❶ オタマジャクシ. ❷ 《衣服》頭を出す穴.
cabezonada [kaβeθonáða] 囡 《話》言い張ること, 固執, 強情な行動. —Su ~ de irse a vivir sola desesperó a toda la familia. 彼女がどうしても一人で住むために出て行くと言い張るので家族みな困り果てた.
cabezota [kaβeθóta] 囡 →cabezón.
cabezudo, da [kaβeθúðo, ða] 形 ❶ 頭が大きい. ❷ 《話》頑固な, 強情な (=cabezón). ❸ (酒が)頭へのぼる, 強い.
—— 男 ❶ カーニバル用の頭の大きな被り物, 張り子, 張りぼて. —gigantes y ~s (カーニバルの)巨人と張りぼて. ❷ 《魚類》ボラ (=mújol).
cabezuela [kaβeθuéla] 囡 ❶ 小さな頭. ❷ 粗い小麦粉. ❸ 《植物》頭状花, 小頭花. ❹ 《植物》バラのつぼみ.
cabida [kaβíða] 囡 ❶ 容量, 収容力. ❷ 空間, 広がり, スペース.
dar cabida [*tener cabida*] *a* ... (1) …に余地を残す, …が可能である. En nuestro partido *tienen cabida* distintas tendencias. 我々の党では色々な意見が可能である. (2) …の収容力がある. Esta sala de cine *da cabida a* quinientos espectadores. この映画館は 500 人の観客の収容力がある.
cabildear [kaβildeár] 自 ❶ たくらむ, 陰謀を企てる. ❷ (組織の中で)立ち回る, 暗躍する, 根回しをする.
cabildero, ra [kaβildéro, ra] 形 利益を画策する, ロビー活動を行う.
—— 名 交渉人, ロビイスト, 利益を画策する人.
***cabildo** [kaβíldo] 男 ❶ 〖カトリック〗(a) 〖集合的に〗司教座聖堂参事会(員)(司教座聖堂付き司祭らの一団). —Hoy se reúne el ~. 今日は司教座聖堂参事会が召集される. ~ catedralicio 大聖堂参事会. ~ colegial 聖堂参事会(会議). 類 **capítulo**. (b) 司教座聖堂参事会会議(議場). —El magistral no ha asistido hoy al ~. 今日判事司祭は司教座聖堂参事会会議場に姿を現わさなかった. ❷ 〖政治〗(a) 市(町・村)議会; 市(町・村)役場, 町(村)役場. 類 **ayuntamiento, concejo, junta**. (b) 〖集合的に〗市(町・村)議会の議員団. ❸ (一般的に)総会. 類 **asamblea, pleno**. ❹ (カナリア諸島の)島議会. —~ insular de Tenerife テネリーフェ島議会.
cabilla [kaβíja] 囡 ❶ 《造船》索止め栓, ピレーピン. ❷ 《海事》索止め栓; (操舵輪を回すための)柄.
cabillo [kaβíjo] 男 《植物》花梗(ɔɔ); 果柄[葉柄]. 類 **pezón**.
Cabimas [kaβímas] 固名 カビマス(ベネズエラの都市).
cabina [kaβína] 囡 ❶ 仕切った場所[部屋], ボックス, 電話ボックス, …室. —~ telefónica[de teléfono] 電話ボックス. ~ de proyección 映写室. ❷ (飛行機の)操縦室 (=cabina del piloto). ❸ (車の)キャビン, 個室. ❹ (トラックなどの)運転席; 《鉄道》(機関車の)運転席. ❺ (海岸スポーツ広場の)脱衣室. ❻ (エレベータ, ロープウェイなどの)ボックス.
cabio [káβjo] 男 ❶ 《建築》根太(ta)(床・天井を支える横木); (屋根の)垂木. ❷ 《建築》(ドア・窓の上下に渡す)横木.
cabizbajo, ja [kaβiθβáxo, xa] 形 [estar +] うなだれた, 頭を下げた.

cabo 277

cable [káβle] 男 ❶ 太綱, ロープ. —~ de un ascensor[teleférico] エレベータ[ロープウェイ]のロープ. ❷ 海底電信, 海底電線 (cablegrama の略語); —por ~ 電信で. ~ urgente 至急電報. ❸ (電話・電信などの)ケーブル. —~ aéreo (鉄道)架線. ~ coaxial 同軸ケーブル. ~ eléctrico 電気コード. ~ submarino 海底[地下]ケーブル. ~ telefónico 電話線. ❹ 《海事》ケーブル(距離の単位; 185.19 メートル).
cruzársele los cables a ... 《話》直ちに…の頭が混乱する.
echar [*lanzar, tender, tirar*] *un cable* 《話》手を貸す, 助ける.
cablegrafiar [kaβleɣrafjár] 他 (外電を)打つ, 通信する.
cablegrama [kaβleɣráma] 男 ❶ 海外電報. —poner [mandar, enviar] un ~ 海外電報を打つ. ❷ 海底電信.
cablero, ra [kaβléro, ra] 形 《海事》海底ケーブル敷設(修理)の.
—— 男 《海事》海底ケーブル敷設船.
Cabo [káβo] 固名 (Ciudad del ~/El ~) ケープタウン(南アフリカの都市).
*****cabo** [káβo カボ] 男 ❶ 端, 先端. —~ de hilo 糸くず. sujetar la cuerda de [por] un ~ 綱の端を持つ. 類 **extremidad, fin, punta**.
❷ 残り端, 使い残り, 切れ端. —Se alumbraban con un ~ de vela. 彼らはろうそくの燃えさしで照らしていた. 類 **final, residuo, resto**.
❸ (ウール・綱などの)一縒(より)り, 縒り, 糸. —una cuerda de ocho ~s 8 本縒りの綱. 類 **fibra, hebra**.
❹ 《地理》岬. —C~ de Hornos ホーン岬. doblar [rodear, virar] el ~ 岬を回る. 類 **saliente**. ❺ 《海事》綱, ロープ, (特に帆船の)索具. —El vendaval rompió ~s. 強風でロープが切れた. 類 **cordel, maroma, soga**. ❻ 《軍事》(陸軍の)兵長; (海軍の)水兵長; (警察の)巡査部長. —~ primero 伍長, 一等水兵長. ~ de cañón 砲手長. ~ de marina [de mar] 《海軍》水兵長. ~ de vara 看守. 類 **caporal**. ❼ 細目, 細部, 問題点. 類 **detalles, extremos, puntos**. ❽ 複(馬などの)脚と鼻面とたてがみ. —yegua castaña con ~s blancos 栗毛で脚や鼻面などが白い雌馬. —~s negros (女性の)黒い瞳(と髪). ❾ (農機具などの)柄, 取っ手 (=mango).
al cabo (1) ついに, とうとう (=al fin). (2) 結局, とどのつまりは.
al cabo de ... (1) (時間)…後に. Antonio se presentó *al cabo de* tres horas. アントニオは 3 時間後に現れた. Volvimos a vernos *al cabo del* mucho tiempo. 私たちは久し振りに再び会った. (2) …の端に; 終わりに. *al cabo del* mundo 世界の果てに. *al cabo de* sus años 晩年に.
Al cabo de cien años, todos calvos. 時が経てば誰にでも死は訪れる.
Al cabo de los años mil, vuelven las aguas por [*donde*] *solían ir.* 世の中がどんなに変わっても, 結局物事は振りだしに戻るもの.
al fin y al cabo/al fin y a la postre/al cabo, al cabo とどのつまりは, 結局.
atar [*juntar, unir*] *cabos* (結論を引き出すため

に)色々な情報を突き合わせる,あれこれ考え合わせる,結論を引き出す. El detective, *atando cabos*, descubrió al asesino. 探偵は色々な情報を突き合わせて殺人犯を見つけた.

cabo de año 《宗教》一周忌のミサ.

cabo de fila 《軍隊》嚮導(╳ᵒ)(横隊の右端の兵); 先導[嚮導]艦.

cabo de varas 意地悪な人, 気難しい人.

cabo suelto 〖主に 複〗未解決の問題[事項], あやふやな点. Ata los *cabos sueltos* y descubrirás la verdad. それらのあやふやな点を整理すれば, 真実が見えてくるよ.

dar cabo a ... を完成する.

dar cabo de ... をやっつける, 破滅させる.

de cabo a rabo/de cabo a cabo 始めから終わりまで, 全部.

echar un cabo 手を貸す, 助ける, 助け舟を出す.

estar al cabo de ... を知って[通じて]いる, …に精通している.

estar [ponerse] al cabo de la calle (何から何まで)知り尽くしている, 事情に通じている.

llevar a [al] cabo ... を実現する, 実行する, 成し遂げる. Conseguí *llevar a cabo* mi proyecto. 私はその計画を実現できた.

Cabo de Buena Esperanza [káβo ðe βuéna esperánθa] 固名 喜望峰(アフリカ最南端の岬).

cabotaje [kaβotáxe] 男 《海事》近海[国内]航行, 沿岸貿易. —barco de ～ 国内運行船. barco de gran ～ 植民地貿易船.

Cabo Verde [káβo βérðe] 固名 カボベルデ(首都プライア Praia).

cabr- [kaβr-] 動 caber の未来, 過去未来.

‡**cabra** [káβra] 女 ❶《動物》ヤギ(山羊), 雌ヤギ. ～ de almizcle ジャコウジカ. ～ montés [ibérica] スペイン・アイベックス. ～ de los Alpes アルプス・アイベックス. barba de ～ ヤギひげ. leche de ～ ヤギの乳. ❷ 複《熱によって足にできる》紅斑(%). 火だこ. ❸ (Santander の海岸でとれる)二枚貝. ❹ 投石機(昔の兵器). ❺ (la C～)《天文》カペラ星(御者座の主星). ❻ 【中南米】2輪の荷車. ❼ 【中南米】いかさまサイコロ. ❽【中南米】刷毛(╳).

camino de cabras 狭く険しい道.

cargar [echar] las cabras a ... (人)に責任を負わせる, 賭け事で負けた金を(人)に支払わせる.

estar como una cabra [más loco que una cabra] 《話》気が変だ, 頭が狂っている(=estar chiflado [loco]).

La cabra (siempre) tira al monte. 〖諺〗山羊は常に山に登ろうとする(生まれつきの性分は決して治らない).

cabrahígo [kaβraíɣo] 男 《植物》カブリ[野生]イチジク; カブリ[野生]イチジクの実.

cabrear [kaβreár] 他 ❶《話》怒らせる, いらだたせる. ❷ 【中南米】《話》飽き飽きさせる, うんざりさせる.

——再《話》❶ いらだつ, かんかんになる. —Los que no consiguieron entradas *se cabrearon* y empezaron a gritar. 切符を買えなかった奴らは頭にきてわめき始めたんだ. ❷【中南米】飽き飽きする, うんざりする.

cabreo [kaβréo] 男 《俗》腹立ち, 激怒, 不愉快. —agarrar [coger, pillar] un ～ 激怒する. José tiene un tremendo ～ con su hijo porque no estudia. ホセは息子に激怒している. 勉強しないからだ.

Cabrera [kaβréra] 固名 カブレラ島(スペインの東の地中海上の島).

cabreriza [kaβreríθa] 女 →cabrerizo.

cabrerizo, za [kaβreríðo, θa] 形 ヤギ(山羊)の.

—— 名《牧畜》ヤギ(山羊)飼い.

—— 女 ヤギ小屋, 家畜小屋.

cabrero, ra [kaβréro, ra] 名 ❶《牧畜》ヤギ(山羊)飼い. 類 **cabrerizo**. ❷【中南米】《話》怒りっぽい人, 機嫌の悪い人.

—— 形 【中南米】《話》機嫌が悪い, いらだっている.

cabrestante [kaβrestánte] 男 《海事》キャプスタン, 立て車地(╳)(いかりを巻き上げる装置).

cabria [káβrja] 女 《機械》起重機, クレーン.

cabrilla [kaβríja] 女 ❶ 低温やけど. —tener ～s en las piernas 足に低温やけどをする. ❷《技術》木(╳)台. ❸ 複 波浪, 白波. ❹《魚類》カブリラニラミ. ❺ (las C～s)《天文》すばる.

jugar a salta cabrilla《遊戯》馬飛びをする.

cabrillear [kaβrijeár] 自 ❶ 白波ができる. ❷ きらきら輝く.

cabrilleo [kaβrijéo] 男 白波が立つこと; 波頭がきらきら光ること.

cabrio [káβrjo] 男 《建築》垂木(╳き).

cabriola [kaβrjóla] 女 ❶ 跳躍, ジャンプ. —hacer ～s 宙返りをする. ❷《スポーツ》(馬術で)キャブリオール(垂直に跳躍すること).

cabriolar [kaβrjolár] 自 ❶《舞踏》カブリオールをする, 飛び上がって両足を打ち合わせる. ❷ 宙返りをする, とんぼ返りをする. ❸《馬術》カブリオールをする, 空中で後ろ脚を跳ね上げる.

cabriolé [kaβrjolé] [＜仏] 男 クーペ型自動車(折り畳みの幌がついている).

cabriolear [kaβrjoleár] 自 →cabriolar.

cabritilla [kaβritíja] 女 子ヤギ(山羊)の革, キッド革.

cabrito [kaβríto] 男 ❶《動物》子ヤギ. ❷〖チリ〗複 ポップコーン. ❸《俗》野郎, いやなやつ, ろくでなし.

cabrón[1] [kaβrón] 男 ❶《動物》雄ヤギ(山羊). ❷《俗》不貞の妻をもった夫, 妻を寝取られた男. ❸《俗》野郎, 奴. ❹《俗》悪党, ごろつき. ❺【中南米】《俗》女を取りもつ男.

—— 間 この野郎, くそったれ.

cabrón[2], **brona** [kaβrón, βróna] 形〖スペイン〗《俗》卑劣な. —— 名〖スペイン〗《俗》卑劣なやつ; 間(挿入詞的に)この野郎. —Eres una *cabrona*. お前はひどい女だ.

cabronada [kaβronáða] 女 《俗》汚い手口, 卑劣な行為. —hacer una ～ 汚い手を使う.

cabruno, na [kaβrúno, na] 形 《動物》ヤギ(山羊)の(ような).

cabujón [kaβuxón] 男 カボション(頂部を丸く磨いた宝石).

cabuya [kaβúja] 女 ❶《植物》リュウゼツラン(竜舌蘭)(=pita). ❷ リュウゼツランの繊維, ひも.

caca [káka] 女 ❶《幼》うんち. —hacer ～ をする. ❷《俗》くず, がらくた, 役に立たない[くだらない]物. ❸《俗》汚物, 不潔物. 類 **inmundicia**, **suciedad**. ❹ 欠点, 悪癖. —ocultar[tapar] el ～ 欠点を隠す.

caca huate〖中米〗(1) (=cacahuete). (2) 役

に立たないもの, 無価値なもの.

cacahual [kakawál] 男 カカオ農園, カカオ畑.

cacahuete [kakawéte] 男 〖植物〗ピーナツ, 落花生 (=maní). —crema de 〜 《料理》ピーナツバター. —comer(se) un 〜 ピーナッツを食べる.

cacao [kakáo] 男 ❶〖植物〗カカオ樹, カカオの豆. —manteca de 〜 《料理》カカオバター. ❷ ココア(カカオの豆の粉末). —〜 soluble instantáneo インスタントココア. ❸〖中南米〗チョコレート.

armar un cacao 《話》大騒ぎを起こす. 類 **alborotar**.

cacao mental 《話》頭が混乱していること.

no valer un cacao 《話》何の価値もない.

cacaraña [kakaráɲa] 女 あばた, (顔の)発疹跡.

cacarañar [kakaraɲár] 他 (人に)あばたを作る, 発疹跡を残す; 掻(か)く. —Tenía el rostro cacarañado. 彼の顔はあばただらけった.

cacarear [kakareár] 自 (ニワトリが)コッコッと鳴く. —他 《話》を自慢する, 大げさに話す. —Cacarea lo mucho que gana su marido. 彼女は夫がどんなに稼ぐかを自慢する.

cacareo [kakaréo] 男 ❶ ニワトリがコッコッと鳴くこと. ❷《話》自慢話をすること, 大ぼらを吹くこと.

cacatúa [kakat1ua] 女 ❶〖鳥類〗バタンインコ. ❷《話》醜いおばあさん.

cace(-) [kaθe(-)] 動 cazar の接・現在.

cacé [kaθé] 動 cazar の直・完了過去・1単.

cacera [kaθéra] 女 〖農業〗用水路.

Cáceres [káθeres] 固名 カセレス(スペインの県・県都).

cacería [kaθería] 女 ❶ 狩猟(隊). —ir [salir] de 〜 狩猟に行く. ❷〖集合的に〗(狩猟の)獲物.

cacerina [kaθerína] 女 (皮製の)弾薬入れ, 薬莢(きょう)入れ.

cacerola [kaθeróla] 女 《料理》シチューなべ, 平なべ, キャセロール.

cacha [kátʃa] 女 ❶ (折りたたみナイフなどの)柄(え), (ピストルの)握り, 銃把, 台尻. ❷ 覆《話》尻. (=nalga). ❸〖南米〗角(つの). ❹〖中南米〗お金.

hasta las cachas 《話》すっかり, とことん. Es español *hasta las cachas*. 彼はとことんスペイン人だ.

cachada [katʃáða] 女 ❶〖中南米〗(牛などの)角による一撃, 一突き; 突き傷. 類 **cornada**. ❷〖中南米〗《話》からかうこと, 悪ふざけ. ❸《遊戯》回っている独楽(こま)にぶつけること.

cachafaz [katʃafáθ] 形 《女性形は cachafaza もあり》〖中南米〗恥知らずの, 悪党の. —El muy 〜 de Miguel me hizo una trampa. ミゲルのやつ, 俺をだましやがった.

— 男女 〖中南米〗悪党, 恥知らず.

cachalote [katʃalóte] 男 〖動物〗マッコウクジラ.

cachar [katʃár] 他 ❶ を砕く, 裂く, 割る. ❷《農業》をすき起こす. ❸〖中南米〗をだます, からかう. ❹〖中南米〗をうまく捕らえる, つかまえる. ❺〖中南米〗を(現場で)見つける, 見抜く.

cacharpas [katʃárpas] 女複〖中南米〗がらくた, (値打ちのない)道具類. 類 **trasto**.

*****cacharrería** [katʃarería] 女 ❶ 瀬戸物[陶磁器]店. ❷〖集合的に〗瀬戸物, 陶磁器; がらくた.

cacharrero, ra [katʃaréro, ra] 男女 ❶ 金物[瀬戸物]売り; 金物[瀬戸物]職人. ❷〖中南米〗密輸商人.

cachigordo 279

*****cacharro** [katʃáro] 男 ❶ 食器, 皿, 小鉢, (安物の)瀬戸物容器, 陶器; (鍋などの)調理器具類. —〜 para flores 花瓶, 植木鉢. 〜s de la comida 食器. 〜s de la cocina 台所の食器. recoger los 〜s después de comer 食後に食器類を片付ける. Te toca fregar los 〜s. 君が食器を洗う番だ. ❷《話, 軽蔑》おんぼろ(自動車・船・ピアノ). —Este automóvil es un 〜. この自動車はポンコツ車だ. 類 **carraca, trasto**. ❸《話》がらくた. —Mi casa está llena de 〜s. 私の家はがらくたでいっぱいだ. 類 **cachivache, chisme, trasto**. ❹ 覆 陶器のかけら.

cachava [katʃáβa] 女 ❶ (持ち手の部分が湾曲した)杖, 牧杖. 類 **cayado**. ❷《遊戯》ボール転がし(クラブを用いて穴にボールを入れる遊び); ボール転がし用のクラブ.

cachaza [katʃáθa] 女 ❶《話》のろま, ぐず, 悠長さ. —tener 〜 のろまである. 類 **lentitud, parsimonia**. ❷《飲物》さとうきび酒, ラム酒.

cachazo [katʃáθo] 男 〖中南米〗(牛などの)角による一撃. 類 **cornada**.

cachazudo, da [katʃaθúðo, ða] 形 《話》のろい, のんびりした, のんきな.

— 名 《話》のんき者, ぐず, のろま.

caché [katʃé] 男《caché's》❶ 品質が高いこと. ❷ (芸能人の)格, ギャラ. ❸〖情報〗キャッシュ.

cachear [katʃeár] 他 …の武器(麻薬など)の携帯を検査する.

cachemir [katʃemír] 男 《服飾》カシミア織り(インド, カシミール地方産ヤギの毛織物).

Cachemira [katʃemíra] 固名 カシミール(インド北西部とパキスタン北東部の地方).

cachemira [katʃemíra] 女 《繊維》カシミヤ.

cacheo [katʃéo] 男 身体検査, ボディーチェック. —hacer un 〜 a … …の身体検査をする.

cachería [katʃería] 女 〖中南米〗小さな商店.

cachetada [katʃetáða] 女 《話》平手打ち, げんこつ. —dar una 〜 ひっぱたく. 類 **bofetada, cachete**.

cachetazo [katʃetáθo] 男 平手打ち; 《比喩》打撃.

cachete [katʃéte] 男 ❶《話》平手打ち, げんこつ. —dar un 〜 ひっぱたく. ❷《話》(丸い)頬. ❸ 短剣, あいくち.

cachetear [katʃeteár] 他 〖中南米〗(人に)平手打ちを食わす, ひっぱたく.

— 再〖中南米〗《話》たらふく食べる.

cachetero [katʃetéro] 男 ❶ 短剣, あいくち. ❷《闘牛》カチェテーロ(とどめを刺す闘牛士).

cachetina [katʃetína] 女 ❶ 叩きあい, けんか. ❷ 叩きのめすこと, 殴打. 類 **azotaina, tunda**.

cachetón, tona [katʃetón, tóna] 形 ❶〖中南米〗頬のふっくらした, 丸ぽちゃの顔の. 類 **cachetudo, carrilludo**. ❷《話》思い上がった.

— 名 頬のふっくらした人.

cachetudo, da [katʃetúðo, ða] 形 →**carrilludo**.

cachicuerno, na [katʃikuérno, na] 形 《文》(ナイフなどの)柄が角(つの)製の.

cachifollar [katʃifoʎár] 他 ❶《話》を台無しにする, ぶちこわす. ❷《話》(人を)やりこめる.

cachigordo, da [katʃiɣórðo, ða] 形 《話》背が低くて太った, ずんぐりした. 類 **rechoncho**.

cachimba [katʃímba] 女 →cachimbo.

cachimbo, ba [katʃímbo, ba] 形 【ペルー】(大学などの)新入生の, 新入りの.
— 名 【ペルー】(大学などの)1年生, 新入り.
— 男 ❶【中南米】パイプ. ❷ 【ペルー】《軽蔑》警官. ❸【中米】《話》大量. — un ~ de papeles 山のような書類.
— 女 【メキシコ】葉巻の吸いさし. — fumar en ~ パイプで吸う.

cachipolla [katʃipóʎa] 女 《虫類》カゲロウ.

cachiporra [katʃipóra] 女 (先端が大きな)棍棒. —golpear con una ~ 棍棒でなぐる. 類 **garrote, porra.**

cachiporrazo [katʃipoṛáθo] 男 (棍棒での)一撃; 強くぶつけること. 類 **garrotazo.**

cachirulo [katʃirúlo] 男 ❶ (スペイン, アラゴンAragón 地方の)男性が頭に巻くバンダナ; 昔の髪飾り; 《闘牛》牛につける色リボンの飾り. ❷【中米】当て布, 補強布. ❸ 蒸留酒容器. ❹《海事》3本マストの小型帆船. ❺ がらくた; ポンコツ車. ❻【メキシコ】罠(ﾜﾅ), ペテン.

cachivache [katʃiβátʃe] 男 ❶《主に 複》くず, がらくた. ❷《集合的に 複》用具, 道具. ❸《話》役立たず, くだらない人.

cacho¹ [kátʃo] 男 ❶《話》一片, 一つ, 一かけら. — Dame un ~ de tarta. ケーキを一口ちょうだい. ❷ [名詞・形容詞を強調して] 何という…. — ~ de tonto 何という馬鹿だ. ~ de animal 何ていう動物だ. ❸【中南米】角(ｶｸ)
ser un cacho de pan 《話》とてもいい人.

cacho² [kátʃo] 男 《魚類》バーベルの一種.

cacho³, **cha** [kátʃo, tʃa] 形 →cacho¹.

cachón [katʃón] 男《主に 複》(打ち寄せてくだける)波; 水しぶき.

cachondearse [katʃondeárse] 再 《俗》[+de] をからかう. 類 **burlarse.**

cachondeo [katʃondéo] 男 ❶《俗》からかい, 冗談, 悪ふざけ. — decir ... de ~ 冗談で…を言う. estar de ~ ふざけている. tomar ...a ~ を冗談に取る. ❷《俗》ばか騒ぎ, お祭り騒ぎ. 類 **diversión, juerga.** ❸ 無秩序, 混乱.

cachondez [katʃondéθ] 女 ❶《俗》色情, 欲情. ❷《俗》(動物の)さかり.

cachondo, da [katʃóndo, da] 形 ❶《俗》[estar+] 欲情をもった, むらむらした. ❷ [estar+] (動物が)さかりがついた. ❸《話》[ser+] 楽しい, おもしろい. 類 **burlón, divertido, gracioso.**

cachorrillo [katʃoríʎo] 男 《話》小型ピストル.

cachorro, rra [katʃóro, ra] 名 ❶ 動物の子. ❷ 子犬. ❸ 子悪党.
— 形 【中南米】粗野な, 乱暴な.
— 男 《話》小型ピストル.

cachucha [katʃútʃa] 女 ❶《音楽》カチューチャ (アンダルシーアの民族舞踊・音楽・民謡). ❷《海事》小さいボート. ❸《服飾》(縁なし)帽子. — llevar ~ (縁なし)帽子をかぶる.

cachudo, da [katʃúðo, ða] 形 ❶【南米】ずるい. ❷【中南米】(動物が)大きな角の.

cachuela [katʃuéla] 女 ❶ (スペイン, エクストレマドゥーラ Extremadura 地方の)豚肉料理. ❷ ウサギの内臓料理, モツ煮込み. ❸ (鳥の)砂囊(ｻﾉｳ), 砂袋. 類 **molleja.**

cachumbo [katʃúmbo] 男 ❶【中南米】巻き毛, カールした髪の毛. ❷ (容器として使用される)ヘチマなどの外皮. 類 **gachumbo.**

cachunde [katʃúnde] 男 ❶ 口中香錠. ❷ カテキュー, 阿仙薬(熱帯性植物各種から精製できる収斂性物質の総称). 類 **cato.**

cachupín [katʃupín] 男 →gachupín.

cachureco, ca [katʃuréko, ka] 形 ❶【メキシコ】ゆがんだ, ねじれた. ❷【中米】保守派の.
— 名 【中米】(信心を装う)カトリック教徒.

cacicato [kaθikáto] 男 《政治》ボス支配, ボスの権力.

cacicazgo [kaθikáθɣo] 男 →cacicato.

cacillo [kaθíʎo] [<cazo] ひしゃく, 注ぎ口のついた小鍋.

cacique [kaθíke] 男 ❶《政治》(地方の)ボス. ❷《比喩》暴君, 独裁者. ❸ 酋(ｼｭｳ)長.

caciquil [kaθikíl] 形 cacique の, cacique に関する.

caciquismo [kaθikísmo] 男 《政治》ボス支配, 地方の有力者による政治.

cacle [kákle] 男 【メキシコ】❶ (皮製の)サンダル. ❷《話》履物, 靴.

caco [káko] 男 ❶《話》泥棒, すり (=ladrón, ratero). ❷ 《まれ, 話》気弱な男.

cacodilato [kakoðiláto] 男 《化学》カコジル酸塩.

cacofonía [kakofonía] 女 ❶《音楽》不協和音. 反 **eufonía.** ❷《言語》同音の反復, ごろの悪さ.

cacofónico, ca [kakofóniko, ka] 形 ごろが悪い, 不協和音の.

cactáceo, a [kaktáθeo, a] 形 《植物》サボテン科の.

cácteo, a [kákteo, a] 形 →cactáceo.

cacto [kákto] 男 《植物》サボテン.

cactus [káktus] 男 →cacto.

cacumen [kakúmen] 男 《話》(頭の)切れ, 明敏さ. —tener mucho ~ 頭が切れる. 類 **agudeza, perspicacia.**

**cada [káða カダ] 形(不定)《無変化》 ❶ [+単数名詞] おのおのの, それぞれの, 各…. —Haga el favor de tomarse esta pastilla después de ~ comida. この錠剤を毎食ごとに飲んでください. Le regalamos una botella de vino a ~ pareja. カップル1組につきワイン1瓶を差し上げます.
❷ [+数詞] …ごとに, 毎…. —Los Juegos Olímpicos se celebran ~ 4 años. オリンピックは4年ごとに開かれる. Hay servicio de trenes ~ diez minutos. 列車は10分ごとに運行している. Visito a mis padres ~ dos días. 私は1日おきに両親を訪ねる. C~ día se aprende algo nuevo. 毎日何か新しいことがわかる.
❸ [比較級とともに] …ごとにますます…. —Esta chica está ~ día más guapa. この女の子は日ごとに美しくなっていく. C~ día me interesa menos el trabajo de oficina. 会社の仕事が日ごとにつまらなくなる.
❹《話》《強調》すごい, あまりの [強調された内容の結果は省略されていることが多い]. —¡El arma ~ juerga! 彼はほんとどんちゃん騒ぎをするんだから.
[a] cada instante [*momento, rato*] 絶え間なく, 頻繁に.
a cada nada 【中南米】絶え間なく, ずっと.

cada instante [**momento, rato**].
a cada uno [*cual*] *lo suyo* (1) ひとそれぞれ、各人各様. (2) ひとりひとり[ひとつひとつ]に応分な分[量].

cada cual [**uno**] (1) 各人、めいめい. Aquí *cada uno tiene que preparar su comida*. ここでは各自が自分の食事を準備しなければならない. (2) それぞれ、おのおの. *Cada uno de los coches vale dos millones de yenes*. その自動車のおのおのが200万円の値段がついている.

cada cuando que →*cada y cuando que*.

cada dos por tres 《話》しょっちゅう. *Ella me pide dinero cada dos por tres*. 彼女はしょっちゅう私にお金をせびる.

cada quien [中南米] 各人、めいめい. 類 *cada cual* [*uno*].

cada quisque 《話》各人、めいめい. *En la fiesta de ayer cada quisque dijo lo que quiso*. 昨日のパーティーでは各人好きなことを言った. 類 *cada cual*.

cada uno [*cual*] *es cada uno* 人は人だ、それぞれだ.

cada [*cada vez*] *que* …するときはいつでも、…するたびに. *Cada vez que la llamo, me pregunta por ti*. 彼女に電話するといつでも君のことを尋ねてくる.

cada y cuando que (1) …するときはいつでも、…するたびに. (2) …するとすぐに.

cada vez más[**menos**] … ますます…だ[…ではない]. *Tu hija está cada vez más guapa*. 君のお嬢さんはますます美しくなっている.

Cadalso [kaðálso] 固名 カダルソ (José ~) (1741-82, スペインの評論家・詩人).

cadalso [kaðálso] 男 ❶ 絞首台. —*subir al* ~ 絞首台に登る. ❷ 演壇.

‡**cadáver** [kaðáβer] 男 [複 cadáveres] (普通、人の)死体、遺体. —*olor a* ~ 死臭. *reconocer el* ~ 死体を確認する. *El forense hizo* [*practicó*] *la autopsia del* [*al*] ~. 法医学者は死体を解剖した. *El accidentado ingresó* ~ *en el hospital*. 事故被害者は病院に着いた時死亡していた. 類 **difunto, fiambre, muerto, restos**. 反 **vivo**.

cadavérico, ca [kaðaβériko, ka] 形 ❶《比喩》青ざめた、死人のような. —*Tenía un rostro* ~. 彼女は死人のような顔をしていた. ❷ 死体の.

‡**cadena** [kaðéna カデナ] 女 ❶ 鎖、チェーン. —*Alguien cortó la* ~ *con la que estaba atado el perro*. だれかが犬をつないであった鎖を切った. *sierra de* ~ チェーンソー. *Se ha salido la* ~ *de la bicicleta*. 自転車のチェーンがはずれた. *No te olvides de echar* [*poner*] *la* ~. ドアチェーンをかけ忘れるな. *En su cuello lucía una bonita* ~ *de oro*. 彼女の首にはきれいな金の鎖が輝いていた. *El camino está cerrado por una* ~. 道路はチェーンで閉鎖されている. ~ *antirrobo* ドアチェーン、盗難よけチェーン. ~ *antideslizante* タイヤチェーン. ~ *de agrimensor* (測量用の)測鎖. ~ *de enganche* (鉄道車両の連結器). ~ *del ancla* 《海事》(船の)錨鎖(びょうさ). ~ *de oruga* キャタピラ. ~ *de transmisión* 《機械》駆動用チェーン. ~ *de seguridad* (ドア・腕輪などの)安全鎖、ドアチェーン. ~ *sin fin* (自転車などの)継ぎ目なし鎖、循環連鎖. 類 **eslabón, transmisión**.

❷ 一続き、連鎖. —*una* ~ *de sucesos* 一連の出来事. *choque en* ~ 玉突き衝突. *motivar la reacción en* ~ 連鎖反応を引き起こす[の引き金となる]. ~ *terminal* 《言語》終端記号列. *una* ~ *de éxitos* 一連の成功. ~ *de mando* (軍隊などの)命令[指揮]系統. *una larga* ~ *de atentados* 長く続く一連のテロ. *Una* ~ *de casualidades originó la catástrofe*. 偶然に偶然が重なり大惨事が起こった. 類 **sarta, serie, sucesión**.

❸《商業》(ホテル・スーパー・レストランなどの)チェーン店、系列. —*Es el dueño de una* ~ *hotelera* [*de hoteles*]. 彼はホテルチェーンのオーナーである. ~ *de cines* [*de teatros*] 映画[劇場]チェーン店.

❹《テレビ、ラジオ》(キー局を中心とする)放送網、ネットワーク、チャンネル. —~ *pública* [*privada*] 公共[民放]チャンネル. *cambiar de* ~ *con el mando a distancia* リモコンでチャンネルを変える. *En la primera* ~ *dan una película*. 第1チャンネルで映画をやっている. *El acto será retransmitido por la primera* ~ *de la televisión*. 式典はテレビの第1チャンネルで中継放送される. 類 **canal**.

❺《地理》山脈、山系 (~ *montañosa* [*de montañas*]). —*Los Pirineos son una* ~ *montañosa que separa Francia de España*. ピレネー山脈はフランスとスペインの境目の山系である. 類 **cordillera, sierra**.

❻ 複 (*a*) (囚人をつなぐ)鎖. —*Ataron al prisionero con* ~*s*. 囚人は鎖で繋がれた. (*b*) (タイヤの)(スノー)チェーン. —*poner* [*echar*] *las* ~*s a las llantas* タイヤに(スノー)チェーンをつける. (*c*) (鎖でつながれた)囚人たちの列. 類 **grilletes**.

❼ (共同作業を行う)人の列[輪]. —*Los manifestantes formaron una* ~ *humana de varios kilómetros*. デモ隊は数キロにわたって人の鎖を作った. *Una* ~ *de policías impedía el paso al lugar del atentado*. 警官は列を作ってテロの現場への立ち入りを阻んでいた.

❽ 束縛、拘束、呪い、しがらみ、絆(きずな)、抑圧. —*romper las* ~*s del vicio* 悪習[悪循環]のくびきを断ち切る. ~ *de la esclavitud* 隷属状態. 類 **atadura, esclavitud, sujeción**.

❾《オーディオ》ステレオセット、コンポーネント (= ~ *de música*, ~ *musical*, ~ *de sonido*). —~ *de hi-fi* ハイファイ・コンポーネント、ハイファイ・セット. ~ *micro* [*mini*] マイクロ[ミニ]コンポ. ❿ (工場の)ライン、流れ作業の工程. —~ *de fabricación* [*de producción*] 生産ライン. *montaje en* ~ 一貫組立作業. ~ *de embalaje* 梱包作業. ⓫《法律》禁固刑、留置、投獄. —~ *perpetua* 終身刑. *La pena de muerte le fue conmutada por* ~ *perpetua*. 死刑は終身刑に減刑された. ⓬《化学》(原子の)連鎖. ⓭《建築》(*a*) 支えの木組み. (*b*) 控え柱、隅石積み. ⓮ (リゴドン (rigodón) 踊りの)ステップの一種.

cadena de montaje [[メキシコ] *de ensamblaje*] 組立ライン. *Trabaja en la cadena de montaje de una fábrica de camiones*. 彼はトラック工場の組立ラインで働いている.

cadena hablada [**fónica**] 《言語》言連鎖、音連鎖、話線.

cadena trófica [**alimentaria, alimenticia**] 《生物》食物連鎖.

en cadena 連鎖的に[な]、連続的に[な]、次々と. *reacción en cadena* 連鎖反応. *choque* [*colisión*] *de coches en cadena* 自動車の玉突き衝

282 cadencia

突. trabajo *en cadena* 流れ作業, 一貫生産. producción *en cadena* 大量生産. transmisión *en cadena* (テレビ・ラジオ)同時放送. bombardeo *en cadena* 絨毯(じゅうたん)爆撃. reacciones nucleares *en cadena* 連鎖⦅れんさ⦆的反応.
tirar de la cadena/⦅コロンビア⦆ *soltar la cadena* 鎖を引く; (トイレの)水を流す. *Tira de la cadena* cuando termines. トイレが済んだら, 洗い流しなさい.

cadencia [kaðénθja] 囡 ❶《音楽》リズム, 調子, 拍子. ❷《詩》韻律. ❸《音楽》楽章の終止法. ❹《音楽》カデンツァ.

cadencioso, sa [kaðenθjóso, sa] 形 律動的な, リズミカルな, 抑揚のある.

cadeneta [kaðenéta] 囡 ❶《服飾》チェーンステッチ; 鎖編み. ❷ (部屋を飾る)鎖状の紙飾り.

cadenilla [kaðenija] 囡 短い鎖.

cadera [kaðéra] 囡 ❶《主に 複》臀部(でんぶ), 尻, 腰. —mover las ~*s* 腰を動かす. articulación de la ~ 股関節. ❷ (動物の)ももの部分, 腰肉. ❸《服飾》(スカートをふくらませる)腰当て.

cadete [kaðéte] [くb仏] 男 ❶《軍事》将校生徒, 士官候補生. ❷《南米》見習い.

cadí [kaðí] 男 カーディー(イスラム宗法の裁判官).

cadillo [kaðíjo] 男 ❶《植物》クリノイガ(イネ科). ❷《植物》オナモミ. ❸ (皮膚などの)いぼ.

Cádiz [káðiθ] 固名 カディス(スペインの県・県都).

cadmio [káðmjo] 男《化学》カドミウム(元素記号 Cd, 原子番号 48).

caducar [kaðukár] [1.1] 自 ❶ 期限が切れる, 権利がなくなる, 《法律》失効する. —Este pasaporte *ha caducado* ya. このパスポートはもう失効している. ❷ (古くて)使いものにならなくなる, 古びる; 賞味期限が切れる. —Esta mermelada *ha caducado*. このジャムは賞味期限が切れた. ❸ 老いる, もうろくする(=chochear).

caduceo [kaðuθéo] 男 神の使者ヘルメス[マーキュリー]の杖(平和・医術・商業の表象).

*·**caducidad** [kaðuθiðáð] 囡 ❶《法律》(法律・権利などの)失効, 期限切れ. ~ de un tratado 条約期間の満了. ~ de la fianza《商業》保証期間の満了. La fecha de ~ del medicamento figura en su envase. その薬の最終有効年月日は容器に記載されている. ~ de la instancia 訴権消滅時効. 類anulación, extinción. 反vigencia. ❷ 老衰, 老化, もうろく. 類senilidad. ❸ はかなさ.

caducifolio, lia [kaðuθifóljo, lja] 形《植物》一年生の.

caduco, ca [kaðúko, ka] 形 ❶《植物》落葉の. —árboles de hoja *caduca* 落葉樹. ❷《話, 軽蔑的に》老衰の, おいぼれた. —viejo ~ おいぼれた老人. 類decrépito. ❸ 失効した, 無効の. ❹ 過去の, 過ぎ去った. ❺ うつろいやすい, 束の間の. —La belleza es *caduca*. 美は束の間だ. 類efímero, perecedero.

caduquez [kaðukéθ] 囡 →caducidad.

caedizo, za [kaeðíθo, θa] 形 ❶ 倒れやすい, 落ちやすい. ❷《植物》落葉性の.

*·**caer** [kaér カエル] [10.1] 自 ❶ 落ちる, (雨が)降る, (毛が)抜ける. —El helicóptero *cayó* al mar. ヘリコプターは海に落ちた. *Ha estado* todo el día *cayendo* una fuerte lluvia. 一日中大雨が降っていた. ❷ (a) 倒れる. —Se resbaló y *cayó* de espaldas. 彼は滑って仰(あお)むけに倒れた. (b) 倒れる, 陥落する. —En este país *cayó* la dictadura y volvió la democracia. この国は独裁制が倒れ, 民主主義が戻ってきた. A los dos días *cayó* Málaga. マラガ市は二日で陥落した. (c) 失脚する, 失脚する, 敗れる. —Son ya varios los ministros que *han caído* a causa del escándalo. スキャンダルのため辞めた大臣はすでに数名にのぼっている. ❸ 下がる, ぶら下がる; (髪が)垂れる. —La cortina *caía* en anchos pliegues hasta el suelo. カーテンが所々にひだをつくって床まで垂れ下がっていた. El pelo *cae* sobre la frente. 髪の毛がひたいにたれている. ❹ (人・動物がわなに)かかる, つかまる. —Un jabalí *ha caído* en el lazo que habíamos puesto. 1頭のイノシシがわれわれがしかけておいたわなにかかった. ❺ (a) 消滅する, 消える. —*Cayeron* todas mis ilusiones. 私の夢は全て消えた. (b) 死ぬ, 斃(たお)れる. —Muchos soldados *cayeron* por la patria en este campo de batalla. 多数の兵士がこの戦場で祖国のために斃れた. (c) 衰える, 弱まる. —*Cayó* mucho su salud al llegar a España. スペインに着いたとき, 彼の健康は著しく衰えた. ❻【+en に】陥る, 見舞われる. —*Cayó en* el grave error de pensar que todos estaban con él. 彼はみんなが自分の味方であると思い込む一大過失に陥った. ❼ 思い当る, 思い出る, 合点がいく. —¡Ah, ya *caigo*! そうだ, わかったぞ. No *caigo* en quién me lo dijo. 私はだれが私にそう言ったのか思い出せない. ❽【+の上に】起こる, のしかかる, 襲いかかる. —Una desgracia tras otra ha venido *cayendo* sobre esa familia. 不幸が次から次へとその一家に降りかかっている. ❾ (くじが)当る. —Nunca *me ha caído* ningún premio en la lotería. 私は宝くじで一度も当たったことがない. ❿ ある, 位置する. —Ese pueblo *cae* fuera de la provincia de Zamora. その村はサモーラ県の外にある. ¿Sabe usted si el Ayuntamiento *cae* por aquí? 市役所がこの辺にあるかどうかご存知ですか. La firma del contrato no *cae* dentro de mis atribuciones. 契約の調印は私の権限内ではない. ⓫【+en に】なる, 相当する. —El día de mi santo *cae* este año en domingo. 私の霊名の祝日は今年は日曜日だ. ⓬【+a に】似合う. —¡Qué bien *te cae* este traje! このスーツは君に何てよく似合うんだろう. ⓭【+a に】…の感じを与える. —*Le cae* mal todo lo que le digo. 私が言うことが彼にいやな感じを与える. ⓮ (a) (時期が)終わろうとする, 終りに近づく. —al ~ la noche 夜のとばりが下りる頃. al ~ el día 日暮れ時に. (b) (支払期限が)来る, 切れる, 満期になる. —El plazo de pago *cae* el próximo día 15. 支払期限は来る15日に切れる. ⓯ (ひょっこり)姿を現す, 現れる. —Después de diez años de silencio *cayó* un día por mi casa. 10年間の無沙汰(ぶさた)のあと彼はある日私の家に現れた. ⓰【+en に】失敗する. —~ *en física* 物理学で失敗する.

caer alto [bajo] 早くなる, 早まる, [遅くなる]. Este año la semana santa *caerá baja*. 今年の聖週間は遅くなるだろう.

caer enfermo 病に倒れる. Nunca *ha caído enferma*. 彼女は一度も病気になったことがない.

caer gordo 好きになれない, きらいである. Las personas creídas me *caen gordas*. うぬぼれの強い

人々を私は好きになれない.

caer tan [muy] bajo 堕落する, 落ちぶれる. ¡Qué *bajo* ha caído! Vive de su mujer. あいつも落ちぶれたものだ! 妻に養ってもらっているのだから.

estar al caer 間近[もうすぐ]である. Las vacaciones *están al caer*. 休みが間近に迫っている.

―**se** 再 ❶ 落ちる; 倒れる. ―Se cayó por [de] la escalera. 彼は階段を転がり落ちた[はしごから転落した][de の場合は, はしごからの意味です]. Se cayeron varios árboles. 数本の木が倒れた. Se caía de dolor por la muerte de su mujer. 彼は妻の死で悲しみに落ち込んでいた. ❷ 『+a から』ずり[抜け]落ちる, 落ず. ―Se le está *cayendo* el pelo. 彼は髪の毛が抜けている. Se me ha *caído* el llavero en el tren. 私は列車の中で鍵束を落してしまった.

*****café** [kafé カフェ] 男 ❶《飲料》コーヒー. ―una taza de ~ コーヒー1杯. ~ solo [negro] ブラックコーヒー. ~ con leche カフェオレ. ~ instantáneo [soluble] インスタントコーヒー. tomar [preparar] ~ コーヒーを飲む[入れる]. ~ irlandés アイリッシュコーヒー(ウイスキー入り). ~ vienés ウィンナーコーヒー. ~ exprés エスプレッソコーヒー. ~ americano アメリカン(コーヒー). ~ capuchino カプチーノコーヒー. ~ cortado ミルクが少し入ったコーヒー. ~ descafeinado カフェインを抜いたコーヒー. ~ turco トルココーヒー.
❷ 喫茶店, カフェ. ―~ bar 酒も飲める喫茶店. ~ cantante (主にフラメンコを聴かせる)ナイトクラブ. ~ teatro ディナーシアター. ~ concierto ライブ演奏を楽しめる喫茶店. Quedamos en el ~ de la esquina. 私たちは角の喫茶店で落ち合うことにした. 類 **bar, cafetería**.
❸《植物》コーヒーの木. ―plantación de ~ コーヒー農園. 類 **cafeto**. ❹ コーヒー豆 (=~ en grano). ―grano de ~ コーヒー豆. ~ torrefacto [natural, mezcla] 深煎り[浅煎り, 中位の煎り]のコーヒー豆. ~ molido 碾(○)いたコーヒー. ❺『形容詞的に』コーヒー色(の). ―vestido de color ~ コーヒー色のドレス. ❻『中南米』《話》叱責, 叱りつけ. ―Le han caído un buen ~. 彼はひどく叱られた. 類 **regaño, reprimenda**.

de buen café 《話》上機嫌で[に](=de buen humor).

de mal café 《話》不機嫌で[に](=de mal humor). responder *de mal café* 機嫌の悪い返事をする.

tener mal café 《話》不機嫌である.

cafeína [kafeína] 女《化学》カフェイン.
cafeinismo [kafeinísmo] 男 カフェイン中毒.
cafetal [kafetál] 男 コーヒー農園.
cafetalero, ra [kafetaléro, ra] 形 コーヒー農園を所有する.
―名 コーヒー農園主, コーヒー農園の所有者.

***cafetera**[1] [kafetéra] 女 ❶ コーヒー沸かし[ポット], コーヒーメーカー. ―~ eléctrica 電気コーヒー沸かし. ~ filtradora [de filtro] パーコレーター, 濾(○)過式コーヒー沸かし. ~ goteo ドリップ式コーヒーメーカー. ~ exprés [de presión] エスプレッソコーヒー沸かし(蒸気式). ❷《俗》ぽんこつ車; がらくた.

estar como una cafetera 頭がおかしい; (物について)調子[状態]がよくない.

***cafetería** [kafetería] 女 ❶ 喫茶店, カフェテリア, スナック. ★アルコール類や軽食もある. ―Fuimos

cagatinta 283

a una ~ a tomar un refresco. 私たちは冷たい飲み物を飲みに喫茶店へ行った. 類 **bar, café**. ❷ (コーヒー豆[挽(○)いたコーヒー]などの)小売店.
cafetero, ra[2] [kafetéro, ra] 形 ❶ コーヒーの[に関する]. ❷《話》コーヒー好きの[党の].
―名 ❶ コーヒー商. ❷ コーヒー商人.
cafetín [kafetín] 男《話》簡易コーヒー店, 小さなコーヒー店.
cafeto [kaféto] 男《植物》コーヒーの木.
cafetucho [kafetútʃo] 男《軽蔑》安喫茶店.
cáfila [káfila] 女《話》❶ たくさんの人. ❷ 行列. ❸ 1列のもの, ひと続き.
cafre [káfre] 男女 ❶ カフィル人(南アフリカのバントゥー族). ❷ 野蛮人, 残忍な人. 類 **bárbaro, cruel**.
―形 ❶ (南アフリカの)カフィルの. ❷ 野蛮な, 残忍な. ❸ 粗野な, あか抜けない, 愚鈍な.
caftán [kaftán] 男《服飾》カフタン(トルコ人などの着る帯のついた長そでの服).
cagaaceite [kaɣaaθéite] 男《鳥類》ヤドリギツグミ.
cagachín [kaɣatʃín] 男《虫類》(イエカ属の)蚊.
cagada [kaɣáða] 女 ❶《俗》糞(ふん), うんち. ❷《俗》失敗, へま.
cagadero [kaɣaðéro] 男 ❶《話》(汚い)便所. ❷ (トイレがないときに)用を足した場所.
cagado, da [kaɣáðo, ða] 形 ❶《俗》臆病な. ―estar ~ de miedo ひどくおびえている. 類 **cobarde, pusilánime**. ❷《俗》くそをした, うんちをした. ―tener ~s los pañales おむつにうんちをしている. ―名 臆病者, 小心者.
cagafierro [kaɣafjéro] 男《鉱物》鉱滓(こうさい), スラッグ.
cagajón [kaɣaxón] 男 (牛馬などの)糞(ふん).
cagalera [kaɣaléra] 女《俗》腹下し, 下痢 (=diarrea). ―tener ~ 下痢をしている.
cagar [kaɣár] [1.2] 自 ❶《話》くそをする. 類 **defecar, obrar**. ❷《俗》しくじる, へまをする.
―他 をだめにする. ―Por un descuido *cagó* el examen. 彼はミスってテストはだめだった.
―**se** 再《俗》❶ くそをする. ❷『+de/en』…におじびをく, びっくりする, ひるむ. 類 **acobardarse**. ❸『人・物に悪態をつくときの表現』ちきしょう, くそっ. ―~ en su madre [padre, muertos, etc.]. こんちくしょう, くそったれ.

cagarla 《俗》大失敗をやらかす.

cagarse de miedo 《俗》ひどくおびえる.

cagarse en la mar (salada) 《俗》『怒りの表現』くそっ!

cagarse [por] la pata abajo 《俗》うんちをもらす.

de cagarse [para cagarse] 《俗》『強調の意味で』本当に…, とてつもなく…. Aquel día hacía un frío *de cagarse*. あの日は本当に寒かった.

¡Me cago en diez [en la mar, en la lache]! 《俗》くそ!, くそったれ!

cagarria [kaɣárja] 女 ❶《植物》アミガサタケ. 類 **colmenilla**. ❷ 弱虫, 気の弱い人.
cagarruta [kaɣařúta] 女 (ウサギなどの)ころころした糞(ふん).
cagatinta, cagatintas [kaɣatínta, kaɣatíntas] 男『複 cagatintas』《話, 軽蔑的に》事務

員 (=chupatintas).

cagón, gona [kaɣón, ɣóna] 形《俗》❶ 臆病な. ❷ 何度も糞をする, 下痢をしている.
— 名《俗》❶ 臆病な人. ❷ 何度も糞をする人, 下痢をしている人.

caíd [kaí(ð)] 男 カーディ(イスラム法を解釈し執行するイスラム教国の裁判官).

‡**caída** [kaíða] 女 ❶ 落ちること, 落下, 降下. —~ del telón 《演劇》終幕, 閉幕, 終演. ~ de la nieve [lluvia] 降雪[降雨]. ~ radiactiva 放射性物質の降下. ley de la ~ de los cuerpos《物理》物体落下の法則. El viento ha provocado ~ de una estatua de la catedral. 風でカテドラルの彫像が落ちた. 類**bajada**. ❷ 倒れること, 転ぶこと, 転倒. — sufrir una ~ de bicicleta 自転車で転ぶ. A consecuencia de una ~, se rompió un brazo. 彼は転倒して腕を折った. Ha sido una ~ tonta. 馬鹿げたことで転んでしまった. Sufrió una espectacular *caída* en las escaleras del metro. 彼は地下鉄の階段で派手に転んでしまった. ❸ (頭髪などの)抜け落ち, 脱落, 取れること. — ~ de dientes caídos 歯の抜け落ち, 色の色落ち. 類**desprendimiento**. ❹ (危険・罠(ワナ)・誤りなどに)陥ること. — Desde su ~ en desgracia, no hay forma de hacerlo reaccionar. 彼が不幸に見舞われてから, 彼を立ち直らせようがない. — en desuso 使われなくなること, 廃れること. ❺ 日暮れ, 日没. — La ~ de la tarde es la mejor hora para pasear. 日暮れ時は散歩に一番いい時だ. 類**atardecer, crepúsculo**. ❻《比喩》(政府・国家などの)崩壊, 瓦解, 没落. — la ~ del muro de Berlín ベルリンの壁の崩壊. ~ del gobierno 内閣が倒れること. la ~ del Imperio Romano ローマ帝国崩壊. Con la ~ de la dictadura se recuperó la libertad. 独裁制の崩壊で, 自由が回復した. 類**decadencia, declive, hundimiento**. 反**apogeo, ascensión, resurgimiento**. ❼ (都市などの)陥落. 類**conquista, derrota, fracaso**. ❽ (価格・相場などの突然の)下落; (温度などの)低下. — ~ de la bolsa 相場の下落. ~ del tipo de cambio 為替レートの下落. ~ acusada [vertical, repentina] de los precios 価格の暴落. ~ de temperatura 気温の低下. 類**baja, disminución**. ❾《電気》(電圧・電位などの)降下. — ~ de tensión (eléctrica) [de voltaje] 停電, 電圧降下. ❿ (地位・責務・権力などからの)失脚, 落ち目. — Todo el país celebró la ~ del dictador. 国中が独裁者の失脚を祝った. ⓫ 失敗, 過ちを犯すこと, 再発. — En cuanto salió del centro de rehabilitación de alcohólicos, tuvo una ~. 彼はアルコール中毒患者のリハビリセンターから出るとすぐまた飲み始めた. Los niños se lanzaban por la ~ del tobogán. 子供たちは滑り台のスロープを突進していた. 類**declive, inclinación, pendiente**. 反**ascenso, cuesta, elevación, subida**. ⓬ (特に天使の)堕落; (女性が男性に溺れる)堕落. — la C~ (人間やアダムとイブの)堕落;(天使の)堕落. la ~ de Lucifer, el ángel malo 悪天使ルシファーの堕落. 類**error, pecado**. ⓭ (土地の)下り坂, 斜面, 傾斜. — ~ acusada [fuerte] 急斜面, 急坂, 急勾配. Esta ladera tiene una ~ vertical. こちらは前面が急勾配だ. ⓮ 急襲. ⓯ 滝. — ~ de agua 滝, 瀑布. El agua se precipita formando ~s muy pintorescas. 水は大変美しい滝となって流れ落ちた. 類**cascada, salto**. ⓰〖(buena, mucha を伴い)《服飾》〗(布地自身重みでできるカーテン・洋服などの)垂れ具合, ひだのつき具合. —Tu blusa de seda tiene una bonita ~. 君のシルクのブラウスはひだのつき具合がようできれいだ. ⓱《服飾》(仕立てに必要な布地の)幅, 巾; 丈, 長さ. —Esta falda lleva tres ~s 3 幅のスカート. Esta falda lleva tres ~s. このスカートは3幅使ってある. una ~ de mangas 袖丈. ⓲〖主に複〗機知(に富んだ言葉), ウィット. —Paco tiene unas ~s que te mueres de risa. パコはきみが抱腹絶倒するほど面白いことを言ったりする. ¡Hay que ver qué ~s tiene! この子はなんて機知に富んだ子だろう! 類**golpe, ocurrencia, salidas**.

a la caída de la noche 夜の帳(とばり)が降りると, 夜になると.

a la caída de la tarde [del sol] 日暮れ(時)に, 夕暮れに, 黄昏(たそがれ)時に.

caída de latiguillo《闘牛》ピカドールが仰向けに落馬すること.

caída libre (1)《物理》自由落下[降下];《空軍》(パラシュートが開くまでの)自由落下. (2)《スポーツ》スカイダイビング.

caída de ojos 流し目, 色目; 伏し目. Amalia le dedicó una de sus seductoras *caídas de ojos*. アマリアは彼に魅惑的な流し目を使った. Ese actor tiene una *caída de ojos* muy sensual. その俳優はとても官能的な色目を使う.

ir [andar] de caída (1) 衰える, 減少する. El frío *va de caída*. 寒さが緩んで来ている. (2) (人が)勢いを失う, 落ち目になる.

caído [kaíðo] 動 caer の過去分詞.

‡**caído, da** [kaíðo, ða] 過分 [<caer] 形 ❶ 落ちた, 倒れた. —un árbol ~ 倒木. hojas *caídas* 落ち葉. ❷ (身体の部分が)落ちた, 垂れた. — Antonio es muy ~ de hombros. アントニオはとてもなで肩だ. Mi mujer es un poco *caída* de caderas. 私の妻は少しおしりが垂れている. ❸〖主に複〗戦没した, 殉死した, 殉職した. —Ya hay un centenar de soldados ~s. すでに100人もの戦没兵士がいる. Se organizó un homenaje a los ~s en la lucha contra el terrorismo. テロの犠牲で殉職した人たちに対して敬意が示された. ❹《比喩》気落ちした, 意気消沈した, がっくりきた; 衰えた, 憔悴した. —La última vez que lo vi estaba muy ~. このあいだ会ったとき, 彼はとても意気消沈していた. 類**abatido, decaído, desfallecido**. ❺ (植物等が)しおれた, しぼんだ. 類**flojo, lacio**. ❻〖+en〗~が分かった, ~が腑に落ちる. —No le puedo contestar porque no estoy muy ~ en la materia. ご質問には答えられません, 私はあまり内容がわかっていないので. 類**enterado, impuesto**. ❼《闘牛》(estocada が)傾けられた.
— 名 ❶〖主に複〗戦死者, 戦没者; 殉死者, 殉職者. —En el parque hay un monumento a los ~s de la segunda guerra mundial. 公園の中に第二次世界大戦の戦没者慰霊碑がある. ❷〖主に複〗書き方学習用紙の斜めの罫線. ❸ 複《商業》受理した利子.

caiga(-) [kaiɣa(-)] 動 caer の接・現在.
caigo [káiɣo] 動 caer の直・現在・1 単.
caimán [kajmán] 男 ❶《動物》カイマン(中米・南米産のワニ). ❷《比喩》ずるい人, こうかつな人.

caimiento [kaimiénto] 男 ❶ →**caída**. ❷ (心身の)衰弱, 体力[気力]の低下.
caimito [kaimíto] 男 〖植物〗アカテツ科の樹木; スターアップル.
Caín [kaín] 固名 〖聖書人名〗カイン(アダム Adán とエバ Eva の子, 弟アベル Abel を殺した).
cainismo [kainísmo] 男 身内に対する憎悪.
cainita [kainíta] 形 男女 ❶ グノーシス派カイン主義の(人). ❷ 〖哲学〗身内を憎悪する(人).
cairel [kairél] 男 ❶ 入れ毛, かもじ, かつら. ❷ 〖服飾〗房飾り.
cairelar [kairelár] 他 (服に)フリンジ[房飾り]をつける.
Cairo [káiro] 固名 (El ～) カイロ(エジプトの首都).

caja [káxa カハ] 女 ❶ 箱, ケース. ── de cartón 段ボール箱. ～ de cerillas マッチ箱. ～ de colores 絵の具箱. ～ de embalaje 包装箱, 荷箱. ～ de herramientas 道具箱. ～ de sorpresa [de las sorpresas] 〖玩具〗びっくり箱. ～ ordenación transparente 透明整理ケース. reloj de ～ グランドファーザーズクロック(床置きの振り子式大型箱時計). Me han regalado una ～ de acuarelas. 私は水彩絵の具一式をプレゼントされた. He comprado una ～ de pinturas para mi hijo. 私は息子に絵の具を一箱買ってやった. 類 **arqueta, cajón, cofre, estuche, paquete.
❷ 金庫, (銀行の)貸し金庫. ── fuerte [de caudales]/〖コロンビア, メキシコ〗～ de hierro 金庫. ～ de alquiler [de seguridad] 貸し金庫, セキュリティー・ボックス. 類 **arca**.
❸ レジ, 会計課, 出納窓口. ── libro de ～ 現金出納帳. pagar en [por] ～ レジで支払う. cobrar por ～ 出納係でお金を受け取る. Pase a pagar por ～. お勘定はレジまでお越しください. El horario de ～ es de ocho a dos. 会計課の窓口時間は 8 時から 2 時までです. En la ～ número tres podrá pagar con tarjeta de crédito. カードでのお支払いは 3 番レジでできます. 類 **pagaduría**.
❹ (手持ちの)現金, 資金, 基金. ── dinero [efectivo, metálico, valores] en ～/～ efectivo 〖商業〗手持ち現金, 有価証券保有高. ～ chica [de menores] 〖商業〗(雑費用)小口現金, 小払資金. ～ de jubilaciones [de pensiones] 恩給[年金]基金. estado [balance] de ～ 収支勘定, 経済状況. 類 **fortuna, peculio**.
❺ (金融機関としての)金庫, 銀行. ── de ahorros 貯蓄銀行, 信用金庫. ～ postal de ahorros 郵便貯金局. ～ de crédito 信用金庫. ～ nocturna 夜間金庫. ingresar en ～ 銀行に預金する, 金が入る. 類 **banco**.
❻ (車両の)車体; (時計の)側(がわ), ケース; (ベッドの)台枠, 木製フレーム. ─ Si abres la ～ del reloj, entrará polvo y se estropeará. 時計のケースを開けると, 埃が入って故障するよ. ～ de la cama ベッドの台枠. ❼ 柩(ひつぎ), 棺桶(=～ de muerto). ─ Depositaron la ～ en la tumba para enterrarla. 埋葬のために柩をお墓に安置された. 類 **ataúd, féretro**. ❽ 〖音楽〗(弦楽器の)胴, 共鳴箱 (ピアノなどの胴部. ～ de resonancia 共鳴箱. ～ del piano ピアノの胴部. ～ de la guitarra ギターの共鳴箱. ❾ 〖楽器〗太鼓. 類 **tambor**. ❿ 〖解剖〗── torácica [del cuerpo] 胸郭, 胸腔(きょうこう). ～ craneana (ósea) 頭蓋骨.

⓫ 〖建築〗(a) ほぞ穴. (b) (階段の)吹き抜け; (エレベーターの)立て坑, シャフト. ── de las escaleras 階段の吹き抜け. ～ del ascensor エレベーターシャフト. ～ de registro マンホール. 類 **hueco**. ⓬ 〖印刷〗活字箱, ケース. ── letra de ～ alta [baja] 大[小]文字. El título va en ～ alta. タイトルは大文字で書かれている. ⓭ 〖機械〗箱, 室. ── de engrase [de eje] 軸受け箱, 軸箱. ～ del cigüeñal (内燃機関の)クランク室. ～ de fuego [de combustión] 〖機械〗(ボイラー・機関車の)火室. ～ de la arena 〖鉄道〗砂箱; 〖軍要〗砂盤(しゃばん). ～ de humos (蒸気機関の)煙突, 煙室. 〖電気〗箱, ケース. ── de conexiones [de empalmes] 接続箱. ～ de enchufe コンセント. ～ de fusibles ヒューズボックス. ～ de herramientas ツールボックス.

arquear la caja 現金と帳簿を突き合わせる. El cajero *arquea la caja* a diario. 出納係は毎日金庫の金を数える.

caja de cambios [de velocidades, de engranajes, de transmisiones] 〖自動車, 機械〗ギアボックス, ギア, 変速機. Las *cajas de cambios* suelen tener seis marchas. ギヤは普通 6 段変速になっている.

caja de dientes 〖コロンビア, サント・ドミンゴ〗総入れ歯.

caja de las muelas 〖話〗歯茎, 歯肉 (=encías); 口全体. José le deshizo [descompuso] la *caja de las muelas*. 彼はホセに歯を折られ口の中をめちゃくちゃにされた.

caja de música 〖音楽〗オルゴール.

caja de Pandora (1) 〖ギリシア神話〗パンドラの箱. (2) (見かけは良いが)扱いを誤ると災害をもたらすもの, 諸悪の根源.

caja de reclutas [de reclutamiento] 徴兵事務所, 徴兵所.

caja de resistencia (1) 〖政治〗闘争[ストライキ]資金. (2) 〖電気〗抵抗箱.

caja de ritmos 〖音楽〗ビート・ボックス, リズム・マシーン.

caja distribuidora [recaudadora, de distribución] 徴税局.

caja fuerte [de caudales] 金庫. Las *cajas fuertes* tienen una combinación para abrirlas. 金庫には開けるための暗証番号がある.

caja negra ブラックボックス.

caja registradora レジスター.

caja tonta [boba] 〖話, 軽蔑的に〗テレビ(受像機). Se pasa todos los días varias horas delante de la *caja tonta*. 彼はテレビの前で毎日何時間も過ごしている.

echar [arrojar, despedir] a ... con cajas destempladas 〖話〗(怒って)叩き出す, 追い出す. La echó de su casa *con cajas destempladas*. 彼は彼女を家から叩き出した.

entrar en caja (1) 〖軍事〗徴兵リストに載る, 軍隊に入る; (兵役に)召集される. (2) (人が)健康を取り戻す; 生活を正常化する; (物事が)きちんと整う. (3) 稼ぐ, 金が入る (=ingresar en caja). ¿Cuánto dinero ha *entrado en caja* hoy? 今日はいくらお金が手に入ったの?

estar en caja (1) 健康である, 体調がいい. (2) (機械の)調子がいい.

286 Cajamarca

hacer caja 《商業》(1) 収支決算をする. (2) (店・個人が)売り上げ、稼ぐ、収入がある. ***hacer mucha [poca] caja*** 売上げが多い[少ない].

¡Oído a la caja! 《話》(注意を喚起して)話をよく聞け!

Cajamarca [kaxamárka] 固名 カハマルカ(ペルーの都市).

cajero, ra 名 ❶ (店舗のレジ係; (銀行などの)出納係, 金庫番. ❷ 箱[金庫]職人.
—— 男 ❶ ATM, 現金自動(預金)支払い機 (= ~ automático). ❷ 【南米】《軽蔑》きざな人, きどった人.

cajetilla [kaxetíʎa] 女 (タバコなどの)1箱, 1包み. —una ~ de cigarrillos タバコの1箱.

cajetín [kaxetín] 男 ❶ (書きこみ欄のある)ゴム印, 判こ. ❷ 小箱; 箱の仕切り. ❸ 【電気】分電器[箱]. ❹ (公衆電話などの)硬貨投げ入れ口.

cajiga [kaxíɣa] 女 →quejigo.

cajista [kaxísta] 男女 【印刷】植字工.

:**cajón** [kaxón] 男 ❶ (箪笥(ᵗⁿ)・机などの)引出し. —cerrar el ~ con llave 引出しに鍵をかける. 類 **bandeja, gaveta.** ❷ (主に木製の)大箱, 木箱. ~ de herramientas 道具箱. ~ de frutas 果物箱. ~ de lanzadera 《紡績》シャトル箱, 杼箱(ʰⁱ). Hemos enviado los libros en *cajones*. 我々は本を箱に入れて送った. un ~ de manzanas リンゴ1箱. ❸ (路上・市場内などの)屋台, 露店, 売店. —El padre se pasa el día en un ~ vendiendo pescado. 父親は屋台で魚を売って一日を過ごす. 類 **caseta, casilla, garita.** ❹ (本棚などの)棚. ❺ 【土木】(水中工事用)潜函(ᵏᵏ), ケーソン (= ~ sumergible [hidráutico]). ❻ 【印刷】(活字の)ハーフケース. ❼ 【中南米】(*a*) 店; 食料品店. —~ de ropa 衣料品店. (*b*) 峡谷, 山峡 (= cañada). (*c*) 棺(ʰⁱ) (= ataúd). (*d*) 【歴史】ガレオン船でスペインから届いた郵便物. ❽ 無定見の人.

cajón de sastre [*de turco*] (1) 色々な物が乱雑に散らかった状態[場所]. estar como *cajón de sastre* ひどく散らかっている. Su despacho es *un cajón de sastre*. 彼の事務所はひどく散らかっている. (2) 《比喩》雑然とした考えの寄せ集め. Su cabeza es *un cajón de sastre*. 彼の頭の中は色々な考えでこんがらがっている.

de cajón 《話》(1) 当たり前の, 当然の, 明らかな. ¡Eso es *de cajón*! それは当然の[言うまでもない]ことだ! Es *de cajón* que no va a trabajar de balde. 彼がただ働きすることがないことは言うまでもない. Es *de cajón* felicitarle por su cumpleaños. 彼の誕生日を祝うのは当然だ. (2) ごく普通の, ありふれた. reloj *de cajón* ごく普通の時計.

cal [kál] 女 石灰. —~ apagada [muerta] 消石灰. ~ viva 生石灰. lechada de ~ 石灰乳, しっくい.

a [de] cal y canto 頑丈に, しっかりと. cerrar *a cal y canto* しっかり閉じる.

dar una de cal y otra de arena 功罪相半ばする.

cala¹ [kála] 女 《地理》(小さな)入り江.

cala² [kála] 女 ❶ (試食用の)スライス, 薄い一切れ. —probar una ~ 一切れを試食する. sandía a ~ y cata 試食用のスイカ. ❷ 《鉱業》試掘. ❸ 《医学》座薬. ❹ 《医学》さぐり針. ❺ 《海事》船倉. ❻ 《海事》漁場.

calabacear [kalaβaθeár] 他 《話》❶ を落第させる. ❷ (女が)(男を)振る, (男に)ひじ鉄をくらわせる.

calabacero, ra [kalaβaθéro, ra] 名 カボチャ売り. —— 名 《植物》カボチャ, ヒョウタン.

calabacín [kalaβaθín] 男 ❶ 《植物》ズッキーニ. ❷ 馬鹿な人.

calabacino [kalaβaθíno] 男 (乾燥させて酒などを入れる)ヒョウタン.

:**calabaza** [kalaβáθa] 女 ❶ 《植物》(*a*) カボチャ(**南瓜**)(メキシコ原産) —~ confitera [totanera, de sidra] クリカボチャ. (*b*) カボチャの実を生らせる植物. ❷ 《植物》ヒョウタン; ヒョウタン製の容器. ❸ 《植物》ユウガオ (= ~ vinatera [de peregrino, de San Roque]). ❹ 《話》間抜け, 薄のろ, ばか者. 類 **calabacín, tonto.** ❺ 《話》(試験で)不可, 落第. —Ha tenido una ~ en inglés. 彼は英語で不可を取った. 類 **suspenso.** ❻ 《話》肘鉄(ʰⁱ). —dar [proporcionar] ~s a ... (人に)肘鉄を食らわす. ❼ 《話》(不格好で)船脚の遅い船. ❽ 《話》(人間の)頭.

dar calabazas a ... 《話》(1) (試験で人を)落とす, 落第させる. Me han dado *calabazas* en matemáticas. 私は数学を落とした. (2) (申し出・プロポーズなど)を断る, 振る. María le *ha dado calabazas* y está triste. 彼はマリーアに振られて落ち込んでいる.

llevarse [recibir] calabazas 《話》(1) (試験に)落ちる, 落第する. (2) (申し出・プロポーズなどを)断られる, 振られる.

más soso que la calabaza (特に人について)ひどく野暮な, 面白味のない, つまらない.

nadar sin calabazas/no necesitar de calabazas para nadar 一人で世の中を生きていける.

calabazada [kalaβaθáða] 女 《話》頭突き. —Iba distraído y se dio una ~ contra el poste. 彼はぼうとしていて柱に頭からぶつかった.

calabazar [kalaβaθár] 男 カボチャ畑.

calabazazo [kalaβaθáθo] 男 →calabazada.

calabazo [kalaβáθo] 男 ❶ 《植物》カボチャ. ❷ 《植物》ヒョウタン.

calabobos [kalaβóβos] 男 【単複同形】《話》小雨, 霧雨, ぬか雨. —lluvia de ~ ぬか雨.

calabocero [kalaβoθéro] 男 看守, 牢屋の番人.

calabozo¹ [kalaβóθo] 男 牢獄, 刑務所, 拘置所. —meter en el ~ 拘置所に入れる.

calabozo² [kalaβóθo] 男 《農業》鎌(ʰⁱ).

calabrés, bresa [kalaβrés, βrésa] 形 (イタリアの)カラブリア (Calabria) の, カラブリア出身の.
—— 名 カラブリア出身の人.

calabrote [kalaβróte] 男 《海事》大索, 係船索.

calada [kaláða] 女 ❶ 水びたし, ずぶぬれ, 水に浸すこと. ❷ (猛禽などの)急襲, 急降下. ❸ (タバコの)一服.

dar una calada 《話》叱りつける.

caladero [kalaðéro] 男 《漁業》網を下ろす所, 漁場.

calado [kaláðo] 男 ❶ 《服飾》(刺繍などの)透かし模様, レース. —hacer un ~ 透かし模様のレース編みをする. ❷ 《美術》透かし細工. —hacer un ~ 透かし細工をする. ❸ 《海事》深さ, 水深, 喫水. —barco de gran ~ 喫水の深い船. un puerto de poco[mucho] ~ 水深のとても浅い[深い]港.

——, da 〖形〗水に浸(ㇶ)かった，ずぶぬれの．*calado hasta los huesos* 水にどっぷり浸かっている．

calafate [kalafáte] 〖男〗《海事》(船板の隙間に)填皮(ﾏｷﾊﾀﾞ)を詰める人．

calafateado [kalafateáðo] 〖男〗《海事》コーキング，(水漏れを防ぐため)填皮をする人．

calafateador [kalafateaðór] 〖男〗→calafate.

calafatear [kalafateár] 〖他〗《海事》(船の板の隙間に)詰め物をする．

calafateo [kalafatéo] 〖男〗《海事》コーキング．類 calafateado.

Calais [kaláis, kalé] 〖固名〗カレー(フランスの港町); (Paso de ～) ドーバー海峡．

‡**calamar** [kalamar] 〖男〗《動物》イカ(鳥賊)．～*es fritos* イカフライ．～*es en su tinta* 《料理》イカの墨煮．*El ～ segrega un líquido negro para defenderse.* イカは身を守るために黒い液体を分泌する．類 chipirón, jibia, sepia.

calambre [kalámbre] 〖男〗❶《医学》(筋肉の)痙攣(ｹｲﾚﾝ)，こむらがえり．～ *de estómago* 胃けいれん．*tener* [*sufrir*] ～ 痙攣を起こす．❷(電気の)しびれ，ショック感電．～*dar* ～ しびれさせる．

*calamidad [kalamiðáð] 〖女〗❶(洪水・流行病・戦禍などの)大災害，災難．～ *pública* (犠牲・被災者の多い)大災害．～ *natural* 天災．*huir de las ～es de la guerra* 戦禍を逃れる．類 catástrofe, desastre. ❷ 不幸．—*En mi vida he pasado muchas ～es.* これまで私は数々の辛酸をなめた．*Su vida es una sucesión de ～es.* 彼の人生は不幸の連続である．類 desgracia, infortunio. ❸《話》役立たず; (病弱・不注意などで)不運続きの人，不運な人．—*Este jugador es una ～: nunca marca un gol.* この選手は役立たずだ，1 ゴールもできないんだから．類 desdicha. ❹《話》失敗作，できそこない，駄作．—*Es una ～ de cuadro.* それは全くひどい絵だ．*Esta facultad es una ～.* この学部はうまく行っていない．類 churro, disparate.

calamina [kalamína] 〖女〗《鉱物》異極鉱，カラマイン．

calamitoso, sa [kalamitóso, sa] 〖形〗❶ 不幸な．❷ 災難の多い，悲惨な．—*estado* ～ 悲惨な状態．*Este ha sido un mal año ～ para mi familia.* 今年は私の家族にとって災難の多い年だ．類 desdichado, infeliz.

cálamo [kálamo] 〖男〗❶《植物》ヨシ，アシ．❷《詩》(羽根つき)ペン．❸《音楽》アシ笛，牧笛．

calamocano, na [kalamokáno, na] 〖形〗❶ ほろ酔い状態の．❷ ぼけた，もうろくした．

calamoco [kalamóko] 〖男〗つらら(氷柱)．類 carámbano.

calamón [kalamón] 〖男〗❶《鳥類》セイケイ(青鶏)属の鳥(クイナ科)．❷ 飾り釘[鋲(ﾋﾟｮｳ)]．

calamorra [kalamóřa] 〖女〗《話》(人の)頭．

calandrado [kalandráðo] 〖男〗光沢機にかけること，艶出し．

calandrar [kalandrár] 〖他〗(紙・布を)つや出し機にかける．

calandria [kalándria] 〖女〗❶《鳥類》ヒバリ(雲雀)．❷《機械》カレンダー，つや出し機(紙・布などをつや出しするロール機械)．❸《機械》踏み車．
—— 〖男女〗《まれ，話》仮病を使う人．

calaña¹ [kalána] 〖女〗❶《ふつうは軽蔑的に》性質，たち．—*sujeto de buena*[mala] ～ たちの良

い[良くない]人物．❷ 見本，型．類 modelo, muestra, patrón.

calaña² [kalána] 〖女〗(アシ製の)安い扇．

calañés, ñesa [kalanés, nésa] 〖形〗(スペイン・ウエルバ県)カラーニャスの．
—— 〖名〗カラーニャスの出身者[住民]．
—— 〖男〗カラーニャス帽(=sombrero ～).

calar¹ [kalár] 〖形〗石灰質の，石灰石の．
—— 〖男〗(石灰岩の)石切場．

‡**calar²** [kalár] 〖他〗❶ …にしみ通る，しみ込む．—*La tinta ha calado la madera del pupitre.* インキが机の木材にしみ込んだ．*Un gran pesimismo está calando en la juventud.* 一大ペシミズムが若者の間に浸透しつつある．❷(心中)を見抜く，見通す．—*El profesor lo caló desde el primer día.* 先生は初日から彼のことを見抜いた．❸ を深くかぶせる，深目にかぶせる．—*Le caló el gorro al niño hasta las orejas.* 彼は子どもに帽子を耳まで深くかぶらせた．❹ …の小片を切り取る．—*He calado el melón y está riquísimo.* 私はメロンを一切れ切り取ったが，とてもおいしい．❺ を貫く，貫き通す．*Los ladrones calaron el muro con una taladradora.* どろぼうはドリルで壁を貫いた．❻ …にすかし編み[すかし模様・切り込み細工]をほどこす．—*Aquí se venden blusas muy bien caladas.* ここではとてもじょうずにすかし編みをしたブラウスを売っています．❼(車)をエンストさせる．—*Estos días no calas tanto el coche.* この頃はあまり車をエンストさせないね．❽(銃に銃剣)を装着する．～ *la bayoneta* 銃剣を装着する．❾(漁網)を水中に入れる．❿〖中南米〗…の抜き取り検査をする．
—— 〖自〗❶ [+en に] えぐる，を突っ込む．—*La tesis que ha presentado cala hondo en el problema.* 彼が提出した論文はその問題を深くえぐっている．❷(船の吃水が) 深い．—*Este barco cala mucho.* この船は吃水がとても深い．
——*se* 〖再〗❶ (*a*) ぬれる，びしょぬれになる．—*No llevaba paraguas y se caló hasta los huesos.* 彼は傘を持っていなかったのでびしょぬれになった．(*b*) 凍(ｺｺﾞ)える，凍(ｺｵ)りつく．—*Hacía tanto frío en aquella habitación que se me calaron los miembros.* あの部屋はとても寒かったので私の手足は凍えてしまった．(*c*) しみ込む，濡れる．—*Temo que se cale el techo con tanta lluvia.* この大雨で天井が雨漏りするのではないかと心配だ．❷(帽子などを)目深(ﾏﾌﾞｶ)にかぶる，(眼鏡を)かける．——*se el sombrero* 帽子を深くかぶる．～*se las gafas* 眼鏡をかける．❸(車が)エンストする．—*Temo que se les cale el coche.* 彼らの車がエンストするのではないかと心配だ．❹[+en に] かかわる，深く入り込む．❺(鳥が獲物に)襲いかかる．

Calatayud [kalatajúð] 〖固名〗カラタユード(スペインの都市)．

calato, ta [kaláto, ta] 〖形〗〖アンデス〗裸の，文無しの．

Calatrava [kalatráβa] 〖固名〗《スペイン史》(Orden de ～) カラトラバ騎士団(1158 年に設立された宗教騎士団)．

calatravo, va [kalatráβo, βa] 〖形〗《スペイン史》カラトラバ騎士団員．

‡**calavera** [kalaβéra] 〖女〗❶《解剖》頭蓋(ｽﾞｶﾞｲ)骨，どくろ．—*En el museo de ciencias naturales hay una interesante colección de ～s.* 自然

科学博物館に頭蓋骨の興味深いコレクションがある. [類] **cráneo**. ❷〖虫類〗ドクロメンガタスズメガ(雀蛾の一種). ❸〖メキシコ〗(車の)テールランプ.
estar como calavera de muerto 額が禿(は)げ上がっている.
—— 男 放蕩(ほうとう)者, 放埒(ほうらつ)な人, 極道者; 無分別な男, 愚か者. — En su juventud fue un ~, pero últimamente ha sentado la cabeza. 若い頃彼は放蕩者だったが, 最近は真面目になった. [類] **libertino, mujeriego, tarambana**.
—— 形 放蕩な, 放埒な, 無分別な, 向こう見ずな.

*calaverada [kalaβeráða] 女 無分別[無謀]な行為. — Fue una ~ vender sus tierras para irse a la ciudad. 土地を売っ払って都会へ出て行くなんて向こう見ずだ.

calaverear [kalaβereár] 自 〖話〗無謀な行動をする; やりたい放題をする.

calcado, da [kalkáðo, ða] 形 ❶〖estar+〗なぞった, トレースした. — dibujo ~ なぞった絵. ❷〖ser+〗(人が)そっくりの. — Ana es *calcada* a su madre. アナはお母さんにそっくりだ. —— 男 トレース, 〜 そっくりの人.

calcáneo [kalkáneo] 男 〖解剖〗踵骨(しょうこつ).

calcañal [kalkaɲál] 男 →calcañar.

calcañar [kalkaɲár] 男 〖植物〗踵(かかと).

calcaño [kalkáɲo] 男 →calcañar.

calcar [kalkár] [1.1] 他 ❶ 敷写しする, 複写する, 透写する. — papel de ~ トレーシングペーパー. ❷ を真似する, 透写する. ❸ を踏む, 踏みしめる.

calcáreo, a [kalkáreo, a] 形 石灰石の, 石灰質の. — rocas *calcáreas* 石灰質の岩.

calce [kálθe] 男 ❶ くさび. — poner un ~ くさびをかます. ❷ (車輪の)わく, 外輪, リム.

calcedonia [kalθeðónja] 女 〖鉱物〗玉髄.

calceolaria [kalθeolárja] 女 〖植物〗カルセオラリア, キンチャクソウ(巾着草, ゴマノハグサ科).

calceta [kalθéta] 女 ❶〖主に(複)〗〖服飾〗靴下, ストッキング. ❷ 足かせ. ❸ 編物. — hacer ~ 編み物をする.

calcetero, ra [kalθetéro, ra] 名 靴下製造[販売]業者.

:**calcetín** [kalθetín] [<calceta] 男 〖主に(複)〗calcetines で〗〖服飾〗(かかとまでの短い)靴下, ソックス(「ストッキング」は calceta, media). — Lleva *calcetines* aun en verano. 彼は夏でも靴下をはいている. un par de *calcetines* 靴下1足. ponerse [quitarle] los *calcetines* 靴下をはく[脱ぐ].
volverLE a ... como a un calcetín (人)の意見[気]を一変させる.

cálcico, ca [kálθiko, ka] 形 〖化学〗カルシウムの, 石灰の.

calcificación [kalθifikaθjón] 女 石灰化, 石灰沈着.

calcificar [kalθifikár] [1.1] 他 〖化学〗を石灰化する. —— se 再 〖化学〗石灰化する.

calcina [kalθína] 女 〖建築〗漆喰(しっくい), コンクリート.

calcinación [kalθinaθjón] 女 ❶〖化学〗石灰焼成. ❷ 焼け焦げ.

calcinar [kalθinár] 他 ❶ を灰にする, 焼く. — campos *calcinados* por el sol 日に焼けた畑. ❷〖化学〗を焼いて石灰化する.

calcio [kálθjo] 男 〖化学〗カルシウム(元素記号 Ca, 原子番号 20).

calcipenia [kalθipénja] 女 〖医学〗カルシウム欠乏症.

calcita [kalθíta] 女 〖鉱物〗方解石.

calcitrapa [kalθitrápa] 女 〖植物〗→ cardo estrellado.

calco [kálko] 男 ❶ 透写すること, トレーシング, 透写物. — papel de ~ カーボン紙. ❷ 模倣. 〖言語〗なぞり, 翻訳借用(=calco lingüístico). ♦ たとえば英語の hotdog に対するスペイン語の perro caliente など.

calcografía [kalkoɣrafía] 女 〖美術〗銅版彫刻術.

calcografiar [kalkoɣrafjár] 他 銅版で印刷する.

calcomanía [kalkománja] 女 ❶〖美術〗デカルコマニア(ガラス・陶器などに図案・絵などを移しつける画法). ❷ 移しつけた図案[絵], 転写絵.

calcopirita [kalkopiríta] 女 〖鉱物〗黄銅鉱.

calculable [kalkuláβle] 形 ❶ 計算できる. ❷ 予想できる.

*calcula**dor, dora** [kalkulaðór, ðóra] 名 ❶ 計算機(=máquina calculadora), 電子計算機(=calculadora electrónica). — *calculadora* digital [analógica] デジタル[アナログ]計算機. ~ manual [de bolsillo] 小型計算機, 電卓. ❷ 計算者, 計算のできる人. — Es buen ~. 彼は計算が得意だ. ❸ 打算的な人, 計算高い人.
—— 形 ❶ 打算的な, 計算高い. — Es una mujer fría y *calculadora*. 彼女は冷たくて計算高い女である. Es demasiado ~ con sus amigos. 彼は損得で友人を選び過ぎる. [類] **egoísta, interesado**. ❷ 計算する, 計算のできる. — máquina *calculadora* 計算機.

:**calcular** [kalkulár] [<cálculo] 他 ❶ を計算する, (…の数)を算出する. — *Calculó* mentalmente la suma total de los gastos. 彼は支出額の合計を暗算した. ❷ …と推量する, を見積もる, 予測する. — ¿Cuánto tiempo *calculas* que tardaremos hasta Madrid? われわれマドリードまでどのくらい時間がかかると君は予測するかね. Le *calculo* unos sesenta años. 私は彼におよそ60歳だと思う. [類] **conjeturar, suponer**.

:**cálculo** [kálkulo] 男 ❶ 計算; 計算の結果. — Para ser contable hay que saber ~. 帳簿係になるには計算に強くなければならない. hacer un ~ 計算する. error de ~ 計算ミス; 見込み違い. Su mujer lleva un ~ estricto entre los ingresos y los gastos de la casa. 彼の妻は家庭の収入と支出をほんの少しも間違えずに計算している. [類] **cómputo, cuenta, operación**. ❷ 見積り, 概算. — ~ del presupuesto 予算見積り. ~ prudencial [aproximado, aproximativo] 概算, おおざっぱな見積り. ❸ 推定, 予想, 予測; 見込み, 思惑; 予定. — El ganar no entraba en mis ~s. 勝つとは思ってもみなかった. Sus ~s no salieron bien./Sus ~s resultaron fallidos. 彼の予想が外れた. Ya ha empezado a hacer ~s para las vacaciones. 彼は早くも休暇の予定を立て始めた. [類] **cábala, conjetura, deducción, previsión, suposición**. ❹ 〖数学〗計算. — regla de ~ 計算尺. ~ aritmético 算術計算. ~ diferencial 微分(学). ~ infinitesimal 微積分(学). ~ integral 積分(学). ~ mental 暗算. [類] **cuenta, operación**. ❺ 〖医学〗結石, 胆石.

尿結石 (=mal de piedra). — ~ biliar 胆石. ~ renal 腎(臓)結石. ~s urinarios 尿結石. 類 **piedra**.
con cálculo 慎重に. obrar *con cálculo* 慎重に行動する.

calculosis [kalkulósis] 囡 《医学》結石症.
calculoso, sa [kalkulóso, sa] 形 《医学》結石(症)の.
── 名 結石症患者.

calda [kálda] 囡 ❶ 加熱(作用). ❷ (炉などに)燃料をくべること. ❸ 囡耶 温泉 (=termas, aguas termales). 類 **baños, balneario, termas**.

caldaico, ca [kaldáiko, ka] 名 →caldeo.

Caldas [káldas] 固名 カルダス(コロンビアの県).

caldeamiento [kaldeamiénto] 男 ❶ 加熱; 暖房. ❷ 《比喩》熱く(興奮)させること; 扇動. **caldeo, calentamiento**

caldear [kaldeár] 他 ❶ を熱する, 暖める. — La estufa eléctrica *caldea* bien la habitación. 電気ストーブは部屋をよく暖める. ❷ 《比喩》を熱中させる, 興奮させる. ── *se* 再 ❶ 熱くなる, 暖かくなる. ❷ 興奮する, 熱中する, 白熱する.

caldeo [kaldéo] 男 《機械》加熱(作用), 暖房.

*****caldera** [kaldéra] 囡 ❶ 《機械》(工事・暖房用の)ボイラー. — ~ de calefacción 暖房用ボイラー. ~ tubular 煙管式ボイラー. ~ de una locomotora 機関車のボイラー. ❷ (調理用の)大鍋, 大釜(ミト). 類 **caldero**. ❸ 一大鍋分, 一釜分. — una ~ de aceite 大鍋一杯のオリーブ油. 類 **calderada**. ❹ 《音楽》ティンパニー(timbal)の胴. ❺ 《地質》カルデラ. ❻ 《鉱業》(坑底の)排水ためが, 集水坑. ❼ 《紋章》頭部が蛇の図柄. ❽ 〖中南米〗(a) 〖ラブラタ〗(マテ茶などをこしらえる)ティー・コーヒー・ポット, 湯沸かし, やかん. (b) 〖エクアドル〗噴火口, クレーター.

calderas de Pero [Pedro] Botero 《話》地獄 (=infierno). De niño le habían dicho que si era malo iría a las *calderas de Pedro Botero*. 彼は子供の頃, 悪い子は地獄に落ちると言われていた.

calderada [kalderáða] 囡 ❶ 大鍋1杯の量. — una ~ de patatas 1鍋分のジャガイモ. ❷ 《話》大量[多量]の食べ物.

calderería [kalderería] 囡 ❶ 鍋釜製造[販売]所. ❷ 鍋釜製造業.

calderero [kalderéro] 男 ❶ ボイラー製造者, 釜職人. ❷ 鍋製造者.

caldereta [kalderéta] 囡 ❶ 小さい釜. ❷ 《料理》魚・肉の煮込み.

calderilla [kalderíja] 囡 ❶ 小銭. — Sólo tengo ~. 私は小銭しかない. ❷ 小さい釜. ❸ 《宗教》聖水器.

caldero [kaldéro] 男 ❶ 《料理》鍋, 釜. ❷ 釜の中味, 鍋1杯分. ❸ 手桶.

calderón [kalderón] 男 ❶ 大きな鍋[釜]. ❷ 《音楽》フェルマータ, ポーズ, 延音記号 (⌢の記号). ❸ 段落標, 行替えをしめすマーク (¶の記号).

Calderón de la Barca [kalderón de la βárka] 固名 カルデロン・デ・ラ・バルカ(ペドロ Pedro ~) (1600-81, スペインの劇作家・詩人).

calderoniano, na [kalderonjáno, na] 形 カルデロン(Pedro Calderón de la Barca)の[に関する]. — venganza *calderoniana* 激しい報復.

*****caldo** [káldo] 男 ❶ 《料理》(肉・魚・野菜などを煮て, 実を除いた残りの)スープ, 煮出し汁, ブイヨン.

— tomar un ~ スープを飲む. ~ de gallina [de pescado] 鶏[魚]のブイヨン. ~ de pollo チキンスープ. ~ corto クール・ブイヨン. ~ de carne コンソメ. ~ de verduras 野菜スープ. ~ gallego ガリシア風スープ(野菜・白インゲン・ジャガイモなどからなるポタージュ). Cuando hace frío, sienta muy bien una taza de ~. 寒い時はスープ1杯がとてもいい. 類 **consomé, guiso, sopa**. ❷ 複 《料理》(ワイン・油・酢などの)植物性の液体食品, 果汁(特級の)ワイン. — ~s de la Rioja リオーハ産のワイン. ~s jerezanos [de Jerez] シェリー酒. Los viñedos de Valdepeñas proporcionan ~s excelentes. バルデペーニャスのブドウ園からは極上のワインがとれる. 類 **cosecha**. ❸ 《料理》(サラダの)ドレッシング (=aderezo, aliño). ❹ 《写真》現像液 (=revelador). ❺ 〖メキシコ〗《料理》サトウキビジュース.

A falta de caldo, buena es la carne. 〖諺〗(すばらしいものなのに冗談でも)お粗末なものでは…

Al que no quiere [Tú que no quieres] caldo, la taza llena [taza y media, tres tazas]. 〖諺〗嫌がる人にこそ嫌なものがくるものだ.

caldo bordelés 《農業》(農薬の)ボルドー液.

caldo de cultivo (1) 《生物, 化学》培養基. (2) 《比喩》温床. El paro es *caldo de cultivo* del descontento. 失業が不満の温床となっている.

hacer a ... el caldo gordo 《俗》知らぬ間に(人)を利する. Intentaba perjudicarle, pero, en realidad, le estaba *haciendo el caldo gordo*. 私は彼をやっつけてやろうと思っていたのだが, 実際には彼を利することをやっていた.

poner a ... a caldo 《俗》(人)の悪口を言う, 侮辱する (=insultar).

revolver caldos 《俗》けんかするために古い話を蒸し返す.

revolver el caldo 《俗》火に油を注ぐ.

caldoso, sa [kaldóso, sa] 形 《料理》汁気の多い, 汁でいっぱいの. — La paella está *caldosa*. そのパエーリャは汁気が多い.

calducho [kaldútʃo] 男 《話》〖軽蔑的に〗まずいスープ.

cale [kále] 男 手で軽くたたくこと.

calé [kalé] 形 ジプシー(ロマ)の.
── 男女 ジプシー(ロマ). 類 **gitano**. 反 **payo**.

*****calefacción** [kalefakθjón] 囡 ❶ (建物・乗り物などの)暖房; 暖房装置 (=aparato de ~). — ~ central セントラル・ヒーティング. Pon la ~ en marcha, que hace frío. 寒いから, 暖房を入れて. apagar la ~ 暖房を消す. sistema de ~ 暖房装置. habitación con ~ 暖房付きの部屋. ~ individual 個室暖房. ~ a [por] vapor スチーム暖房. ~ eléctrica [por fuel-oil, por gas] 電気[石油, ガス]暖房. ~ por agua [aire] caliente 温水[温風]暖房. ~ solar ソーラー暖房. ❷ 加熱(作用), 暖めること.

superficie de calefacción 《技術, 機械》伝熱面.

*****calefaccionar** [kalefakθjonár] 他 〖アルゼンチン, ウルグアイ, チリ〗を暖房する.

calefactor, tora [kalefaktór, tóra] 形 暖房の.
── 男 暖房器具[装置]; 温風ヒーター.
── 名 暖房器具の製造[設置・修理]業者.

290　caleidoscópico

caleidoscópico, ca [kaleiðoskópiko, ka] 形 万華鏡のような.

caleidoscopio [kaleiðoskópio] 男 万華鏡.

:calendario [kalendário] 男 ❶ カレンダー, 暦(こよみ). —Mira en el ~ en qué día de la semana cae el veinte de enero. 1月20日は何曜日か暦を見てよ. ~ americano [exfoliador, de taco] 日めくり式カレンダー. ~ de Flora 花暦. ~ de mesa 卓上カレンダー. ~ eclesiástico [litúrgico] 教会暦 (=añalejo). C~ Azteca アステカの暦 (Piedra del Sol「太陽の石」とも言う). 類 **almanaque, taco**. ❷ 暦法, 暦(れき). —~ lunar 太陰暦. ~ solar 太陽暦. ~ lunisolar 太陰太陽暦, 新暦. ~ gregoriano [nuevo, reformado] グレゴリオ暦, ♦1582 年に教皇グレゴリオ13 世が在来のユリウス暦を改正した新暦. ~ juliano ユリウス暦, 旧暦. ♦紀元前 46 年にシーザー (ユリウス・カエサル) Julio César によって改定され, 4 年に 1 度の閏年を持ち, 365 日を 1 年とする旧太陽暦. ~ perpetuo 万年暦. ~ republicano 共和暦. ♦フランス革命期 1793-1805 年に施行された暦法. antiguo ~ romano 古ローマ暦. ♦1 年を 10 カ月に分けた. ~ romano ローマ暦. ♦Numa 王 (紀元前 715-673) が古ローマ暦に enero, febrero を加えて 1 年を 12 カ月とした. ❸ 日程, スケジュール. —Tiene un ~ de lo más apretado. 彼は予定がぎっしり詰まっている. ~ escolar 学年暦. Tenemos que preparar el ~ de actividades de este año. 私たちは今年の活動予定を立てなければならない. ~ de trabajo 仕事のスケジュール. ~ judicial 公判 [法廷] 日程 (表). hacer un ~ de estudio 勉強の予定を立てる. 類 **agenda, anuario**. ❹ (情報) カレンダ.

hacer calendarios (1) とりとめのないことを考える, ぼんやり考え事をする. (2) 当てにならない事をあれこれ予想する.

calendas [kaléndas] 女 複 ❶ (歴史) (古代ローマの) 1日(ついたち). ❷ 遠い昔.

calendas griegas 絶対に来ない日. Te devolverá el dinero para las *calendas griegas*. 彼が君にそのお金を返すことはないだろう.

caléndula [kaléndula] 女 (植物) キンセンカ.

*:**calentador** [kalentaðór] 男 ❶ 湯沸かし器 (=~ de agua). —~ de gas ガス湯沸かし器. ~ eléctrico de agua 電気湯沸かし器. ❷ ヒーター, 電熱器. —poner [encender] el ~ ヒーターをつける. apagar el ~ ヒーターを消す. ❸ ベッド用あんか (=~ de cama) (長柄(え)のふた付きで石炭などの火を入れる). ❹ 足温器 (=calientapiés). ❺ (まれ, 俗) 大型懐中時計.

—, *dora* 形 暖める, 熱する. —sistema ~ del aire ambiente 部屋暖房装置.

calentamiento [kalentamiénto] 男 ❶ 加熱. —~ del planeta 地球温暖化. ❷ (スポーツ) ウォーミングアップ. —hacer ejercicios de ~ ウォーミングアップの体操をする.

*** **calentar** [kalentár カレンタル] [4.1] [<caliente] 他 ❶ を暖める, 熱くする, 熱する. —Encendió la estufa para ~ la habitación. 彼は部屋を暖めるためにストーブに火をつけた.
❷ (a) を元気づける, 興奮させる, 激励する. —Las encendidas palabras del cabecilla *calenta-*
ron los ánimos. 首領の熱烈な言葉は人の心を勇気づけた. (b) を性的に興奮させる, …の劣情をそそる.
❸ を打つ, …に打撃を与える, 叩く. —La próxima vez que lo hagas, te *caliento* el culo. こんどそんなことしたらお尻をぶつよ.

—— 自 (日光などが) 暖い. —Esta estufa *calienta poco*. このストーブはあまり暖かくない.

—*se* 再 ❶ 暖まる, 暖くなる. —La carretera *se calienta* con el sol. 道路は太陽熱で熱くなる. Acércate a la lumbre y *caliéntate*. 火に近づいて身体を暖めなさい. ❷ 興奮する, 元気を出す. —Los dos *se calentaron* mientras discutían. 二人は議論している間に興奮した.

calentito, ta [kalentíto, ta] 形 ❶ 暖かい. ❷ できたての.

calentón, tona [kalentón, tóna] 形 《俗》性的に興奮した, むらむらした.
—— 男 ❶ (機械) オーバーヒート. —~ del motor エンジンのオーバーヒート. ❷ 短時間の過熱. —Ella dio un ~ a la sopa. 彼女はスープをちょっと過熱した.

*:**calentura** [kalentúra] 女 ❶ (医学) (a) 熱. —tener ~ 熱がある. Le dieron las ~s al llegar a la costa. 海岸に着いた時, 彼は熱を出した. 類 **fiebre**. (b) (高熱で唇にできる熱のはな. —Le ha salido una ~ en el labio. 彼は唇に熱のはなができた. 類 **pupa, pústula**. ❷ [キューバ] [植物] ガガイモ科の一種; [コロンビア] 怒り; [チリ] 肺結核. ❸ 《俗》性的興奮.

calentura de pollo (por comer gallina) 《俗》仮病, 詐病.

calenturiento, ta [kalenturjénto, ta] 形 ❶ (医学) 熱のある, 熱っぽい. —La niña está *calenturienta*. その女の子は熱っぽい. ❷ 熱狂した, とんでもない. —imaginación *calenturienta* とんでもない想像. 類 **desbordante, exaltado**.
—— 名 微熱のある人.

calenturón [kalenturón] 男 高熱, 大熱. —tener un ~ 高熱がある.

calero, ra [kaléro, ra] 形 石灰 (岩) の.
—— 名 石灰製造販売業者.

calesa [kalésa] 女 幌つき軽二輪馬車.

calesera [kaleséra] 女 ❶ (calesa の御者が歌う) アンダルシーア民謡の一種. ❷ (calesa の御者が着る) 飾りのついた上着.

calesero [kaleséro] 男 calesa の御者.

calesín [kalesín] 男 一頭立て二人乗り四輪馬車.

caleta [kaléta] 女 (地理) (小さな) 入江 (=ensenada).

caletero, ra [kaletéro, ra] 形 [南米] 沖仲仕の. —— 名 [南米] 沖仲士, 港湾労働者.

caletre [kalétre] 男 常識, 判断力, 思慮. —tener poco ~ 思慮に欠ける. No me cabe en el ~. 私には荷が重い.

Cali [káli] 固名 カリ (コロンビアの都市).

calibración [kaliβraθjón] 女 ❶ (口径などの) 測定. ❷ 評価, 判断.

calibrador [kaliβraðór] 男 (技術) 口径 [目盛り] 測定器, ゲージ.

calibrar [kaliβrár] 他 ❶ を評価する, 判断する, 検査する. ❷ を測定する, …の口径を測定する.

calibre [kalíβre] 男 ❶ (鉄砲などの) 口径, (弾丸の) 直径. ❷ 《比喩》重要性, 重大さ. —Surgieron dificultades de mucho[gran] calibre. 重大な障害が生じた. 類**importancia, tamaño**. ❸《話》性質.

calicanto [kalikánto] 男 《建築》石れんが工術, 石造建築.

calicata [kalikáta] 女 《鉱業》探鉱, ボーリング調査.

caliche [kalítʃe] 男 ❶ 壁面から剥離した石灰. ❷ 陶土に交じった小石. ❸(果物の)傷み. ❹『南米』チリ硝石.

calicó [kalikó] 男 キャラコ.

‡**calidad** [kaliðá(ð) カリダ] 女 ❶ 品質, (物・人の)質, 性能; (→【量 cantidad】). ―control 〖garantía〗 de ～ 品質管理〖保証〗. tela de buena [mala] ～ 品質のよい[悪い]布. comida de menor ～ 質の悪い食事. la ～ crujiente de la seda 絹のサラサラした特徴. persona de ínfima ～ 最低の人物. Todos reconocemos su ～ humana. 私たちは皆彼の人間性を認めている. 類**aptitud, clase, cualidad, importancia, índole, natural**. ❷ (物・人の)質のよさ, 良質, 美質, 長所. ―Siempre compra carne de ～. 彼はいつも良質の肉を買っている. Es un profesor de ～. 彼は優れた教師です. Exige siempre vinos de ～. 彼はいつも良質のワインを要求する. 類**categoría, distinción, linaje**. ❸ 重要性, 重大さ. ―asunto de ～ 重要問題. voto de ～ 決定投票, キャスティングボート(賛否同数の時, 議長などが行う投票). 類**importancia, trascendencia**. ❹ 高貴な血筋[家柄]. ―Pertenece a una familia de alta ～. 彼は貴族に属する. 類**linaje, nobleza**. ❺(社会的)資格, 身分, 地位. ―～ de ciudadano 市民という資格. persona de ～ 身分の高い人, 偉い人. 類**condición, función, papel**. ❻ 品位, 人柄.

a calidad de que 〖＋接続法〗…という条件であれば. Te lo diré *a calidad de que* guardes el secreto. 秘密を守るならば君にそのことを言うよ.

calidad de vida 生活の質[高さ].

De dinero y calidad, la mitad de la mitad. 〖諺〗金の話と人の褒め言葉は半分に聞け.

Dineros son calidad. 〖諺〗すべての価値は金で決まる. 銭は馬鹿ると.

en calidad de 〖＋無冠詞の名詞〗…として, …の資格[肩書]で. Asistió al juicio *en calidad de* testigo. 彼は裁判に証人として出席した. 類**como, con carácter de**.

por su calidad de … …の資格で, …として(≒en calidad de). Tiene derecho a una pensión *por su calidad de* viuda de funcionario. 彼女は公務員の未亡人として恩給をもらう権利がある.

‡**cálido, da** [káliðo, ða] 形 ❶ (気候・地域が)暑い. ―clima ～ 暑い気候. temperatura *cálida* 暑い気温. tierra *cálida* 暑い土地. viento ～ 熱風. 類→**caliente**. ❷《主に名詞の前で》熱のこもった, 心暖かい. ―～s aplausos 熱烈な拍手. una *cálida* acogida 暖かい歓迎. tono ～ y acogedor 暖かく心地よい声の調子. Es una mujer de tierno y ～ corazón. 彼女はやさしく, 心暖かい女性だ. 類**afectuoso, caluroso**. ❸ 暖色の, 赤味を帯びた. ―colores ～s 暖色. 反**frío**. ❹ (食物などが)体を熱くする, 体がほてる. ―pimienta *cálida* 体が熱くなるトウガラシ.

calidoscópico, ca [kaliðoskópiko, ka] 形 →caleidoscópico.

calidoscopio [kaliðoskópjo] 男 →caleidoscopio.

calient- [kaljent-] 動 calentar の直・現在, 接・現在, 命令・2単.

calientapiés [kaljentapjés] 男〖単複同形〗足温器.

calientaplatos [kaljentaplátos] 男〖単複同形〗《料理》ホットプレート.

‡**caliente** [kaljénte カリエンテ] 形 ❶ (物が)熱い, 熱した; (部屋・衣服などが)暖かい. ―agua ～ 湯, 熱湯. aire ～ 熱い空気. La sopa está ～. スープは熱い. Su mano estaba ～. 彼の手は温かかった. Mantenía ～ la habitación. 彼は部屋を暖かくしておいた. 類語 **caliente** は主に物や体が一時的に熱い状態にあること. **cálido** は気候・風土などが本質的に暑いこと. 例: **un clima cálido. caluroso** は気候などが一時的に暑いまたは熱い状態であること. 例: **un día caluroso**. なお, 以上の語は日本語の「暑い・暖かい」のどちらにも対応しうる. **templado** は「穏やかな, 温暖な」の意味.

❷ 〖estar＋〗怒った, 腹を立てている. ―Está muy ～ contigo por lo de anoche. 彼は昨夜のことで君のことをとても怒っている.

❸ (動物・人が性的に)興奮した〖estar＋〗, 好色な〖ser＋〗. ―Esa mujer es ～. その女は淫乱だ. El perro está ～. その犬はさかりがついている. 類**lujurioso**.

❹ 暖色の, 暖かい(色). ―colorido ～ 暖かい色調.

❺(議論などが)激した, 激しい, 熱っぽい. ―Se está poniendo la riña [disputa] ～. 激しいけんか[口論]が起きている. 類**acalorado, fogoso**.

❻ 〖間投詞的に〗(クイズなどで)答は近い, 惜しい. ―¡C～! ¡C～! (正解に)近い, 近い.

en caliente その場で, 即座に. Este tipo de decisiones deben tomarse *en caliente*. この種の決定はその場で行うべきだ.

ser caliente de cascos 怒りっぽい.

―― 男女 好色な人.

califa [kalifa] 男 〖歴史〗カリフ, ハリハ(初期イスラム国家の首長). ❷ 〖スペイン史〗カリフ(後ウマイヤ朝のアブデラマン Abderramán 3世が929年以降自らに用いた称号).

califato [kalifáto] 男 〖歴史〗カリフ国, ハリハ朝(時代), ハリハ領. ―C～ de Córdoba《スペイン史》コルドバ・カリフ国(929年に成立したウマイヤ朝カリフ国).

calificable [kalifikáβle] 形 形容できる.

‡**calificación** [kalifikaθjón] 女 ❶ 成績, 評点, 評価; 採点. ―Ha terminado el primer año con estupendas *calificaciones*. 彼は優秀な成績で第1学年を終えた. obtener [sacar, conseguir] la ～ de aprobado en los exámenes de latín. ラテン語の試験で可を取る. dar una buena [mala] ～ 良い[悪い]成績をつける. realizar la ～ de los exámenes 試験の点数をつける, 採点する. ♦calificación 成績評価, 成績は: sobresaliente「優」, notable「良」, aprobado「可」, no aprobado, suspenso「不可」. 類**nota, puntuación, resultado**. ❷ 形容; 《文法》修飾. ―El conferenciante hizo un elogio de la novela con las mejores *calificaciones*. 講演者は最高の賛辞で

その小説をほめ体めた. ❸ (行為・品質・財産などの) 評価, 査定, 格づけ. —~ de servicios 勤務評価. 類**apreciación, clasificación, evaluación**. ❹ (労働者の)能力, 熟練度, 資格. —de baja ~ 未熟練の.

*calificado, da [kalifikáðo, ða] 過分 形 ❶ 〖+para〗…の資格のある, …に適格な, …に向いた. —No me considero suficientemente ~ *para* realizar este trabajo. 私は自分にその仕事を果たすのに十分な資格があるとは思っていない. Lo siento, pero no creo que su hijo esté ~ *para* este trabajo. 残念ですが, あなたの息子さんはこの仕事には向いているとは思いません. 類**apto, competente**. ❷ 熟練した, 有能な. —Necesitamos obreros ~s. 私たちは熟練工を必要としている. **cualificado**. ❸ すべての要件を備えた, 条件のそろった. —Para refutar al fiscal el abogado presentó una prueba muy *calificada*. 検事に反駁するためにその弁護士はすべての要件を備えた万全の証拠を提出した. ❹ 権威のある, 著名な, 一流の. —En esta universidad hay muchos científicos ~s. この大学には権威ある科学者がたくさんいる. Su madre es una *calificada* periodista. 彼女の母は著名なジャーナリストだ. 類**importante, relevante**.

calificador, dora [kalifikaðór, ðóra] 形 審査の, 試験の. —tribunal ~ 審査委員会. — 名 審査員, 試験官.

‡calificar [kalifikár] [1.1] 他 ❶ 〖+como/de と〗を評定する, 評価を…に下す. —Yo la *calificaría de* irreflexiva. 私だったら彼女を無反省な女と評するだろう. ❷ 〖+como と〗を見なす, 格付ける. —La ópera 'Goyescas' *calificó* a Granados *como* uno de los grandes compositores españoles. 歌劇『ゴイェスカス』はグラナードスはスペインの偉大な作曲家の一人と見なされた. ❸ …に評点をつける, を採点する. —Voy a ~ su examen con un notable. 彼の答案に私は良をつけよう. ❹《文法》…の品質を形容する, を修飾する. —En la frase 'una rosa roja' el adjetivo 'roja' *califica* al sustantivo 'rosa'. 「赤いバラ」という句で形容詞「赤い」は名詞「バラ」を修飾している. 類**modificar**.

*calificativo, va [kalifikatíβo, βa] 形 性質[性状]を表す, 修飾する. —adjetivo ~ 品質形容詞. Se refirió a su carácter con frases *calificativas* insultantes. 彼の性格は軽蔑的な修飾語句で言及された. 類**adjetivo, epíteto**.

—— 男 修飾語, 形容詞. —No encuentro ~s para agradecértelo. 君のそのことを感謝するのにほめ言葉が見つからない. 類**apelativo**.

California [kalifórnia] 固名 カリフォルニア(アメリカ合衆国の州). —Golfo de ~ カリフォルニア湾(メキシコ湾).

californiano, na [kaliforniáno, na] 形 カリフォルニア (California) の.
—— 名 カリフォルニアの人.

californio [kalifórnio] 男《化学》カリホルニウム(元素記号 Cf, 原子番号 98).

calígine [kalíxine] 女〖まれ, 詩〗 ❶ 霧. 類**niebla**. ❷ 暗がり, 暗闇. 類**obscuridad, tenebrosidad**.

caliginoso, sa [kalixinóso, sa] 形 ❶《まれ》霧がかった. 類**nebuloso**. ❷ 暗い. 類**obscuro**.

caligrafía [kaliɣrafía] 女 習字, 能書, 書道. —tener buena[mala] ~ 字が美しい[汚い].

caligráfico, ca [kaliɣráfiko, ka] 形 書道の, 習字の, 能書の, 達筆の.

calígrafo, fa [kalíɣrafo, fa] 名 能書家, 書家.

calilla [kalíja] 女 ❶〖中南米〗〖話〗迷惑, 厄介ごと. 類**incordio**. ❷〖チリ〗〖話〗借金.

calina [kalína] 女《まれ》《気象》霞(ᄼᅣ), もや(= calima).

calinoso, sa [kalinóso, sa] 形 もやのかかった.

calipso [kalípso] 男《音楽》カリプソ(ジャマイカの音楽・舞踊).

calistenia [kalisténia] 女 美容体操. —ejercicios de ~ 美容体操.

cáliz [káliθ] 男[複 *cálices*] ❶《宗教》聖餐杯. ❷《植物》萼(ᾰ᷉), うてな. ❸《詩》杯. 類**copa, vaso**. ❹ 苦難, 苦杯. —apurar[beber] el ~ 辛酸をなめる.

caliza¹ [kalíθa] 女《鉱物》石灰岩.

calizo, za² [kalíθo, θa] 形《鉱物》石灰石の, 石灰質の. —roca *caliza* 石灰岩. suelo ~ 石灰質の土壌.

calladamente [kajáðaménte] 副 黙って; 密かに.

‡callado, da [kajáðo, ða] 過分 形 ❶ だまっている, おとなしい; 静かな〖ser+〗. —Es una niña muy *callada*. 彼女はとてもおとなしい女の子だ. aldea muy *callada* 静かな村. 類**reservado, silencioso**. ❷ (今だけ, 一時的に)黙りこくった, 口数の少ない〖estar+〗. —Hoy estás muy ~. ¿Te pasa algo? 今日君はとても無口だね. どうかしたの. Permaneció ~ durante toda la reunión. 彼は会合の間ずっと黙ったままであった.

a las calladas [de callada] さわぎたてずに, こっそりと. Si quieres hacer novillos, hazlo *a las calladas*. もしサボりたいのなら, こっそりとやりなさい.

dar la callada por respuesta《話》何も答えない.

tener callado … (1) (人)をだましておく. Le pagué la deuda para *tener*lo callado. 私は彼をだますために借金を払った. (2)(物事)を秘密にしておく.

callampa [kajámpa] 女 ❶〖中南米〗(食用)キノコ. ❷〖チリ, エクアドル〗小屋, あばら家.

callandico [kajandíko] 副《話》 黙って, 音を立てずに; こっそり.

callandito [kajandíto] 副《話》 →*callandico*.

Callao [kajáo] 固名 カヤーオ(ペルーの都市).

**callar [kajár カヤル] 自 ❶ 黙る, 黙り込む, ものを言わずにいる. —Ella bajó la cabeza y *callaba*. 彼女は頭を下げて, 黙っていた. ❷ 話すのをやめる, (音・泣き声などが)やむ; (海・風が)凪(ᾰ᷉)ぐ. —Si no os *calláis* no podemos empezar. 君たちが話をやめないなら, 私たちは始められない.

—— 他 を押し隠す, 言わないで[秘密にして]おく. —Le gustaría revelar el secreto, pero lo *calla*. 彼は本当なら秘密を打ち明けたいのだろうが, ぐっとこらえている. En sus declaraciones *ha callado* muchas cosas. その説明の中で彼は多くのことを言わずに我慢した.

Al buen callar llaman Sancho.〖諺〗口は災

いのもとだ(←良き沈黙は賢明な策だ).

¡calla!/¡calle! こりゃおかしい[ふしぎだ・驚いた],まさか. *¿C~!* ¿No es ése Antonio? Creía que estaba enfermo. こりゃおどろいた.アントニオじゃないか.病気だと思ってたよ.

Quien calla otorga. 《諺》沈黙は金(←黙る者は多く与える).

—**se** 再 黙る, 静かになる. —*¡Cállate* (la boca)! 黙れ. *Se calló* al verla. 彼は彼女を見ると黙り込んだ. *Por fin se han callado* las campanas. とうとう鐘の音は止んだ.

calle

[káʝe カイェ] 囡 ❶ 通り, 街路, 道; (散歩・遊歩)道; 街. —cruzar la ~ 通りを渡る. vivir en una ~ céntrica 中心街[都心部]に住んでいる. criarse en la ~ 市井[場末で]育つ. en plena ~ 通りの真ん中で. ~ tranquila 静かな通り. ~ ruidosa [bulliciosa] 騒がしい通り. ~ cortada 通行止め, 行き止り. ~ empedrada 石畳の道. ~ sin salida/《カリブ》 ~ ciega, 《メキシコ》 ~ cerrada 袋小路, 行止まり(道). ~ de una (sola) dirección [de un (solo) sentido]/~ de dirección única [de sentido único] 一方通行の通り. ~ de doble sentido 両面通行の通り. ~ solitaria 人っ子ひとりいない通り. Su casa está en una pequeña y tranquila ~. 彼の家は小さく閑静な通りにある. [類]**avenida, camino, paseo, vía**.

❷ …通り, …街(の略 c., c/). —*C~ de* Alcalá アルカラ通り. *¿En qué ~* vive Ud.? 何通りにお住まいですか?

❸ (la ~) 街中の人々; 一般大衆[市民], 普通の人. →**hombre [gente] de la calle**. —la presión de la ~ 世論の圧力. La ~ entera está al corriente de sus problemas. 街中の人たちは自分たちの問題をよく理解している. Se dice que el gobierno no atiende las peticiones de la ~. 政府は一般市民の要望に注意を払わないと言われている. Por las encuestas se conoce la opinión de la ~. アンケートによって世論が分かる. El ministro dijo que hablaba como ciudadano de la ~. 大臣は一般市民のレベルで話していると言った. Háblame con el lenguaje de la ~, sin palabras rebuscadas. 気取った言葉づかいをしないで普通のくだけた言葉で話してよ. [類]**gente, público**.

❹ (家の中に対して)外, 戸外, 町中. —¡Niños, a la ~! 子供たち, 外へ出なさい. irse [salir] a la ~ 外出する, 出かける. Abrígate bien, que hace mucho frío en la ~. 外は寒いからちゃんと着込みなさい. Debido a mi trabajo, me paso el día en la ~. 私は仕事のため一日中外で過ごす. Cuando se escapó de casa, tuvo que dormir unas semanas en la ~. 彼は家出した時, 数週間戸外で眠らなければならなかった.

❺ (自動車道路の)車線. —autopista de cuatro ~s 4 車線の高速道路. ~ de rodadura [de rodaje] 《航空》走路. ~ de la derecha 右側車線を走りなさい. [類]**carril**. ❻ 《スポーツ》(プール・陸上競技場の)コース, 走路. —Nada en la ~ número seis. 彼は第 6 コースを泳ぐ. El corredor de la ~ número cinco lleva ventaja. 5 コースのランナーがリードしている. Esta pista de atletismo tiene ocho ~s. この陸上競技場は 8 コースある. ❼ 《ゴルフ》フェアウェイ. ❽ (チェス・将棋の)升目の列.

abrir [*hacer*] *calle* 《話》(1) 人をかき分けて進む. Con tanta gente era difícil *abrirse calle* para ver de cerca al rey. あんなに大勢の人がいては, 国王を近くから見るために人をかき分けて進むのは難しかった. (2) (通れるように)道を開ける. La policía tuvo que *abrirles calle*. 警察は彼らが通れるように道を開けてやらなければならなかった.

azotar calles 《話》(当てもなく)街から街へうっつき歩く, 街をぶらつく.

¡calle! どけ, 道を開けろ.

calle abajo 通りを下って; 通りをこちらへ.

calle arriba 通りを上って; 通りを向こうへ.

calle mayor [*principal*] 大通り, メインストリート, 目抜き通り.

calle peatonal 歩行者専用道路, 歩道.

coger la calle 《話》突然立ち去る. = coger [tomar] la puerta.

de calle (1) 外出用の. traje [vestido] *de calle* 外出着, よそ着. estar [ir] vestido *de calle* よそ行きの服を着ている. (2) 簡単[容易]に. ganar [llevarse el premio] *de calle* 楽勝する. Se llevó las elecciones *de calle*. 彼は選挙に楽勝した.

dejar en la calle (人を)解雇する; 路頭に迷わす. El cierre de la fábrica *dejó en la calle* a cientos de trabajadores. 工場閉鎖で何百人もの労働者が失職した.

doblar la calle 街角を曲がる. Si *dobla la calle* a la derecha, encontrará el museo. 街角を右に曲がれば, 美術館があります.

echar a la calle (→*dejar en la calle*, *poner* [*plantar*] *en la calle*) 《話》(1) (人)を追い出す. Nos *echaron a la calle* por armar jaleo. 私たちはうるさく騒ぎ立てているので外へ追い出された. (2) を解雇する. Le *echaron a la calle* porque era muy vago. 彼は大変な怠け者との理由で解雇された. (3) (囚人)を釈放する, 解放する.

echarse a la calle (1) 外出する. Hacía buen tiempo y la gente *se echó a la calle*. 天気がよくて人々が戸外へ繰り出した. *Me eché a la calle* en busca de una farmacia. 私は薬局を探しに大急ぎで外出した. (2) (デモ隊が)街頭へ繰り出す, 暴動[反乱]を起こす. Los estudiantes *se echaron a la calle* para protestar por la subida de las tasas de matrícula. 学生たちは授業料の値上げに抗議するために街頭へ繰り出した. El pueblo cogió las armas y *se echó a la calle*. 民衆は武器を取り, 蜂起した.

echar [*tirar*] *por la calle del medio* [*de en medio*] 《話》(窮地を脱するために)あれこれ迷わず突進する, やみくもに突き進む, 意を決して行動する. En casos como éste lo mejor es *tirar por la calle de en medio* y no pensarlo tanto. このような場合一番いいのは迷わず突き進み, そんなに考えないことだ.

en la calle (→*dejar en la calle*, *estar en la calle, quedarse en la calle*) (1) 外出中の, 外で. Le gusta estar *en la calle*. 彼は外出するのが好きだ. Este niño se pasa la vida *en la calle*. この子は一日中外で過ごす. (2) 《話》失業して[した], verse *en la calle* 失業中である. La quiebra de la empresa ha dejado *en la calle* a más de doscientas personas. 会社の倒産で 200 人以上が失業した. (3) 《話》宿無しで[の], 一文なしで

[の]. Se quemó la vivienda y se han quedado *en la calle*. 住まいが焼けて彼らは宿無しになった. (4)《話》釈放された. Le han puesto *en la calle* sin cargos. 彼は告訴されずに釈放された.

estar al cabo de la calle (1) 事情を熟知している, すべて知っている. Cuando Pedro les comunicó que se iba a divorciar, ya todos *estaban al cabo de la calle*. ペドロが彼らに離婚すると伝えた時, 既にみんなは全部知っていた. (2) 十分である, 問題が解決する. Con no dirigirle más la palabra *estamos al cabo de la calle*. もうこれ以上彼に話しかけなければ, これで私たちの仕返しは十分だ.

estar al final de la calle (1) 通りの端[突き当たり]にある. La iglesia *está al final de la calle*. 教会はこの通りの突き当たりにある. (2) →*estar al cabo de la calle*(2).

estar en la calle (1) 外出中である. (2) 釈放されている. Lo metieron en la cárcel, pero al día siguiente ya *estaba en la calle*. 彼は投獄されたが, 翌日釈放された. (3) 失業中である(=*estar sin empleo*). Le echaron de la firma en que trabajaba y ahora *está en la calle*. 彼は勤めていた会社をやめさせられて, 今は失職している.

hacerLE calle a ... (人)に道を開ける, (歓迎などの)人垣を作る. A medida que avanzaba, la gente le iba *haciendo calle*, apartándose con mucho respeto. 彼が前進するにつれて, 人々はうやうやしくわきをよけて彼に道を開けていった.

hacer (la) calle (1) (娼婦が)通りで客引きをする. Estaba *haciendo la calle* cuando la detuvieron. 彼女は公道で客引きをしていて逮捕された. (2) 売春する, 売春婦をしている(=*echarse a la vida*). *Hacer la calle* era su medio de ganarse la vida. 売春は彼女が生活費を稼ぐ手段だった.

ir a la calle 《話》解雇されている. Después de veinte años trabajando en esta empresa, José *ha ido a la calle*. ホセはこの会社に20年勤めたあと解雇された.

ir(se) a la calle (急に)立ち去る, 出かける.

llevar(se) de calle a ...《話》(1) (人)の心を引きつける, 好感を与える, とりこにする. Con su simpatía, María *se lleva de calle a* todo el mundo. マリーアは彼女の感じのよさで, みんなをとりこにする. (2)(議論で)(人)を納得させる; 打ち負かす. Con su fácil dialéctica *se llevó de calle a* todos los presentes. 彼は簡単な論法で出席者全員を納得させた.

llevar [traer] por la calle de la amargura (絶えず)(人)に心配・苦労をかける, つらい目にあわせる. Sus hijos lo *traen por la calle de la amargura*. 彼は子供たちには苦労させられている.

mujer [chica] de la calle 売春婦, 街娼.

no pisar la calle 決して外出しない, 家に閉じこもったきりである. Tuvo una grave enfermedad y *no pisó la calle* durante un año. 彼は重病で1年間外出できないでいた.

pasear la calle (男が女に)言い寄る(=*cortejar*; →*rondar la calle*). Mi hermana siempre encontraba algún galán dispuesto a *pasearle la calle*. 私の妹にはいつも誰かしら言い寄る男がいた.

plantar [poner] en la calle/poner de patitas en la calle (→*echar a la calle*)《話》(1) (人)を外へ追い出す. Los *pusieron de patitas en la calle* por cantar en el bar. 彼らは居酒屋で歌うのでつまみ出された. (2) 解雇する, 首にする. Llegaba siempre tarde a trabajar y lo *han puesto de patitas en la calle*. 彼はいつも仕事に遅刻するかりしていたので解雇されてしまった. (3) 釈放する.

poner en la puerta de la calle (人)を突然追い出す; 解雇する, 首にする.

quedarse en la calle (1) 職を失う, 家を失う, (金も職も家もなく)路頭に迷う. Al fracasar el negocio *se quedó en la calle*. 彼は事業に失敗し失職した. (2) 金を失う, 破産する. Lo han desheredado y *se ha quedado en la calle*. 彼は相続権を奪われて無一文になった.

rondar la calle (1) 通りをうろつく. (2) (男が女に)言い寄る(=*cortejar*; →*pasear la calle*).

salir a la calle (1) 外出する, 街に出る. Lleva tres días sin *salir a la calle*. 私は3日間外出していない. (2) (新聞などが)出る, 店頭に出る. Mañana el periódico *saldrá a la calle* por última vez. その新聞は明日最後の発行となる.

Calleja [kajéxa] 固名 童話で有名なフランスの出版社の名前.

tener más cuento que Calleja 大うそつきである.

calleja [kajéxa] 囡 路地, 細道, 裏道.

callejear [kajexeár] 自 出歩く, 遊び歩く, ぶらつく. —He estado una hora *callejeando* por la ciudad. 私は1時間町をぶらついた.

callejeo [kajexéo] 男 出歩くこと, ぶらつくこと, 散歩.

‡**callejero, ra** [kajexéro, ra] 形 ❶ 街頭の, 路上の, 巷[ちまた]の; 街での祭り騒ぎ. venta *callejera* 街頭販売. disturbios ~s 市街地の騒乱. ❷ 街を出歩くのが好きな; 街を歩き回る. — perro ~ 野良犬.
— 男 ❶ 街路図, 都市ガイドブック. ❷ 地区別電話帳. ❸ (新聞配達用などの)顧客住所録.

‡**callejón** [kajexón] 男 ❶ 路地, 横丁, 小路; (両側に塀・壁のある)通路. — aparcar en un ~ 路地裏に駐車する. 類 **calleja, callejuela**. — Vivo al fondo del ~. 私は路地裏に住んでいる. ❷《闘牛》フェンスと観客席との間の通路. — El toro saltó la valla y entró en el ~. 牛はフェンスを飛び越え, フェンスと観客席との間の通路に入った. ❸《スポーツ》(水泳などの)コース.

callejón sin salida ❶ 袋小路, 行き止まり. (2)《話, 比喩》苦境, 行詰り, 難局; 難事業. estar [meterse] en un *callejón sin salida* (人・商売などが)行詰っている[行詰る], 窮地に陥っている[陥る].

‡**callejuela** [kajexuéla] [<*calleja*] 囡 ❶ 路地, 裏通り, 横町. ❷《比喩》(うまい)逃げ道, 逃げ口上, 口実.

callicida [kajiθíða] 男《医学》うおのめ[まめ, たこ]の薬.

callista [kajísta] 男女《医学》足専門医.

callo [kájo] 男 ❶《医学》うおのめ, (足の)たこ. —salir a ... ~s …にたこができる. tener un ~ en el pie 足にたこがある. ❷ 複《料理》臓物料理. —~s a la madrileña マドリード風臓物料理. ❸ (蹄鉄の)とがり金. ❹ (俗, 軽蔑的に)ぶ男, ぶす.

callosidad [kajosiðá(ð)] 囡 ❶《医学》皮膚の硬結, たこ, まめ. ❷ 男《医学》慢性潰瘍[かいよう]などで硬くなった組織.

calloso, sa [kajóso, sa] 形 (皮膚が)固くなった、たこになった。

＊calma [kálma カルマ] 女 ❶ 静けさ、平穏、穏やかさ。—La escuela se queda en ～ al marcharse los niños. 子供たちが帰ってしまうと学校は静まり返る。En la ～ de su retiro escribió su mejor novela. 彼は閑静な隠遁(いんとん)所で彼の最良の小説を書いた。[類]**quietud, silencio, tranquilidad**. [反]**agitación, inquietud**.
❷ 平静、落着き、冷静。—Antes de contestar, piénsalo con ～. 答える前に落ち着いてよく考えなさい。[類]**serenidad, sosiego, tranquilidad**. [反]**turbación**.
❸ 緩慢、のんびり、無気力。—Lo haces todo con tanta ～ que me exaspera. 君はやることが何でもとてものんびりしているので私は頭に来てしまう。[類]**apatía, cachaza, pereza, energía, ímpetu, rapidez**. ❹《海事》凪(なぎ)、無風状態。—Hoy el mar está en ～. 今日海は静かだ。zonas de ～s ecuatoriales 赤道無風帯。La ～ era sofocante aquella tarde de verano. あの夏の午後の凪は息が詰まるようだった。[類]**bonanza, reposo, tranquilidad**. [反]**agitado, tempestad**. ❺ 辛抱。—Siéntate y espera con ～ a que llegue tu turno. 座ってじっと順番を待ちなさい。[類]**paciencia**. [反]**impaciencia**. ❻（経済）（商売などの）不振、停滞；（相場の）不活発、閑散（期）。—Por enero las ventas atraviesan una época de ～. 1月あたりには販売が不振である。estación de ～ 霜枯れ時(どき)、景気低迷期。[類]**depresión, descanso, reposo**. ❼（病状の）小康(状態)；（痛みの）和らぐこと。—～ en el dolor 痛みの和らぎ。

calma chicha 大凪(なぎ)、全くの無風。Reinaba una *calma chicha*. 風が全くなかった。

con calma (1) 落ち着いて、冷静に、静かに。Tomó *con calma* su destitución. 彼は自分の解任を冷静に受け止めた。(2) のんびりと；じっくり。(3) 辛抱して、じっくり。

Después de la tempestad viene la calma. 〖諺〗待てば海路の日和(ひより)あり。

en calma (1) 静かな、穏やかに；（海が）凪(な)いで。Cuando estés *en calma*, te hablaré de mi asunto. 君が落ち着いたら、私の事を話そう。El mar está *en calma*. 海は穏やかである。(2)（経済）（商売などが）不振で、停滞した(=encalmado)；（市況が）閑散とした。El negocio está *en calma*. 商売は中だるみ状態である。(3)（経済）（価格などが）安定した。

tomarlo [*tomárselo*] *con calma* 気楽に考える、くよくよしない、呑気(のんき)に構える。

—— 間 —¡Calma! 静かに!、落ち着いて! (=¡Con calma!).

*calmante [kalmánte] 形 落ち着かせる；鎮痛[鎮静]作用のある。Esta medicina tiene efectos ～s. この薬は鎮静作用がある。[類]**sedante, sedativo, tranquilizante**.

—— 男《医学》鎮静剤、鎮痛剤。—Tomé un ～ para aliviar el dolor de cabeza. 私は頭痛をやわらげるために鎮痛剤を飲んだ。[類]**analgésico, sedante**.

*calmar [kalmár] 他 を落着かせる、鎮静させる；をやわらげる。—Cuando se pone histérica, es difícil ～la. 彼女はいったんヒステリーを起こすと、静めるのがむずかしい。Sólo disponíamos de un poco de vino para ～ la sed. われわれはどのかわ

きをいやすために少しばかりのワインしか持ち合わせていなかった。

—— *se* 再 落着く；やわらぐ；（風が）凪(な)ぐ。—Si no *te calmas*, no podemos seguir hablando. もし君が落着かないなら、これ以上話を続けられない。Vamos a esperar a que *se calme* el viento. 風がおさまるのを待とう。

calmazo [kalmáθo] 男 →**calma chicha**.
calmo, ma [kálmo, ma] 形《文》❶ 静かな、穏やかな。❷（土地が）耕作していない、休耕中の。
*calmoso, sa [kalmóso, sa] 形 ❶ 静かな、穏やかな、平穏な。—Habla con voz clara y *calmosa*. 彼ははっきりとした落ち着いた声で話す。Al atardecer el tiempo ya estaba ～. 日暮れ時にはもう天候は穏やかになっていた。[類]**tranquilo**. ❷ のろい、のろまの。—Es un chico tan ～ que me exaspera. 彼はとてものろまな子なので私はいらいらする。[類]**cachazudo, flemático, lento**. ❸ 無頓着な、平然とした、平気な。—Es muy ～ y no se preocupa por nada. 彼は非常に無頓着な人で何に対しても心配しない。

caló [kaló] 男 ❶（スペインの）ジプシーの言語[方言]、**gitano**. ❷ スラング。—hablar en ～ スラングを使って話す。❸〖メキシコ〗学生ことば。
calomel [kalomél] 男 →**calomelanos**.
calomelanos [kalomelános] 男[複]《化学》カロメル、甘汞(かんこう)。
＊calor [kalór カロル] 男[女] 気温または言語の場合、その他の場合は、古語か俗語になる）❶《気象》(frío「寒さ」に対して、気温上昇による)暑さ。—Hace mucho ～ aquí en verano. ここの夏は非常に暑い。¡Qué ～! 暑いな! Con este ～ no me dan ganas de estudiar. こう暑くては勉強する気になれない。～ agobiante [insoportable] やり切れない暑さ。En el viaje pasamos un ～ horrible en el autocar. 旅行中観光バスの中はものすごく暑かった。ahogarse de ～ 暑くて息が詰まりそうである。día de ～ 暑い日。ola de ～ 熱波。～ abrasador 焼けるような暑さ。～ bochornoso [ahogante, sofocante] 蒸し暑さ、うだるような暑さ。～ canicular [intenso] 酷暑、猛暑。[類]**ardor, bochorno**. [反]**frío**. ◆気温が高く、客観的に見て「暑い・暖かい」場合は **hacer calor**、個人的・主観的な暑さを感じる場合は **tener calor** を使う。
❷（病気・衣類・暖房などによる体温の上昇）熱さ、暑さ、暖かさ。—Si tienes ～, quítate la chaqueta. 暑かったら上着を脱ぎなさい。El niño siente ～ porque he ha subido mucho la fiebre. その子供はずいぶん熱が出て暑がっている。Esta chaqueta me da ～. このジャケットを着ると暑い。[反]**frío**.
❸《比喩》熱気、熱烈さ、熱心さ。—Me asustaba el ～ que tomó la discusión. 私は議論の熱気に驚いた。Con el ～ de la discusión perdieron la noción del tiempo. 議論が白熱して、彼らは時が経つのも忘れた。[類]**ardor, entusiasmo, pasión, vehemencia**. [反]**apatía, desinterés**.
❹《比喩》（家庭・付き合い・歓迎での）温かみ、ぬくもり。—～ humano 人間的温かみ、人間味。un hogar falto de ～ ぬくもりのない家庭。Busca en los amigos el ～ que no encuentra en su familia. 彼は家庭にないぬくもりを友人に求めてい

る。Fue extraordinario el ~ con que nos acogieron. 私たちに対する温かい歓迎ぶりは異常なほどだった。類 **afecto, cariño, simpatía.** 反 **apatía, desinterés.**
❻《物理》熱. ― cantidad de ~ 熱量. conducción de ~ 熱伝導. ~ atómico 原子熱. ~ blanco 白熱. ~ latente 潜熱. ~ natural (健康体の)平熱. ~ radiante 放射[輻射]熱. ~ rojo 赤熱. ~ solar [del sol] 太陽熱. ~ terrestre 地熱. ~ de fusión 融解熱. ~ de evaporación 気化熱, 蒸発熱. ~ sublimación 昇華熱. 反 **frío.**

al calor de (1) …のそばに. sentarse *al calor de* la lumbre [*del* fuego] 火のそばに座る. (2) …の助けを借りて, …に守られて. Me he criado *al calor de* mi familia. 私は家族の助けを借りて育った.
ahogarse de calor 暑くて息が詰まりそうである, 焼けつくように暑い.
asarse [freírse, morirse] de calor 焼けつくように暑い.
calor animal 《生物》動物熱;《生理》体温.
calor específico 《物理》比熱.
calor negro (電気器具による)暖かさ.
con calor (1) 熱烈に, 激しく, 熱心に. aplaudir *con calor* 熱心に拍手をおくる. (2) 温かく. acoger a ... *con calor* (人)を温かく迎える.
dar calor (1) 暖める. Este abrigo me *da* demasiado *calor*. このオーバーは暑過ぎる. *darse calor* (体)を温める, 暑くする. (2) 元気づける.
en el calor de …の真っ最中に. *en el calor del* combate [*de* la discusión] 戦い[議論]の真っ最中に.
entrar en calor (1) (寒かった人が)暖まる, 暖かくなる. No consigo *entrar en calor*. なかなか体が暖まらない. (2)《スポーツ》ウォーミングアップする. (3) (議論などが)白熱する, 活気を帯びる.
hacer entrar en calor (1) 暖める. (2)《スポーツ》ウォーミングアップをする.
hacer un calor de justicia 大変暑い.
no dar a ... ni frío ni calor/no entrar a ... frío ni calor (人)にとっては問題ではない, どうでもよい.
guardar el calor (物が性質上)熱を保つ(冷めにくい).
mantener al calor 保温する, 冷めないようにする.
tomar con calor 熱中する. No *toma* el estudio *con calor*. 彼は勉強に熱中しない.

caloría [kaloría] 囡《物理》カロリー(熱量の単位). ― alimento de muchas ~s 高カロリー食品.

calórico, ca [kalóriko, ka] 形 熱の, カロリーの.

calorífero, ra [kalorífero, ra] 形 熱を生じる, 熱を伝える. ― 男 電熱器, 放熱器, 暖房器.

calorífico, ca [kalorífiko, ka] 形 熱を生じる, 熱の, カロリーの. ― energía *calorífica*《物理》熱エネルギー.

calorífugo, ga [kalorífuɣo, ɣa] 形 ❶ 断熱[耐熱]性の; 耐火性の. ❷ 不燃性の, 燃えない.

calorimetría [kalorimetría] 囡《物理》熱量測定(法).

calostro [kalóstro] 男《料理》(分娩後の)初乳.

calote [kalóte] 男 【ラ･プラタ】《俗》詐欺, ごまかし.

calotear [kaloteár] 他 →timar.

caluma [kalúma] 囡 【ペルー】(アンデス山脈の)峡谷; 細い山道.

‡**calumnia** [kalúmnja] 囡 ❶ 中傷, 誹謗(ひぼう). ― decir [levantar] ~s contra ... (人)を中傷する. Con sus ~s intenta desprestigiarme. 彼は誹謗中傷して私の権威を失墜させようとしている. 類 **difamación, infundio, alabanza.** ❷《法律》誣告(ぶこく)罪, 名誉毀損(きそん). ― Este político se ha querellado contra la revista por ~. この政治家は名誉毀損でその雑誌を訴えた.

calumniador, dora [kalumnjaðór, ðóra] 形 中傷[誹謗]の, 中傷的な.
― 名 中傷[誹謗]する人. 類 **difamador.**

‡**calumniar** [kalumnjár] 他 中傷する, 誹謗する, ののしる. ― Los que me *calumniaban* ayer me adulan hoy. きのうまで私を中傷していた人々が今日は私におべっかを使う.

***calumnioso, sa** [kalumnjóso, sa] 形 人を中傷する(ような), 中傷的な. ― El cantante demandó al periódico por un artículo que consideraba ~. その歌手は中傷と考える記事について新聞を訴えた. 類 **denigrante, infamante, oprobioso.**

calurosamente [kalurósaménte] 副 温かく, 熱烈に. ― acoger [felicitar] (a uno) ~ (人)を熱烈に歓迎[温かく祝福]する.

‡**caluroso, sa** [kalURóso, sa] [<calor] 形 ❶ (気候・気温が)暑い, 暖かい. ― Ha sido un mes muy ~. 今月は非常に暑い月だった. Este verano se presenta poco ~. 今年の夏はあまり暑くない. 類 **caliente.** ❷ 心のこもった; 熱烈な. ― Le dieron una *calurosa* fiesta de bienvenida. 彼は暖かい歓迎会をしてもらった. 類 **ardiente, cálido, entusiasta.**

calva [kálβa] 囡 ❶ はげ, はげ頭. ― tener ~ はげがある. ❷ 皮膚の露出部分. ❸ (布地・毛皮などの)すり切れた部分. ❹ (森林の)開けた場所, 空き地.

calvario [kalβárjo] 男 ❶ (C~)《宗教》されこうべの場(キリスト磔(たっけい)の地). ❷《比喩》試練, 受難. ― Al terminar la guerra, comenzó el ~. 戦争が終わると試練が始まった.

calvero [kalβéro] 男 (森林の)開けた場所, 空き地.

calvicie [kalβíθje] 囡 はげ頭, はげ, 脱毛.

calvinismo [kalβinísmo] 男《歴史》カルバン主義, カルビニズム(カルバンが始めた宗教改革思想).

calvinista [kalβinísta] 形《歴史》カルバン主義の. ― 男女《歴史》カルバン主義者.

Calvino [kalβíno] 固名 カルバン(ジャン Juan ~)(1509-64, フランス生まれのスイスの宗教改革者).

calvo, va [kálβo, βa] 形 ❶ (頭などが)はげた, 毛のない. ❷ 木[葉]のない, むき出しの, はげ山の. ❸ (布地・毛皮などが)すり切れた.
― 名《話》頭のはげた人.

ni tanto ni tan calvo 《話》ほどほどに.

calza [kálθa] 囡 ❶《話》《服飾》靴下. ― medias ~s ハイソックス. ❷ 複《歴史, 服飾》半ズボン. ❸ 楔(くさび), 歯止め, すべり止め.

verse en calzas prietas 《話》苦境に立つ.

‡**calzada**[1] [kalθáða] 囡 ❶ 車道, 車線(→acera

「歩道」). —Los automóviles circulan por el lado derecho de la ～. 車は右側通行だ. Cuando cruces la ～, mira si vienen coches. 君が道路を渡る時は，車が来るかどうか確かめなさい. 類 **carretera**. ❷ 道路, 舗装道路, 街路. —ir por la ～ 道路を歩く. No juegues en la ～. 路上で遊んではいけない. ❸〖歴史〗(ローマ人が築いた)石畳の広い道, 街道.

calzada romana〖歴史〗ローマ街道.

*calzado, da² [kalθáðo, ða カルサド, ダ] 形 ❶ 靴を履いた. —Tenía tanto sueño que se metió en la cama vestido y ～. 彼はあまりに眠たかったので服を着て靴を履いたままベッドに入った. El telesilla tiene sobre la telecabina la ventaja de que se puede montar en él con los esquíes ～s. リフトはスキーを履いたまま乗れるというゴンドラ式ロープウェーに勝る利点がある. 反 **descalzo**. ❷ を支(ｻｻ)った, 楔(ｸｻﾋﾞ)をかませた. —A pesar de que había dejado el coche ～ con piedras, se deslizó pendiente abajo. 車には石の楔をかませて置いたにもかかわらず, 坂を滑り降りた. ❸〖宗教〗(『跣足修道会』に対し)靴を履いた. —orden religiosa *calzada*〖宗教〗(跣足(ｾﾝｿｸ)修道会に対し)履足(ﾘｿｸ)修道会. Pertenecía a las carmelitas *calzadas*. 彼は履足カルメル会に属している. 反 **descalzo**. ❹ (馬などが)足先だけ毛色の違う. —Tengo un caballo ～ de color blanco. 私は足先の毛並みが白い馬を持っている. ❺ (鳥が)脚まで羽毛で覆われた. —pichón ～ 脚に毛の生えたハト.

── 男 ❶〖集合的に〗履物, 靴類, 靴(個別的な『靴』は zapato). —tienda de ～ 靴屋, 靴店. fábrica de ～ 靴工場. industria del ～ 履物産業. Un ～ elegante hace que el vestido luzca más. 履物がエレガントだと洋服が映える. Llévate ～ de verano porque hará calor. 暑くなるので夏用の靴を持って行きなさい. ❷〖宗教〗(跣足(ｾﾝｿｸ)会修道士に対し)履足[履物]修道士.

calzador [kalθaðór] 男 靴べら.

calzadura [kalθaðúra] 女 靴など履物を履くこと.

:calzar [kalθár] [1.3] 他 ❶ を履く, 履かせる; …に靴を履かせてやる. —Calzas unos zapatos en los que te bailan los pies. 君は足がブカブカの靴を履いているね. Calza a la niña. その女の子に靴を履かせてやりなさい. ¿Qué número calza usted? あなたの靴の寸法はいくつですか. Calzaba botas de ante. 彼はスエードの靴を履いていた. ❷ …の履物[靴]を作る. —Le calza un zapatero famoso. 彼は靴をある有名な靴屋にあつらえで作らせる. ❸ …につっかい棒をする, 車輪止めをする. —*Calzaron* el coche con unas piedras. 彼らは車に数個の石でつっかい棒をした.

── se 再 ❶ 靴を履く. ❷ (スキー・拍車)を付ける, (手袋)をはめる. ——se los esquís スキーを履く. ～se los guantes 手袋をはめる. ❸〖話〗を手に入れる, 獲得する; (人を)支配する. —Se *calzó* la representación de esas tres compañías japonesas. 彼はそれら日本の 3 つの会社の代理権を手に入れた.

calzo [kálθo] 男 楔(ｸｻﾋﾞ), 止め木.

calzón [kalθón] 男〖主に複〗〖服飾〗❶ ズボン, 半ズボン. ❷ 女性用のパンツ, パンティ. ❸ *hablar a calzón quitado*《話, 戯》無遠慮に話す, ずけずけと言う.

llevar los calzones bien puestos《話》(ある場所を)とり仕切る; 亭主関白である.

ponerse los calzones (1) ズボンをはく. (2)《話, 比喩, 戯》(特に, 家庭で妻が)指図する, いばる.

calzonazos [kalθonáðos] 男〖単複同形〗《話》たよりない男, 妻の尻にしかれた男.

calzoncillos [kalθonθíjos] 男 複〖服飾〗(男性用の)パンツ. —ponerse los ～ パンツをはく. ～ largos ズボン下.

calzonudo [kalθonúðo] 形〖南米〗《軽蔑》(男が)気弱な, 情けない.

*cama¹ [káma カマ] 女 ❶ ベッド, 寝台; (寝台の)床架. —juego de ～ 寝具セット. ～ con dosel 天蓋付きベッド. habitación de [con] dos ～s ツインルーム. ～ individual [de uno, de soltero] シングルベッド. ～ matrimonial [de matrimonio] ダブルベッド. ～ camera [frailera] セミダブルベッド. ～ adicional [de excusa] 予備のベッド. ～s separadas [gemelas] ツインベッド. ～ de campaña [plegable, de tijera] 折り畳み式ベッド, キャンピングベッド. ～ camarote〖中南米〗二段ベッド. 〖アルゼンチン〗ダブルベッド. ～ de dos plazas〖中南米〗ダブルベッド. ～ de una plaza〖中南米〗シングルベッド. ～ de viento [コロンビア, エクアドル, ホンジュラス] 簡易ベッド. 類 **catre, lecho, litera**. ❷〖鉄道〗寝台. —coche ～ 寝台車. ～ en primera 一等寝台. ～ (de) litera 二段ベッド. ～ turista 二等寝台. ❸ (病院・療養所・寮などの)ベッド. —sanatorio con una capacidad de 50 ～s ベッド数 50 の療養所. ❹ (厩舎(ｷｭｳｼｬ)の)床に敷く寝わら, 敷きわら (= ～ de paja). —cambiar la ～ a las vacas 雌牛に敷きわらを取り替えてやる. 類 **mullido**. ❺ (野生動物の)巣(穴), ねぐら. 類 **guarida, madriguera**. ❻ (動物の)一腹の子, (鳥の)一巣の雛(ﾋﾅ). 類 **camada**. ❼〖地質〗層, 床(ﾄｺ); 〖園芸〗冷床. —～ de tierra 地層. ～ de roca 基岩, 床岩, 岩床. Pusieron sobre el césped una ～ de abono. 芝生一面に肥料が撒かれた. ❽ (メロンなどの)地面に触れている部分, 尻. ❾ (荷車などの)床. ❿〖印刷〗版盤. ⓫〖海事〗浜上げした船の跡.

caer en (la) cama 病気になる, 病床に伏す.

cama elástica《スポーツ》トランポリン.

cama nido (普通ソファーの下にある)引き出し式ベッド, 子ども式ベッド.

cama redonda (1) (3・4 人用の)大型ベッド. (2)《俗》スワッピング.

cama turca (1) (背・腕・足のないソファータイプの)頭板のないベッド. 類 *diván*. (2)〖アルゼンチン〗(いたずら半分に)(寝ようとして)足を十分伸ばせないようにシーツを二つ折りにしたベッド (= hacer la petaca).

deshacer la cama ベッドから毛布・シーツ類を取りはずす. Si saltas encima, le vas a *deshacer la cama*. 飛び跳ねるとベッドが乱れるよ.

destapar la cama (就寝前にベッドの用意をする, ベッドカバーを取る.

echarse [tirarse, tumbarse] en la cama (眠くて)ベッドに倒れ込む.

estar de cama〖中南米〗《話》死んでいる.

estar en (la) cama 病気で寝ている (→guardar (la) cama, hacer cama).

extrañar la cama ベッドになじめない. Ayer *extrañé la cama* en el hotel y tardé mucho en

298　cama²

dormir. 私はホテルのベッドになじめず，なかなか寝つけなかった.

guardar (la) cama/hacer cama 病気で寝ている,病床に伏す.

hacer la cama (1) ベッドメイクする, 床をとる. *Hágame la cama, por favor.* ベッドメーキングをお願いします. (2) 《まれ, 話》[+de](人)を陥れる, …に対して裏工作をする.

ir a la cama 床につく, 寝床に入る, 寝る(→irse a la cama).

irse a la cama (1) 寝床に入る, 寝る. *Ya es hora de irse a la cama.* もう寝る時間だよ. (2) [+con]《話》(性的な意味で)…と寝る.

levantar la cama (ベッドを風にさらすために)ベッドから毛布・シーツ類を取りはずす.

levantarse de la cama ベッドから起き上がる, 起床する; (病人が)床上げする.

Quien mala cama hace, en ella se yace. 【諺】自業自得; 身から出た錆(%)(←下手なベッド・メイキングをする人は結局そのベッドで寝ることになる).

salto de cama (婦人用の)化粧着, ガウン, ネグリジェ.

tender la cama【中南米】ベッドメークする, 床をとる.

cama² [káma] 囡 ❶《農業》～ del arado 鋤(;)の長柄, わり木(鋤の柄から刃に至る湾曲した部分). ❷(木製の車輪の)大輪. ❸《技術》～ de freno (馬車の, 手綱を巻き付けたブレーキ棒.

camada [kamáða] 囡 ❶(動物の)一腹の子. ― de la misma ～ 同腹の. ❷層. ❸《話》(悪党の)一味, 軍団.

camafeo [kamaféo] 男 カメオ, カメオ細工.

Camagüey [kamaɣuéi] 固名 カマグエイ(キューバの都市).

camal [kamál] 男 ❶ (馬などの)端綱(ぼな). ❷《南米》畜殺場.

camaleón [kamaleón] 男 ❶《動物》カメレオン. ❷《話, 比喩》無節操な人, ご都合主義者.

camalote [kamalóte] 男 《植物》ホテイアオイ(布袋葵, ミズアオイ科の浮遊性の宿根草).

camama [kamáma] 囡《俗》大うそ, ぺてん. 類 **embuste, falsedad.**

camamila [kamamíla] 囡 →camomila.

camandulería [kamandulería] 囡 →gazmoñería.

camandulero, ra [kamanduléro, ra] 形 ❶《話》ごまかす, ずるい. 類 **astuto, taimado.** ❷《話》偽善の, 信心深いふりをした.
――名 ❶《話》ずるい人. ❷《話》偽善者.

‡**cámara** [kámara] 囡 ❶(写真, 映像)カメラ, 写真機(= ～ fotográfica [de fotos]). ―No has enfocado la ～ de fotos y la imagen ha salido borrosa. 君はカメラのピントを合わせそこなったのでピンボケになった. ～ analógica アナログ・カメラ. ～ automática オートマチック・カメラ. ～ cinematográfica [de cine] 映画撮影用カメラ, 映写機. ～ de proyección 映写機. ～ de televisión [de vídeo] テレビ[ビデオ]カメラ. ～ de fotos digital デジタル・カメラ. ～ 8 mm 8ミリ・カメラ. ～ vídeo digital デジタル・ビデオカメラ. ～ réflex レフレックスカメラ. ～ submarina 水中カメラ. ❷撮影技術. ❸(各種用途の)部屋, (国王などの)私室, 寝室(～ real). ―El rey recibe a los embajadores en la ～ real. 王は大使を私室で謁見する. ～ de torturas 拷問部屋. 類 **cuarto, estancia, salón.** ❹《政治》議会, 議院. ―La C～ baja de España es el Congreso de los Diputados y la C～ alta, el Senado. スペインの下院は衆議院で, 上院が参議院である. ～ de Indias《歴史》植民地会議院. ～ de los Lores (de los Comunes) (英国の)上[下]院. ～ de Diputados フランス下院(1946年以後は「国民議会」); イタリア下院. ～ de Representantes (アメリカの)下院, (日本の)衆議院. ～ de Senadores 上院. C～ Nacional de Apelaciones【アルゼンチン】連邦控訴院. 類 **cortes.** ❺《商業》会議所, 組合. ― ～ de comercio (e industria) 商工会議所. ～ agrícola 農業会議所. ～ de compensación 手形交換所. ～ sindical (組合の)統制委員会. ❻ 冷蔵室(= ～ frigorífica/【メキシコ】～ de refrigeración). ❼(タイヤ・ボールなどの)チューブ(= ～ de aire). ―neumático sin ～ チューブレスタイヤ. ～ del neumático タイヤのチューブ. La ～ de este balón de fútbol pierde aire. このサッカーボールのチューブから空気が漏れている. ❽《物理, 機械》(空気・蒸気などの)室. ― ～ de niebla (de burbujas)《物理》霧[泡]箱. ～ de descompresión (潜水夫などのための)減圧室, 減圧装置. ～ de expansión de Wilson《物理》ウィルソン霧箱. ～ de ionización《物理》電離箱. ～ sorda (anecoica) 無響室. ～ de resonancia 共鳴箱. ❾《軍事》(銃の)薬室, 弾倉. ― ～ del fusil ライフル銃の薬室. 類 **recámara.** ❿《解剖》房, 室. ～ anterior [posterior] del ojo 前[後]眼房. ⓫(船舶)…室, 船室; 上級船員室, (軍艦の)士官室. ― ～ de cartas 海図室. ～ de motores [de máquinas] 機関室. ⓬ 圉《医学》下痢(= diarrea). ―tener ～s en la lengua《話》恥を外にさらす, 内の秘密を外に漏らす. ⓭ 穀物倉(= granero). ⓮【メキシコ】《俗》【間投詞的に】(驚きを表す)おや, まあ; (同意を表す)いいよ. ―¿Nos vemos a las cinco?-¡C～! 5時に会おうか?-いいよ.

a cámara rápida 早送りで(→cámara lenta). Pusimos la película *a cámara rápida*. 私たちはその映画を早送りした.

ayuda de cámara (1) 侍従, 召使い, 側仕え. (2) 付き人.

cámara acorazada [blindada] 金庫室, 大金庫.

cámara apostólica《カトリック》ローマ聖庁会計院.

cámara ardiente (通夜をする)霊安室, 遺体仮安置所.

cámara de aire (1)《建築》(壁・天井などの防寒・防音用)空気層. (2) (タイヤの)チューブ. (3)《音楽》(パイプオルガンの)風箱. (4)《動物》(鳥類の卵の)気室.

cámara de audiencia 謁見[拝謁]の間.

cámara de combustión (エンジンの)燃焼室.

cámara de gas (処刑室の)ガス室.

cámara de la propiedad 登記所.

cámara de oxígeno《医学》酸素テント.

cámara hiperbárica《医学》(高圧酸素治療に用いる)高圧室.

cámara lenta スローモーション. a [con, en] *cámara lenta* スローモーションで.

cámara mortuoria (1) (通夜をする)霊安室, 遺体仮安置所(= cámara ardiente). (2) (重要な)

墓.

cámara nupcial (ホテルの)新婚カップル用の部屋.

cámara oculta 隠しカメラ.

cámara oscura [***obscura***] 《写真》(現像用)暗室;(模写用)暗箱.

cámara séptica 腐敗タンク.

chupar cámara 《写真, テレビ》《話》テレビに出たがる, 写真に映りたがる, 目立ちたがる. Sales en todas las fotos que hicimos porque te encanta *chupar cámara*. 君は目立ちたがり屋なので, 私たちが撮った写真にはすべて写っている.

de cámara 王室の, 宮廷の, 室内の. médico *de cámara* 侍医. música [orquesta] *de cámara* 室内楽[オーケストラ]. gentilhombre *de cámara* 侍従. ujier *de cámara* 寝所付き衛兵. Goya fue nombrado pintor *de cámara*. ゴヤは宮廷画家の名を与えられた.

—— 男女 (映画・テレビなどの)カメラマン. ◆「写真家」の意味では fotógrafo を用いる.

:**camarada** [kamaráða] 男女 **❶** 仲間, 同僚, 親友, クラスメート. ~ de colegio 学友, 同窓生, 級友. ~ de clase 級友, クラスメート. ~ de trabajo [de profesión] 仕事仲間. ~ de juegos 遊び仲間. ~s inseparables 大の親友同士. antiguos ~s de juerga 昔の飲み仲間. [類] **amigo, colega**. **❷** 〖政治〗(共産党・労働組合などの)同志, 党員, 組合員. —Los ~s del sindicato apoyaron a los obreros despedidos. 組合員たちは解雇された労働者たちを支持した. el ~ Lenin 同志レーニン. [類] **compañero, correligionario**. **❸** 〖軍事〗戦友 (= ~ de armas).

camaradería [kamaraðería] 女 仲間意識, 友情. [類] **compañerismo**.

*****camarera** [kamaréra] 女 **❶** ウエートレス, 給仕 (→camarero「ウエーター」). —Me atendió la ~ de la barra. カウンターのウエートレスが私に応対した. [類] **moza**. **❷** (ホテル・客船の)部屋係, メイド, 客室係. —La ~ nos cambió las sábanas. 部屋係が私たちにシーツを換えてくれた. [類] **chica, muchacha**. **❸** 〖上流家庭で台所以外の仕事をする〗女執事, 女中頭. [類] **criada**. **❹** 〖歴史〗(王妃の)侍女, 女官. —~ mayor [de la reina]/~ mayor de la reina [de palacio] 王妃付き女官長, 尚侍(ないしのかみ). **❺** (料理などを載せる)ワゴン. [類] **carrito**. **❻** 〖中南米〗スチュワーデス.

bar de camareras ホステスのいるバル.

camarera de teatro (劇場の)衣裳係.

:**camarero** [kamaréro] 男 **❶** ウエーター, ボーイ, 給仕 (→camarera「ウエートレス」). —trabajar de [como] ~ en un bar バルでウエーターをしている. C~, la cuenta por favor. ボーイさん, お勘定をお願いします. [類] **barman**. **❷** (ホテル・客船の)部屋係, ボーイ, 客室係. ~ de piso (ホテルの)フロア・ボーイ. **❸** (国王・教皇・貴族の)侍従, 付き人, 側近, 世話係. —~ mayor del rey 王の侍従[側近, 付き人]. **❹** (劇場の)衣裳係.

camareta [kamaréta] 女 **❶** 小型船の船室;小さな船室. **❷** 海軍士官候補生用の船室.

camarilla [kamarílja] 女 **❶** 圧力団体, 黒幕. **❷** 徒党, 派閥.

camarín [kamarín] 男 **❶** 〖演劇〗(劇場の)楽屋. **❷** 〖宗教〗(教会の)像などを祭る棚, 壁(かべ)がん.

camarista [kamarísta] 女 侍女, 女官.

camarlengo [kamarléŋgo] 男 〖宗教〗最高枢機卿, カメレンゴ(ローマ教皇代行者).

:**camarón** [kamarón] 男 〖複〗camarones **❶** 〖動物〗(食用の)小エビ, エビ(蝦) ♦長さ 3〜4cm. gamba「芝エビ」に似ているが, それよりも小さい. →langosta「伊勢エビ」, langostino「車エビ」. —~ de río 川エビ. Para picar, pidieron una ración de *camarones*. 彼らはつまみに小エビを 1 盛り注文した. [類] **esquila, quisquilla**. **❷** 〖中南米〗エビ (=gamba). **❸** 〖中米〗チップ, 心付け (=propina); 掘出し物. **❹** 〖南米〗ぺてん; 政党の鞍替えをする者.

Camarón que se duerme, se lo lleva la corriente. 〖諺〗歳月人を待たず.

camaronero, ra [kamaronéro, ra] 形 小エビ(獲り)の.

—— 男 エビ獲り船.

—— 名 エビ獲り[売り]人.

camarote [kamaróte] 男 《海事》(船の)客室, キャビン.

camarotero [kamarotéro] 男 〖中南米〗(船の)客室係.

camastro [kamástro] 男 (当座しのぎの)粗末なベッド, 簡易ベッド.

camastrón, trona [kamastrón, tróna] 形 《話》ずるい, 狡猾(こうかつ)な. —— 名 《話》ずるい人, 狡猾(こうかつ)な人, 日和見主義者.

cambalache [kambalátʃe] 男 《話》交換, やり取り, 取りかえっこ. —hacer un ~ 交換する. [類] **trueque**.

cambalachear [kambalatʃeár] 他 《話》を交換する, 取りかえっこする.

cámbaro [kámbaro] 男 〖動物〗(食用の)海ガニ.

Camberra [kambéra] 固名 キャンベラ(オーストラリアの首都).

cambiable [kambiáβle] 形 **❶** 変わりやすい. **❷** 取り替えられる.

cambiadizo, za [kambiaðíθo, θa] 形 変わりやすい.

cambiador, dora [kambiaðór, ðóra] 形 替える; 交換する; 変える. —— 男 交換器. —~ de calor [iones] 熱交換器[イオン交換体].

cambiante [kambiánte] 形 **❶** 変化する, 変わる, 変わりやすい. —— 男 〖商業〗両替商. **❷** 〖複〗(布などの)玉虫色のきらめき, 光沢.

cambiar [kambiár カンビアル] [<cambio] 他 **❶ [+por と]を取り代える, 交換する. —Con mucho gusto *cambiaría* mi trabajo *por* el tuyo. 私なら大喜びで自分の仕事を君のと取り代えるのに. Juan y yo nos *cambiamos* los discos cuando los hemos oído. フアンと私はレコードを聴き終えたら交換し合う. [類] **canjear, reemplazar, trocar**. (*a*) を変える, 変化させる. —Las inundaciones han *cambiado* totalmente el paisaje. 洪水が風景を一変させていた. *Ha cambiado* el piano de sitio. 彼はピアノの位置を変えた. ~ el amor en odio 愛情を憎悪に変える. (*b*) [+a ヘ]を移す, 移動させる. —El presidente *ha cambiado* la oficina *a* otro edificio. 社長はオフィスを別のビルに移した. [類] **alterar, convertir, mudar**. **❷** を両替する, くずす; [+en に]を換える. —¿Quiere usted ~me este billete de cinco mil pesos? どうかこの 5000 ペソ札をくずしてください. ~ yenes *en*

300 cambio

euros 円をユーロに換える.
— 自 ❶ 変わる, 変化する. —Usted no *ha cambiado* nada. あなたはちっとも変わっていない. ❷ 【+de を】変える, (列車などを)乗り換える. —*Cambia de* tren en la próxima estación. 次の駅で列車を乗り換えなさい.
—se 再 ❶ 【+en に】変わる. —En unos segundos la alegría del público *se cambió en* pena. 数秒間で民衆の喜びは悲しみに変わった. ❷ (*a*) 【+de を】着替える, はきかえる. —Entro un momento a *cambiarme de* ropa. ちょっと部屋に入って衣服を着替えてきます. 【+a へ】引越しする, 転居する. —*Me cambié de* domicilio. Ahora vivo en Ferraz 85. 私は引越しをして, 今フェラース通り 85 番地に住んでいる.

cambio [kámbjo カンビオ] 男 ❶ 変化, 変更, 変革, 転換; 変遷. — ~ radical 急激な[抜本的]な変革. ~ de tiempo [de marea] 天候[潮の干満]の変化. ~ climático 気候の変化. ~ de domicilio 住所変更; 引っ越し. ~ de nombre (商業) 社名変更. ~ de personal 人事異動. ~ de rasante 勾配の変化(している所), 山の端(は), 坂の頂上. ~ de sentido U U ターン. una operación de ~ de sexo (医学) 性転換手術. ~ estatutario 憲章改定. Luisa ha dado un ~ increíble. ルイサは信じられないくらい変わっている. 類 **alteración, mudanza, sustitución, transformación**.
❷ 交換, 取り替え; 交替, 入れ替え, 更迭. — ~ de pareja パートナーチェンジ. ~ de aceite オイル交換. ~ de rueda タイヤの交換. valor de ~ 交換価値. ~ ministerial 閣僚の更迭. En los artículos rebajados no se admiten ~s ni devoluciones. バーゲン品の交換及び返品はお断り. 類 **intercambio, sustitución, trueque**.
❸ 小銭. —¿Tiene usted ~ de doscientos euros? 200 ユーロ札を細かくできますか? Le pagué con un billete de cien euros porque no tenía ~. 私は細かいのがなかったので彼に 100 ユーロ札で支払った. 類 **calderilla, suelto**.
❹ お釣り, 釣銭(中南米では vuelto). —Me dieron un euro de ~ y lo dejé de propina. 私はお釣りを 1 ユーロもらったが, チップとして置いてきた. Quédese con el ~. お釣りはいりません. 類 **vuelta**.
❺ (商業) 両替; 為替, 為替相場, 為替レート. —¿A cuánto está el ~ del dólar? 今日はドルの為替レートはいくらですか? ~ de moneda extranjera 外国為替(取引). máquina de ~ 自動両替機. oficina de ~ 両替所. casa de ~ 両替所(中南米に多い). agente de ~ (y bolsa) 株式仲買人. control de ~ 為替管理. letra de ~ 手形. ganancia [pérdida] por diferencia de ~ 為替差益[差損]. mercado de ~ 為替市場(= mercado de divisas). operaciones de ~ 為替取引. tipo de ~ actual 現在の為替レート. tipo de ~ a término 先物為替相場. sistema de ~ fijo 固定為替相場制. tipo de ~ flotante de ~ 変動相場制. las fluctuaciones de los tipos de ~ 為替相場の変動. ❻ (株式などの)相場. ❼ (経済) 貿易, 交易. — zona de libre ~ 自由貿易地帯(→librecambio). ❽ 変速装置, ギヤ. —el ~ de velocida-

des 変速装置. un automóvil con ~ de marchas automático 自動変速装置の車, オートマチック車. palanca de ~(s) チェンジレバー. ❾ (スポーツ) メンバーチェンジ, 選手交替; 作戦変更. —efectuar [realizar] dos ~s 選手を 2 名替える. El entrenador hizo algunos ~s en la alineación del equipo. 監督はチームのラインアップを変更した. ❿ (演劇) 転換. — ~ de decoración 舞台転換. ~ escénico 場面転換. ⓫ (鉄道の)ポイント切換装置.

a cambio (de ...) (1) (…と)交換[引き替え]に, (…の)お返しに, 見返りに (→en cambio). Siempre me ha ayudado sin pedir nada *a cambio*. 彼は何も見返りを求めずにいつも私を助けてくれた. Me ofreció mucho dinero *a cambio de* mi silencio. 彼は私が秘密を守ったお礼に私にたくさんお金をくれた. 【*de* や *a* +接続法】を条件に. Te dejo la moto *a cambio de* que me ayudes a preparar el examen. ぼくの受験準備を手伝ってくれたら君にオートバイを貸してあげる.

a la(s) primera(s) de cambio (1) いきなり, 突然, 出し抜けに. (2) 都合のつき次第, 機会があり次第. *A las primeras de cambio* me largo de aquí. 都合のつき次第私はここを去ります.

cambio de aire(s) [*de ambiente*] 環境の変化, 転地. Lo que tú necesitas es un *cambio de aires*. 君に必要なのは転地だ.

cambio de dirección (1) 方向転換. (2) 住所変更 (= cambio de domicilio). (3) 経営者の交替 (= cambio de dueño).

cambio de estado (1) (物理) 状態の変化. (2) 独身 (soltero)・既婚 (casado)・寡夫 (viudo) の別の変化.

cambio de imagen イメージチェンジ.

cambio de impresiones 意見交換, 意見の述べ合い.

cambio de vía (機関車・電車などの)転轍(てつ), ポイント.

Comisión de Valores y Cambios 証券取引委員会.

en cambio (1) それに引き換え, 反対に. Ayer llovió; hoy, *en cambio*, no hay ni una nube. 昨日は雨だったが, 今日は反対に雲一つない. (2) そのかわり, 引き替えに, お返しに. Le regalé un anillo y ella me regaló, *en cambio*, un reloj. 私が彼女に指輪をプレゼントしたら, 彼女はお返しに時計を私にプレゼントしてくれた.

cambista [kambísta] 男女 (商業) 両替屋.
Camboya [kambója] 固名 カンボジア (首都プノンペン Phnom Penh).
camboyano, na [kambojáno, na] 形 カンボジア (Camboya)(人・語)の. — 名 カンボジア人. — 男 カンボジア[クメール]語.
cambriano, na [kambriáno, na] 形 (地質) カンブリア紀の.
cámbrico, ca [kámbriko, ka] 形 ❶ (地質) カンブリア紀の. ❷ カンブリア(イギリス, ウェールズの古名)の, カンブリア人の. 類 **cambriano**.
— 男 (地質) カンブリア紀.
cambrón [kambrón] 男 (植物) クロウメモドキ.
cambronal [kambronál] 男 ❶ キイチゴ畑. ❷ クコの茂み.
cambur [kambúr] 男 (中南米) バナナに似た実がなるカリブの樹.
camelar [kamelár] 他 ❶《話》…におべっかを使

う,へつらう. ❷【話】(女性)を誘惑する,(女性に)言い寄る. 類**galantear**. ── **se** 再 〖+a〗…にへつらう,取り入る. ── *se a*l jefe 上司にへつらう.

‡**camelia** [kamélja] 囡 ❶【植物】ツバキ(椿)(の花). ─ «La dama de las ～s» (Alejandro Dumas)「椿姫」(アレクサンドル・デュマ). ❷【キューバ】【植物】ヒナゲシ (=amapola).

camella¹ [kaméja] 囡 →gamella.
camella² [kaméja] 囡 (雌の)ラクダ.
camellero, ra [kamejéro, ra] 图 ラクダ引き.

‡**camello** [kaméjo] 男 ❶【動物】(雄の)ラクダ(駱駝),フタコブラクダ(→「(雌の)フタコブラクダ」: camella.「ヒトコブラクダ」: dromedario. ラクダ科: camélidos). ── pardal キリン(麒麟)(=jirafa). jorobas del ～ ラクダの瘤(ｺﾌﾞ). pelo de ～ (繊維)キャメルヘア. ❷【話】麻薬密売人. ─ La policía detuvo a un ～ que vendía droga a la puerta del colegio. 警察は校門で麻薬を売っていた麻薬密売人を逮捕した. ❸【海事】浮箱(浅瀬で船を浮かしたり,沈没船を浮揚させたりする). ❹【北米】【俗】仕事,職,労働.

disfrutar como un camello 大いに楽しむ.

camellón [kamejón] 男 ❶【農業】畝(ｳﾈ). ❷(道路の)中央分離帯.

cameraman [kameramán]〔＜英〕男 カメラマン (=cámara).

camerino [kameríno] 男【演劇】楽屋.

camero, ra [kaméro, ra] 形 (ベッドが)セミダブルの,セミダブル用の.

Camerún [kamerún] 固名 カメルーン(首都ヤウンデ Yaoundé).

camerunés, nesa [kamerunés, nésa] 形 カメルーンの.
── 名 カメルーン人.

Camila [kamíla] 固名《女性名》カミーラ.

camilla [kamíja] 囡 ❶ 担架. ─ llevar en ～ 担架で運ぶ. ❷ (足元に火鉢がはめ込んである)丸テーブル (= mesa camilla).

camillero, ra [kamijéro, ra] 名 担架を運ぶ人;【軍事】担架兵.

Camilo [kamílo] 固名《男性名》カミーロ.

caminador, dora [kaminaðór, ðóra] 形 よく歩く,健脚の.

caminante [kaminánte] 形 歩く,旅行する.
── 男女 ❶ 歩く人,通行人. ❷ 旅人.

‡**caminar** [kaminár カミナル]〔＜camino〕自 ❶ 歩く,向かう,移る. ─ En una calle helada hay que ～ despacio y con cuidado. いてついた通りではゆっくりと注意深く歩かねばならない. ❷ (川が)流れる;(天体が)運行する. ─ El río *camina* hacia el Pacífico. その川は太平洋に向かって流れている. El sol *camina* hacia el oeste. 太陽は西へ向かって運行している.

caminar derecho 正しい行いをする,正道を歩む.
── 他 (距離)を歩く,進む. ─ Hoy he *caminado* cinco kilómetros. 今日私は5キロ歩いた.

‡**caminata** [kamináta] 囡 ❶ (疲れるほど長距離を)歩くこと,長い散歩;(徒歩の)遠足,ハイキング. ─ dar(se) [pegarse, hacer] la [una] ～ かなりの距離を歩く,遠足をする. De aquí al pueblo vecino hay una buena ～ de diez kilómetros. ここから隣町まで10キロとかなり歩く. ❷ 道のり,距離.

caminero, ra [kaminéro, ra] 形 道の,道路に関する.

── 名 道路工夫.

ser más vago que la chaqueta de un caminero →chaqueta.

peón caminero →peón.

‡**camino** [kamíno, カミノ]男 ❶ 道,道路. ─ ～ carretero 車道. ～ de hierro 鉄道. ～ de cabras ひどく険しい道. ～ forestal 林道. ～ real (昔の)国道. ～ vecinal 市(町・村)道. equivocar el ～ 道を間違える;《比喩》道を誤る. perderse en el ～ 道に迷う. Me perdí en el ～. 道に迷った. ¿Me puede enseñar el ～ a la estación? 駅へ行く道を教えてくださいませんか. seguir su ～ 道をゆく;《比喩》我が道を行く. Abandonó los estudios a medio ～. 彼は研究を途中で止めた.

❷ 道のり,距離. ─ ¿Cuánto ～ hay de aquí a Tokio? ここから東京までどのくらいの距離がありますか.

❸ 手段,方法. ─ Eligió el ～ más fácil. 彼は最も安易な道を選んだ. ❹【情報】パス,経路.

a medio camino 途中で. A medio ～ nos paramos a comer. 途中で,食事をするのに車を止めた.

abrir camino a …に道を開く,を始める.

abrirse camino (1) 道を切り開いて進む. (2) 流れ出す,流行する.

a mitad del camino 道のり半ばで,途中で.

atravesarse en el camino de ... …の邪魔をする,足を引っ張る.

camino de ... …に向かって;に向かう途中で. Van *camino de* Madrid. 彼らはマドリードに向かっている. *Camino de* la universidad, encontré a tu madre. 私は大学へ行く途中で君の母親に会った.

camino de herradura 馬だけが通れる狭い道.
camino trillado (1) いつもの道. (2) 常套手段.
Caminos, Canales y Puertos 土木工学.
camino de sirga (運河・川沿いの)引き船道.

coger [pillar] de camino a ...の途中にある,の途中で. Te acompaño; tu casa me *coge de camino*. 一緒にいくよ,君の家は途中にあるから.

coger el camino 出発する.

cruzarse en el camino de ... →atravesarse en el camino de ...

de camino (1) 旅行用の. (2) 一時的に. Estoy aquí *de* ～. 私は一時的にここにいる. (3) ついでに,行きがけに. Voy al supermercado y, *de* ～, echaré la carta. スーパーに行くついでに手紙を投函します.

echar cada cual por su camino 別れる.

en camino de ... …の途上に.

en el camino de 途中で.

hacer(se) el camino 出世する.

ir cada cual por su camino それぞれ勝手な道を行く.

ir fuera de camino 道を踏み外す.

ir por buen [mal] camino 正しい [誤った] 道を行く.

llevar camino de ... …することになると予想され,…する方向に進展している.

meter a ... *por camino* 人を道理に服させる.

no llevar camino →ir fuera de camino.

ponerse en camino 旅立つ,出発する.

302 camión

salir al camino de ... を迎えに出る, 会いに行く. *Todos los caminos llevan[conducen] a Roma.* すべての道はローマに通ず.
traer a ... al buen camino (悪事から)人に足を洗わせる.

:**camión** [kamjón] 男〖複 camiones〗❶ トラック; ローリー. —conducir un ～ トラックを運転する. transportar en ～ トラック輸送する. ～ cisterna [cuba] タンク・ローリー, 給水車, 液体運搬用トラック. ～ de la basura 清掃車, ゴミ回収車. ～ de riego 散水車. ～ grúa [remolcador] レッカー車. ～ de bomberos 消防車. ～ escala de los bomberos はしご車. ～ volquete [de volteo, basculante] ダンプカー. ～ hormigonero [agitador, mezclador] コンクリートミキサー車, 生コン車. ～ de combustible 燃料タンク車. ～ articulado [(con) remolque] トレーラートラック, セミトレーラー. ～ de carga pesada 大型トラック. ～ frigorífico 冷凍トラック. ～ de reparto 配送車. ～ celular 囚人護送車. ～ blindado 歩兵用装甲車. ❷ 〖メキシコ〗(乗合)バス(＝autobús). —tomar un ～ バスに乗る.

estar como un camión 《話》(一般に女性が肉体的・性的に)すごく魅力的である, グラマーである.

・**camionaje** [kamjonáxe] 男 トラック運送; トラック運送料.

・**camionero, ra** [kamjonéro, ra] 名 トラック運転手.

・**camioneta** [kamjonéta] 女 小型トラック, 軽トラック.

camisa [kamísa カミサ] 女 ❶〖服飾〗ワイシャツ, シャツ; 下着, シュミーズ, スリップ. —～ de manga larga [corta] 長袖[半袖]シャツ. ～ a [de] rayas ストライプのワイシャツ. ～ de colores カラーシャツ. ～ de deporte スポーツシャツ. ～ hawaiana アロハシャツ. ～ vaquera デニム・シャツ. ❷〖服飾〗(縮小辞 camisita の形で) —～ blanca del bebé 赤ちゃん用の白い肌着. 類 **blusa, camisola.** ❸ (本・レコードなどの)カバー, ジャケット, 覆い. 類 **envoltura, funda, sobrecubierta.** ❹〖機械〗(シリンダー・炉などの)内張り, 裏張り, きせ金, 詰め物, ケーシング, ライニング. ～ de agua〖機械〗(内燃機関などの過熱を防ぐ)水ジャケット. 類 **envoltura, funda.** ❺ (ガス灯・石油ランプの火炎覆いの)マントル(光を強める)(＝manguito). ❻ 紙[書類]挟み, ホルダー. ❼〖動物〗(ヘビの)脱け殻. —cambiar de [desprenderse de la] ～ 脱皮する. ❽ (食べ物を覆う)パン粉. ❾〖建築〗(壁の仕上げの)漆喰塗り, モルタル. ❿〖植物〗(種子の)皮, 被膜.

cambiar [mudar(se)] de camisa 《話》(便宜上政治的な)主義主張を変える, 変節する, 寝返る. 類 **cambiar de chaqueta.**

camisa azul 青シャツ(スペインのファランヘ党員 falangista).

camisa de dormir (スペイン南部で)ネグリジェ, 寝巻き(＝camisón).

camisa de fuerza (囚人・狂人に着せる)拘束衣[服].

camisa parda 褐色シャツ(ナチス).

camisas negras 黒シャツ(イタリアのファシスト).

camisa vieja スペイン内戦以前からのファランへ党員.

dejar a ... sin [en] camisa 《話》(人)を一文無しにする, 破産[破滅]に追いやる.

empeñar hasta la camisa [la camiseta] 《話》無一文になる, 借金で首が回らない.

en mangas de camisa ワイシャツ姿[上着なし]で.

hasta la camisa 《話》〖dejar/perder/jugarse＋〗すっかんかん, 無一文に.

meterse en camisa de once varas 《話》口出しをする, 干渉する, お節介をやく.

no llegarle a ... la camisa al cuerpo 《話》(人が)びくびくしている, 怖い.

perder la [quedar sin] camisa 《話》無一文になる, 破産[破滅]する.

quedarse en camisa (1) ワイシャツだけになる. (2)《話》無一文になる, 破産[破滅]する.

・**camisería** [kamisería] 女 ❶ ワイシャツ店; ワイシャツ工場. ❷ ワイシャツ製造業.

・**camisero, ra** [kamiséro, ra] 名 ワイシャツ製造[販売]業者.
— 形 ワイシャツ(型)の. —blusa *camisera* シャツブラウス. vestido [traje] ～ シャツ(ウエスト)ドレス.
— 男 シャツブラウス(＝blusa camisera), シャツ(ウエスト)ドレス(＝vestido camisero).

:**camiseta** [kamiséta] 女 ❶〖服飾〗(下着の)シャツ, 肌着, アンダーシャツ, Ｔシャツ. —～ de punto アンダーシャツ, 肌着(＝～ interior). ～ de tirantes [sin mangas] ランニングシャツ; タンクトップ. ～ de manga corta [de manga larga] 半袖[長袖]シャツ. ❷〖スポーツ〗(サッカー・ラグビー選手などの半袖の)ジャージ, ユニフォーム(＝～ deportiva). —～ de un equipo de fútbol サッカーチームのユニフォーム[ジャージ]. ～ amarilla (自転車首位チームの着る)黄色シャツ, マイヨ・ジョーヌ. Al finalizar el partido, los jugadores intercambiaron las ～s. 試合終了後選手たちは互いにジャージを交換した.

cambiarse la camiseta 〖中南米〗(欲得ずくで)党[思想]を変える, 転向する.

camiseta de resaque 〖メキシコ〗タンクトップ.

camiseta imperio (一般に男性の)丸首のランニングシャツ.

sudar la camiseta 《スポーツ》《話》(試合で)精一杯闘う, 全力を尽くす; 猛練習する.

camisola [kamisóla] 女 ❶ 昔, (下着の上に着ていた, 胸元, 袖口(ᆩ)に飾りレースのついた)薄布のシャツ. ❷ (ワイシャツの取りはずしができる)襟・胸当てを固定するための袖なしシャツ. —El joven llevaba una ～ de colores muy bonita. その青年はとても美しいカラーシャツを身に着けていた. ❸ 派手なスポーツ用Ｔシャツ.

camisolín [kamisolín] 男 《服飾》ディッキー, 取りはずしのできる胸当て.

camisón [kamisón] 男 ❶ (主に女性用の)寝間着; 就寝用の長いシャツ. ❷〖中南米〗婦人用のシャツ.

Camoens [kamóens] 固名 カモンイシュ(ルイス・バス・デ Luis Vaz de ～)(1524-80, ポルトガルの詩人).

camomila [kamomíla] 女〖植物〗カミツレ(ヨーロッパ産キク科の植物, また, その花). 類 **manzanilla.**

camón[1] [kamón] 男 ❶ 王室礼拝堂の内陣近くに設置された持ち運びのできる玉座. ❷ ガラス張りのバルコニー[展望台].

camón de vidrios ガラスの間仕切り.

camón[2] [kamón] 男 ❶ 水車を構成する各車輪. ❷《建築》丸天井形の間仕切りの骨組み. ❸ 荷車の外輪に使われる厚い樫の木材.

camorra[1] [kamóřa] 女 ❶《話》口論, けんか. 類 **pendencia, riña**. ❷《アラゴン》ソーセージ入りの小型のパン.

armar camorra 騒ぎたてる, けんかを始める. Si le llevas la contraria, *armará camorra*. 彼に逆らうと, すぐに騒ぎ出すぞ.

buscar camorra けんかを売る[ふっかける]. Se presentaron en la fiesta *buscando camorra*. 彼らはけんかをふっかけようとパーティに出席した.

camorra[2] [kamóřa] 女 ❶（主に la C~）カモーラ（ナポリ起源の犯罪組織）.

camorrear [kamořeár] 自《中南米》口論を始める, 大声でけんかする. 類 **armar camorra, buscar camorra**.

camorrero, ra [kamořéro, ra] 形 けんか早い, けんか好きな.
—— 名 けんか早い人, けんか好きな人. 類 **camorrista**.

camorrista [kamořísta] 形 けんか早い, けんか好きな.
—— 男女 けんか早い人, けんか好きな人. 類 **camorrero**.

:**camote** [kamóte] 男《中南米》❶《植物》サツマイモ（= batata, boniato）；球根. ❷《話》恋心, 惚れ込み（= enamoramiento）. — tener un ~ （人・物に）夢中になっている, 恋している. ❸《話》愛人, 恋人（= amante, querida）. ❹ 嘘（= mentira, embuste）. ❺《メキシコ, エクアドル》《話》ばか, 間抜け（= bobo）. ❻《メキシコ》(a) 面倒な事（= lío）. (b) 友人. (c) よた者, やくざ者. — meterse en un ~ 面倒な事に首を突っ込む. ❼《中米, チリ》みずぶくれ, 腫れ, あざ（= cardenal[2]）. ❽《チリ, ペルー》嫌な人, 退屈な人. ❾《グアテマラ》ふくらはぎ；迷惑.

estar camote de ...《チリ》《話》（人に）恋している, 惚れている.

hacerse camote《メキシコ》《話》（頭が）混乱する.

poner como camote《メキシコ》《話》叱る, 殴る.

tomar camote a ... （異性を）好きになる, …に惚れる.

tragar camote《メキシコ》（厄介な問題なので）口ごもって[詰まりながら]話す.

campal [kampál] 形 野原の. — batalla ~ 野戦.

:**campamento** [kampaménto] 男 ❶ （登山者・旅行者用などの）キャンプ（場）；《軍事》野営（地）, 収容所. ~ de acogida 仮設収容住宅. Pasamos las vacaciones en un ~ de la montaña. 私たちは山のキャンプ場で休暇を過ごした. ~ de verano サマーキャンプ. fuego de ~ キャンプファイア. ~ (de) base ベースキャンプ. ~ de veraneo 休暇用のキャンプ場. erigir [establecer] el ~ キャンプを張る[設営する]. levantar [desmontar] el ~ キャンプを畳む. ~ de instrucción 教育キャンプ場. ~ de trabajo ワークキャンプ, 作業キャンプ. ~ militar 兵営. ~ volante 移動[遊撃]キャンプ；遊軍. ~ de refugiados 難民キャンプ. ~ para prisioneros 捕虜収容所. 類 **camping, vivaque**. ❷ 《集合的に》キャンプの人々[設備]. — Hay suficiente comida para alimentar al ~ durante una semana. キャンパーを1週間食べさせるだけの充分な食料がある. ❸《軍事》野営部隊（= acantonamiento）.

:**campana** [kampána] 女 ❶ （教会などの）鐘, 釣り鐘；鐘の音；晩鐘. — tañer [tocar] las ~s 鐘を鳴らす. ~ mayor 大鐘. reloj de ~ チャイム時計. ~ fúnebre 弔鐘. Lo recibieron con toque de ~s. 彼らは鐘を鳴らして迎えられた. ❷ （学校などの）ベル. — ~ del timbre ベル, 呼び鈴. ¿Ya ha sonado la ~? もうベルが鳴ったか? ❸ 釣鐘形のもの；マントルピース. — ~ de chimenea （暖炉の）マントルピース；フード. ~ decorativa レンジフード. ~ aislante （電気）はかま形碍子（がいし）. ❹ （釣鐘型の）覆い, ふた, カバー（乾燥防止用のチーズカバー, 料理保温用のディッシュカバー, ほこりから守るガラスカバーなど）. ❺ 《服飾》釣鐘型. — Le gustan los pantalones con mucha ~. 彼はベルボトムが好きだ. ❻ 《楽器》ベル, グラスハーモニー. ❼ 教区教会；（教会の）教区（= parroquia）. ❽ 《中南米》《隠》（泥棒仲間の）見張り, 監視（役）. — estar [hacer] de ~ 見張っている, 監視している.

a toque de campana/a campana herida [tañida] 規律・時間を厳守して, 時間に正確に. En esta fábrica van *a toque de campana*. この工場は時間に厳しい.

campana de aire《機械》（ポンプの）空気室.

campana de buzo [de bucear, de inmersión]《海事》（初期の）釣鐘型潜水器, 潜水鐘.

campana de cristal [de vidrios] (1) （乾燥防止用・防寒用の）ガラスカバー. (2) 《化学》ベルジャー, ガラス鐘.

campana extractora (de humo) （台所の）レンジフード.

campana neumática《建築》（水中基礎工事用の）潜函, ケーソン.

doblar las campanas 弔鐘を鳴らす, 弔いの鐘を鳴らす.

echar [tocar] las campanas al [a] vuelo《話》(1) （全部の）鐘を一斉に打ち鳴らす. (2) （ニュースを喜んで）触れ回る, 吹聴する；大喜びする, 喜びを露（あらわ）にする.

no haber oído campanas (+ de) （漠然としか知らず）本当のことを知らない, 真相[本質]を見きわめていない.

oír campanas y no saber dónde《話》あまり正確には知らない, 肝心な点が分かっていない；誤解する.

"Por quién doblan las campanas" 『誰がために鐘は鳴る』（ヘミングウェイ作）.

salto de campana《闘牛》（闘牛士が牛に突き飛ばされて）空中で一回転すること.

vuelta de (la) campana （人・飛行機の）宙返り. dar *una [la] vuelta de campana* 一回転する；（車が）転覆する.

:**campanada** [kampanáða] 女 ❶ 鐘の音, （時計の）時報；（鐘の音の）一打ち. — ~ de las tres 3時の鐘[時報]. El reloj ha dado cinco ~s. 時計が5時を打った. Las ~s retumbaron por todo el poblado. 鐘の音が村中に鳴り響いた. 類 **campaneo**. ❷ 《比喩》スキャンダル, 醜聞, 物議. — Dio la [una] ~ con su blusa transparente. 彼女はスケスケのブラウスを着て物議をかもした. 類 **escándalo, sensación**.

:**campanario** [kampanárjo] 男 （教会の）鐘楼（しょうろう）, 鐘塔. 類 **campanil**.

de campanario 狭量な, 視野[見方]の狭い（その

土地だけの). política *de campanario* つまらない地方的な政治. habladurías *de campanario* その土地だけのつまらない噂(ᵘʷᵃˢᵃ)話.

campanear [kampaneár] 自 鐘を頻繁に[執拗に]鳴らす.
— **se** 再 肩や腰を振りながら気取って歩く. 類 **contonearse**.
allá se las campanee 《話》おれの知ったことではない, 勝手にしろ.

campaneo [kampanéo] 男 ❶ 鐘を繰り返して鳴らすこと. ❷ 肩や腰を振る気取った歩き方. 類 **contoneo**.

campanero, ra [kampanéro, ra] 名 ❶ 鐘つき番. ❷ 鐘鋳造師. ❸〖鳥類〗スズドリ.

campaniforme [kampanifórme] 形 釣り鐘型の.

campanil [kampaníl] 形 鐘銅の. —metal ~ 鐘銅.
— 男 ❶ 鐘塔, 破風鐘楼. 類 **campanario**. ❷《方》市[町, 村]域. ❸《まれ, 方》切り石の一種.

‡**campanilla** [kampaníja] 女 ❶ (手で振る鐘形の)ベル, 鈴, 小さな鐘; (電気式の)ベル. —tocar [sonar] la ~ ベルを鳴らす, 呼び鈴を鳴らす. agitar la ~ 鈴[ベル]を振る. Un toque de ~ dio fin al recreo. ベルの音が休憩時間の終わりを告げた. 類 **cencerro, esquila, timbre**. ❷〖植物〗鐘状花(ホタルブクロ, フウリンソウ, ツリガネソウなどの). ❸ 釣鐘形のモール飾り(小さな花). —fleco de ~ 釣鐘形の房飾り. ❹〖解剖〗口蓋垂(ᶜᵘᵃᵍᵃⁱ), 喉(ᵖᵏᵃᵈ)ひこ. 類 **úvula**. ❺ 泡, あぶく. 類 **burbuja**. ❻〖キューバ〗〖植物〗蔓(ᵗᵘʳᵘ)植物.
de (muchas) campanillas《話》(1) 一流の, 優れた, 豪華な. restaurante [futbolista] *de campanillas* 一流のレストラン[サッカー選手]. (2) 有力な, 重要な, 高名な. Se codea con gente *de campanillas*. 彼は有力者たちと親しい.

campanillazo [kampaniʎáθo] 男 ベル[呼び鈴, 小さい鐘]を強く[激しく]鳴らすこと, その音.

campanillear [kampaniʎeár] 自 ベル[呼び鈴, 小さい鐘]を繰り返し鳴らす.

campanilleo [kampaniʎéo] 男 ベル[呼び鈴, 小さい鐘]を繰り返し鳴らすこと, その音.

campanillero [kampaniʎéro] 男 ❶ (教会などで)小さい鐘[鈴]を鳴らす係. ❷ (アンダルシーア地方で)鈴やギターに合わせて聖歌を歌う楽隊の一員.

campante [kampánte] 形《話》〖一般的に tan ~〗❶ (困難な状況があるにもかかわらず)平然とした, 落ち着いた. —Suspendió cuatro asignaturas, pero se quedó tan ~. 彼は4科目落としたが, 平然としたものだった. 類 **tranquilo**. ❷ 自慢げな, 自己満足した. —Llevaba un traje ridículo, pero él iba tan ~. 彼はおかしな服を着ていたが得意満面だった. 類 **satisfecho, ufano**.

campanudo, da [kampanúðo, ða] 形 ❶《蔑》(話し方, 文体が)仰々しい, 大げさな, もったいぶった. —Siempre escribe con un estilo ~. 彼はいつも仰々しい文体で書く. ❷ 鐘[釣り鐘]の形をした. —una falda *campanuda* 釣り鐘形のスカート. — 男《隠》(小型の)盾.

campánula [kampánula] 女〖植物〗キキョウ科ホタルブクロ属の植物; フウリンソウ. 類 **farolillo**.

‡**campaña** [kampáɲa] 女 ❶ (政治的・経済的・社会的な)キャンペーン, 運動, 活動. —comercial 商戦, キャンペーンセール. ~ parlamentaria 議会活動. ~ contra el cáncer ガン撲滅運動. ~ antitabaco 禁煙運動. ~ de prensa プレスキャンペーン. ~ de venta 大売出し. ~ electoral 選挙運動. 類 **cruzada, empeño, empresa, misión, tarea**. ❷〖軍事〗(一地域で行われる一連の)軍事行動, 野戦. —artillería de ~ 野戦砲兵. fortificación de ~ 野戦陣地. traje de ~ 野戦[戦闘]服. salir a ~ 出征する. ❸ (軍隊の)**遠征**, 戦争. —~ de las Galias ガリア遠征. ~s de liberación de las colonias 植民地解放戦争. 類 **expedición**. ❹ 遠征[キャンペーン, 運動]期間; 時期, シーズン. —La ~ publicitaria ha sido corta pero efectiva. 広告キャンペーンは期間は短いが効果的だった. ~ teatral 演劇シーズン. ~ de pesca 漁期, 釣りのシーズン. ❺〖南スペイン〗平野, 平原, 平地. —~ fértil 沃野. 類 **campiña, campo, llanura**. ❻〖中南米〗田舎, 郊外; 畑, 野原. ❼〖海事〗航海[巡航]期間. ❽〖紋章〗盾の下部3分[4分]の1を占める部分.
armar [montar, desplegar] una tienda de campaña テントを張る.
batir [correr] la campaña《軍事》敵を偵察する.
cama de campaña キャンピングベッド, 折り畳み式ベッド.
entrar en campaña 戦闘を開始する.
estar [hallarse] en campaña 戦闘[交戦]中である.
levantar [desarmar, plegar] una tienda de campaña テントを畳む.
misa de campaña《宗教》野外ミサ.

campañol [kampaɲól] 男《動物》(池や水たまり近くの地中に生息する)ハタネズミ.

campar [kampár] 自 ❶ 傑出する; 目立つ. 類 **destacar, sobresalir**. ❷ 野営する. 類 **acampar**. ❸ ぶらつく, 放浪する. —Aprovecha que la familia está de viaje para ~ [a sus anchas]. 彼は家族が旅行に出かけているのをいいことにぶらついている.
campar por su(s) respeto(s) 自分の好きなようにする[行動する]. En este país no se respetan las señales de tráfico: cada uno *campa por sus respetos*. この国では交通標識が守られない. 各人が好きなように行動している.

campeador, dora [kampeaðór, ðóra] 形 (戦場において)勇敢な, 勇ましい.
— 男 (戦場における)勇者, 勇士, 猛者(ᵐᵒˢᵃ). ♦ スペイン語最古の英雄詩劇詩«Cantar de mio Cid»『わがシードの歌』の主人公, Rodrigo Díaz de Vivar (ロドリーゴ・ディーアス・デ・ビバール)を称する傾向に使われる. —El Cid C~ 勇敢なるシード. El C~ (シードを指して)勇士.

***campear** [kampeár] 自 ❶ 突出する, 抜きん出る, 目立つ. —El robo y la violencia *campean* por el barrio. 盗難と暴力がその地区では目立つ. Pancartas de protesta *campeaban* entre la multitud. 抗議のプラカードが群衆の中で目を引いていた. ❷ (動物が野原で)牧草を食べる. ❸ (畑が)青味を帯びる, 緑色になる.

campechanería [kampetʃanería] 女《話》気さくさ, 親しみやすさ, 率直さ. 類 **campechanía**.

campechanía [kampetʃanía] 女《話》気さくさ, 気安[愛想]のよさ, 率直さ. —Su ~ le granjeó la simpatía de todos. 彼女のその気さくさでみんな

の好感を得た. 類**campechanería**.

campechano, na¹ [kampetʃáno, na] 形 《話》❶ (態度や性格が)気さくな, 気取らない, 愛想のよい; 率直な, あけっぴろげな. — Ese catedrático es muy ~ hablando. その教授は話をしていても大変気さくだ. ❷ 気前のいい, 物惜しみしない.

campechano, na² [kampetʃáno, na] 形 カンペーチェ(Campeche)の.
—— 名 カンペーチェの出身者.

Campeche [kampétʃe] 固名 カンペーチェ(メキシコの州・都市).

campeche [kampétʃe] 男 〖植物〗ログウッド; ログウッド材.

‡**campe**ón, ona [kampeón, óna] 名 ❶ 〖スポーツ〗チャンピオン, 優勝者, 選手権保持者. — Es ~ del mundo en triple salto. 彼は三段跳びの世界チャンピオンである. ~ de copa mundial ワールドカップのチャンピオン. ~ europeo de fútbol サッカーのヨーロッパチャンピオン. Ese equipo nunca ha sido ~ de liga. そのクラブは一度もリーグのチャンピオンになったことはない. 類**ganador, triunfador, vencedor**. 反**perdedor, vencido**. ❷ (主義・主張の)擁護者, 代弁者. — Es un verdadero ~ de la paz. 彼は平和の真の擁護者である. 類**defensor, paladín**. 反**detractor**. ❸ 〖比喩〗一流の人, 優秀な人, 第一人者; (クラスで)首席. — Es un ~ en matemáticas. 彼は数学では一流だ. 類**as**.
—— 男 ❶ (戦争の)英雄, 勇者. ❷ (昔の闘技場の)戦士, 闘士.

‡**campeonato** [kampeonáto] 男 選手権(大会・試合). — ~ mundial [europeo] 世界[ヨーロッパ]選手権. ganar [conseguir] el ~ de ajedrez チェスの選手権を獲得する. Hoy se juega la final del ~ de tenis. 今日テニスの選手権の決勝戦が行なわれる. clasificarse para el próximo ~ 次回の選手権の出場権を得る. 類**certamen, competición, concurso**.
de campeonato ものすごい, 全くひどい, 並外れた, すばらしい. Me llevé un susto *de campeonato*. 私はものすごく驚いた. Le dieron una paliza *de campeonato*. 彼はものすごく殴られた. Tiene un genio *de campeonato*. 彼はものすごく性格が悪い. Tiene un tipo *de campeonato*. 彼女にはすばらしい男性がいる.

campero, ra [kampéro, ra] 形 ❶ 野天の, 野外の. —fiesta *campera* 野外パーティー. ❷ 野原の, 田園の, 田舎の. — Aunque vivió mucho tiempo en la ciudad, siguió siendo un hombre ~. 彼は長い間都会に住んだけれども, ずっと田舎好きだった. ❸ (家畜などが)夜間放し飼いにされた. ❹ 〖中南米〗(動物が)山や川を熟知した[歩き慣れた]. ❺ 〖アルゼンチン〗農場[牧場]の仕事に精通した. ❻ 〖メキシコ〗(馬が)しなやかな速歩(ﾊﾟｿ)の. ❼ (植物)地面や空中に水平に茎[葉]を広げた[伸ばした].
—— 男/女 ジープ.

campesinado [kampesináðo] 男 〖集合的に〗農民, 農民階級.

‡**campesin**o, na [kampesíno, na] 形 ❶ 田舎の, 田園の, 農村の. — vida *campesina* 田園生活. labores *campesinas* 農作業. 類**aldeano, campestre, rural**. ❷ (動物の)野生の.
—— 名 ❶ 農民, 農夫[婦], 農村の人. 類**agricultor, labrador, labriego**. ❷ 〖軽蔑的に〗田舎者.

campestre [kampéstre] 形 野原[野外]の, 田園の, 田舎の. — rata ~ 野ネズミ. una comida ~ 野外の食事. 類**campesino**.
—— 男 メキシコの古い踊り.

camping [kámpin] 〈英〉 男 〖複〗 **campings** ❶ キャンプ, 野営. — Han estado de ~ por el norte de España. 彼らはスペインの北部でキャンプをしたことがある. 類**acampada, campamento**. ❷ キャンプ地[場], 野営地. — Han pasado tres días en un ~ de la Costa Brava. 彼らはコスタ・ブラーバのキャンプ場で三日過ごした.
hacer camping キャンプ[野営]する. Como no encontramos alojamiento en ningun lado, decidimos *hacer camping* en el bosque. どこにも宿がなかったので私たちは森でキャンプをすることにした.
ir de camping キャンプに行く.

campiña [kampíɲa] 女 ❶ 〖農業〗(広大な)耕地, 畑. ❷ (美しい景観としての)田園, 平原. 類**campo**.
cerrarse de campiña 《比喩, 話》(他人の意見を聞かずに)ある立場を堅持する.

campista [kampísta] 男女 ❶ キャンプ[野営]をする[している]人, キャンパー. ❷ 〖中南米〗(鉱業)鉱山借地人. ❸ 〖中南米〗(家畜監視のために森やサバンナを巡回する)牧童.

‡**campo** [kámpo カンポ] 男 ❶ (「都会」ciudad に対して)田舎, 地方, 郊外. — vivir en el ~ 田舎で暮らす. retirarse al ~ 田舎に引っ込む. emigración del ~ a la ciudad 農村から都会への人口移動. casa de ~ 別荘, 田舎家. despoblación del ~ 農村の過疎化. gente del ~ 地方人, 田舎の人々. 類**pueblo**.
❷ 野原, 田園; 野外. — El ~ está florido. 野原には花が咲いている. cama de ~ (野営用)折畳み簡易ベッド. ~ raso (木・家のない)平坦地. conejo [ratón] de ~ 野ウサギ[ネズミ]. día de ~ 遠足[ハイキング]の日. 類**campiña, naturaleza**.
❸ 畑, 田畑, 農地. — ~ fecundo 肥沃な畑. ~ de trigo [de maíz, de remolacha] 小麦[トウモロコシ, ビート]畑. ~ de cultivo 耕地. labores [faenas] del ~ 農作業, 田仕事, 農作業. feria de ~ 農業見本市. trabajar el ~ 畑を耕す. mejorar el ~ 農地を改良する. vivir del ~ 農業で生活する. ~ de regadío 灌漑地. 類**agro, campiña, cultivo, labrantío, sembrado, tierra**.
❹ 農作物. — La última nevada ha echado a perder todos los ~s. この前の降雪で畑の作物が全滅した. 類**cultivo**.
❺ (一定の目的に使用される)場所, …場. — ~ de aviación [de vuelo] 飛行場. ~ de Agramante (喧嘩で)てんやわんやの場所. ~ de entrenamiento 練習場, トレーニング場. ~ de maniobras 《軍事》演習場. ~ de prisioneros 捕虜収容所. ~ de pruebas 実験農場, 農業試験場. ~ minero 〈ペルー〉鉱業場. 類**zona**.
❻ (スポーツ) (a) 競技場, グラウンド, コート; (ゴルフの)コース. — Ayer hubo un lleno absoluto en el ~. 昨日競技場は大入り満員だった. ~ de juego 運動場, グラウンド; 遊び場. ~ deportivo [de deportes] スポーツ競技場, フィールド. ~ de fútbol サッカー場. centro [derecha, izquierda] del ~ (野球)センター[ライト, レフト]. ~ corto 〖ベネズエ

ラ』《野球》ショート. medio ~ ミッドフィールド. jugar en el otro ~ ロードゲーム[遠征試合]に出る. 類**arena, cancha, coso, liza.** (b)(グラウンドの)サイド, 陣営. —~ contrario 相手サイド. ❼ (学問・知識などの)**分野, 領域**. Es una autoridad en el ~ de la cirugía. 彼は外科分野の権威だ. De esto no entiendo porque no es del mi ~. これは私の専門外なので分からない. 類**ámbito, esfera, medio, reino, terreno.** ❽ (活動・責任などの)**範囲, 領域**. —~ de actividad [de acción] 活動範囲. 類**terreno.** ❾ 余地, 空間, 空き; ~(人・物をどけて)場所をあける. Esto me da ~ para poder decidir libremente. これで私は自由に決心できる. Siempre le guardo ~. 【中南米】私は彼女にいつも席を取ってあげる. 類**espacio, lugar.** ❿ 《軍事》陣地, 陣営. —penetrar en ~ enemigo 敵陣(営)に侵入する. montar [levantar] un ~ 陣を敷く. 類**fuerzas.** —~ (政党・政治思想の)陣営, 徒党. —~ carlista カルロス党. ingresar en el ~ liberal リベラル派陣営に入る. 類**sector.** ⓬ (光学, 写真)視界, 視域, 視場, …界. ~ de telescopio 望遠鏡の視域. ~ microscópico [de un microscopio]《電子》顕微鏡の視域. ~ óptico 視界. ⓭ 《物理, 電気》(磁気力・電気力などの)…場[界, 野]. ~ gravitatorio [de gravedad] 重力場[圏]. ~ magnético 磁場, 磁界. ~ magnético terrestre 地(球)磁界, 磁場. ⓮ 《数学》場; 体. —~ de escalares スカラー場. ~ de vectores [vectorial] ベクトル場. ~ de variabilidad 可変体. ⓯ 《コンピュータ》フィールド, 欄. ⓰ 《心理》場. —~ psicológico 心意の場. ⓱ 《言語》場, 領域. —~ semántico 意味の場. ⓲ 《医学》(手術を施す)部位, 野. —~ operatorio 手術(⁺), 局部. ⓳ 《美術》(絵などの)地, 背景. ⓴《紋章》フィールド, 盾形の全面, 紋地.

a campo raso 野外で. El ganado duerme *a campo raso*. 家畜は野宿する.

(*a*) *campo traviesa/a campo través [travieso]* (道を通らずに)野原を横切って. Si vamos *a campo traviesa* los alcanzaremos. 野原を横切れば彼らに追いつくことができるだろう. *carrera a campo través [traviesa]* クロスカントリー競技.

asentar el campo 野営のテントを張る, 設営する.

campo abierto (1) 広々とした平原. (2)《地理》(垣根で分けられていない)開放耕地.

campo abonado (1) 肥料を施した肥えた畑. (2)《比喩》温床(=terreno abonado).

campo aurífero 金鉱(地), 採金地.

campo de acción 行動範囲.

campo de acogida (一時的な)難民受入れセンター[キャンプ].

campo de aterrizaje 離着陸場, 滑走路, 飛行場.

campo de batalla 戦場.

campo de concentración (捕虜・政治犯等の)強制収容所.

campo de fuego《軍事》(銃・大砲の)射界.

campo de honor 決闘場.

campo de operaciones (1)《軍事》陣地. (2) 仕事場, 作業場.

campo de refugiados 難民キャンプ.

campo de tiro 射撃場; 射界, 射程, 着弾範囲.

campo de trabajo 奉仕キャンプ, ワーキングホリデー.

campo petrolífero [de petróleo] 油田.

*campo propio/*SU *campo*《スポーツ》ホームグラウンド.

campo santo 墓地(→camposanto).

Campos Elíseos (1)《神話》理想郷, 極楽浄土. (2) (パリの)シャンゼリゼ(通り).

campo visual [de visión] 視野, 視界. La bicicleta estaba fuera del *campo de visión* del conductor del camión. 自転車はトラックの運転手の視界に入っていなかった.

creer que todo el campo es orégano たかをくくる, 甘くみる.

【名詞+】*de campo* (実験室・研究室を離れた)実地[現地]の. *trabajo de campo* フィールドワーク, 実地調査. Hicieron *investigaciones [observaciones] de campo*. 彼らはフィルドワークをした.

dar campo a … …に負ける, 譲る.

dejar el campo libre [abierto] (競争・商売などから)下りる, 身を引く, 引退する; (後進に)道を譲る. *dejar el campo libre* a la competencia 競争から下りる.

hacérsele a … el campo orégano『アルゼンチン』《話》楽に[苦もなく]成功する.

levantar [abandonar, dejar] el campo (1)《軍事》野営を解く, 陣地を撤退する. (2)《比喩》(議論・争い・問題などで)諦める, 断念[譲歩]する.

maestre de campo《軍事》(昔の)連隊長(現在の「大佐」coronel にあたる).

mariscal de campo《軍事》少将.

profundidad de campo (1)《写真》被写体深度, 焦点深度. (2)《光学》被写界深度.

reconocer el campo (1)《軍事》敵を偵察する. (2)《商業》困難を捜す.

camposanto, campo santo [kamposánto, kámpo sánto] 男《共同》墓地, 墓場. 類**cementerio, necrópolis.**

Campsa [kámpsa]〔<Compañía Arrendataria del Monopolio de Petróleos, S. A.〕女 スペイン石油専売会社.

campus [kámpus]〔<英〕男《単複同形》(大学の)構内, キャンパス.

camuesa [kamuésa] 女《果実》(芳香があり味のよい)リンゴ.

camueso [kamuéso] 男 ❶《植物》(芳香があり味のよい)リンゴの木. ❷《比喩, 話》(大変)ばかな人, ばか者.

camuflaje [kamufláxe]〔<仏〕男 ❶《軍事》(武器・戦車などの)偽[擬]装迷彩. ❷《比喩》偽装, ごまかし[て隠すこと], カムフラージュ. —La policía no tardó en descubrir el ~ del contrabando. 警察はすぐに密輸品のカムフラージュを発見した. 類**disfraz, disimulo, enmascaramiento.**

camuflar [kamuflár]〔<仏〕動 ❶《軍事》(武器・戦車などを)偽[擬]装する, 迷彩する. ❷《比喩》カムフラージュする, 偽[擬]装して隠す. —Durante algún tiempo consiguió ~ su verdadera personalidad. 彼はしばらくの間その本当の性格を隠すことができた. 類**disfrazar, disimular.**

can¹ [kán] 男 汗, ハーン. →kan.

can² [kán] 男 ❶《文》犬. 類**perro.** ❷ (C~)《天文》大犬座. (=C~ Mayor) ❸ (旧式の大砲の)青銅部品. ❹《銃の》引き金. ❺《建築》(軒)持ち送り. ❻《方》《独の(⁺)遊びの中で負けた独楽に

対して加えられる一撃.
can de busca 《狩猟》猟犬.
Can Luciente 《天文》シリウス, 天狼(%)星. ♦大犬座のアルファ星. 全天第一の輝星で2月から3月の宵に南の空に現れる.
Can Mayor 《天文》大犬座.
Can Menor 《天文》小犬座.
cana¹ [kána] [＜ラテン] 囡 ❶ 《主に複》しらが, 白髪(→*cano, na*). —tener ~s しらががある. Empezaron a salirle ~s y se tiñó el pelo. 彼はしらがが出始めたので髪を染めた.
echar una cana al aire 《比喩, 話》気晴らしをする. 類 **divertirse, esparcirse**.
peinar canas 《比喩, 話》かなりの年齢である, 老いている.
quitar mil canas a ... 《比喩, 話》(人)を大いに喜ばせる, 満足させる.
cana² [kána] [＜ラテン] 囡 ❶ (カタルーニャ地方などで使われた)約2バラ(=dos varas)に相当する長さ. 類 **estado**. ❷ 《隠》《中南米》刑務所, 監獄.
canaco, ca [kanáko, ka] 形 カナカ人の.
—— 名 カナカ人(南太平洋諸島の原住民の俗称).
Canadá [kanaðá] 固名 カナダ(首都オタワ Ottawa).
canadiense [kanaðjénse] 形 カナダ(Canadá)の, カナダ人の. —— 名 カナダ人. —— 囡 《服装》羊の皮の裏付きジャケット.
‡**canal** [kanál] 男(稀に囡) ❶ 運河, 水路, 掘削り. —pasar por el C~ de Suez スエズ運河を通る. ~ de navegación (河川の)水運用運河[川]. navegable (船舶が)通航可能運河. ~ de riego 灌漑用水路(=acequia). ~ abierto 開水路, 開渠(ﾖ). ~ (地理) (広い)海峡(→狭い海峡はestrecho). —El C~ de la Mancha separa Europa de las Islas Británicas. 英仏海峡はヨーロッパとブリテン諸島を隔てている. ❸ 《テレビ, 通信, コンピュータ》チャンネル, 回路 (=cadena). —poner el ~ 8 第8チャンネルに合わせる. En el segundo ~ sale la Pantera Rosa. 第2チャンネルでピンクパンサーをやっている. ~ selectivo 《情報》セレクタチャネル. 類 **cadena**. ❹ (ガス・水道などの)管, パイプ. ~ de desagüe [de drenaje] 排水管・溝・路. ~ de aire エア・ダクト, 風道. ~ de humo 煙道. 類 **conducto, tubo**. ❺ 《建築》*(a)* (屋根の)雨樋(ﾄﾞﾙ). —En los tejados se construyen ~es para encauzar el agua de lluvias. 屋根には雨水を導くため雨樋が作られる. 類 **canalón**. *(b)* (柱の装飾用の)縦溝, 溝彫り装飾. ~ columna con ~ 縦溝飾りのある柱. 類 **canaladura, estría, ranura**. ❻ 《解剖, 機械》(食道・気管などの)管; 喉(2), 咽頭. ~ digestivo 消化管. ~ excretor 排泄管. ~ medular 髄管. ~ torácico 胸管. ~ vocal 声道/声道. ~ es semicirculares del oído 耳の半規管. 類 **conducto**. ❼ 《冶金》~ del hierro 湯道, 湯溜(ﾀﾞ)り. ~ de la colada 出銑溝, 出湯溝. ❽ 《商業》(販売・流通の)ルート, 経路. ❾ 《料理》枝肉. —El peso en ~ representa el de la carne suministrada por la res. 枝肉の重さは動物から供給される肉の重さを表す. ❿ (港湾などの)深水部, 澪(ﾐ). ⓫ 《製本》(本の)前小口(ﾏﾂﾞ). ⓬ 《建築》瓦(ｶﾞ)の部分. ⓭ 《物理》—rayos ~es 陽極線, カナール線.
abrir en canal 空竹割りにする, 真二つにする.

canane o 307

Lo amenazaron con *abrirlo en canal* como a un cerdo. 豚のように真二つにしてやると言って彼は強迫された.
en canal 枝肉で. cordero *en canal* 枝肉の子羊. precio *en canal* 枝肉の値段.
mojar la canal maestra 一杯やる.
canaladura [kanalaðúra] 囡 《建築》(柱の装飾用)縦溝.
canalera [kanaléra] 囡 《アラゴン》雨樋(ﾄﾞﾙ)(を流れる水).
canaleta [kanaléta] 囡 ❶ 《アラゴン》(製粉)(穀物の)落とし樋. ❷ 《中南米》雨樋(ﾄﾞﾙ). 類 **canalón**.
canalete [kanaléte] 男 ❶ 《スポーツ》(カヌーの)櫂(ｶｲ), パドル. ❷ 《海事》綛(ｶｾ)り縄を作るための巻き取り器.
canalizable [kanaliθáβle] 形 ❶ 運河[水路]を掘ることができる. —La configuración del terreno hace que las aguas sean fácilmente ~s. その土地の形状によって川は簡単に運河にすることができる. ❷ 《比喩》導くことのできる, 誘導できる. —Las energías de estos chicos, ~s hacia un gran ideal, se desperdician. この青年たちが大いなる理想に注ぎ得るエネルギーは無駄になる.
canalización [kanaliθaθjón] 囡 ❶ 運河[水路]を作ること, 運河[水路]開設. ❷ 運河[水路]のシステム; (ガス, 水道などの)配管, 配管システム. ❸ 《通信》パイプ.
canalizar [kanaliθár] [1.3] 他 ❶ 運河[水路]を開設する. ❷ (航行, 灌漑のために川の流れを)整備する. —Mientras no *canalicen* el río, se repetirán las inundaciones. その川の流れを整備しない限り, 洪水は繰り返されるだろう. ❸ 《比喩》(意見や行動を)誘導する, 導く. —El movimiento ecologista pretende *canalizar* las inquietudes de la población para mejorar la calidad de vida. 環境運動は住民の不安を生活の質向上に導こうとしている.
canalizo [kanalíθo] 男 《海事》(島・浅瀬の間にある)狭い水路, 航路筋; 澪(ﾐ).
canalla [kanáʎa] 囡 《集合的》《話》悪党, やくざ連中; ならず者. —En ese bar se reúne la ~ del barrio. そのバルに街のやくざ連中が集まる.
—— 男女 ごろつき, ならず者. —Esos ~s tendrían que estar entre rejas. そのごろつきたちは牢屋の中に入っていなければならないの.
¡Canalla! このろくでなし! こいつめ!
canallada [kanaʎáða] 囡 悪辣(ﾗﾂ)な言動, やくざな言動. —Lo que has dicho[hecho] es una ~ imperdonable. 君の言った[やった]ことは許しがたいやくざな行為だ.
canallesco, ca [kanaʎésko, ka] 形 卑劣な, やくざな, 悪辣(ﾗﾂ)な. —comportamiento ~ 卑劣な振る舞い. acción *canallesca* やくざな行為.
canalón [kanalón] 男 ❶ 《建築》雨樋(ﾄﾞﾙ), 樋(ﾄ). ❷ 《主に複》《料理》カネローニ(四角形のパスタ生地に挽肉などをのせ円筒状に巻いたもの). ❸ つらら, 氷柱. ❹ (聖職者が被る)両側面のつばが屋根のように反った帽子.
canana [kanána] 囡 ❶ (銃の)弾(薬)帯. ❷ 《中南米》《医学》甲状腺腫. 類 **bocio**.
cananeo, a [kananéo, a] 形 《聖書》カナン

(Canán) の, カナン人の.
—— 名 カナン人.

canapé [kanapé] [<仏] 男 ❶ 長椅子, 寝椅子, ソファー. 類**diván**. ❷【料理】カナッペ(パン切れの上にハム, 野菜, キャビアなどをのせたオードブル).

*****canaria** [kanárja] 女 ❶【鳥類】(雌の)カナリア(雄は canario). ❷《俗》陰茎. ❸ 複【間投詞的に】→caramba.

Canarias [kanárjas] 固名 ❶ カナリアス(スペインの自治州). ❷ (Islas ～) カナリア諸島(スペイン領の諸島).

:canario, ria [kanárjo, rja] 形 カナリア諸島 (Islas Canarias)の; (カナリア諸島の人たちにとって)グラン・カナリア (Gran Canaria) 島の. —el archipiélago ～ カナリア諸島の. Se consume plátano ～. スペインではカナリア諸島産バナナを食べている. lucha *canaria* カナリー相撲.
—— 名 カナリア諸島の住民[出身者]; グラン・カナリア島の住民[出身者].
—— 男 ❶【鳥類】カナリア. —Los ～s se reproducen en cautividad sin problemas. カナリアは問題なく捕獲増殖が可能である. ♦オスは el canario macho, メスは el canario hembra. ❷【言語】カナリア諸島方言. ❸ (¡Canario(s)!)【間投詞的に】《驚き・抗議・不快・感嘆を表す》おや!, あら!, いやはや!, ちくしょう! 類**caramba**. ❹【船舶】(カナリア諸島・地中海で使われている)三角帆船. ❺【植物】カナリアヅル(ノウゼンハレン科);『キューバ』【植物】アリアケカズラ.

canasta [kanásta] [<canastillo] 女 ❶ (一般的に両取っ手付きで口の広い)かご, バスケット. 類**banasta, banasta**. ❷【スポーツ】バスケットボールのゴール. —hacer [meter] ～ ゴールする, ゴールを決める. 類**enceste**. ❸ (トランプ)カナスタ. ❹ (セビーリャで用いられた)オリーブの量の単位で半ファネガに等しい(1ファネガは 55.5 リットル). ❺【海事】帆や旗を巻いた綱[ロープ]. ♦帆や旗を揚げる時には一か所をひっぱるだけで全部はどける.

canastero, ra [kanastéro, ra] 名 ❶ かご (canasta) を作る[売る]人. ❷【中南米】果物や野菜の行商人. ❸【中南米】パン焼き窯から冷却室ヘパンをかごに入れて運ぶパン屋の小僧.

canastilla [kanastíja] 女 ❶ (裁縫道具など家庭で使う小物を入れる)小さいかご. —～ de la costura [del pan] 裁縫[パン入れ]箱. ❷ 新生児用衣類, 産着. —Aun no está en cinta y ya está preparando la ～. 彼女はまだ妊娠してないのにもう産着を準備している. ❸ 開午などの催し物に出席した貴婦人たちに対するお菓子の贈り物.

canastillo [kanastíjo] 男 (平たくて広い口の)小かご, 花かご. —un ～ de flores 小かごいっぱいの花.

canasto [kanásto] 男 (一般に両取っ手付きで口が狭く深めの)大きいかご.
¡Canastos! 《驚き・抗議を示す》何だって! **¡C～!** ¡No irás a echarte atrás ahora! 何だって! 今になって手を引くつもりじゃないだろうね! 類**¡Caramba!**

cáncamo [káŋkamo] 男 《機械, 海事》輪つきボルト, アイボルト. 類**armella, hembrilla**.
cáncamo de mar《海事》大波.

cancamurria [kaŋkamúrja] 女 《話》意気消沈, 憂鬱(ﾖ), 陰鬱, 悲しさ. 類**murria**.

cancamusa [kaŋkamúsa] 女 《話》ごまかし, いかさま, ペテン.

cáncana[1] [káŋkana] 女 《まれ》生徒を罰するための腰掛け.

cáncana[2] [káŋkana] 女【虫類】イエナタグモ.

cancanear [kaŋkaneár] 自 ❶【中南米】どもる, 口ごもる. 類**tartamudear**. ❷《話》当てもなくぶらつく[散歩する]. 類**errar, vagar**.

cancaneo [kaŋkanéo] 男 ❶【中南米】《話》どもること. 類**tartamudeo**. ❷『アンダルシーア』当てもなくぶらつくこと.

cáncano [káŋkano] 男《話》【虫類】シラミ. 類**piojo**.

cancel [kanθél] 男 ❶【建築】(風や騒音を避けるための二重扉の)内扉. ❷ (教会内の)間仕切り. ❸【中米】(a) (部屋の)間仕切り; 衝立(ﾂｲ), 屏風(ﾋﾞｮｳ). (b) →cancela. 類**mampara**.

cancela [kanθéla] 女 (門の)鉄柵, 鉄格子扉.

cancelación [kanθelaθjón] 女 ❶ 取り消すこと, 取り消し; 無効(にすること); 撤回, キャンセル. —La ～ de la visita del rey ha dado lugar a toda clase de rumores. 国王の訪問のキャンセルはいろいろな噂を呼んだ. 類**anulación**. ❷《経済》清算.

cancelar [kanθelár] 他 ❶ 取り消す, 無効にする, 撤回する, キャンセルする. —Ha cancelado todos los compromisos que tenía para esta semana. 彼は今週予定していた約束をすべてキャンセルした. Debido a la huelga *se han cancelado* muchos vuelos. ストのために多くの便がキャンセルされた. 類**anular, derogar, rescindir**. ❷《負債, 借金を》清算する, 完済する. 類**pagar, saldar**. ❸ (記憶を)消す, 忘れる.

cancelaría, cancelería [kanθelaría, kanθelería] 女【カトリック】教皇庁尚書院.

:cáncer [kánθer] 男 ❶【医学】癌(ｶﾞﾝ), 癌腫, 悪性腫瘍(=tumor maligno). —～ faríngeo [gástrico] 咽頭[胃]癌. ～ de páncreas [próstata] 膵臓[前立腺]癌. tener [padecer] ～ de estómago [de pulmón, de piel] 胃[肺, 皮膚]癌に侵される. Le han extirpado un ～ del estómago. 彼の胃から癌が摘出された. ❷ (C～)【天文, 占星】かに座; 巨蟹(ﾖ)宮(黄道十二宮の第四宮=zodíaco). ❸【比喩】(社会などの)癌, 害毒, 深刻な社会問題. —La droga es el ～ de las grandes ciudades. 麻薬は大都市の深刻な社会問題である.
trópico de Cáncer《天文》北回帰線, 夏至線.
—— 形【単複同形】《占星》巨蟹(ﾖ)宮の.

cancerado, da [kanθeráðo, ða] 過分 [<cancerarse] 形 ❶ 癌(ｶﾞﾝ)の, 癌にかかった. ❷ 堕落した, 不正の. 類**corrompido**.

cancerar [kanθerár] 自 癌(ｶﾞﾝ)性腫瘍(ﾖｳ)になる, 癌にかかる.
—— 他 ❶ 憔悴させる, 壊滅させる. ❷ 苦しめる, 責める.
——se 再 ❶【医学】癌性腫瘍になる, 癌にかかる. ❷ 堕落する, 腐敗する.

cancerbero [kanθerβéro] 男 ❶『ギリシャ神話』3つの頭を持った地獄の入口の番犬ケルベロス (Cerbero). ❷【比喩】厳しい[厳格な]守衛, 門番, 管理人, 警備員. ❸《スポーツ》(サッカーの)ゴールキーパー. 類**guardameta, portero**.

cancerígeno, na [kanθerixeno, na] 形【医学】発癌(ｶﾞﾝ)性の. —Ese colorante tiene efec-

tos ~s. その着色料は発癌性がある.
── 男 《医学》発癌性物質. —El tabaco puede ser un ~. タバコは発癌性物質かもしれない.

canceroso, sa [kanθeróso, sa] 形 《医学》癌(性)の, 癌に冒された. —Le han detectado un tumor ~ en el cerebro. 彼は脳に癌性腫瘍が発見された.
── 名 癌患者.

cancha[1] [kántʃa] 女 ❶《スポーツ》(テニスなどをする際の)コート. —~ de tenis テニス・コート. ❷ (特に)球技場, 闘鶏場. —~ de peleas de gallos 闘鶏場. ❸【中南米】平らな空地; (物の)置き場. —~ de maderas 木材置き場. ❹【中南米】競馬場. 類 hipódromo. ❺【中南米】川底の広いところ. ❻【中南米】小道, 道. ❼【中南米】(賭博, 博打の)寺銭(じょう).
abrir cancha 【中南米】《比喩》道を譲る, 場所をあける.
¡Cancha! 【中南米】どいて!(道をあけてもらうための掛け声)
dar cancha a ... 【中南米】《比喩》(人に)便宜を図る.
estar en SU cancha 【中南米】《比喩》本領を発揮している, 水を得た魚のようである.

cancha[2] [kántʃa] 女 【中南米】焼き[煎(い)り]トウモロコシ; 煎り豆. —~ blanca ポップコーン.

canchal [kantʃál] 男 ❶岩だらけの土地, 岩場. 類 **cancho, pedregal, peñascal**. ❷【サラマンカ】大金. 類 **dineral**.

canchar [kantʃár] 自 ❶【中南米】打ってかかる, 戦うまねをする; 素手で戦う. ❷商売する, 取引する. 類 **negociar**. ❸大金を稼ぐ, 大もうけをする. ❹焼く, 炒る.

cancho[1] [kántʃo] 男 ❶大岩. 類 **peñasco**. ❷主に 複 岩だらけの土地. 類 **canchal, pedregal, peñascal**. ❸【サラマンカ】(物の)厚み, 厚さ. ❹【サラマンカ】タマネギの鱗茎(りんけい); ピーマンの果肉部分.

cancho[2] [kántʃo] 男 【中南米】《話》(弁護士や聖職者に支払う)謝礼金, チップ.

cancilla [kanθíja] 女 (庭や農園の柵にある)格子戸, 木戸.

canciller [kanθiʎér] 男 ❶(ヨーロッパの特定国における)政府高官, (ドイツなどの)首相. ❷(大使館, 領事館などの)書記官. ❸(中南米)の外務大臣. ❹(昔の国璽(じ)書)尚書. ◆その国家を代表する印を保管する官吏. ❺(昔の大学で学位授与のための教皇と王の代理権をもち持っていた)総長.

cancilleresco, ca [kanθiʎerésko, ka] 形 外交(上)の; (外交上)儀礼的な. —lenguaje ~ 外交辞令.

cancillería [kanθiʎería] 女 ❶首相[大統領]の職[地位, 官邸]. ❷大使館[領事館]事務局. ❸外務省.
cancillería apostólica 《カトリック》ローマ教皇庁尚書院.

*canción [kanθjón カンシオン] 女 ❶(一般に)歌, 歌謡, 歌曲. —Esa ~ está de moda. その歌ははやっている. ~ de cuna 子守歌 (=nana). ~ de amor ラブソング, 恋歌. ~ báquica 酒の歌, 酒盛り唄. ~ infantil 童謡. ~ con letra y música de D D 作詩作曲の歌. 類 **canto, melodía, tono**. ❷(詩)(中世の)叙情詩; 詩, 詩歌, 叙情詩. ~ de gesta 武勲詩. En casa tengo un libro de canciones trovadorescas. 我が家には吟遊詩の詩集がある. 類 **cantar**. ❸話, 所説; 言い訳. —No me vengas con canciones. 言い訳はやめてくれ. Siempre la misma ~: いつも同じで, また車の話をしている.
la misma canción 《軽蔑》(しつこい)いつもの同じ話, 繰り言, たわ言 [volver (siempre) a, estar siempre [otra vez, de nuevo] con, ya tenemos などと共に用いられる]. ¡Qué pesado eres! Vuelta siempre a *la misma canción*. くどいぞ! いつも同じ話の繰り返しだ!
poner en canción a ... de ... (必要がないのに)(人に…を欲しがらせる.
ser otra canción 話が違う, 別問題である. Esa es otra canción. それは別の話だ (=Eso es otro cantar).

cancionero [kanθjonéro] 男 (一般に複数の作家の作品からなる)(詩)歌集, 詩集, アンソロジー.

cancionista [kanθjonísta] 男女《音楽》❶ (歌の)作曲家. ❷歌手.

canco [káŋko] 男 ❶【中南米】土鍋壺, 土器. ❷【中南米】植木鉢. ❸【中南米】主に 複 (肉うきのいい)臀部(でんぶ), 尻. ❹《話》同性愛者, ホモ.

cancro [káŋkro] 男 ❶《医学》悪性腫瘍(しゅよう). 類 **cáncer**. ❷《植物》(果樹の)癌腫病, 根瘤(こんりゅう)病.

cancroide [kaŋkróiðe] 男《医学》類癌(がん), ケンクロイド, 表皮癌.
── 形 《医学》癌腫(がんしゅ)状の.

candado [kandáðo] 男 ❶南京錠(なんきんじょう), 錠前. —Siempre que sale, echa el ~ a la puerta. 彼は外出するときはいつもドアに南京錠をかける. ❷【エストレマドゥーラ】(輪[環]型の)イヤリング. 類 **zarcillo**. ❸あごひげ, やぎ髭. ❹《比喩, 話》法案提出の時期まで溯ってその効力を認めることを明記した法案条項. ❺複 馬の蹄叉(ていさ)にあるくぼみ, 蹄叉側溝.
echar [poner] ... un candado a la boca [a los labios] 《比喩, 話》黙る, 秘密を守る[保つ].

candaliza [kandalíθa] 女 《海事》絞り綱[ロープ].

candanga [kandáŋga] 女 (男)【中南米】悪魔.

cande[1] [kánde] 形 結晶した. —azúcar ~ 氷砂糖.

cande[2] [kánde] 形 【アストゥリアス】(雪や牛乳が)白い. 類 **blanco**.

candeal [kandeál] 形 ❶良質で白い小麦の. —pan ~ (良質の)白パン. trigo ~ (良質の)白い小麦. ❷【サラマンカ】《比喩》(人について)率直な, 誠実な, 忠実な.
── 男 良質で白い小麦粉, それでできたパン.

candela [kandéla] 女 ❶ろうそく. 類 **vela**. ❷燭台(しょくだい). 類 **candelero**. ❸《話》(タバコの)火. —¿Me da usted ~? タバコの火をいただけますか? 類 **fuego, lumbre**. ❹《植物》クリの花. ❺《光学》カンデラ(光度の単位). ❻秤(はかり)の指針と平衡点の間の距離. 類 **fiel**. ❼【アラバ】つらら. 類 **carámbano**. ❽【アラバ】《昆虫》ホタル. 類 **gusano de luz, luciérnaga**. ❾【サラマンカ】カシの花.
acabarSE la candela (1)《比喩, 話》死ぬ. (2)《比喩》競売の入札の時間が終了する.

candelabro

a mata candela 競売の入札終了間際に.

arrear [***arrimar, atizar, dar***] ***candela*** 殴る，殴打する．De repente empezó a *arrimar candela* a diestro y siniestro. 彼は突然手あたり次第に殴り始めた．

en candela 《海事》(マストなどについて)垂直に．

estar con la candela en la mano 《比喩》死にかけている，死に瀕している． 類 **agonizar**.

candelabro [kandeláβro] 男 ❶ (2, 3本の)枝付き燭台(しょくだい)． ❷ 《植物》(アルゼンチンで生育される)サボテンの一種.

candelaria [kandelárja] 女 ❶ (カトリック)聖燭(しょく)節． ♦2月2日の聖母マリア清めの祝日．教会でろうそくの行列が行われる．→purificación de la Virgen María. ❷ 《植物》(ゴマノグサ科植物の)モウズイカ. 類 **gordolobo**.

candelero [kandeléro] 男 ❶ 燭台(しょくだい)，ろうそく立て． 類 **candelabro, palmatoria, velador**. ❷ 石油ランプ． 類 **velón**. ❸ 漁獲用のトーチライト． ❹ 中に粗朶(そだ)や土嚢(どのう)が積まれる防御用の木の枠組み． ❺ 《海事》(ロープや細い索を固定し手すりなどを作るために用いられる)支柱，スタンション．

estar en (el) candelero 《比喩》名声を得ている，著名である．Ese cantante *estaba en el candelero* cuando yo era pequeño. その歌手は私が小さい頃に有名だった．

poner a ... en (el) candelero (人)を著名にする，きわめて高い地位に就かせる．

candelilla [kandelíja] 女 ❶ 小さいろうそく，ろうそく． ❷ 《医学》ブジー(尿道検査や尿道拡張に用いられるゴムや弾性のある素材でできた器具)． ❸ 《植物》(ネコヤナギなどの)尾状花序． ❹ 《植物》カシの花． 類 **candela**. ❺ 『中南米』ホタル． 類 **candela, gusano de luz, luciérnaga**. ❻ 『中南米』鬼火，お化け火，燐火(りんか)． 類 **fuego fatuo**. ❼ 『中南米』綴(へり)縫いの一種． ❽ (下剤用の乳状の液を出す)トウダイグサ属の植物．

acabarse la candelilla 《比喩》競売の入札が終了する．→acabarse la CANDELA.

hacerle a [＋人] ***candelillas los ojos*** 《比喩，話》酒で目が輝く．

Muchas candelillas hacen un cirio pascual. 『諺』塵(ちり)も積もれば山となる(←たくさんの小さいろうそくが復活祭の大ろうそくを作る).

candelizo [kandelíθo] 男 《話》つらら，氷柱． 類 **canelón, carámbano**.

candente [kandénte] 形 ❶ (金属や石灰が熱せられた時の)白熱の，白熱光を発する，真赤に熱した．—*hierro* ~ 真赤に熱した鉄． 類 **incandescente**. ❷ 《比喩》(問題，議論などについて)ホットな，話題の；(議論が)白熱した．—*noticias* ~s ホットニュース．*cuestión* [*problema*] ~ 議論白熱した問題．

candi [kándi] 形 結晶した．—*azúcar* ~ 氷砂糖．→**cande**¹.

candidato, ta [kandiðáto, ta] 名 ❶ (立)候補者，志願者．—Se barajan tres ~s para el cargo. その職には3人の候補者があがっている．Se presenta como ~ a la alcaldía del pueblo. 彼はその村の村長に立候補している． 類 **aspirante, pretendiente**. ❷ (ある職，地位に)推奨された人． ❸ 『中南米』《話》だまされやすい単純(うぶ)な人.

candidatura [kandiðatúra] 女 ❶ 立候補， 志願； (誰かを候補者として)推挙すること．—Ha presentado su ~ a la presidencia del COI. 彼は国際オリンピック協会会長選へ立候補を表明した．Ha retirado su ~ para la presidencia de los Estados Unidos. 彼はアメリカ合衆国大統領選への立候補を取り下げた． 類 **aspiración, pretensión**. ❷ (党などから提出される)(立)候補者リスト，(立)候補者名簿． ❸ 投票用紙．

*candidez [kandiðéθ] 女 純真さ，無邪気，単純．—Hizo la pregunta con tal ~ que me dejó desarmado. 彼は私の気持ちが和らぐような素朴な質問をした． 類 **candor, ingenuidad**.

candidiasis [kandiðíasis] 女 《医学》カンジダ症．

‡**cándido, da** [kándiðo, ða] 形 ❶ 純真な，無邪気な，純粋な．—*una alma cándida* 純真無垢(むく)な魂．Es *cándida* como una niña. 彼女は子供のように純真だ． 類 **sencillo**. ❷ 《軽蔑的に》単純な，うぶな，世間知らずの． 類 **simple**. ❸ 《詩》純白の． 類 **blanco, puro**.

candil [kandíl] 男 ❶ (縁に火口のある鉤つき)石油ランプ，カンテラ． ❷ 鹿(しか)の角先，角． ❸ 『中南米』シャンデリア． 類 **araña**. ❹ 《比喩，話》(三角帽子の反りあがった)つば．—*sombrero de ~* [*tres ~es*] 三角帽子． ❺ 《比喩，話》ドレスの長くて不揃いな裾部分． ❻ 複 《植物》(アンダルシア地方で木の幹にからまって自生する)ウマノスズクサ． ❼ 《植物》(ナンテンショウなど)のサトイモ科の植物． ❽ 《魚類》『中南米』棘鰭(きょくき)類の硬骨魚の一種．

adóbame esos candiles 《比喩，話》(話の内容が)矛盾している，支離滅裂である．

arder [***poder arder***] ***en un candil*** 《比喩，話》(1) (酒の度が)強い．(2) (人が)ウィットがある，鋭い；(物が)効力がある．

buscar con un candil 《比喩，話》徹底的に探す［調べる］．

ni buscado con un candil 《比喩，話》(人が)なかなか得られない最適の．

pescar al candil (トーチを使って)夜釣りをする．

candileja [kandiléxa] 女 ❶ 複 《演劇》(舞台の)フットライト． ❷ (ランプの)油皿；石油ランプ． ❸ 《植物》ムギセンノウ(麦仙翁)．

entre candilejas [vivir/trabajar＋] 演劇で(生計を立てる)．

candiota [kandjóta] 形 (地中海クレタ島にある)カンディア(Candía)の，カンディア出身の．♦Candía はクレタ島北岸にある島最大の都市 Iraklion の旧称．
—— 男女 カンディアの住民，カンディアの出身者．
—— 女 ❶ (ワインやリキュールを運ぶための)酒樽(たる)． ❷ ワイン貯蔵用の下部に栓のついた素焼きの大がめ．

candonga¹ [kandóŋga] 女 ❶ 《話》いかさま，ごまかし，ペテン． ❷ 《話》からかい，冗談，ひやかし． 類 **broma, burla, chasco**. ❸ 《話》荷車用のロバ． ❹ 『中南米』(乳児の)へそ包帯． ❺ 『海事』(ミズンマストに張る)三角帆． ❻ 『中南米』複 イヤリング． ❼ (俗)ペセタ．

candongo, ga² [kandóŋgo, ga] 形 ❶ 《話》口がうまくて狡猾な，悪賢い． 類 **astuto, zalamero**. ❷ サボり上手の，怠け者の． 類 **holgazán, remolón**.
—— 名 ❶ 《話》口がうまくて狡猾な人，悪賢い人． ❷ サボり上手な人，怠け者．

seda de candongo [***candongos***] 最高級のもの

よりさらに細い絹糸.

candonguear [kandoŋgeár] 他《話》からかう, ひやかす, だます.
── 自《話》仕事をサボる, 怠ける, ずるける.

candonguero, ra [kandoŋgéro, ra] 形 名《話》❶ からかい[ひやかし]好きな(人). ❷ 怠け者(の), 怠惰な(人).

candor [kandór] 男 ❶ 無邪気, 無垢(く), 純真. — el ~ infantil 幼児の純真さ. 類**ingenuidad, inocencia, pureza.** 反**malicia.** ❷ 単純, 素朴. 類**candidez, sencillez.** ❸ 白さ, 純白. 類**blancura.**

candoroso, sa [kandoróso, sa] 形 ❶ 純真な, 無垢(く)な. ❷ 素朴な. 類**cándido.**

cané [kané] 男《ゲーム》下層階級の人々の間で行われるモンテ(monte)に似たトランプ賭博(とばく).

caneca [kanéka] 女 ❶ (ジンなど蒸留酒用の)陶磁器製の円筒状の瓶. ❷《中南米》木製の手桶[バケツ]; ゴミ用のバケツ. ❸ 湯たんぽ用の素焼きの瓶. ❹《中南米》液量の単位(約19リットル). ❺《中南米》素焼きの水壺. 類**alcarraza.**

canecillo [kaneθíjo] [＜can] 男《建築》(軒)持送り.

canela [kanéla] 女 ❶ (主に菓子作りの香辛料として使われる)肉桂(にっけい)[シナモン]の皮. ❷《冠詞なしで》《比喩, 話》(この上ない)絶品; 最高のもの; 最高[一流]の人. — Este jamón es ~. このハムは絶品だ. Esta mujer es ~ como cocinera. この女性は料理人として一流だ. Cuando lo oigas tocar, verás lo que es ~. 彼がピアノを弾くのを聞けばどんなに上手いかが分かるよ.

canela blanca《植物》ニッケイ(肉桂).
canela en polvo シナモンパウダー.
canela en rama (1) スティック状に丸められたシナモンの皮. (2)→CANELA fina.
canela fina《比喩, 話》最高級[一流]品, 最高級[一流]の人.

canelero [kaneléro] 男《植物》ニッケイ(肉桂), (特に)セイロンニッケイ. 類**canelo.**

canelo, la [kanélo, la] 形 (主に馬の毛色に使われる)肉桂[シナモン]色の.
── 男 ❶《植物》ニッケイ(肉桂), (特に)セイロンニッケイ. ❷《中南米》《植物》センダン(栴檀).
hacer el canelo《話》だまされている.

canelón [kanelón] 男 ❶ 雨樋(あまどい). 類**canalón.** ❷ (雨樋にぶら下がった長く尖ったつらら. 類**calamoco, candelizo, carámbano.** ❸《軍服などの飾りひも, 房飾り. ❹ (肉桂やシトロンが入った)飴(あめ), キャンディー. ❺ 複《料理》カネローニ. ❻《話》鞭の太い先端. ❼《中南米》独楽(こま)をぶつけること. 類**cachada.** ❽《中南米》(ヘアーアイロンでできた)カール.

Canelones [kanelónes] 固名 カネロネス(ウルグアイの県).

canesú [kanesú] 男[複canesú(e)s]《服飾》❶ (ワイシャツ・ブラウス・スカート)のヨーク. ❷ 婦人用胴着, ボディス, テディ.

caney [kanéj] 男《中南米》❶ (川の)湾曲(部). ❷ 掘っ建て小屋. ❸ インディオの首長の屋敷.

cangilón [kaŋxilón] 男 ❶ (井戸などの釣瓶(つるべ). ❷ (揚水機[浚渫(しゅんせつ)機]の)バケット. 類**arcaduz.** ❸ (土製・金属製の)壺(つぼ); 瓶(び). ❹《服飾》(ひだ襟(えり)の)ひだ, プリーツ.

cangreja [kaŋgréxa] 女《海事》スパンカー(帆船の最後尾マストの下部の縦帆).

cangrejero, ra [kaŋgrexéro, ra] 名 カニを捕る[売る]人. ── 女 カニ穴. ── 男《鳥類》サギに似た渉禽(しょうきん)類の一種.

:cangrejo [kaŋgréxo] 男 ❶《動物》カニ(蟹)(＝~ de mar). ~~ de río ザリガニ. Se puso colorado [rojo] como un ~. 彼は(ゆでたカニの)ように真っ赤になった. ~ ermitaño ヤドカリ(宿借). ~ moro《アンダルシーア, 中南米》(赤い斑点のある)カニ. pinza del ~ カニのはさみ. ❷《海事》斜桁(しゃこう), ガフ. ❸ (C ~)《天文》カニ座;《占星》巨蟹(きょかい)宮. 類**Cáncer.** ❹《鉄道》トロッコ(＝vagoneta). ❺《エクアドル》ばか, 間抜け;《ペルー》ごろつき, ならず者, こすいやつ.
avanzar [andar] como los cangrejos 後退する, 後ずさりする.

canguelo [kaŋgélo] 男《俗》恐れ, 恐怖. — tener ~ 怖がる. 類**miedo, temor.**

canguro [kaŋúro] 男 ❶《動物》カンガルー. ❷《服飾》《話》(大きな胸ポケット付きの)アノラック, パーカ. ❸《隠》(警察の)護送車.
── 男女《話》ベビーシッター, 子守り. — hacer de ~ 子守りをする. 類**niñero.**

caníbal [kaníβal] 形 ❶ 食人種, 食人の. 類**antropófago.** ❷ 共食いの. ❸《比喩, 話》残酷な, 残忍な. 類**cruel, feroz.**
── 男女 ❶ 食人種. ❷ 残酷[残忍]な人.

canibalismo [kaniβalísmo] 男 ❶ カニバリズム, 食人の風習. ❷ 共食い. ❸《比喩, 話》残忍[残虐]な行為, 残忍[残虐]さ.

canica[1] [kaníka] 女 (キューバ産の)野生のニッケイ(肉桂), シナモン.

canica[2] [kaníka] 女 ❶《主に複》ビー玉遊び. — jugar a las ~s ビー玉遊びをする. ❷ ビー玉.

caniche [kanítʃe] 男 形《動物》プードル(犬)(の).

canicie [kaníθje] 女 髪の白さ, 白髪(交じり)状態.

canícula [kaníkula] 女 ❶ (一年中で最も暑い)盛夏, 大暑. ♦地中海沿岸の地域では7月23日から9月2日までの時期. ❷《天文》シリウス[天狼(てんろう)星]が太陽とほぼ同じ時間に出没する時期. 今日では8月の終わり. ❸ (C~)《天文》シリウス, 天狼星.

canicular [kanikulár] 形 ❶ 盛夏の, 盛暑の, 大暑の. — calor ~ 大暑, 酷暑. ❷《天文》シリウスの, 天狼星の.
── 男 複 盛暑の候, 暑中, 土用, 大暑.

canijo, ja [kaníxo, xa] 形《話》❶ (人や動物が)病弱な, 虚弱な, 発育不全の. — quedarse ~ 発育不全になる. 類**enfermizo.** 反**fuerte, robusto, sano.** ❷《話, 軽蔑》大変小さい, ちっちゃな. ❸《メキシコ》(a) 悪い, 醜悪い; 残酷な. (b) いたずらな, 厄介な. (c) 強烈な, ひどい.
estar canijo《メキシコ》《話》困難な状況である.
── 名 ❶ 病弱[虚弱]な人. ❷ 小柄な人. ❸《メキシコ》(a) 悪人, 残酷な人. (b) いたずら者.

canilla [kanija] 女 ❶《解剖》(足や腕の)長骨. ❷ 脛(すね), 細い足[腕]. ❸ (鳥の)翼の骨. ❹ (樽などの栓, 蛇口. ❺《中南米》スピタ, 栓, 蛇口. ❺ (ミシンなどの)ボビン, 糸巻き. 類**bobina, carrete.** ❻《服飾》(きず織物についた)縞模様, 筋. ❼《中南米》さいころ遊び.
irse〖＋人〗*como una canilla [de canilla]*

312 canillera

(1)《まれ, 比喩, 話》下痢に苦しむ. (2) 思いつきで話す.

canillera [kaniʝéra] 囡 ❶(甲冑の)脛(㌻)当て.《スポーツ》脛当て. 類**espinillera**. ❷『中南米』(恐怖による)足の震え; 恐怖.

canillita [kaniʝíta] 男『中南米』『話』❶(街の)新聞売り. ❷(街の)宝くじ売り.

canilludo, da, canillón, llona [kaniʝúðo, ða, kaniʝón, ʝóna] 形『中南米』足[脚]が細くて長い.

canina¹ [kanína] 囡 ❶ 犬の糞(㌻). ❷『古』→ canícula.

canino, na² [kaníno, na] 形 犬の, 犬のような. —diente ~ 犬歯. raza *canina* イヌ属. tener hambre *canina* 腹ぺこである. 類**犬歯**.

canje [káŋxe] 男 (外交, 軍隊, 取引などで使われる)交換, 取り替え, 代用. — ~ de notas diplomáticas 外交文書の交換. ~ de prisioneros de guerra 戦争捕虜の交換. 類**cambio, permuta, su(b)stitución, trueque**.

canjeable [kaŋxeáβle] 形『+por』交換しうる, 取り替えのできる. —Cada uno de estos vales es ~ *por* una botella de cerveza de litro. この引換券1枚で1リットル入りビール瓶1本と交換できる.

canjear [kaŋxeár] 他『+por』(外交, 軍隊, 取引などで)交換する, 取り替える. — ~ prisioneros de guerra [notas diplomáticas] 戦争捕虜[外交文書]を交換する. ~ un aparato *por* otro [un vale *por* una bebida] 部品を別のと交換する[引換券を飲物と交換する].

cano, na³ [káno, na] 形 ❶(髪や髭が)白髪の (→cana¹). —cabello ~ 白髪の髪. Comienza a ponérsele el pelo ~. 彼の髪には白髪が生えはじめている. ❷《比喩》年老いた, 古い. ❸《比喩, 詩》(雪のように)白い.

canoa [kanóa] 囡 ❶ カヌー. 類**almadía**. ❷(船長, 指揮官用の)小型ランチ. 類**lancha**. ❸『中南米』(動物の餌などを入れる)細長い容器[槽], 飼い葉桶. 類**artesa**. ❹『中南米』(木製の)水道管. ❺『中南米』(主に亜鉛製の)雨樋(㌣). ❻『中南米』『植物』アブラヤシの大きく幅広い英(㍼). ❼《隠》マリファナタバコ. 類**porro**. ❽→sombrero de canoa.

canódromo [kanóðromo] 男 ドッグレース場.

canoero, ra [kanoéro, ra] 名 カヌーの漕ぎ手. —— 男『中南米』カヌーの持ち主.

***canon** [kánon] 男【複**cánones**】❶ 規範, 規準, 規則, 規則. — ~ de conducta 行動規範. ~ de la moral 道徳律. Lope de Vega rompió los *cánones* del teatro clásico. ロペ・デ・ベーガは古典演劇の規範を破った. aferrarse a los viejos *cánones* 古い規範に固執する. Siempre ha vestido con arreglo a los *cánones* de la moda actual. 彼は常にファッショナブルに着こなしている. 類**norma, precepto, regla**. ❷《美術》(人体各部の理想的なプロポーションの)規範; 模範, 典型, 手本. — ~ de Policleto ポリュクレトス(彫刻家)の規範 (7頭身像を理想とした). Las facciones de ese rostro se acercan al ~ griego. その顔だちはギリシャ的なモデルに近い. 類**ejemplar, modelo, prototipo**. ❸ (*a*)《商業》使用料; 小作料. — ~ de arrendamiento 小作料, 賃貸料. ~ de tránsito 通行料. 類**alquiler, arrendamiento, renta**. (*b*) 税金. — ~ de aduanas 関税. 類**impuesto, tributo**. ❹ 目録, カタログ, リスト. 類**catálogo, lista**. ❺《宗教》(*a*)(教会の)法規. (*b*)(宗教会議の)決議. ❻《カトリック》(*a*)(聖書の)正典, 正経(㌻); ミサ典文(㍼). (*b*)【複】教会法 (=derecho canónico). ❼《音楽》カノン, キャノン, 追復曲. ❽《印刷》24ポイント活字. —doble ~ キャノン活字, 48ポイント活字.

canonesa [kanonésa] 囡 律修修道女(公式請願を立てて終生の修道生活の義務も負っていない修道女).

canonical [kanonikál] 形 ❶《カトリック》司教座聖堂参事会員の. ❷《話》安楽な. —vida ~ 安楽な生活.

canonicato [kanonikáto] 男 ❶《カトリック》司教座聖堂参事会員の地位[権限, 職禄]. 類**canonjía**. ❷ 楽で割のよい仕事. 類**sinecura**.

***canónico, ca** [kanóniko, ka] 形 ❶ 教会法による[にかなった]. 教会法. —derecho ~ 教会法. horas *canónicas*《宗教》聖務日課の八定時課. El obispo llevaba la vestimenta *canónica*. 司教は教会典範に従った祭服を着ていた. ❷ 正典の; 権威ある. —Los cuatro Evangelios son textos ~s. 四福音書は聖書聖典である. 類**conforme, ortodoxo, regular**. 反**heterodoxo, irregular**. ❸ 規範的な, 正統の, 正統の. —Ésa es una comedia perfectamente *canónica*. それは完全に正統的な喜劇である.

canóniga [kanóniɣa] 囡《話》昼食前の昼寝.

canónigo [kanóniɣo] 男《カトリック》司教座堂参事会員. ◆司教座聖堂[大聖堂]のある教会に役職を持ちその職禄を得ている聖職者のこと. — ~ doctoral 法律顧問の司教座聖堂参事会員. ~ lectoral 神学問題担当の司教座聖堂参事会員. ~ magistral 公式の説教師である司教座聖堂参事会員. ~ penitenciario [penitencial] 聴罪師を務める司教座聖堂参事会員.

llevar vida de canónigo/vivir como un canónigo《比喩, 話》安楽な生活を送る.

canonista [kanonísta] 男女 ❶ 教会法学者 (→abogado ~). ❷ 教会法研究生.

canonización [kanoniθaθjón] 囡《宗教》列聖.

canonizar [kanoniθár] 【1.3】他 ❶(すでに至福を受けた者を)聖人の列に加える. 類**santificar**. ❷《比喩》(人や物を)大げさに賛美[賞賛]する, 過分に褒め称える.

canonjía [kanoŋxía] 囡 ❶《カトリック》司教座聖堂参事会員の職務・権限とその職禄. 類**canonicato, prebenda**. ❷《比喩, 話》楽で割のいい仕事. 類**prebenda**.

tener una canonjía《比喩》楽で割のいい仕事につく.

canoro, ra [kanóro, ra] 形 ❶《主に詩》(鳥が)よく歌う, 美しい歌声の. —ave *canora* 鳴き鳥. un ~ canario 美しい歌声のカナリア. ❷(声や音が)快い, 美しい音の, 歌うような. —Era una chica de voz dulce y *canora*. 彼女は甘く歌うような声の女の子だった. 類**melodioso**.

canoso, sa [kanóso, sa] 形 白髪の多い, 白髪の. —Era un hombre de barba *canosa* y mirada tierna. 彼は白髪まじりの髭とやさしい眼差しを持った人だった.

canotié [kanotjé]〖⫽仏〗男【複**canotiés**】《服

飾]かんかん帽.
canotier [kanotjér] 〔<仏〕男 =canotié.
cansadamente [kansáðamente] 副 疲れて, だるそうに. 類**fatigosamente, pesadamente**.

*cansado, da [kansáðo, ða カンサド, ダ] [過分] 形 ❶ 〖estar＋, +de/por〗…に疲れた, くたびれた. —Si *estás* tan ～ por el viaje, tómate unos días de descanso. 旅行でそんなに疲れているのなら数日休暇を取りなさい. Mi niño *está* ～ de andar. 私の子どもは歩き疲れている. ¿Qué pasa? Te veo muy *cansada*, ¿eh? どうしたの? ずいぶん疲れているように見えるけど. 類**agotado, fatigado**.
❷ 〖estar＋, +de〗…に飽きた, うんざりした. —Ya *estamos* ～s de vivir en la ciudad. 私たちはもう都会に住むのに飽きました. 類**harto**.
❸ 〖ser＋〗(仕事, 行動などが)疲れる, 疲労する, 骨の折れる. —*Es* ～ ir a pie hasta la estación. ¿Por qué no tomamos un taxi? 駅まで歩いていくのは疲れるよ. タクシーに乗らない? Esta vez el trabajo *ha sido* muy ～. 今回の仕事はとても骨が折れた. 類**fatigoso, pesado**.
❹ 〖ser＋〗退屈な, うんざりする. —No te recomiendo la película porque *es* muy *cansada*. その映画は薦めないよ, とっても退屈だからね. *Es* muy ～ este chico con tantas exigencias. 無理な要求ばかりするこの子にはうんざりだわ. 類**aburrido, pesado**.
❺ (土地が)やせた.
vista cansada 老眼.

*cansancio [kansánθjo] 男 ❶ 疲れ, 疲労. —tener [sentir] mucho ～ 大変疲れている. caerse [morirse] de ～ 疲労で倒れる [死にそうだ]. recuperarse [recobrarse] del ～ acumulado 溜まった疲れがとれる. Al terminar la jornada, enseguida me vencen el ～ y el sueño. 1 日の仕事が終ると私はすぐに疲労と睡魔に負けてしまう. 類**fatiga**. 反**descanso, dinamismo, frescura, vigor, vitalidad**. ❷ 飽き飽き[うんざり]すること, 退屈, 倦怠. —Comer siempre lo mismo produce ～. いつも同じものばかり食べていると飽きてしまう. 類**aburrimiento, hastío, tedio**. 反**diversión, entretenimiento**.

*cansar [kansár カンサル] 他 ❶ を疲れさせる, 疲労させる. —No le *cansa* correr diez kilómetros. 彼は 10 キロ走っても疲れない.
❷ を退屈させる, 飽きさせる. —La clase de aquel profesor me *cansa*. あの先生の授業は私には退屈だ. 類**aburrir**.
❸ (土壌)をやせさせる.
——**se** 再 ❶ 疲れる, 疲労する. —He corrido durante media hora y *me he cansado* mucho. 私は 30 分走ったので非常に疲れた. ❷ 〖＋de に〗退屈する, 飽き飽きする. —*Nos hemos cansado* de escuchar su larguísima conferencia. われわれは彼の非常に長ったらしい講演を聴くのに飽きました.
no cansarse de +不定詞 (1) 執拗に…する. *No se cansa* de pedirme que le compre la moto. 彼は私にオートバイを買ってくれとしつこくねだった. (2) …するのに飽きない.

cansera [kanséra] 女 ❶ [話] (人や物のしつこさによる)煩わしさ, 不快感. 類**fastidio, lata, molestia**. ❷ 〖サラマンカ〗疲労, 疲労による怠惰. ❸ 〖中南米〗無駄な努力. ❹ 〖ムルシア, 中南米〗(物事の進行が)のろのろしていること, 鈍重さ.

cansino, na [kansíno, na] 形 ❶ ゆっくりした, のろい. —paso ～ のろのろした足取り. buey ～ ゆっくり歩く牛. 類**lento, perezoso**. ❷ (疲れて)生気のない, 疲れた. —Habló con voz *cansina*. 彼は生気のない声で話した.

cantable [kantáβle] 形 ❶ 歌うことのできる, 歌える. ❷ 〖音楽〗ゆっくり歌われる, カンタービレの.
—— 男 ❶ 〖音楽〗サルスエラの歌の場面; (音楽に合わせるために作られた)サルスエラの台本の韻文部分. ❷ 〖音楽〗カンタービレの曲, その一節[楽章].

Cantabria [kantáβrja] 固名 カンタブリア地方(スペインの地方).

*cantábrico, ca [kantáβriko, ka] 形 カンタブリアの. —Cordillera *Cantábrica* カンタブリア山脈. Mar *C*～ カンタブリア海(ビスケー湾).
—— 名 カンタブリア住民, カンタブリア出身の人.

cántabro, bra [kántaβro, βra] 形 カンタブリア(Cantabria)の, カンタブリア出身の.
—— 名 カンタブリア出身者, カンタブリア地方の住民.

cantador, dora [kantaðór, ðóra] 名 (特に民謡[ロマンセ]の)歌い手, 歌手. 類**cantante, cantaor, cantor**.

cantal [kantál] 男 ❶ 小石, 石ころ. 類**canto**. ❷ 石ころだらけの土地.

cantaletear [kantaleteár] 他 ❶ 〖中南米〗(相手がいやになるまで)しつこく繰り返す. ❷ 〖中南米〗からかう, 愚弄(ぐろう)する.

*cantante [kantánte] 男女 歌手, オペラ歌手, 声楽家. —～ de ópera [de rock, de moda] オペラ[ロック, 流行]歌手. ～ lírico オペラ歌手. Es una de las mejores ～s del país. 彼女はこの国の最も優れた歌手の一人である. 類**cantor, voz**.
—— 形 歌う, 歌のある; 歌手の. —café ～ ナイトクラブ. voz ～ 主旋律(部). Tiene un hijo ～ famoso. 彼にはとても有名な歌手の息子がいる.
llevar la voz cantante (集団行動を)指揮する, 牛耳る, 采配を振る, 主導権を握る. *Lleva la voz cantante* en este negocio. 彼がこの仕事で采配を振るっている.

cantaor, ora [kantaór, óra] 〔<cantador, dora から d の取れた形〕名 フラメンコの歌い手, 歌手.

*cantar [kantár カンタル] 他 ❶ を歌う. —Ella *cantó* "Siete Canciones Populares Españolas" de Falla. 彼女はファーヤの『7 つのスペイン民謡』を歌った. ❷ を節をつけて言う[唱える]. —～ la lotería 宝くじの当選番号を読み上げる. ❸ をほめたたえる, 賞賛する. —En su poesía *canta* a la amada. 彼は詩の中で恋人をたたえている. ～ la belleza del paisaje 景色の美しさをたたえる. ❹ (秘密など)を告白する, 白状する, 暴露する. —Le amenazaron y *cantó* todo lo que sabía. 彼は脅かされて知っていることすべてを白状した. ❺ (トランプ・ゲームで得点)を宣言する.
—— 自 ❶ 歌う. —Ella *canta* muy bien. 彼女は歌が非常に上手だ. ❷ (虫・鳥が)鳴く, さえずる. —Pronto empezarán a ～ los ruiseñores. やがてナイチンゲールが鳴きはじめるだろう. *Cantaba* un grillo. キリギリスが鳴いていた. ❸ 音を立

てる, きしむ. —Esta bicicleta *canta* al frenar. この自転車はブレーキをかけるときしむ音を出す. ❹《話》いやな臭いを放つ. ❺《話》目立つ.
cantar de plano 胸の内を打明ける, 思っていることをすべてさらけ出す. Interrogado por la policía, *cantó de plano*. 警官に訊問されて彼はすべて自白した.
cantar las verdades/cantarlas claras/cantárselas claras ずけずけとものを言う, 直言する.

── 男 ❶(ファンダンゴやホタなどの民謡で歌われる)短い詩歌, 歌. ❷(農民の歌う)労働歌. ❸叙事詩. ~~ de gesta (中世の)武勲詩.《*C*~ de mio Cid*》『わがシードの歌』. ◆国土回復運動時に活躍した実在の英雄シード・カンペアドールを主人公とする武勲詩. 1140年頃の作と言われているが作者は不詳. →El Cid.
Cantar de los Cantares《聖書》(旧約聖書の中の一書である)雅歌.
ser otro cantar《比喩, 話》異なっている, 別物である, 違っている. Si está enfermo, pase; pero si es por la resaca, eso ya *es otro cantar*. もし病気なら仕方がないが, それが二日酔いというのなら, 話は別だ. Como amigo vale, pero casarme con él ya *es otro cantar*. 友達としてはいいけれど, 彼と結婚するとなれば話は別だ.

cántara [kántara] 囡 ❶ 壷(⌒), 瓶(⌒). 類 **cántaro**. ❷ (運搬用の)牛乳缶. ❸ (容量の単位)カンタラ(約16.13リットル).

cantarela [kantaréla] 囡《音楽》(バイオリン・ギターなどの)第1弦.

cantarera[1] [kantaréra] 囡 壷(⌒)[瓶(⌒)]を乗せる台[棚].

cantarería [kantarería] 囡 壷(⌒)[瓶(⌒)]の販売店[製造所].

cantarero, ra[2] [kantaréro, ra] 名 陶工; 陶器商. 類 **alfarero**.

cantárida [kantáriða] 囡 ❶《虫類》スペインミドリゲンセイ(緑壱青). ❷《薬学》カンタリス(かつて媚薬[壱])として使用された).

cantarín, rina [kantarín, rína] 形 ❶《話》歌好きの. —El canario es un ave *cantarina*. カナリアは歌好きな鳥だ. ❷ (鳥の声・泉・川の流れなどが)心地よい(音のする). —arroyo ~ せせらぎが心地よい小川. Tiene una voz dulce y *cantarina*. 彼女は甘く心地よい声をしている. el murmullo de las *catarinas* aguas del río 川の心地よいせせらぎ.
── 名《まれ》歌手. 類 **cantante**.

cántaro [kántaro] 男 ❶ (粘土や金属でできた柄つきの)壷(⌒), 瓶(⌒). 類 **alcarraza**. ❷ 1 瓶, 1 壷に入る液体の量. —Tenía tanta sed que se bebió medio ~ de agua. 彼はあまりに喉が渇いていたので瓶半分ほどの水を飲み干した. ❸ ワインの量の単位(地方によって異なる). ❹ くじ引き[抽選]のための玉を入れた箱; 投票箱. ❺《音楽》ファゴット. 類 **bajón**. ❻『アラゴン』ワインや油の収穫物を売る際に支払われていた税金.
a cántaros たくさん, 多量に; 大変激しく. Cuando llegamos a Madrid, llovía *a cántaros*. 我々がマドリードに到着した時はどしゃ降りだった.
alma de cántaro《比喩, 話》無骨で鈍感な人.
entrar en cántaro くじの抽選に加わる.
estar en cántaro《比喩》(ある職, 地位に)推薦

されている; (ある職, 地位を)もう少しで手に入れるところである.
Tanto va el cántaro a la fuente que deja el asa[la frente].《諺》何度も危険を冒すといつかは痛い目にあう(←水がめも泉に何度も持っていくとその柄や上部が取れてしまう). ◆que 以下の部分は省略されることがある.

cantata [kantáta] 囡《音楽》カンタータ(独唱部, 二重唱部, 合唱部からなる伴奏つきの声楽曲).

cantatriz [kantatríθ] 囡 [複] **cantarices**《まれ》女性歌手. 類 **cantante**.

cantazo [kantáθo] 男《話》投石, 石による一撃, 石つぶて. —Le dio un ~ en la frente y perdió el conocimiento. 彼は額に石をぶつけられ意識を失った. a ~s 石を投げて. 類 **pedrada**.

cante [kánte] 男 ❶《音楽》民謡, (特に)フラメンコ歌謡. ❷ 歌うこと, 歌唱. 類 **canto**.
cante flamenco《音楽》フラメンコ歌謡, (アンダルシーア地方の)ジプシーの歌. ◆bulerías, fandango, malagueñas, peteneras, siguiriyas, soleares, sevillanas などがある.
cante jondo [hondo]《音楽》カンテホンド. ◆単調なリズムと哀愁をおびた調子で歌われるフラメンコ歌謡.

cantera [kantéra] 囡 ❶ 採石場, 採土場.《比喩》優秀な人材を輩出する場所[養成所]. —Ese equipo de fútbol tiene su propia ~ de jugadores. そのサッカーチームは自前の選手養成所を持っている. ❸《比喩》才能, 能力. 類 **ingenio, talento**.
armar [levantar, mover] una cantera《比喩, 話》(1) (未熟さ, 不注意によって)怪我をする, 病気になる; 怪我[病気]を悪化させる. (2) (ある言動にしつこく反対して)大きな意見の相違[不和]を引き起こす.

cantería [kantería] [< cantero] 囡 ❶《建築》石材の切り出し, 截石(壱)術. ❷《建築》石材建築物. ❸ 切り石.

cantero [kantéro] [< canto] 男 ❶ 石工, 石の切り出し職人. 類 **picapedrero**. ❷《話》固いパンの切れ端. 類 **mendrugo**. ❸ 耕地[農地]の小区画. ❹《中南米》(庭の)花壇. 類 **bancal**.

cántico [kántiko] 男 ❶《カトリック》祈祷(壱)書, 聖歌. —Entonaron el ~ del Magníficat. 彼らは聖母マリア賛歌を斉唱した. ❷ 世俗的な歌詞[歌]. ~ nupcial 結婚の歌. ~ de alegría [amor, guerrero] 喜び[愛, 戦争]の歌.

**cantidad [kantiðá(ð)] 囡 ❶ 量, 数量, 分量(→「質」は calidad). —alguna ~ いくらか. una ~ considerable de dinero かなりの大金. mucha ~ de leche たくさんの牛乳. ~ infinita 膨大な量. ~ infinitesimal 微量. ~ producida 生産量. la ~ de glóbulos rojos que hay en la sangre 血液中の赤血球の量. Más vale la calidad que la ~. 量より質が大切だ. ¿Qué ~ de vino cabe en una botella? 一本のびんにどのくらいワインが入るの? Esa receta de cocina te indica la ~ que necesitas de cada ingrediente. そのレシピは君が必要とするそれぞれの材料の量を示している. No hay suficiente ~ de comida para todos. 全員に足るだけの食料はない. Con este detergente no es necesario poner tanta ~. この洗剤だとそんなに入れる必要はない.
❷ [(una) ~ de の形式で]《話》多数, 大量, 多額. —Se concentró ~ de gente para protes-

tar por el nuevo impuesto. 新税に反対するために大勢の人が集まった. El domingo acudieron al estadio ~ *de* aficionados para presenciar el partido. 日曜日その試合を見るために大勢のファンが競技場に押し掛けた. *una* ~ *de* dinero 大金. hacer ~ *de* regalos たくさんプレゼントする. 類**abundancia, multitud, profusión.** 反**carencia, escasez, falta.**

❸ 金額, 額. —Entregamos una ~ como señal por la compra de la casa. 私たちは家の購入の手付金としてある金額の金を渡した. ~ asegurada 保険金. abonar una gran ~ 大金を払い込む. dejar [dar, pagar] una ~ a cuenta 手付金としてある金額を置いていく[渡す, 払う]. Vale una ~ moderada. それは手ごろな値段だ. Se pagó una ~ astronómica por su fichaje. 彼に莫大な契約金が支払われた. 類**coste, cuantía, importe, suma.**

❹ 数字. —Las ~s se pueden escribir con numeración arábiga o romana. 数字はアラビア数字とローマ数字で書くことができる. Veinte es una ~ mayor que diez. 20 は 10 よりも大きい数字だ. No se ha determinado la ~ de público que asistirá a la ceremonia. 式に参列する人の数が確定していない. 類**cifra, número.**

❺《音声, 詩学》音量, 音長(母音・子音・音節の長短). — ~ de una vocal 母音の長短. El ritmo del verso griego está basado en la distribución de las ~es de las sílabas. ギリシア詩のリズムは音節の長短に基づいている. ~ prosódica 韻律上の音量. ❻《文法》量. —adjetivo [adverbio] de ~ 数量形容詞[副詞]. ❼《物理, 電気》量. — ~ de calor 熱量. ~ de electricidad 電気量, アンペア数. ~ de movimiento 運動量. ❽《数学》数, 量. — ~ constante 定数, 不変量. ~ continua 連続量. ~ discreta 離散量, 不連続量. ~ negativa 負量, 負数. ~ positiva 正量, 正数. ❾《論理》量;《哲学》量, 分量.

cantidad alzada 総金額.
cantidad de ...《話》(1) たくさんの, 大量の, 多くの. Hoy tengo *cantidad de* cosas que hacer. 今日はすることがたくさんある. Había *cantidad de* gente en el concierto. コンサートには大勢の人が来ていた. →cantidad②, en cantidad. (2) 非常に(=muy). Pinta *cantidad de* bien. 彼は非常に絵がうまい.
en cantidad 大量[多量]に, 非常に, とても(=en abundancia). Por esta zona hay bares *en cantidad*. この地域にはバルがたくさんある. Me gusta el jazz *en cantidad*. 私はジャズが大好きだ. →cantidad de, en cantidades industriales.
en cantidades industriales《話》[強調表現] 大量に, 豊富に, たくさん(=en cantidad). En la fiesta se bebió vino *en cantidades industriales*. 彼はパーティーでワインを大量に飲んだ. → cantidad de, en cantidad.
rata por cantidad 比例して, 按分して(=mediante prorrateo).

—— 副《話》非常に多く, ものすごく, ずいぶん. → en cantidad. —divertirse ~ 大いに楽しむ. reírse ~ 大笑いする. trabajar ~ ものすごく働く. Te quiero ~. 君が大好きだ. Ese chico es idiota ~. その若者は大馬鹿者だ. 反**poco.**

cantiga, cántiga [kantíɣa, kántiɣa] 女

(中世の)歌のための詩. —*C*~s de Santa María 聖母マリア頌歌集. ♦賢王アルフォンソ10世 (1221 -84) が自ら編集した頌歌集. ガリシア語で書かれた約 400 の聖母マリアへの賛歌及びその奇蹟物語が収録されている.

cantil [kantíl] 男 ❶ (海岸の)岩棚; 海底棚. ❷ 〖中南米〗崖[断崖]の縁, 崖っぷち. 類**acantilado, precipicio.**

cantilena [kantiléna] 女 ❶ (主に歌われるための)短い詩歌, カンティレーナ. ❷《比喩, 話》くどい繰り返し, 繰り言. —Otra vez viene con la ~ de que no tiene dinero. また彼はお金がないという繰り言をいっている.

cantillo [kantíʝo] 男 ❶ 石投げ遊びに用いられる小石. ❷《中南米》角, 隅角. 類**cantón, esquina.** ❸ 複 5 つの小石のうち 4 つを地面に投げ, 残りの 1 つを空中に投げる. この空中の小石が落下する前に地面の小石をいくつ拾えるかを競う遊び.

cantimplora [kantimplóra] 〔＜カタルーニャ〕 女 ❶ 水筒. ❷ (液体を移し替えるための)サイフォン. 類**sifón.** ❸ (水を冷やすための)金属製の水差し. ❹ 〖サラマンカ〗大鍋; 〖リオハ〗ワイン用の大きい革袋[容器]. ❺ 〖中南米〗火薬用の小瓶, 火薬入れ. ❻ 〖医学〗〖中南米〗甲状腺腫. 類**bocio, papera.**

cantina [kantína] 女 ❶ (駅や学校などの)軽食堂, ビュッフェ. 類**bar.** ❷ 〖中南米〗居酒屋, 酒場, 飲み屋. 類**taberna.** ❸ (地下の)ワイン貯蔵室[庫]. 類**cava.** ❹ 飲料水を貯蔵庫. ❺ 〖中南米〗牛乳の保管・運搬用の円筒状の容器. ❻ 複《中南米》複(馬の背に振り分けられる)鞍袋. 類**alforja.**

cantinela [kantinéla] 女 →cantilena.

cantinera [kantinéra] 女 飲み物の給仕をするために従軍する女性.

cantine*ro, ra* [kantinéro, ra] 名 ❶ (駅や学校などの)軽食堂・ビュッフェの主人[従業員]. ❷ 〖中南米〗居酒屋, 酒場の主人[従業員]. 類**tabernero.**

‡**canto**[1] [kánto] 男 ❶ 歌, 歌曲. ♦canto は歌の範囲が限定される.「歌」という意味では, canción が一般的. — ~ de victoria 勝利[凱旋]の歌. ~ guerrero 軍歌. ~ polifónico 多声歌. ~ gregoriano グレゴリオ聖歌. ~ llano 単旋律聖歌. ~s populares 民謡. 類**cántico, tonada.** ❷ 歌唱(法), 歌うこと, 声楽. —Aprende ~ en el conservatorio de música. 彼は音楽院で声楽を学んでいる. Al iniciarse el ~ del himno nacional, abandonó la sala. 国歌斉唱が始まると, 彼は部屋を出て行った. ❸ (小鳥・虫などの)さえずり, 鳴き声; (人の)歌声. —El ~ de un gallo nos despertó al amanecer. 私たちは夜明けに雄鳥(おんどり)の鳴き声で目が覚めた. Se oían unos ~s tristes. 悲しい歌声が聞こえていた. ~ de sirena セイレンの歌声. ❹ [+a] ~に捧げる賛歌. — ~ a la vida. 君の講演は生への賛歌である. Este poeta compuso un ~ *a* la amistad. この詩人は友情への賛歌を書いた. 類**alabanza, himno.** ❺ (叙事詩などの構成要素としての)編, 歌. —poema en cinco ~s 5 編からなる詩. 類**estrofa.** ❻《文》(本来歌われるための)詩, 叙情[叙事]詩. — ~ nupcial 祝婚歌. ~ de amor 恋愛歌. 類**poema, trova.** ❼《音楽》(楽曲の)旋

律家, メロディー. [類]**melodía**.
al canto del gallo 夜明けに, 明け方に.
el canto del cisne (芸術家などの死・退陣の前の) 最後の作品[ことば], 絶筆(←白鳥の歌: 白鳥は死ぬ間際に一度だけ美しい声で鳴くという伝説から). *Esa película fue su cinco de cisne, poco después murió.* その映画は彼の最後の作となり, まもなく死んだ.
en canto llano (1) 単純明解に. (2) ごく普通に.
ser canto llano (1) 質素で飾り気がない. (2) 困難を伴わない.

:**canto**² [kánto] 男 ❶ (板状のものの)へり, 縁(ネ). — *Era un libro viejo, con los ~s ennegrecidos y rotos.* その本は古くて, へりが黒くなって破れている. [類]**borde, lado, orilla**. [反]**centro**. ❷ 角(ネ), 隅, 先端. — *Al caer me di un golpe con el ~ de la mesa.* 私は転んだ時, 机の角にぶつかった. [類]**arista, esquina**. ❸ (ナイフ・刀などの)背, 峰 (→*filo*「刃」). — *Un cuchillo se puede coger sin peligro por el ~.* ナイフは峰のところをつかめば危険はない. ❹ (本の)小口(た)(→*lomo*「背」) — *Me enseñó un libro con las tapas de piel y el ~ dorado.* 彼は革表紙で小口が金線装丁の本を私に見せた. [類]**canal**. ❺ (パンの)切れ端, 一切れ. [類]**pedazo**. ❻ (物の)厚み. — *Este madero tiene diez centímetros de ~.* この角材は厚さが10センチある. ❼ 小石, 石ころ, 丸石; 石投げ遊び. — *tirar [arrojar, disparar] un ~* 小石を投げる. *Echamos por un atajo lleno de ~s.* 我々は石ころだらけの近道を通って行った. [類]**chinarro, guijarro**. ❽ (アイスホッケー)パック. ❾ (建築)(建物の)角. ❿ (車輪の)外縁(タ).
a cal y canto しっかりと, 頑丈に, 密閉して. *La puerta se cerró a cal y canto.* ドアはしっかり閉じられた.
al canto (1) 緊急に, すぐに. *Venga, dinero al canto.* さあ, お金を出して. (2) (強調)決まって, 必ず. *Cada vez que le reprendo, llanto al canto.* 私が叱るたびに, 決まって彼は泣き出す. (3) 明白ク, 有力な. *pruebas al canto* はっきりした証拠, 確証. (4) 端に, 縁に. *un pañuelo con un festón al canto* 縁をスカラップで飾ったハンカチ. *plato desportillado al canto* 縁が欠けた皿. (5) 《話》そばに, 横に.
canto rodado [*pelado*] (角が擦り減ってなめらかな)丸い小石.
con un canto a los pechos 《話》大変喜んで.
darse con un canto (*en los dientes* [*en los morros, en los nudillos, en los pechos*]) 《話》思っていたよりもうまくいってとても満足する, 大喜びする.
de cal y canto 《話》頑丈な, 堅牢な, 強健な.
de canto (最小側面を手前に向けて)縦にして, 立てて; 横から. *Coloqué los discos de canto en el estante.* 私はレコードを棚に立てて置いた.
el canto de un duro ほんの少し, ぎりぎり(= *un pelo*). *faltar el canto de un duro para*[+不定詞] もう少しで…するところである(= *faltar un pelo para*).
por el canto de un duro 《話》〖よく否定文で〗かろうじて, きわどいところで, 間一髪で(= *por muy poco*).

cantón¹ [kantón] 〖< *canto*〗男 ❶ 行政分割, 地域, または, それに対する名称; (特にスイスの)州. ❷ (建物の)角, 隅. [類]**cantillo, esquina**. ❸ 《軍事》(軍隊, 部隊の)宿営(地), 野営(地). [類]**acantonamiento, acuartelamiento**. ❹ 《紋章》盾形紋章の四隅にある各小区画; 盾形紋章の上部の左右どちらかにあり全体の9分の1の大きさを占める部分; 十字架の2つの腕の交差によってできた四隅の各区画. ❺ 〖中南米〗丘陵.
cantón de honor 《紋章》盾形紋章の上部にかかって左にある小区画.
cantón redondo 円形やすり.

cantón² [kantón] 男 〖中南米〗カシミヤを模倣した綿織物.

cantonal [kantonál] 形 ❶ 行政分割の, 州の. ❷ 連邦制主義の, 州権分立主義の.
—— 男女 連邦制主義[支持]者, 州権分立主義[支持]者.

cantonalismo [kantonalísmo] 男 州権分立主義; 特にスイスの連邦制.

cantonera¹ [kantonéra] 女 ❶ 本の表紙の角や家具の隅を補強するもの, コーナーピース. ❷ (机や棚などの)コーナー家具. [類]**rinconera**. ❸ (銃の)床尾板. ❹ (まれ)街娼, 売春婦. [類]**prostituta, puta**.

cantonero, ra² [kantonéro, ra] 形 ぶらぶら歩き回っている, ぶらぶらしている. —— 名 ぶらぶら歩き回っている人, ぶらぶらしている人.
—— 男 石の角をかぶせるための道具.

cantonés, nesa [kantonés, nésa] 形 広東(Cantón)の, 広東出身の. —— 名 広東の人, 広東出身の人. —— 男 広東語.

:**cantor, tora** [kantór, tóra] 形 ❶ よい声でさえずる, 鳴く. — *En el bosque se oía el trinar de los pájaros ~es.* 森では鳴き鳥のさえずりが聞こえていた. *canario muy ~* よくさえずるカナリヤ. ❷ 歌う. — *Son muy famosos los niños ~es de Viena.* ウィーン少年合唱団はとても有名である.
—— 名 ❶ 〖+de〗(作品で…)を賛め歌う人, 賛美者, 詩人(特に叙事詩人・宗教詩人). — *Dante es el ~ de Beatriz.* ダンテはベアトリースを謳(½)い上げる詩人である. *Más que poeta es un ~ romántico.* 彼は単に詩人というよりもむしろ叙情詩人である. *~ de Laura* ラウラの詩人(イタリアの Petrarca のこと). [類]**poeta, rapsoda**. ❷ 鳴禽(ä): *aves cantoras*). ❸ (まれ)歌手, 歌う人(→*cantante*).

cantoral [kantorál] 男 聖歌集. ♦聖歌の歌詞と曲が書かれた羊皮紙製の非常に大きな本で教会の聖歌隊席の書見台の上に置かれている.

cantueso [kantuéso] 男 〖植物〗アカラヴェンダーの一種.
flores de cantueso (比喩, 話)取るに足りないこと, どうでもいいこと.

canturía [kanturía] 女 ❶ 歌うこと, 歌唱練習. ❷ 単調な歌. ❸ 《音楽》音楽の旋律の持つ雰囲気.

canturrear [kanturreár] 自 《話》小声で歌う, 鼻歌を歌う.

canturreo [kanturréo] 男 鼻歌, ハミング.

canturriar [kanturriár] → *canturrear*.

cánula [kánula] 女 ❶ 《医学》患部の液を抽出するために使われる管状のゾンデ[探針], カニューレ. ❷ 浣腸器の先管. ❸ 小さい茎(ä); 葦(ä), 籐(½).

canutero [kanutéro] 男 ❶ 筒状の針を入れるケース. [類]**alfiletero, cañutero**. ❷ 〖中南米〗万

年筆の軸[筒]部分.

canutillo [kanutíʝo] 男 ❶ (刺繍や飾りひもに使われる)ガラスのビーズ. ❷ 細くて凸状の刻形(ホッ). ❸ コール天.

canuto¹ [kanúto] 男 ❶ 〖植物〗(茎などの)2つの節の間の部分, 節間. 類**cañuto**. ❷ (いろいろな用途の)丈が短く細い管. ❸ (地図や免状などを入れる)蓋つきの筒; (特に)針入れ. ❹ 〖軍事〗除隊. ― dar el ~ 除隊させる. ❺ 〖俗〗マリファナタバコ. 類**porro**. ❻ 〖虫類〗バッタなど直翅(ぽ☆)類の昆虫が地中に産卵した卵に付着してできた土の管, 卵鞘(ぷ☆). ❼ 〖中南米〗管状のアイスクリーム[シャーベット]. ❽ 中にカスタードや生クリームの詰まった筒状のパイ. ❾ 〖アンダルシア〗蒸留酒用の小さいコップ. ❿ 〖中南米〗万年筆の軸[筒]部分. 類**canutero**.

canuto² [kanúto] 〖有名なプロテスタントの牧師Canutの名前から〗男 チリのプロテスタントの牧師や聖職者またその信者に対する呼称.

canzonetista [kanθonetísta] 女 〖ガリシズモ〗女性歌手.

*‡**caña** [káɲa] 女 ❶ 〖植物〗(麦・竹などの中空で節のある)茎, 幹, 麦わら. ― ~ del trigo 麦わら. La ~ de bambú es hueca y muy dura. 竹は空洞でとても固い. ― ~ espina 節の多い竹の一種. 類**paja**, **tallo**. ❷ 〖植物〗アシ(葦), ヨシ, トウ(籐)(の茎). ― muebles de ~ 籐の家具. ~ de Bengala [de Indias] トウ(籐)(=ratán). ~ de cuentas [de la India] カンナ(=cañacoro). El hombre es una ~ pensante. 人間は考える葦である(パスカルの言葉). ― ~ brava アシ(葦). ~ común アシ. ~ agria コストス(=costos). ~ borde [~ común より大きい]アシ. 類**carrizo**, **junco**. ❸ 釣り竿(~ de pescar). ❹ (ビール・ワイン用の細長い)グラス, コップ; (特に)生ビール. ― Ponga dos ~s, camarero. ボーイさん, 生ビール2杯ください. una ~ de vino blanco 白ワイン一杯. una ~ de sidra 果実酒一杯. ❺ (長靴・長靴下の)胴. ― botas de ~ ancha [estrecha] 胴の広い[狭い]ブーツ. botas de alta ~ [de media ~] ロング[ショート]ブーツ. ❻ 〖解剖〗(a) (脚・腕の)長骨, すね骨, 脛(ﾎ)骨. ― Lleva el brazo escayolado porque se ha partido la ~. 彼は骨折したので腕にギブスをはめている. Compra un hueso de ~, a ser posible de vaca. 脚の骨, できれば牛の脚の骨を買ってきてくれ. 類**canilla**. (b) 骨髄. 類**tuétano**. (c) ~ ~ del pulmón 気管(=tráquea). ❼ 〖船舶〗~ del timón (船舶の)舵柄(ﾊ). ~ del ancla アンカーシャンク, 錨杆. ❽ 〖料理〗カーニャ(細長いケーキ). ― una ~ de crema クリームケーキ. una ~ de chocolate チョコレートケーキ. Las ~s son unos dulces rellenos de nata o de crema. カーニャはクリーム入りの甘い物である. ❾ 〖南スペイン, アルゼンチン, ウルグアイ〗サトウキビから作った焼酎. ― aguardiente de ~ ラム酒. ❿ 〖コロンビア〗(a) うそ. ― echar [hablar] ~ うそをつく; おしゃべりする, 閑談する. (b) 自慢. ― echar ~s 〖話〗自慢する. ⓫ 〖建築〗柱身 (=fuste).

arrear[*atizar*LE] *caña* →dar LE [meter LE] caña(1).

caña amarga 〖植物〗(熱帯南米産の)アシ.
caña brava 〖中南米〗〖植物〗(建築に使われる固い)アシ.
caña de azúcar/*caña dulce* [*melar*]〖メキシコ〗*caña de Castilla* 〖植物〗サトウキビ.

cañizo 317

caña de Batavia 〖植物〗(茎が紫色で糖の少ない)サトウキビ.
caña de la dirección 〖自動車〗ステアリング・コラム, かじ取り柱.
caña de lomo 香辛料の入ったポーク・ソーセージ.
con la caña mala 〖チリ〗〖話〗二日酔いして.
correr cañas 騎馬槍試合をする.
*dar*LE [*meter*LE] *caña a …* (1) 〖話〗殴る, たたく, 懲らしめる, 攻撃する. El están *dando caña a ese diario*. その日刊紙が攻撃されている. (2) 〖話〗アクセルを一杯に踏む, スピード[ボリューム]を上げる. ! El vecino *le mete caña a la radio y no se puede dormir tranquilo.* 隣の人がラジオの音を大きくしているので静かに眠ることが出来ない. (3) 〖話〗圧力をかける, 急(ネ)かす. *Mete caña a Luis para que acabe pronto la traducción.* 早く翻訳を終えるようにルイスを急かして.
estar [*andar*] *con la caña* 〖チリ〗〖話〗酔っている.
Las cañas se vuelven lanzas. 〖諺〗瓢箪(ﾋ☆)から駒.

cañacoro [kaɲakóro] 男 〖植物〗カンナ(カンナ科の草本植物. 種子はロザリオの数珠玉になる).

cañada [kaɲáða] 女 ❶ 小さい峡谷, 谷間. ❷ 〖中南米〗小川. ❸ 家畜の季節移動のための道. ❹ 〖サラマンカ〗牧畜業者が家畜を通過させるために支払っていた租税. ❺ 雌牛の足の骨. ❻ 〖解剖〗髄, 骨髄. 類**medula**. ❼ 〖中南米〗山間部の低湿地帯. ❽ 〖アラゴン, アストゥリアス〗ワインの容積単位.

cañafístola, **cañafístula** [kaɲafístola, kaɲafístula] 女 〖植物〗カシア(の木[実]).

cañal [kaɲál] → cañaveral.

cañamar [kaɲamár] 男 麻畑, 大麻畑.

cañamazo [kaɲamáθo] 男 ❶ 麻くず, 麻粕. ❷ (刺繍用の)目の粗い布. ❸ スケッチ, 下絵. ❹ 〖比喩〗(小説などの)粗筋(募), 大要, アウトライン. ❺ 〖中南米〗動物が食べる1年草の野生植物.

cañamelar [kaɲamelár] 男 サトウキビ畑[農園].

cañamiel [kaɲamiél] 女 〖植物〗サトウキビ. 類*caña de azúcar*.

cáñamo [káɲamo] 男 ❶ 〖植物〗アサ, 大麻. 類**lino**. ❷ 麻糸, 麻布. ❸ 〖中南米〗麻ひも.
cáñamo índico [*índio*, *de la India*] インド大麻, ハッシッシ. 類**hachís**, **mariguana**, **marihuana**.
cáñamo de Manila マニラ麻. 類**abacá**.

cañamón [kaɲamón] 男 (主に鳥の餌になる)アサ(麻)の種.

Cañar [kaɲár] 固名 カニャル(エクアドルの県).

*‡**cañaveral** [kaɲaβerál] 男 ❶ 葦(㌀)の茂る土地[沼, 川辺], 葦原; サトウキビ畑[農園]. 類**cañal**, **cañizal**.

*‡**cañería** [kaɲería] 女 ❶ (水道・ガスなどの)管, 導管, パイプ. ― ~ de desagüe 排水[下水]管. ~ maestra 本管. ~ de plomo 鉛管. 類**tubo**. ❷ 〖集合的に〗管, 配管. 類**tubería**.

cañí [kaɲí] 形 〖複**cañís**〗ジプシー[ロマ]の.
― 男女 ジプシー, ロマ. 類**gitano**.

cañizal, **cañizar** [kaɲiθál, kaɲiθár] 男 葦(㌀)原. 類**cañaveral**.

cañizo [kaɲíθo] 男 ❶ (張り天井の漆喰(ぽ☆)を

318 caño

支えたり蚕の飼育などに使われる)葦(➡)を編んだ簀子(す｡). ❷ (車の幌や日除けのために)細い葦を編んだもの. — caña [bambú] 葦[竹]製よしず. ❸ 脱穀機の梶(➡). ❹〖サラマンカ〗囲い場の横木でできた門[入口].

caño [káɲo] 男 ❶ 短い管, (特に接続可能な)管, パイプ. 類 **tubo**. ❷ (噴水の)噴出口, ノズル; (水の)噴出, ほとばしり. — Se lavó las manos en el ~ de la fuente. 彼はほとばしる噴水の水で手を洗った. 類 **chorro**. ❸ パイプオルガンのパイプ. ❹《海事》澪(➡); (島, 浅瀬の間にある)航路筋, 水路. 類 **canalizo**. ❺ 坑道, 地下道. ❻ 酒樽貯蔵庫;〖アラゴン〗地下貯蔵室. ❼〖アラゴン〗ウサギの飼育小屋. ❽《中南米, アンダルシーア》水量が不規則で流れのゆっくりした川.

*__cañón__[¹] [kaɲón] 男 ❶ 峡谷. — El Gran *C* ~ del Colorado alcanza los 2.000m de profundidad. コロラドのグランドキャニオンは深さ2,000mある. ~ submarino 海底峡谷. 類 **desfiladero, garganta**.

:__cañón__[²] [kaɲón] 男 [複 cañones] ❶《軍事》大砲. — disparar el ~ 大砲を撃つ. apuntar (con) un ~ a 大砲の照準を合わせる. cargar un ~ 大砲に弾丸を込める. boca de un ~ 砲口. el calibre de un ~ 大砲の口径. proyectil [bala] de un ~ 砲弾. ~ antiaéreo 高射砲. ~ antitanque [anticarro] 対戦車砲. ~ automático 機関砲. ~ de campaña 野戦砲. ~ de gran [largo] alcance 長距離砲. ~ de marina 艦砲. ~ de montaña 山砲. ~ sin retroceso 無反動砲. ~ obús 曲射砲. ❷《機械》砲身, 銃身. — escopeta de dos ~s [de doble] 二連銃. ~ de escopeta 銃身. ~ de una pistola ピストルの銃身. ❸ (一般に長い)管, 筒, パイプ; (暖炉などの)煙道; (階段の)吹き抜け; 坑道. — ~ de anteojo 望遠鏡の筒. ~ de escobén《海事》ホースパイプ, 錨鎖(➡)管. ~ de estufa ストーブの煙道. ~ de fuelle ふいご. ~ de órgano パイプオルガンのパイプ. bóveda de [medio] ~《建築》筒形構造[半]円天井. 類 **humero, tubo**. ❹ (羽柄の)羽軸根(ねもと), 羽柄; 羽ペン. — ~ de pluma 羽軸根. ❺ (鳥の)生えたての羽根, 産毛. ❻ (頭頂部の髪の毛の)根元に近く生えた固い部分. ❼ (芝居・ショーなどの)スポットライト. ❽ — ~ de cemento《建築》セメントガン. ~ electrónico [de electrones]《物理》電子銃. ~ lanzacabos (人命救助用などの)綱打ち込銃, ライフルガン. ~ de agua (消防) 放水砲. ~ láser レーザーガン. ❾〖コロンビア〗木の幹 (=tronco);〖メキシコ〗山嶺 (=cañada); 〖...〗道.

al pie del cañón〘話, 比喩〙第一線で, 現役で.
morir al pie del cañón 殉職する, 激務に耐えかねて死ぬ; 業半ばにして死ぬ.
cañón de nieve 人工雪を降らせる機械.
carne de cañón (1) 大砲の餌食(一兵卒のこと), 最前線の一兵卒. (2)《比喩》〖集合的に〗危険の矢面に立たされる人, 粗略に扱われる人, ライバル. — 外国人労働者は粗略に扱われこき使われて賃金もひどい.
ni a cañón rayado/ni a cañones〖中南米〗決して…でない. No voy *ni a cañón rayado*. 私は決して行かない.

— 形〖estar/ser+〗〘話〙大変魅力的な, すばらしい, 傑出している. 類 **estupendo, fenomenal**.
— 副《話》すばらしく, 大変楽しく. —En aquella fiesta nos lo pasamos ~. あのパーティーは最高だった.

***cañonazo** [kaɲonáθo] 男 ❶ 砲撃, 発砲; 砲声. — salva de veintiún ~s 21発の礼砲. El cañón disparó tres ~s. 大砲は3発撃った. Los ~s retumbaban lejanos. 遠くで砲声が鳴り響いていた. 類 **tiro**. ❷《サッカー》強烈なシュート. ❸《俗》思いがけないニュース.

cañonear [kaɲoneár] 他 を砲撃する.

cañoneo [kaɲonéo] 男 砲撃, 放火を浴びせること.

cañonera[¹] [kaɲonéra] 女 ❶ (砲弾を発射するための)狭間(はざま), 砲眼. 類 **tronera**. ❷ (要塞の中の)砲座. ❸ 野営用のテント. ❹《海事》砲門; 砲艦. ❺〖中南米〗ピストルの革ケース, ホルスター. 類 **pistolera**.

cañonería [kaɲonería] 女 ❶〖集合的に〗オルガンのパイプ. ❷〖集合的に〗大砲, 砲.

cañonero, ra[²] [kaɲonéro, ra] 形 (船, ランチが)大砲を備えた. — lancha *cañonera* 砲艦.
— 男 砲艦.

cañuto [kaɲúto] 男 ❶ (茎の)節と節の間. 類 **canuto**. ❷ 短い管. 類 **canuto**. ❸《比喩, 話》密告者, 告げ口屋, たれ込み屋. 類 **delator, soplón**. ❹ 告げ口, 密告. 類 **chisme, soplo**. ❺〖アラゴン〗筒状の針入れ. 類 **cañutero, alfiletero**.

caoba [kaóβa] 女〖植物〗マホガニー; その木材.

caolín [kaolín]〖生産地名 Kao Ling より〗男 ❶ 高陵土, 白陶土, ❷《化学》カオリン (含水珪酸(けいさん)アルミニウム)

***caos** [káos] 男〖単複同形〗❶ 無秩序, 大混乱. — producir [provocar] un ~ 混乱状態をもたらす. La manifestación produjo un ~ circulatorio en la gran ciudad. デモは大都市の交通混雑を引き起こした. Traté de ordenar en el ~ de mis ideas. 私は混乱した考えを整理しようとした. 類 **confusión, desconcierto, desorden, mezcla**. 反 **orden, organización**. ❷《宗教, 神話》(天地創造以前の)カオス, 混沌(とん). 反 **cosmos**. ❸〖地質〗(浸食による)堆石, 堆岩.

caótico, ca [kaótiko, ka]〖<caos〗形 混沌(とん)とした, 混乱した, 無秩序の. —Cuando se hizo cargo de la empresa, la situación era *caótica*. 彼がその会社を引き受けた時, 状況は混沌としていた. 類 **confuso, desordenado**.

cap.〘略号〙❶ =capítulo …章. ❷ =capital 資本金; 首都. ❸ =capitán 船長, 艦長, 海軍大佐; 陸軍大尉.

****capa** [kápa カパ] 女 ❶〖服飾〗ケープ, 袖なしマント[コート]. — ~ aguadera [de agua, gascona] 雨ガッパ, レインコート. ~ magna [consistorial]《宗教》(司祭・大司教の)長袍祭服. ~ pluvial《宗教》(司祭の)祭服. gente de ~ parda 田舎者, 粗野な人. Antes, muchos hombres llevaban ~. 昔は多くの人たちはマントを着ていた. 類 **manteo, manto**.
❷ 層, 皮膜, 覆い. — ~ de ozono オゾン層. ~s de la atmósfera 大気の層. ~ vegetal 表土 (土壌の表面・上部). primera ~ 下塗り. ~ de acabado 仕上塗り. papel higiénico de tres ~s 3枚重ねのトイレット・ペーパー. ~ de humo たなびく煙. dar [aplicar] a la pared una ~ de pin-

tura 壁にペンキを塗る. Los muebles tenían una ~ de polvo. 家具にはほこりが積もっていた. 類 **baño, estrato, revestimiento.**

❸《料理》衣, コート, 糖衣. —~ de azúcar (ケーキの)アイシング. poner una ~ de chocolate a la tarta ケーキにチョコレートを塗る.

❹《比喩》口実, 表向き, 見せかけ. —Bajo una ~ de abnegación esconde un gran egoísmo. 彼は表向き自己犠牲を装っているが実はひどいエゴイストだ. 類 **apariencia, excusa, máscara, pretexto, velo.**

❺ 幇助(ほうじょ)者 (=encubridor). —~ de ladrones 泥棒をかくまう人. ❻ (社会の)階層, 層. —~ social 社会階層. ~s más altas de la sociedad 最上層階級の人たち. ~s bajas [inferiores] de la sociedad 社会の下層階級. ❼《地質》地層 (=~ geológica). —~s de la Tierra 地球の地層. ~ freática《地質》帯水層, 透水層. Empezamos a cavar y encontramos una ~ de piedras. 私たちは掘り始めて岩層を見つけた. 類 **estrato, faja, franja, veta.** ❽《闘牛》カパ, ケープ. —~ torera 闘牛用のカパ. 類 **capote.** ❾ (馬や他の動物の)毛色. ❿ (葉巻タバコの)外側の巻き葉. ⓫ 富, 財産. ⓬ (船長に支払う)傭船料. ⓭ (物理, 電子)殻; (情報)レイヤー. ⓮《動物》カカ (中南米産の齧歯(げっし)動物). 類 **paca.** ⓯《中南米》レインコート (=~ de agua);《俗》ヘロインのカプセル.

a capa y espada〖defender, mantener などと共に〗必死に, どんな犠牲を払っても, なんとしても. Defenderé mi honor *a capa y espada*. 私は私の名誉を死守する.

andar [estar, ir] de capa caída《話》(仕事・健康などが)思わしくない, 落ち込んで, 落ちぶれて. Desde que murió su mujer, *está de capa caída*. 彼は妻を亡くしてから元気がない.

capa del cielo 天空, 大空, 蒼弓. bajo la *capa del cielo* 全世界に, 世界中に.

capa pluvial《カトリック》(高位聖職者が儀式に着る長い)祭服, 大外衣.

capa rota 秘密諜報員, 軍事スパイ.

capa y espada (1) 秘密諜報員, スパイ. (2)《文学, 演劇》comedia de *capa y espada* 騎士物劇 (16-17世紀のスペインで流行った).

dejar la capa al toro 一方を救うために他方を犠牲にする.

echar la capa a ... (人)のために一肌脱ぐ.

El que tiene capa escapa.〖諺〗地獄の沙汰も金次第.

esperar [estar(se), ponerse] a la capa (1)《海事》漂路(ひょうろ)する. (2)《比喩》警戒[注意]している.

hacer de su capa un sayo 好き放題にする, 思いのままにする. Como la empresa es suya puede *hacer de su capa un sayo*. 会社は自分のものなので思い通りのことが出来ている.

hacer la capa a ... (人)をかくまう.

so capa de ... 口実に, を装って.

tirar a ... la capa (人)に危険を注意する, 注意を喚起する.

Una buena capa [La capa] todo lo tapa.〖諺〗外見はすべてにかなう.

capacha [kapátʃa] 囡 ❶ (果物や小さい物を運ぶための)ヤシ製の小さいかご. ❷ (石炭運搬用のかごなどを覆う)アフリカハネガヤを編んだ半かご状のもの. 類 **capacho.** ❸《比喩, 話》〈カトリック〉聖ヨハネ修道会. ♦貧者のための施しを集めるために capacha を携えていたことからこの名称がつけられた.

capacho [kapátʃo] 男 ❶ (果物を運ぶために使われる)柳を編んだかご. ❷ →capacha②. ❸ (オリーブ油を搾り取るためのアフリカハネガヤ製の容器[大かご]. ❹《建築》(左官が石灰と砂を混ぜ合わせたものを運ぶための)革製あるいは粗い麻製のかご. ❺ →capacha③. ❻《植物》熱帯産カンナ科ダンドクの一種(その実は食用に適す). ❼《鳥類》ヨーロッパヨタカ. ❽《中南米》〈植物〉アシ科の植物の一種. ♦その根は食用に適し医療に使用される.

*****capacidad** [kapaθiðá(ð)] 囡 〈<capaz〉❶〖+para/de〗(個人の)…の才能, 能力, 適性. —~ física 体力. —~ organizativa 組織能力. niño de mucha ~ *para* las matemáticas 数学の才能のある少年. hombre con una gran ~ *de* adaptación 大変適応力のある人. ~ *de* pensar 考える力. No tiene ~ *de* trabajo. 彼には仕事をこなす力がない. No tiene ~ *para* los idiomas. 彼は語学の才がない. 類 **aptitud, competencia, disposición, talento.** 反 **incapacidad, ineptitud.** ❷《商業》能力, 力. —~ económica de un país 国の経済力. ~ adquisitiva [de compra] 購買力. ~ de pago (借金の)返済能力. ~ financiera 財力, 金融力. La nueva maquinaria aumentará la ~ de producción de la fábrica. 新しい機械設備で工場の生産力が増大するだろう. ❸ 容量, 容積. —medidas de ~ 容積の度量法(立方メートル表示). ~ de carga 積載容量. ~ de almacenamiento《情報》記憶容量. El recipiente tiene una ~ de un litro. この容器は1リットル入る. 類 **cabida, contenido, espacio, volumen.** ❹ (建物・乗り物などの)収容能力, 定員. —~ de almacenamiento [del almacén] 倉庫の収容力. un auditorio con ~ para quinientas personas 500 人収容できるホール. 類 **potencial.** ❺《法律》(権利・義務のための)法的能力, 資格. —~ legal [jurídica] 法的能力. ~ civil 民事能力. ~ de suceder 相続権. Un demente no tiene ~ para testar. 痴呆症患者には遺言能力がない. ❻ (電気, 化学, 土木, 生理)容量. —~ de un acumulador 蓄電池の電気容量. ~ calorífica 熱容量. ~ de un conductor eléctrico 電線の電気容量. ~ de tráfico 交通容量. ~ vital 肺活量. la ~ de grabación durante 24 horas seguidas 24 時間録音容量. 反 **incapacidad.**

capacidad de arrastre 牽引力, 引き付ける力; 影響力.

capacidad de fuego 火力.

*****capacitación** [kapaθitaθjón] 囡 ❶ 養成, 訓練, 研修. —~ profesional 職業訓練. Asistió a unos cursos de ~ agrícola. 彼は農業の研修[講習]会に出席した. 類 **formación.** ❷ 資質, 技能, 資格. 類 **capacidad.**

capacitado, da [kapaθitáðo, ða] 過分 形 ❶ 能力のある, 有能な. —obrero ~ 能力のある労働者. ❷〖+para〗…する資格[権利]がある. —No está ~ *para* testar. 彼には遺言書作成の資格がない.

capacitar [kapaθitár] 他 ❶ を訓練[養成]する. —En tres meses te *capacitarán* para pilo-

320 capador

tar un avión. 3か月で君は飛行機の操縦ができるように訓練されるだろう。 ❷ 【+para】…する資格[権限]を与える。— Este título me *capacita para* ejercer la medicina en España. この資格で私はスペインで医師として働くことができる。

——*se* 再 【+para】…の準備をする；…する資格[権限]がある。— En esta universidad los jóvenes no *se capacitan para* ser buenos profesionales. この大学では若者たちは優れた専門家になる資格が得られる。

capador, dora [kapaðór, ðóra] 图 去勢手術を職業とする人. 類 **castrador**.

capadura [kapaðúra] 女 ❶ 去勢；去勢の傷痕. ❷ 〖刻みタバコ用の〗質の悪いタバコ.

capar [kapár] 他 ❶ 〖俗〗〖人や動物を〗去勢する，castrar, emascular. ❷ 〖比喩，話〗〖…を〗削減する，切りつめる. 類 **cercenar, disminuir, recortar, restringir.**

***caparazón** [kaparaθón] 男 ❶ 〖動物〗〖カメ・甲殻類の〗甲皮，甲羅；貝殻. — ~ *de la tortuga* カメの甲羅. He comprado unas pinzas para quitar el ~ de los mariscos. 私は貝類の殻を取る金具を買った. ❷ 〖保護用の〗カバー, 覆い, 包む物. — Recubrió las monedas con un ~ transparente. 彼はコインに透明なカバーを被せた. ~ *de una empanada* エンパナーダ（ミートパイ）の皮. 類 **cubierta.** ❸ 〖比喩〗〖心などの〗殻，鎧，防御物. 類 **coraza, protección.** ❹ 〖まれ〗馬衣；馬の雨着. ❺ 馬の胸郭. 類 **osamenta.** ❻ 〖馬の首に掛ける〗秣袋，飼葉袋. 類 **morral.**

meterse [*esconderse*] *en* su *caparazón* 自分の殻に閉じ込もる.

caparrosa [kaparrósa] 女 〖化学〗硫酸塩，礬類. — ~ *azul* 硫酸銅. ~ *blanca* 硫酸亜鉛. ~ *verde* 硫酸鉄.

capataz [kapatáθ] 男 〖複〗 capataces ❶ 〖農場や工事現場などの〗監督, 責任者, 親方. — ~ *de obra* 工事監督. 類 **caporal.** ❷ 造幣局で金属を受け取る係〖担当者〗.

****capaz** [kapáθ カパス] 形 〖複〗 capaces ❶ (*a*) 【+de】…の能力のある，…(することが)できる. — No soy ~ *de* tal bajeza. 私はそんな下劣なことはできない. Es ~ *de* comerse la carne cruda. 彼は生肉でも食べてしまえる. Este motor todavía es ~ *de* funcionar. このエンジンはまだ運転可能である. 類 **competente.** (*b*) 【+para】…に適任の, …の資格がある. — Hace falta una persona ~ *para* este cargo. この仕事には適した人が一人必要だ. 類 **apto.** (*c*) 有能な, 才能のある; 熟達した. — un médico ~ 有能な医者. 類 **experto, perito.**

❷ (*a*) 【+para】…が入れる，を収容できる. — un estadio ~ *para* 50.000 espectadores 5万人の観客を収容できるスタジアム. una furgoneta ~ *para* ocho personas 8人乗りのワゴン車. (*b*) 〖bastante, muy, poco の後に〗広い, 人数が入れる. — un salón de actos *muy* [*poco*] ~ 非常に広い[あまり広くない]講堂. 類 **amplio, espacioso.**

❸ 【+de】〖とっぴなこと〗をしかねない；向こう見ずな. — Es ~ *de* (hacer) cualquier tontería. 彼はばかなことでもやりかねない. ¿Serías ~? まさかそんなことしないだろうね.

❹ 〖法律〗【+de/para】…の(法的)能力のある. — No es ~ *para* testar. 彼は遺言する能力がない. ♦ capaz とともに用いられる連結動詞は ser で, estar は通常用いられない. *ser capaz de cualquier cosa* [*de todo*] 〖大胆に〗何でもやりかねない，どんな無謀でもやってのける.

ser capaz que 【+接続法】〖中南米〗…かも知れない.

capazo [kapáθo] 男 ❶ 〖アフリカハネガヤや柳を編んだ〗大かご(伸縮性があり柄が2つついている); (乳児を運ぶための)手提げかご. ❷ 〖アラゴン〗〖話〗長いおしゃべり, 井戸端会議.

a capazos 非常にたくさん.

capciosidad [kapθiosiðá(ð)] 女 あげ足とり, 狡猾さ；悪巧み, 策略.

capcioso, sa [kapθióso, sa] 形 〖論法, 論拠, 質問などが〗あげ足とりの, 陰険な, 狡猾な, 悪意に満ちた. — palabra *capciosa* 陰険な言葉. pregunta *capciosa* あげ足とりの質問. 類 **artificioso, engañoso, insidioso.**

—— 副 陰険に, 狡猾に.

capea [kapéa] 女 ❶ 〖闘牛〗カパ (capa) で牛をやりすぎること. ❷ 闘牛ファンによる子牛相手の闘牛.

capeador, dora [kapeaðór, ðóra] 男 〖闘牛〗カパ (capa) さばきをする闘牛士.

—— 名 〖中南米〗授業をずる休みする学生[生徒]. ❷ マント泥棒.

capear [kapeár] 〖<capa〗他 ❶ 〖闘牛〗カパ (capa) で牛をあしらう. ❷ 〖比喩〗〖うまい口実やごまかしで〗人をだます，〖人の〗言うことを聞き流す. — A mí no me *capea* nadie. 私は誰にもだまされない. ❸ 〖比喩〗〖困難なこと, 不愉快なこと〗をうまくかわす, 巧みに回避する. — Esta empresa *ha capeado* bien la crisis económica. この会社は経済危機をうまく回避した. 類 **eludir, esquivar, sortear.** ❹ 〖夜人気のないところで〗マントを盗む. ❺ 〖中南米〗授業をずる休みする〖サボる〗. ❻ 〖海事〗〖風があるにもかかわらず帆船の帆を巻くことなしに〗ほぼ停船した状態に操帆する.

capear el temporal (1)〖海事〗時化[嵐]を乗り切る. (2)〖比喩〗人の怒りをかわす.

capelina [kapelína] 女 ❶ 頭を覆うための衣類, 頭巾[布]. 類 〖医学〗〖頭に巻く〗帽子型包帯, ヒポクラテス帽子型. 類 **capellina.**

capellada [kapeʎáða] 女 ❶ 靴のつま革. ❷ 靴の甲；その部分の継ぎ当て(革).

***capellán** [kapeʎán] 男 〖カトリック〗(修道院・学校・病院・軍・刑務所・私邸などの)礼拝堂付き司祭；(一般に)司祭, 僧. — El ~ del hospital le consoló en sus últimos momentos. 病院付き司祭がいまわの際に彼を慰めた. ~ *militar* [*castrense, del ejército*] 従軍司祭. ~ *de honor* 王室付き司祭. ~ *del convento* [*de las monjas*] 修道院[女子修道院]付き司祭.

capellanía [kapeʎanía] 女 〖宗教〗礼拝堂付き司祭 (capellán) の職に対する報酬；礼拝堂付き司祭に支払う報酬のために設けられた基金[財団].

capellina [kapeʎína] 女 ❶ 〖昔の甲冑の〗かぶと. ❷ 〖昔の〗かぶとをかぶった騎兵. ❸ → capelina ①. ❹ → capelina ②. ❺ 〖冶金〗銀を精練する際に用いられる鉄または銅製の釣鐘(その下に銀が置かれ蒸留によって水銀が除去される); 銀を精練するための大きなマッフル窯.

capelo [kapélo] 男 ❶ 枢機卿のかぶるつば

平らで深紅の帽子．❷《比喩》枢機卿の地位[職，権威]．❸《中南米》釣鐘形のガラス器[ふた]．❹ 昔の司教の権利．
capelo de doctor 《中南米》儀式の時に大学教授が身につけるフード付きの短いケープ．

capeo [kapéo] 男 ❶《闘牛》カパ(capa)で牛をあしらうこと．❷《複》《闘牛》素人による子牛相手の闘牛．類**capea**．

capero [kapéro] 男 ❶《カトリック》プルビアーレという特別のケープを着用して聖務につく聖職者．❷ マント[コート]掛け．類**cuelgacapas**．
—— 形 (葉巻タバコ用の)外側の巻き葉の．―tabaco ~ 葉巻タバコの外側の巻き葉．

caperucita [kaperuθíta]〔<caperuza〕 女 小さい頭巾(ずきん)，とんがり帽子．

caperuza [kaperúθa] 女 ❶ とんがり頭巾(ずきん)，フード．類**capucha**．❷《煙突などの》かさ，フード；(鉛筆，ペンなどの)キャップ．―la ~ de la estilográfica 万年筆のキャップ．類**capuchón**．❸《鉱山》銀から水銀を取り除く際に使用された粘土性のシリンダー．

Capetos [kapétos] 固名 (los ~) カペー朝 (987-1328，ユーグ・カペーを始祖とするフランスの王朝)．

capialzado, da [kapialθáðo, ða] 形 《アーチや窓の上部が》隅切のついた．類 隅切．

capibara [kapiβára] 女《動物》カピバラ．

capicúa [kapikúa] 男 ❶ 左右どちらから読んでも同じ数字．—Se dice que el ~ trae suerte en lotería. 左右どちらから読んでも同じ数字はくじ運がいいと言われている．類**palindromo**．❷《ゲーム》ドミノでパイをどちらの側にも置けるようにする勝ち手．
—— 形 (数字が)左右どちらから読んでも同じの．―número ~ 左右どちらから読んでも同じ数字．

capilar [kapilár] 形 ❶ 髪の，毛髪の．―loción ~ ヘアーローション．❷ 毛(細)管の；毛管(現象)の．―fenómeno ~ 毛管現象．tubo ~ 毛管．❸《解剖》毛細血管の．―vasos ~es 毛細血管．
—— 男《解剖》毛細血管．

capilaridad [kapilariðá(ð)] 女 ❶ 毛状，毛管状．❷《物理》毛管現象；表面張力現象．

‡**capilla** [kapíʎa] 女 ❶ (学校・病院・兵営・宮殿・私邸などの付属)礼拝堂，チャペル．―~ real 王室礼拝堂．~ de un cementerio 墓地礼拝堂．la C~ Sixtina システィナ礼拝堂．la ~ que tiene en su finca. 彼は自分の地所にある礼拝堂で結婚式を挙げる．類**cripta**, **ermita**, **oratorio**. ❷《宗教》(教会堂内の側廊・後陣あるいは教会に隣接するに)祭壇，小聖堂．―La catedral tiene varias ~s en las naves laterales. 大聖堂の側廊には礼拝堂がいくつかある．類**oratorio**. ❸《話，軽蔑》(閉鎖的な)派閥，党派，仲間，グループ．―Son de la ~ del ministro de Hacienda. 彼らは財務大臣の派閥に属している．El entrenador no consentirá que sus jugadores hagan ~. コーチは選手が派閥を作ることは許さないだろう．el ministro y su ~ 大臣と彼の派閥．類**camarilla**, **capillista**. ❹《宗教》(教会の)聖歌隊，楽隊．―maestro de ~ 聖歌隊指揮者．❺ (礼拝堂付きの)司祭団．❻《印刷》校正刷り，試刷り (=pliego)．❼《話》修道士 (=fraile)．❽(箪笥などの家具内の)仕切り (=departamento)．❾《衣装》(修道士のかぶる)頭巾(ずきん)，フード (=capucha)．❿(ミサ用の)携帯用祭具．
capilla ardiente (通夜用・埋葬までの)遺体安置所，霊安室．

capilla mayor (教会の)内陣，聖歌隊席 (=coro)．
en capilla (1) (結果を待って)不安でじっとしていられない，大事[試練]を控えて．Estoy *en capilla* porque mañana conoceré el resultado de las oposiciones. 私は明日選抜試験の結果が分かるのでびくびくしている．(2) 死刑執行を待つ身で．
estar en capillas 《印刷》校正中[校正段階]である．

capillita [kapiʎíta] 女《比喩，話》(出世，成功のために互いに助け合う人々の)閥，派閥．

capillo [kapíʎo] 男 ❶ (レオン地方の女性が用いたマンティーヤの一種．❷ フード付き肩マント．❸ 赤ん坊用の縁なし帽；特に洗礼式の時赤ん坊にかぶせる縁なし帽．❹ (教会への供物を包む)布切れ．❺《狩》タカ狩りのタカにかぶせる革頭巾(ずきん)．❻ 車の幌．❼ 靴のつま先用裏当て．❽《狩》(フェレットを入れたると飼育場の入口に仕掛けられる)ウサギ獲り用の網．❾ (コーヒー，蝋などの)漉(こ)し布．❿《植物》つぼみ．類**capullo**．⓫《昆虫の繭(まゆ)．類**capullo**．⓬《解剖》包皮．類**prepucio**．⓭ 葉巻の最の1枚目の巻き葉．⓮《海事》羅針箱を湿気から防ぐための覆い；ロープの端を覆うカンバス布．

capirotada [kapirotáða] 女 ❶《料理》卵・ニンニク・ハーブからなる調味料(フードの衣用)．❷《中南米》《料理》肉，焼きトウモロコシ，チーズ，バターからなる煮込み料理．❸《中南米》《俗》共同墓地．

capirotazo [kapirotáθo] 男 頭を軽くはじくこと；爪(つめ)ではじくこと．

capirote [kapiróte] 男 ❶ (聖週間の行列でかぶる目以外の顔全体を覆う)長いとんがり頭巾(ずきん)．類**cucurucho**．❷ (大学教授のフード付き式典用肩衣．❸《狩猟》タカにかぶせる革頭巾．❹ (車の)幌(ほろ)．❺ 頭を爪(つめ)ではじくこと．類**capirotazo**, **papirotazo**．
—— 形 (牛の)頭の毛色が胴体の色と異なる．
tonto [bobo] de capirote 大ばか者．

capirucho [kapirútʃo] 男 フード；フード付肩衣．類**capirote**．

capisayo [kapisájo] 男 ❶ (前の開いた)マント状の短い上着．❷《話》体にぴったり合っていない服．❸《カトリック》司教など高位聖職者の祭服．❹《中南米》T シャツ，アンダーシャツ．

cápita [kápita]〔<ラ〕《次の成句で》
per cápita 一人当たり．

capitación [kapitaθjón] 女 人頭税．

‡‡**capital** [kapitál カピタル] 形 ❶ 主要な，重要な，重大な．―rasgo [enemigo] ~ 主要な特徴[敵]．ciudad ~ 首都．error ~ 重大な誤り．pecado ~ 《キリスト教で地獄に落ちる》大罪．Es de ~ importancia precaverse contra la guerra. 戦争を予防することは極めて重要だ．類**esencial**, **fundamental**, **importante**．❷ 死刑の；致命的な．―Fue condenado a la pena ~. 彼は死刑の宣告を受けた．❸ 大文字の，頭文字の．―letra ~ 大文字．
—— 女 ❶ 首都，首府，(ある地域の)中心都市．―~ de provincia 県庁所在地，県都．Lisboa es la ~ de Portugal. リスボンはポルトガルの首都である．❷ 大文字．類**mayúscula**．
—— 男 ❶ 資本(金)，資金，元本．―~ circulante [de rotación] 流動資本，運転資本．~ de explotación [de operación, en trabajo] 営業

資金, 運転資金. ~ extranjero [externo] 外国資本, 外資. ~ fijo [permanente] 固定資本. ~ flotante 流動資本. ~ inicial 当初資本. ~ líquido 自己資本;流動資本. ~ pagado (desembolsado, realizado) 払込済資本. ~ real 固定資産. ~ social 資本金. ~ social básico 社会資本. ~ suscrito 引受資本. bienes de ~ 資本財, 固定資本. inversión de ~*es* 設備投資. ❷ 資産, 資金; 手元にある金. —Posee un ~ considerable. 彼はかなりの資金を持っている. ❸《集合的に》資本(家), 経営者. —el ~ y el trabajo 資本(側)と労働(側), 労使.

capitalidad [kapitaliðá(ð)] 囡 首都としての特質, 機能.

capitalino, na [kapitalíno, na] 形 首都の. —— 名 首都の住民, 首都の出身者.

capitalismo [kapitalísmo] 男 ❶ 資本主義. ❷《集合的》資本, 資本家.

‡**capitalista** [kapitalísta] 形 **資本主義の**; 資本家の, 資本家的な. —economía [régimen] ~ 資本主義経済[体制]. socio ~ 出資社員. —— 男女 ❶ 資本家; 出資者. ❷ 大金持, 富豪. ❸ 資本主義支持者.

capitalización [kapitaliθaθjón] 囡 ❶ 資本化, 資本組入れ. ❷ 原価計上. ❸《比喩》利用すること.

capitalizar [kapitaliθár] [1.3] 他 ❶ 資本化する, 資本に組み入れる. —En vez de retirar los intereses, es mejor *capitalizar*los. 利子を引き出すかわりにそれを資本化した方がいい. ❷ 増資する. ❸ 資本価値を決める, 原価計上する. ❹《比喩》利用する. —La oposición pretende ~ el último caso de corrupción política. 野党は最近の政治腐敗の事件を利用しようとしている.

‡**capitán** [kapitán] 男 ❶ 《一般にグループ・バンド・盗賊などの》**指揮官**, 隊長, ボス, 頭目. —~ de bomberos 消防隊長. ~ pirata 海賊の首領. ~ del avión 飛行機の機長. 類**cabeza, caudillo, jefe, líder**. ❷《スポーツ》(チームの)**キャプテン**, 主将. —~ del equipo チームのキャプテン. ❸(grande などを伴って)名将, 大将軍, 大将. ❹《男女》として》《軍事》(陸軍・空軍の)大尉, 中隊長; (海軍の)佐官, 艦長. —~ de artillería 砲兵大尉. ~ de corbeta [fragata, navío] 海軍少佐[中佐, 大佐]. ~ de bandera 旗艦艦長. ~ de maestrazgo 造船所所長. ❺《海事》(商船の)船長; (船舶・港湾関係の)管理者. —~ del puerto 港[湾]長. ~ de la marina mercante 商船の船長. El ~ del petrolero temía que se levantara un temporal. 石油タンカーの船長は嵐になるのではないかと心配していた.

capitán de proa《罰としての》掃除当番水兵.

capitán general《軍事》(1) 陸軍大将, 軍司令官; (海軍の)総司令官. (2) (軍管区の)最高司令官. *capitán general* de la III Región Militar 第3軍管区の最高司令官.

capitán preboste《軍事》憲兵隊長.

El Gran Capitán《歴史》大総帥 (Fernández de Córdoba, 1453-1515).

las cuentas del Gran Capitán ひどい掛け値の勘定書.

‡**capitana** [kapitána] 囡 ❶《軍事》(艦隊の)**旗艦** (=nave ~). —La nave ~ es la que lleva la insignia. 旗艦は艦隊旗を掲げている. ❷《俗》船長の妻.

capitanear [kapitaneár] 他 ❶ (隊長として)指揮する, 統率する. —Un general *capitaneó* el golpe de estado. ひとりの将軍がそのクーデターを指揮した. 類**acaudillar**. ❷《比喩》導く, 指導する. —La policía ha detenido al chico que *capitaneaba* la pandilla de ladrones. 警察はその泥棒一味を率いていた少年を捕えた. 類**dirigir, guiar**.

capitanía [kapitanía] 囡 ❶ 隊長の職[地位]. ❷ 軍管区司令部. ❸《軍隊》(16世紀までの)大隊[連隊]. ❹《海事》停泊料. 類**anclaje**.

capitanía general (1) (陸軍, 空軍の)大将の職[地位]. (2) 軍管区司令部. (3) アメリカにおけるスペイン統治時代の軍司令官職. ♦virreinato (副王領)に属していたがある程度の自治権が認められていた.

capitel [kapitél] 男 ❶《建築》柱頭. ❷《建築》(塔などの)頂華(とうか). 類**chapitel**.

capitolio [kapitóljo] 男 ❶《比喩》荘厳な建物. ❷《考古》アクロポリス.

capitoné [kapitoné] 〔<仏〕形 《ガリシズモ》クッション[詰め物]を入れた. 類**acolchado**. —— 男 家具運搬車.

capitoste [kapitóste] 男《軽蔑》ボス, 頭(かしら).

capitulación [kapitulaθjón] 囡 ❶ 深刻な問題についての協定, 協約, 取り決め. ❷ 降参, 屈服. —El país sólo aceptará una ~ sin condiciones. その国はただ無条件降伏を受け入れるだけだろう. Tras la ~ de la capital, la guerra entró en su fase final. 首都降伏の後戦争は最終局面に入った. ❸ 複 婚姻財産協定(書).

capitular[1] [kapitulár] 形 ❶ 司教座聖堂・修道会・市役所などの参事会(員)の, 総会(員)の. ❷《印刷》大文字の; (章の始めの)飾り文字の. —— 男女 ❶ 司教座聖堂・修道会・市役所などの投票権を持つ参事会員. —— 囡《印刷》大文字; (章の始めの)飾り文字.

capitular[2] [kapitulár] 自 ❶ 協定[協約]を結ぶ. ❷ (条件つきで)降伏[降参]する, 譲歩する. —La prolongación de la guerra obligó a ~ con el enemigo. 戦争の長期化によってやむをえず敵に降伏しなければならなかった. 類**rendirse**. ❸《比喩》負ける, 屈服する; 従う. —La evidencia de su error le llevará a ~. その過ちが明らかになれば彼は屈服するだろう. ❹ 取り決める, 決定する. —Su actuación contraviene lo que se *había capitulado*. 彼の行為は事前の取り決めに違反している. 類**disponer, ordenar, resolver**. ❺《宗教》(聖務日課時に)聖書の句・節を唱える. —— 他〔+de〕…について告発する, 避難する. —*Capitularon* al alcalde *de* malversación de fondos públicos. 市長は公金横領の罪で告発された.

‡**capítulo** [kapítulo] 男 ❶ (本・論文・法律などの)**章**(略語: c., cap.). —~ primero [segundo] 第1[第2] 章. Este libro tiene quince densos ~*s*. この本は内容の濃い15章からなる. 類**apartado, sección, título**. ❷ (テレビ, ラジオ)(連続ドラマなどシリーズものの)1回. —una serie de veinte ~*s* 20 回の連続ドラマ. ❸ (a) (修道会・騎士団の)総会, 参事会. (特に司教座聖堂参事会). —celebrar ~ provincial 管区参事会を開く. 類**cabildo**. (b) (修道院内での)読書(どくしょ), 説教. ❹ 問題, テーマ, 主題. 類**tema**. ❺ 複 夫婦財産契

約 (=capitulaciones matrimoniales). 類 **amonestación**. ❻《解剖》骨の小頭. ❼《植物》頭(状)花.

capítulo de culpas 非難, 告発.

dar un capítulo 叱責する, 厳しく叱る.

ganar [perder] capítulo 成功[失敗]する, 目的を達成する[達成しない].

llamar [traer] a capítulo a ... (人)に問いただす, (人)を非難する, 叱責する.

ser otro capítulo/ser capítulo aparte 別問題である, 別の話である.

capó [kapó] 〔<仏〕 男 (自動車の)ボンネット.

capoc [kapó(k)] 男 カポック, パンヤ (熱帯産の高木パンヤの木の種から成る綿. 枕・クッションなどの詰め物に利用される).

capón¹ [kapón] 形 去勢された.
—— 男 ❶ 去勢された人, 動物. ❷ 去勢された若鶏. ❸ ブドウ蔓(ぶ)の束. ❹《海事》吊錨(ちょうびょう)綱[索].

capón de galera 《料理》乾パン・ニンニク・オリーブ・酢・油などで作られるガスパチョの一種.

capón de lecho 飼育かごの中で飼育された去勢若鶏.

capón² [kapón] 男 《話》中指の関節で額を打つ[叩く]こと.

capón de ceniza 《話》灰の詰まった布切れで額を叩く[打つ]こと.

caponera [kaponéra] 女 ❶ (去勢若鶏を飼育するための)木の檻(おり)[かご]. ❷《比喩, 話》無料で歓待される居心地のいい場所[家]. ❸《比喩, 話》刑務所. — estar metido en ～ 刑務所に入っている. 類 **cárcel**. ❹《築城》(昔の)塹壕(ざんごう)防御のための狭間(はざま)付き砦堡(さいほ); 塹壕を側面攻撃[防御]するためのトーチカ.
—— 形 馬の群れを先導する. — yegua ～ 馬の群れを先導する雌馬.

caporal [kaporál] 男 ❶ 長, 指導者, リーダー. ❷ (農業用の)家畜の世話係. ❸《軍事》伍長(ごちょう), 兵長 → cabo de escuadra. ❹《中南米》農場[農園]の監督[責任者]. ❺《隠》雄鶏(おんどり), 鳥.

capot [kapó(t)] 男 → capó.

capota¹ [kapóta] 女 ❶ (乗り物, 自動車の)折畳み式幌(ほろ), ❷ (女性用の)ボンネット. ❸《航空》パラシュートの布地. ❹《植物》オニバチの頭部.

capota² [kapóta] 女 短いケープ[マント].

capotar [kapotár] 自 ❶ (自動車が)ひっくり返る, 転覆する. ❷ (飛行機が)機首から地面に突っ込む.

capote [kapóte] 男 ❶ 袖(そで)付きマント. — ～ de monte 雨用ポンチョ. ❷《軍事》長くゆったりした外套. ❸《闘牛》カポーテ. — ～ de brega ムレータに移る前の技で使う裏が赤色の短いケープ. ～ de paseo スパンコール・金糸・銀糸の刺繍がほどこされた闘牛場への入場行進の際に着用される肩マント付きの絹製の短いケープ. ❹《比喩, 話》嵐が来る前の暗雲, 曇り空. 類 **cargazón**.

dar capote (1)《比喩, 話》《ゲーム》トランプゲームで負かす. (2) (議論などで)当惑させ反論できないようにする. (3) (遅刻したため)…に食事をさせないようにする. (4)《中南米》だます, 欺く, たぶらかす.

dar [hacer] capote 《ゲーム》トランプの1ゲームに全勝する.

de capote 隠れて, ひそかに, こっそりと.

decir [pensar] ... a [para] su capote 《比喩,話》独り言を言う; 心の中で思う. En cuanto empezó a hablar pensé para mi capote: Este chico me quiere engañar. 彼が話し始めてすぐに私は「この青年は私を騙したがっている」と心の中で思った.

echar un capote a ... 《比喩, 話》(窮地にある人に)救いの手を差し伸べる, 助ける.

llevar capote 《比喩, 話》《ゲーム》(トランプゲームで)勝ち札がない.

capotear [kapoteár] 他 ❶《闘牛》カパ (capa) で牛をあしらう. 類 **capear**. ❷《比喩, 話》だまして[言い逃れを言って]引き留める; 引き伸ばす. 類 **capear**. ❸《比喩》(困難なことを)巧妙にかわす, 避ける. ❹《隠》《劇》(特に舞台装置を省略して)作品を急いで上演する.

capotera [kapotéra] 女 ❶《中南米》ハンガー, 洋服掛け. 類 **percha**. ❷《中南米》布製の旅行かばん.

capotillo [kapotíʎo] 男 ❶ (昔の)腰までの長さのマント. ❷ (昔の女性が身につけていた)短いケープ. ❸《カトリック》異端審問所が改悛者に着せていた袖付きマント.

capotillo de dos faldas [haldas] 袖は背中に垂らされた状態で着用された側面が開いた状態のだぶだぶのジャケット.

‡**capricho** [kapríʧo] 男 ❶ 気まぐれ(な望み), 移り気, むら気; わがまま. — No me hacía ninguna falta este vestido; me lo compré por puro ～. この洋服は私には全然必要なかった. ほんの気まぐれで買ってしまった. Le dio el ～ de tomar un melón. 彼はふとメロンが食べたくなった. 類 **antojo**. ❷ (運命などの)いたずら; (流行などの)気まぐれ, 頻繁で急激な変化. —— s del clima 変わりやすい天候. los ～s de la suerte [de la vida] 運命[人生]のいたずら. ❸ (必要もないのに気まぐれで)欲しがるもの[動物, 人]. — Ese coche deportivo es su nuevo ～. このスポーツカーは彼が今度気まぐれで欲しがっている. ❹ 奇抜な飾り[装飾品]. — Vestía un corpiño con ～s de lentejuelas. 彼女はスパンコールで奇抜に飾ったボディスを着ていた. 類 **adorno**. ❺《音楽》カプリッチョ, 狂詩曲, 狂想[奇想]曲. 類 **fantasía**. ❻《絵画》空想的な作品, 幻想画. — "Los ～s" ゴヤ(の版画集)『ロス・カプリチョス』. 類 **fantasía**.

a capricho 気まぐれに, 気儘に, 好き勝手に.

al capricho de .../a su capricho …が好きなように, …の趣味で. Hace todo a su capricho. 彼はわがまま放題だ. Vivo a mi capricho. 私は好きなように生きている.

darse un capricho (気ままに)やりたいことをやる.

hacer su santo capricho 好き勝手なことをする.

por capricho 気まぐれで.

tener capricho por ... (必要もないのに気まぐれで)欲しがる.

tener el capricho de ... (1)〖+不定詞〗(気まぐれで急に)…したくなる. (2)〖+名詞〗…を欲しがる.

‡**caprichoso, sa** [kapriʧóso, sa] 形 ❶ (人が)気まぐれな, 移り気な; 気儘な. — niño ～ わがままな子供. mujer ***caprichosa*** 気まぐれな女. 類 **antojadizo, inconstante, veleidoso, voluble**. ❷ (物事が)気まぐれな, 変りやすい. — modas *caprichosas* 気まぐれな流行. ❸ (物事が)風変りな, 奇

324 caprichudo

抜な, 突飛な. —idea [forma] *caprichosa* 奇抜な考え[形式].

caprichudo, da [kapritʃúðo, ða] 形 気まぐれな. 類**caprichoso**.

caprino, na [kapríno, na] 形 ヤギの. —ganado ~ ヤギの群れ. 類**cabruno**.

cápsula [kápsula] 女 ❶ (びんの栓などにかぶせる)口金. ❷《薬学》(飲みにくい薬を包む)カプセル; カプセル状の薬. ❸《工学》宇宙船の区画[仕切り]. —~ espacial 宇宙船のカプセル. ❹《植物》朔(さく), 朔果. ❺《解剖》包(ほう), 嚢(のう). — suprarrenal 副腎. ~ interna (大脳の)内包. ❻《軍事》撃発雷管. ❼《化学》(液体を蒸発させるための)小皿.

capsular[1] [kapsulár] 形 カプセルになった, カプセルに入った.

capsular[2] [kapsulár] 他 ❶ (びんに)口金をする. ❷《薬品》(薬品を)カプセルに入れて包装する.

captación [kaptaθjón] 女 ❶ 獲得. —~ de votos 票の獲得. ❷ 理解, 把握. ❸ (電波や映像の)受信. ❹ 水を集めること, 水の利用. —instalación para la ~ de agua de lluvia. 雨水収集装置.

captar [kaptár] 他 ❶ 獲得する, 得る; (特に, 水を)集める. —El pantano *capta* las aguas de numerosos riachuelos. その沼地はたくさんの小川の水を集めている. ❷ (電波や映像を)受信する. —Con la antena parabólica *capta* las emisiones televisivas de varios países. 彼はパラボラアンテナでいろいろな国のテレビ放送を受信している. ❸ 感じる, 知覚する. —~ un ruido 物音を感じる. *Capté* enseguida sus ocultas intenciones. 私はすぐに彼の隠れた意図を察知した. ❹ (人の注意, 関心を)引く, 捕える. —~ la atención [el interés] 注意[関心]を引く. 類**atraer, conseguir**. ❺ 理解する, 把握する. 類**aprehender, comprender, entender**.

—**se** 再 (人の注意, 関心などを)引く, 引きつける, 得る. —Era un pedante y *se captó* la antipatía de todos. 彼は知ったかぶりをしてみんなの反感を買った.

captura [kaptúra] 女 逮捕; (動物の)捕獲. —Se ha cursado orden de búsqueda y ~ de los presuntos asesinos. 殺人容疑者たちの捜索と逮捕の命令が出された.

capturar [kapturár] 他 ❶ 逮捕する. —La policía *ha capturado* a tres peligrosos terroristas. 警察は3人の危険なテロリストを逮捕した. 類**aprehender, apresar, detener**. ❷ (動物を)捕獲する.

capucha [kapútʃa] 女 ❶《服飾》(マントやコートなどについた)フード, フード付きの衣服. 類**capilla**. **capuchón**. ❷ (万年筆などの)キャップ. ❸《動物》(鳥の)冠毛. ❹《印刷》曲折りアクセント符号(ᐞ, ?)→acento circunflejo.

capuchina [kaputʃína] 女 ❶《植物》(ペルー原産の)キンレンカ. ❷《料理》フード状の形をした卵黄と砂糖でつくった菓子. ❸ フード式の火消しがついた携帯用小型ランプ. ❹《印刷》植字台のセット. ❺ 円錐状の紙でできた盃(さかずき).

capuchino, na [kaputʃíno, na] 形 ❶《カトリック》《フランシスコ会の一派の》カプチン修道会の. ❷『中南米』(果物が)とても小さい.

—— 名 《カトリック》(フランシスコ会の一派の)カプチン会修道士[女]. ◆カプチン会修道士はひげをのばし茶褐色のフード付きの短いマントを身につけている.

—— 名《飲料》カプチノ・コーヒー.

llover capuchinos [*capuchinos de bronce*] 《比喩, 話》大変激しく雨が降る.

capuchón [kaputʃón] 男 ❶《服飾》フード, フード付きの衣服. 類**capucha**. ❷ (囚人が互いに連絡をとるのを妨げるために着用させられた房外用の)フード付き囚人服. ❸《服飾》カーニバル用の短いフード付きマント[ドミノ]. ❹ (万年筆, ボールペンなどの)キャップ. 類**caperuza, capucha**.

capullo [kapújo] 男 ❶ (蚕などの)繭(まゆ). ❷ (特にバラの)つぼみ, 花芽. ❸ ドングリのへた, 殻斗(かくと). ❹ 絹の粗布. ❺《解剖》(陰茎の)包皮. 類**prepucio**. ❻ (先端を結わえた水につけた亜麻の束. ❼《比喩, 話》間抜け, お人好し, ばか. 類**estúpido, inocentón, torpe**. ❽《比喩, 話》新参者, 未経験者.

capullo ocal 2, 3 匹の蚕を一緒に入れた繭.
capullo de rosa 魅力的な女性.
en capullo《話》つぼみの状態の. *violinista en capullo* 大成する前のバイオリニスト.

capuz [kapúθ] 男 [複 *capuces*] ❶ 頭巾(ずきん), フード. 類**capucha**. ❷ (喪服として着用された)フード付きの長めのゆったりした衣服. ❸ (昔盛装用として使われた)ケープ, マント. ❹ 水中へ頭から飛び込むこと. 類**chapuz, chapuzón**.

capuzar [kapuθár] [1.3] 他 ❶ (水中に頭から)投げ込む[入れる]. 類**chapuzar, zambullir**. ❷《海事》積荷のせいで船首を沈ませる.

—**se** 再 頭から水中に飛び込む. 類**chapuzarse**.

Caquetá [kaketá] 固名 カケター(コロンビアの地区).

caquexia [kakéksja] 女 ❶《医学》悪液質, 悪態症(結核や癌などの慢性病の進行によって引き起こされる高度の栄養失調). ❷《植物》(光の欠如による緑色の)退色.

caqui[1] [káki] 男《植物》カキ(柿)の木, その実.

caqui[2] [káki] [<英 khaki <ヒンディー<ペルシャ] ❶ カーキ色の布地(一般に軍服に使用される). ❷ カーキ色.

marcar el caqui《話》兵役につく.
ponerse el caqui《話》軍服を着る.

★★cara [kára カラ] 女 ❶ 顔. —~ angulosa [redonda] 角[丸]顔. ~ larga 細長い顔;《話》不機嫌[悲しそう, 陰気]な顔. ~ ovalada 瓜実(うりざね)顔, 卵形の顔. ~ rellena ふっくらした顔. ~ chupada やつれた顔. asomar la ~ 顔をのぞかせる. torcer la ~ 顔をゆがめる. Mírame a la ~ cuando te hablo. 君に話している時は私の顔を見なさい. No se atreve a decírmelo a la ~. 彼女は面と向かって私にそれを言えない. 類**faz, rostro**.

❷ 顔つき, 顔色, 表情. —~ aniñada 童顔. ~ graciosa 愛嬌のある顔. ~ inocente あどけない顔. ~ risueña 笑顔. con ~ soñolienta [de sueño] 眠そうな顔で. ~ sin expresión 無表情な顔. poner ~ de disgusto 不快そうな顔をする. tener ~ de enfermo 顔色が悪い, 病人のような顔をしている. tener la ~ lustrosa 顔の色つやがよい. Es una chica de ~ simpática. 彼女は優しそうな顔をした女の子だ. *estar siempre mirando la ~ a ...* いつも(人)の顔色を窺(うかが)っている. *juzgar* por la ~ 顔色を見る. La ~ se lo dice./En la ~ se le conoce. 顔にそう書いてある, 表情でそれが分かる. 類**catadura, facciones, fisonomía, semblante**.

❸ (立方体・二面角・山などの)**表面**, (紙などの)**表**. —mecanografiar a doble espacio y por una sola ~ ダブルスペースで表だけにタイプする. Pon la otra ~ del disco. レコードのB面のほうをかけてよ. 類**superficie, lado, ladera**.

❹ **外見**, 見た目; (物事の)面, 側面; 様相, 局面. —Esta paella tiene muy buena ~. このパエーリャは見たところとても美味しそうだ. Siempre ves las cosas por la ~ más negra. 君はいつも物事を悲観的にみる. No me gusta la ~ que presenta el negocio. その商売はどうも思わしくない. Le cambiará la ~ al país. それで国は様変わりするだろう. 類**apariencia, aspecto, cariz**.

❺《話》**厚かましさ, 図々しさ, 厚顔; 生意気な振舞い**. —tener mucha ~. とても厚かましい. ¡Qué ~! なんて図々しいんだ! Lo dijo con toda la ~ del mundo. 彼は図々しくもそう言った. Se necesita mucha ~ para hacer eso. それをするには図々しくなければならない. 類**caradura, descaro, desfachatez, desvergüenza**. ❻ 体面, メンツ. —perder la ~ 面目を失う. ❼ (建物の)正面, 前面. 類**fachada, frente**. ❽『スペイン』(硬貨・メダルの)表(⇔裏 は cruz). —Tiré una moneda al aire y salió ~. 私はコインを空中に投げたら, 表が出た. la otra ~ de la moneda コインの裏. 類**anverso**. ❾(冠詞は un) 恥知らずな人, 図々しい人, 鉄面皮(=~ dura). —Tiene mucha ~./Es un ~ (dura). 彼は恥知らずだ, 彼は面の皮が厚い. 類**caradura**.

a cara de perro《話》(賭けで)厳しく, 厳重に.
a cara descubierta (1) 顔も隠さずに, 素顔で. El atracador actuó *a cara descubierta*. 強盗は顔も隠さずに盗みを働いた. (2) 堂々と, 公然と, 何も隠さずに, 率直に. Tienes que hablarle *a cara descubierta*. 君は彼に包み隠さず話さなければならない.
Al mal tiempo, buena cara.『諺』苦しい時にも笑顔(逆境にもくじけない).
andar con [llevar] la cara (muy) alta 毅然としている, 恥じる必要がない.
aplaudirLE **[golpear**LE**] en la cara a ...** (人)の顔を殴る.
buena cara (1) うれしそうな顔, 満足気な顔. poner *buena cara a* ... (人)に満足気な顔をする. (2) 元気[健康]そうな顔. (3) 見通し[感じ]のよさ(= buen aspecto). ¡Qué *buena cara* tiene el pastel! このケーキは本当に美味しそうだ! Esta herida no tiene *buena cara*. この傷の具合は思わしくない. El cielo no presenta muy *buena cara*. 空模様があまりよくない. (→**mala cara**).
caérseLE **a ... la cara (de vergüenza)**《話》(人)が恥ずかしい思いをする.
cara a ... (1) ···の方へ(=hacia). Voy *cara a* casa. 私は家の方に行きます. (2) ···に顔を向けて, に向かって(=frente a, mirando hacia). La casa está construida *cara* al mar. その家は海の方を向いて建てられている.
cara abajo うつ伏せになって; 裏返しにして, 伏せて.
cara a cara (1) 面と向かって, 真正面から, 率直に, 堂々と. mirar la muerte *cara a cara* 死を直視する. sentarse *cara a cara* 向かい合って座る. tener una conversación *cara a cara* 対談する. encontrarse *cara a cara* ばったり出会う. (2)〖estar+〗対立して. Los dos equipos se enfrentan *cara a cara*. その2チームが対決する.

cara adelante [atrás] 前[後]向きに.
cara arriba 仰向けに; 表を上にして, 上向きにして. poner las cartas *cara arriba* 自分の持ち札を見せる; 手の内を明かす.
Cara de beato y uña de gato.『諺』猫かぶり, 信心家には用心しろ.
cara de circunstancias《話》(顔・声・仕草などを悲しい・深刻な場面にふさわしいように繕った)もっともらしい, うわべだけ取繕った.
cara de pascua(s) [de aleluya] 大変嬉しそうな顔.
cara de perro [de sargento]《話》不機嫌な顔, 怒った顔, 仏頂面.
cara de pocos amigos《話》不機嫌な顔, 怒った顔, こわばった顔.
cara de póker (1)《話》ポーカーフェイス. (2) 深刻な顔, 怒った顔.
cara de risa (1) 笑顔(=cara risueña). (2) ひょうきんな顔, おかめちゃんこ.
cara de viernes [de santo] 悲しそうな顔, 不機嫌な顔.
cara de vinagre《話》不機嫌な顔, 怒った顔, こわばった顔.
cara dura (→caradura) (1) 厚顔無恥, 恥知らず, 図々しさ. (2)《話》恥知らずな人, 面の皮の厚い人 (=descarado). Eres una *cara dura*. 君は厚かましいやつだ.
con buena cara 愛想よく. recibir *con buena cara* 愛想よく迎える.
conocérseLE **a ... en la cara** (人)の顔に窺(ウカガ)える, 顔に表れている.
con [por] la cara 図々しく, 厚かましく.
con toda la cara 図々しく, 厚かましく, 破廉恥にも.
costar [valer] un ojo de la cara 目が飛び出るほど高価である.
cruzarLE **la cara a ...** (人)を平手打ちする, 殴る.
dar a ... con la puerta en la cara (人)を門前払いする, 追い払う.
dar cara a ...『話, 比喩』···に立ち向かう, 直面する.
dar la cara 自分の行動に責任をもつ, 報いを甘じて受ける.
dar la cara por ...《話》(人・物)を守る, 擁護する, かばう, 責任を持つ.
de cara 正面から, 面と向かって.
de cara a ... (1) ···に向かって, 面して. (2) ···に向けて, を目指して, ···のために.
de dos caras 嘘つきの, 二心のある, 裏表のある.
echar [jugar, tirar] a cara o cruz [a cara y cruz] コイントスをする, コインを投げて表か裏を当てる.
echarLE **cara a ...** (何かに)ついて厚かましく振舞う.
echarLE **... en cara [a la cara] a ...** (1) ···のことで(人)を非難する, 面詰する, 責める. (2) ···のことで(人)に恩を着せる, 恩着せがましく言う.
echarse a ... a la cara《話》会う, 出会う.

326 caraba

echarse ... a la cara （銃など）を構える.
en la cara (1) 面と向かって.（→cara a cara）. (2)『＋de』(人)のいる前で, の面前で. *reírse en la cara de ...* (人)を面と向かって嘲笑する. (3) 顔に, 顔色で.
escupir a la cara a ... (1)（人）につばを吐きかける. (2)（人）をひどく侮辱する.
estar siempre mirando a la cara a ... (人)に気に入るようにしている.
ganar la cara 〖闘牛〗慎重に牛に向かう.
guardar la cara 表立たない, こそこそする.
*hacer*LE *cara a ...* (物事)に立ち向かう, 直面する.
*hacer*LE *la cara nueva a ...* (人)の顔を殴る.
lavar la cara a ... (1)(人)におべっかを使う, お世辞をいう, ほめそやす. (2)(中身は変えずに)…の表面を取り繕う.
mala cara (1) 嫌な［不満そうな］顔. (2) 病気の顔. (3) 見通し［感じ］の悪さ（＝mal aspecto）.（→*buena cara*）.
no mirar (a) la cara a ... (1)《話》(気を悪くして)挨拶も交わさない, 怒っている, 避けている. (2)《話》(人の言うこと)を問題にしない, 気に留めない.
no saber dónde tiene la cara (自分の仕事において)まったく無能である.
no saber qué cara poner どんな顔をしたら良いのか分からない.
no tener a quien volver la cara (助け・支持を求めて)頼る相手が誰もいない.
no tener cara para〖＋不定詞〗(恥ずかしくて)敢えて…する勇気がない.
*no ver*LE *la cara a ...* (人)をまったく見かけない.
no volver la cara atrás (始めたことは断固続ける.
*partir*LE [*romperle, terciarle, volverle*] *la cara a ...*〖脅し表現〗(人)の顔を殴る, ぶつ.
*plantar*LE [*hacerle*] *cara a ...* (人・物)に立ち向かう, 直面する, 対処する.
poner al mal tiempo buena cara 逆境に耐える(くじけない).
poner cara de cordero degollado 無実の罪を着せられた振りをする.
*poner*LE *la cara como un mapa a ...* (人)の顔を殴る.
*ponérse*LE *a ... la cara como un tomate [como una amapola]* 赤面する, 恥ずかしくて真っ赤になる.
por SU *linda [bella] cara/por* SU *cara linda*《話》無料パスで, ただで, 容易に(…ない).
*quitar*LE [*romperle, partirle*] *la cara a ...*〖脅し文句〗頭をたたき割る.
sacar la cara por ... →*dar la cara por ...*
*salir*LE *la cara por ...* (人)の顔(色)に出る.
saltar a la cara《比喩》明々白々である, 火を見るより明らかである.
sin cara《比喩》身元を隠した［が確認できない］.
tener cara de alma en pena [de duelo] 悲しげな様子である, 暗い顔をしている.
tener cara de cemento (armada) 図々しい人である.
tener más cara que espalda 大変図々しい, 厚かましい.
verse las caras (1) (互いに)会う, 出会う. (2)《話》(無礼に対して)けりをつける.

volver la cara a ... (人)に対しそっぽを向く.
volver la cara atrás 過去を振り返る, 回顧する.

caraba [karáβa] 囡〖サラマンカ〗おしゃべり, 冗談, どんちゃん騒ぎ.
ser la caraba《話》素晴らしくよいこと, 途轍もなくひどいこと〖よい意味でも悪い意味でも異常なことを表す誇張表現〗. *Esto es la caraba*: *todas las ruedas están pinchadas*. これはひどい. タイヤが全部パンクしている. *Tiene una casa de campo que es la caraba*. 彼は素晴らしい別荘を持っている.

carabao [karaβáo] 男 フィリピンで物を引っ張る仕事に用いられるバッファローに似た牛.

cárabe [káraβe] 男 琥珀(ﾋﾟ). 類**ámbar**.

carabela [karaβéla] 囡 ❶〖海事〗カラベラ船. ◆15世紀から16世紀にかけて用いられた3本マストの帆船. ❷〖ガリシア〗女性が頭にのせて運ぶ大きなかご.

carabina [karaβína] 囡 ❶ カービン銃. ❷《比喩, 話》(若い未婚の女性の)付き添いの年配の女性. 類**acompañanta**.
ser la carabina de Ambrosio /ser lo mismo que la carabina de Ambrosio《話》何の役にもたたない.

carabinero [karaβinéro] 男 ❶ 密輸団追撃のために組織されていた警備兵. ❷ カービン銃で武装していた兵士. —~*s* 集は 王室騎兵隊. ❸〖動物〗クルマエビの一種.

cárabo[1] [káraβo] 男 ❶〖虫類〗オサムシ, ゴミムシ. ❷〖海事〗モーロ人の用いた帆と櫂(ﾎ)を両用する小船.

cárabo[2] [káraβo] 男〖鳥類〗モリフクロウ. 類**autillo**.

Carabobo [karaβóβo] 固名 カラボーボ(ベネズエラの州).

Caracalla [karakája] 固名 カラカラ(188-217, ローマ皇帝, 在位211-217).

caracará[1] [karakará] 形 カラカラ族の.
—名 カラカラ族の人. ◆アルゼンチンのパラナ (Paraná)西部またイベラ (Iberá)湖周辺に居住していたインディオ.

caracará[2] [karakará] 男〖中南米〗〖鳥類〗カラカラ(猛禽(ﾓｳ))の一種. 類**carancho**.

Caracas [karákas] 固名 カラカス(ベネズエラの首都).

caracol [karakól] 男 ❶〖貝類〗巻貝, カタツムリ(特にから状または水を持つ水中や陸上に生息する腹足網軟体動物の総称). ❷ 巻貝・カタツムリなどの殻. ❸〖解剖〗内耳の蝸牛(ｶｷﾞｭｳ). ❹ (短い)巻き毛, カール. 類**rizo, sortija**. ❺〖馬術〗騎手が馬を旋回させること, 馬が興奮して旋回すること. ❻ 時計の渦形カム. ❼〖中南米〗婦人の着用する刺繍入りのブラウス. ❽〖中南米〗ゆったりした丈の短い寝間着. ❾〖中南米〗袖なしの婦人下着. 類**chambra**. ❿ 榎 アンダルシーア地方の祭りで歌われる民謡.
de caracol らせん状の. *escalera de caracol* らせん階段.
¡Caracoles! えっ, なんということだ〖驚き, 怒り, 不快感を表す〗. 類**¡Caramba!**
no se le da [no importa, no vale] un caracol [dos caracoles]《比喩》取るに足らない.

caracola [karakóla] 囡 ❶〖貝類〗巻貝; 貝の殻. 類**caracol**. ❷ ホラガイ. 類**bocina**. ❸〖アラゴン〗白い殻を持ったカタツムリ. ❹〖アラゴン〗

ト． 類**tuerca**. ❺ 〖ムルシア〗《植物》インゲンマメの一種，その花．

caracolada [karakoláða] 囡 カタツムリを使った料理．

caracolear [karakoleár] 自 《馬術》(馬が)旋回する．

caracoleo [karakoléo] 男 《馬術》馬の旋回〔回転〕．

caracolillo [karakolíjo] 男 ❶《植物》インゲンマメの一種，その花．❷ 豆が小さく丸い良質のコーヒー．❸ 木目の細かいマホガニー．❹ 囲《服飾》(ドレスの)縁飾り．

＊＊carácter [karákter カラクテル] 男〖複 caracteres〗 ❶ (人・集団の)性格，人柄，人格．—Tiene un ~ difícil. 彼は気難しい性格をしている．Es fuerte de ~. 彼は性格的に強い．incompatibilidad [desavenencia, disparidad] de *caracteres* 性格の不一致．una persona de [con] muy buen ~ とても気立てのいい人．*caracteres* compatibles 互いに相性のいい性格．Es una persona de ~ tranquilo. 穏やかな人柄だ．Tienen dos *caracteres* incompatibles. 2 人は性格的に合わない．Es ajeno a su ~ comportarse tan irresponsablemente. あんな無責任な行動は彼らしくない． 類**genio, naturaleza, personalidad, temperamento**.
❷ (事物の)性質．—una visita de ~ oficial 公式訪問．La visita del presidente al hospital fue de ~ privado. 大統領の病院訪問は私的なものであった．el ~ público de una empresa 企業の公的性格．el ~ barroco de un edificio estilo 建物のバロック様式．con ~ gratuito 無料で．con ~ retroactivo 過去に遡って．con ~ comercial 商業ベースで(採算がとれるように)．de medio ~ どっちつかずの．La discusión llegó a tomar un ~ violento. 議論は激しいものになった．Esta comisión, por su especial ~, sólo puede desempeñarla una mujer. この任務はその特別な性質上女性にしか遂行できない． 類**cualidad, índole, naturaleza, propiedad**.
❸ 個性，風格，特徴(＝~ distintivo). —una persona de [con] mucho ~ 大変個性的な人．*caracteres* sexuales secundarios [maduros] 第二次性徴．una casa antigua con mucho ~ 風格のある古い家． 類**característica, particularidad**.
❹ 意志[芯]の強さ，しっかりしていること，気骨(のある人物)．—Ana tiene mucho ~. アナは大変しっかりしている．Es una persona de ~ y no se deja dominar por nadie. 彼は芯が強く，誰の言いなりにもならない． 類**energía, entereza, firmeza**.
❺《主に 複》文字．—*caracteres* chinos 漢字．El libro estaba escrito en *caracteres* árabes. その本はアラビア文字で書かれている． 類**escritura, letra**.
❻《印刷》字体．—escribir con *caracteres* de imprenta 活字体で書く．*caracteres* cursivos イタリック体．~ gótico ゴチック体．~ redondo ローマン体．un cartel escrito en gruesos *caracteres* ボールド体で書かれたポスター． 類**letra, tipo**.
❼《コンピュータ，通信》文字，書体，キャラクタ，図案．—comodín ワイルドカード文字．~ de tamaño completo [medio] 全角[半角]文字．~ en blanco 空白文字．~ ilegal 文字化け． 類**dibujo, letra, marca, señal**.

carácul 327

❽〖imprimir, imponer などの動詞とともに〗(消せない精神的な)刻印，痕跡，影．—llevar el ~ de la época 時代の刻印を帯びる．La Guerra Civil le imprimió ~. 彼は内戦の影を背負っている． 類**impronta**.
❾《カトリック》秘跡の刻印，霊印，資格，印号(洗礼・堅信・叙階の秘跡が霊魂に刻みつける消えない印)．❿《生物》形質．— ~ hereditario [heredado] 遺伝形質．Esta enfermedad no tiene ~ hereditario. この病気は遺伝性のものではない．~ genérico 属の特性，属性．⓫《文学》性格；(作家が創造した特殊な性格的)登場人物，キャラクター．—actor [actriz] de ~ 性格俳優．

carácter adquirido 《生物》獲得形質．
carácter dominante (1)《遺伝》優性形質．(2) 傲慢な性格．
carácter recesivo 《遺伝》劣性形質．
con [*en*] *carácter de* ... ...の資格で，...として(＝como). Llegó *con carácter de* embajador. 彼は大使としてやって来た．

característica [karakterístika] 囡 ❶ 特色，特徴，個性．— ~s de un automóvil 自動車の性能．~ étnica 民族性．La hospitalidad es una ~ de los españoles. 手厚いもてなしがスペイン人の特徴の一つである． 類**cualidad, propiedad, rasgo**. ❷《数学》(対数の)指標(→「仮数」mantisa). — ~ de un logaritmo 対数の指標．❸《物理》特性(曲線)．

característico, ca [karakterístiko, ka] 形 特徴的な，特有の；〖＋de〗...の特徴を示す．— ~ rasgo ~ 特徴，特質．Este es un ejemplo ~ *de* arquitectura tradicional japonesa. これは日本の伝統建築の特徴を示す例である． 類**distintivo, particular, peculiar, propio**.
—— 名《映画, 演劇》老(ﾌ)いか役の俳優．

caracterización [karakteriθaθjón] 囡 ❶ 特徴づけ，性格づけ．❷《演劇》演技，役作り．

caracterizado, da [karakteriθáðo, ða] 過分 形 (人が)著名な，卓越した，権威のある．— un ~ dirigente político 卓越した政治指導者．

＊caracterizar [karakteriθár] [1.3] 他 ❶ を特徴づける，特色づける，...の特性を表わす．—Me recibió con la amabilidad que la *caracteriza*. 彼女の特徴である親切さと私を迎えてくれた． Una paleta pastel *caracteriza* los primeros cartones de Goya. パステルカラーの初期の下絵の特徴である．❷(俳優が)...の役に迫真の演技を見せる，...になり切る．—*Caracteriza* estupendamente a Hamlet. 彼はハムレットを巧みに演じる．❸(俳優が)...の扮装をする，メーキャップをする．
—— se 再 ❶〖＋por が〗特徴である，(...によって)特徴づけられる．—La compañía *se caracteriza por* su agresividad comercial. その会社は商業的な積極性が特徴である．❷ 扮装する，メーキャップする．

caracterología [karakteroloxía] 囡 ❶《心理》性格学．❷ (人の性格を形成する)特殊性の総体．

caracú [karakú] 男〖複 caracúes, caracuses〗《中南米》❶ (料理に使われる)髄付きの骨．❷ 骨髄． 類**tuétano**.

caracul [karakúl] 形 (羊の)カラクール種の．
—— 男 ❶《動物》カラクール(アジア産の羊の一種)．

❷ カラクールの毛皮.

carado, da [karáðo, ða] 形〔bien, malを伴って〕人相[愛想]がいい[悪い]. —Es un policía bien ~. 彼は愛想のいい警官だ. Es una secretaria mal carada. 彼女は愛想の悪い秘書だ.

caradura [karaðúra] 男女 恥知らず, 図々しい人. —No te fíes de él: es un ~. 彼を信用するな, 図々しい奴だから. 類 **descarado, sinvergüenza.**
—— 女 図々しさ. —tener mucha ~ とても図々しい.
—— 形 恥知らずの, 図々しい. —¡Qué tío más ~: se ha marchado sin pagar. 何て恥知らずな人だろう! お金を払わずに出ていった.

carajillo [karaxíjo] 男 ウィスキーなどのアルコール入りの熱いコーヒー.

carajo [karáxo] 男 ❶《俗》ペニス, 陰茎. 類 **pene.**
¡Carajo! ¡Qué carajo!（驚き, 怒り, 侮辱を示す）何だって, ちくしょう.
del carajo (1)《俗》すばらしい, すごい. Hoy hace un frío *del carajo*. 今日はすごく寒い. (2)《俗》ひどい.
irse al carajo《話》失敗する, 頓挫(とんざ)する, だめになる. 類 **malograrse.**
mandar al carajo《話》(人を)怒って拒絶する, 不躾に拒否する.
no valer un carajo《話》何の価値もない, 何の役にもたたない.
¡Vete al carajo!《俗》くたばってしまえ.

caramanchel [karamantʃél] 男 ❶ 船のハッチを覆う固定式あるいは移動式のカバー. ❷ 屋根裏部屋; 狭苦しい部屋. ❸ ぼろ家, あばら家. ❹ 【中南米】屋台, 露店. ❺【中南米】雨除けのひさし. ❻【中南米】軽食堂.

¡caramba! [karámba] 間 驚き・狼狽を表して）へえ, おや, あらまあ, ちぇっ, なんだって.

carámbano [karámbano] 男 ❶ つらら, 氷柱. ❷【中南米】【植物】カシア, モモイロナンバンサイカチ. *estar hecho un carámbano*《比喩, 話》(大げさに)とても寒い.

carambola [karambóla] 女 ❶《ゲーム》(ビリヤードの)キャノン. —~ limpia 手玉を続けて2つの的玉に当てること. —~ sucia [rusa] 手玉が1つの的玉に当たり, その的玉がまた別の的玉に当たること. ❷《比喩, 話》一石二鳥. ❸《比喩, 話》偶然のもたらしたよい結果, まぐれ. —Fue una ~ que aprobara. 彼が合格したのはまぐれだった. 類 **chiripa.** ❹《比喩, 話》いんちき, ごまかし. 類 **embuste, enredo, trampa.** ❺《ゲーム》ビリヤードで玉を3つ使いスティックを使わないゲーム. ❻《ゲーム》(スペイントランプの一種の)レベシーノで聖杯[コパ]の札の馬とエースを引き出す手一手. ❼《植物》ゴレンシの実.
por carambola (1)《比喩, 話》偶然に. Obtuvo ese empleo *por carambola*. 彼はその職を偶然手に入れた. (2) 間接的に, 遠回しに.

carambolear [karamboleár] 自《ゲーム》(ビリヤードで)キャノンにする.

caramelizar [karamelið̞ár] [**1.3**] 他 カラメルをかける. 類 **acaramelar.**

***caramelo** [karamélo] 男 ❶ キャラメル, あめ, キャンディ. —~ blando キャラメル. ~s de menta ハッカあめ. una bolsa de ~s キャンディー一袋. chupar un ~ あめをしゃぶる[なめる]. 類 **bom-**

bón, golosina. ❷《料理》カラメル(ソース). —Bañó el helado con ~. 彼はアイスクリームにカラメルをかけた. flan con ~ カスタードプリン. (de) color ~ カラメル色(の), あめ色(の). ❸《比喩, 話》大変すばらしいもの[人]. —Este empleo es un ~. これは大変割のいい仕事だ. María es un ~. マリーアはほんとに素敵な人だ.

a punto de caramelo (1) カラメル[シロップ]状の. El fondo de las flaneras debe cubrirse con azúcar *a punto de caramelo*. プディング型の底はカラメル状の砂糖で覆わなければならない. (2)〔+ para〕(…にとって)よい潮時の, ちょうどよい時に, まさに機が熟した時に. El queso está *a punto de caramelo*. そのチーズはちょうど食べごろだ. El resultado está *a punto de caramelo*. そろそろ結果が出てもいい頃だ.
de caramelo すばらしい, 素敵な.

caramillo [karamíjo] 男 ❶《音楽》(葦, 木, 骨などでできた)鋭い音を出す小さな笛. ❷《音楽》サンポーニャ, *zampoña*. ❸《比喩, 話》中傷, 陰口; 紛糾, 混乱, ごたごた. —armar [levantar] un ~ ごたごたを引き起こす, 陰口をたたく. 類 **chisme, enredo.** ❹ 雑然とした山積. ❺《植物》オカヒジキ属の一種.

carancho [karántʃo] 男【中南米】《鳥類》❶ カラカラ. 類 **caracará.** ❷ フクロウ. 類 **búho.**

carantoña [karantóɲa] 女 ❶《言葉や愛撫による》おべっか, へつらい. —hacer ~s おべっかを言う[へつらう]. 類 **arrumaco, zalamería.** ❷《まれ, 比喩, 話》厚化粧の醜い老女. ❸《まれ, 話》醜怪な仮面; 醜い人.

carantoñero, ra [karantoɲéro, ra] 名《話》おべっか使い.

carapacho [karapátʃo] 男 ❶ (亀や甲殻類の)甲羅(こうら). 類 **caparazón.** ❷【中南米】《料理》(材料となる魚介類の)甲羅[殻]の中で作られる料理. ❸ 複《人類》ペルーのウアナコ県に居住するインディオ.

caraqueño, ña [karakéɲo, ɲa] 形 カラカス(Caracas)の, カラカス出身の.
—— 名 カラカス出身者.

carate [karáte] 男 →karate.

carátula [karátula] 女 ❶ 仮面, マスク; (道化師などの)厚化粧. 類 **careta, máscara.** ❷ (本や書類の)扉, (雑誌の)表紙; (レコードやCDのジャケット). 類 **portada.** ❸《比喩, 話》醜い顔, 醜い顔の人. ❹《まれ, 比喩》役者業; 演劇界. 類 **farsa.**

caravana [karaβána]〈ペルシャ〉女 ❶ 隊商, キャラバン. ❷ (人, 動物, 車などの)一団, 一行. —~ electoral 選挙遊説隊. Una ~ de más de doscientos coches siguió al equipo victorioso desde el aeropuerto. 凱旋したチームの後を200台以上の車の一団が空港から追っていった. ❸ 車の渋滞. —Había una larga ~ en la autopista. 高速道路は渋滞していた. ❹ トレーラーハウス, 移動住宅, キャンピングカー. 類 **roulotte.** ❺【中南米】(鳥を捕らえる)わな. ❻【中南米】(特に挨拶の仕草の)礼儀. ❼【中南米】複(下げ飾りのついた)イヤリング. 類 **arracadas, pendientes.** ❽《歴史》海賊を追撃するために組織されたマルタ騎士団の遠征隊.

bailar [*correr, hacer*] *la caravana a* ...【中南米】…に大げさな挨拶をする.
correr [*hacer*] (*las*) *caravanas*《まれ》《歴史》聖ヨハネ騎士修道会において新米の騎士が修道

誓言する前に 3 年の間異教徒の船を追撃したり異教徒の攻撃から城を守ったりする.
en caravana 一列縦隊で, 隊列を組んで. 類 ***en fila india***.

caravanero [karaβanéro] 男 隊商[キャラバン]の隊長.

caravasar [karaβasár] 男 キャラバンのための宿, キャラバン宿.

caray [karái] 間 《俗》おや, いやはや; ちくしょう, ちえっ. 類 ***caramba***.

carbohidrato [karβohiðráto] 男 《化学》炭水化物, 含水炭素.

carbólico, ca [karβóliko, ka] 形 《化学》石炭酸の.

‡**carbón** [karβón] 男 ❶ 石炭; 炭, 木炭. — ~ mineral [de piedra] 石炭. ~ vegetal [de leña] 木炭. poner ~ en [echar ~ a] la estufa ストーブに石炭をくべる. ~ animal 骨炭, 獣炭. ~ activo [activado] 活性炭. ácido ~ 炭酸. ~ de bola 炭団(ﾀﾞﾝ). ~ de gas [retorta] ガス用炭 (都市ガスの原料用石炭の総称). ~ menudo 粉炭. ~ en polvo 炭塵(ｼﾞﾝ). gas de ~ 石炭ガス. extracción de ~ 採炭. mina [minero] de ~ 炭坑[坑夫]. ❷ カーボン紙 (=papel ~). — copia al ~ カーボン紙による複写. ❸ 《美術》デッサン用木炭. —En clase de dibujo pintamos al ~. デッサンの授業で私たちは木炭画を描く. Nos hizo un dibujo al ~. 彼は私たちを木炭画に描いてくれた. 類 ***carboncillo***. ❹ 《電気》炭素棒[板]. ❺ 《植物》(麦などの)黒穂(ﾎ)病(菌) (= ***tizón***).
negro como el carbón カラス(のように)真っ黒な.
Se acabó el carbón. 《話》はい, おしまい.

carbonada [karβonáða] 女 ❶ (一度に投げ込まれる)大量の石炭. ❷ 《料理》カルボナーダ (煮込んだ肉を細かく刻み焼き網などで焼いた料理). ❸ 《中南米》《料理》細かく刻んだ肉, トウモロコシ, カボチャ, ジャガイモ, 米などを煮込んだ料理. ❹ 《料理》卵, 牛乳, 砂糖を合わせたものを料理用バターで揚げた菓子.

carbonado [karβonáðo] 男 《鉱物》カーボネード, 工業用黒ダイヤ.

carbonario, ria [karβonário, ria] 形 《歴史》カルボナリ党の. — 名 ❶ カルボナリ党員. ❷ 覆 カルボナリ党 (19世紀初頭, 主にイタリアで活動した革命秘密結社).

carbonatar [karβonatár] 他 《化学》炭水塩化する.

carbonato [karβonáto] 男 《化学》炭水塩.

carboncillo [karβonθíjo] 男 ❶ デッサン用木炭; 木炭画. —dibujo al ~ 木炭画. ❷ (麦の)黒穂菌. 類 ***tizón***. ❸ 《植物》キノコ(類). 類 ***hongo***. ❹ 《鉱》炭粉, 炭屑(ｸｽﾞ). ❺ 黒砂糖. ❻ 《中南米》《植物》ミモザ科植物の一種. ◆その形状から cabello de ángel と呼ばれることもある.

carbonear [karβoneár] 他 ❶ 木炭を作る, 炭にする. ❷ 《中南米》激励する.
— 自 《海事》石炭を船積みする.

carboneo [karβonéo] 男 ❶ 石炭焼き. ❷ 石炭積み.

carbonera[1] [karβonéra] 女 ❶ (粘土で覆われた)炭焼き用の薪(ﾏｷ)の山. ❷ 石炭置き場. ❸ 炭売りの女性. ❹ 《中南米》炭鉱. ❺ 《中南米》(石炭が積まれる)蒸気機関車の炭水車輛の一部. ❻ 《中南米》《植物》庭草の一種. ❼ 《海事》メーン・ステールの俗称.

carbonería [karβonería] 女 ❶ 炭屋, 木炭 [石炭]販売店. ❷ 《中南米》かまどを使って炭を焼く設備.

carbonero, ra[2] [karβonéro, ra] 形 石[木]炭の, 炭の. —estación ***carbonera*** 給炭所.
— 男 ❶ 炭焼き職人; 木炭[石炭]商人. ❷ 《海事》石炭運搬船. ❸ 《中南米》《植物》ミモザ科の植物の一種 (木目の詰まったしなやかで丈夫な材木が取れる).
tiznar al carbonero 《中南米》《比喩, 話》自分が利口者だとうぬぼれている人をだます.

carbónico, ca [karβóniko, ka] 形 《化学》炭素の. —ácido ~ 炭酸. anhídrido ~ 二酸化炭素.

carbonífero, ra [karβonífero, ra] 形 ❶ (土壌が)石炭を含む. ❷ 《地質》石炭紀の.
— 男 《地質》石炭紀.

carbonilla [karβoníja] 女 ❶ 炭塵(ｼﾞﾝ), 粉炭; (融雪用)木炭粉. ❷ コークスの粉. 類 ***carboncillo***.

carbonización [karβoniθaθjón] 女 焼いて (ほとんど)炭にすること, 炭化.

carbonizar [karβoniθár] [1.3] 他 炭化する; 焼いて灰にする. — se 再 炭化する, 灰になる.

carbono [karβóno] 男 《化学》炭素.

carbonoso, sa [karβonóso, sa] 形 ❶ 炭素を含む. ❷ 炭に似た.

carborundo [karβorúndo] [<英 carborundum] 男 《化学》炭化珪素(ｹｲｿ); カーボランダム (商品名).

carbunclo [karβúŋklo] 男 ❶ 《鉱石》紅玉, 紅大晶; ルビー. 類 ***rubí***. ❷ 《医学》炭疽(ｿ)熱 (人間にも伝染する家畜の伝染病). 類 ***carbunco***.

carbunco [karβúŋko] 男 ❶ 《医学》炭疽(ｿ)熱 (バクテリアを媒介とし人間にも移る家畜の伝染病. 人間に伝染した場合には炭疽[脾脱疽(ﾋﾀﾞｯｿ)]を引きおこす). 類 ***ántrax***, ***carbunclo***. ❷ 《中南米》《昆虫》ホタルコメツキの一種. 類 ***cocuyo***.

carburación [karβuraθjón] 女 ❶ 《化学》ガス, 空気を炭化水素[液化水素]と混合すること. ❷ 《冶金》炭素と鉄を化合させて鋼鉄を作ること. ❸ 《機械》(内燃機関内の)気化.

carburador [karβuraðór] 男 (発動機内の)気化器; (自動車, オートバイの)キャブレーター.

carburante [karβuránte] 現分 形 《化学》炭水水素を含む. — 男 (内燃機関用の)炭化水素混合物; 燃料, ガソリン.

carburar [karβurár] 他 ❶ 《化学》(ガス, 空気を)炭化水素[液化水素]と混合する. ❷ 《話》正常に機能する, よく動く. —La cabeza ya no le ***carbura***. 彼の頭はもう正常ではない. Esta radio no ***carbura***. このラジオは壊れている. 類 ***funcionar***.
— se 再 炭化水素[液化炭化水素]と混ざる.

carburo [karβúro] 男 《化学》炭化物; カーバイド. — ~ de calcio 炭化カルシウム (= カーバイド). ~ de hidrógeno 炭化水素.

carca[1] [kárka] 形 ❶ 《歴史》《軽蔑》カルロス党の. 類 ***carlista***. ❷ 《反動的な》. —política ~ 反動政治. 類 ***reaccionario***.
— 男女 ❶ 《歴史》《軽蔑》カルロス党員. → ***carlista***. ❷ 《話》反動的な人, 反動主義者.

carca[2] [kárka] 女 《中南米》チチャ (南米産トウモロコシ酒)を作るための深鍋.

carcaj [karká(x)] 男 ❶ 矢筒, 箙(えびら). 類 **aljaba**. ❷ (行列の中で十字架を支えて歩くための)十字架受け. ❸ 〖中南米〗(鞍についた)ライフル用の革ケース.

‡**carcajada** [karkaxáða] 女 ❶ (突然の)**大笑い**, 高笑い, 爆笑, 哄笑(ぶ．). —soltar una [la] ~/ estallar en ~s どっと笑い出す, 噴き出す, 大笑いする. reír(se) a ~s 大笑いする, げらげら笑う, 腹を抱えて笑う. No pude contener las ~s. 私は噴き出すのを抑えられなかった. 類 **risotada**.

a carcajada limpia (激しく・長く)大笑いして.
a carcajadas tendidas 大笑いで.

carcajear [karkaxeár] 自 高笑いをする, 大笑いをする.

— **se** 再 ❶ 高笑いをする, 大笑いをする. ❷ [+de] を馬鹿にして笑う. —*Me carcajeé de sus amenazas*. 私は彼の脅しを笑いとばした.

carcamal [karkamál] 形 《軽蔑》老いぼれの. 類 **vejancón**.
—— 男女 《軽蔑》老いぼれ, よぼよぼの老人. 類 **vejancón, vejestorio**.

carcamán¹, mana [karkamán, mána] 名 〖中南米〗❶ 軽蔑に値する人; 下層の外国人, (軽蔑的に)外国人. ❷ うぬぼれが強く役に立たない人. ❸ (特にジェノバ生まれの)イタリア人.

carcamán² [karkamán] 男 《海軍》大きくて重いぼろ船.

cárcava [kárkaβa] 女 ❶ (雨水が流れてできた)地面の溝, 雨窪; 水たまり. ❷ 溝, 穴; (特に要塞の)壕(ごう), zanja. 類 **foso, zanja**. ❸ 墓穴. 類 **sepultura**.

carcayú [karkajú] 男 《動物》イタチ属の野獣; その毛皮.

‡**cárcel** [kárθel] 女 ❶ **牢獄**, 刑務所, 監獄. —*Si te cogen, irás a la ~*. お前は捕まったら牢獄行きだ. huir [fugarse, evadirse, escaparse] de la ~ 脱獄する. salir de la ~ 出獄する. La metieron en la ~. 彼女は投獄された. Fue condenada a dos años de ~, 彼は2年の懲役刑に処せられた. 類 **penal, presidio, prisión, talego**. ❷ 《比喩》牢獄, 陰うつな場所, 居心地の悪い場所. ❸ 《建築》クランプ, 締め付け金具. ❹ (水門の)溝, ガードレール.

carcelario, ria [karθelárjo, rja] 形 刑務所の, 監獄の; 刑務所[監獄]のような. —*El régimen ~ es muy duro en ese país*. 刑務所の規則はその国ではとても厳しい. 類 **carcelero**.

carcelera [karθeléra] 女 → carcelero.

carcelero, ra [karθeléro, ra] 形 刑務所[監獄]の. —*fianza carcelera* 刑務所の保釈金. **carcelario**. —— 名 看守. —— 女 (囚人の嘆きを語った)アンダルシーア地方の民謡.

Carchi [kártʃi] 固名 カルチ(エクアドルの県).

carcinógeno, na [karθinóxeno, na] 形 《医学》発癌(はつがん)性の.

carcinoma [karθinóma] 男 《医学》(転移の原因になる)上皮組織にできる癌(がん)癌種.

cárcola [kárkola] <イ> 女 機織(はたおり)機の踏み板[ペダル].

carcoma [karkóma] 女 ❶ 《虫類》(幼虫が木に穴をあける)キクイムシ. ❷ キクイムシが食べた後に出る木くず. ❸ 《比喩》(深刻な心配事, 懸念. ❹ 《比喩》ごくつぶし. ❺ 《隠》道, 道路. 類 **camino**.

carcomer [karkomér] 他 ❶ (キクイムシが)かじる, 食いつぶす. ❷ 《比喩》(健康や徳性などを)むしばむ. —*El cáncer iba carcomiendo su salud*. 癌(がん)が彼の健康をむしばんでいた. La sospecha de que su mujer le traicionaba lo *carcomía*. 妻は自分が裏切っているのではないかと疑念が彼をさいなんでいた.

— **se** 再 ❶ キクイムシに食われる[食いつぶされる]. ❷ 身を焼く, 苦しむ. —*Me carcomía de envidia*. 私は嫉妬(しっと)に身を焦がしていた. 類 **concomerse**.

carcomido, da [karkomíðo, ða] 過分 形 ❶ キクイムシに食われた, 虫のついた. ❷ 《比喩》むしばまれた, 腐敗した; (健康が)損なわれた.

carda [kárða] 女 ❶ (織物の繊維を)梳毛(そもう)にすること. 類 **cardado**. ❷ (織物の梳毛, 起毛に使われる)オニナベナの球果. ❸ (織物の)梳毛機, 起毛機. ❹ 《比喩, 話》強くしかること. —*dar una ~* 強くしかる[叱責する].

gente de (la) carda (歴史)(昔の)梳毛[起毛]職人. ♦無頼な生活を送り, 最後にはやくざなごろつきに成り果てるのが普通だった.

Todos somos de la carda. 《比喩, 話》同じ穴のむじなである.

cardada¹ [karðáða] 女 一度に梳毛(そもう)[起毛]される羊毛の量.

cardado¹ [karðáðo] 男 梳毛(そもう)[起毛]すること. 類 **carda**.

cardado², da² [karðáðo, ða] 過分 形 梳毛(そもう)[起毛]された.

cardador, dora [karðaðór, ðóra] 名 梳毛(そもう)[起毛]職人.
—— 男 《虫類》ヤスデの一種.
—— 女 梳毛機 (= máquina cardadora).

cardadura [karðaðúra] 女 (羊毛を)梳毛(そもう)[起毛]すること. 類 **cardado**.

cardamomo [karðamómo] 男 《植物》薬草であるビャクズの一種.

cardán, cardan [karðán, kárðan] 男 《機械》カルダン自在継ぎ手.

cardar [karðár] 他 ❶ (織物素材を)梳(す)く, 梳毛(そもう)する. ❷ (毛織物を)けばだてる, 起毛する. ❸ (髪を)逆毛にする.

Unos cobran la fama y otros cardan la lana. 〖諺〗名声[賞賛]を得た人が必ずしもそれに値する仕事をしたわけではない(←名声を得る人もいれば羊毛を梳く人もいる).

‡**cardenal¹** [karðenál] 男 《カトリック》枢機卿. —*El Papa es elegido por los ~es reunidos en cónclave*. 教皇は教皇選挙会議に集まる枢機卿によって選ばれる. 類 **purpurado**. ♦ローマ・カトリック教会で教皇 Sumo Pontífice に次ぐ高位聖職者. 緋色の衣帽をつけ, 総数70名で枢機卿会 Sacro Colegio を構成し, 教皇の選挙権・被選挙権を有する.

cardenal² [karðenál] 男 ❶ (医学)(打身などによる)あざ(→ hematoma「血腫」). —*Se cayó jugando al fútbol y le ha salido un ~ en el muslo*. 彼はサッカーをしていて転倒し, 股に青あざができた. ❷ 《鳥類》(北米産の)ショウジョウコウカンチョウ(猩々紅冠鳥). ❸ 〖チリ〗《植物》フウロソウ(風露草).

cardenalato [karðenaláto] 男 《カトリック》枢機卿(すうきけい)の職[地位, 権威].

cardenalicio, cia [karðenaliθjo, θja] 形 《カ

トリック》枢機卿(	)の.

Cárdenas [kárðenas] 固名 カルデナス(Lázaro ～)(1895-1970, メキシコの大統領, 在任 1934-40).

cardencha [karðéntʃa] 女 ❶ 《植物》オニナベナ(その球果は毛織物などの起毛に用いられる). ❷ 梳毛(きもう)[起毛]機. 類 **carda**.

cardenillo [karðeníjo] 男 ❶ 《化学》緑青(ろくしょう). 類 **verdete, verdín**. ❷ 《絵画に用いられる》緑青; 緑青色.

cárdeno, na [kárðeno, na] 形 ❶ 紫[暗紫]色の. —Llegó tiritando de frío y con los labios ~s. 彼は寒さでがたがた震えながら唇を紫色にして到着した. 類 **morado**. ❷ (水が)オパール色の. 類 **opalino**. —— 男 (牛の毛色が)白黒混ざった.

cardiaco, ca, cardíaco, ca [karðjáko, ka, karðíako, ka] 形 ❶ 心臓の. —enfermedad *cardiaca* 心臓病. músculo ~ 心筋. insuficiencia *cardíaca* 心不全. Ha sufrido un ataque ~. 彼は心臓発作に襲われた. ❷ 心臓病の. —— 名 心臓病患者.

cardias [kárðjas] 男 《単複同形》《解剖》噴門(胃と食道をつなぐ開口部).

cardillo [karðíjo] 男 ❶ 《植物》キバナアザミ. ❷ 《中南米》(鏡などの)反射鏡. 類 **escardillo**.

cardinal [karðinál] 形 ❶ 基本的な, 主要な. ❷ 《文法》基数の. ❸ 《気象》基本の.

cardiografía [karðjoɣrafía] 女 《医学》❶ 心拍(動)記録法. ❷ 心電図(=cardiograma). —hacer a ～ 心電図を[…の人の心電図を]取る.

cardiógrafo [karðjóɣrafo] 男 心拍記録器.

cardiograma [karðjoɣráma] 男 《医学》心電図.

cardiología [karðjoloxía] 女 《医学》心臓(病)学.

cardiológico, ca [karðjolóxiko, ka] 形 心臓(病)学の.

cardiólogo, ga [karðjóloɣo, ɣa] 名 心臓病専門医, 心臓病学者.

cardiomegalia [karðjomeɣáljia] 女 心臓肥大.

cardiópata [karðjópata] 形 心臓病の, 心臓病を患った. —— 男女 心臓病患者.

cardiopatía [karðjopatía] 女 《医学》心臓病, 心疾患.

cardioplejía [karðjoplexía] 女 心臓麻痺.

cardizal [karðiθál] 男 アザミが茂った場所.

cardo [kárðo] 男 ❶ 《植物》カルドン(チョウセンアザミに似た植物. その葉の主脈は食用に適す); カルドンの花. ❷ 《植物》アザミ. ~ borriquero 《植物》オオヒレアザミ. ~ corredor 《植物》(セリ科の)エリンギウム. ❸ 《比喩》無愛想な人, 気難しい人. 類 **arisco**.

más áspero que un cardo 《比喩, 話》いかめしくてつっけんどん.

ser un cardo (borriquero) 《話》無愛想である, とっつきにくい.

cardoncillo [karðonθíjo] 男 《植物》オオアザミ(=cardo mariano).

cardume [karðúme] 男 魚群. 類 **cardumen**.

cardumen [karðúmen] 男 ❶ 魚群. 類 **cardume**. ❷ 《中南米》たくさんの物, 豊富な物.

carear [kareár] 他 ❶ (特に裁判で2人あるいは数人の人を)対面[対決]させる. —Han decidido ~ a los testigos dado que no coincide su testimonio. その証言が一致しないので証人どうしを対面させることになった. ❷ 《比喩》比較する, 照合する. 類 **comparar, cotejar**. ❸ (家畜を放牧に)連れて行く; (放牧の途中で)牧草を与える. ❹ (砂糖パンに)最後の仕上げをする. ❺ 《サラマンカ》追い払う. 類 **encarar, entrevistar**.

—— **se** 再 (不愉快な問題で)会談[会見]する. 類 **encararse, entrevistarse**.

***carecer** [kareθér カレセル] [9.1] 自 [＋de に]欠ける, (を)欠いている, (…が)ない. —Para emprender aquel negocio, *carecía* de fondos o de talento. あの事業をはじめるのに彼には資金も才能もなかった. Lo que dices *carece* de sentido. 君の言うことは無意味だ.

carena [karéna] 女 ❶ 《海事》(船の)喫水部(=obra viva). ❷ 《海事》船体の修理[修繕]. ❸ 《自動車》(自動車やオートバイの)流線形. ❹ 《比喩, 話》あざけり, 嘲笑(ちょうしょう). —dar ～ 嘲笑する. sufrir [aguantar] una ～ あざけりを受ける. ❺ 40日間の断食.

carenadura [karenaðúra] 女 《海事》船体の修理[修繕]. 類 **carena**.

carenar [karenár] 他 ❶ 《海事》(船体を)修理[修繕]する. ❷ 《自動車》(自動車やオートバイを)流線形にする.

carencia [karénθja] 女 ❶ 不足, 欠乏. —Se han interrumpido las obras por ~ de fondos. 資金不足のためその工事は中断された. La ～ de informaciones fiables nos tenía preocupados. 信頼できる情報が欠如していたために私たちは心配だった. 類 **escasez, falta, privación**. ❷ 《医学》(栄養分, 特にビタミンの)欠如, 欠乏. —enfermedades por ～ 栄養失調. ❸ 《金融》元本は完済されず利子の支払いだけが行われる期間.

carenero [karenéro] 男 《海事》船体修理所.

carente [karénte] [*careceer*の不規則変形分詞] 形 [＋de]…が欠けた, 不足した. ~ de personalidad 個性のない. Japón es un país ~ de recursos naturales. 日本は天然資源を持たない国である.

careo [karéo] 男 《法律》対面, 照合. —Dado que la versión de los hechos difería, realizaron un ~ entre los dos testigos. 事実の見方が異なっていたので, 二人の証人の対面が行われた.

carero, ra [karéro, ra] [<caro] 形 《話》(物を高く売りつける). Esta tienda tiene fama de ser *carera*. この店は値段が高いのが有名だ.

—— 名 (物を高く売りつける人.

carestía [karestía] 女 ❶ (生活必需品の)高騰, 高値. —la ～ de la vida 生活費の高騰. 類 **subida**. ❷ (主に食糧の)欠乏, 不足. —La ～ (de víveres) en los últimos meses de la guerra fue terrible. 戦争の最後の数か月の食糧不足はひどかった. Este año habrá ～ de agua. 今年は水不足になるだろう. 類 **escasez, falta**. 反 **abundancia**.

careta [karéta] [<cara] 女 ❶ 仮面, マスク; (仮装舞踏会用の)半仮面. ~ de carnaval カーニバルのマスク. 類 **antifaz, carátula, máscara**. ❷ (養蜂家のかぶる)ネット. ❸ 《フェンシング・防毒用の》マスク, 面. ~ de esgrima フェンシング用マスク. ❹ 《比喩》見せかけ, うわべ. —Su mansedumbre sólo era una ~ para hacerse con el

332 careto

cargo. 彼のおとなしさはその地位を得るための見せかけにすぎなかった. **❺** (書類につける)レターヘッド.

careta antigás 防毒[ガス]マスク.

ponerse una careta 仮面をかぶる; 正体を隠す.

quitarle a ... la careta …の仮面をはぐ; …の正体を暴く. 類**desenmascarar**.

quitarse la careta …の仮面を取る; 自分の正体を暴露する, 本心を明かす. 類**desenmascararse**.

careto, ta [karéto, ta] 形 (牛や馬が)白額の. — 男 ひどい顔.

carey [karéi] 男 複 careyes, caréis] **❶** (動物)ウミガメ, タイマイ (tortuga ~). **❷** べっ甲. —gafas con montura de ~ べっ甲フレームのメガネ. 類**concha**.

carezca(-) [kareθka(-)] 動 carecer の接・現在.

carezco [karéθko] 動 carecer の直・現在・1単.

:carga [kárɣa] 女 **❶** 荷積み, 積み込み, 積載; 荷役. —línea de ~ (船の)積載喫水線. capacidad de ~ 積載容量. puerto de ~ 積込み港. La ~ del buque les llevó todo el día. 彼らは船の荷積みに丸一日かかった. **❷** 積み荷. —seguro sobre la ~ 積み荷保険. barco [buque, navío] de ~ 貨物船. vagón de ~ 貨車. bestia de ~ 駄獣, 運搬用の家畜. hacer un envío por ~ aérea 航空貨物で送る. Este avión lleva mucha ~. この飛行機は貨物の輸送量が多い. 類**bulto, cargamento, equipaje, mercancía**. **❸** 積載量, 積載能力. —~ máxima 最大積載量. — bruta 総トン数. El ascensor admite una ~ de diez personas. このエレベーターには 10 人乗れる. **❹** (構造や柱・梁・壁が耐え得る)重さ, 重量. —Esa repisa no puede soportar tanta ~. その棚板はそんな重さには耐えきれない. 類**peso**. **❺** (工学)荷重, 負荷; 応力. —~ fija [muerta] 固定[死]荷重. ~ de ala (航空)翼面荷重. ~ de ruptura [de rotura] 破壊荷重, 破壊応力. ~ general (情報)オーバーヘッド. **❻** (電気)(物体の持つ)電荷, 電気量 (~ eléctrica); 充電. —Se ha terminado la ~ de la grabadora. レコーダーの電池が切れた. ~ positiva 正の電荷. **❼** (火薬・弾薬の)装填(量), 充填; (燃料の)投入(量); 火薬庫. —~ de gas para el mechero ガスライターの充填. ~ del cañón 大砲の火薬装填(量). ~ de un barreno 発破の爆薬装填(量). realizar la ~ de las bombonas ボンベにガスを入れる. El explosivo llevaba una ~ de goma dos. その爆発物にはプラスチック爆弾が仕掛けてあった. El fusil no tiene ~. そのライフル銃には弾が込められていない. 類**bala, cartucho, proyectil**. **❽** (ボールペンや万年筆の)カートリッジ, スペア. 類**cartucho, recambio, repuesto**. **❾** (精神的・肉体的な)負担, 心配, 苦労. —Quiero trabajar y no ser una ~ para mi familia. 私は働いて家族の重荷はなりたくない. la ~ de la responsabilidad 責任の重さ. 類**molestia, peso, preocupación, sufrimiento**. 反**desahogo**. **❿** 務め, 義務, 任務, 責任. —El puesto que tiene supone muchas ~s. 彼の占めている指導者の地位は多くの職務を伴う. Tener que madrugar cada día era para él una pesada ~. 毎朝早起きしなければならないのは, 彼にとって重荷であった. quitar a ... la ~ (人)を責任[重荷]から解放してやる. 類**atadura, deber, exigencia**. **⓫** (経済的な)負担金, 費用; (借家人の負担する)管理費. —~ personal 個人負担. ~s económicas 経済的負担. ~s sociales 社会保険料や事業主負担分. **⓬** 複 租税負担, 税金, 税 (~s fiscales); (一般に)不動産税. —~ impositiva 租税負担. ~ real 財産税, 物品税. ~ municipal [del Estado] 市民[国民]税. En las zonas francas las mercancías se venden libres de ~. 無関税地域では商品は免税で販売されている. 類**contribución, gravamen, impuesto, tributo**. **⓭** (軍事)突撃, 攻撃; (警察)(デモ隊などへの)規制. —¡A la ~! 突撃開始! (=¡Al ataque!). ~ a la bayoneta 銃剣突撃. ~ cerrada 白兵戦. ordenar una ~ contra la caballería enemiga 敵の騎兵隊への突撃を命じる. 類**acometida, ataque**. **⓮** (スポーツ)チャージ(ング), タックル, 体当たり. 類**choque**.

a carga cerrada よく考えずに, 無遠慮に.

A cargas 豊富に, あり余るほど. *A cargas* le vienen los regalos. 彼のもとにはプレゼントがたくさん届く.

a paso de carga 大急ぎで, すばやく, 急速に.

burro de carga 働き者, あくせく働く人; 荷役用のロバ.

carga afectiva [emocional] 《心理》情動的負荷, 感動(思い出すなどの深い情動的反応を引き起こす契機). un discurso con una enorme *carga emocional*. 大変感動的な演説.

carga de la prueba (法律)挙証[立証]責任.

carga de los años [de la edad] 寄る年波.

carga de pago 《商業》(会社などの)給料負担; 有料荷重.

carga de profundidad 《軍事》(水中)爆雷, 機雷.

carga de trabajo 労働[仕事]量, 作業負荷.

carga eléctrica 《物理, 電気》電荷, 電気量.

carga explosiva 爆発物, 爆薬. poner una *carga explosiva* para volar el puente 橋を爆破するために爆薬を仕掛ける.

carga lectiva (一学期の)授業時間数. Este seminario tiene una *carga lectiva* de treinta y dos horas. このセミナーの授業時間数は 32 時間である.

carga útil (車の)積載許容重量; (船舶・航空)有料荷重, 積載重量.

de carga 荷役[運搬]用の. animal [burro] *de carga* 荷役用の動物[ロバ]. tren [avión] *de carga* 貨物列車[輸送機].

echar las cargas a ... 《話》…に罪を着せる.

llevar la carga de ... 《話》…の責任を持つ, …の面倒をみる, (人)を扶養する. Mamá *lleva la carga de* la casa. ママが一家を支えている.

paso de carga 《軍事》突撃歩, 駆け足 (=paso de ataque).

ser un burro [una bestia] de carga 最もつらい[報われない]仕事をしている.

terciar la carga 積み荷の重さが左右同じになるように釣り合いを取る.

tocar paso de carga 突撃ラッパを吹く.

volver a [sobre] la carga 《話》(1) 同じ主張[要求, 非難]を根気よく繰返す. *Volvió a la carga* con el mismo argumento. 彼は同じ議論を繰返した. (2) 攻撃を再開する[繰返す].

cargadero [karɣaðéro] 男 ❶ (駅や港などの)荷積み[降ろし]場, 荷揚げ場. ❷《建築》まぐさ, 鴨居(入口, 窓などの横木). 類 **dintel**.

cargado, da [karɣáðo, ða] 過分 形 ❶ 〚+de〛(a) を積んだ, を詰めた, …でいっぱいの. ― El camión va demasiado ~. トラックは積み荷を載せ過ぎた. ~ *de* regalos para todos. 彼はみんなに贈り物をいっぱい持って来た. árbol ~ *de* fruta 実もたわわな木. ~ *de* años 年を取っている. (b) …で[に]打ちひがれた. ― ~ *de* penas 苦悩に打ちひしがれた. ❷ (a) 《天候》曇った, 蒸し暑い. ― día ~ 蒸し暑い日. 類 **bochornoso**. (b) (大気が)息詰るような, うっとうしい, むっとするような. ― Salimos de la discoteca porque el ambiente estaba muy ~. 雰囲気が息苦しようだったので我々はディスコを後にした. ❸ (コーヒー・茶などが)濃い. ― café ~ 濃いコーヒー. 類 **espeso, fuerte**. ❹ (a) (器具などの内容物が)入っている. ― La pluma está *cargada*. そのペンにインクが入っている. (b) 帯電している. (c)《軍》実弾が入っている. ― pistola *cargada* 実弾の入って[込められ]ているピストル.

cargador, dora [karɣaðór, ðóra] 形 荷積みの. ― pala *cargadora* オーバーコール.
― 名 荷積み[担ぎ]人, 運搬人; 沖仲仕.
― 男 ❶《農業》大型のさすまた. ❷ (狩り出し猟で)銃を撃つ人. ❸《軍事》銃に弾薬を装填(½ⁿ)する砲手. ❹ (抽出可能な銃の)薬室. ❺《電気》充電機. ❻ (ボールペンや万年筆の)カートリッジ. ❼《中南米》ポーター. ❽《中南米》剪定(ᵗⁿ)で若干刈り込まれたブドウの蔓(⁵ⁿ). ❾《中南米》音のうるさい花火. ❿《情報》ローダー.

cargamento [karɣaménto] 男 《集合的に》船荷, (トラック・飛行機の)積荷. ― Ha llegado un ~ *de* medicinas. 薬品の積荷が着いた. 類 **cargazón**.

cargante [karɣánte] 形 うるさい, うっとうしい, 煩わしい. ― Tanta insistencia en la limpieza resulta ~. 掃除のことをあんなにしつこく言うのはうっとうしい. Sus continuos y ~s consejos me ponen nervioso. 彼のひっきりなしに続く小うるさい助言は私をいらいらさせる. ponerse ~ しつこく[くどく]なる. 類 **enojoso, fastidioso, pesado**.

cargar [karɣár カルガル] 【1,2】他 (a) を積む, 積み込む; 〚+con/de を〛…に積む. ― ~ un barco 船に荷を積む. ~ un camión *de* cemento トラックにセメントを積み込む. Cargó la maleta a sus espaldas y se dirigió a la estación. 彼はスーツケースをかついで駅に向かった. (b) を収容する, …が入る. ― Este vagón *carga* setenta viajeros. この客車の定員は70名である. (c)〚+de 〛…に補給する, 補充する. ― ~ la estufa *de* carbón ストーブに石炭をくべる. (d) …に装填(½ⁿ)する, …に充電する. ― El asesino *cargó* la pistola y disparó a la policía. 殺人犯はピストルに弾を込め, 警官に向け発砲した. ~ una batería バッテリーに充電する. (e)〚+con/de を〛…に詰め込み過ぎる, 入れ過ぎる. ― *Habéis cargado* la sopa de sal. 君たちはこのスープに塩を入れ過ぎた.
❷ を課する, …に税する. ― El gobierno ha decidido ~ con nuevos impuestos la importación de frutas. 政府は果物の輸入に新たな関税を課すことを決定した.
❸ を上乗せする, 追加する. ― Lo hemos *cargado* 100 euros por gastos de envío. 私たちは送料として100ユーロをそれに上乗せした.
❹〚+a/en/sobre に〛を帰する, 転嫁する, を(…のせいにする. ― *Cargaron sobre* él la culpa. 彼らは彼のせいにした. ― Yo *cargo con* toda la responsabilidad. 私が全責任を負う.
❺ (a) を困らせる, 悩ませる, 不快にさせる. ― Me *carga* su afectada modestia. 私には彼の気取った腰の低さは不愉快だ. (b) をだるくさせる, 疲れさす, 飽きさせる. ― Su prolija conferencia me fue *cargando* la cabeza. 彼の冗長な講演を聴いて私の頭は働かなくなっていった. ❻《商業》を借方に記帳する. ― Le *hemos cargado* diez mil dólares en cuenta. 私どもは1万ドルをあなたの借方に記帳しました. 反 **abonar**. ❼《スポーツ》をチャージする. ❽《情報》をロードする.
― 自 ❶ (負担・責任などの)しかかる. ― Todo el trabajo de secretaría *carga* sobre él. すべての秘書業務が彼の上にのしかかっている. ❷〚+con を〛(責任などを)引き受ける. ― Yo *cargo con* toda la responsabilidad. 私が全責任を負う. ❸〚+contra を〛攻撃する, 襲撃する, に襲いかかる. ― Los vascos *cargaron contra* Rolando en Roncesvalles. バスク人たちはロンセスバーイェスでローランを襲った. ❹〚+sobre に〛重みがかかる, 支えられる. ― La bóveda *carga sobre* diez columnas. 丸天井は10本の柱で支えられている. ❺〚+con を〛奪う, とる, 盗む. ― Los ladrones *cargaron con* todo lo que había de valor en la casa. どろぼうは家の中の全貴重品を奪った. ❻ 片寄る, 傾く, 向かう. ― La tormenta *estuvo cargando* hacia el este. 嵐は東へ向かいつつあった.
― se 再 ❶〚+de で〛充満する, (…が)いっぱいである. ― El salón *se cargó de* profesores y estudiantes. ホールは教師と学生でいっぱいになった. ❷〚+de に〛辟易(ᵉᵏⁱ)する, 退屈する, 飽き飽きする. ― Ya *me estoy cargando de* que hables tanto por teléfono. 君の長電話には閉口だ. ❸《話》…に不可をつける, を落とす, 不合格にする. ― *Se ha cargado* a dos alumnos. 生徒二人が不合格になった. ❹《話》をこわす, 破壊する; 殺す. ― No juegues con el paraguas, que se lo vas a ~. 傘で遊ぶんじゃないよ, こわしちゃうから. ❺ (空が黒雲で)暗くなる. ― El cielo *se cargó de* negras nubes. 空は黒雲でおおわれた. ❻ (人が)爆発寸前となる. ❼ 苦しくなる. ❽ (頭などが)重くなる.
cargársela(s) 罰をくらう.

cargazón [karɣaθón] 女 ❶ (頭の)重苦しさ, (胃の)もたれ, (目の)疲れ. ― sentir ~ *de* estómago [cabeza] 胃[頭]が重い. sentir ~ *en* los ojos 目の疲れを感じる. 類 **pesadez**. ❷《海事》積荷, 船荷. 類 **cargamento**. ❸《気象》雨雲の塊.
cargazón de espaldas 猫背.

cargo [kárɣo カルゴ] 男 ❶ 職務, 任務, 責任. ― desempeñar un ~ *de* mucha responsabilidad 重責を果たす. asignar [designar] un ~ 任務を課する. Le han relevado de su ~. 彼は解任された. Su padre ha desempeñado distintos ~s políticos. 彼の父親は色々な政治的任務を果たした. Le viene grande el ~. 彼には荷が重過ぎる. 類 **empleo, puesto**. ❷ 地位, 職. ― dar [conceder] un ~ ある地位を与える. alcanzar un ~ ある地位を手に入れる. asumir [tomar] el ~ *de* director 重役に就

任する, 重要職に収まる. Le concedieron el ~ de ministro. 彼に大臣の職を与えられた. Tiene [Ocupa] un buen ~ en la empresa. 彼は社内で高い地位についている. Se jubiló con el ~ de director de la empresa. 彼は社長で退職した. El Primer Ministro tomó posesión de su ~ ante el rey. 彼は国王の前で首相に就任した. ~ representativo 代表としての職務, 代理職. 類 **categoría, posición, puesto**. ❸ 担当, 管理, 指揮. —Tiene a su ~ esas sucursales. それらの支店は彼の担当だ. Estoy al ~ del control de calidad. 私は品質管理を担当している. Te dejo el ~ de los niños hasta que yo vuelva. 私が帰るまで子供たちの世話は君に任せる. 類 **cuidado, custodia, dirección**. ❹【主に復】非難, 告発, 告訴, 責任追求. —lanzar graves ~s contra el gobierno 政府に厳しい非難を浴びせる. 類 **acusación, delito, falta, inculpación**. 反 **descargo, exculpación**. ❺【商業】借金額, 借り; 借方. ~~ y data 借方と貸方. En mi cuenta corriente me han anotado un ~. 私の当座預金口座には借りが記帳された. Dejó en la tienda un ~ de cincuenta euros. 彼はその店に 50 ユーロ借りた. 類 **adeudo, débito, deuda**. ❻【海事】貨物額, 積載; 装填 ~s, 負担, 荷; 荷重. ❼ 荷捌高, 積載; 装填 ~s, 負担, 荷; 荷重. ❼石の容積の単位: 3 分の 1 立方メートル.

a [*al*] *cargo de* ... (1) …の世話になって, …に任されて, …の担当[管理]下に. El niño está *a cargo de* los abuelos. その子は祖父母の世話になっている. Deja *a mi cargo* la solución del problema. その問題の解決は私に任せろ. Juan está *al cargo de* esta sección. フアンはこの課の長である. (2) を預かって, …の責任を持って, を管理して. ¿Quién está *a cargo de* este negocio? 誰がこの仕事の責任者ですか? (3) (費用などが)…の負担[払い]で. Los gastos corren *a cargo de* la empresa. 費用は会社持ちだ. (4)【*de que* +接続法】…という条件で, もし…ならば. Te dejo ir *a cargo de que* vuelvas pronto. すぐ帰って来るなら, 行ってもいい.

acumulador de cargos 不正兼職者.

alto cargo (1) 要職. Ocupa un *alto cargo* en el Ministerio de Educación. 彼は文部省で要職についている. (2) 要職の人, 政府高官.

cargo de almas〔カトリック〕(教会の)信徒指導の責任.

cargo de conciencia (1) 良心の呵責(かしゃく), 良心のとがめ. Me da *cargo de conciencia* no decirle la verdad. 彼に本当のことを言わないと私の良心がとがめる. sentir [tener] *cargo de conciencia* 良心がとがめる[痛む]. (2) (浪費に対して)残念. Es un *cargo de conciencia* tirar eso a la basura. それをごみ箱に捨てるのは残念だ.

con cargo a ... …の費用[払い]で(→*a cargo de*).

hacer cargos a ... *de* ... を(人)のせいにする.

hacerse cargo de ... (1) を受け持つ, 引き受ける, 担当[世話]する, 掌握する. *hacerse cargo del poder* 権力を掌握する, 政権を担当する. Mientras estés de viaje, yo *me haré cargo de* tu trabajo. 君が旅行中は, 君の仕事は僕が受け持つよ. (2) (あらゆる状況)を把握する, 見極める, 理解する. No *se hace cargo de* las circunstancias. 彼は状況がつかめていない. (3)(何かに)気づく, 自覚する. *hacerse cargo de* la gravedad de la situación 事の重大さを自覚する. *Hazte bien cargo de* todo lo que te digo. 私の言うことをすべてよく聞いておきなさい.

jugar el cargo 職務に忠実であることを宣誓する.

pliego de cargos【法律】告訴箇条.

ser en cargo a ... (人)に借金している.

testigo de cargo【裁判】原告側証人(→「被告側証人」*testigo de descargo*).

tomar a su *cargo* を担当する, を受け持つ, を預かる, …の面倒をみる.

cargoso, sa [karɣóso, sa] 形【中南米】《話》うるさい, うっとうしい, 煩わしい. —trabajo ~ 厄介な仕事. ponerse ~ しつこく[くどく]なる. 類 **cargante**.

largue(-) [karɣe(-)] 動 cargar の接・現在.

cargué [karɣé] 動 cargar の直・完了過去・1単.

carguero, ra [karɣéro, ra] 形 輸送の, 運搬の. —barco [avión] ~ 輸送船[機].
—— 名 荷物運搬人.
—— 男 ❶ 貨物船[列車, 輸送船[機]. ❷【中南米】荷役用の家畜. 類 **bestia de carga**.

carguío [karɣío] 男 ❶ 積荷の量. ❷ 積荷. 類 **carga**.

cariacontecido, da [karjakonteθíðo, ða] [<*cara*+*acontecido*] 形【*estar*+】《話》悲しげな, しょげた; ぎょっとした, ひどく驚いた. —José está ~ desde que perdió a su perro. ホセは犬がいなくなってから悲しげな様子だ.

cariado, da [karjáðo, ða] 過分〔<*cariar(se)*〕形 虫歯になった (=*picado*); (骨)がカリエスにかかった. —Tengo dos muelas *cariadas*. 私は虫歯が 2 本ある.

cariadura [karjaðúra] 女 骨・歯のカリエス, 虫歯.

cariancho, cha [karjántʃo, tʃa]〔<*cara*+*ancho*〕形《話》顔の広い[大きい].

cariar [karjár]〔<*caries*〕他 カリエスにかからせる; (歯)を虫歯にする. —Las cosas dulces ayudan a ~ los dientes. 甘いものを食べると虫歯になりやすい.

——*se* 再 カリエスにかかる; 虫歯になる. 類 **picarse**.

cariátide [karjátiðe] 女【建築】女像柱. ◆男像柱に *atlante, telamón*.

caribe [karíβe] 形 ❶ カリブの, カリブ海の. —Mar C~ カリブ海. ❷ カリブ人[族]の. —costumbres ~s カリブ人の風習. ❸【比喩, 話】野蛮な, 残忍な.
—— 男女 ❶ カリブ人, カリブ族の人. ❷ 複 カリブ族. ❸【比喩, 話】野蛮な人, 残忍な人.
—— 男 ❶【言語】カリブ語. ❷ (ベネズエラ沿岸に生息する)ピラニアの一種.

caribú [karíβu] 男 [複 caribú(e)s]【動物】カリブー(北米のトナカイ).

caricato [karikáto][<伊] 男 ❶【音楽】オペラで道化役をするバス歌手. ❷ 物真似演芸家, 喜劇役者. ❸【中南米】風刺画, 漫画. 類 **caricatura**.

caricatura [karikatúra] 女 ❶ (風刺)漫画, 風刺画(文); カリカチュア. —dibujar ~s alusivas a hechos políticos 政治事件を風刺した漫

画を描く. ❷ 滑稽[下手]な模倣(作品), パロディー. — Aquello no era flamenco sino una mera ~ de ese baile. あれはフラメンコではなくその踊りを真似たものにすぎなかった. ❸《主に 複》《中南米》短編アニメ. — hacer una ~ de ... を漫画[風]刺画に描く, 風刺する.

caricaturesco, ca [karikaturésko, ka] 形 ❶ 風刺のきいた, (風刺)漫画の, 戯画化した. — palabras *caricaturescas* 風刺の利いた言葉. ❷《軽蔑》(結果的に)滑稽な.

caricaturista [karikaturísta] 男女 風刺画家[作家], 漫画家; 戯画家.

caricaturizar [karikaturiθár] [1.3] 他 風刺する, 滑稽に描く, 漫画[戯画, パロディー]化する. — Esos humoristas *caricaturizan* con unos dibujos el ambiente político actual. そのユーモア作家たちは絵で現在の政治状況を風刺する.

:**caricia** [kariθja] 女 ❶ 愛撫, 撫でること. — hacer ~s [una / al] gato 猫を撫でる. Ella sintió la ~ de los labios en su mejilla. 彼女は頬にそっと唇が触れるのを感じた. 類 **beso, carantoña, cariño, mimo**. ❷《比喩》(風などが)優しく触れること, (音が)心地よく響くこと. — Apoyado en la ventana recibía la dulce ~ de la brisa en las mejillas. 彼は窓に寄りかかり, 優しく撫でるそよ風を頬に受けていた. ~ del sol en la piel 肌に当たる柔らかい日差し. ❸ 愛の表現[仕草], お世辞. — Su novio le decía ~s al oído. 彼女の恋人は彼女の耳元で甘い言葉をかけていた. 類 **halago**.

caricioso, sa [kariθjóso, sa] 形 →cariñoso.

CARICOM [karikón] [<英 Caribbean Community (Comunidad y Mercado del Caribe)] 女 カリブ共同体.

Caridad [kariðá(ð)] 固名《女性名》カリダー.

:**caridad** [kariðá(ð)] 女 ❶ 慈悲心, 親切, 思いやり, 情け; 隣人愛. — Eso es una falta de ~. それは慈悲の心を欠くものだ. No hay ~ sin amor. 愛のない親切などありえない. 類 **misericordia, piedad**. 反 **crueldad, egoísmo**. ❷ (貧しい人への)慈悲, 施し[物], お恵み. — obra [colecta] de ~ 慈善事業[募金]. implorar [pedir] la ~ 施しを乞う, 乞食をする(=mendigar). vivir de la ~ de ... のお情けで暮らす. Dar de lo que sobra no es ~. 余り物をあげるのは慈善ではない. 類 **limosna, socorro**. ❸《キリスト教》愛徳, カリタス. — La ~ es una de las tres virtudes teologales. 愛徳は三対神徳の1つである(他の2つは信徳 fe と望徳 esperanza). practicar la ~ 愛徳を実践する. 類 **amor**. 反 **odio**.
La caridad bien entendida [ordenada] empieza por uno mismo [《中南米》*por casa*]. 《諺》慈善は我が身から(自分の頭の上の蠅を追え).
por caridad《話》どうぞお願い[後生]だから. *Por caridad*, que se callen los niños. お願いですから子供たちを静かにさせてください.
Su [Vuestra] Caridad あなた様(聖職間の敬称).

caries [kárjes] 女《単複同形》❶《医学》カリエス; 虫歯. ❷《農業》(麦の)黒穂病[菌]. 類 **tizón**.

carigordo, da [kariɣórðo, ða] [<cara+gordo] 形 顔の太った, 丸ぽちゃな.

carilampiño, ña [karilampíɲo, ɲa] [<cara+lampiño] 形 ひげのない, ひげの薄い. 類 **barbilampiño**.

carilargo, ga [karilárɣo, ɣa] [<cara+largo] 形 ❶《話》顔の長い. ❷《比喩, 話》不機嫌な[浮かぬ]顔をした.

carilla [karíʎa] 女 ❶ (紙の表・裏の)面, ページ. — rellenar el cuestionario por las dos ~s アンケート用紙の両面に記入する. 類 **página, plana**. ❷ (養蜂家のかぶる)マスク. 類 **careta**.

carillón [kariʎón] 男 ❶ (教会の塔・時計台の)カリヨン, 組み鐘の音. ❷ チャイム時計(=reloj de ~). ❸《音楽》カリヨン.

carimbo [karímbo] 男《中南米》(家畜に押す)焼き印.

***cariño** [karíɲo カリニョ] 男 ❶ [+a/hacia/por] (…に対する)愛, 愛情, いとおしさ(amor より一般的に使われる). — como una muestra de ~ 愛の印[証]として. exigir una prueba de ~ 愛の証を求める. ~ excesivo 可愛がり過ぎ. Los padres sienten mucho ~ por sus hijos. 両親は子供たちをとても可愛がっている. Demuestra un gran ~ a su hermana. 彼は大変妹思いだ. Mi abuela dice que no podría vivir sin el ~ de su familia. 私の祖母は家族の愛なしでは生きられないと言っている. niños sedientos de ~ 愛情に飢えた子供たち. 類 **afecto, amor, apego, dilección, querer, ternura**. 反 **desprecio, odio**.
❷ (物に対する)愛着. — Le tengo un gran ~ al anillo que heredé de mi abuela. 私は祖母から受け継いだ指輪に大変愛着がある. No quiero tirar este jersey tan viejo porque le tengo mucho ~. 私はこんなに古いセーターでも愛着があるので捨てたくない. 類 **afición, aprecio, estima, simpatía**.
❸ 《主に 複》愛情の表現, 愛の仕草; 慈愛に満ちた行為. — Los abuelos no paraban de hacer ~s a los nietos. 祖父母は孫たちを可愛がるのをやめなかった. Durante su enfermedad le colmaron de atenciones y ~. 彼は病気中でやたら親切に優しくされた. 類 **carantoñas, caricia, mimo, zalamería**.
❹ 入念, 丹念さ, 丹精, 真心, 注意. — Es un chico que trata sus cosas con mucho ~. 彼は物を大変大事にする少年である. Limpia estas porcelanas con ~. これらの磁器を気をつけて磨きなさい. 類 **cuidado, delicadeza, esmero, mimo**. 反 **descuido, desinterés**.
❺ (夫婦間・恋人間などでの親愛の呼び掛け)ねえ, あなた, お前. — No llores, ~. ねえ, 泣かないで. ¡C~ mío! 私の可愛い人! ¿C~, me pasas la sal? あなた, 塩を取ってくれる?
❻《中米》(a)「よろしく」との伝言. — Cuando le veas, dale mis ~s. 彼に会ったら, よろしく言ってください. C~s a tu familia [a tu mujer]. ご家族の方[奥様]によろしくお伝えください. 類 **recuerdos**. (b) 愛撫, 抱擁(=caricia). — hacerle ~ a ... を愛撫する. Hazle un *cariñito* a tu tía. 叔母さんを抱擁してあげなさい. El perro y ella se hacen ~s. 犬と彼女とは抱き合っている.
con cariño (1) 大事に, 大切に, 心を込めて. tratar *con cariño* 大事に[優しく]扱う. Cuida sus libros *con mucho cariño*. 彼は自分の蔵書をとても大切にしている. Pedro besó a su abuela *con gran cariño*. ペドロはおばあさんにとても優しくキスし

336 cariñosamente

た. (2)《手紙の結辞》愛を込めて.
poner cariño en … …に真心[丹精]を込める.
poner cariño en un trabajo 真心込めて仕事をする.

tomar [coger] cariño a … …が好きになる，気に入る. Era simpatiquísimo, enseguida *le cogimos cariño*. 彼はとても感じのいい人で，私たちはすぐ好きになった. Le *ha tomado cariño* al gato y no quiere perderlo. 彼はその猫が気に入ったので，失いたくない. Sentía dejar el pueblo porque *le había tomado cariño*. 私はその村には愛着があったので，離れるのがつらかった.

*cariñosamente [kariɲósaménte] 副 愛情を込めて，優しく.

:cariñoso, sa [kariɲóso, sa] 形 ❶《人が》愛情深い，[+con]《…に対して》優しい. — Es ~ con sus hijos. 彼は子供たちに優しい. Está muy ~ conmigo. 彼は私にとても優しくしてくれる. 類afectuoso, amoroso, tierno. ❷ 愛情のこもった，思いやりのある. —Te envía un ~ saludo 《手紙文の末尾，署名の前でピリオドを打たずに》心からの挨拶を送ります，敬具.

carioca [karjóka] 形 リオデジャネイロ (Río de Janeiro) の. —carnaval ~ リオのカーニバル.
—— 男女 リオデジャネイロの人.

cariópside [karjópsiðe] 女 《植物》穎果(ネンネン)，穀果.

carirraído, da [kariraíðo, ða] [< caro + raído] 形 図々しい，厚かましい.

carirredondo, da [kariréðóndo, da] [< caro+redondo] 形 丸顔の.

carisma [karísma] 男 ❶《神学》カリスマ，特能 (神より授けられた特別の恩恵). ❷ カリスマ性(特定の人に備わる大衆を引きつける特別の魅力). —Ese político tiene ~. その政治家にはカリスマ性がある.

carismático, ca [karismátiko, ka] 形 カリスマ的な，カリスマ性を持った. —Los grandes líderes suelen tener una personalidad *carismática*. 偉大な指導者はカリスマ的な個性を持っているのが常である.

carita [karíta] 女 小さい顔.
de carita 《中南米》第一級の，一流の；とてもよい.
dar [hacer] carita 《中南米》《女性が》ほほえみを返す；男性の口説きを承諾する.
hacer caritas 《中南米》顔をしかめる.

caritativo, va [karitatíβo, βa] 形 ❶[+con/para/para con]《…に》慈悲深い，寛大な. —Es ~ con los pobres. 彼は貧しい人々に慈悲深い. ❷ 慈善の.

cariz [kariθ] 男《複》carices 形 ❶《比喩，話》(事柄，問題などの)様子，状況，局面. —La enfermedad presenta buen [mal] ~. 病気はいい[悪い]状況を呈している. Me preocupa el ~ que está tomando el asunto. 私はその事態の進展状況が心配である. ❷ 空模様.

carlanca [karláŋka] 女 ❶ (狼からマスチフ犬を守るための)とげ付きの首輪. ❷《複》《比喩，話》悪賢さ，ずる賢さ. 類 malicia, picardía. ❸《中南米》(a) 鉄の足かせ. (b) (家畜の首にかける)くびきの一種. (c) 煩わしい人；迷惑，厄介.
tener muchas carlancas 《話》抜け目がない.

carlinga [karlíŋga] 女 ❶《海事》檣座(ミキラ)(マストを支える四角い穴). ❷《航空》(飛行機の)機内；操縦室，コックピット.

carlismo [karlísmo] 男 ❶《歴史》カルロス主義. ◆19世紀にスペイン王フェルナンド Fernando 7世の王女イサベル Isabel 2世の即位に反対し，王の弟カルロス Carlos de Borbón とその後継者をそ正当なスペインの王位継承者と主張する運動[主義]. ❷ カルロス党.

*carlista [karlísta] 形 《歴史》カルロス党の，カルロス支持派の，カルリスタの. —A lo largo del siglo XIX hubo tres guerras ~s. 19世紀中に3度のカルリスタ戦争があった.
—— 男女 カルロス党員，カルロス支持者.

Carlomagno [karlomáɣno] 固名 シャルルマーニュ，カール大帝 (742-814，フランク国王，在位 768-814).

Carlos [kárlos] 固名 ❶ (~ V) カルロス5世 (1500-58，神聖ローマ皇帝在位 1519-56，スペイン王在位 1516-56). ❷ (~ María Isidro de Borbón) カルロス(マリア・イシドロ・デ・ボルボン) (1788-1855，フェルナンド7世の弟). ❸ (~ Martel) カール・マルテル (689 頃-741，メロビング朝フランク王国の宮宰). ❹《男性名》カルロス.

Carlota [karlóta] 固名 《女性名》カルロータ.

carmañola [karmaɲóla] [<《仏》] 女 ❶《服飾》(フランス革命時に革命家たちが着た)丈が短く首回りの狭い上着. ❷ フランス革命時に流行した革命歌[輪舞].

Carmela [karméla] 女 《女性名》カルメーラ (Carmen の愛称).

carmelita [karmelíta] 形 ❶《カトリック》カルメル修道会の. —orden [monja] ~ カルメル修道会[修道女]. los ~s descalzos 跣足(ミナン)カルメル会. 類 carmelitano. ❷《中南米》茶色の. ◆カルメル会の修道服の色に由来する.
—— 男女 《カトリック》カルメル会修道士[女]. —Orden de los ~s カルメル(修道)会 (= la orden del Carmen [del Carmelo]).
—— 女 キンレンカの花(サラダなどに混ぜて食用とされる).

carmelitano, na [karmelitáno, na] 形 《カトリック》カルメル(修道会)の. —un religioso ~ カルメル会修道士. 類 carmelita.
—— 名 《カトリック》カルメル会修道士[女].

Carmelo [karmélo] 固名 (Monte ~) カルメロ山(イスラエル北西の山).

Carmen [kármen] 女 ❶ カルメン (Virgen del Carmen から取った女性の洗礼名). ◆愛称に Carmela, Carmina, Carmiña, Mari Carmen, Carmenchu, Menchu などがある. ❷《カトリック》カルメン修道会が創設した托鉢修道会. ◆13世紀に Simón Stock が創設した托鉢修道会. ❸《文学，音楽》『カルメン』. メリメ Mérimée の小説 (1845)で，ビゼー Bizet がオペラ化した (1875).

carmen[1] [kármen] 男 《複》cármenes 《詩学》(特にラテン語の)詩，詩句；詩の行.

carmen[2] [kármen] 男 《複》cármenes (グラナダの)庭園[果樹園]付き別荘.

carmenar [karmenár] 他 ❶ (髪，毛，絹などを)梳く，ときほぐす. ❷《話》髪を引っ張る. 類 repelar. ❸《話》(金品を)奪い取る，巻き上げる. 類 desvalijar.

carmesí [karmesí] 形 《複》carmesíes 深紅の.

―― 男 ❶ コチニール粉末[染料](コチニールカイガラムシから取った深紅の色素粉末). ❷ 深紅色. ❸ 深紅色の絹布.

*carmín [karmín] 男 [複 carmines] ❶ 洋紅[深紅]色. ❷《化粧》口紅. ―barra de ~/~ de labios リップスティック. ❸《染料・絵具》洋紅, カーミン. ― bajo 洋紅絵具. ❹《植物》(a)(洋紅色の花をつける)野バラ. (b) hierba ~ アメリカヤマゴボウ.

―― 形 〖性・数変化なし〗洋紅[深紅]色の. ―labios ~ 真っ赤な唇. La vergüenza le puso las mejillas de color ~. 彼は恥ずかしくて頬が真っ赤になった.

Carmina [karmína] 固名《女性名》カルミーナ (Carmen の愛称).

carminativo, va [karminatíβo, βa] 形《医学》胃腸内のガスの排出を助ける, 駆風の.
―― 男《医学》駆風剤.

carmíneo, a [karmíneo, a] 形 深紅色の, 洋紅色の.

carnada [karnáða] 女 ❶ (魚釣り・狩猟に使う)餌(ｴｻ). ―poner ~ en el cepo 罠(ﾜﾅ)に餌をつける. 類 **cevo**. ❷《比喩, 話》罠, 策略; 囮(ｵﾄﾘ). ―utilizar como ~ 囮[餌]に使う. 類 **añagaza**.

carnadura [karnaðúra] 女 ❶ 傷が治癒する力. ―buena [mala] ~ 傷の治りが早い[遅い]体質. 類 **encarnadura**. ❷ たくましさ; 肉付きのよさ. 類 **robustez**.

carnal [karnál] 形 ❶ (精神に対する)肉体の, 肉欲の, 肉の. ―acto ~ 性行為, 性交. amor ~ 性愛. apetito [deseo] ~ 性欲, 情欲. acceso [ayuntamiento, comercio] ~ 性交. tener relaciones ~es [trato ~] con ... (人)と肉体関係を持つ. 類 **sensual, sexual**. 反 **lascivo, lujurioso**. ❷ 血を分けた, 実の. ―hermano ~ 実の兄(弟). tío [primo, sobrino] ~ 実のおじ[いとこ, おい]. 反 **politico**. ❸《比喩》現世的な, 世俗的な, 物質的な. 類 **terrenal**.

―― 男《カトリック》1年の中で四旬節を除いた期間.
―― 男女《中米》親友, 仲間.

carnalidad [karnaliðáð] 女 肉欲, 情欲; 淫乱(ｲﾝﾗﾝ).

carnauba [karnáuβa] 女《中南米》《植物》ヤシの一種.

carnaval [karnaβál] 男 ❶ 謝肉祭, カーニバル(カトリック教会暦で灰の水曜日 Miércoles de Ceniza に先立つ3日間に催される祭り). ―el C~ de Río リオのカーニバル. ❷ (仮装・踊りなどからなる)謝肉祭のお祭り騒ぎ, どんちゃん騒ぎ.

carnavalada [karnaβaláða] 女《軽蔑》❶ 謝肉祭(カーニバル)期間に特有のお祭り騒ぎ(= mascarada). ❷ 悪ふざけ, 茶番. ―no pasar de ser una ~ 茶番(劇)に過ぎない.

carnavalesco, ca [karnaβalésko, ka] 形 ❶ 謝肉祭の, カーニバルの. ❷《比喩》ふざけた, 茶番の.

carnaza [karnáθa] 女 ❶ (釣りや猟の)餌(ｴｻ), 囮(ｵﾄﾘ). 類 **carnada**. ❷ 罪のない犠牲者を出すスキャンダラスな事件. ❸ 真皮(肉に接触していた側の皮). ❹《話》ぜい肉, 肥満. ❺《中南米》《比喩》身代わり, スケープゴート. ―echar a ... de ~ を身代わり[スケープゴート]にする.

carne [kárne カルネ] 女 ❶《料理》食肉, 肉, 肉類. ―~ blanda [tierna] 柔らかい肉. ~ dura 堅い肉. ~ cruda 生肉. ~ congelada 冷凍肉. ~ de cerdo [de puerco/《中南米》de chancho] 豚肉. ~ de ternera 子牛の肉. ~ de vaca/《中南米》~ de res 牛肉. ~ de cordero ~ de oveja [de carnero] 羊肉. ~ salvajina 猟禽獣の肉. ~ picada/《中南米》~ molida 挽き肉. concentrado de ~/~ concentrada 肉エキス. plato de ~ 肉料理. ~ de agujas スペアリブ, あばら肉. ~ a la parrilla《料理》網焼き肉. ~ a la plancha 肉の鉄板焼き. ahumar la ~ 肉を燻製にする. Me gusta la ~ poco hecha [la ~ poco asada]. 私はレアの肉が好きだ. ◆carne は一般に「獣肉・鳥肉」を指し,「魚肉」は carne de pescado と言う. ❷《解剖》肉, 身; 肉体, 肌. ―tener la ~ fofa [prieta] 肉が締まっていない[引き締まっている]. medias color ~ 肌色のストッキング. ❸ 複 肉付き, 肥満. ―perder ~s 痩せる, 肉が落ちる. persona de abundantes [de muchas] ~s 太った人. enjuto [seco] de ~s/de pocas ~s 肉付きの悪い, 痩せた. 類 **gordura. ❹「「精神」espíritu に対して)肉体; 肉欲, 情欲. ―los placeres [los deleites] de la ~ 官能的な悦び, 肉体的快楽. mortificar la ~ 禁欲する, 苦行する. satisfacer las necesidades de la ~ 肉欲を満足させる. La ~ es flaca, el espíritu es fuerte. 肉体は弱く, されど精神は強し. resurrección de la ~《神学》(最後の審判の日の)肉身の蘇り. ❺《植物》果肉. 類 **jalea, membrillo, pulpa**. ❻《中南米》(木の)髄, 心材 (= cerne).

abrírsele [temblarle] a ... las carnes (人)が心臓が止まるほど驚く, ぞっとする.

bula de carne《カトリック》小斎免除(肉を食べる許可).

carne blanca (鶏・子牛などの)柔らかい白身肉.

carne de cañón (1)(戦争で危険な持ち場につく)一兵卒, 最前線の兵士, 大砲の餌食. (2)《話》[集合的に]危険の矢面に立たされる人たち. Los peatones siempre somos *carne de cañón* en las grandes ciudades. 大都会では私たち歩行者たちはいつも危険に晒されている.

carne de gallina (寒さや恐怖などによる)鳥肌 (= piel de gallina). ponersele a ... la *carne de gallina* 鳥肌が立つ.

carne de horca 絞首刑の罪人; ろくでなし.
carne de membrillo マルメロのゼリー.
carne de pelo ウサギ(類)の肉.
carne de pluma 鳥肉.
carne de su carne《文》血肉を分けた子供[子孫].

carnes frías/carne fiambre《中南米》冷肉(ハム・ソーセージ類)(= fiambres).

carne roja (牛肉・羊肉などの)固い赤身肉.
carne sin hueso (1)骨抜きの肉. (2)《比喩》楽で儲かる仕事.

carne viciosa (治りかけの傷口などにできる)肉芽組織.

carne viva 赤むけの皮膚(→en carne viva, tener en carne viva); 傷口をむき出した肉.

de carne y hueso 生身の, 実存の. hombre *de carne y hueso* 生身の[血も涙もある]人間(→ser de carne y hueso).

día de carne《カトリック》肉食日(肉食が許される

338 carné

echar [*cobrar, criar, poner*] *carnes* (痩せていた人が)太る, 肉がつく.

El espíritu está dispuesto, pero la carne es débil. 心は熱しているが, 肉体は弱いのである.《聖書》(マタイ福音書 26:41).

El Verbo se hizo carne.《聖書》(ヨハネ福音書 1.14)み言葉は人となりたもうた.

en carne viva《話》(1) 皮膚が赤むけの. El niño se cayó y se dejó las rodillas *en carne viva*. その子供は転んで両膝を赤く擦り剥いた. (2)〖*estar* +〗神経過敏の, 感じやすい. (3)〖*estar/tener* +〗(つらい思い出・侮辱などの)記憶が生々しい. Aún tiene el recuerdo de la tragedia *en carne viva*. 彼にはその悲劇の思い出が未だに生々しい.

en carnes (*vivas*)/*en carne viva* 裸の, 裸で (=en cueros).

hacer carne《まれ》(1) (食肉動物が他の動物を)殺す, 貪り食う; (人を)殺す, 傷つける. (2) 害を与える, 有害である.

herirle a ... en carne viva (1) 感情を逆なでする. (2)《比喩》(人の)痛い所を突く, 傷口に触れる.

metido [*entrado, metidito*] *en carnes* 小太りの(肥満état には至らないが).

mosca de la carne〖虫類〗ニクバエ.

no ser (*ni*) *carne ni pescado*《話》(人・物が)どっちつかずで煮え切らない, 優柔不断である, 捕えどころがない.

pedazo de carne (1) 肉一切れ. (2)《軽蔑》〖+*con ojos*〗ばか, 鈍根[無能]な人.

poner [*echar*] *toda la carne en el asador* あらゆる手を尽くす, 全力を傾ける, 一か八かの勝負に出る. Aunque el equipo *puso toda la carne en el asador*, no pudo ganar. チームは一か八かの勝負に出たが試合には勝てなかった.

ser de carne y hueso《話》(1) 生身の[血も涙もある]人間である, 人の子である. (2) 実存している.

ser de la misma carne y sangre 血肉を分けた間柄である.

ser uña y carne 切っても切れない仲である.

temblar a ... las carnes 怖い, 恐れいのので. Aún *me tiemblan las carnes* recordando el accidente. あの事故を思い出すと私は未だにゾッとする.

tener carne de perro 頑健な体の持ち主である, まるで不死身である.

carné [karné]〈<仏〉男〖複 *carnés*〗❶ (身分などの)証明書(→carnet). *— ~ de identidad* 身分証明書. *~ de conducir* 運転免許証. sacar [obtener] el *~ de conducir* 運転免許を取る. *~ de estudiante* [*de socio*] 学生[会員]証. Tiene el *~ del Partido Socialista*. 彼は社会党の党員証を持っている. 類**cédula**. ❷ 手帳.

carneada [karneáða] 女〖中南米〗❶ 屠殺(ξ_{3}^{ζ}), 畜殺. ❷ 屠殺場.

carnear [karneár] 他〖中南米〗❶ (食肉用に)畜殺する. ❷ だます, 欺く. ❸ 虐殺する, 殺害する.

carnecería [karneθería] 女《俗》→carnicería.

carnerada [karneráða] 女 羊の群れ.

carnerear [karnereár] 他 害をもたらした家畜を殺す.

carnero[1] [karnéro] 男 ❶〖動物〗雄羊(→oveja 雌羊⟂). *— ~ de simiente* 種羊(→ ~ padre). *~ llano* 去勢羊. ♦「子羊」は cordero, 「1, 2才の子羊」は borrego. ❷〖料理〗羊肉, マトン; 羊のなめし革. ❸〖中南米〗〖動物〗リャマ (=llama). ❹《古》〖天文〗(黄道十二宮の)白羊宮. ❺ 複《比喩》うろこ雲.

carnero de la sierra [*de la tierra*]〖中南米〗〖動物〗アルパカ, ビクーニャ, リャマ, グアナコの総称.

carnero del Cabo〖鳥類〗アホウドリ (=albatros).

carnero marino〖動物〗アザラシ (=foca).

No hay tales carneros.《比喩, 話》言われたことは確かなことではない.

carnero[2] [karnéro] 男 ❶ 墓地, 埋葬地. ❷ 納骨堂. 類**osario**. ❸ (教会内にある)一家の墓.

cantar para el carnero〖中南米〗《話》死ぬ, 亡くなる.

carnero[3], **ra** [karnéro, ra] 名〖中南米〗❶ おとない人, 意志薄弱な人. ❷ ストに参加しない人, スト破り.

carnestolendas [karnestoléndas] 女 複〖las+〗謝肉祭[カーニバル]の期間. 類**antruejo**, **carnaval**.

carnet [karné(t)]〈<仏〉男 →carné.

:**carnicería** [karniθería] 女 ❶ 肉屋, 精肉店. *— ~ hipofágica* 馬肉店. ❷《話》(戦争・大惨事による)大量死, 大惨殺, 大量殺戮. *— El ataque aéreo del enemigo provocó una ~ entre la población.* 敵の空襲で住民が大量に殺戮された. *La batalla fue una auténtica ~.* その戦いはまさに大量殺戮であった. 類**hecatombe, masacre, matanza**. ❸ (出血を伴う)損傷, 下手な手術, 荒療治. 類**herida, lesión**. ❹《話》大量の落第; 大量処分. *— El catedrático de latín ha hecho una ~ este año.* ラテン語の教授は今年大量に落とした. 類**degollina, escabechina, sarracina**. ❺〖エクアドル〗屠殺場 (=matadero).

carnicero, **ra** [karniθéro, ra] 形 ❶〖動物〗肉食(性)の. *—animal ~* 肉食動物. *ave cárnicera* 猛禽(穀誉) 類**carnívoro**. ❷《話》(人が)肉好きな. ❸《話》残酷な, 血に飢えた. 類**cruel, inhumano, sanguinario**.

—— 名 ❶ 肉屋, 肉を売る人. ❷《話》残虐な人. *— El crimen es obra de un ~.* その犯罪は残虐非道な者の仕業だ. ❸《軽蔑》へたな外科医.

—— 男〖主に 複〗〖動物〗肉食動物, 肉食類 (=carnívoros).

cárnico, **ca** [kárniko, ka] 形 食肉の. *— industrias cárnicas* 食肉産業. *productos* [*preparados*] *~s* 肉製品.

carnicol [karnikól] 男 ❶ 蹄($\frac{v}{co}$). 類**pesuño**. ❷《ゲーム》お手玉遊びに使う羊の距骨. 類**taba**.

carnívora [karníβora] 女 →carnívoro.

carnívoro, **ra** [karníβoro, ra] 形 ❶〖動物〗(が)肉食(性)の. *— El leopardo es un animal ~.* ヒョウは肉食動物だ. 類**carnicero**. ❷〖植物〗(食虫(性)の. *—planta carnívora* 食虫植物. ❸ 肉好きな; 食欲旺盛な. *—apetito ~* ものすごい食欲.

—— 男〖主に 複〗〖動物〗肉食動物, 肉食類.

—— 女〖植物〗食虫植物.

carniza [karníθa] 女《話》❶ 食肉の廃物[くず]. ❷ 腐敗した肉.

carnosidad [karnosiðá(ð)] 女 ❶〖医学〗(傷口にできる)肉芽. ❷ ぜい肉. ❸ 肥満.

gordura.

carnoso, sa [karnóso, sa] 形 ❶ 肉の, 肉質の. ❷ 肉付のよい. 太った. —labios ~s 分厚い唇. parte carnosa de la pierna ふくらはぎ(=pantorrilla). ❸ 〖植物〗果肉の多い, 多肉質の. —fruta ~ 果肉の多い果物. planta carnosa 多肉植物.

carnudo, da [karnúðo, ða] 形 肉付のいい, 果肉の多い. 類 carnoso, pulposo.

*__caro, ra__ [káro, ra カロ, ラ] 形 ❶ (値段の)高い, 高価な; 費用のかかる. —coche ~ 高い車. Este reloj [hotel] es muy ~. この時計[ホテル]はとても高い. Los pisos están ~s. マンションの値段が高くなっている. Este vestido me ha resultado carísimo. このドレスは非常に高くついた. Tokio es una de las ciudades más caras del mundo. 東京は世界で生活費の物価が高い都市である. Está muy cara la vida en Nueva York. ニューヨークでは生活費が高くつく. 類 alto, costoso. 反 barato. ❷ 親愛な, 愛する(人); 大切な(物・事). —~s recuerdos 大切な思い出. ¡Mi ~ amigo! 親愛なる友よ. 類 amado, apreciado, querido.

—— 副 〖comprar, vender, costar などの動詞とともに目的語なしで〗(値段が)高く, 高価に. —En este almacén venden ~. このデパートは値段が高い.

costar [salir] caro 高くつく. Su descuido le costó ~. 彼の不注意は高いものについた.

—— 男 〖中南米〗〖料理〗カニの腹子とキャッサバ澱粉で作る料理.

Carolina [karolína] 固名 〖女性名〗カロリーナ.

Carolinas [karolínas] 固名 (Islas ~) カロリン諸島.

carolingio, gia [karolíŋxjo, xja] 形 〖歴史〗カール大帝〖シャルルマーニュ〗(Carlomagno)の, カロリング王朝の. —dinastía carolingia カロリング朝 (751-987).

—— 男 複 (los ~s) カロリング王家.

Caroní [karoní] 固名 (el Río ~) カロニー川(ベネズエラの河川).

carota [karóta] 男女 〖比喩, 話〗厚顔無恥な人, 図々しい人. 類 caradura, desvergonzado.

carótida [karótiða] 形 〖解剖〗頸(けい)動脈(の). —arteria ~ 頸動脈.

carozo [karóθo] 男 ❶ (トウモロコシの)穂軸. 類 zuro. ❷ (ブタの餌になる)すりつぶしたオリーブの種. ❸ 〖中南米〗(果物の)芯, 種. 類 corazón, hueso.

carpa[1] [kárpa] 女 〖魚類〗コイ.

carpa[2] [kárpa] 女 ブドウの房.

carpa[3] [kárpa] 女 ❶ (サーカスなどの)テント. —levantar [montar, armar, instalar] la ~ del circo サーカスのテントを張る. ❷ 〖中南米〗(キャンプ用の)テント張りの)露店, 屋台. ❸ 〖中南米〗(キャンプ用の)テント(=tienda de campaña).

carpanel [karpanél] 形 〖建築〗アーチが三心の. —arco ~ 三心アーチ.

carpanta [karpánta] 女 ❶ 〖話〗激しい空腹感. —tener ~ おなかがぺこぺこである. ❷ 〖中南米〗ごろつき集団, 騒々しい連中. ❸ 〖サラマンカ〗怠惰, ものぐさ.

—— 男女 〖話〗がつがつ食べる人, 腹ぺこの人.

carpelo [karpélo] 男 〖植物〗めしべの一部をなす花弁.

Carpentier [karpentjér] 固名 カルペンティ(-) エル(アレーホ Alejo ~)(1904-80, キューバの小説家).

carpeta [karpéta] 〖<仏<英 carpet〗女 ❶ 文書ばさみ, フォルダー, ポートフォリオ; 〖情報〗フォルダー. —Sacó una ~ de piel atestada de documentos. 彼は文書の詰まった革製のポートフォリオを取り出した. cerrar ~ 〖情報〗フォルダーを閉じる. ❷ ブリーフケース, 書類かばん. 類 cartera. ❸ テーブル掛け. ❹ 〖商業〗(有価証券, 公債などの)証票. ❺ 〖アラゴン〗封筒. ❻ 〈古〉居酒屋の入口に掛けられたカーテン. ❼ 〖中南米〗ゲーム用テーブルの上に置かれた緑色のテーブル掛け. ❽ 〖中南米〗〖比喩〗(人との交際における)巧みさ, 器用さ. ❾ 〖比喩〗特に冬に行われるベッドの中で足を伸ばせないようにシーツを二つ折りにするいたずら.

cerrar la carpeta 〖比喩〗調査を終える[打ち切る].

carpetazo [karpetáθo] 男 〖次の成句で〗 dar carpetazo a ... 〖比喩〗を打ち切る[中止する].

carpetovetónico, ca [karpetoβetóniko, ka] 形 〖話〗(スペイン人が)国粋主義的な.

—— 名 〖話〗国粋主義的なスペイン人, 心底スペイン気質の人.

carpiano, na [karpjáno, na] 形 〖解剖〗手根(しゅこん)(骨)の.

carpincho [karpíntʃo] 男 〖中南米〗〖動物〗カピバラ, ミズブタ. 類 capibara.

carpintear [karpinteár] 自 (職業・趣味として)大工仕事をする.

*__carpintería__ [karpintería] 女 ❶ 大工仕事, 大工職. —trabajo [herramientas] de ~ 大工仕事[道具]. 類 ebanistería, marquetería. ❷ 大工の仕事場(=taller de ~). ❸ 〖集合的〗(建物の)木造部分(窓枠・戸の枠・床・家具など全体). —La ~ de esta casa es de primera. この家の木造部分は最高にすばらしい. 類 enmaderado, maderamen.

carpintería metálica (木造代わりの)金属部分[建具]. El inmueble tiene carpintería metálica en balcones y ventanas. その家はバルコニーと窓枠に金属を使っている.

*__carpintero, ra__ [karpintéro, ra] 名 ❶ 大工 (=~ de armar [de obra de afuera]). —~ de carretas [de prieto] 車大工. ~ de ribera [de buque] 船大工. banco de ~ 作業台, 仕事台. ❷ 建具屋, 指物(さしもの)師 (=~ de blanco). —~ de cámara 客船の指物師. Trabaja de ~ en una fábrica de muebles. 彼は家具工場で家具職人として働いている. 類 ebanista. ❸ 〖中南米〗うるさい人.

—— 形 大工の. —pájaro [pico] ~ 〖鳥類〗キツツキ. abeja carpintera 〖虫類〗クマバチ(熊蜂). hormiga carpintera 〖虫類〗オオアリ(大蟻). polilla carpintera 〖虫類〗ボクトウガ科のガの一種.

—— 男 〖鳥類〗キツツキ(啄木鳥)(=picamaderos, pico).

carpo [kárpo] 男 〖解剖〗手根(しゅこん)(骨), 手首の骨.

carraca[1] [kařáka] 女 ❶ 〖歴史, 海事〗カラック船(イタリア人の考案した 2000 トン級の木造大型商船). ❷ 〖軽蔑〗古くて遅い船. ❸ 〖話, 軽蔑〗が

340 carraca²

らくた, ぽんこつ. ―Tu coche es [está hecho] una ~. 君の車はぽんこつだ. 類**cacharro, cascajo, trasto**. ❹《比喩》老いぼれ, 病弱な人. ―ser [estar hecho] una ~ 老いぼれている, 病弱である. 類**carcamal, cataplasma, vejestorio**. ❺《固有名詞》(現在ではカディス(Cádiz)の造船所の固有名詞: La C~).

estar como una carraca 頭がおかしい.

carraca² [karáka] 囡 ❶《音楽, 玩具》(聖週間の暗闇の聖務(テネブレ)や試合の応援などに使う)がらがら. 類**matraca**. ❷《機械》(歯車の)歯止め. 類**trinquete**. ❸《機械》ハンドドリル. 類**berbiquí**. ❹《中南米》(動物・人間の)顎骨(ガっ). ❺《鳥類》(スペインでよく見られる)ニシブッポウソウ.

carraco [karáko] 男 ❶《中南米》《鳥類》❶ヒメコンドル. 類**aura**. ❷ 真鴨の一種.

carrada [karáða] 囡 ❶ 荷車1台分の積荷. 類**carretada**. ❷ 俗《話》たくさん, 大量. ―a ~s どっさりと, 大量に.

carral [karál] 男 (ブドウ酒運搬用の)樽(鋤). 類**barril, tonel**.

carraleja [karaléxa] 囡 《虫類》ツチハンミョウ(属).

Carranza [karánθa] 固名 カランサ(ベヌスティアーノ Venustiano ~)(1859-1920, メキシコ大統領, 在任 1917-20).

carrasca [karáska] 囡 ❶《植物》ケルメスナラ. ❷『プラパ』麻を梳(ズ)いた後の残りかす. ❸『中南米』《音楽》1本の弦を細い棒でこすって音を出す民族楽器.

carrascal [karaskál] 男 ❶ ケルメスナラの森. ❷《中南米》石の多い土地. 類**pedregal**.

carraspear [karaspeár] 自 ❶ 咳(麴)払いをする. ―*Carraspeó ligeramente antes de empezar el discurso*. 彼は演説をする前に軽く咳払いをした. 類**toser**. ❷ 声がかすれる; 喉がいがらっぽい.

carraspeo [karaspéo] 男 ❶ 咳(麴)払い. ❷ 声のかすれ; 喉のいがらっぽさ.

carraspera [karaspéra] 囡 ❶《話》喉のいがらっぽさ. ―tener ~ 喉がいがらっぽい. ❷ 咳(麴)払い. 類**carraspeo**.

carraspique [karaspíke] 男《植物》グンバイナズナ.

carrasposo, sa [karaspóso, sa] 形 ❶《慢性的に》声がかすれた; よく咳(麴)払いをする. ❷《中南米》手触りが粗い, ざらざらした. ―― 名《慢性的に》声のかすれた人; よく咳払いをする人.

carrera [karéra] 囡 ❶《スポーツ》競走, レース. ―En la clase de gimnasia, para ver quién corre más rápido, hacemos ~s en la pista. 私たちは誰が一番足が速いか知るために体育の授業で競走をする. Participó en la ~ de cien metros lisos y quedó el segundo. 彼は100メートル走に出て, 2位になった. Fui con mi tío al hipódromo a ver las ~s de caballos. 私は競馬を見におじさんと競馬場へ行った. ~ ciclista [de bicicletas] 自転車競技, サイクリング(→ velódromo「競輪場, 自転車競技場」). ~ de motocicletas [de motos](→ motocrós「モトクロス」). オートレース. circuito de ~s サーキット(コース). ~ automovilísticas [de automóviles, de coches] カーレース. ~ contra reloj タイムレース. ~ pedestre [a pie] 競歩. ~ de campo a través/~ a campo traviesa [través] クロスカントリー. ~ de consolación 敗者[慰安]戦, コンソレーション. ~ de fondo 長距離走, 耐久レース. ~ de galgos ドッグレース. ~ de medio fondo 中距離走. ~ de maratón マラソン競走. ~ de natación 競泳. ~ de obstáculos 障害物競走; 競馬障害レース; (乗り越えなければならない)困難の連続, 一連の問題. ~ de relevos [de postas] リレー競走. ~ de resistencia 耐久レース(→ triatlón「トライアスロン」). ~ de sacos 袋競走(袋に足を入れて跳びながら進む競走). ~ de tres pies 二人三脚. ~ de trotones 繁駕(") 速歩競馬. ~ de vallas ハードル走. ~ de velocidad [de distancia corta] 短距離走. 類competición**.

❷ 走ること. ―*Voy de una ~ al colegio porque llego tarde*. 私は遅刻するので学校へ走って行く. 類**corrida**.

❸ (仕事などで)急ぐこと. ―*No era necesario que te dieras esa ~ para terminarlo*. 君はそれを終えるのにそんなに急ぐ必要はなかった.

❹ (走ったり歩いたりする時の)ペース, 歩度. ―*Caminó rápido hasta su casa, sin aflojar la ~ ni un instante*. 彼はいっときも歩度を緩めないで家まで早足で歩いた. 類**paso**.

❺ 競争. ―~ de armamento(s)/~ armamentista [armamentística] 軍拡競争. ~ espacial 宇宙開発競争. *Los laboratorios se han embarcado en una ~ para descubrir la vacuna contra el sida*. それらの研究所はエイズワクチンの発見競争に着手した.

❻ (専門職の)経歴, 履歴, キャリア. ―*mujer de ~* キャリアウーマン. ~ *diplomática [militar]* 外交官[軍人]としてのキャリア. ~ *docente* 教員としてのキャリア, 教歴. *tener una ~* キャリアの持ち主である. *no tener ~* 学歴がない. *tener una ~ brillante* 輝かしい経歴を持つ. *Su ~ profesional ha tenido una trayectoria muy brillante*. 彼の職歴は非常に華やかなものだった. 類**trayectoria**.

❼ (生涯たどるべき)職業, 道, 人生, 生涯. ―*elección de ~* 職業の選択. ~ *liberal* 自由業. *abandonar [dejar] su ~ de actriz*. 女優をやめる. *elegir la ~ de las armas*. 職業軍人の道を選ぶ. *iniciar su ~* 開業する, デビューする. *seguir la ~ de médico*. 医者の道を進む. *La actriz se retiró en el mejor momento de su ~*. その女優は女優生活の全盛期に引退した. 類**empleo, profesión**.

❽ (大学の)専門課程, 学業. ―*técnica* 専門課程. ~ *de ingeniero* 技術者養成課程. ~ *diplomática* 外交官養成課程; 外交官の職歴. ~ *media [superior]* 3年[5年]制の大学課程. *premio extraordinario fin de ~* 大学卒業生の優等賞. *acabar la ~ universitaria* 大学の課程を終える, 大学を卒業する. *dejar la ~ a medias* 大学を中退する. *sufragar la ~* 学費[学費]を出す. *Cuando termine la ~ piensa colocarse de profesora*. 彼女は大学を卒業したら教職に就くつもりだ. *Cursa la ~ de derecho*. 彼は法律のコースを履修している. 類**estudio, licenciatura**.

❾ (タクシー・行列などの)経路, 行程, ルート, 道筋. ―*vigilar la ~ de la comitiva* 行列の道筋を警備する. *pagar la ~ del taxi* タクシー料金を払う. *Discutía con el taxista sobre el importe de*

la ～. 彼はタクシー運転手と走行料金のことで口論していた. 類**circuito, itinerario, recorrido, trayecto.**
❿《天文》軌道, 運行. ―― del Sol 太陽の軌道. 類**órbita.**
⓫《機械》(ピストンなどの)ストローク, 一突き, 行程. ～ de émbolo ピストンストローク. ～ de admisión [de aspiración] 吸入ストローク. ～ de compresión 圧縮ストローク. ～ de escape [de evacuación] 排気ストローク. ～ ascendente [descendente] 上昇[下降]行程ストローク. ⓬《ストッキングの》伝線. ―Llevas [Tienes] una ～ en la media. 君のストッキングが伝線している. 類**carrerilla.** ⓭《固有名詞として》道. ―El congreso de los diputados se halla en la ～ de San Jerónimo de Madrid. 下院はマドリードのサン・ヘロニモ通りにある. 類**camino.** ⓮ 1列に並んだもの; 一連の出来事[行動]. ―― de árboles 並木. El debate político se convirtió en una ～ de insultos y descalificaciones. 政治討論がのの しり合いと信用の傷つけ合いになった. 類**fila.** ⓯ (髪の)分け目 (=raya). ⓰《建築》梁(はり), 根太. ⓱《野球》ホームベースを踏むこと, 得点.
abrir carrera (競技で)ペースメーカーとなる.
a la(s) carrera(s)/a carrera tendida/a toda carrera 大急ぎで, フルスピードで, 走って(→en una carrera). Un ratero se llevó mi cartera y huyó *a la carrera.* スリが私の財布を奪い, 走って逃げた. Tendremos que aprender los verbos *a la carrera* porque nos van a hacer un examen. 私たちは試験があるので, 大急ぎで動詞を覚えなければならない.
con carrera 大学出の. Los asistentes al congreso eran todos gente *con carrera.* 学会出席者は全員が大学出だった.
cubrir la carrera (沿道に配置され軍隊・監視員が)パレード[行列]の道路を警備する.
dar (la) carrera a ... (人)に学資を出してやる, (人)に教育を授ける. Sus padres no pudieron *darle carrera* y le pusieron a trabajar a los quince años. 彼の両親は彼の学費が出せず, 15歳で彼を働かせた. A pesar de su pobre sueldo, *ha dado carrera a* sus cinco hijos. 彼は少ない給料にもかかわらず5人の子供の学資を出してやった.
darse una carrera 必死に走る, 急ぐ. Se dio una buena *carrera* para alcanzar el autobús. 彼はバスに間に合うように必死に走った. Me di una *carrera* para acabar el trabajo, pero no pude. 私は急いで仕事を終えようとしたが, だめだった.
de carrera (1) 暗記して, そらんじて, すらすらと; 無思慮に. recitar *de carrera* すらすらと暗誦する. aprenderse los apuntes *de carrera* ノートを暗記する. (2) 職業的な, 本職の. militar *de carrera* 職業軍人. diplomático *de carrera* 生粋[生え抜き]の外交官. mujer *de carrera* キャリアウーマン.
de carreras 競走用の. caballo [coche] *de carreras* 競走馬[レーシングカー]. piloto *de carreras* レーサー.
de mucha carrera 高学歴の.
de una carrera 走って, すぐに. Si necesitas pan, voy a comprarlo *de una carrera.* パンが必要なら, 一っ走り買いに行ってきます.
echar(se) una carrera ひと走りする, 急ぐ; 競走する.

en una carrera 走って, 大急ぎで, すぐに; あっという間に. ir *en una carrera* 走って行く. *En una carrera* llega enseguida a la tienda. 走って行けばすぐ店に着きます.
entrar en una carrera 競争する, 争う.
hacer carrera (1)《話》成功する, 出世する, 昇進する. *Hizo carrera* como abogado y ahora tiene una enorme cartera de clientes. 彼は弁護士として成功し, 今では大変いいお得意様を持っている. (2)《中南米》広まる, 知られる. El rumor de la dimisión del presidente *hizo carrera* entre los magistrados. 大統領辞任の噂は行政官の間に広まった.
hacer la carrera (1)『+de/en》(科目を)大学で学ぶ. Está *haciendo la carrera* de Derecho. 彼は大学で法律学を学んでいる. (2) (娼婦が)通りで客を引く, 売春する (=echarse a la vida). Las circunstancias de la vida la obligaron a *hacer la carrera.* 彼女は生活上の都合で売春せざるを得なかった.
hacer su carrera 《+en》(…で)キャリアを積む. *Hizo su carrera en* el cuerpo diplomático. 彼は外交団でキャリアを積んだ.
no poder [no lograr] hacer carrera con [de] ... 《話》(教育のことで)(人)が手に負えない, 持て余す, 思うようにならない. Por mucho que sus padres le dicen que estudie, *no pueden hacer carrera de* él. 両親が彼に勉強するようにいくら言っても, 手に負えない.
pegarse una carrera →darse una carrera.
ser una carrera de lobos (職業・仕事が)苛酷な競争である.
tomar [coger] carrera (跳躍前に)助走する; 心の準備をする.

carrerilla [kařeríja] 囡 ❶ 短い走り, 一走り; 《スポーツ》助走. ―echar una ～ 一走りする. ❷《音楽》ルラード:1オクターブの上昇[下降]の急速な装飾的パッセージ. ❸ (舞踊) 一方に身を傾けながら前方へ短く2歩進むこと.
aprender [saberse] ... de carrerilla を丸暗記する.
de carrerilla 《話》丸[棒]暗記で; すらすらとよどみなく. recitar *de carrerilla* すらすらと[そらで]朗読する.
decir de carrerilla すらすらと言う.
hacer ... de [una] carrerilla を一気に行なう.
tomar [coger] carrerilla (1) (跳躍前などに)助走する. (2) とても急いでする. (3) 熱心である, 熱意がある.

carrerista [kařerísta] 男女 ❶ 立身出世主義者. ❷ レーサー, 競走選手; 競輪[競馬]選手. ❸ 競輪[競馬]ファン.
―― 男 かつて王室の馬車の前を走っていた馬丁.

carrero [kařéro] 男 ❶ 車引き, 荷(馬)車引き. 類**carretero.** ❷ 車大工. 類**carretero.** ❸ 〖アストゥリアス〗わだち; 船跡.

carreta [kařéta] 囡 (二輪の)荷車, 荷馬車. ―― ～ de bueyes 牛車. ～ de mano 手押し車.
andar como una carreta de bueyes のろのろと進む.
tren carreta 《話》(速度の遅い)鈍行列車.

carretada [kařetáða] 囡 ❶ 荷車1台分の荷

物. —tres ~s de paja 荷車 3 台分の藁(ﾜﾗ). ❷《比喩, 話》大量, たくさん. —Tiene ~s de discos. 彼はレコードをたくさん持っている.

a carretadas《比喩, 話》大量に, 豊富に. Había vino y comida *a carretadas*. ワインと食べ物が豊富にあった.

carrete [kařéte] 男 ❶ フィルム, ロール・フィルム, フィルムの巻き筒. —Deja de hacer fotos, que ya has tirado tres ~s. 写真を撮るのをやめて, もうフィルムを 3 つも使ったのだから. 類 **rollo**. ❷ 糸車, 糸巻き, ボビン. —Necesito dos carretes de hilo blanco. 私は白糸が二巻必要だ. 類 **bobina, canilla**. ❸（釣り用の）リール. —dar ~（釣り針にかかった魚が糸を切らないように）釣り糸をのばす. ❹《電機》コイル, 線輪.

dar carrete a ... 《比喩, 話》…の要請をぐずぐずと引き延ばす[延期する].

carretear[1] [kařeteár] 他 ❶ 荷車で運ぶ. ❷（荷車を引く）.

— se 再（荷車を引く時に牛・馬・ラバが）体を前傾させる.

carretear[2] [kařeteár] 自《中南米》（若いオウム・インコが）甲高い声で鳴く.

carretel [kařetél] 男 ❶《海事》（測程器のケーブルなどを巻き揚げる）ウィンチ, 巻き揚げ機. ❷《中南米》糸巻き, ボビン, 糸車;（釣り用の）リール. — ~ de hilo 糸巻き. 類 **carrete**.

carretela [kařetéla] 女 ❶ 4 人乗りの折畳み幌(ﾎﾛ)馬車. ❷《中南米》乗合馬車[バス];（二輪の）荷車.

‡**carretera** [kařetéra] 女（自動車専用）道路, 車道, 街道;（都市間を結ぶ）幹線道路, ハイウェイ. —mapa [red] de ~ 道路地図[網]. ~ nacional 国道. ~ general [principal] 幹線道路, 国道. ~ secundaria [comarcal, provincial] 二級道路, 県道. ~ vecinal 市道. ~ radiante [radial] 放射(状)道路. ~ de dos carriles 片側 2 車線の道路. ~ de doble calzada（中央分離帯で分けた）高速道路. ~ militar 軍用道路. ~ cerrada 閉鎖された道路. ~ de cuota 有料道路. ~ de acceso [de empalme, de enlace]（高速道路などの）連絡道路. estrechamiento de ~（道路標識）道幅狭し. C~ Panamericana [Interamericana] パンアメリカンハイウェイ. ~ de circunvalación/~ circunvalar [コロンビア] 環状道路, バイパス. carrera en ~ ロードレース. La ~ está cortada por obras. 道路は工事で通行止めになっている. Hay un gran atasco en la ~ de Burgos. ブルゴス街道は交通が大変渋滞している. La red vial está formada por autopistas, autovías y ~s nacionales, regionales y comarcales. 道路網は高速道路, 幹線道路, 国道, 地方道と県道から成る. 類 **camino**.

luz de carretera (=luz larga)《自動車》ハイビーム.

por carretera 道路輸送によって, 車で, 陸路で. transporte *por carretera* 道路輸送. enviar mercancías *por carretera* 商品を道路輸送する. Fuimos *por carretera*. 私たちは車で行った.

carretería [kařetería] 女 ❶ 車大工の仕事場; 車大工町. ❷〖集合的で〗二輪の荷車. ❸〖職業としての〗荷車引き; 荷車で運ぶこと. ❹《古》（野外の）荷車置場. ❺ 荷車引きなどが踊った 17 世紀の大衆舞踊.

carretero, ra [kařetéro, ra] 形 ❶ 車の, 荷車の. —camino — 車道. ❷《中南米》道路の. — mapa — 道路地図.

— 男 ❶（荷）車大工. ❷ 馬車引き, 荷車引き. 類 **carrero**. ❸《比喩》乱暴な話し方をする人.

hablar [*jurar, blasfemar, maldecir*] *como un carretero*《話》口汚くのゝる.

fumar [*beber*] *como un carretero*《話》ヘビースモーカー[大酒飲み]である.

carretilla [kařetíja] 女 ❶（一輪の）手押し車, ねこ(車), 一輪車;（小型）運搬車, 台車. — ~ elevadora フォークリフト. — eléctrica 電動運搬車. ❷（幼児の）歩行器. ❸《料理》（歯車のついた）パイカッター; エンパナーダ (empanada) の縁を切り落としたり, パン・パイに縁飾りを施す器具. 類 **pintadera**. ❹ ねずみ花火. ❺《中南米》顎(ｱｺﾞ), 下顎. ❻《中南米》ショッピングカート.

de carretilla《比喩, 話》丸暗記して, そらで, すらすらと; 習慣で. decir [*saber*] *de carretilla* そらんじて言う[暗記している]. 類 **de carrerilla, de corrido, de memoria**.

carretón[1] [kařetón] 男 ❶ 小型の荷車, 台車, 手押し車. ❷（研ぎ師の）砥石(ｲﾄ)車. ❸（幼児の）歩行器. ❹《鉄道》ボギー車（=bogie）.

carretón de lámpara 教会の明かりを上げ下げするための滑車.

carricoche [kařikótʃe] 男 ❶《話, 軽蔑》おんぼろ(ぽんこつ)車. ❷ 幌(ﾎﾛ)馬車.

carricuba [kařikúβa] 女 散水車; タンクローリー.

carril [kaříl] 男 ❶（道路の）車線, レーン. — ~ derecho [de la derecha] 右車線. autopista de tres ~es 片側 3 車線の高速道路. cambio de ~ 車線変更. ~ bus [(de) taxi] バス[タクシー]専用レーン. ~ bici [de bicicletas] 自転車専用レーン. ~ de aceleración [de(sa)celeración]（高速道路の）加速[減速]車線. ~ de adelantamiento 追い越し車線. ❷ 轍(ﾜﾀﾞﾁ). 類 **huella, rodada, rodera**. ❸《鉄道》レール, 線路. — salirse de los ~es 脱線する. 類 **raíl, riel, vía**. ❹（引き戸・扉・カーテンなどの）溝, レール;《農業》畦(ｳﾈ)でつけた溝, あぜ溝. ❺（車用の）細道, 小道. ❻《中南米》《話》鉄道, 電車.

carrilano [kařiláno] 男《中南米》❶ 鉄道員. ❷ 泥棒, 盗賊, あぼれ者.

carrilera[1] [kařiléra] 女 ❶ 轍(ﾜﾀﾞﾁ). 類 **carril**. ❷《中南米》《鉄道》線路; 待避線.

carrilero, ra[2] [kařiléro, ra] 名 ❶《サッカー》ウィング. ❷ 季節労働者. ❸《中南米》路上生活者, 浮浪者; 詐欺師.

carrillada [kařijáða] 女 ❶ 豚の両頬(ﾎｵ)の脂肪. ❷〖主に複〗（寒さ・恐怖で）歯をがちがちいわせる震え.

carrillera [kařijéra] 女 ❶（動物の）顎(ｱｺﾞ), 顎骨. ❷（軍帽などの）顎ひも.

carrillo [kařijo] 男 ❶ 頬(ﾎｵ)（頬骨から下顎(ｱｺﾞ)までの肉のついた柔らかい部分）. 類 **mejilla**. ❷《技術》ベルト車, 滑車. ❸（店や駅などにある）カート, 手押し車; 運搬用三輪車.

carrillos de monja boba [*de trompetero*]《話》とても膨れた頬.

comer [*masticar*] *a dos carrillos* (1)《話》急いでがつがつ食べる. (2) もうかる仕事をいくつも掛け持ちする. (3) 対立する双方から甘い汁を吸う.

carrilludo, da [kaṛijúðo, ða] 形 (人が)頬(ᵘ)のふっくらした. 類 **cachetudo, mofletudo**.

carriola [kaṛjóla] 女 ❶ キャスター付きの低いベッド. ❷ (装飾を施した豪華な王族散歩用の)三輪馬車.

carrito [kaṛíto] 男 ❶ ワゴン・テーブル. ❷ (空港・駅・スーパーマーケットなどで使う)カート, 買い物用ワゴン, ショッピングカート(＝~ de la compra).

carrizal [kaṛiθál] 男 葦(ᵃ)原.

carrizo [kaṛíθo] 男 ❶ 【植物】アシ, ヨシ(葦). 類 **caña**. ❷ 【中南米】【植物】(茎に甘い液が流れている)ベネズエラ産のイネ科の植物.

‡**carro** [káṛo] 男 ❶ (主に二輪の)荷車, 馬車, 車. —~ de caballos [de bueyes] 馬[牛]車. ~ alegórico (祭りなどの)山車. ~ cuba タンクローリー, 給水車, 散水車. ~ fuerte 石材運搬車. ~ de grúa クレーン車. ❷ 【縮小辞のついた carrito の形でよく使われる】(空港・駅・スーパーなどで使う)カート, 荷物運搬車, 手押し車. —~ de la compra ショッピングカート. ~ de estación [de aeropuerto] 駅[空港]のカート. ~ cama 移動式ベッド. ~ camarera con ruedas 車輪付き給仕ワゴン. ~ eléctrico (空港などの)電動運搬台車. ~ transbordador (鉄道)遷車台. ❸ (荷車・馬車などの)積み荷. —dos ~s de naranjas 車二台分のオレンジ. un ~ de hierba [de heno] 車一台分の草[干し草]. De este campo hemos sacado diez ~s de uvas. 私たちはこの畑からブドウ馬車十台分生産した. ❹ 〖軍事〗タンク, 戦車; (古代の)二輪戦車[馬車]. —~ blindado 装甲車. ~ de combate 戦車. ~ de asalto 大型戦車. ~ anfibio 水陸両用戦車. ~ de guerra (古代の)二輪戦車[馬車]. ~ falcado (古代の)戦車. 類 **tanque**. ❺ 〖機械〗(タイプライター・旋盤などの)キャリッジ(文字送り台), 移動台, 〖印刷〗版床, 版台. —~ de un torno 旋盤の往復台[スライド]. ~ de la prensa [de impresión] (印刷機の)版台, 版床. ~ de bancada (旋盤の)往復台, サドル. ❻ 〖天文〗C~ Mayor [de David] 大熊座(＝Osa Mayor). ~ Menor 子熊座(＝Osa Menor). ❼ 【中南米】(一般に)車, 自動車; 市電; 貨車. —~ sport スポーツカー. ~ colectivo 乗合バス[タクシー]. ~ correo 郵便車. ~ urbano 市街電車. ~ comedor【メキシコ】食堂車. ~ bomba【メキシコ】車爆弾. ~ de bomberos【アンデス,メキシコ】消防車. ~ dormitorio【メキシコ】寝台車. ~ lanzaagua【アルゼンチン】放水砲(デモ隊を散らすのに使われる). ~ libre【ベネズエラ】タクシー. ~ loco【チリ】バンパーカー. ~ pirata【ベネズエラ】白タク. ~ por puesto【ベネズエラ】ミニバス. 類 **automóvil, coche**.

aguantar [pasar, tragar] carros y carretas 《話》(不愉快・無礼なこと)を我慢する, じっと耐え忍ぶ.

apearse [bajarse] del carro 自分の誤りを認める, 納得する.

arrimarse al carro del que manda 強い方につく.

carro de ojo 《織物》玉虫ラシャ.

carro triunfal (1) (古代ローマの)凱旋兵車. (2) (パレード用の)花車, 山車.

cogerle a ... el carro (人)にやっかいなこと起こる.

empujar el carro (事がうまく運ぶように)後押しする, 骨折る.

carta 343

para parar un carro〖haber/tener＋〗たくさん, 豊富に. Mi tío *tiene* dinero *para parar un carro*. 私の伯父はあり余るほど金を持っている.

parar el carro《話》(通例, 命令形で)怒りで[不穏当な言動]を抑える, 冷静になる, 黙る. Oye, *para el carro*, que eso no es verdad. ねえ, 冷静になってよ! そんなこと嘘なんだからさ.

pararle el carro a ...

poner el carro delante de las mulas [de los bueyes] 順序が逆のことをする, 本末を転倒する.

subirse al carro《話》うまくいきそうなことに協力する.

tirar del carro (1) 荷車を引く. (2)《話》先頭に立ってやる, とりわけ努力する, 一番つらい仕事を引き受ける.

tirar un carro【南米】借金する.

untar el carro a ... (人)を買収する, 賄賂を贈る.

carrocería [kaṛoθería] 女 ❶ (車・列車の)車体, ボディ. ❷ 車[馬車]の製造所[修理場, 販売所].

carrocero, ra [kaṛoθéro, ra] 名 ❶ 車(体)製造[修理]業者. ❷ (馬車の)御者. 類 **cochero**. ❸ 板金工. 類 **chapista**.
—— 形 豪華四輪馬車の.

carrocha [kaṛótʃa] 女 〖集合的に〗(油虫などの)昆虫の卵.

carromato [kaṛomáto] 男 ❶ 大型の幌(ᵐ)馬車. ❷ 〖軽蔑〗大型で乗り心地の悪いぼんこつ車.

carroña¹ [kaṛóɲa] 女 ❶ (死んで放置された動物の)腐肉, 死肉. —Las hienas se alimentan de ~. ハイエナは腐肉を食べる. ❷【主に軽蔑的に】卑劣で軽蔑すべき人[物・行為・考え]. —Tus vecinos son ~. 君の隣人は卑劣で軽蔑すべき人たちだ.

carroño, ña² [kaṛóɲo, ɲa] 形 腐った, 腐敗した.

carroza [kaṛóθa] 女 ❶ 豪華な大型四輪馬車, 儀典用馬車. ❷ (祭り・パレード用に飾った)山車(ᵈ). ❸【中南米】霊柩車.

carroza fúnebre 霊柩車.
—— 形 男女 《話》(考え方や趣味が)年寄りじみた(人), 古くさい(人).

carruaje [kaṛuáxe] 男 馬車, 車, 乗り物, 車両.

carrusel [kaṛuṣél] 男 ❶ 騎馬隊のパレード. ❷ メリーゴーラウンド, 回転木馬[遊戯]. 類 **caballitos, tiovivo**. ❸ 《比喩》華やかな公演[ショー].

‡‡**carta** [kárta カルタ] 女 ❶ 手紙, 書状, 書簡. —escribir [dirigir] una ~ a ... (人)に手紙を書く[出す]. echar una ~ al [en el] buzón 手紙を投函する. franquear [sellar] una ~ 手紙に切手を貼る[封をする]. papel de ~s/papel tamaño ~ 便箋. escribir una ~ de recomendación para él 彼に推薦状を書いてあげる. Te daré una ~ de presentación para el director gerente. 君に専務取締役への紹介状をあげるよ. ~ sin remite 差出人不明の手紙. ~ adjunta 添え状. ~ aérea [por avión] 航空郵便. ~ amorosa [de amor] ラブレター, 恋文. ~ comercial 商業通信文. ~ circular 回状, 回覧状. ~ confidencial 親展. ~ de agradecimiento 礼状. ~ de condolencia [de pésame] お悔み状. ~ mortuaria 死亡通知状. ~ privada 私信, 親展書. ~ de renuncia 辞表. ~

344 cartabón

urgente [certificada] 速達[書留]の手紙. ~ viva メッセンジャー. ~s de los lectores al director [a la dirección] 投書欄. ~ postal 〖中南米〗郵便葉書. 【類】**circular, epístola, escrito, mensaje, misiva**.

❷ (公式の)書状, 証書, …状. ── de crédito 《商業》(銀行などの)信任状(英語 L/C). ~ de amparo [de seguro, de encomienda] (特に軍が発行する)旅行免状, 通行券. ~ de embarque 搭乗券. ~ de garantía 《海事》荷物引取り保証状. ~ de origen 血統書. ~ partida por ABC 合い札. ~ de residencia 居住許可書. ~ de despido 解雇状. ~ de trabajo (外国人の)労働許可証. ~ de fletamento 《海事》用船契約書. ~ de contramarca 《海事》報復の拿捕認可書. ~ de marca 《海事》私掠許可状, 敵産捕獲認可状. ~ verde グリーンカード, 国際自動車旅行保険証. ~ de guía 通行許可書. ~ de intenciones 《商業》取引照会状. ~ de pago 受領証, レシート. ~ de pedido 《商業》注文書[票]. ~ de porte 《商業》貨物輸送状, 貨物引換証. ~ de solicitud 願書, 申込書, 申請書. ~ de venta 《商業》売渡し証書, 抵当権譲渡証.

❸ 憲章. ── constitucional [fundamental] 憲法. C~ del Atlántico 大西洋憲章. C~ de las Naciones Unidas 国連憲章. suscribir la C~ de las Naciones Unidas 国連に加盟する. 【類】**constitución, ley, reglamento**.

❹ (遊戯) トランプ(の札), カード. ─ jugar a las ~s トランプ遊びをする. no ver ~ 手が悪い. dar [repartir] las ~ トランプを配る. juego de ~s トランプ遊び. ~ falsa 役に立たない手札. ~s de tarot [del Tarot] タロットカード. 【類】**naipe**.

❺ 地図. ── de marear [de navegación, marítima, náutica] 航海図, 海図. ~ meteorológica 気象図, 天気図. ~ de vuelo 《航空》フライトプラン, 飛行計画書. ~ celeste 天体図. 【類】**mapa, plano**. ❻ メニュー, 献立(表), ワインリスト(= ~ de vinos). 【類】**menú, minuta**.

a carta cabal (1) 完璧な, 非のうち所のない(= intachable). 全幅の信頼を置ける. un majadero *a carta cabal* ひどい間抜け. un hombre noble *a carta cabal* 非の打ち所のない立派な人. (2) 完璧に, 全く, 確実に. Lo sé *a carta cabal*. 私はそのことを確かな筋からの情報で知っている.

a cartas vistas 《話》正直に, 手の内を見せて, 正々堂々と. jugar *a cartas vistas* 正々堂々と勝負する.

adivinarle [*conocerle, descubrirle*] *las cartas a ...* (人)の手の内を見抜く.

a la carta 《料理》(定食でなく)アラカルトで[の], お好みの料理を選んで. platos *a la carta* 一品料理.

arriesgarlo todo a una (sola) carta → jugárselo todo a una (sola) carta.

carta abierta 公開状.

carta astral [*del cielo*] 《占星》出生天宮図, ホロスコープ(人の誕生時の天象図).

carta blanca (1) 白紙委任状, 白紙[全権]委任; 自由裁量(= poderes amplios). dar *carta blanca* 白紙[全権]委任する, 自由に決定させる. tener *carta blanca* 白紙[全権]委任されている, 自由に行動できる. El jefe me ha dado *carta blanca* en la empresa durante su ausencia. 私は会社の上司が留守の間は全権を委任された. (2) 《トランプ》かす札.

carta de ajuste 《テレビ》テストパターン.

carta de ciudadanía (1) 市民権証書, 国籍証明書. (2) 定着.

carta de colores 《美術》色表, カラーチャート.

carta de naturaleza [*de nacionalización*] (1) 帰化承認状. (2) 定着, 根を下ろすこと. adquirir [tomar] *carta de naturaleza* 定着する, 根を下ろす, 根づく. ¿Este proyecto tiene ya *carta de naturaleza*? この計画にはもう実現の可能性があるのですか?

carta de pago 領収書(= recibo). librar una *carta de pago* 領収書を出す.

carta magna (1) 《歴史》(Carta Magna)(英国の)大憲章, マグナカルタ. (2) 憲法. La *carta magna* dice que todos los españoles somos iguales ante la ley. 憲法にはスペイン人はすべて法の前に平等であると謳ってある.

carta pastoral 《カトリック》司教教書.

Cartas cantan. 書類が明白に証明している.

cartas credenciales [*de creencial*] 《外交》の信任状.

cartas dimisorias 《宗教》(他教区での)受品[受階]許可状(= dimisorias).

cartas familiares [*de familia*] (公用・商業通信文に対し)一般通信文.

carta suplicada 人を介して渡す手紙([略]c. s.). *carta suplicada a ...* …気付け, …様方.

echar las cartas トランプ占いをする, 運勢を占う.

echar una carta 《俗》大便をする.

enseñar [*mostrar*] *las cartas* → poner las cartas boca arriba (sobre la mesa).

jugar (bien) sus cartas (目的達成のために)うまい手を使う, ずるく立ち回る.

jugar [*jugarse*] *la última carta* 《比喩》(困難な状況で)最後の切り札を出す; 一か八か最後の手段に訴える.

jugárselo todo a una (sola) carta (問題解決に際し)一つの可能性にすべてを賭ける, 一か八かの勝負をする.

no saber a qué [*con qué*] *carta quedar*(*se*) 決心し兼ねる, どうして[どう考えて]いいのか分からない, 途方にくれる.

poner las cartas boca arriba [*sobre la mesa, sobre el tapete*] /*enseñar las cartas* 《比喩》本心を明かす, 隠し立てしない, 腹蔵なく振る舞う.

poner todas las cartas sobre la mesa 隠さずにすべてを話す.

por carta de más [*menos*] あまりに多く[少なく].

tomar [*tener*] *cartas en el asunto* (権限をもって)係わる, 参加[介入]する.

cartabón [kartaβón] 【男】 ❶ (線画用の)三角定規; (大工用の)直角定規, さしがね, 曲尺. ❷ 足の寸法を測る定規. ❸ 《建築》屋根の傾斜角度. ❹ 《地形》八角プリズム.

echar el cartabón 《比喩, 話》(何かを手に入れるために)対策を練る, 手段を講じる.

Cartagena [kartaxéna] 【固名】 カルタヘーナ(スペインの都市; コスタリカの都市; コロンビアの都市; チリの都市).

cartagenero, ra [kartaxenéro, ra] 【形】【名】 ❶ (ムルシア県の)カルタヘーナ(Cartagena)の(人). 【類】

cartaginés. ❷ (コロンビアの)カルタヘーナ・デ・インディアス(Cartagena de Indias)の(人).

cartaginense [kartaxinénse] 形 カルタゴの. —— 男女 カルタゴ人. 類 **cartaginés**.

cartaginés, nesa [kartaxinés, nésa] 形 名 ❶ カルタゴ(Cartago)の(人). ❷ (ムルシア県にある)カルタヘーナの(人). 類 **cartagenero**. ❸ (コスタリカにある)カルタゴの(人).

Cartago [kartáɣo] 固名 カルタゴ(前146年, ローマに破れて滅亡).

cartapacio [kartapáθio] 男 ❶ 紙挟み, 書類入れ[かばん], ファイル. 類 **carpeta**, **portafolios**. ❷ 手帳, メモ帳, ノート. ❸ デスクマット(= vade). ❹ 学生カバン(= cartera).

estar en el cartapacio [*tener ... en el cartapacio*] 検討中である, を検討している. El aumento de los impuestos *está en el cartapacio* del Consejo de Ministros. 増税は内閣で検討中だ.

cartear [karteár] 自 《まれ》《トランプ》様子を探るためにかす札を出す.
—— **se** 『+con』(…と)文通する, (お互いに)手紙をやりとりする. 類 **escribirse**.

★★cartel [kartél カルテル] 男 ❶ ポスター, 貼り紙, ビラ. —"Prohibido fijar ~es". 『貼り紙厳禁』. fijar [pegar, poner] un ~ en la pared 壁にポスターを貼る. ~ publicitario 宣伝ポスター, 広告ビラ. El camarero colgó el ~ de "Cerrado" en la puerta de su tienda. ボーイは店のドアに「閉店中」の札を下げた. *~es que lleva el hombre-anuncio* サンドイッチマンが(体の前後を肩から)下げている広告ビラ. 類 **anuncio, cartelera, letrero**.
❷ 名声, 著名. — un torero de ~ 有名な闘牛士. Esta cantante tiene mucho ~. この歌手(女)は大変有名である. 類 **fama, popularidad, prestigio, reputación**. 反 **desprestigio**.
❸ (特に初等教育の教室で壁に掛ける教材用の)図表, チャート, 掛け図. — ~ con las tablas de multiplicación 《数学》九九の表の掛け図. 類 **mural**. ❹ (公共の場に貼られた)落書, 風刺文(= pasquín). ❺ 《古》決闘状, 果たし状. — ~ de desafío 決闘状. ❻ 《軍事》(捕虜交換に関する交戦国間の)交換協定書. ❼ イワシ網. ❽ 《経済》カルテル, 企業連合(= cártel). — ~ **industrial** 企業合同, トラスト.

de cartel 有名な, 著名な, 一流の. Se ha casado con un torero *de cartel*. 彼女は有名な闘牛士と結婚した.

en cartel (演劇・映画などが)上演[公演, 上映]中で. Ya no está *en cartel* esa comedia. その喜劇はもう上演されていない. La obra de teatro lleva más de dos años *en cartel*. その劇作品は大成功をおさめ2年以上も上演されている.

hacerse un cartel 有名になる.

tener (buen [mucho]) cartel 有名である, 評判がよい. Es un profesor que *tiene buen cartel* entre los estudiantes. 彼は学生たちに評判がよい先生だ.

tener mal cartel 有名でない, 評判が悪い.

cartela [kartéla] 女 ❶ (厚紙や板などでできた)ラベル, 張り札. ❷ 角をなす二つの部分を支える三角形の補強材. ❸ 《建築》(バルコニー, 軒などを支える)コンソール, 持ち送り, ひじ木. 類 **ménsula, palomilla**. ❹ 《紋章》紋章の上部に垂直に並べられた矩形の小さい図形.

cartela abierta 《紋章》中心部に円形または正方形の図が入った紋章の図形.

cartela acostada 《紋章》紋章の上部に水平に並べられた矩形の小さい図形.

cartelera [karteléra] 女 ❶ (新聞などの)演劇映画案内欄, 芸能娯楽欄. ❷ (映画などの)看板. ❸ 掲示板, 広告版.

estar en cartelera 《話》上映[上演]中である(= estar en cartel).

llevar mucho [poco] tiempo en cartelera (劇・映画などが)ロングランを続ける[すぐ打ち切りになる].

cartelero, ra[2] [karteléro, ra] 形 (演劇・映画・作家・闘牛士などが)人気を博している, 大当たりを取っている. —— 名 ポスター[広告]を貼る人.

cartelón [kartelón] 男 大きなポスター[広告].

carteo [kartéo] 男 文通, 手紙による通信. 類 **correspondencia**.

cárter [kárter] 男 ❶ 《機械》(機械の)ハウジング, ケース. ❷ (自動車の)クランクケース. ❸ (自動車の)チェーンガード.

:cartera [kartéra] 女 ❶ 財布, 札入れ, 名刺入れ (♦がま口型の財布は bolsa). — ~ de bolsillo 札入れ. ~ de piel legítima 本革の財布. guardarse la ~ en el bolsillo interior de la chaqueta 上着の内ポケットに財布をしまっておく. sacar un billete de la ~ 財布から紙幣を取り出す. Me han robado la ~. 私は財布を盗まれた. 類 **billetero, monedero**. ❷ 書類かばん; (生徒用の)手提げ[背負い]かばん, 学生かばん; アタッシェケース, ブリーフケース. — ~ de mano 学生[書類]かばん. Metió todos los documentos en la ~. 彼は書類を全部書類かばんに入れた. No te dejes la ~ del colegio. 通学かばんを置き忘れるなよ. Mi ~ se puede llevar a la espalda como una mochila. 私のかばんはリュックのように背負える. 類 **maletín**. ❸ 書類入れ, 紙挟さみ, ファイル. 類 **carpeta, vade**. ❹ 大臣の職[地位](= ~ ministerial). — ocupar la ~ de Educación [de Defensa, de Asuntos Exteriores] 文部[国防, 外務]大臣になる. desempeñar la ~ de Hacienda 大蔵大臣を務める. la ~ de Estado 国務大臣の地位. Fue ministro sin ~ en el anterior gabinete. 彼は前内閣で無任所大臣を務めた. Le dieron [ofrecieron] la ~ de Industria. 彼は通産大臣に任命された. 類 **ministerio**. ❺ 《商業》〖集合的に〗(銀行・会社・商店などの)保有有価証券の一覧表, ポートフォリオ, 金融資産組合せ. — ~ de acciones propias 社内株, 自己株式, 金庫株(= acciones en ~/acciones propias). ~ de créditos 貸出金融資産, ローン・ポートフォリオ. ~ de inversión 投資ポートフォリオ, 投資有価証券保有銘柄. gestión de ~s ポートフォリオ管理. sociedad de ~ 持ち株会社. ~ de efectos 持株. La empresa de Miguel tiene una ~ de acciones muy segura. ミゲルの会社は大変安全なポートフォリオを組んでいる. ❻ 《商業》〖集合的に〗(会社の)顧客. — tener una buena ~ 顧客が多い. Es uno de los vendedores de la empresa con mayor ~. 彼は顧客の多い会社の販売員の一人だ. 類 **clientela**. ❼ 《服飾》(ポケットの)ふた, フラップ. — bolsillo con ~ 雨ぶた付きポケット. 類 **golpe, pata**. ❽ (オートバイなどの)荷かご, サドル

346 cartería

バッグ. ❾ 【アンデス，チリ】ハンドバッグ (= bolso); 【ウルグアイ】(ズボンなどの) 前開き (= bragueta).

cartera comercial 《商業》【集合的に】(1) (会社の) 顧客 (=~ de clientes). (2) (銀行が保有する) 各種有価証券類.

cartera de clientes 《商業》【集合的に】(会社の) 顧客. *Nuestra cartera de clientes está formada por empresas del sector informático.* 我が社の顧客はコンピュータ会社からなる.

cartera de control [de influencia] 《商業》会社を支配するに十分な持ち株.

cartera de pedidos 受注残高, 受注総量; 注文控え帳. *Pagó 1.000 euros por la cartera de pedidos de la tienda y 4.000 por las existencias.* 彼はその店の受注残高分として1,000 ユーロを支払い, 在庫分として4,000 ユーロを支払った.

cartera de valores/cartera financiera 《商業》(特定の個人・機関投資家・金融機関が保有する) 各種有価証券の明細一覧表, 株券のポートフォリオ.

cartera de valores de renta elevada 利回りの高い株券のポートフォリオ.

en cartera (個人・企業・金融機関が資産として) 保有する, 所有する. *valores [acciones] en cartera* 自己株式, 所有有券. *pedido en cartera* 受注残高.

tener en cartera (1) を計画[検討]中である. *Tenemos en cartera una reforma total del establecimiento.* 私たちはお店の全面的なリフォームを計画中である. *La empresa tiene en cartera la implantación de sucursales en otras provincias.* 会社は他の県に支店を作ることを計画中である. (2) (会社が有価証券類を) 保有している.

cartería [kartería] 囡 ❶ (職業) 郵便配達. ❷ 郵便物集配所 (小さな郵便局).

carterista [karterísta] 男女 (財布専門の) すり. 閲 *ladrón, ratero.*

carterita [karteríta] 囡 ブックマッチ. ~~ de fósforos* ブックマッチ.

‡**cartero, ra** [kartéro, ra] 图 **郵便配達人**[集配人]. — *El ~ todavía no ha traído la correspondencia de hoy.* 郵便配達人はまだ今日の郵便物を配達していない.

cartero comercial チラシ配り.

cartesianismo [kartesjanísmo] 男 《哲学》デカルト (Descartes) 哲学[思想], デカルト主義, 合理主義.

cartesiano, na [kartesjáno, na] 圏 ❶ 《哲学》デカルト (哲学) の, デカルト派の. ❷ 合理的な, デカルト的な. 閲 *lógico, metódico, racional.*
—— 图 《哲学》デカルト主義者, 合理主義者.

cartilaginoso, sa [kartilaxinóso, sa] 圏 《解剖》軟骨 (性, 質) の. —*tejido* ~ 軟骨組織.

cartílago [kartílaɣo] 男 《解剖》軟骨. ~~ de la nariz* 鼻の軟骨. 閲 *ternilla.*

‡**cartilla** [kartíja] 囡 ❶ 手帳, 通帳, 証明書. ~~ de ahorros* 預金通帳. ~~ de racionamiento [militar]* 配給[軍人] 手帳. ~~ de la seguridad social* 健康保険証. ~~ de identidad* 身分証明書. ❷ (読み書きを教えるための) 文字教本, 初級読本. — *En la escuela aprendí a leer con la ~.* 学校では私は文字教本で読み方を学んだ. 閲 *abecé, abecedario, silabario.* ❸ 入門書 —

~~ del automovilista* (自動車) 運転教習本. ❹ 《カトリック》(毎年発行される1年間の) 教会暦, 祭式規程書. 閲 *añalejo.*

cantarLE [leerLE] a ... la cartilla 《俗》(やるべきことを忠告し) (人を) 厳しく戒める, 叱りつける. *El niño es un maleducado, tienes que hablar con él y cantarle la cartilla.* 子供はしつけがなっていない, 君と子供と話して教えさとさねば.

no estar en la cartilla 並外れている, 例外的である.

no saber (ni) la cartilla 《俗》全く何も知らない.

cartismo [kartísmo] 男 チャーチスト運動 (19世紀前半のイギリスの労働者の選挙権獲得運動).

cartografía [kartoɣrafía] 囡 地図作成 (法, 術); 地図学.

cartográfico, ca [kartoɣráfiko, ka] 圏 地図作成 (法, 術) の; 地図学の.

cartógrafo, fa [kartóɣrafo, fa] 图 地図作成者; 地図学者.

cartomancia, cartomancía [kartománθja, kartománθia] 囡 トランプ[カード] 占い. — *practicar la ~* トランプ占いをする.

cartomántico, ca [kartomántiko, ka] 圏 トランプ[カード] 占いの.
—— 图 トランプ占い師.

cartón [kartón] 男 ❶ 厚紙, ボール紙. ~~ ondulado* 段ボール. ~~ piedra* 堅厚紙. ❷ 《絵画》(タペストリー, フレスコ画などの) 下絵. ❸ (10箱入りのタバコの) カートン. ❹ (1ダースか半ダースの) ケース入り卵. ❺ 《建築》古代ローマのアーチの要石についたアカンサス葉飾り. ❻ 《装飾》(長い葉を模倣した) 金属製の飾り.

cartonaje [kartonáxe] 男 【集合的に】厚紙製品.

cartoné [kartoné] [<仏] 男 《印刷》厚紙装丁. — 圏 厚紙装丁の. 閲 *encartonado.*

cartuchera [kartutʃéra] 囡 ❶ 《軍事》弾薬帯. ❷ (革を裏張りした) 薬莢(やっきょう)入れ. 閲 *canana.*

Quien manda, manda y cartuchera en el cañón. 《比喩, 話》盲従を強要される.

cartucho [kartútʃo] 男 ❶ 薬莢(やっきょう), 弾薬筒. ❷ (紙, 厚紙製の) 円筒状の包み; (同じ種類の硬貨を包装するための) 円筒状の包み. ❸ 円錐形の包み, 包装. — *La madre compró al niño un ~ de almendras.* そのお母さんは子どもにアーモンドを一袋買ってやった. 閲 *cucurucho.* ❹ 《写真》カートリッジフィルム. 閲 *carrete, rollo.* ❺ 円錐状のスペアパーツ. ~~ de una pluma estilográfica* 万年筆のカートリッジ. ❻ 《情報》カートリッジ. ~~ de tinta* インク・カートリッジ.

quemar el último cartucho 《比喩》最後の手段を使う.

cartuja [kartúxa] 囡 ❶ 《カトリック》カルトゥハ[カルトゥジオ] 修道会. ♦1084年に San Bruno がフランスのラ・シャルトルーズに創設した修道会. その厳格さで知られる. ❷ カルトゥハ[カルトゥジオ] 会の僧院, 修道院.

cartujano, na [kartuxáno, na] 圏 ❶ 《カトリック》カルトゥハ[カルトゥジオ] 修道会の; カルトゥハ[カルトゥジオ] 修道会に属する. 閲 *cartujo.* ❷ (馬が) アンダルシーア産の. ~*caballo* ~ アンダルシーア産の馬. ❸ 《比喩》寡黙な; 引きこもった, 隠遁した.

—— 名 ❶ 《カトリック》カルトゥハ[カルトゥジオ]会修道士[修道女]. 類 cartujo. ❷ 《比喩》寡黙な人, 引きこもった人.

cartujo, ja [kartúxo, xa] 形 ❶ 《カトリック》カルトゥハ[カルトゥジオ]修道会[修道士]の. 類 **cartujano**. ❷ 《比喩》引きこもった, 隠遁(ﾄﾝ)した.
—— 名 《カトリック》カルトゥハ[カルトゥジオ]会修道士[修道女]. 類 **cartujo**. ❷ 《話》人付き合いの嫌いな人, 引きこもった人, 隠遁した人.

cartulario [kartulárjo] 男 (教会や修道院などの)記録簿, 特許状[権利証書]台帳.

cartulina [kartulína] 女 ❶ (名刺・カード・免許用の)上質の厚紙. ❷ 《スポーツ》(反則に対して警告・退場を示すカラー)カード. ─enseñar la ~ amarilla [roja] a un jugador 選手にイエロー[レッド]カードを示す.

carúncula [karúŋkula] 女 ❶ 《動物》(鶏や七面鳥などの)とさか, 肉垂(ﾆｸｽｲ). ❷ 《解剖》肉丘, 小丘. ─~ lagrimal [lacrimal] (目の内部にある)涙丘. ~ sublingual 舌下小丘.

***casa** [kása カサ] 女 ❶ 家, 住宅, 住まい. ─Su ~ está en el n.°8, 2.°B. 彼の家は8番地の2-B(3階B号室)です. Viven en una ~ de dos pisos con un jardín muy amplio. 彼らはとても広い庭付きの2階建ての家に住んでいる. Es propietario de una ~ de cinco plantas. 彼は6階建てマンションの所有者である. No volverá a pisar más esa ~. もう二度とあの家の敷居はまたがない. Esta noche pasaré por tu ~. 今晩君の家へ寄るよ. No encuentran ~ y viven con su madre. 彼らは住まいが見つからなくて, お母さんと住んでいる. cambiar(se) [mudarse, trasladarse] de ~ 引っ越す, 転居する. estar en ~ 在宅である. estar fuera de ~ 留守である. ir a ~ (自分の)家へ行く, 家に帰る(=volver a ~). ir a ~ de un amigo 友人の家に行く. quedarse en ~ 家に居残る, 留守番している, 家にじっとしている. reformar la ~ 家をリフォームする. trabajar en ~ 家で仕事をする. de ~ en ~ 家から家へ. una ~ aislada [solitaria] 一軒家. ~ arruinada 廃屋. ~ de alquiler 借家, 借家. ~ de una sola planta 平屋. ~ club クラブハウス. ~-barco ハウスボート. ~ fastuosa [señorial] 豪邸. ~ natal 生家. ~ paterna 実家, 生家. ~ propia 自宅, 持ち家. ~ prefabricada プレハブ住宅. ~-remolque トレーラーハウス. ~ de altos 『南米, ラ・プラタ, チリ』/~ de balcón 『コロンビア』数階建ての家. ~ de calderas 『中南米, キューバ, メキシコ』(製糖所の)ボイラー室. 類 **domicilio, edificio, hogar, morada, residencia, vivienda**.

❷ 家庭, 家族. ─ama de ~ 主婦. En ~ todos estamos bien, gracias a Dios. おかげさまで家では皆元気にしております. escribir a ~ 家に手紙を書く. hacer la ~ 家事をする. llevar la ~ 一家を養う, 家を切り盛りする. marcharse [irse] de ~ 家を出る, 家出をする. "La C~ de muñecas"(Ibsen)《文学》『人形の家』(イブセン). A la muerte del padre, el hijo mayor se puso al frente de la ~ y la sacó adelante. 父親の死後, 長男が一家の長となって家族を養った. En ~ no se come carne. 我が家では肉を食べない. 類 **familia**.

❸ 〖集合的に〗家系, (特に王族・貴族などの高貴な)一家, …家; (宮廷・元首邸の)奉公人. ─La ~ de Habsburgo [de Austria] ハプスブルグ家. La ~ de Borbón ブルボン王家. la ~ de Saboya (イタリアの)サヴォイア家. 類 **estirpe, familia, linaje**.

❹ (a) (公共・娯楽・特定用途の)建物, 施設, …所; 市役所, 市町村役場. ─~ de acogida 収容施設. ~ de beneficencia 救貧院(孤児院・養老院など)(=asilo). ~ de cambio 両替所. ~ de convalecencia 《医学》サナトリウム, 療養所. ~ de correos 郵便局. ~ de expósitos 孤児院(=hospicio, inclusa). ~ de fieras 動物園(=parque zoológico). ~ de juego 賭博場, カジノ(=casino). ~ de la cultura 文化会館. ~ de maternidad 産院. ~ de orates 精神病院. ~ de pupilos ～下宿(屋). ~ de reposo 保養[療養]所. ~ de salud 《まれ》療養所(=sanatorio). ~ refugio 女性の福祉施設, 駆け込み寺. ~ cuartel (de la Guardia Civil) (治安警察の)職員宿舎. ~ religiosa 修道院. ~ de asistencia 『中南米, コロンビア, メキシコ』宿屋; 食堂. 類 **establecimiento**. (b) (文化的な)機関, 協会. ─la docta ~ スペイン王立学士院(RAE), 『マドリード学芸協会. 類 **institución, organismo**.

❺ (a) 会社, 商店; 支社, 支店. ─~ comercial [de comercio] 商社. ~ editorial 出版社. ~ de banca 銀行(=banco). ~ de discos レコード店. ~ de modas ブティック, 婦人服店. ~ de Barcelona バルセロナ支社. Esa es una ~ seria y formal, con más de un siglo de experiencia en la fabricación de zapatos. それが靴製造に1世紀以上の経験を持つ堅実な会社である. Es un joyero muy acreditado, con ~s en las principales capitales de Europa. 彼はヨーロッパの主な首都に支店を持つ大変信用のある宝石商である. 類 **empresa, establecimiento, firma, sucursal**. (b) (飲食関係の)店. ─A esta ronda invita la ~. これは店のサービスです. especialidad [plato especial] de la ~ 店のおすすめ料理. ~ de bebidas 酒場. ~ de comidas (安い)飲食店, 大衆食堂(=figón), 料理店.

❻ (a) (使用人・召使いの)働き口, 職, 奉公先. ─Tiene muy buena ~. 彼にはとてもいい働き口がある. buscar ~ 働き口[奉公先]を探す. 類 **acomodo**. (b) (自宅で手仕事している人や配達販売業者などの)得意先, 届け先. ─Es una modista que tiene muchas ~s. 彼女は多くの得意先を持つファッションデザイナーである. Es el lechero que tiene más ~s del barrio. 彼はこの界隈で一番配達先を持つ牛乳屋さんだ.

❼ (話し手などの)自国, 故国, 祖国, 地元. ─Volveré a Grecia. Fascismo por fascismo, prefiero el de mi ~. 私はギリシャに帰る. 同じファシズムなら祖国のファシズムのほうがまだいい. 類 **país, tierra**. ❽ 《スポーツ》(a) ホームグラウンド, 地元; 地元での試合. ─equipo de ~ ホームチーム. jugar en ~ 地元で戦う. Conseguir un triunfo en ~ es relativamente fácil. ホームグラウンドで勝利するのは比較的簡単である. (b) (野球)本塁(=base meta). ❾ 《チェス》升目. ─El tablero de ajedrez tiene 64 ~s. チェス盤は64の升目がある. 類 **casilla, escaque**. ❿ (占星)宿, 宮; 十二宮の一つ(=~ celeste).

abrir casa →poner casa(1).

abrir [inaugurar] la casa 開業する, 開店する.

barrer para [hacia] casa 自分の利益だけを図る, 我田引水をする(=barrer para [hacia] den-

casa

tro). Es una egoísta; siempre que puede, *barre para casa*. 彼女はエゴイストで，できるだけ自分の都合のいいようにする.

Cada uno en su casa (y Dios en la de todos). 【諺】各人は自分のことだけを考えて，他人のことは神様に任せておけばよい. / 人に干渉するな.

buscar casa (1) 住まいを探す. Estamos *buscando casa* para casarnos. 我々2人は結婚するために家を探している. (2) (召使い・使用人が)働き口[職, 奉公先]を探す.

Cada uno es rey en su casa. 【諺】人は誰でも我が家においては王様だ.

caérseLE a ... la casa encima [a cuestas] 《話》【強調表現】(1) (人は)家にじっとしていられない，家にいるのが嫌だ. En verano *se me cae la casa encima* y sólo pienso en salir. 夏になると私は家にじっとしていられず，出かけることしか考えない. (2) (人に)災難[不幸, 問題]がふりかかる, 困難に陥る. Cuando, tras la repentina muerte de su padre, tuvo que sacar la familia adelante, *se le cayó la casa encima*. 彼は父親が突然亡くなって，自分が一家を支えねばならなくなった時, 大変な苦境に立たされた.

casa abierta 住まい, 住居. Como viajamos con frecuencia a la capital, tenemos allí *casa abierta*. 私たちはしばしば首都へ旅行するので，そこに住まいを持っている.

casa adosada テラスハウス, 棟続きの共同住宅.

Casa Amarilla (コスタリカの)大統領官邸.

Casa Blanca ホワイトハウス(米国大統領官邸); アメリカ政府.

casa civil 王宮付き文官. La *casa civil* del rey no ha facilitado ningún comentario al respecto. 王宮付き文官はその点に関して何のコメントもしなかった.

Casa con dos puertas, mala (es) de guardar. 【諺】戸口が二つあると不用心だ.

casa consistorial [de la villa] 市町村役場, 市庁舎 (=ayuntamiento).

casa cuartel (家族用の住まいも含む治安警備隊の)駐在所.

casa cuna 《歴史》孤児院, 養育院 (=hospicio, inclusa).

casa de baños 公衆浴場. Apenas quedan *casas de baños* en las grandes ciudades. 大都市にはまだ公衆浴場が辛うじて残っている.

casa de campo [de recreo] 別荘 (=chalé).

casa de citas 売春宿 (=burdel).

casa de Dios [de oración, del Señor] 教会 (=iglesia). Los domingos acudimos a la *casa de Dios* para oír misa. 毎週日曜日私たちはミサにあずかるため教会に行く.

casa de empeño(s) [de préstamos] 質屋. Cuando lo perdieron todo tuvo que llevar sus joyas a la *casa de empeño*. お金をすべて失った時，彼女は自分の宝石を質屋に持って行かねばならなかった.

casa de huéspedes (食事がつかない)下宿屋 (=pensión). Mientras estudiaba en Madrid, vivía en una *casa de huéspedes*. 彼はマドリドに留学していた時，下宿住まいをした.

casa de labor [de labranza] 農事小屋, 農家. Su familia tiene en el pueblo una gran *casa de labor*. 彼の一家は村に大きな農事小屋を持っている.

casa de la Contratación de las Indias 《歴史》対インディアス交易裁判所. ♦1503年 Sevilla に設立, その後18世紀の一時期 Cádiz に移る.

Casa de (la) Moneda 造幣局[所]. En muchos países la *casa de moneda* es un monopolio estatal. 多くの国では造幣局は国家独占業である.

casa de locos 《話》(1) 精神病院 (=manicomio). Lo han internado en una *casa de locos*. 彼は精神病院に入れられた. (2)【強調表現】(みんな好き勝手なことをしている)無秩序な所, 騒々しい所. Esto es una *casa de locos*: cada uno hace lo que le da la gana. ここは無秩序な所だ. めいめいが好き勝手なことをやっている.

Casa del Pueblo 《歴史》スペイン社会主義労働者党 (PSOE)の本部.

casa del rey 王直属の従者たち.

casa de pisos [[中南米] de departamentos] マンション, アパート, 集合住宅. →casa de vecindad [de vecinos].

casa de postas 《歴史》宿駅.

casa de prostitución [de tapadillo, de vicio, 《古》de cama, 《古》de lenocinio, 《古》de mancebía]/casa pública [de mala nota] 売春宿 (=burdel).

casa de putas 《俗》(1) 売春宿 (=burdel; → casa de citas). Encontré a tu primo en una *casa de putas*. 私はある売春宿で君のいとこを見かけたぞ. (2) (みんな好き勝手なことをしている)無秩序な所.

casa de socorro 【今日ではまれ】(応急手当て用の)救護院, 救急病院. En la *casa de socorro* atendieron a los heridos en el accidente. 事故の負傷者たちは救護院で手当てを受けた.

Casa de tócame Roque (各人が勝手なことをする)無秩序な所, 騒々しい所. Aquí no hay manera de encontrar nada en su sitio; esto parece la *casa de tócame Roque*. ここではしかるべき所も何も見つけようがない. これはまるで無秩序な所だ.

casa de vecindad [de vecinos] (中央にパティオのある)旧式の集合住宅, アパート.

casa fuerte (1) 有力な商店. (2) 城塞, 武装家屋.

casa grande (1) (お金持ちの)大邸宅. portero de *casa grande* 大邸宅の守衛. (2)【北米】《俗》刑務所.

casa matriz [central, madre] (1) 本社, 本店, 親会社; 本部 (→「支店, 支社」は sucursal). (2) 《宗教》修道会本部.

casa militar 王宮付き武官. Ha sido jefe de la *casa militar* del jefe del estado. 彼は国家元首の王宮付き武官長であった.

casa mortuoria 忌中[喪中]の家.

casa real 【la+】王室, 王家. Ha sido nombrado portavoz de la *casa real*. 彼は王室のスポークスマンに任命された. (2)【集合的】王族, 皇族.

casa solariega [solar] (田舎などの)大邸宅, 旧家, 館.

como Pedro por su casa 《話》我が物顔で, 大きな顔をして, 勝手知った他人の家のように (Pedro は1096年に Huesca を占領した Aragón のペドロI世). El gato andaba por la fábrica *como Pedro por su casa*. その猫は工場を我が物顔で歩

いていた.

como una casa 大変な, ひどい. Te ha contado una mentira *como una casa*. 彼は君に大嘘をついた.

de andar por casa 《話》(1) 一時しのぎの, 応急処置的, 大まかな. El arreglo que te he hecho es sólo *de andar por casa*. 私がしたこの修理は応急処置にすぎない. hacer una chapuza *de andar por casa* 一時しのぎの雑な仕事をする. (2) 普段着の, よそ行きでない. Estas son mis zapatillas *de andar por casa* これは私が普段履いているスリッパです. (3) (専門用語でなく) 普通の言い方の. → para andar por casa.

de casa (1) 自家製の. vino *de casa* (銘柄品でない) 自家製のワイン, ハウスワイン. (2) 家庭の; 家庭を訪問する. ama *de casa* 主婦. amigo *de casa* 家族同様の友人. (3) (洋服・履物について) 普段着の, よそ行きでない.

De fuera vendrá quien de casa nos echará. 【諺】《話》他人の家では余計な口出しをするな.

de la casa 自家製の, 当店特製の; 自国の. vino *de la casa* (銘柄品でない) 自家製のワイン, ハウスワイン. el plato mejor *de la casa* 当店のおすすめ料理. (2) 家族[身内]同然の; 家庭を訪問する. amigo *de la casa* 家族同然の友人. Todos le queremos mucho, es como *de la casa*. 私たちはみんな彼のことを大切にしている. まるで家族の一員である. (3) 会社の. La secretaria es *de la casa*: lleva veinte años trabajando en esta empresa. その秘書は当社の秘書で, この会社に勤めて20年になる.

echar la casa por la ventana 《話》【強調表現】金を湯水のように使う, 金を浪費する, 金に糸目をつけない. En Navidades *echan la casa por la ventana*. クリスマスには彼らは大盤振舞した.

El casado casa quiere. 【諺】結婚したら別所帯 (← 既婚者は家を欲しがる).

empezar la casa por el tejado 《話》本末を転倒する, 順序をあべこべにして行う. Hacer publicidad antes de tener el producto es *empezar la casa por el tejado*. 製品を作る前に宣伝するなんて, 本末転倒もいいところだ.

En casa del herrero, cuchillo [cuchara, cucharilla, sartén] de palo. 【諺】《話》紺屋の白袴.

En todas partes cuecen habas y en mi casa a calderadas. 【諺】どこへ行っても問題は同じように起こる (← どこでも豆を煮ている, 私の家では釜一杯煮ている).

estar de casa 普段着のままである, 部屋着を着ている.

Está usted en su casa./Aquí tiene usted su casa./Esta es su casa. (来客に対して, 自分の家と思って) どうぞお楽に; いつでもお気軽にお訪ねください.

La casa quemada, acudir con el agua. 【諺】家が焼けてから, 水を持ち込んでも間に合わぬ (六日のアヤメ, 十日の菊).

La mujer honrada, la pierna quebrada y en casa. 【諺】貞淑な女性は外を出歩いたりしないものだ.

La ropa sucia se lava en casa. 【諺】内輪の恥は外にもらさずに内輪で処理するほうがいい (← 汚れた服は家で洗う).

levantar la casa 引っ越しする.

casa 349

Mientras en mi casa me estoy, rey me soy. 【諺】家にいる間は, おれだって王様.

mujer de su casa 家庭的な女性, 家庭を大切にする女性, 家事の好き[上手]な女性.

No hay que mentar [hablar de] la soga en casa del ahorcado. 【諺】相手にさしさわりのある話題は禁物.

no parar en casa 《話》ほとんど家にいない, 家に寄りつかない, 家から出ていることが多い. Desde que Alicia sale con Luis, *no para en casa*. アリシアはルイスとデートするようになってから, 家にいることが珍しくなった.

no tener casa ni hogar 決まったすみかを持たない, 放浪生活をしている, 住所不定である.

ofrecer la casa 転居[開店]通知を出す. Todavía no nos *han ofrecido la casa*. 私たちはまだお宅を拝見していない.

para andar por casa (1) (解決・説明が) 一時しのぎの, 応急処置的な, 大まかな. Esa es una definición *para andar por casa*. それは大まかな定義だ. (2) 普段着の, よそ行きでない. Este es un vestido *para andar por casa*. 私はこの服を普段着にしている. (3) (専門用語でなく) 普通の言い方の.

poner a ... en casa 《話》(人) のために尽くす, 恩恵を施す.

poner casa (1) 居を定める, 家を構える. Ya tiene cuarenta años, pero aún no se decide a *poner casa*. 彼はもう40歳だというのに家を構える決心がつかない. (2)〖+a+人〗(例えば, 女性) の住居の面倒を見てやる. Le *ha puesto casa a* la querida. 彼は愛人に家を構えてやった.

poner la casa (住むために) 家具をそろえる[備え付ける]. Los padres les ayudaron a *poner la casa*. 彼らの両親は彼らを援助して家具をそろえてあげた.

por casa 家に. unas zapatillas para estar *por casa* 家で履くスリッパ. → de andar por casa, para andar por casa.

quedar todo en casa 《話》よそ者に門戸を開かない, 内々で解決する (= quedar todo en familia). En el restaurante trabaja toda la familia, así *queda todo en casa*. そのレストランでは家族で働いているので, もうけは全部家族のものだ.

Quémese [Arda] la casa, pero que no salga humo. 【諺】内輪のことは決して外にもらすな (← 家は燃えてもよいが, 煙だけは外に出ないように).

quitar la casa 引っ越しする (→ levantar la casa).

ropa de casa (家で使う) シーツやテーブルクロスなどの総称.

sentirse como en casa 気楽にくつろぐ.

ser (como) de casa 《話》大変信用できる, 大変信頼のおける. Juan *es como de casa*: es nuestro amigo desde que éramos niños. フアンは大変信用できる人だ: 子供の時からの友人ですから.

ser (muy) conocido en su casa (y a la hora de comer) 《皮肉》ほとんど知られていない, 無名の.

ser (muy) de SU ***casa*** (1) とても家庭的である, 家庭を大切にする, マイホームである. El marido *es muy de su casa* y no es amigo de salir de noche. 夫は家庭を愛していて, 夜の外出は好きではない. (2) 出無精である.

350 casabe

sin casa ni hogar 決まった住まいを持たない[で], 放浪生活の[で], 住所不定の[で]. →*no tener casa ni hogar.*

tener casa abierta en ... (1) …に店[支店]を持っている. (2) …に住居[事務所, 仕事場]を持っている.

tener casa atrasada 家事をおろそかにしている.

Unos por otros y la casa por [sin] barrer. [諺][話]船頭多くして船山に登る.

venírsele a ... la casa encima →*caérsele a ... la casa encima* (*a cuestas*).

casabe [kasáβe] 男 ❶ 〖料理〗(tapiocaの原料となる)キャッサバ澱粉; キャッサバ粉で作ったパン. 類 **cazabe, mandioca**. ❷ 〖中南米〗〖魚類〗アンティヤス諸島(las Antillas)の海に生息する半月形でうろこのない黄色い魚.

Casablanca [kasaβláŋka] 固名 カサブランカ(モロッコの都市).

casaca [kasáka] 女 ❶ 〖服飾〗(モーニングコートに似た18世紀に流行した男性用)丈長(たけなが)上着(現在は高官などの制服). ❷ (主に女性用)ジャケット, ショートコート. ❸ [話, まれ]結婚. 類 **casamiento, matrimonio**. ❹ 〖中南米〗燕尾(えんび)服. 類 **frac**. ❺ 〖中南米〗[比喩, 話]ひそひそ話.

cambiar de [volver(la)] casaca [党派]を変える, 変節[転向]する. 類 **cambiar de chaqueta.**

tirar de la casaca お世辞を言う, へつらう.

casación [kasaθión] 女 〖法律〗(特に判決の)破棄, 破毀(はき). —*interponer un recurso de ~ contra la sentencia dictada* 最高裁に前判決の破棄を申し立てる, 最高裁に上告する.

casacón [kasakón] 男 〖服飾〗ゆったりした昔の礼服.

casadero, ra [kasaðéro, ra] 形 (結婚)適齢期の, 年頃の. —*Tiene una hija casadera.* 彼女は年頃の娘が一人いる.

:**casado, da** [kasáðo, ða] 過分 形 ❶ [*estar* +, *ser* +] 結婚した, 既婚の. —*Estamos ~s desde hace dos años.* 私たちは結婚して2年になる. ¿*Tú sabes si es casada o soltera*? 君彼女が既婚か未婚か知っているか? *pareja recién casada* 新婚カップル, 新婚夫婦. 類 **desposado**. 反 **soltero**. ❷ 調和した, 合った. —*Las mangas del abrigo no han quedado bien casadas.* そのコートの袖はよく合っていなかった.

—— 名 既婚者. —*Los recién ~s salieron en viaje de novios a Francia.* その新婚夫婦はフランスへ新婚旅行にいった.

—— 男 ❶〖印刷〗組み付け. ❷〖中南米〗いっしょに食べ合わせるもの, つけ合わせ.

El casado casa quiere. [諺][話]結婚したら別所帯(←既婚者は家を欲しがる).

casal [kasál] 男 ❶(耕地付き)別荘, 農家. 類 **casa de campo, caserío**. ❷ 旧家, 名家. ❸ 〖中南米〗(動物, 特に鳥の)一つがい.

Casals [kasáls] 固名 カザルス(パウ[パブロ]Pau[Pablo] ~)(1876-1973, スペインの作曲家, チェロ奏者).

casamata [kasamáta] 女 〖軍事〗トーチカ(状の砲台), (軍艦の)砲郭.

casamentero, ra [kasamentéro, ra] 形 名 仲人好きな(人).

:**casamiento** [kasamiénto] 男 ❶ 結婚, 婚姻. —*~ desigual* (特に身分の低い者との)不釣合いな結婚. *~ por amor* 恋愛結婚. *efectuar un ~ secreto* こっそり結婚する. *lista de ~* =*lista de boda*. *~ de conveniencia* 政略結婚, 財産や地位目当ての結婚. *~ a la fuerza* (妊娠などによる)やむを得ない結婚, できちゃった婚. 類 **boda, enlace, nupcias**. 反 **divorcio, separación**. ❷ 結婚式, 挙式. —*celebrar el ~* 結婚式を挙げる, 挙式する. *No podré asistir a tu ~ porque estaré de viaje.* 私は旅行中なので君の結婚式には出席できない.

casapuerta [kasapuérta] 女 (家の)玄関. 類 **portal, zaguán**.

casaquilla [kasakíja] [<*casaca*] 女 丈の短い昔の礼服.

*:**casar**[1] [kasár カサル] [<*casa*] 他 ❶ を結婚させる; (司祭が)結婚式をとり行う. —*Ya ha casado a todas sus hijas.* 彼は全部の娘をもう嫁がせた. *Los casó el obispo.* 司教が彼らの結婚式をとり行った. ❷ を組み合わせる, 結びつける. —*~ la oferta con la demanda* 需要に供給を見合わせる.

—— 自 〖+*con* と〗つり合う, 調和する. —*Esta bufanda no casa con tu abrigo.* このマフラーは君のオーバーに合わない.

—**se** 再 〖+*con* と〗結婚する. —*Se ha casado con un abogado de prestigio.* 彼女は名高い弁護士と結婚した. *Nos casamos mañana.* 私たちは明日結婚する. *~se por la iglesia* 教会で挙式する. *~se por lo civil* (教会を介さずに)民法上の結婚をする.

no casarse con nadie だれにも影響されない. *No me caso con nadie.* Siempre digo la verdad aunque no guste. 私は誰とも馴れ合わない. たとえ好かれなくても, 常に本当のことだけを言う.

Antes que te cases mira lo que haces. [諺]ころばぬ先の杖. (←結婚する前に君は何をしようとしているのか考えよ).

casar[2] [kasár] 他 〖法律〗(判決を)破棄する, 破毀(はき)する. 類 **anular, derogar**.

casar[3] [kasár] 男 集落, 部落. 類 **caserío**.

casca [káska] 女 ❶ 搾(しぼ)った後のブドウの皮. ❷ (皮なめしなどに用いられる)樹皮. ❸ 〖料理〗マジパンとシトロンで作られ表面が砂糖で覆われたドーナツ形のケーキ. ❹ (卵や果物の)殻, 皮. 類 **cáscara**. ❺ [トレード]水っぽいブドウ酒. 類 **aguapié, vino**.

cascabel [kaskaβél] 男 ❶ (金属製の)鈴, ベル, 鐘; (牛や馬の首につける)ベル, 鈴. —*serpiente [culebra] de ~* 〖動物〗ガラガラヘビ. ❷ [話]陽気でそそっかしい人, おっちょこちょい. ❸ 球形の砲尾.

de cascabel gordo 〖話〗(文学作品や芸術作品が)粗削りの, 洗練されていない, 見せかけだけの.

echar el cascabel 〖話〗(話に)かまをかける.

echar [soltar] el cascabel a ... 〖話〗厄介な仕事を…にまかせる.

poner el cascabel al gato [比喩, 話]難事をあえて行なう, 危険の伴うことをあえて行なう. *El proyecto me parece estupendo, pero ¿quién le pone el cascabel al gato*? そのプロジェクトは素晴らしいと思うけれどいったい誰が請け負うのか.

cascabelear [kaskaβeleár] 自 ❶ 鈴[ベル, 鐘など]を鳴らす. ❷ 〖話〗軽率に振る舞う, 軽はずみな行動を取る.

— 他 《話》そそのかす, 扇動する; (むなしい)期待を抱かせる.

cascabeleo [kaskaβeléo] 男 鈴[ベル, 鐘など]の音; (鈴の音に似た)笑い声.

cascabeler|o, ra [kaskaβeléro, ra] 形 名 《話》おっちょこちょいの(人), そそっかしい(人), 思慮の浅い(人).
— 男 (おもちゃの)がらがら. 類 **sonajero**.

cascabillo [kaskaβíjo] 男 ❶ 鈴. 類 **cascabel**. ❷ 《植物》(穀物の)殻, 籾殻(もみがら). ❸ 《植物》(ドングリなどの)殻斗(かくと).

cascada¹ [kaskáða] 女 ❶ 滝. 類 **catarata**. ❷ 滝を連想させるもの. —una ~ de cabellos 滝のように垂れた長い髪. ❸ 《電気》連続装置. —válvulas de seguridad en ~ 連続安全弁. ❹ 《情報》カスケード.
en cascada 連続した.
reacción en cascada 連鎖反応.

cascado, da² [kaskáðo, ða] 過分 形 ❶ (人が)疲れた, やつれた, 衰弱した. —Al abuelo lo he encontrado bastante ~ por la edad. 祖父は年齢のためにずいぶん衰弱したように見えた. ❷ (声が)かすれた, しゃがれた. —tener la voz *cascada* しゃがれた声をしている. ❸ 《比喩, 話》(物が)消耗した, 擦り減った, 古くなった. ❹ 割れた, ひびが入った. —El jarrón está ~. その壺はひびが入っている.

cascadura [kaskaðúra] 女 ❶ 衰弱, 消耗. ❷ (声などが)しゃがれる[かすれる]こと. ❸ ひび割れ.

cascajal, cascajar [kaskaxál, kaskaxár] 男 ❶ 小石[砂利]の多い場所. ❷ (ブドウを搾った後の)皮の捨て場.

cascajo [kaskáxo] 男 ❶ 〖集合的に〗(石・レンガ・ガラスなどの)破片, かけら. ❷ (舗装などに用いられる)砂利, 砕石. 類 **grava, guijo**. ❸ 〖集合的に〗(アーモンド・クルミなどの)堅果類, ナッツ類; その乾いた殻(から). ❹ 《話》がらくた. —Esta lavadora ya está hecha un ~. この洗濯機はもうがたがきている. ❺ 老いぼれ, 病気がちの人. —Los años y el alcohol han hecho de él un ~ de hombre. 年齢と酒のせいで彼はもうよぼよぼだ. ❻ 小銭 (=calderilla).

cascajoso, sa [kaskaxóso, sa] 形 砂利, 小石の多い.

cascanueces [kaskanuéθes] 〔< cascar + nueces〕男〖単複同形〗❶ クルミ割り器. 類 **rompenueces**. ❷ 《鳥類》ホシガラス(星烏).

cascar [kaskár] [1.1] 他 ❶ (割れやひびを生じる程度に)割る; ひびを入れる. —Cascó unos huevos para hacer una tortilla. トルティーリャを作るために卵を数個割った. ~ un nuez [una taza de café] クルミ[コーヒーカップ]を割る. 類 **partir, quebrar**. ❷ 《話》(人を)殴る, たたく. —Si sigues molestando, te voy a ~. じゃまを続けるなら殴るぞ. 類 **golpear**. ❸ 《話》(賭け事で金)をなくす, 失う, する. —Casqué diez mil dólares en el bingo. 私はビンゴで1万ドルすった. ❹ 《話》(声)をしわがらす. —El abuso del tabaco le *cascó* la voz y arruinó su vida de cantante. 彼はタバコの吸い過ぎでしゃがれ声になり, 歌手生命を失った. ❺ 《話》(人)の健康を衰えさせる[害する]. —La pulmonía le *ha cascado* bastante. 肺炎で彼は健康がかなり衰えた. 類 **quebrantar**. ❻ (試験で悪い点数)をつける. —Le *han cascado* un cero en el examen. 彼は試験で0点を取った. ❼ (漏らしてはいけないこと)をしゃべる, 漏らす. —No le cuentes

cascarudo 351

ningún secreto porque lo *casca* todo. 彼は何でもしゃべるので, 彼にはいかなる秘密も言うな. ❽ 《話》(議論・論争で)(人)を激しく攻撃する.
— 自 ❶ 《話》ぺちゃくちゃよくしゃべる. —Ella se ha pasado la mañana *cascando* con una amiga. 彼女は午前中女友達とおしゃべりをして過ごした. 類 **charlar, parlotear, rajar**. ❷ 《話》〖+a〗を一生懸命勉強する. —Le *está cascando al* derecho civil. 彼は民法を猛勉強している. 類 **empollar, machacar**. ❸ 《話》死ぬ. —Tuvo un infarto y *cascó*. 彼は心筋梗塞で死んだ. 類 **morir**.
— se 再 ❶ 割れる; ひびが入る. —Se me ha *cascado* un vaso mientras lo lavaba. 洗っている間にコップにひびが入った. ❷ (声が)かすれる, かすれする. —Si cantas a grito pelado, *te cascarás* la voz. 大声で歌うと, 声がかすれるよ. ❸ 体を壊す, 健康を害する. —Si no te cuidas, *te cascarás* en seguida. 体に気をつけないと, すぐに健康を損なうよ.

cascar una paliza a ... (1) を殴る. (2) 《スポーツ》を存分に打ち負かす.
cascarla 《卑》たくさん食べる, 死ぬ.
cascársela (男性が)手淫(しゅいん)をする.

cáscara [káskara] 女 ❶ (卵や乾果の)殻; (バナナ・オレンジ・メロンなどの厚みのある)皮. →piel. —quitar la ~ de un huevo [de una naranja] 卵の殻[オレンジの皮]をむく. arroz en [con] ~ 籾(もみ). 類 **corteza**. ❷ 《まれ》樹皮.

cáscara de huevo (1) 卵の殻. (2) 薄くて透明な磁器.
cáscara de nuez (1) クルミの殻. (2) ちっぽけな船.
¡Cáscaras! 《話》〖驚き・怒りなどを表す〗えっ, なんだって. 類 **¡Caramba!**
de (la) cáscara amarga 《軽蔑》(1) 左翼[進歩]的な思想の. (2) ホモセクシュアルな.
no haber más cáscaras 《話》ほかに仕方がない.

cascarilla [kaskaríja] 女 ❶ (穀類の)殻, (ピーナッツ・アーモンドなどの)皮, さや. ❷ 金属メッキ; 金属などの薄片. —botones de ~ 金属メッキのボタン. ❸ (煎じて飲む)炒ったカカオの皮. ❹ できてきた白粉; 白色塗料. ❺ 《植物》細いキナノキの一種(=quina de Loja). ❻ 《植物》カスカリリャ(トウダイグサ科ハズ属の低木, 樹皮は健胃薬).
jugar de cascarilla 遊ぎが下手である.

cascarillo [kaskaríjo] 男 《植物》キナノキの低木.

cascarón [kaskarón] 男 ❶ (ひよこがかえった[抜け出した]後の)卵の殻. ❷ 《建築》球体の4分の1の穹窿(きゅうりゅう). ❸ 《ゲーム》クワルティーヨで剣の札と杖の札のカードを取るトランプゲームの一種.
cascarón de nuez 《話》小さくて脆(もろ)い船.
recién salido [acabado de salir] del cascarón 《話》経験の浅い, くちばしの黄色い.

cascarrabias [kaskaráβias] 男女〖単複同形〗《話》おこりっぽい人, 短気な人. —No me gusta ir a tu casa: tu padre es un ~. 私はあなたの家に行くのはいやだわ, だってお父さんがおこりっぽい人だから.

cascarria [kaskárja] 女 →cazcarria.

cascarudo, da [kaskarúðo, ða] 形 殻[皮]の厚い.

—— 男《中南米》《虫類》《集合的に》カブトムシ, コガネムシ.

‡**casco** [kásko] 男 ❶ ヘルメット, 兜(ｶﾌﾞﾄ). ～ ciclismo サイクリング用ヘルメット. ～ de motorista [de bombero, de minero] オートバイ[消防士, 坑夫]用ヘルメット. ～ de buzo 潜水帽. ～ de astronauta 宇宙用ヘルメット. ～ de acero 鉄かぶと. ～ militar (軍人の)鉄帽, 鉄かぶと. ～ protector (作業員などの)保安帽, 安全ヘルメット; (レーザーなどの)緩衝ヘルメット. sin ～ ヘルメットをかぶらないで. ponerse el ～ ヘルメットをかぶる. llevar (el) ～ ヘルメットをかぶっている. En las obras es obligatorio el uso del ～. 工事現場ではヘルメット着用が義務づけられている. ❷ 複《音響》ヘッドホーン. —No oye lo que estoy diciendo porque lleva puestos los ～s. 彼はヘッドホーンをしているので, 私の言っていることが聞こえない. 類**auriculares**. ❸ 複(割れた容器・散弾の)破片, かけら. ～～ de vidrio [de metralla, de ladrillo, de botijo] ガラス[散弾, れんが, 素焼の水差し]の破片. Se hizo una herida en el pie al pisar un ～ de una botella rota. 彼は割れた瓶の破片を踏みつけ, 足に怪我した. 類**añicos, cacho, cascote, fragmento, pedazo**. ❹ (飲み物用の空の)容器, 空き瓶[樽]. ～～ de cerveza ビール樽. ～ de vino ワインの樽. ～ vacío 空き瓶. ～ pagado (返すと容器代が戻る)デポジット制の瓶. Han puesto un contenedor en la esquina para depositar ～s de vidrio. 空き瓶を入れて置くために街角にコンテナが設置された. 類**botella, envase, frasco**. ❺ (馬の)蹄(ﾋﾂﾞﾒ)(「牛・羊・豚などの蹄」は pezuña). —poner [colocar, clavar] las herraduras en los ～s de los caballos 馬の蹄に蹄鉄を打つ. corona del ～ (馬)蹄冠(ﾃｲｶﾝ). 類**pezuña, uña**. ❻《話》(一般に, 人の)頭. —Me duele el ～ de tanto estudiar. 私は勉強し過ぎて頭が痛い. ¿Quién te ha metido en los ～ semejante tontería? そのような馬鹿なことを誰が君の頭にたたき込んだの? 類**cabeza**. ❼ 住宅密集地, 住宅街. —el ～ antiguo [viejo] de Barcelona バルセロナ旧市街. ～ comercial 繁華街. Tiene un piso fuera del ～ urbano. 彼は都市近郊にマンションを1軒持っている. ❽ (船舶)船体, 骨組み, 船殻; (飛行機の)機体; (建物などの)本体. —reparar el ～ del barco 船を修理する. El barco chocó contra las rocas y se hizo una grieta en el ～. 船は岩に衝突して, 船体に亀裂が生じた. ❾ (オレンジなどの)厚皮をむいて分けた)一房, 一袋. —No quiero toda la naranja, sólo comeré un ～. 私はオレンジ丸々一個いらない, 一切れしか食べないから. 類**gajo**. ❿ (帽子の)山. 類**botella, envase, frasco**. ⓫ (玉ネギ・アーティチョークの)鱗茎一片. (ピーマンなどの)一片. ⓬ 複《料理》(牛などの)頭部. ⓭《ボクシング》ヘッドギア.

alegre [*ligero, barrenado*] *de cascos*《話》軽薄な, 軽率な, (女性が)尻軽である. No deberías confiar en una persona tan *alegre de cascos*. 君はあんな軽薄な奴を信用してはいけないよ. Parece una chica muy *ligera de cascos*; en un año ha tenido tres novios. 彼女は大変尻軽そうだ. 1年間に3人も恋人を作ったのだから.

calentar los cascos a ... con ...《話》(不平で)(人を)悩ます, 困らせる. Juan, *con* problemas, siempre me *calienta los cascos*. フアンは問題を持ち込んでいつも私を悩ます.

calentarse [*rompers*e] *los cascos*《話》(1) 猛勉強[分組]する. Si quieres ganar estas oposiciones, tendrías que *calentarte los cascos*. この採用試験に合格したければ, 君は猛勉強しなければならないだろう. (2)《+con/por と》頭を悩ます, あれこれ考える, 知恵を絞る. No *te calientes los cascos por esta chica*. この女の子のことをそんなに心配しなくてもいいよ.

cascos azules 国連平和維持軍.
casco urbano [*de población*] 市街地.
estar mal del casco [*de los cascos*]《話》気が狂っている, 頭がおかしい, いかれている.
levantar los [*de*] *cascos a ...*《話》(人)に甘い幻想を抱かせる. 騙(ﾀﾞﾏ)す. Parece mentira que le hayan *levantado los cascos* tan fácilmente. 彼があんなに簡単に騙されたなんて嘘みたい.
meter a ... en los cascos《話》(1) (人)をうまく説得する. Conseguí *meterle en los cascos* que desistiera del viaje. 私は彼が旅行をやめるようにうまく説得できた. (2) (人)の頭にたたき込む. Estoy intentando *meterle en los cascos* que no debe beber tanto. あまり酒を飲むべきではないと私は彼の頭にたたき込んでいます.
metérsele a ... en los cascos《話》(あまり根拠もないのに)思い込む, 決めてかかる, (人)の頭にこびりつく. Se le ha metido en los cascos que no hay solución a ese problema. 彼はその問題にはてっきり解決法がないと思い込んでしまった.
romper los cascos a ... (横柄さなどで)を不快にする, 嫌気を起こさせる. Me estuvo *rompiendo los cascos* con explicaciones que no venían al caso. 彼の馬の説明で私はいやになった.
sentar los cascos《話》(性格が)落ち着く, 人間が丸くなる. Con los años ha ido *sentando los cascos*. 彼は年齢とともに落ち着いていった.
ser caliente de casco すぐ怒る, 癇癪(ｶﾝｼｬｸ)持ちである.
soliviantar los cascos a ...《話》(人)をうんざり[いらいら, 不機嫌に]させる.

cascote [kaskóte] 男 ❶《主に複》《集合的に》(取り壊した建物などの)瓦礫(ｶﾞﾚｷ), 石くず, 残骸. —un ～ del muro de Berlín ベルリンの壁のかけら. 類**cascajo, escombros**. ❷ (炸(ｻｸ)裂した弾の)破片.

no entender ni cascote 全く分からない.

caseína [kaseína] 女《化学》カゼイン, 乾酪素(チーズの原料となる牛乳の中の蛋白質).

cáseo, a [káseo, a] 形 チーズの, チーズ質[状]の. 類**caseoso**.
—— 男 凝乳. 類**cuajada, requesón**.

caseoso, sa [kaseóso, sa] 形 ❶ チーズの, チーズ質[状]の, チーズのような. 類**cáseo**. ❷《医学》乾酪様の.

casería [kasería] 女 ❶ (点在する)農家. 類**caserío**. ❷ 家計, 家政.

‡**caserío** [kaserío] 男 ❶ (村より小さい)小集落, 小部落. 類**pueblecito**. ❷ (点在する)農家. 類**casería**.

caserna [kasérna] 女 ❶《軍事》堡塁(ﾎｳﾙｲ)(の)地下倉庫[営舎], 防空陣地. ❷《クエンカ》(街道にある)宿屋, パラドール.

‡**casero, ra** [kaséro, ra] [<*casa*] 形 ❶ 自家製の, 手製の. —pan ～ 自家製のパン. cocina case-

ra 家庭料理. Su vestido es de confección *casera*. 彼女のドレスは手作りのものだ. ❷ 家で飼っている, 手飼いの. —animal ~ 家畜. conejo ~ 飼いウサギ. ❸ 家庭の, 家内の. —trabajos ~s 家事. remedio ~ 民間療法. 類**familiar**. ❹ 家族の, 家庭的の; 気楽な. —fiesta *casera* 気楽なパーティー. ❺ (衣服など)が普段の, 家庭用の. —chandal ~ 普段着のジャージー. Desde que se casó esa mujer está muy *casera*. その女性は結婚してからはいつも普段着のままだ. ❻ (人が)家庭的な; 家にいるのが好きな, 出不精の. Su hija es muy *casera*. 彼の娘は非常に家庭的[出不精]だ. 反**callejero**. ❼ (審判が)地元びいきの; (サッカーで)ホームチームの. —árbitro ~ 地元びいきの審判.
—名 ❶ 家主, 大家. ❷ (家・土地の)管理人. ❸ 家庭的な人; 出不精の人. ❹ 不動産屋. ❺ 借家人, 入居者. ❻ 『南米』顧客, 得意先.

*caserón [kaserón] 男 複 caserones だだっ広い家, 大きな屋敷.

caseta [kaséta] 女 ❶ (主に木でできた粗末な)小さい家, 小屋. —Está pintando la ~ del perro. 彼は犬小屋にペンキを塗っている. ~ de baño 海水浴場, プールなどの脱衣場. ❷ (祭りなどの)出店, スタンド. ❸ スポーツ選手用の更衣室.
caseta de derrota 『海事』甲板にある地図と針路を保管した小部屋.
mandar a ... a la caseta 『軽蔑』(審判が)退場させる.

casete [kaséte] 男/女 カセット(テープ).
—男 カセットデッキ; 『話』ラジカセ.

*casi [kási カシ] 『前後に強勢のある語が来ると無強勢になることがある』副 ❶ ほとんど, もう少しで; およそ. —Es ~ seguro que no podrá venir. 彼が来ないことはほぼ確実だ. Son ya ~ viejos. 彼らはもうほとんど老人だ. Está ~ llorando. 彼はほとんど泣かんばかりだ. Está ~ enfadada. 彼女はほとんど怒っている. Sabía ~ todo. 彼はほとんど何でも知っていた. Llegué allí ~ a las once. 私は大体11時頃にあちらに着いた. 類**aproximadamente**. 『*casi* は修飾する語句の前に置かれるが, 談話体では後にもくる. 例: Está llorando *casi*.』 ❷ 『*casi* +直説法現在』もう少しで. —Tropecé y ~ me caigo. 私はつまずいて, もう少しでころびそうになった. 類**por poco**. ❸ どちらかと言うと. —C~ me gusta más este otro. どちらかと言えば, この別の方が好きだ. C~ estoy por no ir. どちらかと言えば行きたくない.
casi, casi 『強調』大体, 確実に, もう少しで…しそう. *Casi, casi* pierdo el tren. もう少しで列車に乗り遅れるところだった. *Casi, casi* preferiría que fueras tú. どちらかと言うと君に行ってもらいたいところなんだけど.
casi nada (1) ほとんど何も…ない. No dijo *casi nada*. 彼はほとんど何も言わなかった. (2) 『反語的に感心して』それぐらい何だ. Ganó el campeonato. -¡*Casi nada*! 彼は選手権に勝ったよ.-ちょっとしたもんだね.
casi no 『+動詞』ほとんど…ない. *Casi no* queda el café. コーヒーはほとんど残っていない. *Casi no* se le oía. 彼の言っていることは殆ど聞こえなかった.
casi nunca 『+動詞』めったに…ない. No viene *casi nunca*. 彼はめったに来ない.
casi que 『話』= casi. *Casi que* parece ayer. 何だかきのうのみたいだ.
sin casi ほとんどところでは, そのものだ. Está

casi loco.-Sin casi. 彼はほとんど頭がおかしい.-ほとんどどころかそのものだよ.
un [una] casi 『+名詞』ある種の. Se produjo *una casi* sublevación. 一種の反乱が起きた.

casia [kásia] 女 『植物』カシア(クスノキ属. 樹皮は香辛料).

casicontrato [kasikontráto] 男 『法律』準契約. 類**cuasicontrato**.

casilla [kasíja] 女 ❶ 小屋, 小さい家; (市場などの)売店, 出店, スタンド. 類**caseta, casita**. ❷ (劇場などの)切符売場. 類**taquilla**. ❸ (紙, 方眼紙の)桝目; (棚や箱の)小仕切り. ❹ 『ゲーム』(チェス, チェッカー盤などの)桝目. 類**escaque**. ❺ 『中南米』(鳥を捕獲するためのわな. ❻ 『中南米』トイレ, 手洗い. 類**excusado, retrete**. ❼ 『情報』チェックボックス. —~ de control チェックボックス.
casilla postal 『中南米』(郵便の)私書箱.
sacar a ... de sus casillas (1) 『比喩, 話』…の生活習慣を変化させる, …の生活のリズムを狂わせる. El nuevo trabajo *le ha sacado de sus casillas*. 新しい仕事のせいで彼は生活のリズムが狂ってしまった. (2) いらいらさせる, いらだたせる. Esa música *me saca de mis casillas*. その音楽は私をいらいらさせる. 類**irritar**.
salir [salirse] de sus casillas (1) 『比喩, 話』度を越して怒る, 激怒する. 類**enfurecerse**. (2) 生活習慣を変える.

casillero [kasijéro] 男 ❶ 整理棚, 分類棚, ファイルボックス. ❷ 『スポーツ』得点表示板, スコアボード. 類**marcador**.

casimir [kasimír] 男 『繊維』カシミア(インドKashmir地方産のヤギの毛を用いた毛織物). 類**cachemir**.

casimira [kasimíra] 女 →casimir.

‡**casino** [kasíno] 男 ❶ カジノ, 賭博の場(= casa de juego). ❷ (社交・娯楽などの)クラブ, サークル, 同好会, 交友会. —~ de oficiales 将校クラブ. socios del ~ クラブ会員. 類**círculo, club, sociedad**. ❸ (クラブの)集会所, クラブハウス, 会館. —Todas las tardes juega al mus en el ~. 毎日午後彼はクラブハウスでムスをしています. ❹ 『南米』学生食堂.

Casiopea [kasiopéa] 女 ❶ 『天文』カシオペア座. ❷ 『ギリシャ神話』カシオペア(アンドロメダ Andrómeda の母).

casis [kásis] 女 ❶ 『植物』カシス, クロフサスグリ. ❷ カシス酒. —男 『貝』トウカムリ.

*casita [kasíta] 女 小さな家, 拙宅. —Vámonos a ~. 家に帰ろう.

‡**caso** [káso カソ] 男 ❶ 場合. —en tal ~ そのような場合. en ciertos ~s ある場合には. en este ~ この場合. en la mayoría de los ~s この場合は. en mi ~ 私の場合. en muchos ~s 多くの場合. en otro ~ 他の場合は. en un ~ dado ある場合に. en un ~ de extrema necesidad 緊急時には. y en el ~ contrario もし逆の場合には. en cualquier ~ どんな場合にも. En ese ~, avísame por teléfono. その場合は, 電話で知らせて. Llévate un traje de noche por si se da el ~ y nos invitan a cenar. ひょっとしてディナーに招かれるかもしれないので, イブニングドレスを持って行きなさい. 類**coyuntura, eventualidad, ocasión**.

caso

❷ 機会, 時期, チャンス. —Cuando llegue [Llegado] el ~, hablaremos más detenidamente sobre este asunto. 機会があったら, この件についてもっとじっくり話をしましょう. Cuando sea el ~, tomaremos medidas. 時期が来たら, 措置を取りましょう. Lo haré si el ~ se presenta. 時機が到来したら, そうします. 類 **casualidad, ocasión, oportunidad.**

❸ 出来事, 事態;(犯罪などの)事件. ~ curioso 奇妙な出来事. ~ imprevisto 不測の出来事[事態]. ~ de envenenamiento 毒殺事件. ~ Watergate ウォーターゲート事件. C~ Dreyfus 《世界史》ドレフュス事件(1894年). un ~ extraordinario [insólito] 異常な出来事. investigar un ~ de homicidio 殺人事件を捜査する. dimitir por el ~ de las corrupciones 汚職事件で辞職する. Hoy viene en el periódico un ~ increíble de robo a mano armada. 今日の新聞に信じられない武装強盗事件が載っている. 類 **acontecimiento, hecho, incidente, suceso.**

❹ (提起される・解決すべき)問題. un ~ importante 重要な問題. ~ pendiente 未解決の問題, 懸案. ~ de honra 名誉にかかわる問題. plantear el ~ 問題を提起する. Se le ha presentado un ~ difícil de resolver. 彼に解決困難な問題が持ち上がった. Les expuse el ~ en pocas palabras. 私はその問題を彼らにほんの手短に説明した. En el examen habrá dos preguntas teóricas y un ~ práctico. 試験には理論的問題2問と実地問題が1問出るだろう. ¿Qué opinas sobre este ~? この件についてどう思う? Te voy a contar mi ~. 君に私のこと[問題・状況]を話そう. 類 **asunto, cuestión, materia, problema.**

❺《法律》訴訟(事件). —El abogado ganó el ~ sin dificultad. その弁護士は楽々勝訴した. Este abogado lleva ~s de divorcios. この弁護士は離婚訴訟を扱っている. El juez dictó sentencia en tres ~s. 裁判官は3件の訴訟に判決を言い渡した. presentar un ~ al abogado 弁護士に訴訟を持ち込む. exponer el ~ al juez 裁判官に事件を説明する. 類 **causa, juicio, litigio, pleito, proceso.**

❻ 状況, 事情. —Él era el único que conocía bien el ~. 事情をよく知っていたのは彼だけだった. 類 **circunstancias, coyuntura.**

❼ 立場. —Si te pones en mi ~, comprenderás mi actitud. 君が私の立場になれば, 私の態度がわかるよ. Yo, en tu ~, no lo haría. 私が君の立場になればそんなことはしないだろう. 類 **situación.**

❽ 事例, ケース実例; 人, やつ. —Cada vez son más los ~s de jubilación anticipada. 早期退職のケースが次第に増えている. Ese hombre es un ~ de cinismo como yo no he visto otro. その男は私が他に例を見ないずうずうしい人だ. Este hombre es un ~ de idiotez. この男はものすごくばかだ. ~ especial 特例, 特殊なケース. ~ excepcional 特例, 異例, 稀な[例外的な]ケース. 類 **ejemplo, tipo.**

❾《医学》症例, 症状, 病気;〖+de〗(…病の)患者. —un ~ grave de pulmonía 肺炎の重症患者. ~ de gripe 流感患者. ~ de hepatitis 肝炎患者. ~ de viruela 天然痘患者. De momento hay tres ~s de cólera. 今のところコレラ患者が3人出ている. Ha habido varios ~s de tifus en esta región. この地域でチフス患者が数人出た.

❿《文法》格. — ~ ablativo 奪格. ~ acusativo 対格. ~ agentivo 動作格. ~ dativo 与格. ~ genitivo 属格. ~ instrumental 具格. ~ locativo 所格. ~ nominativo 主格. ~ oblicuo 斜格. ~ recto 直格. ~ vocativo 呼格.

a caso hecho 故意に. →de caso pensado.

a un caso rodado もしもの時には. →en [a] un caso rodado.

caer en mal caso (人が)笑いものになる, 評判が悪くなる.

caso aparte 別の場合; 難事. →ser un caso (aparte).

caso clínico (1)《医学》(普通ではない変わった)臨床例. En esta sección del hospital tienen archivados los *casos clínicos*. 病院のこの課では症例がファイルしてある. Le haré una biopsia para estudiar su *caso clínico*. あなたの病状診断のためにバイオプシーをします. (2)〖強調表現〗手の施しようのないやつ[こと], (行為が)並外れたやつ. Tu amigo es un *caso clínico*, siempre miente aunque no tenga necesidad. 君の友人はどうしようもないやつだ. 必要もないのにいつも嘘ばかりついている. →caso perdido.

caso de conciencia (1)(戒律・法律では是か非か決められない個人的な)良心の問題. consultar un *caso de conciencia* con el profesor 良心の問題を先生に相談する. (2)〖無冠詞でも使われる〗良心的義務(が生じる状況). La situación de esos refugiados es un *caso de conciencia*. それらの難民の状況には良心的義務が生じる.

caso de fuerza mayor 不可抗力のケース, やむにやまれぬ事情. Estoy seguro de que sólo en *caso de fuerza mayor* dejará de venir. 私は彼がやむを得ない場合にのみ来ることを取り止めるものと確信している.

caso de 〖+不定詞〗…の場合に. →en caso de 〖+不定詞〗. Recibo subsidio *caso de* perder el empleo. 失業した場合には私は失業手当を貰う.

caso (de) que 〖+接続法〗…の場合には. *Caso que* se te acabe el dinero, no dudes en pedirme. お金がなくなったら, 遠慮なく私に言いなさい. *Caso que* haga mal tiempo, no salgas. 天気が悪い場合は, 出かけるな. →en caso de que 〖+接続法〗, en el caso [de] que 〖+接続法〗, dado el caso (de) que 〖+接続法〗.

caso extremo 極端な例[場合]. →en (un) caso extremo.

caso fortuito (1)《法律》不可抗力. muerte por *caso fortuito* 不慮の死, 事故死. (2) 偶発事件[事故].

caso particular 特殊なケース, 個々のケース. Se exceptúan de la disposición ciertos *casos particulares*. 特殊なケースは条項から除外される.

caso perdido 〖強調表現〗(1)(振舞いが)手の施しようのない人[こと], 絶望的な人[こと](=calamidad). Este chico es un *caso perdido* y no hay quien le haga estudiar. この子はどうしようもないやつで, 勉強させることは難しい. El juicio es un *caso perdido*. その裁判は勝ち目がない. →caso clínico(2). (2) どうしようもない状況, 絶望的な状況. Su matrimonio fue un fracaso, es un *caso perdido*. 彼の結婚は失敗で, 絶望的状況だ.

caso por caso ケースごとに，ケースバイケースで. examinar *caso por caso* それぞれのケースについて1つ1つ検討する.
caso que ... →caso (de) que 〖＋接続法〗.
caso reservado 《教会法》留保事項(教皇・司教など高位聖職者しか赦免できない重い罪).
caso terminal 《文法》斜格(＝caso oblicuo; →caso recto「直格」)
caso urgente 緊急事態; 急患.
dado el caso そういうことになった場合. *Dado el caso*, lo mejor será pensar otra vez el proyecto. そういうことが起こったら，計画をもう一度考えるのが一番いいだろう.
dado el caso (de) que 〖＋接続法〗 →en caso de que 〖＋接続法〗
darse el caso de 〖＋不定詞〗 …ということが起こる. No sé si se *dará el caso de* poder intervenir, pero si es así, lo haré. 口出しできる機会があるのかどうか分かりませんが，もしあるならば，そうします.
darse el caso (de) que 〖＋接続法〗 …ということが起こる. Aunque es un medicamento muy suave, puede *darse el caso de que* no te haya sentado bien. それはとても弱い薬だけれど，君に合わなかった可能性がある.
de caso pensado 故意に，わざと(＝de propósito).→caso hecho.
el caso es que .../es el caso que ... (1) 〖＋直説法〗実は…なのである，つまり(＝es que ...). *El caso es que* no sé qué hacer. 実はどうしていいのか分からない. No sé de qué, pero *el caso es que* me encuentro mal. どうしてか分からないが，実は私，気分が悪いんです. (2) 〖＋接続法〗…が大切[肝要] Aunque vengas tarde, *el caso es que* vengas. 君はたとえ遅刻しても，来ることが大切だ.
en cada caso 場合[状況]によって，ケースバイケースで. El niño aprende qué lenguaje debe usar *en cada caso*. 子供は時と場合によってどんな言葉遣いをすべきかを学ぶ.
en caso →en todo caso.
en caso afirmativo もしそうであれば; 賛成の場合.→en caso negativo.
en caso alguno どんな場合にも…ない.
en caso de 〖＋名詞, 不定詞〗 …の場合には. *en caso de* emergencia 緊急の場合は. *En caso de* no poder asistir le ruego me avise. 出席できない場合は私にお知らせください.
en caso de necesidad 必要な[緊急な, やむを得ない]場合.
en caso de que 〖＋接続法〗 …の場合には. *En caso de que* no puedas venir, llámame a casa. 来られない場合は家に電話して.→caso (de) que 〖＋接続法〗.
en caso negativo もしそうでなければ; 反対の場合.
en casos contados めったに…ない.
en cualquier caso (1) とにかく，いずれにしても，何が起ころうと. →en todo caso. *En cualquier caso*, nada se pierde con intentarlo. とにかくそれはやってみれば損にはならない. (2) どんな場合でも. Tú no dejes de avisarme *en cualquier caso*. どんな場合でも君，僕に必ず知らせてね.
en el caso (de) que 〖＋接続法〗 …の場合には.
en el mejor de los casos せいぜいよくても，たかだ

caso 355

か.
en el peor de los casos 最悪の場合は. *En el peor de los casos* te pondrán una multa. 最悪の場合君は罰金を課せられるだろう.
en tal caso そのような場合は. Voy a salir un momento a comprar la leche.–*En tal caso* podrías traerme el periódico. ちょっと牛乳を買いに行って来ます．–それなら新聞も買ってきて.
en todo caso (1) とにかく，いずれにしても. →en cualquier caso. Comprendo que te hayas retrasado, pero, *en todo caso*, deberías haber llamado. 君が遅れたのは理解できるが，とにかく電話すべきだった. No sé si lloverá, *en todo caso* será mejor llevar paraguas. 雨が降るかどうかわからない，いずれにしても傘を持って行ったほうがよい. (2)〖前の否定文を受けて〗もしそうだとしても，しかしながら(＝si acaso)，せいぜい(＝a lo sumo). No puedo darte el dinero, *en todo caso* te lo prestaré. 君にお金を上げることはできないが，そのかわり貸してあげるよ. No puedo hacerlo para mañana, *en todo caso* para el jueves. 明日までにはできないが，木曜日までならできる. (3) どんな場合にも(＝en cualquier caso). (4) 必要な場合(＝en caso de necesidad).
en último caso 他に打つ手がなければ，最悪の場合には，いざとなったら. *En último caso*, si no encuentro alojamiento, iré a casa de mis tíos. 宿泊先が見つからない最悪の場合は，おじ夫婦の家に行くよ. *En último caso*, iré yo mismo a recogerlo. いざとなったら私が自分で取りに行く.
en [a] un caso rodado もしもの時には. *En un caso rodado*, hipotecaré la finca. まさかの場合は私は地所を抵当に入れる.→en caso de necesidad.
en (un) caso extremo 最後の手段として，最悪の場合は.
estar en el caso (1) 〖＋de〗(…について)よく知っている，詳しい. Pregúntaselo a mi hermano, que *está en el caso* de este tema. この話題なら弟が詳しいので，彼に訊いて. (2) 〖＋de＋不定詞〗…せざるを得ない. *Estamos en el caso de* tomar una decisión enérgica. 私たちは断固たる決断を下さざるを得ない.
haber caso 〖＋de＋不定詞〗(…する)必要がある，機会がある〖主に否定文で〗. No *hubo caso* de echarle, porque se marchó por su voluntad. 彼は自分の意志で立ち去ったので，追い出す必要はなかった. Ten mucho cuidado.–No *hay caso*. 十分気をつけて．–だいじょうぶ. Si *hay caso*, dices que vas de mi parte. 必要とあらば，私の代わりに来たと言いなさい.
hablar al caso 的を射た[適切な]話し方をする.
hacer al caso (話) (1)〖通例否定文で〗(話の内容などが)適切である，ふさわしい，あてはまる. Guárdate tus comentarios irónicos porque no *hacen al caso* en una situación así. 君の皮肉っぽいコメントはこのような状況にはふさわしくないので控えなさい. Ahora no *hace al caso* que hablemos de ello. 私たちがその話をするのは今は適切でない.→venir al caso, ser del caso. (2) 目的にかなった，(ある目的に)都合がよい，…にとって重要である.→no hacerLE a ... al caso. (3)〖＋con〗…と関係がある.

caso

hacer caso 〖+de/a+人・事〗 (1) (…の言うこと・意見・噂など)を気に留める[掛ける], 意に介する. Díselo tú porque *a ti* te *hace* más *caso que a mí.* 彼は私の言うことより君の言うことをよく聞くので, 君から言ってよ. *Haz caso de* mi advertencia. 私の忠告に耳を貸しなさい. Maldito el *caso* que me *hace.* あいつはまったく私をないがしろにしている. (2)(指示などに)従う, 守る. Aquí todo el mundo fuma y nadie *hace caso del* cartelito este donde dice que está prohibido fumar. ここではみんなタバコを吸い, 「禁煙」の張り紙などには誰も従わない. *Haz caso al* médico. 医者の指示に従いなさい. "Siéntate" ordenó Juan. No *hice* ningún *caso.* フアンに「座りなさい」と命令されたが, 私は従わなかった. (3)(噂など)を信じる, 信用する. No *hagas caso a* lo que dice Jaime, porque es muy mentiroso. ハイメの言うことを信じるな. うそつきだから. (4) 世話をする. *Haz caso de* los niños. 子供たちの面倒を見なさい.

hacer caso omiso [omiso caso] de … を気に留めない, 意に介さない, 耳をかさない, 無視する. *hacer caso omiso de* los rumores 噂を気に掛けない. *hacer caso omiso de* las leyes 法律を無視する. *Hiciste caso omiso de* mis consejos y te engañaron. 君は私の助言を聴かず, 騙された. Le dijimos que llegara puntual, pero él *hizo caso omiso* y vino una hora tarde. 私たちは彼に時間通りに来るように言ったが, 言うことも聞かず1時間遅刻した. →no hacer (ni) caso de ….

ir al caso 本題に入る(=ir al grano). *Vayamos al caso* de lo que realmente interesa en este momento. 今現に興味ある本題に入ろう.

llegado el caso (1) いざという時には, 必要とあれば. Invierte tus ahorros en estas acciones; *llegado el caso,* podrías retirarlos sin sufrir pérdidas. 君の蓄えをこれらの株に投資しとよ, いざという時には損失を出さずに回収できるから. (2) そういう状況になれば, その場合には. *Llegado el caso,* ya veríamos qué hacer. そういう状況になれば, どうしたらよいか分かるだろう. →si llega (el) caso.

ni caso 《話》(人の言動・行動を)気にも留めない, 問題にしない. Tú, *ni caso,* no te preocupes de esos rumores. そういうった噂は気にせず, 心配しなくてい. "No bebas más, no bebas más", pero tú *ni caso.*「もうこれ以上飲むな」といくら言っても君は言うことを聞かない.

No hacer*LE **a … al caso*** (人)には重要でない, どうでもよい, 関係ない. Tengo mucho interés en comprar esta casa y el precio *no me hace al caso.* 私はどうしてもこの家を買いたいので, 値段は関係ない.

No hay caso 〖中南米〗無駄である[無駄だった], どんなことがあっても…する可能性はない. Por más que reclamé, *no hubo caso.* どんなに抗議しても, 無駄だった. *No hubo caso,* la mancha no salió. しみはどうしても抜けなかった.

No sea caso que 〖+接続法〗…しないように, …するといけない. Me llevaré el abrigo, *no sea caso que* refresque por la noche. 私は夜冷えるといけないからオーバーを持っていく.

no tener caso 〖メキシコ〗無駄な, 必要がない. *No tiene caso* que vengas. 君は来る必要がない. *No tiene caso.* そんなことをしても何にもなりゃしない (時間の無駄だ).

o en su caso または(=o bien). Puedes dejarle las entradas a mi madre *o, en su caso,* a mi hermano. 君が母かそれとも弟に入場券を渡してもいい.

para el caso その場合にとっては(どうでもよい, 構わない). ¿Por qué no protestas? *-Para el caso…* なぜ抗議しないの.-どうでもいいんだ. *Para el caso* es igual que sea inglés o americano. その場合, イギリス人でもアメリカ人でもどちらでも構わない.

poner a … en el caso de que 〖+接続法〗(人)を…せざるを得ない状況に追い込む.

poner caso →poner por caso.

poner por caso (1) を当然のことと考える. Por supuesto, hay que *poner por caso* el hecho de que él esté de acuerdo. 勿論, 彼が同意していることを当然のことと考えなければならない. (2) を例として挙げる. Hazte el encontradizo y pregúntale, *pongamos por caso,* qué hora es. 偶然出会ったようなふりをして, 例えば今何時かを彼に訊ねなさい.

poner por caso 〖+*que*+接続法または直説法〗を仮定する, 推量する. *Pon por caso que* no te den el visado, ¿qué vas a hacer entonces? もし君がビザをもらえないとして, 君はその場合どうするの? Vamos a *poner por caso que* te toca la lotería. 例えば君に宝くじが当たったとしよう.

ponerse en el caso de que 〖+接続法〗…と想像する. Tu perro está hecho un salvaje; *ponte en el caso de que* muerda a alguien. ¿Qué pasaría? 君の犬は野生化している. 誰かを噛んだとしたら, どうなるだろう?

ser caso negado 役立たずである.

ser del caso 適切である. →hacer al caso, venir al caso.

ser un caso (aparte) 《話》(良くも悪くも)並外れている, (多くは軽蔑の意で)どうしようもないやつだ, 変わったやつだ. Ese hombre *es un caso* de estupidez. そいつは馬鹿などうしようもないやつだ. Carmen *es un caso*: ni un solo día llega puntual a clase. カルメンは救いようがない. 一日たりとも時間通り授業に出てくることがない娘だ. *Eres un caso,* siempre estás de buen humor. 君は変わったやつだ. 決して不機嫌にならないんだから.

si es caso もし都合がよければ. Iremos juntos, pero *si es caso,* ve tú primero. 一緒に行こう, でも都合がよければ先に行って.

si llega (el) caso (1) いざという時には, 必要になれば. *Si llega el caso,* estoy dispuesto a ayudarte. いざという時には, 私は君を助ける用意ができているからね. →en caso de necesidad. (2) そういう状況になったら, その場合には, 時期が来たら. *Si llega el caso,* te lo contaré. そういう状況になったら, 君に話そう. →llegado el caso.

tener caso 〖メキシコ〗必要である. →no tener caso.

venir al caso 《話》(1) 〖通例否定文で〗(話などの内容が)適切である, あてはまる, ふさわしい. →hacer al caso, ser del caso. Lo que Ud. dice *no viene al caso.* あなたのおっしゃっていることはこの場に適切でない. Ahora *no viene al caso* que hablemos de ello. 今はそれについて話してもしようがない. (2) (ある目的に)都合がよい, 重要である. La buena alimentación *viene al caso* de la salud. 栄養のバランスがとれた食事は健康には重要だ.

casón [kasón] 男 →casona.

***casona** [kasóna] 囡 古くて広い豪邸.

casorio [kasórjo] 男 ❶《話》思慮分別のない結婚; 生彩を欠いた結婚. ❷《話》結婚式の大騒ぎ. 類 **bodijo, bodorrio**.

caspa [káspa] 囡 ❶ (頭の)ふけ; (皮膚にできる白いふけ状の)かさぶた. — Te pica la cabeza porque tienes ～. 君はふけが出るので頭がかゆい. un champú para quitar [eliminar] la ～ ふけ取りシャンプー.

Caspio [káspjo] 固名 (Mar ～) カスピ海.

caspio, pia [káspjo, pja] 形 カスピ族の, カスピ海の. — Mar C～ →Caspio.
— 名 カスピ族(の人).

¡Cáspita! [káspita] 間 【驚き・賞賛・怒りなどを表す】おやおや, これはこれは; ちくしょう. —¡C～! ¡Cómo iba a pensar que estarías aquí! こりゃ驚いた, 君がここにいるなんて思いもよらなかったよ. ¡C～! ¡Cómo han dejado mi coche! ひどい, 私の車をこんなにして! 類 **caramba**.

casposo, sa [kapóso, sa] 形 ふけの多い, ふけ性の.

casquete [kaskéte] [<casco] 男 ❶ 頭の上部を覆うもの, 頭巾. ❷《歴史》兜の一種. ❸ (先端部を保護する)はめ輪; 薬莢の金属でできた底部. ❹《医学》輪癬(%%)患者に頭につけるピッチを塗り付けた布. ❺ 部分つら. ❻ 入れ毛, かもじ. 類 **cairel**.
a casquete quitado《話》自由に, 遠慮なく.
casquete esférico《数学》球冠.
casquete polar《地理》極冠.

casquijo [kaskíxo] 男 砂利, バラス. 類 **guijo**.

casquillo [kaskíjo] [<casco] 男 ❶ (先端部を補強, 保護するための)金属の環, 留め金, 締め具. ❷《電気》(電球の)口金. — ～ de rosca ねじ込み式口金. ❸ 紙薬莢の金属でできた底部, 空の金属製薬莢. ❹ 鉄の矢じり. ❺《中南米》蹄鉄(鋲). 類 **herradura**. ❻《中南米》帽子の革の裏張り.
reír a casquillo quitado《比喩, 話》大笑いする. 類 **reír a carcajadas, reír a mandíbula batiente**.

casquivano, na [kaskiβáno, na] 形《話》思慮分別のない, 軽薄な; (女性に対して)尻軽な, ふしだらな.
— 名《話》思慮分別のない人, 軽薄な人; 尻軽女. 類 **alocado, cascabelero, ligero**. 反 **formal, reflexivo**.

‡**casta** [kásta] 囡 ❶ (特に上流階級の)血統, 家系, 家柄, 血筋. — ～ de héroes [de genio] 英雄[天才]の家系. tener [ser de, venir de] buena ～ 血筋がいい. descender de una ～ noble 貴族[名門]の出である. 類 **abolengo, alcurnia, estirpe, linaje**. ❷ (インドの)カースト制; 階級制. — régimen de ～s カースト制度. sociedad de ～s カースト制社会. 類 **clase, estamento**. ❸《生物》種(%), 品種, 血統. — un toro de buena ～ 血統のよい牛. cruzar las ～s 交配する. 類 **raza**. ❹《特性・力・勇気などの)質. — Tiene la ～ de los grandes actores españoles. 彼はスペインの偉大な俳優たちの血筋を引いている. ❺ (物・人の)性質, 性格, 種類. — carne [fruta] de buena ～ 良質の肉[果物]. No soporto a las personas de tu ～. 私は君のような人は我慢できない. 類 **calidad**. ❻ (一般に閉鎖的な)特権階級. — Los militares forman una ～ en el país. 軍人はその国では特権階級をなしている. ❼《虫類》(蜂・蟻の)階級. — Los zánganos son una ～ dentro de las abejas. 雄バチはミツバチの中の階級である. ❽ 一族, 一味, 派閥.
de casta (1) 純血種の (=de pura cepa, de raza). perro [toro] *de casta* 純血種の犬[雄牛]. (2) 第一級の, 一流の, 本物の; 名門の, 生まれながらの. escritor *de casta* 第一級の作家.
De casta le viene al galgo (el ser rabilargo).《諺》血筋は争えない[蛙の子は蛙, この親にしてこの子あり].

castamente [kástaménte] 副 清らかに, 清純に, 貞淑に.

castaña [kastáɲa] 囡 ❶ クリ(栗)の実. — ～s asadas [confitadas] 焼き栗[砂糖漬の栗]. ❷ クリの実のように束ねた髪の型. ❸《比喩, 話》平手打ち, びんた. — El padre le arreó una ～ por volver tarde. 父親は彼女が遅く戻ったためびんたを食わせた. 類 **bofetada, cachete**. ❹《比喩, 話》殴打, 打撃, 衝突, 衝撃. — ¡Vaya ～ que se ha pegado con el coche! ああ, 車にぶつかった! 類 **choque, golpe, trompazo**. ❺《比喩, 話》酔い, 酩酊. — Ha cogido una ～ de miedo. 彼はすごく酔っ払ってしまった. 類 **borrachera**. ❻ クリの実の形をした容器, 小瓶. ❼《中南米》(ローラーの)軸受け部分. ❽《中南米》小さい樽. ❾《卑》女性性器. ❿《卑》1ペセータ.
castaña apilada [*maya, pilonga*] (燻製(%%)にして保存のきく)干しクリ.
dar a ... la castaña (1)《比喩, 話》(人)をからかう, ばかにする. (2) (人)をいらいらさせる, 不快にさせる, 立腹させる.
dar a ... para castañas《比喩, 話》懲らしめるといって脅かす.
meter una castaña《話》法外な金を払わされる. Me han metido una *castaña* de multa por aparcar en la zona prohibida. 禁止ゾーンに駐車したために私は法外な罰金を支払わされた.
parecerse como una castaña a un huevo《比喩, 話》月とスッポンである(クリの実が卵と違うように似ていない).
sacar castañas del fuego con la mano del gato《比喩, 話》困難な問題を他人に解決してもらう.
sacar las castañas del fuego《比喩, 話》火中の栗を拾う, 他人の問題を解決してやる. Cuando mis hermanos tienen algún problema, siempre vienen a mí para que les *saque las castañas del fuego*. 私の兄弟は何か問題があるというと私のところにやって来てそれを解決してもらうことになる.
¡Toma castaña! 間《話》ざまあ見ろ.

castañal, castañar [kastaɲál, kastaɲár] 男 クリ(栗)林. 類 **castañeda**.

castañazo [kastaɲáθo] 男《話》げんこつ(での殴打), パンチ. 類 **golpetazo, puñetazo**.

castañeda [kastaɲéða] 囡 →castañal, castañar.

castañero, ra [kastaɲéro, ra] 名 クリ(栗)売り. — 男《鳥類》(游禽類の)水鳥の一種.

castañeta [kastaɲéta] 囡 ❶ 指をパチンと鳴らす音. 類 **castañetazo, chasquido**. ❷《音楽》カスタネット. 類 **castañuela**. ❸《闘牛》闘牛士の

358 castañetazo

束髪につける黒いリボン. 類**moña**. ❹《魚類》= castañola. ❺《アラブ》《鳥類》キクイタダキ科の一種. 類**reyezuelo**.

castañetazo [kastaŋetáθo] 男 ❶ クリを火に入れた時にでるパチパチという破裂音. 類**crujido**. ❷ 指をパチンと鳴らす音;カスタネットの激しい音;指や関節が鳴らすポキポキという音. 類**castañeta, chasquido**. ❸《話》げんこつでの一打,強打. 類**golpetazo, puñetazo**.

*****castañetear** [kastaŋeteár]〔<castañuela〕自 ❶ カスタネットを打ち鳴らす. ❷ 歯がガチガチ鳴る;関節がポキポキ鳴る. — Volvió de la calle castañeteando de frío. 彼は寒さで歯をガチガチ言わせながらおもてから帰ってきた.

castañeteo [kastaŋetéo] 男 ❶ カスタネットを鳴らすこと. ❷ 指をパチンと鳴らすこと,歯をガチガチいわせること;骨をポキポキ鳴らすこと.

:**castaño** [kastáŋo] 男 ❶《植物》クリ(栗)の木;クリ材. — Ha comprado una mesa de ~. 彼は栗の木のテーブルを買った. ❷ 栗色. — El ~ favorece a las personas rubias. 栗色は金髪の人によく似合う.

castaño de Indias《植物》マロニエ,セイヨウトチノキ(西洋栃の木).

pasar de castaño oscuro《話》《物事が主語》やり過ぎである,度が過ぎる,(腹立たしくて)耐えられない. Esto ya *pasa de castaño oscuro*; a ver si os calláis. 度が過ぎるよ. 君たち, もう黙ったらどうだ. *Pasa de castaño oscuro* que no venga a dormir a casa. 彼が家に寝に帰っていないなんてひど過ぎる.

—, ña 形 栗色の;栗毛の. — Ella tiene el pelo rubio y unos preciosos ojos ~s. 彼女はブロンドで栗色の美しい目をしている. caballo ~ 栗毛の馬. cabello ~ [cabellera *castaña*] 栗色の髪.

castañola [kastaŋóla] 女《魚類》ハマシマガツオ.

*****castañuela** [kastaɲuéla] 女 ❶《音楽》カスタネット. — tocar las ~s カスタネットを鳴らす. 類**castañeta, palillo**. ❷《植物》スゲ, カヤツリグサ.

estar [ponerse] (alegre) como unas castañuelas とても陽気である[になる],心が弾んでいる[弾む]. Al saber que iba a ser padre *se puso como unas castañuelas*. 彼は父親になると知って心が弾んだ.

*****castañu*elo, la** [kastaɲuélo, la] 形 ❶《馬について》栗毛色の. ❷《植物》— *ajo* 赤皮ニンニク.

castellanismo [kasteʎanísmo] 男 ❶ Castilla 地方特有の言葉,言い回し. ❷ スペイン語風の表現,言い回し.

castellanización [kasteʎaniθaθjón] 女《言語》カスティーリャ化,外国語のスペイン語化.

castellanizar [kasteʎaniθár] [1.3] 他 ❶《外国語》をスペイン語化する. ❷ スペイン語教育を行なう. ❸ をカスティーリャ(地方)風にする.

— se 再 ❶ 《外来語が》スペイン語化される. ❷ スペイン語話者になる. ❸ カスティーリャ風になる.

*****castellano, na** [kasteʎáno, na] カステヤノ, ナ] 形 カスティーリャ(人・語)の;スペイン語の. — *arte* ~ カスティーリャ芸術. *lengua castellana* カスティーリャ語, スペイン語. *a la castellana* カスティーリャ地方風に.

— 名 カスティーリャ人, カスティーリャ出身の人;スペイン人. — ~ *nuevo* [*viejo*] 新[旧]カスティーリャ人.

— 男 ❶ カスティーリャ語, スペイン語;カスティーリャ方言. ◆歴史的には旧カスティーリャ地方のロマンス語方言 (castellano) がスペインの国語 (español) となったので, この2語は同義語として用いられる. ただし, スペイン語の中でカスティーリャ地方の方言を他の方言と区別して castellano と呼ぶ場合もある. ❷《歴史》城主. ❸ (中世の)カスティーリャ金貨. ❹ ニワトリの1品種.

castellana de oro → ❸.

Castellón de la Plana [kasteʎón de la plána] 固名 カステリョン(・デ・ラ・プラナ)(スペインの都市).

castellonense [kasteʎonénse] 形 カステリョン・デ・ラ・プラナ (Castellón de la Plana) の[出身の].

— 男女 カステリョン・デ・ラ・プラナの人[出身者].

casticidad [kastiθiθiðá(ð)]〔<castizo〕女 ❶《言語の》正統性, 純正性;《慣習の》純正性, 伝統性. 類**casticismo, pureza**. ❷《人の》生粋性, 真正性.

casticismo [kastiθísmo] 男 《言語, 慣習などの》純粋[生粋, 純正]主義;伝統主義. 類**casticidad, pureza**.

casticista [kastiθísta] 男女 《言語, 慣習などの》純粋[生粋, 純正]主義者, 伝統尊重主義者. 類**purista**.

castidad [kastiðá(ð)] 女 ❶ 純潔;貞節, 貞操, 貞潔. — *hacer voto de* ~ (聖職者が)貞潔の誓願を立てる. ~ *conyugal* 夫婦の貞操, 貞節. *cinturón de* ~ 貞操帯. *vivir en* [*guardar*] *la* ~ *y el celibato* 貞節を守り独身生活を送る. 類**continencia, pureza**. ❷ 清純さ, 純粋さ. ~ *de la mirada* まなざしの清らかさ.

castigado, da [kastiɣáðo, ða] 形 (地域が)被害を受けた.

castigador, dora [kastiɣaðór, ðóra] 形 ❶ 罰する, 懲(こ)らしめる. ❷《話》魅惑的な, 悩殺する, 相手を惚れさせる. — *ojos* ~*es* 魅惑的な目.

— 名 ❶ 処罰をする人, 懲らしめる人. ❷《話》色男, 色女.

:**castigar** [kastiɣár] [1.2]〔<castigo〕他 ❶ を罰する, 処罰する. — El profesor lo *ha castigado* a quedarse sin recreo. 先生は遊びなしの罰で彼を懲(こ)らしめた. ❷ (*a*) を苦しめる, さいなむ. — Los compañeros la *castigaban* con sus burlas. 仲間たちは彼女をからかっていじめていた. (*b*) をいためつける, …に損害を与える. — La sequía *castigó* la cosecha de trigo. かんばつが小麦の収穫に損害を与えた. ❸ (鞭などで)馬を急がせる, 責める. ❹ (異性)を誘惑する.

:**castigo** [kastíɣo] 男 ❶ 罰, 処罰, 刑罰. — ~ *de los cielos* 天罰. ~ *corporal* 体罰, 折檻. *celda de* ~ 懲罰房. ~ *afrentoso* [*infamante*] 加辱刑. ~ *fuerte* [*duro, severo, riguroso*] 厳罰. *recibir diez azo*t*es de* ~ 罰としてお尻を10回叩かれる. 《*Crimen y* ~》『罪と罰』(ドストエフスキー作). *Como* ~, *hoy te quedas sin postre*. 罰として今日はデザートなしだぞ. *Por tu mal comportamiento te me*r*eces un* ~. 君は素行が悪いので罰せられて当然だ. 類**correctivo, punición**.

sanción. 反perdón, premio, recompensa. ❷《比喩》悩み[苦痛]の種, 苦しみ. —Un hijo tan vago es un ～. あんな怠け者の息子は頭痛の種だ. Tener que vivir con la suegra es un auténtico ～. 姑と同居せねばならないとは本当に苦痛だ. 類aflicción, cruz, mortificación, tormento. 反alivio, consuelo. ❸ 損害. —Nuestra artillería infligió un duro ～ al enemigo. 我が軍の大砲は敵軍に甚大な損害を与えた. 類daño, padecimiento, perjuicio. ❹《スポーツ》ペナルティー. —área de ～ [de penalti] ペナルティー・エリア. 類infracción. ❺《闘牛》(雄牛を興奮させるためにつける)傷. 類puya. ❻ (文章の)推敲(すいこう), 修正, 訂正 (＝enmienda).

castigo divino [de los cielos] 天罰, 神罰.

castigo ejemplar/ejemplar castigo 見せしめ. Esa salvajada merece un *ejemplar castigo*. その野蛮な行為は見せしめに値する.

levantar el castigo a ... (人)の罰を解く, 許す, 赦免する. Si te portas bien, te *levantaré el castigo*. いい子にしていたら, 許してあげる.

llevarse el castigo 罰をうける. Se ha *llevado el castigo* que merece. 彼は当然の報いを受けた.

máximo castigo/castigo máximo (1)《スポーツ》ペナルティー. El árbitro pitó el *máximo castigo*. 審判は笛を吹いてペナルティーを宣した. (2)《法律》極刑. El fiscal pidió el *máximo castigo* para el asesino. 検事は暗殺者に対し, 極刑を求めた.

ser de castigo《事柄が主語》骨が折れる, つらい.

tiro de castigo《スポーツ》ペナルティー・キック.

Castilla [kastíja] 固名 カスティーリャ (スペインの地方).

Castilla-La Mancha [kastíja la mántʃa] 固名 カスティーリャ・ラ・マンチャ (スペインの自治州).

Castilla y León [kastíja i león] 固名 カスティーリャ・イ・レオン (スペインの自治州).

castillejo [kastijéxo] 男 ❶ (幼児のための)歩行器, 歩行練習器. 類andador. ❷ (重いものを引き上げるための)足場, 足場組み. ❸ 子どもの遊びの一種: 4 個のクルミの実からなる山 (castillejo) を遠くから投げるクルミで崩していく遊び. ❹ 手織機の部品. ❺《中南米》サトウキビ圧搾機の側面についた鉄製の枠組.

castillete [kastijéte] [<castillo] 男 ❶ 高圧線・ケーブルカーなどの鉄塔. —los ～s de las líneas eléctricas de alta tensión 高圧線の鉄塔. ❷ (鉱山) (油井(ゆせい), などの)櫓(やぐら). —～ de extracción 巻き上げ櫓.

‡**castillo** [kastíjo] 男 ❶ 城, 城塞(じょうさい), 砦(とりで). —Fuimos a visitar un ～ medieval. 私たちはある中世の城を訪れた. ～ en la arena 砂上の楼閣. 類alcazaba, alcázar, fortaleza. ❷《海事》船首楼[甲板]. —～ de popa 船尾楼[甲板]. —～ de proa 船首楼. ❸ (紋章)城を形取った模様 (Castilla の紋章).

castillo de fuego [de fuegos artificiales]【集合的に】仕掛け花火; 束 (はな)の間の華やかさ.

castillo de naipes (1) 空中楼閣, 絵空事, 夢のようなこと(→castillos en el aire). hacer [levantar, forjarse] *castillos de naipes* 空中楼閣を描く. No es gran proyecto suyo no es más que un *castillo de naipes*. 彼のその大計画は絵空事にすぎない. (2) トランプで組み立てた城.

castillos en el aire 空中楼閣, 絵空事, 夢のよう

なこと(→castillos de naipes). hacer [levantar, forjarse] *castillos en el aire* 空中楼閣を描く.

‡**castizo, za** [kastíθo, θa] [<casta] 形 ❶ 生っ粋の, 純粋の; 本物の. —madrileña *castiza* 生っ粋のマドリード女 (言葉がマドリードの下町風の). barrio ～ (都市の)伝統的な地区. comida *castiza* 伝統料理. 類auténtico, genuino, puro. ❷ (言語が)純正の (新語・外来語などを用いない), 混じり気のない. —estilo ～ 純正な文体. ❸ (生物が)純血の, 純粋種の. ❹ (人柄が)気取りのない, 気さくな. —Es un tipo ～. あいつはいい奴だ. —— 名 ❶ 気さくな人. ❷《中南米》カスティーソ (スペイン人とメスティーソとの混血の人).

‡**casto, ta** [kásto, ta] 形 ❶ 純潔な, 貞節な, (特に女性が)慎み深い. —mantenerse ～ 純潔[童貞]を守る. 類honesto, puro, virtuoso. 反impuro, lujurioso. ❷ 清らかな, 清純な. —mirada *casta* de la joven 乙女の清純なまなざし. amor ～ 純愛. vida *casta* 清らかな生活[生涯]. mantener una *casta* relación 清い関係を保つ. dar un beso ～ en la frente 額に口づけをする.

castor [kastór] 男 ❶《動物》ビーバー, 海狸(かいり); ビーバーの毛皮. ❷ ビーバーの毛でできたフェルト (毛織物).

Cástor [kástor] 男《天文》カストル(双子座のアルファ星). —～ y Pollux《ギリシア神話》カストルとポルックス. ♦ゼウス Zeus とレダ Leda の間に生まれた双生神. 双子座は 2 人の名に由来する.

castoreño [kastoréno] 形 (帽子が)ビーバーの毛でできた, フェルト製の. —— 男 ❶ ビーバーハット (＝sombrero ～); フェルト帽. ❷《闘牛》ピカドールの帽子.

castóreo [kastóreo] 男 海狸(かいり)香, カストリウム (痙攣(けいれん)止めの薬品や香料などに用いられる).

castorina [kastorína] 女 ❶ ビーバーの毛皮に似せた毛織物の一種. ❷《化学》海狸(かいり)香にも含まれた脂肪分.

castra [kástra] 女《養蜂》ミツバチの巣箱から採蜜のために巣房を取り出すこと. 類castración.

castración [kastraθjón] 女 ❶ 去勢. —complejo de ～《心理》去勢コンプレックス. ❷ 無気力化. ❸ (植木などの)剪定, 刈り込み. ❹《養蜂》採蜜. 類castra.

castrado, da [kastráðo, ða] 過分 形 去勢された. —caballo ～ 去勢馬. —— 男 去勢された男子; (中国の)宦官(かんがん).

castrador [kastraðór] 男 去勢を行なう人.

castrar [kastrár] 他 ❶ 去勢する. 類capar. ❷《比喩》気力[知力]を奪う[弱める]. 類debilitar, enervar. ❸ 剪定する, 刈り込む. 類podar. ❹《養蜂》(採蜜のために)ミツバチの巣箱から巣房を取り出す. ❺ (トウモロコシの)間引きをする. ❻ 潰瘍(かいよう)を焼灼(しょうしゃく)する.

castrazón [kastraθón] 女《養蜂》(採蜜のため)巣箱から巣房を取り出すこと[時期].

castrense [kastrénse] 形 軍隊の, 軍隊に関する. —código ～ 軍法. cura [capellán] ～ 従軍司祭. vida ～ 軍隊生活. 類militar. 反civil.

Castro Urdiales [kástro urðjáles] 固名 カストロ・ウルディアレス (スペインの都市).

‡**casual** [kasuál] [<caso] 形 ❶ 偶然の, 偶発の, 思いがけない. —Su muerte no fue un accidente ～. 彼の死は偶然的な事故ではなかった. 類ac-

**cidental, fortuito, imprevisto. ❷《文法》格の. — desinencia ~ 格語尾.

casualidad [kasualiðáð] 囡 偶然(の出来事), 巡り合わせ. —¡Qué ~ encontrarnos aquí! ここで会うなんて偶然ね! 類**azar, coincidencia.** 反**causalidad.**

dar(se) la casualidad (de) que〖+直説法〗偶然にも[たまたま]…ということが起こる.

la casualidad hizo que〖+接続法〗偶然にも[たまたま]…した. *La casualidad hizo que* yo estuviera fuera aquel día. 私はその日はたまたま外出中だった.

ni por casualidad (否定の強調)決して…ない.
por [de] casualidad 偶然, たまたま; もしかして, ひょっとして. Lo supe *por* pura *casualidad* 私は全く偶然にそれを知った.

ser una casualidad que〖+接続法〗…するのは偶然だ. *Fue una casualidad que* me encontrara con ella. 私が彼女に会ったのは偶然だった.

sonar la flauta (por casualidad) まぐれ当たりする, たまたまうまくいく.

casualmente [kasuálmente] 副 偶然に, たまたま; ちょうど. —Nos encontramos ~ en una fiesta. 私たちはあるパーティーでたまたま出会った.

casuario [kasuárjo] 男《鳥類》ヒクイドリ. ♦オーストラリア産. 飛べないがよく走りよく泳ぐ.

casucha, casuca [kasútʃa, kasúka]〖<casa〗囡《軽蔑》ちっぽけなあばら家, バラック. 類**casucho.**

casucho [kasútʃo]〖<casa〗男 →casuca, casucha.

casuista [kasuísta] 男女 形《神学》(良心問題の)決疑論者(の); 詭弁家(の).

casuística [kasuístika] 囡 ❶〖集合的に〗(条約や規範を説明する)事例; 事例研究. ❷《神学》決疑法.

casuístico, ca [kasuístiko, ka] 形 ❶《神学》決疑法的な; 詭弁的な. ❷ 個別的な, 個々の事例に即した; 事例研究の.

casulla [kasúʎa] 囡 ❶《カトリック, 服飾》上祭服, カズラ(司祭がミサの時着用する式服). ❷《中南米》精米に混じった籾(ﾓﾐ).

cata- [kata-] 接頭「反, 下」の意. —*catá*lisis, *cata*cumbas, *catá*strofe.

cata[1] [káta] 囡 ❶ 試食[試飲]すること. — ~ del vino ワインの試飲. vender sandías a cala y ~ スイカを試食販売する. 類**prueba.** ❷ 試供品, サンプル. ❸《中南米》(鉱業)試掘, ボーリング. 類 **calicata.** ❹《中南米》隠匿物.

dar cata (1)《話》試食する, 試飲する; 検査する. 類**catar.** (2) 探す, 探査する. 類**catear.**

darse cata de ... …に気づく. 類**percatarse de** ...

cata[2] [káta] 囡《中南米》(鳥類)インコ(鸚哥). 類**cotorra, perico.**

catacaldos [katakáldos] 男女《単複同形》《話》❶ 何にでも手を出すが長続きのしない人. ❷ お節介な人, でしゃばり. 類**entrometido.**

cataclismo [kataklísmo] 男 ❶《話》(大洪水, 大地震などの)天変地異, 大異変; 地殻の激変. ❷《話》社会的[政治的]大変動. ❸《話》(日常生活を変える)災難, 不都合.

catacumbas [katakúmbas] 囡 複 カタコンベ, 地下墓地(主にローマで見られる初期キリスト教徒たちの地下避難所および地下墓地).

catador, dora [kataðór, ðóra] 男女 ❶ 味利き, 味の鑑定家. ❷ ワイン鑑定人 (= ~ de vinos). —Un buen ~ adivina con facilidad el año de cosecha. すぐれたワイン鑑定家は収穫年を簡単に言い当てる. 類**catavinos.** ❸《養蜂》(採蜜のために)巣房を取り出す人. ❹《比喩》鑑定家, 目利き. —auténtico ~ de arte すぐれた美術鑑定家.

catadura [kataðúra] 囡 ❶ 《通常 mala, fea を伴って》顔つき, 容貌, 表情. —Es un tipo de mala ~. 顔つきのよくない奴だ. 類**aspecto, semblante.** ❷ 利き酒, 試飲; 味見, 試食. 類**degustación.**

catafalco [katafálko]〖<伊〗男 (教会内による)葬式用の棺台.

catalán, lana [katalán, lána] 形〖複〗 catalanes) カタルーニャ (Cataluña)(地方)の, カタルーニャ人[語]の. — literatura *catalana* カタルーニャ文学.

—— 名 カタルーニャ人, カタルーニャ出身の人.

—— 男 カタルーニャ語(カタルーニャ・バレンシア・バレアーレスなどで話されるロマンス語の一つ).

catalanismo [katalanísmo] 男 ❶《政治》カタルーニャ分離[独立]主義. ❷《言語》(スペイン語などにおける)カタルーニャ語風の表現[言い回し], カタルーニャ語からの借用語. ❸ カタルーニャ人気質.

catalanista [katalanísta] 形 カタルーニャ分離主義(運動)の.

—— 男女 カタルーニャ分離[独立]主義者の.

cataléctico, ca [kataléktiko, ka] 形《詩学》(一行の)韻脚不完全の. —verso ~ 韻脚不完全の詩行(最後の1音節が欠けていたり, 韻脚が不完全な古典語の詩).

—— 男《詩学》韻脚不完全の詩行.

catalecto [katalékto] 形 →cataléctico.

catalejo [kataléxo] 男 望遠鏡. 類**anteojo, telescopio.**

catalepsia [katalépsja] 囡《医学》強硬症, カタレプシー(突然感覚が麻痺し筋肉が硬直する病気).

cataléptico, ca [kataléptiko, ka] 形《医学》強硬症[カタレプシー]の.

—— 名 強硬症患者, カタレプシー患者.

Catalina [katalína] 固名《女性名》カタリーナ.

catalina [katalína] 囡《話》牛の糞, (子供の)便.

catalizador, dora [kataliθaðór, ðóra] 形《化学》触媒作用の, 触媒の; きっかけとなる. —El arresto de los líderes fue el elemento ~ de los disturbios. 指導者たちの逮捕が騒動の触媒となった. —— 男 触媒; きっかけ.

catalizar [kataliθár]〖1.3〗他 ❶《化学》…に触媒作用を及ぼす. ❷ (一般に反応を)引き起こす, 誘発する.

catalogación [kataloɣaθjón]〖<catalogar〗囡 目録[カタログ]作成; 分類. 類**clasificación.**

catalogar [kataloɣár]〖1.2〗他 ❶ …の目録[カタログ]を作る; を目録[カタログ]に載せる. —Los libros no pueden usarse hasta que los *cataloguen*. その本はカタログに登録されるまでは利用できない.〖+de/como〗(人を)…と分類する, …と見なす. —*Catalogaron* a este político *de* separatista. この政治家は分離主義者と見なされた. Se le *catalogó entre* los mejores pianistas del mundo. 彼は世界で最良のピアニストのひとりと見な

:**catálogo** [katáloɣo] 男 ❶ (商品などの)**目録, カタログ**. ―― ~ de muestra 商品見本カタログ. precio de ~ 表示価格, カタログ記載値段. **類 inventario**. ❷ (図書館)**図書目録, 蔵書目録**. ―― ~ colectivo 総合目録. ~ de materias [de materiales] 件名目録, 件名索引. consultar el ~ alfabético de autores [de títulos] アルファベット順著者[書名]目録を調べる.

Cataluña [katalúɲa] 固名 カタロニア[カタルーニャ](スペインの地方・自治州).

catamarán [katamarán] 男 ❶ (インドや中南米沿岸に見られる)数本の丸太を並べて作った筏(いかだ)船. ❷ (2艘の小船を並べてつないだ)双胴船.

Catamarca [katamárka] 固名 カタマルカ(アルゼンチンの都市).

cataplasma [kataplásma] 女 ❶ 《医学》アマニやカラシなどを用いた温かい湿布(鎮痛, 刺激軟化剤として用いられる). ❷ 《話》厄介な人, うるさい人. ―― No seas ~ y deja de molestar. おせっかいをやめて邪魔するな. ❸ 《話》病弱な人, 病身の人. ❹ 雑な仕事, ぞんざいな作品.

catapulta [katapúlta] 女 ❶ (古代の戦争で用いられた)投石機, 弩(いしゆみ). ❷ 《航空》(空母など狭い場所からの)飛行機射出機, カタパルト; グライダー始走機.

catapultar [katapultár] 他 ❶ 《航空》(カタパルトを使って)飛行機を発射する. ❷ を一躍有名にする. ―― Esa novela lo catapultó a la fama. その小説は一躍有名になった.

catar [katár] 他 ❶ 味見する, 試食する, 試飲する. ―― Me olvidé de ~ la sopa y está salada. スープの味見をするのを忘れたので塩辛い. Desde que cató el éxito no vuelve por el pueblo. 彼は成功の味を味わって以来村には戻ってこない. **類 degustar, probar, saborear**. ❷ 調べる, 調査する, 考察する. **類 examinar, mirar, registrar**. ❸ 《話》(少しの量だけ)食べる, 口にする. ―― Durante la guerra había días que no catábamos bocado. 戦争中には何も口にしない日があった. ❹ (採蜜のために)巣板を取り出す. **類 castrar**.

cataraña [kataráɲa] 女 ❶ 《鳥類》アオサギ属(胴体は白色で, 嘴, 脚, 目は緑色と赤色). ❷ 《動物》アンティーヤス諸島に生息するトカゲの一種.

catarata [kataráta] 女 ❶ 《地理》(大きな)滝, 大滝, 瀑布(ばくふ). ―― la ~ del Iguazú イグアスの滝. las ~s del Niágara ナイアガラの滝. **類 cascada**. ❷ 《医学》白内障, 白そこひ. ―― Mi padre tiene [padece de] ~s. 私の父は白内障だ. Le han operado de ~s. 彼は白内障の手術をした. ❸ 《まれ》雨雲. ―― abrirse las ~s del cielo. 土砂降りの雨になる.

batir la catarata 《医学》白内障を後部眼房部の下に下がるようにする.

extraer la catarata 《医学》角膜の割れ目から水晶体を抽出する.

tener catarata 《比喩, 話》(激情から)理性を失っている; 無分別になっている.

cátaro, ra [kátaro, ra] 形 《宗教》カタリ派の(11世紀から12世紀にかけて広がった異端派. 秘跡や偶像崇拝を排し慣習を極度に簡単化したもの).

―― 名 《宗教》カタリ派の人. 『男性複数形で』カタリ派.

catarral [katarrál] 形 《医学》カタル性の, カタルの.

catarro [katárro] 男 《医学》(特に鼻・喉の炎症で鼻水・咳の出る)風邪, 感冒, カタル, 粘膜炎症. ―― coger [agarrar, pescar, pillar] un ~ 風邪を引く. tener un ~ [un pequeño ~] 風邪をひいている[風邪気味である]. ~ nasal 鼻風邪, 鼻カタル. ~ bronquial 気管支カタル. ~ pradial 枯草(こそう)熱, 花粉症. **類 constipado, resfriado**.

catarroso, sa [katarróso, sa] 形 カタル[風邪]にかかりやすい; カタル[風邪]にかかっている. ―― 名 カタル[風邪]にかかりやすい人; カタル[風邪]にかかっている人.

catarsis [katársis] 女 ❶ 《哲学, 美学》(古代ギリシャにおける悲劇鑑賞が観客にもたらす)感情の浄化作用, 鬱積(うっせき)した感情の解放. ❷ 《医学》有害物質の排除[排出]. ❸ 《精神医学》意識[精神の安定]を妨害する記憶の排除[除去].

catártico, ca [katártiko, ka] 形 ❶ カタルシスの, カタルシスを起こさせる. ❷ 《薬学》下剤の. ―― 男 《薬学》下剤.

catastral [katastrál] 形 土地台帳の, 地籍の.

catastro [katástro] 男 ❶ 土地台帳. ❷ 《歴史》貴族, 平民が納めていた租税の一種.

catástrofe [katástrofe] 女 大惨事, 大災害, 破局, 破滅; 大失敗. ―― ocasionar una ~ 大惨事を引き起こす. **類 desastre**.

***catastrófico, ca** [katastrófiko, ka] 形 ❶ 破滅的な, 破局的な, 大惨事の. ―― Ha habido un terremoto ~. 破滅的な地震が起きた. ❷ 悲惨な, とてもひどい. ―― Los resultados fueron ~s. 結果は悲惨なものだった. **類 desastroso, malo**.

catastrofismo [katastrofísmo] 男 はなはだしい悲観主義.

cataviento [kataβiénto] 男 《海事》風見. **類 grímpola**.

catavino [kataβíno] 男 ❶ (ワインの)利き酒用の杯. ❷ (ワインの利き酒用の)樽の穴. ❸ ワインを取り出すための管, スティングピペット.

catavinos [kataβínos] 男女 〖単複同形〗 ❶ ワインの鑑定家. **類 catador**. ❷ 《話》(はしご酒の)よっぱらい. **類 borracho**.

cate[1] [káte] 男 フィリピンで使われていた重さの単位(約632グラム).

cate[2] [káte] 男 ❶ 平手打ち, びんた, パンチ. ―― dar un ~ 殴(なぐ)る, ひっぱたく. **類 bofetada, golpe**. ❷ 《話》落第, 不合格. ―― Le han dado un ~ en geografía. 彼は地理で落とされた. tener dos ~s 不可を2つ取る. **類 calabaza, suspenso**. **反 aprobado**.

catear [kateár] 他 ❶ 《話》(試験で人を)落とす, 落第させる, 不合格にする. ―― Me han cateado en Matemáticas. 私は数学で落とされた. **類 cargar, cepillarse, suspender**. ❷ 《話》(試験科目)を落とす. ―― Ha cateado cuatro asignaturas. 彼は試験で4科目落とした. ❸ 《中南米》の身体検査をする, 所持品をチェックする; 家宅捜査する. **類 cachear, registrar**. ❹ 《中南米》(鉱業)を試掘する, 採鉱する.

*:**catecismo** [kateθísmo] 男 ❶ 《カトリック》公教要理; (キリスト教)教理問答書. ―― ~ católico カトリック要理. Antes de hacer la primera comunión debes aprenderte el ~. 君は初聖体拝領を受ける前に公教要理を覚えなければならない.

362 catecú

ir a clase de ～ 教理の授業に出る. 類**catequesis, catequismo, doctrina**. ❷ (学問・芸術の問答形式による)大要, 入門書, マニュアル. —Aquella obra se convirtió en el ～ de los artistas de la época. あの作品は当時の芸術家たちの手引書に変わった. ～ del buen excursionista 上手なハイカーになるための必携書. 類**compendio, epítome**.

catecú [katekú] 男 (複 catecúes) (薬学) カテキュ, 阿仙(ﾎﾟの)薬. 類**cato**.

catecúmeno, na [katekúmeno, na] 名 ❶ (カトリック) 洗礼志願者, 公教要理受講者. ❷ 初心者, 入門者.

‡**cátedra** [káteðra] 囡 ❶ 教壇; 説教壇. —Esa es la ～ desde donde fray Luis de León impartía sus clases. それはルイス・デ・レオン師が講義で使っていた教壇です. ❷ 正教授職. —clase ex ～ 正教授の講義. hacer oposición a ～/ opositar a una ～ 教授採用試験を受ける. ❸ (教授の)担当講座, 学科. ❹ (教授の)講義室, 教室, 研究室. —Aún no ha vuelto de la ～. 彼はまだ講義から戻って来ていない. 類**aula, despacho**. ❺ 高位聖職者の(座[地位]); 職. ～ apostólica 教皇位, 教皇座. ❻ (教授の)担当科目. 類**asignatura**.

cátedra del Espíritu Santo (1) 説教壇. (2) 説教.

cátedra de San Pedro 教皇位, 教皇座 (= papado).

dictar cátedra 講義する.

ex cátedra (1) (カトリック) 聖ペトロの聖座から. Al definir una verdad de fe, el papa habla *ex cátedra*. 信仰上の真理を規定する時, 教皇は聖ペトロ聖座から宣言する. (2) 《話》権威をもって, 決めつけるように; もったいぶった態度で. Hizo una defensa *ex cátedra* de su teoría. 彼は自分の理論を権威をもって弁護した.

poner [sentar] cátedra (1) 権威がある, 精通[通暁]する. (2) 《軽蔑》まるで自分の言うことが絶対正しいかのように話す, 独断的に言う, 偉そうに言う[振る舞う].

‡**catedral** [kateðrál] 囡 ❶ (司教座のある)**大寺院**, 大聖堂, カテドラル (=iglesia catedral 司教区内の最高の権威を持つ教会). —La boda se celebró en la ～. 結婚式は大寺院で行われた. Nos encontraremos en la fachada principal de la ～. 私たちはカテドラルの正面で落ち合いましょう. ～ de Toledo [de Segovia] トレード[セゴビア]の大聖堂.

como una catedral 《話》とっても大きい, けた外れの. Eso es una mentira *como una catedral*. それは大ぼらだ.

— 形 司教座[大聖堂](のある). —iglesia ～ 司教座聖堂, カテドラル.

catedralicio, cia [kateðraliθjo, θja] 形 《カトリック》大聖堂(のある), 司教座に属する. —cabildo ～ 大聖堂[司教座聖堂]参事会.

‡**catedrático, ca** [kateðrátiko, ka] 名 ❶ (大学の)**正教授**(講座の主任教授). —～ por oposición 大学教授資格者. título de ～ por oposición 大学教授資格. ❷ (高校の)正教諭.

— 形 教授の.

‡**categoría** [kateɣoría] 囡 ❶ 等級, ランク; 階層; 階級, 地位, 身分. —restaurante [tenista] de primera ～ 一流のレストラン[テニスプレーヤー]. viajar en un vagón de segunda ～ 二等車で旅行する. persona de alta ～ [de baja ～] 地位の高い[低い]人. funcionario de poca ～ [de inferior] 下級公務員. revista de poca ～ 低俗な雑誌. subir de ～ 昇格[昇級]する, 等級が上がる. bajar de ～ 降格[降級]する, 等級が下がる. Su sueldo bajó mucho cuando le rebajaron de ～. 彼は降格された時給与が大いに減った. ascender de ～ profesional 職階が上がる, 昇進する. Tiene la ～ de profesor ayudante en la universidad. 彼は大学で助手の地位にある. 類**clase, estado, estrato**. ❷ **高級**, 権威, 名声. —artículos de ～ 高級一流品. puesto de ～ 重職. artista de ～ 一流のアーティスト. El coche del presidente lleva un signo externo de su ～. 大統領の車は彼のステータス・シンボルである. 類**calidad, importancia, prestigio, renombre**. 反**mediocridad**. ❸ 高い身分[地位], 上流. —familia de ～ 上流家庭. 類**posición, rango**. ❹ (スポーツ) (a) (年齢別などの)階級, クラス. —～ masculina [femenina] 男子[女子]種目. campeón de la ～ júnior [de la ～ sénior] ジュニア[シニア]クラスのチャンピオン. 類**clase, grado, jerarquía**. (b) (ボクシング) (体重別の)階級, …級. —la ～ de peso mosca [de peso gallo] フライ[バンタム]級. ❺ (言語) 範疇(ﾊﾝ), カテゴリー. —～s gramaticales 文法範疇(品詞・性・数など). ～ sintáctica [léxica, semántica] 統語[語彙, 意味]範疇. 類**abstracción, esencia, forma**. ❻ (哲学, 論理) 範疇, カテゴリー. —diez ～s aristotélicas アリストテレスの10の範疇(最高類概念). cuatro ～s kantianas カントの4つの範疇(純粋悟性概念). ❼ (種々な物・人の)部類, 種類, 部門; (学問などの)区分.

dar categoría a … …の格を上げる, を高級にする[見せる], …に箔を付ける. Una piscina *da categoría* a un chalet. プールがあると別荘の格が上がる.

de (gran) categoría 《話》 (1) (人について)上流階級の, 社会的地位の高い; 一流の, 優れた. científico *de gran categoría* 一流の科学者. (2) (職務・地位について)重要な, 大事な. tener un puesto [un empleo] *de categoría* 重職にある. (3) (物について)高級な, 豪華な, 一流の. un coche *de categoría* 高級車, デラックスな車. (4) すごい, ひどい, 重大な, 大変な. un sarampión *de categoría* 重い麻疹(ﾊｼ). coger una borrachera *de categoría* 泥酔する. Tiene un genio *de categoría*. 彼はものすごくいやなやつだ.

tener categoría 優れている, 立派である. No *tiene categoría* para ese puesto. 彼はそのポストにつけるほど立派ではない.

categóricamente [kateɣórikaménte] 副 きっぱりと.

***categórico, ca** [kateɣóriko, ka] 形 (肯定・否定が)明確な, きっぱりとした, 絶対的な. —negativa *categórica* にべもない拒絶. Nos dijo, de manera *categórica*, que no tenía nada que ver. 彼は私たちにきっぱりと関係がないと言った. 類**rotundo, tajante, terminante**.

catenaria [katenárja] 囡 →catenario.

catenario, ria [katenárjo, rja] 形 《鉄道, 電気》 懸垂線(状)の, カテナリーの. —curva catenaria 懸垂線. suspensión *catenaria* ~ カテナリー吊架(ちょう)(線), 懸垂架線.

— 囡 ❶ 〖鉄道, 電気〗カテナリー吊架線 (= suspensión catenaria). ❷ 〖鋼・鎖・ケーブルなどの〗たわみ. 類**comba**.

catequesis [katekésis] 囡〖単複同形〗❶〖宗教〗(洗礼志願者および受洗者の)信仰[教理]教育, 問答式信仰教育. —dar ~ a ... (人)に教理問答を教える. ❷《カトリック》公教要理, カテキズム. 類**catecismo**.

catequismo [katekísmo] 男 →catequesis.

catequista [katekísta] 男女《カトリック》公教要理を教える人, 教理問答教師.

catequístico, ca [katekístiko, ka] 形 ❶《カトリック》公教要理の. ❷ 問答形式の.

catequizar [katekiθár] [1.3] 他 ❶《カトリック》…に公教要理を教える, カトリックの教理を教える. 類**catolizar**. ❷〖+para que+接続法〗(…するように)(人)を説得する, 納得させる, 説き伏せる. 類**convencer, persuadir**.

catering [káterin]〖<英〗男 ケータリング, 仕出し[給食]料理.

caterva [katérβa] 囡〖軽蔑〗烏合(うごう)の衆, 群れ;〖がらくたの〗山, たくさん. —una ~ de mendigos [de gamberros] 乞食(こじき)[ちんぴら]の一団. una ~ de trapos ぼろ切れの山. 類**montón**.

catéter [katéter] 男〖医学〗カテーテル. 類**sonda**.

*cateto, ta** [katéto, ta] 名《俗, 軽蔑的に》田舎っぺ, (田舎者ゆえに)無知で粗野な人. —Parece un ~ de pueblo. 彼は田舎者のように見える. 類**paleto, palurdo**.

— 男〖幾何〗直角三角形の直角を作る2辺の1つ(斜辺は hipotenusa).

catilinari|o, ria [katilinárjo, rja] 形 ❶〖文書や演説などが〗痛烈な, 激烈な. ❷〖歴史〗キケロのカティリーナ弾劾の.

— 囡 ❶〖比喩〗激しい糾弾文書[演説], 激しい批判. 類**filípica**. ❷〖歴史〗キケロの行なったカティリーナ糾弾演説.

catinga [katínga] 囡 ❶〖中南米〗(動物や植物の発する)悪臭. ❷〖中南米〗黒人やインディオの発散する悪臭; 人込みや動物の群れから出る悪臭. ❸〖中南米〗わきが. 類**sobaquina**. ❹〖ブラジル〗の落葉樹林. ❺〖中南米〗水兵の陸軍兵士に対する蔑称的な呼び名.

catingoso, sa [katingóso, sa] 形 【中南米】悪臭を放つ; 体臭の強い, 体臭の臭い. 【類**catingudo**.

catingudo, da [katingúðo, ða] 形 →catingoso.

catión [katjón] 男〖物理〗陽イオン. 反**anión**.

catire, ra [katíre, ra] 形名〖中南米〗金髪の(人). 類**catiro**.

catiro, ra [katíro, ra] 形〖エクアドル〗→catire.

catite [katíte] 男 ❶ もっとも精製された砂糖塊. ❷ 軽い平手打ち[殴打]. 類**bofetada, golpe**. ❸〖中南米〗絹布の一種.

sombrero de catite スペイン, アンダルシア地方のつばの反った帽子.

cato[1] [káto] 男〖医学〗カテキュ, 阿仙(あせん)薬.

cato[2] [káto] 男〖中南米〗農地面積の単位:40 varas.

catódico, ca [katóðiko, ka] 形〖電気〗陰極の. —rayos ~s 陰極線. 反**anódico**.

cátodo [kátoðo] 男〖電気〗陰極. 反**ánodo**.

catolicidad [katoliθiðáð] 囡 ❶ カトリック教義[教会]の普遍性, カトリック性, カトリシズム. 類**catolicismo**. ❷〖集合的に〗カトリック信者.

‡**catolicismo** [katoliθísmo] 男 ❶ カトリック教, カトリシズム〖教義, 思想〗. —Antes de morir se convirtió al ~. 彼は死ぬ前にカトリックに改宗した. ❷ カトリック教[信仰][実践]. —A pesar de su declarado ~, nunca va a misa. 彼は明らかにキリスト教を信仰しているにもかかわらず, 決してミサに行かない. ❸ カトリック教会.

‡**católico, ca** [katóliko, ka] 形 ❶ (ローマ)カトリックの, カトリック教(徒)の, 旧教の. —iglesia [religión] *católica* カトリック教会[教]. Su majestad *católica* スペイン国王陛下. los Reyes C~s カトリック両王(アラゴンとカスティーヤを共同統治したフェルナンド5世とイサベル1世の称号). ❷ 普遍的な. 類**universal**.

no estar [*andar*] *muy católico*《話》(1) 体の具合がよくない. El abuelo no está hoy *muy católico*; parece que tiene fiebre. おじいさんは今日あまり具合がよくない. 熱があるみたいだ. (2) 状態がよくない, まっとうではない. Este pescado *no está muy católico*. この魚はあまり生きがよくない.

no ser muy católico《話》いかがわしい, いんちきくさい.

— 名 (ローマ)カトリック教徒[信者], 旧教徒.

catolizar [katoliθár] [1.3] 他 カトリック教化する, カトリックに改宗させる.

—se 再 カトリックになる, カトリックに改宗する. 類**catequizar**.

catón[1] [katón] 男〖比喩〗厳しい検閲官[批評家]. ♦古代ローマ時代, その厳格な監査で有名だった政治家 Catón の名に由来する.

catón[2] [katón] 男 初心者用の読本. ♦ラテン語文法学者 Dionisio Catón の名に由来する.

catóptrica [katóptrika] 囡〖光学〗反射光学.

*‡**catorce** [katórθe カトルセ] 形〖数〗❶ 14 の, 14人[個]の. —Ana tiene ~ años de edad. アナは14才になる. ❷〖序数詞的に〗14番目の(=decimocuarto). —Luis ~ [XIV] ルイ14世. el siglo ~ [XIV] 14世紀. Ocupaba el lugar ~ en la candidatura comunista. 彼は共産党候補者の第14位であった.

— 男 ❶ 14; 14人[個], 14 (の数字)(ローマ数字:XIV). —Lleva un ~ en la espalda. 彼は背番号14をつけている. Mas cuatro son ~. 10+4=14. ❷〖las+〗14時; 14分; 14日. —Son las dos y ~. 2時14分です. el 14 de abril 4月14日. ❸ 14番目; 14番地[号室].

catorceno, na [katorθéno, na] 形 ❶ 14番目の, 第14の. 類**decimocuarto**. ❷ 14歳の.

catorzavo, va [katorθáβo, βa] 形 14分の1の. —~ 14分の1.

catre [kátre] 男 ❶ (1人用の)簡易ベッド, 折畳式簡易ベッド(~ de tijera). 類**camastro**. ❷《話》ベッド. —¿A estas horas y todavía estás en el ~? こんな時間にまだ寝てるの?

irse al catre 寝る.

llevarse a ... al catre《話》(人)と寝る, 性交する.

catrecillo [katreθíjo] 男 小さい折畳み椅子.

catrera [katréra] 女 〖中南米〗《話》(粗末な)ベッド (= camastro).

catrín, trina [katrín, trína] 名 〖中南米〗しゃれ者, 気取り屋.
—— 形 〖中南米〗しゃれた, エレガントな, 気取った.

Cauca [káu̯ka] 固名 ❶ カウカ(コロンビアの県). ❷ (el Río ~) カウカ川(コロンビアの河川).

Caucasia [kau̯kásja] 固名 コーカサス[カフカス]地方. —el ~ コーカサス[カフカス]山脈.

caucasiano, na [kau̯kasjáno, na] 形 コーカサス(地方, 山脈)の(人). 類 **caucásico**.

caucásico, ca [kau̯kásiko, ka] 形 ❶ コーカサス地方(山脈)の, コーカサス諸国の. —lenguas *caucásicas* コーカサス諸語. 類 **caucasiano**. ❷ 白人人種の, インドヨーロッパ語族の. —raza caucásica コーカサス人種. —— 名 コーカサス人.

‡**cauce** [káu̯θe] 男 ❶ 河床, 川底(= lecho); 用水溝(= acequia). —El ~ del río está seco. 河床が干上がっている. El ~ de este río es muy profundo. この川底はとても深い. El ~ del río se desbordó a causa de las lluvias. 雨で川が氾濫した. ❷ 方法, 手段, 手続き. —~s legales [constitucionales] 法的[合憲的]手段. La solicitud va por el ~ reglamentario. 申し込みは正規の手続きを踏んでいる. El recurso sigue los ~s establecidos. 上告は正規の手続きを踏んでいる. 類 **modo, procedimiento, trámite**. ❸ 流れ, 方向, 軌道. —Las cosas han vuelto a su ~. 事態はしかるべき軌道に戻った. La vida política discurre ahora por nuevos ~s. 政治生活は今や新しいコースをたどっている.
volver el agua [las aguas] a su cauce (1)(川が氾濫せずに)元の流れに戻る. (2)《比喩》(物事・人が)元の状態に納まる.

cauchal [kau̯tʃál] 男 ゴム林, ゴム農園.

cauchera[1] [kau̯tʃéra] 女 〖植物〗ゴムノキ.

cauchero, ra[2] [kau̯tʃéro, ra] 形 〖天然〗ゴムの.
—— 名 ゴム採取人, ゴム園の労働者, ゴム商人.

‡**caucho** [káu̯tʃo] 男 ❶ ゴム; 〖植物〗ゴムノキ. —Los neumáticos del coche son de ~. 車のタイヤはゴムでできている. ~ natural [crudo, sintético] 天然[生, 合成]ゴム. industria del ~ ゴム産業. llanta de ~ ゴムタイヤ. ~ esponjoso [vulcanizado] スポンジ[加硫]ゴム. 類 **goma**. ❷ 〖コロンビア〗防水カッパ.

caución [kau̯θjón] 女 ❶ 〖法律〗保証(金), 担保; 保釈(金). —~ juratoria 保証宣誓. ~ prendaria 保釈金. 類 **fianza, garantía**. ❷ 《まれ》用心, 慎重. —con ~ 慎重に. 類 **cautela, precaución**. ❸ 〖商業〗(証券取引における)補塡(てん).

caucionar [kau̯θjonár] 他 ❶ 〖法律〗を保証する, (保釈などの)保証人になる. 類 **garantizar**. ❷ 《まれ》用心する.

‡**caudal**[1] [kau̯ðál] 形 〖動物〗尾の, 尾部の. —aleta ~ 尾びれ. pluma ~ (鳥の)尾羽. águila ~ 《鳥類》イヌワシ (= águila real).

‡**caudal**[2] [kau̯ðál] 男 ❶ (川・泉などの)水量, 流量. —El río Ebro tiene mucho ~. エブロ河は水量が多い. arroyo de pequeño ~ 水量の少ない小川. ❷ 資産, 財産, 富. —hombre de gran ~ 資産家[財産家]. Su ~ le permite llevar una vida de lujo. 彼は資産家だから贅沢()な生活が送れる. acrecentar [redondear] el ~ 資産を増やす. caja de ~*es* 金庫. ~ relicto 〖法律〗遺産. 類 **bienes, fortuna, patrimonio**. 反 **pobreza**. ❸ 《比喩》豊富, 多量; 量. —Ha reunido un ~ de datos para probar su hipótesis. 彼は彼の立てた仮説を証明するために豊富なデータを収集した. poseer un gran ~ de conocimientos 大変豊富な知識を持っている. Tiene un ~ de simpatía. 彼は大変感じのいい人だ. 類 **acumulación, cantidad, copia**. ❹ 《比喩》宝, 宝物. —Tiene un ~ con esos ojos. 目は彼の宝だ. 類 **tesoro**.
echar caudal en … …に資産を費やす[消費する].
hacer caudal de … 《まれ》を高く評価する, 重視する.

—— 形 (川・泉などが)水量の多い[豊かな]. —río ~ 水量の多い川. 類 **caudaloso**.

*caudaloso, sa** [kau̯ðalóso, sa] 形 ❶ 水量の多い. —El Amazonas es el río más ~ del mundo. アマゾン川は世界で最も水量の多い川である. 類 **acaudalado**. ❷ 豊富な, 豊かな.

caudatario [kau̯ðatárjo] 男 (儀式の際の司祭や大司教の)裳裾(もすそ)持ち.

caudillaje [kau̯ðiʝáxe] 男 ❶ 《政治》caudilloによる政治. —bajo el ~ de Alejandro Magno アレキサンダー大王の指揮のもとで. 類 **dictadura**. ❷ 〖中南米〗caudilloによる独裁政治, ボス政治. 類 **caciquismo**. ❸ 〖中南米〗[集合的に]カウディーヨ.

caudillismo [kau̯ðiʝísmo] 男 《政治》caudilloによる政治体制, 専制, 独裁制. 類 **caudillaje, dictadura**.

‡**caudillo** [kau̯ðíʝo] 男 ❶ (主に軍事的集団の)統領, 指導者, 総統; (ゲリラの)リーダー. —Julio César fue un ~ militar. ジュリアス・シーザー(ユリウス・カエサル)は軍事指導者だった. 類 **adalid, cabecilla, jefe**. ❷ 《スペイン史》(レコンキスタ時代の)司令官. —Se cree que en la Edad Media, el ~ cristiano más famoso fue el Cid. 中世で最も有名なキリスト教徒の司令官はエル・シードであった. ❸ 《スペイン史》(El C~) フランコ(Franco)総統, フランコ将軍.

caulescente [kau̯lesθénte] 形 〖植物〗有茎の, 茎のある. 反 **acaule**.

Cauquenes [kau̯kénes] 固名 カウケネス(チリの都市).

cauri [káu̯ri] 男 《貝類》コヤスガイ(子安貝), タカラガイ(宝貝)(インドやアフリカ海岸では貨幣として用いられた).

‡‡**causa**[1] [káu̯sa カウサ] 女 ❶ (結果を生み出す)原因, 元(←「結果」は efecto). —Aún no se conocen las ~s del incendio. 出火原因はまだ不明だ. Se desconocen las ~s de su muerte. 彼の死因は分からない. relación de ~-efecto 因果関係. ~ del accidente 事故原因. No hay efecto sin ~. 原因なくして結果はない. 類 **base, fundamento, germen, origen**. 反 **consecuencia, efecto, resultado**. ❷ (正当な)理由, 根拠; (行動などの)動機; 意図. —¿Por qué ~ no quieres venir? 君はどうして来たくないの? Ignoro la ~ por la que no acudió a la cita. 私は彼が約束の場所へ行かなかった理由が分からない. esclarecer la ~ del delito 犯行の動機を糾明する. sin ~ justificada 正当な理由もなく. 類 **incentivo, motivo, móvil, razón**. ❸ 《哲学》(a) (一般に結果に対する)原因.

primera 第一原因(→causa primera). ~ segunda 第二原因, 副(原)因. 反efecto. (b)(アリストテレスの)原因. —~ material 質料因. ~ eficiente 動(力)因, 作用因. ~ formal 形相因. ~ final 目的因, 究極因.
❹《法律》事由. —~ ilícita 不法原因. ~ legítima 正当事由.
❺ (何かの利益を守る)大義, 主義主張, 運動. —luchar [morir] por la ~ 大義のために闘う[死ぬ]. luchar por la ~ de la justicia [de la independencia, de la libertad] 正義[独立, 自由]のために闘う. abandonar [defender] una ~ ある主義主張を捨てる[擁護する]. abrazar la liberal [democrática] 自由主義的[民主主義的]な立場をとる. 類**empeño, proyecto**.
❻《法律》訴訟(事件). —~ civil [criminal] 民事[刑事]訴訟. entender en [conocer de] una ~ (裁判官が)訴訟の審理を担当する, 訴訟を審理する. instruir [formar, sustanciar] una ~ 審理を始める. dar la ~ por conclusa (para sentencia) 結審する. sentenciar una ~ 訴訟に判決を下す. tramitar la ~ de divorcio 離婚訴訟の手続きを取る. La ~ se verá la semana que viene. その訴訟は来週から審理に入る. La ~ quedó vista para sentencia. その訴訟は結審した. 類**caso, juicio, litigio, pleito, proceso**.
a [por] causa de ... ...が原因で, ...のために, ...の理由で. *por causa tuya* 君のせいで, 君のために. *Renunció por causa de* su salud. 彼は健康上の理由で断念した.
buena causa 正当な理由, 大義. José sacrificó [dio] su vida por una *buena causa*. ホセは大義のために命を捧げた.
causa mayor のっぴきならない理由, 主要な動機. No se puede faltar al trabajo si no es por *causa mayor*. のっぴきならない理由がなければ欠勤してはいけない.
causa perdida 成功の見込みのない計画[主張, 運動]. No intentes convencerlo: es una *causa perdida*. 彼を説得しようと試みるな. どうせうまくいく見込みのないことだから.
causa primera (1)《哲学》第一原因(運動の究極原因);《神学》神. (2) 火種, 原因.
causa pública 公益.
causa suficiente [*bastante*] 十分な理由, 納得のいく理由, 十分な原因. Es *causa suficiente* de divorcio. それは十分な離婚原因になる. El que haya llegado tarde no es *causa suficiente* para que te enfades. 彼が遅刻したことは君が怒る十分な理由にはならない.
con conocimiento de causa 十分に事情をわきまえた上で.
fuera de causa 訴訟と無関係の; 問題外の. poner *fuera de causa* (人)の嫌疑を晴らす.
hacer [*formar*] *causa común con* ... (同一目的達成のため)(人)と手を結ぶ, 一致協力する, 共同戦線を張る.
honoris causa 〔<ラテン〕名誉のために; 名誉の. El Sr. López es doctor *honoris causa* por la Universidad Complutense de Madrid. ロペス氏はマドリード大学の名誉博士だ.
por cuya causa その原因で, それゆえ, そうした理由で.
sin causa (1) 軽率に, でたらめに. habl*ar sin causa* 軽率なことを言う, でまかせを言う. (2) 正当な理由もなく, 不当に. Se enfadó *sin causa* alguna. 彼は訳もなく腹を立てた.
Si sabe la falta, deje la causa. 〘諺〙欠点がわかれば元を断て.

causa² [káusa] 囡 ❶〖南米, チリ〗(おやつ代わりの)軽食, スナック. —echar una ~ 軽食を取る. ❷〖南米, ペルー〗ポテトサラダ, クレオル風ピューレ.

causahabiente [kausaaβiénte] 囡《法律》(財産などの)承継人.

causal [kausál] 形 ❶ 原因の, 因果関係の. —relación ~ 因果関係. agente ~ 原因. ❷《文法》原因[理由]を表す. —conjunción ~ 接続詞. cláusula ~ 原因節.
— 囡《まれ》理由, 原因, 動機.

causalidad [kausaliðáð] 囡 ❶《哲学》因果律, 因果関係(↔casualidad). —principio de ~ 因果律. relación de ~ 因果関係. ❷ 原因(性), 作因, 発端. 類**causa, origen, principio**.

causante [kausánte] 現分 形 男女 原因となる(人, 物). —Él es el ~ de todas mis desdichas. 彼が私のすべての不幸の原因だ. Han arrestado al ~ de los destrozos. その被害の原因となった者が逮捕された. 類**culpable, responsable**.
— 男女《法律》権利授与者(例えば遺言者)(→causahabiente「権利承継人」).

:**causar** [kausár] 〔<causa〕他 をひき起こす, 生じさせる, ...の原因となる. —La tormenta *causó* grandes daños en las cosechas. 嵐によって収穫に大損害が引き起こされた. Ella me ha *causado* una estupenda impresión. 彼女について私はすばらしい印象を抱いた. 類**acarrear, ocasionar, originar**.

causativo, va [kausatíβo, βa] 形 ❶ 原因となる, もととなる. —agente ~ 原因, もと. ❷《言語》使役の. —verbos ~s 使役動詞.

causticidad [kaustiθiðáð] 囡 ❶《化学》腐食性, 苛性(ホッ), 焼灼(ミミミ)性. ❷《比喩》辛辣さ, 痛烈さ. 類**acrimonia, mordacidad**.

cáustico, ca [káustiko, ka] 形 ❶《化学》腐食性の, 苛性(ホッ)の, 焼灼(ミミミ)性の. —sosa *cáustica* 苛性ソーダ. potasa *cáustica* 苛性カリ. sustancia *cáustica* 腐食剤. 類**corrosivo**. ❷《比喩》辛辣(災)な, 痛烈な. —humor ~ 辛辣なユーモア. 類**agresivo, incisivo, mordaz**. ❸《化学》腐食剤の, 焼灼剤の.
— 男 ❶《化学》腐食剤, 焼灼剤. ❷《医学》発泡剤. 類**vejigatorio**.

cautamente [káutaménte] 副 慎重に, 用心して. 類**cautelosamente**.

cautela [kautéla] 囡 ❶ 用心, 警戒, 慎重. —Nos aproximamos a la cueva con ~. 我々は用心してその洞窟に近づいた. En ese asunto debes proceder con mucha ~. その件についてはとても慎重に振る舞うべきだ. 類**precaución, reserva**. ❷ ずるさ, 悪賢さ, 狡猾さ. 類**astucia, maña**. 反**ingenuidad, sinceridad**.
absolver a cautela 〘カトリック〙(教会裁判で破門行為を犯したか否かということに関して)赦免を与える, 罪の許しを与える.

cautelar [kauteláɾ] 他 ...に用心する, 警戒する. 類**precaver, prevenir**.
—**se** 再〔＋de〕...に用心する, 備える, 警戒する 類**precaver(se), prevenir**.

cautelosamente [kaʊtelosámente] 副 用心深く,慎重に,抜け目なく. 類 **cautamente**.

cauteloso, sa [kaʊtelóso, sa] 形 [ser+, +en/con] (…に)用心深い,慎重な,抜け目ない. —con paso ~ 用心深い足取りで. *cautelosas* palabras 慎重な言葉. 類 **cauto, prudente**. 反 **descuidado, incauto**.

cauterio [kaʊtérjo] 男 ❶《医学》焼灼(しょうしゃく)器具,焼灼剤; 焼灼療法. 類 **cauterización**. ❷《比喩》荒療治, 思い切った手段.

cauterización [kaʊteriθaθjón] 女《医学》焼灼療法. 類 **cauterio**.

cauterizar [kaʊteriθár] [1.3] 他 ❶《医学》焼灼(しょうしゃく)する,焼灼治療を施す. ❷《比喩》荒療治する,思い切った手段を取る. ❸ 評点をつける.

Cautín [kaʊtín] 固名 カウティン(チリの県).

cautivador, dora [kaʊtiβaðór, ðóra] 形 魅力的な,魅惑的な,うっとりさせる. —Me dirigió una *cautivadora* mirada. 彼女は私に魅惑的な視線を送った. Tenía unos ~*es* ojos negros. 彼女は人の心を虜にする黒い瞳を持っていた. 類 **cautivante**.

cautivante [kaʊtiβánte] 現分 形 →**cautivador**.

cautivar [kaʊtiβár] 他 ❶ 捕える,捕虜にする. —En la guerra los musulmanes *cautivaron* a muchos cristianos. その戦いでイスラム教徒は多くのキリスト教徒を捕虜にした. ❷《比喩》魅了する,虜にする,(人の心を)奪う. —Desde las primeras páginas, la novela *cautivó* mi atención. 最初の数ページからその小説は私の心を奪った. *Cautiva* a todo el mundo con su exquisito trato. 彼はその洗練された扱いですべての人を魅了する. 類 **atraer, conquistar, embelesar, seducir**. ❸《比喩》…の関心をかう, 意のままに従わせる. —~ la atención [la voluntad] 関心をかう[意のままに手繰る]. 類 **atraer, ganar**.

cautiverio [kaʊtiβérjo] 男 捕らわれの身, 捕虜生活[状態]. —Vivió dos años en ~. 彼は2年間捕虜生活を送った.

cautividad [kaʊtiβiðáð] 女 →**cautiverio**.

:**cautivo, va** [kaʊtíβo, βa] 名 ❶ 捕虜. —Todos los ~*s* fueron liberados. 捕虜は全員釈放された. 類 **preso, prisionero**. ❷《文》(恋・情熱・恐怖などの)とりこ.

— 形 ❶ (人が)捕虜になった;(鳥獣などが)捕らえられた,つながれた. —Estuvo ~ en la selva durante dos años. 彼はジャングルの中で2年間捕虜だった. pájaro ~ en su jaula 籠の鳥. globos ~*s* 係留気球. 類 **esclavo, preso**. 反 **liberto, libre**. ❷ [+de] (恋・恐怖などの)とりこになった,…に魅せられた. —La chica le tiene ~ *de* sus encantos. 彼はその女の子の魅力に心を奪われている.

cauto, ta [káʊto, ta] 形 用心深い,慎重な;抜け目ない. 類 **cauteloso, precavido**. 反 **imprudente**.

cava¹ [káβa] 女 ❶ (特にブドウ畑の掘り[鋤(すき)]起こし,耕し. ❷ (地下の)酒倉,ワイン貯蔵所[室]. 類 **bodega**. ❸ (城や要塞の)壕(ごう),濠(ほり). 類 **foso**. ❹ (自動車整備工場内の)作業用の穴. 類 **foso**. ❺ (歴史)宮廷用の飲料水とワインの管理をしていた部署.

— 男《飲料》(特にカタルーニャ産発泡ワインの)カバ. —brindar con ~ カバで乾杯する.

cava² [káβa] 女 形 《解剖》大静脈(の). —vena ~ 大静脈. ~ superior [inferior] 上[下]大静脈.

cavador, dora [kaβaðór, ðóra] 形 (土を)掘る. — 名 土掘り人夫,穴掘り人夫.

cavadura [kaβaðúra] 女 掘ること,土掘り. 類 **cavazón**.

:**cavar** [kaβár] 他 ❶ (くわなどで)を耕す,掘り返す. —Ha salido a ~ el huerto para plantar pimientos. 彼はピーマンを植えるために畑を耕しに出かけた. 類 **excavar**. ❷ (穴・溝)を掘る. —~ una zanja 溝を掘る.

— 自 ❶ [+en について] 熟考する. ❷ 細かく調べる,掘り下げる.

cavatina [kaβatína] [<伊] 女 《音楽》カバティーナ(オペラの短いアリア. 時に2つのテンポ,2つの部分からなる).

cavazón [kaβaθón] 男《まれ》掘ること, 土掘り. 類 **cavadura**.

caverna [kaβérna] 女 ❶ (一般に自然の)洞穴,洞窟. —hombre de las ~*s* 穴居人. 類 **antro, cueva, gruta**. ❷《医学》(特に肺の)空洞. —las ~*s* pulmonares [de los pulmones] de los tuberculosos 結核患者の肺の空洞. ❸《隠》家,建物, 部屋.

cavernario, ria [kaβernárjo, rja] 形 洞窟の.

cavernícola [kaβerníkola] 形 ❶ 洞穴に住む,穴居生活の. 類 **troglodita**. ❷《比喩》反動的な, 時代遅れの. ❸ **reaccionario, retrógrado**. — 男女 ❶ 穴居生活者. ❷《比喩, 話》反動的な人, 時代遅れの人.

cavernoso, sa [kaβernóso, sa] 形 ❶ 洞穴の, 洞窟の; 洞穴のような. —obscuridad *cavernosa* 洞窟のような暗闇. humedad *cavernosa* 洞穴の中のような湿気. ❷ 洞穴[洞窟]の多い. ❸ (声や音が)低くこもった.

caveto [kaβéto] 男《建築》四分円凹面(おうめん)型(の).

caviar [kaβiár] 男《料理》キャビア(チョウザメ, esturión の腹子の塩漬け). —canapés de ~ ruso ロシア産キャビアのカナッペ.

cavidad [kaβiðáð] 女 ❶ 窪(くぼ)み, 空洞. —~ de la roca 岩窟(がんくつ), 岩の窪み. ~ del muro 壁の穴. formar una ~ con la mano para hacer beber agua 水を飲むために手のひらにくぼみを作る. 類 **concavidad, hueco**. ❷《解剖, 医学》(体・器官などの)腔(こう), 窩(か), 空洞. —~ abdominal 腹腔. ~ bucal 口腔. ~ craneal [del cráneo] 頭蓋. ~ nasal 鼻腔. ~ ocular 眼窩. ~ pulmonar 肺の空洞. ~ torácica 胸腔.

cavilación [kaβilaθjón] 女 ❶ 沈思黙考. ❷ 杞憂(きゆう), くよくよ考え込むこと.

cavilar [kaβilár] 他 ❶ 沈思する, 熟考する. 類 **rumiar**. ❷ くよくよ考える.

— 自 ❶ 沈思黙考する. ❷ くよくよ考える.

cavilosidad [kaβilosiðáð] 女 ❶《まれ》杞憂(きゆう), 取り越し苦労. ❷ 心配性.

caviloso, sa [kaβilóso, sa] 形 くよくよ考える, 心配性の.

cayado [kajáðo] 男 ❶ (羊飼いが羊を誘導する際に用いる)上端の湾曲した杖. 類 **bastón, cachava**. ❷ 司教の牧杖, 司教杖. 類 **báculo**. ❸ (水

道管や管などの)湾曲部, カーブ. —~ de la aorta 《解剖》大動脈弓.

Cayambe [kajámbe] 固名 (Volcán ~)カヤンベ山(エクアドルの火山).

caye- [kaje-] 動 caer の直・完了過去, 接・過去, 現在分詞.

Cayetano [kajetáno] 固名 《男性名》カジェターノ.

cayo [kájo] 男 《地理》アンティル諸島やメキシコ湾に見られる平地で砂が多くその大部分がマングローブが覆った島. —C~ Hueso キー・ウエスト(米国フロリダ半島南方の島, 海軍基地あり).

cayó [kajó] 動 caer の直・完了過去・3 単.

cayuco [kajúko] 男 《中南米》(カヌーより小さいインディオの)平底の丸木舟.

caz [káθ] 男 [複] caces (水車などに水を引く)導水路.

:caza [káθa] 女 ❶ 狩猟, 狩り, [+de]…狩り, …探し; 追跡. —ir [salir] de ~ 狩りに出かける. escopeta [perro] de ~ 猟銃[犬]. coto [vedado] de ~ 禁漁区. ~ furtiva 密猟. ~ de liebres [de zorros, de jabalíes] 兎[狐, 猪(いのしし)]狩り. ~ de altanería 鷹(たか)狩り. ~ submarina (銛(もり)などを使う水中の漁. ~ a la espera [al aguardo, en puesto] 待ち伏せ猟. ~ de brujas 魔女狩り. ~ de cabezas 首狩り. ~ de tesoros 宝捜し. ~ de empleo 職捜し. ♦「狩猟の解禁」は levantamiento de veda, 「狩猟の解禁になる」は levantarse [abrirse] la veda. 類 cacería, cetrería, montería. ❷ 【集合的に】猟の獲物, 猟果; 獲物の肉, 猟肉. — mayor 大物猟, 大物の獲物(ライオン, シカ, クマなど). — menor 小物猟, 小物の獲物(ウサギ, 鳥など).

alborotar [*levantar*] *la caza* 《俗》(事前に計画などを)うっかり漏らす, 気づかれてしまう. Si *levantas la caza* sobre nuestro proyecto, corremos el riesgo de que alguien se oponga. 君が私たちの計画をうっかり漏らせば, 誰かが反対する危険を冒すことになる.

andar [*ir, salir*] *a* (*la*) *caza* [*de caza*] *de* … を探し求める, 探しに行く; …狩りに行く. Los periodistas *andaban a caza de* noticias sensacionales y exclusivas. 新聞記者たちは特ダネを探していた.

dar caza a … (1) (人)を追跡[追撃]する; 捕まえる. La policía estuvo *dando caza a*l criminal durante todo el día. 警察は1日中犯人を追跡していた. (2) (職など)を捜し求める, 探求[追求]する.

espantar la caza 《俗, 比喩》(あわてて)獲物を取り逃がす. Estaba a punto de convencerlo, has llegado tú y me *has espantado la caza*. 私はもう少しで彼を説得できるところだったのに, 君がやってきてすべてぶち壊しになってしまった.

ir a la caza del hombre 犯人を追跡する.

Primero prender la caza y después hacerle la salsa. 【諺】捕らぬ狸の皮算用(←まず獲物を捕まえて, それからソースを作ること).

—— 男 《軍事》戦闘機(=avión de ~).

cazabe [kaθáβe] 男 《中南米》《料理》❶ タピオカで作ったケーキ, パイ. ❷ (タピオカの原料となる)キャッサバ澱粉.

cazabombardero [kaθaβombarðéro] 男 《軍事》戦闘爆撃機.

cazaclavos [kaθakláβos] 男 [単複同形] 釘抜き.

cazadero [kaθaðéro] 男 猟場, 狩り場.

cazador, dora [kaθaðór, ðóra] 名 ❶ 猟師, 狩人, ハンター. — ~ de alfarja [de pieles] (毛皮を取るため銃を使わず犬やわなでとる猟師. ~ de cabezas 首狩り族. ~ de dotes 持参金目当てに嫁を探し回る男. ~ furtivo 密猟者. El perro perdiguero es buen ~ de perdices. ポインターはヤマウズラ捕りがうまい. misa de los ~es 明け方のミサ. ❷ 《軍事》軽装歩兵.

Al mejor cazador se le va la liebre. 【諺】猿も木から落ちる, 河童(かっぱ)の川流れ.

—— 女 ❶ 《服装》ジャンパー, ブルゾン; 狩猟服. — *cazadora de piel* 皮ジャンパー. *cazadora vaquera* デニム・ジャンパー. Vestía un conjunto formado por *cazadora* y pantalón de ante. 彼はスエードのブルゾンとパンタロンのアンサンブルを着ていた. ❷ 《中米》小型トラック. ❸ 《中南米》《鳥類》キイロアメリカムシクイ.

—— 形 ❶ 狩猟する. —Diana *Cazadora* 《ローマ神話》狩猟の守護神ディアナ. ❷ (犬・猫など)狩猟本能のある. —gato ~ ネズミをとる猫. perro ~ 狩猟犬.

cazalla [kaθáʎa] 女 (Sevilla 県 Cazalla de la Sierra 産の)アニスの蒸留酒[焼酎].

cazar [kaθár] [1.3] [<caza] 他 ❶ (*a*) (動物)を狩る, 狩猟する. —Mañana vamos a ~ perdices. 明日私たちはシャコの猟に行く. (*b*) 《話》うまく手に入れる. —*Ha cazado* un puesto importante en la compañía. 彼は会社の中で重要なポストを手に入れた. (*c*) (結婚相手など)をうまく捕える, …の心を捉える. —Ella quería ~ a un hombre rico, pero se quedó con las ganas. 彼女は金持ちの男をハントしたがっていたが, それは希望だけに終わった. ❷ をすぐに悟る[見抜く]. —*Cazó* enseguida sus intenciones. 彼はすぐ君の意図を見抜いた. ❸ …の不意をつく. —*Cazaron* al ladrón en el momento en que iba a salir de casa. 彼らはどろぼうが家を出ようとしたところを不意に捕まえた.

cazasubmarinos [kaθasuβmarínos] 男 [単複同形] 《海事》駆潜艇.

cazatorpedero [kaθatorpeðéro] 男 《海事》魚雷駆逐艦. 類 contratorpedero.

cazcalear [kaθkaleár] 自 《話》忙しそうにうろちょろ動き回る.

cazcarria, cascarria [kaθkárja, kaskárja] 女 【主に複】(歩く時などに衣服に付く)泥のはね.

cazo [káθo] 男 ❶ 《料理》(長い柄のついた)片手鍋, ソースパン. —calentar la leche en un ~ 片手鍋で牛乳を温める. ~ eléctrico 電気ポット. ❷ 《料理》お玉, 玉杓子(しゃくし), 柄杓(ひしゃく). — ~ —servir la sopa con el ~ お玉でスープを盛る. dos ~s por persona 1人当たりお玉2杯分. 類 cacillo, cucharón. ❸ 《話》不器用者. —Conduciendo Paco es un ~. パコは運転が下手だ. ❹ 《話》ぶ男, ブス. 類 callo. ❺ (パイプ・火縄銃の)火皿; (剣の)つば. ❻ (ナイフの)背, 峰. ❼ (大工の使う)膠(にかわ).

Dijo el cazo a la caldera: Quítate allá, tiznera. 【諺】目くそ鼻くそを笑う.

meter el cazo 《話》(1) 間違いを犯す, へまをする. (2) 余計な口出し[手出し]をする.

368 cazolada

mano de cazo 《比喩, 話》左きき, 左ききの人.

cazolada [kaθoláða] 囡 浅い土鍋一杯(分). — Se ha comido esta mañana una ~ de sopas. 彼は今朝スープを土鍋一杯平らげた.

cazolero [kaθoléro] 形 男 女性の仕事にいろいろ口出しする(男性).

cazoleta [kaθoléta] 囡 ❶ 小型の鍋. ❷ (パイプ・火縄銃の)火皿. ❸ (刀剣の)つば; 盾の握りを覆う丸い鋼の部品. ❹《古》香水の一種.

cazón¹ [kaθón] 男 [魚類] 小型のサメの総称(ツノザメ, メジロザメ, トラザメなど). ◆乾燥した皮がサンドペーパーとして用いられる.

cazón² [kaθón] 男 《古》(よく精製されていない)黒砂糖.

cazonete [kaθonéte] 男 [海事] トッグル, 留め木.

cazuela [kaθuéla] 囡 ❶ (金属や陶器でできた底の浅い)鍋, キャセロール. 類 **cacerola**. ❷ (野菜, 豆, 肉で作る)鍋料理. ❸ (昔の劇場の)女性専用の場所. ❹ [演劇] 天井桟敷. 類 **paraíso**. ❺ [印刷] 広い植字盆. ❻ ブラジャーのカップ. ❼《比喩》浅鍋一杯分の料理. 類 **cazolada**.

cazuela carnicera 肉料理用の大きな鍋.

cazuela mojí [mojína] [料理] プディングの一種(細かにすり下ろしたパン, チーズ, ナス, 蜂蜜などを入れて作る).

cazumbre [kaθúmbre] 男 ❶ (ワインの樽板の継ぎ目に詰める)軽く縒った麻ひも. ❷ [アストゥリアス] 樹液, 果汁.

cazurro, rra [kaθúro, řa] 形 名 ❶《話》無口で狡猾な(人). 類 **astuto, malicioso**. ❷ 頭の鈍い(人), 不器用な(人). 類 **ignorante, tonto, torpe**. 反 **inteligente**. ❸ 頑固な(人), 強情な(人). 反 **flexible**. ❹ 粗野な(人), 下品な(人), 無作法な(人). 類 **rudo, tosco, zafio**.

c/c《略号》❶ = cuenta corriente 当座勘定. ❷ = carta de crédito 信用状. ❸ = cuyo cargo ... その負担は...宛.

C.C.《略号》❶ = con copia a (通信)写し...宛. ❷ = corriente continua 直流.

CC OO《略号》❶ = Comisiones Obreras [スペイン] 労働者委員会(共産党系労組連合).

CD¹ 頭字 男 [< 英 compact disc] コンパクトディスク. — ~ portátil ポータブル CD プレーヤー. ~-ROM CD-ROM.

CD² 頭字 = cuerpo diplomático 外交団.

ce [θé] 囡 文字 c の呼称.

ce por be [*ce*/*c por b*] 《話》詳細に, 微に入り細をうがって. Le refirió *ce por be* cuanto había pasado. 彼は起こったことすべてを彼女に事細かに語った.

por ce o por be/*por c o por b* 《話》どうにかして, いずれにせよ. *Por ce o por be* siempre se sale con la suya. 彼はいつも何とかして我を通す.

ceba [θéβa] 囡 ❶ (家畜の)飼育, 肥育. 類 **engorde**. ❷ (家畜の飼料, 餌. ❸ 炉などの)燃料補給. ❹ [サンタンデール] 干草. ❺ [中南米] 点火器. 類 **cebo**. ❻ (狩の)おとり, 餌.

cebada [θeβáða] 囡 [植物] オオムギ(大麦), オオムギの実(→ trigo). — ~ perlada (精白)丸麦, 玉麦. dar ~ 馬に飼い葉をやる.

cebadal [θeβaðál] 男 大麦畑.

cebadera [θeβaðéra] 囡 ❶ (首に下げておく)秣袋, 飼い葉袋. 類 **morral**. ❷ [海事] 船首斜檣の帆. ❸ [鉱業] (溶鉱炉の燃料・鉱石装入用の)ホッパー. ❹ (家畜用の)大麦保管箱.

cebadero, ra [θeβaðéro, ra] 名 ❶ 大麦商人. ❷ 鷹匠, 鷹の飼育者. ❸ 先導ラバ. —— 男 ❶ 予備の餌(を運ぶ)馬場, 餌(き)場. ❷ (狩りの)餌をまく場所. ❹ [美術] 家禽が餌を食べるところを描いた絵. ❺ [鉱業] (溶鉱炉の)鉱石投入口. ❻ (宿屋の)秣香(= mozo de paja y cebada).

cebadilla [θeβaðíʎa] 囡 ❶ [植物] 野生の大麦の一種. ❷ [メキシコ] ユリ科の薬用植物(下剤・吐瀉に)薬; 殺虫剤に使用. ❸ バイケイソウの一種(殺虫剤に使用).

cebado, da [θeβáðo, ða] 過分 形 ❶ [estar +] とても太った, よく肥えた, 肥満した. ❷ [中南米] (獣が)人食いの.

cebador, dora [θeβaðór, ðóra] 名 [中南米] マテ茶を入れる人. —— 男 ❶ [歴史] (小瓶の)火薬入れ. ❷ [電気] (特に蛍光灯の)点灯装置. ❸ [南米] [自動車] チョーク.

cebadura [θeβaðúra] 囡 ❶ 肥育. ❷ (釣針・罠に)餌を付けること. ❸ 雷管[点火薬]の装着; 火薬の装填. ❹ 燃料補給; (機械の)始動準備. ❺ (感情を)かき立てること. ❻ 熱中, 没頭. ❼ 残忍, 残虐. ❽ [中南米] 1回分のマテ茶葉の量.

*‡**cebar** [θeβár] [< cebo] 他 ❶ (動物に)餌をやる, を太らせる. — Aquí *ceban* a las gallinas con trigo. ここでは鶏に小麦の餌をやる. A mediados de diciembre comienzan a ~ los cerdos. 12月中旬には彼らは豚を太らせはじめる. ❷ (釣針に)餌をつける. — ~ el anzuelo 釣針に餌をつける. ❸ をかき立てる, 活気づける. — ~ la envidia 嫉妬心をかき立てる. ❹ (機械の)始動準備をする, を始動させる. — ~ la moto オートバイを始動させる.

—— **se** 再 ❶ 荒れ狂う, 暴威をふるう. — El cólera *se cebó* en la ciudad. コレラがその町で猛威を振った. La envidia *se cebó* en su corazón. 嫉妬が彼の心の中で燃えさかった. ❷ [+ en に] 熱中する, 夢中になる. — *Se cebó en* los estudios de la literatura clásica española. 彼はスペイン古典文学の研究に夢中になった.

cebellina [θeβeʎína] 囡 形 《動物》クロテン(の). — marta ~ クロテン, piel de ~ クロテンの皮.

cebiche [θeβítʃe] 男 [中南米] [料理] (ライム果汁を使った)生身魚[魚介]のマリネ(= seviche).

*‡**cebo¹** [θéβo] 男 ❶ [漁業, 狩猟] (釣・猟などの)餌. — ~ artificial (釣用の)擬餌針. usar lombrices vivas como ~ 生きたミミズを餌に使う. poner ~ en la trampa [en el anzuelo] 罠[釣り針]に餌をつける. 類 **carnada, carnaza**. ❷ (動物の)飼料, 餌. — Las bellotas son el mejor ~ para los cerdos. ドングリが豚にとって一番よい餌だ. ❸《比喩》おとり, 好餌, 誘惑(物). — operación ~ おとり捜査[作戦]. Estas ofertas son un ~ para que la gente compre más. これらの特売品は消費意欲を唆かせるためのおとりである. 類 **anzuelo, señuelo**. ❹《比喩》(感情をかき立てる)刺激, 魅力, 引きつけるもの. — La coquetería es el ~ que mantiene vivo el interés de su novio. 媚(こ)びは恋人の関心を引

きつけておく刺激である. 〖類〗**pábulo**. ❺ (火器の)導火線, 点火薬.

cebo[2] [θéβo] 男 《動物》オマキザル(尾巻猿). 〖類〗**cefo**.

:cebolla [θeβója] 女 ❶ 《植物》タマネギ(玉葱). — una ristra de ~s 一つなぎの玉葱. ~ albarrana カイソウ(海葱). ~ escalonia ワケギ. sopa de ~ オニオンスープ. morcilla de ~ 玉葱入りの腸詰め. papel de ~ オニオンスキン紙. picar la ~ タマネギをみじん切りにする. ❷《植物》球根. ~~ de tulipán チューリップの球根. 〖類〗**bulbo**. ❸《中南米》権力, 権威. — agarrar la ~ 権力を握る. Contigo pan y cebolla. 【諺】お前となら手鍋下げても.

cebollana [θeβojána] 女 《植物》アサツキ(浅葱).

cebollar [θeβojár] 男 タマネギ畑.

cebolleta [θeβojéta] 女《植物》❶ ネギ. ❷ 春タマネギ. ❸《中南米》カヤツリグサの一種.

cebollino [θeβojíno] 男 ❶ (移植用の)小タマネギ; タマネギの種. ❷《植物》エゾネギ. 〖類〗**cebollana, cebolleta**. ❸《比喩》愚かな人, 無分別な人. — Es un ~. 彼は愚か者だ. mandar a ... a escardar cebollinos (1)《比喩, 話》を気に留めない, 構わない, …と関わりを持たない. (2) を追い払う.

cebollón, llona [θeβojón, jóna] 名 〖中南米〗(適齢期をすぎた)独身者, 独り者. 〖類〗**solterón**.

cebón, bona [θeβón, βóna] 形 (動物が)肥満した, 太った. — 名 肥満した動物. — 男 ブタ.

cebra [θéβra] 女 《動物》シマウマ. — paso (de) ~ 横断歩道.

cebrado, da [θeβráðo, ða] 形 (特に馬が)縞のある, 縞模様の.

cebú [θeβú] 男 〖複〗**cebúes, cebús**》《動物》(アフリカやインドにいる)コブウシ(瘤牛).

ceca [θéka] 女 ❶ 貨幣鋳造所. ❷ 貨幣鋳造年度. ❸ モロッコの貨幣.

cecear [θeθeár] 自《文法》s [s]を[θ]で発音する.
— 他《まれ》にce, ceと呼びかける.

ceceo [θeθéo] 男《文法》s [s]を[θ]で発音すること.

ceceoso, sa [θeθeóso, sa] 形 s [s]を[θ]で発音する(人).

Cecilia [θeθílja] 固名《女性名》セシリア.

cecina [θeθína] 女 ❶ 塩漬けの乾燥肉, 干し肉. 〖類〗**chacina, tasajo**. ❷ 乾燥した細い牛肉片, 新鮮な肉の薄切り; 肉の腸詰め.

ceda [θéða] 女 ❶ 文字 z の呼称. 〖類〗**ceta, zeda, zeta**. ❷ (動物の尾・たてがみなどの)剛毛. 〖類〗**cerda**.

cedacero [θeðaθéro] 男 篩(ふるい)職人, 篩売り.

cedacillo [θeðaθíjo] 男《植物》コバンソウ(小判草).

cedazo [θeðáθo] 男 ❶ 篩(ふるい). — pasar por el ~ 篩にかける, 裏ごしする; 篩を通る. 〖類〗**colador, criba, harnero, tamiz**. ❷ 大きい魚網. como agua en un cedazo 無駄なこと(糠(ぬか)に釘); ありえないこと.

:ceder [θeðér] 他《ラ: セデル》〖+a に〗を譲る, 譲渡する, 引き渡す. — El rey cedió el trono a su hijo. 王は息子に王位を譲った. Ce-

dió su asiento a una mujer embarazada. 彼は妊娠中の女性に席を譲った. ~ el paso a ... …に道を譲る. 〖類〗**dar, entregar, transferir**.

ceda el paso (交通標識の)一時停止. saltarse un ceda el paso 一時停止を無視する.

— 自 ❶ 弱まる, 衰える, やわらぐ. — Va cediendo el calor. 暑さは峠を越しつつある. Cedieron los cimientos y la casa se hundió. 土台が弱って家が陥没した. ❷〖+a/en/ante に〗屈伏する, 譲歩する. — No podemos ~ a su descaro. われわれは彼のあつかましさに屈することはできない. Sus convicciones cedieron ante la desgracia. 彼の信念は, 不幸を前に屈服した. ❸〖+de/en を〗放棄する, あきらめる. — No cederá en su intento. 彼は自分の目的を断念しないだろう. ❹ (圧力で)たわむ, ゆるむ; 壊れる. — La cuerda del columpio cedió. ブランコの綱が切れた. ❺〖+en に〗(結果として)なる, 変化する.

cedilla [θeðíja] 女 〖<ceda〗 ❶《文法》セディーユ, セディジャ: カタルーニャ語, フランス語, ポルトガル語, 古スペイン語などの c の文字の下につけられる記号 ',' . ❷ セディーユのついた文字 'c,' の名.

cedizo, za [θeðíθo, θa] 形 (肉などが)腐りはじめた, 腐りかけた.

cédride [θéðriðe] 女《植物》ヒマラヤスギの実.

cedrino, na [θeðríno, na] 形 ヒマラヤスギの. — madera cedrina ヒマラヤスギ材.

:cedro [θéðro] 男《植物》ヒマラヤスギ; シーダー材, 杉材. — ~ del Líbano レバノンスギ. ~ del Atlas アトラスシーダー. ~ deodara [llorón, de la India, del Himalaya] ヒマラヤスギ. ~ de España スペインスギ. ~ blanco [amargo] ヌマヒノキ.

:cédula [θéðula] 女 ❶ (身分証明・借用などの公的な)証書, 文書, 証明書. — ~ de identidad 身分証明書(=carné [tarjeta] de identidad). ~ de nacimiento 出生証明書. ~ testamentaria 遺言書. ~ personal [de vecindad] (税金納入後にもらえる)身分証明書. ~ de citación judicial 召喚状. ~ de matrícula 自動車登録証. ~ de preeminencias (退職公務員の)勤続証明書. 〖類〗**acreditación, carné, documento**. ❷《商業》証書, 証券. — ~ de blanco (金額未記入の)白地小切手. ~ de cambio (為替)手形. ❸ (図書館などの)目録[索引]カード. 〖類〗**ficha**. ❹ 票, 券, 札, 紙片. 〖類〗**papeleta**.

cédula de habitabilidad 居住適格証明書.
cédula hipotecaria 抵当証書.
real cédula/cédula real 《歴史》(特に王政復古時代の)勅許証, 勅令.

cefalalgia [θefalálxja] 女《医学》頭痛.

cefalea [θefaléa] 女《医学》偏頭痛. 〖類〗**jaqueca**.

cefálico, ca [θefáliko, ka] 形《解剖》頭(部)の. — índice ~《人類》頭長幅指数.

cefalópodo, da [θefalópoðo, ða] 形 (タコやイカなどの)頭足類の.
— 男 頭足類. 頭足類動物.

cefalotórax [θefalotóra(k)s] 男《単複同形》《動物》頭胸部(クモ類や甲殻類の頭部と胸部が合体した体の前部).

céfiro [θéfiro] 男 ❶ (地中海特有の暖かい)西風. 〖類〗**poniente**. 〖反〗**levante**. ❷《詩》そよ風, 微

風. —caricia del agradable ~ en las mejillas 頬をなでる心地よいそよ風. 類 **aura, brisa**. ❸ ほとんど透明な様々な色の綿布. ❹ (C~)《ギリシャ神話》ゼピュロス(西風の神).

cefo [θéfo] 男 《動物》オマキザル.

cegador, dora [θeɣaðór, ðóra] 形 ❶ まぶしい, 目が眩(^{くら})む. —luz *cegadora* まばゆい光. 類 **deslumbrador**. ❷ 明白な, 明らかな. —*cegadora* evidencia 明白な証拠.

:**cegar** [θeɣár] [4.4] [<ciego] 他 ❶ (*a*) を盲目にする, …の目をくらませる. —Los faros del coche me *cegaron*. 車のヘッドライトに私は目がくらんだ. (*b*) …の理性を失わせる, を別人にする. —Le *ciega* el deseo de poder. 権力欲のために彼は理性を失っている. 類 **ofuscar**. ❷ をふさぐ, …に詰め物をする. —~ un pozo [una puerta] 井戸(扉)をふさぐ.

—— 自 盲目になる; 分別を失う. —~ de furia 怒りで分別を失う.

——se 再 ❶ 盲目になる. ❷ 分別を失う. —*Se cegó* de ira y rompió la carta en mil pedazos. 彼は怒りに目がくらんでその手紙をびりびりに破った. ❸ (穴などが)つまる, ふさがる.

cegarra [θeɣára] 形 《話》→cegato.

cegarrita [θeɣaríta] 形 男女 《話》《近眼で》目を細めて物を見る(人).

a (*ojos*) *cegarritas* 《話》目を細めて, 目を凝らして.

cegato, ta [θeɣáto, ta] 形 [ser/estar+] 《話, 軽蔑》近視の, 近眼の. —Lleva gafas graduadas porque es bastante ~. 彼はかなり近眼なので, 度が入ったメガネをかけている. —— 名 《話》近視[近眼]の人. 類 **cegarra, miope**.

cegatón, tona [θeɣatón, tóna] 形 《中南米》近視の, 近眼の.

cegesimal [θexesimál] 形 《物理》C.G.S. 単位系の. —sistema ~ C.G.S. 単位系(センチメートル・グラム・セカンド単位法).

cegue(-) [θeɣe(-)] 動 cegar の接・現在.

cegué [θeɣé] 動 cegar の直・完了過去・1単.

ceguedad [θeɣeðáð] 女 →ceguera.

ceguera [θeɣéra] 女 ❶ 盲目, 失明. —tener [padecer] ~ 盲目である. ~ de nacimiento 生まれつきの盲目. ~ cromática 色盲. ~ nocturna 夜盲症. ~ psíquica [mental] (目に入るものが認識できない)精神盲. ~ verbal 失読症 (=alexia). 類 **ceguedad**. ❷ 《比喩》(情熱で)目が眩(^{くら})むこと, 眩(^{げん})惑; 無分別. 類 **alucinación, ofuscación**. ❸ 失明につながる眼炎の一種.

CEI [θéi] [<Comunidad de Estados Independientes] 独立国家共同体 (ロシアを中心とする国家連合, 英 CIS).

Ceiba [θéiβa] 固名 (La ~) ラ・セイバ (ホンジュラスの都市).

ceiba [θéiβa] 女 ❶ 《植物》カポックノキ, パンヤ. ❷ (大洋に育つ)リボン状の海藻.

ceilandés, desa [θeilandés, ðésa] 形 名 セイロン (Ceilán) の(人) スリランカ Sri Lanka の旧称. 首都:Colombo]. —té ~ セイロンの紅茶. 類 **cingalés**.

***ceja** [θéxa セハ] 女 ❶ 眉(^{まゆ}), 眉毛. —Luis tiene unas ~s muy pobladas [ralas]. ルイスは眉がとても濃い [薄い]. fruncir las ~s (怒り・困惑などで)眉を顰(^{ひそ})める, 顔を顰(^{しか})める. Tiene cabello y ~s morenos pero barba pelirroja. 彼は黒い髪の毛と眉毛をしているが, 赤ひげだ. lápiz de ~s 眉墨(^{まゆずみ}). ❷ (傷口・縫い目などの)盛り上がり, 突出部; 《製本》溝(表紙と背の継ぎ目); 《機械》(車輪の)輪縁(^{わぶち}). —~ de la tapas de un libro 本の表紙の背に接した折返し溝. 類 **reborde**. ❸ 《音楽》(弦楽器の)上駒(^{かみごま}), 糸枕(^{いとまくら}); (ギターなどの)カポタースト, 枷(^{かせ}). ❹ 《音楽》セーハ(音を高めるために, 人指し指(ギター)や親指(チェロ)で全部の弦を同時に押える動作). ❺ (山の)頂, 頂上; (山頂にかかる)暈雲(^{かさぐも}). ❻ 《中南米》帯状の森林; 森林の際[端]. —~ de monte 雑木林.

hasta las cejas de … 《俗》極度に, この上なく. Se ha pringado *hasta las cejas* en ese turbio asunto. 彼はそのいかがわしい事件にどっぷりつかってしまった.

levantar [*arquear, enarcar*] *las cejas* (驚き・疑いなどで)眉を上げる, 目を丸くする. Pablo, sorprendido, *arqueó las cejas*. パブロはびっくりして眉を上げた.

llevar … entre ceja y ceja 《俗》(考えなど)に固執する.

metérseLE [*ponérseLE*] *a … entre ceja y ceja* 《俗》(考えなどが)(人)の頭にこびりついて離れない. *Se le ha metido entre ceja y ceja* que *irá de viaje* y seguro que va. 旅に出たいという思いが彼の頭にこびりついて離れないので, 彼はきっとそうするはずだ.

tener … entre ceja y ceja [*entre cejas*] (人)に我慢できない, 忌み嫌う, 気に入らない.

quemarse las cejas 《俗》猛勉強する, 一生懸命勉強する. Si quieres aprobar, tendrás que *quemarte las cejas*. 君は合格したければ, 猛勉強しなければならないだろう.

cejar [θexár] 自 ❶ (特に馬が)後ずさりする, 後退する. 類 **ciar, recular, retroceder**. ❷ [否定文で, +en] 《比喩》譲歩する; 取り下げる, 放棄する. —No *cejará en* su empeño de conquistarla. 彼は彼女を口説き落とす努力をやめないだろう. 類 **aflojar, ceder, desistir**.

cejijunto, ta [θexixúnto, ta] [<ceja+junto] 形 ❶ [ser+] ほとんど眉がつながった[寄った]. ❷ [estar+] 眉間(^{みけん})にしわを寄せた, しかめ面の. 類 **ceñudo**.

cejudo, da [θexúðo, ða] [<ceja] 形 眉が濃く長い.

Cela [θéla] 固名 セラ (カミロ・ホセ Camilo José ~) (1916–).

celada [θeláða] 女 ❶ 罠(^{わな}), 策略, 落とし穴. 類 **encerrona, trampa**. ❷ 《軍事》待ち伏せ. 類 **asechanza, emboscada**. ❸ 《歴史・軍事》(15世紀頃の)(面頬(^{めんぼお})付き)かぶと, 鉄かぶと, サレット. 類 **casco, yelmo**.

caer en una celada 罠にはまる; 待ち伏せに遭う.

tender [*preparar, armar*] *una celada* 罠を仕掛ける; 待ち伏せる.

celador, dora [θelaðór, ðóra] 形 監視する, 管理する, 見張りをする, 警備の. —Es un jefe muy comprensivo, pero ~ del orden. 彼はとても物分かりがいいが規律には厳しい上司だ.

—— 名 (美術館・学校・病院・刑務所などの)監視人, 管理人, 警備員, 舎監, 学監, 看守. 類 **bedel, guardián, vigilante**.

celaje [θeláxe] [<cielo] 男 ❶ 主に複 《文》

様々な色合いの薄い雲, 夕焼け雲[空](=los ~s del crepúsculo). ❷ 〖画題としての〗雲. ❸ 〖建築〗天窓, 明かり採り. 類**claraboya**. ❹ 前兆, 兆し. 類**presagio**.
como un celaje 〖中南米〗瞬く間に, 電光石火のごとく.

:**celar** [θelár] 他 ❶ 〖法律や規則の遂行〗を監視する, 管理する, 見張る;〘人〙を監督する, 管理する. 類**vigilar**. ❷ を隠す, 秘密にする. 類**encubrir, ocultar**. ❸ 〖木や金属〗を彫る, 刻む; 彫刻する. 類**esculpir, grabar**. ❹ 〖まれ〗 嫉妬心から人を見張る, 監視する. ❺ 〖古〗疑う, 怪しむ.

:**celda** [θélda] 女 ❶ 〖宗教〗〖修道院の〗**独居房**, 僧房;〖寮などの〗個室. —Las monjas se retiraron a sus ~s a descansar. 修道女たちは独居房に引き下がって休んだ. 類**aposento, cámara, célula, habitación**. ❷ 〖刑務所の〗**独房**, 監房, 小部屋. —~ de un cárcel 刑務所の独房. ~ de castigo 懲戒室, 懲罰房, 仕置き部屋. ~ acolchada 精神防止杜材を貼った個室[独房]. recluir a los presos en ~s de aislamiento 囚人たちを拘禁独房に入れる. 類**calabozo**. ❸ 〖虫類〗〖蜂の巣の〗巣穴, 巣房, 蜜房. 類**celdilla**. ❹ 〖情報〗セル.

celdilla [θeldíja] 女 ❶ 〖ハチなどの〗巣房. 類**celda**. ❷ 壁龕(^^), 壁のくぼみ. 類**nicho**. ❸ 〖植物〗〖種子の〗室, 朔(^^)の中で種子が入っている空間.

cele [θéle] 形 〖中南米〗〖果物が〗まだ青い, 熟れていない.

celebérrimo, ma [θeleβérrimo, ma] 形 [célebreの絶対最上級] 大変有名な, 大変著名な.

Célebes [θéleβes] 固名 (Isla ~) セレベス[スラウェシ]島.

:**celebración** [θeleβraθjón] 女 ❶ 〖儀式・祭典・行事・会について〗**挙行**, とり行うこと, 挙式; (ミサの)執行. —asistir a la ~ de la misa ミサにあずかる. La guerra impidió la ~ de los juegos olímpicos. 戦争のためにオリンピックは中止された. ❷ 〖記念日などを〗**祝うこと**, 祝賀(会), 祝典. —Vinieron todos los hijos para la ~ de las bodas de oro. 金婚式を祝うために子供たちが全員やってきた. 類**conmemoración, festividad, solemnidad**. ❸ 称賛, 称揚. 類**aclamación, aplauso**.

*:**celebrado, da** [θeleβráðo, ða] 過分形 賞賛された, たたえられた. —un actor muy ~ 大変人気のある俳優. Tuvo una ocurrencia muy *celebrada* por todos. 彼はあるアイディアを思いついたが, それは皆に歓迎された.

celebrante [θeleβránte] 形 〖カトリック〗ミサを執行する.
—— 男 〖カトリック〗ミサ執行司祭 (=cura ~).

:*celebrar* [θeleβrár セレブラル] 〖<célebre〗 他 ❶ (a) を**開催する**, と り行なう, 行なう. —En junio se *celebran* elecciones generales. 6月には総選挙が行なわれる.
類語 **celebrar** は「祝賀行事を行なう」意味が強い. **conmemorar** は「昔をしのんで記念行事を行なう」意味, **felicitar** は「朝頃でとうと言う」ことである. (b) 〖宗教的儀式〗をとり行なう, 行なう. —Cuando entré en la iglesia, el sacerdote ya *había celebrado*. 私が教会に入った時, 司祭はもうミサを行なったあとだった.
❷ (a) を喜ぶ, うれしく思う. —Celebro que te

---

celiaco 371

hayas recobrado por completo. 君の病気全快おめでとう. (b) を賞賛する, ほめたたえる, 祝う. —*Celebramos* su victoria con una gran fiesta. われわれは彼の勝利を大パーティーで祝う. 類**alabar, aplaudir**. (c) を笑う, …に大笑いする, 笑いこける. —Siempre *celebramos* las bromas que gasta nuestro tío. われわれはいつも叔父の言う冗談に笑いこける.

:**célebre** [θéleβre] 形 ❶ 〖+por〗**…で有名な**, 名高い, 著名な. —escritor ~ 有名な作家. La Rioja es ~ *por* sus vinos. リオハはそのワインで名高い. 類**famoso, ilustre, renombrado**. ❷ こっけいな, おかしい; 風変りな. 類**chistoso, excéntrico, ocurrente**. ❸ 〖南米〗きれいな, かわいい.

*:**celebridad** [θeleβriðáð] 女 ❶ 有名, 名声. —ganar [adquirir, alcanzar] ~ 名声を得る, 有名になる. No busca la ~. 彼は名声を欲しいとは思っていない. 類**fama, reputación**. ❷ 有名人, 高名な人. —Es una ~ en el campo de la medicina. 彼は医学界では著名な人である. 反**anónimo, desconocido**. ❸ 祝典, 祭りの行事. 類**festejos**.

celemín [θelemín] 男 ❶ セレミン (穀類・豆類の容量単位=4.625リットル=1/12fanega). ❷ 〖歴史〗セレミン (昔の農地面積単位≒537㎡).

célere [θélere] 形 副 《文, まれ》すばやい. 類**pronto, rápido**. —— 男 〖古代ローマの〗騎士団兵. —— 女 (Las C~s) 〖神話〗女神の女神.

celeridad [θeleriðáð] 女 すばやさ, 速さ, 迅速さ. —con toda [gran] ~ 大急ぎで, 素早く, 大至急. 類**rapidez, velocidad**.

:**celeste** [θeléste] 〖<cielo〗形 ❶ 天の, 天空の, 空の. —bóveda ~ 天空, 大空. cuerpo ~ 天体. esfera ~ 天球. espacios ~s 宇宙空間. El C~ Imperio (王朝時代の)中国. ❷ 空色の. —blusa ~ 空色のブラウス. azul ~ スカイブルー(の).
—— 男 空色.

:**celestial** [θelestjál] 形 ❶ 天国の, 天上の. —gloria ~ 天国の栄光. 類**paradisíaco**. ❷ 絶妙な, 非常に心地よい. —placer ~ えも言われぬ快楽. 類**delicioso, perfecto**. ❸ 〖皮肉〗ばかな, 間抜けな. —Cuando la mira, pone una cara ~. 彼女を見ているとき, 彼は間抜けな顔にみえる. 類**bobo, imbécil, tonto**.
ser música celestial (人・物が) 何の役にも立たない.

patria celestial 天国.

celestina[1] [θelestína] 女 (Fernando de Rojas 作の『カリストとメリベアの悲喜劇』(1499年) に登場するやり手婆さんの名に由来する) 売春斡旋人, 売春仲介人. —polvos de la madre C~ 媚薬, 惚薬(^^). 類**alcahueta, encubridora, proxeneta, trotaconventos**.

celestina[2] [θelestína] 女 〖鉱物〗天青(^^)石, セレスタイト.

celestina[3] [θelestína] 女 〖鳥類〗アルゼンチンのトゥクマンに生息するよく鳴く小鳥 (羽根が青緑でそれ以外の部分は明るい黄色).

celiaca, celíaca, celiaco, ca [θeljáka, θelíaka, ka] →**celiaco, celíaco**.

celiaco, ca, celíaco, ca [θeljáko, ka, θelíako, ka] 形 ❶ 〖解剖〗腹腔(^^)の, 腸の, 腹部の. —arteria *celíaca* 腹腔動脈. 類**abdominal**,

intestinal. ❷《病理》脂肪便の. —enfermedad *celíaca* 小児脂肪便症. ── 囡 セリアック病, 腸[腹]の病気; 小児脂肪便症.

celibato [θeliβáto] 男 ❶（特に宗教の誓いに基づく）独身, 独身生活. —La iglesia católica impone el ~ a los sacerdotes. カトリック教会は聖職者に独身を課する. 類**soltería**. ❷《話》独身男性.

célibe [θéliβe] 形《文》独身の. 類**soltero**.
── 男女《文》独身者.

celidonia [θeliðónja] 囡《植物》クサノオウ. —~ menor ウマノアシガタ.

cellisca [θejíska] 囡《気象》みぞれ交じりの吹雪.

cellisquear [θejiskeár] 自《気象》〖3 人称単数形で〗みぞれ交じりに吹雪く.

‡**celo**¹ [θélo] 男 セロテープ, 透明粘着テープ (= papel celo).

‡**celo**² [θélo] 男 ❶ 複〖+de〗(…に対する)嫉妬(とう), ねたみ, 焼きもち. —El niño mayor siente ~s *del* pequeño. お兄ちゃんは幼い弟に嫉妬する. Vive angustiada porque tiene ~s de su marido. 彼女は夫に嫉妬しているので悲痛な日々を送っている. 類**achares, envidia, pelusa**. ❷（任務遂行などの）熱心さ, 熱中, 熱意. —mostrar gran ~ 大変な熱意を見せる. Trabaja con ~ y discreción. 彼の仕事ぶりは熱心かつ慎重だ. El cajero pone mucho ~ en hacer las cuentas para no equivocarse. レジ係は間違わないように入念に計算する. 類**cuidado, diligencia, esmero**. 反**dejadez, descuido, desinterés, indiferencia**. ❸《宗教》宗教的熱情, 敬神. —~ religioso [patriótico] 宗教的[愛国的]熱情. 類**fervor**. ❹（動物の）発情, さかり; 発情期. —hembra en ~ 発情期の雌. entrar [caer] en ~ さかりがつく, 発情期である. época de ~ 発情期.

con celo 熱心に, 献身的に, 入念に. Cumplió mi encargo *con celo*. 彼は私の頼みを献身的に果してくれた.

dar [infundir] celos a ... （人）を嫉妬させる, （人）に焼きもちを焼かせる. Lo hizo para *darle celos*. 彼は彼女を嫉妬させるためにそうした.

poner celo en ... …に熱意を燃やす, 念を入れる. *Pone* mucho *celo en* su trabajo. 彼は自分の仕事に大いに熱意を傾ける.

tener [sentir] celos de ... …に嫉妬する, 焼きもちを焼く. *Siente celos de* cualquiera que sea más inteligente que él. 彼は自分より頭の良い人ならだれにでも嫉妬する.

celofán [θelofán] 男 セロハン.

celosamente [θelósamente] 副 ❶ 熱心に. ❷ 嫉妬して.

celosía [θelosía] 囡 ❶（外から見られないようにするための）目の詰んだ格子. ❷ 目の交差した格子. ❸ 嫉妬心.

‡**celoso, sa** [θelóso, sa] 形 ❶〖+de/en〗…に熱心な, 熱意のある. —Es ~ *del* [*en* el] cumplimiento de su deber. 彼は義務の遂行に熱心だ. 類**cumplidor, diligente**. ❷ 嫉妬深い〖ser+〗;〖+de〗をねたんでいる, 嫉妬している〖estar+〗. —Su marido es ~. 彼女の夫はやきもち焼きだ. Está ~ *de* su hermano menor. 彼は弟をねたんでいる. ❸〖+de〗（権利などの）をしつこく要求する. —Es muy ~ *de* sus derechos. 彼は執拗に自分の権利を主張する. 類**exigente**. ❹（機械などの）感度がよい, 過敏な; (舟が)不安定な.

celoso como un turco 非常に嫉妬深い.

celsitud [θelsitúð] 囡《古》❶ 崇高, 偉大さ, 卓越. 類**excelsitud**. ❷（王室に対する敬称で）閣下, 陛下. 類**alteza**.

celta [θélta] 形 ケルト族[系]の, ケルト人の; ケルト語の. 類**céltico**. ── 男女 ケルト人. ❶《言語》ケルト語. 類(los ~s) ケルト族. ❷ (C~s) セルタス（スペインの大衆的黒タバコの名称）.

celtibérico, ca [θeltiβériko, ka] 形 →celtíbero.

celtíbero, ra, celtibero, ra [θeltíβero, ra, θeltiβéro, ra] 形 ❶（古代の）ケルト・イベリア (Celtiberia)人(・族)の. —pueblo ~ ケルト・イベリア族. ❷《よく軽蔑的に》スペイン(人)独特の, スペイン的な. 類**carpetovetónico**.
── 名 ケルト・イベリア人（ローマ植民以前, 現在のサラゴサ, テルエル, クエンカ, グアダラハラ, ソリア一帯に居住していたケルト系民族）.
── 男 ❶ (los ~s) ケルト・イベリア族. ❷ ケルト・イベリア語.

céltico, ca [θéltiko, ka] 形 ケルト族[人]の; ケルト語の. —lengua [cultura] *céltica* ケルト語[文化]. 類**celta**. ── 名 ケルト人. ── 男 複 (los ~s) ケルト族.

‡**célula** [θélula] 囡 ❶《生物》細胞. —~ nerviosa 神経細胞. ~ embrionaria [germen] 生殖細胞. ~ adiposa 脂肪細胞. ~ pigmentaria 色素細胞. ~ sanguínea 血球, 血液細胞. ~ madre 母細胞. ~ hija 娘細胞. Los seres vivos están formados por ~s. 生物は細胞からできている. ◆「細胞膜」は membrana, 「細胞質」は citoplasma, 「核」は núcleo. 類**celda**. ❷（共産党・ゲリラなどの）細胞, 支部;（社会組織などの）構成単位. —La familia es la ~ fundamental de la sociedad. 家庭は社会の基本的構成単位である. Han sido arrestados los miembros de la ~ comunista del pueblo. 町の共産党組織のメンバーが逮捕された. ~ terrorista aniquilada por la policía 警察に破壊させられたテロリスト組織. 類**casilla, cavidad, celdilla**. ❸（電気）電池. —~ fotoeléctrica [fotoemisora] 光電管, 光電池. Esta calculadora funciona con ~s solares. この計算器は太陽電池で動く. 類**pila**. ❹《航空》（航空機の）機体（エンジンや制御装置は除く）.

celular [θelulár] 形 ❶ 細胞の, 細胞状の; 小房から成った, 蜂窩(ほう)状の. —tejido ~ 蜂窩組織. ❷《法律》独房の. ~prisión ~ 独房. ❸ 囚人護送用の. —coche ~ 囚人護送車. ❹《中南米》携帯電話 (= teléfono móvil).

celulitis [θelulítis] 囡《単複同形》《医学》フレグモーネ, 蜂巣(ほう)炎, 蜂窩織炎(ほうかしき).

celuloide [θeluloíðe] 囡 ❶ セルロイド（商標）. —Este estuche de plumas está hecho de ~. この筆入れはセルロイド製だ. ❷ フィルム, 映画. —~ rancio 古いフィルム. Esta novela ha sido llevada al ~. この小説は映画化された.

celulosa [θelulósa] 囡《化学》セルロース, 繊維素.

cementación [θementaθjón] 囡 ❶ セメントで固めること. ❷《冶金》浸炭(法), セメンテーション（鋼の表面硬化法の1つ）. ❸《地質, 冶金》膠(こう)

結作用.

cementar [θementár] 他 ❶ セメントで固める. ❷ (冶金) (錬鉄などを) 浸炭する, …にセメンテーションを施す. ❸ 《冶金》銅が沈殿するように銅の塩化溶液に鉄の棒を入れる.

‡**cementerio** [θementérjo] 男 ❶ (共同)墓地, 墓場. —Sus restos mortales reposan en este ~. 彼の亡骸(なきがら)はこの墓地に眠っている. 類 **camposanto**. ❷ (動物の)墓地, 墓場;《比喩》墓場. ❸ 廃棄物置場, 廃棄場. — ~ de automóviles [de coches] 廃車置場, 廃車解体処理場. ~ nuclear [radiactivo, de residuos nucleares] 放射性廃棄物貯蔵施設. ~ de residuos sólidos 廃棄物置場.

cementerio de elefantes (1) 象の墓場. (2) 廃棄物置場. (3) 引退したお偉方の溜まり場, 退職者のサロン.

cementista [θementísta] 男女 ❶ セメント製造業者. ❷ セメント工[職人].

‡**cemento** [θemento] 男 ❶ セメント, 接合剤. — ~ hidráulico [puzolánico] 水硬(性)[ポゾラン]セメント. ~ (de) Portland ポルトランド・セメント(水硬性). muro de ~ セメントモルタルの壁. ❷ コンクリート. — ~ armado 鉄筋コンクリート (= hormigón armado). columnas de ~ armado 鉄筋コンクリートの柱. ❸ 歯科用セメント. ❹ (歯の)白亜質. — La caries ha afectado al ~ de los dientes. 虫歯は歯の白亜質を冒した. ❺《地質》膠結物. ❻《金属》浸炭剤(鋼の表面に炭素を浸透・硬化させる).

tener una cara de cemento armado / tener la cara de cemento ものすごく図々しい, 厚顔無恥である.

cementoso, sa [θementóso, sa] 形 セメント質の, セメントのような.

Cempoala [θempoála] 固名 センポアラ (メキシコの遺跡).

‡**cena** [θéna セナ] 女 夕食, ディナー, 晩餐(ばんさん)(会)(→「朝食」desayuno;「昼食」almuerzo, comida). —tomar una ~ ligera 軽い食事を取る. ¿Qué vamos a tomar de ~? 夕食は何ですか? No debes comer mucho en la ~ si vas a acostarte pronto. 早く寝るなら, 夕食にはあまり食べすぎないこと. La Última [La Santa] C~ (聖書)最後の晩餐. C~ de Nochebuena [de Nochevieja] クリスマス[大晦日(おおみそか)]の晩餐(会).

cenacho [θenátʃo] 男 (アフリカハネガヤで編んだ食料品を運ぶための)手提げかご. 類 **capacho, espuerta**.

cenáculo [θenákulo] 男 ❶ キリストの最後の晩餐(ばんさん)が行なわれた部屋. ❷ 《比喩》(芸術家や文学者などの)サロン. —Su última novela ha sido muy criticada en los ~s literarios. 彼の最新作は文学サロンで大いに批判された.

cenador, dora [θenaðór, ðóra] 形 名 夕食を取る(人), 夕食を食べ過ぎる(人).

—— 男 ❶ (庭園内のつる草などに覆われた)四阿(あずまや), 休憩所. 類 **glorieta**. ❷ (特に Granada の)中庭に面した回廊.

cenagal [θenaɣál] 男 ❶ ぬかるみ, 泥沼. 類 **barrizal**. ❷ 《比喩, 話》窮地, 困窮. —estar metido en un ~ 窮地に陥っている. Ha tenido que vender la casa para salir del ~. 彼はその困窮から抜け出るために家を売らなければならない た. 類 **apuro**.

cenagoso, sa [θenaɣóso, sa] 形 ぬかるんだ, 沼地の. 類 **pantanoso**.

‡**cenar** [θenár セナル] (< cena) 自 夕食をとる[食べる]. —Suelen ~ a las diez. 彼らは10時に夕食をとる習慣だ.

—— 他 ❷ を夕食にとる[食べる]. —Esta noche he cenado pescado. 今晩私は夕食に魚を食べた.

cenceño, ña [θenθéɲo, ɲa] 形 (人, 動物, 植物が)やせた, 細身の. 類 **delgado, enjuto, flaco**.

cencerrada [θenθeráða] 女 ❶ 《話》再婚者の初夜をからかって鈴やラッパで囃(はや)し立てること. —dar la ~ 再婚者の初夜を鈴やラッパで囃し立てる. ❷ 《話》再婚する男[女].

cencerrear [θenθereár] 自 ❶ 鈴をじゃんじゃん鳴らす, 鈴がじゃんじゃん鳴る. ❷ 《比喩, 話》楽器(特にギター)を調子はずれに弾く. ❸ 《比喩, 話》ドア, 窓, 差し錠などが風でギイギイと音をたてる; 機械の部品が調子はずれの音をたてる.

cencerreo [θenθeréo] 男 ❶ 鈴がじゃんじゃん鳴ること, 鈴をじゃんじゃん鳴らすこと. ❷ 楽器を調子はずれに弾くこと. ❸ ドア, 窓, 機械の部品などがきしむ音, ガタガタ[ギイギイ]いう音.

cencerro [θenθéro] 男 (家畜が首から下げる金属製の)鈴, カウベル. 類 **campanilla, esquila**.

a cencerros tapados 《比喩, 話》こっそりと, ひそかに.

estar como un cencerro 《比喩, 話》気が狂っている, 気がふれる, いかれている.

cendal [θendál] 男 ❶ (絹, 麻などの)薄布; ベール. ❷ 《文》薄絹, 薄い織物. ❸ 《カトリック》典礼用の白い布(ミサの際, 司祭はこの布で手を包み聖体顕示台を持ち運ぶ). 類 **humeral**. ❹ 《集合的に》とりの羽枝(うし). ❺ 複 インク瓶の底にしいた綿. ❻ (海事)モーロ人の3本マストの軍船.

cenefa [θenéfa] 女 ❶ (シーツ, タオル, カーテンなどの)縁飾り, 縁取り. ❷ (建築)(壁, 床, 天井などの)帯状装飾, フリーズ. ❸ (カトリック)ミサ用の上祭服に施された3本の縞模様の中央. ❹ (海事)帆船の檣楼(しょうろう)を取り巻き支える太い丸木. ❺ (海事)蒸気船の外輪を覆う骨組み. ❻ (海事)日除けの縁索(ふちづな)に吊るされた帆布の切れ端.

‡**cenicero** [θeniθéro] 男 ❶ (タバコの)灰皿. ❷ (ストーブ・炉・かまどなどの)灰受け, 灰だめ. —Limpia el ~ cuando se apaguen las brasas. 燠(おき)が消えたら灰受けを掃除しなさい. ❸ 《話》遺灰捨て場.

ceniciento, ta [θeniθjénto, ta] 形 灰色の, 灰のような.

cenit [θeni(t)] 男 ❶《天文》天頂(任意地点の真上の天). 反 **nadir**. ❷《比喩》(名声, 成功などの)頂点, 絶頂. —Está en el ~ de su gloria. 彼は栄光の頂点にある.

cenital [θenitál] 形 ❶《天文》天頂の. ❷ (光, 日差しが)天窓から差し込む, 上方から差し込む. —luz ~ 天窓から差し込む光[日差し].

‡**ceniza** [θeníθa] 女 ❶ 灰. —color (de) ~ 灰色. ~ volcánica 火山灰. ~s radiactivas 放射能塵(じん). ❷ 複 遺灰, 遺骨; 残骸; (死者の)追憶. —Aquí reposan sus ~s. 彼の遺骨はここに安らかに眠っている. 類 **restos**. ❸ (カトリック)聖灰. — Miércoles de C~ 灰の聖灰水曜日(四旬節 Cuaresma の第1日で, 当日信者の額に聖灰で十

字架のしるしをつけ,死と痛悔の必要性を想起させる教会の慣習から).
reducir a [convertir en] cenizas を灰にする,灰燼(%)に帰させる. La artillería *redujo a cenizas* las murallas. 砲撃のため城壁は灰燼に帰した.
tomar la ceniza (灰の水曜日に司祭から額に)聖灰を受ける.

cenizo, za [θeníθo, θa] 形 灰色の. 類 **ceniciento**.
── 男 ❶ 《比喩, 話》縁起[運]の悪い人, 疫病神. ❷ 悪運, 不運. ── Ese chico tiene el ~: se ha vuelto a romper la pierna. その子は運が悪い, また足を折ってしまった. 類 **aguafiestas, gafe**. ❸ 《植物》アカザの一種. ❹ 《植物》オイディウム菌(ブドウの木に寄生する白っぽい菌).

cenobio [θenóβjo] 男 修道院, 僧院. 類 **monasterio**.

cenobita [θenoβíta] 男女 ❶ 修道僧, 修道女. 類 **monja, monje**. ❷ 《比喩》隠遁(½)者, 世捨て人. 類 **anacoreta, eremita**.

cenotafio [θenotáfjo] 男 遺体の納められていない墓碑.

cenote [θenóte] 男 〖中南米〗《話》深い天然の井戸, 泉.

censal [θensál] 形 国勢調査の, 人口調査の. 類 **censual**. ── 男 人口調査. 類 **censo**.

censar [θensár] 他 国勢調査[人口調査]に含む[登録する].
── 自 国勢調査[人口調査]を実施する.

censatario, ria [θensatárjo, rja] 形 地代, 借地料を払わなければならない.
── 名 貢(§)租(年貢)上納者, 借地人.

‡**censo** [θénso] 男 ❶ **人口調査, 国勢調査**. ── levantar [hacer, actualizar, realizar] un ~ 国勢調査を行う. ~ de tráfico 交通量調査. ❷ 住民[選挙人]名簿; 土地台帳. ── No está inscrito en el ~. 彼は選挙人名簿には登録されていない. No aparezco en el ~ municipal. 私は市の選挙人名簿には載っていない. 類 **amillaramiento, catastro, padrón, registro**. ❸ 〖法律〗地代, 借地料; 賃貸契約. ── constituir [establecer, fundar, instituir] un ~ (不動産の)賃貸借契約を結ぶ. ~ enfitéutico 長期賃貸借契約 (=enfiteusis). ~ irredimible [muerto] 永代賃貸借契約. Desde que abrimos este local debemos pagar el ~. この店舗を始めてからは地代を払わなければならない. 類 **arrendamiento**. ❹ 〖歴史〗(中世の領主に納めた)地代, 年貢; (古代ローマの)人頭税. ❺ 〖法律〗税, 年貢. ── gravar con el ~ 課税する. 類 **gravamen, impuesto, tributo**. ❻ 年賦金, 年金. ── ~ muerto 終身年金. 類 **renta**. ❼ (同種の人たち・物の)名簿, リスト. ── ~ de fruterías 果物屋の名簿. ~ de esquiadores スキーヤーのリスト. ~ de incunables 揺籃期本のリスト. ~ de inmuebles en ruina 倒壊家屋のリスト. 類 **lista**.

censo electoral (1) 有権者[選挙人]名簿. Su nombre no figuraba en el *censo electoral*. 彼の名前は選挙人名簿には載っていない. (2) 〖集合的に〗選挙民 (=electorado).

ser un censo (perpetuo) 《話》出費がかさむ, やたらに金がかかる. Este pleito *es un censo*. この訴訟はやたらに金がかかる. *Es un censo* el colegio de los niños. 子供の学校にえらく金がかかる.

censor [θensór] 男 ❶ (出版物, 映画などの)検閲官, 審査官. ❷ 批評家, 悪評家. ❸ 〖歴史〗古代ローマの監察官. ❹ (法人や協会などの法令・規則・協約の)監査役; 公認会計士.

censual [θensuál] 形 →**censal**.

censualista [θensualísta] 男女 ❶ 地代・借地料を受け取る者, 土地の貸し主. ❷ 貢(§)租(年貢)収納者.

‡**censura** [θensúra] 女 ❶ **非難, 批判**, 酷評; 〖政治〗不信任, 譴責(ぱ). ── objeto de ~s 非難の的. dirigir [fulminar] ~s 非難を浴びせる. incurrir en [exponerse a] la ~ pública 世間の非難を受ける[にさらされる]. moción de ~ (議会での)不信任[問責]動議. 類 **crítica, represión, reproche**. 反 **alabanza, elogio**. ❷ (出版物・映画などの)**検閲**. ── ~ gubernativa 政府の検閲. pasar por la ~ 検閲を通る. Durante la dictadura, toda publicación era sometida a ~. 独裁体制下, 全ての出版物が検閲を受けた. 類 **condena**. ❸ 検閲係[機関]. ── La película tiene ciertas escenas cortadas por la ~. その映画は検閲官によって数シーンカットされている. ❹ (古代ローマの)監察官の職.

‡**censurable** [θensuráβle] 形 非難すべき, とがめるべき, けしからぬ. ── Su falta de puntualidad es ~. 彼が時間を守らないことは非難されるべきだ. 類 **condenable, reprobable, reprochable**.

‡**censurar** [θensurár] 他 ❶ 〈censura 批〉を**検閲**する. ── El libro fue *censurado* antes de su publicación. その本は出版の前に検閲された. ❷ (検閲によって)削除[修正]する. ── *Censuraron* varias escenas de la película. その映画のいくつかのシーンがカットされた. ❸ **非難する**. ── Los empresarios *han censurado* la política económica del gobierno. 経営者たちは政府の経済政策を非難した. 類 **criticar, reprochar**.

centaura [θentáura] 女 《植物》センタリウム(キク科の多年草).

centaurea [θentauréa] 女 →**centaura**.

Centauro [θentáuro] 男 ❶ 《ギリシャ神話》ケンタウルス(半人半馬の怪物). ❷ 《天文》ケンタウルス座, 人馬座.

‡**centavo** [θentáβo] 男 ❶ センターボ(中南米諸国の単位貨幣 1 peso, 1 córdoba, 1 bolívar, 1 sol などの 100 分の 1). ── Un peso mejicano tiene cien ~s. メキシコ 1 ペソは 100 センターボである. 類 **céntimo**. ❷ セント(1 ドル dólar の 100 分の 1). ❸ 100 分の 1. 類 **centésimo**.

estar sin un centavo 一銭[一文]もない.

── , *va* 形 〖分数詞〗100 分の 1 の. ── una [la] *centava* parte de los ingresos 収入の 100 分の 1. 類 **centésimo**.

centella [θentéja] 女 ❶ (小規模の)稲光, 閃(½)光, 電光. 類 **rayo**. ❷ 火花, スパーク. 類 **chispa**. ❸ 《比喩》〖主に複〗人の目に現れた強い感情, 人の目のきらめき. ── En sus ojos aprecian ~s de ira. 彼の目には怒りの炎が現れていた. Sus ojos desprendían ~s de amor. 彼女の目は愛情のきらめきを放っていた. 類 **resplandor**. ❹ 《比喩》迅速に行動する人; 電光石火のもの.

como una centella 電光石火のように[な], 迅速に[な].

── 副 電光石火のごとく, あっという間に.

centellante [θentejánte] 形 火花を発する、きらめく. 類 **centelleante**.

centellar [θentejár] 自 →centellear.

centelleante [θentejeánte] 形 火花を発する、きらめく. 類 **centellante**.

centellear [θentejeár] 自 ❶ 火花を出す、ぴかっと光る；きらめく. 類 **cintilar**. ❷ (星が)きらきら光る、きらめく、瞬く. 類 **parpadear, titilar**. ❸ 《比喩》(人の目が強い感情によって)きらめく、輝く.

centelleo [θentejéo] 男 火花を出すこと、きらめき、瞬き.

centena [θenténa] 女 100個[人]ずつの単位. 類 **centenada, centenar**.

centenada [θentenáða] 女 100個[人]ずつの単位. 類 **centena, centenar**.

a centenadas 《まれ》何百と、たくさん.

centenal[1] [θentenál] 男 ❶ 100個[人]ずつの単位. 類 **centena, centenar**. ❷ 〖アラゴン〗かせ糸を結わえる糸.

centenal[2] [θentenál] 男 ライムギ畑.

:**centenar** [θentenár] 男 ❶ 100ずつにまとめたもの(100個[人]). —un ~ de personas 100人もの人. Te he dicho un ~ de veces que no hables con la boca llena. 口いっぱいにほおばっておしゃべりしないように何度も言ったでしょ. 類 **centena, ciento**. ❷ 〚~*es* de+複数名詞〛何百、多数. —Te he telefoneado ~*es* de veces. 私は君に何度も何度も電話した. ❸ 百年祭. 類 **centenario**. ❹ ライ麦畑. 類 **centenal**.

a [por] centenares 何百も、たくさん. Murió la gente a centenares durante aquella epidemia. あの流行病で何百人もの人が死んだ.

:**centenario, ria** [θentenárjo, rja] 名 〖<ciento〗 100歳(以上)の人. —Su abuela llegó a centenaria. 彼の祖母は100歳になった.

—— 形 ❶ 100歳の. —anciano ~ 100歳の老人. edificio ~ 築100年の建物. En el jardín hay un árbol ~ plantado por mi bisabuelo. 庭には私の曾祖父が植えた樹齢100年の木がある. ❷ 100の、100ずつの. —Sus ganancias en millones alcanzan una cifra *centenaria*. 彼のもうけは億ユーロ以上に達している. ❸ とても古い. —una fiesta [costumbre] *centenaria* とても古いお祭り[習慣].

—— 男 ❶ 100周年(祭). —celebrar [conmemorar] el segundo ~ de la fundación de la universidad 大学創立200周年を祝う. celebrar el quinto ~ del nacimiento de Cervantes セルバンテスの生誕500周年を祝う. Este año se cumple el quinto ~ de la muerte del escritor. 今年はその作家の没後500年に当たる. ❷ 100年間. —Esa dinastía se mantuvo en el país durante un ~. その王朝は100年間その国に君臨した. 類 **centuria, siglo**.

centeno[1] [θenténo] 男 ❶《植物》ライムギ. ❷ 〖集合的〗ライムギの種子.

centeno[2]**, na** [θenténo, na] 形 100番目の. 類 **centésimo**.

centesimal [θentesimál] 形 100分の1、100分法の、100進法の.

:**centésimo, ma** [θentésimo, ma] 形(数) ❶ 100番目の. —el ~ aniversario 100周年記念日. ocupar el ~ puesto en el mundo 世界で100位である. Está en [Es] el ~ puesto de la lista. 彼はリスト中100番目である. 類 **centeno**.

❷ 100分の1の. —una [la] *centésima* parte 100分の1. la *centésima* parte de la población 人口の100分の1. 類 **centavo, centesimal, céntimo**.

—— 名 ❶ 100番目の(人・物). —Soy el ~ de una lista de doscientas personas. 私の名簿順位は200人中100番目である. Quedó el ~ en la clasificación general. 彼は総合順位で100位になった.〔101番目は centésima primera〕. ❷ 100分の1. —una *centésima* [un ~] de segundo 100分の1秒. No recibí ni un ~ del dinero. 私はその金の100分の1ももらわなかった. una *centésima* de milímetro 100分の1ミリメートル. En el número 9, 25 hay dos décimas y cinco *centésimas*. 数字9.25には100分の1が2つと、100分の1が5つある. 類 **céntimo**.

—— 男 (貨幣単位)センティシモ. ◆チリ・パラグアイ・ウルグアイ・パナマなどの基本通貨の100分の1. —El peso uruguayo tiene cien ~. ウルグアイ1ペソは100センティシモである.

centi- [θenti-] 接頭 「100；100分の1」の意. —*centímetro*.

centiárea [θentiárea] 女 1アールの100分の1、すなわち1平方メートルに等しい面積の単位.

centígrado, da [θentíɣraðo, ða] 形 100分度の；(温度計の)摂氏の. —escala *centígrada* 100分目盛り、摂氏目盛り. La temperatura ha subido hoy a 35 grados ~s. 今日気温は摂氏35度まで上がった.

centigramo [θentiɣrámo] 男 センチグラム、100分の1グラム.

centilitro [θentilítro] 男 センチリットル、100分の1リットル.

:**centímetro** [θentímetro] 男 ❶ センチメートル(長さの単位；〖略〗cm). —~ cuadrado [cúbico] 平方[立方]センチメートル. Mido ciento setenta y cuatro ~s de altura. 私の身長は174センチある. ❷ 〖中南米〗巻尺、メジャー.

:**céntimo** [θéntimo] 男 ❶ センティモ(単位貨幣1 euro, 1 peso, 1 colón, 1 bolboa, 1 guaraní などの100分の1). —no valer un ~ 一文の価値も無い. 類 **centavo**. ❷ セント(1ドル dólar の100分の1). ❸ 100分の1.

al céntimo 詳細に、正確に.

estar sin un céntimo 一銭[一文]もない(=estar sin blanca, no tener un duro).

No tener ni un céntimo [cinco céntimos] 一銭[一文]もない.

——, **ma** 形〖分数詞〗100分の1の. —una [la] *céntima* parte de los ingresos 収入の100分の1. una [la] ~ parte 100分の1. 類 **centésimo**.

centinela [θentinéla] 男女 ❶《軍事》哨兵、歩哨. —estar de ~ 歩哨に立っている. hacer ~ 歩哨に立つ. ❷ 《比喩》見張り番、監視人.

centinodia [θentinóðja] 女《植物》ミチ[ニワ]ヤナギ(薬効のあるタデ科の植物).

centiplicado, da [θentiplikáðo, ða] 形 100倍の. 類 **centuplicado**.

centolla [θentója] 女《動物》ヨーロッパケアシガニ(クモガニ科). 類 **centollo**.

centollo [θentójo] 男 → centolla.

centón [θentón] 男 ❶ パッチワークキルト(色々な布を継ぎ接ぎしてできた毛布やカバー). ❷《比

centrado

喩〕他の作品の部分を継ぎ接ぎしてできた文学作品. ❸ 武器を覆うのに使用された粗毛布.

centrad|o, da [θentráðo, ða] 過分 形 ❶ 中心の, 中心にある, 中央にある. ❷ (人が立場や地位に)きちんとおさまっている, ふさわしい. —No está ~ en ese trabajo. 彼はその仕事に合っていない. ❸〔+en〕…に焦点を合わせた. —un trabajo ~ en las relaciones internacionales 国際関係に焦点を当てた研究. ❹ (人が)バランスがとれている, 分別がある. —Su novio no me ha parecido un chico muy ~. 彼女の恋人は私にはあまりバランスがとれた青年には見えなかった.
—— 男 〔情報〕センタリング.

Central [θentrál] 固名 セントラル(パラグアイの県).

*central [θentrál セントラル] 形 ❶ 中心の, 中央の; 中枢の. —punto ~ 中心点. casa ~ 本店, 本社. gobierno ~ 中央政府. América C~ 中央アメリカ. El pueblo se asienta en la parte ~ del valle. その町は盆地の中央部に位置している. calefacción ~ 集中暖房. ❷ 中心的な, 主要な. —Interpretó el personaje ~ de la obra. 彼はその作品の中心人物を演じた.
—— 女 ❶ 発電所. —~ eléctrica [de energía] 発電所. ~ hidroeléctrica [térmica, nuclear] 水力[火力, 原子力]発電所. ❷ 本部, 本社, 本局. —~ de correos 中央郵便局, 郵便本局. ~ telefónica 電話局; 電話交換台. ~ sindical 労働組合本部. ~ automática 自動電話交換機. Ha sido trasladado a la ~. 彼は本社に配置換えになった. 反 **sucursal**. ❸ 工場, プラント. —~ azucarera 精糖所. ~ depuradora 浄水場. ❹〖中南米〗精糖所, 粗糖工場.

centralismo [θentralísmo] 男 〔政治〕中央集権主義, 中央集権制度. 反 **federalismo**.

centralista [θentralísta] (<central) 形 中央集権の, 中央集権主義の, 中央集権主義者の. 反 **federalista**.
—— 男女 ❶ 中央主権主義者. ❷ (電話の)交換台係. ❸〖中南米〗砂糖工場主.

centralita [θentralíta] 女 電話交換台.

centralización [θentraliθaθjón] 女 中央集中化, 中央集権化.

centralizad|or, dora [θentraliθaðór, ðóra] 形 集中化する, 中央集権化の. —estado ~ 中央集権国家. tendencia *centralizadora* de la economía 経済の中央集中化傾向.

centralizar [θentraliθár] [1.3] 他 中心に集める, 集中させる; 中央集権化する. —La agencia de noticias *centraliza* en una oficina toda la información recibida del exterior. 情報通信社は外国から受け取った情報をすべて一つのオフィスに集める. El gobierno *centralizó* todas las competencias de las regiones en materia de educación. 政府は教育に関する地域の権限をすべて中央集権化した.
—— se 再 中心に集まる, 集中する; 中央集権になる.

centrar [θentrár] 他 ❶ を中心に置く, 中央に置く. —He llevado el coche al mecánico para que *centre* las ruedas. 私はタイヤを中心につけてもらうために車を整備士の所に持って行った. ❷〔+en/sobre に〕を集中させる, 焦点を合わせる. —Ha *centrado* sus investigaciones *en* el romanticismo. 彼は研究の焦点をロマンティシズムに合わせた. Debes ~ todo tu interés *en* el estudio. 君は興味を勉強に集中させるべきだ. ❸ (人の関心, 注意)を引き付ける, 集める. —Su belleza *centra* la mirada de todos. 彼女の美しさはみんなの視線を引き付ける. ❹ 〔スポーツ〕(サッカーなどで)センタリングする, センターにパスする. — ~ el balón ボールをセンタリングする. ❺ (銃の)狙いを定める.
—— 自 〔スポーツ〕(サッカーなどで)センタリングする.
—— se 再 ❶〔+en に〕集中する, 集まる. —El conferenciante anduvo por las ramas y no *se centró en* el tema. その講演者は枝葉末節にばかりこだわってテーマに集中することがなかった. Todas las miradas *se centraron en* ella. すべての視線が彼女に集まった. ❷〔+en〕…で要領をつかむ, …に慣れる. —Después de un año ya *se ha centrado en* Japón. 1年経って彼はもう日本に慣れた.

céntric|o, ca [θéntriko, ka] 形 中心にある, 中心[中央]部の; 都心の. —barrio ~ 都心部, 中心街. punto ~ 中心点[地]. 反 **periférico**.

centrífuga [θentrífuɣa] 女 →**centrífugo**.

centrifugad|or, dora [θentrifuɣaðór, ðóra] 形 遠心性の, 遠心力による. 類 **centrífugo**. —— 女 遠心分離機. 類 **centrífuga**.

centrifugadora [θentrifuɣaðóra] 女 → **centrifugador**.

centrifugar [θentrifuɣár] [1.2] 他 遠心分離する.

centrífug|o, ga [θentrífuɣo, ɣa] 形 遠心性の, 遠心力による. —fuerza *centrífuga* 遠心力. bomba *centrífuga* 遠心ポンプ. 類 **centrifugador**. 反 **centripeto**.
—— 女 遠心分離機. 類 **centrifugadora**.

centrípet|o, ta [θentrípeto, ta] 形 求心性の, 求心力による. —fuerza *centrípeta* 求心力. 反 **centrífugo**.

centrista [θentrísta] 形 〔政治〕中道の, 中道派の. —partido ~ 中道派政党.
—— 男女 中道派, 中道派の人. —Los ~s votaron a favor del proyecto de ley. 中道派はその法案に賛成の票を投じた.

*centro [θéntro セントロ] 男 ❶ 中心, 中央; 中枢. —~ 〔幾何〕(円や球などの)中心. —~ de una esfera 球体の中心. ~ de la Tierra 地心, 地核. los países del ~ de Europa 中欧諸国. Vive en pleno ~ de la ciudad. 彼は街のど真ん中に住んでいる. navegar por el ~ del río 川の中心を航行する. 類 **mitad**. 反 **exterior, extremo, margen**.
❷ (町の)中心部, 都心, 繁華街. —ir de compras al ~ 繁華街へ買物に行く. ~ antiguo 旧市街. La manifestación colapsó el ~ de la ciudad. デモ行進のため都心の交通が麻痺した. 反 **afuera, alrededores, periferia**.
❸ (中心となる)機関, センター, 施設; 本部. —~ de acogida (外国人の)一時収容施設. C~ de Arte Reina Sofía ソフィア王妃美術館. ~ de belleza エステ・サロン. ~ de información 情報センター. ~ de control コントロール[管制, 制御]センター. ~ de detención 非行少年短期収容所. ~ de idiomas 外国語学校, 語学校. ~ de prensa プレスセンター. ~ de rehabilitación リハビリセン

ター. ～ de salud 保健所. ～ cultural [deportivo] 文化[スポーツ]センター. ～ meteorológico 地方気象台, 測候所. ～ penitenciario 刑務所, 監獄. Esa fundación es un importante ～ cultural. この施設は重要な文化センターである. Fue atendido en un ～ hospitalario. 彼は医療センターで治療を受けた. Roma es el ～ de la catolicidad. ローマはカトリックの総本山である. Ese es el ～ de telecomunicaciones de la ciudad. そこは町の通信センターです. 類**establecimiento, institución, órgano**.

❹(興味・関心・視線・注目・話題などの)**的, 中心, 中核**; (活動などの)**中心人物**. ～～ de interés [de atención] 関心の的. ～ de envidia 羨望の的. el ～ de mis preocupaciones 私の心配の種. Ella era el ～ de la curiosidad de todos los invitados. 彼女は全招待客の好奇の的だった. Él siempre quiere ser el ～ de la reunión. 彼はいつも集まりの中心人物になりたがる. Ha hecho de su marido el ～ de su existencia. 夫が彼女の生きがいとなった. 類**eje, foco, motivo, núcleo, objeto**.

❺(活動・展開の)**中心地, …地, 都市**. — Málaga es un importante ～ turístico. マラガは重要な観光地である. Este barrio es el ～ de los negocios de la ciudad. この地域は町のビジネス街である. 類**corazón, foco**. 反**periferia**. ❻集まり, クラブ, サークル; 会場. — Me he apuntado a un ～ excursionista. 私はハイキング同好会に入った. ～ de reunión (グループの)集会場. 類**asociación, círculo, club**. ❼《政治》中道派. — Un partido de ～ ganó las elecciones generales. 中道派が総選挙に勝った. La orientación del partido es de ～ derecha. 政党の傾向は中道右派である. ❽複 …界, …社会. — La noticia se difundió en ～s diplomáticos. そのニュースは外交界に広まった. ❾《スポーツ》(サッカーなどで)**(相手ゴール前に蹴ること)**. — lantero ～ センターフォワード. línea de ～ センターライン. Un magnífico ～ desde la defensa propició la jugada del segundo gol. ディフェンダーからのすばらしいセンタリングが2点目の絶好のきっかけとなった. ❿《経営》— ～ de costos [de costes] 原価中心点. ～ de beneficios 利益センター, プロフィットセンター.

centro cívico 市民センター; (都市の)中央官庁地区.
centro comercial ショッピングセンター, 商店街.
centro de atracción (1)《天文》引力の中心, 重心(＝centro de gravitación). (2)《比喩》人気[注目]の的.
centro de datos 資料センター.
centro de gravedad 《物理》重心.
centro de mesa (テーブルの中央に置く飾り鉢・花鉢・レースなどの)テーブルセンター.
centro industrial 工業[産業]の中心地, 工業地帯.
centro nervioso (1)《解剖》中枢神経. (2)《比喩》(国・会社などの)中枢部. el *centro nervioso* de una fábrica [de un Estado] 工場[国家]の中枢部.
centro regional (商業や情報チェーン店の地方の)支店, 支社.
hacer centro 〖中南米〗的を射る.

Centroafricana [θentroafrikána] 固名 中央アフリカ(公式名 República Centroafricana, 首都バンギ Bangui).

centroafricano, na [θentroafrikáno, na] 形 中央アフリカの, 中央アフリカ出身の.
——男女 中央アフリカ人, 中央アフリカ出身の人.

Centroamérica [θentroamérika] 固名 中央アメリカ[米州](北アメリカ大陸のうちグアテマラ以南の地域).

‡**centroamericano, na** [θentroamerikáno, na] 形 **中央アメリカ(人)の, 中米(人)の**. — países ～s 中米諸国. ——男女 中米人, 中央アメリカ人.

centrocampista [θentrokampísta] 男女 《スポーツ》(サッカーなどで)ミッドフィルダー.

Centroeuropa [θentroeurópa] 固名 中央ヨーロッパ[中欧].

centrosfera [θentrosféra] 女 《生物》細胞の中心球(中心小体のまわりの細胞質が分化した層).

centrosoma [θentrosóma] 男 《生物》中心体(細胞分裂の時に現れる微小粒構造).

centuplicar [θentuplikár] [1.1] 他 ❶ 100倍する. ❷《数学》(ある数量に)100を乗じる[掛ける].
—— se 再 100倍になる.

céntuplo, pla [θéntuplo, pla] 形 《数学》《まれ》100倍の. — Un quilómetro es ～ de un decámetro. 1キロメートルは1デカメートルの100倍である. ——男 (ある数量の)100倍.

*centuria** [θentúrja] [＜ciento] 女 ❶《文》100年, 1世紀(＝siglo). — En la pasada ～ los avances tecnológicos fueron impresionantes. この100年間科学技術の進歩は目を見張るものがあった. 類**centenario, siglo**. ❷ 百人隊(古代ローマ軍団歩兵部隊の基本単位).

centurión [θenturjón] 男 (古代ローマの)百人隊の長.

cénzalo [θénθalo] 男 《虫類》カ(蚊). 類**mosquito**.

*ceñido, da** [θeníðo, ða] 過分 形 ❶(衣服が体に)ぴったりした, きっちりした, きつい. — Lleva un pantalón muy ～. 彼女はとてもぴったりしたズボンをはいている. Este vestido me está demasiado ～ y casi no puedo respirar. 私にはこのドレスはきつすぎてほとんど息ができない. 類**ajustado, apretado**. ❷(カーブが)急な. — Ten cuidado, que la curva es muy *ceñida*. 気をつけて, そのカーブはとても急だから. ❸《比喩》精密な, 正確な, 正しい. — Es un escritor de *ceñida* expresión. 彼は正確な表現をする作家だ. 類**ajustado, exacto, preciso**. ❹(お金, 支出が)必要最小限度の, かつかつの. — No podemos vivir con un sueldo tan ～. こんなかつかつの給料では暮らしていけない. ❺《虫類》胸部と腹部の間がくびれた, 細腰目目の.
——副《スポーツ》きっちりと, ちょうど, ぴったりと. — Remató muy ～ al poste izquierdo. 彼は左のポストぎりぎりにゴールを決めた.

ceñidor [θeníðor] 男 ❶(帯, ベルトなどの)腰[ウエスト]を締めるもの. 類**cinta, cinturón, cordel, cordón, correa, faja**. ❷ コルセット. 類**apretador, corsé**.

ceñiglo [θeníɣlo] 男 《植物》アカザ. 類**cenizo**.

‡**ceñir** [θeníɾ] [6.5] 他 ❶(身体などに)を巻きつけ

る、まとう; 抱き締める. ❷ を身に帯びる、締める、まとう. —*Me ceñí* la cintura con un vistoso cinturón. 私は腰にはでなバンドをしめた. El cinturón te *ciñe* demasiado el talle. そのベルトは君のウエストにはきつすぎる. ❸ を取り巻く、取り囲む. —Grandes murallas del siglo XI *ciñen* la ciudad de Ávila. 11世紀の大城壁がアビラ市を取り囲んでいる. ❹ (冠など)をかぶる, (太刀)を佩(は)く. —~ la cabeza con una corona 頭に冠をかぶる. ~ espada 剣を帯びる.

——se 再 ❶ 〔+a/en に〕限る, とどめる, 自制する. —*Cíñase a* exponer los hechos y nada más. 事実をありのままに述べるだけに止めておきなさい. Tenemos que ~*nos al* presupuesto de que disponemos. 私たちは使える予算の範囲内にとどめるべきだ. ❷ 〔+a に〕合わせる, 従う. 類 **atenerse**.

ceño¹ [θéɲo] 男 ❶ しかめ面, (怒りで)眉間(みけん)にしわを寄せること. —fruncir el ~ 眉間にしわを寄せる. Se sentó a mi lado con el ~ fruncido. 彼は眉間にしわを寄せながら私の隣に座った. poner ~ 怒りの表情を示す. 類 **sobrecejo**. ❷ (空, 海, 天候などが)険悪な様子. —el ~ del mar [de las nubes] 海の荒れ模様 [雲行きが怪しい様子].

ceño² [θéɲo] 男 ❶ 輪, たが. ❷ 〔獣医〕馬蹄輪.

ceñudo, da [θeɲúðo, ða] 形 ❶ しかめ面をした, 怒った様子の. —Al ver su rostro ~, pensé que algo iba mal. 彼のしかめ面を見て私は何か問題があると考えた. ❷ (空, 海, 天候などが)荒れ模様の, 険悪な.

CEOE [θéoé] 〔< Confederación Española de Organizaciones Empresariales〕 女 スペイン経営者団体連盟.

cepa [θépa] 女 ❶ (木, 植物の)根茎, 株. ❷ ブドウの木, ブドウの木の一株. 類 **parra**. ❸ 《比喩》家系, 祖先. 類 **origen, tronco**. ❹ (柱などの)根元, (牛の尻尾の)付け根. —El balón dio en la ~ del poste. ボールは支柱の根元に当たった. ❺ 《比喩》黒雲の中心. ❻ 《中南米》(バナナのように同じ根を持つ)植物の集まり. ❼ 〔建築〕(橋やアーチを支える)片盖(はしら)柱の一部. ❽ 《中南米》大きい穴, くぼみ. 類 **foso**.

de buena cepa (1) 良質の. (2) (人が)良い家柄の.

de pura cepa (人が)正真正銘の. un madrileño *de pura cepa* 生っ粋のマドリード っ子.

CEPAL [θepál] 〔< Comisión Económica para América Latina y el Caribe〕 女 ラテンアメリカ経済委員会.

cepellón [θepeʎón] 男 〔農業〕植え替えのために根につけたままにしてある土の塊.

cepillado [θepiʎáðo] 男 ❶ かんながけ. ❷ ブラシをかけること. 類 **cepilladura**.

cepilladura [θepiʎaðúra] 女 →cepillado.

*cepillar [θepiʎár] 〔< cepillo〕他 ❶ …にブラシをかける[でとかす]. —~ la americana 背広の上着にブラシをかける. ❷ …にカンナをかける. —~ una tabla 板にカンナをかける. ❸ …におべっかを使う, へつらう. —A base de ~ a su padre ha conseguido el permiso. 父親にへつらうことによって彼は許しを得た. ❹ 《話》…から盗む, 金を巻き上げる. —En Las Vegas le *cepillaron* todo el dinero que tenía. ラス・ベガスで彼は有り金を全部巻き上げられた.

——se 再 ❶ 自分の(頭髪に)ブラシをかける. —~*se* el pelo 頭髪をブラシでとかす. ❷ 《話》殺す. ❸ 《話》(仕事・飲食などを)片付ける, さっさと済ます. ❹ 《話》落第させる, 不可を付ける. ❺ 《話》性交する.

‡**cepillo** [θepíʎo] 男 ❶ ブラシ, 刷毛(はけ). ~ dental [de dientes] 歯ブラシ. ~ del pelo [cabello] ヘアブラシ. ~ de [para] las uñas 爪ブラシ. ~ de encolar 糊用はけ. ~ para el suelo えわし. ~ para barrer (刷毛状の)ほうき. ❷ (特に教会の)慈善箱, 賽銭(さいせん)箱 (= ~ de las ánimas). ❸ 鉋(かんな) (= ~ de carpintero). —~ bocel 刳(く)り形鉋, しゃくり, 溝かんな. pasarle el ~ a la tabla 板に鉋をかける. ❹ 《話》へつらい, 賞賛. 類 **adulación, alabanza**.

pasar el cepillo (1) (ミサの時に)献金箱を回す. (2) 掃く; ブラシをかける.

a [al] cepillo (髪を)短く刈った, クルーカットの, いがぐり頭に. Le han cortado el pelo *a [al] cepillo*. 彼は髪を短く刈られた.

pasar el cepillo 施しを乞う.

cepo¹ [θépo] 男 〔動物〕オマキザル. 類 **cefo**.

cepo² [θépo] 男 ❶ (動物を捕えるための)わな(金属製で動物がそれに触れると自動的に閉まり身動きができなくなる装置). 類 **trampa**. ❷ 《比喩, 話》わな, 策略, 奸形(かんけい). —caer en el ~ わな[策略]に落ちる. 類 **emboscada, trampa**. ❸ (刑具として)手かせ, 足かせ, 首かせ. ❹ 木の枝. ❺ 鍛冶(かじ)職人や鍵前職人がその上で仕事をする厚い丸木, 金床用の台. ❻ 寄付金箱, 慈善箱. ❼ 類 **cepillo**. ❽ (新聞, 雑誌を綴じる)バインダー. ❾ クランプ, かすがい, 締め具; 〔建築〕端棧(はしばみ). ❿ (絹用の)糸巻き機.

cepo del ancla 〔海事〕アンカーストック.

cepo de campaña [colombiano] 〔中南米〕軍の懲罰の一種(縛った罪人を２つの銃で締め付ける罰).

cepos quedos 間 《比喩, 話》動くな, じっとしていろ; その話はやめろ.

ceporro [θepóro] 男 ❶ 《比喩》愚鈍な人, のろま. ❷ 薪(たきぎ)用のブドウの木.

cequí [θekí] 男 古い金貨(特にベネチアで鋳造されアフリカでも使用された貨幣).

‡**cera** [θéra] 女 ❶ 蝋(ろう). —museo de ~ 蝋人形館. Me cayó ~ de la vela en la mano. 私の手にろうそくの蝋が垂れた. Las abejas fabrican ~ en sus panales. 蜜蜂は巣房に蝋を作る. ~ mineral 鉱蝋. ~ vegetal 植物[木(き)]蝋. ~ amarilla [blanca] 黄[白]蝋. ~ de abejas [aleda] 蜜蝋. ~ vana [virgen] 生(き)蝋. ❷ ワックス(床・家具などの艶(つや)出し剤・滑り剤としての). —dar la ~ al parqué 床にワックスをかける. sacar la ~ ワックスがけして磨く. ~ para suelos 床磨き用の蝋 (ワックス). ❸ 〔集合的で〕蝋燭(ろうそく). —Hubo mucha ~ en este entierro. この葬儀にはたくさんのろうそくがともされた. 類 **cirio, vela**. ❹ 耳垢(みみあか) (= ~ de los oídos [del oído]). —El médico me quitó un tapón de ~ del oído. 医者は私の耳垢を取ってくれた. 類 **cerumen**.

árbol de la cera 〔植物〕シロヤマモモ.

estar amarillo como la cera 《話》顔色がひどく黄色い(不健康な顔色). Está amarillo como la *cera* del susto. 彼はびっくりして顔色がひどく黄色っぽくなった.

estar [*ponerse*] *pálido como* [*más pálido que*] *la cera* 《話》顔色が真っ青である，青白くやつれた顔をしている．
No hay más cera que la que arde. 何も隠していない，すべて話した．
sacar cera 《ベネズエラ》(1) さぼる．(2) 掘り出し物を得る．
ser (*como*) *una cera/ser hecho de cera* 《話》従順である，人の言いなり次第である．

cerafolio [θerafóljo] 男 〖植物〗セルフィユ，チャービル(ハーブの一種). 類 *perifollo*.

cerámica¹ [θerámika] 女 ❶〖集合的に〗陶磁器，磁器．—En la cueva se ha encontrado ~ prehistórica. その洞穴で先史時代の陶磁器が見つかった． ❷ 陶芸，製陶；窯業．—— *griega* ギリシャ陶芸． ❸《考古》(考古学的観点から見た)陶磁器学．

cerámico, ca² [θerámiko, ka] 形 陶磁器の，陶器の． —— 男 セラミックス．

ceramista [θeramísta] 男女 陶芸家，陶芸研究家；窯業家．

cerapez [θerapéθ] 女 (靴の縫い糸に塗る)蝋(ᵇ). 類 *cerote*.

cerasta [θerásta] 女〖動物〗ツノクサリヘビ，ツノクサリヘビ属の毒ヘビの総称． 類 *cerastes*.

cerastes [θerástes] 男 → *cerasta*.

cerato [θeráto] 男〖薬学〗蝋膏(ᵇᵏ).

cerbatana [θerβatána] 女 ❶ (狩猟に用いる)吹き矢筒，豆鉄砲筒． ❷ ラッパ形補聴器． ❸ (口径の小さい)カルバリン砲．
hablar por cerbatana 《比喩，話，まれ》言いにくいことを人伝えに言う．

cerca¹ [θérka] (< *cerco*) 女 ❶ 柵，垣，囲い．— ~ *viva* 生け垣． 類 *tapia, valla, vallado*. ❷《軍事》(昔の歩兵隊の)方陣．

cerca² [θérka セルカ] 副 ❶《空間的に》近くに[で]，近所に[で]；接近して．— *aquí* この近くに[で]. *por aquí* この辺[あたり]に[で]. *más* ~ もっと近くに．*Mi oficina está muy* ~. 私の事務所はすぐ近くにある．*Tengo un coche ahí* ~. 私はそこの近くに車を置いてある． ❷ (時間的に)近くに，間近で．—*Las vacaciones ya están muy* ~. 休暇はもうまもなくだ．

cerca de (1) …の近くに[で]，近所に[で]．*Cerca de mi casa hay un parque.* 私の家の近くには公園がある．*Pasó un gato cerca de él.* 一匹の猫が彼の近くを通り過ぎた． (2) (ある数量に)近い，ほぼ…(ある数量に達していない場合に限る)．*Murieron cerca de doscientas personas.* 200 人近い人が死んだ．*Son cerca de las ocho.* もう少しで 8 時だ． (3) (仲裁する相手)に対して．*Medié* [*Intercedí, Intervine*] *cerca de su padre para que le perdonase.* 私は彼にゆるしてくれるよう父親にとりなした． (4) (外交官などが)…駐在の．*embajador de España cerca de la Santa Sede* 教皇庁駐在スペイン大使．

cerca si 〖+直説法〗《話》…かもしれない．
de cerca 近くから，間近で．*La he visto muy de cerca.* 私は彼女を間近から見たことがある．
tener buen [*mal*] *cerca* 近くで見ると良い[悪い].
—— 男 (絵画の)前景，近景．

***cercado** [θerkáðo] 男 ❶ 柵や塀に囲まれた土地〖農地，果樹園，牧草地〗．—*Las ovejas pacían en un* ~ *fuera del pueblo.* 羊が村の外の囲い地で草を食んでいた． 類 *recinto*. ❷ 柵，囲い，フェンス． 類 *cerca, tapia, valla*. ❸《中南米》首都や首都周辺の町や村を含む地域区分．
fruta del cercado ajeno → *fruta*.

***cercanía** [θerkanía] 女 ❶ 近いこと，近接，近隣．—*Por el olor del aire adiviné la* ~ *del mar.* 私は空気の匂いで海が近いと分かった． 類 *proximidad, vecindad*. ❷ 複 (都市の)郊外，近郊；周囲．—*Vive en las* ~*s de Madrid.* 彼はマドリード郊外に住んでいる．*tren de* ~*s* 近郊線[郊外]電車．*en las* ~*s del campamento* キャンプの周りに．~*s y regionales* 近距離列車． 類 *afueras, alrededores, contornos*.

:**cercano, na** [θerkáno, na] 形 ❶〖+a〗…に近い，近くの；隣接する．—*El aeropuerto más* ~ *está a 500 kilómetros.* 最も近い空港は 500 キロ離れたところにある．*C~ Oriente* 近東．*Viven en una casa cercana a la nuestra.* 彼らは私達の隣の家に住んでいる．*Cobró por su trabajo una cantidad cercana a dos millones de dólares.* 彼は仕事で 200 万ドル近い額を取った． 類 *inmediato, próximo*. 反 *lejano*. ❷ 親しい，親近な．— *pariente* ~ 近い親戚． ❸ (危険などが)間近の，差し迫った．—*Me creí* ~ *a la muerte.* 私は死が身近に迫っていると思った．

cercar [θerkár] 他 ❶ (垣や柵で)囲む，取り囲む． 類 *rodear, vallar*. ❷ (大勢の人が)取り囲む，取り巻く．—*Los fotógrafos cercaron a la actriz.* カメラマンたちはその女優を取り巻いた． ❸《軍事》(町，城)を包囲する，取り囲む． 類 *sitiar*.

cercén [θerθén] 副 〖次の成句で〗
a cercén 元から完全に，すっかり．*Cortaron la rama a cercén.* その枝は元からすっかり切り取られた．

cercenadura [θerθenaðúra] 女 切断，切断部．

cercenamiento [θerθenamjénto] 男 ❶ 切り取ること，切断． ❷ 切れ端；切り口． ❸ 削減，縮小． 類 *cercenadura*.

cercenar [θerθenár] 他 ❶ ばっさりと切る[切断する]. ❷ (余分なものを)切り落とす，切り取る． ❸ 削減する，縮小する． —— *el gasto* 支出を削減する． 類 *acortar, disminuir*.

cerceta [θerθéta] 女 ❶〖鳥類〗シマアジ(マガモ属)． ❷ 複 シカの白い小角．

cercha [θértʃa] 女 ❶ 円形の一部分の弧形木材． ❷〖建築〗アーチ枠． 類 *cimbra*. ❸〖建築〗湾曲面を測るための物差し． ❹ (船の舵の)環． ❺ (ベッドの蚊帳や垂れ幕を支える)湾曲した棒． ❻《中南米》車の幌を支える湾曲した細い棒．

cerciorar [θerθjorár] 他 〖+ de (人に)〗を保証する，確言する；(保証して)納得させる．—*Sus palabras me cercioraron de la rectitud de sus intenciones.* 彼の言葉で私はその意図の真剣さを納得した．
—— *se* 再 〖+ de を〗確かめる，確信する；納得する．—*Se cercioró de que la puerta estaba cerrada.* 彼はドアが閉まっているのを確かめた．

:**cerco** [θérko] 男 ❶ 輪(形)，円(形)，環．—— *de luz* 光の輪，光輪． *un* ~ *de montañas* 周囲を取り巻く山々．*un* ~ *de plata alrededor de la taza* カップの回りについている銀の輪． 類 *anillo, aro, círculo*. ❷ 人の輪，人垣，人だかり，円陣．—*La rodeaban un* ~ *de admiradores.* 彼女は多

380 cerda

くのファンにぐるりと取り囲まれた. 類**corrillo, corro**. ❸ 柵, 囲い, 塀, 生け垣. 類**cerca, muro, tapia, valla**. ❹《軍事》包囲(陣), 攻囲, 囲むこと. 類**asedio, bloqueo, sitio**. ❺ (ドア・窓の)枠, 枠組み, 框(ᵃᵃ). 類**marco**. ❻——Las esquelas están rodeadas por un ~ negro. 死亡広告は黒い線で囲である. ❼《天文, 気象》(太陽・月の)暈(ᵃᵃ); 暈輪(ᵃᵃ);《宗教》(聖人像などの)光輪. ❽ (樽・桶の)たが (=aro);《機械》(車輪の)リム, 枠, 外輪, リング. 類**anillo, aro, borde**. ❾ (染み抜きした後に残る布地の)円い染み跡. ❿《神秘》魔法の円(魔法使いが悪霊を呼び出すために杖で自分の周りの地面に描く円). ⓫《中南米》柵, 囲い; 生け垣;〖ペルー〗柵で囲った土地. ~ ~ vivo 生け垣 (=seto).

cerco luminoso (1)《宗教》(聖人像などの)光輪. (2)《天体》(月・太陽などの)暈(ᵃᵃ).

cerco policial [policíaco] (警察の)非常線, 警戒線. eludir el *cerco policial* 非常線を巧みに突破する.

en cerco 丸く, 輪になって, 回りに.

poner cerco a ... を包囲する.

saltar el cerco〖アルゼンチン〗《政治》政党を鞍替えする, 他党に移る.

*cerda [θérða] 囡 ❶ (豚・猪・馬などの)剛毛, 硬毛. ——La ~ de la cola del caballo se utiliza para fabricar brochas y cepillos. 馬の尾の剛毛は刷毛やブラシを作るのに使われる. 類**ceda, pelo**. ❷ (その他の動物の細くて短い)毛. El centollo tiene el caparazón cubierto de ~s. 毛ガニの甲羅は毛で覆われている. ❸ (ブラシ・絵筆などの)毛. ——Las ~s de los cepillos suelen ser de fibra artificial. ブラシの毛は普通人工織維でできている. ❹《動物》雌ブタ(豚)(→「雄ブタ」cerdo). ——ganado de ~〖集合的に〗豚. 類**marrana, puerca**. ❺ (刈り取った脱穀前の)穀物[麦](→mies). ❻《狩猟》(ヤマウズラ perdiz 捕り用の)罠(ᵃᵃ). ❼《獣医》(豚の首の両側にできる)炎症性の腫れ物.

cerdada [θerðáða] 囡 ❶ 下品な行為, 下劣な行ない. ❷《比喩》卑劣なやり方, ひどい仕打ち, 汚い手口. ——Ha sido una ~ no prevenirle del peligro que corría. 彼にその危険を知らせないのは卑劣なやり方だった. 類**guarrada**.

cerdear [θerðeár] 囲 ❶ (牛や馬が前足に傷を負って)足がふらつく, 衰弱する. ❷《比喩, 話》卑劣な行ないをする, 言い逃れをする; 怠ける, サボる. ❸《比喩, 話》(機械が)故障する, 調子が悪くなる. ❹ (弦楽器が)耳障りな音を出す. 類**chirriar**.

Cerdeña [θerðéɲa] 固名 サルデーニャ[サルジニア] (イタリア領の島).

cerdito [θerðíto] 男 小さいブタ, 子豚.

:**cerdo** [θérðo] 男 ❶《動物》(雄の)ブタ(豚). —— ~ salvaje イノシシ(猪). ~ marino ネズミイルカ (=marsopa). ~ hormiguero ツチブタ. El ~ gruñe. 豚はブーブー鳴く. 類**cochino, guarro, puerco, marrano, gorrino**. ❷《料理》豚肉 (=carne de ~). ——chuleta [costilla] de ~ ポークチョップ, 豚のスペアリブ. filetes de ~ 豚のヒレ肉. queso de ~ ヘッドチーズ(茹でした豚の頭肉のパテゼリー寄せ). manitas de ~ 豚足の煮込み. El ~ está hoy a 150 pesetas el kilo. 今日豚肉は1キロ150ペセタです. ❸《話, 軽蔑》汚い人, 不潔な人. ——Es un ~, siempre eructa en las comidas. 彼は汚いやつで, 食事中にいつもげっぷする. estar [ir] hecho un ~ 汚い, 不潔である. 類**cochino, guarro, marrano, puerco**. ❹《話, 軽蔑》意地悪いやつ, 卑劣なやつ; 下品なやつ, 卑猥なやつ. —— Es un ~, ha engañado a una pobre anciana. あいつは卑劣なやつだ, かわいそうなおばあさんをだましたんだから. 類**guarro, puerco, ruin**.

***A cada cerdo [cochino, puerco] le llega su San Martín [su sanmartín]**.*〖諺〗《話》どんな豚にも屠殺の時期がやってくる(→誰も罰を逃れることはできない).

como un cerdo (1)《話》(豚みたいに)たくさん; がつがつ. comer *como un cerdo* たくさん食べる, がつがつ食べる. (2)《話》(豚みたいに)すごく[ぶくぶく]太った(→ponerse *como un cerdo* [hecho un cerdo]).

ponerse como un cerdo [hecho un cerdo] ごく太る, ぶくぶく太る.

portarse como un cerdo 無礼に振舞う, 態度が悪い.

roncar como un cerdo すごいいびきをかく. El marido *ronca como un cerdo* y no la deja dormir. 夫のいびきはすごくて彼女は眠れない.

cerdo, da [θérðo, ða] 形 ❶ 不潔な, 汚い. —— C~, qué mal hueles: ve a ducharte inmediatamente. あんた, 体が臭いわね. すぐにシャワーを浴びて来ない. 反**limpio**. ❷ 意地悪い, 卑劣な; 下品な, 卑猥な.

cerdoso, sa [θerðóso, sa] 形 ❶ 剛毛で覆われた, 剛毛の多い. ❷ (ブタやイノシシの剛毛のように)ざらざらした, 粗い.

—— 男《動物》イノシシ. 類**jabalí**.

:**cereal** [θereál] 形 ❶〖主に 複〗穀物, 穀類; 穀草[麦・稲・トウモロコシなど]. ——cultivo [producción] del ~ 穀物栽培[生産(高)]. mercado de ~es 穀物市場[取引所]. 類**grano, mies**. ❷〖主に 複〗《料理》シリアル, 穀物食. ——Me gusta desayunar ~es con leche. 私は朝食にはシリアルに牛乳をかけて食べるのが好きだ.

—— 囡 複《ローマ神話》ケレス(Ceres)の祭日(4月19日).

—— 形 ❶〖集合的に〗穀物の, 穀類の. ❷ ケレス(豊穣の女神)の, ケレスの祭日の.

cerealista [θerealísta] 形 穀物の, 穀物生産輸送の. ——primer congreso ~ 第一回穀物生産輸送会議. comercio ~ 穀物商.

—— 男女 穀物取引者, 穀物商人.

cerebelo [θereβélo] 男《解剖》小脳.

cerebloso [sereβlóso] 形 小脳の.

:**cerebral** [θereβrál] 形 ❶ 脳の, 大脳の. ——hemorragia [infarto] ~ 脳出血[梗塞(ᵃᵃ)]. muerte ~ 脳死. parálisis ~ 脳性麻痺. ❷ (人などが)頭脳的な, 知性的な; 理知的な, 理性が勝った(文学など). ——crimen ~ 知能犯. Siempre ha sido una chica muy ~. 彼女は常に理知的な女の子だった. Se acusa a sus novelas de ~es. 彼の小説は理屈っぽいと非難される. ❸《音声》そり舌の. —— 男女 理知的な人; 冷たい人.

***cerebro** [θeréβro セレブロ] 男 ❶《解剖》大脳, 脳, 脳髄(小脳は cerebelo). 類**encéfalo, sesos**. ❷ 頭脳, 知力. ——exprimirse [estrujarse, torturarse] el ~ 知恵をふり絞る, 頭を絞る. ~ privilegiado [despierto] 優秀な頭脳, 俊才. Es el

chico con más ~ de la clase. 彼はクラスで一番頭のいい子だ. 類**inteligencia, talento**.
❸ (文化・科学分野の)知的指導者, 優れた頭脳の持ち主, 頭のいい人. —Es todo un ~. 彼は大変頭がいい. la fuga [huida] de ~s 頭脳流出. Es un ~ para la Física. 彼は物理学の秀才だ. 類**eminencia**.
❹ (グループの)指導者, リーダー; 立案者, 首謀者. —La policía busca al ~ del atraco. 警察は強盗の首謀者を捜している. Luis es el ~ del equipo. ルイスはチームのリーダーである. 類**cabecilla, jefe, líder**.

cerebro gris (組織・グループの)知的指導者, ブレーン, 黒幕.

cerebro electrónico 電子頭脳, 電子計算機.

lavar el cerebro 洗脳する.

*secárse*LE *el cerebro* ...《話》気が狂う, 頭がおかしくなる. De tanto estudiar *se le* va a *secar el cerebro*. そんなに勉強ばかりしていると彼は頭がおかしくなるよ.

cerebroespinal [θereβroespinál] 形 《解剖》脳脊髄(ずい)の.

:**ceremonia** [θeremónia] 囡 ❶ 儀式, 式(典). —maestro de ~s 式部官, 儀典長, 式典係, 司会者. ~ nupcial 結婚式. ~ de clausura [de inauguración, inaugural] 閉会[開会]式. ~ de la toma de posesión ministerial 大臣の就任式. ~ de té 茶会, 茶道. ~ religiosa 宗教儀式. celebrar [hacer] una ~ 儀式を行う. ❷ (社交上の時に過度の)儀礼, 礼儀; 仰々しさ, 堅苦しさ. —guardar ~s 礼儀を守る. dejarse de ~s 堅苦しいことは抜きにする. 類**cumplido, formalidad**. 反**naturalidad, sencillez**. ❸ 盛大, 豪華さ, 華美(なもの). —La cena estuvo rodeada de gran ~. 晩餐会は大変盛大だった. 類**aparato, pompa**.

de ceremonia(s) (1) 儀礼的な. ponerse el traje [vestido] *de ceremonia* 礼服を着る. (2) 盛大に, 厳粛に. celebrarse *de ceremonia* 厳粛に挙行される.

hacer [*andarse con*] *ceremonias* 格式張る, もったいぶる, 他人行儀にする.

por ceremonia 儀礼上, 儀礼的に (=por cumplir); 礼儀正しく.

sin ceremonia(s) 形式張らずに, もったいぶらずに, 気軽に. hablar *sin ceremonia* ざっくばらんに話す.

*****ceremonial** [θeremoniál] 形 儀式(上)の, 儀礼的な, 正式の. —traje ~ 礼服.
— 男 ❶ 儀礼, 礼法, 作法. —el ~ de la coronación del rey 国王戴冠式の儀式. 類**fórmulas, protocolo, ritual**. ❷ 儀礼集, 作法書. —Consultó el ~ porque no se acordaba de todas las fórmulas del acto. 彼は行事の作法全部を覚えていなかったので作法書で調べた.

*****ceremonioso, sa** [θeremonióso, sa] 形 ❶ 形式張った, 堅苦しい. —No le agrada el trato ~. 彼はそういう扱いを好まない. ❷ 儀礼にかなった, 作法どおりの, おごそかな. —En un acto ~ se inauguró el nuevo Ayuntamiento. おごそかな儀式により市役所新庁舎の開所式が行なわれた.

céreo, a [θéreo, a] 形 蝋(ろう)の, 蝋のような.

cerería [θerería] 囡 ❶ 蝋(ろう), ろうそくを売る店, ろうそく屋. ❷ (王室内の)ろうそく保管所, ろうそく配給所.

cerero, ra [θeréro, ra] 名 ろうそく売り; 蝋職

cerner 381

人, ろうそく職人. —~ mayor 王室内のろうそく保管所係.

Ceres [θéres] 囡 ❶ 《ローマ神話》ケレス(豊穣の女神). ❷ 《天文》セレス小惑星.

:**cereza** [θeréθa] 囡 ❶ サクランボ, 桜桃 (=mollar; →cerezo). —~ pasa 干しサクランボ. ❷ 『中南米』《植物》コーヒー豆の殻(から); コーヒーの実, コーヒー豆.

cereza gordal [*garrafal*] 《植物》ビガロー.

cereza silvestre 《植物》ハナミズキ

cereza picota ビガロー種のサクランボ (picota).

cereza póntica アメリカンチェリー (guinda).

— 男 形 赤暗色(の), 鮮紅色(の). —rojo (de) ~ 鮮紅色(の), 赤暗色(の). una falda (de) color ~ 鮮紅色のスカート.

*****cerezal** [θereθál] 男 ❶ サクランボ園[畑]. ❷ 《方》《植物》オウトウ(桜桃).

cerezo [θeréθo] 男 ❶ 《植物》セイヨウミザクラ. ❷ サクラの木材. ❸ 『中南米』《植物》トキワガシ. 類**chaparro**.

:**cerilla** [θeríja] (<cera) 囡 ❶ マッチ. —Encendió una ~ y acercó la llama al cigarro. 彼はマッチに火をつけて, 炎をタバコに近づけた. 類**cerillo, fósforo, mixto**. ❷ 耳垢(あか). 類**cera, cerumen**. ❸ (海面に)渦巻きの跡, 渦.

cerillero, ra [θerijéro, ra] 名 マッチ売り.
— 囡 マッチ箱. 類**fosforera**.

cerillo [θerího] 男 ❶ 細長いろうそく. ❷ 『アンダルシーア』マッチ. 類**cerilla, fósforo**. ❸ 『中南米』《植物》アカネ科の植物 (縞模様の美しさからステッキの材料として高く評価される). ❹ 『中南米』《植物》オトギリソウ科の一種 (樹皮から蜘蛛に似た黄色い子が取れる). ❺ 『中南米』海岸部の低木 (その白い花は蝋でできているように見える).

cerio [θério] 男 《化学》セリウム (希土類元素; 記号 Ce)

cermeño [θerméno] 男 ❶ 《植物》セイヨウナシの一種 (葉はハート形で実は毛で覆われている). ❷ 《比喩》粗野な人, 不潔な人. 類**necio, sucio, tosco**.

cernada [θernáða] 囡 ❶ (灰汁(あく)で漉し布に残った)灰汁のかす. ❷ 《絵画》(特にテンペラ画用の)灰と膠(にかわ)の下塗り. ❸ 《獣医》(馬用の)灰の湿布.

cerne [θérne] 形 (材木, 木材が)強固な.
— 男 (丸太の)最も強固な部分.

cernedero [θernedéro] 男 ❶ (製粉用の)エプロン, 前掛け. ❷ 小麦粉のふるい場.

cerne*dor*, *dora* [θernedór, ðóra] 名 小麦粉を篩(ふるい)にかける人.
— 男 小麦粉用の篩.

cerneja [θernéxa] 囡 《主に複》距毛(きょもう)(馬の球節の後ろにある毛の束).

*****cerner** [θernér] [4.2] 他 ❶ (小麦粉などを)ふるいにかける; 精選する. —~ la harina [la tierra] 小麦粉[土]をふるいにかける. 類**cribar, tamizar**. ❷ 《比喩》観察する, 調べる. 類**atalayar, examinar, observar**. ❸ 《比喩》(考えや行動を)洗練する, 磨く.
— 自 ❶ 開花する. ❷ 『無主語』小雨が降る.
—se 再 ❶ [+sobre に]さし迫る, 降りかかる, 近づく. —*Se cierne sobre* el mundo la amenaza de una guerra nuclear. 核戦争の脅威が世界にさし迫っている. ❷ (鳥などが)旋回する; ホバリン

グ[空中停止]する. ❸ 腰を振って歩く.

cernícalo [θerníkalo] 男 ❶『鳥類』チョウゲンボウ, マグソタカ. ❷《比喩, 話》無教養で粗野な人. 類 **ignorante, rudo**. ❸《隠》女性用のマント, ケープ.
coger [pillar] un cernícalo《比喩, 話》酔う, 酔っ払う. 類 **emborracharse, embriagarse**.

cernidillo [θerniðíʎo] 男 ❶ 霧雨, 小ぬか雨. 類 **llovizna**. ❷《比喩, 話》気取ってちょこまかと腰を振って歩くこと.

cernido [θerníðo] 男 ❶（小麦粉, 粉を）篩(ふるい)にかけること. 類 **cernidura**. ❷（パン用の）篩にかけられた粉[小麦粉].

cernidor [θerniðór] 男『中南米』（製粉用の）エプロン, 前掛け. 類 **cernedero**.

cernidura [θerniðúra] 女 ❶ 篩(ふるい)にかけること, 篩がけ. 類 **cernido**. ❷ 複 篩かす.

***cernir** [θernír] [4.3] → **cerner**.

***cero** [θéro セロ] 男 ❶（数字の）0, ゼロ, 零. — *punto* ~ ゼロ地点. *Cualquier número multiplicado por* ~ *es* ~. どんな数字でもゼロを掛けるとゼロだ. ❷（温度計などの）零度, 零点. — ~ *absoluto* 絶対零度(摂氏マイナス273.15). *Estamos [La temperatura está] a tres (grados) bajo* ~. 気温は零下3度だ. ❸ 零点. （テニスの）ラブ. — *ganar por cinco a* ~ 5対0で勝つ. *Saqué [Me pusieron] un* ~ *en matemáticas*. 私は数学で0点を取った. *cuarenta a* ~《テニス》フォーティ・ラブ, 40対0. *juego [set] a* ~《テニス》ラブゲーム[セット]. *sacar cuatro a* ~（競技で）4対0になる. ❹ (las ~)（時間の）零時. ❺ 無, 皆無; 無価値な人[物]. — *Fue reducida su fortuna a* ~. 彼の財産は無に帰した. 類 **nada**.
a cero《スポーツ》0対0で. *empatar a cero* 0対0で引き分ける.
al cero 丸坊主に, くりくり坊主に（髪を刈る）(= al rape). *cortar el pelo al cero* 坊主刈りにする.
de [desde] cero ゼロから, 最初から; 無の状態から. *partir [empezar] de cero* ゼロから始める. *Levantó el negocio empezando desde cero*. 彼は裸一貫で事業を興した.
estar a cero《話》無一文[無一物]である. *A finales del mes siempre estaba a cero*. 月末はいつもすっからかんだった.
hora cero 行動開始時刻, 予定時刻.
ser un cero (a la izquierda)《話》役立たずである, 無能[不器用]である.
tener cero faltas 少しも失敗しない.
— 形 ゼロの. — *obtener* ~ *puntos en la prueba* 試験で0点を取る. *salir a las* ~ *horas* 零時に出発する. ~ *minutos* 零分. ~ *defectos*《経済》ZD [無欠点]運動.

cerón [θerón] 男 蜜蝋(みつろう)の絞り[溶け]かす.

ceroso, sa [θeróso, sa] 形 蝋(ろう)の, 蝋のような.

cerote [θeróte] 男 ❶（靴の縫い糸に塗る蝋(ろう)と松脂から成る）蝋. 類 **cerapez**. ❷《比喩, 話》恐れ, 恐怖. 類 **miedo, temor**.

cerotear [θeroteár] 他（靴の縫い糸に）蝋(ろう)を塗る.
— 自『中南米』蝋燭(ろうそく)から蝋が垂れる.

cerque(-) [θerke(-)] 動 *cercar* の接・現在.

cerqué [θerké] 動 *cercar* の直・完了過去・1単.

cerquillo [θerkíʎo] 男 ❶（カトリック）（特定修道会の修道士たちの）剃冠(ていかん)（頭頂部だけを剃髪し周囲の髪を円形に残した髪型）. ❷（靴底と甲をつなぐ）ウェルト. 類 **vira**.

cerquita [θerkíta] (< *cerca*) 副 ごく近くに. — *Vivo muy* ~ *de la estación*. 私は駅のすぐ近くに住んでいる.

cerradero, ra [θeřaðéro, ra] 形 閉められる, 閉める, 締める.
— 男 ❶（ドアや窓の）差し錠[かんぬき]を受ける金具; かんぬき穴. ❷ 袋の口を開け閉めするひも.

***cerrado, da** [θeřáðo, ða セラド, ダ] 過分 形 ❶ (*a*) 閉じた, しまっている. — *La puerta está cerrada*. ドアがしまっている. *C*~ *por obras*. 工事につき休業中. (*b*) とり囲まれた. — *lugar* ~ *de altos edificios* 高い建物にとり囲まれた場所. ❷ 閉鎖されている, 入りにくい. — *sentido* ~ *de una frase* ある文に隠されている意味. ❸ 曇った, 暗い. — *cielo* ~ 曇り空. *noche cerrada* 暗い夜. *mañana cerrada* うっとうしい朝. ❹ (*a*)（こぶしを）固めた. (*b*)（カーブが）急な. — *una curva cerrada* 急カーブ. (*c*)（ごびげが）濃い. ❺（人間について）(*a*) 強情な. — *actitud cerrada* かたくなな態度. 類 **intransigente**. (*b*) 無口な. 類 **introvertido, timido**. (*c*) ばかな, のろまな. — *Tiene una cabeza muy cerrada*. 彼は頭が弱い. ❻ (なまりが) きつい. — *hablar un andaluz* ~ [con ~ *acento andaluz*] きついアンダルシーアなまりで話す. ❼《音声》閉音の. — *vocal cerrada* 閉母音.

cerrador [θeřaðór] 男 留め金具, 錠.

***cerradura** [θeřaðúra] 女 ❶ 錠, 錠前(= 「南京錠」*candado*, 「差し錠」*cerrojo, pestillo*). — *La* ~ *se estropeó, y la llave no entraba*. 錠が壊れ, 鍵が入らなかった. *mirar por el ojo de la* ~ 鍵穴からのぞく. *violentar [forzar, fracturar] la* ~ *con una palanca* バールでこじ開ける. ~ *de combinación* ダイヤル錠, 数字合わせ錠. ~ *de golpe (y porrazo) [de mueble]* 自動ロック錠, ばね錠. ~ *embutida* 箱錠. ❷ 閉じる[締める]こと; 施錠.

cerraja[1] [θeřáxa] 女 錠, 錠前, かんぬき. 類 **cerradura**.

cerraja[2] [θeřáxa] 女《植物》ノゲシ, ハルノノゲシ.
volverse [quedarse] en agua de cerrajas 無駄になる, 水泡に帰す.

cerrajería [θeřaxería] 女 錠前師, 錠前屋.

cerrajero [θeřaxéro] 男 ❶ 錠前職人, 錠前修理屋. ❷『アラブ』『鳥類』クロエリコウテンシ（ヒバリ科）. 類 **calandria**.

cerramiento [θeřamjénto] 男 ❶ 閉めること, 閉じること, 締めること. ❷（穴, 亀裂, 管などを）塞ぐもの; （通路, 道路を）遮るもの, 遮断するもの. ❸ 囲い, 仕切り. ❹《建築》頂華(ちょうか)，フィニアル（切妻や尖塔の先端の飾り）.

***cerrar** [θeřár セラル] [4.1] 他 ❶ (*a*) を閉める, 閉じる. — *Son las siete; es hora de* ~ *la tienda*. 7時だ. 閉店の時間だ. 反 **abrir**. (*b*) を閉鎖する; 立入禁止にする; 操業を停止する. — ~ *una compañía [una fábrica]* 会社[工場]を閉鎖する. (*c*) …の戸締りをする. — *Cierra bien la puerta*. 家の戸締りをしっかりしなさい. (*d*)（穴）をふさぐ. — *Hay que* ~ *el boquete que hay en la pared*. 壁の穴をふさがねば

ならない。(e)《本》を閉じる; 《口》をつぐむ。—*Cerró el libro y se levantó.* 彼は本を閉じて立ち上がった。~ *la carpeta*《情報》ファイルを閉じる。(f)《握り》締める。—~ *la mano* 握り拳(ﾞ)を作る。❷ (a) …のスイッチを切る, を消す。—~ *el interruptor de la luz* 電燈のスイッチを切る。~ *la radio [la televisión]* ラジオ[テレビ]のスイッチを切る。~ *la llave de gas* ガス栓を締める。(b) を遮断(ﾞ)する。—~ *el paso* 通路を遮断する。~ *el tráfico* 交通を遮断する。❸《傘など》をたたむ,《鳥が羽》を降ろす。—~ *el paraguas [las tijeras]* 傘[はさみ]をたたむ。~ *una navaja* ナイフをたたむ。❹ を終わらせる, を締切る。—*El presidente decidió ~ la reunión.* 議長は閉会を宣することにした。~ *una cuenta* 勘定を締める。❺ …のしんがりを務める, 最後尾につく。—~ *la marcha [la lista]* 行列[リスト]の最後になる。❻ …にすき間[あき間]を残さない。—*Niños, debéis ~ bien la o.* 君たち, o という文字の上部をしっかり閉めなくてはだめだ。~《傷》をふさぐ。—~ *la herida* 傷口をふさぐ。❽ を閉じ込める; 取り囲む。—*La bruja cierra a los niños en una jaula.* 魔女は子どもたちをおりに閉じ込める。*Cerró el huerto con una valla.* 彼は畑を柵で囲った。類 **encerrar**。❾ (ドミノで相手が牌を出さないように)ブロックする。—*Cerró el juego con el tres-seis.* 私は 3-6 の牌(ﾞ)でゲームをブロックした。

—— 自 ❶ 閉まる, 閉じる, 閉店する。—*Aquí las tiendas cierran a las siete.* ここの閉店時刻は 7 時だ。*Esta ventana no cierra bien.* この窓はよく閉まらない。❷ 夜になる。—*Cerraba la noche y seguían jugando al dominó.* 夜になったが, 彼らはドミノ遊びを続けていた。❸ 【+contra を】《攻撃》する。—~ *contra el enemigo* 敵を攻撃する。

——se 再 ❶ 閉まる, 閉じる。—*Esta puerta se abre y cierra automáticamente.* このドアは自動開閉式だ。❷【+a を】受け入れない, 拒む。—*Se cierra a cualquier teoría nueva.* 彼はいかな新理論も受け付けない。❸ 【+en に】固執する, かたくなに…する。—*Se cierra en callar.* 彼は頑として口をつぐむ。類 **obcecarse**。❹《空》が黒雲におおわれる。—*De repente se cerró el cielo y empezó a relampaguear.* にわかに空がくもり稲妻が走りはじめた。

cerrazón[1] [θeraθón] 女 ❶《比喩》愚鈍, 血の巡りが悪いこと。❷《嵐の前の》黒雲, 嵐(ﾞ)雲。❸《比喩》頑固, 頑迷, 強情。—*Su ~ le ofusca y dice barbaridades.* 彼はその頑固のために理性を失うあまりにひどいことを言う。類 **obstinación**。

cerrazón[2] [θeraθón] 女 ❶ 険しく切り立った丘。❷《中南米》山脚。

cerrejón [θerexón] 男 小さい丘, 小高い山。

cerrero, ra [θeréro, ra] 形 ❶ 山野をうろつきまわる[放浪する]。❷《動物》が野生の, 飼い馴らされていない。類 **cerril**。❸《中南米》《コーヒーなどの飲物》が苦い, 甘みが足りない。❹《中南米》《比喩》無教養な, 粗野な, 無愛想な。

cerril [θeríl] 形 ❶《比喩》頑固な, 頑迷さ, 強情な。❷《比喩, 話》粗野な, 無作法な, 下品な。❸ *grosero*, *rústico*, *tosco*。❸《動物》が野生の, 飼い馴らされていない。類 **cerrero**。❹《土地》がでこぼこの, 荒れた。

cerrillo [θeríʎo] 男 ❶ 複 硬貨やメダルの縁にぎざぎざをつけるための鉄製の器具。❷《植物》シバムギ(イネ科の雑草)。

cerro [θéro] 男 ❶ 丘, 小山。❷ 大岩, 岩壁; 険しい土地, 起伏の多い土地。❸《動物》の首, 頸(ﾞ)。類 **cuello**。❹《動物》の脊柱[背骨], 脊椎(ﾞ), 背骨。類 **espinazo**。❺《梳いた後の》麻の束; 麻布。

echar por esos cerros《比喩, 話》道をはずれていく。

en cerro【副詞句】鞍なしで, 鞍を置かずに。

irse [echar, ir] por los cerros de Úbeda《比喩, 話》話題の本題からそれる。*Céntrate en el tema y no te vayas por los cerros de Úbeda.* 本題に集中してそれからそれないようにしてくれ。

Cerro de Pasco [θéro ðe pásko] 固名 セロ・デ・パスコ(ペルーの都市)。

cerrojazo [θeroxáθo] 男 ❶ 荒々しくかんぬきを掛けること。❷《比喩》《突然の》中止, 閉鎖, 終了。❸《話》《ゲーム》ドミノで相手の手を封じること。類 **cierre**。

dar el cerrojazo《比喩》《活動, 集会, 話し合いを》突然中止する[打ち切る], 中断する。

cerrojillo, cerrojito [θeroxíʎo, θeroxíto] 男 《鳥類》ヒガラ。類 **herreruelo**。

cerrojo [θeróxo] 男 ❶ かんぬき, 差し錠。—*echar [correr] el ~* かんぬき[差し錠]を掛ける。*quitar [descorrer] el ~* かんぬき[差し錠]をはずす。❷《鉱業》2つの坑道が丁字形に出会うこと。❸《スポーツ》サッカーのカテナチオ(固い守り)。❹《銃の》遊底。❺【サラマンカ】家畜の烙印。

Cerro Largo [θéro láryo] 固名 セロ・ラルゴ(ウルグアイの県)。

certamen [θertámen] 男 ❶ (芸術, 文学, 科学分野での)懸賞付きコンクール。類 **competición**, *concurso*。❷ 文学論争, 文学議論。❸《古》決闘, 果たし合い。

certeramente [θertéraménte] 副 確かに, 的確に。

certero, ra [θertéro, ra] 形 ❶ (射撃で)正確な, 腕のよい, 熟練した。—*Mató la liebre de un disparo ~.* 彼はそのウサギを正確な一発でしとめた。類 **diestro**。❷ 的確な, 確かな, 正確な。—*Hizo una crítica del libro certera y clara.* 彼はその本の的確で明瞭な批評をした。類 **acertado**, *seguro*。❸ よく知っている, 熟知した。類 **cierto**, *sabedor*。

:**certeza** [θertéθa] [<*cierto*] 女 ❶ 確かさ, 確実(性); 確実なこと。—~ *incuestionable [indudable]* 疑いの余地のない確かさ。*La ~ de la noticia no ha sido confirmada.* そのニュースの確かさは確認されていない。*No cabe duda de la ~ de esta teoría.* この理論の確からしさに疑いの余地はない。類 **autenticidad**, *certidumbre*, *veracidad*, *verdad*。反 **duda**, *falsedad*。❷ 確信。—*Tengo la absoluta ~ de su inocencia.* 私は彼の無実を 100% 確信している。類 **certidumbre**, *convencimiento*, *convicción*, *seguridad*。反 **duda**, *incertidumbre*。

con certeza 確かに, 確実に; 確信をもって。*No lo sé con certeza.* 私は確かなことは分かりません。

tener la certeza de que ... …であることを確信している(=*estar seguro de que* ...)。*Tengo la certeza de que tendrá éxito.* 彼はきっと成功する

よ.

certidumbre [θertiðúmbre] 囡 ❶ 確実性, 確かなこと. 題**certeza**. 反**incertidumbre**. ❷ 確信. 題**convencimiento, convicción, seguridad**. 反**duda**.
tener la certidumbre de que〖＋直説法〗…と確信している.

certificable [θertifikáβle] 形 ❶ 保証できる, 証明できる. ❷ 書留にできる.

certificación [θertifikaθjón] 囡 ❶ 保証, 証明. ❷ 証明書, 証書. 題**certificado**.

:**certificado** [θertifikáðo] 男 ❶ 証明書; 認定書, 修了書. —pedir [solicitar] un ～ 証明書を申請する. dar [extender] un ～ 証明書を発行する. Si no presentas un ～ médico, no te renuevan el carné de conducir. 君は健康診断書を提出しないと免許書を更新してもらえないよ. El médico firmó el ～ de defunción. 医師は死亡証明書にサインした. el ～ de garantía 保証書. Para este trabajo sólo van a pedir un ～ de escolaridad. この仕事には在学証明書しか要求されないだろう. ～ internacional de vacunación 国際予防接種(済)証明書, イエローカード. ～ de acciones 株券.〖金融〗譲渡可能定期預金証書(〖略〗CD). ～ de estudios (初等教育などの)修了書. ～ de favor (義理で出す)インチキ証明書. ～ de matrícula 在学証明書. ～ de matrimonio 結婚証明書.〖商業〗(商品の)原産地証明書. ～ de origen〖商業〗(商品の)原産地証明書. ～ de registro〖海事〗船舶登録書, 船籍証明書. ～ de residencia 居住証明書, 住民票. ❷ 書留郵便(物)(＝correo certificado). —por ～ urgente 書留速達で. Tiene Ud. dos ～s y un paquete. あなたに書留郵便物が二つと小包が一つ来ています. ❸〖情報〗認証.

—, **da** 過分 形 ❶ (郵便)書留の, 書留郵便にされた. —un paquete ～ 書留小包. enviar [mandar] una carta *certificada* 手紙を書留にして出す. ❷ 証明(保証, 認定)された; 裏書きのある.

:**certificar** [θertifikár] [1.1] (<cierto) 他 ❶ を証明する, 保証する. —*Certifico* que es un universitario honrado y trabajador. 私は彼がまじめで勉強家の大学生であることを保証する. El jurado *certificó* las maniobras de los ganaderos. 審査委員会は勝者側の不正工作を証明した. ❷ を書留にする. — ～ una carta 手紙を書留にする.

certísimo, ma [θertisimo, ma] 形 (cierto の絶対最上級) 形 〖まれ〗絶対確実な.

certitud [θertitúð] 囡 →certeza.

cerúleo, a [θerúleo, a] 形 (空, 海, 湖が)真っ青な, 紺碧の.

cerumen [θerúmen] 男 ❶ 耳あか, 耳くそ. ❷ ミツバチの分泌する褐色の物質.

cerusa [θerúsa] 囡 〖化学〗白鉛. 題**albayalde**.

cerval [θerβál] 形 シカの, シカのような. —gato ～ 〖動物〗オオヤマネコ. 題**cervuno**.
tener un miedo cerval 〖比喩〗恐怖におびえる [震え上がる]. Ella *tiene un miedo cerval* a los ratones. 彼女はネズミを見ると震え上がる.

Cervantes Saavedra [θerβántes sa(a)βéðra] 固名 セルバンテス(サーベドラ)(ミゲル・デ Miguel de ～)(1547-1616, スペインの小説家, 『才知あふるる郷士ドン・キホーテ・デ・ラ・マンチャ』《El ingenioso hidalgo Don Quijote de la Mancha》の作者).

cervantino, na [θerβantíno, na] 形 セルバンテス (Cervantes) の, セルバンテスに関する; セルバンテス風の.

cervantismo [θerβantísmo] 男 ❶ セルバンテス風, セルバンテス風文体. ❷ セルバンテス研究, セルバンテス学.

cervantista [θerβantísta] 形 セルバンテス研究の, セルバンテス学の.
—— 男女 セルバンテス研究者.

cervatillo [θerβatíʎo] 男 ❶〖動物〗(6か月以下の)子ジカ. 題**cervato**. ❷〖動物〗ジャコウジカ. 題**almizclero**.

cervato [θerβáto] 男 〖動物〗6か月以下の子ジカ.

:**cervecería** [θerβeθería] 囡 ❶ ビヤホール. — ～ alemana ドイツ風ビヤホール. ❷ ビール工場.

cervecero, ra [θerβeθéro, ra] [<cerveza] 形 ビールの.
—— 名 ❶ ビール醸造業者; ビヤホールのオーナー. ❷ ビール好きの人.

:**cerveza** [θerβéθa] 囡 〖飲料〗ビール. —una botella de ～ ビール1本. una lata de ～ 缶ビール1缶. tomar una jarra de ～ ビールをジョッキ1杯飲む. Una caña de ～, por favor. ビールを1杯, お願いします. ～ dorada [rubia] 普通のビール, 淡色のビール. ～ negra 黒ビール. ～ tirada [de barril] 生ビール. ～ embotellada [de botella] 瓶ビール. ～ reposada ラガービール. ～ doble 強いビール.

cervical [θerβikál] 形 うなじの, 襟首の; 首の, 頚部(けいぶ)の. —vértebra ～ 頚椎(けいつい).

cerviguillo [θerβiɣíʎo] 男 太い首, 猪首(いくび). 題**morrillo**.

cervino, na [θerβíno, na] 形 シカの, シカのような. 題**cervuno**.

cérvix [θérβi(k)s] 男 頚部.

cerviz [θerβíθ] 囡 うなじ, 襟首; 首, 頚部(けいぶ).
bajar [doblar] la cerviz 〖比喩〗屈服する, 服従する, 従う. 題**humillarse, someterse**.
levantar la cerviz 〖比喩〗屈辱を受けた後, 再び傲慢になる, 思い上がる, 天狗(てんぐ)になる. 題**engreírse, ensoberbecer**.
ser de dura cerviz 〖比喩〗不従順な, 御しがたい. 題**indómito**.

cervuno, na [θerβúno, na] 形 ❶ シカの, シカのような. ❷ cervino. ❸ (馬の毛色が)濃い栗色の. ❸ シカ革の, シカ革製の.

cesación [θesaθjón] 囡 中止, 停止, 中断. — ～ de pagos (給料などの)支払い停止. ～ a divinis 〖カトリック〗破門, 聖職停止. 題**cesamiento, cese, interrupción, suspensión**.

cesamiento [θesamjénto] 男 →cesación.

cesante [θesánte] 形 ❶ (公務員, 政府職員が)停職中の, 免職された; 休職中の. ❷〖チリ〗失業中の, 失職した. 題**desempleado, parado**.
—— 男女 ❶ (公務員, 政府職員で)停職(休職)中の人. ❷〖中南米〗失業者.

cesantía [θesantía] 囡 ❶ 停職, 休職; 停職処分. ❷ 休職手当て. ❸〖チリ〗失業.

***cesar** [θesár セサル] 自 ❶ やむ, 終る, 中止になる. —*Ha cesado* la lluvia. 雨が

止んだ. sin ~ 絶えず, ひっきりなしに. ❷ [+como/de/en を] 辞職する, 辞(°)する. ―Ha cesado como rector de la Universidad por enfermedad. 彼は病気のため大学学長を辞任した. ❸ [+de+不定詞] (…するのを)やめる. ―~ de correr 走るのをやめる.
―― 他 解雇する, 首にする.

César [θésar] 固名 ❶ カエサル(ガイユス・ユリウス Cayo Julio ~)[ジュリアス・シーザー](前100-44, ローマの政治家, 前44年終身独裁官). ❷ 《男性名》セサル.

cesárea [θesárea] 女 →cesáreo.

cesáreo, a [θesáreo, a] 形 ❶ (ローマ)皇帝の, 帝国の. ❷ 《外科》帝王切開の. ―operación *cesárea* 帝王切開.
―― 女 《外科》帝王切開. ―practicar [hacer] una *cesárea* 帝王切開をする.

cesarismo [θesarísmo] 男 専制君主制, 独裁君主制.

cese [θése] 男 ❶ 停職, 解職. ❷ 停止, 中止, 休止. ~ ―de las hostilidades 停戦, 戦闘中止. 類 **cesación**. ❸ 解任[停職]命令書, 解任[停職]処分. ―dar el ~ a ... を解任する. ❹ 給料支払い停止命令書.

cesible [θesíβle] 形 《法律》(財産などが)譲渡可能な. 類 **transferible**.

cesio [θésjo] 男 《化学》(金属元素)セシウム(記号Cs).

cesión [θesjón] 女 ❶ 譲ること, 譲渡, 引き渡し. 類 **entrega**. ❷ 《法律》(債務者が債権者などの)譲渡. ~ ―de bienes 財産譲渡.

cesionario, ria [θesjonárjo, rja] 名 《法律》譲受人. 反 **cesionista**.

cesionista [θesjonísta] 男女 《法律》譲渡人, 譲与人. 反 **cesionario**.

césped [θéspe(ð)] 男 ❶ 芝, 芝生; 芝地. ❷ (移植用の)芝土. 類 **tepe**. ❸ 剪定(ばん)されたブドウのつるにできる柔らかい樹皮. ❹ 《スポーツ》(サッカー, ラグビーの)グランド.

‡**cesta** [θésta] 女 ❶ (広口で取っ手付きの)バスケット, 手かご, (スーパーの)買い物かご; かご一杯分. ―~ de los papeles 紙屑かご [=papelera]. ~ del pan パンかご. ~ de labores 縫い物[編み物]かご. ~ de la ropa sucia 洗濯物を入れるかご. una ~ de fruta 果物1かご. ~ de [para las] compras 買い物かご. ~ navideña [de Navidad] (主に食品の)かご詰めのクリスマスプレゼント. ~ colgante (ケーブルカーの)ゴンドラ. 類 **banasta, canasta, canasto, capazo, cesto**. ❷ 《スポーツ》(バスケットボールの)バスケット; ゴール (=cesto). ―Hizo una ~ desde larga distancia. 彼はロングシュートを決めた. 類 **canasta**. ❸ 《スポーツ》セスタ(ハイアライでボールを投げたり受けたりする柳編みの細長い籠状ラケット); ハイアライ [=jaialai, pelota, ~ punta]. ―La ~ se utiliza en el juego vasco llamado jaialai. セスタはハイアライという名で知られるバスクの競技で使われる.

cesta de la compra (1) 買い物かご. (2) (経済)マーケットバスケット(方式), 生計費 (=bolsa de compra).

llevar la cesta (デートの)付き添い役をする.

cestada [θestáða] 女 ひとかご分の量, かご一杯.
―una ~ de manzanas リンゴひとかご.

cestería [θestería] 女 ❶ かご製作所, かご販売店. ❷ かご細工.

cestero, ra [θestéro, ra] [<cesto] 名 かご細工職人, かご売り.

cestillo [θestíʎo] 男 ❶ 小さいかご. ❷ (気球用の)つりかご.

‡**cesto** [θésto] 男 ❶ (大きく深めの)かご. ―echar al ~ de los papeles 紙屑かごに捨てる. ~ de mimbre 柳で作ったかご. ~ de la ropa sucia 洗濯物を入れるかご. 類 **canasta, cesta**. ❷ 《スポーツ》(バスケットボールの)バスケット; 1ゴール, 得点. ―tirar al ~ シュートする. marcar un soberbio ~ 見事なシュートを決める. ❸ (古代ローマの拳闘用の)籠手(こて).

echar [tirar] al cesto de los papeles (価値・興味のないものを)認めない, 受け入れない (=desechar). *Tus consejos echo al cesto de los papeles.* 君の助言は聞き入れない.

echar una carta [un documento, etc.] al cesto de los papeles 良い結果が期待できないのに手紙[書類など]を出す.

estar [ponerse] como un cesto 《話》太っている[太る].

Quien hace un cesto, hará ciento (si le dan mimbres y tiempo). 【諺】一度泥棒すればやめられぬ(←籠を一つ作るものは籠を百作る).

cestón [θestón] 男 ❶ 大かご. ❷ 《軍事》堡籃(ほらん). 類 **gavión**.

cesura [θesúra] 女 《詩》(行中の)中間休止, 行中休止; 区切り, 切れ目.

ceta [θéta] 女 →zeta.

cetáceo, a [θetáθeo, a] 形 《動物》クジラ類の.
―― 男 複 《動物》クジラ類.

cetona [θetóna] 女 《化学》ケトン.

cetonemia [θetonémja] 女 《医学》ケトン血症.

cetonia [θetónja] 女 《虫類》バラツヤハナムグリ.

cetosis [θetósis] 女 《医学》ケトン症.

cetrería [θetrería] 女 タカ狩り用のタカの訓練技術; タカ狩り.

cetrero¹ [θetréro] 男 鷹匠, タカの訓練士.

cetrero² [θetréro] [<cetro] 男 《カトリック》(司祭などの)権標持持者; 聖堂番, 堂守.

cetrino, na [θetríno, na] 形 ❶ 黄緑色の; (顔色が)黄ばんだ. 類 **aceitunado**. ❷ 《植物》シトロン[マルブッシュカン]の. ❸ 憂鬱(ゆううつ)な, ふさぎこんだ, むっつりとした. 類 **adusto, melancólico**.

cetro [θétro] 男 ❶ (皇帝, 国王の)笏(しゃく). ❷ (歌ミサを司る司祭に付き添う司祭が持つ長い杖. ❸ 信徒会の代表者が持つ杖. ❹ 《比喩》王権, 王位; 主権. ―empuñar el ~ 王位につく. ❺ 《比喩》至高, 最高, 優越性. ―Ese país ostenta el ~ de la electrónica. その国はエレクトロニクスで他を圧している.

ceugma [θéuɣma] 女 《文法, 修辞》くびき語法(暗黙に了解される語句が繰り返されず省略される語法). ◆次の文では動詞のera がくびき語法となっている. Era alto, de complexión musculosa, gran bebedor y amigo del juego. 彼は背が高く, 筋肉質で, 酒が強く賭け事好きだった.

Ceuta [θéuta] 固名 セウタ(スペイン領, アフリカ北西端の県).

ceutí [θeutí] 形 セウタ (Ceuta) の, セウタ出身の.
―― 男女 セウタ出身者, セウタの住民.
―― 男 セウタの古い貨幣.

cf., cfr. 《略号》=confróntese, compárese 参照せよ.

cg. 《略号》=centígramo センチグラム.

CGPJ 〖頭字〗=Consejo General del Poder Judicial 国家司法評議会(スペインの国家機関).

ch [tʃé] 囡 スペイン語旧アルファベット4番目の文字(箇条書きの項目としては使わず, a, b, c, d…とするのが普通であった).

chabacanada [tʃaβakanáða] 囡 粗野[下品, 悪趣味, 月並み]なもの[言行].

chabacanear [tʃaβakaneár] 圓 粗野[下品, 悪趣味, 月並み]なことを言う[する].

chabacanería [tʃaβakanería] 囡 ❶ 粗野であること, 下品さ, 悪趣味; 月並み. ❷ 粗野[下品, 悪趣味, 月並み]なもの[言行](=chabacanada). 類 **grosería, ordinariez**.

chabaca*no*, na [tʃaβakáno, na] 形 粗野な, 下品な, 悪趣味な, 低俗な; 月並みな. 類 **grosero, ordinario**.

chabola [tʃaβóla] 囡 ❶ (スラムに建てられた)あばら家, バラック; 複 スラム. ❷ (特に野原の)小屋, 掘立小屋. 類 **cabaña, choza**.

chabolismo [tʃaβolísmo] 男 スラム(的な状態・生活), スラム化. ―El problema del ~ es muy grave en este país. スラムの問題はこの国ではたいへん深刻である.

chabolista [tʃaβolísta] 男女 スラム街に住む人.

chacal [tʃakál] 男 〖動物〗ジャッカル.

chacalín [tʃakalín] 男 〖中米〗❶ 子供, 男の子. ❷ エビ(→camarón).

chacalina [tʃakalína] 囡 〖中米〗女の子.

chácara [tʃákara] 囡 ❶ 〖南米〗農場, 農園 (=chacra). 類 **granja**. ❷ 〖南米〗袋, バッグ, 財布.

chacarera [tʃakaréra] 囡 →chacarero.

chacare*ro*, ra [tʃakaréro, ra] 形 〖南米〗農場[園]の. 類 **campesino, labrador**.
― 名 〖南米〗農場主, 農夫; 野菜畑(huerta)の農夫(horticultor). ― 囡 〖南米〗(アルゼンチン等の)民俗的な舞曲の一種.

chacha [tʃátʃa] (<muchacha) 囡 子守女, 女中, お手伝い. 類 **criada, niñera**.

Chachapoyas [tʃatʃapójas] 固名 チャチャポヤス(ペルーの都市).

cháchara [tʃátʃara] 囡 ❶ おしゃべり, 無駄話. ―Déjate de ~ y ¡a trabajar! おしゃべりなんかやめて, 仕事仕事. ❷ 〖中南米〗つまらないもの, がらくた.

estar [andar] de cháchara おしゃべりをしている.

chacharear [tʃatʃareár] 圓 おしゃべり[無駄話]をする.

chachare*ro*, ra [tʃatʃaréro, ra] 形 おしゃべりな. ― 名 おしゃべり屋.

chacho [tʃátʃo] (<muchacho) 男 ❶ (親愛の情を込めて)男の子, 少年; (弟が)お兄ちゃん. ❷ 〖中米〗双子. ❸ 〖メキシコ〗召使い.

chacina [tʃaθína] 囡 ❶ 保存用塩漬[干し]豚肉(→cecina). ❷ ソーセージ用に調理した豚肉; 〖集合的に〗豚肉ソーセージ. 類 **embutido**.

chacinería [tʃaθinería] 囡 調理豚肉(chacina)・ソーセージを売る店.

chacinero, ra [tʃaθinéro, ra] 名 (豚肉の)加工職人, 販売業者.

Chaco [tʃáko] 固名 チャコ(アルゼンチンの州).

chacó [tʃakó] 男 〖複chacós〗昔の軍帽の一種 (主に騎兵用). 類 **morrión**.

chacolí [tʃakolí] 男 チャコリー. ♦バスク地方産のワイン. アルコール度は低く, 苦味がある. サンタンデール地方やチリでも作られる.

chacolotear [tʃakoloteár] 圓 (蹄鉄がゆるんで, または固い物同士がぶつかり合って)ガチャガチャ鳴る.

chacoloteo [tʃakolotéo] 男 ガチャガチャ(鳴ること・音). ―Me despertó el ~ de las herraduras. 蹄のガチャガチャいう音で目が覚めた.

chacona [tʃakóna] 囡 〖音楽〗シャコンヌ(イタリア起源の音楽で, スペインとフランスで16-17世紀に舞曲として広まった).

chacota [tʃakóta] 囡 笑い, 冗談, からかい. ―Su marcado acento catalán era motivo de ~ entre sus compañeros. 彼のひどいカタルーニャ訛りは, 仲間たちの笑いの種だった. 類 **broma, burla, risa**.

echar [tomar] a chacota 本気にしない, 冗談と取る.

hacer chacota de … をからかう, …のことを笑う.

chacotear [tʃakoteár] 圓 あざける, からかう; 楽しむ. ―**se** 再 〖+de〗笑う, あざける, からかう. 類 **burlarse, reírse**.

chacoteo [tʃakotéo] 男 からかう[あざける]こと; ふざける[楽しく騒ぐ]こと.

chacote*ro*, ra [tʃakotéro, ra] 形 からかう[あざける]ような; 冗談好きな.

chacra [tʃákra] 囡 〖南米〗農場, 農園.

chacua*co*, ca [tʃakuáko, ka] 形 〖中南米〗粗末な, 粗雑な; みっともない.
― 男 ❶ 〖中米〗粗製葉巻; 吸い殻. ❷ 〖中南米〗銀用ற溶鉱炉.

Chad [tʃá(ð)] 固名 チャド(首都ヌジャメナ N'Djamena).

chafallar [tʃafaʎár] 他 を下手に繕う[作る].

chafallo [tʃafaʎo] 男 下手な仕事・修理, やっつけ仕事, 手抜き修理.

chafal*lón*, llona [tʃafaʎón, ʎóna] 形 (仕事が)下手な, 不注意な, だらしない.
― 男 やっつけ仕事をする人.

chafalonía [tʃafalonía] 囡 〖集合的に〗使い古して役に立たない金・銀製品(スクラップ用).

chafalote [tʃafalóte] 形 〖南米〗下品な, 通俗的な. ― 男 =chafarote.

chafar [tʃafár] 他 ❶ を潰す, 押し潰す. ―El perro ha estado jugando en el jardín y *ha chafado* los tomates. 犬が庭で遊んでいてトマトを踏み潰してしまった. 類 **aplastar**. ❷ (布・髪などを)しわくちゃ[くしゃくしゃ]にする. ―El tren iba lleno y *chafó* el traje. 電車で満員で服をくしゃくしゃにしてしまった. 類 **arrugar**. ❸ 〖比喩的に〗(人)を言い負かす, やり込める; 打ちのめす. 類 **abatir, desmoralizar**. ❹ 〖比喩的に〗をだめにする. 類 **estropear**.
―**se** 再 (物が)潰れる. ―El huevo cayó al suelo y *se chafó*. 卵は床に落ちて割れた.

chafarote [tʃafaróte] 男 ❶ (アラブ人の使った)刀の一種(刃は広くて湾曲している). →alfanje. ❷ 刀, 広刃のナイフ.

chafarrinada [tʃafarrináða] 囡 =chafarrinón.

chafarrinar [tʃafarinár] 他 …にしみをつける, 汚す.

chafarrinón [tʃafarinón] 男 ❶ しみ, 汚れ. — La pared está llena de *chafarrinones*. 壁はしみで一杯だ. ❷ 下手な絵.

echar un chafarrinón (1) 下劣な振舞いをする. (2)〖＋a の〗名誉を傷付ける, 中傷する.

chaflán [tʃaflán] 男 ❶ 角を切り取ってできた断面, すみ切り面, 斜角；建物の出隅.

hacer chaflán 角にある.

chaflanar [tʃaflanár] 他 …の面取りをする, …に斜角をつける.

chagrén, chagrín [tʃaɣrén, tʃaɣrín] 〔＜仏〕男 粒起の(゚ζ)なめし革, シャグラン.

chaguar [tʃaɣuár] 【1.4】他 〖中南米〗(牛)の乳をしぼる, (洗濯物)を絞る.

chah [tʃá] 男 シャー(イランの皇帝).

chahuistle [tʃaúistle] 男 〖メキシコ〗とうもろこしの病気, べと病, うどん粉病.

chaira [tʃáira] 女 ❶ 刃物研ぎ用鋼棒. ❷ 靴屋用のナイフ.

*__chal__ [tʃál] 男 ❶ 〖服飾〗ショール, 肩掛け. — *ponerse* [*llevar*] *un* ～ *sobre los hombros* 肩にショールを掛ける[掛けている]. 類 **mantón, toquilla**. ❷ 〖服飾〗(赤ん坊の)おくるみ. — *envolver al nene en un* ～ 赤ん坊をおくるみにくるむ.

chala [tʃála] 女 〖中南米〗とうもろこしの穂を包む皮.

chalado, da [tʃaláðo, ða] 形〖話〗❶ 狂った, いかれた. — *Esos estáis chalados*. あいつらはイカれてる. 類 **alelado, chiflado**. ❷〖＋*por*〗…に恋した, 夢中になった. — *Está chalada por un hombre feísimo*. すごいおとこに夢中になっている. 類 **enamorado, loco**.

chalán, lana[1] [tʃalán, lána] 名 ❶ 家畜(特に馬の)商人. ❷ ごまかしをする商人.
― 男〖中南米〗馬の調教師.

chalana[2] [tʃalána] 女 (平底, 貨物用の)小型運搬船, はしけ.

chalanear [tʃalaneár] 他 ❶ (*a*) (売手に対してうまく値切って買う. (*b*) (売買)を巧みに行なう. ❷〖中南米〗(馬)を調教する.
― 自 巧みに商売する.

chalaneo [tʃalanéo] 男 ❶ 頭の良い[巧みな]売り買い[取り引き]. ❷〖中南米〗調馬.

chalanería [tʃalanería] 女 商売[取り引き]がうまい[ずる賢い]こと, 巧みさ. 類 **astucia, maña**.

chalanesco, ca [tʃalanésko, ka] 形 商売がうまい[ずる賢い].

chalar [tʃalár] 他〖話〗❶ を狂わせる. 類 **alelar, enloquecer**. ❷ 惚れさせる, 夢中にさせる. — *Tenía un atractivo que me chaló nada más verla*. 彼女はたいへん魅力的で, 一目で僕は夢中になった. 類 **enamorar**.
― *se* 再 ❶ 狂う, 頭がおかしくなる. — *A consecuencia de tanto estudiar, el pobre chico se ha chalado*. 勉強のしすぎでその少年はかわいそうに気がふれてしまった. ❷ 惚れる, 夢中になる.

chalaza [tʃaláθa] 女 カラザ.

chalé, chalet [tʃalé, tʃalé(t)] 〔＜仏〕〖複〗*chalés, chalets* [tʃalés]〗男 山荘, 別荘, スイス風山小屋.

chaleco [tʃaléko] 男 ベスト. ― ～ *reflecta* 蛍光ベスト. ～ *salvavidas* 救命ベスト.

chalina [tʃalína] 女 ❶ クラバット(幅広のネクタイの一種). ❷〖中南米〗小さな肩掛け[ショール].

chalón [tʃalón] 男〖中南米〗肩掛け, ショール.

chalote [tʃalóte] 男 《植物》シャロット, 分葱(ネギの一種で調味料に使う).

chalupa [tʃalúpa] 女 ❶ 小船, ランチ；救命ボート. ❷〖メキシコ〗とうもろこしのトルティーリャの一種. →*tortilla*.

chamaca [tʃamáka] 女〖主にメキシコ〗女の子, 少女；ガールフレンド.

chamaco [tʃamáko] 男〖主にメキシコ〗男の子, 少年.

chamagoso, sa [tʃamaɣóso, sa] 形〖中南米〗❶ (人が)汚ない, あかじみた. ❷ (物が)粗雑な, 洗練されていない.

chamal [tʃamál] 男〖南米〗アラウコ系インディオが身につける布(腰から下に巻くもの, 肩にかけるものを指す).

chamán [tʃamán] 男 シャーマン.

chámara, chamarasca [tʃámara, tʃamaráska] 女 ❶ 小枝の薪, たきつけ. ❷ その火.

chamarilear [tʃamarileár] 自 古物を売買[取り引き]する. ― 他 を交換する.

chamarileo [tʃamariléo] 男 中古品・古着の売買[取引, 交換].

chamarilero, ra [tʃamariléro, ra] 名 古物商.

chamariz [tʃamaríθ] 男 〖鳥類〗マヒワ, アオカワラヒワ.

chamarra [tʃamára] 女 ❶ (粗い毛織りまたは毛皮の)上着, 外套(→*zamarra*). ❷〖中南米〗(ポンチョや肩掛けになる)毛布. ❸〖中南米〗策略, トリック.

chamarro [tʃamáro] 男〖中南米〗(粗い毛織りの)毛布.

chamba [tʃámba] 女 ❶〖話〗幸運な偶然, まぐれ当たり. — *He aprobado la Lingüística General por* ～. 一般言語学はまぐれでパスしてしまった. ¡*Vaya* ～! なんて運がいいんだ. 類 **casualidad, suerte**. ❷〖中南米〗芝生. ❸〖中南米〗池, 水たまり；溝. ❹〖中南米〗仕事；くだらない仕事；楽な仕事.

chambelán [tʃambelán] 男 王のそばに仕える貴族, 侍従.

chambergo, ga [tʃambérɣo, ɣa] 形 (17世紀後半, カルロス(*Carlos*)2世の治世に作られた禁衛隊の(兵士や服装, 特に帽子について使われる).
― 男 ❶ その禁衛隊の兵士. ❷ つばの広い帽子の一種(＝*sombrero chambergo*).

chambón, bona [tʃambón, bóna] 形 ❶ (ゲームなどで, 下手なのに)たまたま勝ってしまう, 運の良い. ❷ 下手な, 不器用な. ― 名 ❶ 運の良い人. ❷ (特にゲームでの)へたくそ, 不器用者.

chambonada [tʃambonáða] 女 ❶ まぐれ当たり(＝*chamba*). ❷ へま.

chambra [tʃámbra] 女 ❶ 婦人(または子供)用部屋着, ブラウス. ❷〖中南米〗騒ぎ, 歓声.

chambrana [tʃambrána] 女 ❶ (ドア・窓・暖炉などの)枠飾り. ❷〖中南米〗騒ぎ, 歓声.

chamelicos [tʃamelíkos] 男〖複〗〖南米〗道具(類), 古道具, がらくた. 類 **cachivaches, trastos**.

chamicera [tʃamiθéra] 女 山火事の焼け跡.

chamiza [tʃamíθa] 女 ❶ 茅(*)(湿地帯に生える禾本科の野性植物. 屋根ふき用). ❷ 小さな薪.

388 chamizo

chamizo [tʃamíθo] 男 ❶ 黒焦げの木[枝, 薪]. ❷ 茅葺の小屋. ❸ みすぼらしい小屋[場所].

chamorro, rra [tʃamóro, ra] 形 ❶ 毛を刈った, 坊主頭にした. ❷ (小麦の種類で)芒のない. ― trigo ― 無芒の小麦.

champa [tʃámpa] 女 [南米] ❶ 芝, 芝土. ❷ もじゃもじゃな髪. ❸ もつれ, こんがらかり, ごちゃごちゃ.

*__champán__[1] [tʃampán] 男 [複] champanes 《飲料》シャンパン(スペインの特にカタルーニャではcavaともいう). ―tomar [beber] 〜 シャンパンを飲む. Brindamos con 〜 a la salud de todos. 皆様のご健康をお祈りしてシャンパンで乾杯しましょう. 類 **cava, champaña**.

champán[2] [tʃampán] 男 [複] champanes 《海事》サンパン(三板, 舢板)(中国・東南アジアの小型の木造平底船); [南米] 川舟. 類 **sampán**.

Champaña [tʃampáɲa] 〈〈仏〉〉 女 (フランスの旧州)シャンパーニュ地方.

champaña [tʃampáɲa] 男 シャンパン. ♦普通champán. 商品名に付ける名としては現在フランス産のものだけをこう呼び, スペイン産の発泡ワインはcavaと言う.

champiñón [tʃampiɲón] 〈〈仏〉〉 男 きのこ, マッシュルーム. 類 **seta**.

champú [tʃampú] 〈〈英 shampoo〉〉 男 シャンプー. ― 〜 hierbas [miel] ハーブ[はちみつ]入りシャンプー.

champurrar [tʃampuráɾ] 他 (酒類)を混ぜる, カクテルを作る.

chamuchina [tʃamutʃína] 女 [南米] ❶ 下層民, 庶民の集まり, 群衆. 類 **chusma**. ❷ 子供の集団. ❸ 騒ぎ, けんか.

chamullar [tʃamuʎáɾ] 他《俗》 ❶ 話す, 喋る(=hablar). ❷ (ある言語)を少し下手に話す. 類 **chapurrear**.

chamuscado, da [tʃamuskáðo, ða] 過分 (<chamuscarse〉 (表面の)焦げた.

chamuscar [tʃamuskáɾ] [1.1] 他 ❶ (表面的に)焦がす. ❷ [メキシコ] 安く売る.
― **se** 再 ❶ 焦げる. ❷ [南米] 腹を立てる.

chamusquina [tʃamuskína] 女 ❶ 焦げること. ―Escapó del incendio con una ligera 〜 en el brazo. 彼は腕にちょっと火傷を負って火事から逃げた. ❷ 争い, けんか.
oler a chamusquina 危険なこと・争いなどが起こりそうだ.

chancaca [tʃaŋkáka] 女 [中南米] ❶ 精製していない砂糖, 黒砂糖. ❷ 砂糖または蜜を固めたもの.

chancadora [tʃaŋkaðóra] 女 [中南米] 粉砕機, グラインダー, (鉱物の)破砕機.

chancar [tʃaŋkáɾ] [1.1] 他 [中南米] ❶ (特に鉱物)を砕く, 潰す, 碾く(→triturar). ❷ なぐる, 虐待する. ❸ 下手にやる.

chance [tʃánθe] 〈〈英〉〉 男/女 [中南米] チャンス, 幸運.

chancear [tʃanθeáɾ] (<chanza) 自 冗談を言う. 類 **bromear**.
― **se** 再 〔+de を〕からかう, 冗談の種にする. 類 **burlarse**.

chancero, ra [tʃanθéro, ra] 〔<chanza〕形 冗談好きの, ひょうきんな. 類 **bromista**.

chancha [tʃántʃa] 女 [中南米] ❶ 雌豚(=cerda). ❷ 小型木製荷車. ❸ 口. ❹ きたならしい女(→chancho).
hacer la chancha [中南米] (授業などを)さぼる.

panchería [tʃantʃería] 女 [中南米] 豚肉屋(店).

chanchero [tʃantʃéro] 男 [中南米] 豚肉屋(人).

chanchi [tʃántʃi] 形《俗》❶ 素晴らしい, すごく良い. ―Tienes un cuarto 〜. すごくいい部屋を持っているな. 類 **estupendo**. ❷ 本物の, 本当の. 類 **auténtico, verdadero**.
― 副 素晴らしく, すごく良く. ―Lo hemos pasado 〜 en el viaje. 私たちは旅行で最高に楽しく過ごした. 類 **estupendamente**.

chancho, cha [tʃántʃo, tʃa] 形 [中南米] 汚ない. 類 **puerco, sucio**. ― 男 ❶ 豚. ― 〜 salvaje イノシシ. 類 **cerdo, puerco**. ❷ (チェスで動きのとれなくなった駒. ❸ 粉砕機.

chanchullero, ra [tʃantʃuʎéro, ra] 形《話》不正をする. 類 **timador, tramposo**.

chanchullo [tʃantʃúʎo] 男《話》不正, ずる, 不正取引. ―Ese hombre anda en 〜s. その男は不正屋だ. Se hizo rico a base de hacer 〜s. 彼は不正をやって金持ちになった.

chancillería [tʃanθiʎería] 女 (昔の)大法廷, 高等法院.

chancla [tʃáŋkla] 女 ❶ (かかとの部分をスリッパのように踏みつぶした)古靴. ❷ スリッパ. ❸ 役立たずな人. ❹ 年とった[病弱な]人.

chancleta [tʃaŋkléta] 女 ❶ スリッパ, サンダル. ❷ 古靴. ❸ [中南米] 女の赤ちゃん. ❹ 男/女 役立たずな人.

chancletear [tʃaŋkleteáɾ] 自 ❶ スリッパ, サンダル(chancleta)で音を立てて歩く. ❷ 逃げる.

chanclo [tʃáŋklo] 男 ❶ (泥地などを歩くための底の厚い)木靴. ❷ ゴム製のオーバーシューズ(雨の時, 靴の上から履く). ❸ 靴底の一種.

chancro [tʃáŋkro] 男 (特に性病による)皮膚の潰瘍, 下疳.

chancroide [tʃaŋkróiðe] 男 《医学》軟性下疳.

chandal [tʃandál] 男 スポーツウェア, ジャージー.

chanfaina [tʃamfáina] 女 ❶ 臓物の煮物, うまい煮物. ❷ [南米] うまい働き口. ❸ [南米] 紛糾, ごたごた.

chanflón, flona [tʃamflón, flóna] 形 粗野な, 出来損いの.

changa [tʃáŋga] 女 [南米] ❶ 小さな仕事, ちょっとした仕事. ❷ ポーターの仕事, 荷担ぎ. ❸ ポーターへのチップ. ❹ 冗談.

changador [tʃaŋgaðóɾ] 男 [南米] ポーター, 荷担ぎ.

changar [tʃaŋgáɾ] 自 [南米] ❶ ちょっとした仕事をする. ❷ ポーターとして働く.

Chang Kai-Shek [tʃáŋg kai sék] 固名 蒋介石(1887-1975, 中国の軍人・政治家).

chango [tʃáŋgo] 男 [中南米] ❶ (小さな)猿. ❷ 少年, 子供, 若い召使い.
― **ga** 形《話》❶ (頭, 行動において)鋭い, 素早い. ❷ いたずらな. ❸ 間抜けな. ❹ うるさい, 迷惑な, しつこい.

changuear [tʃaŋgeáɾ] 自 [中南米] 冗談を言う(→bromear, chancear).

changüí [tʃaŋgüí] 男 冗談, からかい; だますこと.

—Le dieron ~. 彼はかつがれた.

chanquete [tʃaŋkéte] 男 小魚の一種(boquerón の稚魚に似る.食用).

chantaje [tʃantáxe] 男 恐喝, ゆすり, おどし. —hacer ~ 恐喝する, ゆする.

chantajista [tʃantaxísta] 男女 恐喝者, 脅迫犯人.

chantar [tʃantár] 他 ❶ を着せる(=vestir). ❷ 打ち込む, 突きさす, つける. ❸ 面と向かってあけすけに言う. —Le chantó cuatro verdades. 私は彼にずけずけ言ってやった. ❹ 投げる, 放り出す, 放り込む. ❺ (パンチ)を食わす. ❻ 置き去りにする, だます.

chantre [tʃántre] 男 教会の合唱指揮官, 先唱者.

chanza [tʃánθa] 女 冗談, からかい. —decir [gastar] ~ 冗談を言う. estar de ~ 冗談を言っている, 冗談でいる. Lo hizo de [en] ~. 彼はそれを冗談でやった. 類 broma, burla.

chanzoneta [tʃanθonéta] 女 ❶ =chanza. ❷ 昔クリスマス等の祭で歌われた歌の一種.

*****chapa** [tʃápa] 女 ❶ (a) 金属板, (金属・木などの)板, 板金. — ~ ondulada [acanalada] なまこ板, 波形板. ~ del horno オーブンの受け皿. 類 hoja, placa, plancha. (b) 化粧板, ベニヤ板(=~ de madera). —Van a cubrir la mesa con una ~ de madera. 彼らはテーブルに化粧板を張ろうとしている. 類 chapado, enchapado. ❷ (クロークなどの)番号札, 合い札, 付け札; バッジ. ~ numerada 番号札. Conserve la ~, por favor. どうか番号札を取っておいてください. Para identificarse, el policía enseñó su ~. 警官は身分を証明するためにバッジを見せた. 類 contraseña, distintivo, insignia. ❸ (瓶の)口金. —Quita la ~ a la cerveza. ビールの栓を抜いてくれ. Juan colecciona las ~s de las botellas de cerveza. ファンはビール瓶の蓋を集めている. 類 cápsula, corona, tapón. ❹ 《自動車》車体, ボディー. 類 carrocería. ❺ 〘話〙分別, 良識, 真面目. —hombre de ~ 真面目な[良識ある]人. Te lo recomiendo porque es un hombre con ~. 彼は真面目な人であるから君に彼を推薦するよ. 類 cordura, formalidad, sensatez, seriedad. ❻ お金; 複 《遊戯》銭投げ(コインを2枚投げて, 表・裏を当てるゲーム). —estar sin ~s 一文無しである. jugar a las ~s コインを投げて表か裏を当てる. ❼ (頰にできる)赤み, 赤いみ[痣(あざ)]; 頰紅(ほおべに). 類 **chapeta**. ❽ 〖中南米〗(a) ~ de matrícula [de patente] (車の)ナンバープレート. (b) 錠, 錠前(=cerradura). —cambiar la ~ de la puerta ドアの錠を取り替える. (c) 〖エクアドル〗巡査. (d) 〖ペルー〗赤い頰. —Tiene unas lindas ~s. 彼女はきれいなバラ色の頰をしている. (e) 〖ラ・プラタ〗(医師・弁護士などの)鑑札. ❾ 《動物》(バレンシア産の)カタツムリ, 巻貝. ❿ (製靴)(縫目補強用の)なめし革. ⓫ 《情報》ハードウェア.

chapa de estarcil ステンシル, 刷り込み型, 板型.

hacer chapas 売春をする.

no pegar [dar] ni chapa 〘話〙働かない, 怠ける.

—— 男 ❶ 〖エクアドル, コロンビア〗巡査(=policía). ❷ 〖中米〗スパイのインディオ.

chapado, da [tʃapáðo, ða] 形 (金属や木の)薄板を貼った, 化粧張りした, (特に貴金属で)メッキした; 薄片で飾りつけた. —un reloj ~ en [de] oro 金時計.

chapado a la antigua 習慣・考え方の古臭い.

chapalear [tʃapaleár] 自 ❶ (水や泥の中を)バシャバシャいわせて歩く; (水や泥を)はねる. 類 **chapotear**. ❷ カタカタ鳴る(=chacolotear).

chapaleo [tʃapaléo] 男 ❶ バシャバシャさせる[する]こと. 類 **chapoteo**. ❷ カタカタ鳴ること.

chapaleta [tʃapaléta] 女 ポンプの弁, バルブ. 類 **válvula**.

chapaleteo [tʃapaletéo] 男 波打ち際の水音, 雨音.

chapapote [tʃapapóte] 男 【中南米, スペイン】タール, アスファルト.

chapar [tʃapár] 他 ❶ を薄板で覆う, 飾る, メッキする. — ~ un reloj con [de] oro 時計を金メッキする. ❷ 【中南米】…のことを窺(うかが)う, 見張る. ❸ 【中南米】つかまえる, 追いつく.

chaparra¹ [tʃapářa] 女 ❶ カシの一種(木にならず灌木状に生える). ❷ 昔の馬車の一種.

chaparrada [tʃapařáða] 女 =chaparrón.

chaparral [tʃapařál] 男 カシ(chaparra)の茂み, やぶ.

chaparreras [tʃapařéras] 女複 【メキシコ】ズボンの上からつける革製の脚おおい, 上ばきズボン.

chaparro, rra² [tʃapářo, řa] 形 ずんぐりした. 類 **rechoncho**.

—— 男 ❶ =chaparra¹. ❷ 茂み. ❸ 子供.

chaparrón [tʃapařón] 男 ❶ にわか雨. ❷ 多量. —Recibí un ~ de preguntas. 私は質問の雨を受けた. ❸ 叱責. —Le dieron un ~ por haber hecho novillos. 彼は授業をさぼったのでうんと怒られた.

llover a chaparrón 激しく降る.

llover a chaparrones 断続的に降る.

chape [tʃápe] 男 【中南米】 ❶ 三つ編み(の毛房). 類 **trenza**. ❷ なめくじ, 軟体動物; 食用貝類.

chapeado, da [tʃapeáðo, ða] 形 ❶ =chapado. ❷ 【中南米】血色の良い.
—— 男 金属板を張ること.

chapear [tʃapeár] 他 ❶ =chapar. ❷ 【中米】…の除草をする, 草刈りをする.
—— 自 カタカタ鳴る(=chacolotear).

chapela [tʃapéla] 女 《服飾》ベレー帽.

chapeo [tʃapéo] 男 帽子. 類 **sombrero**.

chapería [tʃapería] 女 薄板(chapa)による装飾, 化粧張り.

chapeta [tʃapéta] 女 頰の赤み, 紅潮.

chapetón, tona [tʃapetón, tóna] 形 【中南米】❶〘軽蔑的〙スペイン[ヨーロッパ]から渡ってきたばかりの. ❷ 不慣れた, 新米の.
—— 男 =chaparrón.

chapetonada [tʃapetonáða] 女【中南米】❶ 中南米に来たばかりのスペイン人がかかる病気. ❷ (不慣れなための)失敗, へま, ぶざまな行動. ❸ =chaparrón.

chapín [tʃapín] 男 ❶ (昔, 女性が使った)コルク製の靴. ❷ 《魚類》ハコフグ.

——, **pina** 形 ❶ 足の曲がった. ❷ グアテマラの.

chapinería [tʃapinería] 女 コルク靴(chapín)を作って売る店; その仕事.

chápiro [tʃápiro] 男 〘戯〙帽子. —¡Por vida del ~ [del ~ verde]!/¡Voto a ~! くそっ!こん畜生!まったく!(不快, 腹立ちを表わす)

chapista [tʃapísta] 男女 板金工, 自動車の車体修理工. —taller de ~ 車体修理工場.

chapistería [tʃapistería] 囡 ❶ 薄片・板金の製造; それを使ってする作業. ❷ 〖集合的に〗薄片, 板金.

chapitel [tʃapitél] 男 ❶ (塔の上の)尖(とが)り塔. ❷ 柱頭. →**capitel**.

chapó [tʃapó] 男 玉突き競技の一種(普通4人で, ポケット付の大きな台を使う). 類 **billar**.

chapodar [tʃapoðár] 他 ❶ (木)の枝を切る, 剪定する(→podar). ❷ 減らす.

chapotear [tʃapoteár] 自 ❶ (水が)バシャバシャ音を立てる. ❷ (手足などを動かして)水をバシャバシャいわせる. ― 他 (スポンジなどぬれた物を当てて)ぬらす, 湿らす.

chapoteo [tʃapotéo] 男 ❶ 水がバシャバシャいうこと[音]; 水をバシャバシャいわせること[音]. ❷ ぬらすこと.

chapucear [tʃapuθeár] 他 下手に作る, いいかげんに作る, ずさんに作る.

chapuceramente [tʃapuθeraménte] 副 下手に, いいかげんに, ずさんに.

chapucería [tʃapuθería] 囡 ❶ 下手な[いいかげんな・ずさんな]仕事・作品.→**chapuza**. ❷ (作品にあるきず, 難点. ❸ 下手さ, いいかげんさ, ずさんさ.

chapucero, ra [tʃapuθéro, ra] 形 ❶ (人について)仕事が下手な, いいかげんな, ずさんな. ❷ (物について)下手に[いいかげんに, ずさんに]作られた. ❸ 嘘つきな, 人をだます. — Tiene fama de hombre ~. 嘘つきだという評判だ. 類 **embustero**.

Chapultepec [tʃapultepék] 固名 チャプルテペク(メキシコシティーの公園).

*****chapurrar** [tʃapur̃ár] 他 ❶ →**chapurrear**. ❷ (アルコール飲料)をブレンドする, 混合する.

*****chapurrear** [tʃapur̃eár] 他 (外国語)を片言まじりで話す. — ¡Qué bien habla usted el español!—Hombre, sólo lo *chapurreo*. スペイン語お上手にお話しですね.—いやあ, 片言でしゃべるだけです.

― 自 (外国語)で片言を話す.

chapurreo [tʃapur̃éo] 男 外国語を下手に話すこと, 片言. — El ~ de aquel extranjero resultaba muy gracioso. あの外人の話す片言はとても面白く響いた.

chapuz [tʃapúθ] 男 ❶ (水に)飛び込む[投げ込む]こと. ❷ →**chapuza**.

chapuza [tʃapúθa] 囡 ❶ 下手な[いいかげんな, ずさんな]仕事・作品, やっつけ仕事. — El estreno fue una ~ total. 初演はどうしようもない出来だった. El mecánico me hizo una ~ en el coche. 修理工は車をいいかげんに修理した. 類 **chapucería**. ❷ 片手間仕事.

chapuzar [tʃapuθár] [1.3] 他 (人)を頭から水に入らせる[飛び込ませる], (物)を水に投げ込む. — *Chapuzó* al crío en la piscina y éste lloraba desesperadamente. 彼は子供をプールに飛び込ませたらわんわん泣いた. 類 **zambullir**.

― 自 水に飛び込む.

― **se** 再 ❶ 水に(頭から)飛び込む. — *Se chapuzó* con el vestido para salvar al niño. 彼は子どもを救うため服を着たまま飛び込んだ. 類 **zambullirse**. ❷ ちょっと水につかる, ひと泳ぎする. — Terminado el trabajo, *se chapuzó* en la piscina. 彼は仕事の後একしく泳ぎした.

chapuzón [tʃapuθón] 男 ❶ 水に飛び込む[飛び込ませる]こと. — Los niños jugaban en el río a darse *chapuzones*. 子供たちは川で飛び込み遊びをしていた. ❷ ちょっとの間水につかること, ひと泳ぎ. — Me voy a dar un ~ en la piscina. プールでちょっと泳いでこよう.

chaqué, chaquet [tʃaké, tʃaké(t)] 男 モーニングコート.

‡**chaqueta** [tʃakéta] 囡 ❶ 〖服飾〗(スーツの)上着, ジャケット, 背広. — ~ cruzada ダブルの上着. ~ de sport スポーツジャケット, ブレザー. traje de ~ (婦人用)テーラードスーツ, スーツ(ジャケットとスカート). ~ de cuadros チェックのジャケット. ~ de smoking タキシード, ディナージャケット. con ~ y corbata 背広にネクタイ姿で. 類 **americana**. ❷〖服飾〗カーディガン(= ~ de punto). 類 **rebeca**.

cambiar (de) [cambiarse, volver] la chaqueta 〖話, 軽蔑〗意見・主張を変える, 寝返る, 変節[転向]する, 党派を変える.

hacerse una chaqueta 〖メキシコ〗〖俗〗マスターベーションをする.

ser más vago que la chaqueta de un guardia ひどい怠け者である.

volarse la chaqueta 〖中米〗さっさと片付ける.

chaquete [tʃakéte] 男 バックギャモン, 西洋風すごろく; その盤[ゲーム].

chaquetear [tʃaketeár] 自 ❶ 意見・党派を変える, 寝返る, 転向する(→cambiar de la chaqueta). ❷ おじけづく, (敵を前にして)逃げる. — Al final *chaqueteó* y no firmó la protesta. 結局彼ははじまりでに抗議書に署名しなかった.

chaqueteo [tʃaketéo] 男 意見・党派を変えること, 寝返り, 転向; おじけづくこと.

chaquetero [tʃaketéro] 男 ❶ 意見・党派を変え(てばかりい)る人, 変節者, 裏切り者. — No comprendo cómo puede ser popular un político tan ~. あんなにしょっちゅう党派を変える政治家がどうして人気があるのか分らない. No me gusta ese profesor; me parece un ~. あの教師は好きじゃない. 主張がころころ変わっているみたいだ. ❷ 追従(ついしょう)する人, おべっか使い. 類 **adulador**.

chaquetilla [tʃaketíʎa] 囡 丈の短い飾りのついたジャケット. — ~ torera [de torero] 闘牛士のジャケット. ~ de bailador de flamenco フラメンコの踊り手が着る上着.

chaquetón [tʃaketón] [< chaqueta] 男 丈の長い(厚手の)ジャケット, ハーフコート, ショートコート. — ~ doble faz リバーシブル半コート.

charada [tʃaráða] [< 仏] 囡 文字謎, 言葉当て遊び.

charamusca [tʃaramúska] 囡 ❶ 細い枝の薪; その火. 類 **chamarasca, leña**. ❷ 〖メキシコ〗ねじりキャンディー.

charanga [tʃaráŋga] 囡 ❶ 軍楽(隊), ブラスバンド; 田舎の楽隊. ❷ 〖家庭的な〗ダンスパーティー.

charango [tʃaráŋgo] 男 チャランゴ(南米インディオの使う, ギターに似た小さな5弦の楽器. 胴はアルマジロの甲). 類 **bandurria, guitarra**.

charca [tʃárka] 囡 (天然または人口の)池, 貯水池.

charco [tʃárko] 男 水たまり.

pasar [cruzar] el charco 海を渡る, 新大陸へ渡る.

charcutería [tʃarkutería] 囡 豚肉食料品店.

‡**charla** [tʃárla] 囡 ❶〖話〗おしゃべり, 雑談, 世間話, 無駄話; 〖通信〗チャット. — Se han pasa-

do la mañana de ~. 彼らはおしゃべりして午前中を過ごした. ¿Vendrás a la ~? おしゃべりに来る? [類] **cháchara, palique, parloteo**. ❷ (形式張らない感じの短い講演, 談話, スピーチ, 座談, 会議. — Asistí a una ~ muy interesante sobre arte moderno. 私は現代美術に関する大変面白い講演に出席した. [類] **conferencia, discurso**. ❸ (鳥類)ヤドリギツグミ. *dar [echar] una [la] charla* 《話》叱る, 説教する.

charlador, dora [tʃarlaðór, ðóra] [形] おしゃべりな. →charlatán.

charladuría [tʃarlaðuría] [女] おしゃべり, 雑談, 無駄話.

‡**charlar** [tʃarlár] [自] ❶ **無駄話[雑談]をする**, おしゃべりをする. — Deja de ~ y estudia. 無駄話はやめて, 勉強しなさい. ❷ しゃべりまくる, おしゃべりが過ぎる. — Ella ha pasado toda la mañana *charlando* con las (señoras) vecinas. 彼女は近所の女性たちとおしゃべりをして午前中を過ごした. [類] **conversar, platicar**.

*‡**charlatán, tana** [tʃarlatán, tána] [形] ❶ おしゃべりな, 多弁な, 無駄口をたたく. — Su mujer es muy *charlatana*. 彼の妻は非常におしゃべりだ. [類] **hablador, parlanchín**. ❷ うわさ話の好きな. [類] **chismoso**.
— [名] ❶ おしゃべり屋, うわさ好きの人. — No le cuentes ningún secreto porque ése es un ~. あいつはおしゃべりだからどんな秘密も話すな. ❷ いかさま師, 詐欺師; ニセ医者. — Un ~ me aseguró que estas hierbas curaban la tos, pero no produjeron ningún efecto. インチキ医者がこの薬草は咳に効くと保証したけれども何の効果もなかった. [類] **curandero, embaucador, farsante**. ❸ 呼び売り人; テキ屋, 香具師(ヤシ). — Un ~ ofrecía un crecepelo a veinte euros el frasco. 香具師がビン入りの毛生え薬を100ユーロで売っていた.

charlatanear [tʃarlataneár] [自] 無駄話をする, ぺらぺらしゃべる. [類] **chacharear, charlar**.

charlatanería [tʃarlataneáría] [女] ❶ おしゃべり・無駄口(の多いこと). [類] **locuacidad**. ❷ (商売人の)口のうまさ, 販売術.

charlatanismo [tʃarlatanísmo] [男] →charlatanería①.

charlestón [tʃarlestón] [男] チャールストン(1920年代に流行した踊りで, 米国南部の黒人の間に起こった).

charlista [tʃarlísta] [男女] ちょっとした講演(charla)の講演者. [類] **conferenciante**.

charlotear [tʃarloteár] [自] →charlar.

charloteo [tʃarlotéo] [男] しゃべること.

charnego, ga [tʃarnéɣo, ɣa] [形][名] 《軽蔑》カタルーニャへ外州から移住した人(の).

charnela [tʃarnéla] [女] ❶ 蝶番(ﾁｮｳﾂｶﾞｲ). [類] **bisagra, gozne**. ❷ 二枚貝の貝殻の接合部分.

Charo [tʃáro] [固名] 《女性名》チャーロ (Rosarioの愛称).

charol [tʃaról] [男] ❶ 光沢ワニス, エナメル. [類] **barniz, esmalte**. ❷ エナメル皮. — zapatos de ~ エナメル靴. ❸ 《中南米》盆. →bandeja. *darse charol* 自慢する, 気取る.

charola [tʃaróla] [女] 《中南米》 ❶ 盆. →bandeja. ❷ 《複》大きな目.

charolado, da [tʃaroláðo, ða] [形] ワニス[エナメル]を塗って輝いた, 光沢のある.

charolar [tʃarolár] [他] …に光沢ワニス[エナメル]を塗る. [類] **barnizar**.

charpa [tʃárpa] [女] ❶ 火器を吊(ﾂ)るすための肩掛けベルト. ❷ 三角巾, 吊り包帯. [類] **cabestrillo**.

charquear [tʃarkeár] [他] 《中南米》 ❶ (肉を)干す, 乾かす, 干し肉にする. ❷ (人に切りつけて, 深手を負わせる.

charqui [tʃárki] [男] 《中南米》(牛・ラマの)干し肉.

charquicán [tʃarkikán] [男] 《中南米》干し肉 (charqui) とジャガイモ等の野菜を入れた煮物.

charra [tʃára] [女] ❶ サラマンカ地方(の田舎)出身の女, 田舎女. →charro. ❷ 《中南米》つば広の帽子. [類] **sombrero**.

charrada [tʃaráða] [女] ❶ サラマンカ地方(田舎者)的な言動. ❷ 粗野な[田舎っぽい]こと[もの]. ❸ 俗っぽいごてごてした飾り.

charrán, rrana [tʃarán, rána] [形] 悪党, ならず者, ごろつき. [類] **granuja, pillo, tunante**. — [形] 悪党の, ならず者の, ごろつきの.

charranada [tʃaranáða] [女] 悪党・ならず者的な行い, 悪事.

charranear [tʃaraneár] [自] 悪党・ならず者の暮らしをする, やくざな生き方をする[行いをする].

charrasca [tʃaráska] [女] 《話, 戯》サーベル (=sable); ナイフ, ジャックナイフ (=navaja).

charrasquear [tʃaraskeár] [他] ❶ (ギターを)かき鳴らす. [類] **rasguear**. ❷ ナイフで刺す, 突く.

charretera [tʃarretéra] [女] ❶ 軍服の房飾り付肩章, 正肩章. ❷ ガーター, 靴下止め (=jarretera); ガーターの留め金. ❸ 水売りが桶を肩に乗せる時に敷くクッション, 肩当て (=albardilla).

charro, rra [tʃáro, ra] [形] ❶ サラマンカ地方(特にその田舎)の. [類] **salmantino**. ❷ けばけばしい, ごてごて飾り立てた. [類] **abigarrado, chillón, llamativo**. ❸ 《メキシコ》(特有な服装をした)騎手の; 馬の上手な. — traje ~ 騎手の服.
— [名] ❶ サラマンカ地方(田舎)の出身者. ❷ 《メキシコ》騎手(刺繍(ｼｼｭｳ)付の上着ととばの広い帽子などの, 特有な服装をしている者). ❸ 《メキシコ》ロデオ.

chartreuse [tʃartrés] [男] シャルトルーズ, 薬草のリキュール.

chasca [tʃáska] [女] ❶ (木から切り取った)枝の薪. [類] **leña**. ❷ 《中南米》もじゃもじゃの髪の毛.

chascar [tʃaskár] [1.1] [他] ❶ (舌を)鳴らす, 舌鼓を打つ; (指を)鳴らす, (鞭を)振って鳴らす. — Apuró la copa y chascó la lengua. グラスを空けて舌を鳴らした. [類] **chasquear**. ❷ を飲み込む, 呑む. [類] **engullir, tragar**. — [自] 舌を鳴らす, 舌鼓を打つ; (物が)パチッ[パキッ]と鳴る, 乾いた音を立てる. — La leña estaba verde y *chascaba*. 薪はまだ青くて, パチパチ音を立てて燃えていた.

chascarrillo [tʃaskarríʝo] [男] 小話, しゃれ, 笑い話. — *contar un ~* 小話をする. [類] **chiste**.

chasco [tʃásko] [男] ❶ からかうこと, だますこと, かつぐこと. — Me han dado un ~ diciendo que hoy teníamos examen de matemáticas. 私は今日数学の試験があるぞと言ってかつがれた. [類] **burla, engaño**. ❷ 失望, 当てはずれ. [類] **decepción, desilusión**.

chasis [tʃásis] [男] ❶ シャシー, 車台. ❷ (写真機の)乾板取枠. *estar [quedarse] en el chasis* 《話》やせ細った

[状態になる].

chasponazo [tʃasponáθo] 男 弾丸のかすった跡, 弾丸による擦り傷.

chasquear [tʃaskeár] 他 ❶ をかつぐ, からかう, だます. 類 **engañar**. ❷ (人) との約束を破る. ― *Le chasquearon al no presentarse a la hora prevista.* 彼らは彼との約束を破って予定の時間に現れなかった. ❸ (鞭など)を振るう, 鳴らす. ― *Chasqueó el látigo y el león volvió a la jaula.* 彼が鞭を鳴らすとライオンは檻(ホり)に戻った. 類 **chascar**.

chasqui [tʃáski] 男 〖南米〗 ❶ (インディオの)郵便配達. ❷ 使者.

chasquido [tʃaskíðo] 男 (鞭などが)空を切る音; (物が裂ける時の)乾いた音; 舌打ちの音. ― *El látigo produjo un agudo ~ al blandirlo.* 鞭を振るうと鋭い音を立てた.

chat [tʃá(t)] 男 《通信》チャット.

chata [tʃáta] 女 ❶→**chato**. ❷ 病人用便器, 溲瓶(ﾎﾟ). 類 **orinal**. ❸ 平底船. 類 **chalana**.

chatarra [tʃatára] 女 ❶ くず鉄, 廃物. ❷ がらくた, 価値のない物. ― *El coche que tienes es una ~.* お前の車はポンコツだ. *Si te fijas bien, verás que sus collares son pura ~.* よく見れば彼女の首飾りが全くのがらくただということが分かるよ.

chatarrería [tʃataréria] 女 くず鉄[廃材]売買店.

chatarrero, ra [tʃatairéro, ra] 名 くず鉄屋.

chatear [tʃateár] 自《話》バルをはしごする.

chateo [tʃatéo] 男 酒場のはしご, はしご酒. ― *ir de ~* はしごをする.

*‪**chato, ta** [tʃáto, ta] 形 ❶ 鼻が低い, しし鼻の, 団子鼻の. ― *Es rubio, ~ y con ojos azules.* 彼は金髪で, 鼻が小さくて, 青い目をしている. 類 **romo**. 反 **narigón, narigudo**. ❷ (a) (鼻が)低い, 平べったい. ― *Lo que atrae más de su cara es la nariz tan chata que ella tiene.* 彼女の顔で一番魅力的なのはとても低い鼻だ. 類 **achatado, aplastado, romo**. 反 **agudo, puntiagudo**. (b) (普通よりも)低い, 平たい; ずんぐりした. ― *torre chata* 低い塔. *embarcación chata* 平底船. *El niño dormía con sus manos gordas y chatas apoyadas en el regazo.* その子どもは彼のひざの上で太くてずんぐりした手で抱えられて眠っていた. (c) (品質が)低い. ― *Este mueble está hecho con madera muy chata.* この家具は非常に質の悪い木材で作られている. (d) 〖スペイン南部〗背が低い. ― *Aquel joven ~ me lo dijo.* あの背の低い若者が私にそう言った.

dejar chato a (人の)鼻をへし折る, やっつける; 面食らわせる.

quedarse chato (1) びっくり仰天する; 失敗する. (2) 〖+con を〗自分の物にする.

― 名 鼻の低い人, 鼻ぺしゃの (親しみを込めた呼びかけとしても用いる). ― *¡Oye, chata!* ねえ, おまえ.

― 男 (平たくて, 口の広い)ワイングラス. ― *Ponme un ~ de vino.* ぶどう酒をグラス一杯いでくれ. *¡Vamos a tomar unos ~s para celebrar tu cumpleaños!* 君の誕生日を祝って一杯やろうじゃないか.

― 女 複 〖メキシコ〗《話》鼻.

chatungo, ga [tʃatúŋgo, ga] 形 →**chato**. 〖親しみを込めて, 特に女性や子供への呼びかけに使

う〗.

chaucha [tʃáutʃa] 形 〖中南米〗 ❶ (実が)早熟の; 熟していない. ❷ 味のない, まずい. ❸ 味気ない. 類 **insípido**.

― 女 〖中南米〗❶ (小額の)硬貨. ❷ インゲン豆 (judía verde). ❸ 小型ジャガイモ, 種イモ.

chauvinismo [tʃauβinísmo] 男 狂信的愛国主義, ショービニズム.

chauvinista [tʃauβinísta] 形 狂信的愛国主義の. ― 男女 狂信的愛国主義者.

chaval [tʃaβál] 男《話》子供, ちびっ子, 男の子 (20代ぐらいの青年を指すこともある); 〈軽蔑〉餓鬼(ボ). 類 **chico, muchacho, niño**.

estar hecho un chaval 若返ったように見える[気分になる].

chavala [tʃaβála] 女《話》女の子. →**chaval**.

chavalillo, lla [tʃaβalíjo] 名 餓鬼(ボ).

chavea [tʃaβéa] 男《話》→**chaval**.

chaveta [tʃaβéta] 女 割りピン.

estar mal de la chaveta 頭がおかしい.

perder la chaveta 頭がおかしくなる, 狂う.

chavo [tʃáβo] 男 〖<**ochavo**〗昔の小額貨幣の名.

chavó [tʃaβó] 男 →**chaval**.

chayote [tʃajóte] 男 《植物》ハヤトウリの実 (植物を指すこともある).

chayotera [tʃajotéra] 女 《植物》ハヤトウリ (中南米, カナリア諸島, バレンシアで栽培されるつる植物. 実は食用で西洋ナシに似る).

che [tʃé] 女 *ch* の文字 *ch* の名前.

― 間 〖南米, バレンシア〗呼びかけや, 驚き, 不快, 喜びを表す間投詞.

Checa [tʃéka] 固名 チェコ (公式名は República Checa, 首都プラハ Praga).

checa [tʃéka] 女 秘密警察.

checar [tʃekár] 他 〖中南米〗→**chequear**.

chechenio, nia [tʃetʃénjo, nja] 形 名 →**checheno**.

checheno, na [tʃetʃéno, na] 形 チェチェンの.

― 名 チェチェン人.

― 男 チェチェン語.

chécheres [tʃétʃeres] 男 複 物, 道具類. 類 **trastos**.

checo, ca [tʃéko, ka] 形 チェコの. ― 名 チェコ人. ― 男 チェコ語.

checoslovaco, ca [tʃekoslοβáko, ka] 形 チェコスロバキアの. ― 名 チェコスロバキア人.

Checoslovaquia [tʃekoslοβákja] 固名 チェコスロバキア (旧名, 現在はチェコとスロバキア).

cheira [tʃéira] 女 靴屋のナイフ (→**chaira**).

chelín [tʃelín] 男 〖英 shilling〗シリング (1971年まで続いたイギリスの通貨単位. 1/20ポンド. 他に, ケニア, ソマリア, タンザニア, ウガンダの通貨単位).

chelo, la [tʃélo, la] 形 〖中南米〗金髪の (→**rubio**).

― 男 《音楽》チェロ (violonchelo).

― 名 チェロ奏者 (violonchelista).

chepa [tʃépa] 女 せむし, 猫背. 類 **giba**.

:**cheque** [tʃéke] 男 ❶ 《商業》小切手 〖略 ch., ch/〗 (→**letra** 「手形」). ― *~ de viajero* トラベラーズ・チェック. *talonario de ~s* 小切手帳. *pagar con un ~* 小切手で支払う. *extender un ~ de [por] cien mil yenes* 10万円の小切手を切る. *cobrar* [*hacer efectivo*] *un ~* 小

切手を現金に替える. cruzar un ～ 横線小切手にする. ¿Aceptan ustedes ～s de viajero? トラベラーズチェックで払えますか? libreta de ～s 〖南米〗小切手帳. ― **talón**. [参考] ～ a la orden 指図式小切手. ― **al portador** 持参人払小切手. ― **certificado** 支払保証小切手. ～ **cruzado [abierto]** 横線[普通]小切手. ～ **desacreditado, rehusado, en descubierto** 不渡り小切手. ～ **en blanco** (金額未記入の)白地小切手. ～ **endosado** 裏書き小切手. ～ **nominativo [nominal]** 指図人払小切手, 受取人指名小切手. ～ **postal** 郵便振替. ～ **sin fondos [sin provisión]** 空小切手, 不渡り小切手. ❷ ―― regalo ギフト券. ―― comida お食事券.

dar a ... un cheque en blanco 《話》(人)に白紙委任する, 一切を任せる.

chequear [tʃekeár] [<英 check] 他 ❶ チェックする, 検査する, 点検する; 照合する, つき合わせる. ―― a los presos 囚人の点呼を取る. ～ la traducción de un documento 書類の翻訳をチェックする. [類] **confrontar, cotejar, examinar, inspeccionar.** ❷ (荷物を)預ける, チッキに出す. [類] **expedir, facturar.** ❸ (小切手を)切る.

chequeo [tʃekéo] 男 ❶ 検査, チェック, 点検; 照合, つき合わせ. ―En el ～ de la mañana descubrieron la fuga. 朝の点呼の際に脱走が発覚した. ❷ 健康診断, 検査. ―Mañana ingreso en el hospital para un ～. 明日検査のため入院する.

chequera [tʃekéra] 女 〖中南米〗小切手帳 (=talonario).

chéster [tʃéster] 男 チェシャーチーズ(イギリス Cheshire 州の首都 Chester から). [類] **queso**.

cheurón [tʃeurón] 男 〖仏〗(紋章) シェブロン.

chevió [tʃeβió] 男 〖俗〗cheviós〗 チェビオット羊の毛, その織物.

cheviot [tʃeβio(t), tʃéβio(t)] 〖英 Cheviot〗 男 (スコットランド産チェビオット羊からとれる)チェビオット羊毛; チェビオット羊毛織物.

Chiapas [tʃápas] 固名 チアパス(メキシコの州).

chibalete [tʃiβaléte] 男 〖印刷〗組版台, 植字台.

chibcha [tʃíβtʃa] 形 (コロンビア, ボゴタ高原に住んでいた)チブチャ族の.

―― 男女 チブチャ人.

―― 男 チブチャ語.

chibola [tʃiβóla] 女 〖中南米〗瘤(こぶ). [類] **chichón**.

chibuquí [tʃiβukí] 男 トルコの長パイプ.

chic [tʃi(k)] [<仏] 形 (特に服装が)シックな, エレガントな, 上品な. [類] **distinguido, elegante**.

※**chica**[1] [tʃíka] 女 ❶ 女の子, 少女, 子供; 娘(→chico「男の子, 少年」). ―― guapa 少女. una ～ de diecisiete años 17 歳の少女. De ～, fue una criatura ruidosa e indisciplinada. 子供の頃, 彼女は騒々しくて手に負えない生徒だった. [類] **cría, criatura, niña**. [反] **adulta**. ❷ 若い女; 恋人. ―Ayer te vi con tu ～. 昨日君が恋人と一緒にいるところを見たよ. [類] **adolescente, chavala, moza**. [反] **adulta, joven**. ❸ 《話》(年輩に関係なく信頼・親愛・軽蔑の呼び掛け)君, あなた, お前, ねえ, やあ. ―¿Qué tal, ～? やあ, 元気? C～, está claro que los idiomas no son lo tuyo. ねえ, 君って明らかに外国語が得意じゃないね! ❹ お手伝い, 家政婦 (=～ para

---

todo [de servicio]). ―Tengo una ～ que viene todos los martes para limpiar la casa. 私には毎週火曜日, 家の掃除に来てくれるお手伝いさんがいます. [類] **asistenta, criada, muchacha, sirvienta**.

―― 女 《話》小銭(→**gorda**).

―― 形 →chico.

―― 間 (驚き)おや, まあ!

chicada [tʃikáða] 女 子供っぽい言行[いたずら]. [類] **niñada**.

Chicago [tʃikáɣo] 固名 シカゴ(アメリカ合衆国の都市).

chicana[1] [tʃikána] 女 ❶ 詭弁, 言いくるめ. ❷ アメリカ合衆国西部に住むメキシコ系女性(→chicano).

chicanear [tʃikaneár] 自 詭弁を弄する, 言いくるめる.

chicanero, ra [tʃikanéro, ra] 形 名 詭弁を弄する(人), 言いくるめる(人).

chicano, na[2] [tʃikáno, na] 名 アメリカ合衆国(特に西部)に住むメキシコ系住民, チカーノ.

―― 形 チカーノの.

chicarrón, rrona [tʃikarón, ŕóna] [<chico] 名 大柄でたくましい青年・少年, 大柄で健康な少女[若い女]. ―― ～ del norte 高地アラゴン・ナバーラ・バスク地方の若者.

―― 形 (若者について)大柄でたくましい.

chicha [tʃítʃa] 女 ❶《話》(a) 食用肉. (b) 人体の肉. ―no tener pocas ～s やせ細った, 体が弱い. ❷ チーチャ(中南米のトウモロコシから作る酒); (ブドウやリンゴなどの果汁から作る)果実酒.

no ser ni chicha ni limonada どっちつかずな, はっきりしない, 役に立たない.

chícharo [tʃítʃaro] 男 エンドウ豆 (guisante), エジプト豆 (garbanzo), いんげん豆 (judía).

chicharra [tʃitʃára] 女 ❶〖虫類〗セミ (=cigarra). ❷ (玩具の)笛. ❸ ブザー. ❹《まれ》おしゃべり.

chicharrero [tʃitʃaréro] 男 ❶ たいへん暑い場所; セミでいっぱいの所. ❷ チチャーラ (chicharra ①) 売り.

――, **ra** 形 名 テネリフェ島の(人).

chicharrón [tʃitʃarón] 男 ❶ 豚肉のラードを取った後のかりかりの部分. ❷ 焼きすぎた肉. ❸ よく日焼けした人.

estar hecho un chicharrón (肉が)黒焦げである, (人が)真っ黒に日焼けしている.

chiche [tʃítʃe] 男〖中南米〗❶ 小間物, アクセサリー, おもちゃ. [類] **chuchería**. ❷ (a) 乳房 (pecho). (b) 乳母 (nodriza). ❸ 肉 (chicha). ―― carne. ―― 形 簡単な. [類] **fácil**.

chichear [tʃitʃeár] 自 しっしっと言う(ch と s の音を出すこと. 人を呼び出したり, 舞台や演説に対する不満足を表わすのに使う)(=sisear).

Chichén-Itzá [tʃitʃén itsá] 固名 チチェンイツァ(メキシコ, マヤ文化の遺跡).

chicheo [tʃitʃéo] 男 しっしっと言うこと, その音 (ch と s) (=siseo).

chichería [tʃitʃería] [<chicha] 女〖中南米〗チーチャ屋, 酒屋; 酒場.

chichi [tʃítʃi] 女〖中南米〗❶ 乳房. [類] **pecho, teta**. ❷ 乳母. [類] **nodriza**.

chichigua [tʃitʃíɣua] 女〖中南米〗乳母. [類] **nodriza**.

chichimeca [tʃitʃiméka] 形 チチメーカ族(メキシコ北部のインディオ)の.
— 男女 チチメーカ・インディオ.

chichón [tʃitʃón] 男 (頭にできる)こぶ, たんこぶ. —hacerse un ~ (自分の頭に)こぶを作る.

chichonear [tʃitʃoneár] 自 《中南米》冗談を言う. 類 bromear.

chichonera [tʃitʃonéra] 女 (頭部を保護するための)子供用帽子. 類 gorro.

Chiclayo [tʃikláʝo] 固名 チクラーヨ(ペルーの都市).

chicle [tʃíkle] 男 チューインガム.

chiclear [tʃikleár] 自 《中南米》ガムをかむ.

chicler [tʃiklér] 男 (エンジンの気化器の)ジェット, 噴口.

*chico¹ [tʃíko チコ] 男 ❶ 男の子, 少年, 子供; 息子(→chica[女の子, 少年]). —de ~ 子供の頃. En mi clase hay más ~s que chicas. 私のクラスには女の子より男の子が多い. Los ~s están jugando al fútbol. 子供たちはサッカーをしている. 類 **criatura, crío, niño**. 反 **adulto**. ❷ 息子. —Tengo dos ~s y una chica. 私には息子が2人と娘が1人いる. Mi mayor está haciendo la mili. 私の長男は兵役に服している. ❸ 青年, 若者; 恋人. —En mi trabajo hay más chicas que ~s. 私の職場には男性より女性が多い. ◆年配の人で自分より年下あるいは同年齢の人を chico, chica という人もいる. Ana sale con un ~ de cincuenta años. アナは50歳の男性と付き合っている. 類 **adolescente, chaval, joven, mozalbete, mozo, muchacho, rapaz**. 反 **adulto**. ❹ 《話》(年齢に関係なく信頼・親愛・軽蔑の呼び掛け)君, あなた, お前, ねえ, や. —¿Qué tal, ~? やあ, 元気? *¡C~*, cómo has cambiado, no te había reconocido! 君とは分からなかったよ! ❺ (会社・店・レストラン・ホテルなどの)使い走りの子, メッセンジャーボーイ, 給仕. —~ de los recados 使い走りの子, メッセンジャーボーイ. He mandado al ~ a recogerlo. 私はそれを取りに使い走りの子をやった. 類 **aprendiz, botones, mozo, muchacho, recadero**. ❻ (ワインの容量)チコ(=16.8centilitros; cuartillo の約3分の1).

—, **ca²** 形 ❶《話》小さい. —Este vestido se te ha quedado ~. この服は君に小さくなった. Mi habitación es muy chica y no cabe nada. 私の部屋はとても狭くて何も入らない. 類 **pequeño**. 反 **alto, crecido, grande**. ❷ 幼い. —Cuando era ~, me caí del tejado. 私は小さい時屋根から落ちた. Es muy chico para salir solo. 彼は1人で出かけるにはあまりに幼い. 類 **niño, pequeño**. 反 **crecido, grande**.
como chico con zapatos nuevos 《話》大変うれしそうに.
chico con grande (売買の時)大小取り混ぜて. mezclar *chico con grande* 大小取り混ぜる. comprar *chico con grande* 大小取り混ぜて買う.
dejar chico a ... 《話》(人・物が)…に勝る, 勝つ. Esta muchacha toca muy bien, *deja chica a* la mejor violinista. この少女はとても上手で, 一番上手なバイオリニストも顔負けだ.
quedarse chico (精神的に)萎縮する, 気後れする, たじろぐ. Ante argumentos tan contundentes, *me quedé chico*. あれほど説得力のある主張に, 私は気後れした. En física *me quedo chico* junto a él. 物理となると私などとても彼にはかなわない.

chicolear [tʃikoleár] 自 女性に気のきいた褒め言葉を言う.

chicoleo [tʃikoléo] 男 女性に対する気のきいた褒め言葉[お世辞]. 類 **piropo, requiebro**.

chicota [tʃikóta] (<chico) 女 大きくて丈夫な女の子(親しみを込めて)(→chicote).

chicotazo [tʃikotáθo] (<chicote) 男 《中南米》鞭による一撃. 類 **latigazo**.

chicote [tʃikóte] 男 ❶ 大きくて丈夫な男の子. ❷《中南米》鞭. 類 **látigo**. ❸ 葉巻(cigarro puro). ❹ 《海事》ロープの先端.

chicotear [tʃikoteár] 他 《中南米》鞭で打つ. 類 **azotar**.

chicozapote [tʃikoθapóte] 男 《植物》サポジラ, チューインガムノキ(=chico zapote).

chicuelina [tʃikuelína] 女 《闘牛》capote (カポーテ)の連続技.

chicuelo, **la** [tʃikuélo, la] 形 とても小さい, ちっちゃな.
— 名 子供, 小さな子供.

chifla [tʃífla] 女 ❶ (a) 笛[呼び子]を吹くこと[音], 口笛. 類 **silbido**. (b) 笛, 呼び子, ホイッスル. 類 **silbato**. ❷ ひやかし, あざけり, 笑いの種にすること. —hacer ~ からかう, 笑い草にする. 類 **burla**.

chiflado, **da** [tʃifláðo, ða] 過分 (<chiflarse) 形 ❶ 気が変な, 頭がおかしい. ❷ […+con/por] …に夢中な. —Está *chiflado* [*con*] el fútbol. 彼はサッカー気違いだ. Está *chiflada* por Luis. 彼女はルイスにほれこんでいる. 類 **loco, majareta**.

chifladura [tʃiflaðúra] 女 ❶ 気が変なこと, 頭がおかしいこと; 気違いじみた行動. 類 **locura**. ❷ (ある物や人に)夢中であること; 夢中なもの. —Mi ~ es el ajedrez. 私はチェスが本当に大好きだ. 類 **afición, amor**.

chiflar [tʃiflár] 他 ❶ (人)を夢中にさせる, たいへん気に入る. —Me *chifla* el flamenco [esa chica]. 私はフラメンコ[あの娘]に夢中だ. 類 **encantar, gustar**. ❷ あざける, ひやかす; やじる. ❸ (酒)をがぶがぶ飲む. — 自 笛[呼び子]を吹く.
—se 再 ❶ 気が変になる, 頭がおかしくなる; [+por] 夢中になる. —A los 20 años *se había chiflado* totalmente. 彼は20才の時には既に完全に頭がおかしくなっていた. *Se ha chiflado por* España. 彼はスペインにほれ込んでしまった. 類 **chalarse**. ❷ [+de] をあざける, ひやかす, 馬鹿にする. 類 **burlarse**.

chiflato [tʃifláto] 男 呼び子, ホイッスル. 類 **silbato**.

chifle [tʃífle] 男 ❶ 呼び子, (狩りで鳥をおびき寄せるための)笛. 類 **reclamo, silbato**. ❷ 角(つの)製火薬入れ.

chiflido [tʃiflíðo] 男 呼び子笛の音. 類 **silbido**.

chiflón [tʃiflón] 男 《中南米》❶ すきま風, 微風. ❷ 滝; 排水管. ❸ 落盤.

chifonía [tʃifonía] 女 《音楽》ハーディ・ガーディ(中世から18世紀頃まで使われた, リュートに似た弦楽器. ハンドルを回して演奏する). →zanfonía.

Chihuahua [tʃiwáwa] 固名 チワワ(メキシコの州・州都).

chihuahua [tʃiwáwa] 男 チワワ(メキシコ原産の

犬).
chiíes [tʃiíes] 複 《宗教》シーア派.
chiita [tʃiíta] 形男女 《宗教》イスラム教シーア派の(信者).
chilaba [tʃiláβa] 女 (モロッコなどのアラブ人が着る)フード付きで足まで達する長い着物.
Chile [tʃíle] 固名 チリ(公式名 República de Chile, 首都サンティアゴ・デ・チレ Santiago de Chile).
chile [tʃíle] 男 (中南米産)トウガラシ, チリトウガラシ. 類**ají, pimiento**.
chilenismo [tʃilenísmo] 男 チリ方言特有の語法[言い回し, 単語].
‡**chileno, na** [tʃiléno, na] 形 チリ(Chile)の, チリ人の.
── 名 チリ人.
chilindrina [tʃilindrína] 女 ❶ つまらない物, ちょっとした物. ❷ 愉快な冗談・小話. 類**anécdota, chiste**.
chilindrinero, ra [tʃilindrinéro, ra] 形 気の利いた, 冗談好きの.
chilindrón [tʃilindrón] 男 ❶ トランプ遊びの一種 (2人または4人で, 賭けなしで遊ぶ). ❷ トマトとトウガラシをベースにした調味料. ── pollo al ~ ニワトリのチリンドロン煮.
chilla [tʃíja] 女 ❶ (狩りで狐やうさぎの鳴き声を真似て吹く)呼び子笛. 類**reclamo**. ❷ 品質の劣る薄い木板(普通は幅12〜14cm, 長さ1.7〜2.5 m). ❸ 《中南米》狐の一種(ヨーロッパのものより小型). 類**zorra**.
chillador, dora [tʃijaðór, ðóra] 形 ほえる, 叫ぶ, きいきい言う.
Chillán [tʃiján] 固名 チジャン(チリの都市).
chillante [tʃijánte] 形 ❶ (色が)派手な, けばけばしい. 類**chillón, llamativo**. ❷ 叫ぶ, キャーキャー言う, かん高い.
‡**chillar** [tʃijár] 自 ❶ 金切り声をあげる, 叫ぶ; 泣きわめく. Los niños *chillan* tanto en la calle que no puedo trabajar. 子どもたちが通りであまりキャーキャー言うので私は仕事ができない. 類**gritar**. ❷ 大声で話す, わめく. ── Esa chica habla *chillando*. その女の子はわめきながら話す. 類**gritar**. ❸ 軋(き)み音を発する, 軋(き)む. ── Esta bicicleta *chilla*. この自転車はきしむ. 類**chirriar**. ❹ (鳥が)さえずる. ── ~ los gorriones すずめがチュンチュン鳴く.
── 他 を叱る, 叱りつける, …に怒鳴る. 類**regañar, reñir**.
chillería [tʃijería] 女 ❶ (集合的に)叫び声, わめき. 類**chillidos, griterío**. ❷ 大声でしかりつけること, 叱責. 類**regaño**.
‡**chillido** [tʃijíðo] 男 ❶ 鋭い叫び声, 金切り声; 悲鳴, 泣き声; (動物の)鋭い鳴き声. ── Nos despertaron los ~s y las voces de los vecinos. 私たちは悲鳴と隣人たちの声で眼が覚めた. 類**grito**. 反**susurro, silencio**. ❷ (ドア・車輪などの)軋(き)み, 軋む音, キーキーいう音. ── De repente oí el ~ de las ruedas al frenar. 突然ブレーキを掛けた時の車輪の軋む音が聞こえた.
dar [pegar] un chillido [chillidos] 金切り声をあげる, 鋭い叫び声を上げる; 声を出す. *dar grandes chillidos* 大声で(泣き)叫ぶ.
chillo [tʃíjo] 男 →chilla②.
‡**chillón[1], llona** [tʃijón, jóna] 形 ❶ (声・音が)かん高い, 金切り声の, けたたましい. ── En el tren iban unos críos *chillones* que no me dejaron dormir. 列車には泣きわめく子どもらがいて私を眠らせてくれなかった. Tiene una voz *chillona* y desagradable. 彼女はかん高い不愉快な声をしている. 類**agudo, estridente, penetrante**. 反**apagado, bajo**. ❷ やかましい, うるさい, 騒々しい. ── ¿A ti te gusta esa música tan *chillona*? 君はそんな騒々しい音楽が好きなのか. 類**gritón, vocinglero**. 反**callado**. ❸ (色彩が)けばけばしい, どぎつい. ── Ella llevaba un vestido ~. 彼女はけばけばしい服を着ていた. 類**estridente**. 反**suave**.
── 名 うるさい(騒々しい)人.
chillón[2] [tʃijón] 男 (薄板用の)小くぎ.
Chiloé [tʃiloé] 固名 チロエー(チリの県).
Chilpancingo [tʃilpanθíŋgo] 固名 チルパンシンゴ(メキシコの都市).
chimar [tʃimár] 他 《中南米》を困らせる, 迷惑をかける, 邪魔をする. 類**fastidiar**.
── **se** 再 《中南米》けがをする. 類**lastimarse**.
chimba [tʃímba] 女 《中南米》 ❶ 川の対岸, 向う岸. ❷ (街の中心から見て)川の対岸にある(貧しい)地区. ❸ 浅瀬. 類**vado**.
chimbar [tʃimbár] 他 《中南米》(川)を歩いて渡る, 浅瀬を渡る.
Chimborazo [tʃimboráθo] 固名 チンボラーソ (エクアドルの県).
‡**chimenea** [tʃiménea] 女 ❶ 煙突. ── ~ estufa 煙突付きのストーブ. limpiar la ~ 煙突掃除をする. fumar como una ~ 煙突のように(やたらに)タバコをふかす. Hay que desatascar la ~ porque no tira. 煙の通りが悪いので煙突の詰まりを除かなければならない. ❷ (壁付の)暖炉, マントルピース. ── sentarse a la ~ 暖炉の前に座る. ~ de mármol 大理石造りの暖炉[マントルピース]. ~ de campana フード付きの暖炉. ~ francesa マントルピース, 飾り棚付きの暖炉. poner leña en la ~ 暖炉に薪をくべる. 類**fogón, hogar**. ❸ 《採鉱》(鉱山の)換気・排出用の)立て坑. ❹ 《地質》(火山の)火道, マグマ噴出道(= ~ volcánica); (ピストン銃の)火門座. ── Antes de salir por el cráter, la lava del volcán sube por la ~. 火山の溶岩は噴火口から噴出する前に, 火道を上ってくる. ❺ (パラシュートの)ベンツ; 《登山》チムニー(岩壁の煙突状の縦穴). ── ~ de paracaídas パラシュートベンツ (頂部の空気孔).
caer por la chimenea たなぼた式に手に入る.
chimenea de aire [de ventilación] (ビル・鉱山などの)通気孔, 換気孔, ダクト.
chimenea de tiro 排気ダクト[坑].
estar mal de la chimenea/no andar bien de la chimenea 《話》気が変である, 頭がおかしい.
chimiscolear [tʃimiskoleár] 自《中南米》 ❶ 歩き回る, ぶらぶらする. ❷ うわさ話をする, 陰口を言う.
chimpancé [tʃimpanθé] 男 チンパンジー.
Chin [tʃín] 固名 秦(か)(前221-207, 中国最初の統一王朝).
China [tʃína] 固名 中国[中華人民共和国](公式名 República Popular de China, 首都北京 Pekín). ── Mar de la ~ Meridional 南シナ海 (中国南東の海域). Mar de la ~ Oriental 東シナ海.
china[1] [tʃína] 女 ❶ 小石, 石ころ. 類**canto**,

guijarro. ❷ 困難, 障害, 邪魔. —ponerLE ～s …の邪魔をする, 妨害をする. 類 **dificultad, pega, traba**. ❸ 〖話〗金(笔). ❹ 磁器. 類 **porcelana**. ❺ (中国製)絹織物. —media ～ 粗い絹織物.
echar (a) *la china* くじ引きをする(左右どちらの手に小石を持っているかを当てる).
*tocar*LE *la china* 貧乏くじを引く.

chinampa [tʃinámpa] 固名 〖中南米〗〖農業〗メキシコの伝統的な灌漑農法(で作られた農園).

Chinandega [tʃinandéɣa] 固名 チナンデーガ(ニカラグアの都市).

chinarro [tʃinářo] 男 石ころ(china よりも大きめ).

chinazo [tʃináθo] 男 ❶ 石ころ. ❷ 石をぶつけること, つぶて.

Chincha [tʃíntʃa] 固名 (Islas de ～)チンチャ諸島(ペルーの諸島).

chinchal [tʃintʃál] 男 〖中南米〗小さな店.

chinchar [tʃintʃár] 他 〖話〗 ❶ 困らせる, 邪魔する, 迷惑をかける; いやにさせる. 類 **fastidiar, molestar**. ❷ 殺す. 類 **matar**.
— se 再 不満を我慢する, あきらめる. —Tú tienes la culpa, así que *chínchate*. 自分のせいなだから仕方ないだろ. 類 **aguantarse, fastidiarse**.
Para que te chinches. (相手を怒らせる・がっかりさせるような発言に添えて)ということだ, おあいにくさま.

chincharrero [tʃintʃařéro] 男 ❶ 南京虫がたくさんいる所. ❷ 〖中南米〗小型の釣り舟.

chinche [tʃíntʃe] 女 ❶ トコジラミ, 南京虫. ❷ 画鋲 (=chincheta).
caer [*morir*] *como chinches* 大量に[ばたばたと]死ぬ.
— 形 うるさい, しつこい; 細かいことにうるさい, 口やかましい. 類 **chinchorrero, fastidioso**.
— 男女 うるさい[しつこい]人, 口やかましい人.

chinchel [tʃintʃél] 男 〖中南米〗酒場.

chincheta [tʃintʃéta] 女 画鋲.

chinchibí [tʃintʃiβí] 男 〔<英 ginger beer〕〖中南米〗ジンジャービア(しょうが風味の清涼飲料水).

chinchilla [tʃintʃíʎa] 女 ❶ 〖動物〗チンチラ(南米産のリスに似た小動物). ❷ チンチラの毛皮.

chinchín [tʃintʃín] 男 ❶ 乾杯(グラスの触れ合う音など). —hacer ～ 乾杯する. *¡Ch～!* 乾杯! 類 **brindis**. ❷ (シンバルの入った)楽隊の演奏する音楽.

chinchona [tʃintʃóna] 女 〖化学〗キナ皮; キニーネ. 類 **quina**.

chinchorrería [tʃintʃořería] 女 ❶ うるさい[しつこい, 細かいことにうるさい, 口やかましい]こと. 類 **impertinencia**. ❷ 下らないうわさ話・陰口. 類 **chisme**.

chinchorrero, ra [tʃintʃořéro, ra] 形 ❶ 細かいことにうるさい, 口やかましい, むずかしい. 類 **chinche, molesto, pesado**. ❷ うわさ好きな. 類 **chismoso**.

chinchorro [tʃintʃóřo] 男 ❶ (櫂(か)でこぐ)小舟, ボート. ❷ 引き網. ❸ ハンモックの一種.

chinchoso, sa [tʃintʃóso, sa] 形 ❶ うるさい, しつこい, 口やかましい. 類 **chinchorrero, molesto, pesado**. ❷ (場所が)南京虫のいる.

chiné [tʃiné] 形 (絹布について)織る前の糸に染色した多色の.

chinear [tʃineár] 他 〖中南米〗 ❶ を腕に抱く; 背負う, おんぶする. ❷ を甘やかす.

chinela [tʃinéla] 女 ❶ スリッパ. 類 **pantufla, zapatilla**. ❷ (雨の際の靴の上から履く)木靴. 類 **chanclo**.

chinero [tʃinéro] 男 〔<china〕男 (磁器やガラス器を入れる)食器戸棚.

chinesco, ca [tʃinésko, ka] 形 中国の, 中国風の. 類 **chino**. —sombras *chinescas* 影絵芝居. — 男 軍楽隊などで使う打楽器の一種(柄の先に鈴がついていて, 振って音を出す).

chinga[1] [tʃíŋga] 女 〖中南米〗 ❶ 〖動物〗スカンク. 類 **mofeta**. ❷ 酔うこと, 酒酔い. 類 **borrachera**. ❸ (タバコの)吸い差し, 吸い殻. 類 **colilla**.

chingadura [tʃiŋgaðúra] 女 〖中南米〗失敗, へま.

chingana [tʃiŋgána] 女 〖中南米〗 ❶ (歌や踊りのある)酒場. ❷ 歌って踊るパーティー.

chinganear [tʃiŋganeár] 自 〖中南米〗浮かれ騒ぐ, 愉快に飲んで歩く, 痛飲する.

chingar [tʃiŋgár] [1.2] 他 ❶ (酒)をしょっちゅう[たくさん]飲む. ❷ を困らせる, 邪魔をする. 類 **fastidiar, molestar**. ❸ をだめにする, 台無しにする. こわしする. 類 **estropear**. ❹ 〖中南米〗〖俗〗…と性交する; を犯す, 辱める. ❺ 〖中南米〗(動物の)尾を切る.
— 自 〖中南米〗冗談をいう. 類 **bromear**.
— se 再 ❶ 酔っ払う. 類 **emborracharse**. ❷ いら立つ. ❸ だめになる, 失敗する.

chingo, ga[2] [tʃíŋgo, ga] 形 ❶ とても小さい. ❷ 〖中南米〗尾の短い. ❸ 〖中南米〗鼻ぺちゃの.

chinguirito [tʃiŋgirítou] 男 〖中南米〗劣等のラム酒(砂糖きびの糖蜜を蒸溜して作る).

‡**chino**[1]**, na**[2] [tʃíno, na] 形 中国(China)の, 中国人[語]の; 中国風[流]の. —carácter ～ 漢字. tinta *china* 墨汁, 墨. ❷ 中国人.
— 男 ❶ 中国語; 意味の分からない言葉. —Eso es ～ para mí. それは私にはちんぷんかんぷんだ[意味がわからない]. ❷ 〖料理〗シノワ(円錐形のこし器). 類 **colador**. ❸ 怒り.

chino[2]**, na**[3] [tʃíno, na] チノ, ナ 形 〖中南米〗 ❶ インディオ[黒人]と混血した, インディオ・黒人間の混血の. ❷ (人が)インディオ的な, インディオの. ❸ 怒った [estar +]. ❹ 縮れ毛の. ❺ 黄色がかった.
— 名 ❶ インディオ[黒人]と混血した人; インディオ・黒人間で混血した人. ❷ インディオ的な人, インディオ, 田舎者. ❸ (愛称として)かわいい人, 愛する人, (呼びかけとして)あなた, おまえ. ❹ 召使い, お手伝い.
engañar a … *como* (*a*) *un chino* (人)をまんまとだます.
trabajar más que un chino 奴隷のように働く.
♦chino[1] と chino[2] の意味は元々別語源である. 東洋人一般を指すのにもしばしば用いられる. 軽蔑的にも愛称としても用い, その場合 chinito, ta の形式になることが多い.

chip [tʃíp] 男 〖コンピュータ〗チップ.

chipichipi [tʃipitʃípi] 男 〖中南米〗小雨, ぬか雨. 類 **llovizna**.

chipirón [tʃipirón] 男 〖動物〗(特にスペイン北部カンタブリア地方での)イカ. 類 **calamar**.

Chipre [tʃípre] 固名 キプロス(首都ニコシア Nicosia).

chipriota [tʃipriόta] 形 キプロス(島)の.
chipriote [tʃipriόte] 形 →chipriota.
chiquear [tʃikeár] 他 『中南米』❶ を甘やかす. 類 mimar. ❷ …にへつらう, お世辞を使う. 類 adular. ── se 再 威張って歩く, 肩で風を切る.
chiqueo [tʃikéo] 男 おべっか, 追従.
chiquero [tʃikéro] 男 ❶『闘牛』(闘牛で牛を闘牛が始まるまで入れておく)囲い場. 類 toril. ❷ 豚小屋; 子山羊を入れる小屋.
── 形 子ども好きの.
chiquilicuatro [tʃikilikuátro] 男 騒がしい若者, 出しゃばりで中身のない若い男, つまらないやつ.
chiquilín, lina [tʃikilín, lína] 〔<chico〕名 小さい子ども, いわっぱ. ── 形 ちっちゃい.
chiquilla [tʃikíja] 〔<chico〕名 女の子.→ chiquillo. 類 niña.
chiquillería [tʃikijería] 女 『集合的に』子どもたち.
‡**chiquillo, lla** [tʃikíjo, ja] 名 (小さな)子供, 餓鬼(が); 少年, 少女. 類 chico, niño.
── 形 小さい; 子供じみた. ── No seas ~ y deja ya de llorar. 子供じみたばかなまねはよして, もう泣くのはやめなさい.
chiquitín, tina [tʃikitín, tína] 〔<chico〕形 ちっちゃい, たいへん小さい, かわいらしい.
chiquito, ta [tʃikíto, ta] 〔<chico+-ito〕形 小さい, ちっちゃい. 類 diminuto, menudo, pequeño. 反 enorme, grande.
── 名 子ども, 男の子, 女の子. 類 chiquillo, niño. ── 男 (ワインを入れる)小型のコップ; 小さいコップ一杯のワイン.
no andarse con [en] chiquitas あれこれ迷わず決断する, ぐずぐずしない; 単刀直入にする.
dejar chiquito 超える, 抜く. *Su última novela deja chiquitas todas las anteriores.* 彼の最新の小説は今までのどれよりも優れている.
chiquitura [tʃikitúra] 女 ❶ 小さなもの, 無価値なもの. ❷ =chiquillada.
chiribita [tʃiriβíta] 女 ❶ 火花. 類 chispa. ❷ 複(疲れ目などの時に現れる)目の前でチラチラする光. ❸『植物』ヒナギク.
echar chiribitas かんかんに怒る.
chiribitil [tʃiriβitíl] 男 (天井の低い)狭い部屋, 屋根裏部屋. 類 buhardilla, cuchitril, desván.
chirigota [tʃiriɣόta] 女 冗談, 悪意のないからかい. ── *Se tomó a ~ lo que le había dicho en serio.* 彼は私が本気で言ったことを冗談に取った. 類 broma, chanza, cuchufleta.
chirigotero, ra [tʃiriɣotéro, ra] 形 冗談好きな. 類 bromista, chancero.
── 名 冗談好きな人, ふざけん坊.
chirimbolo [tʃirimbόlo] 男 (名前の分からない, しばしば複雑な形の)物, 道具; 複 道具類, 物, いろいろな物. 類 chisme, trasto, utensilio.
chirimía [tʃirimía] 女 ❶ カラムス, チャルメラ, ショーム(リード付10穴の木管楽器). ❷『中南米』インディオの管楽器の一種.
chirimoya [tʃirimόja] 女 『植物』チリモーヤ(バンレイシの実. 外側は緑, 果肉は白. 食用).
chirimoyo [tʃirimόjo] 男 『植物』チリモーヤの木(中米産, バンレイシ科).
chirinada [tʃirináða] 女 ❶『中南米』失敗. ❷ →chirinola.
chirinola [tʃirinόla] 女 ❶ 口論, 言い争い, 激しい議論. ❷ 活発で陽気な会話, 長いお喋り. ❸

chismografía 397

たいしたことないもの, つまらないこと, ちょっとしたこと. ❹ 九柱戯に似た子どもの遊び.
chiripa [tʃirípa] 女 ❶『玉突きで』偶然うまく行くこと, 好運, まぐれ当たり. 類 casualidad, chamba, suerte.
de ~/por (pura) ~ 偶然に, 運良く.
chiripá [tʃiripá] 男『中南米』(ガウチョが身に着ける)腰から下に巻く布(股の間に通してズボンのようにする). 類 chamal.
chiripero, ra [tʃiripéro, ra] 形 (特に玉突きで)運の良い, 好運な. 類 chambón.
── 名 運の良い人.
Chiriquí [tʃirikí] 固名 (Volcán de ~) チリキー火山(パナマの火山).
chirivía [tʃiriβía] 女 ❶『植物』アメリカボウフウ(根は食用). ❷『鳥類』セキレイ. 類 aguzanieves.
chirla [tʃírla] 女 アサリ(小型のもの). 類 almeja.
chirle [tʃírle] 形 ❶ 味のない, まずい. ❷ つまらない, 面白くない; へぼの.
── 男 家畜(羊や山羊)の糞.
chirlo [tʃírlo] 男 ❶ (顔の)切り傷, 刀傷. ❷ (顔の)傷跡. 類 cicatriz.
chirola [tʃirόla] 女 ❶ →chirona. ❷ (アルゼンチン, ボリビアの)20センター銀貨.
chirona [tʃirόna] 女 《俗》監獄, 刑務所. 類 cárcel, prisión.
chirriar [tʃirriár] [1.5] 自 ❶ (ドアのちょうつがいや車輪の軸などが)きしりいう, ぎしぎしいう, きしる; (揚げ物などが)シューシューいう. ❷ (鳥たちが)鳴き立てる, うるさく鳴く. ❸ 下手に歌う.
chirrido [tʃirríðo] 男 キーキーいう音.
chirrión [tʃirrjón] 男 ❶ 二輪の荷車(動くときにキーキーいうことから). 類 carro. ❷『中南米』革製の鞭. 類 látigo.
chirumen [tʃirúmen] 男 頭の働き, 知能, 才知.
chirusa, chiruza [tʃirúsa, tʃirúθa] 女 『中南米』(無学な)田舎娘.
¡chis! [tʃís] 間 (静かにさせようとして)しっ, しー; 《話》(呼び掛けて)ちょっと.
chiscón [tʃiskón] 男 たいへん狭い部屋. 類 cuchitril.
chisgarabís [tʃisɣaraβís] 男 ❶ 取るに足らぬ奴, できそこない. ❷ 出しゃばり, お世話やき.
chisguete [tʃisɣéte] 男 ❶ (酒の)ひと口, ひと飲み. ── *echar un ~* 一杯やる. 類 trago. ❷ (勢いよく・急に)噴き出す液体, 奔流, ほとばしり.
chisguetear [tʃisɣeteár] 自 (酒袋や飲み口付ビンから)酒を繰り返し飲む. ── *Chisgueteaban con botas y porrones.* 彼らは皮袋やビンで飲んでいた.
chisme [tʃísme] 男 ❶ 陰口, (悪意のある)うわさ話. ── *andar con ~s* うわさ話をして回る. ❷ (名前の分からない)道具, 小物, がらくた. ── *Mamá, cómprame ese ~.* ママ, それ買って.
chismería [tʃismería] 女 ❶ 陰口を言う[うわさ話をする]こと. 類 chismorreo. ❷ 陰口, うわさ話. 類 chisme.
chismero, ra [tʃisméro, ra] 形 →chismoso.
chismografía [tʃismoɣrafía] 女『戯』❶ 陰口を言うこと, 陰口業. ❷『集合的に』陰口, うわさ話, ゴシップ.

chismorrear [tʃismořeár] 自 陰口を言う、うわさ話をする.

chismorreo [tʃismořéo] 男 陰口を言うこと、うわさ話をすること.

chismoso, sa [tʃismóso, sa] 形 うわさ好きな、陰口ばかり言っている.

*__chispa__ [tʃíspa] 女 ❶ 火花, 火の粉, 飛び火. ― saltar ～s 火の粉[火花]が飛び散る, 火の粉[火花]を散らす. Saltó una ～ de la chimenea y quemó la alfombra. 暖炉から火の粉が飛んで絨毯(じゅう)が燃えた. 類 **centella, chiribita**. ❷《電気》スパーク, 火花 (～ eléctrica)―Se produjo un cortocircuito y saltaron ～s de los cables. ショートして, 電線から火花が飛んだ. 類 **descarga, rayo**. ❸ (知性などの)ひらめき, 才知; 機知, 面白味; 生気, 機敏. ―Su charla despide ～s de inteligencia. 彼の話には知性のひらめきがある. Nos contó su aventura con mucha ～. 彼は私たちに自分の冒険を面白おかしく話した. 類 **agudeza, gracia, ingenio, viveza**. 反 **sosería**. ❹《よく否定文で》少量, ほんの僅(わず)か, かけら. ―Una ～, nada más. ほんの少しだけ. No corre ni ～ de aire. 風がそよぎもしない. 類 **átomo, miaja, pizca**. ❺《主に⑱》雨滴(うてき), 雨粒. ―Ya empiezan a caer ～s. もう雨がぽつぽつ降り始めた. 類 **gota**. ❻《話》酒酔い. ― coger [agarrar, pescar, pillar] una ～ 酔っぱらう. ¡Menuda ～ cogió anoche! 彼は昨夜少々酔っぱらった. 類 **borrachera**. ❼ 小さなダイヤモンド. ❽《中南米》 (a)『コロンビア』うわさ, デマ, 陰口. (b)『メキシコ』軽二輪馬車.

__dar chispa(s)__ (1)《よく否定文で》頭がいい; 生き生きしている. No __da chispa__. 彼は頭の回転が鈍い. /それはもっていない. (2)『グアテマラ』うまくいく, 成果がある.

__de chispa__ 火打ち石の. fusil __de chispa__ 火打ち石銃. piedra __de chispa__ 火打ち石.

__echar chispas__ (1)《話》烈火のとごく怒る, 怒り狂っている. Le han puesto una multa y ha entrado __echando chispas__. 彼は罰金をとられ, かっかしながら入ってきた. (2) 火花[火の粉]を飛ばす (= despedir chispas);《比喩》火花を散らす. La chimenea __echa chispas__. 煙突から火の粉が出ている.

__estar con la chispa__ 酔っぱらっている.

__estar que echa chispas__《話》烈火のとごく怒る, 怒り狂っている (= echar chispas).

__ni chispa__ 少しも[全く]…ない (= nada). Eso no tiene __ni chispa__ de gracia. それは面白くも何ともない.

__saltar chispas__ 火花[火の粉]が飛び散る.

__ser una chispa__ 頭の回転が速い, 利口である, 才気煥発(かんぱつ)である. Mi chico lo coge todo a la primera. __Es una chispa__. 私の息子は一度言えば何でも理解する. 才気煥発である.

__tener la chispa__ 酔っぱらっている.

__tener (mucha) chispa__ (1) 頭の回転が速い[頭が切れる], 才気煥発である (= ser una chispa). (2) (人・物が)面白い, 機知に富んでいる.

―― 間 おや!, まあ!(驚きを表す).

―― 形 ❶『estar +』酔っぱらっている. ❷『メキシコ』面白い, 滑稽(こっけい)な.

chisparse [tʃispárse] 再 ❶ 酔っぱらう. 類 achisparse, emborracharse. ❷《中南米》逃げる. 類 **escaparse**.

chispazo [tʃispáθo] 男 ❶ 火花が飛ぶこと, 火花, 火の粉; 放電. ❷ (大きな事件の)前触れ・先がけ. ―El asesinato fue el ～ de la revolución. 暗殺が革命の引き金となった. ❸ うわさ話.

chispeante [tʃispeánte] 形 ❶ 火花を散らす, きらめく. ❷ 才気あふれる, 気のきいた; 頭のきれる, ひらめきのある. 類 **ingenioso**.

chispear [tʃispeár] 自 ❶ 火花を発する・散らす. ❷ 輝く, きらめく. 類 **brillar**. ❸ 小雨が降る. 類 **lloviznar**.

chispero [tʃispéro] 男 (マドリードの)下町男. 類 **chulo, majo**.

chispo, pa [tʃíspo, pa] 形 酔っ払った. 類 **achispado, bebido, borracho**.

―― 男 (酒の)ひと口, ひと飲み. 類 **trago**.

chisporrotear [tʃispořoteár] 自 (薪などが)火花を出してパチパチ燃える, (油などが)パチパチはねる, シューシュー言う.

chisporroteo [tʃispořotéo] 男 (薪などが)パチパチ火花を出して燃えること[音]; (油が)パチパチ, シューシューいうこと[音].

chisquero [tʃiskéro] 男 ライター.

chist [tʃís(t)] 間 しっ(静かに). 類 **chis**.

chistar [tʃistár] 自 (常に否定語を伴って)話す, 喋る. ― sin ― 一言も言わずに. Yo le hablaba constantemente pero ni __chistó__. ずっと話しかけていたのに向うは全然口をきかなかった.

‡__chiste__ [tʃíste] 男 ❶ 笑い話, 小話, 冗談; しゃれ, ジョーク. ―contar [decir, echar] un ～ 笑い話をする. tomar a ～ 冗談に取る. famosos ～s de leperos 「Lepe (アンダルシアの町)では」で始まる有名な冗談. ¡Es de ～! 冗談だよ, まさか! ¡Suena a ～! 冗談だろ!, 信じられない. Este ～ no tiene gracia. この冗談は面白くない. Suele hacer ～s a costa de sus vecinos para divertir a sus amigos. 彼は友人を喜ばすためによく近所の人を肴(さかな)にジョークを飛ばしている. 類 **chascarrillo**. ❷ 冗談事, 面白い出来事, 見もの(ちゅう). ―Lo que ha sucedido no es un ～, sino algo muy serio. その出来事は冗談ではなく, 大変深刻なことだ. 類 **broma**. ❸ 面白み, おかしみ, 機知. ―con ～ 面白く, 機知によって. Es una cosa sin ～. 面白くもない話だ. El modo de hablar de esa chica tiene mucho ～. その女の子の話し方はとても面白い. 類 **agudeza, chispa, gracia, ingenio**. ❹ からかい, 嘲笑, 冷やかし (→hacer chiste(s) de ...). 類 **burla, chanza**. ❺ 困難, 障害. ―La preparación de este plato no tiene ningún ～. この料理の作り方は全然難しくない. 類 **dificultad, obstáculo**. ❻《南米》漫画. 類 **cómic, tebeo**.

__caer en el chiste__《話》動機が分かる[合点がいく].

__chiste colorado__ 【中南米】→chiste verde [obsceno, picante].

__chiste verde [obsceno, picante]__ いやらしい冗談, 卑猥(ひわい)なジョーク.

__dar en el chiste__《話》問題を突きとめる; 的中する.

__de chiste__ (1) 面白い, 滑稽な. Tiene cara __de chiste__. 彼は面白い顔をしている. (2)《皮肉》面白くもない.

__hacer chiste(s) de__ ... (人・物)を笑いものにする, からかう, 冷やかす. __No hagas chistes__ de una cosa tan seria. そんなに真面目なことを笑い飛ばすなよ.

no tener chiste 【中米】何の役にも立たない; 退屈である; 簡単にできる.

tener chiste 《話》(1) 面白い. Tu hijo *tiene chiste*. 君の息子は面白い. (2)(不平・迷惑)冗談ではない. *¡Tiene chiste* que ahora me eches a mí la culpa! いまさら私のせいにするなんて冗談じゃない.

ver (el) chiste a ... (物事)が面白いと思う. A lo que me ha dicho no *le veo el chiste* por ninguna parte. 彼の言ったことは面白くも何ともない.

chistera [tʃistéra] 囡 ❶(釣った魚を入れる)かご, びく. ❷シルクハット. ❸《スポーツ》ペロータ競技(フロントン)で手にはめるかご状のラケット.

chistoso, sa [tʃistóso, sa] 厖 ❶(人が)しゃれ好きな, 人を笑わせる, 愉快な. 類**agudo, gracioso, ocurrente**. ❷(事柄が)しゃれている, 面白い, 笑わせる; 皮肉な.〖皮肉で使うこともある〗. —Fue muy ~ que me tomaran por extranjero. 外国人に間違われたのはおかしかった. 類**cómico, divertido**.

—— 图 しゃれ好きな人, 愉快な人.

chistu [tʃístu] 男 チストゥ(バスク地方の民族楽器.高音部の笛).

chistulari [tʃistulári] 男女 チストゥ奏者.

chita [tʃíta] 囡 ❶距骨(足の骨のひとつ). 類**astrágalo, taba**. ❷立てた(動物の)距骨に石を当てて倒す遊び. ❸【中南米】綿バッグ.

a la chita callando こっそりと, 気づかれないように.

chiticalla [tʃitikája] 囡 秘密, 隠し事.
—— 男女 無口な人.

chiticallando [tʃitikajándo] 副 こっそりと. (→a la chita callando).

chito [tʃíto] 男 ❶(上に賭け金を乗せた)木製の台に石を当てて倒すゲーム. ❷そのゲームに使う石. ❸→chita②. —— 間 しっ(静かに).

chiva [tʃíβa] 囡 ❶雌の子山羊(→chivo). ❷【中南米】山羊ひげ. 類**perilla**. ❸【中南米】毛布, 掛けぶとん. 類**manta**. ❹【中南米】怒り, 腹立ち. ❺【中南米】不道徳な女, あばずれ.

chivar [tʃiβár] 他 ❶困らせる, 悩ます, 邪魔する. 類**fastidiar**. ❷をだます. 類**engañar**.
——**se** 再 ❶密告する, 告げ口する. 類**acusar, cantar**. ❷困る, 悩む.

chivatazo [tʃiβatáθo] 男 密告, 告げ口. —dar el ~ 密告する.

chivatear [tʃiβateár] 自 ❶密告する, 秘密をばらす. 類**chivarse**. ❷【中南米】叫ぶ, ときの声を上げる.

chiva*to*, ta [tʃiβáto, ta] 图 ❶密告者. ❷子山羊(6ヵ月以上1歳未満).

chivo [tʃíβo] 男 ❶子山羊(乳離れしてから生殖できる年齢まで). ❷油かす廃棄場. ❸【中南米】ヤギひげ.

chocante [tʃokánte] 厖 ❶(物が)奇妙な, おかしい, 驚かせる. —Es ~ que diga eso. 彼がそんなことを言うとは驚きだ. 類**extraño, sorprendente**. ❷いやな, 不快な. ❸(人が)生意気な, 変わった.

chocar [tʃokár チョカル] [1.1] 自 ❶〖+con/contra と〗衝突する, (…)にぶつかる. —En una estación *han chocado* dos trenes. ある駅で2本の列車が衝突した. El camión *chocó contra* la pared. トラックが壁に衝突した. El coche *chocó con* una moto. 車はオートバイとぶつかった. ❷〖+con と〗けんかする, 論争する, 言い争う. —*Chocaron* por culpa de sus pesadas bromas. 彼らはえげつない冗談のせいで衝突した. ~ *con* casi todos sus colegas 彼のほとんどすべての同僚とけんかする. 類**pelear**. ❸〖+a に〗変な気がする, いい気持しない, 不愉快である. —Me *chocó* el estrafalario vestido que llevaba. 彼女が着ているとっぴな服に私は違和感を覚えた. *Me choca* su forma de hablar. 彼の話し方は変に思える. *Me choca* que aún no hayan llegado. 彼らがまだ来ていないことに私は引っかかる.

—— 他 ❶〖+la(s)+mano(s)+con と〗握手をする, (…)の手を握る. —En señal de amistad Juan *chocó la mano con* José. 友情のしるしにファンはホセと握手した. ❷(乾杯のためグラス)を合わせる, カチンと鳴らす. —*Chocaron* las copas para brindar. 彼らは乾杯のためグラスを合わせた.

chocarrear [tʃokařeár] 自 下品なしゃれを言う.

chocarrería [tʃokařería] 囡 ❶下品な駄じゃれ. ❷下品さ.

chocarrero, ra [tʃokařéro, ra] 厖 (おかしみがあって)下品な. —— 图 下品な冗談を言う人.

chocha [tʃótʃa] 囡 《鳥類》ヤマシギ.

chochear [tʃotʃeár] 自 ❶(年をとって)ぼける, もうろくする. —Su abuelo *chochea* y dice muchos disparates. 彼の祖父はぼけてしまって変なことばかり言っている. ❷〖+por〗を溺愛する, 夢中になる. —*Chochea por* su hijo [el cine]. 息子を溺愛している[映画狂である].

chochera, chochez [tʃotʃéra, tʃotʃéθ] 囡 ❶ぼけ, もうろく. ❷ぼけた言行. ❸(盲目的な)愛情.

chocho¹ [tʃótʃo] 男 ❶《植物》ハウチワマメ, ノボリフジ. 類**altramuz**. ❷シナモン入り菓子. ❸(子どもの機嫌を取るために与える)菓子. ❹《卑》女性の性器.

chocho², cha [tʃótʃo, tʃa] 厖 ❶(年をとって)ぼけた, もうろくした. —Mi madre ya está *chocha*. 母はもうぼけている. ❷〖+por〗…に心を奪われている, 溺愛している, 夢中である. —Está ~ *por* esa chica. 彼はその娘にメロメロだ.

choclo [tʃóklo] 男 ❶木靴. 類**chanclo**. ❷【中南米】(トウモロコシの)柔らかい穂軸. ❸【中南米】柔らかいトウモロコシを使った食べ物の一種. ❹【アルゼンチン】心配; やっかい, 重荷, 責任.

meter el choclo 【中南米】失敗する, へまをやる.

Chocó [tʃokó] 固名 チョコ(コロンビアの県).

choco, ca [tʃóko, ka] 厖【中南米】❶片脚[片耳, 片目]の無い. ❷巻き毛[ちぢれ毛]の. ❸赤黒い.
—— 男 ❶【中南米】プードル犬(＝perro de aguas). ❷(小型の)コウイカ. ❸【中南米】切り株.

‡**chocolate** [tʃokoláte] 男 ❶(菓子)チョコレート. —una pastilla de ~ ひとかけらのチョコレート. una barra de ~ チョコバー. una tableta de ~ 板チョコ. ~ de [con] leche ミルクチョコレート. ~ blanco ホワイトチョコレート. ~ negro [para crudo] ブラックチョコレート, ミルクを加えていないチョコレート. ~s surtidos チョコレートの詰合わせ. ❷

400 chocolatera[1]

《飲料》ココア（=~ caliente [a la taza]）. — una jícara [una taza] de ~ ココア1杯. — en polvo ココアの粉. — francés ココア. ❷ espeso [claro] 濃い[薄い（水っぽい）]ココア. beber [tomar] ~ ココアを飲む. Los domingos desayunamos ~ con churros. 私たちは日曜日はいつもココアとチューロの朝食を取る. ❸《俗》《麻薬の》ハシッシュ. 類**costo, hachís, marihuana.**

estar como agua para chocolate【メキシコ】不機嫌である, 怒りで腹が煮えくり返っている.

estar para mojar en chocolate 美男[美女]である. *José está para mojar en chocolate*. ホセは美男子である.

el chocolate del loro《話》[ser/ahorrar+]（買い物をするのに）しみったれた[けちくさい]節約.

economías del chocolate del loro《話》しみったれた[けちくさい]節約.

¡Las cosas [Las cuentas] claras y el chocolate espeso! 物事ははっきりさせよう! Me gustan *las cosas claras y el chocolate espeso*. 私は物事をはっきりさせることが好きだ.

sacar chocolate a ...《中南米》《俗》（人に）鼻血を出させる. — 形 チョコレート色の. —(de) color ~ チョコレート色の.

chocolatera[1] [tʃokolatéra] 囡 ❶ チョコレート（飲み物）用ポット. ❷ 古くて使い物にならない乗物（車, 船など）, オンボロ車, オンボロ船.

chocolatería [tʃokolatería] 囡 ❶ チョコレート屋, チョコレートを出す喫茶店. ❷ チョコレート工場.

chocolatero, ra[2] [tʃokolatéro, ra] 形 チョコレート好きの.
—— 名 チョコレート屋[メーカー, 職人, 売り]; チョコレート沸かし器.

chocolatín [tʃokolatín] 男 （小さい）固形チョコレート（板チョコや粒状のものなど）.

chocolatina [tʃokolatína] 囡 →chocolatín.

chofer [tʃofér] 男女 →chófer.

:**chófer** [tʃófer] 男女《まれに choferesa 囡 も用いる》❶《特に》お抱え運転手（=~ privado [choferesa privada]）. — Hemos alquilado un autobús con ~ para recorrer la isla. 私たちは島巡りするために運転手付きのバスを借り切りにした. ❷（一般に車の）運転手. — Aquel día yo iba de ~ con ese coche. その日私がその車を運転していた. 類**conductor, taxista.**

chola [tʃóla] 囡 →cholla.

cholada [tʃoláða] 囡 ❶ メスティーソ（cholo）の集団. ❷ メスティーソらしい言動.

cholla [tʃója] 囡《俗》❶（人の）頭. 類**cabeza.** ❷ 知力, 頭脳. 類**inteligencia.**

chollo [tʃójo] 男 掘り出し物, 買い得品, もうけ物; 有利な取引, 楽な仕事.

chollu*do, da* [tʃojúðo, ða] 形《中南米》怠け者の, 無精な.

cholo, la [tʃólo, la] 名《中南米》❶ 白人男性とインディオ女性の間の混血, メスティーソ. 類**mestizo.** ❷ 白人社会《文明》に適応したインディオ. ❸ メスティーソ的な人（肌の色, 社会階層など）. ❹（親しみのこもった呼びかけに使う）ねえ, おい.

chomba, chompa [tʃómba, tʃómpa] 囡《中南米》セーター.

chongo [tʃóŋgo] 男《中南米》❶（束ねた）髪, 髪の房; 巻き毛. ❷ 切れないナイフ. ❸ 冗談.

chontal [tʃontál] 形 ❶ チョンタル族（中米のインディオ）の. ❷ 粗野な, 無教養な.

chopera [tʃopéra] 囡 ポプラ林.

chopo [tʃópo] 男 ❶《植物》ポプラ, クロポプラ. 類**álamo.** ❷ 小銃, ライフル銃. 類**fusil.**
cargar el chopo 兵役につく, 入隊する.

:**choque** [tʃóke] 男 ❶ 衝突; 衝撃, ショック. ~ frontal [de frente] 正面衝突. ~ múltiple [en cadena] 玉突き[多重]衝突. ondas de ~ 衝撃波. amortiguar un ~ 衝撃を和らげる. Hubo [Se produjo] un ~ frontal entre dos coches. 2台の車が正面衝突した. coches de ~ ゴーカート. fuerza de ~ 精鋭部隊. 類**colisión.** ❷（精神的な）打撃, 衝撃, ショック, 動揺. — cultural カルチャーショック. precio de ~ 破格値, 超安値. Su muerte repentina fue una ~ muy fuerte para mí. 彼の突然の死は私にとって大変ショックだった. producir un ~ nervioso 精神的ショックをもたらす. 類**conmoción, golpe.** ❸ 口論, 喧嘩, 言い争い, 対立. — Cada día se produce algún ~ a gritos entre mi esposa y mi madre. 私の妻と母の間で毎日何かしら激しい口げんかが起こる. Tuvieron un ~, pero no llegaron a las manos. 彼は言い争ったが, 殴り合いにはならなかった. 夫婦間の意見の対立. 類**disputa, enfrentamiento, pelea, riña.** ❹《軍事》小戦闘, 小競り合い, 衝突. — ~ armado 武力衝突. El ~ entre los dos ejércitos produjo un gran número de bajas. 2つの軍隊の衝突で多数の死傷者が出た. 類**combate, encuentro.** ❺《医学》ショック（症・状態）. — estado de ~ ショック状態. ~ anafiláctico 過敏性ショック状態. ~ eléctrico 電気ショック療法（→electrochoque）. ~ operatorio [traumático] 術後[外傷性]ショック. 類**shock, trauma.** ❻《スポーツ》（2チームの試合, ゲーム（~ deportivo）. 類**encuentro, partido.** ❼（食器の）ぶつかる音. ❽（車などの）揺れ, 振動.

choque(-) [tʃoke(-)] 動 chocar の接・現在.

choqué [tʃoké] 動 chocar の直・完了過去1単.

choquezuela [tʃokeθuéla] 囡 膝の骨, 膝蓋骨. 類**rótula.**

chorear [tʃoreár] 自《中南米》不平を言う, 抗議する.

choricera [tʃoriθéra] 囡 ❶ ソーセージ（chorizo）を作る機械. ❷ →choricero.

choricería [tʃoriθería] 囡 ソーセージ（chorizo）屋（店）.

choricero, ra [tʃoriθéro, ra] 名 ❶ ソーセージ屋（作る人, 売る人）. ❷ エクストレマドゥーラ地方の人（呼びかけなどに使う）.

:**chorizo**[1] [tʃoríθo] 男 ❶《料理》チョリソー（香辛料をきかした豚肉の腸詰）. — merendar un bocadillo de ~ チョリソーのボカディーリョをおやつに食べる. ❷（綱渡り芸人の持つ）バランス棒. 類**balancín, contrapeso.** ❸《俗》糞(しし). ❹《俗》陰茎. ❺《中南米》（壁塗り用の）漆しっくいを混ぜた壁土.

:**chorizo**[2], **za** [tʃoríθo, θa] 名 ❶《話》こそ泥, 掏摸(すり), 置引き. — Pillar [apresar] al ~ こそ泥[掏摸]を逮捕する. 類**caco, ladrón, ladronzuelo, ratero.** ❷《話》詐欺師, たちの悪い男. ❸《話》恥知らず.

chorla [tʃórla] 囡《鳥類》サケイ.

chorlito [tʃorlíto] 男《鳥類》チドリ, ムナガラ

tener cabeza de chorlito うすのろである, 忘れっぽい.

chorote [tʃoróte] 男 〖中南米〗 ❶ チョコレート用ポット. 類 **chocolatera**. ❷ (飲む)チョコレート. ❸ おかゆ.

chorra [tʃóra] 女 ❶ (石などが邪魔で)耕せない土地; その邪魔物. ❷《話》好運. —tener ~ 運が良い. 類 **potra, suerte**. ❸《俗》ペニス.
—— 形 ばかな.
—— 男《俗》馬鹿, まぬけ. —hacer el ~ の馬鹿な振る舞いをする. 類 **estúpido, tonto**.

chorrada [tʃoráða] 女 ❶ 馬鹿なこと, 間抜けなこと. —soltar ~s 馬鹿なことを言う. 類 **estupidez, tontería**. ❷ よけいな装飾, いらない飾りもの. ❸（決まった量におまけとして加える)少量の液体, おまけのひと注ぎ.

chorreado, da [tʃoreáðo, ða] 過分 形 (牛の種類で)たてじまの.

chorrear [tʃoreár] 自 ❶ (液体が)噴き出す, 流れ出る, 迸(ほとばし)る;（ある物から)液体が噴き出す. —El agua *chorrea*. 水が噴き出す. ❷ (液体が)ポタポタ落ちる, したたる. ❸ びしょびしょ[ずぶぬれ]である, しずくをしたたらせる『現在分詞の形で使われることが多い』. —Estoy *chorreando* de sudor. 汗びっしょりだ. ❹ (物事が)少しずつ続いて起こる.
—— 他 ❶ (液体を)噴き出す, 流す, したたらす. —Llegó *chorreando* sudor. 汗だくで到着した. ❷ をきつく叱る, ガミガミ言う. —*se* 再 〖中南米〗盗む. —Me *chorreé* un reloj. 私は時計を盗んだ.

chorreo [tʃoréo] 男 ❶ (主に液体が)噴き出すこと, 流れ出し. ❷ ポタポタ落ちること. ❸ 絶え間ない出費. —Un cigarrillo no cuesta nada, pero es un ~. タバコ 1 本は安いが, 塵(ちり)も積もれば山だ.

chorrera [tʃoréra] 女 ❶ (少量の)液体が流れ落ちる場所. ❷ 水の流れた跡. ❸ 川の流れが速くなった所, 早瀬. ❹ (*a*) シャツの胸当てのレース飾り. (*b*) 昔の騎士に赤王室の時つけた装飾. ❺ 覆 牛の胴のたてじま(牛の色と同色だが色が濃いもの).

chorretada [tʃoretáða] 女 ❶ (液体が)いきなり[急に]噴き出すこと, 急に流れだした水. ❷ →**chorrada**③.
hablar a chorretadas 急いで乱雑にべらべら喋る.

chorrillo [tʃoríjo] 男 ❶ (小さな)液体の流れ出し(→**chorro**). ❷ 少しずつ費されるもの, 少しずつ入ってくるもの(普通はお金).
a chorrillo 少しずつ.

chorro [tʃóro] 男 ❶ (狭い口から出る)液体の噴出, 噴水, 流れ出し. —Los ~s de la fuente forman una figura bonita. 噴水の水できれいな形ができている. ❷ (気体などの)噴出, ジェット. —~ de arena 砂の吹き付け(金属の表面を洗ったりするのに使う). avión (de propulsión) a ~ ジェット機. ❸ 多量, 豊富(流れ). —un ~ de voz 朗々たる声. soltar un ~ de insultos 罵詈雑言(ぞうごん)の雨を降らす. ❹（水量の少ない川などの)ちょろちょろした流れ.
a chorros 多量に, 豊富に, ふんだんに.
beber a chorro 飲み口に口をつけないで飲む.
como los chorros del oro 〖estar+〗 とてもきれいな, 清潔な, ぴかぴかの.
hablar a chorros 早口にべらべら喋る, 急いで乱雑に喋る.
soltar el chorro 急に笑い出す[喋り始める, ののしり出す].

chuchear 401

chota [tʃóta] 女 雌の子山羊[子牛]. →**choto**.
estar como una chota 頭がおかしい, いかれた, 狂った.

chotacabras [tʃotakáβras] 男/女 《鳥類》ヨタカ.

chotearse [tʃoteárse] 再 〖+de を〗からかう, 嘲る. —Todo el mundo *se chotea* de él. みんなが彼のことを笑いものにする. 類 **burlarse**.

choteo [tʃotéo] 男 からかい, 冷やかし, 嘲笑. 類 **burla, pitorreo, zumba**.

chotis [tʃótis] 〘<独 Schottisch〙 男 ショッティッシュ, チョティス. ♦19世紀ドイツで生まれた「スコットランド風」を意味するポルカ風の舞曲. 今世紀初めスペインに入って流行し, マドリード的な踊りとされている.
ser más agarrado que un chotis どけちだ.

choto [tʃóto] 男 ❶ (乳離れ前の)子山羊. 類 **cabrito**. ❷ (乳離れ前の)子牛. 類 **ternero**.

chotuno, na [tʃotúno, na] 形 (子山羊が)乳離れ前の. (子羊が)やせて病弱な.
oler a chotuno (子山羊のような臭いがすることから)いやな臭いがする, 汗臭い, 不潔な臭いがする.

chova [tʃóβa] 女 《鳥類》ベニハシガラス, ミヤマガラス.

‡**choza** [tʃóθa] 女 ❶ (羊飼いなどの)小屋, 山小屋, 掘っ立て小屋. —~ de paja わらぶき小屋. la ~ de un pastor [de un labrador] 羊飼い[農民]の小屋. Encima de la montaña hay una ~ para resguardarse del frío. 山の上には寒さをしのぐために山小屋がある. 類 **cabaña, chamizo**. ❷《比喩》あばら家, バラック, みすぼらしい家. 類 **barraca, casucha, chabola**.

chozo [tʃóθo] 男 小屋 (choza より小さい).

christmas [krísmas] 〘〔英〕〙 クリスマスカード(スペイン語でクリスマスは Navidad).

‡**chubasco** [tʃuβásko] 男 ❶ (強風を伴う短時間の激しい)にわか雨, どしゃぶり, 夕立, スコール. —caer un ~ にわか雨が降る. Me cogió un ~. 私はにわか雨に遭った. En el parte meteorológico han anunciado fuertes ~s para el día de hoy. 天気予報だと今日は強いにわか雨がある. 類 **aguacero**. ❷《比喩》(一時的な)逆境, 不遇, 不運, 不幸. —estar en época de ~s 逆境にある. 類 **adversidad, contratiempo**. ❸《海事》(時に雨を伴う)黒雲, スコール. —~ de viento (風速[風向き]が頻繁に変わる)突風, 疾風.

chubascoso, sa [tʃuβaskóso, sa] 形 にわか雨の(降る), 雨降りの.

chubasquero [tʃuβaskéro] 男 レインコート. 類 **impermeable**.

Chubut [tʃuβú(t)] 固名 チュブート(アルゼンチンの県).

chúcaro, ra [tʃúkaro, ra] 形 〖中南米〗(人が)つっけんどんな, 人嫌いな; (牛や馬などが)馴れていない. 類 **arisco, bravío**.

chucha [tʃútʃa] 女 ❶ 雌犬(→**chucho**). 類 **perra**. ❷《話》酔い. 類 **borrachera**. ❸《話》怠惰. 類 **pereza**. ❹《話》ペセタ. 類 **peseta**. ❺ 〖中南米〗《音楽》マラカス. 類 **maraca**. ❻ (動物)オポッサム(アメリカ大陸にいる有袋の小動物). 類 **zarigüeya**. —— 間 (犬に向かって使うかけ声)しっ, ほら.

chuchear [tʃutʃeár] 自 ❶ (シャコ (perdiz) が)

鳴く. 類 **cuchichiar**. ❷ 《シャコや他の鳥》をおとりを使ったり鳴きまねなどをして捕える.

chuchería¹ [tʃutʃería] 囡 ❶ 小間物, ちょっとした物, 《安いけれど》きれいな物. 類 **fruslería**. ❷ ちょっとした食べ物, お菓子. 類 **golosina**.

chuchería² [tʃutʃería] 囡 おとりを使ったり鳴きまねなどをしてシャコなどを捕ること.

chucho¹ [tʃútʃo] 男 犬. 類 **perro**.
—— 間 《犬に向って使うかけ声》しっ, ほら.

chucho² [tʃútʃo] 男 ❶ 《中南米》《マラリアなどの》悪寒. 類 **escalofrío**. ❷ 間欠熱, マラリア.

chueca [tʃuéka] 囡 ❶ 木の切り株. 類 **tocón**. ❷ 《関節部分で》骨の丸くなった部分. ❸ チュエカ《2組に分かれて棒で球を打って相手の陣地に入れ, また相手の打った球が自分の陣地に入らないようにするゲーム. 主に農村で行なわれる》; チュエカの球. ❹ からかい, ひやかし. ―Le jugaron [gastaron] una buena ～. 彼はさんざんからかわれた. 類 **burla, chasco**.

chueco, ca [tʃuéko, ka] 形 《中南米》脚が《内側に》曲がった, X脚の.

chueta [tʃuéta] 男女 《バレアレス諸島やレバンテ地方の》ユダヤ人《の子孫》.

chufa [tʃúfa] 囡 ❶ 《植物》カヤツリグサ. ❷ カヤツリグサの塊茎《食用または清涼飲料 horchata の材料に使う》. ❸ 冗談, からかい. 類 **broma**. ❹ 平手打ち, びんた. 類 **bofetada, tortazo**.
echar chufas 威張る, 突っ張る.

chufla, chufleta [tʃúfla, tʃufléta] 囡 冗談, からかい. 類 **broma, cuchufleta**.

chuflarse [tʃuflárse] 再 《+de を》からかう. 類 **burlarse**.

chufletear [tʃufleteár] 自 冗談を言う, からかい言葉を言う.

chulada [tʃuláða] 囡 ❶ 《下町風の》闊達(かった)な言動, 粋, 魅力. ―Su modo de hablar es una ～ que cautiva a todo el mundo. 彼の話しっぷりは誰でもみんなをとりこにする. ❷ 素晴しい物, 格好の良い[きれいな]物. ❸ 下品な振る舞い[言動]. ❹ 傲慢な[無礼な]言動. 類 **bravuconada, insolencia**.

chulapo, pa [tʃulápo, pa] 名 ❶ 生粋のマドリード生まれ, マドリードの下町っ子. ❷ 高慢な[生意気な]者.

chulapón, pona [tʃulapón, póna] 形 マドリードの下町生まれの, 生粋のマドリード育ちの.
—— 名 マドリードの下町っ子.

chulear [tʃuleár] 他 《+de》《特に自分の勇敢さを》自慢する, 鼻にかける. ―*Chulea de* su fuerza sólo ante los más débiles. 彼は自分より弱い者の前でだけ強さを鼻にかけて威張りちらしている. 類 **jactarse**.
—— 他 をからかう. ―*Chulea* a los chicos de primero gastándoles muchas bromas. 彼は冗談を連発して1年生をからかっている.
——**se** 再 《+de を》からかう. ―*Se chuleaba de* la chica que le gustaba para atraer su atención. 彼は好きな女の子の気を引くためにいつもその子をからかっていた. 類 **burlarse, chotearse**.

chulería [tʃulería] 囡 ❶ 《下町風の》闊達(かった)さ, 粋, 俗っぽい魅力. ❷ 高慢さ, 強がり. ❸《集合的に》下町っ子, あんちゃん, 与太者達.

chulesco, ca [tʃulésko, ka] 形 生粋のマドリー

ドの, マドリードの下町の.

:**chuleta** [tʃuléta] 囡 ❶ 《料理》《骨付き》あばら肉, チョップ, スペアリブ, リブロース. ―～ de cerdo ポークチョップ, ポークソテー. ～ de ternera 子牛のチョップ. ～ empanada あばら肉のカツレツ. punta de ～ 薄いあばら肉. 類 **costilla**. ❷《話》カンニング・ペーパー. ―El profesor me sorprendió [me pilló] con una ～. 私は先生にカンニングペーパーを見つかった. La cogieron copiando de una ～ y la suspendieron. 彼女はカンニングしているところを見つかり, 落とされた. ❸《話》平手打ち. パンチ. ―*dar un par de* ～s 往復びんたを食らわす. Su madre, al ver el cristal roto, le pegó una ～. 母親はガラスが割れているのを見て, 彼に平手打ちを食らわした. 類 **bofetada, sopapo**. ❹《大工》《補修用などの》埋め木; 《裁縫》継ぎ布. レースなどの小さな布片《長くしたもみあげ, 頬ひげ. 類 **patillas**. ❻《ペルー》《隠》女《=mujer》.
—— 形 男女 《話, 軽蔑》生意気な《人》, 尊大な《人》, 厚かましい《人》. ―No puedo aguantar a un tío tan ～. あんな生意気なやつには我慢できない. Iba muy ～ con su traje nuevo. 彼は新しい服を着て大変気取っていた. *ponerse* ～ con ...《人》に対し生意気な態度を取る. 類 **chulo, presumido**.

chulo, la [tʃúlo, la] 形 ❶ 威張っている, 高慢な, 横柄な; 生意気な, 無礼な; 強気な, 挑戦的な. 類 **bravucón, insolente**. ❷《話》きれいな, 素敵な, いかした. 類 **bonito, gracioso**. ❸《話》《服装と態度の点で》気取った, おしゃれな, 粋な. ―Vas muy ～; ¿sales con la novia? いかした格好して, 彼女とデートかい. 類 **majo, presumido**. ❹ マドリードの下町の, 生粋のマドリード生まれの.
—— 名 マドリードの下町っ子, 生粋のマドリード人.
—— 男 ❶《売春婦の》ひも; 悪党. ❷ 闘牛士の助手.

chuma [tʃúma] 囡 《中南米》酔い, 酔っ払うこと. 類 **borrachera**.

chumacera [tʃumaθéra] 囡 ❶《機械》軸受け, ジャーナル. ❷《海事》櫂受け. 類 **cojinete**. (a) 櫂栓《tolete》と共に櫂と船べりが直接接触しないようにする板. (b) 櫂栓のかわりに船べりにつけたくぼみ.

chumar [tʃumár] 他/自 《話》《酒を》飲む. 類 **beber**.
——**se** 再 《話》酔っ払う. 類 **emborracharse**.

chumbe [tʃúmbe] 男 《中南米》《特にインディオ女性が tipoy という衣装を着る時に使う》帯.

chumbera [tʃumbéra] 囡 《植物》ウチワサボテン, タンシクライ.

chumbo, ba [tʃúmbo, ba] 形 《次の表現で》 ―higo ～ ウチワサボテンの実《食用》. higuera *chumba* ウチワサボテンの木《実》《= chumbera》.
—— 男 ❶ ウチワサボテンの実. ❷《中南米》弾丸, 散弾.

chunga [tʃúŋga] 囡 《話》冗談, からかい. 類 **broma, burla**.
de [*en, por*] *chunga* 冗談で, からかって.
estar de chunga 冗談で喋る, からかって喋る.
tomar a [*en*] *chunga* を冗談と取る, 本気にしない.

chungarse [tʃuŋgárse] 再 →chunguearse.

Chungching [tʃúnʧiŋ] 固名 重慶《チョンチン》《Chongqing; 中国の都市》.

chunguearse [tʃuŋgeárse] 再 《+de を》から

かう(特にわざとほめながら). 類**burlarse**.
chungueo [tʃuŋgéo] 男 からかうこと.
chuño [tʃúɲo] 男 『中南米』 ❶ ジャガイモの澱粉. ❷ ジャガイモの澱粉で作った食べ物. ❸ 乾燥ジャガイモ(アンデス地方の保存食).
chupa [tʃúpa] 女 ❶ 昔の服の一種, 胴着. ❷ (フィリピンで使われた)体積の単位. 0.37リットル. *poner como chupa de dómine* (人)を侮辱する, 強く非難する, 叱責する.
chupada¹ [tʃupáða] 女 吸うこと, ひと吸い. — *dar una ~ al cigarrillo* 煙草を一服吸う.
chupado, da² [tʃupáðo, ða] 形 ❶ やせこけた, やせおとろえた. —*Está ~. ¿Habrá estado enfermo?* やつれてしまって, 彼は病気でもしたのだろうか. ❷ 《話》[estar+]簡単な, やさしい. ❸ 『中南米』酔った.
chupador, dora [tʃupaðór, ðóra] 形 吸う, 吸引する; (人や金などを)吸い取る, 巻き上げる; 《動物》(器官について)吸入の.
— 男 ❶ しゃぶり. ❷ (哺乳びんの)吸い口. ❸ 『中南米』酒飲み. ❹ 『中南米』煙草を吸う人.
chupadura [tʃupaðúra] 女 吸うこと, 吸い取ること, 吸入すること, 吸い込み, 吸収.
chupaflor [tʃupaflór] 男 『鳥類』(ベネズエラ産の)ハチドリの一種.
chupar [tʃupár] 他 ❶ (a) (液体)を吸う, 吸い込む. *El mosquito chupa la sangre humana.* 蚊は人の血を吸う. (b) (布や紙などが水分)を吸う, 吸収する, 吸い取る. —*Esta bayeta no chupa nada.* この雑巾はちっとも水を吸わない. 類**absorber**. (c) (タバコ)を吸う. —*Después del postre siempre chupaba un puro.* デザートの後には必ず葉巻を吸っていた. ❷ なめる, しゃぶる. — *~ un caramelo [un limón]* キャンディーをなめる[レモンにかぶりつく・汁を吸う]. 類**lamer**. ❸ [比喩的に](人から金・財産・健康などを徐々に吸い取る, 巻き上げる, だまし取る. ❹ 『中南米』(酒)を飲む, 浴びるように飲む.
— 自 ❶ 吸う. ❷ (赤ん坊が)乳を飲む.
—*se* 再 ❶ (人・体が)やせ細る. —*El enfermo se va chupando cada día.* 病人は日に日にやせ衰えている. *Se le fue chupando la cara.* 彼の頬がこけていった. ❷ 『中南米』を耐える, 忍ぶ.
chuparse el dedo (多くは否定文で)やすやすとだまされる.
chuparse los dedos (味や物事について)喜ぶ, 満足する. *Esta paella está como para chuparse los dedos.* このパエリャは本当にうまい.
¡Chúpate ésa [ésta]! (1) (他人に対する気のきいた, 的確な受け答えに対して)その通り, いいぞ. (2) (困った・不快な状況で)まいったね.
chupar cámara 《話》(写真に写る時に)自分だけ良く写るように前に出る, カメラを独り占めする.
chupatintas [tʃupatíntas] 男女 [単複同形] 【軽蔑的に】下っ端の事務員[書記].
chupe [tʃúpe] 男 ❶ おしゃぶり. 類**chupete**. ❷ 『中南米』煮込み料理の一種.
chupeta [tʃupéta] 女 ❶ おしゃぶり, 哺乳ビンの吸い口. 類**chupete**. ❷ 《造船》(主甲板の船尾側にある)小さな船室.
chupete [tʃupéte] 男 ❶ おしゃぶり. ❷ 哺乳ビンの吸い口. ❸ 『中南米』棒つきのキャンディー.
de chupete すばらしい, 上等な.
chupetear [tʃupeteár] 他 を(少しずつ繰り返して)吸う, しゃぶる.

churro¹ 403

— 自 (少しずつ繰り返して)吸う, しゃぶる.
chupeteo [tʃupetéo] 男 吸うこと, しゃぶること.
chupetón [tʃupetón] 男 強く吸うこと. 類**chupada**.
chupinazo [tʃupináθo] 男 ❶ (祭などの始めに行なう)花火の打ち上げ. ❷ (サッカーで)強いキック・蹴(ゖ)り.
chupo [tʃúpo] 男 『中南米』根太(ねだ), おでき.
chupón, pona [tʃupón, póna] 形 ❶ 吸う, 吸収する. ❷ (他人から)金を吸い取る, 寄生虫のような.
— 名 (他人から)金を吸い取る人, (他人をだまして)甘い汁を吸う人, 寄生虫のような人.
— 男 ❶ 棒状のキャンデー. ❷ おしゃぶり, 哺乳ビンの吸い口. ❸ 《植物》(養分を吸い取って発育の妨げになるような)芽. ❹ 鳥の羽根(まだ充分発達していないもの). ❺ (ポンプの)ピストン.
chupóptero [tʃupóptero] 男 《戯》働かずに給料だけはむ人, 寄生虫のような人. 類**chupón, parásito**.
Chuquisaca [tʃukisáka] 固名 チュキサカ(ボリビアの県).
churrasco [tʃuřásko] 男 (じか火で焼いた)焼き肉, バーベキュー肉.
churrasquear [tʃuřaskeár] 自 『中南米』(じか火焼きの)焼肉を作る[食べる], バーベキューをする.
churre [tʃúře] 男 ❶ (ドロドロした)汚い脂, ベトベトの脂肪汚れ. ❷ 羊毛脂.
churrera [tʃuřéra] 女 ❶ 女のチューロ(揚げ菓子)作り[売り], チューロ屋. ❷ チューロ作り機.
churrería [tʃuřería] 〔<churro〕 女 チューロ(揚げ菓子屋)(店).
churrero [tʃuřéro] 〔<churro〕 男 チューロ(揚げ菓子)作り[売り], チューロ屋.
—, **ra** 形 (ゲームや賭などで)運のいい, ついている. 類**potroso, suertudo**.
churrete [tʃuřéte] 男 (特に顔などにつく)汚れ(ものを食べた時に口の周りにつくものなど).
churretón [tʃuřetón] 男 (大きな)汚れ.
churretoso, sa [tʃuřetóso, sa] 形 (一面に)汚れのついた, 汚れた.
churriento, ta [tʃuřiénto, ta] 形 脂で汚れた, ベトベトした.
churrigueresco, ca [tʃuřiɣerésko, ka] 形 ❶ チュリゲーラ様式の. —*estilo ~* チュリゲーラ様式. ❷ 【比喩的に】飾り過ぎ[装飾過多]の, ごてごてした, 悪趣味な.
churriguerismo [tʃuřiɣerísmo] 男 ❶ チュリゲーラ様式. ◆スペインの建築家 José Churriguera (1665-1723) に因んだ名前. プラテレスコ様式やゴシック的な要素も入れられた装飾過多なバロック的建築様式. ❷ チュリゲーラ様式的であること, 装飾過多.
churro¹ [tʃúřo] 男 ❶ チューロ. 小麦粉を練って機械で細い棒状に絞り出して油で揚げたもの. しばしば輪のように曲げてある. 朝食や午後の軽食用に, コーヒーやココアに浸して食べる. —*El chocolate con ~s es un típico desayuno de invierno en Madrid.* ホットチョコレートとチューロは冬のマドリードの典型的な朝食だ. ❷ 《話》下手な仕事, 出来の悪い作品. —*ser [salir] un ~* 下手な出来である[になる]. 類**chapuza**. ❸ 《話》(ゲームや賭けなど

どでの)好運, まぐれ当たり. ―Si apruebo matemáticas, será un ~. 数学で合格点が取れるとしたらそれはまぐれだ. 類**chamba**.
mandar a freír churros 《話》(人)を怒り[軽蔑]を込めて拒絶する, 怒鳴りつける, 追い払う.

churro², rra [tʃúɾo, ra] 形 ❶ (羊毛がメリノよりも)粗い; (羊が)毛の粗い. ❷ (子牛や子牛の)1歳になった.

churroso, sa [tʃuróso, sa] 形 【中南米】下痢をした.

churruscar [tʃuruskár] [1.1] 他 (パンや火にかけた料理などを)焦がす. ―― se 再 焦げる.

churrusco [tʃurúsko] 男 (トーストしすぎて)焦げたパン.

churumbel [tʃurumbél] [<ジプシー] 男 子供, 赤ん坊.

churumbela [tʃurumbéla] 女 ❶《音楽》カラムスに似た小型の木管楽器. 類**chirimía**. ❷ マテ茶を飲むための管.

chuscada [tʃuskáða] 女 (上品さに欠ける)しゃれ, 機知, 冗談.

chusco, ca [tʃúsko, ka] 形 (人が)おもしろい, 機知のある, (上品さに欠けた)冗談を言う; (物事が)面白い, 奇想天外な, おかしい. 類**gracioso**.
―― 名 (上品さに欠けた冗談を言う人, 面白い人. ―― 男 堅い(乾いた)パン; (軍隊で支給される)パン.

chusma [tʃúsma] 女 ❶ [集合的に]《軽蔑》下層民, げすな連中, 粗野な連中. ―No trates con esa ~. 彼らとは付き合うな, 卑しい連中だから. 類**gentuza**. ❷ 群衆. 類**muchedumbre**. ❸ [集合的に]漕刑囚. ❹ 【中南米】[集合的に](インディオの間で)戦争に出られない人々(女性, 老人, 子供).

chusmaje [tʃusmáxe] 男 【中南米】→chusma①.

chuspa [tʃúspa] 女 【中南米】袋, (肩かけ)カバン. 類**bolsa, morral**.

chut [tʃú(t)] [<英 shoot] 男 (サッカーで)ボールを蹴(ʰ)ること, キック; シュート.

chutar [tʃutár] [<英 shoot] 自 (サッカーで)ボールを蹴(ʰ)る, キックする; シュートする.
―― se 再 《俗》(注射器で)麻薬をうつ.
va que chuta うまくいく.

chute [tʃúte] 男《俗》(一回分の)麻薬注射.

chuzo [tʃúθo] 男 ❶ (先端に鉄の穂先がついた)棍棒(ぁ); (夜警などが使う). ❷ 【中南米】(革を編んで作った)鞭.
caer [llover, nevar] chuzos (de punta) ひょう[雨, 雪]が激しく降る. (動詞は chuzos に合わせて3人称複数に活用する)
echar chuzos からばりする, すごむ.

chuzón, zona [tʃuθón, θóna] 形 ❶ 抜け目ない, 利口な, だまされない. 類**astuto**. ❷ 面白い, 冗談屋の. 類**chusco**.
―― 男 昔の歩兵が使った槍.

CIA.《略号》[<英 Central Intelligence Agency (Servicio Central de Información)] 米国中央情報局.

Cía.《略号》=compañía 会社.

cía¹ [θía] 女 《解剖》寛骨(腸骨・坐骨・恥骨を含む).

cía² [θía] 女 【アラゴン】(種や飼料を貯蔵する)サイロ, 室(ぁ).

ciaboga [θiaβóɣa] 女 《海事》(船, ボートの)旋回.

cianhídrico, ca [θianíðriko, ka] 形 《化学》シアン化水素の. ―ácido ~ 青酸.

cianosis [θianósis] 女 《医学》チアノーゼ(酸素欠乏のため皮膚が暗紫色になる状態).

cianotipo [θianotípo] 男 青写真, ブループリント.

cianuro [θianúro] 男 《化学》シアン[青]化物.

ciar [θiár] [1.5] 自 ❶ 後退する, 後ずさりする. 類**retroceder**. ❷ 逆航(ʰ)する. ❸《比喩》+en](仕事, 企てを)断念する, 止める. ―Ció en su empresa. 彼は自分の事業を断念した.

ciática¹ [θiátika] 女 《医学》座骨神経痛.

ciática² [θiátika] 女 【中南米】《植物》木生シダ(有毒).

ciático, ca³ [θiátiko, ka] 形 座骨の, 座骨神経の. ―nervio ~ 座骨神経.

cibercafé [θiβerkafé] 男 サイバーカフェ, インターネットカフェ.

ciberetiqueta [θiβeretikéta] 女 《通信》ネチケット.

cibernética [θiβernétika] 女 サイバネティックス, 人工頭脳学(生物と機械との通信と制御の比較理論).

ciberpunk [θiβerpún(k)] 男 サイバーパンク.

ciberspacio [θiβerspáθio] 男 サイバースペース.

ciberspanglish [θiβerspángliʃ] 男 サイバー・スパングリッシュ.

ciberurbanidad [θiβerurβaniðá(ð)] 女 = ciberetiqueta.

cibofobia [θiβofóβia] 女 《医学》拒食症.

ciborio [θiβórjo] 男 ❶ (教会の)祭壇の飾り天蓋. 類**baldaquino**. ❷ 《考古》(ギリシャ・ローマ時代の)台付杯.

cicatear [θikateár] 自《話》けちる, けちけちする, 倹約する, 切りつめる. 類**escatimar, regatear, tacañear**.

cicatería [θikatería] 女 ❶ さもしさ, 卑しさ; けち, 貪欲. 類**mezquindad, ruindad, tacañería**. ❷ さもしい卑しい行為.

cicatero, ra [θikatéro, ra] 形 ❶ さもしい, 卑しい; けちな, しみったれな. 類**mezquino, miserable, ruin, tacaño**. ❷ 小うるさい.
―― 名 ❶ さもしい人, 卑しい人; けち. ❷ 小うるさい人. ―― 男《隠》すり, かっぱらい.

•**cicatriz** [θikatríθ] 女 [複 cicatrices] ❶ 傷跡; 《医学》瘢痕(ʰ). ―tener una ~ en la frente 額に傷跡がある. 類**costurón, señal**. ❷《比喩》(心痛・苦労などの)跡, 心の傷. ―*cicatrices de la guerra* 戦争の傷跡. El suicidio de su hijo le dejó una ~ profunda en el alma. 彼の息子の自殺は彼の心に深い傷跡を残した. 類**huella, impresión**. ❸ 《植物》(葉・果実などが落ちて茎に残した)痕, 葉痕.

cicatrización [θikatriθaθjón] 女 (傷の)治療.

•**cicatrizar** [θikatriθár] [1.3] 自 (傷が)ふさがる, 治る, いえる. ―Aún no *ha cicatrizado* la herida. 傷はまだ治っていない.
―― 他 (傷を)ふさぐ, 治す. ―El tiempo *cicatrizó* la herida producida por aquel fracaso amoroso. 時間の経過によりあの失恋によってできた傷はいやされた.
―― se 再 (傷が)ふさがる, 治る, いえる. ―La herida no tardará una semana en ~se. 傷はなおるのに1週間とかからないだろう.

cícero [θíθero] 男 《印刷》 ❶ パイカ活字. 類 lectura. ❷ 12ポイントからなる行やページを揃える際の単位.

Cicerón [θiθerón] 固名 キケロ(マルクス・トゥリウス Marco Tulio ～)(前106-43, ローマの政治家・雄弁家・著作家).

cicerone [θiθeróne] 〔<伊〕男女 観光ガイド. 類 guía.

ciceroniano, na [θiθeroniáno, na] 形 キケロのように雄弁な, キケロのように荘重典雅な.

cicilio [θiθíljo] 男 ❶ (昔の苦行・修行用の)粗布の衣服. ❷ とげのついた帯[ベルト, 鉄鎖]. ❸ 《軍事》(武器を覆う)粗毛布. 類 **centón**.

cicindela [θiθindéla] 女 《虫類》ハンミョウ.

ciclamen, ciclamino [θiklámen, θiklamíno] 男 《植物》シクラメン. 類 **pamporcino**.

ciclamor [θiklamór] 男 《植物》セイヨウハナズオウ.

cíclico, ca [θíkliko, ka] 形 ❶ 周期的な, 循環の. ❷ 一国の英雄, 史実を扱った)史詩の, 叙事詩の. ❸ 《化学》環式の.

ciclismo [θiklísmo] 男 《スポーツ》サイクリング; 自転車競技.

ciclista [θiklísta] 形 自転車の, サイクリングの. —carrera ～ 自転車レース. vuelta ～ a España スペイン一周自転車レース.
——男女 自転車に乗る人, 自転車競技の選手.

:ciclo [θíklo] 男 ❶ 周期, サイクル, 循環(期). —～ de las estaciones del año 季節の循環[移り変わり]. ～ menstrual de la mujer 女性の月経周期. ～ solar [lunar] 《天文》太陽[太陰]周期. El ～ anual tiene 365 días. 1年の周期は365日である. ～ económico 景気循環. ～ hidrológico [del agua] 水の循環. ～ nitrógeno 《生物》窒素循環. ～ vital ライフサイクル. ～ de combustible nuclear 核燃料サイクル. ～ pascual 御復活の聖節. ❷ 《画期的》一時代, 一時期. —La Restauración de Meiji cierra un ～ histórico. 明治維新で歴史的な一時代の幕が引かれた. 類 **época, fase**. ❸ 《文学》(特に叙事詩の)一群の史詩[伝説], 作品群. —troyano トロイ伝説. ～ artúrico [del rey Arturo] アーサー王物語群. ❹ (同じテーマの)連続講演; 《映画》連続上映. —El príncipe heredero presidió la clausura de un ～ de conferencias sobre música moderna. 皇太子殿下が近代音楽に関する連続講演の閉会の辞を述べられた. echar un ～ de cine de terror ホラー映画を連続上映する. ❺ 《教育》課程, コース. —tercer ～ 博士課程. cursar el segundo ～ de la Enseñanza Secundaria Obligatoria (ESO) 後期義務教育(ESO)の第2期を履修する. ❻ 《電気・機械》サイクル, 周波.

ciclocrós [θiklokrós] 男 《スポーツ》シクロクロス (自転車に乗って行なうクロスカントリーレース).

cicloide [θiklóiðe] 女 《幾何》サイクロイド, 擺線(はいせん).

ciclomotor [θiklomotór] 男 原動機付き自転車, モーターバイク. 類 **velomotor**.

ciclón [θiklón] 男 ❶ 《気象》サイクロン, 台風, 暴風雨. ♦インド洋方面で発生する熱帯性低気圧. メキシコ湾方面で発生するものは huracán, 東シナ海方面のものは tifón と呼ばれる. 類 **huracán, tifón**. ❷ 《比喩》意気込みの激しい人.

cíclope, ciclope [θíklope, θiklópe] 男 《ギリシャ神話》サイクロプス(天(Cielo)と地(Tierra)の子で片目の巨人).

ciclópeo, a [θiklópeo, a] 形 ❶ 《ギリシャ神話》サイクロプスの. ❷ 《比喩》巨大な, 巨人のような. —La ciudad estaba rodeada por *ciclópeas* murallas. その町は巨大な城壁に囲まれていた. 類 **gigantesco**. ❸ (古代建築が)漆喰(しっくい)なしの巨石で作られた.

ciclópico, ca [θiklópiko, ka] 形 →ciclópeo.

ciclorama [θikloráma] 男 ❶ パノラマ, 円形パノラマ. 類 **panorama**. ❷ 《演劇》空バック, ホリゾント.

ciclostil, ciclostilo [θiklostíl, θiklostílo] 男 謄写版, 謄写印刷機.

ciclotrón [θiklotrón] 男 《物理》サイクロトロン (原子核破壊に用いられる加速器の一種).

cicloturismo [θikloturísmo] 男 自転車での旅.

cicuta [θikúta] 女 《植物》ドクニンジン, ヘムロック. —— menor 《植物》ドクゼリ.

Cid [θið(θ)] 固名 (EL ～) エル・シード(1043頃-99, 中世スペインの英雄的騎士. 叙事詩『わがシードの歌』《Cantar de Mío Cid》の主人公).

cidra [θíðra] 女 《植物》クエン[シトロン]の実, マルブッシュカンの実.

cidra cayote [θíðra kajóte] 女 〔まれに男〕 《植物》ペボカボチャの野生種(原種).

cidrada [θiðráða] 女 クエン[シトロン]の実の砂糖煮[缶詰, 瓶詰め].

cidro [θíðro] 男 《植物》クエン[シトロン]の木.

cidronela [θiðronéla] 女 《植物》セイヨウヤマハッカ. 類 **toronjil**.

cieg- [θiéɣ-] cegar の直・現在, 接・現在, 命令・2単.

⋆ciego, ga [θiéɣo, ɣa] シエゴ, ガ] 形 ❶ 盲目の, 目の見えない〚ser+〛. —quedarse ～ 盲目になる. punto ～ del ojo 盲点. Es ～ de nacimiento. 彼は生まれつき盲目だ. Si no se opera, las cataratas le dejarán *ciega*. 手術をしなければ彼女は白内障で目が見えなくなるだろう. ❷ (a)〚+con/para〛(…に対して)盲目になっている, (物事が)わからない, 気がつかない〚estar/ser+〛. —con una fe *ciega* 盲信して. ¿*Está* usted ～? よく目を開けて見てください. *Es* [*Está*] *ciega para* los defectos de su novio. 彼女は恋人の欠点が見えないでいる. (b) 〚+de〛(感情で)目のくらんだ, 分別を失った; 〚+con/por〛…に夢中になった〚estar/ser+〛. —*Está* ～ *de ira* [*amor*]. 彼は怒り[恋]で分別を失っている. El niño *está* ～ *con* el juego. その子は遊びに夢中になっている. *Está* ～ *con* sus celos. 彼は嫉妬で目が見えなくしている. El amor *es* ～. 恋は盲目だ. obediencia *ciega* 盲従. 類 **loco, ofuscado**. ❸ (管などが)ふさがった, 詰まった, 出口のない〚estar+〛. —conducto ～ 先がふさがれる[詰っている]管. pared *ciega* 窓のない壁. ❹ 《俗》(酒・麻薬などで)感覚が麻痺した.

a ciegas 盲目的に, やみくもに, 無分別に. volar *a ciegas* 計器飛行する. Anduvimos *a ciegas* por la oscuridad. 私達は暗闇の中を手探りで歩いた. Ahora se arrepiente de aquella decisión tomada *a ciegas*. 今彼はあの行き当たりばったりに行った決心を後悔している.

cielito

ponerse ciego 《話》(飲食物などで)腹がいっぱいになる.
―― 图 盲人, 目の不自由な人. ―*escuela de* ~*s* 盲学校. *Un* ~ *lo ve.* それはだれにでもわかることだ. *En tierra [país] de los ciegos, el tuerto es rey.*【諺】鳥なき里のコウモリ(←盲人の国では片目の人が王様).
―― 男《医学》盲腸(→INTESTINO ciego).

cielito [θjelíto] 男 ❶ 愛情を込めた呼びかけに使用される語. ―*C*~, *¿dónde estás?* ダーリン, どこにいるの. ❷《中南米》ガウチョたちのダンス, その曲.

cielo [θjélo シエロ] 男 ❶ 空, 天(→tierra「地」). ―*El* ~ *está despejado.* 空は晴れている. ~ *azul* 青空. ~ *claro [sereno]* 晴れ渡った空. ~ *aborregado* 羊[鱗(うろこ)]雲に覆われた空. ~ *diáfano [limpio, límpido]* 澄み切った空. ~ *cargado* どんより曇った空. ~ *estrellado* 星空. ~ *nublado [encapotado]* 曇り空. *capa del* ~ 《天文》天空, 空. *despejarse [desencapotarse, entoldarse] el* ~ 空が晴れ渡る. *cerrarse [encapotarse, entoldarse] el* ~ 空が曇る. *desgajarse [descargar] el* ~ バケツをひっくり返したような雨が降る. 類atmósfera, bóveda celeste, firmamento.** 反**tierra.**

❷《主に腹》天国, 天. ―*dar [imponer] el castigo [escarmiento] del* ~ 天罰を加える. *regalo del* ~ 天の賜物. *el reino de los* ~*s* 天国, 神の国 (=la mansión de los bienaventurados). *subir al* ~ 昇天する, 天国へ行く. *Si eres bueno irás al C*~. 君が善い人なら天国へ行く. *Padre nuestro que estás en los* ~*s* ...(祈りの言葉)天に在す我らの父よ. 類**edén, gloria, paraíso.** 反**infierno.**

❸ 神; 摂理, 神慮. ―*El* ~ *lo ha querido.* それは神の思し召しだ. *Quiera el* ~ *que te cures.* どうか君が治りますように! *¡Gracias al* ~ *que el accidente no ha sido grave!* 神のお陰で, その事故は大したことにならなかった. *rogar al C*~ 神に祈る. 類**Dios, providencia.** ❹ 至福, 幸福. ―*Está gozando del* ~. 彼は至福を味わっている. 類**bienaventuranza.** ❺《建築》天井, 天蓋(がい);《解剖》口蓋. ―~ *de la cama* ベッドの天蓋. 類**cubierta, techo.** ❻《比喩》(通例, ser un ~)(a) 魅力的な[可愛い]人[動物, 物], 素晴らしい物. ―*María es un* ~. マリアは可愛い人だ. *Tu perrito es un* ~. 君の子犬は可愛い. (b) 親切な人, 優しい人. ―*Gracias por ayudarme, eres un* ~. 私を助けてくれてありがとう. 君は親切な人だ. ❼(親愛の呼び掛け)ねえ, おい. ―*¡Mi* ~/*¡C*~ *mío!* ねえ君[あなた]! *¿Qué pasa,* ~ *mío?* ねえ, どうしたの? 類**cariño, delicia, encanto.** ❽ 感(驚き・感心・奇異・不快なども表す)あれ, へえ, まあ, しまった. ―*¡Oh,* ~*s! ¡Qué horror!* これはなんてことだ! *¡C*~*s! ¡Está nevando!* あれ, 雪が降っている! ❾ 気候, 風土. ―*el* ~ *benigno de España* スペインの温暖な気候. *bajo el* ~ *de los trópicos* 熱帯の地[空の下]で. 類**atmósfera, clima.**

a cielo abierto [descubierto, raso] 野外で, 屋外で; 青天井で. *Por miedo al terremoto, la gente dormía a cielo descubierto.* 地震が怖くて, 人々は野宿をました. *minas a cielo abierto* 露天掘りの鉱山.

agarrar [coger, tomar] el cielo con las manos →*tocar el cielo con las manos.*

Al que al cielo escupe a la cara le cae./El que al cielo escupe, en la cara le cae./Si escupes al cielo, en la cara te caerá.【諺】天に向かって唾(つば)する.

Ayúdate y ayudarte he [y el cielo te ayudará, y Dios te ayudará].【諺】天は自ら助くる者を助く.

caído [bajado, llovido, venido] del cielo 【前によく como [que ni] を伴う】《話》(1) 願ってもない時に, 丁度いい時[所]に, 一番必要な時[所]に. *Su ayuda fue como un regalo llovido del cielo.* 彼の助力は天から降ってきたプレゼントのようなものだった. *Esta paga extraordinaria me viene que ni caída del cielo.* このボーナスは願ってもない時に転がり込んできた. (2) 棚からぼたもち式に, 何の苦労もなしに. (3) 突然に, 唐突に.

Cielo aborregado [empedrado], suelo mojado.【諺】鯖雲(さばぐも)は雨の前兆.

cielo (de color) de panza de burro [de burra] 曇り空, どんよりした空.

cielo de la boca [del paladar] 《解剖》口蓋.

cielo raso (1)《建築》(梁を覆う平らな)張り天井, 平天井. (2) 雲一つない空.

cielo sin nubes (1) 雲のない空. (2) 悩み[悲しみ, 心配]の種のない状態.

clamar al cielo (腹立たしいほど)不当である. 言語道断である, 天罰に値する. *Esta injusticia clama al cielo.* この不正はひど過ぎる.

Con paciencia se gana el cielo.【諺】待てば海路の日和あり[点滴石を穿(うが)つ].

¡El cielo me valga!/¡Válgame el cielo! (感心・驚き・怒りを表す)ああなんてこった!, おやまあ!

estar [sentirse, vivir] en el (séptimo) cielo 天にも昇る心地である, うれしい, 満足している. *Para él, oír música es estar en el séptimo cielo.* 彼にとって音楽を聴くことがこの上なくうれしいことなのだ.

Esto va al cielo. これは絶対的である[動かしがたい事実である].

Ganar el cielo con rosario ajeno.【諺】他人の褌(ふんどし)で相撲を取る(←他人の念仏で浄土へ行く).

ganar(se) el cielo (1) (善行により)天国へ行ける. (2) 我慢[辛抱]強い. *Mi madre se gana el cielo aguantando a los niños todas las tardes.* 母は毎日午後は辛抱強く子供に付き合っている.

gozar del cielo (1) 幸運を味わう, 幸福を享受する. (2) 天国へ行く.

írsele a ... el santo al cielo《話》何を言おうと[しようと]していたのか忘れてしまう. 度忘れする.

juntársele a ... el cielo con la tierra《話》苦境に陥る, 危険に挟まれている.

levantar [alzar] los ojos al cielo (1) 空を見上げる. (2) (祈りのために)天を仰ぐ.

Más vale agua del cielo, que todo el cielo.【諺】天水は用水のすべてに勝る.

poner a ... por los cielos (人)を褒めちぎる, 持ち上げる.

poner el grito en el cielo 怒り[抗議]の声を上げる.

Pongo al cielo por testigo. 神に誓って本当である.

remover [mover, volver] cielo y tierra《話》(何かを得るために)あらゆる手段を講じる, 八方を

尽くす.
¡Santo cielo! なんてこった, 大変だ.
*tapar*LE *a ... el cielo con un harnero* 〔南米〕(人)を瞞着(まん)する, (人)の目をごまかす.
tocar el cielo con las manos (1)〔話〕怒り心頭に発する, 激怒する. (2)〔南米〕手が届かない, 不可能である. Conseguir ese trabajo es *tocar el cielo con las manos*. その仕事を得ることは不可能だ.
tocino de cielo 《菓子》フラン; カスタードプリン.
venirse el cielo abajo (1) 突然大嵐が吹き荒れる. (2)〔比喩〕大騒ぎになる, 大きな災難が起こる. *El cielo se vino abajo con tantos gritos y chillidos*. 悲鳴や叫び声があがり大騒ぎになった.
*venírse*LE *el cielo abajo a ...* (人)にとって万策が尽きる, 八方ふさがりになる, 希望が失くなる. *Si me abandonas, se me va a venir el cielo abajo*. 君に見棄てられたら私はおしまいだ.
ver el cielo abierto/*ver los cielos abiertos* (困難な状況下で)一条の光を見出す, 希望の光を見る; (助かって)幸せで天にも昇る気持ちである. *Cuando supe que me habían concedido la beca, vi el cielo abierto*. 私は奨学金が私に下りたと知った時は天にも昇る気持ちであった.
Voz del pueblo, voz del cielo [de Dios].〔諺〕民の声は天の声.

ciempiés [θiempiés] 男 ❶ 〔動物〕ムカデ. 類 **escolopendra**. ❷ 〔比喩, 話〕支離滅裂なこと[考え], チンプンカンプンなこと. 類 **galimatías**.

*cien¹ [θien] 男 〔俗〕〔ラ・プラタ〕トイレ, 手洗い(ホテルの100号室がトイレに使われていたことから).

*cien² [θien] 形 《名詞と mil (千) の前での ciento (百)の語尾消失形. 口語では男性単数名詞としても cien がよく使われる→数詞》❶ 〖数詞〗100 の, 100 人[個]の. — ~ personas 100 人. ~ mil 10 万. ~ millones de habitantes 人口1億人. un billete [una moneda] de ~ (euros) 100 ユーロ札1枚. ❷ (序数詞に代わって)100番目の. —el número ~ 100番 (=el número ciento).
a cien とても興奮して, 我を忘れて. No le hables ahora, porque le han echado una bronca y está *a cien*. 今は彼に話しかけるな, 叱られてとても興奮しているから.
andar(*se*) [*estar, ir*] *con cien ojos* 用心する, 警戒する.
cien por cien 絶対に, 終始, 百パーセント. Soy español, pero me siento *cien por cien* japonés. 私はスペイン人ですが, 自分では百パーセント日本人だと感じています.
cien (mil) veces/*una vez y cien veces* 〔誇張表現〕何度も何度も, 繰り返し繰り返し, 頻繁に.
dar cien patadas a ... (人)の気に入らない, うんざりだ.
dar cien vueltas (1) 〖+a〗(知能・知識の点で)人よりはるかに優れている. (2) 〖+por〗を何度も探し回る. (3) (物事を)何度も考える, 熟考する.
No hay bien ni mal que dure cien años.〔諺〕禍福(か)百年は続かず.
—— 男 100, 100人[個, 点]. —Éramos más de ~. 我々は総勢100人以上だった. C~ [Ciento] multiplicado por mil son cien mil. 100掛ける1000は10万. contar hasta ~ 100まで数える. sacar un ~ 100点を取る. El coche hacía ~ por hora. 車は時速100キロを出していた.
poner a ... a cien (人)を怒らせる, 刺激する.

ciénaga [θiénaɣa] 女 泥地, 泥沼地. 類 **cenagal, pantano**.

*ciencia [θiénθia シエンシア] 女 ❶ 科学, 学問. — ~s básicas [aplicadas] 基礎[応用]科学. No hay ~ sin trabajo. 学問に王道なし.
❷ 〔主に 複〕(個別の)学問, 科学. — ~s naturales [sociales, humanas] 自然[社会, 人文]科学. ~s biológicas 生物学. ~s económicas 経済学. ~s empresariales 経営学. ~s experimentales 実験科学. ~s físicas 物理学. ~s geológicas 地質学. ~s políticas 政治学. ~s químicas 化学. ~s de la Educación 教育学. ~s de la información 情報科学. ~s de la vida 生命科学. ~s del espíritu 精神科学. ~s del Mar 海洋学. 類 **asignatura, disciplina, teoría**.
❸ 〔複〕理系(の科目・学問), 理学, 自然科学(→「文系(の科目・学問)」: letras). —facultad de ~s 理学部. Se le dan muy bien las ~s. 彼は理系の科目が大変得意だ.
❹ 知識, 学識. —un pozo de ~ 博識な人 (= un pozo de sabiduría). Es un hombre de mucha ~ y te responderá acertadamente. 彼はとても博学な人で, 君には的確に答えてくれるでしょう. 類 **conocimiento, erudición, saber**. 反 **ignorancia**.
❺ 技術, 方法. — ~ del comerciante セールス術. — ~ del editor 編集のノウハウ. 類 **aptitud, destreza, habilidad, maestría**.
a [de] ciencia cierta 確実に. creer *a ciencia cierta* を確信している, 堅く信じる.
a ciencia y paciencia de ... (人)に見逃してもらって, (人)の暗黙の承認を得て.
ciencia ficción 空想科学小説[映画], サイエンス・フィクション(〖略〗S. F.).
ciencia infusa (1) 《神学》アダムが神から授かった知識. tener *ciencia infusa* ですべてを知っている 〔時に皮肉に〕. (2) 〔話〕直観, 勘. Tienes que estudiar y no confiar en la *ciencia infusa*. 君は直観に頼らないで勉強しなければならない.
ciencias ocultas 神秘学, 隠秘学(錬金術・占星術など) (=ocultismo).
gaya ciencia (中世南仏の吟遊詩人風の)詩, 詩文; 詩学, 作詩法.
tener poca ciencia/*no tener (ninguna) ciencia* 《話》簡単[容易]である.
tener mucha ciencia (物事の実行が)困難である, 難しい.

Cienfuegos [θieɱfuéɣos] 固名 シエンフエゴス(キューバの都市).

cienmilésimo, ma [θiemmilésimo, ma] 形 10万分の1の.
—— 男 10万分の1.

cienmillonésimo, ma [θiemmiʝonésimo, ma] 1億分の1の.
—— 男 1億分の1.

*cieno [θiéno] 男 ❶ (特に川底, 沼, 水槽にたまる)泥, 柔らかい泥土. 類 **barro, fango, légamo, lodo**. ❷ 〔比喩〕不名誉, 不面目. —Se cubrió de ~ por ellos. 彼は彼らのために泥をかぶった. caer en el ~ 不評を受う. 類 **descrédito, des-**

408 cientificismo

honra.

cientificismo [θientifiθísmo] 男 科学万能主義.

:**científico, ca** [θientífiko, ka] 形 ❶ **科学の**, (特に)自然科学の; 科学的な. —método ~ 科学的方法. formación científica 理科教育. ❷ 学術的な, 学問の. —libertad científica 学問の自由. — 名 科学者, (特に)自然科学者; 学者. 類 docto, sabio.

cientifismo [θientifísmo] 男 →cientificismo.

ciento [θiénto シエント] 形(数)[ciento＋1～99 で, 後に直接名詞 と mil (千)が来た時のみ cien となる. 口語では男性単数名詞としても cien がよく使われる] ❶ **100 の. —En la clase caben sólo ~ cincuenta personas. その教室には150 人しか入らない. ~ uno 101. ~ noventa y nueve 199. ❷ [序数詞的に]100 番目の(＝centésimo). —el número ~ 100 番(＝el número cien). El poema que buscas está en la página ~. 君の探している詩は100 ページに出ている.

— 男 ❶ **100, 100 人[個]**(＝centena); 100 の**数字[記号]**(ローマ数字:C). —un ~ de personas 100 人(＝cien personas). Las pérdidas ascienden a varios ~s de miles de euros. 損失は数十万ユーロにのぼる. Hay ~s de menesterosos en la ciudad. 町には貧窮者が何百人もいる. ❷ 100 番目; 100 番地[号室]. ❸ 覆 〔遊戯〕(トランプの)ピケット(2 人用ゲームで先に100 点獲得した方が勝ち).

a ciento たくさん(の), 大量に[の].

ciento por ciento 100 パーセント, 完全に(＝cien por ciento, cien por cien).

cientos de ... 数百の. unos cientos de miles de años 数十万年.

cientos de veces 《誇張》何度も何度も, 頻繁に(→cien (mil) veces).

dar ciento y raya a ... en ... …の点で(人)よりはるかに優れている. Da ciento y raya a todos sus compañeros en inteligencia. 彼は頭のよさでは仲間の中で誰よりも上だ.

dar una en el clavo y ciento en la herradura 十中八九は失敗する.

devolver ciento por uno 100 倍にして返す.

el ciento y la madre 〖話〗あまりにも大勢の人, 多すぎる人々. Eran *el ciento y la madre* en la manifestación. デモには数えきれない位大勢の人が参加していた.

Un loco [Cada loco, Una loca] hace ciento. 〖諺〗一人の狂人は百人の狂人をつくる(悪例の及ぼす影響の大きさを表す).

el [un] [＋数字＋] por ciento …パーセント(%)(＝por cien)(「百分率」は porcentaje). comisión *del tres por ciento/el tres por ciento* de comisión 3%の手数料. En la tienda me han hecho una rebaja *del diez por ciento*. その店は10%割引してくれた. Los impuestos se llevan *un tanto por ciento* bastante elevado de mis ganancias. 私の収入の中からかなり高率の何%かは税金で持って行かれる.

Más vale pájaro en mano que ciento volando. 〖諺〗明日の百より今日の五十.

ciern- [θiérn-] 動 cernir, cerner の直・現在, 接・現在, 命令・2 単.

cierne [θiérne] 男 〔植物の〕開花, 受粉.
en cierne(s) (1) (特にブドウ, オリーブ, 小麦などの)開花した. 類 en flor. (2) 〘比喩〙「職業名詞と共に」新米の, 駆け出しの. un abogado *en ciernes* 新米の弁護士. (3) 〘比喩〙初期の, 始めの. una revolución *en ciernes* 革命初期.

cierr- [θiér-] 動 cerrar の直・現在, 接・現在, 命令・2 単.

:**cierre** [θiére] 男 ❶ **閉める[閉まる]こと, 閉鎖, 終了**. —paraguas de ~ automático 自動折り畳み傘. la hora de ~ de televisión テレビの放映終了時間. el ~ de una herida 傷口ふさぎ. ~ temporal de la universidad 大学の一時閉鎖. ~ de glotis 声門閉鎖. 類 cerramiento, clausura, obstrucción. 反 abertura, apertura. ❷ (*a*) 閉店, 終業, 休業. —El ~ de las tiendas es a las ocho y media. 閉店は8 時半です. hora de ~ 閉店[閉館]時間; 終了時刻. (*b*) 大引け, 立会いの終了(＝~ de la sesión). ❸ 閉鎖, 廃業, 廃止; (新聞・雑誌などの)廃刊. —liquidación total por ~ 見切り売り, 蔵払い. ~ de (la edición) de un periódico 新聞の廃刊. ❹ 留め金, 閉じる装置, 閉める器具. 〖服飾〙ファスナー, チャック(＝~ (de) cremallera). —¿Me abrochas el ~ del vestido? 服のファスナーを閉[締]めてくれる? frasco con ~ hermético 密閉装置のついた小瓶. ~ de puerta ドアチェック. ~ relámpago 〖中南米〙〖服飾〙ファスナー. 類 cerradura. ❺ (新聞・雑誌の)締切り(時間). ❻ 〖商業〙(相場の)大引け; 決済, 締め. —precios de ~ 引け値, 終り値. Hoy la cotización al ~ del dólar ha estado a cien yenes. 今日のドルの終り値は100 円だった. ~ de cuenta 勘定の締め. Las acciones petrolíferas se recuperaron en el momento del ~. 石油株が大引けで持ち直した. ❼ 囲い, 仕切り, 柵. 類 cerca, pared, vallado. ❽ —defensa de ~ 〘スポーツ〙〖話〗フルバック. ❾ (新聞などの)締め切り. ❿ 〖自動車〙チョーク.

cierre de ejercicio 会計年度の終わり[締め]. ajuste por *cierre de ejercicio* 年末調整.

cierre de seguridad 安全錠.

cierre metálico (店の)シャッター, ブラインド, 鎧戸(よろいど); 鉄柵, 鉄格子.

cierre patronal ロックアウト, 工場閉鎖.

echar el cierre (1) 〖話〗(店などを)閉める. Ayer echó el cierre a su tienda a las seis. 昨日彼は店を6 時に閉めた. (2) 口をつぐむ, 沈黙する.

cierro [θiéro] 男 ❶ 閉めること, 閉鎖; 〘情報〙シャットダウン. —~ de cristales 〖アンダルシア〙張り出し窓. ~ de factoría 工場閉鎖. ❷ 〖中南米〙囲い, 柵. 垣, 塀. ❸ 〖中南米〙(手紙の)封筒. 類 sobre.

:**ciertamente** [θiertaménte] 副 ❶ 確かに, きっと. —C~ todo te irá bien. きっと君は万事うまく行くよ. C~ no lo sé. 本当に知らないんだ. ❷ (肯定の答として)もちろん, そうだとも, その通り. —¿Vienes con nosotros? C~. 私達といっしょに行くかい. もちろんだよ. No lo digo como censura, ~. 非難のつもりでそれを言うんじゃないよ, もちろん.

**cierto, ta [θiérto, ta シエルト, タ] 形 ❶ 〖名詞の後, または叙述用語として〗(*a*) 確かな, 確実な; 本当の. —Su salud experimentó una mejoría cierta. 彼の健

康状態は確実な回復が見られた. La noticia ha resultado *cierta*. その知らせは確かなものとなった. Es ~. それは確かだ, 全くだ. Eso no es ~. それは違う. 類 **indubitable, seguro, verdadero**. (**b**) [ser ~ que+直説法]…は確かである; [no ser ~ que+接続法]…は確かではない. —Es ~ que no lo sabía. 彼がそれを知らなかったことは確かだ. *C*~ que yo no estaba, pero me lo han contado. 確かに私はいなかったのだが, 人から聞いた. No es ~ que besara a Carmen. 彼がカルメンにキスしたというのは確かではない. (**c**) [副詞的に] 確かに; もちろん, そうだとも. —¿Tú habías salido?- *C*~, pero volví enseguida. 君は出かけていたのか. -そうだ, でもすぐに戻ったよ. ❷ (**a**) [+de] を確信して. —Está *cierta de* lo que dice. 彼女は彼の言うことを信じている. (**b**) [estar ~ de que+直説法] を確信している. —*Estoy ~ de que* él no estaba allí. 私は彼があそこにいなかったことを確信している. ❸ [無冠詞の名詞の前で] (**a**) ある, ある種の. — *día* ある日. en ~s *casos* ある場合には. *Cierta* persona muy bien situada me preguntó si yo lo aceptaría. ある非常に良い地位にある人が私にそれを引受けるかどうかたずねた. (**b**) いくらかの, 多少の; ある程度の. —La cosa tiene *cierta* importancia. その件はある程度の重要性がある. Se ha formado *cierta* fortuna. 彼は多少の財産を作り上げた. ❹ [un ~+単数名詞で] *cierto*. —*un ~ tiempo* 一定の時間. ❺ [人名の前で] …とかいう人. — ~ *Carlos* カルロスとかいう人.

de cierta edad 年配の. —*Es una señora de cierta edad*. 彼女は年配のご婦人である.

de [al] cierto 確かに, 確実に. *Sé de cierto que piensa marcharse*. 私には彼が出て行くつもりだとわかっている.

dejar lo cierto por lo dudoso 不確実なものを求めて確実なものを捨ててしまう.

estar cierto de [+不定詞]…することは確かである, 必ず…する. *Estoy cierto de aprobar*. 私が合格するのは確かだ.

estar en lo cierto もっともだ, 正しい; 確かである.

lo cierto es que [+直説法] 確かに…である, 事実は…である. *Lo cierto es que todo lo que tengo se lo debo a él*. 確かに私の持っているものはすべて彼のおかげだ.

por cierto (1) (何かを思い出して)確か, そう言えば. *Por cierto que la vi ayer en la calle*. そう言えば昨日私は街で彼女に会ったよ. (2) ところで. *Por cierto, ¿has visto el programa?* ところで, あの番組を見たかい.

si bien es cierto que [+直説法] 確かに…ではあるが.

sí [no] por cierto (皮肉・怒りなどをこめて) まあ確かにそうだ[違う]けれども.

tener por cierto que [+直説法] を確かなことと考える. *Ten por cierto que vendré*. 私が来ると思っていていいよ.

***cierva** [θjérβa] 囡 《動物》雌ジカ(鹿).

***ciervo** [θjérβo] 男 《動物》(一般に)シカ(鹿); 雄ジカ. — ~ **común** アカシカ. ~ **volante** 《虫類》クワガタムシ. **lengua de ~** 《植物》マメ科のシダ(羊歯). 類 **venado**.

Ciervo en aprieto es enemigo peligroso. 〖諺〗窮鼠(きゅうそ)猫を噛(か)む.

cierzo [θjérθo] 男 強く冷たい北風.

CIF [θif] [<*Código de Identificación Fiscal*] ❶ 〖スペイン〗納税者番号. ≒ C.S.F.

cifosis [θifósis] 囡 《医学》脊椎(せきつい)後湾症.

‡**cifra** [θífra] 囡 ❶ (1～9 までの)数字; 桁(けた). — ~ **romana** [**árabe**] ローマ[アラビア]数字. *número de cuatro ~s* 4 桁の数. 類 **guarismo**. ❷ 数, 量, 額. — ~ **de muertos** [**de víctimas**] 死者[犠牲]数. ~ **global** 総額. *una elevada* [*baja*] ~ *de mortalidad* 高い[低い]死亡率. *una elevada* [*baja*] ~ *de parados* 多数[少数]の失業者. ~*s astronómicas* 天文学的数字. *La ~ de manifestantes varía según las fuentes*. デモ参加者数は情報源によって異なる. 類 **cantidad, número, proporción**. ❸ 暗号. — *sistema de ~s* 暗号システム. *escribir en ~* 暗号で書く. *La carta estaba* (*escrita*) *en ~*. その手紙は暗号化されていた. *mensaje* [*escrito*] *en ~* 暗号文. 類 **clave**. ❹ 概要, 要約. — *La generosidad es la ~ de todas las virtudes*. 寛大はあらゆる美徳を要約したものだ. 類 **compendio, resumen**. ❺ (名前のイニシャルなどの)組合わせ文字, モノグラム. 類 **monograma**. ❻ 略語. 類 **abreviatura**. ❼ 《音楽》略譜, 数字譜.

barajar [***hacer, manejar***] ***cifras*** 見積もる, 算定する.

en cifra (1) 暗号で[の]; 暗に, 漠然と, 曖昧に. *recibir una mensaje en cifra* 暗号通信文を受取る. (2) 簡単に言えば, 要するに, 要約すると (= en resumen).

cifrado, da [θifráðo, ða] 形 ❶ 暗号の, 暗号化された. —*mensaje* [*telegrama*] ~ 暗号文[電報]. *bajo* ~ 《音楽》ハーモニーを示すための数字や記号が音符の上についているバス声部. ❷ 《比喩》[+**en**] (希望や幸福が)…に置かれた, …に帰された. —*Tenía cifradas en su hijo muchas esperanzas*. 彼は息子に多くの希望を抱いていた.
—— **se** 男 《通信》暗号化.

cifrar [θifrár] 他 ❶ (数字や記号で)暗号化する, 暗号にする. ❷ [+**en**] 《比喩》を置く, あると考える. —*Cifra la felicidad en la riqueza*. 彼は幸福は富にあると考えている. *Había cifrado toda su ilusión en su empresa*. 彼は自分の事業にすべての期待をかけていた. ❸ 《比喩》要約する, かいつまんで話す. 類 **compendiar, reducir, resumir**. ❹ 《比喩》(特に収支を)見積もる, 査定する.
—— **se** 再 要約される, 縮小される.

cigala[1] [θiɣála] 囡 《動物》アカザエビ (= ~ **cruda**).

cigala[2] [θiɣála] 囡 《海事》錨環(いかりかん)用の被覆.

‡**cigarra** [θiɣará] 囡 ❶ 《虫類》セミ. —*El canto de las ~s rompía el silencio del jardín*. セミの鳴き声が庭の静寂を破っていた. 類 **chicharra**. ❷ 《甲殻》— ~ **de mar** シャコ(蝦蛄)(類). ❸ 〖キューバ〗タバコ工場.

cigarral [θiɣarál] 男 (スペインの Toledo 郊外にある)果樹園に囲まれた別荘.

cigarrera [θiɣaréra] 囡 ❶ タバコ工場で働く女性, 葉巻を作る女性; タバコ[葉巻]売りの女性. ❷ 葉巻[タバコ]ケース, 葉巻[タバコ]入れ.

cigarrería [θiɣarería] 囡 ❶ 〖中南米〗タバコ[葉巻]を売る店, タバコ屋. 類 **estanco, tabaquería**. ❷ タバコ[葉巻]工場. 類 **tabaquería**.

cigarrero [θiɣaréro] 男 タバコ工場で働く人,

cigarrillo

タバコ売り.

:**cigarrillo** [θiɣaríjo] 男 シガレット, 紙巻きタバコ(→cigarro「葉巻」). — ~ negro [rubio] (香り・味の)きつい[軽い]タバコ. liar un ~ タバコを巻く. una cajetilla de ~s タバコ 1 箱 [1 カートン]. Fumo un paquete de ~s al día. 私はタバコを 1 日に 1 箱吸う. ~ habano ハバナ産紙巻きタバコ. encender [apagar] el ~ タバコの火をつける[消す]. echar(se) un ~『話』タバコを吸う. dejar el ~ タバコをやめる. ~ armado『ウルグアイ』手巻きタバコ(=armado). 類 **cigarro, pitillo, pito**.

:**cigarro** [θiɣáro] 男 ❶ 葉巻タバコ, シガー(=~ puro). — ~ de papel 紙巻タバコ. ~ habano ハバナ葉巻. fumar un ~ 葉巻を吸う. Los mejores ~s puros se fabrican en Cuba. 最高級の葉巻はキューバで作られる. 類 **puro**. ❷『話』紙巻きタバコ. — ¿Me das un ~, por favor? / ¿Tienes un ~? タバコ 1 本いただける? 類 **cigarrillo, pitillo**.

echar un cigarro『話』タバコを吸う.

cigarrón [θiɣarón] 男 ❶ 大きなセミ. ❷『虫類』バッタ, イナゴ. 類 **saltamontes**. ❸『隠』大きい袋[手提げ].

cigomático, ca [θiɣomátiko, ka] 形『解剖』頬(ﾎｵ)骨の.

cigoñal [θiɣoɲál] 男 ❶ (川や井戸の)跳ねつるべ. ❷ 跳ね橋の腐りを支える梁[桁].

cigoñino [θiɣoɲíno] 男 コウノトリの雛(ﾋﾅ).

cigoto [θiɣóto] 男『生物』接合子[体](=zigoto).

:**cigüeña** [θiɣwéɲa] 女 ❶『鳥類』コウノトリ. — En el campanario de la iglesia han anidado dos ~s. 教会の鐘楼に 2 匹のコウノトリが巣を作った. ~ negra ナベコウ(鍋鸛). ❷『機械』クランク, 曲がり柄. 類 **manivela**. ❸『まれ』釣鐘を吊る横木.

esperar la cigüeña『話』お腹に子供がいる(=estar embarazada).

venir la cigüeña/traer a ... la cigüeña『話』子供が生まれる. ¿Cuándo *viene la cigüeña*? 子供はいつ生まれるの?

cigüeñal [θiɣweɲál] 男『機械』クランク軸.

cilantro [θilántro] 男『植物』コエンドロ(セリ科の草本)

ciliado, da [θiljáðo, ða] 形 ❶『植物, 動物』繊毛のある, 繊毛をそなえた. ❷『動物』繊毛虫の.
── 名『動物』繊毛虫(繊毛虫類の原生動物の総称; 体の一部または全部に繊毛がある).

ciliar [θiljár] 形 ❶『解剖』(目の)毛様体の. — cuerpo ~ 毛様体の. ❷ まつげの, 繊毛の.

cilindrada [θilindráða] 女『機械』シリンダー容積[排気量](単位は立方センチメートル).

cilindrar [θilindrár] 他 ❶ ローラーで圧縮する[圧搾する]. ❷ (旋盤で)円筒形にする.

cilíndrico, ca [θilíndriko, ka] 形 円筒形[状]の, 円柱形[状]の; 円筒の, 円柱の.

cilindro [θilíndro] 男 ❶ 円柱, 円筒, 筒. ❷ 円筒形のもの; ローラー; 地ならし機. ❸『機械』シリンダー, 気筒. ❹『印刷』ローラー, インキローラー. ❺ 時計の発条(ｾﾞﾝﾏｲ)が巻き込まれる円筒状の部品.

cilindro compresor 地ならし機. 類 **apisonadora**.

cilindroeje [θilindroéxe] 男『解剖』軸索.

cilio [θíljo] 男『生物』(原生動物等の)繊毛.

:**cima** [θíma] 女 ❶ (山の)頂上, 頂き. — alcanzar [llegar a] la ~ 頂上に達する. coronar la ~ de la montaña 山に旗を立てる. poner una bandera en la ~ de la montaña 山頂に旗を立てる. 類 **cumbre, pico**. ❷ (木の)梢; 波頭. — ~ de un árbol 木の梢. — ~ de una ola 波頭. ❸ 絶頂, 頂点, 頂点. — estar en la ~ de la popularidad [de la gloria] 人気[栄光]の絶頂期にある. 類 **cumbre, cúspide**. ❹『植物』集散花序.

dar cima a ... (仕事・計画など)を達成[成就]する. Ha tardado más de veinte años en *dar cima al* diccionario. 彼は辞書の完成に 20 年以上かかった.

por cima (1) 頂上に. (2) 上から, 上っ面だけ.

cimacio [θimáθjo] 男『建築』S 字形の刳(ｸ)形, 波刳形. 類 **gola**.

cimarrón, rrona [θimarón, róna] 形 ❶『中南米』(家畜が)野山へ逃げた, 野性化した. ❷『中南米』(動物, 植物が)野生の, 自然の. ❸『中南米』(奴隷が)逃げた, 逃亡した. ❹『中南米』(マテ茶が)砂糖なしで苦い. ❺『比喩』(船員が)怠惰な, 無精な. 類 **holgazán**.
── 名『中南米』逃亡奴隷.
── 男『中南米』砂糖の入っていないマテ茶. ❷ 怠惰[無精]な船員.

cimarronear [θimaroneár] 自 ❶『中南米』(奴隷が)逃げる, 逃亡する. ❷『中南米』砂糖を入れないでマテ茶を飲む.

cimbalillo [θimbalíjo] 男 小さい鐘(特に, 大聖堂, 教会で祈祷席に入るために大きな鐘の後に鳴らされる鐘).

címbalo [θímbalo] 男 ❶『考古』(ギリシャ・ローマ時代の宗教儀式に使われた)シンバルの一種. 類 **platillos**. ❷ 小さい鐘.

cimbel [θimbél] 男 ❶ 囮(ｵﾄﾘ)用の鳥をつなぐひも. ❷ 囮用の鳥, 囮として使われる鳥の人形. ❸『比喩, 話』密告者, たれ込み屋. 類 **soplón**.

cimborio, cimborrio [θimbórjo, θimbório] 男 ❶『建築』丸屋根, ドームの基礎になる円筒の部分. ❷『建築』(ロマネスク, ゴシック様式の)丸屋根, ドーム. 類 **cúpula**.

cimbra [θímbra] 女 ❶『建築』アーチ枠, 丸天井の骨組み. ❷『建築』アーチ, 丸天井内部の湾曲(湾曲部分). ❸『海事』船体の外板張りの湾曲.

cimbrar [θimbrár] 他 ❶ をしなわせる, 震えさせる, 振り動かす. Corría tras el niño *cimbrando* una fusta. 彼は小枝をしなわせながらその男の子の後を走っていた. Al andar *cimbra* coquetamente la cintura. 彼女は歩くときコケティッシュに腰を振り動かす. ❷『比喩, 話』(体が曲がってしまうほど人を棒で)打つ, 叩く, 殴る. ❸『建築』(アーチ, 丸天井に)枠・骨組みを設ける.
── se 再 ❶ しなう, 撓む, 振れる. — Las cañas de bambú *se cimbreaban* impelidas por el fuerte viento. 竹が強風に煽られてしなっていた. ❷ 曲がる, 折れ曲がる. ❸ 優雅に体を動かす.

cimbreante [θimbreánte] 現分〔< cimbrear〕形 ❶ よくしなう, しなやかな, 柔軟な. 類 **flexible**. ❷ 揺れている, 揺れ動く. ❸ (身のこなしが)しなやかな, 優雅な.

cimbrear [θimbreár] 他 → cimbrar.

cimbreño, ña [θimbréɲo, ɲa]〔< cimbra〕形 ❶ (棒が)よくしなう. ❷『比喩』(人が)柳腰の, しなやかな. 類 **cimbreante**.

cimbreo [θimbréo] 男 ❶ しなうこと, 揺れること, しなわせること, 揺らすこと. ❷ 曲がること, 曲げること. ❸ 身体をしなやかに動かすこと.

címbrico, ca [θímbriko, ka] 形 キンブリ族の (ユトランド半島に居住した古代ケルト人の一派).

cimentación [θimentaθjón] 女 基礎固め, 基礎工事; 基礎, 土台.

cimentar [θimentár] 他 《規則活用と 7.1 の活用の 2 種類がある》 ❶ 《建物の》基礎固めをする, 基礎工事をする, 土台作りをする; 築く, 建てる. ❷ 《金を》精練する. ❸ 《比喩》強固にする, 堅固にする. —El fallido golpe de estado *cimentó* la democracia en el país. 未遂に終わったクーデターがその国の民主主義を強固なものにした.
—se 再 ❶ [＋en に] 基づく, 土台がある. —La paz *se cimenta en* la comprensión mutua. 平和は相互理解に基づく. ❷ 強固[堅固]になる. —El amor *se cimenta en* la adversidad. 愛は逆境の中で強固なものとなる.

cimera [θiméra] 女 ❶ 《羽飾りなどの装飾が施された》兜(%)の上部. ❷ 《紋章》兜飾り.

cimero, ra [θiméro, ra] 形 ❶ 頂の, 頂上の, てっぺんの. ❷ 《比喩》最上の, 最も有力な, 最も支配的な. —El Genji Monogatari es una de las obras *cimeras* de la literatura japonesa. 『源氏物語』は日本文学の最高傑作のひとつだ. conferencia *cimera* トップ会談.

:cimiento [θimjénto] 男 ❶《主に複》《建築》《地下部分の》**基礎**, **土台**. —abrir [echar, poner, sentar] los ~s de ... ...の土台[基礎]を築く, 基礎工事をする. reforzar los ~s de la catedral カテドラルの土台[基礎]をしっかり固める. Esta casa tiene buenos ~s. この家は基礎がしっかりしている. 類 **《主に複》《比喩》基礎**, 土台, 基盤, 論拠. —~ de la sociedad 社会の土台. poner [echar] los ~s de la paz 平和の礎(%)を築く. La democracia en este país carece de sólidos ~s. この国の民主主義にはしっかりした基盤がない. 類 **origen, raíz**.
desde los cimientos 基礎[土台]から; 全く最初から. empezar *desde los cimientos* 全く最初から始める.

cimitarra [θimitářa] 女 《トルコ人, ペルシア人が用いた》三日月刀. 類 **alfanje**.

cinabrio [θinábrjo] 男 ❶《鉱物》辰砂(%)(水銀の原鉱). ❷ 朱. 類 **bermellón**.

cinamomo [θinamómo] 男 ❶《植物》センダン. ❷ シナモン, ミルラの香り. ❸《フィリピン》《植物》セイヨウイボタ, ネズミモチ. 類 **alheña**.

cinc [θiŋ(k)] 男 〖化学〗亜鉛(金属元素, 記号 Zn); トタン. 類 **zinc**.

cincel [θinθél] 男 鑿(%), 鏨(%).

cincelado, da [θinθeládo, ða] 過分 形 鑿(%)で彫られた[削られた].
— 男 鑿(%)で彫ること. 類 **cinceladura**.

cincelador, dora [θinθelaðór, ðóra] 名 彫刻家, 彫版工, 石工, 石切り工.

cinceladura [θinθelaðúra] 女 鑿(%)で彫ること, 彫刻, 彫版. 類 **cincelado, escultura**.

cincelar [θinθelár] 他 《石, 金属を》鑿(%)で彫る[刻む]. 類 **esculpir, grabar, labrar [con cincel]**.

cincha [θintʃa] 女 ❶《馬の鞍(%)帯, 腹帯. 類 **cincho**. ❷ 《中南米》《警官の》山刀.
a revienta cinchas 《比喩》フルギャロップで, 疾走して; 大急ぎで.

ir [*venir*] *rompiendo cinchas* 《比喩, 話》《車, 馬で》全速力で[フルスピードで]走る.

cinchada [θintʃáða] 女 〖中南米〗綱引き.

cinchar [θintʃár] 他 ❶《鞍帯, 腹帯で締める, 帯で締める. ❷ 《たが, 鉄輪で》締める, 巻く.
— 自 ❶ 〖中南米〗《物事が成就するように》忍耐強く努力する. ❷ 〖中南米〗強制されて働く.

cincho [θintʃo] 男 ❶ 《樽(%)や桶(%)用の》たが; 《車輪などの》鉄輪, 金輪. ❷ 帯, 腹帯, ベルト. 類 **cinturón, faja**. ❸ 〖中南米〗《馬の》鞍帯, 腹帯. 類 **cincha**. ❹ 《建築》峰リブ(丸天井の迫持(%%)の内輪に突き出しているアーチ部分). ❺ 《獣医》馬蹄輪. 類 **ceño**. ❻ 《チーズの流し型の周囲に巻かれる》編みひも.

:cinco [θíŋko シンコ] 形《数》❶ 5 の, 五つの, 5 人[個]の. —Cada mano tiene ~ dedos. 両手には各々指が 5 本ついている. los ~ sentidos 五感. ❷ 《序数詞的に》5 番目の (= quinto). —el capítulo ~ [V] 第 5 章. habitación número ~ 5 号室. He conseguido dos entradas de la fila ~. 私は 5 列目の入場券を 2 枚手に入れた. quedar en el puesto [el lugar] ~ 5 位になる.
con los cinco sentidos 熱心に, 注意深く, じっと. escuchar *con los cinco sentidos* じっと聞き入る, じっと耳を傾ける.
ni [*sin*] *cinco céntimos* 一銭もない.
no tener los cinco sentidos 正気でない.
— 男 ❶ 5; 五つ, 5 人[個]; 5 の数字[記号](ローマ数字:V). —un ~ bien escrito 上手に書けた 5. C~ por ~ son veinticinco. 5 掛ける 5 は 25. Quiero una mesa para ~ 5 人用のテーブルが欲しい. ❷ 《las+》5 時; 5 分; 5 日. —Han dado *las* ~. 5 時の時報[鐘]が鳴った. el ~ de mayo 5 月 5 日. el 5 番目; 5 番地[号室]. —Estás [Haces] el ~ en la lista. 君は名簿で 5 番目である. Vivo en el ~. 私は 5 番地に住んでいる. ❹ 《遊戯》《スペイン·トランプ》の 5 の札. —el ~ de bastos 《de copas》棍棒[聖杯]の 5. ❺ 《話》《esos ~》手 (= la mano). ❻ 《スポーツ》《el/un +》5 人一組のチーム). —Forman *un* ~ ideal. 彼らは理想的な 5 人のチームだ. ❼ 《中南米》(*a*) 五弦ギター. (*b*) 5 センチ硬貨. (*c*) お尻 (= posaderas). —azotar el ~ お尻をピシピシ叩く.
Choca [*Choque Ud., Vengan*] *esos cinco*. 《話》さあ, 握手しよう, 仲直りしよう; 《交渉成立》手を打とう. ¡Qué alegría de verte! *Choca esos cinco*, hombre! 久しぶりだね, さあ握手しよう.
como tres y dos son cinco 極めて明白な.
decir a ... cuántas son cinco 《人に》遠慮なく不満を述べる, 耳の痛いことをずけずけ言う, 叱る.
estar sin cinco/no tener ni cinco 《金が》一文である, 一銭もない. *Estoy sin cinco*, ¿puedes prestarme algo? 一銭もないので, 少し貸してくれる? Después de efectuar aquellos pagos, *me quedé sin cinco*. 私はあの支払いを済ましてから無一文になった.
no saber cuántas son cinco 《話》まったく無知である.
Vengan [*Choca, Dame*] *esos cinco*. (仲直りし, 取決めの時に)さあ握手しよう.

cincoenrama [θiŋkoenráma] 女 《植物》バラ科キジムシロ属の草本.

cincograbado [θiŋkoɣraβáðo] 男 亜鉛版画.

cincografía [θiŋkoɣrafía] 女 亜鉛版画術[技術].

cincuenta [θiŋkuénta シンクエンタ] 形 (数) ❶ **50 の, 50 人[個]の. —C~ estados forman los Estados Unidos de América. 50 州がアメリカ合衆国を形成している. Frisa [Anda] en los ~ años. 彼は50に手が届く年齢だ. ❷ [序数詞的に]50番目の (=quincuagésimo). —Alumnos y profesores celebraron el aniversario ~ de la fundación del colegio. 生徒と先生たちは学校創立50周年記念日を祝った. Estás en el lugar ~ de la lista. 君は名簿で50番目である. Haces el número ~. 君は50番目である.
— 男 ❶ **50; 50 人[個]; 50 (の数字)(ローマ数字:L)**. —C~ es la mitad de ciento. 50 は 100 の半分である. ❷ [los (años) +]〔今世紀の〕50年代. —música de *los (años)* ~ 50年代の音楽. en los inicios de *los años* ~ 1950年代初めに. ❸ 50番目, 50番地[号室]. —Estás el ~ en la lista./Eres el ~ de la lista. 君は名簿で50番目である.

cincuentavo, va [θiŋkuentáβo, βa] 形 50 分の1の.
— 男 50 分の 1.

cincuentena [θiŋkuenténa] 女 ❶ 50個[人, 年]ごとの集まり[組み]. ❷《まれ》50 分の 1.

cincuentenario [θiŋkuentenárjo] 男 50 周年, 50周年記念.

cincuenteno, na [θiŋkuenténo, na] 形 ❶ 50番目の; 50 分の1の. 類**quincuagésimo**. ❷ [中南米] 50 歳の, 50歳台の. 類**cincuentón**.

cincuentón, tona [θiŋkuentón, tóna] 形 50歳の, 50歳台の. —Una señora *cincuentona* me indicó el camino. 50歳台のご婦人が私に道を教えてくれた.
— 名 50歳の人, 50歳台の人. —Es un ~, pero no lo aparenta. 彼は50歳台だがそうは見えない.

*cine [θíne シネ][*cinematógrafo* の略] 男 ❶ **映画館**. —ir al ~ 映画を見に行く. ~ de estreno [de verano] 封切り[野外]映画館. En el ~ del barrio echan sólo películas para niños. 近所の映画館では子供向けの映画しか上映していない. ¿Qué ponen en el ~ Rex? 映画館レックスでは何が上映されていますか? ❷[総称的に]〔芸術としての〕**映画**; 映画芸術[技術](←película は作品としての 1 本 1 本の映画). —proyector [pantalla] de ~ 映写機[スクリーン]. mundo [industria] del ~ 映画界[産業]. ~ mexicano [cubano] メキシコ[キューバ]映画. ~ documental [musical] ドキュメンタリー[ミュージカル]映画. ~ mudo 無声[サイレント]映画. ~ sonoro [hablado] トーキー. ~ de terror ホラー映画. ~ negro フィルムノワール(結末が暗く悲惨な犯罪・暗黒街の総称). 類**cinema**.
de cine《話》(1) すばらしく (=muy bien, estupendamente). En la fiesta de cumpleaños me lo he pasado *de cine*. 私は誕生パーティーが非常に楽しかった. (2) すばらしい. casa [coche] *de cine* 豪奢(ごうしゃ)な家[車].

cineasta [θineásta] 男女 ❶〔映画俳優, 映画監督などの〕映画業界人, 映画人. ❷ 映画評論家, 映画研究者. ❸ 映画俳優, スター.

cineclub [θineklú(β)] 男 映画同好会.

cinegético, ca [θinexétiko, ka] 形 狩猟術の, 狩猟術に関する.

cinema [θinéma] 男 映画館; 映画. 類**cine**.

cinemascope [θinemaskópe] 男《映画, 商標》シネマスコープ(ワイドスクリーン映画の一つ).

cinemateca [θinematéka] 女 映画フィルム・ライブラリー; 映画フィルム保管所. 類**filmoteca**.

cinemática [θinemátika] 女《物理》運動学.

cinematografía [θinematoɣrafía] 女《映画》映画撮影技術[法].

cinematografiar [θinematoɣrafjár] [1.5] 他《映画》映画に撮る, 映画撮影する. 類**filmar**.

cinematográfico, ca [θinematoɣráfiko, ka] 形 映画の, 映画撮影術の. —cinta *cinematográfica* 映画フィルム.

cinematógrafo [θinematóɣrafo] 男 ❶《映画》映写機, 映画撮影機. ❷ 映画館. 類**cine**. ❸ 映画製作技術, 映画撮影上映技術.

cinerama [θineráma] 男《映画, 商標》シネラマ; 立体映画技術, 立体映画館.

cinerario, ria [θinerárjo, rja] 形 ❶ 遺灰を入れる, 納骨の. —urna *cineraria* 骨壷(こつつぼ). ❷ 灰色の. 類**cinéreo**.
— 女《植物》サイネリア.

cinéreo, a [θinéreo, a] 形 灰色の. 類**ceniciento**.

cinética [θinétika] 女 →**cinético**.

cinético, ca [θinétiko, ka] 形《物理》運動の. —energía *cinética* 運動エネルギー.
— 女《物理》動力学.

cingalés, lesa [θiŋgalés, lésa] 形 セイロン(島)(Ceilán, 現在のスリランカ島)出身の, セイロンの.
— 名 セイロン(島)人, セイロン(島)の住民.

cíngaro, ra [θíŋgaro, ra] 形 (特に中央ヨーロッパの)ジプシー[ロマ]の.
— 名 (特に中央ヨーロッパの)ジプシー, ロマ. 類**gitano**.

cinglar [θiŋglár] 他 ❶《海事》(船やボートを)艪(ろ)で漕ぐ. ❷《冶金》(鉱滓(こうし)を落とすために)鍛える, 鍛(きた)造する.

cíngulo [θíŋulo] 男 ❶《衣服》司祭がアルバ(ミサの時に着用する白麻の長衣)を締める際に使用する絹, 麻製のひも. ❷ ローマ兵が記章としてつけていたひも.

*cínico, ca [θíniko, ka] 形 ❶ [ser/estar+] 冷笑的な, 皮肉な. —Estás muy *cínica* últimamente. 君は最近とても皮肉っぽいね. ❷ 厚顔な, 恥知らずの, 平気でうそをつく. 類**desvergonzado, impúdico, sinvergüenza**. ❸《哲学》キニク[犬儒]学派の.
— 名 ❶ 皮肉屋, 冷笑家; 世をすねた人. ❷ 厚顔な人, 恥知らず. —El muy ~ dijo que no sabía nada, cuando era el autor del crimen. あの大変な恥知らずは犯人だったのに何も知らないと言った. ❸《哲学》キニク[犬儒]学派の人. ◆アンティステネス Antístenes を祖とする古代ギリシアの哲学の一派, 無所有と精神の独立を目指した. —Los ~s despreciaban las convenciones sociales. キニク学派は社会的な慣習を軽んじた.

cínife [θínife] 男《虫類》カ(蚊). 類**mosquito común**.

cinismo [θinísmo] 男 ❶ 皮肉癖, 冷笑的な態度. ❷ 恥知らず, 厚顔無恥, 鉄面皮. 類**descaro, impudencia**. ❸ 《哲学》犬儒哲学, キニク主義 (紀元前 4〜5 世紀頃ギリシャに起こった禁欲主義的哲学の一派).

cinocéfalo [θinoθéfalo] 男 《動物》ヒヒ.

cinoglosa [θinoɣlósa] 女 《植物》ハウンズタング(オオルリソウ属の草本).

cinta [θínta] 女 ❶ リボン, リボン状のもの; テープ; ひも. ─ ~ adhesiva 接着テープ. ~ aislante (電気)絶縁テープ. ~ audio オーディオ用カセットテープ. ~ cinematográfica 映画フィルム. ~ de llegada ゴールのテープ. ~ de video ビデオ・テープ. ~ magnetofónica 録音テープ. ~ métrica 巻尺. ~ para máquina de escribir タイプリボン. ~ perforada 《情報》穿孔テープ. ❷ 《建築》リボン状の装飾[浮き彫り]. ❸ 《映画》映画フィルム, フィルム. ❹ 《機械》ベルト. ─ ~ transportadora ベルトコンベア. ❺ (壁にそった床の敷石[タイル]の列. ❻ 《建築》(2つの刳形(くりかた)間の)平繰, 幕面. 類**filete**. ❼ 《海事》外部腰板. ❽ 《獣医》馬蹄冠. ❾ 《軍事》(機関銃の薬莢がはめ込まれたロウディング・ベルト. ❿ 《紋章》紋章の銘[モットー]. 類**divisa**. ⓫ 《植物》装飾に使われるイネ科多年草の草本.

en cinta (1) (カセット, ビデオ, 映画に)録画された. (2) 拘束されて, 束縛されて.

estar en cinta 妊娠している.

cintarazo [θintaráθo] 男 ❶ 刀を平らにして叩くこと. ❷ 剣帯, 鞭(むち)などで背中を叩くこと.

cinteado, da [θinteáðo, ða] 形 リボンで飾られた, リボン状のもので装飾された.

cintería [θintería] 女 ❶ 《集合的に》リボン, テープ, ひも. ❷ リボン類の売買[商売]; リボン類を売る店.

cintero, ra [θintéro, ra] 名 リボン類を作る人, リボン類の商人.

── 男 ❶ (田舎娘が使っていた)飾り帯[ベルト]. ❷ (何かの回りに巻かれた)綱, 縄. ❸ 《医学》脱腸帯, ヘルニアバンド. 類**braguero**.

cintillo [θintíʎo] 男 ❶ 帽子の飾りひも. ❷ (宝石がはめ込まれた)金, 銀の小さい指輪.

cinto [θínto] 男 ❶ 帯, ベルト, バンド, 革帯; 剣帯. ─ Lucía el uniforme de general con la espada colgada al ~. ベルトにぶら下がった剣で将軍の制服は輝いていた. 類**cinturón, faja**. ❷ 腰, ウェスト. 類**cintura**. ❸ 《中南米》小銭入れのついたベルト[バンド]. ❹ 《築城》城壁で囲まれた土地[場所].

cintra [θíntra] 女 《建築》アーチ, 丸天井の湾曲.

:cintura [θintúra] 女 ❶ 腰, ウェスト, 胴回り. ─ coger [tomar] a ... por la ~ (人)の腰のあたりに手を回す. doblar la ~ 腰を曲げる[かがめる]. medir [tomar la medida de] la ~ ウェストのサイズを測る. 類**talle**. ❷ 《服飾》(衣服の)ウェスト, 胴回り. ─ Mete un poco la ~ de la falda para que te quede mejor. スカートがぴったり合うようにウェストを少し詰めなさい. 類**talle**. ❸ (暖炉の)咽喉(のど).

cintura de avispa 大変細いウェスト, くびれた腰.

doblarse por la cintura 抱腹絶倒する.

entrar en cintura (子供などが)従順になる.

meter a ... en cintura 《話》(人)をきちんと行儀よくさせる, …に言うことを聞かせる. Han mimado demasiado al niño y ahora no hay modo de meterlo en cintura. その子にあまりに甘やかされてきたので今さら厳しくしようがない.

tener poca cintura ウェストがくびれている (= tener una cintura de avispa).

cinturilla [θinturíʎa] 女 ❶ 《服飾》インサイドベルト. ❷ 貴婦人用のベルト[帯].

:cinturón [θinturón] 男[複 cinturones] ❶ 《服飾》ベルト, バンド, 帯; 剣帯. ─ ~ de seguridad (車・飛行機などの)安全[シート]ベルト. ~ de piel (grabada) (模様入り)革製ベルト. ~ de lastre (潜水の)ウエイトベルト. ~ salvavidas [de salvamento] 救命帯. ~ negro [blanco, azul] (柔道などの)黒[白, 青]帯(の人). ~ de castidad 貞操帯. 類**ceñidor, cinto, correa**. ❷ (帯状に)周囲を取巻くもの, 囲い; 帯状のもの. ── ~ de baluartes (環状の)防衛線. ~ de miseria 貧困地区, 貧民街. ~ de montañas 四囲を巡らす山々. ~ de murallas (都市などを巡らす)城壁. ~ de trincheras 塹壕(ざんごう)線. ~ (radiactivo) de Van Allen 《天文》バン・アレン帯(地球を取巻く放射能帯). formar un ~ alrededor del edificio 建物の周りを取り囲む. 類**cerco, cordón**. ❸ 地帯. ── ~ industrial de Barcelona バルセロナ工業地帯. ~ verde 緑地帯.

apretarse el cinturón (1) ベルトを締める. 反**aflojarse el cinturón**. (2) 《俗》(貧乏で特に食費の)出費を切り詰める, 食うや食わずの生活をする (= estrecharse el cinturón).

cinturón de Orión 《天文》オリオン座の3つ星.

ciñ- [θiɲ-] 動 ceñir の直・現在/完了過去, 接・現在/過去, 命令・2 単, 現在分詞.

cipayo [θipájo] 男 (もと英国インド軍の)インド民兵.

cipo [θípo] 男 ❶ 記念碑, 墓標. ❷ 道標. ❸ 境界石, 里程標石. 類**hito, mojón**.

cipote [θipóte] 形 ❶ 愚かな, ばかな. 類**bobo, torpe**. ❷ 太った, ずんぐりした. 類**gordo, rechoncho**.

── 男女 ❶ とんま, ばか. 類**bobo, torpe**. ❷ どぶ. ❸ 《中米米》小僧, 子供. 類**chiquillo, golfillo, pilluelo**. ❹ 棍棒. 類**porra**.

── 男 《俗》ペニス, 陰茎.

:ciprés [θiprés] 男[複 cipreses] ❶ 《植物》イトスギ(糸杉), イトスギ材. ── ~ japonés ヒノキ(檜). ~ calvo ラクウショウ(落羽松), ヌマスギ. ~ de Arizona アメリカイトスギ. ~ de Lawson ローソンヒノキ. ~ de Monterrey モントレーサイプレス. ❷ 悲しみ, 悲嘆, 憂鬱(のしるし). ── Ese hombre es un ~. その男の人は陰気だ. ❸ 《メキシコ》《カトリック》中央祭壇.

cipresal [θipresál] 男 イトスギ林.

ciprio, pria [θíprjo, prja] 形 キプロス島(Chipre)の, キプロス島出身の.

── 名 キプロス島人, キプロス島出身者. 類**chipriota**.

circense [θirθénse] 形 ❶ サーカスの. ❷ (古代ローマの)円形競技場の.

:circo [θírko] 男 ❶ サーカス(団・一座). ── ~ ambulante 巡回[移動]サーカス. artista de ~ サーカスの芸人. El ~ viene todas las navidades a la ciudad. 毎年クリスマスになると町にサーカスがやって来る. ❷ サーカス小屋[劇場]. ── Los payasos y

414 circón

trapecistas trabajan en los ~s. ピエロと空中ブランコ乗りはサーカスで働いている. 類**carpa**. ❸ (古代ローマの)円形闘技[闘技]場 (= romana). —Las carreras de cuádrigas se realizaban en los ~s. 4頭立て二輪戦車のレースは円形競技場で行われていた. 類**anfiteatro, arena**. ❹ 《地質》カール, 圏谷 (= ~ glaciar). ◆ 氷河の侵食によってできたすり鉢状の丸い窪地. ❺ 《話》(滑稽な)目立つ行動, 大騒ぎ, 見世物的行動. —Para organizar la fiesta no hacía falta montar todo este ~. パーティーの準備でこんなに大騒ぎする必要はなかった. 類**espectáculo, número**.
de circo 滑稽な, 笑いものの, 面白い.

circón [θirkón] 男 《鉱物》ジルコン, 風信子鉱.
circona [θirkóna] 女 《化学》酸化ジルコニウム (ZrO_2).
circonio [θirkónjo] 男 《化学》ジルコニウム. (元素記号 Zr, 原子番号 40)
circuir [θirkuír] [**11.1**] 他 囲む, 取り囲む, 巡らす. 類**cercar, rodear**.
circuito [θirkwíto] 男 ❶ 囲い地, 囲われた土地[場所]. 類**recinto**. ❷ 周囲, 周縁; 周辺. —Dentro de este ~ de la capital la población es poco densa. 首都のこの周辺は人口密度が大変低い. 類**contorno**. ❸ (交通機関, 公共施設などの)網, ネットワーク. —Este país tiene un importante ~ de autopistas. この国には重要な高速道路網がある. ❹ 周遊, 巡回. —Nuestra agencia de viajes ofrece varios ~s turísticos. 当旅行社は様々な観光ツアーを提供しております. 類**recorrido**. ❺ (自動車, オートバイ, 自転車レース用の)サーキット, 周回路. ❻ 《電気》回路[線]; 電路. ~ abierto 開回路[電路]. ~ cerrado 閉回路[電路]. ~ integrado 集積回路. ~ lógico 論理回路. ~ magnético 磁路. corto ~ ショート[短絡]. ~ primario [secundario] 一次[二次]回路.
‡**circulación** [θirkulaθjón] 女 ❶ 交通, 通行; 交通量. —Hay mucha ~ en esta calle. この通りは交通量が多い. código [reglamento] de ~ 交通規則, 交通法規. accidente de ~ 交通事故. interrumpir la ~ 交通を遮断する. "Cerrado a la ~ rodada"『車両通行禁止』 señal de ~ 交通標識 (=señal de tráfico). ~ fluida スムーズな車の流れ. 類**paso, tráfico, tránsito**. ❷ (血液・空気などの)循環. —~ atmosférica 大気循環. El baño mejora la ~ sanguínea [de la sangre]. 入浴は血行をよくする. ❸ 《経済》(貨幣・商品などの)流通. —~ monetaria 貨幣流通. ~ fiduciaria 信用紙[貨]幣の流通. moneda en ~ 流通貨幣. Hay artículos similares en ~. 類似品が出回っている. ❹ (思想・情報などの)伝播(ぱ), 流布, 普及. —La ~ de las ideas democráticas fue muy activa en el siglo XIX. 民主主義思想は19世紀にたちまち広まった. 類**propagación**. ❺ (新聞・雑誌などの)発行部数, 普及度. —Este periódico tiene mucha ~. この新聞は発行部数が多い. 類**tirada**.
poner en circulación (貨幣などを)流通させる, 発行する; 流布[普及]させる.
retirar de la circulación (貨幣・雑誌・欠陥車などを)回収する.
circulante [θirkulánte] 現分 形 巡回する, 循

環する. —biblioteca ~ 巡回図書館. capital ~ 流動資本.
circular¹ [θirkulár] 形 ❶ 円形の, 円を描く. —La sala de estar tiene forma ~. その居間は円形をしている. cono ~ 《数学》円錐. ❷ 巡回の, 周遊の. —billete ~ 周遊券. ❸ 回覧の. —carta ~ 回状. ❹ (上位機関からの)通達, 通知. ❺ 回書, 回状.
‡**circular**² [θirkulár] 自 ❶ (a) 循環する; 往来する, 歩き回る. —La sangre *circula* por las venas y arterias. 血液は静脈と動脈を循環する. Por la tubería *circula* el gas. そのパイプはガスが通っている. Al anochecer *circula* mucha gente por las calles. 夕方になるとたくさんの人が街を行き来している. Abre la ventana a ver si *circula* un poco de aire. 少し風が入るかもしれないから窓を開けてごらん. (b) (車などが)流れる, 通行する. —*Circulen* por la derecha. 右側通行【掲示】. Los vehículos *circulaban* lentamente por la autopista. 車は高速道路をゆっくりと流れていた. ❷ **流通する**, 出回る, 出回る. —*Circulaban* rumores inquietantes sobre un posible golpe de estado. クーデターが起こりそうだという不穏なうわさが流れていた. —un escrito 文書が出回る.
—— 他 を回覧させる; 流通[流布]させる.
circulatorio, ria [θirkulatórjo, rja] 形 ❶ (特に血液の)循環の, 循環系の. —El aparato ~ está compuesto por el corazón, las arterias y las venas. 循環器は心臓, 動脈, 静脈からなっている. ❷ 循環に関する, 循環の. —El caos ~ se agrava los fines de semana. 交通循環の混乱は週末に悪化する.
‡**círculo** [θirkulo] 男 ❶ 《幾何》円; 円周; 丸(印). —dibujar [trazar] un ~ con el compás コンパスで円を描く. centro de un ~ 円の中心. hallar el área del ~ 円の面積を求める. ~ máximo [menor] (地球・天球の)大[小]円. marcar con un ~ …に丸みをつける. ~ concéntrico [inscrito, circunscrito] 同心[内接, 外接]円. 類**circunferencia**. ❷ (人・物などが形作る)輪, 円陣. —Se formó un ~ de curiosos a su alrededor. 彼の周りに野次馬の輪ができた. 類**corro**. ❸ (文化やスポーツの同好の士の)集まり, サークル, クラブ, クラブハウス. —~ literario 文学サークル. ~ de lectores [de lectura] 読書会. ~ de amigos de la ópera オペラ愛好会. ~ familiar 家族一同. C~ de Lingüística de Praga プラハ言語学サークル. 類**asociación, casino, club**. ❹ (交際・活動などの)**範囲**. —Tiene un ~ de amistades [de relaciones] muy amplio. 彼は交際範囲がとても広い. 類**conjunto, grupo**. ❺ 複. —界, 筋, 社会. —~s políticos [económicos] 政[経済]界. —~s financieros [empresariales] 財界. —~s artísticos 芸術界. —según ~s bien informados (新聞などで)消息筋では[によれば]. 類**medios, sector**. ❻ 《地理》圏. —~ polar ártico [antártico] 北極[南極]圏. —~ máximo 大圏(政). ❼ 《天文, 測量》圏. —~ diurno 日周圏. —~ horario [de declinación] 時圏. ~ acimutal 方位圏, 方位環. ~ vertical [de altura] 鉛直圏, 高度圏. ~ meridiano 子午線.
círculo vicioso 《論理》循環論法; 悪循環, 堂々巡り.
en círculo 輪になって, 円形に. danzar *en círculo* 輪になって踊る.

circumpolar [θirkumpolár] 形 ❶《天文》(天体が)天極付近の, 周極の. ❷《地理》極地付近にある, 周極の.

circun-, circum- [θirkun-, θirkum-] 接頭「周囲」の意. —*circun*ferencia, *circum*polar, *circun*stancia.

circuncidar [θirkunθiðár] 他 ❶《宗教》(ユダヤ人, イスラム教徒などが宗教儀式として)…に割礼を行なう. ❷《比喩》切断する, 切り整える. 類 **cercenar**.

circuncisión [θirkunθisjón] 女 ❶《宗教》(ユダヤ教, イスラム教などの宗教儀式としての)割礼. ❷《キリスト教》イエスキリストの割礼の祝日, 受割礼日(1月1日).

circunciso, sa [θirkunθíso, sa] 過分〔< circuncidar〕形 割礼を受けた.
—— 名 割礼を受けた人.
—— 男 ユダヤ人, モーロ人, イスラム教徒.

circundante [θirkundánte] 現分 形 取り囲む, 取り巻く; 周囲の, 周辺の.

circundar [θirkundár] 他 取り巻く, 取り囲む. —Una autopista *circunda* la ciudad. 一つの高速道路がその町を取り囲んでいる. Le *circunda* una aureola de respeto. 彼は敬意の宝冠に包まれている. 類 **cercar, rodear**.

circunferencia [θirkumferénθja] 女 ❶《数学》円周. ❷ 周囲, 周辺. 類 **contorno, periferia**.

circunferir [θirkumferír] [7] 他 …の周囲を囲む, 周囲を区切る, 周囲を限定する. 類 **circunscribir, limitar**.

circunflejo, ja [θirkumfléxo, xa] 形《音声》アクセントが曲折的な, 曲折的なアクセントのついた. —acento ~ 曲折アクセント.
—— 男《音声》曲折アクセント.

circunlocución [θirkunlokuθjón] 女《修辞》回りくどい表現, 婉曲表現; 迂言(うげん)法. 類 **circunloquio, perífrasis, rodeo**.

circunloquio [θirkunlókjo] 男 遠回しな言い方, 持って回った言い方. —Déjate de ~s y di claramente que ha pasado. 持って回った言い方はやめて何が起こったかをはっきり言いなさい. 類 **ambages, rodeo**.

circunnavegación [θirkunnaβeɣaθjón] 女 周航, 一周航海; (船での)世界一周.

circunnavegar [θirkunnaβeɣár] [1.2] 他 を周航する, (船で)を一周する. —Tardamos tres horas en ~ la isla. 私たちがその島を船で一周するには3時間かかる.

circunscribir [θirkunskriβír] [3.3] 他 ❶《数学》…に外接させる, …に外接する. —trazar una circunferencia a un triángulo 三角形に円を外接させる. ❷《文》を制限する, …に限定する. —*Circunscribió* su intervención a una exposición general del problema. 彼はその問題の一般的説明に介入しただけだった. 類 **limitar**.
—— se 再〔+a に〕限定される, とどめられる. —La ola de calor *se circunscribe al* sur del país. 熱波はその国の南部に限定される. 類 **ceñirse, limitarse**.

circunscripción [θirkunskripθjón] 女 ❶ 限定, 制限, 限界. —Las medidas tomadas consiguieron a la ~ de la epidemia a sólo dos pueblos. その処置のお陰で伝染病はたった二つの村に限られた. ❷ (行政上, 軍事上, 教区上の)境界, 区画, 区域, 管区. —~ electoral 選挙区. 類 **demarcación, distrito, zona**.

circunscripto, ta [θirkunskrípto, ta] 過分〔< circunscribir〕形 → circunscrito, ta.

circunscrito, ta [θirkunskríto, ta] 過分〔< circunscribir〕形 ❶ 制限された, 限定された. 類 **limitado**. ❷《数学》外接した.

circunspección [θirkunspekθjón] 女 ❶ (行為, 行動の)慎み, 節度, 矜持(きょうじ). —El primer ministro habló con ~ del fallido golpe de estado. 首相は未遂に終わったクーデターについて慎重に語った. 類 **decoro, mesura, prudencia**. ❷ (節度ある態度を取るための)思慮分別.

circunspecto, ta [θirkunspékto, ta] 形〔ser/estar/mantenerse+〕慎重な, 節度のある; 厳粛な, 重々しい. —*Era* un chico de modales ~s. 彼は慎み深い少年だった. Dio la grave noticia con una expresión *circunspecta*. 彼はその深刻な知らせを重々しい表現で伝えた. 類 **comedido, mesurado, prudente, serio**. 反 **descomedido, imprudente**.

‡circunstancia [θirkunstánθja] 女 ❶ (一般に周囲の)状況, 事情, 情勢, 環境; 複 悪い状況. —~s familiares 家庭の状況. ~ imprevista 不測の事態. en las [estas] ~s こういう状況では, こんな訳で. en las ~ presentes [actuales] 現状では. por las ~s 事の成行き上. según las ~s 状況によって. dadas las ~s こういう状況から. adaptarse a las ~s 大勢[環境]に順応する. La compañía atraviesa [pasa por] difíciles ~s. 会社は困難な状況にある. A veces las ~s mandan. ときには事情によって仕方がないこともある. No pensaba hacerlo, pero las ~s me obligaron. そういうつもりはなかったが, 私は都合によりそうせざるを得なかった. 類 **condiciones, situación**. ❷ (状況を決定する個々の)事実, 事情, 出来事. —~s adversas 逆境. Si por alguna ~ no puedes venir, avísame. もし何かあって来れない時は, 私に知らせて. Al fracaso del proyecto concurrieron una serie de ~s. 色々な事情が重なって, 計画は失敗した. Mediaba [Se daba] la ~ de que él era minusválido. 彼が身障者だという事情があった. ❸《法律》情状, 事由. —~ agravante [eximente] 加重[免除]情状. ~ atenuante 情状酌量. ❹ 必要条件, 資格, 要因. —El doctorado es una ~ necesaria para aspirar a catedrático. 博士号は教授をめざすための必要条件だ. Sólo te lo diré si se cumplen determinadas ~s. 一定の条件が満たされた場合にのみ, そのことを君に言おう. 類 **condición, requisito**.

de circunstancias (1) (顔, 仕草, 声などをその場にふさわしく)取り繕って(いる)もっともらしい, 神妙な, 真剣な. Con voz *de circunstancias* el locutor anunció la muerte del emperador. アナウンサーはいかにも悲しそうな声で天皇の死を報じた. Al negarse, puso cara *de circunstancias*. 彼は断る時, さも申し訳なさそうな顔をした. (2) 応急の, 緊急用の, 急場しのぎの. hacer a ... un vendaje *de circunstancias* 間に合わせの包帯をする. silla *de circunstancias* 間に合わせの椅子. equipo *de circunstancias* 非常用装備. (3) 偶然の, 偶発的な; 一時的な. Fue un encuentro *de circunstancias*. それは偶然の出会いだった. Él estaba en

Londres en un viaje *de circunstancias*. 彼はたまたま旅行でロンドンにいた. estancia *de circunstancias* 一時的滞在. visita *de circunstancias* 通りがかりの訪問.

estar [*ponerse*] *a la altura de circunstancias* 臨機応変である, とっさの場合柔軟に対応できる.

circunstanciado, da [θirkunstanθjáðo, ða] 過分 形 詳しい, 詳細の. 類**pormenorizado**.

*****circunstancial** [θirkunstanθjál] 形 **❶** 状況の[による], 事情による. — pruebas ~es 状況証拠. complemento ~ 《文法》状況補語. **❷** 一時的な, 偶然の. —Mi estancia en Madrid es ~. 私のマドリード滞在は一時的なものだ. 類**ocasional, temporal**.

circunstancialmente [θirkunstanθjálménte] 副 一時的に, 状況に応じて.

circunstante [θirkunstánte] 男女 複 出席者, 参加者; 観客, 入場者. 類**asistente, participante**.
—— 形 **❶** 周りにいる[ある]. **❷** 出席者の. —El conferenciante fue despedido con un abucheo por algunas personas ~s. 講演者は数人の出席者のやじに見送られた.

circunvalación [θirkumbalaθjón] 女 **❶** 周りを取り囲むこと[もの]; 道路網. —La ~ de la ciudad te llevará dos horas en bicicleta. 町の周囲を自転車で周れば2時間かかるだろう. línea de ~ (鉄道・バスの)循環線. La carretera de ~ aliviará el tráfico del interior de la ciudad. 環状道路は都市内部の交通を緩和するだろう. **❷** 《軍事》塁壁(%v), 城壁; 塹壕.

circunvalar [θirkumbalár] 他 (町や要塞などを)囲む, 取り囲む. 類**ceñir, cercar, rodear**.

circunvecino, na [θirkumbeθíno, na] 形 周囲の, 近くの, 付近の.

circunvolar [θirkumbolár] [5.1] 他 …の周りを飛ぶ, 飛行する; …の周りを舞う. —Un helicóptero *circunvolaba* el lugar del accidente. ヘリコプターが一機事故現場の周りを飛んでいた.

circunvolución [θirkumboluθjón] 女 **❶** くるくる巻いた状態, 回旋. 類**rodeo, vuelta**. **❷** 《解剖》脳回(大脳表面の屈曲したひだ). — ~ cerebral 脳回.

cirial [θirjál] 男 《宗教》教会儀式の際に侍者が持ち運ぶ燭台.

cirílico, ca [θiríliko, ka] 形 キリル文字の. — alfabeto ~ キリル文字(現代ロシア語文法の基礎である, ギリシア文字のアンシャル字体を基に作られた教会スラブ文字).

cirineo, a [θirinéo, a] 形 キレネの. —— 男 《比喩, 話》辛い仕事を手助けする人(イエスが十字架を運ぶのを手伝ったキレネの Simón の名に因む).

cirio [θírjo] 男 **❶** 教会用の大ろうそく. — ~ pascual 《宗教》復活祭のろうそく(聖土曜日に祝別し復活祭後 40 日までのキリスト昇天の日までともされるキリストを象徴する背の高いろうそく). 類**blandón**. **❷** 《植物》柱サボテン. **❸** 《比喩, 話》騒ぎ, 騒動. —¡Vaya ~ se montó cuando se fue la luz! 明かりが消えるとたんに大騒ぎとなった. armar un ~ 騒動を起こす. 類**jaleo, trifulca**. **❹** 《スポーツ》ボール競技の一種.

cirro[1] [θíro] 男 《医学》硬(性)癌(ﾝ).

cirro[2] [θíro] 男 **❶** 《気象》絹雲, 巻雲. **❷** 《植物》巻きひげ. 類**zarcillo**. **❸** 《動物》棘毛(ﾂﾓ), 毛状突起.

cirrocúmulo [θiřokúmulo] 男 絹積雲.

cirrópodo, cirrípedo [θiřópoðo, θiříp eðo] 形 《生物》蔓脚(ﾏﾝｷｬｸ)類の.
—— 男 複 《生物》蔓脚類動物(剛毛のはえた足を動かしてえさを集めるフジツボ, エボシガイ, カメノテなど).

cirrosis [θiřósis] 女 《医学》肝硬変.

‡**ciruela** [θirwéla] 女 プラム, セイヨウスモモ; (一般に)梅の実. — ~ pasa [seca] 干しすもも, プルーン. ~ amarilla ミラベル. ~ verdal [claudia] グリーンゲージ, クラウディアスモモ. ~ damascena ダムソン[インスチチア]プラム.

*****ciruelo** [θirwélo] 男 **❶** 《植物》プラム (ciruela)の木, セイヨウスモモの木; (一般に)ウメ(梅)の木. **❷** 《比喩》間抜け, ばか. —C~ serás tú, me dijo. 私は「お前はバカだなあ」と彼に言われた. **❸** 《俗》睾丸 (=testículo).

cirugía [θiruxía] 女 《医学》外科, 外科医学. — ~ menor (副次的な)小手術. ~ estética [plástica, cardíaca, vascular] 美容[形成, 心臓, 血管]外科.

cirujano, na [θiruxáno, na] 名 外科医. — ~ digestivo [plástico, torácico] 消化器[整形, 胸部]外科医. ~ dentista 歯科医. ~ romancista ラテン語知らずの外科医.
—— 形 外科の, 外科医学の.

cis-, citer-, citra- [θis-, θiter-, θitra-] 接頭 「こちら側」の意. —cisalpino, cisandino, cismontano, citerior, citramontano.

cisalpino, na [θisalpíno, na] 形 ローマとアルプス山脈の間に位置した.

ciscar [θiskár] [1.1] 他 《俗》汚す, 汚くする. 類**ensuciar**. ——se 再 排便する, 排泄する. 類**cagarse, evacuar**.

cisco [θísko] 男 **❶** 粉炭, くず炭. **❷** 《俗》騒ぎ, 騒動. —armar [meter] ~ やかましい音をたてる, 大声を出して口論する. ¡Vaya ~ se armó cuando el árbitro pitó penalti! 審判がペナルティーのホイッスルを吹くと大混乱となった. 類**bullicio, jaleo, reyerta**.

hacer(*se*) *cisco* …《俗》を粉々にする[…が粉々になる], を粉砕する[…が粉砕する]. Dio una patada al jarrón y este *se hizo cisco*. 彼はその壺を蹴飛ばしなれば粉々になった.

hecho cisco 《俗》肉体的な[精神的]にずたずたになった, 参った状態になった. La muerte de su mejor amigo lo ha dejado *hecho cisco*. 親友の死によって彼は打ちのめされた.

ciscón [θiskón] 男 スラグ(溶鉱炉を消した後の残滓). 類**escoria**.

cisión [θisjón] 女 切れ目, 切込み, 切り口; 裂目, 亀裂. 類**cisura, incisión**.

cisma [θísma] 男 (古い文献ではまれに 女) **❶** (団体, 組織内の)分離, 分裂; 分離派. —el ~ arriano アリウス派. **❷** 不和, 反目; (意見の)不一致. 類**desacuerdo, discordia**. **❸** 《神学》(カトリックで)離教, (正教会で)岐教, (プロテスタントで)分派, 分離, 分裂(教義上の相違から起こる教派, 教団の分裂).

cismático, ca [θismátiko, ka] 形 **❶** (宗教の教義が)分離の, 分派の; 分裂を起こす. **❷** (共同体, 組織内に)分裂を引き起こす.

—— 名 (教義上の)分離派の人.

cisne [θísne] 男 ❶《鳥類》白鳥; 黒鳥. ❷《比喩》優れた詩人, 音楽家. ❸《天文》白鳥座. ❹《隠》売春婦.
canto de [del] cisne 白鳥の歌(最後の作品, 絶筆)

Cisneros [θisnéros] 固名 シスネロス(フランシスコ・ヒメネス・デ Francisco Jiménez de ~)(1436-1517, スペインの枢機卿).

cisoide [θisóiðe] 女《幾何》シッソイド, 疾走線.

cisoria [θisórja] 形《女性形のみ》《文》刻[肉]魚[を切り分ける. —arte ~ 食肉を切り分ける技術.

cisquero [θiskéro] [<cisco] 男 ❶ (穴開き模様を転写するための)粉炭入りのたんぽ. ❷ 粉炭屋, くず炭職人.

cisterciense [θisterθjénse] 形 シトー修道会の. —— 男女 シトー修道会の修道士[女]

cisterna [θistérna] 女 ❶ 地下貯水槽. 類 **aljibe, depósito, pozo**. ❷ (便所用の)貯水槽. ❸《同格用法で》タンカー, タンクローリー. —barco [buque] ~ タンカー. camión ~ タンクローリー.

cístico [θístiko] 形《解剖》胆嚢(のう). —conducto ~ 胆嚢管.

cistitis [θístitis] 女《単複同形》《医学》膀胱(ぼう)炎.

cisura [θisúra] 女 ❶《雅》裂目, 割れ目, 亀裂, ひび割れ. 類 **incisión**. ❷ 瀉(しゃ)血のための切開. ❸《医学》傷跡. 類 **cicatriz**. ❹ (二つの部分からなる器官の結合線; (大脳の)溝.

cita [θíta] 女 ❶ (恋人・友人などと)会う約束, デート. —acudir a una ~ 約束の場所に行く. arreglar [concertar] una ~ con ... (人)と会う日時・場所を取り決める. Hoy tengo una ~ con Mariano. 今日はマリアーノとデートです. 類 **encuentro, entrevista**. ❷ (医者・弁護士などの)診察・面会などの)予約. —arreglar una ~ con el dentista 歯医者に診察の予約する. El médico me dio ~ para [a] las seis. 医者は私に6時の予約をくれた. ❸ 引用, 引用文[語句]. —Este libro tiene demasiadas ~s. この本は引用が多過ぎる. 類 **mención, referencia**. ❹《古》会合, 会議. —El embajador acudió a la ~ con el presidente. 大使は大統領との会見に出席した. 類 **reunión**. ❺ 召喚, 呼び出し. 類 **citación, convocatoria**.
casa de citas 売春宿, 連れ込み宿, ラブホテル.
darse (una) cita [主語は複]落ち合う, 集合する; デートの約束をする. Se dieron cita en la estación. 彼らは駅で落ち合うことにした.

citación [θitaθjón] 女 ❶《法学》(法廷への)召喚(状), 出頭命令. 類 **mandato, requerimiento**. ❷ 引用, 引き合いに出すこと.

citado, da [θitáðo, ða] 過分 形 ❶ 引用された, 言及された. —No entendió lo que significaba la frase citada. 彼女はその引用文の意味がわからなかった. 類 **mencionado**. ❷ 会う約束をした, 予約をした. —Estoy ~ con el médico para las diez. 私は10時にその医者と会う約束をしている.

citador, dora [θitaðór, ðóra] 名 引用者.
—— 形 引用の.

citar [θitár シタル] 他 ❶ (a) …に会う約束をする. —El presidente me *ha citado* a las once en su despacho. 社長は執務室で11時に会うと私に指定してきた. (b) 《司法》召喚する, …に出頭を命じる. —El juez *citó* a los testigos que debían declarar. 裁判官は証言をしなければならない証人たちに出頭を命ずる. ❷ を引用する, 引合いに出す. —*Citó* un ensayo de Octavio Paz. 彼はオクタビオ・パスのエッセイを引用した. ❸《闘牛》(牛)をけしかける, 挑発する. —~ al toro 牛を挑発する.
—— *se* 再 (互いに)会う約束をする. —Ella y yo *nos hemos citado* a las ocho en la Plaza Mayor. 彼女と私は8時にマヨール広場で待ち合わせた.

cítara [θítara] 女《音楽》ツィター. ◆偏平な共鳴板の上に4, 5本の旋律弦と多数の伴奏弦が張られた弦楽器の一種.

citarista [θitarísta] 男女 ツィター奏者.

citerior [θiterjór] 形 こちら側の. —España ~ エブロ川を境にしてローマ寄りのイベリア半島地域. 類 **aquende**. 反 **allende, ulterior**.

cítiso [θítiso] 男《植物》エニシダ属(マメ科). 類 **codeso**.

cítola [θítola] 女 (水車の歯車の)歯止め. 類 **tarabilla**.

citología [θitoloxía] 女《生物》細胞学.

citoplasma [θitoplásma] 男《生物》細胞質.

citrato [θitráto] 男《化学》クエン酸塩.

cítrico, ca [θítriko, ka] 形 ❶ レモンの. ❷《化学》クエン酸の. —ácido ~ クエン酸.
—— 男 ❶《複》柑橘(かんきつ)類. 類 **agrios**. ❷ 柑橘類の木.

citrón [θitrón] 男《植物》レモン. 類 **limón**.

CiU [θjú, sjú] [<カタルーニャ Convergéncia i Unió (Convergencia y Unión)] 女 カタルーニャ結集連合(連合政党).

ciudad [θjuðáð(ð)] シウダ 女 ❶ 都市, 市, 町; 市街. —— ~ universitaria 大学都市. ~ industrial [comercial] 工業[商業]都市. ~ dormitorio [colmena] ベッドタウン. ~ abierta《軍事》無防備都市. ~ antigua [moderna] 旧[新]市街. ~ de lona テント村. gas ~ 都市ガス. ~ jardín 田園都市(一戸建ての団地). ~ satélite 衛星都市. ~ hermana 姉妹都市. ~ hongo 人口急増の新興都市. ~ sanitaria 病院都市. ~ lineal 線系都市. ~ obrera 労働者用住宅地域[団地]. C~ Condal バルセロナ (Barcelona)の別称. C~ Dorada 黄金の都 (Salamanca の別称). C~ Eterna 永遠の都 (Roma の別称). C~ Imperial 帝都 (Toledo の別称). C~ Luz 光の都 (París の別称). C~ Prohibida (北京の)紫禁城. C~ Santa 聖都 (Jerusalén, Roma, la Meca などの別称). C~ de México メキシコシティー. C~ del Cabo ケープタウン. C~ del Vaticano バチカン市国. 類 **pueblo, urbe**.
❷ 会社, 町(→campo「田舎」). —vivir en la ~ 都会に住む. ir a la ~ 町へ出る.
❸《歴史》都市国家 (= ~ estado [libre]).

ciudadanía [θjuðaðanía] 女 ❶ 市民[公民]の資格, 市民[公民]権; 国籍. —obtener [perder] la ~ 市民権を得る[失う]. carta de ~ 市民権証書, 国籍証明書. derechos de ~ 市民権. ~ de honor 名誉市民権. Ha nacido en Francia, pero se considera de ~ española. 彼はフランス生まれだが, スペイン国籍と思われている. Aunque lleva veinte años en nuestro país, conserva la ~ británica. 彼はわが国に来て20年経つが,

英国籍のままである. **類 nacionalidad, naturaleza**. ❷ 公徳心, (個人の)公民精神, 市民意識. — Es un acto de ~ mantener limpias las calles. 通りを清潔に保つことは公徳心の発露である. Votar es una muestra de ~. 投票は公民としての証(ᵃᵏ)である. **類 civismo**. ❸〖集合的に〗国民, 公民, 住民. — La ~ acudió a las urnas. 国民は投票に行った.

:**ciudadano, na** [θiuðaðáno, na] 名 ❶ 市民, (都市の)住民, 都会人. ~ ~ de honor 名誉市民. ❷ 公民, (ある国家の)国民. — ~ británico de origen común インド生まれの英国人. Para poder votar hay que ser ~. 投票するためには市民権がなければいけない. ❸ 平民, 庶民.
— 形 ❶ 市民の, 公民の. — vida *ciudadana* 市民生活. ❷ 市の, 都市[都会]の. — seguridad *ciudadana* 都市の治安.

Ciudad Bolívar [θiuðá(ð) βolíβar] 固名 シウダー・ボリバル(ベネズエラの都市).

Ciudad del Cabo [θiuðá(ð) ðel káβo] 固名 ケープタウン(南アフリカの都市).

Ciudad del Vaticano [θiuðá(ð) ðel βatikáno] 固名 バチカン市国.

Ciudad de México [θiuðá(ð) ðe méxiko] 固名 メキシコシティー[シウダー・デ・メヒコ](メキシコの首都).

ciudadela [θiuðaðéla] 女 (都市内部にある住民保護のための最後の)要塞, 砦(ᵗᵒʳ).

Ciudad Real [θiuðá(ð) řeál] 固名 シウダー・レアル(スペインの県・県都).

Ciudad Rodrigo [θiuðá(ð) řoðríɣo] 固名 シウダー・ロドリーゴ(スペインの都市).

Ciudad Victoria [θiuðá(ð) βiktórja] 固名 シウダー・ビクトリア(メキシコの都市).

civeta [θiβéta] 女 〖動物〗麝香猫(ĵᵃᵏᵒ).

civeto [θiβéto] 男 麝香(ĵᵃᵏ), シベット. ♦麝香猫の生殖器近くの袋から取れる黄色・油状の物質で強い香がある. 香水製造に用いられる. **類 algalia**.

cívico, ca [θiβiko, ka] 形 ❶ 都市の, 市の; 市民の. — La educación *cívica* es indispensable para toda la gente que vive en grandes ciudades. 大都市に住むすべての人々にとって市民教育は欠かせない. **類 ciudadano, civil**. ❷ 公共心の, 市民意識の. — A los jóvenes de ahora les falta el sentido ~. 今日の若者には公徳心が欠如している. **類 patriótico**. ❹ 愛国心の. ❹ 家の, 家庭の. **類 doméstico**.
— 男 〖南米〗警官.

:**civil** [θiβíl] 形 ❶ 市民の, 公民の. — derechos ~es 市民[公民]権. sanidad ~ 公衆衛生. **類 cívico**. ❷ 国内の, 市民間の. — guerra ~ 内乱, 内戦. ❸ (軍人・聖職者ではない)民間の, 一般市民の; 世俗の. — oficial ~ 文官. población ~ 民間人. aviación ~ 民間航空. ingeniero ~ 土木技師. arquitectura ~ (宗教用ではない)一般建築. incorporarse a la vida ~ (軍人・聖職者が)民間人になる. ❹ 〖法律〗民事の. — derecho ~ 民法. código ~ 民法典. matrimonio ~ 民事婚(教会と無関係に役所に届け出る). estado ~ (戸籍上の)身分. registro ~ 住民台帳. casarse por lo ~ 無宗教で結婚する. ❺ 礼儀正しい, 丁重な. **類 atento, sociable, urbano**.
— 男〖主に複〗❶ 治安警備隊員 (guardia civil の略). ❷ 民間人, 一般市民. **類 paisano**.

civilidad [θiβiliðá(ð)] 女 ❶ 公徳心, 公共心; 社交性. **類 civismo, sociabilidad**. ❷ 礼儀正しさ, 丁重さ; 都会風, 洗練. **類 amabilidad, urbanidad**.

:**civilización** [θiβiliθaθjón] 女 ❶ 文明, 文化. — *civilizaciones* primitivas 原始文明. ~ incaica [maya] インカ[マヤ]文明. ~ precolombina コロンブス以前の(アメリカの)文明. ~ egipcia [griega] エジプト[ギリシャ]文明. ~ occidental [moderna] 西洋[近代]文明. ~ material [industrial] 物質[工業]文明. 反 **barbarie, incultura**. **類語区** 従来, **civilización** は主に科学的・物質的発達を, **cultura** は文化的発達を意味してきたが, 現在ではあまりその区別がない. ❷ 文明社会[世界, 生活]. — volver a la ~ (未開地域から)文明社会に戻る. vivir alejado de la ~ 文明から隔絶して暮らす. ❸ 文明化, 開化, 教化. **類 progreso**.

*:**civilizado, da** [θiβiliθáðo, ða] 過分 形 ❶ 文明化した, 文明の発達した; 文化的な, 文明開化した. — A veces me pregunto si nuestra sociedad es verdaderamente *civilizada*. 私は時々私たちの社会は本当に文明化しているのかしらと自問する. ❷ 礼儀正しい, 教養ある, 社交性のある; 文明人にふさわしい. — Quiero que discutáis el tema como personas *civilizadas*. 私は君たちに礼儀をわきまえた人としてそのテーマを議論していただきたい. **類 educado, sociable**. ❸ 《政治》民主的な, 民主主義の. **類 democrático**.

civilizador, dora [θiβiliθaðór, ðóra] 形 文明化する, 文明化の, 文明の.
— 名 文明化する人, 文明人.

:**civilizar** [θiβiliθár] 【1.3】他 ❶ を文明化する. — El misionero pensaba cristianizar y ~ a aquellas gentes salvajes. その宣教師はそれら未開人をキリスト教化し文明化するつもりであった. ❷ をしつける, 行儀よくさせる. ~ ~ a los niños 子どもたちをしつける.
— se 再 ❶ 文明化する. ❷ 行儀が良くなる, 礼儀正しくなる. — Desde que sale con esos amigos *se ha civilizado* un poco. 彼はあの友人たちと付き合うようになってから行儀が良くなった.

civilmente [θiβílménte] 副 ❶ 礼儀正しく, 社交的に. ❷ 〖法学〗民法に則って.

civismo [θiβísmo] 男 ❶ 公共心, 公徳心; 市民意識. — La basura arrojada en las calles refleja la falta de ~ de los vecinos. 街路に放り出されたごみは住民の公共心の欠如の反映である. ❷ 礼儀正しさ, 丁重さ.

cizalla [θiθája] 女 ❶〖複〗(金属用の)大ばさみ, 裁断機, カッター. ❷ 単〖(金属の)切りくず, 金くず.

cizallar [θiθajár] 他 (金属用の)大ばさみ[裁断機]で切る.

cizaña [θiθáɲa] 女 ❶ 〖植物〗毒麦(ᵈᵒᵏᵘ), rabillo. ❷ 《比喩》不和(の種), 敵意, 反目. — meter [sembrar] ~ 不和の種をまく. **類 discordia, enemistad**. ❸ 《比喩》悪癖, 悪習.

cizañar [θiθaɲár] 他 …の間に不和の種をまく, を反目させる. **類 enemistar**.

cizañero, ra [θiθaɲéro, ra] 名 トラブルメーカー, 人の仲を裂く人, 中傷者.
— 形 不和の種をまく.

clac [klá(k)] 〈仏〉男 ❶ (バネ仕掛けの)折畳み山高帽[シルクハット]. ❷ 折畳みできる三角帽子.
— 女 劇場のさくら. **類 claque**.

── 擬 ポキッ, ポキッ(何かが折れる時の擬音).

clamar [klamár] 自 ❶ 〖助けを求めて叫び嘆く; 〖+por を〗求めて大声で叫ぶ. —— a Dios 助けを求めて神に叫び嘆く. Los manifestantes *clamaban por* la justicia. デモ隊は大声で正義を求めていた. ❷〖比喩〗〖+por を〗(物を)求める, 必要とする. —Esta tierra *está clamando por* el agua. この土地は水を必要としている.
—— 他 を切に要求する, を叫び求める. —Ha sido un crimen *por* su *clama* venganza. それはまさに復讐に値する犯罪だった.

clámide [klámiðe] 女 〖衣類〗ギリシャ人・ローマ人たちが騎乗の際に着用した短いマント[コート].

clamor [klamór] 男 ❶ 叫び, 叫び声, 大声, 喚き声. ❷ (群衆の)叫び声, 喚き声. —Las calles resonaban con el eco del ~ de la multitud. 街路には群衆の叫び声が大きく鳴り響いていた. 類 **clamoreo, griterío, vocerío**. ❸ 苦悩の叫び, 悲痛の叫び. ❹ 弔鐘. ❺〖アラゴン〗大雨によってできた流れの激しい小川.

clamorear [klamoreár] 他 悲痛な声で要求する, 嘆願する; 叫び声をあげて求める.
—— 自 ❶ 〖+por を〗求めて叫ぶ[叫び声をあげる]. —~ *por* socorro 救援を求めて大声で叫ぶ. ❷ (鐘が)弔鐘として鳴る. 類 **doblar**.

clamoreo [klamoréo] 男 ❶ いつまでも続く叫び声, 執拗な喚き声. ❷〖話〗しつこい懇願, 哀願.

clamoroso, sa [klamoróso, sa] 形 ❶ 喚き声を伴った. —La decisión fue aceptada con aplausos y vivas ~*s*. その決定は拍手と歓呼の声で受諾された. ❷ De entre los asistentes se oía un llanto ~. 参列者の中からは悲痛な叫びを伴った泣き声が聞こえていた.

clan [klán] 男 ❶ 一門, 一族, 同族; 一家. ❷〖軽蔑〗(共通の利害関係で結ばれた)一味, 閥(ばつ), 徒党. —~ mafioso マフィア一味. ~ de especuladores 投機団. ❸ 氏族(スコットランドで家長がすべて同一祖先から出ていると称する家族群).

clandestinidad [klandestiniðáð] 女 ❶ 秘密, 内密. —en la ~ 秘密に, ないしょで. ❷ 非合法, 非合法性. —Durante la guerra el partido se mantuvo en la ~. 戦争中その党は非合法にあった. 反 **legalidad**.

clandestino, na [klandestíno, na] 形 法に隠れた, 当局の目を盗んだ, 非合法の; 地下の, 秘密の, 内密の. —una organización *clandestina* 非合法組織. una actividad *clandestina* 非合法活動. una publicación *clandestina* 地下出版(物). Durante la dictadura oía una emisora *clandestina* cada noche. 独裁政権の間彼は夜毎秘密放送を聞いていた. 類 **furtivo, ilegal, oculto, secreto**. 反 **legal**.

claque [kláke] 〈＜仏〉女 〖集合的〗〖話〗(劇場などの)~. —Ese programa de televisión tiene numerosa ~. そのテレビ番組では拍手する係が大勢雇われている. 類 **clac**.

Clara [klára] 固〖女性名〗クラーラ.

clara¹ [klára] 女 ❶ 卵白. ❷ 明るさ, 明度. —Me levanté con las ~*s* del día. 私は朝日と共に起きた. ❸ (毛織物の)織り目の粗い部分. 類 **claro**. ❹ はげ, 頭の毛の薄いところ. ❺ 森の木のまばらな部分. 類 **claro**. ❻〖話〗晴れ間. 類 **claro**. ❼ クララ修道女会の修道女. 類 **clarisa**. ❽ 炭酸で割ったビール.

clara² [klára] 女 → **claro**.

---

claraboya [klaraβója] 女 〖建築〗天窓, 明かり取り, 採光窓. 類 **tragaluz**.

‡**claramente** [kláramέnte] 副 ❶ はっきりと, 明瞭に. —Dígame la verdad ~. 本当のことをはっきりとおっしゃってください. Se veía ~ el Monte Fuji a la luz de la luna. 月の光で富士山がくっきりと見えた. ❷〖文全体を修飾して〗明らかに, 明白に. —~, lo que quiere es que le prestes dinero. 明らかに彼は君に金を貸してもらいたいのだ.

clarear [klareár] 他 明るくする. —Una gran ventana *clareaba* su despacho. 一枚の大窓が彼の書斎を明るくしていた.
—— 自 ❶〖3人称単数のみ〗夜が明けはじめる. —Llegamos a Madrid cuando ya *clareaba*. 我々がマドリードに到着した時にはすでに夜が明けはじめていた. ❷〖3人称単数のみ〗霧や雲が消えて明るくなる. —Ha dejado de llover y parece que empieza a ~. 雨がやんで明るくなりはじめるようだ. 類 **aclarar**. ❸ (ある物が)はっきりと見えるようになる, 明瞭になる.
—— **se** 再 ❶ (織物や着物が)透けて見える, 透き通る. —Tu falda *se clarea*. 君のスカートは透けて見える. ❷ 〖話〗(心ならずも)自分の本心に気づく.

clarecer [klareθér] [9.1] 自〖3人称単数のみ〗夜が明ける. 類 **amanecer**.

clareo [kláreo] 男 (山や森の)間伐.

clarete [kláréte] 〈＜仏〉形 (ワインの)クラレット色の, 淡紅色の.
—— 男 〖飲料〗クラレット(=vino ~)(フランス・ボルドー産のワインの一種で元来淡い紅色をしている).

‡**claridad** [klariðáð] 女 ❶ 明るさ; 明かり, 光(→oscuridad 「暗さ」). —a la ~ de las estrellas 星明りで. Todavía hay ~ まだ明るい. Al subir las persianas, la ~ del día inundó su habitación. ブラインドを上げると彼の部屋は日の光であふれた. La farola despedía una débil ~. 街灯が弱い光を放っていた. 類 **luz, resplandor**. 反 **oscuridad**. ❷ 澄んでいること, 透明さ. —~ del agua [del aire, del cristal]. 水[空気, ガラス]の透明さ. 類 **transparencia**. ❸ (頭脳などの)明晰(めいせき)さ. —~ de su inteligencia 彼の知性の明晰さ. ~ de juicio 明晰な判断, 洞察力. ~ de ideas 考え[思考]の明晰さ. 類 **diafanidad, lucidez**. 反 **confusión**. ❹ (説明・文体・事実などの)明快さ, 明白さ. —Os recomiendo este libro de matemáticas por la ~ de sus explicaciones. この数学の本は説明が明快なので君たちに推薦する. ❺ (視聴覚的な)明瞭さ. —Lo reconocí por la ~ de su voz. 澄んだ声なので彼だと分かった. ❻ 複 (耳の痛い)無遠慮な言葉; 赤裸々[不快]な事実. —decir (cuatro) ~*es* a … (人)に遠慮なく[ずけずけ]言う.

con claridad (1) はっきりと, 明確に, 明瞭に. explicar *con* mucha *claridad* [*con claridad* meridiana] 極めて明快に説明する. (2) ずけずけと, 率直に. Le hablé sin rodeos, *con* toda *claridad*. 私は彼に単刀直入に言った.

de una claridad meridiana 極めて明白な, 明々白々な.

Cuanto menos bulto, más claridad. (邪魔者がいなくなりやれやれ, やっと厄介払いできてせいせいした(←物がかさばらなければかさばらないだけ, 明るい).

clarificación [klarifikaθjón] 女 ❶ 明らかに

420　clarificar

すること，明瞭にすること；明るくすること．❷ 解明，説明，**劉 aclaración, explicación**．❸ (液体，特に，シロップの)清澄化，浄化．

clarificar [klarifikár] [1.1] 他 ❶ 明らかにする，明瞭にする．—A mí todavía me quedan algunas cuestiones sin ～. 私にはまだ明らかになっていない問題が残っている．**劉 aclarar**. ❷ 明るくする，照らす，**劉 alumbrar, iluminar**. ❸ (液体を)浄化する，透明にする，清澄にする．**劉 aclarar, purificar**. ❹ 解明する，説明する．
—— 自 (濁りの除去のために)卵白を加える．

Clarín [klarín] 固名 クラリン(1852-1901, スペインの小説家・評論家，本名 Leopoldo Alas).

clarín [klarín] 男 ❶ 《音楽》(トランペットよりも小さで音の高い)らっぱ，軍隊ラッパ，信号らっぱ；その奏者．❷ 《音楽》オルガンのストップの一種，クラリオン・ストップ．❸ 《チリ》スイートピー．**劉 guisante de olor**. ❹ (裏地やスカーフ用の)薄い布地．

clarinada [klarináða] 女 ❶ 《話》らっぱの音，集合らっぱ．**劉 clarinazo**. ❷ 《比喩，俗》的外れ，見当違い，場違い．**劉 despropósito**.

clarinazo [klarináθo] 男 ❶ らっぱの音．**clarinada**. ❷ 的外れ，見当違い．**劉 clarinada, despropósito**. ❸ 《比喩》警告，忠告となるような出来事；警鐘．—Para el gobierno el resultado de las elecciones fue un ～. 政府にとってその選挙結果は一つの警鐘となった．

clarinete [klarinéte] 男 《音楽》クラリネット．—tocar el ～ クラリネットを吹く．
—— 男女 クラリネット奏者．**劉 clarinetista**.

clarinetista [klarinetísta] 男女 《音楽》クラリネット奏者．

clarión [klarjón] 男 《まれ》白墨，チョーク．**劉 tiza**.

clarisa [klarísa] 形 《女性形のみ》クララ会修道女会の．
—— 女 クララ会修道女会の修道女．**劉 clara**.

clarividencia [klariβiðénθja] 女 〈< clarividente + -encia〉❶ 洞察力の鋭さ，眼識の高さ，明敏さ．—Su ～ en los negocios constituye la clave de su éxito. ビジネスにおける洞察力の鋭さが成功の鍵である．**劉 lucidez, penetración, perspicacia, sagacidad**. ❷ 予知能力，予見力．

clarividente [klariβiðénte] 形 洞察力のある，眼識の高い，明敏な．—Es uno de los investigadores más clarividentes del campo. 彼はその分野でもっとも洞察力のある研究者の一人である．

claro, ra [kláro, ra クラロ，ラ] 形 ❶ 明るい，輝いた，光があたった．—Hoy es un día muy ～. 今日はとても明るい日だ．Vive en un hermoso y ～ piso. 彼女は美しくて明るい部屋に住んでいる．劉 luminoso**. **反 oscuro**. ❷ (物事が)明確な，よく分かる，明瞭な．—Tiene un ～ parecido a su padre. 彼は明らかに父親に似ている．Tienes que hablar con voz más clara. 君はもっとはっきりした声で話さなければなりません．Lo que pido es sólo una explicación clara de mi despido. 私が求めているのは解雇の明確な説明だけです．Perdón, ¿me lo explica, otra vez? Es que todavía no me queda ～ lo que ha dicho. すみませんが，もう一度説明していただけますか．おっしゃったことがまだはっきりしないものですから．Quiero las cuentas claras. 私はきちんとした勘定(計算)が欲しい(＝物事をはっきりさせてもらいたい)．❸ (物事が)明らかな，明白な，疑う余地のない，はっきりした．—No te olvides de que lo que ocurrió ayer es un hecho ～. 昨日起こったことは疑いようのない事実だということを忘れないで．¿No comprendes lo que te digo?-No, lo siento.-Pues, chico, está más ～ que el agua. 私の言っていることがわからないの?-はい，すみませんが．-のね君，これは単純明快なことなんだ．Está ～ que lo ha dicho a propósito. 彼がわざとそう言ったのは疑いない．**劉 cierto, evidente, manifiesto**. ❹ (人の話，説明が)分かりやすい，明解な；(内容が)単刀直入な，明快だ．—Me gusta la clase de matemáticas porque el profesor es muy ～. 私は数学の授業が好きです，先生がとてもわかりやすいから．El núcleo de su razonamiento estaba muy ～. 彼の論旨はとても明解だった．**劉 inteligible**. ❺ (頭脳，知性が)明晰な，冴えた，鋭敏な．—Es extraño ese comportamiento en un hombre que siempre ha tenido la cabeza clara. いつも頭脳明晰だった人がそんな振る舞いをするなんて変だ．Es una chica de mente clara[de ideas claras]. 彼女は頭脳明晰な[明晰な考えの]女性だ．**劉 agudo, perspicaz**. ❻ (人が)率直な，ざっくばらんな，隠し立てのない．—Te dirá lo que piensa porque es una persona muy clara. 彼は思っていることを言うだろう，とても率直な人だから．**劉 abierto, franco, sincero**. ❼ (色・色調が)淡い，明るい．—Me gustan los colores ～ s. 私は淡い色が好きだ．Tiene los ojos de un azul ～. 彼の目は明るいブルーだ．verde [gris] ～ ライトグリーン[グレー]. **劉 pálido**. **反 oscuro**. ❽ (液体やガラスが)透明な，澄んだ，不純物のない．—Nos lavamos la cara en un riachuelo de agua clara. 私たちは小川の澄んだ水で顔を洗った．**劉 transparente**. ❾ (空が)晴れた，晴れ渡った．—cielo ～ 雲ひとつない空．Era una clara noche de luna llena. それは満月の晴れ渡った夜だった．**劉 despejado**. ❿ (音・音色が)はっきりした，鮮明な．—Esta flauta tiene un sonido muy ～. このフルートの音はとてもはっきりしている．⓫ (液体・生地・種の濃度が)薄い．—Le gusta el chocolate ～. 彼女は薄いココアが好きだ．Deja la pasta clara. 生地にもっと水を混ぜなさい．⓬ (密度が)薄い，まばらな，詰まっていない．—Mi padre tiene el pelo ～. 私の父は髪の毛が薄い．Las cebadas se hallan claras este año. 今年のオオムギの実は詰まっていない．tela clara 目の粗い布．**劉 ralo**. ⓭ 清廉な，不正のない，誠実な．—No es un negocio ～. それは清廉な取り引きではない．**劉 limpio**. ⓮ 《文》著名な，名門の，傑出した．—los ～s hijos de Andalucía アンダルシアの名門の子息．**劉 famoso, ilustre, insigne**. ⓯ 《闘牛》(牛の)癖なく攻めてくる．⓰ 《獣医》(馬が)足ぶむくのない．

claro como la luz del día →luz.

claro está もちろん．Iré yo, a no ser, *claro está*, que quieras ir tú. 僕も行くよ．もちろん君が行きたいというなら別だが．

claro que [＋直説法] …は明らかだ，もちろん…だ．*Claro que* está enfadado. もちろん彼は怒っている．*Claro que*, conociéndolo, yo me esperaba su reacción. もちろん，私は彼のことを知っているからその反応は予想していたわ．¿Me invitas?-*Claro que* sí. おごってくれるかい．-もちろんさ．

dejar claro ... を明言する, 明らかにする. *Ella ha dejado claro* que no quiere participar en ese negocio. 彼女はその交渉には加わりたくないと明言した.

estar claro 明らかだ, 明白だ. *Está claro* que no te quiere. 彼女が君を愛していないのは明らかだ.

más claro que el agua →agua.

poner [dejar] en claro ...を明らかにする, はっきりさせる. La policía está intentando *poner en claro* las circunstancias en que se perpetró el crimen. 警察はその犯罪が起こった状況をはっきりさせようと努めている.

por lo claro はっきりと, 明白に, 率直に.

quedar en claro ...が疑問の余地を残さない, 明らかである.

sacar en claro [limpio] →sacar.

tan claro como la luz del día とてもはっきりしている[明らかだ].

tenerlo [llevarlo] claro [llevarlas claras] si ... …としたら大したものだ. *Lo tiene claro si* cree que va a poder convencerle. 彼を説得できると思っているのなら大したものだ.

—— 男 ❶ 空き, 空白, すき間. —Buscábamos un ~ entre la multitud de gente. 私たちは大勢の人たちの間で空いた場所を探していた. ❷ 空き地, (森林, 畑, 農場, 山などの)開けた場所; (頭髪の)禿げ. —Construyeron un asilo de ancianos en un ~ que había en el extremo del barrio. その地区の端にある空き地に老人ホームが建設された. Descansamos un rato en un ~ del bosque. 私たちは森の開けた場所で一休みした. José tiene un ~ pequeño en el pelo. ホセには小さい禿げがある. ❸ (書く際の)単語と単語の間のスペース. ❹ (二つのものの間の)切れ目, 間. ❺《比喩》(活動, 行動の)切れ目, 区切り. —En cuanto tenga un ~ en el trabajo, iré a verte sin falta. 仕事に区切がついたら, きっと君に会いに行くよ. ❻ (雨・雪の)止んだ間, 晴れ間. —Llovió casi todo el día, pero aproveché un ~ para salir. ほとんど一日中雨が降ったが, 私は雨が止んだ間を利用して外出した. ❼ 光, 明るさ. —dar un paseo al ~ de luna 月光の中を散歩する. 類 claridad. ❽《美術》絵画の中の明るい部分, ハイライトのあたっている部分. ❾【主に《建築》】明かり取り, 天窓. 類 claraboya, luz.

claro de luna 月光, あたりを照らす月の光.

(de claro) en claro 徹夜で, 一晩中寝ずに. *pasar la noche (de claro) en claro* 一晩中寝ないで過ごす.

meter en claros 《絵画》ハイライトを入れる.

—— 女 ❶ (卵の)白身, 卵白. —Tienes que batir bien las *claras*. 卵白をよく泡立てなければならない. ❷《飲料》クララ(ビールを炭酸飲料でわった飲み物). ❸ 晴天, 晴れ間. ❹ 朝, 朝陽光. —Bebimos y cantamos hasta que aparecieron las *claras* del día. 我々は朝日が現れるまで飲み, 歌った.

a las claras はっきり, 明白に; 隠さず, 率直に. Si no te gusto, dímelo *a las claras*. 私のことが好きでないなら, はっきりそう言ってよ.

cantar [decir] (las) claras《話》(人前で言うのをはばかられるようなこと)ずけずけ言う.

—— 副 はっきりと, 明確に, 明瞭に. —Oye, habla ~ y sin rodeos. おい, もったいぶらずに単刀直入に話してくれ. 類 claramente.

clase 421

—— 間 ❶ (肯定・承諾を表す)もちろん, 当然 [語調によっては皮肉の意味を帯びることがある]. —¿Quieres venir conmigo? -¡Claro! 僕といっしょに行くかい? -もちろん! ¿No te gusta hacer deporte? -¡Claro que sí [no]! あなたスポーツするの好きじゃないの? -もちろん好きさ[好きじゃないさ]! 類 naturalmente, por supuesto. ❷ (何かに気づいた時の表現)あっ, そうだ, そうよ, あっそうよか. —¡Claro! Por eso no vino ayer. あっそうよか, だから彼昨日来なかったんだわ.

claroscuro [klaroskúro] 男 ❶《絵画》明暗の配分, 明暗のコントラスト. ❷《絵画》キアオスクーロ(単色の明暗の調子だけで描いた素描). ❸《書道》太い運筆と細い運筆の組み合わせから生まれる効果. ❹《比喩》(態度や状況の)両極端.

clarucho, cha [klarútʃo, tʃa] 形《軽蔑》薄すぎる, 薄めすぎた. —una sopa *clarucha* 薄すぎるスープ. una tela *clarucha* 薄すぎる布.

＊clase [kláse クラセ] 女 ❶ クラス, 学級, 組. —compañero de ~ 同級生, クラスメート. ~s superiores 上級クラス. Es el primero de la ~. 彼はクラスで一番である. La ~ de español es muy numerosa. スペイン語のクラスは大変人数が多い.

❷ 授業, 講義, レッスン. —~ nocturna 夜間授業. ~ soporífera 退屈な授業. ~s de recuperación (不合格科目に合格するための)特別[補習]授業. ~ de conducir [de manejar] (運転免許の)実地教習. ir a ~ 授業[学校]に行く. salir de ~ 授業から出て来る, 下校する. dar ~s particulares 個人教授[家庭教師]をする. dictar ~ de filosofía 《中南米》哲学を教えている. impartir (las) ~s 授業をする(→dar clase). portarse muy mal en ~ 授業中の態度が非常に悪い. faltar a ~ cinco veces 授業に5回欠席する. Hoy no hay ~ 今日は授業がない. Tenemos tres ~s de inglés a la semana. 私たちは英語の授業が週3時間ある.

❸ 教室(=sala de ~). —Las ventanas de la ~ dan al campo de deportes. 教室の窓は運動場に面している. 類 aula.

❹ 種類, 部類. —muchas ~s de embutidos たくさんの種類のソーセージ. toda ~ de cosas あらゆる種類のもの. de la misma ~ [de otra ~] 同じ[違う]種類の. sin ninguna ~ de dudas まったく疑いなく. ¿Qué ~ de armario quieres comprarte? どんなタイプの家具を買いたいの? 類 género, tipo.

❺ (乗り物などの)等級, クラス, ランク, 格. —de primera ~ (乗り物などの)ファーストクラスの, 一流の. de segunda ~ (乗り物などの)二流の. lana de ~ superior 最高級のウール. viajar en primera ~ [en segunda ~] 1等[2等]で旅行する. ~ turista [económica] ツーリストクラス, エコノミークラス. ~ ejecutiva [preferente] ビジネスクラス, エグゼクティブクラス. 類 calidad, categoría.

❻ (社会)階級, 階層. —~ social 社会階級. gente de todas las ~s sociales あらゆる社会階層の人たち. lucha de ~ 階級闘争. ~ alta [media, baja] 上流[中流, 下層]階級. ~ media alta [baja] 中流の上[下]の階級. ~ agraria 農民階級. ~ dirigente 指導者階級. ~ obrera

[trabajadora] 労働者階級. ~ capitalista [burguesa] 資本家[ブルジョア]階級. ~ proletaria プロレタリア階級. ~ política 政治家たち. ~s pasivas 年金・恩給受給者階級. ❼ 上品さ, 品位, 気品, 優雅さ. — mujer con mucha ~ 非常に上品な女性. canción zafia y sin ~ 下品な歌. [類]**distinción, estilo, personalidad**. ❽《生物》(動植物分類上の)綱(ミラ) (filo[門]の下で, orden「目」の上). [類]**especie, familia, tipo**. ❾《軍事》下士官(階級)(= ~ de tropa). ❿《情報》クラス. ~ ~ de objeto オブジェクト・クラス.
clase magistral《教育》(生徒がノートを取るだけの先生の一方的な講義(授業形態).

clasicismo [klasiθísmo] [男]❶《芸術》古典主義, 擬古主義. [反]**romanticismo**. ❷《芸術》古代ギリシャ・ローマ時代の文芸精神. ❸《言語, 様式, 作品に関する》古典, 古典的作品.

clasicista [klasiθísta] [形] 古典主義の.
—— [名] 古典主義者.

*:**clásico, ca** [klásiko, ka] [形]❶《芸術・文化・言語が》**古典的な**, 標準的な, 代表的な. — teatro ~ 古典劇(スペインでは16〜17世紀の作品). Su obra se considera ya *clásica*. 彼の作品はすでに古典的なものと考えられている. [類]**consagrado, notable, principal**. ❷《西洋》古典の, 古代ギリシャ・ローマの. — lenguas *clásicas* 古典語(特にギリシャ語・ラテン語). En su libro trata de recrear el mundo ~. 彼はその本の中で古典世界を再創造しようとしている. ❸ 古典派の, 古典主義の. — música *clásica* クラシック音楽. ❹《服装・流儀が》伝統的な, 規範的な, 正統派の. — Le gusta vestir de una manera muy *clásica*. 彼女は非常にトラッドな服装をするのが好きだ. ❺ 典型的な, 型通りの. — Al final de la boda nos hicimos la *clásica* foto de familia. 結婚式の最後に私達はお決りの家族写真をとった.
—— [名]❶《ギリシャ・ラテンなどの》古典作家. ❷ 古典的といえる作家[芸術家], 巨匠. ❸ 古典主義者.
—— [男]❶ 古典. ❷ 古典的作品, 名作, 決定版.
~ ~ del cine italiano イタリア映画の名作.

clasificable [klasifikáβle] [形] 分類可能な, 類別できる.

*:**clasificación** [klasifikaθjón] [女]❶ **分類(法), 整理**. ~ ~ alfabética アルファベットによる分類. ~ decimal 《図書館の》十進分類法. ~ periódica de los elementos《化学》元素の周期律よる分類, 周期律. ~ del correo 郵便物の区分け. ❷《スポーツなどの》順位, ランク(付け), 格付け. — colocarse en el primer lugar de la ~ 1位になる. ❸《スポーツなどの》出場資格, 決勝進出. — Alemania ha conseguido la ~ para la final. ドイツは決勝進出を勝ち取った. Han obtenido la ~ para el Mundial. 彼らはワールドカップ出場資格を得た.

*:**clasificado, da** [klasifikáðo, ða] [過分] [形]❶ 分類された. ❷《まれ》(情報, 文書等が)秘密の, 機密の. — Se trata de informes ~s. それは機密扱いのレポートのことだ.

clasificador, dora [klasifikaðór, ðóra] [形] 分類する, 類別する.
—— [名] 分類する人, 類別する人.
—— [男] ファイリング・キャビネット, ファイル.

*:**clasificar** [klasifikár] [1.1] [他]❶〔+en/entre/para に〕を**分類する**, 類別する, 整理する. — ~ los verbos españoles según las modalidades de conjugación スペイン語の動詞を活用の形態に従って分類する. ❷〔+a/enに〕を位置づける, ランクする, 等級に分ける.
—— **se** [再](順位・等級に)位置する, ランクされる; (決勝などに)進出する. — El equipo *se ha clasificado* para la final de la Copa de Europa. そのチームはヨーロッパ杯争奪の決勝戦に進出した.

clasista [klasísta] [形]❶ 階級主義の, 階級主義支持の. — Se nota que ha recibido una educación ~. 彼は階級主義的な教育を受けたということが分かる. ❷ ある階級に特有な.
—— [男女] 階級主義者.

Claudia [kláuðja] [名] 《女性名》クラウディア.
claudia [kláuðja] 《女性形で》淡い緑色の西洋スモモの. — ciruela ~ 淡い緑色の西洋スモモ.
—— [女] 淡い緑色の西洋スモモ.

claudicación [klauðikaθjón] [女]❶《義務, 原則の)不履行, 放棄. — Aceptar ese puesto constituiría una ~. そのポストにつくのは義務の不履行になるだろう. [類]**abandono**. ❷ 降参, 屈服. — La ~ ante el enemigo se produjo para evitar una humillante derrota. 敵前で降参したのは屈辱的な敗北を避けるためだった. ❸ 跛行(ヒォぅ), びっこを引くこと.

claudicante [klauðikánte] [形]❶《義務, 原則の)不履行の. ❷ 降参した, 屈服した.

claudicar [klauðikár] [1.1] [自]❶〔+deに〕(義務, 原則)を果たさない, 履行しない, 裏切る; (義務, 主義, 原則)に違反する, 背く. — Nunca *claudicó de* sus ideas anarquistas. 彼は一度もアナーキスト的主義に背くことがなかった. ❷ 降参する, 屈服する. — Ante la superioridad de su enemigo no tuvo más remedio que ~. 敵の優位を前にして降参するしかなかった. [類]**ceder, rendirse, someterse**. ❸《まれ》跛行(ミッ)する, びっこを引く.

Claudio [kláuðjo] [名] 《男性名》クラウディオ.
claustral [klaustrál] [形]《宗教》回廊の, 修道院の. — vida ~ 修道院生活.
—— [男女] 修道士, 修道女.

*:**claustro** [kláustro] [男]❶《建築》(修道院・教会・大学などの)回廊, 歩廊. ~ ojival 尖頭アーチ式(ゴシック様式)の回廊. [類]**atrio, galería**. ❷ 修道院(生活), 僧院(生活). — entrar en el ~ 修道士になる. abandonar el ~ 修道院生活をやめる, 修道院を出る. retirarse al ~ 修道院に隠遁する. ❸《集合的に》教授会, 教授団[陣]. ~ ~ de profesores 教授団[会]. ~ universitario 大学の教授団[会]. [類]**asamblea, junta**.
claustro materno《解剖》子宮 (= matriz).

claustrofobia [klaustrofóβja] [女] 《精神医学》閉所恐怖症, 閉所恐怖症.
claustrofóbico, ca [klaustrofóβiko, ka] [形] 《精神医学》閉所恐怖症の, 閉所恐怖症の.
—— [名] 《精神医学》閉所恐怖症患者.

*:**cláusula** [kláusula] [女]❶《条約・契約などの》**条項**, 箇条, 約款(ﾔﾞ). ~ ~ adicional 追加条項. ~ del país más favorecido《国際法》最恵国条項. ~ de protección [de salvaguardia] 利益保護条項. ~ penal 制裁条項. ~ a la orden 指図(による債権譲渡)条項. ~ resolutoria 解除条項. [類]**apartado, artículo, estipulación**. ❷《文法》

文, 節, クローズ. —～ simple [compuesta] 単[複]文. ～ de relativo 関係詞節. ～ absoluta 独立構文. 類**frase, oración**.

*__clausura__ [klaṷsúra] 囡 ❶ (討論・会議・会期などの)終了, 終結, 閉会(式). —ceremonia [sesión] de ～ 閉会式. La sesión de ～ del congreso fue presidida por el rey. 会議の閉会の儀は国王が務めた. Llegó antes de la ～ del debate. 彼は討議終了前に着いた. 類**cierre, fin, terminación**. 反**apertura, comienzo, inauguración**. ❷ 閉鎖, 閉業, 閉店. —El ayuntamiento ha ordenado la ～ de ese bar porque no cumplía las normas. 市役所はそのバールが規則を守らなかったので閉店を命じた. ❸ (宗教) (a) (修道院の)隠遁, 修道院生活. —～ de los trapenses トラピスト会修道士の修道院生活. monjas de ～ [convento] 修道院の禁域. (b) (修道院内の)禁域; 禁域制[法]; (修道士の域外への)外出禁止, (俗人の修道院内への)出入り禁止. —En calidad de médico, tiene permiso para entrar en la ～ del convento. 彼は医師として修道院の禁域に入るための許可を得ている. quebrantar la ～ (修道院内の)禁域の法を破る.

__clausurar__ [klaṷsurár] 他 ❶ (公共機関, 公共施設を)閉鎖にする. 類**cerrar**. ❶ (公共機関, 公共施設を)休業にする, 終業にする. —Las autoridades sanitarias *han clausurado* ese restaurante. 衛生当局によってそのレストランは休業させられた. 類**cerrar**. ❸ (会議, 展覧会などを)終了させる, 閉会させる, 終える. —El ministro de educación *clausuró* el congreso con un breve discurso. 教育大臣は短い演説でその会議を閉じた.

__clava__ [klába] 囡 ❶《武器》(先が太い)棍棒. 類**cachiporra, porra**. ❷《海軍》甲板排水口.

__clavado, da__ [klaβáðo, ða] 過分 形 ❶ 釘で留められた, 釘を打たれた, 飾りびょうを打たれた. —Las estacas *clavadas* en el suelo señalan el contorno del jardín. 地面に打ちこまれた杭は庭の輪郭を示している. ❷ [+a] …にそっくりな, …に生き写しの. —José es ～ *a* su abuelo. ホセはおじいさんに生き写しだ. 類**pintiparado**. ❸ 正確な, ちょうど, きっかり. —Llegaron a las ocho *clavadas*. 彼らは8時きっかりに到着した. 類**fijo, puntual**. ❹ [+en] …に釘づけになった, …に固定された. —Tenía la vista *clavada en* el horizonte. 彼は水平線に視線が釘づけになっていた. Está *clavada* en la cama por enfermedad. 彼女は病気で寝たきりだ. ❺ 適切な, ぴったりの. —Este traje le está ～. この服は彼にぴったりだ. *dejar clavado a* … (1) を当惑させる, 狼狽させる. Mi respuesta *le dejó clavado*. 私の返事は彼を狼狽させた. 類**confuso, desconcertado**. (2) (自転車競技で)を逃げ切る, 振り切る.

*__clavar__ [klaβár] 他 ❶ [+en に] (くぎなど)を打ちこむ, を刺す. —Voy a ～ un clavo en la puerta para colgar mi gorro. 私は帽子を吊るためにドアに釘を1本打とう. ❷ をくぎで留める, くぎで打ちつける. —*Clavó* el espejo en la pared. 彼は壁に鏡をくぎで取り付けた. ❸ を止める, 定める, 置く. —～ un hecho en la memoria ある事実を記憶に留める. *Clavó* la mirada en Carmen. 彼はカルメンに視線を止めた. ❹《話》(高い金)をとる, 請求する. —Le *clavaron* tres euros por un helado. 彼はアイスクリームに3ユーロもぼられた. —*se* 再 刺さる. —Al comer pescado *se le clavó* una espina en la garganta. 彼は魚を食べていてのどに骨が刺さった. Andando descalzo por el césped, *me clavé* una espina en el pie. 芝生をはだしで歩いていて, 私は足にとげを刺した.

*__clave__ [kláβe] 囡 ❶ (謎・疑問・問題などを解く)鍵(^{かぎ}), 手掛かり, キー; (成功などの)秘訣(^{ひけつ}); (教科書などの)手引書. —descubrir la ～ del enigma 謎を解く鍵を見つける. Aquella huella fue la ～ para resolver el crimen. あの足跡は犯罪解決の鍵となった. La tenacidad es la ～ su éxito. 粘り強さが彼の成功の秘訣である. ～ de ordenación ソート・キー, (実在の人物・場所などの名を変えて扱った)モデル小説. 類**base, explicación, quid, secreto**. ❷ 暗号, コード, 暗証番号. —descifrar la ～ 暗号を解読する. hablar en ～ 符牒(^{ふちょう})で話す. ～ de la caja fuerte 金庫の暗証番号. ～ de Morse モールス信号. mensaje en ～ 暗号文. La carta estaba en ～. その手紙は暗号で書かれていた. Para utilizar el cajero automático se emplea una tarjeta con una ～. 現金自動引出し機を利用するには暗証番号付きカードが使われる. 類**cifra, código**. ❸《音楽》(長・短)の調, 音部記号. —～ de sol ト音記号[高音部記号]. ～ de fa ヘ音[低音部]記号. Esta partitura está escrita en ～ de sol. この楽譜はト音記号で書かれている. ❹《建築》(アーチやヴォールトの頂上にある)要(^{かなめ})石. ～ de arco [de bóveda] アーチ[ヴォールト]の重石. *dar con [en] la clave* 解決を見出す. *echar la clave* (交渉・議論などに)決着をつける. *en clave de* … …の調子で, 口調で. Este artículo trata la crisis política *en clave de* humor. この記事は政治危機をふざけた調子で扱っている.
— 形 〖無変化〗重要な, 主要な. — palabra [punto] ～ キーワード[ポイント]. cuestión ～ 重大問題. industria ～ 基幹産業. hombre ～ 鍵を握る人物, 中心人物.
— 男《楽器》(ピアノの前身)クラビコード, ハープシコード (=clavicémbalo).

__clavecín__ [klaβeθín] 男《音楽》チェンバロ, ハープシコード, クラブサン. 類**clavicémbalo**.

*__clavel__ [klaβél] 男 ❶《植物》カーネーション, オランダセキチク(石竹), ナデシコ. —～ coronado トコ[タツタ]ナデシコ (=clavellina de pluma). ～ doble [reventón] オランダセキチク, (八重咲きの)カーネーション(スペインの国花). ～ de China セキチク(石竹). ～ de la India [de muertos] 万寿菊, 孔雀草, フレンチマリーゴールド. ～ de las Indias マリーゴールド (=cempoal). ～ del Japón [de los poetas] ビジョナデシコ(美女撫子). 類**clavellina**. ❷《動物》. —～ de mar イソギンチャク. ❸《北米》《俗》泥棒.

__clavelito__ [klaβelíto] 男《植物》(花の小さい)ナデシコの一種.

__clavellina__ [klaβeʝína] 囡 ❶《植物》(特に一重咲きの)カーネーション, ナデシコ; 小振りのカーネーション. ❷《軍事》(大砲の)火門栓.

__clavelón__ [klaβelón] 男 ❶《植物》センジュギク(千寿菊). ❷ キンセンカ(金盞花).

__clavero__¹ [klaβéro] 男《植物》チョウジノキ(丁子の木), クローブ.

__clavero__², __ra__ [klaβéro, ra] 图 鍵番. 類**llave-

ro. ── 男 《歴史》(騎士団の)域代, 管長.

claveteado [klaβeteáðo] (過分) 形 飾り鋲(びょう)を打った. ── 男 飾り鋲を打つこと.

clavetear [klaβeteár] 他 ❶ …に飾り鋲(びょう)を打つ. 類 **guarnecer**. ❷ …に不必要に釘を打つ. ❸ (靴ひも, 飾りひもに)金具をつける. 類 **herretear**. ❹ 《比喩》(交渉, 手続きなどを)確実に終える, 完了する.

clavicembalista [klaβiθembalísta] 名 ハープシコード奏者, チェンバロ奏者.

clavicémbalo [klaβiθémbalo] 男 クラビチェンバロ, ハープシコード.

clavicordio [klaβikórðjo] 男 クラビコード(ピアノの前身). ─ tocar el ～ クラビコードを弾く.

clavícula [klaβíkula] 女 《解剖》鎖骨.

clavicular [klaβikulár] 形 《解剖》鎖骨の.

clavija [klaβíxa] 女 ❶ 《木工》(板を繋ぎあわせたり物を掛けたりする)木くぎ, 目くぎ, 止めくぎ(板をつなぐために挿入される)だぼ, ジベル. ❷ (電気コードの)プラグ, 差し込み. ❸ 《音楽》弦楽器の弦を締める糸巻き.

apretar [*ajustar*] *las clavijas a …* 《比喩, 話》(ある事を強要するために)(人)を締め付ける, 締め上げる. Si no enmiendas tu conducta, tendré que *apretarte las clavijas*. 君がその態度を改めないのなら私は君を締め上げなければならない.

clavijero [klaβixéro] 男 ❶ 《音楽》ピアノやチェンバロの糸倉. ❷ ハンガー, 洋服掛け. 類 **percha**. ❸ 《農業》犂(すき)の刃が入る柄の部分.

clavillo [klaβíʝo] 男 ❶ (扇子の骨やはさみの刃を固定する)芯, ピン. 類 **clavo, pasador**. ❷ 《音楽》(ピアノの)調弦ピン. ❸ (香辛料の)丁子(ちょうじ). 類 **clavo**. ❹ かさぶた, 腫物.

:**clavo** [kláβo] 男 ❶ 釘(くぎ), 鋲(びょう), 飾り鋲. ─ clavar (asegurar, fijar, poner) un ～ 釘を打つ. arrancar (sacar) un ～ 釘を抜く. cabeza [punta] de ～ 釘の頭[先]. asegurar un cuadro con un ～ 釘で絵を掛ける. colgar un almanaque de un ～ 暦を釘に掛ける. 類 **punta, tachuela**. ❷ 《植物, 香料》丁子(ちょうじ), クローブ(= ～ de especia [de olor]). ❸ 《医学》(a) うおのめ, たこ(=callo). (b) (腫れ物・おできの)固まった膿の塊, かさぶた. (c) (化膿を早めるため傷口に詰める)ガーゼ栓, 綿栓. (d) 偏頭痛(=jaqueca). ❹ 心痛, 悲嘆, 苦悩, 過酷な種. ─ Tiene el ～ de un hijo inútil. そのダメ息子が彼の頭痛の種だ. 類 **dolor, pena, sufrimiento**. ❺ 《話》借金, 付け. ─ dejar un ～ en la tasca 酒か屋に付けを残す. ❻ 損害, 害(=daño, perjuicio). ❼ 《獣医》(馬の)蹄(ひづめ)にできる腫物. ❽ 《登山》ピトン, ボルト. ❾ 《中南米》(a) うんざりすること, 厄介なこと; 欠陥品, 役立たず. ─ El auto que me vendió es un ～. 彼から買った車は欠陥車だ. Su secretaria es un ～. 彼の秘書は役立たずだ. (b) 《コロンビア》不利な取引き. ─ meterse en un ～ 不利な取引きをする, 割に合わないことをする. (c) 《コロンビア》豊富な鉱脈. (d) 《コロンビア》50 センティモ貨. (e) 《コロンビア》残品, 売れ残り.

agarrarse a [de] un clavo ardiendo 《話》溺(おぼ)れる者はわらをもつかむ(←窮地を脱する為にいかなる手段も厭わない). Aceptará cualquier trabajo; *se agarraría a un clavo ardiendo* con tal de trabajar. どんな仕事でも受け入れるだろう. 働けるのならいかなる手段も厭わないだろう.

como un clavo (1) 時間通りに, 正確に. Llegó a las diez en punto, *como un clavo*. 彼は時間通り10時きっかりに着いた. (2) 時間に正確な. A Pedro nunca hay que esperarle, es *como un clavo*. ペドロは決して人を待たせない. 時間を正確に守る人だ. 類 **puntual**.

clavar un clavo con la cabeza/ser capaz de clavar un clavo con la cabeza 頑固[石頭, 強情]である.

dar en el clavo (言うこと・することが)当を得る, 言い当てる, 図星を指す; (難問を)解く. Has *dado en el clavo* al decir que es un problema de nervios lo que tiene. 彼の病は神経の問題だと君に言われたが図星だ. El inventor de la máquina para hacer tortilla *dio en el clavo*. トルティーリャを作る機械の発明者は金的を射止めた.

dar una en el clavo y ciento en la herradura うまくいくのはまぐれである. 十中八九は間違う[失敗する].

hacer clavo (建築資材や舗石が)しっかり結合する, 固定する.

no dar ni clavo (1) →no dar (ni) una en el clavo. (2) 《話》働かない, 何もしない. Se pasa todo el día mirando la tele, *sin dar ni clavo*. 彼は一日中テレビを見て何一つ仕事もしない.

no dar (ni) una en el clavo 一度もうまくいかない, いつも失敗する. No sé qué te pasa hoy, que *no das una en el clavo*. 君, 今日はどうしたの, ヘマばかりしているじゃないか.

no pegar ni clavo 《話》働かない, 何もしない. (→ no dar ni clavo).

Por un clavo se pierde una herradura. 【諺】千丈の堤も蟻(あり)の一穴から(←一頑丈な蹄鉄(ていてつ)も僅か1本の釘から駄目になる).

¡Por los clavos de Cristo! 《話》お願いだから, どうか. *¡Por los clavos de Cristo!* Deja ya de molestar. お願いだから, 邪魔しないでよ!

remachar el clavo 《話》(1) 誤りを正そうとしてさらに大きな誤りを犯す, さらに間違いを重ねる. Llegó tarde al trabajo y *remachó el clavo* con esa excusa tan pobre. 彼は職場に遅刻した上に大変お粗末な言い訳をしたので恥の上塗りとなった. (2) 【+de】(既に裏付けのある事実にさらに新たな論拠を加えて)を確かなものにする. Con el testimonio de la criada, el abogado *remachó el clavo* de la defensa. お手伝いの証言で弁護人は弁護を確かなものとした.

sacarse el clavo 《コロンビア, ベネズエラ》仕返しする, 復讐する.

ser de clavo pasado 《話》(1) 非常に容易である. (2) 明らかである, 自明である.

ser un clavo 《中南米》煩わしい, 厄介である; 役に立たない.

tener un clavo en el corazón 悲嘆に暮れている.

Un clavo saca [quita] otro clavo. 【諺】新たな苦悩は前の苦悩を忘れさせてくれる(←ある釘は別の釘を抜いてくれる).

claxon [kláksɔn] 男 《複》[cláxones] 《自動車》クラクション, 警笛. ─ tocar el ～ クラクションを鳴らす. 類 **bocina**.

claxonazo [klaksonáθo] 男 クラクション[警笛]の音. 類 **bocinazo**.

clemátide [klemátiðe] 女 《植物》クレマチス.

clemencia [kleménθia] 囡 寛大, 慈悲, 情け深さ, 哀れみ. — pedir ～ 慈悲[哀れみ]を求める. 類 **indulgencia, misericordia, piedad.** 反 **inclemencia, rigor.**

Clemente [kleménte] 固名 《男性名》クレメンテ.

clemente [kleménte] 形 寛大な, 慈悲深い, 哀れみのある. — un juez ～ 慈悲深い裁判官. 類 **indulgente, inclemente.**

clementina[1] [klementína] 囡 形 《果物》クレメンタイン(小型ミカンの一種)(の).

clementina[2] [klementína] 囡 《宗教》1317年法王フアン 22 世によって発布された教会法.

Cleopatra [kleopátra] 固名 クレオパトラ(前69-30, 古代エジプトの女王).

clepsidra [klepsíðra] 囡 《古代》(水)時計(= reloj de agua).

cleptomanía [kleptomanía] 囡 《精神医学》(病的)盗癖.

cleptómano, na, cleptomaníaco, ca, cleptomaniaco, ca [kleptómano, na; kleptomaníako, ka; kleptomanjáko, ka] 形 《精神医学》(病的)盗癖のある, 窃盗癖の.
— 名 《精神医学》窃盗狂, (病的)盗癖のある人.

clerecía [klereθía] 囡 ❶ 〖集合的に〗聖職団, 聖職者. 類 **clero.** ❷ 聖職者の地位, 身分. — mester de ～ 《文学》ゴンサロ・デ・ベルセオに代表されるような中世の聖職者が中心となって作られた文芸潮流. 類 **mester.**

clergyman [klérjiman] 〔英〕男 プロテスタントの聖職者, 牧師. — traje de ～ 1966 年からスペインで取り入れられることになった近代的な聖職者の法衣.

clerical [klerikál] 形 ❶ 聖職者の, 僧侶の. — hábito [estado] ～ 聖職者の法衣. 類 **eclesiástico.** 反 **laico, seglar.** ❷ 聖職権至上主義の, 教権至上主義の.
— 男女 聖職権至上主義者, 教権至上主義者.
— 男 《中南米》聖職者. 類 **clérigo.**

clericalismo [klerikalísmo] 男 ❶ 《政治・宗教》聖職権至上主義, 教権拡張主義. 反 **anticlericalismo.** ❷ 教会勢力の政治介入.

clericato [klerikáto] 男 《宗教》聖職者の身分. 類 **clericatura.**

clericatura [klerikatúra] 囡 → clericato.

clerigalla [kleriyája] 囡 〖集合的に〗《軽蔑》聖職者, 坊主ども.

:**clérigo** [klériyo] 男 ❶ 《宗教》聖職者; (カトリック)司祭, 聖職者; (プロテスタント)牧師. — ～ protestante プロテスタントの聖職者. ～ regular 律修聖職者, 修道聖職者. — ～ secular 教区付[在俗]聖職者, 教区付[在俗]司祭. 類 **cura, monje, sacerdote.** ❷ 《宗教》聖職者, 僧侶. — la sotana del ～ 聖職者のスータン. 類 **eclesiástico.** 反 **laico, seglar.** ❸ 《古》(中世の)学者, 知識人, 碩学(セキカᡝ).

clérigos (de) boca abajo 《植物》オダマキ(苧環).

clérigo de cámara バチカンの名誉司祭.

:**clero** [kléro] 男 ❶ 〖集合的に〗《宗教》聖職者(1人ひとりは clérigo). — Sacerdotes y obispos forman parte del ～. 司祭と司教が聖職者の一部を構成している. 類 **clerecía.** 反 **laicado.** ❷ 《カトリック》聖職者階級.

clero regular 律修聖職者.

climatérico 425

clero secular 教区付[在俗]聖職者.

clerofobia [klerofóβia] 囡 聖職者嫌い; 反聖職者主義, 反教権主義. 類 **anticlericalismo.**

clic [klí(k)] 男 〖複 clics〗 ❶ 《擬音》カチッ, カチャッ, パチン(スイッチ・鈍の引き金・カメラのシャッター・指などの音). ❷ 《コンピュータ》クリック. — hacer (un) doble ～ soble ese icono そのアイコンをダブルクリックする. ❸ 《音声》(アフリカ諸語の)舌打音, 吸着音.

cliché [klitʃé] 〔＜仏〕男 ❶ 《写真》ネガ, 陰画. 類 **negativo, placa.** ❷ 《印刷》版, ステロ版. — ～ de plomo 鉛版, ステロ版. 類 **clisé, frase, hecha.** ❸ 決まり文句, 紋切り型. 類 **clisé.**

clienta [kljénta] 囡 → cliente.

:**cliente** [kljénte] 男女〖女性形 clienta の使用も可〗❶《商業》お客, 顧客; (特に)得意[取引]先, 常連, 馴染(キッ)客 (= ～ asiduo [habitual]). — buen ～ 上得意, 上客. ～ fijo 固定客. cartera de ～s 顧客リスト. atender a un ～ お客の相手をする. 類 **comprador, parroquiano.** ❷ 《商業》(医者の)患者; (弁護士・建築家などの)依頼人. — El abogado cobró unos honorios muy altos a su ～. 弁護士は依頼人から大変高額の謝礼金を受取った. ～ de un dentista 歯医者の患者. ❸ (政治家などの)子分, 手先, 支持者. 類 **protegido.**
— 男 《コンピュータ》クライアント.

:**clientela** [kljentéla] 囡 ❶〖集合的に〗《商業》顧客(層), 客筋; 得意客[先], 馴染(キッ)客(→個別的に「客」:cliente). — ～ habitual 常客, 常連, 馴染客. perder la ～ 客を失う. con buena ～ よい得意のある. tener mucha ～ 繁盛している, はやっている. tener una ～ muy distinguida [muy selecta] 上得意(先)がある. A esta peluquería viene, sobre todo, una ～ joven. この美容院にはとりわけ若い客層が来る. 類 **parroquia.** ❷〖集合的に〗《商業》(医者の)患者; (弁護士・建築家などの)依頼人(→個別的に「客」: cliente). — Este médico se ha hecho con una buena ～ por su gran calidad profesional. この医者は腕がいいのでかなりの患者を獲得した. tener una abundante ～ お客様[依頼人, 患者]がたくさんある. ❸〖集合的に〗《政治》信奉者, 支持者, 派閥. — ～ política 政治的派閥. ～ puramente electoral 選挙の際だけの支持者. La ～ socialista está asegurada. 社会党の支持者は安定している. ❹ (政治・経済的権力者の被保護者への)愛顧, ひいき, 保護.

:**clima** [klíma] 男 ❶ 気候. — Las ciudades de la costa tienen ～ húmedo. 沿岸諸都市は湿潤気候である. ～ benigno [blando, suave] 温暖な気候. ～ riguroso [crudo, duro, inclemente, severo] 厳しい気候. ❷ 雰囲気, 環境, 空気; 情勢; (精神的)風土, 風潮. — ～ intelectual 知的雰囲気. un ～ de amistad 友好的[和(ナ)やかな]雰囲気のうちに. El ～ era jovial y amistoso en la fiesta. パーティーの雰囲気は明るく和やかだった. Los continuos atentados terroristas han creado un ～ de inseguridad en el país. 相次ぐテロ行為のために国内に不安な空気がかもし出された. ～ espiritual 精神的風土. 類 **ambiente, atmósfera.** ❸ (気候上から見た)地方, 地帯.

climatérico, ca [klimatériko, ka] 形 ❶ 《生

理)(男女の)更年期の,性欲減退期の;閉経期の. ― trastornos ～s 更年期障害. ～ (時期が)危機的な,困難な;厄年の. ―año ～ 厄年.

estar climatérico 《比喩,話》機嫌が悪い.

climaterio [klimatérjo] 男 ❶ 《生理》(男女の)更年期,性欲減退期;(女性の)閉経期. ❷ 危険な時期,危機的な時;厄年.

climático, ca [klimátiko, ka] 形 気候の,気候上の. ―El viaje se suspendió debido a condiciones *climáticas* adversas. 旅行は気候条件がよくなかったため中止された.

climatización [klimatiθaθjón] 女 空気調節,エアコンディショニング. ―disponer de un sistema de ～ 空調システムを備えている.

climatizar [klimatiθár] [1.3] 他 空調設備を設置する,冷暖房を設置する;空気調節する. ―Este hotel *está climatizado*. このホテルは冷暖房付きだ.

climatología [klimatoloxía] 女 ❶ 気候学,風土学. ❷ 気候. ―～ continental 大陸性気候.

climatológico, ca [klimatolóxiko, ka] 形 気候(学)の,風土(学)の. ―cambios ～s 気候変動. condiciones *climatológicas* 気候条件.

clímax [klíma(k)s] 男 《単複同形》 ❶ (発展過程における)最高点,絶頂,極致. ―Los años 80 fueron un ～ del desarrollo económico. 80年代は経済発展の絶頂期だった. ❷ (劇,文学作品における)最高の山場,最高潮,クライマックス. ❸ 《修辞》漸層法(しだいに力強い言葉,重要な語句を重ねていき文勢を最高潮に到達させていく修辞の手法). 類 **gradación**. ❹ 《生態》極相.

clin [klín] 女 《俗》=crin.

‡**clínica** [klínika] 女 ❶ 《医学》医院,個人病院,診療所,クリニック. ―～ dental 歯科医院. ～ veterinaria 動物[家畜]病院. ～ privada 私立病院,個人病院. 類 **consulta**. ❷ 《医学》病院. ―ingresar en una ～ 入院する[させる]. internar en una ～ ～に入院させる. ～ universitaria 大学病院. ～ de urgencia 救急病院. ～ de reposo (老人や回復期患者用の)保養所,療養所. ～ psiquiátrica 精神病院. 類 **hospital**. ❸ 《医学》臨床医学(講義)(=medicina clínica). ―Quiere dejar la dirección del hospital y dedicarse a la ～. 彼は病院の管理職をやめて臨床医学に専念したいと思っている. ❹ 《医学》臨床講義室,検査室. ❺ 《医学》(病気の)症状,徴候.

*clínico, ca** [klíniko, ka] 形 ❶ 《医学》の,臨床医学の;病床(用)の. ―caso ～ 臨床例. historia *clínica* カルテ. hospital ～ 大学病院. termómetro ～ 体温計. Se le hizo un análisis ～ para conocer las causas de su enfermedad. 病因を知るために臨床分析が彼に行われた. ❷ 診療所の.

―― 男 臨床医;臨床医学者. ―El ～ ha dado del paciente un diagnóstico muy esperanzador. 臨床医はその患者について非常に希望の持てる診断を下した.

―― 女 診療所,外来診察室. ―Los últimos años de la carrera de medicina los estudió en un ～. 彼は医学教育の最後の数年間を外来病棟で勉強した.

ojo clínico →ojo.

clip [klí(p)] [<英] 男 《複 clips》 ❶ 紙ばさみ,クリップ;ペーパーホールダー. ―～ art 《情報》クリップ・アート. 類 **sujetapapeles**. ❷ 髪どめ,ヘアクリップ. ❸ クリップ式の装身具. ―pendiente de ～ クリップ式のイヤリング.

clíper [klíper] [<英 clipper] 男 ❶ 《海事》快速大型帆船. ❷ 《航空》(長距離用)大型快速旅客機.

cliquear [klikeár] 他 《コンピュータ》をクリックする.

clisado [klisáðo] 男 《印刷》ステロ版作製,ステロ版作製技術.

clisar [klisár] 他 《印刷》ステロ版にする. 類 **estereotipar**. 類 **estereotipar**.

clisé [klisé] [<仏] 男 ❶ 《写真》ネガ,陰画. 類 **cliché**. ❷ 《印刷》ステロ版. 類 **cliché**. ❸ 決まり文句,常套語句. 類 **cliché**.

cliso [klíso] 男 《隠》目(=ojo).

clistel [klistél] 男 →clister.

clister [klistér] 男 《医学》浣腸(浣)[液]. 類 **ayuda, enema, lavativa**.

clítoris [klítoris] 男 《単複同形》《解剖》陰核,クリトリス.

clivoso, sa [kliβóso, sa] 形 《文》傾斜した,傾いた,斜めの.

clo [kló] 間 普通繰り返して発語される雌鶏の鳴き声の擬音語. ―～, ～ コッ,コッ.

cloaca [kloáka] 女 ❶ 下水溝,排水溝,下水道. 類 **alcantarilla, sumidero**. ❷ 《比喩》汚い場所,不潔な所. ❸ 《動物》総排出腔(ŝ),排出腔.

clocar [klokár] [5.3] 自 →cloquear.

clonación [klonaθjón] 女 クローン技術,クローニング. ―～ humana ヒトクローン,人間のクローン化.

clonar [klonár] 他 をクローン化する,クローニングする.

clone [klóne] 男 《生物》クローン.

clónico [klóniko] 形 クローンの,クローン化された.

cloquear[1] [klokeár] 自 (卵を抱いた雌鶏が)コッコッと鳴く. 類 **cacarear, clocar**.

cloquear[2] [klokeár] 他 (網の中のマグロを)鉤竿で引っかける.

cloqueo [klokéo] 男 (卵を抱いた雌鶏の)コッコッと鳴く声.

cloral [klorál] 男 《化学》クロラル(エチルアルコールまたはアセトアルデヒドと塩素を化合させて作る;水と化合した抱水クロラルは催眠剤に使用される).

clorato [kloráto] 男 《化学》塩素酸塩.

clorhídrico, ca [klorðíðriko, ka] 形 《化学》塩酸の,塩酸から誘導された. ―ácido ～ 塩酸.

cloro [klóro] 男 《化学》塩素(ハロゲン元素の一つ.漂白剤,殺菌剤,消毒剤などとして用いられる. 記号は Cl.)

clorofila [klorofíla] 女 《生物,化学》葉緑素.

clorofílico, ca [klorofíliko, ka] 形 《生物,化学》葉緑素の.

cloroformar [kloroformár] 他 →cloroformizar.

cloroformizar [kloroformiθár] [1.3] 他 ❶ 《化学,薬学》…にクロロホルムで麻酔をかける. ❷ …にクロロホルムをつける(=cloroformar)

cloroformo [kloroformo] 男 《化学,薬学》クロロホルム(不燃性,微水溶性,刺激性,揮発性のあ

の甘い無色液体, 主に麻酔剤として用いられる).
clorosis [klorósis] 女 ❶《医学》萎黄(おう)病 (鉄分不足が原因の青年期少女の良性貧血症). ❷《植物》白化現象.
clorótica [klorótika] 女 →clorótico.
clorótico, ca [klorótiko, ka] 形 ❶《医学》萎黄病の. ❷《植物》白化現象の, 白化した.
— 名 萎黄病患者.
cloruro [klorúro] 男《化学》塩化物. ~~ de cal [calicio] 漂白粉, さらし粉. ~ de sodio [sódico] 食塩.
clóset [klóse(t)] 男〖複 clósets〗〖中南米〗(作り付けの)戸棚.
clown [klóun, kláun] 〖<英〗男 道化, 道化役者. 類 **payaso**.
:**club, clube** [klú(β), klúβe] 男〖複 clubs, clubes〗 ❶ (政治・スポーツ・文化・社交などの)クラブ, 同好会, サークル. ~~ atlético アスレチッククラブ. ~ hípico 乗馬クラブ. ~ náutico [de natación] ヨット[スイミング]クラブ. PEN C~ ペンクラブ. ~ literario 文学サークル[同好会]. automóvil ~ 自動車クラブ[連盟]. hacerse socio [miembro] del ~ de golf ゴルフクラブの会員になる. 類 **asociación, círculo**. ❷ (クラブ会員の集まる)集会所, クラブ会館, クラブ. — ~ revolucionario 革命派のクラブ(集会所). ❸ (主に夜の)クラブ, ナイトクラブ, キャバレー. — ~ nocturno [de noche] ナイトクラブ. — ~ de alterne (時に売春をする)ホステスのいるナイトクラブ. ❹〖集合的に〗(劇場・映画館の)舞台前2階の前の方の席.
clubista [kluβísta] 男女 クラブの会員, メンバー. 類 **socio**.
clueco, ca [kluéko, ka] 形 ❶ (鳥, 特に鶏が)卵を抱いた, 巣についた. — una gallina *clueca* 卵を抱いた鶏. ❷《比喩, 話》老齢で体が不自由な. 類 **caduco**.
— 名 ❶ 卵を抱いた鶏[鳥]. ❷《比喩, 話》老齢で体の利かない人, 老衰した人.
cluniacense [klunjaθénse] 形《宗教》クリュニー修道会の.
— 男《宗教》クリュニー修道会の修道士.
cm.《略号》= centímetro センチ(メートル).
co- [ko-] 接頭 [con- の異形] —*co*heredero, *co*incidir, *co*laborar, *co*operación, *co*piloto.
coa[1] [kóa] 女 ❶〖中南米〗インディオが耕作に使用した先を火で固く尖らせた棒. ❷〖中南米〗耕作用のシャベルの一種. ❸〖中南米〗《比喩》耕作; 種まき.
coa[2] [kóa] 女〖中南米〗(やくざ者の)隠語, 仲間言葉; スラング.
:**coacción**[1] [koakθjón] 女 ❶ 強制, 強要. — bajo ~ 強要されて, 強制的に. Ejerció ~ sobre su amigo para que dijera todo lo que sabía. 彼は友人に知っていることはすべて言うように強要した. Actuó bajo [por] ~. 彼は他人から強制されて行動した. 類 **coerción, intimidación**. 反 **libertad**. ❷《法律》強制力.
:**coacción**[2] [koakθjón] 女《生態》(各生物間の)相互作用, 共働.
coaccionar [koakθjonár] 他 強制する, 強要する, 無理強いする. — Le *coaccionaron* para que dimitiera. 彼は辞職するよう強制された. 類 **forzar, violentar**.
coactivo, va [koaktíβo, βa] 形 強制的な, 無理強いする. — La ley siempre es ~a. 法律はい

つも強制的だ.
coacusado, da [koakusáðo, ða] 形《法律》共同被告の. — 名《法律》共同被告人.
coadjutor, tora [koaðxutór, tóra] 名 助手, 補佐. 類 **auxiliar, ayudante**. ❶ 助任司祭, 補佐司祭. 類 **vicario**. ❷《宗教》教皇教書によって臨時に聖職禄の継承を任命された司祭. ❸《宗教》イエズス会の幇(ほう)助司祭.
coadyuvante [koaðjuβánte] 形 助ける, 手伝う, 補助する. — El traslado no fue decisivo, pero sí un factor ~ de su depresión. 人事異動は彼の意気消沈を決定するものではなかったが, 補助要因にはなった.
— 男女 ❶ 助手, 協力者. ❷《法律》(行政訴訟における)検事助手.
coadyuvar [koaðjuβár] 他 助ける, 補助する, 協力する. 類 **asistir, ayudar, auxiliar, colaborar, cooperar**.
— 自〖+a/en〗…に協力する, を助ける. — La suerte *coadyuvó* a la victoria del equipo. 運がそのチームの勝利に寄与した. Su mujer *coadyuva* a los ingresos. 彼の妻は家計を助けている.
coagligarse [koaɣliɣárse] 再 →coligarse.
coagulación [koaɣulaθjón] 女 凝固(作用), 凝結; 凝血. — ~ de la sangre 凝血. ~ de la leche 牛乳の凝固. 類 **solidificación**.
coagulante [koaɣulánte] 形 凝固[凝結]させる, 凝固[凝結]性の.
— 男《医学》凝固[凝結]剤. — Le administraron ~es para cortar la hemorragia. 止血するため彼に凝固剤が投与された. 反 **anticoagulante**.
coagular [koaɣulár] 他 (蛋白質を含んだ液体を)凝固させる, 凝結させる, 固まらせる. 類 **cuajar, solidificar**.
— **se** 再 凝結する, 固まる. 類 **cuajarse, solidificarse**.
coágulo [koáɣulo] 男 凝固したもの, 凝塊, 凝血, 血餅. 類 **cuajarón, grumo**.
Coahuila [koawíla] 固名 コアウイラ(メキシコの州).
coaita [koáita] 女《動物》クモザル(蜘蛛猿)(= mono araña).
coala [koála] 男 →koala.
coalición [koaliθjón] 女 (国, 政党などの)同盟, 連盟, 連合. — Se ha formado una ~ de derechas para presentarse a las elecciones. 選挙に打って出るために右翼連合が作られた. gobierno de ~ 連合政府. ~ anglo-americana 米英同盟軍.
coartación [koartaθjón] 女 ❶ (自由な行動の)制限, 妨害, 制限, 制約. ❷《宗教》聖職禄を得たことにより一定期間内に叙階を受けなければならないという義務. ❸《医学》大動脈狭窄.
coartada[1] [koartáða] 女《法律》現場不在証明, アリバイ. — preparar [presentar, probar] una ~. アリバイをたてる.
coartado, da[2] [koartáðo, ða] 過分 形《まれ》(奴隷が)条件つきで身請けされる.
— 名 条件つきで身請けされねばならない奴隷.
coartar [koartár] 他 を妨げる, 阻止する, 邪魔する; を制限する, 制約する. — Nadie puede *coartar* la libertad de expresión. 誰も表現の自由を

428 coatí

制約できない. 類estorbar, impedir.

coatí, cuatí [koatí, kuatí] 男 [複coatí(e)s, cuatí(e)s] 《動物》ハナグマ(鼻熊).

coau*tor, tora* [koautór, tóra] 名 ❶ 共著者. ❷《法律》共犯者.

coba[1] [kóβa] 女 ❶《話》おべっか, へつらい, 追従. ― Menuda ～, tú lo que quieres es que te preste el coche. 大したおべっか言って, 私に車を貸してもらいたいんでしょ! 類**adulación, carantoña, halago, lisonja**. ❷《話》冗談, 軽いうそ.

dar [*gastar*] *coba a* ... (1)《話》…におべっかを使う. Sabe que *dándole coba* a su padre consigue todo lo que quiere. 彼は父親におべっかを使えば自分の欲しいものがすべて手に入ることを知っている. (2)《話》をからかう.

coba[2] [kóβa] 女《モロッコ》❶ スルタンが遠征で用いた野営テント. ❷ 丸屋根[ドーム]付きの建物. ❸ 聖廟.

coba[3] [kóβa] 女《隠》雌鶏, 鶏.

cobalto [koβálto] 男《化学》コバルト(元素記号 Co, 原子番号 27). ― ～ *azul* コバルトブルー(濃青色). ― ～ 60 コバルト 60 (コバルトの放射性同位元素). *bomba de* ～ コバルト爆弾.

★★cobarde [koβárðe コバルデ] 男女 ❶ 臆病者, 意気地なし. 類**gallina, miedoso, valiente**. ❷ 卑怯(きょう)もの, 卑劣な人.

― 形 ❶ 臆病な, 小心な, 腰抜けの, 怖がりな. ― *adoptar una actitud* [*una postura*] ～ 臆病な態度をとる. No seas ～ y salta, que no pasa nada. 怖がらずに飛び降りなさい. 何でもないから. 類**miedoso, pusilánime**. 反**animoso, atrevido, valeroso, valiente**. ❷ 卑怯な, 卑劣な. ―Fue víctima de una ～ *agresión*. 彼は卑怯な襲撃の犠牲となった. Son unos ～*s* que no se atreven a dar la cara. 彼らは面と向かわない卑怯者たちだ. 類**vil**. ❸《比喩》(視界が)ぼやけた, かすんだ. 類**alevoso, traidor**.

cobardear [koβarðeár] 自 臆病になる, 怖(")じ気づく.

:cobardía [koβarðía] 女 ❶ 臆病. ―*tener* [*mostrar*] ～ 臆病である. Actuó con ～ al guardar silencio. 彼は沈黙を守って臆病な行動に出た. Atacando por la espalda, ha demostrado su ～. 彼は背後から攻撃し, 臆病なところを見せた. 類**miedo, temor**. 反**valentía, valor**. ❷ 卑怯(きょう), 卑劣(な行為). ―*cometer una* ～ 卑怯なことをする. 類**vileza**.

cobard*ón, dona* [koβarðón, ðóna] 形 名《話, 軽蔑》とても臆病な(人), 意気地なし(の).

cobaya [koβája] 女 (男) 《動物》テンジクネズミ, モルモット. ―Utilizaron a los presos como ～*s* para probar la nueva medicina. 捕虜たちは新薬を試すためのモルモットのように利用された. 類**conejillo de Indias**.

cobayo [koβájo] 男 →cobaya.

cobertera [koβertéra] 女 ❶ (鍋などの)ふた. 類**tapadera**. ❷ (鳥の尾羽・風切り羽の根元の)雨覆(おおい)羽. ❸ 売春斡旋女, 男女の仲を取り持つ女. 類**alcahueta**. ❹《植物》シロスイレン(白睡蓮). 類**nenúfar**.

cobertizo [koβertíθo] 男 ❶ (玄関・窓の)庇(ひさし), 雨よけ, 日よけ. 類**saledizo**. ❷ 掘っ立て小屋, 納屋, 物置; 農具[家畜]小屋. 類**cabaña, corrido, refugio**. ❸ 覆いのある通路.

cobertor [koβertór] 男 ベッドカバー; 寝台毛布. 類**colcha**.

cobertura [koβertúra] 女 ❶ 覆うもの, カバー; 覆うこと, カバーすること. ―Colocó sobre el coche una ～ de plástico. 彼は車にビニールのカバーをかけた. La tienda servía de ～ para otro negocio ilegal. その店は別の非合法の商売のカモフラージュとして役立っていた. 類**cubierta**. ❷《金融》保証金; 正貨準備. ― ～ *para un crédito*. ローンのための担保. 類**aval**. ❸ (特に, 軍事上の)守り, 守備, 保護. ―*tropas de* ～. 守備隊. Iniciaron el ataque con ～ *aérea*. 彼らは空軍に守られながら攻撃を開始した. ❹ (マスコミの)報道陣, 報道チーム. ―El viaje del Rey ha tenido una ～ muy elevada. 国王の旅行は大変な数の報道陣に取り巻かれていた. ❺《歴史》スペイン貴族が大公の称号を得る際に行われた国王の前で帽子をかぶる儀式, 戴冠式. ❻ ベッドスプレッド.

cobertura de una antena アンテナ網.

cobertura social [*de la Seguridad Social*]《文》社会保険加入者が受ける恩恵.

Cobija [koβíxa] 固名 コビーハ(ボリビアの都市).

cobija [koβíxa] 女 ❶《建築》雄瓦(おがわら), 棟瓦(むながわら). 反**canal**. ❷ (地方の女性が身につける)短いマンティーヤ. ❸ 鳥の大羽の付け根を覆う小さい羽根. ❹《中南米》毛布, マント. ❺《中南米》寝具. ❻ 覆うもの, カバー. 類**cubierta**.

cobijar [koβixár] 他 ❶ を覆う, かぶせる, 遮(さえぎ)る. ―El paraguas nos *cobijó* de la lluvia. 傘が雨を遮ってくれた. 類**cubrir, tapar**. ❷ を泊める, 宿を提供する. ―Anoche *cobijó* a dos mendigos en su casa. 彼は昨夜 2 人の乞食を家に泊めた. 類**acoger, albergar, hospedar**. ❸ (ある感情)を抱く, 感じる. ―Bajo ese rostro afable *cobija* mucha maldad. 彼はその優しい顔の下で多くの邪悪な気持ちを抱いている. ❹《比喩》を保護する, 守る. ―Lo acusan de ～ al atracador del banco. 彼は銀行強盗を匿った罪で告発されている.

― *se* 再 ❶[＋en]～に避難する. ―Durante la tormenta *me cobijé en* una cueva. 嵐の間私は洞窟に避難した. 類**albergarse, refugiarse**. ❷[＋con/en に]保護を求める. ―*Se cobija en* su familia cuando tiene algún problema. 彼は何か問題が起こると家族に助けてもらう.

cobijo [koβíxo] 男 ❶ 避難所, 宿. ―Una amable familia me dio ～ en su casa. ある親切な家族が私に宿を提供してくれた. Se metió en el vestíbulo de un hotel para estar a ～ de la tormenta. 彼は嵐を避けるためにあるホテルのロビーに入った. Una cueva fue mi ～ durante la lluvia. 雨の間は洞窟が私の宿であった. 類**albergue, refugio**. ❷《比喩》保護, 庇護. ―En los momentos de desconsuelo, siempre encontré ～ en mi madre. 悩んだときは私はいつも母に庇護してもらった. 類**amparo**. ❸《古》食事の出ない宿.

cobista [koβísta] 男女《話, 軽蔑》おべっか使い, ごますり. 類**adulador, lisonjero, pelota**.

cobra[1] [kóβra] 女《動物》コブラ (＝serpiente de anteojos). ― ～ *real* キングコブラ.

cobra[2] [kóβra] 女《狩猟》猟犬が射止めた獲物を探して持ってくること.

cobra[3] [kóβra] 女 ❶《農業》くびき綱. 類**co-**

yunda. ❷ 脱穀のためにつながれた複数の雌馬.

cobrable [koβráβle] 形 回収[徴収]できる, 取り立てられる, 現金化できる. 類**cobradero**.

cobradero, ra [koβraðéro, ra] 形 →cobrable.

cobrador, dora [koβraðór, ðóra] 名 集金人, 徴収人. —el ～ de un autobús バスの車掌. Cuando vino el ～ del gas, yo estaba fuera. ガスの集金人が来たとき, 私は外に出ていた.

—— 形 回収する, 取ってくる. — perro ～ 猟犬.

cobranza [koβránθa] 女 ❶ 取り立て, 回収, 徴収, 集金. 類**cobro**. ❷《狩猟》獲物の回収.

*****cobrar** [koβrár コブラル] 他 ❶ (金銭を)受け取る; ～を取り立てる, 請求する.
—En cuanto *cobre* mi sueldo, te pago la deuda. 給料をもらいしだい, 君に借金を払うよ. ¿Me *cobra* usted? 会計してもらえますか. No me *han cobrado* gastos de envío. 私は送料はとられなかった.

❷ (*a*)(名声・信用などを)得る, 獲得する. —Sus novelas *cobraron* muy pronto fama mundial. 彼の小説はじきに世界的名声をかち得た. 類**conseguir, obtener**. (*b*)(愛情・憎しみを)抱く, 感じる. —Sintió partir de España porque le *había cobrado* un gran afecto. 彼はスペインに並々ならぬ愛情を抱いていたので, 同国をあとにするのを残念に思った. (*c*)(獲物)を捕える, つかまえる. — Ayer *cobramos* diez liebres. 昨日私たちは野ウサギを10匹つかまえた.

❸ (気力など)を回復する.

—— 自 殴られる, ひっぱたかれる. —Como no te calles, vas a ～. 黙らないと痛い目に会うぞ.

——**se** 再 ❶〔+de から〕回復する, もとに戻る, 立ち直る. —Aún no *se ha cobrado del* susto. 彼は恐怖から覚めていない. 類**recobrarse**. ❷ (貸金などを)受取る. —*Se cobró* treinta euros por prestarme el coche. 彼は私に車を貸した代金として30ユーロを受取った. ❸ (人命を)奪う. —El incendio *se cobró* decenas de víctimas. その火事で何十人もの犠牲者が命を奪われた.

*****cobre** [kóβre] 男 ❶《化学》銅(元素記号 Cu).
—El ～ es un excelente conductor de la electricidad. 銅は優れた電導体である. edad de [del] ～《歴史》銅器時代. ～ amarillo 真鍮(しんちゅう), 黄銅 (=latón). ～ gris 黝(ゆう)銅鉱. ～ negro 粗銅. ～ rojo 純銅, 金属銅. ～ verde マラカイド (=malaquita). ～ quemado 硫酸銅 (=sulfato). óxido de ～ 酸化銅. ❷ 銅製の台所用品. ❸ 複《音楽》金管楽器. ❹《中南米》銅貨, 小銭. —no tener [quedarse sin un] ～ 一文なしである.

batir el cobre《話》(商売などに)全力を尽くす, 本気で取り組む, 仕事をてきぱきと処理する. Tendrá que *batir el cobre* para sacar el negocio adelante. 彼は商売を繁盛させるために本気で取り組まなければならないだろう.

batirse el cobre《話》(1)(商売などに)全力を尽くす. *batirse el cobre por*〔+不定詞〕…すること に全力を尽くす. (2)激論を戦わす.

enseñar [mostrar] el cobre 本性を現す.

*verse*LE *a ... el cobre* 欠点[本性]を露(あらわ)にする.

cobreño, ña [koβréɲo, ɲa] 形 ❶〔まれ〕銅の.
—maravedí ～ マラベディ銅貨. ❷ 銅色の.

cobrizo, za [koβríθo, θa] 形 ❶ 銅色の, 赤褐色の. —piel *cobriza* 赤銅色の肌. ❷ (鉱物が)銅を含んだ. 類**cobreño**.

:**cobro** [kóβro] 男 ❶ (給料・年金・金銭などの)受取り. —Los trabajadores esperan ansiosos el día de ～. 労働者は給料日が待ち遠しい. ❷ (貸金・代金などの)回収, 取立て, 集金, 入金. —～ de los recibos 集金. agencia de ～ de deudas [de morosos] 債権取立て会社. ～ a domicilio 自宅集金. ～ a la entrega 代金引換え払い, 現金引渡し払い. hacer [realizar] un ～ 徴収する. El ～ de la suscripción se efectuará a domicilio. 購読料は自宅集金になります. 類**cobranza, recaudación**. ❸ (小切手・手形の)現金化. —～ en metálico 現金化. ❹《中南米》給料, 月給. 類**salario, sueldo**.

a cobro revertido《電話》コレクトコールで, 料金受信者払いの.

al cobro 取り立てるべく. Presentó la letra del coche *al cobro*. 彼は車の代金取立手形を渡した.

cobros anticipados [diferidos]《会計》未収[繰り延べ]収益.

en cobro 安全な場所に. poner [ponerse] *en cobro* 安全な場所に保管する[隠れる, 避難する].

coca[1] [kóka] 女 ❶《話》頭. 類**cabeza**. ❷《話》げんこつ. 類**capón**. ❸《ゲーム》独楽(こま)の先を当てること. 類**cachada**. ❹ 栗状に結いあげる巻き髪(両耳の脇に一つずつ作ることもある). ❺《海事》ねじれによるロープの回転. ❻『アラゴン』《話》ケーキ状の菓子. ❼『ガリシア』聖体行列の際に出される大蛇の人形[気味の悪い人形].

coca[2] [kóka] 女 ❶《植物》コカ; コカノキ(アンデス山脈原産の低木). ❷ 乾燥したコカの葉(コカインなどのアルカロイドが採出される). ❸《隠》コカイン. ❹《植物》アオツヅラフジ(青葛藤、ツヅラフジ科の毒草; その毒を用いて魚を捕る).

cocacho [kokátʃo] 男《南米》→coscorrón.

cocaína [kokaína] 女《薬学》コカイン(コカの葉から得られる苦い結晶性アルカロイド).

cocainómano, na [kokainómano, na] 形 名 コカイン中毒の(人).

cocal [kokál] 男 ❶『ペルー』コカ畑. ❷『中南米』ココヤシの林, ヤシ園. 類**cocotal**.

cocción [kokθión] 女 ❶ 煮炊き, 調理, 料理.
—Este guiso hay que removerlo durante la ～. この料理は調理の間かき混ぜなければならない. 類**cocedura, cocimiento**. ❷ (パン, 煉瓦などを)焼くこと.

cóccix [kókθi(k)s] 男《解剖》尾骨, 尾底骨 (=coxis).

coceador, dora [koθeaðór, ðóra] 形 (馬などが)よく蹴る, 蹴り癖のある.

coceamiento [koθeamiénto] 男 (馬などの)蹴り. 類**cocedura**.

cocear [koθeár][<coz] 自 ❶ (馬などが)蹴る, 蹴飛ばす. ❷《比喩, 話》抵抗する, 反対する, はねつける. 類**remolonear**.

cocedero [koθeðéro] 男 (特にワインの)発酵場; 煮炊きする場所. —～ de mariscos 魚介を調理販売する店.

cocedura [koθeðúra] 女 (馬などの)蹴り. 類**coceamiento**.

:**cocer** [koθér] [5.9] 他 ❶ を煮る, 炊く; 料理する. —～ las verduras 野菜をゆでる. ～ el arroz

430 cocha

米を炊く. ❷ を沸かす, 沸騰させる. —— agua 湯を沸かす. ❸ を焼く, 熱処理をして, に加熱する. —— pan パンを焼く. —— los ladrillos. れんがを焼く〖中南米では cocer と coser とが同音になるので cocer の代わりに cocinar が用いられる〗.

—— 自 沸騰する. ——Avísame cuando el agua empiece a ~. お湯が沸騰し出したら教えてくれ.（ワインが）発酵する.

—— se 再 ❶ たくらまれる, 起こる. ——Algo *se está cociendo* en la reunión. その会合で何かたくらまれている. ❷ 煮える, 焼ける. ❸ 暑苦しい. ——En esta habitación *se cuece* uno. この部屋は暑くてゆだりそうだ. ❹《話》酔っ払う.

cocha [kótʃa] 女 ❶〖鉱物〗洗鉱用の水槽と堰で分離されたタンク. ❷〖中南米〗潟(かた), 潟湖; 水たまり. ❸〖中南米〗広野, パンパ. ❹ 豚小屋, 汚い場所. 類 **pocilga**.

Cochabamba [kotʃaβámba] 固名 コチャバンバ（ボリビアの県・県都）.

cochambre [kotʃámbre] 男（女）❶《話》汚れ, 不潔; 汚物. —— Tiene la cocina llena de ~. 彼女は台所を大変汚らしくしている. 類 **porquería, suciedad**. ❷ ゴミ, くず. —— A ver si tiras ya esa bicicleta, que es una ~. もうその自転車は捨てたらどうだ, くずなんだから. 類 **basura**.

cochambroso, sa [kotʃambróso, sa] 形《話》汚れにまみれた, 汚らしい. —— Llevas unos pantalones ~s. 君は汚らしいズボンをはいている. Cenamos en un restaurante ~. 私たちは汚らしいレストランで夕食を取った. 類 **asqueroso, puerco, sucio**.

—— 男 汚れにまみれた人, 汚らしい人.

cochayuyo [kotʃajújo] 男〖植物〗〖中南米〗海藻の一種（幅20センチ, 長さ3メートルに達し, 食用になる）.

__coche__[1] [kótʃe] 男〖メキシコ〗豚. ~ de monte 野性の豚. 類 **cerdo, puerco**.

coche[2] [kótʃe コチェ] 男 ❶ 車, 自動車. —— conducir [guiar, 〖中南米〗manejar] un ~ 車を運転する. aparcar [estacionar] un ~ en la calle 車を路上駐車する. pasear en ~ ドライブする. carrera de ~s カーレース. parque de ~s 駐車場. ~ abierto オープンカー. ~ automático オートマチック車. ~ blindado 装甲車. ~ celular 囚人護送車. ~ cerrado セダン型自動車. ~ de alquiler レンタカー. ~ de bomberos [de incendios] 消防車. ~ de carreras レーシングカー. ~ de correos 郵便車. ~ de línea 長距離バス; 定期路線バス. ~ deportivo スポーツカー. ~ de plaza [〖中南米〗de sitio] （乗場で乗る）タクシー. ~ de turismo 自家用車. ~ escoba（自転車競技などでの）棄権者収容車. ~ familiar ファミリーカー. ~ fúnebre 霊柩(れいきゅう)車. ~ patrulla パトロールカー. ~ silla 折り畳み式乳母車. ~ de choque（相手にぶつけて遊ぶ遊園地の）豆自動車, ゴーカート, バンパーカー. 類 **auto, automóvil, vehículo**. ❷〖鉄道〗車両, 客車. —— cama [複] ~s cama 普通寝台車. ~ litera [複] ~s literas] 簡易寝台車, クシェット. ~ comedor [restaurante] [複] ~s comedor [restaurante] 食堂車. ~ de equipajes 貨物車. ~ de viajeros 客車. 類 **vagón**. ❸ 馬車 (= ~ de caballo(s)). —— ~ simón（昔の）辻馬車. Tienen un ~ de dos caballos. 彼らは二頭立ての馬車を持っている. 類 **carruaje**. ❹《運搬用の》車, 荷車.

coche de punto (1)（乗り場で乗る）タクシー. (2)（昔の）辻馬車.

coche parado（大通り・広場に面した眺めのいい）バルコニー, 露台.

Esto es coche. まあまあだ, 悪くはない.

ir [caminar, viajar] en [con] el coche de San Fernando [de San Francisco]《俗》 歩いて行く.

cochecillo, cochecito [kotʃeθíjo, kotʃeθíto] 男 ❶ おもちゃの自動車, 車. ❷ 乳母車. ~ *cochecito de niño* 乳母車. ❸ 身障者用の車椅子.

coger [ir en] el cochecito [coche] de San Fernando《比喩, 話》歩いて行く.

cochera [kotʃéra] 女 ❶ 車庫. —— la ~ de los autobuses [del metro] バス[地下鉄]の車庫.

—— 形〖女性形のみ〗車用の. —— puerta ~ 車専用の出入口.

cochero [kotʃéro] 男 ❶（馬車の）御者(ぎょしゃ). —— ~ de punto [de simón] 辻馬車の御者. ❷ (C ~)〖天文〗御者座.

hablar como un cochero《俗》激しくののしる, 罵倒する.

cochevís [kotʃeβís] 女〖鳥類〗カンムリヒバリ. 類 **cogujada**.

cochifrito [kotʃifríto] 男〖料理〗牧童や羊飼いの作る小羊の揚げ料理.

cochina [kotʃína] 女 ❶ 雌豚. ❷ 汚らしい女.

cochinada [kotʃináða] 女 ❶《比喩, 話》汚らしいもの, 不潔なもの. —— La comida que nos sirvieron era una ~. 私たちに出された食事は汚なものだった. 類 **cochinería**. ❷《比喩, 話》下品な言葉, 卑猥な行動. —— Lo castigaron por decir ~s a las chicas. 彼は女の子たちにいやらしい言葉を吐いたため罰せられた. 類 **cochinería**. ❸ 卑劣な行為. —— Es una ~ romperle los cristales del coche. 車のガラスを割るのは卑劣だ. 類 **jugada**.

cochinera [kotʃinéra] 女 豚小屋.

cochinería [kotʃinería] 女 ❶《比喩, 話》汚らしいもの, 不潔なもの. ❷《比喩, 話》下品な行為. 類 **cochinada**.

cochinero, ra [kotʃinéro, ra] 形 （質が悪く）豚のえさになる.

trote cochinero《話》ちょこまかと走ること.

cochinilla [kotʃiníja] 女 ❶〖虫類〗ワラジムシ（体は平たい長円形, 触ると体を球形にする）. —— ~ de San Antón. テントウムシ. ❷〖虫類〗コチニール（メキシコ・中米などの高温地帯のサボテンに寄生するコチニールカイガラムシ）. ❸ コチニールの雌を乾燥させたものから採る赤色色素.

cochinillo [kotʃiníjo] 男〖動物〗（離乳前の）子豚;〖料理〗子豚の丸焼き (= ~ asado). 類 **lechón**.

cochino, na [kotʃíno, na] 名 ❶ 豚. ~ montés イノシシ. 類 **cerdo, puerco**. ❷《比喩, 話》汚らしい人, むさくるしい人. —— El niño volvió de la calle hecho un ~. その子はどろんこになって通りから戻ってきた. ❸《比喩, 話》けちな人, 吝嗇(りんしょく)家. ❹ いまわしい奴, ひどい奴. —— Él se ha comportado contigo como un ~. 彼は君に対してひどい振る舞いをした. —— 男〖中南米〗魚

類) 癒顎(ﾕｶﾞｸ)]目硬骨魚類の一種.
— 形 《比喩, 話》汚れた, 汚らしい, 不潔な. 類 **puerco, sucio**. 反 **limpio**.
A cada cochino le llega su San Martín. 〖諺〗どんな悪業も最後にはその報いを受ける(←どの豚にもサン・マルティンの日はやって来る).

cochiquera [kotʃikéra] 囡 ❶《話》豚小屋. 類 **pocilga**. ❷《比喩》汚い場所.

cochura [kotʃúra] 囡 ❶ (パンや陶器などを)炉で焼くこと. —A este pan le falta ∼. 焼きが足りない. 類 **cocción**. ❷ (パン・煉瓦・陶器などの)一焼き分. —En esta panadería hacen dos ∼s diarias. このパン屋では1日に2回パンを焼く. ❸《鉱業》アルマデンの炉での水銀の仮晶(ｼｮｳ).

cocido, da [koθíðo, ða] 過分 形 煮炊きされた, 調理された.
— 男《料理》コシード. ♦スペイン独特の煮込み料理. 一般にヒヨコ豆, 牛肉, 豚の脂身, モルシーヤ, 腸詰め, そして野菜(特にキャベツ)を入れて煮込む. —El ∼ madrileño lleva más ingredientes que el andaluz. マドリードのコシードはアンダルシアのよりもたくさんの材料を使う. 類 **olla**.
estar cocido en 《比喩, 話》…に熟達した, 経験豊富な.

cociente [koθiénte] 男 ❶《数学》商. 割って出た数. 類 **división**. ❷《数学》係数率. —∼ Intelectual 知能指数. 類 **coeficiente**. ❸《スポーツ》得点率.

cocimiento [koθimjénto] 男 ❶ 煮炊き, 調理, 料理; パンなどを焼くこと. 類 **cocción, cocedura**. ❷ 薬草の煎汁, 煎じ薬. ❸《染色》羊毛に染色剤がよく染み込むように準備された液の入った槽.

‡**cocina** [koθína] 囡 ❶ 台所, 台所[料理]場. —muebles de ∼ 台所家具. utensilios de ∼ 台所用品. ∼ de boca (王宮の)賄い所. ❷《料理》料理法, 調理(法・術). —receta de ∼ 料理の作り方, レシピ. balanza de ∼ キッチンスケール. batería de ∼ (鍋などの)調理器具セット. paño de ∼/[南米]mantel de ∼ ふきん. robot de ∼ フードプロセッサー. hacer la ∼ 料理を作る. ∼-comedor ダイニングキッチン. ❸ [集合的に] (ある地域の)料理. —∼ casera 家庭料理. ∼ española [italiana] スペイン[イタリア]料理. ∼ vegetariana 菜食料理. ∼ alta 高級料理. ❹ (料理用)レンジ, 調理台, コンロ, かまど. —∼ eléctronica 電子レンジ. ∼ económica 調理と暖房の両方に利用できる. ∼ de carbón 石炭レンジ. 類 **gastronomía**. ❺ 話, 隠)麻薬の闇工場.

cocina americana ダイニングキッチン (=cocina-comedor).

cocinar [koθinár] 他 を料理する, 調理する, 煮炊きする. —Mi mujer *cocina* un bacalao riquísimo. 私の妻はとてもおいしいタラ料理を作る. 類 **guisar**.
— 自 ❶ 料理する, 調理する. —Hoy *cocinas* tú. 今日は君が料理する. 類 **guisar**. ❷《比喩, 話》お節介を焼く. 類 **entremeterse**.

‡**cocinero, ra** [koθinéro, ra] 名 ❶ コック, 料理人, 調理師; [形容詞+]料理が…な人. —Mi esposa es una excelente *cocinera*. 私の妻はとても料理が上手だ. Es ∼ de hotel. 彼はホテルのコックをしている.
Haber sido cocinero antes que fraile.〖諺〗

昔取った杵柄(ｷﾈﾂﾞｶ). *haber sido pinche antes de cocinero* 《話》精通している, 裏の裏まで知っている.

cocinilla[１] [koθiníja] 男《話, 軽蔑》家事に口出しする男.

cocinilla[２], **cocinita** [koθiníja, koθiníta] 囡 ❶ (アルコール, ガスなどの)携帯用コンロ. 類 **infiernillo**. ❷ (まれ)暖炉, ストーブ.

cocio [kóθjo] 男 植木鉢. —∼ campana 鐘型植木鉢.

cocker [kóker] [kóker] [<英 cocker spaniel] 男《動物》コッカースパニエル; スパニエル犬の一種.

cóclea [kóklea] 囡 ❶《解剖》(内耳の)蝸牛(ｶｷﾞｭｳ). —conducto ∼ 蝸牛管. ❷ らせん揚水機.

coco[１] [kóko] 男 ❶《植物》ココナッツ, ココヤシ. 類 **cocotero**. ❷ ココヤシの実(堅い殻の中に白い部分と乳液がある). ❸《比喩, 話》頭. —Tú ya tienes el ∼ muy duro. 君の頭はもうとても固い. 類 **cabeza**. ❹ 束髪, シニョン. ❺[中南米]山高帽子. ❻[中南米]パーケール(軽量の平織りの綿織物で縦横同数の密度で織りあげている)
comer el coco a ... 《比喩, 話》をうまく丸め込む. *Le están comiendo el coco* para que entre en la secta. 彼らは彼がセクトに入るようにうまく丸め込っっている.
comerse el coco 《話》(ひとつのことで)頭を悩ます, (あることを)考え過ぎる. No *te comas el coco* con un problema tan tonto. こんな馬鹿げた問題で頭を悩ますんじゃないよ.
estar hasta el coco 《話》うんざりしている. *Estoy hasta el coco* de exámenes. 私は試験にうんざりしている.

coco[２] [kóko] 男 ❶ (子供をおどかす)お化け. —Si no te portas bien, viene el ∼. いい子にしてないとお化けが出るよ. 類 **fantasma**. ❷《話》しかめ面, 渋面. 類 **gesto, mueca**.
hacer cocos (1)《話》恋人同士が愛情のしぐさをする. (2)《話》おべっかを使う.
ser un coco (1)《比喩, 話》とても醜い, 醜悪である. Tiene una novia que *es un coco*. 彼にはすごく不細工な恋人がいる. (2)《スポーツ》強敵.

coco[３] [kóko] 男 ❶《虫類》(種子や果実につく)青虫, 幼虫. 類 **cuco, gorgojo**. ❷《細菌》球菌.

coco[４] [kóko] 男 ロサリオの材料になるアメリカ産の数珠玉.

coco[５] [kóko] 男《鳥類》[キューバ] トキ科の一種の鳥.

cococha [kokótʃa] 囡 (美味と賞される)メルルーサやタラの下顎部分.

cocodrilo [kokoðrílo] 男《動物》ワニ, 本ワニ, ワニの総称. —lágrimas de ∼《比喩》空涙.

cocoliche [kokolítʃe] 男囡[南米] ❶ ココリチェ語. ♦アルゼンチンやウルグアイのイタリア系移民にみられるイタリア語がかったスペイン語. ❷ その言葉を話すイタリア人.

cócora [kókora] 形 男囡《話, 軽蔑》煩わしい(人), うんざりさせる(人), うっとうしい(人).

cocorota [kokoróta] 囡 ❶ →coronilla. ❷《話》(人の)頭.

cocotal [kokotál] 男 ココヤシ林, ココヤシ園.

cocotero [kokotéro] 男《植物》ココヤシの木.

cóctel, coctel [kóktel, koktél] [<英 cocktail]　男　[複cócteles, coctels]　❶ カクテル. ❷ カクテルパーティー. ❸《比喩》いろんなものの混合. —El armario de mi hija parece un 〜 de vestidos. 私の娘の洋服ダンスはいろんな服が混ざり合ってまるで服のカクテルだ.

cóctel Molotov [incendiario] 火炎瓶.

cóctel de mariscos 《料理》ソースを添えた冷たい魚介類の盛り合わせ.

coctelera [kokteléra] 女 カクテルシェイカー.

cocuyo [kokújo] 男 《虫類》ホタルコメツキ.

coda[1] [kóða] 女 ❶《音楽》コーダ(楽曲の完了することを観客うけるために加えられる終結部分). ❷《音楽》舞320の最後の繰り返し. ❸《音声》音節末子音(末尾音節の末尾にある子音), 語末.

coda[2] [kóða] 女 くさび材.

codal [koðál] 男 ❶ 鎧(よろい)の肘あて. ❷ 肘状(L字状)に曲がったぶどうのつる(茎) ❸《建築》壁や梁を支える横木. ❹ のこぎりの柄. ❺ 板の反りを防ぐための当て板. ❻ 水準器のアーム. ❼《建築》塀・壁工事用の型枠を支える棒
—— 形 ❶ 肘の. ❷ 肘の長さの.

codaste [koðáste] 男 《海事》船尾骨材, 船尾材.

codazo [koðáθo] 男 肘でのつつき. —dar [pegar] 〜 肘でつつく, 肘で軽く突く. a 〜s 肘でつつきながら, 肘で軽く押しながら.

codeador, dora [koðeaðór, ðóra] 形 〖中南米〗人にたかる, 物をせびる. 類 **gorrón, pedigüeño**.
—— 名 〖中南米〗たかり屋, せびり屋.

codear [koðeár] 自 肘で押しながら動く[進む].
—— 他 〖中南米〗肘で押す, せびる.
—**se** 再 [+con と] 親しくする, 付き合いがある —Presume de 〜se con los famosos. 彼は有名人と付き合いがあることを自慢している. 類 **relacionarse**.

codeína [koðeína] 女 《化学・薬学》コデイン(特に鎮咳剤用).

codeo [koðéo] 男 ❶ 肘で押すこと. ❷〖中南米〗(金の)たかり, 無心. 類 **sablazo**.

codera [koðéra] 女 ❶《衣服》肘部分の形くずれ, 肘部分の擦り切れ. ❷ 肘当て ❸ 肘にできる疥癬(かいせん). ❹《海事》係留用の大綱.

codeso [koðéso] 男 《植物》キングサリ.

codeudor, dora [koðeuðór, ðóra] 名 《法律》共同債務者.

códice [kóðiθe] 男 ❶ (特に古典・聖書などの)写本. 類 **manuscrito**. ❷ コデックス(印刷技術が発明される以前の冊子状に綴じられた書物の原形). ❸《宗教》祈祷書の中で教区の聖務に触れた部分.

codicia [koðíθja] 女 ❶ 貪欲, 強欲, 欲ばり. 類 **avidez**. ❷《比喩》渇望, 切望, 熱望. —〜 de poder [fama] 権力[名声]への渇望. 類 **ansia**. ❸ 闘牛》牛の闘争心, 攻撃性.

La codicia rompe el saco. 〘諺〙強欲が過ぎると何も得られない(←強欲は袋を破る).

codiciable [koðiθjáβle] 形 欲望をそそる. 類 **apetecible**.

codiciado, da [koðiθjáðo, ða] 過分 形 切望された, 渇望された. —un puesto muy 〜 por mucha gente 多くの人が切望した職.

codiciar [koðiθjár] 他 (自分の富・利益のために)切望する, 渇望する. 類 **ambicionar, ansiar**.

codicilo [koðiθílo] 男 《法律》❶ 遺言補足書. ❷ (スペイン民法発布以前の)遺言状.

codiciosamente [koðiθjósaménte] 副 貪欲に, 欲深く, がつがつとむさぼるように; 切望して.

codicioso, sa [koðiθjóso, sa] 形 ❶ [ser+] 欲深い, 強欲な. —Siempre fue un negociante 〜. 彼は常に欲深い商人だった. ❷ [+de] 切望した [estar+]. —Dirigió una mirada *codiciosa* a mi billetera. 彼は私の札入れにもの欲しそうな視線を送った. ❸《比喩,話》働き者の, 勤勉な. 類 **hacendoso, laborioso**.
—— 名 欲深い人, 強欲な人, 欲ばり.

codificación [koðifikaθjón] 女 ❶《法律》成文化, 法典化. ❷《情報》コード化, エンコード, コーディング.

codificador, dora [koðifikaðór, ðóra] 形 (データを)コード化する.
—— 男《通信》エンコーダ, データをコード化するソフトウエアやハードウエア.

codificar [koðifikár] [1.1] 他 ❶《法律》を法典に編纂(へんさん)する, 成文化する, 法典化する. ❷《情報》をコード化[符号化]する, エンコードする; 体系化する.

‡**código** [kóðiɣo] 男 ❶《法律》**法典, (各分野の)法, 法規(集)**. —〜 de Justiniano ユスティニアヌス法典, ローマ法大全. 〜 de Hammurabi ハンムラビ法典. 〜 napoleónico ナポレオン法典. 〜 fundamental 憲法. 〜 civil [penal] 民法[刑法]典. 〜 mercantil [de comercio] 商法典. 〜 de (la) circulación [de carreteras] 道路交通法. 〜 militar 軍法. 〜 deontológico 職業倫理規定. 類 **ley, reglamento**. ❷ 信号(表), 暗号(法), コード; 《言語・情報》コード. —〜 abreviado 略号. 〜 autocomprobable 自己検査コード. 〜 barrado [de barras] バーコード. 〜 genético 《生物》遺伝子情報, 遺伝暗号. 〜 (de) Morse モールス信号. 〜 postal 郵便番号. 〜 de kanji 漢字コード. 〜 Q 航空用国際電信符号. 〜 secreto 暗号; 暗証番号, パスワード. 〜 de claves secretas 暗号. 〜 de señales 《海事》国際旗信号, 国際信号書(=telégrafo marino). 〜 telegráfico 電信暗号. 〜 territorial 《電話》市外局番. 〜 lingüístico 言語コード(記号体系). Los ordenadores funcionan con el 〜 ASCII. コンピューターはアスキー符号で機能している. 類 **clave**. ❸ (社会的な)規範, 作法, 掟(おきて). —〜 de la cortesía 礼儀作法. 〜 del honor (決闘に応じるなどの)名誉の掟, 決闘の作法.

codillo [koðíjo] 男 ❶ 四足動物(特に馬)の前脚の体の付け根に近い部分; この関節から膝までの部分. ❷ (枝を切り落としたあと幹に残る)こぶ. **gancho**. ❸ (猟師たちの間で)動物の左の前肢の下の部分. ❹ 生ハムの細い先端部分. ❺ L字状の管, 導管. ❻《海事》竜 骨の両端. ❼ 《ゲーム》[dar+] コディーヨ(トランプゲームのオンブルで他のプレーヤよりも多くのカードを勝ち取る手).

codillo y moquillo 《ゲーム》(オンブルで)コディーヨで他のプレーヤのカードを勝ち取る際に口にする決まった言い方.

jugársela de codillo a ... 《比喩,話》(汚い手を使って人)を出し抜く.

tirar a ... al codillo 《比喩,話》(人)を破滅させる.

codirección [koðirekθjón] 女 (映画などの)共同監督(作品).

codo

codo [kóðo コド] 男 ❶ 肘(ﾋｼﾞ).—apoyar [clavar] los ~s en [sobre] la mesa テーブルに両肘をつく. abrir [alejar] los ~s 肘を張る. Me dio un empujón con los ~s. 彼は私を肘で突き飛ばした. Se está rompiendo la chaqueta por los ~s. 上着の両肘のところが擦り切れている. ❷ (技術) (パイプの) L 字継ぎ手, エルボ. 類 **codillo**. ❸ (道・川などの)曲がり角, カーブ, 湾曲部. 類 **curva**. ❹ (動物の)前足の膝(ﾋｻﾞ). ❺ (昔の長さの単位)腕尺, コド(肘から中指の先まで. 約 42 cm)(=~geométrico [común]).—~ real [de rey, de ribera] (長さ)574mm.

a base de (clavar los) codos 猛勉強して. aprobar un examen *a base de codos* 猛勉強して試験に合格する.

alzar [empinar, levantar] el codo [de codo] 《話》大酒を飲む, 痛飲する, 飲み過ぎる.

apretar el codo/hincar el codo [los codos] 臨終に立ち会う.

beber de codos 《古》ちびちび[ゆっくり]飲む.

codo a codo 並んで, 協力[団結]して(=codo con codo).

codo con codo (1) 並んで, 協力[団結]して(=codo a codo). trabajar *codo con codo* 力を合わせて働く, 協力して働く. (2) 後ろ手に縛って[縛られて]. Marchaba *codo con codo* entre una pareja de guardias civiles. 二人の治安警備隊員が両側から挟むようにして後ろ手に縛り上げられて彼は歩いていた.

codo en codo 後ろ手に縛って[縛られて](=codo con codo).

comerse los codos de hambre 《話》ひどく貧しい, 食うに困る.

de codos 肘をついて. Estaba *de codos* sobre la mesa leyendo una novela. 彼は小説を読みながら机に肘をついていた.

estar metido hasta los codos en … (何かに)深く係わっている, すっかり没頭している.

hablar [charlar] (hasta) por los codos 《話》よくしゃべる, しゃべりまくる. Él es muy callado, pero su novia *habla por los codos*. 彼は寡黙だが, 彼の恋人はよくしゃべる.

hincar [clavar(se)] los codos (en la mesa) 《話》猛勉強する, ガリ勉する. Si quieres aprobar el examen, tendrás que *hincar los codos*. もし君が試験に合格したいのなら, 猛勉強せねばならないだろう.

mentir por los codos 《話》大うそをつく.

meter la mano [las manos] hasta el codo en …/ meterse hasta los codos en … …に深くかかわる, すっかり没頭する.

romperse [desgastar(se)] los codos 《話》猛勉強する, ガリ勉する.

tacto de codos 《軍事》整列(の号令); 一致団結.

—— 形 〖グアテマラ, メキシコ〗 けちな (=tacaño, mezquino).

—— 男女 〖ラ・プラタ, メキシコ〗《話》けちな人.

codoñate [koðoɲáte] 男 マルメロの菓子[ペーストゼリー].

codorniz [koðorníθ] 女 〘複〙codornices 《鳥類》ウズラ(鶉).—rey de codornices ハタケナフ.

COE [kóe] [<Comité Olímpico Español] 男 スペイン・オリンピック委員会.

coeducación [koeðukaθjón] 女 男女共学.

cofrade 433

coeducacional [koeðukaθjonál] 形 (男女)共学の.

*coeficiente** [koefiθjénte] 男 ❶《数学》係数, 率, 指数.—~ angular 方向係数[勾配]. ~ de incremento (関数の)平均変化率. ~ diferencial 微分係数. ~ de correlación 相関係数. ~ de la circunferencia 円周率. ~ de elasticidad《数学, 統計》弾力性係数, 弾性値[物理]弾性率[係数]. 類 **factor**. ❷《物理, 化学, 機械》係数, 率.—~ de dilatación 膨張率[係数]. ~ de absorción 吸収係数. ~ de fricción 摩擦係数. ~ de solubilidad 溶解度. ❸《経済》—~ de caja 現金比率. ~ de liquidez 流動性比率. ~ de capital 資本(集約)係数. ~ de conversión 転換比率. ~ de endeudamiento 債務係数[比率]. ❹《数学》定数, 不変数. —En la expresión 8(x+y), el número 8 es el ~. 8(x+y)の式で, 8の8は定数である. ~ de amortización 減衰定数. 類 **constante**. ❺《航空》—~ de ocupación 座席利用率. ❻《社会保障》—~ de invalidez 廃疾度. ❼《地理》—~ de escorrentía (河川全流域の)流出係数. ❽ 共同[複合]作用.

coeficiente intelectual [de inteligencia, mental] 知能指数 (IQ)(=cociente intelectual).

類 **contemporáneo, sincrónico**.

—— 名 同時代人; 現代人.

coercer [koerθér] [2.4] 他 《まれ》を抑制する, 制止する, 妨げる, 阻止する. 類 **cohibir, refrenar**.

coerción [koerθjón] 女 《法律》抑制, 制止.

coercitivo, va [koerθitíβo, βa] 形 抑制する, 制止する. —orden *coercitiva* 制止[抑止]令.

*coetáneo, a [koetáneo, a] [<edad] 形 〖+de〗…と同時代[時期]の; 現代の. —los helenos ~s de Sócrates ソクラテスと同時代のギリシャ人達. Cervantes y Shakespeare fueron ~s. セルバンテスとシェークスピアは同時代の人であった.
類 **contemporáneo, sincrónico**.

—— 名 同時代人; 現代人.

coevo, va [koéβo, βa] 形 名 (特に過去の)同時代の(人・物). 類 **coetáneo**.

coexistencia [koeksisténθja] 女 同時に存在すること, 共存. —La ~ de diversas tendencias en el partido impidió su unificación. 政党内にいろんな傾向が共存したための統一が妨げられた.

coexistencia pacífica 《政治》平和的共存(政治体制の異なる国々が平和的に共存すること).

coexistente [koeksisténte] 形 共存の[する].

coexistir [koeksistír] 自 同時に存在する, 共存する. —En Toledo *coexistían* tres religiones. トレドでは 3 つの宗教が共存していた.

cofa [kófa] 女 《海事》(帆船の)檣楼(しょうろう), トップ, 檣上見張座. —~ mayor 大檣楼, メーントップ.

cofia [kófja] 女 ❶ ヘアネット, 髪押さえ. 類 **escarcela, red**. ❷ (看護婦, ウエートレスたちのかぶる)白いキャップ. ❸ 兜(かぶと)の下にかぶる詰め物の入った縁なし帽. ❹ 兜を補強する武具の一種. ❺《植物》種子を包む膜状の部分. ❻《軍事》ミサイルの信管を湿気から守るための金具.

cofies- [kofjés-] 動 confesar の直・現在, 接・現在, 命令・2 単.

cofrade [kofráðe] 男女 (団体・協会などの)会

434　cofradía

員, 組合員, メンバー. ～ de pala《隠》泥棒の助っ人.

cofradía [kofraðía] 女 ❶ 宗教的慈善団体, 信徒団体. 類**congregación, hermandad**. ❷《比喩》(ある目的をもった人たちの)集まり, 団体, 仲間; 同業組合. ～ de pescadores 漁業組合. 類**compañía, gremio, junta**. ❸《隠》人込み, 群衆.

cofre [kófre] 男 ❶ 櫃(³), トランク. 類**baúl**. ❷ (貴重品・宝石などを入れる)箱, ケース. ❸ 金庫. ❹《魚類》ハコフグ科の魚の一種 ❺《印刷》版面を支える台, 版盤.
menear el cofre a ...《比喩, 話》を殴りつける, 罵倒する.
pelo de cofre《比喩, 話》赤毛.

cogedera [koxeðéra] 女 ❶ アフリカハネガヤを取る鉄製[木製]の細い棒. ❷ ミツバチ採集箱. ❸ 果実採集用の棒.

cogedor, dora [koxeðór, ðóra] 形 取る, 集める. —— 名 取る人, 集める人; 集金人, 徴税官. —— 男 ❶ ちり取り, 灰取り. ❷ (食料品店で食品を取り分ける際に使う)小さいスコップ状の器具.

*★**coger** [koxér コヘル] [2.5] 他 ❶ をつかむ, 手に取る, 握る. —*Cogió* un puñado de tierra y me lo tiró a la cara. 彼は一握りの土をつかんでそれを私の顔に投げつけた. *Coge* al niño de la mano. 彼は子どもの手をつかむ. 類**agarrar**《中南米で coger が卑猥な意味(⁰)を持つので, 代わりに agarrar がよく用いられる.》❷ を手に入れる, 取り入れる, 取り込む. —Ya he cogido entradas para el estreno de «Amor Brujo». すでに私は『恋は魔術師』初演の入場券を手に入れた. *Coge* la ropa, que ya está seca. 洗濯物を取り込みなさい, もう乾いているから. ❸ を収穫する, 摘む, 拾う. —～ la aceituna [la uva] オリーブの実[ブドウ]を摘む. ❹ を奪う, 取り上げる, 押収する. —En la operación *han cogido* diez kilos de heroína. その捜査活動で 10 キロのヘロインが押収された. ❺ を捕える, 捕まえる. —Aún no han *cogido* a los ladrones. どろぼうどもはまだ捕まっていない. 類**atrapar**. ❻ (習慣などを) 身に付ける, …に染まる, (病気に)かかる. —Me parece que *he cogido* frío. どうやら私は風邪を引いたようだ. *Cogió* el poco saludable hábito de fumar sin cesar. 彼は絶えずタバコをすうという健康によくない習慣がついた. ❼ を受け取る, 受け入れる, 引き受ける. —No se decidió a ～ la responsabilidad que le ofrecían. 彼は申し出のあった業務を引き受ける決心はつかなかった. ❽ (乗物)に乗る. —～ un taxi [un avión] タクシー[飛行機]に乗る. ❾ …に追いつく; (ある事が始まってから)に着く. —Si corres, le *cogerás*. 走っていけば (彼)に追いつけるよ. *He cogido* el curso a la mitad. 私は授業の途中に着いた. 類**alcanzar**. ❿ (車が人を)轢(²)く, はねる. —Ten cuidado, la ver si te va a ～ un coche! 気を付けろよ, 車に轢かれないようにね. 類**atropellar**. ⓫《闘牛》(牛が人を)(角に)ひっかける. —Un toro *cogió* a Manolete en Linares en 1947. 1頭の牛が 1947 年にリナーレスでマノレーテを角にかけた. ⓬ …の不意を突く, 意表をつく, (ある人が人に) ふりかかる, 起こる. —Esa mala noticia me *ha cogido* de sorpresa. その悪いニュースは私に不意打ちを食わせた. ⓭ (ある事に)出会う, 居合わせる,

を見つける. —Afortunadamente le *cogí* de buen humor. 幸いにも私は彼が上機嫌のときにぶつかった. ⓮ …に取りかかる, 取り組む. —～ el estudio 勉強に取りかかる. ⓯ を選びとる, 選ぶ. —*Cogió* cuatro asignaturas opcionales. 彼は 4 つの選択科目を選んだ. ⓰ を理解する, 会得する, …に気づく. —No he *cogido* el chiste. 私はその冗談がわからなった. *Cogió* perfectamente lo que yo le dije, pero disimula. 彼は私の言ったことを完全に理解したのだが, わからぬふりをしている. 類**entender**. ⓱ を受信する. —Ahora se puede ～ cualquier emisora por Internet. 今ではインターネットでどんな放送も受信できる. ⓲ を書き取る, (メモを)取る. —～ ～ apuntes メモを取る. ⓳ (住居などを)賃借りする, …と契約する, (人)を雇う. —*Cogió* un nuevo entrenador de tenis. 彼は新しいテニスのコーチに来てもらった. —～ un piso マンションを借りる. 類**alquilar**. ⓴《話》(場所)を占める, 取る, わたる. —La alfombra *coge* todo el cuarto. そのじゅうたんは部屋中をおおっている. ㉑ …と交尾する;《中南米》《俗》性交する.
coger y〔＋動詞〕思い切って[にわかに]…する. *Cogió y* se marchó. 彼は急に帰ってしまった.
cogerla《話》酔っ払う.
cogerla con〔＋人〕…に反感を持つ, …が嫌いになる.
no haber [tener] por donde cogerlo どうしようもない, 良いところが何もない; 申し分ない.
—— 自 ❶ 位置する. —Su chalet *coge* muy lejos de la ciudad. 彼の別荘は町から大変遠方にある. ❷《＋en に》収容できる, 乗れる. —*En* ese autocar *cogen* ochenta personas. この観光バスは 80 人乗りだ. El armario no *coge* aquí. たんすはここに入らない. ❸ (植物が)根を張る.
——**se** 再 ❶〔＋de に〕つかむ, (…に)しがみつく. —A la niña le dio miedo el perro y *se cogió* de la chaqueta de su padre. 女の子は犬がこわくなって父親の背広の上着にしがみついた. ❷ つかまれる; はさまれる. —*Se cogió* los dedos en la puerta. 彼はドアで指をはさまれた.

cogestión [koxestjón] 女 《法律》共同経営[管理], 全員参加経営.

cogida [koxíða] 女 ❶《話》収穫, 取り入れ, 採集. 類**recolección**. ❷《収穫物》類**cosecha**. ❸《闘牛》牛が闘牛士を角で突くこと. —tener una ～ 牛の角で突かれる.

cogido [koxíðo] 過分 男 (スカートやカーテンの)ひだ, プリーツ, ギャザー. 類**pliegue**.

cogitabundo, da [koxitaβúndo, da] 形《雅》考え込んだ, 物思いにふけった. 類**meditabundo, pensativo**.

cogitación [koxitaθjón] 女《雅》考え込むこと, 沈思黙考.

cogitativo, va [koxitatíβo, βa] 形 熟考力のある.

cognación [koɣnaθjón] 女 ❶ 女系の親族関係(親族), ❷ 親族, 親戚, 親族関係.

cognado, da [koɣnáðo, ða] 形 ❶《言語》同語族の, 同語源の. ～ adjetivo ～ 同語源の形容詞. ❷ 女系の親族の. —— 名 女系の親族.

cognición [koɣniθjón] 女 ❶《哲学》認識, 認知. 類**conocimiento**. ❷《心理》認知, 認知力.

cognoscible [koɣnosθíaβle] 形《哲学》認識しうる, 認知しうる, 知りうる. 類**conocible**.

cognoscitivo, va [koɣnosθitíβo, βa] 形 《哲学》認識することのできる. —facultad *cognoscitiva* 認識力.

cogollo [koɣójo] 男 ❶ (キャベツ・レタスなどの野菜の)芯, 結球. 類 **repollo**. ❷ (木・草の)新芽, 芽. ❸ 《比喩》最上のもの(部分), 精髄. —el ~ de la sociedad madrileña マドリード社交界のエリート. 類 **crema**. ❹ 建材にならない松の木の上部.

cogorza [koɣórθa] 女 《俗》酔っ払うこと, 酔い, 酩酊(めいてい). —Pilló una ~ de miedo. 彼はひどく酔っ払った. Lleva una ~ horrorosa. 彼はものすごく酔っ払っている. 類 **borrachera**.

cogotazo [koɣotáθo] 男 項(うなじ)を殴ること. 類 **pescozón**.

***cogote** [koɣóte] 男 《解剖》項(うなじ), 首筋, 襟首(首の後ろ上部). —Caí de espaldas y me di un golpe en el ~. 私は仰向けに倒れて首筋をぶつけた. Me dio una colleja en el ~ para despertarme. 彼は私を目覚めさせるために私の首筋を手のひらでポンポンと叩いた. 類 **cerviz, nuca**.

carne de cogote 【南米】つまらないもの, くだらないもの.

de cogote 【南米】(家畜が)大変太った, 肥えた.

estar hasta el cogote 飽き飽き[うんざり]している.

ponérselas en el cogote 【中米】駆け出す.

tieso de cogote 高慢ちきな, いばった, 傲慢な.

cogotera [koɣotéra] 女 日差し・雨・寒さからうなじを守る布[帽子].

cogotudo, da [koɣotúdo, ða] 形 ❶ 首の太い, 猪首(いくび)の ❷ 《比喩, 話》尊大な, 高慢な, 横柄な. 類 **altanero, altivo, orgulloso**.

—— 名 【中南米】成り上がり, 成金.

cogujada [koɣuxáða] 女 《鳥類》カンムリヒバリ.

cogulla [koɣúja] 女 ❶ 修道士の着るフード付きの僧服; それに似た衣服. ❷ 僧服のフード. ❸ ベネディクト修道会士の着用するマント付きの僧服.

cogullada [koɣujáða] 女 豚の顎肉.

cohabitación [koaβitaθjón] 女 ❶ 同棲, 同居. ❷ 《政治》政治的立場の異なる者どうしによる政権運営.

cohabitar [koaβitár] 自 ❶ 同棲する, 同居する. —*Cohabitan* seis personas en treinta metros cuadrados. 30平方メートルに6人の人が同居している. 類 **convivir**. ❷ 夫婦として暮らす. —*Cohabitaron* tres años y después se casaron. 彼らは3年間同棲した後結婚した. 類 **amancebarse**. ❸ 性交する. 類 **copularse**.

cohechar [koetʃár] 他 ❶ 買収する, 賄賂(わいろ)を贈る. 類 **comprar, corromper, sobornar**. ❷ 《農業》(種蒔き前の最後の)田起こしをする.

cohecho [koétʃo] 男 ❶ 買収, 贈賄(ぞうわい), 収賄. —Ese político ha sido acusado de ~. その政治家は収賄のかどで告訴された. ❷ 《農業》(種蒔き前の最後の)田起こし.

coheredar [koereðár] 他 共同で相続する.

coheredero, ra [koereðéro, ra] 名 共同相続人.

coherencia [koerénθja] 女 ❶ (論理的な)一貫性, 連関性, 統一性. —tener ~ 一貫性がある. ❷ 調和, 統一, まとまり. 類 **congruencia**. ❸ 《物理》凝集力. 類 **cohesión**. ❹ 《言語》結束関係.

coherente [koerénte] 形 ❶ 一貫性のある, 統

coima¹ 435

一のとれた, まとまりのある. —una explicación ~ 筋の通った説明. Tus acciones deben ser ~s con tus ideas. 行動と意見は一貫性がなければならない. ❷ 密着した, 凝集性のある.

cohesión [koesjón] 女 ❶ 結合, 粘着, 密着. —familia con poca ~ 家族の結びつきがほとんどない家族. ❷ つながり, 連関. —La ~ de sus decisiones no admite duda. 彼らの一致団結ぶりは疑いないものである. 類 **enlace**. ❸ 《物理》凝集力.

cohesionar [koesjonár] 他 団結させる, まとめる.

——**se** 再 団結する.

cohesivo, va [koesíβo, βa] 形 粘着性のある, 結合力のある. —material ~ 粘着資材.

cohesor [koesór] 男 《通信》無線電信の初期に用いられた検波器.

‡**cohete** [koéte] 男 ❶ ロケット(弾). — ~ balístico intercontinental 大陸間弾道ロケット. ~ de combustible líquido 液体燃料ロケット. ~ de tres cuerpos [de tres fases] 三段式ロケット. ~ espacial 宇宙ロケット. ~ granífugo 降雹(ひょう)抑制ロケット. ~ luminoso [de señales] 信号弾, 閃光(せんこう)信号. ~ radiodirigido 無線誘導弾. ~ paragranizo 降雹ロケット. ~ sonda 宇宙探査機. ~ paracaídas パラシュート・ロケット. ❷ 打上げ花火. — ~ volador [tronador] ロケット[かみなり]花火. ~ borracho ネズミ花火. lanzar [tirar] un ~ 花火を打上げる. 類 **volador**.

al cohete 【南米】無駄に.

como un cohete 《salir/escapar+》電光石火のごとく, 全速力で, 勢いよく.

cohib- [koiβ-] 動 *cohibir* の直・現在, 接・現在, 命令・2単.

cohibición [koiβiθjón] 女 ❶ 抑制, 束縛. ❷ 気後れ.

***cohibido, da** [koiβíðo, ða] 過分 形 ものおじした, おどおどした, 萎縮(いしゅく)した. —Al principio parecía *cohibida*. 彼女は最初おどおどしているようにみえた.

***cohibir** [koiβír] [3.11] 他 をおじけづかせる, 萎縮(いしゅく)させる; 抑制[制約]する. —Espere usted fuera para no ~la. 彼女をおじけづかせないようあなたは外で待ってください. 類 **refrenar, reprimir**.

cohombro [koómbro] 男 ❶ 《植物》キュウリの一種. ❷ 《料理》チューロ. 類 **churro**.

cohonestar [koonestár] 他 ❶ を取りつくろう, 弁解する. —Para ~ su pésimo comportamiento, adujo que había bebido. 自分の最悪の振る舞いを取りつくろうために彼は飲酒していたと申し立てた. 類 **paliar**. ❷ 《+con》…と調和させる, …と一致させる. —Ese hombre *cohonesta* la riqueza *con* la sobriedad. その人は富と節制を調和させている.

cohorte [koórte] 女 ❶ 《歴史》数個の百人部隊からなる古代ローマの歩兵隊. ❷ 《比喩, 雅》大い, 多数, 大群. —Una ~ de admiradoras esperaba la llegada de su ídolo. たくさんのファンがアイドルの到着を待っていた. 類 **grupo, muchedumbre**.

COI [kói] [<Comité Olímpico Internacional] 男 国際オリンピック委員会(英IOC).

coima¹ [kójma] 女 内縁の妻, 情人, 愛人. 類

amante, concubina, manceba.

coima[2] [kóima] 囡 ❶ 賭博場主の報酬. ❷〖中南米〗心付け,そでの下.

Coimbra [kóimbra] 固名 コインブラ(ポルトガルの都市).

:coincidencia [koinθiðénθja] 囡 ❶ 偶然,巡り合わせ,偶然の出会い. —¡Qué (grata) ~ encontrarnos por aquí! こんなところで会うなんて偶然ですね! Fue una ~ que viajáramos en el mismo avión. 私たちが同じ飛行機で旅行するのは偶然だった. 類**casualidad**. ❷ 一致,符号,合致. —~ fortuita [pura ~] 偶然の一致. — de gustos 趣味の一致. 類**concordancia**. ❸ 同時発生. 類**concurrencia**. ❹〖数学〗(図形の)合同. 類**congruencia**.

dar la coincidencia de que ... 〖3人称単数形で〗偶然にも…する〖である〗. *Dio la coincidencia de que yo me encontraba de viaje.* その時私は偶然旅行中であった.

en coincidencia con ... …に一致して,…と合致して.

La coincidencia hizo que. 〖+接続法〗偶然にも…した〖となった〗.

coincidente [koinθiðénte] 厖 ❶ 一致する,合致する. ❷ 同時に起こる.

:coincidir [koinθiðír] 圊 ❶〖+con とen という点で〗一致する,符合する. —*Coincidió conmigo en que debíamos aplazar la decisión.* 彼は決定を延期すべきであるという点で私と意見が一致した. *Lo que me dices no coincide con lo que yo sé.* 君の言うことは私の知っていることと食い違っている. ❷〖+con と…に〗合う,ぴったりはまる. — La hoja de la puerta no *coincide* bien *con* el marco. ドア板が枠にぴったり合っていない. ❸ 同時に起こる. —No podrá asistir al congreso porque *coincide* con la boda de su hija. 彼は娘の結婚式と重なるので学会に出席できないだろう. ❹〖+con と〗(偶然)出会う,出くわす. —Casi todos los días *coincido* con ella en el Metro. ほとんど毎日私は地下鉄の中で彼女と出会う.

coito [kójto] 男 性交,交接. 類**ayuntamiento, cópula**[1].

coj- [kox-] 動 coger の接・現在.

:cojear [koxeár] 圊 ❶ 片足を引きずって歩く. —Anda *cojeando*. 彼は片足を引きずって歩いている. *Cojeaba* del pie derecho. 彼は右足を引きずって歩いていた. ❷ (家具の足が)がたがつく; 不安定である. —Esta mesa *cojea*. このテーブルの足があたがたする. ❸〖話〗〖+de の〗(欠点)を持つ, (…に)悩む. —Su padre *cojea de* autoritario. 彼の父親は横暴であるという欠点がある.

Cojedes [koxéðes] 固名 コヘデス(ベネズエラの州).

cojera [koxéra] 囡 足の不自由なこと,跛行(は). —Una lesión en la rodilla le dejó esa leve ~. ひざの怪我で彼は少し足が不自由になった. 類**renquera**.

cojijo [koxíxo] 男 ❶ 小さい虫. 類**bicho**. ❷〖比喩〗(取るに足らないことによって引き起こされた)不快感.

cojín [koxín] 男 ❶ クッション. 類**almohadilla, almohadón, colchoneta**. ❷〖海事〗マストや舷(げ)に設置されたロープの擦り切れを防ぐための小箱.

cojinete [koxinéte] 男 ❶ 針山,針刺し. 類**almohadilla**. ❷〖機械〗軸受け,ベアリング. —~ de bolas〖機械〗ボールベアリング,玉軸受け. —~ de rodillos ローラーの軸受け. 類**chumacera, rodamiento**. ❸〖鉄道〗レールチェア(レールを支えてそれを枕木にしっかり留めるための ブロック). ❹〖印刷〗圧円筒〖版円筒〗を支える金属板.

cojioso, sa [koxjóso, sa] 厖 泣き言の多い,愚痴っぽい. 類**quejón**.

cojitranco, ca [koxitráŋko, ka] 厖《軽蔑》跛行(は)でよく歩きまわる.

—— 名《軽蔑》跛行(は)でよく歩きまわる人.

cojo[1] [kóxo] 動 coger の直・現在・1 単.

*cojo[2]**, ja** [kóxo, xa コホ, ハ] 厖 ❶ (a) (人・動物が)足〖脚〗の不自由な; 足をひきずる. —andar ~ 足をひきずって歩く. estar ~ (一時的に)足をひきずっている. Es ~ de la pierna izquierda. 彼は左脚が不自由である. 類**paticojo**. (b) 片足がある. ❷ (家具などが)ぐらぐらする,不安定な〖estar+〗. —Esta mesa está *coja*. このテーブルは足がぐらぐらしている. ❸ 欠陥のある,不完全な. —Su expresión quedó *coja* y no se entendió bien. 彼の表現はあやふやで,よくわからなかった.

andar a la pata coja けんけんをする,片足で跳び歩く.

no ser cojo ni manco (ある事について)熟知〖熟達〗している. Dirán de él lo que quieran, pero en su trabajo *no es cojo ni manco*. 彼のことは何とでも言ってよいが,彼は自分の仕事については知らないことはない. —— 名 足〖脚〗の不自由な人.

cojón [koxón] 男 ❶〖主に 覆〗〖俗〗睾丸(ホミホ). 類**testículo**. ❷〖俗〗勇気,気力,度胸. —Para sacar el negocio adelante tuvo que echarle cojones. 商売を進めるために彼に気合を入れなければならなかった. 類**coraje, valor**.

con cojones《俗》勇気がある,勇ましい.

de cojones《俗》すばらしい,すごい,見事な. una película *de cojones* すごい映画.

de los cojones《俗》耐えがたい,不快で,ひどい. Ha sido un concierto *de los cojones*. まったくひどいコンサートだった.

estar hasta los mismísimos cojones《俗》うんざりである.

importar un cojón [tres cojones]《俗》取るに足らないことである,どうでもいいことである. Eso no me *importa un cojón [tres cojones]*. そんなことは私にはどうでもいいことだ.

no haber [tener] más cojones《俗》他に方策がない,仕方がない.

no valer un cojón《俗》まったく価値がない.

pasarse ... por los cojones《俗》(人)を見下す,軽くみる.

ponérsele a ... los cojones como de corbata《俗》(人)がひどく怖がる,たまげる.

ponérsele a ... los cojones en la garganta《俗》(人)がひどく怖がる,たまげる.

por cojones《俗》無理やり,強制的に.

salirle de los cojones《俗》(人)を好き勝手にする. En casa de mis padres yo hago lo que *me sale de los cojones*. 両親の家では私は好き勝手にします.

tener [un par de] cojones《俗》勇気がある,ガッ

ツがある.
tener los cojones bien puestos 《俗》→tener cojones.
tocarse los cojones 《俗》何も仕事をしない.
—— 間覆 怒り・喜び・驚きを表す下品な間投詞.

cojonudo, da [koxonúðo, ða] 形 ❶《俗》すばらしい, すごい, 見事な. —Tu padre es ~. 君のお父さんはすばらしい. Ha sido un concierto ~. すごいコンサートだった. Comimos ~ en ese restaurante. そのレストランの食事はまったくすばらしかった. 類 **estupendo, magnífico**. ❷《俗》勇気のある, 勇敢な.

cojudo, da [koxúðo, ða] 形 ❶（動物が）去勢されていない. ❷〖中南米〗愚かな, ばかな. 類 **estúpido, imbécil**.

cojuelo, la [koxuélo, la] 形 足の悪い, 跛行(はこう)の. 類 **cojo**.

Cojutepeque [koxutepéke] 固名 コフテペーケ (エルサルバドルの都市).

cok [kók]〔＜英 coke〕男〖化学〗コークス. 類 **coque**.

‡**col** [kól] 女 ❶〖植物〗キャベツ, 玉菜(たまな). — ~ morada 紫キャベツ. ~ china 白菜. ~ rizada ハゴロモカンラン. 類 **berza, lombarda, repollo**.
col de Bruselas 〖植物〗芽キャベツ.
El que quiere a la col, quiere a las hojas de alrededor.〖諺〗あばたもえくぼ（←キャベツが好きな人は外側の葉も好きだ）.
Entre col y col, lechuga.〖諺〗何事にも変化が必要（←キャベツとキャベツの間にはレタス）.

‡**cola**¹ [kóla] 女 ❶（動物の）尾, しっぽ(尻尾), 尾羽根. — ~ del pavo real 雄の孔雀の垂れ尾. Los perros, cuando están contentos, agitan la ~. 犬はうれしい時, しっぽを振る. El águila tenía rotas las plumas de la ~. その鷲は尾羽根が折れていた. 類 **apéndice, rabo**. 反 **cabeza**. ❷ 尾状のもの. (a)（飛行機・列車などの）**最後尾**, 後部. —vagón de ~ 最後尾の車両. Nos dieron asientos de la ~ del avión. 私たちは飛行機の後部座席を割り当てられた. plano de ~ 尾翼. 類 **extremo, punta, trasera**. 反 **cabeza, principio**. (b)（列・順番などの）**後尾**, 殿(しんがり). —Oiga, señora, no se cuele y póngase a la ~. ちょっと, 奥さん, 割り込まないで後ろに並んでください. estar en la ~ de la clase クラスのびりである. ~ del pelotón （競争で）選手一団の最後尾. 類 **final, último, zaga**. 反 **cabeza**. (c)（彗星の）尾 (＝estela); (凧の)尾. —Los cometas tienen una larga ~. 彗星は長く尾を引く. (d)（髪型の）ポニーテール (＝ ~ de caballo). —Adornó su larga ~ con un lazo de raso. 彼女はポニーテールにサテンのリボン飾りをつけた. (e)〖情報〗終端部. ❸（服飾）（ウェディングドレスなどの）引き裾(すそ), トレーン, (燕尾服などの)垂れ, 燕尾. — ~ de un frac 燕尾服の燕尾. llevar un vestido de ~ 裾を長く引いたドレスを着ている. ❹（順番を待つ人の）**列**, 行列, 並び. —ponerse en (la) ~ 列に加わる, 並ぶ. Hay una larga ~ delante del cine. 映画館前に長い列ができている. 類 **fila, hilera**. ❺〖植物〗 — ~ de zorra オオスズメノテッポウ (＝alopecuro), ヒモザバナ. ~ de león メハジキ, ヤクモソウ. ❻《俗》ペニス. 類 **pene**. ❼〖中南米〗《話》尻, けつ (＝nalgas). ❽〖チリ〗《話》(a) 尾骨 (＝coccix). (b)（タバコの）吸いさし (＝colillo). (c)《話》ホモ, おかま. ❾〖チリ, メキシコ〗おべっか者, 取り巻き.

❿〖ベネズエラ〗(a)〖自動車〗. —pedir ~ ヒッチハイクをする. ¿Me puedes dar la ~? 車に乗せてもらえますか? (b) 楽な地位, 閑職 (＝sinecura). ⓫〖グアテマラ〗ボディーガード.
a la cola (1) 列の後ろに, 後尾に, 最後に. Llegué el último y tuve que ponerme *a la cola*. 私は来るのが一番遅かったので, 列の最後尾に並ばなければならなかった. (2) 最下位に, びりに.
apearse por la cola ピントの外れたことを言う.
brincarse [saltarse] la cola〖メキシコ〗列に割り込む.
cola de caballo (1)（髪型の）ポニーテール. llevar [peinarse con] *cola de caballo*. 髪をポニーテールにしている. (2)〖植物〗トクサ(木賊). (3)〖解剖〗馬尾.
cola de milano [de pato]〖技術〗蟻枘(ありほぞ)（トビの形をした柄）. ensambladura *de cola de milano [de pato]* 蟻枘継ぎ.
comer cola〖南米〗《話》失望する, 幻滅を感じる; びりになる.
con la cola entre (las) piernas しっぽを巻いて, 面目を失って, 屈辱を受けて.
El que tiene cola de zacate no puede jugar con lumbre.〖中米, メキシコ〗〖諺〗脛(すね)に傷持つ者は他人の批評など言わぬがよい.
en (la) cola 列を作って, 並んで; 最後尾に.
estar [faltar] la cola por desollar《話》まだまだ最後の難関が残っている.
hacer bajar la cola（人）を降伏させる.
hacer [formar, guardar] cola（順番を待つために）列を作る, 並ぶ.
llevar la cola (1) 裾(すそ)を持つ, (花嫁衣装の)裾を引いて歩く. (2) びりになる, しんがりを務める.
Más vale ser cabeza de ratón que cola de león.〖諺〗鶏口となるも牛後となるなかれ.
montar en cola（列車・地下鉄などの）最後尾の車両に乗る.
morderse la cola 堂々巡りを繰り返す.
no tener cola que le pisen〖メキシコ〗何も恥じる［外聞をはばかる］ことはない.
pedir un cola〖中米〗(ダンスで)パートナーをお願いする.
piano de cola〖音楽〗グランドピアノ.
ser cola《話》びりである.
ser la pescadilla que se muerde la cola/ser la pescadilla mordiéndose la cola（原因と結果の区別がつかない事柄について）堂々巡りである.
tener (llevar, traer) cola 大変な影響を与える, 重大な結果を招く, 尾を引く. Este escándalo financiero va a *traer cola* en el mundo de la política. この金融スキャンダルは政界に大変な影響を与えるだろう.
tener (una, la) cola de paja〖中米〗罪悪感がある.
Te va a salir cola.〖メキシコ〗《俗》君は結果を直視しなければならないだろう.

cola² [kóla] 女 ❶〖植物〗コラノキ; コラナッツ (＝nuez de ~: コラノキの実で清涼飲料の原料となる). ❷〖飲料〗コーラ (coca cola など). —refresco [bebida] de ~ コーラドリンク. La mayoría de las bebidas con ~ tienen gas. 大部分のコーラ飲料には炭酸が入っている.

‧**cola**³ [kóla] 女 ❶（接着剤の）膠(にかわ), 糊(のり). —

438　colaboración

～ de pescado にべ(魚膠). ～ fuerte (de conejo) 膠, 獣膠. ～ de carpintero 木工用膠. 類 **adhesivo, gelatina, goma, pegamento**.

no pegar ni con cola con ... (1) …と全く関係がない. Lo que dices *no pega ni con cola con* el tema que tratamos. 君の言うことは我々が扱っているテーマと全く関係がない. (2) 調和しない, ふさわしくない. Esas cortinas *no pegan ni con cola* en esta habitación. それらのカーテンはこの部屋には合わない. Esa corbata de colores en un entierro *no pega ni con cola*. 葬式にその多色のネクタイはふさわしくない.

‡**colaboración** [kolaβoraθjón] 囡 ❶ 協力, 共同; 共同研究, 共著, 合作. — prestar 〜 協力する. La 〜 de todos es muy necesaria en los trabajos de equipo. 協同作業ではみんなの協力が必要だ. 類 **cooperación**. ❷ 助け, 支援; 寄付, 寄与. — con la 〜 de los ordenadores コンピューターの助けを借りて[助けがあれば]. Gracias a vuestra 〜 se podrán construir colegios en países pobres. 皆様の寄付のお陰で貧しい国々に学校を建てることができます. 類 **ayuda, aportación, contribución**. ❸ (新聞・雑誌への定期的な)寄稿, 投稿.

en colaboración (*con* ...) …と協力して, 共同で, 共著で, 合作で. Este libro ha sido escrito *en colaboración con* mi hermano. この本は私の弟との共著になった.

colaboracionismo [kolaβoraθjonísmo] 男 占領軍・敵との協力.

colaboracionista [kolaβoraθjonísta] 男女 《軽蔑》敵との協力者, 敵国・占領軍との協力者.

‡**colaborador, dora** [kolaβoraðór, ðóra] 名 ❶ 共同執筆[研究, 制作]者, 共著者, 合作者; 協力者. — La redacción del diccionario la ha realizado un equipo de ～es. 辞書の編纂は共同執筆者チームが行った. ❷ (新聞・雑誌の正社員ではない)寄稿者, 投稿者. — Esta novelista es *colaboradora* habitual del periódico local. この小説家は地方紙にはいつも寄稿している. 〜es a tiempo parcial パートの寄稿者.

—— 形 協力する, 共同して働く, 合作する; パートタイムの. — empresa *colaboradora* 共同事業.

‡**colaborar** [kolaβorár] [＜labor]自 ❶ [＋con と/en に](特に知的な活動で)**協働する**, 力を合わせる, 協力する. — Colaboró con ella *en* la organización del simposio. 彼はシンポジウムの開催のため彼女に協力した. ❷ [＋en に]寄稿する, 投稿する. — Antes *colaboraba en* muchas revistas. 彼は以前は多くの雑誌に寄稿していた. ❸ [＋con に対し]寄与する. ❹ [＋a に]役立つ, 貢献する.

colación [kolaθjón] 囡 ❶ 《宗教》聖職任命. ❷ 学位授与. ❸ 軽食; (特に修道院での)軽い食事, **piscolabis, tentempié, refacción**. ❹ 接待や祝いのために用意されている菓子や冷たい料理. ❺ クリスマス・イヴに使用人たちに配っていた菓子や果物. ❻ 《まれ》教区. ❼ 《宗教》修道院で聖人や聖書について語り合う習慣. ❽ 比較, 照合. 類 **cotejo**.

colación de bienes 《法律》被贈与額の申告, 遺産分与の際, 被相続人から無償で受け取っていた財産を遺留分および法定相続分以外の遺産の算定に含めるための表明.

sacar [*traer*] *a colación a* ... 《比喩, 話》を話題にする, …に言及する. No se te ocurra *sacar a colación* el tema político en la reunión. その会議ではうっかり政治的話題にふれたりしないように. *Trajo a colación* el asunto del divorcio para tirarme de la lengua. 彼は離婚の件を話題にして私の口を割らせた.

traer a colación y partición ... 《法律》を遺産相続分に含める.

colacionar [kolaθjonár] 他 ❶ を比較する, 照合する. 類 **comparar, cotejar**. ❷ 《法律》被贈与分を遺産の遺留分(法定相続分以外の遺産)に含める. ❸ 《宗教》聖職任命する.

colada¹ [koláða] 囡 ❶ 衣服の漂白, 漂白された衣服, 漂白; 漂白剤. ❷ (定期的な)洗濯, 洗濯物. — día de la 〜 洗濯日. hacer la 〜 洗濯をする. tender la 〜 洗濯物を干す. ❸ 濾(こ)すこと, 濾過(か). ❹ 《冶金》溶鉱炉から鉄鉱を流出させること. — orificio de 〜 出鉄(でっ)口. ❺ 家畜が牧草を食みに行くために通るのを許された地帯. ❻ 山や峡谷の難所.

echar a la colada 衣服を洗濯に出す.

sacar a [*la*] *colada* ... 《比喩, 話》を暴露する.

salir a [*en*] *la colada* 《比喩, 話》露見する, ばれる. *Salió en la colada* su aversión a los insectos. 彼の虫嫌いがばれた.

colada² [koláða] 囡 《比喩》(El Cid の剣に因んで)名剣, 名刀.

coladera [kolaðéra] 囡 ❶ 液体用の小さい濾(こ)し器. 類 **cedacillo**. ❷ 『中南米』下水溝, 排水溝.

coladero [kolaðéro] 男 ❶ 液体用の濾(こ)し器. 類 **colador, filtro, pasador**. ❷ 狭い道. 《比喩, 学生》評価の甘い学校試験・教師. — El examen de química fue un 〜 hasta que cambiaron de profesor. 化学の試験は先生が変わるまでは楽勝だった. ❹ 《鉱業》坑道と坑道の間の空間に開けられた鉱石取り出し用の口. ❺ 侵入がとても簡単な場所. — Esa puerta del museo es un 〜 porque casi nunca está el vigilante. 美術館のその入り口はほとんど監視人がいないので入りやすい.

colado, da [koláðo, ða] 過分 [＜colarse]形 ❶ (風が)すきまから吹く. — aire 〜 すきま風. ❷ 《比喩, 話》[＋por]…にべた惚れの, を熱愛した. — Está 〜 *por* María. 彼はマリアにべた惚れだ.

colador¹ [kolaðór] 男 ❶ 液体の濾(こ)し器. 類 **coladero, filtro, pasador**. ❷ 《印刷》灰汁(あく)・漂白剤を作るための灰を入れる底に穴のあいた桶.

dejar a ... *como un colador* 《比喩》(銃弾やナイフの刺し傷で)を穴だらけにする.

colador² [kolaðór] 男 聖職任命を行なう人.

coladura [kolaðúra] 囡 ❶ 液体を濾(こ)すこと, 濾過(か)すること; 濾したあとの残余物. ❷ 《比喩, 話》間違い, あやまち. 〜 Aquel comentario que hiciste fue una 〜. 君のあのコメントは間違っていた. 類 **desacierto, equivocación, error, indiscreción**.

colágeno, na [koláxeno, na] 形 コラーゲンの. — enfermedad del 〜 膠原病.

—— 男 コラーゲン, 膠原質.

colapez [kolapéθ] 囡 蝶鮫(ちょうざめ)の膀胱(ぼうこう)からつくられるゼリー.

colapsar [kolapsár] 他 (交通や血流を)停止さ

colapso [kolápso] 男 ❶《医学》虚脱, 虚脱状態; 衰弱. — Sufrió un ~ al final de la carrera. 彼は競走の最後には衰弱してしまった. ❷《比喩》(活動の)麻痺, 麻痺状態, 停滞. — ~ de un edificio 建物の崩壊. El accidente provocó un ~ de tráfico en la avenida. その事故のせいで通りは交通麻痺になった. 類 **paralización**.

colar¹ [kolár] [5.1] 他 ❶ を漉(こ)す, 濾過(ろか)する. 類 **filtrar**. ❷《衣服》を漂白する. 類 **blanquear**. ❸《比喩, 話》をだまして持ち込む, こっそり持ち込む; だましてつかませる. — Trataba de ~ un billete falso. 彼は偽のチケットをつかませようとしていた. ❹《比喩, 話》をだます, (嘘を)信じ込ませる. — Te *coló* el cuento de su falsa enfermedad. 彼は君に仮病の話を信じ込ませた. ❺ を入れる, 入れ込む, 通す. — Regateó hábilmente a un defensa y *coló* el balón en la portería. 彼はうまくディフェンスをかわしボールをゴールに入れた.

—— 自 ❶ (嘘や偽物が)受け入れられる, 通用する, 通る; 流通する. — Esas excusas que das ya no *cuelan*. 君のその言い訳はもう通用しないよ. 類 **pasar**. ❷《話》ワインを飲む. ❸ 狭い道を通る.

—— **se** 再 ❶ こっそり入り込む, いつのまにか忍び込む; 割り込む. — No tenía dinero y *se coló* en la discoteca. 彼はお金を持っていなかったのでこっそりそのディスコに忍び込んだ. El agua *se colaba* por las rendijas de la ventana. 窓の隙間からいつのまにか水が染み込んでいた. Oye, no *te cueles* y ponte a la cola. ちょっと, 割り込むなよ, 並んでいるんだから. ❷《比喩, 話》間違う, 過ちを犯す, 失敗する. — *Te has colado* porque no ha sido Juan el que escondió la cartera. 君は間違ったよ, だって君の財布を隠したのはフアンではなかったのだから. No *te cueles* conmigo, que no soy un tonto. 僕を見損なうなよ, 馬鹿ではないんだから. 類 **equivocarse**. ❸《比喩, 話》[＋por] を熱愛する, …にべた惚れする. — *Se coló por* un joven profesor. 彼女は若い教師を熱愛した. ❹《スポーツ》ボールを素早くゴールに入れる.

colar² [kolár] [5.1] 他《宗教》聖職に任命する.

colateral [kolaterál] 形 ❶ 両側の, 両側にある. — nave ~ 側廊. calle ~ (本通りに)平行した通り. problemas ~es 平行の問題. 類 **lateral**. 反 **central**. ❷ (親戚の)傍系の. 類 **transversal**. 反 **directo**. — 男女 傍系の親戚.

colcha [kóltʃa] 女 ベッドカバー, ベッドスプレッド. 類 **cobertor, sobrecama**.

:**colchón** [koltʃón] 男 [複 **colchones**] ❶ (寝台用)マットレス. — ~ de espuma (発泡体を使った)フォームマットレス. ~ de pluma 羽毛入りマットレス(のベッド). ~ de muelles/~ de tela metálica スプリング(入り)マットレス / (マットレスの下の)スプリング台 (=somier). 類 **somier**. ❷ 敷き布団. — ~ de lana 羊毛の布団. ~ de hojas 木の葉のクッション. La vaca se tumbó sobre un ~ de pajas. 牛は藁布団の上に寝そべった. ❸ 緩衝材; (特に経済的な窮状への)備え. — servir a …de ~《比喩》…にとってクッションになる.

colchón de agua ウォーターベッド[マットレス].
colchón de aire (1) エアマット; エアバッグ. (2) (壁の防音・断熱用などの)空気層; エアクッション.
colchón hinchable [*neumático, de viento*] エアマット, 空気ぶとん (=colchoneta).
colchón sin bastas《軽蔑》(寸胴の)肥満者, でぶ.
dormir en un colchón de plumas (何不自由なく)安楽な暮らしをする.

colchonera¹ [koltʃonéra] 女 マットレス用のとじ針.

colchonería [koltʃonería] 女 マットレス販売[製造]店, 寝具店.

colchonero, ra² [kotʃonéro, ra] 名 マットレス職人, マットレス販売業者.
—— 形《スポーツ》ユニフォームが色のついた縦縞の.
—— 名《スポーツ》ユニフォームが色のついた縦縞のティームズ[選手].
aguja colchonera→*aguja*.

colchoneta [koltʃonéta] 女 ❶ (ソファーなどの上に置く)細長いクッション. ❷ (体操競技に用いられる)マット, 長く幅の狭いマットレス. ❸ 浜辺などで使用される空気マット.

colcótar, colcotar [kolkótar, kolkotár] 男《化学》コルコタール, ベンガラ Fe_2O_3 (硫酸鉄を焼いてできる赤褐色の酸化鉄, 顔料・磨き粉に使用される).

cole¹ [kóle] 男《学生, 話》[*colegio*の省略形] 小学校. — ir al ~ 小学校へ行く. tener ~ 小学校がある.

cole² [kóle] 男《話》[サンタンデール] 水中に頭から飛び込むこと. 類 **chapuzón**.

coleada [koleáða] 女 ❶ 動物が尾を振ること, 尾で叩くこと; 魚が尾鰭(びれ)を動かすこと. 類 **coletazo**. ❷《中南米》動物が相手の尾を引っ張って倒す行為.

colear [koleár] 自 ❶ 尾を振る, 尾を動かす. 類 **rabear**. ❷《比喩, 話》(ある出来事・話題が)尾を引く. — Todavía *colea* el asunto de la estafa. 詐欺の一件がいまだに尾を引いている.
—— 他 ❶《闘牛》(牛がピカドールを襲う時などにその尾)を押さえる. ❷《中南米》(騎手が逃げる牛の尾を取って)倒す. ❸《中南米》(走りながら, あるいは, 騎乗しながら動物の尾を引っ張って動物を)倒す.
todavía colea《比喩, 話》(交渉などが)まだ決着していない, 結果がまだ出ていない.
vivito y coleando《比喩, 話》生気に溢れた.

:**colección** [kolekθjón] 女 ❶ 収集(品), コレクション, 採集. — tener una ~ de sellos [de monedas] 切手[コイン]のコレクションを持っている. El museo expone una ~ valiosa de cuadros italianos. その美術館はイタリア絵画の貴重なコレクションを展示している. ❷《服飾》(新作)コレクション. — ~ de otoño-invierno 秋冬物の新作コレクション. ❸《比喩》たくさん, 多数. — decir una ~ de mentiras さんざん嘘を言う. Tiene una ~ de parientes. 彼には親戚がたくさんいる. 類 **cúmulo, sarta**. ❹ 叢書, 双書. — Nos faltan los dos últimos tomos de la ~ Austral. アウストラル叢書の最後の 2 巻が欠けている.

coleccionable [kolekθjonáβle] 形 収集の対象となる.
—— 男 保存版の雑誌.

coleccionador, dora [kolekθjonaðór, ðóra] 名 収集家, コレクター. 類 **coleccionista**.
—— 形 収集の.

:**coleccionar** [kolekθjonár] 他 を収集する, 集

440 coleccionismo

める，…のコレクションをする．—Juan *colecciona* obras de arte. フアンは美術品を収集している．

coleccionismo [kolekθjonísmo] 男 ❶ 収集癖．❷ 収集術．

coleccionista [kolekθjonísta] 名 収集家，コレクター．類 **coleccionador**.

colecistitis [kolesistítis] 女〖単複同形〗《医学》胆嚢(のう)炎．

***colecta** [kolékta] 女 ❶ (慈善のための)募金，寄付金集め；寄付金．—hacer [efectuar, realizar] una ~ para ayudar a los afectados por el terremoto 地震被災者救済の募金運動をする．類 **recaudación**. ❷ 納税．—La ~ asciende a tres mil euros. 納付金は3,000ユーロに達する．❸ 収穫，取入れ．❹ 徴税，税の取立て．❺〖カトリック〗集祷(しゅうとう)文(ミサでグロリア gloria の後, 書簡 epístola の前に唱える祈祷文)．

colectar [kolektár] 他 ~ を徴収する，集金する．—Han *colectado* diez millones de pesetas para los damnificados del terremoto. 地震の被害者のために1000万ペセタが集められた．類 **recaudar**. ❷ (散逸したものを)集める，収集する．

colectividad [kolektiβiðað] 女 集団, 団体, 共同体；社会．反 **individuo**.

colectivismo [kolektiβísmo] 男 集産主義 (生産および経済活動のすべてを国家によって社会主義的に統制しようとする主義)．

colectivista [kolektiβísta] 形 集産主義の, 集産主義者の．—— 男女 集産主義者．

colectivización [kolektiβiθaθjón] 女《政治》集産化, 共有化, 国有化．

colectivizar [kolektiβiθár] 他 [1.3] (経済・産業などを)集産主義化する，集産化する．
—— se 再 集まる，まとまる．類 **agruparse**.

⁑**colectivo, va** [kolektíβo, βa] 形 集団の, 団体の；共同の．—intereses ~s 共通の利害．seguridad *colectiva* 集団安全保障．granja *colectiva* 集団農場．seguro [viaje] ~ 団体保険[旅行]．nombre ~ 集合名詞．類 **común**, **genérico**. 反 **individual**. —— 男 ❶ 集団, 集合, 団体．~ agrario 農業団体．❷《文法》集合名詞．❸〖南米〗(小型)バス．

colect|or, tora [kolektór, tóra] 形 集める，収集する，回収する．
—— 男 ❶ 徴税官，集金人，取り立て人．類 **cobrador**, **recaudador**. ❷《電気》(電車のパンタグラフなどの)集電装置．❸(下水道，排水溝の)下水本管，配水管．類 **sumidero**. ❹ ミサのお布施を集める司祭．—— 名 集める人；収集家, コレクター．— ~ de algas 昆布採取漁業者．類 **coleccionador**, **coleccionista**.

colector de admisión《機械》誘導多岐管．
colector de basuras ゴミを収集するために配置された管, ダストシュート．
colector de drenaje《機械》ドレインパイプ(建物内から出る汚水または廃棄物を流して捨てる管)，排水管，泥土管．
colector de escape《機械》排気多岐管．
colector solar 太陽エネルギーを取集するための装置．

⁑**colega** [koléɣa] 男女 ❶ (職場・仕事の)同僚, 仲間；(医者・弁護士などの)同業者．— ~ de la oficina 会社の同僚．Le presento a mi ~ el doctor Noguchi. 同僚の野口博士をご紹介します．類 **compañero**. ❷ 同じ官職[職務]の人．—El primer ministro español recibió a su ~ inglés en el aeropuerto. スペインの首相がイギリスの首相を空港で迎えた．類 **homólogo**. ❸《話》友人，仲間(呼び掛け語としても使われる). —¡C~, qué te cuentas! やあ, 君, 元気? Somos ~s desde la infancia. 私たちは幼い時からの友人です．類 **amigo**, **compañero**, **tronco**. ❹ 学友，学校の友達．

colegiación [kolexjaθjón] 女 同業組合[団体]への加入；その結成．

colegia|do, da [kolexjáðo, ða] 過分 形 ❶ 同業団体[組合]化した, 同業団体[組合]の, 同業団体[組合]に属した．— un arquitecto ~ 組合に属した建築家．❷ 集団の, 集団体制の．— una dirección *colegiada* 集団指導体制．
—— 名 ❶ 同業組合員, 同業団体に加入した人．❷《スポーツ》正式の競技団体に属する審判．

colegial [kolexjál] 形 学校の，学校生活に関する．— vida ~ 学校生活．uniforme ~ 学校の制服．
—— 男 ❶ 男子生徒，男子学生．類 **alumno**, **estudiante**. ❷《比喩, 話》未熟者, 未経験の小心者．❸ 昔の学寮 (colegio mayor) の学生．❹《中南米》〖鳥類〗川べりや潟にいる鳥．雌は灰色，雄は黒と赤の色をしている．—— 女 聖堂参事会の管理する教会．

colegial capellán 礼拝堂の世話を受け持っていた学寮の奨学生．
colegial fraile 騎士団の学寮の学生．

colegiala [kolexjála] 女 女学生，女子生徒．類 **alumna**, **estudiante**.

colegiar [kolexjár] 他 同業団体[組合]に加入[参加]させる．
—— se 再 同業団体[組合]に加入[参加]する．

colegiata [kolexjáta] 女《宗教》聖堂参事会の管理する教会．

***colegio** [koléxjo コレヒオ] 男〖よく, 省略形 cole が用いられる〗 ❶ 学校，小学校；《スペイン》小中学校(どちらかと言えば E.G.B や B.U.P. などの)；(私立の)高等学校．— ir al ~ 学校へ行く．Estudió interno en un ~. 彼は寄宿生だった．Al salir del ~ voy a una academia de inglés. 私は下校してから英語学校に行っている．~ de párvulos 幼稚園．~ de veterinarios 獣医学校．~ estatal [del estado, público] 公立学校．~ nacional 国立学校．~ privado [de pago] 私立学校．~ mixto 男女共学の学校．~ concertado [subvencionado] 公的助成を受けている私立学校．~ de internos 寄宿学校．~ de monjas 女子修道会経営[付属]の学校．~ religioso (宗教団体経営の)宗教学校，ミッションスクール(＝escuela confesional)．類 **escuela**, **instituto**, **liceo**.
❷《話》授業．—El viernes no hay ~ porque hacemos puente. 金曜日は飛び石連休をつないで休日になるので, 学校は休みだ．Hoy es el último día de ~, porque mañana empiezan las vacaciones. 明日から休暇が始まるので, 授業は今日で最後だ．類 **clase**.
❸ (医者・弁護士などの)協会, 団体, (同業者)組合．— ~ de abogados 弁護士会．~ profesional 職業団体．El C~ Oficial de Médicos de fiende los intereses de éstos. 医師会は医師の利益を守る．~ de arquitectos 建築家協会．~

de doctores y licenciados en filosofía y letras 文学博士・修士協会. C~ de Farmacéuticos 薬剤師協会. 類 **asociación, corporación**.
❹ (特殊な)専門学校. —El C~ de México コレヒオ・デ・メヒコ(メキシコの高等学術機関). ~ militar 士官学校. 類 **academia**.
❺《宗教》~ cardenalicio [de cardenales]/sacro ~《カトリック》(教皇を選挙する)枢機卿会. ~ apostólico 使徒団 (el Papa y los obispos). ~ episcopal 司教団. ❻ ~ electoral (a)《政治》『集合的に』選挙区内の全有権者. —Sólo la mitad del colegio electoral de nuestra provincia ha acudido a las urnas. 私たちの県のわずか有権者の半数が投票に行っただけだった. (b) 投票所. —Los colegios electorales suelen situarse en los edificios públicos. 投票所は決まって公共建築物に置かれる.

colegio mayor (大学の)学生寮. Vivió durante dos años en un *colegio mayor*. 彼は2年間は学生寮に住んだ.

colegio menor (中等・職業学校の)学生寮.

Colegio Universitario (総合大学付属で基礎教育を行う)カレッジ.

colegir [kolexír] [**6.2**]他 〖+de/por から〗を推定する, 推測する, 推量する. —*De este éxito no hay que ~ que siempre sea así*. この成功からいつもこうなると推理すべきではない. *Por su respuesta colegí que no quería colaborar en el proyecto*. 彼の返答から彼がこの計画に協力する気がないと私は推定した. 類 **deducir**.

colelitiasis [kolelitíasis] 女《単複同形》《医学》胆石症.

coleóptero, ra [koleóptero, ra] 形《虫類》鞘翅(しょう)目の.
—— 男《虫類》鞘翅目の昆虫; 複 鞘翅目.

‡*cólera [kólera]* 女 ❶ 怒り, 激怒, 憤怒. —*en un arranque [ataque, arrebato] de ~* 怒りが爆発して, 腹立ちまぎれに. *estar ciego de ~* 怒りに我を忘れる. *sorda* 内にこもった怒り. *Es muy irascible y fácilmente se deja llevar por la ~*. 彼はとても短気で, すぐかっとなって怒りを忘れる. *Al enterarse de que su hijo tenía tres suspensos, le dio un ataque de ~*. 彼は息子が不可を3つもらったことを知って, かっとなった. *descargar su ~ en [sobre, en contra de] ...* (人)に八つ当たりする. *desahogar su ~ hacia [con, contra] ...* (人)に怒りをぶつける. *deponer su ~* 怒りを水に流す. *reprimir la ~* 怒りをこらえる[抑える]. *sufrir [tener] un acceso [un ataque, un arrebato] de ~* 癇癪を起こす, かっとなる. 類 **enfado, enojo, ira**. 反 **calma, sosiego, tranquilidad**. ❷《医学》胆汁 (=bilis).

cortar la cólera (1)〖+a〗(人)の怒りをなだめる. (2) (間食として)軽食をとる.

dar cólera ... (人)を激怒させる, かっとさせる. *Eso le dio mucha cólera*. それで彼はかっとなった.

emborracharse [tomarse] de la cólera 癇癪を起こす, かっとなる.

montar en cólera 激怒する, かっとなる. *Montó en cólera contra el árbitro*. 彼は審判に激怒した.

tomar cólera 怒る.
—— 男《医学》コレラ. —*contagio de ~* コレラの伝染. *El verano pasado me vacunaron contra el ~*. 私は昨年の夏コレラの予防接種を受けた.

colgado 441

~ *asiático* [*morbo, genuino*] 真性コレラ. ~ *infantil* 小児コレラ. ~ *de gallinas* 家禽(かきん)コレラ. ~ *esporádico* 散発性コレラ. ~ *nostras* 欧州[偽性]コレラ, 急性吐瀉(としゃ)症.

colérico, ca [kolériko, ka] 形 ❶ 怒った, 憤慨した, 立腹した〖estar+〗. —*Con gesto ~ mandó que nos callásemos*. 怒った顔つきで彼は私たちに黙るように命令した. *Se han reído de él y está ~*. 彼は笑われたので憤慨している. 類 **descompuesto, encolerizado, enfurecido, furibundo, furioso**. ❷〖ser+〗怒りっぽい, 激怒する, 短気の. —*persona colérica* 怒りっぽい人. *Su novio tiene un carácter ~*. 彼女の恋人は怒りっぽい性格だ. 類 **irascible, violento**. ❸《医学》コレラの.
—— 名《医学》コレラ患者.

colesterina [kolesterína] 女《医学》コレステロール. 類 **colesterol**.

colesterol [kolesteról] 男《医学》コレステロール. —~ *bueno [malo]* 善玉[悪玉]コレステロール.

*coleta*¹ *[koléta]* 女《美術》剥離(はくり)し始めた絵の具を固定するために注入される膠(にかわ)と蜜の混合物.

*coleta*² *[koléta]* 女 ❶ (髪型の)ポニーテール. ❷ 闘牛士の後ろにたれ下がった短い編み髪, 辮髪(べんぱつ). 類 **trenza**. ❸ 追加, 補筆, 補足. 類 **añadidura, coletilla**. ❹ 裏地用の弱いリンネル.

cortarse la coleta《比喩》(1) 闘牛士が引退する. (2) 引退する, 退職する, やめる; 習慣をすてる. *Al amenazarle su mujer con el divorcio, decidió cortarse la coleta y no apostar más en el canódromo*. 妻が離婚すると脅かしたので彼は観念してもうこれ以上ドッグレースに賭けることはやめることにした.

tener [traer] coleta《比喩, 話》重大な結果になる.

coletazo [koletáθo] 男 ❶ 尾で叩くこと, 尾の一撃. —*Un ~ de la ballena estuvo a punto de hundir la barca*. 鯨の尾の一撃でその小船はあやうく沈むところだった. 類 **coleada**. ❷《比喩》最後のあがき. —*los últimos coletazos de la dictadura* 独裁政権の最後のあがき.

coletilla [koletíja] 女 ❶ ポニーテール, 後ろにたれ下がった編み髪. 類 **coleta**. ❷《比喩, 話》注記, 注; 補遺, 補足. 類 **adición, añadidura, apostilla, coleta**.

coleto [koléto] 男 ❶《衣服》体にぴったりした革製のカザック, カザックに似た衣服. 類 **casaca**.

decir [pensar] ... para su coleto《比喩, 話》を心に思う, 自分自身に言って聞かせる, 独り言を言う. *Pensó para su coleto que más valía ser pobre que vivir obsesionado por el dinero*. 彼は金に執着して生きるよりも貧しいほうがいいと自分自身に言って聞かせた.

echarse ... al coleto《比喩, 話》(1) を食べ尽くす, 飲み込む. (2) を読み切る, 読破する.

colgadero [kolɣaðéro] 男 ❶ 物を吊るための場所, 道具. ❷ フック, 鈎(かぎ).

colgadizo, za [kolɣaðíθo, θa] 形 吊された, ぶら下がった; 吊される. 類 **colgadero**.
—— 男 (突っかい棒だけで支えられる壁から突き出た)小屋根. 類 **tejadillo**.

colgado, da [kolɣáðo, ða] 過分 ❶ ぶら下

がった，宙ぶらりんの．—¿Has visto las casas *colgadas* en Cuenca? 君はクエンカの宙吊りの家を見たことがある？ ❷《話》〖estar+〗(人が期待していた物事に)裏切られた，だまされた；失望した．—Se siente ～ desde que se marchó ella. 彼は彼女が出て行って以来，挫折感を感じている．Dijo que él colaboraría, pero, finalmente, nos dejó ～s. 彼は協力すると言ったが，結局，私たちは裏切られた．類**burlado, frustrado**．❸《話》〖estar+〗金のない；友人のいない，ひとりぼっちの，孤立した．—El negocio se vino abajo y él se quedó ～. ビジネスが失敗して彼は一文無しになった．Os marchasteis sin avisarme y yo me quedé ～ toda la tarde. 君たちは僕に知らせることなく立ち去ったから僕は午後中ずっと待ちぼうけを食わされた．❹ 麻薬中毒の，麻薬依存症の；麻薬でラリった．❺《情報》ハングした．

—图 麻薬中毒者，麻薬常習者．—Por las noches esa plaza se llena de ～s. 毎晩その広場は麻薬中毒の人たちで埋まる．類**drogadicto**．
colgado de un pelo [cabello, hilo] →**pelo**
estar colgado de la boca de ... →**boca**.

colgador [kolɣaðór] 男 ❶ ハンガーなどの衣服を吊すための道具全般．類**colgadero, percha**．❷《まれ》《印刷》印刷したばかりの紙を干すための板組み．

***colgadura** [kolɣaðúra] 女〖主に複〗(祝賀などで使う布製の)壁掛け，タペストリー，垂れ幕；カーテン類，掛け布．—～s de cama ベッド・カーテン．adornar la sala con vistosas ～s 広間を鮮やかな壁掛けで飾る．類**cortinaje**．

colgajo [kolɣáxo] 男 ❶《軽蔑》ぶら下がった布切れ，ぼろ切れ．❷ ブドウなど果実を吊して保存する際の一束．❸《外科》皮膚弁，組織弁．

colgamiento [kolɣamjénto] 男 吊すこと，掛けること；垂れ下がった状態．

colgante [kolɣánte] 形 吊された，掛けられた，ぶら下がった，掛かった．—un puente ～ 吊り橋．—男 ❶《衣服》鎖のようにぶら下がった状態の装身具の飾り．❷《建築》懸花装飾．類**festón**．

****colgar** [kolɣár コルガル] [5.4] 他 ❶ を吊るす，ぶら下げる，掛ける．—Haz el favor de ～ tu gabardina en la percha. 君のコートをハンガーにかけてください．～ un cuadro en la pared 壁に絵を掛ける．❷ (電話)を切る，(受話器)を置く．—Muy enfadada *colgó* el teléfono. 彼女はかんかんになって電話を切った．❸ …のせいにする，…に責任転嫁する．—Le querían ～ el robo. 彼らはどろぼうを彼のせいにしたかった．❹ を落第させる，不合格にする．—Me han *colgado* en tres asignaturas. 私は3科目落とされた．類**suspender**．❺ を縛り首にする，絞首刑にする．—Al criminal lo *colgaron* de un árbol. その犯人は木の枝で縛り首になった．類**ahorcar**．

—自 ❶ たれ下がる，ぶら下がる．—Un perezoso *cuelga* de una rama. ナマケモノが1匹木の枝にぶら下がっている．❷ (服が)ずり落ちている．❸ 電話を切る，受話器を置く．❹〖+de に〗(人が)依存する，たよりにする．❺《情報》ハングする，フリーズする．

—se 再 ❶ 首つり自殺をする．❷ 薬物中毒になる．❸《情報》ハングする，フリーズする．

colibrí [koliβrí] 男《鳥類》ハチドリ(米国産ハチドリの総称，雄の羽は美しい虹色，くちばしは細く，細い羽をふるわせてハチのうなるような音を出す)．類**pájaro mosca**．

cólico, ca [kóliko, ka] 形《医学》結腸の；下痢をした．

—男《医学》仙痛(蠶)，さしこみ．—～ bilioso 胆石仙痛．～ miserere 腸閉塞．～ nefrítico 腎炎性仙痛．～ hepático 肝仙痛．～ uterino 子宮仙痛．

colicuar [kolikuár] 他 (複数の固体)を同時に溶かす，液化する．類**derretir, desleír**．反**solidificar**．

—se 再 (複数の固体が)同時に溶ける，液化する．類**derretirse, desleírse**．反**solidificarse**．

coliflor [koliflór] 女《植物》カリフラワー，ハナキャベツ．

colig- [kolix-] 動 **colegir**の直・完了過去，接・過去，現在分詞．

coligación [koliɣaθjón] 女 ❶ 同盟，連盟，連合．類**alianza**．❷ 結合，接合，接続，つながり．類**enlace, trabazón, unión**．

coligado, da [koliɣáðo, ða] 過分 [< coligarse] 形 同盟を結んだ，連合した，提携した．

—图 同盟国；同盟を結んだ[提携する]相手．

coligarse [koliɣárse] [1.2] 再〖+con と，+contra に対して〗同盟する，連合[提携]する．

colij- [kolix-] 動 **colegir**の接・現在．

colilla [kolíʎa] 女 ❶ タバコの吸いさし，吸い殻．❷ 腰からたそを覆うために女性のマントの後に付けられていた幅広の布地．

colillero, ra [koliʎéro, ra] 图 タバコの吸いさし[吸い殻]を集めてまわる人，モク拾い．

Colima [kolíma] 固名 コリーマ(メキシコの都市)．

colimador [kolimaðór] 男 ❶《物理》コリメーター(分光器の絞りなどから光束を平行な光束を作る装置)．❷《物理》視準器(ほかの機器に取り付けて，その視準とする固定望遠鏡)．

colimbo [kolímbo] 男《鳥類》カイツブリ．

colín, ina [kolín, ina] 形《動物が》尾を切られた，尾の短い．

—男 ❶ 指の太さほどの棒状の細長いパン．❷ 縮小サイズのグランドピアノ．❸《中南米》コリンウマ．❹《中南米》マチェーテ(特に中南米で砂糖キビを切ったり下ばえをはらったりするのに使われる鉈(愎))．

:**colina** [kolína] 女 ❶ 丘，小山．—La iglesia se levanta sobre una ～. 教会は丘の上に立っている．類**cerro, collado, loma**．❷〖集合的に〗キャベツの種子；キャベツの苗床．

colinabo [kolináβo] 男《植物》コールラビ，カブラタマナ．

colindante [kolindánte] 形 (土地・建物が)境界を接する，隣接した．類**contiguo, limítrofe**．

colindar [kolindár] 自〖+con〗境界を接する，隣接する．—Mi huerto *colinda con* el de Pedro. 私の畑はペドロのと隣接している．

colirio [kolírjo] 男《医学》洗眼水，点眼剤．

colirrojo [kolir̄óxo] 男《鳥類》ジョウビタキ．

coliseo [koliséo] 男《文》大劇場，劇場，コロセウム．類**teatro**．

colisión [kolisjón] 女 ❶ 衝突．—una ～ entre [de] dos coches 車2台の衝突．～ de intereses entre sindicatos y empresarios 労使間の利害の衝突．Se produjo una violenta ～ entre la policía y los manifestantes. 警察とデモ隊の間で激しい衝突が起こった．類**choque, encuentro**．❷《比喩》(意見・利害などの)衝突，相

反, 対立, 軋轢(%). —una ~ de ideales 理想の相反. 類**choque, conflicto, oposición, pugna**

colista [kolísta] 形 《スポーツ》最後の, 最下位の. —el equipo ~ 最下位のチーム.
—— 男女 《スポーツ》最下位の選手[チーム].

colitis [kolítis] 女 《医学》大腸炎, 結腸炎.

collado [kojáðo] 男 ❶ 小さい丘, 小山. 類 **cerro**. ❷ 通行可能な山間のくぼ地.

collage [koláj, koláxe] 〔<仏〕 《美術》コラージュ(新聞の切り抜き, 切符, 包みの切れ端など本来無関係のものを一つの画面に組み合わせて芸術効果を出す画法の一種); コラージュによる作品.

:**collar** [kojár] 〔<cuello〕男 ❶ ネックレス, 首飾り(cadena は鎖状のもの. collar は宝石類をつなげたもの. gargantilla は短くて首にぴったりしたもの). —ponerse un ~ de brillantes ダイヤモンドのネックレスをつける. ❷ (勲章の)頸飾(%), 頸章. — ~ de la Orden de Isabel la Católica イサベル1世勲章の首飾り. — ~ del mérito civil 市民功労章の首飾り. ❸ (犬などの)首輪; (囚人・奴隷の)首枷(%). —poner un ~ al perro 犬に首輪をつける. Colocaron un ~ de hierro al prisionero. 囚人に鉄の首枷がつけられた. 類**cerro, collado, loma**. ❹ (鳥の首回りの襞襟(%)状の)色輪, 首羽. —El faisán tiene un ~ muy llamativo. キジ(雉)は派手な首羽を持っている. ❺ 《機械》軸環, ワッシャー.

collarín [kojarín] 男 ❶ 小さい首飾り(ネックレス), 小さい首飾り状のもの. ❷ 《宗教, 衣服》聖職者用カラー. 類**alzacuello**. ❸ 爆弾・ミサイルなどの信管口のまわりにあるリム. 類**collarino**. ❹ 《建築》柱頭(%) ❺ 《医学》頚椎(頚椎を固定するために首のまわりに巻いて用いられる器具).

collarino [kojaríno] 男 《建築》柱胴(%)(柱頭と玉縁の間にある部分). 類**collarín**.

colleja [kojéxa] 女 ❶ 《植物》西洋タンポポ(野菜として食用にされる). ❷ 《俗》冗談でうなじを叩くこと.

collera [kojéra] 女 ❶ 馬具を固定するために馬の首のまわりに付けられる首輪. ❷ 馬の首飾り. ❸ 《比喩》鎖や縄で繋がれた囚人の列. ❹ 【中南米】カフスボタン. 複**gemelos**.

collera de pavos シチメンチョウのつがい.
collera de yeguas 脱穀に使われるくびき綱で繋がれた雌馬.

colmado, da [kolmáðo, ða] 過分 形 〔+de〕…でいっぱいのもの, あふれた, 満ちた. —una cesta *colmada* de setas キノコで一杯のかご. una vida *colmada* de aventuras 冒険に満ちた人生. 類**lleno, repleto**.
—— 男 ❶ 【カタルーニャ】食品店. ❷ 【アンダルシーア】ワインの小売り店. ❸ 《まれ》安食堂, 大衆食堂. 類**figón**.

*colmar [kolmár] 他 ❶ 〔+de〕をいっぱいにする, 満たす. —Colmé el vaso de vino. 私はワインでグラスを満たした. 類**llenar**. ❷ (人を)満足させる. 類**satisfacer**. ❸ 〔+de〕で(人に)たっぷり与える. —*Colma* a su mujer *de* afecto y cariño. 彼は妻に愛情を惜しみなく与えている.

colmena [kolména] 女 ❶ ハチの巣, ハチの巣箱 [巣板]. —asiento [posada] de *colmenas* 野天の養蜂場. ❷ 《比喩》たくさんの人が密集して住んでいる場所.

colmenar [kolmenár] 男 養蜂場, 養蜂舎. 類**abejar**.

colmenero, ra [kolmenéro, ra] 名 養蜂家. 類**apicultor**.
—— 形 ハチの. —oso ~ ハチの蜜を食べる熊.

colmenilla [kolmeníja] 女 《植物》食用のキノコの一種(暗い黄色がかった色で笠は卵形多肉質で堅い).

colmillada [kolmijáða] 女 牙(%)による一突き, 牙による傷.

colmillar [kolmijár] 形 牙の.

colmillo [kolmíjo] 男 ❶ 《解剖》犬歯. 類**canino**. ❷ 牙(%). — ~ de jabalí [elefante] イノシシ[ゾウ]の牙.

enseñar los colmillos 《比喩, 話》牙をむく, 威嚇する.

escupir por el colmillo 《比喩, 話》ほらを吹く, 虚勢をはる.

tener colmillos [el colmillo retorcido, los colmillos retorcidos] 《比喩, 話》ずる賢い, 抜け目がない.

colmilludo, da [kolmijúðo, ða] 形 ❶ 大きな牙(%)を持った. ❷ 《比喩》抜け目のない, ずる賢い. 類**astuto, sagaz**.

colmo¹ [kólmo] 男 ❶ 容器から盛り上がった部分[量]. —una cucharada de azúcar con ~ 山盛りの砂糖一さじ. 類**copete**. ❷ 最高点, 頂点. —Su enfado ha llegado al ~. 彼の怒りは最高潮に達した. 類**máximo, súmmum**. ❸ 最高, 至高, 最上, 極致. —Este vestido es el ~ de la elegancia. このドレスはエレガンスの極致だ. 類**súmmum**. ❹ 《比喩》(すでに過度なこと・ものに対するさらなる)補足, 追加; 限界.

al colmo ふんだんに, 豊富に.

para colmo おまけに. Perdió la tarjeta de crédito y *para colmo*, le robaron el pasaporte. 彼はクレジットカードを失くしおまけにパスポートも盗まれた.

ser el colmo 《比喩, 話》耐えられない, 我慢できない; (人が)異常だ, 並はずれた, 驚嘆すべき. *Es el colmo que* encima de no pagar se queje. 金を払いもしない上に不平を言うなんて我慢できない. ¡Eso *es el colmo*! それはあんまりだ. Son el colmo. 彼らはあきれた奴らだ.

——, **ma** いっぱいの, 満ちた. 類**lleno**.

colmo² [kólmo] 男 ❶ 屋根ふき用のわら. ❷ わらぶき屋根.

:**colocación** [kolokaθjón] 男 ❶ 配置, 配列, 置き方. —cambiar la ~ de los muebles 家具の配置を変える. 類**disposición, emplazamiento, orientación, situación**. ❷ 置くこと, 設置. — ~ por orden alfabético アルファベット順に置くこと. Trabajaron una hora en la ~ de la antena parabólica. 彼らは1時間かかってパラボラアンテナを設置した. la ~ de los adornos en el árbol de Navidad クリスマスツリーの飾り付け. 類**instalación, ubicación**. ❸ 職, 就職口, 仕事; 職業; 就職. —oficina [agencia] de *colocaciones* 職業紹介所. tener una buena ~ 良い職についている, 立派な地位にある. Me consiguió una buena ~. 彼は私に良い職を探してくれた. Me ha salido una ~ muy buena. 私にとても良い就職口が見つかった. 類**destino, empleo, ocupación, plaza, puesto**. ❹ 《商業》投資, 出資. — ~ de una emisión de acciones 株式発行投資.

[類]**inversión**.
colocación de la primera piedra 定礎; 起工(式).

colocado, da [kolokáðo, ða] [過分] [形] ❶ [estar+] 職のある, 仕事についている. —Su hijo *está* muy bien ~. 彼の息子はとてもいい職についている. ❷ 《俗》[estar+] 酒・麻薬でラリっている, 酒・麻薬でいい気分の. —Mira, Juan *está* completamente ~. 見て, フアンは完璧にラリってるわよ. ❸ 《競馬》2 番手につけている.
—[名] 《俗》新米, 新人. [類]**novato, principiante**.

colocar [kolokár コロカル] [1.1] [他] ❶ 置く, 設置する, 位置づける. —Ha colocado una papelera en un rincón de su habitación. 彼は自分の部屋の片隅に紙くずかごを置いた. En el banquete me *colocaron* junto a Pilar. 宴会で私はピラールの隣に座らされた. [類] **poner**. ❷ ~ を就職させる; (女性を) 結婚させる, 嫁がせる. —Coloqué a mi hijo en un banco. 私は息子をある銀行に就職させた. Me costará trabajo ~ a mis tres hijas. 私の3人の娘を結婚させるのは骨が折れるだろう. ❸ ~ を押しつける, 強制する. —Nos *colocó* un discurso de dos horas. 彼は2時間ものスピーチを私たちに聞かせた. ❹ [+en に] を投資する. —Voy a ~ todos mis ahorros *en* acciones de una compañía aérea. 私は全貯金をある航空会社の株に投資するつもりだ. —**se** [再] ❶ [+en に] 位置する, 着席する. —En el cine *me coloqué en* primera fila. 私は映画館で最前列に座った. ❷ [+en に] 就職する. —Logró ~*se en* una casa comercial. 彼はある商社に就職することに成功した. ❸ 《話》(酒・麻薬で) 酔う. —Antes de empezar la fiesta, ya *se había colocado*. 彼はパーティーが始まる前にすでにでき上がっていた.

colocón [kolokón] [次の成句で]
tener un colocón (1)《話》酔っぱらっている. [類] **borrachera**. (2)《話》麻薬でいい気分になっている.

colodión [koloðjón] [男] 《化学》コロジオン. ♦パイロキシリンをエーテルとアルコールに溶かした粘性の大きい強可燃性の黄色の溶液, 写真湿板の感光膜などに用いられる.

colodrillo [koloðríjo] [男] 《解剖》後頭(部).

colofón [kolofón] [男] ❶《印刷》奥付(おくづけ). ❷《比喩》締めくくり, フィナーレ. —Como ~ de la fiesta hubo fuegos artificiales. 祭りの締めくくりとして花火が揚がった.

colofonia [kolofónja] [女] 《化学》ロジン, コロホニウム. ♦松の含油樹脂からテレビン油を蒸留した後に残る黄褐色・半透明の破片状の樹脂で, 主としてワニス, バイオリンなど弦楽器の弦の摩擦用剤として用いられる.

coloidal [koloiðál] [形] 《化学》膠質(こうしつ)の, コロイド性の.

coloide [kolóiðe] [男] 《化学》コロイド, 膠質(こうしつ)(液中に溶かした生物膜を通しては容易に拡散しないゼラチン状物質). —[形] 《化学》コロイド性の, 膠質の. [類]**coloidal**.

Colombia [kolómbja] [固名] コロンビア(公式名 República de Colombia, 首都サンタフェ・デ・ボゴタ Santafe de Bogotá, D.C.).

colombianismo [kolombjanísmo] [男] コロンビア特有の表現・語彙・話し方.

:**colombiano, na** [kolombjáno, na] [形] コロンビア(Colombia)(人)の. —[名] コロンビア人.

colombino, na [kolombíno, na] [形] コロンブス (Cristóbal Colón) の. —*biblioteca colombina* コロンブス図書館.

colombofilia [kolombofílja] [女] ハト(特に伝書バト)の飼育, その技術.

colombófilo, la [kolombófilo, la] [形] ハト (特に伝書バト)の飼育の.
—[名] 伝書バト飼育家[愛好家].

colon [kólon] [男] 《解剖》結腸(盲腸と直腸の間にある腸の部分). ❷《文法》複数の節からなる文の主節部分. ❸《文法》《まれ》コロン ':', セミコロン ';'. [類]**dos puntos, punto y coma**. ❹《情報》コロン.

colón [kolón] [男] コスタ・リカ, エル・サルバドルの通貨単位.

Colón[1] [kolón] [固名] コロン(クリストバル Cristóbal ~)[クリストファー・コロンブス](1451-1506, アメリカ大陸への航海者).

Colón[2] [kolón] [固名] コロン(キューバの都市; パナマの都市).

colonato [kolonáto] [男] 小作制度.

Colonia [kolónja] [固名] ❶ ケルン(ドイツの都市). ❷ コロニア(ウルグアイの都市).

:**colonia**[1] [kolónja] [女] ❶ オーデコロン(=agua de ~). —*echarse* ~ オーデコロンをつける. ❷ 『キューバ』《植物》ショウガ科の観賞植物.

*****colonia**[2] [kolónja コロニア] [女] ❶ 植民地, 植民都市; 開拓地. ~ de ultramar 海外植民地. ~ espacial スペースコロニー. ❷《集合的》植民者, 入植者, 移民団. —Muchas zonas desiertas en la Reconquista fueron pobladas por ~s mozárabes. レコンキスタで荒廃した多くの地域にもモサラべが入植した. Ampurias fue fundada por una ~ de griegos. アンプーリアスはギリシア人植民団によって建設された. ❸《集合的》(外国人居留区の)同郷人, グループ. ~ japonesa en Perú ペルーの日系人コロニー. ❹ …人街, 居住区. [類]**barrio**. ❺ (郊外の)住宅団地. ~ obrera 労働者住宅団地. ~ militar 軍人家族住宅団地. Están construyendo una nueva ~ de chalés. 庭付き一戸建ての新住宅団地が建設中である. [類]**urbanización**. ❻ (共同生活をする芸術家などの)集団, グループ. ~ de artistas 芸術家集団, 芸術家村. ❼ [複](避暑に行く子供たちの)サマーキャンプ, 林間[臨海]学校. ir de ~s/ir a las ~s サマーキャンプに行く. ~s infantiles 子供たちの林間[臨海]学校. una ~ de veraneantes サマーキャンプ. ❽《生態, 生物》(同一種生物の)群れ, 群落; (同一種の動物の体が結合した)群体, コロニー. ~ ~ de castores (群棲する)ビーバーの群れ. ~ de hormigas 蟻(あり)の群れ. ~ de aves acuáticas 水鳥の群れ. ~ de corales 珊瑚(さんご)の群体[群生地]. En estas islas vive una ~ de focas. これらの島にはアザラシが群れをなして生息している. ❾ (細菌)集落, コロニー(微生物が培養基上に作った集団). —una ~ de bacterias バクテリアの群体. ❿ 絹のリボン. ⓫ [メキシコ]《話》(都市の)…区, 住宅地区. [類]**barrio**. ⓬ [カリブ] サトウキビ農園.

colonia industrial 工業団地.

colonia penal 囚人の流刑地, 犯罪者植民地.
colonia penitenciaria 少年院, 教化院.
colonia proletaria 〚メキシコ〛貧民街, スラム街.

coloniaje [kolonjáxe] 男 〖中南米〗スペインの植民地時代.

:**colonial** [kolonjál] 形 ❶ 植民地の, 植民地風の. —período ~ 植民地時代. —arquitectura ~ コロニアル(式)建築. cuestión ~ 植民地問題. ❷ 輸入された, 海外の; 植民地産の. —frutos ~*es* 輸入果物. —— 男 複 (輸入)食品. —almacén de ~*es* 食料品店.

colonialismo [kolonjalísmo] 男 植民地政策, 植民地主義.

colonialista [kolonjalísta] 形 植民地主義の. —política ~ 植民地主義.
—— 男女 植民地主義者.

:**colonización** [koloniθaθjón] 女 植民地化, 植民, 植民地開拓. —En Brasil se habla portugués debido a la ~ portuguesa. ブラジルはポルトガルによって植民地化されたためポルトガル語が話されている. La ~ de estas tierras fue obra de colonos vascos. この地方の植民はバスク人植民者によってなされた.

colonizador, dora [koloniθaðór, ðóra] 形 植民地化する, 植民する; 入植する.
—— 名 植民地建設者, 植民者.

:**colonizar** [koloniθár] [1.3] 他 ❶ を植民地にする. —Los españoles *colonizaron* toda Centroamérica. スペイン人は中米全体を植民地にした. ❷ …に植民する. —El Imperio Romano *colonizó* la Península Ibérica. ローマ帝国はイベリヤ半島に植民した.

:**colono** [kolóno] 男 ❶ 植民者, 入植者, 開拓者. —Después de la independencia del país, la mayoría de los ~*s* blancos volvieron a la metrópoli. その国が独立すると, 白人の植民者の大部分は本国に戻った. ❷ 小作人; 移民労働者(アルゼンチンの農場 estancia で働いた). —Manuel trabaja estas tierras como ~, no como propietario. マヌエルはこれらの土地を地主としてでなく, 小作人として耕している. ❸ 〖カリブ〗砂糖キビ農園主.

coloque(-) [koloke(-)] 動 colocar の接·現在.
coloqué [koloké] 動 colocar の直·完了過去·1単.

coloquial [kolokiál] 形 口語の, 口語体の, 会話体の, 話しことばの. —expresiones ~*es* 口語表現. estilo ~ 口語体.

coloquíntida [kolokíntiða] 女 〖植物〗ウリ科の植物の一種. ♦その果実は下剤として用いられる.

coloquio [kolókjo] 男 ❶ 会話, 対話, おしゃべり. —Mantuvimos un ~ muy interesante sobre ecología. 私たちはエコロジーについてとても興味深い会話をした. 類 **conversación, diálogo, plática**. ❷ 討論会, 談話会, 会議. —intervenir [participar] en un ~. 討論会[談話会]に参加する. ❸ 〖文学〗(戯曲ではない)会話体の文学作品.

color [kolór コロル] 男 ❶ 色, 色彩. —¿De qué ~ es su coche?–Es de ~ blanco. あなたの車は何色ですか?–白です. ~ apagado [opaco] くすんだ色, 冴(さ)えない色. ~ complementario 補色. ~ muerto 褪(あ)せた色. ~ sólido [firme, resistente] 変色しない色, 落ちにくい色. Llevaba una falda de vivos ~*es*. 彼女

は鮮やかな色のスカートをはいていた. ❷ (白黒に対して)色, カラー, 色物. —televisión [película] de [en] ~ カラーテレビ[フィルム]. Hicimos muchas fotos en ~. 私たちはカラー写真を撮った. Mi madre se da ~ en las mejillas y en los labios. 母は頬紅(べに)と口紅を塗る. ❸ 顔料, 塗料, 絵の具. —caja de ~*es* 絵の具箱. tubo de ~ 絵の具のチューブ. ~*es* vegetales 〖料理〗着色料. 類 **pigmento, pintura, tinte**. ❹ 〖美術〗配色, 色調, 色合い. —Los impresionistas fueron grandes maestros en la técnica del ~. 印象派の画家たちは配色技術の名人だった. 類 **coloración, colorido**. ❺ 顔色, 血色; 肌の色 (= ~ de la piel). —hombre de ~ 有色人種; (特に)黒人. Tienes mal ~. 君は顔色が悪いよ. Un ~ se le iba y otro se le venía. 〚話〛 (恥ずかしさ·怒りなどで)彼は赤くなったり青くなったりした. 類 **aspecto, semblante**. ❻ 様相, 外観, 側面; 観点, 見方. —El futuro se presenta con ~*es* sombríos. 将来は暗い. La situación reviste ~*es* dramáticos. 事態は劇的な様相を呈している. 類 **apariencia, aspecto**. ❼ (土地·団体などの)特色, 特徴. —~ local [típico] 地方色, 郷土色. Defendió con brío los ~*es* de su equipo. 彼はチームカラーを口実にしてプライドを隠していた. 類 **carácter**. ❽ 〖比喩〗 (情景·描写·行動などの)精彩, 輝き; 活気, 賑(にぎ)わい. —Fue una fiesta con mucho ~, todos cantaban y bailaban. とっても賑(にぎ)やかなパーティーで, 全員歌ったり踊ったりしていた. 類 **alegría, animación, brillo, colorido**. ❾ 口実, 言い訳. —Esconde su orgullo bajo el ~ de la humildad. 彼は謙虚さを口実にしてプライドを隠している. 類 **pretexto**. ❿ 声の調子, 音色. —La cantante cautivó al público con el maravilloso ~ de su voz. その女性歌手はすばらしい音色の声で聴衆の心を捕らえた. La discusión subió de ~. 議論は白熱した. ⓫ (思想的·政治的)傾向, イデオロギー, 意見. —~ ideológico イデオロギー. En las elecciones los ciudadanos no mostraron preferencias de ~ sino de personalidades. 選挙では市民はイデオロギーではなく人柄を優先した. 類 **ideología, opinión**. ⓬ 複 〖スポーツ〗チーム. 類 **equipo**. ⓭ 複 国旗, 旗. —saludar a los ~*es* nacionales 国旗に敬礼する. ⓮ (トランプ) —escalera de ~ ストレートフラッシュ.

a color カラーの(→「白黒の」en blanco y negro).

a todo color 総天然色の, 多彩な.

cambiar [*mudar*] *de color* 〚話〛顔色を変える; (顔が)青ざめる, 赤くなる.

colores del espectro solar 太陽スペクトルの(七)色.

colores primarios [*fundamentales*] 〖美術〗三原色.

dar color(es) a … (1) (物に)色を塗る, 色を付ける. Dibujó primero la torre y después le *dio color*. 彼は最初に塔を描き, その後それに色を塗った. (2) 〖比喩〗(何か)を盛り上げる, 活気づける; 盛り上がる. Su presencia *dio color a* la fiesta. 彼がいるとパーティーが盛り上がった.

de color (白黒でない)カラーの, 色(柄)の; (人間について)有色の, 黒人の. zapatos *de color* 色柄の靴. judía *de color* 〖植物〗小豆(あずき) (= judía

446 coloración

roja).

(de) color de rosa (1) バラ色の. El porvenir se presenta *de color de rosa*. 未来はばら色である. (2) 楽観的に. Aunque tú la veas *de color de rosa*, la vida en realidad es muy complicada. たとえ君が楽観視しても、現実生活はとても複雑である.

El vino por el color, el pan por el olor y el hombre por el vocablo. 【諺】ワインは色, パンは香り, 人は言葉.

en color (写真・映画などについて)カラーの. ¿Es una película *en color*, o en blanco y negro? カラー映画ですか, それとも白黒映画ですか?

no distinguir de colores 正確な判断が下せない.

perder el color 色が落ちる; 顔面蒼白となる.

pintar con negros colores [con colores trágicos] を悲観的に見る.

ponerse de mil colores (恥ずかしさ・怒りなどで)顔を赤らめる, 顔色を変える.

quebrado de color (顔色が)青白い, 青ざめた.

*sacar*LE *a ... los colores (a la cara [al rostro])* (人)を赤面させる, 恥ずかしい思いをさせる. Con sus modales soeces consiguió *sacarme los colores*. 彼のぶしつけな態度に私は赤面した.

*salir*LE *[subírse*LE*] a ... los colores (a la cara)* (人)が赤面する. José *le* hizo *salir los colores a la cara*. ホセは彼女を赤面させた.

so color de ... (1) (何か)を口実にして, (2) (何か)のふりして, とみせかけて.

subido de color/de color subido (1) (冗談・シーンなどが)卑猥(ﾋﾜｲ)な, きわどい (=escabroso). (2) 鮮やかな色の.

tomar color (1) (煮たり・揚げたり・熟すと)色づく, こんがり焦げる. (2) 格好がつく, (どうにか)出来上がる.

tomar [no tomar] el color (布地が)よく染まる [染まらない], 色が乗る[乗らない].

coloración [koloraθjón] 囡 **❶** 色をつけること, 染色; 色づくこと. **❷** 染色された色, 色ういた色. **❸** 色, 色調, 色合い. —Estas flores tienen distinta ~ por la mañana que por la tarde. この花は朝と夕方で色調が異なる. 類**color, tonalidad**. **❹** 特徴, 傾向. —una obra literaria de ~ feminista フェミニズム色の強い文学作品. 類**color, matiz**.

Colorado [koloráðo] 固名 (el Río ~) コロラド川 (メキシコ, アメリカ合衆国の河川).

:**colorado, da** [koloráðo, ða] 形 **❶** (顔などが)赤い, (赤く)色ういた. —mejillas [flores] *coloradas* 赤い頬[花]. ponerse ~ 赤面する, 恥じ入る. Está ~ de vergüenza. 彼は恥からして赤面している. 類**rojo**. **❷** 着色された, 色の染まった. **❸** 《まれ》きわどい, 卑猥な. —chiste ~ きわどい冗談. 類**verde**.

Más vale ponerse una vez colorado, que ciento amarillo. 恥を忍んでも思い切って事に当れ(←百度青ざめるより一度赤面する方がましだ).

poner colorado a ... (人)を赤面させる, 恥入らせる.

ponerse más colorado que un tomate 非常に恥かしく思う.

—— 男 赤, 赤色. —Los camareros iban vestidos de ~. ウェイターたちは赤い服を着ていた.

colorado*te*, **ta** [koloraðóte, ta] 形 血色のよい, 赤ら顔の. —una aldeana *coloradota* 血色のいい村娘.

colorante [koloránte] 形 色うける, 染める.

—— 男 着色剤, 染料.

colorar [kolorár] 他 **❶** 【+de (…色)に】を染める, 彩色する, 着色する. —*Colora*ron de verde la tela. その布は緑色に染められた. 類**colorear**. **❷** を染める.

coloreado, da* [koloreáðo, ða] 過分 形 (物が)色のついた, 色のある; 鮮やかな色のついた, 生き生きとした色の. —película *coloreada* カラー映画.

—— 男 着色, 色付け. —~ de fotografías [películas] 写真 [映画]の彩色.

***colorear** [koloreár] 他 **❶** …に色を塗る, 着色する, 染色する. —A los niños pequeños les encanta ~ dibujos. 小さい子たちは下絵に色を塗るのが大好きだ. **❷** (不正な行為など)を言いつくろう, 取りつくろう. —No está bien ~ las propias faltas. 自分の過失をごまかすのはよくない.

—— 自 (果実などが)色づく, 赤く熟れる. —Los tomates empiezan a ~. トマトが色づき始める.

colorete [koloréte] 男 頬紅 (ﾎﾎﾍﾞﾆ). —ponerse [echarse] ~ 頬紅をつける. 類**arrebol**.

colorido [kolorído] 男 **❶** (絵や布地などの)色調, 色合, 配色. —El ~ de ese cuadro es impresionante. その絵の色調は印象的だ. **❷** 活気, 活況, 生気. —El mercado tiene mucho ~. 市場は活況を呈している. 類**animación, color, viveza**. **❸** 華やかさ, あでやかさ. —el ~ de los bailes tradicionales 伝統舞踊の華やかさ. 類**color, vistosidad**. **❹** 《古》口実, 言い訳. 類**color, pretexto**.

colorímetro [kolorímetro] 男 比色計, 測色計, 色彩計.

colorín [kolorín] 男 **❶** 派手な色, けばけばしい色. **❷** (鳥類) ヒワ. 類**jilguero**. **❸** 《俗》しか, 麻疹. 類**sarampión**.

colorín colorado este cuento se ha acabado 《話》 この話はこれでおしまい, めでたしめでたし (物語の終わりの決まり文句).

colorir [kolorír] 他 **❶** を色うける, 染色する. 類**colorear**. **❷** …の言い訳をする. 類**colorear**.

—— 自 色うく. 類**colorearse**.

colorismo [kolorísmo] 男 **❶** 《美術》色彩主義, 色彩偏重. **❷** 《文学》修飾語偏重主義.

:**colosal** [kolosál] 形 **❶** 巨大な. —En la plaza hay una estatua ~ de Neptuno. 広場には巨大なネプチューンの像がある. 類**ciclópeo, monumental**. 反**diminuto**. **❷** 途方もない, すごい. —Tuvo un éxito ~ con su primer disco. 彼は最初のレコードで大成功を収めた. La inundación alcanzó proporciones ~. 洪水はとてつもない規模に達した. 類**extraordinario**.

coloso [kolóso] 男 巨大な像, 巨像. —~ de Rodas ロードスのコロッソス. ◆ロードス港に建てられたという約36mのアポロの青銅像, 世界七不思議のひとつ. 類**gigante**.

—— 男女 《比喩》巨大な物, 巨人; 偉大な物, 偉大な人. —Picasso es un ~ de la pintura moderna. ピカソは近代絵画の巨人だ. Rosalía de Castro es un ~ de la literatura gallega. ロサリーア・デ・カストロはガリシア文学の巨匠だ.

cólquico [kólkiko] 男 《植物》イヌサフラン, コル

チカム.

Co. Ltda.《略号》=compañía limitada 株式会社.

columbario [kolumbário] 男 《考古》古代ローマの骨壷を収納した壁穴.

columbino, na [kolumbíno, na] 形 ❶ ハトの, ハトのような. ― Es un chico de un candor y sencillez ～os. 彼は鳩のような清純さと無邪気さをもった少年だ. ❷ ガーネットの紫色の.
── 男 ガーネットの紫色.

columbrar [kolumbrár] 他 ❶ （遠くから）…がかすかに見える, …がほの見える, （遠くかすかに）認める, 見分ける. ― A lo lejos *columbraba* el campanario de la iglesia. 遠くに教会の鐘楼がかすかに見えていた. 類 **atisbar, divisar**. ❷《比喩》（徴候・しるし・形跡をもとに）…と推測する, 推量する. ― *Columbro* que no nos han dicho la verdad. 私は彼らが私たちに本当のことを言わなかったのではないかと思っている. 類 **conjeturar, rastrear**.

columelar [kolumelár] 形 犬歯の. ― diente ～ 犬歯. ― **canino**. ― 男 《解剖》犬歯.

:**columna** [kolúmna] 女 ❶《建築》円柱, 柱; 記念柱[碑]; 塔 ― ～ conmemorativa 記念柱[碑]. ～ dórica [jónica, corintia] ドーリア式[イオニア式, コリント式]円柱. ～ agrupada 吹寄せ柱, 群柱. ～ anillada 円環式円柱. Hemos puesto en el salón una falsa ～ de adorno. 私たちは応接間に化粧柱を建てた. 類 **pilar, pilastra, soporte**. ❷（まっすぐ立ちのぼる煙・火・液体などの）柱, 柱状のもの; 塔. ― ～ termométrica [de mercurio, barométrica]（温度計の）水銀柱. ～ funeral 円柱状の墓, 墓標. ～ anunciadora 広告塔. ～ destiladora [de destilación] 蒸留塔. ～ de fraccionamiento（石油の）分留塔. De la chimenea se elevaba una espesa ～ de humo. 煙突からどす黒い一条の煙がまっすぐ立ちのぼっていた. ❸（物事などの）山, 層列, 堆積;《数学》（積み重ねた数字の）縦行,（行列の）列. ― una ～ de latas de conserva 缶詰の山. No le cabían los libros en la estantería y los distribuyó en ～. それらの本は棚に入れ切れず, 彼は山のように積み重ねて置いた. 類 **montón, pila**. ❹《比喩》支え, 支柱, 大黒柱. ― ～ estatal 国家の柱石. ～ de la iglesia 教会の大黒柱. La más firme ～ del equipo チームの大黒柱[要]. La libertad de expresión es una de las ～s de la democracia. 表現の自由は民主主義を支える柱の一つである. Mis padres son la ～ de mi familia. 両親は一家の大黒柱です. 類 **pilar, puntal, soporte, sostén**. ❺《印刷》（新聞などの）欄, コラム, 記事;（印刷物の）縦段（空白か線で縦に仕切られている）. ― ～s literarias 文芸欄. La noticia viene en la segunda ～ de la primera página del periódico. そのニュースは新聞の第1面の第2段に載っている. distribuir el texto a dos ～s por página 各ページ2段組に文を配列する. ❻《軍事》（兵員・車両の）縦隊, 縦列,（艦影の）縦陣,（戦闘中の部隊）. ― marchar en ～ de a tres 3列縦隊で行進する. disponerse en ～s 縦隊に整列する. ～ cerrada 短縮縦隊. ～ blindada 機甲部隊. La columna desfiló en ～. 部隊は縦隊で行進した. その中隊は4列縦隊で行進した. 類 **destacamento, fila, formación**. ❼《情報》カラム, 列.

columna de dirección 《自動車》ステアリング・コラム（ハンドルの軸）.

columnas de Bertin 《解剖》腎柱, ベルタン柱.
Columnas de Hércules ヘラクレスの柱. ♦Carlos I 世のバッジ; ジブラルタル海峡両岸の岩山: ヨーロッパ側の Calpe 山（現在の el peñón de Gibraltar）とアフリカ側の Ábila 山（現在の Yabal Musa）で, 巨人アトラス（Atlas）はこれを支柱にして天を支えていると考えられた.

columna vertebral [dorsal] （1）《解剖》脊柱（きちゅう）, 脊椎（→espinazo, espina dorsal, raquis, rosario）. （2）支え, 支柱. La industria química es la *columna vertebral* de la economía de esta región. 化学工業がこの地域の経済を支えている.

en columna 縦に. Escribid estas palabras una bajo la otra, *en columna*. 君たち, これらの単語を一語ずつ縦に重ね書きしなさい.

quinta columna/columna quinta 〔集合的に〕第五列, 第五部隊, 第五縦隊のスパイ. ♦スペイン内戦中, Emilio Mola 将軍が4列縦隊を率いて敵方である共和派の牙城 Madrid 市に進撃した時, 同市内に潜入していた Franco 将軍の第五縦隊がこれに同調して攪（かく）乱行為をした.

columnata [kolumnáta] 女 《建築》コロネード, 柱廊（建物を支えたり, その修飾として設けられた柱の連なり）.

columnista [kolumnísta] 男女 （新聞・雑誌の）コラムニスト, 特別欄執筆者.

columpiar [kolumpjár] 他 を揺する, 揺り動かす;（ブランコに乗せて）を揺する, 揺り動かす. 類 **balancear, mecer**.
──**se** 再 ❶ 体を揺らり, 揺れ動く, 揺れる; ブランコに乗る. 類 **balancearse, mecerse**. ❷《比喩》話 肩・腰を揺すりながら歩く. 類 **contonearse**. ❸《比喩》話 間違う, 失態を演じる, へまをやる. 類 **colarse, equivocarse**.

columpio [kolúmpjo] 男 ❶ ブランコ. ― ～ de tabla シーソー. ❷《中南米》揺り椅子, ロッキングチェア. ❸ 公園の遊戯器具の総称.

colusión [kolusjón] 女 《法律》通謀, なれ合い.

colza [kólθa] 女 《植物》セイヨウアブラナ（葉は豚や羊の飼料になり種は菜種油となる）.

com- [kom-] 接頭 「共同, 共通, 一緒」の意. ― *compadre, componer*.

coma¹ [kóma] 女 ❶（句読点の）コンマ. ― *punto y* ～ セミコロン〔;〕. poner una ～ コンマをつける. ❷ 小数点（スペインなどでは小数点の代わりにコンマが用いられる）. ❸《音楽》コンマ（純正律における2つの近似した音の間にある微小な音程差）. ❹ ミゼリコルディア（聖歌隊が起立した時支えとなる椅子の裏についたコンソール）. 類 **misericordia**. ❺《天文》（彗星の）髪, コマ. ❻《植物》毛状葉.

coma alta [baja] 台詞（せりふ）の終わりを上げ[下げ]調子で言うことを意味する芝居用語.

sin faltar una coma/con puntos y comas 《比喩, 話》委細漏らさず, 綿密に, 詳細に. Cuéntame lo que sucedió *sin faltar una coma*. 起こったことを委細漏らさず話しなさい.

coma² [kóma] 男 《医学》昏（こん）睡, 昏迷. ― estar en [estado de] ～ 昏睡状態である.

comadre [komádre] 女 ❶《話》産婆, 助産婦. 類 **comadrona, partera**. ❷（洗礼に立ち会う）代母, 女の名付け親, 教母. ― mi ～ 私の名付け親（子どもの両親から見た場合の表現）. 反 **compa-**

dre. ❸ 代母・代父から見た子どもの母親. ❹《話》信頼のおける近所の女友達. ❺《話》(複) うわさ好きな女, おしゃべり好きな女. —Las ~s del pueblo nunca lo perdonaron. 村のおしゃべりおばさんたちはそれを絶対に許さなかった. ❻《古, 話》取り持ち婆さん. 類 alcahueta, celestina.

comadrear [komaðreár] 自 《話》(特に女性が)うわさ話をする, うわさを立ててまわる. 類 chismear, chismorrear, murmurar.

comadreja [komaðréxa] 女 《動物》イタチ.

comadreo [komaðréo] 男 《話》うわさ話をすること, うわさを立ててまわること. —Ha estado toda la mañana de ~ con las vecinas. 彼女は午前中ずっと近所の人たちとうわさ話をしていた. 類 chismorreo.

comadrería [komaðrería] 女 《話》うわさ話, ゴシップ. 類 chisme.

comadrón [komaðrón] 男 産科医. 類 tocólogo.

comadrona [komaðróna] 女 産婆, 助産婦. 類 comadre, matrona, partera.

comal [komál] 男 『中南米』トルティーリャ(トウモロコシの粉を練って薄くのばして焼いたもの)を作るための素焼きのフライパン.

comanche [komántʃe] 形 コマンチ族の.
── 男女 コマンチ族の人(テキサスからニュー・メキシコにかけて住んでいたショショニ族の一支族), コマンチ族. ── 男 コマンチ語.

comandancia [komandánθia] 女《軍事》❶ (職分としての)指揮官, 司令官. ❷ (指揮官, 司令官の)管轄地域. ❸ 司令部, 参謀本部. —~ de marina 海軍司令部. ~ de la guardia civil 治安警察警察署.

comandanta [komandánta] 女 ❶ 女性指揮官[司令官]; 指揮官[司令官]の妻. ❷ 《古》艦隊司令官の乗った船.

:**comandante** [komandánte] 男女 ❶ 《軍事》(階級を問わず, ある部隊・地区などの)指揮官, 司令官. —~ general [en jefe] 総司令官, 司令長官. ~ de escuadra 艦隊総司令官. ~ de armas 駐屯部隊司令官. El ~ del pelotón resultó herido de gravedad. その部隊の指揮官は重傷を負った. ❷《軍事》陸軍[空軍]少佐(→military). ❸ (航空)機長, パイロット. —El ~ y la tripulación les dan la bienvenida a bordo. 機長と(全)搭乗員は機内で彼らを歓迎する. 類 piloto.

comandar [komandár] 他 《軍事》(軍・部隊・艦隊などを)指揮する, 統率する. 類 mandar.

comandita [komandíta] 女 《商業》合資会社. —sociedad en ~ 合資会社.
en comandita 《話》一緒に, 集団で. Los estudiantes han ido *en comandita* a protestar. 学生たちは集団で抗議しに行った.

comanditario, ria [komanditárjo, rja] 形《商業》合資の, 合資会社の. —sociedad *comanditaria* 合資会社.
── 男 《商業》合資会社への出資者.

comando [komándo] 男 ❶ 《軍事》指揮, 統率, 司令. ❷ 《軍事》特別奇襲部隊, コマンド; 特別奇襲部隊の任務. ❸ テロリスト集団の実行部隊, コマンド. —La policía desarticuló un ~ terrorista en Madrid. 警察はマドリードでテロリスト・コマンドを1つつぶした. ❹ 《情報》コンピュータ操作のコマンド.

:**comarca** [komárka] 女 地方, 地区, 地域(普通 región より狭い). —La Tierra de Campos es una ~ cerealista de Castilla. ティエラ・デ・カンポスはカスティーリャの穀倉地帯である. 類 región, territorio.

comarcal [komarkál] 形 地域の, 地方の. —emisora ~ 地方放送局. carretera ~ →carretera. 類 local, regional.

comarcano, na [komarkáno, na] 形 (田畑・村などが)すぐ隣の, 隣接する, 近くの. 類 cercano, inmediato, próximo.

comatoso, sa [komatóso, sa] 形 《医学》昏(こん)睡の, 昏睡状態の.

Comayagua [komajáɣwa] 固名 コマヤグア(ホンジュラスの都市).

comba [kómba] 女 ❶ (鉄・木材などの)湾曲, カーブ, 反り. 類 curva, curvatura. ❷ 縄跳び遊び(くるくる回す一本の縄を順にくぐり抜けていく遊び), 縄跳び遊びに使われる縄. —jugar [saltar] a la ~ 縄跳び遊びをする. dar a la ~ 縄を回す. 類 saltador. ❸《隠》墓穴.
hacer combas 《話》体を揺すって歩く.
no perder comba 《比喩, 話》機を逃さない.

combadura [kombaðúra] 女 湾曲, 反り. 類 comba, curva, curvatura.

combar [kombár] 他 (鉄・木材などを)曲げる, 湾曲させる, 反らせる. 類 curvar, encorvar.
── se 再 (鉄・木材などが)曲がる, 反る, たわむ. 類 curvarse, encorvarse.

:**combate** [kombáte] 男 ❶ 《軍事》戦闘, 戦い. —~ naval 海戦. carro de ~ 戦車. avión de ~ 戦闘機. ~ encarnizado 熾烈(しれつ)な戦い, 肉弾戦. 類 batalla, refriega. 反 paz. ❷ (人間・動物同士の)格闘, 戦い; (ボクシングなどの)試合. —~ desigual 一方的試合. ~ singular 一騎打ち, 決闘. ~ nulo 引き分け. deporte de ~ 格闘技. librar un ~ a muerte 死闘を交える. En un reñido ~ de quince asaltos, el aspirante ganó por puntos. 15 ラウンドの白熱した試合で挑戦者が判定勝ちした. 類 contienda, lid, lucha, pelea, pugna. 反 paz. ❸ 《比喩》(病気・悪などとの)闘い, 闘争. —~ contra la droga 麻薬との闘い. La vida es un ~ perpetuo. 人生は絶え間ない闘いである. ❹ 《比喩》(心の中での相反する感情間・思想間などの)苦悶, 葛藤(かっとう). —La película explora el ~ entre el bien y el mal. その映画は善悪の葛藤を追求している. 類 conflicto. 反 contradicción.
fuera de combate (1) 〔estar/quedar/dejar +〕戦闘能力を失った, ノックアウトされた(→noquear). ganar por *fuera de combate* ノックアウトで勝つ. (2) 役立たない, 使えない. Este coche está ya *fuera de combate*. この車はもう使えない.
librar combate por ... …のために戦う.

:**combatiente** [kombatjénte] 男女 ❶ (軍隊の)兵士, 戦士, 軍人; 戦闘員. —El ejército perdió muchos ~s en la batalla. 軍はその戦いで多くの兵を失った. no ~ 非戦闘員. ex ~ 在郷軍人. 類 guerrero, soldado. ❷ 殴り合う人. —El policía separó a los dos ~s. 警官は殴り合いしている 2 人を引き離した. ── 男 交戦国. ── 形 戦う, 戦いの, 戦闘する. —Aquella unidad ~ fue aniquilada. あの戦闘部隊は全滅した.

combatir [kombatír コンバティル] 自 【+contra と】戦う，争う．— Nuestro ejército *combatió contra* el enemigo en condiciones desfavorables. わが軍は不利な条件のもとで敵と戦った． 類 **luchar, pelear**.

—— 他 ❶ …と戦う，争う．—~ la injusticia 不正と戦う． —~ …に反対する．—La minoría *combatió* el proyecto de ley. 少数派はその法案に反対した． ❸ （風・波が）を打ち寄せる，たたきつける．

combatividad [kombatiβiðá(ð)] 女 攻撃性，闘争性．—Fue un periodista de mucha ~. 彼はとても攻撃的なジャーナリストだった． Es una empresa con escasa ~. それはあまり競争心のない企業だ． Me impresionó el equipo por su ~ durante el partido. 私はそのチームの試合中の闘争心に感銘を覚えた． 類 **agresividad**.

combativo, va [kombatíβo, βa] 形 攻撃的な，闘争的な，けんか腰の．—Ha formado un ejército ~. 彼は攻撃的な軍隊を作った． Tiene un carácter ~. 彼は攻撃的な性格だ． Es una mujer *combativa* y las dificultades no le asustan. 彼女は闘争心のある女性でどんな困難にも怯まない． 類 **agresivo**.

combés [kombés] 男 ❶ 境界内，構内；範囲，領域． 類 **ámbito**. ❷ 野天，戸外． ❸ 〖海事〗メーンマストから船首楼までの中甲板部分．

combi [kómbi] 〔<combinación〕女 ❶〖俗〗ごまかし，いかさま． 類 **combina, chanchullo**. ❷《衣服》〖話〗スリップ． ❸〖中南米〗ワゴン車，バン．
—— 男 冷蔵庫と冷凍庫が一体化した電気器具．

combina [kombína] 〔combinación の略語〕女 〖俗〗計略，策略；いかさま． 類 **combi, chanchullo**.

‡**combinación** [kombinaθjón] 女 ❶ 組合わせ，結合，配合．—La ~ de esencias fragantes dio como resultado un nuevo perfume. 色々な香水を調合した結果，新しい香水ができた． La ~ de luces, imágenes y sonidos producía un efecto alucinante. 光と映像と音の組合わせがすばらしい効果を生み出していた． En ~ con ... …と組んで． 類 **mezcla, unión**. 反 **separación**. ❷ ダイヤル〔組合わせ〕錠；（金庫の数字の）組合わせ．—Sólo el dueño conoce la ~ de la caja fuerte. 金庫の錠の数字の組合わせは持ち主しか知らない． cerradura de ~ ダイヤル錠，コンビネーション・ロック． ❸〖服飾〗（女性の）スリップ，シュミーズ．—Lleva ~ porque se le transparenta la falda. 彼女はスカートが透けるのでスリップを着ている． ❹ （交通の）接続，連結，便．—No utilizo el coche porque tengo muy buena ~ para ir al trabajo. 仕事場へ行くのに交通の接続がとてもよいので私は車は使わない． ❺〖話〗計画，企て，計略；手段．—Asegura tener una ~ infalible para convencer a su padre. 彼は父親を説得する絶対確実な計画があると確信している． 類 **artimaña, chanchullo, maniobra, plan**. ❻〖飲物〗カクテル（= coctel）. ❼〖数学〗組合せ（→〖順列〗permutación；〖集合〗conjunto）. ❽《化学》化合（物）．
combinación métrica《詩学》押韻形式．
tener buena [mala] combinación 交通の接続がよい［悪い］．

combinada [kombináða] 女《スポーツ》複合競技．

combinado [kombináðo] 男〖飲物〗カクテル．— Tomé un ~ tropical delicioso. 私はおいしいトロピカル・カクテルを飲んだ． 類 **cóctel**.
plato combinado →plato.

‡**combinar** [kombinár] 他 ❶ (a)【+con と】を結び付ける，結合させる，結合する．—*Ha combinado* sus estudios *con* su trabajo. 彼は自分の研究を仕事と結び付けた． La modista *combinó* muy bien los colores y el estampado. その女性デザイナーは色彩とプリント地を非常にうまく組み合わせた． 類 **unir**. (b)《化学》化合させる． ❷ …の段取りを決める；〖中南米〗日取りを決める． ❸《スポーツ》（ボール）をパスする．

—— 自 【+con と】調和する，合う．—La camisa no *combina con* el traje. シャツが上着と合っていない．

——se 再 ❶ 〖para+不定詞/接続法〗（…しようと）意見が一致する，取り決める．—*Se han combinado para* adoptar el plan. 彼らはその計画を採用することを取り決めた． ❷《化学》化合する．— Cloro e hidrógeno *se combinan* y forman ácido clorhídrico. 塩素と水素は化合して塩酸となる．

combo, ba [kómbo, ba] 形 曲がった，湾曲した，反った． 類 **combado**. —— 男 ❶ ワインの樽の下に敷かれる大きな石〔丸太〕． ❷〖中南米〗大ハンマー． 類 **almádena, mazo**. ❸〖中南米〗げんこつで打つこと． 類 **puñetazo**.

comburente [kombuɾénte] 形《化学，物理》燃焼を促進する．
—— 男《化学，物理》燃焼促進剤．

combustibilidad [kombustiβiliðá(ð)] 女 可燃性，燃焼性．

‡**combustible** [kombustíβle] 形 可燃性の，発火性の，燃えやすい．—material ~ 可燃材料． 類 **inflamable**. 反 **incombustible**.
—— 男 燃料；可燃物．—~ sólido [líquido, gaseoso] 固形[液体, 気体]燃料．—~ nuclear 核燃料．

combustión [kombustjón] 女 ❶《文》燃焼．— ~ espontánea 自然発火． ❷《化学》燃焼；酸化．

comedero, ra [komeðéɾo, ɾa] 形 食べられる，食べるに値する． 類 **comible**.
—— 男 ❶ （鳥や動物の）餌箱，餌入れ；家畜の餌場． ❷〖話〗食堂，食事室． 類 **comedor**.
*limpiar*LE *a ... el comedero* 《比喩, 話》を餓（う）にする，…の生活の糧を奪う．

‡**comedia** [komeðja] 女 ❶《演劇，文学》喜劇 (tragedia「悲劇」). —representar una ~ musical ミュージカルコメディーを上演する． ~ ligera 軽喜劇． 類 **farsa**. 反 **tragedia**. ❷《演劇，文学》（一般に）演劇（作品），芝居；劇場．—ir a la ~ 芝居を見に行く（= ir al teatro）． ~ en verso 詩劇．《La Divina C~》(Dante). 『神曲』(ダンテ). ❸《文学》（黄金世紀の）演劇，コメディア（17 世紀には「喜劇」の他に，悲劇的な作品も含めていた）． —~ de figurón 道化（性格）喜劇． ~ de carácter [de costumbres] 性格[風俗]喜劇． ~ en un acto 一幕物の劇． ❹《比喩》お芝居，茶番，見せ掛け，偽装．—montar una ~ 一芝居打つ． La votación fue una ~, pues todo estaba decidido de antemano. 投票は茶番であった．なぜなら前もってすべてが決まっていたから． 類 **farsa, fingimiento**.

❺《話》(実生活の)喜劇的場面, 滑稽な出来事, 笑い事. 類 **broma, chiste**.
hacer [representar] (la [una]) comedia/venir con comedias 一芝居を打つ, 見せかける, 振りをする.

*comediante, ta [komeðjánte, ta] 名 ❶《演劇, 映画》俳優, 女優, 役者; 喜劇俳優. — ~ *de sainetes* 笑劇俳優. *una compañía ambulante de ~s* 旅芸人の一座. *Nos tronchamos de risa viendo actuar a los ~s.* 私たちは喜劇俳優の演技を見て大笑いした. 類 **actor, actriz**. ❷《比喩》役者, (見せかけの)芝居をする人, 嘘つき. — *Es un gran ~ y siempre nos engaña.* 彼は大した役者で, 私たちはいつもだまされる. 類 **farsante**.

comedidamente [komeðíðaménte] 副 慎み深く, 節度をもって.

comedido, da [komeðíðo, ða] 過分〔< comedirse〕形 節度ある, 慎み深い, 控えめな. — *Hoy has estado muy ~ en la fiesta.* 今日のパーティで君はとても控えめだった. *Mostró su desacuerdo con palabras comedidas.* 彼は控えめな言葉で自分が承諾していないことを示した. 類 **prudente, mesurado, moderado**.

comedimiento [komeðimjénto] 男 節度, 慎重さ, 丁重さ. — *Habló con ~ para no ofender a nadie.* 彼は誰の気も悪くしないように慎重に話した. 類 **mesura, moderación, prudencia**.

comediógrafo, fa [komeðjóɣrafo, fa] 名 劇作家; 喜劇作家. 類 **dramaturgo**.

comedirse [komeðírse] [6.1] 再 ❶ 慎む, 自制する. — ~ *en las [sus] palabras* 言葉を慎む. *Por favor, a ver si hoy te comides en la bebida.* お願いだから今日はあなた飲むのを控えてくれるといいのだけど. 類 **contenerse, moderarse**. ❷《まれ》準備[用意]をする.

comedón [komeðón] 男 にきび, 吹出物. 類 **espinilla**.

*comedor¹ [komeðór] 男 ❶《家・寮・ホテル・大学などの》食堂. — *coche ~* 食堂車. — *para pobres [de caridad]*（困窮者用の）無料給食センター. ~ *universitario [de la Universidad]* 大学の食堂. ~ *público* 大衆食堂. ❷《集合的に》食堂家具[セット]. — *Hemos comprado un ~ completo para la casa nueva.* 私たちは新築の家用に食堂家具一式を買った.

*comedor², dora [komeðór, ðóra] 名 大食漢[家], 大食い, 食欲旺盛な人. — *Este niño es (un) buen [un gran] ~.* この子は大食いである. 類 **glotón, comilón, tragón**. 反 **inapetente**. — 形 ❶ 大食いの, 大食漢の, 食欲旺盛な. — *Es una niña mal comedora.* 彼女は食の細い子である. *Es muy ~ y bebedor.* 彼は大食いで飲兵衛だ. ❷ 食べる, 食べられる.

comején [komexén] 男《虫類》南米に生息するシロアリの総称. 類 **termes**.

comejenera [komexenéra] 女 ❶ シロアリの巣. ❷《中南米》《比喩, 話》ならず者[悪党]の集まる場所.

comence(-) [komenθe(-)] 動 *comenzar* の接・現在.

comencé [komenθé] 動 *comenzar* の直・完了過去・1単.

comendador [komendaðór] 男 ❶《歴史》騎士団長. ❷《宗教》(特にメルセス会, 聖大アントニウス会の)修道院長. 類 **prelado**.
comendador de bola《隠》祭り[縁日]を追って移動する泥棒.

comendadora [komendaðóra] 女 ❶《宗教》メルセス会の女子修道院長; 騎士団附属の女子修道院長. ❷ 昔の騎士団所属修道院の修道女.

comendatario [komendatárjo] 男《宗教》委託によって一定の聖職禄を受ける在俗司祭.

comensal [komensál] 男女 ❶ 食卓を共にする人, 会食者. — *una cena con diez ~es* 会食者10名の夕食. ❷《生物》共生動物[植物]. ❸《比喩》居候.

comentador, dora [komentaðór, ðóra] 名 ❶ 解説者, コメンテーター. 類 **comentarista**. ❷ うわさを立てる人.

*comentar [komentár] 他 ❶ …に論評を加える, 解説[コメント]を加える, を話題にする. — *Todos los periódicos han comentado el secuestro.* あらゆる新聞がこのハイジャックに論評を加えた. *El profesor comentó en clase un poema de Antonio Machado.* 先生は授業でアントニオ・マチャードの詩について解説した. *En el bar comentaban la noticia del atentado.* バールではテロ事件のニュースが話題となっていた. ❷ …に注釈を加える. — *Coméntese el texto siguiente.* 次のテキストに注釈を加えよ『受身の命令文』.

*comentario [komentárjo] 男 ❶ 論評, 批評, コメント. — *Es sólo un ~ personal.* これは個人的な意見に過ぎません. *Es un poco impertinente, siempre tiene que hacer algún ~.* 彼は少し生意気で, いつも何か難癖をつけないと気が済まないやつなんだ. *Tenemos que hacer un ~ escrito sobre la obra de teatro.* 私たちは劇作品の感想文を書かなければならない. 類 **crítica, juicio, opinión, parecer**. ❷（テキストなどの）注釈, 注解, 解釈. — *texto con ~s* 注釈本. *Tiene los márgenes de los libros llenos de ~s.* 彼の本の余白は注釈でいっぱいである. *En clase hacemos ~ de textos.* 私たちは授業でテキスト分析をしている. *El nuevo libro es un breve ~ de sus textos anteriores.* 今度の本は以前の本の簡潔な注釈本である. 類 **exégesis, glosa, interpretación**. ❸《主に複》《話》噂, 取りざた[沙汰](、ゴシップ. — *Sé que hace ~s a mis espaldas.* 私は彼が私の陰口を叩いていることを知っている. *Por todas partes se oían ~s de aquel extraño crimen.* 至るところであの奇妙な犯行の噂が聞かれた. *dar lugar a ~s* ゴシップの種になる. 類 **chisme**. ❹（新聞・ラジオ・テレビでの）ニュース[実況]解説, 時事解説. — ~ *de noticias*《情報》コメント. ❺《情報》コメント.
«Comentarios de la guerra de las Galias» (César)『ガリア戦記』(シーザー).
hacer un comentario. ❶ 論評[批評, 解説, コメント]する, とやかく言う. *El examen consistió en hacer un comentario de esa novela.* 試験問題はその小説についてコメントせよというのであった. (2)（テキストなどに）注釈[解釈]を施す.
Huelgan [Sobran] los comentarios. コメントの必要はない(分かりきったことだ; とやかく言うなよ).
levantar [dar lugar a, provocar, suscitar] un comentario 批判を招く.
Sin comentarios.《話》ノーコメント.
sin (más) comentarios.《話》何も言わずに, 何の説明もなく. *Se levantó y, sin más comenta-*

rios, salió de sala. 彼は立ち上がると, 何も言わず に部屋を出て行った.

comentarista [komentarísta] 男女 ❶ 注釈 者, 評釈者. — ~ político [deportivo] 政治[ス ポーツ]評論家. 類**comentador**. ❷ 聖書の注釈 者.

comento [koménto] 男 ❶ 論評すること; 注釈 すること, 解説すること. ❷ 注釈, 解説; 論評. 類 **comentario**. ❸ うそ, ごまかし. 類**chisme**, **embuste**.

⁑comenzar [komenθár コメンサル] [4.5] 他 ❶ を始める, 開始する. — Comenzó sus actividades políticas a los veintidós años. 彼は22歳の時に政治活動を開 始した. 類**empezar**.
— 自 ❶ 始まる. — En España el año escolar comienza en octubre y termina en junio. スペ インでは学年度は10月に始まり, 6月に終わる. ❷ [+a+不定詞](…し)始める. — Ha comenzado a nevar. 雪が降り始めた. ❸[+por+不定詞] まず…から始める. — Comienza por hacer footing. 彼はまずジョギングから始める. Si comienzas por enfadarte, me marcho. 君が最初からけんか 腰なら, ぼくは帰るよ.

⁑comer [komér コメル] 他 ❶ を食べる. — Hoy he comido sopa y pescado. 今日私はスープと魚を食べた. Sólo puede ~ cosas blandas. 彼は軟らかい物しか食べられない. ❷ を食う, 消費する. — Este coche come mucha gasolina. この車はガソリンをたくさん食う. ❸ (a) を腐食する, すり減らす. — El continuo subir y bajar de gente ha comido los escalones. 絶え ず人々が昇り降りするので階段がすり減った. El agua come las piedras. 水は石を浸食する. (b) をむしばむ, 責めさいなむ. — Al gato le comen las pulgas. ネコにノミがたかっている. Le come la envidia. 彼は嫉妬の念に駆られている. ❹ …の色をあ せさせる, 色を薄くする. ❺ を小さく見せる. ❻《チェス》(相手の駒)を取る.
— 自 ❶ 昼食をとる. — Los españoles suelen ~ a las dos. スペイン人は2時に昼食をとるならわ しだ. ❷ 食事をする. — Hoy no como en casa. 今日私は家で食事をしない. ❸ かむ, 咀嚼(そしゃく)す る. — Está tan débil que apenas puede ~. 彼 は大変弱っていて食物をかむ力もない.
— se 再 ❶ を食べつくす, 平らげる. — Se comió un filete de vaca de medio kilo. 彼は牛肉のス テーキ500グラムをぺろりと平らげた. ❷ を台無しに する, 損なう, 相殺する. — Los cipreses se nos comen la vista del mar. 糸杉のために海が見えな い. ❸ (音)を発音しない, (文字)を読まない; をうっか り抜かす. — Tienden a ~se las eses finales de sílaba. 彼らは音節末の-sを発音しない傾向がある. Te has comido una línea al copiar. 君は書き写 すときに1行抜かしてしまった. ❹ (色)をあせさせる. — El sol se ha comido el color castaño de la persiana. 日光でブラインドの茶色があせてしまった. ❺ 使い果たす. — Se comió la herencia en el juego. 彼はばくちで遺産を使い果たした. ❻ (嫉妬 などが)さいなむ. ❼ (靴下などが)ずれる.
comerse unos a otros いがみ合う, 奪い合いを演 じる.
comerse vivo a ... (人)のことを怒る. Si se entera tu padre de que volviste a las doce, se te come viva. 君(女性)が12時に帰ったことを知った

ら, 君のお父さんが怒るよ.
dar[echar] de comer 食べ物を与える. *echar de comer al perro* 犬にえさをやる.
no comer ni dejar comer 意地悪である. Es una persona que *no come ni deja comer*. 彼は 意地悪な人物だ.
sin comerlo ni beberlo 何もしないのに, 出し抜け に. Es posible que te acusen aun *sin comerlo ni beberlo*. 何もしてないのに, 突然訴えられること だってある.
tener qué comer 生活の糧を十分持つ.
— 男 食事; 食べ物. — el ~ y el beber 飲食. 類**alimento**, **comida**.
El comer y el rascar, todo es empezar. 【諺】 何事もまず始めることが肝心(←食べることも掻(か)く ことも, すべては始めることである).
quitárselo de su comer《比喩, 話》食べずに我 慢する.
ser de buen comer 食欲旺盛(おうせい)である.

comerciable [komerθiáβle] 形 ❶ 商売にな る, 取引できる; 売れる, 売れやすい. ❷《比喩》社交 的な, 人当たりのよい. 類**afable**, **sociable**.

⁑comercial [komerθiál] 形 ❶ 商業の, 貿易の, 通商の. — operación ~ 商取引. casa ~ 商社; 商店. zona ~ 商業地域. agregado ~ 大使館 付き商務官. balanza ~ 貿易収支. tratado ~ 通商条約; 商品協定. valor ~ 市価, 市場価値. ❷ 商業的な, 営利的な, 商売になる. — Es una película muy ~. それは非常に商業主義的な映 画である. 類**mercantil**.
— 男 『中南米』(テレビ・ラジオの)コマーシャル, 広 告放送.

comercialismo [komerθialísmo] 男 営利主 義.

comercialización [komerθialiθaθión] 女 ❶ 商業化, 営利化. ❷《経済》マーケティング. 類**mercadeo**.

comercializar [komerθialiθár] [1.3] 他 を 商業化する, 営利化する. — No sé qué casa comercializa este producto. この製品をどの会社が 商品化するかは知らない.

⁑comerciante [komerθiánte] 男女 ❶《商業》 商人, 商店主, 業者. — ~ al por mayor 卸商. ~ al por menor 小売商. ~ en granos 穀物商. Los ~s cierran sus tiendas los domingos. 商 人たちは日曜日はいつも店を閉める. 類**mercader**, **negociante**, **tendero**. 反**comprador**, **consumidor**. ❷《比喩》(軽蔑的に)計算高い人, 儲(もう) け主義の人.
— 形 ❶《商業》[+en]…の商売をする, 商業を 営む, 商人の. — Es un hombre ~ en granos. 彼は穀物商を営んでいる. La agrupación ~ logró superar la crisis del mercado. 商業者団 体は市場の危機を乗り越えることができた. ❷《比 喩》(軽蔑的に)計算高い.

comerciar [komerθiár] 自 商売をする, 取引す る; 通商する, 貿易をする. — ~ al por mayor [al por menor] 卸[小売]商を営む. ~ en Internet ネット取引をする.

⁑comercio [komérθio] 男 ❶ 商売, 商業, 取引; 通商, 貿易. — Ese producto acaba de salir al ~. その商品は売り出されたばかりである. La publicidad es la vida del ~. 宣伝は商売の命だ.

Cámara de C~ e Industria 商工会議所. casa de ~ 商社. viajante de ~ セールスマン, 外交員. ~ al por mayor [al por menor] 卸[小]売り. ~ justo 公正取引. ~ de futuros 先物取引. ~ de iniciados インサイダー取引. bolsa de ~ 商品取引所. corredor de ~ de divisas 外国為替ブローカー. zona [área] de libre ~ 〖中南米〗自由貿易地域 (=zona de libre cambio). convenio bilateral de ~ 二国間貿易[通商]協定. ~ de trueque バーター貿易. ~ invisible [de invisibles] 貿易外取引, 見えざる貿易. ~ interior [nacional, local] 国内取引. ~ justo 公正な貿易. 類**negocio, tráfico, transacción, trato**. ❷ 店, 商店, 商社. —calle llena de ~s 商店街. un ~ de maderas [de tejidos] 材木[呉服]店. 類**almacén, establecimiento, tienda**. ❸〖集合的に〗商店, 商人; 商業界, 業界. El ~ no secundó la huelga. 商店主たちはストライキを支持しなかった. ❹ 肉体関係, 性交渉 (=~ carnal). 類**cópula**. ❺《文》交際, 付き合い, 交渉. —Huyó del ~ con sus semejantes. 彼は隣人との付き合いを避けた. 類**relación, trato**. ❻〖話, 戯〗食事. ❼《トランプ》銀行.

‡**comestible** [komestíβle] 形 食用の, 食べられる. —plantas ~s 食用植物. setas ~s 食用キノコ.

—— 男 複 食料品, 食品. —tienda de ~s 食料品店. 類**víveres**.

cometa [kométa] 男 《天文》彗星(すいせい), ほうき星.

—— 女 ❶ 凧(たこ). —lanzar [hacer volar] una ~ たこを上げる. ❷《ゲーム》トランプゲームの一種 (金貨の9の札が cometa と呼ばれるジョーカーになる). ❸〖隠〗矢, 飛び道具.

cometa barbato 《天文》尾の部分が核部分より先行する彗星のかつての呼び名.

cometa crinito 《天文》尾の部分がいくつにも枝分かれした彗星.

cometa periódico 《天文》太陽系に属す周期彗星.

‡**cometer** [kometér] 他 (罪・過ちなど)を犯す. —~ un delito 犯罪を犯す. ~ una falta de educación 不作法をしでかす. *Has cometido* tres faltas de ortografía en el dictado. 君は書き取りで三つ書き間違いをした.

‡**cometido** [kometíðo] 男 ❶ (果たすべき)使命, 任務, 役目. —Le han asignado un difícil ~. 彼は難しい任務を与えられた. Está bien preparado para cumplir su ~. 彼はその任務を果たすための準備がよくできている. 類**comisión, encargo, función**. ❷ 仕事, 職務; 義務. —el principal ~ de ... ...の主な目的. El ~ de las Fuerzas Armadas es la defensa de la nación. 軍隊の任務は国の防衛である. 類**obligación, quehacer, tarea, trabajo**.

comezón [komeθón] 女 ❶ かゆみ, 搔痒(そうよう)感. —tener ~ かゆい, かゆみを感じる. La picadura de ese mosquito produce un insoportable ~. その蚊に刺されると耐えがたいほどかゆい. 類**picazón, picor, prurito**. ❷〖比喩〗(望みがかなわない時の)もどかしさ, (はがゆさ, 焦燥感; (後悔の念からの)不安感, 心の焦り. —Sentía una gran ~ por hablar con ella. 彼は彼女と話をしようとうずうずし

ていた. Después de haberlo dicho empezó a sentir la ~ del remordimiento. 彼はそう言った後で良心の呵責に苦しみはじめた. 類**intranquilidad**.

comible [komíβle] 形 ❶ 食べられる, 食用にした. —Esta tortilla no está ~. このトルティーリャは1日に3回食事する. La ~ ya está servida [preparada]. 食事の支度はもうできています. Aquí la ~ fuerte es la del mediodía. ここでは(1日のうちで)最も主要な食事は昼食だ. 類**alimento**. ❷ *(a)* 昼食. —tomar una ~ ligera 軽い食事 [昼食]をとる. La ~ es [se sirve] a las tres. 昼食は3時です. 類**almuerzo**. *(b)* 夕食. 類**merienda, cena**. ❸ (調理した)食べ物, 料理. —~ japonesa 和食, 日本料理. ~ china 中華料理. grandes ~s 豪華な料理. ~ seca 乾燥食品. casa de ~s 飲食店. ~ corrida 〖中南米〗定食. Sólo entre la ~ y la casa se le va todo el sueldo. 食費と家賃だけで彼の給料は全部なくなってしまう. 類**alimento**.

❹ (お祝い・歓談などの)食事会. —dar [ofrecer, hacer] una ~ de despedida 送別の宴を催す. El martes tenemos una ~. 火曜日私たちは食事会をする.

cambiar la comida 食べた物を吐く.

comida basura (ポテトチップなどのようにカロリーが高く)栄養価の低い食品, まずい即製ピカ食い食品, ジャンクフード.

comida de negocios [de trabajo] ビジネスランチ(商談を兼ねた昼食). *Firmaron el acuerdo durante una comida de trabajo*. ビジネスランチを取りながら協定に調印がなされた.

comida rápida ファーストフード.

reposar la comida (消化をよくするため)食後に休憩する.

comidilla [komiðíja] 女 ❶《比喩, 話》うわさ・ゴシップの種となる話題, 人. —La conducta de aquella chica es la ~ de la vecindad. あの娘の素行は隣人たちのうわさの種だ. ❷《比喩, 話》道楽, 趣味. — La caza es su ~. 狩りが彼の道楽だ. 類**afición**.

comido, da[2] [komíðo, ða] 過分形 ❶ 食べられた, 食われた. — un queso ~ de [por] ratones ネズミに食われたチーズ. ❷ (人が)もう食事を済ませた. — No se moleste por mí, ya que estoy ~. 私にはおかまいなく, もう食事は済ませていますから. Estoy bien ~, gracias, no quiero más. ありがとうございます, ごちそうさま, もう結構です. ❸《比喩, 話》(衣服・衣服の一部分が)擦り切れた. — una chaqueta *comida* por los codos 肘の擦り切れた上着. ❹ (使用人の条件として)食事込みの, 食事付きの.

comido y bebido 《話》養われた, 扶養された. 類**mantenido**.

(lo) comido por (lo) servido (1) 働いて食い扶持を得るのがやっとの状況. (2) うまみのない取り引き[商い].

ser pan comido → **pan**.

comienc- [komjénθ-] 動 **comenzar**の接・現在.

comienz- [komjénθ-] 動 **comenzar**の直・現在, 命令・2単.

‡**comienzo** [komjénθo] 男 初め, 始まり, 最初. — ~ de mundo この世の初め. ~ de la enfermedad 病気の初期. en los ~s del año 年の初めに. estar en sus ~s 初期の段階にある. El ~ del curso escolar está previsto para finales de septiembre. 学期始めは9月末と予想されている. 類**inicio, principio**. 反**fin, final, término**.

al comienzo 初めに[は], 当初は.

a comienzos de ... ...の初めに. *a comienzos del año [del verano]* 年[夏]の初めに. Me iré de vacaciones *a comienzos de* julio. 私は7月初めに休暇で出かけます.

dar comienzo (1) 始まる. (2)〖+a〗を始める.

comillas [komíjas] 女 複 引用符 ('...', "..." を指す). — poner entre ~ 括弧で括(くく)る.

entre comillas 《比喩》いわゆる, 括弧つきの. Dijo eso de que en el país hay libertad *entre comillas*. 彼はその国には本当の意味の自由はないということを言った.

comilón, lona[1] [komilón, lóna] 形《話》食いしん坊の, 大食漢の.

— 名《話》食いしん坊, 大食漢, 大食らい. 類**glotón, tragón**.

hártate, comilón, con pasa y media.《比喩, 話》(困窮した人を中傷する際の表現)大食漢よ, 乾ブドウ一つ半で満足しろ.

comilona[2] [komilóna] 女《話》たくさんの食べ物, ごちそう. — Mañana nos daremos una ~ un grupo de amigos. 明日私たち友達のグループはごちそうを大盤振る舞いする.

cominería [kominería] 女 ❶《軽蔑》ささいなことへのこだわり. ❷ ささいなこと, 小さなこと.

cominero, ra [kominéro, ra] 形 ❶《話》口やかましい, 小うるさい. 類**chinchorrero, quisquilloso**. ❷《話》(男が)女の仕事に口出しする. 類**cazolero, cocinilla**.

— 名《話》口やかましい人, 小うるさい人.

— 男《話》女の仕事に口出しする男.

comino [komíno] 男 ❶《植物》ヒメウイキョウ; その果実・種子(芳香があり調味用・薬用とる). ❷

《比喩》取るに足りないこと, 些事, 無意味なこと. — Eso no me importa ni un ~. それは私にはまったく取るに足りないことだ. Esa película no vale un ~. その映画は全然おもしろくない. ❸《比喩》(特に子供に愛情を込めて)おちびさん, ちび. — ¡Dame un beso, ~! キスしてちょうだい, おちびさん. ❹ 農民, 百姓, 田舎者. 類**rústico**.

Comintern [komintérn] 固名 コミンテルン(1919-43, レーニンらがモスクワで結成した共産党の国際機関, Communist International の略).

comisar [komisár] 他《法律》を没収する, 押収する, 差し押える. 類**confiscar, decomisar**.

‡**comisaría** [komisaría] 女 ❶ 警察署(= ~ de policía). — Arrestaron al ladrón y lo llevaron a la ~. 泥棒は逮捕され, 警察署に連行された. ❷ 委員[代表委員・役員]の職[地位]. ❸ 委員[代表委員・役員]の管轄範囲[事務所].

comisariato [komisarjáto] 男 警察署, 警察署長の職. 類**comisaría**.

‡**comisario, ria** [komisárjo, rja] 名 ❶ 警察署長, 警視(= ~ de policía). — ~ de la Brigada de Investigación Criminal 刑事部長. El ~ de policía tomó la declaración al detenido. 警察署長は逮捕者から調書を取った. ❷ 委員, 代理, 代表者, 長官; 弁務官. — alto ~ (国連などの)高等弁務官. ~ de la quiebra 破産管財人. ~ político《軍事》政治委員. ~ europeo EU委員. 類**delegado, encargado**. ❸《スポーツ》競技監視員, 運営委員; コミッショナー. ❹《軍事》主計官(= ~ de guerra). — ~ general 兵站総監. ❺ (旧ソ連などの)人民委員.

comiscar [komiskár] [1.1] 自 いろいろな物を少しずつ食べる.

— 他 を少しずつ食べる. 類**comisquear**.

‡**comisión** [komisjón] 女 ❶《商業》手数料, コミッション, 口銭; 代理業務, 仲買 — cobrar [recibir] un 10% de ~ 10%の手数料を受け取る. Cobra un sueldo fijo y además una ~ del cinco por ciento sobre lo que vende. 彼は固定給とさらに売り上げの5%の手数料を貰っている. En esta tienda las empleadas tienen ~ por cada producto que venden. この店の女店員は1品売る毎に報酬を貰っている. Por cada piso que venda de la inmobiliaria le da una ~ del uno por ciento. 彼がマンションを一軒売る度に, 不動産会社は彼に1パーセントの仲介料を払う. 類**correta je, prima, retribución, sueldo**. ❷ 委員会; 代表団. — C~ de Comercio Justo 公正取引委員会. ~ permanente [consultiva] 常任[諮問]委員会. ~ planificadora 計画[企画]委員会. ~ de investigación 調査[査問]委員会. convocar [constituir] una ~ 委員会を召集する[設置する]. someter un proyecto a la ~ 計画を委員会に付託する. Una ~ de alumnos fue a hablar con el decano. 学生の代表団が学部長と話合いに行った. 類**asamblea, comité, delegación, junta**. ❸ 任務, 権限. — confiar [dar, encomendar] una ~ 任務を任せる. Le han confiado una ~ difícil. 彼は困難な任務を任された. El ayudante cumplió la ~ que le ordenó su jefe. 助手は上司に命令された任務を遂行した. 類**encargo, mandato, misión, tarea**. ❹ (任務などの)委任, 委託; (人に)頼まれた用事, 頼み事. —

454 comisionado

Te traigo una ～ de parte de Juan. ファンから君に用を頼まれてきたよ. ❺〔犯罪・過失などを〕犯すこと, 違反. —Ha sido acusado de la ～ de robo a mano armada. 彼は武装強盗のかどで訴えられた. 反 **omisión**.

a [*con*] *comisión* (1) 歩合制で. Trabajo *a comisión*. 私は歩合制で働いている. viajante *a comisión* 歩合制のセールスマン. (2) 委託で. representante (que trabaja) *a comisión* 仲買人.

comisión de servicio(s) (特に公務員の所属ポスト外での一時的な)奉仕活動. estar en *comisión de servicios* (委託されて)奉仕活動をしている.

comisión rogatoria (司法, 国際法)(裁判官の)職務委託, 司法共助の要請.

en comisión (1) 手数料で[を取って]. (2) 委託されて. venta *en comisión* 委託販売. Las editoriales dejan los libros *en comisión*. 出版社は本を委託販売している.

comisionado, da [komisjonáðo, ða] 過分 形 委任された, 委託を受けた; 任務を受けた. 類 **encargado**.

—— 名 〔委員会・理事会などの〕委員, 理事.

—— 男 警吏, 捕吏.

comisionado de apremio 滞納税による強制徴収執行官.

comisionar [komisjonár] 他 …に委任する, 委託する, 依頼する. 類 **encargar**, **delegar**.

***comisionista** [komisjonísta] 男女 ❶ 〈商業〉委託販売業者, 仲買人, 取次(代理)業者. —— ～ importador [exportador] 輸入[輸出]代理業者. ～ de Bolsa 証券取引業者, 株式仲買人.

comiso [komíso] 男 〈法律〉没収, 押収, 差し押え. 類 **decomiso**.

comisquear [komiskeár] 他 を少しずつ食べる. 類 **comiscar**.

comistrajo [komistráxo] 男 〈話〉ごたまぜのまずい食べ物; 残飯. 類 **bazofia**.

comisura [komisúra] 女 ❶ 〈解剖〉(唇・目蓋・骨などの)接合部. 類 **unión**. ❷ 〈解剖〉頭蓋骨の縫合線.

***comité** [komité] 男 ❶ **委員会**. —— ～ de empresa 工場評議会. ～ de ética (医療の)倫理委員会. ～ de redacción 起草委員会. ～ administrativo 管理運営委員会. ～ ejecutivo 執行委員会. ～ electoral 選挙管理委員会. C～ Olímpico Internacional 国際オリンピック委員会((略)COI). C～ de no intervención (歴史)スペイン内戦不干渉委員会 (1936年設立). ～ paritario (両代表同数の)労使調停委員会, 経営協議会. establecer un ～ 委員会を設置する. Los cinco forman un ～ investigador. その5人で調査委員会を構成している. 類 **comisión**, **junta**. ❷ (全体として)委員.

comitente [komiténte] 形 〈まれ〉委任する, 委託する.

—— 男女 委任者, 委託者. ❶ 〈海事, 歴史〉ガレー船の漕ぎ手の監視役, 監督. ❷ 〈比喩〉権威をふりかざす人, にらみをきかす人.

***comitiva** [komitíβa] 女 ❶ [集合的に]随(行)員, お供, 一行, 従者のお. —el rey y su ～ 国王とそのお供. El alcalde y su ～ salieron al balcón del ayuntamiento. 市長とその随員が市庁舎のバルコニーに出た. 類 **acompañamiento**, **séquito**. ❷ 行列. —— ～ fúnebre 葬列.

Como [kómo] 固名 (Lago de ～) コモ湖 (イタリアの湖).

como[1] [komo] 男 〔リオハ〕穀物を束ねる際の縄に用いられる藁(を).

****como**[2] [komo コモ] 副 (関係)〔先行詞は主に方法・様態を表す名詞句・副詞句〕❶〔制限用法〕…である…, …する…. —Por la manera ～ la miraba dedujimos que eran más que amigos. 私たちは彼の彼女に対する見つめ方から彼らは友だち以上であると推測した. No sabemos el modo ～ lo lograron. 彼らがそれを達成した方法を我々は知りません. Así es ～ lo llamaban. それはそんなふうに呼ばれていた. Preguntando es ～ se aprende. 質問することによって人は学ぶ.

❷〔説明用法〕…そしてそのように. —Ella vivía sola, ～ siempre había deseado estar. 彼女はひとりで生活していたが, 彼女はずっとそうなることを望んでいたのだった.

❸〔独立用法〕…する方法で, …するように; …と同じように, …のように. —Hazlo ～ quieras [hacerlo]. あなたの好きなようにやって. Lo hice ～ me habían recomendado [que lo hiciera]. 私はそれを薦められたような方法でやった. Ella escribe ～ habla. 彼女は話すように書く. Ella baila ～ nadie (baila). 彼女は誰もしないような踊り方をする 〔主文と como 節中の動詞が同一の場合は como 節中の動詞は省略されるのが一般的〕. La ceremonia será ～ tú digas (que sea). その式典は君が言うように行なわれるだろう. C～ dice Juan, la vida es una tómbola. ファンが言うように, 人生は宝くじだ.

❹〔tan[tanto] … como …, 相関的用法〕…と同じくらい…. —Ella es tan simpática ～ su madre. 彼女は母親と同じくらい感じがよい. Tiene tanto dinero ～ tú. 彼は私と同じくらいお金を持っている. Tus palabras fueron tan certeras ～ inoportunas. 君の言葉は時宜を得なかったが的確だった.

❺〔主に＋数量表現〕およそ…, 約…;〈話〉だいたい, 少し. —Éramos ～ cincuenta. 私たちは約50名だった. Llegué ～ a las diez. 私は10時頃に到着した. Es ～ demasiado formal, ¿no? それは少し形式的すぎるんじゃない?

❻〔接続法＋como＋接続法〕…するのがどうであれ. —Lo hagas ～ lo hagas, no te saldrá bien. それはどうやってもうまく行かないだろう. Estén ～ estén, hay que comerlos. それがどういう状態でも食べなければならない.

así como … (1) …と同様に, …のように. *Así como* yo siempre te respeto, así también tú debes respetarme a mí. 私が君をいつも尊重しているように君も私を尊重すべきだ. (2) …だけれども…. *Así como* para estudiar nunca ha valido, para llevar un negocio no hay nadie mejor. 勉強は決してできがよくなかったけれど, ビジネスでは彼より優れた者は誰もいない. (3) …する方法から, …する仕方から. *Así* ～ lo cuentas no parece verdad. 君の話しぶりからそれは本当に見えない. 類 **tal como**. (4) …のような, …に似た; 約…, 約…. Son *así* ～ verdosos. それらは緑がかったようなのだ. Eran *así* ～ dos mil. それらは約2000だった.

así como así (1) いずれにしても. La situación

no se arreglará *así ~ así*. いずれにせよその状況は解決されないだろう. (2) 軽率に, 考えなしに. No cedas *así ~ así*. 軽率に譲歩するな.
como ..., así, ...【相関的】…するように…. *Como* cantan los ruiseñores, *así* cantaba la doncella. ナイチンゲールが歌うようにその乙女は歌っていた.
como máximo [*mucho*] 多くても, せいぜい.
como mínimo 少なくても.
como para [+不定詞] …するためであるかのように. Cerró los ojos lentamente, *como para* centrarse. 彼女は集中するかのようにゆっくり目を閉じた.
como que [+直説法] (1) まるで…のように. Parecía *como que* el cielo se estaba cayendo. まるで空が落ちてくるように思えた. Por favor, haz *como que* no me conoces. お願い, 私を知らない振りをして. (2)《話》【理由】…なのだから. *Como que* pondrá alguna excusa, es mejor no invitarla. 何か言い訳をするだろうから彼女は招待しない方がいい. (3)《話》【理由】だって…だもの. Tienes cara de sueño.-¡*Como que* no he dormido! あなた眠そうな顔をしてるわ.-だって寝てないんだもの. (4)《話》【前文に続いて】だから…. (5)《話》…のような[似つかわしい](ものだ).
como quiera que [+接続法] どんなに…しても. *Como quiera que* te vistas estarás guapa. 君はどんな格好をしても美しいだろう.
como si [+接続法過去形[過去完了形]] まるで…するかのように[…したかのように] Esos tíos míos me tratan *como si* fuera su propio hijo. あの叔父夫婦は僕のことを本当の息子のように扱ってくる. Se portó *como si* estuviera molesta por algo. 彼女は何かいらだっているみたいにふるまっていた. Hablas *como si* tuvieras idea de lo que le pasa. 君はまるで彼に起きたことを知ってたみたいに話すね.

── 接 ❶【理由】…なので, …だから. —*C~* se estaba haciendo tarde, se volvió a su casa. 遅くなりそうだったので彼女は家に戻った. ◆同じ理由を示す接続詞 porque に導かれた文は主文に後続するのに対し, como に導かれた文は主文に前置されるのが一般的. Se volvió a su casa porque se estaba haciendo tarde. ❷[+接続法, 条件] もし…ならば. —*C~* no te calles, te voy a echar de clase. もし黙らなければ教室から追い出しますよ. Estaba dispuesto a echarle *~* no se callara. 私はもし彼が黙らなければ追い出す気でいた. 類 *si, en caso de que.* ❸【時】…するとすぐ. —*C~* le vio entrar por la puerta, ella se puso a dar saltos de alegría. 彼女は彼がドアを入って来るのを見たとたん嬉しさで飛び跳ね始めた. 類 *así como, en cuanto, tan pronto como.* ❹【主に ver 等の知覚動詞の従属節として】…ということ. —Verás *como* Paco sí viene. パコが必ずやって来るのが今に分かるよ. 類 *que.* ❺【形容詞句/過去分詞+, 譲歩または理由】…だけれども, …なのに; …なので. —Escaso de tiempo *~* estaba, aún pudo visitarnos. 時間がわずかしかなかったけれど, それでも彼は私たちを訪ねてくることはできた. Cansado *~* llegará, se dormirá enseguida. 彼は疲れて到着するだろうから, すぐに寝込んでしまうだろう.

── 前 ❶【資格】…として, …の資格で. —Trabaja *~* médico. 彼は医者として働いている. Se lo dije *~* amigo. 私は彼に友人としてそう言った. ❷【例示】…のような, …といった. —Me gustan las grandes ciudades, *~* Madrid o Barcelona. 私はマドリードやバルセロナのような大都市が好きだ. Siempre anda diciendo cosas raras, *~* que el fin del mundo está a punto de llegar. 彼女はいつもおかしなことを言っている, 世界の終わりがまさに迫っているというようなことだ.

cómo [kómo コモ] 副 (疑問) 【様態・方法・理由について用いられる】❶【直接疑問文で】(*a*)【様態】どのような, いかに. —¿*C~* está usted? ご機嫌いかがですか. 類 *qué tal*. —¿*C~* es tu novia?-Es rubia y muy alegre. 君の彼女ってどんな人?-金髪でとても陽気なんだ. ¿*C~* te llamas?-Me llamo Pilar. 君の名前は何ていうの?-ピラールだ. (*b*)【方法・手段】どうやって, どのようにして. —¿*C~* vais a Francia?-Vamos en coche. 君たちフランスにはどうやって行くの?-車で行きます. ¿*C~* se juega al dominó? ドミノってどうやって遊ぶの? (*c*)【理由】どうして, なぜ. —Pero, ¿*~* no me lo dijiste antes? でも, どうして前もって私にそれを言ってくれなかったの? No sé *~* no lo han matado. 彼がどうして殺されなかったのかは分からない【理由を表す cómo は por qué と異なり感嘆・反語を示すことが多い】. (*d*) [+ de 形容詞/副詞] どれほど, どのくらい. —¿*C~* es el barco *de ancho*? その船は幅はどのくらいですか. ❷【間接疑問文で】(*a*) どのような; どうやって; どうして. —Dime *~* se llama aquella chica. あの女の子は何ていう名前なの教えて. (*b*) [+不定詞] どうやって…すべきか, …の仕方[方法]. —No sé *~* agradecerles a todos ustedes tantos favores. みなさん方にあんなにしていただいたことに何とお礼を申しあげればよいのか分かりません. ❸【感嘆文で】何と…か. —¡*C~* te gusta la paella! 君は何とパエーリャが好きなんだろう! ¡*C~* llora! 何という泣き方だ.

¿A cómo ...? …はいくらか. ¿*A cómo* está el euro hoy? 今日のユーロはいくらですか. ¿*A cómo* es el kilo de naranjas? オレンジ1キロはいくらですか.

¿Cómo? (1)【相手の発言が聞き取れない場合の聞き返し】何と? 何て? 類 *¿dice?* ¿Puede hablar más alto, por favor? 何ですか. もっと大きい声で話してもらえますか? (2)【驚嘆・怒りの表現】何だって! ¡*Cómo*! ¿Has pagado mil euros por esa bolsa? 何だって?そんなバッグに千ユーロも払ったの?

¿Cómo así?【前述の内容を受けて】どうしてそうなんだ, 何でまたそうなんだ; まさか. Me han dicho que mañana no hay clase.-¿*Cómo así*? 明日は授業ないそうよ.-なんだって?

¿Cómo es eso? → *¿Cómo así?*

¿Cómo es posible? → *¿Cómo así?*

¿Cómo es que ...? 一体なぜ…か, 一体どうして…か. Mamá, no quiero casarme.-¿*Cómo es que* no quieres casarte, hija? ママ, 私結婚したくないわ.-一体またどうして結婚したくないの?

¡Cómo no!《話》もちろん[いいですよ]. ¿Puedes abrir la ventana, por favor?-¿*Cómo no*? その窓を開けてくれる?-もちろんいいよ.

¿Cómo que ...?【感嘆文】…とは何だ! Hoy no viene Juan.-¿*Cómo que* no viene? 今日フアンは来ないよ.-来ないってどういうこと? Papá, no quiero ir a la excursión.-¿*Cómo que* no? パパ,

456 cómoda

ハイキングには行きたくない。-行きたくなくってどういうことだ?
¡Y cómo! 〖感嘆, 話〗まったくそのとおりだ.
— 男 ❶ 方法, やり方. —Me ha explicado el ~ y el cuándo del proyecto. 彼はそのプロジェクトの方法と時機を説明してくれた. ❷ 原因. —Queremos saber el ~ y el por qué de lo sucedido. 私たちは出来事がどのように, なぜ起こったかを知りたい.

cómoda [kómoða] 女 ❶ 整理ダンス. ❷ 整理ダンスと書き物机が一緒になった家具(斜めになった上の板を下に降ろすと書き物机になる).

*__cómodamente__ [kómoðaménte] 副 ❶ 快適に, 心地よく, 安楽に. —Estaba ~ arrellanado en el sofá. 彼はゆったりとソファーに座っていた. ❷ 楽々と, 容易に. —Se pueden hacer ~ cien piezas en un día. 一日に100個は楽に作ることができる.

:__comodidad__ [komoðiðá(ð)] (< cómodo) 女 ❶ 快適さ, 心地よさ, 安楽. —Me gusta este tren por la ~ de sus asientos. この電車は座席の座り心地がよくて私は好きだ. En la biblioteca puedes leer con ~. 図書館で君はくつろいで読書できる. 類 **bienestar, confort, holgura.** 反 **incomodidad.** ❷ 便利さ, 便宜, 好都合. —~es de pago 分割払い(= facilidades de pago). Le dieron grandes ~es para pagar lo que debía. 彼は借金の支払いに大変便宜を図ってもらった. 類 **conveniencia, facilidades, provecho.** 反 **desventaja.** ❸ 〖主に〗(生活に快適・便利な)設備, 便利なもの. —casa con todas las ~es 設備がすべて整った家. Su cocina tiene todo tipo de ~es. 彼女の台所には便利なものがすべて整っている. ❹〖まれ〗楽をしたがること, 不精. —No nos acompañó, por ~. 彼は不精にして私たちに同行しなかった. ❺ 複 〖中南米〗必需品.
a la comodidad de ... (人)の都合のいい時に, (人)の好きなように. Puede pagar *a su comodidad*. いつでも都合のいい時にお支払いください.
con comodidad 快適に, 気楽に[安楽に], ゆったりと, くつろいで. vivir *con* la mayor *comodidad* [*con toda comodidad*] (何不自由なく)楽に暮らす. Siéntate *con comodidad*. ゆったりと腰掛けなさい.

comodín [komoðín] 男 ❶ 〖ゲーム〗トランプゲームのジョーカー, 万能札. 類 **pericón.** ❷ 〖比喩〗何にでも使える万能品, いつでも都合よく使える人. —Estaba harta de ser el ~ de la oficina. 彼女はオフィスの便利屋でいるのに飽き飽きしていた. ❸ 〖比喩〗口実, 常套語句となっている口実. 類 **pretexto.** ❹ 小さい整理ダンス.

cómodo, da [kómoðo, ða コモド, ダ] 形 ❶ (家具・部屋などが)快適な, 心地よい. —sillón ~ 座り心地のよいひじ掛け椅子. Su piso es muy ~. 彼のマンションは住み心地がよい. 類 **agradable, confortable. 反 **incómodo.**
❷ (人が)楽な, 気楽な, 気持のよい〖estar+〗. —ponerse ~ くつろぐ. Con esta almohada estarás muy ~. このまくらを使うととても楽になるよ. No me sentía ~ en aquella casa. あの家ではくつろいだ感じがしなかった. 類 **a gusto.**
❸ (物が)便利な, 扱いやすい. —Mi lavavajillas es muy ~. わが家の皿洗い機は非常に使い勝手がいい.
❹ (仕事などが)楽な; 都合のよい. —empleo ~ 楽な職業. No le parece ~ aceptar la propuesta ahora. 今その提案を受け容れるのは彼にとって都合がいいようには思えない. 類 **acomodado, oportuno.**

comodón, dona [komoðón, ðóna] 形 安楽志向の, 快適さ好み; 怠惰な, 無精な. —No seas tan ~ y limpia tu cuarto. そんなに無精していないで部屋を掃除しなさい.
— 名 快適主義者, 楽なほうを好む人, いらぬ苦労は厭う人.

comodoro [komoðóro] 男 ❶ 〖海事〗(英海軍などにおける)戦隊指揮官, 戦艦隊長; 海軍少将より位の低い准将, 代将. ❷ ヨットクラブ・ボートクラブなどの船の運航に関する管理者.

comoquiera [komokiéra] 副 ❶ 〖+que 接続法〗…にせよ, …であっても. —~ que sea いずれにしても, とにかく. Vístase ~, la fiesta es muy informal. パーティはとても気の置けないものですから. ❷ 〖+que 直説法〗…であるから, …なので. —~ que ha de venir de todos modos, que venga pronto. どっちにしても来なければならないのだから, 早く来てもらいたい (= ya que, dado que).

Comoras [kómoras] 固名 コモレス[コモロ](首都モロニ Moroni).

compa 名 →compañero.

compacidad [kompaθiðá(ð)] 女 ぎっしり詰まった状態, 緊密な状態; 密な状態.

compactar [kompaktár] 他 をぎっしり詰める, 固める; 凝縮する, 圧縮する.

compacto, ta [kompákto, ta] 形 ❶ ぎっしり詰まった, 中の詰んだ, 堅く締まった; 密集した. —tierras *compactas* 堅く締まった土. una muchedumbre *compacta* 密集した群衆. 類 **apiñado, apretado, denso, duro.** 反 **esponjoso, hueco.** ❷ (印刷)行間が詰まった, 活字が詰まった.
disco compacto →disco.

:**compadecer** [kompaðeθér] [9.1] 他 …に同情する, を哀れむ. —Los ricos deben ~ a los pobres. 金持は貧乏人に同情すべきだ. Te *compadezco*. お気の毒さま.
—**se** 再 ❶〖+de に〗同情する, を哀れむ. —Me *compadezco* de la miseria de María. 私はマリーアの貧困ぶりに同情する. ❷〖+con と〗合致する, 両立する. —Su altivez *se compadece* mal *con* su estado social. 彼の高慢な態度は彼の社会的地位にそぐわない.

compadraje [kompaðráxe] 男 共謀, 陰謀; その仲間[一味]. 類 **compadrazgo.**

compadrazgo [kompaðráθγo] 男 ❶ 代父と子供の両親との間に結ばれる関係. ❷ 共謀, 陰謀; 共謀[陰謀]を企む一味. 類 **compadraje.**

compadre [kompáðre] 男 ❶ 代父, 男の名付け親(子供の両親から見た場合の名称). ❷ 〖アンダルシーア〗男性同士の友人・男仲間に対する呼称. —¿Cómo se encuentra hoy, ~? やあ, 今日の調子はどうだい, 兄貴. 類 **amigo, compañero, compinche.** ❸ 〖中南米〗与太者.
arrepásate acá, compadre 〖ゲーム〗さあ, どこからでも来い, おおにいさん (las cuatro esquinas と呼ばれる陣取り遊びの中で使われる文句).

compadrear [kompaðreár] 自 悪巧みの一味

[仲間]になる,共謀する.
── 他 〖中南米〗《軽蔑》を自慢させる,いい気にさせる;挑発する.
── se 〖中南米〗《軽蔑》自慢する,いい気になる. 類 **envanecerse, jactarse.**

compadrito [kompaðríto] 男 〖中南米〗《話》誇示癖のある人,見栄っぱり.

compaginación [kompaxinaθjón] 女 ❶ 調整,整理; 一致,合致,調和,両立. ── No veo fácil la ~ de esos dos cargos. その二つの役目を両立させるのは容易でない. ❷ 〖印刷〗組版.

compaginad**or, dora** [kompaxinaðór, ðóra] 名 〖印刷〗割付けを組む人,組版する人.

compaginar [kompaxinár] 他 ❶ を調整する,調節する,整理する. ── Antes de sacar una conclusión, hay que ~ todas las soluciones propuestas. 一つの結論を出す前に提案された諸方策を調整せねばならない. 類 **ajustar, arreglar.** ❷〖+con〗…と…を調和させる,合致させる,両立させる. ── Ella tenía que ~ el trabajo de la oficina *con* el de la casa. 彼女は会社での仕事と家での仕事を両立させねばならなかった. 類 **armonizar.** ❸ 〖印刷〗(割付けを)組む,組版する. 類 **ajustar.**
── se 再 〖+con〗…と調和する,合致する,合う. ── Su comportamiento no *se compagina con* sus promesas. 彼の振る舞い方は約束と異なっている. 類 **ajustarse, corresponderse.**

compaña [kompáɲa] 女 《俗》一緒にいる人,仲間. ── ¡Adiós, Juan y la compaña! さようならフアン,その仲間たち. 類 **compañía.**

compañerismo [kompaɲerísmo] 男 ❶ 仲間・友達の間のつながり,友情. ── Esos jóvenes han dado ejemplo de ~. その青年たちは友情の模範を示した. 類 **camaradería.** ❷ (仲間・友人の)連帯意識. ── Participó en la manifestación no por convicción sino por ~. 彼は主義ではなく連帯意識からそのデモに参加した.

*compañero, ra [kompaɲéro, ra コンパニェロ, ラ] (〖略〗compa)名 ❶ (仕事・学校・スポーツなどの)仲間,同僚,相棒,友人. ── ~ de clase [de curso] 同級生,クラスメート,級友. ~ de estudios 学友. ~ de colegio 小学校の友達. ~ de armas 戦友. ~ de promoción 同期生. ~ de equipo チームメイト. ~ de habitación ルームメイト. ~ de oficina 会社の同僚. ~ de trabajo 仕事仲間. ~ de juego 遊び仲間. 類 **camarada, colega.** ❷ 《政治》党友,(同じ組合などの)仲間. ── ~s del partido 党友. ~s del sindicato 労働組合の仲間. ❸ 連れ,同伴者,パートナー. ── ~ de baile ダンスのパートナー. tener una compañera para toda la vida 生涯の伴侶を得る. ❹ 《比喩》(対の)片方,一方. ── Estos zapatos no son ~s. この靴は右と左が違う. 類 **pareja.** ❺ 《婉曲》愛人,同棲相手 (=~ sentimental). ── Vivió con su ~ desde muy joven y nunca se casó. 彼は大変若い時から愛人と同棲したが,決して結婚しなかった. ❻ 《ゲーム,スポーツ》パートナー. ── Elijo a Felisa de compañera porque siempre ganamos. 私たちはいつも勝つので私はフェリーサをパートナーに選ぶ. ~ de tenis テニスのパートナー.
compañero de viaje (1) 旅の道連れ.(2) 共産党の協力者(右翼からの軽蔑語).
hacer a … de compañero を仲間[相棒]にする.

*compañía [kompaɲía コンパニア] ❶ 《商業》会社,商会(〖略〗Cía., cía., comp., c., c. a.). ── La ~ de seguros extendió una póliza. 保険会社は保険証書を発行した. Los empleados participan también de los beneficios de la ~. 社員も会社の利益配分に与(あずか)る. La comida corrió a cargo de la ~. 昼食は会社持ちだった. crear [establecer, formar, fundar, organizar] una ~ 会社を設立する. dirigir una ~ 会社を経営する. financiar una ~ 会社に融資する. comprar acciones de una ~ 会社の株を買う. declarar una participación en una ~ 会社に参画[出資]することを表明する. ~ cuyas acciones se cotizan en la bolsa 上場会社. lanzamiento de una nueva ~ 新会社設立,創業. ~ afiliada [filial, asociada, subsidiaria] 系列会社, 子会社. ~ anónima 株式会社. ~ de inversión 投資会社. ~ familiar [propietaria] 同族会社. ~ limitada 有限会社. ~ tenedora [holding] 持ち株会社. ~ fiduciaria 信託会社. ~ de seguros [aseguradora] 保険会社. ~ farmacéutica 製薬会社. ~ ferroviaria 鉄道会社. ~ naviera 船[船舶,海運]会社. C~ Inglesa [Holandesa] de las Indias Orientales イギリス[オランダ]の東インド会社. 類 **empresa, firma, sociedad.**
❷ 同伴者,一緒にいる人,連れ(動物・物についても用いられる). ── Veo que hoy traes buena ~. 君,今日はいい連れと一緒のようだね. La lectura es su mejor ~. 読書が彼の最良の友である. El perro es su única ~. 犬が彼の唯一の伴侶である. 類 **acompañante, comitiva, séquito.**
❸ 他 仲間,友達; 交際,交遊. ── frecuentar malas ~s 悪い仲間と付き合う. Se dejó llevar por las malas ~s. 彼は悪い仲間に加わった. 類 **amistades.**
❹ 一緒にいること,相手を務めること,同伴,同席. ── señora de ~ (病人の付き添い婦人,(昔や中流の)年頃の若い娘に付き添った監視・保護役の)お供の婦人. perro de ~ 愛玩犬. A Raúl le agrada la ~ de María. ラウルはマリーアと一緒にいたい. Me gusta su ~. 私は彼と一緒にいるのが好きだ. Me gusta la gente y busco ~. 私は人が好きで, 人付き合いを求める. La radio le hace ~. ラジオは彼の相手をしてくれる. Llevaba un perro por toda ~. 彼はどこに行くにも犬を連れていた. 類 **acompañamiento, presencia.** 反 **ausencia, soledad.**
❺ (演劇)一座, 劇団; 団体, 会. ── ~ teatral [de teatro] 劇団. ~ de la legua 旅[どさ]回りの一座,巡業劇団. La ~ está de gira. 一座は巡業中だ. Toda la ~ salió al escenario para saludar al público. 一座全員が観客に挨拶するため舞台に上がった.
❻ 《軍事》(歩兵・工兵の)中隊. ── La primera ~ abrió la cabeza del desfile. 第1中隊がパレードの先頭を行った. Durante la guerra civil perteneció a la ~ de infantería. 内戦の間, 彼は歩兵中隊に属した.

andar en [con] malas compañías 悪い仲間と付き合っている.

Compañía de Jesús 《カトリック》イエズス会(=la Compañía). ◆1534年スペインのIgnacio de Loyolaによって創立された男子修道会. →jesuita②.

compañía lírica 《音楽》サルスエラ歌劇団(→zarzuela).
en compañía de ... …と一緒に, 連れ立って. Viajé *en compañía de* unos amigos. 私は友達数人と一緒に旅行した.
hacer compañía a ... (人)と一緒にいる, (人)の(話し)相手をする, 同席する. El gato *me hace* mucha *compañía*. その猫は相手をするから面白い. Vente con alguien para que *te haga compañía*. 君の話し相手になるように誰かを連れて来なさい.
regla de compañía 《数学》合賀算.
... y compañía 《略》... y C¡a. [y Cía.] (1) …会社[商会]. (2)《俗》…とその仲間たち.

:comparable [komparáβle] 形【+a/con】…と比較できる, …に匹敵する; にたとえられる. — Es un vino ~ *a* los mejores de Francia. それはフランスの最上のものにひけをとらないワインだ.

:comparación [komparaθión] 女 ❶ 比較, 対比, 対照; 類似. — Una ~ detenida de las dos tesis revela grandes semejanzas. 2つの論文をじっくりと比べてみると両者がよく似ていることが分かる. No hay ~ entre estos dos libros. この2冊の本は比較にならない(一方が断然優れている). Para mi gusto, el verano no tiene ~ con el invierno. 好みで言えば, 夏は冬とは比較にならない. 類**cotejo, equiparación, parangón**. ❷《修辞》直喩, 比喩 (como など で導かれる例). — "Sus ojos son como perlas", he aquí una ~. 彼女の目は真珠みたいである:これが直喩である. 類**símil**.
en comparación con … …と比較すると, …に比べてみると.
Ni punto de comparación. まったく比べものにならない.
sin [fuera de] comparación (ずば抜けて)比較にならない(ほどに), 断然, 比類のない(ほど).
Todas las comparaciones son odiosas./Toda comparación es odiosa./Las comparaciones son siempre odiosas. 《諺》比較はすべて嫌(いや)うべきもの(比較されるのは何でも嫌なものだ).

:comparado, da [komparáðo, ða] 過分 形 ❶ 比較の, 比較した. — Mi especialidad es la lingüística [literatura] *comparada*. 私の専門は比較言語学[文学]です. ❷【+con】…と比較すると; 比較すれば. — *Comparado con* la mía, tu mujer es una santa. 僕のところに比べれば, 君の奥さんは聖人だよ.
mal comparado《話》(肯定文に伴って)言ってはなんだが…だ, たとえ悪いが…だ. Ese hombre, *mal comparado*, es como un animal. その男性は, 言ってはなんだが, 動物みたいだ.

★comparar [komparár コンパラル] 他 ❶【+con と】を比較する, 比べる. — Si *comparas* la calidad, comprenderás que es justa la diferencia de precios. もし君が品質を比べれば, 値段の違いが当然であることがわかるだろう. Aquel inefable sentimiento no podía ~lo *con* ningún otro. あのえも言われぬ感情は他のどんなものとも比べられなかった. ❷【+a に】をなぞらえる, たとえる. — En este país *comparan* la vida *al* rocío. この国では人生を露になぞらえる.

comparativamente [komparatíβamente] 副 比較的に.

comparativo, va [komparatíβo, βa] 形 ❶ 比較の, 比較による. — lingüística *comparativa* 比較言語学, estudio ~ 比較研究. ❷《文法》(形容詞・副詞の)比較級の.

comparecencia [kompareθénθia] 女 《法律》出廷, 出頭.

:comparecer [kompareθér] [9.1] 自 ❶《司法》【+ante の前に】出頭する, 出廷する. — El testigo *compareció ante* el juez. 証人は判事の前に出頭した. ❷ (遅れて・思いがけず)姿を現わす, ひょっこり現われる. — *Compareció* cuando la reunión estaba para terminar. 彼は会が終わろうとしていた時に姿を現わした. 類**presentarse**.

comparencia [komparénθia] 女 【中南米】→comparecencia.

comparendo [komparéndo] 男 《法律》召喚, 出廷[出頭]命令; 召喚状, 出頭命令状.

comparsa [kompársa] [<市街] ❶ (カーニバルや祭りなどに)同じ衣装をつけて街を練り歩く一団. — una ~ de máscaras 仮面の一団. ❷ 劇・映画などのエキストラ役. — Tiene un papel de ~. 彼はエキストラ役だ. 類**acompañamiento**. ❸《比喩》脇役, 端役. — En la empresa no pinta nada, no es más que un ~. 会社では彼は何の力もない, ただの脇役にすぎない.
—— 男女 劇・映画などのエキストラ役の人.

comparsería [komparsería] 女 劇・映画などのエキストラ役の一団.

compartimento [kompartiménto] 男 → compartimiento.

compartimiento [kompartimiénto] 男 ❶ 区画された部分, 仕切り部分; 区切られた空間. — dividido en cuatro ~s 4つに仕切られた引き出し. 類**división, sección**. ❷ 列車のコンパートメント. 類**departamento**. ❸《まれ》配分; 共有
compartimiento estanco (1)《海事》水密区画. (2)《比喩》互いに断絶した部分.

:compartir [kompartír] 他 ❶ を分かち合う, 分配する. — *Compartimos* la pasión por el fútbol. 私たちはサッカーへの情熱を分かちあっている. ❷ (*a*) を共用する, 共有する. — Ella *comparte* el piso con una amiga. 彼女は友達とマンションを共同利用している. (*b*) を共にする, …に加担する, 賛成する. — *Comparto* vuestra opinión. 私は君たちの意見に賛成だ.

:compás [kompás] 男〔複 compases〕❶《技術》コンパス, 両脚規; カリパス. — ~ de [para] dibujo 製図用コンパス. pierna de ~ コンパスの脚. trazar [dibujar] un círculo con el ~ コンパスで円を描く. ~ de calibres カリパス. ~ de corredera 挟み尺, ノギス. ~ de cuadrante [de ajuste rápido] 急調整コンパス. ~ de división [de puntas (secas)] ディバイダー. ~ de espesores [de gruesos] 外径カリパス, 外パス. ~ de interiores 内径カリパス, 内パス. ~ de pinzas 鉛筆用[烏口]コンパス. ~ de reducción [de porción] 比例コンパス. ~ de varas ビーム[さお]コンパス. Mide la distancia entre esas dos rectas con el ~. それらの2直線間の距離をコンパスで測りなさい. ❷《海事》羅針盤, 羅針儀, 磁石. — ~ magnético 磁気コンパス. El capitán del barco puede fijar el rumbo de su nave gracias al ~. 船長は羅針盤のお陰で船の針路を定め

られる. 類**aguja (de marear), brújula**. ❸《音楽》拍子; リズム. ～～ de chachachá チャチャチャのリズム. ～ binario [ternario] 2[3] 拍子. ～ mayor [de dos por cuatro] 4 分の 2 拍子. ～ menor 4 分の 4 拍子（＝compasillo）. ～ compuesto 複合拍子. danzar al ～ de un vals ワルツのリズムで踊る. Entraron a los compases de un himno bien conocido. 彼らは有名な賛美歌の調べに乗って登場した. En un pentagrama el signo de ～ se coloca después de la clave. 拍子記号は五線譜で音部記号の後に置かれる. Esta partitura tiene un ～ de tres por cuatro. この楽譜は 4 分の 3 拍子になっている. 類**cadencia, ritmo**. ❹《比喩的に》（活動の）リズム, テンポ, ペース. — No puedo trabajar al mismo ～ que él. 私は彼と同じテンポでは働けない. Su hermano lleva muy bien el ～ en su trabajo. 彼の兄は仕事のペースがとてもよい. tener el mismo ～ テンポ[ペース]が同じである. 類**ritmo**. ❺《音楽》小節; その縦線. — El tenor comienza a cantar en el cuarto ～. そのテノール歌手は 4 小節目から歌い出した. El director de orquesta ordenó repetir a partir del ～ ciento veinte. 指揮者は 120 小節目から繰り返すように命じた. ❻《比喩》規矩, 節度, 規則正しい生活. — ir con el ～ en la mano 物事をきちんとやる. salir de ～ 節度を失う. Es la medida y ～ de todas las virtudes. それはあらゆる美徳を測る尺度である. 類**medida, regla**. ❼《自動車》折畳み式幌のばね. — Mi descapotable tiene un ～ automático. 私のコンバーティブルは自動折畳み式幌のばねがついている. ❽《フェンシング》ボルト; 突きを避けるために素早く身をかわす動作. ❾（C～）《天文》コンパス座.

a [al] compás 拍子を（正しく）取って, 拍子に合わせて, リズムに乗って, 同じリズムで. bailar [saltar] *a compás* リズムに乗って踊る[とび跳ねる]. ir *al compás* 歩調をそろえる. martillar *al compás* リズミカルにハンマーで叩く. Andaban los dos *a compás* agarrados de la mano 二人は手をつないで拍子をとって歩いていた. Uno pone el tornillo y el otro pone la tuerca *al compás*. 一人がネジを置くと, 同じリズムでもう一人がナットを置く.

abrir el compás 《闘牛》（闘牛士が）両足を開く. con *el compás abierto* 足を開いて.

al compás de … …に合わせて, のリズムで. *al compás de* dos [de tres] por cuatro 4 分の 2[4 分の 3]拍子で. cantar *al compás de* la guitarra ギターに合わせて歌う. moverse *al compás de* la música 音楽に合わせて体を動かす. vivir *al compás de* la sociedad 社会のテンポに合わせて生活する. Cuando andamos, movemos los brazos *al compás de* las piernas. 私たちは歩く時腕に合わせて腕を振ります.

compás de espera (1)《音楽》休止（符）. Después del solo de violín, hay un *compás de espera* y entran las flautas. ピアノ独奏の後, 休止があり, フルートが登場する. (2)《比喩的に》（何か始まるのを待っての）小休止, 少し待つこと, (短い)中断. Antes de operarle vamos a dar un *compás de espera* para ver si los medicamentos han sido efectivos. 彼を手術する前に少し待ってみて薬が効いたかどうかを確かめましょう. Creyeron aconsejable abrir un *compás de espera*. 彼らはしばらく待ったほうがいいと思った. Las negociaciones entre las dos partes se encuentran en un *compás de espera*. 両者の交渉は一時中断している. (3) 短い間(*), 待つ時間, 短い休憩. Se fue la luz en la fábrica, y durante el *compás de espera* los trabajadores hicieron una asamblea. 工場が停電になり, 労働者たちは一休みする間に会議を開いた.

fuera de compás リズムが外れた, テンポが合わない; 歩調を乱して.

guardar el compás (1) リズムを保つ, 拍子に合わせる. (2) 節度を守る.

llevar el compás (1) 拍子[リズム]をとる; リズムに合わせて踊る[歌う]. Todos los compañeros *llevan el compás* para terminar el trabajo a la vez. 同僚たちはみんな同時に仕事を終わらせるために同じペースでやっている. El cantante no *llevaba bien el compás*. その歌手はうまくリズムに乗っていなかった（＝ajustarse al compás）. (2)（楽団・合唱団を）指揮する, タクトをとる. El director *llevaba el compás* con la batuta. 指揮者はタクトで指揮していた. (3)《比喩的に》（状況・事業などを）把握する, 取り仕切る, 指揮をとる. El jefe de la comisión era quien *llevaba el compás* en las negociaciones. 使節団の団長が交渉を取り仕切っていた.

marcar el compás 拍子[リズム]をとる. *marcar el compás* con el pie [con la mano] 足で[手で]リズムをとる. El cantaor *marcaba el compás* dándose palmaditas en la rodilla. フラメンコ歌手は膝を手で軽く叩きながらリズムをとる.

perder el compás (1) テンポが狂う, リズムを外す. En clase de música me dicen que siempre *pierdo el compás*. 音楽の授業で私がいつもリズムを外すと言われる. Uno de los bailarines *perdió el compás*. ダンサーの一人のテンポが狂った. (2)《比喩》節度を失う, 羽目を外す. Luis bebió demasiado en la fiesta y *perdió el compás*. ルイスはパーティーで飲み過ぎて羽目を外した.

primeros compases (1) 最初の数小節. repetir los *primeros compases* 最初の数小節を繰り返す. Al sonar los *primeros compases* del himno nacional los asistentes se pusieron en pie. 国家の最初の数小節が流れると出席者たちは起立した. (2)（物事の）始まり, 最初. Los *primeros compases* del partido fueron apasionantes. 試合は最初手に汗握るものだった.

seguir el compás 拍子[リズム]に合わせる, リズムに乗る. Puso el metrónomo sobre el piano y comenzó a practicar *siguiendo el compás*. 彼はピアノの上にメトロノームを置いて, 拍子に合わせて練習を始めた.

compasadamente [kompasáðaménte] 副 控えめに, 穏当に.

compasado, da [kompasáðo, ða] 過分 形 ❶ 控えめな, 穏当な. 類**arreglado, cuerdo, moderado**. ❷ コンパスで測られた.

compasar [kompasár] 他 ❶ をコンパスで測る. 類**medir**. ❷《比喩》調整する, …の釣り合いを取る. 類**acomodar, acompasar, arreglar, proporcionar**. ❸《音楽》小節に分ける.

compasillo [kompasíjo] 男 《音楽》4 分の 4 拍子.

compasión [kompasjón] 女 〚＋por/de〛（…に対する）哀れみ, 同情, 憐憫(%). —sin ～ 無情な

[にも]. llamar [mover] a ~/despertar [inspirar] ~ (人)に同情心を起こさせる, 哀れを誘う. Le dio ~ del perro y se lo llevó a casa. 彼はその犬がかわいそうになり, 家に連れて行った. por ~ 哀れに思って, 哀れみの気持ちから, 同情心から. sentir [tener] compasión por [de] ... を哀れに思う, 不憫(ﾋﾞﾝ)に思う, 同情する. 類 conmiseración, lástima, piedad. 反 insensibilidad.

compasivamente [kompasíβaménte] 副 同情して, 哀れんで.

:**compasivo, va** [kompasíβo, βa] 形 〖+con〗…に対して同情心のある, 同情心のある, 情け深い. — Es muy ~ con los necesitados. 彼は生活に困っている人たちに大変同情的だ. Ella le dirigió una *compasiva* mirada. 彼女は彼に思いやりのある視線を向けた. 類 caritativo, misericordioso, piadoso.

compatibilidad [kompatiβiliðá(ð)] 女 ❶ 両立できること, 共存すること; 調和, 適合性. — La ~ de horarios me permite asistir al curso. 時間割がうまく両立できるので私はその授業に出席できる. ❷ 〖情報〗互換性.

compatible [kompatíβle] 形 ❶ 〖+con〗…と両立できる, …と共存できる, …と協調できる. — En mi empresa, trabajo y diversiones pueden ser ~s. 私の会社では仕事と趣味が両立できる. 反 incompatible. ❷ 〈植物〉自家受粉すことができる. ❸ 〖情報〗互換性のある, コンパチブル(の).

:**compatriota** [kompatrjóta] 〔<patria〕 男女 同国人, 同郷の人, 同胞.

compeler [kompelér] 他 〖+a 不定詞, +a que 接続法〗(力・権力などによって)…に(人)を無理にさせる, …にしいてさせる; …するよう(人)に強要する. — Le *compelieron a* abandonar su casa. 彼は無理やり部屋から退去させられた. Nadie puede ~le a que deje a su propia familia. 誰も彼に家族を見捨てることを強要することはできない. 類 forzar, obligar.

compendiar [kompendjár] 他 ❶ を要約する, まとめる; かいつまんで言う. — No puedo ~ más la tesis porque no se entendería. 論文をまとめることはできない, なぜならそうすると分からなくなるだろうから. 類 resumir, sintetizar. ❷ …の要点(概要・骨子)を示す. — Estas palabras *compendian* su pensamiento. これらの言葉が彼の思想の要点を示している.

compendio [kompéndjo] 男 ❶ 要約, 概要, 概略; 抜粋, 抄録. — ~ de literatura [física] 文学[物理学]概論. en ~ 要約すると, かいつまんで言うと. 類 extracto, resumen, síntesis, sumario. ❷ 総括, 総合, 結論. — Aquel hombre es un ~ de todos los males. あの男はあらゆる悪のかたまりだ. 類 síntesis.

compendiosamente [kompendjosaménte] 副 かいつまんで, 簡潔に. 類 en compendio.

compendioso, sa [kompendjóso, sa] 形 要約された; 簡潔な, 簡明な, 簡にして要をえた. 類 compendiado, conciso.

compenetración [kompenetraθjón] 女 ❶ 相互に混じり合うこと, 相互浸透, 相互貫通. ❷ 〈比喩〉一体化; (人と人との)相互理解, 一体感. — Entre profesores y alumnos existe una buena ~. 教師と生徒の間によい一体感が存在している.

compenetrarse [kompenetrárse] 再 ❶ (物質が)相互に混ざり合う, 相互に浸透する. ❷ 〈比喩〉一体化する; (人が)互いに理解し合う, 一体感を持つ. — En esta historia lo real y lo ideal *se compenetran*. この物語では現実と理想が一体化している. *Nos compenetramos* a la perfección. 私たちは完全に理解し合っている. 類 identificarse.

compensación [kompensaθjón] 女 ❶ 相殺(ｿｳｻｲ), 埋め合わせ, 帳消し. 類 neutralización. ❷ 償い, 補償, 賠償; 補償金, 賠償金. 類 indemnización, resarcimiento. ❸ 〖金融〗(銀行·国家間の)手形交換. — cámara de ~ (国家間の)手形交換所. ❹ 〖法律〗相殺. ❺ 代償作用, 補償作用. 反 descompensación.
en compensación その代わりに. Haz el favor de ayudarme y, *en compensación*, te invito a cenar. お願いだから手伝ってちょうだい, 代わりに夕食をおごるから.

compensador, dora [kompensaðór, ðóra] 形 埋め合わせをする, 償いをする; 埋め合わせの, 償いの.
—— 男 時計の振り子の一種(温度による振動の変化を防ぐために膨張率の異なる様々な金属の細板から成る振り子)

:**compensar** [kompensár] 他 ❶ 〖+de に〗を埋め合わせる, 相殺する, 補う. — El éxito de su negocio le *compensa* del trabajo realizado. 彼の事業の成功は実行した仕事に見合っている. *Compensaron* la subida del coste de la vida *con* un aumento de salarios. 彼らは生計費の上昇を給料の増加で相殺できた. ❷ 〖+con で〗…を償う, 弁償[補償]する. — Me *compensaron con* cincuenta mil yenes por el accidente. 彼らは事故に対して私に 50 万円弁償してくれた.
—— 自 見合う, 等価である, それだけの値打ちがある. — No me *compensa* madrugar tanto. そんなに早起きしても私には何にもならない.

compensatorio, ria [kompensatórjo, rja] 形 償う, 補償する.

:**competencia** [kompeténθja] 女 ❶ 競争, 張り合うこと. — ~ desenfrenada [excesiva] 過当競争. ~ desleal 不公正競争. régimen de libre ~ 自由競争体制. Los comerciantes de esta calle tienen mucha ~. この通りの商人たちは客取り競争が大変激しい. En la liga de baloncesto hay mucha ~ entre los equipos. バスケットボール・リーグはチーム間の競争が激しい. 類 concurrencia, oposición, rivalidad. 反 acuerdo. ❷ 〖集合的〗競争相手. — Vendemos más barato que la ~. 私たちは競争相手よりも安売りしている. 類 rival. ❸ 〖+para〗の能力, 才能, 適性. — hombre de gran ~ 大変有能な人. Andrés no tiene ~ *para* este puesto. アンドレスはこのポストへの適性がない. 類 aptitud, capacidad, disposición. 反 incompetencia, ineptitud. ❹ 〈言語〉言語能力, コンピテンス(=~ lingüística). — ~ lingüística del español スペイン語運用能力. ❺ 管轄, 権限, 責務[範囲]. — La limpieza de las calles es ~ del ayuntamiento. 通りの清掃は市役所の責務である. 類 atribución, incumbencia, jurisdicción. ❻ 〖法律〗(裁判所の)管轄(権), 法的権限. — Este asunto cae

dentro de la ～ del tribunal. この問題は裁判所の管轄である. ❼『中南米』試合.
cuestión de competencia (官庁間の)縄張り争い, 管轄問題.

‡**competente** [kompeténte] 形 ❶ 有能な, 能力のある. 類**apto, capaz, eficaz.** 反**incompetente.** ❷『+en』…に詳しい. 類**ser ～ en finanzas** 財政に通じている. 類**eficaz, entendido, especialista, experto.** 反**inexperto, ineficaz.** ❸『+para』…の資格のある, 適格な, 適任の. —edad ～ 有資格年齢. ser ～ *para* un cargo docente 教職の資格がある. una persona ～ *para* un cargo directivo 社長職の適任者. 類**apto, calificado, capaz, idóneo.** ❹ 適切な, 充分な, 実力相応の. —exigir una ～ satisfacción 充分な賠償を要求する. Sus hijos están en una edad ～ para entenderlo todo. 彼の子供たちでも分かる充分な年齢に達している. 類**adecuado, bastante, debido, oportuno, suficiente.** ❺『+para』『行政』(官庁・為政者などの…の)権限のある, 所轄の, 管轄の. —juez ～ 管轄の判事. departamento ～ 所轄部門. 類**autorizado, legítimo.** ❻『法律』(裁判所が)管轄権限を有する. —tribunal ～ 管轄裁判所.
—— 男女 ❶ 有資格者. ❷ (初期キリスト教において)洗礼志願有資格者.

competer [kompetér] 自『+a』…に関わることである, の責任である, 管轄権に属する, 義務である. —Esta diligencia no *compete* al Ayuntamiento. この手続きは役所の管轄ではない. 類**incumbir.**

competición [kompetiθjón] 女 ❶ 競争, 競合; 戦い, 張り合い. —Hubo una ～ muy reñida por la plaza. その地位をめぐっての熾烈な競争があった. 類**lucha, rivalidad.** ❷ (賞品・名誉などを争う)試合, 競技会. —una ～ deportiva スポーツ競技会.

***competidor, dora** [kompetiðór, ðóra] 名 競争相手. —Tiene un ～ temible. 彼にはすごい競争相手がいる. 類**adversario, contrincante, rival.**
—— 形 競争する, 張り合う. —espíritu *competidor* 競争心. marcas *competidoras* 競合する銘柄.

‡**competir** [kompetír] [6.1] 自 ❶『+con と』競う, 競争する, …にひけをとらぬ. —Nuestros automóviles *compiten* en calidad *con* los de cualquier otra nación. 我が社の自動車は品質において他のいかなる国の車にもひけをとらない. ❷『+por を』争う, 取り合う, 奪い合う. —Tres candidatos *compiten por* el puesto de presidente del partido. 3人の候補者が党首の地位を争っている. Las dos chicas *compiten* en belleza. その2人の女の子は美しさで張り合っている. 類**rivalizar.**

competitividad [kompetitiβiðáð] 女 競争力, 競合.

competitivo, va [kompetitíβo, βa] 形 ❶ 競争の, 競合する, 張り合う; 競争力のある. —espíritu ～ 競争心. Es un atleta muy ～. 彼は大変競争力のある陸上選手だ. ❷ (価格・サービスが)競争によって決められる. —precios ～s 競争価格.

compilación [kompilaθjón] 女 ❶ 編集, 編纂(さん). 類**recopilación.** ❷ 編集[編纂]された物.

compilador, dora [kompilaðór, ðóra] 形 編集する, 編纂(さん)する.
—— 名 編集者. 類**recopilador.**
—— 男『情報』コンパイラ.

compilar [kompilár] 他 ❶ を1冊にまとめる, 編集する, 編纂(さん)する. —～ una antología de las novelas contemporáneas españolas スペイン現代小説選集を編集する. ❷『情報』コンパイルする.

compinche [kompíntʃe]『＜ con + pinche』男女《話》(犯罪・悪巧みの)一味, 仲間. —Detuvieron a su ～ en el aeropuerto. 彼らの一味は空港で捕まった. 類**amigacho, amigote, compadre, compañero.**

compit- [kompit-] 動 *competir* の直・現在/完了過去, 接・現在/過去, 命令・2単, 現在分詞.

complacencia [komplaθénθja] 女 ❶ 満足, 満足感; 喜び. —Habló de la victoria de su equipo con mucha ～. 彼は自分のチームの勝利を大喜びしながら話した. 類**placer, satisfacción.** ❷ 過度の寛容さ, 甘やかし. —tener excesivas ～s con … …に甘すぎる. 類**tolerancia.** ❸《まれ》親切な態度. —Me cedió su asiento con mucha ～. 彼は大変快く席を譲ってくれた. 類**gusto.**

‡**complacer** [komplaθér] [9.1] 他 ❶ を喜ばせる. —Me *complace* tener el honor de conocerle. お知り合いになれてうれしく思います. ❷ 甘やかす, …の言うことを何でもきく. —El niño está enfermo y sus padres tratan siempre de ～le. その子が病気なので両親は何でもその言うことをきこうとする. 類**satisfacer.**
——**se** 再 ❶『+en+不定詞』…させていただく, 謹んで…する. —*Nos complacemos* en comunicarles la inauguración de una sucursal en Madrid. わが社は謹んでわが社のマドリード支店開設をお知らせいたします. ❷『+en+不定詞/名詞句』を喜ぶ, うれしく思う, 楽しむ. —*Se complace en* molestar a los demás. 彼は他人を困らせては楽しんでいる. 類**alegrarse.**

complacido, da [komplaθíðo, ða] 過分 形『+de』…に満足した, を喜んだ; 満足して, 喜んで —dejar [quedar] ～ *de* … …に満足する, を喜ぶ. Aceptó ～ la propuesta. 彼はその申し出を受け入れた. 類**satisfecho.**

***complaciente** [komplaθjénte] 形 ❶『+con/para』(…に対して)愛想の, 面倒見のいい『ser+』. —Siempre ha sido muy ～ con todos. いつも彼は誰に対しても非常に親切だった. 類**amable, benigno.** ❷ (態度などが)愛想のよい, 好意的な. —La dueña dedicaba sonrisas ～s a los invitados. 女主人は招待客たちに愛想よくほほえみかけていた. ❸ 寛容な, (人に)甘い. —marido ～ 妻の不倫に寛大な夫. 類**condescendiente, indulgente, tolerante.**

‡**complejidad** [komplexiðáð] 女 複雑さ. —problema de (un) gran ～ 大変複雑な問題. 類**complicación, dificultad.** 反**facilidad, sencillez.**

‡**complejo, ja** [kompléxo, xa] 形 ❶ 複雑な, 入り組んだ, こみ入った. —problema ～ 複雑な問題. Es un drama muy ～. それは大変こみ入ったドラマだ. 類**complicado, confuso, enredado.** 反**simple.** ❷ 複合の, 合成の. —número ～ 複

素数.
—— 男 ❶ (組織・部分の)**複合体**, 集合体. —— industrial コンビナート. ~ hospitalario 総合病院. ~ hotelero [turístico] 総合宿泊[レジャー]施設. ~ petroquímico 石油化学コンビナート. ~ residencial 集合住宅. ❷ (心理)コンプレックス, 観念複合体; 強迫観念. —— de inferioridad [superioridad] 劣等[優越]感. ~ de Edipo エディプス・コンプレックス(男子が無意識に父親に反発し母親を慕う傾向). ~ de Electra エレクトラ・コンプレックス(女子が無意識に母親に反発し父親を慕う傾向). ❸ (化学)合成物, 複合体. —— químico 化学合成物.

complementar [komplementár] 他 [~con で]を補う, 補充する, 補足する. ——*Complementaba* la escasez de su sueldo *con* traducciones. 彼は給料の不足分を翻訳で補っていた.

—— se 再 補い合う. ——Sus caracteres *se complementan* perfectamente. 彼らの性格は完全に互いに補い合っている.

complementariedad [komplementarjeðáð] 女 補完性.

complementario, ria [komplementárjo, rja] 形 補足の, 補完的な; 補い合う. ——color ~ 補色. ángulo ~ (数学)余角. distribución *complementaria* (言語)相補分布. El apéndice es ~ del texto. 付録は本文の補足である. 類 **suplementario**.

complemento [kompleménto] 男 ❶ (完成に必要な)補足(物), 補完(物), 欠かせないもの. —— oficial de ~ 予備役将校[士官]. Un buen café es el mejor ~ de una buena comida. 良いコーヒーがついてこそ本当に美味しい食事と言える. Esto sería el ~ de mi felicidad. これで私も本当に幸せになるだろう. Un collar de perlas será un perfecto ~ para tu vestido. 真珠の首飾りをつければ君のドレスは一番映えるだろう. 類 **añadido, suplemento**. ❷ (文法)補語. —— directo 直接補語[目的語]. ~ indirecto 間接補語[目的語]. ~ agente 動作主補語. ~ circunstancial 状況補語(時・場所・同伴などを表わす). ~ predicativo 叙述補語. ~ del verbo [del nombre] 動詞[名詞]の補語. Ciertos usos verbales exigen un ~ de régimen. 動詞の中には前置詞の目的語を取るものがある. 類 **objeto**. ❸ (数学)余角, 余弧; 補集合, 補空間; (情報)補数. ❹ (生物)(血液・リンパ液中の)補体.

completamente [kompletaménte] 副 完全に, 全く, すっかり. ——Está ~ agotada. 彼女はすっかり疲れ切っている. 類 **plenamente, totalmente**.

completar [kompletár] 他 **完全(なもの)にする, 完成する**, …の掉尾(チョゥ)を飾る. ——Aún le falta un año para ~ la carrera de medicina. 医学部の課程を修了するのに彼はまだ1年ある.

—— se 再 完全になる, 完成する, 一点非の打ち所がなくなる. ——La colección *se completa* con la publicación de esta novela. 全集はこの小説の刊行で完結する.

completas [komplétas] 女 複 (宗教)終祷(ショゥ)(7回の聖務日課の最終のもの).

completivo, va [kompletíβo, βa] 形 (文法)補文の. ——conjunción *completiva* 補文接続詞(動詞の補文となる節を導く接続詞 que を指す). oraciones *completivas* 補文(動詞の直接補語として機能する従属節).

***completo, ta** [kompléto, ta] コンプレト, タ 形 ❶ **完全な**, 欠けた所のない[estar+]. ——vajilla *completa* 食器セット. pensión *completa* 三食付きの宿泊. las obras *completas* de Cervantes セルバンテス全集. La familia *completa* se marchó a América. その家族全員が中南米に去って行った. Mi colección de Mozart no está *completa* todavía. 私のモーツァルト・コレクションはまだ完全ではない. 類 **entero, íntegro**. 反 **incompleto**.

❷ 完璧(ハキ)な, 申し分のない. ——Es un profesor muy ~. 彼は非の打ちどころのない先生だ. Disfruta de *completa* salud. 彼は申し分のない健康を享受している. 類 **acabado, cabal, perfecto**. 反 **defectuoso**.

❸ 満員の[estar+]. ——El teatro estaba ~. 劇場は満員だった. 類 **lleno, ocupado**. 反 **vacío**.

❹ 全くの, 徹底した[ser+]. ——La representación fue un ~ fracaso. 上演は完全な失敗だった. 類 **rotundo, total**.

por completo 完全に, 全く, すっかり. Al principio no la reconocí porque había cambiado *por completo*. すっかり変わってしまったので, 初め彼女とはわからなかった.

—— 男 全員. ——En la sesión de ayer estuvo el ~. 昨日の会議には全員が出席した. 類 **pleno, totalidad**.

al completo 全員の[で], 満員の[で]. El comité *al completo* se reunió ayer. 委員会の全員が昨日集まった.

complexión [kompleksjón] 女 ❶ (生理)体格, 体質. —— robusta [atlética] がっしりした(運動選手のような)体格. tener una ~ débil 虚弱体質である. 類 **constitución**. ❷ (修辞)最初と最後の語句を反復する技法.

complexionado, da [kompleksjonáðo, ða] 形 [+bien [mal]]体格がいい[悪い].

complexional [kompleksjonál] 形 体格の, 体質の.

complexo, xa [komplékso, ksa] 形 →complejo.

***complicación** [komplikaθjón] 女 ❶ **複雑さ**, 錯綜. ——estructuras de gran ~ 非常に複雑な構造. El argumento de esta obra es de gran ~. この作品の筋は錯綜している. 類 **complejidad**. 反 **claridad**. ❷ 複雑化. ——La ~ de este asunto me preocupa. この問題の複雑化が気がかりだ. 反 **simplificación**. ❸ 厄介[面倒]なこと, 支障. ——Surgieron *complicaciones* y tuvimos que aplazar el proyecto. 面倒なことが起きたので計画を延期しなければならなかった. 類 **contratiempo, dificultad**. ❹ 紛糾, 混乱, 無秩序. 類 **embrollo, enredo**. ❺ (医学)併発症[合併症], 余病. 類 **aclaración**. ❻ [中南米]係わり合い(=implicación).

***complicado, da** [komplikáðo, ða] 過分 形 ❶ 複雑な, 入り組んだ; (装飾・細部が)凝った. ——Es una computadora muy *complicada*. それはとても複雑なコンピュータだ. El argumento de la película es bastante ~. その映画の筋はかなり込み入っている. La fachada del palacio es muy *complicada*. 王宮の正面はとても凝っている. ❷ 扱いにくい, 分かりにくい, 解決の難しい. ——Cuidado con él, que es un tipo ~. 彼には気をつけるように、むずかしい人だから. Se trata de un asunto [problema] muy ~. それは大変扱いにくい問題だ. La empresa atraviesa por una situación muy *complicada*. その会社は非常に難しい状況にある. ❸ 〖+en〗…に巻き込む, 関わった. —*En* la estafa está ~ un conocido político. その詐欺にはある有名な政治家が関わっている.

:**complicar** [komplikár] [1.1] 他 ❶ を複雑にする, 困難にする, 難しくする. —Las declaraciones del ministro de Hacienda *han complicado* las negociaciones. 蔵相の発言が交渉を難しくした. Cállate, no *compliques* las cosas. 黙れ, 君は事態を紛糾させないでくれ. 類**confundir, dificultar, enredar**. ❷ 〖+en に〗を巻き込む, 陥れる. —La mafia ha intentado ~ a varios políticos *en* el tráfico de armas. マフィアは武器の取引に数人の政治家を巻き込もうとした.

 —**se** 再 複雑になる, 困難になる. —El problema *se ha complicado*. 問題は難しくなった. La situación *se complicó* con su venida. 情況は彼がやって来て複雑化した.

complicar la vida →vida.

***cómplice** [kómpliθe] 男女 〖+en/de〗共犯者, 従犯者, 幇助(ほうじょ)犯, ぐる. —actuar como ~ en un asesinato 殺人の共犯者になる. denunciar a su ~ 共犯者の名前を密告する. Le declararon ~ por encubrir al delincuente. 彼女は犯人をかくまったため従犯者と断定された. 類**coautor**.

 — 形 (眼差し・微笑み・沈黙などが)秘密を共有する, 同意を示す. —silencios ~s 事を知りながらの沈黙. intercambiarse [cruzarse] una mirada ~ 秘密の眼差しを交わす. hacer un guiño ~ 秘密のウインクをする.

*   **complicidad** [kompliθiðá(ð)] 女 〖+en〗(…)の共犯, 共謀, 加担. —Ha sido condenado por ~ *en* una estafa. 彼は詐欺の共犯で有罪判決を受けた. 類**connivencia, participación**

complique(-) [komplike(-)] 動 complicar の接・現在.

compliqué [kompliké] 動 complicar の直・完了過去・1 単.

complot [kompló(t)] 〔< complots〕男 複 ❶ (政治的・社会的な)陰謀, 策略. —Se reveló un ~ para derribar al gobierno. 政府転覆の陰謀が露見した. 類**conspiración**. ❷ 《話》(何人かの人による)ひそかな企み, 隠謀, 悪巧み. 類**confabulación, intriga, maquinación, trama**.

complotar [komplotár] 自 陰謀[策略]を企てる.

complutense [kompluténse] 形 ❶ アルカラ・デ・エナレス (Alcalá de Henares) 出身の, アルカラ・デ・エナレスの. ❷ マドリード大学の.

 — 男女 アルカラ・デ・エナレス出身の人.

compón [kompón] 動 componer の命令・2 単.

compondr- [kompondr-] 動 componer の未来, 過去未来.

componedor, dora [komponeðór, ðóra] 名 ❶ 構成者, 作製者. ❷ 修理人. ❸ 調停者. ❹ 調停人, 仲裁役. ❺ 〘中南米〙接骨医. 類**algebrista**.

 — 男 〘印刷〙ステッキ, 植字盆.

amigable componedor 《法律》正式に権限を与えられた調停者[仲裁人].

componenda [komponénda] 女 ❶ 《話》その場しのぎの策[調整]. —Tapó el desfalco con una ~. 彼は急場しのぎの策でその使い込みをごまかした. 類**apaño**. ❷ 公明正大でない取り決め[取引]. —Quiero las cosas claras, no admito ~s. 私は物事ははっきりしたい, 裏取り引きは認めない. 類**chanchullo**. ❸ 《宗教》教書・聖務認可を得るために支払われる金[金銭].

:**componente** [komponénte] 男 ❶ 成分, 構成要素 (=elemento ~); 《化学》成分; 《数学》(ベクトルなどの)成分; 《物理》分力. —viento de ~ sur (南東, 南南西などの)南風. ~s físicos [lógicos] 《コンピュータ》 ハード[ソフト]ウエア. ~s del ácido carbónico 炭酸の成分. 類**ingrediente**. ❷ 《機械》構成部品, コンポーネント. —fábrica de ~s 部品工場. máquina con [de] muchos ~s 多くの部品からなる機械.

 — 男 構成員. —Los ~ del jurado se retiraron a deliberar. 陪審員たちは協議のため退席した. 類**ingrediente, miembro**.

 — 形 構成する, 成分の. —Los elementos ~s del agua son el hidrógeno y el oxígeno. 水の成分は水素と酸素である. 類**integrante**.

*componer [komponér コンポネル] [10. 7] 他 ❶ を作り上げる, 形成する, 形成する. —*Ha compuesto* un bonito ramo de flores. 彼女はきれいな花束を作り上げた. ❷ …の一部を形成する, を構成する. —Tres catedráticos *componían* el tribunal. 3 人の教授が審査委員会を構成していた.

❸ を作曲する, (作品)を書き上げる. —Falla *compuso* 'Noches en los jardines de España' en 1915. ファーヤは『スペインの庭の夜』を 1915 年に作曲した. ~ un tratado de filosofía [una poesía, un baile] 哲学論文を書き上げる[詩を作る, 舞踏を創作する].

❹ (a) を整理する, 片付ける, きちんとする. —He dedicado la mañana a ~ la casa. 家の片付けをするために私は午前中を費やした. 類**arreglar**. (b) を修繕する, 直す. —~ la televisión テレビを修理する.

❺ を飾る, 飾り立てる, おめかしをする. —Están *componiendo* la fachada del Ayuntamiento para las fiestas. お祭りのために市役所の正面が飾り立てられている. 類**adornar**. ❻ 《印刷》を活字に組む. ❼ …に味つけをする. ❽ …の調子を回復させる. —La infusión me *ha compuesto* el estómago. 煎じ薬のおかげで私の胃は具合が良くなった. 類**reforzar, restablecer**.

 —**se** 再 ❶ おめかしする, 着飾る. —*Se está componiendo* para salir con su novio. 彼女は恋人とデートに出かけるためにおめかしをしているところだ. ❷ 〖+de から〗成る. —La Primera Parte de Don Quijote *se compone de* cincuenta y dos capítulos. ドン・キホーテの前編は 52 章から成る.

componérselas 工夫する, 対策を練る, 知恵を絞る. Ella sabe muy bien cómo *componérselas*. 彼女はどうすればよいのか非常によく心得ている.

componga(-) [kompoŋga(-)] 動 componer の接・現在.

compongo [kompóŋgo] 動 componer の直・

現在・1単.

comportamiento [komportamjénto] 男 態度, 振るまい; 行動, 素行. —buen [mal] ～ よい[悪い]態度. Le redujeron la pena por buen ～. 彼は素行がよかったので減刑された. 類**conducta, proceder.**

comportar [komportár] 他 ❶ を含む, 伴う; 意味する. —La idea de culpabilidad *comporta* la de responsabilidad. 罪の概念は責任の概念を含む. Este trabajo no *comporta* ningún beneficio. この仕事は全然利益がない. 類**implicar**. ❷ を我慢する, 耐える. 類**sufrir, tolerar.** ❸《古》一緒に持っていく, 一緒に運んでいく.
—**se** 再 振る舞う, 行動する. —～ bien [mal] 行儀がよい[悪い]. saber ～ 場に適した振る舞いができる. 類**conducirse, portarse, proceder.**

comporte [kompórte] 男 ❶《まれ》態度, 振る舞い. 類**comportamiento, proceder.** ❷《まれ》風采, 外観. 類**porte.** ❸《古》忍耐, 我慢. ❹《隠》居酒屋 (mesón) の主人. 類**mesonero.**

:**composición** [komposiθjón] 女 ❶ 構成, 構造, 合成. —Esta máquina tiene una ～ muy difícil. この機械は大変難しい構造をしている. En la etiqueta figura la ～ del alimento envasado. 缶詰食品のラベルにはその材料が明示されている. La ～ del senado dificulta la formación de una mayoría. 上院の勢力構成からして過半数形成は困難である. 類**compostura, disposición, estructura.** ❷《化学》組成, (薬品などの)成分. —estudiar la ～ de los minerales 鉱物の成分を研究する. ～ de un medicamento 薬の成分. 類**ingrediente, mezcla.** ❸ 作文. —escribir [hacer] una ～ en inglés 英語で作文を書く. El profesor nos mandó hacer una ～ sobre la primavera. 私たちは先生に春をテーマに作文を書くように言われた. 類**redacción.** ❹ 作曲, 作詩, 創作. —Trabaja en la ～ de unas sonatas. 彼は数曲のソナタの作曲に精を出している. A mí en piano me hicieron estudiar ～. 私にピアノで作曲の勉強をさせられた. ❺《音楽, 美術, 文学》作品, 楽曲. —～ poéticas 詩作. tocar una ～ para piano [orquesta] ピアノ[オーケストラ]のための楽曲を弾く. presentar una ～ literaria al concurso 文芸作品をコンクールに出す. 類**obra, trabajo.** ❻《美術》構図. —La ～ del cuadro de Las Meninas ha sido objeto de numerosos estudios. ラス・メニーナスの絵の構図は多くの研究の対象となってきた. 類**disposición.** ❼《印刷》植字, 組版. —～ mecánica 機械植字. ～ fotográfica 写植. ～ automática por medio de ordenadores コンピュータによる自動植字. Entregaron los originales para que se preparase la ～. 活字に組むために原稿が渡された. ❽《文法》(語の合成, 複合語形成の一つ) (→derivación). ❾ 調停, 調整. —～ amigable《法律》仲裁, 調停. 類**arreglo, convenio.** 反**desarreglo.** ❿ 合成(物);《医学》調合, 混合薬;《物理》(力などの)合成;《数学》(関係の)合成. —～ de fuerzas《物理》力の合成. ～ de las aplicaciones《数学》写像の合成. 類**combinación.**

composiciones libres《スポーツ》(器械体操などの)自由演技.

hacer(se) su *composición de lugar*(決定前に)状況・情勢を把握する. Juan *se hizo una composición de lugar* antes de actuar. フアンは行動に移る前に状況を見極めた. Yo tengo ya *hecha mi composición de lugar*, y sé lo que tengo que hacer. 私はもう状況を把握しているので, どうすべきか分かっている.

compositivo, va [kompositíβo, βa] 形《文法》派生の. —afijos ～s 派生接辞(派生語を形成する際に用いられる接頭辞・接尾辞)

compositor, tora [kompositór, tóra] 名 ❶ 作曲家. ❷『中南米』接骨医. 類**algebrista, componedor.**

compostelano, na [kompostelano, na] 形 サンティアーゴ・デ・コンポステーラ (Santiago de Compostela)(出身)の.
—— 名 サンティアーゴ・デ・コンポステーラの人.

compostura [kompostúra] 女 ❶ 構成, 組み立て; 構造. 類**composición, disposición, estructura.** ❷ 修理, 修繕; 補正. —La ～ de esta falda me costó mucho. このスカートの補正はとても高かった. 類**arreglo, remiendo, reparación.** ❸ 身だしなみ, 身仕度. —La anciana cuida mucho su ～. そのお婆さんは身だしなみに大変気を使う. 類**aliño, aseo.** ❹ (特に女性の)控えめな態度, 節度, 慎重さ. —guardar ～ 節度をたもつ. 類**circunspección, comedimiento, modestia, recato.** 反**inmodestia, descaro.** ❺ オリーブ油・酢・塩で作るドレッシング. 類**aliño, condimento.** ❻《比喩》合意, 協定, 取り決め. 類**acuerdo, ajuste, convenio.** ❼《まれ》(模造品・模造物を作る際の)混ぜ物, 混合, 調合.

compota [kompóta] 女《<仏》《料理》デザート用の砂糖煮の果物, コンポート.

compotera [kompotéra] 女 (通例ガラスで足・蓋がついている)コンポート用の盛り皿.

:**compra** [kómpra] 女 ❶ 買物, 買うこと, 購入, 買入れ. —carrito de la ～ ショッピングカート. ～ por catálogo カタログショッピング. jefe de ～s 仕入れ主任. orden de ～ 買い注文, 注文書. ～ al contado 現金購入. ～ a plazos 分割払いでの購入. ～ a crédito クレジットでの購入. ～ al fiado 掛け[つけ]での購入. ～ a granel 大量買入れ. ～ de futuros《証券》先物買入れ. opción de ～ de acciones《証券》株式買付選択権. Creo que con este piso hemos hecho una gran ～. このマンションはよい買物だったと思う. 類**adquisición.** 反**venta.** ❷ 買った物, 購入品. —Este libro ha sido mi última ～. この本は私が最近買ったものだ. Le enviaré su ～ con el chico. お買物は使いの子に届けさせます. Este vestido fue una buena [mala] ～. この洋服はよい[つまらない]買物だった. bolsa de la ～ 買物袋;《経済》マーケットバスケット. cesta de la ～《経済》マーケットバスケット. 類**adquisición.** 反**venta.** ❸ 買収, 贈賄. —La ～ del árbitro trancendió a la prensa. 審判の買収が新聞にもれた. 類**soborno.**

hacer la compra/ir a la compra(日常の食料品の)買物をする. ir al supermercado a *hacer la compra* スーパーに買物に行く. Los viernes *hago la compra* para toda la semana. 私は毎週金曜日に1週間分の買物をします.

ir [salir] de compras/ir a la compra 買物に行く, 買物に出かける. ¿Quieres *salir de compras* conmigo? 一緒に買物に行きませんか?

***comprador, dora** [kompraðór, ðóra] 图 ❶《商業》買い手, 買い主, 購入者, バイヤー. —mercado de ~es 買い手市場. Tiene tres ~es para su casa. 彼の家には買い手が3人ついている. ❷《商業》(店の)お客, 顧客. ——~ impulsivo [caprichoso] 衝動買いをする人. ~ asiduo de periódicos y revistas 新聞・雑誌を買う常連客. 類**cliente**.
—— 形 ❶《商業》買う, 購入する, 買い付の. —parte compradora 買い手. La empresa compradora del edificio es una multinacional. そのビルを購入する会社は多国籍企業である. 類**adquisidor**. 反**vendedor**. ❷《中南米》感じのよい, 親切な. 類**simpático**.

*☆**comprar** [komprár コンプラル] 他 ❶ [+a (人)から/のために] を買う, 購入する. —Ha comprado un piso en Madrid. 彼はマドリードにマンションを購入した. Le ha comprado a su hija una casa. 彼は娘に家を買ってやった. 反**vender**. ❷《話》を買収する, …に贈賄する. —Intentó ~ al ministro de Hacienda sin conseguirlo. 彼は蔵相を買収しようとしたが, 失敗した. 類**sobornar**.

compraventa [kompraβénta] 〔<compra+venta〕图 売買, 売買行為. —contrato de ~《法律》売買契約. Tiene un negocio de ~ de antigüedades. 彼は骨董品売買の商売をやっている.

*☆**comprender** [komprendér コンプレンデル] 他 ❶ (a) を理解する, …が分かる. —No comprendo lo que quieres decirme. 私は君が何を言いたいのか分からない. ¿Comprenden ustedes? あなた方分かりましたか. Tú no me comprendes. 君はぼくのことが分かっていない. No comprendo cómo puede ser tan tacaña. 彼女がどうしてそんなにけちになれるのか私は理解できない. Mi mujer y yo nos comprendemos muy bien. 私の妻と私とはとてもよく理解し合っている. 類**entender**. (b) [+que+接続法] —Comprendo que no quieras colaborar. 君が協力したがらないのはもっともだ.
❷ を含む, 包含する. —La pensión comprende tres comidas y la cama. 宿泊料は3度の食事代とベッド代を含んでる. La zona inundada comprende el parque de la ciudad. 洪水に見舞われた地域には市の公園も含まれる. 類**contener, incluir**.
¿Comprendes? いいかい, わかったかい.
Comprendido. わかりました, 承知しました.

***comprendido** [komprendíðo] 過分 間 分かった, 了解した. —¿C~? —Sí, ~, jefe. 分かったかい? —はい, 了解です, 課長.

☆**comprensible** [komprensíβle] 形 ❶ [+a/para] 分かりやすい, 理解できる. —Este texto es ~ para todos. このテキストはだれにとっても理解しやすい. 類**inteligible**. 反**incomprensible**. ❷ 納得できる, 無理もない. —Es ~ que esté enfadada. 彼女が怒っているのは無理もない.

☆**comprensión** [komprensjón] 图 ❶ 理解, 了解, 理解力. —Este problema es de difícil ~. この問題はわかりにくい. Este texto no presenta dificultades de ~. このテキストは難なく理解できる. ser tardo de ~ 飲み込みが悪い. 類**entendimiento, inteligencia**. 反**incomprensión**. ❷ (人への)理解(力), 思いやり, 寛容. —Pidió la ~ de sus jueces. 彼は裁判官の理解を求めた. 類**benevolencia, tolerancia**. 反**incomprensión**. ❸《論理》内包; 意味の範囲. —El concepto 'ser vivo' tiene una ~ mayor que la de 'hombre'. 「生き物」の概念は「人間」のそれより意味範囲が広い. 類**extensión**.
tener comprensión para [con] ~ に対して理解力・思いやりがある. Deberías tener un poco más de comprensión con tus hijos. 君は君の子供たちにもう少し思いやりを持たなければならない.

***comprensivo, va** [komprensíβo, βa] 形 ❶ 物わかりのよい, 理解がある, 思いやりのある. —Tiene una madre muy comprensiva. 彼女には非常に理解のある母親がいる. 類**benevolente, tolerante**. 反**duro, intolerante, rígido**. ❷ 包括的な, すべてを含む, 網羅的な. —Esta cantidad es comprensiva de todos los extras. この金額はあらゆる臨時手当をも含んでいる.

compresa [komprésa] 图 ❶ 生理用ナプキン. ❷《医学》圧定布, パップ.

compresibilidad [kompresiβiliðá(ð)] 图 圧縮性, 圧縮率.

compresible [kompresíβle] 形 圧縮できる, 圧搾できる. 類**comprimible**.

compresión [kompresjón] 图 ❶ 圧縮, 圧搾. ❷《音声》二音節で発音される母音連続を二重母音化して一音節で発音すること(例えば詩的破格として a-ho-ra を aho-ra と発音する場合がこれにあたる). 類**sinéresis**. ❸《機械》内燃機関での圧縮.

compresivo, va [kompresíβo, βa] 形 圧縮[圧搾]する; 圧縮[圧搾]力のある. 類**constrictivo**.

compresor, sora [kompresór, sóra] 形 圧縮[圧搾]する, 圧縮[圧搾]に役立つ. —un vendaje ~ 圧縮帯. 類**apretador**.
—— 男 ❶《機》圧縮[圧搾]器, 圧縮機械装置, エアコンプレッサー. ❷《医学》圧迫器, コンプレッサー.

comprimible [komprimíβle] 形 →compresible.

comprimido, da [komprimíðo, ða] 過分 形 ❶ 圧縮された, 圧搾された. —aire ~ 圧縮空気. ❷《動物》幅の狭い, 側偏形の.
—— 男《薬学》丸薬, 錠剤. —Me han recetado un antibiótico en ~s. 私は抗生物質の錠剤を処方された. 類**pastilla, píldora**.

comprimir [komprimír] 他 ❶ を圧縮する, 圧搾する; 締めつける, 押さえつける. 類**apretar, oprimir**. ❷《比喩, まれ》を抑制する, 抑える. —Debes ~ tus impulsos. 君はその衝動を抑制すべきだ. 類**cohibir, contener**.
——**se** 再 ❶ (物が)圧縮される, 圧搾される. —La esponja se comprime y expulsa el agua. 海綿は圧縮されて水を吐き出す. 類**apretarse**. ❷ (人が)体を詰め込む, ひしめき合う. —Los pasajeros se comprimían en el autobús como sardinas en lata. バスの乗客たちは缶詰の中の鰯(いわし)みたいにひしめきあっていた. 類**apretarse, estrujarse**. ❸《比喩》感情を抑える, 自制する, こらえる. —Tuve que comprimirme para no echarme a reír. 私は笑いださないように自分を抑えねばならなかった. 類**contenerse, dominarse, reprimirse**. ❹《比喩》(出費などを)慎む, 抑制する. —Como estaba en paro, tuve que comprimirme en los gas-

tos. 私は失業中だったので出費をしなければならなかった. 類 **contenerse, refrenarse, reprimirse.**

comprobable [komproβáβle] 形 確かめることができる，証明することができる，立証することができる.

*__comprobación__ [komproβaθjón] 女 ❶ 確認，検査，点検，照合；[検算；《印刷》校正. — ~ de una división割算の検算. ~ de las cuentas 会計検査，帳簿検査. ~ cruzada クロスチェック. ~ de paridad [redundancia]《情報》パリティ[冗長]検査. ~ de los frenos [de las luces] del coche 車のブレーキ[ライト]の点検する. La policía hizo una ~ de identidad. 警察が職務質問した. 類 **constatación, verificación.** — ~ de fácil [difícil] ~ 立証が容易な[困難な]. 類 **prueba.**

en comprobación de ello その証拠に，それを立証するために.

comprobante [komproβánte] 形 確かめる，証明[立証]する.
— 男 ❶ 証明[立証]するもの，保証するもの. ❷ 領収書，受領書；レシート. — Para reclamaciones se exige el ~ de compra. 苦情の際にはレシートが要求される. 類 **recibo.** ❸《法律》証拠，証拠書類.

*__comprobar__ [komproβár] [5.1] 他 ❶ を確認する，確かめる；調査する. — Antes de salir, *comprueba* si está cerrada la llave del gas. 出掛ける前にガスの栓が閉まっているかどうか確認しなさい. Tú mismo *has comprobado* que nos había mentido. 彼が我々にうそをついていたことを君自身が確認したね. 類 **confirmar, verificar.** ❷ を検算する. — ~ una división 割り算の検算をする.

comprometedor, dora [komprometeðór, ðóra] 形 危険にさらす，危うい. — Es un documento ~ si se hace público. それは公表されると困る書類だ. Es una mujer *comprometedora*. 彼女は要注意人物だ. pruebas *comprometedoras*. 危険な実験.
— 名 危険人物，要注意人物.

*__comprometer__ [komprometér] 他 ❶ を危険にさらす，窮地に陥れる，危うくする. — Con tus indiscreciones me *has comprometido*. 君の無分別で私が窮地に陥った. Al terminar la guerra, quemó todos los papeles que podían ~le. 戦争が終わった時，彼は自分を危険にさらしかねない書類をすべて焼いた. ~ el éxito de una empresa 事業の成功を危うくする. ❷【+a(人)に】義務[責任]を分担させる，余儀なくさせる. — El contrato *comprometió a* la compañía a pagar dos millones de euros. その契約のために会社は200万ユーロの支払いを余儀なくされた. ❸【+en に】（人）を巻き込む，引っ張り込む，加える. — *Ha comprometido* mucho dinero *en* esa operación. 彼は多額の金をその取引につぎ込んだ. ❹【+con (第三者)に】仲介・裁定に…をゆだねる[任せる]. ❺ を予約する，(前もって)確保する.

— **se** 再 ❶【+a+不定詞】わが身を危険にさらしてまで…する，…に身を投じる. — *Se comprometió* en la lucha por los derechos humanos. 彼は人権闘争にその身を投じた. ❷【+a+不定詞】*(a)* …する義務を負う，…を余儀なくされる. — *Me comprometí a* presentar mi tesis para fines de mayo. 私は5月末までに私の論文を提出せざるをえなくなった. *(b)*（…すること）を約束する. — *Me he comprometido a* acompañarle. 私は彼にお供をする約束をした. *Se ha comprometido a* pagar. 彼は返済すると約束した. ❸【+en に】係わる，巻き込まれる，加わる. — *Se comprometió* en una empresa de comercio ilegal. 彼はある違法商取引に加わった. ❹【+con と】妥協する，協調する，歩調を合わせる. — No quiere ~*se con* ninguna causa política. 彼はいかなる政治的主義・主張とも歩調を合わせがらない. ❺【+con と】婚約する.

comprometido, da [komprometíðo, ða] 過分（＜comprometerse） 形 ❶ 難しい，困難な，困った，危険な；微妙な，扱いにくい. — una situación *comprometida* 厄介な状況. Hizo una pregunta *comprometida*. 彼は微妙な質問をした. 類 **apurado, delicado, difícil, escabroso, peligroso.** ❷【+en】…に巻き込まれた，【+con】…にかかわった. — Los estudiantes de ahora están menos ~s *con* la sociedad que antes. 今の若者は昔ほど社会と関わりをもっていない. 類 **implicado.** ❸ 約束している，引き受けている，責任を負っている.

compromisario, ria [kompromisárjo, rja] 形 代表の，代理の，代議員の.
— 名 代表者，代理人；(米国などにおける)代表選挙人. 類 **representante**

*__compromiso__ [kompromíso] 男 ❶（人に会うなどの）約束；取り決め，契約. — ~ verbal 口約束. ~ escrito 契約書. adquirir el ~ de【+不定詞】…すると約束する. Tengo un ~ para esta noche. 今晩私は約束があります. Tiene que cumplir [hacer honor a] su ~. 彼は約束を守らなければならない. contraer [suscribir] un ~ 取り決める. cancelar [anular, rescindir, romper] un ~ 取り決めを破棄する. 類 **acuerdo, convenio, empeño, pacto, promesa, trato.** ❷ 婚約. — ~ matrimonial [de matrimonio] 婚約. anular el ~ de matrimonio 婚約を解消する. ❸ 責任，責務，義務. 類 **deber, obligación, responsabilidad.** ❹ 困った立場，窮地，苦境. — salir de un ~ 窮地を脱する. 類 **aprieto, apuro, brete, dificultad, embarazo.** ❺《法律》仲裁，調停；妥協，示談. — llegar a un ~ 妥協にこぎ着ける. Los dos países en guerra han firmado hoy un ~. 戦争状態にあるその2か国は調停に今日調印した. 類 **arbitraje.** ❻（政治的・思想的・社会的な）立場，選挙公約. ❼（アメリカ大統領選挙のような）代表選挙人. ❽《ペル》《婉曲》内縁関係，同棲関係. 類 **concubinato.**

compromiso tácito 暗黙の了解.

de compromiso 重要な，重大な. Hoy espero una visita *de mucho compromiso*. 今日私はとても重要な訪問客を待っている.

libre de compromiso (1) → *sin compromiso*. (2)《商業》債務関係なしに.

poner en un compromiso 窮地に立たせる，困らせる.

ponerse [verse, encontrarse] en un compromiso 窮地に陥る，困る.

por compromiso 義理で，儀礼的に，お返しで[の]. Fui a su boda *sólo por compromiso*. 私は彼の結婚式にただお義理で行った.

sin compromiso (1) 婚約者のいない. (2) 無償

で、自由に、何の束縛[義務]もなく(=libre de compromiso). *sin compromiso* de compra 買わなくても結構ですから. (3) 政治参加のない)acti-tud [política] *sin compromiso* (政治的·社会的)中立, 不参加.

soltero y sin compromiso 独身で自由な; 気ままな.

tener el compromiso de〖+不定詞〗…しなければならない. *Tengo el compromiso de* terminar esta traducción antes del lunes. 私は月曜以前にこの翻訳を終えなければならない.

comprueb- [komprŭéβ-] 動 comprobar の直·接·現在, 命令·2 単.

compuerta [kompŭérta] 女 ❶ (運河·用水路·堰などの)水門, 流量調節門. —bajar [levantar] la ～ 水門を閉める[開ける]. ❷ 各部分が独立して開閉される上下に仕切られたドア. ❸ 馬車のドア代わりに用いられた布や革製の垂れ幕. ❹ 騎士団長が記章として胸につけていた十字の刺繍の施された布切れ.

compuesta [kompŭésta] 女 →compuesto.

compuestamente [kompŭéstaménte] 副 きちんと. 類ordenadamente.

compuesto [kompŭésto] 動 componer の過去分詞.

‡**compuesto, ta** [kompŭésto, ta] 過分〖< componer〗形 ❶ 合成の, 複合の, 混合の. — interés ～〖金融〗複利. ojo ～〖動物〗複眼. oración *compuesta*〖文法〗複文. palabra *compuesta*〖文法〗合成語. tiempo ～〖文法〗複合時制(助動詞 haber を用いた完了形時制). 反simple. ❷ 組み立てられた, 整った, 修理された, 修繕される. —estar ～ de [por] … …から組み立てられている. 類arreglado, reparado. 反averiado, descompuesto. ❸〖比喩〗きちんと身繕いをした, 身だしなみの整った. —Estaba ya *compuesta* y esperándome. 彼女はすでに身だしなみを整えて私を待っていた. 類arreglado, aseado, pulido. 反desaseado. ❹〖比喩〗慎みのある, 控えめな, 慎重な, 思慮深い. —Estuvo muy ～ durante la conferencia. 彼は講演の間とても慎重だった. 類circunspecto, comedido, mesurado, recatado. 反descomedido. ❺〖植物〗キク科の. ❻〖建築〗コンポジット式の, 混合柱式の(古代ローマ建築様式のひとつで, イオニア様式とコリント様式とを折衷したもの).

—— 男 合成物, 複合物. — ～ químico 化合物. ～ orgánico 有機化合物.

—— 女〖植物〗頭状花序;〖複〗キク科. —La dalia pertenece a la familia de las *compuestas*. ダリアはキク科に属している.

quedarse compuesta y sin novio [compuesto y sin novia]〖比喩〗彼(女)の当てが外れる.

compulsa [kompúlsa] 女 ❶〖法律〗照合, 比較. 類compulsación. ❷ 法律の定めるところによって原本と照合された書類の写し. —Se exige la ～ del certificado de estudios. 成績証明書の写しが必要である.

compulsación [kompulsaθjón] 女 ❶ (原本との)照合, 比較. 類compulsa. ❷ 原本と照合された書類の写しを作成すること.

compulsar [kompulsár] 他 ❶ を(原本と)照合する, 突き合わせる, 比較する. 類comprobar, confrontar, cotejar. ❷〖法律〗…の謄本[写し]を作成する

compulsión [kompulsjón] 女 ❶ 強制, 強迫; 強迫観念. —Se comporta a veces según la ～ del momento. 彼は時々その場の強迫観念に従って行動する. 類coacción, obligación. ❷〖法律〗強制.

compulsivo, va [kompulsíβo, βa] 形 ❶ 強制的な, 強要する. 類obligatorio. ❷ 強迫的な, 強迫観念の. —Su ansiedad se traduce en un hambre *compulsiva*. 彼の焦燥感は強迫的な空腹となって表れている.

compunción [kompunθjón] 女 ❶ 良心の呵責(ゕ゛ゃ゙く), 後悔. 類arrepentimiento, contrición, remordimiento. ❷ 悲しみ, 心痛, 苦しみ. 類dolor, pesar.

compungido, da [kompuŋxído, ða] 過分〖<compungirse〗形 ❶ 苦しい, つらい〖estar+〗. 類atribulado, dolorido, triste. 反alegre. ❷ 悔やんでいる, 後悔している〖estar+〗. 類contrito, pesaroso.

compungir [kompugnxír]〖3.6〗他 ❶ を悲しませる, …につらい思いをさせる. —Las imágenes del trágico accidente *compungieron* a todos. その悲劇的な事故の映像は, みんなを悲しませた. 類apenar, entristecer. ❷ を悔やませる, 苦しめる, さいなむ.

——**se** 再 ❶ 悲しむ, 悲嘆にくれる, つらい思いをする. —Cuando vio a los huérfanos *se compungió* mucho. その孤児たちを見た時, 彼はとても胸が痛んだ. 類apenarse, contristarse, dolerse, entristecerse. ❷ 後悔する, 自責の念にさいなまれる. 類arrepentirse, dolerse.

compus- [kompus-] 動 componer の直·完了過去, 接·過去.

computable [komputáβle] 形 数えることのできる, 算出可能な. 類contable.

computación [komputaθjón] 女〖情報〗コンピューティング. — ～ distribuida 分散型コンピューティング. →cómputo.

‡**computador**[1] [komputaðór] 男 コンピュータ, 電子計算機(→computadora). — ～ analógico [digital] アナログ[デジタル]コンピュータ. ～ personal〖中南米〗パソコン(=ordenador personal). ～ portátil [de mesa] ノートブック[デスクトップ]コンピュータ. teclado [memoria] del ～ コンピュータのキーボード[メモリー]. 類calculador, computadora, ordenador.

computador[2], **dora**[1] [komputaðór, ðóra] 形 計算する, 計算の(ための). —máquina computadora. 計算機.

—— 名 計算する人.

computadora[2] [komputaðóra]〖主に中南米〗コンピュータ, 電子計算機. — ～ anfitriona ホストコンピュータ. ～ central 中央コンピュータ. ～ de propósito general 汎用コンピュータ. ～ personal パソコン. ～ portátil [de mesa] ノートブック[デスクトップ]コンピュータ. Los datos de los contribuyentes se procesan en una ～. 納税者のデータはコンピュータで処理される. 類calculador, ordenador.

computar [komputár] 他 ❶〖+en〗…で…を数える, 計算する, 算出する. —La distancia recorrida *se computa* en kilómetros. 走行距離はキロで計算される. 類calcular, contar. ❷〖+

con/por］を…と数える，みなす；数に入れる，考慮する．—Cada acierto *se computa por* diez puntos. 各正解は10点と数えられる．También *se computarán* los créditos sacados en otras universidades. 他大学で修得した単位も考慮されるだろう．

cómputo [kómputo] 男　計算，算定．—~ eclesiástico《宗教》復活祭などの移動祝祭日の算出．類**cálculo, cuenta.**

comulgante [komulɣánte]形 ❶《宗教》聖体を拝領する，聖体を受ける．❷［＋con/en］を共有する．
—— 男女《宗教》聖体拝領者．

comulgar [komulɣár][1.2]自 ❶《宗教》聖体を拝領する，聖体を受ける．❷《比喩》［＋con/en］を共有する，分かち合う．—Mi mujer y yo *comulgamos en* las mismas ideas políticas. 妻と私は政治理念を共にしている．
—— 他《宗教》…に聖体を授ける．
comulgar con ruedas de molino《比喩，話》『主に否定文で』嘘でありそうもないことを簡単に信じ込む．

comulgatorio [komulɣatórjo]男《宗教》祭壇の前に置かれた聖体拝領台(信者は聖体拝領の時その前でひざまずく)

***común**　[komún コムン]形 ❶［＋a］…に共通の，共同の；共有の．—mercado ~ 共同市場. nombre ~ 普通名詞. género ~ 通性(男女両性に用いられる名詞について言う). sentido ~ 常識. bienes *comunes* 共有[公有]財産. intereses *comunes* 公益，公共の利益. Es un problema ~ *a* todos los jóvenes. それはあらゆる若者達に共通の問題だ. Lo decidieron de ~ acuerdo. それは全員一致で決定された. 類**colectivo, compartido.**
❷ 普通の，一般の，ありふれた．—poco ~ 異常な，普通ではない. Las amapolas son flores muy *comunes* en el campo. ヒナゲシは野原によくある花だ. Esa es la opinión ~. それはよくある意見だ.
類**corriente, frecuente.**
❸ 平凡な，ありきたりの；並(以下)の．—expresión ~ 陳腐な表現. Estas manzanas son de clase ~. これらのリンゴは下級品だ. 類**ordinario, vulgar.**
común denominador (1)《数学》公分母. (2)《比喩的に》最大公約数，共通点. La rebeldía es el *común denominador* de todos los jóvenes. 反抗心があらゆる若者の共通点だ.
de común con ... …と共通に.
en común 共通して；共同で. Hay que hacerlo *en común*. 共同でそれを行う必要がある.
fuera de lo común 並外れた，異常な.
lugar común 決り文句，陳腐な文句.
por lo común 一般に，通常. *Por lo común*, se cena a las diez en España. 一般にスペインでは10時に夕食をとる.
tener en común 共通点がある；共有する. El marxismo y el judaísmo *tienen* mucho *en común*. マルクス主義とユダヤ教には多くの共通点がある. *Tienen en común* su amor por la música. 音楽好きという点で彼らは共通している.
—— 男 ❶（一般)民衆，公衆. ❷ 自治体，共同体.
el común de las gentes 一般の人々, 大多数の人.
(la Cámara de) los Comunes（英国議会の)下院.

comuna¹ [komúna] 女 ❶《中南米》自治体，市町村；自治体の住民，市町村の住民. 類**municipio.** ❷ コミューン，共同体.

comuna² [komúna] 女《ムルシア》主要用水路.

comunal [komunál]形 ❶ 共同の，共通の，共有の. —bienes [tierras] ~es 共有財産[地所]. 類**común.** ❷《中南米》共同社会の，自治体の.
—— 男　共同体の住民，自治体の住民. 類**común.**

comunalmente [komunálménte] 副 ❶ 共同に，共通に. 類**en común.** ❷ ふつう，一般に. 類**comúnmente.**

comunero, ra [komunéro, ra] 形 ❶ 気さくな，人付き合いのいい. 類**campechano, sociable.** ❷ 共同所有者の，共有の. 類**copartícipe, copropietario.** ❸ 圏(市町村的)共有牧草地をもった. ❹《歴史》コムニダーデス派に属した.
—— 男 ❶（C~s)《歴史》コムニダーデス派の人(カルロス1世のスペイン統治に反対したカスティーリャの反王権勢力). ❷ 共同所有者，共有者. ❸ 圏 共有牧草地を持った市町村.

comunicable [komunikáβle]形 ❶ 伝達でき る，伝えられる. ❷ 人付き合いのよい，社交的な，友好的な. 類**sociable, tratable.**

:**comunicación** [komunikaθjón] 女 ❶ （情報・意見などの)伝達；コミュニケーション，意志の疎通. —~ de un pensamiento 思想の伝達. teoría de la ~ コミュニケーション理論. Se divorciaron porque no había ~ entre ellos. 二人の間にコミュニケーションがなかったので彼らは離婚した. El lenguaje de los sordomudos es una forma de ~ gestual. 聾唖(ろぅぁ)者のことばは身振りによるコミュニケーション法である. 類**difusión, manifestación.** 反**incomunicación, aislamiento.**
❷ 通知，知らせ，メッセージ. —Ha recibido una ~ notificándole el despido. 彼は解雇通知を受けた. El periódico ha publicado una ~ del Gobierno sobre el asunto. 新聞はその件に関する政府のコミュニケを発表した. 類**aviso, comunicado, escrito, nota.**
❸ 通信，連絡，接触. —~ telefónica [por teléfono] 電話通信，電信. ~ entre iguales《情報》ピアツーピア通信. Está interrumpida la ~. 通信が途絶えている. Se ha interrumpido la ~ telefónica. 電話が切れた. 類**relación, trato, unión.** 反**incomunicación.**
❹ 交通，(連絡)通路．—~ aérea 空の交通. marina [marítima] 海上交通. La gruta tiene una ~ con el acantilado. その洞窟は断崖に通じている. El barrio tiene muy buena ~ con el centro. その地区は都心に容易に行ける. 類**conexión, enlace, paso, vía.** 反**aislamiento.**
❺ 複 通信機関[交通機関](郵便・電話・電信・道路・鉄道・船など). —*comunicaciones* urbanas 都市交通. nudo de *comunicaciones* 交通[通信]の要所. palacio de *comunicaciones* (→palacio). lanzar un satélite artificial de *comunicaciones* 通信衛星を打ち上げる. Este pueblo tiene *comunicaciones* muy malas. この村は大変交通の便が悪い.
❻ 伝播，広がること. —La rápida ~ de la epi-

demia diezmó la población. 伝染病が急速に蔓延して住民が大勢死んだ. 類**extensión, propagación.**

❼ (学会などでの)研究発表, 報告.

comunicación de masas マスコミ, マスメディア.

cortar las comunicaciones 通信[交通]路を断つ, 連絡網を断つ. *Las comunicaciones por carretera con Francia han quedado cortadas por la fuerte nevada.* 大雪でフランスとの道路交通網が寸断された.

establecer comunicación con ... …と連絡を取る.

estar en comunicación con ... …と連絡[接触]がある.

líneas de comunicación 《軍事》後方連絡線, 兵站(へいたん)線.

medio de comunicación (1) マスメディア, マスコミ. (2) 交通手段[機関].

poner en comunicación を連絡する, つなぐ.

ponerse en comunicación con ... …と連絡を取る, 接触がある. *En cuanto tenga noticias me pondré en comunicación con él.* 知らせが入り次第すぐ彼と連絡を取ります.

puerta de comunicación (部屋同士をつなぐ)連絡ドア, 連絡口.

vía de comunicación [de comunicaciones] (陸・海・空の)交通路, 通信路.

*comunicado [komunikáðo] 男 (新聞・テレビ・ラジオなどに対する)**公式声明(書・文), コミュニケ**; (外交上の)公式発表. — *emitir [dar, publicar] un ~* コミュニケを発表する. *El jefe del gobierno dio un ~ por la radio.* 首相はラジオでコミュニケを発表した. *conjunto* 共同声明. 類**aviso, comunicación, declaración.**

—, *da* 過分 形 《bien, malを伴い》交通の便が良い[悪い]. — *El barrio en el que vive está bien ~.* 彼の住んでいる地区は交通の便がとても良い.

comunicante [komunikánte] 形 伝える, 連絡する; 通じている. — *vasos ~s* 《物理》連通管.

— 男女 情報提供者, 報告者.

****comunicar** [komunikár コムニカル]
[1.1] 他 ❶ を(…と)知らせる, 通知する, 通告する. — *Le comuniqué que estaba despedido.* 私は彼に解雇されていると通告した.

❷ (*a*) を伝える, 伝達する. — *Nadie quiere ~le la triste noticia.* だれ一人として彼に悲報を伝えたがらない. (*b*) (感情・病気)を伝染させる. — *Su mirada comunicaba cariño.* 彼女の視線は愛情を伝えていた. *~ una terrible enfermedad* 恐ろしい病気を伝染させる. *Nos ha comunicado a todos su pesimismo.* 彼は我々みんなに彼の憂うつを伝染させた.

❸ 〔+*con* と〕をつなぐ, つなげる, 連絡させる. — *Hay un amplio pasillo que comunica el edificio A con el B.* A館をB館とつなぐ幅広い廊下がある. *El puente comunica los dos lados del río.* 橋は川の両側を連絡させる.

— 自 ❶〔+*con* と〕**通話する, 交信する**. — *El avión trató de ~ con la torre de control inútilmente.* 飛行機は管制塔と交信しようとしたが無駄だった.

❷〔+*con* と〕つながる, 連絡する. — *Su despacho comunicaba con* el dormitorio. 彼の書斎は寝室とつながっていた.

❸ (電話が)通話中である, 話し中である. — *Te he llamado pero tu teléfono comunicaba.* 電話をかけたけど, 君の電話は話し中だった.

— *se* 再 ❶〔+*con* と〕知らせる, 連絡する. — *Me comuniqué con él para avisarle de lo ocurrido.* 私は出来事を知らせるため彼に連絡した.

❷〔+*con* と〕付き合う, 交際する. — *Le molesta ~se con ese tipo de personas.* 彼はその種の人たちと付き合うのがいやだ.

❸〔+*a* に〕伝わる, 広まる, 広がる. — *El incendio se comunicó en unos minutos a los pisos vecinos.* 火事は数分で隣のマンションに広がった.

❹ つながる. — *Las casas se comunicaban por un jardín.* 両家は庭を通じてつながっていた.

comunicativo, va [komunikatíβo, βa] 形 ❶ 打ち明ける, あけっぴろげな, 率直な. — *Es muy ~ y nos cuenta todo lo que le pasa.* 彼はとても率直に起こったことを何でも話してくれる. 類**abierto, expansivo, franco, sociable.** 反**cerrado.** ❷ 伝わりやすい, 移りやすい.

***comunidad** [komuniðá(ð)] 女 ❶ (共通の利益・目的を持った)**コミュニティー, 共同体**, 共同社会; 地域社会の住民. — *C~ Autónoma* (スペインの)自治体[州]. *C~ foral de Navarra* ナバラ自治州. *trabajar para el bien de la ~* 社会[地域社会, 人類]のために働く. *~ de propietarios* (ビル・マンションなどの)自治会, 共有者の会. *~ de destino* 運命共同体. *Ayer se reunió la ~ de vecinos.* 昨日町内会の人たちが集まった. *El tráfico de drogas es un problema que afecta a la ~ internacional.* 麻薬の密売は国際社会にかかわる問題だ. *La ~ de votantes mostró un alto grado de abstención en las últimas elecciones.* 有権者たちはこの前の選挙でかなり棄権した. 類**asociación, colectividad, grupo, sociedad.** ❷ 《政治》(国家間の)共同体. — *C~ Europea* ヨーロッパ共同体, 欧州共同体, EC (1967年成立. スペインは1985年加盟). *C~ Económica Europea* 欧州経済共同体, EEC. *C~ Europea de Energía Atómica* 欧州原子力共同体. *C~ Británica de Naciones* 英連邦. *C~ de Estados Independientes* 独立国家共同体(ロシア). *C~ Europea del Carbón y el Acero* ヨーロッパ石炭鉄鋼共同体. ❸ (利害・思想・見解などの)共通(性), 共有, 共同. — *Practicaban la ~ de bienes.* かれらは財産を共有していた. *Hay una ~ de intereses en los países de la zona.* その地域の国々は同一の利害関係を共有している. *Me asombró la ~ de ideas de todos los jóvenes.* 私はすべての若者が同じ考えであることに驚いた. 類**coincidencia, comunión, similitud.** ❹《宗教》宗教団体, 教団, 修道会(*~ religiosa*). — *~ de base*《キリスト》基礎共同体, 一般信徒生活共同体. *Estos frailes forman parte de una ~ religiosa.* それらの修道士たちは一つの修道会を作っている. *~ de franciscanos* フランシスコ修道会. *~ mahometana* イスラム教団. *ingresar en una ~ religiosa* ある宗教団体に入る. 類**comunión.** ❺ (言語)の. — *~ lingüística* (同一言語を話す人々からなる)言語共同体. ❻ (*C~es*)《スペイン史》コムニダーデスの反乱(1520~

470 Comunidad Valenciana

21年)(Carlos I 世時代に Castilla 諸都市住民が非スペイン化政策に対して起こした反王権的反乱).

de comunidad 《文》共同で, 一緒に(＝en común).

en comunidad 共同で, 一緒に. vivir *en comunidad* 共同生活をする. Los monjes viven *en comunidad*. 修道士たちは共同生活をする. Tenemos *en comunidad* algunos terrenos cerca de aquí. 私たちはこの近くに何カ所か土地を共有している.

Comunidad Valenciana [komuniðá(ð) βalenθjána] 固名 コムニダード・バレンシアーナ(スペインの自治州).

comunión [komunjón] 女 ❶《宗教》聖体拝領, 聖体拝領の儀式. ─ primera ～《宗教》初聖体拝領. ◆子供が初めて受ける聖体拝領の儀式で男女ともに正装で臨む. 特に女子はウエディングドレスに似た白いドレスを身につける. recibir la ～《宗教》聖体拝領を受ける. 類 **eucaristía**. ❷ (思想・感情などの)共有, 共有. ─ Tenemos ～ de ideales. 我々は理想を共有している. ❸ 交際, 親交, 交流, 接触. ─ Echaba de menos la ～ con sus compañeros de clase. 彼はクラスメートとの交流を懐かしんでいた. Antes había más ～ de los seres humanos con la naturaleza. かつてはもっと人間と自然の間に接触があった. ❹ (思想・信条を同じくする)団体, 共同体; 宗教団体, 政治団体; 団体の仲間, 会員. ─ la ～ católica カトリック系宗教団体. la ～ socialista 社会主義系政治団体. ～ de los fieles《宗教》カトリックの信徒団. 類 **comunidad**.

de primera comunión《比喩, 話》めかし込んだ.

comunique(-) [komunike(-)] 動 comunicar の接・現在.

comuniqué [komuniké] 動 comunicar の直・完了過去1単.

‡**comunismo** [komunísmo] 男 共産主義, コミュニズム. ─ ～ primitivo 原始共産制. ～ libertario アナーキズム.

‡**comunista** [komunísta] 男女 共産主義者, 共産党員. ── 形 共産主義(者)の, 共産党の. ─ Partido C～ de Japón 日本共産党. régimen ～ 共産主義体制.

comunitario, ria [komunitárjo, rja] 形 共同体の, 地域共同体の. ─ relaciones *comunitarias* 共同関係.

comunizar [komuniθár] [1.3] 他 を共有化する, 国有化する; 共産主義化する.

‡**comúnmente** [komúnménte] 副 普通, 一般に, 通常.

‡‡**con** [kon コン] 前《con＋mí・ti・sí は conmigo・contigo・consigo になる》❶《随伴》…と, …と一緒に. ─ Voy a salir esta tarde *con* mi padre. 私は今日の午後父と出かけます. Jamás me casaría *con* un hombre como él. 彼のような人とは絶対結婚しないわ. No juntes las manzanas *con* las naranjas. リンゴとオレンジをいっしょにしないでね. ¡Oiga!, *con* el jefe del departamento, por favor! もしもし, 部長に(電話を)つないでください.
❷《所有, 付属, 内容物》を持った, …のある, …がついている. ─ Yo vi a una niña *con* abrigo rojo. 私は赤いオーバーを着た少女を見かけました. Se presentó un señor *con* un enorme bigote. 立派なひげを生やした紳士が現れた. Es una chica *con* muy mal carácter. 彼女は気だてのよくない娘だ. ¿Puede darme algún folleto *con* información acerca de esta ciudad? この町の案内が載っているパンフレットがありましたら頂けますか?
❸《道具, 手段》…で, …を使って. ─ ¿Qué estás haciendo *con* esas herramientas? 君はその道具で何をしているの? ¿Se puede pagar *con* tarjeta? カードで払えますか?
❹《原因, 理由》…で, …のために. ─ Me desperté *con* el ruido de la explosión. 私は爆音で目がさめた. Estamos preocupados *con* las nuevas tarifas. 私達は新税のことで心配しています.
❺《一致》…に, …と. ─ Estoy de acuerdo *con* usted. 私はあなたに賛成です.
❻《感情や動作の対象》…に, …を, …に対して. ─ Estoy encantada *con* el nuevo profesor de piano. 私は今度のピアノの先生をとても気に入っているわ. Estuvimos muy desafortunados *con* el tiempo. 私たちは天気にたたられた. Ayúdale *con* el equipaje. あの人が荷物を運ぶのを手伝ってあげなさい. ¡Vaya *con* esos extranjeros! Podían ser un poco más educados. あの外国人たちときたら, もう少しお行儀よくできるでしょうに.
❼《時》…の時に, …と同時に. ─ Salieron *con* el amanecer. 彼らは夜明けとともに出発した. Con la caída de la dictadura, se acabaron los privilegios de los militares. 独裁の崩壊とともに軍人たちの特権もなくなった.
❽《比較, 同等》…と比べれば. ─ Mi fortuna es escasa comparada *con* la suya. 私の財産は彼のものに比べればわずかなものだ.
❾《付帯状況, 様態》…の様子[状態]で, を伴って. ─ ¿Recibiste alguna mala noticia, que te veo *con* esa cara tan triste? 何か悪い知らせでもあったのですか? 悲しい顔をしていますよ. Llovía *con* mucha fuerza. 雨が激しく降っていた. Escuchó lo que le decía el médico *con* resignación. 彼は医者の話をあきらめの表情で聞いた. Conduce *con* cuidado. 注意深く運転しなさい. Viene *con* frecuencia por aquí. 彼は頻繁にここに773来る.
❿《条件, 譲歩》…すれば, …であるならば, …であっても, …にもかかわらず. ─ *Con* quejarte no conseguirás nada. 嘆いてもどうにもならないよ. *Con* que hagas un poco de deporte adelgazarás. 少し運動でもすればやせるよ. *Con* ese dinero podría comprar un piso a mi gusto. そのお金があれば好きなマンションが買えるだろうに. *Con* dos coches, aún quiere otro. 彼は車が二台あるのに, まだ一台ほしがっている. ¡*Con* lo que te ha ayudado, y ahora lo traicionas! あんなに助けてあげたのに今となって君は裏切るよ! 類 ***a pesar de***.
⓫《結果》…という結果で. ─ La crisis política terminó *con* la dimisión del primer ministro. 政治危機は首相の辞任という形で結末を迎えた.

con lo [＋形/副 ＋*que*] ... (譲歩・不平・非難で)なのに. ─ Es lastima que tu padre no pueda jugar al tenis, *con lo* aficionado *que* es. 君のお父さんはテニスがあれほど好きなのに, できないとは残念です. ¡*Con lo* bien *que* lo estábamos pasando! あんなに楽しくやっていたのに.

con mucho/ni con mucho →mucho.

con tal que →tal.
con todo →todo.
para con ... →para.

con- [kon-]〖接頭〗[com- の異形] ― *con*discípulo, *con*firmar, *con*junto.

Conacyt [konaθít]〔＜Consejo Nacional de Ciencia y Tecnología〕男 『メキシコ』国家科学技術審議会.

conato [konáto] 男 ❶《法律》未遂. ― un ～ de robo [homicidio] 強盗[殺人]未遂. **類 in-tento**. ❷ 始まりだけで完遂しなかったこと；意図したが成就しなかった企て[試み]. ― Fue un ～ de incendio. それはぼやだった. un ～ de revolución 不発に終わった革命. ❸〈なし遂げようとする〉努力, 熱意. **類 empeño, esfuerzo**. ❹ 傾向, 性向. **類 inclinación, propensión, tendencia**.

concadenar [koŋkaðenár] 他 [＜ cadena]《文, まれ》をつなぐ, 連結する；関連づける. **類 concatenar, encadenar, enlazar, unir**.
― **se** 再（鎖状に）つながる, 連係する；結びつく, 関連する. **類 concatenarse, encadenarse, enlazarse, unirse**.

concatenación [koŋkatenaθjón] 女 [＜ cadena] ❶ 連結, 連鎖, つながり, 連係. ― Una ～ de circunstancias desfavorables impidió el viaje. 一連の悪状況のためにその旅行は中止された. **類 encadenamiento**. ❷《修辞》節の始めに直前の節の最後の語句を繰り返す手法.

concatenar [koŋkatenár] 他 →concadenar.

concavidad [koŋkaβiðá(ð)] 女 ❶ 凹状, くぼんでいること. **反 convexidad**. ❷ 凹面, 凹形のもの, 凹状の場所；くぼみ, へこみ.

cóncavo, va [kóŋkaβo, βa] 形 凹面の, 凹形の, くぼんだ. ― lente *cóncava* 凹レンズ.
― 男《鉱業》ウインチを設置するために鉱山内部の坑のまわりが広くなっていること.

cóncavoconvexo, xa [kóŋkaβokombékso, ksa]〔＜cóncavo+convexo〕形 凹凸の. ― lente *cóncavoconvexa* 凹凸レンズ.

*concebible** [konθeβíβle] 形 考えられる, 想像できる；納得がいく. ― Es una posibilidad ～. それは考えられる可能性の一つである. **反 inconcebible**.

:**concebir** [konθeβír] [6.1] 他 ❶〈を〉考えつく, 思いつく, 理解する. ― El enfermo *concibió* la idea del suicidio. 病人は自殺という考えを抱いた. ❷〈を〉感じる,〈ある感情〉を抱く. ― *Concibió* un gran cariño por la niña. 彼女はその女の子に対し大いなる愛情を抱いた. ～ esperanzas 期待を抱く. ❸（概念など）を形成する,（計画など）を立てる. ― ～ un proyecto プロジェクトを打ち立てる. ❹ 懐妊する, 身ごもる, はらむ. ― Antonia ha *concebido* un hijo. アントニアは子どもを身ごもった.
― 自 懐妊する, 身ごもる, はらむ.

:**conceder** [konθeðér] 他 ❶ を与える, 融通する, 供与する. ― Me han *concedido* el permiso. 私に許可がおりた. ～ un crédito 信用を供与する, 貸付ける. ～ una beca 奨学金を給付する. ～ un premio 賞を授与する. *Concedes* demasiada importancia a ese asunto. 君はその問題を重視し過ぎだよ. **類 dar**. ❷…に同意する, を認める. ― *Concedo* que me porté mal, pero fue suya la culpa. 私の態度がまずかったことは認めるが, 責任は彼にあったんだ.

concejal, jala [konθexál, xála] 名（市町村）議会議員. **類 edil, regidor**.

concejalía [konθexalía] 女（市町村）議会議員の職・地位；議会議員の職務分野.

concejil [konθexíl] 形 ❶ 役場の,（市町村）役所の；（市町村）議会の. ❷ 地方共同体の, 住民の. ― bienens ～*es* 住民の共有財産. **類 comunal**. ❸ 捨て子の. **類 expósito**. ❹《軍事》市町村議会から戦争に派遣された.
― 男女 ❶ 捨て子. **類 expósito**. ❷《軍事》市町村議会から戦争に派遣された人.

concejo [konθéxo] 男 ❶ 市役所, 村役場. **類 ayuntamiento, municipio**. ❷ 市議会, 町村議会. **類 cabildo, municipio**. ― ～ de la Mesta〖歴史〗牧畜業者が1年に1回開催していた集会.

concelebrar [konθeleβrár] 他《宗教》(二人以上の司祭がミサを)共同で執り行う.

:**concentración** [konθentraθjón] 女 ❶（人口・産業・権力などの）集中；（兵力の）結集. ― ～ de la población en las ciudades 都市への人口集中. punto de ～ 集結地点. ～ de empresas（経営）（合併などによる）企業集中. ～ de capital（経営）資本の集中. Hay una gran ～ de bares en esta calle. この通りにはバルがたくさん集まっている. **類 acumulación, aglomeración**. **反 dispersión**. ❷《心理》精神[注意力]の集中；専念. ― ～ mental 精神集中, 精神集中. perder la ～ 集中力を失う. tener un gran poder [una gran capacidad] de ～ 大変な集中力がある. Este trabajo requiere un gran esfuerzo de ～. この仕事には相当な集中力が必要だ. **類 atención**. ❸（抗議・要求などの政治的な）集会, 集会, 集団, 集結. ― ～ silenciosa（抗議のための）沈黙集会. Ayer en la plaza hubo una gran ～ de estudiantes contra la guerra. 昨日広場で学生の反戦大集会があった. **類 manifestación, muchedumbre**. ❹《スポーツ》合宿, 練習キャンプ, キャンプ[宿舎]入り. ― hotel de ～ 宿舎のホテル. ❺《化学》（液体の）濃度, 濃縮. ― ～ de gases tóxicos en la atmósfera 大気中の有毒ガス濃度. **類 condensación, densidad**.

campo de concentración（捕虜・敵国人などの）強制[捕虜]収容所.

concentración parcelaria 耕地の整理統合（細分化された土地を耕作しやすいように1地主の下に統合すること）.

concentrado, da [konθentráðo, ða] 過分 [＜concentrarse]形 ❶ 一か所に集まった, 集中した. **類 agrupado, reunido**. ❷ 凝縮された, 濃縮された. ― Esta sopa está muy *concentrada*. このスープはとても濃い. **類 condensado**. ❸《比喩》(人が何かに)集中した, 熱中した, 専念した. ― Estaba tan ～ viendo la tele que no me di cuenta de eso. 私はあまりに熱中してテレビを見ていたのでそれに気がつかなかった. **類 absorto**. **反 distraído**.
― 男（スープ・ジュースなどの）濃縮物；濃縮飲料.

:**concentrar** [konθentrár] 他 ❶【＋en に】(*a*)を集める, 集中させる. ― Esa lente *concentra* los rayos del sol. そのレンズは太陽光線を集中させる. (*b*) を合宿させる. ― El entrenador *concentrará* a sus jugadores *en* un hotel. 監督は

選手たちをあるホテルに合宿させるだろう. ❷ [+en に] を(精神的に)**集中させる**, 傾注する. —*Concentré* toda mi atención *en* la resolución del problema. 私は問題の解決に全注意力を集中させた. María *concentraba* todas las miradas. マリーアはすべての視線を集めていた. ❸ を濃くする, 濃縮する. —~ la cola [la pintura] のり[塗料]を濃縮する.

—**se** 再 ❶ (*a*) 集まる. —La gente *se concentró* en la plaza. 人々は広場に終結した. (*b*) 合宿する. —Los futbolistas *están concentrados* en un hotel de El Escorial. サッカーの選手たちはエル・エスコリアルのホテルに合宿している. ❷ [+en] 集中する. —Estaba enamorado y no podía —*me en* mis estudios. 私は恋をしていて研究に集中できなかった. ❸ 濃くなる.

concéntrico, ca [konθéntriko, ka] [<*céntro*] 形 《幾何》同心の, 中心を共有する. —*círculos* ~*s* 同心円.

Concepción [konθepθjón] 固名 《女性名》コンセプシオン (Inmaculada Concepción に由来する).

:**concepción** [konθepθjón] [<*concebir*] 囡 ❶ **着想**, 構想, 思いつき. —La ~ de una novela nueva es trabajosa. 新しい小説の構想を練るのは骨が折れる. ❷ **考え(方)**, 見方, 把握; 理解力. —~ de la vida [del mundo] 人生[世界]観. Tiene una ~ personal de la historia. 彼は独自の歴史観を持っている. 類 **concepto, idea, visión**. ❸ **妊娠**, 受胎. —~ por inseminación artificial 人工授精による受胎. ~ prematrimonial 婚前妊娠. impedir la ~ 避妊する. 類 **embarazo, fecundación**. ❹ (C~) 《カトリック》 (聖母 *María* の)処女懐胎, 聖母受胎. —*Inmaculada Purísima C~* 《カトリック》聖母マリアの無原罪の御宿り(${}^{おんやど}_{り}$); 無原罪の聖マリアの祝日 (12 月 8 日).

·**conceptible** [konθeptíβle] 形 想像できる, 理解できる. 類 **conceptuoso**.

conceptismo [konθeptísmo] 男 《文学》コンセプティスモ, 奇知主義(ケベード, グラシアンに代表される 17 世紀のバロック的表現手法; 様々な言葉遊び・警句等を駆使した凝った文体がその特徴).

conceptista [konθeptísta] 形 《文学》コンセプティスモの, 奇知主義の.

—— 男女 《文学》コンセプティスモ[奇知主義]の作家.

concepto [konθépto コンセプト] 男 ❶ (*a*) **考え, **意見**; **評価**, 判断, 認識. —en mi ~ 私の考えでは. perder el ~ 信用を失う. No tengo un ~ claro de lo que es la Ilustración. 私は啓蒙運動ってどういうものかはっきり分からない. Tengo un gran ~ de ella. 私は彼女を大変評価している. Esa obra me merece muy buen ~. その作品は私には大変評価できる. 類 **idea, juicio, opinión**. (*b*) **概念**(語の意味内容など). —~ puro 純粋概念. El ~ de la justicia no es el mismo en todos los países. 正義の概念はすべての国において同じというわけではない.
❷ **警句**, 金言. —Su estilo abusa de los ~*s*. 彼の文体は警句をやたら用いる. 類 **agudeza, sentencia**.
❸ 《商業》(勘定・予算などの)**細目**, 品目. —En este presupuesto hay tres cantidades por distintos ~*s*. この予算の中には 3 つの金額がそれぞれ別の項目の所に書いてある. 類 **item**.

en concepto de ... …として. Le dieron esa cantidad *en concepto de* indemnización. 彼は賠償金としてその金額をもらった.
formar(se) (un) concepto de ... (物事が)大体分かる, (人)を評価する. ¿Qué *concepto* has *formado* de él? 君は彼のことをどう思っているの?
por [bajo, en] ningún concepto 決して[どう見ても]…ない. No tienes que arrepentirte *por ningún concepto*. 君は決して後悔する必要はない.
por [bajo] todos los conceptos あらゆる点で, どう見ても. Es algo que te interesa *por todos los conceptos*. それはどう見ても君の関心事だ.
tener buen concepto de [tener en buen concepto a] ... (人)をよく思う, 高く評価する.

conceptual [konθeptuál] 形 概念の, 概念上の, 概念に関する. —*arte* ~ コンセプチュアル・アート.

conceptualismo [konθeptualísmo] 男 ❶ 《哲学》概念論(実念論と唯名論とを折衷した論; 普遍は概念一般, 思惟表象として存在すると考える立場). ❷ 《哲学》Abelardo の主張する一般的思考は精神の産物とする考え.

conceptuar [konθeptuár] [1.6] 他 …と判断する, 考える, みなす. —La *conceptúo* inadecuada para esta misión. 彼女はこの仕事には向いてないと思う. No *conceptuamos* realizable este proyecto. 我々はこの計画が実現可能とは考えていない. 類 **juzgar**.

—— **se** 再 自分を…とみなす. —*Se conceptúa* como el más apto para ese cargo. 彼はその仕事には自分がふさわしいと考えている.

conceptuoso, sa [konθeptuóso, sa] 形 (話し方・文体が)もったいぶった, 気取った; 機知に富んだあまりに凝った.

concerniente [konθernjénte] 形 [+*a*] …に関する, 関係する. —un problema ~ *al* consumo de energía エネルギー消費に関する問題. 類 **referente, tocante**.

en lo concerniente a ... …に関して.

concernir [konθernír] [4.3] [3 人称のみの活用] 自 [+*a*] ❶ …に関わる, 関係する, 該当する. —Este asunto *concierne* sólo *al* primer ministro. この件は首相にのみ関わることだ. 類 **atañer, corresponder**. ❷ …に関わる, 影響を及ぼす. —*A* mí no me *concierne* nada lo que ha dicho. 彼の言ったことは私には何の関係もない. 類 **afectar, atañer**.

en lo que [por lo que] concierne a ... …に関して言えば, ついては.

concertadamente [konθertáðaménte] 副 きちんと, 整然として.

concertado, da [konθertáðo, ða] 過分 [<*concertarse*] 形 ❶ 整然とした, きちんとした; 調和した, 合意された, 申し合わされた. —*colegio* ~ 政府の助成金を受ける私立学校. *clínica concertada* 保険のきく医院.

—— 図 《中南米》召集令

concertar [konθertár] [4.1] 他 ❶ を(合意の上で)取り決める, 決定する; (値段・報酬・条件など)を決める. —*Concertaron* la entrevista para el día siguiente. 翌日面接することに決定された. *Han concertado* la venta de la casa en cincuenta millones de yenes. その家は5,000万円で売られることになった. *He concertado* el piso en mil euros al mes. 私はその部屋を月1,000ユーロで借りることにした. 類**acordar, ajustar**. ❸ を調和させる, 調整する, まとめる. — ~ los esfuerzos 一致して努力する. Le *concertaron* la rodilla dislocada. 彼は脱臼した膝を整骨してもらった. 類**acordar, armonizar, arreglar, coordinar**. 『+con』を…と一致させる, 合意させる. — Logramos ~ al padre *con* el hijo. 我々は父と息子を合意させた[和解させた]. 類**concordar**. ❹《音楽》(声・楽器の音あわせ)をする, 調音する. 類**acordar, afinar**. ❺《文法》を一致させる. 類**concordar**.

— 自 ❶『+con』(意見・発言が)…と一致する; 一致する. — Lo que me dice él *concierta con* lo que he oído. 彼の言うことは私が聞いた内容と一致している. 類**concordar, convenir**. ❷《文法》一致する. — El sujeto y el verbo de esta oración no *conciertan* en número. この文の主語と動詞は数が一致していない. 類**concordar**. ❸《音楽》音が合う, 調子が合う.

— se 再 ❶ 合意に達する, 折り合う;『+con』…と合意する. — *Se han concertado* para lograr sus objetivos. 目標を達成するために彼らは合意に達した. 類**arreglarse**. ❷《軽蔑》徒党を組む, 共謀する. 類**conchabarse**. ❸ 身だしなみを整える, 身仕度をする. 類**arreglarse**.

concertina [konθertína] 女《音楽》コンチェルティーナ(アコーディオンの一種; アコーディオンに似ているが, 六角形で鍵盤はなく全部がボタン式で音域が狭い).

concertino [konθertíno] 男《音楽》コンサートマスター, ファーストバイオリン.

concertista [konθertísta] 男女《音楽》独奏者, ソリスト.

‡**concesión** [konθesjón]〔<conceder〕女(土地・権利などの)**委譲**, 譲渡, 譲り下げ; 認可. — ~ arancelaria 関税譲許. Ha hecho ~ de todos sus bienes a una institución benéfica. 彼は自分の財産のすべてを慈善団体に寄付[譲渡]した. 類**entrega, adjudicación**. ❷ (官許の)**権利**, 利権(営業権・開発権・採掘権など); (公共事業などの)委託, 許可. — ~ perpetua 永代許可, 永久特権. obtener la ~ de los ferrocarriles 鉄道の営業権を得る. solicitar [otorgar] la ~ de explotar las minas 採掘権を申請する[認可する]. 類**licencia, permiso**. 反**denegación**. ❸ (意見などの)**譲歩**. — hacer *concesiones* a … に譲歩する. Cuando discute, no hace *concesiones*. 彼は議論するとき譲歩しない. 類**negativa**. ❹ (企業が他の企業などに譲る)**販売権**. — Tengo la ~ para vender este producto en Tokio. 私は東京でこの製品を売る販売権を持っている. ❺ (賞・勲章・奨学金などの)**授与**. — esperar la ~ de la medalla al mérito laboral 労働勲章の授与を期待する. Reunía todos los requisitos para la ~ del crédito. 彼は信用供与(信用貸しの許可)の条件をすべて備えていた. 類**adjudicación, otorgamiento**. 反**denegación**. ❻ 租界, 租借地, 専管居留地.

sin concesiones 譲歩せずに[しない], 妥協せずに[しない], 断固として, 厳然と[な].

concesionario, ria [konθesjonárjo, rja] 名 (政府・監督機関から)免許・特許・特権を与えられた人[店, 事業体]; 販売特約店, 総代理店. — Cuando tenga algún problema mecánico, consulte directamente con el ~. 機械に問題がある時には直接総代理店にご相談ください.

— 形 免許・特権を与えられた, 特約の.

concesivo, va [konθesíβo, βa] 形《文法》譲歩を表す, 譲歩の. — oración *concesiva*《文法》譲歩文. conjunción *concesiva*《文法》譲歩の接続詞. ❷ 譲歩される, 譲られている.

Concha [kóntʃa] 固名《女性名》コンチャ(Concepción の愛称).

concha¹ [kóntʃa] 女 ❶ 貝殻, 殻. — la ~ de los moluscos 軟体動物の殻. la ~ de la tortuga カメの甲羅. 類**valva**. ❷ 甲羅, べっこう. — peine de ~ べっこうの櫛. 類**carey**. ❸《比喩》貝殻状の物. ❹《比喩》《中南米》《軽蔑》女性性器. 類**coño**. ❺《演劇》プロンプター席. ❻《解剖》耳殻(じ), 外耳. ❼ 磁器のかけら[断片]. ❽ (ひき臼の)下臼. 類**solera**. 反**muela**. ❾ 小さな入江. 類**ensenada**. ❿《中南米》生意気, ずうずうしいこと. 類**cinismo, desvergüenza**. ⓫ (紋章)ホタテガイ形の記章; Santiago de Compostela への巡礼が身につけたホタテガイ. 類**venera**. ⓬ 8マラベディに相当した古い銅貨.

meterse en su concha《比喩》引きこもる, 自分の殻に閉じこもる.

tener muchas conchas [*más conchas que un galápago*]《比喩》用心深くて抜け目がない. Ten cuidado con él, porque *tiene muchas conchas*. 彼には用心するように, 抜け目がないから.

conchabanza [kontʃaβánθa] 女 ❶《話》結託, 共謀, ぐる. 類**conchabamiento, confabulación, contubernio, chanchullo**. ❷ (住む場所としての)落ち着き先, 働き口. 類**acomodo**.

conchabar [kontʃaβár] 他 ❶ (羊毛を)混ぜる, 混ぜ合わせる. ❷《中南米》(女中・下働きとして)契約する, 雇う. ❸《まれ》結びつける, つなぐ.

— se 再 結託する, ぐるになる, 共謀する. — Sus rivales *se conchabaron* para que él perdiera. 彼のライバルたちは彼が負けるように結託した.

conchífero, ra [kontʃífero, ra] 形《地理》(土地が)貝を産する.

Conchita [kontʃíta] 固名《女性名》コンチータ(Concepción の愛称).

concho¹, **cha**² [kóntʃo, tʃa] 形《中南米》チャ(ビール)色の.

— 男《中南米》食べ物のかす(沈殿物).

concho² [kóntʃo] 男 ❶ 果物の皮. ❷《中南米》トウモロコシの穂の外皮.

¡**concho**³! [kóntʃo] 間 →¡Coño!

conchudo, da [kontʃúðo, ða] 形 ❶ 殻で覆われた, 貝殻で覆われた. ❷《比喩》《話》用心深く抜け目ない. 類**astuto, cauteloso**. ❸《話》《中南米》恥知らずな, 図々しい, 厚かましい. 類**caradura, sinvergüenza**.

concib- [konθíβ-] 動 cocebir の直・現在/完了過去, 接・現在/過去, 命令・2単, 現在分詞.

‡**conciencia** [konθjénθja] コンシエンシア 女 ❶ **意識**, 自覚. — perder la ~ durante un momento 一瞬気を失う. ~ de clase 階級意識. ~ de sí mismo 自意識. Tiene plena ~ de lo que está haciendo. 彼は自分のしていることを完全に自覚している.

tener ~ clara [obscura] 意識がはっきり[朦朧(を)と]している. 類**conocimiento, idea, juicio**. ❷ 良心, 道義心. —hombre de ~ 良心的な人. ~ profesional 職業的良心. actuar según su ~ 良心に従って行動する. vender la ~ 良心を売る. Ella no tiene ~. 彼女には良心がない. Le pica la ~. 彼女は良心が咎(ホポ)めている. ❸ 信仰, 信教. —oprimir la libertad de ~ 良心[信仰, 思想]の自由を弾圧する. objetor de ~ 良心の兵役拒否者(信仰や良心上の理由で). examen de ~ 《カトリック》良心の糾明. ❹ 度量, 寛大さ. — ~ ancha [estrecha] 寛大さ[厳格さ]. ser ancho [estrecho] de conciencia (道徳的に)自分に寛大である[厳しい].

a conciencia (1) 良心的に, 丹念に, 念入りに. mueble hecho *a conciencia* 入念に作った家具. Hizo su trabajo *a conciencia* 彼は仕事が良心的である. (2) 意識して, 自覚して.

a conciencia de que 〖+直説法〗 …と知っていて[知りながら]. Lo hizo *a conciencia de que* estaba obrando mal. 彼は悪いと知りながらそれをした.

*acusar*LE *a ... la conciencia* →remorderle [acusarle, escarabajearle] a ... la conciencia.

cargo de conciencia →remordimiento de conciencia.

caso de conciencia 良心の問題.

cobrar conciencia 意識を回復する; 〖+de〗 …に気づく, 自覚する(=tomar conciencia). *cobrar conciencia* política 政治的に目覚める.

descargar la conciencia con ... (人)に打ち明けて心の重荷を降ろす. *Descargó la conciencia conmigo* contándomelo todo. 彼は私にすべてを打ち明けて気が楽になった.

en conciencia (1) 良心的に, 正直に, 誠実に. decir *en conciencia* 正直に言う. obrar *en conciencia* 良心に従って行動する. (2) 率直に[正直に]言えば. En conciencia, no merecía él la plaza. 正直言って彼はその地位にふさわしくなかった.

gusano [gusanillo] de (la) conciencia 良心の呵責(セッ<).

*remorder*LE *[acusar*LE, *escarabajear*LE] *a ... la conciencia* (人)が良心の呵責に苦しむ, 気がとがめる.

remordimiento de conciencia 良心の呵責, 良心の咎め. tener [sentir] *remordimientos de conciencia* 良心が痛む.

tener la conciencia limpia [tranquila, en paz] 良心に恥じるところがない, やましいところがない.

tener la conciencia sucia やましい[うしろめたい]ところがある.

tomar conciencia de ... を自覚[意識]する, …に気づく. toma de conciencia 自覚, 意識, 認識.

‡**concienzudo, da** [konθienθúðo, ða] 形 (人柄・仕事などが)良心的な, 誠実な; 念入りな. — trabajo ~ 良心的な[丹念な]仕事. Es un investigador muy ~. 彼はとてもよい研究者である. Una *concienzuda* revisión del texto hubiera evitado los errores. 入念なテキストの校閲が行われていたら誤りは避けられるだろう. 類**escrupuloso, meticuloso**.

‡**concierto** [konθiérto] 男 ❶ 《音楽》音楽会, コンサート, 演奏会. —sala de ~s コンサートホール. ir [asistir] a un ~ コンサートに行く. 類**audición, recital**. ❷ 《音楽》協奏曲, コンチェルト. — ~ para violín y orquesta バイオリン協奏曲. ❸ 協調, 合意, 一致; 協定, 取り決め. —llegar a un ~ sobre la unidad monetaria 統一通貨に関して合意に達する. ~ de naciones 国際協調. ~ europeo 欧州の協調[協定]. ~ de cooperación cultural 文化協力協定. ~ económico 経済協定. 類**acuerdo, convenio**. 反**desacuerdo, discrepancia**. ❹ 調和; 整理, 秩序. — ~ universal 宇宙の調和. hacer las cosas con orden y ~ 物事をきちんとする. Cantaron sin ningún ~. 彼らの歌は全然そろわなかった. 類**armonía**. ❺ 口をそろえて言うこと.

al concierto de ... …に調和[一致]して.

de concierto (1) 合意によって, 満場一致で(=de común acuerdo). determinar *de concierto* 満場一致で決定する. (2) 《音楽》コンサートの.

en concierto 協力して, 一緒に; 整然と.

sin orden ni concierto でたらめに, 滅茶苦茶に, 出まかせに.

conciliable [konθiliáβle] 形 〖+con〗 …と和解されうる, 調和されうる, 共存されうる. 類**compatible**.

conciliábulo [konθiliáβulo] 男 ❶ 非公式の会議; (特に)非公式の宗教会議. ❷ 《比喩》(陰謀・非合法な企てのための)秘密会議, 密談. —andar en ~ 陰謀にかかわる.

*conciliación** [konθiliaθjón] 女 ❶ 調停, 和解, 仲裁; 融和. —acto de ~ 《法律》調停. espíritu de ~ 協調的精神. tribunal de ~ 調停裁判所. tribunal de ~ laboral 労使調停委員会. 類**reconciliación**. ❷ 調和, 調整. — ~ de los intereses opuestos 相反する利害の調整. 類**armonía, armonización**. ❸ (受ける)好意.

conciliador, dora [konθiliaðór, ðóra] 形 融和をはかる, 調停をはかる, 融和的な, 調停的な.

conciliar¹ [konθiliár] 他 ❶ を和解させる, 仲裁する, 調停する. —*Conciliaron* al padre con el hijo. 父と息子を和解させられた. Estamos tratando de ~ a los vecinos. 私たちは住民たちを和解させようと努力しているところだ. 類**pacificar**. ❷ を調和させる, 共存させる. — ~ el valor con la prudencia 勇気と慎重さを共存させる. 類**armonizar, concordar**. ❸ (好感・嫌悪などの感情を)得る, 獲得する. —Tiene tan buen humor que *concilia* la simpatía de todos. 彼はとてもよい性格なのでみんなから好感をもたれている.

—**se** 再 ❶ 和解する, 仲直りする. —Por fin *se conciliaron*. ついに彼らは和解した. 類**reconciliarse**. 反**desavenirse**. ❷ (何らかの感情を)得る, 獲得する. —Con su actitud *se conciliaron* el respeto del pueblo. 彼らはその態度で国民の尊敬をかちえた 〖*se* は与格再帰代名詞〗. 類**atraerse, granjearse**.

conciliar el sueño 寝入る, 寝付く. No pude *conciliar el sueño* en toda la noche. 私は一晩中寝付けなかった.

conciliar² [konθiliár] 形 ❶ 会議の, 集会の. ❷ 《宗教》宗教会議の, 公会議の.
—— 男 宗教会議の議員.

conciliatorio, ria [konθiliatórjo, rja] 形 融和をはかる, 調停をはかる. 類**conciliador**.

concilio [konθíljo] 男 ❶ 会議, 評議会, 大会. 類 **congreso, junta**. ❷《宗教》(カトリックの教義・原理に関して討議する)宗教会議. ❸《宗教》宗教会議布告集. ❹《歴史》中世に国王がトレードで開催した宗教人と市民から成る会議.
concilio ecuménico 《宗教》カトリックの公会議.

concisamente [konθisaménte] 副 簡潔に, 簡明に. 類 **brevemente**.

concisión [konθisjón] 女 簡潔, 簡明. —con ~ 簡潔に, 簡明に. 類 **brevedad, laconismo**. 反 **prolijidad**.

conciso, sa [konθíso, sa] 形 簡潔な, 簡明な, 簡にして要を得た, 手短な. —expresiones *concisas* 簡潔な表現. un discurso ~ 簡明な演説. 類 **breve, escueto, lacónico, sucinto**. 反 **prolijo**.

concitar [konθitár] 他 を挑発する, 扇動する, かき立てる. —Con su actitud concitó las iras de todos los presentes. その態度で彼は出席者全員の怒りをかき立てた. El alcalde *concitó* contra sí la indignación del pueblo. 市長は自らへの市民の怒りを買った. 類 **incitar, provocar**.

conciudadano, na [konθjuðaðáno, na] 名 同郷人, 同国人; 同じ町[村]の市民. 類 **compatriota, paisano**.

conclave, cónclave [konkláβe, kóŋklaβe] 男 ❶《宗教》(カトリックの教皇選挙のための)秘密会議; その会議. ❷《比喩》(ユーモアを込めて)会議, 集会. —Hoy tenemos un ~ familiar. 今日私たちは家族会議を開く. 類 **congreso, junta**.

concluir [konkluír コンクルイル] [11.1] 他 ❶ を終了する, 終える; 仕上げる. —El viejo profesor *concluyó* su última clase con unas palabras de despedida. その老教師は最後の授業をお別れの言葉で締めくくった. Le falta un capítulo para ~ la novela. 小説を仕上げるにはまだ1章足りない. 類 **acabar, finalizar, terminar**. ❷ …と結論する, 推論する, 判断する. —No se puede ~ nada hasta que no dispongamos de detalles. もっと詳細をつかむまでは何も判断を下せない. *Concluimos* que era inocente. 我々は彼は無罪であると結論した. 類 **deducir, inferir**.

—自 ❶ 終了する, 終わる. —El año escolar *concluye* en junio. 学年は6月に終了する. ❷『+現在分詞/+por+不定詞』とうとう(最後に)…する. —Después de muchas vacilaciones, *concluyó por* aceptar el cargo. さんざん迷ったあげく, ついに彼はそのポストにつくことを受諾した.

—**se** 再 ❶ 終了する, 終わる. —La representación de esa obra *se concluye* el próximo día 25. その劇はこんどの25日で終演だ.

‡**conclusión** [konklusjón] 女 ❶ 結論, 決定, 推断. —llegar a la ~ de que … …という結論に達する. sacar la ~ de que 『+直説法』…という結論に達する. A partir de los hechos, extrae [saca] tus propias ~s. 事実を踏まえ, 君自身の結論を引き出しなさい. Después de hablar tres horas, no hemos llegado a ninguna ~. 3時間話し合っても, 私たちは何も決まらなかった. 類 **decisión, resolución**. ❷ 終了, 終わり, 終結, 終末. —~ de las obras 工事の完了. llegar a su ~ 終わる, 終わりになる. celebrar la ~ de la guerra 終戦を祝う. La ~ de la junta fue a las ocho.

concordante 475

会議が終わったのは8時だった. 類 **fin, término**. 反 **comienzo, principio**. ❸《論理》(三段論法の)断案, 結論, 帰結. —De las premisas se infiere y saca la ~. 帰結は前提から導き出される. ❹《主に複》《法律》(訴訟人の)申立て; (検事の)意見, 論告; 最終弁論. —conclusiones del fiscal 検事の論告. ❺『協定などの』締結, 成立. ❻『主に複』審査論文.

en conclusión (主に不快の意を込めて)結論としては, 結局, 要するに (=en resumen). *En conclusión*, que la culpa la has tenido tú. 結局, 君のせいだったということだ.

sacar en conclusión『+de』(…から)…という結論を引き出す. sacar en conclusión 何かを結論として引き出す.

conclusivo, va [konklusíβo, βa] 形 最終的な, 結論の, 決定的な. —Lo que dijo el profesor fue ~. 先生の発言が決定的だった.

concluso, sa [koŋklúso, sa] 過分 [< concluir] 形《法律》結審した.

concluy- [koŋkluj-] 動 concluir の直・現在/完了過去, 接・現在/過去, 命令・2 単, 現在分詞.

***concluyente** [koŋkluʝénte] 形 ❶ 決定的な, 最終的な; 反論の余地がない. —Ha presentado pruebas ~s de su inocencia. 彼は自分が無実であるという決定的な証拠を提出した. 類 **decisivo**. ❷ 断定的な, 有無を言わせない, 絶対的な. —Eres demasiado ~ en tus afirmaciones. 君の主張は断定的すぎる. 類 **categórico**.

concoide [koŋkóiðe] 女《幾何》コンコイド(一定点を通る直線を引くとき, この直線が曲線に交わる点と仲違の漸近線に交わる点との間の距離が常に一定であるような曲線).
—形 →concoideo.

concoideo, a [koŋkoiðéo, a] 形 貝殻状の, 貝殻状断面の.

concomerse [koŋkomérse] 再 ❶《比喩》(焦燥感・悔恨・嫉妬などの感情に)駆られる, 身を焦がす. —Se *concomía* de envidia cada vez que veía a tu novia. 彼は君の恋人を見るたびに嫉妬で身を焦がしていた. ~ de impaciencia 我慢できずにじりじりする. Se *concomía* por el éxito de Juan. 彼はフアンの成功にねたみを感じていた. 類 **consumirse, recomerse**. ❷《話》(かゆみなどによって)肩・背中を動かす.

concomitancia [koŋkomitánθja] 女 随伴, 共存; (結果・効果の)同一性, 並行性, 一致.

concomitante [koŋkomitánte] 形 随伴する, 同時に起こる. —movimiento ~ 随伴運動. características ~s 付随的特徴.

concordancia [koŋkorðánθja] 女 ❶ 一致, 対応, 調和. —Había ~ de pareceres. 意見の一致があった. Tus actos no están en ~ con tus ideas. 君の行為は君の考えとは一致していない. 類 **conformidad, correspondencia**. ❷《文法》一致. —la ~ en número y género entre los sustantivos y los adjetivos 名詞と形容詞との性数一致. la ~ de tiempos 時制の一致. ~ vizcaína [a la vizcaína] 男性女のに定冠詞を適用するような名詞の性の転換使用. ❸《音楽》和音, 和声. ❹ 用語索引, コンコーダンス.

concordante [koŋkorðánte] 形 一致する, 合致する; 調和する.

concordar [koŋkoðár] [5.1] 他 を一致させる。—*Han concordado* los métodos de trabajo. 彼らは仕事のやり方を合わせた。 類**concertar**.
—— 自 ❶ [+con と]一致する, 合致する; [+en]…において一致する, 合致する。—Mi idea *concuerda* perfectamente *con* la tuya. 私の理想は君のと完全に一致する。Aquella pareja *concuerda en* sus aficiones. あのカップルは趣味が一致している。 類**coincidir**. ❷《文法》[+en で]一致する。—El nombre y su artículo *concuerdan en* número y género. 名詞とその冠詞は性数が一致する。

concordatario, ria [koŋkorðatárjo, rja] 形 政教条約の.

concordato [koŋkorðáto] 男《外交》政教条約(聖職などに関する教皇と政府との協定).

concorde [koŋkórðe] 形 [+con]…と一致した, 合致した; [+en]…において一致[合致]した。—Su actitud está ～ *con* sus principios. 彼の態度は彼の主義に合致している。No estamos ～*s en* nada. 我々は一致するところが何もない。 類**acorde, conforme**.

concordia [koŋkórðja] 女 ❶ 一致, 調和, 和合。—reinar la ～ 仲がよい, 合意に達している。Hay muy buen ambiente y ～ en la clase. このクラスはとてもいい雰囲気で仲がよい。 類**acuerdo, armonía, conformidad, unión**. 反**desacuerdo**. ❷ 合意書, 協定書. ❸ 二重になった指輪. 類**unión**.

de concordia 副 一致して, 同意して.

concreción [koŋkreθjón] 女 ❶ 具体化, 実体化; 具体性。—A su discurso le faltó ～. 彼の演説は具体性に欠けていた。 ❷ 凝固, 凝結; 凝固物, 凝結物。—Una perla es una ～ de nácar. 真珠は真珠層の凝固物である。 類**acumulación**. ❸《医学》結石。—～ renal 腎結石.

‡**concretamente** [koŋkrétaménte] 副 ❶ 具体的に(は), 明確に(言うと)。—No es ～ una novela lo que ha escrito. 正確に言うと, 彼の書いたものは小説ではない。 ❷ 特に, とりわけ。—Me refiero ～ a Antonio. 私は特にアントニオのことを言っているのだ.

‡**concretar** [koŋkretár] 他 ❶ を具体化する, より正確にする, はっきりさせる。—Ya sólo falta ～ la fecha de salida. もう出発日をはっきりさせるだけだ。*Concretó* su pensamiento en una frase. 彼は自分の考えをワンフレーズで明言した。 ❷ [+a/en に]を限る, 制限する。—*Concretaré* mi exposición en temas referentes a la política interior. 私の主張を国内政治に関するテーマに限ることにしよう.

—— se 再 ❶ 具体化する, 正確になる, はっきりする。—Mañana *se concretará* la firma del acuerdo. 明日になれば協定の調印が実現するだろう。 ❷ [+a に]を限る, 制限する, 止めおく。—Debes *concretarte a* tu especialidad. 君は自分の専門に限っておくべきだ.

‡**concreto, ta** [koŋkréto, ta] 形 ❶ 具体的な, 有形の; 明確な。—caso ～ 具体例. Dime día y hora *concretos* para ir a verte. 君に会いに行くための具体的な日時を教えてくれ。Van llegando algunas noticias del accidente, pero poco *concretas* todavía. 事故についていくらかニュースは入ってきているが, まだあまりはっきりしたことはわからない。 類**fijado, preciso**. 反**abstracto**. ❷ 実在する, 実際の; 特定の。—No busco un libro cualquiera sino uno ～ recomendado. 私はどれでもいい本を探しているわけではなく, 推薦された特定の本を探しているのだ。 類**determinado**. ❸ 凝結物. 類**concreción**. ❹《中南米》コンクリート.

en concreto (1) 具体的に, 明確に; とりわけ。Sobre mi traslado aún no hay nada *en concreto*. 私の引越しについてはまだ具体的に決っていない。(2) 要するに, つまり. *En concreto*, nada que decir. 要するに言いたいことは何もない.

concubina [koŋkuβína] 女 内縁の妻, 情婦, 愛人. 類**amante, manceba, querida**.

concubinato [koŋkuβináto] 男 内縁関係, 同棲. 類**amancebamiento**.

concúbito [koŋkúβito] 男 性交, 交接. 類**cópula**.

conculcación [koŋkulkaθjón] 女 ❶ 踏みつけること, 踏みにじること. 類**holladura, pisoteo**. ❷ (法・規則・規律などの)蹂躙(じゅうりん), 毀棄(きき), 無視.

conculcar [koŋkulkár] [1.1] 他 ❶ を踏む, 踏みつける, 踏みにじる. 類**hollar, pisotear**. ❷ (法・規則などを)犯す, 破る, 蹂躙(じゅうりん)する. 類**vulnerar**.

concuñado, da [koŋkuɲáðo, ða] 名 義理の兄弟姉妹の配偶者; 義理の兄弟姉妹である人の兄弟姉妹.

concupiscencia [koŋkupisθénθja] 女 ❶ 情欲, 色欲, 肉欲。—una mirada llena de ～ 情欲に満ちた視線. ❷ (物に対する)強欲, 貪欲.

concupiscente [koŋkupisθénte] 形 ❶ 情欲にふける, 好色な. 類**libidinoso, lujurioso**. ❷ 強欲な, 貪欲な.

‡**concurrencia** [koŋkuřénθja] 女 ❶ [集合的に](行事などへの)参加者, 出席者; 聴衆, 観衆(→「(個別的な)参加者」:concurrente)。—El conferenciante habló delante de una ～ numerosa. 講演者は大聴衆の前で話した。Debido a la nevada hubo poca ～ a los actos. 雪が降ったため行事には出席者があまり多くなかった。 類**asistencia, espectadores, público**. ❷ (事件・事情などの)同時発生, 併発。—Debido a la ～ de varias circunstancias, la reunión fue anulada. 色々な状況が重なったため, 会議は無効になった。La ～ de una serie de factores positivos ha contribuido al éxito de la empresa. 一連のプラス要因が同時に働き, その仕事の成功に貢献した。 類**coincidencia, simultaneidad**. ❸《まれ》援助, 手伝い, 協力. ❹《商業》競合, 競争(相手). 類**competencia, rivalidad**.

hasta concurrencia de ... (…の額に)達するまで.

concurrente [koŋkuřénte] 形 ❶ 集まる, 寄り集まる;《文法》共起の, 共起する. ❷ 出席した, 立ち合った, 参加した. ❸《幾何》同一点に集まる, 同一点で相交わる.

—— 名 競技参加者, 競争者, 対抗者. 類**competidor, rival**.

—— 女 太陽年と太陰年の日数差. 類**epacta**.

concurrido, da [koŋkuříðo, ða] 過分 形 人のよく集まる, にぎわった。—una calle *concurrida* 人通りの多い通り. una cafetería *concurrida* 人のよく集まるカフェ. La sesión estuvo poco *con-*

currida. その部会はほとんど人が集まらなかった.

concurrir [koŋkuřír] 自 ❶ (*a*)『+a/en に』集まる, 参加する, はせ参じる. ―Mucha gente concurrió en el estadio de fútbol para oír el concierto de rock. 多々の人々がロック・コンサートを聞くためにサッカー場に集まった. *Concurrimos a* la sala de baile. 我々はダンスホールに詰めかけた. (*b*) 合わさる, 合流する. ―Las tres calles *concurren en* la plaza. 3つの通りは広場で一緒になる. 類 **reunir**. ❷ 偶然一緒に起こる, 共起する. ―Aquel año *concurrieron* diversos acontecimientos que cambiaron el curso de la historia. あの年には歴史の流れを変えたさまざまなでき事が偶然に起こった. ❸『+a に』貢献する, 影響する. ―Circunstancias adversas *concurrieron a* la derrota de nuestro equipo. 悪条件が我々のチームの敗北に影響した. ❹『+a に』応募する, (試験を)受ける, 志願する. ―Diez universitarios *concurrieron al* Concurso de Español. 10人の大学生がスペイン語のスピーチ・コンクールに応募した. ❺『+con (お金) を』寄付(カンパ)する.

concursado, da [koŋkursádo, ða] 過分 形 《法律》債権者会議で正式に破産宣告を受けた.
―― 名《法律》破産宣告を受けた者.

concursante [koŋkursánte] 形 (仕事・役職を)志願する; (競技会に)参加する, 出場する. ―Seré ～ en un programa de radio. 私はラジオ番組に参加することになるだろう.
―― 男女 (仕事・役職の)志願者; (競技会の)参加者, 出場者. ―La ～ contestó correctamente a sólo dos preguntas. その女性出場者はたった二つの質問にしか正解しなかった. 類 **aspirante**.

concursar [koŋkursár] 他 ❶ 競う, 競争する; …の試験を受ける, 志願する. ❷《法律》(債権者会議で正式に)破産宣告をする.
―― 自 志願する, 応募する; 参加する, 出場する. ―*Concursó* a una plaza de profesor de español. 彼はスペイン語教師の職に応募した. Voy a ～ en el programa de televisión. 私はそのテレビ番組に出場するつもりだ. 類 **concurrir, participar**.

concurso [koŋkúrso] 男 ❶ コンクール, コンテスト, 競技会. ― ～ canino 犬コンクール. ～ de belleza 美人コンテスト. presentarse a [participar en, tomar parte en] un ～ コンテストに出場する. Hoy se ha convocado un ～ de novelas. 今日小説の懸賞募集の発表があった. El premio de este ～ literario ha quedado desierto. この文芸作品コンクールは入賞該当者がいなかった. 類 **competición, prueba**. ❷ (地位を争う)選抜(採用, 資格)試験. ―obtener una cátedra por ～ 公募試験に受かって教授の地位を得る. Se ha anunciado un ～ para proveer una cátedra vacante. 空席になっていた大学教授を補充するために公募が発表された. ～ de méritos 一定の基準を満たせば合格する試験. 類 **oposición**. ❸《スポーツ》競技(会). ～ de salto de pértiga 棒高跳び競技. ～ hípico 馬術競技(会). ～ completo individual《体操》個人総合. ～ de atletismo 陸上競技大会. ❹ (諸状況・出来事などの幸運な)一致, 付き合わせ. ―Un ～ de circunstancias hizo posible mi viaje. 色々な事情に助けられ, 私の旅行が可能になった. por un ～ de casualidades 様々な偶然の巡り合わせで. 類 **coincidencia**. ❺ (押し寄せた)群衆, 人だかり, 大会衆.

condenable 477

― ～ de espectadores ごった返す観客. Había un gran ～ de manifestantes. デモ参加者が大勢いた. 類 **afluencia, concurrencia**. ❻《商業》競争入札 (～ subasta). ―salir a ～ 競争入札にかかる. presentar [sacar] ... a ～ を入札にかける. El ～ para la construcción de la nueva piscina se ha adjudicado a su empresa. 新プール建設の競争入札は彼の会社に落札した. 類 **licitación, subasta**. ❼《放送》クイズ番組 (programa ～). ― ～ radiofónico ラジオのクイズ番組. ❽ 援助, 協力, 貢献. ―prestar su ～ para una obra 事業のために力を貸す. Con el ～ de todos podremos lograr este objeto. 私たちはみんなの協力で, この目的を達成できるでしょう. 類 **apoyo, ayuda, cooperación**. ❾《法律》競合.
― ～ de acreedores 債権者の競合.
fuera de concurso 競争に加わらない, 特別出品の; 入賞の望みもなく, 勝ち目もなく. obra *fuera de concurso* 特別出品作品.

concusión [koŋkusjón] 女 ❶《文, まれ》衝撃, 振動, 揺さぶり. 類 **sacudimiento**. ❷《医学》(衝撃・打撃による)脳しんとう. ❸ (公務員の)横領, ゆすり. 類 **exacción**

concusionario, ria [koŋkusjonárjo, rja] 形 (公務員が)横領(ゆすり)をした.
―― 名 (公務員で)横領[ゆすり]をした者.

condado [kondáðo] 男 ❶ 伯爵の称号(地位・身分). ❷ 伯爵領. ❸《米国の》郡. ―C～ de Montgomery モンゴメリー郡.

condal [kondál] 形 伯爵の. ―La Ciudad ～ バルセロナ(バルセロナが伯爵領だったことによる).

conde [kónde] 男 ❶《marqués「侯爵」の下で vizconde「子爵」の上. ―el señor ～ 伯爵閣下. el ～ duque de Olivares オリバーレス伯侯爵(フェリーペ4世の寵臣の地位を得る). 《El C～ Lucanor》(Don Juan Manuel)《文学》「ルカノール伯爵」(ドン・フアン・マヌエル). ❷ 伯爵夫妻. ❸《歴史》(中世初期の地方)領主, 伯. ❹『アンダルシーア』人夫婦. ❺ ロマ族の族長.
Conde de Barcelona スペイン国王フアン・カルロス1世 (Juan Carlos I)(在位:1975～)の父王の称号.

condecoración [kondekoraθjón] 女 ❶ 叙勲, 表彰(式), 勲章の授与式. ―acto [ceremonia] de ～ 表彰式, 勲章授与式. ❷ 勲章, メダル. ―imponer [dar, conceder] una ～ a ... (人)に勲章を授与する. El profesor recibió una ～ por su destacada labor académica. その教授は優れた学問的業績により勲章をもらった. 類 **insignia, medalla**.

condecorar [kondekorár] 他 を叙勲する, 表彰する, …に勲章を授与する. ―Le *han condecorado* con la cruz de Alfonso X el Sabio. 彼はアルフォンソ10世賢王勲章を授けられた.

condena [kondéna] 女 ❶《法律》有罪判決. ―dictar [pronunciar] ～ 有罪判決を言い渡す. ❷《法律》刑, 刑罰, 罰. ―cumplir una ～ 刑に服する. ～ condicional《法律》執行猶予のついた刑罰. ❷ 非難, 不承認. ―La ～ del atentado terrorista ha sido general en el país. テロ行為に対する非難の声その国全体に広がった. 類 **desaprobación, reprobación**.

condenable [kondenáβle] 形 刑罰に値する,

罰に値する; 非難されるべき, 譴責(饻)に値する. — actitud [comportamiento] ~ 非難されるべき態度[振る舞い].

condenación [kondenaθjón] 囡 ❶《法律》有罪宣告[判決]. ❷《宗教》永遠の断罪(罪の結果として永遠の罰に定められること). — ~ eterna《宗教》地獄の永罰. ❸ 激しい非難, 譴責(娣). 類 **censura**.

condenadamente [kondenáðaménte] 副《話》いまいましいほど, べらぼうに, たいへん.

‡**condenado, da** [kondenáðo, ða] 過分 形 ❶《法律》[＋a]…の判決を受けた. — ~ a muerte [cadena perpetua, dos años de prisión] 死刑[終身刑, 2 年の禁固刑]を受けた. ❷《話》いまいましい, ひどい, 厄介な. — No puedo dar un paso más con estos ~s zapatos. このいまいましい靴ではもう一歩も歩けない. Por fin he terminado ese ~ trabajo. やっとあの厄介な仕事が終わった. 類 **endiablado, maldito**. ❸《話》いたずらの, 腕白の. — No sabemos qué hacer con este ~ niño. この悪ガキをどうしたらいいものやら. 類 **malo, travieso**. ❹《カトリック》地獄に落とされた, 神に見放された, 堕落した. ❺ (戸, 窓が)塞がれた, 閉鎖された.
— 名 ❶《法律》有罪の判決を受けた人, 既決囚. — Los ~s fueron conducidos a prisión. 既決囚は刑務所に収監された. ❷ どうしようもないやつ, 厄介な人物; いたずらっ子, 腕白小僧. — Este ~ sólo me da disgustos. この腕白坊主にはうんざりする. ¡Ven aquí, ~! そこのガキ, こっちに来なさい! ❸《カトリック》地獄に落ちた人, 神に見放された人.

¡El condenado de ...! くそいまいましい…め!
... como un condenado [condenados]《話》ひどく[ものすごく, 非常に]…する. sufrir [trabajar] *como un condenado* 地獄の苦しみを味わう[馬車馬のように働く]. Reía *como un condenado* con aquellos chistes verdes. 彼はそのいやらしい冗談で馬鹿笑いしていた.

‡**condenar** [kondenár] 他 ❶【＋a (刑・判決)を】**宣告する**, 言い渡す, を(刑に)処する. — El juez lo *condenó* a muerte [a dos años de cárcel]. 裁判官は彼に死刑[懲役 2 年]を宣告した. ❷ 非難する, …に不賛成である, 反対する. — Todos los partidos *han condenado* el intento de golpe de estado. 全政党がクーデターの企らみを非難した. 類 **reprobar**. ❸【＋a に】を強制する, 余儀なくさせる. — La *condenó* a no salir durante una semana. 彼は彼女を 1 週間軟禁した. Esa vida sedentaria te *condena* a la obesidad. そんな座ってばかりの生活では君は肥満になってしまうよ. 類 **forzar**. ❹ をふさぐ, 閉鎖する. — *Condenaron* la habitación donde murió la madre. 母親が死亡した部屋は閉鎖された. ❺ をいらいらさせる, 困らせる. — Este niño me *condena* con tanto pedir. この子は色々とおねだりをしては私を困らせる. 類 **exasperar, irritar, molestar**.
— se 再 ❶《宗教》地獄に落ちる, 地獄の責苦を味わう. — Es un criminal y *se condenará*. 彼は罪人だから地獄に落ちるだろう. ❷ 自責する. ❸【＋a＋不定詞】…せざるを得ないと感ずる.

condenatorio, ria [kondenatórjo, rja] 形 有罪宣告の, 処罰の; 非難の. — una sentencia ~ 有罪判決.

condensable [kondensáβle] 形 ❶ 凝縮[圧縮, 濃縮]可能な. ❷ (表現を)縮めることができる, 簡約することができる

condensación [kondensaθjón] 囡 ❶ 凝縮, 圧縮; 凝縮状態, 圧縮状態. 類 **concentración**. ❷ (ガス・水蒸気などの)液化, 固体化, 凝結. ❸ 要約, 簡約. 類 **abreviación, compendio, resumen**.

condensado, da [kondensáðo, ða] 過分 形 ❶ 凝縮された, 濃縮された. — leche *condensada* 濃縮牛乳. ❷ 液化された, 凝結した. ❸ 要約された, 簡略化された, 縮められた

condensador, dora [kondensaðór, ðóra] 形 ❶ 凝縮する, 濃縮する, 圧縮する. ❷ 液化する.
— 男 ❶ 濃縮器, 圧縮装置. ❷《電気》蓄電器, コンデンサー. 類 **acumulador**. ❸《光学》集光レンズ.

condensar [kondensár] 他 ❶ を凝縮する, 濃縮する, 圧縮する. — ~ la leche 牛乳を濃縮する. 類 **concentrar, espesar**. ❷ を液化する, 固体化する, 凝結させる. ❸《比喩》【＋en】を…に要約する, 簡略化する. — *Condensó en* unas páginas la tesis doctoral. 彼は博士論文を数ページに要約した. 類 **abreviar, compendiar, resumir, sintetizar**. ❹ 集める, 蓄積する. 類 **acumular**.
— se 再 ❶ 凝縮する, 濃縮する; 濃くなる. ❷ 液化する, 凝結する. — El vapor de la atmósfera *se condensa* en forma de rocío. 大気中の水蒸気は露状に液化する. ❸ 集まる, まとまる. 類 **agruparse, acumularse**.

‡**condesa** [kondésa] 囡 ❶ 女伯爵(marquesa「女侯爵」の下で vizcondeza「女子爵」の上). ❷ 伯爵夫人(→「伯爵」*conde*).

condescendencia [kondesθendénθja] 囡 ❶ 親切心, (人のために)親切心から行なう行為; 謙虚さ. ❷ 寛大, 寛容. — Tiene mucha ~ con sus hijos. 彼は子供に対しとても寛大だ. 類 **tolerancia**.

condescender [kondesθendér] [4.2] 自【＋a】❶ (親切心から)…に従う, 合意する, 順応する — *Condesciende* siempre *a* los deseos de su mujer. 彼はいつも妻の願いに従う. *Condescendí* con tu propuesta aunque no me gustaba. 私は気に入らなかったけれども親切心から君の案に合意した. 類 **acomodarse, avenirse, prestarse**. ❷ へり下って…して下さる. — Ese día el rey *condesciende* a saludar *a* los criados. その日国王は召使たちにお声をかけて下さる. ¡*Condesciende a* darnos los buenos días! 彼が私たちに挨拶して下さるなんて(皮肉の意味を込めて). 類 **rebajarse**.

condescendiente [kondesθendjénte] 形 親切な, 従順な, 寛大な; 謙虚な. — Tiene un carácter ~. 彼は従順な性格だ.

condestable [kondestáβle] 男 ❶《歴史》全軍の総司令官. ❷《海事》海軍の砲兵隊の軍曹代理.

‡‡**condición** [kondiθjón] コンディシオン 囡 ❶ 条件. — *condiciones* favorables para mí 私に有利な[都合の良い]条件. *condiciones* desfavorables 不利な[都合の悪い]条件. ~ indispensable 不可欠[必須]条件. satisfacer [llenar] las *condiciones* requeridas 必要な条件を満たす. reunir [aceptar] todas las *condiciones* すべての条件を備えている[

け入れる]. competir en iguales [las mismas] *condiciones* 同じ条件で競う. admitidas estas *condiciones* これらの条件が認められれば. con una ~ 条件付きで. ¿Bajo qué *condiciones* te iras a trabajar a Irak? 君はどんな条件ならイラクへ働きに行くの? 類**requisito**.

❷ 健康状態, 具合, 体の調子; (機械・食べ物などの)状態, コンディション. —Sus *condiciones* de salud son buenas. 彼の健康状態は良い. ~ física 体調. Con el pie escayolado no estás en ~ de andar mucho. 君は足にギプスをはめているのであまり歩けない. El pescado ha llegado en malas *condiciones*. 魚は着くには着いたが活きが悪かった. 類**estado**.

❸ 複 状態; (周囲の)状況, 環境, 条件. —Aquellas familias vivían en *condiciones* infrahumanas. あれらの家族の生活状態は人間以下だった. Las *condiciones* económicas son favorables para la inversión. 経済状況は投資に有利だ. informarse de las *condiciones* en que está la carretera 道路状態について問い合わせる. *condiciones* laborables [de trabajo] 労働条件, 労働状況. *condiciones* de empleo 雇用条件. *condiciones* atmosféricas [meteorológicas] 気象条件, 天候. condiciones climatológicas [climáticas] 気候条件. ~ del mercado 市況. 類**circunstancia**.

❹ 《主に 複》素質, 才能, 適性. —No tiene *condiciones* para la música. 彼は音楽には向いていない. muchacho de excelentes *condiciones* 優れた才能に恵まれた子. La casa no reúne *condiciones*. その家は住むのに適さない. 類**aptitud, cualidades, disposición**.

❺ (社会的)地位, 身分, 階級; 高い地位. — de ~ humilde 身分の卑しい, 地位の低い, 下層(階級)の. de ~ elevada [alta] 身分の高い. Una chica de su ~ no debería dejarse ver en lugares como éste. 彼女のような身分の少女はこのようなところに顔を見せてはいけないだろう. 類**categoría, clase, posición, rango**.

❻ [+de+無冠詞名詞] (特別な)資格, 地位, 立場. — ~ de soltero 独身者の立場. Por su ~ de extranjero tenía más dificultad para encontrar trabajo. 彼は外国人ゆえに, 仕事を見つけるのは一層難しかった. ~ femenina 女性の地位, 女性であること. 類**circunstancia, estado, situación**.

❼ (人の生来的な)性格, 性質, 本性. —ser de ~ áspera/ser áspero de ~ 気難しい性格である. hombre de ~ alegre [bonachona, mezquina, perversa, rebelde] 明るい[お人好しの, けちな, 邪悪な, 反抗的な]性格の人. persona de buena [mala] ~ 気立ての良い[悪い]人. ~ natural もって生まれた性質. tener ~ de ~ 気骨がある, 利かん気である. 類**carácter, genio, índole, natural, temperamento**.

❽ (物・動物の)性質, 性格, 本質. —mercancía de mala ~ 不良品. La ~ de este suelo lo hace bueno para la agricultura. この土地はその性質からして農業に向いている. Para ser deportista hay que tener buenas condiciones físicas. スポーツ選手になるには肉体的条件が良くなければならない. La fidelidad es propia de la ~ del perro. 忠誠は犬の性質に固有のものだ. 類**cualidad, índole, naturaleza, propiedad**.

❾《法律》(契約などの)条件, 条項. — ~ casual 偶成条件. ~ potestativa 随意条件. ~ resolutoria 解除条件. ~ tácita [callada] 黙示的条件. llenar [sujetarse a, incumplir] las condiciones del contrato 契約の条件を満たす[に従う, に違反する]. 類**cláusula, estipulación**.

❿《商業》(支払いなどの)条件. —*condiciones* de pago [de entrega, de venta] 《商》支払い[引き渡し, 販売]条件. ⓫《数学》条件. — ~ necesaria [suficiente] 必要[十分]条件.

***a* [*con la*] *condición de* 〖+不定詞〗/*a* [*con la*] *condición de que* 〖+接続法〗** …(する)という条件で, もし…ならば. ¿Con qué condición me prestas tu coche? どんな条件で私に車を貸してくれる? Te acompaña a tomar unas copas *con la condición de que* me invites. 君が私におごってくれるのなら二三杯君につきあうよ.

condición humana 人間性, 人間の本性, 人間の条件. Equivocarse es propio de la *condición humana*. 間違いは人間性に固有のものだ.

condición sine qua non 必須条件 (=condición absolutamente necesaria). Para pasar el examen es *condición sine qua non* haber asistido a las clases. 試験に合格するにはまず授業に出席していることだ. 必須条件である.

***en* su *condición de* …〖+無冠詞名詞〗** …として(資格で). *En su condición de* diplomático tiene inmunidad. 外交官として彼には外交官免除特権がある.

en condiciones 良い[適した, できる]状態で, 用意ができた. poner *en condiciones de* … …ができる状態におく, 用意する. Este pescado no está *en condiciones*. この魚は食べられない. Tengo fiebre y no estoy *en condiciones* de hablar con nadie. 私は熱があるので, 誰とも話せる状態にない. No estoy *en condiciones* de hacer un viaje tan costoso. 私はそんな高価な旅行をする余裕はない. No podemos ir a vivir al piso porque no está *en condiciones*. マンションがまだ完成していないので私たちは引っ越せない.

pliego de condiciones 入札心得書, 仕様書.

poner … en condiciones を清潔にする, 片付ける, 整頓する.

sin condiciones 無条件で. Los atracadores aceptaron una rendición *sin condiciones*. 強盗たちは無条件降伏を受け入れた. rendirse *sin condiciones* 無条件降伏する.

condicionado, da [kondiθjonáðo, ða] 過分 形[estar+] ❶ 条件づけられた; 条件の整った. 類**acondicionado**. ❷ 条件つきの, 制約つきの. 類**condicional, dependiente**,

condicional [kondiθjonál] 形 ❶ 条件つきの, 条件に基づく. —venta ~ 条件つき販売. libertad ~《法律》保護観察. ❷《文法》条件[仮定]を表す, 条件文の. La conjunción ~ típica es"si". 典型的な条件を表す接続詞は si である. una oración ~ 条件文. modo ~ 条件法.

—— 男《文法》条件法. —El ~ se llama también "potencial". 条件法は「可能法」とも呼ばれる. 類**potencial**.

condicionamiento [kondiθjonamjénto] 男 ❶ 条件づけ, 調節. ❷ 限定, 制約. 類**limita-**

480 condicionar

ción, restricción.

condicionar [kondiθionár] 他 ❶ 〖+a に〗を合わせる, 依存させる. —*Ha condicionado* el día de la boda *a* la decisión de sus padres. 彼は結婚式の日取りを両親の決定にまかせた. *Condiciono* el regalo *a* tu conducta. 私がプレゼントするかどうかは君の行いによる. 類**depender, supeditar.** ❷ …に影響を及ぼす, を決める. —El clima *condiciona* el cultivo de los campos. 天候は畑の耕作を左右する. 類**determinar, influir.** ❸ 〖繊維〗…の条件を整える, を調節する. 類**acondicionar.**
—— 自 合意する, 従う. 類**acomodarse, convenir.**

condigno, na [kondíɣno, na] 形 《まれ》それ相応の, しかるべき. —el ~ castigo しかるべき罰.

cóndilo [kóndilo] 男 〖解剖〗骨頭. ◆骨端の丸い隆起で他の骨との関節を形成するのに役立つ.

condimentación [kondimentaθjón] 女 調味, 味付け.

condimentar [kondimentár] 他 …に味つけする, を調味する, …の味を整える. 類**aliñar, sazonar.**

condimento [kondiménto] 男 調味料, 香辛料; ドレッシング. 類**aliño.**

*•**condiscípulo, la** [kondisθípulo, la] 名 同級生, クラスメート, 同窓生, 学友; 相弟子. —Fuimos ~s con don Ignacio. 私たちはイグナシオ先生の相弟子だった. 類**compañero.**

condolencia [kondolénθja] 女 ❶ 悔やみ, 哀悼, 弔意. —Le expreso mi sincera ~. 心からお悔やみ申し上げます. telegrama de ~ 弔電. 類**pésame.** ❷ 同情, 憐憫.

condolerse [kondolérse] [5.2] 再 〖+de〗…に同情する, を気の毒に思う. —(Me condolí) mucho *de* su desgracia. 私は彼の不幸をいたく気の毒に思った. 類**compadecerse.**

condominio [kondomínjo] 男 ❶ 共有, 共有された物. ❷ 〖国際法〗共同領有, 共同統治; 共同領有地, 共同統治地. ❸ 〖中南米〗分譲アパート(マンション), コンドミニアム.

condón [kondón] 男 コンドーム. 類**preservativo.**

condonación [kondonaθjón] 女 ❶ (罪・罰)を許すこと, 容赦. ❷ (負債の)帳消し, 免責.

condonar [kondonár] 他 ❶ (罪)を許す, 容赦する. ❷ (負債)を免責する, 帳消しにする. 類**perdonar.**

•cóndor [kóndor] 男 〖複 cóndores〗 ❶ 〖鳥類〗コンドル. —~ real [de California] トキイロ〔カリフォルニア〕コンドル. ❷ 〖エクアドル〗コンドル金貨 (= 25 sucres). ❸ 〖コロンビア, チリ〗コンドル金貨 (= 10 pesos).

condotiero [kondotjéro] (<伊) 男 ❶ 〖歴史〗(特に 14, 15 世紀の)イタリアの傭兵隊長; (他国の)傭兵隊長. ❷ 傭兵.

:**conducción** [kondukθjón] 女 ❶ (乗り物の)運転, 操縦. —La ~ del coche exige reflejos. 車の運転には反射神経を要する. permiso [carné] de ~ 運転免許証. — descuidada 無謀運転. — por la izquierda 左側通行. 類**dirección, guía, manejo.** ❷ 運送, 輸送. —Los transeúntes procuraron ayudar a efectuar la conducción de los heridos al hospital. 通行人が病院への負傷者の搬送を手伝った. 類**acarreo, transporte.** ❸ 〖集合的に〗(ガス・水道などの)管, 導管, 配管 (→個別のパイプは tubo). — ~ principal de gas ガスの本管. — de aire 〖建築〗エアダクト, 風道. La ~ de agua se ha reventado. 水道管が破裂した. 類**cañería, tubería.** ❹ 案内, 指導, 指揮. — ~ de tiro 射撃指揮. ❺ 管理, 管理. ❻ 〖物理, 電気〗伝導. — ~ de calor 熱伝導. ❼ 〖商業〗(価格・報酬の)取り決め; (医師などとの)嘱託契約. 類**ajuste.**

conducente [konduθénte] 形 〖+a〗…に導く, 適した, 繋がる. —medidas ~s *a* la resolución del problema 問題の解決につながる方策. 類**adecuado, procedente.**

:conducir [konduθír コンドゥシル] [9.3] 他 ❶ 〖+a へ・に〗(*a*) (人)を導く, 案内する. —La criada me *condujo a* la sala de visitas. メイドは私を応接間へ案内した. (*b*) (物事)を導く, 至らせる, …の原因となる. —La política del gobierno militar *condujo* el país *al* desastre. 軍事政権の政策がその国を破滅へと導いた.
❷ (*a*) を運転する, 操縦する. —*Conduce* el coche muy bien. 彼は車の運転がとても上手だ. (*b*) を運ぶ, 運搬する, 伝える. —La cinta transportadora *conduce* los productos hasta la puerta de la fábrica. ベルト・コンベヤが製品を工場の入口まで運ぶ. El cobre *conduce* bien la electricidad. 銅は良導体である.
❸ を統治する, 指導する, 経営する; を処理する. —Lleva quince años *conduciendo* admirablemente la empresa. 彼は 15 年前から会社を上手に経営してきた. Está *conduciendo* las negociaciones con mucho acierto. 彼は交渉を非常に適格に処理している.
—— 自 ❶ 車を運転する. —No sé ~. 私は車の運転ができない. ❷ 〖+a に・へ〗導く, 至る, 通じる. —Este camino *conduce a* la casa de campo. この道は別荘に通じている.
—— se 再 振る舞う, 行動する. —*Se* condujo como un caballero. 彼は紳士然と振る舞った. 類**portarse.**

:conducta [kondúkta コンドゥクタ] 女 ❶ 行動, 振舞い, 行ない, 品行. —cambiar de ~/reformar la ~ 行ないを改める. línea [norma] de ~ 行動方針〔基準〕. ~ antideportiva スポーツマンシップに反する行為. ~ caballerosa 紳士的な振舞い, フェアプレー. ~ ejemplar [intachable] 模範的な〔申し分のない, 賞賛すべき〕行動. mujer de mala ~ 娼婦; 身持ちの悪い女. tener una ~ correcta 行儀がよい. Tiene malas notas en ~. 彼は操行点が悪い. Le reprendieron por su mala ~ en clase. 彼は授業態度が悪くて叱られた. 類**comportamiento, proceder.** ❷ (医者との)ホームドクター契約, 嘱託契約(報酬). ❸ 統治, 経営, 運営, 指揮, 誘導. — ~ de un Estado 国の統治. ~ de una empresa 企業の経営. 類**dirección, mando.** ❹ 徴兵委員会; 入営兵.

conductibilidad [konduktiβiliðá(ð)] 女 ❶ 〖物理〗(熱・電気・音の)伝導性, 伝導力. 類**conductividad.** ❷ 〖電気〗電動率.

conductismo [konduktísmo] 男 〖心理〗行動主義.

conductividad [konduktiβiðá(ð)] 女 〖物

理)(熱・電気・音の)伝導性, 伝導力, 伝導率. 類 **conductibilidad**.

conductivo, va [konduktíβo, βa] 形 伝導性の, 伝導力のある.

‡conducto [kondúkto] 男 ❶ 導管, パイプ. — ~ **del agua** 水道管. **El** ~ **de desagüe se ha atascado.** 排水管が詰まった. ~ **de ventilación** 通気[換気]ダクト. ~ **de humo(s)** (煙突などの)煙道. 類 **cañería, tubo**. ❷ 《解剖》管. — ~ **biliar** 胆管. ~ **lagrimal** 涙管. ~ **auditivo externo [interior]** 外[内]耳管. ~ **deferente** 精管. ~ **hepático** 肝管. ~ **raquídeo** 脊柱管. ❸ 《文》(伝達・事務処理などの)経路, 手順, 《情報》パイプライン; 仲介. — ~ **regular [reglamentario]** 正規の手続き[ルート]. **presentar la solicitud por** ~ **oficial** 公式のルートを通じて申請書を提出する. 類 **medio, vía**.

por conducto de ... を介して[通じて], …の手づるで.

conductor, tora [konduktor, tora] 名 ❶ 運転者, 操縦者. —**Mi mujer es muy buena conductora.** 家内は運転がとても上手です. **Se prohíbe hablar al** ~ **del autobús.** バスの運転手に話しかけることは禁じられている. 類 **chófer, cochero**. ❷ 指導者, 統率者. —**Tiene dotes para ser buen** ~ **de multitudes.** 彼には大衆のよき指導者としての資質がある. 類 **caudillo, director, jefe**. ❸ 〖中南米〗(バスの)車掌(=cobrador). 〖南米〗(オーケストラの)指揮者(=director).

— 男 《物理, 電気》(熱・電気の)導体, 伝導体, 導線. — **buen [mal]** ~ 良[不良]導体. ~ **eléctrico** (電気の)導線. ~ **telegráfico** 電話線.

— 形 ❶ 導く, 指導する. ❷ 運転の, 運転する. ❸ 《物理, 電気》伝導(性)の. —**Los metales son buenos** ~ **es del calor y de la electricidad.** 金属は熱と電気の良導体である. **hilo** ~ (電気の)導線. 類 **transmisor**.

condueño, ña [konduéɲo, ɲa] 名 共同所有者, 共有者. 類 **copropietario**.

conduj- [kondux-] 動 conducir の直・完了過去, 接・過去.

condumio [kondúmjo] 男 ❶ 《話》おかず, パンと一緒に食べる副食物. ❷ 《話》日々の糧, 食べ物. —**ganar el** ~ 日々の糧を得る. 類 **alimento, comida**.

conduzca(-) [konduθka(-)] 動 coducir の接・現在.

conduzco [kondúθko] 動 coducir の直・現在・1 単.

conectado, da [konektáðo, ða] 過分 形 ❶ 結合した, 接続した; 《情報》オンラインの(で). ❷ 関係した, 関連のある.

‡conectar [konektár] 他 ❶ 〖+a に〗を連結する, 結び合わす, つなぐ. —**Haz el favor de** ~ **la lavadora.** お願いだから洗濯機をつないでおくれ. ~ **la impresora a la unidad central** プリンターを中央コンピュータに接続する. ~ **la manguera a la boca de riego** 消火栓にホースをつなぐ. ❷ 〖+con と〗を結びつける, 連絡する. —**Esta autopista conecta la zona sur del país con el resto.** この高速道路は国の南部を他地域と結びつける. 類 **unir**.

— 自 〖+con と〗をつなぐ, 接触する. —**Ahora vamos a** ~ **con Las Palmas.** (テレビ・ラジオでアナウンサーが)さあこんどはラス・パルマス(カナリヤ諸島グラン・カナリヤ島の都市)に出てもらいましょう. **He intentado** ~ **con él pero me ha sido imposible.** 私は彼と連絡をとろうとしたが, 無理だった.

— se 再 つながる; スイッチが入る; 〖+a に〗接続する. —**El acondicionador de aire se conecta automáticamente.** エアコンは自動的にスイッチが入る. **~se a** Internet 〖a la televisión por cable〗インターネット[ケーブルテレビ]に接続する.

conectivo, va [konektíβo, βa] 形 結びつける, 結合する, 接続する, 連結する.

coneja [konéxa] 女 ❶ 《動物》雌ウサギ. 反 **conejo**. ❷ 《比喩, 話》多産の女性.

correr la coneja 《比喩, 話》〖中南米〗ひもじい思いをする, 困窮な生活を送る.

conejal [konexál] 男 →**conejar**.

conejar [konexár] 男 ウサギの飼育小屋. 類 **conejera**.

conejera [konexéra] 女 ❶ ウサギの巣[ねぐら]. ❷ ウサギの飼育小屋. 類 **conejar**. ❸ 《比喩, 話》狭くて細長い穴; たくさんの人が住む狭い家. ❹ 《比喩, 話》隠れ家.

conejero, ra [konexéro, ra] 形 (猟犬が)ウサギ狩り用の, ウサギを獲る. — 名 ウサギ売り.

conejillo [konexíxo] 男 ❶ 小ウサギ. — ~ **de Indias** 《動物》テンジクネズミ, モルモット. ◆南米のテンジクネズミ科の齧歯動物が畜養されたもので実験動物として用いられる. ❷ 《比喩, 話》何かの実験台になる人.

‡conejo [konéxo] 男 ❶ 《動物》ウサギ(兎), 雄ウサギ(→雌ウサギは coneja). — ~ **es muy prolífico.** ウサギは多産である. ~ **de monte** (de campo) 野ウサギ(=liebre). ~ **albar [blanco]** 白ウサギ. ~ **casero** 飼いウサギ. ~ **de Angora [de Noruega]** アンゴラ[タビ]ネズミ. ~ **de granja** (家畜としての)ウサギ. ❷ ウサギの毛. ❸ 《俗》(女性の)性器. ❹ 〖南米〗(テンジクネズミなどの)齧歯(?)動物(=cobajo, agutí); 〖キューバ〗サケ科の魚; 〖グアテマラ〗探偵.

conejo de Indias (1) 《動物》テンジクネズミ, モルモット (=cobayo) (→**conejillo de Indias**). (2) 《比喩》モルモット, 実験台.

El conejo ido, el consejo venido. 〖諺〗後の祭り.

risa de conejo 作り笑い.

conejo, ja [konéxo, xa] 形 〖中南米〗味のない.

conexión [koneksjón] 女 ❶ つなぐこと, 接続, 結合. —**vuelo de** ~ 接続便. 類 **enlace**. ❷ つながり, 関連, 関係. —**Hay una** ~ **íntima entre estos dos fenómenos.** この 2 つの現象には密接な関係がある. 類 **enlace, nexo, relación**. ❸ 《機械, 電気》接続, 連結; 接続部分, 連結部分. — ~ **rechazada** 《情報》接続拒否. ~ **remota** リモート・ログイン. ❹ 《電気》コンセント. 類 **enchufe**. ❺ 複 コネ, つて, 人脈. 類 **amistades, enchufe, mancomunidad**.

conexionarse [koneksjonárse] 再 〖+con〗…とつながる, 関係を結ぶ; 親交を結ぶ.

conexo, xa [konékso, ksa] 形 関連する, 関係のある; 結ばれた. —**asuntos** ~**s** 互いに関連した事柄. **Estamos hablando de problemas** ~**s en-**

confabulación

tre sí. 私たちは互いに関連した問題について話しているところです. 類**afín, enlazado, ligado, relacionado.** 反**inconexo.**

confabulación [komfaβulaθjón] 女 共謀, 結託. —Se ha descubierto la existencia de una ~ contra el primer ministro. 首相に対する共同謀議が発覚した. 類**complot, conchabamiento, contubernio.**

confabularse [komfaβulárse] 再〔＋con〕共謀する, 結託する. —Se confabuló con mis enemigos para hacerme daño. 彼は私を傷つけるために私の敵と結託した. 類**conchabarse.**

confalón [komfalón]〈＜伊〉男 軍旗, 隊旗. 類**bandera, estandarte, gonfalón, pendón.**

:**confección** [komfekθjón] 女 ❶（洋服の）仕立て, 縫製. —industria [ramo] de la ~ 被服業(界), アパレル産業. corte y ~（服の）仕立て. traje de buena ~ 仕立てのよい服. academia de corte y ~ 洋裁学校. ❷ 覆〔服飾〕既製服（＝prenda [traje] de ~）; 既製服販売店. —tienda de confecciones 既製服店. ❸（リスト・予算などの）作成, 製作. — del menú [de un inventario] メニュー[財産目録]の作成. ~ de la lista de invitados 招待者リストの作成. ~ del presupuesto 予算の作成. 類**elaboración, realización.** ❹（飲み物・料理など要素の組み合わせによる）製造, 製作. —Para la ~ de la tarta me falta un ingrediente. ケーキを作るのに材料が1つ足りない. ~ de una maqueta プラモデル作り. 類**elaboración.** ❺（薬・香水などの）調合, 調剤; 混合飲料; 《医学》調合剤. ❻〔料理〕菓子, 糖菓. ❼〔印刷〕割付け, 大組み, 棒組み.

de confección（服飾）既製(服)の. vestirse *de confección* 既製服を着る. Los trajes *de confección* son más baratos que los a la medida. 既製服は注文服より安い.

confeccionado, da [komfekθjonáðo, ða] 過分形（服などが）既製の, できあいの. —~ a la medida オーダー仕立ての.

confeccionador, dora [komfekθjonaðór, ðóra] 形 製造の, 調整の.
—— 名 ❶仕立て屋, 製造者. ❷（薬の）調剤師, 調合士. ❸（予算・統計などの）作成者, 製作者.

:**confeccionar** [komfekθjonár] 他 ❶（料理・衣服などを）作る, こしらえる, 仕立てる. —Juan sabe ~ platos japoneses. フアンは日本料理を作れる. Ella ha confeccionado la falda. 彼女はスカートを作った. ❷（計画・文書などを）作成する. —~ un inventario [una lista] 目録[リスト]を作成する. ❸（薬）を調合する.

confeccionista [komfekθjonísta] 形 既製服製造の, 既製服業の.
—— 男女 既製服業者, 既製服製造者.

:**confederación** [komfeðeraθjón] 女 ❶（労働組合・スポーツ団体などの）連盟, 同盟, 連合. —C~ General de Trabajadores 労働総同盟（〔略〕C.G.T.）. C~ Nacional del Trabajo 国民労働連合（〔略〕C.N.T.）. ~ de sindicatos 労働組合連盟. 類**alianza, federación, unión.** ❷ 同盟[連合]すること. —El problema de la esclavitud causó la ~ de los estados del sur de Estados Unidos. 奴隷問題はアメリカ合衆国南部諸州の連合を生んだ. 類**alianza, federa-**ción. ❸ 連邦; 連合国. —la C~ Helvética スイス連邦.

confederado, da [komfeðeráðo, ða] 過分形〔＜confederarse〕同盟の, 連合した. —estados ~s 同盟国.
—— 名 同盟者, 同盟国. —El ejército de los ~s ganó la batalla. 同盟軍はその戦いに勝利した.

***confederar** [komfeðerár] 他 同盟させる, 連合させる.
—— **se** 再 ❶ 連合する, 同盟を結ぶ, 協定を結ぶ. — España y Francia *se confederaron* en 1796 para luchar contra Inglaterra. 1796年スペインとフランスはイギリスと同盟を結んだ. *Se confederaron* para rechazar la invasión. 彼らは侵略を絶つために同盟を結んだ. ❷（人・集団が）統合する.

confederativo, va [komfeðeratíβo, βa] 形 同盟の, 連合の.

:**conferencia** [komferénθja] 女 ❶（主に国際的な）会議, 協議, 会談; 会見. —~ diplomática 外交会議. ~ sobre [para, de] desarme 軍縮会議. ~ de alto nivel トップ[首脳]会談. ~ (en la) cumbre サミット, 首脳会議. ~ mundial de la paz 世界平和会議. ~ de Potsdam ポツダム会議（1945年）. ~ de Yalta ヤルタ会談（1945年）. celebrar [convocar] una ~ 会議を開催[招集]する. 類**congreso, reunión.** ❷ 講演, 講演会; 講義. —dar una ~ sobre literatura japonesa 日本文学について講演する. sala de ~s 講演会場. 類**discurso, disertación.** ❸（電話の）長距離電話, 市外通話（＝~ telefónica [interurbana]）. —~ de larga distancia 長距離電話. poner [hacer] una ~ a [con] Madrid マドリードに長距離電話をかける. ~ persona a persona 指名通話. ~ a [de] cobro revertido コレクトコール. Las ~s son más caras que las llamadas urbanas. 市外通話は市内通話より料金が高い.

conferencia de prensa 記者会見（＝rueda de prensa）. celebrar [dar, ofrecer] una *conferencia de prensa* 記者会見を行なう. El entrenador convocó una *conferencia de prensa* después del partido. 監督は試合後記者会見を開いた.

*conferenciante** [komferenθjánte] 男女 ❶ 講演者[家], 講師. —El ~ fue muy aplaudido. 講演者は盛大な拍手を受けた. ❷（会議・講演会への）参加者. —Los ~s no han logrado ningún acuerdo. 参加者は全然意見の一致を見なかった. ❸（会議への）参加国（＝países ~s）.
—— 形 ❶ 講演する. ❷ 会議参加の. —países ~s 会議参加国.

conferenciar [komferenθjár] 自 話し合う, 会談する, 協議する. 類**conversar, deliberar, platicar.**

conferencista [komferenθísta] 男女 【中南米】講演者, 講師. 類**conferenciante.**

:**conferir** [komferír] [7] 他 ❶ を授ける, 授与する. —Le ha sido conferido el título de doctor honoris causa por la Universidad Complutense de Madrid. 彼にマドリード・コンプルテンセ大学名誉博士の称号が授与された. 類**conceder, otorgar.** ❷ を帯びさせる, 与える. —La presencia del ministro de Educación *confirió* más importancia a la ceremonia. 教育相の臨席で

セレモニーはより権威うけられた.

‡**confesar** [komfesár] [4.1] 他 ❶ (罪など)を白状する. —*Ha confesado* su delito. 彼は自分の罪を白状した. ❷ を告白する, 打ち明ける. —Aquella noche le *confesé* mi amor. あの夜私は彼女に愛を告白した. *Confieso* que me he equivocado. 私は間違ったと認めます. ❸ (カトリック) …の告解をする; (司祭が)…の告解を聴く. —*Confesaba* y comulgaba una vez al año. 彼は年に1度告解をし, 聖体を受けたものだ. El sacerdote *confesó* al ladrón gravemente herido. 司祭は重傷のどろぼうの告解を聴いてやった.

—**se** 再 ❶ 《カトリック》[+a/con に対して, +de について]告解をする. —*se con* un sacerdote *de* los pecados cometidos 司祭に対し犯した罪業(ミミッ)について告解をする. ❷ …と認める. —*Se confesó* culpable de algo que no había hecho. 彼は自分がしてないことに責任をと認めた. Está enfermo, pero no quiere *confesárselo* a sí mismo. 彼は病気なのだが, それを自から認めたがらない.

confesar de plano すっかり白状する, 一切合財打ち明ける. Lo amenazaron y *confesó de plano*. 彼は脅されて何もかも白状した.

‡**confesión** [komfesjón] 女 ❶ (*a*) 告白, 白状, 自白. —El juez escuchó la ~ del acusado. 裁判官は被告の自白に耳を傾けた. Hizo ~ pública de su culpa. 彼は自分の罪を公に認めた. ~ amorosa 愛の告白. 類**confidencia, declaración, revelación**. 反**ocultación**. (*b*) 告白の書. —*Confesiones de San Agustín*. 聖アウグスティヌスの「告白」. ❷ 《カトリック》(罪の許しを得るための司祭への)告解(ふ), 告白, 懺悔(ポス). —hacer ~ general 総懺悔[終懺悔]する. En el sacramento de la ~, el sacerdote perdona los pecados. 告解の秘跡で司祭は罪を赦(テ)す. ~ auricular 耳語[い]告解. cédula de ~ 聴罪証明書. bajo secreto de ~ 告解の守秘義務に従って. oír la [oír de, oír en] ~ (司祭が)告解を聞く. 類**penitencia**. ❸ 《宗教》(*a*) (信仰の)告白, 公言. —hacer ~ de fe 信仰の告白をする. (*b*) (信仰[箇条), 信条. —~ católica カトリック信仰. Es una escuela que no está adscrita a ~ alguna. それは聖俗両方の学校です. 類**creencia, fe, religión**. (*c*) 宗派, 宗旨 (=~ religiosa). —No sé a qué ~ religiosa pertenece. 私は彼がどの宗派に属しているのか知らない. ¿Cuál es su ~ religiosa? あなたの宗派は何ですか? 類**secta**.

confesional [komfesjonál] 形 ❶ 告白の, 信仰告白の. —secreto ~ 《カトリック》告白の秘密. ❷ 特定の宗派によって建てられた. —escuelas ~es 特定の宗派による学校. partido ~ 特定の宗派を標榜する政党. estado ~ 国教を掲げる国.

confesionalidad [komfesjonalidáð] 女 所属している宗派.

*****confesionario** [komfesjonárjo] 男 《カトリック》❶ (教会の)告解(ぷ)場, 告白場. 類**confesonario**. ❷ (信者への)告解の手引き書, 告解規範.

confeso, sa [komféso, sa] 形 ❶ (罪を)告白した, 自白した. —un reo [delincuente] ~ 自白した被告人[犯人]. ❷ (ユダヤ教徒が)回心した, 改宗した, 転向した. 類**converso**. ❸ 《宗教》平修士の.

—名 ❶ キリスト教に回心した[改宗した]ユダヤ教徒. ❷《宗教》平修士.

confesonario [komfesonárjo] 男 《カトリック》告解室. 類**confesionario**.

‡**confesor** [komfesór] 男 ❶ 《カトリック》聴罪師, 聴罪司祭. —Este sacerdote es mi ~. この司祭が私の聴罪司です. 類**director espiritual, sacerdote**. ❷ 《カトリック》証聖者(使徒・殉教者などの称号のない聖人); (初期キリスト教の)信仰告白者. ❸ (秘密・問題など)何でも打明けられる人. 類**confidente**.

confeti [komféti] 〈←伊〉男 【集合的に】(パーティや行列などでまかれる)紙ふぶき.

confi- [komfi-] 動 confiar の直・現在, 接・現在, 命令・2単.

confiable [komfjáßle] 形 信頼できる, 信ずるに足る. 類**fiable**.

confiadamente [komfjáðaménte] 副 信頼して, 安心して. 類**tranquilamente**.

confiado, da [komfjáðo, ða] 過分 形 ❶ [ser +]信じやすい, だまされやすい, お人よしの. —*Eres* ~, y por eso te engañan con frecuencia. 君はお人よしだ, だからしょっちゅうだまされるんだ. 類**crédulo**. ❷ [estar +, +en]を信頼[信用]している, 確信している. —*Estamos* ~*s en* la exitosa solución del problema. 私たちはこの問題をうまく解決すると信じている. El equipo *estaba* ~ *en* que ganaría sin problemas. そのチームのメンバーは問題なく勝てるだろうと確信していた. ❸ 自信のある, うぬぼれの強い. —Mostrabas una actitud demasiado *confiada*. 君はあまりにうぬぼれの強い態度だった.

‡**confianza** [komfjánθa] 女 ❶ [+en] (…に対する)信頼, 信用, 信任. —Puse [Deposité] mi ~ en él. 私は彼を信用した. defraudar [perder] la ~ de ... (人)の信頼を裏切る[失う]. inspirar ~ 信頼感を抱かせる. tener plena ~ [toda su ~] en ... …に全幅の信頼を寄せている. ~ ciega 盲信. 類**crédito**. 反**desconfianza**. ❷ 自信, 確信, 信念. —~ en sí mismo 自信. lleno de ~ 自信に満ちた, 自信満々な. coger ~ 自信を得る, 自信がつく. dar ~ 自信を与える. tener ~ en sí 自分に自信を持っている. obrar sin ~ 行動に自信がない. Le perdió el exceso de ~. 自信過剰が彼をだめにした. Tengo plena ~ en que todo saldrá bien. 私はすべてうまく行くと十分確信している. 類**seguridad, presunción**. 反**inseguridad**. ❸ 親密, 親しみ, 気を許すこと. —tratar a ... con ~/tener ~ con ...(人)と親しく付き合う. No tengo suficiente ~ con él para decirle la verdad. 私は彼に本当のことを言えるほど彼とは親しくない. 類**familiaridad, intimidad**. 反**afectación**. ❹ 複 親しすぎること, 馴れ馴れしさ, 図々しさ. —dar [tomarse] ~*s* 馴れ馴れしくする. Te tomas demasiadas ~*s* con ella. 君は彼女にいやに馴れ馴れしい. 類**familiaridades**. ❺ 信用. —Esto se lo digo a Ud. en ~. このことはあなたに内密に申し上げるのです.

abuso de confianza 背信, 背任(罪).

con confianza (1) 親しく, 気がねなく. hablar *con confianza* ざっくばらんに話す. tratar a ... *con confianza* (人)に親しくする. (2) 遠慮なく, 率直に. Si no puedes hacerlo, dímelo con confianza. それができなければ私に遠慮なく言いなさい. (3) 自信をもって. Se presentó al examen con mucha

confianza. 彼は大変自信をもって試験にのぞんだ (4) 内密に, 内緒に.
de confianza (1) 信頼(信用)できる, 腹心の; 責任の重い. persona *de toda confianza* 全幅の信頼をおける人. producto [tienda] *de confianza* 信用できる製品[店]. ocupar un puesto *de confianza* 責任の重い[責任ある]地位に就いている. (2) 親しい, 親密な. amigo de ~ 親友. reunión de confianza 内輪[親密な者たち]の集まり.
en confianza (1) 内密に, 内緒に (=en secreto). hablar *en confianza* 内緒話をする, 内密に話をする. En confianza, José no me cae muy bien. ここだけの話だが, 私はホセとはあまり馬が合わない. (2) 遠慮なく, 気軽に, 格式ばらずに. Trátame de tú, estamos en confianza. 私にはお前と呼んで, 知らない間柄じゃないんだから. (3) 信頼[信用]して, 気を許して.
margen de confianza (信頼に)許容する範囲.
plantear [presentar] la cuestión de confianza 《政治》(首相などが)信任投票を求める.
voto de confianza (1) 《政治》信任投票. pedir un *voto de confianza* al congreso 国会に信任投票を求める (2) (個人に与える)自由裁量. Te doy mi *voto de confianza*. 君の自由裁量にまかせるよ.

confiar [komfiár コンフィアル] [1.5] 他 ❶ 【+a に】をゆだねる, 委託する, 預ける. —*Confío* todos mis asuntos legales a un abogado. 私は私の法律上の用件一切をある弁護士に一任する. Cuando salimos, *confiamos* al niño a la vecina de enfrente. 我々が出掛ける時は, お向かいの奥さんに子どもを預ける. Le *han confiado* la dirección del supermercado. 彼はスーパーマーケットの経営を任された. 類dejar, encargar**.
❷ 打ち明ける, 告白する. —Me *ha confiado* un secreto importante. 彼は重大秘密を私に打ち明けた.
— 自 【+en を】信用する, 信頼する; あてにする. —*Confío en* su sinceridad. 私は彼のまじめさに信をおいている. *Confío* en que mis amigos me ayudarán en momentos de apuro. 私はまさかの時には友人が私を助けてくれるだろうと信じている. *Confía* ciegamente *en* su madre. 彼はただただ母親を頼り切っている. No estoy preocupado porque *confío en* Dios. 私は神を信じているから心配していない.
— *se* 再 ❶ 【+a/en に】身をゆだねる; …に信をおく. —*Se confió* a un conocido médico. 彼はある有名な医師に身をゆだねた. ❷ 【+a/en に】自分の意中を打ち明ける. —En aquel país no tenía a nadie en quien ~*se*. あの国で彼は, 意中を打ち明ける人が一人もいなかった. ❸ 自信過剰になる. —*Se confió* y lo suspendieron. 彼は自信過剰になって, 落第した.

:**confidencia** [komfiðénθja] 囡 ❶ 内密の話, 打明け話. —Las mujeres son más dadas a ~s que los hombres. 女は男よりも内緒話が好きである. 類**intimidad, secreto**. ❷ (秘密の)明かすこと. 類**revelación**. ❸ 信頼. 類**confianza**.
en confidencia 内密に, 内緒で.
hacer [decir, contar] confidencias a … (人)に打明け話をする, 内緒の話をする.

***confidencial** [komfiðenθjál] 形 内密の, 秘密の. —carta ~ 親展の手紙. información [informe] ~ 秘密情報[報告書]. 類**reservado, secreto**.
***confidencialmente** [komfiðenθjálménte] 副 内密に, 内々に, 密かに.
confidenta [komfiðénta] 囡 ❶ 信頼のおける人(女性), 女性の親友. ❷ 女性スパイ.
***confidente** [komfiðénte] 男女〖女性形として confidenta も用いられる〗❶ 打ち明け話のできる人, 信頼できる人, 腹心. —Ese amigo es su mejor ~. その友人が彼の最良の何でも打ち明けられる人だ. 類**compadre, cómplice**. ❷ 情報提供者, 密告者, スパイ. 類**chivato, espía**.
— 男 二人用の長椅子, ラブチェア. 類**canapé, diván**.
— 形 忠実な, 誠実な, 信頼の置ける. 類**fiel, seguro**.
confier- [komfjér-] 動 conferir の直·現在, 接·現在, 命令·2単.
configuración [komfiɣuraθjón] 囡 ❶ (各部分の配置によってきまる)外形, 形状, 形態. —la ~ del terreno その土地の地勢. La ~ del carácter comienza en la niñez. 性格の形成は幼児期に始まる. 類**conformación, forma**. ❷ 《情報》構成, コンフィギュレーション, 環境設定. —~ de sistema システム·コンフィギュレーション(コンピュータや周辺機器のシステム構成). ~ de cuenta アカウント·セットアップ.
configurar [komfiɣurár] 他 を形づくる, 形成する. —Hay que ~ la estrategia del partido para las próximas elecciones. 次期選挙のために党の戦略を練らなければならない. 類**conformar, formar**.
— *se* 再 形成される, 形づくられる. —Tras la conferencia *se configuró* un nuevo orden político. その会議後新しい政治規則が作られた.
confín [komfín] 形 隣接した, 境を接した.
— 男 ❶ 複【+de/entre】境界, 境界線. —los confines entre España y Portugal スペインとポルトガルの境界. ❷【+de】視界の果て, 遥か地方. —En los confines del mundo 世界の果てで. Vive en una isla en un ~ del océano. 彼は大洋の果てにある島に住んでいる.
confinación [komfinaθjón] 囡 追放, 流刑. 類**confinamiento, destierro**.
confinado, da [komfináðo, ða] 名 《法律》流刑人, 追放された人.
confinamiento [komfinamjénto] 男 ❶ 追放, 流刑. 類**confinación, destierro**. ❷ 監禁, 幽閉. —Murió durante su ~ en el hospital. 彼は病院に監禁されている間に亡くなった. el ~ de los animales en reservas 動物を特別保留地に囲い込むこと. 類**confinación**. ❸ 隣接, 境を接すること.
confinar [komfinár] 自 【+con】…と接する, …に隣接する, …と境を接する. España *confina con* Francia y Portugal. スペインはフランスとポルトガルと国境を接している. 類**lindar**.
— 他 ❶ を追放する, 流刑にする. 類**desterrar**. ❷ を監禁する, 幽閉する. —Lo *confinaron* en un monasterio. 彼は修道院に幽閉された. 類**aislar, recluir**.
— *se* 再 閉じこもる. —Ella *se confinó* en casa y nadie volvió a verla. 彼女は家に閉じこもり誰

も二度と彼女を見ることはなかった.

confinidad [komfiniðá(ð)] 囡 隣接, 近接; 近隣, 近所. 類**cercanía, proximidad, vecindad**.

confir- [komfir-] 動 coferir の直・現在/完了過去, 接・現在/過去, 命令・2 単, 現在分詞.

*__confirmación__ [komfirmaθjón] 囡 ❶ 確認(状), 確証. —hacer la ~ de la noticia [del rumor] ニュース[噂]を確認する. ~ del pedido 注文の確認(状). ~ de la reserva del vuelo 飛行機の予約の確認. 類**comprobación, corroboración**. 反**anulación, rectificación, negación**. ❷ (判決などの)是認, 追認. ❸《キリスト教》堅信(の秘跡), 堅信式. —administrar la ~ 堅信の秘跡を施す. dar [recibir] la ~ 堅信を授ける[受ける].

en confirmación de ... …を確認して.

:**confirmar** [komfirmár] 他 ❶ (a)を確認する, …の正しさを証明する. —El periódico de hoy *ha confirmado* la noticia. 今日の新聞が このニュースを確認した. Tengo que ~ mi vuelo de mañana. 私は明日の私のフライトを確認しておかねばならない. La excepción *confirma* la regla. 例外が規則の正しさを証明する. Todo está por *confirmar*. すべて未確認だ. (b)〖+en について〗(人)に確信を深めさせる, 自信を強くさせる. —Su seguridad me *confirma en* la idea de que es la persona ideal para este cargo. 彼がこの任務にうってつけの人だという私の考えへの確信は彼の自信ある態度によって深まっている. (c)〖+como として〗(人)の地位を不動のものにする[確立する]. —'El Sombrero de Tres Picos' *confirmó a* Falla *como* compositor.『三角帽子』はファリャの作曲家としての地位を不動のものとした. (d) …に任期を更新する. —El nuevo director lo *confirmó* en su cargo. 新部長は彼に職務の任期更新をした. ❷ を再認する, 追認する. —El tribunal de distrito de Tokio *ha confirmado* la sentencia. 東京地裁は判決を追認した. ❸《カトリック》…に堅信礼を施す. —El obispo *confirmará* a los niños del pueblo el próximo domingo. 司教はこんどの日曜日に村の子どもたちに堅信礼を施すだろう.

——se 再 ❶〖+en について〗自信を深める. —*Se confirmó en* sus sospechas. 彼は自分の疑念に自信を深めた. ❷《カトリック》堅信礼を受ける.

confirmatorio, ria [komfirmatórjo, rja] 形 ❶《法律》(判決, 審判が)確認の, 確証の. ❷ 確かめる, 確認の, 確証の.

*__confiscar__ [komfiskár] [1.1] 他 ❶ を没収する, 押収する. —La aduana *ha confiscado* un importante alijo de cocaína. 税関はかなりの量の密輸コカインを没収した. La policía *ha confiscado* los documentos concernientes al golpe de estado. 警察はクーデターに関係する書類を押収した. 類**decomisar**. ❷ (財産)を差し押さえる. —~ los bienes de una empresa 企業の財産を差し押さえる.

confitar [komfitár] 他 ❶ (果物)をシロップ漬けにする. —Mi madre *confita* peras y manzanas maravillosamente. 私の母は梨とリンゴをすばらしくうまくシロップ漬けにする. 類**almibarar**. ❷ (果物の種)を砂糖でまぶす, 砂糖で覆う. 類**azucarar, escarchar**. ❸《比喩, 話》…の気を引く, を誘惑する. —No *confites* al niño con la bicicleta. その子を自転車で誘惑しないでね. 類**engolosinar**. ❹《比喩》を和らげる, 穏やかにする. —La estancia en el correccional *confitó* su carácter violento. 感化院にいたおかげで彼の狂暴な性格は穏やかになった. 類**endulzar, suavizar**.

confite [komfíte] 男 〖主に複〗砂糖菓子. — morder en un ~《比喩, 話》同じ釜の飯を食う.

confíteor [komfíteor] 男 ❶《カトリック》コンフィテオル, 告白の祈り(ラテン語で「我告白す」の意味の言葉でミサや懺悔の前に唱えられる). ❷《比喩》罪・過ちを公然と告白すること

confitera [komfitéra] 囡 砂糖菓子 (confite) を入れる容器・箱. 類**confitero**.

confitería [komfitería] 囡 ❶ (特にキャラメル, ボンボン菓子, 砂糖菓子を売る)菓子屋. 類**bomboneria, dulcería**. ❷ 砂糖菓子を作る工場.

confitero, ra [komfitéro, ra] 名 砂糖菓子職人, 砂糖菓子屋.

—— 男 砂糖菓子を入れる容器・箱. 類**confitera**.

confitura [komfitúra] 囡 砂糖漬け[煮]されたもの(果物), 砂糖をまぶされたもの(果物). —~ de melocotón 桃の砂糖漬け[煮].

conflagración [komflaɣraθjón] 囡 ❶《比喩》戦争勃発による騒乱, 動乱; 戦争. —Existe el peligro de una ~ armada en la zona. その地域には武装蜂起の危険がある. ❷《まれ》大火災. 類**incendio**.

conflictividad [komfliktiβiðá(ð)] 囡 争い・対立などを生む可能性があること.

conflictivo, va [komflíktiβo, βa] 形 ❶ 紛争の, 争いの, 抗争の. —El siglo veinte fue una época muy *conflictiva*. 20 世紀は紛争に富んだ時代だった. ❷ 紛争のもととなる, 争いのもととなる. —Es una persona muy *conflictiva* en la empresa. 彼は会社で争いのもととなる人物だ.

:**conflicto** [komflíkto] 男 ❶ (国家間などの激しい)紛争, 争い, 衝突. —~ fronterizo 国境紛争. encontrarse en un ~ 紛争状態にある. El ~ del Golfo provocó la subida del petróleo. 湾岸紛争は石油の高騰を招いた. 類**choque, guerra, enfrentamiento**. ❷ (利害・意見などの)衝突, 対立, 争い. —~ laboral [colectivo, de trabajo] 労働争議. ~ de intereses [de opiniones] 利害[意見]の衝突. ~ de jurisdicciones 裁判管轄の抵触. ~ de clases 階級闘争. ~ de poderes 権力争い. ~ de sentimientos 感情の対立. ~ armado 武装闘争. entrar en un ~ 衝突する. tener un ~ con ... …と衝突している. 類**colisión, disputa**. 反**acuerdo**. ❸ (解決策のない)苦境, 窮地, 葛藤, 板ばさみ. —tener [estar en] un ~ 苦境に陥っている, 困っている. poner en un ~ 窮地に陥れる[追い込む]. 類**aprieto, apuro**. ❹《情報》コンフリクト.

confluencia [komfluénθja] 囡 ❶ (河川・道などの)合流, 人の合流. —~ de ríos [calles, caminos] 川[通り, 道]の合流. ❷ 合流点, 合流場所. —La ~ de las dos autopistas es la causa de los atascos. その二つの高速道路の合流点が渋滞のもとである.

confluente [komfluénte] 形 ❶ 合流する, 一つになる. —caminos ~s 合流した道. ❷《病理》融合性の, 融合性発疹の. —viruelas ~s 融合性痘瘡(ﾄｳｿｳ).

—— 男 合流点, 合流場所. 類**confluencia**.

confluir

confluir [koɱfluír] [11.1] 自 ❶ (河川・道などが)合流する, 一つになる. —A la salida de la ciudad *confluyen* dos ríos. その町の入り口で二つの川が合流している. 類 **juntarse, reunirse**. ❷《比喩》(人がある場所に)集まる, 集合する; (様々な要素が特定の現象に)集中する, 収斂(%)する. —Los peregrinos *confluyen* en Roma. 巡礼者たちがローマに集まる. Los críticos *confluyen* en alabar la novela. 批評家たちはみな一致してその小説を賞賛している. 類 **concurrir, converger**.

conformación [koɱformaθjón] 女 ❶ 形態, 形状. —La ~ de su espalda es un poco rara. 彼の背中の形は少し変だ. ❷ 構造, 組織; (全体に対する部分の)配置, 配列. —La ~ del puente parece frágil. その橋は構造が脆(%)弱なようだ. 類 **configuración**.

:conformar [koɱformár] 他 ❶ [+a] …に順応[適合]させる, 一致させる. —Si no *conformas* tu proceder *a* las normas establecidas, tendrás que marcharte. もし君が定められた規範に君のやり方を合わせないなら, 帰ってもらわねばならない. Trato de ~ los gastos *a* las ganancias. 私は利益に見合った支出をするように努めている. ❷ を形作る, 形成する. —~ un proyecto プロジェクトを形作る, 形成する. Veinte empleados *conforman* el departamento de ventas. 20名の従業員が営業部を構成する. 類 **constituir, formar**. ❸ …に承認のサインをする. —Este documento lo tiene que ~ el presidente. この書類には社長が承認のサインをせねばならない. ❹ [+con で]満足させる. —La niña se *conforma con* un caramelo. 女の子はキャラメルでなだめられる. 類 **satisfacer**.

── 自 [+con に]同意する, 賛成する.
ser de buen conformar (人が)与しやすい, 妥協的な.

── **se** 再 ❶ [+con に]甘受する, (…で)我慢する, 満足する. —Me *conformo con* que estés a mi lado. 君が私の側にいてくれるだけで私は満足だ. Me *conformaría con* ganar la mitad de sueldo que tú. ぼくだったら君の給料の半分をもらうだけで満足するだろうに. —*se con* la voluntad de Dios 神の意志に従う. ❷ [+con に]同意する, 賛成する. —Me *conformo con* el plan de usted. 私はあなたの計画に賛成します. ❸ [+a に]順応する, 従う, 一致する.

:conforme [koɱfórme] 形 ❶ [+a]…に一致した, 則した. —El resultado no ha sido ~ *a* nuestras esperanzas. 結果は我々の期待通りのものではなかった. La resolución es ~ *a* derecho. 裁定は法律に則したものだ. 類 **acorde**. ❷ [+a]…に応じた, 適合した. —Es una medida ~ *a* la realidad de nuestro país. それはわが国の現実に合致した対策だ. 類 **acorde, idóneo**. ❸ [+con]…に満足した, 甘んじた. —Se mostró [Se declaró] ~ *con* la proposición. 彼は提案に対し て満足の意を表した. 類 **contento, resignado**.
estar conforme con [*en*] ... …と合意[一致]している, 同意見だ. Están *conformes con*tigo en que debéis apoyarla. 彼らは彼女を支持しなければならないという点では君と同意見だ. Estamos *conformes* en las condiciones de pago. 我々は支払条件については一致している.
quedarse conforme con ... …に満足している, 甘んじている. No se *quedó conforme con* el papel que le dieron. 彼は提出された書類には満足しなかった.

── 副 ❶ [+a/con]…に従って, …の通りに. —Lo he preparado ~ *a* sus instrucciones. あなたの指示通りにそれを準備した. C~ *con* lo planeado, se marcharon. 計画した通り彼らは立ち去った. ❷ [+a]…に応じて, …次第で. —Te pagamos ~ *a* tu trabajo. 君の仕事に応じて我々は金を払う.

── 接 [+直説法, 未来や仮定的なことを述べる場合+接続法] ❶ …のように, の通りに. —Lo hice todo ~ me dijeron. 私は彼らが言った通りにすべてやった. 類 **como**. ❷ …につれて, に従って. —C~ iban llegando, se iban sentando. 彼らは到着するに従って席について行った. ❸ …次第, …するとすぐ. —C~ amanezca, nos pondremos en camino. 夜が明け次第私たちは出発しよう.
según y conforme (1) [+直説法・接続法]…のままに, の通りに. Lo haré *según y conforme* tú me indicas. 君が指示するとおりにそれをしよう. (2) [単独で用いて]場合による. その時次第だ. ¿Y tú piensas participar?-*Según y conforme*. で君 は参加するのかね.-それは場合による.

── 間 よろしい, けっこう, 賛成; (テレビのクイズ番組で)正解です.

── 男 承認済み(文書を承認する際記す表現), 同意. —A esta orden de pago le falta el ~. この支払い命令には承認の署名がない.
dar [*poner*] *el conforme* 同意する, 承認する.

:conformidad [koɱformiðáð] 女 ❶ 同意, 承認, 承諾, 賛成. —dar su ~ a ... を承認する[認める], …に同意する. El director del colegio les dio su ~ para utilizar el salón de actos. 校長は彼らに講堂使用を認めた. Puedes contar con mi ~. 私は賛成ですから大丈夫ですよ. 類 **aprobación, consentimiento, permiso**. 反 **desaprobación, desacuerdo**. ❷ (意見などの)一致, 調和, 合致, 協調. —~ de gustos 趣味の一致. no ~ 不一致, 非協調. No hay ~ entre los asistentes en torno al tema. そのテーマについて出席者の意見が合わない. 類 **concordancia, consenso**. 反 **disconformidad, discordancia**. ❸ (人・物の)似寄り, 相似性. —Hay una gran ~ entre el carácter de los dos hermanos. その2人の兄弟は性格がよく似ている. 類 **afinidad, coincidencia, parecido**. ❹ 忍従, 我慢, 忍耐, 諦め. —llevar [soportar] con gran ~ las pruebas de la vida 人生の試練にじっと耐える. Debes soportar tu enfermedad con ~. 君は根気よく病気と付き合わなければならない. 類 **paciencia, resignación, tolerancia**. 反 **rebeldía**.
de [*en*] *conformidad* 意見が一致して. *de ser de su conformidad* ご異存がなければ. Se hizo *de conformidad* entre todos nosotros. 私たちは全員意見が一致した.
de [*en*] *conformidad con* ... …に従って, 応じて, …通りに, …に一致して (=según, de acuerdo con). *en conformidad con* el pedido 注文通りに. actuar *en conformidad con* lo establecido por la ley 法の定めるところに従って行動する.
en esta [*tal*] *conformidad* このような場合には, こういう状況では.

conformismo [koɱformísmo] 男 ❶ (体制・主義主張に対する)順応主義, 順応的態度.

《宗教》英国国教主義.

conformista [komformísta] 形 ❶ 順応的な, 順応主義の. —Él dormirá en cualquier sitio porque es muy ~. 彼はどんなところでも眠れるだろう, とても順応的な人だから. Con esa actitud ~ nunca ascenderás en la empresa. そんな日和見的な態度では君は決して会社で出世しないだろう. ❷《宗教》英国国教の.
—— 男女 ❶（体制・主義主張に疑念を持たずに）順応する人, 順応主義者. —Es un ~ y aceptará cualquier propuesta. 彼は順応主義者だからどんな提案でも受け入れるだろう. ❷《宗教》英国国教徒.

confort [komfór(t)]《<仏》男 快適さ, 心地よさ. —Vive en un piso de gran ~. 彼はとても快適なマンションに住んでいる. Lleva una vida de lujo y ~. 彼は贅沢で快適な生活を送っている. 類 **comodidad**.

confortable [komfortáβle] 形 ❶ 元気にする, 強壮の. 類 **confortante**. ❷ 快適な, 心地よい. —asientos ~s 座り心地のよい椅子. 類 **cómodo**. 反 **incómodo**.

confortablemente [komfortáβleménte] 副 快適に, 心地よく.

confortad*or*, ***dora*** [komfortaðór, ðóra] 形 ❶ 強壮の, じょうぶにする. ❷ 元気づける, 励ます.
—— 名 元気づける人, 励ます人

confortante [komfortánte] 形 元気づける, 励ます. —Sus palabras ~s aliviaron mi dolor. 彼の励ましの言葉で私の苦しみは和らいだ.
—— 男 指先のかじかみ防ぎの手袋. 類 **mitón**.

confortar [komfortár] 他 を丈夫にする, 強健にする. —Este ejercicio te *confortará*. この運動で君は丈夫になるだろう. 類 **fortalecer**.《比喩》を元気づける, 勇気づける, 励ます. —Tu visita me *confortó*. 君が来てくれたおかげで私は元気になった. 類 **alentar**, **animar**, **consolar**. 反 **desanimar**.
——**se** 再 ❶ 体を丈夫にする. 類 **fortalecerse**. ❷ 元気になる, 元気づく. —Con un vaso de vino, siempre *me conforto*. 私はワイン一杯でいつも元気になる.

confortativ*o*, ***va*** [komfortatíβo, βa] 形 強壮の, 丈夫にする. ❷ 元気づける.
—— 男 強壮剤.

confraternidad [komfraterniðá(ð)] 女 ❶ 兄弟愛, 同胞愛, 友情, 友愛. —Tendremos una cena de ~ con los vecinos. 私たちはご近所の人たちと町内会の夕食会を開く. 類 **fraternidad**, **hermandad**. ❷ 兄弟のように親しい友情関係.

confraternizar [komfraterniθár] [1.3] 自 ❶ 兄弟のように親しく交わる, 親交を深める. —Aunque no hablaban la misma lengua, *fraternizaron* enseguida. 彼らは同じ言語を話してはいなかったけれどすぐに親しくなった. 類 **fraternizar**. ❷（何らかの違いのある人たちが）親交を結ぶ.

confrontación [komfrontaθjón] 女 ❶ 比較, 照合. —Es necesaria la ~ entre las dos traducciones. 二つの翻訳を照合しなければならない. 類 **comparación**, **cotejo**. ❷《法律》法廷証人と被告の対面. 類 **careo**. ❸ 対面, 直面; 対決. —La ~ de los dos campeones tendrá lugar mañana. その二人のチャンピオンの対決は明日行われる. ❹ 好感, 共感, 親近感.

confundir 487

confrontar [komfrontár] 他 ❶ ［+con と］を比較する, 照合する. — ~ una copia con el original オリジナルとコピーを照合する. 類 **comparar**, **cotejar**. ❷ ［+con］《法律》（法廷で）を…と対面させる, 対決させる. —*Confrontaron* al demandado *con* el demandante. 被告は原告と対面させられた. 類 **carear**. ❸ …に直面する, …に面と向かう. 類 **afrontar**, **enfrentar**.
—— 自 ❶《まれ》［+con に］接する, 隣接する. 類 **confinar**, **limitar**, **lindar**. ❷《古, 比喩》［+con］…と気が合う, 折り合いがいい. 類 **congeniar**.
——**se** 再 ❶ ［+con］…と直面する, …と向き合う; …に立ち向かう. —Quiero vivir tranquilo y no —*me más con* mi suegra. 私は穏やかに暮らしこれ以上姑と顔を合わせたくない. 類 **enfrentarse**. ❷ ［+con］…と折り合いがいい. 類 **avenirse**.

confucianismo [komfuθjanísmo] 男 《宗教》儒教, 儒学.

Confucio [komfúθjo] 固名 孔子(前551-479, 中国の思想家, 儒学の始祖).

confundible [komfundíβle] 形 混同する, 混同しやすい, 間違いやすい.

confundido*, ***da*** [komfundíðo, ða] 過分 形 ❶［estar+］混同した, 間違えた, 誤った. —Perdón, pero *está* usted ~. Aquí no hay nadie que se llame Juan Ruiz. すみませんが, お間違えですこここにはフアン・ルイスなどという者はおりません. ❷［estar+］当惑した, まごついた; 恐縮した. —*Estaba* ~ con tantos cumplidos. あんなに憂(ほ)められて私は当惑していた. 類 **confuso**.

‡**confundir** [komfundír] 他 ❶ (*a*) ［+con と］を混同する, 取り違える, 間違える. —La *confundí con* su hermana. 私は彼女を彼女の姉妹と間違えた. Las gemelas son tan parecidas que hasta sus padres las *confunden*. その双生児姉妹は大変似ているので両親までが彼女らを取り違える. *Confundieron* los nombres y se armó un tremendo lío. 名前の取り違えがあって, ひどい騒ぎになった. 類 **equivocar**. (*b*) を混同させる, 間違わせる. —Las tortuosas calles nos *confundieron* y no pudimos encontrar el museo. 曲がりくねった通りのためにわれわれは道に迷い, 博物館が見つからなかった. (*c*) をぼやかせる. —La oscuridad *confunde* los perfiles de las cosas. 暗闇だと物の輪郭がぼやける. ❷ を混ぜる, を紛れ込ませる. —Encontró un incunable que el tiempo *había confundido* en un montón de libros viejos. たくさんの古本の中に長い年月が紛れ込まれていた印本を彼は見つけた. ❸ を悪化させる, かき乱す. —En su conferencia *confundió* las ideas en vez de aclararlas. 彼は講演で考えを明確にするどころか混乱させてしまった. ❹ をどぎまぎさせる, 当惑させる. —Me *confunde* usted con tantos elogios. あなたにそんなにほめられると私は迷惑です. La respuesta *confundió* al profesor. その返答は教師を当惑させた. 類 **incomodar**.
——**se** 再 ❶ 間違う. —Usted *se ha confundido*. Yo soy su hermano. あなた, お間違いです. 私は彼の弟です. ~*se* de piso 階を間違える. ❷ 混じり合う; 紛れ込む. —Los terroristas huyeron *confundiéndose* entre la multitud que llenaba la plaza. テロリストたちは, 広場一杯の群衆に

紛れ込んで逃走した. ❸ 混乱する, 混乱する, めちゃくちゃになる. ❹ どぎまぎする, 当惑する, 取り乱す. ― *Se confundió* al oír sus elogios. 彼女は彼の賛辞を聞いて当惑した. ❺ ぼやける. ―En la niebla *se confunden* las formas. 霧の中では物の形がぼやける.

confusamente [komfúsaménte] 副 ❶ 混乱して, 雑然として. ❷ 曖昧に, 漠然と. ❸ 当惑して; 恥じ入って.

:confusión [komfusjón] 女 ❶ **混乱, 乱雑, 混雑, 紛糾**. ― ~ de lenguas (バベルの塔の)言語の混乱. ― de noticias 情報の錯綜. En esa habitación reinaba la mayor ~. その部屋はひどく散らかしてあった. Tenía tal ~ de ideas que no sabía qué decir. 彼は考えが支離滅裂で, 何を言っていいのか分からなかった. 類 **desorden, lio, barullo.** 反 **orden, claridad.** ❷ **混同, 間違い, 勘違い, 誤解; 不明瞭.** ― ~ de las fechas de un cumpleaños. 誕生日の勘違い. por (una) ~ 間違って. Sus palabras se prestan a ~. 彼の発言は誤解を招きやすい. Hubo una ~ en los nombres y me dieron el carné de otra persona. 名前を勘違いされ, 私は他人の身分証明書を渡された. 類 **equivocación, error.** 反 **acierto, certeza.** ❸ 当惑, 困惑, 狼狽(%), 恐縮. ― Su inesperada declaración de amor la llenó de ~. 彼の思いがけない愛の告白で, 彼女は大変困惑した. Tanta amabilidad me produjo una gran ~. 私はあんなに親切にしていただき大変恐縮した. 類 **desconcierto, perplejidad, turbación.** ❹ 《法律》(刑の)混同, 合同, 吸収. ❺ 意気消沈. 類 **abatimiento.**

confusión de los poderes 《政治》三権分立.

en confusión 当惑して, 狼狽して; 雑然と.

estar en un mar de confusiones 非常に困っている.

confusionismo [komfusjonísmo] 男 (概念や議論の)混乱, 曖昧さ. ― Las declaraciones del rey provocaron el ~. 国王の声明は混乱を引き起こした.

:confuso, sa [komfúso, sa] [<confundir] 形 ❶ 混乱した, 乱雑な, 雑然とした. ―La situación sigue siendo *confusa*. 状況は混乱したままだ. 類 **enredado.** ❷ ぼんやりした, はっきりしない, 不明瞭な. ―Dio una explicación *confusa* que no convenció a nadie. 彼は誰も納得しないあいまいな説明をした. Hasta nosotros llegaba un ~ rumor de voces. 私たちのところまではっきりしないざわめきが聞こえてきた. 類 **impreciso, indefinido.** ❸ 当惑した, まごついた, どぎまぎした〔estar+〕. ―Al oír aquello, todos se miraron ~s. それを聞くと皆当惑して顔を見合せた. 類 **perplejo, turbado.**

confutar [komfutár] 他 …に反駁(%)する, 反論する. 類 **contradecir, impugnar, refutar.**

conga[1] [kónga] 女 ❶ 《舞踊》コンガ.◆キューバの民族舞踊. ❷ 《音楽》コンガの為の音楽

conga[2] [kónga] 女 《中南米》❶ 《動物》コンガ (フチアクーガの一種). ❷ 《虫類》コンガ (毒を持つオオアリの一種).

congelación [konxelaθjón] 女 ❶ 氷結, (低温による)凝結, 凍結; 冷凍. ―punto de ~ 凝結点, 氷点. ― de carne 肉の冷凍. ❷ 《比喩》(商業, 経済》(物価, 賃金, 預金などの)凍結, 据え置き, 封鎖. ― ~ salarial [de salarios] 賃金の凍結. El juez ordenó la ~ de su cuenta. 裁判官は彼の預金の凍結を命じた. La empresa anunció la ~ del nuevo proyecto. その企業は新しいプロジェクトの据え置きを発表した. 類 **bloqueo.**

congelado, da [konxeláðo, ða] 過分 〔<congelarse〕形 ❶ 凍った, 凝固した, 凍結した. ―carne *congelada* 冷凍肉. alimentos ~s 冷凍食品. ❷ 《比喩》(商業, 経済)凍結された, 封鎖された. ― *~ créditos* 凍結[焦げつき]貸金. ❸ 《比喩》とても冷たい, 冷えきった. ―Estoy ~. 僕は体が冷えきっている. 類 **helado.** ❹ 《医学》凍傷にかかった.

congelador [konxelaðór] 男 ❶ 冷凍室, 冷凍庫; 冷凍陳列ケース. ― ~ horizontal [vertical] 横型[縦型]冷凍庫. ❷ 冷凍機, 冷凍装置.

congelar [konxelár] 他 ❶ 凍らせる, 氷結させる, 凍結する; 凝固させる. ―Las bajas temperaturas *congelaron* el río. 低温のため川は凍結した. ❷ 冷凍する, 急速凍結する. ❸ 《比喩》《商業, 経済》を現金化できなくする, 封鎖する; (賃金などを)凍結する. ―El gobierno *congeló* los salarios de los funcionarios por dos años. 政府は公務員の賃金を2年間凍結した. 類 **bloquear, inmovilizar.** ❹ 《医学》凍傷にする. ―El frío le *congeló* los dedos de los pies. 寒さで彼の足の指は凍傷になった. ❺ 〔…の進行, 経過〕を止める, 中断する. ―El gobierno ha decidido ~ las negociaciones con los sindicatos. 政府は労働組合との交渉を中断することにした.

―*se* 再 ❶ 凍る, 凍結する; 凝固する. ―*Se ha congelado* el agua de las tuberías. パイプの水が凍った. 類 **helarse.** ❷ 《医学》凍傷になる

congénere [konxénere] 形 同類の, 同種の, 同族の. ―El zorro y el lobo son ~s. キツネとオオカミは同類だ.

―― 男女 複 《軽蔑的に》仲間, 同類. ―No tengo nada que ver con tus ~s. 私は君の仲間とは何の関係もない. 類 **semejante.**

congeniar [konxenjár] 自 〔+con と〕折り合いがいい, 気が合う. ―Ella no *congenia* con su suegra. 彼女は姑(ﾐ)と折り合いがよくない. 類 **avenirse, simpatizar.**

congénito, ta [konxénito, ta] 形 生来の, 生得の, 生れつきの; 先天的の. ―Padece una enfermedad *congénita*. 彼は先天的な病気に冒されている. 類 **connatural, ingénito, innato.** 反 **adquirido.**

congestión [konxestjón] 女 ❶ (人, 車両などの)密集, 込み合い, 混雑. ― ~ de tráfico 交通渋滞. 類 **aglomeración.** 反 **descongestión.** ❷ 《まれ》《医学》鬱血(%), 充血. ― ~ cerebral 脳充血. ― ~ pulmonar 肺鬱血. 反 **descongestión.** ❸ (情報)輻輳(%).

congestionado, da [konxestjonáðo, ða] 過分 〔<congestionarse〕形 (充血して)顔が赤くなった. 類 **enrojecido.** 反 **pálido.**

congestionar [konxestjonár] 他 ❶ 《医学》を鬱血(%)させる, 充血させる. ―La excesiva grasa ha *congestionado* sus arterias. 脂肪の取りすぎで動脈が鬱血した. ❷ を密集させる, 混雑させる. ―La manifestación *congestionó* la avenida. デモで通りは混雑した. 類 **aglomerar.**

―*se* 再 ❶ (充血して)顔が赤くなる. ―*Me congestiono* en cuanto bebo un poco. 私は少し飲

んだだけで赤くなる. 類**enrojecerse**. ❷ (人や車両が)密集する, 混雑する. —Estas calles *se congestionan* en las horas punta. これらの通りはラッシュアワーには混雑する.

congestivo, va [konxestíβo, βa] 形 〖医学〗鬱血(うっけつ)の, 充血の; 鬱血性の, 充血性の.

conglobar [konɡloβár] 他 (球状にするために)集める, 合わせる; (全体を作るために)集める, 合わせる.

——**se** 再 (球状, 全体を作るために)集まる

conglomeración [konɡlomeraθjón] 女 凝集, 集合, 塊; 寄せ集め, 寄せ集まり. 類**conglomerado**.

conglomerado, da [konɡlomeráðo, ða] 過分 [<conglomerarse] 形 寄り集まった, 雑集した; 種々雑多の.
—— 男 ❶ 寄せ集まり, 集合, 塊. 類**aglomerado, conglomeración**. ❷〖地質〗礫岩(れきがん). ❸《比喩》(雑多なものの)混合体, 集積体, 集合体. —La población de ese barrio es un ~ de razas. その地区の住民は様々な人種の集合である. 類**acumulación, aglomeración, amalgama, cúmulo**.
—— 形 〖女性形のみ〗〖植物〗花序が詰まった.

conglomerar [konɡlomerár] 他 を寄せ集める, 凝集する; 塊にする. —Para fabricar el asfalto hay que ~ la gravilla con el betún. アスファルトを作るためには砂利をチャンで固めなければならない. El nuevo líder ha conseguido ~ las distintas corrientes de opinión. 新しいリーダーは様々な意見の流れをまとめることができた. 類**aglomerar**.

——**se** 再 凝集する; 塊になる. —En la coalición *se conglomeran* distintos partidos de izquierda. その同盟には種々の左翼政党が寄り集まっている. 類**aglomerarse**.

conglutinación [konɡlutinaθjón] 女 膠(にかわ)着, 接着; 癒(ゆ)着. 類**aglutinación**.

conglutinar [konɡlutinár] 他 を膠(にかわ)でくっつける, 膠(にかわ)着させる, 接着させる; 癒(ゆ)着させる. 類**aglutinar**.

——**se** 再 膠着する, 接着する; 癒着する.

Congo [kóŋɡo] 固名 ❶ コンゴ共和国(公式名 República de Congo, 首都ブラザビル Brazzaville). ❷ コンゴ民主共和国(公式名 República Popular del Congo, 首都キンシャサ Kinshasa).

congoja [konɡóxa] 女 ❶ (心身の)激しい苦痛, 苦悩, 苦悩; 悲嘆, 悲しみ. —La muerte de su mujer le provocó una gran ~. 妻の死に彼は深く苦悶した. 類**angustia, ansiedad, depresión, dolor, euforia, tranquilidad**. ❷ 気絶, 卒倒, 失神. 類**desmayo, soponcio**.

congoleño, ña [konɡoléɲo, ɲa] 形 コンゴ(Congo, 旧ザイール共和国)の, コンゴ人の, コンゴ語の.
—— 名 コンゴ人, コンゴ語. 類**congolés**.

congolés, lesa [konɡolés, lésa] 形 →congoleño.

congraciador, dora [konɡraθjaðór, ðóra] 形 人の好意を得ようとする, 人を引きつけようとする.

congraciar [konɡraθjár] 他 〖+con〗…の好意[関心, 愛着]を引き寄せる, かち得る, つかむ. —Su gran simpatía le *congració con* todos sus compañeros. 大いに人柄がよかったので彼は同僚すべての好意を得た.

congreso 489

——**se** 再 〖+con〗…に気に入られる, …の好意をかち取る. —Como era muy trabajador, *se congració* pronto *con* su jefe. 彼は大変働き者だったのですぐに上司に気に入られた.

congratulación [konɡratulaθjón] 女 祝うこと, 祝福すること, 祝賀, 祝辞. —Reciba mi más sincera ~por su ascenso. ご昇進本当におめでとうございます. 類**enhorabuena, felicitación**.

congratular [konɡratulár] 他 〖+por〗…について…を祝う, …に祝辞を述べる. —Le *congratulamos por* el nacimiento de su hijo. 私たちは彼に子供の誕生おめでとうと言った. 類**felicitar**.
——**se** 再 〖+de〗〖+deque 接続法〗喜ぶ, うれしい, 祝う. —Nos *congratulamos de que* hayas aprobado el examen. 私たちは君がその試験に合格してうれしい.

congratulatorio, ria [konɡratulatórjo, rja] 形 祝いの, 祝賀の, 祝福の.

:**congregación** [konɡreɣaθjón] 女 ❶ 集まり, 集団; 集合, 集結. —una ~ de fieles 信徒の集まり, 信徒団. Una ~ de jóvenes se agolpaba a las puertas del estadio. スタジアムの入口に若者たちが集結していた. 類**multitud**. ❷ 会議, 会合; 宗教会議(=capítulo). 類**junta, reunión**. ❸ (宗教)(司祭や信者の)信心会, 修道会, 信徒団; 〖集合的に〗会衆, 信徒. —C~ del Oratorio オラトリオ会. *Congregaciones* salesianas サレジオ会. 類**cofradía, hermandad**. ❹ (宗教)(ローマ教皇庁の)聖省. —C~ de Propaganda [de Ritos] 布教[礼部]聖省.

congregación de (los) fieles カトリック教会(= Iglesia Católica).

congregacionalista [konɡreɣaθjonalísta] 形 〖中南米〗〖宗教〗組合教会主義の, 会衆派の.
—— 男女 〖中南米〗〖宗教〗組合教会主義者, 会衆派.

congregacionista [konɡreɣaθjonísta] 男女 (宗教団体, 結社などの)会員, メンバー. 類**cofrade, congregante**.

congregante, ta [konɡreɣánte, ta] 名 (宗教団体, 結社などの)会員, メンバー. 類**cofrade**.

:**congregar** [konɡreɣár] [1.2] 他 を集める, 集合させる. —El concierto de rock *congregó* a miles de jóvenes en el estadio de fútbol. ロックコンサートは何千人もの若者をサッカースタジアムに集めた. 類**reunir**.

——**se** 再 集まる, 集合する. —La multitud *se congregó* en la plaza. 群集は広場に集結した.

congresal [konɡresál] 名 〖中南米〗代議員, 評議員. 類**congresista**.

*:**congresista** [konɡresísta] 男女 ❶ (会議・学会などの)参加者, 参会者, 会議のメンバー. —Cada ~ presentó una ponencia. 参加者はそれぞれ発表した. ❷ 議員, 代議員, 下院議員. —~ demócrata 民主党議員.

:**congreso** [konɡréso] 男 ❶ 〖政治〗(米国・中南米など)国会, 議会; (スペインの)下院(=C~ de los Diputados, Cámara Baja). —abrir la primera sesión de C~ 第一回目の国会を開く. Las Cortes españolas están constituidas por el ~ y el senado. スペインの国会は下院と上院で構成されている. 類**Cortes**. ♦ 日本の国会は Dieta, 英国の国会は Parlamento. ❷ 〖政治〗国会

congrio

議事堂. —Los diputados hablaban en los pasillos del C~. 下院議員たちは国会議事堂の廊下で話していた. 類**Parlamento, Cortes**. ❸ (外交・学術などの)**会議**, 大会, 学会; 党大会. — de odontología 歯科学会議. — de biología marina 海洋生物学会議. ~ nacional 全国大会. ~ internacional 国際会議. ~ de Viena ウィーン会議(1914〜15年). ~ eucarístico《宗教》聖体会議. Hoy se celebra un ~ internacional de Neurocirugía. 今日国際神経外科学会が開催される. 類**conferencia, reunión**.

congrio [kóŋgrjo] 男《魚類》アナゴ, アナゴ科の魚の総称.

congrua [kóŋgrwa] 女 ❶《公務員の》調整手当. ❷《聖職者》が受け取るべき収入.

congruencia [koŋgrwénθja] 女 ❶ 一致, 適合性, 調和. —No hay ~ entre sus palabras y sus hechos. 彼女言うこととすることが一致していない. 類**coherencia, correspondencia**. 反**incongruencia**. ❷ 適切さ, 好都合, 好機. 類**conveniencia, oportunidad**. ❸《数学》(2 整数の)相合, 合同(≡の記号で示される); (2 図形の)合同. ❹《法律》裁判官, 検察, 弁護士三者の判断の一致.

congruente [koŋgrwénte] 形 ❶ [＋con]…と一致する, 適合する, 調和した. —Lo que estás haciendo no es ~ con lo que dijiste. 君のやっていることは君の言ったことと一致していない. 類**acorde, coherente, congruo**. 反**incongruente**. ❷ 適切な, ふさわしい, 都合のよい. —El conferenciante no pudo dar una explicación ~ a esa pregunta. 講演者はその質問に対して適切な説明をすることができなかった. 類**congruo, conveniente, oportuno**. 反**incongruente, inconveniente**. ❸《数学》(2 図形が)合同の; (2 整数が)相合の, 合同の.

congruentemente [koŋgrwénteménte] 副 ❶ 適合して, 一致して. ❷ 適切に, ふさわしく.

congruo, grua [kóŋgrwo, grwa] 形 ❶ 一致する, 適合する. 類**congruente**. 反**incongruente**. ❷ 適切な, ふさわしい. —porción *congrua*《宗教》聖職者に割り当てられる最低限の収入.

cónico, ca [kóniko, ka] 形 ❶《幾何》円錐の, 円錐形の. —sección *cónica* 円錐曲線. proyección *cónica* 円錐図法.《幾何》円錐形の, 円錐状の. —un techo ~ 円錐形の天井.

conífera [konífera] 女 →conífero.

conífero, ra [konífero, ra] 形 《植物》(マツ, モミ, トウヒなど)針葉樹の, 球果植物の.
—— 女 複《植物》針葉樹, 球果植物の総称.

coniforme [konifórme] 形《幾何》円錐形の.

:**conjetura** [koŋxetúra] 女《主に複》**推測**, 憶測, 推量. —con [por]~s 憶測で, 当てずっぽうで. juzgar [acusar] por simples ~s 単なる憶測で判断する[非難する]. ~ muy verosímil いかにもありそうな臆測. Son meras ~s. /No son más que ~s. それは単なる憶測に過ぎない. 類**figuración, sospecha, suposición**.

conjeturable [koŋxeturáβle] 形 推量できる, 推測[可能]できる; 推定できる, 想像できる. 類**presumible**.

conjetural [koŋxeturál] 形 推測に基づいた, 憶測上の. 類**hipotético**.

conjeturar [koŋxeturár] 他 …と推量する, 推測する, 憶測する; 推定する, 想像する. —Es imposible ~ el futuro económico de Japón con tan pocos datos. こんなにわずかなデータで日本経済の将来を推測するのは不可能である. 類**presumir, suponer**.

:**conjugación** [koŋxuɣaθjón] 女 ❶《文法》(動詞の)**活用**, 変化(表). —~ regular [irregular] 規則[不規則]活用. ~ defectiva [impersonal] 欠如[無人称]活用. ❷《異なる物の》**結合**, 連結, 連携, 調整. —El sistema educativo debe buscar la ~ del desarrollo físico y del intelectual. 教育制度は身体的発達と知的発達の調和をすすめなければならない. ~ de opiniones dispares 異なる意見の取りまとめ. 類**combinación, conjunción**. ❸《生物》(菌類などの)生殖細胞・原生動物の)接合, 合体. ❹《電》(電)共役. ❺《物理》— ~ de carga 荷電共役変換.

conjugada [koŋxuɣáða] 女 →conjugado.

conjugado, da [koŋxuɣáðo, ða] 形(分)[＜conjugarse]形 ❶《文法》(動詞が)活用した. ❷《数学》共役の. ❸《機械》連携した, 連動した. ❹《植物》対をなした. ❺《植物》接合藻類の.
—— 男 複《植物》接合藻類.

:**conjugar** [koŋxuɣár] [1.2][jugar [5.8]と違う活用に注意]他 ❶《文法》(動詞・不定詞)を**活用させる**. —*Conjúguense* los infinitivos siguientes en el presente de indicativo. 次の不定詞を直説法現在形に活用させよ.[*conjúguense* は再帰受身の命令形]❷ ~ を結び合わせる, つなげる; [＋con と]を調整する. —Si *conjugáramos* nuestras fuerzas, podríamos llevar a cabo una gran empresa. もしわれわれの力を合わせれば, 大事業が成し遂げられるだろうに. Ese decorador de interiores *conjuga* lo tradicional y lo moderno. そのインテリアデザイナーは伝統とモダンを組み合わせる. ~ el trabajo *con* los estudios 仕事と勉強をうまく両立させる. 類**combinar, unir**.

:**conjunción** [koŋxunθjón] 女 ❶《様々な出来事・状況などの》**結合**, 連結, 巡り合わせ, 出会い. —~ de esfuerzos 努力の結果. ~ de opiniones 意見のとりまとめ. Una ~ de factores interviene en la inflación. 諸要因が重なってインフレになる. 類**combinación, conjugación, unión**. ❷《文法》接続詞. —~ coordinante 等位接続詞 (y, o, ni など). ~ subordinante 従位接続詞 (porque, aunque など). ~ adversativa 反意の接続詞 (pero など). ~ copulativa 連結接続詞 (y など). ~ compuesta 複合接続詞 (aunque など). ~ disyuntiva 離接接続詞 (o など). ~ causal 原因の接続詞 (porque など). ~ condicional 条件の接続詞 (de, si, como, a condición de que, con tal que など). ~ completiva 補完の接続詞 (que など). ~ concesiva 譲歩の接続詞 (aunque, sin embargo など). ~ comparativa 比較の接続詞 (como など). ~ continuativa 継続の接続詞 (pues, pues que など). ~ consecutiva 結果の接続詞 (conque, luego, tanto que など). ~ distributiva 配分の接続詞 (ya ... ya, ora ... ora など). ~ final 目的の接続詞 (a fin de que など). ~ ilativa 接続の接続詞 (conque, luego, pues など). ~ negativa 否定の接続詞 (ni など). ~ temporal 時の接続詞 (cuando, mientras など). ❸《天文》(天体の)合(ご), (月の)朔(さく)(地球・太陽・内惑星が同一線上に位置するこ

と). ― ~ superior [inferior] 外[内]合. ❹《情報》論理積.

conjuntamente [koŋxúntaménte] 副 いっしょに. ― Viajaré ~ con mis hijos. 私は子供たちといっしょに旅行します. 類 **juntamente**.

conjuntar [koŋxuntár] 他 を調和させる, 釣り合わせる; 協調させる. ― Ese pintor *no conjunta* bien los colores. その画家は色のコーディネートがうまい. 類 **armonizar**.

――― 自 [+con と] 調和する, 釣り合う. ― Esta camisa *no conjunta con* esa corbata. このシャツはそのネクタイと合わない. 類 **armonizar**.

――― **-se** 再 結合する, いっしょになる, 集まる. ― El equipo no ganará porque aún no *se han conjuntado* bien los jugadores. そのチームは勝たないだろう, まだ選手がうまくまとまっていないから. 類 **agruparse, juntarse, unirse**.

conjuntiva [koŋxuntíβa] 女《解剖》結膜.

conjuntivitis [koŋxuntiβítis] 女《医学》結膜炎.

conjuntivo, va [koŋxuntíβo, βa] 形 ❶ 合わせる, 結合する, 接合する. ― tejido ~《医学》結合組織. ❷《文法》接続法の; 接続詞的な. ― modo ~ 接続法. locución ~ 接続詞的句 (sin embargo, por siguiente など).

‡**conjunto** [koŋxúnto] 男 ❶ 集合, 集まり, 集団. ― Este libro es un ~ de poemas contemporáneos. この本は現代詩を集めたものだ. un ~ de circunstancias 一連の状況. ~ deportivo スポーツチーム. foto de ~ 集合[団体]写真. 類 **agrupación, grupo, reunión**. ❷ 全体, 総体, 全員. ― La casa y el jardín forman un ~ armónico. 家と庭がうまく調和している. Criticó el ~ de tus obras. 彼は君の作品を批判した. Vale más el ~ que las partes. 部分より全体のほうが価値がある. 類 **suma, todo, total, totalidad**. ❸ (家具・調度品などの) ひとそろい; 一群の建物. ― un ~ de muebles 家具一式. ~ de balconera バルコニープランターセット. ~ de sacacorchos コルク抜きセット. ~ horno y placa オーブン・レンジ台セット. ~ tresillo セット 藤製応接3点セット. ~ vajilla y 6 tazas 食器・カップ6点セット. ~ urbanístico [residencial] 住宅団地. ❹《服飾》アンサンブル, (上下) 一揃いの服. ― Llevaba un bonito ~ de chaqueta y falda. 彼女はジャケットとスカートのきれいなアンサンブルを着ていた. Esa nueva blusa te hace ~ con la falda roja. その新しいブラウスは赤いスカートとマッチしている. ❺《音楽》アンサンブル, バンド, ポップ・グループ, (小編成の) 合唱団. ~ vocal 合唱団, 声楽アンサンブル. un ~ de música ligera 軽音楽アンサンブル. Mi amiga Silvia canta en un ~. 私の友人のシルビアは合唱団で歌っている. Es una chica del ~. 彼女はコーラス・ガールである. 類 **banda, coro**. ❻《数学》集合. ― el ~ de los números primos [de los números naturales] 素数[自然数]の集合. teoría de ~ [de los] ~s] 集合論. ~ vacío [nulo] ゼロ集合, 空($\emptyset$)集合. ~ complementario 補集合. ~ finito 有限集合. intersección de dos ~s 2つの集合の積(共通部分).

de conjunto 全体の. impresión *de conjunto* 全体の印象.

en conjunto (1) 全体的に見て, 全体として, 概して. El piso, *en conjunto*, es bastante acepta-ble. そのマンション全体としてはまずまずである. (2) 合計で, 全部で.

en el conjunto 数ある中で.

en su conjunto 全体として, まとめて.

visión [vista, aspecto] de conjunto 概観.

――― **, ta** 形 ❶ 結合した, 一つになった. ― Toda sociedad se construye con el trabajo ~ de sus miembros. すべての社会は構成員の協力で成り立っている. 類 **simultáneo, unido**. 反 **separado**. ❷ 共同の, 共有の; 合同の; 連帯の. ― Es una obra *conjunta*, la hicimos entre los tres. それは共同作品で, 私たちが3人がかりで作った. acción *conjunta*《法律》共同訴訟. comité ~ 合同委員会. cuenta *conjunta* 共同預金口座, 銀行共同勘定. declaración *conjunta* 共同声明[宣言]. empresa *conjunta* ジョイントベンチャー, 合弁事業. operaciones *conjuntas*《軍事》連合作戦, 協同作戦. la base aérea *conjunta* de Torrejón《軍事》(Madrid 近郊の) トレホン共同空軍基地. propiedad *conjunta* de ambos 両者の共有財産. hacer una fiesta *conjunta* 合同のパーティーを開く. 類 **combinado, común, coordinado**. 反 **individual**. ❸ [+a] …に隣接した, 隣の. ― La casa *conjunta* a la mía está en ruinas. 我が家の隣の家は老朽化している. 類 **contiguo, junto**.

conjura [koŋxúra] 女 (特に支配者に対する)陰謀, 反乱. ― ~ de Catilina《歴史》カティリーナの陰謀 (B.C. 63年, ローマ). descubrirse una ~ 陰謀が発覚する. detener a los organizadores [al cabecilla] de la ~ 陰謀の画策者[首謀者]を逮捕する. 類 **complot, conjuración, conspiración**.

conjuración [koŋxuraθjón] 女 (体制, 政府などに対する)陰謀, 共謀, 謀反 (=conjura). ― tramar una ~ 陰謀を企てる. Los cerebros de la ~ fueron detenidos. 陰謀の主犯が捕まった. 類 **complot, confabulación, conjura, conspiración**.

conjurado, da [koŋxuráðo, ða] 過分 [< conjurarse] 形 陰謀[共謀]に加担した.

――― 男女 陰謀[共謀]に加担した人, 陰謀[共謀]者.

conjurador, dora [koŋxuraðór, ðóra] 男女 ❶ 悪魔払いの祈祷師. 類 **exorcista**. ❷ 陰謀[共謀]を企てる人

‡**conjurar** [koŋxurár] 自 [+contra に対して] 陰謀をたくらむ. ― Un grupo de militares *conjuró contra* el gobierno. ある軍人グループが政府に対し陰謀をたくらんだ. 類 **conspirar**.

――― 他 ❶ (a) (悪魔)を追い払う, 払い清める. ― El sacerdote *conjuró* al espíritu maligno a que saliera de aquel hombre. 司祭はあの男から悪霊を追い払った. (b) (霊など)を呼び出す. ~ a los difuntos 死者たちを降霊する. ❷ [+a (que) +接続法] …するよう懇願する. ― Os *conjuro* a que digáis la pura y simple verdad. 君たち後生だから純粋の事実だけを言ってくれ. ❸ を防止する, 回避する. ― Con el nuevo gabinete se intenta ~ la crisis política. 新内閣をもって政治危機の回避が図られようとしている. 類 **evitar, impedir**.

――― **-se** 再 陰謀をたくらむ. ― *Se conjuraron* para derrocar la dictadura. 彼らは共謀して独裁政権

を倒そうとした.

conjuro [koŋxúro] 男 ❶ 悪魔払い, 魔除け. 類**exorcismo**. ❷ 呪文, 呪い, 魔術の言葉. 類**imprecación**. ❸ 嘆願, 懇願. 類**súplica**.
al conjuro de ... …の効力で, せいで. *Al conjuro de* sus palabras, se desvanecieron mis temores. 彼の言葉で私の恐怖感は消え去った.

conllevar [koɲʎeβár] 他 ❶ (病気, 逆境など)に耐える, を我慢する, 忍従する. — *Conlleva* su diabetes pacientemente. 彼は糖尿病に根気よく耐えている. 類**sobrellevar**. ❷ (気難しい人)とうまく付き合う. — No hay nadie que sepa ~ a mi suegra. 私の姑とうまくやっていける人なんていないわ. 類**soportar**. ❸ (人)を助ける, 手伝う. ❹ をぬか喜びさせる. ❺ を伴う, 含む. — Ese cargo *conlleva* graves reseponsabilidades. その仕事は重大な責任を伴う. El trabajo de periodista en ese país *conlleva* serios riesgos. その国でジャーナリストとして働くことは本当に危険が伴う. 類**comportar, implicar**.

:**conmemoración** [kommemoraθjón] 女 祝賀, 記念(祭・式・祝典), 追悼(祭), — ~ del Quinto Centenario del Descubrimiento de América アメリカ大陸発見500周年記念(祭). ~ de (los (fieles) difuntos) «カトリック» 諸死者の記念日, (俗に)万霊祭(11月2日). 類**aniversario, rememoración**.
en conmemoración de ... を記念して(の). *en conmemoración del* nacimiento del príncipe 王子の誕生を記念して.

:**conmemorar** [kommemorár] 他 ❶ を祝う, 祝賀する. — ~ el centenario de la independencia 独立百周年を祝う. ❷ を記念する, しのぶ. — Este epígrafe *conmemora* la entrevista de Colón con Isabel I la Católica. この碑銘はイサベル1世カトリック女王とコロンブスとの会見を記念するものだ. 類**celebrar**.

* **conmemorativo, va** [kommemoratíβo, βa] 形 記念の, 〖+de〗(を記念する. — acto ~ 記念行事. medalla [placa] *conmemorativa* 記念メダル[バッジ]. Hoy celebran una ceremonia *conmemorativa del* final de la guerra. 今日終戦の記念式典が催される. Levantaron un monumento ~ dedicado al fallecido poeta. 今は亡き詩人に捧げられる記念碑が建てられた.

conmemoratorio, ria [kommemoratórjo, rja] 形 ❶ 記念となる, 記念のための. ❷ 記念して発行された, 記念の. — sello ~ 記念切手. monumento ~ 記念碑. 類**conmemorativo**.

conmensurable [kommensuráβle] 形 ❶ 測定可能な, 評価することができる. — El amor no es algo ~. 愛とは測ることのできないものである. 類**mensurable**. 反**inconmensurable**. ❷ 《数学》通約できる, 同じ数で割り切れる.

:**conmigo** [kommiɣó] 前 +代 (人称)〖con+mí の意味〗私といっしょに, 私に対して. — ¿Vienes ~ al cine? 君はぼくといっしょに映画を見にいくかい? C~ no valen amenazas. 私に対して脅しはきかないぞ. Se disgustó ~. 彼は私に腹を立てた.

conmilitón [kommilitón] 男 «まれ» 戦友.
conminación [komminaθjón] 女 ❶ (罪, 報復など)で脅(おど)すこと, 脅し; 威嚇(いかく). 類**amenaza**. ❷ 通告, 通達. 類**intimación**. ❸ 《修辞》人や擬人化された物をひどい災いで脅す言い回し.

conminar [komminár] 他 ❶ 〖+con〗…で(人)を脅(おど)す. — Me *conminaron* con el despido si no cumplía las órdenes. 私は彼らの命令に従えなければ解雇だと脅された. 類**amenazar**. ❷ 《法律》〖+a 不定詞, +aque 接続法〗…するよう(人)に通告する, …するように通達する. — El dueño del piso le *conminó a* abandonar el piso en un mes. 大家は彼にそのアパートを1か月以内に明け渡すよう通告した. El juez *conminó al* acusado *a* presentarse en el lugar y fecha fijados. その裁判官は被告人に所定の場所, 所定の日に出頭するように通告した. 類**intimar, requerir**.

conminativo, va [komminatíβo, βa] 形 ❶ 脅(おど)しの, 脅迫の, 威嚇(いかく)的な. ❷ 通告の, 通告的な. 類**conminatorio**.

conminatorio, ria [komminatórjo, rja] 形 ❶ 脅(おど)しの, 脅迫の, 威嚇(いかく)の. 類**conminativo**. ❷ 通告の, 通達の. — Recibió una carta *conminatoria* en la que dice que se presente ante el juez en el plazo de veinticuatro horas. 彼は24時間以内に裁判所に出頭せよという通告状を受け取った. 類**conminativo**.

conmiseración [kommiseraθjón] 女 同情, 憐憫(れんびん). 類**compasión**.

conmoción [kommoθjón] 女 ❶ (精神的な)動揺, 動乱, 狼狽(ろうばい), ショック. — La noticia de su muerte le produjo tanta ~ que no pudo pronunciar palabra. 彼女の死の知らせに彼はあまりのショックで一言も発することができなかった. 類**perturbación, sacudida, trastorno**. ❷ (政治的, 社会的な)変動, 動乱. — una ~ social 社会変動. 類**alteración, perturbación, trastorno**. ❸ 地震. — Una violenta ~ sacudió ayer la provincia. 昨日激しい地震がその県を揺さぶった. 類**terremoto**. ❹ 振動, 衝撃. — ~ cerebral 《医学》脳震盪(のうしんとう).

conmocionar [kommoθjonár] 他 ❶ を動転させる, 動揺させる, 衝撃を与える. — Aquella tragedia *conmocionó* a todo el país. あの悲劇は全国民に衝撃を与えた. ❷ 《医学》脳震盪(のうしんとう)を起こさせる. — El golpe *conmocionó* al jugador y estuvo sin conocimiento varios minutos. その打撃で選手は脳震盪を起こし数分間意識がなかった.
—**se** 再 ❶ 動転する, 動揺する. — Todos *nos conmocionamos* cuando nos comunicaron la noticia del accidente. その事故の知らせに私たちはみな動転した. ❷ 《医学》脳震盪を起こす.

:**conmovedor, dora** [kommoβeðór, ðóra] 形 人を感動させる, 感動的な, 心をゆり動かすような. — escena *conmovedora* 感動的な場面. Pronunció un ~ discurso de despedida. 彼は感動的な別れの挨拶を述べた.

:**conmover** [kommoβér] 他 [5.2] ❶ を感動させる, 感激させる…に衝撃を与える. — La noticia de su muerte nos *conmovió* a todos. 彼の死の知らせに私たちはみなショックを受けた. Aquel homenaje le *conmovió* mucho. あの記念式典は彼を大いに感動させた. 類**emocionar, enternecer**. ❷ を揺るぶる, 震動させる. — Un seísmo *ha conmovido* toda la ciudad de México. 地震はメキシコ・シティー全体を揺れた.

—se 再 ❶ 感動する, 感激する. —Se conmovió mucho al oír la noticia del triunfo de su hijo. 彼は息子の勝利の知らせを聞いて大いに感激した. ❷ 震える, 震動する. —Muchas casas se conmovieron por la explosión. 多くの家が爆発で震動した.

:**conmovido, da** [kommoβíðo, ða] 過分 形 ❶ 動揺した, ショックを受けた, 衝撃を受けた. —Me dijo, con voz conmovida, que su hijo tenía cáncer. 彼は動揺した声で息子が癌(がん)なのだと言った. ❷ 《まれ》動揺を引き起こす, 物議をかもす.

conmuev- [kommuéβ-] 動 conmover の直・現在, 命令・2 単.

conmutable [kommutáβle] 形 交換可能な, 代替可能な, 転換できる, 取り替え可能な. —penas ~s 軽いものと代替可能な刑罰.

conmutación [kommutaθjón] 女 ❶ 取り替え, 交換, 代替, 変換. —~ de pena 《法律》刑罰を軽いものに代えること. 類**sustitución**. ❷ 《修辞》語順の倒置による語呂合わせ. 類**retruécano**.

conmutador, dora [kommutaðór, ðóra] 形 取り替えの, 交換の, 代替の.
—— 男 ❶ 《電気》整流器, 転換器. ❷ 《情報》スイッチ, トグル. ❸ 《中南米》電話交換台.

conmutar [kommutár] 他 ❶ [+por] (刑罰, 責務など)を…に減刑する, 軽くする. —Le conmutaron la pena de muerte por cadena perpetua. 彼は死刑から無期懲役に減刑された. ❷ [+con/por] を…と取り替える, 交換する, 変換する. —Trato de ~ mi horario docente por el de otro profesor. 私は授業の時間割を他の先生のと交換しようとしている. 類**cambiar, permutar, trocar**. ❸ [+en] を…に変える, 転換する. 類**convertir**. ❹ [+por] (授業単位[科目]など)を…に算定する, 認定する. —Me conmutaron todos los créditos sacados en la universidad anterior por los equivalentes de ésta. 私が前の大学で取った単位はすべてこの大学の同等単位として算定された. ❺ 《電気》(電流の方向)を転換する, 整流する.

conmutativo, va [kommutatíβo, βa] 形 ❶ 取り替えの, 交換の, 転換の; 交換性のある, 切り替えのある. ❷ 《数学》可換の, 可換性のある; 可換性に関する.

connatural [konnaturál] 形 生まれつきの, 生得の, 先天的な. —El pesimismo es un rasgo ~ en su carácter. ペシミズムは彼の性格の中心的特徴である. El instinto de supervivencia es ~ en el ser humano. 生存本能は人間に生まれつきのものである. 類**innato, natural**.

connaturalizar [konnaturaliθár] [1.3] (< natural) 他 《まれ》[+con] (かつて慣れていなかったものに)…を慣れさせる. 類**acostumbrar**.
—se 再 [+con に] 慣れる. —Ya me he connaturalizado con las costumbres del país. 私はもうその国の習慣に慣れた. 類**acostumbrarse**.

connaturalmente [konnaturálménte] 副 先天的に, 生得的に, 生来.

connivencia [konniβénθja] 女 ❶ 共謀関係, 共謀, つるみ, 結託 en ~ con un empleado. 泥棒は従業員とぐるになっていた. 類**complicidad, conchabanza, confabulación**. ❷ (部下などの過ちを)大目に見ること, 見逃し; 寛容[寛大]なこと. —El fraude se produjo con la ~

del jefe de sección. その不正は部長が黙認したためにおこった. 類**indulgencia, tolerancia**.

connotación [konnotaθjón] 女 ❶ 《言語》含意, 言外の意味. —La palabra "sirvienta" tiene connotaciones despectivas. sirvienta という言葉には軽蔑的な響きがある. 類**implicación**. 反**denotación**. ❷ 《論理》内包. ❸ 遠縁関係, 遠縁.

connotar [konnotár] 他 ❶ 《言語》を含意する, 言外に含む, 暗示する. —"País subdesarrollado" connota cierto desprecio. 「低開発国」という表現は何か軽蔑的な意味を含む. 類**implicar**. 反**denotar**. ❷ 《論理》を内包する. ❸ を関係づける.

connubial [konnuβjál] 形 《詩, まれ》結婚の, 婚姻の; 夫婦の.

connubio [konnúβjo] 男 《詩》結婚, 婚姻; 夫婦. 類**casamiento, matrimonio**.

cono [kóno] 男 ❶ 《幾何》錐(すい), 円錐, 錐面. —~ truncado 《幾何》円錐台. ~ recto 《幾何》直円錐. ~ oblicuo 《幾何》斜円錐. un sombrero en forma de ~ とんがり帽子. ❷ 《一般に》円錐状のもの. —~ de luz 《光学》光錐. ~ de sombra 《天文》本影. ~ volcánico 《地質》火山錐. ❸ 《植物》毬果(きゅうか), 球果, 円錐果. ❹ 円錐状の標識. —Respeten la dirección que marcan los ~s. 標識の記す方向を守ってください. C~ Sur 《地理》チリ, アルゼンチン, パラグアイ, ウルグアイの占める地域.

conocedor, dora [konoθeðór, ðóra] 形 ❶ [+de] …に精通した, 詳しい [ser +], をよく知った. —Es un buen ~ de vinos. 彼はワインに精通している. 類**entendido, experto, sabedor**. ❷ 《まれ》[+de] を知っている [ser +]. —No creía que fueras ~ de mi relación con ella. 君が僕と彼女の関係を知っているなんて思わなかった
—— 名 [+de] …に精通した人 [ser +], 詳しい人. 類**entendido, experto, sabedor**.
—— 男 《アンダルシーア》牧夫頭.

****conocer** [konoθér コノセル] [9.1] 他 ❶ (a) (人)と知り合いである, 面識がある; 知り合いになる. —En esta ciudad no conozco a nadie. この町には私は知り合いが一人もいない. Si le conocieras bien, no hablarías mal de él. 彼を君がよく知っていれば, 彼の悪口は言わないだろうに. Hoy he conocido a Marisa. 今日私はマリサと知り合った. (b) (場所)を知っている, 行ったことがある. —No conozco París. 私はパリに行ったことがない. (c) (見聞・経験など)を知っている, 分かっている. —Le conozco de oídas [de vista]. あなたのおうわさだけはうかがって[お顔だけは存じあげて]おりました. Conoce lo que ha sucedido. 彼は起こったことを知っている. Es un hombre que no ha conocido el fracaso. 彼は失敗を経験したことのない男だ. 類**saber**. (d) 《文》(異性)を知る, …と(肉体)関係を持つ. —Murió sin ~ varón [mujer]. 彼女[彼]は男[女]を知らずに死んだ. ❷ (体験により)…に精通している, を熟知している. —Conoce bien la geografía de esta región. 彼はこの一帯の地理をよく知っている. Conoce muy bien su trabajo. 彼は自分の仕事を非常によく心得ている. ❸ [+de から] 見分ける, 識別する, 見て[聞いて]分かる. —Conoce muy bien cuáles son las setas

494 conocible

venenosas. 彼はどれが毒キノコなのか非常によく見分けられる。El bebé empieza ya a ～ a sus padres. 赤ん坊はすでに両親を識別し始めている。Le *conocí* por la voz. 私は声で彼と分かった。❹《法律》(事件)を担当する, 審理する。

— 圓 ❶【＋de に】詳しい, 精通している。❷《法律》事件を担当[審理]する。— ～ del pleito 訴訟を担当する。

— **se** 再 ❶ 自分を知る。— *Conócete* a ti mismo. なんじ自身を知れ。❷ 知り合いになる; 知り合いである。— Hace tiempo que *nos conocemos*. 私たちは長い間知り合い同士だ。Se conocieron en la universidad. 彼らは大学で知り合った。❸【＋que＋直説法】…だと分かる, 認められる。— En la cara *se le conocía* que estaba preocupado. 彼の顔で心配していることが分かった。

dar a conocer を(人に)知らせる, 通知する。Aún no *han dado a conocer* los detalles del atentado. まだテロ攻撃の詳細は知らされていない。

darse a conocer (1) 自分がどんな人間かを明らかにする。Después de varios días de estancia comenzó a *darse a conocer*. 数日の滞在ののち彼は自分の正体を明らかにしだした。

El que no te conozca que te compre. 【諺】ある人を信頼するにはその人をあまり知りすぎないほうがよい(←君を知らぬ人が君を買ってくれるように)。

conocible [konoθíβle] 形 ❶ 知りうる, 認識しうる, 理解しうる。❷ 知り合うことのできる, 出会うとのできる

‡**conocido, da** [konoθíðo, ða] 過分 形 よく知られた, 有名な, 著名な; 評判の。— Aquella noche me presentaron a un médico muy ～. その夜, 私は大変有名な医者を紹介された。El conferenciante no dijo nada nuevo, todo era ya ～. その講演者は何も新しいことは言わなかった, 全部もう知られていることだった。類 **acreditado, famoso**.

— 名 (あまり親しくない)知人, 知り合い。— Antonio no es mi novio, es sólo un ～. アントニオは恋人じゃないわ, ただの知り合い。

muy conocido en su casa [a las horas de comer] 《話, 皮肉》ほとんど名前の知られていない, 地元で有名な。Los actores eran todos *muy conocidos en su casa*. 俳優は地元の有名人ばかりだった。

‡**conocimiento** [konoθimiénto コノシミエント] 男 ❶【主に複】【＋de】…についての知識, 造詣, 学識; 理解, 認識。—Se necesita un secretario con ～ de alemán. ドイツ語の知識のある秘書募集中。Tiene algunos ～s de contabilidad. 彼はある程度会計の知識がある。Tiene muchos ～s de historia de Japón. 彼は日本史に造詣が深い。類 **erudición, ideas, saber, sabiduría**. ❷ 意識, 知覚。— En el accidente, perdió el ～ y no lo ha recobrado todavía. 彼は事故の際気を失い, まだ意識を回復していない。類 **conciencia, sensibilidad, sentido**. 反 **inconsciencia**. ❸ 分別, 判断力, 良識, 知性。— Compórtate con poco más de ～ y no hagas esas niñerías. 君はもう少し分別ある行動を取りそんな子供じみたことはやめなさい。Come sin ～ y así está de gordo. 彼は無茶な食べ方をして, 結局それで太っているのだ。類 **inteligencia, juicio, prudencia, razón, sensatez**. 反 **desconocimiento, ignorancia**. ❹ 身をもって知ること, 体験。— Hasta su ～ del fracaso, fue una persona muy orgullosa. 挫折を味わうまで, 彼は実に高慢な人間だった。El ～ del amor cambió su actitud ante la vida. 愛を知って人生に対する彼の態度が変わった。❺ (人と)知り合うこと, 面識, 交友。— Como le cuesta tanto hacer amigos, le obsessiona el ～ de gente nueva. 彼はなかなか友人ができないので, 人と知り合うということがいつも頭から離れない。❻【複】《話》知り合い, 知人, 知己(＝relaciones)。— Lo sé por un ～ mío de la compañía. 私は会社の同僚を通じて知っている。❼《認識》, 認識;《哲学》認識。— teoría del ～ 認識論 (＝epistemología)。El ser humano siempre ha perseguido llegar al ～ de todo lo que lo rodea. 人間は常に身を取り巻くものをすべて認識することを追求してきた。類 **cognición, concepto, idea, noción**. ❽《商業》(a) 船荷証券 (＝～ de embarque)。— ～ de embarque defectuoso 瑕疵(かし)付き船荷証券。(b) 身分証明書。

con conocimiento (1) 分別をもって, 思慮深く, 慎重に (＝sensatamente)。actuar *con conocimiento* 思慮分別をもって行動する。(2) 意識的に (＝conscientemente)。

con conocimiento de causa 事情[自分の行動]をよくわきまえて。Obrar *con conocimiento de causa*. 事情をよくわきまえたうえで行動する。Te lo digo *con conocimiento de causa*. 私は事情をよく心得て言っているのだ。

dar conocimiento de ... (ある事柄)を知らせる, 伝える。Dio conocimiento del suceso a la policía. 彼はその出来事を警察に知らせた。

estar en su pleno conocimiento 正気である。

llegar a conocimiento de ... (人)の知るところとなる。Ha *llegado a mi conocimiento* que te casarás pronto. 私は君が間もなく結婚することを知った。

llegar al conocimiento de ... (ある事柄)を知る, 気づく。Por su forma de hablar, *llegué al conocimiento de* que me ocultaba algo. 彼の話し方で, 私は彼が私に何か隠していることに気づいた。

poner en conocimiento de ... (人)に知らせる。Puso el hecho *en conocimiento de* la policía. 彼はその出来事を警察に知らせた。

sin conocimiento (1) 分別のない。niño *sin conocimiento* 分別のない子供。(2) 気を失った, 無意識の[に]。Cuando lo sacaron del coche, estaba *sin conocimiento*. 車から引っ張り出された時彼は気を失っていた。

*tener conocimiento*o 分別[判断力]がある。Salir sin abrigo un día como éste es *no tener conocimiento*. こんな日にコートを着ないで出かけるなんて正気じゃない。

tener conocimiento de ... …の(こと)を知る[聞く], を知っている。A esas horas no se *tenía* todavía *conocimiento de* la noticia. その頃そのニュースはまだ知れ渡っていなかった。

venir en conocimiento de ... (1) (ある事柄)を知る。(2) (人)の知るところとなる, …の耳に入る。

conoidal [konoiðál] 形 円錐状[形]の。

conoide [konóiðe] 男《幾何》円錐曲線体(放物線などの二次曲線が軸のまわりに回転してできる円

錐に似た立体).

conozca(-) [konoθka(-)] 動 conocer の接・現在.

conozco [konóθko] 動 conocer の直・現在・1単.

＊＊conque [koŋke コンケ] 接 ❶《話》〘+直説法; 結果を示す〙そこで, それで, それだから. ― Nunca es tarde para poner las cosas claras, ～ si algo tienes que decir, dilo. 物事をはっきりさせるのに遅すぎることはないのだから, 君が何か言いたいことがあれば言いなさい. ❷《話》〘文頭で; +直説法〙では, それじゃ, さて. ― C～, ¿estudiando para el examen, eh? では, 試験勉強をしてるわけ? ¿iC～ te han dado el premio! 何で君が賞をもらったの.

conquense [koŋkénse] 形 クエンカ (Cuenca) の, クエンカ出身の.
── 男女 クエンカ出身者, クエンカの住民

:**conquista** [koŋkísta] 女 ❶ 征服. ― La ～ de Constantinopla acabó con el Imperio Bizantino. コンスタンチノープルの征服でビザンチン帝国は滅んだ. Los astronautas se han lanzado a la ～ del espacio. 宇宙飛行士は宇宙征服に着手した. 類**invasión, ocupación**. ❷〘努力・手腕による名声・成功・自由・新市場などの〙獲得. ― Los alpinistas celebraron la ～ de la cumbre. 登山家たちは頂上を極めたことを祝った. La empresa española se ha lanzado a la ～ del mercado europeo. スペイン企業はヨーロッパ市場制覇に乗り出した. 類**consecución, logro**. ❸ 征服された土地[人々]; 獲得物. ― Los alemanes no pudieron conservar sus ～s. ドイツ人たちは征服した国々を保持できなかった. El derecho de huelga fue una de las ～s del sindicato. スト権は組合が獲得したものの一つであった. La vida media del hombre se ha alargado gracias a las ～s de la medicina. 人間の平均寿命は医学の発達のお陰で延びた. ❹〘異性を〙口説き落とすこと, ものにすること. ―ir de ～ ガール[ボーイ]ハントに出かける. ir a ～ de mujeres ガールハントに行く. Luis se lanzó a la ～ de la muchacha, pero fracasó. ルイスはその少女を口説きにかかったが, 失敗に終わった. Sólo tiene ojos para ti. Has hecho una ～. 彼女は君のことしか考えていない. 君はいい子をつかまえたね. 類**ligue**. ❺ ハントした相手, 手に入れた男[女]. ― La actriz acudió a la fiesta con su última ～ amorosa. その女優は一番新しい彼を連れパーティーに出た. 類**ligue**. ❻〘人の心をつかむこと, 魅了. ― Su estupenda interpretación lo ha llevado a la ～ del público madrileño. 彼の素晴らしい演技はマドリード市民をとりこにした.

conquistable [koŋkistáβle] 形 ❶ 征服することのできる, 獲得することのできる, 取ることのできる. ❷《比喩》獲得しやすい, 手に入れやすい, 手の届く. 類**asequible**.

:**conquistador, dora** [koŋkistaðór, ðóra] 名 ❶〘一般に〙征服者. ❷〘歴史〙コンキスタドール (16世紀に新大陸の Azteca や Inca などを征服したスペイン人征服者). ― Esa provincia es la cuna de grandes ～es. その県は偉大な征服者たちの出生地である. ～ de Méjico メキシコ征服者 (Hernán Cortés のこと). Jaime I el C～ ハイメI 世征服王 (1208-76). Guillermo el C～〘英国の〙ウィリアム征服王 (1027-87). ❸《話》〘異性を〙口説き落とす人; (特に) 女たらし, ドン・フアン; プレイ

ガール. ― Tenga Ud. cuidado con él; es un ～. 彼には気をつけてください, 女たらしですから. 類**donjuán, seductor, tenorio**.
── 形 ❶ 征服する, 征服(者)の. ❷〘異性を〙口説き落とす, 女心を射止める. ― Entró en el bar con aire ～. 彼はいかにも女たらしといった態度で酒場に入ってきた.

:**conquistar** [koŋkistár] 他 ❶ を征服する. ― Hernán Cortés *conquistó* al Imperio Azteca. エルナン・コルテスはアステーカ帝国を征服した. ❷ をかち得る, 獲得する. ― ～ un cargo [una posición social elevada] ある職[高い社会的地位]を獲得する. 類**ganar**. ❸ …の心を捕える, を魅惑する, (女性を)征服する. ― Su enorme simpatía *conquistaba* a todos. 彼はその並外れた感じのよさでみんなの心を捕えていた. La *conquistó* con lisonjas y poemas de amor. 甘言と愛の詩で彼は彼女を口説き落とした. ❹ を納得させる. ― Le he *conquistado* para que nos ayude. 我々を助けてくれるよう私は彼を説得した.

consabido, da [konsaβíðo, ða] 形 ❶ いつもの, お決まりの; 習慣的な. ― Nos reímos todos de la *consabida* broma. 私たちはみんないつもの冗談で笑った. Después de la reunión se celebró el ～ almuerzo. 集会の後にはお決まりの昼食会となった. 類**acostumbrado, habitual**. ❷ よく知られた, 周知の. 類**conocido**. ❸ 述べられた, 前述の. ― El ～ señor López salió, como he dicho, a pescar. 今言ったようにロペス氏は魚釣りに出かけた.

:**consagración** [konsaɣraθjón] 女 ❶《カトリック》(教会・祭壇などの)聖別(式), 奉献; (司教の)叙階(式). ― de una iglesia 教会の聖別(式), 献堂式. 類**dedicación**. ❷《カトリック》聖変化 (ミサ聖祭でパンとブドウ酒がキリストの体と血に変わること). ― ～ del pan y del vino パンとぶどう酒の聖変化. ❸ (地位・名声の)確立; (社会的な)認知, 公認. ― ～ de una costumbre 慣習の確立. ～ de las palabras nuevas 新語の(使用)公認. Aquel premio representó su ～ como gran escritor. その小説で彼は偉大な作家として世に認められた. 類**aprobación**. ❹ 献身, 精進, 専念; 奉納, 献納. ― Toda su vida fue una ～ al estudio. 彼の一生は研究に捧げられた. Decidió su ～ a Dios y se hizo monja. 彼女は我が身を神への奉仕に捧げる決意をして, 修道女になった. 類**dedicación, entrega**.

＊**consagrado, da** [konsaɣráðo, ða] 過分 形 ❶ 名声のある, 有名な; (社会的に)認められた. ― A los veinte años era ya un novelista ～. 20歳で彼はすでに名のある小説家だった. ❷〘+a〙…に捧げられた, …を捧げた. ― Carmen lleva una vida *consagrada* a cuidar a los huérfanos. カルメンは孤児の面倒に人生を捧げている. ❸《カトリック》聖別化された, 神聖化された. ― pan[vino] ～ 聖別化されたパン[ワイン].

consagrante [konsaɣránte] 形 神聖にする, 聖別する; 捧げる, 奉納する.
── 男女 聖別化する人, 献呈する人, 捧げる人.

:**consagrar** [konsaɣrár]〔＜con-＋sacro〕他 ❶〘+a に〙を捧げる, 充てる. ― *Consagró* toda su vida *a* la enseñanza del español. 彼は全生涯をスペイン語教育に捧げた. ❷ を有名にする, …の

496 consanguíneo

名声を上げさせる. — Su último libro le *ha consagrado* como gran poeta. 最新刊の著書のおかげで彼の大詩人としての名声は上がった. ❸ を建立(こんりゅう)する, (記念碑)を建てる, (石碑)を埋め込む. — *Consagraron* un monumento al escritor. その作家のために記念碑が建てられた. ❹ (*a*)《カトリック》(パンとブドウ酒)を聖変化させる, 聖別する. — En estos momentos el sacerdote *consagra* el pan y el vino. この瞬間に司祭はパンとブドウ酒を聖別する. (*b*)叙階する. — ~ a un sacerdote 司教に叙階する. ~ una iglesia 教会を聖別する.
—— **se** 再 ❶ 身を捧げる;〔+a+不定詞〕身を挺(てい)して…する, 献身的に…する. — Ella *se consagró* a cuidar a los enfermos. 彼女は患者たちを献身的に世話した. Ella *se consagró* a Dios cuando tenía veinte años. 彼女は20歳の時, 神への奉仕に身を捧げた. ❷ 有名になる, 名を上げる;〔+como として〕自己の地位を確立する. — *Se ha consagrado como* un gran científico. 彼は大科学者として有名になった. El teléfono móvil *se ha consagrado como* un instrumento imprescindible. 携帯電話は不可欠の道具として認められている.

consanguíneo, a [konsaŋgíneo, á] 形 ❶ 血族の, 血縁の, 同族の. ❷ (兄弟が)異母の. — hermano ~ 異母兄弟.
—— 名 ❶ 血縁, 血族. ❷ 異母兄弟.

consanguinidad [konsaŋginiðá(ð)] 女 同族(関係), 血縁(関係), 血縁(関係).

:**consciente** [konsθiénte] 形 ❶〔+de〕を意識している, …に気づいている, を自覚している. — Estaba drogado y no era ~ *de* sus actos. 彼は麻薬をやっていて自分の行為を自覚していなかった. 類 **conocedor**. 反 **inconsciente**. ❷〔estar+〕意識のある, 正気の. — El enfermo ya no está ~. もう病人は意識がない. ❸ 責任感のある, 良心的な. — Es una chica muy ~ y trabajadora. 彼女は非常に責任感の強い勤勉な少女だ.

conscientemente [konsθiéntemente] 副 意識的に, 意識して.

conscripción [konskripθión] 女 〘中南米〙《軍事》徴兵, 徴募, 召兵. 類 **servicio militar**.

conscripto [konskrípto] 男 〘中南米〙《軍事》徴集兵, 補充兵. 類 **quinto**, **recluta**.
padre conscripto 《歴史》古代ローマの元老院議員. 類 **senador**.

consecución [konsekuθión] 女 ❶ 手に入れること, 獲得. — La ~ de un trabajo es lo único que le preocupa. 仕事をみつけることだけが彼の心配事だ. 類 **logro**, **obtención**. ❷ 達成, 到達;実現. 類 **logro**, **realización**. ❸ 連続, 連鎖. 類 **encadenamiento**.

:**consecuencia** [konsek u énθia] 〔< conseguir〕女 ❶ 結果, なりゆき. — ~ lógica 当然の結果. tener [traer] buenas [malas] ~s 好ましい[悪い]結果をもたらす. 類 **resultado**. 反 **causa**. ❷ (結果・影響などの)重大さ, 重要性. — sufrir heridas de ~ 重傷を負う. ❸ 結論, 帰結. — sacar ... en [como] ~ …という結論を引き出す, 結論づける. 類 **conclusión**. ❹ (言行・思想・主義などの)一貫性. — No actúa con ~. 彼の行動は首尾一貫していない. 類 **coherencia**.
a [*como, en*] *consecuencia de* ... …の結果として, …によって. Murió *a consecuencia de* un accidente de tráfico. 彼は交通事故で死んだ.
atenerse a las consecuencias (主に脅し文句で)結果の責任をとる, 結果を甘受する. Si no me haces caso, *atente a las consecuencias*. 私の言うことを聞かなければ, それなりの覚悟はしてもらうよ.
en consecuencia con ... …に相応して. obrar *en consecuencia con* sus ideas 自分の考えに即した行動をとる.
en [*por*] *consecuencia* 従って, それゆえ, その結果(として)(= por tanto).
sin consecuencias 後で影響[危険, 被害]のない[もなく].
sufrir las consecuencias 報いを受ける, 痛い目に遭う.
tener [*traer*] *consecuencias* 重大な結果をもたらす, 重大な影響を及ぼす.

consecuente [konsekuénte] 形 ❶ (意見や考え方に)一貫性のある, 一定のつながりがある. — actitud [comportamiento] ~ 一貫性のある態度[振舞い]. Él siempre ha sido ~ consigo mismo. 彼はいつも自分自身に忠実だった. 類 **coherente**, **razonable**. 反 **incoherente**, **inconsecuente**. ❷〔+a〕…に続く, …の結果で; 必然の, 当然の. 類 **siguiente**.
—— 男 ❶ 《論理》後件. 反 **antecedente**. ❷ 《数学》比の後項. 反 **antecedente**. ❸ 《文法》文法関係のある二項のうち二番目の項(例えば, 先行詞に対する関係代名詞の関係がこれに相当する).

consecuentemente [konsek u éntemente] 副 ❶ その結果として, 従って. — Llovía a mares y, ~, suspendimos la excursión. 大雨だった, それで, 私たちは遠足を中止した. Tiene treinta años; ~ ya no es un niño. 彼は30歳だ. だからもう子供ではない. 類 **consiguientemente**. ❷ 首尾一貫して. — En esa reunión actuaré ~. その会議では首尾一貫した態度を取るつもりだ.

consecutivamente [konsekutíβamente] 副 連続して, 引き続いて.

consecutivo, va [konsekutíβo, βa] 形 ❶ 連続した, 引き続く. — El 7 y el 8 son números ~s. 7と8は連続した数である. días ~s 連日. ❷ 《文法》結果を表す, 結果の. — Las conjunciones ~as típicas son "conque" y "luego". 典型的な結果を表す接続詞は conque と luego である. oraciones *consecutivas* 結果節. 類 **continuativo**, **ilativo**.

***conseguido, da** [konseɣíðo, ða] 過分 形 ❶ よくできた, 完成した, (要求を)達成した. — Es una de sus películas más *conseguidas*. それは彼の映画の中でももっとも完成度が高い一本だ. 類 **logrado**.
dar ... por conseguido を当然のこととする.

****conseguir** [konseɣír コンセギル] [6.3] 他 ❶ を獲得する, 得る, かち得る. — *Ha conseguido* un mes de vacaciones. 彼は1か月の休暇をかち得た. No hemos *conseguido* billetes para el concierto. 私たちはコンサートのチケットを入手できなかった. 類 **alcanzar**, **obtener**. ❷〔+不定詞〕…することに成功する, どうにか…する, を成し遂げる. — Por fin *consiguió* convencerle. とうとう彼を説得するのに成功した. 類 **lograr**.

conseja [konséxa] 女 ❶ 寓話, おとぎ話; 伝説. 類 **cuento**, **fábula**, **leyenda**, **patraña**. ❷ 不法

[違法]な事柄のための集まり.

consejera [konseẋéra] 囡《話》❶ 女性の相談相手, 忠告者, 顧問. 題**asesora**. ❷ 女性の参事官, 審議官〔参事官[理事官, 審議官]の妻. ❸ 女性の大臣[閣僚]

‡**consejero, ra** [konseẋéro, ra] 图 ❶ 助言者, 相談相手, 忠告者. —En su padre siempre tuvo un buen ~. 彼には常に父親がよき相談相手になってくれた. La envidia es mala consejera. 嫉妬(し)は悪しき忠告者だ. 題**asesor, guía, mentor**. ❷ 顧問, コンサルタント, 相談役; カウンセラー. —~ legal [técnico] 法律[技術]顧問. ~ de publicidad 広告コンサルタント. 題**consultor**. ❸ 取締役; 評議員, 理事, 参与; 審議会委員. —~ administrativo 取締役, 重役, 理事. ~ delegado 専務取締役. ❹《政治》(大使館の)参事官;(スペイン自治政府の)大臣, 閣僚; 議員. —~ de embajada 大使館参事官. ~ de Estado [de Corte]《歴史》(国王の)枢密官, 諮問官, 顧問官. Ha sido nombrado ~ de cultura de la Comunidad Autónoma. 彼は自治州の文化大臣に任命された.

‡**consejo** [konséẋo コンセホ] 男 ❶ 助言, 忠告, アドバイス; 指示, 教え. —dar un consejo 助言[忠告]を与える. pedir ~ a ... …に助言を求める, 相談する. tomar ~ de ...(人)の助言に従う. seguir los ~s del médico 医者の指示に従う. Me dio un ~ muy útil para preparar un buen té. 彼女は私においしい紅茶を入れるこつを教えてくれた. 題**indicación, recomendación, sugerencia**. ❷ (重役・理事などの)会議, 会, 理事会; 審議会, 評議会; 諮問会議;《スペイン史》顧問会議(国王の諮問機関兼最高裁判所). —celebrar [convocar] un ~ 会議を開く[招集する]. C~ de Administración 取締役会(議), 重役会(議), 理事会. ~ de familia 親族会議. ~ de disciplina 懲罰委員会. ~ de redacción 編集会議. ~ escolar 教育委員会. ~ de gobierno de la universidad 大学の評議会. C~ de Industria [de Agricultura] 工業[農業]諮問会議. C~ General del Poder Judicial 司法全体会議(司法権の運用全般に携る). C~ de Ciento《歴史》バルセロナ市会. C~ de Estado 国務院. C~ de Europa ヨーロッパ評議会 (1949年設立). C~ de Indias《スペイン史, 中南米》(Sevilla にあった)インディアス諮問会議. C~ de la Inquisición《歴史》宗教裁判所, 異端審問所. C~ de Seguridad (国連の)安全保障理事会. C~ para la Asistencia Económica Mutua コメコン, 経済相互援助会議. C~ Económico y Social de las Naciones Unidas 国際連合経済社会理事会. C~ Superior de Investigaciones Científicas 高等学術研究院([略]CSIC). C~ de Castilla カスティーリャ顧問会議. 題**asamblea, junta, reunión**. Consejo de Guerra《軍事》軍法会議. El desertor fue sometido a un Consejo de Guerra. 脱走兵は軍法会議にかけられた. Consejo de Ministros 内閣, 閣議. El Consejo de Ministros aprobó ayer los presupuestos del Estado para el próximo año. 昨日の閣議で来年度の国家予算が承認された.

consenso [konsénso] 男 ❶《文》同意, 承認, 承諾. —de mutuo [común] ~ 双方の同意で. El presidente dio su ~ para hacer las modificaciones. 大統領はその修正を承認した. 題**acuerdo, asenso, conformidad, consentimiento**. ❷《文》(全員の)合意, 意見の一致. —La reforma fue aprobada por ~. その改革は全員一致で承認された. 題**acuerdo, asenso, unanimidad**.

consensual [konsensuál] 形《法律》合意の, 合意だけで成り立つ. —《法律》諾成契約(文書によらず合意のみで成立する契約).

consensuar [konsensuár] 他 採択する.

*****consentido, da** [konsentíðo, ða] [過分] 形 ❶ 同意した, 許容した. ❷ (子供などが)甘やかされた, わがままな. —Es un niño ~ por sus padres. あの子は両親に甘やかされた子供だ. 題**mal criado, mimado**. ❸ 寛容な. —marido ~ 妻の不倫を許している夫. 題**complaciente**.
—— 名 甘やかされた人; お気に入り.

consentidor, dora [konsentiðór, ðóra] 形 寛大[寛容]すぎる, (子供などを)甘やかす. 題**consentido**.
—— 名 寛大[寛容]すぎる人, (子供などを)甘やかす人.

*****consentimiento** [konsentimiénto] 男 ❶ 同意, 容認, 承諾, 了解, 許可. —~ tácito 暗黙の同意, 黙認. Se fueron al cine sin mi ~. 彼らは私の了解を得ずに映画に行ってしまった. ~ informado [con información]《医学》インフォームドコンセント. 題**aprobación, autorización**. 反**negativa, oposición**. ❷ 甘やかし. ❸ (器物の)がたつき.
dar el [su] consentimiento a ...…に同意する, 許す, 容認する. Daré mi consentimiento para que os caséis. 私は君たちの結婚を許そう.

‡**consentir** [konsentír] [7] 他 ❶ を許す, 了承する, 認める. —Sus padres no consienten que ella vuelva tarde a casa. 両親は彼女が遅く帰宅するのを認めない. Gracias por ~ que me acompañe. お伴をさせてくれてありがとう. 題**permitir**. ❷ を甘やかす, 猫かわいがりする. —Los padres le consienten todo al niño. 両親は子どもにあらゆるわがままを許している. 題**mimar**. ❸ …に耐える, を支える. —El puente está viejo y no consiente el peso de camiones. 橋は古いのでトラックの重量に耐えられない.
—— 自 ❶ [+en について] 意見の一致をみる, 同意する. —Consintió en llevarla de viaje a condición de que estudiara más. 彼女がもっと勉強するという条件で, 彼は彼女を旅行に連れて行くことに同意した. ❷ (建築物・家具が)がたがた来る, がたがたする[になる]. —Esta mesa consiente y habrá que desecharla. このテーブルはがたがただから捨てねばならない.
——se 再 がたがた来る, がたがたする[になる]. —Se han consentido las bisagras de la puerta. ドアのちょうつがいががたがたになった. 題**desencajarse, resentirse**.

conserje [konsérẋe] 男女 (公共施設などの)管理人, 守衛, 門番. —~ de hotel ホテルの受付係, コンシェルジェ. ~ (de) es cuela 用務員. 題**bedel**.

conserjería [konserẋería] 囡 ❶ (公共施設などの)管理人[守衛, 門番]の職. ❷ 管理人[守衛, 門番]の詰め所.

*__conserva__ [konsérβa] 女 ❶ **缶詰, 瓶(びん)詰**. —abrir unas latas de ～ 缶詰を開ける. comprar una lata de sardinas en ～ イワシの缶詰を買う. ～*s* alimenticias 缶詰食品. 類**enlatados, lata**. ❷ 保存, 缶詰にすること; 保存食. —hacer ～*s* 保存食を作る. dedicarse a la ～ de espárragos アスパラガスの缶詰業に携わる. ❸《海事》護送[護衛]船団. —navegar en ～ 船団を組んで航行する[運ぶ].

en conserva (1) 缶詰[瓶詰]にした. comprar atún *en conserva* まぐろの缶詰を買う. (2) 護送船団で.

‡**conservación** [konserβaθi̯ón] 女 ❶ **保存**, 貯蔵. —～ refrigerada 冷蔵保存. ruinas en buen estado de ～ 保存状態のよい遺跡. El frío permite la ～ de alimentos durante algún tiempo. 低温なのでしばらく食料の保存が可能である. 類**mantenimiento, protección**. ❷ (生命などの)**保存**. —instinto de ～ 自己保存本能. ～ de la especie 種(しゅ)の保存. ❸ (建物などの)維持, 管理, メインテナンス. —gastos de ～ 維持費. ❹ (資源・環境の)保護, 保全. —～ de medio ambiente 環境保全. ～ de suelos《農業》(水・風からの)土壌保全. ～ de la Naturaleza 自然保護. ❺《物理, 化学》ley de ～ de la energía [de la masa] エネルギー[質量]保存の法則.

‡**conservador, dora** [konserβaðór, ðóra] 形 ❶ **保守的な**, 伝統尊重の, 保守主義の. —ideas *conservadoras* 保守的思想. Partido *C*～ (英国の)保守党. 類**moderado, tradicionalista**. ❷ 保守[保管・保護]する. 類**conservante**.

—— 名 ❶ 保守派, 保守主義者, 保守党員. ❷ (博物館などの)管理人, 主事, 学芸員.

conservaduría [konserβaðuría] 女 ❶ (博物館, 美術館などの)学芸員[館長]の職[身分]; その事務室. ❷ 教会や共同体を暴力から守るために任命された, juez conservador という名の司祭の職.

conservadurismo [konserβaðurísmo] 男 ❶ (政治的な)保守主義. ❷ (考え方, 行動に見られる)保守的傾向, 保守性.

conservante [konserβánte] 形 保存する, 保存用の. —— 男 (食品の)保存料, 防腐剤.

‡**conservar** [konserβár コンセルバル] 他 ❶ **を維持する**, 保持する, 保つ. —El cuadro sigue *conservando* su frescura original. 絵はそのオリジナルのみずみずしさを保ち続けている. El frigorífico *conserva* los alimentos. 冷蔵庫は食品を保存する. *Conservo* un buen recuerdo de mi estancia en Japón. 私は日本滞在の良い思い出を持ち続けている. El ejercicio ayuda a ～ la línea. 体操はすらりとした体の線を保つのに有用だ.

❷ を大事にしまう, とっておく. —*Conserva* aún las cartas de su primera novia. 彼は初恋の人の手紙をまだ保存している.

❸ を缶詰にする. —～ las alcachofas アーティチョークを缶詰にする.

——**se** 再 ❶ **保つ**. —Mi abuela *se conserva* joven y delgada. 私の祖母は体を若々しく細目に保っている. ❷ 保存[維持]される. —La pequeña iglesia románica *se conserva* intacta. 小さなロマネスク教会は元の形をとどめている.

conservatismo [konserβatísmo] 男 〖中南米〗(政治的)保守主義; (考え方, 行動の)保守的傾向, 保守性. 類**conservadurismo**.

conservatorio, ria [konserβatóri̯o, ri̯a] 形 保存に役立つ, 保存の.

—— 男 ❶ (主に公的な)音楽学校, 演劇学校, 芸術関係の学校. ❷〖中南米〗温室. 類**invernadero**.

conservería [konserβería] 女 缶詰[瓶(びん)詰]製造法, 缶詰[瓶詰]製造業.

conservero, ra [konserβéro, ra] 形 缶詰[瓶(びん)詰]の, 缶詰[瓶詰]業の. —industria *conservera* 缶詰[瓶詰]製造業.

—— 名 缶詰[瓶詰]業者, 缶詰[瓶詰]製造業者.

‡**considerable** [konsiðeráβle] 形 ❶ (数量・大きさ・程度が)かなりの, 相当の, 大した. —Le tocó una ～ suma de dinero. 彼はかなりの金額が当った. 類**cuantioso, grande, importante**. 反**insignificante**. ❷ 重要な, 考慮に値する. —La caída de la dictadura fue un hecho ～. 独裁の崩壊は重要な事実だった.

‡**considerablemente** [konsiðeráβleménte] 副 かなり, 相当に, 大いに. —Lo encuentro ～ más viejo que el año pasado. 私は彼が去年よりもかなり老けたのに気づいた. 類**bastante**.

‡**consideración** [konsiðeraθi̯ón] 女 ❶ **考慮**, 顧慮; 熟慮, 熟考. —El asunto merece una ～. この件は一考に値する. después de maduras *consideraciones* 熟慮の末. Hizo una ～ muy oportuna. 彼の考えたタイミングが大変よかった. 類**meditación, observación, reflexión**. ❷〖主に 複〗〖+a/con/hacia/por〗(他人の権利・都合)に対する**配慮**, 気配り; (部下)に対する思いやり, 心遣い. —falta de ～ 配慮不足, 思いやりのなさ, 軽視. sin ninguna ～ a los demás 他人のことなど考えずに. tener [guardar] muchas *consideraciones* [mucha ～] a sus subalternos 部下に大変思いやりがある. 類**atención, miramiento**. 反**desconsideración, descuido**. ❸〖主に 複〗〖hacia/+por〗(人)に対する**尊敬**. —Tengo [Guardo] por mi profesor una gran ～. 私は私の先生を大変尊敬しています. Todos le tratan con mucha ～ en la empresa. 社内ではみんなは大変な敬意をもって彼に接している. 類**aprecio, estima, respeto**. 反**desprecio**. ❹ **丁重な扱い**, 厚遇; 特別待遇. —Cuando me ve, me saluda con gran ～. 彼は私に会うと大変丁重に挨拶してくれます. Me tuvieron muchas *consideraciones* mientras estuve allí. 私はそこに行った時, とても手厚くもてなされた. Le hacían estudiar sin *consideraciones*. 彼は気兼ねなくびしびし勉強させられた. 類**contemplaciones, deferencia, urbanidad**. ❺ (事物の扱い方に対する)**注意**, 注目, 関心; 配慮, 丁寧さ. —prestar ～ 注目する. Trata los libros sin ～. 彼は本をぞんざいに扱う. Es un asunto que merece la mayor ～. それは最大限注意して扱うべき問題だ. 類**atención, cuidado, esmero**. 反**descuido**. ❻ 判断, 評価, 意見. —～ dominante 世間一般の考え. Entre sus compañeros tiene muy buena ～. 彼は仲間の間で大変評価されている. 類**juicio, opinión**.

bajo [en] consideración 考慮中で, 考慮中の, 考究中で.

de consideración (1) 重大な, 重要な. un problema *de consideración* 重大問題. (2) かなりの, 相当な. daño *de consideración* 相当な被害. hacerse una herida *de consideración* 重傷を負う. *De mi [nuestra] consideración*〖中南米〗(手紙）拝啓，謹啓.

en [por] consideración a ... を考慮[斟酌]して，…に配慮して，免じて，敬意を表して. Se le concedió un aumento de sueldo *en consideración a* sus méritos. 彼は功績によって昇給の恩恵に浴した. No le despiden *por consideración a* su madre. 彼はお母さんに免じて，解雇にはならない.

poner [dejar] ... a la consideración de ... を(人)の考慮[検討]に委ねる. *Dejo* estos hechos *a tu consideración* para que tú mismo decidas. 彼は君が自分で決められるようにこれらの事実を君の検討に委ねた.

sin consideración a ... を考慮に入れず，無視して，…に構わずに.

tener [tomar] ... en consideración を考慮に入れる，斟酌する，重視する; を尊敬する. Le *tengo en gran consideración*. 私は彼を大変尊敬している. *Tomaré en consideración* tus deseos. 君の願いを考慮しましょう.

‡**considerado, da** [konsiðeráðo, ða] 〖過分〗 形 ❶〖ser＋, ＋con〗…に思いやりのある，理解のある，を敬う. ―*Es muy considerada con* todo el mundo. 彼女はどんな人にもとても思いやりがある. Ha tenido una actitud muy *considerada* con nosotros. 彼は私たちに理解のある態度を示した. ❷〖estar＋〗尊敬されている，敬われている，人望がある. ―Su marido *estaba* bien ～ en la empresa. 彼女の夫は会社で評判がよかった. 類 **estimado, respetado**. ❸ 検討された，考慮された. ―Es necesario revisar la propuesta teniendo en cuenta los aspectos ～s. 検討された諸点を踏まえながらの提案を見直す必要がある. 類 **examinado**.

bien considerado よく考えてみると，熟慮してみると. *Bien considerado*, tiene razón hasta cierto punto. よく考えてみると，彼にも一理ある.

considerando [konsiðerándo] 男 《法律》 判決，裁定の根拠となる各要件(必ずconsiderandoという語で使用する).

‡**considerar** [konsiðerár コンシデラル] 他 ❶ (*a*) をよく**考える**，熟慮する，検討する. ―*Considera* todo lo que tus padres han hecho por ti. 両親が君のためにしてくれたことをすべてよく考えなさい. (*b*) …と考える，見なす. 類 **pensar, reflexionar**. (*c*) を考慮する，勘定に入れる. ―Actuó precipitadamente, sin ～ las consecuencias. 彼は結果を考えずにあわてふためいて行動した. Ha *considerado* la posibilidad de dimitir. 彼は辞職の可能性を考慮した. Te ruego que *consideres* mi propuesta. お願いだから私の提案を検討してもらいたい. ❷ …に敬意を払う，尊敬する. ―En el pueblo se le *consideraba* y se le trataba bien. 村人たちは彼を尊敬し，優遇した. 類 **estimar**.

―se 再 自分を…と考える[見なす]. ―*Me considero* capacitado para hacer este trabajo. 私は自分にこの仕事をする能力があると思う.

consient- [konsjént-] 動 **consentir** の直・現在，接・現在，命令・2 単.

consig- [konsiɣ-] 動 **conseguir** の直・現在/完了過去，接・現在/過去，命令・2 単，現在分詞.

‡**consigna** [konsíɣna] 女 ❶ (駅・空港などの)**手荷物一時預り所**. ―～ *automática* コインロッカー. dejar una maleta en ～ スーツケースを一時預り所に預ける. ❷ 命令，指示，指図. ―*observar [respetar] la* ～ 命令を守る. *obedecer [violar] la* ～ 命令に従う[背く]. El partido dio la ～ de que todos votaran a favor. 党は全員賛成票を投じるように命じた. 類 **instrucción, orden**. ❸《軍事》(歩哨・看守などへの)指令，訓令; 守則. 類 **mandato, orden**. ❹ (デモ隊などの)スローガン，モットー，標語. ―*decir la* ～ スローガンを言う.

***consignación** [konsiɣnaθjón] 女 ❶ (予算などの)割当て額; 割当て，配分，計上. ―～ *de créditos* 予算の割当て. No hay ～ en el presupuesto para ese tipo de servicio. そういうタイプのサービスには予算計上はない. Recibe una ～ mensual para gastos extraordinarios. 彼は毎月の臨時出費割当て額を受取っている. 類 **asignación**. ❷《商業》(商品などの)委託，委託販売; 供託(金). ―*mercancías a* [en] ～ 委託販売品. *tienda de* ～ 委託販売店. *caja de depósitos y consignaciones* 預金供託金庫. 類 **depósito**. ❸ 明記，記入.

***consignado, da** [konsiɣnáðo, ða] 〖過分〗 形 ❶ 預けられた，供託された. ❷ (商品が)発送された，送られた. ―El paquete va a venir a ～ a mi nombre. その荷物は私の名前宛で送られてくることになっている. 類 **enviado, remitido**. ❸ (住所等が)書き留められた，記載された. ―La dirección *consignada* en la postal no existe en el plano de Madrid. 葉書に記載された住所はマドリードの地図には存在していない. 類 **anotado**. ❹ (予算に)計上された，割り当てられた，配分された. 類 **asignado**.

consignador, dora [konsiɣnaðór, ðóra] 名 (商品の)委託者，(商品，荷物の)送り主，荷主. 反 **consignatario**.

‡**consignar** [konsiɣnár] 他 ❶ を計上する，割り当てる. ―El gobierno *ha consignado* una suma importante para el mantenimiento de parques naturales. 政府は自然公園の維持管理のためにかなりの金額を計上した. 類 **asignar**. ❷ を記載する，明記する. ―No te olvides de ～ tu dirección en el documento. その書類に君の住所を記入するのを忘れるなよ. El secretario *consignó* en el acta todo lo acordado en el congreso. 書記は学会の決定事項すべてを議事録に記載した. ❸ を預ける，託す; 供託する. ―*Consignó* sus dos maletas en la estación. 彼は駅の手荷物預り所に彼のスーツ・ケースを二つ預けた. 類 **depositar**. ❹ 委託する; を発送する. ―La editorial *consignó* dos paquetes de libros por vía marítima. 出版社は本の小包2個を船便で発送した. 類 **remitir**. ❺《法律》供託する.

consignatario, ria [konsiɣnatárjo, rja] 名 ❶《商業》(商品の)引受人，荷受人. 類 **destinatario**. 反 **consignador**. ❷《法律》受託者，委託を受けた人. 類 **depositario**. ❸ 船主代行人，船舶代行業.

consigo [konsíɣo] 前 ＋代 (人称)〖*con*＋*sí* の意味〗自分とともに，自分自身で，自分に対して. ―Siempre lleva ～ una cartera. 彼はいつも肌身離さず書類カバンをもっている. Hablaba ～ misma. 彼女はひとり言を言っていた.

consiguiente

consiguiente [konsiɣjénte] [<conseguir] 形 【+a】…から結果として起きる, …に由来する, に引き続く. — gastos ~s al viaje 旅行によって生じた費用. Recibí la noticia de su muerte con la ~ pena. 私は彼の訃報を受けて悲しみに沈んだ. 類 **consecuente, natural**.
— 男 【論理】帰結, 後件.
por [de] consiguiente 従って, それ故. Mañana es día festivo, y *por consiguiente* los bancos estarán cerrados. 明日は祝日である. 従って銀行は閉店になるだろう.
proceder [ir] consiguiente 原則に従い行動する.

consiguientemente [konsiɣjéntemé̞nte] 副 従って, それ故.

consiliario, ria [konsiljárjo, rja] 名 助言者[役], 顧問. 類 **consejero**.

consint- [konsint-] 動 consentir の直・現在/完了過去, 接・現在/過去, 命令・2 単, 現在分詞.

consistencia [konsiténθja] 女 ❶ (固形物・液体の) 粘り気, 粘性, 粘度, 濃度. — La masa de las rosquillas debe tener ~. ドーナツの生地がしっかりしなければならない. La mayonesa tiene demasiada ~, añádele un poco de aceite. このマヨネーズは粘り気があり過ぎるので, 少しオリーブ油を加えなさい. 類 **coherencia, trabazón**. ❷ 堅さ, 堅固さ, 耐久性[力]. — materiales de gran ~ 大変堅い材料. El hormigón armado tiene mucha ~. 鉄筋コンクリートは大変耐久性がある. 類 **dureza, firmeza, solidez**. 反 **inconsistencia, fragilidad, blandura**. ❸ (理論などの) 確実さ, 一貫性, 統一性, まとまり; 内容, 安定性; 根拠. — Ese equipo no tenía ninguna ~ y cada uno iba por su lado. そのチームにはまとまりがなく, めいめいが好き勝手なことをしていた. Sus propuestas carecen de ~. 彼の提案は一貫性を欠いている. 類 **coherencia, congruencia, fundamento**. 反 **fragilidad, incoherencia, incongruencia, inconsistencia**. ❹ 安定性. — Esta empresa tiene mucha ~. この会社は大変安定している. 類 **duración, estabilidad**.
sin consistencia (1) 内容[実質]のない, もろい, 根拠のない, 頼りない. argumento *sin consistencia* 根拠のない[たわいない]主張. teoría *sin consistencia* 弱い理論. (2) 濃度の薄い. vino *sin consistencia* こくのないワイン.
tomar consistencia (1) (話) (液体などが) 粘っく, 固まる; 濃くなる. La salsa ya *ha tomado consistencia*. もうソースにとろみがついた. (2) 考え・計画などが) 具体化する, 形を取る, 確実性を帯びる. El plan va *tomando consistencia*. 計画は具体化しつつある.

consistente [konsiténte] 形 ❶ (物が) 堅い, 堅固な, しっかりした. — cuerda ~ 丈夫なロープ. El hormigón es un material muy ~. コンクリートは非常に堅固な素材である. 類 **duro, firme, resistente**. 反 **blando, flojo**. ❷ (議論などが) 堅実な, 手堅い, 一貫している. — argumentación ~ 手堅い論証. 類 **coherente, estable**. 反 **inconsistente**. ❸ (クリームなどが) 濃厚な, ねばり強い, 腰のある. — cola ~ 粘りのあるにかわ. La masa todavía está poco ~. パンの生地はまだあまり粘りがない. 類 **denso, duro**. 反 **inconsistente**. ❹

【+en】…から成り立つ, 構成される. — Es un drama ~ *en* dos actos. それは 2 幕から成り立っている芝居である. 類 **compuesto**.

consistir [konsistír] 自 【+en】 ❶ …から成る, …にある. — El secreto de su éxito *consiste en* haber trabajado con tesón. 彼の成功のひけつは猛勉強したことにある. Toda mi fortuna *consiste en* la casa que me dejaron mis padres. 私の全財産は両親が残してくれた家である. ❷ …に基づく, 根拠がある. — Su atractivo *consiste en* su honradez. 彼の魅力は彼のまじめさに基づいている. ❸ …の義務[役目]である. — Mi trabajo *consiste en* corregir pruebas. 私の仕事は試験の採点をすることだ.

consistorial [konsistorjál] 形 ❶ (カトリック) 教皇枢密会議の. ❷ (歴史) 古代ローマ皇帝の審議会[評議会]の. ❸ 市議会の, 町議会の. — Hoy hay junta ~. 今日市議会[町議会]がある. casa ~ 市役所, 町役場

consistorio [konsistórjo] 男 ❶ (カトリック) 教皇枢密会議 (教皇が招集し議長を務める枢密会議). ❷ 市[町]議会; 市庁舎, 町役場. 類 **ayuntamiento, cabildo**. ❸ (歴史) 古代ローマ皇帝が招集した審議会.

consocio, cia [konsóθjo, θja] 名 ❶ (商業) 共同出資者, 共同経営者. 類 **socio**. ❷ 共同会員共同組合員. ❸ 仲間, 同輩.

consola [konsóla] [<仏] 女 ❶ 腕木状の脚で壁に固定されるテーブル. ❷ コンソール (パイプオルガンの鍵盤, ペダルなどを含む演奏席). ❸ (建築) コンソール (渦巻き状の装飾持送り). ❹ (コンピュータ) コンソール, 制御卓, 操作台; モニター.

consolación [konsolaθjón] 女 ❶ 慰めること, 慰め. — premio de ~ 残念賞. 類 **consuelo**. ❷ (ゲーム) カードゲームなどで負けた者が他の者に払うチップ.

consolador, dora [konsolaðór, ðóra] 形 慰めになる, 慰める. — palabras *consoladoras* 慰めの言葉. Es ~ saber que no me habéis olvidado. 私は君たちが私のことを忘れていなかったことを知って安心した. 類 **reconfortante**. — 名 慰める人. — 男 (隠) 張り形.

consolar [konsolár] [5.1] 他 を慰める. — Intentamos ~ la en sus desgracias. 我々は不幸のさなかにある彼女を慰めようとした.
—se 再 自らを慰める. — *Se consuela* pensando que los daños podrían haber sido mayores. 彼は被害がもっと大きくなっていたかもしれないと思って自らを慰めている.

consolidación [konsoliðaθjón] 女 ❶ 固めること, 固定化; 強固にすること, 強化, 補強; 確固たるものとすること. 類 **afianzamiento, fortalecimiento**. 反 **debilitamiento**. ❷ 流動負債を長期負債にすること. ❸ (比喩) 整理統合.

consolidar [konsoliðár] 他 ❶ を固定する, 補強する, 強化する; 確固たるものとする. — *Consolidaron* el muro con unos soportes. その壁は何本かの支柱で補強された. Los dos países *han consolidado* las relaciones amistosas. その二国は友好関係を確固なものとした. 類 **afianzar, asegurar, fortalecer, reforzar**. 反 **debilitar**. ❷ (流動負債を) 長期負債にする. ❸ (比喩) 整理統合する.
—se 再 固まる, 強固になる. — La empresa *se*

ha consolidado este año. その会社は今年強固になった.

consomé [konsomé] [<仏] 男 《料理》コンソメ, 澄ましスープ. 類 **caldo, consumado**.

consonancia [konsonánθia] 女 ❶ (音の)一致, 調和. —*estar en* ~ *con ...* …と一致している. *Sus actos no están en* ~ *con sus palabras.* 彼の行動はその言葉と一致していない. *Él actúa en* ~ *con sus ideas.* 彼は自分の考えに従って行動する. 類 **armonía**. ❷ 《音楽》協和音, 和音. 反 **discordancia, disonancia**. ❸ 《韻律》同音韻(アクセントのある母音以下の音を全部合わせる)韻. 例えば, señorita と bonita).

‡**consonante** [konsonánte] 形 ❶ 子音の, 子音字の. —*letra* ~ 子音字. 類 **consonántico**. ❷ 《詩》同音韻を踏んだ. —*rima* ~ 同音韻. ❸ 《音楽》協和音の; 共鳴する. ❹ [+*con*] …と調和[一致]する.
—— 女 子音; 子音字. —~ *sorda* [*sonora*] 無声[有声]子音. 反 **vocal**.

consonántico, ca [konsonántiko, ka] 形 ❶ 《音声》子音の, 子音的な. —*grupo* ~ 子音群. 類 **consonante**. ❷ 協和の, 調和の.

consonar [konsonár] [5.1] 自 ❶ 《音楽》協和する, 協和音となる. 類 **armonizar**. ❷ 《まれ》《韻律》同音韻になる. ❸ 《比喩》一致する, 調和する.

consorcio [konsórθio] 男 ❶ 協会, 連合, 組合. —*un* ~ *bancario* 銀行協会. 類 **asociación**. ❷ (出来事, 状況などの)結合, 同時発生. —*Un* ~ *de circunstancias le puso en el trance de dimitir.* 彼は諸々の事情が重なって辞職の危機にさらされた. ❸ 夫婦 (= *matrimonio*). ❹ 《経済》合弁企業.

‡**consorte** [konsórte] 男女 ❶ 《文》配偶者(夫または妻). —*príncipe* [*rey*] ~ 女王の夫. *reina* ~ 王妃, 皇后. *duque* ~ 女侯爵の夫. 類 **cónyuge**. ❷ 《法律》共犯者, 共謀者. —*delincuente* ~ 共犯者. ~*s del secuestro* 誘拐の共犯者. 類 **cómplice**. ❸ 《法律》共同訴訟人, 原告団, 被告団. 類 **partícipe**. ❹ (運命を共にする)仲間, 相棒.

conspicuo, cua [konspíkuo, kua] 形 ❶ 著名な, 高名な, 傑出した. —*un* ~ *economista* 高名なエコノミスト. 類 **ilustre, insigne, notable, sobresaliente**. ❷ 《まれ》よく目に見える, 明らかな. 類 **obvio, visible**.

***conspiración** [konspiraθión] 女 陰謀, 謀反, 共謀. —*tramar una* ~ *contra el Estado* 国家に対して陰謀を企てる. *Se descubrió la* ~ *contra el rey.* 王に対する陰謀が発覚した. 類 **complot, conjura, conjuración**.

conspirador, dora [konspiraðór, ðóra] 名 共謀者, 陰謀者. 類 **conjurado, intrigante**.

‡**conspirar** [konspirár] 自 ❶ (*a*) [+*contra* に対して] 陰謀をたくらむ. —*Algunos militares jóvenes conspiraron contra el gobierno de izquierdas.* 何人かの若い軍人が左翼政府に対して陰謀をたくらんだ. 類 **confabularse, conjurarse**. (*b*) 力を合わせる, 協力する, 共同する. —*Conspiraban para hacerse con el poder en el partido.* 彼らは党内の権力を我が物にするため力を合わせた. ❷ [+*a* に] (主として悪い意味で)あずかって力がある, 貢献する, 役立つ. —*Circunstancias adversas conspiraron al fracaso de la empre-*

sa. もろもろの悪条件が事業の失敗に影響した.

constancia [konstánθia] 女 ❶ 根気, 粘り強さ, 頑張り. —*trabajar* [*estudiar*] *con* ~ 根気よく働く[勉強する]. *tener* ~ 根気がある. 類 **firmeza, perseverancia, tenacidad, tesón**. ❷ [+*de*] …の証拠, 証明; 確かなこと. —*No hay* ~ *de que estuvieras allí a esa hora.* 君がその時間にあそこにいた証拠はない. 類 **certificación, prueba, testimonio**. ❸ (証拠, 証明となる)記録, 記載. —*hay* ~ *de ...* …という記録がある. *dejar* ~ *de ...* …という記録を残す. 類 **registro**. ❹ 不変, 一様なこと. ❺ (感情や考えの)堅固, 志操堅固. ❻ 《中南米》証明書.

‡**constante** [konstánte] [<*constar*] 形 ❶ 一定不変の, 一貫した; 志操堅固な. —*amor* ~ 変らぬ愛. *Es una persona poco* ~. 彼はあまり意志強固な人ではない. 類 **duradero, invariable, perseverante**. ❷ 絶えまない, ひっきりなしの, 不断の. —*Ayer me estuvieron importunando* ~*s llamadas telefónicas.* 昨日私はひっきりなしの電話に悩まされた. *Es muy* ~ *en el estudio.* 彼はたゆまず勉強をする. 類 **continuo, incesante**.
—— 女 ❶ 不変のこと, 常に変らないこと. —*El lirismo es una* ~ *en su obra.* 抒情性は彼の作品に一貫しているものだ. ❷ 《数学》定数, 不変数.

‡**constantemente** [konstántemente] 副 ❶ 絶えず, 常に, ひっきりなしに. —*Están peleándose* ~. 彼らは絶えずけんかをしている. 類 **continuamente, incesantemente, sin cesar**. ❷ 確実に, 着実に.

Constantino [konstantíno] 固名 (~ I [*el Grande*]) コンスタンティヌス 1 世[大王](280?–337).

Constantinopla [konstantinópla] 固名 コンスタンティノープル(イスタンブールの旧称).

Constanza [konstánθa] 固名 《女性名》コンスタンサ.

‡**constar** [konstár] 自 ❶ 明らかである, 明白である, 確かである. —*Me consta que estaba en casa aquel día.* 彼がその日家にいたことは私には確かだと思える. *Conste que yo te dije que te esperara.* 言っときますが, 君を待つように彼に言ったのは私です. ❷ [+*de*] …から成る. —*Nuestra clase consta de treinta alumnos.* 我々のクラスは 30 人の生徒から成っている. *El libro consta de doce capítulos.* その本は 12 章から成る. 類 **componerse**. ❸ 記録[記載]されている, 出ている, 現われる. —*En el documento no consta su firma.* その書類には彼のサインがない. 類 **figurar**.
hacer constar 明らかにする; 明記する. *Hizo constar que estaba en desacuerdo con la propuesta.* 彼は提案に同意していないと明言した.
Que conste que ... …ということを明記せよ.
Según consta en ... …の記載によれば.
y para que así conste 上記の通り相違ありません.

constatación [konstataθión] 女 確認, 確証, 検証. 類 **confirmación, verificación**.

constatar [konstatár] 他 …を確かめる, 確認する; 立証する, 確証する. —*Publicaremos la noticia después de* ~*la.* 我々はそのニュースを確認してから公表する. 類 **comprobar, confirmar**.

constelación [konstelaθión] 女 ❶ 《天文》

星座; 星座の位置. —La ~ de la Osa Menor《天文》小熊座. ❷《比喩》傑出した人々の集団. —Asistió al acto de inauguración toda una ~ de científicos. その開会式には錚々(餃々)たる科学者が出席した. ❸《占星》星運, 星位. ❹小さな空間[場所]に散らばったもの. —una ~ de manchas 散らばった汚れ.

correr una constelación《古》伝染病が起こる.

constelado, da [konsteláðo, ða]過分形 ❶ 星の多い. 類 **estrellado**. ❷《比喩》〖+de〗をちりばめた, …で覆われた. 類 **cubierto, sembrado**.

consternación [konsternaθjón]女 動揺, 狼狽(窓); 心痛, 憔悴(兌兌), 悲嘆. —Advertí en su rostro la gran ~ que sentía. 私は彼の顔に大変な動揺の色が浮かんでいるのに気づいた. La noticia de la catástrofe causó ~ a todos. その大惨事の知らせによってみな悲嘆にくれた. 類 **abatimiento, aflicción, pesadumbre**.

consternado, da [konsternáðo, ða]過分〖<consternarse〗形 動揺した, 狼狽(窓)した; 憔悴(兌兌)した, 悲嘆にくれた, 苦しんだ. —dejar ~ 動揺[狼狽]させる, 苦しませる.

consternar [konsternár]他 (突発的な事柄が)を動揺させる, 狼狽(窓)させる; 意気消沈させる, 悲嘆にくれさせる, 憔悴(兌兌)させる. —La muerte del escritor *ha consternado* a toda la sociedad. その作家の死で社会全体が悲嘆にくれた. 類 **abatir, afligir, apenar**.

— se 再〖+con〗…に動揺する, …に狼狽する; …で悲嘆にくれる, …で意気消沈する. —*Se consternó* al ver el miserable resultado de sus esfuerzos. 彼は自分の努力の惨めな結果をみると意気消沈した. 類 **abatirse, afligirse, apenarse**.

constipación [konstipaθjón]女 ❶《医学》便秘のもとになる腸の粘膜の炎症, 便秘(=constipación de vientre, estreñimiento). 類 **estreñimiento**. ❷《医学》〈まれ〉風邪, 鼻カタル. 類 **catarro, constipado, enfriamiento, resfriado**.

constipado, da [konstipáðo, ða]過分〖<constiparse〗形 風邪の, 風邪をひいた〖estar +〗. 類 **resfriado**.

— 男《医学》風邪, 鼻カタル. —agarrar [coger, pillar, pescar] un ~ 風邪をひく. Le han recetado un jarabe para el ~. 彼は風邪のためにシロップが処方された. 類 **catarro, enfriamiento, resfriado**.

constipar [konstipár]他 (発汗を妨げるように)毛穴や小孔)を閉塞させる.

— se 再 風邪をひく. 類 **acatarrarse, enfriarse, resfriarse**.

constitución [konstituθjón]女 ❶ (主にC~)《政治》憲法. —La C~ Española fue aprobada en 1978. スペイン憲法は1978年に承認された. jurar la C~ 憲法に忠誠を誓う. La libertad de expresión está amparada por la ~. 表現の自由は憲法で保護されている. ~ promulgar la nueva C~ 新憲法を発布する. ~ de Cádiz カディス憲法(1812年). ❷ (主にC~)《政治》政体, 体制. ❸ 圈(会の)規約, 定款(窃), (特に修道会の)会憲;《教》教令. —~ apostólica 使徒教令, 大勅書. constituciones papales 教皇令. San Bernardo escribió las constituciones del Císter. サン・ベルナルドがシトー会の会憲を書いた. 類 **reglamento**. ❹ 構成, 組成, 構造. —~ del jurado 審査員の構成. ~ atmosférica 大気の組成. ~ del suelo 地質. ~ de una molécula 分子の構造. ~ del nuevo gobierno 新政府の構成. 類 **composición, estructura**. ❺ 設立, 制定, 設定. —~ de un equipo チームの編成. La ~ de la sociedad se efectuó ante notario. 会社の設立が公証人立会いのもとで行われた. ~ de un comité 委員会の設置[構成]. 類 **creación, establecimiento**. 反 **disolución**. ❻ 体格, 体質. —niño de ~ robusta [de ~ resistente] 頑健な子. ser de ~ débil 虚弱体質である. tener una ~ fuerte 体が丈夫である. ~ enfermiza 病弱な体質. 類 **complexión, naturaleza**. ❼ (ユネスコ・ILOなどの)憲章. ❽ 状況, 情勢.

:**constitucional** [konstituθjonál]形 ❶ 憲法の[による], 立憲的な; 合憲の. —monarquía ~ 立憲君主制(国家). ❷ 立憲主義の; 護憲論の. 反 **anticonstitucional**. ❸ 体格の, 体質上の.

— 男女 立憲主義者; 護憲論者.

constitucionalidad [konstituθjonaliðá(ð)]女 ❶ 立憲的であること, 立憲性. ❷ 合憲的であること, 合憲性. —Se ha puesto en tela de juicio la ~ de esa ley. その法律の合憲性が検討されている.

constitucionalismo [konstituθjonalísmo]男 圈護憲精神, 立憲政治.

*constituido, da** [konstituíðo, ða]過分形 〖bien, mal を伴って〗体格が立派な[弱々しい], 体格が均衡のとれた[とれていない]; 四肢などががっしりした[弱々しい]. 類 **conformado, formado, proporcionado**.

:**constituir** [konstituír][11.1]他 ❶ (a)を構成する, 形成する. —Cinco miembros *constituyen* la junta directiva. 5人のメンバーが理事会を構成している. (b) …である, …になる. —*Constituye* para nosotros un gran honor que nos haya hecho una visita esta tarde. 今夕彼が我々を訪問してくれたことは我々にとって大変な名誉である. ❷ を設立する, 樹立する. —~ una familia [una sociedad] 家族[社会]を設ける, 築く. 類 **establecer, fundar**. ❸ 〖主に+en に〗を定める, 設定する. —*Constituyeron* una hipoteca sobre el piso. 彼らはマンションに抵当権を設定した. ❹ (人)を任命する, 指名する. —La asamblea general lo *constituyó* presidente honorario. 総会は彼に名誉会長の資格を与えた. *Constituyó* a un sobrino [en] su heredero. 彼は一人の甥を相続者に指名した. Le *han constituido* en árbitro de sus disputas. 彼は彼らの言い争いの仲裁者に任された.

— se 再 ❶ 出頭する, 姿を現わす. —El juez *se constituyó* en el lugar del crimen. 裁判官は犯罪の現場に姿を現した. 類 **personarse**. ❷〖3人称〗構成される; 設立される. —Hoy *se ha constituido* el nuevo club de ajedrez. 今日新しいチェスクラブが設立された. ❸〖+en を〗引き受ける; (…)になる. —*Se constituyó* en fiador de un amigo. 彼はある友人の保証人になった. ❹ (審査会などが)召集される.

*constitutivo, va** [konstitutíβo, βa]形〖+de〗を構成する, …の構成要素である, の成分となる. —El calcio es un elemento ~ *de* los huesos. カルシウムは骨の一成分である.

— 男 成分, 構成要素, 組成物. —La vitamina C es uno de los ~s del medicamento. ビタミンCはその薬品の成分の一つである.

constitu- [konstituj-] 動 constituir の直・現在/完了過去, 接・現在/過去, 命令・2単, 現在分詞.

constituyente [konstitujénte] 形 ❶《政治》憲法制定の, 憲法改正の. —Cortes ~s 憲法制定[改正]議会. ❷ 構成する, 構成の, 成分の. —El oxígeno es un ~ del agua. 水素は水の成分のひとつだ. 類**constitutivo**.
—— 女 複《政治》憲法制定[改正]議会.
—— 男《政治》憲法制定[改正]議会のメンバー.

constreñimiento [konstrenimjénto] 男 ❶ 強制, 強迫, 無理強い. —Actuó libremente sin ~ de nadie. 彼はだれからも強制されることなく自由に行動した. 類**apremio, coacción**. ❷ 抑制, 抑止, 制限. 類**coerción, restricción**.

constreñir [konstrenír] [6.5] 他 ❶《+a 不定詞》《+a que 接続法》…することを(人)に強制する, 強要する, 無理強いする. —La situación política le constriñó a abandonar su país. 彼は自国の政治状況のために仕方なく国を捨てることになった. 類**forzar, obligar**. ❷ を抑える, 抑制する, 妨げる, 制限する. —La enfermedad constriñe sus actividades políticas. 彼は病気で政治活動を制限されている. 類**limitar**. ❸《医学》を(包帯などで)締める. —~ la pierna para cortar la hemorragia 止血のために足を包帯で締める.
——**se** 再《+a 不定詞》…に限る, とどめる; 抑える. —Por falta del tiempo, se constriñó a hablar sólo de un tema. 時間が足りなかったので彼はたった一つのテーマについて話すにとどめた. 類**limitarse, moderarse**.

constricción [konstrikθjón] 女 ❶ 締めつけ, 緊縮, 圧縮. 類**constreñimiento**. ❷（幹や茎の)圧縮された部分, くびれ. 類**estrechamiento**.

constrictivo, va [konstriktíβo, βa] 形 締めつける, 圧縮する. —venda ~ 圧縮帯.

constrictor, tora [konstriktór, tóra] 形 ❶《医学》収縮する. —músculo ~《医学》収縮筋. ❷ 締めつける, 圧縮する. 類**constrictivo**.
—— 男 収縮剤, 収斂(!"#)剤.

constringente [konstrinxénte] 形《古》締めつける, 圧縮する. 類**constrictivo, constrictor**.

‡**construcción** [konstrukθjón] 女 ❶ 建築, 建設(工事), 建造; 製造, 組立て. —industria de (la) ~ 建築業. ~ aeronáutica 航空機産業. ~ naval 造船業, 船舶建造(業). ~ de un nuevo ferrocarril 新しい鉄道の敷設. materiales de ~ 建築資材. piedra de ~ 建築用石材. La ~ de esta catedral llevó cuarenta años. この大寺院の建設には40年かかった. 類**edificación, fabricación**. 反**demolición, destrucción**. ❷ 建設[建築]業. —Trabaja en el ramo de la ~. 彼は建設の仕事をしている. dedicarse a la ~ 建築[建設]業に携わる. ❸ 建築[建造]物, 建物, ビル. —solar [terreno] para (la) ~ 建設用地. ~ elevada 高層ビル. ~ prefabricada プレハブ建築. ~ antigua [moderna] 古い[近代的な]建物. enorme ~ de hormigón armado 鉄筋コンクリートの巨大ビル. La mansión es una gran ~ de mármol. その邸宅は大理石でできた大建造物である. 類**edificación, edificio**. ❹《文法》構文; (文·語句の)組立て, 構造. —~ absoluta [nominal] 独立[名詞]構文. ~ gramatical [sintáctica] 文法[統語]構造. No habla bien el japonés porque no domina la ~ de frases. 彼は文の組立て方をマスターしていないので日本語が上手に話せない. 類**disposición, frase, ordenamiento**. ❺《数学》作図. —~ de un ángulo recto 直角の作図. ❻（おもちゃの)積木. —jugar a las construcciones 積木遊びをする. juego de construcciones 積木遊び. ❼ (理論などの)構築.

en (vías de) construcción 建築[建設]中の[で], 工事中の[で]. casa en construcción 建築中の家.
figuras de construcción 言語構文の文彩(語順の「転置法」hipérbaton, 語句の「省略」elipsis, 「冗語(法)」pleonasmo).

constructivo, va [konstruktíβo, βa] 形（意見や批判が)建設的な. —Una refutación constructiva 建設的な反論. una crítica constructiva 建設的な批判. 反**destructivo**.

‡**constructor, tora** [konstruktór, tóra] 名 建設者, 建造者, 建築業者; (自動車・船・大型機械などの)製造業者, メーカー. —~ naval [de buques] 造船技師[会社]. El ~ del nuevo edificio de oficinas es un chico muy joven. 新しいオフィスビルの建設技師は大そう若い青年である. 類**arquitecto, compañía de obras**. 反**destructor**.
—— 形 建造[建設, 建設]する. —compañía [empresa] constructora 建設会社. industria constructora 建設業. firma constructora de automóviles 自動車メーカー.

‡**construido, da** [konstruído, ða] 過分 形 組み立てられた, 構成された; 建てられた, 建設された.

‡**construir** [konstruír コンストルイル] [11.1] 他 ❶ を建設する, 建造する, 樹立する. —~ una casa [una carretera, un puente] 家[道路, 橋]を建設する. Carlos III mandó ~ la Puerta de Alcalá ~. カルロス3世は1778年にアルカラ門を建てるよう命じた. ~ un petrolero 石油タンカーを建造する. ❷ (作品·理論などを)構築する, 作成する. —~ una teoría [una hipótesis] 理論[仮説]を構築する. ~ una estrategia publicitaria 広告戦略を打ち立てる. ❸《文法》(文など)を組み立てる. —Sólo puede ~ frases sencillas en español. 彼はスペイン語で簡単な文章しか作れない. ❹ を描く.

construy- [konstruj-] 動 construir の直・現在/完了過去, 接・現在/過去, 命令・2単, 現在分詞.

consubstanciación [konsuβstanθjaθjón] 女《宗教》両体共存説. ◆キリストの体と血の本質が聖餐式のパンとぶどう酒の本質と共存するというルター派の教義. 反**transubstanciación**.

consubstancial [konsuβstanθjál] 形 ❶ 生来の, 生得の; 本来の, 固有の. —La inteligencia es ~ al hombre. 知性は人間に固有のものである. 類**connatural, inherente, ingénito, innato, propio**. ❷《宗教》同質の, 同体の.

consubstancialidad [konsuβstanθjaliðað] 女 ❶ 生得性, 本来的であること; 固有であること, 本質. 類**inherencia**. ❷《宗教》同質性, 同体性.

consuegro

consueg*ro*, *gra* [konsu̯éɣro, ɣra] 图 嫁[婿]の親.
consuel- [konsu̯él-] 動 consolar の直・現在, 接・現在, 命令・2 単.
Consuelo [konsu̯élo] 固名 《女性名》コンスエロ.
‡**consuelo** [konsu̯élo] 男 慰め(となる物・人), 楽しみ, 喜び. — buscar ~ en la religión 宗教に慰めを求める. dar ~ a un amigo 友人を慰める. La hija es su único ~. 娘が彼女の唯一の慰めである. Su marcha ha sido un ~ para mí. 彼が帰ったので私はほっとした. 類**alivio, consolación**. 反**desconsuelo**.
 sin consuelo むちゃくちゃに, 際限なく. gastar *sin consuelo* 気前よく金を使う. llorar *sin consuelo* 慰めようもないほど泣く.
consuetudinar*io*, *ria* [konsu̯etuðinárjo, rja] 形 ❶ 慣習の, 慣例の. — derecho ~ 《法律》慣習法, 不文法. ❷ 《神学》習慣的に罪を犯す.
‡**cónsul** [kónsul] 男女 領事(→**cónsula**, consulesa[女性형의;領事夫人]). — ~ general 総領事. — ~ honorario 名誉領事.
— 男 ❶ 《仏史》(1799-1804 の)執政. — primer ~ 第一執政(ナポレオン1世). ❷ 《歴史》(古代ローマの)執政官, コンスル.
cónsula [kónsula] 女 女性領事; 領事夫人.
***consulado** [konsuláðo] 男 ❶ 領事館(大使館は embajada). — ~ general 総領事館[職]. Hoy voy al ~ para sacar el visado. 今日私はビザを受け取りに領事館に行きます. ❷ 領事の職[任期, 管区]. — desempeñar el ~ en París パリで領事の職務を遂行する. ❸ (古代ローマの)執政官の地位[任期].
consular [konsulár] 形 ❶ 領事の, 領事職の, 領事館の. ❷ 《歴史》執政官の.
consulesa [konsulésa] 女 →**cónsula**.
‡**consulta** [konsúlta] 女 ❶ 相談, 協議, 諮問; (医師などの)診察; — pasar [tener] ~ 相談を受け付ける. Se reunieron en ~. 彼らは協議をしに集まった. previa ~ a los interesados 当事者との事前協議. realizar ~s previas con [a] ... (人)と事前協議をする, …に前もって諮(はか)る. Hubo una reunión de ~ entre los representantes de los dos países. 両国の代表者間の協議会が開かれた. 類**conferencia**. ❷ (文献などの)参照, 参考. — libro de ~ 参考書. documento [obra] de ~ 参考文献. La ~ de los archivos ayudó a esclarecer el caso. 保存書類に当たったことが事件の解明に役立った. ❸ (医師の)診察(=~ médica). — tener [abrir, hacer, pasar] (la) ~ 診察する. horas de ~ [診察;診療]時間. — previa petición de hora [examen, reco*]*-**nocimiento, visita**. ❹ (医師間の)協議, 診断. — El equipo médico del hospital realiza [celebra] ~ en estos momentos. 病院の医療チームは目下協議をしている. Hubo ~ de médicos y decidieron operarla. 医師団は協議し, 彼女を手術することに決めた. 類**apelación**. ❺ (弁護士・専門家の)鑑定, 意見[書], 答申. — subir [bajar] la ~ (大臣や秘書が)意見書を差し出す[取り下げる]. ❻ 医院, 診療所, 診察室. — Tiene una ~ con los aparatos más modernos. 彼はもっとも近代的な器具を備えた医院を持っている. Tuve que esperar una hora porque la ~ estaba llena de gente. 私は医院が混んでいたので1時間待たなければならなかった. 類**clínica, consultorio**.
 Sacra Consulta 《カトリック》(教皇の)諮問法院.
consultación [konsultaθjón] 女 《まれ》(医師団の)協議, 相談. 類**consulta**.
consultante [konsultánte] 形 ❶ 相談する, 意見を求める. ❷ 相談役の, 顧問の.
***consultar** [konsultár コンスルタル] 他 ❶ ~ に相談する; […と]相談する; (医師の)診察を受ける. — *Consultaré* el asunto con mi abogado. 問題を私の弁護士に相談しよう. *Consultaré* a mis padres sobre el plan. その計画について両親と相談しよう. No deja de ~ a su médico antes de salir de viaje. 彼は旅行に出る前に必ず主治医の診察を受ける. ❷ ~ を参照する, 参考にする, 見る. — ~ un diccionario 辞書を参照する. — ~ los ficheros [el reloj] ファイルを参照する[時計を見てみる].
— 自 相談する; 助言を求める. — Me hace falta ~ con un abogado. 私は弁護士と相談する必要がある.
 consultar con la almohada →**almohada**.
consulting [konsúltin] 男 →**consultoría**.
consultiv*o*, *va* [konsultíβo, βa] 形 ❶ 相談の, 助言の, 諮問の; 諮問の. — órganos ~s del gobierno 政府の諮問機関. Este comité es ~, no tiene poder de decisión. この委員会は諮問委員会で決定力はない. ❷ (元首と)相談すべき, 協議すべき.
consult*or*, *tora* [konsultór, tóra] 形 相談の, 協議の, 諮問の. — empresa *consultora* コンサルタント会社. órgano ~ 諮問機関.
— 名 ❶ 相談相手, 相談役, コンサルタント, 顧問. 類**asesor, consejero, consultante**. ❷ 相談する人, 意見を求める人. 類**consultante**.
— 男 《宗教》(枢機卿の委任を受けていない)ローマ聖省顧問. — ~ del Santo Oficio 《歴史》宗教裁判所の代理弁護士.
consultoría [konsultoría] 女 コンサルタント業[会社].
***consultorio** [konsultórjo] 男 ❶ (専門的な)相談所, (弁護士の)事務所. — ~ de información 案内所, 情報局部. ~ fiscal 税務相談所. ~ laboral 労働問題相談所. 類**asesoría, oficina**. ❷ (小規模の主に私立の)医院, 診療所 (=~ médico). — ~ de urgencia 救急診療所. 類**ambulatorio, clínica, dispensario**. ❸ 診察室, 診療室. 類**consulta**. ❹ (ラジオ・テレビ・新聞などの)悩み事相談室[欄], 身上相談室[欄](= ~ sentimental). — ~ de belleza [sexológico] 美容[性の悩み事]相談室.
consumación [konsumaθjón] 女 ❶ 仕上げること, 完遂, 成就, 実現; (犯罪などの)実行. — la ~ del matrimonio 結婚の成就. la ~ de un delito 犯罪の実行. 類**acabamiento, cumplimiento**. ❷ 消滅, 終了, 終焉. — hasta la ~ de los siglos この世の終わりまで. ❸ 《法律》(契約の)履行, (判決の)執行.
consumad*o*, *da* [konsumáðo, ða] 過分 (< consumarse) 形 ❶ 完璧な, 非の打ちどころのない, 完全な. — un violinista ~ 完璧なバイオリニスト. una *consumada* obra de arte 非のうちどころのない芸術作品. 類**acabado, perfecto**. ❷ 《話》全

く,とてつもない. —un ladrón ~ とてつもない泥棒. un estúpido ~ まったくの愚か者.

―― 男 ❶《料理》様々な肉のエキスで作られるスープ. ❷《隠》ハシッシュ, 大麻; 盗品.

hecho consumado →hecho.

consumar [konsumár] 他 ❶ を完了する, 完遂する, 実現する；（犯罪など）を実行する. —Estaba drogado cuando consumó el crimen. 彼はその犯罪を実行したとき麻薬を使用していた. 類 **acabar, cumplir, perpetrar, realizar, terminar.** ❷《法律》（契約など）を履行する,（判決）を執行する. —No se consumó la sentencia. その判決は執行されなかった.

consumición [konsumiθjón] 女 ❶ 消費, 消耗, 消尽. —Contemplaba distraído la ~ del cigarrillo en el cenicero. 彼はぼんやりと灰皿の中でタバコが燃え尽きるのを見ていた. 類 **agotamiento, consunción.** ❷ すべて込みの飲食代, 食事代. — ~ mínima カバーチャージ, 席料. 類 **consumo, gasto.** ❸ 飲み物, ドリンク. —En la entrada está incluida una ~. チケットにはドリンク1杯が含まれている.

consumido, da [konsumíðo, ða] 過分〔＜consumirse〕形 ❶《比喩》消耗した, 疲れ果てた〔estar＋〕. 類 **agotado, extenuado, gastado.** ❷《比喩》衰弱した, やつれた, 痩せた. —Está ~ por la pena. 彼は悲嘆でやつれている. La enfermedad lo ha dejado pálido y ~. 彼は病気で青白く衰弱してしまった. 類 **débil, flaco, macilento.** ❸（水分がなくなって）縮んだ, 皺（しわ）のよった. ❹ 臆病な, 内気な. 類 **encogido.**

:**consumidor, dora** [konsumiðór, ðóra] 名 消費者(→「生産者」productor,「販売者」vendedor). —Hay que satisfacer las necesidades de los ~es. 消費者のニーズに応えなければならない. asociación de ~es 消費者団体. venta directa del productor al ~ 生産者から消費者への直売. a gusto del ~ 消費者の好みに合わせて. 類 **cliente, comprador.**

―― 形 消費する, 消耗する. —España es un país gran ~ de vino. スペインはワインの大変な消費国である.

:**consumir** [konsumír] 他 ❶ を消費する, 使う. —Este coche no consume gasolina sino electricidad. この車はガソリンでなくて電気を使っている. Esa moto consume mucha gasolina. そのオートバイは多くガソリンを食う. En la boda se consumieron cien litros de vino. 結婚式で100リットルのワインが消費された. Los clientes consumen ahora menos que antes. 顧客たちは以前ほど今はお金を使わない. ❷《話》を悲しませる, 苦しめる. —La consume la envidia. 嫉妬心が彼女を苦しめている. 類 **afligir, desasonar.** ❸ を不安にさせる, やきもきさせる. ❹ を破壊する, 絶滅させる, 消耗させる. —El fuego ha consumido tres hectáreas de bosque en unas horas. 火は数時間で3ヘクタールの森林を焼き尽した. El cáncer la consumía poco a poco. がんが少しずつ彼女を消耗させるのだった.

―― se 再 ❶ 〔＋en で〕悲嘆にくれる; 消耗する, 憔悴（しょうすい）する. —Se está consumiendo con tanto trabajar y comer tan poco. あんなに働き, わずかしか食べないので彼は消耗している. ❷ 尽きる, 燃え尽きる. —La vela se consume lentamente. ろうそくはじわじわと燃え尽きる. ❸ 不安になる, やきもきする. —Se consume de celos. 彼女は嫉妬に身をこがす.

consumismo [konsumísmo] 男 消費主義.

consumista [konsumísta] 形 消費型の. — sociedad ~ 消費社会.

:**consumo** [konsúmo] 男 ❶ 消費, 消耗, 購買; 消費量[額]. — ~ nacional [privado] 国内[個人]消費. ~ habitual de alcohol アルコール常習. modelos de ~ reducido 省エネタイプ. bienes [derechos, sociedad] de ~ 消費財[税, 社会]. índice de precios al ~《経済》消費者物価指数(C略 I. P. C.). excitar [frenar] el ~ 消費を刺激する[抑制する]. El ~ de energía aumenta en invierno. 冬になるとエネルギーの消費量が増える. Este año hay un gran ~ de aparatos eléctricos. 今年は電化製品がよく売れている. impuesto de ~ 消費税. 類 **compra, gasto.** 反 **ahorro, producción.** ❷ 複 物品入市税.

consunción [konsunθjón] 女 ❶ 消費, 消耗. 類 **consumición.** ❷ 消耗, 憔悴, 衰弱. —Aquella gripe le provocó una extrema ~. あの風邪で彼は極度に衰弱した. 類 **agotamiento, enflaquecimiento, extenuación.** ❸ 肺結核.

consuno [konsúno] 副《次の成句で》**de consuno**《まれ》一致して, 一緒に.

consuntivo, va [konsuntiβo, βa] 形 消費することができる, 消耗することができる.

consustancial [konsustanθjál] 形 →consubstancial.

consustancialidad [konsustanθjaliðað] 女 →consubsuntancialidad.

contabilidad [kontaβiliðað] 女 ❶ 簿記, 会計, 経理; 会計学. —María estudia ~. マリーアは簿記を勉強している. ~ por partida doble [simple] 複式[単式]簿記. 類 **teneduría [de libros].** ❷ 会計[経理]の職. —Por las mañanas lleva la ~ de una pequeña empresa. 彼は午前中は小さい会社の会計をしている.

contabilizar [kontaβiliθjár] [1.3] 他 ❶ …の勘定をする, を帳簿につける. —Contabilizaron en cientos los asesinatos en la masacre. その大虐殺で殺された人は何百人にもなった. ❷ 〔…como で〕を…と見なす, 考える. —Él siempre contabiliza los méritos ajenos como propios. 彼はいつも他人の手柄を自分の手柄と見なす. ❸《商業》帳簿につける, 記入する.

contable [kontáβle] 形 ❶ 数えることができる, 計算可能な. 反 **incontable.** ❷ 会計の, 経理の. — análisis ~ 会計検査. ❸ 物語ることができる. 反 **incontable.**

―― 男女 簿記係, 帳簿係, 会計係; 会計士. 類 **contador, tenedor de libros.**

contactar [kontaktár] 自 〔＋con と〕連絡を取る, 接触する.

:**contacto** [kontákto] 男 ❶（人との）接触, 触れ合い, 交際. —Perdí el ~ con él hace tiempo. 私はずっと前から彼との接触がなかった. Tenemos muchos ~s con nuestros vecinos. 私たちは近所の人たちと多くの付き合いがある. ~ sexual 性交. 類 **comunicación, relación, trato.** ❷（物との）接触, 触れること. —Esa enfermedad se contagia por simple ~. その病気はちょっと触れただけで伝染する. El solo ~ de sus manos me produce escalofríos. 彼の手が触れただけで私は寒気がする. lentes de ～ コンタクトレンズ. punto de ～《幾何》接点. 類 **roce, tocamiento, toque**. 反 **alejamiento, distanciamiento, separación**. ❸《機器による》交信, 連絡. —establecer ～s radiofónicos 無線連絡を取る. Muchas personas hacen amigos por ～ telefónico o informático. 多くの人は電話やコンピューターで友人を作っている. 類 **comunicación, conexiones**. 反 **desconexión**. ❹《比喩》(秘密組織などの)連絡員, 仲介者. —Los terroristas tenían un ～ infiltrado en la policía. テロリストたちは警察内に連絡員を潜入させていた. 類 **conexión, enlace**. ❺《主に 複》《話》コネ, つて, 縁故. —Tiene buenos ～ s en el ministerio. 彼は官庁によいコネがある. Como productor, tenía numerosos ～ s en el mundo de la música. 彼はプロデューサーとして音楽界では顔が広い. 類 **conexiones**. ❻《電気》接続, スイッチ; 接続, 接触. —Al establecer el ～ se encendieron las luces. スイッチを入れると明かりがついた. ～ intermitente 接続不良. clavija de ～ s 差し込みプラグ. 類 **unión**. 反 **desconexión**. ❼《自動車》(エンジンの)点火, 点火スイッチ. —llave de ～ イグニッションキー, エンジンキー. Metió la llave en el ～ y arrancó el coche. 彼は点火スイッチを入れると車が動き出した. Enciende el ～. 点火スイッチを入れてください. ❽《鉄道》接続. —Los dos tramos hacen ～ al final. その2区間は最後に接続する. 類 **empalme**. ❾《写真》密着焼き. —prueba [copia] de ～ 密着印画, べた焼き, コンタクトプリント. ❿《言語》(言語の)接触. —～ de lenguas 言語接触. ⓫ 日食[月食]の開始. ⓬《中南米》《電気》スイッチ(=interruptor);《メキシコ》差し込み, コンセント(=enchufe).

al [en] contacto con ... ...と接触すると, に触れると. *Al contacto con* el agua, sentí frío. 水に触れたら冷たかった.

entrar [ponerse] en contacto con ... (人・物)に接触する, 連絡を取る. Ponte inmediatamente *en contacto con* él. すぐ彼と連絡を取りなさい.

establecer [hacer] contacto con ... (人)と接触する, 連絡を取る.

grado de contacto 《広告》延べ聴取・視聴率(略GRC).

hacer contacto 接続する, 繋がる.

mantenerse [estar, seguir] en contacto con ... / tener contacto con ... (人)と連絡を保つ, (頻繁に)接触している, 連絡を取っている. Mis padres todavía *siguen en contacto con* sus amigos del colegio. 私の両親は学校時代の友だちといまだに付き合っています. Todavía *nos mantenemos en contacto*. 私たちはお互いに連絡を取り合っている.

perder [romper] el contacto 接触・連絡を絶つ, 連絡・交際が途絶える. *Perdimos el contacto* hace muchos años. 我々の交際は何年も前に途絶えた.

‡**contado, da** [kontáðo, ða] 過分 形 ❶ ほんのわずかな, 数少ない, まれな. —El enfermo tiene ～ s los días. その病人は余命いくばくもない. Podemos vernos en *contadas* ocasiones. 我々はまれにしか会えない. En este pueblo son ～ s los que saben el inglés. この村で英語のできる人はほんのわずかしかいない. 類 **escaso, poco, raro**. ❷ 必要最小限の, 最低限の. —Va con el dinero ～ para los gastos corrientes. 彼は必要最少限のお金で生活している. ❸ 特定の, 指定の.

al contado (1) 即金で, 現金で. Lo he pagado *al contado*. 私はそれを即金で支払った. (2)《中南米》ただちに, すぐに. ir *al contado* 今すぐ行く.

de contado (1) ただちに, すぐに. (2)《中南米》即金で, 現金で.

por de contado もちろん, 確かに. *Por de contado que no vendrá aquí* a la hora que ha dicho. もちろん彼は予め言った時間にここにやって来ることはないだろう.

‡**contador, dora** [kontaðór, ðóra] 形 数える, 計算する, 勘定の. —tablero ～ そろばん. dispositivo ～ de vehículos 車両カウンター装置.
—— 名 ❶ 会計係[官], 簿記係. —～ de costos 原価計算係. 類 **contable, tenedor de libros, tesorero**. ❷ 経理士, 会計士; 会計検査官. —～ diplomado [público, titulado] 公認会計士. ❸ 語り手, 話し手. —La abuela es una excelente *contadora* de historias. 祖母はとても物語のうまい人だ. ❹《南米》金貸し (=prestamista).
—— 男 ❶ メーター, カウンター. —～ del agua 水道のメーター. ～ de gas ガスのメーター. ～ eléctrico [de la luz] 電気のメーター. ～ de aparcamiento パーキング・メーター. ～ de revoluciones (エンジンなどの)タコメーター(回転速度計). ～ de Geiger ガイガー・カウンター(放射能測定器). ～ de exposiciones フィルム・カウンター. ～ kilométrico オドメーター[走行距離計]. ❷《情報》カウンタ. *sin contador* 隙間なく.

contaduría [kontaðuría] 女 ❶ 会計係[課], 経理係[課]. —～ de hacienda 財務主計局. ❷ 会計士[計理士]の職[業務], 会計[経理]事務所. —Juan ha ido a la ～. フアンはその会計事務所に行った. ❸ (劇場, 映画館の)前売切符販売所.

contagiar [kontaxiár] 他 ❶ (病気)を移す, 感染させる. —Me han *contagiado* la gripe en la clase. 私は教室で風邪を移された. 類 **contaminar, pegar, transmitir**. ❷《比喩》(悪習, 悪癖 などを)広める, 蔓延させる, 伝染させる. —Él me *contagió* la afición al fútbol. 彼のせいで私はサッカーファンになった.. 類 **comunicar, contaminar**.
—— se 再 ❶《+de》(病気)に感染する; (悪習, 悪癖などに)染まる. —*Me he contagiado de* sarampión. 私ははしかに感染した. Mi marido *se ha contagiado del* vicio por el juego. 私の夫はギャンブルの悪癖に染まってしまった. ❷《3人称で》感染する, 移る. —La risa *se contagia* fácilmente. 笑いは簡単に移る.

‡**contagio** [kontáxio] 男 ❶《医学》(接触)感染, 感染. —exponerse al ～ 感染[伝染]の危険にさらされる. prevenir el ～ 感染を予防する. ❷ (主に軽い)伝染病(原). —propagación del ～ 伝染病の蔓延化(*かん*). Hay un ～ de gripe. 流感がはやっている. 類 **epidemia**. ❸《比喩》(感情・態度・習慣などの)感化, 伝播. —～ del bostezo 欠伸(*あくび*)の伝染. ～ de la risa 笑いの伝染, つられて笑うこと.

por contagio 伝染によって; 真似して.

‡**contagioso, sa** [kontaxióso, sa] 形 ❶ 伝染性の, 伝染する. —enfermedad *contagiosa* 伝染

病. 類**infeccioso, pegadizo**. ❷ 伝染病にかかっている. —enfermo ～ 伝染病患者. ❸〔習慣・動作などが〕感染する, 移りやすい. —risa *contagiosa* つられ笑い. ── 图 伝染病患者.

contaminación [kontaminaθjón] 囡 ❶ 汚染, 汚すこと, 公害. —～ atmosférica 大気汚染. ～ ambiental 環境汚染. ～ acústica 騒音公害. 類**polución**. ❷《比喩》(悪習, 悪癖などの)伝染, 悪影響. ～ *contagio, infección*. ❸ 堕落, 腐敗. ❹〔原文の〕改悪, 不純化.

contaminador, dora [kontaminaðór, ðóra] 厖 汚染する, 汚す, 不純にする.

contaminante [kontaminánte] 厖 汚染する, 汚染性の. —sustancias ～s 汚染物質. 類**contaminador**. ── 圐 汚染物質.

contaminar [kontaminár] 他 ❶ を汚染する, 汚す; 駄目にする, 不純にする. —Las fábricas han *contaminado* el río con residuos tóxicos. その工場は有害廃棄物で河川を汚染した. El monóxido de carbono *contamina* la atmósfera. 一酸化炭素は大気を汚染する. 類**corromper, infectar**. ❷〔+con/de〕(悪習, 悪癖などを)移す, 感染させる. —Tú me has *contaminado* de tu pesimismo. 君が私にその厭世観を移した. 類**contagiar, infectar, inficionar**. ❸《比喩》(信条や習慣)を堕落させる, 駄目にする. 類**corromper, pervertir**. ❹〔原文を〕改悪する, 変造する. —Tu redacción está muy *contaminada* por el inglés. 君の作文は英語の強い影響を受けている.

──**se** 再〔+con/de で〕❶ 汚染される, 汚れる. —La bahía *se contaminó* a causa de los vertidos tóxicos. その湾は有毒流出物で汚染された. ❷(…に)染まる. —Mi hija *se ha contaminado* con las ideas perversas de su novio. 私の娘は恋人のよこしまな考えに染まってしまった. 類**contagiarse**.

‡**contante** [kontánte]〔<contar〕厖 現金の. —Aquí hay que pagar en dinero ～. ここでは現金で払わなければならない. 類**efectivo**.

en dinero contante y sonante 現金(即金)で.

‡‡contar [kontár コンタル][5.1] 他 ❶ (a)〈数〉を数える, 勘定する. —～ las horas [los días]〔時間[日数]〉を数える. Al ～ de nuevo a los niños, vio que faltaba uno. もう一度子供たちを数えたところ, 一人足りないことが彼には分かった. (b) を計算する. (c) を勘定に入れる, 計算に入れる. —Asistieron cien personas sin ～ los niños. 子どもを入れないで100人が出席した.

❷ を物語る, 語る, 話す. —El anciano *contaba* a los niños muchos cuentos interesantes. 老人は子どもたちにたくさんのおもしろい話をしてやるのだった. ¿Qué me *cuentas*? どうだい, 元気かね. Nos *contó* un chiste graciosísimo. 彼は我々にとてもおかしい笑い話を語ってくれた. Tengo montones de cosas que ～te. 私には君に話すことが山ほどある.

❸〔+por と〕を見なす, 評価[判断]する; 確信する. —*Cuento por* terminado este trabajo. 私はこの仕事を済ましたものと考える. *Cuento* quedarme libre la semana que viene. 来週私は暇になると思う. *Contamos* que tu presencia les animará. 君がいてくれると彼らの励みになるだろうと我々は確信している.

❹ を含める, 加える, 数える. —Lo *cuento* entre mis mejores amigos. 私は最良の友の中に彼を数える.

❺ (数・年齢)に達する. —Mi abuelo *cuenta* ya noventa años. 私の祖父はもう90歳になる.

── 自 ❶ 数を数える, 計算する. —～ de uno a diez 1から10まで数える.

❷〔+con を〕(a) 持つ. —El pueblo *cuenta* ahora con sólo doscientos habitantes. その村は人口がわずか200人しかない. Un equipo de fútbol *cuenta* con once jugadores. サッカーチームは11人の選手から成る. *Cuento con* su cariño. 私は彼の愛情を享受している. (b) 当てにする, 頼りにする; 考慮[計算]に入れる. —*Cuente* usted *conmigo* para lo que necesite. 何か困った事があったら私を頼りにしてください. Él no *contaba con* esa humillante pérdida. 彼はそのみじめな敗北を喫するなど思っていなかった.

❸ 重要である, 価値がある. —Un error tan pequeño no *cuenta*. そんな小さな誤りは問題ない.

❹〔+por に〕値する. —Come tanto que *cuenta por* tres. 彼は大食漢で3人前平らげた.

❺ 計算に入る. —*Cuentan* con ellos para la cena. 彼らは夕食の人数分に入っている. Los niños menores de cinco años no *cuentan*. 5歳未満の子どもは数に入らない.

──**se** 再 数えられる; 含まれる. —*Me cuento* entre sus amigos. 私は彼の友人の中に入っている. Entre los detenidos *se contaba* su marido. 逮捕者の中に彼女の夫が含まれていた. Esta novela *se cuenta* entre las mejores del autor. この小説は作者の最高傑作に数えられる.

a contar de〔*desde*〕 …から数えて.
contar atrás カウントダウンする.

*****contemplación** [kontemplaθjón] 囡 ❶ 眺めること, 熟視, 凝視. —Pasaba horas enteras absorto en la ～ del jardín. 彼はその庭に見入れて丸々数時間過ごしていた. La ～ del mar me tranquilizó. 私は海を見ると安らぎを覚えた. 類**observación**. ❷ 圐 (a) 甘やかし, (過度の)寛大さ. —Tiene demasiadas *contemplaciones* con sus nietos. 彼は孫たちを甘やかし過ぎる. 類**complacencias, cuidados, mimos, miramientos**. (b) 遠慮, 配慮, 丁寧さ. —Ándate con *contemplaciones* y ya verás. 慎重に行動するのもいいけれど, どうなるかは分からないよ. ❸《宗教》瞑想, 黙想, 観想(魂の内奥において神との一致を遂げる霊魂の高度の状態). —absorberse [sumergirse, sumirse] en la ～/dedicarse a la ～ 瞑想に耽(ﾌ)る. vida de ～ y retiro 観想(的)生活. Esos monjes llevaban una vida de ～. それら修道士たちは観想の生活を送っていた. ～ filosófica《哲学》静観, 瞑想. 類**arrobamiento, meditación, visión**.

con contemplaciones《話》手心を加えて, 気配りして.

no andar(se) con contemplaciones 手荒くやる, びしびしやる, ずけずけものを言う.

sin contemplaciones 加減せず, 容赦なく, びしびしと. —Trata *sin contemplaciones* a sus subordinados. 彼は部下を手加減なしに使う. Lo despidieron *sin contemplaciones*. 彼は情け容赦なく解雇された.

508 contemplado

contempla/do, da [kontempládo, ða] 過分 形 (人が)大事にされた, 甘やかされた. —Este niño está demasiado ~. この子はあまりに大事にされすぎている. 類**consentido, mimado**.

contemplar [kontemplár コンテンプラル] 他 ❶ をじっと見詰める, 見据える, 凝視する. —Estuvo *contemplando* el cuadro durante una hora. 彼は1時間もその絵を見入っていた. ❷ を考える, 熟考する, 熟慮する. —*Contemplamos* la posibilidad de abrir una sucursal en Tokio. 東京に支店を開設する可能性を我々は検討している. 類**considerar**. ❸ を優遇する, 甘やかす, をちやほやする. —No es bueno ~ demasiado a los niños. 子どもたちを甘やかし過ぎるのはよくない. 類**complacer**.
── 自 瞑想する, 《宗教》黙想する.
── se 再 自分を見つめる.

contemplativo, va [kontemplatíβo, βa] 形 瞑想にふける, 黙想[観想]的な; 静観する. —actitud *contemplativa* もの思いにふけった態度. Esa orden religiosa se dedica a la oración y a la vida *contemplativa*. その修道会は祈りと観想生活に専念している.
── 名 瞑想にふける人, 観想修道士[修道女].

contemporaneidad [kontemporaneiðá(ð)] 女 同時代性, 同時性.

contemporáneo, a [kontemporáneo, a] 形 ❶ 【+de】…と同時代の, 同時期の. —Godoy fue ~ de Napoleón. ゴドイはナポレオンと同時代の人だった. 類**coetáneo, coincidente, simultáneo**. ❷ 現代の, 現代的な. —arte ~ 現代芸術. historia *contemporánea* 現代史. edad *contemporánea* 現代(普通は19世紀以降). 類**actual, moderno**.
── 名 ❶ 同時代人. —Su pintura no fue apreciada por sus ~s. 彼の絵は同時代人には評価されなかった. ❷ 現代人.

contemporización [kontemporiθaθjón] 女 妥協, 迎合.

contemporizador, dora [kontemporiθaðór, ðóra] 形 妥協する, 迎合する. —El decano se ha mostrado hoy, cosa rara, ~. 学部長はめずらしいことに今日は妥協的な態度を見せた.
── 名 妥協する人, 迎合する人. —El fallo fue enviar a un ~ a esas negociaciones. 失敗はその交渉に妥協的な人物を送ったことだった.

contemporizar [kontemporiθár] [1.3] 自 【+con】 ❶ …と妥協する, 折り合いをつける, …に歩み寄る. —El gobierno tuvo que ~ *con* la oposición para que se aprobara el proyecto de ley. 政府はその法案を通すために野党と妥協しなければならなかった. 類**acomodarse, transigir**. ❷《軽蔑》…に迎合する, おもねる. —Él *contemporiza con* cualquier persona. 彼は誰にでも迎合する.

contén [kontén] 動 contener の命令・2単.

contención[1] [kontenθjón] [< contender] 女 ❶ 争い, 闘い, 戦い; 競争. 類**contienda, lucha**. ❷《法律》訴訟. 類**litigio, pleito**. ❸《古》努力, 意図.

contención[2] [kontenθjón] [< contener] 女 ❶ 抑制, 抑止. —El muro de ~ cedió debido a un corrimiento de tierras. 擁壁が地滑りで崩れた. ❷ 自制, 節度. —La ~ de los impulsos es difícil a esa edad. その年では衝動を抑えることは難しい. 類**continencia, moderación**. 反 **desenfreno**.

contencioso, sa [kontenθjóso, sa] 形 ❶ 論議好きの, 文句をつけたがる. —Su carácter ~ le lleva a disputar con mucha frecuencia. 彼は文句をつけたがる性格なのでしょっちゅうけんかを引き起こすことになる. ❷《法律》係争中の, 訴訟上の. —asunto ~ 訴訟事件. Tiene un proceso ~ con la empresa. 彼はその企業と係争中だ.
── 男 《法律》訴訟(事件). —~ administrativo 行政訴訟.

contender [kontendér] [4.2] 自 ❶ 争う, 戦う, 闘う; 競う. —Esos dos partidos *contendieron* ferozmente en las últimas elecciones. その二つの政党は先の選挙では熾烈に戦った. *Hemos contendido* por el triunfo. 私たちは優勝を争った. En la carrera *contienden* más de cien automóviles. そのレースでは100台以上の車が走る. Vas a ~ con un peligroso enemigo. 君は危険な敵と闘うことになる. 類**combatir, competir, luchar, pelear, rivalizar**. ❷《比喩》言い争う, 論争する, 議論する. —Comenzaron a ~ sobre política y aguaron la fiesta. 彼らは政治について議論を始めパーティーを台無しにした. 類**discutir, disputar**.

contendiente [kontendjénte] 形 争う, 戦う, 競う, 対抗する. —países ~ 敵国.
── 名 対抗者[相手], 競争者[相手], 論争者[相手]. —En la discusión derrotó limpiamente a su ~. その議論で彼は相手をきれいに論破した. 類**adversario, competidor, contrincante, rival**.

contendr- [kontendr-] 動 contener の未来, 過去未来.

contenedor, dora [konteneðór, ðóra] 形 入れた, 含む.
── 男 ❶ 輸送用コンテナ. ❷ 路上に置かれたガラス・瓦礫(がれき)回収用のごみ箱.

contener [kontenér] [10.8] 他 ❶ を含む, …が入っている. —El paquete *contiene* diez latas de anchoas. 小包にはアンチョビーの缶詰10個が入っている. La botella *contiene* un litro de vino. 瓶には1リットルのワインが入っている. ❷ を抑える, 抑制する, なだめる. —*Contuvo* su ira y le sonrió. 彼は怒りを抑えて彼女にほほえみかけた. ~ el gasto público [la inflación] 公共支出[インフレ]を抑制する. El caballo estaba excitado y el jinete no podía ~le. 馬は興奮していて, 騎士は抑えられなかった. 類**reprimir**.
── se 再 【+de】を慎む, 我慢する; 自分を抑える. —Tuve que ~*me* para no darle un par de bofetadas. 彼に平手打ちを2・3発食らわさないよう私は自分を抑えねばならなかった. *Contente* de tomar cosas picantes. からい物を食べるのは控えなさい.

contenga(-) [kontenga(-)] 動 contener の接・現在.

contengo [konténgo] 動 contener の直・現在・1単.

contenido [konteníðo] 男 ❶ (文書・講演などの)内容, 中身, 意味. —El profesor nos pidió que resumiéramos el ~ del texto. 私たちはその内容を要約するように先生に求められた. Ha sido un discurso de ~ muy pobre. ほとんど内容のない演説だった. 類**significado, sustancia, tenor.** ❷（入れ物の）**中身**．— Derramó sobre el mantel el ~ del vaso. 彼はコップの中身をテーブルクロスの上にこぼした. ❸（本の）**目次, 内容一覧**（=índice）. ❹ **含有量**. — ~ en carbono 炭素含有量. ❺〘言語〙（記号・発話の）**意味内容**（→「表現」expresión,「形式, 形態」forma）.

——, da 過分 形 ❶（入れ物に）**入った, 含まれた; 内容の**. — El vino ~ en esa garrafa es dulce. そのカラフェに入ったワインは甘い. La mayoría de afirmaciones *contenidas* en el artículo son falsas. その記事に盛り込まれた主張の大部分はうそだ. 類**comprendido, incluido.** ❷（感情が）**制された, 抑えられた; 自制した, 控えめな**. — hablar con emoción *contenida* 感情を抑えて話す. Ella escuchaba con la risa *contenida*. 彼女は笑いをこらえて聴き入っていた. Es una persona muy *contenida*; nunca le he oído una palabra más alta que otra. 彼女は感情を表に出さない人で, 私は声を荒らげたのを一度も聞いたことがない. 類**dominado, moderado, reprimido.**

contentadizo, za [kontentaðíθo, θa] 形 **満足させやすい**. — Mi marido es mal ~. 私の夫は満足させにくい.

contentamiento [kontentamjénto] 男《まれ》**満足, 喜び**. — Es una persona de fácil ~. 彼は簡単に満足する人だ. 類**alegría, contento.**

:**contentar** [kontentár] 他 **満足させる, 喜ばせる**. — Va a los toros sólo para ~ a su marido. 彼女は夫を喜ばすためだけに闘牛に行く. 類**complacer.**

——se 再 ❶〘+con に〙**満足する;（…で）我慢する**. — *Me contentaría con* cualquier trabajo que me dieran. もらえる仕事ならどんなものでも私は満足するだろう. Ella *se contenta con* poca cosa. 彼女はわずかなもので満足する. ❷〘中南米〙**和解する**.

:**contento, ta** [konténto, ta] コンテント, タ] 形 ❶〘+de/con〙**…に満足した; に甘んじた**〘estar+〙. — Vive *contenta* y feliz. 彼女は満ち足りて幸せに暮している. Están muy ~s *con* su nueva casa. 彼らは新しい家に非常に満足している. No está ~ *con* su suerte. 彼は自分の運命に満足していない. 類**satisfecho.** 反**descontento.** ❷〘+de〙**…がうれしい; …で幸せな**〘estar+〙. — Estoy ~ *de* verte. 君に会えてうれしい. 類**alegre, feliz.**

darse por contento 一応満足する, まあまあだと思う. Sólo con que terminara el bachillerato *me daría por contento*. 高校を終えただけでもまあよかったとしなければならないだろう.

dejar contento a ...（人）を満足させる.
quedarse contento con …に満足する. No *se quedó contenta con* lo que dije. 彼女は私の言ったことに満足していない.

—— 男 **満足; 喜び**. — con gran ~ 大喜びで. sentir gran ~ 大変うれしく思う. Al ver a la madre el niño dio muestras de ~. 母親を見る と男の子は喜びの様子を見せた. 類**alegría, satisfacción.** 反**descontento.**

a contento 思う通りに, 存分に.
no caber (en sí) de contento 《話》非常に満足している, うれしくてたまらない.
ser de buen [mal] contento 《話》（人が）すぐに満足する[なかなか満足しない].

contera [kontéra] 女 ❶（傘, 杖などの）**石突き**. 類**regatón.** ❷《比喩, 話》**先端を覆うための小さい物;（鉛筆の）キャップ,（刀の）こじり**. ❸（大砲の）**砲尾**. ❹〘詩学〙**詩歌の折り返し句, 反復句, リフレイン**. 類**estribillo.** ❺〘詩学〙**セスティーナの最後の3行**. ❻《比喩》**（ある物の）終り; 端, 先端**. 類**fin, remate.**

echar la contera《比喩, 話》**交渉や話[談話]を終える**.
por contera 副 (1)《比喩, 話》**その上, おまけに**. Ella ha perdido a su marido y, *por contera*, la han despedido. 彼女は夫を失い, おまけに仕事も首になった. (2)《比喩, 話》**最後に, 終わりに**.
temblarle a ... la contera《比喩, 話》大変恐れる[びくびくする]. Cuando lo vi, *me tembló la contera*. それを見た時, 私は本当に恐かった.

contertuliano, na [kontertuljáno, na]〔<tertulia〕名 **tertulia の常連[仲間], tertulia のメンバー**. 類**contertulio.**

contertulio, lia [kontertúljo, lja] 名 **tertulia の常連[仲間], tertulia のメンバー**. 類**contertuliano.**

contesta [kontésta] 女 ❶〘中南米〙**答え, 返事, 回答**. ❷〘中南米〙**会話, おしゃべり**. ❸〘メキシコ〙**愛の告白**.

contestable [kontestáβle] 形 ❶ **反駁（はんばく）[論駁]できる, 反駁の余地がある**. 類**rebatible.** 反**incontestable.** ❷ **答えることのできる, 返事が出せる**.

:**contestación** [kontestaθjón] 女 ❶ **返事, 答え, 回答**. — mala ~ **無礼な返事, 口答え**. dar una ~ **返事をする**. dejar la carta sin ~ **手紙の返事をせずにおく**. recibir un no como ~ **否定[拒否]の返事をもらう**. Todavía no he recibido ~ a mi carta. 私の手紙に対して返事がまだない. 類**réplica, respuesta.** ❷ **抗議, 不満の表明, 異議, 異論**. — ~ política [social] **政治的[社会的]抗議**. 類**protesta.** ❸〘法律〙**（被告の）反訴, 抗弁（書）, 答弁（書）**. — Puso una ~ a la demanda. 彼は抗弁書を提出した.

en contestación a ... **…に答えて, …への返事として**. *en contestación a* su carta del 15 del corriente《商業》今月15日付けの貴翰（きかん）にお答えして.

contestador [kontestaðór] 男 **答えるもの**. — ~ automático **留守番電話**.

:**contestar** [kontestár] コンテスタル] 自 ❶〘+a に〙**答える, 応える, 返事をする**. — Le pregunté la hora, pero no me *contestó*. 私は彼に今何時かときいたが, 彼は答えてくれなかった. Le telefoneé, pero nadie *contestó*. 私は彼女に電話したが, だれも出なかった. *Contestó* a la amistad que yo le brindaba hablando mal de mí. 彼は私の悪口を言うことによって私が捧げた友情に応えた. 類**responder.** 反**preguntar.**
❷ **…に言い返す, 口答えする**. — No está bien ~ a los padres. 両親に口答えするのはよくない. Haz lo que te mande y no le *contestes*. 彼の言う通りのことをして, 口答えをするな. 類**protestar, replicar.**

—— 他 ❶ **…に答える, 応える, 返事をする**. — Suele ~ mis cartas tan pronto como las recibe.

彼は私の手紙を受け取るとすぐ返事をくれるのが常だ. Le *contesté* que le veía a las cuatro de la tarde. 私は彼に午後4時に会えるだろうと返事した. Me preguntó si yo iba a ir y le *contesté* que no. 彼は私が行くつもりなのか尋ねたが，行かないと答えた.
❷ …に反対する，反発する，反抗的な態度をとる.—La cortesía tradicional japonesa está siendo *contestada* por los jóvenes. 日本の伝統的礼儀作法は若者たちから反発を食らっている.

contestatario, ria [kontestatário, ria] 形 反体制的な，反抗的な. 類**crítico, rebelde**.

contestón, tona [kontestón, tóna] 形『話』口答えする.—Es un niño descarado y ~. 彼は厚かましくて口答えする子だ.—— 名『話』口答えする人.

contexto [konté(k)sto] 男 ❶ 文脈，コンテキスト.—Deduje el significado de la palabra por el ~. 私は文脈からその言葉の意味を推測した. ❷ 前後関係，背景，状況.—No entenderás la obra si prescindes de su ~ histórico. 歴史的な背景を抜きにしてその作品を理解することはできないだろう. ❸ 織り方，構造，組織. 類**textura, contextura**. ❹ (糸，繊維の)もつれ，絡(ガ)まり. 類**enredo, maraña, trabazón**.

contextura [konte(k)stúra] 女 ❶ 組織，構成，構造；(織物の)織り方. 類**contexto, textura**. ❷ 体格，体つき，体格.—Es un chico de fuerte ~. 彼は頑健な体つきの青年だ. 類**complexión, constitución, naturaleza**.

contienda [kontjénda] [<contender] 女 ❶ 争い，闘い，戦い；けんか.—~ entre las dos naciones se desencadenó por motivos religiosos. その二国間の争いは宗教的原因に端を発した. 類**competición, guerra, lucha, pelea, riña**. ❷《比喩》口論，言い争い，議論. 類**debate, discusión, disputa**.

contiene(-) [kontjéne(-)] 動 contener の直・現在.

‡**contigo** [kontíɣo] 前 +代 (人称)〔con+tiの意味〕君[おまえ]といっしょに，君に対して.—C~, pan y cebolla.〖諺〗君となら鍋さえでもとわない(←君となら パンと玉ねぎでも). No quiero ir ~. 君といっしょには行きたくない.

contigüidad [kontiɣuiðá(ð)] 女 (二つの物の)隣接，接触，隣り合わせ.—La ~ de las casas hizo que el incendio se propagase rápidamente. 家が隣接していたために火事はすぐ燃え広がった. 類**cercanía, proximidad, vecindad**. 反**lejanía, separación**.

contiguo, gua [kontíɣuo, ɣua] 形〖+a〗…に隣接する，…と隣り合っている，境界を接する.—Vive en la casa *contigua* a la mía. 彼は私の隣の家に住んでいる. 類**adyacente, inmediato, pegado**.

continencia [kontinénθja] 女 ❶ 自制，節制；節度，控えめ.—~ verbal 言葉の自制. ~ en el beber 飲酒の節制. 類**moderación, sobriedad, templanza**. ❷ (特に性欲の)禁欲. 類**abstinencia**. ❸ (舞踊)(昔の舞踊)で相手に対する礼儀を示すために取られた上品なステップの一種.

continental[1] [kontinentál] 形 大陸の，大陸性の.—clima ~ 大陸性気候. plataforma ~《地理》大陸棚.

continental[2] [kontinentál] 男(女) ❶ 郵便の代理店；宅配便. ❷ 郵便代理店[宅配便]によって配達された手紙.

‡**continente** [kontinénte] 男 ❶《地理》**大陸**.—los cinco C~s 五大陸. Antiguo C~ 旧大陸 (Europa, África, Asia のこと). Nuevo C~ 新大陸 (América のこと). ~ americano [europeo, africano] アメリカ[ヨーロッパ，アフリカ]大陸. ~ blanco 白い大陸 (Antártida の こと). ~ negro. 黒い大陸 (África のこと). ❷ 表情，顔つき，外見，様子.—hombre de ~ sereno いかめしい顔の人. 類**actitud, aire**. ❸ 容器，入れ物，箱，建物.—tirar los ~s de vidrio al contenedor verde. ガラス容器を緑色のごみ収集容器に捨てる. 類**envase, recipiente**.
—— 形 自制的な，控えめな；禁欲の(生活の).—Tiene una actitud ~. 彼の態度は控え目である. 類**moderado, templado**.

continentemente [kontinéntemente] 副 自制して，節制して，控えめに.

contingencia [kontinxénθja] 女 ❶ ありうること，可能性，見込み.—No se puede descartar la ~ de una guerra. 戦争が起こる可能性は捨て去ることができない. 類**contingente, eventualidad, posibilidad, probabilidad**. ❷ 起こるかもしれないこと，偶発事.—Es una ~ muy improbable. それはとても起こりそうもないことだ. ❸ 危険，恐れ. 類**peligro, riesgo**.

contingente [kontinxénte] 形 起こるかもしれない，起こりうる，不確かな.—una circunstancia ~ 起こりうる状況. 類**eventual, posible, probable**.
—— 男 ❶ 起こるかもしれないこと.—No habían previsto aquel ~. あんなことが起こるとは予測しなかった. 類**contingencia**. ❷ 分担額，割り当て額，割り前. 類**cuota**. ❸《軍》(仕事などの)割り当て，分担. ❹《軍事》各地域に割り当てられた徴兵の人数. 類**leva**. ❺《軍事》派遣部隊，分遣隊，分隊. 類**pelotón**. ❻《商業》輸出入割当金〔量〕. ❼ 組織(集会)の中で他のメンバーから区別されるグループ.

continuá [kontinuá-] 動 continuar の直・現在，接・現在，命令・2単.

‡**continuación** [kontinuaθjón] 女 ❶ (小説・話などの)続き，続編.—Hoy veremos la ~ de la película de la semana pasada. 今日私たちは先週の映画の続きを見ます. Esta senda es la ~ del camino. この小道はその道の続きだ. 類**prolongación, prórroga**. ❷ 続ける[続く]こと，続行，継続，存続.—~ de las obras del ferrocarril 鉄道工事の続行. Aquellos cursos de verano no tuvieron ~. あのサマーコースは永続きしなかった. 類**prolongación, seguimiento**. 反**cesación, interrupción**.

a continuación 引き続き；(書き物で)以下に. Entró y *a continuación* se sentó. 彼は入るとすぐ腰かけた. *A continuación*, les ofrecemos un reportaje del accidente aéreo. 引き続きは皆様に航空機事故のルポルタ~ジュをお届けします. *A continuación*, se hizo un brindis. 引き続き乾杯が行われた.

a continuación de … …に続いて，…の次に. Mi casa está *a continuación de* la de Rafael. 私の家はラファエルの家の隣にある.

continuador, dora [kontinuaðór, ðóra] 形 引き継ぐ、継承する.
　── 名 継承者、引き継ぐ人.

*__continuamente__ [kontinuáménte] 副 ❶ 絶え間なく、連続して、始終. ─ La fuente mana ～. その泉からは絶えず水が湧き出している. 類 __constantemente, incesantemente__. ❷ 頻繁に、繰り返して、しょっちゅう. ─ Fumaba ～. 彼は引っ切りなしにたばこを吸っていた.

**__continuar__ [kontinuár コンティヌワル] [1.6] 他 を続ける、継続する. ─ Carraspeó ligeramente y *continuó* su conferencia. 彼は軽い咳払いをして、講演を続けた. Después de un breve descanso *continuó* la clase. 短い休憩の後、彼は授業を続けた. 類 __proseguir__.

── 自 ❶ 続く、継続する. ─ Ella *continúa* en Barcelona. 彼女は引き続きバルセロナにいる. *Continuamos* sin saber su paradero. 私たちは彼の居所を知らないままだ. *Continúa* en la página siguiente. 次のページへ続く. *Continuará*. 次号に続く. La reunión *continuó* hasta las tres de la mañana. 会合は午前3時まで続いた. ❷ 〖助動詞的に/+現在分詞〗…し続ける. ─ *Continuó* lloviendo durante tres horas. 雨は3時間降り続いた. Si *continúas* bebiendo tanto, seguro que enfermas. もしそんなに飲み続けると、君はきっと病気になるぞ. 類 __seguir__.
❸ (a)〖+por を〗たどる; のびている、広がっている. ─ El ferrocarril *continúa* por el litoral. 鉄道は海岸線をたどっている. (b)〖+形容詞〗続けて…(の状態)である. *Continúa* tan alegre como siempre. 彼はいつものように陽気なままだ. (c)〖+en に〗居続ける.

──se 再〖+en へ〗連なる、つながる. ─ El jardín de la casa *se continúa en* el huerto. その家の庭は野菜畑につながっている. 類 __extenderse, seguir__.

continuativo, va [kontinuatíβo, βa] 形 継続的な、続きの、連続の.

*__continuidad__ [kontinuiðá(ð)] 女 連続(性・状態)、継続性; (連続した)続き. ─ Su éxito se debió a la ～ de sus esfuerzos. 彼の成功は不断の努力によるものだった. ～ de la fiebre 継続性の熱. perder la ～ とぎれる、中断する. romper la ～ さえぎる、中断させる. 類 __persistencia, prolongación__. 反 __cese, interrupción__.
solución de continuidad 中断、不連続(=*interrupción*).

continuista [kontinuísta] 形 現状維持に賛成する.
── 男女 現状維持に賛成する人.

*__continuo, nua__ [kontínuo, nua] 形 ❶ 〖時間的・空間的に〗連続した、絶え間のない、切れ目〖継ぎ目〗のない. ─ línea *continua* 連続する線. Tuve un dolor ～ de cabeza durante dos días. 私は二日間絶え間なく頭痛がした. bajo ～ 通奏低音. Se veían filas *continuas* de manzanos. 切れ目なくリンゴの並木が見えていた. 類 __incesante, seguido__. 反 __discontinuo, interrumpido__. ❷ 絶えずくり返される、頻繁な. ─ Me estuvo importunando con sus *continuas* llamadas. 私は彼のひっきりなしの電話に悩まされていた. 類 __constante__.
❸〖電気〗直流の. ─ corriente *continua* 直流.
反 __alterno__.

── 男 ❶ 連続. ─ Hubo un ～ de dimisiones. 一連の辞職が相次いだ. ❷ 《数学》連続体. ❸ 《音楽》通奏低音.
de continuo [a la continua] 連続的に、絶え間なく. Venía *de continuo* a pedir favores. 彼は絶えず頼みごとをしに来た.

contonearse [kontoneárse] 再 歩く時に気取って肩や腰を動かす. 類 __balancearse, pavonearse__.

contoneo [kontonéo] 男 歩く時に気取って肩や腰を動かすこと. 類 __balanceo, pavoneo__.

contorcerse [kontorθérse] [5.9] 再 (手足などを)くじく、捻挫(ねんざ)する. 類 __torcerse__.

contornar, contornear [kontornár, kontorneár] 他 ❶ ～を回る、…のまわりを回る. ─ ～ una isla 島のまわりを巡る. ❷《美術》…の輪郭を描く〖とる、つける〗. 類 __perfilar__.

*__contorno__ [kontórno] 男 ❶ 輪郭、周囲、アウトライン. ─ en ～ 周囲に. medir el ～ de caderas 腰回り〖ヒップ〗を測る. figura de ～ vago 輪郭のはっきりしない図形. ～ de una isla 島の輪郭. perfilar los ～s 輪郭を描く. La niebla difuminaba el ～ del barco. 霧で船の輪郭がかすんでいた. 類 __perfil, perímetro__. ❷ 〖主に 複〗(都市などの)近郊、郊外. ─ Madrid y sus ～s マドリードとその近郊. 類 __alrededores, cercanías__. ❸ (硬貨・メダルの)縁(ふち). 類 __borde__.

contorsión [kontorsjón] 女 ❶ 身体を突然よじる〖ねじる〗こと、身体の一部を引きつらせること; 身体の突然のよじれ〖ねじれ〗、身体の一部の引きつり. ─ El dolor le obligaba a hacer *contorsiones*. 痛みで身をよじらねばならなかった. 類 __convulsión, retorcimiento__. ❷ (笑いをとるための)滑稽(こっけい)な身振り〖身の動き〗.

contorsionarse [kontorsjonárse] 再 身をよじる、身を引きつらせる; 身悶(もだ)えする. ─ Tras la caída, el niño *se contorsionaba* aparatosamente. 倒れたあとその子供は大げさに身をよじっていた. 類 __contraerse, retorcerse__.

contorsionista [kontorsjonísta] 男女 (サーカスなどの)軽業師、曲芸師.

contra- [kontra-] 接頭 「反対; 副, 補」の意. ─ *contra*decir, *contra*veneno, *contra*dique, *contra*almirante, *contra*calle.

**__contra__¹ [kontra コントラ] 前 ❶〖反対・敵対〗…に対して(の). ─ Hoy juega el Real Madrid ～ el Valencia. 今日レアル・マドリードがバレンシアと対戦します. ¿Tú también ～ mí? 君も僕に反対なのですか? una campaña ～ el SIDA エイズ撲滅キャンペーン.
❷〖方向・目標〗…に(向けて). ─ La policía disparó ～ una manifestación de estudiantes. 警察が学生のデモ隊に発砲した.
❸〖接触〗…にもたせかけて、…によりかかって. ─ Puso la escalera ～ la pared. 彼ははしごを壁にもたせかけた. Dormía recostado ～ el tronco de un olivo. 彼はオリーブの木の幹に寄りかかってまどろんだ.
❹〖逆方向〗…に逆らって. ─ Estos peces suelen nadar ～ la corriente. この魚は流れに逆らって泳ぐ習性がある.
❺〖違反・不服従〗…に反して、…に従わないで. ─ No pagaron el dinero ～ lo acordado. 彼らは

契約に反して金を支払わなかった. ❻【防備】…に備えて, を防いで, …用の. —Me he tomado la medicina 〜 la tos. 私は咳止めの薬を飲みました. Debes prevenirle 〜 el peligro de las drogas. 君はドラッグの危険について彼に警告すべきだ. ❼【比較・対比】…に比べれば. —Lo que gané fue poco 〜 lo que había perdido. 私が失ったものに比べて得たものは少なかった. Se aprobó la propuesta por diez 〜 ocho. その提案は10対8で可決された. ❽【交換】…と引き換えで. —una entrega 〜 reembolso 代金引換え渡し.

contra² [kóntra] 男 ❶ 不利益, 損; 反対. —Hay que sopesar los pros y los 〜s del asunto. その件の有利な点と不利な点をはかりにかけなければならない. ❷ 複【音楽】パイプオルガンのペダル. —— 女 ❶ 反対. ❷ 故障, 難点, 不利な点. —Defendido por las 〜s de la montaña este pueblo no fue invadido. その山の難所に守られたため, この村は侵略されなかった. 類 **dificultad, inconveniente**.

—— 男女 反革命派, コントラ(ニカラグアなどの反政府右派勢力). —Los 〜s atacaron con ametralladoras. 反革命派が機関銃で攻撃した.

¡Contra! 【驚き, 怒りを表す間投詞(coño の婉曲表現)】*¡Contra,* qué caliente está! ああ何て暑いんだ!

en contra 反対の, 逆らった. —Teníamos el viento *en contra.* 風は逆風だった. Todos se le pusieron *en contra.* みんな彼に反対した.

en contra de … …に反して, …に逆らって. Me metí en una calle *en contra del* tránsito. 私は一方通行の道を逆に入ってしまった.

llevar [hacer] la contra (いつも)反対ばかりする.

contra³ [kóntra] 女 【contraventana の脱落形】よろい戸.

contra⁴ [kóntra] 女 【contrapata の脱落形】【料理】牛のもも肉の上部.

contraalmirante [kontraalmiránte] 〔<almirante〕男女 海軍少将.

contraamura [kontraamúra] 〔<amura〕女 【海事】主帆[メインスル]の下隅索を補強するための太いロープ.

contraatacar [kontraatakár] 〔<atacar〕[1.1] 他 【軍事】…に逆襲する, 反撃する. —Nuestro equipo *contraatacó* con mucha efectividad. 我々のチームは反撃して十分な効果を上げた.

—— 自 【軍事】逆襲する, 反撃する.

contraataque [kontraatáke] 〔<ataque〕男 ❶【軍事】逆襲, 反撃. ❷ 複【軍事】包囲された側が築く要塞線. ❸ 〔スポーツ〕敵チームに対する反撃.

contraaviso [kontraaβíso] 男 前の命令の撤回, 取り消し命令.

contrabajo [kontraβáxo] 〔<bajo〕男 ❶【音楽】コントラバス. ❷【音楽】低音, バス; バス歌手. —— 男女 コントラバス奏者.

contrabalancear [kontraβalanθeár] 〔<balanza〕他 ❶ を釣り合わせる, 平衡させる, (平衡)を保たせる. 類 **contrapesar, equilibrar**. ❷ を補う, 埋め合わせる; 相殺する. 類 **compensar, contrarrestar**.

contrabandear [kontraβandeár] 自 密輸する, 密輸出(入)をする.

***contrabandista** [kontraβandísta] 男女 密輸業者[商人], 密売人. —La policía ha detenido a dos 〜s de armas. 警察は武器の密輸業者を2人逮捕した. 類 **matutero, metedor**.

:**contrabando** [kontraβándo] 男 ❶ 密輸, 密輸入[輸出], 密売買; 密造. — artículo de 〜 密輸品. hacer 〜 de … を密輸する. 〜 de aguardiente 焼酎の密造. El 〜 de drogas está penalizado por las leyes. 麻薬の密輸は法で罰せられている. 類 **fraude, matute**. ❷ 【集合的】密輸品, 密売品, 密造品, 禁制品. — 〜 de guerra 《国際法》戦時禁制品. El 〜 fue requisado por la policía. 密輸品は警察に押収された. 類 **alijo**. ❸ 不法, 不正, 内密. —llevar … de 〜 (物)を不法所持する. Hice 〜 y no me presenté a la hora señalada. 私は約束を破り, 指定された時間に出頭しなかった. ❹ 【中南米】不法入国者.

de contrabando (1) 密輸で[の]. pasar [meter, introducir] armas *de contrabando* en Japón 銃砲を日本に密輸する. ser *de contrabando* 密輸[密売・禁制]品である. (2)《話》こっそりと, 密かに[な], 不法に[な]. amores de 〜 密かな情事. meterse de contrabando en un cine clandestino こっそり入り込む. viajar de contrabando en tren 電車に無賃乗車する. (3)《話》(子供が)内緒の, 隠し子の. niño de 〜 内密の子.

hacer contrabando ずる[許されないこと]をする.

contracarril [kontrakaříl] 〔<carril〕男 《鉄道》ガードレール, 護輪軌条.

***contracción** [kontrakθjón] 〔contraer〕女 ❶ (筋肉・血管・物質などの)収縮, 短縮, 縮小; 引きつり, こわばり. —sufrir una 〜 muscular 筋肉が引きつる[痙攣する]. *contracciones* de la corteza terrestre 〔地質〕地表の収縮. 〜 de Lorentz 〔物理〕ローレンツ収縮. 〜 de la vena fluida 〔物理〕流管[噴流]の収縮. 類 **contractura, convulsión, encogimiento, espasmo**. ❷ **dilatación, distensión, expansión**. ❷【比喩】減少, 縮小. — 〜 económica 〔経済〕経済の縮小, 不況. política de 〜 引締め政策. 〜 de las exportaciones 輸出の減少. 類 **disminución, reducción**. ❸ 複〔医学〕(陣痛中の)子宮収縮, 陣痛(=contracciones uterinas [del útero]). —comenzar a tener las *contracciones* 陣痛が始まる. ❹ (病気に)かかること; (悪習などに)染まること. —mecanismos de 〜 de una enfermedad 罹病(りびょう)のメカニズム. ❺ (義務・責任・債務などを)負うこと, 引き受け; (約束・条約などの)締結. — 〜 de una deuda 負債, 借財. 類 **asunción**. ❻ 《文法》(語の)縮約(形)(例: al < a el, a+el < del など). 類 **sinalefa**. ❼ 《音声》縮音, 融音(例: aurum < oro). 類 **sinéresis**. ❽【南米】努力, 勤勉, 熱中; 迅速. 類 **aplicación, empeño**.

contracepción [kontraθepθjón] 女《まれ》contraconcepción.

contraceptivo, va [kontraθeptíβo, βa] = contraconceptivo, anticonceptivo.

contrachapado [kontraʃapáðo] 〔<chapado〕—— 男 合板, ベニヤ板.

contracifra [kontraθífra] 〔<cifra〕女 暗号解読の鍵, 暗号解読コード.

contraclave [kontrakláβe] 〔<clave〕女 《建築》アーチや丸天井の要石(かなめいし)に隣接する石.

contraconceptivo, va [kontrakonθeptíβo, βa] 形 避妊の.
— 男 避妊用具.

contracorriente [kontrakořiénte] 〔< corriente〕女 逆風, 逆流.
a contracorriente 流れに逆らって, 反対の方向に向かって. En la sociedad moderna es muy difícil ir *a contracorriente*. 近代社会において流れに逆らって行くのは大変難しい. Mi hija disfruta comportándose *a contracorriente*. 私の娘は時流に逆らって行動することを楽しんでいる.

contráctil [kontráktil] 形 収縮できる, 収縮性のある.

contracto, ta [kontrákto, ta] 過分〔<contraer〕形 《文法》縮められた, 縮めた, 縮約の. — artículo ~ 縮約冠詞.

contractual [kontraktuál] 〔<contrato〕形 契約の, 契約上の. — cláusula ~ 契約条項.

contractura [kontraktúra] 女 ❶ 《医学》痙攣(けいれん), 引きつり (=contracción). ❷ 《建築》(円柱上部の)細くなること.

contracubierta [kontrakuβjérta] 女 (本などの)裏表紙. 類 **contraportada**.

contracultura [kontrakultúra] 女 反文化, カウンターカルチャー(体制的価値基準や慣習などに反抗する, 特に若者の文化).

contradanza [kontraðánθa] 〔<danza〕女 ❶ コントラダンス(複数のカップルが互いに向かい合って踊るダンス). ❷ コントラダンス用の音楽.

:**contradecir** [kontraðeθír] [10.11] 他 ❶ …に反論する, を否定する. —Le gustaba ~ al profesor en clase. 彼は授業中先生に反論するのが好きだった. ❷ …に反する, 矛盾する. —Sus palabras *contradicen* sus actos. 彼は言行不一致だ. El testigo *contradijo* lo que declaró el acusado. 証人は被告が供述したことを否認した. 類 **objetar, rebatir**.
— se 再 ❶ 矛盾したことを言う. —Está ya muy anciano y *se contradice* con frecuencia. 彼は大変年を取ったのでしばしば矛盾したことを言う. ❷〖+con と〗矛盾する, (…)に反する. —Lo que me contó usted hoy *se contradice con* lo que me dijo ayer. あなたが今日私におっしゃることは昨日おっしゃったことと矛盾しています.

contradí [kontraðí] 動 contradecir の命令・2 単.

contradic- [kontraðiθ-] 動 contradecir の直・現在, 現在分詞.

:**contradicción** [kontraðikθjón] 女 ❶ 矛盾, 食い違い. —Sus declaraciones están llenas de *contradicciones*. 彼の供述は矛盾だらけである. ❷ 反論, 反対, 否認. —Las pruebas no admiten ~. それらの証拠には反論の余地がない. 類 **oposición**.
espíritu de contradicción 天邪鬼(あまのじゃく), つむじまがり.
estar en contradicción con … …と矛盾している.

contradicho [kontraðítʃo] 動 contradecir の過去分詞.

contradictor, tora [kontraðiktór, tóra] 名 反対論者.
— 形 反論の, 矛盾した.

contradictoria [kontraðiktórja] 女 →contradictorio.

:**contradictorio, ria** [kontraðiktórjo, rja] 形 (相互に)矛盾する, 相容れない; 正反対の. —Los testigos presentaron declaraciones *contradictorias*. 証人たちは矛盾する陳述を行った. 類 **contrario, opuesto**.
— 女 《論理》矛盾命題.

contradiga(-) [kontraðíɣa(-)] 動 contradecir の接・現在.

contradigo [kontraðíɣo] 動 contradecir の直・現在・1 単.

contradij- [kontraðix-] 動 contradecir の直・完了過去, 接・過去.

contradique [kontraðíke] 〔<dique〕男 補助防波堤, 補助堤防.

contradir- [kontraðir-] 動 contradecir の未来, 過去未来.

:**contraer** [kontraér] [10.4] 他 ❶ を収縮させる, 縮める, 減少させる. —El frío *contrae* algunos metales. 冷却によりいくつかの金属は収縮する. ~ los músculos 筋肉をひきつらせる. ❷〖+a に〗を限る, 限定する, 制限する. —Este autor *contrae* su estudio *al* siglo de Oro. この作者は彼の研究を黄金世紀に限っている. *Contrajo* su discurso *al* aspecto político del problema. 彼は演説を問題の政治的側面に絞った. 類 **limitar**. ❸ (*a*) (姻戚(いんせき)関係)を結ぶ. — ~ matrimonio [nupcias] 結婚する. (*b*) (病気)にかかる. —Ha *contraído* una pulmonía. 彼は肺炎にかかった. (*c*) (癖)をつける. —Habla con el acento que *contrajo* en Andalucía. 彼はアンダルシーアで身につけたアクセントのスペイン語をしゃべる. (*d*) (借金)をつくる, 抱え込む. —Le gusta el juego y ha *contraído* un montón de deudas. 彼はギャンブル好きで, 莫大(ばくだい)な借金を抱え込んだ. ❹《言語》(複数の音・文字など)を縮約する; 短縮する.
— se 再 ❶ 収縮する, 減少する. —*Se ha contraído* notablemente la renta per cápita estos últimos años. 近年 1 人当たりの国民所得は著しく減少した. ❷〖+a に〗限られる. —El informe presentado *se contrae a* los aspectos económicos del asunto. 提出された報告はその問題の経済的局面だけに限られている. ❸《言語》縮約される.

contraescarpa [kontraeskárpa] 〔<escarpa〕女 《軍事》壕(ごう), 堀の外側の傾斜した崖[側面].

contraespionaje [kontraespjonáxe] 〔<espionaje〕男 逆スパイ活動.

contrafallar [kontrafaʎár] 〔<fallar〕他《ゲーム》…の切札よりも上の切札で切る.
— 自 《ゲーム》相手の切札よりも上の切札で切る.

contrafilo [kontrafílo] 〔<filo〕男 (刀剣の)峰, 切っ先.

contrafirma [kontrafírma] 〔<firma〕女 《アラゴン》《法律》裁判所の決定などに対する不服の申し立て; そのための公文書.

contrafoque [kontrafóke] 〔<foque〕男 《海事》フォアステースル(前檣(ぜんしょう)前支索にかかる三角帆).

contrafoso [kontrafóso] 〔<foso〕男 《演劇》オーケストラボックスなどの下にある地下室.

contrafuego [kontrafuéɣo] 〔<fuego〕男 火事の延焼を防ぐために風下の場所を焼くこと, 迎

え火.

contrafuerte [kontrafuérte] 〔<fuerte〕男 ❶《建築》控え壁, 扶壁, バットレス(建物の壁を補強するための壁). 類**arbotante, espolón, machón, pilar**. ❷《馬の腹帯を固定するために鞍枠に打ち付けられた》革バンド. ❸ 靴のかかとの革の芯. ❹《軍事》対抗的要塞[砦]. ❺ 山脚(主山から突き出ている隆起部分, あるいは主山脈から分かれている支脈).

contrafuga [kontrafúɣa] 〔<fuga〕女《音楽》反復されるテーマの音符[音階]が逆方向に奏されるフーガの一種.

contragolpe [kontraɣólpe] 〔<golpe〕男 ❶《スポーツ》反撃, 逆襲. —Ese equipo juega mal al ~. そのチームは反撃に弱い. ❷《比喩》反撃, 逆襲, 報復処置; カウンターブロー. ❸《医学》反衝(実際に衝撃を受けたところ以外の部所で感じられる衝撃の効果[影響]).

contrahacer [kontraaθér] 〔<hacer〕[**10.10**] 他 ❶ を偽造する, 贋造(がんぞう)する, 模造する. 類**copiar, falsificar**. ❷《比喩》を模倣する, まねる.
—**se** 再 …のふりをする, まねをする. 類**fingirse, hacerse**.

contrahecho, cha [kontraétʃo, tʃa] 〔過分〕〔<contrahacerse〕形 ❶ 模造の, 偽物の. —una flor ~ 作り物の花. una moneda ~ 偽造コイン. 類**falsificado**. ❷《軽蔑》身体が曲がった, 背中にこぶのある, 猫背の. —un hombre ~ くる病の人. 類**deforme**.
— 名《軽蔑》くる病の人, 猫背の人.

contrahechura [kontraetʃúra] 〔<hechura〕女 偽造, 贋造(がんぞう); 偽造物, 贋造物. 類**falsificación**.

contrahuella [kontrawéja] 〔<huella〕女 階段の蹴込(けこ)み.

contraiga(-) [kontraíɣa(-)] 動 contraer の接・現在.

contraigo [kontráiɣo] 動 contraer の直・現在・1単.

contraindicación [kontraindikaθión] 〔<indicación〕女《医学》禁忌(治療にあたって病気を悪化させる薬や治療方法). —Antes de tomar la medicina, lea las ~es. その薬を飲む前に禁忌を読んでください.

contraindicar [kontraindikár] 〔<indicar〕[**1.1**] 他《医学》を禁忌にする, …が禁忌であることを示す. —Este medicamento está contraindicado durante el embarazo. この薬は妊娠中には禁忌とされている.

contraj(-) [kontrax(-)] 動 contraer の直・完了過去, 接・過去.

contralmirante [kontralmiránte] 男女 → contraalmirante.

contralto [kontrálto] 〔<alto〕男《音楽》コントラルト(ソプラノとテノールの中間にあたる声).
— 男女《音楽》コントラルトの歌手.

contraluz [kontraluθ] 〔<luz〕女[複contraluces] 逆光; 逆光によって見せる様相. —a ~ 逆光で.
— 男 逆光で取られた写真, 逆光で描かれた絵.

contramaestre [kontramaéstre] 男 ❶《海事》甲板長, 水夫長, ボースン; (軍艦の)掌帆長. ❷ (工場・工事現場などの)監督, 責任者. 類**cataz, encargado**.

contramandar [kontramandár] 〔<mandar〕他 (前の命令)を撤回する, 取り消す.

contramandato [kontramandáto] 男 前の命令の取り消し命令. 類**contraorden**.

contramano [kontramáno] 副《次の成句で》*a contramano* (1) 逆方向に, 反対方向に. andar *a contramano* …と逆方向に歩く. (2)《比喩》決められた方針に逆らって. A este chico parece que le encanta ir *a contramano*~. この少年は決められた方針に逆らうのが大好きなようだ.

contramarca [kontramárka] 〔<marca〕女 ❶ 荷物や動物などに添えられる副票. ❷ 以前に鋳造された貨幣を再度検印する際に用いる印. ❸ 支払い済の商品にその印を記すという形で税金を徴収する権利; その税金.

contramarcha [kontramártʃa] 〔<marcha〕女 ❶ 後退, 後戻り. 類**retroceso**. ❷ (車の)バックギア. ❸《軍事》回れ右前進. —dar ~ 後退する, 退却する. ❹《海事》一列状態にある艦船の方向転換.

contramarchar [kontramartʃár] 〔<marchar〕自《軍事》回れ右して前進する, 背面行進する; 逆行する.

contramina [kontramína] 〔<mina〕女 ❶《軍事》敵の坑道を爆破するために掘られた坑道. ❷《鉱業》連絡坑道.

contraminar [kontraminár] 〔<minar〕他 ❶ …に対する坑道を掘る. ❷《比喩》…の計画の裏をかく, 謀略を用いて…に対抗する.

contramuralla [kontramurája] 〔<muralla〕女《建築》主壁の前に建てられる低い壁. 類**contramuro**.

contramuro [kontramúro] 〔<muro〕男 → contramuralla.

contraofensiva [kontraofensíβa] 〔<ofensiva〕女《軍事》反攻, 攻勢転移. 類**contraataque**.

contraoferta [kontraoférta] 〔<oferta〕女 ❶ 反対申込み, 反対提案. ❷《商業》カウンターオファー.

contraorden [kontraórðen] 〔<orden〕女 前の命令の取り消し命令. 類**contramandato**.

contrapartida [kontrapartíða] 〔<partida〕女 ❶《商業》(複式簿記で)間違いを訂正するための記載. ❷《商業》借方にその代償を持つ貸し方の記載, またはその逆. ❸ 償い, 埋め合わせ, 代償. 類**compensación**.

contrapaso [kontrapáso] 〔<paso〕男 ❶《舞踊》前のと逆方向に行われるステップ. ❷《音楽》歌唱における第二旋律.

contrapelo [kontrapélo] 副《次の成句で》*a contrapelo* (1) 毛[髪]の生えた方向とは逆に. afeitarse *a contrapelo* 逆剃りする. (2)《比喩》常識に逆らって, 自分の意図に反して. Tu hijo está en una edad en la que todo se hace *a contrapelo*. 君の息子は何でも常識に逆らったことをする年頃だ. Le gusta ir *a contrapelo* de los demás y polemizar en todo. 彼は何でも他の人たちに逆らって議論するのが好きだ. (3)《比喩》無理やりに, 力ずくで. Fue una pregunta hecha *a contrapelo*. それは無理やりなされた質問だった. (4)《比喩》時宜(じぎ)にかなっていない, 折り悪く. Sus intervenciones son siempre *a contrapelo*. 彼らの干渉はいつも時宜にかなっていない.

contrapesar [kontrapesár] 〔<pesar〕他 ❶ を釣り合わせる, 平衡させる. 類 **contrabalancear, equilibrar**. ❷《比喩》を補う, 埋め合わせる, 相殺する. —Las ganancias de este año *contrapesan* las pérdidas del año pasado. 今年の利益は去年の損失を相殺する. 類 **compensar, contrarrestar, equilibrar, igualar, subsanar**.

contrapeso [kontrapéso] 〔<peso〕男 ❶ 釣り合いを取るための重り, 平衡錘(ﾎﾞ). ❷ 肉など食品を区切りのよい重さにするための追加分〔おまけ〕. ❸ エレベーターの降下を調節するための重し. ❹ 綱渡りのバランス棒. 類 **balancín**. ❺《比喩》(効果・影響の)補償, 埋め合わせ; 相殺するもの. —La inteligencia de ella hace de ~ a la insensatez de él. 彼女の聡明さが彼の思慮のなさを補っている. 類 **compensación, contrarresto**. ❻ 再鋳造された硬貨や金くず.

contraponer [kontraponér] 〔<poner〕**10.7**〕他 ❶〖＋a/con に〗(効果・影響を減じるために)を対抗させる, 対置する; (意見・態度)を対立させる. —A las exigencias que con su jefe le acuciaba, no tenía otro remedio que ~ disculpas endebles. 彼は上司の執拗な追求に対して論拠薄弱な言い訳で答えるしかなかった. Hay que ~ la razón a la injusticia. 不正には道理で立ち向かわねばならない. 類 **oponer**. ❷ を対照させる, 比較する, 対比する. —Si *contrapones* los colores de estos dos vestidos, entenderás bien la diferencia de matices que tiene cada uno. この二つのドレスの色を比べてみればニュアンスの違いがよく分かるでしょう. 類 **comparar, cotejar**.

—se 再 〖＋a/con に〗対抗する, 対立する, 反対する. 類 **oponerse**.

contraportada [kontraportáða] 女 ❶ (本の)裏表紙. ❷ (雑誌・新聞の)最終ページ.

__contraposición__ [kontraposiθjón] 女 ❶ 比較, 対比, 対照. —La ~ de estos dos exámenes demuestra que los alumnos se han copiado. これらの2枚の試験答案を比べて見ると, 生徒たちがカンニングしたのは明らかだ. 類 **comparación**. ❷ 対立, 対抗, 衝突, 対置. —~ de intereses 利害の衝突. ~ de sentimientos 感情の対立. en ~ 反対に, 対照的に. 類 **antagonismo, enfrentamiento**.

en [*como*] *contraposición con* [*a*] ... …と対照的で, 対置されて, 対立して. El desenfado de la mujer está *en contraposición con* la timidez del marido. 奥さんの図々しさはご主人の気の弱さとは対照的である.

contraprestación [kontraprestaθjón] 女《法律》(契約者間の)対価, 見返り.

contraproducente [kontraproðuθénte]〔<producir〕形 ❶ 逆効果の, 自滅的な. —La devaluación del peso en este momento sería ~. 今ペソを切り下げれば逆効果だろう. ❷ (薬・治療方法が)禁忌の.

contraproposición [kontraproposiθjón]〔<proposición〕女 反対提案, 代案.

contrapuerta [kontrapwérta]〔<puerta〕女 ❶ 補助扉. ❷ 玄関扉(玄関を家の他の部分と区切る扉), **portón**. ❸《軍事》要塞の内扉.

contrapuesto, ta [kontrapwésto, ta] 過分〔<contraponer〕形 ❶ 対置した, 対立した, 対抗した. —opiniones *contrapuestas* 対立した意見. 類 **adverso, encontrado, opuesto**. 反 **armoni-**

zado, unido. ❷《紋章》(二つの像の一方がもう一方に対して)逆向きの.

contrapuntear [kontrapunteár]〔<contrapunto〕他 ❶《比喩》(むっとすること)を言う, (不愉快なことを)言う. 類 **picar, pinchar, zaherir**. ❷《音楽》を対位法で歌う. ❸《古》(他の文書との照合のために印)をつける.

— 自 ❶〖中南米〗即興の歌を歌って競う. ❷《比喩》競う, 張り合う.

—se 再 互いにむっとする, 慣慨する. 類 **amostazarse, picarse, resentirse**.

contrapunto [kontrapúnto]〔<punto〕男 ❶《音楽》対位旋律(他の旋律に対位するように加えられた旋律). ❷《音楽》対位法(独立して進行する複数の旋律が組み合わされて美しい響きを作る作曲法); その楽曲. ❸《比喩》同時に起こる二つのこと(もの)のコントラスト. —Con su llamativa minifalda, fue el ~ en la ceremonia de la boda. 彼女の派手なミニスカートは結婚式の荘厳さと好対照だった. ❹〖中南米〗即興の詩の競技.

de contrapunto 競って.

contrarí- [kontrarí-] contrariar の直・現在, 接・現在, 命令・2単.

__contrariado, da__ [kontrarjáðo, ða] 過分 形 不機嫌な, 腹を立てた〖estar＋〗. —Aquel fracaso lo dejó profundamente ~. あの失敗により彼は非常に不機嫌になった.

contrariamente [kontrárjaménte] 副 反対に, 逆に. —Actuó ~ a lo que dijo. 彼は言ったことと反対の行動をとった. *C*~ a lo esperado, resultó elegido. 彼は期待に反して選ばれた.

__contrariar__ [kontrarjár]【1.5】他 ❶ を困らせる, 悩ます, …に迷惑をかける, …の不興をかう. —Le *contrarió* mucho que su hijo no quisiera continuar los estudios. 彼の息子が勉強を続けたがらないので彼は非常に困っていた. Por no ~les acepté un vaso de vino. 彼の気持ちを損ねないため私は1杯ワインを頂いた. 類 **disgustar, enfadar**. ❷ を妨害する, 妨げる, …のじゃまをする. —Su oposición *contraría* la ejecución de nuestro plan. 彼の反対のために我々の計画の実施がじゃまされている. 類 **impedir**. ❸ …に反する, …と矛盾する. —Su conducta *contraría* sus palabras. 彼の行動は彼の言うことと矛盾している. 類 **contradecir**.

__contrariedad__ [kontrarjeðá(ð)] 女 ❶ (思わぬ)妨害, 障害, 事故, 困ったこと. —tropezar con una ~ 障害〖困難〗に出会う. Tuvimos una ~ con el coche: se pinchó una rueda. 私たちはタイヤがパンクするという災難に遭った. 類 **accidente, contratiempo, percance**. ❷ 不愉快さ, 不機嫌; 失望. —hacer〖esbozar〗un gesto de ~ 不快な顔をする. Fue una ~ no verle. 彼に会えなくてがっかりした. 類 **decepción, disgusto**. 反 **agrado, contento**. ❸ 対立, 矛盾. —~ entre la razón y la pasión 理性と情念の対立. ~ de sus opiniones 彼らの意見の対立. 類 **discrepancia, oposición**.

__contrario, ria__ [kontrárjo, rja] 形 ❶ (*a*)〖＋a/de〗…と反対の, 逆の. —El amor es ~ al odio. 愛情は憎悪の反対だ. Es ~ *a* toda reforma del sistema electoral. 彼はいかなる選挙制度改革にも反対だ. Dijo lo ~ *de* lo que piensa.

516 contrarreembolso

彼は思っているのと反対のことを言った. Lo atropelló el camión que venía en dirección *contraria*. 逆方向から来たトラックが彼をひいた. 類 **opuesto**. 反 **semejante**. (*b*)〖＋en〗…の点で相反する, 対立する. —Somos ~*s en* ideas políticas. 私達は政治的思想が正反対だ. ❷〖＋a〗…に反する, 害がある; 不利な. —*suerte contraria* 不運. El tabaco es ~ *a* la salud. タバコは健康に害がある.

—— 名 相手(側), 対抗者, 敵. —Nuestro ~ es muy fuerte. 我々の相手はとても強い. 類 **adversario, enemigo, rival**. —— 男 障害, 妨げ.

al contrario まるで反対に, それどころか. Debió de haber mal tiempo.-*Al contrario*: nos hizo un día espléndido. 天気は悪かったでしょう.-とんでもない. すばらしい天気でしたよ.

al contrario de ... …の反対に, …に反して. Todo salió *al contrario de* lo que habíamos pensado. すべては私達が考えていたとは逆の結果になった.

de lo contrario 〘接続詞的〙そうでなければ, 逆の場合には. Llámale por teléfono, *de lo contrario* se va a molestar. 彼に電話しておきなさい. そうしないと彼は心配するだろう.

en contrario 反対して, 逆らって. No tengo nada que decir *en contrario*. 私には反論すべきことはない.

llevar la contraria a ... (人に)反対する, 逆らう, 邪魔をする. Le encanta *llevarme la contraria* en todo. 彼は何事によらず私に逆らうのが好きだ.

por el [lo] contrario →al contrario.

todo lo contrario (1) 正反対(のこと). (2) →al contrario.

contrarreembolso [kontrar̄eembólso] 男 代金引き換え(払い).

contrarreforma [kontrar̄efórma] 女 ❶《歴史, 宗教》(C~)(カトリック教会の)対抗[反]宗教改革. ◆16世紀の宗教改革に対抗するためのカトリック側の改革と撃退の総称. ❷ 反対改革.

contrarreloj [kontrar̄eló(x)] 形《スポーツ》〖性数不変〗タイムトライアルの. —*prueba* ~ タイムトライアル種目.

—— 女《スポーツ》タイムトライアル.

a contrarreloj (1)《スポーツ》タイムトライアルで. (2) きわめて速く, 大急ぎで.

contrarrelojista [kontrar̄eloxísta] 男女 (自転車などで)タイムトライアル競技を専門にする選手.

contrarréplica [kontrar̄éplika] 〔< réplica〕女 ❶ 反論に対する返答, 再反論. ❷《法律》被告の第二の答弁書.

contrarrestar [kontrar̄estár] 〔< restar〕他 ❶ (効果・影響などを)無効にする, 相殺する, 中和する —La declaración del presidente no consiguió ~ el escándalo. 大統領の告白はスキャンダルを収めることができなかった. 類 **anular, compensar, neutralizar**. ❷ …に耐える, 立ち向かう, 対抗する. —Contrarrestó la difícil situación con valentía y decisión. 彼はその難局に勇気を持って決然と立ち向かった. 類 **arrostrar, resistir**.

—— 自《スポーツ》(ボール競技で)サービスの側から返球する.

contrarresto [kontrar̄ésto] 〔< resto〕男 ❶《スポーツ》ボール競技のレシーバー, サーブを受ける人. ❷《まれ》(効果・影響などの)無効, 相殺, 中和; 対抗, 抵抗.

contrarrevolución [kontrar̄eβoluθjón] 〔< revolución〕女 反革命(革命直後の政府に対する革命), 反革命運動.

contrarrevolucionario, ria [kontrar̄eβoluθjonárjo, rja] 〔< revolución〕形 反革命の, 反革命的な, 反革命運動の.

—— 名 反革命主義者.

contrarroda [kontrar̄óða] 〔< roda〕女《海事》(船首と同じ形で主船首の内側に固定されている)副船首.

contrasellar [kontrasejár] 〔< sello〕他《古》(副印)を押す.

contrasello [kontraséjo] 〔< sello〕男 文書の偽造防止用の副印; その副印のマーク.

contrasentido [kontrasentíðo] 〔< sentido〕男 ❶ 非論理的なこと, 矛盾. —Es un ~ que pretendas ahorrar y gastes tanto. 貯金しようとしながらそんなに消費するなんて矛盾している. Lo que acabas de decir es un ~. 今君が言ったことは意味がない. 類 **absurdo, contradicción, dislate, disparate**. ❷ 語や表現に対する逆の解釈, (語や表現の)意味の取り違え. ❸ 前例から当然導かれるはずの推論とは逆の推論.

contraseña [kontraséɲa] 〔< seña〕女 ❶ 合言葉, 符丁, 合図. —Se me olvidó la ~ y no pude entrar. 僕はうっかり合言葉を忘れたので中に入れなかった. *dar la* ~ 合言葉を言う. 類 **consigna**. ❷ (荷物に添えられた)副票. 類 **contramarca**. ❸《軍事》夜間警邏の際の合言葉に加えて交わされている合言葉あるいは身振り. ❹ 劇場などに再入場するために観客に渡される切符.

:**contrastar** [kontrastár] 自〖＋con と〗対照的である, 好対照をなす, 正反対である. —Su carácter *contrasta con* el de su hermano. 彼の性格は彼の弟のと正反対である.

—— 他 ❶ …を立証する, 証明する. —Siempre *contrastamos* la información antes de publicarla. 我々はいつも公表する前に情報を検証する. ~ *las declaraciones de los testigos* 証人たちの証言を立証する. ❷ (計器)を検定する. ~ *la regla* 物差しを検定する. ❸ (金銀等の品質)を検証する.

:**contraste** [kontráste] 男 ❶ 対照, コントラスト, 差異. —Hay un claro ~ entre las dos hermanas. その二人の姉妹の間には明らかな違いがあった. ~ *de luz y sombra* 光と陰のコントラスト. ~ *violento de colores* 色の激しいコントラスト. 類 **diferencia, disparidad**. ❷ 対比, 比較. —Un ~ *de opiniones* nos ayudaría a aclarar las cosas. 意見を比較すれば問題を明らかにできるだろう. 類 **comparación, contraposición**. ❸ 論争, 口論. 類 **contienda, disputa, lucha**. ❹ (貴金属に打つ品質表示の)純度検証刻印, 極印(~ = marca [sello] *de* ~). 類 **certificación**. ❺ (貴金属の)純度検証; 度量衡検査(官・所). —Después de realizar el ~ de oro, se vio que era de gran pureza. 金の純度検証してから純度の高い金だと分かった. ❻《テレビ, 写真》(明暗の)コントラスト, 鮮明度. ❼《医学》造影剤. ❽《海事》風向きの急変.

en contraste con ... …と対照的に[で]. El marido, *en contraste con* su mujer, es un hombre muy callado. その夫は妻と比べるとたいへん無口である.

*__contrata__ [kontráta] 囡 ❶ (特に公共事業の)請負い, 契約, 下請け. — trabajos por ~ 請負仕事. conseguir [lograr, hacerse con] la ~ para el servicio de recogida de basuras ゴミ収集の仕事を請負う. 類__contrato__.
❷ 契約書. —firmar una ~ 契約書にサインする. firmar una ~ de obras con el ayuntamiento 市役所と工事契約を結ぶ.
❸ (芸能人・闘士・労働者などの)雇用(契約), 上演[演奏]の契約. — Tiene varias ~s para actuar en Europa. 彼はヨーロッパでの公演契約をいくつか取っている.

__contratación__ [kontrataθjón] 囡 ❶ (売買・譲渡・請負などの)契約, 約定. 類__contrato, convenio__. ❷ 雇用, 雇い入れ. ❸ 売買取引. — Casa de *C~* de las Indias《歴史》インディアス通商院(1503年セビーリャに設置).

__contratante__ [kontratánte] 形 契約の, 契約する. —Las partes ~s firmaron ante notario. 契約側双方は公証人の前で署名した.
—— 男女 契約人, 請負人. 類__contratista__.

__contratar__ [kontratár] 他 ❶ …と契約する, 契約を結ぶ, 取引する. —La compañía lo *contrató* por cinco millones de pesetas al año. その会社は彼を年500万ペセタで契約した. ❷ を雇う, 雇い入れる. —Ella *contrató* a un detective privado para que investigara la sospechosa conducta de su marido. 彼女は夫の疑わしい行動を調べるために私立探偵を雇った.

__contratiempo__ [kontratjémpo] 男 ❶ 不意の出来事, 思いもかけない災難[災害]. —Tuvimos [Sufrimos] muchos ~s, pero ahora nos sentimos muy felices. 我々は多くの不意の災難にあったが今はとても幸せに感じている. Ha surgido un pequeño ~ y no podré asistir a la reunión. ちょっとした事故が起こったので私はその会議には出席できない. 類__contrariedad, percance, revés__. ❷ 圈《馬術》馬の無秩序な動き. ❸《音楽》シンコペーション, 切分音.
a contratiempo (1)《音楽》シンコペーションで. (2) 通常とは逆の方向で.

__contratista__ [kontratísta] 男女 契約人, 請負人; 契約業者, 請負業者. —un ~ de obras públicas 公共事業の請負業者. 類__contratante, empresario__.

:__contrato__ [kontráto] 男 契約; 契約書. — ~ leonino 一方的[不平等]な契約. incumplimiento del ~ 契約不履行. infracción [violación] del ~ 契約違反, 違約. ~ social 社会契約. concluir [anular] un ~ 契約を結ぶ[解除する]. firmar el ~ por triplicado 正副3通の契約書にサインする. deshacer [rescindir] el ~ 契約を破棄する. renovar el ~ 契約を更新する. ~ bilateral [unilateral] 双務[片務]契約. ~ consensual [real] 諾成[要物]契約. ~ de compraventa [de alquiler] 売買[賃貸]契約. ~ de trabajo 労働[雇用]契約. ~ enfitéutico (不動産の)永代借地契約 ~ gratuito [oneroso] 無償[有償]契約. El plazo del ~ expira [vence] el mes próximo. 来月で契約の期限が切れる. 類__acuerdo, convenio, pacto__.

__contratorpedero__ [kontratorpeðéro] [< torpedo] 男 駆逐艦. 類__cazatorpedero__.

__contratuerca__ [kontratuérka] [<tuerca] 囡《機械》止めナット, ロックナット.

__contravapor__ [kontraβapór] [<vapor] 男《機械》蒸気機関車などの蒸気の逆噴射. —dar ~ 蒸気を逆噴射する.

__contravención__ [kontraβenθjón] [<contravenir] 囡 (法律・権利・義務などの)違反, 違背, 違反行為, 違背行為.

__contravendr-__ [kontraβendr-] 動 contravenir の未来, 過去未来.

__contraveneno__ [kontraβenéno] [<veneno] 男 ❶ 解毒剤. 類__antídoto__. ❷《比喩》予防策, 防止策.

__contravenga(-)__ [kontraβeŋga(-)] 動 contravenir の接・現在.

__contravengo__ [kontraβéŋgo] 動 contravenir の直・現在・1単.

__contravenir__ [kontraβenír] [__10.9__] 他 ❶ (規則などに)違反する, 違背する. —Fui multado por ~ las reglas. 私は規則違反で罰金を課せられた. 類__incumplir, infringir, quebrantar, violar, vulnerar__. 反__cumplir, obedecer__. ❷ (命令など)に背く, 逆らう. —Goza *contraviniendo* los consejos de su madre. 彼は母の忠告に背くことを楽しんでいる. 類__desobedecer__. 反__obedecer__.
—— 自〔+a に〕違反する, 違背する; 背く, 逆らう. —~ *a la ley* 法律に違反する.

__contraventana__ [kontraβentána] [<ventana] 囡 ❶ 光を遮るための鎧戸(よろいど). 類__postigo, puertaventana__. ❷ 雨戸, 板戸.

__contraventor, tora__ [kontraβentór, tóra] [<contravenir] 形 違反する, 違背する; 背く, 逆らう. —— 名 違反者, 違背者.

__contravien-__ [kontraβjén-] 動 contravenir の直・現在.

__contravin-__ [kontraβin-] 動 contravenir の直・完了過去, 接・過去, 現在分詞.

__contrayendo__ [kontrajéndo] 動 contraer の現在分詞.

__contrayente__ [kontrajénte] [<contraer] 形 婚約している, 結婚する.
—— 男女 婚約者.

:__contribución__ [kontriβuθjón] 囡 ❶〔+a〕(…に対する)貢献, 寄与, 協力. — ~ a la tecnología al progreso de la medicina 科学技術の医学の進歩に対する貢献. pedir la ~ económica 経済援助を求める. Su descubrimiento constituye una gran ~ al bien de la humanidad. 彼の発見は人類の幸福に寄与するところが大きい. 類__aportación__. ❷ 寄付金; 分担金. — ~ de avería 海損分担金. mi ~ a los gastos de la asociación 会の費用の私の分担金. 類__ayuda__. ❸ 寄付(すること), 寄贈. —Hace una ~ mensual de diez euros para los niños del Tercer Mundo. 彼は第三世界の子供たちのために毎月10ユーロを寄付している. 類__donativo__. ❹ 国税, 税金. — ~ directa [indirecta] 直接[間接]税. ~ industrial 職業税, 営業税, 事業免許税. ~ territorial 地租. ~ (territorial) urbana [municipal] (都市部の)不動産税. exento de *contribuciones* 免税の. ~ de guerra (敗戦国に課する)軍税. ~ de sangre 兵役. recaudador

518 contribuidor

de *contribuciones* 収税官[吏]. imponer *contribuciones* 課税する. 類**tributo**.
poner a contribución (ある手段)を用いる, …に訴える.

contribuidor, dora [kontriβuiðór, ðóra] 形 名 →contribuyente.

‡**contribuir** [kontriβuír] [11.1] 自 ❶ 〖+a に〗**貢献する**, 寄与する. —Su magnífica dirección *contribuyó al* éxito del concierto. 彼の素晴らしい指揮ぶりが演奏会の成功に貢献した. Tu venida *contribuirá a* calmar los ánimos. 君が来てくれれば気持ちを落ち着かせてくれるだろう. ❷〖+con を〗(分担金として)拠出する, 分担する. — ~ *con* cincuenta mil euros 5万ユーロを拠出する.

—— 他《経済》を納税する.

contributivo, va [kontriβutíβo, βa] 形 納税の, 租税の.

***contribuyente** [kontriβujénte] 形 納税する; 寄付する.

—— 名 納税者; 寄付者. —Los ~s tienen derecho a exigir que su dinero se invierta correctamente. 納税者は自分のお金が正しく使われることを要求する権利がある.

contrición [kontriθjón] 女《神学》痛悔; 悔恨, 悔悟. —acto de ~ 悔恨の祈り. 類**arrepentimiento**.

contrincante [kontriŋkánte] 男女 競争相手, ライバル; 対立候補者. —Él será un duro ~. 彼は手強い相手になるだろう. María eliminó a todas sus ~s. マリーアはすべてのライバルを排除した. 類**adversario, competitor, rival**.

contristar [kontristár] 〔<triste〕他《文》を悲しませる, 悲嘆にくれさせる. —El divorcio de su hijo la *contristó* mucho. 息子の離婚は彼女をとても悲しませた. 類**afligir, entristecer**.

——**se** 再 悲しむ, 悲嘆にくれる. 類**afligirse, entristecerse**.

contrito, ta [kontríto, ta] 形 悔悟している, 後悔している, 悔悛(かいしゅん)の意を示す. —Con voz *contrita* me pidió disculpas. 彼は後悔したような声で私に許しを乞うた. 類**arrepentido**.

‡**control** [kontról] 男 ❶ 統制, 管理, 支配, 監督. —torre de ~ コントロールタワー, 管制塔. sala de ~ コントロール室. ~ de divisas 外国為替管理. ~ de precios 物価統制. ~ de calidad [de producción] 品質[生産]管理. ~ presupuestario 予算管理. 類**comprobación, inspección**. ❷ 制御, 抑制, 調節, 制限. —botón [barra] de ~ 制御ボタン[棒]. ~ de (la) natalidad 受胎調節, 産児制限. ~ de sí mismo 自己制御, セルフコントロール. ~ del sonido 音の調節. José no tiene ningún ~ sobre sí mismo. ホセはまったく自制心がない. ❸ 検問, 検査, チェック. —~ de aduanas 税関[通関]検査. ~ de seguridad 空港などの身体・所持品検査. lista de ~ チェックリスト. ~ antidoping 薬物検査, ドーピングテスト. 類**comprobación, inspección**. ❹ 健康診断. —~ de sanidad 健康診断. ❺ 検査所, 検問所(=puesto de ~). —~ de la frontera 国境検問所. pasar por el ~ de pasaportes パスポート審査所を通る. ~ policial 警察の検問所. 類**comprobación, inspección**. ❻ 監視,

見張り. —Ese *preso* está sometido a fuerte ~. その捕虜は厳重に監視されている. Se hace necesario el ~ de los visitantes del museo para que no toquen las obras expuestas. 美術館の見学者が展示品に触れないように監視が必要になる. Ella lleva el ~ de los gastos. 彼女は支出の記録をつけている. 類**vigilancia**. ❼〖主に機械〗操縦[制御]装置. —~ automático 自動制御装置. panel de ~ コントロールパネル. El maquinista maneja los ~es del tren. 機関士は電車を操縦する. Salía humo de los ~es del avión. 飛行機の操縦装置から煙が出ていた. 類**mando**. ❽《教育》(生徒の進度・理解度を見る)小テスト. —Nuestra profesora nos hace un ~ cada dos semanas. 私たちの先生は2週間ごとに小テストをする. 類**examen**

bajo control de ... …の管理[支配, 統制, 監視]下に. A pesar de su mejoría, todavía está *bajo* riguroso *control* médico. 彼は健康が回復したにもかかわらず, いまだに医師の厳しい監視下にある.

control remoto リモコン. funcionar [activar] por *control remoto* リモコンで動く[リモートコントロールする].

fuera de control 制御[統制]できない. Este niño está *fuera de control*. この子は手に負えない.

llevar el control 制御[管理, 支配]する. En esta fábrica se *lleva* un *control* automático de todo. この工場ではすべて自動制御されている. Ese delegado sabe *llevar el control* de la clase. そのクラス代表はクラスを掌握できる.

perder el control de ... (1) を制御できなくなる. *Perdí el control del* coche y me estrellé contra una farola. 私はハンドル操作を誤って街灯に激突した. Ha *perdido el control de* sí mismo [de sus nervios]. 彼は自制心を失った. (2) 激怒する, 錯乱する.

sin control (1) 制御できなくなって. El coche se estrelló *sin control* contra el árbol. その車は制御できなくなって木に激突した. (2) たくさん, 大量に. beber *sin control* たくさん飲む.

controlador, dora [kontrolaðór, ðóra] 形 指揮する, 管理する, 統制する.

—— 名《航空》管制官. —~ aéreo 航空管制官.

—— 男《情報》ドライバ. —~ de impresora プリンタ・ドライバ.

controladora [kontrolaðóra] 女 →controlador.

‡**controlar** [kontrolár] 他 ❶ を管理する, 支配する; を調節する. —Bebió demasiado y no pudo ~ sus palabras. 彼は飲み過ぎてろれつが回らなくなった. Su mujer *controla* eficazmente los gastos de la casa. 彼の妻は家計の支出を上手に管理する. ❷ を見張る, 監視する; を検査する. —Varios policías *controlaban* al terrorista. 数人の警官がテロリストを監視していた. 類**vigilar**. ❸ を抑える. —Tardaron mucho en ~ el incendio. その火事を鎮火するのに長い時間がかかった.

——**se** 再 自制する. —Tuvo que ~se para no romper a reír. 彼はいきなり笑いださないように自制しなければならなかった.

controversia [kontroβérsja] 女 (特に宗教上の)論争, 議論. —sin ~ 疑いなく. 類**debate**,

controvertible [kontroβertíβle] 形 論争できる, 議論できる.

controvertido, da [kontroβertíðo, ða] [過分] 形 論議的になる, 反対意見を引き起こす. — un tema ~ 論争のテーマ.

controvertir [kontroβertír] [7] 他《文》…と論争する, 議論する. 類**debatir, discutir, polemizar**.
—— 自《文》論争する, 議論する.

controviert- [kontroβjért-] 動 controvertir の直・現在, 接・現在, 命令・2単.

controvirt- [kontroβirt-] 動 controvertir の直・完了過去, 接・現在/過去, 現在分詞.

contubernio [kontuβérnjo] 男 ❶ 同棲, 内縁関係. 類**amancebamiento, cohabitación**. ❷《比喩》共謀, 結託. 類**conchabanza, confabulación, conspiración**. ❸《まれ》共同生活, 同居. 類**convivencia**.

contumacia [kontumáθja] [<contumaz] 女 ❶ 強情, 頑固, 頑迷. — Defendió sus ideas con ~. 彼は頑固に自分の考えを守った. 類**obstinación, porfía**. ❷《法律》出廷拒否. 類**rebeldía**.

contumaz [kontumáθ] 形 ❶ 強情な, 頑固な, 頑迷な; 反抗的な. — Mantuvo una actitud ~ rayana en la estupidez. 彼は馬鹿げたほど頑固な態度を維持した. 類**obstinado, porfiado, rebelde**. ❷《法律》出廷拒否の. 類**rebelde**. ❸ 病原菌の保存ział[繁殖]に適した.
—— 男女《法律》出廷拒否者.

contumelia [kontumélja] 女《文》侮辱, 無礼, 罵詈雑言(ばりぞうごん). 類**afrenta, injuria, insulto, oprobio, ultraje**.

contundencia [kontundénθja] [<contundir] 女 ❶ 打撃性のあること; 打撃, 打撲. — Se desplomó por la ~ del golpe recibido. 彼は殴られた衝撃で卒倒した.
❷《比喩》強い説得力のあること, 決断性のあること. — Habló con tanta ~ que no pudimos refutarle. 彼があまりの説得力をもって話したので我々は反論することができなかった. 類**convicción, decisión**.

contundente [kontundénte] [<contundir] 形 ❶ (道具・行為が)打撃を与える. — Le golpeó con un objeto ~. 彼は鈍器で殴られた.
❷《比喩》(論拠・理由・証言などが)決定的な, 強い説得力のある, 絶対的な. — una prueba ~ 決定的証拠. Es una razón ~. それが絶対的な理由だ. 類**concluyente, convincente, decisivo, terminante**.

contundentemente [kontundéntemente] 副 強い説得力をもって, 決定的に. —hablar ~ 説得力をもった調子で話す.

contundir [kontundír] 他 …に打撲傷を負わせる. 類**golpear, magullar**.
——**se** 再 打撲傷を負う. 類**golpearse, magullarse**.

conturbación [konturβaθjón] 女 動揺, 当惑, 不安. 類**inquietud, turbación**.

conturbar [konturβár] 他 ❶ 動揺させる, 当惑させる. — La presencia de su antigua novia le *conturbó* visiblemente. かつての恋人の存在が彼を明らかに動揺させた. 類**alterar, turbar**. ❷《比喩》(精神的に)動揺させる, 不安にする, 心配させる. 類**inquietar, intranquilizar**. 反**tranquilizar**.
——**se** 再 ❶ 動揺する, 取り乱す, 当惑する. — Es muy tímida y *se conturba* cuando tiene que hablar. 彼女はとても内気なので話さなければならない時には動揺してしまう. 類**alterarse, turbarse**. ❷《比喩》(精神的に)動揺する, 不安になる, 心配する. 類**inquietarse, intranquilizarse**.

contusión [kontusjón] 女 打ち身, 打撲傷, 《医学》挫(ざ)傷. —~ cerebral 脳挫傷. La caída le produjo múltiples ~es. その転倒で彼はたくさんの打ち身を負った.

contusionar [kontusjonár] 他 →contundir.

contuso, sa [kontúso, sa] [過分] [<contundirse] 形 打ち身を負った, 打撲傷の.

contuv- [kontuβ-] 動 contener の直・完了過去, 接・過去.

conurbación [konurβaθjón] [<con+urbación] 女 コナベーション, 市街地連担地域(大都市周辺の小都市群がおのおのの独立性を保ちながらも拡張し相互に融合し合っている地域).

convalecencia [kombaleθénθja] 女 ❶ (病気の)快復, 快方; 快復期, 予後. — El enfermo se encuentra en un período de ~. その病人は快復期にある. 類**mejoría, recuperación**. ❷ 快復期にある人たちの療養施設.

convalecer [kombaleθér] [9.1] 自 [+de] ❶ …から徐々に健康を快復する, 快方に向かう. — Su hijo *convalece de* una grave enfermedad. 彼の息子は大病から快復に向かっている. 類**mejorar, recobrarse, recuperarse**. ❷《比喩》…から立ち直る. — El país todavía *convalece de* la crisis económica. その国は経済的危機からいまだ立ち直りの途上にある.

convaleciente [kombaleθjénte] 形 徐々に健康を快復しつつある. — No bebas demasiado que aún estás ~. あまり飲みすぎてはいけない, 君はまだ予後[病後]なんだから.
—— 男女 健康を快復しつつある人, 快復期にある人.

convalidación [kombaliðaθjón] 女 ❶ (他の場所で取得した学業の単位を)承認すること, (単位の)読み替え. — Ha solicitado la ~ de sus estudios en Francia. 彼はフランスで得た単位の承認を要請した. ❷ (真正であることの)認定[認可]. 類**ratificación**.

convalidar [kombaliðár] 他 ❶ (他の場所で取得した学業単位などを)承認する, 読み替える, 代替する. — La universidad no le *ha convalidado* las unidades obtenidas en los cursos de verano. その大学は彼が夏期講習で得た単位を認定しなかった. 類**conmutar**. ❷ 法的に有効とする, (真正であることを)認定する, 認可する. 類**confirmar, revalidar**.

convección [kombekθjón] 女《物理》対流, 還流.

convecino, na [kombeθíno, na] 形 近くの, すぐ隣の, 隣接する; 近くに住む, 隣に住む.
—— 名 隣人, 近所の人. 類**vecino**.

convector [kombektór] 男 対流暖房器[装置].

convén [kombén] 動 convenir の命令・2単.

convencer [kombenθér コンベンセル] [2.4]他 ❶ (*a*)〖+de について〗を納得させる, 説得する, 説き伏せる. —La *convencí de* que estaba equivocada. 私は彼女が間違っていることを彼女に納得させた. (*b*)〖+para/de que+接続法〗(…するように)を説得する. — Me *convencieron para que* aprendiera a nadar. 私は泳ぎを覚えるように説得された. ❷〖特に否定文・疑問文において〗を満足させる, 喜ばせる. —Las clases de ese profesor no acaban de ~me. その先生の授業はなかなか私を納得させてくれない. 類**satisfacer**.

—**se** 再 ❶〖+de で〗納得する. —Por fin *se ha convencido de* la utilidad del teléfono móvil. とうとう彼は携帯電話が役立つことを納得した. ❷〖+de で〗確信する. —Al verle *me convencí de* que está enfermo. 彼に会って私が病気だと確信した.

convencido, da [komenθíðo, ða] 過分 形 ❶〖estar+, +con/de〗を信じた, 納得した, 確信した. —No *estoy* muy ~ *con* la razón que nos ha dado. 私は彼が私達に言ったことにあまり納得していない. *Estamos* ~*s de* que él es inocente. 私たちは彼が無実だということを確信している. 類**seguro**. ❷ 確かな, 確固とした. —Le dijo en tono ~ que la quería. 彼は迷いのない口調で彼女を愛していると言った. ❸〖estar+〗うぬぼれた, 自信家の. 類**engreído, persuadido**.

convencimiento [komenθimiénto] 男 ❶ 確信, 納得, 自信. —Tengo el firme ~ de que aprobará. 私は彼が合格すると確信している. 類**certeza, convicción, seguridad**. 反**duda, incertidumbre**. ❷ (意見・態度の変更についての)信念. —actuar por ~ 信念に基づいて行動する. ❸ 説得(すること). —llevar algo al ~ de... (何かを人に説得させる, 納得[承知]させる. poder de ~ 説得力. 類**convicción**.

llegar al convencimiento de que〖+直説法〗…であると確信するに至る. Al final *llegué al convencimiento de* que tenías razón. ついに私は君の言う通りだと確信した.

tener el convencimiento de〖+直説法〗…であると確信[納得]している.

convención [komenθión] 〔<convenir〕女 ❶ 取り決め, 合意, 同意, 協定. —~ comercial [diplomática, internacional] 通商[外交, 国際]協定. 類**acuerdo, ajuste, pacto**. ❷ 世間の慣例, しきたり. —~ sociale 社会慣習. 類**conformidad, convenciones**. ❸ 協議会, 大会, 代表者会議. —una ~ de médicos [trabajadores] 医師[労働者]大会. 類**asamblea**. ❹〖中南米〗党大会.

convencional [komenθionál] 形 ❶ 慣習的な, 因習的な; 型どおりの. —Fue una boda ~. それは型通りの結婚式だった. 類**acostumbrado, formulario**. ❷ (発想や表現が)月並みな, 平凡な. —lenguaje ~ 月並みな言葉. ❸ 取り決めによる, 合意による. ❹《軍事》通常の. —armas ~*es* 通常兵器.

— 男 (協議会, 大会の)議員, 構成員.

convencionalismo [komenθionalismo] 男 ❶ 因習性, 慣習性. ❷ 風習, しきたり, 慣例. ❸ 慣例主義, 因習踏襲.

convencionalmente [komenθionálménte] 副 ❶ 慣習的に. ❷ 合意によって, 協定によって.

convendr- [komendr-] 動 convenir の未来, 過去未来.

convenga(-) [komenga(-)] 動 convenir の接・現在.

convengo [komengo] 動 convenir の直・現在・1 単.

convenible [komeníβle] 〔<convenir〕形 ❶ 従順な, 素直な, 御しやすい. 類**dócil, tratable**. ❷ 便利な, 都合のよい. 類**conveniente**. ❸ (値段が)手ごろな, 程よい. 類**moderado, razonable**.

convenido, da [komeníðo, ða] 過分 形 同意で決められた, 合意された. —¡C~! 分かった, 了解した〖同意・承認を示す表現〗.

según lo ~ 副 決定事項に従って.

conveniencia [komeniénθia] 女 ❶ 好都合, 便利, 利益. —Su matrimonio no fue por amor, sino por ~. 彼女の結婚は愛情ではなく打算によるものだった. Te interesa venir por tu propia ~. 君は自分の都合次第で来たがる. matrimonio de ~ 打算的な[政略]結婚. 類**beneficio, interés, provecho, utilidad**. 反**daño, inconveniencia, perjuicio**. ❷ 適切さ; 適時, 適宜. —Dudo de la ~ de hacer lo que me dices. 君の言うとおりにすることが適切かどうか私には分からない. ~ de una gestión ある処置の適時性. 類**oportunidad**. 反**inconveniencia**. ❸〖主に複〗(社会の)慣習, しきたり (=~*s* sociales). — respetar [faltar a] las ~*s* 社会的慣習を重んじる[に背く]. ❹ 一致, 合意. — ~ de caracteres [humores] 性格の一致. 類**acuerdo, concierto**. ❺ (召使い・女中の)職, 働き口. ❻〖複〗(使用人が受ける給料以外の心付け, 役得.

a la primera conveniencia 都合のいい時に.

a su conveniencia 都合のいいように, 都合のいい時に; 好みにあった. Hazlo *a tu conveniencia*. 君のいいようにしなさい. No encuentra una casa *a su conveniencia*. 彼は気に入った家が見つからない.

según su conveniencia 都合のいいように. José es muy egoísta, y actúa *según su conveniencia*. ホセはとてもエゴイストで, 都合のいいように行動する.

ser de la conveniencia de (人)に適する, 合う, 都合がいい. *Sería de la mayor conveniencia* que viniese Ud. あなたがいらっしゃるのが一番いいでしょう.

conveniente [komeniénte] コンベニエンテ 形 ❶ 都合のよい, 便利な; 有利な. —Me ofrecieron el piso por un precio ~. 彼らは私にそのマンションを手ごろな価格で売り込んできた. Puede venir el día que le sea más ~. ご一番都合のよい日においでください. 類**oportuno, provechoso, útil**. 反**inconveniente**. ❷ 適当な, ふさわしい; 望ましい. —El ejercicio físico es ~ para los niños. 運動は子どもにとってよいことだ. 類**adecuado, apropiado, decente**.

creer [juzgar] conveniente 適当だと思う[判断する]. *Creo conveniente* advertirte del peligro que corres. 君が冒している危険について注意しておくのが適当だと思う.

ser conveniente〖+不定詞/que+接続法〗…するのは適当だ[よいことだ]. No *es conveniente* que os alejéis mucho. 君達が遠くに行ってしまうのはよくない.

‡**convenio** [kombénjo] 男 ❶ (特に国家·団体間の)**協定, 協約; 合意.** — nacional 国際郵便協定. llegar[se] a un ~ 協定にこぎつける, 合意に達する. hacer [establecer] un ~ 協定を結ぶ. respetar el ~ 協定を守る. 類**acuerdo, pacto.** ❷ 協定書, 協約書. — Conservo una copia del ~. 私は協定書のコピーをとっておる. firmar un ~ comercial 商[貿易]協定書に調印する. 類**acuerdo, contrato.**
convenio colectivo [de trabajo, entre trabajadores y patronos]/convenio laboral (労使間の)労働協約. La patronal y el sindicato acaban de firmar un *convenio colectivo.* 経営者側と組合は労働協約に調印したばかりだ.

‡**convenir** [kombenír コンベニル] [**10.9**] 自 ❶ 望ましい, **適当である,** 好都合である. — Ese hombre no le *conviene* a esa chica. その男はその女の子にはふさわしくない. *Conviene* que no le presiones demasiado. 彼にあまりプレッシャーをかけない方がよい. Te *conviene* descansar unos días. 君は2, 3日休養した方がいい.
❷ (a) [+en で] 意見が一致する, 合意する. — *Convinimos* en que era difícil solucionar el conflicto. 紛争を解決するのは困難であることで我々の意見は一致した. (b) 一致する, 符合する. — *Conviene* lo que dice con lo que ya sabemos. 彼の言うことはもう我々が知っていることと一致する. 類**coincidir.**
❸ 向いている, 適している.
—— 他 …の値段が一致する, 合意する. — *Hemos convenido* el precio de la venta. 私たちは販売価格について取り決めをした.
—**se** 再 意見が一致する, 合意する. 類**ajustarse, concordarse.**

conventículo [kombentíkulo] 男 《まれ》非合法の集会, 密談, 陰謀. 類**confabulación, conspiración.**

conventillo [kombentíjo] 男 ❶ 安アパート, 共同住宅. 類**conventico.** ❷ 売春宿. 類**burdel, conventico.**

‡**convento** [kombénto] 男 ❶ 〖宗教〗**修道院,** 女子修道院, 僧院. — entrar [ingresar] en el ~ 修道士になる, 修道女になる. ~ de monjes franciscanos [de monjas carmelitas, de monjas clarisas] フランシスコ会[カルメル会, クララ会]修道院. 類**abadía, cenobio, monasterio.**
❷ [集合的に] (一修道院の)修道者全員. — A la misa asistió todo el ~. ミサには修道院の全員が出席した. ❸ 修道院生活; 〖南米〗司祭館.
convento de clausura (修道者が禁域から出ることを許されない)隠修道院.

conventual [kombentuál] 形 修道院の. — vida ~ 修道院生活.
—— 男 ❶ 修道士. 類**monje.** ❷ 〖カトリック〗年金を受けているフランシスコ会修道士. ❸ 修道院の説教師.

convenza(-) [kombénθa(-)] 動 convencer の接·現在.

convenzo [kombénθo] 動 convencer の直·現在·1単.

convergencia [komberxénθja] [<conver-gir] 女 ❶ (複数のものが)一点に集まること, 集中; 一致. — ~ de autopistas [ideas] 高速道路[考え]の集中. 類**coincidencia.** ❷ 集合点[地点], 一致点[地点].

convergente [komberxénte] 形 収束する, 収斂(しゅうれん)性の. 反**divergente.** — lentes ~s 収束レンズ.

converger [komberxér] [**2.5**] 自 →convergir.

convergir [komberxír] [**3.6**] 自 ❶ (複数の線·道路などが)一点に集まる, 一点に集中する. — Las cuatro avenidas *convergen* en la plaza central. 4つの大通りは中央広場に集まっている. 類**coincidir, juntarse, reunirse.** 反**divergir.**
❷ 〖比喩〗(意見·判断·行動などが)共通の目的に向かう, 共通の目的を持つ[持っている]. — Los esfuerzos de este partido *convergen* al bien de todo el pueblo. この政党の努力は国民全体の幸せという共通の目的に向かっている. Es difícil que se entiendan porque sus ideas no *convergen*. 彼らが理解し合うのは難しい, 彼らの考えは共通の目的を持っていないからだ. 類**coincidir.** 反**divergir.**

‡**conversación** [kombersaθjón コンベルサシオン] 女 ❶ 会話, おしゃべり, 対話; 会談, 交渉, 討論会; 〖通信〗チャット. — Anoche tuve con ella una larga ~ por teléfono. 昨夜私は彼女と電話で長話した. Los jefes de Estado han mantenido una ~ sobre el desarme. 国家元首たちは軍縮について会談した. La ~ vino a recaer sobre economía. 話題は経済のことになった. Estuvimos de ~ hasta la madrugada, hablando de mil cosas. 私たちはいろんなことを話題にして, 明け方までおしゃべりしていた. *conversaciones* de sobremesa 食後のおしゃべり. *conversaciones* ministeriales 閣議. cambiar de ~ 話題を変える, 話をそらす. tener mucha ~ おしゃべり好きである. tener poca ~ あまり話好きでない, 口数が少ない. iniciar *conversaciones* de paz 和平交渉を開始する. salpicar la ~ con chistes/salpicar chistes en la ~ 話に冗談をはさむ. hacer compañía a ... en la ~ (人)の話し相手になる. 類**charla, coloquio, diálogo, plática.**
❷ 話し方, 話術. — Tiene una ~ pesadísima. 彼は話がくどい. una persona de agradable ~ 話し上手な人. Es de difícil ~. 彼は口数が少ない. persona de ~ amena y entretenida 話の楽しい人.
dar conversación a ... (人)の話相手になってやる, …とおしゃべりに興じる, 談笑する. Ha ido a *dar conversación* al enfermo. 病人の話相手になりに行った. No *me des conversación*, que tengo mucho trabajo. 忙しいので, 私に話しかけないで.
dejar caer en la conversación (口を滑らしたかのように)さりげなく話す, うっかりしゃべる. Dejó caer *en la conversación* que iba a casarse. 彼女はうっかり結婚すると言った.
dirigir [enderezar] la conversación a ... (人)に話しかける, (人)に向かって話す.
estar en conversación おしゃべりしている. *Estuvimos en* animada *conversación* durante toda la tarde. 我々は午後いっぱいにぎやかにおしゃべりした.

conversador 522

hacer el gasto de la conversación 話題の中心になる, 会話をリードする.

sacar la conversación de ... ···に話を持って行く, を話題として持ち出す. Yo no quería hablar de eso, pero fue él el que *sacó la conversación*. 私はそれについて話したくなかったが, それを話題にしたのは彼であった.

tener [mantener, sostener] una conversación お喋りをする, 会話をする, 会談をする. Los dos Presidentes *sostuvieron una conversación* muy cordial. 二人の大統領はとても和やかに会談した.

trabar [empezar, entablar] conversación con (人)と話し始める, 話を始める. Es admirable la facilidad que tiene para *trabar conversación con la gente*. すぐに人と打ち解ける彼のあけっぴろげな性格はすばらしい.

conversador, dora [kombersaðór, ðóra] 形 話し上手な, 話し好きな.
── 名 話し上手, 話し好き.

:**conversar** [kombersár] 自 【+con と, sobre/de について】会話する, 話し合う, 話をする. ── ~ *con los ancianos* 老人たちの話相手をする. Yo *conversaba con* él de cualquier cosa. 私は彼とどんなことでも話をしていた. *Conversamos de* este tema. 私たちはこの話題で会話した.

conversión [komberxjón] [<convertir] 女 ❶ 転換, 変換, 変化. ─ Preguntó si era posible la ~ de aquellos vales en dinero. 彼はあのクーポン券を換金することができるかどうかを尋ねた. ~ *de digital a análogo*《情報》D/A 変換. ~ *del analógico al digital*《情報》A/D 変換. 類 **cambio, mutación, transformación**. ❷《宗教・主義などの》転向, 改宗. ─ Su ~ *al cristianismo no sorprendió*. 彼のキリスト教への改宗は我々を驚かせた. ❸ 精神的改心, 発心. ❹《軍事》一列旋回. ─ *cuarto de ~* 1/4 旋回. ❺《修辞》結句反復.

converso, sa [kombérso, sa] 過分 [<convertir] 形 (特にキリスト教に)改宗した, 転向した. 類 **confeso**.
── 男女 特にキリスト教に改宗(転向)したユダヤ教徒あるいはイスラム教徒; 改宗者, 転向者.
── 男 平修士, 助修士. 類 **lego**.

conversor [kombersór] 男 ❶《情報》ファイルの変換器. ❷《物理》転換炉.

convertibilidad [kombertiβiliðáð] 女 ❶ 変換性, 転換性. ❷《経済》通貨の兌換性.

convertible [kombertíβle] 形 ❶ 変換(転換)できる. ─ Tengo un sofá ~ *en cama*. 私はソファーベッドを持っている. 類 **transformable**. ❷ 転向させられる, 改宗させられる. ❸ 兌換(ஜ)できる. ─ *bono [moneda] ~* 兌換金券[貨幣]. ❹《車》幌(誇)付きの, コンバーチブル型の.

convertido, da [kombertíðo, ða] 過分 形 ❶【+en】···に変わった, 変化した, 変換された. ─ *vino ~ en vinagre* 酢に変わったワイン. ❷《宗教》【+a】···に改宗した. ─ *la gente convertida al islamismo [cristianismo]* イスラム教[キリスト教]に改宗した人々.

convertidor [kombertiðór] 男 ❶《冶金》転炉. ❷《物理》転換炉. 類 **conversor**. ❸《電気》変換器, コンバータ; テレビの変換器.

:**convertir** [kombertír] [7] 他 ❶【+en に】を変化させる, 変える. ─ Ella piensa ~ *su casa en una pensión*. 彼女はいつの日かを下宿屋に変えようと思っている. La locura le *convirtió en un criminal*. 狂気のために彼は犯罪者になってしまった. 類 **cambiar**. ❷【+a に】改宗させる; 転向させる. ─ La *convirtieron al catolicismo*. 彼女はカトリック教徒に改宗させられた. ❸《情報》コンパートする.
── **se** 再【+en に】❶ 変わる. ─ Con el tiempo *se fue convirtiendo en una persona excéntrica*. 彼は時とともに偏屈な人物に変わっていった. *Su tristeza se convirtió en alegría*. 彼女の悲しみは喜びに変わった. ❷ 改宗する; 転向する. *Se ha convertido al islamismo*. 彼はイスラム教徒に改宗した.

convexidad [kombeksiðáð] 女 凸(§)状, 凸状部, 凸状面. 反 **concavidad**.

convexo, xa [kombékso, ksa] 形 凸(§)状の, 凸面の. ─ *una lente convexa* 凸レンズ. 類 **abombado**. 反 **cóncavo**.

:**convicción** [kombikθjón] 女 ❶ 確信, 納得, 自信, 自覚. ─ ~ *firme* 揺るぎない確信. *llegar a la ~ de* 確信するに至る. Tengo la absoluta ~ *de que pronto se arreglará ese difícil problema*. 私はその難問題はすぐに解決すると確信している. 類 **certeza, convencimiento, seguridad**. 類 **duda, incertidumbre**. ❷ 説得. ─ *poder [fuerza] de ~* 説得力. *Hablas muy bien y tienes mucho poder de ~.* 君は話し上手で大変説得力がある. 類 **persuasión**. ❸《主に 複》《宗教的・倫理的・政治的な》信念, 信条, 信仰. ─ *convicciones políticas* 政治的信条. *tener unas sólidas convicciones* 強い信念を持つ. *obrar [actuar] conforme a sus propias convicciones* 自己の信念に従って行動する. 類 **creencias, ideas, principios**.

en contra de sus convicciones 信念に反して. *Maltratar a los animales va en contra de mis convicciones*. 動物虐待は私の信念に反する.

convicto, ta [kombíkto, ta] 過分 [<convencer] 形《法律》犯行が証明された. ─ *un reo ~ de perjurio* 偽証が証明された容疑者. ~ *y confeso*《法律》犯罪の立証と自白.

:**convidado, da** [kombiðáðo, ða] 名【+a】(特に宴会の)招待客, 来客, 客. ─ *los ~s al banquete de la boda* 結婚披露宴の招待客. 類 **comensal, invitado**.

convidado de piedra《話》(会議・パーティーなどで)黙りこくってきた人, 押し黙った人, 無口な人. *como (el [un]) convidado de piedra* 黙りこくって, もの を言わない, 無口な.
── 女《話》(主に飲み物の)おごり, ふるまい(酒). ─ *dar [pagar] una convidada* おごる. *Me debes una convidada.* これは僕のおごりだ. 類 **invitación, ronda**.
── 過分 招待された.

:**convidar** [kombiðár] 他 ❶【+a を】を招く, 招待する; をおごる. ─ Me *convidó a pasar el fin de semana en su casa de campo*. 週末を過ごすよう彼は私を別荘に招いてくれた. *Te convido a una copa*. 一杯おごるよ. 類 **invitar**. ❷【+a に】を誘う, を···する気にさせる. ─ *La agradable tarde convidaba a pasear*. 心地よい夕方が散歩する気持を誘った.

——se 再 [＋a に] (招かれないのに)押しかける.
conviene- [kombjene-] 動 convenir の直・現在.
conviert- [kombjert-] 動 convertir の直・現在, 接・現在, 命令・2 単.
convin- [kombin-] 動 convenir の直・完了過去, 接・過去, 現在分詞.
convincente [kombinθénte]〔＜vencer〕形 説得力のある, 納得させる. —tono [argumento] ～ 説得力のある口調[論拠]. Fue una bonita exposición pero no estuvo ～. それは素敵な解説ではあったが説得力がなかった.
convincentemente [kombinθéntemente] 副 説得力のある方法で.
convirt- [kombirt-] 動 convertir の直・完了過去, 接・過去, 現在分詞.
convite [kombíte] 男 ❶ 招待, 招待すること. —No puedes rechazar su ～. 君は彼の招待は断れない. 類**invitación**. ❷ 饗宴(ﾎﾟｳ), 宴会. —hacer un ～ 宴会をする. 類**banquete, comida**.
＊**convivencia** [kombiβénθja] 女 ❶〔＋con〕共同生活, 同居, 同棲. ～ conyugal 夫婦の共同生活. Se separaron después de diez años de ～. 彼らは 30 年間 一緒に暮らしてから別れた. 類**cohabitación**. ❷ 共存, 共生. —La ～ pacífica de las naciones. 国家の平和共存. ❸（特に若者の宗教的・文化的な)合宿. —El profesor organizó unos días de ～ de la clase en un refugio de la sierra. 先生は山の避難小屋で数日間の合宿授業を企画した. 類**coexistencia**. ❹（共同生活者間の)協調, 融和. —Su ～ es muy mala, están todo el día peleándose. 彼らは非常に仲が悪く, 一日中喧嘩している.
:**convivir** [kombiβír] 自 ❶〔＋con と〕一緒に住む, 生活する, 共同生活を営む. —Es difícil ～ con una persona de ese carácter. そういう性格の人間とは一緒に暮らしにくい. ❷ 仲良く暮らす.
convocación [kombokaθjón] 女〔まれ〕❶ 召集, 召集された会議. 類**llamamiento**. ❷ 公募, 募集. 類**convocatoria**.
:**convocar** [kombokár]【1.1】他 ❶ を召集する, …の開催を通知する; (ストライキなど)を指令する. —～ un claustro especial de profesores 臨時教授会を召集する. —～ una manifestación [una huelga] デモを召集する[ストライキを指令する]. ❷（競争・試験など)を公示する. —～ oposiciones para meteorólogos 気象官任用試験の実施を発表する.
:**convocatoria** [kombokatórja] 女 ❶（会議・議会などの)召集; 召集の告示, 召集状. —llamar a ～ a … 中を召集する. ～ de huelga general ゼネストへの参加呼びかけ. ～ recibir una ～ para incorporarse a filas 召集令状を受け取る. ～ de elecciones 選挙の告示. Este músico tiene una gran capacidad de ～. この音楽家には大変な召集力がある. ❷（競争試験・コンクールの)知らせ, 公示, 公募, 募集要項. ——s para los exámenes [para el concurso de novela] 試験[文芸コンクール]の通知. La ～ de la oposición se publicará en el Boletín Oficial del Estado. 採用試験の募集要項が官報に掲載される. ❸（第…次の)選考. —Logró pasar [ganar] las oposiciones en [a] la primera ～. 彼は就職試験の第一次選考に合格できた. ❹（大学の試験期間. —aprobar en la ～ de junio 6 月の試験で合格する.
convocatorio, ria [kombokatórjo, rja] 形 召集する, 呼び集める; 募集する.
convoluto, ta [kombolúto, ta] 形《植物》巻き込んでいる, 包旋状の.
convolvulácea [kombnbolβuláθea] 女 → convolvuláceo.
convolvuláceo, a [komnbolβuláθeo, a] 形《植物》ヒルガオ科の.
——女 複《植物》ヒルガオ科の植物.
convólvulo [kombólβulo] 男 ❶《昆虫》ブドウにつく有害な昆虫. ❷《植物》サンシキヒルガオ属の総称. 類**enredadera**.
convoque(-) [komboke(-)] 動 convocar の接・現在.
convoqué [komboké] 動 convocar の直・完了過去・1 単.
convoy [kombói]〔＜仏〕男〔複 convoyes〕❶（特に戦時の)護送, 護衛. ❷ 護送されている車両[船団]. ❸ 護衛隊, 護送隊. ❹《比喩, 話》酢とオリーブ油の瓶がセットになった薬味立て. ❺《比喩, 話》随員, お供の人々. 類**acompañamiento, séquito**. ❻ 列車. ❼《話》牧童, カウボーイ.
convoyar [komboját] 他 を護送する, 護衛する, 護衛して行く.
convulsión [kombulsjón] 女 ❶ 痙攣(ﾎﾟｳ), 引きつけ. —Cuando se pone muy nervioso, le dan convulsiones. 彼は極度に緊張すると引きつけを起こす. 類**contracción, espasmo, temblor**. ❷《比喩》(社会的・政治的)動乱, 動揺, 激動. —Aquella fue una época de grandes convulsiones sociales. あれは社会の大動乱期だった. 類**agitación, alteración**. ❸《地理》(地震などによる)地面[海面]の振動.
convulsionar [kombulsjonár] 他 ❶《医学》(痙攣(ﾎﾟｳ))を起こさせる. ❷ を(社会的・政治的に)揺さぶる, 動乱させる. —El golpe de Estado convulsionó al país. そのクーデターは国を揺さぶった. 類**agitar, alterar**. ❸《地理》を(地震や津波によって)振動させる.
convulsivo, va [kombulsíβo, βa] 形 発作的な, 痙攣(ﾎﾟｳ)性の. —ataque ～ 衝動的攻撃.
convulso, sa [kombúlso, sa] 形 ❶ 発作に襲われた, 痙攣(ﾎﾟｳ)を起こしている, 引きつけを起こしている. ❷《比喩》動揺した, 興奮した. —Todavía ～ no pudo relatar lo ocurrido. 彼はまだ動揺していて起こったことを話すことができなかった. 類**agitado**.
＊**conyugal** [koɲjuɣál] 形 婚姻[結婚]の, 夫婦間の. —débito ～《宗教》夫婦の務め. problema ～ 夫婦間の問題. vida ～ 結婚生活. 類**marital, matrimonial**.
:**cónyuge** [kóɲjuxe] 男女 ❶《法律》《文》配偶者, つれあい(夫または妻). 類**consorte, esposa, esposo**. ❷ 複 夫妻. —Ambos ～s firmaron el divorcio de mutuo acuerdo. 夫婦は協議離婚にサインした.
coña [kóɲa] 女 ❶《俗》冗談, からかい, 悪ふざけ, 愚弄(ﾛｳ). —tomar a ～ 冗談と取る. hablar de [en] ～ 冗談で言う. 類**burla, chunga, guasa**. ❷《俗》面倒なこと, 退屈なこと, うっとうしいこと. —¡Vaya ～ de película! なんてつまらない映画だろう. 類**coñazo, lata**.

dar la coña 《話》(人が)しつこい、うっとうしい.
de coña (1) 《話》信じられないくらい、並々ではない. Me lo pasé *de coña* en la fiesta. 私はそのパーティーで信じられないほど楽しい時を過ごした. (2) 冗談で, Le dije *de coña* que no pensaba ayudarle. 私は彼に冗談で手助けするつもりはないと言った. No le hagas caso que está *de coña*. 彼のことはほっとさない、ふざけているのだから.
ni de coña 《話》決して、絶対に. *Ni de coña* le vuelvo a prestar dinero. もう二度と彼にはお金は貸さない.

coñá, coñac [koɲá, koɲá(k)] 〔＜仏〕男 コニャック.

coñazo [koɲáθo] 男 ❶《俗》つまらないもの[人]、退屈なもの[人]、やっかいなもの[人]. — Esta conferencia es un ~. この講演はつまらない. ❷《俗》ひどいこと.
dar el coñazo いらだたせる、(くだらなくて)うんざりさせる.

coñearse [koɲeárse]〔＜coña〕再《話》からかう、あざける、愚弄(ぐろう)する. 類 **burlarse, guasearse.**

coñete [koɲéte] 形〖南米〗→tacaño.

coño [kóɲo] 男 ❶《俗》女性性器(＝vulva). ❷くそっ、ちくしょう〖句の途中に挟まれて、怒りや不快感・驚きなどを表す〗. — No sabía qué ~ hacer. 私は一体どうしたらいいのか分からなかった. ¿Quién ~ ha hecho esto? 一体どこのだれがこんなことをしたのか. ❸〖中南米〗《卑》スペイン人.
—— 間 《俗》あら、まあ、くそっ、ちくしょう〖驚き・怒り・喜びなどを表すために様々な場面で用いられる〗. — i~! ¿Cómo que estás aquí? あら、なんであんた ここにいるんだい. i~ qué frío hace! ちくしょう、何て寒いんだろう.
estar en el quinto coño 《俗》とても遠い.
estar hasta el [mismísimo] coño 《俗》これ以上我慢できない、うんざりしている.
tomar a ... por el coño de la Bernarda 《俗》をからかう、馬鹿にする.

coolí [koolí] 男 苦力(クーリー)(中国・インドからの下層肉体労働者).

‡**cooperación** [kooperaθjón] 女 協力、協同、支援. ~ económica 経済協力. Pidió la ~ de todos. 彼は皆の協力を求めた. Raúl me ha ofrecido su ~. ラウルは私に協力を申し出た. Muchas gracias por su valiosa ~. ありがたいご協力に感謝いたします. 類 **auxilio, ayuda, colaboración.**
en cooperación 協力して.

cooperador, dora [kooperaðór, ðóra] 形 協力する、協調する.
—— 男女 協力者、共同者.

cooperante [kooperánte] 男女 国際協力活動家[ボランティア].

*cooperar [kooperár] 自〔＋con と/a, en のために〕協力する、協同する. —*Cooperaron con* la policía *en* la búsqueda de los desaparecidos. 彼らは行方不明者の捜索で警察に協力した.

‡**cooperativa**¹ [kooperatíβa] 女 ❶ **協同組合** (=sociedad cooperativa). —— ~ agrícola [agraria] 農業協同組合. ~ pesquera 漁業協同組合. ~ de consumo 消費者[生活協同]組合. ~ de producción 生産者組合. ~ vinícola [de vinos] ワイン醸造協同組合. ~ de [crédito] 信用組合. construir las viviendas en régimen de ~ 協同組合方式で住宅を建設する. formar una ~ 協同組合を設立する. ❷ 生協店.

cooperativismo [kooperatiβísmo] 男 協同組合運動.

*cooperativo, va² [kooperatíβo, βa] 形 協力の、協同の、協力する. — sociedad *cooperativa* 協同組合. Tiene un espíritu muy ~. 彼は非常に協力的な精神の持ち主だ.

coordenada [koorðenáða] 女 →coordenado.

coordenado, da [koorðenáðo, ða] 形 《幾何》(線・軸が)座標となる、座標の. — eje ~ 軸. plano ~ 座標面.
—— 女 《幾何》座標. — ~ cartesiana《幾何》カーテシアン[デカルト]座標.

coordinación [koorðinaθjón] 女 ❶ 調整、整合. — Le han encargado la ~ de los actos conmemorativos. 彼は記念式典の調整を任された. ❷《文法》等位関係、等位. 反 **subordinación.** ❸ 連携すること、力を合わせること.

coordinadamente [koorðináðaménte] 副 整然と.

coordinado, da [koorðináðo, ða] 過分 ❶ 調整された、整えられた; 整理された. 類 **arreglado, organizado.** 反 **desarreglado, desorganizado.** ❷《文法》等位関係にある、同格の. ❸《幾何》座標の. 類 **coordenado.**

coordinador, dora [koorðinaðór, ðóra] 形 調整する、整える.
—— 名 調整役、コーディネーター. ~ de trasplantes 臓器移植コーディネーター. ~ del campamento (児童合宿の)キャンプ指導員. C~ General de IU 統一左翼(スペインの左翼政党)委員長.

coordinamiento [koorðinamjénto] 男 → coordinación.

coordinante [koorðinánte] 形 ❶ 調整する、連携する. ❷《文法》等位の.

*coordinar [koorðinár] 他 ❶ を一定の秩序に整える、調整する、整える. —*Coordinaron* las diferentes asignaturas del curso. 彼らはその学年のさまざまな科目の調整を計った. 類 **arreglar, organizar.** 反 **desarreglar, desorganizar.** ❷ を協調させる、調和させる、連携させる. —*Si coordináis* vuestros esfuerzos, podríais lograr el fin propuesto. 君たちが力を合わせれば当初の目的は達成されるだろう. 類 **acoplar, armonizar, concertar, conciliar.** 反 **desconcertar.**
—— 自《話》頭の調子を整える. —Mi abuelo ya no *coordina* bien. 私の祖父はもうボケてる.

‡**copa** [kópa] 女 ❶ (広口の脚付き)グラス、コップ、盃. ~ de champaña/~ flauta シャンパングラス. ~ de vino [de coñac, de jerez] ワイン[ブランデー、シェリー]グラス. 類 **vaso.** ❷ グラス1杯分(の飲み物). —tomar una ~ de champaña シャンペンを1杯飲む. convidar [invitar] a una ~ 1杯おごる. 類 **vaso.** ❸《スポーツ》優勝杯[カップ]、トロフィー; 優勝杯争奪戦. ~ mundial ワールドカップ. C~ del Rey 国王杯. ganar la ~ 優勝する. Hoy se celebra la final de la C~ Davis. 今日デビスカップの決勝が行われる. Recogió la ~ el capitán del equipo. チームのキャプテンが優勝カッ

ブを受取った. 園**trofeo**. ❹ (木の)梢(ぼう), 樹冠.
— Ese olivo tiene el tronco muy corto y la 〜 muy espesa. そのオリーブの木は幹が大変短く樹冠がこんもり茂っている. ❺《服飾》(帽子の)山, クラウン; (ブラジャーの)カップ. — sombrero de 〜 (alta) 山高帽子, シルクハット (= chistera). Este sujetador me está un poco pequeño de 〜. このブラジャーは私にはカップの部分が少し小さい. ❻《複》《スペイントランプ》コパ, 聖杯, 盃(はい)(4 種類の札の 1 つ)(→naipe). — as de 〜s 聖杯のエース. Los cuatro oros de la baraja española son oros, 〜s, espadas y bastos. スペイン式トランプの 4 枚の組札は金, 盃, 剣, 棍棒である. ❼《料理》 — 〜 de helado/〜 helado クリームサンデー. ❽ カクテルパーティー, 小宴会 (〜 de vino español). — dar una 〜 カクテルパーティーを開く. 園**cóctel**. — Cuando se cambió de casa dio una 〜 para que la conociéramos. 彼は引越しの折にお披露目のカクテルパーティーを開いた. ❾《天文》(C〜) コップ座. ❿ (椀(わん)の)小型の火鉢. ⓫ コパ(酒を計る単位:0.126 リットル). — 〜 graduada 計量カップ. ⓬ 園 馬のはみの頭部. ⓭《中南米》酒利きの(人).

andar [*estar*] *de copas*《話》飲み歩いている.

apurar la copa del dolor [*de la amargura, de la desgracia*] 辛酸をなめる.

como la copa de un pino 並外れた, 途方もない, 大変偉大な. Eso es una mentira *como la copa de un pino*. それは大うそだ. un actor *como la copa de un pino* 本当に偉大な大優.

echar por copas【中南米】考えすぎる.

ir(*se*) [*salir*] *de copas* 飲みに行く. *Nos vamos de copas*. ¿De acuerdo? 飲みに行こうか?

tener [*llevar*] *una copa de más* ほろ酔い気分になっている.

copaiba [kopáiβa] 囡《植物》コパイバ, コパイバ・バルサム (南米産のマメ科植物から得られる天然樹脂). 園**copayero**.

copal [kopál] 男《植物》❶ コーパル (天然樹脂の取れるカンラン科の植物の総称). ❷ ワニスやラッカー用の固い樹脂.

Copán [kopán] 固名 コパン (ホンジュラスのマヤ遺跡).

copante [kopánte] 男【中南米】飛び石, 踏み石. 園**pasadera**.

copar [kopár]《<仏》他 ❶ (賭博で) 胴元の持ち金と同額を賭ける. — 〜 la banca 親の持ち金と同額を賭ける. ❷《比喩》(選挙などで) 全議席[地位]を獲得する; (試合などで) 圧勝する. — Nuestros atletas *coparon* las medallas en la prueba de triple salto. 我が選手たちは三段飛びでメダルを独占した. La noticia de la catástrofe *copó* las primeras páginas de los periódicos. 大事故のニュースが新聞の第一面を独占した. ❸《軍事》退路を断ち奇襲で捕える.

copartícipe [kopartíθipe] 形 共同所有の, 共同参加の. — Él es su 〜 del negocio. 彼はそのビジネスの共同参加者である.

—— 男女 共同所有者, 共同参加者. 園**condueño**, **copropietario**.

copayero [kopajéro] 男《植物》南米産マメ科の植物の総称 (バルサムの原料となる). 園**copaiba**.

copazo [kopáθo] 男《話》一杯飲むこと.

copear [kopeár] 自 ❶ 飲み物をコップ[グラス]売りする. ❷《俗》飲み歩く. — Le gusta mucho 〜 con los amigos. 彼は友達と飲み歩くのが好きだ.

copia 525

copec, copeck [kopé(k)]《<露》男 カペイカ[コペック] (ロシアの銅貨補助通貨単位. 1 カペイカは 100 分の 1 ルーブルに相当する).

copela [kopéla] 囡 ❶ 灰吹き皿 (骨灰で作られたカップ状の多孔の器で鉛から金・銀を分ける精錬に用いる). ❷ 金・銀を精錬する器[炉]の粘土でできた炉床.

copelación [kopelaθjón] 囡 金・銀精錬のための灰吹き作業.

copelar [kopelár] 他 を (金・銀の精錬のために) 灰吹き皿で吹き分ける.

Copenhague [kopenáɣe] 固名 コペンハーゲン (デンマークの首都).

copeo [kopéo] 男《俗》飲み歩き. — Los fines de semana sale [va] de 〜 con los amigos. 彼は毎週週末には友人と飲み歩く.

Copérnico [kopérniko] 固名 コペルニクス (ニコラウス Nicolás 〜) (1473-1543, ポーランドの天文学者).

copero[1] [kopéro] 男 ❶ (特に宮廷・貴族の) 酌人. — 〜 mayor de la reina [del rey] 王[王妃]の酌を司る高官. 園**escanciador**. ❷ 杯を保管するための家具.

copero[2], **ra** [kopéro, ra] 形 ❶ 優勝カップ[トロフィー]のかかった. — partido 〜 優勝カップのかかった試合. ❷ 優勝カップ[トロフィー]を取るにふさわしい. — Ese es un equipo 〜. それは優勝カップにふさわしいチームだ.

copete [kopéte] 男 ❶ (額の上に立てた) 前髪. 園**tupé**. ❷《鳥類》羽冠. 園**moño**. ❸ 馬の前髪. ❹ 締め金の上に出ている靴の甲皮の一部. ❺ 山の頂[頂上]. 園**cima**. ❻ (特にアイスクリームやシャーベットの) コップの淵から盛り上がっている部分. 園**colmo**. ❼ 鏡や家具の表面に被せられる飾り. ❽《比喩》向こう見ず, 横柄, 生意気. 園**altanería**, **atrevimiento**, **orgullo**, **presunción**, **presuntuosidad**. ❾【中南米】よく入れたマテ茶の茶碗の最上部を飾る泡あるいは乾いた葉.

bajar a ... el copete《比喩, 話》…の鼻を折る.

de alto copete《比喩, 話》名門の, 家柄の立派な. En la recepción había muchas damas *de alto copete*. その歓迎会には名門の女性がたくさんいた.

paují de copete《鳥類》アカノドカラカラ. 園**guaco**.

copetín [kopetín] 男 ❶【中南米】カクテル. 園**cóctel**. ❷【中南米】食前酒, アペリティフ. 園**aperitivo**.

copetón[1], **tona**[1] [kopetón, tóna] 形【中南米】ほろ酔いの. 園**achispado**.

copetón[2], **tona**[2] [kopetón, tóna] 形【中南米】(鳥が) 羽冠を見せる, 冠毛を示す.

—— 囡《鳥類》ゴイサギの雄.

copetona [kopetóna] 囡 →copetón.

copetudo, **da** [kopetúðo, ða] 形 ❶ 立てた前髪をつけている; 羽冠のある. ❷《比喩, 話》名門の, 家柄自慢の. 園**encopetado**, **encumbrado**. ❸《話》横柄な, 傲慢(ごうまん)な.

‡**copia** [kópja] 囡 ❶ (文書などの) 写し, コピー, 複写, 複製(品); 複写機 (= fotocopiadora). — papel de 〜 コピー用紙. sacar [hacer] una 〜 de ... …のコピー[写し, 控え]を取る, 複写する. guardar una 〜 del contrato 契約書の写し[控

copiador

え]を取っておく. archivar la ～ コピーをファイルに綴じ込む. Entregó la solicitud por triplicado, o sea, original y dos ～s. 彼は申請書を正副3通, つまり原本と写し2通を渡した. La ～ de este escrito me llevará una hora. この文書を書き写すのに私には少なくとも1時間かかるだろう. ～ maestra de un fichero ファイルのマスターコピー. ～ al carbón/〘中南米〙～ carbónica [de calco] カーボン紙による写し, カーボンコピー. ～ en limpio 清書(した写し). facturas con ～ 二部からなる請求書. error de ～ 書き誤り, 誤記, 誤写. ～ legalizada [auténtica, autorizada, autentificada, certificada] 原本証明のある謄本. ～ simple 原本証明のない謄本. ～ de seguridad [de reserva, de respaldo]〘情報〙バックアップコピー. ～ impresa〘情報〙ハードコピー, プリントアウト. [類]**calco, duplicado, fotocopia, traslado**. [反]**original**. ❷ (映画・テープ)コピー, ダビング(したテープ). ～ estándar (映画/映写用の)ポジフィルム. ～ intermedia (複写用の)ポジフィルム, ラベンダーコピー. ❸〘写真〙プリント, 印画. —hacer una ～ de una fotografía 写真を1枚焼き増しする[プリントする]. Quiero tres ～s de cada foto. 写真をそれぞれ3枚ずつプリントしてください. ～ por contacto コンタクト・プリント, 密着印画. ～ fotostática フォトスタットによる複写写真. ❹〘美術, 建築〙模写(した絵), コピー, 模作, 複製. —una ～ de un cuadro de Goya ゴヤの絵の模写. Este no es un Velázquez original, es una ～. これはベラスケスの原画ではなく, 模作である. Necesito una ～ de la llave del almacén. 私にはこのタンスの合鍵が必要だ. Es una ～ de un edificio que hay en París. それはパリにある建物をまねて造られている. [類]**duplicado, imitación, remedo, réplica, reproducción**. [反]**original**. ❺ (文体・様式などの)模倣, 模造(品), イミテーション. —Ese escritor ha hecho ～ de otro autor. その作家は他の作家(の文体)を模倣した. Este estilo pretende ser una ～ de la arquitectura gótica. この様式はゴシック建築を模倣しようとしている. Su arte es una ～ de la realidad. 彼の芸術は写実的で実物そっくりだ. [類]**imitación, plagio, reflejo, remedo**. [反]**original**. ❻ 再現, 復元. —Este barco es una ～ de un barco vikingo. この船はバイキング船を復元したものだ. [類]**reproducción, imitación, restauración**. [反]**original**. ❼ 生き写し, そっくりな人[もの]. —Ana es una pura ～ de su madre. アナは母親と瓜二つだ. Los gestos de ese niño parecen una ～ exacta de los de su padre. その子の仕草は父親の仕草にそっくりだ. [類]**calco, retrato**. ❽ (同じ本・新聞・手紙・絵画・レコードなどの)…冊[部, 枚, 通]. —Quiero cien ～s este libro. 私はこの本を100部欲しい. Los Rolling Stones han vendido millones de ～s de sus discos. ローリングストーンズは彼らのレコードを何百万枚も売った. ❾《複》**ejemplares**. ❿《文》豊富, 多量, 大量(＝gran cantidad). —Se discutió el tema con gran ～ de argumentos. その議題をめぐって議論が百出した. gran ～ de provisiones (de combustible, de datos) 大量の食糧 [燃料, データ]. [類]**abundancia, multitud, profusión**. [反]**escasez**.

copiador, dora [kopjaðór, ðóra] 形 複写する, 写す, コピーの. —libro ～ 信書控え帳.
—— 名 複写する人, 筆耕.
—— 男 手紙のコピーを綴(〵)じ込んだ信書控え帳.
—— 女 コピー機(＝fotocopiadora).

copiadora [kopjaðóra] 女 →copiador.

copiante [kopjánte] 形 複写する, 写す, コピーの. [類]**copiador**.
—— 男女 ❶ 筆耕, 転写[写本]を職業とする人. [類]**copista**. ❷《俗》宿題や仕事を自分でせずに人のをただ写すだけの人; 人のまねをする人.

Copiapó [kopjapó] 固名 コピアポー(チリの都市).

‡**copiar** [kopjár] 他 ❶ を写す, 複製[コピー]する, 模写する. —～ a mano tres páginas 3ページを筆写する. El secretario copió la carta a máquina. 秘書は手紙の写しをタイプで作った. ～ un cuadro [una escultura] 絵[彫刻]を模写する. ～ y pegar cortar・ペーストする. ～ (a)se 書き写す, 筆記する. —Los niños copiaban lo que les dictaba el profesor. 子どもたちは先生が口述することを書き取っていた. (b) を模写する, 描く. —～ un paisaje 風景を描く. ❷ をまねる, 模倣する. —Copia su forma de vestir y de hablar. 彼の着こなしや話し方の真似をする. [類]**imitar, remedar**. ❹ を剽窃(゚゚゚)する, 盗作する. —～ una parte de la novela その小説の一部を剽窃する. [類]**plagiar**.
—— 自 (試験で)カンニングする.

copichuela [kopitʃuéla] 女 ❶《話》酒を一杯飲むこと. ❷ カクテルパーティー.

copiloto [kopilóto] 男女 《航空》副操縦士.

copión, piona [kopjón, pjóna] 形《軽蔑, 話》人をまねる, 模倣する.
—— 男女《軽蔑, 話》(他人の作品や行動を)まねる人, 模倣者.
—— 男 ❶ (絵画や彫像などの)出来の悪い模造品. ❷ (映画) カット用の最初のコピーフィルム.

copiosidad [kopjosiðá(ð)] 女 豊富, 多量. —La ～ de datos en el artículo es exagerada. その記事のデータの多さは行き過ぎている. [類]**abundancia, profusión**.

‡**copioso, sa** [kopjóso, sa] 形 豊富な, 大量の, おびただしい. —comida copiosa たっぷりした食事. lluvia [nevada] copiosa 大雨[雪]. Este año la cosecha de patatas ha sido copiosa. 今年はジャガイモが豊作だ. [類]**abundante, cuantioso, exuberante**. [反]**escaso**.

copista [kopísta] 男女 筆耕, 転写係, 謄写係, 写字生. [類]**copiador, copiante, escribiente**.

‡**copla** [kópla] 女 ❶《詩, 音楽》コプラ, 歌謡, 民謡. ♦ 一般に8音節4行の短い詩・歌で, 特にアンダルシーア起源のフラメンコ的な歌が有名. —～s populares 民謡. Cantó unas ～s acompañada de una guitarra. 彼はギターの伴奏でコプラを数曲歌った. [類]**canción, cantar, tonada**. ❷《話》話をいつもの話, しつこい繰返し, 繰り言. —No me vengas con la misma ～. 同じ話で私をうんざりさせないでくれ. repetir siempre la misma ～ いつも同じ話ばかりする. [類]**cantinela, historia**. ❸《詩学》(韻文の)連, 節. —Jorge Manrique escribió unas ～s a la muerte de su padre. ホルヘ・マンリーケは父君の死に寄せる詩を書いた(ほぼ40連からなる). [類]**estrofa**. ❹《複》詩. —～s de ciego まずい詩, へぼ詩. [類]**verso**. ❺《複》《話》馬鹿話, くだらない話[こと], ばかなこと. —Déjate

~s y dime la verdad. ばかなことは言わないで、本当のことを言いなさい. 類**cuentos, habladurías, impertinencias**. ❻《まれ》(人・動物・物の)一対, ペア. 類**pareja**.

andar en coplas 世間の評判[噂]になっている、みんなに知られている.

coplas de arte mayor 各行 12 音節 8 行詩.
coplas de arte menor 各行 8 音節 8 行詩.
coplas de Calaínos 荒唐無稽(ホレシ)な話, 見当はずれの言葉[話].
echar coplas a ... (人)の悪口を言う、中傷する.
quedarse con la copla de ... を忘れない、覚えておく.

coplear [kopleár] 自 copla (歌謡)を歌う[作る].

coplero, ra [kopléro, ra] 名 ❶ 歌謡作家. ❷ へぼ詩人.

coplista [koplísta] 男女 ❶ copla (歌謡)やロマンセなどを売る人; copla やロマンセなどを作る[歌う]人. 類**coplero**. ❷《軽蔑, 話》詩を作る人; へぼ詩人. 類**coplero**.

copo¹ [kópo] 男 ❶ 紡ぐ前の麻・羊毛・綿・アマなどの束. 類**mechón**. ❷ (*a*) 雪の一片, ひとひら. 一~*s* (de nieve) 雪片. (*b*) (形状・性質・軽さが雪に似たもの)一片, ひとひら. ❸ だま, 凝塊. 類**coágulo, grumo**. ❹『中南米』雲, 雨雲. 類**nube**.

copo² [kópo] 男 ❶《軍事》退路を断ち奇襲で襲うこと. ❷ 袋網, 袋網による漁獲.

copón [kopón] 男 ❶《カトリック》聖体を保管するための大きな杯. ❷ 大きな杯[カップ].

copra [kópra] 女 コブラ(ココヤシの胚乳を乾燥させたものでココヤシ油の原料となる).

coproducción [koproðukθjón] 女 (映画など芸術分野における)共同製作, 合作. 一*Esa película es una* ~ *hispano-mexicana*. その映画はスペイン・メキシコの合作である.

coprofagia [koprofáxja] 女 食糞, 黄糞.

copropiedad [kopropjeðáð] 女 共同所有物, 共同所有.

copropietario, ria [kopropjetárjo, rja] 形 共有の, 共同所有の.
―― 名 共同所有者, 共有者. 類**condueño, copartícipe**.

coprotagonista [koprotaɣonísta] 男女《映画, 演劇》共に主役をはる俳優.

copto, ta [kópto, ta] 形 ❶《宗教》コプト教の, コプト教徒の. ❷ コプト人の.
―― 名《宗教》コプト教徒.
―― 男 コプト語. ◆古代エジプト語から発展した言語. 現在ではコプト教の典礼にしか用いられない.

copudo, da [kopúðo, ða] 形 (樹木が)大きな樹冠を持った, 枝葉がよく茂った.

cópula¹ [kópula] 女 ❶ (特に生物学における)連結, 結合. 類**atadura, ligamiento, unión**. ❷ 性交, 交接, 交尾. 類**apareamiento, coito, cubrimiento**. ❸《文法, 論理》連結詞, 連辞, 繋辞(ケイシ)(文の主語と述部をつなぐ語でスペイン語では通常 ser, estar を指す).

cópula² [kópula] 女 (建築)丸屋根, ドーム. 類**cúpula**.

copulación [kopulaθjón] 女 性交, 交接, 交尾.

copularse [kopulárse] 再 性交する, 交接する, 交尾する. 類**fornicar**.

copulativo, va [kopulatíβo, βa] 形 ❶ 結びつける, 連結する. ❷《文法》連結的な, 繋辞(ケイジ)的な. 一 verbos ~*s* 繋辞動詞(例えば ser, estar). *La conjunción copulativa más utilizada es la* " *y* ". もっともよく利用される連結接続詞は y である.

copyright [kópirai(t)]〔<英〕男 著作権, 版権; そのマーク印 (©).

coque [kóke] 男《化学》コークス.

coquear [kokeár] 自『南米』コカの葉をかむ.

coqueluche [kokelútʃe] 女〔ガリシスモ(フランス語的表現)〕《医学》百日咳(ガキ).
類**tos ferina**.

coquero, ra [kokéro, ra] 名《話》コカイン中毒者.

coqueta [kokéta]〔<仏〕形 (女性が)コケティッシュな, 艶っぽい, なまめかしい; 浮気性の, 男たらしの.
―― 女 ❶ コケティッシュな女性, 艶っぽい女性, なまめかしい女性. ❷ 化粧台, 鏡台. 類**tocador**. ❸『中南米』小型のパンの一種, ロールパンの一種. ❹『中南米』平手打ち; 叱責(シッセキ). 類**palmetazo**.

coquetear [koketeár] 自〔+con に〕❶ (女性が)愛敬を振りまく, (…と)なれなれしくする, いちゃつく. 一*Ahora coquetea con Manolo*. 今彼女はマノーロといちゃついている. 類**flirtear**. ❷ (精神的に)近づく, 色目を使う; ちょっと手を出す. 一~ *un tiempo con el piano* ピアノを一時期ちょっとかじる. ~ *con el marxismo* マルクス主義に近づく.

coqueteo [koketéo] 男 女性が男性に対して見せる媚態(ビタイ), いちゃつき; 艶っぽさ. 類**coquetería**.

coquetería [koketería] 女 ❶ 女性が男性に対して見せる媚態(ビタイ), いちゃつき. 類**coqueteo**. ❷ 女性の艶っぽさの一面.

coqueto, ta [kokéto, ta] 形 ❶《話》魅力的な, 愛嬌(アイキョウ)のある. 類**atractivo, coquetón, gracioso**. ❷ しゃれた, 小粋(コイキ)な. 一*Tiene un jardín muy* ~. 彼はとてもしゃれた庭を持っている. ❸ (男性が)女性に対して媚(コ)を売る, 色男の, 優男の, 過度におしゃれな.
―― 男 ❶ 男性[女性]に対して媚びを売る女性[男性]. ❷ 過度におしゃれな人.

coquetón, tona [koketón, tóna] 形 ❶《話》魅力的な, 小粋(コイキ)な, 気の利いた, 快い. 一*Llevaba un traje muy* ~. 彼はとても小粋なスーツを着ていた. 類**atractivo, agradable, gracioso**. ❷ 色男の, 優男の; コケティッシュな, 艶っぽい. 類**coqueto**. ❸《軽蔑》色男, 優男, プレイボーイ. 類**galancete, tenorio**. ―― 女 艶っぽい女, 浮気女. 類**coqueta**.

coquetona [koketóna] 女 →coquetón.

Coquimbo [kokímbo] 固名 コキンボ(チリの県).

coquina [kokína] 女 ❶《貝類》食用の斧足弁鰓(フソクベンサイ)類の貝の一種(主にスペインのカディス沿岸に生息する). ❷ コキーナ. ◆フロリダ沿岸に見られる coquina の貝殻を集めて作られた石で建築材として用いられた.

coquito¹ [kokíto]〔<coco〕男 ❶ 複 小さい子供を笑わせるためのおどけた表情[仕草]. ❷ 小さい巻き毛[カール]. 類**rizo**.

coquito² [kokíto]〔<coco〕男『中南米』ブラムの大きさのヤシの実の一種.

coquito³ [kokíto] 男《鳥類》南米に生息するキジ目の鳥.

coracero [koraθéro]〔<coraza〕男 ❶ coraza

528 coracha

(胴よろい)をつけた騎兵. ❷《比喩, 話》強くて質の悪い葉巻.

coracha [korátʃa] 囡 (中南米でタバコやカカオを輸送する際に使われる)皮の袋.

‡coraje [koráxe] 男 ❶《話》(激しい)怒り, 激怒, 立腹. — Sus palabras me llenaron de 〜. 彼の言葉に私はむかっとした. 類 **ira, rabia.** 反 **tranquilidad.** ❷ 勇気, 気力. —hombre de 〜 勇気ある人. No tengo 〜 para decirle la verdad. 私には彼に本当のことを言う勇気がない. Arrostró el peligro con decisión y 〜. 彼はその危険に敢然と立ち向かった. 類 **ánimo, brío, valor.**

*dar*LE *coraje* (人)を怒らせる.

corajina [koraxína] 囡《話》かんしゃく, 激怒. 類 **rabieta**.

corajudo, da [koraxúðo, ða] 形 ❶ 怒りっぽい, 短気な. 類 **colérico.** ❷ 勇気のある, 勇敢な 類 **valeroso, valiente.**

Coral [korál] 固名 (Mar del 〜) 珊瑚海(オーストラリア大陸北東の海).

coral[1] [korál] 男 ❶ サンゴ, サンゴ塊. ❷《動物》サンゴ質を分泌するサンゴ虫. ❸《装飾用》のサンゴ玉の数珠. ❹ 七面鳥の頭と赤い肉垂れを合わせた部分. ❺《中南米》マメ科の低木の一種, その種はネックレスの玉として用いられる.

—— 囡《動物》サンゴヘビ(中南米に生息する毒ヘビの一種). 類 **coralillo.**

fino como un coral, más fino que un coral《比喩》目端が利く, 明敏な.

coral[2] [korál] [<coro] 形《音楽》合唱の, コーラスの; 合唱用の.

—— 男《音楽》コラール;主にプロテスタントの教会で歌われる四声の合唱曲あるいは器楽曲. — Escuchamos un 〜 de Bach en la iglesia. 私たちは教会でバッハのコラールを聞いた.

—— 囡 合唱団, 合唱隊.

coral[3] [korál] 形《医学》心臓の. —gota 〜《医学》癲癇(てんかん).

coralero, ra [koraléro, ra] 名 サンゴ細工師, サンゴ業者.

coralífero, ra [koralífero, ra] 形 サンゴを含む, サンゴを生じる. —isla 〜 サンゴでできた島.

coralillo [koralíʎo] 男 ❶《動物》サンゴヘビ. ◆ 南米大陸産のコブラ科の毒ヘビの総称, サンゴのように赤・黄・黒の縞がついている. ❷《中南米》《植物》マメ科の低木の一種. 類 **coral.**

coralina [koralína] 囡 ❶《植物》サンゴ藻, 石灰藻. ❷《動物》サンゴ虫. 類 **coral.** ❸ サンゴ状動物.

coralino, na [koralíno, na] 形 サンゴの, サンゴ質の; サンゴのような.

corambre [korámbre] 囡 ❶ [集合的に] 皮, 革, 皮革. ❷ (酒などを入れる)革袋. 類 **odre.**

coránico, ca [korániko, ka] 形 (イスラム教の経典である)コーランの, コーランに関係する.

coraza [koráθa] 囡 ❶ (金属や皮革でできた)胴よろい. ❷《海事》船の装甲用鋼板. 類 **blindaje.** ❸《動物》カメ目の動物の甲羅(こうら). ❹《比喩》精神的に身を守るためのもの. — Su ingenuidad le sirve de 〜. 彼女の純真さは盾として役立っている.

‡‡corazón [koraθón コラソン] 男 ❶《解剖》(人間・動物の)心臓. —〜 artificial 人工心臓. abrirle el 〜 a ... 開心術を施す. latidos [ritmo] del 〜 心臓の鼓動. trasplante [implantación] de 〜 心臓移植. clavarle a ... el puñal en el 〜 (人)の心臓に短剣を突き刺す. estar enfermo del 〜/padecer [sufrir] del 〜 心臓が悪い. sufrir un ataque de 〜 心臓発作に見舞われる. Le dio un ataque al 〜 y se quedó en el sitio. 彼は心臓発作を起こし, 急死した. Le falló el 〜. 彼の心臓は止まった. El 〜 me dio un salto al oír la noticia. 私はその知らせを聞いて心臓がどきっとした. Mi 〜 latía muy deprisa. 私の心臓はどきどきしていた. ❷ (理性・思考に対する感性としての)心, 感情, 心情. —muchacha de puro 〜 心の清らかな少女. 〜 sensible 感じ[傷つき]やすい, 優しい心. actuar con el 〜 感情的に行動する. seguir los dictámenes del 〜 心の命じるままに従う. Haz lo que te dicte el 〜. 心の命じるままにしたまえ. De joven me dejaba llevar más por el 〜 que por la cabeza. 若い時, 私は頭で考えるというより衝動的に感情に流されていた. En ocasiones es mejor acallar el cerebro y dejar hablar el 〜. 時には理性を抑え, 感じたままに話したほうがよい. 類 **alma.**

❸ 優しさ, 寛大さ; 同情, 愛情. —hombre de buen 〜 心優しい[親切な]人. ganar(se) el 〜 de ... (人)の心をつかむ, 愛情を得る. tener un 〜 abierto 心が広い. tener un 〜 magnánimo/tener gran 〜 寛大な人である. María es todo corazón. マリーアはとても思いやりのある人だ. La belleza de la chica me ha robado el 〜. その女の子の美しさに私は心を奪われた. José le entregó su 〜. ホセは彼女にすっかり惚れ込んだ. 類 **afecto, amor, benevolencia, benignidad, bondad, compasión, sentimientos.**

❹ 勇気, 元気, 気力; 熱意, 興味 (=interés). —Hay que tener 〜 para subir hasta allí arriba. あの高い所まで登るには勇気がなければならない. Es un hombre de 〜. 彼は勇気のある人物だ. Hacía falta 〜 para lanzarse al océano en aquellas cáscaras de nuez. あれらのちっぽけな船で大海へ乗り出すには勇気が必要だった. 類 **ánimo, arrojo, coraje, energía, osadía, valor.**

❺ (様々な情動を表す)心, 気分, 胸. —tener el 〜 oprimido 胸苦しさを感じる. Sus palabras me movieron el 〜. 私は彼の言葉に心を動かされた. Una gran tristeza invade su 〜. 彼の心は大きな悲しみで一杯になった. Su 〜 palpitaba al ver aquella escena. 彼はあの光景を見て胸がドキドキしていた.

❻ 本心, 胸の内, 心底; 良心. —dentro del 〜 心の中で. en el fondo del 〜 心の底で. dolor de 〜 心の痛み, 自責の念. movimiento del 〜 心の動揺. pena del 〜 胸の痛み. grabar en el 〜 胸に刻む, 銘記する. Ana abrigaba en el 〜 la esperanza de volver a verlo. アナはまた彼に会える期待を胸に抱いていた. 類 **entretelas, pecho.**

❼ 中心, 中央, 中心部; 奥. —dedo (del) 〜 中指. vivir en el 〜 [en pleno 〜] de la ciudad 市の中心部に住んでいる. adentrarse en el 〜 de la selva ジャングルの奥に入って行く. Este jugador es el 〜 del equipo. この選手はチームの心臓だ. En este despacho está el 〜 de la empresa. この事務所に会社の本部がある. 類 **centro, interior, núcleo.** 反 **exterior.**

❽〖恋人・子供などへの親愛の呼び掛け〗ねえ, お前, あなた. —¡hijo de mi ~! 私のいとし子よ!; ねえ坊や! Acércate, ~ mío. ねえ, こっちにおいでよ. ¿Por qué lloras tú, ~ mío? 君, どうして泣くの? Duérmete, ~. 坊や, 眠りなさい. Vente conmigo, ~. ねえ, 一緒に来て! 関 *cariño*.
❾〖果物・木材の〗芯. —El ~ de la manzana estaba podrido y he tenido que tirarla. 芯が腐っていたので, リンゴを捨てなければならなかった. 関 *cogollo*, *médula*.
❿ 中指 (= dedo del ~). —El ~ es el dedo más largo. 中指が一番長い指である. ⓫ ハート形 (のもの); ハートマーク. —María dibujó un ~ con una flecha con su nombre y el del chico que le gustaba. マリーアは自分の名前と好きな男の子の名前入りのハートマークを矢で射止めた形を描いた. Mi madre lleva colgado en su cuello un ~. 母はハート形のペンダントを首に掛けている. ⓬《トランプ》ハート; 複 ハートの組札 (= palo). —el as de corazones/el ~ de la As. poner el cuatro de corazones ハートの4を出す. Tengo trío de ~s. 私はハートのスリーカードを持っている. ⓭《紋章》紋章盾の中心.

abrir SU *corazón a* ... (人)に心[胸襟]を開く, 本心を打ち明ける. No pude guardar más tiempo el secreto y al final *le abrí mi corazón*. 私はもう秘密を守ることができず, とうとう彼に胸の内を明かした (= sincerarse con).

a corazón abierto〖医学〗開心方式の[で]. operación *a corazón abierto* 開心術.

anunciar el corazón → *decirLE* [*anunciarLE*] *a* ... *el corazón*, *darLE a* ... *el corazón*.

arrancarLE [*atravesarLE*, *desgarrarLE*, *destrozarLE*, *partirLE*, *traspasarLE*] *a* ... *el corazón* (人)に胸の張り裂ける思いをさせる, 悲嘆に暮れさせる, 同情を誘う. La tristeza *me arranca el corazón*. 私は悲しみで胸が張り裂ける思いだ. Contemplar esos niños famélicos de África es algo que *le parte el corazón a* cualquiera. アフリカのそれらの飢えて病気の子供たちを見るとどんな人でも胸が張り裂ける思いだ.

blando de corazón/*de corazón blando* 心の優しい, 思いやりのある.

brincarLE a ... (*dentro del pecho*) *el corazón* うれしくてたまらない. Le brincaba (*dentro del pecho*) *el corazón*. 彼はうれしくて心がはずんだ.

cerrar el corazón 心を閉ざす.

*clavárseLE*A ... *en el corazón* (人)につらい思いをさせる, (人)の胸に[に]焼きつく. Aquella mirada de odio se *me clavó en el corazón*. あの憎悪の眼差しは私の心に焼きついて離れない.

con el corazón → *de corazón*.

con el corazón en la boca びくびくして, ひどく心配して.

con el corazón en la mano [*en un puño*] (1) 心から, 正直に, 腹を割って (= con sinceridad). Yo acudí a él *con el corazón en la mano*, y se aprovechó de mi buena fe. 私は正直に彼の所に行ったが, 彼は私の善意を利用した. (2) ひどく心配して, 気がかりで, びくびくして. Estuvimos *con el corazón en un puño* hasta que ... 私たちは…するまで心配でたまらなかった[気がかりだった, 不安だった]. Tardaba tanto, que me tenía *con el corazón en un puño*. 彼があまりに遅いので, 私は心配だった.

con (*todo*) *el corazón*〖強調表現〗心から, 正直に, 本当に.

con la mano en el corazón/*con todo* SU *corazón*〖強調表現〗心の底から, 心から, 正直に. Te quiero *con todo mi corazón*. 私は君のことを心から愛している. Te lo digo *con la mano en el corazón*. 私は君に心の底から言っている. Sé que lo habéis intentado *con todo vuestro corazón* y eso me basta. 私は君たちがそれを頑張ってやってくれたことを知っているので, それだけで充分だ.

corazón del león〖天文〗レグルス(獅子座のα星, = régulo).

corazón de oro (1) ハート形の金のブローチ. Lleva colgado del cuello un *corazón de oro*. 彼女はハート形の金のブローチを首に下げている. (2) とても優しい[美しい]心. Su carácter malhumorado esconde un *corazón de oro*. 彼は気難しい性格だが, 優しさを内に秘めている.

corazón de piedra 石のように冷たい心(の持ち主), 無情. Juan tiene un *corazón de piedra*. フアンの心は石のように冷たい.

darLE a ... (人)に虫が知らせる, 予感がする. *Me daba el corazón* que estaba tramando algo. 私には彼が何か企んでいるような予感がしていた.

darLE a ... *un vuelco el corazón*《話》(1) (人)の胸がドキッとする. Al verte sangrando *me dio un vuelco el corazón*. 君が血を流しているのを見て, 私は胸がドキッとした. (2) 予感がする.

decirLE [*anunciarLE*] *a* ... *el corazón* (人)に虫が知らせる, 予感がする. *Me dice el corazón* que nos va a salir bien. 私にはうまくいきそうな予感がする. Tenía que ocurrir alguna desgracia: *me lo decía el corazón*. 何か不幸が起こりそうな, そんな予感がしていた.

de corazón (1) 心の優しい, 寛大な. Es un hombre *de corazón*, sensible y afectuoso. 彼は心の優しい, 思いやりのある人だ. (2)〖強調表現〗心から, 本当に, 正直に[な]. Se lo agradezco *de todo corazón*. 心より感謝しております. Te deseo *de corazón* que seas muy feliz. 私は君の幸せを心よりお祈りします. Le felicito *de todo corazón*. 心からお祝い申し上げます. 非常にうれしい. (3)《古》暗記して (= de memoria, de coro).

del corazón → *revista* [*prensa*] *del corazón*.

de mi corazón〖一般に女性言葉〗(1)〖親愛の呼び掛け〗私のいとしい…. ¡Hija *de mi corazón*! 私のいとしい娘よ! (2)〖時に, 非難・不快の表現〗¡Lola *de mi corazón*, cómo puedes decir semejante bobada! ローラたら, どうしてそんなばかげたこと言えるの! ¡Pero, Pepe, *de mi corazón*, ya es hora de que te enteres! しかし, ペペたら, もう分かってもいいころだよ!

desahogar el corazón (1) 心を楽にする. Las lágrimas *desahogan el corazón*. 泣くと気持ちが落ち着く. (2)〖+con〗(人)に心の内を打ち明ける. No tiene ningún amigo bueno *con quien desahogar el corazón*. 彼には心を打ち明けられる親友がいない.

desgarrárseLE a ... *el corazón* 胸が引き裂かれる思いである. Se *me desgarra el corazón* cuando lo veo tan enfermo. 私は彼がそんなに病(やまい)が篤(あつ)いのを見ると胸が引き裂かれる思いだ.

530 corazón

de todo corazón →de corazón.

duro de corazón 冷酷な, 無情な, 心が冷たい; 頑固な. Ante aquella conmovedora escena hasta los más *duros de corazón* terminaron por llorar. あの感動的なシーンを目の当たりにして最も薄情な人たちでさえついに泣いた.

encoger*LE *a ... el corazón 《話》〔強調表現〕(1) (人)をぞっとさせる. Aquella escena le *encogía el corazón*. あの光景に彼はひるんでいた. *Encoge el corazón* sólo pensar en ello. そのことを考えただけでぞっとする. (2) (苦悩で)胸を締めつける, 同情心をかきたてる. Ver a aquellas pobres criaturas *encogía el corazón*. あれらのかわいそうな赤ちゃんを見て, 胸を締めつけられる思いだった.

encogérse*LE *a ... el corazón 《話》(1) ぞっとする, おじけづく, 怖くなる. Al ver que el ladrón sacaba una pistola *se me encogió el corazón*. 私は泥棒がピストルを取り出すのを見た時, ぞっとした. (2) (悲しみ・苦悩で)胸を締めつけられる, 同情心をかきたてられる, 悲しくなる. *Se nos encogía el corazón* al ver el reportaje sobre las víctimas del terremoto. 地震の犠牲者に関するドキュメンタリー番組を見ると私たちはかわいそうに思った.

en SU ***corazón*** 心の中で. Así pensó *en su corazón*. 彼は心の中でそう思った.

estar con el corazón en un puño [*en un hilo*, ***en vilo***] 〔強調表現〕心配[不安]でたまらない, はらはらしている. *Estuve con el corazón en un puño* hasta saber que mi hijo estaba bien. 私は息子が元気だと聞かされるまでは心配でたまらなかった.

gran corazón 寛大[高貴]な心[の持ち主]. Es un hombre de *gran corazón*. 彼は気持ちの大きい[心優しい, 寛大な]人だ.

hacer de tripas corazón 《話》(不快感などを)歯を食いしばって堪える. Si no te gusta el pescado, *haz de tripas corazón* y cómetelo. 魚が嫌いなら, 歯を食いしばり我慢して食べなさい. *Hizo de tripas corazón* para no llorar delante de sus padres. 彼は両親の前では泣かないように歯を食いしばって堪えた.

hacer latir el corazón de ... (人)の心を動かす, 心をときめかせる.

helar*LE *a ... el corazón (恐怖・悪い知らせで)(人)をぞっとさせる.

helárse*LE *a ... el corazón (恐怖・悪い知らせで)ぞっとする.

latir el corazón (1) 心臓が鼓動する. Al verla, *el corazón de* José empezó a *latir* deprisa. 彼女を見るとホセの心臓はドキドキし始めた. (2) 《比喩》強い感銘を受けている, 胸がドキドキしている.

latir el corazón por ... (一般に, ユーモアで)(人)に胸をときめかす.

levantar el corazón 元気づける, 元気づく.

limpio de corazón (1) 心の美しい(人). (2) 《キリスト教》(真福八端の)心の清い人. Bienaventurados los *limpios de corazón*, porque ellos verán a Dios. 心の清い人たちは幸いである, 彼らは神を見るであろう.

llegar a las telas del corazón 痛ましい, 目に焼きつく.

llegar al corazón de ... (人)を感動させる, (人)の心に響く.

llegar*LE *a ... al corazón (人)を感動させる, (人)の胸にこたえる. Aquellas palabras *me llegaron al corazón*. それらの言葉が私の胸にこたえた.

llevar el corazón en la mano 心の内をさらけ出す, この上なく率直である, はっきり顔に出る.

mal corazón 冷たさ, 冷酷. Es un hombre *de muy mal corazón*, capaz de dejar que su madre pida limosna por las calles. 彼はとても冷酷で, 母親に路上で物乞いさせることができる人だ. ***Más vale vergüenza en cara que dolor de corazón.*** 〔諺〕心の中で苦しむより人前で恥をかくほうがまし.

meter*LE [poner*LE] *a ... el corazón en un puño*** 《話》(人)を怖がらせる, おびえさせる. Su forma de conducir *me puso el corazón en un puño*. 私は彼の運転にぞっとした. Vimos una película de terror que *nos puso el corazón en un puño*. 私たちはぞっとするホラー映画を見た.

no caber*LE *a ... el corazón en el pecho 〔強調表現〕(1) 寛大である, とても優しい[よい]人である(=tener muy buen [un gran] corazón). Te perdonará, porque es un hombre al que *no le cabe el corazón en el pecho*. 彼はとても寛大な人なので, 多分君を許すだろう. (2) (知らせ・出来事などで)うれしくて[心配で]である. Viendo que había aprobado su hijo, al padre *no le cabía el corazón en el pecho* de orgullo. 息子が合格したのを見て, 父親は喜び々である. Rosa sintió una alegría tan grande que *no le cabía el corazón en el pecho*. ローサは大喜びで気も狂わんばかりに感激していた.

no tener corazón 薄情[冷酷]である, つれない. Parece que *no tiene corazón*: jamás se le ha visto compadecerse de nadie. 彼は薄情そうだ. 人に同情するところなど一度もお目にかかったことがないから.

no tener corazón para 〔+不定詞〕...する気に ならない; ...するだけの勇気がない. *No tengo corazón para* decírselo. (気の毒で)私は彼にそれを言う気になれない.

no tener el corazón para 〔+名詞〕...に耐えられそうにない, ができそうにない. *No tengo el corazón para* sustos. 私は突然驚かされるのは苦手なの.

Ojos que no ven, corazón que no siente. →ojo.

oprimir el corazón 胸を締めつける, 苦しめる. Desde que su novio la abandonó, la tristeza y la desesperación *oprimen* su *corazón*. 彼女は恋人に捨てられてから悲しみと絶望に胸を締めつけられる.

palpitar el corazón →latir el corazón.

partir [***romper*] *corazones*** 《話》〔強調表現〕魅了する, 恋心をそそる. Juan nos gusta a todos, va siempre *rompiendo corazones*. 私たちはみんなフアンのことが好きだ, 彼はいつもファンの心をさらう.

partir*LE [romper*LE] *a ... el corazón*** 《話》(人)に胸が張り裂ける思いをさせる, 心を痛ませる, 悲嘆にくれさせる. Ver cómo lloraba la anciana *le ha partido el corazón*. その老婆が泣いている姿を見て, 彼は胸が張り裂ける思いがした. Si le dices que no le quieres, le vas a *partir el corazón*. もし君が彼を愛していないと言うならば, 彼は嘆き悲しむだろう.

partírse*LE [rompérse*LE] *a ... el corazón*** 《話》胸が張り裂ける思いがする. *Se le partía el corazón* de pena al contemplar su casa destruída por el incendio. 彼は自分の家が火事で焼け落ちるのを見た時つらくて胸が張り裂ける思いがしていた. Al escuchar sus gritos de dolor *se me rompía el corazón*. 彼の苦痛の叫び声を聞いた時, 胸が張り裂ける思いがしていた.

*robar el corazón de … / robar*LE *a … el corazón* (人)の心を奪う[引きつける].

Sagrado Corazón 《カトリック》聖心(槍で貫かれたキリストの心臓); 至聖なるイエスの聖心の祝日(精霊降臨後第2の主日後の金曜日). los *Sagrados Corazones* de Jesús y de María 聖心修道会.

*salir*LE [*brotar*LE] … *del corazón* (物事が)真心から出たものである, 真摯なものである. Lo hago porque *me salen del corazón*. 私は親切心でそうするのです.

*secárse*LE *a … el corazón* (人)の心がひからびる, 無感動になる.

ser duro de corazón → no tener corazón.

ser todo corazón 【強調表現】大変思いやりのある[大変寛大な]人である. Juan es muy bueno, *es todo corazón*. フアンはとてもいい人で, 大変思いやりがある.

sin corazón 冷酷な, 薄情な, 心が冷たい.

tener buen corazón 優しい心の持ち主[寛大な人]である.

tener el corazón encogido びくびくしている, 恐れおののいている.

tener el corazón en su sitio 気骨がある.

tener el corazón en un puño 【強調表現】心配[不安]でたまらない, びくびくしている. Se ha ido sin decirme nada y ahora *tengo el corazón en un puño*. 彼は何も言わないで行ってしまったので, 今私はとても心配でたまらない.

tener mal corazón 冷酷な[薄情な, 心の冷たい]人である. Es un poco bruto, pero no *tiene mal corazón*. 彼は少し乱暴だが, 冷酷な人ではない. No te perdonará, tiene muy *mal corazón*. 彼は君を許さないだろう, 大変心の冷たい人だ.

tener (*también*) *su corazón* 【通例, su corazoncito の形で】《話》思いやりがある.

tener un corazón de oro 【強調表現】とても優しい[とても寛大な, 心の美しい]人である. Todo el mundo lo adora porque *tiene un corazón de oro*. 彼は思いやりがあるのでみんなから好かれている.

tener un gran corazón 心優しい[寛大な]人である.

*tocar*LE *a … en el corazón* (人)の心を打つ, (人)の心の琴線に触れる, 感動させる.

todo corazón 寛大さ, 思いやり, 心優しさ(= buen corazón); 寛大な(人), 思いやりのある人. Es *todo corazón*. 彼はいい人だ.

Tripas llevan corazón que no corazón tripas. 【諺】腹がへってはいくさはできぬ.

corazonada [koraθonáða] 囡 ❶ 予感, 虫の知らせ. — Tengo la ~ de que vamos a perder. 私たちが負ける予感がする. Me dio la ~ de que me iba a pasar algo malo, así que no salí de casa. 私は何だかよくないことが起りそうな予感がしたので外出しなかった. 類**presentimiento**. ❷ 衝動, 弾み, 勢い. — Deberías ser más reflexivo y no actuar por ~s. 君はもっと思慮深くなって衝動で行動することがないようにすべきだ. 類**impulso**.

corazoncillo [koraθonθíjo] 囡 《植物》薬草として用いられる)オトギリ草科の植物の一種.

corchotaponero 531

‡**corbata** [korβáta] 囡 ❶ 《服飾》ネクタイ. — ponerse [quitarse] la ~ ネクタイをしている[外す]. llevar [anudarse] la ~ ネクタイをしている[結ぶ]. ~ de lazo [de moño] / 《ボリビア》~ de gato / 《チリ》~ de huma / 《中米》~ michi (= lazo, pajarita) 蝶ネクタイ. con ~ ネクタイ着用で. A la boda hay que ir de [con] ~. 結婚式にはネクタイをしめて行かなければならない. ❷ (槍竿や槍の柄先に付ける)飾り章, リボン; (騎士団などの)記章, 勲章. ❸ 《中南米》(コネで得られる)割のいい仕事. ❹ 《コロンビア》《話》(コネなどで)割のいい仕事についている人.

poner el corazón de corbata a … 《話》(人)を驚かす, びっくりさせる.

ponérsele los cojones [*los huevos*] *por* [*de*, *como*] *corbata* 《俗》ひどく恐がる, 肝を冷やす.

tenerlos (*los huevos*) *por* [*de*] *corbata* 《俗》ひどく恐がる, 肝を冷やす.

corbatería [korβatería] 囡 ネクタイ専門店.

corbatero, ra [korβatéro, ra] 名 ネクタイ職人, ネクタイ業者.

corbatín [korβatín] 男 《衣服》蝶ネクタイ, ボウタイ.

irse [*salirse*] *por el corbatín* 《比喩, 話》大変痩(ﾟ)せている.

corbeta [korβéta] 囡 《海事》コルベット艦(フリゲート艦に似ているがそれより小さい戦艦).

Córcega [kórθeɣa] 固名 コルシカ(島)(フランス領, 地中海の島).

corcel [korθél] 〈仏〉男 《詩》戦闘や試合に使われた体高が高く動きの軽い馬.

corchea [kortʃéa] 囡 《音楽》八分音符.

corchera [kortʃéra] 囡 → corchero.

corchero, ra [kortʃéro, ra] 形 コルク(製造)の, コルクに関する. — industria *corchera* コルク産業. —— 名 コルク樫の樹脂をはぐ作業をする労働者. —— 囡 酒瓶を冷やす氷を入れるコルク製の容器.

corcheta [kortʃéta] 囡 鉤(ﾚᓢ)ホックの受け, 木工の留め木の受け.

corchete [kortʃéte] 〈仏〉男 ❶ 鉤(ﾚᓢ)ホック, ホック; 留め金, こはぜ, クラスプ. 類**broche**. ❷ 《印刷, 出版》[ ] の記号, 角括弧. 類**llave**. ❸ 《木工》木材を押えるための鉄の歯のついた木片. ❹ 《比喩, 古》捕吏, 警吏.

corcho [kórtʃo] 男 ❶ コルク, コルクガシの樹皮. — ~ bornizo [virgen] 最初にはいだコルクガシの皮. ❷ コルク製の栓. 類**tapón**. ❸ (寒さからベッドや机を守るためなどの)コルク製の板. ❹ コルク製のワインクーラー. 類**corchera**. ❺ コルク底のサンダル. ❻ ミツバチの巣箱. 類**colmena**. ❼ コルク製のブイ, 浮き. ❽ コルク製品一般.

¡Corcho! ¡Coño! の婉曲的表現.

andar como el corcho en el agua 《比喩, 話》他人に影響されやすい, 付和雷同する.

flotar [*sobrenadar*] *como el corcho en el agua* 《比喩, 話》運命のいたずらや逆境にうまく立ち向かう.

¡córcholis! [kórtʃolis] 間 《話》ええ!, まあ!, 何だって!〔驚き・怒りを示す〕. — iC ~, qué susto me has dado! いや, まったく驚いた!

corchoso, sa [kortʃóso, sa] 形 コルクのような, コルク質の.

corchotaponero, ra [kortʃotaponéro, ra]

corcito [korθíto] [<corzo]男 〖動物〗ノロの子.

corcova [korkóβa] 女 ❶ こぶ，くる病の背中のこぶ. 類 **chepa, giba**. ❷ 〖中南米〗祭り[パーティー]が翌日まで続くこと.

corcovado, da [korkoβáðo, ða] 過分 形 ❶ (人・動物が)背骨の湾曲した；猫背の. ❷ (物が)ゆがんだ，形が悪い.
── 名 背骨の湾曲した人[動物]；猫背の人.

corcovar [korkoβár] 他 を曲げる，湾曲させる.

corcovear [korkoβeár] 自 (特に馬が)背を曲げて飛び跳ねる.

corcovo [korkóβo] 男 ❶ (馬や猫などが)背を曲げて飛び跳ねること. ─ El gato dio muchos ~s. その猫は何度も背を曲げて飛んだ. 類 **brinco, salto**. ❷ 〖比喩〗ねじれ，縒(よ)り，ひねり. 類 **curvatura, torcedura, torcimiento**.

cordada [korðáða] 〖<cuerda〗女 同じ一本のザイル[ロープ]につかまって登る登山家たちのグループ.

cordaje [korðáxe] [<cuerda]男 ❶ 糸・弦・ガットなどの集まり. ❷ 〖海事〗索具，綱具. 類 **jarcia**.

cordal¹ [korðál] [<cuerda]男 ❶ 〖音楽〗弦楽器の駒(こま)，柱(ぢ). 類 **puente**. ❷ 〖アストゥリアス〗小さい山脈.

cordal² [korðál] 形 (歯が)親知らずの. ─ muela ~ 親知らずの歯，知恵歯.

cordel [korðél] 男 ❶ 細い綱，ひも. 類 **cuerda**. ─ ~ guía レンガ積み用のひも. ❷ 製本用の麻ひも. 類 **cáñamo**. ❸ 5歩に相当する長さ. ❹ 移牧家畜用のために定められた牧草地. ❺ 〖中南米〗主にキューバで用いられた約0.5ヘクタールに相当する農地面積. ❻ 〖中南米〗20メートルを少しこえる長さ.
a cordel (建物や道が)直線で，まっすぐに. ─ El pueblo tenía calles llanas tiradas *a cordel*. その村にはまっすぐに伸びた平坦な通りがあった.
a hurta cordel (1) (独楽(こま)遊びで)独楽を急に空中に放つ技. (2) 〖比喩，話，まれ〗突然，思いもかけず；だまし打ちで，不意をついて.
apretar los cordeles a ... 〖比喩，話〗…のいやがることを無理強いする.
dar cordel 〖比喩〗痛めつける，より窮地にたたせる.

cordelería [korðelería] 女 ❶ ロープ[ひも]製造業，ロープ[ひも]販売業. ❷ ロープ[ひも]販売店. ❸ 〖海事〗索具，綱具. 類 **cordaje**.

cordelero, ra [korðeléro, ra] 形 ロープ[ひも]製造業の，ロープ[ひも]販売業の.
── 名 ❶ ロープ[ひも]製造業者，ロープ[ひも]販売業者. ❷ 〖カトリック〗フランシスコ会修道士[修道女].

cordera [korðéra] 女 ❶ 1年未満の雌の小羊. ❷ 〖比喩〗従順でおとなしい女性.

cordería [korðería] [<cuerda]女 〖集合的に〗綱，ロープ，ひも.

corderillo [korðeríʎo] 男 ❶ 小羊. ❷ 毛のついた小羊のなめし革.

cordero [korðéro] 男 ❶ 1年未満の小羊；その肉，ラム，マトン. ─ ~ lechal 2か月未満の小羊，乳の肉. ~ mueso 親の若い小羊. 類 **borrego**. ❷ 〖比喩〗従順でおとなしい人. ─ Habla en tono machista, pero en su casa es un manso ~. 彼は男性優位のような話し方をするが家では羊のようにおとなしい. ❸ (C~) イエス・キリスト.
Ahí está [Esa es] la madre del cordero. 〖比喩〗それが問題の核心[肝心なところ]である.
cordero pascual (1) 過越(すぎこし)祭の最初の夜，ユダヤ人たちが殺して食べた小羊. (2) 2か月以上の小羊.
Divino Cordero/Cordero de Dios 〖比喩〗イエス・キリスト.

:**cordial** [korðjál] 形 ❶ 心からの，心のこもった，親切な[ser/estar+]. ─ entrevista 心のこもった会見. Un ~ saludo. (手紙の末尾で)心からの御挨拶を送ります. Estuvo muy ~ con nosotros. 彼は私達に対し非常にやさしかった. 類 **afable, cariñoso, simpático**. ❷ 強壮[強心]作用のある. ─ tónico ─ 強壮剤. 類 **reconfortante, tonificante**.
dedo cordial 中指.
── 男 強壮剤；〖医学〗強心剤. 類 **tónico**.

:**cordialidad** [korðjaliðá(ð)] 名 ❶ 温かい心[友情]，丁重さ，誠意，真心. ─ En la fiesta reinó un ambiente de gran ~. そのパーティーは和気藹々(あいあい)とした雰囲気だった. Todos le agradecimos la ~ de su recibimiento. 私たちは皆あなたの温かいもてなしに感謝しています. ❷ 率直，正直. ─ La entrevista entre los dos presidentes se desarrolló con ~. 二人の大統領の会談はざっくばらんに進んだ. 類 **franqueza, sinceridad**.
con cordialidad (1) 温かく，丁重に，手厚く，ねんごろに，心を込めて 丁重に 招待客を丁重にもてなす. (2) 誠意をもって，率直に，正直に. hablar con cordialidad 誠意をもって[正直に，ざっくばらんに]話す.

cordialmente [korðjalménte] 副 ❶ 心から，真心をこめて. ❷ (手紙の結び文句)敬具. 類 **atentamente**.

cordillera [korðiʎéra] [<cuerda]女 〖地理〗山脈，山系. ─ C~ Pirenaica [de los Pirineos] ピレネー山脈. C~ Andina [de los Andes] アンデス山脈. C~ Cantábrica カンタブリカ山脈. C~ del Himalaya [de los Alpes] ヒマラヤ[アルプス]山脈.
por cordillera 〖中南米〗人を介して，人から人へと.

cordillerano, na [korðiʎeráno, na] 形 〖主に中南米〗アンデス山脈の，アンデス山脈出身の.

Córdoba [kórðoβa] 固名 コルドバ(アルゼンチンの州・州都；スペインの都市).

córdoba [kórðoβa] 男 ニカラグアの通貨単位.

cordobán [korðoβán] 男 山羊(やぎ)のなめし革，コルドバ革. ◆コルドバ産のものが有名だったことからこう呼ばれた.

cordobés, besa [korðoβés, βésa] 形 コルドバ (Córdoba) の，コルドバ人(市)の. ─ sombrero ~ コルドバ帽(つば広の黒いフェルト製の帽子).
── 名 コルドバ人，コルドバ(市，県)出身の人.

:**cordón** [korðón] 男 〖複 cordones〗❶ 〖布製の細い紐(ひも)，リボン. ─ atarse [desatarse] los cordones de los zapatos 靴のひもを結ぶ[解(ほど)く. Se cierra la cortina del salón tirando de un ~. 引きひもを引っ張ると広間のカーテンが閉まる. 類 **cuerda**. ❷ 〖電気〗コード. ─ ~ de la plancha アイロンのコード. ~ del teléfono 電話線. 類 **cuerda**. ❸ (警察・軍隊などの)非常線，警戒線，交通遮断線，哨兵線. ─ establecer un ~

sanitario 防衛線を敷く. Un ~ policial impedía acercarse al lugar de accidente. 警察の非常線が張られていて事故現場へ近づけなかった. ❹ （フランシスコ会修道士の）なわ帯. ❺ 《軍服などの肩にかける》飾り紐, 飾緒(ʰ ょ). 類 **galán**. ❻ 《解剖》索, 帯. — ~ umbilical 臍帯(ɑぃ), へその緒. ~ espermático 精索. ~ medular 髄(ずぃ)索. ❼《建築》蛇腹. ❽《地理》~ ~ litoral 沿岸帯, 浜堤. ❾《南米》(歩道の)縁石; 切り立った岩山[丘]の連なり.

cortar el cordón umbilical (1) へその緒を切る. (2) 独立する.

cordonazo [koɾðonáθo] 男 ひもで打つこと.

cordonazo de San Francisco 《気象》9月の頃に起こる嵐[暴風雨]を指す船員用語.

cordoncillo [koɾðonθíjo] 男 ❶ 細いひも, 小さいひも. ❷（織物の）うね. ❸《衣服》パイピング, ブレード. ❹ 硬貨のへりに施されるギザ. ❺ クルミなどの果実の接合部に見られるひも状のもの. ❻《植物》【中南米】マチョゴの一種.

‡**cordura** [koɾðúɾa]〔<cuerdo〕女 ❶ 分別, 良識, 賢明さ, 慎重さ. —Carece de ~ en sus actos. 彼は行動において思慮分別を欠いている. mostrar [demostrar] ~ 分別を示す. 類 **juicio, prudencia, sensatez**. 反 **insensatez**. ❷ 正気(「狂気」は locura). —recuperar [recobrar] la ~ 正気に返る, 正気を取り戻す. perder la ~ 正気を失う, 気が狂う.

con cordura 思慮分別[良識]をもって, 慎重に. *obrar [actuar] con cordura* 思慮分別[良識]ある行動をとる, 慎重に行動する.

Corea [koɾéa] 固名 ❶ 韓国[大韓民国](公式名 República de Corea, 首都ソウル Seúl). ❷ 北朝鮮[朝鮮民主主義人民共和国](公式名 República Democrática Popular de Corea, 首都ピョンヤン[平壌]Pyongyang).

corea [koɾéa] 女 ❶《医学》舞踏病. — ~ de Huntington ハンチントン舞踏病. ❷《まれ》歌と一緒に踊られるダンスの一種.

‡**coreano, na** [koɾeáno, na] 形 朝鮮(Corea)(人・語)の, 韓国(人)の, 朝鮮系の.
—— 名 朝鮮人, 韓国人. —— 男 朝鮮語.

corear [koɾeáɾ] 他 ❶（言葉や歌などを）一斉に繰り返して言う[歌う]. —Las chicas *coreaban* entusiasmadas a su ídolo. 女の子たちは夢中になってアイドルと声を合わせて歌っていた. La multitud reunida *coreaba* el himno nacional. 集まった群衆は一斉に国家を歌っていた. ❷《比喩》（機械的に）繰り返して言う, （へつらって他人の発言）をそのまま繰り返す. —Los niños *coreaban* las respuestas. 子供たちは答えを繰り返していた. ❸ を合唱する, 合唱で伴奏をする; 合唱曲を作る.

coreo [koɾéo] 男 ❶ 一斉に声をそろえて歌う[言う]こと. ❷ 音楽作品[ミュージカル]での合唱の配分, セット. ❸《詩学》古典ギリシャ語・ラテン語詩の最初は長く次は短い二音節からなる韻脚.

coreografía [koɾeoɣɾafía] 女 ❶（舞踊の）振り付け, 構成. ❷（ある表記で示される）舞踊の振り付け法, 構成法. ❸ 舞踊術.

coreográfico, ca [koɾeoɣɾáfiko, ka] 形（舞踊の）振り付けの, 構成の.

coreógrafo, fa [koɾeóɣɾafo, fa] 名（舞踊の）振り付け師.

coriáceo, a [koɾjáθeo, a] 形 ❶ 皮[革]のような. ❷《植物》花が五子からなる双子葉被子植物の.

coriambo [koɾjámbo] 男《詩学》古典ギリシャ語・ラテン語詩の2つの長音節の間に2つの短音節がある韻脚.

corifeo [koɾiféo] 男 ❶ 古典ギリシャ悲劇の合唱指揮者. ❷《比喩, 軽蔑》代弁者, スポークスマン. —Él no es más que un ~ de la dirección. 彼は本部のスポークスマンにすぎない. 類 **portavoz**.

corimbo [koɾímbo] 男《植物》散房花序.

corindón [koɾindón] 男《鉱石》コランダム. ◆宝石や研磨材として用いられる.

corintio, tia [koɾíntjo, tja] 形 ❶（ギリシャの）コリントの, コリント出身の. ❷《建築》コリント式の, コリント様式の. —capitel ~ コリント式柱頭.
—— 名 ギリシャのコリントの出身者[人].

Corinto [koɾínto] 固名 コリント（古代ギリシャの都市国家）.

corista [koɾísta] 男《宗教》修道誓願の後で司祭になるまで聖歌隊席に属する修道士.
—— 男女（オペラの）合唱歌手.
—— 女 コーラスガール.

coriza[1] [koɾíθa] 女（男）《医学》鼻風邪. 類 **romadizo**.

coriza[2] [koɾíθa] 女《アストゥリアス》昔の革製のサンダル. 類 **abarca**.

cormorán [koɾmoɾán] 男《鳥類》ウ(鵜), ウ科の海鳥の総称.

cornac, cornaca [koɾná(k), koɾnáka] 男 インドの象使い.

cornada [koɾnáða]〔<cuerno〕女 ❶（動物の）角による突き. —dar una ~ 角で突く. ❷《闘牛》闘牛の角による突き傷. —Murió a consecuencia de la ~. 彼は闘牛の突き傷がもとで死んだ. ❸《フェンシング》剣先を下から上へ上げながら行う突き.

no morir de cornada de burro《比喩, 話》《主に未来形で》どんな危険も避ける.

cornadura [koɾnaðúɾa]〔<cuerno〕女〔集合的に〕（動物の）角. 類 **cornamenta**.

cornalina [koɾnalína] 女〔<仏〕紅瑪瑙(ノøう), 紅玉髄. 類 **ágata, cornerina**.

cornalón [koɾnalón] 形（闘牛が）大きい角を持った, 角の大きい.

cornamenta [koɾnaménta] 女 ❶〔集合的に〕動物の角. 類 **astas, cornadura**. ❷《俗》妻を寝取られた男の象徴[角]. 類 **cuernos**.

cornamusa [koɾnamúsa] 女 ❶《音楽》バグパイプ. 類 **gaita**. ❷《音楽》ホルンの一種. ❸《海事》ロープを結ぶためのクリート, 綱止め. ❹《冶金》金属を昇華させるために用いられていた粘土・ガラス製の蒸留器.

córnea [kóɾnea] 女《医学》(目の)角膜.

cornear [koɾneáɾ]〔<cuerno〕他 を（動物が）角で突く, …に角で襲いかかる. 類 **acornear**.

corneja [koɾnéxa] 女 ❶《鳥類》カラスの一種. ❷《鳥類》フクロウ科のミミズクの一種.

cornejo [koɾnéxo] 男《植物》スペイン北部に生える材質の固いミズキ科の低木.

córneo, a [kóɾneo, a] 形 ❶ 角の, 角状の, 角の形をした; 角のように硬い. ❷《植物》ミズキ科の.

córner [kóɾner]〔<英〕《スポーツ》サッカーのコーナーキック. —tirar un ~ コーナーキックをする.

cornerina [koɾneɾína] 女 紅瑪瑙(ノøう), 紅玉髄. 類 **cornalina**.

corneta [kornéta] 女 ❶《音楽》コルネット. ❷軍隊ラッパ. ❸ 豚飼いの角笛. ❹ 竜騎兵などの小旗, 旒旗(りゅうき), ペナント. 類**estandarte, gonfalón**. ❺《軍事》昔の騎馬隊.
── 男 ❶ コルネット奏者. ❷ 軍隊ラッパを吹く係. ❸ 竜騎兵の中で旒旗(りゅうき)を運んでいた係.

corneta acústica らっぱ形補聴器. 類**trompetilla**.

corneta de monte 狩りに用いるラッパ.

corneta de órdenes 指令ラッパの係.

corneta de posta 駅馬車の御者が鳴らすラッパ.

cornetilla [kornetíja] 女 《植物》ピーマンの一種(= pimiento de cornetilla).

cornetín [kornetín] 男 ❶《音楽》ピストンバルブのついたコルネット(主に民謡を演奏する際に用いられる); その奏者. ❷ 歩兵隊で使われた軍隊ラッパ.

cornetín de órdenes 指令ラッパの係(= corneta de órdenes).

corneto, ta [kornéto, ta] [<cuerno] 形 ❶【中南米】O 脚の. ❷【中南米】(牛の)角を下に向いた.

cornezuelo [korneθwélo] [<cuerno] 男 ❶ 麦角(ばっかく)菌. ❷《植物》細長いオリーブの一種. ❸ 昔の獣医が用いたシカの角先でできた外科器具.

corniabierto, ta [kornjaβjérto, ta] [<cuerno + abierto] 形 (牛の)角と角の間が離れている. 反**corniapretado**.

corniapretado, da [kornjapretádo, ða] [<cuerno + apretado] 形 (牛の)角と角の間が狭い. 反**corniabierto**.

corniforme [korniffórme] 形 角の形をした, 角状の.

cornijal [kornixál] 男 ❶ 角, 隅, 端. 類**ángulo, esquina, punta, rincón**. ❷《カトリック》ミサの際に司祭の使う手拭き.

cornisa [kornísa] 女 ❶《建築》軒, 胴, 天井, 蛇腹(軒)(天井と壁との出会う部分に作られる水平の突出部). ❷《建築》古典建築のコルニス(エンタブラチュアの最上層部分). ❸ 雪ひさし, 雪庇(せっぴ). ❹ 穏やかな坂の上にある岩の多い急斜面. ❺ 断崖絶壁のへりをはしる狭く水平の帯状の土地.

cornisamento, cornisamiento [kornisaménto, kornisamjénto] 男《建築》(古典建築の)柱頭の上にのっている装飾部分.

corniveleto, ta [korniβeléto, ta] 形 (牛の)角の曲がりが少なく上を向いた.

corno¹ [kórno] 男《音楽》ホルン. ── *inglés* 《音楽》イングリッシュ・ホルン.

corno² [kórno] 男《植物》スペイン北部に生えるミズキ科の低木. 類**cornejo**.

cornucopia [kornukópja] 女 ❶ 豊饒(ほうじょう)の角. ◆角の中に花・果物・穀類などを盛った形のモチーフ; 豊饒のシンボルとして壁などに飾られる. ❷ 飾り枠. ◆彫金・めっきなどが施され, 多くは鏡をはめ込んであり, 燭台のような枝のついた形のフレーム.

cornudo, da [kornúðo, ða] 形 ❶ 角を生やした, 角のある. ❷《比喩, 話》(夫が)不貞な妻を持つ, 妻を寝取られた. ── 男《比喩, 話》寝取られ男.

tras cornudo apaleado 侮辱の上に侮辱を重ね, 辱めに次ぐ辱めを, 踏んだり蹴ったりで.

cornúpeta [kornúpeta] 男 ❶ 闘牛用の雄牛. ❷《詩》角で襲いかかろうとしている獣(の図); 角のある獣. ❸《話》妻を寝取られた男.

cornúpeto [kornúpeto] 男 ❶ 闘牛用の雄牛. ❷【中南米】猿の一種.

Coro [kóro] 固名 コロ(ベネズエラの都市).

‡**coro** [kóro] 男 ❶《音楽》合唱団[隊], コーラス; (教会・修道院の)聖歌隊. ── niño de ~ 少年聖歌隊員. formar un ~ 合唱団を構成する. 類**coral, orfeón**. ❷《音楽》合唱曲; 合唱, 斉唱; 共通祈祷(きとう). ── libro de ~ 合唱曲集. cantar a [en] ~ 合唱する. componer ~ s 合唱曲を作曲する. ~ de voces mixtas 混声合唱(団). se levantó un ~ de protestas contra las propuestas del alcalde. 市長の提案に一斉に抗議の声が上がった. ❸《宗教》(教会などの)聖歌隊席, 内陣. ❹ (同一行動をとる)一団, 一群. ── El ~ de los opositores no dejaba de protestar. 反対者の一団は抗議をやめなかった. 類**acompañamiento**. ❺《歴史, 演劇》(古代ギリシア悲劇の)合唱隊, コロス. ❻《カトリック》(9 階級ある)天使の階級. 類**orden**. ❼《詩》西北風.

a coro (1) 声[口]をそろえて, 一斉に, 同時に(= a la vez). responder *a coro* 異口同音に答える, 一斉に答える. recitar *a coro* la tabla de multiplicar 声をそろえて九九の表を暗誦する. (2)《音楽》合唱して. cantar *a coro* 合唱する.

a coros 代わる代わる, 交互に. cantar las partes *a coros* パートを交互に歌う.

de coro 暗記して, 暗誦して(= de memoria). aprender [saber] *de coro* 暗記している.

hacer coro a ... 《話》(人の意見・行動)に口をそろえて賛同する; …にへつらう.

corografía [koroɣrafía] 女 地図[地形図]作成.

coroides [koróiðes] 女《単複同形》《解剖》脈絡膜(眼球の 3 つの膜のうち強膜(きょうまく)と網膜の間にあるもの).

corola [koróla] 女《植物》花冠.

corolario [korolárjo] 男 当然の結果, 必然的帰結;《数学》系.

‡**corona** [koróna] 女 ❶ (王・貴族などの象徴の)冠(かんむり), 王冠, 宝冠. ── rey sin ~ 無冠の帝王. poner una ~ a la reina de la fiesta 祭りの女王に冠をかぶせる. ~ triunfal《古代ローマ》(凱旋軍に与えられる)勝利の栄冠. ~ imperial [real] 皇帝[王]冠. ~ ducal 公爵冠. ~ de diamantes ダイヤモンドの冠. tapón ~ (瓶の)王冠, 口金. 類**diadema**. ❷ 王位, 帝位, 王権, 王権. ── Carlos V ciñó la C~ de España en 1516. カルロス 5 世は 1516 年にスペイン王位に就いた. Heredó la ~ de su madre, Isabel II. 彼は母のイサベル II 世から王位を継承した. El rey abdicó la ~ en su hijo. 王は息子に譲位した. 類**trono**. ❸ 王国; 王家, 王室, 王制. ── Los Reyes Católicos, Isabel y Fernando, unieron con su matrimonio las C~s de Castilla y Aragón. カトリック両王, イサベルとフェルナンドは結婚してカスティーリャ王国とアラゴン王国を統一した. la C~ española スペイン王国王家, 王室, 王制. 類**monarquía, reino**. ❹ (花・枝で編んだ名誉・記念の)冠; 花輪;《比喩》冠. ── ~ de espinas (キリストがかぶらされた)茨(いばら)の冠, 荊冠(受難の象徴). ceñir la cabeza con una ~ de laurel 頭に月桂冠をかぶせる. ~ de azahar オレンジの花の冠(花嫁のかぶりもの). una ~ de flores 花輪. ~ mortuoria [funeral, funeraria, de muerto] 葬儀の花輪(棺や墓の上に供える). La

cima de la montaña estaba rodeada por una ～ de nubes. 山頂は雲の冠を戴いていた. 類**guirnalda**. ❺ (美徳・崇高な行為を讃える)栄誉, 栄冠, 褒賞. — Le darán la ～ de la maternidad. 彼女は母性愛の栄冠を与えられるだろう. ～ del heroísmo 英雄的な行為の栄誉. 類**galardón, gloria, premio**. ❻ 完成, 仕上げ, 頂点. — Esa novela fue la ～ de su labor. その小説は彼の仕事の頂点を成すものだった. 類**cima, coronamiento, culminación, cumbre**. ❼ (聖像の頭上)の輪光, 後光. 類**aureola, halo, nimbo**. ❽ (時計の)竜頭(りゅうず)(=～ de la cuerda). ❾ (解剖)歯冠; (歯にかぶせる金・銀の)冠. —poner una ～ a una muela postiza 差し歯に金冠をかぶせる. ❿ (天文)コロナ, 光冠(皆既日食の時に見える); (気象)(太陽・月の周りの)光環, かさ, 暈. —C～ Austral 《星座》南冠座. C～ Boreal [del Norte] 《星座》. 類**aureola, halo**. ⓫ (カトリック)(a)(聖職者の頭頂の)冠形剃髪(ていはつ)部分, 剃髪(ていはつ). 類**tonsura**. (b) ロザリオ; 七連ロザリオの祈り. ⓬ 《話》(解剖)脳天, 頭頂(=coronilla). ⓭ (紋章)冠, 花冠. ⓮ (機械)(a)(自転車などの)鎖歯車, クラウン(冠, 傘)歯車 (=～ dentada). (b)座金, ワッシャー(=arandela). ⓯ (馬)蹄冠(ていかん)(=～ del casco). ⓰ (数学)環形(=～ circular)(2つの同心円の間の部分). ⓱ 王冠の刻まれた貨幣; (スペインの昔のカスティラの金[銀]貨; (英国のもの)クラウン銀貨; (デンマーク・ノルウェーの)クローネ銀貨; (スウェーデン・アイスランドの)クローナ銀貨; (チェコやスロバキアなどの)コルナ硬貨. —media ～ 半クラウン. ～ danesa デンマーククローネ. ⓲ (建築)頂風帯, コロナ(軒の蛇腹の外側に突出した部分). ⓳ (城塞)冠塞(かんさい), 冠状外堡(がいほ). ⓴ (植物)(スイセンなどの)副(ふく)花(か)冠(かん).

corona cívica [*civil*] (古代ローマの)市民の栄冠(市民の命を救った兵に与えられたオークの葉の冠).

corona de rey (1) 王冠 (=corona real). (2) (植物)エビラハギ, シナガワハギ.

corona imperial (1) 皇帝の冠. (2) (植物)アミガサユリ, ヨウラクユリ.

*coronación [koronaθjón] 囡 ❶ 戴冠(式), 即位(式), 冠をかぶること. —asistir a (la ceremonia) la ～ del rey 王の戴冠式に出席する. ～ de Carlomagno カール大帝の戴冠(式). ～ de la Vírgen 聖母戴冠(多くの絵画・彫刻の伝統的テーマ). ～ de espinas (キリストの)荊冠(けいかん)をいただくこと. 類**coronamiento**. ❷ 《比喩》栄光の頂点; 完成, 仕上げ. —El Nobel de Literatura fue la ～ de una vida dedicada a las letras. ノーベル文学賞は作家人生に有終の美を飾るものだった. 類**colmo, culminación**. ❸ 頂上を極めること, 登頂. —Los alpinistas consiguieron en pocas horas la ～ de la montaña. 登山家たちが数時間でその山を登頂できた. ❹ (建築, 船舶, 船尾)の冠飾り, 船尾上部(飾り). 類**coronamiento**.

coronamiento [koronamjénto] 男 ❶ (建築)建物の最上部に付ける飾り. ❷ 《比喩》完成, 終了. ❸ (海事)舷側・船の手すりの船尾部分.

*coronar [koronár] 他 ❶ …に王冠を戴く, 戴冠(式)を行う, 王位につかせる. —Isabel II de Inglaterra fue *coronada* en 1952. 英国のエリザベス2世は1952年に王位についた. ❷ …に栄冠を与える; …の有終の美を飾る. —*Coronó* su trayectoria literaria con el Premio Cervantes. 彼はセルバンテス賞を受けて文学者としての経歴を輝かしいものにした. 成功が彼のがんばりに対する報いとなった. 類**premiar, recompensar**. ❸ …の頂上を極める; …の最上部にある. —～ el Everest エベレスト山の頂上を極める. Una escultura *corona* la torre de la iglesia. 彫刻が教会の塔の最上部にある. ❹ …の上をおおう. —Una negra nube *coronaba* la montaña. 黒い雲が山の上をおおっていた.

—se 再 ❶ 戴冠する, 王位につく. ❷ [+de]を頂く, 上につける. ❸ (胎児が産道より)頭をのぞかせる.

coronaria [koronárja] 囡 →coronario.

coronario, ria [koronárjo, rja] 形 (器官などが)冠状の, 冠のような形の. —*arteria coronaria* 冠状動脈. — 囡 時計の秒針を動かす歯車.

corondel [korondél] 男 ❶ (印刷)インテル(活字組の字[行]間をあけるため, 活版の鋳型に入れ込む物). ❷ (紙に透かして入っている)縦の線.

***coronel** [koronél] 男囡 ❶ (軍事)陸軍[空軍]大佐(→海軍大佐は capitán de navío). —teniente ～ 陸軍[空軍]中佐. ❷ (建築)冠型形(かんがたがた).

coronela [koronéla] 形 (隊・旗などが)大佐の. — 囡 《話》大佐の妻.

Coronel Oviedo [koronél oβjéðo] 固名 コロネル・オビエド(パラグアイの都市).

coronilla [koroníja] 囡 頭頂部; (修道士の)剃髪部分.

andar [*bailar, ir*] *de coronilla* (人を喜ばせるためなどで)出来る限り努力する, 精を出す, 尽力する.

dar de coronilla (床に)頭をぶつける.

estar hasta la coronilla 飽き飽きしている, うんざりしている. ¡Me tienes *hasta la coronilla*, hijo! もうお前にはうんざりだよ. Estoy hasta la coronilla de esa música. その曲はもう耳にタコが出来るほどきいた.

corosol [korosól] 男 《植物》バンレイシ(の一種); バンレイシの実.

corotos [korótos] 男 複 《中南米》がらくた; 道具, 用品.

coroza [koróθa] 囡 ❶ (罪人にかぶせる)円錐形の紙の帽子. ❷ (ガリシア地方の農民が着る)イグサやワラで作ったフードつきの雨合羽.

corpachón, corpanchón, corpaza [korpatʃón, korpantʃón, korpáθa] [<cuerpo] 男 ❶ 大きな図体, (太った)体. ❷ (胸・ももなどの肉を取った後の)鳥のガラ.

corpiño [korpíɲo] 男 胴着, ボディス(前を紐で締めるベスト形の衣類).

***corporación** [korporaθjón] 囡 ❶ 同業者団体, 同業組合, 会. ～ de médicos 医師会. ～ literaria 文芸協会. ～ de constructores 建設業者組合. ～ de catedráticos de universidad 大学教授陣. Las cámaras de comercio y los colegios profesionales son *corporaciones*. 商工会議所と職業団体は同業者団体である. 類**colegio, comunidad, cuerpo, organismo**. ❷ 法人, 公社, 公団; 会社. —C～ Andina de Fomento アンデス開発公社. 類**entidad, sociedad**.

corporación municipal 地方自治体.

***corporal** [korporál] [<cuerpo] 形 肉体の, 身

体の. —trabajo ～ 肉体労働. castigo ～ 体罰. presencia ～ 容姿, 外見. 類**corpóreo**, **físico**.
—— 男 圈 聖体布(ミサの際, 祭壇に敷く布).

corporativismo [korporatiβísmo] 男 《政治, 経済》協調組合主義(職業団体の設立を支持する立場).

corporativista [korporatiβísta] 形 協調組合主義の.
—— 男女 協調組合主義者.

corporativo, va [korporatíβo, βa] 形 法人の, 団体の. —El colegio de abogados es una asociación *corporativa*. その弁護士の学校は法人の協会になっている.

corporeidad [korporejðá(ð)] 女 肉体性, 物質的であること; 有形, 具体性.

corpóreo, a [korpóreo, a] 形 肉体的な, 物質的な; 肉体を持つ, 有形の.

corpulencia [korpulénθja] 女 体の大きいこと, 太くがっしりしていること; 大きい体. —Es un muchacho rubio y de gran ～. 金髪でがっちりした身体の男の子だ.

corpulento, ta [korpulénto, ta] 形 体の大きい, 背が高く太っている;(樹木などが)大きい, がっしりした. —Le acompañaba un ～ guardaespaldas. がっちりした身体つきのボディーガードが一緒だった.

corpus [kórpus] 男〖単複同形〗❶ 集成, 大全; 資料体, コーパス. ❷ (C～)《キリスト教》聖体の祝日. ◆復活祭から数えて60日目の木曜日.

corpuscular [korpuskulár] 形 小体の, 微粒子の, 分子の. —teoría ～ 粒子説.

corpúsculo [korpúskulo] 男 小体; 微粒子, 分子. ❶《物理》(普通の顕微鏡ではとらえられない)微分子. —～ renal《医学》腎小体.

:**corral** [kořál] 男 ❶(農家に隣接な家畜・家禽を飼う)囲い場, 裏庭, 飼育場;(魚の)養殖場. —aves de ～ 家禽(ﾊﾟﾙ). ～ de madera 材木置場, 材木屋. ❷〖歴史, 演劇〗(16-17世紀の劇場用の)中庭, 中庭の劇場(＝～ de comedias). ❸《話》汚い所(部屋や家など). —Su cuarto parecía un ～, y olía como tal. 彼の部屋はまるで豚小屋みたいで, ひどい悪臭がした. ❹〖corralito の形で多用される〗(幼い子を遊ばせておく)ベビーサークル(＝～ de niño). 類**parque**. ❺(川などで魚を獲る)堰(ｾｷ), 堰(ｲﾘ).

Antes el corral que las cabras. 〖諺〗捕らぬ狸の皮算用.

estar como gallina en corral ajeno.《話》借りてきた猫のようにおとなしくしている.

corral de abasto〖南米〗畜殺場.

corral de vacas《話》(乱雑で)ひどく汚い場所[部屋], あばら家.

corral de vecindad (旧式の)共同住宅, アパート(＝casa de vecinos).

hacer corrales《話》(学校を)サボる, ずる休みする.

corraliza [kořalíθa] 女 ＝corral.

corralón [kořalón] 〖＜corral〗男 ❶(広い)囲い地, 庭, 裏庭, 中庭. ❷〖中南米〗空地. ❸〖中南米〗倉庫, 貯蔵所; 貯木場, 材木置場.

*:**correa** [kořéa] 女 ❶ ベルト, バンド, 革帯, 革紐(ﾋﾓ); 犬の引き紐. —～ de reloj 腕時計のバンド. ～ del pantalón ズボンのベルト. Se aflojó la ～ después de comer. 彼は食後にベルトを緩めた. 類**cinto**, **cinturón**. ❷《機械》ベルト. —～ de transmisión 伝動ベルト, 調ベルト(ﾁｮｳ). —～ conductora [transportadora] ベルトコンベア. —～ del ventilador de un *coche* 車のファンベルト. ❸《比喩》しなやかさ, 柔軟性; 隠忍. —Esta cera tiene ～. この蝋(ﾛｳ)には弾力がある. ❹ 磨(ﾐｶﾞ)くための皮, 皮砥(ﾄｷﾞ). ❺ (かみそりの)皮砥(ﾄｷﾞ). ❻〖建築〗母屋桁(ﾓﾔｹﾞﾀ). —reforzar las ～s del tejado 屋根の母屋桁を補強する.

tener correa《話》(1)(冗談・嘲笑などに)我慢がいい. (2)(重労働に耐え得る)体力がある, タフである. Muchos adultos dicen que los jóvenes no *tienen correa*. 若い者は体力がないと多くの大人が言っている.

correaje [kořeáxe] 男 (器具・装備などの)革製品一式, ベルト・革紐類;(特に兵隊の)革装具.

correazo [kořeáθo] 男 (革紐・革ベルトなどで)打つこと. —Tenía en la cara la marca de un ～. 顔にもちが打たれたような跡があった.

:**corrección** [kořekθjón] 女 ❶ 訂正, 修正. —Hizo muchas correcciones en su tesis. 彼は論文を何箇所も修正した. ～ de color《情報》色補正. 類**enmienda**, **rectificación**. ❷ 添削, 採点, 加筆;〖印刷〗校正(箇所)(＝～ tipográfica [de pruebas]). —signos de ～ 校正記号. manuscrito lleno de *correcciones* 訂正だらけの原稿. ～-modelo 模範解答. hace la ～ de los exámenes 試験を添削[採点]する. 類**enmienda**, **rectificación**. 反**ratificación**. ❸ 礼儀, 〔言葉遣いの〕正確さ. —La ～ de su lenguaje denota una gran cultura. 彼の正確な言葉遣いは大変な教養の表れだ. 類**perfección**. 反**error**, **incorrección**. ❹ 矯正. —～ casa de ～ 感化院, 少年院. ～ de la dentadura 歯の矯正. ❺ 礼儀正しさ, 端正さ. —hombre de una gran ～ 大変礼儀正しい人. 類**cortesía**, **educación**. 反**descortesía**. ❻ 叱責, 懲戒, 譴責(ｹﾝｾｷ). —(ｼｮﾌﾞﾝ)(部下に対する)譴責. recibir una severa ～ 厳しい譴責処分を受ける. 類**reprensión**. 反**premio**.

con corrección (1) 正確に, 正しく, 完璧に. Habla alemán *con toda corrección*. 彼はドイツ語を大変正確に話す. (2) 礼儀正しく, きちんと. comportarse [actuar, portarse] *con gran corrección*. 大変礼儀正しく振舞う.

correccional [kořekθjonál] 形 訂正の・修正正の(ための); 矯正・懲戒の(ための). —— 男 感化院, 少年院, 教護院(非行少年の更生施設).

:**correctamente** [kořektaménte] 副 ❶ 正しく, 正確に; 適切に. —No le han enseñado ～. 彼はきちんとした教育を受けなかった. ❷ (服装などが)きちんと, 折目正しく. —Se me acercó un señor ～ vestido. 一人のきちんとした身なりの紳士が私に近づいていた.

correctivo, va [kořektíβo, βa] 形 訂正・修正の(ための); 懲戒・懲罰の(ための). —medidas *correctivas* 矯正策, 懲戒措置. —— 男 ❶ 懲戒処分, 罰. —El niño necesita un ～ para que estudie un poco más. その子どもら少し勉強するよう, お仕置きしてやる必要がある. 類**castigo**. ❷ 治療薬.

*:**correcto, ta** [kořékto, ta コレクト, タ]〖＜corregir〗形 ❶ 正しい, 正確な; 端正な. —～ lenguaje ＝ 正しい言葉づかい. La primera respuesta no era *correc-*

ta. 最初の答は正しくなかった. facciones *correctas* 端正な顔立ち. [類]**decente, exacto, justo.** [反]**equivocado, incorrecto.**

❷ 礼儀正しい, 規範にあった, 非の打ち所のない(時には皮肉で). ―comportamiento ～ 礼儀にかなったふるまい. Estuvo ～ conmigo, pero más bien frío. 彼は私に対して礼儀正しくはあったが, どちらかと言うと冷やかだった. [類]**atento, cortés, educado.**

❸ 〖間投詞的, 男性形で無変化〗よろしい, その通り, けっこう(賛成・同意を表す).

corrector, tora [kořektór, tóra] [形] 訂正・修正する, 矯正する, 正す. ―Lleva un aparato ～ en los dientes. 歯に矯正具をつけている. lentes *correctoras* de miopía 近視用の矯正レンズ. ―― [名] ❶ (印刷物の)校正係, 校正者. ❷ (聖フランシスコ・デ・パウラ会の)修道院長. ❸ [男] (a) 矯正具, 矯正のための道具[器具]. Esta plantilla es un ～ para los pies planos. この中敷は扁平足を直すためのものである. (b) 〖情報〗チェック装置. ―～ gramatical 構文チェッカ. ～ ortográfico スペル・チェッカ.

corredera [koředéra] [女] ❶ (機械・窓枠などの)溝, レール, ころ. ―puerta de ～ 引き戸. ❷ (挽き臼などの)回転石, 回転部分. ❸ (蒸気機関などの)すべり弁, スライド部分. ❹ (競技場・馬場などの)走路, トラック; 通り, 道. ❺ 〖海事〗(船の速度を測る)測定器. ❻ ゴキブリ, 油虫.

corredizo, za [koředíθo, θa] [形] ほどけやすい, 滑りやすい, スライド式の. ―nudo ～ 引結び(一方を引くとすぐほどけるようにした結び方). puerta *corrediza* 引戸. techo ～ サンルーフ(自動車などの開閉できる屋根).

‡**corredor**[1] [koředór] [男] ❶ 〖建築〗廊下, 通路. ―～ aéreo 〖航空〗国際空中回廊(国際協定による特定空路). ～ de la muerte 死刑囚棟. al fondo del ～ 廊下の突き当たりに. Todas las puertas de la casa dan a un largo ～. 家のドアというドアはすべて長い廊下に面している. [類]**pasillo.** ❷ 〖建築〗回廊. [類]**claustro, galería.** ❸ 〖地理〗回廊地帯. ❹ 〖軍事〗斥候(きそ), 偵察隊. ❺ (サンフェルミンの)牛追い人.

corredor humanitario 〖政治〗(戦争地域で人道支援用などのために休戦する)人道回廊.

corredor[2], **dora** [koředór, ðóra] [名] ❶ (スポーツ)走者, ランナー, (競輪・カーレースなどの)選手. ―～ automovilista カーレーサー. ～ ciclista 自転車競走選手, 競輪選手. ～ de fondo [de cortas distancias] 長距離[短距離]走者. ～ de vallas [de maratón] ハードル[マラソン]選手. ～ de bola 〖アメリカンフットボール〗ランニングバック. **~ atleta.** ❷ (商業)仲買人, ブローカー; (一般に)周旋屋, 不動産業者. ―～ de bolsa 株式仲買人. ～ de cambios 手形ブローカー. ～ de comercio ブローカー, 仲買人. ～ de fincas [de propiedades] 不動産仲介業者, 不動産周旋業者. ～ de bodas 結婚仲介(業)者. ～ de seguros 保険仲介人. Compró la finca por mediación de un ～. 彼は不動産屋の介入で地所を買った. [類]**agente, comisionista, intermediario.** ――～ de apuestas 賭博の胴元.

―― [形] ❶ よく走る, 足の速い. ―niño muy ～ 大変足の速い子供. ❷ 〖鳥類〗走鳥[走禽]類の. ―ave *corredora* 走鳥類 (avestruz「ダチョウ」, ñandú「レア」など).

corredora[2] [koředóra] [女] [複] 〖鳥類〗走鳥[走禽(シンン)]類.

corredura [koředúra] [女] ❶ (測定の際に計量器からあふれ出る)液体の容量. ❷ 〖古〗=correduría.

correduría [koředuría] [女] ❶ 仲買, 仲介業, 周旋業. ❷ 仲介手数料.

corregible [kořexíβle] [形] 直しうる, 矯正できる, 正せる.

corregidor [kořexiðór] [男] ❶ (昔のスペインで)司法官, 判事; 司法権を持つ行政長官, 知事. ❷ (昔の)市長職; 市(町・村)長.

corregimiento [kořeximiénto] [男] ❶ (昔の)司法官・市(町・村)長の職務. ❷ 司法官・市長の支配領域, 支配下の領土. ❸ 司法官・市長の職場, 役所.

‡**corregir** [kořexír コレヒル] [6.2] [他] ❶ (a)を直す, 訂正する, 改める. ―～ las faltas ortográficas つづりの誤りをいくつか直す. ～ una redacción 作文を添削する. (b) (身体的欠陥・欠点など)を矯正する. ―～ el astigmatismo [una desviación de la columna vertebral] 乱視[脊柱の湾曲異常]を矯正する. ～ la agresividad [el vicio de fumar durante la comida] 攻撃的な性格[食事中に喫煙する悪習]を改める. (c) (答案)を採点する, …に評点をつける. ―～ un examen 試験の採点をする. (d) を校正する. ―～ la primera prueba 初校ゲラの校正をする. ❷ を教えさとす, たしなめる, …に訓戒を与える.

――**se** [再] ❶ 〖+de (自分の欠点などを)〗改める, 過ちを直す. ―Tengo que ～*me de* mi impaciencia. 私は自分の短気を直さねばならない. ❷ (欠点などが)直る.

corregüela, correhuela [kořeɣuéla, kořewéla] [女] ❶ 〖植物〗つり鐘形の花をつけるつる性の植物. ❷ タデ科の植物.

correlación [kořelaθión] [女] 相互関係, 相関関係, 比例関係.

correlacionar [kořelaθionár] [他] を相互に関係づける, 相関関係を持たせる. ――**se** [再] 相互に関連する, 相補的である.

correlativo, va [kořelatíβo, βa] [形] ❶ 相関的な, 相互に関連のある. ❷ 〖文法〗(接続詞などが)相関的な (tan ... como, cuánto más ... tanto más など); (文が)相関的接続詞で結ばれた. ❸ 〖数学〗(数字が)連続の, 隣り合った. ―El 3 y el 4 son números ～*s*. 3と4は続き数字である. ❹ (図形が)相似の, 相関の.

correligionario, ria [kořelixionário, ria] [形] 同教の, 同宗派の; 同政党の, 同派閥の, 同じ意見を支持する. ―Hoy nos reunimos varios ～*s* de sindicato. 今日は組合のうちの同意見の数人が集まることになっている. ―― [名] 同教信者; 同政党支持者.

correntada [kořentáða] [女] 〖中南米〗急流, 早瀬.

correntío [kořentío] [形] ❶ (液体が)流れる, 流動性の(=corriente). ❷ 〖比喩〗のびのびした, 自由奔放な, 屈託ない. [類]**desembarazado, ligero, suelto.**

correntón, tona [kořentón, tóna] [形] ❶ 遊び好きの, よく遊び歩く. ❷ 冗談好きの, からかう, ふざける. [類]**chancero, desenvuelto, festivo.**

correntoso, sa [kořentóso, sa] 形 【中南米】(河川が)急流の,流れの速い.

correo [kořéo コレオ] 男 ❶ 郵便. oficina [casa] de ~s 郵便局. sello [buzón] de ~s 郵便切手[ポスト]. empleado de ~s 郵便局員. servicio de ~s 郵便業務. Por ~ certificado y urgente, por favor. 書留速達でお願いします. por ~ aéreo [marítimo] 航空[船]便で. ~ terrestre 陸便. ~ de superficie (航空便に対し)陸・船便. ~ separado 別便. apartado de ~s 私書箱. 類 **comunicaciones**.
❷《主に複》郵便局(=oficina [casa] de ~s). —Voy a ~s [al ~]. 私は郵便局に行きます. pasar por ~s 郵便局へ行く. Central de C~s 中央郵便局, 本局. estafeta de ~s 郵便支局. administrador de ~s 郵便局長. 類 **estafeta**.
❸《集合的に》郵便物, メール. —¿Ha venido [Han traído] ya el ~ de hoy? 今日の郵便物はもう来ましたか? distribuir el ~ 郵便を配達する. ~ nacional [internacional] 国内[外国]郵便(物). ~ electrónico 電子郵便(物). ~ anónimo 匿名のメール. ~ basura 迷惑メール, ジャンクメール. ~ electrónico en cadena チェーン・メール. 類 **cartas, correspondencia**.
❹ 郵便ポスト(=buzón de ~s). —echar una carta al ~ 手紙を投函する(=echar una carta al [en el] buzón).
❺ 郵便配達人; 公文書送達使(=~ de gabinete); (伝言などを持った)使者, 特使. 類 **cartero, emisario, mensajero**.
❻ 郵便列車(=tren ~). —Le gusta viajar en el ~, que para en todas las estaciones. 彼は各駅停車の郵便列車で旅するのが好きだ.
a vuelta de correo 折返し便で; 直ちに. Te contestaré *a vuelta de correo*. 折返しご返事します.
lista de Correos 局留め(郵便). escribir una carta *a lista de Correos* 手紙を局留めにする.
― 形 郵便の. —avión [tren, coche] ~ 郵便輸送機[列車, 車].

correón [kořeón] 〔< correa〕男 昔の馬車でサスペンション(懸架装置)に使われた幅広の革紐.

correosidad [kořeosiðá(ð)] 女 (革のようにし)なやかなこと, しなやかさ, 弾力, 伸縮性; (パンが)やわらかすぎること, 生焼け・ふにゃふにゃであること; (肉が)弾力があること, かみごたえのあること.

correoso, sa [kořeóso, sa] 形 ❶ 引き伸ばせる, 柔軟な. ❷ (肉などが)固くて噛みにくい.

correr [kořér コレル] 自 ❶ (a)走る, 急ぐ. —Corrió para coger [tomar] el tren. 彼は列車に乗るために走った. Se le traba la lengua porque corre mucho al hablar. 彼はとても急いで話すので, 舌がもつれる. (b)競争する. —Vamos a ~ hasta la escuela a ver cuál de nosotros llega el primero. 我々のうちいずれが1等に着くか学校まで競争しよう.
❷ (a) (水などが)出る, 流れる, (風が)吹く. —Deja ~ el agua de la ducha unos segundos. シャワーから水を数秒間出しっぱなしにしな. Corría una agradable brisa. 快いそよ風が吹いていた. El agua corre por esa tubería. 水はその配管を流れる. (b) (時などが)過ぎ去る. —~ el tiempo [el año, el mes, las horas, los días] 時[年, 月, 間, 日]は過ぎ去る.
❸ 広がる, 伸びる, 走る. —La cordillera [El camino] corre de este a oeste. 山脈[道]は東西に伸びている. ❹〔+a+不定詞〕急いで…する. —En cuanto que la niña tenía fiebre, corría a llevarla al médico. 彼女は女児が熱を出すとすぐ急いで医者に連れて行った. Corrió a abrir la puerta. 彼は急いでドアを開けた. ❺ 伝わる, 広がる, 広まる. —~ un rumor [una noticia] 噂[ニュース]が伝わる. ❻ 支払われる. —Aunque dimitas el 15, el salario correrá hasta el final de mes. 君が15日に辞めても給料は月末まで支払われるだろう. ❼〔+con を〕引き受ける, (…の)費用を負担する. —~ con la cuenta 勘定をもつ. Yo corro con el encargo. 私がその役目を引き受けるよ. 類 **encargarse**. ❽ (価格が)…になる. —El kilo de ternera corre a ocho euros. 子牛肉1キロは8ユーロになる. ❾ (助けを求めて)駆けつける. —Cuando necesita dinero corre a su madre a pedírselo. お金が必要になると, 彼はすがみに母親のところに駆けつける. ❿ 滑る, 滑らかに動く. —No corren bien los cajones de mi escritorio. 私の仕事机の引き出しは滑りがよくない. ⓫ (貨幣が)通用する.

― 他 ❶ (距離・道などを)走る, 行く. ❷ を追いかける, 攻め立てる. —Niños, no corráis al gato. 子どもたち, 猫を追いかけるな. ❸ (牛で)闘牛をする. —~ seis novillos 6頭の若牛の闘牛をする. 類 **lidiar**. ❹ (鍵, かんぬき, 錠前などを)かける. —~ el pestillo [la llave] 掛け金[鍵]をかける. ❺ (カーテンを)引く[開ける時にも, 閉める時にも用いる]. —~ la cortina カーテンを引く. Corrieron el telón y empezó la función. 幕が引かれ, 公演が始まった. ❻ (危険)を冒す. —~ peligros [aventuras] 危険を冒す[冒険する]. ❼ を歩き回る, 見て回る. —~ toda España スペイン全土を歩き回る. 類 **recorrer**. ❽ を移す, 移動する. —~ la mesa テーブルを移動する. ❾ (雨・インキなどが)…にしみ込む, にじむ. —El agua ha corrido los colores. 水で色がにじんだ. ❿《話》…に恥をかかせる, を当惑させる, 赤面させる. —Me corrió el no poder contestar a las preguntas del profesor. 私は先生の質問に答えられず恥ずかしく思った. 類 **avergonzar, confundir**. ⓫ (馬などが)を走らせる. —~ un caballo 馬を走らせる. ⓬《コンピュータ》をスクロールする. ⓭ を寄せる. —Corre un poco esa silla a la derecha. 少しその椅子を右に寄せておくれ.
a todo correr 全速力で, 大急ぎで. Salió de casa *a todo correr* para llegar a tiempo a la oficina. 彼は会社に間に合うよう大急ぎで家を出た.
correr por cuenta de ... → cuenta.
correrla (特に夜)遊び回る, 飲み歩く.
dejar correr (las cosas) そのまま放置する, なりゆきにまかせる.
[aquí] el que no corre vuela だれもが必死になっている.

― *se* 再 ❶ 身体を動かす, 移る, 移動する. —¿Quiere ~*se* un poco? 少し詰めてくださいますか. ❷ (雨・インキなどが)しみ込む, にじむ. —La tinta [pintura] se ha corrido. インク[ペンキ]がにじんだ. ❸〔+de のため〕恥じ入る, 赤面する. —~*se de* vergüenza 恥ずかしさから赤面する. ❹ (靴下が)伝染する. —A María *se le han corrido* las medias. マリアのストッキングが伝染した. ❺《話》

恥じ入る, 当惑する. ❻《俗》オルガスムスに達する, いく. ❼《話》度を過ごす, やり過ぎる. —Se ha corrido en la propina. 彼はチップをやり過ぎた.
類 excederse.

correría [kořeřía] 囡 ❶《軍事》(敵地への)侵入, 侵略, 襲撃, (略奪目的での)急襲, 敵陣荒らし. ❷〖主に 複〗小旅行, 短い旅; 遠足; 巡り歩くこと, 歴訪. —El abuelo añoraba sus ~s nocturnas por la ciudad. おじいさんは夜ごと街を歩いてまわったのを懐かしんでいる.

:**correspondencia** [kořespondénθia] 囡 ❶〖+con〗文通, 通信, 連絡;《商業》取引関係. — tener [mantener] ~ con ... (人)と文通している; 取引がある. curso de [por] ~ 通信講座. educación [venta] por ~ 通信教育[販売]. estudiar por ~ 通信教育で勉強する. amigo por ~ ペンフレンド. ❷〖集合的に〗郵便物, 手紙, 通信. —~ comercial [de negocios] 商業通信(文). ~ particular 私信. ~ recibida [despachada] 受取り[発送]郵便. abrir [enviar] la ~ 郵便物を開封する[発送する]. despachar la ~ 手紙を処理する(読んだり書いたり). llevar [encargarse de] la ~ (会社などで)文書の担当である. ¿Hay ~ para mí? 私宛の郵便物はありますか? 類 correo. ❸(a)〖+con〗一致, 対応, 照応; 対応するもの, 訳語. —~ de tiempo《文法》時制の一致. Esta plabra japonesa no tiene ~ en español. この日本語の(単語)はスペイン語に対応するものがない. Sus ideas están en ~ con sus actos. 彼の考えは行動と一致している. 類 consonancia, relación. 反 contradicción. (b)〖言語〗類義性, 同義性(=sinonimia). ❹〖+con〗(交通機関の)乗換え, 接続. 類 combinación, conexión. ❺〖+con〗(2地点間の)交通(の便). —Vivimos en un pueblo que tiene muy buena ~ con la capital. 私たちは首都へ行くのに大変交通の便がよい町に住んでいる. ❻ お礼. —Hoy te invitaré yo, en ~ a [con] tu invitación de ayer. 昨日おごってくれたお礼に, 今日はぼくがおごるよ. ❼《数学》対応. —~ biunívoca 一対一の対応関係. ~ unívoca 一意対応.

correspondencia de sensaciones《生理, 心理》共感覚.

en justa correspondencia 仕返しに, 返礼に, お礼に.

:**corresponder** [kořespondér] 自〖+a に〗❶ 応える, 応じる, 報いる. —No sé cómo ~ a su amabilidad. 私はどう彼の親切に報いたらよいかわからない. Él la quiere pero ella no le corresponde. 彼は愛しているが彼女の方はこたえていない. Ha recibido el castigo que *corresponde a* su fechoría. 彼は自分の悪事に対応する罰を受けた. ❷ 当たる, 相当する. —La descripción que me hizo no *corresponde a* ella. 彼が私に示してくれた彼女の描写は当たっていない. ❸ 属する; (…の)担当である. —En la herencia nos *corresponde* una casa a cada uno. 遺産相続では私たちにそれぞれに家が1軒自分のものになる. A los padres *corresponde* la educación de los hijos. 子どもたちの教育は親の務めだ. Este diccionario *corresponde a* la biblioteca. この辞書は図書館のものだ. Hoy te *corresponde a ti* guisar. 今日は君が料理当番だ. 類 tocar.

—se 再 ❶〖+con と〗対応する, 関係が深い, …にふさわしい. —Su fama de guapa no *se co-* *rresponde con* la realidad. 彼女が美人だという評判は現実に合わない. ❷ 応じ合う, 応じ合う; 愛し合う. —Los esposos *se corresponden* en su amor. 夫婦は愛し合っている. 類 quererse. ❸ 文通し合う. ❹ (部屋などが)連絡し合う, つながっている.

:**correspondiente** [kořespondjénte] 形 ❶〖+a〗…に対応する, 該当する, 符合する. —No disponemos de las estadísticas ~s a ese año. 私たちはその年に該当する統計を持っていない. No hay llave ~ a este armario. このロッカーに合う鍵がない. 類 adecuado, apropiado, oportuno. ❷ それ相応の, ふさわしい. —Me llevé el ~ susto. 私はそれ相応にびくっとした. 類 proporcionado. ❸ (会員について)通信[文通]による. — académico ~ 学士院通信会員.
— 男女 (学士院などの)通信会員.

:**corresponsal** [kořesponsál] 男女 ❶ (新聞社・テレビ局などの)通信員, 特派員, 支局員. —~ de guerra 従軍記者. enviar a un reportero como ~ a París 記者をパリに特派員として派遣する. 類 enviado. ❷《商業》(商社などの)海外駐在員, 代理人. —~ residente en París パリ駐在員. ~ en el extranjero 海外駐在員[特派員]. Me han nombrado ~ de la empresa en Londres. 私は会社のロンドン駐在員に選ばれた. ❸ (特に商人の間で)通信[文通]の相手, ペンフレンド.
— 男 代理店(=agencia).
— 形 通信(関係)の. —banco ~《商業》コルレス銀行.

corresponsalía [kořesponsalía] 囡 ❶ 新聞記者・通信員など (corresponsal)の職務, ポスト. —El periódico me ha ofrecido la ~ de Tokio. その新聞は私に, 東京特派員のポストを提供してくれた. ❷ 通信部, 支局.

corretaje [kořetáxe] 男《商業》❶ 仲介手数料, 斡旋料. ❷ 仲介, 仲買, 周旋; 仲介業.

corretear [kořeteár] 自 ❶ (子供などが)走り回る, 駆けずり回る. —Los niños *correteaban* por el jardín. 子供たちが庭をかけ回っていた. ❷ 当てもなく歩き回る, ぶらつく, うろうろする. 類 callejear.
—《中南米》他 ❶ を執拗に追い回す, しつこく追いまくる; 追い払う; 急がせる, 急き立てる. ❷ (売却などを)代行する, 代理をする.

correteo [kořetéo] 男 走り回ること; うろつくこと.

corretón, tona [kořetón, tóna] 图 ぶらぶらしている人, 遊び暮らしている人.

correvedile, correveidile [kořeβeðíle, kořeβeiðíle] 男女 ❶ うわさ話をする人, ゴシップ好き; お節介やき; 陰口を言う人. ❷《俗》ポン引き, 女衒(=alcahuete).

:**corrida** [koříða] 囡 ❶ (闘牛)闘牛(=~ de toros, los toros). —ir [asistir] a la ~ de toros 闘牛を見に行く. presenciar una ~ 闘牛を見物する. En la primera ~ de la feria el público llenó la plaza. 祭りの日の最初の闘牛は観客を闘牛場を一杯にした. 類 lidia (de toros), toreo. ❷ (少し)走ること, ひと走り. —Di al una ~, pero no pude alcanzarle. 私はひと走りしたが, 彼には追いつけなかった. 類 carrera. ❸〖主に 複〗《音楽》コリーダス(=playeras)(スペイン Andalucía 地方の民謡). ❹《俗》精液. ❺《メキシコ》—calle de

540 corrido

una ～ 一方通行の通り.
dar(se) una corrida ひと走りする.
de corrida 暗記して; すらすらと, 流暢(ﾘｭｳﾁｮｳ)に. decir la lección *de corrida* その課をすらすらと諳(ｿﾗ)んじる. leer *de corrida* すらすら読む. Se sabe la lección *de corrida*. 彼はその課を丸暗記している.
en una corrida すぐに, 瞬く間に, たちまち. Voy *en una corrida* hasta la panadería. ちょっとパン屋まで行って来ます. *En una corrida* te preparo una taza de café. 今すぐコーヒーを入れるからね.

corrido [koříðo] 男 ❶《方》(アンダルシーア地方やメキシコなどの)民謡, 物語歌; (特にファンダンゴの曲でギター伴奏をつけた)物語詩, バラード (corrido de la costa). ❷ 腕《満期になり受け取ることのできる)利子, 類 **caidos**. ❸ 差し掛け小屋, 下屋(家の脇にひさしを張り出して作った小屋, 物置などとする). 類 **cobertizo**. ❹《中南米》(警察などからの)逃亡者, 脱走者.
de corrido 流暢に, すらすらと; 暗記して; 即座に. Me recitó *de corrido* la lección. 彼は私に向かってその課をすらすらと暗誦してみせた (= de corrida). saber *de corrido* 精通している.

corrido, da [koříðo, ða] 過分 形 ❶ 移動させた, どかした; (幕などを)引いた; (距離・行程などを)走った, 踏破した; 当惑した, 赤面した. El estante está ～. 棚の位置がずれている. Las cortinas están *corridas*. カーテンが閉まっている. Después de la reprimenda se quedó muy ～. 叱られてひどく恥ずかしそうな顔をした. 類 **avergonzado**, **confundido**. ❷ (時間が)経過した. — cinco horas *corridas* 5 時間ぶっ通しで. hasta muy *corrida* la noche 夜更けまで. ❸ (重量が)少しオーバーした, 多めの. — un kilo ～ 1 キロちょっと, たっぷり 1 キロ. ❹ (建物の部分に関して)続きの, 通しの. — balcón ～ (2 部屋以上にまたがる)続きバルコニー, 通しのベランダ. ❺ 世間ずれした, 世慣れた, 場数を踏んだ; 抜け目ない. — una mujer *corrida* 海千山千の女. Sólo tiene treinta años pero se las da de hombre ～. 彼はまだ 30 才なのに酸いも甘いもかみ分けた男のようなふりをしている. ❻ 筆記体の, 草書の; 走り書きの.

corriente [koříénte コリエンテ] [< correr] 形 ❶ 普通の, ありふれた; 流行している. — moda ～ 流行のファッション. Vive en una casa ～. 彼はよくあるような家に住んでいる. Que esté sin trabajo es una cosa ～. 彼に仕事がないというのは世間によくあることだ. Eso no es lo ～. それは普通ではない. Es ～ que en esta época del año llueva. 一年のこの時期に雨が降るのはよくあることだ. 類 **acostumbrado**, **normal**, **usual**.
❷ 現在の, 目下の; 最新の. — el día 2 del mes ～ 今月 2 日. Lo he leído en el número ～ de la revista. 私は雑誌の最新号でそれを読んだ. 類 **actual**, **presente**.
❸ 流れる(水・空気など). — agua ～ 流水. 類 **fluente**. ❹ 流通している, 現行の. — moneda ～ 通貨. 類 **válido**, **vigente**. ❺ 並の, 平凡な. — Es un hombre ～. 彼はどこにでもいるような男だ. 類 **común**, **ordinario**. ❻ (文体などが)流れるよう な, 流麗な, 軽妙な. — estilo ～ 流麗な文体.
andar [estar] corriente《話》下痢をしている.
corriente y moliente ありふれた, ごく普通の, 平凡な. Nos dieron una comida *corriente y moliente*. 私達にはありきたりの食事が供された.
estar corriente (1)［+ para]（…の)用意が整っている. Todo *está corriente para* la partida. 出発の用意はすべて整っている. (2) →ir corriente (1).
ir [llevar/tener] corriente (1)（支払いに)遅滞がない. *Va corriente* en los pagos. 彼は支払いを期限通りにしている. (2) 用意が整っている. *Tiene corriente* su documentación. 彼は書類の用意ができている.

——女 ❶ (a) (水・空気などの)流れ. — ～ marina 海流, 潮流. ～ de aire 気流; 風通し; すきま風. ～ sanguínea [eléctrica] 血流[電流]. ～ del Golfo メキシコ湾流. La barca fue arrastrada por la ～ del río. ボートは川の流れに流された. (b) 気流; 風通し. — ～ en chorro ジェット気流. Allí había mucha ～ y me resfrié. あそこはとても風通しがいいので私はかぜをひいた. (c) 電流. — ～ alterna [continua/trifásica] 交流[直流, 三相交流]. Les cortaron la ～ por falta de pago. 彼らは料金を払わないので電気を止められた. ❷ 時流, 風潮, 動向. — ～ de la moda ファッションの動向. las últimas ～s de opinión 最近の世論の動向. No le interesa la ～ de la moda. 彼女はファッションの流行には関心がない. Entonces las ～s innovadoras llegaban del otro lado de los Pirineos. そのとき刷新の風潮がピレネー山脈のかなたから入って来ていた.

***dejarse llevar de [por] la corriente** 大勢に従う, 付和雷同する. No quieres luchar; prefieres *dejarte llevar de la corriente*. 君は戦おうとしない. 時流に従っておきたいのだ.
irse con [tras] la corriente → dejarse llevar de la corriente.
llevar [seguir] la corriente a ... (人)に調子を合わせる, 迎合する.
navegar [ir] contra la corriente (1) 流れをさかのぼる. (2) 大勢に逆らう, 時流に抗する. Te evitarías problemas si no te empeñaras en *ir contra la corriente*. 君ががんばって大勢に逆らおうとしないのなら問題から逃げることになるだろう.
seguir la corriente 時流に乗る, 大勢に従う.
Tomar la corriente desde la fuente. 物事は根源をさぐれ(←流れは源から探すこと).

——男 (通信文などで)今月. — el 23 del ～ 今月 23 日.
al corriente 時期に遅れずに, 期限通りに. Lleva *al corriente* su negociado. 彼は取引を期限通りに行っている.
estar al corriente (1)［+ de]を知っている, 知っている. No *estaba al corriente de* lo que ocurría. 私は起きていることを知らなかった. (2)［+ de/en]…に遅滞がない. *Está al corriente en* el pago. 彼は支払いを期限通りに行っている.
ponerse [mantenerse/tener] al corriente de ... (事)に通じている, …の(最近の事情)を知っている. Lo primero que haré será *ponerme al corriente de* lo sucedido. 私がまず最初にするべきことは事件の実情を知ることだろう.
poner [tener] al corriente de ... a ... (事)を (人)に知らせる. Cuando nos veamos, *te pondré al corriente de* la situación. 今度会ったら君に状況を知らせよう.

***corrientemente** [koříéntemẽnte] 副 ❶ 普

通, 通常. 類**comúnmente, generalmente**. ❷ 普通に, 正常に. —Se comportaba ~ como los demás. 彼は他の人々と同様普通にふるまっていた. ❸ 平易に, 気取らずに. —Hablaba ~, sin afectación. 彼は気取らずに普通に話したものだ. 類**llanamente, sencillamente**.

Corrientes [koříéntes] 固名 コリエンテス(アルゼンチンの都市).

corrig- [koříx-] 動 corregir の直・現在/完了過去, 接・過去, 命令・2 単, 現在分詞.

corrij- [koříx-] 動 corregir の直・現在・1 単, 接・現在.

corrillo [koříjo] [<corro] 男 ❶ (話をしている)人の輪, 人垣. —En la plaza la gente charlaba animadamente en ~s. 広場では人々が輪になってにぎやかに話していた. ❷ (他人とは別の, ある特別な)グループ, 同人; (排他的な)一派, 仲間.

corrimiento [kořimjénto] 男 ❶ すべること, 流れ出ること. —Dos casas quedaron sepultadas por un ~ de tierras. 土砂崩れで家が 2 軒埋まった. ❷《医学》(目やに・膿などが)たまること, 分泌, 流出; [中南米] リウマチ. ❸《比喩》赤面, 赤恥. 類**rubor, vergüenza**. ❹《農業》ブドウが開花期に冷害や風雨に遭い, 実を結ばなくなる現象.

corro [kóřo] 男 ❶ (ゲームや話し合いをしている)人の輪, 人垣. —hacer ~ 輪になる, 人垣を作る. Las niñas bailan en ~. 少女たちが輪になって踊っている. Un ~ de admiradoras rodeó al actor. 女性ファンの輪がその俳優をとり囲んだ. ❷ 円形の場所・空間, 輪, 円い部分. —Un joven pintaba en la plaza y la gente hacía ~. 広場で一人の若者が絵を描いており, その回りに人だかりができていた. ❸ (平面上の)一部分, 小さく区域; (耕地の)一部, 小区画. ❹ 輪になって円いながら歌う子供の遊戯. ❺《比喩》(株式取引所の)円形場, 立会所; 株, 公債, 貯蓄.

hacer corro aparte 別行動をとる; (ある集団を捨て)別のグループを作る; 人づき合いを避ける.

corroboración [kořoβoraθjón] 女 ❶ (弱っているものを)力づけること, 力を与えること. ❷ (陳述・説などを)確証すること, 補強すること. —Esos nuevos datos constituyen una ~ de mi tesis. その新しいデータは私の論文の裏付けとなるものだ.

corroborante [kořoβoránte] 形 力づけるような; 確証するような, 補強的な. —— 男 強壮剤.

*****corroborar** [kořoβorár] 他 ❶ を確証する, 実証する, 強力にする. ❷ —Posteriores investigaciones *corroboraron* su teoría. 後の研究が彼の理論を実証した.

——**se** 再 裏付けられる.

corroborativo, va [kořoβoratíβo, βa] 形 力づけるような, 確証するような, 補強的な.

corroer [kořoér] [10.1] 他 [ただし直・現 corroyo; 接・現 corroya(-)の活用もある] ❶ (酸や水分が鉄などが)を浸食する, (病が木など)をむしばむ, (虫が布などを)食う. —La carcoma *corroe* la madera. キクイムシが木を食う. ❷《地質》浸食作用により谷などを形成する. —El cáncer había *corroído* su cuerpo. 彼の身体は癌(⃝がん)に侵されてしまっていた. ❸《比喩》(嫉妬・心配などが)精神や健康を)むしばむ, 損なう. —El remordimiento le *corroe* el alma. 彼は良心の呵責にさいなまれている. Los celos le *corroen*. 彼は嫉妬にかられている. 類**carcomer, consumir**.

——**se** 再 浸食する, むしばまれる. —La puerta de hierro *se corroe* con la lluvia. 鉄扉が雨で腐食している. *Se corroía* de envidia. 彼はねたましい気持ちにさいなまれていた.

*****corromper** [kořompér] 他 ❶ を腐らせる, 腐敗させる. —Las altas temperaturas *corrompen* los alimentos. 高温で食品が腐ってしまう. 類**pudrir**. ❷ を堕落[退廃]させる. —Ha sido arrestado por ~ a una menor de edad. 彼は未成年子女をかどわかして逮捕された. La droga *corrompe* la moral. 麻薬は道徳を退廃させる. 類**pervertir, seducir**. ❸ を悪くする, 乱す. — ~ las costumbres [el habla] 習慣[話し方]をだめにする. 類**estragar, viciar**. ❹ … に贈賄(⃝ぞうわい)する, 賄賂(⃝わいろ)を贈る. — ~ a un político 政治家に贈賄する.

—— 自《話》腐し; 悪習を放つ.

——**se** 再 ❶ 腐る, 腐敗する. —Ese funcionario *se corrompió*. その役人は腐敗した. ❷ 悪くなる, 堕落する. ~~*se* una lengua ある言語が乱れる.

corrompido, da [kořompíðo, ða] 形 ❶ 腐った, 腐敗した. ❷《比喩》堕落した, 腐敗した; 変質的な.

corrosión [kořosjón] 女 浸食, 腐食; 錆び. —Habrá que aplicar a la verja una capa de pintura protectora para evitar la ~. 窓格子にペンキを塗って錆止めをしないといけないだろう.

corrosivo, va [kořosíβo, βa] 形 ❶ 腐食させる, 浸食性の. 類**cáustico**. ❷《比喩》辛辣な, 痛烈な; 皮肉な. 類**acre, hiriente, mordaz**.

corroy- [kořoj-] 動 corroer の直・現在/完了過去, 接・現在/過去, 現在分詞.

*****corrupción** [kořupθjón] [<corromper] 女 ❶ 汚職, 贈収賄, 買収. —caso de ~ 汚職事件. acabar con la ~ 汚職を根絶する. Acusaron de ~ a dos policías. 2 人の警官が汚職で告訴された. 類**cohecho, soborno**. ❷ (食物などの)腐敗, 腐乱, (空気・水などの)汚染; 悪臭. — ~ del agua 水の汚染. La ~ de los alimentos es muy rápida en verano. 夏は食品の傷みがとても早い. 類**putrefacción**. 反**pureza**. ❸《比喩》堕落, 退廃, 紊乱(⃝びんらん). —vida de ~ 堕落した生活. — ~ de las costumbres 風俗の壊乱[紊乱]. atajar la ~ política 政治腐敗を食い止める. 類**degeneración, depravación**. 反**virtud**. ❹ (言葉・言語の)転訛, なまり; 乱れ, 崩れ. ❺ (原文の)改悪, 変造, 改竄(⃝かいざん).

corrupción de menores《法律》(特に売春などの)未成年者に対する性犯罪, 未成年者を堕落させる犯罪.

corruptela [kořuptéla] 女 腐敗, 堕落; 違法行為; (特に政治などの)腐敗, 汚職; 不品行, 悪徳.

corruptibilidad [kořuptiβiliðáð] 女 買収されやすいこと, 買収されやすいこと; 腐りやすさ, 日持ちしないこと.

corruptible [kořuptíβle] 形 ❶ (人が)買収されやすい, 賄賂のきく, 堕落しやすい; ❷ (物が)腐りやすい, 生ものの.

corruptivo, va [kořuptíβo, βa] 形 腐敗[堕落, 頽廃]させるような, 汚すような.

corrupto, ta [kořúpto, ta] 形 腐敗した, 堕落した, 頽廃した. —Un juez ~ filtró la información. ある腐敗した裁判官が情報を横流ししていた. Es un hombre de *corruptas* costumbres. 彼は

542 corruptor

堕落した習慣をもつ男だ.
— 男 腐敗[堕落, 頽廃]した人. —A ese político lo acusan de ser un ~. その警官は腐敗を理由に訴えられている.

corrupt*or*, *tora* [korúptor, tóra] 形 腐敗[堕落, 頽廃]させるような, 汚すような. —ideas [costumbres] *corruptoras* 頽廃的な考え[習慣].
— 男 腐敗, 堕落した. 頽廃[堕落]させるもの, 汚すもの. —~ de menores 若い世代にとって道を誤る誘惑となるもの.

corrusco [korúsko] 男 (堅くなった)パンのかけら. 類**mendrugo**.

corsario, ria [korsárjo, rja] 形 私掠(½)の, 商船拿捕(½)の. —nave *corsaria* 海賊船. capitán ~ 海賊船の船長.
— 男 私掠船, 海賊船; 私掠船の船長.

corsé [korsé] 男 コルセット. —~ ortopédico 整形用コルセット.

corsetería [korsetería] 女 コルセットを製造する工場; コルセットを売る店.

corseter*o*, *ra* [korsetéro, ra] 名 コルセットを作る[売る]人.

corso [kórso] 男 私掠, 敵船捕獲(政府の認可を得た船が商船や敵国の船を追跡すること). —en ~ 敵船捕獲のため. 追撃して. 峡谷. armar en ~ 敵船捕獲のため船を用意する. ir [salir] a ~ 敵船捕獲に出る. venir de ~ 敵船捕獲してくる.
patente de corso (政府による商船拿捕(½)の認可, 許可証. 《比喩》(好きなことしてよいという)特権.

cors*o*, *sa* [kórso, sa] 形 コルシカ島 (Córcega) の, コルシカ出身の. — 名 コルシカ人, コルシカ島の人.

corta [kórta] 女 ❶ (木や植物を)切ること, 伐採, 刈込み, 剪定. 類**tala**.

cortaalambres [kortaalámbres] 男【単複同形】ワイヤーカッター(切断具).

cortabolsas [kortabólsas] 男女【単複同形】すり, かっぱらい, 財布泥棒.

cortacésped [kortaθéspeð] 男 芝刈り機. —~ eléctrico [gasolina] 電動[ガソリン駆動]芝刈り機.

cortacircuitos [kortaθirkuítos] 男【単複同形】《電気》回路遮断機, ブレーカー.

cortacorriente [kortakorjénte] 男 スイッチ (=interruptor).

cortada [kortáða] 女 ❶ (パンなどの)1切れ, 1枚, スライス. 類**rebanada**. ❷ 《中南米》一撃, 一鞭; 切り傷; 切れ目; (深く細長い)溝, 壕.

cortadillo, lla [kortaðíjo, ja] 形 (硬貨が)円形でない, カットした形の. — 男 ❶ (小型の)グラス, コップ, (特に)細長い円筒形のグラス. ❷ 角砂糖 (=azúcar de ~, azúcar ~).

*cortad*o, *da* [kortáðo, ða] 過分 形 ❶ [estar+] 困惑した, 当惑した. —No conocía a nadie y *estaba* muy ~. 私は誰も知らなかったのでどぎまぎしていた. Su inesperada visita la dejó *cortada*. 彼女は思いがけない彼の訪問に当惑してしまった. 類**aturdido, turbado**. ❷ [ser+] ものおじした, 恥ずかしがりの, 内気な. —Habla poco porque *es* muy ~, no porque esté enfadado. 彼が無口なのはとても内気だからで, 怒っているからではない. 類**cohibido, tímido, vergonzoso**. ❸ [estar+] 遮られた, 中断された; 止められた. —La carretera *está cortada* por obras. その道路は工事で遮断されている. La luz de mi casa *está cortada* porque hace un mes porque no he pagado la cuenta. 私の家の電気は1か月前から止められている. というのも電気料金を払ってないからだ. ❹ 途切れた, 断続した, 間欠久性の. —Para aguantar el frío empezaron a cantar, pero el canto les salía ~. 彼らは寒さに耐えるために歌をうたい始めたが, その歌は途切れ途切れだった. 類**entrecortado**. ❺ 《スペイン》(コーヒーに)ミルクが少し入った. —Un café ~, por favor. コルタード(=ミルクが少し入ったコーヒー)をお願いします. ❻ (牛乳等が)分離した. —La leche *está cortada*. この牛乳は腐っている. ❼ 《中南米》寒気がする, 悪寒がする. ❽ 《中南米》一文無しの. ❾ (文体が)短文の多い. ❿ 《紋章》上下二分の. ⓫ 《貨幣》コインのへりに装飾や刻銘のない.

quedarse cortado 当惑する, 困惑する, 動揺する. *Se quedó cortado* cuando vio que su novia estaba con un chico muy guapo. 彼は恋人がとてもハンサムな男性といるのを見て動揺した.
— 男 ❶ 《スペイン》ミルクが少量入ったコーヒー. —Un ~, por favor. コルタードをお願いします. ❷ 《舞踊》激しく飛び跳ねること.

cortado a pico (岩や岩肌が)切り立った, 急勾配の.

cortad*or*, *dora* [kortaðór, ðóra] 形 切る, 裁つ; 切るための.
— 名 ❶ (仕立屋・靴屋などで)生地を裁つ人, 裁断工. ❷ 肉屋. ❸ (国王の食卓で)肉などを切り分ける係の人. ❹ 裁断機. —~ de cristal ガラス切り. ❺ 前歯.

cortadora [kortaðóra] 女 切る(刈る)ための機械, 切断機. —~ de césped 芝刈り機 (=cortacésped).

cortadura [kortaðúra] 女 ❶ 切れ目, 裂け目, 亀裂; 切り口; 切り傷. —Se ha hecho una ~ en el dedo con el cuchillo. 彼はナイフで指を切ってしまった. ❷ 地割れ, 峡谷. ❸ 切断, 切ること. ❹ 《軍事》胸壁の一種(胸壁の高さに土やれんがを積み, 敵を防ぐもの. 場合により壕も掘る). ❺ (鉱山の)主要な坑道に合流する所で拡張した部分, 坑道の広い部分. ❻ 複《新聞などの》切り抜き. 類**recortes**.

cortafiambres [kortafjámbres] 男【単複同形】ハム切り器.

cortafrío [kortafrío] 男 (金属を切るための)たがね(鉄などを熱さず固いまま切ったり穴を開けたりするもの. のみに似た形で, 柄の上から金槌でたたいて打ち込む).

cortafuego [kortafué̞ɣo] 男 ❶ 《農業》防火帯(野火・山火事などの拡大を防ぐため, 畑や森に作る道・溝). ❷ 《建築》防火壁. ❸ 複《通信》ファイアーウォール.

cortalápices [kortalápiθes] 男【単複同形】鉛筆削り. 類**sacapuntas**.

cortante [kortánte] 形 ❶ 切る, 切るための, 切断の; よく切れる, 鋭い. —instrumento ~ 刃物, 切るための道具. ❷ 《比喩》(風・寒さなどが)刺すような, 身を切るような. ❸ 《比喩》言葉遣いの荒い, ぶっきらぼうな, そっけない. — 男 ❶ 肉切り包丁. ❷ 肉屋(=cortador).

cortapapeles [kortapapéles] 男【単複同形】❶ ペーパーナイフ. 類**abrecartas, plegadera**. ❷ 断裁機, 裁断器.

cortapelos [kortapélos] 男 [単複同形] バリカン.

cortapicos [kortapíkos] 男 [単複同形] 《虫類》ハサミムシ.

cortapisa [kortapísa] 女 ❶ 制約, 制限; 拘束, 束縛; 障害, 邪魔, 妨げ. —poner ～s 制限を加える, 条件を付ける. sin ～ 条件の何もつかない, 紐つきでない; 自由に, 勝手に. Encontré muchas ～s para llevar a cabo mi investigación. 私は調査をするにあたって多くの障害につきあたった. ❷ (衣服につける) 布飾り, ひだ. ❸ (言葉遣いの) 優雅さ, 魅力, 機知.

cortaplumas [kortaplúmas] 男 [単複同形] (折りたたみ式の) 小型ナイフ, ポケットナイフ (昔, 鵞ペンを削るのに用いた).

cortapuros [kortapúros] 男 [単複同形] シガーカッター (葉巻の口を切る device).

cortar [kortár コルタル] 他 ❶ (a) を切る, 切り取る, 切り抜く. —Mi mujer me corta el pelo. 私の妻は私の髪を刈ってくれる. ～ una rama (木の) 枝を切り取る. ～ un árbol 木を切る. Le cortaron la mano para frenar el avance de la gangrena. 壊疽の進行を抑えるために手を切断された. (b) 《コンピュータ》カットする. ～ y pegar カット・アンド・ペーストする. (c) (水など) を切って進む. —Un barco corta el agua. 船は水を切って進む. Una flecha corta el aire. 矢が風を切って飛んでゆく. ❷ を二分する, 分ける. —Esa sierra corta una provincia de otra. その山脈が1つの県を別の県から分けている. El río corta el país de norte a sur. その川が国を南北に分けている. ❸ を遮(さえぎ)る, 遮(しゃ)断する; (流れなど) を止める. —～ el paso de coches por el puerto 峠による車の通過を遮る. No me cortes cuando yo estoy hablando. 私が話しているときに遮らないでくれ. ❹ を削除する, カットする. —～ una película フィルムをカットする. ❺ を裁(た)つ, 裁断する. —～ una americana 背広の上衣を裁つ. ❻ (牛乳など) を分離させる, だめにする. —Has cortado la mayonesa. 君はマヨネーズを分離させてしまった. ❼ (酒など) を割る, 薄める. —～ el café con la leche コーヒーに少しミルクを入れる. ❽ (肌) を刺す. ❾ 《スポーツ》(ボール) をカットする. ❿ (トランプ) (カード) をカットする (カードの束を2つに分けて, 下の方を上に乗せる). ⓫ 発音する; 朗読する. —No cortó bien al recitar el poema. 彼は詩を朗読する際, 発音がうまくなかった. ⓬ (金属) に彫り物をする. —Cortó una silueta sobre la placa del cobre. 彼は銅板の上に影絵の彫り物をした. [類] **grabar.

— 自 ❶ (よく) 切れる. —Este cortaplumas corta bien. この小刀はよく切れる. ❷ 冷たい, 身を切るようだ. —El agua está tan fría que corta. 水は大変冷たく, 切るようだ. Hacía un frío que cortaba. 身を切られるような寒さだった. ❸ [+por] を通って近道をする. —～ por un atajo 近道する. ❹ (トランプ) カードをカットする. —¿Cortas tú o yo? 君がカットするかい, それともぼくがやろうか.

cortar por lo sano 毅(き)然とした態度をとる, 思い切った処置を取る.

—**se** 再 ❶ 切り傷をつくる. —Al pelar una manzana, me corté en el pulgar. 私はりんごの皮をむいていて親指を切った. ❷ (自分の髪・爪など

を) 切る; 切ってもらう. —～se el pelo [las uñas] 散髪する [爪を切る]. ❸ 切れる, 途絶える. —～se la comunicación 連絡が途絶える. Se ha cortado la luz. 明かりが消えた. ❹ 分離する, だめになる. —Se ha cortado la leche con el calor. 暑さで牛乳が分離してしまった. ❺ どぎまぎする, 物が言えなくなる. —Al ver aparecer a su padre, se quedó cortado. 父親が出てきたのを見て, 彼は言葉に詰まった. ❻ (人に) …でひび割れする, あかぎれができる. —Durante la subida se me cortó la cara. 登っている間に私は顔にあかぎれができた. ❼ (線などが) 交差する.

cortasetos [kortasétos] 男 [単複同形] 生け垣剪定機. —～ eléctrico 電動生け垣剪定機.

cortauñas [kortaúnas] 男 [単複同形] 爪切り.

cortavidrios [kortaβíðrjos] 男 [単複同形] ガラス切り.

Cortázar [kortáθar] 固名 コルタサル (フリオ Julio ～)(1914-84, アルゼンチンの小説家).

corte[1] [kórte] 女 ❶ 王宮, 王室, 王族; 宮廷, 宮中. ❷ 首都, 王室一家の住む場所. ❸ (王家の) 従者, 廷臣, 随行員; (祝賀の際に謁見に集まる) 人々;《比喩》取り巻き, 親衛隊. [類] **séquito**. ❹ (スペインの) 国会, 議会; [C～s] (昔のスペインの) 議会. ❺ [中南米] 裁判所, 法廷. —～ suprema 最高裁 (＝tribunal supremo). ❻ 家畜小屋, 囲い場.

corte celestial 天国の, 天使と聖人たち; 日と月と星, 天体群, 天にある物.

Cortes Constituyentes 憲法制定議会, 改憲議会.

corte, o cortijo 《話》宮廷か農村か (大都会の暮らしか田舎暮らしかの利点を言う表現).

hacer la corte 御機嫌とりをする, お世辞を言う; 女を口説く. [類] **cortejar**.

:**corte**[2] [kórte] 男 ❶ 切ること, 切断; 切り口, 断面 (図). —～ longitudinal [transversal] 縦 [横] 断面図. obra de ～ clásico 古典的スタイルの作品. ❷ 裁断, カッティング. —～ y confección 服の仕立て. tener buen ～ 仕立てが良い. ❸ 伐採; 刈取り. ❹ (ナイフなどの) 刃; 切り傷. —Ayer me hice un ～ en un dedo. 昨日指を切った. ❺ 切片, 一切れ; (一着[足]分の) 布地, 革. ❻ 散髪; 髪形. —～ de cabello [pelo] 一散髪. ❼ 中断, 遮断. —～ de luz [electricidad] 停電. ～ de agua 断水. ～s de vías ferroviarias 鉄道の不通. ❽ (本の) 小口. ❾ 予選. ❿ 《スポーツ》カット打ち; カット打法, スライス打法. ⓫ (検閲などによる) カット; 削除, 省略. ⓬ タイプ, スタイル, 傾向. ⓭ [スペイン] 恥ずかしさ; 驚き, 失望, 思いがけない拒絶の返事. —Me da ～ decir mi peso 体重を言うのが恥ずかしい. ⓮ [スペイン] (ウエハースで挟んだ) 角形のアイスクリーム (＝～ de helado).

*cortedad [korteðá(ð)] 女 ❶ 短いこと, 短さ; 簡潔さ. —～ de vista 近視; 先見の明のなさ (＝miopía). ～ de miras 視野の狭さ. Debido a la ～ del viaje, sólo podré enseñarle Kyoto. 短期間の旅行ですから京都しか御案内出来ないと思いますが. [類] **brevedad, pequeñez**. ❷ (才能・勇気・教養などの) 不足, 欠乏. —～ de ánimo 勇気のなさ, 臆病. ～ de genio 内気, 才覚のなさ. ～ de alcances 愚鈍, 愚かさ. [類] **escasez, falta**. [反]

abundancia. ❸ 気後れ, 恥ずかしがり, 臆病. 類**timidez, vergüenza.** 反**arrojo, valor.**

cortejar [kortexár] 他 ❶ (女性)を口説く, 言い寄る, 求愛する. ❷ 御機嫌をとる, 追従する, おべっかを使う. ── 自 恋人がいる; 恋人同士である. 類**festejar.**

*****cortejo** [kortéxo] 男 ❶ (女性)に言い寄ること, 口説くこと. ─Lleva varios meses de ~, pero ella no se decide. 彼は数か月口説いているが, 彼女の決心はまだつかない. 類**festejo, halago, noviazgo.** ❷ 【集合的に】(葬儀・宗教上などの)行列, 参列者一同. ❸ 【集合的に】(王侯・貴族の)随行員, 従者たち, お伴. 類**acompañamiento, séquito.** ❹ 【集合的に】《比喩》付随して起こること, 結果, 後遺症. ─el hambre y su ~ de enfermedades 飢餓とそれに伴う病気. la guerra con su ~ de desdichas 戦争とその惨禍. 類**acompañamiento, secuela, séquito.**

Cortés [kortés] 固名 コルテス(エルナン Hernán ~)(1485-1547, スペインのアステカ王国征服者).

*****cortés** [kortés] 形 (人・言葉・行動が)礼儀正しい, 丁寧な, 丁重な. ─Se dirigió a mí con lenguaje muy ~. 彼は私に非常に丁重な言葉遣いで話しかけた. 類**afable, atento, correcto.** 反**incorrecto.**
Lo cortés no quita lo valiente. 人と争う時も礼節は忘れるな(←礼儀正しさは勇敢さを妨げない).

cortesana [kortesána] 女 →*cortesano.*

cortesanía [kortesanía] 女 礼儀正しさ, 慇懃; 気品, 洗練, 上品. 類**atención, comedimiento, urbanidad.**

*****cortesano, na** [kortesáno, na] 形 ❶ 宮廷の. ─vida *cortesana* 宮廷生活. Las ceremonias *cortesanas* son de gran brillantez. 宮廷の儀式は非常に華やかなものである. 類**palaciego.** ❷ 礼儀正しい, 丁重な; 優雅な. ─Me impresionaron sus modales ~s. 彼の礼儀正しい物腰が私の印象に残った. ── 名 廷臣, 宮廷人. ─Las intrigas políticas eran frecuentes entre los ~s. 政治的陰謀が宮廷人の間では頻繁だった. ── 女 (貴族・金持相手の)高級娼婦; (昔の王侯貴族の)情婦(=prostituta).

:**cortesía** [kortesía] 女 ❶ 礼儀(正しさ), 丁重さ, 礼節. ─falta de ~ 無礼, 非礼, 失礼. por ~ 礼儀として. faltar a la ~ 礼儀を欠く. Trata a todo el mundo con mucha ~. 彼は誰にでも丁重である. Desconoce las reglas de ~ más elementales. 彼は最も基本的な礼儀作法も知らない. 類**corrección, delicadeza, urbanidad.** 反**descortesía, frialdad, grosería.** ❷ 好意, 親切, 丁重な行為[言葉, 贈り物]. ─decir ~s 丁重に挨拶する. Tuvo la ~ de invitarnos. 彼は親切にも我々を招いてくれた. Le sirvieron una copa de coñac por ~ del hotel. ホテルの好意でコニャック1本が彼にサービスされた. 類**favor.** ❸ (商店・レストラン・ホテルなどの)贈物, プレゼント, お土産. ─El postre fue ~ del restaurante. デザートはレストランからのサービスだった. El regalo de un bolígrafo era una ~ de la casa con los compradores. ボールペンのプレゼントはその店の買い手へのサービスだった. 類**dádiva, detalle, obsequio, regalo.** ❹ 《印刷》本の始めと終わりの章末・章間の空白. 類**blanco.** ❺ 《商業》(期限後の)支払い猶予期間. ─días de ~ (手形などの支払日後の)猶予日, 恩恵日. ❻ お辞儀. ─hacer una ~ 一礼する. 類**reverencia.** ❼ 敬称; (手紙で)署名の前に添える儀礼的な慣用句.

con cortesía 礼儀正しく, 丁重に, 丁寧に. Nos trató *con gran cortesía.* 彼は私たちを大いに丁重に扱ってくれた. Contestó *con cortesía* las preguntas de los clientes. 彼女は顧客の質問に丁寧に答えた.

de cortesía 儀礼的な, 形式的な (=formulario), 義理の. acto *de cortesía* 儀礼行為. visita *de cortesía* 表敬訪問. carta *de cortesía* 挨拶状. fórmulas *de cortesía* 儀礼の決まり文句. entrada *de cortesía* 招待券. Si a las ocho no estás allí, te doy diez minutos *de cortesía* y me voy. 君がそこに8時に来ていなければ, 10分待って先に行きます.

cortésmente [kortésménte] 副 礼儀正しく, 丁重に; 上品に, 慇懃に; 親切に.

corteza¹ [kortéθa] 女 《鳥類》沙鶏(シャケィ). 類**ortega.**

corteza² [kortéθa] 女 ❶ 《植物》樹皮; (果物の)皮. ~ lisa [rugosa] なめらかな[ざらざらした]木肌. ~ del melón メロンの皮. 類**cáscara, piel.** ❷ (人・物の)うわべ, 外見. ─A pesar de su ~ áspera, es una amabilísima persona en el fondo. 彼は見た目はごつごつしているが, 根はとても優しい人です. 類**apariencia, exterior.** ❸ (パン・チーズなどの堅い)外皮. ─El pan, recién salido del horno, tenía la ~ crujiente. そのパンは焼きたてで, 皮がかりかりしていた. 類**costra.** ❹ 《解剖》皮質. ─~ cerebral [adrenal] 大脳[副腎]皮質. ❺ 《地質》地殻 (=~ terrestre). ❻ 《料理》油でカリッと揚げた豚の皮 (=~ de cerdo). ❼ 粗野, がさつ, 無骨. ─~ rústica ─ 田舎者のがさつさ. 類**grosería, rusticidad.** ❽ 《物理》(原子を構成する)電子の殻(グ)(→núcleo「核」). ─~ atómica 原子の殻.

cortical [kortikál] 形 《植物》樹皮の, 皮層の; 《解剖》皮質の.

cortijada [kortixáða] 女 【集合的に】農園, 農園内の農家・建物.

cortijero, ra [kortixéro, ra] 名 ❶ 農民, 農夫, 農耕者. ❷ (農園の)監督者, 経営者, 親方.

cortijo [kortíxo] 男 (特にアンダルシーア地方の)農園, 農場; (農地内にあって地主の住む)農家. 類**finca.**

:**cortina** [kortína] 女 ❶ カーテン, (垂れ)幕. ─descorrer [abrir] las ~s カーテンを開ける. correr [cerrar] las ~s カーテンを閉める. echar las ~s カーテンを引く[開ける, 閉める]. alzar [levantar] la ~ 幕を上げる. bajar [echar] la ~ 幕を下ろす. ~ de enrollar ロールカーテン. ~ metálica シャッター. ~ del baño シャワーカーテン. ❷ 幕状にさえぎるもの. ─~ de fuego 弾幕. ~ de hierro (東欧と西欧を隔てた)鉄のカーテン. ~ de agua 土砂降りの雨. ❸ 《建築》カーテンウォール; (築城)幕壁. ─~ de muelle 岸壁. ❹ 天蓋 (=dosel).

correr la cortina (1) カーテンを閉める. (2) 黙っておく, 隠す. *Corramos la cortina* ... 秘密にしておいたほうが...

cortina de humo (1) 煙幕. (2) 《比喩》煙幕.

echar [tender, lanzar] una *cortina de humo* 煙幕を張る.

descorrer la cortina カーテンを開ける; 秘密を明かす. *Si descorremos la cortina, verás qué sorpresa nos llevamos.* 本当のことを言うと、私たちはとっても驚いた.

detrás de la cortina 陰で，こっそり，秘密裏に.

dormir a cortinas verdes 野天で寝る.

*cortinaje [kortináxe] 『集合的に、複数も可』男 (特に装飾用としての)カーテン(一式), 垂れ幕, 飾り布類(「(個別的な)カーテン」:cortina). ——ricos ~s 豪華なカーテン.

cortinilla [kortiníja] 女 小さいカーテン(特に車窓などにつける, 目隠し用・日除け用のもの), カフェカーテン.

cortisona [kortisóna] 女 《薬学》コルチゾン, コーチゾン(副腎皮質ホルモンの一種で, リウマチなどの治療に用いる).

****corto, ta** [kórto, ta コルト, タ] 形 ❶ 《寸法・分量・距離・時間が》短い. —*novela corta* 短編小説. *viaje* ~ 短い旅行. *onda corta* 短波. *falda corta* 短い[ミディの]スカート. *manga corta* 半袖. *pantalón* ~ 半ズボン. *en un* ~ *plazo* 短期間で. *El vestido se le ha quedado* ~ *a la niña.* ドレスがその女の子には小さくなった. *Vivo a corta distancia de la estación.* 私は駅から近い距離のところに住んでいる. 類 **breve, pequeño.** 反 **largo.**

❷ 『+de』…が足りない，不足した，不十分な. —*Ando* ~ *de dinero.* 私はお金が足りない. ~ *de oído [vista]* 耳が遠い[近眼の]. ~ *de resuello* 息切れした. *Nos sirvieron unas raciones cortas.* 私達には不十分な給食が与えられた. *Es una persona corta de palabras.* 彼女は口数の少ない人だ. 類 **escaso, exiguo, insuficiente.** 反 **abundante.**

❸ 知能が足りない，頭が悪い; 才能がない. 類 **lerdo, tonto.** 反 **largo.**

❹ 小心な，内気な，意気地なしの. —*Es un chico* ~ *y apenas tiene amigos.* 彼は内気な子ほとんど友だちがいない. 類 **encogido, tímido.** ❺ 口下手な, 口が重い.

a la corta o a la larga 遅かれ早かれ, とどのつまりは. *A la corta o a la larga tendrás que pagar.* 遅かれ早かれ君は金を払わなければならないだろう.

ir [poner] de corto (1) 短い服[スカート・ズボン]を着る[はく]. *¿Vas a ir de corto o de largo?* あなたは短いドレスで行く，それとも長いドレスで行く. (2) (子供が)服が寸足らずである.

ni corto ni perezoso ためらわず，さっさと, いきなり.

quedarse corto (1) 目標[目的]に届かない, 見積りが足りない, 不足である. *Preparé diez botellas de vino, pero me quedé corto.* 私はワインを10本用意したが，足りなかった. (2) 言い足りない, 言いつくしていない. *Sus críticas fueron severas, pero aún se quedó corto.* 彼の批判はきびしかったが, まだものたりないものだった.

ser de [tener] cortos alcances 知恵が足りない, 頭が鈍い.

—— 男 ❶ 短編映画 (<cortometraje). ❷ 『スペイン』(飲み物の)小グラス. ❸ 『話』(電気の)ショート (<cortocircuito).

cortocircuito [kortoθirkuíto] 男 (電気)ショート, 短絡. —*El incendio se debió a un* ~. 火事の原因はショートだった.

cortometraje [kortométraxe] 男 短編映画, (30分程度までの)短い映画.

cortón [kortón] 男 《虫類》ケラ, オケラ.

Coruña [korúɲa] 固名 (La ~) ラ・コルーニャ(スペインの県・県都).

coruñés, ñesa [koruɲés, ɲésa] 形 コルーニャ(La Coruña, スペイン北西部の県)の, コルーニャ出身の. —— 名 コルーニャの人, コルーニャ出身者.

coruscante [koruskánte] 形 ❶ 《まれ》輝かしい, 輝くような. ❷ 《比喩》《詩》(からかう意味で)きらびやかな, 目もくらむような.

coruscar [koruskár] [1.1] 自 《詩》輝く, きらめく, 光る.

corva [kórβa] 女 ❶ 膝の裏, ひかがみ. ❷《鳥類》鳥の翼で，風切り羽に続く部分の4枚の羽. ❸《獣医》(犬・馬などの)後脚の膝の裏にできる腫瘍.

corvadura [korβaðúra] 女 ❶ 湾曲, カーブ. 類 **curvatura.** ❷ (丸天井・アーチなどの)湾曲部, カーブした部分.

corvato [korβáto] 男 ❶ カラス (cuervo) のひな, 子ガラス. ❷ (蒸留器の冷却水を入れておく)タンク, 水槽.

corvejón[1] [korβexón] 男 (犬・馬などの)後脚の膝部分の関節.

corvejón[2] [korβexón] 男 ❶ (鶏などの)けづめ. ❷ 《鳥類》ウ, カワウ.

corveta [korβéta] 女 クルベット, 騰躍(馬術で, 馬が前脚を上げたまますする跳躍などの動作で).

corvetear [korβeteár] 自 (馬が)クルベット (corveta) をする, 騰躍する, 後脚で跳ねる.

córvido, da [kórβiðo, ða] 形 《鳥類》カラス科の. —— 男 複 カラス科, カラス科の鳥(特に腐肉等を食べる大型のもの).

corvina [korβína] 女 《魚類》ニベ; ニベ科の魚 (イシモチなど).

corvo, va [kórβo, βa] 形 湾曲した, カーブした (=curvo). —— 男 ❶ 鈎, フック. ❷ =corvina.

corza [kórθa] 女 《動物》雌のノロジカ.

corzo [kórθo] 男 《動物》ノロ, ノロジカ.

****cosa** [kósa コサ] 女 ❶ (実在・想像上の)物, もの, 事物, 物体. —*alguna* ~ 何か, ある物. ~(*s*) *de comer [de beber]* 食べ[飲み]物. *Según el catolicismo, Dios creó todas las* ~*s.* キリスト教によると神はすべてのものを創造した. *Cuando una* ~ *no le gusta no hay quien se la haga comer.* 彼に何か嫌いなものがある時, それを彼に無理に食べさせるような人はいない. *Todos somos capaces de imaginar o inventar* ~*s.* 私たちはみんな物を考案したり、発明したりすることができる. *La libertad es una* ~ *inapreciable.* 自由は何物にも代えがたいものだ. *Es una* ~ *inmaterial que no puedes ver ni tocar.* それは君には見ることも触れることもできない実体のないものだ. 類 **ente, objeto, realidad, ser.**

❷ (生物に対して)無生物, 品物. —— ~*s de uso diario* 日用品. *Los hombres, los animales y las plantas no son* ~*s, sino seres vivos.* 人間と動物と植物は物ではなく, 生物だ. *No se puede tratar a los animales como si fueran* ~*s.* 動物を物扱いすることはできない. *Cada vez se fabrican más* ~*s que facilitan el trabajo del*

546 cosa

hombre. 人間の仕事を楽にする製品がますます生産される. 類**artículo, adminículo, bártulos**.
❸ (a) (扱っている)事, 事柄, 問題. —Eso es otra ~. それは別問題だ. Esa es la ~. それが問題だ. Esto es ~ mía. これは私自身の問題だ. No es ~ tuya. それは君には関わりのない問題だ. No te metas en mis ~s. 私の事に口を出すな. La ~ es complicada. 問題は複雑だ. Es una ~ fácil. それは簡単なことだ/お安い御用です. No es gran ~. それは大したことではない. decir ~s fuertes きついことを言う. No sé en qué paró la ~ al final. 結局どういうことになったのか私は分からない. Creo que la ~ puede darse por terminada. その件は決着したと考えられると思う. Eso es una ~ de la que no quiero acordarme. それは私が思い出したくないことだ. No digas esas ~s tan injustas sobre él. 彼についてそんな不当なことを言うな. Parece mentira que pregunte usted esas ~s. あなたがそんな質問するなんて嘘みたい. 類**asunto, cuestión, incumbencia, problema**. (b) (漠然と)こと, 物事. —La ~ anda mal. うまく行かない. Todas las ~s tienen su fin. 物事にはすべて終わりがある. Toma las ~s demasiado en serio. 彼は物事を深刻に考え過ぎる. no hacer ~ buena ろくなことをしない. manera de ver las ~s 物の見方. decir las ~s como son 物事をありのままに言う. ¡Qué ~s preguntas! 君は変なこと聞くね! ¿Sabe una ~? - ¿Qué? ねえ？-何？
❹ 出来事, 事件. —~ dura 厄介なこと, つらいこと. ~ nunca vista 前代未聞のこと. ¿Has visto ~ igual? いままでにこんなことあったかい? Te voy a contar una ~ que me ha pasado esta mañana. 今朝私に起こったことを君に話そう. 類**acontecimiento, hecho, suceso**.
❺ 複 事情, 事態, 情勢, 状況. —¿Cómo le van las ~? うまくいってますか? Las ~s no van bien. 事態は芳しくない. Cada uno tiene sus ~s. 人にはそれぞれ事情がある. Son las ~s de la vida. 人生とはそんなもんだ. Así están las ~s. 実状[事態]はこうである. Así las ~s que un día ... (物語で)こんなわけである日 … Tal como están las ~s, no hay otro remedio. 事態がこんなだから他に仕方がない. (=estado de ~s) 類**acontecimientos, asuntos, negocios, sucesos**.
❻ (主に 複)(人の)仕事, 用事, 領分. —meterse en ~s ajenas 他人事に口出しする. Métete a tus ~s. 自分の頭の蝿を追え. Tengo muchas ~s [infinidad de ~s] que hacer hoy. 私は今日やらなければならないことがたくさんある. Ahora tengo muchas ~s entre manos. 今私はたくさんのことを企んでいる. 類**diligencias, encargo, ocupación, quehacer, tarea**.
❼ 複 (a) 所持品, 携帯品, 財産. —Retira [Recoge] tus ~s de esta habitación. この部屋から君の物を片付けなさい. Llévese sus ~s de aquí. ここにある私物を持っていってください. No puedes dejar tus ~s aquí. ここに君の私物を置いておいてはいけない. Empaquetó sus ~s y se marchó. 彼は自分の物を荷造りして, 立ち去った. 類**pertenencias**. (b) 道具, 用具. —las ~s de afeitarse ひげそり. Tráete las ~s de escribir, que vamos a hacer los deberes. 宿題をするから, 筆記用具を持って来てよ. No olvides llevarte las ~s del ordenador. コンピューター関連用具を持って行くことを忘れるなよ. 類**enseres, instrumentos, trastos, útiles**.
❽ 〖否定文で〗(何事)も(…ない). —No hay ~ que él no sepa. 彼が知らないことは何もない. No hay ~ peor que el hambre. 空腹ほどひどいものはない. No hay ~ que me odie más que verte perder el tiempo. 君が無駄な時間を過ごすのを目にすることほど嫌なことはない. En toda su vida no hizo ~ de provecho. 彼は生涯有益なことは何もしなかった. No he hecho otra ~ que pensar en ti. 私は君のことを考えてばかりいた. No hay ~ peor que no haber dormido bien. よく眠れなかったことほどひどいことはない. No hay ~ peor que no tener confianza en los demás. 他人を信頼しないことほどひどいことはない. 類**nada**.
❾ 複 思いつき, 気まぐれ. —¡Qué ~s tienes! 君はすごいことを思いついたね! 君は変なことを言うね! ¡Qué ~s tan graciosas se le ocurren! 彼はなんて面白いことを思いつくんだろう! No creas nada de eso: son ~s suyas. そんなことまったく信じるな: 彼の思いつきなんだから. 類**idea, invenciones, ocurrencias, salidas**.
❿ 複 〖+de〗(奇行・欠点など, …に特有の)言動, 特徴, …らしさ. —Son ~s de jóvenes. いかにも若い人のやり[言う]そうなことだ. No me molestes con tus historias, eso son ~s de lunáticos. でたらめなこと言って私を悩ますなよ, それはまるで気のふれた人が言いそうなことだ. A las ~s de los niños, no hay que darles importancia. 子供の言うことだからね, 気にかける必要ないよ.
⓫ 〖法律〗(a) (主人の)所有物, (主人・主体に対して法律関係の)物・客体 (=objeto). —Los esclavos eran ~s que el señor poseía y de las que disponía a su antojo. 奴隷は領主の所有物で領主が自由にできるものだった. (b) (権利・夫役に対して). —Lo que puedo vender es la ~, pero no el antiguo derecho de paso de los vecinos. 私が売れるのは物で, 隣人の以前からの通行権は売れない.
⓬ 〖軽蔑〗取るに足りない人, 物同然の人. —Yo ni le hablo; no es más que una ~ con patas. 私は彼に話しかけることさえしない. 彼は足のついた物同然だから. Calla, ~ con ojos. 黙れ, この能なしが. Eres una ~ andante, que no hace más que comer y dormir. お前は食べて寝ることしかしない, 歩く物体だ.
⓭ (文学・芸術などの)作品, 小説, 番組. —Ayer vi una ~ muy aburrida en la televisión. 昨日私はテレビでひどく退屈な番組を見た. El escritor escribió sus primeras ~s. その作家は素晴らしい作品を書いた. ⓮〖哲学〗—la ~ en sí 物自体. ⓯〖婉曲〗陰茎 (=pene). ⓰〖婉曲〗大小便.

a cosa hecha (1) 前もって全部決めて, 成り行き任せではなく, わざわざ (=adrede, expresamente). Llegaste tarde *a cosa hecha*. 君はわざと遅刻したね. (2) 成功を確信して. Ya sabía que le habían aprobado y fue a la entrevista *a cosa hecha*. 彼は既に合格したことは知っていたので, 確信をもって面接に行った.

¡Ahí está la cosa! それが問題だ. ¡Pues *ahí está la cosa!*, que mi familia quiere pasar las vacaciones en el mar y yo en la montaña y así no podemos ponernos de acuerdo. 私の家族は休暇

を海で過ごしたいし私は山で過ごしたい。こうして互いに理解し合えない、そこが問題だ!

¡a otra cosa, mariposa! (この話はこれで終わりにして)何かほかの話をしよう (mariposa は単に語呂合わせで使用). Estoy ya cansado de discutir siempre de lo mismo, así que, *a otra cosa, mariposa.* ずっと同じ話でもう飽きたから、話題を変えよう.

Así están [estaban, etc.] las cosas. こういう状況である[あった、etc.]

Cada cosa a su tiempo. 【諺】何事にも潮時がある.

Cada cosa en su sitio y un sitio para cada cosa. 【諺】適材適所; 何事にもふさわしい時と場所がある.

Cada cosa para su cosa. 【諺】適材適所(使い場所を間違わないように).

cada cosa por su lado めちゃくちゃに散らかって、てんでんばらばらに. No me extraña que no encuentres las gafas, porque en tu cuarto *cada cosa está por su lado.* 君が眼鏡を見つけられないのは不思議ではない。なぜなら君の部屋は散らかし放題だから.

como cosa de ... 約…、およそ…(= aproximadamente, más o menos) Tardé *como cosa de* media hora. 私は約 30 分かかった.→cosa de ...

como el que no quiere la cosa →como quien no quiere la cosa.

como la cosa más natural del mundo 至極当然のように、事もなげに、さりげなく. Me pidió que le cediese mi habitación *como la cosa más natural del mundo.* 彼は私に部屋を譲ってくれるよう、事もなげに頼んできた.→como si tal cosa.

como quien no quiere la cosa《話》(1) 事もなげに、何食わぬ顔で、平然と. Se acercó a mí *como quien no quiere la cosa* e intentó sacarme la cartera. 彼はさりげなく私に近づき、私の財布をすり取ろうとした. Miraba a la chica *como quien no quiere la cosa.* 彼は何気ない様子でその女の子を見ていた. Se fue de la reunión *como quien no quiere la cosa.* 彼は何食わぬ顔で会議場から出て行った. (2) いつの間にか、知らないうちに. *Como quien no quiere la cosa,* nos han metido en un buen lío. 私たちはいつの間にかかなり面倒なことに巻き込まれてしまった.

como si no fuera con ... la cosa (人)にとって他人事のような顔をして.

como si tal cosa《話》(1) 何事もなかったかのように、平然と. Le informaron de la desgracia, pero él siguió en su asiento fumando *como si tal cosa.* 彼は惨事についての知らせを受けたが、席についたまま平然とタバコを吸っていた. Después de la reprimenda el niño se quedó *como si tal cosa.* その子は叱られても平然としていた. (2)(大変なことなのに)いとも簡単に、うまく、事もなげに (= bonitamente). Era un ratero tan experto, que les sacaba a sus víctimas la cartera del bolsillo *como si tal cosa.* 彼は掏摸(すり)の大変なエキスパートで被害者のポケットからいとも簡単に財布を掏(す)っていた.→como la cosa más natural del mundo, como lo más natural del mundo. (3) 軽々しく、よく考えずに. Habla de montar una fábrica de automóviles *como si tal cosa.* 彼は自動車工場の設立を軽々しく口にする.

cosa de ...《話》【単数扱い】(小さな数の概数)約

cosa 547

…、およそ…(= aproximadamente). Hará *cosa de* cinco años que murió su padre. 彼の父親が死んで 5 年位経つと思う. Éramos *cosa de* 20 personas. 私たちは 20 人位だった.

cosa de magia 不思議なこと. Es *cosa de magia* que se haya ido sin que nos demos cuenta. 彼が出ていったのに私たちが気がつかなかったのは不思議だ.

cosa extraña →cosa rara.

cosa fina《話》(1) すばらしい、大変よい. Me hizo un regalo *cosa fina.* 彼は私にすばらしいプレゼントをくれた. Me he comprado un reloj que es *cosa fina.* 私は大変よい時計を買った. (2) おいしい. Estos pasteles son *cosa fina.* これらのケーキはおいしい.

cosa fuerte [dura]/fuerte cosa《話》(堪えられない)きついこと、つらい状況. decir *cosas fuertes* きついことを言う. Fue *cosa fuerte* el que toda su familia muriera en aquel accidente. あの事故で彼の家族全員が亡くなったのはつらいことだった.

cosa igual [semejante]【疑問文や否定文で】そんなこと・もの、こんなこと・もの. No he visto *cosa igual.* そんなものは見たことがない. ¡No había oído en mi vida *cosa igual!* 私はそんなこと一度も聞いたことがなかった.

cosa no [nunca] vista 前代未聞のこと[もの]、大変驚くべきこと[もの].

cosa perdida《軽蔑》(無責任な・何も期待できない)どうしようもないやつ. Su hijo es una *cosa perdida,* nunca será un hombre de provecho. 彼の息子はどうしようもないやつで、役に立つ人間には決してならないだろう.

cosa pública 国事. Se ha apartado definitivamente de la *cosa pública.* 彼は最終的に国事から身を引いた.

cosa que ...【中南米】…するように.

cosa rara (1) 変わったこと[物]、不思議なこと[物]. Siento una *cosa* muy rara en el estómago. どうも胃の調子が変だ. ¡Qué *cosa* más *rara*! 変だ、おかしいぞ! (2)【感心・奇妙さなどを表す表現】驚きね! ¿Tú estudiando mucho?, *¡cosa rara!* 君が猛勉強をしているって? 驚いたね! Me lo encontré y, *cosa rara,* no se paró a saludarme. 彼に出会ったら、驚いたことに彼たら立ち止まって挨拶しようともしなかった.

cosas de críos つまらない[些細な]こと. enfadarse por *cosas de críos* つまらないことで怒る.

cosas del mundo [de la vida, que pasan] 世の習い、世の常、世事.

cosa [una cosa] del otro jueves [del otro mundo]【否定文で】取り立てて言うほどのこと・もの、騒ぎ立てるほどのこと・もの. No comprendo el éxito de este cantante; a mí no me parece *una cosa del otro mundo.* 私はこの歌手の成功が理解できない。私には非常にすばらしい歌手とは思えない. Eso no es ninguna *cosa del otro jueves.* それは全然騒ぎ立てるほどのことではない.→no ser cosa del otro jueves [del otro mundo].

creerse [hacerse] la gran cosa【北米】偉そうに振る舞う.

cualquier cosa (1) 何でも. (2) つまらないもの[人].

cualquier cosa que ... …するものはなんでも (=

cosa

todo lo que …).
dar vueltas a las cosas 物事をしつこく考える.
***deci*rLE *a … cuatro cosas* (*bien dichas*)** (不快・怒りの表現)本当のことを言う, 真情を吐露する. Tengo ganas de encontrármele para *decirle cuatro cosas*. 私は本当のことを言うために彼に会いたい.
decir una cosa por otra (1) 《婉曲》うそをつく. Todo esto que le cuento es la pura verdad. ¿Cree usted que soy capaz de *decirle una cosa por otra*? あなたに話しているこのことはすべて正真正銘の事実だ. 私があなたにうそをつけるとでも思っているのですか? (2) 言い間違える (equivocarse).
dejar como cosa perdida (人)を見限る.
dejar correr las cosas 成り行きに任せる, そのままにしておく.
¡Déjate [Déjese usted, etc.] de cosas! 言い訳はしなさい, うそをつかないで! ¿Dices que no puedes comprarte un coche? ¡Vamos, *déjate de cosas*, hombre! ¡Con el dinero que ganas! 君は車1台買えないと言うの? うそつかないでよ. かなりお金を稼いでいるくせに.
entre una(s) cosa(s) y otra(s) あれこれの事情を考え合わせると, あれやこれやで. *Entre una cosa y otra* resultará más caro viajar que en tren que en avión. あれやこれや考え合わせてみると, 列車旅行の方が空の旅行よりも高くつく.
¡Ésa [ésta] es la cosa! →¡Ahí está la cosa!
es cosa que … 【状況補語以外の要素を主語にして強調する構文】Fumar *es cosa* a la *que* no puedo renunciar. 私はタバコをやめられない. Perezoso *es cosa que* no soy. 私は決して怠惰ではない.
gran cosa 【普通, 否定文で】非常に, とても (=mucho). Eso no me interesa *gran cosa*. 私はそのことにあまり興味がない. Era rico, pero no le queda *gran cosa* de sus riquezas. 彼はお金持ちだったが, 財産はあまり残っていない.
¡Habrá cosa igual [parecida, semejante]!/¡Habráse visto cosa (igual, parecida)! 【驚き・不快・怒り】こんなことってあるか, ひどい. *¡Habrá cosa parecida!* こんなことってあるか! *¡Habráse visto cosa igual!* ¡Veinte años dando clase de gramática y todavía comete faltas de ortografía! こんなことってあるか! 20年間も文法の授業をしていて, まだ綴りを間違うなんて!
hacerse poca cosa おじけづく (=achicarse, intimidarse).
¡Hay cosa! 【中南米, メキシコ】【感嘆・驚き】ほうずごい!
ir bien [mal] las cosas 状況・事態が芳しい[芳しくない], 見通しが明るい[暗い]. *Las cosas* no *van bien*. 事態は芳しくない. *Las cosas van de mal en peor*. 事態はますます悪化している.
ir la cosa para largo 長引く, 手間取る, 待たれる. Se está construyendo una nueva línea de metro, pero *la cosa va para largo*. 地下鉄の新路線建設が進行中だが, 長引いている.
la cosa es que …/Pero la cosa es que … (1) 【+直説法】【不都合を述べる場合】実は[つまり]…なのです. *La cosa es que* él no quiere casarse. 実は彼は結婚したがらないんだ. Iría con gusto contigo; *la cosa* [*pero la cosa*] *es que* me están esperando en casa. (そうでなければ)喜んで君と行くのだが, 実は家で私を待っているんだ. (2) 【+接続法】重要な[必要な, 望む]ことは…だ. *La cosa es que* no se presente más por aquí. 彼にはもうこの辺に姿を見せて欲しくないんです.
las cosas como son 【話】(言いにくいことですが)実は…のことを言うと. Siento mucho tener que decírselo, pero, *las cosas como son*, su hijo no tiene capacidad para ese trabajo. あなたにこんなことを言うのはとても残念なことですが, 実はご子息はその仕事をする能力に欠けていらっしゃいます. El caso es que también a mí me gustaba la chica, oiga, *las cosas como son*. 実は, 私も彼女が好きだったのです. 本当なんです.
(las) cosas (del mundo, que pasan, de la vida) →cosas del mundo [de la vida, que pasan].
Las cosas de palacio van despacio. 【嘲笑】お役所仕事は万事のっそりだ.
lo que son las cosas … 【注目喚起表現】驚いた[感心, 奇妙な]ことに, 実は…. Estábamos hablando de él y, *lo que son las cosas*, se abre la puerta y se nos presenta. 私たちが彼の噂をしていたら, 不思議なことにドアが開いて私たちの前に彼が現れた.
llamar a las cosas por su nombre 単刀直入に言う. Llame a las cosas por su nombre y nos entenderemos mejor. あなた, 単刀直入におっしゃってください, そうすれば我々もっとよく理解し合えるでしょうから.
maldita la cosa 【否定の強調】全然[まったく]…ない. No sé *maldita la cosa* de lo que le pasa. 彼に何が起きているかなんて知るもんか.
muchas cosas (1) たくさんのこと[もの]. Hoy tengo *muchas cosas* que hacer. 今日はしなければならないことがたくさんある. (2) 【まれ】「よろしく」との伝言, 挨拶 (=muchos recuerdos). ¡*Muchas cosas* a tu padre de parte mía! 君のお父さんによろしく!
Ni cosa que valga. とんでもない, 冗談じゃない.
ni por una de estas nueve cosas 【中南米, メキシコ】決して…でない.
no decir [hacer] cosa con cosa もっともなことを言わない[しない], 正しいことを言わない[しない]. No parece que sea un obrero muy hábil; si el capataz le deja solo, *no hace cosa con cosa*. 彼が有能な労働者とは思えない. 現場監督が彼をひとりにすると, 何一つまともにできないから.
no dejar cosa con cosa 乱雑に[めちゃくちゃに]する. Los niños entraron en mi biblioteca y *no dejaron cosa con cosa*. 子供たちが私の書斎に入って散らかした.
no es cosa de que 【+接続法】…は道理に合わない, …するのはよくない. *No es cosa de que* dejes de ir tú porque yo no pueda ir. 私が行けないからといって君まで行くのをやめるのはよくない.
no hacer cosa a derechas 何一つうまく行かない, 失敗ばかりする.
no hay tal (cosa) (反論して)そんなことはない!, それはうそだ! Estáis convencidos de que es muy rico, y *no hay tal cosa*. 君たちは彼が大金持ちだと確信しているが, そんなことはない. De lo que os ha contado el encargado, *no hay tal cosa*. 担当者が君たちに話したことはうそだ.

no sea (cosa) que〖＋接続法〗 …するといけないから、…しないように、…の場合の用心に. Vamos a recoger la ropa, *no sea cosa que* llueva esta noche. 今夜雨が降るといけないから、洗濯物を取り込みましょう.

no ser cosa de〖＋不定詞〗 …するのは適切ではない、…しないほうがいい. En las actuales circunstancias, *no es cosa de* meterse en gastos. 現状では出費を招かないほうがいい.

no ser cosa de broma [de guasa, de juego, de risa] 冗談ごとではない、極めて重大事である. El accidente que tuvo Manolo *no fue cosa de broma*: estuvo a punto de perder la vida. マノーロが遭った事故は冗談ごとではなく、彼はもう少しで命を落とすところだった.

no ser cosa del otro jueves [del otro mundo] 《話》大したこと[人]ではない、騒ぎ立てるほどのことでもない. →cosa [una cosa] del otro jueves [del otro mundo].

no ser (la cosa) para menos 無理もない、それもそのはずである、正当な行動である. Está furioso, pero es que *no es la cosa para menos*. 彼は怒っているが、無理もない.

no ser la cosa para tanto そんなに大げさに言わなくてもよい(＝no ser [haber] para tanto).

no ser [no valer] gran cosa 大したこと[人]ではない、つまらないこと[人]である. El pianista no valía gran cosa. そのピアニストは大した人ではなかった. →ser poca cosa.

no ser otra cosa que ... …にほかならない、まさしく…だ. Lo que tiene *no es otra cosa que* pereza. 彼はまさしく怠け者なのだ.

... o (alguna) cosa así (数量・時間・程度等が)…かそこら、大体.

otra cosa (前のとは異なる)別のこと[問題、件]. Eso que dices ahora ya es *otra cosa*. 今君が言っていることは、また別の問題だ.

otra cosa es [sería] si ... …ならば話[問題]は別だ. Hay que obligarle a pagar como todos; *otra cosa sería si* no tuviese dinero. みんなと同様に彼に払わせなければいけない、もし彼が金を持っていなければ話は別だが.

o una cosa o la otra (話し相手に選択を迫る表現)どちらかに決めて! Bueno, *o una cosa o la otra*: o te comes la sopa, o te quedas sin postre. Decídete. さあ、どっちかにして. スープを飲むか、それともデザートなしにするかに決めよう.

poca cosa 体の弱い、痩せた；元気のない. →poquita cosa, ser poca cosa.

poner las cosas en su punto 物事を最良の状態にする、物事をはっきりさせる、物事を正当に評価する. El negocio no marchará bien mientras no haya nadie capaz de *poner las cosas en su punto*. 物事を適切に処理できる人が1人もいない限り、商取引はうまくは行かないだろう.

poquita cosa《話》〖人を表す場合は圐もある〗(1) 体の弱い(人)；体の小さい(人)、やせっぽち. Mi mujer, que es muy *poquita cosa*, está continuamente resfriada. 彼の妻はとても体が弱いので、絶えず風邪を引いている. Tan *poquita cosa* que es y tiene una salud de hierro. 彼は体が小さいのに、体は頑健だ. (2) 勇気のない(人)、憶病な(人). Se las daba de valiente, pero a la hora de la verdad demostró ser muy *poquita cosa*. 彼はいつも勇猛果敢であるふりをしていたが、い

cosa 549

ざという時になると憶病なところを見せた. (3) 取るに足りない(物・人)、つまらない(物・人). Tengo una tienda, pero es muy *poquita cosa*. 私は店を持っていますが、大したことないです. Su novio es *poquita cosa*. 彼女の恋人はくだらないやつです.

por cualquier cosa ちょっとしたことで、何でもないことで. llorar *por cualquier cosa* 何でもないことで泣く. *Por cualquier cosa* llaman al médico. 彼らはちょっとしたことでも医者を呼ぶ.

por una(s) cosa(s) o por otra(s) (1) 何らかの理由で. *Por una cosa o por otra* nunca tiene terminados los deberes. 何かしら訳あって彼は宿題を少しも済ましていない. *Por una cosa o por otra*, todos los días llega tarde. 彼は何らかの理由で毎日遅刻する. (2) いつも、常に(＝siempre). *Por una cosa o por otra*, nunca tiene dinero. いつも彼は決してお金を持っていない.

Principio quieren las cosas.〖諺〗何事にも始まりがある.

puestas así las cosas ... →si pones [pone usted, etc.] así las cosas ...

¡Qué cosas! (1) (見聞きしたことに対し)何と不思議なことでしょう! Fui a Australia y, *¡qué cosas!*, me encontré con un amigo al que no veía desde hacía diez años. 私はオーストラリアに行き、なんと不思議なことに10年来会っていない友人にばったり出会った. (2)〖北米〗(子供に)可愛いね、お利口さんね.

¡Qué cosa(s) más〖＋形容詞〗**!** なんて…なんだろう!、全く…だ!

quedarLE a ... otra cosa dentro del cuerpo 思っていることが言っていること違う.

salir bien [mal] las cosas 事がうまく運ぶ[運ばない].

ser como cosa de〖＋人〗 (物・人が)…にとって愛情・興味の対象である.

ser cosa de〖＋不定詞〗 …したほうがよい、…すべきである. Me aburrió la conferencia pero aguanté porque no *era cosa de* marcharme a la mitad. 私は講演に飽きたが途中で帰るべきでなかったので我慢した. Hace frío, *será cosa de* ponerse el abrigo. 寒いからオーバーを着たほうがいい.

ser cosa de〖＋人〗 (人)の問題[仕事・責任・領分]である. Esto es *cosa* mía. これは私の問題だ. La organización *es cosa de* Ana, por tanto, habla con ella. 企画・構成はアナの担当だ、だから彼女と話してくれ.

ser cosa de〖＋時間〗 (時間が)およそ…かかる. Este trabajo *es cosa de* un minuto. この仕事はおよそ1分かかる.

ser cosa de ver [oír] 信じられない、見る[聞く]に値する. Dice que va a presentar la dimisión.– *Será cosa de ver*. 彼は辞表を提出すると言っている. – 信じられない.

ser cosa hecha とてもたやすいことである. No te preocupes; el crédito *es cosa hecha*. Tengo amigos en el banco que no pondrán dificultad alguna. 心配しないで、ローンはとても簡単なことよ. 全然難癖をつけない友人が銀行にいるから.

ser cosas de〖＋人〗 (人)のやり[言い]そうなことだ、…らしい(ちっとも不思議でない). No te preocupes; *son cosas de* mi mujer, que es muy celosa. 心配するなよ. 妻のやりそうなことだ、彼女は

嫉妬深いから.

ser otra cosa (1)(人・物が)よりよい, よりすばらしい, より優れている. Desde luego, Madrid *es otra cosa.* もちろん, マドリードのほうがすばらしい. (2)《生まれ》(人・物が)より悪い, 劣っている.

ser poca cosa 大したこと[人]ではない, あまり重要ではない, つまらないことである. Tuvieron un accidente, pero *fue poca cosa.* 彼らは事故に遭ったが, 大したことにはならなかった. Su hermano no me da miedo, *es poca cosa.* 私は彼のお兄さんなんか怖くないよ, 大した人じゃないから. →no ser [no valer] gran cosa.

ser (sólo) cosa de〖+不定詞・名詞〗問題は…だ, …の問題である.(解決策は)…にある. *Sólo es cosa de ponerse de acuerdo todos.* みんなの意見が一致すれば済む問題だ. →todo es cosa de ...

si pones [pone usted, etc.] así las cosas …そのような場合は…(=en ese caso). Si *ponéis así las cosas, resulta que no hay solución.* そのような場合には解決策がないということになる.

tal cosa (1)そんなこと[もの], こんなこと[もの]. No vuelvas a hacer *tal cosa.* 二度とそんな[こんな]ことはするな. (2)(明言を避けて)しかじかのこと. gastar tanto dinero para *tal cosa* しかじかのことにしかじかの金を使う

tal cosa y tal otra/tal y cual cosa (明言を避けて)あれやこれや, しかじかのこと. Me dijo *tal cosa y tal otra,* pero ni me enteré. 彼は私にあれやこれやと言ったが, 私でさえ分からなかった.

tener huevos la cosa《俗》〖不快・怒りの表現〗不当である, 我慢ならない, 矛盾している. *Tiene huevos la cosa,* llevo dos horas esperándola y encima se enfada conmigo. 彼は我慢ならないやつだ, 私を2時間も待たしておきながら, 私に腹を立てるのだから.

todo es cosa de ... 一番重要[必要, 問題]なのは…だ. *Todo es cosa de paciencia.* 辛抱あるのみ. *Todo es cosa de saber esperar.* 一番大切なのは待つことができるかどうかだ. →ser (sólo) cosa de〖+不定詞・名詞〗.

tomar las cosas como vienen 成り行き任せにする.

tomarse las cosas por [a] la tremenda 物事を大げさに考える.

tomar una cosa por otra 間違える, 解釈を間違う.

Una cosa es predicar y otra dar trigo. 口先ばかりで何もしない.

(una) cosa mala とてもたくさん, 非常に. De repente empezó a llover *cosa mala.* 突然大雨が降り出した. A José le va marcha *cosa mala.* ホセはどんちゃん騒ぎが大好きだ.

¡Vaya cosa! 大したことない, ご心配なく.

¡Vaya una cosa!《皮肉, 軽蔑》(驚き)おやおや!, やれやれ!, それはそれは.

... y cosas así …など, …等々. Creo que tiene un negocio en el centro donde vende tarjetas, recuerdos y *cosas así.* 絵葉書きや土産物品などを売っている店で彼は仕事を持っていると私は思う.

cosaco, ca [kosáko, ka] 形 コサック(ロシア南部の民族)の, コサック族の.
── 名 コサック人, コサック族; コサック騎兵.

beber como un cosaco (コサック人のように)大酒飲みである.

coscoja [koskóxa] 女 ❶《植物》ケルメスナラ, エンジガシ(染料の素になるエンジムシ(quermes)が多く寄生するブナ科の樹木). ❷ カシ類の枯葉, 落葉. ❸(ベルトのバックルや馬具などで)革紐をすべりよくするため芯棒をくるんでる数珠玉状の金具.

coscojal, coscojar [koskoxál, koskoxár] 男 ケルメスナラ(coscoja)の林, エンジガシの生えている所.

coscojo [koskóxo] 男 ❶(ケルメスナラに寄生するエンジムシによる)虫こぶ, 癭瘤(えいりゅう), 虫癭(ちゅうえい). ❷(複)(馬具のはみについている)数珠玉状の金具.

coscorrón [koskorón] 男 ❶ 頭を打つ(ぶつける)こと. —Resbaló y se dio un ~ con el suelo. 滑って床に頭をぶつけた. ❷(握りこぶしの中指で頭を)こつくこと. —El profesor le dio un ~ porque había llegado tarde. 遅刻してきたので先生は彼の頭をこぶしでついた. ❸(話, 比喩)(未熟さゆえの)困難, 障壁, 障害.

coscurro [koskúro] 男 →cuscurro.

cosecante [kosekánte] 女《数学》コセカント, 余割.

‡**cosecha** [kosétʃa] 女 ❶《農業》収穫, 取り入れ. —hacer la ~ de aceitunas オリーブを収穫する. 類**recogida, recolección**. ❷《農業》収穫物[高], 作柄. —la ~ de vino ワインの生産高. Este año ha habido buena [mala] ~ de trigo. 今年は小麦は豊作[不作]だった. 類**recogida, recolección**. ❸《農業》収穫年, (ブドウの)収穫年. —en la ~/durante (la época de) la ~ 収穫期に. el vino blanco de la ~ del 2004 2004年もの白ワイン. pagar para la ~ 収穫期までに支払う. ❹《比喩》(豊富な)収穫物, 収集物. —recibir una ~ de aplausos 拍手喝采を浴びる. Ante tamaña ~ de datos no sabía por dónde principiar el informe. 収集した膨大な資料を前にして, 私は何から報告していいか分からなかった. 類**acopio**.

ser de la cosecha de ...《話》(人)の創作[思いつき, 考え出した]ものである. Esa poesía es de mi propia *cosecha.* その詩は私が創作したものである.

cosechador, dora [kosetʃaðór, ðóra] 形 収穫する, 刈り入れの; 得るような. —equipo ~ de victorias 勝利をあげつづけているチーム.
── 名 刈り入れ人, 収穫の作業をする人.

cosechadora [kosetʃaðóra] 女 コンバイン, 刈取り・脱穀機.

cosechar [kosetʃár] 他 ❶ を収穫する, 刈り入れる, 穫れる. —Aquí no se puede ~ arroz. ここでは米はとれない. ❷《比喩》獲得する, 得る; 勝ちとる. —En su vida sólo *ha cosechado* fracasos. 彼が人生で得たものといえば失敗ばかりだ. Su última novela *ha cosechado* elogiosas críticas. 彼の小説の新作は好評を博している. ── 自 収穫がある, 刈入れをする.

cosechero, ra [kosetʃéro, ra] 名 収穫人, 取り入れをする人, 刈り入れる人(~ de patatas, ~ de trigo 等の形で使う).

coselete [koseléte] 男 ❶ (主に革製で軽い)胴よろい; (槍を持ち)胴よろいを着けた兵士. ❷《虫類》(昆虫などの)胸部, 胸甲.

coseno [koséno] 男《数学》コサイン, 余弦.

‡coser [kosér コセル] 他 ❶ を縫う, 縫いつける. ──Ella *cose* sus propios vesti-

dos. 彼女は自分のドレスを縫う。~ un botón a una chaqueta 上着にボタンを縫いつける。❷《話》をぶち抜く，穴だらけにする。— Le cosieron a balazos. 彼は銃撃でハチの巣にされた。❸ を(ホッチキスで)留める，とじる。— Cosió todas las hojas calificadas del examen. 彼は添削された答案をすべてとじた。
── 自 裁縫をする。
── se 再 (人)にまとわりつく，ついて回る。

ser coser y cantar 朝飯前である，お安い御用だ。

cosido [kosíðo] 男 縫うこと，裁縫，縫った もの。— Sólo me queda el ~ de los botones para terminar la blusa. このブラウスはあとボタンだけつければ出来上がる。El ~ de este traje es perfecto. この服は縫製が完璧だ。

cosido, da [kosíðo, ða] 形 ❶縫った。— traje ~ a mano 手縫いの服。❷《比喩》(誰かに)ぴったりくっついた。— Está ~ a las faldas de su madre. 彼はお母さんのスカートにくっついてばかりいる。

cosijoso, sa [kosixóso, sa] 形《中南米》うるさい，迷惑な；厄介な，手こずる；怒りっぽい，気難しい。

cosmética [kosmétika] 女 →cosmético.

cosmético, ca [kosmétiko, ka] 形 化粧用の，美容の。— Ese producto ~ sólo se vende en farmacias. この化粧品は薬局でしか売っていない。
── 男 化粧品。── 女 美容術。— Su padre es un especialista en cosmética. 彼の父は美容術のスペシャリストだ。

‡**cósmico, ca** [kósmiko, ka] 形 宇宙の，宇宙的な；全世界的な。— rayos ~s 宇宙線。

cosmódromo [kosmóðrome] 男 宇宙ロケット基地。

cosmogonía [kosmoɣonía] 女 宇宙発生論，宇宙進化論(宇宙や天体の成立を扱う研究)。

cosmogónico, ca [kosmoɣóniko, ka] 形 宇宙発生論(cosmogonía)の。

cosmografía [kosmoɣrafía] 女 宇宙形状誌；宇宙構造論；天文学における宇宙の記述。

cosmográfico, ca [kosmoɣráfiko, ka] 形 宇宙形状誌(cosmografía)の。

cosmógrafo, fa [kosmóɣrafo, fa] 名 宇宙構造論の専門家[研究家]。

cosmología [kosmoloxía] 女 宇宙論；宇宙を扱う哲学。

cosmológico, ca [kosmolóxiko, ka] 形 宇宙論の，宇宙論に関する。

cosmonauta [kosmonáuta] 男女 宇宙飛行士(=astronauta)。

cosmonáutico, ca [kosmonáutiko, ka] 形 =astronáutico, ca.

cosmonave [kosmonáβe] 女 =astronave.

•**cosmopolita** [kosmopolíta] 形 ❶全世界的な，国際的な。— París es una ciudad ~. パリは国際的な都市である。類 internacional, universal。❷世界主義的な，世界主義者の。❸《生物》汎存[普遍]種の，全世界に分布している。— especie ~ 汎存種。
── 男女 世界人，世界を股に掛ける人；世界主義者。— Son ~s que han viajado por todos los países. 彼らはあらゆる国を旅行したことのある国際人だ。

cosmopolitismo [kosmopolitísmo] 男 世界主義，国際主義，全世界的であること；世界国家思想。

cosmos[1] [kósmos] 男《単複同形》宇宙，万物，世界。— El ser humano es una pequeñísima parte del ~. 人間はこの世界の中のほんのちっぽけな一部にすぎないのだ。La astronave lleva ya un año viajando por el ~. その宇宙船はもう1年間ずっと宇宙を飛行している。

cosmos[2] [kósmos] 男《植物》コスモス，秋桜。

cosmovisión [kosmoβisjón] 女 宇宙観。

coso[1] [kóso] 男 ❶(祭りなどのための)広場，(競技場など一定のひろさをもつ)囲い地，周囲を囲った土地・場所；(一部の町で)主要な通り，大通り。❷《文》闘牛場(=~ taurino)。

coso[2] [koso] 男《虫類》キクイムシ(=carcoma)。

cospel [kospél] 男 (貨幣を鋳造するための)円形の金属。

cosque, cosqui [kóske, kóski] 男《話》頭を打つ[こづく，殴る]こと。類 coscorrón。

cosquillar [koskiʎár] 他 をくすぐる。(=cosquillear).

cosquillas [koskíʎas] 女複 くすぐったいこと。— tener ~ くすぐったい；くすぐったがる。
buscar las cosquillas 怒らせる，いらだたせる。
hacer cosquillas a ... (1) くすぐる。(2) 好奇心をそそる；わくわくさせる。La idea me *hizo cosquillas*. そのアイデアに私は心をひかれた。
tener malas cosquillas 怒りっぽい，短気である。

cosquillear [koskiʎeár] 他(自) ❶ をくすぐる，くすぐったがらせる。❷ 気をひく，わくわくさせる，うずうずする。— Me *cosquillea* la idea de pasar el verano en México. 私は夏をメキシコで過ごすという案にわくわくしている。❸ 今にも笑い[泣き]出しそうになる。

cosquilleo [koskiʎéo] 男 ❶ くすぐったいこと，くすぐったさ；むずむずすること。❷ くすぐること，くすぐり。❸ 落ち着かないこと，不安。

cosquilloso, sa [koskiʎóso, sa] 形 ❶ くすぐったい。❷ くすぐったがりやの。❸《比喩》怒りっぽい，かっとなりやすい；過敏な。

‡**costa**[1] [kósta] 女 海岸，沿岸(地方)。— La ~ mediterránea 地中海沿岸地方。navegar ~ a ~ 沿岸を航行する。veranea en la ~ 夏の休暇を海で過ごす。~ acantilada 切り立った海岸。C~ de Oro 黄金海岸。類 litoral。

costa[2] [kósta] 女 ❶ (時間・労力などの)犠牲，代償，努力。— Se compró la blusa a ~ de no comer todo un mes. 彼女は丸1ヶ月ろくに食べないでそのブラウスを買った。❷【主に 複】費用，負担(経済用語としては coste, costo)。— Las ~s de su accidente las paga la empresa. 彼の事故の費用は会社が払う。~ ajena 他人の費用で。類 gasto。❸ 複《法律》訴訟費用(敗訴側が負担する)。— reserva de ~s 訴訟費用の分離。condenar a ... en [a] ~s (人)に訴訟費用の負担を命ずる。Perdió el juicio y le obligaron a pagar las ~s. 彼は敗訴して訴訟費用の支払いを命じられた。correr con las ~s del juicio 裁判費用を負担する。類 cargas, gastos。❹ 複 (靴職人の)木やすり。
a costa (de) ... (1) を犠牲にして。*a costa de* su vida 命をかけて。*a costa de* su salud 健康を犠牲にして。Se rieron *a costa* tuya 彼らは君を笑いものにした。(2) …のお陰で。*a costa de* muchos sacrificios たくさんの犠牲を払って。Consiguió

aprobar *a costa de* mucho esfuerzo. 彼は一生懸命努力したお陰で合格できた. (3) (人)の費用[負担]で, 世話になって. vivir *a costa de* sus padres 親のすねをかじる. (4) ひどい目にあって. Me enteré a costa mía de que era de poca confianza. 私は痛い目にあって彼があまり信用できないことを知った.

a poca costa 僅かな費用で; 楽々と, やすやすと.
a toda costa/a costa de lo que sea どんな犠牲[費用]を払っても, 何としても, ぜひとも (=cueste lo que cueste).

Costa Azul [kósta aθúl] 固名 コートダジュール(フランスの地中海沿岸地帯).

Costa Blanca [kósta βlánka] 固名 コスタ・ブランカ(スペイン南東部の海岸).

Costa Brava [kósta βráβa] 固名 コスタ・ブラバ(スペイン北東部の海岸).

Costa de la Luz [kósta ðe la lúθ] 固名 コスタ・デ・ラ・ルス(スペイン南部の海岸).

Costa del Azahar [kósta ðel aθ(a)ár] 固名 コスタ・デル・アサール(スペイン東部の海岸).

Costa del Sol [kósta ðel sól] 固名 コスタ・デル・ソル(スペイン南部の海岸).

Costa de Marfil [kósta ðe marfíl] 固名 コートジボワール(首都ヤムスクロ Yamoussoukro).

costado [kostáðo] 男 ❶ 脇, 脇腹. —Se hizo una herida en el ~. 脇腹に傷を負った. ❷ 側面, 脇, 横側 (=lado). —Había acacias en los dos ~s de la calle. 道の両側にアカシアの木があった. ❸《軍事》(部隊・艦隊・船舶などの)側面, 翼(よく). ❹《比喩》(物事の)面, 側面, 局面. ❺ 家(家系で)祖父母の代; 祖父母以前の先祖. —árbol de ~s 家系図, 系統樹.

al costado. 脇の, 脇に. Le dieron un cuchillazo *al costado.* 脇腹をナイフで刺された.

de costado 横になって, 横向きに. pasar *de costado* (狭い通路などを)横向きで通る. tenderse *de costado* 横向きで寝る.

por los cuatro costados (1) (父方・母方の)祖父母の代から. Es noble *por los cuatro costados.* 祖父母の代からの貴族である. (2) 完全に, 全くの, どこもかしこも. Es japonés *por los cuatro costados.* 生粋の日本人だ. Se propagó el fuego *por los cuatro costados.* 四方八方へ火が燃え広がった.

Costa Dorada [kósta ðoráða] 固名 コスタ・ドラーダ(スペイン北東部の海岸).

costal [kostál] 男 ❶ (穀類などを入れる)大袋, 布袋. ❷《建築》(土壁を支えるための)枠木, 骨組.

estar [quedarse] hecho un costal de huesos やせ細っている[やせ衰える], 骨と皮ばかりである[になる].

el costal de los pecados《話, まれ》人間の体.
harina de otro costal 別の話, 別問題.
no parecer costal de paja (異性の)別人によく似ている.

— 形 脇の, 肋骨の. —Le dio un tremendo puñetazo en la región ~ y le rompió una costilla. 脇腹をひどく殴りつけ肋骨をへし折った.

costalada [kostaláða] 女 (仰向け又は横向きに)倒れる[倒ちる]こと; 倒れて[落ちて]体を打つこと. —darse [pegarse] una ~ 倒れる, 落ちる. Resbaló en el hielo y se dio una tremenda ~. 氷の上で足を滑らせてひっくり返った.

costalazo [kostaláθo] 男 =costalada.

costalero [kostaléro] 男 (聖週間の行列で)キリストやマリアの像を担ぐ人, 運び屋さん. —~ de procesión お祭りで聖餐台を運ぶ人.

costanera [kostanéra] 女 ❶ 坂, 斜面. 類 cuesta. ❷ 側, 脇. ❸《建築》垂木(たる木).

costanero, ra [kostanéro, ra] 形 ❶ 傾斜した, 坂になった. —camino ~ 坂道. pueblo — 坂の多い町. ❷ 沿岸の (=costero). —navegación *costanera* 沿岸航海[航行].

costanilla [kostaníʎa] 女 [<costana] 細い[短い]坂道. ♦傾斜のある通りの固有名詞に多く用いられる.

**costar [kostár コスタル] [5.1] 他 ❶ …に値する, …がかかる. ❷ (時間・労力など)を要する, 必要とする. —La casa le *ha costado* quinientos mil euros. 彼の家は 50 万ユーロかかった. El piso me *cuesta* mensualmente setecientos euros. そのマンションは月々 700 ユーロ(私に)かかる. Me *costó* mucho trabajo convencerle. 彼を説得するのが私にはとても骨が折れた. Me *costó* dos horas llegar al centro de la ciudad. 市の中心に着くのに私は 2 時間かかった.

類 valer.

— 自 ❶ 費用がかかる. ❷ 困難である, 難しい, 骨が折れる. —Le *cuesta* aprender español porque es viejo ya. 彼はもう年老いているからスペイン語を学ぶのは困難だ.

costarle caro (人)に高くつく, 高価な損害を与える. Pelearse con el policía le costó caro. 警官とけんかしたことは高くついた.

cueste lo que cueste どんな犠牲を払っても, どうしても.

Costa Rica [kósta říka] 固名 コスタリカ(公式名 República de Costa Rica, 首都サンホセ San José).

costarricense [kostařiθénse] 形 コスタリカ(Costa Rica, 中米にある共和国)の, コスタリカ人の,
— 男女 コスタリカ人.

costarriqueñismo [kostařikeɲísmo] 男 (スペイン語の中で)コスタリカ人に特有の言葉遣い・言い回し.

costarriqueño, ña [kostařikéɲo, ɲa] = costarricense.

‡coste [kóste] 男 ❶ 値段, 費用, 経費. —~ de la elección 選挙費用. ~s sociales (公共事業・社会事業などの)社会的費用. ~ de mantenimiento [de entretenimiento] 維持費. ~ de personal [de mano de obra] 人件費. El — de este coche es superior a lo que yo puedo ofrecer. この車の値段は私には手が届かない. 類 costo, gastos. 類語 costa は支払金額を意味し, coste は「費用」という意味が強い. costo は el costo de un puente「橋の費用」のようにとくに規模の大きいプロジェクトの代価に使われる. ❷ 原価, コスト, 元価. —~s de producción [de fabricación] 生産コスト. Para determinar el precio de un producto se tienen en cuenta los ~s de producción. 製品の値段を決定するには生産コストのことを考慮しなければならない. ~s adicionales [de aumento] 割増し料金. ~s corrientes 経常費.

explotación 経営費, 操業コスト. cálculos [contabilidad] de ~s 原価計算. contable de ~s 原価計算代. ～ de reposición 取替原価. ～ de ventas 〔会計〕売上原価(売上げ品の製造原価). ～ directo [básico] de producción 〔経済〕主要費用. ~s fijos [variables] 〔会計〕固定[変動]費. ～ marginal 〔会計〕限界原価. **類 importe, precio**. ❸ 〖比喩〗代償, 報い. —Fumar supone un alto ～ para la salud. 健康に対して支払う喫煙の代価は高い.

a precio de coste (生産)原価で, 仕入れ値段で. *vender a precio de coste* 原価で売る.

coste de (la) vida 生活費, 物価. *Este año se incrementó el coste medio de la vida un diez por ciento.* 今年は物価が平均で10%値上がりした. *índice del coste de vida* 生計費指数.

coste, seguro y flete 〖商業〗運賃・保険料込み値段〖略〗c.s.f.).

costear[1] [kosteár] 他 ❶ (費用)を負担する, 支払う. —*Un tío muy rico me costeó los estudios.* 裕福な伯父が私の教育費を出してくれた. ❷ 出資する; 融資する; 援助する.

—**se** 再 支払い得る, 赤字が出ない, 採算がとれる. —*Gana lo suficiente para ~se ese crucero por el Mediterráneo.* 彼はその地中海クルーズの費用を出すのに十分なだけ収入を得ている.

costear[2] [kosteár] 他 ❶ 〖海事〗(沿岸)を航行する. ❷ 縁(側, 脇)に沿って行く, 縁取るように歩く, 近くを通る. —*pasear costeando el río* 川に縁を散歩する. ❸ 〖比喩〗(困難・危険)を回避する, 避ける, よける. **類 esquivar, soslayar.**

costeño, ña [kostéɲo, ɲa] 形 海岸の, 沿岸の. —*Vive en un pueblo ~ del litoral cantábrico.* カンタブリア海沿岸のある町に住んでいる.
costanero, costero. — 名 沿岸部に住む人.

costera [kostéra] 女 ❶ (小包み・荷物などの梱包の)側面, 側. ❷ 坂, 坂道, 斜面 (=cuesta). ❸ 岸, 海岸 (=costa). ❹ 〖漁業〗(鮭などの)漁期, 漁獲の時期. —～ *del bonito* カツオの収獲期.

costero, ra [kostéro, ra] 形 海岸の, 沿岸の; 沿岸航行の. **類 costanero, costeño.**
— 男 ❶ 背板(製材の際に切り落とす, 樹木の一番外側の部分). ❷ 溶鉱炉の側壁. ❸ 〖鉱物〗坑道の側面.

costilla [kostíʝa] 女 ❶ 〖解剖〗肋骨, あばら骨. —～ *falsa* 仮(偽)肋(胸骨と直接つながっていない下部の肋骨). ～ *flotante* 浮肋骨(先端がどこにもつながっていない, 最下部の2対の肋骨). ～ *verdadera* (先端が胸骨に直結する, 上部7対の肋骨). ❷ (料理に使う動物の)あばら骨, あばら骨付きの肉, チョップ. ❸ 〖造船, 航空〗(船の)肋材, (航空機の)翼小骨. ❹ 〖建築〗リブ(アーチなどを支える横木). ❺ (椅子の背の横木, 藤かごの骨組みになるような太い部分など, 一般に)骨骨状のもの. ❻ 〖話〗妻 (=esposa). —*Se lo voy a consultar a mi ～.* 女房に相談してみよう. ❼ 複〖話〗背中, 両肩 (=espalda). —*Llevaba sobre las ~s un pesado saco de patatas.* 重たいジャガイモの袋を背負っていた.

medir las costillas したたか打つ, 殴る. *Hay que medirle las costillas a ese chico para que estudie.* その子ぶって勉強させなきゃならん.

costillaje [kostiʝáxe] 男 ❶ 〖集合的に〗肋骨; (船の)肋材. ❷ =costillar.

costillar [kostiʝár] 男 ❶ 〖集合的に〗肋骨.

costumbre 553

❷ 肋骨のある所, あばら, 胸部.

costilludo, da [kostiʝúðo, ða] 形 肩幅の広くがっしりした, たくましい, 大柄の.

‡**costo** [kósto] 男 ❶ 費用, 経費, コスト, 出費, 原価; 代価. —～ *de (la) vida* 生活費. *precio de ～* 原価 (=precio de coste). ～ *de la reparación [de la reforma]* 修理[リフォーム]代. ～ *industrial [de producción]* 生産コスト. ～ *de un puente [de una carretera]* 橋[道路]の建設費. ～ *de distribución* 流通経費. ～ *de funcionamiento* 経常支出, 運転経費. ～ *de directo* 直接経費. ~s *financieros* 資金コスト. ～, *seguro y flete* 運賃保険料込み価格, CIF. ～ *y flete* 運賃込み価格, C&F. ～ *social* 社会的費用. *Tuve que pagar un elevado ～ por aquella mercancía.* 私はその商品の高い代金を払わなければならなかった. **類 coste, importe, precio.** ❷ 努力, 犠牲. **類 esfuerzo, sacrificio.** ❸ 〖俗〗大麻. —*fumar [tomar] ～* 大麻を吸う. **類 chocolate, hachís, marihuana.** ❹ 〖植物〗コスタス(ショウガ科). ❺ 〖ラ・プラタ, プエルトリコ〗骨折り, 苦労.

vender a precio de costo/vender al costo 原価で売る.

costosamente [kostosaménte] 副 (費用・労力などを)かけて; 高価に, 高い代償を払って; 骨折って, 苦労して.

‡**costoso, sa** [kostóso, sa] 形 ❶ 費用のかかる, 値段の高い, 高価な. —*Él le ha regalado un anillo ～ de oro.* 彼は彼女に高価な金の指輪を贈った. ❷ (仕事などが)骨の折れる, 苦労の多い. —*No podía imaginar que ese trabajo fuera tan ～.* 私はその仕事があれほど骨の折れるものだとは想像できなかった.

costra [kóstra] 女 ❶ (乾いたり固まったりしてできる)上皮, 表面. —～ *de pan* パンの耳, 皮. **類 corteza.** ❷ かさぶた. **類 postilla.** ❸ ろうそくの芯の, 燃えてねじれた先端部分. ❹ ガレー船で配給されるケーキの切れ端.

costroso, sa [kostróso, sa] 形 ❶ (固い)表皮のような, 皮殻質の; 外皮のできた, 外側の固まった; (パンなどが)皮の固い. ❷ (傷が)かさぶたのある, かさぶたになっている. ❸ 〖話〗汚ない.

‡‡costumbre [kostúmbre] コストゥンブレ 女 ❶ (個人の)習慣, 癖, 習性. —*Si le miman demasiado, va a tomar la ～.* 彼を甘やかし過ぎると, 癖になるよ. *Agarró la ～ de estudiar por la noche.* 彼は夜に勉強する習慣がついた. *Llegas tarde para no perder la ～.* 君はいつものように遅刻だ. *Me pegaste esta ～.* この癖は君から移った. *Me impuse la ～ de levantarme temprano.* 私は早起きの習慣を身につけた. **類 hábito, manía, rutina.**
❷ (具体的な)慣習, 習わし, 伝統. —*seguir [regirse por] la ～* 慣習に従う. *En Navidad es ～ comer turrón.* クリスマスにはヌガー菓子を食べるのが習わしになっている. *La ～ tiene fuerza de ley [hace ley].* 習慣が法律を作る. **類 práctica, rito, tradición.**
❸ 〖主に複〗〖集合的に〗(社会・階級・時代の)慣習, 風習, しきたり. —*Cada país tiene sus usos y ~s.* 各国には各々風俗・習慣がある. *Le resultó fácil amoldarse a las ~s de ese país.* その国のしきたりに合わすことは彼にはたやすかった. *Conser-*

costumbrismo

van las ~s de antaño. 彼らは昔の慣習を守っている. novela [cuadro] de ~s 風俗小説[画]. naturalizar [introducir] ~s 習慣を採り入れる. 類 **carácter, estilo, uso**.
❹《生理》月経.

buenas costumbres (1) 品行方正, よい作法. persona de *buenas costumbres* 立派な[品行方正な]人. tener *buenas costumbres* 品行が良い. (2) 良俗, 良い習慣. corromper [viciar] las *buenas costumbres* 良い習慣をだめにする. ultraje a las *buenas costumbres* 猥褻[風紀]侵害

coger [adoptar, adquirir, contraer] la costumbre de 〔+不定詞〕…する習慣[癖]がつく. He cogido la costumbre de leer un rato antes de acostarme. 私は寝る前に少し読書する習慣がついた.

de costumbre (1) いつも, 大抵. Como *de costumbre* hoy también ha llegado tarde. いつものように彼は今日も遅刻した. (2) いつもの. a la hora *de costumbre* いつもの時間に. Cenamos en el sitio *de costumbre*. 我々はいつもの場所で夕食をとった.

establecer [instaurar] una costumbre ある習慣を確立する.

La costumbre es una segunda naturaleza. 習慣は第2の天性. (パスカルの言葉).

tener (la) costumbre de〔+不定詞〕…するのが習慣[癖]である, いつも…する. Tengo *la costumbre de* echar la siesta. 私は昼寝の習慣がついている. Tiene *costumbre de* morderse las uñas. 彼には爪をかむ癖がある.

tener por costumbre …するのが習慣[癖]である, いつも…する. Tiene *por costumbre* veranear en Santander. 彼はサンタンデールで避暑をすることにしている.

costumbrismo [kostumbrísmo] 男《文学》(ある国や地域に特有の)風俗慣習の描写, 実生活描写; 風俗習慣描写の文学.

costumbrista [kostumbrísta] 形 (文学作品が)風俗習慣を扱う, 実生活描写の, 民俗的な. ── 男女 風俗習慣描写の作家・文学者.

costura [kostúra] 女 ❶ 裁縫, 縫い物, 縫うこと; 洋裁. —alta ~ オートクチュール, (高級服の)最新流行スタイル. La ~ de la falda le ha llevado dos días. スカートを縫い上げるのに2日かかった. En el colegio nos enseñaron labores de ~. 私たちは小学校で裁縫を習いました. ❷ 縫い目, ステッチ; (ホチキス・釘などでとめた)継ぎ目. —sin ~ 継ぎ目のない, シームレスの. Llevaba una camisa roja con ~s blancas. 白のステッチの入った赤いシャツを着ていた. ❸ 傷痕, 傷. ❹ 縫いかけ[縫いかけ]の服. ❺《海事》(船の)2枚の厚板の継ぎ目.

meter en costura 分別を持たせる; 納得させる (=meter en cintura).

sentar las costuras (1) アイロンをかけて縫い目を落ち着かせる. (2)《比喩》(人に)厳しくくあたる, 罰する, 義務を課す.

costurera [kosturéra] 女 お針子, (女の)裁縫職人, 針仕事・縫い物をする人.

costurero [kosturéro] 男 ❶ 針箱, 裁縫箱; (小引き出し・針刺し等のついた)針仕事用の台. ❷ 針仕事をする部屋, 裁縫部屋 (=cuarto de costura).

costurón [kosturón] 男 ❶ 雑な縫い目, 粗い針目, 下手な縫い方をした物. ❷ 目立つ傷跡.

cota¹ [kóta] 女 ❶ 鎖かたびら, (鎖や鋲をうった革でできた)よろい. ❷ (中世の騎士の使者が着た)君主の紋章あらわれた服. ❸《古》(中世の)胴衣. ❹《狩猟》イノシシの背の固い皮膚.

cota² [kóta] 女 ❶ 料金, 会費, 分担金 (=cuota). ❷ 海抜; 標高; (基準点からの)高さ. ❸ (測量の際の)水準点, 基標. ❹ 到達点, 水準, 水準.

cotangente [kotanxénte] 女 《数学》コタンジェント, 余接.

cotarro [kotáro] 男 ❶ (昔の巡礼者や放浪者のための)安宿. ❷ 崖の斜面. ❸《比喩》(騒いでいる)人の群れ, (ざわついている)集団; (常連の)集まり, 人の輪. —alborotar el ~ 騒ぎを起こす, (人の輪の) かき乱す. Pasaba por allí y me vi en mitad del ~ sin saber qué había pasado. そこを通りかかったとき, 何だかわからないがにぎわっている群衆の中に入りこんでしまった.

andar [ir] de cotarro en cotarro ほっつき歩く, うろつく; 陰口をきき回る, 噂話をして回る.

dirigir el cotarro 牛耳る, 取り仕切る. En su casa, la mujer *dirige el cotarro*. 彼の家では奥さんが一切をきりもりしている.

cotejable [kotexáβle] 形 比べられる, 照合できる.

cotejar [kotexár] 他 を比べる, つき合わせる, 対照する; (特に書き写したもの等を)原本と照合する. —~ la copia con el original 写本をオリジナルと引き比べる. *Cotejé* los exámenes y vi que se habían copiado. 試験の答案を見ていたら写したものであることがわかった.

cotejo [kotéxo] 男 引き比べること, 対象, 照合.

coterráneo, a [koteráneo, a] 形 同郷の, 同国の, 同じ地方生まれの.
── 名 同郷人, 同国人. 類 **compatriota**.

cotí [kotí] 男 (寝具などに用いる)亜麻布・木綿布, リネン.

cotidianidad [kotiðjaniðá(ð)] 女 日常性.

:**cotidiano, na** [kotiðjáno, na] 形 日々の, 毎日の, 日常の. —pan ~ 日々の糧(て). vida *cotidiana* 日常生活. quehaceres ~s 日常の家事. 類 **cuotidiano, diario**.

cotiledón [kotileðón] 男《植物》子葉, 二葉.

cotilla [kotíja] 女 コルセット.
── 男女 噂好きの人, ゴシップ好きの人, おしゃべり屋, お節介やき. 類 **chismoso**.

cotillear [kotijeár] 自 《話》噂話をして回る, 陰口をきく. 類 **chismorrear, murmurar**.

cotilleo [kotijéo] 男 噂話をして回ること, 陰口をきくこと, ゴシップ, 中傷. —Como te vean con esa chica, va a haber ~ para rato. 君がその女の子といるのを見られたら, 当分の間は何か言われるだろう.

cotillero, ra [kotijéro, ra] 名 ❶ コルセットを製造[販売]する人. ❷ 噂好きの人, 陰口をきいて回る人.

cotillo [kotíjo] 男 (金槌等の)頭, (取っ手に対して)先端の金属部分.

cotillón [kotijón] 男 (パーティーの最後に踊る)ダンスの一種(通常ワルツの拍子で決まったステップを持つ).

cotiza [kotíθa] 女 ❶《中南米》(田舎の人がはく)サンダルの一種. ❷《紋章の》帯模様の一種.

cotizable [kotiθáβle] 形 相場の決められる, 値のつけられる, 評価しうる.

cotización [kotiθaθjón] 女 ❶《商業》(株・商品・為替などの)相場, 時価; (為替の)レート; 見積もり. — Ayer subió la ~ de este producto en el mercado. 昨日市場でこの商品の相場が上がった. ~ del dólar [de las acciones] ドル[株式]相場. ~ de cambio 為替相場, 為替レート(= tipo de cambio). ~ al contado [a término] 現物[先物]相場. ~ de apertura 始値, 寄り付き値. ~ de cierre [de clausura] 終値, (大)引け値. ~ libre 自由[気配]相場. ~ oficial 公定相場. 類 **estimación, precio, valor**. ❷ 分担[割当]金; 会費, 組合費. — Se mantendrá la actual ~ a la Seguridad Social. 現行の社会保障への負担金はそのままだろう. 類 **cuota**. ❸《比喩》評価.

cotizado, da [kotiθáðo, ða] 形 ❶《+a と》値段のついた, 相場のきめられた. ❷ 需要の多い, 売れ筋の, 人気の高い. ❸《比喩》評価されている, 尊重されている.

*****cotizar** [kotiθár] [**1.3**] 他 ❶《+a と》値段・相場を定める, …と評価する. — El anticuario *ha cotizado* esta imagen de Buda a cien mil yenes. こっとう屋はこの仏像の値段を10万円だと言った. ❷ を高く評価する, 尊ぶ.
— 自 ❶ 会費を払う, 分担金を払う. — Los miembros de la asociación tienen que ~ en abril. その協会の会員たちは4月に会費を納めなければならない. ~ a [en] la Seguridad Social 社会保険料を払い込む. ❷《経済》値うちされる. — Ese banco *cotiza* en la Bolsa de Londres. その銀行はロンドン市場に上場されている. Esa empresa *cotiza* hoy tres enteros más que ayer. その企業は昨日より今日は3ポイント相場が高くなっている.
— se 再 ❶《経済》値うけされる. — Hoy el euro *se cotiza* a 134 yenes. 今日はユーロは134円の値がついている. ❷ 評価される.

coto [kóto] 男 ❶ 境界の定まった土地・区画, 囲い地, 制限された土地, (特に)一定の猟区; 禁漁区 立入り禁止地区. 類 **vedado**. ❷ 境界石, 境界を示す印. 類 **mojón**. ❸ 限度, 限界, 境界. ❹《商業》価格協定; 公定価格. 類 **postura, tasa**. ❺ 長さの単位(1cotoは指4本分の幅, 約10cm). ❻ (ビリヤードで)1人のプレーヤーが他に3ゲーム勝ってしまう試合. ❼《中南米》甲状腺腫. 類 **bocio**. ❽《魚類》カジカ.

coto redondo 郊外の広大な地所・農園, 1人の所有者に属する地所・農園の総体.

poner coto (やりすぎ・拡大などに)歯止めをかける, 止めさせる. Hay que *poner coto* a su abuso de autoridad. 彼の職権乱用を食い止めるべきだ.

cotón [kotón] 男 ❶ 木綿のプリント生地, 綿織物. ❷《中南米》シャツ, 作業着用のシャツ; 下着, アンダーシャツ; ブラウス.

cotona [kotóna] 女 ❶《中南米》丈夫なシャツ; 革のジャケット, シャミ革(羚羊などの柔らかい革)のジャケット; アンダーシャツ, キャミソール; ブラウス, 綿シャツ.

Cotopaxi [kotopáksi] 固名 ❶ コトパクス(エクアドルの県). ❷ コトパクシ山(エクアドルの火山).

cotorra [kotóra] 女 ❶《鳥類》オウム, インコの類(主に南米産の, 羽や尾が長く緑色系の小型のもの). ❷《鳥類》カササギ. ❸《比喩, 話》おしゃべりな人, (つまらないことを)しゃべってばかりいる人. — Su mujer es muy buena, pero es una ~ que no deja hablar a nadie. 彼の奥さんはとてもいい人なのだが, よくしゃべる人で, 他の人には話させないほどだ. ❹《中南米》しびん, おまる. ❺《中南米》タクシー.

cotorrear [kotořeár] 自 ぺちゃくちゃしゃべる, 無駄話をする, しゃべりまくる. — Las vecinas *han estado cotorreando* toda la mañana. 近所の奥さんたちが午前中いっぱいペチャクチャおしゃべりを続けていた.

cotorreo [kotořéo] 男 おしゃべり, 無駄話.

cotorrera [kotořéra] 女 ❶《鳥類》(雌の)オウム, インコ. ❷ おしゃべりな人. 類 **cotorra**.

cotudo, da [kotúðo, ða] 形 ❶ 綿のような, むくむくした; 毛羽だった, 毛むくじゃらの, 毛深い. ❷《医学》甲状腺腫の, 甲状腺の腫れた.

cotufa [kotúfa] 女 ❶《植物》キクイモの塊茎(ショウガに似た形で食用). ❷ (ちょっとした)おいしい物, つまみ, 菓子; (ひと口の)美味, 珍味. 類 **gollería, golosina**. ❸《植物》カヤツリグサの地下茎(食用)(= chufa).

pedir cotufas (en el golfo) ないものねだりをする, 高望みする.

coturno [kotúrno] 男 ❶ (古代ギリシャ・ローマの)編みあげ靴(ふくらはぎまであり前面は紐で締めるブーツ形のもの). ❷ (古代ギリシャ・ローマ劇で背を高く見せるためにはく)底の厚い靴.

calzar el coturno《雅, まれ》仰々しい文体で書く, 重々しい[勿体ぶった]言葉を使う.

de alto coturno 高級な, 高尚な; 詩的な.

COU [kóu]〔< Curso de Orientación Universitaria〕男 《スペイン》大学予備課程.

covacha [koβátʃa] 女《軽蔑》❶ 小さい洞窟, ほら穴. ❷ あばら屋, 掘っ建て小屋, 粗末な住まか. ❸《アンデス》納戸, 物入れ. ❹《アンデス》八百屋, 青物店. ❺《アンデス》犬小屋. ❻ (外壁などに作り付けの)石のベンチ, 腰掛け.

covachuela [koβatʃuéla] 〔< covacha〕女 ❶ (昔の)省, 局, 官房, 事務局(通常, 王宮の地下にあった); (一般に)役所, (公的)事務所. ❷ (教会などの地下室の外側にあった)小店.

covachuelista [koβatʃuelísta] 男女《軽蔑》事務員, 公務員 (covachaに務める人).

covadera [koβaðéra] 女《中南米》グアノ (guano, 海鳥の糞が化石化したもので肥料にする)の堆積地・採掘地.

coxal [koksál] 形《医学》腰の; ヒップの; 股関節部の.

coxcojilla, coxcojita [ko(k)skoxíʎa, ko(k)skoxíta] 女 石けり遊び.

coxis [kóksis] 男《単複同形》《解剖》尾骨, 尾骶骨(びていこつ) (= cóccix).

coy [kói] 男 ❶《海事》吊床, ハンモック(厚手の布の四隅を吊るしたもので, 船員が寝床にする). ❷《中南米》揺りかご.

coyote [kojóte] 男 ❶《動物》コヨーテ(北米西部の草原に住む, オオカミに似たイヌ科の肉食獣). ❷《中南米》白人. ❸《中南米》抜け目のない人. ❹《商業》投機家, 出資者.

coyunda [kojúnda] 女 ❶ (牛などをつなぐ)縄, 綱, 紐. ❷ (昔のサンダルの)革紐. ❸《比喩》束縛, 圧迫; 服従. ❹《比喩・戯》夫婦の結びつき; セックス.

coyuntura [kojuntúra] 女 ❶ 関節. 類 **articulación, junta**. ❷《比喩》機会, チャンス, 好機.

coyuntural

—Esta no es la mejor ~ para abordar el problema. その問題と向き合うには今が絶好のチャンスとは言えない. 類**ocasión, oportunidad**. ❸ 状況, 事情. —La ~ económica no es propicia para emprender un nuevo negocio. 新しい取引きを始めるには経済状 j 況が適切でない.

coyuntural [kojunturál] 形 一時的な, 現在の; 景気の.

coz [kóθ] 女 [複 **coces**] ❶ (馬などが後足で)蹴ること, 蹴り. —dar [pegar, tirar] una ~ [coces] 蹴る. No te acerques al caballo que puede darte una ~. 蹴られるかもしれないから, 馬に近寄ってはいけないよ. ❷ (銃・砲の反動, 後座(発砲の際に衝撃で銃身が後退すること). ❸ (水流などが障害物にぶつかった時の)逆流; 引き舞い. ❹ 床尾, 銃尾(銃身・砲身の尻部分, 後の先端部); (木・木の)根元側の先端, 太いほうの端; (船の)帆柱の根元. ❺ 《比喩, 話》無礼な物言い, 無作法な返事, 悪態. —soltar una ~ 乱暴な口のきき方をする.

dar [tirar] coces contra el aguijón 悪あがきをする, 無駄な抵抗をする.

mandar a coces つっけんどんに命令する, 乱暴に命じる.

tirar coces 反抗する, 従わない.

tratar a coces (人を)無遠慮に扱う, 横柄な態度をとる.

C. P. 《略号》 ❶ =Código Postal 郵便番号. ❷ =Contador Público 公認会計士.

crac [krá(k)] 男 ❶ 《商業》倒産, 破産. 類 **bancarrota, quiebra**. ❷ 《擬声語》バキッ, ガチャン, (物が)壊れるときなどの音).

crampón [krampón] 男 釣りかぎ; アイゼン(登山靴の裏につける鉄のツメ); (一般に, 滑り止めや物を引っかけるための)鉤爪, かぎ爪.

cran [krán] 男 《印刷》ネッキ(活字の向きなどをわかりやすくするため, 字型の側面につけてある溝).

craneal [kraneál] 形 《解剖》頭蓋の, 頭の. —bóveda ~ 頭蓋骨の上部, 頭頂部.

craneano, na [kraneáno, na] 形 →craneal.

‡**cráneo** [kráneo] 男 ❶ 《解剖》頭蓋(骨). —fractura del ~ 頭蓋骨骨折. 類**cabeza**. ❷ 《南米》《話》非常に頭のいい人.

ir [andar] de cráneo (1) [+con, 現在分詞] てんてこ舞いである, 大変忙しい. Estos días *voy de cráneo* preparando los exámenes. このところ私は受験準備でてんてこ舞いです. (2) 《話》(解決・達成が)うまくいかない, 調子が悪い. Este curso *voy de cráneo*, no apruebo una. 今学期私は調子が悪い. 1 科目も合格しない. (3) 《話》間違っている. *¡Vas de cráneo!* だめだよ!

llevar de cráneo a ... 《話》(人を)困らせる.

secársele el cráneo a ... 《話》気が狂う, 頭がおかしくなる. A don Quijote *se le secó el cráneo* de tanto leer libros de caballerías. ドン・キホーテは騎士物語を読みすぎて気が狂った.

tener seco el cráneo 《話》気が狂っている, 頭がおかしい, 狂人である.

crápula [krápula] 女 ❶ 放蕩(とう)生活, 放埒. 類**disipación, libertinaje**. ❷ 酒浸り. 類**borrachera, embriaguez**.

—— 男女 放蕩(とう)生活を送っている人.

crapuloso, sa [krapulóso, sa] 形 放蕩(とう)生活を送っている; 放縦な, 自堕落な; 酒浸りの.

—— 名 放蕩者, 道楽者.

craquear [krakeár] 他 《化学》をクラッキングする(原油からガソリンを得るなどのため, 熱分解する).

craqueo [krakéo] 男 《化学》(石油・タールなどの)熱分解, クラッキング.

crascitar [krasθitár] 自 (カラスが)カアカア鳴く.

crasitud [krasitú(ð)] 女 脂肪; 肥満; 脂っこいこと.

craso, sa [kráso, sa] 形 ❶ 脂肪の多い; 肥満の, 太った; (液体などの)粘り気のある, どろっとした. 類**espeso, gordo, grueso**. ❷ 《比喩》(誤り・無知などが)ひどい, 甚だしい, 大きい. —Has cometido un ~ error. お前はとんでもない間違いをしかした. Lo que has hecho es un ~ disparate. あんたのしたことは全くむちゃくちゃだ. 類**indisculpable**.

cráter [kráter] 男 ❶ (a) (火山の)噴火口, 火口. (b) クレーター. —~ lunar 月面クレーター. —~ formado por el impacto de un meteorito 隕石の衝突によりできたクレーター. (c) 爆弾・砲弾の落ちた跡. ❷ (C~)《天文》コップ座 (= Copa).

crátera [krátera] 女 《考古》(古代ギリシャ・ローマで, ブドウ酒を水で割る際に用いた)大型の)器.

‡**creación** [kreaθjón] 女 ❶ (神による)創造, 天地創造, 創世. —La Biblia nos cuenta la ~ del mundo por Dios. 聖書は私たちに神による天地創造の話を伝えている. ❷ (機関・役職などの)創設, 創立, 建設. —~ de una universidad [de un fondo, de un club] 大学[基金, クラブ]の創設. —~ de nuevos cargos [de nuevas plazas] 新しい役職の創設. Tarea primordial del gobierno será la ~ de puestos de trabajo. 働き口の創設が政府のいの一番の仕事である. 類**fundación, institución**. ❸ (a) (芸術・文化などの)創作. —~ de una novela 小説の創作. En la ~ de la gigantesca obra trabajan tres escultores. この巨大な作品の創作に 3 人の彫刻家が携わっている. (b) 《服飾》新作, ニューモード, 新製品; (芸術的・文学的な)創作品. —presentar las últimas *creaciones* en trajes de baño 最新水着ファッションを発表する. 類**invención, obra, producción**. ❹ (神が創造した)世界, 宇宙, 万物. —toda la ~ 森羅万象. El hombre es el rey de la ~. 人間は万物の霊長である. Mi madre es la persona a quien más quiero de la ~. 私の母親は私が世界のうちでこの上もなく愛する人である. 類**cosmos, mundo, universo**.

‡**creado, da** [kreáðo, ða] 過分 形 ❶ 任命された, 叙任された(主に, 法王, 枢機卿(けい)). —Fue ~ papa [cardenal]. 彼は法王[枢機卿]に任命された. ❷ 創造された, 創作された; 創設された, 創立された.

‡**creador, dora** [kreaðór, ðóra] 形 ❶ 創造する, 創造力のある, 創作[創作]的な. —mente *creadora* 創造的精神. talento ~ 創造[創作]の才能. facultad *creadora* 創造力. artista ~ 創造力のある芸術家. 類**inventor, productor**. ❷ 創造主の, 神の. —— 名 創造者, 創始者, 創案者. —el C~ 創造主, 造物主, 神.

****crear** [kreár] 他 ❶ を創造する, 作り出す. —Mucha gente cree que Dios *creó* este mundo de la nada. 神がこの世界を無から創造したと信じている人は多い. ❷ を創作する, 制作する, 初めて提唱する. —~ una sinfonía 交響曲を作曲する. Einstein *creó* la te-

oría de la relatividad. アインシュタインは相対性理論を唱えた。 ❸ を創設する。 —Francisco Giner de los Ríos *creó* la «Institución Libre de Enseñanza» en 1876. フランシスコ・ヒネル・デ・ロス・リーオスは 1876 年に『自由教育学園』を創設した。 ~ empleo 雇用を創出する。 Van a ~ una plaza para él. 彼のために役職が設けられるだろう。 ❹ を作る, 作り出す。 —~ se el mal hábito de morderse las uñas 爪をかむ悪癖をつける。 ~ un ambiente acogedor 歓迎ムードを作る。 ~ necesidades [abusos] 必要[乱用]を生む。 ❺ (教皇・枢機卿に)選任する。
—**se** 再 ❶ 生じる。 ❷ (自分のために)を作り上げる。

creativo, va [kreatíβo, βa] 形 創造力のある, 創造性に富む; 創作的。

crecedero, ra [kreθeðéro, ra] 形 成長力のある; 増大しうる。

*****crecer** [kreθér クレセル] [9.1] 自 ❶ 成長する, 大きくなる。 —Tu hijo *ha crecido* mucho este último año. 君の息子はこの 1 年とても大きくなった。 En el huerto *crecen* los tomates. 菜園ではトマトが育っている。
❷ 増大する, 量が増える; 増大する。 —El río *ha crecido* tras las últimas lluvias. 川は最近の雨の後増水した。 El ruido del tren *crecía* a medida que se acercaba. 列車が我々に近づくにつれてその騒音は増していった。 Las importaciones *han crecido* en un tres por ciento. 輸入は 3 パーセント増加した。
❸ (財産などの価値が)上昇する。 ❹ 広がる, 広まる, 伝わる。 —~ un rumor 噂が広がる。 ❺ (月が)大きくなる。 —~ la luna 月が大きくなる。
他 (編み物で編み目)を増す。
—**se** 再 ❶ 高慢になる, 鼻高になる。 —~*se* ante personas inferiores 目下の人の前で傲慢になる。 ❷ 強くなる, 大胆になる; 元気を出す, 勇気が出る。 —*Se crece* ante los obstáculos. 彼は障害を前にして奮起する。

creces [kréθes] 女 複 ❶ 成長・増大; 成長の兆し, 成育。 ❷ (子供の成長を考慮して服の幅などにもたせる)ゆとり。 ❸ (小麦などを移動の際増量すること。 ❹ 余分。 —con ~ 余分に, 必要以上に; 豊富に。 pagar [devolver] con ~ 利子をつけて払う[返す]。 Me devolvió con ~ el favor que le había hecho. 彼は私の好意に対して十分すぎるほど報いてくれた。 Superó con ~ la nota media exigida para pasar el examen. 彼の成績は試験にパスするのに必要な平均点を大きく上回るものだった。

crecida [kreθíða] 女 ❶ (川などの)増水, 水位の上昇。 ❷ (青・少年期の)急激な成長, 日毎に目に見えて大きくなること。

*****crecido, da** [kreθíðo, ða] 過分 形 ❶ [estar +] 成長した, 大きくなった。 —Tiene un hijo ya ~. 彼にはもう大きい息子がひとりいる。 ❷ [名詞に前置] 相当の, かなりの, 多量の, 多数の。 —Un ~ número de clientes se ha quejado del servicio. 相当数のお客がそのサービスに苦情を申し立てた。 類 **abundante**. ❸ (川が)増水した, 氾濫(はんらん)した。 —Debido a las últimas lluvias, el río está [va] muy ~. この間の雨で川はとても増水している。 ❹ 増長した, 得意になった。
—男 ❶ 複 (編み物の)増やし目。 ❷ 成長, 大きくなること。

crédito 557

creciente [kreθiénte] [< crecer] 形 成長する, 増大する。 —luna (en cuarto) — 上弦の月。 La ecología despierta un ~ interés entre la gente. 自然環境は人々の間にますます関心をよびさましている。
—女 ❶ 上げ潮, 満潮。 —aguas de ~ [~ del mar] 上げ潮, 満潮。 反 **menguante**. ❷ 上弦の月。 —~ de la luna 上弦の月。
—男 (紋章図案で)三日月形

crecimiento [kreθimiénto] 男 ❶ (動植物の)成長, 発育。 —período [etapa] de ~ 成長期。 Al los diez años, un niño está en pleno ~. 子供は 10 才で成長真っ盛りである。 類 **desarrollo**. ❷ 増大, 増加, 発展; 成長率。 —~ económico [de la economía] 経済成長。 ~ natural (人口の)自然増。 tasa de ~ 成長率, 増加率。 ~ de la población 人口増加。 industria en ~ 成長産業。 La producción de la empresa ha experimentado un ~ del 30% este año. 会社の生産高は今年 30% 増加した。 類 **aumento, incremento**. 反 **descenso, disminución**. ❸ (川の)増水, 洪水, 氾濫。 ❹ (月が)満ちること。 ❺ (商業)(貨幣価値の)騰貴。

crecimiento cero (経済)ゼロ成長。
crecimiento vegetativo [*natural*] (人口などの)自然増加。

credencial [kreðenθiál] 形 信任の; 保証の, 証明となる。 —tarjeta [carta] ~ 信任状。
—女 信任状; (人物の役割を証明する)証明書。 —El ministro presentó su ~ ante el Rey. 首相は国王に就任書を提出した。

credibilidad [kreðiβiliðá(ð)] 女 信じられること, 信憑性, 信用。 —Al descubrirse el fraude, su ~ ha quedado en entredicho. 不正行為が発覚し彼は信用を失った。

crediticio, cia [kreðitíθjo, θja] 形 信用貸の, 貸し付けの; 借款の, 融資の。

*****crédito** [kréðito] 男 ❶ 信用, 信頼; 信望, 人望。 —La noticia merece entero ~. そのニュースは全面的に信用するに値する。 No di ~ a los rumores de su dimisión. 私は彼の辞任の噂を信じなかった。 Ese profesor tiene mucho ~ entre los estudiantes. その先生は学生に大変信頼されている。 cirujano de gran ~ 信望の厚い外科医。 El abogado goza de mucho ~. その弁護士は信望が厚い。 ganar [perder] ~ 信用を得る[失う]。 類 **confianza, credibilidad, prestigio**. 反 **duda**. ❷ (商業)(支払い能力の)信用。 —comerciante de ~ 信用できる商人。 documento de ~ 信用証券。 Le fían porque tiene ~ en esta tienda. 彼はこの店には信用があるので掛け売りをしてもらえる。 類 **confianza, solvencia**. ❸ (商業)信用貸し, クレジット, ローン; 金融(機関); 支払い猶予期間。 —Pidieron [Solicitaron] un ~ al banco para poder pagar el piso. 彼らはマンションの購入代金が払えるように銀行にローンを申し込んだ。 Lo compramos todo con ~s a sesenta días. 私たちはすべて 60 日の掛けで買っています。 dar seis meses de ~ a ... (人)に 6 か月の信用貸しを認める。 recibir un ~ del banco 銀行から融資を受ける。 retirar el ~ 信用取引をやめる。 tarjeta de ~ クレジットカード。 venta a ~ 掛け売り, 信用[クレジット]販売。 banco de ~ 信用銀行。

congelación [restricción] de ~ 金融の引き締め. control de ~ 金融調整. cooperativa de ~ 信用組合. facilidades de ~ クレジット[信用貸し]制度. techo [límite, línea] de ~ (銀行の)貸出限度額, 信用供与限度額. interés sobre el ~ 貸出金利. ~ sin [libre de interés] 無利子のローン. ~ bancario 銀行貸付け, 銀行信用. ~ abierto オープンクレジット. ~ blando ソフトローン(低利長期ローン). ~ de apoyo 借入予約. ~ público [oficial] 公信用. ~ puente つなぎの融資. ~ rotativo [renovable] 回転クレジット. ~ hipotecario 担保付[抵当付]貸付け. ~ a corto [medio, largo] plazo 短期[中期, 長期]ローン. ~ a los consumidores [de consumo] 消費者金融. ~ agrícola 農業金融. ~ inmobiliario 不動産金融. otorgamiento de ~s 信用供与. 類**adelanto, anticipo, préstamo**. ❹ (*a*) (商業)**貸付け金**, 借款(しゃっかん)(→deuda「借り, 借金」). —Tengo por cobrar un ~ de 100 euros. 私はまだ取り立てていない貸付け金が100ユーロある. Está a la espera del cobro de un ~ por un valor de 23.000 euros. 彼は23,000ユーロの金額の支払いを待っている. ~ condicionado [atado] ひもつき借款. (*b*) (商業)貸方. —cuenta de ~ 貸方勘定(=cuenta acreedora)(→cuenta deudora「借方勘定」). ~ a cobrar 貸越勘定. ❺ (商業)信用状(=carta de ~/letra abierta). —abrir carta de ~/abrir un ~ a... (人)に信用状(LC)を開設する. abertura del ~ 信用状の開設. (carta de) ~ irrevocable 取消不能信用状. ~ documentario 荷為替信用状. ❻ 評判, 名声, 名誉. —Tiene ~ de ser el hijo más inteligente de su familia. 彼は家族の中で一番頭がいい子供だとの評判だ. Esta marca goza de mucho ~ entre los usuarios. このブランドは利用者の間で大変好評だ. 類**fama, renombre, reputación**. 反**descrédito, desprestigio**. ❼ (大学の)(履修)単位. —una asignatura de seis ~s 6単位の科目. ❽ (商業)資産. —~s activos 資産. ~s pasivos 負債.

a crédito (1) クレジットで, 掛けで, 信用貸しで, つけで (=al fiado). Puedo comprar *a crédito* en esta tienda. 私はこの店でクレジットで買える. Me adelantaron parte del sueldo *a crédito*. 私は給料の一部を前払いしてもらった. (2) 分割払いで (=a plazos). Me he comprado el coche *a crédito*. 私はその車を分割払いで買った.

dar a crédito (担保なしで金)を貸す, (商品)を供給する.

dar [*conceder, prestar*] *crédito a* ... (物事・人)を信用する, 信じる. No podía *dar crédito a* mis ojos [a mis oídos]. 私は自分の目[耳]を疑った. No *doy crédito a* nada de lo que dice ese hombre. 私はその男の言うことは何も信じない.

dar [*conceder*] *un crédito a* ... …に貸し付ける. Están esperando a ver si les *conceden* o no *el crédito*. 彼らは貸付を受けられるかどうか待っている.

digno de crédito 信用[信頼]に値する.

sentar [*tener sentado*] *el crédito* 名声を得ている.

tener crédito (1) (特に支払い能力の点で)信用できる. *Tiene crédito* para poder abrir un nuevo establecimiento. 彼は新しい店を開ける支払い能力がある. (2) 評判[有名]である. El aceite de oliva español *tiene* un reconocido *crédito* internacional. スペインのオリーブ油は国際的に定評がある.

tener crédito de ... …という評判である, …で有名である. Tiene *crédito de* muy escrupuloso. 彼はとても几帳面だという評判だ.

credo [krêðo] 男 ❶ 信条, 信念, 所信, 主義. ❷ 《宗教》信徒信条(キリスト教における信仰告白を表わした文言. ラテン語で「私は信じる」を意味する言葉 credo で始まる): クレド(キリスト教のミサで唱える或いは歌う信徒信条の文言).

en un credo すぐに, わずかな時間で.

que canta el credo 途方もない, とんでもない. Dice cada mentira *que canta el credo*. 彼の言うことはみんな真っ赤な嘘だ.

credulidad [kreðuliðá(ð)] 囡 何でも信じてしまうこと; 馬鹿正直, お人好し; 無邪気. —Aprovechándose de su ~ le gastan muchas bromas. 彼の何でも真に受けるのをいいことに皆はよく彼をかついでからかっている.

crédulo, la [krêðulo, la] 形 (人の話を)信じやすい; だまされやすい; 純真な, 無邪気な.

creederas [kreeðéras] 囡複 何でもすぐ信じること, 信じやすい性質, だまされやすさ. 『主に次の用法で』—tener buenas [grandes, bravas] ~ お人好しである, 何でもすぐ信じやすい, ひっかかり易い. 類**credulidad**.

creedero, ra [kreeðéro, ra] 形 信用できる, 信じられる (=creíble).

:**creencia** [kreéṉθja] 囡 ❶ 信じていること, 確信 (→duda「疑い」). —Tengo la (firme) ~ de que todas las personas son buenas por naturaleza. 人は皆生まれつき善人だと私は確信している. 類**certeza, certidumbre, convicción**. ❷ 〖主に複〗《宗教》信仰 (=~s religiosas). —respetar las ~s de los demás 他人の信仰を尊重する. 類**religión**. 反**descreimiento**. ❸ 〖主に複〗(政党などの)信条, 信念, 信奉. —~s políticas 政治信条, 政治上の信念. 類**credo**. 反**duda**.

creencia popular 民間[世俗]信仰.

en la creencia de que ... …と信じて.

creer [kreér クレエル] [2.3] 他 ❶ を[…と]信じる. —*Cree* todo lo que le dicen. 彼は自分に言われることをすべて信じてしまう. La *creí* y ahora me arrepiento. 私は彼女を信じたが, 今は後悔している. ❷ 〖+que+直説法/否定の場合は+接続法〗と思う, 考える. —*Creo* que aprobará el examen. 彼はその試験に合格するだろうと私は思う. No *creo* que llueva mañana. 私は明日雨が降るとは思わない. *Creí* haber cumplido con mi deber en ese momento. 私はその時は私の義務を果たしたと思った. Lo *creo* muy inteligente. 私は彼がとても頭がいいと思う. Lo *creo* en Madrid. 私は彼がマドリードにいると思う. No me *lo creo*. 私はそうは思わない.

— 自 ❶ 〖+en (存在)を〗信じる. —Yo *creo en* Dios. 私は神の存在を信じる. *Cree en* la resurrección de los muertos. 彼は死者の復活を信じる. *Creo en* la democracia [el comunismo]. 私は民主主義[共産主義](の価値)を信じる. ❷ 信仰を持つ.

—**se** 再 ❶ (軽率に)信じてしまう. ❷ 自分が…だと思う. —*Se cree* muy listo. 彼は自分がとても利口だと思っている.

dar en creer (軽率に)信じこむ.

no (te) creas (はっきりしないことを断定して)本当に, 実際, …なんだよ.

¡Ya te crees tú eso! そんなばかな!, とんでもない!

¡Ya lo creo! もちろん! その通りだ!

creí- [kreí-] 動 creer の直・完了過去, 過去分詞.

creíble [kreíβle] 形 (容易に)信じられる, 信用できる.

creído, da [kreído, ða] 形 ❶ 思い上った, 自惚れの強い, 自信過剰の. 類 **engreído, presumido, vanidoso**. ❷ 信じやすい, 大人お好しの. 類 **confiado, crédulo**. ❸ 思い込んでいる, 信じている. —Se tenía ~ que algo iba a ocurrir. 何か起こるものと信じ込んでいた.

crema¹ [créma] 女 《文法》クレマ, 分音符号, 変母音記号:gë, gî のようにつける符号(¨)(=diéresis).

‡**crema²** [kréma] 女 ❶ 《食品》クリーム, 乳脂(=nata); (熟した牛乳にできる)乳皮. —~ batida [(de) Chantilly] ホイップ・クリーム. café con ~ クリーム入りコーヒー. 類 **flor, nata**. ❷ 《菓子》カスタードクリーム; クリーム状の菓子. —~ de chocolate チョコレートクリーム. ~ pastelera カスタード[ケーキ用]クリーム ~ agria サワークリーム. ~ catalana カラメルソースをかけたカスタードクリーム. ~ de leche 生クリーム. ❸ 《料理》クリームポタージュ[スープ]; ピュレ; クリーム状のチーズ. —~ de espárragos [de champiñones, de calabacín] アスパラガス[マッシュルーム, ズッキーニ]のクリームポタージュ. ❹ (酒)クレーム(濃口で甘口のリキュール). —~ de cacao クレーム・ド・カカオ. —~ de menta ミントリキュール. ❺ (化粧品・薬品などの)クリーム, 乳液; 靴クリーム. —~ de belleza [de afeitar] 美容[シェービング]クリーム. ~ hidrante [humectante] モイスチャークリーム. ~ limpiadora クレンジングクリーム. ~ antiarrugas しわ予防クリーム. ~ depilatoria 脱毛クリーム. ~ dental 練り歯磨き. ~ de [para] zapatos/~ de calzado 靴クリーム, 靴墨. dar a los zapatos 靴に靴墨を塗る. ponerse una ~ bronceadora 日焼け用クリーム[サンオイル]を塗る. 類 **pasta**. ❻ エリート, 選(エ)り抜き, 精華, 名士. —la ~ y nata de la sociedad 最上流階級の人たち, 社交界の花形. la ~ de la ciudad 町のお偉方. la ~ de la intelectualidad 選り抜きの知識人. ❼ 〔不変〕〔形容詞的に〕—camisa (de) color ~/camisa ~ クリーム色のシャツ. ❽ (皮肉)一人前, 立派な人.

cremá [cremá] 女 (バレンシアの火祭りで)張子の大人形を燃やすこと.

cremación [kremaθjón] 女 ❶ 火葬. ❷ (ゴミなどの)焼却. 類 **incineración**.

cremallera [kremaʎéra] 女 ❶ ファスナー, ジッパー. ❷ 《機械》ラック, 歯竿(小歯車とかみ合わせて用いる, 歯形のついた棒). —ferrocarril de ~ ラック鉄道(車輛に歯車, 線路に歯形つきのレールを取り付け, かみ合わせて急勾配を登れるようにした鉄道).

crematística [krematístika] 女 →crematístico.

crematístico, ca [krematístiko, ka] 形 ❶ 経済学・利殖論の, ❷ 金銭上の, 経済的な.
— 女 ❶ 《政治》経済学, 理財学. ❷ 《話》金銭問題, お金に関する話.

crematorio, ria [krematórjo, rja] 形 火葬の; 焼却の. —horno ~ 焼却炉; 火葬炉. —男 火葬場; 焼却場; 焼却炉.

crémor [krémor] 男 《化学》酒石英, 酒石酸(ブドウ等に含まれる酸味のある物質で, 染色・薬・清涼飲料等に用いられる). =crémor tártaro [tartárico]

cremoso, sa [kremóso, sa] 形 クリームの; クリーム状の. —queso ~ クリームチーズ.

crencha [krénʧa] 女 ❶ 頭髪の分け目. ❷ (2つに分けた髪の各々の)毛束.

creosota [kreosóta] 女 《化学》クレオソート(タールから得られる油液で, 防腐剤などに用いられる).

crepe [krépe] 女 《食物・菓子》クレープ. —De postre comí una ~ de chocolate. デザートにはチョコレートのクレープを食べました.

crepé [krepé] 男 ❶ ちりめん, 縮み織りの生地, クレープ生地. ❷ 靴底などに用いる縮みじわのついたゴム板, クレープゴム. ❸ 付け毛, 入れ髪(髪のボリュームを増すために使う人造毛). ❹ クレープペーパー(造花などに使う縮みじわのついた紙).

crepitación [krepitaθjón] 女 ❶ パチパチという音, パリパリと乾いた音をたてること. ❷ 《医学》(骨折時の)骨同士の摩擦する音; (空気が肺に入って来るときの)捻髪音.

crepitante [krepitánte] 形 パチパチ鳴る; 捻髪音の.

crepitar [krepitár] 自 (薪が燃えるときなど)パチパチいう, パリパリと音をたてる, 乾いた音がする. —Se durmió oyendo ~ la leña en la chimenea. 暖炉で薪が燃えるパチパチという音をききながら眠りについた.

crepuscular [krepuskulár] 形 薄明の, 黄昏の, ほの暗い[明るい]. —luz ~ 薄明かり.

‡**crepúsculo** [krepúskulo] 男 ❶ (日出・日没前後の)薄明かり; 黄昏(たそがれ)(時), 夕暮れ, 薄暮; 明け方, 黎明, 暁. —~ matutino [de la mañana] 暁, 夜明け, 暁. ~ vespertino [de la tarde] 夕暮れ(時), 黄昏(時). Durante el ~ de la tarde, el cielo se va oscureciendo. 夕暮れ時, 空は次第に暗くなっていく. Con el ~ salía a pasear por el bosque. 黄昏時私はよく森を散歩しに出かけたものだ. ❷ 《比喩, 文》衰退期, 末期, 晩年. —~ de la vida [de su vida, de su existencia] 人生の黄昏時, 晩年. El escritor ganó el premio en el ~ de su carrera. その作家は作家生活の晩年に賞を取った. 類 **decadencia, declive, ocaso**. 反 **auge**.

cresa [krésa] 女 ❶ 虫(特にハエ・蜂などの)卵, (腐肉等に生みつけられた)卵の塊. ❷ 蛆, 蛆虫.

crescendo [kresθéndo] 男 《音楽》クレッシェンド(だんだん強くすること).
— 副 だんだん強く.

in crescendo だんだん強く[大きく], 次第に程度を増して. A medida que hablaba, la emoción del público iba *in crescendo*. 彼が話すほどに聴衆の興奮が増していった.

crespo, pa [kréspo, pa] 形 ❶ (髪が)縮れた, 縮れ毛の. —Tenía el pelo rubio y ~. 金髪の縮れ毛だった. ❷ (葉が病虫害で)縮んだ, しわのよった. ❸ (文体や言い回しが)ひねった; 込み入った, 分りに

560 crespón

くい。❹《比喩》不機嫌な、いら立っている。 類 **alterado, irritado**. ― 男 縮れ毛; 巻き毛.

crespón [krespón] 男 ❶ ちりめん、クレープ布、ちぢみ織りの布. ❷ (弔意を表して帽子や袖、旗などにつける)黒いクレープ布, 喪章.

cresta [krésta] 女 ❶ (鶏などの)とさか; (一般に鳥類の)冠毛. ― Ese punk lleva una ～ de pelo teñida de rojo. そのパンク兄ちゃんは赤く染めたモヒカン刈りにしている. ❷ 波頭. ❸ 山頂. ❹ 前髪. ❺ (かぶとの)前立て, 羽飾り.

alzar [levantar] la cresta 鼻にかける, 偉ぶる.
dar en la cresta (高慢な人・偉ぶっている人の)鼻をへし折る, やっつける; 屈辱を与える. 類 **humillar, mortificar**.
estar en la cresta de la ola 絶頂にある, 絶好調である, 一番いい時期である. Ese actriz *está en la cresta de la ola* y se la disputan los directores. その女優は今が絶頂期で, 監督達の間で引っぱりだこになっている.

crestería [krestería] 女 ❶ (建築)(特にゴシック様式で)建物の最上部に連ねた透かし彫りの飾り. ❷ 城壁の最上部(凸凹状の部分). ❸ (一般に)防御用の建造物(防護壁など)の上部.

crestomatía [krestomatía] 女 選集, 詩文集, アンソロジー(名作の抜粋などを集めて, 特に教育用に編むもの).

crestón [krestón] (< cresta) 男 ❶ かぶとの頭頂部(羽根飾りをつける所). ❷ (地表に露出した)鉱脈・岩など.

Creta [kréta] 固名 (Isla de ～) クレタ島.

creta [kréta] 女 白堊(石灰岩の一種. 灰白色で軟らかく, チョークなどに用いる).

cretáceo, a [kretáθeo, a] 形 ❶ 白堊(creta)の. ❷ 《地質》白堊質の, 白堊紀の. ― 男 白堊紀, 白堊層.

cretácico, ca [kretáθiko, ka] 形 《地質》白堊紀の.

cretense [kreténse] 形 クレタ島(la isla de Creta, 地中海東部にあるギリシャ領の島)の, クレタ出身の. ― 男女 クレタ人, クレタ島出身者.

cretinismo [kretinísmo] 男 ❶ 《医学》クレチン病(甲状腺の機能不全による先天性の発育障害, 小人症等の症状を呈する). ❷ 知的発達の遅れ. ❸ 《比喩》馬鹿なこと, 愚かなこと. 類 **estupidez, idiotez**.

cretino, na [kretíno, na] 形 ❶ クレチン病(cretinismo)の, クレチン病にかかっている. ❷ 《比喩》頭の弱い, 知能の低い; 馬鹿な, 愚かな. 類 **estúpido, necio**.
― 名 ❶ クレチン病患者. ❷ 馬鹿; 白痴.

cretona [kretóna] 女 クレトン(プリント地又は白の丈夫な木綿布; カーテンやタペストリーに用いる).

Creus [kréus] 固名 (Cabo de ～) クレウス岬(スペインの岬).

creyendo [krejéndo] 動 creer の現在分詞.

creyente [krejénte] 形 (特に, ある宗教を)信仰する, 信じている, 信心のある. ― 男女 信者, 信奉者.

creyera(-) [krejéra(-)] 動 creer の接・過去.

creyeron [krejéron] 動 creer の直・完了過去・3 複.

creyese(-) [krejése(-)] 動 creer の接・過去.

creyó [krejó] 動 creer の直・完了過去・3 単.

crezca(-) [kréθka(-)] 動 crecer の接・現在.

crezco [kréθko] 動 crecer の直・現在・1 単.

crí- [krí-] 動 criar の直・現在, 接・現在, 命令・2 単.

cría [kría] 女 ❶ 飼育, 飼養; 養殖. ❷ (動物の)子, 仔, 雛, 稚魚. ❸ 一腹の仔, 一度に生まれた仔; 一度にかえした雛・稚魚. ― La perra tuvo una ～ de seis perritos. 犬が 6 匹子を生んだ. ❹ 赤ん坊, 乳飲み子.

ama de cría 乳母.

‡**criada** [kriáda] 女 お手伝い, メード, (女性の)使用人. ― Ha contratado a una ～ para que le ayude en las faenas de la casa. 彼は家事を手伝ってもらうためにお手伝いさんを雇った. ～ para todo (servicio) 家事全般をこなすお手伝い. ～ por horas 通いのお手伝い. 類 **chica, muchacha, sirvienta**. 反 **ama, dueña, señora**.

criadero [kriaðéro] 男 ❶ 苗床(植物, 特に樹木の苗木を発芽後に一たん移植し, 最終的に植え付けるまでの間育てておくための場所). ❷ 養殖場, 養蚕場, 養魚場. ― ～ de crustáceos 甲殻類の養殖場. Estos basureros son ～s de ratas. このへんのゴミ置き場はネズミの温床になっている. ❸ 鉱脈, 鉱床.

criadilla [kriaðíja] 女 ❶ (牛などの)睾丸(食用にする). ❷ フランス松露, トリュフ(珍味として知られる茸の一種)(=～ de tierra). ❸ じゃがいも; (芋などの)塊茎.

criadilla de mar 腔腸動物の一種.

‡**criado** [kriáðo] 男 (男性の)使用人, 召使, 下男. 類 **servidor, sirviente**. 反 **amo, dueño, señor**.

―, **da** 過分 形 ❶ [bien+]しつけがよい, 育ちのよい; [mal+]しつけが悪い, 育ちの悪い, 甘やかされた(→malcriado). ― Es un niño insolente y mal ～. 彼は生意気でしつけの悪い子だ. ❷ 育てられた, (動物が)飼育された. ― Cuando tenga a mis hijos ～s, reemprenderé los estudios. 私は子供たちが大きくなったら, 勉強を再開しよう. La madre ya no tiene que estar pendiente del niño porque está ～. その子はもう乳離れしたので, 母親がそんなにつきっきりでいる必要はない.

estar criado entre algodones 大事にされて[甘やかされて]育つ, 過保護で育てられる.

criador, dora [kriaðór, ðóra] 名 ❶ 育てる人, 飼育係; 養殖[養鴨, 養蚕]家. ❷ ワイン製造業者, ぶどう農家(=viticultor). ― 男 (C～) 神, 創造主, 造物主(=Creador). ― 形 育てる, 飼育する; 飼育・繁殖に適した.

criandera [kriandéra] 女 〖中南米〗乳母(= nodriza).

crianza [kriánθa] 女 ❶ 育てること, 養育; 飼育; 栽培. ― Tiene una granja para la ～ de gallinas. 養鶏場を持っている. ❷ 授乳期, 授乳; 保育. ❸ (幼少期の)躾, 教育. ― buena [mala] ～ 良い[悪い]躾(い). sin ～ 育ちの悪い, 無作法な. El comportamiento del niño revela su mala ～. その子の行儀を見ていると育ちの悪いことがわかる. 類 **cortesía, urbanidad**.

‡**criar** [kriár] [1.5] 他 ❶ を育てる, …に授乳する, 餌をやる. ― Esta niña ha sido *criada* con la leche de su madre. この女の子は母乳で育てられた. ～ moho かびを生やす. ❷ (植物を)栽培する. ― ～ plantas tropicales 熱帯植物を栽培する. ❸ (動物を)飼う, 飼育する. ― Mis hijas *crían*

dos marmotas de Alemania. 私の娘たちはハムスターを 2 匹飼っている. ❹ を産む, 出産する. —La gata *ha criado* cinco gatitos. その牝猫は 5 匹の子猫を産んだ. Los gatos *crían* pulgas. ネコにはノミがたかる. ❺ をしつける, 教育する, 育てる. —~ a los niños 児童を教育する. 類 **dirigir, educar, instruir.** ❻ (ワイン)を熟成させる.

──── 自 (動物が)子を産む.

──── se 再 ❶ 育つ, 生育する. —Mis padres murieron en la guerra y yo *me crié* en casa de unos tíos. 両親は戦争で死に, 私は叔父叔母夫妻の家で育った. ~*se* bien las plantas 植物の生育がよい. El niño *se ha criado* muy sano. その子はとても健やかに成長した. 類 **crecer, desarrollarse.** ❷ 教育を受ける. —*Me crié* en un colegio donde los profesores eran todos severos. 私は先生がみなきびしい小学校で教育を受けた. 類 **educarse.**

‡**criatura** [krjatúra] 女 ❶ 《宗教》(神の)創造物, 被造物; 森羅万象; 人間 (~ humana). —Ella es la ~ más bella del universo. 彼女は世界一の美女だ. las ~s del Señor [de Dios] 神の創造物. ~s animadas [inanimadas] 生物[無生物]. 類 **ser, creador.** ❷ 《話》(行動・考え方が)子供; 子供っぽい人. —llorar como una ~ 子供みたいにおいおい泣く. Todavía es una ~ a sus veinte años. 彼女は 20 歳だというのにまだ子供だ. ¡No seas ~! 子供みたいなことを言う[する, 考える]. ❸ 赤ん坊, 乳児, 幼児. —Ha dado a luz a una ~ de cuatro kilos. 彼女は 4000 グラムの赤ん坊を産んだ. ~ preciosa かわいい赤ちゃん. Calla, o se despertará la ~. 静かにして!赤ん坊が目を覚ますから. 類 **bebé, crío.** 反 **adulto, mayor.** ❹ 胎児. —El médico te ha dicho que la ~ es una niña. 医者は彼女に胎児が女の子だと言った. 類 **feto.** ❺ 想像上[架空]の生物, 創作された生き物, 想像力の産物. —En la película aparecían unas extrañas ~s con antenas. その映画には触覚を持った不思議な架空の生物が出ていた. ❻ お陰をこうむっている人, お気に入り, 取巻き(子分, 手先, 弟子など). —No es más que una ~ del maestro que tuvo en su infancia. 彼は幼年時代に教わった先生の教え子に過ぎない. Ese hombre es ~ del ministro. やつは大臣の子分だ.

¡**Criatura!** 《話》(驚き・同情・抗議・注意などを表わす)これは驚いた!, なんだこれは!, 気をつけろ!

ser una criatura (1) まだ若い[幼なすぎる, まだ幼ない]の子供である. (2) (いい意味で)幼さがある, 子供らしさがある.

criba [kríβa] 女 ❶ (穀物の粒をより分けるためなどに使う)ふるい. 類 **cernedor, harnero, tamiz.** ❷ (鉱物などをより分ける)選別機. ❸ 《比喩》選別の手段, ふるいとなるもの. —En la primera ~ eliminaron veinte de las cien novelas presentadas. 応募総数 100 の小説の第一次選考で 20 作品が選ばれた.

estar como [hecho] una criba 穴だらけである, 穴がたくさんあいている.

pasar por la criba 選別される[する], ふるいにかける[かけられる].

cribado [kriβáðo] 男 ふるいにかけること, 選別; 取捨選択, 精選.

cribador, dora [kriβaðór, ðóra] 形 ふるいにかける, 選別する; 選別の手段となる, ふるいの役をする. ── 名 ふるい手, 選別する人; ふるいとなるもの.

cribar [kriβár] 他 ❶ をふるいにかける; より分ける. ❷ 《比喩》不要なものを取り除いてきれいにする; 取捨選択する, 精選する.

cric [kri(k)] 男 (自動車などを持ち上げる)ジャッキ (= gato).

cricoides [krikóiðes] 男 《単複同形》(肺の下部にある)輪形の軟骨. ── 形 輪形の, 環状の.

‡**crimen** [krímen] 男 [複 **crímenes**] ❶ (殺人・傷害など重大な)犯罪(行為), 罪, 重罪(事件)(→ **delito**; 「(宗教上の)罪」**pecado**). —motivos [lugar] del ~ 犯行動機[現場]. ~ pasional 痴情犯罪(特に殺人). ~ de guerra 戦争犯罪. ~ organizado 組織犯罪. ~ perfecto 完全犯罪. ~ de lesa majestad 《法律》大逆罪, 不敬罪. Han comenzado las investigaciones para descubrir al autor del ~. 犯人を発見するために捜査が始まった. 類 **delito.** ❷ 《話》悪い行い, ひどい[けしからん]こと. — Es un verdadero ~ destruir estos monumentos históricos. このような歴史的建造物を破壊するなんて全く罪なことだ. 類 **atentado, disparate.**

‡**criminal** [kriminál] 形 ❶ 犯罪の, 犯罪になる, 犯罪的な. —acto ~ 犯罪行為. 類 **culpable, delictivo.** ❷ 刑事上の. —código ~ 刑法. causa [pleito] ~ 刑事訴訟. 反 **civil.** ❸ 《話》罪的な, ひどい.

──── 男女 犯罪者, 犯人. ~ de guerra 戦争犯罪人. 類 **delincuente, malhechor.**

criminalidad [kriminaliðá(ð)] 女 ❶ 犯罪であること, 犯罪性. ❷ 犯罪件数, 犯罪発生率. — Este año ha habido, respecto al anterior, un descenso en la ~. 今年の犯罪件数は去年よりも少なかった.

criminalista [kriminalísta] 男女 ❶ 犯罪学者, 刑法学者. ❷ 刑事事件[訴訟]を扱う弁護士. ──── 形 犯罪の, 刑事事件[訴訟]の.

criminalístico, ca [kriminalístiko, ka] 形 犯罪学の.

criminar [kriminár] 他 ❶ を訴える, 告発する (= acriminar). ❷ 《比喩》非難する, とがめる (= censurar).

criminología [kriminoloxía] 女 犯罪学, 刑事学.

criminólogo, ga [kriminóloɣo, ɣa] 名 犯罪学者.

crin [krín] 女 ❶ 馬のたてがみ, 尾尾; (豚・猪などの首や尾の)剛毛. ❷ (茅・苔・藻などから取る)植物の繊維(クッションの中身などにする) (= ~ vegetal).

crinolina [krinolína] 女 ❶ 茅などの繊維 (crin) で作った硬い織物(衣服に張りを持たせるのに用いる). ❷ 馬毛や硬い繊維で織ったペチコート(スカートを張り広げるのに用いる).

crío, a [krío, a] 名 赤ん坊, 乳飲み子; 幼児, 子供. —No puedo ir de viaje con los tres ~s. 小さい子供を 3 人も連れて旅行なんて出来ません.

ser un crío (子供のように)分別のない(天真らんまんな)振る舞いをする, 無邪気な; 無思慮な.

criollismo [krjoljísmo] 男 クレオール (criollo) の性質や特徴.

criollo, lla [krjójo, ja] 名 ❶ クレオール(中南米生まれのスペイン人, スペイン人の血をひく中南米の人). ❷ (一般に)ヨーロッパ以外で生まれ育ったヨーロッパ人. ❸ (アフリカから連れて来られた黒人に

cripta [krípta] 囡 ❶ 地下の埋葬所・墓, 地下納骨室. ❷ 《教会の》地下礼拝堂. ❸ 《解剖》(器官の)腔, 凹み, 空洞.

críptico, ca [kríptiko, ka] 形 ❶ 暗号作成・解読術 (criptografía) に関係あること. ❷ 謎(なぞ)の(ような), 暗い. —una mirada críptica 謎めいた目.

criptógama [kriptóɣama] 囡 →criptógamo.

criptógamo, ma [kriptóɣamo, ma] 形 《植物》隠花植物の, 無子葉植物の(苔蘚・藻類など, 花をつけないもの)の, 種子植物でない. —名 隠花植物. —男 囡 隠花植物の総称, 隠花植物類.

criptografía [kriptoɣrafía] 囡 暗号で書くこと, 暗号文の作成(法); 暗号の解読(術).

criptográfico, ca [kriptoɣráfiko, ka] 形 暗号の; 暗号作成の; 暗号解読の.

criptógrafo [kriptóɣrafo] 男 暗号作成[使用]者.

criptograma [kriptoɣráma] 男 暗号文, 暗号で書かれたもの.

críquet [kríke(t)] 男 [<英] クリケット(球技の一種).

cris [krís] 男 (フィリピンで使われる)刃の曲がりくねった剣.

crisálida [krisáliða] 囡 《虫類》さなぎ; 繭(まゆ).

crisantemo [krisantémo] 男 《植物》菊; 菊の花.

‡**crisis** [krísis] 囡【単複同形】❶ (政治・経済・人生などの)危機, 難局, 恐慌. —~ económica mundial 世界恐慌(1929年). ~ energética [de energía] エネルギー危機. ~ monetaria 金融恐慌, 通貨危機. ~ ministerial (組閣までの)内閣空白期; 内閣総辞職, 政変. ~ petrolífera [del petróleo] 石油危機. ~ política [financiera] 政治[財政]危機. ~ religiosa 宗教の危機. gestión de ~ 危機管理. entrar en ~ 危機になる. C~ de Cuba キューバ危機. caer en estado de ~ 危機に陥る, 重大な局面を迎える. salir [librarse] de la ~ 危機を脱する. estar ante una ~ 危機に直面している. superar [vencer] una ~ 危機を乗り越える. 類 **aprieto, dificultad**. ❷ (容態の)急変; (病気の)やま, 峠; (感情の)激発; 《医学》発作. —~ cardíaca 心臓発作. ~ de apendicitis 急性盲腸炎. ~ nerviosa [de nervios] 神経的発作, ヒステリー. ~ de furia 発作的な怒り. ~ de llanto わっと泣き出すこと, 嗚咽(おえつ). Anoche le sobrevino una ~ de asma. 彼は昨夜喘息(ぜんそく)の発作に襲われた. 類 **ataque**. ❸ (大幅な)不足, 欠乏. —~ de la vivienda 住宅難. ~ de obreros [de mano de obra] 労働力不足. ~ de ideales 理想の欠如. 類 **escasez, falta**.

estar en crisis (1) 危機に瀕している. La industria del carbón *está en crisis*. 石炭産業は危機に瀕している. (2) (経済的に)困っている.

hacer crisis (病状などが)急変する, 重態に陥る. La enfermedad *hará crisis* esta noche. 病気は今夜が山でしょう.

pasar por una crisis 危機を切り抜ける, 難局を打開する.

crisma¹ [krísma] 男 《宗教》聖油(キリスト教で, 洗礼や司祭任命などの際に用いられる香油).

crisma² [krísma] 囡 《話》頭(=cabeza). —romper la ~ a …. …の頭を殴る, ぶちのめす. Te rompo la ~. どたまをかち割ってやる. romperse la ~ 頭を悩ませる, 頭を痛める. Como te caigas, te vas a romper la ~. 転ぶと頭を怪我するよ.

crisol [krisól] 男 ❶ るつぼ. ❷ 《冶金》火床, 炉床(炉の下で溶けた金属を受けるくぼみ). ❸ 《比喩》(愛情・美徳などを)試す[強める]もの; 試練.

crisólito [krisólito] 男 《鉱物》かんらん石(鉄やマグネシウムに富む珪酸塩鉱物, 一般に黒っぽい色); ペリドット(宝石となる緑色透明のかんらん石). —~ de los volcanes オリーブ石・赤・黒色などのかんらん石. ~ oriental トパーズ, 黄玉.

crispadura [krispaðúra] 囡 (筋肉などの)収縮 (=crispación).

crispamiento [krispamiénto] 男 =crispadura.

crispar [krispár] 他 ❶ (筋肉など)を収縮させる, 縮める; (神経)をとがらせる. —El dolor le *crispó* la mano. 痛みの余り手を握りしめた. ❷ 《比喩》いらだたせる, 神経にさわる(=~ los nervios). —Esa música me *crispa* (los nervios). その曲をきくとイライラする. 類 **exasperar, irritar**.

—*se* 再 ❶ 収縮する, 緊張する. —El rostro *se* le *crispó* de dolor. 痛さに顔がゆがんだ. ❷ いらいらする. —Cuando le veo borracho, no puedo evitar ~*me*. 奴が酔っているのを見るとどうしてもイライラしてしまう. 類 **exasperarse, irritarse**.

‡**cristal** [kristál] 男 ❶ 《化学, 鉱物》結晶, 結晶体. —~ de sal [de cuarzo] 塩[石英]の結晶. ~ de nieve 雪の結晶. ❷ 水晶(=~ de roca). —vibrador de ~ 水晶発振器. ❸ (クリスタルガラス, ガラス板[製品]; 窓ガラス(=~ de la ventana). —bola de ~ (占いの)ガラス球, 水晶球. ~ tallado カットグラス[ガラス]. ~ esmerilado [hilado] 《糸》ガラス. copa de ~ クリスタルグラス. ~ de Bohemia [de Baccarat] ボヘミア[バカラ]グラス. ~*es* de Venecia ベネチア産のクリスタルガラス(器). ~ de un reloj 時計のガラス蓋(ぶた). limpiar los ~*es* 窓ガラスを磨く. botella de ~ ガラス瓶. ~ delantero [trasero] フロントガラス[リアウインド―]. 類 **vidrio**. ❹ レンズ, メガネ, 眼鏡. —Los miopes utilizan gafas con ~*es* divergentes. 近眼の人は発散レンズ[凹レンズ]のメガネを使う. 類 **lente**. ❺ 《物理》. —~ líquido 液晶. Este ordenador portátil tiene la pantalla de ~ líquido. このポータブル・コンピュータのディスプレーは液晶である. ❻ 鏡, 鏡面. 類 **luna**. ❼ 《詩》澄んだ水, 透明さ. —~*es* del Tajo タホ川の清流.

mirar [ver] con cristal de aumento (人や物)の欠点・長所を誇張する.

*cristalera*¹ [kristaléra] 囡 ❶ (大きな)ガラス戸[窓, 天井]. —Pusieron ~*s* en lugar de puertas de madera. 木製のドアの代わりにガラス戸がつけられた. ❷ ガラス戸棚, 食器棚; サイドボード, ショーケース, ショーウインドー. —~ para la vajilla 食器棚. Guarda sus trofeos en la ~ del salón. 彼はトロフィーを応接間のサイドボードにしまっている. 類 **aparador, vitrina**. ❸ ガラス工場.

cristalería [kristalería] 囡 ❶ ガラス(販売)店; ガラス工場[製造所]. —En las ~*s* venden espejos. ガラス店では鏡を売っている. ❷ (食器中の)(クリスタル)グラスセット. —Esta ~ se compone de seis vasos, seis copas y una jarra. このグラスセットはコップ6個、ワイングラス6個、ジョッキ1個からなる. ❸《集合的に》ガラス製品、ガラス器;（建物・建具の）ガラス部分全体. —La ~ de esta tienda es de gran calidad. この店のガラス製品は高級品である. ❹ ガラス工芸.

*cristalero, ra*² [kristaléro, ra] 图 ❶ ガラス屋（販売人・工事人）; ガラス工［細工職人、吹工］. —trabajar de ~ en una fábrica de vidrios ガラス工場でガラス細工職人をしている. 類 **vidriero**.
❷《南米》ガラス器具用戸棚.

‡**cristalino, na** [kristalíno, na] 形 ❶ 水晶の（ような）; 透明な、澄んだ. —agua cristalina 透きとおった水. 類 **diáfano, translúcido, transparente**. ❷ 結晶（質）の、結晶状の.
— 男《眼球の》水晶体.

cristalización [kristaliθaθjón] 女 ❶ 結晶化、晶析、晶出; 具体化、明確化. ❷ 結晶体、結晶物.

cristalizar [kristaliθár] [1.3] 自 ❶ 結晶する、晶出する、『+en』結晶して…になる. ❷《比喩》（考え・計画などが）具体化する、明確になる. —Sus planes tardaron varios años en ~. その計画が実を結ぶまでには何年もかかった.
— 他 ❶ 結晶させる、晶析する. ❷ 具体的な形にする. —Aquel primer sentimiento de aversión, *cristalizó* en una feroz envidia. 彼女に抱いていた反感はやがてたいへんな羨望の念に変わっていった.
— se 再 ❶ 結晶化する. ❷ 具体化する.

cristalografía [kristaloɣrafía] 女 結晶学.
cristalográfico, ca [kristaloɣráfiko, ka] 形 結晶学的; 結晶状の.

cristianar [kristjanár] 他《話》…に（キリスト教の）洗礼を授ける、キリスト教徒にする（= **bautizar**）.
trapitos de cristianar よそ行きの服、晴れ着.

*cristiandad [kristjandá(ð)] 女 ❶《宗教》〖集合的に〗キリスト教徒[教会]. —El Papa hizo un llamamiento a toda la ~. ローマ法王はキリスト教徒に訴えた. ❷《集合的に》キリスト教国［世界］. ❸《宗教》キリスト教の信仰［精神、実践］. —Es una mujer de gran ~. 彼女はとても信仰のあつい女性だ.

‡**cristianismo** [kristjanísmo] 男 ❶《宗教》キリスト教（信仰）(= religión cristiana). —convertirse al ~ キリスト教に改宗する. abrazar el ~ キリスト教を信奉する. defensor del ~ キリスト教徒の擁護者. ❷《宗教》〖集合的に〗キリスト教徒［教会、教国］; キリスト教世界（→〖個別的に〗キリスト教徒 cristiano). 類 **cristiandad**. ❸《宗教》洗礼 (= bautizo).

cristianización [kristjaniθaθjón] 女 キリスト教化、キリスト教的布教.

cristianizar [kristjaniθár] [1.3] 他 をキリスト教化する、キリスト教に即したものにする、キリスト教に改宗させる. 類 **evangelizar**.

cristiano, na [kristjáno, na クリスティアノ、ナ] 形 ❶ キリスト教（徒）の、キリスト教（徒）的な. —doctrina *cristiana* キリスト教の教義［教理］. mundo ~ キリスト教世界. civilización *cristiana* キリスト教文明.《話》（ブドウ酒を）水で割った. —vino ~ 水で割ったブドウ酒. 類 **aguado**.
— 图 ❶ キリスト教徒［信者］、キリスト者. — ~

nuevo 《歴史》新キリスト教徒（ユダヤ教・イスラム教など異教から改宗した信者. — ~ viejo《歴史》旧キリスト教徒（ユダヤ人・モーロ人を祖先に持たない生粋の信者). ❷（キリスト教を中心に考えて）人間、人; 同胞. —Cualquier ~ lo sabe. 人間ならだれでもそれを知っている. Por aquel pueblo no pasaba un ~. あの村では人っ子一人通らなかった. 類 **alma**.

hablar [decir] en cristiano《話》(1) 人によくわかる言葉で話す[言う]. Ahora *dilo en cristiano*, que no me he enterado de nada. 今度はわかるように言ってくれ. 全然理解できなかったから. (2) スペイン語で話す［言う］. Cuando empezó a hablar catalán, le dijeron que *hablase en cristiano*. 彼がカタルーニャ語で話し始めたら、スペイン語で話せと言われた.

Cristina [kristína] 固名《女性名》クリスティーナ.

Cristo [krísto] 固名 （イエス）キリスト（= Jesucristo, Jesús）(前04?-後30?、キリスト教の始祖).

cristo [krísto] 男 十字架に磔にされたキリストの像、キリスト磔刑図［像］. 類 **crucifijo**.
como a un santo cristo un par de pistolas 見当違い、場違いな.
donde cristo dio las tres voces 遠く離れた場所に、へんぴな所に.
ponerle a … como un cristo 汚れさせる、虐待する、辱める.
todo cristo 全ての人、みんな. Habla más bajo, que *todo cristo* se va a enterar. 皆に聞こえるからもっと小さい声で話せば.

Cristóbal [kristóβal] 固名《男性名》クリストバル.

‡**criterio** [kritérjo] 男 ❶ （判断・評価・分類などの）基準、尺度、目安. — ~ arbitrario 恣意的な［勝手な］基準. ~ de un hombre maduro 大人の尺度. ~ de rentabilidad 収益のガイドライン. ~ de selección [de clasificación] 選択［分類］の基準. juzgar con ~s muy estrictos 大変厳しい基準で判断する. 類 **norma**. ❷ 観点、見方. —Mira la cuestión con otro ~. 彼はその問題について見方が違う. juzgar con un ~ clásico 古典的観点から判断する. ❸ 判断力、見識、良識. —hombre de buen ~ [de mucho ~] 見識のある人. ~ amplio 広い見識. Lo dejo a su ~. それはあなたの判断に任せます. No le hagas caso, no tiene ~ en temas políticos. 彼の言うことは気にしないで、政治のことは詳しくないんだから. Obraré en esta ocasión según mi ~. この場合私の良識に従って行動します. 類 **discernimiento, entendimiento**. ❹ 意見、見解、考え. — ~ en mi ~ 私の考えでは. Según el ~ del árbitro, no hubo falta en la jugada. 審判の考えでは、そのプレーに反則はなかった. 類 **opinión, parecer**. ❺ 標識.

‡**crítica** [kritika] 女 ❶ （文芸・美術などの）批評、評論、評価. — ~ acerba [dura, severa] 辛辣[な]・手厳しい批評. Es difícil hacer la ~ de las obras de arte. 美術作品の批評は難しい. Esta novela ha tenido una buena [mala] ~. この小説は好[不評]だった. ~ literaria [teatral] 文芸[演劇]批評. 類 **apreciación, juicio**. ❷ 非難、批判. —hacer [dirigir] ~s [una] a …

(人・物)を批判・非難する. Ha hecho una severa ～ de la política económica. 彼は経済政策について厳しい批判をした. Su dimisión provocó muchas ～s. 彼の辞職は大変な非難を招いた. [類] **censura, reproche.** [反] **alabanza, elogio.** ❸ 『集合的に』批評家たち. ― Respecto a su nueva novela la ～ está muy dividida. 彼の新刊の小説については批評家たちの意見は大きく分かれている. ❹ 陰口, 中傷. ― Su mujer es muy dada a la ～. 彼の奥さんは陰口をたたくことが大好きだ. [類] **murmuración.**

criticable [kritikáβle] 形 批判に値する; 批評の余地がある. ― Creo que esa actitud es ～. そのような態度は批判されていいと思います.

criticador, dora [kritikaðór, ðóra] 形 ❶ 批判的な, 非難するような. ❷ 批評の, 評価の. ―― 名 批評家; 批判者, あら探しばかりする人.

criticar [kritikár] 他 [1.1] ❶ 批判する; 批判する; 評価する. ― Los lingüistas han criticado favorablemente sus investigaciones. 彼の研究は言語学者たちの間で好意的な評価を得た. ❷ 批判する, 非難する; とがめる, 責める. ― Le criticaron el cambio radical que dio a su política. 彼の急激な政策変更が非難を浴びた. Siempre **estás criticándome** a mis espaldas. あんたはいつも陰で私を非難してるんだ. ―― 自 悪口を言う, 陰口をたたく.

criticastro [kritikástro] 男 《軽蔑》えせ評論家, でたらめに批判をする人.

:**crítico, ca** [krítiko, ka] 形 ❶ 批評の, 批判的な, 批判[評論]家の. ― análisis ～ 批判的分析. espíritu ～ 批判精神. ❷ 危機的な, きわどい; 決定的な, 時宜を得た, 適切な. ― La ayuda llegó en el momento ～. 頂度よいときに助けてもらえた. La empresa está atravesando una situación **crítica.** その企業は重大な状況にさしかかっている. [類] **decisivo, peligroso, preciso.** ❸ 危篤の, (生命が)危険な. ― Está en estado ～. 彼は危篤状態にある. [類] **grave.** ❹ 『物理』臨界の. ― punto ～ 臨界点.『対応する名詞は ① crítica, ②③④ crisis』
―― 名 批評家, 評論家. ～ de cine 映画評論家. ～ deportivo [literario] スポーツ[文芸]評論家. ～ literario 文芸評論家. Esa mujer es la mejor **crítica** de teatro. その女性は最高の演劇評論家だ.

criticón, cona [kritikón, kóna] 形 批判する, 酷評する, あら探しの. ―― 名 あら探しばかりする人, 批判家, やかまし屋.

crizneja [kriθnéxa] 女 ❶ 三つ編みにした髪. ❷ わらなどで編んだ紐, 縄.

Croacia [kroáθja] 固名 クロアチア(首都ザグレブ Zagreb).

croar [kroár] 自 (蛙が)鳴く, ケロケロ(ゲコゲコ)いう.

croata [kroáta] 形 クロアチアの. ―― 男女 クロアチア人. ―― 男 クロアチア語.

croché, crochet [krotʃé, krotʃé(t)] 〔<仏〕男 ❶ かぎ針編み; かぎ針. [類] **ganchillo.** ❷ (ボクシングの)フック(肘を曲げたまま打つこと).

crocitar [kroθitár] 自 (カラスが)鳴く, カアカアいう.

croissant [kruasán] 〔<仏〕男 クロワッサン. ― ～ chocolate チョコレート・クロワッサン.

crol [król] 〔<英〕男 (水泳の)クロール. ― hacer ～/nadar a ～ クロールで泳ぐ.

cromado, da [kromáðo, ða] 形 クロームでめっきした. ―― 男 クロームめっき(すること).

cromar [kromár] 他 をクロームでめっきする.

cromático, ca [kromátiko, ka] 形 ❶ 《音楽》半音階の, 半音の. ― escala **cromática** 半音階. ❷ 《光学》(光学機械・レンズなどが)色収差を補正していない, 緑が虹色を帯びた像を結ぶ. ❸ 色彩の, 色の. ― aberración **cromática** 色収差(レンズを通して見るとき, 光の色によって屈折率が異なること. 緑が色づいて見えたりする). goma **cromática** 色の階調.

cromo [krómo] 男 ❶ 《化学》クロム, クローム(銀白色の金属元素(記号 Cr); めっき・合金等に多用される). ❷ =cromolitografía. ❸ 印刷された絵, さし絵; 版画.
hecho un cromo 〔反語的に〕非常に整った, きちんとした; 〔時に〕乱雑な, 汚い. Se meten mucho con él porque siempre va **hecho un cromo.** いつもきちんとしすぎているので皆との衝突が絶えない. Todos los días vuelve de jugar con los amigos **hecho un cromo.** 毎日真っ黒になって遊びから帰ってくる.

cromolitografía [kromolitoɣrafía] 女 多色刷りの石版術[画], 色つきのリトグラフ.

cromosfera [kromosféra] 女 《天文》彩層(太陽を包む大気の下層部).

cromosoma [kromosóma] 男 《生物》染色体.

:**crónica** [krónika] 女 ❶ (新聞の)記事, 時評欄, …欄, …面; (ラジオ・テレビの)報道番組, ニュース. ― ～ literaria 文芸時評欄. ～ de sucesos 社会面, 三面記事. ～ deportiva スポーツ欄[番組]. ～ política 政治欄. ～s de sociedad 社交界消息欄, 社交欄. De los periódicos sólo le interesan las necrologías y las ～s de sociedad. 彼は新聞では死亡記事と社交界消息欄しか興味がない. [類] **reportaje.** ❷ 年代記, 編年史, 記録. ― Es un historiador que escribe ～s medievales españolas. 彼はスペイン中世の年代記を書いている歴史家だ. [類] **anales, historia.** ❸ (C～) 聖書](旧約の)歴代誌.

*:**crónico, ca** [króniko, ka] 形 ❶ (病気が)慢性の, 長引く. ― Ella padece un estreñimiento ～. 彼女は慢性の便秘に苦しんでいる. [反] **agudo.** ❷ (悪習などが)長年の, 習慣的な, 常習的な. ― La corrupción es un mal ～ en nuestro país. 汚職はわれわれの国の長年にわたる病気である. Su falta de puntualidad es **crónica.** 彼が時間を守らないのは常習的だ. [類] **acostumbrado, habitual, inveterado.**

cronicón [kronikón] 男 短い年代記, 略年譜.

:**cronista** [kronísta] 男女 ❶ 年代記作者[編者], 記録作家. [類] **analista, historiador.** ❷ 時事解説者, 報道記者, コラムニスト. ― ～ de radio ラジオの解説者.

crónlech [krónle(k)] 男 《考古》環状列石, クロムレック(円形に並んだ巨石からなる遺跡).

crono [króno] 男 (クロノメーターで計る)時間, タイム. ― Qué ～! 早い!

cronografía [kronoɣrafía] 女 →cronología.

cronógrafo [kronóɣrafo] 男 ❶ 年代学者.

❷ ストップウォッチ. ❸ クロノグラフ(時間を図形的に記録する装置).

cronología [kronoloxía] 囡 ❶ 年代学. ❷ 年代記, 年表, 年譜. ❸ 暦, 暦の算定方法. — ~ musulmana イスラム暦.

cronológicamente [kronolóxikaménte] 副 年代順に.

cronológico, ca [kronolóxiko, ka] 形 年代学の; 年代記の; 年代[年月日]による. — criterio [orden] ~ 年代順.

cronólogo, ga [kronóloɣo, ɣa] 名 年代学者.

cronologista [kronoloxísta] 男女 年代学者.

cronometrador, dora [kronometraðór, ðóra] 形 タイムを計る(ための). — 名 タイムキーパー, 計時係.

cronometraje [kronometráxe] 男 タイムを計ること, 計時.

cronometrar [kronometrár] 他 (特にスポーツなどで)タイムを計る.

cronometría [kronometría] 囡 時間を正確に計ること, 時刻測定(法).

cronométrico, ca [kronométriko, ka] 形 (時刻が)正確な, 狂いのない. — reloj ~ 正確な[精密な]時計.

cronómetro [kronómetro] 男 クロノメーター(経度の測定などに用いる高精度の時計); (国際的な機関の公認を得た)精密時計; ストップウォッチ.

croquet [króke(t), kroké(t)] [<英] 男 《スポーツ》クロッケー(球技の一種).

croqueta [krokéta] 囡 コロッケ. — ~ artesana 手作り風コロッケ.

croquis [krókis] [<仏] 男 ❶ スケッチ, 素描, デッサン; 下絵, 下書き. ❷ 見取図, 略図. — Me hizo un ~ de la ruta para que no me perdiera. 道を間違えないよう, 簡単な地図をかいてくれた.

cross [krós] [<英] 男 [単複同形] (スキーなどの)クロスカントリー競技.

crótalo [krótalo] 男 ❶ 《音楽》クロタルム(カスタネットに似た古代の打楽器). ❷ 複 《詩》カスタネット. ❸ 《動物》ガラガラヘビ.

cruasán [kɾuasán] 囡 《料理》クロワッサン(仏 croissant).

:**cruce** [krúθe] 男 ❶ (道路の)**交差点**, 十字路; 交点(= punto de ~). — El accidente se produjo en el ~ de la calle Elvira con la calle Ancha. 事故はエルビーラ通りとアンチャ通りの交差点で起きた. ~ a nivel [de vía] 平面交差(点). ~ de peatones 横断歩道. ~ en trébol (4つ葉の)クローバ型インターチェンジ. ~ giratorio ロータリー, 環状交差点. ~ inferior [superior] (立体交差で)高路[低路]交差. 類 **confluencia, encrucijada, intersección**. ❷ 横断歩道(= ~ de peatones). — En el momento de llegar yo al ~, se encendió la luz roja. 私が横断歩道の所に来た時, 信号が赤になった. 類 **paso**. ❸ すれ違い, 行き違い; 横断, 交差. — luces de ~ 《自動車》下向きにしたヘッドライト, ロービーム(→「上向きにしたヘッドライト」:luces largas). ❹ (電話などの)混線(= ~ telefónico). — Estaba hablando por teléfono con mi hermano y hubo [se produjo] un ~. 私が弟と電話していたら混線した. ❺ 《生物》(異種)交配, 交雑; 交配種, 雑種. — Es un ~ entre siamés y persa. それはシャム猫とペルシャ猫の交配種である. 類 **cruzamiento, mezcla**.

❻ 《言語》交差混交(語源の異なる2語の形式・意味上の相互影響:alcanzar は encalzar と acalzar の混交によるもの). 類 **contaminación**. ❼ 《電気》ショート.

cruce(-) [krúθe(-)] 動 cruzar の接・現在.

crucé [kɾuθé] 動 cruzar の直・完了過去・1単.

cruceiro [kɾuθéiɾo] 男 クルゼイロ(ブラジルの貨幣単位. 1986年7月1日から呼称変更).

crucería [kɾuθería] 囡 《建築》(丸天井を支える)装飾をほどこした梁(はり)(ゴシック様式に多い). — bóveda de ~ 装飾をした梁のある丸天井.

crucero [kɾuθéɾo] 男 ❶ 交差廊, 袖廊(十字形に建てられた教会の左右の翼部). ❷ (葬儀の行列などで)十字架を持つ人. ❸ 十字路, 四つ角, 交差点. ❹ 《天文》南十字星. ❺ 《海事》(a) 巡洋艦. (b) (船舶の)航行, 巡洋. (c) 巡航海域. (d) (あちこち寄港しながらの)船旅, クルージング; 舟下り. — En vacaciones haré un ~ por el Mediterráneo. 休みになったら地中海クルーズに行くつもりだ. ❻ 《印刷》(a) (活字の鋳型を分割する)横木. (b) 紙を横[縦](枚数の等しい)にまとめる際の折り目. ❼ 《建築》梁(はり), 桁, 横木. ❽ 《鉱物》劈開(けっかい)(結晶などが一定の方向に沿って割れた際に出来る平面, 割れやすい方向).

cruceta [kɾuθéta] 囡 ❶ クロスステッチの(1つ1つの)針目. ❷ 《機械》クロスヘッド(ピストン棒の頭部, 連接棒との接続部分). ❸ 《海事》檣(しょう)頭横材(マストの上部に取り付けた見張り台のような形の部分). ❹ 《建築》梁(はり), 桁.

crucial [kɾuθiál] 形 ❶ 十字形の. — incisión ~ 十字形の切り込み. ❷ 《比喩》決定的な, 重大な, 明暗を分けるような. — La guerra ha entrado en una fase ~. 戦況は重大な局面を迎えた. Vas a tomar una decisión ~ y no debes precipitarte. 重大な決定を下そうとしているのだから, 焦ってはいけないよ.

crucífera [kɾuθífeɾa] 囡 → crucífero.

cruciferario [kɾuθifeɾáɾjo] 男 (行列などで)十字架を持つ係(= crucero, crucífero).

crucífero, ra [kɾuθífeɾo, ra] 形 ❶ 《詩》十字架の記章・旗などをつけた. ❷ 《植物》(キャベツ・クレソン・カラシ・ストックなど)十字形に花をつける種類の. — 名 ❶ 《詩》十字架の記章・旗などをつけた(持った)人. ❷ 《植物》十字形に花をつける種類の植物. — 男 ❶ (行列などで)十字架を持つ(役目の)人. ❷ (昔のサンタ・クルス教団の)修道士. — 囡 複 十字花科, アブラナ科.

crucificado, da [kɾuθifikáðo, ða] 形 十字架にかけられた. — イエス・キリスト. — imagen del ~ キリスト磔刑(たっけい)図, 十字架上のキリスト.

crucificar [kɾuθifikár] [1.1] 他 ❶ を十字架にかける, 磔(はりつけ)にする. ❷ 《比喩》苦しめる, 悩ます; 拷問にかける. — Anoche me crucificaron los mosquitos. 昨晩は蚊にたかられて散々だった. Ese traslado me crucifica. 移動で私はえらい目にあっている. 類 **molestar, perjudicar**.

crucifijo [kɾuθifíxo] 男 キリスト磔刑(たっけい)図[像].

crucifixión [kɾuθifiksjón] 囡 ❶ 十字架にかけること, 磔(はりつけ). ❷ キリスト磔刑(たっけい)図[像], キリスト磔刑の場面.

cruciforme [kɾuθifórme] 形 十字形の.

crucigrama [kɾuθiɣɾáma] 男 クロスワードパズ

ル.

***crudeza** [kruðéθa] 囡 ❶ (気候・現実などの)厳しさ, 過酷さ. —En invierno el clima es de gran ~ en esta región. この地方は冬の気候がとても厳しい. Es duro, pero tienes que aceptar la ~ de la realidad. 辛いけれども, 君は厳しい現実を受け入れねばならない. 類**aspereza, dureza, rigor, severidad.** 反**suavidad.** ❷ 粗雑さ, ぞんざいさ, ぶっきらぼう. —tratar con ~ を ぞんざいに扱う. hablar con ~ ぶっきらぼうに話す, ずけずけものを言う. 類**desabrimiento, rudeza.** 反**delicadeza.** ❸ (表現・描写などの)生々しさ, 露骨さ, どぎつさ. —— de una expresión 表現のどぎつさ. La ~ de las imágenes impresionó a los telespectadores. 生々しい映像にテレビ視聴者は驚いた. 類**aspereza, rigor.** ❹ 〔料理〕生(紅), 半煮え; (生糸などの)未加工. ❺ (果物などが)熟していないこと, 未熟さ. ❻ 消化されずに胃にもたれた食べ物. ❼ (水の)硬度.

crudo, da [krúðo, ða クルド, ダ] 形 ❶ 生(紅)の, 調理してない; 生ぎみの. —pescado ~ 生魚; 刺身. La carne está todavía cruda. 肉はまだ生だ. 類natural.** ❷ 未加工の, 未処理の, 原料のままの. —seda cruda 生糸. petróleo ~ 原油. 類**natural.** ❸ (表現などが)粗野な, どぎつい; 残酷な. —Es una película muy cruda, llena de violencia. それは暴力に満ちた非常に残酷な映画だ. No estaba preparado para enfrentarse a la cruda realidad. 彼はむき出しの現実に立ち向かう用意ができていなかった. 類**cruel, fuerte.** ❹ (天候が)厳しい, 過酷な. —Hemos tenido un invierno muy ~. 今年は大変厳しい冬だった. 類**duro.** ❺ 生(紅)成りの, ベージュ色の. —una tela de color ~ ベージュ色の布. 類**crema.** ❻ (人が)未熟な, 経験不足の. —artista ~ 未熟な芸術家. Estás todavía muy ~ para llevar el negocio. 君がその商売をするにはまだ非常に経験不足だ. 類**inmaduro.** ❼ (果物などが)熟していない, 未熟の; (はれ物が)まだうんでいない. ❽ (水が)硬質の. —agua cruda 硬水. ❾ 〔中南米〕二日酔いの.

en crudo (1) 生の. (2) ぶっきらぼうに, 無遠慮に.
—— 男 ❶ 原油. ❷ 〔中南米〕ズック.

cruel [kruél クルエル] 形 ❶ ...に対して(人・行為・事実が)残酷な, むごい, 無慈悲な. —tirano ~ 残忍な暴君. batalla ~ むごたらしい戦い. La vida ha sido ~ con la chica. その女の子にとって人生は苛酷だった. 類brutal, despiadado, sangriento.** ❷ (物事が)厳しい, つらい, 苦しい. —Hace un frío ~. 厳しい寒さだ. Tuvo unos dolores crueles. 彼はひどい苦痛を感じた. 類**duro, insoportable, riguroso.**

:**crueldad** [krueldá(ð)] 囡 ❶ (人・行為などの)残酷さ, 残虐さ, 無慈悲, むごさ; 残虐[虐待]行為. —cometer ~es 残虐行為を働く. Maltratar a los animales es una ~. 動物の虐待は残虐行為である. 類**atrocidad, ferocidad, saña.** 反**bondad, piedad, suavidad.** ❷ (運命・状況・苦しみなどの)過酷さ, つらさ, 悲惨さ; 厳しさ. —— de la suerte 運命の過酷さ.

con crueldad 残酷に, 残虐に; 厳しく. Criticó mi tesis con la mayor crueldad. 彼は私の論文をこれ以上ないくらい手厳しく批判した.

cruentamente [kruéntaménte] 副 《文》血を流して, 血みどろに, 残虐に.

cruento, ta [kruénto, ta] 形 《文》血の; 血なまぐさい, 流血の. —operación cruenta 大量の出血を伴う手術. 類**sangriento.**

crujía [kruxía] 囡 ❶ (大きな建物の)廊下. —~ de piezas 両側に部屋が並んでいる廊下. ❷ 〔建築〕聖歌隊通路; ベイ, 柱間. ❸ 〔船舶〕中央甲板.

***crujido** [kruxíðo] 男 ❶ (特に木などが)裂ける音 (バリバリ, メリメリ); きしみ(音); 歯ぎしり. —— de los muebles 家具のきしみ. dar un ~ きしむ. 類**chirrido.** ❷ (鞭の)ピシッという音. —— del látigo 鞭のピシッという音. ❸ (枯れ葉・衣擦れの)サラサラ[カサカサ]という音; (火の)パチパチという音. —Me gusta oír el ~ de la tela al andar. 私は歩く時に出るサラサラという衣擦れの音が好きだ.

***crujiente** [kruxjénte] 形 ❶ (木の葉, 衣ずれで)かさかさ[さらさら]と音を立てる. —— ~s hojas かさかさ音を立てる木の葉. ❷ (パン, ビスケットなど)ぱりぱりする. —El pan recién hecho está muy ~ y rico. 出来立てのパンは非常にぱりぱりしてうまい. ❸ (木, 戸, 歯などが)きーきーいう, きしる. —puerta ~ きしる扉. ❹ (燃える木などが)ぱちぱち[ぼきぼき, ばりばり]音を立てる, (関節などが)ぼきっと音を立てる.

:**crujir** [kruxír] 自 ❶ きしる, きしみ音を発する, キーキー音がする. —Cruje la rueda delantera de mi bicicleta porque está enmohecida. 私の自転車の前輪は錆びついているのでキーキー音を立てる. Al subir, crujían los escalones de madera. 上がる時, 木造の段がミシミシいった. 類**chirriar.** ❷ サラサラ[カサカサ]と音がする. —サラサラする. 絹がサラサラする. ❸ バリバリ[パチパチ]と音を立てる.

crup [krú(p)] 男 〔医学〕ジフテリア, 喉頭ジフテリア.

crupier [krupjér] 男 〔<仏〕カジノで賭け金を集めたり支払ったりする係.

crural [krurál] 形 大腿の, ももの.

crustáceo, a [krustáθeo, a] 形 〔動物〕甲殻類の. —— 男 甲殻類(エビなど).

Cruz [krúθ] 固名 ❶ クルース(ラモン・デ・ラ Ramón de la ~)(1731–94, スペインの劇作家). ❷ クルース(ソル・フアナ・イネス・デ・ラ ~ Sor Juana Inés de la ~)(1651–95, メキシコの詩人).

cruz [krúθ クルス] 囡 〔複〕cruces**) ❶ 〔宗教〕十字架の形にかけられた[なった]**十字架**. —Jesucristo murió en la ~. イエス・キリストは磔刑(ホ$^{\prime}$)に処せられた. La C~/C~ de Mayo 聖十字架発見の祝日 (5月3日). ❷ (磔刑用の)十字架. —clavar a ... en la ~ (人)を十字架にかける. suplicio de la ~ 十字架刑, 磔刑(ホ$^{\prime}$). ❸ (キリスト受難を象徴する)十字架[像]; 十字架の印. ❹ 十字架形のもの, 十字文, クロス. —C~ de los Caídos 戦没者十字碑. C~ Roja 赤十字社. punto de ~ 〔刺繍〕クロスステッチ. El niño hizo la ~ de la cometa con dos palos. その子は2本の棒で凧の十字形を作った. 類**aspa.** ❺ 苦難, 苦しみ, 試練; 悩みの種. —llevar la ~ a cuestas 十字架を背負う, 苦難に耐える. ~ del matrimonio 結婚生活の苦労. El hijo es una ~ para ella. 息子は彼女にとって悩みの種だ. 類**carga, dolor, peso, sufrimiento, suplicio.**

❻ 【スペイン】硬貨の裏側(昔の硬貨で十字の形が記されていた; →「硬貨の表」は cara). ― echar [jugar] a cara o ~ コイントスをする, 硬貨を投げて表か裏かを当てる(¿Cara o cruz? は, メキシコでは ¿Águila o Sol?). decidir a cara o ~ コイントスで決める. Si sale cara limpio yo, si sale ~ limpias tú. 表が出たら僕の勝ち, 裏が出たら君の勝ち. [類] reverso. [反] anverso, cara.

❼ (お祈りで切る)十字の印(señal de la ~). ― hacer la señal de la ~ 十字を切る(= santiguarse).

❽ ×印, バツ印(日本では丸印を用いることが多い). ― marcar [señalar] con una ~ la respuesta correcta 正しい答えに×をつける. tachar con una ~ 罰点をつけて消す.

❾ (字の書けない人が署名の代わりに書く)十字印. ― firmar con una ~ 署名の代わりとして×印を書く.

❿ 十字勲章, 十字章. ― gran ~ 大十字章(勲章の最高位). (符の記号). ~ de hierro 鉄十字(プロイセンの戦功章). la ~ de la Legión de Honor レジオンドヌール勲章. El soldado fue condecorado con una ~ por su heroísmo. その兵士は英雄的な行為によって十字勲章を授けられた. [類] insignia.

⓫ (名前の前に付けて故人を示す)ダガー, オベリスク, 短剣符号(符の記号). ⓬ 【天文】(C~) 十字星. ― C~ del Sur/【中米】C~ de Mayo 南十字星. ⓭ 【動物】(馬・牛・犬の肩甲骨間の隆起)き甲, 背峰. ⓮ (木の枝の)二股. ⓯ 【服飾】(ズボンの)股. ⓰ 【海事】錨(いかり)の頂部, アンカークラウン. ⓱ 【機械】十字管継手. ⓲ 【紋章】十字形の, 十字記号. ― ~ egipcia エジプト十字. ~ de Lorena/patriarcal 総主教十字. ~ de San Andrés 聖アンドレア十字. ~ papal 教皇十字.

con los brazos en cruz (十字架にかけられたように)両手を横に広げて. ponerse *con los brazos en cruz* 両手を横に広げて立つ.

cruz de Jerusalén 《植物》アメリカ[ヤグルマ]センノウ.

cruz de Malta (1)《紋章》マルタ十字. (2) 対角線状に切り込みの入った四角い布切れ(貼り薬用).

cruz gamada 《紋章》ハーケンクロイツ, 鉤十字 (= esvástica).

cruz griega 《紋章》ギリシャ十字.

cruz latina 《紋章》ラテン十字.

cruz y raya 《話》きれきれ, もうこりごり. *¡Cruz y raya!* もう御免だ!, きっぱりやめる!

de la cruz a la fecha 《話》最初から最後まで, 完全な.

en cruz 十文字形に, 斜めに; 交差して. *dos espadas en cruz* 十字に組んだ2本の剣.

Es la cruz y los ciriales. それは大仕事だ. それはひと苦労だ.

hacer la cruz 【北米】(商人が)その日の最初の取引をする.

hacerle la cruz a … 【南米】ボイコットする, 手を切る. *A ese restaurante le hemos hecho la cruz.* 私たちはあのレストランにはもう入らないことにした. *Desde aquel día le hizo la cruz.* あの日から彼女は彼と手を切った.

hacerse cruces [*de*+不定詞, *de que*+接続法] 驚いて十字を切る, 仰天する, ぞっとする. *Me hago cruces de pensar en lo que le podría haber pasado.* 彼に起こり得たことを考えただけで身の毛がよだつ.

hacer(se) la señal de la cruz 十字を切る.

por esta cruz/por éstas que son cruces 《話》神にかけて.

quedarse en cruz y en cuadro 貧乏に追い込まれる, 困窮する, 落ちぶれる.

•**cruzada**¹ [kruθáða] 囡 ❶ 【歴史】(11-13世紀の)十字軍の遠征, 聖戦(= Santa ~). ― Primera C~ 第1回十字軍(1096-99年). [類] expedición. ❷ (聖戦に軍を派遣する国王らに教皇が与える)赦免[状](状). ❸ (改革・撲滅のための)運動, キャンペーン. Se ha organizado una ~ para combatir el SIDA. エイズ撲滅運動が組織された. ~ antinuclear [contra las armas nucleares] 反核運動. ~ antialcohólica [contra el hambre] 禁酒[飢餓撲滅]運動. [類] campaña. ❹ (まれ)十字路 (= encrucijada).

•**cruzado, da**² [kruθáðo, ða] [過分] 形 ❶ 交差した, 十字の, 十字形の. ― *fuego* ~ 《軍事》十字砲火. *palabras cruzadas* 《まれ》クロスワードパズルの一種(= crucigrama). ❷ 《服飾》ダブルの. Lleva una chaqueta gris *cruzada*. 彼はグレイのダブルのジャケットを着ている. *un abrigo* ~ ダブルのコート. ❸ 《商業》(小切手の)横線を引いた, 線引きの. ― *cheque* ~ 線引き小切手. ❹ 《動植物》交配された, 交雑種の, 雑種の. [類] híbrido, mestizo. ❺ 《歴史》十字軍に参加した; 十字章を受けた. ― *caballero* ~ 十字勲章の騎士. ❻ 《布》綾(あや)織りの. ― *tela cruzada* 綾織物. ❼ 《中南米》《話》怒った, 立腹した. [類] enfadado.

― 男 ❶ 《歴史》十字軍の兵士[戦士]. ❷ クルザード(ブラジルの通貨単位). ❸ 《動植物》の交配種, 雑種. ❹ 《歴史》カスティーヤ, ポルトガルの旧貨幣. ❺ 《舞踊》十字を形作りながら元の位置に戻っていく動き. ❻ 《隠》道, 道路; 道のり. ❼ 綾(あや)組, 綾織物. ❽ 《複》(線画の)線影, 陰影線. ❾ 《北米》混血児.

cruzamiento [kruθamjénto] 男 横断, 渡航; 妨害, 阻止; 交配, 交雑.

‡**cruzar** [kruθár] [1.3] 他 ❶ ~ を横断する, 渡る. ― El barco de recreo tardó una hora en ~ el lago. 遊覧船は湖を横断するのに1時間かかった. ~ la calle 道路を横断する. [類] atravesar には *cruzar* の他❷の意味がない. ❷ (a) …と交差する. ― El puente de Segovia cruza el Manzanares. (マドリードの)セゴビア橋はマンサナーレス河をまたいでいる. (b) (腕・脚などを)交差させる, 組む. ― Se sentó en el sofá y *cruzó* las piernas [los brazos]. 彼はソファーに座り, 脚[腕]を組んだ. ❸ (言葉・笑み・あいさつ)を交わす, 交換する. ― ~ saludos con los vecinos 隣人たちとあいさつを交わす. *He cruzado* sólo unas palabras con ella. 私は彼女とほんのいくつかの言葉を交わしただけだった. ❹ 《商業》(小切手)を線引きにする. ― ~ un cheque 小切手を線引きにする. ❺ ~ を横向きに並べて通行を遮断する. ― ~ pupitres en el pasillo 廊下に机を並べて通行を遮断する. ❻ [+con と]を交尾させる, 交配する, 掛け合わせる. ― ~ una yegua *con* un caballo 牝馬を牡馬と掛け合わせる.

― 自 ❶ 《服飾》(服の)前が合う. ― La chaqueta te está pequeña. No *cruza* bien. 上着は君には小さい. 前が合わない. ❷ 交わる. ❸ 通り過

ぎる, 行き交う, 通る. —En la plaza la gente *cruza* en todas direcciones. 広場で人々はあらゆる方向に行き交う. Aquella imagen *cruzó* fugaz por mi imaginación. あのイメージがつかの間私の想像を流れていった.

—se 再 ❶ 交差する, すれ違う. —Los dos trenes *se cruzaron* en el puente. 2台の列車が鉄橋の上ですれ違った. *Me he cruzado* con él en la estación. 私は駅で彼と出会った. ❷ 行き違いになる. —Las cartas de Juan y de María *se han cruzado*. フアンとマリアの手紙は行き違いになってしまった. ❸ (船が)巡航する.

C.S.F. 《頭字》[＜Costo, Seguro y Flete]《商業》CIF[運賃・保険料込み]条件.

CSIC [θésik] [＜Consejo Superior de Investigaciones Científicas] 男 《スペイン》高等科学研究審議会.

cta. 《略号》=cuenta《商業》勘定, 口座.

CTNE 《頭字》[＜Compañía Telefónica Nacional de España] 女 スペイン国営電話会社.

cu [kú] 男 アルファベット文字Q, qの名称.
— 昔のメキシコの寺院.

cuacar [kuakár] [1.1] 他《中南米》気に入る, 都合がよい. 類 cuadrar, cuajar, gustar.

cuácara [kuákara] 女 ❶ フロックコート(19世紀に多用された男性の礼服). ❷ (作業用の)上着.

cuaco [kuáko] 男 ❶《中南米》馬; やせ馬, 駄馬. ❷《方》粗野な[不作法な, 無教養な]人. ❸ タピオカ(キャッサバの根から取る澱粉). ❹《中南米》(動物の)角; 複(自転車の)ハンドル.

cuaderna [kuaðérna] 女 ❶《造船》(船の)肋材, フレーム(枠組み), リブ. **—— maestra** 主肋材. ❷ ダブルペア(ゲームの手の一種). ❸《方》(パンなどの)4分の1, 四半分. ❹ 昔の貨幣単位 (8 maravedísに相当).

cuaderna vía クアデルナ・ビーア (1行14音節からなり同じ韻をふむ4行を1連とする詩型).

cuadernal [kuaðernál] 男 《海事》1つの枠組みの中に平行に取り付けてある複数の滑車, 複滑車.

cuadernillo [kuaðerníjo] 男 ❶ 全紙5枚(紙の単位; 1帖 (una mano) の5分の1に相当). ❷ 小冊子. ❸ 教会暦(年間の教会行事や礼拝・儀式などのカレンダー).

:cuaderno [kuaðérno] 男 ❶ ノート, 帳面. —Jesús hace los deberes en su ~. ヘススはノートに宿題をする. ~ de apuntes de clase 講義ノート. 類 agenda, cartapacio, libreta. ❷《印刷》4枚重ね折. ❸《俗》トランプ一組.

cuaderno de bitácora《海事》航海日誌.

cuaderno de Cortes《スペイン史》国会議事録 (16世紀に始まる).

cuaderno de Mesta《スペイン史》(中世の)移動牧羊組合会議議事録.

cuadra [kuáðra] 女 ❶ 馬小屋, 馬厩, 厩舎. ❷ (競争馬など同じ厩舎に所属する馬(全体), 同じ馬主の持ち馬(全体). ❸《比喩》汚い場所, むさくるしい部屋. —Tiene la casa que parece una ~. 豚小屋みたいな家を持っている. ❹ 大きい部屋; (特に病院・監獄などの)大部屋, 雑居部屋. ❺《中南米》街区, 区画, ブロック; 1区画分の距離. —a dos ~s de aquí ここから2ブロック行った所に, 2丁先に. ❻ (距離の単位)4分の1マイル(約400 m). ❼ (馬の)尻. ❽《海事》(船の全長4分の1部分の)船幅. ❾《軍事》仮兵舎.

cuadrado [kuaðráðo] 男 →cuadrado.

cuadradillo [kuaðraðíjo] 男 [＜cuadrado] ❶ (角型の棒状の)定規, ものさし. ❷ (断面が正方形の)鉄棒, 鉄材. ❸ (袖ぐりなどに幅を広げるために足す布地, まち布. ❹ 角砂糖.

:cuadrado, da [kuaðráðo, ða] 過分 形 ❶ 正方形の, 四角の. —una mesa *cuadrada* 四角い[正方形の]テーブル. Mi habitación no es alargada sino *cuadrada*. 私の部屋は細長いのではなく四角い. 反 redondeado, redondo. ❷《数学》2乗の, 平方の. —raíz *cuadrada* 平方根. metros ~s 平方メートル. Mi piso tiene una superficie de 150 metros ~s. 私のマンションは150平米ある. ❸《話》[estar+](体格が)がっしりした, 頑丈な, ごつごつした. —Como hace mucho deporte, *está* ~. 彼はよくスポーツをするので体格ががっしりしている. ❹ 完全な, 完璧な. —El negocio nos ha salido ~. その取り引きは私たちにとって完璧な結果を収めた. ❺《中南米》粗野な, 愚鈍な. ❻《中南米》あでやかな, 颯爽(さっそう)とした.

— 男 ❶《数学》正方形, 四角形. 類 cuadro. ❷《数学》2乗, 平方. —elevar ... al ~ を2乗する. ... (elevado) al ~ は …の2乗. Cinco (elevado) al ~ es veinticinco. 5の2乗は25だ. El ~ de siete es cuarenta y nueve. 7の2乗は49だ. ❸ 直定規, 四角定規. 類 cuadradillo. ❹《印刷》クワタ(字間のスペースに挿入される埋め込み). 類 espacio. ❺《技術》打ち型, 型板, 金型. 類 troquel. ❻《服飾》袖から胴にかけてのまち. ❼《天文》直角離角. 類 cuadratura, cuadro.

— 女《音楽》二全音符.

de cuadrado (1)《比喩》完璧に, 立派に. (2)《美術》顔・像が正面を向いた.

dejar [poner] a ... de cuadrado《比喩, 話》…の痛いところをつく.

tenerlos cuadrados《話》勇敢である, 勇気がある. Ella le admira porque *los tiene cuadrados*. 彼女は彼を賞賛している, なぜなら勇敢だからだ.

cuadragenario, ria [kuaðraxenárjo, rja] 形 40歳(位)の.
— 名 40歳(位)の人. 類 cuarentón.

cuadragesimal [kuaðraxesimál] 形《カトリック》四旬節 (cuaresma, cuadragésima) の.

cuadragésimo, ma [kuaðraxésimo, ma] 形(数) ❶ 40番目の. —Tú ocupas el ~ lugar en la lista. 君はリストの40番目に挙がっている. ❷ 40分の1の (=cuarentavo).
— 名 40分の1(の物). —No tengo ni la *cuadragésima* parte de lo que cuesta el terreno. その土地の値段の40分の1の金だって持ってやしない.

cuadrangular [kuaðraŋgulár] 形 四角形の, 四辺形の.

cuadrángulo, la [kuaðráŋgulo, la] 形 四角形の, 四辺形の (=cuadrangular).
— 男 四角形, 四辺形.

cuadrante [kuaðránte] 男 ❶《幾何》四分円; (地平線・経線などが円形をなす線の)四半分. ❷ 日時計. ❸ (ラジオなどの)ダイヤル, 表示装置; (時計の)文字盤. ❹ 四分儀(六分儀 sextanteに

た、角度や位置を測る道具. 天文・地学・航海術等に用いる). ❺〖建築〗筋交い(補強の為、柱と柱の間に斜めに交差させた材). ❻ (正方形の)枕. ❼ ローマ時代の銅貨(4 分の 1as、3 オンスに相当). ❽ 遺産の 4 分の 1. ❾ 四角くする(cuadrar)ような.

*cuadrar [kuaðrár] 直 ❶ 〖+a に/con と〗一致する、ぴったりである; 都合がよい. —Ese trabajo le *cuadra* bien. その仕事は彼に打ってつけだ. Venga usted mañana si le *cuadra*. ご都合がよろしければ、明日お越しください. La política del gabinete no *cuadra con* la opinión popular. 内閣の政策は世論と一致していない. Esta cuenta no *cuadra*. この計算は間違っている. ❷〖+con と〗調和[適合]する. —Estas cortinas no *cuadran* en la habitación. このカーテンは部屋に合わない. 類**armonizar**. ❸ (勘定が)合う. ❹ (闘牛)(牛が)身構える. ❺ (闘牛)(牛)の身構えさせる.

— 他 ❶ を四角にする. ❷〖数学〗を 2 乗する. ❸ を清算する、帳尻を合わせる. ❹ (線)を碁盤目に引く、四角く引く. ❺ (闘牛)(牛)の身構えさせる.

— se 再 ❶ (a) 直立不動の姿勢をとる. —El soldado *se ha cuadrado* ante el general. その兵士は将軍の前で直立不動の姿勢をとった. (b) (闘牛)(牛の牛が)動かずにたたずむ. —~*se al toro* (闘牛)(牛の牛が)動かずにたたずむ. ❷ かたくなになる. —Juan *se cuadró* en su opinión a pesar de las críticas. フアンは批判にもかかわらず自分の意見に固執した.

cuadratura [kuaðratúra] 囡 ❶ 方形を作ること、四角形にすること. ❷〖天文〗矩象(しょう)(二つの天体の位置関係の一種).

la ~ del círculo 円積問題(「与えられた円と同面積の正方形を作れ」という作図不能問題)、不可能な試み.

cuadri-, cuadru- [kuaðri-, kuaðru-] 接頭「4」の意. —*cuadri*enal, *cuadri*ga, *cuadrú*pedo.

cuadrícula [kuaðríkula] 囡 ❶ 方眼、碁盤目、升目. —papel [cuaderno] de ~ 方眼紙[ノート]、方眼用紙. ❷〖情報〗グリッド.

cuadriculado, da [kuaðrikuláðo, ða] 形 升目のある、縦横に線の入った. —papel ~ 方眼紙(=papel de cuadrícula) —— 男 =cuadrícula.

cuadricular [kuaðrikulár] 他 …に升目をつける、格子状の線を引く. —— 形 方眼的、碁盤目状の、升目のある.

cuadrienal [kuaðrienál] 形 4 年に1度の、4 年毎の; 4 年間続く.

cuadrienio [kuaðriénio] 男 4 年間、4 年にわたる期間.

cuadriga [kuaðríɣa] 囡 ❶ 横 1 列に並んだ 4 頭の引き馬. ❷ (古代ローマの)4 頭立ての 2 輪戦車.

cuadril [kuaðríl] 男 ❶ 馬の尻の骨. ❷ 馬の臀部(の片側). 類**anca, grupa**.

cuadrilátero, ra [kuaðrilátero, ra] 形〖幾何〗四つの辺を持つ. —— 男 ❶〖幾何〗四辺形、四角形. ❷ (ボクシングやプロレスの)リング.

cuadrilla [kuaðríʎa] 囡 ❶ (同じ事柄に従事する人の)集まり、グループ; (百姓・職人などの)仲間、チーム、一行; 連中. ❷ (軽蔑)(ギャングなどの)一味、徒党、ごろつき連中. ❸ (祭りの場で)他と異なる色やシンボルマークをつけたグループ、一行. ❹ (闘牛)(正闘牛士 matador と共に出場する槍方・銛方などの)闘牛士グループ、一行. ❺ (中世スペインで)放亭組合を形成していた 4 つのグループ (Cuenca, Leon, Segovia, Soria). ❻ カドリール (4 人ずつ組んで踊るフランス起源の舞踏).

en cuadrilla グループで; 徒党を組んで.

cuadrillero [kuaðriʎéro] 男 ❶ グループ(チーム、一味)のメンバー、仲間; (特に)Santa Hermandad (サンタ・エルマンダー)、15-16 世紀スペインの警察組織の一種)の一員. ❷ グループのリーダー、首領、頭.

cuadrilongo, ga [kuaðrilóŋgo, ga] 形〖幾何〗長方形の.

—— 男 ❶〖幾何〗長方形. ❷〖軍事〗(長方形の)部隊、歩兵隊.

cuadrimotor, tora [kuaðrimotór, tóra] 形 →cuatrimotor.

cuadringentésimo, ma [kuaðriŋxentésimo, ma] 形(数) 400 番目の、400 分の 1 の.

—— 男 400 分の 1 の.

cuadripartido, da, cuadripartito, ta [kuaðripartíðo, ða, kuaðripartíto, ta] 形 4 部に分かれた、4 部 (4 人)からなる; 4 者 (4 国)間の.

cuadriplicado, da [kuaðriplikáðo, ða] = cuadruplicado.

cuadriplicar [kuaðriplikár] =cuadruplicar.

cuadrito [kuaðríto] 男 さいころ形. —cortar en ~s 小さく切る、小さい角切りにする.

cuadrivio [kuaðríβio] 男 四学、四科(中世の大学教育で、算術・幾何・天文・音楽の 4 科目).

***cuadro** [kuaðro クワドロ] 男 ❶ (通例、額入りの)絵、絵画; (絵の)額、額縁. —pintar un ~ 絵を描く. colgar un ~ en la pared 壁に絵を掛ける. ~ impresionista 印象派の絵. Este ~ representa una escena de caza. この絵は狩猟シーンを描いている. ~ abstracto 抽象画. ~ vivo 活人画. 類**dibujo, grabado, lienzo, pintura, tela**.

❷ 表、図表. —estructurar en un ~ 表にする. ~ estadístico 統計表. ~ de abreviaturas 略語表. 類**esquema, guión**.

❸ (生き生きとした)描写、記述. —Nos hizo un ~ muy bonito de la vida en el campo. 彼は私たちに田園生活を美しく描写してくれた. 類**descripción**.

❹ (感動的な・悲しい・ひどい)光景、情景、場面. —La ciudad ofrecía un ~ desolador después del bombardeo. 爆撃の後、その都市は惨憺たる様子だった. ¡Vaya un ~! 何という有様だ!、何てさまだ! Desde la cima de la montaña admiramos el fascinante ~ de la puesta de sol. 我々は山頂から日没のすばらしい光景を見とれた. Se complica el ~ político. 政治状況が複雑になっている. 類**escena, espectáculo, panorama**.

❺ 履 格子じま、チェック. —~s escoceses タータンチェック. tela a [de] ~s チェックの布地. traje de ~s チェックのスーツ. ~s de un papel 用紙の枡目. ~s del crucigrama クロスワードパズルの枡目. Me gusta más la camisa de ~s que la de rayas. 私はシャツをストライプよりチェックの方が好きだ. 類**cuadrado**.

❻ (演劇)場、場面、シーン(→acto「幕」). —La

570 cuadrumano

acción del primer ～ del tercer acto se desarrolla en un salón de ambiente burgués. 第3幕第1場のストーリーはブルジョア階級的な雰囲気の大広間で展開する. [類]**escena**.

❼[集合的に]スタッフ, 管理職, 幹部. ～ de profesores 教授陣. ～ de dirigentes [directivos] del partido 党指導部, 党幹部. ～ facultativo [médico] 医師団, 医療スタッフ. ～s medios de una empresa 会社中の中間管理者[層]. ～ técnico de un club de fútbol [de una empresa] サッカークラブ[会社]の技術スタッフ. un curso de mercadotecnia para ～s directivos 幹部向けマーケティング・コース. ～ flamenco フラメンコ舞踊団. [類]**personal**.

❽ 四角いもの, 四角形, (畑などの)区画, 花壇, 苗床. ～ de arena 砂場. ～ de flores 花壇. ～ de frutales 果樹園. El niño dibujó un ～ sobre el papel. その子供は紙に四角形をかいた. Hizo una colcha cosiendo ～s de tela de diferentes colores. 彼女は様々な色の四角い布を縫い合わせてベッドカバーを作った. [類]**cuadrado**.

❾ 盤, 計器盤, パネル. ～ de instrumentos de la cabina de un avión 飛行機の操縦室の計器盤. [類]**panel**. ❿(自転車などの)フレーム, 車体, 骨組み. —Pintó de azul el ～ de su bicicleta. 彼は自分の自転車のフレームを青く塗った. ⓫[医学](病気の)症状, 徴候. ～ patológico 病理学的症状. ～s bronquiales crónicos 慢性気管支炎の症状を見せる. El paciente presentaba un ～ vírico. その患者にはウィルス疾患の症状が出ていた. [類]**síntoma**. ⓬[建築](窓・戸の)枠, フレーム, 抱き, ふち. ～ de una ventana 窓枠. [類]**marco**. ⓭[軍事][集合的に]幹部, 将校, 下士官. ～ de oficiales [軍事]幹部[将校と下士官の総称]. ⓮[軍事]隊形, 陣形. —formar el ～ 方陣を敷く; 団結を固める. ⓯[印刷](印刷機の)圧盤. ⓰[天文]直角離角(→cuadratura). ⓱[南米](a)[チリ]畜殺場; 小牧場. (b)[コロンビア]黒板. ⓲[コンピュータ]チェックボックス; フレーム. ～ de lista [texto] リスト[テキスト]ボックス.

a [de] cuadros チェックの, 格子模様の. Me he comprado una camisa *a [de] cuadros* 私はチェックのシャツを買った.

cuadro clínico [医学](病気・病人の)症状, 徴候, 症状. el *cuadro clínico* de la disentería 赤痢の症状. El enfermo presenta un *cuadro clínico* muy grave. 病人は大変重い症状を見せている.

cuadro de costumbres (1)(地方の)風俗[情景]描写. (2)風俗画.

cuadro de distribución [電気]配電盤(= panel de control); (電話の)交換台.

cuadro de honor 優等生名簿.

cuadro de mandos [de instrumentos] (1)(飛行機・車などの)制御盤, 計器盤, ダッシュボード. *cuadro de mandos* de una central nuclear 原子力発電所の制御盤. (2)[軍事]司令室, 首脳部, 指導部; (組織の)リーダー, 幹部. *cuadro de mandos* de un batallón 大隊の首脳部.

cuadro sinóptico 一覧表, チャート.

dentro del cuadro de ... …の枠内で.

en cuadro 四角に(並べたて), 方形に. sillas *en cuadro* 四角形に並べられた椅子. habitación de tres metros *en cu*adr*o* 3メートル四方の部屋.

estar [quedarse] en cuadro (1)(会社・チームなどが)少人数になっしまう, 残り僅かになる. Con esta huelga de transportes públicos, en la oficina *estamos en cuadro*. 公共輸送機関のこのストライキのおかげで出社している人は僅かしかいません. (2)[軍事]将校だけが残る.

—, **dra** [形][まれ]正方形の, 四角の(→cuadrado).

cuadrumano, na, cuadrúmano, na [kuaðruˈmáno, na, kuaðrúmano, na] [形]〖動物〗霊長類の, 四手類の, 手形の四肢を持つ. — [名] 霊長類, 手形類(の動物).

cuadrúpedo, da [kuaðrúpeðo, ða] [形]〖動物〗四つ足の. — [名] 四足獣, 四肢動物(特に馬など).

cuádruple [kuáðruple] [形] 4倍の, 4重の, 4連続の; 4つの部分からなる. —salto mortal 4回宙返り. Este año hemos tenido unos gastos ～s respecto a los del pasado. 今年は去年の約4倍の支出があった.

— [男] 4倍, 4重. —La casa me ha costado el ～ que a ti. 私の家の値段は君の4倍もしたよ.

cuadruplicado, da [kuaðruplikáðo, ða] [形] 4倍の, (文書などが)4通に作成した. —por ～ 同じもの4通に. factura *cuadruplicada* 送り状4通.

cuadruplicar [kuaðruplikár] [1.1] [他] 4倍にする; (文書など)を4部作成する, 4つ作る.

— [自], se [再] 4倍になる. —El precio de la tierra se ha cuadruplicado este año. 今年は土地の値段が4倍になりました.

cuádruplo, pla [kuáðruplo, pla] = cuádruple.

cuajada¹ [kuaxáða] [女] ❶ (牛乳に酸などを加えてできる)凝固部分, 凝乳, カード. ～ oveja 羊乳カード(凝乳). ❋羊乳でつくったデザート. ❷ カッテージ・チーズ.

cuajado, da² [kuaxáðo, ða] [形] ❶ (牛乳などが)凝固した, 固まった. —sangre [leche] *cuajada* 凝固した血液[牛乳]. ❷ [+de]…におおわれ, 満ちあふれた. —con los ojos ～s de lágrimas 目に涙を一杯ためて. corona *cuajada de pedrería* 宝石のびっしりついた冠. ❸《比喩》唖然とした. —La noticia de su muerte no nos dejó ～s. 彼が死んだという知らせに我々は呆然となった. ❹ [estar [quedarse]+] 眠り込んだ, 眠りについた, 眠っている.

cuajaleche [kuaxaléʧe] [男] 〖植物〗ヤエムグラ(アカネ科の草).

cuajamiento [kuaxamjénto] [男] 凝固, 凝結.

cuajar¹ [kuaxár] [男] 〖動物〗(牛など反芻動物の)第四胃, 胃袋の第四室.

*****cuajar² [kuaxár] [自] ❶ 凝固する, 凝結する, 固まる. —Da vueltas a la leche y la arrima al fuego para que *cuaje*. 彼は牛乳をかき混ぜて, 固まるように火に近づける. ❷ (雪が)積る. —La nieve no *cuajó* en las calles. 雪は街路に積もらなかった. ❸ 実を結ぶ, 結実する; 実現する. —Este año no *han cuajado* los melones. 今年はメロンの実がならなかった. —un acuerdo 協定が成立する. Aquel proyecto no llegó a ～. 例の計画は日の目を見るに到らなかった. ❹ 一流になる, 大成する. —Ese jugador iba para estrella, pero no *ha cuajado*. その選手はスターを目指したが, 挫

折(㍼)した. ❺〖+a+(人)に〗気に入る,受け入れられる.— Ese chico no *me cuaja*. その子は私の性に合わない. 類 **agradar, gustar**

―― 他〖+de〗を〗を覆う,一杯にする,満たす.— Las paredes de la estación del Metro estaban *cuajadas de* anuncios. 地下鉄の駅の壁は広告で一杯であった. La primavera *cuajó de* florecillas el prado. 春になって牧場は花で一杯になった. Aquel viaje acabó *cuajando* un hermoso libro *de* relatos. あの旅行のおかげで体験談で一杯の美しい本がついに完成した. ❷ を凝結させる,凝結させる,固まらせる.~ ~ mayonesa マヨネーズを固まらせる.

――se 再〖+de〗で〗一杯になる,満ちる;覆われる.— Al oír la noticia *se le cuajaron* los ojos *de* lágrimas. そのニュースを聞くと彼の目には涙があふれた. El estadio *se cuaja* de hinchas cada domingo. スタジアムは毎日曜日ファンで一杯になる. ❷ 凝結する,固まる.— Ya *se ha cuajado* el flan. プリンはもう固まった.

cuajarón [kuaxarón] 男 凝固部分; (特に血液の)凝塊,血のり,凝血.

cuajo [kuáxo] 男 ❶ 凝固剤,凝固作用のあるもの, (特にレンネット(チーズ製造に用いる, 子牛の第四胃から取る凝乳酵素製品). ❷ 凝固する(させる)こと. ❸《比喩, 話》落ち着き, 冷静; 遅鈍. 類 **cachaza, calma, lentitud, pachorra**. ❹ = cuajar.

de cuajo 根こそぎ; 完全に. extirpar los vicios ~ 悪を根絶やしにする. El tifón arrancó *de cuajo* varios árboles del jardín. 台風で庭の植木が何本か根こそぎ倒れてしまった.

cuákero, ra [kuákero, ra] 名 →cuáquero.

***cual** [kuál クアル] 形〖関係〗複 cuales; 強勢語〖制限用法〗…するような….— Hombres egregios ~*es* fueron ellos no aprobarían nuestro proceder. 彼らがそうだったような高貴な人たちは私たちの行為を認めないだろう. Una situación política tan inestable, ~ es la que tenemos ahora, requiere elecciones generales. 我々が今直面している政治状況はこのように不安定なものだから総選挙が必要である.

a cada cual lo suyo →cada.

a cual [cuál] más 〖+形容詞単数形〗いずれも劣らず…. Son *a cual más* embustero. 彼らはいずれも劣らず嘘つきだ.

cada cual →cada.

sea [*sean*] *cual* [*cuales*] *fuere* [*fueren*] それがどうであろうと. Sus excusas, *sean cuales fueren*, no pueden ser aceptadas. 彼の言い訳がどうであろうと, 受け入れられることはない.

tal o cual [*tal cual*] 少数の, わずかの.

―― 副〖関係〗〖無強勢〗《まれ, 文》…するように, …と同じように.— Lo hizo [tal] ~ ella quería. 彼女はそれを好きなようにやった. 類 **como**.

cual si 〖+接続法過去[過去完了]〗《文》まるで…かのように[…だったかのように]. *Cual si* hubiera visto a un fantasma, se puso a temblar de repente. まるで幽霊でも見たかのように, 彼女は突然震え始めた. 類 **como si**.

tal cual →tal.

Cual ..., tal ...〖相関句〗…のように, …. *Cual* es la madre, *tal* la hija. 母も母なら娘も娘だ.

――*el cual, la cual* 代〖関係〗複 男 los cuales, 女 las cuales; 強勢語〖先行詞は人・物. 先行詞の性・数により定冠詞が変化する〗❶〖制限用法, 前置詞のつく場合のみ(特に with, tras や3音節以上の前置詞・複合前置詞とともに用いられることが多い)〗…である…, …する….— No sabemos el motivo *por el* ~ lo hizo. 私たちは彼がそれをやった理由を知らない〖制限用法では前置詞なしでは用いられない. すなわち, 関係節の主語となる先行詞や直接目的語となる物の先行詞とともに用いられることは無い〗.

❷〖説明用法〗そして[しかし]それ[その人]は…, ところでそれ[その人]は…なのだが[なので].— Llegaron unos tíos suyos, los ~*es* traían muchos regalos. 彼の何人かの伯父さんたちがやって来たのだが, 彼らはたくさんプレゼントを持って来た. Debajo de la mesa vi un gato, los ojos *del* ~ brillaban. テーブルの下に一匹の猫が見えたが, その目は輝いていた〖説明用法では前置詞なしでも用いられる. すなわち, 関係節の主語となる先行詞や直接目的語となる物の先行詞とも用いられる〗.

❸〖名詞句+de の後. 名詞句は先行詞の一部分を示す. 説明用法のみ〗そしてそれら[その人たち]の….— Un grupo de jóvenes, la mayoría de los ~es universitarios, forman la banda. 若者のグループが, その大部分は大学生だが, バンドを組んでいる.

❹〖過去分詞+, 分詞構文〗そしてそれ[その人]を…すると, そしてそれ[その人]が…すると.— Tendremos que superar una última prueba, superada *la* ~, ya el premio estará asegurado. 私たちは最後のテストを突破しなければならないだろうが, それを突破すればもう賞は確実だ.

motivo por el cual [*razón por la cual*] そのために…, それ故に…. No se presentó al examen, razón por la cual suspendió las matemáticas. 彼は試験を受けなかったので, 数学を落とした.

――*el cual, la cual* 形〖関係〗《まれ》(小説などの語りの文の中で用いられる)[その]….— Y entonces apareció González; el ~ González era el mismo que ella había conocido en el baile de máscaras. その時ゴンサーレスが現れた. そして, このゴンサーレスこそ彼女が仮面舞踏会で知り合った男性だったのだ.

――*lo cual* 代〖関係〗〖無変化, 強勢語〗❶〖前文の内容全体が先行詞, 説明用法のみ〗そしてそれは, そしてこのことは.— Nuestro plan terminó en fracaso, de *lo* ~ se alegraron mucho. 我々の計画は失敗に終わったのだが, 彼らはそのことを大いに喜んだ. El termómetro marcaba los tres grados bajo cero, a pesar de *lo* ~ salió sin abrigo. 温度計は零下3度を指していたが, それでも彼はオーバーなしで出て行った. ❷ (文頭で前文の内容あるいは前文の語句を指して)それ[その人]は….— Tu padre está muy enfadado. *Lo* ~ quiere decir que esta noche te quedas en casa. お父さんはとても怒っている. ということは今夜お前は家で留守番するということだ.

lo cual que《話》時に…, ところで…, それで….

por lo cual 従って, そのために. Usted no tiene carta de invitación, *por lo cual* no puede entrar. あなたは招待状をお持ちではありません. したがって, お入りになれません.

*** cuál** [kuál クアル] 代〖疑問〗〖複 cuáles〗〖人・物について用いられる〗❶〖直接疑

572 cualesquier

問文で〕(a)〖選択〗どれ, どちら. ―¿C~ es más interesante, esta novela o aquélla？ この小説とあれとどっちが面白いですか. ¿C~ de estas chicas se llama Pilar？ その女の子たちのどっちがピラールっていうのですか. Mira, aquí tenemos tres bolsas. ¿A ~ de ellas prefieres？ 彼女たちの誰がお好き？

❷ 〖+ser 動詞, 同定〗(a) 何, 誰, どこ. ―¿C~ es su nombre [número de teléfono]？ あなたのお名前[電話番号]は？ ¿C~ es el país más pequeño del mundo？ 世界でいちばん小さな国はどこですか. ¿C~ es la longitud del túnel？ そのトンネルの長さとどのくらいですか. ¿C~ es el precio de la moto？ そのバイクはいくらですか.

【語法】¿qué es 〖+名詞句〗? は主語である名詞句の属性(その分類や定義等)について述べる. 一方, ¿cuál es〖+名詞句〗? は主語である名詞句の同定(それがどれであるか)を示す. 例えば, ¿Qué es Madrid？ マドリードは何ですか, という問いは Madrid の属性を尋ねるものであり, その答えは Es la capital de España. スペインの首都です, となる. 他方, スペインの首都が数ある都市の中のどの都市かを同定する際には, ¿Cuál es la capital de España？ スペインの首都はどこですか, となる.

❸〖間接疑問文で〗(a) どれ, どちら; 何[誰, どこ, どのくらい, いくら]. ―¿Sabes ~ de aquellos dos se llama Juan？ あの二人のうちのどっちがフアンって名前か知ってる？ Dime ~ es su apellido. 彼女の苗字が何か教えて. (b) 〖+不定詞〗どちらを[に]…すべきか. ―Tanto ese coche como aquél son muy buenos, así que no sé ~ de los dos escoger. この車もあっちのもとてもいい. だから僕は2つのうちのどっちを選んだらいいのか分からないね.

a cuál [cual]〖+形容詞·副詞の比較級〗いずれ劣らず…. Los dos estudian *a cuál más*. その二人はいずれ劣らずよく勉強する.

cuál [cual]..., cuál [cual]... …やら…やら, …もあれば…もある. Todos lo pasaron bien; *cuál* cantando, *cuál* bailando. 歌うやら踊るやらでみんな楽しんだ.

—— 形(疑問)〖複 *cuáles*〗〖主に中南米〗どの, どちらの. ―¿C~ equipo te gusta más？ 君はどっちのチームが好きですか. ¿C~es zapatos son tuyos？ どの靴があなたのですか〖スペインでは *cuál* の代わりに *qué* が用いられる〗.

—— 副〖感嘆文で〗…はいかばかりか, 何と…, どんなに…. ―¡C~ [no] sería mi sorpresa, cuando vi la carta abierta! 手紙が開封されているのを見たときの私の驚きはいかばかりだったか. 類 *cómo*.

cualesquier [kualeskiér] 代(不定) →cualquier.

cualesquiera [kualeskiéra] 代(不定) → cualquiera.

‡**cualidad** [kualiðáð] 囡 ❶ (物の) **特性**, 特質, 特徴, 属性. ―~es del hierro 鉄の特性. La ~ más significativa del diamante es su dureza. ダイヤモンドの最も重要な特質は硬さである. 類 **propiedad**, **característica**. ❷ (人の) **資質**, 素質, 品性. ― Ella tiene buenas ~es para la música. 彼女には音楽の才能がある. La inteligencia es una ~ humana. 知性は人間の資質である. 類 **aptitud**. ❸ 長所, 美点, 強み (→recta 「欠点」). ―hombre de muchas ~es 長所がたくさんある人. explotar sus ~es 長所を生かす. Su ~ distintiva es la honestidad. 彼の特徴は誠実さである. 類 **virtud**. 反 **defecto**. ❹ (物の) 質, 品質. ― El precio de este producto no corresponde a su ~. この製品の価格は品質と釣り合わない. La ~ y la cantidad de los productos. 製品の質と量. 類 **calidad**.

cualificado, da [kualifikáðo, ða] 形 ❶ (技士など)熟練した, 技術のある; 資格を持った. ―Él no está ~ para ese trabajo. 彼はその仕事に熟達していない. Necesitamos mano de obra *cualificada*. 我々には経験をつんだ働き手が必要だ. ❷ =calificado.

cualitativo, va [kualitatíβo, βa] 形 性質(上)の, 質的な; 定性の. ―análisis ~ 定性分析. Exigen mejoras *cualitativas* de la seguridad en el trabajo. その仕事では安全面での質の向上が必要とされている. 反 **cuantitativo**.

cualquier [kualkjér] 形(不定) 〖*cualquiera* が名詞の前に置かれるときの形〗→cualquiera. ― ~ día どの日[何曜日]でも. ~ persona 誰でも.

***cualquiera** [kualkjéra クワルキエラ] 形(不定) 複 cualesquiera; 名詞の前では cualquier, cualesquier〛❶〖主に+名詞〗どんな…でも, いかなる…でも〖任意の人·物を示す〗. ―Se queja por *cualquier* cosa. 彼はどんなことにも不平を言う. Puedes comprarlo en *cualquier* otro sitio. それはここ以外のどこでも買えるよ〖名詞との間に otro が入っても cualquier となる〗. Tráigame *cualesquier* revistas interesantes. 面白そうな雑誌ならなんでもいいから2, 3冊持ってきてください. Puedes venir otro día ~. 君は他の日ならいつ来てもいいよ〖定冠詞とともに用いられることはない. 複数形の使用はまれ〗. ❷〖名詞+〗ありふれた, あまり重要でない, 普通の. ―Su novio no es un chico ~. 彼女の恋人はそんじょそこらの男ではない. 類 **corriente**, **vulgar**.

a cualquier hora お好きなときに, いつでも.

a cualquier precio 何が何でも. Está dispuesta a conseguir un ascenso *a cualquier precio*. 彼女は何が何でも昇進するつもりだ.

cualquier día (1) (発言内容を実現するつもりがないことを匂わせながら)いずれ, いつか. *Cualquier día* de estos te voy a comprar la moto. いずれ近いうちにそのバイクは買ってあげるよ. (2) いつやってきても. *Cualquier día* aparecerá su ex-marido. 彼女の元夫はいつなんどき現れるか分からない.

de cualquier forma[manera, modo] いずれにしても, とにかく. *De cualquier forma[manera, modo]* vuelve primero a casa. いずれにせよ, まず家に帰ってこい.

de cualquier manera (1) ぼんやりと, 手荒に. Es peligroso andar por la calle *de cualquier manera*. 通りをぼんやりと歩くのは危険だ. (2) いとも簡単に, 手軽に. No debes ir a la boda vestido *de cualquier manera*. 君はそんな簡単な身なりで結婚式に行ってはいけない. (3) →de cualquier forma [modo].

—— 代(不定) ❶〖任意の人·物を示す〗どんな人[もの]でも. ―El vino y la sangría animan a ~. ワインとサングリアはどんな人でも陽気にする. Puedes comprar ~ que quieras. お前は何でも

好きなものを買っていいよ. ❷〖感嘆文で反語的に〗いったい誰が…するだろうか. —¡*C*~ iba a creer lo que ha hecho! 一体誰が彼のやったことを信じようとするだろうか. ¡*C*~ sabe lo que él piensa! 彼の考えていることなんか分かるものか. 類 **nadie**.
así cualquiera (結果が)大したことはない, 取るに足らない.
cualquiera que sea … …がどうであれ, …が何であれ. *Cualquiera que sea la razón, su conducta es inadmisible*. 理由がなんであれ彼の行動は認められない.
cualquiera sabe さあ…だかどうだか. *¿Ella llegó a casarse?–¡Cualquiera sabe!* 彼女は結婚したのだろうか–さあ, どうだか.

—— 男〖不定冠詞+〗ありふれた人, 取るに足らない人, 並みの人. —*En el campo de la filología no es un* ~. 文献学の分野では彼は並みではない.

—— 女〖不定冠詞+〗《話》売春婦. 類 **prostituta**.

cuan [kúan] 副〖cuanto が形容詞・副詞の前に置かれるときの形〗→**cuanto**.
cuán [kúan] 副〖cuánto が形容詞・副詞の前に置かれるときの形〗→**cuánto**. — ~ rápidamente corren los rumores どれほど速く噂が広まるか. No puedes imaginarte ~ feliz soy. 私がどれほど幸せか, あなたには想像もつかないほどだ〖mayor, menor, más, menos の前では cuánto のほうを用いる〗.

*cuando [kuándo クワンド] 接 ❶〖時, +直説法〗(*a*) …する時, …すると.
—*C*~ hace buen tiempo, damos un paseo por el parque. 天気のよい時には私たちは公園を散歩します. *C*~ yo era joven, al cine con frecuencia. 私は若いときはよく映画に行ったものでした〖cuando 節および主節が直説法現在形または不完了過去形の場合には全体として習慣的行為・総括的内容を表す〗. *C*~ llegamos a casa, ya era de noche. 私たちが家に着いたときにはもう夜だった. *C*~ llegamos a casa, nos dimos cuenta de que no había nadie. 家に着くと, 私たちは誰もいないのに気がついた. *C*~ llegaron a la estación, ya había salido el tren. 彼らが駅に着いたときには列車はすでに出発していた. Ocurrió ~ yo me encontraba en Granada. 私がグラナダにいた時, それが起きた. (*b*) …する時に, …なのに. —Sigue malgastando el dinero ~ el negocio va tan mal. 事業があんなにうまく行っていないというのに彼は無駄遣いをやめない. (*c*)〖apenas …, cuando …〗…するとすぐに…. —Apenas había empezado a hablar ~, de repente, se oyó un grito en la sala. 彼が話し始めると, 突然会場に叫び声が聞こえた.
❷〖条件, +直説法〗…する時には, …するのなら, …すれば. —*C*~ haga buen tiempo, iremos a la playa. 天気がよければ私たちは海岸に行きます. La casa tiene que estar terminada para ~ llegue el invierno. 冬が来るまでに家は完成していなければならない〖cuando 節の行為・状態が未来に言及する場合でも直説法未来形は用いられない〗. Ven a buscarme ~ sean las once. 11時になったら迎えに来てください. Puedes venir ~ quieras. 来たい時に来ていいよ.
❸〖譲歩, +接続法〗《まれ》たとえ…でも. —Nunca le perdonaría ~ me pidiera mil perdones. どんなに謝っても私は絶対彼を許さない. 類

aunque.
❹〖理由, +直説法〗…するのだから, …するからには. —Ella no estará tan mal ~, hace un rato, la vi jugando al tenis con un amigo. ちょっと前に友だちとテニスをしているのを見たのだから彼女はそんなに具合は悪くないのだろう. *C*~ ella lo dice, será verdad. 彼女がそう言うのだから本当だろう. No comprendo cómo te critica, ~ él mismo lo hace. どうして君のことを批判するのか私には分からない, 彼自身それをやっているんだから. 類 **puesto que**.
aun cuando … (1)〖+接続法〗たとえ…でも. *Aun cuando fuera un príncipe, no me casaría con él*. たとえ彼が王子様でも私は彼とは結婚しない. (2)〖+直説法〗…だけれども. *Aun cuando llegué tarde, nadie me dijo nada*. 私は遅刻したけれど誰からも何も言われなかった.
cuando mucho más 多くても, せいぜい.
cuando menos 少なくとも. *Necesitas cuando menos cincuenta euros para conseguirlo*. それを手に入れるには少なくとも50ユーロが必要だ.
cuando no そうでなければ, …でないにしても. *Cuando hace buen tiempo, voy a la playa y, cuando no, me quedo en casa leyendo*. 私は天気がいい時には海岸に行き, そうでなければ家で読書します.
cuando quiera que 〖+直説法/接続法〗〖譲歩〗…するときはいつでも. *Cuando quiera que suceden tragedias como esa, se pone muy triste*. そういう悲劇が起きるといつも彼は非常に悲しくなる.
de cuando[vez] en cuando 時々, 時折.
siempre y cuando 〖+接続法〗…するときはいつでも.

—— 副〖関係〗〖先行詞は時を示す名詞句・副詞句〗❶〖制限用法〗…である…, …する…. —Nunca olvidaré el día ~ la vi por primera vez. 僕は彼女に初めて会った日を決して忘れないだろう〖制限用法では cuando の代わりに en que あるいは que を用いる方が一般的〗. ❷〖説明用法〗そしてその時には…. —Volvemos al pueblo en primavera, ~ los prados se cubren de flores. 私たちは春に町に戻ってくる. その時期牧草地は花でおおわれる. ❸〖強調構文〗…する時. —Entonces fue ~ lo supe. 私がそれを知ったのはその時です. Fue en 1939 ~ terminó la guerra civil. 内戦が終ったのは1939年だった.

—— 前 ❶〖+定冠詞付き名詞句〗…の時, …の頃, …の間. —*C*~ la guerra, todos se trasladaron al campo. 戦時中はみんな田舎に転居した. ❷〖+年齢を示す形容詞〗《話》…の時, …の頃, …の間. —*C*~ niña, vivía con mis abuelos. 私は子どもの頃, 祖父母と暮らしていました.

*cuándo [kuándo クワンド] 副〖疑問〗〖時を表すのに用いられる〗 ❶〖直接疑問文で〗いつ. —¿*C*~ se construyó este edificio? この建物はいつ建設されたのですか. ¿Hasta ~ te quedarás en casa de tus padres? 君はいつまで実家にいるつもりですか. ¿Desde ~ hasta ~ están abiertos los bancos?–Desde las nueve hasta las tres. 銀行はいつからいつまで開いているの?–9時から3時までだよ.
❷〖間接疑問文で〗いつ. —Dígame para ~ lo

tendrás todo listo. いつごろまでに全部の用意ができているか教えてください。 ❸ 〖不定詞を従えて〗いつ…すべきか. —No sabíamos ~ empezar. 私たちはいつ始めるべきか分かりませんでした.
cada cuándo どのくらいの時間の間隔で.
cuándo … cuándo … 時には…, また時には…. Siempre está de mal humor, *cuándo* con motivo, *cuándo* sin él. 彼は理由がある時もない時もいつも不機嫌だ.
¿De cuándo acá …? 〖驚嘆〗どうして…なのか. *¿De cuándo acá* viene tanta gente por la noche? 夜になるとこんなに人がやって来るのはどうしてだろう.
—— 男 いつ, 時, 時機.—el cómo y el ~ 方法と時機.

:**cuandoquiera** [kuandokiéra] 副 いつでも; 〖+que〗…の時はいつでも. —*C~ que* vengas, serás bien recibido. いつ来ても大歓迎よ.

***cuantía** [kuantía] 女 ❶ 量, 分量; 金額, 総額; 程度. —calcular [evaluar] la ~ de los daños causados por el terremoto 地震の被害者を算定する[見積もる]. — de la deuda contraída 負債額. 類 **cantidad, importe, suma**. ❷ 重要性, 優秀さ, 真価; 長所. —tema de poca ~ あまり重要でない問題. hombre de poca ~ 長所のあまりない男. 類 **importancia, valor**.
de mayor cuantía 重要な, 重大な, 重要人物の. delito *de mayor cuantía* 〖法律〗重罪.
de menor [*poca, escasa*] *cuantía* 重要でない, 取るに足りない, ごくつまらない. Al concurso sólo se han presentado autores *de escasa cuantía*. コンクールには大したことのない作家だけしか応募しなかった. delito *de menor cuantía* 〖法律〗軽罪.

cuántico, ca [kuántiko, ka] 形 〖物理〗量子の, 量子論の. —mecánica *cuántica* 量子力学.

cuantificar [kuantifikár] [1.1] 他 ❶ を数量で表わす, 数値に置き換える. ❷ 量子力学の原理に基いて物理現象を研究する.

cuantimás [kuantimás] 副《俗》ましてや, 尚更(=cuanto más).

cuantioso, sa [kuantióso, sa] 形 豊富な, 莫大な, 多くの. —Heredó de su madre una fortuna *cuantiosa* 莫大な財産を母親から受け継いだ. ~s recursos naturales 豊富な天然資源.

cuantitativo, va [kuantitatíβo, βa] 形 数量の, 量的な; 定量の. —análisis ~ 定量分析. 反 **cualitativo**.

*****cuanto, ta** [kuanto, ta クワント, タ] 形[関係] 〖複〗男 cuantos, 女 cuantas; 後続する先行詞の性数に一致 〖先行詞は人・物〗 ❶ 〖主に制限用法〗…するすべての…, …するかぎりの…. —*C~s* le conocían, le admiraban. 彼をどれだけ罰を課してもむだだった〖cuanto の前に todo あるいは tanto が置かれることがある〗.
❷ 〖cuanto 比較表現, tanto 比較表現〗…するほどますます…. —*Cuantas* más veces consultas el diccionario, tantas más palabras aprendes. 辞書を引けば引くほどたくさんの単語が覚えられる. *C~* más dinero se tiene más se

desea. お金は持てば持つほどもっと欲しくなる.
❸ 〖tanto …, cuanto … の相関的用法〗…するのと同じくらい…. —Tanta fama recogerás *cuanta* honrades siembres. 誠実に振る舞えばその分名声を得ることができる.

unos [*unas*] *cuantos* [*cuantas*] … いくらかの…, 若干の….

—— 代(関係) ❶ 〖独立用法〗…するかぎりのもの[人]すべて, …するすべてのもの[人] —Es el amigo más querido de ~s tengo. 彼は私のすべての友だちの中で一番好きな友だちだ. Podéis tomar ~ queráis. 君たち好きなだけ取っていいよ. Se cree todo ~ le dicen. 彼は人の言うことは何でも信じる. Escuchamos atentamente [todo] ~ dijo la profesora. 僕たちは先生の言ったことを全部熱心に聴いた 〖cuanto 節が主語になる場合は todo が付加されるのが一般的. 同節が主語以外の場合は todo は付加しなくてもよい〗.
❷ 〖cuanto 比較表現, tanto 比較表現〗…するほどますます…. —*C~* más se tiene más se quiere. 持てば持つほどますます欲しくなるものだ. Es superior a todo ~ se conoce. それは知られる限り何よりも優れている.
❸ 〖tanto …, cuanto … の相関的用法〗…するのと同じくらい…. —Ganaré tanto dinero ~ necesites. 君が必要なだけのお金を稼ぐよ.

en cuanto … (1) …としては, …として. Me dirijo a usted *en cuanto* presidente de la asociación. 会長としてお手紙をさしあげます. Lo respetamos *en cuanto* profesional, no *en cuanto* hombre. 我々が彼を尊敬しているのはプロとしてであって人間としてではない. (2) …するやいなや, …するとすぐに. *En* ~ me vio echó a correr hacia otro lado. 彼は私を見るやいなや反対側に向かって走り始めた. Llámame *en cuanto* llegues a casa. 家に着いたらすぐに電話してね 〖en cuanto 節には未来形は用いられない〗. (3) …だから, …ので. Debes firmarlo tú, *en cuanto dueño* legal que eres. それにはあなたがサインすべきだ, 法的所有者なのだから.

en cuanto a … …に関しては, …については. *En cuanto a* tu propuesta, la estudiaremos en la próxima reunión. 君の提案については次回の会議で検討します. *En cuanto a* que saldría más caro el viaje en avión, estás equivocado. 飛行機の方が旅費が高くつくだろうというのは間違いよ.
en cuanto que (1) …するやいなや, …するとすぐに. *En cuanto que* me vio el perro, se puso a dar saltos. 私の姿を見るやいなや, その犬は飛び上がり始めた 〖en cuanto que よりも en cuanto の方が一般的〗. (2) …するという限りにおいて, …する点において.

por cuanto 〖+直説法〗《文》…ということにより, …であるから(には). No tengo ninguna responsabilidad, *por cuanto* jamás me comprometí a nada. 私には何の責任もない. 何も約束しなかったのだから.

unos [*unas*] *cuantos* [*cuantas*] いくらかのもの[人], 若干のもの[人]

—— 副 〖形容詞・副詞の前では cuan〗 ❶ …するだけたくさん, …するだけいっぱいに, …するだけ長い間. —Ella lloró ~ pudo, pero no consiguió lo que quería. 彼女は泣けるだけ泣いたが欲しいものは得られなかった. Se tumbó *cuan* largo era. 長々と寝そべった. Acudimos *cuan* rápidamen-

te pudimos. 私たちはできるだけ早く出向いて行った.
❷ 〖cuanto 比較文, [tanto] 比較文, 接続詞的〗…すればするほど…. ―C~ más ganas, [tanto] más gastas. 君は稼げば稼ぐほど使ってしまう. C~ menos hables, mejor. 口数は少なければ少ないほどいい. C~ antes empieces a trabajar, más pronto acabarás. 仕事は早く始めれば始めるほど早く終えることができる.
❸ 〖tanto ...cuanto ... の相関的用法〗…と同じくらい…. ―Tanto vales ~ tienes. お金を持てばそれだけ君の値打ちが上がる.

cuanto antes できるだけ早く Ven aquí *cuanto antes*. できるだけ早くこちらに来て.

cuanto más (1) いっそう, なおさら. La respetaba mucho, cuanto más después de lo que hizo por él. 彼は彼女のことを非常に尊敬していたが, 彼のためそれをやってくれてからはなおさらだった. (2) せいぜい, 多くても.

no tanto ...cuanto ... …より…の方がはるかに. Le conocen *no tanto* por sus méritos personales *cuanto* por los de sus alumnos. 彼が知られているのは彼自身の功績によるのではなく彼の学生たちの功績によるものが大だ.

―― 男 〚複〛~s/cuanta) 〚物理〛量子. ―teoría de los ~s [cuanta] 量子論.

cuánto, ta [kuánto, ta クワント, タ] 形 (疑問) 〚複〛cuántos, tas〛〚数・量について用いられ, 後続の名詞に性数一致〛 ❶ 〚直接疑問文で〛いくつの…, いくらの…. ―¿C~ años tiene usted? お歳はおいくつですか. ¿Cuántas ventanas tiene la habitación? その部屋には窓がいくつありますか.
❷ 〚間接疑問文で〛いくつの…, いく人の…. ―Dime *cuántas* personas van a venir a la fiesta. パーティーに何人来るのか教えてちょうだい.
❸ 〚感嘆文で〛何とたくさんの…, 何と多くの…. ―¡Uy, *cuánta* gente! まあ, 何てたくさんの人! ¡C~ tiempo sin verte! お久しぶり!(何と長い間あなたに会わずにいたことか).

―― 代(疑問) 〚数・量について用いられ, 先述の名詞に性数一致〛いくつ, 何人, どれだけ. ―¿C~s son cinco más tres? 5足す3はいくつですか. Hoy vienen muchas chicas.-Sí, pero, ¿*cuántas* vienen exactamente? 今日は女の子が来るよ.-うん, でも正確には何人来るの? Buenas tardes, señores, ¿~ son ustedes? 今晩は, お客様は何人でいらっしゃいますか.

¿A cuánto está [están] 〚+名詞句〛? …はいくらですか. ¿A *cuánto están* las fresas? イチゴはいくらですか 〚野菜・果物・魚など時価のあるものの値段を尋ねる際に用いられる〛.

¿A cuántos [qué] estamos? 今日は何日ですか. ¿A *cuántos [qué] estamos?*-Estamos a catorce. 今日は何日ですか-14日です.

―― 副(疑問) 〚無変化〛〚数・量について用いられる〛〚形容詞・副詞の前に *cuán* を使うのが現代では *qué* を使用するのが一般的〛 ❶ 〚直接疑問文で〛どれだけ, どのくらい, いくら. ―¿C~ se tarda de aquí a la estación? ここから駅まではどのくらいかかりますか. ¿C~ te costó el coche? 君はその車にいくら払ったの. ¿C~ es en total?-Son 15 euros. 全部でいくらですか.-15ユーロです.
❷ 〚間接疑問文で〛どれだけ, どのくらい, いくら. ―Dime ~ gana tu marido al mes. あなた

cuarentena 575

のご主人が月いくら稼ぐか教えて.
❸ 〖+不定詞〗どれだけ…すべきか. ―Nadie sabía ~ pagar por el servicio. そのサービスにいくら払うべきか誰も知らなかった.
❹ 〖感嘆文〗どれだけ…であることか, いかに…であるか. ―¡C~ me alegro de verte! 君に会えてほんとにうれしいよ! Ella no sabe ~ la quiero. 彼女は僕がどんなに愛しているか知らない.

¿Cuánto ha que 〚+直説法〛? 〚古〛どのくらい前に…. ¿Cuánto ha que partió el tren? その電車はどのくらい前に出ましたか.

cuánto más 〚que+直説法〛まして…. Puede llegar a ser presidente, *cuánto más* alcalde. 彼は大統領にだってなれるんだ, まして市長なんてたやすいよ. No puedo ir porque estoy ocupado, *cuánto más que* no tengo dinero. 忙しいし, ましてお金もないから私は行けません.

―― 男 数, 量. ―Lo que quiero saber es el ~. 私の知りたいのは数[量]だ.

cuaquerismo [kuakerismo] 男 クエーカー教の教義・習慣.

cuáquero, ra [kuákero, ra] 形 クエーカー(17世紀中頃に起こったプロテスタントの一派, フレンド会)の. ―― 名 クエーカー教徒, フレンド派の会員.

cuarcita [kuarθita] 女 〚鉱物〛珪岩(石英質の緻密な変成岩で建築・鋳造に用いる).

cuarenta [kuarénta クワレンタ] 形(数) ❶ 40の, 40人[個]の. ―Hay ~ alumnos en la clase. 教室には生徒が40人いる. Anda por los ~ años. 彼は40歳位だ. ❷ 〚序数詞的に〛40番目の(=cuadragésimo). ❸ 多くの(→cuatro「僅(⇟)かな」). ―~ veces 何度も.

―― 男 ❶ 40; 40人[個]; 40の数字[記号](ローマ数字:XL). ❷ 40番目; 40番地[号室]. ―Es el ~ de la clase. 彼はクラスで40番目だ. ❸ 〚[los (años)+]〛(今世紀の)40年代. ―Los años ~, época de posguerra, fueron muy difíciles. 戦後の1940年代は大変困難な時期だった.

cortar el cuarenta a ... 〚南米〛(人)の計画を妨げる.

De los cuarenta para arriba no te mojes la barriga. 〚諺〛中年になったら健康に気をつけなければならない.

Hasta el cuarenta de mayo no te quites el sayo. 〚諺〛五月に薄着は禁物.

―― 女 (las ~)〚遊戯〛(スペイン式トランプ tuteで)組み札の rey「王」と caballo「馬」を集めて得る勝ち点の40. ―cantar [hacer] las ~ 勝ち点の40を取る.

cantar [acusar] las cuarenta a ... 〚話〛(人)に遠慮なく不満を述べる, 耳の痛いことをずけずけ言う. Lo ha hecho sin mi permiso y *le* voy a *cantar las cuarenta*. 彼はそれを私の許可なしにやったのだから, 容赦ない文句を言ってやる.

Esas son las cuarenta. 〚南米〛〚俗〛それはまったく別の話[こと]だ.

cuarentavo, va [kuarentáβo, βa] 形 〚まれ〛40分の1の. ―― 名 40分の1. 類 **cuadragésimo.**

cuarentena [kuarenténa] 女 ❶ 40の物のまとまり, 40. ―una ~ de 40位の, 40あまりの. Hemos recibido una ~ de solicitudes. 40件

ほどの申し込みがあった. ❷ 40 年 (40 か月・40 日等)の期間. ❸《まれ》四旬節 (=cuaresma). ❹ (病気などの観察のための)隔離期間; 検疫, (伝染病のある地から来る旅行者や貨物の)検疫停船期間. ❺《比喩》(確認が取れるまで)受け入れを保留すること. —poner en [pasar] ~ 疑う, 問題視する; 隔離する; 孤立させる.

cuarentón, tona [kwarentón, tóna] 形 40歳位の, 40代の. —Se ha casado con una mujer *cuarentona*. 彼は 40 代の女性と結婚した. — 名 40 代の人. —Ese ~ se conserva muy joven. その人は 40 代だがとても若々しい. 類 **cuadragenario**.

cuaresma [kwarésma] 女《カトリック》四旬節 (復活祭前の 40 日間, キリストの荒野での修行に因んで断食などを行う期間).

cuaresmal [kwaresmál] 形 四旬節の.

cuarta¹ [kwárta] 女 ❶ スパン (手の親指から小指まで拡げた長さ, 4分の1vara = 約21センチ). 類 **palmo**. ❷《音楽》(音程の)4 度. ❸《海事》羅針盤の 32 の方位. ❹ カルト (フェンシングの構えの 1 つ). ❺ ピケット (トランプゲーム)で同マークの続き番号 4 枚組の札. ❻《中南米》鞭, (特に乗馬で用いる)短い鞭. ❻ 材木・角材の一種. ❼《天文》(黄道上の)四分円, 象限. ❽《まれ》4 分の 1.

cuarta trebelánica 受託相続人が遺産の 4 分の 1 を取り置き出来る権利.

cuartago [kwartáɣo] 男 中・小型の馬, ポニー.

cuartana [kwartána] 女 《主に複》《医学》四日熱 (マラリアに似た熱病).

cuartanal [kwartanál] 形 四日熱の.

cuartear [kwarteár] 他 ❶ 4 を等分する, 4 つに分ける. ❷ 幾つかに分ける, ばらばらにする. —Pidió al carnicero que le *cuarteara* el conejo. 肉屋でウサギをおろしてもらうよう頼んだ. 類 **descuartizar**. ❸ (坂などを)ジグザグに進む. 類 **zigzaguear**. ❹ (4人でするゲームなどに, 4人目のプレーヤーとして)加わる, (3人いる所に)加わる. ❺《中南米》鞭で打つ. ❻《闘牛》=cuartearse.
— se 再 ❶ (表面に)ひびが入る, ひび割れる, 亀裂が生じる. —La pared *se ha cuarteado* con el terremoto. 地震で壁にひび割れができた. 類 **agrietarse**. ❷《闘牛》(妨タ banderillero が銛を打つ際, 牛の角を避けて)身をかわす, 身体を反らす.

‡**cuartel** [kwartél] 男 ❶《軍事》兵営, 兵舎, 宿舎; 宿営地. — ~ real 大本営. ~ de bomberos 消防署. ~ de la guardia civil 国家警備隊本部. —*es de invierno* 冬営地. 類 **acuartelamiento**. ❷《軍事》(降伏者に対する)寛大な処置, 助命, 容赦. —pedir ~ 命乞いをする. 類 **perdón, piedad**. ❸ (敵に与える)休息, 休暇, 休憩. —guerra cruel y sin ~ 残虐で容赦のない戦い. 類 **descanso, tregua**. ❹ 四半分(地区, 区画);《紋章》盾形を縦横に 4 等分する四半分. —franco ~ 《紋章》クォーター (右上を占める分の 1). ❺ (都市・町の)地区, 区, 街; 1 区画の土地, 屋敷. ❻ 方形花壇. ❼《海事》(ハッチ・倉口の)カバー, 蓋. ❽《詩》(各行11音節の)四行詩 (=cuarteto).

cuartel general (1)《軍事》総司令部, 本営, 本部. (2)《話》(チーム・会社・政党などの)本部, 本社. El *cuartel general* de Coca Cola está en Atlanta. コカコーラの本社はアトランタにある.

dar cuartel〖+a〗(敵の)命を助けてやる, 寛大に扱う. no *dar cuartel* 情け容赦ない, 息つく暇もなく攻撃する, 皆殺しにする.

estar de cuartel (半俸を受け)予備役で[待命中]である, 半給である.

golpe de cuartel 《中南米》(軍部の)クーデター, 反乱.

sin cuartel (敵・競争相手に対して)(情)容赦なく[ない]. lucha *sin cuartel* entre los fabricantes メーカー間の熾烈な(ネス)戦い. guerra *sin cuarte* 全面戦争, 総力戦. El presidente ha declarado una guerras *sin cuartel* a la corrupción política. 大統領は政治腐敗に対し全面戦争を宣言した.

cuartelada [kwartelǽða] 女《軽蔑》(軍の)反乱, 蜂起, 暴動.

cuartelar [kwartelár] 他《紋章》(盾形の紋章)を縦横 4 つに区分する.

cuartelazo [kwarteláθo] 男 〖中南米〗=cuartelada.

cuartelero [kwarteléro] 男 ❶《海事》荷役船員, 積荷の管理をする水夫. ❷《軍事》雑役兵, 掃除や部屋番をする兵隊. ❸〖中南米〗ホテルのボーイ, ウェイター.

cuartelero, ra [kwarteléro, ra] 形 ❶ 兵営の, 兵舎の; 軍の. ❷ (言葉が)下品な, 粗野な, 不作法な. —lenguaje ~ 汚い言葉. expresión *cuartelera* がさつな物言い. 類 **grosero, zafio**.

cuartelillo [kwartelíʎo] 男 軍の部隊・警官隊・消防隊などが滞在する場所, 建物.

cuarteo [kwartéo] 男 ❶ (4 つに)分けること, ばらばらにすること. ❷ ジグザグ走行. ❸ ひび割れ, 亀裂(が入ること). ❹《闘牛士》が身をかわすこと.

cuarterón [kwarterón] 男 ❶ 4 分の 1. ❷ (重さの単位) 4 分の 1 ポンド (約125g). ❸ (窓の)鎧戸, 雨戸. 類 **postigo**. ❹ (ドアの)羽目板, 鏡板. ❺《古》紋章の (4 分割したうちの) 1 区画 (=cuartel).

cuarterón, rona [kwarterón, róna] 形 メスティソ (mestizo, 白人とインディオのハーフ)と白人との混血の; ムラート (mulato, 白人と黒人のハーフ)と白人との混血の. — 名 白人とメスティソ又はムラートとの間に生まれてきた人, インディオ又は黒人のクォーター.

‡**cuarteto** [kwartéto] 男 ❶《音楽》四重奏(団・曲), 四重唱(団・曲). — ~ de cuerda 弦楽四重奏(団・団). ~ vocal 四重唱. Un musical amenizó la velada. 四重奏で夜会はにぎやかになった. ❷《詩》クワルテート (11 音節の四行詩).

‡**cuartilla** [kwartíʎa] 女 ❶〖本・ノートなどの〗四つ切りの紙 (1 折り pliego の 4 分の 1, 二つ折り folio の 2 分の 1). 類 **folio, hoja**. ❷《主に複》原稿, 草稿. 類 **escrito, manuscrito**. ❸〖メキシコ〗《古》銀貨. ❹〖北米〗25 セント貨.

cuartillo [kwartíʎo] 男 ❶ (液体の容積の単位)約 2 分の 1 リットル. ❷ (穀物量の単位) 4 分の 1 celemín, 約 1.16 リットル. ❸《古》銀を混ぜた銅貨 (4 分の 1real, 8.5maravedí に相当).

‡**cuarto¹** [kwárto クワルト] 男 ❶ (*a*) 4 分の 1, 四半分. —un ~ de kilo 4 分の 1 キロ. un ~ de hora 15 分. —Son las cinco y ~. 5 時 15 分です. (*b*) 15 分. —Son las cinco y ~. 5 時 15 分です. (*c*) (牛・鳥など)動物の 4 半身; (馬などの)四肢. —Se comió un ~ de pollo. 彼は若鶏の 4 分の 1 を食べた. (*d*) (本・紙の)四つ折判. —libro en ~ 四つ

折判の本. ❷ 部屋, 個室. —~ de aseo [sanitario] 洗面所, トイレ. ~ de baño 浴室(通常, 便所・洗面所を兼ねる), 洗面所. ~ de estar 居間. ~ oscuro (1)暗室. (2)窓なしの部屋. ~ trastero 納戸, 物置室. Ese es el ~ de mi hija. それは私の娘の部屋です. ❸〖天文〗弦, 月の公転の 4 分の 1 周期. —~ de luna 弦. ~ creciente 上弦. ~ menguante 下弦. ❹〖閲〗〖話〗お金. —No tiene un ~. 彼は一文なしだ. Es hombre de muchos ~s. 彼は大変な金持ち. 〖類〗guita, pasta, plata.
cuatro cuartos わずかな金. *cuatro cuartos*. そのつばは安い値段のものではない.
cuartos de final 準々決勝.
cuarto delantero [*trasero*] (1)(家畜などの)前[後]四半部. Este caballo tiene los *cuartos traseros* muy flacos. この馬は後半身が非常に弱い. (2)(家の)正面[背面].
dar un cuarto al pregonero 内密のことを言いふらす. Decírselo a la vecina es *dar un cuarto al pregonero*. 隣の家の女にそれを言うのはわざわざ言いふらすのと同じだ.
de tres al cuarto (人・物が)低級[下等]の, 程度の低い. Nos reservaron un hotel *de tres al cuarto*. 私たちは三流ホテルに予約された.
echar su cuarto a espadas (人の事にくちばしを入れる.
estar sin un cuarto 一文なしである.
no dársele a ... un cuarto (あることが人)に大したことはない.
tres cuartos (1) 4 分の 3. (2)(衣類の長さが)七分の, 4 分の 3 の. *abrigo*[*manga*] *tres cuartos* 七分丈のオーバー[七分袖]. (3)(肖像が)七分(³⁄₄)身の(顔からひざ位まで). *retrato tres cuartos* 七分身の肖像画[写真]. (4)(ラグビーの)スリークォーター.
tres cuartos de lo mismo [*de lo propio*] (人・物事が)そっくり他の人[事]にあてはまる.

cuarto², ta² [kuárto, ta クワルト, タ]〖形〗〖数〗❶ 第 4 の, 4 番目の. —Es el ~ ministro que ha dimitido. 彼は辞職した 4 番目の大臣だ. ◆世代・世紀などはローマ数字 IV で表記される. Felipe IV フェリーペ 4 世. ❷ 4 分の 1 の. —Te tocará la *cuarta* parte de la naranja. お前にはオレンジの 4 分の 1 が割当てられる.
— 〖名〗 4 番目の(人・物). —Está la *cuarta* en la cola. 彼女は行列の 4 番目だ.

cuartucho [kuartútʃo]〖男〗〖軽蔑〗むさくるしい[みすぼらしい, ひどい]部屋. 〖類〗**cubículo, cuchitril.**

cuarzo [kuárθo]〖男〗〖鉱物〗石英.

cuasi [kuási]〖副〗〖文, 古, 方〗= casi〖合成語の要素として多く用いられる〗. —*cuasi*delito 過失(罪).

cuasia [kuásia]〖女〗〖植物〗ニガキ(苦木), ニガキ科の木; ニガキから採る薬.

cuasicontrato [kuasikontráto]〖男〗〖法律〗準契約, 法的義務と権利を伴う合法的な取り決め.

cuate, ta [kuáte, ta]〖形〗〖中南米〗❶ 双子の. ❷ 似た. 〖類〗**semejante.**
— 〖名〗❶ 双子. ❷(呼びかけ)君, あんた, お前, 相棒. —¿Qué me cuentas, ~? やあ, どうしたい. 〖類〗**amigo, camarada, compinche.**

cuaternario, ria [kuaternário, ria]〖形〗❶ 4 つの要素を持つ, 4 成分からなる. ❷〖地質〗第四紀の. —*era cuaternaria* 第四紀. fósil ~ 第四紀の化石. — 〖名〗 4 要素からなるもの; 第四紀.

cuatrero, ra [kuatréro, ra]〖名〗馬泥棒, 家畜泥棒.

cuatri- [kuatri-]〖接頭〗「4」の意. —*cuatri*mestre, *cuatri*motor.

cuatrienal [kuatrienál]〖形〗= cuadrienal.

cuatrillizos, zas [kuatriʎíθos, θas]〖形〗四つ子の. — 〖名〗〖主に複〗四つ子.

cuatrillo [kuatríʎo]〖男〗(4人でする)トランプゲームの一種.

cuatrillón [kuatriʎón]〖男〗 1 兆の 1 千億倍, 10 の 24 乗.

cuatrimestral [kuatrimestrál]〖形〗❶ 4 か月におよぶ, 4 か月間続く. ❷ 4 か月に一度の, 4 か月毎の.

cuatrimestre [kuatriméstre]〖男〗 4 か月間, 4 か月にわたる期間.

cuatrimotor, tora [kuatrimotór, tóra]〖形〗 4 つのエンジンを持つ(= cuadrimotor).
— 〖男〗 4 つのエンジンを持つ飛行機.

cuatro [kuátro クワトロ]〖形〗〖数〗❶ 4 の, 四つの; 4 人[個]の. —andar a pies [patas] 四つん這(⁴⁄₄)いで歩く. las ~ esquinas〖遊戯〗陣取り遊び. ❷〖序数詞的に〗 4 番目の(= cuarto). —Tu asiento está en la fila ~. 君の席は 4 列目だ. ❸ 僅(ゎゕ)かな, 少しばかりの(→ cuarenta「多くの」). —en ~ palabras 非常に簡潔に, ごく手短に(言えば). caer ~ gotas 小雨がぱらつく. ~ gatos〖話〗ほんの僅かな人. ~ letras 短い文章, 短信. Le pondré ~ letras. 彼に一筆したためよう. Hace ~ días que llegó a la ciudad y la conoce ya perfectamente. 彼はこの町に来て間もないのに, 彼女とはもうすっかりおなじみである. Para ~ pelos que tiene, se pasa el día en la peluquería. 彼は頭髪が僅かばかりなのに床屋は一日ばかりである.
cuatro cuartos 〖話〗僅かの金. tener *cuatro cuartos* 貧乏である.
cuatro ojos (1)〖話〗メガネ(をかけた人). tener *cuatro ojos* メガネをかけている. (2)〖魚類〗(中南米産の)ヨツメウオ.
Cuatro ojos ven más que dos./*Más ven cuatro ojos que dos.*〖諺〗 3 人よれば文殊(もんじゅ)の知恵.
decir a ... cuatro cosas [*cuatro palabras bien dichas, las cuatro verdades*] (人)に遠慮なく述べる, 耳の痛いことをずけずけ言う, 叱る.
— 〖男〗❶〖数詞〗 4, 4 の字; 4 人[個]; 4 の数字[記号](ローマ数字: IV). —de ~ en ~ 4 人[個]ずつ; 4 人[個]ごとに. El ~ es un número par. 4 は偶数である. paso a ~ (バレエ)パ・ド・カトル(4 人の踊り). ❷〖las+〗 4 時; 4 分; 4 日. —Esta mañana me he levantado a las ~. 私は今朝 4 時に起きた. ❸ 4 番目; 4 番地[号室]. —Tú eres el ~ en la lista. 君は名簿で 4 番目である. Luis hace el ~ en la clasificación. ルイスの順位は 4 位である. ❹(スペイン・トランプの) 4 の札. — de oros 金貨の 4. ❺〖音楽〗四重奏[唱]曲(= cuarteto). ❻〖中南米〗(*a*)〖ベネズエラ, プエルトリコ〗 4 弦ギター. (*b*)〖メキシコ〗でたらめな(言葉); 策略, 偽り.
más de cuatro 〖話〗かなりの[多くの]人. *Más de cuatro te envidiarán.* かなりの人が君を羨(うらや)

しかるだろう.
trabajar por cuatro 《話》あくせく働く.
cuatrocien*tos, tas* [kuatroθiéntos, tas] 形 (数) 400の; 400番目の. ―― 男 400; 15世紀, 1400年代.
Cuauhtémoc [kuautémok] 固名 クアウテモク (1495頃~1525, アステカ最後の王).
Cuba [kúβa] 固名 キューバ(公式名 República de Cuba, 首都ハバナ La Habana).
cuba [kúβa] 女 ❶ 樽, 酒樽. ❷ 樽に入るだけの量, 一樽分. ―― una ~ de vino ワイン一樽. ❸ (樽を半分にした形の)桶. ❹ 《比喩, 話》よく飲む[飲んだ]人. ―― estar como [hecho] una ~. 酔っぱらっている. Es una ~. あいつはザルだ. ❺ 《比喩, 話》(樽のように)腹の出ている人, でっぷり太った人. 類**barril, tonel**. ❻ (廃材用の)コンテナー.
horno de cuba 《冶金》樽形の炉.
cubaje [kuβáxe] 男 『中南米』容量, かさ.
cubalibre [kuβalíβre] 女 クバリーブレ(ラムとコーラで作るカクテル).
cubanismo [kuβanísmo] 男 キューバのスペイン語特有の言葉遣い, キューバ風のスペイン語.
‡**cubano, na** [kuβáno, na] 形 キューバ(Cuba)の, キューバ人の. ―― 男 キューバ人.
cubata [kuβáta] 女 = cubalibre.
cubero [kuβéro] 男 樽[桶]職人, 樽[桶]を作る[売る]人. 類**barrilero, tonelero**.
a ojo de buen cubero ざっと, 概算で, 簡単に.
cubertería [kuβertería] 女 カトラリー(食事用ナイフ・フォーク・スプーン類).
cubeta [kuβéta] [<cuba] 女 ❶ 樽形の容器, バケツ, 手桶. ❷ (写真の現像・化学実験などで使う浅い長方形の)トレー, 水洗器. ❸ (気圧計の下部についている)水銀壺. ❹ 《音楽》(ハープの)台座, ペダルのばねが入っている部分. ❺ (水売りの使う)小型の手桶.
cubicación [kuβikaθjón] 女 《数学》3乗ること, 3乗; 〖幾何, 物理〗体積[容積](をはかること).
cubicar [kuβikár] [1.1] 他 ❶ 《数学》を3乗する. ❷ 〖幾何, 物理〗…の体積[容積]を求める.
cúbico, ca [kúβiko, ka] 形 ❶ 立方体(の形)の. ❷ 立方の, 3乗の. ― un metro ~ 1立方メートル. raíz *cúbica* 立方根, 3乗根.
cubículo [kuβíkulo] 男 小寝室; 小部屋; (部屋用に)仕切った場所.
‡**cubierta**[1] [kuβiérta] 女 ❶ 覆い, カバー, 蓋(ふた). ― poner ~s a un libro 本にカバーをつける. poner ~s sobre los muebles 家具にカバーをかける. ~ de la cama ベッドカバー(=cubrecama, colcha). 類**cobertera, cobertura**. ❷ (仮綴じ本・雑誌の)表紙. ―― anterior [posterior] 表[裏]表紙. un libro con ~ de tela 布表紙の本. ♦日本で本の表紙に被せるブックカバーは sobrecubierta という. 類**envoltura, tapa**. ❸ 《建築》屋根. ―― de teja [de choza] 瓦[わらぶき]屋根. ~ plana 陸(ろく)屋根, 平屋根. ~ a una agua [a una sola vertiente] 片流れ屋根, 差し掛け屋根. ~ a dos vertientes [a dos aguas] 切妻屋根, 両流れ屋根. ~ a cuatro vertientes [a cuatro aguas] 寄棟屋根. ~ de pabellón (ピラミッド状の)方形屋根. 類**techo, techumbre, tejado**. ❹ 《自動車》(タイヤの)外皮, 外包, ケース(チューブを除

いた部分); (ケーブルの)被覆. ―― ~ sin cámara チューブレスタイヤ. 類**funda**. ❺ 《海事》甲板, デッキ. ―― ~ superior [inferior] 上[下]甲板. ~ principal 正甲板, 主甲板. ~ de proa [de popa] 前[後]甲板. ~ de aterrizaje [de vuelo] (航空母艦の)飛行甲板. ~ de paseo (客船の一等船客用の)遊歩甲板. ~ del sol 日向甲板, 上甲板. carga en ~ 甲板積貨物. marinero de ~ 甲板員, 水夫. salir a ~ 甲板に出る. ¡Todos a ~! 総員甲板へ! El marinero estaba fregando la ~. 水夫が甲板をごしごし磨いていた. ❻ 《比喩》言い訳, 口実(=pretexto). ❼ 『中南米』封筒(=sobre). ❽ 《情報》オーバーレイ.
bajo cubierta 《商業》別封で, 別便で.
cubierta en mansarda u holandesa マンサード屋根, 二重勾配屋根.
cubierto[1] [kuβiérto] 動 cubrir の過去分詞.
‡**cubier***to*[2], *ta*[2] [kuβiérto, ta クビエルト, タ] 〖過分〗形 〖<cubrir〗 ❶ おおわれた, …の一杯の. ―― una montaña *cubierta* de nieve 雪でおおわれた山. Llevaba la cabeza *cubierta* con un pañuelo. 彼女は頭にスカーフをかぶっていた. Iba *cubierta* de joyas. 彼女は体中宝石だらけであった. piscina *cubierta* 室内プール. 類**cuajado, lleno**. ❷ 補充された. ― La vacante está ya *cubierta*. 欠員はもう補充されている. Las necesidades de mis padres están todas *cubiertas*. 私の両親の必需品はすべて取り揃えられている. ❸ 曇った. ― El cielo está ~. 空は曇っている. 類**nublado**.
―― 男 ❶ おおい, 屋根; 保護. ― Los animales domésticos duermen bajo ~. 家畜は屋根のあるところで寝る. a ~ 保護されて, かくれて. ❷ (a) 定食. ― de tres platos 3品の定食. (b) (食卓で)一人前の給仕. ― precio del ~ 席料, カバーチャージ. (c) 食卓用金物(ナイフ, フォーク, スプーンの一組もしくはそのうちの一つ). ― poner los ~s 食卓の用意をする. (d) 食事用具一式, カトラリーセット(スプーン, フォーク, ナイフ, 皿, グラスまたはコップ, ナプキン), (1人分の)食器セット.
a cubierto (1) 雨宿りして. Cuando comenzó a llover echó a correr para ponerse *a cubierto*. 雨が降り始めると彼は雨やどりをする場所を求めて走り出した. (2) 避難して.
estar a cubierto 《経済》貸方勘定に貸越残高がある.
cubil [kuβíl] 男 ❶ (特に獣の)穴, 穴ぐら; 巣, 寝ぐら. ❷ 《比喩》隠れ家, 潜伏先. 類**escondrijo, guarida**. ❸ 河床.
cubilete [kuβiléte] 男 ❶ カップ(一般に取っ手がなく底すぼまりのもの); ゴブレット; カップケーキ型; ダイス・カップ; (手品で使う)カップ. ❷ カップケーキ. ❸ 山高帽子(=sombrero de copa).
cubiletear [kuβileteár] 自 ❶ (さいころを入れた)ダイス・カップを振る; (手品で)カップを使う. ❷ 《比喩》策を弄する, 陰謀を企てる; いんちきをする.
cubileteo [kuβileteo] 男 ❶ ダイス・カップを振ること; カップを使って手品をすること. ❷ いんちき(をすること); 計略, 陰謀.
cubiletero [kuβiletéro] 男 ❶ 手品師. ❷ カップケーキ型. ❸ =cubitera.
cubilote [kuβilóte] 男 キューポラ, 溶銑炉(外側を鋼板もしくは円筒形にし内側を耐火性のれんがで裏打ちしたもの, 鋳鉄の溶解に用いる).
cubismo [kuβísmo] 男 《美術》キュービズム, 立

体派(20世紀初頭にパリでおこった芸術運動,幾何学的な形を特徴とし特に造形美術に影響).

cubista [kuβísta] 形 キュービズムの, 立体派の. —arte [pintor] ~ キュービズム・アート[キュービズムの画家].
—— 男女 キュービズム[立体派]の芸術家(画家・彫刻家).

cubital [kuβitál] 形 ❶ ひじの. —arteria ~ 肘部動脈. ❷《解剖》尺骨の. —músculo ~ 前腕部外側の筋肉. ❸ 1codoの長さ(= 約42センチ)の.

cubitera [kuβitéra] 女 ❶ 製氷皿. ❷ アイスペール.

cubito [kuβíto] [＜cubo] 男 ❶ (小さい)立方体. —~ de hielo 角氷, アイスキューブ. ❷ (おもちゃの)バケツ, ビーチバケツ.

cúbito [kúβito] 男 《解剖》尺骨(前腕部の骨の1つ).

cubo [kúβo] 男 ❶ バケツ, 手桶. —~ de la basura ごみ箱. ~ de fregar 食器洗い桶. ~ de pedal ペダル開閉式ごみ容器. ❷ ハブ, (車輪の)中心部. ❸ (機械などの)円筒部; (時計の)ぜんまいが入っている部分; (燭台の)ろうそくを立てる口の部分; (銃剣の)軸受け, (水車用の)貯水池. ❹ (要塞の)円形の塔, やぐら. ❺《幾何》立方体. 類 **hexaedro**. ❻《数学》3乗, 立方. —elevar al ~ 3乗する. ❼《建築》立方体形の飾り部分(屋根につける), 小塔.

cuboides [kuβóiðes] 形《単複同形》《解剖》立方骨の.
—— 男 立方骨(足首の骨の1つ).

cubrecadena [kuβrekaðéna] 男 (自転車の)チェーンガード, チェーンカバー.

cubrecama [kuβrekáma] 男 ベッドカバー, ベッドスプレッド. 類 **colcha, cubierta, sobrecama**.

cubrecorsé [kuβrekorsé] 男 キャミソール.

cubreobjetos [kuβreoβxétos] 男《単複同形》カバーガラス, スライドカバー(顕微鏡標本にかぶせる薄いガラス板).

cubrepiés [kuβrepiés] 男《単複同形》足掛け布団.

cubretetera [kuβretetéra] 男 ティーコゼー(紅茶が冷めないようポットにかぶせるカバー).

cubridor [kuβriðór] 男 隠匿者. —~ del asesino 殺人犯隠匿者.

cubrimiento [kuβrimiénto] 男 覆うこと; 覆い.

**cubrir [kuβrír クブリル] [3.2] 他 ❶ (a)〔+con/de で〕を覆う, 覆い隠す, かぶせる. —El policía *cubrió* el cadáver *con* una manta. 警官は死体を毛布で覆った. La abuela asomó tras la cortina que *cubría* la puerta del fondo del pasillo. お婆さんは廊下の奥のドアを覆っているカーテンの後から顔をのぞかせた. (b)〔+de で〕を一杯にする, 満たす, …の対象とする. —Siempre que habla de su hijo, lo *cubre de* elogios. 彼は息子について話す時は息子をベタぼめにする. *Cubrieron* la tumba *de* flores. 彼らは墓を花で一杯にした. Abrazó a su madre y la *cubrió de* besos. 彼は母親に抱きつきキス攻めにした. (c)〔+con で〕を隠す, 偽る. —Las nubes *cubren* el sol. 雲で太陽が見えない. ~ su ira con una fingida sonrisa 怒気を見せかけの微笑で隠す. (d) (水)を覆う. —Ten cuidado, que en esa parte del río te *cubre*. 気をつけろよ, 川のあそこ

は足が立たないぞ.
❷ を守る, 庇護する;《軍事》援護する. —El padre *cubrió* al hijo con su cuerpo para protegerle. 父親は息子を自分の体でかばった. Desde una colina, varios soldados *cubrían* la retirada de sus compañeros. 数人の兵士が丘の上から友軍の撤退を援護していた.
❸ (必要)を満たす, 充足する;(出費)を償う, まかなう. —El salario no le alcanza para ~ sus gastos. 彼の給料は出費をまかなうには不充分である.
❹ (通信・放送)(地域)を受信可能範囲(サービスエリア)にする. —La emisora *cubre* toda la zona periférica. その放送局はすべての周辺地域で受信可能である.
❺ (ニュース)を取材する, (報道・ルポ)を引き受ける. —~ el viaje del primer ministro a Europa 首相のヨーロッパ歴訪を取材する.
❻ (距離)を進む, 走る. —El corredor del maratón *cubrió* los primeros diez kilómetros en treinta minutos. そのマラソン選手は最初の10キロを30分で走った.
❼ (欠員・空席)を埋める. —Cinco opositores aspiran a ~ la cátedra vacante de Lingüística Románica. 5人の受験者がロマンス語学の教授の空きポストを占めようと狙っている.
❽ …と交尾する. —Contemplaba admirado cómo el caballo *cubría* la yegua. 彼は牝馬との牡馬の交尾のさまを感嘆の目でもって眺めていた.
❾ (保険)(損害)を保証する. —Ese seguro no *cubre* los daños causados por un terremoto. その保険には地震による損害への保証がない. ❿《スポーツ》(相手チームの選手)をマークする; (あるエリア)を守る. —El defensa izquierdo *cubrió* estupendamente a la estrella del equipo enemigo. 相手チームのスター選手に対するレフト・ディフェンダーのマークは素晴らしかった.
—— **se** 再 ❶〔+de で〕覆われる, 一杯になる, …だらけになる. —La huerta *se cubrió de* escarcha. 野菜畑は霜で覆われた.
❷ (a)〔+de で〕身を守る, 厚着をする, 身にまとう. —*Se cubría* del sol con un pañuelo de colores. 彼女はカラフルなスカーフで日光から身を守っていた. *Cúbrete*, que hará frío esta tarde. 厚着しろよ, 今日の午後は寒くなるから. (b) 帽子をかぶる. —Si no *te cubres*, cogerás una insolación. 帽子をかぶらないと日射病になるよ.
❸ (空が)曇る. —El cielo *se está cubriendo*. 空が曇ってきている. 類 **nublarse**.
❹〔+de で〕一杯になる. —La frente *se le cubrió* de sudor. 彼の額は汗まみれになった. El ejército *se cubrió de* gloria. 軍隊は栄誉に満ち満ちた. ❺《軍隊》伏せる. —El sargento ordenó ~*se*. 軍曹は伏せるよう命じた.

cubrir el expediente →expediente.
cubrir las apariencias →apariencia.

cuca [kúka] 女 ❶ 毛虫, 蛾の幼虫. ❷ カヤツリ草の地下茎 (horchataの原料). ❸《比喩, 俗》遊び女; 売春婦. ❹ 複 (ナッツ, ドライフルーツ, 飴などの)菓子類. ❺ 圏《話》お金, 銭, ペセタ. —Este reloj me ha costado cinco mil ~s. この時計は5,000ペセタした. ❻《俗》ペニス. ❼【中南米】(鳥類)(大型の)サギ(鷺).

cuca y matacán トランプゲームの一種(剣の札 espada の 2 を cuca, 棍棒の札 basto の 2 を matacán と呼んで行なう).

cucamonas [kukamónas] 女 複 おべっか, 媚び, へつらい; 媚びを売るような言葉・表情. ―hacer ～ おべっかを使う, へつらう. 類 **carantoñas, zalamerías**.

cucaña [kukáɲa] 女 ❶ 脂棒(脂などを塗って滑り易くした棒の先に賞品を置き, その棒に登ったり上を歩いたりして取るゲーム; またその棒). ❷ 《比喩, 話》簡単に手に入るもの, 他人の力で得られたもの, もうけもの, たなぼた. 類 **bicoca, ganga**.

cucar [kukár] [1.1] 他 ❶ ウインクする, (合図などのため)片目をつむる. 類 **guiñar**. ❷ (狩りで)獲物が近づいたのを知らせ合う. ❸ 《比喩》あざける, 馬鹿にする, からかう. ― 自 (獣が虻などに刺されて)驚いて走り出す.

cucaracha [kukarátʃa] 女 ❶ (虫類) ゴキブリ. ❷ (虫類) (一般に, 地を這う)甲虫(カイガラムシ, フナムシなど). ❸ (薄茶色の)粉タバコの一種. ❹ 《比喩》卑劣な人間, 下司; 老い぀れ.

cucarachero [kukaratʃéro] 男 『中南米』《俗》寄生するもの, 居候; 腰ぎんちゃく, たいこ持ち, 取りまき; へつらう人, おべっか使い.

‡**cuchara** [kutʃára] 女 ❶ スプーン, 匙(⁽ᶜⁱ⁾); お玉, 杓子(ᵃᵏᵘˢⁱ). ～ de café コーヒースプーン. ～ sopera [de sopa] スープ用スプーン. ～ de postre デザートスプーン. ～ de palo [de madera] (料理用の)木さじ, 木製のお玉. ～ de pan (スプーン代わりの)パンのかけら. ～ de servir (取り分け用の)テーブルスプーン. comer con (la) ～ スプーンで食べる. ❷ スプーン[さじ]一杯. ―una ～ de sopa スプーン一杯のスープ. 類 **cucharada**. ❸ (ゴルフ)スプーン; (釣り)スプーン(金属製擬似餌). ❹ (機械)(ショベルカーなどの)ショベル, バケット. ～ excavadora [de una draga] 掘削機[浚渫(ˢⁱᵘⁿˢᵉᵗˢᵘ)機]のショベル. ～ autoprensora グラブ・バケット, クラムシェル. ❺ (海事)取り柄付(ᵉᵗˢᵘᵏⁱ)き; (冶金)取瓶(ᵗᵒʳⁱᵇⁱⁿ). ❻ 『中南米』(左官の)こて (～ de albañil).

cuchara de viernes 『メキシコ』お節介な人, でしゃばり.

de cuchara 《軽蔑》たたき上げの, 兵卒から出世した(将校など).

despacharse [servirse] con la cuchara grande 『特に中南米』自分の利益だけを図る.

meter a ... con cuchara (de palo) 《話》(人)に懇切丁寧に[手取り足取り]教える

meter (la [su]) cuchara en ... ・・・に余計な口出しをする, お節介をやく. Si no *metes la cuchara en todo*, no estás contento. 君は何にでも口出ししないと気がすまない.

ser media cuchara 《話》凡庸な人である

‡**cucharada** [kutʃaráða] 女 (＜cuchara) スプーン[匙(⁽ᶜⁱ⁾)]1 杯(の量). ―una ～ de azúcar スプーン[匙]一杯の砂糖. una ～ colmada [rasa] スプーン山盛り[すり切り]1 杯. añadir [agregar] una ～ sopera de aceite de oliva virgen a la salsa ソースにスープ用スプーン 1 杯のバージン・オリーブオイルを加える. 類 **cuchara**.

meter cucharada en ... ・・・に余計な口出しをする, お節介をやく.

sacar cucharada de ... ・・・から不当な利益を得る.

cucharadita [kutʃaraðíta] 〔＜cucharada〕 女 ❶ 茶さじ 1 杯(の量). ―Échame dos ～s de azúcar en el café. 私のコーヒーには砂糖を 2 杯入れてね. ❷ 茶さじ.

cucharetear [kutʃareteár] 自 ❶ 鍋の中身をスプーンでかき混ぜる[スプーンで出す, 入れる]. ―Hay que ～ continuamente para que no se pegue. 焦げつかないように, 絶えずかき回していなければならない (=cucharear). ❷ 《比喩, 話》関係ないことに首をつっこむ, 余計な口[手]出しをする, おせっかいをやく. ―No seas tan curiosa y déjate de ～. そんなに詮索したがるもんじゃない, おせっかいはやめておけ.

cucharilla [kutʃaríʎa] 〔＜cuchara〕女 ❶ ティースプーン, コーヒースプーン. ―Pásame la ～ del café. コーヒースプーンをとって下さい. ❷ (削岩機の底にたまった埃を取り除く)かき出し棒. ❸ (釣り)スプーン形のルアー(擬似餌). ❹ (獣医)豚の肝臓病.

cucharón [kutʃarón] 〔＜cuchara〕男 ❶ おたま, おたま杓子, レードル. ❷ (機械)ショベル, バケット.

cuché [kutʃé] 形 ―papel ～ アート紙.

cuchí [kutʃí] 男 『中南米』豚.

cuchichear [kutʃitʃeár] 自 小声で話す, (耳もとで)ささやく, ひそひそ話をする, つぶやく. ―*Cuchicheaban para que no me enterara de lo que decían*. 彼らは私に聞かれないよう小声で話していた. 類 **discretear, murmurar, secretear, susurrar**.

cuchicheo [kutʃitʃéo] 男 ささやき, 内緒話, 耳うち, つぶやき. 類 **secreteo, susurro**.

cuchichí [kutʃitʃí] 男 ヤマウズラの鳴き声.

cuchichiar [kutʃitʃiár] 自 ウズラが鳴く(擬声語から).

cuchilla [kutʃíʎa] 女 ❶ (大型の)ナイフ; 切断器具, (特に)肉切り庖丁. 類 **tajadera**. ❷ 裁断器(の刃の部分), (một に)刃物・切断器具の刃. 類 **guillotina, hoja**. ❸ カミソリの刃. ❹ (スケート靴の)ブレード, 滑走部. ❺ 整(⁽ᵗᵒᵗᵒⁿ⁾)のった刃. ❻ 険しい山(の斜面), 『中南米』山頂, 尾根; 山脈; 丘陵, 丘. ❼ 《詩》剣. ❽ 《古》槍.

cuchillada [kutʃiʎáða] 女 ❶ (ナイフなどで)刺すこと, 切りつけること, (刃物での)一撃. ―Le asestó dos ～s en el pecho. 胸に二度切りつけた[胸を二度刺した]. ❷ 切り傷, 刀傷, 深傷. ―～ de cien reales ひどい傷, 深傷. ❸ (衣服の)切れ込み, スリット (=cuchillo). ❹ 複 喧嘩, 争い, 喧嘩騒ぎ. 類 **pelea, pendencia, riña**.

dar una cuchillada 刺す, 突く.

dar de cuchilladas a (人)を刺す, 突く.

cuchillazo [kutʃiʎáθo] 男 『中南米』切る[刺す]こと (=cuchillada).

cuchillería [kutʃiʎería] 女 ❶ 刃物工場[製造業, 販売店]. ❷ 刃物工場[店]の多い地区.

cuchillero [kutʃiʎéro] 男 ❶ 刃物を作る[売る]人, 刃物職人, 刃物屋. ❷ 留め金, 留め金. **abrazadera**. ❸ 《建築》横桁をおさえる留め金.

‡**cuchillo** [kutʃíʎo] 男 ❶ ナイフ, 小刀, 包丁, 短剣. ―～ de monte [de caza] 狩猟用ナイフ. ～ de cocina 料理包丁. ― bayoneta 銃剣. afilar un ～ ナイフを研ぐ. ❷ (食事用の)ナイフ. ―～ del pan パン切りナイフ. ～ de postre デザートナイフ. ～ jamonero ハム切り包丁. ～ para frutas 果物ナイフ. ～ de trinchar (肉の切り分け用)カービングナ

イフ. comer el filete con ～ y tedenor ヒレ肉をナイフとフォークで食べる. ❸ 刃; (イノシシの)牙. — ～ de guillotina ギロチンの刃. [類]**daga, puñal**. ❹ 楔(ㄑさび)形のもの; 《主に複》(服飾)袖口, ゴア; (船舶)三角帆 (vela de ～). ー～ de terreno 鋭角三角形の土地. ❺ (冷たい)隙間(ㄒきま)風 (～ de aire). ❻ 《建築》(屋根や橋の)破風(はふ), 切妻(きりづま)(枠)(～ de armadura). ❼ (天秤はかりなどの)支え刃.

En casa del herrero cuchillo de palo 〔諺〕紺屋(ニラや)の白袴(レᅴカⅱ).
noche de los cuchillos largos 激論の夜.
pasar a cuchillo (戦争で敵・捕虜・住民等を)刃にかける, 殺す, 虐殺する. Todos los soldados enemigos capturados fueron *pasados a cuchillo*. 捕らえられた敵の兵は全員殺された.
tener el cuchillo en la garganta 脅迫されている; のっぴきならない事態にある.

cuchipanda [kutʃipánda] [女]《話》宴会, どんちゃん騒ぎ. ー Mañana vamos de ～. 明日は宴会だ. [類]**comilona, francachela, juerga**.

cuchitril [kutʃitríl] [男]〔話〕❶ 豚小屋. ❷《比喩》狭苦しい部屋, ちっぽけな部屋; 汚ない部屋, むさくるしい部屋.

cucho, cha [kútʃo, tʃa] [形]❶《メキシコ》兎唇(ミロしん)の. ❷《中米》くる病の. ー [男]❶《メキシコ》《俗》兎唇の人. ❷〔チリ〕ネコ(猫).

cuchufleta [kutʃufléta] [女]《話》冗談, しゃれ, おふざけ. ー Antonio siempre está de ～. アントニオはいつもふざけている. Se pasó una hora diciendo ～s. 1時間ほど冗談を言って過ごした. [類]**broma, burla, chirigota**.

cuclillas [kuklíjas] [副]【次の成句で】*ponerse* [*sentarse*] *en cuclillas* しゃがむ.

cuclillo [kuklíjo] [男] ❶《鳥類》カッコウ, ホトトギス (=cuco). ❷《比喩, 話》不貞の妻を持つ男, 妻を寝取られた男. [類]**consentido, cornudo**.

cuco, ca [kúko, ka] [形]《比喩, 話》❶ ずるい, 抜け目のない, 悪賢い, 腹黒い. ー No te fíes de él, que es muy ～. 彼はずる賢い奴だから信用するな. [類]**astuto, ladino, taimado**. ❷ かわいい, 愛らしい, きれいな, 魅力的な. ー Llevas una chaqueta *cuca*. 素敵なジャケットを着ているのね. [類]**bonito, coquetón, mono**. ー [男] ❶《鳥類》カッコウ, ホトトギス (=cuclillo). ー *reloj de* ～ 鳩時計. ❷ トランプゲームの一種. ❸ いかさま師; 賭博師. ❹《虫類》ゾウムシ, また, (一般に)穀物等を食い荒らす虫. ❺ 毛虫; 芋虫. ❻ お化け (=coco).

cucú [kukú] [男] ❶ カッコウの鳴き声, カッコー(擬声語). ❷ 鳩時計 (=reloj de cuco).

cucufato [kukufáto] [男]《中南米》偽善者, 信心家ぶった人, 猫かぶり.

cucúrbita [kukúrβita] [女] ❶《植物》ウリ科, カボチャ属. ❷《化学》蒸留器, レトルト.

cucurbitácea [kukurβitáθea] [女] →cucurbitáceo.

cucurbitáceo, a [kukurβitáθeo, a] [形]《植物》ウリ科の, カボチャ属の. ー [男] ウリ科の植物 (カボチャ, メロンなど). ー [女][複] ウリ科.

cucurucho [kukurútʃo] [男] ❶ 円錐形に丸めた紙(焼き栗, ドライフルーツなどを入れる袋として使う). ❷ とんがり帽子(特に, 聖週間の行列で悔悟者がかぶる長細い円錐形の帽子・ずきん). [類]**caperuza, capirote, capirucho, coroza**. ❸《中南米》頂点, 頂上, てっぺん; 先端. ❹ (アイスクリーム・ソフトクリームの)コーン.

Cúcuta [kúkuta] [固名] ククタ(コロンビアの都市).

cuec- [kuéθ-] [動] cocer の直・現在, 命令・2 単.

cueca [kuéka] [女]《音楽》クエカ(チリ・ボリビアの民族舞踊). ー *bailar la* ～ クエカを踊る.

cuel- [kuél-] [動] colar の直・現在, 接・現在, 命令・2 単.

cuelga [kuélɣa] [女] ❶ (果物などを干して保存食にするため)吊るすこと; 吊るした果物・野菜. ー *de* ～ 吊り干し用の, 乾燥保存に適した種類の. ❷《話》誕生日プレゼント.

cuelgacapas [kuelɣakápas] [男]〔単複同形〕コート掛け, 洋服(帽子)掛け. [類]**perchero**.

cuelgaplatos [kuelɣaplátos] [男]〔単複同形〕(飾り皿を掛ける)皿掛け, ラック.

cuelgu- [kuélɣ-] [動] colgar の直・現在, 接・現在, 命令・2 単.

cuellicorto, ta [kuejikórto, ta] [形] 首の短かい. [反]**cuellilargo**.

cuellilargo, ga [kuejiláryo, ɣa] [形] 首の長かい.

⁕cuello [kuéjo クエヨ] [男] ❶《解剖》首, 頸(ㄑび). ー Lleva una bufanda roja al [alrededor del] ～. 彼は首に赤いマフラーを巻いている. La jirafa tiene el ～ muy largo. キリンの首はとても長い. [類]**garganta, pescuezo**. ❷《服飾》襟(ㄑえり), カラー; 首回わり(サイズ), ネック. ー *jersey de* ～ *alto* (*barco, pico, vuelto*) ハイネック(ボートネック, V ネック, タートルネック)セーター. *¿Cuál es la medida de su* ～? カラーのサイズはいくつですか? Llevaba encima del abrigo un ～ de piel. 彼はオーバーの上に毛皮の襟巻きを巻いていた. [類]**collar, golilla, tira**. ❸ (瓶などの)首, くびれた部分. ー Esta botella se ha roto por el ～. この瓶は首のところが割れた. ～ *uterino* [*de la matriz*]《医学》子宮頸部(ミヒぶ). ～ *de un diente* 歯頸(ミヒぶ). ❹ 首の肉. ❺《植物》(タマネギ・ニンニクなどの)茎, 葉茎.

apostar [*jugarse*] *el cuello a que* 〔+直説法〕…に首を賭ける, を誓う. *Me juego el cuello a que es verdad lo que digo*. 私の言っていることは本当だ, 首をかけてもいい.
a voz en cuello 声を限りに, ありったけの声で.
cortar a ... el cuello (人)の首をはねる; ひどい目にあわせる.
cuello de botella ボトルネック, 障害, 隘路(あいろ).
erguir el cuello 横柄である.
estar con el agua al cuello 窮地に陥っている.
estar metido en ... hasta el cuello (厄介事など)にすっかりはまりこんでいる.
hablar el [*para el*] *cuello de* SU *camisa* (ぶつぶつ)独り言を言う.
levantar el cuello (1) 襟を立てる. (2) (逆境から)立ち直る; (うなだれた)首を起こす.
meter el cuello せっせと〔あくせく〕働く.

Cuenca [kuéŋka] [固名] クエンカ(スペインの県・県都; エクアドルの都市).

⁑cuenca [kuéŋka] [女] ❶《地理》(川の)**流域**, 谷あい. ー ～ *del Ebro* エブロ川流域. ～ *de recepción* 集水区域. [類]**valle**. ❷《地理》**盆地**; 海盆. ー ～ *de París* パリ盆地. ～ *sedimentaria* [*de hundimiento*] 堆積〔陥没〕盆地. C～ *del Ama-*

zonas アマゾン盆地. C～ del Caribe カリブ海盆. ❸《鉱業》鉱床(=～ minera). ～ carbonífera 炭田. ～ petrolífera 油田(= campo petrolífero). ❹《解剖》眼窩(ｶﾞ)(=～ de los ojos). — Tiene las cuencas de los ojos muy profundas. 彼は落ち窪んだ眼をしている. 類**cavidad**, **órbita**. ❺(乞食や托鉢が持ち歩いた)椀(ﾜﾝ), 木鉢.

cuenco [kuéŋko] 男 ❶(陶器・木などの)ボウル, 鉢, どんぶり, 椀; どんぶり一杯分の量. ❷ くぼみ, へこみ, 凹(ｵｳ)部; くぼ地. — ～ de la mano (くぼませた)手のひら.

cuent- [kuént-] 動 contar の直・現在, 接・現在, 命令・2 単.

*cuenta [kuénta クエンタ] 女 ❶計算, 数えること, 勘定; 考慮. —hacer [echar] una ～ 計算をする. No sabe hacer (las) ～s. 彼は計算ができない. hacer una ～ de multiplicar 掛け算をする. justificar las ～s 計算合わせをする. repasar la ～ 計算し直す. ～ equivocada 計算違い. ～ de sumar 足し算. ～ redonda 端数の出ない計算, 概算. Con eso sale ajustada la ～. それで計算が合う. No llevas bien la ～, vuelve a empezar. 計算が間違っているから, やり直しなさい. 類**cálculo**, **cómputo**, **operación**, **recuento**.

❷《商業》(レストラン・商店などの)勘定(書), 会計, 請求書; 信用取引, 掛け勘定. —¡Camarero, la ～, por favor!/¡Camarero, por favor, tráigame la ～! ボーイさん, お勘定をお願いします. pagar [cobrar] la ～ 勘定を払う[受け取る]. pedir la ～ al camarero ウェーターに勘定を頼む. ejecutivo de ～s 顧客会計主任, アカウント・エグゼクティブ. extracto de ～s 勘定[取引]明細書, 財務表. gastos con cargo a mi ～ 私持ちの費用. Tiene cuenta en ese restaurante. 彼はそのレストランで付けが利く. Apúntalo en mi ～./Cárgalo a mi ～. それを私の勘定に[付けに]しておいてくれ. La ～ asciende a cien euros, servicio incluido. 勘定はサービス料込みで100 ユーロになる. 類**factura**, **importe**, **minuta**, **nota**, **recibo**, **total**.

❸《簿記》(金銭の)貸借勘定, 決算, 会計. —Me adeudaron la factura de teléfono en mi ～ corriente. 電話料金は私の当座預金口座から引き落とされた. ～ de balance 貸借対照表, バランス・シート. ～ de pérdidas y ganancias 損益計算書; 損益勘定. ～s anuales 年次会計報告書, 財務諸表. ～s consolidadas 連結財務諸表. ～s incobrables 不良債権. auditoría de ～s 会計監査[検査]. balanza de ～s 勘定尻, 取引勘定残高. estado de ～s 決算報告書, 財務表. revisión [intervención, inspección] de ～s 会計監査, 会計検査, 帳簿調べ. censor [interventor, revisor] de ～s 会計監査官, 会計監査役. participación en ～s 合弁, 共同事業. 類**balance**, **contabilidad**, **deuda**, **haber**, **partida**, **saldo**.

❹《商業》(銀行などの)預金口座, 取引. —abrir (una) ～ 口座を開く. ～ corriente 当座預金(口座)(《略》c. c.). extracto de ～ (口座の)取引明細書. saldo de una ～ 口座の残高; 勘定の清算. titular de una ～ 口座の名義人. ～ de ahorro(s) 普通預金口座, 貯蓄口座. abrir [tener] una ～ en un banco 銀行に口座を開く[持っている]. bloquear una ～ bancaria 銀行預金を封鎖[凍結]する. sacar [retirar] dinero de su ～ 自分の口座からお金を引き出す. transferir dinero de una ～ a otra ある口座から他の口座へお金を振り込む.

❺ 預金残高. ❻ 責任, 義務, 役目, 問題. —Eso es ～ mía. それは私の責任[問題]だ. No te preocupes y déjalo todo de mi ～. 君は心配しないで, すべて私に任せなさい. 類**asunto**, **incumbencia**, **responsabilidad**. ❼ 考慮. ❽《主に 複》説明, 釈明, 報告; 根拠, 理由. —No tengo que dar ～ a nadie de mis actos. 私は私の行為について誰にも釈明する必要がない. 類**excusa**, **explicación**. ❾《主に 複》もくろみ, 計画, 打算. — Ella echa ～s de ganar mucho dinero con ese negocio. 彼女はその商売でたくさんお金を稼ごうともくろんでいる. 類**esperanza**, **plan**, **proyecto**. ❿《主に 複》(ロザリオ・首飾りの)珠, 数珠玉, ビーズ. —Se me rompió el collar y todas las ～s rodaron por el suelo. 私のネックレスが壊れて, ビーズが全部床に転がり落ちた. ～ de perdón 数珠の親玉. ⓫《スポーツ》(ボクシングの)カウント. ⓬《情報》アカウント. —～ de usuario ユーザー・アカウント.

a [*al*] *fin de cuentas* 結局(のところ), とどのつまり, どうせ.

abonar ... en cuenta a ... を(人)の貸方勘定に記入する. →cargar ... en cuenta a ...

a (*buena*) *cuenta/a buena cuenta y a mala cuenta* 内金として, 先払いで. pago *a cuenta* 内金, 前金, 手付金. pagos *a cuenta* 中間支払い金. pagar doscientos euros *a buena cuenta* de los mil 1,000 ユーロのうち 200 ユーロ先払いする.

a cuenta de ... (1) …と引き替えに, …の代わりに (=a cambio de ...). Me quedé con el piso *a cuenta de* lo que me debía. 私は彼に貸していたお金と引き替えにマンションを手に入れた. (2) …の内金として. (3) …の費用[負担]で(→vivir a cuenta de ...).

a cuenta de que ... まったく…のために.

¿A cuenta de qué 《中南米》いったいどういう訳で?

a esa cuenta そんな調子で, あのように; もしそうなら.

ajustar (*las*) *cuenta*s (1) (貸借の)清算をする, 収支決算をする. (2) (脅し文句で)懲らしめる, 仕返しをする. Si vuelves a hacer novillos, tu padre te *ajustará las cuentas*. また授業をサボったら, お父さんにお仕置されるよ. (3) [＋a/con]《話》(脅し文句で)(人)と話しつけ, 決着をつける. Voy a *ajustar cuentas con* él. 私は彼と決着をつけようと思う.

ajuste de cuentas (1)《商業》収支の決算. (2)《話》仕返し, 報復.

a la cuenta →por la cuenta.

*arreglar cuenta*s →ajustar las cuentas.

arreglo de cuentas 復讐.

a tener en cuenta 考慮すべき, 心得ておくべき. Esa es otra razón *a tener en cuenta*. それは考慮すべきもう一つの理由である.

borrón y cuenta nueva《話》帳消しにして, 白紙の状態に戻って.

caer en la cuenta de ...《話》(初めて)…に気づく, …が分かる, 悟る(≒caer en las mientes; →

dar en la cuenta de ...; darse cuenta de ...). Ya *caigo en la cuenta*. ああ, 分かった. No *caigo en la cuenta* de lo que quiere Ud. decirme. 君が何を言おうとしているのか分からない.

cargar ... en cuenta a ... を(人)の借方勘定に記入する, をつけにする(= poner ... en cuenta a ...; →abonar ... en cuenta a ...).

censor jurado de cuentas 公認会計士.

coger a ... por su cuenta [por cuenta propia] (人)に決着・けり・話をつける; 懲らしめる, ひどい目に合わせる.

con cuenta y razón 慎重に, 注意深く; 時間を正確に, きちんと狂いなく.

con su cuenta y razón 計算[欲得]ずくで, 打算で.

correr por [de (la)] cuenta de ... (1) (勘定・費用が)(人)の負担である, …持ちである. La cena *corre por mi cuenta*. 夕食は私のおごりです. (2) (人)の問題である. Eso *corre de [por] mi cuenta*. それは私の問題である.

correr por la misma cuenta (ある物が他の物と)同じ目的に向かっている; 同じ状況にある.

cuenta a la vista 〖商業〗一覧払いの預金.

cuenta a plazo (fijo) 定期預金.

cuenta atrás [regresiva, al revés] (ロケットの打ち上げなどで)秒読み, カウントダウン.

cuenta conjunta [en participación] 共同(預金)口座, 複数名義預金(主に夫婦名義預金), 共同勘定.

cuenta de gastos (会社などの)必要経費, 交際費; (会計)経費勘定. Cargó la factura del hotel en su *cuenta de gastos*. 彼はホテル代を彼の交際費につけた.

cuenta pendiente (1) 〖商業〗未決済勘定, 未払勘定. (2) 懸案の問題, 懸案事項. Tú y yo tenemos *cuentas pendientes*. 君と私には未解決問題がある.

cuentas anuales 年次会計報告書, 財務諸表.

cuentas a pagar [a cobrar] 支払い[受取り]手形.

cuentas del Gran Capitán 高く吹っ掛けた勘定; 現実性のない計画, 途方もない夢. presentar las *cuentas del Gran Capitán* 法外な額を要求する.

cuentas galanas [alegres] →cuentas del Gran Capitán.

dar (buena) cuenta de ... (1) 〖話〗(飲食物を)平らげる, 飲み干す; 使い果たす. Dio *cuenta del* filete en un momento. 彼はそのヒレ肉をあっと言う間に平らげた. (2) (人)を殺す.

dar cuentas de ... (人)に責任を持つ. Nos *dio cuentas de* los gastos e ingresos. 彼は私たちの支出と収入に責任を持った. No tiene que *dar cuentas* a nadie. 彼は誰にも責任を取る必要がない.

dar cuenta [y razón] de ... (1) 〖＋a/ante〗(人に)…について報告する, 知らせる, 説明[釈明]する. *dar cuenta del* robo a la policía 盗難事件を警察に通報する. (2) 平らげる, 飲み干す; 使い果たす(→dar (buena) cuenta de ...).

dar en la cuenta de ... →caer en la cuenta de ...

dar la cuenta a ... (1) (人)を解雇する. (2) (人)に借金を払う.

darse cuenta de (que) ... 〖話〗…に気づく, …が

cuenta 583

分かる, 悟る(= caer [dar] en la cuenta de ...). Al repasarlo, *se ha dado cuenta de* sus errores. 彼は見直した時, 誤りに気づいた. ¡Date *cuenta*! まあ考えてもごらん(びっくりしますね).

de cuenta de ... (人)の負担[費用, 責任]で[の], …払いの, …持ちの. Los portes son *de cuenta del* comprador. 送料は買い手負担である. (→por cuenta de .../correr de cuenta de ...).

de cuenta y riesgo de ... →por cuenta y riesgo de ...

dejar ... de su cuenta を(人)に任せる, 委(ゆだ)ねる. Déjalo *de mi cuenta*. それは私に任せておきなさい.

de (mucha) cuenta de ... (1) 要注意…(= ... de cuidado). pájaro *de cuenta* 要注意人物. (2) 重要な, 立派な, 偉い. hombre (pájaro) *de cuenta* 重要人物.

echar cuentas (1) 計算[勘定]する, 見積もる. (2) (計画・事の長短について)熟慮する, 検討する.

echar cuenta(s) con ... をあてにする, 頼りにする. No *eches cuentas* conmigo para ayudarte. 私の助けをあてにしてはいけません.

echar cuenta(s) de ... (1) を計画する, もくろむ. (2) (費用などを)計算[勘定]する, 見積もる.

echar la(s) cuenta(s) de ... を計算[勘定]する.

echar(se) (la) cuenta de ... →hacer(se) (la) cuenta de ...

echar(se) sus cuentas 事の長所短所[利点と不都合な点]を考える.

en fin de cuentas 要するに, 結局(のところ), つまり.

en resumidas cuentas 〖話〗要するに, 結局は, つまり.

entrar en las cuentas de ... 〖物事が主語〗(人)に考慮される, あてにされる, 予想される.

estar a cuentas 用意[準備]ができている.

estar fuera de cuenta(s) (妊婦が)臨月を過ぎている.

exigir cuentas (人)に釈明[説明]を求める. →pedir cuenta(s) a ... de ...

garrar algo de una cuenta 〖北米〗同じことをくどくど繰り返す.

habida cuenta de ... を考慮して[すれば](= teniendo en cuenta ...).

hacer borrón y cuenta nueva 水に流す, 過去のことを忘れる.

hacer las cuentas de la lechera 取らぬ狸の皮算用をする. (←乳しぼり女の計算をする)

hacer(se) (la) cuenta de ... 〖話〗(1) …と思う, 想像する, 仮定する. (2) を理解する, …が分かる.

la cuenta de la vieja 〖話〗指を使う計算.

La cuenta es la cuenta./Las cuentas son las cuentas. 〖商業〗勘定は勘定(私情は禁物だ).

Las cuentas claras conservan la amistad. 〖南米〗貸し借りがなければこそ交友は長続きする.

Las cuentas claras y el chocolate espeso. 〖諺〗物事ははっきりさせよ(←勘定ははっきりと, ココアは濃いめに, claro には「薄い」という意味があり, 「濃い (espeso)」ココアにかけている).

liquidar la [una] cuenta →saldar [liquidar, solventar] la [una] cuenta.

llevar la cuenta de ... （最後に合計を知るために）を数える，数を覚えている，数を記録する．

llevar las cuentas de ... …の会計を担当する，帳簿をつける．*llevar las cuentas del hogar* 家計簿をつける．

más de la cuenta あまりに，過度に，度を越して．*comer [beber] más de la cuenta* 飲み[食べ]過ぎる．

no hacer cuenta de ... を無視する，評価しない，問題にしない．

no querer (tener) cuentas con ...《話》(人)と付き合いたくない，…と関わり合いたくない．

no tomar en cuenta 無視する，気に留めない，相手にしない．

pájaro de cuenta 要注意人物，用心すべき人；重要人物．

pasar la cuenta (de ···) (1) (…の)請求書を送付する，請求する．(2) (人に)(…の)見返り[恩返し，返礼]を求める[期待する]．

pasar (una [la]) cuenta/pasar (las) cuentas 会計検査をする，帳簿を監査する．→*tomar la(s) cuenta(s)*.

pedir cuenta(s) a ... *de* ... (人に)…について説明・釈明を求める；責任を問う．*Si me piden cuentas de lo que he hecho, les contestaré.* 私は自分のしたことについて説明を求められたら，彼らに答えます．

perder la cuenta de ... （数が多くて・昔のことで・うっかりしていて）を思い出せない，…の数を忘れる，…の数が分からなくなる．

poner ... *en cuenta a* ... →*cargar* ... *en cuenta a* ...

por cuenta de ... (1) (人の)負担[責任]で[の]，…払いの，…持ちの（=*de cuenta de* ...）．*Los gastos de viaje serán por cuenta del becario.* 旅費は留学生持ちとする．(2) …の利益のために．

por cuenta propia/por su propia cuenta 自分の責任で，独立して，自営で．*trabajador por cuenta propia* 自営業者．

por cuenta y riesgo de ... (人の)責任で[において]；…の支払いと危険負担で．

por la cuenta 様子（経緯，前歴）から判断すると．

por la cuenta que LE trae [tiene] 自分の(利益の)ために，自分自身のためを考えれば．*¿Tú crees que vendrá Pedro? –Por la cuenta que le trae.* ペドロは来ると思う？–自分のためにも来るでしょう．

por su cuenta 自分の考え[判断，責任]で，勝手に，一人で．*Si nadie quiere acompañarme, me iré yo por mi cuenta.* もし誰も私に同行したくないのなら私一人で行きます．

quedar de cuenta de ... →*correr por [de (la)] cuenta de* ...

rendir cuenta(s) (de ...) (1) (…について)説明[釈明]する．*El ministro rindió cuentas de su actuación al congreso.* その大臣は自分の行動について国会に説明した．(2) (…の)責任がある[責任を負う]．(3)《商業》(…の)収支計算書を出す．

revisar [controlar, inspeccionar, intervenir] las cuentas 帳簿(の計算)を確かめる，会計検査をする．

sacar la cuenta [cuentas] de ... →*echar la(s) cuenta(s) de* .../ *echar cuentas de* ...

saldar [liquidar, solventar] la [una] cuenta (1)《商業》借入れを清算する，貸し借りなしにする．(2) 決着をつける．*saldar una cuenta pendiente* 懸案の問題に決着をつける．

salir (a) cuenta a ... (人に)都合がよい，有利[有益]である，…した方がよい．→*traer cuenta a* ...

salir de cuenta(s) (話) (1)《現在形で》(妊娠が)出産予定日である．*Adela sale de cuentas dentro de tres días.* アデラは3日後が出産予定日である．(2)《現在完了形で》出産予定日を過ぎている（→*estar fuera de cuenta(s)*).

salirLE [resultar] mal la(s) cuenta(s) a ... 当てが外れる．

salir [resultar] bien las cuentas 予想・期待通りになる．*Han salido bien las cuentas.* 予想[期待]通りの結果になった．

sin darse cuenta 気づかずに，知らないうちに，あっという間に．→*darse cuenta de (que)* ...

tener cuenta (1)《+a》(事柄が)(人に)都合がよい，有利[有益]である（→*traer cuenta a* ...）．*Nos tiene más cuenta ir en metro que en coche.* 私たちには車より地下鉄で行った方が都合がいい．(2)《+con》を注意する，気に留める．

tener cuentas con ... (1) (人)に未払いの勘定がある．(2) (人)との間に未解決の問題がある．

tener ... *en cuenta* （=*hacer caso de* ...）を考慮に入れる，心に留めておく．*Tendré en cuenta tus buenos consejos.* 君のよい助言を心に留めておきます．

teniendo en cuenta を考慮して．*Teniendo en cuenta su poca edad, no le impusieron ningún castigo.* 彼は幼いので処罰されなかった．→*habida cuenta de* ...

tomar a ... *por su cuenta [por cuenta propia]* →*coger a* ... *por su cuenta [por cuenta propia]*.

tomar ... *en cuenta* （=*hacer caso de* ...）を気にかける，留意する；ありがたく思う．*No le tomes en cuenta lo que dijo porque estaba un poco bebido.* 彼は少し酔っていたので彼の言ったことを気にするな．

tomar la(s) cuenta(s)/tomar cuentas (1) 会計検査をする，帳簿を監査する．(2)《比喩》(人の)行いを綿密に調べる．

traer a cuentas （人に）をさとす，説得する．

traer (buena) cuenta a ... (1) (人)に都合がよい，…した方がよい，有益である（→*salir (a) cuenta a* ...）．*Es un hotel caro y malo, no trae cuenta alojarse allí.* そのホテルは値段が高くて良くないから，そこには泊まらない方がいい．(2)《商売が》儲かる．*Es un negocio que trae cuenta.* それは儲かる商売だ．

Tribunal de Cuentas 会計検査院．

¡Vamos a cuentas! (問題点を)はっきりさせよう，問題に片をつけよう．

venirse a cuentas 了解[納得]する，説得に応じる．

vivir a cuenta de ... (生活費を)(人)に依存している，(人)の世話になって生活している，(親の)脛をかじっている．

cuentacorrentista [kuentakořentísta] 男女 当座預金者，当座預金の口座を持っている人．

cuentagotas [kuentaγótas] 男《単複同形》スポイト，ピペット；(点滴の)液瓶；液体を1滴ずつ垂

らすための用具.
a [*con*] *cuentagotas* けちけちして; ごくわずかずつ. Su padre le daba el dinero *con cuentagotas*. 父は彼に小出しにしかお金をくれなかった.

cuentahílos [kuentaílos] 男 [単複同形] (織物工場で使う)糸を数えるための拡大鏡.

cuentakilómetros [kuentakilómetros] 男 [単複同形] (車などの)走行距離計, オドメーター.

cuentapasos [kuentapásos] 男 [単複同形] 万歩計. 類 **podómetro**.

cuentarrevoluciones, cuentavueltas [kuentareβoluθjónes, kuentaβuéltas] 男 [単複同形] (車などの)積算回転計, タコメーター. 類 **tacómetro**.

cuentero, ra [kuentéro, ra] 形 噂好きな; 人の陰口ばかり言う. ── 名 噂好きな人, 陰口屋. 類 **chismoso, cuentista**.

***cuentista** [kuentísta] 男女 ❶ 短編作家. ❷《軽蔑》大げさに話す人, 嘘つき, ほら吹き, はったり屋. ─ No me creo nada de lo que dice porque es una ~. 彼女はほら吹きなので彼女の言うことは全く信じない. 類 **mentiroso, trolero**. ❸《話, 軽蔑》陰口屋, 噂好きの人, おしゃべり. 類 **chismoso**. 類《南米》詐欺師.
── 形 ❶《話》おしゃべりな, 噂好きの, よく陰口を言う. 類 **chismoso**. ❷《話》大げさな, 嘘つきの, ほらふきの. 類 **exagerado, mentiroso, trolero**. ❸ 短編を書く.

cuento[1] [kuénto] 男 ❶ (ステッキ・槍などの)石突き. 類 **contera, regatón**. ❷ 支柱, 支え. 類 **puntal**.

:**cuento**[2] [kuénto] 男 (＜contar) ❶ 物語, 昔話, 話; 短編小説(→novela「長編小説」). ─ libro de ~s 物語[童話]の本. ~ antiguo 昔話. ~ infantil 童話. colección de ~s populares 民話集. "C~s de la Alhambra"(Irving)《文学》『アランブラ物語』(アービング作). contar un ~ 物語を話す. Me tienes hasta el moño con el ~ de tu viaje por Asia. 私はもう君のアジア旅行談にはうんざりだ. 類 **historia, narración, relación, relato**. ❷ おとぎ話, 童話 (~ de hadas). ─ leer al niño el ~ de Caperucita Roja 子供に『赤頭巾ちゃん』の童話を読んでやる. narrar el cuento de Blancanieves y los siete enanitos 『白雪姫と7人のこびと』のお話をする. 類 **fábula, historieta**. ❸《話》(まったくの)作り話, 大嘘, でたらめ. ─ Lo que dijo es un puro ~. 君の言っていることはまったくでたらめだ. Su enfermedad es un ~. 彼の病気は嘘[仮病]だ. Siempre sale con algún ~ para justificar sus retrasos. 彼はいつもなにかしら遅刻の言い訳をする. Esa excusa es un ~ y no hay quien se lo crea. その言い訳は嘘で, それを信じ込む人は誰もいない. No me salgas con ~s/No me vengas con ~s. でたらめ言うな, でたらめな言い訳はよせ. →venirle a ... con cuentos. 類 **excusa, embuste, mentira, patraña, pretexto, trola**. ❹《主に 複》(他人を陥れる)うわさ話, ゴシップ, 陰口. ─ andar con ~s 噂をしてまわる, ゴシップを流す. Esta mujer siempre anda con ~s sobre los demás. この女性はいつも他人の陰口を触れ回っている. A mí déjame de ~s porque no me interesa la vida de los vecinos. 近所の人たちの生活には興味がないので, 私にはうわさ話はしないで. 類 **chisme, cotilleo, delación, habladuría, murmuración, rumor**.

❺ [主に 複] 煩わしい話, くだらない話, 前置き. ─ Dejaos de tantos ~s y vayamos al asunto que nos interesa. そんなくだらない話はやめて, 私たちが興味のある本題に入りましょう. Es mejor no ir allí con ~s. あそこへは厄介な話を持ち込まないほうがいい. Déjate de ~s y dinos sólo lo que viste. 前置きはいいから君が見たことだけを話してくれ. ❻《話》面倒なこと, もめごと. ─ No quiero ~s con él. 私は彼とかかわりたくない. Han tenido no sé qué ~s entre ellos. 彼らにはなにかしらもめことがあった. 類 **problema, quimera, trastornos**. ❼ 笑い話, ジョーク (=chiste). ❽《まれ》計算, 数えること. ── ~ del tiempo 時間の算定. 類 **cómputo**.

a cuento (話などの内容が)適切な, ふさわしい (= al caso, a propósito). →venir a cuento.

a cuento de ... ...に関して (=a propósito de). *¿a cuento de qué/ a qué cuento?*《話》(不都合・不当・抗議)一体どんな理由で, なぜ (=¿por qué?/¿a santo de qué ...?/¿a qué santo ...?). *¿A cuento de qué* cierran este parque los domingos? この公園は一体なぜ日曜日に閉鎖されるのか分からない.

¡Allá cuentos!(忠告・助言を聞かないなら)勝手にしろ!, もう知らないよ!(=¡Allá películas!, ¡Allá cuidados!).

andar [*entrar*] (*metido*) *en el cuento* → *estar* (metido) en el cuento.

aplicar(*se*) *el cuento* [通例命令文で]戒めとする, 他山の石とする. Todos los médicos están de acuerdo en que fumar es dañino; así que *aplícate el cuento*. タバコが有害なことはすべての医師の意見が一致しているので, この点を戒めとしなさい. Ves lo que le ha ocurrido, pues *aplícate el cuento*. 君に彼に起こったことを知っているのだから, これを他山の石としなさい.

cuento chino [*tártaro*]《話, 軽蔑》大嘘, でたらめな話, まゆつばもの. Eso de que se va a casar es un *cuento chino*. 彼が結婚するという話はまゆつばものだ. Yo no soy tan ingenuo, así que no me vengas con *cuentos chinos*. 私はそんなに馬鹿じゃないのだから, でたらめ言うなよ (=embuste, mentira).

cuento de viejas でたらめな話, まゆつばもの, たわいもない迷信. Eso que dicen de que se aparecen fantasmas es un *cuento de viejas*. お化けが出るという噂はでたらめである.

cuento largo 多くの説明を要する事柄. Cómo logró escapar es (un) *cuento largo*. どうして彼が逃げおおせたかは話せば長いことだ.

cuento verde きわどいジョーク, 猥談 (=chiste verde). Le encanta contar *cuentos verdes*. 彼はきわどい冗談を飛ばすのが大好きだ.

dejarse [*quitarse*] *de cuentos* [通例命令文で] (1) 回りくどい前置きを省く, 余計なことを言わない, さっさと本題に入る. *Déjate de cuentos* y ve al grano. 君, 回りくどい言い方はしないで, すぐに本題に入れ. (2) でたらめを言わない, でたらめな言い訳をしない. Él dice que los profesores son demasiado exigentes, pero lo que tuene que hacer es *dejarse de cuentos* y ponerse a estudiar. 彼は学校の先生が厳しいと言っているが, 安易な言い訳はしないで, 勉強を始める必要がある.

echar (mucho) cuento 大げさ[ほら吹き・駄弁]である. →tener (mucho) cuento.

el cuento de la lechera 《話》取らぬ狸の皮算用(=cuentas de lechera).

el cuento de nunca acabar 《話》複雑で容易に決着しない問題, 際限がない事柄. Estas obras parecen *el cuento de nunca acabar*. この工事は複雑で容易に決着がつかない. ¿Otra vez nos vamos a mudar? Esto es *el cuento de nunca acabar*. また引っ越すの?これはいつまでも続くね.

estar (metido) en el cuento 《まれ》よく知っている. Para mí no es ningún secreto: ya *estoy en el cuento*. それは私にとって何ら秘密ではない. もうよく知っているから.

hacer el cuento 怠ける. Si quieres llegar a ser algo, deja de *hacer el cuento* y ponte a trabajar. もし君がひとかどの人物になりたければ, 怠けるのはやめて働き始めなさい.

*ir*LE *a ... con cuentos* (1) ゴシップ[噂]を流す. Esta vecina *va a* todo el mundo *con cuentos*. この隣人(女)はみんなに噂を流す. (2) でたらめな言い訳をする. →venirLE a ... con cuentos.

*ir*LE *a ... con el cuento* (人)に告げ口をする, 噂を流す. No le regañes, que enseguida *va con el cuento* a su madre. 彼を叱るな, すぐ母親に言いつけるから. →venirLE a ... con el cuento.

ir el cuento con ... (人・物)の話題になる, のことを言っている. Todavía no sé de qué se trata, ni con quién *va el cuento*. 何の話をしているのか, 誰のことを言っているのか私にはまだ分からない.

*meter*LE *a ... un cuento* (作り話で人)を騙す, ぺてんかけ. Para sacarme algún dinero, *me metió un cuento*: que no tiene trabajo, que está enfermo ... 彼は私からお金を引き出すために, 仕事がないとか, 病気だとか言って私を騙した.

no venir a cuento 適切でない, 要点からはずれている, 関連がない. Eso que dices *no viene a cuento* ahora. 君の言っることは今は関係ない.

sacar ... a cuento (唐突な・場違いな話など)を持出す, (別の話)を持出す, を話題にする. No sé por qué *sacas* eso *a cuento* ahora. 君がなぜそのことを今持ち出すのか分からない. →traer a cuento.

salir a cuento (思いがけなくあることが)話題にのぼる[なる]. De repente, *salió a cuento* el tema del accidente de Manolo. 突然マノーロの事故が話題になった.

¡Se acabó [Y se acabó] el cuento! →Y colorín colorado, este cuento se ha acabado.

ser de cuento おとぎ話のようである.

ser el cuento 肝心(の問題)である.

(ser el) cuento de la buena pipa いつまでも繰り返される, うんざりするほど長ったらしい. El pleito de la herencia lleva traza de convertirse en *el cuento de la buena pipa*. 遺産相続に関する訴訟は泥沼化しそうな気配(「^{**}」)だ.

sin cuento 《名詞に後置して》無数の[に], 多くの, 数々の. Durante el viaje le sucedieron contratiempos *sin cuento*. 旅行中彼に多くの災難が起こった.

tener más cuento que Calleja 《話》大嘘つきである, 大変大げさである(Saturnino Calleja は童話出版者:1885-1915). No le hagas caso, *tiene más cuento que Calleja*. 彼の言うことは無視しなさい, 大嘘つきなんだから. →tener (mucho) cuento.

tener (mucho) cuento ほら吹き[大げさ・駄弁・不平屋]である. No hagas caso de sus palabras: *tiene mucho cuento*. 彼の言葉を信じるなよ, ほら吹きだから.

traer a cuento 《話》(唐突な・場違いな話など)を持出す, (別の話)を持出す, を話題にする(=traer [sacar] ... a colación). *Trajo a cuento* lo de la herencia, pero no tenía nada que ver con lo que hablábamos. 彼は遺産の話を持出したが, 私たちの話題とは何ら関係なかった. →sacar ... a cuento.

¡Va [Y va] de cuento! (逸話などの切り出し表現として)そういう話[噂]だ, 信じられない話だ. *Va de cuento* que ... …という話だ, と言われている.

venir a cuento 《多くは否定文で》適切である, 関連がある. Me gustaría saber *a cuento* de qué *viene* ahora criticarla. 今彼女を批判することがどんな関係があるのか知りたい. Me insultó sin *venir a cuento*. 彼は私をいわれもなく侮辱した. Eso no *viene a cuento*, no tiene nada que ver con lo que estamos hablando. それは適切ではない. 私たちが今話していることと全然関係ない. →venir al CASO.

*venir*LE *a ... con cuentos* (1) でたらめを言う, でたらめな言い訳をする. *No me vengas con cuentos*, no me creo que estuvieras resfriado. でたらめ言うな, 君が風邪を引いていたなんて信じられない. (2) くだらないことを言って来る, 興味もなく知りたくもないことを(人)に話す. *No me vengas con cuentos* que no me interesan. 私には興味のないくだらないことを言ってくるな. *No me vengas con cuentos* porque no quiero saber nada de ellos. 彼らのことは何も知りたくないから, 私にくだらないこと言ってくるな. →irLE a ... con cuentos.

*venir*LE *a ... con el cuento* (人)に告げ口をする, 噂を流す. ¿Ya te ha *venido con el cuento* de que se van a divorciar? 彼らが離婚するということをもう君に告げ口したの? →irLE a ... con el cuento.

¡Vete con el cuento a otra parte! 嘘をつけ!/そんな話を信じるものか!

vivir del cuento 《話》働かずに[何もしないで, 怠けて]暮らす, 安逸をむさぼる. Aún hay funcionarios públicos que cobran por no hacer nada; *viven del cuento*. 何もしないで給料をもらっている役人がまだいる. 彼らは安逸をむさぼっている. *Vive del cuento* y no da ni golpe. 彼は安逸をむさぼり, 全然働かない.

Y colorín colorado, este cuento se ha acabado. 《文》(1)(おとぎ話の結びの表現)めでたし, めでたし, このお話はこれでおしまい. (2)(事件・問題の終結を示す表現)これで一件落着. Hemos decidido divorciarnos de común acuerdo. *Y colorín colorado, este cuento se ha acabado*. 我々夫婦は協議離婚することに決した. これで一件落着. (=Y se acabó, Y sanseacabó, Y san se acabó.)

cuera [kuéra] 囡 《中南米》❶ (革の)むち. ❷ 革の上着. ❸ 〖複〗レギンス(子供用のズボン);すね当て. ❹ 鞭で打つこと.

cuerazo [kueráθo] 男 《中南米》鞭打つこと(=latigazo).

:**cuerda** [kuérða] 囡 ❶ 綱, ロープ, 縄;ザイル. —

Necesitamos una ~ fuerte. 我々は丈夫なロープを1本必要としている. ~ rota 切れた綱. ~ de la ropa 物干し綱[紐]. escala de ~ 縄ばしご. ~ de cáñamo 麻縄. atar [asegurar] el paquete con una ~ 小包を紐で縛る. tirar de la ~ 綱を引く. ~ guía (軽気球などの)誘導索. 類**cordel, cordón, maroma, soga**. ❷ (時計・玩具などの)ぜんまい, ねじ; (時計の)振り子鎖. —dar ~ al reloj de pulsera 腕時計のねじを巻く. La caja de música tiene la ~ rota. そのオルゴールはぜんまいが壊れている. Se ha saltado [Ha saltado] la ~. ぜんまいが切れた. 類**muelle, resorte**. ❸ (音楽) (バイオリン・ギターなどの)弦, ガット; (弓の)弦. —instrumentos de ~ 弦楽器. tensar las ~s de la guitarra ギターの弦をぴんと張る. pulsar [herir] las ~s de la guitarra ギターの弦をつまびく. 類**hilo**. ❹ (音楽) 弦楽器 (=instrumentos de ~). —Es un cuarteto de ~. それは弦楽四重奏だ. ❺ (音楽)声域, 音域; 和音. —~ bajo [tenor, contralto, tiple] バス[テノール, アルト, ソプラノ]. ❻ (繋がれた方)囚人の列, 数珠つなぎ. —una ~ de presos 数珠つなぎにされた囚人. 類**cadena**. ❼ 糸; 釣り糸. —~ de plomada (測量)測鉛線, 下げ振り. ❽ (解剖) 帯; 腱; 索, 束. —~ del tímpano 鼓索(神経). ~ dorsal (動物)脊索. ❾ (幾何)弦(曲線上の2点を結ぶ直線). ❿ (スポーツ) (a) (陸上競技場の)内側のトラック, インコース(の長さ). (b) (競馬場の走路の)内側の張り綱. (c) (新体操の)ひも. (d) (リングの)ロープ. ⓫ 巻尺. —medir con la ~ 巻尺で計る. ⓬ 導火線.

acabársele a ... la cuerda (人が)万策尽き果てる, 途方にくれる, 忍耐が尽きる.

a cuerda 一直線に, 一列に. colocar los pilares *a cuerda* 柱を一直線に並べる.

aflojar la cuerda 法[規律など]を緩める, 手心を加える.

andar [bailar, estar] en la cuerda floja 《話》危険[困難]な立場[難局, 微妙な立場]にある. La paz en Oriente Medio *está en la cuerda floja*. 中東の平和が脅かされている.

apretar la cuerda 法[規律]を強化する, 締めつける.

bajo [por bajo, por debajo de] cuerda 密かに, こっそり, 陰で, 袖の下を使って. obrar *bajo cuerda* 陰でこそこそ行動する. El traficante daba dinero *bajo cuerda* a algunos policías. 密売人は何人かの警官に袖の下を使っていた.

coger cuerda はずみがつく, はずみをつける. Cuando *coge cuerda* hablando, ya no es posible hacerle callar. 彼は話にはずみがつくと, もう話をやめさせることはできない.

cuerda floja (綱渡り用の緩んだ)綱, ロープ.

cuerdas vocales (解剖)声帯.

dar cuerda a ... (1) (時計などの)ネジ[ぜんまい]を巻く. (2) 《話》(話したいことを話すように)(人を)その気にさせる, そそる (=dar soga). No le *des* más *cuerda*, que seguirá hablando toda la noche. 彼に好きなようにしゃべらせるな, 一晩中しゃべり続けるだろうから. (3) (物事を)長持ち[長続き]させる.

de la cuerda (de ...) (人と)同じ意見[立場・性格]の. Invitaron a Ricardo y a dos o tres personas *de su cuerda*, igualmente antipáticas. リカルド, それに彼と同意見で共に感じの悪い2, 3人が招かれた.

estar con la cuerda al cuello (自ら招いて)窮地に陥っている, 絶対絶命の危機にある.

estar en la cuerda 『+de+ 』『中南米』(人の)得意の境地にいる.

estirar las cuerdas 散歩する; 立ち上がる.

mozo de cuerda ポーター, 人足.

O se tira (de) la cuerda para todo o no se tira para nadie [para ninguno]. 『諺』一部の利益にしかならないようなら, 何もしない方がいい.

poner a ... contra las cuerdas (人)を追い詰める.

por cuerda separada 『中南米』別個に, 独立して.

romperse la cuerda (1) ネジ[ぜんまい, 綱]が切れる. (2) 堪忍袋の緒が切れる.

Siempre se rompe la cuerda por lo más delgado. / La cuerda se rompe siempre por lo más flojo. 『諺』いつも弱者にしわ寄せが来る. (←綱はいつも一番弱い所から切れる)

tener cuerda para rato 《話》(1) 長話しする癖がある, 話がくどい. (2) (人が)まだまだ元気である; (物が)長持ちする.

tener mucha cuerda (1) (冗談・からかいに)忍耐強い, からかわれても怒らない. (2) 元気である; (物が)長持ちする.

tirar (de) la cuerda (1) (人の)忍耐強さを悪用する, 図に乗る, やりすぎる. (2) (人に)ブレーキをかける, 抑える.

tocar [herir] la cuerda sensible a [de] ... (人の)痛い所を突く, 微妙な点に触れる, 弱みに付け込む.

cuerdamente [kuérðaménte] 副 ❶ 賢く, 思慮深く, 賢明に, 慎重に. ❷ 正気で, 健全に.

‡**cuerdo, da** [kuérðo, ða] 形 ❶ **正気の**, 精神が正常な〖estar+〗. —¡Tú no estás ~! 君は正気じゃないぞ. 類**cabal**. 反**loco**. ❷ (人・行動などが)賢明な, 分別のある; 慎重な〖ser+〗. —Le estoy muy agradecido por sus ~s consejos. 私は賢明な御助言に感謝しています. 類**juicioso, prudente, sensato**. 反**insensato**.

—— 名 正気[分別のある]人.

cuereada [kuereáða] 名 『中南米』❶ (鞭で)打つこと, 殴打, ぶちのめすこと. 類**azotaina, zurra**. ❷ 皮をはぐこと.

cuerear [kuereár] 他 『中南米』❶ (動物などの)皮をはぐ. ❷ (鞭で)打つ, たたく. 類**azotar, zurrar**. ❸ 侮辱する, けなす, そしる; 厳しく責める.

cueriza [kueríθa] 名 (鞭で)打つこと, 殴打, ぶちのめすこと. 類**cuereada, paliza, zurra**.

cuerna [kuérna] 名 ❶ 〖集合的に〗(1頭の動物の持つ)角; (特に鹿などの)枝角. 類**cornamenta**. ❷ (角をくりぬいて作った)器, 杯. ❸ 角笛.

Cuernavaca [kuernaβáka] 固名 クエルナバカ(メキシコの都市).

‡**cuerno** [kuérno] 男 ❶ (動物などの)角; 〖虫類〗触覚 (=antena); 〖解剖〗角状突起. —~s del caracol カタツムリの角. antenas de ~s 触角. ~ de Amón アンモン貝, アンモナイト (=amonita). ~ de la médula espinal 〖解剖〗脊髄角. El toro embistió al torero con los ~s. 牛が闘牛士に角で襲いかかった. 類**asta, antena**. ❷ (材としての)角, 角製品; 角状の容器. —peine de ~ 角製の櫛. ~ de (la) abundancia 豊

稔(ﾐﾉﾘ)の角(牛の角に花・果物を詰めたもので豊穣の象徴である). ❸《音楽》ホルン；角笛. una ～ de caza 狩猟者の角笛. tocar el ～ 角笛を吹く. ❹ (三日月の)先端, 弦角；(隊形の)翼. ――s de la Luna 三日月の両端. ❺ 《俗》《話》人差し指と小指を立てて作る角(妻に浮気された夫を示す侮辱のジェスチャー). ―― hacer ～s a ... con la mano (人)に対して手で角の形を作り軽蔑の仕草をする. ❻《話, 軽蔑》(un ～ の形で否定を表す)少しも…ない. ❼《軍隊》(隊形の)翼, 側面部隊.

agarrar [coger, tomar] el toro por los cuernos 困難に真正面から立ち向かう.

¡Al cuerno!《話》出て行け!

en los cuernos (del toro)《話》危険な状態に[の]. estar *en los cuernos del toro* 危険な目に遭う.

importar un cuerno 少しも構わない, どうでもいい.

irse al cuerno (1) (計画・商売などが)失敗に終わる, だめになる, 中止される；堕落する. (2) (命令文などで)¡Vete [Váyase (usted), Que se vaya] al cuerno!《俗》(怒りの表現)とっとと消えうせろ!, くたばれ!, 何だ!

levantar [subir] a ... hasta [a, en, sobre] los cuernos [el cuerno] de la Luna《話》(人・物)をめちゃくちゃにほめちぎる, ほめそやす(←三日月の両端まで持ち上げる).

llevar [tener] cuernos (妻・夫に)不貞を働かれる, 浮気をされる.

mandar [echar, enviar] a ... al cuerno (1) (怒って)(人)を追い出す, 首を切る. Ha pedido un aumento de sueldo, y le han *mandado al cuerno*. 彼は賃上げを要求して解雇された. (2) (仕事などを)投げ出す, 放棄する, 手を引く. Se cansó de escribir y *mandó* la novela *al cuerno*. 彼は執筆するのがいやになって, その小説をほうり出した.

no valer un cuerno 価値がない.

oler a ... a cuerno quemado →saber a ... a cuerno quemado.

poner a ... en [sobre] los cuernos [el cuerno] de la Luna →levantar [subir] a ... hasta [a, en, sobre] los cuernos [el cuerno] de la Luna.

ponerle a ... (los) cuernos《話》(妻[夫])を裏切る, 不貞を働く, 浮気をする. Le puso a su marido *los cuernos* con el vecino. 彼女は夫を裏切り, 近所の男と浮気した.

¡Qué cuernos (ni qué nada)! →¡(y) un cuerno!

romperse los cuernos《話》骨を折る, 大変努力[苦労]する, 頑張る.

saber a ... a cuerno quemado《話》うさんくさい, 不快である.

¡(y) un cuerno!《話》[拒絶・否定] いやだ!, 何を言うんだ!

―― 間 (¡C～!)《話》[驚き・讃嘆] おや!, まあ!, いやはや!, へえ!; (怒り)ちぇ!, 畜生!

‡**cuero** [kuéro] 男 ❶ なめし革, 革, 皮革(→ piel「毛皮」). ―― curtido [adobado] なめし革. ～ en verde (なめしていない)生皮. ～ artificial 人工皮革. ～ sintético 合成皮革. zapatos de ～ 革靴. encuadernación en ～ 皮革装丁. cartera [bolso] de ～ 革の財布[ハンドバック]. 類 piel. ❷ (ワインやオリーブ油などを入れる)革袋, 酒袋. 類 odre. ❸《解剖》(人間の)皮, 皮膚；(動物の)(生)皮. ―― exterior [interior] 表皮[真皮]. ～ de vaca 牛皮. Este champú ayuda a eliminar la grasa del ～ cabelludo. このシャンプーは頭皮から脂汚れを除去するのに役立つ. ❹《文》《俗》人差し指と小指を立てて作る角(妻に浮気された夫を示す侮辱のジェスチャー). ❺《中南米》鞭(ﾑﾁ)(= látigo). ―― dar [echar, arrimar] ～ a ... …に鞭をくらわす. ❻《中南米》《話》醜い女, ブス. ❼《中南米》《軽蔑》オールドミス(中年過ぎの独身女性); 老女. ❽《中南米》《軽蔑》売春婦(= prostituta); 色女; 情婦.

en cueros (vivos)《話》(1) 真っ裸で[の], 素っ裸で[の](= en porreta(s)). Salió del baño completamente *en cueros*. 彼は浴室から真っ裸で出てきた. (2) 無一文で[の], すっかんかんに[の], 破産した. quedarse *en cueros* 無一文[無一物]になる. dejar a ... *en cueros* (人)を丸裸にする; 破産させる.

entre cuero y carne 皮下に; こっそりと.

estar hecho un cuero《話》泥酔している, 酔いつぶれている.

¡Qué cuero!【チリ】《俗》いい女だ!

cuerpear [kuerpeár] 自《中南米》身をかわす, すり抜ける; ごまかす, 言い逃れる.

*‡**cuerpo** [kuérpo クエルポ] 男 ❶ (人間・動物の)体, 身体; 体格; 肉体(「精神, 心」→alma, espíritu; 「肉」→carne). ―― fuerte [atlético, robusto] たくましい体, がっしりした体. ～ enjuto de carne 肉付きの悪い体. ～ armonioso [proporcionado] 均整のとれた体. sano de ～ y alma 心身ともに健全な. hacer un experimento con el ～ humano 人体実験をする. no tener nada en el ～ 腹ぺこである. Todo el ～ le quedó bañado en sudor. 彼は全身汗まみれになった. Las aves tienen el ～ cubierto de plumas. 鳥の体は羽根で覆われている. 類 complexión, organismo.

❷ スタイル, プロポーション, 体型. ―― Tiene un ～ fabuloso. 彼女はグラマーだ. Tiene un esbelto y airoso ～ que atrae todas las miradas. 彼女の体はすらりとして優雅で人目を引く. 類 figura, talle.

❸ 死体, 遺体, 亡骸(ﾅｷｶﾞﾗ). ―― enterrar el ～ 遺体を埋葬する. Encontraron tres ～s entre los escombros del accidente. 事故の瓦礫の中から3遺体が見つかった. 類 cadáver, difunto, muerto, restos mortales.

❹ (人間・動物の頭・手足に対して)胴, 胴部. ―― ser largo de ～ 胴が長い. Tiene un ～ muy corto y unos brazos y piernas muy largos. 彼女は胴が短く, 腕や脚がとても長い. 類 torso, tronco.

❺ (衣服の)胴部, ウエスト, 身頃. ―― Llevo un vestido de ～ ajustado y mangas amplias. 私はウエスト部分が体にぴったり合って, 袖がゆったりしたドレスを着ています. 類 talle.

❻《物理》物体, …体, 物質. ―― ～ sólido [gaseoso, líquido] 固気, 液体. la ley de la caída de los ～s 物体落下の法則. ～ negro 黒体, 完全放射体. ～ orgánico [inorgánico] 有機[無機]体. ～ químico 化学物質. El calor dilata los ~s. 物体は熱で膨張する. El carbono es un ~ simple. 炭素は単体だ. 類**cosa, materia, objeto, ser, sustancia.**

❼《幾何》立体;《代数》体. ~ ~ esférico 球体. ~ prismático 角柱. ~ de revolución 回転体. ❽《天文》天体 (= ~ celeste [sideral]). ~~s astrales (占星術から)星気体, 霊体. ❾ (家具・建物などの独立)部分, 部屋;(ロケットなどの)段. ~ ~ principal de un edificio 建物の主要部分. armario de tres ~s 三段重ね洋服ダンス. cohete espacial de tres ~s 三段式宇宙ロケット. coche de dos ~s ハッチバックのついた車. El edificio tiene tres ~s: uno central y dos alas laterales. その建物は中心部と両翼部の3部分からなる. 類**parte, sección.** ❿『集合的に』(a) (同じ組織・職業の)団体, 集団;機関. ~ ~ académico 学士院, 学術団体. ~ consular 領事館員. ~ de bomberos 消防隊[団]. ~ de policía 警察隊. ~ de redacción 編集部員. C~ de Rescate de Montaña de la Cruz Roja 赤十字山岳救助隊. ~ docente [de profesores] 教授スタッフ, 教授陣. ~ estatal 公共団体. ~ facultativo 医師団;専門技術団. ~ legislativo (国会・議会などの)立法府. 類**agregado, colectividad, colectivo, colegio, comunidad, corporación.** (b)《軍事》部隊, …部, …隊. ~ ~ de aviación 航空軍, 空軍. ~ de guardia 警備隊[守備軍], 衛兵(所). ~ de intendencia 補給部隊. ~ de sanidad militar《軍事》衛生隊[班]. ~ de transmisiones 通信隊. ~ volante 遊撃隊, 別動隊. ⓫ (物の本体, 主要部分, ボディー. ~ ~ de bomba シリンダー. ~ de un barco 船体. ⓬ (目次・序文などを除いた)本文, 本論, 主要部分. ~ ~ de una carta 手紙の本文. ⓭ (法・教義などの)集大成, 大全, 総体. ~ ~ doctrinal [de doctrina] 教義[学理]大全. ~ legal [de leyes] 法典, 法律全書. 類**colección, recopilación.** ⓮ (ソース・スープなどの)濃度, とろみ, (酒・味の)こく, (パン生地などの)粘性. ~ Le gusta paladear vinos de mucho ~. 彼はこくのあるワインを味わうのが好きだ. Hay que darle ~ a esta salsa. このソースを濃くしなければならない. 類**consistencia, densidad, espesor, espesura.** ⓯ (布地・紙などの)厚さ, 腰;《米》(物の)太さ. ~ ~tela sin ~ 腰のない布地. paño de mucho ~ 厚手の布地. Es una tela de mucho ~ para un vestido de verano. この生地は夏服に厚過ぎる. Aquí haría falta un mueble de más ~. ここにはもっと大きい家具が必要だろう. 類**consistencia, espesor, grosor, grueso.** ⓰《印刷》活字の大きさ, ポイント, 号数. ~ ~ carácter de ~ nueve 9号の活字. ⓱《解剖》体, 腺. ~ ~ amarillo (卵巣の)黄体. ~ esponjoso [cavernoso] 海綿体. ~ pituitario 下垂体 (= hipófisis). ~ tiroides 甲状腺. ⓲《スポーツ》胴の長さ, 馬身, 挺身. ~ ~ ganar por medio ~ 半馬[半挺身, 半馬身の差で]勝つ. ⓳《まれ》(本の)冊, 部数. ~ ~ biblioteca de 5 mil quinientos ~s 5千500冊の蔵書. 類**tomo, volumen.**

a [*como*] *cuerpo de rey* (強調表現)王様のように, 丁重に, 至れり尽くせりで, 安楽[快楽]に. vivir *a cuerpo de rey* 王侯貴族のような暮らしをする.→ tratar a ... a cuerpo de rey.

a cuerpo descubierto [*limpio*] (1) 武器を持たずに, 無防備で, 丸腰で;外套を着ないで. encararse [enfrentarse] con el agresor *a cuerpo descubierto* 侵入者に武器を持たずに立ち向かう. (2) 援助も策略も用いずに. Afronta las dificultades *a cuerpo descubierto*. 彼は正面から困難に立ち向かう.

a cuerpo (*gentil*) コート[オーバー]を着ないで (= sin abrigo). ir *a cuerpo* コートを着ないで行く.

Alma [*Mente*] *sana en cuerpo sano*. 【諺】健全な精神は健全な肉体に宿る.

cuerpo a cuerpo (1) 格闘(で・での), 白兵戦(で), 取っ組み合って. un *cuerpo a cuerpo* encarnizado 激しい取っ組み合い. combate [batalla, lucha] *cuerpo a cuerpo* 白兵戦, 格闘, 一騎討ち. (2) (論戦で)激しい, すさまじい. Los dos candidatos a la presidencia mantuvieron un debate *cuerpo a cuerpo* ante las cámaras. 二人の大統領候補者はカメラの前で激しく議論を戦わした.

cuerpo a tierra《軍事》(兵士などが)地面に身を伏せて, 腹這いで.

cuerpo compuesto《化学》化合物(→cuerpo simple「単体」). El agua es un *cuerpo compuesto*. 水は化合物である.

cuerpo de ejército《軍事》軍団, 方面軍.

cuerpo del delito《法律》犯罪事実, 罪体(犯罪を裏付ける決定的証拠).

cuerpo diplomático 外交官団(一か国に駐在する外交官全体).

cuerpo glorioso (1)《キリスト教》(復活後の至福者の状態)栄光に輝く肉体. (2)《俗》肉体を持たぬ人, 肉体的欲求を我慢している人.

cuerpo extraño《医学》異物.

cuerpo legal (1) 法典, 法律全書 (= cuerpo de leyes). (2) 法的地位.

cuerpo muerto (1) 死体. (2)《海事》係留ブイ.

cuerpo serrano (1)《話》健康的な美しい体. (2)《詩》tu *cuerpo serrano* (男性が女性を讃えて)すてきなお嬢さん, 君.

cuerpo simple《化学》単体 (→cuerpo compuesto「化合物」).

cuerpo sin alma 活発でない人, 生気のない人, 怠け者.

dar con el cuerpo en tierra ばったり倒れる, 平伏する.

dar cuerpo a ... (1) (液体)を濃くする, とろみをつける;粘りを出す. Le *da cuerpo al pelo*. それを使うと髪にボリュームが出る. (2) (計画・考えなど)を実現する. *dar cuerpo a* una idea 考え[思いつき]を実現する.

dárselo a ... el cuerpo …のような気がする.

de cuerpo entero (1) (写真などが)全身の. espejo *de cuerpo entero* 姿見 (= espejo de vestir). bañador *de cuerpo entero* ワンピースの水着. (2) (人が)完全無欠の, 誠実な, 嘘のない (= cuerpo cabal). Muchos confían en él: es persona *de cuerpo entero*. 彼を信頼している人は多い. 彼は誠実な人なので.

de cuerpo presente (1) (埋葬前に一般告別のために遺体が)安置された[て]. (2) (代理でなく)本人が, 自ら.

de medio cuerpo (1) 上半身の. hacer un retrato *de medio cuerpo* 上半身の肖像画を描く. Estaba desnudo *de medio cuerpo* (para) arriba. 彼は上半身裸だった. (2) 体半分だけ. en-

cuervo

trar en el agua de medio cuerpo 腰まで水につかる.

descubrir el cuerpo (1) 身の一部を無防備のままにしておく. (2) 危険・弱点などを露呈したまま事を運ぶ.

echar el cuerpo fuera 困難[責任, 仕事, 約束]を回避する[免れる, うまくかわす].

echarse ... al cuerpo (飲み物)を飲み干す, (食べ物)を平らげる. *Se echó al cuerpo* una botella de vino. 彼はワインを1本飲み干した.

en cuerpo (1) →a cuerpo (gentil). (2) 全員で, 一団となって.

en cuerpo de camisa ワイシャツ姿で.

en cuerpo y (en) alma 《話》[強調表現]身も心も, 心身ともに, すっかり. pertenecer a ... *en cuerpo y alma* (人)に心酔する. estar *en cuerpo y alma* con ... (人)に全く異存がない.

entregar a ... todo SU *cuerpo y alma* (何か)に全身全霊を傾ける.

espíritu de cuerpo 団結心, 連体意識.

formar cuerpo con ... ···と一体化する, 合体する.

hacer de [del] cuerpo 《話》排便する (=evacuar el vientre).

hurtar [huir, salsear] el cuerpo a ... (1) をよける, ···からうまく体をかわす. *hurtar el cuerpo a las astas del toro* 牛の角をよける. Logró *hurtarle el cuerpo al golpe*. 彼はうまく一撃をかわすことが出来た. (2) 《比喩》困難・責任・仕事などを避ける, うまくかわす. *hurtar el cuerpo al trabajo* 仕事をさぼる.

jaca de dos cuerpos 普通の馬並みに働く小馬.

mal cuerpo 《話》(体の)不調, 不快感, 気持ち悪さ. La película de terror le ha puesto *mal cuerpo*. そのホラー映画を観て, 彼は気持ちが悪くなった.

mezquinar el cuerpo [アルゼンチン, ウルグアイ] 避ける, よける. *mezquinar el cuerpo* ante la arremetida 攻撃を避ける.

no llegarLE a ... la camisa al cuerpo/no tener cuerpo 《話》(人)がびくびくしている, おびえきっている, 恐れおののいている. Después de la noticia que me han dado, *no tengo cuerpo* para trabajar. その知らせを聞いてから, 私は働くのが怖い.

no poder con el [SU] *cuerpo* 大変疲れている, くたびれている.

no pudrírseLE [quedárseLE] en el cuerpo a ... 秘密にしておけない, 胸にしまっておけない.

no quedarLE a ... (una) gota de sangre en el cuerpo 血の凍る思いをする, 血の気がひく.

no quedarse con nada en el cuerpo 《俗》胸のうちをすべてぶちまける, すべて白状する.

paseárseLE a ... el alma por el cuerpo (人)はとても怠惰である, 怠け者である.

pedirLE el cuerpo ... a ... 《話》(人)は···が欲しくて[したくて]たまらない. Con este calor, lo que *me pide el cuerpo* es una cerveza fresquita. こように暑くては, 冷たいビールが欲しくてたまらない. Como cuando *me lo pide el cuerpo*. 私は食べたくなったら食べています.

quedar otra cosa dentro del cuerpo 言うことと思っていることが違う.

quedarse con ... en el cuerpo 《話》(言いたいことを言わずに)我慢する. Dije lo que pensaba de ella, sin *quedarme con* nada *en el cuerpo*. 私は彼女について思っていたことを包み隠さずに言った.

sacarLE a ... del cuerpo 《俗》(人)に···を言わせる, (人)の口を割らせる.

saltar a cuerpo limpio 飛び越える, クリアする.

tener el diablo [los diablos] en el cuerpo 《話》[強調表現](子供が)いたずらっこである, じっとしていない, やんちゃである.

tener un miedo [el miedo metido] en el cuerpo 《俗》ひどく怖い, おびえきっている.

tomar [cobrar] cuerpo (1) (計画などが徐々に)具体化する, 実現する; (物事が)確実になる. Van tomando cuerpo los rumores. それらの噂が本当になってきた. La evidencia iba *tomando cuerpo*. 証拠が確固まってきた. (2) (液体が)濃くなる, とろみ[こし, 粘り]が出る. Batí la crema hasta que fue *tomando cuerpo*. 私は粘りが出るまでクリームをかき回した.

traer bien gobernado el cuerpo 通じが規則正しくある (=regir bien el vientre).

tratar a ... a cuerpo de rey (人)を丁重に遇する, 手厚くもてなす.

volver el alma al cuerpo 安心する, ほっとする.

cuervo [kuérβo] 男 ❶ [鳥類]カラス. ——marino 鵜, 河鵜 (=cormorán). —— merendero ミヤマガラス. ❷ [天文]カラス座 (=grajo).

cría cuervos y te sacarán los ojos 飼い犬に手を噛まれる, 恩を仇で返される.

cuesco [kuésko] 男 ❶ (桃・オリーブの実などの)種. 類 hueso. ❷ (搾油機の)石臼. ❸ (卑)(音の大きい)おなら. —tirarse un ~ おならをする, 屁をこく (=pedo). ❹ [中南米](かなり大型の)鉱物塊.

cuest- [kuést-] 動 costar の直・現在, 接・現在, 命令・2単.

cuesta¹ [kuésta] 女 (慈善目的の)募金 (→ cuestación).

:cuesta² [kuésta] 女 ❶ 坂, 坂道, 斜面; 勾配. —subir [bajar] una ~ 坂を上る[下る]. Vamos a bajar corriendo la ~. 駆け足で坂を下ろう. —pina [suave] 急な[緩やかな]坂. 類 pendiente, rampa, subida. 反 bajada. ❷ [地理](アメリカ南西部のケスタ類似地.

a cuestas (1) 背負って. El niño quería que su padre lo llevara *a cuestas*. 子供は父親にオンブしてほしかった. (2) 《比喩》(責任・義務・苦労などが)肩に重くのしかかって, に耐えて. Lleva *a cuestas* la enfermedad de su hijo. 彼は息子の病気が重荷になっている.

cuesta abajo 坂を下って; 《比喩》(事業などが)下り坂で, 低調で. Últimamente la economía va *cuesta abajo*. 最近経済が下向気味だ.

cuesta arriba 坂を上って; 《比喩》上り坂で. ir *cuesta arriba* 坂を上る; 《比喩》上り坂になる.

cuesta de enero 《俗》1月の金欠(状態)(クリスマスに出費がかさみ, 金に困る時期). Aunque sea un viaje barato, no puedo ir porque estamos en la *cuesta de enero*. たとえ安い旅行であろうと, 我々は1月の金欠状態にあるから私は行けない.

en cuesta 坂になって, 傾斜して. calle *en cuesta* 坂になった通り.

hacérseLE a ... cuesta arriba 《比喩》(人)にとってとても辛(ご)い, 大変困難である. Estudiar matemáticas *se me hace muy cuesta arriba*.

数学の勉強は私にはとても辛い.
tener a ... a cuestas (人)を預かる, 世話する.
tomar ... a cuestas (物事)を引き受ける.
Tú que no puedes, llévame a cuestas.《俗》君に負担をかけて悪いね(←君には出来ないだろうが, 私を助けてくれないか).

cuestación [kuestaθión] 囡 寄付金[義援金]集め, 募金. 類 **colecta**.

＊cuestión [kuestión クエスティオン] 囡 ❶ (一般にもめていて解決すべき)問題, 事柄, 話題. — *Es una ~ de honra para mí.* それは私にとっては名誉にかかわる問題だ. *Eso es ~ mía.* それは私の問題だ(君の知ったことではない). *Es ~ de vida y muerte.* それは死活問題だ. *La solución de casos es ~ de tiempo.* 事件の解決は時間の問題だ. *Eso está fuera de la ~.* それは問題外だ. *Eso es otra ~.* それは別の問題だ. *La ~ estaba en elegir un lugar para las vacaciones.* 問題は休暇を過ごす場所を選ぶことだった. *llegar al fondo de la ~* 問題の核心に触れる. *~ de competencia* 縄張り争い, 管轄問題. *~ de derecho* 法律上の争点. *~ de faldas [de mujeres]* 女性問題. *~ de nombre* (本質的でない)枝葉の問題. *~ salarial [del desempleo]* 給与[失業]問題. *cuestiones urbanísticas* 都市問題. 類 **asunto, materia, problema, tema.** ❷ 質問, 問診. *El examen de química se compone de diez cuestiones.* 化学の試験は10問からなる. 類 **pregunta, problema.** ❸ 口論, 論争. —*disputar [tener] una ~* 論争する. *No quiero tener cuestiones contigo.* 私は君とは口論したくない. 類 **altercado, discusión, disputa, riña.** 反 **acuerdo.** ❹ トラブル, 係争, いざこざ. —*No quiero cuestiones con los empleados.* 私は従業員とトラブルを起こしたくない. 類 **complicación, dificultad, jaleo, lío.** ❺ 拷問 (= ~ *del tormento*). —*someter a ... a la ~* (人)を拷問にかける. 類 **tormento, tortura.** ❻《法律》係争問題, 案件; 審理. —*~ prejudicial [previa]* (議会用語で)先決問題. *someter una ~ a votación* 案件を票決にかける. ❼《数学》問題. —*~ determinada* 答えが限定された問題. *~ indeterminada* 答えが不定の問題.

cuestión de〖+数字〗約…, ほぼ…(= *cosa de ..., aproximadamente*). *¿Cuánto tardarás?* –*Cuestión de cinco semanas.* 君はどれくらいかかるの? –5週間位.

cuestión de confianza [de gabinete] (内閣・政府などの)信任問題. *presentar [plantear] la cuestión de confianza* 信任投票を求める, 信任を問う.

cuestión general 一般論(→ *cuestión personal*).

cuestión personal 特定の個人に係わる問題(→ *cuestión general*). *hacer de ... cuestión personal* (物事)を特定の個人の問題と考える.

en cuestión 問題の, 当の, 話題になっている. *persona en cuestión* 問題の人, 例の人, 当人. *asunto en cuestión* 問題の件, 本件, 当面の問題. *Las tierras en cuestión son de regadío.* 問題の土地は灌漑じかんがいである.

en cuestión de ... (1) …に関して(言えば). *En cuestión de faldas es un tenorio.* 女性に関しては, 彼はプレイボーイである. *En cuestión de gustos no hay nada escrito.*〘諺〙蓼食う虫も好き好き. (2) 約[ほぼ]…で[かかって]. *En cuestión de una hora estaré de vuelta.* 私は1時間ほどで戻って来ます.

entrar en cuestiones secundarias 枝葉末節にわたる.

Eso (ya) es otra cuestión si .../Otra cuestión es [sería] si ... もし…ならば, それは別問題である[であろう]. *Otra cuestión sería si* él estuviera enfermo. もし彼が病気なら, 話は別であろうに.

La cuestión es que .../La cuestión está [consiste] en ... 問題[唯一重要なこと]は…だ[にある]. *La cuestión es que* estés a gusto; lo demás no importa. 唯一重要なことは君が楽しんでいることであり, その他のことは重要ではない. *La cuestión está* en si la quieres o no. 問題は君が彼女を愛しているか否かだ.

no es cuestión de que〖+接続法〗…は道理[理屈]に合わない. *No es cuestión de que* por un capricho tuyo perdamos el tren. 私たちが君の気まぐれで電車に乗り遅れるなんて理屈に合わない. *Ayúdala, pero tampoco es cuestión de* que lo hagas todo tú. でも君一人で全部やる理由もないんだよ.

no sea cuestión (de) que〖+接続法〗《話》…しないように, …するといけないから (= *no sea que ...*). Lo mejor es que nos marchemos, *no sea cuestión que* las cosas se enreden. 物事がややこしくならないように, 私たちが帰ってしまうのが一番いい.

plantear una cuestión 疑問を投げかける, 問題を提起する. *Los alumnos plantearon una cuestión* delicada al profesor. 生徒たちは先生に微妙な問題を提起した.

poner en cuestión (人・物事)を疑う, 問題視する. *Aquí se está poniendo en cuestión* mi honradez, y eso no lo admito. ここでは私の誠実さが疑われているが, 私はそれを認めない. *Los ecologistas pusieron en cuestión* el cumplimiento de las normas sobre vertidos de residuos. エコロジストたちは産業廃棄物投棄に関する規則の順守を問題にした.

poner una cuestión sobre el tapete ある問題を議題として取り上げる, 俎上(そじょう)にのせる.

ser cuestión de ... (1) …が必要である, …する必要がある, …したほうがよい. Si quieres aprobar, *es cuestión de* estudiar más. 君は合格したければ, もっと勉強したほうがよい. (2) 単に…の問題である, …に係わる, …のせいである. Si *es cuestión de* dinero, no contéis con él. 金の問題だけなら, 君たちは彼に頼るな. Hacer un puzzle *es cuestión de* paciencia. パズルには忍耐あるのみ. *Es cuestión de* dinero y nada más. それは単に金の問題だ. (3) …経てば.

ser sólo cuestión de .../ser todo cuestión de ... 単に…の問題である. *Es sólo cuestión de* madrugar un poco. ちょっと早起きすればいいことだ. *Todo es cuestión de* paciencia. 忍耐あるのみ.

＊cuestionable [kuestionáβle] 形 疑わしい, 不審な, 議論の余地がある. —*Ese proyecto es ~ desde una perspectiva legal.* その計画は法的観点から見ると議論の余地がある. *Tu ~ actitud nos ha puesto a todos en evidencia.* 君の不審

592 cuestionar

な態度がわれわれ全員の前に露見した. 類**controvertible, discutible, dudoso.** 反**incuestionable, indudable.**

cuestionar [kuestionár] 他 圁 ❶ を問題視する, 疑う, 議論する, 討論する. — No *cuestionaban* la edad sino su capacidad. 年令ではなく, 彼の能力が問題になっていたのだ. La información que da ese periódico hay que ~la. その新聞に出ている情報は疑ってかかるべきだ.

cuestionario [kuestionárjo] 男 ❶ (アンケートなどの)質問表, 質問事項. ❷ (試験の)問題, 問題用紙. ❸ (会議などの)討議事項一覧, 問題点のリスト. ❹ 問題集.

cuestor [kuestór] 男 ❶ (古代ローマの)財務官, 蔵相. ❷ 募金を集める人.

cuestura [kuestúra] 女 (古代ローマの)財務官職.

cueto [kuéto] 男 ❶ 高く険しい岩山, 三角にとがった岩山. ❷ 高く攻撃されにくい岩山. 要害の地.

:cueva [kuéβa] 女 ❶ 洞窟(ミミ), 洞穴(ミミ). — pinturas rupestres de la ~ de Altamira アルタミラの洞窟壁画(旧石器時代の壁画で, スペイン北部の Santander にある). hombre de las ~s 穴居人. 類**caverna, gruta.** ❷ (話)(悪者などの)巣窟(ミミ), 隠れ家; (野獣の)すみか. 類**guarida, refugio.** ❸ 地下室, 穴蔵, 地下貯蔵室. — Durante la guerra, se escondieron en la ~. 戦時中彼らは地下室に隠れた. 類**sótano, subterráneo.** ❹《北米》〔卑〕女性器.

cueva de ladrones 泥棒[悪党]の巣窟; 客からぼる店[会社].

cuévano [kuéβano] 男 荷かご, 背負いかご(特に収穫したブドウ等を運ぶ広口の大きいもの, また幼児を入れて背負うものなど).

cuez- [kueθ-] 動 cocer の直・現在・1 単, 接・現在.

cuezo [kuéθo] 男 (左官がしっくいをこねるのに使う)桶, 箱.

meter el cuezo《俗》横から口出しする. *Metiste el cuezo* diciendo que ella tenía cuarenta años. お前は彼女の年が 40 だなどと余計なことを言ったな.

cuica [kuíka] 女《中南米》(ミミズなど)地中にいる虫.

cuico, ca [kuíko, ka] 形《中南米》よそから来た; 外国の. —— 名 よそ者; 外国人. —— 男《話》警官, おまわり.

*[**cuidado**[1]** [kuiðáðo] 男 ❶ 注意, 用心; 心遣い, 配慮, 入念さ. *iC~!* 気をつけなさい! poner [tener] ~ 気をつける, 注意[用心]する. Ten ~ con los coches. 車に気をつけなさい. Es una secretaria que pone ~ en su trabajo. 彼女は入念に仕事をする秘書だ. 類**atención, cautela, esmero, miramiento, precaución.** 反**desatención, descuido.** ❷ 世話, 手入れ, 保護; 圁(医師などの)手当て, 看護, 治療. — Los niños están a su ~. 子供たちは彼女の世話になっている. Ella se ocupa del ~ de los niños. 彼女は子供の世話をしている. Los enfermos necesitan ~s médicos. 患者は治療を要する. 類**asistencia, atención, vigilancia.** ❸ 〔+por〕(…への)心配, 懸念. — vivir libre de ~s 心配事のない[気楽な]生活をおくる. No hay [No haya] ~. どうぞご心配な

く, 気にしないで(謝られた時など). No tengas [pases] ~, que te llamaré cuando llegue a casa. 心配しないで, 家に着いたら電話するから. 類**inquietud, intranquilidad, miedo, preocupación, recelo.** 反**confianza, despreocupación.** ❹ 責任, 担当, 役目. — Tenía a su ~ el mantenimiento de la fábrica. 彼は工場の保守管理を担当している. Eso no es ~ mío. それは私に関係のないことだ, それは私の知ったことではない. 類**cargo, incumbencia.**

al cuidado de ... …の世話になって, …の保護のもとに. Dejó a los niños *al cuidado de* su abuela. 彼は子供たちをおばあさんに預けた.

al cuidado de ... (手紙で)(人名)様方[気付] (〔略〕a/c.)

iAllá cuidados!《話》俺は知らないよ!, 関係ないね!, 勝手にしろ! 類**iAllá películas!**

andar(se)〔*ir*〕*con cuidado/llevar cuidado* 用心している, 気をつける. 類**tener cuidado.**

con cuidado (1) 用心して, 注意深く, 慎重に. *con sumo cuidado* 細心の注意を払って. Conduce *con cuidado*, que hay mucho tráfico. 交通量が多いから, 運転には気をつけなさい. (2) 入念に, 丁寧に, きちんと. Limpiar *con mucho cuidado*. 丁寧に掃除をする. (3) 心配して(→*estar con cuidado*).

cuidados intensivos《医学》(重症者への)集中治療, IC. unidad de *cuidados intensivos* 集中治療室, ICU.

de cuidado (1) 危険な, 要注意な. Este es un tipo de *cuidado*. こいつは要注意人物だ. (2) 大変な, 重大な, 重病[重態]の. agarrar un catarro *de cuidado* ひどい風邪をひく. Es un enfermo *de cuidado*. 彼は重病だ. Se dio un golpe *de cuidado* en la cabeza. 彼はひどく頭をぶつけた.

estar con cuidado 心配している.

estar de cuidado 重病[重態]である. →*de cuidado*(2).

poner fuera de cuidado a (病人など)を危険から救い出す.

salir de cuidado (病人が)危機を脱する.

sin cuidado (1) 不注意に, うっかり, 軽率に, ぞんざいに, めちゃくちゃに, でたらめに. (2) 心配なく.

tener cuidado (1)〔+con/de+名詞(節); +de+不定詞〕気をつける, 注意する. Tenga *cuidado* con los rateros. スリに気をつけなさい. Debes *tener cuidado* de no decir nada que pueda molestar. 君は迷惑をかけるようなことは何も言わないように気をつけなければならない. (2)〔+de que+接続法〕…するよう注意する. Ten *cuidado de* que no se queme la comida. 食べ物を焦がさないように気をつけて. (3)〔+por/con+名詞〕心配する. (4)〔+de+名詞〕の世話を焼く, 面倒を見る. La bibliotecaria *tiene cuidado de* la biblioteca. その図書館員が図書館を管理している.

*traer*LE 〔*tener*LE, *dejar*LE〕*a ... sin cuidado*《話》(人にとって)ちっとも構わない, 気にしない, どうでもいい. A José le trae *sin cuidado* que tú vengas o no. 君が来ようと来まいとホセは気にしていない.

—— 間 ❶ —*iC~!* 気をつけなさい, 注意しなさい, 危ない. *iCuidado!, no pases!* El semáforo está en rojo. 危ない, 渡ってはだめ! 信号が赤よ. 類*iOjo!* ❷〔*iC~ que ...!* の形で〕〔強意〕—*iCuidado que* es listo este chico! この子はほんとに賢

い.

¡Cuidado con …! (1) …に注意[用心]せよ. ¡*Cuidado con* el perro! 犬に注意! ¡*Cuidado conmigo*! 《話》(相手を脅して)気をつけるがよい! ¡Mucho *cuidado con* lo que dices! 言葉に十分気をつけろ! (2) (後続語の行動に対する怒り・不快・非難・驚き・落胆を表わす)何という…! ¡*Cuidado con* el niño, cómo le contesta a su padre! あのガキめ, 父親に向かってあの口答えは何だ!

***cuidado², da** [kui̯ðáðo, ða] 過分 形 念の入った, 手入れの行き届いた, きちんとした. —Ella siempre lleva un peinado muy ～. 彼女はいつもとてもきちんと整ったヘアスタイルをしている. 類**esmerado**.

cuidador, dora [kui̯ðaðór, ðóra] 形 注意深い, 用心深い; 心配性の. —— 男 (スポーツの)トレーナー, コーチ, (ボクシングの)セコンド. —— 女 《中南米》看護婦; 乳母, 子守女. —— 名 介護士. —～ de animales 動物飼育係.

cuidadora [kui̯ðaðóra] 女 →cuidador.

‡**cuidadosamente** [kui̯ðaðosáménte] 副 ❶ 注意深く, 用心して. ❷ 念入りに, 綿密に.

***cuidadoso, sa** [kui̯ðaðóso, sa] 形 ❶ 《+con/de/en》…に注意深い, 用心深い. —Es muy ～ *en* todo lo que hace. 彼はやることはすべて非常に用心深い. 類**escrupuloso, solícito**. 反**descuidado**. ❷ 《+con》…に念入りな, 注意を払う. —Es muy ～ *con* sus libros. 彼は自分の本には非常に注意を払う. 類**diligente, minucioso**. ❸ 《+de》を気にする, …に気をつかう. —Es muy *cuidadosa de* su buen nombre. 彼女は自分の名声にとても気をつかっている. 類**celoso**. 反**despreocupado**.

****cuidar** [kui̯ðár クイダル] 他 ❶ 気を配る, 注意を払う. —La bailarina *cuidaba* su alimentación porque debía guardar la línea. バレリーナは体の線を守らねばならないので食物に気を配っていた. En este restaurante *cuidan* mucho la presentación de los platos. このレストランは料理の見た目にとても気を遣っている. ❷ …の世話をする, 面倒を見る. —*Cuida* a su vieja y enferma madre. 彼は年老いた病気がちの母親の面倒を見る. Nos han dejado el perro para que lo *cuidemos* mientras viajan. 彼らが旅行中我々は犬の世話を任された. ～ la salud de los hijos 子供たちの健康を気にかける.

—— 自 ❶ 《+de》に注意する, (を)気にかける. —*Cuida* bien *de* tus hermanos en mi ausencia. 私がいない間弟たちの面倒をよく見てね. No *cuida de* su salud. 彼は自分の健康を省みない. *Cuida* mucho *de* sus tierras. 彼は自分の土地の手入れをよくする. ❷ (*a*)《+de+不定詞》…するよう気をつける. —～ *de* no hacer ningún ruido 物音一つ立てないよう気をつける. (*b*)《+de que+接続法》…であるように気をつける. —*Cuida de que* los niños *duerman* la siesta. 彼女は子供たちが昼寝できるよう気をつけている.

—— se 再 ❶ 体に気をつける, 健康に留意する. —*Cuídese* bien, o enfermará. 体によく気をつけなさい, さもないと病気になりますよ. ❷《+de》気を遣う, (を)心配する. —Deja de ～*te de* los demás y *cuídate de* ti mismo. 他人のことを心配するのはやめて自分のことを心配しなさい. ❸《+de》用心する. —Deberías ～*te de* esos nuevos amigos. 君は新しくできた友だちに用心すべきではないうか.

cuita¹ [kuíta] 女 ❶ 心配, 不安; 苦悩. —Anda, cuéntame tus ～s. 心配事があるなら話してちょうだいよ. ❷ 苦痛, 悲嘆; 苦労, 不幸. 類**desventura, pena, preocupación**. ❸《古》切望, 希求.

cuita² [kuíta] 女《中南米》鳥の糞; 鳥もち.

cuitado, da [kui̯táðo, ða] 形 ❶ 心配な, 悩んでいる. 類**afligido, apenado**. ❷ 苦しんだ, 不幸な, みじめな. ❸ 臆病な. 類**apocado**.

cuja [kúxa] 女 ❶ (馬の鞍や鎧につけた)槍[旗]受け. ❷ ベッドの枠組, 寝台架. ❸《中南米》封筒. ❹《古》大腿, ふともも.

culantrillo [kulantríjo] 男《植物》アジアンタム, アジアンタムなどのシダ類(ホウライシダ, ハコネシダ, クジャクシダ等)(=culantrillo de pozo).

culantro [kulántro] 男《植物》コリアンダー, コエンドロ(セリ科の香草)(=cilantro).

culata [kuláta] 女 ❶ (銃の)銃床, 床尾, 台尻; (大砲の)砲尾. ❷《機械》シリンダーヘッド. ❸ (馬などの)腰臀部, 尻; 尻肉. 類**anca**. ❹《比喩》(車などの)後部, 最後部. 類**trasera**.

salir el tiro por la culata 期待[希望]していたのと逆の結果が出る, 失敗する.

culatada [kulatáða] 女 =culatazo.

culatazo [kulatáθo] 男 ❶ 銃床で殴りつけること. ❷ (発砲した際の)反動, 後座.

culear [kuleár] 自 ❶《話》尻を動かす. ❷ 車の後部を左右に揺らす. ❸《南米》性交する.

culebra [kuléβra] 女 ❶ 蛇(主に中・小型で毒を持たないもの). ～～ de anteojos コブラ. ～ de cascabel ガラガラヘビ(=crótalo). ～ de cristal アシナシトカゲ(=lución). 類**serpiente**. ❷ (蒸留器などの)らせん管, コイル. 類**serpentín**. ❸《海事》(小型の帆を留めるための)細ロープ(らせん状に巻いて ీcaricí). ❹ (コルクガシの樹皮などにできる)虫くい跡.

hacer culebra 蛇行する(=culebrear).

culebrear [kuleβreár] 自 蛇行する, 曲がりくねって進む; 千鳥足で歩く. —Supe que estaba borracho porque venía *culebreando*. 千鳥足でやって来たので酔っているとすぐにわかった. El río *culebrea* por la llanura. その川は平原を蛇行して流れている. 類**serpentear, zigzaguear**.

culebreo [kuleβréo] 男 ❶ 蛇が滑るように這うこと; 蛇行, (川や道が)曲がりくねっていること; (人が)ふらふらと歩くこと, 千鳥足.

culebrilla [kuleβríja] 女 ❶《医学》帯状疱疹(ほうしん). 類**herpes**. ❷ (大砲の砲身などに金属の欠陥で生じる)亀裂, ひび割れ. ❸《動物》アシナシトカゲ, ミミズトカゲ. ❹《植物》テンナンショウ, テンナンショウ属の植物(サトイモ科).

culebrina [kuleβrína] 女 ❶ (ジグザグ形の)稲妻, 稲光. ❷ カルバリン砲(16～17世紀の長身で口径の小さい長距離砲).

culebrón [kuleβrón] 男 ❶《話》長編テレビ小説[メロドラマ]. ❷ 大蛇.

culera [kuléra] 女 ❶ (ズボンの尻部分の)継ぎ当て; 擦り切れ; しみ, 汚れ.

culero, ra [kuléro, ra] 形 怠け者の, 怠惰な; のろまな, 遅れた.

—— 男 ❶ (昔の)おむつ, おしめ. ❷ (小鳥の尾羽のつけ根あたりにできる)腫れ物.

Culiacán [kuljakán] 固名 クリアカン(メキシコの都市).

culibajo, ja [kuliβáxo, xa] 形 《話》ずんぐりした, 背の低い.

culinario, ria [kulinárjo, rja] 形 料理[調理]の. —arte ～ (一般的な)調理法, 料理のしかた. recetas ～s 料理の作り方, レシピ.

culminación [kulminaθjón] 女 ❶ 頂点[最高潮]に達すること), 頂上, 絶頂. —Aquel premio constituyó la ～ de su carrera como novelista. あの賞を受賞したことで彼は小説家としてのキャリアの頂点を極めた. ❷《天文》南中, 子午線通過; 南中高度. ❸ (仕事・興行などの)終わり, 完結. —Esa corrida será la ～ de la temporada taurina. その闘牛が今シーズンの最終回になるだろう.

culminante [kulminánte] 形 ❶ 最も高い, 最上の, 絶頂の, 究極の. —momento [punto] ～ 全盛期, クライマックス, 佳境. Esa película es su obra ～. その映画が彼の最高傑作だ. ❷《天文》南中時の, 子午線通過の.

culminar [kulminár] 自 ❶ 頂点[最高潮]に達する, 最大[最高, 絶頂]となる; 満潮になる. —La prosperidad de la familia *culminó* en ese año. 一族の栄華はその年に頂点を極めた. ❷ 〖天体が〗南中する, 子午線を通過する. ❸ 〖＋en/con〗…のうちに終わる, 最後は…となる. —La fiesta *culminó* con los fuegos artificiales. 祭りの締めくくりは花火だった. La huelga *culminó en* una sangrienta revuelta. ストライキはしまいには流血の惨事になった.
— 他 を終える, 締めくくる, 完成させる. —Ese escándalo *culminó* su carrera como político. そのスキャンダルで彼の政治家生命は終わりを告げた.

culo [kúlo] 男《俗》❶ 尻, けつ (=trasero). ❷ けつの穴 (=ano). ❸ (びん・器などの)尻, 底のほう. —～ de un vaso [pepino, melón] コップの底 [キュウリ・メロンの尻の部分]. ❹ (びん・器などの底にわずかに残った)飲物, 飲み残し. —Bébete el ～ de leche que te has dejado. 残した牛乳を全部飲んでしまいなさい.

culo de mal asiento 《話》住居や仕事などを変えてばかりいる人, 根無し草.

culo de pollo 《話》(破れた服などの)下手な繕い目, (縫い締めて絞ったような)雑なかがり目.

culo de vaso 《話》模造宝石, イミテーションの宝石.

de culo 背後から, 仰向けに.

con el culo a rastras [al aire] 一文無しで, おけら状態で; 窮地に陥って.

ir de culo (1) ひどく忙しくなる, 仕事が多すぎて身動きがとれなくなる. (2) 左前になる; 状況がますます悪く(苦しく)なる. Nuestro equipo *va de culo*. うちのチームは成績が悪化する一方だ.

caerse de culo 《話》驚く, あっけにとられる, 呆然とする.

dar por [el] culo 《俗》(1) アナルセックスをする. (2) 嫌がらせる, 煩わせる, うんざりさせる, 迷惑をかける.

ir [mandar, enviar] a tomar por (el) culo 《俗》嫌悪感・怒り・侮辱などを表す. Estaba tan harta del novio, que lo *mandó a tomar por el culo*. 彼女は恋人に嫌気がさしてすっかり愛想を尽かしてしまった. Tanto preparar la excursión y con el tifón se ha *ido a tomar por culo*. せっかくの遠足の用意をしていたのに台風で, げんなりしてしまった.

lamer el culo 《俗》へつらう, 取り入る; ちやほやする.

mojarse el culo 《俗》危険を冒す, 大胆なことをする, 冒険する, 賭けに出る.

ojo del culo →ojo.

pensar con el culo 《俗》節操のない考え方をする, 理性を持たずに考える, 無茶な考えを持つ.

perder el culo por alguien 《俗》(誰かに)夢中になる, 恋い焦がれる, めろめろになる.

culombio [kulómbjo] 男《電気》クーロン(電気量の国際単位. 1 アンペアの電流が 1 秒間に運ぶ電気量. 記号 C).

culón, lona [kulón, lóna] 形《俗》尻の大きい.
— 男《軍事》傷病兵, 傷痍軍人.

culote [kulóte] 男 ❶ 薬莢(薬莢の最後部にある鉄製部分). ❷ (自転車競技などではなく)ナイロン製の短パン.

＊culpa [kúlpa クルパ] 女 ❶ (過ちの)責任, せい, 過失. —Usted tiene la ～. あなたがいる, あなたが悪いのだ ¿De quién es la ～? -Es (～) mía. 誰のせいだ?-私のせいだ. La lluvia tuvo la ～ de que no pudiéramos salir. 私たちが出かけられなかったのは雨のせいだった. Siempre se lleva la ～ de todo. いつもすべて彼のせいにされる. 類 **falta, responsabilidad**. ❷ (広く刑法・宗教・道徳上の)罪, 科(**). —sentido [sentimiento] de ～ 罪悪感. — grave 重罪, 大罪. — leve 小罪, 軽過失. pagar [expiar, purgar, reparar] las ～s 罪を償う, 罪を贖(*か)う. pagar las ～s ajenas 他人の犯した罪を償う, 他人の罪をかぶる. incurrir en una ～ 罪を犯す. ser absuelto de una ～ 罪を許される. 類 **culpabilidad, delito, pecado**. 反 **inocencia**.

atribuirse [cargar con, tomar sobre sí] la culpa de … …の罪をかぶる.

echar [achacar, atribuir, imputar] la culpa a … (人・物)に罪を着せる, …のせいにする, …に責任を負わせる. No me *eches la culpa* a mí. 私のせいにしないでよ.

mea culpa 〔＜ラテン〕(1)《カトリック》わが過ちによりて (=por mi culpa)(祈りの一節で, 唱えながら自分の胸をたたく). (2)《男性名詞, 単複同形》《話》自らの過ち, 過ちの告白. entonar [decir] el *mea culpa* 自分の過ちを告白する.

por culpa de … …のせいで. Eso no ha ocurrido *por mi culpa*. そんなことになったのは私のせいではない. *Por culpa de* lo que dijiste. 君があんなことを言ったために.

ser (la) culpa de … (人・物)のせいである. No *es culpa mía*. それは私のせいじゃない. *La culpa de* la sequía *es del* clima. 旱魃(**っ)は気候のせいだ.

tener la culpa de … …の責任がある, …のせいである, が悪い. Juan *tiene la culpa de* su divorcio. 離婚はフアンのせいである. Nadie *tiene la culpa*. 誰のせいでもない.

culpabilidad [kulpaβiliðá(ð)] 女 過失・責任のあること, 有責; 有罪. — Aún no se ha demostrado su ～. 彼の有罪はまだ確定していない. 反 **inocencia**.

culpabilizar [kulpaβiliθár] 他 →culpar.

‡culpable [kulpáβle] 形 ❶ 〖＋de〗…に罪のあ

る, (行為・過失に)責任がある; (人・行為が)非難されるべき『ser＋』. —sentirse ～ 気がとがめる. Es ～ callar la verdad. 本当の事を黙っているのは罪なことだ. Tú eres ～ *de* lo que ha pasado. 君に起きたことに責任がある. 類 **responsable**. ❷《法律》有罪の. —declararse ～ 自分が有罪だと認める. El jurado le declaró ～. 裁判所は彼を有罪と宣告した. 類 **delictivo**. 反 **inocente**.
—— 男女 ❶ 罪のある人, 責任を負うべき人; 非難されるべき人. —El ～ fue el viento. 悪かったのは風だ. ❷ 被疑者, 被告, 罪人. —Aún no han detenido al ～. まだ容疑者は捕っていない. 類 **delincuente, reo**.

culpado, da [kulpáðo, ða] 形 有罪の; 告訴された. —Está ～ de homicidio. 殺人の嫌疑をかけられている. —— 名 被告人; 犯罪者. —Los ～s han recibido su castigo. 罪人らは罰せられた.

culpar [kulpár] 他『＋de/por』…に…の罪をきせる, とがめる, 非難する, 責める. —Me *culpó del* fracaso. 彼は失敗を私のせいにした. No *culpes* a nadie. 人を責めてはいけないよ. Los *han culpado por* lo que sucedió. 彼らはその件で非難を受けた.
—— se 再 自分のせいにする, 自らを責める. —Él conducía y *se culpa* de la muerte de su hijo en el accidente. 彼は, 自分が運転していたので, 事故で息子が死んだのは自分の責任だと思っている.

cultalatiniparla [kultalatinipárla] 名《話》❶ 学者ぶった難解な言葉, 気取った言い回し. ❷ 才女ぶる人, 才学を気取る女.

cultamente [kúltaménte] 副 ❶ 教養をもって, 洗練されたやり方で. ❷ 気取って. わざとらしく.

culteranismo [kulteranísmo] 男 ❶ 誇飾主義, ゴンゴリズム (Góngora を中心とする, 16 世紀末〜17 世紀初頭スペイン文学の一作風. 隠喩や難解な言葉, 極めて技巧的・装飾的な文体を特徴とする.) ❷ (誇飾主義的な) 気取った文体.

culterano, na [kulteráno, na] 形 誇飾主義の, (文体が) 誇飾主義的な, 難解な, 装飾的な, 気取った. —— 名 誇飾主義者, 誇飾主義的な書き方[言い回し]をする人; 気取った物言いをする人.

cultiparlista [kultiparlísta] 形 誇飾主義を気取った言い回しの, 難解な[気取った]話し方をする.
—— 男女 誇飾主義を気取る人, 難解な言葉でしゃべる人. 類 **culterano**.

cultismo [kultísmo] 男 ❶《言語》教養語 (古典語, 特にラテン語から歴史的な音韻変化を経ずに直接取り入れられた語彙. 学術用語などに多い.) ❷ = culteranismo.

cultivable [kultiβáβle] 形 耕しうる, 耕作[栽培]できる; 啓発[育成]しうる. —Posee diez hectáreas de tierra ～. 彼は 10 ヘクタールの耕地を持っている.

*****cultivado, da** [kultiβáðo, ða] 過分 形 ❶ 栽培[養殖, 開拓]された; 耕作[開発]された. —perlas *cultivadas* 養殖真珠. Es una alegría contemplar los campos ～s. その畑を眺めるのは楽しい. ❷ 教養のある, 洗練された. —Su madre era *cultivada*, de una profunda formación. 彼の母親は洗練され, 深い教養のある人だった.

*****cultivador, dora** [kultiβaðór, ðóra] 名 ❶《農業》耕作[栽培・開拓]者; 農夫, 農耕. —— de vino [de café] ブドウ[コーヒー]栽培者. 類 **agricultor**. ❷ 研究[芸術活動]に励む人. —Es un famoso ～ de la novela histórica. 彼は有名な歴史小説家だ.
—— 形 ❶ 耕作[栽培・開拓]する. ❷ 研究[芸術活動]に励む. —— 男/女 耕耘(さく)機.

*****cultivar** [kultiβár] 他 ❶ を耕す, 耕作する; を開拓[開墾]する. —Su mujer le ayuda a ～ el campo. 彼の妻は畑を耕して彼を助ける. ～ la tierra estéril 荒地を開墾する. ❷ を栽培する. —— árboles frutales 果樹を栽培する. ❸ を養殖する, 培養する. —En este pueblo aún quedan familias que *cultivan* gusanos de seda. この村にはカイコを飼っている家がまだ残っている. perla *cultivada* 養殖真珠. Esos microbios pueden ～*se* fuera del organismo humano. その菌は人体外で培養可能である. ❹ を養成する. ❺ (能力など)を開発する; (研究・芸術活動に)励む. ～ la amistad 友情をはぐくむ, 親交を深める. ～ la inteligencia [el ingenio] 知性[才能]を養う. ～ la medicina 医学を研究する. ～ la poesía 詩作にふける.

*****cultivo** [kultíβo] 男 ❶《農業》栽培(法); 養殖. —Se dedica al ～ de cereales. 彼は穀物の栽培に従事している. ～ extensivo [intensivo] 粗放[集約]農業. ～ de secano (雨水だけに頼る)乾地農法. ～ migratorio 焼き畑農業. rotación de ～s [～s alternantes] 輪作. perla de ～ 養殖真珠. ～ de ostras カキの養殖. ～ del gusano de seda 蚕業. ❷ 耕作, 耕すこと, 開拓. —tierra de ～ 耕作地. ～ en bancales [de terrazas] 階段耕作. 類 **labor, labranza**. ❸ 作物. —— comercial 商品作物. vender el ～ 作物を売る. El arroz es el principal ～ de ese país. 米はその国の主要作物である. ❹《比喩》(a) (能力・親交など)を育てること, 養成, 開発. —— de la amistad 親交を深めること. (b) (学問・芸術活動に)励むこと, 修養, 研究. —— de las ciencias sociales 社会科学の研究. ～ de las letras 文芸にいそしむこと. ❺《生物》培養. —— microbiano 細菌[微生物]の培養. estufa de ～ 細菌培養器. hacer ～s 培養する. medio de ～ 培養基.
caldo de cultivo (1)《比喩》温床. (2)《化学》培養基.
poner en cultivo 耕す, 開拓する; 栽培する.

*****culto, ta** [kúlto, ta] 形 ❶ 教養[学識]のある; 洗練された. —Era un hombre de pueblo, pero muy ～ y educado. 彼は田舎の人だったが, 非常に教養があり礼儀正しかった. 類 **ilustrado, instruido, refinado**. 反 **ignorante, inculto**. ❷ (語彙・表現が)文化的な, 学術的な. —palabra *culta* 文化語, 教養語. 類 **cultivado, docto**. 反 **popular**. ❸ 耕作[栽培]された. 類 **labrado, trabajado**.
—— 男 ❶『＋a』…に対する信仰, 崇拝; 崇敬. —— al Sol 太陽信仰. ～ a la personalidad 個人崇拝. ～ a la Virgen 聖母信仰[崇敬]. ～ a los estudios 学歴信仰. ～ al fútbol サッカー熱. ～ a la personalidad 個人崇拝. ～ al dinero 拝金主義. ～ al cuerpo 身体礼賛. 類 **adoración, devoción, veneración**. ❷『＋a』…の礼賛, …への傾倒. —— *a* la belleza 美への傾倒. 類 **respeto, veneración**. ❸ 礼拝, 祭儀. ～ católico カトリックの典礼. 類 **ceremonia, liturgia, rito**.
rendir [tributar] culto a … を崇拝する, …に敬意を表する. Aquella tribu *rendía* culto a los

cultura

antepasados. あの部族は祖先を崇拝していた。

cultura [kultúra クルトゥラ] 囡 ❶ (一民族・一時代・一地域に固有の) **文化, カルチャー**. —Para conocer un país, hay que estudiar su ~. 国を知るためにはその文化を勉強しなければならない. Al cambiar de trabajo me costó adaptarme a la ~ de la nueva empresa. 私は転職した時, 新しい会社の社風に適応するのに苦労した. choque de ~s カルチャーショック. nivel [grado] de la ~ 文化水準[程度]. ~s primitivas 原始[未開]文化. ~ megalítica 巨石文化. ~ paleolítica 旧石器文化. 類**civilización, desarrollo, progreso**. 反**atraso, subdesarrollo**.

❷ **教養**, (学芸の)素養, 造詣. —hombre de (una) gran [amplia] ~ 教養の高い[広い]人. persona sin ninguna ~ 教養のない人. Leyendo libros se adquiere ~. 本を読むことで教養が身につく. 類**erudición, formación, instrucción, saber, sabiduría**. 反**ignorancia, incultura**.

❸ (心身の)修養, 鍛錬, 錬磨. — ~ física 体育. ~ intelectual 知育. ~ moral 徳育. 類**arte, cultivo, perfección**.

cultura clásica (ギリシャ・ローマの)古典文化; 古典の素養.

cultura de masas 大衆文化, マスカルチャー.

cultura popular 庶民[民衆]文化.

cultural [kulturál] 形 文化の, 文化的な; 教養の. —historia ~ 文化史. antropología ~ 文化人類学. actos ~es 文化的行事. intercambio ~ 文化交流.

culturismo [kulturísmo] 男 ボディービル.

culturista [kulturísta] 男女 ボディービルダー.

culturizar [kulturiθár] 他 [1.3] 文明化させる, 教化する; 教養を与える. 類**civilizar**.

Cumaná [kumaná] 固名 クマナー(ベネズエラの都市).

cumbre [kúmbre] 囡 ❶ (山などの)頂上, 頂, 山頂. —alcanzar [llegar a] la ~ 頂上に達する, 頂上を極める. Desde la ~ se divisaba el mar. 頂上からは遥か遠くに海が見えていた. 類**cima, cresta, cúspide**. 反**pie**. ❷ 《比喩》頂点, 絶頂, ピーク. —Ese futbolista está ahora en la ~ de su vida deportiva. そのサッカー選手は今競技人生の絶頂期にある. 類**apogeo, auge, pináculo**. 反**decadencia, fondo**. ❸ 《政治》首脳会談, サミット; (政府の)首脳. —conferencia [reunión] (en la) ~ サミット. celebrar una ~ 首脳会談を開催する. ~ europea 欧州サミット. ~ hispano-polaca [hispano-argelina] スペイン・ポーランド[スペイン・アルジェリア]首脳会談. C~ Iberoamericana イベロアメリカ首脳会議.

cumbrera [kumbréra] 囡 ❶ 《建築》(屋根の)棟, 棟木; (窓や戸口の)楣(まぐさ). ❷ (山の)頂上.

cúmel [kúmel] 男 キュンメル(クミンを使った, ドイツ・ロシアで飲まれる酒).

cumpa [kúmpa] 男 《中南米》 ❶ 友人, 仲間; 相棒. ❷ =compadre.

cumpleaños [kumpleáɲos] 男 《単複同形》 **誕生日**; 誕生パーティー. —fiesta [regalo] de ~ 誕生パーティー[プレゼント]. tarta de ~ バースデーケーキ. ¡Feliz ~!/Te felicito por tu ~. お誕生日おめでとう. Mañana es mi ~. 明日は私の誕生日だ. ¿Qué me vas a regalar para [por, en] mi ~? 私の誕生日に何をプレゼントしてくれるの?

cumplidamente [kumplíðaménte] 副 ❶ しかるべく, 適切に, 正当に. ❷ 十分に. —Con ese regalo, le pagas ~ el favor que te hizo. その贈り物なら彼の恩に十分報いられるだろう. ❸ 完全に.

cumplidero, ra [kumplíðero, ra] 形 ❶ …に期限の切れる, 期日…の. — ~ el día 20 de este mes 今月の20日で満期になる. ❷ 好都合な; 大事な.

cumplido, da [kumplíðo, ða] 過分 形 ❶ 完璧な, 非の打ち所のない, 完全な; 満足のいく. —Es un ~ caballero. 彼は非の打ち所のない紳士だ. Hemos obtenido una victoria *cumplida*. 我々は完勝した. Mientras no haya *cumplida* respuesta a estas preguntas, no podremos empezar a trabajar en el proyecto. この質問に満足のいく回答が得られない限り, 我々は計画に取りかかるわけにはいかない. 類**cabal, completo, perfecto, satisfactorio**. ❷ (衣服等が)ゆったりした, 大きめの, だぶだぶの; (物が)ありあまるほどの, 多量の; 〖数量+〗を過ぎた[超えた]. —Le compré un abrigo ~ para que le sirviera el año siguiente. 翌年までもつように彼には大きめのコートを買った. Recibimos una *cumplida* cesta de Navidad. 私たちはありあまるほどのクリスマス・バスケット(かご詰めの贈り物)を受け取った. A un kilómetro ~ de la ciudad está mi pueblo. 町から1キロ離れたところに私の村がある. Ya eran las nueve *cumplidas* cuando volvimos a casa. 家に戻ったときにはもう9時を過ぎていた. 類**abundante, holgado**. ❸ 折り目正しい, 礼儀正しい. —Siempre ha sido muy ~ con las señoras. 彼は常に女性に対して非常に礼儀正しかった. ❹ 完了した, 果たした, 履行した; 〖年齢+〗満…. Su venganza está, por fin, *cumplida*. 彼の復讐はついに果たされた. El pago del piso está ya ~. そのマンションの支払いはすでに済んでいる. Su hijo tiene ya ~ el servicio militar. 彼の息子はもう兵役を終えている. Tiene treinta años ~s. 彼は満30歳である.

— 男 ❶ 礼儀, 丁重さ, 配慮, 心遣い. —Dar un parabién o un pésame es (hacer) un ~. お祝いやお悔やみをいうのは礼儀である. Durante mi estancia me trataron con todo tipo de ~s. 滞在中私にはいろいろ配慮してもらった. 類**atención, cortesía, cumplimiento**. ❷ 賛辞, 賞賛, ほめ言葉; お世辞, お追従. —A mí no me gusta que me digan ~s. 私はお世辞を言われるのが嫌いです. Don Antonio, está usted muy joven.—Basta de ~s, joven. アントニオさん, とても若くていらっしゃる. -お世辞はたくさんだよ, お若いの. Por más que se arregle ella, el novio nunca le hace un ~. 彼女がどんなにきれいにしていても恋人は全然ほめない. 類**alabanza, cumplimiento**. ❸ 進物, 贈物.

de cumplido 儀礼上の, 儀礼的な. una visita *de cumplido* 表敬訪問. Nos dirigió una sonrisa *de cumplido*. 彼女は私たちに儀礼的な微笑をかえした.

por cumplido 礼儀として, 義理で.

sin cumplidos 形式ばらない, 非公式の.

cumplidor, dora [kumpliðór, ðóra] 形 (義

務などを）よく果たす，履行する；頼りになる，信頼できる．— Puedes fiarte de él porque es muy ~. 彼は頼りになる男だからあてにして大丈夫だよ．
—— 图 よく実行する人；頼りになる人．

cumplimentar [kumplimentár] [4.1]他 ❶ …に敬意を表する；（儀礼的な）挨拶をする．— El presidente del gobierno *cumplimentó* al Rey. 首相が国王に表敬の挨拶をした．❷（成功などを）祝す，祝辞を述べる．❸（手続き・任務などを）遂行する，果たす．— Aun no *has cumplimentado* las diligencias necesarias para la matrícula. 君はまだ受講[入学]手続きを済ませてないのか．Es una orden del jefe y debes ~la enseguida. 上司の命令なんだから君はすぐやらなきゃいけないよ．~ una solicitud（申し込み書などに）記入する，申し込み手続きをする．

cumplimentero, ra [kumplimentéro, ra] 形 礼儀正しい，丁重な；形式ばった，おごそかな．

❖**cumplimiento** [kumplimjénto] 男 ❶（命令・義務などの）遂行，実行，果たすこと；（約束・契約の）履行，（法令などの）実施，施行．— Me limito al estricto ~ de mi deber. 私は義務を完全に遂行するだけにする．La rescisión del contrato se llevó a cabo por la falta de ~ de una de las partes. 一方の契約不履行により契約が破棄された．~ de la condena 服役．~ de un decreto 法令の施行．類 **ejecución, realización.** 反 **incumplimiento.** ❷（規律などを）守ること，（法の）遵守(ジュン)．— Es una norma de obligado ~. それは守らなければならない規律である．La autoridad vela por el ~ de la ley. 当局は法律の遵守に目を光らせている．類 **acatamiento, observancia.** ❸ 礼儀正しさ，丁重さ．— La recibieron con muchos ~s. 彼女はとても丁重に迎えられた．hacer ~s 礼儀を尽くす．andarse con ~s 形式張る，改まる．類 **cortesía, cumplido, educación.** ❹ 賞賛，賛辞，お世辞．— Me llenó de ~s. 彼は私を褒めちぎった．類 **alabanza, piropo.** ❺ 完璧さ，完成．— realizar con gran ~ 完璧に実現する．類 **realización.** ❻（期限の）満了，満期．類 **vencimiento.**
cumplimiento pascual 復活祭の務め(年一回の聖体拝領の義務)．
de [por] cumplimiento 礼儀として，儀礼的に，義理で．
en cumplimiento de …に従って，応じて．
sin cumplimientos 無礼講で，気を遣わずに，遠慮せずに．

❖**cumplir** [kumplír] 他 ❶（責任・義務など）を果たす，実行する，履行する．— Es una orden y hay que ~la. それは命令だから守らねばならない．Espero que *cumplas* lo prometido. 私は君に約束を守ってほしい．Las leyes están para ~las. 法律は守られるためにある．❷ 満…歳になる．— Mañana *cumple* treinta años. 彼は明日満30歳になる．❸（兵役・刑期）を終える．— Mi hijo mayor ya *ha cumplido* el servicio (militar). 私の長男はもう兵役を済ませた．Se casarán después de que él *cumpla* su condena carcelaria. 彼が懲役刑を終えたあとで2人は結婚するだろう．❹（条件・要件）を満たす．— Para entrar en el club hay que ~ ciertos requisitos. クラブに入会するには一定の要件を満たさねばならない．
—— 自 ❶[+con]（a）（義務・任務）を果たす，成し遂げる．— Debes ~ *con* tu deber [tu com-

cuna 597

promiso]. 君は君の義務[君への約束]を果たさねばならない．（b）（人への）義理を果たす，礼儀をつくす．— Dice que va a misa para ~ *con* Dios. 彼は神への義理を果たすためにミサに行くのだと言う．❷ 責任・義務を果たす，職務を遂行する．— Si no *cumples*, te despedirán. もし君が職務を遂行しないならクビになるよ．Piensa divorciarse, porque dice que su marido no *cumple*. 彼女は夫が夫として義務を果たさないと言っているから離婚するつもりだ．❸ 期限になる，満期になる，支払い日になる．— Mañana *cumple* el plazo para presentar solicitudes. 願書提出の期限は明日で切れる．類 **finalizar.** ❹ 兵役を終える．— Le queda una semana para ~. あと1週間で彼の兵役が終わる．❺《文，まれ》(a)「a+(人)」に義務がある．— *Cúmpleme* anunciarles que la conferencia de prensa del primer ministro ha sido cancelada. 総理の記者会見は中止になったことを私は皆さんにお伝えせねばなりません．(b) 望ましい，都合が良い．— Declinó amablemente la invitación, como *cumplía* en aquella ocasión. 彼はその場にふさわしく招待を丁重に断った．
por cumplir （単に）儀礼的に，お義理で．Le he invitado a tomar café sólo *por cumplir*. 私は単に儀礼的に彼をお茶を飲みに誘った．
—— **se** 再 ❶ 満期限となる，満…年となる．— Hoy *se cumple* un año de la muerte de mi padre. 私の父が死んでから今日で満1年になる．Mañana *se cumple* el plazo de pago. 明日で支払い期限が切れる．❷（希望などが）実現する．— Sus deseos de volver a España no llegaron a ~*se*. 彼のスペインへ戻りたいという願いはかなわなかった．Sus pretensiones no *se cumplieron*. 彼の野望は実現しなかった．

cumquibus [kuŋkíβus] 男 《古, 戯》お金．

cumulativo, va [kumulatíβo, βa] 形 累積の，累加する，蓄積する．類 **acumulativo.**

❖**cúmulo** [kúmulo] 男 ❶ 山積み，積重ね，山；[un ~ de+無冠詞名詞] たくさんの，多量の．— un ~ de papeles 書類の山．Al volver del viaje me esperaba un ~ de problemas. 旅行から帰ると問題が山積していた．類 **acumulación, montón.** ❷（諸状況・特性などの）一致，符号．— por un ~ de errores 色々なミスが重なって．Esta chica es un ~ de perfecciones. この女の子はいいところだらけである．❸ 图《気象》積雲，入道雲．❹《天文》~~ estelar 星雲，星団．

cumulonimbo [kumulonímbo] 男 積乱雲，入道雲．

❖**cuna** [kúna] 女 ❶（赤ん坊の）揺りかご；ベビーベッド．~ canción de ~ 子守唄．❷（文化・民族などの）発祥地，揺籃(ヨウラン)地．— Mesopotamia fue una ~ de la civilización. メソポタミアは文明発祥の地だ．類 **origen, principio.** ❸ 家柄，生まれ，血筋，家系．— ser de ilustre ~ [de humilde ~] 名門の出である[生まれが卑しい]．ser noble de ~ 貴族の出である．criarse en buena ~ 育ちがよい．nacer de humilde ~ 身分の低い家庭に生まれる．類 **estirpe, familia, linaje.** ❹ 出生地．— Alcalá de Henares es la ~ de Cervantes. アルカラ・デ・エナーレスはセルバンテスの出生地だ．類 **patria.** ❺ 乳児期，幼児期．— La conozco desde la ~. 私は彼女を赤ん坊の頃から知っている．類 **in-**

fancia, niñez. ❻ 養護施設, 孤児院 (=casa de ~). ❼ 《遊戯》綾(あや)取り (=juego de la ~). ❽ (粗末な)吊り橋. ❾ (牛の)左右の角の間. ❿ 《言語》クナ語(中米インディオ語の1つ). ⓫ (大砲などの)砲尾, 砲架 (=~ del cañón).

cundir [kundír] 自 ❶ (情報などが)広まる. 行きわたる. —~ el rumor [la epidemia, la noticia, el pánico] 噂[疫病, ニュース, パニック]が広まる. *Cunde la voz de que se ha suicidado.* 彼は自殺したという噂だ. 類 **extenderse, propagarse**. ❷ 広がる, のびる; ふくらむ, かさが増える. —~ el arroz 米が(炊かれて)膨張する. —~ el aceite 油が(しみて)広がる, のびる. ❸ 長持ちする; 役立つ; 食べて(使いで)がある. —*Esta tela cunde mucho.* この生地はもちがいい. ❹ 能率が上がる, はかどる; 生産性がある. —*Por la mañana no me cunde el estudio.* 私は午前中は勉強の能率が悪い. *Hoy le ha cundido el trabajo.* 今日は仕事が進んだ. 類 **rendir**.

cunear [kuneár] 他 (赤ん坊をあやすために)揺りかごを揺らす. 類 **acunar**.
 —se 再 ❶ 体を左右に揺らす, 振る; 体を左右に揺すって歩く (=~ se al andar). 類 **balancearse, contonearse**.

cuneco, ca [kunéko, ka] 男女 《中南米》末っ子, (家族の中の)赤ちゃん.

cuneiforme [kunejfórme] 形 くさび形の. —escritura ~ 楔形文字. hoja ~ 楔形の葉.

cuneo [kunéo] 男 ❶ 揺りかごを揺らすこと. ❷ 体を揺らすこと; 体を揺すって歩くこと.

cunero, ra [kunéro, ra] 形 ❶ 捨て子の, 孤児の. ❷ 《闘牛用の牛が》血統不明の; 無名の. ❸ ブランド品でない, 登録商標のない, 無名の会社製の, 二流の. ❹ 《比喩》《議員立候補者が》地元民でない, 出身地以外の選挙区に出た. — 名 捨て子 (=expósito).

cuneta [kunéta] 女 ❶ (車道と歩道の境目にある)側溝, 排水溝. ❷ (高速道路にある緊急避難用の)路肩.

cunicultura [kunikultúra] 女 (食用などにする)ウサギの飼育, 養兎.

cuña [kúɲa] 女 ❶ くさび; くさび形の切断具・止め具. —*Pusieron una ~ en la pata de la mesa para que no bailara.* テーブルがぐらつかないよう, 脚の下に1か所くさびを入れた. ❷ (道路舗装に用いる)逆三角形の敷石. ❸ 《解剖》(足首にある)楔状(けつじょう)骨. ❹ (寝たきりの患者用の)排泄物を受ける平たい容器. ❺ 《印刷》(版面を止めるくさび. ❻ 《比喩》邪魔, 介入物, 口出しをする人. —*Ese chico es una ~ que se ha metido en nuestro grupo para incordiar.* そいつは僕らのグループにからみにやってきた邪魔者だ. ❼ 影響力(を持つ人), 顔がきくこと[人]. ❽ (新聞・雑誌のページの端などに出る)囲み記事, ミニ・トピック. ❾ ラジオなどの番組の合間に入るごく短いコマーシャル (=cuña publicitaria).
 meter cuña 《話》仲違いさせる, 不和にする.
 ser buena cuña 《話》(身体の大きい人)が他の人の間に割って入る, 無理やり横入りする.

:**cuñado, da** [kuɲáðo, ða] 名 義兄[弟], 義妹[妹], 小舅(こじゅうと), 小姑(こじゅうとめ) (=hermano político, hermana política). ◆夫[妻]の兄弟[姉妹]; 兄弟[姉妹]の妻[夫].

cuñete [kuɲéte] 男 (飲物やオリーブの実などを詰める)小樽.

cuño [kúɲo] 男 ❶ (貨幣・メダルなどの)打ち型. ❷ 印章, スタンプ; (旧臘の)文字・図柄, 押し跡. ❸ 鋳造; (新語などの)創作・定着; くさびを打つこと(→acuñar). ❹ 《軍事》くさび形の隊列.
 de nuevo cuño (言葉などが)最近の, 新しい. *un cargo [una marca] de nuevo cuño* 新しい担当[メーカー].

:**cuota** [kuóta] 女 ❶ **会費**, 納付金, 料金. —anual 年会費. —~ del club クラブ会費. —sindical 労働組合費. —~ de enseñanza 授業料. —~ de entrada 入会金. *Pagó la ~ mensual del club a través del banco.* 私はクラブの月会費の納入は銀行振込みにしている. ❷ **cupo**. ~ 割当分, 割前(わりまえ), 分担金; 割当量[額]. —pagar su ~ 分担金[割当金]を払う. —~ de instalación de teléfono 電話架設料金. fijar la ~ de importación 輸入枠[輸入割当]を定める. ~ de mercado 市場占有率. ~ patronal (社会保険の)雇用者負担. 類 **asignación, cupo**. ❸ 《中南米》分割払い込み金(一回分), 割賦金; 料金 (=tarifa). —pagar una ~ 月賦を払う. venta por ~s 割賦販売. venta por ~ mensual 月賦販売. carretera de ~ 有料道路. ~ aduanera 税関料金.
 soldado de cuota 金を支払って兵役期間を短縮してもらう兵.

cuotidiano, na [kuotiðjáno, na] 形 日常の. 類 **cotidiano**.

cupe [kúpe] 動 *caber* の直・完了過去・1単.

cupé [kupé] 〔<仏〕男 ❶ (通常二人乗りの)四輪馬車. 類 **berlina**. ❷ (昔の乗合馬車で)屋根の前の部分にある座席. ❸ (二~四人乗りの)2ドア自動車.

cupido [kupíðo] 男 ❶ (C~) キューピッド(ローマ神話中の愛の神, ヴィーナス Venus の子). ❷ キューピッドの絵・彫像(弓矢を持ち背中に羽根のある幼児の姿). ❸ 《比喩》惚れっぽい男, 女好き, 女たらし.

cupiera(-) [kupjéra(-)] 動 *caber* の接・過去.

cupieron [kupjéron] 動 *caber* の直・完了過去・3複.

cupiese(-) [kupjése(-)] 動 *caber* の接・過去.

cupimos [kupímos] 動 *caber* の直・完了過去・1複.

cupiste [kupíste] 動 *caber* の直・完了過去・2単.

cupisteis [kupístejs] 動 *caber* の直・完了過去・2複.

cuplé [kuplé] 〔<仏〕男 クプレ (1900-30年頃に流行した短く平易な歌).

cupletista [kupletísta] 男女 ❶ クプレ (cuplé) の歌い手. ❷ クプレの作曲者.

cupo¹ [kúpo] 動 *caber* の直・完了過去・3単.

cupo² [kúpo] 男 ❶ (ある任務に充当される)人の一団, まとまった金銭・割当額. —*Se envió un ~ de cien hombres para este trabajo.* その仕事のために100人の人が派遣された. ❷ 《軍事》各地域ごとの部隊にくじ引きで召集される徴兵の数. ❸ (配給物資などの)割り当て量, 支給量. —*El ~ de azúcar se ha acabado.* 砂糖の割り当てが尽きてしまった. *Están satisfechos con el ~ de pesca que se les ha asignado.* 彼らは割り当てられた魚の量に満足している. ❹ (精神的)負担; 責任; 分担量. —*Su ~ de responsabilidad en el* fracaso del proyecto fue pequeño. この企画が失敗したことに関して彼の責任の度合いは小さい.

excedente de cupo (募集人数より多い番号のくじを引いたため)兵役を免れること.

cupón [kupón] [くʟ仏] 男 ❶ 利札(債券についている利子支払い保証券). ❷ (切り取り式の)切符; 券片. ❸ (一般に)クーポン券, 引換券, (一定数を集めて景品と交換する)商品引換スタンプ. — He comprado dos ~es para la rifa. 福引きの券を2枚買った. ❹ 宝くじの券.

cupón de pedido (雑誌広告などにある)資料請求券; 申込用紙.

cupón de respuestas internacional 国際返信切手.

cuponazo [kuponáθo] 男 当たりくじ.

cúprico, ca [kúpriko, ka] 形 《化学》銅の, (特に)第二銅(第一銅の倍量の酸素を含む成分)の. —óxido — 酸化銅.

cuprífero, ra [kuprífero, ra] 形 銅を含む.

cuproníquel [kupronikel] 男 ❶ 昔のスペインの貨幣の一つ(銅とニッケルの合金製で25センティモ(*céntimo*)に相当). ❷ 銅とニッケルの合金.

****cúpula** [kúpula] 女 ❶ 《建築》(半球の)丸屋根, 丸天井, ドームの(内側)(→ *bóveda*)[(アーチ形の)丸天井]. ~ de una catedral 大聖堂の丸天井. ~ de bulbo~ (ロシア正教会の)玉葱(たまねぎ)形丸屋根. 類 *bóveda, domo*. ❷ (政党・企業・軍・組織などの)幹部, 上層部, 首脳, 執行部. ~ de un sindicato 労働組合の幹部. ~ del partido 党執行部. 類 *directiva*. ❸ 《植物》(どんぐりなどの)殻斗(かくと), へた. 類 *cascabillo*. ❹ (鉄道)(機関車の)鐘型汽室. 類 *cascabillo*. ❺ (軍事, 海事)(戦車・軍艦などの)(回転)砲塔, 旋回式砲塔.

cuquería [kukería] 女 ❶ かわいらしいこと, 愛らしさ. — En el escaparate hay una muñeca que es una ~. ショーウインドにかわいい人形がある. ❷ ずるい・腹黒いこと[もの]. 類 *astucia*.

cura[1] [kúra] 男 《カトリック》(教区の)主任司祭 (= ~ *párroco*); (一般に)司祭, 聖職者.

‡**cura**[2] [kúra] 女 ❶ 《医学》治療, 手当て. —~s médicas 治療, 医療. hacerle una ~ a ... …を治療する. hacerse una ~ 治療を受ける. En el hospital le hicieron la ~ de la herida. 彼は病院で傷の治療を受けた. 類 *curación, tratamiento*. ❷ 《医学》治療法, 健康法. —~ de reposo [de descanso] 安静療法. hacer una ~ de adelgazamiento 痩せるためにダイエットする. He estado en un balneario haciendo una ~ de salud. 私は湯治場で温泉療法をしていました. 類 *tratamiento*. ❸ 治ること, 治癒, 回復. — El sida es una enfermedad que todavía no tiene cura. エイズは未だ不治の病である. 類 *curación*. ❹ (問題・欠点などの)解決法. — Es un soberbio y necesita una ~ de humildad. 彼は尊大なやつで, 鼻っぱしを折る必要がある. ❺ 保存加工. — dedicarse a la ~ de jamón. ハムの保存加工に携る. ❻ (傷の手当用品); 外傷用の薬(軟膏など). ❼ (まれ)世話, 管理, 保護, 責任.

alargar la cura (話)(自分の利益のために)事を不必要に長引かせる, 引き延ばし戦術をとる.

cura de almas (宗教)魂の救済(信者の精神的苦痛を救済する主任司祭の務め).

hacerle a ... las primeras curas [curas de urgencia] …に応急手当をする.

no tener cura (1) (病気・病人が)治る見込みがな

い. (2) (話)手のつけ[施し]ようがない. Su tacañería *no tiene cura*. 彼のけちといったら手のつけようがない.

curable [kuráβle] 形 回復可能な, 治癒しうる, 治せる, 治る.

curaca [kuráka] 男 【中南米】(インディオの)首長, 族長[族長].
—— 女 【中南米】(司祭の家の)家政婦.

‡**curación** [kuraθjón] 女 ❶ 《医学》治療, 手当て. — primera ~ 応急手当. hacer una ~ 治療する. 類 *cura, tratamiento*. ❷ 治癒, 平癒, 回復. — Ruego [Hago votos] por tu pronta ~. 君が早くよくなるようにお祈りしています. Esta enfermedad no tiene ~. この病気は不治の病である. ❸ (燻製(くんせい)・塩漬けなどによる)保存加工. ❹ (皮を)なめすこと.

curadillo [kuraðíjo] 男 【中南米】 ❶ 干し鱈. ❷ 漂白した亜麻布.

****curado, da** [kuráðo, ða] 過分 形 ❶ 治癒した, 治った. — El médico me dice que ya estoy ~ por completo. 医者は私にもう完治していると言っている. ❷ 〖*estar*+, +*de*〗…に慣れっこになった, …には平気な. — No te preocupes, que *estoy curada de* esas barbaridades que dice mi hijo. 心配しないで, 私は息子のいろんなばかなことには慣れっこだから. ❸ 〖*estar*+〗(肉や魚が)乾燥保存処理された, 保存加工された. — jamón ~ 熟成生ハム(塩漬けされ, 数か月吊るして保存される). ❹ 〖*estar*+〗(皮が)なめされた, なめした. ❺ 【中南米】酔った, 酔っぱらった. — No le hagas caso, es que *está* ~. 彼のことはほっときなさい, 酔っぱらってるんだから. 類 *borracho, ebrio*.
—— 男 ❶ (肉や魚の)乾燥保存加工; 燻製. ❷ 皮のなめし.

curado de espanto(s) (話)何事にも動じない, 驚かない. No se va a escandalizar, ya está *curada de espantos*. 彼女は騒いだりしないよ, 何事にも動じないから.

curador, dora [kuraðór, ðóra] 形 世話をする, 保護する; 手当ての, 治す.
—— 名 ❶ 保護者, 後見人; 世話人. — ~ ad bona 禁治産者の財産管理人. ~ ad litem 訴訟に際し未成年者の権利を保護する人, 後見人. 類 *tutor*. ❷ (肉・魚などの)貯蔵者; 加工者.

curaduría [kuraðuría] 女 保護者の任務, 後見人としての責務. 類 *tutoría*.

curalotodo [kuralotóðo] 男 (話)万病に効く薬, 万能薬.

curanderismo [kuranderísmo] 男 いんちき治療, やぶ療治.

curandero, ra [kurandéro, ra] 名 ❶ もぐりの医者, 無免許医; (もぐりの)接骨医. ❷ (未開部族などの, 呪術や祈祷によって治療をする)医者.

****curar** [kurár クラル] 他 ❶ (*a*) (人)に(傷・病)を*治す*, 治してやる. — Un famoso médico me *curó* la enfermedad. 有名な医者が私の病気を治してくれた. ~ la gripe 風邪を治す. Un ejercicio moderado le *ha curado* la neuralgia. 彼は適度の運動によって神経痛を治した. Este jarabe te *curará* la tos. このシロップで君の咳はおさまるだろう. 類 *sanar*. (*b*) (人)に(傷・病)の*治療を施す*, …の手当をする. — La enfermera me *curó* la herida. 看護士は私の傷の手当てをし

curare

てくれた．(c)（悲しみなど）をいやす．— La relación con los amigos *curó* su tristeza y soledad. 友人たちとの交流が彼の悲しみと孤独をいやしてくれた．❷ を燻製にする，塩漬にする．— ~ el pescado [el jamón] 魚［ハム］を燻製にする．— ~ la carne de vaca con sal 牛肉を塩漬にする．❸（皮）をなめす．【類】**curtir**．❹（材木）を寝かせておく．— ~ la madera durante seis meses 6か月間材木を寝かせておく．❺ を漂白する．— ~ la tela 布地を漂白する．

——［自］（人が）治る，治癒する，全快する．— Hay poca esperanza de que *cure*. 彼が治る希望は少ししかない．

—— se［再］❶ 治る，治癒する，全快する．— *Se me ha curado* la pulmonía. 私の肺炎は全快した．❷（感情などを）覚えなくする．— ~*se* de los celos 嫉妬(しっと)から解放される．

curarse en salud → salud.

curare [kuráre]［男］クラーレ（南米のインディオが毒矢に使う，植物の根や皮から取れる樹脂状の毒）．

curasao, curazao [kurasáo, kuraθáo]［男］キュラソー，オレンジキュラソー（オレンジの皮をかおりにしたリキュール酒）．◆もとは西インド諸島のキュラソー島産の橙を用いて作ったことから．

curativo, va [kuratíβo, βa]［形］治療に役立つ，病気に効く；治癒力のある．

curato [kuráto]［男］❶ 司祭職；聖職者の任務．❷（小）教区（= parroquia）．

Curazao [kuraθáo]［固名］キュラソー島．

curco, ca [kúrko, ka]［形］【中南米】くる病の．

curcuncho, cha [kurkuŋtʃo, tʃa]［形］【中南米】❶ くる病の．❷ 気落ちした，嫌になった，うんざりした．——［男］【中南米】くる病の人．

curda[1] [kúrða]［女］【話】酔っぱらうこと，酔い．— coger [agarrar] una ~ 酔っぱらう．estar (con la) ~ 酔っている．【類】**borrachera, trompa**.

——［形］酔った．— Su marido anda ~ todo el día. 彼女の夫は一日中酔っぱらっている．

curdo, da[2], **kurdo, da** [kúrðo, ða]［形］クルド人［族］の，クルディスタンの．

——［名］クルド人．——［男］クルド語．

cureña [kuréɲa]［女］❶（大砲を乗せる）砲架台，砲車．❷ 銃床，銃の台木．❸ 石弓の柄．

a cureña rasa (1)（軍隊が）野天で，バリケードなしで．(2)【比喩】保護するものがない状態で．Aguantó el chaparrón *a cureña rasa*. 彼は傘もなしで大雨にじっと耐えていた．

cureta [kuréta]［女］【医学】キューレット（組織の採取や除去に用いる細いスプーン形の外科器具）．

curia [kúrja]［女］❶（裁判所付きの）弁護団．❷《カトリック》教皇庁 (= ~ romana). — ~ diocesana 司教区（教区司祭の補佐をする人々）．❸ 民事裁判所．❹（古代ローマの）元老院；貴族一門．

curialesco, ca [kurjalésko, ka]［形］【軽蔑】裁判所独特の，裁判所方式の；裁判所関係の．

curiana [kurjána]［女］❶ ゴキブリ．【類】**cucaracha**.

Curicó [kurikó]［固名］クリコー（チリの都市）．

curio [kúrjo]［男］❶《化学》キュリウム（元素記号 Cm，原子番号 96）．❷《物理》キュリー（放射能の強さの単位）．

***curiosamente** [kurjósaménte]［副］❶ (a) 物珍しそうに，不思議そうに，物好きに．— Me miraba ~. 彼は私のことを物珍しそうに眺めていた．(b)【通常文頭に置いて】奇妙なことには，不思議なことだが．— C~, no protestó. 妙なことに彼は抗議しなかった．(c)【形容詞を強めて】妙に，変に．— Este reloj es ~ parecido al que yo perdí. この時計は私がなくしたものと妙に似ている．❷ きちんと，こぎれいに，清潔に．— Lleva la casa ~. 彼は家をきれいにしてある．【類】**aseadamente**.

curiosear [kurjoseár]［他］❶ を嗅ぎ回る，詮索する，引っかき回す，首を突っ込む．— Le encanta ~ la vida privada de los demás. 他人の私生活を詮索するのが大好きである．❷ を見て回る；眺める．— A María le gusta ~ las revistas, pero no lee ninguna. マリーアは雑誌を眺めるのは好きだが，ちゃんと読むことはない．

——［自］❶（特に目的もなく）見て回る，眺め歩く；眺める．— ~ por los escaparates ウィンドウショッピングをする．❷ = 他①．

***curiosidad** [kurjosiðá(ð) クリオシダ]［女］❶ ［+ por/de］（…に対する）好奇心，興味；詮索好き．— ~ intelectual [científica] 知的［科学的］好奇心．~ insaciable [sin límites] 飽くなき好奇心．~ malsana 病的なまでの好奇心．por ~ 好奇心から，物好きで．excitar [despertar, picar] la ~ 好奇心をそそる．satisfacer [saciar] la ~ 好奇心を満足させる．perder la ~ 好奇心を失う．sentir [tener] ~ por [de] … …に好奇心を持つ．Le come [devora] la ~ por conocer la vida de su vecino. 彼は隣人の生活を知りたくてたまらない．【類】**afán, deseo**．【反】**desinterés, indiferencia**．

❷ 珍しい物［事］；【複】骨董(こっとう)品．— Es aficionada a ~*es*. 彼女は骨董が趣味だ．tienda de ~*es* 骨董品店．En el Rastro de Madrid venden muchas ~*es*. マドリードの蚤の市では珍しい物をたくさん売っている．

❸ 小奇麗(こぎれい)さ，清潔［綺麗］好き．— Es admirable ver con cuánta ~ cuida su casa siempre. 彼女はいつも家を小奇麗にしていて感心させられる．【類】**pulcritud, primor**．【反】**abandono, descuido**．

❹ 入念さ，細心さ，丹念．— Con enorme paciencia y gran ~ iba realizando los bordados de su ajuar. 彼女は大変忍耐強く，入念に嫁入り衣装の刺繍をしていた．【類】**cuidado, esmero**．【反】**descuido**．

con curiosidad (1) 好奇の目で．mirar *con curiosidad* 物珍しそうに見る．(2) 入念に，きちんと；小奇麗に．Todo lo hace *con curiosidad*. 彼は何でもきちんとする．

estar muerto [lleno] de curiosidad por ［+不定詞，名詞］…したくてたまらない，…に対する好奇心にあふれている．Mi madre *está muerta de curiosidad por* conocer a mi novia. 母は私の恋人を知りたくてたまらない．

***curioso, sa** [kurjóso, sa クリオソ, サ]［形］❶ (a) ［por + 不定詞/de + 名詞］…について好奇心の強い，知りたがる．— Está ~ *por* saber si nos divorciamos. 彼は私たちが離婚するかどうか知りたがっている．Este niño está ~ *de* todo. この子は何でも知りたがる．Está dotado de un espíritu ~. 彼は好奇心の強い精神が備わっている．(b) 詮索好きな，おせっかいな；物好きの．— Mi vecina es una persona *curiosa* y se entromete en todo. 隣の家の女はおせっかいで，何ごとにも口出ししてくる．【類】**indis-**

creto. 反**discreto.** ❷ 好奇心をそそる, 奇妙な, 珍しい. —Es un dato muy ～. それは非常におもしろいデータである. Lo ～ es que no le importaba que su mujer le despreciara. 彼は妻が自分を軽蔑していることを介意しなかった. 類**interesante, notable, raro.** ❸ きれい好きな, きちんとした; 注意深い. —Ella es una persona *curiosa* y le molesta que lleven niños a casa. 彼女はきれい好きなので, 家に子供を連れて行くといやがる. 類**aseado, cuidadoso, limpio.**
—— 图 ❶ 見物人, 野次馬. ❷ おせっかい屋, 詮索好き. ❸ 好事家(記); 物好きな人.

currante [kuřánte] 男女 《話》働く人, 労働者 (=trabajador).

currar [kuřár] 自 《話》働く (=trabajar).

curre [kuřé] 男 《話》(大変な)仕事.

currelar [kuřelár] 自 《話》働く, 精を出す.

curricán [kuřikán] 男 一本釣り(トローリング)用具.

curricular [kuřikulár] 形 カリキュラムの.

currículo [kuříkulo] 男 ❶ カリキュラム, 教育課程. ❷ 履歴書 (=curriculum vitae).

currículum vitae [kuříkulum bítae] 〔ラテン〕男 履歴(書) (=currículo).

currinche [kuříntʃe] 男 駆け出しの記者.

currito, ta [kuříto, ta] 图 《話》(下級)労働者.

Curro [kúřo] 固名 《男性名》クロ (Francisco の愛称).

curro¹, rra [kúřo, řa] 形 ❶ ハンサムな (=majo). ❷ 自分の容姿に自信のある, うぬぼれた.

curro² [kúřo] 男 《話》仕事 (=trabajo).

curruca [kuřúka] 女 《鳥類》ノドジロムシクイ (白と茶褐色の鳥; カッコウがこの鳥の巣に好んで卵を生む).

currutaco, ca [kuřutáko, ka] 形《話》❶ おしゃれな, ダンディーな; 流行を追う; 気取り屋の, にやけた; 派手な, けばけばしい. ❷ 『中南米』背の低い, ずんぐりした.
—— 男 ❶ 気取り屋, しゃれ者, 色男. 類**petimetre.** ❷ 取るに足りない人, 無名の人, ただの人.

curry [kúři] 〔<英〕男 カレー. —arroz al ～ カレーライス.

cursado, da [kursádo, ða] 形 ❶ 慣れた, 精通した, 熟知した. —Es un abogado muy ～ en conflictos familiares. 家庭問題の訴訟に強い弁護士だ. ❷ (手紙・伝言などが)送られた, 発送された.

cursante [kursánte] 形 修学中の.
—— 男女 『中南米』学生.

*****cursar** [kursár] 他 ❶ …を学習する, 修了する. —Ella *cursa* tercero de filología románica. 彼女はロマンス語学科の第3学年に在学している. ～ el doctorado 博士課程を修了する. ❷ (*a*) …を発送する, (電報)を打つ. —Al enterarme de su muerte *cursé* un telegrama de pésame a su mujer. 彼の死を知って私は彼の奥さんに弔電を打った. (*b*) (命令)を下す. —El presidente *cursó* órdenes de guardar silencio sobre el asunto. 社長はその件について沈黙を守るようにとの命令を下した. 類**tramitar.** ❸ (請願などの)手続きをする, 書類を提出する. —～ su petición 嘆願書提出の手続をとる.

cursi [kúrsi] 形 ❶《話》上品ぶった, 洗練を気取った; きざな; 悪趣味な, 嫌みな. —Llevaba un abrigo muy ～. いやにめかしこんだ[趣味の悪い]コートを着ていた. ❷ (文章などが)技巧的になった, 気取りすぎの, わざとらしい. —Es un escritor muy ～. とても気取った文を書く作家だ. Sus ～s andares provocaron jocosos comentarios. 気取った歩き方をするので冗談の種にされている.
—— 男女 《話》気取り屋, きざな人. —Su hermana es una ～ insoportable. 彼の姉さん[妹]は我慢できないほどきざな娘らしい奴だ.

cursilada [kursiláða] 女 ❶ 気取り屋特有の振舞い, きざ. ❷ 気取ったもの, きざなもの. —Ese vestido de lentejuelas es una ～. そのスパンコールのついたドレスは気取りすぎだ. 類**cursilería.**

cursilería [kursilería] 女 ❶ 悪趣味なもの, わざとらしい物事; 気取り, きざ, わざとらしさ. —Su ～ al hablar resulta cómica. 気取った話し方をするのでかえっておっけいだ. ❷ =cursilada②.

cursillista [kursijísta] 男女 短期講座や連続講演 (cursillo) の参加者, 聴講者.

*****cursillo** [kursíjo] 〔<curso〕男 ❶ 短期講義, 短期講座, 講習会; 研修, 実習. —～ para bibliotecario 司書養成講座. ～ de preparación al parto 出産準備講習会. ～ de cristianidad 宗教学講習. hacer [seguir] un ～ 短期講座に出席する. dar un ～ 短期講座を担当する. recibir un ～ de primeros auxilios 応急手当の研修を受ける. Este verano voy a hacer un ～ de natación de quince días. 今年の夏私は2週間の水泳講習会に出るつもりだ. ❷ 研修(期間), 実習(期間). —～ de capacitación 実習, 実地研修. ～ de vuelo sin visibilidad 計器飛行訓練. ❸ (同一テーマでの)連続講演(会).

cursiva [kursíβa] 女 イタリック体の文字 (=letra ～). —en ～ イタリックで.

cursivo, va [kursíβo, βa] 形 イタリック体の, 斜字体の.

*****curso** [kúrso] 男 ❶(ひと続きの)講義, 授業; コース, 講座, 講習会. —～ intensivo de español スペイン語集中コース[講座]. ～ de verano 夏期コース[講座]. ～ por correspondencia 通信教育講座. ～ abierto al público (一般)公開講座. ～ acelerado 短期集中講座. abrir un ～ [開講する; 講習会を開く. dar un ～ de puericultura 育児学の講義を担当する. seguir [tomar] un ～ de inglés 英語のコースを取る. cerrar [clausurar] un ～ 講座を締めくくる. Da un ～ de historia. 彼は歴史の講義を担当している. 類**asignatura, cursillo.** ❷ (学習の)課程; 年度, 学年 (=～ académico); 『集合的に』同学年の生徒. —C ～ de Orientación Universitaria 《スペイン》大学予備課程 (17才から1年間)(『略]:C.O.U.). pasar a [al] tercer ～ 3年に進級する. ～ 1998-99 1998年から99年にかけての学年度. alumno de primer ～ 1年生. apertura de ～ 新学期の開講. ～ universitario 大学の年度. El ～ escolar empieza en septiembre y acaba en junio. 学年は9月に始まり, 6月に終わる. María estudia cuarto ～./María está en cuarto ～. マリーアは4年生です. ❸ (水・川・液体などの)流れ, 流れの方向, 進路. —El sendero sigue el ～ del río. この小道は川の流れに沿っている. Han desviado el ～ de la acequia de riego. 灌漑(%)用水路の流れが変えられた. Se dejaba llevar por el ～ de la corriente. 彼は大勢に身を任せていた. 類 **cauce, corriente**. ❹ 《時・物事の》経過, 推移, 成り行き; 進路. ~ de la historia [del tiempo] 歴史[時]の流れ. ~ de un asunto 事件の経過[成り行き]. Ha aprendido mucho en el ~ de su vida. 彼は人生行路で多くのことを学んだ. El tema surgió en el ~ de la conversación. テーマが話の途中で明らかになった. En el ~ de este invierno no ha nevado. 今年の冬は雪が降らなかった. 類 **desarrollo, espacio, lapso, transcurso**. ❺ 《天体の》運行, 動き. ~ de la luna [de un astro] 月[天体]の運行. ❻ 《商業》《貨幣の》流通, 通用; 《言語》通用; 《本などの》流布. ~ dinero [moneda] de ~ legal 法定通貨. Este billete tiene ~ legal. この紙幣は法定通貨である. La peseta era una moneda de ~ legal. ペセータは法定通貨であった. 類 **circulación, difusión, vigencia**. ❼ 《商業》《変動する》相場. —El dólar tiene un ~ muy alto. ドル相場がとても高い. ❽ 國《まれ》下痢 (=diarrea).

dar (libre) curso a ... (1) 《怒り・喜び・笑い・涙などを》どっとあふれださせる, 《感情・力などを》自由に働かせる. *dar curso* al llanto わっと泣き出す. *Dio curso* a su indignación. 彼は怒りをぶちまけた. *Di curso* a mi fantasía. 私は想像をたくましくした. *Dio libre curso* a sus lágrimas. 彼は涙がどっとあふれ出た. (2) 《何かを》扱う, 処理する (=tramitar). La embajada ha *dado curso* a la solicitud de asilo político. 大使館は政治亡命の願い出を受理した.

darse (libre) curso a ... ...がどっと流出する. Intentaron que no *se le diera curso* al escándalo. 彼らはスキャンダルがばれないようにと企んだ.

dejar que las cosas sigan su curso 成り行きに任せる.

en curso (1) 進行中の; 現在の (=corriente). asunto *en curso* 審議[検討]中の問題. el año [el mes] *en curso* 今年[今月]. (2) 《貨幣の》流通[通用]して. Esta moneda no está *en curso*. この貨幣は今通用しない.

en curso de ... ...が進行中で. La biblioteca está *en curso de* reconstrucción. 図書館は改築中だ.

en el curso de ... ...の間に, ...の途中で[最中に]. Se marcharon dos *en el curso de* la discusión. 議論の最中に2人がいなくなった.

seguir su curso 《物事が》順調に運ぶ[進む], 正常に推移する. Las faenas de la recolección *siguen su curso*. 収穫作業は順調に進んでいる.

cursor [kursór] 男 ❶ 《機械, コンピュータ》スライド, すべり面; カーソル. ❷ 《古》郵便夏; 公証人.

cursor de procesiones 行列の監督をする人.

curtido, da [kurtíðo, ða] 形 ❶ 《皮が》なめした; 固く[丈夫に]した, 耐久性を持たせた. —cuero ~ なめし皮. ❷ 日に焼けた, 《風雪や労働で》皮膚の固くなった. —Tenía la cara *curtida* por el aire y el sol. 彼は陽や風にさらされて黒くごわついた顔をしていた. ❸ 《比喩》《労苦に》慣れた, 鍛えられた, 風雪に耐えた. —Después de tantas desgracias, está muy ~. 彼は多くの辛酸をなめてきたのでとても強くなっている.

—— 男 ❶ 皮をなめすこと, 加工. ❷ 〖主に 複〗なめし皮. —fábrica de ~s なめし皮工場.

curtidor, dora [kurtiðór, ðóra] 形 ❶ 《皮を》なめす, 皮革加工の. ❷ 日焼けさせるような.

—— 名 皮なめし職人.

curtiduría [kurtiðuría] 女 皮なめし工場. 類 **tenería**.

curtiembre [kurtjémbre] 女 《中南米》=curtiduría.

‡**curtir** [kurtír] 他 ❶ 《革を》なめす. —~ las pieles 革をなめす. ❷ 《日などが皮膚を》焼く. —El sol le ha *curtido*. 太陽が彼の肌を焼いた. ❸ を鍛える, 鍛えれば, 《苦難に》慣らす. —Las vicisitudes de la vida lo *curtieron*. 人生の逆境を経て彼は鍛えられた.

—— se 再 ❶ 《日・雪に》焼ける. —Fueron a esquiar y *se les curtió* el rostro. 彼らはスキーをしに行き, 顔が雪焼けした. ❷ ...で鍛えられる, 《苦難に慣れている》; 強くなっていく. —Con esas duras experiencias *se curtirá*. そんな辛い経験をして彼はたくましくなるだろう.

curul [kurúl] 形 高位高官の. —silla ~ 《古代ローマの造営司 (edil) が座った》象牙の椅子.

—— 女 《中南米》議員席, 議席.

‡**curva** [kúrβa] 女 ❶ 曲線 (→recta 「直線」). —trazar [describir, dibujar] una ~ 曲線を描く. ~ bezier ベジェ曲線. ❷ 《統計》《グラフの》曲線, グラフ. —~ de mortalidad 死亡曲線. ~ de temperatura 気温[体温]のグラフ. El índice del desempleo ha seguido una ~ descendente desde abril. 失業率は4月から下降曲線を辿った. 反 **recta**. ❸ 《道路・川などの》カーブ, 曲がり, 湾曲部. —~ muy cerrada ヘアピンカーブ. ~ en zig-zag ジグザグカーブ. Incliné demasiado la moto y me caí al salir de una ~. 私はバイクを寝かせ過ぎたのでカーブの曲がりきった所で転倒した. ❹ 國《話》《女性の美しい》体の曲線[丸み], ボディーライン. — Es una rubia esbelta, de ~s pronunciadas. 彼女はスマートで大変グラマーな金髪女性である. Se pone siempre ropa muy ajustada para realzar más sus ~s. 彼女はボディーラインを一層引き立てるためにいつもぴったりした服を着ている. ❺ 《海軍》肘 (筈)《2つの船材を補強するための》湾曲材. ❻ 《野球》カーブ.

curva abierta 緩やかなカーブ. La vía férrea hace aquí una *curva abierta*. 線路はここで緩やかにカーブしている.

curva cerrada 急カーブ.

curva de nivel 《地理》等高[等深]線.

tomar [coger] una curva 《運転手が》カーブを切る.

curvado, da [kurβáðo, ða] 過分 形 曲がった, カーブした.

curvar [kurβár] 他 を曲げる, カーブさせる, 湾曲させる. —~ las cejas 眉を弓なりにする, つり上げる. El peso del pez *curvó* mucho la caña. 魚の重みで釣り竿が大きくしなった.

—— se 再 曲がる, 湾曲する, たわむ, しなう, 反る. —Los anaqueles de la estantería *se han curvado* por el peso de los libros. 本棚の棚板が本の重みでしなっている.

curvatura [kurβatúra] 女 湾曲, カーブ, たわみ; 曲げる[曲がる]こと. —La ~ del arco está mal calculada. このアーチの湾曲度はうまく計算されていない.

curvilíneo, a [kurβilíneo, a] 形 曲がった, カーブした, 湾曲した; 曲線的な, 凹凸のある; 曲線

美の.

***curvo, va** [kúrβo, βa] 形 ❶ 曲がった, カーブした. —línea *curva* 曲線. El circuito tiene un trazado ~. そのサーキットはカーブした設計になっている. 類**arqueado, corvo, curvilíneo.** 反**recto.** ❷ (表面が)湾曲した. —superficie *curva* 湾曲面. 類**combado, ondulante.**

cusca[1] [kúska] 女 嫌がらせる, 困らせる, 不快にさせる, うんざりさせる; 害する, 損害を与える, (だまして)損をさせる. —No me hagas la ~. 私をいらいらさせるな. 類**fastidiar, molestar, perjudicar.** *hacer la cusca a ...* …にいやがらせをする.

cusca[2] [kúska] 女 〖中南米〗浮気者, 尻軽; 売春婦. 類**prostituta.**

cuscurro [kuskúro] 男 (固い)パンの耳, (よく焼けた)パンの皮, パンのかけら; クルトン. 類**coscurro.**

cuscús [kuskús] 男 クスクス(小麦粉を蒸したものを中心に肉や野菜・果物を加えて作る北アフリカの料理). 類**alcuzcuz, cuzcuz.**

cusma [kúsma] 女 〖中南米〗(インディオの着る)袖なしのシャツ・上着.

cúspide [kúspiðe] 女 ❶ 山頂, 頂上. —Cuando llegamos a la ~ de la montaña estaba obscureciendo. 我々が山頂に着いたときは日が暮れかけていた. 類**cima, cumbre.** ❷ てっぺん, 最上部. —La cigüeña ha hecho el nido en la ~ del campanario. 鐘楼のてっぺんにコウノトリが巣をかけた. ❸ 《幾何学》(角錐・円錐などの)頂点. ❹ 《解剖》弁膜尖, (歯の)先端. ❺ 絶頂, 極み, 高み. —Está en la ~ del poder. 権力の頂点にある.

cusqui [kúski] 女 —hacer la ~ 《話》迷惑をかける, 損害を与える.

custodia [kustóðja] 女 ❶ 保護; 管理; 監視; 拘留. —Dos guardaespaldas se encargan de la ~ del presidente de la compañía. 2人のボディーガードがその会社社長の警護をしている. El dinero está bajo la ~ del secretario. お金は秘書が管理している. ❷ (まれ)管理者; 監視役. ❸ (カトリック)《聖体の》顕示台.

custodiar [kustoðjár] 他 を保護する; 管理する; 監視する, 見張る. —Dos policías *custodiaban* al peligroso delincuente. その危険な犯人を2人の警官が監視していた. 類**guardar, vigilar.**

custodio, dia [kustóðjo, ðja] 形 保護の, 管理の, 警護の. —ángel ~ 守護の天使.
—— 男 管理者, 警備員; 監視役.

cususa [kusúsa] 女 〖中南米〗ラム酒.

cutáneo, a [kutáneo, a] 形 肌の, 皮膚の. —Me ha salido una erupción *cutánea*. 吹き出物[発疹]ができた.

cúter [kúter] 男 《海事》カッター(小型帆船の一種, あるいは軍艦搭載のボート). 類**lancha.** ♦英語 cutter より.

cutí [kutí] 男 〖複cuties〗(布団カバーなどに用いる厚手の)木綿布.

czarina 603

cutícula [kutikula] 女 ❶《解剖》表皮, 上皮, 皮膚(=epidermis). ❷ 外皮, (外気にふれる組織を保護する)膜; キューティクル; (特に爪のつけ根の)甘皮. ❸《植物》(茎・葉の表面の)層, 膜, クチクラ.

cutis [kútis] 男 肌, 皮膚; (特に)顔の皮膚; 顔色, 血色. —~ moreno 浅黒い顔. Ella tiene un ~ muy fino. 彼女は肌のきめがとても細かい. ~ graso [seco] 脂性[乾燥]肌.

cutre [kútre] 形 ❶ 〖話, 軽蔑〗みすぼらしい, 貧相な, 劣悪な. ❷ けちな.

cutrez [kutréθ] 女 〖話, 軽蔑〗みすぼらしさ, 貧相, 劣悪.

cuy [kúj] 男 〖中南米〗モルモット, テンジクネズミ. 類**cobaya, conejillo de Indias.**

*cúyo [kújo] 男〖疑問〗〖強勢〗男cúyos, 女cúya, 複cúyas》《まれ》誰の. —¿C~ es este libro? この本はどなたのですか〖現代では cúyo の代わりに de quién が用いられる〗.

[kújo, ja クヨ, ヤ] 形 (関係)
cuyo, ya 〖複〗男 cuyos, 女 cuyas; cuyo は後続する所有される語の性数に一致〗❶〖先行詞は人・物〗《制限的用法, 主に文語》その…が…である[する]…. —Hay dos problemas *cuya* solución ignoramos. 私たちがその解決法を知らない二つの問題がある. El autor de *cuya* obra voy a tratar es Octavio Paz. その作品について私が論じようとしているのはオクタビオ・パスである.

❷〖説明的用法, 主に文語〗そしてその…は…. —De la habitación, *cuyas* ventanas estaban cerradas, llegaban suspiros y sollozos. その部屋からは, その窓が閉まっていたにも拘らず, ため息とすすり泣きが聞こえていた.

❸〖指示形容詞的用法〗その…. —Yo temía que fuera él , en ~ caso no tendría más remedio que huir. 私はそれが彼ではないかと心配した. もしそうなら私は逃げ出すしかなかっただろう.

Cuzco [kúθko] 固名 クスコ(ペルーの都市).

cuzcuz [kuθkúθ] 男 =alcuzcuz, cuscús.

czar [θár] 男 ツァーリ(帝政ロシア皇帝の称号); ブルガリア国王の称号. 類**zar.**

czarevitz [θareβítʃ, θareβís] 男 (帝政ロシアの)皇太子. 類**zarevitz.**

czarina [θarína] 女 (帝政ロシアの)皇后; 女帝. 類**zarina.**

D, d

D, d [dé] 女 ❶ スペイン語アルファベットの第 4 文字. ❷《音楽》二音(レ, re), 二調. ❸ (D) ローマ数字の 500.

d/《略号》= día 日.

D.《略号》= don …さん(男性の個人名に).

da [dá] 動 dar の直・現在・3 単.

Da.《略号》= doña …さん(女性の個人名に).

D. A., D/A《頭字》〔< documento contra aceptación〕男《商業》DA 手形.

dable [dáβle] 形 可能な, できる, ありそうな. 類 **permitido, posible**.

dacha [dátʃa] 女 (ロシア式の)別荘.

dacio, cia [dáθio, θia] 形 ダキア(古代ローマの属州, 現在のルーマニアにあたる)の.

dactilar [daktilár] 形 指の. —huellas ~es 指紋. 類 **digital**.

dáctilo [dáktilo] 男《韻律》(ギリシャ・ローマ詩の)長短短格(長音節 1 つの後に短音節 2 つが続く); (強さアクセントを持つ言語の詩で)強弱弱格, 揚抑抑格.

dactilógrafa [daktilóɣrafa] 女 (女の)タイピスト. 類 **mecanógrafa**.

dactilografía [daktiloɣrafía] 女 タイプライティング. 類 **mecanografía**.

dactilógrafo [daktilóɣrafo] 男 ❶ (男の)タイピスト. 類 **mecanógrafo**. ❷ 点字タイプライター.

dactiloscopia [daktiloskópia] 女 指紋照合(による個人の識別法), 指紋学.

dadaísmo [daðaísmo] 男 ダダイズム(第 1 次大戦後半に興った反伝統・反合理主義的な芸術運動).

dadaísta [daðaísta] 形 ダダイズムの. — 男女 ダダイスト.

dádiva [dáðiβa] 女 贈り物; 寄贈, 喜捨. —hacer ~s 贈り物をする. Se ganó al jefe con ~s. 贈り物をもって上司に取り入った.
Dádivas quebrantan piedras [peñas].《諺》贈り物をすればどんなに難しい相手でも味方にすることができる(←贈り物は岩をも砕く).

dadivosidad [daðiβosiðá(ð)] 女 気前のよさ. 類 **generosidad**.

dadivoso, sa [daðiβóso, sa] 形 気前の良い, 気前良く物をくばる. 類 **generoso**. 反 **tacaño**.
— 名 気前の良い人.

dado[1] [dáðo] 男 ❶ (a) さいころ. (b) 複 さいころ遊び・勝負, ダイス. —echar [tirar] los ~ さいころを振る. jugar a (los) ~s さいころ遊びをする. ❷《機械》さいころ形の部品, 四角ナット, 留め金. ❸《建築》(柱の)台座. 類 **neto, pedest**.
cargar los dados さいころにいかさまの細工をする.
correr el dado 運がつく, つきが回る.
dar [echar] dado falso いかさまする, だます.

dado[2], **da** [dáðo, ða]《過分》与えられた; 〔後ろに名詞を従え, 性数一致して〕…があるので, を考慮に入れれば. —*Dada* su situación en la compañía, es natural que actúe así. 会社内での彼の立場を考えれば, ああ振る舞うのも無理はない.

dado que (1)〔+直説法〕…だから. *Dado que no puedes venir, iré yo solo.* 君が来られないから僕一人で行くよ. (2)〔+接続法〕…ならば. *Dado que no puedas venir, iré yo solo.* 君が来られないならば僕一人で行くよ.
— 形 ❶〔+a〕…に熱中した, 没頭した, …が大好きな〔ser+〕. —Es muy ~ a los deportes. 彼はスポーツ人間だ. Es ~ a quejarse. 彼は不平ばかり言っている. ❷ 可能な, 許された〔ser+〕. —No sé si me es ~ averiguarlo. 私にそれが調べられるかどうか分からない. ❸ ある, 特定の. —en un momento ~ ある瞬間に.

dador, dora [daðór, ðóra] 形 与える.
— 名 (あるものを)与える人(物).
— 男 ❶ (手紙の)使い, 使者, 持参人. ❷《商業》(手形の)振出人.

daga [dáɣa] 女 (昔の)短剣.

daguerrotipo [daɣerotípo] 男 銀板写真法; 銀板写真機; 銀板写真法による写真.

Dahomey [daħoméi] 固名 ダオメー(西アフリカの現ベナン共和国の旧名).

daifa [dáifa] 女 情婦; 売春婦. 類 **manceba**.

dais [dáis] 動 dar の直・現在・2 複.

Dajabón [daxaβón] 固名 ダハボン(ドミニカ共和国の県).

Dakar [dakár] 固名 ダカール(セネガルの首都).

:**dalia** [dália] 女 ❶《植物》ダリヤ(の花)(メキシコ中米原産). —regalar un ramo de ~s ダリヤの花束をプレゼントする.

dallar [daʝár] 他 (草)を大鎌で刈る.

dalle [dáʝe] 男 (柄の長い)大鎌. 類 **guadaña**.

Dalmacia [dalmáθia] 固名 ダルマチア(旧ユーゴスラビアの地方).

dálmata [dálmata] 形 ❶ ダルマチアの. ❷ (犬が)ダルメシアン種の. — 男女 ダルマチア人. — 男 ❶ ダルマチア語(ロマンス諸語の一つ. 19 世紀末に死語となる). ❷ ダルメシアン犬.

dalmática [dalmátika] 女 ダルマティカ. ◆丈の長いゆったりとした服, ダルマチアから古代ローマ人, 中世の王族に受け継がれ, 現在カトリック教会で助祭が儀式で着用.

daltoniano, na [daltoniáno, na] 形 色盲の.
— 名 色盲の人.

daltonismo [daltonísmo] 男 色盲.

***dama**[1] [dáma ダマ] 女 ❶ (一般に)婦人, 女の方, 女性 (señora, mujer の丁寧語→caballero「紳士, 殿方, 男性」). —Las ~s primero(, los caballeros después). /Primero las ~s(, después los caballeros). レディー・ファースト. ¡D~s y caballeros! (紳士淑女のみなさん!(聴衆への呼び掛け). *"D~s"*《表示》御

婦人用(トイレなど). ❷ 貴婦人, 淑女, 上流婦人. —portarse como una ~ 貴婦人のように振舞う. ~ noble 貴婦人. ser muy ~ 気品がある. La D~ de Elche エルチェの貴婦人像. ~ cortesana 売春婦(=ramera). ❸ (a) (中世騎士の敬愛の対象としての)意中の貴婦人, 思い姫(=~ de sus pensamientos [sueños]). —El caballero andante se encomendó a su ~. 遍歴の騎士は思い姫にわが身の加護を念じた. (b) (冗談的)意中の女(ひと). —Se dirigió a su ~. 彼は意中の人に話しかけた. (女王・王女の)女官, 侍女(=~ de honor [de palacio]); (富豪婦人などの)侍女. —la reina y sus ~s 女王と女官たち. 類 doncella. ❺ (演劇)主演女優, 主役(=primera ~). (道化役・老け役を除く)助演女優, 脇役(重要度によってsegunda [tercera, cuarta] ~ と分けられる). —~ joven 主役級の主演女優. ❻ (遊戯) (a) (~s) チェッカー(=juego de ~s). —tablero de ~s チェッカー盤. jugar a las ~s チェッカーをやる. (b) (トランプ・チェスの)クイーン; (チェッカーの女王, 成り駒(ごま)). —hacer ~ (歩を)女王に成らせる. Equivocó la jugada y perdió la ~. 彼は指し手を間違えてクイーンを失った. 類 reina. ❼(まれ)妾(めかけ), 情婦(=manceba).

dama de compañía (独り住まいや病気の女性の)付添い婦人.

dama de honor (1)(女王・王女の)女官, 侍女(=~ de palacio, señora de honor). (2)(婚礼で)花嫁の付添い. (3)(美人コンテストの)準ミス; (文芸コンクールの1位以外の)入賞者.

dama de noche 《植物》ヤコウカ(夜香花), ヤコウボク.

echar damas y galanes 《まれ》(一般に大晦日の晩に行われていた遊びで)来年のカップルをくじ引きで決める.

primera dama (1)《演劇》主演女優. (2)《政治》ファースト・レディ(大統領夫人・首相夫人).

soplar la dama (1)《チェッカー》(罰として)相手の成り駒(ごま)を取る. (2)他人の愛人(女)を横取りする.

dama² [dáma] 囡 《冶金》(溶鉱炉の)防壁, 火よけ.

dama³ [dáma] 囡 《動物》(雌の)ダマジカ(雄はgamo).

damaceno, *na* [damaθéno, na] 形 →damasceno.

damajuana [damaxuána] 囡 (ずんぐりとした細首の)大びん(普通柳などで編んだかごに入っている). 類 bombona, garrafa.

damasana [damasána] 囡 《中南米》→damajuana.

damascena [damasθéna] 囡 スモモの一種.

damasceno, *na* [damasθéno, na] 形 ダマスカスの. —ciruela *damascena* スモモの一種. —名 ダマスカス出身者.

Damasco [damásko] 固名 ダマスカス(シリアの首都).

damasco [damásko] 男 ❶ ダマスク織り, 緞子(どんす). ❷ 西洋スモモ, アンズ(木, 実とも).

Dámaso [dámaso] 固名《男性名》ダマソ.

damasquinado [damaskináðo] 男 金銀象眼細工.

damasquinar [damaskinár] 他 …に金銀の象眼細工をする.

damasquino, *na* [damaskíno, na] 形 ❶ ダマスカスの. ❷ (刀剣が)ダマスカス鋼製の(美しい波

形模様がある). ❸ ダマスク織りの. ❹ 金銀象眼細工を施した.

damisela [damiséla] 囡 ❶ (皮肉)淑女(気取りの娘), うら若いお嬢さん. ❷ 愛妾(あいしょう), 娼婦.

damnificado, *da* [damnifikáðo, ða] 過分 形 (主に災害で)害を受けた, 被害をこうむった. —名 被害を受けた人, 損害をこうむった人, 被災者.

damnificar [damnifikár] [1.1] 他 …に害を与える. 類 dañar, perjudicar.

damos [dámos] 動 dar の直・現在・1 複.

dan [dán] 動 dar の直・現在・3 複.

dancing [dánθin] 《<英》《まれ》ダンスホール.

dandi, dandy [dándi] 《<英 dandy》男 ダンディー, 伊達(だて)男, しゃれ男. 類 petimetre.

danés, *nesa* [danés, nésa] 形 デンマークの. 類 dinamarqués. — 名 デンマーク人. — 男 ❶ デンマーク語. ❷ 《動物》グレート・デン(犬).

Daniel [danjél] 固名《男性名》ダニエル.

danta [dánta] 囡 《動物》❶ バク(獏). 類 tapir. ❷ ヘラジカ. 類 alce.

dantesco, *ca* [dantésko, ka] 形 ❶ ダンテの, ダンテ風の. ❷《比喩》(ダンテの書いたもののように)恐ろしい, ぞっとする. —El edificio en llamas ofrecía un espectáculo ~. 炎に包まれた建物は凄惨(せいさん)な光景だった.

Danubio [danúβjo] 固名 (el Río ~) ドナウ[ダニューブ]川(ヨーロッパ南東部を流れる河川).

‡**danza** [dánθa] 囡 《ハバネラ(habanera). —La jota es la ~ popular de Aragón. ホータの踊りはアラゴン地方の民俗舞踊である. ~ folklórica 民俗舞踊, フォークダンス. ~ regional 郷土舞踊. bailar una ~ española スペイン舞踊を踊る. música de ~ 舞踊[ダンス]音楽. ~ clásica [de salón] クラシック[社交]ダンス. ~ de cintas 綵舞. ~ guerrera 出陣[戦勝]の踊り. baja ~ アルマンド(低地ドイツのフォークダンス). ~ ritual 儀式舞踊. ~ de figuras スクエアダンス. ~ prima アストゥリアスとガリシアに伝わる伝統的な輪舞. ~ hablada せりふ付き舞踊. ~ macabra [de la muerte] 死の舞踊, 骸骨(がいこつ)の踊. ◆中世末期・ルネッサンス期の絵画・音楽・詩の主題の1つで, 死神が人々を墓場に案内するところを表す. 類 baile. ❷ 舞(踏)曲, ダンス音楽(=música de ~s). ~《D~s húngaras》(Brahms)『ハンガリー舞曲』(ブラームス). ❸ 舞踊団, バレー団. 類 baile, contradanza. ❹ (人・物が)せわしなく動き回ること. —Con tantos de familia estoy siempre en ~. 多数の家族を養うために私はいつも動きつづけている. 類 agitación. ❺《俗》ごたごた, 厄介事, 事件. —entrar [andar, estar] en la ~ そんな厄介なことに[かかわっている]. Yo no estoy metido en esa ~. 私はそんな厄介なことにかかわっていない. 類 enredo, lío. ❻《俗》不正な[いかがわしい]取引; 仕事, 活動. —¿Quién te ha metido en tal ~? 君はだれに誘われてそんないかがわしい取引に手をだしたの? 類 chanchullo, negocio. ❼《俗》けんか, 騒ぎ. —¡Buena ~ se armó! ひどいけんかが始まった! 類 disputa, jaleo, riña.

danza de arcos 《建築》一連のアーチ(=arcada).

danza de espadas (1)剣舞. (2)けんか, 乱闘.

606 danzador

meterse en *danza de espadas* けんかに口を出す.
en danza (1)《俗》(人・物が)せわしなく[あわただしく]動き回って. Tiene siete hijos y está todo el día *en danza*. 彼には子供が7人いるので一日中動き回っている. (2)《俗》(問題かが持ち上がって. Ya está otra vez *en danza* el asunto de los transportes. 輸送の件が再び持ち上がっている. (3)《俗》厄介なことにかかわって. No sé cómo se las arregla, pero anda siempre metido *en danza*. 私には彼がどうやって切り抜けているのか分からないが, 彼はいつも厄介なことにかかわっている.
meter a ... en la danza (人)を厄介な事[ごたごた]に巻き込む.
meterse en la danza (1)《俗》厄介なことに掛け合う[首を突っ込む]. También José anda *metido en la danza*. ホセも厄介なことにかかわっている. (2) 不正[いかがわしい]取引に一枚噛(ヵ)む.
Que siga la danza! /¡Siga la danza! そんなことどうでもいいじゃない. 勝手にやってくれ. Por mí, *que siga la danza*. 私はそんなことどうでもいい, 関心がない.

danzador, dora [danθaðór, ðóra] 图 踊る人, 踊り手; 踊り好き. ── 圈 踊る.

danzante, ta [danθánte, ta] 图 ❶ ダンサー, 踊り手, 舞踊家. 圈 **bailarín**. ❷《話》軽薄な人, 落ち着きのない人, おっちょこちょい. ─Ese ~ nunca sentará la cabeza. その軽薄な人は決して正気にはならないだろう. 圈 **casquivano, zascandil**. ❸《話》お節介焼き, 出しゃばり. 圈 **entrometido**. ── 圈 踊る, 踊りながらの; ダンスの, 踊りの. - procesión *danzanta* 舞踏行列.

danzar [danθár] [1.3] 圓 ❶ 踊る. 圈 **bailar**. ❷《比喩》動く, 揺れる. 圈 **moverse**. ❸《比喩》あちこち(無駄に)動き回る. ─Se ha pasado toda la mañana *danzando* sin hacer nada. 彼は午前中ずっと, ただぶらぶらしていた. ❹《比喩》(他人事に)よけいな口出しをする, 出しゃばる. 圈 **entrometerse**.
── 他 を踊る.

danzarín, rina [danθarín, rína] 图 ❶ (主にプロの)ダンサー, 舞踊家. 圈 **bailarín**. ❷ 踊りのうまい人. ❸《比喩》出しゃばり; いいかげんな人間. 圈 **danzante**.

danzón [danθón] 男 ダンソン(ハバネラに似たキューバの踊り, その曲).

dañable [daɲáβle] 圈 ❶ 有害な. 圈 **perjudicial**. ❷ 重荷となる, 負担の大きい. 圈 **gravoso**. ❸ 罰すべき, 非難すべき. 圈 **condenable**.

dañado, da [daɲáðo, ða] 過分 圈 ❶ 害を受けた, 破壊された. ❷ (果物が)いたんだ, 腐りかけた.

‡**dañar** [daɲár] 他 …に害を与える, を損なう, を傷つける. ─Las fuertes lluvias *han dañado* la cosecha de trigo. 強い雨で小麦の収穫は被害を受けた. Aquel artículo *dañó* la fama del autor. あの記事が作者の名誉を傷つけた. 圈 **echar a perder, maltratar**.
── **se** 再 損害を被る, 台無しになる, 駄目になる. ─La cosecha *se dañó* con la sequía. 収穫は旱魃(ひく)の被害を受けた. Las relaciones entre los vecinos *se están dañando*. 隣人間の関係は悪化している.

dañino, na [daɲíno, na] 圈 有害な, (動物が)害を及ぼす. ─insecto [animal] ~ 害虫[獣].

‡**daño** [dáɲo ダーニョ] 男 ❶ 害, 損害, 被害, 損傷. ─La escarcha ha causado grandes ~s [gran ~] en los viñedos. 霜でブドウ園が大きな被害を受けた. acarrear [asestar, inferir, ocasionar, producir] ~ (損)害を与える[もたらす]. sufrir [padecer, recibir] ~ 損害・被害を被る. reparar [pagar] el ~ que se ha hecho 受けた損害を弁償する. pagar [reclamar] los ~s y perjuicios《法律》損害賠償(金)を支払う[請求する]. ~s punitivos《法律》懲罰的損害賠償(金). ~ emergente《法律》(破壊による)財産の損害. limitar el ~ 被害[損害]を最小限に食い止める. 圈 **mal, perjuicio**. ❷ 痛み, 苦痛. ─Me hace ~ el zapato. 私は靴がきつくて足が痛い. ¡Ay, qué ~! ああ, 痛い! ¿Dónde sientes ~? どこが痛いの? 圈 **dolor**. ❸ 病気, 傷. ─Los médicos no saben dónde tiene ~. 彼がどこが悪いのか医者には分からない. Su ~ no tiene cura. 彼の病気は手の施しようがない. 圈 **enfermedad, lesión, mal**.
a daño de ... …の責任で.
en daño de ... (人・物)を犠牲にして, に(損)害を与えて.
gozar haciendo daño いじめて楽しむ.
hacer daño (1)[+a/en に] 損害[被害]を与える. La tormenta no *hizo daño* en esa comarca. その地方は嵐の被害を受けなかった. (2) (食べ物が)消化不良を起こさせる, (人)の体質に合わない. La ostra cruda que comí anoche me *hizo daño*. 私は夕べ食べた生ガキでお腹をこわした. Me *hace daño* la leche. 牛乳は私の体質に合わない. (3) 痛みを与える, (…が)痛い, 傷つける. Me *hace daño* en el brazo. 私は腕が痛い. Me *hizo daño* con el codo, sin querer. 彼の不注意で肘が当たり私は痛かった. (4)《比喩》(精神的に)傷つける, 侮辱する. Tus mordaces palabras me *hicieron daño*. 君の辛辣(%)な言葉に私は傷ついた. Me *hizo daño* con esa pregunta. 彼はあの質問で私を侮辱した.
hacerse daño けがをする, 痛める. *Me he hecho daño* contra la esquina de la mesa. 私は机の角にぶつかってけがをした. *Se hizo daño* en el pie. 彼は足を痛めた.
pena de daño《宗教》(神を永遠に失う)堕地獄, 却罰(%).
sin daño de barras 自他共に損害[危険]なく.

* **dañoso, sa** [daɲóso, sa] 圈[+para] …に有害な, 害を及ぼす. ─Fumar es ~ *para* la salud. 喫煙は健康に有害である. 圈 **malo, nocivo, perjudicial**. 反 **beneficioso, sano**.

‡**dar** [dár ダル] [15] 他 ❶[+a に] (a)を与える, あげる, やる. ─*Déme* tres kilos de tomates. トマトを3キロください. Mi padre *me dio* cien euros para que comprase un móvil. 父は私が携帯電話を買うようにと100ユーロくれた. 圈 **entregar**. (b) …に(抽象物)を与える, よこす. ─¿*Me das* tu teléfono? 君の電話(番号)を教えてくれるかい. El profesor *nos ha dado* el tema para la composición. 先生は私たちに作文のテーマを与えてくれた. *Le han dado* tiempo suficiente. 彼は十分な時間をもらった. *Me han dado* permiso para ausentarme una semana. 私は1週間留守にする許しをもらった. 圈 **otorgar**. (c)[+por と引き換えに] を与える. ─*Te doy* una botella de coñac *por* tres euros. 君に3ユーロでコニャック一

瓶をあげるよ。(d) を手渡す。—— ～ su sueldo a su mujer 彼の給料を妻に渡す。¿Me das la sal? 塩を取ってくれるかい。(e) (問題)を出す。—— El profesor ha dado un tema muy difícil a los alumnos. 先生は生徒たちに大変な難問を出した。(f) (ポスト)を提供する、勧める。—— Le dieron el vicerrectorado de la Universidad de Murcia. 彼はムルシア大学の副学長のポストを勧められた。(g) を生じる、生む、産む。—— Este peral da unas peras riquísimas. このナシの木にはすごくおいしいナシがなる。Esta huerta da una buena renta. この果樹園は良い収益を生む。Sus hijos le dieron veinte nietos en total. 彼の子どもたちは彼に全部で20人の孫を生んでくれた。[類] producir. (h) (水・ガスなど)を出す;(明かり)をつける。—— El repollo da agua al cocerlo. キャベツは煮ると水を出す。(i) を申し述べる、表す。—— Te doy el pésame por la muerte de tu padre. 君のお父さんの死に対し哀悼の意を表します。(j) (感情など)を引き起こす。—— Me dan asco las cucarachas. 私はゴキブリが大嫌いだ。Ese programa da sueño. その番組は眠くなる。[類語] dar が最も普通の「与える」の意味. adjudicar は「所有権を付与する」という法律用語. atizar は「打撃・passageを与える」と直接的語の制限が強い. brindar は「捧げる、申し出る」感じが強い。conceder は「譲渡する」という意味。conferir は「何らかのタイトルを授与する」という意味。gratificar は「お礼をする」、otorgar は「賞などを授ける」というニュアンスが強い。❷ (a) (テレビなどが)を報道する、伝える。—— La televisión dará el resultado del partido. テレビは試合の結果について伝えるだろう。(b) (映画)を上映する。—— En el cine Palafox dan «El último samurái». パラフォス映画劇場では『ラスト・サムライ』を上映している。(c) (劇)を上演する。—— En el teatro Goya dan «Yerma» de García Lorca. ゴヤ劇場ではガルシーア・ロルカの「イエルマ」を上演している。(d) (曲・音楽)を演奏する。[類] interpretar. ❸ (a) (ある動作)をする。—— ～ un paseo por el parque 公園を散歩する。～ un abrazo 抱擁する。～ saltos 跳び跳ねる。～ las buenas noches に挨拶する。～ una opinión 意見を述べる。～ la vuelta al disco レコードを裏返す。Dio la respuesta correcta. 彼は正解をした。(b) (ろう・クリームなど)を塗る;(注射など)を打つ。—— ～ crema a los zapatos 靴にクリームを塗る。～ una capa de barniz a la puerta ドアにニスを塗る。(c) (平手打ち)を食わす。—— Dio una bofetada a su hijo. 彼は息子に平手打ちを食わせた。(d) (叫び声)を上げる。—— ～ gritos 叫び声を上げる。[類] gritar. (e) (ため息)をつく。—— ～ un suspiro ため息をつく。[類] suspirar. (f) (におい)を放つ、発する。—— Su camisa da un mal olor. 彼のシャツは悪臭を放っている。[類] despedir. (g) を始動させる、…のスイッチを入れる;(明かり)をつける。—— ～ la luz [el agua] 明かりをつける[水道を出す]。❹ を行なう、開催する。—— Doy siete clases de español a la semana. 私は週に七つのスペイン語の授業を行なう。[類] celebrarse. ❺ …と予言する、予告する。—— Me da el corazón que se marcha para su tierra natal. 私には彼が生まれ故郷へ帰ってしまうという胸騒ぎがする。[＋por＋形容詞/過去分詞]、…とみなす、考える。—— Le doy por capaz de todo. 私は彼は何でもできると考える。El jurado le dio por inocente. 陪審員は彼を無罪と判定した。❼ (時計が)…時を打つ。—— El reloj va a ～ las doce. 時計が12時を打と

---

dar 607

うとしている。❽ を示す。—— El cielo da señales de lluvia. 空が雨の兆しを示している。❾ (授業など)を受ける。❿ [＋a に] (ある時間)を不愉快[心無し]にする。—— El niño me ha dado el día [la comida]. その子のため私はその日[食事]が台無しになった。[類] fastidiar. ⓫ [＋a＋不定詞]…させる[してもらう]。—— ～ a entender 理解させる;ほのめかす。Les di a conocer lo valiosa que es el agua. 私は彼らに水がどんなに貴重かを知らせた。

—— (自) ❶ 重要である、価値がある、意味がある。—— Da igual. /Me da lo mismo. /¿Qué más da? /¡Tanto da!/ Tanto se me da. どっちでも同じことだ、どっちでもいいよ。❷ 起こる、感じられる。—— No va porque no le da la gana. 彼は行きたくないから行かない。En la clase de ese profesor me dan ganas de dormir. その先生の授業では私は眠くなった。Le dio un ataque cardíaco. 彼は心臓の発作を起こした。～ un dolor 痛む。❸ (トランプ)のカードを配る。—— Ahora te toca ～ a ti. こんどは君の番だ。❹ (…時が)打つ。—— Han dado las dos. Vamos a comer. 2時が打った。昼食にしよう。❺ [＋a に] 向かう、面する。—— Esta habitación da a la calle. この部屋は通りに面している。La ventana da al sur. その窓は南向きだ。❻ [＋a を] (a) 打つ。—— ～ a la pelota con un palo ボールをバットで打つ。[類] golpear. (b) 押す。—— ～ al botón ボタンを押す。(c) 回す。—— ～ a la manilla ドアのノブを回す。(d) (機械を)始動させる、動かす。—— ～ a la máquina 機械を動かす。❼ [＋con を] (a) 見つける、(…に)会う、出くわす。—— Al salir de casa, di con Juana. 私は家を出た途端フアナに会った。Dio con la respuesta correcta. 彼は正解を見つけた。(b) 叩く、ノックする。—— ～ con la aldaba ノッカーを叩く。(c) 落とす、倒す。—— Dio con su hermano en la cama. 彼は弟をベッドに倒した。(d) 当てる。—— Sabe muy bien ～ con lo que pienso. 彼は私が考えていることを当てるのがとてもうまい。(e) …にぶつける。—— ～ con la cabeza contra la pared 頭を壁にぶつける。❽ [＋de を] (a) にぶつける。—— Dio de narices contra la pared. 彼は鼻を壁にぶつけた。(b) 塗る。—— ～ de barniz a la tabla 板にニスを塗る。(c) [＋不定詞 (beber, comer, mamar, merendar など)]を与える。—— Di de comer al mendigo. 私は物乞いに食物を与えた。～ de cenar a los niños 子どもたちに夕食を取らせる。❾ (a) [＋en＋不定詞/名詞]…するようになる[習慣がつく]。—— Dio en estudiar para aprobar el examen. 彼は試験に合格するために勉強するようになった。Dio en la manía de desayunar en la cafetería. 彼は喫茶店で朝食を取る癖がついた。(b) [＋en＋不定詞 (creer, decir, pensar)]しつこく…すぎる、こだわる。—— Dio en decir que nosotros le engañábamos. 彼は私たちが彼をだましていると言い張った。❿ [＋en を] (a) 思いつく。—— No puedo ～ en quién es. 私は彼がだれだか思いつけない。(b) 見つけ出す。—— Por más que pensó, no dio en ninguna solución. 彼がどんなに考えても一つの解決法も見つからなかった。⓫ [＋en に] (a) 的中させる;つまずく。—— ～ en el blanco 的に当てる。～ en una piedra 石につまずく。(b) 陥る、犯す。—— Dio en un error al hacer las cuentas. 彼は計算をして間違った。(c) (日・風が)当たる。—— El sol le daba de lleno en la cara y le

dar

deslumbraba. 日が彼の顔一杯に当たって彼はまぶしがった. ⑫［+para に］充分である. —Este negocio no *da para* más. この商売にはこれ以上もうからない. ⑬［+por が］(*a*) 好きになる. —A José le *ha dado por* el whisky. ホセはウイスキーが好きになった. (*b*) したくなる, しようと決める. —Le *ha dado por* no comer carne. 彼は肉を食べないことにした. ⑭［+tras（人）に］追及する. —*Dieron tras* él con suma crueldad. 彼らは非常に残酷に彼を追及した. ⑮［+sobre に］襲いかかる. —*Dieron sobre* los enemigos. 彼らは敵に襲いかかった.

ahí me las den todas そんなことは私には関係ない［私は気にしない］. ¿Crees que temo que me regañen? *¡Ahí me las den todas!* 私が叱られる心配をしてると思うかって? そんなこと全然気にしてないよ.

ahora le da por ahí/le ha dado por ahí それに彼は今夢中である, 熱狂している.

a mal dar どんなに悪くても.

dado que →dado².

¡Dale! (1) さあいけ. (2) いいかげんにしろ, またか.

dale/dale que dale/dale que te pego もういい加減にしろ, もう聞き飽きたよ, もう沢山だ. Siguió *dale que te pego* hablando del tema durante una hora. 彼は1時間にわたってその話を続けたんだ. もういい加減にして欲しいよ.

dar a conocer を知らせる.

dar a entender をほのめかす, 理解させる. *Dio a entender* que estaba molesto. 彼は迷惑な思いをしていることをほのめかした.

dar consigo en (1) …に倒れる. *Dio consigo en* el suelo. 彼は床に倒れた. (2) …に落ち着く. Después de vagar por muchas ciudades francesas, *dio consigo en* Madrid. 彼はフランスの多くの都市を放浪したあとでマドリードに落ち着いた.

dar de cuchilladas a …（人）を刺す. *dar de cuchilladas a* José ホセを刺す.

dar de espaldas あおむけに倒れる. Resbaló y *dio de espaldas*. 彼は滑ってあおむけにばったりと倒れた.

dar de patadas a …（人）を蹴る.

dar de puñetazos a …（人）をげんこつでなぐる.

dar de sí (1) 広がる, 大きくなる, だぶだぶになる. Esta blusa *ha dado de sí*. このブラウスはぶかぶかになった. (2) を生む, 益する, 大いに効果がある. Este plan *da poco de sí*. この計画は実りが乏しい.

dar en qué (que)［+不定詞］(疑い・話・非難・心配)の種をまく, …する余地を与える. Su dimisión *dio mucho en qué* hablar. 彼の辞職は多くの話の種をまいた. Su conducta siempre *da en qué* decir. 彼の行動は常に物議をかもす.

darle a を猛勉強する, 一所懸命…に努力する. ~*le* fuerte *a* las matemáticas 数学を猛勉強する

dar por supuesto を当然と思う. *Dio por supuesto* que vendrían en el tren, pero no se cercioró. 彼は彼らが電車で当然来ると思ったが, 確かめなかった.

dar que decir [*hablar*] うわさの種になる, とやかく言われる.

dar que [*en qué*] *pensar* 考えさせる, 気にさせる.

dar una buena a …（人）に一発お見舞いする; (言い争いで)をやりこめる.

dar y tomar 口論する, 言い争う. En ese asunto hay mucho *dar y tomar*. その件には言い合いせねばならないことがたくさんある.

Donde las dan las toman. 【諺】打てば打たれ, 切れば切られる.

El que da bien vende si el que recibe lo entiende. 【諺】気前のよい人は結局もうけが多い(←与える人はもしもらい手がそれを分かってくれればよく売れる).

me da no sé qué 私は心が痛む, 私を困らせる, 私は…が嫌いだ. *Me da no sé qué* decírselo. 彼にそれを言うのはつらい.

para dar y tomar ありあまるほどの. Tiene arrogancia *para dar y tomar*. 彼はごうまん過ぎるくらいごうまんだ.

—*se* 再 ❶［+a+名詞/不定詞］(…)に夢中になる, ふける, おぼれる. —Era muy rico, pero *se dio* al juego y empobreció. 彼は非常に金持だったが, ギャンブルに凝って貧乏になった. ~*se al* estudio 勉強に打ち込む. ~*se a* beber 酒におぼれる. ❷ 起こる, 起きる. —*Se dio* en Salamanca el Tercer Congreso de Hispanistas. 第3回スペイン語学者会議はサラマンカで開催された. A veces *se dan* casos espeluznantes. 身の毛もよだつような事件が時々起こる. *Se ha dado* un caso de tuberculosis. 結核の症例が1件見つかった. 類 existir, suceder. ❸ 屈服する, 譲歩する. —*Se dieron* a la policía. 彼らは警察に投降［自首］した. ❹［+con/contra に］ぶつかる. —El coche *se dio contra* una pared. 彼の車は壁に衝突した. ❺［+a/de に］関係がある. —No *se me da* nada todo esto. これらすべては私に何も関係がない. ❻ 育つ, 生育する. —El arroz *se da* bien en esta tierra. 米はこの土地では育ちがよい. ❼ ある, 存在する, 想像する. —Es la persona más inteligente que ~*se* pueda. 彼は想像しうる限り最も頭の良い人物だ. ❽ 屈伏する, 降伏する. ❾［+por+形容詞/過去分詞］自分を…と見なす, 自認する. —*Me daré por* contento con que apruebes. 君が合格すれば私はうれしいと思うだろう. ❿［強意］—~*se* una vuelta 散歩する.

darse a buenas おとなしくなる, 抵抗をやめる.

darse a conocer (1) デビューする; 名声を上げる. (2) 自分の性質[性格]をさらけ出す. Creían que era muy callado, pero en la fiesta *se dio a conocer* como la persona habladora que es. 彼は非常に無口だと思われていたが, パーティーで本当におしゃべりだということが知れ渡った.

darse a entender 自分の言うことをわからせる. Consiguió *darse a entender* por gestos. 彼は身ぶりで言いたいことをわかってもらえた.

dar(se)la だます. *Se la dio* con sus finos modales y melosas palabras. 彼は上品なマナーと甘いことばで人を欺いた.

dárselas de …とうぬぼれる, 自負する. *Se las da de* inteligente. 彼は自分が頭がよいとうぬぼれている.

dársele bien [*mal*] *a* …（人）が得意［苦手］である, 上手［下手］である. *Se me da bien* el judo. 私は柔道が強い. A mi mujer *se le da mal* la cocina. 私の妻は料理が下手だ.

dársele a［+人］*poco* …が苦手である. *Se le da poco* el deporte. 彼はスポーツが不得手だ.

darse por vencido 降伏(降参)する, 敗北を認める.

no darse por entendido 知らんふりをする.

dará [dará] 動 dar の未来・3 単.
darán [darán] 動 dar の未来・3 複.
Dardanelos [darðanélos] 固名 (Estrecho de los ∼) ダーダネルス海峡(トルコ北西部, エーゲ海とマルマラ海を結ぶ海峡).
dardo [dárðo] 男 ❶ 投げ槍. ❷《比喩》鋭い皮肉, きつい風刺(言葉). ❸ →*albur*¹.
daré [daré] 動 dar の未来・1 単.
daréis [daréis] 動 dar の未来・2 複.
daremos [darémos] 動 dar の未来・1 複.
daría(-) [daría(-)] 動 dar の過去未来.
Darién [darjén] 固名 ダリエン(パナマとコロンビアの国境の地域).
Darío [darío] 固名 ❶《男性名》ダリーオ. ❷ ダリーオ(ルベン Rubén ∼)(1867-1916, ニカラグアの詩人).
dársena [dársena] 女 内港, 船着場, 桟(さん)橋; バスの発着場.
darvinia/**no, na** [darβinjáno, na] 形 ダーウィンの; ダーウィン主義の.
darvinismo, darwinismo [darβinísmo, ðarwinísmo] 男 ダーウィン主義, 進化論.
das [dás] 動 dar の直・現在・2 単.
data [dáta] 女 ❶ (手紙や文書に記す)日付・場所. ❷《簿記》貸方.
datar [datár] 他 ❶ ∼に日付(場所)を記入する. ❷ (古い文献などの)年代を特定する. ❸《簿記》貸方に記入する.
—— 自 《+de》…から存在する, …にさかのぼる. — Su enemistad *data de* hace años. 彼らは何年も前から敵対している.
dátil [dátil] 男 ❶《植物》ナツメヤシの実. ❷《主に 複》《話》(手の)指.

dátil de mar 《貝類》ヨーロッパシギノハシ, イシマテ. ♦ナツメヤシの実に似ていることから.

datilera [datiléra] 形《女性形のみ》—palmera ∼ ナツメヤシ. —— 女 ナツメヤシ.
dativo [datíβo] 男《文法》与格.
‡**dato** [dáto] 男 ❶《主に 複》**資料**, **データ**, **情報**; 論拠, 事実. — ∼s estadísticos 統計資料. carecer de ∼s 資料が不足している. recoger [reunir] ∼s データを集める. dar ∼s データを与える. base [banco] de ∼s データベース[バンク]. por falta de ∼s 資料[情報]不足のために. 圞 **información, referencia**. ❷《コンピュータ》データ. — procesamiento [proceso] de ∼s データ処理. procesador de ∼s データ処理装置. ∼s analógicos アナログ・データ. ∼s de entrada 入力データ. poner [meter] los ∼s en el ordenador コンピュータにデータを入力する. ❸《数学》既知数.

datos personales 個人情報, 履歴書. Aportó sus *datos personales* para tramitar la beca. 彼は奨学金の手続きを取るために履歴書を提出した.

David [daβí(ð)] 固名 ❶《聖書人名》ダビデ(旧約聖書, 前 1011 頃-972 頃, イスラエル王国の建設者); ダビデ書. ❷《男性名》ダビード. ❸ ダビード(パナマの都市).
d.C.《略号》= después de Cristo. (西暦)紀元, AD.
dcha.《略号》= derecha 右(側).
d. de J.C.《略号》= después de Jesucristo (西暦)紀元…, AD.
de¹ [de] 女 文字 d の名称.
**de² [de デ] 前《無強勢》; de+el は del となる》

> Ⅰ …の.
> Ⅱ …から.
> Ⅲ 〖手段, 方法〗…で.
> Ⅳ 〖資格, 役割〗…として.
> Ⅴ 〖同格〗…の.
> Ⅵ 〖基準, 観点〗…が[は], …の点で.
> Ⅶ 〖目的, 用途〗…(のため)の, …用の.
> Ⅷ 〖動作名詞とともに〗(主語, 目的語を示す).
> Ⅸ 〖受動態の行為者〗…による, …によって.
> Ⅹ 〖比較〗…よりも; …の中で.
> Ⅺ 〖感嘆文〗
> Ⅻ 〖副詞句を作る〗時; 様態.
> XIII 〖de+不定詞〗…なら; …すべき.

Ⅰ〖…の〗❶〖所有, 所属〗…の, …に属する. —¿*De* quién es este libro? -Es *de* Carmen. この本は誰のですか?-カルメンのです. ❷〖材料〗…の. —Los bolsos *de* cuero son los más resistentes. 革のハンドバックが一番長持ちする. ❸〖土地, 場所〗…の. —La gente *de* Andalucía es alegre. アンダルシーアの人々は陽気だ. ❹〖時〗…の. —Fuimos a la playa en las vacaciones *de* verano del año pasado. 私たちは去年の夏休みに海へ行った. ❺〖主題〗…(について)の. —clase *de* historia española スペイン史の授業. ¿*De* qué están hablando? 彼らは何について話しているのですか? ❻〖作者〗…の. —Me gustan los cuadros *de* Picasso. 私はピカソの絵が好きだ. ❼〖期間〗…かかる, …の. —Hoy haré un trabajo *de* tres horas. 今日私は 3 時間の仕事をするつもりだ. ❽〖値段, 価値〗…の. —Necesito tres sellos *de* un euro. 私は 1 ユーロの切手が 3 枚必要だ. ❾〖全体の一部〗…の, …のうちの. —Dos *de* las manzanas que hay en la canasta están podridas. かごの中のリンゴのうち 2 つは腐っている. ❿〖性質, 特徴〗…の, …をした, …のような. —Vive en este pueblo una anciana *de* cien años. この村には 100 才のおばあさんが住んでいる. Ha salido de aquí el hombre *de* la chaqueta negra. ここから黒い上着を着た男が出て行った. Lo que hace es *de* locos. 彼のしていることは正気の沙汰ではない. ⓫〖数量, 容量〗…の. —Un vaso *de* agua, por favor. 水を一杯ください. Un grupo *de* estudiantes cantaban en la calle. 学生のグループが通りで歌を歌っていた. ⓬〖目的地, 到達点〗…(行き)の. —la Carretera *de* la Coruña ラ・コルーニャ(へ向かう)街道. Vi a tu hermana en el camino *de* vuelta a casa. 私は家へ帰る途中, 君の姉さんに会った. ¿A qué hora sale el tren *de* Barcelona? バルセロナ行きの汽車は何時に出ますか?

Ⅱ〖…から〗❶〖起点〗…から(の). —¿Cuánto cuesta el viaje *de* Madrid a Córdoba? マドリードからコルドバまでの旅費はいくらですか? ❷〖出身, 生産地〗…の出身, …から(の). —Yo soy *de* Tokio. 私は東京の出身です. ❸〖原因, 理由, 根拠〗…から, …で. —*De* esto se saca la conclusión siguiente. このことから次の結論が導き出せる. Temblaban *de* miedo. 彼らは恐怖で震えていた.

Murió *de* cáncer. 彼は癌(がん)で死んだ. Está en Japón *de* turismo. 彼女は観光で日本に来ている. ❹ 【材料】…から. —*De* barro se hace una jarra. 土から瓶(かめ)が作られる.
III 【手段・方法】 —Ella vive d*el* dinero de su tío. 彼女は叔父の金で暮らしている. Actuó *de* mala fe. 彼は悪意を持って行動した. Lo derribó *de* un puñetazo. 彼はそれをげんこで倒した.
IV 【資格, 役割】 ❶ …として, …の仕事をして. —Pedro trabaja *de* carpintero en el pueblo. ペドロは村で大工の仕事をしている. ❷ (評価を表す動詞とともに)…として, …のように. —Lo tachan *de* pedante. 彼はペダンチックだと非難されている.
V 【同格】 ❶ …の, …という. —Llegamos al aeropuerto *de* Barajas. 私たちはバラーハス空港に着いた. ❷ 【定冠詞・指示形容詞+評価の形容詞に後続して】…の…. —El tonto *de* Emilio lo hizo. エミリオの馬鹿がそれをやった.
VI 【基準, 観点】…が[は], …の点で, …に関して. —Es cojo *de* la pierna izquierda. 彼は左足が不自由だ. Esta caja tiene veinte centímetros *de* altura. この箱は高さが20cmある. ¡Qué maravilla *de* persona! 何て素晴らしい人だろう! ¡Qué asco *de* tiempo! 何てひどい天気だろう!
VII 【目的, 用途】…(のため)の, …用の【固定した名詞にになっている場合が多い】. —máquina *de* escribir タイプライター. barco *de* pesca 釣り舟. gafas *de* sol サングラス.
VIII 【動作名詞とともに】 ❶ …の(主語を示す場合). —Se alegró de la llegada *de* su padre. 彼は父親の到着を[父親が到着して]喜んだ. ❷ …の(目的語を示す場合). —Se dedica al estudio *de* Cervantes. 彼はセルバンテスの研究[セルバンテスを研究すること]に打ち込んでいる.
IX 【受動文の行為者】…に(よる), …によって. —Ese profesor era siempre estimado *de* los alumnos. その先生はいつも生徒たちに尊敬されていた. Está abrumada *de* deudas. 彼女は借金に悩まされている. 類**por** I②【*de*を用いるのは古い言い方】.
X 【比較】 ❶ …よりも. —Creo que tiene más *de* cincuenta años. 彼は50才以上だと思う. Es más inteligente *de* lo que pensaba. 彼は思っていたよりも頭がよかった. He comido más *de* lo debido. 私は適当な量よりも食べすぎた. 類**que**. ❷ …の中で. —Rafael es el más aplicado *de* toda la clase. ラファエルはクラスの中で一番勉強だ.
XI 【感嘆】(悲嘆・嫉妬などを表す語に続けてその言及対象を示す). —¡Ay *de* mí! なんて僕はつらいんだ! ¡Pobre *de* Paloma! パローマはなんて可哀想なんでしょう!
XII 【副詞句を作る】 ❶ 【時の副詞句】(*a*) —Trabaja *de* día y estudia *de* noche. 彼は日中に働いて, 夜勉強をする. (*b*) 【主語の性数と一致した語とともに】…の頃, …の時. —*De* niño era muy callado. 彼は幼い頃は大変無口だった. *De* viejo se volvió huraño. 年を取って彼は人嫌いになった. ❷ 【様態の副詞句】. —*De* un trago se bebió la cerveza. 彼は一口でビールを飲み干した. *De* un trago se bebió el vino. 彼は一気にワインを飲み干した. Acaba *de* una vez. いい加減にしろ.
XIII 【de+不定詞】 ❶ …ならば. —*De* haberlo sabido, te lo habría avisado. それを知っていたなら, 君に知らせたのだが. *De* seguir el mal tiempo, tendremos que suspender la excursión. 悪い天気が続くのなら私たちはハイキングを中止しなければならないだろう. ❷ …すべき. —Ya es hora *de* acostarse. もう寝る時間です. ❸ 【形】+de+不定詞】. —Este coche es fácil *de* manejar. この車は運転操作が簡単です.

de a … …ずつの. Salgan en fila *de a* dos. 二列縦隊で出てください.

de … *a* … (1) …から…まで. *De* aquí *a* la estación hay dos kilómetros. ここから駅まで2 kmあります. (2) …と…で. Hemos hablado *de* hombre *a* hombre. 私たちは男同士の話をした.

de … *en* … (1) …から…へと. El pobre viejo iba *de* calle *en* calle pidiendo limosna. そのあわれな老人は町から町へと物乞いをして歩いた. (2) …ずつ. La muchacha bajó las escaleras *de* dos *en* dos. その女の子は階段を二段ずつ降りて行った. *De* año *en* año llueve menos. 年々雨が降らなくなっている.

de lo más →**más**.

de-¹ [de-] 接頭 「否定(非・不), 反対; 分離」の意. —*de*formar, *de*mérito, *de*pilar, *de*poner, *de*volver.

de-² [de-] 接頭 「強調」の意. —*de*mostrar, *de*purar, *de*tonar.

dé [dé] 動 dar の直・現在・1単, 3単; usted に対する命令形.

deambular [deambulár] 自 ぶらぶら歩く, 散歩する.

deambulatorio [deambulatórjo] 男 【建築】(教会の主祭壇の後ろを巡る)周歩廊.

deán [deán] 男 《カトリック》司教地方代理, 大聖堂主任司祭.

deanato, deanazgo [deanáto, deanáθɣo] 男 司教地方代理職; 司教地方代理管轄教区.

debacle [deβákle] (<仏)女 【主に戯】めちゃくちゃ(な結果), 惨憺(さん)たる有様[結末]. 類**desastre**.

:**debajo** [deβáxo デバホ] 副 下(の方)に, 下側に; 下から. —Dame el libro que está ~. 下の方にある本を渡してくれ. Cuidado al levantar la piedra; puede haber un alacrán ~. 石を持ち上げるときには注意しろ. 下にサソリがいるかもしれない. 類語**abajo** は絶対的に「下」を表すのに対し, **debajo** は「(他の物)より下」を表す. 反**encima**.

debajo de … …の下(の方)に, …より下に, …の下側に. El paquete está *debajo de* la mesa. 小包はテーブルの下にある. 類語**bajo** は現代では抽象的な「…のもとに」の意味に限って用いることが多く, **debajo de** は場所・位置的「…の下」を表す.

por debajo 下を[に], 下の方(下側)を[に]; 下から. Vamos a pasar *por debajo*. 下を通って行こう.

por debajo de … (1) …の下(の方)を[に], の下を通って. El cartero metió la carta *por debajo de* la puerta. 郵便配達は手紙をドアの下にさし入れた. (2) を下回って, …以下で. Aquí se conserva la temperatura *por debajo de* los diez grados. ここでは気温が10度を下回ったままだ.

:**debate** [deβáte] 男 ❶ 討論, 論議; 討論会. —~ estéril 不毛な議論. el moderador de un ~ político 政治討論会の司会者. Antes de votar la enmienda, se sometió a ~. 修正案は決決す

る前に討議にかけられた. Hubo un ~ público sobre el desarme. 軍縮に関する公開討論会が催された. 類 discusión, controversia, coloquio. 反 acuerdo. ❷ 戦い, 闘争. — Tiene un continuo ~ con sus prejuicios. 彼は絶えず偏見と戦っている. 類 contienda, combate.

:**debatir** [deβatír] 他 を議論する, 討論する, 審議する. — Hemos debatido el problema, pero no hemos llegado a ningún acuerdo. 我々はその問題を議論したが, いかなる合意にも至らなかった. 類 discutir, disputar.

—— se 再 もがく, 躍起になる, 苦闘する. — El enfermo se debate entre la vida y la muerte. 病人は生死の間をさまよっている. Se debaten por el cargo de director de ventas. 彼らは営業部長の座をめぐって必死になっている. El zorro se debatía en la red. キツネは網の中でもがいていた.

debe [déβe] 男 《簿記》借方. —— y haber 借方と貸方.

debelador [deβelaðór] 男 《文》(武力による)勝者, 征服者.

debelar [deβelár] 他 《文》を武力で打ち負かす, 征服する. 類 conquistar, vencer.

:**deber** [deβér デベル] 他 ❶ 〖+不定詞〗…すべきである, しなければならない; 〖否定文で〗…するべきではない, …してはいけない. — Debo hacer más ejercicio para no engordar. 私は太らないようもっと運動をしなければならない. Has debido ir. 君は行くべきだった. Eres menor de edad y no debes fumar. 君は未成年だからタバコを吸ってはいけないよ. Deberías comer menos. 君は食事の量を減らすべきだろう. Debías haberlo terminado ya. 君はもうそれを片付けておくべきだったね.

❷ 〖+a に〗(金額)を借りている, 支払う〖返す〗義務がある. — ¿Qué le debo, camarero? ボーイさん, いくらですか. Le debo 60 euros. 私は彼に 60 ユーロ借りている. ❸ 〖+a に〗(a) 恩意をこうむっている, (…の)おかげである. —A mi tío le debo todo lo que soy. 私が今日あるのはすべて私の叔父のおかげである. (b) 義務を負っての, をしなければならない. —Me debes una explicación de lo ocurrido. 君には出来事の説明をしてもらわなければならない. Le debo contestación a su carta. 私は彼に手紙の返事を書かねばならない.

—— 自 〖+de+不定詞〗…に違いない. —Debe de estar arrepentida de lo que me dijo. 彼女は私に言ったことを後悔しているに違いない. Deben de ser las cinco. 今は 5 時のはずだ. Debe de haber llegado ya a Lisboa. 彼はもうリスボンに着いているはずだ.

—— se 再 ❶ 〖+a に〗献身する〖つくす〗義務がある. —Se debe a esta causa. 彼はこの大義に身を捧げる義務がある. ❷ 〖+a に〗原因がある. —El incendio se debió a una colilla mal apagada. 火事は消し方の悪い吸いがらが原因だった.

—— 男 ❶ 義務. —El ~ de los estudiantes es estudiar. 学生の義務は勉強することだ. Es un ~ nuestro ayudar a los necesitados. 困窮者を助けることは我々の義務である. sentido del ~ 義務感. cumplir con el ~ 義務を果たす. Se creyó en el ~ de acompañarme. 彼は私に同行しなければならないと思い込んだ. ❷ 複 宿題. —El niño no ha acabado todavía los ~es. その子はまだ宿題をやり終えていない.

debilitación 611

***debidamente** [deβiðaménte] 副 適切に, 正しく, しかるべく. —El documento está ~ cumplimentado. その文書は適切に処理済みである. Ha cumplido ~ con su cometido. 彼は自分の任務を十分に果たした. 類 correctamente, cumplidamente, justamente.

***debido, da** [deβíðo, ða] 過分 形 しかるべき, 当然の. — En el nuevo trabajo me tratan con el respeto ~. 新しい職場で私はしかるべき敬意をもって受け入れられている. en forma debida しかるべき形で. Tomaremos las debidas precauciones. しかるべき予防措置をとることにしましょう. 類 conveniente, necesario.

como es debido 適切に, きちんと. Les recibiré como es debido. 彼らをちゃんとお迎えするつもりです.

debido a ... 〖原因〗…のために, …によって. Debido a la huelga de transportes, tuvimos que ir a la oficina a pie. 交通ストのため, 私たちは歩いて出勤しなくてはならなかった.

:**débil** [déβil デビル] 形 ❶ 弱い, 力がない, もろい〖ser+〗. —corazón ~ 弱い心. punto ~ 弱点. sexo ~ 弱き性(かつて女性のことを指した). Era demasiado ~ para soportarlo. 彼はそれに耐えるにはあまりにも弱すぎた. 類 blando, endeble, flojo. 反 fuerte. ❷ 体が弱い, 虚弱な〖ser+〗. —Desde que nació ha sido un niño ~. あれは生れてこの方体の弱い子だった. ❸ 弱った, 衰弱した, 弱々しい〖estar+〗. —Está tan ~ que apenas puede andar. 彼はとても弱っていてほとんど歩けないくらいだ. 類 debilitado, decaído. ❹ 〖+con〗(人)に甘い, 気弱な. —Ella es muy ~ con su hijo. 彼女は息子に非常に甘い. ❺ (知覚的に)かすかな, わずかな, ぼんやりした. —luz ~ ぼんやりとした光. ~ sonrisa かすかなほほえみ. Habla con voz ~. 彼は小声で話す. Se prevé una ~ recuperación de la economía. わずかな経済回復が予想される. ❻ 《文法》無強勢の, 弱勢の, 弱い(音節・母音). —vocal ~ 弱母音.

—— 男女 (体・力などが)弱い人, 虚弱者; 弱者. —Los ~es no podían subsistir. 弱い人達は生きのびることができなかった.

:**debilidad** [deβiliðá(ð)] 女 ❶ 弱さ, 虚弱, 衰弱. —~ visual 視力の弱さ. ~ senil 老衰. ~ de la corriente eléctrica 電流の弱さ. ~ de carácter 性格の弱さ. 類 flaqueza. 反 energía, fortaleza. ❷ 性格の弱さ, 弱気さ, 無気力. —~ moral 精神的弱さ. Se deja llevar por su ~ con los hijos. 彼は子供達に甘いので言いなりになる. 類 flaqueza. 反 entereza. ❸ 弱点, 欠点. —Su única ~ es que gasta más de lo que gana. 彼の唯一の欠点は稼ぐより使うほうが多いことである. 類 defecto. ❹ 〖+por〗(…に対する)特別な愛着〖愛情〗. 好きでたまらないもの. —Su ~ son los toros. 彼は闘牛が好きでたまらない. 類 preferencia.

debilidad mental 《医学》精神薄弱(→oligofrenia).

tener [sentir] debilidad por ... …に目がない, 弱い, 甘い. Sentía por ella una gran debilidad. 彼は彼女にまったく目がなかった.

***debilitación** [deβilitaθjón] 女 →debilitamiento.

debilitamiento [deβilitamiénto] 男 ❶ 衰弱, 衰え, 虚弱(化), 弱まること. ～ de la estructura del edificio 建物の構造の老朽化. ～ de la democracia 民主主義の弱体化. 類 **debilitación**. 反 **fortaleza**. ❷ (音声)弱化(例えば母音間での子音の有声化や摩擦化など). ❸ (相場などの)弱含み, 軟化.

debilitar [deβilitár] 他 を弱くする, 弱化する. —La hemorragia le ha debilitado mucho. 出血がひどく彼の体を弱めた. ——se 再 弱くなる, 弱化する.

*__débilmente__ [déβilménte] 副 弱々しく, 力なく, かすかに. —La luz de una vela alumbraba ～ el cuarto. ろうそくの光がぼんやりとその部屋を照らし出していた. Sonrió ～. 彼はかすかにほほえんだ.

débito [déβito] 男 負債. ～ conyugal 夫婦の務め. 類 **deuda**.

debut [deβú(t)] 男 〖複 debuts [deβu(t)s]〗 デビュー, 初舞台.

debutante [deβutánte] 男女 デビューする人, 新人; 女 社交界に初めて出る若い女性.

debutar [deβutár] 自 デビューする, 初舞台を踏む; 社交界に出る.

deca- [deka-] 接頭 「10」の意. —década, decágono, decagramo, decálogo, decasílabo.

‡**década** [dékaða] 〔<diez〕女 ❶ 10 年間; 〖+ de〗…年代. —en las tres últimas ～s 最近の 30 年間に. la primera ～ del siglo XIX 19 世紀初めの 10 年間. en la ～ de los (años) noventa [del noventa] 1990 年代に. 類 **decenio**. ❷ 10 日間, 旬日. —la primera [la segunda] ～ de abril 4 月初[中]旬. ❸ 10 巻[10 章]からなる書; 10 人伝. 類 **espinela**.

‡**decadencia** [dekaðénθja] 女 ❶ 衰退, 衰え, 衰微, 凋落(^{ちょう}); (芸術・道徳などの)退廃, デカダンス. ～ y caída del Imperio Romano ローマ帝国の衰亡. caer en ～ 衰退[退廃]する. La sociedad atraviesa momentos de ～. 社会は衰退期にある. 類 **decaimiento, declive**. 反 **apogeo, auge, esplendor**. ❷ (国家・芸術などの)衰退期, 退廃期. —Durante la ～ no surgió ningún poeta. 退廃期には詩人は 1 人も出なかった. La ～ del Imperio Romano marcó el comienzo de una nueva civilización. ローマ帝国の衰退期は新しい文明の出発点となっている. 類 **declive**.
en decadencia 衰退して, 衰えて, 落ちぶれて; 退廃して. La moral tradicional está en franca *decadencia*. 伝統的道徳は明らかに退廃している.

‡**decadente** [dekaðénte] 形 ❶ 衰退している, (芸術・道徳などが)退廃的な; (19 世紀末の芸術上の)デカダンの. ～ época 衰退期, 退廃期. poeta ～ デカダン派の詩人. arte gótico ～ 衰退期のゴシック芸術. ❷ 弱っている, 衰退した〖estar+〗. —Su salud ～ no le permite presentarse a las elecciones. 彼の衰えた健康では選挙に出ることができない.
—— 男女 退廃的な人; デカダン派の芸術家.

decaedro [dekaéðro] 男 〖幾何〗十面体.

*__decaer__ [dekaér] 〖10.1〗〔<caer〕自 衰える, すたれる. —Últimamente ha decaído mucho de ánimo. 最近彼は気力が非常に衰えた. La abuela ha decaído bastante a causa de la enfermedad. 祖母は病気のためにかなり衰弱した. La pintura religiosa decae sensiblemente en el siglo XIX. 宗教画は 19 世紀には目に見えて衰退する.

decágono [dekáɣono] 男 〖幾何〗十角形.

decagramo [dekaɣrámo] 男 〖単位〗デカグラム (=10 グラム).

decaí- [dekaí-] 動 decaer の直・完了過去, 過去分詞.

decaído, da [dekaíðo, ða] 過分〔<decaer〕形 (肉体的あるいは精神的に)衰えた, 衰弱した, 意気消沈した. —La enfermedad le ha dejado bastante ～. 病気のために彼はかなり衰えた.

decaiga(-) [dekáiɣa(-)] 動 decaer の接・現在.

decaigo [dekáiɣo] 動 decaer の直・現在・1 単.

decaimiento [dekaimiénto] 男 (肉体的あるいは精神的な)衰え, 衰弱; 意気消沈. —Se nota que ya ha comenzado su ～ físico. 彼も体力が衰え始めたね.

decalitro [dekalítro] 男 〖単位〗デカリットル (=10 リットル).

decálogo [dekáloɣo] 男 〖聖書〗(神がモーセに与えた)十戒.

decámetro [dekámetro] 男 〖単位〗デカメートル (=10 メートル).

decampar [dekampár] 自 (軍隊が)陣地をひき払う.

decanato [dekanáto] 男 ❶ (大学の)学部長職(に就いていること, その期間); (ある種の団体の)長職(に就いていること. ❷ 学部長室, (団体の)長の執務室.

decano, na [dekáno, na] 名 ❶ (大学の)学部長; (ある種の団体の)長. —D～ del Colegio de Abogados 弁護士会長. ❷ (団体や結社の)最年長者, 長老.

decantación [dekantaθjón] 女 ❶ 上澄みを他の容器に移すこと. ❷ (ある思想などへの)傾斜, 指向.

decantar [dekantár] 他 ❶ (液体)を澱(^{おり})を動かすように静かに他の容器に移す, 上澄みを移し注ぐ. —*Decantó* el vino en una botella pequeña. ワインを小さなびんに移し入れた. ❷ 〖まれ〗を称賛する. ——se 再 〖+hacia/por〗(思想的に)に傾く. —*Se decantó hacia* el comunismo. 共産主義に傾倒した. *Se decantó por* el diálogo. 彼は対話の道を選んだ.

decapitación [dekapitaθjón] 女 斬首(^{ざん}), 首切り.

decapitar [dekapitár] 他 …の首をはねる, を打ち首にする. 類 **degollar**.

decápodo [dekápoðo] 形 〖動物〗脚[腕]が十本の.
—— 男 十脚類の動物(カニなど); 十腕類の動物(イカなど).

decasílabo, ba [dekasílaβo, βa] 形 〖韻律〗(詩行が)10 音節から成る.
—— 男 10 音節から成る詩行.

decay- [dekaj-] 動 decaer の直・完了過去, 接・過去, 現在分詞.

decembrista [deθembrísta] 男女 十二月党, デカブリスト(1825 年 12 月ニコライ 1 世の即位に反対し立憲政体の樹立を目指したロシアの自由主義者たち).

decena [deθéna] 女 ❶ 10(個), 10 個のまとま

り;約10. —Mételos en las cajas por ~s. 10個ずつ箱に入れなさい. ❷《音楽》10度(音程).

decenal [deθenál] 形 10年に1度の, 10年ごとの. ❷ 10年間の, 10年続く. —Han firmado un contrato ~. 10年契約を結んだ.

:**decencia** [deθénθja] 女 ❶《服装・言動などが》きちんとしていること, まともであること, 良識, 礼儀正しさ. —La ~ en el hablar y en el vestir eran normas del colegio. 言葉遣いや服装をきちんとすることが学校の規律であった. faltar a la ~ はしたないまねをする. Si tuviera un poco de ~, …. 彼が少しまともだったなら, …. 類 **aseo, honestidad**. 反 **deshonestidad, indecencia**. ❷ 品位, 品格, 上品. —Su ~ no le permitió portarse así. 彼の品位がそのような振舞いを許さなかった. 類 **decoro, dignidad**. 反 **indecencia**. ❸ (特に性的な)慎み, 節度, 恥じらい. —La ~ era una virtud indispensable para las mujeres de antaño. 慎みは昔の女性には不可欠の美徳であった. 類 **pudor, recato**.

con decencia (1) きちんと, 上品に, 礼儀正しく. vestir *con decencia* きちんとした服装をする. vivir *con decencia* 恥ずかしくない[ちゃんとした]生活をする. (2) 慎み深く, 控え目に.
por decencia 羞恥心から; 良識によって.

decenio [deθénjo] 男 10年間. 類 **década**.

deceno, na [deθéno, na] 形《まれ》10番目の. 類 **décimo**.

decentar [deθentár] 他 ❶ (主に食べ物に)手をつける, 使い始める. —Terminé la botella y *decenté* otra. ひとびん空けて, 次のを飲み始めた. 類 **empezar**. ❷《比喩》(健康など)を損ない始める. 類 **dañar**. —**se** 再 (体の部分が)床擦れになる. —Llevo un mes en la cama y *se me ha decentado* la espalda. ひと月寝たきりなので背中に床擦れが出来た. 類 **llagarse**.

:**decente** [deθénte] 形 ❶ (道徳や礼儀の上で)見苦しくない, 慎みのある;(話などが)みだらでない. —Es una chica ~. 彼女は真面目な女の子だ. Se enfrascaron en una conversación poco ~. 彼らはあまり品がいいとは言えない会話にふけっていた. 類 **honesto, honrado, justo**. 反 **deshonesto, indecente**. ❷ (住居・身なりなどが)ちゃんとした, 見苦しくない, しかるべき. —Ponte un traje ~ para asistir a la boda. 結婚式に出るにはきちんとした身なりをしなさい. Viven en una casa muy ~. 彼らはそれ相当の家に住んでいる. 類 **decoroso, digno**. 反 **indecente**. ❸ (収入などが)まずまずの, 悪くない, 相当の. —Le pagan un sueldo ~. 彼はまずまずの給料をもらっている. 類 **digno, suficiente**. 反 **insuficiente**. ❹ (住居などが)きちんとした, きれいな. —Voy a poner ~ este cuarto. 私はこの部屋をきれいにしよう. 類 **aseado, limpio**.

***decentemente** [deθéntemente] 副 見苦しくないように, きちんと; つつましく. —Su sueldo le da para vivir ~. 彼の給料はまあまあの暮らしができる程度のものだ.

decenviro [deθembíro] 男 (古代ローマの)十大官の1人.

decepción [deθepθjón] 女 失望, 当てはずれ; 失望させるもの. —Me llevé [Tuve] una ~ al saber que tú no venías conmigo. 君が一緒に来ないと知ってがっかりした. 類 **desengaño, desilusión**.

decepcionante [deθepθjonánte] 形 失望させる, がっかりさせる, 幻滅させる.

decepcionar [deθepθjonár] 他 をがっかりさせる, …の期待を裏切る. —Me *decepcionó* su conferencia. 彼の講演は期待外れだった. 類 **defraudar, desengañar, desilusionar**.

deceso [deθéso] 男 死ぬこと, 死去. 類 **muerte**.

dechado [detʃáðo] 男 ❶ 見本, 手本, モデル. 類 **muestra**. ❷《比喩》模範的な物(人)(しばしば皮肉の意で). ❸ (刺繍(ニュゥ)や裁縫の)練習作品.
dechado de perfecciones 完璧な人, 非の打ちどころがない人(皮肉で使うこともあり).

decibel, decibelio [deθiβél, ðeθiβéljo] 男《物理》デシベル(音の強度の単位).

decible [deθíβle] 形 言葉になる, 言い表わし得る(否定文中に用いられることが多い). 反 **indecible**.

decididamente [deθiðiðaménte] 副 ❶ 決然と, きっぱりと. —Dijo ~ que no. 彼はきっぱりと否定した. 類 **resueltamente**. ❷ 確かに, きっと. —*D*~ no iré. 行かないことにしました. 類 **definitivamente**. ❸ 最終的に, 結局.

:**decidido, da** [deθiðíðo, ða] 過分 決定した, 決心した. —El plan ya está ~. その計画はもう決定済みだ. Salieron al campo ~s a ganar. 彼らは勝つ決意でフィールドに出た.
—— 形 きっぱりした, 決然とした, 毅然とした. —Rechazó la propuesta con un gesto ~. 彼は提案をきっぱりとした身ぶりで拒絶した. Es una mujer muy *decidida*. 彼女はとても毅然とした女性だ. Se nos acercó con paso ~. 彼はしっかりとした足取りで私たちに近づいて来た. 類 **audaz, firme, resuelto**.

****decidir** [deθiðír デシディル] 他 ❶ を決定する, 決心する, 決断する. —Aún no hemos *decidido* nada sobre el tema. まだ我々はテーマについて何も決めていない. *Decidieron* mudar de casa. 彼らは転居を決心した. ~ una cuestión 問題を決定する. ❷ (命運・将来)を決める; (人)に決心させる. —Un penalty *decidió* el partido. 一つのペナルティー・キックで試合が決まった. El juez *decidió* inculparle del delito de apropiación indebida. 裁判官は彼を横領罪で告訴する決定を下した. Su advertencia me *decidió*. 彼の忠告で私の腹が決まった.
—— 自 ❶《+de/sobre を》決める. —*Decidiremos sobre* el tema después de discutirlo. 我々は議論をしてからテーマを決めることになるだろう. ❷《+en について》決定を下す. —~ *en* una cuestión 問題に関して決定を下す.
—**se** 再《+a+不定詞》…することに決する,《+por を》決心する. —Por fin *se ha decidido a* colaborar. やっと彼は協力する決心をした. *Se decidirá por* votación. 彼は投票をすることに決めるだろう.

decidor, dora [deθiðór, ðóra] 形 話の上手な[面白い]. —— 名 話上手な人, 愉快なおしゃべり屋.

decigramo [deθiɣrámo] 男《単位》デシグラム(10分の1グラム).

decilitro [deθilítro] 男《単位》デシリットル(10分の1リットル).

:**décima**¹ [déθima] 女 ❶ 10分の1. —Ganó la carrera por unas ~s de segundo. 彼は10分の数秒差でレースに勝った. 類 **décimo**. ❷ (体

温計の)分(10分の1度); 〘医〙微熱. —tener cinco ~s de fiebre 平熱より5分高い. ❸《詩学》デシマ(各行8音節の10行詩). 園espinela. ❹《歴史》10分の1税. 園diezmo. ❺第10番目. 園décimo.

tener (unas) décimas de fiebre/estar con décimas 微熱がある.

‡**decimal** [deθimál] 形 ❶ 十進法の. —sistema de numeración ~ 十進法. ❷ 小数の. —fracción [número] ~ 小数. ❸ 10等分した, 10分の1の. —男《数学》小数. —Aproximen la división hasta el cuarto ~. 小数点以下第4位まで割りなさい.

decímetro [deθímetro] 男《単位》デシメートル(10分の1メートル).

‡‡**décimo, ma**² [déθimo, ma デシモ, マ] 形(数) ❶ 第10の, 10番目の(世代・世紀などはローマ数字Xで表わされる). —Alfonso X (décimo) アルフォンソ10世. Llegó a la meta en la *décima* posición. 彼はゴールに10位で入った. ❷ 10分の1の. —una *décima* de euro 10分の1ユーロ. —名 10番目の(人・物). —Es la *décima* en la lista de espera. 彼女は順番待ちリストの10番目だ.

—男 ❶ 10分の1. —Me correspondió un ~ del pastel. 私にはケーキの10分の1が割当てになった. ❷ (宝くじの)10分の1券(同一番号が10枚1組で発売されるうちの1枚). —En cada sorteo juego un ~. 私は毎回の宝くじで10分の1券を1枚買っている.

decimoctavo, va [deθimoktáβo, βa] 形(数)18番目の.

decimocuarto, ta [deθimokwárto, ta] 形(数)14番目の.

decimonónico, ca [deθimonóniko, ka] 形 ❶ 19世紀の. ❷《比喩》古臭い, 流行遅れの.

decimonono, na, decimonoveno, na [deθimonóno, na; ðeθimonoβéno, na] 形(数)19番目の.

decimoquinto, ta [deθimokínto, ta] 形(数)15番目の.

decimoséptimo, ma [deθimoséptimo, ma] 形(数)17番目の.

decimosexto, ta [deθimosé(k)sto, ta] 形(数)16番目の.

decimotercero, ra, decimotercio, cia [deθimoterθéro, ra; deθimotérθjo, θja] 形(数)13番目の.

‡‡**decir** [deθir デシル][10.11] 他 ❶ (a) …と言う. —Dice que estará en casa mañana. 彼は明日在宅していると言っている. Diga lo que diga, no le hagas caso. 彼が何と言おうと, 気にするな. Dígame. (ベルの鳴っている受話器を取り上げて)はいはい; (バルのボーイが入ってきた客に対して)ご注文は何になさいますか. ¡Carlos!–Dime. カルロス.—何だい[はい]. Dice. (正誤表で)誤. Debe ~. (正誤表で)正. (b) …と語る, を物語る. —Tu cara *dice* que estás muy cansado. 君の顔はとても疲れていると書いてある. Su ropa *dice* su pobreza. 彼の服装は彼の貧しさを物語っている. ❷【+que+接続法】…するように言う, …と言いつける, 命じる. —Dice que vayas ahora mismo. 彼は君が今すぐ行くようにと言って

いる. ❸ …と書いてある. —¿Qué dice el periódico [la televisión] sobre el atentado? テロ攻撃について新聞には[テレビでは]には何と書いてありますか[言っていますか]. El antiguo Testamento dice … 旧約聖書には…と書いてある. ❹ …と思う, 主張する. ❺ …と呼ぶ. —Generalmente me *dicen* Maite en lugar de María Teresa. 普通私はマリーア・テレーサの代わりにマイテと呼ばれている. ❻ 唱える, 朗詠する. —Antes de acostarse *dice* sus oraciones. 彼は起きる前に祈りを唱える. ~ unos versos de Antonio Machado アントニオ・マチャードの詩を朗詠する. ❼《3人称複数形+que》…という話だ, …だそうだ. —Dicen [Se *dice*] *que* tiene un cáncer terminal. 彼は末期の癌(%)だというううわさだ.

a decir verdad 実を言うと, 本当の事を言うと. *A decir verdad*, no es español sino italiano. 実を言うと, 彼はスペイン人でなくてイタリア人なんだ.

como quien dice/como si dijéramos 言うならば, 言ってみれば. Ella es, *como si dijéramos*, su mujer y su secretaria. 彼女は言ってみれば彼の妻兼秘書みたいなものだ.

como quien no dice nada なんと…も. Ha engordado, *como quien no dice nada*, diez kilos en un mes. 彼は1か月でなんと10kgも太った.

como si no hubiera dicho nada 前言を撤回します.

¿Cómo (te) diría?/¿Cómo diríamos? 何と言ったらいいかな.

como te [se] lo digo 本当だ[です]よ.

con decirte que … 何と…だよ. ¡Cómo que si hacía frío! *Con decirte que* no se veía un alma por las calles. どんなに寒かったことか. 何と通りでは人っ子一人見なかったんだよ.

¡Cualquier diría que …! …なんて信じられない! *¿Decías [Decía Vd.]?* 何だったっけ[何とおっしゃいました].

decir bien [mal] de を褒める, …のことをよく言う[けなす]. Todos *dicen bien de* él, pero no es para tanto. みんなが彼のことをほめるが, それほどではないのだ.

decir cuántas son cinco, decir cuántas son tres y dos を叱責する, …にずけずけ物を言う. Ya no puedo aguantar más y le voy a *decir cuántas son cinco*. 私はもうこれ以上我慢できないから, 彼に直言しよう.

decir entre sí, decir para sí ひとり言を言う. *decirlo todo* 何でも言ってしまう, 口が軽過ぎる. *decir por decir* いい加減な発言, わけもなく言う. *decir y hacer, dicho y hecho* 言うが早いか実行. Le pedí la traducción y la realizó en un *decir y hacer*. 私が彼に翻訳を頼んだら, たちまちのうちにやってくれた.

Diga./Dígame. (1) (電話で)はい, もしもし. (2) (呼びかけに対し)何でしょうか.

dígamelo a mí そんなこと承知してます.

digamos《話》だいたい, おおよそ; いわば. Un televisor costará, *digamos*, quinientos euros. テレビ1台はだいたい500ユーロだろう. Ella es, *digamos*, una amante. 彼女は, まあ言ってみれば愛人というところだ.

digo (1) こりゃおどろいた. *¡Digo!* Así que Pepe ha aprobado el examen. こりゃおどろいた. それじゃぺぺは試験に合格したんだね. (2) もとい, 言い間

違えた、そうじゃない。Se trata de Antonio, *digo*, de José. 彼らの話題はアントニオについてじゃない、ホセについてだ。

digo yo 自分はそう思うけど.

Dime con quién andas, y te diré quién eres. 【諺】朱に交われば赤くなる(←君がだれとつき合っているかを私に言え、そうしたら君が何者であるかを言ってやろう).

el qué dirán 世論、うわさ. Ella siempre anda preocupada por *el qué dirán*. 彼女はいつも人からの評価を気にしている.

es decir すなわち. Mañana sale para la Ciudad Condal, *es decir*, para Barcelona. 彼は明日伯爵の町、すなわちバルセローナへ向けて出発する.

es un decir 《話》およそ; いわば.

¡Haberlo dicho! そう言ってくれればよかったのに!

He dicho. (演説・講演の終了時に)これで私の話を終わります.

ni que decir tiene que …は言うまでもない. *Ni que decir tiene que* el Real Madrid se ha proclamado campeón de liga. レアル・マドリードがリーグ優勝チームになったことは言うまでもない.

no decir nada 何ら訴えるところがない、何ら魅力がない、…は…っていう無関係だ. La música clásica *no me dice nada*. 私にとってクラシック音楽は何ら魅力がない.

no decir ni bueno ni malo ウンともスンとも言わぬ、答えない、ノー・コメントである.

no digamos …だけはたしかである、だいたい…といったところだ. ¡Y sobre su carácter ... *no digamos*! Es simpatiquísimo. それから彼の性格だけど、それはもう本当にいい人だよ.

no irás a decir まさか…と言わないね.

no me digas, qué me dices 冗談言うなよ、冗談じゃない、まさか. Se han divorciado. –¡*No me digas*! 二人は離婚したよ. –まさか!

por decirlo así, por mejor decir 言い換えると、言ってみれば、すなわち.

que digamos (1) 【先行する否定文に対し】そうなんだ、そのとおりだ. No estoy cansado, *que digamos*. 私は疲れてはいないし、それは本当だ. (2) 特に、特別に. No es muy tacaño *que digamos*. 彼が特に大変けちというわけではない.

querer decir を意味する. ¿Qué *quiere decir* esto? これは何を意味しますか.

¡Quién lo diría! 信じられない! *¡Quién lo diría!* Con lo buena persona que parecía. まさかそんなことが. 彼はとてもいい人に見えたのに.

si tú lo dices そうかも知れないね.

ya es (mucho) decir 【比較を強調して】どれだけのものかわかるだろう.

¡Ya te digo! そうなんだよ!

y que lo digas 君の言うとおりだ、私は君に賛成だ、まったくだ、ごもっとも.

—— 自 ❶ 【+con と】調和する、似合う. —Esta encuadernación *dice* muy bien *con* el contenido del libro. この装丁は本の内容とととてもよくマッチしている. El color verde *dice* mal a una chica morena. 緑色は浅黒い肌の女の子に似合わない. 類**armonizar, convenir**. ❷ 言う. —Bueno, usted *dirá*. ところで何の御用でしょうか. Tú *dirás*. (酒などを注ぎながら)どこまで入れるか言ってくれ.

—— se 再 ❶ 【3 人称単数】言われる. —¿Cómo *se dice* en japonés "manzana"? "manzana" は日本語で何と言いますか. ❷ 【3 人称単数】…という話だ、…だそうだ. —*Se dice que* va a dimitir. 彼は辞職するという噂だ. ❸ 自分に言う、ひとり言を言う. —*Se dijo* a sí mismo que no valía la pena enfadarse. 怒ってもしょうがないと彼は自分自身に言い聞かせた.

decírselo todo 先走って言ってしまう.

dijérase [diríase, se diría] que ... まるで…のようだ.

eso se dice muy pronto 言うは易し.

lo que se dice 文字通り; 本物の. Es *lo que se dice* un cantamañanas. 彼はまったくの信用できない男だ.

—— 男 ❶ 言葉、言、発言. —ser parco en el ~ 言葉少なである. Al ~ de los que estuvieron presentes, la pelea fue descomunal. 居合わせた人たちの言によれば、けんかはすごかった. ❷ 複 しゃれ、冗談、ユーモア. ❸ 複 おしゃべり; うわさ話. —No hagas caso de esos ~*es* de malas lenguas. そんな悪口なんか気にかけるなよ.

:**decisión** [deθisjón] 女 ❶ 決定、決心; 決心、決意. ~ final [definitiva, irrevocable] 最終決定. ~ precipitada [heroica] 性急な[思い切った]決定. poder de ~ 決定権. llegar a una ~ 決定に至る. tomar la ~ de [+不定詞] …する決心[決意]をする. tomar [adoptar] su última ~ 最終決断を下す. 類**determinación, resolución**. 反**inseguridad, vacilación**. ❷ 決断力、果断、果敢. —tener ~ 決断力がある. mostrar ~ 決意のほどを示す. hombre de ~ 決断力のある人、果断の人. 類**determinación, firmeza**. 反**indecisión, inseguridad**. ❸ (法律)判決、裁定、裁決; 決議. —~ del tribunal 裁判所の判決. ~ arbitral 仲裁裁定. adoptar una ~ 決議を採択する. ~ mayoritaria 多数決. El reo espera la ~ del tribunal. 被告は裁判所の判決を待っている. 類**fallo, sentencia**.

con decisión 決然と、意を決して、ためらわずに、断固として. actuar con *decisión* 決然と行動する.

:**decisivo, va** [deθisíβo, βa] 形 ❶ 決定的な、決め手となる; 疑う余地のない. —momento ~ 決定的瞬間. victoria [razón] *decisiva* 決定的な勝利[理由]. Su dominio del inglés fue ~ para conseguir el empleo. 彼が英語をマスターしていることが就職する上で決め手になった. 類**concluyente, contundente, definitivo**. 反**incierto**. ❷ はっきりとした、きっぱりとした. —Espero que hoy me dé una respuesta *decisiva*. 今日彼が私に確答してくれることを期待している.

declamación [deklamaθjón] 女 ❶ 朗読、朗唱(舞台で)せりふを言うこと; 朗読法・術. ❷ 激烈な非難(の演説).

declamador, dora [deklamaðór, ðóra] 名 ❶ 朗読者、朗唱者. ❷ 熱弁家、非難者.

***declamar** [deklamár] 他 を(大声で)読み上げる、朗読する、朗詠する. —El poeta *declamó* sus propios versos ante el público. 詩人は公衆の面前で自身の作品を朗読した.

—— 自 熱弁をふるう、大演説をぶつ. —El candidato *declamaba* con potente voz. 立候補者は大声で熱弁をふるっていた.

declamatorio, ria [deklamatórjo, rja] 形 (話し振り、言葉遣いが)大げさな、誇張した、朗読調

616 declaración

の. ─estilo [tono] ~ 演説調.

‡declaración [deklaraθjón] 囡 ❶ 表明, 発表; 声明, 言明; 恋の告白 (=~ de amor). ─Las *declaraciones* que hizo ayer el Presidente han levantado un gran revuelo. 昨日大統領が行った声明は大騒ぎを引き起こした. El ministro asegura que sus *declaraciones* fueron tergiversadas por la prensa. 大臣は彼の声明が報道陣によって歪曲されたと明言している. ~ explosiva 爆発宣言. ~ de culpabilidad 《宗教》罪の告白. 類**afirmación, confesión, manifestación**. ❷ (政治的な)宣言, 布告. ─~ de guerra 宣戦布告. ~ de la independencia 独立宣言. D~ de los Derechos del Hombre (英国の)権利章典 (1689 年). D~ de los Derechos del Hombre y de los Ciudadanos (仏の)人権宣言 (1789 年). D~ Universal de los Derechos del Hombre 世界人権宣言 (1948 年国際連合で採択). ❸ (法律)(証人・被告の)供述, 陳述, 証言. ─~ del testigo [testifical] 証人の供述, 証言. tomar ~ a … …から供述をとる. 類**testimonio**. ❹ (税金などの)申告(書), 届出; (課税品の)申告. ─~ de renta [de impuestos] 所得税[税金]の申告. hacer la ~ de aduana 税関で申告する. ~ de siniestros (保険金の)支払い請求. ❺《法律》宣告; 採決. ─~ de quiebra 破産宣告. ~ de ausencia [de fallecimiento] 失踪[死亡]宣告. ~ de no culpabilidad 無罪判決. ❻ (トランプ)(ブリッジの)ビッド, 切札の宣言.

prestar declaración 供述[陳述, 証言]する. *prestar* una *declaración* jurada/*prestar declaración* bajo juramento 宣誓供述する.

declaradamente [deklaráðaménte] 副 明白に, 公然と, はっきりと.

declarado, da [deklaráðo, ða] 過分 形 明白な, 公然たる.

declarante [deklaránte] 形 宣言する, 申告する, 証言する. ── 男囡《法学》宣言者, 申告人, 証言者.

‡‡declarar [deklarár デクララル] 他 ❶ …と宣言する, 声明を発する. ─El gobierno *ha declarado* que no intervendrá en la guerra civil de ese país. 政府はその国の内戦には介入することはないと宣言した. ~ el estado de excepción 非常事態を宣言する. ~ levantada la sesión 閉会を宣言する. ❷ を表明する, 開陳する. ─~ su opinión 自分の考えを表明する. Le *declaró* su amor. 彼は彼女に愛の告白をした. ❸ (税関などで)を申告する. ─¿Tiene usted algo que ~? あなたは申告すべき物を何かお持ちですか. ❹《法律》…に判決を下す. ─El juez lo *declaró* inocente. 裁判官は彼に無罪の判決を下した.
── 自 (裁判)(証人・被告が)証言する. ─*Declaran* los testigos de descargo. 弁護側の証人が証言する.
──**se** 再 ❶ (自分が…だと)言明する. ─*Se declara* inocente ante todo el mundo. 彼は皆の前で自分の無実を表明する. *Se ha declarado* partidario del socialismo. 彼は自らが社会主義に共鳴することを明らかにした. ❷ 意中を打ち明ける, 愛を告白する. ─José *se declaró* a Carmen. ホセはカルメンに愛を告白した. ❸ (災害などが)起こる, 発生する. ─Ayer *se declaró* un incendio cerca de aquí. 昨日この近くで火事が発生した. ❹【+en を】宣言する. ─~ neutral 中立宣言をする. *Se declararon en* huelga. 彼らはストライキに突入した.

declaratorio, ria [deklaratórjo, rja] 形 ❶ 明らかにする, はっきりさせる. ❷《法学》(宣告が)確認的な, 宣言的な.

declinable [deklináβle] 形《文法》格変化する, 語尾変化のある.

declinación [deklinaθjón] 囡 ❶ 傾く(傾ける)こと, 傾き. ❷ 衰退, 凋落. ❸《天文》赤緯. ❹ (地学)偏角. ─~ magnética 磁気偏角. ❺《文法》格変化, 語尾変化; 格[語尾]変化表. *no saber las declinaciones* たいへんに無知だ.

declinante [deklinánte] 形 傾く, 衰退する.

‡declinar [deklinár] 自 ❶ 衰える, 減少する. ─*Declina* la fiebre. 熱が下がる. Su salud *ha declinado* notablemente. 彼の健康はとみに衰えていった. 類**decaer**. ❷ 終わりに近づく, それる, 外れる; 低下する, 下降する. ─~ de la virtud en el vicio 美徳から悪の道へ外れる. ❸ (日などが)沈む, 傾く. ─~ el día [el sol] 日が沈む.
── 他 ❶ を辞退する, 拒否する; (の責任)を免れる. ─~ una invitación 招待を断る. ~ el honor de una condecoración 叙勲の栄誉を辞退する. ~ una responsabilidad 責任を免れる. ❷《文法》を格変化させる.

declive [deklíβe] 男 ❶ 下り斜面, 下向きの傾斜. ─El terreno iniciaba un suave ~. 地面はゆるやかな下り坂になっていった. 類**pendiente**. ❷ 衰退, 凋落, 落ち目. 類**decadencia**.
en declive 下に傾斜した, 下り坂の, 落ち目の.

decocción [dekokθjón] 囡 ❶ (*a*) 煮ること. (*b*) 煮汁. ❷《医学》切断, 切除.

decodificar [dekoðifikár] 他 《通信》デコードする.

decolorante [dekoloránte] 男 脱色剤, 漂白剤.

decolorar [dekolorár] 他 ❶ を退色させる, 色あせさせる. ❷ を脱色する, 漂白する.
──**se** 再 色あせる, 退色する.

decomisar [dekomisár] 他 を差し押さえる, 没収する. 類**confiscar**.

decomiso [dekomíso] 男 ❶ 差し押さえ, 没収. ❷ 差し押さえ品, 没収品.

‡decoración [dekoraθjón] 囡 ❶ 飾り付け, 装飾(術); (家具などの)配置. ─~ mural [de interiores] 壁画[室内]装飾. ~ de escaparates [de vitrinas] ショーウインドーの飾り付け. cambiar la ~ de un salón 客間の模様替えをする. Estudió ~ y hoy es diseñador de interiores. 彼は装飾術を勉強して, 現在インテリアデザイナーである. 類**adorno, decorado**. ❷ 装飾品, 飾り. ─~ de Navidad クリスマスの飾り. ❸《演劇》舞台装置, 書割(滌).

‡decorado, da [dekoráðo, ða] 過分 形 装飾された.
── 男 ❶ 装飾(品). ─Mi mujer se encargó del ~ del salón. 妻は居間の飾り付けを引き受けた. 類**decoración**. ❷ 舞台装置, 映画のセット. ─En esa obra sólo cambian una vez el ~. その作品では1度しかセットを変えない.

decorador, dora [dekoraðór, ðóra] 形 装飾の. ── 装飾家; 舞台美術家. ─Mi ma-

decorar [dekorár] 他 ❶ を飾る, 装飾する. — *Ha decorado* la casa con un gusto exquisito. 彼女は洗練された趣味で家の装飾をした. En la Navidad se *decoran* las calles con luces. クリスマスには街路はイルミネーションで飾り立てられる. Unos jarrones de porcelana china *decoraban* la sala de visitas. 中国産磁器のつぼが応接間を飾っていた. ❷ …に室内装飾を施す, …の インテリアデザインをする. —~ su habitación con muebles y cuadros japoneses 自分の部屋に家具と日本画で装飾を施す. 類**adornar**.

decorativo, va [dekoratíβo, βa] 形 ❶ 装飾の, 装飾的な. —artes *decorativas* 装飾芸術, アール・デコ. figura *decorativa* お飾りの[名目だけで実権のない]人物. 類**ornamental**. ❷ よい装飾となる, 見栄えのする, 場を引立てる. —Es un cuadro muy ~ para el salón. それは広間にとても光彩を添える絵だ.

decoro [dekóro] 男 ❶ (*a*) (生まれ・地位などにふさわしい)品格, 品位, 威厳. —No guarda el ~ que su categoría social merece. 彼は自分の社会的地位にふさわしい品格を保っていない. El ~ de la profesión exige un traje cuidado. その職業は上品だけに服装をきちんとする必要がある. 類**dignidad, respetabilidad**. 反**indignidad**. (*b*) 体面, 面目. —Es un hombre sin ~. 彼は恥知らずなやつだ. 類**estimación, honra, punto**. ❷ 慎み深さ, 節度, 礼儀正しさ. —comportarse con ~ 礼儀正しく[慎重に]振舞う. 類**circunspección, decencia, recato**. ❸ (特に性的)羞恥(́)心, 慎み, 節操. —~ virginal 乙女[処女]の恥じらい. No tiene ningún ~; está siempre contando chistes verdes. 彼には羞恥心などなく, いつも卑猥(́)なジョークばかりしている. No debería contar esas cosas, aunque sólo fuera por ~. ただ単に羞恥心からだけにせよ, 彼はそういった事は話題にすべきではなかろう. 類**decencia, honestidad, pudor**. 反**impudor, indecencia**.

con decoro (1) 立派に, きちんと, 礼儀正しく. Vive pobremente, pero *con decoro*. 彼は貧しい生活をしているが, きちんと暮らしている. acabar *con decoro* 有終の美を飾る. tratar *con decoro* 丁重にもてなす. (2) 慎み深く, つつましやかに[な]. mujer *con decoro* つつましやかな女性. hablar *con decoro* 慎重に[遠慮深く]話す.

sin decoro 無節操に[な], 破廉恥に[な]. mujer *sin decoro* あばずれ女. Esta mujer vive *sin decoro*. この女はふしだらな生活をしている.

decorosamente [dekorósaménte] 副 品格をもって, 上品に, 慎み深く.

***decoroso, sa** [dekoróso, sa] 形 ❶ (物事が)品位のある, きちんとした, 見苦しくない. —profesión *decorosa* 立派な職業. sueldo ~ 恥ずかしくない給料. lenguaje ~ きちんとした言葉遣い. Mi abuela me decía que mi vestido de tirantes no era ~. 祖母は私の肩ひも付きのドレスが見苦しいと言った. 類**digno, honroso, púdico**. 反**deshonroso, indecente**. ❷ (振る舞いなどが)節操[節度]のある, 品のある. —Suele tener una conducta poco *decorosa*. 彼女はつもあまり品行がよくない.

decrecer [dekreθér] [9.1] 自 (だんだん)減って行く, 減少する, 低下する. —En verano *decrece* el caudal del manantial. 夏には泉の水量が減少する. 類**disminuir, menguar**. 反**crecer**.

decreciente [dekreθiénte] 形 減少していく. 反**creciente**.

decrecimiento, decremento [dekreθimiénto, dekreménto] 男 減少, 減退, 低下. 類**mengua**. 反**crecimiento**.

decrepitar [dekrepitár] 自 (燃えて)ぱちぱち音を立てる. 類**crepitar**.

decrépito, ta [dekrépito, ta] 形 ❶ 老いさらばえた, (年をとって)衰えた, 老いぼれた. ❷《比喩》老化した, 衰退した, 衰微した. 類**caduco, decadente**.

decrepitud [dekrepitúð] 女 ❶ 老化, 老衰. ❷ 衰退, 衰微.

decretal [dekretál] 形《宗教》教皇教令; 複教令集, 教皇書簡, 大勅書.

*decretar** [dekretár] 他 ❶ (法令によって)指令する, 命じる, 布告する. —El gobierno *ha decretado* la suspensión de algunas garantías constitucionales. 政府は憲法が保障する基本的人権をいくつか停止することを布告した. ❷《法律》(裁判官が)判決を下す. ❸ (欄外に)決定を記入する.

decreto [dekréto] 男 ❶《法律》政令, 法令, (行政)命令. —promulgar [publicar, anunciar] un ~ 政令を発布する. ~ presidencial 大統領令. ❷《教皇の》disposición, orden. ❷ (教皇の)命令, 教皇令. —~*s* del concilio 教会議令. ❸ (裁判官の)命令. —~ ley [decreto-ley]『複 decretos leyes』(政府の出す命令中, 法律並みの効力を持つ)政令, 行政命令. El gobierno reguló las autonomías por decreto-ley. 政府は政令によって自治州を統制した.

por (real) decreto《話, 軽蔑》(正当な理由もなく)強制的に, 鶴の一声で.

real decreto 勅令. El Rey ha firmado un *real decreto* que entrará en vigor el próximo año. 王は来年発効する勅令に署名した.

decúbito [dekúβito] 男 臥位(́), 横たわった状態. —~ lateral 側臥位. ~ prono 伏臥位. ~ supino 背臥位. estar en ~ 横たわっている.

decuplar [dekuplár] 他 を10倍にする, …に10をかける.

decuplicar [dekuplikár] [1.1] 他 =decuplar.

décuplo, pla [dékuplo, pla] 形 10倍の. — 男 10倍.

decurso [dekúrso] 男 時の経過.

dedada [deðáða] 女 ❶ 指1本で取れる量. —una ~ de crema 指1すくいのクリーム. ❷ (汚れた指でついた)汚れ, 指あと.

dedada de miel (より重要なものを得られなかった人に与える)代わりの物, うめ合わせ.

dedal [deðál] 男 (キャップ型の)指ぬき.

dedalera [deðaléra] 女《植物》ジギタリス. 類**digital**.

dédalo [déðalo] 男 ❶ 迷路, 迷宮. —Una hora estuve perdido en aquel ~ de calles. 1時間の間, 迷路のような街路の中をさまよっていた. 類**laberinto**. ❷ もつれ, 錯綜(́). 類**enredo, lío**.

dedicación [deðikaθión] 女 ❶ ささげること;

618 dedicar

献身，専念．~ al trabajo 仕事への打ち込み．trabajo de ~ exclusiva 専従・専任の職，フルタイムの仕事．❷ (教会などの)献堂；献呈文；献呈．

:**dedicar** [deðikár] [1.1] 他 〖+a に〗 ❶ をささげる，献ずる．—*Dedicó* el dinero recibido a obras benéficas. 彼は受け取ったお金を慈善事業に捧げた．Ramón y Cajal *dedicó* toda su vida a la medicina. ラモン・イ・カハールは彼の全生涯を医学にささげた．~ una ermita a Santa Rita 聖リタに捧げる礼拝堂を建てる．~ una placa al poeta fallecido 亡くなった詩人にプレートを捧げる．❷ 〖+a/para に〗 を向ける，充てる．~ su tiempo libre *a* la contemplación 彼の余暇を思索に充てる．圈 **aplicar**, **destinar**, **emplear**. ❸ 〖+a に〗を献呈する；—の献辞をする．—*Dedicó* un poema a su novia. 彼は恋人に詩を捧げた．*Dedicó* la novela a sus padres. 彼は両親に小説を捧げた．

—**se** 再 〖+a に〗従事する，専念する，専心する．—¿A qué *se dedica* Ud? あなたのご職業は何ですか．~se *a* la pintura 絵画に専念する．Los días festivos *me dedico* a la familia. 祝祭日には私は家庭サービスを務める．

dedicatoria [deðikatórja] 女 献辞．
dedicatorio, ria [deðikatórjo, rja] 形 献呈の，奉納の．
dedil [deðíl] 男 指サック．
dedillo [deðíʎo] 男 〖次の成句で〗
al dedillo 〖saber, decir など+〗隅から隅まで，一言一句たがわず，そらんじて．Me sé *al dedillo* ese poema. その詩は完璧に暗記している．
dedique(-) [deðíke(-)] 動 dedicar の接・現在．
dediqué [deðiké] 動 dedicar の直・完了過去 1 単．

****dedo** [déðo デド] 男 ❶ 〘解剖〙(手足の)指．—punta [yema] del ~ 指先[指の腹]．contar con los ~s 指で数える(スペインでは指を開いていく)．tocar con el ~ 指で触る．derribar con un ~ 指 1 本で倒す．chasquear [castañetear] los ~s 指をパチンと鳴らす．entrelazar [juntar] los ~s 両手の(指)を組む．Está feo meterse el ~ en la nariz. 鼻の穴に指を突っ込むのはみっともない．Indicó con los ~s cuántos años tenía. 彼は自分が何才か指で示した．La puerta del coche me pilló el ~./Me cogí el ~ en la puerta del coche. 私は車のドアに指を挟まれた．◆ 足の指は~ gordo del pie (足の親指)のように del pie (足の)をつける．❷ 指 1 本の幅(＝1/12palmo＝18mm)；少量，少し．—Ponme un ~ de ron. ラムを少しちょうだい．

a dedo (1) 成行きで[偶然に]任せて．Eligió *a dedo* un libro cualquiera. 彼は手当たり次第本を 1 冊選んだ．(2) (選出・任命の際)独断で，正式な手続きを経ずに．El dictador nombraba los ministros *a dedo*. 独裁者は自分勝手に大臣を任命したものだった．(3) 《俗》(親指をあげて)ヒッチハイクで．viajar *a dedo* ヒッチハイクをする(＝hacer autostop)．

(a) dos dedos de ... (1) …のすぐ近くに，の目と鼻の先に．Ha estado *a dos dedos de* la muerte. 彼は瀕死の状態だった．(2) 〖+不定詞〗もう少しで…するところで，の寸前に(＝a punto de)．Estuvo *a dos dedos de* ahogarse. 彼は危うく溺(おぼ)れるこだった．

alzar [**levantar**] *el dedo* 《俗》(誓言・同意などの合図として)人差し指を立てる．

antojárseLE [**hacérse**LE] *los dedos huéspedes* (危険性・敵などについて)あまりに疑い深い．Ha tenido tan amargas experiencias que no me extraña que *se le higan los dedos huéspedes*. 彼があまりに苦い経験をしたので疑心暗鬼になるのは私には不思議ではない．

cogerse [**pillarse**] *los dedos* 《俗》(不注意・手違いにより事業・計画などが)損害を受ける，だめになる．*Se ha pillado los dedos* en ese negocio. 彼はその取引で損をした．

como anillo al dedo 〖**ir/venir/sentar**+〗《俗》あつらえ向きで，ぴったり合って．Esta tabla nos viene *como anillo al dedo* para construir el techo de la cabaña. この板は小屋の屋根を作るのにちょうどぴったりだ．

contarse con los dedos de la mano 片手の指で数えられるほどだ，ごく少数である．Los que terminan el curso sabiendo hablar español *se pueden contar con los dedos de la mano*. スペイン語が話せるようになって学業を終えるものはほんの数人である．

chuparse [**mamarse**] *el dedo* (1) 世間知らず[うぶ]である，世間知らず[うぶ]を装う．no *chuparse* [no *mamarse*] *el dedo* だまされない，頭が切れる．Tiene ya veinte años, pero parece que *se chupa el dedo*. 彼は 20 歳になっているのに世間知らずみたいだ．(2) 指をしゃぶる．

chuparse [**comerse**] *los dedos* (1) 《俗》舌鼓(したつづみ)を打つ，おいしく食べる；(見聞きしたことなどに)十分満足する，喜ぶ．Aquí ponen un pastel que *te* vas *a chupar los dedos*. この店ではきっと君が舌鼓を打つぐらいおいしいケーキを出してくれます．¡Cómo *se chuparía los dedos* de gusto si yo fracasara! もし私が失敗したなら彼はさぞかし喜ぶことだろう！ (2) 《俗》〖**estar/ser**+**de/para**+〗(食べ物が)ほんとにおいしい；(女性が)とても素敵[魅力的]である．Este pastel *está como para chuparse los dedos*. このケーキはほんとにおいしい．Esa amiga tuya *está para chuparse los dedos*. 君のその友達(女)は実に魅力的だ．(3) 《俗》〖**de**+〗うまくいく，大満足である．Nos sirvieron una paella *de chuparse los dedos*. 私たちを大満足させたパエーリャが出された．(4) 《俗》(自分の)指をしゃぶる．

Dale un dedo y se tomará hasta el codo. 〖諺〗寸を与えれば尺を望む(←人は甘やかすとすぐ付け上がる)．

dar a ... atole con el dedo 〖メキシコ〗(人)を甘い言葉でだます．

dar un dedo de la mano por ... 〖過去未来形で〗を熱望する，なんとしてでも…したい．*Daría un dedo de la mano por* vivir en la capital. 私はなんとしても首都に住みたい．

dedo chiquito (1) 〖メキシコ〗腹心．(2) 〖北米〗小指．

dedo hipocrático 〘医学〙時計ガラス爪(つめ)，ヒポクラテス爪(主として呼吸器系の疾患からくる爪の反転と指の末節の肥大)．

el dedo de Dios 〘宗教〙(奇跡を行う)神の御手[威力]，神意．

escapárseLE **a** ... (**de**) *entre los dedos* (機会などが)逃げる，なくなる．La oportunidad *se le escapó entre los dedos*. 彼はチャンスを逃した．

hacer dedo ヒッチハイクをする(＝hacer autostop).

Los dedos de la mano, no son iguales. 〔諺〕人は身も心も千差万別.

meter a ... los dedos (en la boca) (人)を誘導尋問する, 巧みに口を割らせる. El policía le *metió los dedos* y el ladrón confesó de plano. 警官が誘導尋問すると, 泥棒は洗いざらい白状した.

morderse los dedos (1) 後悔する, 臍(ほぞ)をかむ. Decidió no aceptar el cargo y ahora *se muerde los dedos*. 彼はそのポストを受けないことに決めたが, 今になって後悔している. (2) (侮辱の報復ができず)いらだつ, 腹を立てる. (3) 爪をかむ.

no mover un dedo de la mano (必要な時に)何もしない, 横のものを縦にもしない. Estamos todos ocupadísimos, pero ella *no mueve* ni *un dedo de la mano*. 我々は皆とても忙しくしているのに彼女ときたら何一つしない.

no tener dos dedos de frente 《俗》頭の働きが鈍い, 思慮が足りない. No me explico cómo habían confiado el negocio a un hombre que *no tiene dos dedos de frente*. 思慮分別のない男になぜその仕事を任せたのか私には納得がいかない.

poner bien los dedos 《音楽》演奏が上手である, 指の動きがよい.

poner el dedo en la llaga 痛い[泣き]所を突く, 急所に触れる. Cuando señalaste que era un problema de envidia, *pusiste el dedo en la llaga*. 君がそれは嫉妬の問題だと指摘した時, 痛い所を突いた.

poner LE ***los cinco dedos en la cara*** (人)にぴしゃりと[平手打ち]を食らわせる.

ponerse el dedo en la boca (静寂にという合図で)口に指を当てる, しっと言う.

señalar LE ***con el dedo*** (人)を批判[非難]する, 後ろ指を差す. No quiero que nadie me *señale con el dedo*. 私は誰にも後ろ指を指されたくない.

Un dedo no hace mano, ni una golondrina verano. 〔諺〕燕(つばめ)一羽来たからといって夏となるわけではない(早合点は禁物)(←1本の指だけでは手にならないし, 燕1羽だけでは夏にならない).

・**deducción** [deðukθjón] 囡 ❶ **推論**, 推理, 推定；結論. — equivocada [falsa] 誤った推論. hacer una ~ 推論する. sacar [extraer] *deducciones* 結論を引き出す, 推理する, 推論する. 類 **conclusión, inferencia.** 反 **inducción.** ❷ 《論理, 哲学》演繹(法)(→「帰納(法)」inducción). —Kant llegó a esa conclusión por simple ~. カントは単なる演繹法によってその結論に達した. ❸ 《商業》(支払い金額の)**控除**, 差し引き；控除額. — ~ del salario 給料からの天引き. *deducciones* por cargas de familia 扶養控除. 類 **descuento, disminución, rebaja.** ❹ 《音楽》全音階.

deducible [deðuθíβle] 形 ❶ 推定できる, 予想可能な. ❷ 差し引ける, 控除可能な. —gastos ~s 必要経費.

:**deducir** [deðuθír] [9.3] 他 ❶ 〈＋de/por から〉を［…と]**推測**する, 推論する, 演繹する. —*Deduzco* que se encuentra mal de su cara pálida. 青白い顔つきから彼は具合が悪いと私は考える. *Por lo que dices*, *deduzco* que él lleva razón. 君の言うことから彼は正しいと私は結論する. 類 **inferir.** 反 **inducir.** ❷ を差し引く, 控除する, 天引きする. —*Dedujo* cien euros por gastos. 彼は100ユーロを経費として控除した. 類 **descontar, rebajar, restar.** ❸ 《法律》(証拠など)を申し立てる.

deductivo, va [deðuktíβo, βa] 形 演繹の, 演繹的な. —método [procedimiento] ~ 演繹法. razonamiento ~ 演繹推理. 反 **inductivo**.

deduj- [deðuх-] 動 deducir の直・完了過去, 接・過去.

deduzca(-) [deðúθka(-)] 動 deducir の接・現在.

deduzco [deðúθko] 動 deducir の直・現在・1単.

defalcar [defalkár] [1.1] 他 《まれ》→desfalcar.

defecación [defekaθjón] 囡 排便(すること)；便.

defecar [defekár] [1.1] 自 排便する, 大便をする.

defección [defekθjón] 囡 (ある思想信条を)捨てること, (組織からの)離脱.

defectivo, va [defektíβo, βa] 形 不完全な, 欠陥のある.
  verbo defectivo 《文法》欠如動詞(活用形のすべてが用いられていない動詞. abolir, nevar など).
  — 男 →verbo defectivo.

:**defecto** [defékto] 男 ❶ (製品などの)**欠陥**, 傷；(作品・仕事の)難点, 欠点. —60% rebajado por tener ~s 《表示》傷物には60％引き. coche [producto] con ~s 欠陥車[品]. ~ en el sistema de frenos ブレーキ装置の欠陥. Este edificio tiene muchos ~s de construcción. この建物は構造上の欠陥が多い. 類 **deficiencia, falta, imperfección.** 反 **perfección.** ❷ (肉体的な)**欠陥**, 傷；《医学》障害. — ~ auditivo 聴覚障害. ~ congénito 先天的な障害. ~ del habla/~ de pronunciación 言語障害. ~ de la vista 視覚障害. Padece un ~ en el oído. 彼は難聴だ. Me quedó un ~ en el ojo después de la intervención. 手術後, 私の目に障害が残った. 類 **deficiencia, lesión.** ❸ (精神的な)**欠点**, 弱点, 短所. — ~ mental 精神的な欠陥. persona sin ~s 欠点のない人. corregir un ~ 欠点を直す. Los jóvenes tienen el ~ de no escuchar a los mayores. 若者は大人の言うことに決して耳を貸さないという欠点がある. Es buen chico, aunque tiene sus ~s. 彼は欠点があるがいい子だ. 類 **falta, lacra, tacha, tara.** 反 **perfección, virtud.** ❹ **不足**, 欠如. — ~ de vitaminas ビタミンの欠如. 類 **carencia, insuficiencia.** ❺ 複 《印刷》落丁[乱丁]した折り. ❻ 《原子力》 ~ de masa 質量欠損[不足](原子量と質量数の差).

defecto de fábrica [de fabricación] 製造上の欠陥, 製造過程でついた傷. La tela viene con un *defecto de fábrica*. その生地には製造過程でついた傷がある.

defecto de forma/defecto formal 《法律》形式[書式]上の不備, 形式の瑕疵(かし). El recurso no fue aceptado por un *defecto de forma*. 形式上の不備で上告は認められなかった.

defecto físico 肉体的の欠陥, 障害.

defecto legal 《法律》法的不備.

en defecto de .../en su defecto 《文》(物・人

(い)なければ、(い)ないので; …の代わりに (=a falta de, en su lugar). *En defecto del* DNI puede presentar el pasaporte. 身分証明書がない場合はパスポートを提出してもよい. Se puede pagar con dinero o, *en su defecto*, con tarjeta de crédito. 現金か, 現金がなければクレジットカードでお支払いできます.

por defecto (1) (無視できるほど)わずかに不足して, 不正確な[に], 間違った[て]. error *por defecto* ごくわずかな誤り; 《商業》量目不足 (→error por exceso[量目過剰]). calcular *por defecto* 少なめに見積もる, 端数切り捨てで計算する. (2) 《情報》デフォルトで, (明確に他のオプションを選択しない場合)自動的に. valor *por defecto* デフォルト値. Este programa establece los márgenes de la hoja *por defecto*, pero se puede cambiar. このプログラムはページの余白を自動的に設定してくれるが, 変更することもできる.

sacar defectos a ... (人)のあら捜しをする, 難癖をつける. sacar defectos a todos 皆の欠点をあげつらう.

*   **defectuoso, sa** [defektuóso, sa] 形 欠点[欠陥]のある, 不完全な. ― producto ~ 欠陥製品. En esa tienda liquidan ropa *defectuosa* a precio de saldo. その店では欠陥のある衣類をバーゲン価格で処分している. 類**imperfecto, incompleto, incorrecto.** 反**completo, perfecto.**

defende*dor, dora [defendeðór, ðóra] 形 →defensor.

:defender [defendér デフェンデル] [4.2] 他 ❶ [+contra/de を] 守る, 防衛する, 守護する. ― El parasol *defiende* el cutis del sol. 日傘は太陽から肌を守る. ~ la libertad de expresión 表現の自由を守る. ~ un castillo *contra* los ataques del enemigo 敵の攻撃から城を防衛する. La gallina *defiende* a sus polluelos. めんどりは自分のひよこを守る. *Defiendo* mi salud y la de los míos. 私は自分と家族の健康を守る. ❷ を主張する, 支持する. ― ~ su propia idea 彼自身の考えを主張した. ❸ 《裁判》を弁護する, 弁論する. ― El abogado *defendió* bien al acusado, pero éste fue condenado. 弁護士は被告をよく弁護したが, 被告は有罪判決を受けた. ~ una tesis doctoral 博士論文の口述試験をする.

― **se** 再 ❶ 自分の身を守る. ― ~se del calor 暑さから身を守る. Intentaba ~se de los golpes de su agresor. 彼は襲撃者の殴打から身を守ろうとしていた. ❷ 経済力がある. ― Con su salario nos *defendemos*. 彼の給料で私たちは何とか暮らせる. ❸ 何とかやっていく. ― En inglés *se defiende* bien. 彼は英語で用が足せる. ❹ 自己弁護をする.

defendible [defendíβle] 形 防衛できる, 保護し得る; 正当化し得る.

defendi*do, da [defendíðo, ða] 過分 形 守られた, 《司法》被告(側)の. ― 名 《司法》被告人.

defenestración [defenestraθjón] 女 ❶ (人を)窓から外に放り出すこと. ❷ (人から)地位や職を剥奪(はくだつ)すること.

:defensa [defénsa] 女 ❶ 防御, 防衛, 守備, 国防. ― ~ antiaérea 対空防衛. ~ nacional 国防. ~ pasiva 防空措置. ~ personal 護身; 自己防衛. gastos de ~ 防衛費. en ~ propia 防衛上, 自己防衛のために. Iniciativa de D~ Estratégica 戦略防衛構想 (英: SDI). La mejor ~ es un buen ataque. 攻撃は最良の防衛である. 類**protección.** 反**asalto, ataque.** ❷ 保護, 擁護, 擁護. ― ~ de las ballenas 鯨の保護. Un bebé necesita la ~ de un adulto. 赤ちゃんは大人の庇護が必要だ. Amnistía Internacional trabaja por la ~ de los derechos humanos. アムネスティ・インターナショナルは人権擁護活動をしている. 類**amparo, ayuda, protección, socorro.** ❸ 弁護, 支持;《法律》弁護, 抗弁. ― hablar en ~ de ... を弁護[擁護]にする. salir en ~ de ... (人)の弁護[擁護]に立つ, を守る[かばう]. Hizo una acalorada ~ de sus teorías. 彼は自分の説を熱っぽく弁護した. Basa su ~ en pruebas circunstanciales. 彼の弁護は状況証拠に基づいている. 反**acusación.** ❹ (論文審査などでの) 陳述. ― Hizo una ~ brillante de su tesis. 彼は見事に自分の論文の陳述をした. ❺《法律》被告側, 弁護人[側]. ― conceder la palabra a la ~ 被告側に発言を許す. La ~ alegó que fue una legítima ~. 弁護側は正当防衛だったと申し立てた. 類**acusación.** ❻ (敵・危険などから身を守る) 防御物, 防衛手段. ― El cuchillo le sirvió de ~. ナイフが身を守るのに役立った. ~ marítima 《アルゼンチン》護岸堤防, 防潮堤. ❼ 《集合的に》《スポーツ》バック, 守備(側). ― La ~ supo contrarrestar los ataques del equipo contrario. 守備側は相手チームの攻撃を阻止できた. 類**zaga.** 反**delantera.** ❽《主に 複》《医学》(生体の)防御機構[活動]. ― Está muy bajo de ~s. 彼は生体の自己防御活動が低下している. ❾《主に 複》(軍の防御施設;《海事》防弦材, 防舷材. ❿ (象などの)牙(きば). ⓫ (オートバイなどの)足保護板, ウイング. ⓬《メキシコ》(車)バンパー. ― abollar las ~s バンパーをへこます.

en defensa de ... を弁護[擁護, 防衛]して, を守るために. Acudieron *en defensa de* la ciudad sitiada. 彼らは包囲された町の救援に駆けつけた.

legítima defensa 正当防衛. exceso de *legítima defensa* 過剰防衛. cometer el homicidio en *legítima defensa* 正当防衛で殺人を犯す.

― 男女《スポーツ》(サッカーなどの)フルバック, ディフェンダー, 後衛. ~ de ala 両翼陣 (→delantero「フォワード」). ― ~ central センターバック. 類**zaguero.**

defensiva [defensíβa] 女 →defensivo.

a la defensiva 守りの姿勢で, 防御的に.

*   **defensivo, va** [defensíβo, βa] 形 防御の, 防御的な, 守備の. ― arma *defensiva* 防御兵器. línea *defensiva* 防御線,(スポーツの)守備ライン. Nuestro ejército tiene fines puramente ~s. われわれの軍隊は純粋に自衛目的のものである. 類**protector.**

― 男 防御, 守備; 防備. 類**resguardo.**

― 女 ❶ 守勢, 守備[防御]体制. ― Los enemigos cercados organizaron la *defensiva* y resistieron hasta la muerte. 包囲された敵は守備を固め, 死ぬまで抵抗した. 反**ofensiva.** ❷ 湿布.

estar [ponerse] a la defensiva 身構える, 警戒した様子を見せる. Siempre que discutimos, *se pone a la defensiva*. 私たちが議論するときはいつも彼は身構えた態度をとる.

:defensor, sora [defensór, sóra] 名 ❶ 守護

者, 保護者; 防御者; 擁護者. —erigirse en ~ de los débiles [de los oprimidos] 弱者[被抑圧者]の味方になる. ~ del menor 児童保護官. ~ del pueblo 《政治》オンブズマン(行政監察官). ~ de la fe 信仰の擁護者. ♦1521年教皇レオLeón 10世から英国王ヘンリーEnrique 8世に与えられた称号. ~ de menores 《法律》身成年者の後見人. ~ del vínculo matrimonial 《カトリック》結婚保護者. 類**protector**. ❷《法律》被告側弁護士. 類**abogado**. ❸《スポーツ》ディフェンダー(= defensa); 選手権保持者.

── 形 守る, 擁護の, 防御の; 弁護に当る. ─abogado ~ 《法律》被告側弁護士, 弁護人. entidad defensora de los animales 動物擁護団体. 類**protector**.

deferencia [deferénθja] 囡 (相手に対する)配慮, 尊重; (目下に対する)親切. —por ~ (a su edad) 相手を尊重して, 敬意から(年齢への配慮から). El presidente tuvo la ~ de escuchar mi plan durante una hora. 社長は1時間にわたって私のプランを聞いてくれた. 類**atención, condescendencia**.

deferente [deferénte] 形 ❶(人や態度が)相手を立てる, 尊重する, 謙虚な. —Es poco ~ con las mujeres. 彼は女性に対して無礼だ. ❷《解剖》輸精の. —conducto ~ 輸精管.

deferir [deferír] [7] 自 [+a/con] (相手を立てて相手の意見に従う, 同意する, 譲る. ❷ [+a/con] (目下の人)を対等に扱う, …の一員であるかのように振舞う. 類**condescender**.

── 他 (権限の一部)を移譲する. 類**delegar**.

‡**deficiencia** [defiθjénθja] 囡 ❶(精神的・身体的)**欠陥, 欠点**, 弱点. —persona con ~s físicas 身体障害者. ~ mental 《医学》精神薄弱. ~s técnicas 技術的欠陥. corregir las ~s 欠点を改める, 欠陥を直す. 類**defecto**. 反**virtud**. ❷**不足**, 欠乏, 欠如. —~ inmunológica 《医学》免疫不全. Cambió de hotel porque le molestaban las ~s en el servicio. 彼はサービス不足でホテルを変えた.

‡**deficiente** [defiθjénte] 形 ❶**欠陥[欠点]のある**, 不十分な, 不備な. —trabajo ~ 出来の悪い仕事. salud ~ 不十分な健康. Este teatro tiene una acústica ~. この劇場は音響効果に欠陥がある. 類**defectuoso, incompleto, incorrecto**. 反**perfecto**. ❷ [+en] …が不足している, 欠けている. —Este alimento es ~ en minerales. この食品はミネラル分が不足している. 類**insuficiente**.

── 男女 障害者. —~ mental 知的障害者.

déficit [défiθi(t)] 男 〔複déficit, déficits〕 ❶ 赤字, 欠損. —Este año han cerrado el ejercicio con ~. 今年度の決算は赤字になった. 反**superávit**. ❷《比喩》不足.

deficitario, ria [defiθitárjo, rja] 形 赤字の.

defiend- [defjend-] 動 defender の直・現在, 接・現在, 命令・2単.

defier- [defjér-] 動 deferir の直・現在, 接・現在, 命令・2単.

definible [definíβle] 形 定義できる, 明確化できる.

definición [definiθjón] 囡 ❶**定義, 説明, 記述**;《言語》(辞書中の)語義の定義. —Las *definiciones* deben ser claras y breves. 定義は何よりも簡潔でなければならない. ❷(思考・態度・立場などの)明確化, 明示. —El partido no ha dado una clara ~ de su programa político. その政党は政策綱領を明確に示していない. ❸決定;《カトリック》教理[教義]決定. —Le pidieron al presidente una ~ de su política económica. 大統領は経済政策の決定を求められた. 類**decisión**. ❹(テレビ映像の)走査線数; (レンズ, 画像の)精細度, 鮮明度. —televisión de alta ~ 高品位テレビ, ハイビジョンテレビ.

por definición 定義上, 本質上; 当然(のこととして). El hombre es egoísta *por definición*. 人間はそもそも利己的である.

‡**definido, da** [definíðo, ða] 過分 形 ❶ 定義された. ❷ 明確な, はっきりした. —Ese partido carece de una ideología *definida*. その政党には明確な政治的理念がない. Se refirió a un aspecto muy concreto y ~ del problema. 彼はその問題の非常に具体的で明確な点に触れた. ❸《文法》定…, 限定された. —artículo ~ 定冠詞. 類**determinado**. 反**indefinido**.

‡**definir** [definír] 他 ❶ を定義する, 規定する, (語)の意味を明確にする. —El lenguaje que se utiliza en las leyes debe ser *definido* con exactitud. 法律で用いられる言語は正確に定義されねばならない. ❷ (a) を説明する, 明らかにする. —El presidente *definió* el plan de desarrollo de la compañía ante los accionistas. 社長は株主の前で会社の発展計画を説明した. (b) を決定する, 規定する. —~ la política diplomática 外交政策を決定する. ❸(絵)の細部の仕上げをする. —~ un cuadro 絵の細部の仕上げをする.

── se 再 自分の考えを明らかにする.

‡**definitivamente** [definitiβaménte] 副 ❶**最終的に**, 完全に. —La oportunidad está ~ perdida. 機会は完全に失われた. ❷**決定的に**, きっぱりと, 意を決して.

‡**definitivo, va** [definitíβo, βa] 形 **最終的な**, 決定的な; (暫定的ではない)正式の. —edición *definitiva* 決定版. fecha *definitiva* 最終的な日取り. El viernes darán una contestación *definitiva*. 金曜日に彼らは最終的回答を明らかにするだろう. 類**decisivo, final, terminado**. 反**provisional**.

en definitiva 結局, 最終的に; 要するに. *En definitiva*, que no ha cambiado nada. 結局のところ, 何も変わらなかった.

sacar … en difinitiva (ある事を)結論として出す.

defir- [defir-] 動 deferir の直・完了過去, 接・現在/過去, 現在分詞.

deflación [deflaθjón] 囡 《経済》デフレーション, デフレ. 反**inflación**.

deflacionario, ria [deflaθjonárjo, rja] 形 《経済》デフレーションの.

deflacionista [deflaθjonísta] 形 《経済》デフレーションの, デフレを主張する.

── 男女 デフレ(賛成)論者.

deflagración [deflaɣraθjón] 囡 (爆発には至らない)急激な燃焼.

deflagrar [deflaɣrár] 自 (爆発せずに)急激に燃える.

deflector [deflektór] 男 ❶《機械》デフレクター, 反(*)っ板. ❷(自動車の)可動式三角窓.

defoliación [defoljaθjón] 囡 (病気・大気汚

染などによる早過ぎる落葉.

deforestación [deforestaθjón] 囡 森林破壊[伐採].

deforestar [deforestár] 他 (森林を)破壊[伐採]する.

***deformación** [deformaθjón] 囡 ❶ 変形, ゆがみ, ひずみ; 奇形. ～ del rostro 顔のゆがみ. sufrir una ～ 変形する, ゆがむ. corregir una ～ ゆがみを直す. ～ de la columna vertebral 脊柱[፥⁵⁵ҙ]変形[湾曲]. ～ física [congénita] 肉体的[先天性]奇形. 類**deformidad**. ❷ (事実などの)ゆがみ, 歪曲[ᵂᵇᵏ]; 改悪. ～ de la verdad 真実の歪曲. ～ del carácter 性格のゆがみ. ❸《美術》デフォルマシオン. ❹《写真, 光学》(像の)ゆがみ.

deformación profesional 職業習癖(職業上の習性からくる考え方や行動の癖). tener *deformación profesional* 職業習癖がある.

‡**deformar** [deformár] 他 ❶ …をゆがめる, 変形させる. — La humedad *ha deformado* la madera del suelo. 湿気のために床板がゆがんでしまった. ❷ を歪[ᵘᵇ]曲する. ～ la verdad 事実を歪曲する. 類**falsear, tergiversar**. ❸《美術》をデフォルメする.

— **se** 再 ゆがむ, 変形する.

deforme [defórme] 形 形の崩れた, 奇形の; 歪[ᵘᵇ]曲された. — Se ha formado una imagen ～ de mi país. 我が国についてのゆがんだイメージが形成された.

deformidad [deformiðá(ð)] 囡 ❶ 奇形, ゆがみ; 歪曲. ～ congénita 先天的な奇形. La ～ del brazo es el resultado de un accidente. 腕が曲がっているのは事故のせいだ. ❷《比喩》(道徳・芸術上の)ゆがみ, 逸脱, 倒錯. — A ese periódico le acusan de ～ informativa. その新聞は真実をゆがめた(報道をしている)ことを非難されている.

defraudación [defrauðaθjón] 囡 ❶ 失望(させること), 期待外れ. ❷ 詐取, (支払いの)ごまかし. ～ fiscal 脱税. 類**estafa, fraude**.

defraudador, dora [defrauðaðór, ðóra] 名 (支払いを)ごまかす人, 詐取する人, 詐欺. ～ de impuestos 脱税者.

***defraudar** [defrauðár] 〔<fraude〕他 ❶ (期待・信頼)を裏切る, 期待外れに終わらせる. — Ese hijo no *defraudó* mis esperanzas. あの息子は私の期待を裏切らなかった. 類**decepcionar, frustrar**. ❷ (税金などの)支払いをごまかす. — *Defraudó* 10 millones de euros al fisco. 彼は1000万ユーロも脱税した.

— 自 期待外れである, 期待外れに終わる. — Esta obra de teatro *defrauda*. この芝居は期待外れだ.

defunción [defunθjón] 囡 ❶ 死亡. — esquela de ～ 死亡通知(広告). 類**fallecimiento, muerte**. ❷ 複 (統計の)死亡数.

***degeneración** [dexeneraθjón] 囡 ❶ 退廃, 堕落, 悪化. ～ de las costumbres 風俗の退廃. ～ del medio ambiente 環境の悪化. 類**degradación**. 反**mejora**. ❷《生物》退化;《病理》(細胞・組織の)変質, 変性;《物理》縮退. — sufrir una ～ 退化する. ～ celular 細胞変性. ～ del sistema nervioso 神経組織変性.

degenerado, da [dexenerádo, ða] 形 退廃した, 堕落した; 劣化(退化)した.
— 名 堕落した人, 変質者.

***degenerar** [dexenerár] 〔<generar〕自 ❶ 〔+en へ〕悪くなる, 堕落する. 類**degradarse**. — Esa ciudad no es lo que era, *ha degenerado*. その都市は昔の面影はなく, 悪くなった. Su resfriado *degeneró en* bronquitis. 彼の風邪は気管支炎へと悪化した. ❷《生物学》退化する.

degenerativo, va [dexeneratiβo, βa] 形 退行性の, 変性の; 堕落させる, 退廃的な.

deglución [deɣluθjón] 囡 嚥下[ᵉⁿᵏ], 飲み込むこと.

deglutir [deɣlutír] 他 を嚥下[ᵉⁿᵏ]する, 飲み込む. — 自 嚥下する, 飲み込む.

degollación [deɣoʎaθjón] 囡 斬首. — ～ de los (santos) inocentes (ヘロデ王による)幼児虐殺.

degolladero [deɣoʎaðéro] 男 ❶ 畜殺場. ❷ (打ち首の)刑場. ❸ (家畜の)首(畜殺の際に切る部位).

ir [llevar] al degolladero 危険な目に遭う[危険な目に遭わせる].

degollador [deɣoʎaðór] 男 首切り役人.

degolladura [deɣoʎaðúra] 囡 ❶ 首の切り跡. ❷ (婦人服の)胸あき, 類**escote**. ❸ (れんがとれんがの)継ぎ目. 類**llaga**.

degollar [deɣoʎár] [5.7] 他 ❶ …の首を切る. ❷《話》(劇・役)を下手に演じる, (音楽)を下手に演奏する; (作品)をぶちこわしにする. ❸ (服)に胸あきをつける.

degollina [deɣoʎína] 囡 ❶ (大量の)殺戮[ᵃᵗᵏ], 虐殺; (大量の)畜殺. 類**matanza**. ❷《比喩》(試験)で大量に落第点が出ること, (検閲による)大量削除.

degradación [deɣraðaθjón] 囡 ❶ (地位の)剥奪, 降格. 類**bajeza, humillación**. ❷ 堕落, 劣化, いやしさ. ❸《美術》(遠近に従って色や形を)徐々に弱めること, グラデーション.

degradante [deɣraðánte] 形 堕落・劣化させる; いやしい.

degradar [deɣraðár] 他 ❶ (軍隊などで人)から地位を剥奪する, を降格させる. 類**deponer**. ❷ を堕落させる, いやしくする. — El consumo de droga *degrada* al hombre. 麻薬の使用によって人は堕落する. 類**envilecer**. ❸《美術》(遠近に従って色や形を徐々に弱く(小さく)する.

— **se** 再 堕落する, 劣化する.

degüell- [deɣu̯éx-] 動 degollar の直・現在, 接・現在, 命令・2 単.

degüello [deɣu̯éʎo] 男 ❶ 斬首[ᶻᵃᵃ], 首切り. ❷ 大量の虐殺.

entrar a degüello (敵地に入って)虐殺する.

*tirar*LE *a degüello* (人)の不利益を狙ってものを言う(行動する).

llevar al degüello →degolladero.

degustación [deɣustaθjón] 囡 味見(すること), 試食[飲], 賞味.

degustar [deɣustár] 他 …の味を見る, を試食[飲]する, 賞味する. 類**catar, probar**.

dehesa [deésa] 囡 (主に放牧用に)囲った土地, 牧草地.

dehiscente [deisθénte] 形《植物》裂開性の. 反**indehiscente**.

deicida [dei̯θíða] 形 神殺しの, キリストを殺した.
— 男女 神を殺すもの, 神殺し, キリストを殺した

者.

deicidio [deiθíðio] 男 神を殺すこと, 神殺し, キリスト殺し.

deícticamente [deíktikaménte] 副 《文法》直示的に.

deíctico, ca [deíktiko, ka] 形 《文法》直示的な, 対象指示的な.

deidad [deiðá(ð)] 女 ❶ 神性. 類 **divinidad**. ❷ (キリスト教以外の)神. —Júpiter es una ~ romana que corresponde a Zeus. ユピテルはゼウスに対応するローマの神だ. 類 **Dios, divinidad**.

deificación [deifikaθjón] 女 神格化, 神としてまつること.

deificar [deifikár] [1.1] 他 ❶ 神としてまつる, 神格化する. 類 **consagrar, divinizar**. ❷《比喩》(人)を神聖視する, まつり上げる.

deis [déis] 動 dar の接・現在・2 複.

deísmo [deísmo] 男 理神論, 自然神論.

deísta [deísta] 形 理神論[自然神論]の.
—— 男女 理神論[自然神論]者.

dejación [dexaθjón] 女 放棄.

dejadez [dexaðéθ] 女 ❶ だらしなさ, 不精; なげやり. —Yo no aguantaría la ~ en que ella tiene la casa. 彼女は家を乱雑なままにしているが私だったら耐えられない.

dejado, da [dexáðo, ða] 過分 形 ❶ だらしない, 不精な. 類 **descuidado, flojo, negligente**. ❷ 朽ちはてた. 類 **abatido**. ❸ 名 不精者.

dejamiento [dexamjénto] 男 ❶ 放棄. 類 **dejación**. ❷ 怠惰, だらしなさ. 類 **descuido, flojedad**. ❸ 無関心, 愛着のなさ. ❹ 意気消沈.

dejar [dexár デハル] 他 ❶ (a) を残しておく, 置いておく, 放置する. —Le dejé el recado en la recepción del hotel. 私は彼への伝言をホテルのフロントに残しておいた. La copa está en la mesa カップをテーブルに置いておく. ~ se olvidó de ~nos su dirección. 彼は自分の住所を私たちに置いてゆくのを忘れた. (b) を(後に)残す. —El policía asesinado ha dejado viuda y dos hijos. 殺された警官は未亡人と二人の子どもを残した. Dejó casi toda la comida. 彼女は食事をほとんど全部残した. (c) (遺産など)を残す, 譲る. —Un tío suyo le dejó en herencia una casa. 叔父の一人が彼に遺産として家を一軒残した. 類 **ceder, legar, transferir. (d)《+para のため》とっておく. —Ha dejado el postre para los niños. 彼は子どもたちのためデザートを残して置いた. ❷ (a) (物)を放す; 捨てる, 放棄する. —~ una colilla en el cenicero 吸い殻を灰皿に捨てる. 類 **abandonar, soltar**. (b) (人)を棄てる, 見捨てる. —Dejó a su familia por una jovencita. あの若い娘のために彼は自分の家族を棄てた. Otra vez ha dejado a su novia. また彼は恋人を棄てた. 類 **abandonar**. (c) (場所)を立ち去る, 離れる, (人)を残して去る. —Dejó Japón para marcharse a Brasil para siempre. 彼は永久にブラジルに出かけようと日本を後にした. Te dejo, que me esperan en casa para cenar. 失礼するよ, 家で夕食しようと待っているから. 類 **abandonar**. (d) (事態が)去る, …からなくなる. —Ya los ha dejado el buen tiempo. もう彼らの良い時代は終わってしまった. ❸ (物)を置き忘れる, 置き去りにする. —Dejó las llaves en el coche. 彼は鍵束を車に置き忘れた. 類 **olvidar**. ❹ (行動・職業など)をやめる. —Dejó la tienda y empezó a trabajar de oficinista. 彼は店をたたんで会社員として働き始めた. Piensa ~ los estudios. 彼は勉学をやめるつもりだ. 類 **abandonar**. ❺ (a)(ある状態に)放っておく, かまわないでおく, 放置する. —Déjame en paz. 放っておいてくれ. Déjale, ya se le pasará el enfado. 放っておけ, 彼の怒りもももすぐおさまるから. (b)《+過去分詞/形容詞》…(に)しておく, させておく. —Su conciencia le dejó arrepentido de haberlo hecho. それをしたことで彼の良心はとがめた. Los niños dejaron la habitación desordenada. 子どもたちは部屋を散らかした. Cuando salgas deja dicho adónde vas. 出かける前には行き先を言っておきなさい. Aquel desplante le dejó rabioso. あの無礼さに彼は激怒した. No me dejes solo, por favor. お願いだから, ひとりぼっちにしないで. ❻ (a)《+不定詞/現在分詞, que+接続法》…(したいように)させる, させておく. —Déjalo dormir más, que tiene mucho sueño. 彼をもっと眠らせてやれ, とても眠たがっているから. Déjeme usted que le presente a un amigo. 友人を一人あなたに紹介させてください. (b) …することを許す, を妨げない. —Mi padre no me deja ir a la fiesta. 父は私がパーティーに行くのを許してくれない. 類 **permitir**. ❼ を預ける, 託す, 任せる. —El cartero dejó el paquete al portero. 郵便配達は小包を管理人に託した. Le dejaron los niños a su abuela. 彼らは子どもたちをおばあさんに預けた. ❽ を貸す, 使わせる. —Oye, ¿me quieres ~ tu bolígrafo un momento? ねえ, 君のボールペンをちょっと貸してくれない? ¿Me dejas tu teléfono? 君の電話を貸してくれるかい. 類 **prestar**. ❾ を利益として生み出す, もうけさせる. —La lotería me ha dejado cinco mil euros. 宝くじで私は 5 千ユーロもうかった. ❿《+para に》延期する, 遅らせる. —Dejemos la excursión para otro día. ハイキングはまたの日に延期しよう. 類 **aplazar, diferir**. ⓫《スポーツ》(ボール)をドロップショットで打つ. —~ la pelota cerca de la red ネット際にドロップショットを打ち込む.

—— 自《de+名詞/不定詞; を》やめる, 中断する. —Deja de hacer ruido. うるさくしないでくれ. Ha dejado de llover. 雨は降りやんだ. Tan pronto como dejó de trabajar, empezó a decaer su salud. 働くのをやめたとたんに彼は健康が衰え始めた. No por eso dejé de ir a la escuela. それだからといって私は学校へ行くのをやめたわけではなかった. 類 **cesar, parar**.

¡deja! (相手を制止して)やめろ; 待て; 伏せ. ¡Déjalo!, ya voy yo. 放っておけ, 今行くから.

dejar aparte [a un lado, fuera] を除外する, 無視する, …のことを考えない. Dejemos aparte los detalles y vayamos al fondo del asunto. 細かいことはさておき, 事の核心に入ろう.

dejar atrás を追い越す, 引き離す, 凌駕(りょうが)する. Es muy inteligente y ha dejado atrás a todos los de la clase. 彼は大変頭が良く, クラスの全員を追い越してしまった.

dejar caer (1) …とそれとなくほのめかす. Dejó caer en la reunión lo que pensaba. 彼は考えていることをそれとなくほのめかした. (2) を落とす.

dejar correr を放任する, ほうっておく, 成り行きにまかせる. Haces demasiado caso de cosas triviales. Déjalo correr todo. 君はつまらぬ事を気に

624 deje

し過ぎる.すべて成り行きにまかせろよ.
¡deja eso!/¡déjalo (estar)! やめろ,いい加減にしろ;放っておけ. *¡Déjalo estar!*, no merece la pena seguir discutiendo. いい加減にしなさい,言い合いを続けてもしょうがない.
dejar fresco …に一杯食わせる,一泡吹かせる.
dejar hacer 自由放任にする,したいようにさせる. No te preocupes.*Déjalo hacer*. 心配するな.好きにやらせておけ.
dejar escapar (1)(不意に)もらす. *Dejó escapar* un suspiro. 彼はため息をもらした. (2)取り逃がす.
dejar [bastante, mucho] que desear 満足と言うにはほど遠い,非常に出来が悪い. La higiene en este restaurante *deja mucho que desear*. このレストランの衛生状態は改善の余地が多い.
no dejar de【+不定詞】ひっきりなしに…する,必ず…する,を忘れない. *No dejes de* escribirme, ¿eh? 君必ず手紙をくれよな.
—se 再 **❶** だらしなくなる,なりふりに構わなくなる,無精になる. —Desde que quedó sin trabajo, *se ha dejado* mucho. 彼は失業して以来ものすごくみすぼらしくなった. *Se ha dejado* barba. 彼はひげを伸ばしほうだいにした. 類*abandonarse*. **❷**【+不定詞】…させる,…されるままになる. —No *te dejes* tomar el pelo. 君はからかわれないようにしろ. El criminal *se dejó* llevar por dos policías. 犯人は二人の警官に連行されていった. **❸**【+de を】やめる,しない. —*Déjate de* tonterías. ばかばかしい!加減にしろ. **❹** を忘れてくる,置き忘れる;(ある事を)忘れる. —*Me he dejado* el paraguas en la oficina. 私は傘を会社に忘れてきた. **❺**(運命などに)身を任せる,屈する. 類*entregarse*.
dejarse caer (1) 不意に姿を現わす. *Se deja caer* por casa de vez en cuando. 彼はときどき家にひょっこり姿を現わす. (2) うっかり落ちる. (3) 飛び降りる;身を投げ出す.
dejarse decir うっかり口をすべらす. *Se dejó decir* que mataría a su suegra. 彼は義理の母を殺してやるとうっかり口走った.
dejarse llevar (1) 言いなりになる,影響される,振り回される. *Se deja llevar* por las opiniones de los demás. 彼は他人の意見に左右される. Siempre *se ha dejado llevar* por la corriente. いつも彼は流れに身を任せてきた. (2) 連れて行かれる.
dejarse querer ちやほやされる.
dejarse rogar もったいぶる,なかなか承知しない.
dejarse ver【+por に】顔を出す,姿を見せる. *¡Déjate!* やめなさい.

deje, dejillo [déxe, dexíjo] 男 →dejo.
dejo [déxo] 男 **❶**(地方や個人に特有の)イントネーション,お国なまり. 類*acento*, **tonillo**. **❷**(食べ物などの)後味,後口;〈比喩〉後味. —~ a amargo 苦い後味. 類*gusto*, *sabor*.
de jure [dexúre]〈<ラテン〉正当に.
**del [del デル]〈de+el〉【前置詞 de と男性単数定冠詞 el の縮約形. ただし文語(書き言葉)では,定冠詞 el が人名・地名・書名といった固有名詞の一部のときは,この縮約行はおこらない(→de)】. —Tengo un chalé a la orilla ~ lago. 私は湖畔に別荘を持っている. El libro ~ profesor está sobre la mesa. 先生の本はデスクの上にあります. Ayer visitamos el monasterio de El Escorial. 昨日私たちはエル・エスコリアルの修道院を訪れた. ¿Sabes quién es el autor *de "El Buscón"*? 『ペテン師』の作者が誰か知っていますか.

delación [delaθjón] 女 告発, 密告. 類*acusación*, **denuncia**.
delantal [delantál] 男 前かけ,エプロン. 類**mandil**.

delante [delánte デランテ] 副 **❶(場所が)前に[で], 前の方に[で]. —Que se pongan ~ los más pequeños. 一番小さい子ども達を前の方に立たせなさい. 反*detrás*. **❷**(位置・順序が)前方に,先に,先に立って. —Mi padre es el que va ~. 私の父は前を歩いているほうだ. 類**antes**, **primero**. **❸** 前面に,正面に,前部に,前面に. —La casa tiene un balcón ~ y ventanas a los lados. その家は正面にはバルコニー,側面には窓がある. Esta falda lleva unos pliegues ~. このスカートは前にギャザーがある. 類*enfrente*.
delante de ... (1)(場所が)…の前に[で]. La parada del tranvía está *delante de* la casa. 市電の停留所は家の前にある. (2) …の前に,先に. Ella está *delante de* mí en el escalafón. 彼女は職員名簿で私の前に載っている. (3) …の面前で[に], …の前にして. Lo dijo *delante de* testigos. 彼は証人達を前にしてそれを述べた. (4) …の正面に, 目の前に. Tiene el lago *delante de* la ventana. 彼の窓の前には湖が見える.
de delante (1) 前の, 前方の, 先の. Que suban primero los *de delante*. 前にいる人が最初に乗車して下さい. (2) 前部の, 正面の. Salgan por la puerta *de delante*. 前面の扉から出てください.
hacia delante 前方へ, 前[先]の方へ, 前方[正面]に向って. La torre está inclinada *hacia delante*. 塔は正面の方へ傾いている.
por delante (1) 前方に[を], 前面に[で]. La falda se abrocha *por delante*. そのスカートは前でボタンをとめる. Pasó *por delante de* mí. 彼は私の前を通り過ぎた. (2) 目の前に, 前途に. Tenemos mucho tiempo *por delante*. 私達はこれから先にたくさんの時間がある.

delantera [delantéra] 女 **❶**(乗り物などの)前部. **❷**(衣服の)前身ごろ. **❸**〈俗〉女性の胸. **❹**(劇場などの)最前列(の席). —~ del segundo piso 2階席の最前列. **❺**〈スポーツ〉【集合的に】フォワード. —Nuestra ~ es un desastre. うちのフォワードは最悪だ. **❻** 先を越すこと, リード. —Le lleva una ~ de diez metros [segundos]. 10メートル[秒]リードしている. 類**ventaja**.
*coger*LE *[tomar, ganar] la delantera* (人)に先んずる, …の先を越す. Nos *han cogido la delantera* en un nuevo modelo de ordenador. 我々は新しいコンピューターの開発で先を越された.
delantero, ra [delantéro, ra] 形 前部の, 前側の. 反*trasero*.
— 名 **❶**〈スポーツ〉フォワード(の選手). —~ centro センターフォワード. **❷** →delantera②.
delatar [delatár] 他 **❶**(犯人または悪事を)告発する, 密告する. —~ al asesino 殺人犯の名前を密告する. ~ un soborno 収賄を暴露する. 類**denunciar**, **revelar**. **❷**(無意識の動作などが, 隠れた意図などを)明らかにする. —Su rígida sonrisa *delataba* su nerviosismo. こわばった笑顔で, 彼が緊張しているのが分かった.
delator, tora [delatór, tóra] 形 密告[告発]する, 密告の. — 名 密告者.

delco [délko] 男 《自動車》(エンジンの)ディストリビューター, 配電器.

DELE [déle] 〔<Diploma de Español como Lengua Extranjera〕男 外国語としてのスペイン語検定証書.

dele [déle] 男 《印刷》(校正に使う)「トル」の記号, (欄外に書く)削除記号.

deleble [deléβle] 形 消しやすい, 消える.

delectación [delektaθjón] 女 楽しさ, 喜び, 悦楽. 類**deleite, placer**.

:**delegación** [deleγaθjón] 女 ❶〖集合的に〗**代表団[部]**, 派遣団; (会などの)代表者; 委員会. —mandar una ~ 代表[使節]団を派遣する. ~ sindical 労組代表団, 労組代表事務所. ~ cultural 文化使節団. ~ diplomática 外交団. D~ (del Ministerio) de Educación 教育委員会. El ministro recibió a una ~ de aquella provincia. 大臣はその県の代表団に会った. 類**comisión, representación**. ❷ 出張所, 事務所, 支店 (=sucursal), 出先機関, 支局. — ~ comercial 支店. La compañía abre [tiene] una ~ en Barcelona. その会社はバルセロナに支店を開く[がある]. Llevé mi declaración de la renta a una ~ de Hacienda. 私は地方財務局[税務署]に所得申告書を持って行った. ❸ (権限・職務などの)委任, 委託. — ~ de poderes 権限委譲. por [en] ~ de ... (人)の委託を受けて[代理人として]. A la reunión asistió el secretario por ~ del presidente de la empresa. その会議には社長の代理として秘書が出席した. 類**encomienda**. ❹ 代表の職[事務所]. —Lo seleccionaron para la ~ de una sucursal. 彼は支店長に選ばれた. ❺〖メキシコ〗警察署 (=comisaría);〖メキシコ, 中米〗市役所 (=ayuntamiento).

:**delegado, da** [deleγáðo, ða] 名 ❶ 代表, 代表委員, 代議員; 使節, 派遣員. — ~ de clase クラス代表. ~ sindical 労働組合代表. ~ apostólico 教皇使節. ~s de la asociación de consumidores 消費者団体の代表者たち. nombrar un ~ 代表を任命する. 類**apoderado, comisionado, encargado, representante**. ❷《政治》地方責任者; (各自治州政府に派遣された)中央政府の代表 (~ del Gobierno). — ~ de Hacienda 地方財務局長, 税務署長. D~ del Gobierno en Ceuta セウタ駐在スペイン政府代表. ❸《商業》代理人, エージェント, 駐在員, 支店長.
—— 過分 〔<delegar〕形 (権限を)委任[委託]された, 代表[代理]の. — juez ~ 受命判事. persona *delegada* 代理人, 代表者.

:**delegar** [deleγár] [1.2] 他〖+enに〗**を委任[委託]する**, 譲渡する. —El gobierno *delegó* en el embajador la representación en las negociaciones. 政府は大使に交渉における代表権を委任した. El presidente *ha delegado* la firma en el vicepresidente. 社長は副社長に代理権を移譲した.

deleitable [deleitáβle] 形 楽しませる, 楽しい, 快い. 類**deleitoso**.

deleitación [deleitaθjón] 女 →deleite.

deleitamiento [deleitamjénto] 男 →deleite.

:**deleitar** [deleitár] 他 **を楽しませる**. —Este manjar nos *deleita* el paladar. このごちそうは我々の舌を楽しませてくれる.
——se 再〖+con/en を〗楽しむ. —Oír música es lo que más *me deleita*. 音楽を聞くのが一番私は楽しい. *Se deleita con* la lectura [*en* la contemplación de la naturaleza]. 彼は読書[自然観賞]を楽しんでいる.

:**deleite** [deléjte] 男 ❶ 楽しみ, 喜び, 快楽. —Es un ~ pasear por la playa al atardecer. 日暮れ時に浜辺を散歩するのは楽しい. 類**placer**. 反**aburrimiento**. ❷ 淫楽 (=placer sensual). *con deleite* 楽しく, 喜んで, 満足気に. leer *con deleite* 読書を楽しむ. Fumaba el cigarrillo *con deleite*. 彼はおいしそうにタバコを吸っていた.

deleitoso, sa [delejtóso, sa] 形 快い, 楽しい. 類**agradable, placentero**.

deletéreo, a [deletéreo, a] 形 致死性の, 有毒の. — ~ gas 毒ガス. 類**mortífero, venenoso**.

deletrear [deletreár] 他 (単語のつづり)を言う, を1文字ずつ読む.

deletreo [deletréo] 男 単語のつづりを言うこと, 1文字ずつ読むこと.

deleznable [deleθnáβle] 形 ❶ (物が)もろい, くずれやすい. —Las casas estaban hechas de un material ~. その家々はもろい材料でできていた. ❷ はかない, 永続しない. ❸ (論理などが)一貫しない, 脆弱(ぜいじゃく)な.

délfico, ca [délfiko, ka] 形 デルポイ (Delfos) の; (デルポイにあった神殿)の神託の.

delfín [delfín] 男 ❶《動物》イルカ. ❷ (フランス王家の)王太子, ドーファン.

delfina [delfína] 女 (フランスの)王太子妃.

delgadez [delγaðéθ] 女 やせていること; 細い・薄いこと.

:**delgado, da** [delγáðo, ða] 形 ❶ ほっそりした, やせた形 〖ser/estar/quedarse+〗. —Es un chico alto y ~. 彼は背が高くてやせた男の子だ. Se ha quedado muy *delgada*. 彼女は非常にやせてしまった. 類**flaco**. 反**gordo**. ❷ 薄い, 細い. —Sólo disponía de un ~ abrigo para pasar el invierno. 彼は冬を過ごすのに薄いコート1枚しか持っていなかった. intestino ~ 小腸. 類**fino**. 反**grueso**. ❸ (土地が)やせた. —Es una región de tierra *delgada* y pedregosa. そこはやせた石ころだらけの地方である. ❹ 繊細な, 鋭敏な.
—— 男 複 (牛・豚など家畜の)わき腹(の肉).

delgaducho, cha [delγaðútʃo, tʃa] 形《軽蔑》やせっぽちの, やせて弱々しい.

:**deliberación** [deliβeraθjón] 女 ❶ 審議, 討議; (審議後の)決議. —en ~ 討議[審議]中の[で]. someter un proyecto a ~ 案を審議に付する. 類**debate, discusión**. ❷ 熟考, 熟慮; 打算.

•**deliberadamente** [deliβeráðaménte] 副 故意に, わざと, 熟慮して. —D~ le metieron droga en el bolsillo. 彼らは故意に彼のポケットに麻薬を忍ばせた. 類**adrede, intencionadamente**.

deliberado, da [deliβeráðo, ða] 過分 ❶ 前もって考えられた, 熟慮の上の. ❷ 意図的な, 故意の. 類**intencionado, voluntario**.

deliberante [deliβeránte] 形 (組織が)討議・審議する. —comité ~ 審議会.

:**deliberar** [deliβerár] 他 **を審議する**. —El tribunal *deliberó* una hora antes de dar a conocer el ganador. 審査委員会は優勝者発表の1時間前に審議を行なった.
—— 自〖+sobre について〗❶ 熟慮する, 熟考する.

deliberativo

❷ 慎重審議する. —El comité *delibera sobre* el asunto. 委員会はその件につき慎重審議する.

deliberativo, va [deliβeratíβo, βa] 形 審議の. —asamblea *deliberativa* 審議会.

delicadez [delikaðéθ] 女 ❶ 繊細さ, 微妙さ. ❷ (肉体的, 性格的)弱さ. 類 **debilidad, flaqueza**.

:**delicadeza** [delikaðéθa] ❶ 繊細さ, 洗練, 優美; 美味. —Tiene un rostro 顔立ちの上品さ. ~ de modales 態度の上品さ. ~ de pincel 筆致の軽さ. ~ de pensamiento 思考の緻密さ. ~ de un manjar 食べ物の洗練された味. 類 **finura, sutileza**. 反 **grosería**. ❷ (立場・問題などの)微妙さ, 難しさ. — ~ de una situación 立場の難しさ. ❸ きゃしゃ, もろさ, 虚弱さ. — ~ de estómago 胃弱. ~ de salud 虚弱体質. 類 **debilidad**. ❹ 心遣い, 気配り, 思いやり. —falta de ~ デリカシーのなさ. Tuvo la ~ de esperarme. 彼は気をつかって私を待っていてくれた. Fue una ~ de su parte haberte avisado. 君に知らせたのは彼の心遣いだった. ~ de conciencia 良心の潔癖さ. tener mil ~s con ... (人)に細やかな心遣いを見せる. 類 **atención, cortesía**. ❺ 鋭敏さ, 敏感; 気難しさ. — ~ de juicio 判断力の鋭さ. Ese programa puede herir la ~ del corazón de los niños. その番組は子供たちの感じやすい心を傷つけるかもしれない. 類 **sensibilidad**.

con delicadeza (1) そっと, 優しく, 注意して, 丁寧に. tratar *con delicadeza* (人)を親切に扱う, (物)を丁寧に扱う, (問題など)を慎重に扱う. Cerró la puerta *con delicadeza* para no despertar al niño. 彼は子供を起こさないように戸をそっと閉めた. (2) 如才なく. obrar *con delicadeza* 如才なく[そつなく]振舞う.

tener la delicadeza de 〖+不定詞〗 親切にも…する.

:**delicado, da** [delikáðo, ða デリカド, ダ] 形 ❶ (a) 微妙な, かすかな; (扱いが)難しい, 微妙な点[話題]. —punto *delicado*. Tu situación es muy *delicada*. 君の立場は非常に微妙だ. Nos miró con una *delicada* y imperceptible ironía. 彼は私達をわからないくらいにかすかな皮肉な目でながめた. 類 **apurado, difícil, escabroso**. (b) 〖+de〗(…が)虚弱な, きゃしゃな, こわれやすい〖ser/estar+〗. — mecanismo ~ 精巧な機械. porcelana *delicada* こわれやすい磁器. Es un poco *delicada* de salud. 彼女は少し体が弱い. Está ~ del estómago. 彼は胃が弱っている. 類 **débil, flaco, frágil**. 反 **fuerte**. (c) 過敏な, 傷つきやすい; 気難しい. —Con un ~ que es, no podrá dormir sobre el tatami. 彼は大変神経質な人だから, たたみの上では眠れないだろう. 類 **escrupuloso, exigente, remilgado**. ❷ (a) 繊細な, 優美な; 美味な. —color ~ 微妙な色彩. facciones *delicadas* 優美な顔立ち. manjar ~ うまい食べ物. Ella lleva una preciosa y *delicada* ropa interior. 彼女は高価で上等な下着を着ている. 類 **exquisito, fino, suave, sutil**. 反 **brusco**. (b) 思いやり[気配り]のある, ていねいな. —frase *delicada* ていねいな文句. Me ofreció su asiento en un gesto ~. 彼は品のよい態度で私に席をゆずってくれた. 類 **atento, cortés, cuidadoso**. 反 **rudo**. (c) (感覚などが)鋭い, 鋭敏な, 敏感な. —Tiene un entendimiento ~. 彼は鋭い理解力がある. 類 **sensible, sutil**.

delicaducho, cha [delikaðútʃo, tʃa] 形 弱々しい, 病弱な.

:**delicia** [delíθia] 女 無上の喜び(を与える物・人), 楽しみ; 快感; 美味. —jardín de las ~s 地上の楽園, エデン. causar ~ 喜ばせる. Es una ~ escuchar a Bach. バッハを聞くとうっとりする. Este niño es la ~ de sus padres. この子は両親のこの上ない喜びだ. Este vino es una verdadera ~. このワインは本当においしい. 類 **deleite, placer**. 反 **disgusto**.

con delicia うっとりと, 恍惚として.

hacer las delicias de ... (人)を喜ばせる. Los columpios *hacen las delicias de* los niños. ブランコは子供達を喜ばせる.

... que es una delicia たくさん, ものすごく〖豊富さ・快さ・不快さを誇張する表現〗. → *... que es una bendición*. Hay allí una cantidad de moscas *que es una delicia*. あそこにはいやというほど蚊がいる. Tiene un geniazo *que es una delicia*. 彼はものすごく気性が激しい.

:delicioso, sa [delíθióso, sa デリシオソ, サ] 形 ❶ 楽しい, 快い; (女性などが)愛嬌のある. —Nos hizo un tiempo ~. 彼は私たちに楽しい時を過ごさせてくれた. Se ha casado con una mujer *deliciosa*. 彼は愛らしい女性と結婚した. 類 **agradable, ameno, encantador**. 反 **desagradable**. ❷ (食物が)うまい, おいしい. —Nos preparó una comida *deliciosa*. 彼は私達にうまい食事を作ってくれた. 類 **bueno, excelente, exquisito, rico**.

delictivo, va [deliktíβo, βa] 形 犯罪の. —acto ~ 犯罪行為.

delictuoso, sa [deliktwóso, sa] 形 →**delictivo**.

delicuescencia [delikwesθénθia] 女 ❶《化学》潮解(性). ❷ (習慣や芸術上の)退廃.

delicuescente [delikwesθénte] 形 ❶《化学》潮解性の. ❷ (習慣や芸術について)退廃的な.

delimitación [delimitaθjón] 女 境界確定, 線引き.

delimitar [delimitár] 他 (物事の)境界(範囲)を定める, を限定する; (土地)の境界線を引く. —Hay que ~ las responsabilidades de cada sección. 各部署の責任分担をはっきりさせなくてはいけない.

delinca(-) [delinka(-)] 動 delinquir の接・現在.

delinco [delíŋko] 動 delinquir の直・現在・1単.

delincuencia [delinkwénθia] 女 ❶ 犯罪; 犯罪行為. — ~ infantil [juvenil] (青)少年犯罪. ❷ 犯罪件数.

:**delincuente** [delinkwénte] 形 犯罪の, 罪を犯した, 法律違反の.
—— 男女 犯罪者, 法律違反者. — ~ sin antecedente penal 初犯. ~ habitual 常習犯. ~ juvenil 少年犯罪者, 非行少年. Los ~s que atracaron el banco huyeron en un coche robado. その銀行を襲った犯人たちは盗難車で逃走した. 類 **criminal, maleante, malhechor**.

delineación [delineaθjón] 〖<línea〗 女 製図, 線描, デッサン.

delineante [delineánte] 男女 製図工. — ~

proyectista 設計士.

delinear [delineár] 他 ❶ (図面, スケッチなどを)描く. 類**dibujar, diseñar**. ❷ (物の)輪郭を浮かび上がらせる.

*__delinquir__ [deliŋkír] [3.8] 自 罪を犯す, 法に違反する. —*Delinquió* por imprudencia. 彼は過失によって罪を犯した.

deliquio [delíkjo] 男 ❶ 恍惚, エクスタシー; 法悦境. 類**arrobamiento, éxtasis**. ❷ 気絶. 類**desmayo**.

delirante [deliránte] 形 ❶ 熱にうかされた, うわごとを言う; ばかげたことを言う[する]. ❷ 譫妄(せんもう)状態の. —fiebre ~ 譫妄状態を引き起こす高熱.

delirar [delirár] 自 ❶ (熱に)うかされて[うわごとを]言う. 類**desvariar**. ❷ 筋の通らない・ばかげたことを言う[する]. 類**desbarrar**. ❸《+por》…に夢中である. 類**chiflarse**.

:**delirio** [delírjo] 男 ❶ 精神錯乱, 妄想, うわ言; 《医学》譫妄(せんもう). — ~ alcohólico [de culpa (とが)][persecutorio (ひがい)][萎想], ~ de grandeza(s) 誇大妄想 (=megalomanía). ~ de persecución 被害妄想 (=monomanía persecutoria). estar en ~ 錯乱状態にある. En su ~ repetía palabras incoherentes. 彼はうわ言で支離滅裂な言葉を繰り返していた. 類**desvarío, ilusión**. ❷ 熱狂, 無我夢中. —Siente [Tiene] ~ por las ostras. 彼はカキが好きで好きでたまらない. ~ de la ambición 熱狂的な野心. 類**locura, manía, pasión**. ❸ でたらめ, たわごと. —Lo que dice son ~s. 彼の言っていることはでたらめだ. 類**despropósito, disparate**.
con delirio 気も狂わんばかりに, 猛烈に. La quiere *con delirio*. 彼は彼女に狂おしいほど恋している.
¡El delirio! 《俗》お見事だ; お粗末そのものだ!
ser el delirio (喜び, 興奮などが)頂点に達する. Cuando acabó de cantar *fue el delirio*. 彼が歌い終えると, 熱狂が頂点に達した.

delirium tremens [delirjun trémens] 男《医学》震顫譫妄(しんせんせんもう)(アルコール中毒による譫妄状態).

:**delito** [delíto] 男 ❶ 犯罪, 罪, 犯行. —confesar su ~ 犯行を自供する. cometer un ~ de estafa 詐欺罪を犯す. coger en flagrante ~ 現行犯で逮捕する. cuerpo del ~ 罪体(犯罪の実質的事実). ~ común [político] 普通[政治]犯罪. ~ consumado 完全犯罪. ~ frustrado 未遂犯. ~ de sangre 殺人罪. ~ in fraganti 現行犯. ~ telemático 情報犯罪. ~ de lesa majestad 大逆罪. ~ de ablación 女性器割礼を行う罪. 類**crimen**. ❷ 責任, 落度, せい. —En un irresponsable no cabe ~. 責任能力の無い者に責任は問えない. 類**culpa**. ❸ 醜行, 恥ずべき行為. —Es un ~ gastar tanto dinero en un abrigo. 1着のオーバーにそんな大金を使うのは馬鹿げている. Beber tanto es un ~. 飲み過ぎは恥ずべき行為だ.

Delos [délos] 固名 デロス島(エーゲ海の島).

delta [délta] 女 デルタ(ギリシャ文字Δ, δ).
—— 男 三角洲, デルタ地帯.

Delta Amacuro [délta amakúro] 固名 デルタ・アマクロ(ベネズエラの地域).

deltoides [deltóides] 形《無変化》❶ 三角形 (デルタ形)の. ❷《解剖》三角筋の.
—— 男 三角筋.

deludir [deluðír] 他 をだます. 類**engañar**.

demarcación 627

delusorio, ria [delusórjo, rja] 形 人をあざむく. 類**engañoso**.

demacración [demakraθjón] 女 やつれること, 憔悴.

demacrado, da [demakráðo, ða] 形 (病気などによって)やつれた.

demacrar [demakrár] 他 をやつれさせる. —Las preocupaciones la *han demacrado* mucho. 心労で彼女はすっかり病人のようにやつれてしまった.
—**se** 再 やつれる.

demagogia [demaɣóxja] 女 デマゴギー, 大衆迎合的政治. ◆もと民衆の支持を得た独裁的政治形態のこと. 現在では普通民衆の歓心を買うことに汲汲(きゅうきゅう)とするような政治のことを言う.

demagógico, ca [demaɣóxiko, ka] 形 大衆迎合的な. —La economía se quebró por políticas *demagógicas*. 経済は大衆迎合的な政策のために破綻した.

demagogo, ga [demaɣóɣo, ɣa] 名 デマゴーグ, 民衆の歓心を買うことに努める政治家.

:**demanda** [demánda] 女 ❶《法律》請求, 訴え; 要求. —satisfacer [estimar] una ~ 請求(権)を認める; 要求に応じる. rechazar una ~ 要求をはねつける. ~ de pago 支払い請求. a la ~ 請求[要求]に応(おう)えて[従って]. contestar la ~ 反訴する. presentar ~ de divorcio 離婚訴訟を起す. ~ por daños y perjuicios 損害賠償の請求[申立て]. Le pusieron [presentaron] una ~ por difamación. 彼は名誉棄損(きそん)で訴えられた. Entablaré ~ contra la inmobiliaria por deficiencias en la obra. 私はその建設会社を手抜工事で告訴するつもりだ. 類**petición, súplica**. ❷《経済》需要(→供給:oferta); 《商業》注文 (=pedido). —ley de la oferta y la ~ 需要供給の法則. Este artículo tiene mucha ~. この品は需要が多い. No estamos en condiciones de acceder a su ~. ご注文に応じかねます. ❸ 企て, 意図, 執心. —He prometido hacerlo y no cejaré en la ~, aunque sea ardua. やると約束した以上, たいへんでも努力を怠らないつもりだ. 類**empeño, empresa, intento**. ❹《法律》質問. —~s y respuestas 質疑応答, 言い合い. 類**pregunta**.
en demanda de ... を求めて, を探しに. venir *en demanda de* trabajo 職探しに来る. Acudió a mi padre *en demanda de* ayuda. 彼は私の父のところに助けを求めて行った.

demandado, da [demandáðo, ða] 過分 形《法学》被告の. —parte *demandada* 被告側.
—— 名《法学》被告人.

demandante [demandánte] 男女《法学》原告. —— 形《法学》原告の. —parte ~ 原告側.

*__demandar__ [demandár] 〔<mandar〕 他 ❶ を要求する, 求める, 希求する. —Los sindicatos *demandaban* aumentos salariales. 組合は賃上げを要求していた. ❷《司法》を訴える, 告訴する. —Le *demandaron* por fraude. 彼は詐欺のかどで訴えられた. Nos *demandó* en juicio [ante el juez]. 私たちは裁判に訴えられた.

demarcación [demarkaθjón] 女 ❶ 境界画定, 線引き. 類**delimitación**. ❷ (境界を定めた)土地, 敷地. 類**territorio, zona**. ❸ (行政上の)

管轄地域. 類**jurisdicción**.

demás [demás] 形 (不定)〖性数不変.定冠詞+〗その他の, それ以外の, 残りの. —No pudieron venir los ~ compañeros. 他の仲間は来られなかった. No me interesa la ~ gente. 私は他の人々には関心がない. 類**otro, restante**. ◆ 後には必ず複数名詞か単数の集合名詞が来る. 通常, 定冠詞を付けるが, y の後では省略されることもある:Francia, Italia y ~ países.

—— 代 (不定)〖定冠詞+〗その他の人々[物・事], 残りの人・事〖lo demás の場合を除き, 必ず複数の意味〗. —No le importa nada de los ~. 彼は他の人々のことは全然問題ではない. No quiero saber lo ~. 私は他の事は知りたくない.

por demás (1) →ser por demás. (2)〖+形容詞・副詞〗あまりに, 非常に. Tiene un padre *por demás* compasivo. 彼はあまりに子煩悩すぎる父親を持っている.

por lo demás それはともかく, それを除けば. He querido que reflexione, pero, *por lo demás*, no estoy enfadado con él. 私は彼に反省してもらいたいと思ったが, それはそれとして彼のことを怒っているわけではない.

ser [estar] por demás que〖+接続法〗…は無駄である. *Es por demás que* trates de hacerle cambiar de opinión. 彼の意見を変えさせようと試みるのは無駄なことだ.

y demás …など. Han invitado a parientes, amigos *y demás*. 彼らは親類や友だちなどを招待した.

demasía [demasía] 女 ❶ 過剰, 過度, やりすぎ. 類**exceso**. ❷ 無礼な振る舞い. 類**atrevimiento, descortesía, insolencia**.
en demasía 過度に. 類**excesivamente**.

demasiado, da [demasiáðo, ða デマシアド, ダ] 形 (不定) ❶〖+名詞〗あまりに多くの, あまりの, 過度の. —Hoy hace ~ calor. 今日はあまりに暑い. Bebes *demasiada* cerveza. 君はビールを飲みすぎる. Este trabajo es ~ para mí. この仕事は私の手に余る. ❷《俗》すごい, すばらしい.

—— 副 ❶ あまりに, あまりに多く, 過度に. —Es ~ pequeño para trabajar. 彼は働くには幼なすぎる. No lo pienses ~. あまり考えすぎないでね. ❷ 非常に, とても, 大変. —Es ~ amable. 彼女は大変親切だ. Tú hablas ~ y escuchas poco. 君はしゃべりすぎて他の人の話はほとんど聞かない. 類**mucho, muy, sobradamente**.

demencia [deménθja] 女 狂気, 精神錯乱; 認知症, 痴呆, ぼけ. —— ~ senil 老人性痴呆. ~ precoz 早発性痴呆.

demente [deménte] 形 ❶ 正気でない, 精神異常の, 気が狂った〖+ser/estar〗. —Tiene una conducta ~. 彼は気が違ったみたいな振る舞いをしている. Está ~; no hay más que verlo. 彼は頭がおかしくなっている. 見ているしかない. 類**loco, perturbado, trastornado**. 反**cuerdo, juicioso**. ❷ 痴呆[認知]症の.

—— 男女 ❶ 精神異常者, 気がふれた人. —hospital para ~s 精神病院. Pareces un ~, tranquilízate. 君は気が狂ったみたいに振る舞うな. 落ち着け. ❷ 痴呆[認知]症の患者. —El anciano era un ~.

その老人は痴呆症だった.

demérito [demérito] 男 デメリット, 欠点; マイナス. 反**mérito**.

demiurgo [demjúrɣo] 男〖哲学〗デミウルゴス(プラトン哲学における世界形成者, グノーシス学派における創造神).

democracia [demokráθja] 女 ❶ 民主主義, デモクラシー. —— ~ parlamentaria 議会制民主主義. ❷ 民主政体, 民主制, 民主政治. —— ~ directa 直接民主制. ~ representativa 間接[代表]民主制. consolidar una ~ 民主主義を強固なものにする. ❸ 民主主義国家. ❹〖集合的に〗(一国の)民主主義者. —Al implantarse la dictadura, la ~ se exilió. 独裁制がしかれると民主主義者は亡命した. ❺ (決定への)全員参加.
democracia cristiana キリスト教民主主義; キリスト教民主党.

demócrata [demókrata] 形 民主主義の. —partido liberal ~ 自由民主党.

—— 男女 民主主義者, 民主党員.

democrático, ca [demokrátiko, ka] 形 民主主義の, 民主政治[政体]の; 民主的な. —país [sistema] ~ 民主主義国[体制].

democratización [demokratiθaθjón] 女 民主化.

democratizar [demokratiθár] [1.3] 他 を民主化する.

demografía [demoɣrafía] 女 人口統計(学).

demográfico, ca [demoɣráfiko, ka] 形 人口統計(学)の; 人口の. —concentración [explosión, expansión] *demográfica* 人口集中[爆発, 膨張].

demoledor, dora [demoleðór, ðóra] 形 取り壊す, 破壊力のある. —Las aguas penetraron en el pueblo con fureza *demoledora*. 雨水が破壊的な勢いで村に押しよせてきた.

—— 名 壊すもの, (家屋の)解体業者.

demoler [demolér] [5.2] 他 ❶ (建物など)を取り壊す. —*Demolieron* las casas para ensanchar la carretera. 道路拡張のため家を取り壊した. 類**derribar, destruir**. ❷ (組織・制度など)を破壊する, 崩壊させる. —Los sucesivos escándalos *demolieron* el partido. あいつぐスキャンダルでその政党は崩壊した.

demolición [demoliθjón] 女 取り壊し, 解体; 破壊, 崩壊. 類**derribo, destrucción**.

demoniaco, ca, demoníaco, ca [demonjáko, ka, demoníako, ka] 形 ❶ 悪魔の, 悪魔的な. —culto ~ 悪魔崇拝. crimen ~ 悪魔的な犯罪. ❷ 悪魔に憑(ˊ)かれた. 類**endemoniado, poseído**.

—— 名 悪魔に憑かれた人.

demonio [demónjo] 男 ❶ 悪魔, 悪霊; 堕天使, 魔王(→「天使」ángel). —estar poseído por el ~ 悪魔に取り憑(ˊ)かれている. ~ de la tentación 誘惑の魔手 El ~ tentó a Jesucristo. 悪魔はイエス・キリストを誘惑した. 類**diablo, Lucifer**. ❷ (悪魔のように)ものすごく悪い人, 極悪人. —Esa mujer es un ~. あれは魔性の女だ. Un crimen así tuvo que ser obra de un ~. このような犯罪は極悪人の仕業に間違いないから. 類**diablo**. 反**ángel**. ❸ (特に子供について)いたずらっ子, やんちゃ坊主, 落ち着きのない子. —Este ~ se pasa todo el día haciendo trastadas. このいたずらっ子は一日中悪さしている Este niño es un

~: no se está quieto ni cinco minutos. この子は落ち着きのない子, 5分とじっとしていない. 類**diablillo, diablo**. ❹ やり手, 抜け目ない人, 悪賢い人. —Es un ~ para los negocios. 彼は商売にかけてはやり手だ. Es un ~: siempre engaña a sus amigos. 彼はずる賢い人で, いつも友人をだます. ❺〖主に覆〗疑問詞+~s〗〖怒り, 驚き〗一体…?; 〖賞賛〗何と…!. —¿Qué ~s estás tú haciendo ahí? 一体君はそこで何をしているんだ? ¿Quién ~s ha estropeado el ordenador? 一体誰がコンピュータを壊したんだ？ ❻ (運命などを司る)守護神, 霊; 〖ギリシャ神話〗ダイモン. — familiar (個人の)守護神. ~ de Sócrates ソクラテスの内なる声(ダイモニオン). ~ inspirativo 霊感. ❼ 大変醜い人.

¡Al demonio (con ...)! 〖怒り・じれったさで〗(…なんか)くそくらえ!, いまいましい(…め)!. (→Al DIABLO (con ...)).

a (mil) demonios 〖話〗いやな, ひどい (=a rayos). oler [saber, sonar] a demonios ひどい臭い[味, 音]がする.

andar el demonio suelto 大混乱になっている, 騒然としている. →andar [estar] el DIABLO suelto.

¿Cómo demonios ...? 〖話〗〖不快〗一体どうして…なんだ?

como el [un] demonio 〖話〗猛烈に, 激しく, ひどく, あまりにも (→como el [un] diablo). Es rico *como un demonio.* 彼はものすごい金持ちだ. Esta sopa quema *como un demonio.* このスープはものすごく熱い. Corrí *como un demonio* y nadie pudo alcanzarme. 私は猛スピードで走ったので誰も追いつけなかった.

darse al demonio [a (todos) los demonios] 〖話〗かっとなる, 激怒する; 絶望する.

de mil [de todos los] demonios/del demonio 〖話〗〖一般に悪い意味で〗ひどい, すごい tener una suerte *de mil demonios* ひどく運が悪い. Hace un frío *de todos los demonios*. ものすごい寒さだ. ¡Tiene un genio *de mil demonios*! 彼は何ていやなやつだ!

¡Demonio con ...! 〖怒り〗…にはあきれた!, …には驚いたら! *¡Demonio con* esta mujer! まったくこの女ときたら!

¡Demonio(s)! 〖主に覆〗〖話〗〖怒り, 驚き, 不快〗畜生!, くそっ!; これは驚いた! *¡Demonios!*, qué elegante vienes hoy. 驚いたね! 今日は何てエレガントなんでしょう!

El demonio, harto de carne, se metió a fraile. 道楽も年をとればおさまる.→el DIABLO, harto de carne, se metió a fraile.

El demonio las carga. 〖話〗銃はいつ暴発するか分からない.

(El) demonio de ... 〖怒り, 驚き, 迷惑, 賞賛〗…の畜生[やつ]め!, …ときたら! *Demonio de* crío, me va a volver loca. この赤ん坊ときたら！ もう私は気が狂いそうだ.

el demonio que 〖+接続法〗〖怒り〗…はあり得ない, …するのは極めて難しい (=el diablo que〖+接続法〗).

llevárselo [llevarlo] a ... el demonio [(todos) los demonios] 〖話〗〖怒り, 不快〗(人)が激怒する, かんかんに怒る. *Se lo llevan los demonios* cada vez que le rompen algo. 彼は何か壊される度に激怒する.→ponerse (como) un demonio/ponerse como un demonio

¡Ni qué demonio(s)! 〖話〗(怒り)畜生!, くそっ!, そんなばかな!

no sea el demonio que 〖+接続法〗 …するといけないから (=no sea el diablo que〖+接続法〗).

oler [saber, sonar] a demonios →a demonios.

ponerse hecho (como) un demonio/ponerse como un demonio 〖話〗激怒する, かんかんに怒る.

producirse [haber] una de mil demonios [de todos los demonios] 大騒ぎ[大げんか]になる.

¡Qué demonio(s)! 〖話〗(怒りの表現)ちくしょう!, くそ!(→qué diablo(s)).

¿Qué demonios ...? 一体何が[を]…? *¿Qué demonios* estás haciendo? 一体お前は何をしているのか?

¡Que me lleve el demonio si ...! もし…なら悪魔にさらわれてもかまわない, …なんて絶対あり得ない.

¡Qué ... ni qué demonio(s)! 〖疑い・拒絶〗…だなんてとんでもない (=¡Qué ... ni qué niño muerto!).

¿Quién demonios ...? 一体誰が…? *¿Quién demonios* te lo ha dicho? いったい誰が君にそんなこと言ったんだ?

ser el (mismo, mismísimo) demonio/ser un demonio/ser más malo que el demonio (1) 悪党だ. (2) ひどいいたずらっ子だ. (3) たいへん抜け目ない[器用な]人だ.

tener el demonio [los demonios] en el cuerpo 〖話〗(特に子供が)ひどいいたずらっ子である, やんちゃである, 落ち着きがない (→tener el DIABLO [los diablos] en el cuerpo).

demontre [demóntre]〖<demonio〗男 〖話, 婉曲〗→demonio. 〖間投詞的に demonio のかわりに用いられる〗. —*¡D~s!* くそっ, ちくしょう. Si quiere venir, que pague.–¡Qué ~(s)! 来たいのなら, お金を払ってくだい.–くそ! *¡Cómo ~(s)* quieres que lo sepa! 一体なんで彼に知らせたいんだ!

***demora** [demóra]女 ❶ 遅れ, 遅延, 延滞. –sin ~ 遅滞なく, 遅れずに, 直ちに. llegar con una ~ de dos horas 2時間遅れて着く. 類**atraso, dilación**. 反**adelanto**. ❷〖法律〗(支払いなどの)延滞. ❸ 待ち時間. ❹〖海事〗(他の物体を基準に計測した)方位, 方角, 方向.

***demorar** [demorár] 他 を遅らせる, 遅くする. —Un accidente de tráfico le *ha demorado*. 交通事故があり彼は遅れた. La torre de control *demoró* la salida del avión. 管制塔が飛行機の出発を遅らせた. 類**retrasar**.

—— se 再 ❶ 遅れる. —La publicación del libro *se demoró* tres meses. 本の発行は3か月遅れた. ❷ 遅刻する, 遅参する. —Me *demoraré* un poco mañana, porque tengo que pasar primero por correos. 私は明日は少し遅刻して行く, まず郵便局に寄らねばならないからだ. ❸〖+en に〗(ある場所)にとどまる, 時間を過ごす. —*En* la capital *se demoró* cuanto pudo para visitar los museos. 首都では彼は美術館を訪れるのにできるだけ時間をかけた. ❹〖+en に〗手間取る. —Me *demoré en* el banco, lo siento. 私は銀行で手間取ってしまいました, すみません.

demos [démos] 動 dar の接・現在・1複.

demostrable [demostráβle] 形 証明可能な,示し得る.

:**demostración** [demostraθjón] 女 ❶ (感情などの)表われ,表明,表示. — ~ de cariño [de dolor] 愛情[苦痛]の表われ. hacer grandes *demostraciones* de amistad 大いに友情を示す. Los hechos son la mejor ~ de lo que digo. 私の言っていることを事実が最もよく表わしている. 類**manifestación, muestra**. ❷ 誇示. — ~ de riqueza [de fuerza] 富[力]の誇示. 類**ostentación**. ❸ 実演(販売,宣伝),実物教授,模範技;展示. — ~ comercial 商品の実演販売. hacer una ~ atlética [gimnástica] 体操の模範演技を行なう. La ~ que hizo de la máquina satisfizo a todos los presentes. 彼がその機械を実際に使って見せて居合わせた人々をみんな満足させた. 類**exhibición**. ❹ 証明,論証,立証. — ~ del teorema 定理の証明. 類**argumentación, prueba**. ❺ 《軍事》陽動(作戦).

:**demostrar** [demostrár] **[5.1]** 他 ❶ を証明する,実証する. — ~ una teoría ある理論を証明する. 類**probar**. ❷ を明らかにする,さらけ出す. — Las pruebas *demuestran* su inocencia. 証拠は彼の無実を明らかにしている. Su forma de hablar *demuestra* la poca educación que tiene. 彼の話し方からあまり教育を受けていない事が知れる. *Demuestra* menos edad de la que tiene. 彼は実際より若く見える. 類**manifestar, señalar**. ❸ をやって見せる,を実演する. — Nos *demostró* el funcionamiento de la cámara fotográfica. 彼はカメラの使い方を実際に私たちに見せてくれた. 類**enseñar, mostrar**.

・**demostrativo, va** [demostratíβo, βa] 形 ❶ 実証的な,明示する. — Le exigieron un documento ~ del pago del impuesto. 彼は納税を証明する書類を要求された. ❷ 《文法》指示の. — adjetivo ~ 指示形容詞. pronombre ~ 指示代名詞. —— 男 《文法》指示詞.

demótico, ca [demótiko, ka] 形 (古代エジプトの)民衆文字の. 反**hierático**.

demudación [demuðaθjón] 女 顔色・表情が変わる[を変える]こと.

demudar [demuðár] 他 (人の顔色など)を変える. — La noticia de la muerte de su madre le *demudó* el rostro. 母親の死の報せが彼の表情を変えた. 類**alterar, desfigurar**.
—— se 再 ❶ (人が)顔色・表情を変える. — Se *muda* a la menor impresión. 彼はちょっとした心の動揺がすぐ顔に出る. 類**alterarse**. ❷ (物が)(顔色・表情が)変わる. — Al verme se le *demudó* el rostro. 私を見ると彼の表情が変わった.

demuestr- [demuéstr-] 動 demostrar の直・現在,接・現在,命令・2単.

den [dén] 動 dar の接・現在・3複.

denario, ria [denário, ria] 形 10 の;10 進の.
—— 男 デナリウス(古代ローマの貨幣.銀貨と金貨の 2 種).

dendrita [dendríta] 女 ❶ 《地学》樹枝状結晶;模樹(ぼじゅ)石. ❷ 《解剖》(神経細胞の)樹状突起.

denegación [deneɣaθjón] 女 (請求,懇願などの)拒否,却下,否認. — ~ de permiso 認可却下.

denegar [deneɣár] **[4.4]** 他 (請求,懇願など)をしりぞける,拒む. — ~ una petición 請求をしり下する. El juez *denegó* la libertad condicional. 裁判官は条件つきの釈放を却下した. 類**rechazar, rehusar**. 反**conceder**.

dengoso, sa [deŋgóso, sa] 形 (気取った態度で)嫌がる,お上品ぶった. 類**melindroso**.

dengue [déŋge] 男 ❶ 気どり,(上品ぶって)嫌がること. — No hagas más ~ y come. もう気取ってないで食べなさい. 類**melindre, remilgo**. ❷ 《服飾》女性の肩マントの一種. ❸ 《医学》デング熱. —— 男(女) 気取り屋.

denguero, ra [deŋgéro, ra] 形 →dengoso.

denier [denjér] 男 デニール. ◆生糸,人絹の糸の太さの単位.

denigración [deniɣraθjón] 女 けなすこと,評価を落とすこと,屈辱.

denigrante [deniɣránte] 形 屈辱的な. — Es ~ el trato que le da su marido. 彼女に対する夫の扱いは屈辱的だ.

denigrar [deniɣrár] 他 ❶ (人)をけなす,おとしめる;(悪口などで人)の評価を落とす. 類**difamar**. ❷ を侮辱する,辱める. 類**injuriar, ultrajar**.

denodadamente [denoðáðaménte] 副 勇敢に,果敢に;決然と.

denodado, da [denoðáðo, ða] 形 《文》勇敢な,果敢な;決然とした.

:**denominación** [denominaθjón] 女 ❶ 名,名称,呼称. — Este vino lleva la etiqueta con la ~ de origen. このワインには原産地名記載のラベルがついている.. dar una ~ a ... …に名をつける. ~ social 《中米》社名. 類**nombre, designación**. ❷ 命名,名付け. — proceder a la ~ de los nuevos productos 新製品の命名にとりかかる. ❸ 団体,グループ. — *denominaciones* religiosas 宗教団体. ❹ 《経済》デノミネーション.

denominado, da [denomináðo, ða] 過分 ❶ 名づけられた,命名された. ❷ 『名詞に前置して』…と呼ばれる,いわゆる. — los ~s "camellos" en la jerga del mundo de la droga ドラッグの世界の隠語で「ラクダ」と呼ばれる人々. 類**llamado**.
número denominado 《数学》複数名(=número complejo).

denominador, dora [denominaðór, ðóra] 形 命名する,名づける.
—— 男 《数学》分母(分子は numerador). — común ~ 公分母;《比喩》共通項.

:**denominar** [denominár] 〔<nombre〕他 を …と名付ける. — Los ingleses *denominaron* Sherry al vino de Jerez. 英国人たちはヘレスのワインをシェリーと名付けた.
—— se 再 …と称する,…という名前である.

denostar [denostár] **[5.1]** 他 を侮辱する,ののしる. 類**injuriar**.

denotación [denotaθjón] 女 示すこと,指示.

denotar [denotár] 他 を示す,表わす;を含意する. — Su expresión *denotaba* aburrimiento. 彼の表情は退屈である事を示していた. 類**anunciar, indicar, señalar, significar**.

・**densidad** [densiðá(ð)] 女 ❶ 密度,濃さ;(霧・闇(やみ)などの)深さ. — La ~ de la niebla nos obligaba a conducir muy despacio. 我々は濃霧のためにもゆっくりと運転せざるをえなかった. La ~ del tráfico en esta carretera es baja. この街道

の交通量は少ない。**類 consistencia**. **反 fluidez**.
❷ 人口密度 (=~ de población [demográfica], población específica). —Esta ciudad tiene una ~ de 5.000 habitantes por km². この町の1km²あたりの人口密度は5,000人である. ❸《物理, 化学》密度, 比重(=~ relativa, peso específico)(→areómetro). —El plomo es de mucha ~; el corcho, de poca. 鉛は比重が大きいが, コルクは小さい. —absoluta 絶対比重(=masa específica). ~ corriente 電流密度. ~ óptica 光学濃度; 写真[黒化]濃度. ~ de radiación 放射量.

densificar [densifikár] [1.1] 他 を密にする, 濃くする.

densímetro [densímetro] 男 密度計. 比重計.

‡**denso, sa** [dénso, sa] 形 ❶ (気体・液体などが)濃い, 濃密な. —niebla *densa* 深い霧. miel *densa* 濃厚な蜂蜜(⁵⁵). humo poco ~ 薄い煙. noche *densa* 闇夜(²). **類 espeso**. ❷ 密集した, (木などが)密生した. —población *densa* 密度の高い人口. **類 apiñado, apretado, compacto**. **反 claro**. ❸ 密度の高い, 比重の大きい. —El hierro es más ~ que la madera. 鉄は木材よりも密度が高い. **類 compacto, pesado**. **反 ligero**. ❹ (本などが)重苦しい, 分かりにくい. —He tardado dos semanas en leer este libro tan ~. 私はこの難解な本を読むのに 2 週間かかった. **類 confuso, oscuro, sustancioso**.

dentado, da [dentáðo, ða] [<diente]形 歯のある, ぎざぎざのついた, 鋸歯(ᵏᵒ)状の. —rueda *dentada* 歯車.

dentadura [dentaðúra] 女『集合的に』❶ 歯, 歯ならび. ❷ 義歯 (=~ postiza).

dental [dentál] 形 ❶ 歯の. —clínica ~ 歯科医院. ❷《音声》歯音の. —consonante ~ 歯子音. —— 女《音声》歯音.

dentar [dentár] [4.1] 他 …にぎざぎざをつける, を鋸歯(ᵏᵒ)状にする, (のこぎり)の目立てをする. **類 endentecer**. —— 自 (子どもが)歯を生やす.

dentario, ria [dentário, ria] 形 →dental. —bulbo ~ 歯髄.

dentellada [denteʝáða] 女 ❶ かみつくこと. ❷ かんだ跡, 歯形.
a dentellada 歯で, かんで.
*dar*LE *[sacudir*LE*] dentelladas* 《比喩》(人)にかみつく, をかむ.

dentellado, da [denteʝáðo, ða] 形 ❶ 歯のある. ❷ 歯のような. ❸ かまれた, 歯形のついた. ❹ ぎざぎざの.

dentellar [denteʝár] 自 (寒さなどで)歯をガチガチ言わせる.

dentellear [denteʝeár] 他 を(軽く何度か)かむ. **類 mordisquear**.

dentellón [denteʝón] 男 ❶ (錠前の)歯, 舌, ピン. ❷《建築》待櫨(ᵗᵃ). ❸《建築》→dentículo.

dentera [dentéra] 女 ❶ (酸味やきしる音などによる)不快な歯の浮く感じ. —No rasques el cristal que me da ~. 歯が浮くようだからガラスをひっかかないでくれ. ❷《話》うらやみ, 羨望. **類 envidia**.

dentición [dentiθjón] 女 ❶ 歯が生えること, 生歯, 歯牙発生. ❷ 歯の生える時期・期間, 生歯期. ❸『集合的に』(生歯, 生え替りごとの)歯, 歯列. —primera ~/~ de leche 乳歯. segunda ~/~ permanente 永久歯. ~ completa 門歯・犬歯・臼歯が揃った歯列.

denticulado, da [dentikuláðo, ða] 形《建築》歯飾りの, 歯状歯装飾のある.

dentículo [dentíkulo] 男《建築》歯飾り, 歯状歯飾.

‡**dentífrico, ca** [dentífriko, ka] 形 歯みがきの. —pasta *dentífrica* 練り歯みがき.
—— 男 歯みがき. —tubo de ~ 歯みがきチューブ.

dentina [dentína] 女 歯の象牙質.

‡**dentista** [dentísta] 男女 歯科医, 歯医者. —ir al ~ 歯医者に行く. Fui al ~ para que me sacara la muela del juicio. 私は親知らずを抜いてもらいに歯医者に行った. **類 odontólogo**.
—— 形 歯科(医)の. —mecánico ~ 歯科技工士 (=protésico).

dentón, tona [dentón, tóna] 形 歯の大きい.
類 dentudo. —— 名 歯の大きい人.
—— 男《魚》ウスアオダイ(タイ科キダイ属).

****dentro** [déntro デントロ] 副 ❶ 中に[で], 内に[で]; 屋内に[で]. —hacia ~ 中の方へ. de ~ 中から. Nos hemos dejado las llaves ~. 私たちは鍵を中に置き忘れた. Mira ahí ~. そこの中を見てごらん. **類 adentro**. **反 fuera**. ❷ 内部に[で], 奥に[で], 心の中に[で]. —Lleva esa pena muy ~. 彼の心の奥底にはその悲しみがある.

dentro de ... (1) …の中[内部]に[で]. *dentro de la caja* 箱の中に. *dentro del corazón* 心の中で. (2)『時間の表現とともに』…後に, …たったら. Vendré a verte *dentro de* una semana. 私は一週間後に君に会いに来よう. (3) …の期間内に, …中に. *dentro de* este año 今年中に.

dentro de lo posible できる範囲内に[で]. Está *dentro de lo posible*. それは可能だ.

dentro de poco まもなく. Llega *dentro de poco*. 彼はまもなく到着する.

dentro o fuera どっちをとるか. Dígale que se deje de ambigüedades y decida *dentro o fuera*. あいまいな態度はやめてどっちにするか決めろと彼に言ってください.

meter ... hacia dentro を押しこむ, 引っこめる.

por dentro (1) 内部[内側]に[で]. Nos enseñaron el palacio *por dentro*. 私たちは宮殿の内部を案内してもらった. (2) 内面に[で], 心の中に[で]. Se sentía muy deprimido *por dentro*. 彼は心中にとても落ちこんでいた.

dentudo, da [dentúðo, ða] 形 歯の大きい.
—— 名 歯の大きい人. —— 男《魚》アオザメ.

denudación [denuðaθjón] 女《地学》浸食, 削剥(⁵ᵏ)(風化・浸食によって地面・岩石の表面がけずり取られること).

denudar [denuðár] 他《地学》を削剥(⁵ᵏ)する.
—*se* 再《地学》削剥される.

denuedo [denwéðo] 男 勇敢さ, 豪胆; 努力. —con ~ 勇敢に. **類 brío, esfuerzo, intrepidez, valor**.

denuesto [denwésto] 男 (口頭あるいは書面による)侮辱, ののしり. **類 agravio, ofensa**.

denuncia [denúnθja] 女 ❶ 告発; 告発状. —~ falsa 誣告(²). ❷ 通告; (条約・契約などの)廃棄通告.

denunciable [denunθjáβle] 形 告発すべき[し得る]; 通告し得る.

denunciación [denunθjaθjón] 女 →denuncia.

denunciante [denunθjánte] 形 告発する. 類 **acusador**. —— 男女 告発者.

:**denunciar** [denunθjár] 他 ❶ (*a*) (当局に)を**通報する**, 届け出る; 密告する. —— ~ el robo de una moto a la policía バイクの盗難を警察に届け出る. (*b*) を告発する. —La mujer lo *denunció* por malos tratos. 女性は彼を虐待で告発した. ❷ を非難する. —La prensa *denunciaba* hoy un fraude electoral. 新聞は今日不正選挙を非難していた. ❸ を明らかにする, 示す, 告げる. —La muerte de los peces *denuncia* la contaminación del agua. 魚が死んでいるのは水質汚染を示すものだ. ❹ を宣言[布告]する; (契約など)の破棄を通告する. —El alto mando *denunció* el final del conflicto bélico. 最高司令部は戦闘の終結を宣言した.

denuncio [denúnθjo] 男 ❶ 鉱山発見の届出. ❷ 申請中の鉱山採掘権. ❸ 〖中南米〗→ denuncia.

deontología [deontoloxía] 女 《倫理》義務論; 職業倫理.

dep., depto. 《略号》=departamento 部, 課, 省, 学科; アパート.

deparar [deparár] 他 ❶ (感情などを)与える, もたらす. —Tu visita le *deparó* un gran consuelo. 君の訪問で彼はとても慰められた. ❷ (機会など)を提供する. 類 **ofrecer, presentar**.

departamental [departamentál] 形 (部門, 省, 管区などの)区分の.

:**departamento** [departaménto] [<partir] 男 ❶ (官庁・会社などの)**部局**, 部(門), 課; (大学の)学科; (行政) 省 (=~ ministerial). — ~ de ventas 販売部. ~ de exportación 輸出部. ~ de visados 旅券課. ~ de español スペイン語学科. ~ de corbatas de los almacenes デパートのネクタイ売場. 類 **sección**. ❷ (建物・箱などの)仕切った区画, 部屋; (客車の)コンパートメント; 〖中南米〗アパート. —caja dividida en cuatro ~s 4 つに仕切られた箱. ~ de primera 一等車室. ~ de fumadores 喫煙用車室. Vive en un pequeño ~. 彼は狭いアパートに住んでいる. 類 **compartimientos, división, sección**. ❸ (行政) 県. ◆Francia, Bolivia, Colombia, Perú, El Salvador, Guatemala, Nicaragua, Honduras, Paraguay, Uruguay などの県. スペインの県は provincia という. ❹ 《軍事》— ~ marítimo 海軍軍管区.

departir [departír] 自 (複数の人が)話す, 会話する. —Tuve ocasión de ~ con él unos minutos sobre el asunto. 私はその件について数分間彼と話す機会があった. 類 **conversar, hablar**.

depauperación [depauperaθjón] 女 ❶ (肉体的または道徳的な)衰弱, 衰え. ❷ 貧困化, 貧窮化.

depauperar [depauperár] 他 ❶ →**empobrecer**. ❷ を(肉体的または道徳的に)弱める, 衰弱させる. —— **se** 再 衰弱する, 衰える.

:**dependencia** [dependénθja] 女 ❶ 依存; 従属, 隷属(関係). — ~ económica 経済的依存. estar bajo la ~ de ... …に従属[依存]している, …の支配下にある. 類 **subordinación**. 反 **independencia**. ❷ (会社・官庁の)部, 課. —Trabaja en la misma oficina que yo, pero en distinta ~. 彼は私と同じ会社に勤めているが, 課が違う. 類 **departamento, sección**. ❸ 支店, 支部, 支局, 出張所. 類 **delegación, sucursal**. ❹ 《集合的に》従業員[店員]一同. —La ~ ha pedido aumento de sueldo. 従業員一同は賃上げを要求した. 類 **personal**. ❺ 代理業. —Tiene una ~ de bisutería. 彼は模造宝石類の代理商をしている. ❻ 複 付属物; (母屋の)付属家屋. — ~s del castillo 城の付属建築物. ❼ 近親関係; 親しい間柄.

**depender [dependér デペンデル] 自 [+de に] ❶ …にかかっている, …次第である, …いかんである. —Todo *depende del* tiempo que haga mañana. すべては明日のお天気しだいだ. La decisión final *depende del* presidente. 最終決定は大統領にかかっている. Eso *depende*. それは時と場合による. ❷ 頼る, 依存する, 保護される. —*Dependo de* mis padres. 私は両親のすねをかじっている. ❸ 従属する. —El gobierno de la colonia *depende del* poder central. 植民地政府は中央権力に従属する. *en lo que de mí [nosotros] depende* 私[我々]に関しては. *En lo que de mí depende*, no habrá problema. 私に関して言えば, 問題は無いだろう.

dependienta [dependjénta] 女 女性従業員, 女店員 (→dependiente²).

dependiente¹ [dependjénte] 形 ❶ [+de] (…に)**従属する**, (…の)下にある. —organismo ~ del Ministerio de Justicia 法務省の付属機関. En el siglo XIX, Cuba era un país ~ de España. 19 世紀, キューバはスペインに属する国だった. 反 **autónomo, independiente**. ❷ [+de] (…に)依存する, 頼っている, …の世話になっている. ❸ [+de] …次第の, …に左右される.

:**dependiente**², **ta** [dependjénte, ta] 名 ❶ (商店の)**店員**, 従業員. — ~ de comercio 店員. 類 **empleado, vendedor**. ❷ 部下, 配下, 下役. —El director mandó a sus ~s que aumentasen la producción. 社長は部下に生産量を増やすように命じた. 類 **subalterno, subordinado**. ❸ 扶養家族.

depilación [depilaθjón] 女 脱毛.

depiladora [depilaðóra] 女 脱毛器.

depilar [depilár] [<pelo] 他 (体の)むだ毛を抜く, 脱毛する. —En ese salón de belleza me *han depilado* las piernas. 私はそのエステティックサロンで脚を脱毛してもらった.

—— **se** 再 (自分の体の部分の)むだ毛を抜く, 脱毛する.

depilatorio, ria [depilatórjo, rja] 形 脱毛(用)の. —— 男 脱毛剤.

deplorable [deploráβle] 形 ❶ 痛ましい, 悲しむべき, 嘆かわしい. —El comportamiento de mi hijo ha sido verdaderamente ~. 私の息子の振る舞いは本当に嘆かわしかった. 類 **lamentable**. ❷ ひどい, 見ていられない. —La inundación dejó el pueblo en un estado ~. その洪水で村はひどい状態になった. 類 **desagradable**.

deplorar [deplorár] 他 を嘆く, 残念に思う; 悔やむ. — ~ la muerte [la pérdida] 死をいたむ[損失を嘆く]. *Deploro* que mi hijo haya dejado los estudios. 息子が学問を捨てたのは悲しい限りだ. 類 **lamentar**.

depondr- [depondr-] 動 deponer の未来, 過

去未来.

deponente [deponénte] 形 ❶《法律》(法廷で)証言する. ❷《文法》(動詞が)異態の.
── 男女 《法律》証言者.
── 男 《文法》異態動詞(ラテン語で, 形は受動態に活用するが意味は能動的な動詞).

deponer [deponér] [**10.7**] 他 ❶ …を捨てる. ~ las armas 降伏する[武器を捨てる]. Depuso la cólera y le perdonó. 怒りを解いて彼を赦した. 類 **abandonar**. ❷ (ある地位にある人)を解任する, 罷免する. 類 **destituir**. ❸ …を降ろす. 類 **bajar**. …と証言する. ── 自 ❶ (法廷で)証言する. 類 **declarar**. ❷ 大便をする.

deponga(-) [deponga(-)] 動 deponer の接・現・3単.

depongo [depóngo] 動 deponer の直・現在・1単.

deportación [deportaθión] 女 流刑, 配流; 追放.

deportado, da [deportáðo, ða] 名 国外追放者.

deportar [deportár] 他 を流刑に処する, 配流する; 追放する.

‡**deporte** [depórte デポルテ] 男 ❶ スポーツ, 運動; 競技. ─ hacer [practicar] ~ スポーツをする. ~s de combate 格闘技. ~ de equipo [en equipo, por equipos] 団体競技. ~s de invierno ウインタースポーツ. ~ de remo 漕艇(ミラミ). ~s náuticos マリンスポーツ. ~ de vela 帆走. trajes de ~ スポーツウェア. Mi ~ favorito es el tenis. 私の一番好きなスポーツはテニスです. campo de ~s 運動場, 競技場. 類 **ejercicio**. ❷ 娯楽, 趣味. 類 **diversión**, **pasatiempo**, **recreo**.
por deporte 《話》趣味として, 好きで, 損得抜きで (= por gusto).

deportismo [deportísmo] 男 スポーツ愛好[実践].

‡**deportista** [deportísta] 男女 (プロの)スポーツマン[ウーマン]; スポーツ愛好家[ファン]. ── ~ de élite 一流選手. ~ profesional プロのスポーツ選手. Es un ~ nato. 彼は生まれながらのスポーツマン.
── 形 スポーツ好きな, スポーツマン[ウーマン]の.

deportividad [deportiβiðá(ð)] 女 →deportivismo.

deportivismo [deportiβísmo] 男 スポーツマンシップ, フェアプレー精神.

‡**deportivo, va** [deportíβo, βa] 形 ❶ スポーツの, 運動(用)の; スポーツ好きの. ─ competición [ropa] *deportiva* スポーツ競技[ウェア]. coche ~ スポーツ・カー. espíritu ~ スポーツ精神. ❷ スポーツマンらしい, 正々堂々とした. ─ El jugador ha sido felicitado por su conducta *deportiva*. その選手はスポーツマンらしい行動を称賛された.

deposición [deposiθión] 女 ❶ (法廷での)証言, 供述. 類 **declaración**. ❷ 解任, 罷免. ❸ 排便.

depositador, dora [depositaðór, ðóra] 名 預金者; 預ける[託す, 置く]人.
── 形 預ける, 託す, 置く; 預金する.

depositante [depositánte] 形 →depositador.
── 男女 →depositador.

‡**depositar** [depositár] 他【+en に】❶ を預ける, 預託する, 預金する. ── ~ las maletas *en* la consigna de la estación 駅の荷物預り所に

depósito 633

スーツケースを預ける. Sacó todo el dinero que había *depositado en* el banco. 彼は銀行に預けてあった金を全部引き出した. ❷ を置く, 入れる, 収める. ─ *Depositó* el paquete *en* el suelo. 彼は床の上に包みを置いた. ─ una carta *en* un buzón 手紙を投函する. 類 **colocar, dejar, poner**. ❸ (信頼・期待・愛情など)を置く, 寄せる, かける. ─ *Depositó* su esperanza [confianza] *en* un amigo. 彼は自分の希望[信頼]をある友人に託した. ❹《法律》(人)を安全な場所に保護する, かくまう. ❺ (遺体)を一時的に安置する. ─ *Depositaron* los cadáveres en el gimnasio. 遺体は体育館に仮安置された.
──**se** 再【+en に】たまる, 沈殿する.

depositaria [depositária] 女 →depositario.

depositaría [depositaría] 女 ❶ (銀行などの)金庫(室), 出納室. 類 **tesorería**. ❷ 出納業務. 類 **tesorería**.

depositario, ria [depositário, ria] 形 保管の[する], 預かる.
── 名 ❶ 保管者, 受託者, 預かり人. ─ Le hicimos a él ~ de todas las ganancias. 私たちは収入のすべてを彼に託した. ❷ 出納員. ❸ (信頼などを)寄せる相手. ─ La hago *depositaria* de todo mi cariño. 私は彼女に全愛情を注いでいる(彼女を愛情の受け手にしている). ❹ 受託販売(業)者. ❺ (村の)穀物倉庫管理係.
depositario de la fe pública 公証人.

‡**depósito** [depósito] 男 ❶ (*a*) 保管所, 置場, 倉庫, 車庫. ── ~ de cadáveres 遺体安置所. ~ franco [de aduanas] 保税倉庫. ~ de maderas [de carbón] 材木[石炭]置場. ~ de armas 武器庫. ~ de basura ごみ捨て場. ~ de locomotoras 機関車庫. ~ de municiones 臨時弾薬集積場. ~ de equipajes 手荷物預り所. ~ de objetos perdidos 遺失物取扱所. 類 **almacén, arsenal**. (*b*) タンク, 水槽. ── ~ de agua 水槽, 貯水タンク. ~ de gasolina [de gas] ガソリン[ガス]タンク. ~ de decantación 沈澱槽. 類 **cisterna**. ❷ 預金, 供託金, 積立金; 手付金. ── ~ bancario 銀行預金. ~ a la vista [disponible] 一覧払預金(普通・当座預金など). ~ a plazo 定期預金. ~ a seis meses 6 か月定期. cuenta de ~ 預金口座. cajas de ~s y consignaciones 供託局, 預金供託金庫. ~ previo a la importación 輸入事前積立金. consignar un ~ 預金する. retirar un ~ 預金を引き出す. Han subido el tipo de interés sobre los ~s a plazos fijos. 定期預金の利率が上げられた. No puedo pagarlo todo ahora, dejaré un ~. 今全額払えないので手付金を払いましょう. ❸ 預けること, 保管, 委託;《法律》寄託, 預託; 寄託物, 消費寄託. ~ legal《出版》(公的機関への)法定納本. Para tomar parte en la subasta es necesario el ~ de una fianza. 入札に加わるには保証金の供託が必要である. 類 **conservación, consignación**. ❹ 預け[預り]物; 供託[寄託, 受託]物. ─ restituir [apropiarse] un ~ 預り物を返却する[着服する]. 類 **acopio, provisión**. ❺ 堆積[沈澱]物. ── ~ de cal 石灰堆積物. ❻ electrolítico 電着(電気分解によるメッキ). 類 **poso, sedimento**. ❻ 鉱床 (= ~ mineral). ❼《軍事》── ~ de reserva territorial 留守部隊本部.

634　depravación

depósito judicial (1) 遺体安置所. (2)《法律》差し押え, 押収 (=secuestro).

depravación [depraβoθjón] 囡 堕落, 退廃.

depravado, da [depraβáðo, ða] 形 堕落した; 邪悪な. —Lleva una vida *depravada* y absurda. 彼は堕落したばかげた生活を送っている.
—— 名 堕落した者, 邪悪な者.

depravador, dora [depraβaðór, ðóra] 形 堕落させる. —En esa sección del barrio el ambiente es ~ y corrompido. 町のその区画の雰囲気は退廃的で腐敗している.
—— 名 堕落させる者.

depravar [depraβár] 他 を堕落させる, 悪くする. 類 **corromper, pervertir, viciar**.
—— **se** 再 堕落する.

deprecación [deprekaθjón] 囡 嘆願, 哀願; 嘆願の祈り. 類 **ruego, súplica**.

deprecar [deprekár] [1.1] 他 を嘆願する. 類 **pedir, rogar, suplicar**.

deprecativo, va, deprecatorio, ria [deprekatíβo, βa, deprekatórjo, rja] 形 嘆願の, 嘆願的な, 嘆願調の. 類 **suplicante**.

depreciación [depreθjaθjón] 囡 価値(価格)の低下, 下落. ~ de la moneda 通貨下落.

depreciar [depreθjár] (<precio) 他 …の価値(価格)を下げる, 下落させる. —El aumento de producción *ha depreciado* el crudo. 増産が原油価格の下落を招いた.
—— **se** 再 価値(価格)が下がる. —*Se* va a *depreciar* el dólar. ドルが下がるだろう.

depredación [depreðaθjón] 囡 ❶ 略奪. 類 **pillaje, saqueo**. ❷ 税の苛酷(ℓ℩)な取り立て, 苛斂誅求(ℓ℩¿℩ℓℓℓ); 権力者による公金の不正使用.

depredador, dora [depreðaðór, ðóra] 形 略奪する, (動物が)捕食性の. —El león es un mamífero ~. ライオンは捕食性の哺乳動物である.
—— 名 略奪者.

depredar [depreðár] 他 ❶ を略奪する. —~ la ciudad ocupada 占領した町を略奪する. 類 **robar, saquear**. ❷ (動物が)捕食する.

:**depresión** [depresjón] (<deprimir) 囡 ❶【口語では省略形 depre が多用される】意気消沈, ふさぎ込み, 気の滅入り. —~ de ánimo 気が滅入る(腐る)こと. pasar [sufrir] una fuerte [una profunda] ~ 気が滅入る, ふさぎ込む. 類 **abatimiento**. ❷《医学》(神経の)衰弱, 鬱(⌐)症, 鬱病. —~ nerviosa 神経衰弱(→neurastenia). ❸《経済》不景気, 不況 (= ~ económica). —En 1929 se produjo una gran ~ en Estados Unidos. 1929年にアメリカで大恐慌が起こった. ❹《地理》窪(⌐)地, 低地, 窪み. —El río corre a lo largo de una ~. 川は窪地に沿って流れている. 類 **convexidad**. ❺ (地盤の)沈下, 陥没. —El terremoto produjo la ~ del terreno. 地震で地盤が沈下した. ❻《気象》低気圧(圏). —~ atmosférica [barométrica] 低気圧 (=baja presión)(↔「高気圧」alta presión atmosférica). ~ ecuatorial [tropical] 熱帯低気圧. 類 **borrasca, ciclón**. ❼《気象》水銀柱の低下 (= ~ del mercurio), 気圧の低下 (= ~ barométrica). ❽《天文》— ~ de horizonte 水平俯角(ⅲℓℓ).

***depresivo, va** [depresíβo, βa] 形 ❶ 気を滅入(ℓℓ)らせる(ような), 気を重くする, 重苦しい. —Es una novela *depresiva*. それは気の重くなる小説だ. 類 **deprimente**. ❷ (気が)落ち込みやすい, 憂鬱(⌐℩)の. —Aunque te parezca optimista, es una persona muy *depresiva*. 彼は楽天的に見えるかもしれないが, 非常に落ち込みやすい人間なのだ. ❸《医学》抑鬱性の. —manía *depresiva* 躁鬱病. —— 名 沈みがちな[落ち込みやすい]人.

depresor, sora [depresór, sóra] 形 ❶ 気落ちさせる, ❷ へこませる, 沈下させる.
—— 男《医学》❶ 抑圧剤, 抑鬱(⌐)剤. ❷ (舌などを抑える)圧低器, 舌圧子.

deprimente [depriménte] 形 ❶ 気落ちさせる, 気の滅入る. ❷ →depresivo.

deprimido, da [deprimíðo, ða] 過分〔<deprimirse〕❶ 気落ちした, 鬱(⌐)状態の. ❷ へこんだ.

deprimir [deprimír] 他 ❶ を気落ちさせる, 元気をなくさせる; 憂鬱(⌐℩)にする. —Me *deprime* esta lluvia que no para. 雨が降りやまないので私は気が滅入る. 類 **abatir**. ❷ をへこます; を圧縮する.
—— **se** 再 ❶ 気落ちする, 元気をなくす, 鬱(⌐)状態になる. —*Se deprimió* al ver que el negocio no marchaba bien. 彼は事業がはかどらないのを見て意気消沈した. 類 **abatirse**. ❷ へこむ, 沈下する.

deprisa [deprísa] 副 急いで, 速く (=de prisa).

depuesto, ta [depuésto, ta] 過分 →deponer.

***depuración** [depuraθjón] 囡 ❶ (水・ガスなどの)浄化, 洗浄; 精練, 精製. —~ del agua [de la sangre] 浄水[浄血]. ~ de los metales 金属の精練. ~ de semillas 種子の選別. 類 **purificación**.《比喩》(*a*) (趣味・言語などの)純化; (文体などの)洗練. 類 **refinación**. (*b*) (政界などの)粛清, 追放, パージ. —realizar una ~ entre los militantes del partido 党の活動家の粛清を行なう.

depurador, dora [depuraðór, ðóra] 形 浄化する; 粛正する. —estación [planta, máquina] *depuradora* de agua 浄水場[浄水施設, 浄水器]. —— 男 浄化器; 浄化する人, 粛正者.
—— 囡 浄水場.

depuradora [depuraðóra] 囡 →depurador.

***depurar** [depurár] (<puro) 他 ❶ (*a*) を清める, 清潔にする, 浄化する. —~ el aire 空気を清浄にする. Los riñones filtran y *depuran* la sangre. 腎臓は血液を濾過(℩℩)し浄化する. 類 **limpiar, purificar**. を純化する, 洗練する, 磨く. —~ el estilo 文体を磨き上げる. ~ la lengua 言葉を純化する. ❷ を除名する, 粛清する, 追放する. —~ a los oponentes 反対者を除名する. *Depuró* el partido de los elementos revisionistas. 彼は党から修正主義分子を粛清した. ❸ (情報)をデバッグする.
—— **se** 再 きれいになる, 純粋になる. —El agua de la piscina *se depura* con cloro. プールの水は塩素できれいになる. La técnica de este novelista *se ha ido depurando* con cada nueva novela. この小説家の技法は新しい小説を出すごとに純化して行った.

depurativo, va [depuratíβo, βa] 形 浄化する, 浄化用の. —— 男 浄血剤.

deque [déke] 接《話》〔無強勢語〕❶ する[した]

時. 類**cuando, luego que**. ❷ すると[して]すぐに. 類**en cuanto**.

derecha¹ [derétʃa デレチャ] 囡 ❶ 右, 右側;《住居》(階段の)右側(【略】Dcha.；→「左」は izquierda). —La iglesia está a la ～ del teatro. 教会は劇場の右隣にある. Dobla [Tuerce] a la ～. 右に曲ってください. Mi puerta es la segunda a la ～. 私のドアは右側の2番目です. Vive en el segundo ～. 彼は3階の右側に住んでいる. En España los coches circulan por la ～. スペインでは車は右側通行である. Conserve [Lleve] su ～.《標識》右側通行. ¡D～!《軍事》《号令》かしら右. ❷ 右手. —Le di un puñetazo con la ～. 私は右手で彼を殴った. 類diestra**. 反**izquierda**. ❸《政治》右翼, 右派, 保守派(→「左翼」は izquierda, 「中道」は centro). —Pertenece a un partido de ～(s). 彼は保守党に属している. La ～ perdió en las elecciones al parlamento. 保守陣営が国会議員選挙で敗北した. ❹《スポーツ》(野球などの)ライト. —～ campo ライト(→「レフト」は izquierda campo).

a derechas〘一般に否定文で〙うまく, 適切に. No sé qué te pasa hoy; no haces nada *a derechas*. 今日はどうしたの. 何をやってもへマばかりだね. *no dar una a derechas* 何ひとつうまく行かない, 間違いばかりの.

a la derecha (de …) (…の)右(側・手・隣)に, 右(側)へ. Has de girar *a la derecha* al llegar al semáforo. 信号を右に曲りなさい.

a las derechas 公正に, まっとうに. Puedes confiar en él: siempre actúa *a las derechas*. 君は彼を信用していい, いつも品行方正であるから.

ceder la derecha a … (礼儀として)(人)の左側に位置する. Al ir a sentarse *me cedió la derecha*. 彼はすわろうとして, 私の左側に身をおいた.

de derecha(s) 右翼〘右派・右派〙の. Juan es *de derechas*. ファンは右派だ. 類**derechista**.

derechamente [derétʃaménte] 副 ❶ まっすぐに, 直接に, 直行して; 単刀直入に. —Déjate de rodeos y ve ～ al asunto. 遠まわしな言い方はやめて単刀直入に言ってくれ. ❷ 公正に, 実直に.

derechazo [deretʃáθo] 男 ❶《ボクシングで》右手のパンチ, ライト. ❷《闘牛で》右手によるムレータのパセ.

derechista [deretʃísta] 形 右派の, 保守派の. 反**izquierdista**.

— 男女 右派の人, 保守派の人.♦日本で普通に言う「右翼」はむしろ ultraderechista. 反**izquierdista**.

derecho, cha² [derétʃo, tʃa デレチョ, チャ] 形 ❶ 右の, 右側の; 右派の. —mano *derecha* 右手. ala *derecha* del edificio 建物の右翼. orilla *derecha* de un río 川の右岸. Al lado ～ de la calle está mi oficina. 通りの右側に私のオフィスがある. 類diestro**. 反**izquierdo**. ❷ (*a*) 正しい, 正当な, まっとうな. —Su padre es una *derecha* y honesta. 彼の父親は正義と誠実の人だ. 類**justo, legítimo**. (*b*) まっすぐな, まっしぐらの. —camino ～ まっすぐな道, 近道. línea *derecha* 直線. Ve ～ al asunto y déjate de rodeos. 問題にまっすぐつき進み, 回り道するのはやめろ. 類**directo, recto, seguido**. (*c*) 垂直な, 直立した, まっすぐ立った. —Siempre anda con el cuerpo muy ～. 彼はいつも背筋をぴんと伸ばして歩く. Ponte ～. まっすぐ立ちなさい.《d》(物の)表の, 前面の. —Ésta es la cara *derecha* de la moneda. こちらが硬貨の表だ.

— 副 まっすぐに, 一直線に. —Se fue ～ al mercado. 彼はまっすぐ市場に向った. Vino ～ hacia mí. 彼はまっすぐ私の方にやって来た. Siga todo ～ hasta que encuentre una plaza. 広場に出るまでまっすぐ進んで下さい. 類**derechamente, directamente, recto**.

— 男 ❶ 権利, 請求権. —～ a informar 知る権利. ～ a morir dignamente 尊厳死の権利. ～ al voto [de sufragio] 投票権. ～ a la educación [a la intimidad] 教育を受ける[プライバシーの]権利. ～ a la [de] huelga ストライキ権. ～ adquirido 既得権. ～ de acceso アクセス権. ～ de agua 水利権. ～ de autor 著作権, 版権. ～ de copia 著作権. ～ de propiedad 財産[所有]権. ～ de sueño 安眠権. ～ de propiedad intelectual 知的所有権. ～s civiles [cívicos] 市民権. ～s del Hombre [Humanos] 人権. ejercitar [utilizar] su ～ 権利を行使する. reclamar [reivindicar] su ～ 権利を主張する. 類**facultad, poder**. ❷ 法, 法律; 法学. —～ administrativo 行政法. ～ canónico 教会法. ～ civil 民法. ～ consuetudinario 慣習法. ～ de sociedades mercantiles 会社法. ～ del trabajo 労働法. ～ económico 経済法. ～ escrito [no escrito] 成文[不文]法. ～ fiscal 税法. ～ internacional 国際法. ～ marítimo 海事法. ～ mercantil 商法. ～ natural 自然法. ～ penal [criminal] 刑法. ～ positivo 実定法. ～ privado [público] 私[公]法. ～ procesal civil [penal] 民事[刑事]訴訟法. ～ romano ローマ法. facultad de ～ 法学部. licenciado en ～ 法学士. conforme a [según] ～ 法に従って. Estudia ～. 彼は法律[法学]を勉強している. 類**justicia, ley**. ❸ 〘主に 複〙税(金), 納付金; 手数料. —～s aduaneros [arancelarios, de aduana] 関税. ～s a la importación 輸入関税. ～s consulares 領事査証料. ～s de consumo 消費税. ～s de despacho 通関手数料. ～s de licencia 特許使用料. ～s de matrícula [de registro] 登記[登録]料; 株式書替手数料. ～s de puerto 港湾税[使用料]. ～s de regalía タバコ輸入税. ～s de timbre 印紙税. ～s notariales 公正証書手数料. ～s parroquiales 教区税. ～s preferentes 特恵関税. ～s reales 相続[譲与]税. 類**impuesto, tributo**. ❹ (物の)表, 前面. —En el ～ de esta tela aparecen bordadas unas flores. この布地の表にはいくつもの花がししゅうされている. ❺ 正義, 正当性, 道理. —Ganaré este juicio porque el ～ me asiste. 正義は私の方にあるのだから私は裁判に勝つだろう. No tengo ～ de quejarme. 文句の言いようがない. 類**justicia, razón**.

al derecho 表向きに, 正しい向きに; きちんと. Vuélvelo *al derecho*, ahora está al revés. それを表向きにしなさい, 今は裏向きになっているよ.

con derecho 正当に, 当然のこととして.

con derecho a … …の権利を持って.

conforme a derecho 法に従って, 正当に.

¿Con qué derecho? 何でそんなことをする[言う]のだ.

derechura

corresponder de derecho a …(人)に権利がある. Nos *corresponde* cobrar *de derecho*. 我々にはお金をもらう権利がある.

dar derecho a〖＋不定詞〗…する権利を与える. Este carnet te *da derecho a* entrar gratis en los museos. この証明書があれば君は美術館にただで入ることができる.

de derecho 法に従って, 合法的に.

del derecho 表向きに, まともな方向に.

de pleno derecho 完全な権利を持つ, 正式の. miembro *de pleno derecho* 正会員.

ejercitar〔**hacer valer**〕**un derecho** 権利を行使する.

estar en su **derecho**〔**en el derecho de** ...〕正しい, 合法である. *Estás en tu derecho* exigiendo una indemnización. 君には賠償金を要求する権利がある.

no hay derecho (a〖＋不定詞/que＋接続法〗) (…するなんて)ひどい, おかしい. ¡No hay derecho a que hayan vuelto a subir el precio de la gasolina! またガソリン代を値上げするなんてひどい.

perder de su **derecho** 譲歩する. Para que la suegra quedara contenta, *perdió de su derecho*. 義理の母が満足するよう彼は自分の主張を引っこめた.

ser de derecho (事が)正しい, 合法である.

tener derecho a〖＋不定詞/名詞〗…する[の]権利[理由]がある. 未亡人として彼女には年金請求権がある. No *tienes derecho a* quejarte. お前には文句を言う資格はない.

derechura [deretʃúra] 囡 まっすぐなこと.
en derechura まっすぐに, 止まらずに.

deriva [deríβa] 囡 偏流, 漂流.
a la deriva (1) 流されて, 漂流して. No pudiendo controlar el barco, lo dejaron *a la deriva*. 彼らは船の操縦が出来なかったために流されてしまった. (2)《比喩》あてもなく, 成りゆきまかせで.

‡**derivación** [deriβaθjón] 囡 ❶ **由来**, 起源; 分岐;《比喩》(派生的な)結果. — El castellano es una ～ del latín vulgar. スペイン語は俗ラテン語に起源を有する. El derecho español es una ～ del derecho romano. スペインの現在の法律はローマ法に由来する. La independencia fue una ～ del armisticio. 独立は休戦の結果であった. 類 **consecuencia, deducción, origen**. ❷ (川・水道などの)分流, 支流; (鉄道・道路・電線などの)支線, 枝道. — Para llegar al pueblo hay que tomar una ～ de la N.20. その町に行くには国道20号線から横道に入らなければならない. 類 **bifurcación, brazo, rama**. ❸《言語》派生(語, 形).
— regresiva 逆生〖例: legislador > legislar〗. ～ por la adición de sufijos 接尾辞添加による派生. "Marina" se forma por ～ de 'mar'. "marina" は "mar" からの派生によって形成される. 類 **derivado**. ❹《電気》分路; (電気の)減失. — montar pilas en ～ 電池を並列につなぐ (→直列に: en serie). ❺《数学》誘導, 微分. ❻《医学》誘導.

derivado, da [deriβáðo, ða] 形 派生した, 派生的な.
— 男 ❶《文法》派生語. ❷《化学》誘導体.

‡**derivar** [deriβár] 自 ❶〖＋de から〗(a) 由来する, 出てくる, 生じる. — La crisis de la empresa *deriva de* una mala gestión. その企業の危機は悪い経営が元だ. (b)《言語》…から派生する, …に語源がある. — El verbo 'aislar' *deriva del* sustantivo 'isla'. 動詞 aislar は名詞 isla から派生している. 類 **proceder**. ❷〖＋hacia の方へ〗(a) 向かう, 方向転換する. — El país *está derivando hacia* la anarquía. 国は無政府状態に向かっている. La conversación *derivó hacia* cuestiones intranscendentes. 話は取るに足りない問題に向かった. (b) (船が)それる, 航路を外れる, 流される. — Debido a una avería de la brújula, el barco *derivó hacia* el noroeste. 羅針盤の故障で船は北西へと航路を外れた.
— 他 ❶〖＋hacia の方へ〗(…の話題)を変える, そらす. — Ella *derivó* la conversación *hacia* la moda. 彼女は会話をファッションの方へ持っていった. ❷〖＋de から〗(支線・分流など)を引く, 導く, 派生させる. — Van a *derivar del* río un canal de riego. 川からかんがい用水路が引かれるだろう. ❸《数学》(関数)を導く.
— se 再 ❶〖＋de から〗(a) 生じる, 生まれる. — La depresión *se derivó del* estrés que le producía el trabajo. うつ病は仕事が彼にもたらすストレスに起因した. (b) 派生する, 由来する. — La palabra 'cosa' *se deriva de* la latina 'causa'. cosa という語はラテン語の causa という語から由来している. ❷ (船が)航路から外れる.

derivativo, va [deriβatíβo, βa] 形 ❶ 派生の, 派生した. ❷
— 男《薬学》誘導剤(昔一か所に溜まった体液を別の場所に誘導するような薬とされていた).

dermatitis [dermatítis] 囡《医学》皮膚炎. — ～ atópica アトピー性皮膚炎.

dermatoesqueleto [dermatoeskeléto] 男《生物》外骨格.

dermatología [dermatoloxía] 囡《医学》皮膚科.

dermatólogo, ga [dermatóloɣo, ɣa] 名《医学》皮膚科医, 皮膚科学者.

dermatosis [dermatósis] 囡《医学》皮膚病.

dérmico, ca [dérmiko, ka] 形《医学》真皮の, (一般に)皮膚の.

dermis [dérmis] 囡《解剖》真皮.

derogación [deroɣaθjón] 囡 (法律, 契約などの)廃止, 破棄. 類 **abolición, anulación**.

derogar [deroɣár] 他〖1.2〗(法律, 契約など)を廃止する, 破棄する. 類 **abolir, anular**.

derogatorio, ria [deroɣatórjo, rja] 形 廃止する, 廃止のための. — cláusula *derogatoria* 廃止条項.

derrama [deráma] 囡 ❶ (臨時の支出を補う税の)分担, 割り当て. ❷ 臨時税.

derramadero [deramaðéro] 男《まれ》❶ ごみ捨て場, ごみため. 類 **vertedero**. ❷ (ダムなどであふれないように余分の水を流す)排水口. 類 **vertedero**.

derramamiento [deramamjénto] 男 ❶ (液体が)こぼれること, あふれ出し, 流出. — ～ de sangre 流血. ❷《まれ》(家族・民族の)離散.

‡**derramar** [deramár] 他 ❶ (a)〖＋de から〗をこぼす, (涙)を流す. — *Derramó* el café sobre la mesa. 彼はテーブルにコーヒーをこぼした. ～ lágrimas 涙を流す. (b) を振りまく. — Dondequiera que va, *derrama* simpatía. 彼女はどこに行って

も, 好感をふりまく. ❷ (税などを)課する, 割り当てる. —~ los gastos de comunidad entre todos los vecinos 自治会費を全住民の間で割り当てる.

—**se** 再 ❶ こぼれる. —La cerveza *se ha derramado*. ビールはこぼれてしまった. ❷ 散らばる, 広まる. —Las lentejas *se derramaron* por el suelo. レンズ豆は床に散らばった.

derrame [deráme] 男 ❶ こぼれ出し, 流出; もれ出し. ❷《医学》(体液の)溢出(いっしゅつ). —~ cerebral 脳溢血. —~ pleural 胸水. ❸ (ドアや窓の部分につけた)壁の隅切り.

derramo [derámo] 男 →derrame ❸.

derrapar [derapár] 自 (自動車が)スリップ[横滑り]する.

derredor [dereðór] 男 周囲, 周り.
al derredor 周囲に, 周りに.
en derredor 周囲に, 周りに. *en derredor* de la casa 家の周りに. *en su derredor* 彼の周りに.

derrelicto [derelíkto] 男 海上に放棄された船[物].

derrengado, da [dereŋɡáðo, ða] 形 《estar/quedarse＋》 ❶ 腰・背骨を痛めた. ❷ 疲れ切った. ❸ 曲がった, ねじれた. 類 *torcido*.

derrengadura [dereŋɡaðúra] 女 (腰・背骨部分に受けた)傷.

derrengar [dereŋɡár] [4.4] 他 ❶ …の背中を痛める. —Tantas horas cargando la pesada mochila la *han derrengado*. 何時間も重たいリュックを背負っていたため彼女は背中を痛めた. ❷ を疲れさせる, 衰弊させる, 消耗させる. —Este niño *derrienga* a todos. この子はみんなを疲れさせる. 類 *cansar, fatigar*. ❸ 《まれ》ねじる, ねじ曲げる.
—**se** 再 ❶ 背中を痛める. ❷ 疲れ果てる, 疲労困憊する. 類 *cansarse, fatigarse*.

derretido, da [deretíðo, ða] 形 ❶ 溶けた. ❷ 惚(ほ)れ込んだ, メロメロになった. —Está ~ por ti. 彼は君にぞっこんだ. 類 *enamorado*.
—男 (固まる前の)コンクリート. →hormigón.

derretimiento [deretimjénto] 男 溶けること, 惚(ほ)れ込み, 恋い焦がれ.

‡**derretir** [deretír] [6.1] 他 ❶ を溶かす, 溶解する. —El sol *derrite* la nieve. 日光が雪を溶かす. El calor *derritió* el helado. 暑さでアイスクリームが溶けた. ❷ (財産などを)浪費する, 使い果たす. —*Derritió* su herencia en unos meses. 彼は自分の遺産を数か月で使い果たした. 類 *consumir, disipar*.
—**se** 再 ❶ 溶ける, 溶解する. —El hierro *se derrite* a altas temperaturas. 鉄は高温で溶解する. ❷《話》 [＋por に] ぞっこん惚れ込む, 恋い焦がれる. —~ *se por* una chica ある娘に恋い焦がれる. ❸ いらいらする, やきもきする. —*Se derretía* porque su coche no avanzaba debido al embotellamiento. 彼は自分の車が渋滞のため前に進めないのでいらいらしていた. 類 *impacientarse*.

‡**derribar** [deriβár] 他 ❶ (特に建造物を)壊す, 取り壊す, 崩す. —~ un edificio 建物を取り壊す. ❷ を(地面に)倒す, 振り倒す, ひっくり返す. —El tifón *derribó* centenares de pinos. 台風が何百本もの松の木を倒した. ❸ を殴り[突き倒し], ノックダウンする. —El boxeador *derribó* a su rival. ボクサーは相手を倒した. ❹ を失脚させる, 打倒する, 失墜させる. —Presentaron una moción de censura para ~ al presidente del Gobierno. 首相をその座から引きずり下ろすために不信任案が提出された. —~ una monarquía 君主制を打倒する. ❺ (飛行機を)撃墜する. ❻ (突き棒・縄を用いて牛を)地面に倒す.
—**se** 再 倒れる, (地面に)落ちる. —Llegó borracho y *se derribó* en el sofá. 彼は酔っぱらって来て, ソファーに倒れ込んだ.

derribo [deríβo] 男 ❶ (建築物の)取り壊し; 取り壊し現場. —materiales de ~ (再利用可能な)廃材. ❷ 『集合的に』 (取り壊しで出た)廃材.

derrocadero [derokaðéro] 男 (転落の危険がある)岩場, 難所.

derrocamiento [derokamjénto] 男 ❶ 転落(させること), 転覆(させること). ❷ 放り投げること. ❸ (建物の)取り壊し.

derrocar [derokár] [1.1] 他 ❶ (人を)高い地位から引きずり落とす, 失脚・転落させる; (体制・政府)を転覆させる, 打倒する. ❷ を岩の上[高い所]から落とす. ❸ (建物の)を取り壊す, 破壊する.

derrochador, dora [derotʃaðór, ðóra] 形 浪費する. —名 浪費家.

derrochar [derotʃár] 他 ❶ を浪費する. —*Ha derrochado* la herencia en un año. 彼は遺産を1年で浪費した. 類 *malgastar*. ❷《話》(健康・エネルギーなどを)ふんだんに持っている. —*Derrocha* salud [alegría]. 健康そのものだ[喜びに満ちあふれている].

derroche [derótʃe] 男 ❶ 浪費, 濫費, 無駄使い. ❷ ふんだんにあること, 豊富. —un ~ de simpatía あふれんばかりの親愛の情.

‡**derrota** [deróta] 女 ❶ 敗北, 敗戦; 失敗. —sufrir una ~ 敗北を喫する. Se preveía su ~ en las elecciones. 彼の落選が予想されていた. infligir una grave ~ al ejército del enemigo 敵軍を破砕する大敗を喫させる. Las ~s acompañan en la vida. 人生には挫折(ざせつ)はつきものだ. La ~ del equipo nacional fue total [completa]: les ganaron por 10 a 0. ナショナル・チームは10対0で完敗した. 類 *fracaso, vencimiento*. 反 *triunfo, victoria*. ❷《海事》航路, 針路. —El capitán fijó la ~ del barco a la salida del puerto. 船長は港を出る時の針路を定めた. —~ de Málaga a Lanzarote マラガ-ランサローテ航路. 類 *derrotero, rumbo*. ❸ 小道, 道. 類 *camino, senda, vereda*.
seguir la derrota 《軍事》敵軍を追撃する.

derrotado, da [derotáðo, ða] 形 ❶ 敗北した. ❷ (服が)ぼろぼろな; (人が)ぼろ服を着た.

‡**derrotar** [derotár] 他 ❶ (人・チーム・政党・軍隊などを)打ち負かす, 打ち破る, 撃破する. —~ al enemigo 敵を打ち破る. El Real Madrid *ha derrotado* al Atlético de Madrid por 4 a 3. レアル・マドリードはアトレティコ・デ・マドリードを4対3で破った. El partido laborista *ha derrotado* al demócrata por 79 escaños de diferencia. 労働党は79議席の差で民主党を破った. ❷ (障害などが人を)打ちのめす. —Un cúmulo de problemas familiares *ha derrotado* a la madre. 山積した家族の問題に母親は打ちのめされた. He estado de compras y vengo *derrotado*. 買物をして来て私はくたくただ.
—自 《闘牛》(牛が)角を突き上げる.

derrote [deróte] 男 《闘牛》(牛の)角による突き

上げ.

‡**derrotero** [derotéro] 男 ❶ (a) 《海事》航路, 針路. —El barco seguía [tomaba, mantenía] su ~ hacia Barcelona. 船はバルセロナに向かって航海していた. 類 **derrota, rumbo, ruta**. (b) 道. —Si tomáis este ~, llegaréis antes al pueblo. この道を行けば, 早くその町にたどり着くでしょう. ❷ 《比喩》(目的に達するための)道, (人生)行路, 進路. —seguir [ir] por otros ~s 別の生き方をする. Cualquiera que sea el ~ que tomes en la vida, tendrás que luchar. どういう人生を歩もうと, 君は努力しなければならないだろう. 類 **camino, dirección**. ❸ 《海事》航路縮図, 水路誌, 海図.

derrotismo [derotísmo] 男 敗北主義, 悲観論.

derrotista [derotísta] 形 敗北主義の, 悲観的な. ―男女 敗北主義者, 悲観論者.

derrubiar [deruβjár] 他 を浸食する.

derrubio [derúβjo] 男 ❶ 浸食. ❷ 堆積土[物], 沖積土[物].

derruir [derwír] [**11.1**] 他 (建築物を)取り壊す; (人生などを)破壊する, めちゃくちゃにする. 類 **derribar, destruir**.

derrumbadero [derumbaðéro] 男 ❶ 断崖(がい). 類 **despeñadero**. ❷ 危険. 類 **peligro, riesgo**.

derrumbamiento [derumbamjénto] 男 ❶ 倒壊, 崩壊, 破壊; 転落.

*‡**derrumbar** [derumbár] 他 ❶ を倒壊させる, 壊す, 倒す. —Han derrumbado la vieja casa para construir un supermercado. スーパーを建設するために古い家だけが壊された. El tifón derrumbó muchos pinos. 台風によって多数の松の木がなぎ倒された. 類 **demoler, derribar**. ❷ (斜面に物を)転がす, 突き落とす, 落下させる. —El terremoto derrumbó varias rocas por la ladera. 地震によって数個の岩が山腹を転がり落ちた. 類 **despeñar**. ❸ …の気力を失わす, を(精神的に)打ちのめす, 落胆させる. —La muerte de su mujer lo ha derrumbado. 妻の死によって彼は元気が無くなった.
――**se** 再 ❶ (a) 倒れる, 倒壊する, 崩れ落ちる. —La vieja torre se derrumbó debido al fuerte viento. 古い塔が強風によって倒れた. (b) (斜面を)転落する. —El coche derrapó y se derrumbó por el terraplén. 車は横滑りして崖を転がり落ちた. ❷ 気落ちする, 意気消沈する, 落ち込む. —Se derrumbó después de su divorcio. 彼は離婚して以来元気がなくなった. La cosecha de trigo fue muy buena y los precios se derrumbaron. 小麦が非常に豊作で, 価格が下落した.

derrumbe [derúmbe] 男 ❶ (建物などの)倒壊, 崩壊; 土砂崩れ, 崖崩れ; 転落; 《鉱業》落盤. —~ de las Torres Gemelas ツインタワーの崩壊. ~ físico del abuelo 祖父の肉体的衰え. 類 **demolición, derribo, derrumbamiento, desplome, hundimiento**. ❷ 《経済》崩落, 暴落. —~ económico 経済的崩壊. —~ de los mercados 市場崩壊. ❸ 《まれ》断崖, 絶壁. 類 **despeñadero, precipicio**.

derviche [derβítʃe] 男 スーフィズム(イスラム教神秘主義の一派)の修道僧.

des [dés] 動 dar の接・現在・2単.

des- [ðes-] 接頭 「反対, 否定(非・不); 分離」の意. ―deshacer, desorden.

desabastecer [desaβasteθér] [**9.1**] 他 …への供給をストップする. 類 **desproveer**.
――**se** 再 〘+de〙…の供給を絶たれる.

desabastecido, da [desaβasteθíðo, ða] 形 〘de〙…の供給を絶たれた, …がない. —A causa de la guerra, la ciudad quedó desabastecida de alimentos. 戦争によってその町は食料の供給を絶たれた.

desabollar [desaβoʎár] 他 (金属器など)のへこみ・でこぼこを直す.

desabonarse [desaβonárse] 〘< abono〙 再 (劇場の通し券などの)会員をやめる, キャンセルする.

desabono [desaβóno] 男 ❶ キャンセル, 会員をやめること. ❷ 中傷.

desaborido, da [desaβoríðo, ða] 形 ❶ 味のない. 類 **insípido, soso**. ❷ 中味のない. ❸ そっけない, ぶあいそうな, 面白味のない. 類 **inexpresivo, soso**. ―名 そっけない人, 面白味のない奴.

desabotonar [desaβotonár] 〘< botón〙 他 (服)のボタンを外す. —La madre le desabotonó el pijama al niño. 母親が子供のパジャマのボタンを外した. 類 **desabrochar**. ―自 開花する, 咲く.
――**se** 再 (自分の服の)ボタンを外す. —Me desabotoné la chaqueta. 上着のボタンを外した.

desabrido, da [desaβríðo, ða] 形 ❶ (果物などが)まずい, 味がしない. 類 **insípido**. ❷ (天候が)不順な, いやな, 荒れ模様の, 不安定な. 類 **desapacible, desigual**. ❸ ぶあいそうな, 感じの悪い. 類 **antipático, áspero**.

desabrigado, da [desaβriɣáðo, ða] 〘< abrigo〙 形 ❶ 覆いを取った, オーバーを脱いだ, (場所が)吹きさらしの. —Para el tiempo que hace, vas muy ~. この天気に君はずいぶんと身軽だ. ❷ 《比喩》守るものなしの, 保護されていない. 類 **desamparado**.

desabrigar [desaβriɣár] [**1.2**] 他 …の覆い[オーバー, 着物, 毛布, カバー]を取る, 脱がせる. —La calefacción estaba muy alta y el padre desabrigó a los niños. 暖房がとても暑かったので父親は子供たちのオーバーを脱がせた. 類 **desarropar**.
――**se** 再 (自分の)覆い[オーバー, 着物, 毛布, カバー]を取る, 脱ぐ.

desabrigo [desaβríɣo] 男 ❶ 覆い[オーバーなど]を取ること, 脱ぐこと. ❷ 覆いがないこと; 保護されていないこと. 類 **abandono, desamparo**.

desabrimiento [desaβrimjénto] 男 ❶ まずさ, 味のなさ. ❷ 天候不順. ❸ ぶあいそう, つっけんどん. —Trata con ~ a su nuera. 彼女は嫁をつっけんどんに扱う. ❹ 《比喩》不機嫌. 類 **desazón interior, disgusto**.

desabrir [desaβrír] 他 ❶ (食物を)まずくする. ❷ (人)を不機嫌にする. 類 **disgustar**.
――**se** 再 〘+con〙不機嫌になる.

desabrochar [desaβrotʃár] 〘< broche〙 他 ❶ (服・身につけているもの)のホック・ボタンを外す. —~ la camisa al niño 子どものシャツのボタンを外す. ❷ …の服のホックを外す. 類 **desabotonar**.
――**se** 再 ❶ (自分の身につけているもの)のホック・ボタンを外す. —Me desabroché el cinturón porque me apretaba. きつかったのでベルトの留金を外した. ❷ (身につけているものの)ホック・ボタンが外れ

る.

desacalorarse [desakalorárse]〔<cal<u>o</u>r〕再 暑さを避ける, 涼む.

desacatador, dora [desakataðór, ðóra] 形 (法などに)従わない, 不服従な, 不敬な.

desacatar [desakatár] 他 (法律・命令・権威)に尊重しない; を尊敬しない, 敬わない. — ~ las leyes 法律に背く. ~ a los ancianos 老人を敬わない.

desacato [desakáto] 男〔+a〕(法律・命令・権威)への不服従, 不敬; 敬意[尊敬の念]を表わさないこと. — ~ a la autoridad 官憲侮辱罪. Fue reprendido por ~ a un profesor. 彼は先生に敬意を示さないので叱られた.

desacelerar [desaθelerár] 他 自 減らす, 減速させる.

——**se** 再 減少する, 減速する.

desacertadamente [desaθertáðaménte] 副 誤って, 不適切に, 的外れに.

desacertado, da [desaθertáðo, ða] 形 誤った, 不適切な, 的外れな. — Ha tomado una medida *desacertada*. 彼は誤った措置を取った. 類 **indiscreto, inoportuno**.

desacertar [desaθertár] [4.1] 自 誤る, 的を外す. — *Has desacertado* en los medios para conseguir tu objetivo. 君は目的を達成するための方策を誤った.

*desacierto [desaθjérto] 男 誤り, 間違い, 失敗, 見当外れ, 思慮不足. — cometer un ~ en … …で誤りを犯す. Fue un ~ regalarle un libro, porque no le gusta nada leer. 彼は読書が嫌いなので, 本をプレゼントしたのは間違いだった. 類 **error, equivocación.** 反 **acierto**.

desacobardar [desakoβarðár] 他 (おじけづいた人)を元気づける. 類 **alentar**.

desacomodado, da [desakomoðáðo, ða] 形 ❶ 窮乏した, 生活が苦しい. ❷ 失業した, 職の無い. ❸ 不快な.

desacomodamiento [desakomoðamjénto] 男 ❶ 窮乏; 不快. ❷ 失業.

desacomodar [desakomoðár] 他 ❶ を不快にさせる; 困らせる. ❷ を失業させる, 解雇する.

——**se** 再 失業する, 職を失なう.

desacomodo [desakomóðo] 男 ❶ 窮乏(する, させること), 貧乏. ❷ 失業, 解雇. ❸ 不快(にすること).

desacompañar [desakompaɲár] 他 (人)と一緒に行くのをやめる, (人)から離れる.

desaconsejable [desakonsexáβle] 形 勧められない, やめた方が良い.

desaconsejado, da [desakonsexáðo, ða] 形 ❶ (人が)無思慮な, 無分別な, 気まぐれな, 勝手な. — Es un chico muy ~. 彼はとても気まぐれな青年だ. ❷ 不適切な, 勧められない.

desaconsejar [desakonsexár] 他 (物事)をしないように言う, やめさせようとする. — Te *desaconsejo* hacerlo [que lo hagas]. それはしない方がいいよ. 類 **disuadir**.

desacoplar [desakoplár] 他 (つながったもの)を離す, 連結を解く. — ~ un vagón del tren 列車から1両切り離す.

desacordar [desakorðár] [5.1] 他 ❶ (楽器)の音律・音程を狂わせる. ❷ (人や物)の調和を乱す. —— 自 ❶ (楽器や声が)調子・音程が外れる. ❷ 意見を異にする.

——**se** 再 忘れる.

desacorde [desakórðe] 形 ❶ 食い違う, 調和しない. ❷ 意見を異にする. ❸ (楽器が)調子・音程の外れた. — voces [instrumentos] ~s 調子[音程]の外れた声[楽器].

desacostumbrado, da [desakostumbráðo, ða] 〔<cost<u>u</u>mbre〕形 普通でない, 珍しい, まれな.

desacostumbrar [desakostumbrár] 他 (人)に習慣を捨てさせる.

——**se** 再 ❶〔+de/a〕…する習慣を捨てる. — No *me* voy a ~ *de* leer [la lectura]. 私は読書の習慣はやめないだろう. ❷〔+a〕…に耐えられなくなる, 弱くなる. — ~*se al* calor [vino] 暑さ[酒]に弱くなる.

*desacreditar [desakreðitár]〔< acreditar (<crédito)〕他 …の信用を失わせる, 名声を地に落とす, 権威を失墜させる. — La corrupción de los funcionarios *desacreditó* al gobierno. 公務員の汚職によって政府の権威は地に落ちた. 類 **desprestigiar**.

——**se** 再 信用を失う, 名声が地に落ちる, 権威が失墜する. — El ministro *se ha desacreditado* con las declaraciones. 大臣はその発言によって信用を失った.

desacuerdo [desakwérðo] 男 ❶ 不一致, 不調和; 意見の食い違い. — Estoy en ~ con ellos. 私は彼らの考えに反対だ. Hay ~ entre lo que dice y lo que hace. 彼は言行不一致だ. ❷ 《まれ》誤り. ❸《まれ》もの忘れ.

desadornar [desaðornár] 他 (人・物)の飾り・装飾を取る.

desadvertido, da [desaðβertíðo, ða] 形 ❶ 気づかれない, 注目されない. ❷ ぼんやりした, 不注意な. 類 **inadvertido**.

desadvertir [desaðβertír] [7] 他 (何か)に気づかない, 見落とす.

desafecto, ta [desafékto, ta] 形〔+a〕❶ 冷淡な. — Estima mucho a ese profesor a pesar del ~ de éste. 彼はその冷淡さにもかかわらずあの先生をとても尊敬している. ❷ (特に体制)に反対の. — Abundan las personas *desafectas* al régimen actual. 現体制に反対の人がたくさんいる. 類 **contrario, opuesto**. —— 名 反対者.

—— 男 冷淡さ. — Trata a sus hijos con mucho ~. 彼は息子たちをとても冷淡に扱う. 類 **malquerencia**.

desaferrar [desaferár] [1, 4.1] 他 ❶ を解放する, 放す. ❷ (人)の意見を変えさせる, 頑固な信念から自由にする. ❸《海事》(錨)を上げる.

——**se** 再 ❶ 解放される, 自由になる, 束縛から逃れる. ❷ 意見を変える, 考えを捨てる.

desafiador, dora [desafjaðór, ðóra] 形 挑戦的な. — Vino hacia mí con ademán ~. 彼は挑戦的な態度で私の方へ向かって来た.

—— 名 挑戦的な人.

desafiante [desafjánte] 形 挑戦的な. → desafiador.

*desafiar [desafjár] [1.5] 他 ❶〔+a〕…に挑む, 挑戦する. — El joven lo *desafió a* un duelo con pistola. 青年は彼にピストルによる決闘を挑んだ. Te *desafío a* una carrera de natación. 君と競泳の挑戦をしたい. ❷ …に反抗する,

反対する, 逆(*)らう. — ~ a su padre 父親に反対する. ~ las órdenes del jefe 上司の命令に逆らう. Cruzó el estrecho a nado *desafiando* las fuertes corrientes. 彼は強い海流に逆らって泳ぎ海峡を横断した. ❸ …に立ち向かう, …と対決する. — ~ a la suerte 運命と対決する. No estaba dispuesto a ~ los tabúes de aquella sociedad. 彼はその会社のタブーに立ち向かうつもりはなかった.
— se 再 (互いに)決闘する. — *Se desafiaron* a muerte. 彼らは命がけの決闘をした.

desafición [desafiθjón] 囡 嗜好(ξ́)を失うこと, 嫌いになること; 冷淡. 反 afición.

desaficionar [desafiθjonár] 他 【+a/de】(人に)…への嗜好(ξ́)を失わせる, 嫌いにさせる. 類 aficionar. — se 再 【+a/de】…が嫌いになる.

desafilar [desafilár] 〔<filo〕他 (刃物)の刃を落とす, 切れなくする. 反 afilar.
— se 再 (刃物が)刃こぼれする, 切れなくなる.

desafinación [desafinaθjón] 囡 ❶ 音程が狂うこと, 調子外れ. ❷ 軽率な発言, よけいなこと.

desafinadamente [desafináðaménte] 副 音程を外して, 調子外れに.

desafinado, da [desafináðo, ða] 形 音程の狂った, 調子外れの.

desafinar [desafinár] 自 ❶ (歌や演奏で)音程を外す, 調子外れに歌う[演奏する]. — Incomprensiblemente, el primer violinista *desafinó*. はっきりとは分からなかったが, 第1バイオリンは音程を外した. ❷ 《比喻, 話》軽率な発言をする, よけいなことを言う.
— se 再 音程を外す, 調子外れに歌う[演奏する].

:desafío [desafío] 男 ❶ 挑戦, 《古》果たし状. — aceptar un ~ 挑戦に応じる. Traducir esa obra es un ~ para él. その作品を訳すことは彼にとって1つの試練である. 類 provocación, reto. ❷ 決闘; 競争. — reñir (en) un ~ 決闘する. 類 duelo.

desaforadamente [desaforáðaménte] 副 法外に, とてつもなく, 度を超えて.

desaforado, da [desaforáðo, ða] 形 法外な, とてつもない, 度を超えた. — Aquella afición *desaforada* al juego fue su perdición. ギャンブルに対するあの度を越えた執心が彼の破滅の原因だった. 類 desenfrenado.

desafortunado, da [desafortunáðo, ða] 〔<fortuna〕形 ❶ 不運な, 不幸な. — Perdió la vista en un ~ accidente. 彼は不幸な事故で視力を失った. 類 desgraciado. 反 afortunado. ❷ 思慮を欠く; 不適切な, 的外れの. 類 desacertado.

desafuero [desafwéro] 男 法律違反, 法に反する行為; 良俗に反する行為. — La enfurecida multitud cometió toda clase de ~s en la ciudad. 猛り狂った群衆たちは町であらゆる無法行為を行った.

desagraciado, da [desaɣraθjáðo, ða] 形 魅力のない, 醜い. 類 agraciado.

:desagradable [desaɣraðáβle] 形 【+a (…にとって)/+con (…に対して)/+de+不定詞(…するのが)】**不愉快な, 不快な; いやな.** — experiencia ~ いやな経験. olor ~ いやなにおい. ~ al gusto 好みに合わない. Es ~ de explicar, pero no tengo más remedio. それは説明するのもいやだが, 仕方がない. Es ~ con sus vecinos. 彼は近所の人に無愛想だ. Tiene aspecto ~, pero no sabe mal. それは見かけはいやだが, 味は悪くない. 類 enojoso, fastidioso, molesto. 反 agradable.

desagradar [desaɣraðár] 自 〖間接補語を伴って〗…が不快になる. — Le *desagrada* hacerlo [que lo hagas, ese cuadro]. 彼にはそれをするのが[君がそれをするの, その絵が]不愉快だ. 類 disgustar, fastidiar. 反 gustar.

desagradecer [desaɣraðeθér] [9.1] 他 (受けた恩恵など)について感謝しない; (恩)を仇(***)で返す. — *Desagradeció* las ayudas recibidas y se portó muy mal con todo el mundo. 受けた援助に感謝せずに皆に対してひどい態度を取った. 反 agradecer.

desagradecido, da [desaɣraðeθíðo, ða] 形 感謝しない, 恩知らずな.
— 名 恩知らず. — No invitándote, ha demostrado ser un ~. 君を招待しないことで彼は自分が恩知らずであることを露呈した.

desagradecimiento [desaɣraðeθimjénto] 男 感謝しないこと, 恩知らずなこと[振舞い]. 類 ingratitud.

*desagrado [desaɣráðo] 男 **不愉快, 不満; 不快な顔[態度].** — mostrar ~ 不快な顔をする. poner un gesto de ~ 不快な顔をする. Esta noticia me causó ~. この知らせは私の気に障った. 類 disgusto. 反 agrado, satisfacción.
con desagrado (1) いやいや(ながら), 渋々, 不承不承. — Hace lo que le mandan, pero *con desagrado*. 彼は命令通りにするが, いやいやだ. (2) 不快を感じて. Cuando le preguntaron la edad, reaccionó *con desagrado*. 彼は年齢を聞かれた時, いやな顔をした.

desagraviar [desaɣraβjár] 他 ❶ (人)の怒りをしずめる, なだめる; (人に)償いをする. ❷ 償う, 弁償する, 賠償する. — *Desagraviaron* a los damnificados con un millón de euros. 被害者たちは100万ユーロの賠償金を得た. 類 compensar.

desagravio [desaɣráβjo] 男 償い, 謝罪. — acto de ~ 賠償行為. homenaje de ~ 謝罪の念[意]. No te perdonará a no ser que des muestras de ~. 謝罪の意を示さない限り彼は君を許さないだろう.

desagregación [desaɣreɣaθjón] 囡 分離, 分解.

desagregar [desaɣreɣár] [1.2] 他 を分離させる, 分解する. 類 separar.
— se 再 分離する, 分解する.

desaguadero [desaɣwaðéro] 男 ❶ 排水溝[管, 口]. ❷ 《比喻》絶えざる出費の原因, 金食い虫.

desaguador [desaɣwaðór] 男 排水溝[管, 口]. 類 desaguadero.

desaguar [desaɣwár] [1.4] 他 ❶ (貯水池, 土地, 容器など)から水を抜く, 空にする. — Hay que ~ el pantano para que no se desborde. 水があふれないように, 貯水池の排水をしなければいけない. ❷ 《比喻》(財産)を使い果たす. 類 consumir, disipar. — 自 ❶ (貯水池, 容器などが)排水する; (水が)貯水池などから出る. ❷ (川などが)流れ込む, 注ぐ; 合流する. — El río Sumida *desagua* en el Golfo de Tokio. 隅田川は東京湾に注いでいる. 類 desembocar.

—se 再 ❶ (貯水池, 容器などが)排水する. ❷ 嘔吐(৺)する, 吐く, もどす. ❸ 排泄(৺)する.

desagüe [desáɣue] 男 ❶ 排水溝[管, 口]. ❷ 排水(すること), 水はけ. 類**desaguadero**.

desaguisado, da [desaɣisáðo, ða] 形 違法な; 理にかなわぬ. —La policía dispersó aquella *desaguisada* manifestación. 警察はあの違法なデモを追い払った. — 男 ❶ 侮辱; 犯罪. —Mi intención era buena, pero él lo tomó como un ~. 私には他意はなかったのだが彼はそれを侮辱と取った. 類**agravio, delito, denuesto**. ❷ いたずら, 悪さ; 壊す[壊れる]こと. 類**destrozo, fechoría**.

desahogadamente [desaoɣáðaménte] 副 ❶ ゆったりと, 余裕をもって. —Vive ~ con la pensión que recibe. 彼女は受け取る年金でゆったりと暮らしている. ❷ ずうずうしく, あつかましく.

desahogado, da [desaoɣáðo, ða] 形 ❶ (場所・衣服などが)広い, ゆったりした, 余裕のある. —A estas horas, las calles del centro están más *desahogadas*. この時間帯になると中心街の通りはいつもよりゆったりしている. ❷ (経済的に)余裕がある. —Desde que trabaja el hijo, viven [están, van] más ~s. 息子が仕事をはじめてから彼らは以前より余裕がある. ❸ ずうずうしい, あつかましい. 類**descarado, descocado**.

desahogar [desaoɣár] 他 (怒り・悲しみなどの感情)をぶちまける, 激しく表現する. —*Desahogó* la pena llorando en brazos de su madre. 彼は母親の腕で思い切り泣いて悲しみをいやした.

—se 再 ❶ (怒り・悲しみなどの)感情を爆発させる, うっぷんを晴らす; 打ち明ける, 真情を吐露する. —Se *desahogó* con su vecino. 隣人に怒りをぶちまけた[隣人に悩みを打ち明けた]. ❷ 疲れをおとし, 休息する. ❸ 借金苦から逃れる.

desahogo [desaóɣo] 男 ❶ (たまった感情)を吐き出すこと, ぶちまけてすすること. —Si te sirve de ~, puedes llamarme cuando quieras. それが君のストレスのはけ口になるのなら, 好きな時に私に電話してもいいよ. ❷ (空間的な)余裕, ゆったりしたさま; (経済的な)余裕 (= ~ económico). —En España vivíamos con más ~. スペインでは私たちはもっと経済的にゆとりがあった. 類**desembarazo, libertad**. ❸ ずうずうしさ, 厚顔. 類**descaro, frescura**. ❹ (情報)フレーム.

desahuciadamente [desau̯θi̯áðaménte] 副 望みなく.

desahuciado, da [desau̯θi̯áðo, ða] 形 ❶ (借家人などが)追い立てを食った, 追い出された. ❷ (患者が)不治の, 医者に見離された. ❸ 望みを断たれた.

desahuciar [desau̯θi̯ár] 他 ❶ (借家人など)を追い立てる, 立ち退かせる. —Con la nueva ley, ya podrán ~les. 新しい法律でもう彼らを立ち退かせることができるだろう. ❷ (医者が患者に)不治を宣告する, 見放す. —El médico le *ha desahuciado* y sólo le da un mes de vida. 医者は彼を見放し, 彼にはただ1か月の余命が残るばかりだ. ❸ (人の)望みを絶つ.

desahucio [desáu̯θi̯o] 男 ❶ 追い立て, 立ち退かせること. ❷ (患者の)不治の宣告. ❸ 望みを絶たれること.

desairadamente [desai̯raðaménte] 副 格好悪く, ぶざまに.

desairado, da [desai̯ráðo, ða] 形 ❶ 魅力に欠ける, さえない. —Tuvo una actuación *desairada* impropia de él. 彼の演技は彼にはふさわしくない魅力に欠けたものだった. ❷ ないがしろにされた, 顧みられない, (状況などが)ないがしろにされてみじめな. 類**desatendido, menospreciado**.

desairar [desai̯rár] [1.7] 他 (人あるいは物)をないがしろにする, 軽んじる, 無視[軽視]する. —Le acompañé a tomar unas copas por no ~le. 彼をないがしろにしないために私は彼の酒のお伴をした. 類**desatender, despreciar, humillar**.

desaire [desái̯re] 男 ❶ ないがしろにすること, 軽視. —Me hizo el ~ de no avisarme del asunto. その件について知らせてこなかったところを見ると彼は私を軽んじている. ❷ 優美でないこと, やぼったさ.

desajustar [desaxustár] 他 (合っていたもの)を外す, 狂わす. —El fuerte temblor *desajustó* el viejo reloj. 強い振動で古い時計が狂った. 反**ajustar**.

—se 再 (合っていたもの)が外れる, 調子が狂う. —La lavadora no funciona porque se ha *desajustado* una pieza. その洗濯機は部品がひとつ外れたので動かない.

desajuste [desaxúste] 男 (合っていたもの)が外れること, 調子が狂うこと; 不一致. —El mecánico ha encontrado un ~ en una de las piezas. 修理工は部品のひとつに不具合を見つけた.

desalabear [desalaβeár] 他 (木材など)の反りを直す, 平らにする.

desalación [desalaθi̯ón] 〈<sal〉女 (食べ物などの)塩抜き, 海水の淡水化. 類**salazón**.

desalado, da[1] [desaláðo, ða] 形 猛然と突っ走る, 急いだ, あわてふためいた. —Los ladrones corrían ~s hacia la estación. 泥棒たちは駅へ向かって必死に駆けていた.

desalado, da[2] [desaláðo, ða] 形 塩抜きした. 反**salado**.

desalado, da[3] [desaláðo, ða] 〈<ala〉形 翼を取られた. 反**alado**.

desalar[1] [desalár] 他 ❶ (食物など)を塩抜きする. —~ el bacalao タラの塩抜きをする. 反**salar**. ❷ (海水)を淡水化する.

desalar[2] [desalár] 他 (鳥など)から翼を取る.

desalarse [desalárse] 再 ❶ 大慌てで進む, 猛然と突っ走る. ❷ 【+por】を熱望する, …しようと必死になる. —Él *se desala por* sentarse en el sillón de primer ministro. 彼は総理の椅子が欲しくて躍起になっている.

desalentadamente [desalentáðaménte] 〈<aliento〉副 気落ちして.

desalentador, dora [desalentaðór, ðóra] 形 気落ちさせる. —Es ~ que siga extendiéndose la contaminación del medio ambiente. 環境汚染が広がり続けているので悲観的な気持ちになる. 類**alentador**.

·desalentar [desalentár] [4.1] 〈<alentar〉他 …に元気[活力]を失わせる, を気落ちさせる. —La muerte de su mujer le *desalentó*. 妻が死んで彼は元気を無くした. La inestabilidad política *desalienta* las inversiones exteriores. 政情不安のため外国投資は不活発になっている. 類**desanimar**. 反**alentar, animar**.

—se 再 元気[活力]が無くなる，気落ちする．— Es un chico débil y *se desalienta* con facilidad. 彼は弱い子で，すぐに元気をなくしてしまう．

desalfombrar [desalfombrár] 他 (部屋・家など)から絨毯を取り除く．反 **alfombrar**.

desalhajar [desalaxár] 他 (部屋)から装飾・家具などを取り除く．

desaliento [desaliénto] 男 気落ち，落胆．

desalinear [desalineár] [< línea] 他 (一列になっているもの)の列を乱す．

—se 再 ❶ 列からはみ出る，列を乱す．❷ (一列になっていたものが)乱れる．

desalinización [desaliniθaθjón] [< sal] 女 塩分を抜くこと，(海水の)淡水化．

desalinizar [desaliniθár] 他 (海水など)から塩分を抜く；淡水化する．

desaliñado, da [desaliɲáðo, ða] 形 身なりのだらしない，乱れた．— No puedes ir a la oficina así, tan ~. 君，仕事にそんなだらしのない格好で行くもんじゃない．

desaliñar [desaliɲár] 他 (人・身なり・様子)を乱す，だらしなくさせる．**—se** 再 だらしない身なりになる，乱れた服装をする．

desaliño [desaliɲo] 男 ❶ (身なりなどの)だらしなさ．類 **desaseo**. ❷ 無頓着，無精．類 **descuido, negligencia**.

desalmado, da [desalmáðo, ða] [< alma] 形 良心のない，冷酷な，悪意を抱いた．— Desde hace varios años, un ~ dictador gobierna el país. 数年前から冷酷な独裁者がその国を治めている．類 **cruel, inhumano**.
— 名 悪人，冷酷な人，血も涙もない人．

desalmarse [desalmárse] 再 《まれ》→ desalarse.

desalojamiento [desaloxamjénto] 男 立ち退く(立ち退かせる)こと，(場所を)離れること．~ de un edificio 建物から人を立ち退かせる[避難させる]こと，建物を空にすること．El gobierno ordenó el ~ de los manifestantes que llenaban la plaza. 政府は広場を埋めつくしたデモ隊を退去させるよう命じた．

desalojar [desaloxár] 他 ❶ [+de] (場所から)取り除く，取り外す；(場所から)立ち退かせる．— La policía *ha desalojado* a los vecinos del edificio ante el peligro de derrumbe. 警察は崩壊の危険から住民を全ての建物から退去させた．❷ (場所を空にする，(場所から)立ち去る．❸ 《物理》…の排水[排気]量を持つ．類 **desplazar**.
— 自 宿[住居]から立ち去る，引っ越す．

desalojo [desalóxo] 男 退去，立ち退き，避難．→ desalojamiento.

desalquilado, da [desalkiláðo, ða] 形 (貸家・部屋などが)空になった．反 **alquilado**.

desalquilar [desalkilár] 他 ❶ (貸家・部屋など)を貸すのをやめる．反 **alquilar**. ❷ (借りていた家・部屋など)を出る，空け渡す．反 **alquilar**.
—se 再 (貸家などが)空になる．

desalterar [desalterár] 他 (人)を落ち着かせる．類 **apaciguar, sosegar**. **—se** 再 落ち着く．

desamar [desamár] 他 ❶ (人)への愛が冷める．❷ 《まれ》を憎む，嫌う．類 **aborrecer**.

desamarrar [desamarrár] 他 ❶ 《海事》(船)のもやい綱を解く．反 **amarrar**. ❷ 《比喩》放つ，解放する．

desambientado, da [desambjentáðo, ða] 形 (人がその場に)なじめない；(場所などが)雰囲気のない，独特の解除．反 **inadaptado**.

desamor [desamór] [< amor] 男 ❶ 愛が冷めること，つれなさ，冷淡．❷ 憎むこと，敵意．類 **aborrecimiento, enemistad**.

desamorado, da [desamoráðo, ða] 形 愛情のない，愛情を示さない．

desamortizable [desamortiθáβle] 形 《法律》(永代所有財産)が譲渡可能な，譲渡すべき．

desamortización [desamortiθaθjón] 女 《法律》永代所有財産の解放[売却，譲渡]，限嗣(ｼｼ)相続の解除．

desamortizar [desamortiθár] [1.3] 他 《法律》(永代所有財産)を解放する，売却する，限嗣(ｼｼ)相続を解除する．反 **amortizar**.

desamparado, da [desamparáðo, ða] [< amparo] 形 ❶ 保護[庇護(ﾋｺﾞ)]のない，見捨てられた．— Aumenta sin cesar el número de ancianos ~s. 寄るべのない老人の数がとどまることなく増えている．❷ (場所が)吹きさらしの．❸ (場所が)人の寄りつかない．

*desamparar [desamparár] [< amparar] 他 ❶ 見捨てる，放置する，独りぼっちにする．— *Desamparó* a sus padres cuando más lo necesitaban. 彼は両親が最も必要とされる時に両親を見捨てた．La guarnición *desamparó* la fortaleza ante el ataque enemigo. 敵襲を前にして守備隊は要塞を放棄した．❷ 《司法》(家や権利など)を放棄する．**— ~** las tierras 土地の所有権を放棄する．

desamparo [desampáro] 男 見捨て(られ)ること，保護・援助がないこと．— Al morir la madre, los niños quedaron en un total ~. 母親が死にその子供たちはまったく頼るものがなくなった．

desamueblado, da [desamueβláðo, ða] [< mueble] 形 (部屋などが)家具を取り去った．反 **amueblado**.

desamueblar [desamueβlár] 他 (部屋・家など)から家具を取り去る．反 **amueblar**.

desanclar [desanklár] [< ancla] 自 《海事》(船)が錨(ｲｶﾘ)を上げる．

desandar [desandár] [20] 他 ❶ (来た道)を引き返す．— Nos habíamos equivocado de camino y tuvimos que ~lo. 私たちは道を間違えて引き返さなければならなかった．類 **retroceder**. ❷ 《比喩》引き下がる，退却する．

desanduv- [desanduβ-] 動 desandar の直・完了過去，接・過去．

desangramiento [desaŋgramjénto] [< sangre] 男 多量の出血；財産を失わせること．

desangrar [desaŋgrár] 他 ❶ (人や動物)に多量の出血をさせる．❷ (貯水池など)の水を抜く．❸ 《比喩》(人)に財産を失わせる．— La amante lo *desangró* en poco tiempo. その愛人はまたたく間に彼の財産を失わせた．**—se** 再 (人や動物が)出血する，血を失う．

desangre [desáŋgre] 男 多量の出血．

desanimado, da [desanimáðo, ða] [< ánimo] 形 ❶ 元気のない，気力を失った；くじけた，がっかりした．— En el encuentro estos días muy ~. 彼は最近とても元気がない．❷ (パーティー・集会などが)活気のない，盛り上がらない，さびしい．— La fiesta de despedida estuvo *desanimada*. 歓送会は盛り上がらなかった．

desanimar [desanimár] 他 (人)に(何かをする)気力を失わせる, 意気をくじく, がっかりさせる. —Me *desanima* el ver lo poco que adelanto en japonés. 私は自分の日本語がなかなか上達しないのでがっかりする. 類**acobardar, desalentar.** 反**animar.** ——**se** 再 気力を失う, くじける, がっかりする. —No *te desanimes*; mañana será otro día. 気を落とすな. 明日は明日の風が吹くさ.

desánimo [desánimo] 男 気力を失うこと, 元気のなさ; 失望. —Él es impermeable al ~. 彼は気力を失うことがない. 類**desaliento.** 反**ánimo.**

desanudar [desanuđár] [<nudo]他 ❶ (物)の結び目をほどく. —~ la corbata [un paquete] ネクタイ[小包]の結び目をほどく. 反**anudar.** ❷ (混乱した状態)を解消する. —Por fin pudieron ~ la confusión [el malentendido]. やっと混乱することができた[誤解をとくことができた]. 類**aclarar.**

desapacibilidad [desapaθiβiliđá (đ)] [<paz]女 不快さ, 不快なさま.

desapacible [desapaθíβle] 形 不快な; (人が)性格の悪い, 人当たりの悪い; (天候が)寒さや風雨で不快感を与える. —Todos le dan de lado por su carácter ~. その性格の不快さからみんな彼を敬遠している. Hoy el tiempo está muy ~. 今日の天気はとてもやりきれない.

desaparear [desapareár] 他 (対になっていた物)をバラバラにする.

‡**desaparecer** [desapareθér] [9.1] 自 ❶ 消える, 見えなくなる, 姿を消す. —Han desaparecido mis gafas. 私のめがねがなくなった. El avión se fue elevando y *desapareció* entre las nubes. 飛行機は高度を上げてゆき, 雲間に姿を消した. hacer ~ una mancha しみを消す. 反**aparecer.** ❷ 滅びる, 無くなる, 消滅する. —La costumbre de dormir la siesta *está desapareciendo*. 昼寝をする習慣はなくなりつつある. *Desapareció* en el polo ártico y no se ha descubierto el cadáver. 彼は北極で姿を消し遺体は発見されていない.

—— 他 〖中米〗を消す; 見失う.

desaparecido, da [desapareθíđo, đa] [過分]形 ❶ 姿を消した. —Encontraron en el bosque al niño ~. 行方不明になっていた子供が森の中で見つけられた. ❷ 〖婉曲〗亡くなった. —Posee varios cuadros del ~ pintor. 彼は物故した画家の作品を何点か所有している.

—— 名 行方不明者, 失踪者. —No han podido encontrar el nombre de su hijo en las listas de ~s en el accidente. 彼らは事故の行方不明者名簿の中に息子の名前を見つけることができなかった.

desaparejar [desaparexár] 他 ❶ (馬)から馬具を外す. 反**aparejar.** ❷ (船)から艤装(ぎそう)を外す, 艤装を破壊する. ❸ (対になっていたもの)をバラバラにする.

desaparezca(-) [desapareθka(-)] 動 desaparecer の接・現在.

desaparezco [desaparéθko] 動 desaparecer の直・現在・1単.

‡**desaparición** [desapariθjón] 女 ❶ 見えなくなること, 紛失, 行方不明; 〖法律〗失踪. —~ repentina de un empresario ある経営者の突然の失踪. Han denunciado la ~ de un niño. 子供が行方不明との届け出があった. 反**aparición.** ❷ 消滅, 消失; 〖婉曲〗死亡. —especie en vías de ~ 絶滅に瀕している種. ~ de los padres en el trágico accidente 悲劇的な事故での両親の死亡. 反**extinción, muerte.**

desapasionadamente [desapasjonáđaménte] [<pasión] 副 冷静に, 公平に. 反**apasionadamente.**

desapasionado, da [desapasjonáđo, đa] 形 ❶ 冷静な, 理知的な. ❷ 情熱を失った. 反**apasionado.**

desapasionar [desapasjonár] 他 (人)に情熱を失わせる. ——**se** 再 情熱を失う.

desapegar [desapeɣár] [1.2] 他 〖+de から〗を引き離す, 引きはがす, 遠ざける; 〖+de〗(人)に…に対する好意・興味を失わせる. 類**despegar.**

——**se** 再 〖+de〗…に対する好意・興味を失う.

desapego [desapéɣo] 男 〖+a/hacia/por〗(人・物に対する)好意・興味のなさ, 冷淡, 無関心. —Siente ~ al dinero [a los deportes]. 彼はお金[スポーツ]に関心がない. 類**alejamiento, desvío.**

desapercibido, da [desaperθiβíđo, đa] 形 ❶ 気付かれない. —Su voz, muy baja, me pasó *desapercibida*. 彼の声はとても小さくて, 私は気付かなかった. 類**inadvertido.** ❷ 不意をつかれた. —La redada coɡió ~s a los narcotraficantes. 麻薬の運び屋の不意をついて一斉検挙が行われた.

desapercibimiento [desaperθiβimjénto] 男 備えのないこと, 不意.

desaplicación [desaplikaθjón] 女 勤勉でないこと, 不熱心, 不まじめ. 反**aplicación.**

desaplicado, da [desaplikáđo, đa] 形 勤勉でない, 不熱心な, 不まじめな. 反**aplicado.**

—— 名 勤勉でない人, 不まじめな人.

desapoderado, da [desapođeráđo, đa] [<poder]形 ❶ 激しい, 歯止めのきかない. —tempestad *desapoderada* 激しい嵐. ambición *desapoderada* 抑えのきかない野心. ❷ 〖まれ〗慌ただしい, 慌てた. 類**precipitado.** ❸ 〖+de〗を奪われた.

desapoderamiento [desapođeramjénto] 男 ❶ (権力・権限などを)奪う[奪われる]こと, 剥奪(はくだつ); (権力などを)奪われた状態. ❷ 激しさ, 歯止めのきかなさ.

desapoderar [desapođerár] 他 〖+de〗(権力・権限など)を(人)から剥奪する, 奪う.

——**se** 再 〖+de〗〖まれ〗を手放す, 放棄する.

desapolillar [desapolijár] [<polilla]他 ❶ (服など)から虫を取る, 虫干しする. ❷ (家に閉じこもっている人)を外出させる.

——**se** 再 〖比喩〗(しばらく家に閉じこもった後で)外出する, 外の空気に触れる.

desaposentar [desaposentár] 他 ❶ (人)から部屋[住み家]を奪う, 追い出す. ❷ 〖比喩〗どける, 離す.

desapreciar [desapreθjár] 他 を(正当に)評価しない, 軽視する. 類**desestimar.**

desaprender [desaprendér] 他 (一度覚えた物事)を忘れる. 類**olvidar.** 反**aprender.**

desaprensión [desaprensjón] 女 破廉恥, 無節操, 身勝手.

desaprensivo, va [desaprensíβo, βa] 形 破廉恥な, 無節操な, 身勝手な.

—— 名 破廉恥な人, 無節操な人.

desapretar [desapretár] [4.1] 他 ❶ をゆるめる. ❷《まれ》(人)を窮状から救う. ── se 再 ゆるむ.

desaprobación [desaproβaθjón] 女 非とすること, 反対. ─ Se casó aun con la ~ de sus padres. 彼女は両親の反対を押して結婚した. 反 **aprobación**.

desaprobar [desaproβár] [5.1] 他 を非とする, 反対する. ─ Sin ~ tu opinión, me atrevería a decir una cosa. 君の意見に反対するわけではないが, あえて一言いいたい. 類 **reprobar**. 反 **aprobar**.

desapropiar [desapropjár] 他〔+de〕を(人)から取り上げる, 接収する.
── se 再〔+de〕を手放す, 所有権を放棄する.

desaprovechado, da [desaproβetʃáðo, ða] 過分 形 ❶ 利用されなかった, 成果[効果]が上がらない, 無駄になった. ❷ (人が)環境を利用しきらない, (才能などが)生かされない, なまけ者の, 期待に応えない. ─ Tiene un talento ~. 彼は才能を無駄にしている.

desaprovechamiento [desaproβetʃamjénto] 男 ❶ 活用しない(されない)こと, 無駄, 浪費. ─ El ~ de las tierras puede ser motivo de expropiación. 土地の未利用がその買い上げの理由になるかもしれない. ❷ 成果が上がらないこと, できが悪いこと.

desaprovechar [desaproβetʃár] 他 (機会などを)利用し損う, みすみす見逃す. ❷ 無駄にする, 浪費する. ─ Mientras espera, estudia para no ~ el tiempo. 彼は待っている間も時間を無駄にせぬよう勉強する.
── 自 進歩しない; はかどらない; 退歩する. ─ El año pasado *desaprovechó* mucho en los estudios. 去年彼は勉強がさっぱりはかどらなかった.

desapuntalar [desapuntalár] 他 (建物など)から支えを外す.

desarbolar [desarβolár] 他《海事》(船)のマストを取る[折る].

desarenar [desarenár] 〔<arena〕他 (場所など)から砂を取り除く.

desarmado, da [desarmáðo, ða] 〔<arma〕形 ❶ 武器を持たない, 丸腰の; 武装解除した. ❷ (機械などが)解体・分解された; (部品などが)組み立てられていない, バラバラの. ❸ (権威を持つべき人が)決然たる態度をとれない, 無力に感じる. ❹ (人が議論などで)答える言葉が見つからない, 何を言っていいか分からない.

desarmador [desarmaðór] 男 (火器の)引き金.

:**desarmar** [desarmár] 他 ❶ (a) を分解する, 解体する. ─ ~ una moto バイクを分解する. (b) (船)を解体・修理する, ドック入りさせる. ─ ~ el barco 船をドック入りさせる. ❷ (a) …から武器を取り上げる, (人)の武装解除する. ─ ~ a un atracador [la guerrilla] 強盗[ゲリラ]から武器を取り上げる. (b) …の軍備を縮小[撤廃]する. ─ EE. UU. y Rusia han firmado un acuerdo para ~ sus bases militares. 米露両国は各々の軍事基地を縮小するための協定に調印した. 反 **armar**. ❸ なだめる, 和らげる, 鎮める. ─ *Desarmó* la cólera de su padre. 彼女は父親の怒りをなだめた. ❹ (議論で人)を黙らせる, 当惑させる. ─ Quedé *desarmado* ante sus argumentos. 私は彼の議論の前に立ち往生した. ❺ (闘牛)(牛が)…からムレータを奪う.
── se 再 ❶ 武装解除する, 軍備を縮小する. ─ Las dos potencias han llegado a un acuerdo para ~*se*. 両大国は軍縮の合意に達した. ❷ 分解される.

desarme [desárme] 男 ❶ 軍縮, 軍備撤廃. ─ ~ nuclear 核軍縮. ❷ 武装解除. ─ ~ total 全面武装解除. ❸ 分解, 解体.

desarraigado, da [desaraiɣáðo, ða] 形 ❶ 根から抜かれた; 根絶やしにされた. ❷ 祖国を追われた, 根無し草の.

desarraigar [desaraiɣár] [1.2] 他 ❶ (植物)を根から抜く. ─ El tifón *desarraigó* árboles centenarios del parque. 台風で公園の木が何百本も根こそぎにされた. 類 **arrancar de raíz**. ❷〔+de〕(故郷・祖国)から(人)を追い出す, 追放する. ❸ (悪習などを)根絶する, 撲滅する. 類 **extinguir, extirpar**. ❹〔+de〕(習慣・考え方など)から(人)を遠ざける.
── se 再 ❶ (植物が)根から抜ける. ❷〔+de〕(故郷・祖国など)から離れる, 根無し草になる. ❸〔+de〕(悪習などから)離れる, やめる. ─ Han intentado varias veces *desarraigarse del* tabaco sin conseguirlo. 彼らは何度もタバコをやめようとしたがだめだった.

desarraigo [desaráiɣo] 男 ❶ 根から抜くこと. ❷ 祖国・故郷を離れること, 追われること; 追放. ❸ (悪習などの)根絶, 撲滅.

desarrapado, da, desharrapado, da [desarapáðo, ða] 〔<harapo〕形 ぼろを着た, みすぼらしい.

desarrebujar [desareβuxár] 〔<rebujo〕 他 ❶ (しわくちゃに丸めてあった物)をひろげる, のばす; (こんがらがっていた物)を解きほぐす. ❷《比喩》(錯綜した事柄)を解き明かす. ❸ (外套などにくるまっている人)の上着を取る. ── se 再 (外套などにくるまっていた人が)上着を取る. 反 **arrebujarse**.

desarregladamente [desareɣláðamente] 〔<arreglo〕副 乱雑に, 無秩序に, メチャクチャに.

desarreglado, da [desareɣláðo, ða] 形 ❶ 乱れた, 乱雑な; 身なりのくずれた. ─ Tienes el cuarto bastante ~. 君の部屋かなり乱雑だ. 類 **descuidado, desordenado**. ❷ 無秩序な, 不規則な. ❸ 無茶な, メチャクチャな.

desarreglar [desareɣlár] 他 (人)の身なりを乱す; (計画など)を狂わす. ─ El tren iba a rebosar y le *desarreglaron* el pelo. 電車が混んできて彼は髪が乱れてしまった. La huelga de transportes *ha desarreglado* nuestros planes. 交通ストのせいで我々の計画は狂わされた. 類 **desordenar, tra(n)stornar**. ── se 再 乱雑になる; 身なりをくずす; (計画などが)狂う.

desarreglo [desaréɣlo] 男 ❶ 乱れていること, 乱雑さ. ─ Los niños dejaron el salón en completo ~. 子供たちはサロンを散らかし放題にした. ❷ 無秩序, 不規則, メチャクチャ. ─ No me extraña que haya enfermado: llevaba una vida de mucho ~. 彼が病気になったのは不思議ではない, ずいぶんとメチャクチャな生活を送っていたのだから. 類 **desorden**.

desarrendar[1] [desarendár] [4.1] 他 ❶ (借りていた住居)を引き払う. 反 **arrendar**. ❷ (貸していた住居)を貸すのをやめる. 反 **arrendar**.

—**se** 再 (貸されていた住居が)空になる, 空く.
desarrendar² [desařendár] [4.1] 他 (馬)の手綱を外す.
desarrimar [desařimár] 他 ❶ 〖＋de から〗を離す. ❷ 《比喩》〖＋de〗(人)に…を思いとどまらせる, あきらめさせる.
desarrollable [desařojáβle] 形 展開できる, 広げられる, 発展可能な.
*__desarrollado, da__ [desařojáðo, ða] 〔過分〕形 発展した, 発達した; 発育した. — Japón es uno de los países más ~s del mundo. 日本は世界でも最先進国の一つである. Esta niña está muy *desarrollada* y alta para su edad. この子は年の割にはよく発育し, 背が高い.
‡**desarrollar** [desařojár] 他 ❶ (a) を**発達させる**, 成長させる. — ~ la agricultura [la industria de los servicios] 農業[サービス業]を発達させる. ~ los músculos 筋肉を鍛える, ボディービルをする. (b) を繰り広げる, 展開する; (能力など)を発揮する. — Esa institución viene *desarrollando* una encomiable labor social. その団体は賞賛に値する社会事業を展開してきている. En el partido final, el futbolista no pudo ~ su verdadera capacidad. 決勝戦ではそのサッカー選手は本来の力を発揮できなかった. *Desarrolló* claramente el segundo punto de su charla. 彼は話の2つ目の点を明確に敷衍(ﾌえん)した. (c) を促進する, 助長する, 伸ばす. — ~ las exportaciones de automóviles 自動車輸出を促進する. (d) を実行に移す, 実施する. — ~ un plan ある計画を実行に移す. Ese tren *desarrolla* una velocidad de 300 kilómetros por hora. その列車は時速300キロを出す. (e) (産業・製品など)を開発する. — ~ el prototipo de un nuevo ordenador 新しいコンピュータの試作品を開発する. (巻いたもの)を広げる, 伸ばす, 解く. — ~ un ovillo de lana 毛糸玉をほどく. ~ un mapa sobre la mesa テーブルの上に地図を広げる. 類**desenrollar**. 反**arrollar**. ❸ 《数学》(数式など)を展開する.
— **se** 再 ❶ 成長する, 発達する. — Los polios *se desarrollan* en tres meses. ひよこは3か月で成鳥になる. El país comenzaba a ~*se*. その国は発展し始めていた. La industria textil *se desarrolló* rápidamente. 繊維産業は急速に発展した. ❷ 起こる, 生じる, 行なわれる. — La manifestación *se ha desarrollado* sin incidente alguno. デモは何らの事故もなく行なわれた. La acción de la película *se desarrolla* en China. その映画の舞台は中国である. ~*se* un amor ferviente 熱烈な愛が芽生える.
類**desenvolvimiento**. ❸ (巻いたものを)広げること; (自転車で)ペダル1回転で進む距離. ❹ 《幾何》展開; 《音楽》展開(部).
en pleno desarrollo 急成長している, 最盛期に

desasosegadamente 645

ある; 発育盛りの, 思春期の. *industria en pleno desarrollo* 急成長産業.
desarropar [desařopár] 〖＜ropa〗他 (人)の上着などを脱がす, 毛布などをはぐ. 類**desabrigar, destapar**. 反**arropar**.
— **se** 再 上着を脱ぐ, 毛布をはねる. 類**desabrigarse, destaparse**. 反**arroparse**.
desarrugar [desařuɣár] [1.2] 〖＜arruga〗他 …のしわを伸ばす, …からしわを取る.
— **se** 再 しわが取れる.
desarticulación [desartikulaθjón] 女 ❶ 関節が外れること, 脱臼(だっきゅう). ❷ (機械などの)分解, 解体, 部品の取り外し. ❸ (計画の)挫折, 頓挫(とんざ); (組織の)解体, 壊滅.
desarticular [desartikulár] 他 ❶ …の関節を外す, 脱臼させる. — Te voy a hacer reír hasta ~te la mandíbula. あごが外れるぐらい大笑いさせてやろう. ❷ (機械など)を解体・分解する, 部品を取り外す. — La unidad antiterrorista *desarticuló* la bomba, salvando así la vida de muchos ciudadanos. テロ防止チームが爆弾を解体して多くの市民の命を救った. ❸ (計画など)を挫折させる, (組織)を解体・壊滅させる. — ~ una banda de narcotraficantes 麻薬組織を壊滅させる.
— **se** 再 ❶ 関節が外れる, 脱臼する. ❷ (計画などが)挫折する, (組織が)壊滅する, 解体する.
desartillar [desartiʎár] 他 (軍艦・要塞など)から大砲を取り去る.
desarzonar [desarθonár] 他 (馬が騎手)を振り落とす.
desaseado, da [desaseáðo, ða] 〖＜aseo〗形 不潔な, 乱雑な.
desasear [desaseár] 他 (場所・人など)を不潔にする, 乱雑にする.
desasentar [desasentár] [4.1] 〖＜asiento〗他 《まれ》(物)をその場所からどける.
— 自 《まれ》(人に対して)気に入らない, しっくりこない. — **se** 再 《まれ》席を立つ.
desaseo [desaséo] 男 不潔さ, 汚れ, 乱雑さ.
desasga(-) [desasɣa(-)] 動 desasir の接・現在.
desasgo [desásɣo] 動 desasir の直・現在・1単.
desasimiento [desasimjénto] 男 ❶ (つかんでいたものを)手放す[解放する]こと; 解放される[自由になる]こと. ❷ 気前のよさ, 物に執着しないこと, 無欲. 類**desinterés, desprendimiento**.
desasir [desasír] [10.3] 他 (つかんでいたもの)を放す, 解放する. — **se** 再 ❶ 〖＋de〗…から離れる, 自由になる, 脱け出る. 類**soltarse**. ❷ 〖＋de〗を手放す. 類**desprenderse**.
desasistir [desasistír] 他 (人)を援助[世話]しない, 見捨てる, 顧ない. — Asiste a los necesitados, pero *desasiste* a su familia. 彼は困っている人の世話はするが自分の家族は顧みない. 類**desamparar, desatender**.
desasnar [desasnár] 〖＜asno〗他 (無知・粗野な人)に教養をつける, 啓蒙する, 洗練する.
— **se** 再 (無知・粗野な人が)教養を身につける, 洗練される.
desasosegadamente [desasoseɣáðaménte] 〖＜sosiego〗副 不安げに, 落着きを失って,

desasosegado, da [desasoseɣáðo, ða] 形 不安になった,落ち着きを失った.

desasosegar [desasoseɣár] [4.4] 他 を不安にさせる,落ち着きを奪う,心配させる. — Bandas de incontrolados motoristas *desasosiegan* el barrio. 暴走族は町内の人々を不安にさせている. — **se** 再 不安になる,落ち着きを失う.

desasosiego [desasosjéɣo] 男 平静でないこと,落ち着きのなさ,不安. — La obscuridad le produce un tremendo ~. 暗闇は彼をとめどなく不安にさせる.

desastradamente [desastráðaménte] 副 汚らしく,だらしなく.

desastrado, da [desastráðo, ða] 形 ❶(身なりなどが)汚らしい,だらしない. ❷ 不運な. 類 **infausto, infeliz**.
— 名 ❶ 汚らしい人[物]. ❷ 不運な人.

‡**desastre** [desástre] 男 ❶ 大災害,大惨事,災難. — ~ aéreo 航空の大惨事. ~ ecológico 環境破壊,公害. El terremoto produjo un ~ enorme. その地震は大災害をもたらした. 類 **calamidad, catástrofe**. 反 **felicidad, fortuna**. ❷《比喩》大失敗,不成功;(戦争での)惨敗. — Su matrimonio fue un ~. 彼の結婚は大失敗であった. Esta falda es un ~. このスカートはすごく出来が悪い. 類 **fracaso**. 反 **éxito**. ❸ 無能(な人),役立たず;ついていない人. — ¡Qué ~ de hombre! 何という役立たずダメ人間だ. Él es un verdadero ~ y no hará nunca nada de provecho. 彼は全く無能で,有益なことは決して何もしないであろう. Esa mujer es un ~, le sucede una calamidad detrás de otra. その女性はついていない人で,相次いで災難にあっている. 類 **desgracia, inutilidad**.

¡Qué desastre! (1) 何て運が悪いんだ! (2) こりゃあ大失敗だ!

***desastroso, sa** [desastróso, sa] 形 ❶ 災害の,災害を引き起こす,損害の大きい. — Las heladas son *desastrosas* para el campo. 霜は畑に災害を引き起こす. 類 **catastrófico, funesto, ruinoso**. 反 **afortunado, bienaventurado**. ❷ 悲惨な,惨憺(さん)たる,ひどい. — He hecho un examen ~. 私はひどい試験結果になってしまった. 類 **calamitoso, malo, torpe**.

desatado, da [desatáðo, ða] 形 ❶ ほどけた. — Uno de los paquetes llegó ~. 小包の一つはひもがほどけた状態で届いた. ❷《比喩》[estar+]抑えのきかない,はめを外した,常軌を逸した.

***desatar** [desatár] [<atar] 他 ❶(綱・ひもなど)をほどく,を解く,放つ. — ~ los cordones de las botas ブーツのひもを解く. *Desata* el perro y sácalo de paseo. 犬のひもをほどいて,散歩につれ出しなさい. 反 **atar**. ❷ を引き起こす,…の原因となる;(感情など)を噴出させる. — Su libro *desató* una gran polémica sobre el derecho a la intimidad. 彼の本はプライバシーの権利についての大論争を巻き起こした. El vino le *ha desatado* la lengua. ワインのせいで彼は言いたい放題になった. La banda de criminales *desató* una ola de atracos en la ciudad. 犯罪者集団がその町で一連の強盗事件を引き起こした.

— **se** 再 ❶ ほどける,解ける. — *Se le han desatado* los cordones de los zapatos. 彼は靴ひもがほどけた. El rehén pudo ~*se* y pedir ayuda. 人質は自ら縄を解き,助けを求めることができた. ❷ *(a)*(激情などが)噴出する,爆発する,(嵐などが)突発する. — Al conocer la traición *se desató* su ira. 裏切りを知り,彼は怒りを爆発させた. *Se desató* una tormenta terrible. 恐ろしい嵐が起こった. 類 **desencadenarse**. *(b)*[+en を]抑え切れなくなる. — La actriz *se desató en* insultos contra el reportero. その女優はレポーターに対し侮辱発言をぶつけた. ❸ のびのびする,気楽になる. — Anoche tu amigo *se desató* en un bar. 君の友人は昨夜バールですっかりくつろいでいた.

desatascar [desataskár] [1.1] [<atasco] 他 ❶(車など)をぬかるみからぬき出す. — Le ayudé a ~ las ruedas del carro hundidas en el barro. 私は彼がぬかるみにはまった荷車の車輪を引き出すのを手伝った. ❷(管の詰まり)を取り除く. ❸《比喩》を困難・停滞から引き出す.

desatención [desatenθjón] 女 ❶ (しかるべき)注意を向けないこと;(仕事など)をおろそかにすること. — Fingía ~ pero me estaba enterando de todo lo que decían. 私は関心のないふりをしていたけれど彼らの話は全部分かっていた. ❷ 無礼;不親切. — Tuvo la ~ de no responder a mi carta. 彼は無礼にも私の手紙に返事をよこさなかった. 類 **desconsideración, descortesía**.

desatender [desatendér] [4.2] 他 ❶ …に注意を向けない. — No le gusta estudiar y *desatiende* lo que dice el maestro. 彼女は勉強がきらいで先生の言うことを聞いていない. ❷(仕事など)をおろそかにする. — Le han advertido que lo despedirán si sigue *desatendiendo* el trabajo. 彼は仕事をおろそかにし続けるなら解雇だと警告された. ❸(忠告など)に耳を貸さない. — *Desatendiste* mis consejos y ahí tienes las consecuencias. 君は私の忠告を無視したがその結果があれだ. ❹(人)を助けない,…の世話をしない.

desatentado, da [desatentáðo, ða] 形 思慮のない;歯止めのない,とてつもない.
— 名 ❶ 思慮[慎重さ]なしに行動する人.

desatento, ta [desaténto, ta] 形 ❶ [estar/ser+] 注意散漫な,ぼうっとした. — Estuve ~ en la conferencia y no me enteré de nada. 講演の間私はぼうっとしていて何も分からなかった. Te han engañado porque eres muy ~ y distraído. 君がだまされたのは君がとても注意散漫でぼんやりしているからだ. ❷ [estar/ser+] 無礼な. — Estuvo ~ con la visita para que se marchara pronto. 彼はお客が早々に退散するようにとわざと邪険に扱った. Es una persona antipática y *desatenta*. 彼は感じが悪く無礼な人だ.
— 名 ❶ 注意散漫な人. ❷ 無礼な人. 類 **descortés**.

desatinadamente [desatináðaménte] [<tino] 副 見当外れに,判断力[正気]を失って.

desatinado, da [desatináðo, ða] 形 見当外れな,ばかげた. 判断力[正気]を失った. — Lleva unos días ~s y no hace nada a derechas. 彼はここ数日常軌を逸する日々を送っていて何もまともなことをしていない.

desatinar [desatinár] 自 ばかげた[見当外れな]ことを言う[する]. — Desde que murió su mujer *desatina* y hace cosas raras. 妻が死んで以来彼は常軌を逸し変なことをしている. — 他 (人)の頭の働きを狂わせる,ばかげたことを言わせる.

desatino [desatíno] 男 ❶ 的外れ, 正気でないこと. —En su ~ intentó ahogar a su mujer. その正気を失った状態の中で彼は妻を絞殺しようとした. ❷ でたらめな言動, ばかげた間違い. —Ha sido un ~ embarcarse en ese negocio sin porvenir. 彼がそんな見込みのない事業に着手したのはとんだ間違いだった. 類 **barbaridad, disparate, locura.**

desatollar [desatoʎár] 他 (車など)をぬかるみから引き出す.

desatornillar [desatorniʎár] 〔<tornillo〕他 (ねじ)を外す; (物)のねじを外す. —La puerta no encajaba y hubo que ~ las bisagras. ドアがぴったり閉まらなかったので蝶番（ちょうつがい）を外さなければならなかった. 類 **destornillar.**

desatracar [desatrakár] [1.1] 自 《海事》(船が)岸[船着場]から離れる, 出航する.
— 他 (船)を岸[船着場]から離す.

desatrancar [desatraŋkár] [1.1] 〔<tranca〕他 ❶ (扉・窓など)のかんぬきを外す. —Tuvieron que romper la contraventana porque era imposible ~la. かんぬきを外せなかったのでよろい戸を壊さねばならなかった. ❷ (導管など)の詰まりを直す. 類 **desatascar, desembozar.**

desatufarse [desatufárse] 〔<tufo〕再 ❶ (閉めきった部屋などにいて)ぼうっとした頭をすっきりさせる, 新鮮な空気を吸う. ❷ 怒りを解く.

desaturdir [desaturdír] 他 (人)をぼうっとした状態(混乱)から抜け出させる, 正気に返らせる.
—se 再 ぼうっとした状態(混乱)から抜け出る, 正気に返る.

desautorización [desau̯toriθaθjón] 女 ❶ 不許可, 権限の否認. ❷ (人の言動を)認可(追認)しないこと, (人の発言を)真実でないと言うこと.

desautorizado, da [desau̯toriθáðo, ða] 過分 形 権限を持たない; 許可(認可)されない.

desautorizar [desau̯toriθár] [1.3] 他 ❶ (人)に権限[許可]を与えない, 権限を取り上げる; (人)に権限がないと宣言する. —El alcalde *ha desautorizado* la manifestación de mañana. 市長は明日のデモを認可しなかった. ❷ (人の言動を)認可(追認)しない, (人の発言)が真実でない[無根拠だ]と言う. ❸ (権威や信用など)を失わせる, …の評価を落とす.

desavenencia [desaβenénθja] 女 不和, 仲違い; (性格などの)不一致, 衝突. —Ha dejado el trabajo por ~ con su jefe. 彼は上司と不和になり仕事をやめた. La ~ de caracteres les llevó al divorcio. 彼らは性格の不一致で離婚した. 類 **discordia, oposición.**

desavenido, da [desaβeníðo, ða] 過分 形 仲の悪い, 不和な. —Es una familia *desavenida* y cada cual anda por su lado. あれは仲の悪い家族だ. それぞれが自分のことしか考えていない.

desavenir [desaβenír] [10.9] 他 《まれ》(人)を仲たがいさせる.
—se 再 ❶ 〔+con〕(人と)仲たがいする, 衝突する; 〔entre sí〕(相互に)対立する. —Ha cambiado de trabajo porque *se desavenía con* sus compañeros. 同僚たちと衝突していたため彼は仕事を変えた.

desaventajado, da [desaβentaxáðo, ða] 〔<ventaja〕形 他よりも劣った, 損な. —Estoy en situación *desaventajada* para competir con él. 彼と競うには私は不利な立場にいる.

desavisado, da [desaβisáðo, ða] 形 (人があることについて)知らない. 類 **ignorante, inadvertido.**

desayunado, da [desajunáðo, ða] 過分 形 朝食を食べ終えた.

**desayunar [desajunár デサユナル] 自 朝食を取る. —~ a las ocho 8時に朝食を取る.
— 他 を朝食に食べる. —*Desayuno* fruta, un yogurt y una taza de café. 私は朝食に果物, ヨーグルトとコーヒーを1杯取る.
—se 再 ❶ 朝食を取る. ❷ 《話》〔+de を〕初めて知る. —Ahora *me desayuno de* esa historia. 私は今初めてその話を聞く.

**desayuno [desajúno デサユノ] 男 朝食. —tomar el ~ 朝食を取る. ~ abundante [fuerte] たっぷりとした朝食. Como ~ [De ~] siempre tomo café con leche y galletas. 私は朝食にいつもカフェ・オレとビスケットを食べます. El ~ lo hacen en verano al aire libre. 彼らは夏の朝食は戸外で取る.

desazogar [desaθoɣár] [1.2] 〔<azogue〕他 …から水銀を取り去る.

desazón [desaθón] 女 ❶ 不快感, 不安, 気分が晴れない状態. —A ella le produce cierta ~ casarse. 彼女は結婚にある種の不安を覚えている. ❷ (かゆみなどによる)不快感. —La alergia al polen le causa un terrible ~ en los ojos. 花粉症で彼女は目がとてもかゆい. 類 **picazón.** ❸ (食べ物に)味がないこと, まずさ. ❹ (農地に)水が足りないこと, 乾燥.

desazonado, da [desaθonáðo, ða] 〔<sazón〕過分 形 ❶ 気分が晴れない, 不快な, 不安な, 落ち着かない. 類 **disgustado, inquieto.** ❷ (食べ物が)味のぬけた, まずい. ❸ (土地が)耕作に適した状態でない. ❹ 体調が悪い, 病気の.

desazonar [desaθonár] 他 ❶ …の気分を害する, 不快にさせる. —Voy a telefonear a mis padres para no ~los. 私は両親の気分を害さないために彼らに電話するつもりだ. ❷ …に落ち着きを失わせる, 不安にさせる. ❸ (食べ物に)味を失わせる, まずくする.
—se 再 ❶ 気分を害する, 不快になる. ❷ 落ち着きを失う, 不安になる. ❸ (食べ物が)味がなくなる, まずくなる. ❹ 気分が悪くなる, 体の調子をくずす.

desbancar [desβaŋkár] [1.1] 他 ❶ 〔+de〕(それまで得ていた愛情・人気・地位などから)(人)を追い落とす, 取って代わる; 抜く. —Él es mi mejor amigo y en eso nadie podrá ~le. 彼は僕の親友だ. その点において彼以上の者はいない. ❷ (ゲームで)(親)を破産させる. ❸ (場所)からベンチを取り去る.

desbandada [desβandáða] 女 散り散り[ばらばら]になること, 離れ離れになること(逃げ出す時によく使われる). —Tiró una piedra y produjo una ~ de palomas. 彼が石を投げるとハトが散り散りに飛び去った. Con este frío se teme una ~ general de veraneantes. この寒さで大概の避暑客がどっと逃げ出すのではないかと危惧（きぐ）されている.
a la desbandada 散り散りに, ばらばらになって, クモの子を散らすように.

desbandarse [desβandárse] 再 散り散りになる; クモの子を散らすように逃げる; 離れ離れになる.

648 desbarajustar

desbarajustar [desβaraxustár] 他 (物事を)混乱させる、ぐちゃぐちゃにする. 類 **desordenar**.

desbarajuste [desβaraxúste] 男 混乱, 無秩序, ぐちゃぐちゃ. — Al ver el ～ de mi cuarto, comprendí que los pequeños habían estado trasteando. 部屋がぐちゃぐちゃになっているのを見て, 私は子供たちがいたずらしていたことを了解した. 類 **caos, confusión, desorden**.

desbaratado, da [desβaratáðo, ða] 過分 形 ❶ 乱れた, ぐちゃぐちゃになった. ❷ だめになった, 台無しにされた. ❸ 生活が乱れた.

desbaratamiento [desβaratamjénto] 男 ❶ 乱す[乱れる]こと, 混乱, 無秩序. ❷ (計画などを)潰(ǰ)す[潰れる]こと. ❸ (財産の)浪費, 無駄使い.

desbaratar [desβaratár] 他 ❶ (物を)乱す, ぐちゃぐちゃにする; だめにする, 台無しにする. — A la salida de la peluquería, un golpe de viento le *desbarató* el peinado. 美容院の出口で一陣の風が彼女のヘアスタイルを台無しにしてしまった. 類 **arruinar, deshacer**. ❷ (計画などを)潰(ǰ)す, 阻止する. — La recesión económica *desbarató* los planes del gobierno. 景気の後退で政府の計画は阻止された. 類 **frustrar, impedir**. ❸ (財産)を浪費する, 無駄使いする. — Si sigue con ese tren de vida, *desbaratará* la fortuna familiar en poco tiempo. そんなぜいたくな生活を続けていたら, 彼は一家の財産をまたたく間に浪費してしまうだろう. 類 **disipar, malgastar**. ❹ (軍事)敗走させる, 総崩れにする.

— 自 ばかげたことを言う, ばかげたことをする. 類 **disparatar**.

desbarate [desβaráte] 男 ❶ →desbaratamiento. ❷ 下痢 (= ～ de vientre).

desbarbar [desβarβár] 他 ❶ (物)からひげのように出たものを取り去る(植物のひげ根, 紙のへりからはみ出した繊維など). ❷ (話)(人)のひげをそる. 類 **afeitar**.

desbarrancadero [desβařaṇkaðéro] 男 〖中南米〗断崖, がけ.

desbarrar [desβařár] 自 ❶ めちゃくちゃ[的外れ, 馬鹿]なことを言う[する]. — En cuanto tiene una copa de más comienza a ～. もう一杯飲めば彼はばかなことを言い始める. 類 **disparatar**. ❷ すべる. ❸ (棒投げで)的に当てることを考えずに思い切り投げる.

desbarro [desβářo] 男 ❶ めちゃくちゃ[的外れ, 馬鹿]なことを言う[する]こと; 馬鹿げた言葉[行動]. ❷ すべること. ❸ (棒投げで)的に当てることを考えずに思いきり投げること.

desbastador [desβastaðór] 男 〖技術〗荒削り用の工具(たがねの一種).

desbastar [desβastár] 他 ❶ (材料)を荒削りする, 大きななでこぼこを取る. — ～ un bloque de mármol 大理石のかたまりを荒削りする. ❷ (人)を垢抜(ǩ)けさせる, 洗練する.

—**se** 再 垢抜けする, 洗練される.

desbaste [desβáste] 男 ❶ (仕事の始めの)荒削り. — La piedra está en ～. その石は荒削りの途中にある. ❷ (人を垢抜(ǩ)けさせる[垢抜ける]こと.

desbloquear [desβlokeár] 〖＜bloque〗他 …に対する封鎖・差し止めを解除する, を再開する. — ～ una cuenta corriente 当座預金の凍結を解除する. 反 **bloquear**.

desbloqueo [desβlokéo] 男 ❶ 〖経済〗凍結解除. — ～ de los créditos 信用貸付の凍結解除. ❷ 封鎖解除, 再開. 反 **bloqueo**.

desbocado, da [desβokáðo, ða] 〖＜boca〗過分 形(→desbocarse) ❶ (器が)口の欠けた; (服の襟などが) 口の欠けた壺. un cuello ～ 開きすぎた襟. ❷ (馬が)暴走する. ❸ 〖軍事〗(砲腔(ȟ), 銃腔の他の部分より)口径が広い. — cañón ～ 砲腔の直径よりも口径が広い大砲. ❹ 〖比喩〗奔放な, とんでもない, とっぴな. — Este niño tiene una imaginación *desbocada*. この子はとんでもないことを考える. ❺ 〖比喩〗口の悪い, 下品な. 類 **malhablado**.

desbocamiento [desβokamjénto] 男 ❶ (器の口などが)欠けること. ❷ 馬の暴走. ❸ ののしり.

desbocar [desβokár] 〖1.1〗他 ❶ (器)の口・へりを壊す. — ～ un cántaro [un jarro] かめ[つぼ]の口・へりを壊す. —— 自 →desembocar.

—**se** 再 ❶ (馬が)暴走する. ❷ ののしり出す. — No se puede discutir con él porque enseguida *se desboca*. 彼とは議論できない, すぐに口汚くののしるから. ❸ (服が)襟などが開きすぎている[形崩れしている]. — De tanto lavarlo, el cuello del jersey *se ha desbocado*. そんなに洗うものだから, セーターの襟は伸びてしまった.

desbordamiento [desβorðamjénto] 男 ❶ あふれること; (川などの)氾濫(ℏ). — Las prolongadas lluvias produjeron el ～ del río. その長雨で川が氾濫した. ❷ (感情の)爆発. — La alegría de los hinchas llegó al ～ cuando su ídolo metió el tercer gol. サポーターたちの喜びは自分たちのアイドルが 3 点目のゴールを決めた時に爆発した. ❸ 〖情報〗オーバーフロー.

desbordante [desβorðánte] 形 ❶〖＋de〗…であふれんばかりの, 一杯な. ❷ (感情などが)あふれんばかりの; 過度な. Me admira su caridad ～. 彼女のあふれんばかりの思いやりに私は感服している.

*desbordar** [desβorðár] 〖＜borde〗自 ❶〖＋de から・で〗あふれる, あふれ出る, ふきこぼれる. — El agua *desbordaba* de la bañera. 水が浴槽からあふれ出ていた. La papelera *desborda* de basura. くず入れはごみでいっぱいだ. ❷ (激情などが)ほとばしり出る. — Ella *desbordaba* de entusiasmo. 彼女は歓喜にあふれていた.

—— 他 ❶ をあふれさせる. — El agua de los dos ríos *desbordó* su cauce. 二つの川の水が氾濫した. ❷ (激情などが)…にあふれ出る, を横溢(ǡ)させる. — La tristeza *desborda* mi corazón. 悲しみで私の心はいっぱいになっている. ❸ (能力・限界)を越える; 突破する. — Tantas responsabilidades le *desbordan*. それほどの責任は彼の範囲を越えている. Los acontecimientos *han desbordado* las expectativas. 出来事は見通しを越えていた. Los manifestantes *desbordaron* el cordón de policía. デモ隊は警察の非常線を突破した.

—**se** 再 ❶〖＋de から・で〗あふれる, 氾濫(ℏ)する. — El río *se desbordó*. 川は氾濫した. Cierra el grifo, que *se va a* ～ el baño. 水道の蛇口を閉めろ, 浴室が水びたしになるから. ❷ (感情などが)あふれ出る. — *Se desborda* de la alegría de su corazón. 彼の心は嬉しさではち切れんばかりである.

desborde [desβórðe] 男 〖中南米〗→desbordamiento.

desborrar [desβořár] 他 (織物)から毛くずを取

desbraguetado, da [desβraɣetáðo, ða] [<bragueta] 形 《話》(ズボンの)前開き[チャック]が開いている.

desbravador [desβraβaðór] 男 (馬を)馴らす人.

desbravar [desβraβár] 他 (馬など)を馴らす.
— 自 =desbravarse.
— se 再 (馬などに)馴れる, おとなしくなる;(酒が)気が抜ける;(人が)興奮がおさまる.

desbridar [desβriðár] 他 ❶ 〖医学〗(壊疽(ﾞ)防止のため)繊維組織を切断する;(傷口など)を切開する, (邪魔な組織)を切断する. ❷ (馬など)から馬勒(ﾛ)を外す.

desbriznar [desβriθnár] [<brizna] 他 ❶ (物)を細かに砕く, 粉々にする. ❷ (サフランの)おしべを取る. ❸ (豆のさや)から繊維を取り除く.

desbroce [desβróθe] 男 →desbrozo.

desbrozadora [desβroθaðóra] 女 草刈り機.

desbrozar [desβroθár] [1.3] [<broza] 他 (溝など)から落葉などを取り除き, 掃除する;(道など)から雑草などを刈って通りやすくする, 邪魔物を取り除く.

desbrozo [desβróθo] 男 ❶ 落葉[雑草]などの除去, 掃除;障害物の除去. ❷ (刈り取った)枝や葉の山;ごみ.

desbulla [desβúja] 女 カキを取った後の貝殻.

desbullador [desβujaðór] 男 カキ用フォーク.

desbullar [desβujár] 他 (カキ)を殻から取り出す.

descabal [deskaβál] 形 不完全な, 半端な, 一式揃っていない.

descabalamiento [deskaβalamjénto] 男 不完全さ[半端になる]こと. —El ~ de la baraja les impidió jugar a las cartas. カードが揃っていなかったので彼らはトランプができなかった.

descabalar [deskaβalár] 他 (一組になっているもの)を不完全にする, 半端にする. —~ un par de calcetines ソックスの片方をなくす.

descabalgar [deskaβalɣár] [1.2] 自 (馬などから)降りる. 類 **apearse**, **desmontar**.
— 他 (砲)を砲架から降ろす.

descabellado, da [deskaβejáðo, ða] [<cabello] 過⎡形⎤ ❶ 常軌を逸した, とんでもない, 無分別な. —El plan que propone es ~. 彼の提案する計画は常軌を逸している. 類 **disparatado**, **insensato**. ❷ 《まれ》髪の乱れた.

descabellar [deskaβejár] 他 ❶ 《闘牛》(牛)を首の一突きで殺す. ❷ 《まれ》(人)の髪を乱す.

descabello [deskaβéjo] 男 《闘牛》デスカベーリョ(首の一突きで牛を殺すこと).

descabezado, da [deskaβeθáðo, ða] [<cabeza] 形 ❶ 頭のおかしい, 無分別な. ❷ 忘れっぽい. 類 **desmemoriado**, **distraído**. ❸ 首を切られた;頭部[上部]を失くした.

descabezar [deskaβeθár] [1.3] 他 ❶ (人)の首をはねる. ❷ (草木などの)頭部[上部, 先端]を切り取る. —Los campesinos *descabezan* las plantas de maíz. 農夫たちはトウモロコシの実を切り取る. ❸ 《話》(困難・障害)を克服し始める, …に打ち勝ち始める.

descabezar el [un] sueño うとうとする.
— 自 頭を悩ます, 腐心する. 類 **descalabazarse**. — se 再 ❶ 一生懸命考える. ❷ (穂が)実をこぼす.

descalificar 649

descachar [deskatʃár] 他 〖中南米〗(動物の)角(ﾂﾉ)を切る. 類 **descornar**.

descacharrar [deskatʃarár] [<cacharro] 他 ❶ 《話》を壊し, 台無しにする. —Los ladrones *descacharraron* muebles y objetos en la búsqueda de dinero y joyas. 泥棒たちは金と宝石を探して家具や物を壊した. 類 **escacharrar**. ❷ 《比喩》を損ずる, だめにする, 台無しにする. —La huelga de transportes ha *descacharrado* todos mis planes. 交通ストのせいで私の計画はすべて台無しになった. — se 再 壊れる, 台無しになる.
類 **escacharrarse**.

descaecer [deskaeθér] [9.1] 自 衰える, 弱くなる. 類 **decaer**.

descaecimiento [deskaeθimjénto] 男 衰えること, 衰弱. 類 **debilidad**, **flaqueza**.

descafeinado, da [deskafeináðo, ða] [<cafeína] 形 《飲食》(コーヒーが)カフェインのない, カフェイン抜きの. —café soluble ~ カフェイン抜きインスタントコーヒー. — 男 《飲食》カフェイン抜きのコーヒー. —Un ~, por favor. カフェインなしのコーヒーを1つお願いします.

descalabazarse [deskalaβaθárse] [1.3] [<calabaza] 再 《話》一生懸命考える, 努力する. 類 **descabezarse**.

descalabrado, da [deskalaβráðo, ða] 形 ❶ 頭に大けがをした;(頭に限らず)大けがをした. —En la pedrea resultaron varios niños ~s. 投石で数人の子供が頭に大けがをした. ❷ [salir+] ひどい目にあった, 損害を被った. —Si te metes en ese negocio, vas a *salir* ~. その事業に手を出せば, ひどい目にあうよ.

descalabradura [deskalaβraðúra] 女 頭のけが, 負傷;傷跡.

descalabrar [deskalaβrár] 他 ❶ (人)の頭に大けがを負わせる;(頭に限らず人)に大けがを負わせる. —Una de las piedras que tiraban los niños en el parque *descalabró* a un anciano. 公園で子供たちの投げていた石のひとつが老人の頭に大けがを負わせた. ❷ (人・物)に大損害を与える, さんざんな目にあわせる. —El desplome de la Bolsa *descalabró* a muchos inversores. 相場の崩落で多くの投資家が大損をした.
— se 再 頭に大けがをする, …に大けがをする. —Cayó rodando por la pendiente *y se descalabró* los brazos. 彼女は坂を転げ落ちて両腕に大けがを被った.

descalabro [deskaláβro] 男 大損害, 損失;敗北. —El país ha sufrido un verdadero ~ a consecuencia del bloqueo económico. その国は経済封鎖の結果本当に大損害を被った. 類 **daño**, **desastre**, **infortunio**.

descalce [deskálθe] 男 土台[基礎]の掘りくずし.

descalcificación [deskalθifikaθjón] [<calcio] 女 脱灰, カルシウムの除去[喪失].

descalcificar [deskalθifikár] [1.1] 他 (骨など)からカルシウムを除去する[奪う, 失わせる].

descalificación [deskalifikaθjón] 女 ❶ 信用の失墜. ❷ 資格剥奪(ﾊｸﾀﾞﾂ), 失格, 出場停止.

descalificar [deskalifikár] [1.1] 他 ❶ (人)の評価を落させる, 信用を傷つける.〖自分自身の行動が主語になる〗. —Esa sentencia absolutoria *ha descalificado* al jurado. その無罪判決は陪審員の評価を落とした. 類**desacreditar, desautorizar**. ❷《スポーツ》(人)を失格させる, 資格を剥奪(はく)する, 出場停止にする. —*Han descalificado* al atleta al comprobar que estaba dopado. その選手はドーピングが判明して出場停止になった.

descalzar [deskalθár] [1.3] 他 ❶ (人)のはき物を脱がせる; (はき物)を脱がせる. ❷ (車輪)から輪止めを外す. —**se** 再 はき物を脱ぐ. —En las casas tradicionales japonesas hay que ~*se* al entrar. 日本の伝統家屋は入る時にはき物を脱がねばならない.

‡**descalzo, za** [deskálθo, θa] 形 ❶ はだしの, 素足の, 靴(くつ)[靴下]をはいていない[estar+]. —Los niños están [van] ~*s*. 子供たちははだしである[はだしで歩いている]. Me gusta pasear ~ por la playa. 私は裸足で海岸を散歩するのが好きだ. ❷ 着る物もなく, 極貧の. 類**desnudo**. ❸《カトリック》跣足(せんそく)派の. —carmelita ~ 跣足・カルメル会修道士.
— 名 ❶ はだし(素足)の人. ❷《カトリック》跣足派の修道士[女].

descamación [deskamaθjón] 女 《医学》皮膚の剥離(はくり).

descamar [deskamár] 他 (魚)のうろこを落とす. 類**escamar**.
—**se** 再 (病気などで皮膚が)剥離する.

descambiar [deskambjár] 他 ❶ …の交換を無効にする, を元に戻す. ❷ 〖話〗(お金と引き換えに)返品する, 返却する. ❸ 〖中南米〗を小額[多額]の通貨に交換する.

descaminado, da [deskamináðo, ða] [<camino] 過分 形 ❶ 道を間違えた. —Va usted ~; tiene que volver y tomar la calle anterior. あなたは道を間違えています. 引き返してこの前の道を行かなければなりません. ❷《比喩》方向を誤った, 見当違いの. 類**equivocado**.

descaminar [deskaminár] 他 ❶ を誤った方向へ導く, 道に迷わせる. —La buena mujer nos *descaminó* y llegamos tarde. あの親切な女性は私たちに誤った道を教えたので私たちは遅刻してしまった. ❷ を悪い方へ導く, 道を踏み外させる.
—**se** 再 ❶ 道を間違える, 間違った方向に行く. ❷ 道を踏み外す.

descamino [deskamíno] 男 道を間違え(させ)ること, 方向を誤(あやま)らせること; 見当違い.

descamisado, da [deskamisáðo, ða] [<camisa] 形 ❶ シャツを脱いだ, シャツなしの. —Hacía tanto calor que los obreros trabajaban ~*s*. あんまり暑かったので労働者たちはシャツを脱いで働いていた. ❷《軽蔑》貧しい, みすぼらしい. 類**desharrapado**.
— 名 ❶ みすぼらしい[貧しい]人. ❷ 複〖アルゼンチン〗デスカミサードス(ペロン大統領を支持していた労働者). ❸〖スペイン〗デスカミサードス(スペインで1820年の革命に参加した自由主義者たち).

descamisar [deskamisár] 他 ❶ (人)のシャツを脱がせる. ❷ (トウモロコシなど)の皮をむく. ❸ (人)を破産させる, 一文無しにする.

descampado, da [deskampáðo, ða] 形 (場所が)空き地になった. —Pusimos la tienda en una explanada *descampada* junto al lago. 私たちは湖のほとりの平らな空き地にテントを張った.
— 男 空地, 更地. —Los niños juegan en un ~ que hay detrás de la casa. 子供たちは家の裏にある空き地で遊ぶ.
en descampado 野天で, 人里離れて. Aquella noche dormimos *en descampado*. あの夜私たちは野天で眠った.

descansadero [deskansaðéro] 男 休憩所.

descansado, da [deskansáðo, ða] 過分 形 ❶ (人が)十分休んだ, 疲れが取れた. —Una vez ~*s*, continuaron la marcha. いったん十分に休んだ後, 彼らは前進を続けた. ❷ (仕事などが)楽な, 疲れない. —En la compañía tiene un trabajo muy ~. 会社で彼の仕事はとても楽なものだ.

‡‡**descansar** [deskansár デスカンサル] 自 ❶ (a) 休む, 休息する, 体を休める. — un rato 少しの間休憩する. *El descansa* esta semana. 彼は今週休んだ. (b) (土地が)休耕する. —Esta tierra *descansa* este año. この土地は今年は休耕だ. ❷ (a) 眠る, 寝る. —Buenas noches, que *descanse*. お休みなさい. Buenos días. ¿Ha *descansado* usted bien? お早うございます. よくお休みになれましたか. 類**dormir, reposar**. (b) 埋葬されている, 永遠の眠りについている. —Mi padre, que en paz *descanse*, me lo decía siempre. 私の今は亡き父はいつも私にそう言っていた. *Descansa* en el cementerio de Carabanchel. 彼はカラバンチェル墓地で眠る. ❸ 〖+*en* に〗胸の内を打ち明ける. —Somos muy amigos y *descansamos* el uno *en* el otro. 我々はとても親しいので互いに心の内をさらけ出す. 類**desahogarse**. ❹ 〖+*sobre* の上に〗乗っている, 支えられている. —La cúpula *descansa sobre* columnas. ドームは柱の上で支えられている. El brazo *descansaba* sobre el cojín. 腕はクッションの上に乗っていた. Su teoría *descansa* sobre datos falsos. 彼の理論は偽のデータに基づいている. 類**asentarse**. ❺ ほっとする, 安心する. —Cuando me dijeron el resultado del reconocimiento, *descansé*. 検査の結果を言われて, 私は胸をなでおろした. 類**aliviarse**.
— 他 ❶ を休ませる; …に安らぎを与える, を安堵(あんど)させる. —A él le *descansa* la lectura. 読書が彼に安らぎを与える. Cerró los ojos para ~ la vista. 彼は目を閉じて休ませた. ❷〖+*en* に〗を任せる, ゆだねる. ❸〖+*e* に〗をもたせかける. —*Descansó* la cabeza en el respaldo del sofá. 彼はソファーの背に頭をもたせかけた. ❹ を休ませる, 助ける. 反**cansar**.
¡Descansen armas! (号令) 立て銃(つつ).
—**se** 再〖+*con/en*〗❶ (を)頼りにする. ❷ (…に)胸の内を打ち明ける. —*Se descansa en* ella contándole las penas. 彼は彼女に悩みを語って胸の内を明かす.

descansillo [deskansíjo] 男 階段の踊り場. 類**meseta, rellano**.

‡‡**descanso** [deskánso デスカンソ] 男 ❶ (a) 休み, 休息, 休憩. —día de ~ 休日;〖宗教〗安息日. trabajar sin ~ 休まずに働く. tomar(se) un rato de ~ 一服する. ~ semanal 週休. ~ de maternidad [por enfermedad] 出産[病気]休暇. Se ha tomado unos días de ~. 彼は数日休暇をとった. Entre clase y clase tenemos diez minutos de ~. 授業と授業の間に10分間の休み時間がある. 類**re-**

poso. 反 **actividad, trabajo**. (b) (上演・上映中の)休憩時間, 幕間(╬╬); (サッカーなどの)ハーフタイム. —En [Durante] el ~ del concierto salió a fumarse un pitillo. 彼はコンサートの休憩時間にタバコを吸いに出た. 類 **entreacto**. ❷ ほっとした気持, 安堵感, 慰め. —¡Qué ~ (me da) haber terminado los exámenes! 試験が終わってどれほどほっとしたことか. 類 **alivio, sosiego**. ❸ 頼り(になる人), 拠(╬)り所; (建物などの)支柱, (載せ)台. — ~ de una bóveda 円天井の支柱. Perdió el ~ de su vejez. 彼は老後の拠り所を失った. He perdido a mi mujer, pero tengo el ~ de mi hija. 私は妻を亡くしたが, 娘に頼れる. 類 **soporte, sostén**. ❹ (階段の)踊り場. ❺ **descansillo**. ❻ 《軍事》(号令の)休め! —¡En su lugar ~! 休め! adoptar la posición de ~ 休めの姿勢をとる. 反 **firmes**.

eterno descanso 永遠の眠り, 永眠 (= eterno reposo). rezar un responso por el *eterno descanso* del alma de un difunto 故人の冥福を祈る.

descantillar [deskantiʎár] [< cantillo] 他 ❶ (物)のへり・先を壊す[欠けさせる]. ❷ (ある量)を差し引く. ❸ (ある金額)を着服[横領]する. 類 **desfalcar**.

descañonar [deskaɲonár] [< cañón] 他 ❶ (鳥)の羽をむしる. ❷ (ほお・あごのひげを)きれいにそる, 丁寧にそる, 逆ぞりする. ❸ 《話》(人)から金を巻き上げる, すっからかんにする.

descapacitado, da [deskapaθitáðo, ða] 名 障害者. — ~ mental 認知障害者.

descapotable [deskapotáβle] [< capota] 形 (車が)コンバーチブルの, 幌(╬)の折り畳み[取り外し]が出来る. — 男 コンバーチブル, 幌付きのオープンカー (= coche descapotable).

descapotar [deskapotár] 他 (車)の幌を折り畳む[取り外す].

descapsulador [deskapsulaðór] [< cápsula] 男 (ビンの)栓抜き(金属製の栓).

descaradamente [deskaráðaménte] [< cara] 副 臆面(╬╬)もなく, ずうずうしく. —Engaña ~. 彼は臆面もなくだます.

descarado, da [deskaráðo, ða] 過分 形 [< descararse] 厚顔無恥の. —Mi padre no toleraría esas *descaradas* respuestas. 私の父はそのずうずうしい回答には我慢ならないだろう. — 名 ずうずうしい人, 恥知らず. —El muy ~ se fue sin pagar. そのとてもずうずうしい奴は支払いをせずに出て行った.

descararse [deskarárse] 再 ❶ ずうずうしく振舞う, 無礼な態度に出る. ❷ 無礼な行動をする羽目になる. —No tuve más remedio que ~*me* con él y echarle de casa. 私はずうずうしい態度を取って彼を家から放り出すしかなかった.

descarburar [deskarβurár] 他 …から炭素を除去する, 脱炭する.

descarga [deskarɣa] 女 ❶ 荷降ろし. —Prohibido aparcar excepto para carga y ~. 荷物の積み降ろし以外は駐車禁止. ❷ 発砲, (一斉)射撃. — ~ cerrada 一斉射撃. ❸ 放電 (= eléctrica), 電流. ❹ 排出, 分泌. ❺ 《建築》重すぎる建造物の軽量化.

descargadero [deskarɣaðéro] 男 荷降ろし場.

descargador, dora [deskarɣaðór, ðóra] 形 荷降ろし[荷揚げ]用の. — 男 ❶ 荷揚げ人夫, 荷降ろし人. ❷ 放電器. ❸ → **sacatrapos**.

***descargar** [deskarɣár] [1.2] [< cargar] 他 ❶ (a) (船など)から荷降ろしをする, 荷揚げ[陸揚げ]する. — ~ un barco [un camión] 船[トラック]から荷物を降ろす. (b) [+de から] を荷降ろしする, 荷揚げ[陸揚げ]する. — ~ diez bultos *de* la furgoneta ワゴン車から荷物 10 個を降ろす. ❷ [+de (責任など)を・について] (a) …に免除[解除]する. —*Descargaron de* todas sus obligaciones a la enfermera. その看護師は全ての職責を免除された. (b) …無罪を宣告する. —El tribunal lo *ha descargado de* toda culpa. 裁判所は彼の全面無罪を宣告した. 類 **eximir**. ❸ [+de を] (余分なものなど)…からを取り除く, 剥ぎ取る. — ~ la carne *de* tocino 肉から脂身を取り除く. ❹ (a) (銃器に込めてある弾丸)を抜く. —*Descarga* la pistola, no se te vaya a disparar. ピストルの弾を抜いておけ, 暴発しないように. (b) [+contra/en/sobre に] を発射する, 発砲する. —*Descargó* el fusil *contra* el tronco de un árbol. 彼は木の幹に向けて発砲した. ❺ [+a/contra に] …の一撃を食らわす, を殴る. —Ella le *descargó* una tremenda bofetada. 彼女は彼にひどい平手打ちを食らわした. ❻ [+contra/en に] (感情など)をぶちまける, 転嫁する. —*Descarga* su tensión *contra* su mujer. 彼は自分のいら立ちを妻にぶつける. ❼ (電気など)を放出する, 放電する. —El autor *descargó* la batería. 暑さのためバッテリーがあがってしまった. ❽ (雲・嵐が雨・雪など)を降らせる, (水)を流す. —Esas nubes *descargarán* abundantes lluvias. あの雲が大量の雨を降らせるだろう. Para ~ el depósito del váter tira de la cadena. 水洗のタンクから水を流すにはチェーンを引っぱりなさい. ❾ 《通信》ダウンロードする.

— 自 ❶ [+en に] (川が海・湖などに)注ぐ, 流れ込む. —El Ebro *descarga en* el mar Mediterráneo. エブロ川は地中海に注ぐ. 類 **desembocar**. ❷ (雲などが)雨{ひょう, 雪}となって降る, (嵐が)荒れ狂う. —La tormenta *descarga* en Galicia. ガリシアでは嵐で雨が降っている. ❸ 積荷を降ろす; 射撃する.

—**se** 再 ❶ [+de を] (責任・職務)を免れる; 辞退する. ❷ 放電する, (電池)が切れる. —Las pilas *se han descargado*. 電池が切れてしまった. ❸ [+de の] (怒りなど)を(人に)ぶちまける [+contra/en に]. ❹ [+de の] 嫌疑を晴らす. —*Se descargó* de las acusaciones. 彼は容疑を晴らした.

descargo [deskarɣo] 男 ❶ 荷降ろし. —Sólo cuando se confiesa, siente ~ de conciencia. 彼は懺悔(╬╬)をした時だけ, 良心の呵責(╬╬)が軽くなったような気がする. 類 **descarga**. ❷ (告発, 非難に対する)抗弁, 弁護; 複 弁明. —en su ~ を弁護して. testigo de ~ 弁護側証人. Presentó ~*s* a las acusaciones de soborno que se le hacían. 彼は買収の告発に対して弁明した. ❸ 《商業》貸方.

descargue [deskárɣe] 男 荷降ろし, 荷揚げ. 類 **descarga**.

descarnadamente [deskarnáðaménte] [< carne] 副 あからさまに, 単刀直入に. —Explicó ~ lo sucedido la noche del crimen. 彼女は事件の夜に起こったことをあからさまに説明した.

descarnado, da [deskarnáðo, ða] 過分 形 ❶ 肉のない. ❷ やせた, 骨と皮の. ―Tenía las mejillas pálidas y *descarnadas*. 彼女の頬は青くこけていた. ❸ あからさまな, むき出しの; 飾り気のない.

descarnador [deskarnaðór] 男 《医学》(歯科用の)歯と歯肉を離すためのナイフ, スクレーパー, 擦過器.

descarnadura [deskarnaðúra] 女 ❶ (肉など)をはぎ取ること. ―El cadáver presentaba ~s en los brazos y piernas. その死体は腕と脚の肉がはぎ取れていた. ❷ やせ細ること. ―La ~ de los cuerpos evidencia la terrible hambre que sufren. やせ細った身体こそ彼らが被っている飢餓のすさまじさを示す証拠である.

descarnar [deskarnár] 他 ❶ (骨など)から肉をはぎ取る; 〖比喩的〗(固いもの)から覆っていた(柔らかいもの)を取り去る. ―Mientras yo freía las patatas, tú *ve descarnando* el pollo. 私がジャガイモを揚げる間に, あなたは鶏肉をそいでいって. La enfermedad le ha *descarnado* las mejillas. 病気で彼女は頬がこけてしまった. ~ una sandía スイカの身を取る. ❷ 崩す, 崩壊させる, 侵食する. 類 **desmoronar**. ❸ 《比喩》(人)を俗世間から身を引かせる, 世俗から隔離する. ― **se** 再 ❶ やせ細る. ❷ 崩れる, 侵食される. 類 **desmoronarse**.
descarnarse por otro 《話》他人のために財産を費す.

descaro [deskáro] 男 ずうずうしさ, 厚顔無恥さり; 反抗的な態度. ―Tuvo el ~ de reírse de su padre. 彼は厚かましくも父親をあざ笑った. 類 **atrevimiento, desvergüenza, insolencia**.

descarriar [deskarjár] [1.5] 他 ❶ (人)を誤った方向へ導く, 道に迷わせる. ❷ (人)に道を踏み外させる, 堕落させる. ❸ (家畜)を群から引き離す. ― **se** 再 ❶ 道を間違える. ❷ 道を踏み外す, 堕落する. ❸ 疎遠になる. ❹ (家畜が)群から離れる.

descarrilamiento [deskařilamjénto] 〔<carril〕男 脱線. ―El ~ del tren se debió a un exceso de velocidad. その列車の脱線はスピードの出し過ぎによるものだった.

descarrilar [deskařilár] 自 脱線する.

descarrío [deskařío] 男 ❶ 道を間違えること, それること. ❷ 道を踏み外すこと, 堕落. ❸ (家畜が)群から離れること. ❹ 《比喩》正道を踏み外すこと.

descartar [deskartár] 〔<carta〕他 を捨てる, 選ばない; 拒絶する. ―*Descarté* esa solución porque sabía que todo el mundo iba a oponerse. 皆が反対することが分かっていたので, その解決策は採らなかった. 類 **apartar, rechazar**. ― **se** 再 〖+de〗(トランプゲームで)(カード)を捨てる.

descarte [deskárte] 男 ❶ 捨てること, 除外; 拒絶. ❷ (トランプで)カードを捨てること, 捨て札.

descasar [deskasár] 他 ❶ (人)の結婚を無効にする, (内縁関係の人を)別れさせる. ❷ (対になっている物)をばらばらにする. ― **se** 再 結婚を解消する, 別れる.

descascar [deskaskár] [1.1]〔<casco〕他 → descascarar.
― **se** 再 ❶ 砕ける, こなごなになる. ❷ (悪口や自慢話などをして)しゃべりまくる.

descascarar [deskaskarár] 〔<cáscara〕他 ❶ …の殻をむく[割る]. ―Se rompió un diente al intentar ~ una nuez. クルミの殻を割ろうとして彼は歯を折った. ❷ 《比喩》(ペンキ・樹皮など)…の表面をめくる, の表面をはがす. ―La humedad *ha descascarado* la pintura. 湿気でペンキがはがれた.

descascarillado [deskaskarijáðo] 〔<cascarilla〕男 表面(ペンキ・エナメル・しっくいなど)をはがすこと, はげ落ちること.

descascarillar [deskaskarijár] 他 …の表面(ペンキ・エナメル・しっくいなど)をはがす; けずり取る; (ペンキなど)をはがす. ― **se** 再 表面がはがれ落ちる. ―Es una pintura de baja calidad que *se descascarilla* fácilmente. それは質の悪い塗料ですぐにはがれ落ちてしまう.

descaspar [deskaspár] 他 (人)のふけを取る.

descastado, da [deskastáðo, ða] 〔<casta〕形 (親類や好意を示してくる人に対して)薄情な, 冷淡な. ― 名 薄情者.

***descendencia** [desθendénθja] 女 ❶ 〖集合的〗子孫, 後裔(ﾋ〫); 子ども, 跡取り(→descendiente〖個別的に〗子孫). ―morir sin (dejar) ~ 子孫[跡継ぎ]を残さずに死ぬ. Mi abuelo tiene mucha ~. 私の祖父には子や孫が大勢いる. 類 **progenie, prole, sucesión**. 反 **antepasados, ascendencia**. ❷ 家系, 血統, 家柄. ―~ noble 貴族の家柄. 類 **estirpe, linaje**.

descendente [desθendénte] 形 ❶ 下降する, 下向きの, 下りの; 減少する. 反 **ascendente**. ❷ 《情報》降順(の).

:**descender** [desθendér] [4.2] 自 ❶ 降りる, 下る, 下降する. ―~ del avión 飛行機から降りる. 類 **bajar**. 反 **ascender**. ❷ (評価・温度・水位などが)下がる, 低下する, 下落する. ―~ de teniente a alférez 中尉から少尉に降格される. El ministro *ha descendido* en la apreciación del pueblo. 大臣に対する民衆の敬意は地に落ちた. Al anochecer *desciende* notablemente la temperatura. 夜になると温度が著しく下がる. Por fin *ha descendido* el nivel de las aguas. ついに水位が下がった. *Ha descendido* el precio de la carne. 肉の価格は下がった. ❸ 流れ落ちる. ―La corriente de agua *descendía* en una cascada. 水流は滝となって落ちていた. 類 **caer, correr, fluir**. ❹ 〖+de〗(*a*) (…の)子孫である, 先祖は…である. ―~ de familia noble 貴族の出である. (*b*) (…から)由来する, 派生する. ―Esa teoría *desciende* del darvinismo. その理論はダーウィンの進化論から派生している. Ese problema que tiene *desciende de* su infancia. 彼の抱えているその問題は幼年期に原因がある. 類 **provenir**. ❺ 衰える, 弱る. ―~ en resistencia física スタミナが衰える. ❻ 《音楽》音が下がる. ― 他 ❶ を降りる, 降下する. ―~ la cuesta a toda prisa 坂を全速力で下る. ❷ を降ろす. ―*Descendieron* al enfermo de la ambulancia. 病人は救急車から降ろされた.

:**descendiente** [desθendjénte] 男女 〖+de〗(子・孫を含めて直系の)子孫, 卑属, 後裔(ﾋ〫), 跡取り(→ascendiente〖個別的に〗先祖]). ―~ de Adán y Eva アダムとイブの末裔. 反 **antecesor, antepasado, ascendiente**.
― 形 〖+de〗…の出の, …の血を引く, …に由来する. ―ser ~ de … …の出[子孫]である, …に由来する.

descendimiento [desθendimjénto] 男 ❶ キリスト降架(図)(=~ de la Cruz). ❷ →descenso.

***descenso** [desθénso] 男 ❶ 降りる[下りる]こと, 降下, 下降. ~ en paracaídas パラシュート降下. ~ del avión 飛行機の降下. 類 bajada, descendimiento. 反 ascensión, ascenso, subida. ❷ (温度・質・量・水位などの)低下, (物価・通貨などの)下落. —Hay un ~ de calidad [en la natalidad]. 質[出生率]が低下している. ~ de la producción 生産の低下. Mañana se espera un fuerte ~ de las temperaturas. 明日は気温が急激に低下しそうだ. 類 bajada, caída. 反 ascenso, aumento. ❸ (評判などの)下落, 低下, (階級[地位]が下がること, 左遷. —~ en popularidad 人気の下落. ❹ 下り坂[道]. —~ hacia el río 川へ下りる道. El ~ de la montaña estaba cortado por un desprendimiento de piedras. 山の下り道は落石で通行止めになっていた. 類 bajada. 反 ascenso, ascensión. ❺ 傾き, 傾斜, 勾配. —~ suave [pronunciado] 緩やかな[急な]坂. 類 pendiente. ❻ 《スポーツ》(下位リーグへの)降格, 転落. —~ a segunda división (サッカーなどの)2部[2軍]降格. ❼ 《スポーツ》(スキーの)滑降. — prueba [carrera] de ~ 滑降競技. ❽ 《医学》(子宮・直腸などの)脱出(症), 下垂. —~ del útero 子宮脱. ❾ 衰え, 衰退, 退廃, 堕落.

descentrado, da [desθentráðo, ða] [<centro] 過分 形 ❶ (機械などが)中心がずれた; 中心から外れた. —El manillar de la bici está ~ y es difícil conducirla. 自転車のハンドルの中心がずれているので運転が難しい. ❷ 《比喩》適応していない, その場になじめない. —Los primeros meses anduvo muy ~ en aquel ambiente nuevo para él. 最初の数か月はあの新しい環境に彼はなかなかなじめなかった.

descentralización [desθentraliθaθjón] 女 地方分権(化); 非集中化, 分散.

descentralizado, da [desθentraliθáðo, ða] 過分 形 地方分権化した, 分散した.

descentralizar [desθentraliθár] [1.3] 他 ❶ 地方分権化する; 非集中化する, 分散させる. —El nuevo gobierno ha prometido ~ la enseñanza. 新政府は教育の地方分権化を約束した. 反 centralizar.

descentramiento [desθentramjénto] 男 ❶ 中心をずらす[ずれる]こと; 中心から外れる[外れす]こと, 偏心. ❷ その場になじまないこと, 不適応.

descentrar [desθentrár] 他 ❶ …の中心をずらす; を中心から外す. —El choque *descentró* las ruedas del coche. その衝突で車のタイヤの中心がずれた. ❷ (人)をなじんだ環境から引き離す; 平静さを失わせる. —Tantos consejos y advertencias acabaron por ~ al pobre chico. あまりに多くのアドバイスと注意のせいでその哀れな子は結局平静を失ってしまった.

—**se** 再 中心から外れる, 中心からずれる. —*Se descentró* el proyector y la película se veía en la pared. 映写機が中心から外れたので映画は壁に映っていた.

desceñir [desθeɲír] [6.5] 他 (ベルトなど)をゆるめる; (物)を締めつけている物(ベルトなど)をゆるめる. 反 ceñir.

—**se** 再 (自分のベルトなど)をゆるめる. —*Me desceñí* el cinturón para poder comer más. 私はもっと食べられるようにベルトをゆるめた.

descepar [desθepár] [<cepa] 他 ❶ (木)を根から引き抜く; (ブドウ畑などから)株を根ごと引き抜く. ❷ を根絶する.

descercado, da [desθerkáðo, ða] [<cerca 名] 過分 形 囲いを解かれた, 塀などが取り除かれた.

descercar [desθerkár] [1.1] 他 ❶ (町や土地などの)囲い[塀, 柵]を取り除く. ❷ 《軍事》(要塞や町の)包囲を解く; 包囲を解かせる.

descerco [desθérko] 男 包囲を解くこと.

descerezar [desθereθár] [1.3] [<cereza] 他 (コーヒー豆)を果肉から取り出す.

descerrajado, da [desθeraxáðo, ða] [<cerraja] 過分 形 ❶ こじ開けられた. ❷ 《話》性悪な.

descerrajadura [desθeraxaðúra] 女 ❶ こじ開けること. ❷ 発砲.

descerrajar [desθeraxár] 他 ❶ (ドア・錠前などを)こじ開ける. ❷ 《話》[tiro を目的語として] 発砲する. —Le *descerrajó* un tiro a bocajarro al bajar del coche. 彼は車から降りると至近距離から相手に一発発砲した.

descervigar [desθerβiɣár] [1.2] 他 (動物)の首をひねる.

desciend- [desθjénd-] 動 descender の直・現在, 接・現在, 命令・2 単.

descifrable [desθifráβle] [<cifra] 形 解読可能な, 判読できる. 反 indescifrable.

descifrador, dora [desθifraðór, ðóra] 形 解読する, 判読する.
— 名 解読者, 判読者.

descifrar [desθifrár] 他 ❶ (暗号・古文書など)を解読する, 判読する; 《情報》デコードする. ❷ (難問など)を理解する, さぐり当てる. —No acaba de ~ el motivo del suicidio del marido. 彼女は夫の自殺の動機が解明できないでいる.

descimbrar [desθimbrár] [<cimbra] 他 《建築》(アーチ・アーチ型天井)の枠を取り外す.

descinchar [desθintʃár] [<cincha] 他 (馬)の腹帯を解く. 反 cinchar.

desclavador [desklaβaðór] [<clavo] 男 釘抜き.

desclavar [desklaβár] 他 ❶ (釘)を抜く; (物)から釘を抜く. ❷ (宝石)をはめ込み台から外す.
—**se** 再 (釘が)ゆるむ.

descoagulante [deskoaɣulánte] 形 (凝固した物)を溶かす. 反 coagulante.
— 男 溶解剤, 液化剤.

descoagular [deskoaɣulár] 他 (凝固した物)を融解させる, 液体にもどす. 反 coagular.

descobajar [deskoβaxár] 他 (ブドウ酒作りの過程で踏んだ後のブドウから)(茎)を取り除く.

descocado, da [deskokáðo, ða] 過分 形 《話》ずうずうしい, 慎みのない.
— 名 ずうずうしい人.

descocar [deskokár] [1.1] [<coco] 他 (木)の害虫を駆除する.

descocarse [deskokárse] [1.1] 再 《話》ずうずうしく振る舞う.

descoco [deskóko] 男 ずうずうしさ. —Ella habló con tal ~ que me puso en un aprieto. 彼女があまりにずうずうしく話したので私はへきえきしてしまった. 類 descaro.

descodificador, dora [deskoðifikaðór,

654 descodificar

ðóra〕形 デコード(復号)する. ── 男 《コンピュータ》 デコーダ (コード化されたデータを復号するソフトウエアやハードウエア).

descodificar [deskoðifikár] 男 《コンピュータ》(コード化されたデータを)復元する, デコードする. 反 **codificar**.

descoger [deskoxér] [2.5] 他 (折ってある物・巻いてある物を)ひろげる, のばす.

descolar [deskolár] 〔<cola〕他 ❶ …の尾を切る. ❷ (布)の商標のついていない方を切り取る.

***descolgar** [deskolɣár] [5.4] 〔<colgar〕他 ❶〔+de から〕(a) (つってある物を)取りはずす, 降ろす. ── un cuadro de la pared 壁から絵を外す. *Descolgué* la lámpara para limpiarla. 掃除するために私は電灯を取りはずした. 反 **colgar**. (b) (受話器)を取る, 取り上げる. ──*Descuelga* el teléfono, que está sonando. 電話が鳴っているから, 受話器を取ってくれ. ❷ (を縄や鎖で)つり降ろす, 下げる. ──*Descolgaron* el piano por el balcón. 彼らはピアノをバルコニーからつり降ろした. ❸《スポーツ》引き離す. ──A los treinta y cinco kilómetros consiguió ── a los demás corredores. 35キロ地点で彼は他のランナーを引き離すことに成功した. ── 自 受話器を取る.

──se 再 ❶ (a)〔+por/de を〕(縄を伝って)降りる. ──Los alpinistas *se descolgaron* por el tajo. 登山家たちはザイルを伝って峡谷を下った. (b) (つるしてある物が留め金などから)外れる. ──*Se ha descolgado* la cortina. カーテンが外れた. ❷《話》〔+por に〕不意に(用もなく)現れる.1──Pepe *se descuelga* por casa de cuando en cuando. ペペはときどき家にひょっこり現れる. ❸ (集団から)脱落する, 取り残される. ──El corredor *se descolgó* en la última vuelta. そのランナーは最後の周回に集団から脱落した. ❹《話》〔+de を〕(麻薬を)やめる. ──*Se ha descolgado* de la heroína. 彼はヘロインをやめた. ❺〔+con を〕不意に口に出す. ──Ahora *se descuelga con* que no quiere participar. 今彼は参加したくないと急に言い出した.

descolladamente [deskoʝáðaménte] 副 ❶ 抜きん出て, 傑出して. ❷ 尊大に.

descollante [deskoʝánte] 形 ❶ 他より背が高い, 目立つ. ❷ 卓越した, 一頭地を抜く, 特に優秀な.

descollar [deskoʝár] [5.1] 自 ❶〔+entre/sobre〕(他よりも)一段と背が高い, 目立つ. ──El Fuji, con su cono casi perfecto, *descuella sobre* los montes de alrededor. 富士山はその完璧な円錐形でまわりの山々より一段と目立っている. ❷〔+entre/sobre〕(他よりも)優れている, 一頭地を抜いている. ──*Descuella* entre las amigas por su deslumbrante belleza. 彼女はその目もくらむばかりの美しさで女友達の中で抜きん出ている.

descolocado, da [deskolokáðo, ða] 形 ❶〔estar+〕職のない, 失業中の. ❷ 元の位置からずれた[離れた] ──Se alarmó al volver y ver varios muebles ~s. 家に戻りいくつかの家具の位置がずれているのを見て不安になった.

descolonización [deskoloniθaθjón] 〔<colonia〕女 非植民地化.

descoloramiento [deskoloramjénto] 〔<color〕男 色あせ, 色落ち.

descolorante [deskoloránte] 形 色あせ[色落ち]させる; 脱色させる. ── 男 脱色剤, 漂白剤.

***descolorido, da** [deskoloríðo, ða] 形 ❶ 色あせた, 色の落ちた, 変色した. ──Las cortinas están *descoloridas* por el sol. カーテンは日に焼けて色があせている. 反 **colorido**. ❷ 青ざめた, 青白い. ──Tiene la cara *descolorida* por la hepatitis. 彼は肝炎で青白い顔をしている. 類 **pálido**. ❸ (文体などが)さえない, 生気のない, 退屈な. ──estilo ~ 面白みのない文体.

descolorimiento [deskolorimjénto] 男 色あせ, 色落ち; 脱色.

descolorir [deskolorír] 他 を色落ちさせる, 色をあせさせる; 脱色する.

descombrar [deskombrár] 他 ❶ (場所)から瓦礫(がれき)[邪魔物・ごみ]を取り除く, 片付ける. ──El nuevo jefe, lo primero que ha hecho ha sido ~ el departamento. 新しい上司が最初にしたのは課を正常化することだった. ❷《比喩》(困難・障害から)を解放する, 自由にする.

descombro [deskómbro] 男 瓦礫(がれき)[邪魔物・ごみ]の除去, 片付け.

descomedidamente [deskomeðíðaménte] 副 ❶ 無礼に, 無作法に. ❷ 法外に, 節度を忘れて. ──Cena ~ y después no puede dormir. 彼女は夕食を食べ過ぎるので後で眠れない.

descomedido, da [deskomeðíðo, ða] 過分 〔<descomedirse〕形 ❶ 礼儀知らずな, 生意気な. ──Lo que más me molestó fue su infantil y *descomedida* actitud. 私が最も不快だったのは彼女の幼稚で無作法な態度だった. ❷ 途方もない, 節度を知らない. 類 **desproporcionado, excesivo**.

descomedimiento [deskomeðimjénto] 男 無礼(さ), 失礼(な態度).

descomedirse [deskomeðírse] [6.1] 再 無礼な振る舞いをする[言葉を吐く]. ──No está bien ~se ante [con] los padres. 親に無礼な振る舞いをするのはよくない.

descompaginar [deskompaxinár] 他 をごちゃごちゃにする, 台無しにする. 類 **descomponer, desordenar**.

descompasado, da [deskompasáðo, ða] 過分 〔<descompasarse〕形 ❶ 過度の, 普通でない. ──Reconoce que tu reacción fue bastante arbitraria y *descompasada*. 君の反応はかなり身勝手で尋常ではなかったことを認めなさい. 類 **desproporcionado**. ❷ 無礼な. 類 **descomedido**.

descompasarse [deskompasárse] 再 無礼な振る舞いをする(=descomedirse).

descompensación [deskompensaθjón] 女 ❶《医学》(心臓の)代償不全. ❷ バランスを失うこと, 不均衡.

descompondr- [deskompondr-] 動 descomponer の未来, 過去未来.

***descomponer** [deskomponér] [10.7] 他 ❶ を散らかす, 乱雑にする, 乱れさせる. ──Los niños *han descompuesto* su habitación 子どもたちは部屋を散らかした. ❷ を壊す, めちゃめちゃにする. ──~ el televisor テレビを壊す. ❸ に下痢を起こさせる. ──Mejillones en mal estado me *descompusieron* el vientre. 生きの悪いムール貝を食べて私はおなかを壊した. 類 **estropear, romper**. ❹ を腐らせる, 腐敗させる, 変質させる. ──El calor y la

humedad *descomponen* la carne. 暑さと湿気が肉を腐らせる. 類**podrir**. ❺ を分解する. ~~ el agua en oxígeno e hidrógeno 水を酸素と水素に分解する. ❻ を怒らせる, ...の心を乱す. —La actitud del alumno *descompuso* al profesor. 生徒の態度に先生は平静さを失った. 類**enfadar**, **irritar**. ❼ (人)の仲を悪くする. —Ella *descompuso* la buena relación entre los vecinos. 彼女は隣人同士の良い関係を悪くした.
— **se** 再 ❶ 乱れる, 乱雑になる. —~*se* el pelinado 髪が乱れる. ❷ 壊れる. —*Se ha descompuesto* la lavadora. 洗濯機が壊れてしまった. ❸ 腹をこわす, (胃腸の)具合が悪くなる, 下痢する. —~*se* el vientre 腹をこわす, 下痢をする. ❹ 腐る, 変質する. —~ *se* los alimentos 食品が腐る. ❺ 【+en】…に分解する. —Por la electrólisis, el agua *se descompone* en hidrógeno y oxígeno. 電気分解によって水は水素と酸素に分解する. ❻ 気分が悪くなる, 健康を害する. —Trabajó demasiado y *se descompuso*. 彼は働き過ぎて体を悪くした. ❼ 怒る, 平静さを失う. —Al oír aquel comentario *se descompuso*. そのコメントを聞いて彼は立腹した. ❽ (顔色が)変わる, 動揺する. —Al verme, *se le descompuso* el rostro. 私を見て彼の顔色が変わった. 類**alterarse**.

descomponga(-) [deskompoŋga(-)] 動 descomponer の接・現在.

descompongo [deskompóŋgo] 動 descomponer の直・現在・1 単.

:**descomposición** [deskomposiθjón] 女 ❶ (*a*) 分解. —~ del agua 水の分解. —~ factorial [en factores] 《数学》因数分解. 類**análisis**. (*b*) 壊すこと, 崩壊; 乱すこと. —~ social 社会の崩壊. ~ del Imperio Romano ローマ帝国の衰退. ~ radiactiva 放射性壊変. ❷ 腐敗, 変質. —~ de los alimentos 食物の腐敗. cadáver en ~ 腐爛(ﾗﾝ)死体. 類**putrefacción**. ❸ (顔が)ゆがむ[引きつる]こと; 取り乱し. —~ del rostro 顔つきの変化. ❹ 下痢 (= ~ intestinal [del vientre]). —tener ~ 下痢をしている. 類**cólico**, **diarrea**.

descompostura [deskompostúra] 女 ❶ 壊れること, 故障. ❷ (服装などの)乱れ, だらしなさ. 類**desaliñe**, **desaseo**. ❸ 慎みのなさ, 無作法. 類**descaro**.

descompresión [deskompresjón] 女 減圧;《医学》減圧症.

descompresor [deskompresór] 男 減圧装置.

descompuesto, ta [deskompuésto, ta] 過分 [<descomponerse] 形 ❶ 壊れた, 故障した. —Ha llevado a reparar la televisión *descompuesta*. 彼は故障したテレビを修理に持って行った. ❷ 腹をこわした, 下痢をした. —Tengo el vientre ~. 私はお腹の調子が悪い. ❸ 乱れた; 怒った. —ponerse ~ をいらいらさせる[…がいらいらする], を怒らせる[…が怒る]. 類**irritado**, **turbado**. ❹ 腐敗した, 腐った. ❺ 無作法な, 無礼な. 類**atrevido**, **descortés**.

descompus- [deskompus-] 動 descomponer の直・点過去, 接・過去.

descomulgado, da [deskomulɣáðo, ða] 形 ❶ 破門された. 類**excomulgado**. ❷ 悪い.
— 名 ❶ 破門された人. ❷ 悪人. 類**malvado**, **perverso**.

descomunal [deskomunál] 形 ばかでかい, 途方もない, すごい, 異常な. —Hicieron una tortilla ~ para cien personas. 100 人分用のばかでかいトルティーリャが作られた. 類**enorme**, **extraordinario**, **monstruoso**.

desconcentración [deskonθentraθjón] 女 →descentralización.

desconcentrar [deskonθentrár] 他 →descentralizar.

desconceptuar [deskonθeptuár] [**1.6**] 他 …の評価を落とさせる. 類**desacreditar**.

desconcertadamente [deskonθertáðaménte] 副 無秩序に, 困惑して.

desconcertado, da [deskonθertáðo, ða] 過分 [<desconcertarse] 形 ❶ 困惑[当惑]した, 混乱した. —Estoy ~ por una oferta tan inesperada. 私は彼の突然の申し出にまごついているところだ. ❷ めちゃくちゃな, 無秩序な. 類**desbaratado**.

desconcertador, dora [deskonθertaðór, ðóra] 形 混乱させる, 当惑させる, 秩序を乱す. —Resulta ~ que un profesor tan famoso diga semejante barbaridad. あんなに有名な先生がそんなばかげたことを言うなんて当惑してしまう.

desconcertante [deskonθertánte] 形 混乱させる, 当惑させる, 秩序を乱す.

***desconcertar** [deskonθertár] [**4.1**] [<concertar] 他 ❶ を取り乱させる, 困惑させる, うろたえさせる. —Su actitud me *desconcertó* y no supe cómo reaccionar. 彼の態度に私はうろたえて, どう反応していいか分からなかった. ❷ (秩序・調和などを)乱す, 狂わせる. —Mi suegra *ha desconcertado* las costumbres de la casa. 私の義母は家の習慣を狂わせてしまった. 類**alterar**. ❸ (関節)を外す, 脱臼する.
— **se** 再 ❶ 取り乱す, 困惑する, うろたえる. —*Se desconcertaron* con la fría bienvenida que recibieron. 彼らは冷ややかな歓迎で迎えられて当惑した. ❷ (秩序・調和が)乱れる, 狂う. —Nuestra amistad no *se ha desconcertado* ni una vez. 我々の友情には一度たりともひびが入ったことがない. ❸ 関節が外れる, 脱臼する.

desconchado [deskontʃáðo] [<concha] 男 (ペンキ・上塗りなどの)はげ落ち, はげ落ち部分.

desconchar [deskontʃár] 他 (壁など)の上塗りをはげ落ちさせる.
— **se** 再 (壁・陶器などが)上塗りがはげ落ちる.

desconchón [deskontʃón] 男 (壁の)上塗りのはげ落ち, はげ落ちた所.

desconcierto [deskonθjérto] 男 ❶ 混乱, 無秩序, 不調和. —En la ciudad reina un gran ~ a causa de los últimos atentados terroristas. 町はこのところのテロ行為で大いなる混乱に支配されている. 類**desavenencia**, **descomposición**, **desorden**. ❷ 困惑, 狼狽(ﾊﾟｲ). —La orden de retirada sembró el ~ entre los soldados. 退却命令は兵士を狼狽させた. ❸ (機械の)故障, 破損; (身体の部位の)脱臼(ｷｭｳ). —~ del reloj 時計の故障. ~ de la pierna 脚の脱臼.

desconectar [deskonektár] 他 (電気回路の)接続を外す, スイッチを切る, プラグを抜く. —Hay que ~ la radio antes de mover la mesa. テーブルを動かす前にラジオのコンセントを抜かなければいけ

desconexión

ない。── 自《話》周囲との接触[交渉]を絶つ。── Después de casarse *desconecté* con él y no nos hemos vuelto a ver. 彼が結婚するのを機に私は彼との接触を断ち,以来私たちは会っていない。
──se 再 ❶（電気[回路]が）切れる,接続が外れる。❷《話》周囲との接触[交渉]を絶つ。

desconexión [deskoneksjón] 女《情報》ログアウト。── por tiempo タイム・アウト。

desconfiado, da [deskomfjáðo, ða] 過分 [< desconfiar] 形 [estar/ser+] 人を信用しない,疑い深い。── Me atendió muy bien, pero yo le notaba ~. 彼は私にとってもよくしてくれたが,私は彼が人を信用しないのだと感じていた。Es ~ hasta con los amigos. 彼は友達までも信用していない。
── 名 他人を信用しない人,疑い深い人。

*__desconfianza__ [deskomfjánθa] 女 不信(感),疑念,疑惑；猜疑心,用心深さ。── inspirar ~ 不信感[疑念]を抱かせる。tener ~ en ... …に疑惑[不信感]を持つ。El Gobierno tiene una ~ total en la prensa. 政府は新聞を全く信用していない。類 **recelo, sospecha**. 反 **confianza**.
con desconfianza 不信感を抱いて,警戒して。mirar *con desconfianda* 疑いの目で見る。

*__desconfiar__ [deskomfjár] [1.5] [< confiar] 自 [de+] を信用しない,怪しむ,疑ぐる。── *Desconfía* de mí. 彼は私を信用していない。*Desconfío* de su capacidad para hacer este trabajo. 私はこの仕事をするための彼の能力を信用していない。

desconforme [deskomfórme] 形 →disconforme.

descongelación [deskonxelaθjón] 女 ❶ 解凍;（冷蔵庫の）霜取り。❷（資本・賃金・価格などの）凍結解除。

descongelar [deskonxelár] 他 ❶ を解凍する;（冷蔵庫の）霜取りをする。❷（資本・賃金・価格などの）凍結を解除する。

descongestión [deskonxestjón] 女 充血の軽減;混雑[渋滞]の緩和。~ de la cabeza [de los pulmones] 頭[肺]の鬱血(ﾏ)の軽減。~ del tráfico 交通渋滞の緩和。反 **congestión**.

descongestionar [deskonxestjonár] 他（頭など）の充血を軽減させる;（交通の）混雑[渋滞]を緩和する。── Voy a pasear un poco para ~ la cabeza. 頭をすっきりさせるためにちょっと散歩してこよう。Habrá que tomar alguna medida para ~ el tráfico de esta zona. この地域の交通事情を改善するためになんらかの方策をとることが必要だろう。

‡**desconocer** [deskonoθér] [9.1] 他 ❶ を知らない,…が分からない,…と面識がない。── *Desconozco* su nombre [su dirección]. 私は彼の名前[住所]を知らない。*Desconozco* quién es esa señora. 私はその婦人が誰かが分からない。反 **conocer**. ❷（同一人・物を見分けられない,見違える。── La *desconocí* con aquel pelo teñido de rojo. あんな髪を赤く染めていたので,私は彼女だとわからなかった。¡Hombre, te *desconozco* tan puntual! やあ,あんまり時間に正確なので見間違えたよ。❸ …との関係を否定する,を認知しない。

‡**desconocido, da** [deskonoθíðo, ða] 過分 形 ❶ 知られていない,未知の;見知らぬ。── Una persona *desconocida* ha venido preguntando por ti. 知らない人がお前のことをたずねて来たよ。❷ 無名の。── Es una actriz *desconocida* para la mayoría del público. 彼女は大半の観客にとっては無名の女優だ。❸ ひどく変わってしまった[estar+]。── El pueblo *está* ahora ~. 村はすっかり変わってしまっている。類 **irreconocible**. ❹ 恩知らずの。類 **desagradecido**.
── 名 見知らぬ人,他人。── No hables con ~s. 知らない人と話すんじゃないよ。

desconocimiento [deskonoθimjénto] 男 ❶ 知らないこと,無知。── Creo que he dicho un disparate por mí ~ de la química. 化学の知識がないので,馬鹿なことを言ってしまったような気がする。類 **ignorancia**. ❷ 否認。❸ 恩知らず,忘恩。類 **ingratitud**.

desconsideración [deskonsiðeraθjón] 女 配慮に欠ける[を欠く]こと,失礼。

desconsideradamente [deskonsiðeráðaménte] 副 配慮を欠いて,失礼に。

desconsiderado, da [deskonsiðeráðo, ða] 形（他人に対する）配慮[礼儀]を欠いた,失礼な。
── 名 礼儀知らず,失礼な人,他人に対して配慮のない人。

desconsiderar [deskonsiðerár] 他（人）に対して配慮[礼儀]を欠く,無礼を働く;（人）を軽く見る[扱う]。

desconsoladamente [deskonsoláðaménte] [< consuelo] 副 悲嘆にくれて。── El niño lloraba ~. その子供はさめざめと泣いていた。

desconsolado, da [deskonsoláðo, ða] 過分 [< desconsolarse] 形 悲嘆にくれた,悲しんでいる。── El policía trataba de calmar a la *desconsolada* mujer. 警官はその悲嘆にくれた女性を落ち着かせようとしていた。

desconsolador, dora [deskonsoláðor, ðóra] 形 悲嘆にくれさせる,悲しみを誘う。── Es ~ ver cómo trata a sus hijos. 彼の子供の扱い方を見ると悲しくなる。

desconsolar [deskonsolár] [5.1] 他 を嘆き悲しませる,悲嘆にくれさせる。── La *desconsolaba* ver a niños tan pequeños pidiendo limosna. そんな小さな子供たちが施し物を求めているのを見て彼女は胸がつまるのだった。
──se 再 嘆き悲しむ,悲嘆にくれる。

desconsuelo [deskonsuélo] 男 悲嘆,深い悲しみ;悲しいこと,不幸。── La partida de su novio al extranjero la llenó de ~. 恋人が外国に旅立って彼女は嘆き悲しんだ。類 **aflicción, angustia**.

descontado, da [deskontáðo, ða] 過分 形 差し引かれた。
dar por descontado を当然のことと思う。*Daba por descontada* la dimisión del ministro, pero ... 当然大臣は辞任すると思っていたのに…。
por descontado もちろん,当然。類 **por supuesto**.

descontaminación [deskontaminaθjón] 女 汚染の除去,浄化。反 **contaminación**.

descontaminar [deskontaminár] 他 …の汚染を除去する。反 **contaminar**.

descontar [deskontár] [5.1] 他 ❶（ある量を）差し引く,割り引く。── Le *descontamos* el quince por ciento del total de precio. お買い上げ総額の15パーセントを割り引かせて頂きます。❷ を計算に入れない,除外する。── En coche tardaremos seis horas, *descontando* la comida y los descansos. 食事や休憩の時間を入れなければ、車で6時間かかるだろう. ❸ 《比喩》割り引いて聞く, 信用しない. ❹ 《比喩》当然だと思う. ❺ 《商業》(為替・手形)を割り引く.

descontentadizo, za [deskontentaðíθo, θa] 形 不平家の, なかなか満足しない, うるさい.
―― 名 不平家.

descontentar [deskontentár] 他 …に不満を抱かせる, 不機嫌にさせる. ― Siento ~ le pero son órdenes recibidas. ご不満とは存じますが, これまでに命令を受けているのです. 類 **disgustar**.
―― se 再 不満を抱く, 不機嫌になる.

*descontento, ta** [deskonténto, ta] 形 〖+con/de/por〗…について不満な, 不満[不平]でいる, 不満そうな〖estar+〗. ― Está descontenta con los resultados de los exámenes. 彼女は試験の結果に不満だ. 類 **disgustado, insatisfecho, quejoso**. 反 **contento, satisfecho**.
―― 名 不満な[不満を持つ]人.
―― 男 ❶ 不満, 不快. ― Siente un gran ~ por el divorcio de su hijo. 彼は息子の離婚に大変な不満を感じている. 類 **disgusto, enfado, insatisfacción, irritación**. 反 **contento, satisfacción**. ❷ (社会的)不安, 動揺, 不穏な情勢. ― La subida de los precios provoca ~ en la población. 物価の上昇により住民には不穏な情勢が生じている.

descontrol [deskontról] 男 ❶ 制御[コントロール]を失うこと. ❷ 混乱, 無秩序. めちゃくちゃなこと. ― El concierto de rock fue un total ~. そのロックコンサートはまったくめちゃくちゃだった.

descontrolado, da [deskontroláðo, ða] 形 制御を失った, コントロールされない[できない]; 自制心を失った.

descontrolar [deskontrolár] 他 ❶ …の統制を失わせる, …の制御を失わせる. ― ~ una huelga [manifestación] スト[デモ]の統制を失わせる. ❷ …の自制心を失わせる.
―― se 再 ❶ 自制心を失う. ― Diga lo que diga ella, no te descontroles. 彼女が何と言っても自制心を失うな. ❷ (機械が)コントロールを失う, 統制を失う.

descorazonadamente [deskoraθonáðaménte] 副 落胆して.

descorazonador, dora [deskoraθonaðór, ðóra] 形 気落ちさせるような. ― La situación política del país es descorazonadora. その国の政治状況は落胆ものだ.

descorazonamiento [deskoraθonamjénto] 男 落胆, 気落ち.

descorazonar [deskoraθonár] 他 (人を)落胆[気落ち]させる, がっかりさせる, 意気をくじく. ― Descorazona ver que sigue habiendo guerras en el mundo. 世界に絶えず戦争が起こるのを見るとがっかりする.
―― se 再 落胆する, がっかりする, 意気をくじかれる.

descorchador [deskortʃaðór] 〔< corcho〕男 コルク(栓)抜き. 類 **sacacorchos**.
――, **dora** 名 コルク採取人.

descorchar [deskortʃár] 他 ❶ (コルクガシの)樹皮をはぐ, コルクを採取する. ❷ (ビンの)コルク栓を抜く. ― Descorcharon una botella de cava y brindaron. 彼らはカバの栓を抜き乾杯した. ❸ 無理に開ける, こじ開ける. ❹ (蜜を取り出すためにミツバチの巣箱を)開ける.

descorche [deskórtʃe] 男 ❶ コルクガシの皮はぎ, コルク採取. ❷ コルク栓を抜くこと.

descornar [deskornár] [5.1]〔< cuerno〕他 (動物)の角を取る.
―― se 再 《話》❶ 頭脳を酷使する, 一生懸命頭を使う. ❷ 一生懸命働く. ― Se descuerna trabajando para dar una digna educación a sus hijos. 子供に立派な教育を受けさせるために彼女は一生懸命働いている.

descoronar [deskoronár] 他 …の王冠を取り上げる, を退位させる.

descorrer [deskořér] 他 ❶ (カーテン・錠などを)開ける. ― Descorrió las cortinas y el cuarto se inundó de luz. カーテンを開けると部屋は光で満ち満ちた. 反 **correr**. ❷ (来た道)を戻る.

descortés [deskortés] 形 失礼な, 礼儀知らずな. ―― 男女 礼儀知らず.

descortesía [deskortesía] 女 失礼, 無作法.

descortezamiento [deskorteθamjénto] 〔< corteza〕男 ❶ (木の)皮をはぐこと, (果物などの)皮をむくこと. ❷ 洗練(させること).

descortezar [deskorteθár] [1.3] 他 ❶ (木の)皮をはぐ, (果物など)の皮をむく. ❷ (人)を垢抜けさせる. 類 **desbastar**.

descosedura [deskoseðúra] 女 ほころび.

descoser [deskosér] 他 (縫い目)をほどく, (着物)の縫い目をほどく.

descoser la boca [los labios] 口をきく, しゃべる. Algo le pasaba porque no descosió la boca en todo el viaje. 彼女には何かが起こっていた. というのも旅の間中まったく口をきかなかったからだ. ―― se 再 ❶ 縫い目がほどける, ほころぶ. ― Se me han descosido dos botones del abrigo. コートのボタンが2つとれた. ❷ 《話》口をすべらす. ❸ 《話》屁をかます.

descoserse de risa 笑いころげる.

descosido, da [deskosíðo, ða] 過分〔< descoserse〕形 ❶ 縫い目がほどけた, ほころびた. ― Llevaba un bolsillo de la chaqueta ~. 彼は上着のポケットがほころびていた. ❷ べらべらしゃべる. ❸ (話などが)一貫しない, まとまりのない.
―― 男 ほころび.

como un descosido 大いに, 過度に; 一生懸命に.

descostrar [deskostrár] 他〔< costra〕(傷)からかさぶたを取る.

descotar [deskotár] 他 → **escotar**.

descote [deskóte] 男 → **escote**.

descoyuntado, da [deskojuntáðo, ða] 過分〔< descoyuntarse〕形 ❶ 脱臼(だっきゅう)した. ❷ (話などが)一貫しない, 筋の通らない.

descoyuntamiento [deskojuntamjénto] 男 脱臼(だっきゅう).

descoyuntar [deskojuntár] 他 ❶ (骨)を脱臼(だっきゅう)する, …の骨を脱臼させる. ❷ (人)をくたくたに疲れさせる. ❸ (物)を外す. ❹ (物事)をねじ曲げる, こじつける. ―― se 再 (骨・体の部位が)脱臼する.

descrédito [deskréðito] 男 信用のなさ, 悪い評価; 信用の失墜. ― Aquellas desgraciadas declaraciones que hizo ocasionaron su ~. あのみじめな声明で彼は信用を失墜した. *ir en ~ de ... [en su ~]* (あることが)…の信用を失わせる, 悪評の

原因である.

descreer [deskreér] [2.6] 他 (宗教)に対する信仰を捨てる; (人)を信用しなくなる.
── 自 信仰を捨てる.

descreído, da [deskreído, ða] 過分 [<descreer] 形 ❶ 信仰心の無い, 不信心な, 無信仰の. ❷ 疑い深い.
── 名 ❶ 無信仰者, 不信心者. ❷ 懐疑的な人.

descreimiento [deskreimiénto] 男 不信心, 無信仰; 懐疑.

descremar [deskremár] [<crema] 他 (牛乳)を脱脂する.

descrestar [deskrestár] [<cresta] 他 ❶ (鶏)のとさかを切り取る. ❷ をだます.

‡**describir** [deskriβír] [3.3] 他 [過去分詞 descrito] ❶ を叙述する, 描写する, 記述する. ─En su discurso *describió* la actualidad económica de España. 彼は講演でスペイン経済の現状を述べた. Me *describió* la situación detalladamente. 彼は状況をこと細かに私に描き出してくれた. La *describió* como una chica alta, morena y muy guapa. 彼は彼女を背が高く黒髪のとても美しい女の子と描写した. ❷ (動きながら形や軌道を描く. ── una trayectoria curva 曲線軌道を描く.

‡**descripción** [deskripθjón] 女 ❶ 描写, 記述, 叙述; 作図; 《言語》(言語事実の)記述. ── detallada 詳細な記述[描写]. superar a toda ~ 筆舌に尽くし難い. hacer una ~ exacta 正確に描写[記述]する. ❷《法律》財産目録. 類 **inventario**.

descriptible [deskriptíβle] 形 記述[描写]可能な; 図[絵]に描くことが可能な.

descriptivo, va [deskriptíβo, βa] 形 ❶ 描写的な, 叙述的な; 記述的な. ─narración *descriptiva* 叙述的[描写的]語り. gramática *descriptiva* 記述文法. ❷ 描画的な, 図形的な.

descrismar [deskrismár] [<crisma] 他 ❶ (人)の頭をなぐる, 頭をかち割る. ❷ (人)の額に塗った聖油を取る.
── **se** 再 ❶ 頭をぶつける[打つ]. ❷ 一生懸命考える, 知恵を絞る; 一生懸命働く. ─Por más que *te descrismes*, no vas a encontrar la solución. どんなに知恵を絞っても君には解決案が見つからないよ. 類 **descalabazarse, descornarse**. ❸ 頭にくる, 怒る. 類 **enfadarse**.

descristianizar [deskristjaniθár] [1.3] 他 をキリスト教(の信仰)から遠ざける.

descrito, ta [deskríto, ta] 過分 [<describir] 形 ❶ 描写された, 叙述された, 記述された. ─Lo que sucedió está ~ detalladamente en el artículo. 何が起こったかはその記事に詳細に記述されている. ❷ 描画された.

descruzar [deskruθár] [1.3] [<cruz] 他 ❶ …の交差を解く. ─Estaba inquieto en el sofá, cruzando y *descruzando* las piernas. ソファに座っても落ち着かず, 脚を組んだり外したりしていた.

descuadernar [deskuaðernár] [<cuaderno] 他 ❶ →desencuadernar. ❷ を壊す, めちゃくちゃにする. 類 **desbaratar, descomponer**.
── **se** 再 ❶ →desencuadernarse. ❷ 壊れる, めちゃくちゃになる.

descuajar [deskuaxár] 他 ❶ (凝固しているもの)を溶かす. ── ~ la mantequilla [el queso] バター[チーズ]を溶かす. ❷ (木など)を根から引き抜く. ─El huracán *descuajó* todos los árboles del huerto. ハリケーンで果樹園の木はすべて根こそぎにされた. ❸ (悪習など)を根絶する. ❹ (人)を落胆させる. ── **se** 再 溶ける.

descuajaringar [deskuaxariŋgár] [1.2] 他 《話》を壊す, ばらばらにする.
── **se** 再《話》❶ 壊れる, ばらばらになる. ❷ 体がばらばらになるくらい笑う[疲れる].

descuaje [deskuáxe] 男 (木などを)根元から抜くこと.

descuartizamiento [deskuartiθamjénto] 男 ❶ (動物の)解体, 四肢の切り分け[食用など]. ❷《歴史》(罪人の死体の)四つ裂き.

descuartizar [deskuartiθár] [1.3] [<cuarto] 他 ❶ (動物の体)を解体する, 四肢を切り分ける[食用など]. ❷《歴史》(罪人の死体)を四分する[斬首した後の死体を4つに切って, さらしものにした]. ❸《話》をばらばらにする.

descubierta [deskuβjérta] 女 ❶《軍事》偵察(海軍では日出・日没時の海上偵察). ❷ (パイ地の覆いがない)パイの1種.
a la descubierta (1) はっきりと, あからさまに. 類 *sin rodeos*. (2) 野外で.

descubiertamente [deskuβjértaménte] 副 はっきりと, あからさまに.

‡**descubierto, ta** [deskuβjérto, ta] 過分 [<descubrir] 形 ❶ 覆われていない, 露出した. ─El riachuelo, ahora tapado, cruzaba antes el pueblo de forma *descubierta*. いまは覆われているその小川はかつて水面を見せて村を横切っていた. coche ~ オープンカー. terraza *descubierta* オープンテラス. patio ~ 屋根のない中庭. ❷ さらけ出した, はだけた. ─Anda con la cabeza *descubierta*. 彼は帽子をかぶらないで出歩く. Tomaba el sol con el pecho ~. 彼は胸をはだけて日光浴をしていた. ❸ (土地などが)開かれた, 広々した. ─Acampamos en una zona *descubierta* del bosque. 私たちは森の開けた場所でキャンプした.
── 男 赤字, 借り越し. ─El ~ de la empresa ha causado el despido de muchos empleados. 会社の赤字で多くの労働者が解雇された. Tengo la cuenta del banco en ~. 私の銀行預金は借り越しになっている.
al descubierto (1) あからさまに, はっきりと, 直截的に (=a la descubierta). Les dije *al descubierto* que no quería trabajar con ellos. 私は彼らに彼らと一緒に働くのはいやだとはっきり言った. 類 **abiertamente**. (2) 屋外で, 露天で. Dormimos *al descubierto* en el campo en pleno invierno. 私たちは真冬に野原で野宿した.
quedar al descubierto (1) あからさまになる. El delito *quedó al descubierto*. その犯罪が暴かれた. (2) 知られる. *Quedó al descubierto* su mala intención. 彼の悪意が人の知るところとなった.

descubridor, dora [deskuβriðór, ðóra] 形 ❶ 発見する[した]. ❷《軍事》偵察の.
── 名 ❶ 発見者. ❷《軍事》偵察者, 斥候.

‡**descubrimiento** [deskuβrimjénto] 男 ❶ 発見(物); 探検(地). ── ~ del Nuevo Mundo 新大陸発見. época de los ~s 新大陸発見時代. ~ científico [geográfico] 科学[上][地理上]の発見. ~ del rayo láser レーザー光線の発見. 類 **hallazgo, invento**. ❷ (銅像・碑石・墓石などの)

除幕(式). ❸ 気づくこと, 察知, 悟り. ❹ 驚異.

descubrir [deskuβrír デスクブリル] [3. 1]⑲ ❶ を発見する. 見つける. —Colón *descubrió* América en 1492. コロンブスは1492年にアメリカ大陸を発見した. *Descubrió* que su íntimo amigo José le había traicionado. 彼は親友のホセが彼を裏切っていたことを発見した. ❷ をあらわにする, むき出しにする; …のおおいを取る. —La verja *descubre* un maravilloso jardín. 鉄柵から素晴らしい庭園がのぞいている. El boxeador se quitó la bata y *descubrió* su musculoso cuerpo. ボクサーはガウンを脱ぎ, その筋肉隆々たる肉体をむき出しにした. ~ una estatua 銅像の除幕をする. ❸ を明らかにする, さらけ出す, 暴露する. —Aquellas palabras *descubrieron* su verdadera intención. あのことばで彼の本音がもれた. Ya *he descubierto* por qué me mentía. なぜ彼が私にうそをつくのかもう分かった. ❹ を発明する. —Edison *descubrió* la lámpara de incandescencia. エジソンは白熱灯を発明した. ❺ を(遠くから)見分ける. —*Descubrió* a un amigo entre los asistentes. 彼は出席者の中に友人を見つけた.

— se 再 ❶ (a) 見える, 姿を現わす, 見渡せる. —Desde la torre *se descubre* toda la ciudad. 塔からは全市が見渡せる. (b) 明らかになる, 発覚する. —*Se ha descubierto* una conspiración. ある陰謀が発覚した. ❷ 帽子を取る. —Ante su sepulcro *nos descubrimos* e hicimos una reverencia. 彼の墓の前で我々は帽子を取りおじぎをした. ❸ (感心して)脱帽する. —*Nos descubrimos* ante sus portentosos conocimientos. 私たちは彼の驚異的な知識に脱帽した. ❹ 《ボクシング》すきを見せる.

:**descuento** [deskuénto] 男 ❶ 《商業》値引き(額), 割引(額), ディスカウント 《略 Dto.》. ~ por pago al contado 現金割引. conceder [ofrecer] un ~ a un cliente お客に値引きをする. tener [llevar] ~ (商品が)値引きされている. Me hicieron un ~ importante [un gran ~]. 私はかなり値引きしてもらった. 類 **rebaja**. 反 **aumento**. ❷ 《商業》(手形の)割引. —tipo de ~ 割引率. regla de ~ 割引規則. ~ bancario [comercial] 銀行(業者)割引. ~ racional 《数学》真(に)割引. tasa de ~ oficial 公定歩合. con ~ 額面以下で. ❸ 《スポーツ》(サッカーなどでの)ロスタイム. —marcar el gol en el (tiempo de) ~ ロスタイムに得点をする. ❹ 天引き, 控除(額). —~ del sueldo 給料からの天引き.
hacer (*un*) *descuento* 値引く, 割引く.

descuerar [deskuerár] ⟨<cuero⟩ ⑲ ❶ 《中南米》(動物)の皮をはぐ. ❷ 《比喩》(悪口や陰口を言いながら人)を非難する, けなす.

descuidadamente [deskuiðáðamente] 副 不注意から, うっかり; だらしなく.

・**descuidado, da** [deskuiðáðo, ða] 過分 形 ❶ おろそかにされる, 放っておかれた, 手入れの行き届かない. —negocios ~s 手抜きな[雑な]仕事. mujer de aspecto ~ だらしない格好の女性. Tienen aspecto de niños ~s. 彼らは構ってもらえない子供のようだ. Tienen al perro muy ~. その犬は放ったらかしにされている. 類 **abandonado**. 反 **arreglado, cuidado**. ❷ (a) だらしない, 怠慢な, 無精な [ser+]. —No *seas* tan ~ en tu trabajo. そんな手抜き仕事をしないで. (b) 不潔な, 汚い.

—*Es* muy ~, y sólo se ducha una vez a la semana. 彼は不潔で, 週に一度しか体を洗わない. 類 **desaliñado, desaseado, negligente**. 反 **cuidadoso**. ❸ 油断した, 不注意な, ぼんやりした [estar+]. —En un momento en que yo *estaba descuidada*, me robaron el bolso. ちょっと油断したすきに私はハンドバッグを奪われた. 類 **desprevenido**. ❹ 準備した, 心配のない [estar+]. —Puedes *estar* ~, que yo me encargo de avisarte. 心配しなくていいよ, 君への通報は私が引き受けるから. 類 **despreocupado, tranquilo**.
coger [*pillar, sorprender*] *a* ... *descuidado* (人)の不意をつく. Su llegada nos *cogió descuidados*. 彼らは彼に突然訪問された.

— 名 ❶ だらしのない人, 怠慢な人, 無精者; 身なりを構わない人. —Es un ~, no se le puede encargar nada. 彼はだらしのない人だから何も任せられない. ❷ 油断している人, ぼんやりした人.

:**descuidar** [deskuiðár] ⑲ ❶ を怠る, …に注意を払わない, …の面倒をみない. —~ sus estudios 彼の勉強を怠る. Ella *descuida* mucho su peinado [la limpieza de la casa]. 彼女は髪形[家の掃除]をひどく意に介さない. Ella *descuida* a sus hijos y se dedica a charlar con las vecinas. 彼女は子どもたちをほったらかして, 近所の奥さんたちとおしゃべりに没頭する. 類 **cuidar**. ❷ を油断させる.

— 自 〔命令文で〕安心する, 心配しない. —*Descuide* usted, que todo se resolverá sin dificultad. あなた心配しなさんな, すべては難なく解決されますから. No te olvides de echar la carta al buzón.-*Descuida*. 君手紙を投函するのを忘れないでね.-心配するなよ.

— se 再 ❶ うっかりする, ぼんやりする. —Me *descuidé* y me robaron la cartera. 私はぼんやりしていて財布を盗まれた. Si *te descuidas*, perderás el avión. ぐずぐずしていると飛行機に乗り遅れるよ. ❷ [+de/en] を怠る, おろそかにする. —El niño *se descuida en* sus deberes escolares. その男の子は宿題を怠ける. ❸ [+de] を気にしない, 構わない, 心配しない. —*Se descuida de* su limpieza personal. 彼は身だしなみに構わない.
a poco que me descuide [*te descuides*]/*en cuanto me descuide* [*te descuidas*] 少しでも私[君]がぼやぼやしていようものなら. A poco que *te descuides*, te timan. 少しでも君がぼやぼやしていようものなら, だまされる.

descuidero, ra [deskuiðéro, ra] 名 すり, 置き引き. 類 **ratero**. — 形 すりの, 置き引きの.

:**descuido** [deskuíðo] 男 ❶ 不注意, 軽率, 油断. —El accidente ha ocurrido por un ~ del controlador aéreo. その事故は航空管制官の不注意で起こった. Tuvo el ~ de no apagar la luz. 彼はうっかり明かりを消し忘れた. Todo lo hace con ~, sin fijarse. 彼はやることがすべて軽率でいい加減である. 類 **distracción, inadvertencia, negligencia**. 反 **atención, cuidado**. ❷ (身なりの)だらしなさ, 無頓着, 無精. —Lleva siempre a los niños vestidos con mucho ~. 彼女はいつも身なりのだらしない子供たちを連れて歩く. 類 **desaliño, desidia, incuria**. 反 **aliño, aseo**. ❸ (不注意・怠慢による)間違い, 誤り. —Ha sido un ~ imperdonable no invitarle a la boda. 彼を

結婚式に招待しなかったのは許せないうっかりミスだった. 類**error, falta, omisión**.

al descuido/como al descuido (1) 無頓着に, いい加減に, 不注意から. *Hace todo al descuido.* 彼はやることがすべて軽率である. (2) 偶然[無頓着]を装って (=con descuido afectado).

como al [por] descuido 偶然[無頓着]を装って. *Se acercó como al descuido.* 彼は偶然を装って近づいた.

en un descuido (1) 不注意から, うっかり(して), うかつにも (=por descuido, con descuido). *En un descuido se ha inundado toda la cocina.* うっかりして台所中が水びたしになった. (2) 〖中南米〗不意に, 思いがけない時に. *En un descuido llega.* 彼は不意にやってくる.

por descuido 不注意から, うっかり(して)(= un descuido, con descuido). *Tropezó por descuido con una estatua.* 彼はうかつにも彫像にぶつかった.

descular [deskulár] 他 (入れ物の)底を抜く. 類 **desfondar**.
—**se** 再 底が抜ける. 類**desfondarse**.

desde [desðe デスデ] 前 ❶〖時間〗…から, …以来. —~ *ahora* 今から. *Emilio está en París ~ la semana pasada.* エミリオは先週からパリに行っています. *D~ entonces no la he visto en ninguna parte.* その時以来彼女をどこにも見たことがない. *Estoy ocupado ~ las 3 hasta las 5.* 私は3時から5時まで忙しい. ❷〖場所〗…から, …の所から. —*D~ aquí la vista de la ciudad es magnífica.* ここからの町の眺めが美しい. *Fue en barco ~ Barcelona hasta Mallorca.* 彼はバルセロナからマジョルカまで船で行った. ❸〖数量〗…から上, …以上. —*Se venden allí coches de segunda mano ~ 300.000 yenes.* あそこでは, 30万円台からの中古車が売られている. ❹〖順序, 範囲, 視点など〗…から. —*Aquí hago de todo, ~ cocinar hasta cuidar el jardín.* ここで私は料理から庭の手入れまで何でもやる. *~ mi punto de vista* 私の視点から見ると. *~ la perspectiva política* 政治的な観点からすると. 類語 **desde は **de** と比べて時間や場所の起点をより明確に示す.

desde hace ... …前から, …以来. *Estoy buscando un empleo desde hace un mes.* 1か月前から私は仕事を探している.

desde luego →*luego*.

desde que 〖+直説法〗…(の時)から. *Marcelino está cambiado desde que la conoció.* マルセリーノは彼女を知ってから人が変わってしまった.

desde ya →*ya*.

desdecir [desðeθír]【10.11】自〖+de〗❶ …にふさわしくない, …と釣り合わない. —*Es un comportamiento que desdice de su posición social.* それは彼の社会的地位にふさわしからぬ言動だ. 類**desmentir**. ❷ …よりも劣る, …のレベルに達していない. —*Juan no desdice de sus hermanos mayores en la estatura.* フアンは兄たちと同じくらい背が高い.

—**se** 再 〖+de〗(前言)を撤回する, を取り消す.

:**desdén** [desðén] 男 ❶ 軽蔑, 侮辱, さげすみ. —*sentir ~ por ...* …に軽蔑の念を抱く, を軽蔑する. *mirar con ~* 軽蔑の目で見る. 類**altivez, menosprecio**. 反**aprecio, estima**. ❷ 冷淡, つれなさ. —*tratar a ... con ~* を冷遇する, …に冷たくする. 類**indiferencia**.

al desdén さりげなく, わざと無造作に, 無頓着に, だらしなく (=al desgaire).

desdentado, da [desðentáðo, ða]〔<diente〕形 ❶ 歯の無い, 歯の抜けた. ❷〖動物〗貧歯目の. — 男〖動物〗貧歯目.

desdeñable [desðeɲáβle] 形 ❶ 取るに足りない. —*un cambio no ~* 相当な変化. *Su padre le ha dejado una fortuna nada ~.* 彼女の父親はばかにならない額の財産を残した. ❷ 軽蔑すべき.

:**desdeñar** [desðeɲár] 他 ❶ を軽蔑する, さげすむ; を拒絶する. —*Desdeña a sus subordinados.* 彼は部下たちを鼻であしらう. *~ un consejo* 忠告を拒絶する. ❷ を軽視する, 軽んじる. —*No hay que ~, de ninguna manera, las pequeñas aportaciones.* 少額の寄付を決してばかにすべきではない. ❸ を受け入れない.
—**se** 再〖まれ〗〖+de〗取り合わない, 断わる.

***desdeñoso, sa** [desðeɲóso, sa] 形〖+con〗…に対して軽蔑的な, さげすんだ; 尊大な〖+estar/ser〗. —*Mostró un ~ rechazo a mi propuesta.* 彼は私の提案に対し馬鹿にするような拒絶の態度を示した. *Es muy ~ con sus subalternos.* 彼は部下に対して非常に傲慢だ. *Se muestra muy desdeñosa conmigo últimamente.* 彼女は最近私に対して冷たい態度をとる. 類**altivo, arrogante, despectivo**.

desdibujado, da [desðiβuxáðo, ða]〔<dibujo〕過分 形 ❶ 輪郭がはっきりしない, ぼやけた. —*El perfil del pueblo aparecía ~ en la niebla.* 霧の中から村の輪郭がぼんやりと現われていた. ❷ 不明確な, あいまいな.

desdibujar [desðiβuxár] 他 …の形[姿, 輪郭]をぼやかす, あいまいにする; (記憶など)を薄れさせる. —*Las lágrimas le desdibujaron la cara de su madre.* 涙で母親の顔がかすんで見えた.

—**se** 再 形[姿, 輪郭]がぼやける, あいまいになる, かすむ. —*Si me quito las gafas se me desdibuja todo.* 眼鏡を取ると, なんでもぼやけて見える.

desdic- [desðiθ-] 動 *desdecir* の直・現在, 現在分詞.

desdice [desðíθe] 動 *desdecir* の命令・2単.

***desdicha** [desðítʃa] 女 ❶ 災難, 不運, 不幸. —*Una ~ imprevista cayó sobre él al morir su padre.* 父親が亡くなった時, 彼に思わぬ災難がふりかかった. *sufrir continuas ~s* 災難続きである. *para colmo de ~s* 更に不幸[不運]なことに. *Han tenido la ~ de perder a su único hijo.* 彼らは不幸にも一人息子を失くした. 類**desgracia, infortunio**. 反**suerte**. ❷ 貧窮, 極貧. —*Durante la guerra, vivimos en la mayor de las ~s.* 戦争中私たちは赤貧洗うがごとしの暮しをした. 類**miseria, necesidad, pobreza**. ❸ 役立たず(人・物); 不運続きの人. —*Ese camarero es una ~: no hay día sin que haga un estropicio.* そのボーイはろくでなしで皿を割らない日はない. *Eres una ~ de hombre, siempre pierdes a la ruleta.* 君は不運のかたまりのような人だ, ルーレットでいつも負けてばかりいる. 類**calamidad, desastre**.

por [con] desdicha 不幸にも, 運悪く, あいにく.

hecho una desdicha (衣服が)どろんこ[ぼろぼろ]になる. *Vino a casa con el traje hecho una*

desdicha. 彼は服を泥だらけにして家に帰って来た．
ser el rigor de las desdichas 不幸な星の下に生まれた人である．

:**desdichado, da** [desðitʃáðo, ða] 形 ❶ [+en] …について**不幸な**，不運な；不幸を招く [ser+]．— Ella *ha sido* muy *desdichada en* sus amores. 彼女は恋愛ではとても不幸だった． Fue muy ~ toda su vida. 彼は一生非常に不幸だった． Fue una decisión *desdichada*. それは不幸な決定だった． 類 **desafortunado, desgraciado, infortunado**. 反 **afortunado, dichoso, feliz**. ❷ [限定的に] かわいそうな，哀れな；意気地なしの．— Es un pobre ~ que pretende engañarnos. あのかわいそうな奴は私たちをだますつもりなんだ． 類 **infeliz**. ❸ [+en] …が不成功の，失敗した [estar+]．— Estuvo ~ *en* su pronóstico. 彼の予測は当たらなかった． 類 **desacertado**. 反 **afortunado, feliz**.
—— 图 ❶ 不幸(不運)な人．— ¡*D*~ de mí! 私は何て運が悪いんだ． Nada le sale bien a la *desdichada*. あの girl には何をやってもうまく行かない． ❷ [軽蔑的に] かわいそうな(哀れな)奴；意気地なし．

desdicho [desðítʃo] 動 desdecir の過去分詞．

desdiga(-) [desðíɣa(-)] 動 desdecir の接・現在．

desdij- [desðíx-] 動 desdecir の直・完了過去，接・過去．

desdinerar [desðinerár] [＜dinero] 他 (国)を貧しくする．—— se 再 《話》(金の使いすぎで)一文無しになる，破産する．

desdir- [desðir-] 動 desdecir の未来，過去未来．

desdoblamiento [desðoβlamjénto] [＜doble] 男 ❶ (折り畳んであったものを)伸ばすこと，ひろげる[ひろがる]こと，展開． ❷ (分けて)2重 [2倍] (またはそれ以上)にすること．— El ~ de la personalidad es un trastorno mental. 二重人格は精神病である． ❸ テクスト(文献)の解釈，敷衍(ホルネィ)．

desdoblar [desðoβlár] 他 ❶ (折り畳んであったもの)をひろげる，伸ばす，開く．— *Desdobló* la manta y se tumbó a dormir la siesta bajo un olivo. 彼は毛布をひろげオリーブの樹の下に横になり昼寝をした． ❷ …を分けて2つ[2倍] (またはそれ以上)にする，2重にする．
—— se 再 ❶ ひろがる，伸びる，開く． ❷ (分かれて)2重[2倍]になる．

desdorar [desðorár] 他 ❶ …の金箔[金メッキ]をはぐ，(人など)の名声を傷つける，評価を落とさせる． 類 **deslucir, deslustrar**.
—— se 再 ❶ …の金箔[金メッキ]がはがれる． ❷ …の名声に傷がつく．

*****deseable** [deseáβle] 形 ❶ 望ましい，好ましい．— Este artículo no tiene la calidad ~. この商品は望ましい品質を持っていない． 類 **apetecible, codiciable, conveniente**. 反 **indeseable**. ❷ (性欲を)そそられる．— cuerpo ~ そそられる肉体．
ser deseable que [+接続法] …が望ましい，望まれる．— Es *deseable que* lleguen a un acuerdo. 彼らが合意に達することが望ましい．

:**deseo** [deseár デセアル] 他 ❶ を望む，欲しいと思う；[+不定詞] …したいと思う．— *Desea* ingresar en la Universidad Complutense de Madrid. 彼はマドリード・コンプルテンセ大学に入学したがっている． *Desea* un ordenador. 彼はコンピュータを欲しがっている． Deseo saber si estás libre mañana. 私は君が明日暇か

どうか知りたい． *Desearía* ver a su jefe. あなたの上司にお目にかかりたいのですが． 類 **querer**. ❷ [+que+接続法] を願う，願望する．— Os *deseo* un feliz viaje. 君たちに旅の無事を祈るよ． Estoy *deseando* que se mejore usted cuanto antes. 私はあなたが一日も早く回復されることを願っております． Yo *desearía* que no bebieses tanto. 私としては君があまり飲み過ぎないことが望ましい． Consiguió vivir en la ciudad que *deseaba*. 彼は希望の都市で生活できるようになった． *Hubiera deseado* visitarle pero no me fue posible. 彼を訪ねたかったのだが，私には無理だった． ❸ …に欲情を抱く．
ser de desear 望ましい． *Es de desear que* trabajéis más. 君たちはもっと勉強することが望ましい．

desecación [desekaθjón] [＜seco] 女 乾燥[させること]，干上がること；干拓．

desecamiento [desekamjénto] 男 →desecación.

desecar [desekár] [1.1] 他 を乾燥させる，干す；を干拓する．— Hileras de algas estaban puestas a ~ en la playa. 乾燥させるための海藻が何列も海岸に並べられていた． 類 **secar**.
—— se 再 乾燥する，干上がる． 類 **secarse**.

desecativo, va [desekatíβo, βa] 形 乾燥させる，乾燥用の．

:**desechar** [desetʃár] 他 ❶ (*a*) (物)を**捨てる**，廃棄する．— ~ unos viejos pantalones 古ズボンを捨てる． ~ las naranjas podridas 腐ったオレンジを廃棄する． (*b*) (想念・心配など)を捨てる，払いのける．— Sentía miedo de perder a su novia, pero *desechó* sus temores. 彼は恋人を失うのではというという不安を抱いていたが，その心配を払いのけた． *Desechó* la idea de participar en el proyecto. 彼はプロジェクトに参加する考えを放棄した． *Desecha* esos tristes pensamientos. そんな悲しい想いは捨てなさい． ❷ を断わる，拒絶する，排除する．— ~ una oferta あろ申し出を断わる． *Desecharon* la propuesta porque era demasiado radical. 彼らはそれがあまりにラジカル過ぎるという理由で提案を採択しなかった．

*****desecho** [desétʃo] 男 ❶ 屑，滓(?*)，廃棄物，廃品．— ~s de hierro 屑鉄，スクラップ． ~s radiactivos 放射性廃棄物． Los ~s industriales contaminan el agua de los ríos. 産業廃棄物は川水を汚染する． 類 **desperdicios, despojos, residuo(s)**. ❷ [比喩] (*a*) 《軽蔑》…の屑．— ~ de la sociedad 社会の屑． 類 **escoria, hez**. (*b*) 役立たず，だめ人間．— Ese tío es un ~, incapaz de trabajar en nada. あいつはどんな仕事もできないだめ人間だ． 類 **calamidad, desperdicio**. ❸ 軽蔑，侮辱． 類 **desprecio**. ❹ [キューバ] 1級品の葉タバコ．

de desecho 屑の，廃物の，不用の，着古した． vestidos *de desecho* 不用古着． madera *de desecho* 廃材． productos *de desecho* (生産過程で出る)廃棄物．

desecho de tienta 《闘牛》子牛検査で闘牛の素質なしと判定された牛．

deselectrizar [deselektriθár] [1.3] 他 を放電させる．

desellar [desejár] [＜sello] 他 …の封を切る，

封印を解く, 開封する. 反 sellar.

desembalaje [desembaláxe] 〔< bala〕男 包み[梱包(読)]を解くこと. 反 **embalaje**.

desembalar [desembalár] 他 …の包みを解く, 包みから取り出す;(小包などを)開ける.

desembaldosar [desembaldosár] 〔< baldosa〕他 (地面)の敷石をはがす,(床)のタイルをはがす.

desembanastar [desembanastár] 〔< banasta〕他 ❶ カゴから取り出す. ❷《話》をべらべら喋る. ❸《話》(剣)をさやから抜く.
——**se** 再 ❶《話》(動物が)囲いから逃げる. ❷《話》乗り物から降りる.

desembarazado, da [desembaraθáðo, ða] 過分〔< desembarazarse〕形 ❶ 邪魔者(障害物)のない;自由な. 類 **despejado, libre**. ❷ 屈託のない, ものおじしない.

desembarazar [desembaraθár] [1.3] 他 〖+de〗…から(邪魔物)を取り除く, …から自由にする. —*Desembaracé el garaje de cosas inútiles para poder meter el nuevo coche.* 私は新しい車を入れられるようにガレージの中の要らない物を片付けた.
——**se** 再 〖+de〗(邪魔物)から自由になる, 片づける.

desembarazo [desembaráθo] 男 ❶ 障害のないこと, 自由. ❷ ものおじしないこと. —*Actuó con un ~ impropio en un primerizo.* 彼は初心者にふさわしからぬ奔放さで行動した. 類 **decisión, desenfado, desenvoltura**.

desembarcadero [desembarkaðéro] 〔< barco〕男 船着場, 埠頭, 桟橋.

‡**desembarcar** [desembarkár] [1.1] 他 (船・飛行機から荷物を)降ろす, 陸揚げする, 上陸させる. —*~ las maletas de un avión* 飛行機からスーツケースを降ろす.
—— 自 ❶〖+en に〗上陸する,(船・飛行機から)降りる. —*Nosotros desembarcamos en Cádiz.* 我々はカディスに上陸した. ❷《何かの準備に》到着する. —*Empresas multinacionales desembarcan en China.* 多国籍企業が中国に上陸している.

*desembarco [desembárko] 男 ❶《海事》上陸, 下船; 荷揚げ, 陸揚げ. —*puerto de ~* 荷揚げ港. *~ de las mercancías* 積荷の陸揚げ. *El ~ de los pasajeros se hace por una escalerilla.* 乗客の下船はタラップを使って行なわれる. 類 **descarga, desembarque**. 反 **embarco, embarque**. ❷ (飛行機から)降りること, 降機; 下車. ❸《軍事》上陸作戦. —*~ de Normandía*《世界史》ノルマンディー上陸作戦(1944年6月6日). ❹《話》〖+en〗(個人や会社などが新しい活動の場に)やってくること. ❺(階段の)踊り場.

desembargar [desembarɣár] [1.2]〔< embargo〕他 ❶《法律》…の差し押さえを解除する. ❷ 障害[妨害]を取り除く.

desembargo [desembárɣo] 男 差し押さえ解除.

desembarque [desembárke] 男 ❶ 下船, 上陸; (飛行機などから)降りること. —*Tienen que rellenar la tarjeta de ~.* 彼らは入国カードを記入しなければならない. ❷ 荷揚げ, 陸揚げ. —*La huelga ha retrasado el ~ de mercancías.* ストのせいで商品の荷揚げが遅れた.

desembarrancar [desembařankár] [1.1] 〔< barranca〕他 《海事》(船)を(暗礁から)離す, 離礁させる(= desencallar). —— 自 離礁する.

desembaular [desembaulár] 〔< baúl〕男 ❶ (物)をトランクなどから取り出す. ❷ (感情など)を打ち明ける, ぶちまける.

desembelesarse [desembelesárse] 再 我に返る, 自分を取り戻す. 反 **embelesarse**.

desembocadero [desembokaðéro] 〔< boca〕男 → desembocadura.

desembocadura [desembokaðúra] 女 ❶ 河口. ❷ (道路・水路など細いものがより広い所へ出る)出口.

desembocar [desembokár] [1.1] 自 〖+en〗 ❶ (川が)…に注ぐ, 流れ込む, …に合流する. —*El Ebro desemboca en el Mar Mediterráneo.* エブロ河は地中海に注ぐ. ❷ (道路などが)…に出る, ぶつかる, …まで行く. —*Esta calle desemboca en la plaza del Carmen.* この通りはカルメン広場に出る. ❸ (事柄, 出来事などが)…という結果になる, …に至る.

desembolsar [desembolsár] 〔< bolsa〕他 (金・金額)を払う, 使う.

desembolso [desembólso] 男 ❶ 分割金の支払い. *~ inicial* 頭金[手付金]の支払い. ❷ 出費, 支出. 類 **coste, dispendio, gasto**.

desembotar [desembotár] 他 (鈍った頭など)を活性化する. *~ el entendimiento* 判断力を活性化する. 反 **embotar**.

desembozar [desemboθár] [1.3]〔< bozo〕他 ❶ (顔の)覆い[覆面]を取る〘人は与格で表わされる〙;(人)から顔の覆い[覆面]を取る. —*le el rostro* 彼[彼女]の覆面をはぐ. ❷ (人)の正体をあばく. ❸ (導管)の詰まりを直す.
——**se** 再 ❶ (自分の顔の)覆いを取る. —*~se el rostro* 覆面を脱ぐ. ❷ 自分の正体を現わす. ❸ つまりが直る.

desembragar [desembraɣár] [1.2]〔< embrague〕自 (機械, 特に車の)クラッチを切る.
—— 他 (機械, 車の)クラッチを切る, 動力軸との接続を外す.

desembrague [desembráɣe] 男 (機械・車の)クラッチを切ること;(車の)クラッチペダル.

desembravecer [desembraβeθér] [9.1]〔< bravo〕他 (動物)を馴らす, おとなしくさせる.

desembriagar [desembriaɣár] [1.2] 他 (人)を酔いから覚めさせる.
——**se** 再 …の酔いが覚める.

desembridar [desembriðár] 〔< brida〕他 (馬)の馬勒(烙)を外す.

desembrollar [desembrojár] 〔< embrollo〕他 ❶ (糸など)のもつれを解く. —*~ una madeja* 糸玉を解く. ❷ (もつれた問題などを)解く, 解決する, 解明する.

desembuchar [desembutʃár] 他《話》❶ (今まで黙っていたこと)をついにしゃべる, 告白[白状]する. —*Desembucha de una vez, que me estás poniendo nervioso.* 一気にしゃべってしまえよ, いらいらしてくるから. ❷ (鳥が)(飲み込んでいた餌)を吐き出す.

desemejante [desemexánte] 形 〖+a/de〗 (…と)似ていない, 異なる. 類 **diferente**.

desemejanza [desemexánθa] 女 似ていないこと, 相異. 類 **diferencia, diversidad**.

desemejar [desemexár] 自 〖+de〗(…と)似

ていない，異なる．— *Se desemeja tanto de*l padre que uno duda de que sea su hijo. 彼はあまりに父親と似ていないので彼の息子かどうか疑うほどだ．
— 他 を変貌させる．

desempacar [desempakár] [1.1]〔< empaque〕他 (商品などの)梱包を解く，(物)を包みから取り出す；(荷物)をほどく．反 **empacar**.
— **se** 再 (人が)怒りを解く，気持ちが静まる．

desempachar [desempatʃár] 他 (人)の胃のもたれを治す；(もたれ)を治す．— Ha tomado una purga para ~ el estómago. 彼は胃のもたれを治すために下剤を飲んだ．
— **se** 再 ❶ (人が)胃のもたれが治る．❷《比喩》(人が)気おくれしなくなる．類 **desembarazarse**.

desempacho [desempátʃo] 男 気おくれのなさ．— con ~ 気楽に，自然に．類 **desahogo**, **desenfado**.

desempalagar [desempalaɣár] [1.2] 他 ❶ (人)の胃もたれ・むかつきを治す．❷ (水車)のつまりを直して回るようにする．— **se** 再 胃のむかつきが取れる，胃のもたれが取れる．

desempañar [desempaɲár] 〔< paño〕他 ❶ (ガラスなど)のくもりを取る．❷ (子供)のおむつを取る．反 **empañar**.

desempapelar [desempapelár] 〔< papel〕他 …の包み紙をはがす，(部屋)の壁紙をはがす．— Hasta que no venga papá, no *desempapeléis* los regalos. パパが来るまで，プレゼントの包みを開けてはだめよ．反 **empapelar**.

desempaque [desempáke] 男 梱包[包装]を解くこと．

desempaquetar [desempaketár] 〔< paquete〕他 を包みから取り出す，…の包みを解く，《情報》アンパックする．反 **empaquetar**.

desemparejar [desemparexár] 〔< pareja〕他 (対のもの)をばらばらにする，(並んでいるもの)を離す．— *Desemparejaron* a los matrimonios para que se conocieran mejor. 夫婦のカップルたちは互いによく知り合うためにばらばらにされた．類 **desigualar**, **desparejar**.
— **se** 再 (対になっているものが)ばらばらになる，(並んでいたものが)離れる．

desempastar [desempastár] 〔< pasta〕他 (虫歯)の詰めものを取る．

desempatar [desempatár] 他 …の引き分けに決着をつける，…の決勝点となる．— Un tiro de penalti *desempató* el partido en el último minuto. 残り1分でのペナルティーシュートがその試合の決勝点となった．
— 自 引き分けに決着をつける，同点を解消する，優劣を決める．

desempate [desempáte] 男 ❶ 引き分けの決着，同点の解消．— El partido de ~ se juega en campo neutral. プレーオフの試合はホームでもアウェイでもないグラウンドで行われる．❷ 決選投票．反 **empate**.

desempedrar [desempeðrár] [4.1]〔< piedra〕他 ❶ (道路などの)敷石を取り除く．— Van a ~ las calles del pueblo y asfaltarlas. 村の通りは敷石をはがしてアスファルトになる予定だ．❷『普通，移動を表わす動詞＋desempedrando の形で』(場所)を猛然と走り抜ける．❸ (思いを寄せる女性の家)の周りをうろつく．

‡**desempeñar** [desempeɲár] 他 ❶ (*a*)を果たす，履行する．— ~ una gran labor cultural 大いなる文化功労を果たす．~ el cargo de rector de una universidad 大学学長の職務を果たす．類 **cumplir**. (*b*) (役)を演じる．— *Desempeñará* el papel de Felipe II en la ópera «Don Carlos» de Verdi. 彼はヴェルディの歌劇『ドン・カルロ』でフィリッポ2世の役を演じるだろう．❷ (質草)を請け戻す．— ~ un collar de diamantes ダイヤモンドのネックレスを請け戻す．反 **empeñar**. ❸ に借金を払ってやる．
— **se** 再 債務から解放される，借金を返済する．— Por fin ha logrado ~*se*. やっと彼は借金苦を脱することができた．

desempeño [desempéɲo] 男 ❶ (役目，任務の)遂行；(役柄)を演じること．— Es un dependiente muy eficaz en el ~ de su trabajo. 彼は仕事の遂行において大変優秀な店員だ．❷ (質入品の)請け戻し；借金の肩代わり．

desempleado, da [desempleáðo, ða] 形 失業した．類 **parado**. — 名 失業者．

desempleo [desempléo] 男 失業．— Han cerrado la fábrica y está en situación de ~. 工場が閉鎖され彼は失業中だ．類 **paro**.

desempolvadura [desempolβaðúra] 〔< polvo〕女 ほこりを払うこと．

desempolvar [desempolβár] 他 ❶ …のほこりを払う．— *Desempolvando* viejos pergaminos, encontró un manuscrito de enorme valor. 彼は古い羊皮紙のほこりを払っている時に大変価値のある写本を見つけた．❷ (長い間使っていなかったもの)を引っぱり出して使う；(ずっと忘れていたもの)を思い出させる，呼び起こす．

desemponzoñar [desemponθoɲár] 〔< ponzoña〕他 ❶ (人)の解毒をする．❷ (毒のある物)から毒を抜く．

desempotrar [desempotrár] 他 (はめ込んであった物)を外す．

desempuñar [desempuɲár] 〔< puño〕他 を手放す，から手を放す．反 **empuñar**.

desenamorar [desenamorár] 〔< amor〕他 (人)の恋を冷ます．
— **se** 再 恋から冷める，人を好きでなくなる．

desencadenamiento [desenkaðenamiénto] 〔< cadena〕男 ❶ 鎖からの解放．❷ 引き起こすこと．

desencadenar [desenkaðenár] 他 ❶ を鎖から解き放つ．❷ を引き起こす．— Aquella propuesta *desencadenó* fervorosos aplausos y airadas protestas. あの計画は熱狂的な称賛と激しい抗議を引き起こした．
— **se** 再 (勢いよく起こる，突発する．— Una ola de violencia xenófoba *se ha desencadenado* por todo el país. 外国人排斥の暴力の波が全国で起きた．

desencajado, da [desenkaxáðo, ða] 過分〔< desencajarse〕形 脱臼(きゅう)した，外れた，離れた，ゆがんだ．— Tiene un hueso del brazo ~. 彼は腕の骨を脱臼している．

desencajamiento [desenkaxamiénto] 男 ❶ 外れる[外す]こと；脱臼(きゅう)．❷ (恐怖などで)顔がゆがむこと．

desencajar [desenkaxár] 他 (はめ込まれている物)を外す；(関節)を外す，脱臼(きゅう)させる．
— **se** 再 ❶ (はめ込まれていた物が)外れる．❷ 脱

664 desencajonar

臼する〔人が主語で体の部位が直接目的語になる場合と, 部位が主語で人が間接目的語になる場合がある〕. —*Me desencajé* (*Se me desencajó*) la muñeca derecha. 私は右の手首をくじいた. ❸ (恐れなどで)顔・表情がゆがむ.

desencajonar [desenkaxonár]〔<cajón〕他 ❶ を引き出し[箱]から出す. ❷ (闘牛用の牛)を輸送用のおりから出す.

desencallar [desenkajár]〔《海事》(船)を離礁させる(=desembarrancar).
—— 圓 (船が)離礁する.

desencaminar [desenkaminár]〔<camino〕他 (人)を誤った方向に導く, 道を誤らせる. 類 **descaminar**.

desencantamiento [desenkantamjénto]〔<encanto〕男 ❶ 魔法を解くこと[解けること]. ❷ 失望, 期待外れ. 類 **desencanto**.

desencantar [desenkantár]他 ❶ …にかかった魔法を解く. ❷ をがっかりさせる, 期待外れにする. 反 **encantar**.
—— se 再 ❶ 魔法から解放される. ❷ がっかりする, 失望する.

desencanto [desenkánto]男 ❶ 失望, 期待外れ, がっかり. —tener [sufrir/recibir] un 〜 がっかりする, 失望する. El 〜 cundió entre los sublevados al ver que el pueblo no les apoyaba. 民衆が自分たちを支持していないのを見て蜂起軍の間に失望が広がった. 類 **decepción**, **desilusión**. ❷ 魔法を解くこと[解けること].

desencapotar [desenkapotár]〔<capote〕他 ❶ (人)の外套などを脱がせる. ❷ (事)を暴く, 白日の下にさらす.
—— se 再 ❶ (空が)晴れ渡る. 類 **despejarse**. ❷ 外套を脱ぐ.

desencaprichar [desenkapritʃár]〔<capricho〕他〖+de〗…に対する気まぐれ[…への執着]から(人)を覚めさせる.
—— se 再〖+de〗…に対する気まぐれ[…への執着]から覚める.

desencarcelar [desenkarθelár]〔<cárcel〕他 (人)を出獄させる, 釈放する. 類 **excarcelar**.

desencargar [desenkarɣár] [1.2]〔<cargo〕他 (仕事の依頼・注文)を取り消す.

desenchufar [desentʃufár]〔<enchufe〕他 (機械など)の接続を外す, プラグをコンセントから抜く. —Se olvidó de 〜 la plancha y estuvo a punto de provocar un incendio. 彼はアイロンのコンセントを抜くのを忘れてあやうく火事を出すところだった.

desenclavar [desenklaβár]〔<clavo〕他 ❶ (人)を力ずくで[無理やり]どかせる. ❷ (釘)を抜く. 類 **desclavar**.

desenclavijar [desenklaβixár]〔<clavija〕他 ❶ (弦楽器)の糸巻きを抜く. ❷ (人)を力ずくでどかせる.

desencoger [desenkoxér] [2.5]他 (しわになった物, 巻いてあった物など)を伸ばす, 広げる.
—— se 再 ❶ 伸びる, 広がる. ❷ 伸び伸びする, 恥ずかしがらなくなる, 打ち解ける. —Al ver que el extranjero hablaba japonés *se desencogieron*. その外国人が日本語を話すのが分かると彼らは打ち解けた.

desencogimiento [desenkoximjénto]男 ❶ 伸びる[広がる]こと. ❷ 伸び伸びすること, 打ち解けること; 気安さ, 積極性.

desencolar [desenkolár]〔<cola〕他 (糊付けしてある物)をはがす.
—— se 再 (糊付けしてあった物が)はがれる.

desencolerizar [desenkoleriθár] [1.3]〔<cólera〕他 (人)の怒りを鎮める.
—— se 再 怒りが鎮まる, 平静になる.

desenconar [desenkonár]他 ❶ …の炎症を抑える, 引かせる. ❷ (人)の怒りを鎮める.
—— se 再 ❶ 炎症が引く. ❷ 怒りが鎮まる, 平静になる.

desencono [desenkóno]男 ❶ 炎症が引くこと. ❷ 怒りが鎮まること, 平静になること.

desencordar [desenkorðár] [5.1]〔<cuerda〕他 (楽器)の弦を外す, (ラケット)のガットを外す.

desencorvar [desenkorβár]〔<corvo〕他 (曲がったもの)をまっすぐにする.

desencuadernar [desenkuaðernár]〔<cuaderno〕他 (本)の装丁を壊す, ばらばらにする.
—— se 再 (本)の装丁が壊れる, ばらばらになる.

desendemoniar [desendemonjár]〔<demonio〕他 (人)の体から悪魔を追い払う, 悪魔払いをする.

desendiosar [desendjosár]〔<dios〕他 (人)の思い上がりを打ち砕く.

desenfadaderas [desenfaðaðéras]〔<enfado〕女 複《話》困難を切り抜ける手腕・才覚. —Tiene buenas 〜 y sabrá salir adelante. 彼には立派な才覚があるからうまく切り抜けて行くだろう.

desenfadado, da [desenfaðáðo, ða]形 ❶ 遠慮のない, 気ままな, とらわれない; 物おじしない, 大胆な. 類 **desembarazado**, **desenvuelto**, **libre**. ❷ ふしつけな. ❸ 怒りを解いた, 平静な.

desenfadar [desenfaðár]他 (人)の怒りを鎮める. —Dio un cálido abrazo a su madre para 〜la. 母の怒りを鎮めるために彼は彼女をやさしく抱擁した.
—— se 再 怒りを鎮める, 平静になる;〖+con〗…に対する怒りを解く, …と和解する.

desenfado [desenfáðo]男 ❶ 遠慮のなさ, のびのびすること, 気まま; 大胆; ぶしつけ. 類 **desenvoltura**, **desparpajo**. ❷ 気晴らし, 気分転換. —Después de seis horas de trabajo nos merecemos un rato de 〜. 6 時間働いたんだから私たちはちょっとは気晴らししてもいいよ. 類 **diversión**, **esparcimiento**, **expansión**.

desenfardar [desenfarðár]〔<fardo〕他 (品物)の包みを解く, 包みから出す.

desenfilar [desenfilár]〔<fila〕他《軍事》(兵員)を敵の砲火にさらされない所に配置する.

desenfocado, da [desenfokáðo, ða]〔<foco〕形 焦点のずれた, ピンボケの. —Algunas fotos han salido *desenfocadas*. 何枚かの写真はピンボケだった.

desenfocar [desenfokár] [1.1]他 ❶ (写真・映像など)のピントを外す. ❷ (問題)のポイントを捉(と)え損ねる, (問題)の核心を外す[ぼかす].

desenfoque [desenfóke]男 ❶ 焦点のずれ, ピンボケ. ❷ 見当外れ.

desenfrenadamente [desenfrenáðaménte]〔<freno〕副 抑制を失って, 激しく.

desenfrenado, da [desenfrenáðo, ða]形 抑制を失った, 節度のない, 激しい. —Come de una forma *desenfrenada* y así está de gordo.

彼は節度なく食べるからあんなに太っているんだ.

desenfrenar [desenfrenár] 他 (馬から馬)衝(は)を外す.
—**se** 再 ❶ 悪習などにのめり込む. 類 **desmandarse**. ❷ 感情を爆発させる. ❸ (風雨などが)荒れ狂う;(感情が)爆発する. 類 **desencadenarse**.

desenfreno [desenfréno] 男 節度のなさ, 奔放, 放縦. —Esa enfermedad se debe a un ~ en la comida. その病気は暴食によって起こる.
desenfreno de vientre 下痢.

desenfundable [desemfundáβle] 形 カバー取り外し可能の. —cojín ~ カバー取り外し可能クッション.

desenfundar [desenfundár] [<funda]他 を ケース[袋]から出す, …の覆いを取り外す; (刀)をさやから抜く.

desenfurecer [desenfureθér] [9.1] [<furia] 他 (人)の猛烈な怒りを鎮める.
—**se** 再 怒りを解く.

desenfurruñar [desenfuřuɲár] 他 (人)の機嫌を直させる. 類 **desenfadar, desenojar**.
—**se** 再 機嫌を直す.

desenganchar [desengantʃár] [<gancho] 他 ❶ (ひっかかっているもの)を外す; (馬車から馬)をはずす; (連結機でつながっていたもの)を外す. —*Desenganchó los caballos y los llevó al abrevadero*. 彼は馬車から馬を外し, 水飲み場に連れて行った.
—**se** 再 (ひっかかって[つながって]いたものが)外れる.

desengañado, da [desengaɲáðo, ða] 形 ❶ 〖+de〗…に幻滅した, 失望した. —*Desengañada de la vida se retiró a un convento*. 彼女は人生に失望し僧院に隠遁(%)した. 類 **desilusionado**. ❷ 辛酸をなめた, 苦労した.

***desengañar** [desengaɲár] [<engañar] 他 ❶ (幻覚・幻想)を覚まさせる; 幻滅させる. —*Juana me ha desengañado saliendo con Fernando*. フアナがフェルナンドとデートするとは私には幻滅だ. La creía más capaz, pero con este trabajo me ha desengañado. 私は彼にもっと能力があると思っていたのに, 今度の仕事には幻滅した. 類 **desencantar, desilusionar**. ❷ (ごまかし・誤りを人)に気付かせる, 悟らせる, 教えてやる. —La realidad se encargará de ~le. 現実が彼を迷妄から解き放つ役目をすることだろう.
—**se** 再〖+de に〗❶ 幻滅する, がっかりする, 失望する. —*Después de militar muchos años en un partido, ella se desengañó de la política*. ある政党で長年活動した後, 彼女は政治に幻滅を感じた. ❷ (ごまかしに) 気付く, (迷いから)目が覚める, (誤り)を悟る. —*Como yo te he querido, desengáñate, nadie te querrá*. 目を覚ましなよ, 私が愛したようにはだれも君を愛することはないんだから.

‡**desengaño** [desengáɲo] 男 ❶ 失望(の種), 幻滅. —sufrir un ~ amoroso 失恋する. Fue un ~ para mí que ella no quisiera acompañarme. 彼女が私と一緒に行きたがらなくて私はがっかりした. Me he llevado un gran ~ con tu amigo. 私は君の友人に大変失望した. 類 **chasco, decepción, desilusión**. ❷ 復 (人生の)苦い経験. —Los ~s le enseñarán. 彼には苦い経験がいい勉強になるだろう. Se ha llevado tantos ~s en su vida que desconfía de todo el mundo. 彼は誰も信じられなくなるほど様々な苦い経験を味わってきた. ❸ 悟り(の開くこと). —decirle a … unos cuantos ~s (人)に真理を語る.

desengarzar [desengarθár] [1.3] [<engarce] 他 ❶ (鎖状につながれた)物を外す, ばらす. ❷ (はめ込まれた物)を外す.
—**se** 再 ❶ (鎖状につながっていた[数珠つなぎになっていた]物が)外れる, ばらばらになる. ❷ (はめ込まれていた物が)外れる.

desengastar [desengastár] 他 (宝石など)を台座から外す.

desengomar [desengomár] [<goma] 他 (布など)からゴム質を取り除く. 類 **desgomar**.

desengoznar [desengoθnár] 他 →**desgoznar**.

desengranar [desengranár] [<engrane] 他 (歯車・かみ合っている物)を外す.

desengrasar [desengrasár] [<grasa] 他 (物)についた脂分[脂汚れ]を取る.
—自 ❶ (人が)やせる. 類 **enflaquecer**. ❷ (脂気の多い物を食べた後で)口をさっぱりさせる.

desengrase [desengráse] 男 脂分[脂汚れ]の除去. —Con este nuevo producto, el ~ de los fogones es rapidísimo. この新製品を使えばレンジの脂落としとはごくごく簡単だ.

desenhebrar [deseneβrár] [<hebra] 他 (針)から糸を抜く.
—**se** 再 〖針が主語〗糸が抜ける.

desenhornar [desenornár] [<horno] 他 (物)をかまど[オーブン]から出す.

desenjaezar [desenxaeθár] [1.3] [<jaez] 他 (馬)から馬具を外す.

desenjalmar [desenxalmár] [<jalma] 他 (馬など)から荷鞍を外す.

desenjaular [desenxaulár] [<jaula] 他 (動物・人)をおり[かご]から出す.

‡**desenlace** [desenláθe] 男 ❶ (戯曲・小説などの)結末, 終わり, 大団円, 大詰め. —llegar a [terminar en] un ~ inesperado [imprevisto] 意外な結末に終る. ~ fatal [trágico] 悲劇的結末. tener un ~ feliz ハッピーエンドになる. ~ de la película 映画の結末. 類 **fin, final**. 反 **comienzo**. ❷ (事件などの)解決, 結末; 結果. —*La boda era el ~ normal de su noviazgo*. 結婚は彼らの恋愛関係の当然の結末だった. ❸ ほどくこと, ほどけること. ~ ~ de los paquetes 小包をほどくこと.

desenladrillar [desenlaðriʎár] [<ladrillo] 他 (れんが敷きの床・部屋など)かられんがを取り去る.

desenlazar [desenlaθár] [1.3] [<lazo] 他 ❶ (結ばれている物)をほどく, 放つ. ❷ (問題・困難)を解決する. ❸ (物語の筋)を結末に導く.
—**se** 再 ❶ ほどける. ❷ 解決される, 結末に至る.

desenlodar [desenloðár] [<lodo] 他 (物)から泥を落とす.

desenlosar [desenlosár] [<losa] 他 (床)に敷かれた石[タイル]をはがす.

desenlutar [desenlutár] [<luto] 他 (人)の服喪を終わらせる.
—**se** 再 喪服を脱ぐ, 服喪を終える.

desenmarañar [desemmaraɲár] [<maraña] 他 ❶ (もつれた物)をほどく. 類 **desenredar**. ❷ (錯綜した問題など)をはっきりさせる, 解明する.

—**se** 再 ❶ (もつれた物が)ほどける. ❷ (錯綜した問題などが)明確になる, 解明される.

desenmascarar [desemmaskarár]〔<máscara〕他 ❶ (人)から仮面[覆面]を取る. ❷ (人)の本心[隠された意図]をつきとめる, あばく. —La policía *ha desenmascarado* los planes tramados contra el gobierno. 警察は政府に対する陰謀をあばいた. 類 **descubrir**.

—**se** 再 仮面[覆面]を脱ぐ.

desenmohecer [desemmoeθér] [9.1]〔<moho〕他 ❶ (物)からかび[さび]を落とす. ❷ (長いこと使っていない物)をまた使えるようにする.

—**se** 再 ❶ かび[さび]が落ちる. ❷ (長く使っていなかった物が)また使えるようになる; (人が)以前の元気[能力]を取り戻す.

desenmudecer [desemmuðeθér] [9.1]〔<mudo〕自 (黙っていた人が)しゃべる, 沈黙を破る.

desenojar [desenoxár]〔<enojo〕他 (人)の怒りを解く, 機嫌を直させる. —El pequeño dio un sonoro beso a su madre para ~la. その子供は母親の機嫌を直すために大きな音を立てて彼女にキスをした. 類 **aplacar**. 反 **enfadar, enojar**.

—**se** 再 怒りを解く, 機嫌を直す.

desenojo [desenóxo] 男 怒りを解くこと, 機嫌を直すこと.

desenredar [desenřeðár] 他 ❶ (もつれた[からまった]ものを)ほどく. ❷ (ちらかった部屋など)を整頓する. ❸ (複雑な問題)を究明[解決]する. 反 **enredar**.

—**se** 再 ❶ ほどける. ❷〔+de〕(やっかいな事態・問題など)から抜け出す, 解放される. 類 **librarse**.

desenredo [desenřéðo] 男 ❶ ほどけること. ❷ (問題などの)解決, 究明. ❸ (やっかいな事態からの)解放. ❹ (物語の)結末 (=desenlace).

desenrollar [desenřojár]〔<rollo〕他 (巻かつ・丸めてあったもの)を広げる.

—**se** 再 (巻いたものが)広がる.

desenroscar [desenřoskár] [1.1]〔<rosca〕他 ❶ (巻かれた物・輪になった物)をのばす. ❷ (ネジ・ナットなど)をはずす.

—**se** 再 (巻かれた・輪になった物が)のびる; (ネジ・ナットなどが)外れる.

desensamblar [desensamblár] 他 (組み立ててあった部品)を外す, 分解する.〔特に込んで組み上げる木製の部品〕. —Si te subes en la mesa, vas a ~ las patas. 机の上にあがったら, その脚を壊してしまうよ.

—**se** 再 (組み立ててあった部品)が外れる, とれる, ばらばらになる.

desensartar [desensartár] 他 ❶ (数珠つなぎになっているもの)を外す, ばらす. ❷ (糸などを)抜き取る.

—**se** 再 (数珠つなぎになったものが)はずれる, ばらばらになる; (糸などが)抜ける.

desensibilizar [desensiβiliθár] [1.3] 他《写真》(感光体)の感光度を減らす, 減感する.

desensillar [desensijár]〔<silla〕他 (馬など)の鞍を外す.

desensoberbecer [desensoβerβeθér] [9.1]〔<soberbio〕他 (高慢になった人)を謙虚にさせる.

desentarimar [desentarimár]〔<tarima〕他 (部屋)の床板をはがす.

***desentenderse** [desentendérse] [4.2] 再〔+de に〕❶ かかわらない, 関与しない, 参加しない. —Se desentendió de aquel asunto porque no le interesaba. 彼は関心がなかったので, その件には関与しなかった. ❷ 注意を払わない, 知らないふりをする, (…のことを)忘れる. —Se desentendió de la conversación y volvió a mirar por la ventana. 彼はその会話には知らん顔をしてまた窓の外をながめた.

desentendido, da [desentendíðo, ða] 過分〔<desentenderse〕形〖次の成句で〗
hacerse el desentendido 聞こえない[気づかない]ふりをする.

desenterrador, dora [desenteřaðór, ðóra]〔<tierra〕名 発掘者.

desenterramiento [desenteřamjénto] 男 発掘, 掘り出すこと.

desenterrar [desenteřár] [4.1] 他 ❶ (埋れたもの)を掘り出す. —Las excavadoras *desenterraron* restos de un poblado ibero. 掘削機がイベロ族の村落跡を掘り出した. ❷ (忘れていたこと)を呼び覚ます, 蒸し返す.

desentoldar [desentoldár]〔<toldo〕他 (ある場所)の日よけをはずす, 除く.

desentonado, da [desentonáðo, ða]〔<tono〕形 (周りと調和していない, 調子はずれな.

desentonar [desentonár] 自 ❶ 音程をはずす. —Le han apartado del coro porque siempre *desentona*. 彼はコーラスから外された. というのもいつも音程がはずれるからだ. ❷〔+con〕…と調和していない; 場にそぐわない言動をする.

—他 …の調子[勢い]を削ぐ. —Me *desentona* el calor. 私は暑さに弱い.

—**se** 再《口語》〔+con〕❶ …に対して無礼なことを言う. ❷ …で(精神的・肉体的)害を被る, …に(精神的・肉体的)に合わない. —Se desentona con la llegada del otoño. 彼女は秋になると調子が悪い.

desentono [desentóno] 男 ❶ 不調和. ❷ 無礼.

desentorpecer [desentorpeθér] [9.1]〔<torpe〕他 ❶ (人に手足などの動きを取り戻させる; (手足など)の動きを取り戻させる. ❷ …の動きをよくする. —Ha engrasado la máquina de coser para ~la. 彼女はミシンの動きがよくなるように油をさした.

—**se** 再 (手足などの)しびれ[麻痺, 凝り]が取れる; (物)の支障が取れる.

desentrampar [desentrampár]〔<trampa〕他 を罠(に)[借金]から解放する. —Ni aunque le presten un millón de euros se *desentramparán*. たとえ100万ユーロ借りても彼は借金から逃れられないだろう.

—**se** 再 罠[借金]から逃れる.

desentrañar [desentrañár]〔<entraña〕他 ❶ を解明する, 理解する. —La medicina aún no ha podido ~ el misterio de esa enfermedad. 医学はいまだその病気の謎を解明できていない. 類 **averiguar, descifrar**. ❷ …から内臓を取り出す.

—**se** 再 自分の所有物をすべて他人に与える.

desentrenado, da [desentrenáðo, ða] 形 トレーニング(練習)不足で下手になった. —Estaba ~ y jugó muy mal. 彼はトレーニング不足でプレイはとてもまずかった.

desentrenamiento [desentrenamjénto] 男

トレーニング(練習)不足で下手になること.

desentrenarse [desentrenárse] 再 トレーニング(練習)不足で下手になる, 腕がなまる. —Tuvo que guardar cama durante un mes y *se desentrenó*. 彼は1か月間床に就いていなければならなかったので練習不足で腕がなまった.

desentronizar [desentroniθár] [**1.3**]〔<trono〕他 ❶ を王位から降ろす, 退位させる. ❷ を評価・尊敬しなくなる.

desentumecer [desentumeθér] [**9.1**] 他 (手足)のしびれ(凝り)を取る, 感覚を取り戻させる. —Haz un poco de gimnasia para ~ los músculos. 筋肉の凝りをほぐすためのちょっとした体操をして下さい.
—**se** 再 (手足の)しびれ(凝り・固さ)が取れる, 感覚が戻る.

desentumecimiento [desentumeθimiénto] 男 (手足の)しびれが取れること, 感覚が戻ること; 筋肉をほぐすこと.

desentumir [desentumír] 他 →desentumecer.

desenvainar [desembainár] 〔< vaina〕他 ❶ (刃物)を鞘(さや)から抜く; (刀)の鞘を払う. —*Desenvainó* el cuchillo y se lanzó al ataque. 彼はナイフを鞘から抜き攻撃をしていった. ❷ (動物が)(爪)をむく.

desenvergar [desembergár] [**1.2**] 他 [海事](帆)を帆桁(ほげた)から外す.

***desenvoltura** [desemboltúra] 女 ❶ (動作・話し方などの)軽快さ, 自在さ, 流暢(りゅうちょう)さ. —bailar con ~ 軽快に踊る. hablar con ~ 流暢に(屈託なく, 平然と)話す. A pesar de su timidez, logró contestar con ~. 彼は内気な性格にも関わらず, 平然と答えることができた. 類 **desembarazo, facilidad, soltura.** 反 **timidez**. ❷ 厚かましさ, 無遠慮; (とくに女性の)恥じらいのなさ. 類 **descaro, deshonestidad, desvergüenza.** 反 **vergüenza, recato**.

‡**desenvolver** [desembolβér] [**5.11**] 他 ❶ …の包みを解く, 開ける, …の包み紙を取る. —~ un regalo 贈り物を開ける. —~ un caramelo あめの包み紙を取る. 反 **envolver**. ❷ (思想・理論などを)展開する; (事業)を発展させる. —~ el proyecto 計画を展開する. —~ un negocio 事業を発展させる. *Desenvolvió* el tema con gran maestría. 彼はきわめて巧みにテーマを展開した. 類 **desarrollar**. ❸ を解明する. —~ un enigma 謎を解明する. 類 **descifrar**.
—**se** 再 ❶ (包みなどが)ほどける, 開(ひら)く, ばらばらになる. —El paquete *se desenvolvió* mientras lo transportaban. 運送の途中で包みがほどけた. ❷ 起こる, 進行する, 発展する. —Las negociaciones *se desenvuelven* como estaba previsto. 交渉は予定通りに展開している. En medio de la recesión mundial, la economía española *se desenvuelve* bien. 世界不況の中, スペイン経済はうまく行っている. ❸ 巧みに行動する, うまく切り抜ける. —~ sin problema [dificultad] 問題[困難]なく切り抜ける. Sabe ~*se* en cualquier situación. 彼はどんな状況でもうまく行動するすべを知っている.

‡**desenvolvimiento** [desembolβimiénto] 男 ❶ 展開, 発達, 進展. —~ del suceso 事件の展開[進展]. ~ del comercio 商業の発達. ~ de una planta 植物の発育. ~ del negocio 事業の

拡張. 類 **crecimiento, desarrollo.** ❷ (巻いたものを)巻き広げること, ほどくこと. —~ de un paquete 小包を解くこと. ❸ (考え・理論の)詳説, 敷衍(ふえん). ❹ (曖昧(あいまい)な・込み入った問題の)解明. —~ de un negocio embrollado 込み入った問題の解明. ❺ 奔放に振舞うこと.

***desenvuelto, ta** [desembuélto, ta] 過分 〔< desenvolver〕形 ❶ 広げ広げた. —No me parece correcto entregarle el regalo ~. 包みを開けた贈り物を彼に贈るのは正しいことだとは思えない. ❷ (*a*) (態度などが)のびのびとした, 屈託のない; 物おじしない. —Su actitud *desenvuelta* chocaba en aquella familia de costumbres recatadas. 彼女の屈託のない態度はあの慎み深い家族にはショックだった. 類 **desahogado, despreocupado, resuelto.** 反 **encogido, timido.** (*b*) (行動・話し方が)てきぱきとした, 機敏な; 流暢な. —Es una chica muy *desenvuelta* y sabe arreglárselas sola. 彼女は非常にはきはきとした女の子で, 一人でうまくやって行ける. (*c*) 慎みのない, 厚かましい, 図々しい.

desenvuelv- [desembuélβ-] 動 desenvolver の直・現在, 接・現在, 命令・2単.

desenzarzar [desenθarθár] [**1.3**] 他 ❶ (イバラにからまったものを)ほどく. ❷ (けんかしている人の)間に割って入る, けんかをやめさせる.

deseo [deséo デセオ] 男 ❶ [+de](に対する)願い, 望み, 願望; 欲望(の対象). —~ *de comer [de saber, de riquezas]* 食[知識・金銭]欲. cumplir [llenar, realizar, saciar, satisfacer, acceder a] los ~s de (人)の望みを叶(かな)える[実現する], 望みを満たす. ~*s de felicidad* 人の幸せを祈る気持ち. Siento vehementes ~*s de verla*. 私は無性に彼女に会いたい. Pido a Dios que se cumplan tus ~*s*. 君の願いが叶うよう私は神にお願いする. Me acometió el ~ *de llorar*. 私は急に泣きたい衝動にかられた. Por fin realizará su ~ *de visitar Venecia*. ついに彼は念願のベニス旅行を実現するだろう. No puede refrenar sus ~*s*. 彼は自分の欲望を抑えられない. Sus ~*s de poder no tienen límite*. 彼の権力欲は際限がない. ¿Cuál es tu ~? 君は何が欲しいのか? Con mis mejores ~*s*, José. 《手紙》ごきげんよう, ホセより. 類 **afán, aspiración, gana. 反 **inapetencia.**
❷ 性欲, 欲情, 肉欲 (= ~ carnal). —El ~ la consumía. 彼女は肉欲に苛(さいな)まれていた. 類 **pasión.** ❸ 誓い, 願(がん). —formular un ~ 誓いを立てる.

a (la) medida de sus *deseos/según* sus *deseos* 自分の思い[望み]通りに.

arder en deseos de ... (1)〔+不定詞〕…したくてたまらない (=arder en ganas de). *Ardo en deseos de lograrlo*. 私はどうしてもそれを手に入れたい. (2) (人・物が)欲しくてたまらない, 熱望する.

buen deseo/buenos deseos 善意, 誠意.

tener deseo(s) de ... (1)〔+不定詞〕…したい (=tener ganas de). *Tengo muchos [grandes] deseos de verle*. 私はどうしようもなく彼に会いたい. (2) …が欲しい.

venir en deseo de ... (1)〔+不定詞〕…したくなる (=venir en ganas de). (2) …が欲しい.

*venir*LE *[entrar*LE*] a ... el deseo de [en de-*

seo] (1)〖＋不定詞〗(衝動的に)…したくなる，する気になる(＝venir en gana). Viendo el apetitoso pastel, *me vino el deseo de* comprarlo. おいしそうなケーキを見て，私は急に買いたくなった． (2) 欲しくなる．

‡**deseoso, sa** [deseóso, sa] 形 ❶〖叙述的に〗〖estar＋〗を望んでいる，熱望している〖＋de＋名詞・不定詞・接続法〗. — Está ～ *de* cariño maternal [*de* marcharse]. 彼は母性愛を求めている[出て行きたがっている]． 類 **anhelante, ansioso, ávido**. 反 **inapetente, indiferente**. ❷〖限定的に〗物欲しそうな，あこがれる． — mirada *deseosa* 物欲しそうな目付き．

desequilibrado, da [desekiliβráðo, ða] 形 ❶ バランスを欠いた，不均衡な． — La carga del camión está *desequilibrada*. そのトラックの積み荷はバランスを欠いている． ❷ (性格が)不安定な． — Era un profesor de personalidad bastante *desequilibrada*. 彼はかなり性格が不安定な教師だった．
—— 名 精神不安定［異常］の人．

desequilibrar [desekiliβrár]〔＜equilibrio〕他 ❶ …のバランスを失わせる，不均衡[不安定]にする． ❷ …の精神を不安定にさせる，精神を異常にする． — La trágica muerte del hijo mayor la *desequilibró*. 長男の悲劇的な死によって彼女は精神に異常をきたした．
—— se 再 ❶ バランスを失う，不均衡[不安定]になる． — Se *desequilibró* y cayó del árbol. 彼はバランスを失い木から落ちた． ❷ 精神不安定になる，精神異常になる．

desequilibrio [desekilíβrjo] 男 ❶ 不均衡，不安定． — ～ de la balanza de pagos [entre la demanda y la oferta] 収支[需要と供給]の不均衡． ❷ 精神不安定，精神異常． — La chica sufría un grave ～ (＝～ mental). その娘は重い精神不安定に陥っていた．

deserción [deserθjón] 女 ❶(軍隊からの)脱走，逃亡． — Al final de la guerra, aumentaron las *deserciones*. 戦争の終わりには脱走が増えた． ❷ 逃避，放棄．

desertar [desertár] 自〖＋de〗❶(軍隊)から脱走する． — Los soldados que *desertaron* fueron fusilados. 脱走した兵士は銃殺刑に処された． ❷(責務)を放棄する，逃避する． ❸(集まりなど)に行かなくなる． — Cuando se echó novia, *desertó de* la tertulia de los sábados. 彼は恋人ができると土曜日の集いから足が遠のいた． ❹(訴訟)を取り下げる．

desértico, ca [desértiko, ka] 形 ❶(土地が)見捨てられた，人の住まない． — Por las calles *desérticas* sólo deambulaban los perros. 人のいない通りにはただ犬がうろうろつくだけだった． ❷ 砂漠の． — ～ paisaje[clima] 砂漠の風景[気候]．

desertificación [desertifikaθjón] 女 砂漠化．

desertización [desertiθaθjón] 女 →desertificación.

desertizar [desertiθár] 他 (土地)を砂漠化させる．
—— se 再 (土地)が砂漠化する．

desertor, tora [desertór, tóra] 形 脱走した，離反した． — Los soldados ～*es* serán juzgados por un tribunal militar. 脱走兵は軍事法廷で裁かれるだろう．
—— 名 脱走兵；離反者．

deservicio [deserβíθjo] 男 義務の不履行．

desescalada [deseskaláða] 女 (特に戦い，暴力の)段階的縮小．

desescombrar [deseskombrár]〔＜escombro〕他 (場所)から瓦礫(がれき)を取り除く． 類 **descombrar**.

deseslabonar [deseslaβonár]〔＜eslabón〕他 ❶(鎖)の輪を切る． ❷を部分に分ける，分解する． 類 **deslabonar**.

desespaldar [desespaldár]〔＜espalda〕他 …の背中を痛める，背骨・肋骨(23)を折る．
—— se 再 背中を痛める，背骨・肋骨を折る．

desespañolizar [desespaɲoliθár] [1.3]〔＜español〕他 を非スペイン的にする，スペインらしさを奪う．
—— se 再 非スペイン的になる，スペインらしさを失う．

‡**desesperación** [desesperaθjón] 女 ❶ 絶望，失望；絶望[悩み]の種． — Se apoderó de él una ～ tremenda. 彼はものすごい絶望感に襲われた． hundirse [caer, quedar sumido] en la ～ 絶望に陥る． arrojar a ... en la ～ (人)を絶望に追いやる． tener [sentir] ～ 絶望する． 類 **abatimiento, desaliento, desesperanza**. 反 **confianza, esperanza**. ❷ 自暴自棄，やけ，捨てばち． — abandonarse a la ～ やけ[自暴自棄]になる． estar loco de ～ 自暴自棄になっている． 類 **exasperación**. ❸ 癪(しゃく)の種，腹立たしいもの[人]． — Es una ～ tener que hacer cola tanto rato. こんなに長いこと並ばなければならないなんて腹立たしい． 類 **irritación**. 反 **tranquilidad**.
con desesperación (1) 絶望的に[な]，絶望して，やけになって． Rompió la carta *con desesperación*. 彼はやけになってその手紙を破った． (2) 必死に[な]，がむしゃらに，死にもの狂いで． nadar *con desesperación* 必死になって泳ぐ．

desesperadamente [desesperáðamente] 副 絶望的に，必死に．

‡**desesperado, da** [desesperáðo, ða] 過分 形 ❶ 絶望した，やけになった． — D～ por el fracaso, se suicidó. 彼は失敗に絶望して自殺した． Nos hallamos en una situación *desesperada*. 私たちは絶望的な状況に直面した． ❷ 絶望的な；必死の，死にもの狂いの． — Le hizo un ruego ～, pero su jefe no cedió. 彼は必死に懇願したが，上司は譲らなかった． ¡Socorro! Gritó con voz *desesperada*. 彼女は必死の声で「助けて!」と叫んだ．
a la desesperada 最後の望みで，絶望的になって． Atacaron *a la desesperada* y fueron aniquilados. 彼らは死にもの狂いで攻撃し，全滅した．
—— 名 絶望した人，やけを起こした人．

desesperante [desesperánte] 形 いらいら・じりじりさせる，腹立たしい；落胆させる． — ¡Eres un niño ～! お前はほんとにどうしようもない子だね!

desesperanza [desesperánθa] 女 絶望．

desesperanzador, dora [desesperanθaðór, ðóra] 形 絶望的な，絶望的の．

desesperanzar [desesperanθár] [1.3] 他 (人)に希望を失わせる，を絶望させる． — Las últimas noticias del accidente aéreo nos *han desesperanzado*. その航空事故の最新情報は

我々の望みを断ち切った.

— **se** 再 希望を失う,絶望する. —Después de dos meses buscando trabajo, *se ha desesperanzado* de conseguirlo. 2か月間仕事を探してみた後,彼女はそれを手に入れる望みを失ってしまった.

‡**desesperar** [desesperár] 自《+de+不定詞/de que+接続法》…に**失望する,絶望する**,望みを失う. — *~ de* aprobar el examen 試験に受かる望みを失う. *Desesperan de* encontrarlo con vida. 彼を生きて探す望みは失われた. No *desesperes*, que todo se arreglará. くじけないで,すべて何とかなるから.

— 他 いらいらさせる,嫌がらせる;絶望させる. —Me *desespera* oírle quejarse de todo. 私は彼がすべてに不平を言うのを聞くとうんざりしてしまう. Su pesadez me *desespera*. 彼のしつこさに私はうんざりだ. 類 **exasperar, impacientar.** 反 **esperar.**

— **se** 再 いらいらする,腹を立てる,悔やしがる. — *Se desespera* por haber perdido esa estupenda oportunidad. 彼はそのすばらしい機会を逃したことを悔やしがっている.

desespero [desespéro] 男 →desesperación.

desestabilizar [desestaβiliθár] [**1.3**] 他 混乱させる,不安定にする.

— **se** 再 混乱する,不安定になる.

desesterar [desesterár] 他 (部屋などから)ござ(estera)を取り除く(冬の間床に敷いてあった敷物を上げる).

desestero [desestéro] 男 ござの取り除き.

desestima, desestimación [desestíma, desestimaθjón] 女 軽視;無視.

desestimar [desestimár] 他 ❶ を評価しない,軽視する;…に敬意を払わない. ❷ (嘆願,申し出など)を無視する,とりあわない;(請願)を却下する. —El Tribunal Supremo *desestimó* el recurso. 最高裁判所はその上告を却下した. 類 **denegar, rechazar.**

desfacedor [desfaθeðór] 男《古,戯》— *~ de entuertos* 不正を正す者,正義の味方.

desfachatado, da [desfatʃatáðo, ða] 形 厚顔無恥な,恥知らずな. 類 **descarado, desvergonzado.**

desfachatez [desfatʃatéθ] 女 厚顔無恥,恥知らずなこと. 類 **descaro, desvergüenza.**

desfalcador, dora [desfalkaðór, ðóra] 名 横領者.

desfalcar [desfalkár] [**1.1**] 他 ❶ (金)を横領する. ❷ …から一部(支え)を取り去る.

desfalco [desfálko] 男 横領. —El cajero cometió un *~* de varios millones de euros. 会計係が数百万ユーロの横領をした.

desfallecer [desfaʎeθér] [**9.1**] 自 ❶ ふらふらになる,気が遠くなる,卒倒する. — *~ de agotamiento* 疲労困憊(ぱい)する. ❷ 気力[元気]を失う. —A pesar de los repetidos fracasos, siguió adelante sin *~*. 度重なる失敗にもかかわらず,彼女は気力を失うことなく前進を続けた.

— 他 をふらふらにする,…の気力を失わせる.

desfallecido, da [desfaʎeθíðo, ða] 形 ふらふらになった,弱った;(声が)かぼそい. —Llegamos *~s* a la cumbre de la montaña. 山の頂上に到着したとき私たちはふらふらの状態だった.

desfalleciente [desfaʎeθjénte] 形 ふらふらになった,弱った,気絶しそうな.

desflecar 669

desfallecimiento [desfaʎeθimjénto] 男 ❶ 弱ること,気が遠くなること;気力[元気]を失うこと. —Trabajó sin *~* hasta conseguir su objetivo. 目的を達成するまで彼女はめげることなく働いた. ❷《医学》失神,気絶. 類 **desmayo.**

desfasado, da [desfasáðo, ða]〔＜fase〕形 ❶ (人が)時代遅れの〔estar+〕. ❷《物理》位相が異なる.

desfasar [desfasár] 他 …の位相をずらす.

desfase [desfáse] 男 ❶ ずれ,食い違い. —Es evidente el *~* generacional entre padres e hijos. 親と子の世代間のずれは歴然としている. ❷《物理》位相差.

desfavorable [desfaβoráβle]〔＜favor〕形 不都合な,反対する;望ましくない. — *circunstancias ~s* 困難な状況(逆境). *opinión ~* 否定的な意見. 反 **favorable.**

desfavorecer [desfaβoreθér] [**9.1**] 他 ❶ …にとって不都合である,不利に働く. ❷ (服など)(人)の良さを損う,似合わない. —El peinado que llevaba la *desfavorecía*. そのヘアスタイルは彼女に似合っていなかった.

desfibrar [desfiβrár]〔＜fibra〕他 (物質)から繊維を除く(製紙の過程など).

desfiguración [desfiɣuraθjón]〔＜figura〕女 ❶ 形を変えること,(特に)醜くすること. ❷ 事実の歪曲(ﾜぃﾞょく).

desfigurado, da [desfiɣuráðo, ða] 形 ❶ 変形した;変装を施した. ❷ 醜(みにく)められた.

desfigurar [desfiɣurár] 他 ❶ を変形させる;(人)の顔・容姿を醜くする. —Las quemaduras le *desfiguraron* la cara. 火傷で彼女は顔が変わってしまった. ❷ (事実)を歪曲(ﾜぃﾞょく)する. ❸ …の見分けをつきにくくする,輪郭をぼやけさせる;変装させる.

— **se** 再 変形する,醜くなる,歪む. —El pueblo *se ha desfigurado* con el terremoto. その村は地震で姿が変わってしまった.

desfiladero [desfilaðéro] 男 (特に山間の)狭い道.

‡**desfilar** [desfilár] 自 ❶ 列を作って**行進する**,分列行進する. —La manifestación *desfiló* por el centro de la ciudad protestando contra la política del gobierno. デモ隊は政府の政策に抗議して町の中心を行進した. Las tropas *desfilaron* ante el presidente. 軍隊は大統領の前を分列行進した. ❷《話》ぞろぞろと通る,次々と出てくる,退出する. ❸ 次々と通ってゆく.

‡**desfile** [desfíle] 男 ❶ (デモなどの)行進,パレード,行列. — *~ de la victoria* 優勝[凱旋]パレード. *~ de la manifestación* デモ行進. *celebrar [abrir] un ~* パレードを催す[の先頭に立つ]. 類 **parada, procesión.** ❷ ファッションショー. — *celebrar un ~ de modelos [de moda(s)]* ファッションショーを開く. *~s de alta costura de París* パリのオートクチュールのファッションショー. 類 **exhibición, pase.** ❸ (人・物の)列,続き. — *un ~ continuo de coches* 切れ目のない車の列. ❹《軍事》分列行進,観兵式. — *~ militar* 軍事パレード,観兵式. *presidir la ~ de las fuerzas armadas* 軍隊の分列行進を閲兵する. *~ naval* 観艦式. 類 **revista.**

desflecar [desflekár] [**1.1**] 他 (布地の端の糸をほどいて)…にフリンジ[房]をつける. —*Desflecó los*

bajos de la falda. 彼女はスカートの裾にフリンジをつけた.
——**se** 再 (布地の端が)ほつれる.

desflemar [desflemár] [＜flema] 自 痰(たん)を吐く. —— 他 《化学》を分縮する.

desfloración [desfloraθjón] [＜flor] 女 ❶ 外観を損う(損わせる)こと. ❷ テーマを表面的に扱うこと. ❸ 処女を失わせる[失う]こと, 処女を奪うこと.

desflorar [desflorár] 他 ❶ …の外観・美観を損う, 良い部分を失わせる. ❷ (テーマなど)に軽く触れる, 表面的に扱う. —El profesor *desflora* los temas, pero no trata ninguno a fondo. その先生はいろんなテーマに軽く触れるだけで, どれも深く扱わない. ❸ …の処女を奪う. ❹ …の花を摘む[もぎ取る]. ❺ 《主に過去分詞で》…の色[つや]を衰えさせる, あせさせる. —Era una chica joven, de rostro enjuto y *desflorado*. 彼女は若いがしなびて色つやのあせた顔の娘だった. 類 **ajar, deslustrar**.

desfogar [desfoɣár] [**1.2**] [＜fuga] 他 [＋con/en] …に(感情)をぶちまける, 発散させる. —*Desfoga* su mal humor *en* [*con*] los empleados. 彼は機嫌が悪くて従業員にあたりちらす. 類 **desahogar**. —— 自 《海事》(とうとう)嵐になる.
——**se** 再 [＋con/en] …に感情をぶちまける, 発散する. 類 **desahogarse**.

desfogue [desfóɣe] 男 感情の表出, 発散. 類 **desahogo**.

desfondar [desfondár] 他 ❶ (容器, 船などの)底に穴をあける, 底を壊す. —*sillón desfondado* 底の抜けたひじ掛けいす. ❷ (競技者など)の気力を失わせる. —El fuerte ritmo impuesto por los demás corredores lo *desfondó*. 他の走者が強い厳しいペースに彼は力尽きす. ❸ (土地)を深く耕す.
——**se** 再 ❶ …の底が抜ける, 底に穴があく. —La barca *se desfondó* al chocar con un arrecife. その船は岩礁に乗り上げ底に穴があいた. ❷ (競技者が)気力を失う, 力尽きる. —El ciclista *se desfondó* a dos kilómetros de la meta. そのサイクリストはゴールから2キロのところで力尽きた.

desfonde [desfónde] 男 ❶ 底の破損. ❷ 力尽きること. ❸ (土地などを)深く耕すこと.

desforestación [desforestaθjón] 女 →deforestación.

desforestar [desforestár] 他 →deforestar.

desfortalecer [desfortaleθér] [**9.1**] 他 (場所)の要塞を取り壊す.

desfruncir [desfrunθír] [**3.5**] 他 (布など)のしわを伸ばす. —— *el ceño* しかめ面を解く.
——**se** 再 しわが伸びる.

desgaire [desɣáire] 男 ❶ (服装, 動作などの)だらしなさ, 無頓着(むとんちゃく). —Le gusta ir vestida con ～. 彼女は服装にこだわらないのが好きだ. ❷ 軽蔑的な態度, そぶり.
al desgaire ぞんざいに, 無頓着に.

desgajar [desɣaxár] 他 ❶ [＋de] (枝)を(木)からもぎ取る. —El fuerte viento *ha desgajado* varias ramas *del* nogal. 強風でクルミの木から何本かの枝がもぎ取られた. ❷ [＋de から]を破り取る, 引きちぎる. ❸ [＋de] …から(人)を引き離す. —La guerra *desgajó* a muchas personas *de* sus hogares. 戦争が多くの人々を家庭から引き離した.
——**se** 再 ❶ (木の枝などが)折れる, 取れる; (幹などから)離れる, 分離する. —La rama *se desgajó* con el peso de la fruta. 果実の重みで枝が折れた. De esta carretera nacional *se desgaja* un ramal hacia el pueblo. この国道から村に向かって支道が分かれている. ❷ [＋de] …から分かれる, 分離する. ❸ [＋de] …から離れる, 去る. —La falta de trabajo obligó a muchas familias a ～*se del* pueblo. 仕事がないため多くの家族が村を離れなければならなかった.

desgalichado, da [desɣalitʃáðo, ða] 形 《話》不格好な, みすぼらしい. 類 **desgarbado, feo**.

desgana [desɣána] 女 ❶ 食欲がないこと, 食欲不振. 類 **inapetencia**. ❷ やる気のなさ, 気が進まないこと. —Trabaja con evidente ～. 彼は明らかにいやいや働いている. 反 **gana**. ❸ 体力の消耗.

desganado, da [desɣanáðo, ða] 形 ❶ 食欲のない. —Llevo unos días ～. 僕は数日食欲がない. ❷ やる気のない, 気が乗らない.

desganar [desɣanár] 他 ❶ …の食欲を奪う. —La gripe lo *ha desganado*. 彼は風邪で食欲がなかった. ❷ …のやる気をそぐ.
——**se** 再 ❶ 食欲がなくなる. ❷ [＋de] …に飽きる, やる気を失う.

desgañitarse [desɣaɲitárse] 再 ❶ 叫ぶ, 怒鳴る. —Los hinchas *se desgañitaban* animando a su equipo. 熱狂的サポーターたちは自分たちのチームを応援しようと大声をあげていた. ❷ 声をからす.

desgarbado, da [desɣarβáðo, ða] [＜garbo] 形 不格好な, ひょろひょろした, ぶざまな. —Ese chico tiene unos andares ～s. その子はぶざまな歩き方をする.

desgarrado, da [desɣaráðo, ða] [＜garra] 形 ❶ 引き裂かれた, ちぎれた. —Traía la falda sucia y *desgarrada*. 彼女は汚れてちぎれたスカートをはいていた. ❷ 厚顔の, ずうずうしい. —Le gustan las mujeres *desgarradas* y procaces. 彼はずうずうしくて生意気な女性が好きだ. ❸ 痛々しい, 悲痛な.

desgarrador, dora [desɣaraðór, ðóra] 形 胸を引き裂くような, 悲痛な. —*una escena desgarradora* 悲痛な場面. *un grito* ～ 胸を引き裂くような叫び声.

desgarradura [desɣaraðúra] 女 (布などにできた)引き裂き, 裂け目; ちぎれた破片.

desgarramiento [desɣaramjénto] 男 ❶ 引き裂くこと. ❷ 胸を引き裂かれるような思い.

desgarrar [desɣarár] 他 ❶ (布など)を引き裂く, かぎ裂きをつくる; ずたずたにする. —Despechada, *desgarró* la carta y la arrojó a la papelera. 彼女はむっとしてその手紙をずたずたに引き裂きくず箱に投げ入れた. ❷ (心)を引き裂く, 悲しませる.
——**se** 再 ❶ 裂ける, 破れる. —*Se me han desgarrado* los pantalones. 私はズボンがびりっと破れてしまった. ❷ 胸が引き裂かれる思いがする. ❸ [＋de] …から離れる, …と別れる.
—— 自 《中南米》(痰(たん)を切るために)咳(せき)払いする.

desgarro [desɣáro] 男 ❶ 慎みのなさ, ずうずうしいこと. —Habló de sus relaciones con la chica con regocijado ～. 彼はその娘との関係を陽気にあけっぴろげに話した. 類 **descaro, desvergüenza**. ❷ 強気な態度. —El ～ que muestra ese chico sólo es aparente: en el fondo es un cobarde. その子の強がりはうわべだけだ。根は小心者だから。 類 **fanfarronería**. ❸ (布などにできた)引き裂き, 裂け目. — muscular 筋肉痛. ❹ 胸が引き裂かれる思い, 悲痛. ❺《中南米》痰(た). 類 **esputo, flema**.

desgarrón [desɣařón] 男 (布などにできた)引き裂き, 裂け目; ちぎれた破片.

desgastar [desɣastár] 他 ❶ を磨り減らす, 使い古す. ❷ (人)を衰えさせる, 消耗させる.
—**se** 再 ❶ 磨り減る. ❷ 衰える, 消耗する.

desgaste [desɣáste] 男 ❶ 使い古すこと, 磨り減る(らす)こと; 区別. ❷ 衰え, 消耗.

desglosar [desɣlosár] 他 ❶ (書類などのある部分, ページなど)を抜き出す, 別にする. — Hay que ~ los gastos extra de los participantes en el viaje. 旅行参加者の余分の経費は別にしなければならない. ❷ (概念的に)(ある部分)を区別する. ❸ (文書)から注釈を取り除く.

desglose [desɣlóse] 男 ❶ 抜き出すこと, 別にすること; 区別. — el ~ de un presupuesto [una factura] 予算[領収書]の内訳. ❷ 注釈の削除.

desgobernado, da [desɣoβernáðo, ða] 形 だらしない; (子どもが)言うことを聞かない.

desgobernar [desɣoβernár] [4.1] 他 ❶ (国など)をきちんと治めない; を混乱させる. ❷ (骨)を脱臼(きゅう)させる.
—**se** 再 ❶ だらしない生活を送る. ❷ 脱臼する. ❸ 手足などをひねってめちゃくちゃな動きをする.

desgobierno [desɣoβjérno] 男 ❶ きちんとした政治が行われないこと, 混乱, 無秩序. — La caótica situación económica se debe al ~ que sufre el país. 混沌とした経済状況はこの国が被っている失政による. ❷ 脱臼(きゅう).

desgolletar [desɣoʎetár] 他 (びん)の首を割る.
—**se** 再 (人が)服の襟を開ける.

desgomar [desɣomár] (<goma) 他 (織物)からゴム質を取り除く(染料ののりを良くするため).

desgonzar [desɣonθár] [1.3] 他 →desgoznar.

desgoznar [desɣoθnár] (<gozne) 他 ❶ (戸など)をちょうつがい(ちょうつがい)を戸などから外す. — Perdió la llave de la maleta y tuvo que ~ la cerradura. 彼はスーツケースの鍵を失くしたので錠(にょう)を外さなければならなかった.
—**se** 再 手足などをひねってめちゃくちゃな動きをする.

‡**desgracia** [desɣráθja] 女 ❶ **不幸, 不運, 逆境.** — un lujo [una cadena] de ~s 度重なる不幸, 不運続き. lamentar [deplorar] las ~s 不幸を嘆き悲しむ. llevar [aceptar, tomar] las ~s con resignación 不幸を運命として忍従する. Las afligen las ~s. 彼らは不幸に苦しめられている. Sufrió sus ~s en silencio. 彼は黙って不幸に耐えた. Me ayudó en la ~. 彼は私が逆境にあった時助けてくれた. La ~ los acompañó durante todo el viaje. 彼らは旅行中ずっと不運につきまとわれた. Vaya ~, mira que perder las llaves. 何てついていないんだ, 鍵を無くすなんて. La muerte de la abuela fue una ~ que llenó de tristeza a la familia. 祖母の死は家族をひどく悲しませる不幸な出来事だった. 類 **adversidad, desdicha, desventura, fatalidad, gafe, infortunio**. 反 **dicha, felicidad, fortuna, suerte**. ❷ 災難, 禍(かざ). — Le sobrevino una ~ inesperada. 彼にとんだ災難が振りかかった. Para su ~

desgracia 671

cayó en las garras de una mala mujer. 悪い女に引っ掛かったのが彼の災難だ. Últimamente me persiguen las ~s. 最近私は災難にばかり見舞われている. 類 **calamidad, catástrofe, contratiempo, desastre, desdicha, desventura, percance, tragedia**. 反 **fortuna**. ❸ 冷遇, 不興, 愛想尽かし. — incurrir en la ~ del rey 王の不興を買う. 類 **disfavor, disgusto**. 反 **gracia**. ❹ 恥 [不名誉]となる人[もの, こと]. — Esa chica es la ~ de la familia. その娘は一家の恥さらし[面汚し]だ. 類 **baldón, vergüenza**. ❺《話》下手くそ. — Confieso que soy una ~ cocinando. 正直言って私は料理がほんとに下手です.

caer en desgracia (1) 不興を買う, 嫌われる, うとまれる. *caer en desgracia* del rey 王の寵愛を失う. *Ha caído en desgracia y teme que su jefe le despida*. 彼は不興を買い, 上司に解雇されるのではないかと心配している. (2) 逆境に陥る. En cuanto *cayó en desgracia* se quedó sin amigos. 彼は逆境に陥るや否や友人がいなくなった.

desgracias personales 《文》(事故・災害の)犠牲者, 死亡者. No se han producido *desgracias personales* en la explosión. その爆発で犠牲者は出なかった.

En la desgracia se conoce a los amigos. 《諺》逆境の中でこそ真の友が分かる(困った時の友こそ真の友).

estar en degracia (1)《話》(人・物が)災難続きだ, ついてない(=estar de desgracia). (2) うとまれている.

hecho una degracia 〘estar/poner(se)+〙《話》汚れた, 故障した, 壊れた. Me caí en un barrizal y *me puse hecho una degracia*. 私はぬかるみで転び, 汚れてしまった.

labrarse la propia desgracia 自ら不幸の種をまく.

Las desgracias nunca vienen solas. 《諺》泣き面に蜂(←悪いことは重なるものだ).

para mayor desgracia/para colmo de desgracias さらに不幸[不運]なことには, 悪いことは重なるもので.

perseguirle a ... la desgracia (人に)不幸[不運・災難]がつきまとう. verse *perseguido por la desgracia* 不幸[不運]につきまとわれ, 逆境にある. *La desgracia me persigue* desde hace años. 私は何年も前から不幸にばかり見舞われている.

por desgracia 残念ながら, 不運にも, 不幸なことに (= desafortunadamente, desgraciadamente, desventuradamente). *Por desgracia*, no hubo supervivientes en el accidente. 残念ながらその事故の生存者はいなかった.

por suerte o (por) desgracia 幸か不幸か. *Por suerte o por desgracia* no tengo hijos. 幸か不幸か私には子供がいない.

¡Qué desgracia! とんだ災難だ！; 何て運が悪いんだろう！

ser una desgracia 《話》何をやってもだめである; 不運な人である, つきがない.

ser una desgracia que 〘+接続法〙 …するとは不幸なことである. *Ha sido una desgracia que* se encontrara en el andén en el momento de la explosión. 彼が爆発の瞬間にプラットホームにいた

とはついていなかった.

tener desgracia 運がない. *Tiene desgracia en todo lo que emprende.* 彼は何をやっても芽が出ない.

tener la desgracia de 〖+不定詞〗**/tener la desgracia de que** 〖+接続法〗 不幸[不運]にも…する. *Tuvo la desgracia de perder a su madre cuando era niño.* 彼は赤ん坊の時不幸にも母親を亡くした.

‡desgraciadamente [desɣraθjáðaménte] 副 **不幸(不運)にも**, あいにく, 残念ながら. —*D~ no llegué a tiempo para disuadirle.* あいにく彼を思いとどまらせるのが間に合わなかった. 反 **afortunadamente**.

‡desgraciado, da [desɣraθjáðo, ða] 過分形 ❶ 〖+en〗…について**不運な**, 不幸な〖ser+〗. —~ *accidente* 不幸な事故. *Fue muy desgraciada en su vida matrimonial.* 彼女の結婚生活は非常に不幸だった. 類 **desdichado, desventurado, infortunado**. 反 **afortunado, dichoso, feliz**. ❷ 〖+en〗…が誤った, 不適切な; 不成功の〖estar+〗. —*Tuvo una intervención desgraciada.* 彼はまずい口出しをした. 類 **desacertado, equivocado, erróneo**. 反 **acertado**. ❸ かわいそうな, みじめな. —*pobre* ~ 気の毒な人; みじめな奴, ¡Qué ~ soy! 私は何て運がないんだ. 類 **infeliz, desdichado**. ❹ 魅力のない, みっともない. —*Un* ~ *lazo anudaba su hermoso pelo negro.* みっともないリボン飾りが彼女の美しい黒髪を結んでいた.

Desgraciado en el juego, afortunado en amores. 勝負に負けてもよくよするな(←賭け事がだめなら色事はうまく行く).

—— 名 ❶ 不運(不幸)な人, 恵まれない人. —*Ha dedicado su vida a ayudar a los ~s.* 彼は恵まれない人々を助けるため一生をささげてきた. 類 **infeliz, infortunado**. ❷ 《話》奴, 野郎; ろくでなし. —*Ese ~ ha vuelto a aprovecharse de mí.* あの野郎はまた私を利用したんだ.

desgraciar [desɣraθjár] 〖<gracia〗他 ❶ 損なう, だめにする. —*Con esa mancha de pintura he desgraciado la corbata.* その絵の具の汚れで私はネクタイをだめにしてしまった. 類 **echar a perder, estropear, malograr**. ❷ 傷つける. ❸ (人)を怒らせる.

——**se** 再 ❶ (完成せずに)だめになる; (赤ん坊が)死産する. —*El segundo hijo se le desgració en el cuarto mes de embarazo.* 二番目の子は妊娠4か月で流産した. ❷ 不興を買う; 仲たがいする. ❸ 傷つく, 怪我をする.

desgranar [desɣranár] 〖<grano〗他 ❶ …から粒を取る; 脱穀する. —~ *el maíz* [*un racimo de uvas, guisantes*] トウモロコシの粒を取る[ブドウの房から実を取る, エンドウ豆をさやから出す]. ❷ (ロザリオ・数珠)を繰る. ❸ (言葉)を並べ立てる, 次から次へと言う.

——**se** 再 ❶ (実・さやなどの)粒が取れる. ❷ (数珠・ネックレスなどの)玉がはずれる, ばらばらになる. —*Se rompió el hilo de la pulsera y se desgranaron las perlas.* ブレスレットの糸が切れて真珠がばらばらになった.

desgrasar [desɣrasár] 〖<grasa〗他 (羊毛などの)脂質を抜く; 脂よごれを取る.

desgrase [desɣráse] 男 脂質の取り除き.

desgravación [desɣraβaθjón] 女 税の控除, 減免.

desgravar [desɣraβár] 他 (ある費目)について税を控除する, 関税を減免する.

desgreñado, da [desɣreɲáðo, ða] 〖<greña〗形 髪が乱れた, ぐしゃぐしゃの. 類 **despeinado**.

desgreñar [desɣreɲár] 他 (人)の髪を乱す, (髪)を乱す. 類 **despeinar**.

——**se** 再 ❶ 髪が乱れる, (髪が)乱れる. ❷ 〖相互用法〗喧嘩する(=andar a la greña).

desguace [desɣwáθe] 男 (船・車などの)解体.

desguarnecer [desɣwarneθér] [9.1] 他 ❶ 〖+de〗(装飾)を…から取る; (馬具)を(馬)から外す. —~ *la habitación de cortinas* 部屋のカーテンを外す. ❷ 〖+de〗(大事な部品)を…から外す. ❸ …から守備隊を引き上げる.

desguazar [desɣwaθár] [1.3] 他 (船・機械など)を解体する.

deshabillé [desaβijé] 〖<仏〗男 女性用の部屋着, ガウン (=salto de cama).

deshabitado, da [desaβitáðo, ða] 形 人の住まなくなった. —*En una casona deshabitada encontraron el cadáver.* 人の住まなくなった大きな屋敷でその死体は見つかった.

deshabitar [desaβitár] 他 ❶ (住んでいたところ)を去る. —*Tenemos que ~ la casa para el lunes.* 私たちは月曜日までにその家を去らねばならない. ❷ (場所)を無人にする.

deshabituar [desaβitwár] [1.6] 他 〖+de〗(習慣)を(人に)捨てさせる.

——**se** 再 習慣を捨てる.

‡deshacer [desaθér] [10.10] 他 ❶ (形作ったもの)を解く, ほどく. —*Su madre le mandó ~ la cama.* 母親は彼にベッドのシーツをはぐように言いつけた. ~ *el nudo de los zapatos* くつの結び目をほどく. ~ *la maleta* [*el equipaje*] スーツケース[手荷物]の中身を取り出す. ❷ を壊す, 破壊する. —*El tornado deshizo varias casas del pueblo.* 大竜巻は村の数軒の家を破壊した. 反 **hacer**. ❸ (固体)を溶かす; (雪)を解かす. —*El sol deshizo la nieve.* 太陽が雪を解かした. 類 **derretir**. ❹ を消耗させる, 悲しませる, いらいらさせる. —*La muerte del padre deshizo a sus hijos.* 父親の死は子どもたちを悲しませた. 類 消す. ❺ (協約・協定)を破棄する, 解消する. —~ *un tratado de paz* 講和条約を破棄する. ❻ を敗走させる, 壊滅させる. —*En 1808 dos generales españoles deshicieron a las tropas francesas en Bailén.* 1808年に二人のスペインの将軍がバイレンでフランス軍を敗走させた. 類 **derrotar**. ❼ (牛)を解体する. —~ *una res* 牛を解体する. ❽ を細かくする.

hacer y deshacer 思い通りに牛耳る.

——**se** 再 ❶ 壊れる, 粉々になる, ばらばらになる. —*El jarrón se deshizo al caer sobre el suelo.* つぼは床に落ちて壊れた. *Se cayó de bruces y se deshizo la barbilla.* 彼はうつぶせに倒れてあごが粉々になった. ❷ 溶ける. —~*se el helado* アイスクリームが溶ける. ❸ (精神的に)消耗する, 悲嘆にくれる, いらいらする. —*Se ha deshecho de los nervios para escribir esta novela.* 彼はこの小説を書き上げるために神経をすり減らした. ❹ 身を粉にして働く, 粉骨砕身する. —*Mi padre se deshacía para que el negocio siguiera adelante.* 私の父は商売がやっていけるよう懸命だった. ❺ 消える. —*La mon-*

taña *se fue deshaciendo* en la niebla. 山は霧の中へと消えていった. Al ver a la madre *se deshizo* el mal humor del niño. 母親の姿を見て子どものふきげんがなおった. ❻【+por に】…に夢中になる, 首ったけになる. —~*se por* ella 彼女に夢中になる. *Se deshace por* agradar a esa chica. 彼はその女の子に気に入られようと躍起だ. ❼【+en を】極端にする, (…の)度を過ごす, ひどく…する. —~*se en* elogios [atenciones] ほめそやす[過分な心遣いをする]. ❽ (*a*)【+de を】手離す, 見捨てる, あきらめる. —*Me deshice del* coche. 私は車を手放した. (*b*) (人)を追い払う. —*Se deshizo de* la secretaria en cuanto pudo. 彼はできるとすぐに秘書を立ち去らせた. ❾ (人)を殺す. —El criminal *se deshizo del* único testigo. 犯罪者は唯一の証人を殺害した. 類**matar**.

deshaga(-) [desaɣa(-)] 動 deshacer の接・現在.

deshago [desáɣo] 動 deshacer の直・現在・1 単.

deshar- [desar-] 動 deshacer の未来, 過去未来.

desharrapado, da [desaraˈpáðo, ða] 〔< harapo〕形 ぼろを着た, みすぼらしい. 類**andrajoso**.

desharrapamiento [desaraˈpamjénto] 男 ぼろを着ていること, 貧困. 類**mezquindad, miseria**.

deshaz [desáθ] 動 deshacer の命令・2 単.

deshebillar [deseβiʝár] 〔< hebilla〕他 …のバックルを外す.

deshebrar [deseβrár] 〔< hebra〕他 ❶ (織物)をほどく. ❷ (さや豆などの)筋を取る.

deshechizar [desetʃiθár] [1.3] 〔< hechizo〕他 …にかかっている魔法を解く.

deshecho [desétʃo] 動 deshacer の過去分詞.

deshecho, cha [desétʃo, tʃa] 過分〔< deshacer〕形 ❶ 壊れた, 崩れた, 乱れた. —La cama está *deshecha*. ベッドメーキングができていない. ❷ (精神的に)まいった, 落胆した. ❸ (雨など)激しい.

deshelador [deselaðór] 〔< hielo〕男 水結防止装置 (=deseladora).

deshelar [deselár] [4.1] 他 (凍った物)を解かす, 溶かす, 解凍する. 反**helar**. ——**se** 再 溶ける.

desherbaje [deserβáxe] 〔< hierba〕男 除草, 雑草とり.

desherbar [deserβár] [4.1] 他 (場所)の雑草を取る, 除草する.

desheredado, da [desereðáðo, ða] 〔< heredar〕形 ❶ 相続権を失った. ❷ 貧しい, 財産のない. 類**pobre**.
——名 ❶ 貧しい人, 恵まれない人. —Están haciendo una colecta en favor de los ~s del barrio. 地区の恵まれない人たちのために募金が行われている. ❷ 相続権を失った人, 廃嫡された人.

desheredar [desereðár] 他 (人)から相続権を剥奪する.

deshermanar [desermanár] 〔< hermano〕他 (2 つそろっていた物)を不揃いにする, 合わなくする.
——**se** 再 ❶ 不揃いになる, ちぐはぐになる. ❷ 兄弟の縁を切る.

desherrar [deserár] [4.1] 〔< hierro〕他 ❶ (人)を解放する, 鎖[足枷]を解く. ❷ (馬の)蹄鉄を外す.

deshollinadera 673

desherrumbrar [deserumbrár] 他 …のさびを落とす.

deshic- [desiθ-] 動 deshacer の直・完了過去, 接・過去.

deshidratación [desiðrataθjón] 女 ❶《医学》脱水症状. —El niño presentaba síntomas de ~. その子は脱水症状の徴候を見せていた. ❷《化学》脱水, 脱水作用.

deshidratado, da [desiðratáðo, ða] 形 脱水症状の.

deshidratar [desiðratár] 他 を脱水症状にする.
——**se** 再 脱水症状になる.

deshielo [desjélo] 男 ❶ 溶けること; 雪解け. —Con el ~ de la nieve, el río aumentó su caudal. 雪解けとともに川は水かさを増した. ❷《比喩》雪解け, 緊張緩和, 和らぐこと.

deshilachado, da [desilatʃáðo, ða] 〔< hilacha〕形 (布, 服の)端が摺り切れた, ほつれた.

deshilachar [desilatʃár] 他 (布, 服の)端をほぐす, ほつれさせる; (織物)を糸にする.
——**se** 再 (布, 服の)端がほつれる, ほぐれる. —El jersey *se está deshilachando* de tanto usarlo. そのセーターは着すぎたために端がほつれつつある.

deshilado, da [desiláðo, ða] 形〔< hilado〕→ deshilachado.
——男 抜きかがり刺繍.
a la deshilada (1) 一列になって. (2) こっそりと.

deshilar [desilár] 他 → deshilachar.
——**se** 再 (服が)端, すそがすり切れる.

deshilvanado, da [desilβanáðo, ða] 〔< hilván〕形 ❶ しつけ糸の取れた. ❷ (話など)脈絡のない, 一貫しない.

deshilvanar [desilβanár] 他 (服の)しつけ糸を取る. ——**se** 再 (服の)しつけ糸が取れる.

deshinchar [desintʃár] 他 ❶ (膨らんだもの)をしぼませる. —*Deshinchó* el flotador y lo metió en la bolsa. 彼は浮き袋をしぼませカバンに入れた. ❷ (はれ)をひかせる. 反**hinchar**. ❸ …の重要性をひかえ目に言う, …に謙遜である. —Siempre *deshincha* sus éxitos. 彼女はいつも自分の成功に謙虚である. ❹ (怒り)を発散させる. 類**desinflar**.
——**se** 再 ❶ (膨らんだもの)がしぼむ, (はれが)引く. —Metió el pie en agua fría para ver si *se le deshinchaba*. 彼女ははれが引くかどうかを見るために足を冷水に入れた. ❷ (傲慢だった人が)へこむ, 謙虚になる.

deshipotecar [desipotekár] [1.1] 〔< hipotecar〕他 (物件)の抵当を解除する.

deshizo [desíθo] 動 deshacer の直・完了過去・3 単.

deshojado, da [desoxáðo, ða] 〔< hoja〕形 葉(花びら, 頁など)の落ちた, 取れた.

deshojar [desoxár] 他 …の葉(花びら, 頁など)を取る.
——**se** 再 葉(花びら, 頁など)が落ちる, 取れる. —Este árbol *se deshoja* ya entrado el invierno. この木は冬になるとすぐに葉を落とす.

deshoje [desóxe] 男 葉が落ちること, 落葉. —El ~ de los árboles anuncia la llegada del invierno. 木々の落葉が冬の到来を告げる.

deshollejar [desoʝexár] 他 (ブドウなどの)皮をむく.

deshollinadera [desoʝinaðéra] 〔< hollín〕

674 deshollinador

女 壁, 天井掃除用のほうき.

deshollinador [desoʝinaðór] 男 **①** 煙突掃除夫. **②** →deshollinadera.

deshollinar [desoʝinár] 他 (煙突)を掃除する, すす払いをする; (壁, 天井)を掃除する.

deshonestidad [desonestiðá(ð)] [<honesto] 女 **①** 不誠実. **②** 不道徳, みだらさ.

deshonesto, ta [desonésto, ta] 形 **①** 不誠実な, 正直でない. —Engañarle ha sido un acto ~. 彼を裏切るのは不正直な行為だった. **②** 不道徳な, みだらな. 類**impúdico, obsceno, reprobable**.

deshonor [desonór] [<honor] 男 **①** 不名誉, 名誉を失うこと, 恥辱. —Teme que ese escándalo redunde en ~ de la familia. 彼はそのスキャンダルが家の恥になるのではないかと心配している. **②** 不名誉なこと(物, 人), 面汚し.

deshonorar [desonorár] 他 **①** …の名誉を奪う. **②** …の地位・職を奪う.

***deshonra** [desónra] 女 **①** **不名誉**, 不面目, 恥辱; 侮辱. —Tuvo que dejar el pueblo por la ~ de ser madre soltera. 彼女は不名誉にも未婚の母となったため町から追い出された. 類**deshonor**. 反**honor, honra**. **②** 辱(はずかし)め(女の貞操を汚すこと). —Vengó con la muerte la ~ de la hija. 彼は娘が受けた辱めを, その相手を殺すことによって晴らした.

tener a deshonra を不名誉[恥]に思う, 侮辱と取る.

‡**deshonrar** [desonrár] 他 **①** …の名誉を毀損(きそん)する, 名誉を傷つける. —Antiguamente, si *deshonrabas* a un caballero, tenías que batirte en duelo con él. 昔君がもしある騎士の名誉を傷つけたなら, 彼と決闘せねばならなかったんだよ. **②** (婦女)を凌辱する, 犯す. —El gamberro, además de *haberla deshonrado*, la mató. ごろつきは彼女を凌辱した上に, 殺した.

—**se** 再 恥をかく, 面目をなくす.

deshonroso, sa [desonróso, sa] 形 恥ずべき, 不名誉な.

deshora [desóra] [<hora] 女 〖次の成句で〗
a deshora 不適切な時に, そうすべき時をはずして; 夜遅く. El novio de mi hija siempre telefonea *a deshora*, cuando ya estamos durmiendo. 娘の恋人はいつも夜遅く, 私たちがもう眠っているときに電話をかけてくる.

deshornar [desornár] [<horno] 他 をかまど(オーブン)から出す.

deshues- [desués-] 動 desosar の直・現在, 接・現在, 命令・2 単.

deshuesar [desu̯esár] [<hueso] 他 (果物)の種を取る, (肉)の骨を取る. —Compró una pata de cordero y le pidió al carnicero que se la *deshuesara*. 彼女は羊の足を1本買い肉屋にその骨を取ってくれるよう頼んだ.

deshumanización [desumaniθaθi̯ón] [<humano] 女 非人間化, 人間らしさを失うこと.

deshumanizar [desumaniθár] [1.3] 他 を非人間化する, …に人間味を失わせる. —Era un hombre cariñoso pero el poder y la fama lo *han deshumanizado*. 彼は優しい人だったが権力と名声がその人間らしさを奪ってしまった.

—**se** 再 人間味[らしさ]を失う.

deshumedecer [desumeðeθér] [**9.1**] [<húmedo] 他 を乾燥させる. 反**humedecer**.

desiderativo, va [desiðeratiβo, βa] 形 願望の. —oración *desiderativa* 願望文.

desiderátum [desiðerátun] 男 **①** 望みうる最高のもの[こと](=el no va más). **②** 望み, 強い願望. 類**aspiración**.

desidia [desíði̯a] 女 不精, 怠惰. 類**descuido, inercia, negligencia**.

desidioso, sa [desiði̯óso, sa] 形 不精な, 怠惰な.

‡**desierto, ta** [desi̯érto, ta] 形 **①** 人気(ひとけ)のない, 住む人のない; 荒涼とした 〖estar+〗. —isla *desierta* 無人島. llanura *desierta* 荒涼とした平原. A la hora de la siesta las calles quedan *desiertas*. シエスタの時間に街は人通りがなくなる. 類**deshabitado, despoblado, solitario**. **②** (コンクール・入札などで)参加者[該当者]がいない. —El premio literario Akutagawa se ha declarado ~. 芥川賞は該当者がないと発表された.

—男 沙[砂]漠, 不毛の地, 荒野. —~ de arena [de piedras] 砂[岩石]沙漠.

clamar [predicar] en el desierto 馬の耳に念仏を唱える, (聞く耳を持たない人に)無駄な説教をする.

designación [desiɣnaθi̯ón] 女 **①** 指名, 任命. —La ~ del nuevo director se efectuará mañana. 新しい局長の指名は明日行なわれる. **②** 名づけ, 呼称.

‡**designar** [desiɣnár] 他 **①** 〖文〗 (*a*) (人間)を指名する, 任命する. —Ha sido *designado* presidente de la fundación. 彼は財団総裁に任命された. 類**elegir, nombrar**. (*b*) (場所・日時など)を指定する. —Esta ciudad fue *designada* como sede de los próximos Juegos Olímpicos. この市は次期オリンピックの開催地として選ばれた. **②** 〖文〗〖+con〗 (名称)を…に付ける, 命名する. —En este país *designan* muchos productos *con* nombres ingleses. この国では多数の製品に英語名が付けられている. A esta parte de España la *designaron* con el nombre de "Bética". スペインのこの地方で彼らは「ベティカ」という名を付けた. 類**denominar**. **③** (言葉・記号など)が指示する, 表示する, 意味する. —Los ríos los *designan* con la letra "r". 川は「r」という文字で表わされている.

designio [desíɣni̯o] 男 意図, 計画. —Si hubiera conocido sus ~s, no le hubiera ayudado. もし彼の意図を知っていたら, 助けたりはしなかったのに.

‡**desigual** [desiɣu̯ál] 形 **①** 〖+con/en〗 (…と, …が)等しくない, 均等でない; 不平等な 〖ser+〗. —Aquellos hermanos son muy *desiguales en* el carácter. あの兄弟は性格が非常に違っている. Compró unos zapatos que tenían el color ~. 彼は違った色をした靴を何足か買った. 類**desemejante, diferente, distinto**. 反**igual**. **②** 一様でない, むらのある, ふぞろいの. —estilo ~ むらのある文体. Es muy ~ en el trato con la gente. 彼は人との付き合い方に非常にむらがある. 類**inconstante, irregular**. **③** 変わりやすい, 気まぐれな. —Este verano está haciendo un tiempo muy ~. 今年の夏は非常に天気が変わりやすい. 類**caprichoso, variable**. 反**constante**. **④** 平らでない, でこぼこの. —Es incómodo ir en bicicleta por un camino tan ~. こんなでこぼこ道を自転車

で行くのは不愉快だ. 類**accidentado, irregular**. 反**regular**. ❺ つり合わない, 一方的な. —Ha sido un partido muy ~. それは一方的な試合だった.

desigualar [desiɣualár]〔<igual〕他 を不揃いにする, 異ならせる.
　——**se** 再 ❶ 抜きん出る, 優位に立つ. 類**adelantarse, aventajarse**. ❷ 不揃いになる, 異なる.

‡**desigualdad** [desiɣualdá(ð)] 女 ❶ 不均等, 不均衡, 不公平; 不平等. ～ de oportunidades 機会不均等. ～es económicas entre los países 国家間の経済格差. suprimir la ～ social 社会的不平等を撤廃する. ～ en el trato 差別待遇. Hay una gran ～ entre ricos y pobres en el mundo. 世界では貧富の格差が大きい. No debería existir ～ ante la ley. 法の前で不平等があってはならない. 類**diferencia, disparidad**. 反**igualdad**. ❷《表面の》起伏, でこぼこ. —～es del terreno 土地の起伏. camino lleno de ～es でこぼこ道. 類**depresión, desnivel**. 反**regularidad, uniformidad**. ❸《天候の》変わりやすさ, 不順;《性格・文章などの》むら, むら気. ❹《数学》不等式. —signo de ～ 不等号(A＞Bは A mayor que B と読み, A＜Bは A menor que B と読む).

‡**desilusión** [desilusjón] 女 ❶ 失望, 幻滅, 落胆; 期待外れ, 当て外れ. —época de ～《夢のない》時代. llevarse [tener, sufrir] una ～ 失望する, 幻滅を感じる, がっかりする, 当てが外れる. 類**decepción, desencanto, desengaño**. 反**esperanza, ilusión**. ❷ 迷いから覚めること, 覚醒.
—caer en la ～ 迷いから覚める.

desilusionante [desilusjonánte]〔<ilusión〕形 がっかりさせる, 幻滅させる.

desilusionar [desilusjonár] 他 をがっかりさせる, 幻滅させる, …の期待を裏切る. —Siento desilusionarte pero tu tesis está mal construida. がっかりさせて悪いけれど, 君の論文は構成がまずい.
　——**se** 再 ❶ がっかりする, 幻滅する. ❷＝desengañarse.

desimanar [desimanár]〔<imán〕他 →desimantar.

desimantar [desimantár] 他 …の磁気を取る, 消磁する.　——**se** 再 磁気を失なう.

desimpresionar [desimpresjonár]〔<impresión〕他《人の》思い込みを正す, 迷いを覚ます. 類**desengañar**.

desincrustar [desinkrustár] 他 …の湯あか・付着物を除去する.

desinencia [desinénθja] 女《文法》語尾変化, 屈折語尾. —～ nominal 名詞の性数変化. ～ verbal 動詞の活用, 屈折語尾.

desinencial [desinenθjál] 形 語尾変化の, 活用の.

desinfección [desinfekθjón]〔<infecto〕女 消毒, 殺菌.

desinfectante [desinfektánte] 形 消毒(用)の.　——男 消毒薬[液].

***desinfectar** [desinfektár]〔<infectar〕他 を殺菌する, 滅菌する, 消毒する. —～ la herida 傷口を消毒する. Desinfectó el lavabo con lejía. 彼は洗面台を漂白剤で消毒した.
　——**se** 再《自分の体を》消毒する. —Usted debe ～se las manos. あなたは両手を消毒すべきです.

desinfestar [desinfestár] 他 →desinfestar.

desinflacionista [desinflaθjonísta]〔<inflación〕形 インフレ抑制の, デフレ的の.

desinflamación [desinflamaθjón] 女 炎症が治まること, 消炎.

desinflamar [desinflamár]〔<inflamar〕他《体の部位, 傷》の炎症をおさえる.
　——**se** 再 炎症がおさまる.

desinflar [desinflár]〔<inflar〕他 ❶ をしぼませる,《風船など》の空気を抜く. —Lo han cogido desinflando con un punzón las ruedas de los coches aparcados. 彼は駐車した車のタイヤを錐でパンクさせている所を捕まえられた. ❷ を落胆させる; …の鼻っ柱を折る. —Cualquier dificultad lo desinfla. 彼は少しでも困難なことがあると失望してしまう. 類**desanimar, desilusionar**. ❸《比喩》…の重要性・力を奪う.
　——**se** 再 ❶ しぼむ, 空気が抜ける. —El flotador se desinfló y casi se ahoga. 浮き袋がしぼみ彼はあわやおぼれ死ぬところだった. ❷ 落胆する, がっかりする; 謙虚になる. ❸《比喩》重要性・力を失なう.

desinsectación [desinsektaθjón]〔<insecto〕女 寄生虫・害虫の駆除.

desinsectar [desinsektár] 他 …の寄生虫・害虫を駆除する.

desintegración [desinteɣraθjón]〔<íntegro〕女 分解, 解体, 空中分解; 分裂, 崩壊. —～ nuclear 核分裂. Aquel escándalo llevó a la ～ de la sociedad cultural del barrio. あのスキャンダルがその地区の文化社会の解体につながった.

desintegrar [desinteɣrár] 他 を解体させる, 分裂させる. —Utilizaron dinamita para ～ la roca en peligro de desprenderse. 崩落の危険があったのでその岩石の解体にはダイナマイトが使われた.　——**se** 再 解体する, 分裂する.

‡**desinterés** [desinterés] 男 ❶ 私心のなさ, 無私無欲, 公平, 気前のよさ. —tener ～ 私心[私欲]がない. 類**generosidad**. 反**interés, egoísmo**. ❷《まれ》[＋por/hacia]《…への》無関心, 興味のなさ. —sentir un gran ～ por los estudios 勉強に全く興味を覚えない. 類**apatía, indiferencia, desgana**. 反**afán**.
　con **desinterés** (1) いやいや. trabajar con desinterés y con desgana いやいや働く. (2) 欲得[利害]を離れて. actuar [obrar] con total desinterés 欲得を離れて行動する.

desinteresadamente [desinteresaðaménte]〔<interés〕副 ❶ 無欲に, 私心なく; 気前よく. ❷ 無関心に.

***desinteresado, da** [desinteresáðo, ða] 過分〔<desinteresarse〕形 ❶ 関心[興味]がない, 無関心の. ❷ 私心のない, 私利私欲のない, 公平無私な. —Es un chico ～ y te ayudará sin pedirte nada a cambio. 彼は欲のない青年だから見返りを求めずに君を助けてくれるだろう. 類**altruista, desprendido, generoso**. 反**egoísta, interesado**.

desinteresarse [desinteresárse] 再〔＋de〕…に対する興味を失なう, 関心を示さない.

desintoxicación [desintoksikaθjón]〔<toxicar〕女《医学》解毒.

desintoxicar [desintoksikár] [1.1] 他《人》を解毒する;《人》の中毒を治す. —Le hicieron un lavado de estómago para ～lo. 解毒のために彼

の胃の洗浄が行われた. 反**intoxicar**.
— **se** 再 中毒が治る.

desistimiento [desistimiénto] 男 断念; 《法律》権利の放棄, 訴訟の取り下げ.

*****desistir** [desistír] 自《+de》❶ を断念する, あきらめる. —*Desistió de* su empeño por aprender inglés. 彼は英語を学ぼうという努力をやめた. *Ha desistido de* comprar una casa de campo. 彼は別荘を買うのをあきらめた. ❷《司法》(権利)を放棄する. —*Desistieron de* la demanda. 彼らは請求権を放棄した.

desjarretar [desxařetár] 〔<jarrete〕他 ❶ (四足獣)の後ろ足を膝のところで切る. ❷ (人)を弱らせる.

desjuiciado, da [desxuiθiáðo, ða] 〔<juicio〕形 判断力を失なった, 正気でない.

desjuntar [desxuntár] 〔<juntar〕他 (一緒になっていたもの)を離す. 反**juntar**.

deslabonar [deslaβonár] 〔<eslabón〕他 ❶ (鎖)の輪を切る. ❷ を部分に分ける, 分解する. 類 **deseslabonar**.

deslastrar [deslastrár] 〔<lastre〕他 (船など)から底荷・バラスト (lastre) を取る.

deslavado, da [deslaβáðo, ða] 形 ❶ 軽く洗った. ❷ 厚顔の, **descarado**.

deslavar [deslaβár] 〔<lavar〕他 ❶ をさっと洗う, 軽く洗う. ❷ …の色を褪せさせる.

deslavazado, da [deslaβaθáðo, ða] 形 ❶ (話などが)まとまりのない, 一貫しない. —*Pronunció un discurso ~*, casi incomprensible. 彼は一貫性がなくほとんど理解不能な話をした. 類 **desordenado**. ❷ (服, 布などが)よれよれの. ❸ 色褪せした. 類 **insulso, insustancial**.

deslavazar [deslaβaθár] [1.3] 他 →deslavar.

*****desleal** [desleál] 形 ❶《+a/con》…に忠実でない, 不誠実な, 不忠な. —*Eres ~ con* tus amigos. 君は友人たちに対して不誠実だ. *Ha sido ~ a* sus principios. 彼は自分の原則に忠実でない. 類 **infiel, traicionero, traidor**. 反 **fiel, leal**. ❷ (やり方が)不当な, 不正な. —*Esta campaña es* una competencia ~. このキャンペーンは不当な競争だ.

— 男女 不誠実な人, 不忠者, 裏切り者. —*Todos los ~es* han sido expulsados del partido. 裏切った者は全員党から追放された.

deslealtad [deslealtá(ð)] 〔<leal〕女 不実, 不忠, 裏切り; 不貞.

desleimiento [desleimiénto] 男 溶かすこと, 溶解.

desleír [desleír] [6.6] 他 ❶ を溶かす. —*Deslíe* la pastilla en agua antes de tomarla. 彼女は飲む前に錠剤を水で溶かす. ❷《比喩》を冗漫に話す. — **se** 再 溶ける. —*La harina no se deslíe* bien en agua caliente. 小麦粉はお湯ではよく溶けない.

deslenguado, da [deslengwáðo, ða] 〔<lengua〕形 ❶ 人をののしる, 悪口を言う. 類 **desvergonzado**. ❷ 言葉が汚ない, 言葉使いが下品な. 類 **malhablado**.

deslenguamiento [deslengwamiénto] 男 罵詈雑言.

deslenguar [deslengwár] 他 …の舌を切る. — **se** 再《話》わめき立てる, 悪口を言う; 下品な言葉使いをする. 類 **desbocarse, desvergonzarse**.

desliar [desliár] [1.5] 〔<lío〕他 …の包みを解く. — **se** 再 (縛ったもの, くくられたもの)がほどける, 解ける.

deslice(-) [desliθe(-)] 動 deslizar の接・現在.

deslicé [desliθé] 動 deslizar の直・完了過去・1単.

desligado, da [desliɣáðo, ða] 〔<liga〕形 外れた, ほどけた; 離れた, 解放された.

desligadura [desliɣaðúra] 女 はずれる(はずす)こと, 解放.

desligamiento [desliɣamiénto] 男 →desligadura.

desligar [desliɣár] [1.2] 他 ❶ (つながれたもの)を離す, 解放する, 自由にする. —*El nuevo trabajo me desliga de* un horario fijo. 今度の仕事では私はフレックス・タイムで働ける. 類 **desatar**. ❷ (問題など)を切り離す.
— **se** 再 離れる, 自由になる. —*Varios presos lograron ~se* y huyeron. 何人かの囚人が自由になり逃亡した.

deslindador, dora [deslindaðór, ðóra] 〔<linde〕形 境界を決める; 区別をはっきりさせる.
— 男(女) 測量士.

deslindamiento [deslindamiénto] 男 →deslinde.

deslindar [deslindár] 他 ❶ (土地などの)境界を決める, 線引きをする. —*Conviene ~ bien* la finca para evitar problemas. 問題を起こさないためには地所の境界をきちんと決めた方がよい. ❷ (問題などの)範囲・区別をはっきりさせる.

deslinde [deslínde] 男 境界画定, 線引き, 区別.

*****desliz** [deslíθ] [複 deslices] 男 ❶《話》(ちょっとした)過ち, 間違い, へま, 失言. —*cometer* [tener] un ~ 間違いを犯す, 過ちを犯す, しくじる. *~ de la lengua* 口を滑らすこと. 類 **desacierto, error, indiscreción**. 反 **acierto**. ❷《話》(性的・金銭的関係での)過ち, しくじり. 類 **tropiezo**. ❸ 滑ること, 滑って転ぶこと. 類 **deslizamiento**.

deslizadero, ra [desliθaðéro, ra] 形 滑りやすい (=resbaladizo). — 男 滑りやすい所.

deslizadizo, za [desliθaðíθo, θa] 形 滑りやすい. 類 **resbaladizo**.

deslizamiento [desliθamiénto] 男 ❶ 滑ること. —*Las ingentes lluvias provocaron el ~ de* rocas en la ladera. 途方もない大雨で傾斜地の岩石の滑落が起こった. ❷ =desliz.

deslizante [desliθánte] 形 滑りやすい, 滑る.

*****deslizar** [desliθár] [1.3] 他 ❶ を滑らせる; 滑り込ませる, こっそり入れる. —*Deslizó* la carta por debajo de la puerta. 彼はドアの下から手紙を滑り込ませた. *Le deslizó* un billete de diez dólares en el bolsillo. 彼女は彼のポケットに10ドル札を滑り込ませた. *Deslizó* la mano por los rubios cabellos de la niña. 彼は女の子の金髪を手で撫でた. 類 **hacer resbalar**. ❷ (それとなく)を口にする, (本音などを)漏らす. —*Deslizó* un hiriente comentario. 彼は感情を害するようなコメントをうっかり言ってしまった.

— 自 滑る.

— **se** 再 ❶ (a) 〔+sobre の上を〕滑る, 滑りながら進む, 滑り下りる[落ちる]. —*Los niños se* *deslizaban* por el tobogán. 子どもたちは滑り台を滑り下りた. El esquiador *se deslizaba* por la pendiente nevada. スキーヤーは雪におおわれたスロープを滑り下りていた. Una lágrima *se deslizó* por su mejilla. 彼の頬を涙が滑り落ちた. (**b**) 滑るように進む, すり抜ける. ― La barca *se deslizaba* sobre el lago. 小船は湖を滑るように進んで行った. 類 **avanzar**. ❷ しのび込む; 抜け出す. ― Logró ~se de la habitación sin que nadie lo viera. 彼は誰にも見られずに部屋から抜け出すことができた. *Se ha deslizado* la botella de la mano. びんが手からすべり落ちた. 類 **escaparse, escurrirse**. ❸ (川などが)ゆったり流れる, (時間が)ゆっくり過ぎて行く. ― El río *se desliza* mansamente. 川はゆるやかに流れて行く. 類 **transcurrir**. ❹ (間違いを)うっかり犯す, 口を滑らせる.

deslomadura [deslomaðúra] 〔< lomo〕 囡 (きつい労働などによる)極度の疲労; 背中を痛めること.

deslomar [deslomár] 他 ❶ …の背中を痛める, 痛めつける. ― Casi *desloma* al burro de la paliza que le dio. 彼は彼の殴打であやうくロバの背を傷つけるところだった. ❷ 疲れ果てさせる. ― Estos niños tan traviesos me *desloman*. このいたずらっ子たちにはつくづく疲れてしまう.

――**se** 再 ❶ 背中を痛める. ❷ たくさん働く, 骨を折って働く. ― *Se desloma* desde las seis pero le pagan una miseria. 彼は6時から粉骨砕身働いているが, ほんのわずかな額の給料しかもらっていない.

deslucido, da [desluθíðo, ða] 〔< luz〕形 はえない, ぱっとしない, 魅力のない; 色つやを失った. ― El cantante tuvo una actuación *deslucida*. その歌手の公演はぱっとしなかった.

deslucimiento [desluθimjénto] 男 輝きを失なう(失なわせる)こと; 失敗.

deslucir [desluθír] [**9.2**] 他 ❶ …の輝きを失わせる, をだいなしにする. ― El mal tiempo *deslució* las fiestas del pueblo. 悪天候で村祭りはだいなしだった. ❷ を色あせさせる.

deslumbrador, dora [deslumbraðór, ðóra] 〔< lumbre〕形 目もくらむような, 光り輝く; 圧倒的な. ― Lucía un ~ collar de diamantes. 彼女は目もくらむようなダイアのネックレスをひけらかしていた.

deslumbramiento [deslumbramjénto] 男 ❶ 目がくらむこと, まぶしく輝くこと. ❷ 圧倒する(される)こと.

***deslumbrante** [deslumbránte] 形 ❶ まぶしい, まばゆい. ― La luz ~ del sol me cegó. 太陽のまばゆい光で目がくらんだ. ❷ 目もくらむような, 眩惑(ゲン)させるような. ― Es una chica de ~ belleza. 彼女は目もくらむばかりの美女だ. Lucía un ~ traje de noche. 彼女は目もくらむようなイヴニング・ドレスを着ていた. 類 **deslumbrador**.

***deslumbrar** [deslumbrár] 他 ❶ (光が)…の目をくらます, まぶしくする. ― Los faroles del coche me *deslumbraron*. 車のヘッドライトで私は目がくらんだ. ❷ を眩惑(ゲン)させる, …の目を奪う. ― La belleza de aquella chica lo *deslumbró*. あの少女の美しさに彼は目を奪われた. 類 **impresionar**.

――**se** 再 ❶ 目がくらむ. ― *Se deslumbró* con la potente luz de la linterna. 彼は懐中電灯の強力な光で目がくらんだ. ❷ 眩惑される, 目を奪われる.

― Ella *se deslumbró* con el aparente lujo en que vivía y se dejó engañar. 彼女は彼の見かけばきりたくな暮しぶりにまどわされ, だまされた.

deslustrado, da [deslustráðo, ða] 〔< lustre〕形 光沢を失った, つや消しの.

deslustrar [deslustrár] 他 ❶ …の光沢を失なわせる, つやを消す; (ガラス)をすりガラスにする. ❷ を色あせさせる, さえなくする. ❸《比喩》…の名声・評判を傷つける. 類 **desacreditar, deslucir, difamar**.

deslustre [deslústre] 男 ❶ 光沢を失なうこと, つや消し. ❷《比喩》評判に傷がつくこと. 類 **descrédito**.

desmadejamiento [desmaðexamjénto] 男 体が弱ること, 消耗, 衰弱. ― Este calor húmedo me produce un fuerte ~. この湿気のある暑さは私をとても衰弱させる. 類 **flojedad**.

desmadejar [desmaðexár] 他 (人)を疲れさせる, 弱らせる.

――**se** 再 衰弱する, 弱る. ― *Se ha desmadejado* totalmente con este prolongado resfriado. この長引いた風邪のせいで彼はすっかり衰弱してしまった.

desmadrar [desmaðrár] 〔< madre〕他 (子)を母親から引き離す. ――**se** 再 度を過ごす, はめを外す.

desmajolar [desmaxolár] [**5.1**] 〔< majuelo〕他 ❶ (ブドウ畑)から若木を引き抜く. ❷ (履物)のひもを解く.

desmalezar [desmaleθár] [**1.3**] 〔< maleza〕他 『中南米』…の雑草を取る, 除草する.

desmallar [desmaʎár] 〔< malla〕他 (網状のもの)を破る; (ストッキング)を伝線させる.
――**se** 再 (ストッキングが)伝線する.

desmamar [desmamár] 他 を離乳させる. 類 **destetar**.

desmán[1] [desmán] 男 ❶ 行き過ぎ, やりすぎ; 非道な行ない. 類 **desorden, exceso**. ❷ 不幸な出来事. ― Durante la dictadura se cometieron muchos *desmanes*. 独裁政権の間には多くの不幸な出来事が起こった.

desmán[2] [desmán] 男 【動物】ミズガリネズミ.

desmanarse [desmanárse] 再 (家畜が)群から離れる.

desmanchar [desmantʃár] 〔< mancha〕他 『中南米』…のしみを抜く, 汚れを取る.

desmandado, da [desmandáðo, ða] 形 命令に従わない, 反抗的な.

desmandamiento [desmandamjénto] 男 不服従, 反抗.

desmandar [desmandár] 他 (命令)を取り消す.

――**se** 再 ❶ 命令に従わない, 反抗する. 類 **desobedecer, propasarse, rebelarse**. 反 **obedecer, someterse**. ❷ 群から離れる.

desmano [desmáno] 男 ― a ~ 手が届かない; 離れた (= a trasmano).

desmanotado, da [desmanotáðo, ða] 〔< mano〕形 ❶ 不器用な. 類 **torpe**. ❷ 自信がない, 小心な, おずおずした. 類 **apocado, pusilánime**.

desmantelado, da [desmanteláðo, ða] 形 ❶ 取り壊された, 解体された. ❷ (家など)設備を取

り去った; (船の)マストが折れた.

desmantelamiento [desmantelamjénto] 男 取り壊し, 解体, 設備の撤去.

desmantelar [desmantelár] 他 ❶ を取り壊す, 解体する. — una base militar 軍事基地を取り壊す. ❷ (家などの)設備を撤去する ❸ (船の)マストを折る. 類**desarbolar**. ❹ (組織などを)解体する, 分解する, ばらばらにする. 類**desarticular**.

desmaña [desmáɲa] 女 不器用なこと, 不器用さ.

desmañado, da [desmaɲáðo, ða] 形 不器用な. 類**torpe**. 反**hábil, mañoso**.

desmaquillador, dora [desmakiʎaðór, ðóra] 形 化粧落しの.
—— 男 化粧落し, クレンジング・クリーム; 化粧落しブラシ.

desmaquillar [desmakiʎár] 他 …の顔の化粧を落とす.
——se 再 自分の顔の化粧を落とす.

desmarcar [desmarkár] [1.1] 他 《スポーツ》(選手)を敵のマークから自由にする, 敵のマークから外させる.
——se 再 ❶ 《スポーツ》敵のマークから自由になる, 敵のマークを外す. —El delantero centro *se desmarcó* y remató de cabeza el balón. センターフォワードは敵のマークをかわしヘディングシュートを決めた. ❷ [+de]…から逃れる, を避ける.

desmayado, da [desmajáðo, ða] 形 ❶ 気を失った. ❷ 気力をなくした. —Habló con una voz *desmayada*. 彼は元気のない声で話した. ❸ 色の薄い, 蒼白な.

‡**desmayar** [desmajár] 自 気力を失う, くじける, ひるむ. —Luchó por sus hijos sin ~. 彼は子どもたちのためにひるむことなく戦った. Su esperanza en un futuro mejor jamás *desmayó*. よりよい未来に向けての彼の希望は決してくじけることがなかった.
——se 再 気を失う, 失神する.

‡**desmayo** [desmájo] 男 ❶ 失神, 気絶. —sufrir un ~ 気絶する. La anemia le ocasiona frecuentes ~s. 彼女は貧血で度々気絶する. 類**síncope**. ❷ 無気力, 意気消沈; 口ごもり. —sentir un ~ en todo el cuerpo 全身がけだるい. 類**desaliento, desánimo**. ❸ 《植物》しだれ柳 (= sauce de Babilonia).
con desmayo (1) だらりと. Las ramas del sauce caen *con desmayo*. 柳の枝がだらだらと垂れ下がっている. (2) 口ごもりながら. hablar *con desmayo* 口ごもりながら話す.
sin desmayo 少しもひるまず, 断乎として. Siguió trabajando *sin desmayo*. 彼は断乎働き続けた.

desmedido, da [desmeðíðo, ða] 形 度を過した, とほうもない. —Una *desmedida* protección de los niños no es buena. 子どもを過保護にするのはよくないことだ. 類**desproporcionado, excesivo**.

desmedirse [desmeðírse] [6.1] 再 度を過す, はめを外す. —*Te has desmedido* en tus comentarios. 君のコメントはやりすぎだった.

desmedrado, da [desmeðráðo, ða] 形 やつれた, 弱った.

desmedrar [desmeðrár] 自 やつれる, 衰弱する; 悪化する. 類**decaer, ir a menos**.
—— 他 を悪化させる, 損なう. 類**deteriorar**.
——se 再 やつれる, 衰弱する; 悪化する. —Su mujer *se ha desmedrado* mucho. 彼の妻はとてもやつれてしまった.

desmejora [desmexóra] 女 衰弱, 悪化.

desmejoramiento [desmexoramjénto] 男 →desmejora.

desmejorar [desmexorár] 他 を悪くする, 損ねる. —La defectuosa acústica *desmejoró* el concierto. 音響の悪さでそのコンサートは台無しだった.
—— 自 やつれる, 衰弱する.
——se 再 やつれる, 衰弱する. —Con el cansancio ha vuelto a ~*se*. 疲れで彼は再びやつれてしまった.

desmelenado, da [desmelenáðo, ða] [<melena] 形 ❶ 髪の乱れた. ❷ 髪をふり乱した, 平静を失った.

desmelenar [desmelenár] 他 …の髪を乱す. —El fuerte viento la *desmelenó*. 強風が彼女の髪を乱した. 類**despeinar**.
——se 再 ❶ 髪が乱れる. ❷ 平静を失なう, 興奮する, 激高する. —*Se ha desmelenado* sin motivo. 彼は訳もなく興奮した. ❸ 《比喩》はめを外す, のびのびと振る舞う. 類**desmadrarse, soltarse**.

desmembración [desmembraθjón] [<miembro] 女 ❶ 手足の切断. ❷ (組織などの)解体, 分裂.

desmembramiento [desmembramjénto] 男 →desmembración.

desmembrar [desmembrár] [4.1] 他 ❶ (手足)を切断する 〖切断の対象は与格で表わされる〗; …の手足を切断する. ❷ [+de から]を分離する; を分割[解体]する.
——se 再 分割される, 分離される, 解体される. —El club *se desmembró* por problemas económicos. そのクラブは経済的問題で解体した.

desmemoriado, da [desmemorjáðo, ða] [<memoria] 形 ❶ 忘れっぽい. —Eres un ~ y deberías utilizar agenda. あなたは忘れっぽいんだから手帳を使うべきよ. ❷ 記憶を失なった.

desmemoriarse [desmemorjárse] 再 記憶を失なう; [+de]を忘れる, 思い出さない.

desmentida [desmentíða] 女 →desmentido.

desmentido [desmentíðo] 男 ❶ 否定, 否認, 反駁(ばく), 反論. —La familia ha dado un rotundo ~ de los rumores. その家族は噂をきっぱりと否定した. 類**mentis**. ❷ 否定, 打ち消しのための公式声明[コミュニケ].

desmentidor, dora [desmentiðór, ðóra] 形 [+de]を否定する, 反証となる.
—— 名 [+de]を否定するもの, 反証となるもの.

desmentir [desmentír] [7] 他 ❶ を否定する, 嘘だという; …の反証になる. —*Desmiento* todo lo que él dice de mí. 彼が私について言っていることは全部うそだ. 類**negar**. ❷ を隠す. —Ya no puede ~ la avanzada edad que tiene. 彼はもうその高齢を隠せない. 類**disimular**. ❸ …にふさわしくない, もとる. 類**desmerecer**.

desmenuzable [desmenuθáβle] [<menuzo] 形 こなごなになりやすい, 砕けやすい, もろい.

desmenuzamiento [desmenuθamjénto] 男 粉々にすること.

desmenuzar [desmenuθár] [1.3] 他 ❶ (固く

ないもの)を粉々にする, くだく. —En casa sí puedes ~ el pan en la sopa. 家でならパンを小さくちぎってスープに入れていいよ. ❷ を細かく調べる.
— se 再 くだける, 粉々になる, 小さくなる.

desmerecedor, dora [desmereθeðór, ðóra] 形 〖+de〗…にふさわしくない, 値しない. 反 **merecer**.

desmerecer [desmereθér] [9.1] 他 …にふさわしくない, 値しない, もとる. —Yo creo que no *desmerece* el ascenso. 彼は昇進にふさわしくはないと思う. 反 **merecer**.
— 自 ❶ 価値を失なう. 類 **decaer**. ❷〖+de〗…より劣る, ひけを取る. —El vestido que llevaba no *desmerecía de*l de sus amigas. 彼女の着たドレスは友人のそれにひけをとっていなかった.

desmerecimiento [desmereθimjénto] 男 ❶ 価値が下がること. ❷ (他と比べて)劣ること, ひけを取ること. 類 **demérito**.

desmesura [desmesúra] 女 ❶ 無礼, 傲慢. ❷ 過度なこと, いき過ぎ. —Este niño come con ~. この子は食べ過ぎた.

desmesuradamente [desmesuráðaménte] 副 ものすごく, 度はずれに.

desmesurado, da [desmesuráðo, ða] 形 ❶ 無礼な, 傲慢な. —No deberías usar ese lenguaje ~. そんな無礼な話し方をすべきじゃないよ. 類 **descortés, insolente**. ❷ 度はずれな, 大きな. 類 **exagerado, excesivo**.

desmesurar [desmesurár] 他 《まれ》を過大評価する, 誇張する. 類 **exagerar, supervalorar**.
— se 再 ❶ 度を越す, はめを外す. 《まれ》無礼を働く, 傲慢な態度をとる.

desmient- [desmjént-] 動 desmentir の直・現在, 接・現在, 命令・2 単.

desmigajar [desmiɣaxár] 〔<migaja〕 他 (固くないものを)粉々にする, 細かくする. —~ el pan パンをこまかくちぎる. 類 **desmenuzar**.

desmigar [desmiɣár] [1.2] 〔<miga〕 他 (パンなど)を細かくちぎる, くだく. 類 **desmigajar**.

desmilitarización [desmilitariθaθjón] 〔<militar〕女 非武装化, 非軍事化.

desmilitarizar [desmilitariθár] [1.3] 他 を非武装化する, 非軍事化する. —Estamos atravesando una zona *desmilitarizada*. 我々は非軍事区域を通っているところだ.

desmineralización [desmineraliθaθjón] 〔<mineral〕女 《医学》鉱物質の欠乏.

desmirri**ado, da** [desmirrjáðo, ða] 形 《話》やせっぽちの. 類 **esmirriado**.

desmitificar [desmitifikár] 他 を非神話化する, 神格化[理想化]しない.

desmochar [desmotʃár] 〔<mocho〕他 ❶ …の先端を取る[切る, 折る]. —~ una encina カシの木の先端を切る. ❷ (作品の)一部をカットする, 削除する.

desmoche [desmótʃe] 男 ❶ 先端を取る[折る]こと; 剪定. ❷ (作品の一部を)カット[削除]すること.

desmonetizar [desmonetiθár] [1.3] 〔<moneda〕他 ❶ (金属)を貨幣の鋳造に使用するのをやめる, (通貨)を流通停止にする. ❷〖中南米〗…の価値を下げる. 類 **depreciar**.
— se 再 価値を失う.

desmontable [desmontáβle] 〔<montar〕形 分解できる, 組み立て式の. —Esta mesa es ~. この机は組み立て式だ.

desmontaje [desmontáxe] 男 分解, 取り外し.

*****desmontar** [desmontár] 〔<montar〕他 ❶ を取り外す; 分解する, 解体する. —*Desmontó* el motor de la aspiradora para arreglarlo. 彼は修繕のために電気掃除機のモーターを取り外した. ~ un reloj 時計を分解する. ❷ (*a*) (山)を伐採する, 切り開く. —~ un monte 山を伐採する. (*b*) 整地する, さら地にする. 類 **allanar**. ❸ (銃に安全装置をかける. —~ la escopeta 猟銃に安全装置をかける. ❹〖+de から〗(動物・乗り物から)を降ろす. —El padre *desmontó* a su hija *de*l burro. 父親はロバから娘を降ろした. ❺ …に反論する. —*Desmontó* todas las objeciones que presentaron al proyecto. 彼は計画に対し彼らが示した全ての反対に反論した. ❻ (建物)を取り壊す, 取り払う. —*Desmontaron* el viejo edificio porque amenazaba ruina. 崩落の恐れがあるため彼らは古い建物を取り壊した. 類 **demoler**.
— 自 〖+de から〗降りる. —~ *de*l caballo 馬から降りる.
— se 再 〖+de から〗降りる. —El niño *se desmontó de*l triciclo cuando vio a su madre. 子供は母親を見かけて三輪車から降りた.

desmonte [desmónte] 男 ❶ 地ならし, 整地; 山林の伐採. ❷〖主に 複〗ならした土地. ❸ 地ならしで出た土.

desmoralización [desmoraliθaθjón] 〔<moral〕女 ❶ 士気の喪失, 落胆. —El paro contribuye a la ~ de la juventud. 失業で若者は士気を喪失している. ❷ 退廃.

desmoralizador, dora [desmoraliθaðór, ðóra] 形 ❶ 士気を喪失させる, がっかりさせる. —El resultado fue ~. 結果はがっかりするものだった. ❷ 堕落させる, 退廃的な.

desmoralizante [desmoraliθánte] 形 → desmoralizador.

desmoralizar [desmoraliθár] [1.3] 他 ❶ …の士気を失わせる, 自信を奪う. —Aquella derrota *desmoralizó* el ejército. あの敗北で軍隊は士気を失った. 類 **desalentar**. ❷ を退廃させる, 不道徳にする. 類 **encanallar, pervertir**.

desmoronadizo, za [desmoronaðíθo, θa] 〔<morón〕形 崩れやすい, もろい.

desmoronamiento [desmoronamjénto] 男 ❶ 崩れる[崩す]こと, 崩壊, 倒壊; 風化. —~ de un edificio [un imperio] 建物[帝国]の崩壊. ❷ 落胆, 意気消沈, 落ち込み.

desmoronar [desmoronár] 他 ❶ を崩す, (時間をかけて)倒す, 風化させる. —La erosión *desmorona* los muros del castillo. 風化が城壁を徐々に壊している. 類 **derruir, derribar**. ❷ を壊す, 打ち崩す.
— se 再 ❶ 崩れる, 倒れる. —La vieja torre de la iglesia *se desmoronó* con el seísmo. 教会の古い塔は地震で倒れた. ❷ (精神的なもの)が崩れる. —No pudo superar la muerte de su esposa y *se desmoronó*. 彼は妻の死を克服できず精神的に崩れてしまった.

desmotar [desmotár] 他 ❶ (毛織物)から節玉を取る. ❷ (綿)を繰って種を取る.

desmovilización [desmoβiliθaθjón] 女 動

員解除, 除隊.

desmovilizar [desmoβiliθár] [1.3] 他 …の動員を解除する; を除隊させる.

desmultiplicar [desmultiplikár] [1.1] 他 《機械》をギアで減速させる.

desnacionalización [desnaθjonaliθaθjón] 女 非国営化, 民営化. 反 **nacionalización**.

desnacionalizar [desnaθjonaliθár] [1.3] 他 を非国営化する, 民営化する. 反 **nacionalizar**.

desnarigado, da [desnariɣáðo, ða] (<nariz) 形 ❶ 鼻の欠けた, 鼻の折れた. ❷ 鼻ぺちゃの. 類 **chato**. 反 **nariguido**.

desnarigar [desnariɣár] [1.2] 他 …の鼻を折る.

desnatado, da [desnatáðo, ða] 形 無脂肪の.
leche desnatada 無脂肪乳

desnatadora [desnataðóra] (<nata) 女 牛乳のクリーム分離器.

desnatar [desnatár] 他 ❶ (牛乳)からクリームを分離する, 上皮をとる. —leche *desnatada* スキムミルク. leche sin ~ 全乳. ❷ …の良いところを取る.

desnaturalización [desnaturaliθaθjón] 女 ❶ 国籍の剥奪, 追放されること. ❷ 自然な性質を奪う(失なう)こと, 変質.

desnaturalizado, da [desnaturaliθáðo, ða] 形 ❶ 国籍を剥奪された, 追放された. ❷ 自然な性質を失なった, 変質した. ❸ (とくに親・子に対する)情愛のない, 無慈悲な, 非人間的な. —padre [hijo] ~ 無慈悲な父[息子].

desnaturalizar [desnaturaliθár] [1.3] ❶ …から国籍を剥奪する, を追放する. ❷ …の性質を損なう, を変質させる.
—**se** 再 無国籍になる.

:**desnivel** [desniβél] 男 ❶ **高低差, 落差**. —cruce [paso] a ~ 立体交差. ~ cultural entre las clases sociales 社会階級間の文化の落差. ~ de fuerzas 力の差. Hay un gran ~ entre el andén y el tren. ホームと電車の間の落差が大きい. 類 **desigualdad, diferencia**. ❷ 凹凸, 起伏, 窪(くぼ)み. —camino lleno de ~es 起伏に富んだ道. 類 **depresión, desigualdad**.

desnivelación [desniβelaθjón] (<nivel) 女 高低差がつく(つける)こと; 傾く(傾ける)こと; 不均衡. 反 **nivelación**.

desnivelado, da [desniβeláðo, ða] 形 高低差のある, でこぼこの; 傾いた; 不均衡な. 反 **nivelado**.

desnivelar [desniβelár] 他 …に高低差をつける; を傾ける; 不均衡にする. —La depreciación de la moneda *desnivelará* la balanza comercial de pagos. 通貨の下落が貿易収支の不均衡を招くだろう. 反 **nivelar**.
—**se** 再 傾く, 不均衡になる.

desnucar [desnukár] [1.1] (<nuca) 他 ❶ …の頸の骨をはずす, 脱臼させる. ❷ 頸を打って殺す.
—**se** 再 ❶ 首の骨が折れる. —Se *desnucó* al caerse del árbol. 彼は木から落ちて首の骨が折れた. ❷ 首を打って死ぬ.

desnuclearización [desnuklearniθaθjón] 女 核をなくすこと, 核の廃絶.

desnuclearizar [desnukleariθár] [1.3] 他 …から核をなくす[廃絶する].

desnudamente [desnuðaménte] 副 赤裸裸に, あからさまに, 飾りなしに.

desnudamiento [desnuðamjénto] 男 裸にする[なる]こと; 『比喩的に』裸にする[なる]こと.

:**desnudar** [desnuðár] 他 ❶ …の服を脱がせる, を脱がす. ❷ 裸にする, 身ぐるみはぐ. —Le *desnudaron* a la salida del metro. 彼は地下鉄の出口で身ぐるみはがされた. 類 **desplumar, desvalijar**. ❸ (装飾・おおいなど)…から取り去る, を丸裸にする. —*Desnudaron* el salón para pintar las paredes. 彼らは壁を塗装するため広間から装飾を取り除いた. ❹ (本心などを)さらけ出す, あらわにする. —La obra *desnuda* las inconfesables debilidades del ser humano. その作品は人間の口に出すのも恥ずかしい弱点を赤裸々にあばいている. ❺ 《文》(剣)を鞘から抜く.
—**se** 再 ❶ 服を脱ぐ, 裸になる. —Se *desnudó* y se metió en el baño. 彼は服を脱いで入浴した. *Desnúdese* de la cintura para arriba. 上半身裸になってください. Estaba tan cansada que ni *se desnudó* para acostarse. 彼女は疲れていたので, 寝るのに服さえ脱がなかった. ❷ 『+de を』捨てる, 投げ出す, なくす.

desnudez [desnuðéθ] 女 裸(の状態), 飾りがない状態.

desnudismo [desnuðísmo] 男 裸体主義, ヌーディズム. 類 **nudismo**.

desnudista [desnuðísta] 形 裸体主義の, ヌーディズムの.
— 男女 裸体主義者, ヌーディスト. 類 **nudista**.

:**desnudo, da** [desnúðo, ða] 形 ❶ **裸の, 裸体の, 服を着ていない** 『estar+』. —Estaba solo y se bañó ~ en la piscina. 彼は一人だけだったのですっ裸になってプールに入った. 類 **desvestido**. 反 **vestido**. ❷ 裸同然の, 半裸の; むき出しの. —manos *desnudas* 素手. ¡Ponte otra ropa, que vas *desnuda* con ese vestidito de nada! 他の服を着なさい. そんなどうしようもない服では裸で出て行くようなものだから. 反 **cubierto**. ❸ 飾り[覆い遮るもの]のない. —*espada desnuda* 抜き身の剣. *paredes desnudas* 装飾のない壁. 類 **descubierto**. 反 **adornado, cubierto**. ❹ あからさまな, 赤裸々な. —No se anduvo con rodeos y nos contó la verdad *desnuda*. 彼は持って回ったことは言わずにありのままの真実を私たちに述べた. 類 **claro, patente**. 反 **adornado**. ❺ 『+de』…が無い, 欠けている. —La enfermedad lo dejó ~ de fuerzas. 病気が彼の力を奪った. 類 **carente, desprovisto, falto**. 反 **provisto**. ❻ (貧乏で)裸同然の, 赤貧の 『estar+』. —Él tiene una buena posición económica, pero él tampoco está *desnuda*. 彼は経済的に恵まれた地位についているが, 彼なら金がないというわけではない. 類 **pobre**. 反 **provisto**.

estar desnudo de … (物事)がない. *Está desnuda de* ropa de verano. 彼女には夏服がない.
quedarse desnudo (1) 裸になる. (2) 破滅[破産]する.

— 男 裸体画, ヌード写真, 裸像. —pintar un ~ 裸体画を描く.
al desnudo (1) あからさまに, 包み隠さず. Esa biografía deja *al desnudo* la vida de famosos artistas. その伝記は有名な芸術家たちの生活を赤裸々にしている. (2) 裸体で[に]. poner *al desnu*-

do 裸にする. La retrató *al desnudo*. 彼は彼女の裸体画を描いた.

desnutrición [desnutriθjón] 囡 栄養不良, 栄養失調.

desnutrido, da [desnutríðo, ða] 形 栄養不良の, 栄養失調の.
—— 名 栄養不良[失調]者.

desnutrir [desnutrír] 他 を栄養不良にする.
——**se** 再 栄養不良・栄養失調になる. 反**nutrirse**.

*****desobedecer** [desoβeðeθér] [9.1] 他 …に従わない, 背く. —Le castigaron porque *había desobedecido* las órdenes. 彼は命令に従わなかったので罰せられた. ~ a sus padres 両親に背く.

desobediencia [desoβeðjénθja] 囡 不服従, 不従順, 反抗. —Lo han amonestado por ~ reiterada. 彼は繰り返し反抗したために訓戒を受けた. 類**rebeldía**. 反**obediencia**.

*****desobediente** [desoβeðjénte] 形 従順でない, 不従順な[ser/estar+]. —Este niño es muy ~ y rebelde. この子はあまり従順でなく扱いにくい. Hoy estás muy ~; no me obligues a dejarte sin merienda. 今日お前はあまり言うことを聞かないね. このままだとおやつなしにするよ. 類**desmandado, díscolo, insubordinado**. 反**obediente**.
—— 男女 従順でない人.

desobstrucción [desoβstrukθjón] 囡 障害物の除去.

desobstruir [desoβstruír] [11.1]〖アクセント記号の有無が huir とは異なる〗他 …から障害物を除く, 通りを良くする. —Tardarán una semana en ~ la carretera. 道路が再び開通するには1週間かかるだろう.

desocupación [desokupaθjón] 囡 ❶ 退去, 撤去, 明け渡し. ❷ 暇; 失業. —El índice de ~ es muy bajo. 失業率は大変低い. 類**desempleo, paro**.

*****desocupado, da** [desokupáðo, ða] 過分〖<desocuparse〗形 ❶ (*a*) ふさがっていない, 空いている, 空の[estar+]. —En este vagón no hay asientos ~s. この車両には空席がない. 類**desobstruido, vacante, vacío**. 反**destruido, lleno, ocupado**. (*b*) (空間を)空けた, 邪魔物を取り除いた. ❷ (*a*) 暇な, 用のない; 何もしない[estar+]. —Estaré toda la tarde ~. 私は午後いっぱい暇だ. 類**libre, ocioso**. 反**ocupado**. (*b*) 仕事のない, 失業した[estar+]. —Lleva casi un año *desocupada*. 彼女はほとんど1年失業中だ. 類**desempleado, parado**. 反**empleado**.
—— 名 ❶ 暇な人; 怠け者. —Había alrededor del charlatán un corro de ~s. おしゃべり屋の周りに怠け者の輪ができている. ❷ 失業者. —Son ~s y buscan trabajo. 彼らは失業者で仕事を探している.

*****desocupar** [desokupár]〖<ocupar〗他 ❶ (中のものを)取り出す, 空にする. —*Desocupa* la maleta y métela en el trastero. スーツケースの中を空にして物置にしまいなさい. ❷ (場所を)明け渡す, 立ち退く; 退去する. —Tuvieron que ~ el piso porque no podían pagar el alquiler. 彼らは家賃が払えなかったのでマンションを立ち退かねばならなかった.
——**se** 再 ❶ 仕事が暇になる. —En cuanto *me desocupe* un poco, iré a verla. 暇になったらすぐ彼女に会いに行こう. ❷ 空く. —*Se ha desocupado* el servicio. トイレが空いた. ❸〖南米〗出産する.

desodorante [desoðoránte]〖<odor〗脱臭の. —— 男 デオドラント, 脱臭剤.

desodorizar [desoðoriθár] [1.3] 他 …の悪臭を消す, 脱臭する.

desoí- [desoí-] 動 desoír の直・現在/完了過去, 命令・2複, 過去分詞.

desoiga(-) [desoíɣa(-)] 動 desoír の接・現在.

desoigo [desóiɣo] 動 desoír の直・現在・1単.

desoír [desoír] [10.2] 他 …に耳を貸さない, 聞き入れない.

desojar [desoxár]〖<ojo〗他 (針など)の穴をこわす. ——**se** 再 ❶ (針など)穴がこわれる. ❷ (酷使して)目を悪くする. ❸ 血眼に見る, 目で捜す.

desolación [desolaθjón] 囡 ❶ 破壊, 荒廃. —Es impresionante la ~ producida por el seísmo en la zona. その地域の地震による荒廃は驚くほどだ. 類**devastación, ruina**. ❷ 悲嘆. —El secuestro del padre causó una gran ~ en la familia. 父親の誘拐は家族に大変な悲しみを与えた. 類**aflicción, desconsuelo**.

desolado, da [desoláðo, ða] 形 ❶ 荒廃した, 人の住まない. 類**desierto, devastado, inhóspito**. ❷ 悲嘆にくれた. 類**desconsolado**.

desolador, dora [desolaðór, ðóra] 形 ❶ 悲惨な, 悲しくさせる. —Las noticias que llegaban eran *desoladoras*. 届いた知らせは悲惨なものだった. ❷ 荒廃させる. —El pueblo presentaba un aspecto ~. その村は荒れ果てた様子を見せていた.

desolar [desolár] [5.1] 他 ❶ (場所を)荒廃させる, 破壊する. —Las inundaciones *han desolado* la comarca. 大水でその地域が荒廃してしまった. 類**asolar, devastar**. ❷ 悲しませる, 嘆かせる. 類**afligir, apenar**.
——**se** 再 悲嘆にくれる. 類**afligirse**.

desoldar [desoldár] [5.1] 他 …のはんだ付けを取る.

desolladero [desojaðéro] 男 皮はぎ場, 畜殺場. 類**matadero**.

desollado, da [desojáðo, ða] 形 ❶ 皮をはがれた. ❷ ずうずうしい. 類**descarado**.
—— 名 ずうずうしい人.

desollador, dora [desojaðór, ðóra] 形 ❶ 皮はぎの. ❷ 身ぐるみはぐような. ❸ 辛辣な.
—— 名 ❶ 皮はぎ職人, 畜殺人. ❷ 辛辣な人, 批判好き.

desolladura [desojaðúra] 囡 皮はぎ. —El zapato me ha hecho una ~ en el pie. その靴で私は靴ずれができた.

desollar [desojár] [5.1] 他 ❶ (獣)の皮をはぐ. —~ un cordero 子羊の皮をはぐ. Estos zapatos nuevos me *han desollado* los pies. 私はこの新しい靴で靴ずれができた. 類**despellejar**. ❷ (人)から金を巻きあげる, 身ぐるみはぐ; 損害を与える. ❸ (人)を手厳しく批判する, 酷評する.

desollar vivo a …〖vivo は目的語に性数一致する〗身ぐるみはぐ, すってんてんにする; こきおろす.

desollón [desojón] 男 →desolladura.

desorbitado, da [desorβitáðo, ða]〖<órbita〗形 ❶ 軌道を外れた, 常軌を逸した. —con los ojos ~s (驚きなどで)目を丸くして, 大きく見開いて.

❷ 誇張された.

desorbitar [desorβitár] 他 ❶ …の軌道を外す, を逸脱させる. —El susto le *desorbitó* los ojos. 驚きで彼は目を丸くした. ❷ を誇張する. —Has *desorbitado* la importancia del problema. 君はその問題の重要性を誇張しすぎた.

── se 再 軌道から外れる, 常軌を逸する.

:**desorden** [desórðen] 男 [複desórdenes] ❶ **無秩序**, 乱雑, 乱れ; 乱脈. —El cuarto estaba en el más completo ~. その部屋は散らかし放題であった. Llevaba los cabellos en ~. 彼女は髪を振り乱していた. Reinaba un gran ~ en la administración del país. 国の行政は乱脈を極めていた. 類**confusión, desbarajuste**. 反**orden**. ❷ [主に複](社会秩序を乱す)混乱, 騒ぎ, 騒動. —Con motivo de la manifestación había *desórdenes* en las calles. デモで街が混乱した. 類**alboroto, perturbación**. ❸ (*a*)(生活の)不規則, ふしだら. —vivir en el ~ ふしだらな生活を送る. Lleva mucho ~ en las comidas. 彼は食事の時間が不規則である. 類**desarreglo**. (*b*) 複(青年期の)不節制, 放蕩[3.3]. —Ahora paga los *desórdenes* de su juventud. 彼は若い時の放蕩三昧の償いを今している. 類**desenfreno, exceso**. ❹ (心身機能の)不調, 障害. —~ mental 精神障害. causar *desórdenes* en el estómago 胃の不調を引起こす.

en desorden 乱雑な[に], 散らかっている, 乱れた[て](→①). vestidos *en desorden* 乱れた服. poner *en desorden* 取り散らかす.

desordenadamente [desorðenaðámente] 副 無秩序に, 雑然と.

:**desordenado, da** [desorðenáðo, ða] 過分 形 ❶ **無秩序の**, 雑然とした. —Mi habitación está muy *desordenada*. 私の部屋は片付いていない. ❷ 無頓着な, 乱雑な. —Es una chica muy *desordenada*. 彼女はとても無頓着な女の子だ. ❸ 放縦な, 自堕落な, 乱れた. —Llevaba una vida *desordenada*. 彼は乱れた生活を送っていた.

desordenar [desorðenár] 他 を乱す, 乱雑にする, ごちゃごちゃにする. —Puedes estudiar en mi cuarto pero sin ~lo. 私の部屋で勉強してもいいけど散らかさないでね.

── se 再 乱れる, 乱雑になる, ごちゃごちゃになる. —*Se* me han *desordenado* las fichas. 私のカードがごちゃごちゃになってしまった.

desorejado, da [desorexáðo, ða] 〔<oreja〕形 ❶ 耳のない. ❷ 取っ手のない. ❸ 卑しい. 類**abyecto, infame, vil**. ❹ [中南米] 音痴の. ❺ [中南米] 恥知らずの, 無責任な. 類**desfachatado, irresponsable**.

desorejar [desorexár] 他 …の耳を切り落とす.

desorganización [desorɣaniθaθjón] 女 混乱, 無秩序. 類**caos, desorden**. 反**organización**.

desorganizar [desorɣaniθár] [1.3] 他 …の秩序を乱す, 混乱させる. —Las continuas huelgas *desorganizaron* el sistema productivo. 相次ぐストで生産システムはめちゃくちゃになった. 類**desordenar**. 反**organizar**.

── se 再 秩序が乱れる, 混乱する.

desorientación [desorjentaθjón] 女 方向を見失う(見失わせる)こと, 方向が分からないこと(状態); 混乱, 当惑.

desorientador, dora [desorjentaðór, ðóra] 形 道に迷わせる, 混乱させる.

***desorientar** [desorjentár] 〔<orientar〕 ❶ を道に迷わせる, …に方向を失わせる. —La llovizna y la niebla nos *desorientaron* en la bajada de la montaña. 霧雨ともやで私たちは下山中に道に迷った. ❷ を惑わせる, 当惑させる. —Sus sugerencias, más que servirme, me *desorientaron*. 彼の示唆は役立つというより私を迷わせるものだった.

── se 再 ❶ 道に迷う, 方向を見失う. —*Me desorienté* al salir de la estación. 私は駅を出ると方角が分からなくなった. ❷ 途方に暮れる, 困惑する. —Hay veces en la vida en las que uno *se desorienta*. 人生にはときどきどちらに進んだらいいかわからない時がある.

desornamentado, da [desornamentáðo, ða] 形 装飾のない, 飾り気のない.

desosar [desosár] [5.10] 〔<hueso〕 他 →deshuesar.

desovar [desoβár] 〔<hueva〕自 (魚などが)産卵する.

desove [desóβe] 男 産卵.

desovillar [desoβiʎár] 〔<ovillo〕 他 ❶ (毛糸玉などを)ほどく. 反**ovillar**. ❷ …のもつれを解く, 明確にする, 解決する. 類**desenredar**.

desoxidación [desoksiðaθjón] 女 脱酸化, 還元.

desoxidar [desoksiðár] 〔<óxido〕他 ❶ (酸化物)を還元する, 酸素を除く. ❷ (金属)のさびを落とす. ❸ (使っていない知識や技能など)のさびを落とし, 取り戻す.

desoxigenar [desoksixenár] 〔<oxígeno〕他 (酸化物)を還元する, 酸素を除去する.

desoy- [desoj-] 動 desoír の直・現在/完了過去, 接・過去, 命令・2単, 現在分詞.

despabiladeras [despaβilaðéras] 〔<pabilo〕女 複 ろうそくの芯を切るはさみ.

tener buenas despabiladeras のびのびとしている, 自由闊達である.

despabilado, da [despaβiláðo, ða] 形 ❶ 目覚めている, 目が冴えた. 類**desvelado**. ❷ 頭の冴えた, 賢い, 抜目のない(=espabilado). 類**listo, vivo**.

despabilar [despaβilár] 他 ❶ (ろうそく)の芯を切る. ❷ (人)の目を覚ます; 賢くする. —El café me ha *despabilado*. 私はコーヒーで目が覚めた. 類**espabilar**. ❸ (まれ)(仕事など)をさっさと片付ける; (財産など)をすぐに使い果たす. —~ la hacienda 財産を使い果たす. ❹ を盗む, かすめ取る. ❺ (俗)を殺す.

── 自 ❶ [主に命令文で]急ぐ, さっさとする. —¡*Despabila* que llegamos tarde! 急いで, 遅れちゃうよ! ❷ 頭を働かせる.

── se 再 目を覚ます; 賢くなる. —Salió a la terraza para ~*se*. 彼は目を覚まそうとテラスに出た.

despachaderas [despatʃaðéras] 女 複 《話》 ❶ 横柄さ, あつかましさ. 類**descaro, desvergüenza**. ❷ 機敏さ, 才覚.

despachado, da [despatʃáðo, ða] 形《話》 ❶ 仕事のない, 暇な; 心配ごとのない. 類**desocupado**. ❷ あつかましい, ずうずうしい. 類**descarado, fresco**. ❸ 機敏な, 才覚のある. 類**eficaz**.

despachante [despatʃánte] 男 『中南米』店員.

despachante de aduana →agente de ADUANAS.

‡**despachar** [despatʃár] 他 **(a)** (仕事など)を処理する, 片付ける, 解決する. —Este asunto hay que ~lo con el jefe. この問題は上司といっしょに処理しなければならない. Tengo que ~ la correspondencia de hoy. 私は今日の分の郵便物を処理しなければならない. **(b)** 《話》(飲食物)を片付ける, 平らげる. —*Despacharon* la paella en cinco minutos. 彼らはパエーリャを5分で平らげた. ❷ **(a)** (店で客)に応対する. —Haga el favor de ~me, que tengo prisa. すみませんが, 注文をとってください. 急いでいますから. 類**atender**. **(b)** を販売する, 売る. 類**vender**. ❸ **(a)** (手紙や荷物)を発送する, 送る. —Enseguida le *despacho* el pedido. ご注文の品はすぐ発送いたします. **(b)** (人)を派遣する. —~ tropas para sofocar la rebelión 反乱鎮圧のため部隊を派遣する. ❹ 《話》(人)を追い払う; くびにする, 解雇する. —Teme que le *despachen* del trabajo. 彼は職を追われるのではないかと心配している. 類**despedir**. **(b)** (人・動物)を片付ける, 殺す, やっつける. —*Despaché* de uno de un tiro. 私は一発で仕留めた. 類**matar**.

— 自 ❶ 仕事を処理する, 解決する. —*Despacha* a diario con sus asesores. 彼は毎日顧問たちに諮問する. El secretario está *despachando* con el director. 秘書はそのことを重役に相談している. ❷ 急ぐ, さっさと片付ける. ❸ (店が開いている. ❹〖+sobre を〗取り上げる, 議論する. —*Despacharon* sobre el tema de las elecciones municipales. 彼らは市会議員選挙の問題についての議論を行った. 類**conversar**.

—se 再 ❶ 〖+de を〗片付ける, 処理[処分]する; (飲食物)を片付ける, 食べてしまう. —*Se despacharon* un jamón entero. 彼らは生ハムを全部食べてしまった. ❷ 言いたいことを言う, 単刀直入に話す. —Hoy *me he despachado* a gusto. 今日私は言いたいことを言わせてもらった. ❸ 《文》〖+de から〗解放される, (を)免れる.

‡**despacho** [despátʃo] 男 ❶ (仕事などの迅速な)処理; (客との)応対; 会見. —El secretario efectuó el ~ de los asuntos urgentes. 秘書は緊急の用件をてきぱきと処理した. Después del ~ con el rey, el presidente del gobierno dará una conferencia de prensa. 国王との会見後, 首相は記者会見をするだろう. 類**tramitación**. ❷ **(a)** 事務室, オフィス; 書斎; (大学の)研究室. — ~ de abogados 弁護士事務所. mesa de ~ 事務机. Hágala pasar a mi ~. 彼女を私のオフィスに通してください. 類**estudio, oficina**. **(b)** 『集合的に』事務室[書斎]用家具一式. —Ha comprado un ~ estilo Luis XIV. 彼はルイ14世朝風の書斎用家具一式を買いそろえた. **(c)** 営業時間. —El abogado tiene ~ los días laborales de nueve a doce. その弁護士は平日は9時から12時まで受け付けている. ❸ 〖商業〗発送, 送付, 出荷. —Se ha retrasado mucho el ~ de esa mercancía. その商品の発送が大変遅れた. ❹ (切符・くじなどの)売り場, 店. — ~ de billetes [de localidades] 切符売り場. ~ de vinos 酒屋. 類**puesto, tienda**. ❺ (軍事・外交などの)公文書,

通牒(ちょう). — ~ diplomático 外交文書. En cambio ~ recibido ayer se comunicaba el cambio de embajador. 昨日届いた公文書で大使の更迭が伝えられた. ❻ (電報・電話などによる)通知, 連絡. — ~ telefónico 電話連絡. — ~ telegráfico 入電. 類**parte**. ❼ 販売. — géneros sin ~ 非売品.

tener buen despacho (1) 仕事が早い[よくできる]. (2) 売れ行きがよい, 需要がある.

despachurrar [despatʃurár] 他 ❶ 《話》を押し潰す. —*Despachurraba* las moscas dándoles un palmetazo. 彼は手で叩いてハエを押しつぶしていた. ❷ を黙らせる, やっつける. ❸ 《話》(言っていること)をごちゃごちゃにする.

—se 再 《話》押しつぶれる.

‡**despacio** [despáθjo] 副 〖<de+espacio〗❶ ゆっくり(と), じっくり(と), 徐々に. —Hazlo ~. それはゆっくりやってくれ. Después hablaremos más ~. 後でもっとゆっくり話そう. 類**lentamente**. 反**deprisa, rápidamente**. ❷ そっと, 静かに. —Entra ~ para no despertar al abuelo. おじいさんを起こさないようそうっと入っておいで. 類**cuidadosamente**. ❸ 『間投詞的に』落ち着いて, あわてずに. —¡D~, deja que te explique! 落ち着け! 私に説明させてくれ. ❹ 『中南米』小声で. —Habla ~, que vas a despertar a todos. 小声で話せ. 皆を起こしてしまうから. ❺ 長い時間, しばらく.

despacioso, sa [despaθjóso, sa] 形 《文》ゆっくりした. —Tiene andares ~s. 彼女の足どりはゆっくりしている. 類**lento, pausado**.

***despacito** [despaθíto] 副 ❶ 《話》ゆっくりと, ゆっくりゆっくり. —Cuidado, baja ~, ¿eh? 気をつけて, ゆっくり降りてね. ❷ 《話》《俗》軽く, 音をたてないように. —Oye, llama ~, que ya es muy tarde. ねえ, ドアのノックは軽くしなさいよ, もうずいぶん遅いんだから.

despajar [despaxár] 〖<paja〗他 ❶ (穀物)をもみ殻から分ける, ~からもみ殻をよける. ❷ (鉱物を取り出すために)(土塊)をふるいにかける.

despaldillar [despaldiʃár] 他 (動物の)肩甲骨を折る, 脱臼させる.

despampanante [despampanánte] 形 《話》すごい, すばらしい; すごく美人の. 類**deslumbrante**.

despampanar [despampanár] 〖<pampano〗他 ❶ (ブドウ)の葉を落す, せん定する. ❷ 《話》を驚かす, 圧倒する. — 自 《話》ぶちまける. 喋りまくる.

—se 再 《話》(落ちたり打ったりして)大けがをする.

despanzurrar [despanθurár] 〖<panza〗他 ❶ 《話》(動物)の腹を裂く. ❷ (中身の入った袋など)を破る, 破裂させる.

—se 再 《話》破裂する.

***desparecer** [despareθér] [9.1] 〖<parecer〗 →**desaparecer**.

desparejado, da [desparexáðo, ða] 〖<pareja〗形 片方だけになった, 対にならない. —un guante ~ 片方だけの手袋.

desparejar [desparexár] 他 を対でなくす, 片方だけにする. —Le molesta mucho que le *desparejen* los calcetines. 彼はソックスの片方がなくなるのがとてもいやだ.

—se 再 片方だけになる.

desparejo, ja [desparéxo, xa] 形 【主に複】対にならない, 合わない.

desparpajado, da [desparpaxáðo, ða] 形 気後れしない, 人前でのびのび振舞う; 厚顔な. — Era una chica bonita, alegre y *desparpajada*. 彼女は美しく, 陽気でのびのびとした娘だった.

desparpajar [desparpaxár] 他 をごちゃごちゃにする, ばらばらにする.
— 自 《話》しゃべる. 類**charlar**.
—se 再 【中南米】目を覚ます. 類**despabilarse**.

desparpajo [desparpáxo] 男 ❶ 気後れしないこと; 手際のよさ; 厚顔. — Ese chico tiene mucho ~. そいつは人前で全然物おじしない. 類**descaro, desenvoltura**. ❷【中南米】混乱.

desparramado, da [desparamáðo, ða] 形 ❶ ばらまかれた, まき散らされた. ❷ 広い, 開けた.

desparramamiento [desparamamjénto] 男 ばらまくこと, まき散らすこと; 広げること.

***desparramar** [desparamár] 他 ❶〖+por に〗を散らかす, ばらまく, まき散らす. — Volcó la cesta y *desparramó* el arroz *por* el suelo. 彼はかごをひっくり返して米を床にばらまいた. 類**esparcir**. (b) (液体)をこぼす, ぶちまける. — Un camión cisterna ha *desparramado* petróleo *por* la carretera. タンクローリーが道路に石油をこぼした. 類**derramar, verter**. (c) (注意など)を分散させる, (気)を散らせる. — *Desparrama* su atención en demasiados asuntos. 彼はあまりに多くのことに目を向け過ぎる. *Desparramó* su mirada *por* el jardín. 彼は庭に視線をふり向けた. ❷【南米】(ニュース)を広める, (うわさ)をばらまく. ❸ を浪費する, 蕩尽する. — *Desparramó* su herencia en diversiones. 彼は遺産を遊興に浪費した.
—se 再 ❶ 散らばる, 分散する, 散開する. — Los policías *se han desparramado* por el barrio buscando al terrorista. 警官たちはテロリストを捜索するためにその地域に分散した. ❷ (液体が)こぼれる. — El agua del cubo *se desparramó* por la arena. バケツの水が砂の上にこぼれた. ❸〖+en に〗(多くの事に)気を散らす, 手を出す. — Debes estudiar más y no *~te en* tantas aficiones. 君はもっと勉強して, そんなにたくさんの趣味に気を散らしてはいけない.

desparramo [desparámo] 男【中南米】❶ → desparramamiento. ❷ 混乱.

despatarrada [despataráða] 女 踊りのステップの一種で, 両足を大きく広げるもの.

despatarrado, da [despataráðo, ða] 形《話》❶ 両足を大きく広げた, 大の字になった. ❷ 驚いた. 類**asombrado**.
dejar [quedar(se)] despatarrado 仰天させる[する]. Sus palabras los *dejaron despatarrados*. 彼の言葉はかれらをびっくりさせた.

despatarrar [despatařár] 他《話》❶ …の両足を大きく広げる. ❷ をびっくりさせる.
—se 再《話》❶ 両足を広げ(て倒れ)る. ❷ びっくりする.

despatillar [despatiʎár] 〔<patilla〕他 ❶ …のもみあげを剃り落す. ❷ (木材)にほぞをつける.

despavesar [despaβesár] 〔<pavesa〕他 ❶ (ろうそく)の芯を切る. 類**despabilar**. ❷ (燠(おき))から灰を吹き飛ばす.

despavorido, da [despaβoríðo, ða] 〔<pavor〕形 おそれおののいた. 類**aterrado, aterrorizado, espantado**. —dejar ~ a … (人)をひどくおびえさせる. quedarse ~ ひどく恐れる. Pedía clemencia con ojos ~s. 彼はびくびくした目で慈悲を請うていた.

despavorir [despaβorír] 【まれ. 語尾に i を含む形のみ使われる: despavorí, despavorido】他 をひどく恐がらせる.
—se 再 ひどく恐がる. 類**aterrorizarse**.

despeado, da [despeáðo, ða] 〔<pie〕形 (歩きすぎで)足を痛めた.

despearse [despeárse] 再 (歩きすぎで)足を痛める.

despechado, da [despetʃáðo, ða] 〔<pecho〕形 恨みをいだいた, やけになった. —No comprendía la razón de aquel desaire y se sentía *despechada*. 彼女はその冷遇の理由が分からずやけになっていた.

despechar¹ [despetʃár] 他 (子供)を離乳させる. 類**destetar**.

despechar² [despetʃár] 他 を憤らせる, やけにさせる. **—se** 再 憤りをつのらせる, やけをおこす.

despecho [despétʃo] 男 (がっかりしたり, 受けた仕打ちがもとになった)憤り, 恨み, やけ. —por ~ 根に持って, 腹いせに.
a despecho de … …の反対にもかかわらず.

despechugado, da [despetʃuɣáðo, ða] 〔<pechuga〕形 ❶《話》服の首のあたりを開けた, シャツの上の方のボタンをはずした. ❷ 胸をはだけた. — Llevaba falda y una blusa *despechugada*. 彼女はスカートと胸の開いたブラウスを着ていた.

despechugar [despetʃuɣár] [1.2] 他 (鳥)の胸肉(ささみ)を切り取る.
—se 再《話》服の首のあたりを開ける, 開襟にする, 胸をはだける.

despectivamente [despektiβaménte] 副 軽蔑的に, 見下して.

despectivo, va [despektíβo, βa] 形 ❶ 軽蔑的な〖+ser/estar〗. — Se mostró muy *despectiva* hacia mí (conmigo). 彼女は私にたいして大変軽蔑的な態度をとった. un gesto ~ 軽蔑的なしぐさ. 類**desdeñoso, despreciativo**. ❷《文法》(語や接辞が)軽蔑の意味を表す, 蔑称の(casa に対する casucha など).

despedazamiento [despeðaθamjénto] 〔<pedazo〕男 粉々・ばらばらにする[なる]こと.

despedazar [despeðaθár] [1.3] 他 ❶ を粉々・ばらばらにする. 類**destrozar, romper**. ❷〖el corazón などを直接目的語, 人を間接目的語として〗心を打ち砕く, 悲しませる. — La muerte de su madre le ha *despedazado* el corazón. 母親の死で彼の心はぼろぼろになった. ❸《比喩》を徹底的に批判する.
—se 再 ❶ 粉々・ばらばらになる. ❷〖el corazón などが主語, 人が間接目的語で〗悲しむ. — Se le *despedazó* el corazón. 彼は大変悲しい思いをした.

***despedida** [despeðíða] 女 ❶ 別れ(の言葉), 別離. —~ triste (conmovedora) つらい[感動的な]別れ. dar una comida de ~ 送別の宴を催す. regalo de ~ 餞別(せんべつ). función de ~《演劇》さよなら公演. 類**separación**. ❷ 送別会. —Le hicieron una ~ todos los compañeros. 友達

みんなが彼の送別会を開いてくれた. ❸ 解雇, 免職. ❹ (詩歌の)結びの句;《手紙》結びの文句, 結語. ❺ 排水管.

despedir [despeðír デスペディル] [6.1] 他 ❶ を見送る, …に別れの挨拶をする. —Iremos a ~te al aeropuerto. 私たちは君を空港まで見送りに行こう. *Despidió* a su marido con lágrimas en los ojos. 彼女は目に涙をためて夫を見送った. Vamos a organizar una fiesta para ~ el año. 私たちは忘年会を開くつもりだ. ~ los restos de『＋人』…にお別れの挨拶をする. 類 decir adiós. ❷ を解雇する, くびにする. —Llegaba siempre tarde al trabajo y lo *despidieron*. 彼はいつも遅刻していたので解雇された. Reorganizaron la empresa y *despidieron* a 300 trabajadores. 彼らは会社を再編し, 300人の労働者を解雇した. ❸ (a) (臭いなどを)発する, 放つ, 発散する. —~ un buen olor [rayos de luz] よい香り[光線]を放つ. (b) (煙などを)噴出する, 放出する. (c) (矢などを)放つ, 発射する, 投げつける. —~ la lanza [la piedra] 槍[石]を投げる. El corcho salió *despedido* con fuerza. コルク栓が飛んで抜けた. El choque fue tan fuerte que el conductor salió *despedido* de su asiento. その衝突は非常に激しかったので, ドライバーは運転席から放り出された. 類 arrojar. ❹ (a) (人を)追い払う, 追い出す, しめ出す. (b) (考えなどを)退ける, 捨てる.

——se 再 ❶ 別れを告げる. —*Se despidieron* en la estación. 彼らは駅で別れの挨拶をした. *Se despide* atentamente. (手紙で)敬具, ではお元気で. 類 decir adiós. ❷『＋de と』別れる, (に)別れを告げる, (を)見送る. —*Se marchó* sin ~se de nadie. 彼はだれにも別れを告げずに立ち去った. ¿Le prestaste el dinero? Pues ya te puedes ir *despidiendo* de él. 君は彼に金を貸したのか. それじゃあ, 捨てたも同然だね. ❸『＋de と』辞める, 辞職する. ❹『＋de と』あきらめる. —*Despídete* de la idea de comprar ese piso porque ya está vendido. そのマンションを買うという考えはあきらめな. もう売れてしまったから. 類 dar por perdido.

despegado, da [despeɣáðo, ða] 形 ❶ はがれた, 離れた. —El cartel está medio ~ de la pared. ポスターが壁からはがれかけている. ❷ 冷淡な. 類 frío, indiferente.

***despegar** [despeɣár] [1.2] (＜pegar) 自 ❶ (飛行機が)離陸する, 飛び立つ. —El avión *despegó* a la hora establecida. 飛行機は定時に離陸した. ❷ 上向く, 発展する, 上り調子になる. —La economía no acaba de ~. 経済はまだ上向いていない.

—— 他 をはがす, はぎ取る, 引きちぎる. —Es difícil ~ el chicle pegado al suelo. 床(ﾕｶ)に張り付いたチューインガムをはがすのは難しい.

——se 再 ❶ はがれる. —*Se han despegado* las fotos del álbum. アルバムの写真がはがれた. ❷『＋de と』(競走に他の選手を)引き離す, 抜け出す. —El líder consiguió ~se de sus perseguidores. 首位の選手は追走者を引き離すことに成功した. ❸ (心が)離れる, 関心が薄れる. —Ella *se ha despegado* mucho de su hermano mayor. 彼女は兄とは非常に疎遠になってしまった.

despego [despéɣo] 男 ❶ 冷淡さ, 愛情の欠如. 類 desapego. ❷ (金などに)執着しないこと, 欲のなさ.

despegue [despéɣe] 男 ❶ 離陸. 反 aterrizaje. ❷《比喩》(発展, 発達などの)始まり, 開始. —El ~ industrial del país se inició en los años cincuenta. その国の産業の発展は 50 年代に始まった.

despegue(-) [despeɣe(-)] 動 despegar の接・現在.

despegué [despeɣé] 動 despegar の直・完了過去・1 単.

despeinado, da [despeináðo, ða] [＜peine] 形 髪が乱れた.

despeinar [despeinár] 他 (人が間接的な語で)髪を乱す. (人の)髪の毛を乱す. —El viento me *ha despeinado*. 風で髪が乱れてしまった.

——se 再 髪が乱れる.

despejado, da [despexáðo, ða] 形 ❶ 快晴の. —cielo ~ 雲ひとつない空. Hoy [El cielo] está ~. 今日は[空が]よく晴れている. ❷ 邪魔のない, ひらけた, 広々した. —La carretera ya ha quedado *despejada*. 道路はもう障害がなくなった. ❸ 目が覚めた. —Con el café os quedaréis ~s. コーヒーを飲めば君達も頭がすっきりするだろう. 類 despierto. ❹ (病人が)熱の引いた. ❺ 頭の切れる. —Es una chica muy *despejada*. 彼女は頭のいい子だ. 類 despabilado, inteligente.

***despejar** [despexár] 他 ❶『＋de と』(a) (邪魔なものを)…から取り除く, 立ち退かせる, を片付ける. —La policía *despejó* de curiosos el lugar del accidente. 警察は事故現場から野次馬を立ち退かせた. Despejen la entrada, por favor. すみません, 入口を空けて[ふさがないで]ください. Ya *he despejado* mi habitación para que vengan a pintarla. 私はペンキを塗りに来てもらうためすでに部屋を片付けておいた. (b) (場所を)立ちのく, 立ち去る. —Amenazaba tormenta y la gente comenzó a ~ la plaza. 嵐が来そうな気配だったので人々は広場を立ちのいた. ❷ (問題などを)明らかにする, 解明する; 解決する. —Tu explicación *despejó* mis dudas. 彼の説明で私の疑問は氷解した. La incógnita de su suicidio aún no la han *despejado*. 彼の自殺の謎はまだ解明されていない. ❸《スポーツ》(ボール)をクリアする. —~ el balón ボールをクリアする. ❹《数学》(解)を求める. —~ la incógnita 未知数を求める. ❺ …に頭をすっきりさせる. —El café me *ha despejado*. コーヒーで頭がすっきりした.

—— 自 ❶『無主語で』(空が)晴れる. —A partir del mediodía comenzó a ~. 昼から天気が晴れ出した. ❷《スポーツ》クリアする. —El portero *despejó* con el puño. キーパーはパンチングでボールをクリアした.

——se 再 ❶ 明らかになる, はっきりする. —Es preferible no actuar hasta que la situación *se despeje*. 状況が明らかになるまでは行動しない方が望ましい. ❷ 頭がはっきりする, すっきりする, 心地良くなる. —Necesito tomar una ducha para ~me. 私は頭がすっきりするようシャワーを浴びる必要がある. ❸ (空から)雲が消える, 晴れる. —Si el cielo *se despeja*, podremos ver el eclipse de sol. もし空が晴れたら, 私たちは日食が見られるだろう.

despeje [despéxe] 男 ❶《スポーツ》クリア. ❷

→despejo.

despejo [despéxo] 男 ❶ 邪魔物などをどけて場所をあけること,退去させること. ❷ 頭が切れること. —Asombra el ~ de esta niña. この娘の頭の切れは驚くばかりだ.

despellejar [despeẋexár]〔<pellejo〕他 ❶ …の皮を剥ぐ. ❷ をこきおろす. ❸ を破産させる. 類**arruinar**.

despelotarse [despelotárse] 再《俗》❶ 裸になる. 類**desnudarse**(特に, 公衆の面前で). ❷ 大笑いする. 類**desternillarse, mondarse**.

despelote [despelóte] 男《人前で》裸になること; はめを外すこと. ❷ 大笑い, 爆笑; 混乱, 騒乱.

despeluchar [despelutʃár]〔<pelo〕他 ❶ の髪を乱す. 類**despeinar**. ❷ …から金を巻き上げる, 一文無しにする. ❸ →despeluzar③.
— se 再 髪が乱れる.

despeluzar [despeluθár][1.3]〔<pelo〕他 ❶ …の髪を乱す. 類**despeinar**. ❷ …の髪を(恐怖で)逆立てる. —El ruido de la explosión la *despeluzó*. 爆発の音で彼女は震え上がった. 類**espeluznar**. ❸ …の毛をなくす, 少なくする.
— se 再 ❶ 髪が乱れる. ❷ 髪が逆立, 震え上がる. ❸ 毛がなくなる, 少なくなる.

despeluznar [despeluθnár] 他 →despeluzar①②.
— se 再 →despeluzarse①②.

despenalización [despenaliθaθjón] 女 罰しないこと, 有罪にしないこと. —campaña en favor de la ~ de las drogas 麻薬使用を有罪にしないためのキャンペーン.

despenalizar [despenaliθár][1.3]他 を罰しない, 有罪にしない.

despenar [despenár]〔<pena〕他 ❶《まれ》…の苦しみを取り除く. ❷《話》を殺す. 類**matar**.

despendolarse [despendolárse] 再《話》はめを外す. 類**desmadrarse**.

despendole [despendóle] 男《話》はめを外すこと.

despensa [despénsa] 女 ❶ 食料置場, 食糧貯蔵室. 類**depósito**. ❷ 食糧の貯え. 類**provisión**.

despensería [despensería] 女 食料係の仕事.
despensero, ra [despenséro, ra] 名 食料係.
despeñadero [despeɲaðéro]〔<peña〕男 ❶ がけ, 断崖. 類**precipicio**. ❷ 危険. 類**peligro**.

despeñar [despeɲár] 他 をがけから落す.
— se 再 ❶ がけから落ちる, 転がり落ちる. —El automóvil *se despeñó* por el barranco. 車は崖から転がり落ちた. ❷ (悪癖などに)ふける, 情念に身をまかせる.

despepitar [despepitár]〔<pepita〕他 (実)から種を取る. —~ una sandía スイカの種を取る.
— se 再 ❶《話》わめく, 怒鳴るようにしゃべる. ❷〔+por〕…が大好きである, …に熱中する. —*Se despepita por* asistir a todas las fiestas. 彼はあらゆるパーティーに出席するのが大好きだ. ❸ 大笑いする. 類**reírse**.

desperdiciado, da [desperðiθjáðo, ða] 形 ❶ 無駄になった, 浪費された. —Ha sido un tiempo ~. 時間の無駄だった. ❷ 無駄づかいする.

desperdiciador, dora [desperðiθjaðór, ðóra] 形 無駄づかいする.

*****desperdiciar** [desperðiθjár] 他 ❶(お金など)を無駄遣いする, 浪費する, 空費する. —Ella *desperdició* mucho dinero en comprarse ropa de marca. 彼女はブランド物の服を買い込んでさんざんお金を浪費した. ~ el tiempo 時間を浪費する. ❷(チャンス)を見逃す, 逸する. —~ una oportunidad 機会を見逃す.

*****desperdicio** [desperðíθjo] 男 ❶【主に複】屑(ﾞ), 廃(棄)物, 残りかす. —~s de papel [de hierro] 紙[鉄]屑. ~s y recortes 裁(ﾆ)ち屑. echar los ~s de la comida en la bolsa de la basura ゴミ袋に食べかすを捨てる. 類**basura, desecho**. ❷ 浪費, むだ使い. —~ de tiempo 時間のむだ. 類**derroche**.
no tener desperdicio (1)(すべて)有用である, 捨てるところがない. (2)(人・物が)全く申し分ない, 欠点がない. Esa película *no tiene desperdicio*. その映画は初めから終わりまで全く申し分ない. Tu hijo es una maravilla, *no tiene desperdicio*. 君の息子はいいところだらけで, 欠点がない人です.

desperdigar [desperðiɣár][1.2]他 ❶ を散らばらせる, ばらばらにする. 類**dispersar**. ❷(活動, 注意などを)分散させる.
— se 再 ❶ 散らばる, 分散する. ❷ 注意やエネルギーを分散させる. —*Te desperdigas* en demasiadas cosas. 君はいろんなことに手を出しすぎだ.

desperezarse [despereθárse][1.3]〔<pereza〕再 伸びをする. —Bostezó, *se desperezó* y se levantó de la silla. 彼はあくびをし, 伸びをして, 椅子から立ち上がった.

desperezo [desperéθo] 男 伸び.

desperfecto [desperfékto] 男 ❶ きず, 瑕疵(ﾞ). 類**defecto**. —Hicieron una oferta de productos con ~s. きず物のセールがあった. ❷ 損害. 類**daño**.

despernado, da [despernáðo, ða]〔<pierna〕形 ❶《話》歩き疲れた, 脚が棒になった. ❷ 脚を切断された, 脚を痛めた.

despernar [despernár] 他 …の脚を切断する, 傷つける. — se 再《話》歩き疲れる, 足が棒になる.

despersonalización [despersonaliθaθjón] 女 ❶ 非個性化. ❷ 匿名化. ❸【医学】離人症.

despersonalizar [despersonaliθár][1.3]〔<persona〕他 ❶ …から個性を奪う. —La moda *despersonaliza* a los jóvenes. 流行が若者を没個性的にしている. ❷ を非人間化する, 匿名にする. —Hay que ~ los ataques y las críticas. 攻撃や批判は匿名にしなければならない.
— se 再 ❶ 自分を見失う; 個性を失う. ❷ 非人間化する.

:**despertador**[1] [despertaðór] 男 ❶ 目覚まし時計(=reloj ~). —poner el ~ para [a] las seis 目覚し時計を6時にセットする. Esta mañana no ha sonado el ~. 今朝目覚し時計が鳴らなかった. ❷ 刺激物[剤]. 類**estímulo, incentivo**. ❸(燃料切れなどを示す)警報装置.

:**despertador**[2]**, dora** [despertaðór, ðóra] 形 目覚めさせる, 起こす; 刺激する. —reloj ~ 目覚し時計. radio ~ 目覚し付きラジオ.
— 名(一定の時刻に人を起こす)目覚し係, 起こし役.

despertamiento [despertamjénto] 男 →despertar.

**despertar

[despertár デスペルタル] [4.1] 他 ❶ (人)を起こす, 目覚めさせる. —No me *despiertes* hasta las nueve. 9時までは私を起こさないでくれ. ❷ (記憶)を呼びます, 思い出させる. —Esa música *despierta* recuerdos de mi juventud. あの音楽を聞くと私の青春時代が目に浮かぶ. ❸ (興味, 関心などを)引き起こす, かき立てる, 喚起する. ~ el interés 関心を呼びさます. ~ el apetito 食欲をかき立てる. Pronunció un discurso que *despertó* fuertes polémicas. 彼は激しい論争を引き起こす演説をした.

—自 ❶ (睡眠から)目覚める. —Hoy *ha despertado* de buen humor. 今日彼は上機嫌で目覚めた. La paciente todavía no *ha despertado* de la anestesia. 患者はまだ麻酔から覚めていない. ❷《文》(真実・愛などに)目覚める.

—se 再 ❶ (睡眠から)目覚める, 目を覚ます;(眠いながらも)目覚める. —Se *despertó* al amanecer. 彼は夜明けに目が覚めた. Me *desperté* acosado por pesadillas. 私は悪夢にうなされて目が覚めた. A esa edad los niños comienzan a ~se a la vida. その年齢になると子どもたちは人生に目覚め始めるものだ. ❷ (記憶が)よみがえる.

—男 目覚め(ること), 覚醒, 始まり. —tener un buen [mal] ~ 寝起きがよい[悪い]. el ~ de una nación 国民の覚醒. 類 **despertamiento**.

despestañarse [despestaɲárse] [< pestaña] 再《話》目をこらす, じっと見る. 類 **desojarse**.

despiadado, da [despjaðáðo, ða] [< pío] 形 無慈悲な, 非情な, 残酷な; 厳しい, 容赦のない. —Los terroristas han cometido un ~ atentado. テロリストたちは非情なテロ行為を行なった. una crítica *despiadada* 手厳しい批判.

despicar [despikár] [1.1] 他《まれ》(人)の機嫌を直す, 満足させる. —Tus palabras la han *despicado*. 君の言葉で彼女は機嫌を直した.
—se 再 うっぷんを晴らす.

despichar [despitʃár] 自《話》死ぬ, くたばる. 類 **morirse**.
—他《中南米》をつぶす.

despid- [despið-] 動 despedir の直・現在/完了過去, 接・現在/過去, 命令・2単, 現在分詞.

despido [despíðo] 男 [< despedir] 解雇. —La empresa planea un ~ de 300 empleados. 会社は300人の社員の解雇を計画している. ❷ 解雇者に支払われる補償金.
despido libre 自由解雇(できること).

despiece [despjéθe] 男 解体. —el ~ de la res 牛の解体. el ~ de los coches antiguos 古車の解体.

despiert- [despjért-] 動 despertar の直・現在, 接・現在, 命令・2単.

despiertamente [despjértaménte] 副 利発に, 頭良く.

**despierto, ta

[despjérto, ta デスピエルト, タ] 形 [< despertar] ❶ 目の覚めた. —Ya todos están ~s. もう皆目が覚めている. Permaneció ~ en la cama. 彼はベッドで目覚めたままだった. El niño está aún ~. 子供はまだ寝ていない. ❷ りこうな, 賢い. —Es una niña muy *despierta*. 彼女はとても頭の良い子だ. 類 **espabilado, listo**.
soñar despierto 現実をとらえられない, 空想の世界に生きている; 空想の世界に遊ぶ.

desparramado, da [despilfaráðo, ða] 形 ❶ 浪費された, 無駄遣いされた. ❷ 浪費家の, 無駄遣いする. 類 **despilfarrador**.

despilfarrador, dora [despilfařaðór, ðóra] 形 浪費する, 無駄遣いする. —una persona *despilfarradora* 浪費家.
—名 浪費する人.

despilfarrar [despilfařár] 他 を無駄遣いする, 浪費する. 類 **derrochar, dilapidar, malgastar**.

despilfarro [despilfářo] 男 無駄遣い, 浪費. —Eso es un ~ de los impuestos. それは税金の無駄遣いだ. 類 **derroche, dilapidación**.

despimpollar [despimpoʎár] [< pimpollo] 他 (ブドウの木の)余分な芽を摘む.

despintar [despintár] 他 ❶ …のペンキ[塗料]をはがす. —El tiempo *había despintado* las puertas. 時が経ってドアのペンキがはがれた. ❷ (比喩)…の形を損ねる, を変形させる. ❸ (事実を)曲げる, 歪曲(ねじまげ)する.
—自 ❶ 堕落する, 劣悪になる. ❷ [+de] (家名などを)傷つける, 汚す.
—se 再 ❶ 塗料がはがれる, 色があせる. ❷《比喩》[+de] …に忘れられる, 消え去る. —A mí las caras no *se me despintan*. 私は人の顔は忘れない.

despiojar [despjoxár] 他 ❶ …からシラミを駆除する. ❷《話, 比喩》を貧困から救う.
—se 再 ❶ (自分の)シラミを取る. ❷ 貧困からはい上がる.

despistado, da [despistáðo, ða] 形 ❶ ぼんやりした, うっかりした. —Iba ~ y por poco le atropella un coche. 彼はぼんやりしていてもうちょっとで車に轢かれそうだった. ❷ どうしてよいかわからない, 途方に暮れた.
—名 ぼんやりした人.
hacerse el despistado 知らぬふりをする, 気づかぬふりをする.

despistar [despistár] 他 ❶ (追跡者を)まく. —Los ladrones *despistaron* a la policía en la parte antigua de la ciudad. 泥棒たちは旧市街で警察をまいた. ❷《比喩》を誤った方向に導く, 惑わす, だます.
—se 再 ❶ 道を誤る, 迷う. —Nos *despistamos* y llegamos tarde. 私たちは道に迷って遅れてしまった. 類 **desorientarse, extraviarse**. ❷ ぼんやりする, うっかりする. —No te *despistes* y compres vino tinto, que lo quiero blanco. 私は白ワインがほしいんだから, 赤ワインなんて買わないでよ. 類 **confundirse, distraerse**. ❸ 姿を消す, 逃げる.

despiste [despíste] 男 ❶ 放心状態, うわの空, うっかりしていること. —tener un ~ うっかりする. ❷ 道を誤ること, 踏みはずし. ❸ 困惑, 当惑, とろまえ. ❹ しくじり, 失敗. 類 **error, fallo, olvido**.

desplace(-) [desplaθe(-)] 動 desplazar の接・現在.

desplacé [desplaθé] 動 desplazar の直・完了過去・1単.

desplacer [desplaθér] [9.1] 他 を不機嫌にする, 怒らせる.
—男 不愉快, 不機嫌. —incurrir en el ~

688 desplanchar

de ... …の不興をかう.
desplanchar [desplantʃár] 他 (アイロンをかけた服などに)しわを作る. 類**arrugar**.
desplantador, dora [desplantaðór, ðóra] 形 根を引き抜く. —— 名 移植ごて.
desplantar [desplantár] 他 (根を)引き抜く. 類**desarraigar**.
—— **se** 再 (フェンシング・ダンスで)正しい姿勢を崩す.
desplante [desplánte] 男 ❶ 横柄な態度[言葉]. —tener un ~ con … …に横柄な態度をとる. —hacer un ~ a … …に横柄な態度をとる. ❷ (話)自信, 堂々とした様子.
desplazado, da [desplaθáðo, ða] 形 〖estar +〗場違いの. —— 名 避難者.
*__desplazamiento__ [desplaθamjénto] 男 ❶ (人・物の)移動, 移転; 通勤, 出張. —El ~ de los turistas en verano produce atascos en las carreteras. 夏は観光客の移動で道路が渋滞する. gastos de ~ 通勤手当, 出張旅費. tiempo de ~ 通勤時間. ~ de tropas 部隊の移動. **traslado**. ❷ (職場などでの)入れ替え; 更迭. ❸ 〖海事〗(船舶の)排水量. —~ de dos mil toneladas 排水量2千トン. ❹ 〖地質〗移動, ずれ. —~ continental 大陸移動(説). ~ de tierras 地滑り.
*__desplazar__ [desplaθár] [1.3] (<plaza) 他 ❶ を移動させる, 移す, 運ぶ. —Si *desplazamos* un poco la mesa, podemos poner el aparador. テーブルを少し移動させれば, 食器戸棚を置くことができる. La *desplazaron* a otra sección. 彼女は別の部署に移動させられた. ❷ …に取って代わる, 入れ替わる. —Una nueva generación de políticos *desplaza* a la vieja. 新世代の政治家たちが旧世代に取って代わろうとしている. ❸ 〖海事〗…の排水量がある. —Este petrolero *desplaza* 100.000 toneladas. この石油タンカーは排水量10万トンである.
—— **se** 再 移動する, 移る, 出かける. —Para ir a la escuela el chico tiene que ~*se* diez kilómetros. 学校へ行くのに少年は10キロ移動しなければならない.
*__desplegar__ [despleɣár] [4.4] 他 ❶ (*a*)(翼, 地図などを)広げる, 開く, (帆を)張る. —*Desplegó* la manta y la extendió sobre el césped. 彼は毛布を広げ, 芝生の上に敷いた. ❷ (能力などを発揮する, 示す. —*Desplegó* un gran tino en las negociaciones. 彼は交渉で優れた手腕を発揮した. 類**demostrar**. ❸ (努力などを)くり広げる, (能力を)開く. —Tuvo que ~ todo su ingenio para convencerlos. 彼は彼らを説得するためにあらゆる才智をくり広げなければならなかった. ❹ 〖軍事〗(部隊・兵器を)展開させる, 配置する. 類**emplear**.
—— **se** 再 ❶ 広がる, 開く. —Uno de los paracaídas no *se desplegó*. パラシュートの1つが開かなかった. ❷ 〖軍事〗(部隊などが)展開する, 配置される. —Los soldados *se desplegaron* frente al Palacio Real. 兵士たちは王宮前に配置された.
despleg- [despleɣ-] 動 desplegar の直・現在, 接・現在, 命令・2単.
*__despliegue__ [despljéɣe] 男 ❶ (畳んだものを)広げること, 展開. —~ del periódico [de la bandera] 新聞[旗]を広げること. ~ de las velas 帆を

張ること. ❷ (力・富などの)誇示, 披瀝. —~ de riquezas [de fuerzas militares] 富[軍事力]の誇示. 類**alarde, demostración, ostentación**. ❸ (能力・特性などの)発揮. —~ de ingenio 才能の発揮. con un gran ~ de astucia 要領よく, 抜け目なく. 類**demostración**. ❹ 〖軍事〗(兵・部隊などの)展開, 配置, 配備. —La emigración *despuebla* el campo. 移民で農村の人口が減る. ~ de las tropas 軍隊の展開[散開]. El comisario dirigió el ~ de los policías en la redada. 警察署長は手入れで警察官配備を指揮した.

desplomado, da [desplomáðo, ða] 形 崩壊した. —edificio ~ 崩壊したビル.
desplomar [desplomár] 他 ❶ 〖建築〗(建物などを)傾ける. ❷ 〖南米〗を(大声で)叱(しか)る.
—— **se** 再 ❶ 卒倒する. ❷ 傾く. ❸ (建物が)倒れる, 崩壊する. ❹ (比喩)崩壊する, 破滅する, 失われる. —Su poder *se ha desplomado* en poco tiempo. 彼の権力ははどなく失われた. 類**arruinarse, perderse**.
desplome [desplóme] 男 ❶ 〖建築〗(屋根・バルコニーなどの)張り出し. ❷ 傾斜. ❸ 倒壊, 崩壊, 崩落.
desplomo [desplómo] 男 (建物などの)傾斜.
desplumar [desplumár] 他 ❶ (話)…から金をだまし取る, 巻き上げる. ❷ (鳥の)羽をむしり取る.
despoblación [despoβlaθjón] 女 人口の減少, 過疎化.
despoblado, da [despoβláðo, ða] 形 人の住まない, 住民のいない, 無人の; 過疎の. —región *despoblada* 住民のいない地域. —— 男 ❶ 砂漠, 荒野. ❷ 人のいない場所.
despoblar [despoβlár] [5.1] 他 ❶ …の住民を減らす, 人口を減少させる. —La emigración *despuebla* el campo. 移民で農村の人口が減る. ❷ 〖+de〗…から(…を)奪う, はぎ取る, なくす, 切らす.
—— **se** 再 〖3人称で〗住民が減る, 人口が減少する.
:**despojar** [despoxár] 他 ❶ 〖+de を〗…から奪い取る, 持ち去る; 剥奪する. —El gobierno revolucionario *despojó* a la Iglesia *de* sus bienes. 革命政権は教会から財産を没収した. El ladrón la *despojó de* las joyas y dinero que llevaba. どろぼうは彼女が身につけていた宝石類や金(かね)を奪った. Fue *despojado* de la corona. 彼は王位を剥奪された. ❷ 〖+de を〗…から取り去る, 除去する, 剥ぐ. —*Despojaron de* muebles sus habitaciones. 彼らは各部屋から家具を取り除いた.
—— **se** 再 〖+de を〗❶ 脱ぐ, 裸になる. —*Se despojó del* abrigo y lo colgó en una percha. 彼は外套を脱いで, ハンガーにかけた. Los árboles *se despojan de* sus hojas. 木々が葉を落としている. 類**desnudarse**. ❷ 手放す, 放棄する. —~*se* de las pasiones 情熱を捨てる. *Se despojó* de todos sus bienes e ingresó en un convento. 彼は全財産を放棄し, 修道院に入った.
*__despojo__ [despóxo] 男 ❶ 複 残り物; 食べ残し, 残飯 (= ~s de la mesa). —~ del banquete 宴会の残り物. 類**desperdicios, sobras**. ❷ (*a*) 戦利品, 略奪品. —~ del atraco 追剥(ぎ)の略奪品. 類**botín**. (*b*) 略奪, 剥奪 (法). 類**desposeimiento**. ❸ (時・死によって)奪い取られるもの. —Su belleza fue ~ del tiempo. 彼女の美貌は時が奪った. La vida es ~ de la muerte. 生命は

死によって奪われる. ❹ 複(鳥獣の)屍肉(しにく), あら(頭・首・足・翼・臓物など). ❺ 複 遺骸(いがい). (= ~s mortales). — Sus ~s fueron incinerados. 彼の遺骸は茶毘に付された. 類 **cadáver, restos**. ❻ 複 【建築】(まだ使える)残骸.

despolarizar [despolariθár] [1.3] 他 《物理》を復極[消極]する.

despolvorear [despolβoreár] 他 ❶ …からちり[ほこり]を払う. ❷ 【中南米】(粉など)ふりかける, まぶす. 類 **esposado**.

despopularizar [despopulariθár] [1.3] 他 …の人気を落とす.
——**se** 再 人気が落ちる.

desportilladura [desportiʎaðúra] 安 ❶ (陶器などの)砕片, かけら. ❷ (器の)縁が欠けること. 類 **mella, portillo**.

desportillar [desportiʎár] 他 …の縁(ふち)を削る. ——**se** 再 縁が欠ける.

*__desposado, da__ [desposáðo, ða] 過分〔<desposarse〕形 ❶ 新婚の, 結婚したばかりの. ❷ 手錠をかけられた. 類 **esposado**.
——名 新婚の人. — Los ~s salieron en viaje de novios. 新郎新婦は新婚旅行に出かけた. 類 **cónyuge, novio**.

*__desposar__ [desposár] 他 (司祭が)…の結婚式をとり行なう, (男女)を結婚させる. — El párroco ha desposado a José y Carmen. 教区司祭はホセとカルメンを結婚させた. 類 **casar**.
——**se** 再 結婚する; 婚約を発表する. —Se desposaron en la iglesia de Santo Domingo. 彼らは聖ドミンゴ教会で結婚した.

desposeer [desposeér] [2.6] 他 〔+de〕…から(…を)奪う (=quitar). — Le han desposeído del cargo que ocupaba. 彼は任務を奪われた.
——**se** 再 〔+de〕を放棄する, あきらめる. —Se desposeyó de todos sus bienes y entró en un convento. 彼女は全財産を放棄して修道院に入った.

desposeído, da [desposeíðo, ða] 過分 形 ❶ 貧窮の, 無財産の. ❷〔+de〕を持たない, 欠いた.
——名 貧窮者. 類 **desheredado, pobre**.

desposeimiento [desposeimjénto] 男 所有権を奪うこと, 追い立て, 奪取.

desposorios [desposórjos] 男 複 結婚式. —celebrar los ~ 結婚式を挙げる.

déspota [déspota] 男 ❶ 《政治》独裁者. ❷ 《比喩》勝手気ままにひどい行為をする人, ワンマン, 暴君.

despóticamente [despótikaménte] 副 専制[独裁]的に; 横暴なまでに.

despótico, ca [despótiko, ka] 形 《政治》専制的な, 独裁的な. — gobierno ~ 独裁政府.

despotismo [despotísmo] 男 《政治》専制政治, 独裁政治. — ~ ilustrado 《歴史》啓蒙専制政治.

despotricar [despotrikár] [1.1] 自 【話】〔+contra/de〕…にどなり立てる, 騒ぎ立てる, けなす.

despotrique [despotríke] 男 遠慮なくけなすこと, あしざまに言うこと; 言いたい放題.

*__despreciable__ [despreθjáβle] 形 ❶ 軽蔑すべき, 卑しむべき, くだらない. — Me parece ~ que trates así a tus padres. 君が両親をそんなふうに扱うのは見下げはてたことに思える. 類 **desdeñable, indigno, menospreciable**. 反 **apreciable**. ❷ 取るに足りない, 無視してよい, ささいな. — La diferencia de peso es ~ y nadie lo podrá notar. 重さの違いは取るに足りないからだれも気がつかないだろう. 類 **insignificante, miserable**.

:**despreciar** [despreθjár] 他 ❶ (人)を軽蔑する, 見下す, ばかにする. — La despreciaban por ser forastera. 彼女はよそ者だったので軽蔑されていた. Lo *desprecio* profundamente. 私は彼を心底軽蔑する. 類 **desdeñar, menospreciar**. ❷《文》(申し出・援助など)を突き返す, 断る, 拒絶する. —Nos *despreció* el regalo. 彼は私たちのプレゼントを突っ返した. 類 **desdeñar, rechazar**. ❸ (危険・忠告など)を軽視する, 軽んじる, 気にとめない. — ~ un peligro 危険を軽く見る. *Despreció* la promesa que le hice. 彼は私とした約束を無視した.

despreciativo, va [despreθjatíβo, βa] 形 軽蔑的な, 馬鹿にしたような.

:**desprecio** [despréθjo] 男 ❶ 軽蔑, 侮辱. —mirar con ~ 軽蔑の目で見る. Siento [Tengo] ~ por la xenofobia. 私は外国人嫌いを軽蔑している. con un gesto [un tono] de ~ ばかにしたような顔[口調]で. 類 **desdén, menosprecio**. 反 **aprecio**. ❷ 無視, 無礼, 無礼. — el ~ de no aceptar mi invitación. 彼は失礼にも私の招待に応じなかった. 類 **desaire, ofensa**.
con desprecio de ... を無視[軽視]して, obrar *con desprecio* de las convenciones しきたりにとらわれずに行動する. Se lanzó al mar para salvar al niño *con desprecio* de su propia vida. 彼は子供を助けようと自分の命も顧みず海に飛び込んだ.

:**desprender** [desprendér] 他 ❶ をはがす, 分離する. —*Desprendió* las fotos del álbum. 彼はアルバムから写真を剥がした. La humedad ha *desprendido* el revoque de la fachada. 湿気のため建物正面のしっくいが剥がれ落ちた. El cartel estaba medio *desprendido*. ポスターが剥がれそうになっていた. 類 **separar, soltar**. ❷ (臭いなど)を発散する, 放つ. — ~ un mal olor 悪臭を放つ. ❸【アルゼンチン, ウルグアイ, プエルトリコ】(ボタン)をはずす. 類 **desabrochar**.
——**se** 再 ❶ はずれる; 剥がれる, 剥離する. —Se *desprendieron* varias tejas. 数枚のタイルが屋根から剥がれて落ちた. La estatua *se desprendió* de su pedestal. 彫像は台座からはずれた. ❷ (臭いなどが)発散する, (火花などが)飛び散る. — ~ *se* chispas del fuego 火花が散る. ❸〔+de〕を手放す, 放棄する, あきらめる. —No tuvo más remedio que ~*se* de aquel valioso cuadro. 彼はあの貴重な絵を手放さざるを得なかった. Ella no piensa ~*se* del bebé. 彼女は赤ん坊を手放すつもりはない. ~*se* de los documentos comprometedores 危ない書類を破棄する. No *se desprendió* de mi lado en todo el día. 彼は一日中私のそばを離れようとしなかった. ❹〔+de〕を免れる, 逃れる, 追い払う. — ~*se* de los prejuicios raciales 人種的偏見を離脱する. 類 **deshacerse**. ❺〔+de から〕推論される, (結論が)導き出される, 考えられる. — Este resultado *se desprende* de las investigaciones realizadas. この結果は実施された調査から出てきたのである. *De lo que dijo se desprende* que está resentido. 彼の言ったことからすると彼は恨んでいる. 類 **surgir**.

*__desprendido, da__ [desprendíðo, ða] 過分 〔<desprenderse〕 ❶ (a)〔+de〕…からはが

れた, はずれた, とれた. —Resultó herido por un cascote ~ *del* alero. 軒先からはがれた瓦礫(がれき)によって彼は怪我をした. (*b*)【+de】(議論などが…から)引き出された, 出て来た. —La conclusión *desprendida* de este razonamiento es bastante lógica. この理論から引き出された結論はかなり論理的である. ❷ 気前のよい, けちけちしない, 無欲の. —Es un niño muy ~ y deja sus juguetes a todos. この子はとても気前がよくて, だれにでもおもちゃを貸してやる. 類 **dadivoso, desinteresado, generoso**. 反 **avaro, interesado**.

desprendimiento [desprendimjénto] 男 ❶ はがれ[はがれる]こと, 分離すること. ❷《医学》剥離(はくり), 分離, 脱離. —~ de retina 網膜剥離. ❸ 山崩れ, 地崩れ. —El seísmo provocó un ~ de tierras. 地震で地滑りが起きた. ❹ (蒸気・におい)放つこと, 発生, 発散. ❺ 私心のないこと, 無欲. 類 **desapego, desinterés, generosidad**. ❻《美術》キリスト降架の絵姿[彫刻]

***despreocupación** [despreokupaθjón] 女 ❶ 無頓着(むとんちゃく), 無関心, 平然. —hacer las cosas con gran ~ じっくり考えずに事を行う. 類 **descuido, indiferencia, tranquilidad**. 反 **interés**. ❷ 偏見[先入観]のなさ. 類 **imparcialidad**.

***despreocupado, da** [despreokupáðo, ða] 過分〔<despreocuparse〕形 ❶【+de】を心配しない, 気にしない; 悩み[苦労]のない【estar＋】. —Ha vivido siempre tranquilo y ~ del futuro. 彼は平穏に将来のことは心配しないで暮らしてきた. 類 **preocupado**. 反 **escrupuloso**. ❷ (*a*) 不注意な, なおざりな【ser＋】. —Apaga la televisión cuando salgas, que eres muy ~. 出て行くときにはテレビを消しなさい. お前はいつもとても不注意なんだから. 類 **descuidado**. (*b*)【+en】…に気を使わない, 無頓着な; だらしない【ser＋】. —Es muy ~ *en* el vestir. 彼は服装に大変無頓着だ. (*c*) 人の目を気にしない, こだわりない.

***despreocuparse** [despreokupárse]〔<preocuparse〕再【+de】❶ 心配しなくなる. —*Despreocúpate* y fíate de mí. 心配しないで私を信用してよ. ❷ 気にしない, 気遣いを向けない. —*Nos despreocupamos* totalmente *del* asunto. 私たちはこの件については全く気にしない. *Me he despreocupado de* mis hijos, porque ya saben buscarse la vida. 子どもたちのことはかまわない. もう生計を立てるすべは知っているのだから.

desprestigiar [desprestixjár] 他 ❶ …の名声[信用]をなくさせる. ❷ を悪く言う, ののしる.
—**se** 再 名声[信用]をなくす.

desprestigio [desprestíxjo] 男 ❶ 名声[信用]の失墜. —causar ~ 評判を落とす. ❷ 不名誉, 不面目. —~ social 社会的不名誉.

desprevenidamente [despreβeníðamén te] 副 不意に, 思いがけなく.

desprevenido, da [despreβeníðo, ða] 形 準備のない[できていない], 不意の. —coger [pillar] a ... ~ …の不意をつく. Tu llegada nos ha pillado ~*s*. 君の到着は私たちの不意だった.

desproporción [desproporθjón] 女 **不釣合い**, 不均衡, アンバランス. —Hay entre ambos esposos gran ~ de edad. 夫婦の年齢が大変不釣合いである. 類 **desigualdad, desequilibrio**.

desproporcionado, da [desproporθjonáðo, ða] 形【+a】…に不釣合いな; 異常な, 並外れた. —Su enfado fue ~. 彼の怒りは異常だった.

desproporcionar [desproporθjonár] 他 …の均衡を破る, を不釣合いにする.

***despropósito** [despropósito] 男 不適切[場違い]な言動, 的外れ, 暴言, 失言, たわごと. —decir [pronunciar, soltar] ~ 暴言を吐く, 場違いな[ばかな]ことを言う. hacer [cometer] un ~ 場違いなことをする. 類 **barbaridad, disparate**. 反 **acierto**.
con despropósito 不適切に, 見当違いにも.

desproveer [desproβeér]【2.6】他【+de】…から(食糧・生活必需品を)奪う, 取り上げる.

***desprovisto, ta** [desproβísto, ta] 過分〔<desproveer〕形【+de】…のない, 欠けている, 持っていない【estar＋】. —Es una persona *desprovista* de sentido común. 彼は常識のない人間だ. Esta casa *está desprovista* de comodidades. この家には設備が備わってない. 類 **carente, falto, desabastecido**. 反 **dotado, provisto**.

****después** [despwés デスプエス] 副 ❶ (時間が)その後, 後で[に], それから. —Decídete ahora, ~ será tarde. 今決めなさい, 後では遅いよ. Deja eso para ~. それは後に残しておきなさい. 類 **enseguida, luego, posteriormente**. 反 **antes**. ❷ (順序が)その次に, 続いて. —Al principio de la calle hay un supermercado y ~ está la agencia de viajes. 通りにはまずスーパーがあり, その次に旅行代理店がある. ❸ 〖時間を示す名詞・副詞の後で〗 …の後で, …後に. —*un mes [meses]* ~ 1 か月[数か月]後に. *el día* ~ 翌日. *poco* ~ 少し後で, しばらくして. *Años* ~ emigró a Brasil. 数年後に彼はブラジルに移住した.
después de (1)【+名詞/代名詞】…の後に, …に続いて; …の次に. *después de* esa fecha [hoy] その日[今日]以降. *después de* la guerra fría 冷戦後. Mi nombre está *después del* tuyo. 私の名前は君の後ろにある. (2)【+不定詞・過去分詞】…した後で, してから. *Después de* comer, saldremos. 食後私たちは出かけよう. *Después de* terminada la cena pasaron al salón. 夕食を終えてから彼らは広間に移った. (3) …なのに, …にもかかわらず. *Después de* lo que hice por él, ahora me critica. 私は彼のためにそうしたのに今彼は私を批判している. ◆después に導かれる句の中では después 自体が時間の前後関係を示すため複合形よりも単純形の動詞が用いられることが多い. después de salir [haber salido] 出かけた後で. después de que …節も同じ.
después de todo →**todo**.
después que【+名詞/代名詞】…の後に, …に続いて. Ella llegó *después que* tú. 彼女は君の後ろに着いた.
después (de) que【+直説法/(未来を表す場合)接続法】…した後で, …してから. *Después que* te escribí no he vuelto a verle. 君に手紙を書いた後, 彼には会っていない. ◆未来を表す場合以外は普通直説法を用いるが, 時には接続法も用いられる. *Después de que* lloviera, salió el sol. 雨が降った後太陽が出た.

despulpar [despulpár] 他 …の果肉を取り出す.

despumar [despumár] 他 →**espumar**.

despuntado, da [despuntáðo, ða] 過分 形 〖メキシコ〗(馬の)尻の両側の高さが違う.

despuntar [despuntár] 自 ❶ 芽を出す, 発生する, 生え始める. ❷ (夜が)明ける, (日が)出る. — Partieron al ~ el día. 彼らは夜が明けると出発した. ❸ 秀でる, 抜きんでる. — El niño *despunta* en gimnasia. その子は体操で抜きんでている. 類 **destacar, sobresalir**.
— 他 …の先を鈍くする[折る]. — No sé cómo te las arreglas para ~ todos los lápices. 私は君が一体どうやって全部の鉛筆の芯を折ってしまうのか分からないよ. —— **se** 再 《3 人称で》刃(先)がこわれる.

desqueje [deskéxe] 男 《農業》接ぎ穂[刺し穂] (の切り取り).

desquiciamiento [deskiθjamjénto] 男 ❶ 動揺, 錯乱; 混乱. ❷ 蝶番(ちょうつがい)が外れること.

desquiciar [deskiθjár] 他 ❶《比喩》を動揺させる, かき乱す, 狼狽(ろうばい)させる (= perturbar). — El llanto del niño del vecino me *desquiciaba*. 隣家の子どもの泣き声に私はあわてていた. ❷ …の蝶番(ちょうつがい)を外す. ❸ (組織・秩序などを)揺り動かす, 危うくする. — La guerra *desquició* la economía del país. 戦争でその国の経済は危うくなった. ❹ (物事)を過大視する, を過大評価する. — Serénate y no *desquicies* las cosas. 落ち着け, そんな重要視するな.
—— **se** 再 ❶ ちょうつがいが外れる. ❷《比喩》動揺する, 不安になる. ❸《比喩》常軌を逸する.

desquicio [deskíθjo] 男 《中南米》混乱, 無秩序.

desquitar [deskitár] 他 ❶ [+de] を(人に償う, 埋め合わせる. ❷ (感情などを)発散させる. — No debes ~ tu frustración con la familia. 君は自分の欲求不満を家族にぶつけてはいけない.
—— **se** 再 ❶ [+de] (損失などを)取り戻す, 埋め合わせをする, 償う. — Es importante ~*se* de esta pérdida. この損失を取り戻すことが重要だ. ❷ 報復する, 復讐する, やり返す. — Mi equipo *se desquitará* en el próximo partido. 私のチームは次の試合で雪辱を果たすだろう. 類 **vengarse**.

desquite [deskíte] 男 ❶ 取り戻すこと, 埋め合わせること. — tomar un ~ 埋め合せをする. ofrecer un ~ 償いを申し出る. aceptar un ~ 償いを受け入れる. ❷ 《スポーツ》リターン・マッチ. ❸ 仕返し, 報復. 類 **revancha, venganza**.

desramar [desramár] 他 ❶ (木)の枝を切り取る, 剪定(せんてい)する.

desratización [desratiθaθjón] 女 ネズミの駆除.

desratizar [desratiθár] [1.3] 他 …からネズミを駆除する.

desrielar [desrjelár] 他 《メキシコ》(鉄道の)レールを外す. — 自 《中南米》脱線する.
—— **se** 再 《中南米》脱線する.

desriñonar [desriɲonár] 他 ❶ (人・動物の)背を痛めつける. 類 **derrengar**. ❷ をへとへとにする, 疲労困憊(こんぱい)させる.
—— **se** 再 ❶ (人・動物の)背を痛める. ❷ へとへとになる, 疲労困憊する.

desrizar [desriθár] 他 ❶ (髪の)カールを取る. ❷ 《海事》帆を広げる. —— **se** 再 ❶ (髪の)カールを取れる. ❷ 《海事》帆が広がる.

***destacado, da** [destakáðo, ða] 過分 形 傑出した, 際立った; 優れた, 著名な. — Asistieron al acto *destacadas* personalidades políticas. 政界の著名人がその行事に出席した. Es muy conocido por sus *destacadas* obras de arte. 彼はその優れた芸術作品のゆえによく知られている. Los vientos del norte provocan *destacadas* bajadas de la temperatura. 北風は際立った気温の低下[降下]を引き起こす. 類 **famoso, ilustre, notable**.

destacamento [destakaménto] 男 《軍事》分遣隊.

:**destacar** [destakár] [1.1] 他 ❶ を強調する, 際立たせる, 目立たせる. — En su charla *destacó* la necesidad de una reforma fiscal. 懇談の中で彼は財政改革の必要性を強調した. 類 **resaltar, subrayar**. ❷ (人・部隊)を派遣する. — Fueron *destacados* para defender la ciudad. 彼らはその都市を防衛するために派遣された. 類 **enviar**.
— 自 際立つ, 目立つ. — La obra *destaca* por su originalidad. その作品は独創性によって際立っている. *Destacó* como arquitecto. 彼は建築家として卓越している. A lo lejos *destacaban* las torres de la catedral. 遠くに大聖堂の塔がそびえ立っていた. Nunca *destacó* como atleta. 彼は運動選手としてはまったくさえなかった. *Destaca* entre los compañeros por su estatura. 彼は背が高いので, 仲間うちでは目立っている. 類 **descollar, sobresalir**.
—— **se** 再 ❶ 際立つ, 抜きん出る, 目立つ. — A ella le gusta ~*se* de las demás amigas. 彼女は他の友だちよりも目立つのが好きだ. La silueta del castillo *se destacaba* en la neblina. 城のシルエットがもやの中に浮き出ていた. 類 **distinguirse**. ❷ [+para のために] 派遣される, 出向く.

destajador [destaxaðór] 男 (鍛冶屋の)金づち.

destajar [destaxár] 他 ❶ (仕事の)条件を取り決める. ❷ (トランプの)カードを切る.

destajero, ra [destaxéro, ra] 男女 →destajista.

destajista [destaxísta] 男女 出来高払いの職人[労働者], 請負人.

destajo [destáxo] 男 出来高払いの仕事, 請負仕事.
a destajo (1) 出来高仕事によって[による], 請負で. Aquí se nos paga *a destajo*. ここは出来高払いだ. (2)《比喩》せっせと, 熱心に, 大急ぎで.

***destapar** [destapár] [<tapa] 他 ❶ …の栓を抜く, ふたをとる. — Vamos a ~ la botella de tinto. 赤ワインの瓶の栓を抜こう. 反 **tapar**. ❷ …の覆いを取る; (隠れているものを)暴く, 暴露する. — La policía *destapó* el complot y capturó al cabecilla. 警察は陰謀をあばき, 首謀者を逮捕した. ❸ 《南米》(下水管などの)詰まりを修繕する.
—— **se** 再 ❶ (a) 毛布[かぶっていた物]を独りでに剥いでしまう. — Anoche hacía mucho calor y me *destapé*. 昨夜は暑かったので, かぶっていた毛布をとってしまった. (b) 裸になる, 衣服を脱ぐ. ❷ 本性をさらけ出す, 地を出す. ❸ 暴露される, 露呈する. — Cuando *se destapó* el escándalo, el presidente del banco tuvo que dimitir. スキャンダルが暴露されて, その銀行の頭取は辞任しなければならなくなった.

destapiar [destapjár] 他 …の土塀[壁]を取り壊す.

destaponar [destaponár] 他 …の栓をぬく; ふ

692 destaque(-)

たをはずす.

destaque(-) [destake(-)] 動 destacar の接・現在.

destaqué [destaké] 動 destacar の直・完了過去・1 単.

destartalado, da [destartaláðo, ða] 形 （家などが）倒れそうな, がたがたの, ぼろぼろの. —casa *destartalada* がたがたの家.

destechar [destetʃár] 他 …の屋根[天井]をはがす.

destejer [destexér] 他 （織物を）ほどく, ほぐす. *tejer y destejer* →tejer.

destellar [destejár] 自 ぴかぴか光る, きらめく. —他 （光を）放つ, をきらめかす.

destello [destéjo] 男 ❶ 輝き, きらめき, 閃光(せんこう). —emitir ~s きらきらと輝く. ~s de las olas 波のきらめき. ❷《比喩》(元気・考えの)ひらめき. —~s de inteligencia 才気のひらめき. ❸《比喩》ひとかけら, わずかな量.

destempla*do, da* [destempláðo, ða] 形 ❶ （声が）かん高い, 耳障りな. ❷ 【estar＋】《音楽》（音・楽器が）不調和な, 調子はずれの. —Esta guitarra *está* un poco *destemplada*. このギターは少し調子が外れている. ❸ （性格・様子が）気むずかしい, おこりっぽい, 不調の. —Mantenían un *destemplada* discusión. 彼らの議論は不調だった. ❹（金属が）鍛えていない, もろい. ❺（天候が）定まらない. —Hace un día muy ~. 大変不安定な天気だ. 類 **desapacible**. ❻【estar＋】《医学》（体が）熱っぽい.

destemplanza [destemplánθa] 女 ❶ 不節制, 節度のなさ. —vivir con ~ 不節制な生活をする. tener ~ 不摂生をする. ❷《医学》微熱, （体の）不調, 気分がすぐれないこと. —Estaba enfadado y me contestó con ~. 彼は虫のいどころが悪く不機嫌に答えた. ❸《気象》天候が悪いこと, 荒れ.

destemplar [destemplár] 他 ❶《音楽》（音を）調子外れにする, 乱す. ❷《技術》（鋼鉄などの）弾性を失わせてもろくする. ❸ …の調子をくずす. ❹ …の調和を乱す. ❺《まれ》を湯などにつける, 煎じる.
——se 再 ❶《音楽》調子が外れる. ❷ 機嫌が悪くなる. ❸ 体の具合が悪くなる. —Dada su avanzada edad, *se destempla* con el frío. 彼は高齢のため寒いと体調がすぐれない. ❹《技術》（鉄などが）弾性を失う, 強度を失う, もろくなる. ❺《中南米》【＋con】…で不快感を催す, 歯が浮く感じがする. ❻ 天候が悪くなる.

destemple [destémple] 男 ❶《音楽》（楽器の）音の狂い, 調子外れ. ❷《技術》（鋼鉄などの）強度がないこと.

desteñir [desteɲír] [6.5] 他 を変色させる. —Esa falda me *ha desteñido* toda la ropa lavada. そのスカートのせいで私の洗濯物は全部色が変わってしまった.
——(se) 自 変色する, 色がさめる. —Los pantalones *se han desteñido* de tanto lavarlos. そのズボンは洗いすぎて色がさめてしまった.

desternillarse [desterniʎárse] 自 【次の成句で】
desternillarse de risa 腹をかかえて笑う, 笑いすぎて腹が痛くなる.

desterrado, da [desteráðo, ða] 過分 形 国外追放された, 流刑に処された.
—— 名 国外追放[亡命]者, 流刑者.

*****desterrar** [desterár] [4.1]【＜tierra】他 ❶ を国外追放する, 流刑にする; 亡命させる. —Napoleón fue *desterrado* a la isla de Santa Elena. ナポレオンはセント・ヘレナ島に流刑にされた. 類 **deportar, exiliar**. ❷ （考えなど）を追い払う, 払いのける. —*Destierra* esas ideas pesimistas de tu mente. そんな悲観的な考えは頭から払いのけてしまえ. ❸ （習慣など）をやめる, 捨てる, 駆逐する. —la costumbre de fumar 喫煙の習慣をやめる. Los anglicismos están *desterrando* palabras tradicionales. 英語の外来語が伝統的な語彙を駆逐しつつある.
——se 再 【＋a に】亡命する. —Muchos republicanos *se desterraron* a México. 多数の共和派がメキシコに亡命した.

desterronar [desteronár] 他 …の土塊を砕く.
——se 再 土塊が砕ける.

destetar [destetár] 他 ❶ を離乳させる. ❷《俗》（子ども）を自立させる, ひとり立ちさせる.
——se 再 ❶ 離乳する. ❷《俗》（子どもが）自立する, ひとり立ちする.

destete [destéte] 男 離乳, 乳離れ.

destiempo [destjémpo] 男 【次の成句で】
a destiempo 時機を失して, 折り悪く.

destierr- [destjer-] 動 desterrar の直・現在, 接・現在, 命令・2 単.

*****destierro** [destjéro] 【＜tierra】男 ❶ （故国・故郷からの）追放, 国外追放, 流刑. —condenar a ... al ~ por diez años [a diez años de ~] （人）を 10 年の国外追放[流刑]に処す. Escribió muchas obras en el ~. 彼は追放中に多くの作品を書いた. 類 **deportación, exilio**. ❷ （政治的理由で）祖国を捨てること, 亡命. —Tomó el camino del ~ porque no podía soportar la situación que vivía su país. 彼は祖国の状況に耐えられなかったので亡命の道を選んだ. 類 **exilio**. ❸ 流刑地, 追放先, 配所. —vivir en el ~ 追放の地で暮らす, 流刑[亡命]生活をする. Elba fue el ~ de Napoleón. エルバ島はナポレオンの流刑地だった. 類 **exilio**. ❹ （習慣・使用などをやめること, 廃止, 締め出し. —~ total de las armas 武器の全面的な締め出し[使用禁止]. ❺ 人里離れた土地, 辺鄙な所, 僻地. —Vive en un ~ total adonde es difícil ir a verle. 彼は会いに行けそうもないほんとに遠い所に住んでいる.

destilación [destilaθjón] 女 蒸留.

destiladera [destilaðéra] 女 ❶ 蒸留器. 類 **alambique**. ❷《中南米》濾(ろ)過器[装置], フィルター（＝filtro）.

destila*dor, dora* [destilaðór, ðóra] 形 蒸留する; 蒸留用の. —— 名 蒸留酒製造業者, 酒造家. —— 男 蒸留器.

destilar [destilár] 他 ❶《比喩》をにじみ出す, 発散させる. —Sus palabras *destilaban* bondad. 彼の言葉には善良さが表われていた. ❷ を蒸留する. —agua *destilada* 蒸留水.
—— 自 したたる, ぽたぽた落ちる.
——se 再 ❶【3 人称で】【＋de】…から蒸留されてできる. ❷【3 人称で】しみ出る, にじみ出る.

destilería [destilería] 女 （ウィスキーなどの）蒸留所[会社].

destinación [destinaθjón] 女 ❶ 赴任, 配属, 派遣. ❷《まれ》指定, 割り当て. ❸ （＝destino）.

destina*do, da* [destináðo, ða] 過分 形 ❶ (a) 〖＋a〗…へ向けて運命づけられている. —— al fracaso 失敗する運命である. Estaba ～ a tener una muerte violenta. 彼は変死をする運命だった. 類 **predestinado**. (b) 〖＋a〗…に向けられた, を目的とする; …宛の. —Son paquetes ～s a Montevideo. その小包はモンテビデオ宛だ. una política *destinada* a estrechar estos lazos このつながりを強化することを目的とした政策. 類 **dirigido, asignado**. ❷ 《軍事》駐屯している; (公務員・外交官が)駐在の, 赴任している. — Ahora está ～ en Lima. 今彼はリマに赴任している.

‡**destinar** [destinár] 他 ❶ 〖＋a に/para のために〗当てる, 割り当てる. — *Destina* una parte del sueldo *a* ayudar a una hermana viuda. 彼は給料の一部を未亡人になった妹を援助するのに当てている. *Destinó* parte de sus ahorros *a* la compra de un coche. 彼は貯金の一部を車の購入に当てた. Esta habitación la *destinaremos* para despacho. この部屋を私たちは書斎として使うつもりだ. Teníamos *destinado* dinero *para* esta eventualidad. 私たちはこういう場合に備えて金を取っておいた. 類 **asignar**. ❷ 〖＋a に〗(人)を配属する, 赴任させる, 差し向ける. —Lo *han destinado a* la sucursal de Sevilla. 彼はセビーリャ支店に配属された. ❸ (手紙・荷物などを)…に宛てる, 送る. —Las armas iban *destinadas* a un país africano. 武器はあるアフリカの国宛てに送られていた.

destinatar*io, ria [destinatárjo, rja] 〘＜destino〙 名 ❶ (郵便などの)名宛人, 受信人, 受取人(→**remitente**〖差出人〙). —— no encontrado 《表示》受取人不明. ❷ 販売受託者.

‡**destino** [destíno] 男 ❶ **運命, 宿命, 運**. ～ favorable [propicio] 幸運. ～ desgraciado [adverso] 不運. tener un ～ triste [trágico] 悲劇的運命をたどる. El ～ quiso que volara en el avión siniestrado. 運命のいたずらで不吉な飛行機に乗り合わせることになった. Su ～ era morir joven. 彼は若死にする運命だった. Así lo quiso el ～. そういう運命だったのだ. El ～ manda. これも運命の定めるところだ. Fue el juguete de un ～ aciago. 彼は数奇な運命に翻弄(はんろう)された. No podemos nada contra el ～. 私たちは運命には逆らえない. 類 **fatalidad, fortuna, sino, suerte**. ❷ (旅行・電車などの)**目的地**, 行き先; (郵便物などの)届け[送り]先; 《情報》ターゲット. —Pudimos llegar sanos y salvos a nuestro ～. 私たちは無事目的地にたどり着いた. estación [lugar] de ～ 行き先. La carta llegó a su ～. その手紙は宛先に届いた. Señores pasajeros con ～ a París, vuelo número 851, diríjanse por favor a la puerta 25. パリ行き 851 便にご搭乗のお客様はどうぞ 25 番ゲートまでお進みください. 類 **pasadero, rumbo**. ❸ **用途, 目的, (お金の)使途**. —Esta mesa tiene un ～ múltiple. この机は用途が広い. Este edificio ha cambiado de ～. この建物の用途が変わった. objetos con ～ decorativo 装飾用品. 類 **aplicación, fin, finalidad**. ❹ **職, 仕事**. —abandono de ～ 職務怠慢. Tiene un ～ en el Ministerio de Hacienda. 彼は大蔵省に務めている. Le han dado un ～ de recepcionista. 彼女はフロント係を仰せつかった. obtener un ～ en Correos 郵便局に就職する. 類 **colocación, empleo, puesto**. ❺ **任地, 配属**

---

destripar 693

地, 職場. —Ayer se marchó para su nuevo ～. 昨日彼は新任地へ赴いた. Le dieron ～ en Oviedo. 彼はオビエドに配属された.

con destino a ... (乗物・旅行者などが)…に向けて, …行きの; (郵便物が)…宛(あて)の. Ha salido un tren de París *con destino a* Barcelona. パリ発バルセロナ行きの列車が出発した. paquetes *con destino a* Roma ローマ向け小包.

dar destino a ... (物)を利用する, 使う. *Da destino a* estos trastos o tíralos a la basura. これらのがらくたを利用するか, ごみ箱に捨てるかだ.

luchar contra el destino/desafiar el destino/ir en contra del destino 運命と戦う[に逆らう].

destitución [destitu θjón] 女 解雇, 免職, 罷免(ひめん).

***destituir** [destituír] [11.1] 他 ❶ 〖＋de から〗(人)を罷免する, 解任する. —Lo *destituyeron del* puesto de director de ventas. 彼は販売部長の職を解任された. 類 **despedir**. ❷ 〖＋de を〗…から剥奪する. 類 **privar**.

destocar [destokár] 他 ❶ …の髪のセットを解く; 髪飾りをはずす. ❷ …の帽子を取る, 脱帽させる.
—— se 再 ❶ (自分の)髪のセットを解く; 髪飾りをはずす. ❷ (自分の)帽子を取る, 脱帽する.

destorcer [destorθér] 他 …のねじれを元に戻す; (物や体のゆがみなどを)正す.
—— se 再 《海事》(船が)針路を外れる.

destornilla*do, da* [destornijáðo, ða] 形 〖estar＋〗《話》頭のおかしい, 気まぐれな, むこうみずな, 軽はずみな. —— 名 《話》頭のおかしい人, 無鉄砲者.

destornillador [destornijaðór] 男 ❶ ねじ回し, ドライバー. —— en cruz プラスのドライバー. ～ ordinario マイナスのドライバー. ❷ 《飲料》(カクテルの)スクリュードライバー.

destornillamiento [destornijamjénto] 男 ねじを抜くこと.

destornillar [destornijár] 他 …のねじを抜く, を(ねじを回して)外す. 類 **desatornillar**.
—— se 再 ❶ ねじが外れる. ❷ 《話, 比喩》気がふれる, はめを外す, 理性を失う.

destrabar [destraβár] 他 ❶ …の足かせをはずす[拘束を解く]; を解放する. ❷ (つながっていたもの)を離す, 分離する.
—— se 再 ❶ 足かせをはずされる; 解放される. ❷ (つながっていたものが)離れる, 分離される.

destral [destrál] 男 手斧(ておの), まさかり.

destrenzar [destrenθár] 他 (髪の三つ編みなど)をほどく.
—— se 再 (髪の三つ編みなどが)ほどける.

***destreza** [destré θa] 〘＜diestro〙 女 〖＋con/en〗器用さ, 巧みさ, 手際のよさ, 見事な腕前; 巧妙さ. —Tiene mucha ～ para pintar. 彼は非常に絵が上手だ. obrar con gran ～ 大変巧みに振舞う, 大変器用に立ち回る. 類 **habilidad, maña, pericia**. 反 **impericia, torpeza**.

destripador*, dora* [destripaðór, ðóra] 形 腹を切り裂く.
—— 名 切り裂き魔.

destripar [destripár] 他 ❶ …のはらわたを抜く. —— una sardina イワシのはらわたを抜く. ❷ …の中味を取り出す. ❸ を押しつぶす, 砕く. ❹ (話を)

中断させる, …に水を差す. — ~ un cuento 話の腰を折る.

destripaterrones [destripateróneʂ] 男〖無変化〗《話, 軽蔑的に》日雇い農夫, 農夫.

destroce(-) [destroθe(-)] 動 destrozar の接・現在.

destrocé [destroθé] 動 destrozar の直・完了過去・1単.

destronamiento [destronamiénto] 男 (王の)廃位.

destronar [destronár] 他 ❶ (王・皇帝を)廃位する, 王位[権力の座]から退ける. ❷《比喩》…から権力を奪う, を倒す. — No será fácil ~ al nuevo campeón mundial. 今度の世界チャンピオンを倒すのは簡単ではないだろう.

destroncar [destronkár] [1.1] 他 ❶ (木を)切る, 切り倒す. ❷ (手足を)切る, もぐ. ❸ 疲れさせる. ❹〖中南米〗(木を)根こそぎにする.

***destrozar** [destroθár] [1.3] (<trozo) 他 ❶ (a) を粉砕する, 粉々に[ずたずた・めちゃめちゃ]にする. — La bomba *destrozó* el vestíbulo del hotel. 爆弾でホテルのロビーはめちゃめちゃに壊れた. Ha *destrozado* la novela que le presté. 彼は私が貸してやった小説本をばらばらに破損させてしまった. (b) を壊す, 破損させる, 役立たずにする. — Ha *destrozado* tres pares de zapatos en un mes. 彼は1か月のうちに3足の靴を履きつぶした. (c) (敵)を壊滅させる, を粉砕する. — ~ al equipo contrario 相手チームを粉砕する. ❷ …に損害を与える. — La helada *ha destrozado* las frutales. 霜が降りて果樹が大被害を受けた. ❸ (精神的に)を疲れさせる; へとへとに疲労させる. — El fracaso le *ha destrozado*. その失敗で彼はすっかりまいってしまった.
—— se 再 ❶ 粉々[めちゃめちゃ]になる; 台無しになる, 駄目になる. — Las suelas de cuero de los zapatos *se destrozan* enseguida. 靴の皮底はすぐ駄目になる. ❷ (a) 疲れ切る, へとへとになる, へばる. — *Me destrocé* haciendo bicicross. 私はマウンテンバイク競走をやってへとへとになった. (b) 被害を受ける; 健康を害する. — *Te estás destrozando* con la bebida. 君は酒で体を駄目にしている.

***destrozo** [destróθo] 男 ❶ 損害, 被害, 害. — ~s irreparables [incalculables] 修復不可能な[測り知れない]損害. ~ moral 精神的打撃[痛手]. 類**daño, perfecto**. ❷ 破壊, 粉砕, 損壊. — La onda explosiva causó un ~ de cristales. 爆発の衝撃波でガラスが粉々に割れた. 類**destrucción, rotura**. 反**arreglo**.
hacer [*causar, producir*] *destrozos* [*un destrozo*] *en* ... …に損害を与える.

destrozón, zona [destroθón, θóna] 形《話》よく物を壊す, 破壊的な. — Este niño es muy ~. この子は物を壊してばかりいる. —— 名《話》すぐ物を壊す人.

‡**destrucción** [destrukθión] 女 ❶ 破壊, 壊滅; 荒廃, 滅亡(→construcción「建設」). — La primera bomba atómica causó la ~ de Hiroshima. 最初の原子爆弾が広島市を破壊した. pedir la ~ de los pisos ilegales 違法マンションの取壊しを求める. 類**demolición, ruina**. 反**creación**. ❷ 破棄, 廃棄, 消滅. — ordenar la ~ de documentos comprometedores 読まれては困る書類の隠滅を命じる. ❸ 損害, 被害. — La guerra provoca ~ física y moral. 戦争は物質的・精神的な損害をもたらす. 類**daño, pérdida**. ❹《比喩》破滅, 堕落. 類**ruina**.

destructible [destruktíβle] 形 破壊できる. 類**destruible**. 反**indestructible**.

***destructividad** [destruktiβiðá(ð)] 女 破壊性, 破壊力. — ~ del tiempo [fuego] 時間[火]の破壊力. tener la manía de la ~ 破壊癖がある.

***destructivo, va** [destruktíβo, βa] 形 破壊的な, 破壊力のある; 破滅させるような. — Es una bomba de gran poder ~. それは大きな破壊力のある爆弾である. Ha sido siempre un hombre negativo y muy ~. 彼は常に物事を否定的に考える, とても破滅的な人間だった. 類**destrozador, destructor**. 反**constructivo, constructor**.

***destructor, tora** [destruktór, tóra] 形 破壊性のある, 破壊する, 破壊力のある. — Las drogas tienen efectos ~es sobre las neuronas del cerebro. 麻薬は脳のニューロンに壊滅的な作用をひき起こす. 類**demoledor, destrozador, destructivo**. 反**constructivo, constructor**.
—— 名 破壊者, 壊す人. —— 男 駆逐艦. — El ~ localizó y atacó al submarino. 駆逐艦はその潜水艦の位置をつきとめ, 攻撃した.

destruible [destruíβle] 形 破壊できる; 壊れやすい, もろい. 類**destructible**. 反**indestructible**.

‡**destruir** [destruír] [11.1] 他 ❶ を破壊する, 壊す, 破棄する. — Esas substancias *destruyen* el medio ambiente. それらの物質は環境を破壊する. El fuerte seísmo *destruyó* la antigua iglesia del pueblo. 強い地震で町の古い教会が壊れた. ❷ (名声など)を台なしにする, (計画などを)ぶち壊す, (希望など)を打ち砕く. — La infidelidad del marido *destruyó* su matrimonio. 夫の不実のため彼らの結婚は破綻(はたん)した. La droga está *destruyendo* muchas vidas jóvenes. ドラッグが多くの若い命をそこなっている. ~ un proyecto 計画をぶち壊す. 類**echar por tierra**. ❸ (財産など)を浪費する, 蕩尽(とうじん)する. — *Destruyó* la herencia en dos años. 彼は遺産を2年間で食いつぶした.
—— se 再 壊れる, だめになる.

destruy- [destruj-] 動 destruir の直・現在/完了過去, 接・現在/過去, 命令・2単, 現在分詞.

desudar [desuðár] 他 …の汗をふく[ぬぐう].
—— se 再 (自分の)汗をふく[ぬぐう].

desuell- [desuéj-] 動 desollar の直・現在, 接・現在, 命令・2単.

desuello [desuéjo] 男 ❶ 皮をはぐこと. ❷《比喩》あつかましさ, ずうずうしさ. 類**desfachatez**.
ser un desuello 値段がとてもなく高い.
tratar al desuello 乱暴に扱う.

desuncir [desunθír] [3.5] 他 (牛などから)くびきを外す. — ~ los bueyes 牛のくびきを外す.

desunión [desunión] 女 分離, 分裂; 不和, 不統一. — ~ interna 内部不和[分裂].

desunir [desunír] 他 ❶《de から》を分離する. — ~ las piezas de un aparato 器械から部品を外す. ❷ を離反させる; 不和にする. — ~ el grupo グループを不和にする.
—— se 再 離れる, 離反する.

desusado, da [desusáðo, ða] 形 ❶ すたれた, 時代遅れの. ❷ 変わった, 普通でない. — Hoy ha tenido un comportamiento ~ en ella. 今日彼は彼女に対して普通ではない振る舞いをした. 類

insólito.

desusar [desusár] 他 …の使用をやめる.
— **se** 再 〖3人称で〗すたれる, 使われなくなる.

desuso [desúso] 男 使われないこと, 廃止. — caer en ~ 使われなくなる. estar en ~ 使われていない.

desvaído, da [desβaído, ða] 形 ❶ (色が)はっきりしない, あせた. —color ~ はっきりしない色. ❷ ぎこちない, ぶざまな. —Ha pronunciado un discurso ~. 彼の演説はぶざまだった. ❸ (人が)元気がない, うつろな, 目立たない.

desvainar [desβainár] 他 …のさやをむく[はぐ].
— ~ habas ソラマメのさやをむく.

desvalido, da [desβalíðo, ða] 形 ❶ 見放された, 身寄りのない. ❷ 貧しい, 貧窮した.
— 名 貧窮者, 身寄りのない人. —ayuda a los ~s 貧しい人たちへの援助.

desvalijamiento [desβalixamjénto] 男 強奪; 略奪. 類 **atraco, saqueo**.

desvalijar [desβalixár] 他 ❶ を強奪[略奪]する. —Me *han desvalijado* la cartera en la calle. 私は通りで財布をとられた. 類 **robar**. ❷ (家などにあるもの)をごっそり盗み出す. —Anoche le *desvalijaron* la tienda. 昨夜彼は店の品をごっそり持ち去られた. 類 **atracar, saquear**.

desvalimiento [desβalimjénto] 男 孤立無援, 寄る辺なさ. 類 **desamparo**.

desvalorar [desβalorár] 他 → desvalorizar.

desvalorización [desβaloriθaθjón] 女 ❶ 価値の下落. ❷ 〖経済〗(平価の)切下げ.

desvalorizar [desβaloriθár] [1.3] 他 ❶ (…の)価値を下げる. ❷ 〖経済〗(通貨の)平価を切り下げる(=devaluar). — **se** 再 価値が下がる.

****desván** [desβán] [<vano] 男 〖建築〗(物置用の)屋根裏[部屋]. —Los trastos viejos en desuso los guardamos en el ~. もう使わない古いがらくたは屋根裏にしまってある. 類 **buharda, buhardilla**.

desvanecedor, dora [desβaneθeðór, ðóra] 形 ぼかす.
— 男 〖写真〗(ポジフィルムの)ぼかし装置.

****desvanecer** [desβaneθér] [9.1] [<vano] 他 ❶ を散らす, 消し去る, 吹き飛ばす. —Salió el sol y *desvaneció* la niebla. 日が昇って露が消し去った. ❷ (*a*) (…の輪郭など)をぼやけさせる, ぼかす. —La oscuridad *desvanece* los contornos de los árboles. 暗闇のために木々の輪郭がぼやけている. (*b*) (色調など)を薄くする, 弱める, ぼかす. —La lejanía *desvanece* los colores de la bandera. 遠ざかるにつけて旗の色もぼやける. ❸ (疑いなど)を晴らす, 消し去る, 一掃する. —Intentó ~ mis dudas pero no lo consiguió. 彼は疑惑を晴らそうとしたが, どうにもできなかった.
— **se** 再 散る, 消え失せる, 一掃される. —El humo *se desvanece* en el aire. 煙は空気中に消えて行く. Todas mis sospechas *se desvanecieron*. あらゆる私の疑いは解消した. ❷ (*a*) (輪郭が)ぼやける. —El barco *se desvaneció* en la oscuridad del mar. 船影は海の暗闇の中に溶け込んで行った. (*b*) (色調が)薄くなる, 薄まる. —Los colores de la camisa *se desvanecen* al lavarla. シャツの色は洗うと色落ちする. (*c*) (香り・味・効力が)抜ける, 薄らぐ. —Aquel aroma penetrante *se fue desvaneciendo*. あの鼻をつくようなにおいは消えて行った. ❸ 気を失う, 失神する. —La mujer *se desvaneció* cuando se enteró de la muerte de su hijo. その女性は息子の死を知った時失神した.

desvanecidamente [desβaneθíðaménte] 副 うぬぼれて, 得意げに.

desvanecido, da [desβaneθíðo, ða] 過分 形 《まれ》うぬぼれた, 虚栄心の強い.

desvanecimiento [desβaneθimjénto] 男 ❶ 消滅, 消散, 消えること. ❷ (色調などの)ぼかし, ぼんやりすること, 弱くなること. ❸ 〖医学〗めまい, 失神. —tener un ~ めまいを感じる. ❹ 横柄, 傲慢.

desvariar [desβarjár] [1.5] 自 ❶ たわごとを言う, とんでもないことを言う. ❷ うわごとを言う.

desvarío [desβarío] 男 ❶ 精神錯乱, うわごと(を言う状態). ❷ 狂気, ばかげたこと. —decir ~s ばかげたことを言う. hacer [cometer] un ~ ばかげたことをする. 類 **monstruosidad**. ❸ 《まれ》気まぐれ, 移り気.

****desvelar** [desβelár] [<velar] 他 ❶ を眠らせない, 眠れなくする. —Las preocupaciones familiares la *desvelaban*. 家庭の心配ごとで彼女は眠れなかった. El té verde me *desvela*. 緑茶を飲むと私は眠れなくなる. ❷ を暴き出す, 暴露する. — ~ el secreto 秘密を暴く. 類 **descubrir, revelar**.
— **se** 再 ❶ 眠れない, まんじりともしない. —*Se desveló* pensando en el porvenir de su patria. 彼は祖国の将来を思うと眠れなかった. ❷ [por に] 気を使う, (を)気にかける, (…に)心を砕く. —Siempre *se desveló por* su familia. 彼はいつも家族のことを気にかけていた. 類 **afanarse, desvivirse**.

****desvelo** [desβélo] 男 ❶ 不眠, 眠れない状態. —Por la noche el café me produce ~. 私は夜コーヒーを飲むと眠れなくなる. 類 **insomnio**. 反 **sueño, sopor**. ❷ 〖主に複〗〖 + por〗(…への)努力, 配慮, 献身, 心配り, 苦心. —fruto de sus ~s 彼の苦心[努力]の結果. con ~ 献身的に, 熱心に, 苦心して. 類 **afán, atención**. 反 **desinterés, descuido**.

desvencijado, da [desβenθixáðo, ða] 形 がたがたになっている, 今にもこわれそうな.

desvencijar [desβenθixár] 他 を壊す, ばらばらにする.

desvendar [desβendár] 他 …の包帯をとる.

****desventaja** [desβentáxa] 女 ❶ (他と比べて)**不利(な点)**, ハンディキャップ, 不都合, 劣勢; 欠点, 短所. —Mi coche tiene la ~ de que consume más combustible que el tuyo. 私の車は君のより燃料を食うという難点がある. llevar ~ 不利である, 劣っている. con ~ 不利に, 劣勢で. en su ~ 不利で, 劣勢で. 類 **inconveniente**. 反 **superioridad, ventaja**. ❷ 〖スポーツ〗リード(されている状態). —tener una ~ de tres goles 3ゴールリードされている.

estar en desventaja 不利である, 不利な立場にある.

desventajoso, sa [desβentaxóso, sa] 形 ❶ 不利な, 不利益な, 不都合な. —estar en situación *desventajosa* 不利な状況にある. condiciones *desventajosas* 不利な条件. ❷ 利益のない, もうからない.

desventura [desβentúra] 女 不運, 不幸, 災

難. —pasar *desventuras* 不幸な目にあう. [類] **desgracia, infortunio**.

desventuradamente [desβenturáðaménte] 副 不運にも, 不幸に.

desventurado, da [desβenturáðo, ða] 形 ❶ 不運な, 不幸な. —día ~ 運のない日. ❷ 意気地のない, 気が弱い. —— 名 ❶ 不幸な人, 不運な人. ❷ 気が弱い人, 意気地のない人.

desvergonzado, da [desβerɣonθáðo, ða] 形 恥知らずの, ずうずうしい, 厚顔の. —— 名 ずうずうしい人, あつかましい人.

desvergonzarse [desβerɣonθárse] [5.6] 再 ❶ 恥を忘れる. ❷ 〖+con〗…に敬意を示さない, ずうずうしくふるまう.

desvergüenza [desβerɣwénθa] 女 ❶ 厚かましさ, 厚顔無恥. —Con lo que me debía, tuvo la ~ de pedirme más dinero. 彼は私に借りがあるにもかかわらず図々しくもさらにお金を求めた. [類] **descaro, frescura**. ❷ 恥ずべき[下品な]言動. —un cómic lleno de ~s 破廉恥だらけのマンガ. [類] **impudor**.

desvestir [desβestír] [6.1] 他 《まれ》…の服を脱がせる(=desnudar).
—— se 再 ❶ 服を脱ぐ(=desnudarse). ❷〖+de〗をとる, 外す.

:**desviación** [desβiaθjón] 女 ❶ (方向が)それること[曲る]こと, 外れること. —sufrir ~ de la columna vertebral 脊柱(ﾂｲ)が彎曲(ﾜﾝｷｮｸ)している. ~ de la luz 光線の屈折[偏向]. Las fuertes lluvias han causado una pequeña ~ en el cauce del río. 大雨で河床が少し蛇行した. ~ del péndulo 振り子のふれ. ~ de la aguja imantada 磁針の自差[偏角]. ~ magnética 磁気偏角. [類] **torcedura**. [反] **rectitud**. ❷《比喩》(行為・主義・思想などの)逸脱, 偏向. —~ sexual 性的倒錯. Firmar esa declaración sería una ~ de mis principios. その声明に署名すれば, 私の主義主張からはずれるだろう. [類] **aberración, anomalía**. [反] **normalidad**. ❸ (再び本道に戻る)脇道, 迂回路, (工事中の)迂回路(=~ de la circulación). —Si tomamos esta ~ del camino, llegaremos antes. この迂回路を通れば早く着くだろう. [類] **derivación, desvío**. ❹ 〖統計〗偏差. —~ standard 標準偏差. valor de ~ 偏差値. ❺《医学》溢血(ｿｯｹﾂ), 溢血.

desviacionismo [desβjaθjonísmo] 男 (正統・規範などからの)逸脱, 偏向.

desviacionista [desβjaθjonísta] 形 逸脱[偏向]している. —— 男女 逸脱[偏向]者.

desviado, da [desβjáðo, ða] 過分 それた, 外れた; 逸脱した.

:**desviar** [desβjár] [1.5] 他 ❶ (車などを)迂回させる, (流れを)変える, (打撃などを)避ける. —El avión fue *desviado* a Barcelona a causa de la niebla. 飛行機は霧のためバルセロナに向けて進路を変更した. ~ la conversación 話題を変える. ~ la mirada [los ojos] 視線[目]をそらす. ❷〖+de から〗をそらす, 外す, 逸脱させる. ❸ …からそれる. —Esos amigos lo han *desviado* del buen camino. そういう友達のせいで彼は正道を踏み外した. Nadie ni nada conseguirán ~*me* de mi propósito. 誰も何事も私の意図をそらせることはできないだろう. *Desviaban* fondos para sobornos políticos. 彼らは政治的な買収のために資金を流用した. [類] **apartar**.
—— 自 それる, 避ける.
—— se 再 ❶ (車が)道をそれる, 迂回する, (道が)分岐する. —El coche *se desvió* hacia la terminal de autobuses. 車はバスターミナルに向けて方向転換した. *Nos desviamos* del camino y estuvimos a punto de perdernos. 私たちは道からそれて迷子になりそうになった. ❷〖+de から〗それる, 外れる, 逸脱する. —Le critican por ~*se* de su trayectoria revolucionaria. 彼はその革命路線から外れていると批判されている. *Nos estamos desviando* del tema de discusión. 我々は議題からそれてきている.

desvinculación [desβinkulaθjón] 女 分離; 離脱. [類] **separación**.

desvincular [desβinkulár] 他 ❶〖+de〗を(…から)解放する, 自由にする. ❷ を孤立させる.
—— se 再 〖+con/de〗…と関係を断つ.

*desvío [desβío] 男 ❶ 脇道, 横道, —tomar [coger] un ~ 脇道に入る. Cuando llegues al semáforo, coge el ~ a la izquierda. 信号の所に着いたら左の脇道に入らなければならない. [類] **bifurcación, desviación, ramal**. ❷ (工事による臨時の)回り道, 迂回路. —~ provisional por obras 工事中による臨時迂回路. ❸ (正しい進路・方針・慣例・常軌・原則から)外れる[外れた]こと, 逸脱; ずれ, 偏向. —Hicieron un ~ en la corriente del río. 川の流れが変えられた. Se ha producido un ~ en su conducta. 彼の行動は常識外れだった. [類] **desviación**. ❹ (公金の)流用, 転用. —Está acusado de ~ del dinero público. 彼は公金流用で告訴されている. [類] **malversación**. ❺ 冷淡, 無関心, 無愛想. —Era objeto del ~ de sus padres. 彼は両親からそっけなくされた. [類] **desagrado, desapego**. [反] **afecto, apego**. ❻《中南米》〖鉄道〗待避線, 引き込み線, 側線. —El tren permanecía estacionado en el ~. 電車は待避線に止まったままだった. [類] **apartadero**.

desvirgar [desβirɣár] [1.2] 他 …の処女を奪う(=desflorar).

desvirtuar [desβirtuár] [1.6] 他 ❶ を誤って伝える, ゆがめる, だめにする. ❷ …の価値[品質]を落とす.
—— se 再 (食べ物・飲み物などが)悪くなる, 質が落ちる.

desvivirse [desβiβírse] 再 ❶〖por+不定詞〗(…したくて)たまらない, 努力する, 熱心である, やっきになる. —*Se desvive* por atender y complacer a todos. 彼女はみんなの世話を焼き彼らを楽しませようとやっきになっている. ❷〖+por〗…がとても好きである, 熱中する.

desyemar [desjemár] 他 (植物の)芽を摘み取る.

desyerbar [desjerβár] 他 →desherbar.

detall [detál] 男 〖スペイン〗〖商業〗小売り. —venta al ~ 小売り.

detalladamente [detajáðaménte] 副 詳しく, 詳細に.

*detallado, da [detajáðo, ða] 過分 形 ❶ 詳しい, 細かい. —Nos hizo una descripción *detallada* del suceso. 彼は私たちにその出来事の詳しい描写をした. ❷ 詳細な. —Debes hacer una lectura *detallada* de la novela. 君はその小説を詳細に読まないといけない. [類] **pormenorizado**.

:**detallar** [detajár] 他 ❶ を詳細に述べる, 詳しく

説明する. —*Detalló* muy bien todo lo sucedido. 彼は起きたことのすべてを非常に上手に詳しく説明した. ❷ を小売りする.
— 自 詳細に論じる.

detalle [detáxe デタイェ] 男 ❶ 詳細, 細部, 細かい点; 些細な事柄. —— insignificante (sin importancia) 取るに足りない細事[細部]. atento a los más pequeños ~s 最も細かい点にまで気を配る. preocuparse de los ~s 細かい点にこだわる. Dejemos los ~s a un lado y vayamos a la parte esencial del asunto. 細かい事は後回しにして問題の核心に触れましょう. Me lo contó todo sin omitir ningún ~. 彼はどんな細かい点も省かずに全部私に話してくれた. Ha decorado la habitación cuidando los más mínimos ~s. 彼は部屋の内装ではほんのちょっとしたことにも気を配った. 類**pormenor**. ❷ 親切, 心遣い, 思いやり, 配慮. —No tuvo ningún ~ con nosotros. 彼は私たちに全然親切にしてくれなかった. ¡Qué ~! まあ, 何という心遣いでしょう! Durante mi estancia en su casa me prodigaron toda clase de ~s. 彼の家に滞在中, 私は至れり尽くせりの心遣いをしてもらった. Ha tenido un ~ llamándome por teléfono el día de mi cumpleaños. 彼は親切にも私の誕生日に電話をくれた. 類**amabilidad, cortesía, delicadeza**. 反**desatención, descortesía, grosería**. ❸ 小さなプレゼント, ちょっとした物. —Le obsequié con un pequeño ~ por su cumpleaños. 私は彼女の誕生日にささやかなプレゼントをした. He estado de viaje y te he traído un ~. 私は旅行中だったので, 君にちょっとしたお土産を持って来た. 類**obsequio, regalo**. ❹《美術》(絵画・彫刻・建築などの)ディテール, 細部[部分図]. —《"Las Meninas"》de Velázquez ベラスケスのラス・メニーナス(宮廷の侍女たち)のディテール. La foto era un ~ de la cara del retrato. その写真は肖像画のディテールだ. 類**fragmento**. ❺《建物・洋服などの)細部装飾, 小さい装飾. —Los ~s de la bóveda son de estilo mozárabe. ボールト(丸天井)の細部装飾はモサラベ様式だ. chaqueta de lana con ~s en cuero 革の飾りのついたウールのジャケット. 類**complemento**. ❻《商業》明細書. —~ de los gastos 費用の明細書. 類**cuenta, lista, relación**. ❼ 要点, 眼目, 問題点. —Ahí está el ~. 要点はそれだ, それが問題なのだ. ❽《中南米》《商業》小売り. —tiendas de ~ 小売店.

al detalle (1)《中南米》《商業》小売りの[で](= al detall, al por menor). venta *al detalle* 小売り販売. tiendas *al detalle* 小売店.

con (todo) datalle/con todos los detalles/ con todo tipo [lujo] de detalles 詳細に, つぶさに, 事細かに, 細部にわたって. describir *con detalle* 詳細に記述[描写], 説明する. Me lo contó *con todo lujo de detalles*. 彼は私にそのことをつぶさに話してくれた.

dar detalles 詳細に述べる[描く]. La portera nos *dio* todo tipo de *detalles* sobre la trágica muerte del vecino del sexto. 管理人が私たちに7階の住人の悲劇的な死について詳細に話してくれた.

en detalle 詳細な[に], 細かい, 細かく (=al detalle). descripción *en detalle* de la ciudad 町の詳細な描写.

entrar en detalles 詳述する, 詳細にわたる. Te cuento lo que pasó sin *entrar en detalles*. 何が起きたか君に大まかに話そう.

no perder(se) detalle de ... どんな小さなことでも見逃さない[聞き漏らさない](= no perder(se) comba de ...). El niño *no pierde detalle* de la película. 子供は映画のどんな小さなことでも見逃さない.

para más detalle 詳細は. *Para más detalle*, diríjase a la oficina de información. 詳細は案内所にお問い合わせください.

vérsele a ... un detalle (お客・他人を)大変よくもてなす, サービスがよい, 気が利く.

detallista [detajísta] 形 ❶《商業》小売の. ❷ 細かなことに気を配る.
— 男女 ❶ 小売商人. 類**minorista**. ❷ 細かなことに気を配る人.

detección [detekθjón] 女 検出, 探知, 見破る[られる]こと. —~ de colisión《情報》衝突検出.

detectar [detektár] 他 を見つけ出す, 探知する, 発見する, 検出する. —El sonar *detectó* un submarino. ソナーが潜水艦を探知した. ——se 再《3人称》見出される, 見つかる. —*Se detectó* una fuga de gas. ガス漏れが検出された.

detective [detektíβe] 男 探偵. —~ privado 私立探偵.

detectivesco, ca [detektiβésko, ka] 形 探偵の.

detector [detektór] 男 検出器, 探知器, 報知器. —~ de incendios 火災報知器. ~ de mentiras うそ発見器. ~ de gas ガス漏れ探知器.

detén [detén] 動 detener の命令・2単.

:**detención** [detenθjón] 女 ❶ 停止, 中止. —~ de los negocios 取引きの停止. La falta de material motivó la ~ de las obras de ese edificio. そのビルの工事は材料不足で中止になった. 類**parada**. 反**continuación**. ❷ 遅れ, 遅延, 停滞. —sin ~ ぐずぐずせずに, 直ちに, 遅滞なく. 類**demora, tardanza**. ❸ 入念, 留意. —El médico examinó al enfermo con ~. 医者は病人をじっくり診察した. 類**atención**. 反**rapidez**. ❹ 拘留, 留置. —~ ilegal 不法監禁. ~ preventiva 未決拘留. sufrir dos meses de ~ 2か月の拘留を受ける.

detendr- [deténdr-] 動 detener の未来, 過去未来.

:**detener** [detenér デテネル] [10.8] 他 ❶ を止める, 制止する, 引き止める. —~ el avance de las tropas enemigas 敵部隊の前進を止める. ~ el avance de una enfermedad 病気の進行を止める. Puede irse si quiere, nadie le *detiene*. 出て行きたければそうしてもかまわない, 誰も彼を引き止めはしない. 類**parar**. ❷ を逮捕する, 拘留する, 留置する. —Lo *detuvieron* dos días después del robo. 彼は盗みの2日後に逮捕された. 類**arrestar, encarcelar**.
——se 再 ❶ (車や人が)止まる, 立ち止まる, 停止する. —Vuelve a casa sin ~*te* en el camino. 途中で寄り道せずにまっすぐに帰って来い. ❷《+a+不定詞》(…するために)立ち止まる, 立ち止まって…する. —*Se detuvo a* contemplar la espléndida puesta del sol. 彼は立ち止まってすばらしい日没を眺めた. 類**pararse**. ❸《+en に》時間をかける. —Ve al grano y no *te detengas en* lo accesorio-

698 detenga(-)

rio. どうでもいいことに拘泥しないで要点に入ってくれ. *Se detuvo* mucho arreglándose y perdió el tren. 彼は支度をするのに大変手間どり, 汽車に遅れてしまった.

detenga(-) [deténga(-)] 動 detener の接・現在.

detengo [deténgo] 動 detener の直・現在・1単.

***detenidamente** [deteníðaménte] 副 慎重に, 念入りに, 綿密に. —El abogado examinó el contrato ~. 弁護士は契約を慎重に検討した.

:**detenido, da** [deteníðo, ða] 過分 形 ❶ 遮られた, 中断された; 逮捕[勾留]された. —El tráfico quedó ~ a causa del accidente. 交通は事故のために遮断された. El terrorista ~ ingresó ayer en prisión. 逮捕されたそのテロリストは昨日投獄された. ❷ 詳細な, 綿密な. —Hay que hacer un estudio ~ del caso. その一件を詳細に調査しなければならない. 類**minucioso**. —— 名 逮捕者, 留置人, 勾留者. —El ~ fue conducido a la comisaría. 逮捕された者が警察に連行された.

detenimiento [detenimjénto] 男 入念さ, 慎重な行動. —pensar con ~ 慎重に考察する.

detentar [detentár] 他 ❶【法律】を不法に所有する[使用する]. —Ese dictador *detentó* el poder durante seis años. その独裁者は6年間不当に権力の座にあった. ❷【法律】を詐称する. ❸ (資格・地位・記録などを)保持する.

detergente [deterxénte] 形 洗剤. ~ biodegradable 分解性のある洗剤. ~ líquido 液体洗剤. lavar la ropa con ~ 洗剤で服を洗う. —— 男 洗浄性の, 洗浄効果のある.

deterger [deterxér] [2.5] 他 《医学》(傷などを)洗浄する(＝limpiar).

deterioración [deterjoraθjón] 女 →deterioro.

***deteriorar** [deterjorár] 他 を損傷[破損]させる, 損なう, 悪化させる. —El lavado en seco *deteriora* el tejido. ドライクリーニングは布地を傷める. Los conflictos étnicos *han deteriorado* la economía del país. 民族紛争がその国の経済を悪化させている. 類**estropear**.

——**se** 再 損傷[破損]する, 悪化する. —La catedral *se ha deteriorado* mucho con la contaminación. 大聖堂は大気汚染のために傷んでいる. ~*se* las relaciones entre dos países 両国間の関係が悪化する.

***deterioro** [deterjóro] 男 ❶ 傷つけること[損なうこと], 損傷, 破損; 損害, 被害. ~ medioambiental 環境破壊. productos de fácil ~ 傷みやすい製品. sin ~ de su prestigio 威信を傷つけることなく. La humedad ha provocado el ~ de la pintura de la pared. 湿気で壁の塗装がだめになった. 類**daño, desgaste, desperfecto, deterioración**. ❷ (関係・状態などの)悪化; (品質・価値などの)低下; 退廃. ~ de la calidad de la enseñanza 教育の質の低下. provocar el ~ de las relaciones internacionales 国際関係の悪化を招く. 類**empeoramiento, mejora, perfeccionamiento**. ❸ (精神医学)~ intelectual [mental, síquico] 精神荒廃.

sufrir deterioro 傷つく, 損害を被る; 悪化する. Su salud *ha sufrido* un considerable *deterioro*. 彼の健康はかなり悪化した.

deterlejía [deterlexía] 女 漂白剤入り洗剤.

determinable [determináβle] 形 決定しうる; 特定できる.

:**determinación** [determinaθjón] 女 ❶ 決定, 確定; 測定;《文法》限定;《数学》(未知数の)決定. ~ de la fecha [del precio] 日取り[価格]の決定. ~ del sexo《生物》性決定. ❷ 決心, 決意; **決断力**, 果断. —mostrar ~ 決断力のあるところを示す. hombre de gran ~ 果断な[決断力の強い]人. tener poca ~ 決断力に乏しい. 類**decisión, osadía**. 反**cobardía, indecisión**.

tomar una determinación 決心[決定]する.

:**determinado, da** [determináðo, ða] 形 ❶ 決まった, 一定の, 特定の. —Los domingos cenamos en un ~ restaurante del barrio. 毎週日曜日私たちは町内の決まったレストランで夕食をとります. 類**concreto, preciso**. ❷ 決意した, 決心した. —Estamos ~s a enfrentarnos al problema. 私たちはその問題に対決する決意をしている. 類**decidido, resuelto**. ❸《文法》限定された. —artículo ~ 定冠詞. 類**definido**.

:**determinante** [determinánte] 形【+de】を決定する, 左右する; 決定的な[ser+]. —La bebida fue la causa ~ *de* su enfermedad. 飲酒が彼の病気の決定的な原因だった. 類**concluyente, terminante**.

—— 男 ❶ 決定[左右]するもの. —Eso fue el ~ de la situación. それが状況を左右することとなった. ❷《文法》限定詞[辞], 決定詞[辞]. ❸《生物》決定子, デテルミナント;《心理》決定因.

—— 女《数学》行列式.

****determinar** [determinár] [determinár デテルミナル] 他 ❶ (*a*) を決定する, 決める, 定める. —Aún no *han determinado* el nuevo horario de clases. 新しい授業時間割はまだ決まっていない. 類**establecer, precisar**. (*b*) (法令などが)規定する. ❷ を推定する, 特定する. —~ las causas de un accidente 事故の原因を推定する. De estos datos no es fácil ~ los costes de producción. これらのデータから生産コストを推定するのは容易ではない. ❸ を引き起こす, …の原因となる. —Analizan las circunstancias que *determinaron* la caída de la República. 彼らは共和国の崩壊を引き起こした状況を分析している. 類**motivar**. ❹ (*a*)【+不定詞】(…しようと)決心する, 決定する. —*Determinaron* declararse en huelga. ストライキ入りを決定することに決定した. 類**decidir**. (*b*)【+a+人, +a+不定詞】(人に…するようにと)決心させる. —La situación política del país lo *determinó a* cancelar el viaje. その国の政治情勢により彼は旅行を取り止めることを決心した. 類**hacer decidir**. ❺《司法》…と裁定する, 判決する. —Los jueces *determinaron* la pena de muerte. 裁判官たちは死刑の判決を行なった.

——**se** 再 ❶【+不定詞】(…することを)決心する, 決意する. —*Se determinó a* estudiar medicina. 彼は医学を学ぶ決心をした. ❷【+por】決める, 決定する. —Debes ~*te por* una u otra opción. おまえはいずれかに決めなければならない.

determinativo, va [determinatíβo, βa] 形 ❶《文法》限定的な. —adjetivo ~ 限定形容詞. ❷ 決定の, 決定的な.

determinismo [determinísmo] 男 《哲学》決定論.

determinista [determinísta] 形 《哲学》決定論の. —— 男女 《哲学》決定論者.

detersión [detersjón] 女 洗浄, 浄化.

detersorio, ria [detersórjo, rja] 形 洗浄[浄化]性の.

detestable [detestáβle] 形 ❶ 大嫌いな, すごく嫌な. —carácter ~ ひどく嫌な性格. 類**aborrecible**. ❷ 恐ろしい, すさまじい, いまわしい. —conducta ~ いまわしい行動. programa de televisión ひどいテレビ番組. 類**abominable, pésimo**.

detestación [detestaθjón] 女 大嫌い, 憎しみ(の気持ち), 嫌悪.

‡**detestar** [detestár] 他 を憎む, 嫌う; …に我慢できない. —Detesto este clima [a esta gente]. 私はこの気候[この人たち]が大嫌いだ. 類**aborrecer**.

detien- [detjén-] 動 detener の直・現在.

detonación [detonaθjón] 女 爆発, 爆発音. —oírse una ~ 爆発音が聞こえる.

detonador [detonaðór] 男 (爆弾の)起爆装置, 起爆剤.

detonante [detonánte] 形 ❶ 爆発する, 爆発性の. —mezcla ~ 爆発性の混合ガス. ❷ 調和しない, けばけばしい. —Llevaba una falda de colores ~s. 彼女はけばけばしい色のスカートをはいていた. —— 男 爆発物, 爆薬. ❷ 《比喩》大事件の原因. —El ~ de la huelga fue el despido de varios trabajadores. そのストライキの原因は数人の労働者の解雇であった.

detonar [detonár] 自 爆発する, 爆音を発する. 他 ❶ 驚かせる, びっくりさせる. ❷ を爆発させる.

detracción [detrakθjón] 女 《まれ》悪口, 非難.

detractar [detraktár] 他 を中傷する, …の悪口を言う, 名誉を毀損する(=difamar).

detractor, tora [detraktór, tóra] 形 中傷的な, 名誉毀損の. —carta detractora 名誉毀損の手紙. —— 名 悪口を言いふらす人, 中傷者.

detraer [detraér] 他 [10.4] 他 ❶ [+de] (…から)を抜き取る, くすねる. ❷ 《比喩》を中傷する, の名誉を毀損する.

detraiga(-) [detráiɣa(-)] 動 detraer の接・現在.

detraigo [detráiɣo] 動 detraer の直・現在・1単.

detraj- [detrax-] 動 detraer の直・完了過去, 接・過去.

∗∗detrás [detrás デトラス] 副 ❶ (場所が)後ろに[で], あとに, 後方に. —Nosotros nos sentamos delante y ellos ~. 私達は前の方に座り, 彼らは後ろに座った. 類**posteriormente**. 反**delante**. ❷ 背後に[で], 裏側に. —La fotografía lleva ~ una dedicatoria. 写真は裏側に献辞が書いてある.

de detrás (1) 後ろ[あと・後方]の. los coches *de detrás* 後方の車. (2) 後ろ[あと・裏側]から. Salió *de detrás* del árbol. 彼は木の後ろから出てきた.

detrás de (1) …の後ろ[あと・背後]に[で・を]. *Detrás de* la casa está el jardín. その家の裏には庭がある. (2) …の裏側[裏面]に[で・を]. *Detrás de* la foto va la fecha en que fue tomada. その写真の裏には彼女がそれを撮ってもらった日付けがある. (3) 【+人】…の陰[背後]で, …のいないところで.

Si supiera lo que se dice *detrás de* él. 彼のいないところで人が何と言っているか彼にわかったらどうなるかな.

por detrás (1) 後ろから[あと・背・背後]に[で・から], 後ろを(通って). pasar *por detrás* 後ろを通る. El ladrón se acercó a mí *por detrás*. どろぼうは後ろから私に近づいて来た. (2) 陰で, 人のいないところで. Hablan de él *por detrás*. 彼らは彼のいないところで陰口を言っている.

por detrás de …の後ろ[あと・背後]に[で・を].

detrimento [detriménto] 男 損害, 損傷, 損失. 類**daño, perjuicio**.

en [con] detrimento de ... をそこねて, …に損害を与えて.

ir en detrimento de ... をそこねる. Fumar tanto *va en detrimento de* tu salud. そんなにタバコを吸ったら健康に悪いよ.

detrito [detríto] 男 ❶ 《地質》岩屑(がんせつ) ❷ 破片の山.

detritus [detrítus] 男 《単複同形》→detrito.

detuv- [detuβ-] 動 detener の直・完了過去, 接・過去.

‡**deuda**¹ [déuða] [<deber] 女 ❶ 借金; 《商業》負債, 債務. —Ya he pagado todas mis ~s. もう私は借金を全部返した. Tengo una ~ con él de diez mil euros. 私は彼に1万ユーロの借金がある. Su ~ asciende ya a quinientos mil yenes. 彼の借金は既に50万円にもなる. satisfacer [enjugar, liquidar, saldar] una ~ 借金を清算する. contraer [adquirir] ~s 借金をする, 負債を負う. llenarse [cargarse] de ~s 借金だらけになる. ~ acumulada (externa) 累積[対外]債務. ~s activas [pasivas] 受取[支払]勘定, 売掛[買掛]金. 類**deber, pasivo**. 反**activo, haber**. ❷ 《比喩》恩義, 義理, 借り, 義務. —~ de gratitud 恩義. Estoy en ~ con él por un favor que me ha hecho. 私は彼の親切に感謝している. 類**obligación**. ❸ (経済)公債. —título de la ~ pública 公債[国債]証書. ~ consolidada [flotante] 統合[流動]公債, 長期[短期]負債. ~ amortizable [perpetua] 償還[永遠]公債. ❹ 《宗教》罪, 過ち. —"Perdónanos nuestras ~s". 「われらの罪を許したまえ」(主の祈り). 類**culpa, pecado**.

contraer [adquirir] una deuda [deudas] con [hacia] ... (1) (人)に借金する. (2) 《比喩》(人)に借りを作る.

estar en deuda con ... (1) (人)に借金がある. (2)(人)に借り[恩義, 義理]がある. Estoy *en deuda* de una visita *con* él. 今度は彼を訪ねなければならない.

Lo prometido es deuda. 【諺】約束したことは果さねばならぬ.

deudo, da² [déuðo, ða] 名 親類(の人), 親戚(=pariente). —— 男 親戚関係.

‡**deudor, dora** [deuðór, ðóra] 名 債務者, 借主, 負債者(債権者は acreedor); 《比喩》恩を受けている人. —~ insolvente 支払い不能の債務者. ~ moroso 遅滞債務者. Es (un) ~ a Hacienda. 彼は税金を滞納している. No tengo ~es, pero sí acreedores. 私は貸しはないが, 借りがある. —— 形 ❶ [+a/de] (…に)債務[負債・借金]のある; 借方の. —nación *deudora* 債務国. saldo ~

借方残高. cuenta *deudora* 借方勘定. ❷ (…に)恩をきせている.

deuterio [deu̯térjo] 男 《化学》重水素.

devaluación [deβalu̯aθjón] 女 《経済》平価切下げ. —la ~ del dólar ドル切下げ. 類 **depreciación**.

devaluar [deβalu̯ár] [1.6] 他 《経済》(平価を)切り下げる. 類 **depreciar**.

devanadera [deβanaðéra] 女 ❶ 糸巻き, ボビン. ❷ 巻取り器.

devanado [deβanáðo] 男 糸繰り. —hacer el ~ 糸を繰る.

devana*dor*, *dora* [deβanaðór, ðóra] 形 糸繰り[巻き取り]の.
—— 名 糸繰り[巻き取り]する人. —— 男 ❶ 糸巻き. ❷ 《中南米》糸繰り機 (= devanadera).

devanar [deβanár] 他 (糸などを)巻く, 巻きつける.

  devanarse los sesos →seso.

devaneo [deβanéo] 男 ❶ 気晴らし, 暇つぶし. —perder el tiempo en ~s 気晴らしをして時間をつぶす. ❷ 男女の戯れ, 浮気. —tener un ~ 戯れの恋をする. ❸ 精神錯乱, うわごとを言う状態. 類 **delirio, desatino**.

devastación [deβastaθjón] 女 荒らすこと, 荒廃. —La ~ causada por la guerra es increíble. 戦争による荒廃は信じ難いほどだ.

devasta*dor*, *dora* [deβastaðór, ðóra] 形 荒らす, 荒廃させる.

devastar [deβastár] 他 を荒らす, 荒廃させる.

devengar [deβeŋgár] [1.2] 他 ❶ (利息を)生む. —La cuenta *devenga* un interés del cuatro por ciento. その口座は利息4パーセントだ. ❷ (支払いを)受け取る.

devenir [deβenír] [10.9] 自 ❶ [+形容詞/名詞]…になる. ❷ 《まれ》生じる, 起こる. —— 男 《哲学》生成, 変転.

:**devoción** [deβoθjón] 女 ❶ [+a/por/hacia]…に対する信仰, 崇拝. —~ a la Virgen de Lourdes ルルドの聖母マリアへの信仰. Siento [Tengo] una especial ~ por el santo patrono de mi pueblo. 私は町の守護聖人を特に信仰している. 類 **adoración, veneración**. 反 **irreligiosidad**. ❷ 信心(深さ), 敬虔. —rezar con ~ 敬虔な祈りを捧げる. 類 **fervor, unción**. ❸ (*a*) 崇拝, 傾倒, 心酔. —Los soldados sentían gran ~ por aquel general. 兵士達はあの将軍を熱烈に崇拝していた. José no es santo de mi ~ [A José no le tengo mucha ~]. 私はホセに好感が持てない. 類 **dedicación, predilección**. (*b*) 専心, 熱中. —Lee el Quijote con verdadera ~. 彼はドン・キホーテをほんとに夢中になって読んでいる. 類 **entusiasmo**. 反 **desinterés**. ❹ 愛 祈祷, 勤行. —cumplir (con) sus *devociones* お勤め[お祈り]をする. 類 **oración, rezo**. ❺ (良い)習慣. —Tengo por ~ pasear todas las mañanas. 私は毎朝の散歩を習慣にしている.
  con devoción (1) 敬虔な気持で(→②). (2) 夢中になって, 熱中して, 心酔して(→③).
  estar a la devoción de … (人)に一身を捧げた.

devocionario [deβoθjonárjo] 男 《宗教》祈祷書.

devolución [deβoluθjón] 女 ❶ 返すこと, 返却. —No se admiten *devoluciones* de la compra pasados diez días. 購入後10日経った物品の返却はできない. ❷ 払い戻し, 返済. —hacer una ~ 返済する. ❸ 返還. ❹ 《法律》(権利・義務・地位などの)相続人への移転. ❺ 《スポーツ》返球.

****devolver** [deβolβér デボルベル] [5.11] 他 ❶ (*a*) (物・金)を返す, 返却[返送]する, 返済する. —Tengo que ~ los libros a la biblioteca de la universidad. 私は大学図書館に本を返しに行かなければならない. ~ al remitente 送り主に返送する. *Devuelve* la maleta a su lugar. スーツケースをもとの場所に戻しなさい. Tienes que ~me tres euros. 君に3ユーロ返してもらわなければならない. El espejo le *devolvió* un rostro avejentado. 鏡には彼の老けた顔が映し出されていた. 類 **restituir**. (*b*) を返品する; 払い戻す. (*c*) (人)を返す. ❷ (好意, 招待などを)お返しする, 返礼する, 報いる. —~ un favor [una invitación] 好意[招待]にお返しをする. 類 **corresponder**. ❸ 取り戻させる, 回復する. —Aquella victoria le *devolvió* la confianza en sí mismo あの勝利によって, 彼は自信を取り戻した. ❹ 《スポーツ》(ボール)を返す, 投げ[けり]返す. ❺ 《話》吐く, 嘔吐する. 類 **vomitar**.
—— 自 《話》吐く, 戻す. —Tengo ganas de ~. 《話》私は吐き気がする. 類 **vomitar**.
—— **se** 再 《中南米》戻る, 帰る, 引き返す. 類 **regresar**.

devora*dor*, *dora* [deβoraðór, ðóra] 形 ❶ むさぼり食う, がつがつ食べる. —llamas *devoradoras* すべてを飲みつくす炎. ❷ 破壊的な.

:**devorar** [deβorár] 他 ❶ (動物・人が)をむさぼり食う, がつがつ食べる. —Estaba hambriento y *devoró* la comida en minutos. 彼は飢えていたので, たちまち食事を平らげた. Si salgo al jardín me *devoran* los mosquitos. もし庭に出ると, 私は蚊に食われる. ❷ をむさぼるように読む[見る, 聞く]; …に没頭する. —~ a una chica con los ojos [la mirada, la vista] 少女をむさぼるように見る. *Devora* las novelas policíacas. 彼は推理小説をむさぼるように読む. 類 **comer**. ❸ を焼き尽くす, 破壊し尽くす. —Las llamas *devoraron* hectáreas de bosque. 火炎が何ヘクタールもの森林を焼き尽くした. ❹ (感情などが)をさいなむ, 憔悴させる. —Lo *devora* la envidia. 彼は嫉妬に身を焦がした. 類 **consumir**.
—— 自 むさぼり食う, がつがつ食べる. —Este niño no come, *devora*. この子どもは食べるのではなく, がつがつ食らう.
—— **se** 再 をむさぼり食う, むさぼり読む

:**devo*to*, *ta*** [deβóto, ta] 形 ❶ 信心深い, 信仰心の厚い, 敬虔(½½)な [ser +]. —Las peregrinaciones son actos ~s. 巡礼は信心深い行為である. 類 **beato, piadoso, religioso**. ❷ [+de] (聖人・聖なる物を)敬愛する, 崇拝[信心]する [ser +]. —Es muy ~ *de* San Antonio. 彼は聖アントニオをとても信仰している. ❸ [+de] (人・物事を)崇拝する, 心酔する; …に献身する. —Su muy ~ amigo (手紙文で)貴殿の親愛なる友. ~ admirador 熱烈な崇拝者. Era muy ~ *de* su amo. 彼は主人にとても忠実だった. 類 **admirador, admirador, afecto**. ❹ 崇拝礼拝]の(対象となる). —Su padre se dedica a esculpir imágenes *devotas*. 彼の父は聖像の彫刻にたずさわっている.

—— 图 ❶ 信者, 礼拝者, 参拝者. —Los ~s de ese santo acuden mensualmente a su ermita. その聖人の崇敬者たちは毎月その礼拝堂に出かける. 崇拝者, 愛好者, ファン. —~s del ajedrez チェス愛好者.

devuelv- [deβuélβ-] 動 devolverの直·現在, 接·現在, 命令·2単.

dextrina [de(k)strína] 囡《化学》デキストリン, 糊精(多糖類).

dextrosa [de(k)strósa] 囡 →glucosa.

deyección [dejekθjón] 囡 ❶ 排泄, 排便. 圓 **defecación, evacuación**. ❷《主に 複》排泄物, 糞便. 圓 **excremento**. ❸《地質》(火山の)噴出物.

DF.《頭字》[<Distrito Federal] 男『メキシコ』連邦区.

Dg.《略号》=decagramo デカグラム.

DGT《頭字》[<Dirección General de Tráfico] 囡 (スペインの)交通管制本部.

di [dí] 動 darの直·完了過去·1単, decirの命令·2単.

di- [di-] 接頭 ❶「反対, 否定(非·不); 分離; 強調」の意. —di**famar**, di**fundir**, di**solver**. ❷「2, 二重」の意. —di**óxido**, di**ptero**, di**ptongo**, dí**sílabo**.

＊día [día ディア] 男 ❶ 日, 一日. —¿Qué ~ es hoy?-Es jueves. 今日は何曜日ですか?-木曜日です. ¿Qué ~ vuelve él?-El 12 de abril. 彼は何日に戻りますか?-4月12日です. ~ de mi cumpleaños 私の誕生日. D~ de Año Nuevo 元日 (=el ~ primero del año). el ~ primero (毎月の)1日 (=el uno, el primero). ~ puente 飛び石連休の間を休みにした日. ~ de asueto 休みの日, 休暇. ~ de descanso 休日, 休業[館]日. Cada tres ~s tengo clase de baile. 3日ごとにダンスのレッスンがある. Tardaré un ~ en traducir el artículo. その記事の翻訳を1日で終わらせる予定だ. Tres ~s después, mi padre murió. その3日後に父は死んだ. ~ civil《天文》暦日. ~ sidéreo [sideral]《天文》恒星日. El domingo es ~ de campo. 日曜日はピクニックの日です. Hace unos ~s que no lo veo. 私は彼に数日間会っていない. un mes de 31 ~s 31日の月. ❷ 昼間, 昼, 日中. ~ abrir(se) [amanecer, apuntar, despuntar, rayar, romper] el ~ 夜が明ける. Se cerró [Cayó] el ~. 日が暮れた. en pleno ~ 白昼に. El cielo estuvo claro por el ~. 昼間は晴れていた. En verano, los ~s son más largos que en invierno. 夏は冬より昼間が長い. 反 **noche**. ❸ [+de](記)の祝日, 祭日, 記念日. ~の日. —~ de la madre [del padre] 母[父]の日. D~ de Todos los Santos 諸聖人の日 (11月1日). El (~) primero de mayo es el D~ del Trabajo. 5月1日は労働の日(メーデー)である. ~ de (San) Valentín セントバレンタインデー (2月14日). ~ de ayuno 大斎日, 断食日. ~ del Corpus [del Señor] キリスト聖体の日. ~ de (los) difuntos《カトリック》死者の日, 万霊祭 (11月2日). ~ de misa ミサに行くべき日(→~ de precepto). ~ de vigilia [de pescado] 小斎日, 肉食禁止の日. ~ D~ de los Reyes Magos/D~ de Reyes 主顕公現の祝日 (1月6日:スペインなどの子供たちはこの日贈り物をもらう). ~ de (los) inocentes 聖嬰児(せいえいじ)等殉教の日 (12月28日:プロテスタントのエープリルフールに当たる). ~ de la coneja『北米』イースター, 復活祭. ~ internacional de la mujer 国際女性デー. el ~ sin coches ノーカーデー. 圓 **santo, aniversario**. ❹ 天気, 空, (ある天候の)日. —Hace buen ~. 天気がよい. Hace mal ~./ Hace un ~ feo. 天気が悪い. Hace un ~ estupendo. すばらしい天気だ. Hizo un ~ lluvioso. その日は雨だった. Se ha mejorado el ~. 天気が回復した. un ~ hermoso [soleado] よく晴れた日. nublarse [oscurecerse] el ~ 空が曇る. despejarse el ~ 空が晴れる. ❺ 覆 時期, 時代, 時世; 全盛時代. —esos [aquellos] ~s あの頃, そ の当時. en nuestros ~s 現代では, 今日(ミミ). en sus ~s 若い頃は, 盛んなころは. hasta el fin de sus ~s 命の続く限り, 死ぬまで. ❻ 覆 一生, 人生, 生涯. —al final de sus ~s 彼の晩年に. Sus ~s están contados./Tiene los ~s contados. 彼は老い先短い[もう長くない]. 圓 **vida, existencia**. ❼ [+(en) que ...] ~する日[時, 機会に]. —Ya llegará el ~ en que se arrepienta. すぐに後悔する時が来るだろうよ. El ~ que decida hacerlo, te avisaré. することを決めたら, 君に知らせるよ! ❽《カトリック》霊名の祝日; 誕生日. —Hoy es tu ~, felicidades. 今日は君の霊名の祝日だ. おめでとう! 圓 **santo**.

abrir(se) el día (1) 夜が明ける (=amanecer). (2) 空が晴れる (=despejarse el cielo).

a días (1) 時々 (=a veces, de vez en cuando). (2) 日によって, その日その日で. ¿Cómo se encuentra el enfermo?-*A días*. 御病人はいかがですか?-一進一退です.

a ... días ... 日後に. —*a* (los) ocho *días* 一週間後に. *a* los pocos *días* [+de] (…の)数日後に.

a ... días fecha [*vista*]《商業》一覧後…日払いの. un talón pagadero *a* diez *días vista* 一覧後10日払いの小切手.

a la luz del día 白日のもとに.

Al buen día, métele en casa. [諺] 好機は逃さずに.

alcanzar a ... en días [話] …より長生きする. —Lamentablemente, *he alcanzado en días* a todos mis hijos. 残念ながら私は子供たち全員に先立たれた.

al clarear el día 夜明けに, 明け方に (=al amanecer).

al día (1) 一日に(つき), 一日あたり. tres veces *al día* 日に3度. alquilar una habitación *al día* 日決めで部屋を貸す[借りる]. (2) [estar+]最新情報に通じている; [poner+]時代に即した, 時流に乗った[乗って]. Esta revista está muy *al día* en cuestiones financieras. この雑誌には最新の財政問題が載っている. mantenerse *al día* 時勢について(いく). (3) 日々の, 日常の. la vida española *al día* スペイン人の日常生活. (4) (支払い·仕事などが)滞りなく, 正確に, きちんと (=sin retraso). Está *al día* en el pago del alquiler. 彼は家賃の支払いがきちんとしている. (5) その日暮らしで. Vivimos *al día*, tanto ganamos tanto gastamos. 私達は *al día*, その日暮らしをしていて, 稼ぐそばから使ってしまう.

al día siguiente 翌日(に), 明くる日(に) (=el *día siguiente*).

algún día (未来の)ある日, いつか. Me lo agra-

día

decerás *algún día*. 君はいつか感謝するだろう.

al otro día 翌日(に), 明くる日(に)(→*al día siguiente*).

antes del día 夜明け前に, 夜明けに, 明け方に.

buen día 良い天気. Pasamos un día excelente en el mar porque hizo muy *buen día*. 天気がとても良かったので私たちは海で素晴らしい1日を過ごした. (2) (B~)『中南米』おはようございます, こんにちは!

Buenos días. おはようございます!, こんにちは!(夜明けから昼食までの挨拶). dar los *buenos días* おはようの挨拶をする. *Buenos días*, ya es hora de que te levantes. おはよう! もう起きる時間よ.

cada día 毎日; 日ごとに. El cartero viene *cada día*. 郵便配達人は毎日来ます.

cada día ... 『＋比較級』日ごとにますます, 日増しに. *Cada día* este niño se parece más a su madre. この子は日増しに母親に似てくる.

cada tercer día 時々, 時折.

cerrarse el día 空が曇る, 暗くなる; 日が暮れる.

claro como la luz del día 明々白々な.

coger [tomar] a ... el día en ... (人に)…で朝を迎える(=amanecer en ...). *El día* nos *cogió* a medio camino entre Madrid y Barcelona. 私たちはマドリードとバルセロナの中間で朝を迎えた.

como (ahora) es de día 明らかに, 間違いなく.

como del [el] día a la noche/como de la noche al día 全く異なって, 全く対照的で; 月とすっぽんで. Las dos hermanas se parecen *como el día a la noche*. 二人の姉妹はまったく似ていない.

(como) la noche y el día →*como del [el] día a la noche*.

cualquier día (1) いつかそのうち. *Cualquier día* (de éstos) te hago una visita. 近いうちに君を訪ねるつもりだ. (2) 『主に皮肉』いつでも, いつか. Puedes venir *cualquier día*. いつでも会いに来てください(本当は都合が悪い). *Cualquier día* te toca la lotería. 君にもいつか宝くじが当たるよ.

dar el día a ... (人に)迷惑[面倒, 心配]をかける, うんざりさせる. Me *está dando el día* con sus caprichos. 彼の気まぐれにはうんざりした.

dar los días a ... (1) (人の)誕生日[霊名の祝日]を祝う. (2) (人に)おはようの挨拶をする.

de cada día 日々の, 日常の, 毎日の. hacer el trabajo *de cada día* 日々[毎日]の仕事をする.

de día 昼(のうち)に. Ya es *de día*. もう昼[朝]だ, もう日が昇っている. La luz del pasillo no se apagaba ni *de día* ni de noche. 廊下の電気は昼も夜もつけっ放しだった. 反 **de noche**.

de día en día (1) 日に日に, 日ごとに, 日増しに. *De día en día* va perdiendo fuerzas. 彼は日に日に体力が衰えている. (2) 来る日も来る日も, 毎日.

de días (1) ずっと以前の[に, から], 古い. Su enfado viene ya *de días*. 彼の怒りは今に始まったことではない. (2) 年をとった(=entrado en días).

de día y de noche →*de día* y *de noche*.

del día (1) 最新流行の, 今はやりの(=de moda). hombre *del día* 時[話題]の人. (2) 今日の, 新鮮な, 新しい. pan *del día* 焼きたてのパン. al precio *del día* 時価で.

de todos los días 普段用の(=de diario).

ropa *de todos los días* 普段着.

de un día a [para] otro たちまち, まもなく, 近いうちに. Las modas cambian *de un día para otro*. 流行はあっという間に変わる. El nacimiento de mi sobrino se espera *de un día a otro*. 甥の誕生はまもなくのはずです.

día a día (1) 日に日に, 一日一日と. El frío aumenta *día a día*. 日に日に寒さが増している. (2) 毎日, 来る日も来る日も.

día azul 青の日(乗車券割引の日).

día D 『軍事』攻撃開始日, 作戦決行日.

día de autos 犯行当日, 決行日.

día de gala 盛装で出席する行事のある日.

día de guardar →*día de precepto*.

Día de la Raza /(旧称)**Día de la Hispanidad** 民族の日(10月12日). ♦いわゆるコロンブスのアメリカ大陸発見(1492年)の日.

Día de mucho, víspera de nada. 『諺』明日のことはわからない.

día de precepto 義務の日(全員がミサに行かなければならない日)(=*día* de misa).

día de tribunales [hábil] 裁判日, 公判日, 開廷日.

día entre semana (月曜日から金曜日までの)平日, ウィークデー.

día festivo [de fiesta, feriado] 祝日, 休日.

día laborable [de trabajo, de labor]/『中南米』**día de semana** 平日, ウィークデー, 営業日, 就業日.

día lectivo 授業のある日.

día natural 日の出から日没まで.

día por medio 『中南米』一日おきに, 隔日に.

día por [tras] día (1) 毎日, 来る日も来る日も(=día a día). (2) 日に日に, 日増しに(=de día en día). *Día tras día* la enferma se recuperaba. 病人は日に日に回復していた.

días hombre 延べ人数(=días-hombre).

día y noche 昼夜を問わず, 四六時中, 絶え間なく, いつも. Este niño llora *día y noche*. この子供はいつも泣いてばかりいる.

el día de hoy 今日; 今日では, 現在(=hoy, hoy en día, hoy día).

el día del juicio (final) (1) 『宗教』(この世の終わりの)最後の審判の日. (2) 非常に遅れて, いつも分からない日. dejar para *el día del juicio final* いつまでも放って置く.

el día de mañana 将来, いつの日にか(=en el futuro)(=mañana). *El día de mañana* me gustaría ser arquitecto. 将来私は建築家になりたい.

el día menos pensado/el mejor [peor] día 思いがけない時に, いつかそのうち. Conduces demasiado rápido; *el día menos pensado* vas a tener un accidente. 君はスピードを出し過ぎだ. そのうちに事故を起こすよ.

el mismo día/ese (mismo) día 当日.

el otro día 先日, この間, この前, 以前に. *El otro día* vi a tus padres. この間君の両親を見かけたよ. el accidente *del otro día* 先日の事故.

el pan (nuestro) de cada día 日常茶飯事, いつものこと, よくあること.

en aquellos días あのころ.

en cuatro [dos] días 短期間で, たちまち, という間に.

en el día その日の内に.

en el día de hoy (1) 本日. (2) 今日では, 現在 (＝hoy (en) día).

en el día de la fecha 本日 (＝en el día de hoy).

en estos días →estos días.

en los días de ... …の時代[頃]に. *en los días de* Hitler ヒットラーの時代に. *en sus mejores días* 彼の全盛期に. *en nuestros días* 現代[現在, 今日]では.

en su día 頃合を見計らって, 都合のいい時に, その時が来れば (＝a su debido tiempo). *En su día te lo explicaré todo.* その時が来たら全て説明するよ.

en (todos) los días de su vida 決して[一度も] (…ない) (＝nunca). *En todos los días de mi vida he visto cosa semejante.* 生まれてこのかたそんなものは見たことがない.

entrado en días 年を取った, 年輩の (＝de días).

entre día 昼間に.

en un día 一日で.

estar a la orden del día よくある, 日常茶飯事である. *Los robos a turistas están a la orden del día en* esta zona. 観光客からの強奪はこの地域では日常茶飯事である.

estar en días (de parir) 臨月である, 出産間近である.

Éste es el día en que ... 今[今日]になってもまだ…である. *Éste es el día en que* todavía no sé si me voy a marchar o no. 私は今だに帰るかどうかまだ分からない.

estos días 最近, 近頃, このごろ.

galán de día 《中南米》《植物》シロバナヤコウボク(白花夜香木)(白い花は日中に芳香を放つ).

hacerse de día 夜が明ける.

Hasta otro día. (別れの挨拶)では, また(今度).

Hay más días que longanizas. たっぷり時間がある, 別に急ぐ[慌てる]必要はない.

hoy (en) día 今日(では), 現在. *Los jóvenes de hoy en día* son muy independientes. 現代の若者は大変独立心が強い.

llevarse el día en ... …に丸一日かかる. *Me he llevado el día en* limpiar las habitaciones de los niños. 私は子供部屋の掃除に丸１日かかった.

Lo que no pasa [ocurre, sucede] en mil años, pasa [ocurre, sucede] en un día. 《諺》人生には思いがけないことが起こるものだ.

los otros días 《中南米》先日, この間. →el otro día.

más largo [más triste] que un día sin pan 《話》とても長い[悲しい].

menú del día 本日の日替り定食.

noche y día →día y noche.

no dar los buenos días (怒りや無愛想などのため)挨拶もしない; けちである.

no pasar día [(los) días] por [para] ... (人)がいつまでも老けない, 年の割に若い. *No pasan los días para* ella; se conserva estupendamente. 彼女はいつまでも若い. 美しさをよく保っている.

No se van [No se pasan] los días en balde. 年齢とともに体の衰えは避けられないものだ.

no tener más que el día y la noche 一文なしである, 困窮している, 資金も何もない.

No todos los días son iguales. 時にはうまく行かない日もある.

ocho días １週間.

orden del día (1) (会議の)審議事項, 議事日程. (2) 《軍事》日々命令, 日令, 通達.

otro día (未来の日を指して)いつかまた, そのうち, 後日; 別な日に. いつかまた来ます. *Otro día será.* またいつかにしよう.

plato del día →menu del día.

quince días ２週間.

ser el día de ... 《主に否定文で》《話》(人)にとってすべてうまく行く日である, ついている. Desgraciadamente, hoy no *es mi día*. 残念ながら, 今日は僕はついていない.

Tal día hará [hace, hizo] un año. 《話》仕方がない, どうということはない. No me han concedido el permiso, pero *tal día hará un año*. 許可をもらえなかったが, いつかはもらえるだろう.

tener días (1) 大変年をとっている, かなりの年齢に達している (＝tener mucha edad); 昔からある. (2) 《話》お天気屋である, (機嫌・態度などが)日によって異なる. Mi padre *tiene días*. Si está de buen humor me dejará ir; si está enfadado, no. 父はお天気屋で, 機嫌がよければ行ってもいいと言うが, 怒っている時は許してくれない.

tener sus días お天気屋である; 日によって変わる.

tener los [sus] días (1) →⑥. (2) 終わりが近い. En esa empresa *tiene los días contados.* 彼はまもなく会社を首になる.

todo el día de Dios まる一日, 一日中ずっと.

todo el día 一日中. Llovió *todo el día*. 一日中雨だった.

todo el santo día (非難・強意)まる一日, 一日中ずっと. El niño se ha pasado *todo el santo día* llorando. この子はきょう１日泣いてたんだよ. (＝todo el día de Dios).

todos los días 毎日. Desayunamos *todos los días* a las siete. 私たちは毎日７時に朝食を食べる.

un buen día いつかそのうち, 近々, ある日思いがけず (＝cualquier día, el día menos pensado, un día de éstos).

un día (1) (過去・未来の)ある日, いつか. *Un día* me lo contó la abuela. ある日祖母がそのことを話してくれた. (2) 一日.

Un día es un día. 《話》１日限りのことだ, 何をやっても１日は１日である. Hoy te doy permiso para beber hasta emborracharte.¡*Un día es un día!* 今日は酔っ払うまで飲んでもいいよ. １日限りのことだから.

un día cualquiera 何の変哲もない日, いつもの一日.

un día de éstos/uno de estos días 近々, 近いうちに, 近日中に.

un día sí y otro no １日置きに (＝día por medio, en días alternos).

un día sí y otro también 毎日. *Un día sí y otro también* llega tarde a casa. 彼は毎日帰宅が遅い.

un día u otro いずれ(必ず), いつかは(必ず), やがて (＝tarde o temprano).

un día y otro (día) 毎日, 来る日も来る日も. Viene a verme *un día y otro* para pedirme dinero. 彼は毎日毎日私の所にやって来てはお金を無心する.

unos días con otros 平均で. *Unos días con otros* gastaremos alrededor de 12 euros. 1日にならせば約12ユーロかかるでしょう.

vivir al día その日暮らしをする.

diabetes [djaβétes] 囡〖単複同形〗〘医学〙糖尿病. — tener [padecer] ~ 糖尿病を病む. ~ juvenil 若年性糖尿病.

diabético, ca [djaβétiko, ka] 形〘医学〙糖尿病の. —— 名〘医学〙糖尿病患者.

diabla [djáβla] 囡 ❶〚話〛女の悪魔; 悪魔のような女. ❷〚演劇〛(舞台上部の)ボーダーライト.

diablear [djaβleár] 自〚話〛(子供が)いたずらをする, 悪ふざけをする.

diablejo [djaβléxo] 男〚軽蔑〛小悪魔; いたずら好きな子.

diablesa [djaβlésa] 囡〚話〛女の悪魔; 悪魔のような女.

diablillo [djaβlíjo] 男〚話〛いたずらっ子.

diablo [djáβlo ディアブロ] 男 ❶ 悪魔, 魔王 (神に背いて楽園を追放され, 永久に地獄に送られた天使 ángel rebelde のこと). — El D~ 魔王, サタン. vender el alma al ~ 悪魔に魂を売る. Le tentó el ~. 悪魔が彼を誘惑した. 類demonio**. ❷ (特に子供について)いたずらっ子, やんちゃ坊主, 落ち着きのない子. — Este niño es un auténtico [un verdadero, el mismo] ~. この子供はほんとに手に負えないやんちゃ坊主だ. 類**demonio, diablillo**. ❸ やり手, 抜け目ない人, 悪賢い人. — Es un verdadero ~ en los negocios. 彼は商売にかけてはなかなかのやり手だ. ❹ 悪魔のような人, 極悪人, 悪漢. — Ese ~ engañó hasta a su mejor amigo. その極悪人は親友までもだました. 類**demonio**. 反**ángel**. ❺〚主に 複〛〘疑問詞＋~s〛(怒り表現)一体...？; (賞賛)何と...!ー¿Qué ~s estás tú haciendo ahí? 一体君はそこで何をしているのだ？ ❻ 非常に醜い人, 怪物. ❼〚魚類〛. — ~ marino アンコウ,〚俗〛カサゴ. pez del ~ ハゼの一種. ❽ 梳毛(そもう)機(き). ❾〚南米〛釘抜き. ❿〚チリ〛(丸太運搬用の)二輪車.

abogado del diablo (1) (討論会で)わざと反対の立場をとる人, あえて異を立てる人, あまのじゃく. (2)〚話〛〚カトリック〛列聖調査審問検事.

a diablos〚話〛いやな, ひどい. oler [saber] *a diablos* ひどいにおい[味]がする.

¡Al diablo (con ...)! (怒り・じれったさで)(…なんか)くそくらえ, いまいましい(…め)! (→al demonio (con ...)). *¡Al diablo con esta chica!* この悪がきめ!

Anda el diablo en Cantillana! 厄介なことが起こりかけている, 事が面倒になる.

andar [estar] el diablo suelto 大混乱になっている, 騒然としている.

caballo [caballito] del diablo〚虫類〛トンボ.

como alma lleva el diablo〖ir/salir＋〗〚話〛あわてて, 一目散に.

como alma que lleva el diablo 大急ぎで, 全速力で (=a toda prisa).

¿Cómo diablos ...? (怒り・不思議)一体どうして…, どういう訳でまた… (→¿Cómo demonios?). *¿Cómo diablos se te ocurrió ponerle ese nombre al perro?* 一体なんだって犬にそんな名前をつけることを思いついたの?

como el [un] diablo〚話〛〖強調表現〗猛烈に, 激しく, ひどく, あまりにも (→como el [un] demonio). *Me duele como un diablo.* 私はものすごく痛い.

¡con mil diablos! (怒り・嫌悪)くそったれ!

Cuando el diablo no tiene que hacer, mata [caza] moscas con el rabo.〚諺〛小人閑居して不善をなす.

dar al diablo a ...〚話〛…を追い払う, 厄介払いする.

darse al diablo〚話〛かっとなる, 激怒する; 絶望する.

darse a (todos) los diablos →darse al diablo a ....

del diablo/de mil diablos/de (todos) los diablos〚話〛(天気・性質・欠点など)すごい, ひどい, すごくいやな, 大きな (=del demonio/de mil demonios/de todos los demonios). un problema de *todos los diablos* [*del diablo*] 頭の痛い問題, 大事(だいじ). *humor de todos los diablos* ひどい不機嫌. *Hace un frío de mil diablos.* ものすごく寒い.

diablo con ... …には驚いた[あきれた] (=¡Demonio con ...!).

diablo predicador 忠告好きの人, 説教魔.

¡Diablo(s)!〖間投詞的に〗(驚き・感心・不快)すごい, おやまあ, なんとまあ.

diablos azules〚中米, チリ, ペルー〛(アルコール中毒に伴う)振顫譫妄(しんせんせんもう).

¿Dónde diablos ...! (怒り・驚き)一体全体どこに[で]...

donde el diablo perdió el poncho〚南米〛非常に辺鄙(へんぴ)な所に.

echar a ... al diablo →mandar al diablo.

el diablo ... →el diablo que〖＋接続法〗.

(el) diablo de ... (怒り・驚き・迷惑)…の畜生め[やつめ]!, …ときたら! *¡Diablo de muchacho!* このいたずらっ子めが!

el diablo cojuelo (1)『跛(あしなえ)の悪魔』(1641年) (スペイン人作家 Vélez de Guevara のピカレスク小説). (2) いたずら好きの人.

el diablo encarnado [hecho carne] いたずらっ子, やんちゃ坊主; 悪魔のような人, 極悪人.

El diablo, harto de carne, se metió a fraile. 道楽も年をとればおさまる.

el diablo que〖＋接続法〗 …はあり得ない, …すするのは極めて難しい (=no hay sujeto〖＋接続法〗, el demonio que〖＋接続法〗). *El diablo que lo entienda [que lo sepa].* そんなこと誰が分かるものですか (=El demonio que lo entienda [que lo sepa]!).

hablar con el diablo 人の知らないことを知っている.

Hágase el milagro y hágalo el diablo.〚諺〛目的は手段を正当化する(目的のためには手段を選ばない).

hasta ahogar al diablo 容器のへりのところまで飲み物を一杯にする時に使う.

irse al diablo〚話〛(物事が)失敗する, だめになる.

llevarse el diablo〚話〛(物が)あっという間になくなる[消える]; (予想外の事が)起こる. *El dinero que me tocó a la lotería se lo llevó el diablo.* 私が宝くじで当ったお金があっという間になくなった.

llevárselo a ... los diablos [el diablo]〚話〛

(人)が激怒する, 憤慨する (= llevárselo a… los demonios [todos los demonios, el demonio]).

mandar … al diablo 《話》(怒って仕事を)放り出す, 放棄する; (怒って人を)追い払う, 首にする.

más que el [un] diablo たくさんの.

Más vale el diablo por (ser) viejo que por (ser) diablo. 《諺》亀の甲より年の功.

No es tan feo el diablo como lo pintan. 思ったほどひどくはない.

No sea el diablo que [＋接続法] …するといけないから (= no sea el demonio que [＋接続法]). Recogeremos la ropa, *no sea el diablo que* empiece a llover. 雨が降り出さいうちに, 洗濯物を取り込もう.

pobre diablo (1) 《話》(貧しく)哀れな人, かわいそうな人, 不幸な人. Es un *pobre diablo* y no tiene dónde caerse muerto. 彼は哀れな人で, 大変貧しい. (2) 《話》(人の同情を買うほど)内気な人, お人好し.

por arte del diablo まるで魔法のように.

¡Qué diablo(s)! (怒りの表現)畜生!, くそ! (→¡qué DEMONIO(s)!).

¡Qué se lo lleve el diablo! (人・物に対して)くたばっちまえ!

ser (de) la piel del diablo 《話》(子供が)いたずらっ子である, 腕白である (= ser de la piel del demonio).

sin encomendarse a Dios ni al diablo 無分別に, 軽率に.

tener el diablo [los diablos] en el cuerpo 《話》(特に子供が)ひどいいたずらっ子である, やんちゃである, 落ち着きがない (→ tener el DEMONIO [los demonios] en el cuerpo.)

¡Váyase [Que se vayan, Vete, Id, Idos, etc.] al diablo! (特に人の言動に対する怒りの表現)さっさと消え失せろ, くたばれ. ¡Ya no te aguanto más! *¡Vete al diablo!* 君にはもう我慢できない. さっさと消えうせろ!

diablura [djaβlúra] 囡 ❶ いたずら, 悪ふざけ. — hacer ~s 悪ふざけをする. ❷ 神技(⁂).

*diabólico, ca [djaβóliko, ka] 圏 ❶ 悪魔の(ような), 悪魔的な; 極悪非道の. — posesión *diabólica* 悪魔にとりつかれること. Ese crimen es obra de una mente *diabólica*. その犯罪は悪魔のような心の所産である. 類 demoníaco, maligno, satánico. ❷ 悪辣な, ずる賢い; とてもひどい. — mujer *diabólica* 魔性の女. Hace un tiempo ~. ひどい天気だ. 類 astuto, malo, perverso. ❸ とても困難な, 複雑きわまる. — Tardé varias horas en resolver ese ~ problema. そのこんがらかった問題を解決するのに私は数時間かかった. 類 complicado, enrevesado, intrincado.

diábolo [djáβolo] 男 空中独楽(⁂), ディアボロ.

diaconado [djakonáðo] 男 →diaconato.

diaconato [djakonáto] 男 《カトリック》助祭職.

diaconía [djakonía] 囡 ❶ 《カトリック》助祭の担当教区. ❷ 助祭の住居.

diaconisa [djakonísa] 囡 《カトリック》(昔の教会で)助祭のような仕事を務めた女性.

diácono [djákono] 男 《宗教》助祭.

diacrítico, ca [djakrítiko, ka] 圏 ❶ 《文法》区別のための, 区分符の. — signo ~ 区分符. ❷ 《医学》[＋de]](病気の症状を示す, (…に)特有の. — 男 《文法》分音符号, 区分発音符(文字に付けた符号, ¨など).

dialización 705

diadema [djaðéma] 囡 ❶ 王冠. — ponerse una ~ 王冠をいだく. ❷ (女性用の)頭飾り, 冠.

*diafanidad [djafaniðáð] 囡 ❶ 透明, 透明性[度]; 明るさ, 快晴. — ~ de la atmósfera 大気の透明度. 類 transparencia. ❷ 《比喩》(説明などの)明快さ, 明瞭さ. — Expuso sus ideas con ~ y concisión. 彼は自分の考えを明快かつ簡潔に述べた. 類 claridad, limpieza.

*diáfano, na [djáfano, na] 圏 ❶ 透明な, 透き通る, 透けて見える. — El agua es una sustancia *diáfana*. 水は透明な物質である. 類 cristalino, transparente. 反 opaco. ❷ 明るい; 澄み切った. — Me gustan las habitaciones *diáfanas*. 私は明るい部屋が好きだ. Amaneció un día ~. 澄み切った天気の朝を迎えた. 類 claro, límpido. 反 oscuro. ❸ 明瞭な, 明らかな. — Nos dio una *diáfana* explicación sobre lo sucedido. われわれは起きたことについて明確な説明を受けた. 類 claro, límpido. 反 ambiguo, equívoco.

diafragma [djafráɣma] 男 ❶ 《解剖》横隔膜. ❷ 《写真》(レンズの)絞り. ❸ 《機械》隔て盤. ❹ 《機械》(受話器・マイクなどの)振動板. ❺ 《植物》(植物の)隔膜, 膜壁. ❻ 《医学》(避妊用)ペッサリー.

diagnosis [djaɣnósis] 囡【単複同形】❶ 《医学》診断(法). 類 diagnóstico. ❷ 特性, 識別.

diagnosticar [djaɣnostikár] 他 [1.1] 《医学》(医者が)を診断する. — Le han diagnosticado cáncer de estómago. 彼は胃癌(⁂)と診断された.

diagnóstico, ca [djaɣnóstiko, ka] 圏 《医学》診断の. — 男 ❶ 《医学》診断(法). ❷ 《情報》エラー検査.

diagonal [djaɣonál] 圏 ❶ 斜線の, 斜めの. ❷ 《数学》対角線の. — 囡 ❶ 斜線. — trazar una ~ 斜線を引く. ❷ 《数学》対角線.

en diagonal 斜めに. cortar *en diagonal* 斜めに切る.

diagrama [djaɣráma] 男 図, 図形, 図表, グラフ, 図式. — ~ de flujo 《コンピュータ》フローチャート. ~ en columnas 棒グラフ. ~ en sectores 円グラフ.

dial [djál] 男 (電話・ラジオの)ダイヤル.

dialectal [djalektál] 圏 方言の. — acento ~ 方言の訛り. división ~ 《言語》方言区画.

dialectalismo [djalektalísmo] 男 《言語》方言に特有の語法.

dialéctica [djaléktika] 囡 《哲学》弁証法.

dialéctico, ca [djaléktiko, ka] 圏 弁証(法)的な. — 图 弁証家.

materialismo dialéctico → materialismo.

*dialecto [djalékto] 男 ❶ 《言語》方言. — El leonés es un ~ del castellano. レオン方言はカスティーリャ語の方言である. ❷ 《言語》(祖語からの)派生言語. — Las lenguas romances son ~s del latín. ロマンス諸語はラテン語からの派生言語である.

dialectología [djalektoloxía] 囡 《言語》方言学.

diálisis [djálisis] 囡【単複同形】《化学》透析.

dializador [djaliθaðór] 男 腎臓透析機.

dializar [djaliθár] 他 《化学, 医学》を透析する.

dialogar

*dialogar [djaloɣár] [**1.2**] (<diálogo) 自 対話する, 話し合う, 協議する. — Los novios *dialogaban* sentados en un banco del paseo. 恋人たちは散歩道のベンチに座って語らっていた. Los ministros de Asuntos Exteriores de ambos países *dialogan* sobre el intercambio cultural. 両国の外相は文化交流について話し合っている. ~ con los amigos 友だちと話し合う.
—— 他 を対話形式で書く, 対話体で表現する. — una historia de España スペイン史を対話体で書く.

:diálogo [djáloɣo] 男 ❶ 会話, 対話, 問答, 対談 (→ monólogo「モノローグ」). — mantener [sostener, tener] un ~ con … …と会話をする, 対話[対談]する. Ayer tuve un ~ muy interesante con mi hermano. 昨日私は兄と大変面白い会話を交わした. 類 **charla, conversación, plática.** ❷ (合意に達するための)話合い, 交渉, 会談. ——s de paz 和平交渉. ~ norte-sur 南北の対話. un ~ sobre el desarme nuclear 核軍縮に関する会談. Se ha roto el ~ entre los patronos y los obreros. 労使間交渉は物別れに終った. 類 **negociación, trato.** ❸《文学》対話体の作品. — los *D*~s de Platón プラトンの『対話篇』. ❹ (小説などの)対話部分; 《演劇, 映画》台詞(ぜりふ). — en forma de ~ 対話体で. ~ del teatro 芝居の台詞.

diálogo de [para] besugos (論理的な関係のないばかげた無意味な会話.

diálogo de sordos 相手の話を聞かず互いに主張を繰返すだけの不毛な対話.

dialoguista [djaloɣísta] 男女 セリフ作家.

:diamante [djamánte] 男 ❶ ダイヤモンド, 金剛石; ガラス切り (~ de vidriero). — ~ de diez quilates 10 カラットのダイヤ. ~ de brillante ブリリアント・カットのダイヤ. ~ tallado カットしたダイヤ. ~ rosa [tabla] ローズ型[テーブル型]ダイヤ. 《比喩》 — bodas de ~ ダイヤモンド婚式. edición de ~ 《印刷》ダイヤ版(極小型本). ❸ 翻(トランプの)ダイヤの札. —echar el as de ~s ダイヤのエースを出す.

diamante (en) bruto (1) 未加工のダイヤモンド. (2)《比喩》(今は荒削りだが)磨けば光る才能の持主.

diamantífero, ra [djamantífero, ra] 形 ダイヤモンドを産出[埋蔵]の.

diamantino, na [djamantíno, na] 形 ❶ ダイヤモンドの(ような). ❷《詩》堅固無比の.

diamantista [djamantísta] 男女 ❶ ダイヤモンド細工師. ❷ ダイヤモンド商人.

diametral [djametrál] 形 ❶ 直径の. ❷ 正反対の; 完全な, まったくの.

diametralmente [djametrálménte] 副 まったく, 完全に. — Su opinión es ~ opuesta a la mía. 彼の意見は私の意見と完全に対立している.

*diámetro [djámetro] 男《数学》(円・球などの)直径; (円筒の)内径; 球軸 (→ radio「半径」). — medir [calcular] el ~ de una circunferencia 円の直径を計る. La rueda de mi bici tiene 30 cm de ~. 私の自転車のタイヤは直径が 30 センチある. ~ conjugado 共役径. ~ de giro《自動車》最小回転半径. ~ aparente《天文》(天体の)視角, 視直径.

Diana [djána] 固名 ❶《女性名》ディアナ. ❷《ローマ神話》ディアナ[ダイアナ](月と狩猟の女神).

diana [djána] 女 ❶《軍事》起床ラッパ[太鼓]. —tocar ~ 起床ラッパを吹く. ❷ (的の)中心. — hacer ~ 的の中心を射る (= atinar). ❸《詩》月.

diantre [djántre] 間《話》(怒りや驚きを表わす)くしょう; うひゃー. —*iD*~! Me han robado la cartera. ちくしょう! 財布を盗まれてしまった. *iD*~ de niño! このガキめ! 類 **diablo.**

diapasón [djapasón] 男 ❶《音楽》音叉(おんさ). ❷《音楽》(音声・楽器の)音域, 標準調. ❸《話》声の調子. — bajar [subir] el ~ 声の調子を低く[高く]する.

diapositiva [djapositíβa] 女《写真》(映写用の)スライド. — sacar ~s スライドを撮る.

diariamente [djárjaménte] 副 日々, 毎日.

*diario, ria [djárjo, rja] 形 毎日の, 日々の; 日常の. — trabajo ~ 日常の仕事. gasto ~ 毎日の出費. Sólo hace una comida *diaria*. 彼は毎日一度の食事しかしない. 類 **cotidiano.**
—— 男 ❶ 日記(帳), 日誌. — llevar un ~ 日記をつける. ~ de navegación [de a bordo] 航海日誌. ~ de operaciones 戦闘日誌. ~ de sesiones 議事録. Lleva un ~ desde que tenía ocho años. 彼は 8 歳のときから日記をつけている. ❷ 日刊紙[新聞]. — ~ de la mañana [de la tarde] 朝[夕]刊紙. ~ oficial 公報. ~ hablado [televisado] ラジオ[テレビ]ニュース. 類 **gaceta, periódico.** ❸《商業》仕訳帳. — ~ de caja [de entradas] 現金出納帳. ~ de ventas 売上仕訳帳. ❹ (毎日の)生活費, 出費. — Gastaba cien pesos para el ~. 彼は毎日 100 ペソを生活費として使っていた.

a diario 毎日. Discuten *a diario*. 彼らは毎日議論している.

de diario 日常[普段・平日]の. traje [zapatos] *de diario* 普段着[毎日はいている靴].

diarismo [djarísmo] 男『中南米』ジャーナリズム (= periodismo).

diarista [djarísta] 男女 ❶ 日記をつける人, 日誌係, 日記作家. ❷『中南米』ジャーナリスト, 新聞[雑誌]記者 (= periodista).

:diarrea [djaréa] 女《医学》下痢. — tener [padecer, sufrir de] ~ 下痢をする. producir [provocar] ~ 下痢を起こす. cortar la ~ 下痢を止める. 類 **colitis.** 反 **estreñimiento.**

diarrea mental 精神的混乱, 錯乱.

diarrea verbal 《話》饒舌法.

Días [días] 固名 ディアス(バルトロメー Bartolomé ~)(1450頃-1500, ポルトガルの航海者, 喜望峰を発見した.

diáspora [djáspora] 女 ディアスポラ(ユダヤ人のパレスチナからの離散).

diástole [djástole] 女 ❶《解剖》心臓拡張(期). ❷《比喩》拡張期. ❸《文法》(短音節の)音節延長.

diatermia [djatérmja] 女《医学》ジアテルミー(電気透熱およびその療法).

diatónico, ca [djatóniko, ka] 形《音楽》全音階の.

diatriba [djatríβa] 女 悪口, 痛烈な非難[攻撃], 酷評. — lanzar una ~ 酷評を浴びせる.

Díaz [djaθ] 固名 ディアス(ポルフィリオ Porfirio ~)(1830-1915, メキシコの軍人・政治家).

dibujante [diβuxánte] 男女 写生家, スケッチする人, 図案家, 製図家.
── 形 スケッチする, 写生する.

dibujar [diβuxár] 他 ❶ (絵・図を)描く, …の絵をかく. ── *Dibujó un precioso paisaje.* 彼は素晴らしい風景画を書いた. ❷ を(文章で)描写する. ── *El artículo describe estupendamente la personalidad del novelista.* その記事は小説家の個性を見事に描いている.

── **se** 再 〔3人称で〕姿が見える, 写し出される, 浮かび上がる, 現われる. ── *La silueta del castillo comenzó a ~se entre la niebla.* 霧の間に城のシルエットが浮かび始めた. 類 **perfilarse**.

‡**dibujo** [diβúxo] 男 ❶ 線(描)画, 素描, デッサン(力); 一コマ漫画. ── ~ a pluma ペン画. ~ al [de] carbón 木炭画. ~ a [de] lápiz 鉛筆画. ~ del natural 写生画. ~ a mano alzada [a pulso] 自在画. ~s artísticos クリップ・アート. 類 **bosquejo, diseño**. ❷ (布地・壁紙などの)模様, 図柄, デザイン. ── con [sin] ~ 柄入りの[無地の]. *Esta alfombra tiene un ~ sencillo.* このじゅうたんの柄はシンプルである. *Ha comprado un florero con ~s geométricos.* 彼は幾何学模様入りの花瓶を買った. 類 **diseño**. ❸ 製図(術), 設計図. ── papel de ~ 製図[画]用紙. tabla de ~ 製図板. ~ industrial 機械画. ~ de arquitectura 建築設計図. ~ lineal 製図, 用器画, 線画. 類 **diseño**. ❹ (言葉による)描写.

dibujos animados アニメ(ーション), 動画. *Pasaron un corto de dibujos animados.* 彼らは短編アニメ映画を上映した.

Es un dibujo. 彼(女)はとっても端整な顔立ちだ.
no meterse en dibujos (厄介な事ゆえ)余計な言動を慎しむ. *Si no te metieras en dibujos,* no te crearías problemas innecesarios. 君は出しゃばらなければ自ら余計な問題を起こさないのだが.

dic. 《略号》=diciembre 12月.

dicción [dikθjón] 女 ❶ 発音, 発声(法). ❷ ことばづかい, 語法, 言い回し. ❸ 〘まれ〙語, 言葉(=palabra).

‡**diccionario** [dikθjonárjo] 男 ❶ 辞書, 辞典, 事典. ── consultar un ~ 辞書を引く. ~ (de) español-japonés 西和辞典. ~ bilingüe 二か国語[対訳]辞典. ~ enciclopédico 百科事典. ~ etimológico [de uso] 語源[語法]辞典. ~ de usuario 〘情報〙ユーザー辞書. ~ electrónico 電子辞書. ♦「生き字引き」は enciclopedia viviente という. 類 **léxico, vocabulario**. ❷ 辞書体目録. ── ~ bibliográfico 著書目録. ~ geográfico 地名目録.

diccionarista [dikθjonarísta] 男女 辞書編集者(=lexicógrafo).

dice [díθe] 動 decir の直・現在・3 単.
dicen [díθen] 動 decir の直・現在・3 複.
dices [díθes] 動 decir の直・現在・2 単.

‡**dicha** [dítʃa] 女 ❶ 幸福, 喜び. ── *No puedo expresar la ~ que sentí al ver a mi madre.* 私は母に会った時に感じた幸福感を言い表すことができない. *Es una ~ no tener que estudiar durante un mes.* 1か月勉強しなくてもいいなんてうれしいことだ. *La enfermedad del hijo vino a enturbiar la ~ de la familia.* 子供の病気で家庭の幸せが損われた. 類 **felicidad, placer**. 反 **desgracia**. ❷ 幸運. ── hombre de ~ 幸運な人. 類

dichoso 707

suerte, ventura. 反 **desventura**.
a [por] dicha 幸い(にも), 幸運にも, 運よく.
Nunca es tarde si la dicha es buena. 〘諺〙喜ばしいことに遅いということはない.
¡Qué dicha! まあ, うれしい!, なんて幸せなんでしょう!; それはよかった!.

dicharachero, ra [ditʃaratʃéro, ra] 形 ❶ 機知に富んだ, 才気のある, 話が面白い. ── niño ~ 才気のある子. 類 **ingenioso, ocurrente**.
── 名 冗談を言う人, おどけ者.

dicharacho [ditʃarátʃo] 男 下品な言葉[冗談].

dicho [dítʃo] 動 decir の過去分詞.

‡**dicho, cha** [dítʃo, tʃa] 過分 〔<decir〕形 ❶ 言われた. ── D~ esto [Dichas estas palabras], abandonó la reunión. こう言うと彼は集会を後にした. ~ de otro modo 言いかえれば. *Lo ~ ayer vale todavía.* 昨日言ったことは今でも有効だ. ❷ 〘無冠詞で名詞に前置して〙いま述べた, 前記の. ── en ~s países いま述べた国々では. ~ individuo 前記の人物. 類 **citado, mencionado**.

dicho sea de paso → **paso**.

dicho y hecho 言うが早いか, すぐさま. *Y, dicho y hecho, la besó.* そして彼は言うが早いか彼女にキスをした.

Lo dicho, dicho. 〘諺〙言ったことに変わりはない(まだ有効だ).

mejor dicho どちらかと言えば, むしろ. *Es alto, o mejor dicho gigantesco.* 彼は背が高い, いやむしろ巨人のようだ.

── 男 ❶ (a) 言葉, 発言; 気のきいた言葉. ── *Sus ~s son siempre adecuados.* 彼のウィットに富んだ言葉はいつも適切だ. ~ agudo [intempestivo] 機知に富んだ[場違いな]言葉. (b) 格言, 諺. 類 **refrán**. ❷ 失礼な[侮辱的な]言葉. ❸ 《法律》証言. ❸ (結婚に先立つ)結婚の誓い.

Del dicho al hecho hay gran [mucho] trecho. 〘諺〙言うは易く行うは難し(←発言と行動の間には大きな開きがある).

dicho de las gentes 風説, 噂(うわさ).
tomarse los dichos 結婚の誓いを交わす.

dichosamente [ditʃósaménte] 副 ❶ 幸福に, 幸せに. ❷ 運良く, 幸いにも.

‡**dichoso, sa** [ditʃóso, sa] 形 ❶ 〔+con [en]+名詞/de+不定詞〕 …するのが幸せな, 幸運な〔ser+〕. ── *La esperanza del viaje le hace ~.* 旅行への期待で彼は幸せな気持になっている. *Se sentía dichoso de poder vivir en la capital.* 彼女は首都に住めるので幸せに感じていた. *Es dichosa con su suerte [en su trabajo].* 彼女は運がついている[仕事運がいい]. 類 **afortunado, fausto, feliz**. 反 **desdichado, infortunado**. ❷ 適切な, よくできた. ── *Este viaje ha sido una idea dichosa de mi mujer.* この旅行は妻のちょうどいい思い付きだった. 類 **acertado, oportuno**. ❸ 〘名詞の前で〙いまいましい, しゃくにさわる, いやな. ── ¡Ese ~ niño! あのいまいましいガキめ. *Esta dichosa lluvia nos va a fastidiar la excursión.* このひどい雨で私達のハイキングは台なしになりそうだ. 類 **condenado, fastidioso, maldito**.

estar dichoso de 〔+不定詞〕 …するのは幸せである, …するのを喜んでいる. *Estaba dichoso de poder estudiar en Japón.* 彼は日本に留学できるの

を喜んでいた.

diciembre [diθjémbre] 男 12月(【略】dic., Dbre.).

diciendo [diθjéndo] 動 decir の現在分詞.

dicotiledóneo, a [dikotileðóneo, a] 形《植物》双子葉植物の.

dicotomía [dikotomía] 女 ❶ 二分法. ❷ 意見の相違, 分裂.

dicroísmo [dikroísmo] 男《物理》2色性.

dictado [diktáðo] 男 ❶ 口述; 書取り, ディクテーション; 書き取られたもの. —hacer un ~ 口述する; 書取りをする. Ha tenido algunas faltas en el ~. 彼はディクテーションで幾つかミスした. ~ musical《音楽》採譜. ❷ 複(良心・理性などの)命じるところ, 旨という. —desoír los ~s de la razón 理性の声に耳をかさない. He obrado siguiendo los ~s de la conciencia. 私は良心の命ずるところに従って行動した. 類 **inspiración, precepto**. ❸ (a) 異名, 称号, あだ名. —Se le da [aplica] el ~ de valeroso. 彼は勇者の称号を与えられる. 類 **calificativo, sobrenombre**. (b)(貴族の)爵位, 称号.

al dictado (1) 口述のままに, 言われるとおりに. escribir *al dictado* 口述筆記する. Nos dieron el texto *al dictado*. 私たちは文章を書き取りした. (2)《比喩》【+de】の示唆〔煽動〕に従って. El gobierno no debe obrar *al dictado de* una clase social. 政府は1つの社会階層の言うなりになって行動してはいけない.

dictador, dora [diktaðór, ðóra] 名 ❶《政治》独裁者, 暴君. —El ~ accedió al poder con un golpe de Estado. 独裁者はクーデターによって権力の座に就いた. 類 **autócrata, déspota, tirano**. ❷《比喩》独裁者, ワンマン. —Su jefe es un ~ que no les deja ni respirar sin su permiso. 彼の上司は許可なくして息つく暇も与えない独裁者だ. 類 **déspota, tirano**. ❸《歴史》(古代ローマ共和制時代の)独裁執政官.
—— 形 独裁者の; ワンマンな. —padre muy ~ 大変ワンマンな父.

dictadura [diktaðúra] 女 ❶《政治》独裁(制), 独裁政治, 独裁政権; 独裁者の地位. —~ militar 軍部独裁. ~ de un solo partido [del partido único] 一党独裁. ~ del proletariado プロレタリア独裁. bajo la ~ 独裁下で, 独裁政の時代に. 類 **autocracia, despotismo**. ❷《比喩》独裁, 専横. ❸《歴史》(古代ローマの)独裁執政(官職・期間).

dictáfono [diktáfono] 男 口述録音機, ディクタフォン.

dictamen [diktámen]【複 dictámenes】男 ❶ (専門家の)意見, 考え, 見解, 判断; 報告(書). —~ médico [facultativo](医者の)診断書. ~ pericial 専門家の意見, 鑑定書. ~ de las comisiones 委員会報告. ~ contable《中南米》監査報告. dar un ~ desfavorable 反対意見を述べる. emitir su ~ 意見を発表する. esperar el ~ del médico 医者の診断を待つ. pedir un ~ を求める. 類 **juicio, informe, opinión**. ❷ 助言, 提言, 忠告. —tomar ~ de un amigo 友人に相談する. seguir un ~ 提言に従う.

dictaminar [diktaminár] 自【+sobre】❶ …について意見を述べる. ❷《法律》…について提言をする, 助言する. —— 他【+que】…と判断をくだす.

díctamo [díktamo] 男《植物》(ミカン科の)ヨウシュハクカ類の1種.

dictar [diktár] 他 ❶ 口述筆記させる, 書き取らせる; …の書き取りをさせる. —~ una carta 手紙を口述筆記させる. ❷(法令)を発する, 定める, (判決)を言い渡す. —El juez ya *ha dictado* sentencia. 判事はすでに判決を下した. ❸ を命ずる, 指図する. —Ese país *dicta* las tendencias de la moda. その国がファッションの傾向を決めている. El sentido común les *dicta* prudencia. 常識に従えば慎重でなければならない. ❹《中南米》(授業, 講演など)を行う. —*Dicta* inglés en un colegio. 彼女はある学校で英語を教えている.
—— 自 命令する, 指図する. —Si me vas *dictando* terminaremos antes. 私に指示してくだされば, 早く終われるでしょう.

dictatorial [diktatorjál] 形 ❶《政治》独裁者の, 独裁的な. —régimen ~ 独裁体制. ❷ 尊大な, 横柄な.

dicterio [diktérjo] 男 あざけり, 侮辱, 無礼.

didáctica [diðáktika] 女 教授法.

didáctico, ca [diðáktiko, ka] 形 ❶ 教育的な, 教えるのに適している. —juguete ~ 教育的なおもちゃ. material ~ 教材. método ~ 教育方法. 類 **pedagógico**. ❷ 教訓的な, 説教的な. 類 **educativo**.

diecinueve [djeθinuéβe ディエシヌエベ]【diez y nueve の縮約形】形(数) ❶ 19(人・個)の. ❷【序数詞的に】19番目の(ローマ数字では XIX). —el siglo XIX 19世紀.
—— 男 19(の数字), 19人[個].

diecinueveavo, va [djeθinueβeáβo, βa] 形(数) 19等分の. —— 男 19分の1.

dieciochavo, va [djeθjotʃáβo, βa] 形(数) 18等分の. —— 男 18分の1.

dieciocheno, na [djeθjotʃéno, na] 形 →decimoctavo.

dieciochesco, ca [djeθjotʃésko, ka] 形 18世紀の. —palacio ~ 18世紀の宮殿.

dieciocho [djeθjótʃo ディエシオチョ]【diez y ocho の縮約形】形(数) ❶ 18(人・個)の. ❷【序数詞的に】18番目の(ローマ数字では XVIII). —la página 18 18ページ. —— 男 18(の数字), 18人[個].

dieciséis [djeθiséis ディエシセイス]【diez y seis の縮約形】形(数) ❶ 16(人・個)の. ❷【序数詞的に】16番目の(序数詞に代ってローマ数字では XVI). —el día 16 16日.
—— 男 16(の数字), 16人[個].

dieciseisavo, va [djeθiseisáβo, βa] 形(数) 16等分の. —— 男 16分の1.

diecisiete [djeθisjéte ディエシスィエテ]【diez y siete の縮約形】形(数) ❶ 17(人・個)の. ❷【序数詞的に】17番目の(ローマ数字では XVII). —la fila 17 第17列.
—— 男 17(の数字), 17人[個].

diecisieteavo, va [djeθisjeteáβo, βa] 形(数) 17等分の. —— 男 17分の1.

diedro [djéðro] 形【数 のみ】2平面の(から成る), 2面角の. —ángulo ~ 2面角. —— 男 2面角.

Diego [diéyo] 固名 ❶《男性名》ディエゴ. ❷ (San ~)《聖》ディエゴ(祝日は11月13日).

dieléctrico, ca [dieléktriko, ka] 形《物理》誘電性の; 絶縁の. —— 男《物理》誘電体; 絶縁体.

diencéfalo [dienθéfalo] 男《解剖》間脳.

**diente [djénte ディエンテ] 男《解剖》歯. —Cuando se me cayeron todos los ~s, me puse una dentadura postiza. 私は歯が全部抜けてしまったので総入れ歯を入れた. Me baila un ~. 私は歯が1本ぐらぐらしている. cepillarse [lavarse, limpiarse] los ~s 歯を磨く. sacar los *dientes* 歯をむき出す. ~ canino [columelar] 犬歯. ~ incisivo 門歯. ~ delanteros 前歯. ~ molar 臼(きゅう)歯. ~ premolar 小臼歯, 前臼歯. ~ primario [(de) mamón] 乳歯 (=diente de leche). ~ definitivo [permanente] 永久歯. ~ picado [cariado] 虫歯. postizo 入れ歯. ~s de embustero 乱杭(ぐい)歯. cepillo de ~s 歯ブラシ. pasta de ~s 練り歯磨き. palillo de ~s 爪楊枝(ようじ). ◆「親知らず, 知歯」は muela cordal [del juicio], 「八重歯」は sobrediente. ❷ (櫛・鋸(のこぎり)・歯車・フォークなどの)歯. ~ de un tenedor フォークの歯. ~ de una sierra mecánica のこぎりの目. ~s de una engranaje 歯車装置の歯. ❸《植物》(ニンニクの)鱗(りん)片, 1片. un ~ de ajo ニンニク1かけ「ニンニク1玉」は una cabeza de ajos). añadir [echar, poner, tirar] un ~ de ajo al cocido para darle sabor 煮込み料理の味付けにニンニク1かけを入れる. ~ de muerto《植物》レンリソウ. ❹《建築》(建物・石塀などの)増築用の突出部 (=~de perro); 接ぎ手, ほぞ, 待ち歯. ❺《鳥類》歯嘴.

a regaña dientes いやいやながら, しぶしぶ (=a regañadientes).

aguzar(se) los dientes《話》(既に食べる用意ができていて)食事を待ち構えている, 食べたくてうずうずする.

alargarle [alargársele] a ... los dientes/ponerle a ... los dientes largos (1)《話》(人が)喉から手が出るほど欲しくなる. 欲しくてたまらない; …したくてうずうずしている (→tener los dientes largos). Es una persona tan glotona, no puede pasar sin que *se le alarguen los dientes*. 彼は大変食いしん坊なのでケーキ屋の前を通ると必ず食指が動く. (2) (酸味で)(人の)歯が浮く.

apretar los dientes《話》歯をくいしばる. *Apretó los dientes* con fuerza para contener su rabia. 彼は怒りを抑えるためにぎゅっと歯をくいしばった.

armado hasta los dientes 完全武装した[て].

armarse hasta los dientes 完全武装する (= armado hasta los dientes).

con todos sus dientes 貪欲に, がつがつと, がぶりと.

crujirle [rechinarle] a ... los dientes (1) (悔しさ・怒り・癖などで)(人)が歯ぎしりする. *Le rechinan* [*Le crujen*] *los dientes* cuando duerme. 彼は眠っている時歯ぎしりする. (2) 癇癪(かんしゃく)を起こす.

dar diente con diente (寒さ・恐怖などで)歯をガチガチ言わせる, 歯の根が合わない. He estado toda la noche *dando diente con diente* del frío que he pasado. 私は一晩中寒さで歯をガチガチ言わせていた.

darle al diente がつがつ食べる, 貪り食う. Cuando sirvieron la comida todos dejaron de hablar y se pusieron a *darle al diente*. 食事が出されると, 彼らはみんな話をやめて貪るように食べ始めた.

darse con un canto en los dientes 思っていたよりよい結果に満足する[納得]する.

decir entre dientes →hablar entre dientes.

de dientes (para) afuera 口先だけで; 不真面目に. decir de dientes (para) afuera 口先だけで言う. reír *de dientes afuera* 作り笑いをする, 苦笑する.

defender [luchar] con uñas y dientes あらゆる手段を尽くして守る[戦う].

diente de leche《解剖》乳歯 (→diente definitivo [permanente] 永久歯).

diente de león《植物》タンポポ.

diente de lobo《技術》大釘(くぎ)の一種; (メッキ工の使う)研磨器.

diente de perro《服飾》まつり縫い, 粗縫い; たがね.

echar los dientes (1) (子供に)歯が生え出す (→salírsele a ... los dientes).

enseñarle [mostrarle] a ... los dientes《話》(人)に歯をむく, 歯向かう, 抵抗する, 立ち向かう.

entre dientes (話し方が)ぼそぼそと, 不明瞭で(不満で)ぶつぶつ, ぶつくさ言う.

estar a diente《話》食べるものがない, 飢えている.

estar que echa los dientes《話》激怒する.

haberle nacido [salido] a ... los dientes/ haber echado los dientes (1)【+現在分詞】(…することに)幼い頃から慣れ親しんでいる. (2)【+en】(ある場所)に生まれ育つ, 住み慣れる.

hablar entre dientes (1) (よく聞き取れないように)口の中でぼそぼそ言う, 口ごもる (=murmurar, refunfuñar). No pude oír lo que decían porque estaban *hablando entre dientes*. 私は彼らがぼそぼそ言うので何を言っているのか聞き取れなかった. (2)《話》(怒り・不満で)ぶつぶつ言う, 不平を鳴らす. Cuando algo no le gusta, *habla entre dientes*. 彼は何か気に入らないことがあると, ぶつくさ言う.

hincar [meter] el diente (1)《話》【+a に】(問題・難事・仕事などに)取り掛かる, 取り組む, 着手する. (2)【+en/a を】(他人のもの)を不当に手に入れる, 横取りする, 横領する. (3)【+a/en を】(人)を批判する, 酷評する. (4)【+a を】(噛みにくいものなど)を食べ始める, かみつく, かじる.

mostrar (los) dientes →enseñar (los) dientes.

no haber [no tener] (ni) para un diente/no llegar (ni) a un diente《話》(食べ物が)不十分である, 足りない, 少しも腹の足しにならない. Con este trocito de tortilla, *no tengo ni para un diente*. このトルティーリャひとかけでは少しも腹の足しにならない.

Ojo por ojo, diente por diente.【諺】目には目を, 歯には歯を.

partir los dientes【脅し文句】殴る (=partir la boca).

pasar(se) los dientes (冷たい食物が)歯にしみる.

710 diera(-)

El helado me *pasaba los dientes*. 私はアイスクリームが歯にしみていた.

pelar el diente【中南米】《話》(1) 媚びるように微笑む, 色っぽく笑う. (2) お世辞を言う.

poner a ... los dientes largos 欲しくてたまらなくさせる, 羨(うらや)ましがらせる. Su vestido nuevo *me ha puesto los dientes largos*. 私は彼女の新しいドレスが欲しくてたまらなくなった.

ponérsele a ... los dientes largos《話》(1) 欲しくてたまらなくなる, 羨ましがる, 食指が動く. *Se te van a poner los dientes largos* cuando veas el coche que me he comprado. 私が買った車を見たら, 欲しくてたまらなくなるよ. (2) (不快で)(人)の歯が浮く.

rechinarle a ... los dientes →crujirle [rechinarle] a ... los dientes.

romperle [*saltarle*] *a ... los dientes*【脅し文句】殴る(=partir la boca). ¡Si vuelves a hablar mal de mí, *te rompo los dientes*! 今度僕の悪口を言ったら, 殴るぞ!

salirle a ... los dientes 歯が生え出す(→echar los dientes).

tener buen diente《話》大食漢である, 何でもよく食べる.

tener los dientes largos 貽欲(ちよく)を取りたがる, 貽欲に汚い(→alargarse los dientes).

tener a ... entre dientes (人)に我慢がならない.

tener mal diente 食べ物に難癖をつける.

tomar [*traer*] *a ... entre dientes*《話》(人)に恨みを抱く, (人)の悪口を言う.

diera(-) [djéra(-)] 動 dar の接・過去.

diéresis [djéresis] 女 ❶《文法》節の分けり(sua-ve を su-ave のように切ること). ❷《文法》分音記号(ü の ¨ の記号). ❸《医学》切断.

dieron [djéron] 動 dar の直・完了過去・3 複.

diese(-) [djése(-)] 動 dar の接・過去.

diestra [djéstra] 女 →diestro.

diestramente [djéstraménte] 副 巧みに, 上手に; 抜け目なく.

‡**diestro, tra** [djéstro, tra] 形 ❶【+en】…に熟練[熟達]した, 巧みな〖名詞を修飾する時は通常その前〗. — Es un ~ cirujano. 彼は腕の良い外科医だ. Es muy ~ *en* el manejo de todo tipo de armas. 彼はあらゆる種類の武器の扱いが非常に巧みだ. 類 **entendido, experto, hábil, versado**. 反 **inexperto, torpe**. ❷《文》〖主に名詞の前で〗右の, 右側の. — Está sentada a su *diestra* mano. 彼女は彼の右手の方に座っている. 類 **derecho**. 反 **izquierdo, siniestro**. ❸ 右利きの. — La mayor parte de las personas son *diestras*. 大部分の人は右利きである. 反 **zurdo**. ❹【+en】…に抜け目がない, ずる賢い. — En engaños. 悪口だますのがうまい. 類 **astuto, avisado, sagaz**. 反 **bobo**.

— 男 ❶ (闘牛の)マタドール; (徒歩の)闘牛士. ❷ 剣術家, 剣士. ❸ (馬の)端綱.

— 女 右側, 右手(=derecha).

a diestro y siniestro (1) 四方八方に. Miré a *diestro y siniestro* y no la vi. 私は四方を見渡したが, 彼女は見つからなかった. (2) でたらめに, 手当り次第に. Enfurecido, repartió golpes *a diestro y siniestro*. 激怒して彼は手当り次第になぐりかかっていった.

‡**dieta**[1] [djéta] 女 ❶ (治療・健康・痩身のための)食餌(しょくじ)療法, ダイエット, 節食; (食餌療法用の)規定食. — seguir una ~ vegetal [láctea] 菜[牛乳]食中心の規定食. — rica [alta] en calorías カロリー豊かな規定食. El médico le ha recomendado una ~ a base de carne y fruta. 医者は彼に肉とフルーツを主にした食餌療法をすすめた. 類 **régimen**. ❷ 絶食. — ~ absoluta 完全絶食. — hídrica 水分以外の絶食. 類 **ayuno**. ❸ 日常の食事. — ~ mediterránea [japonesa] 地中海風[日本]料理.

estar a dieta ダイエット中である, 食餌療法をしている. Está a dieta de verduras y carne. 彼は野菜と肉による食餌療法中である.

poner [*ponerse*] *a dieta* 食餌療法[ダイエット]をさせる[する].

‡**dieta**[2] [djéta] 女 ❶ (日本・スウェーデン・ドイツなどの)国会, 議会. — convocar [disolver] la ~ 国会を召集[解散]する. La ~ está en sesión. 国会は開会中. 類 **corte**. ❷ (a) (公務員・裁判官の出張などの)手当て. 類 **honorarios, retribución**. (b) (議員などの)歳費, 報酬. — Han subido las ~s de los diputados. 議員の歳費が値上げられた. 類 **paga, sueldo**.

dietario [djetárjo] 男 (会計)帳簿, 家計簿.

dietética [djetétika] 女《医学》食餌(しょくじ)療法学, 栄養学.

dietético, ca [djetétiko, ka] 形《医学》食餌(しょくじ)療法の. — alimento ~ ダイエット食品. régimen ~ ダイエット食.

‡**diez** [djéθ ディエス] 形 (数) ❶ 10 の, 10 人[個]の. — Tiene ~ años. 彼は 10 才です. ~ mil 1 万. ❷〖序数詞的に〗10 番目の(=décimo). — Pío ~ [X] ピウス 10 世. No tuvo suerte en la carrera: llegó en el lugar ~. 競走で彼はつきがなく 10 位になった. Nos sentaron en la fila ~. 我々は 10 列目に座らされた.

— 男 ❶ 10; 10 人[個]; 10 の数字[記号](ローマ数字: X). — En la rifa ha salido el ~. 籤(くじ)引きで 10 番が出た. Ha sacado un ~ en el examen. 彼は試験で 10 点を取った. ❷ 10 時; 10 分; 10 日. — Son las ~. 10 時です. El ~ de agosto es mi cumpleaños. 8 月 10 日は私の誕生日です. ❸ 10 番目; 10 号室[教室]. — Estás el ~ en la lista. 君は名簿で 10 番目である. ❹《宗教》(ロザリオの)一連; (ロザリオの)10 個の小珠(こだま); (こに)ごとにある大珠(おおだま). ❺ (スペイン・トランプの) 10 の札.

diez de bolos《ボウリング》ヘッドピン.

estar en las diez de últimas《話》死にかけている, 墓に片足を突っ込んでいる.

hacer las diez de últimas《話》(1) 自分で自分の首を締める, 元も子もなくす. (2) (トランプに勝って)卓上を全部さらってしまう.

Me cago en diez [*en Dios*]. 《俗》ちくしょう!, くそったれ!, なんてこった!; これは驚いた!. ◆diez は婉曲で, Dios をはばかってその代わりに用いられたもの. また, diez の代わりに la mar, la leche, la puta なども用いられる.

diezmar [djeθmár] 他 ❶ (疫病・戦争などが) (…の)多くの人を殺す. — El SIDA está *diezmando* a la población de ese país. エイズによってその国の人々は殺されつつある. ❷ (…の) 10 分の 1 を除く[選ぶ].

— 自《歴史》教会に十分の一税を払う.

diezmilésimo, ma [djeθmilésimo, ma] 形 1万分の1の. ——男 1万分の1.

diezmillonésimo, ma [djemijonésimo, ma] 形 1000万分の1の.

diezmo [djéθmo] 男 〖歴史〗(信者が教会に納めた)十分の一税.

difamación [difamaθjón] 女 ❶ 中傷, 名誉毀損(きそん). ❷ (文書による)名誉毀損(罪).

difamador, dora [difamaðór, ðóra] 形 中傷[誹謗]する, 中傷的な. ——名 中傷する人.

difamar [difamár] 他 ❶ 中傷する, …の名誉を毀損する. —— el buen nombre de una compañía 会社の名誉を毀損する. ❷ …の価値を落とす.

difamatorio, ria [difamatórjo, rja] 形 中傷の, 名誉毀損(きそん)の. —acusación *difamatoria* 名誉毀損の訴え.

‡**diferencia** [diferénθja] 女 ❶ (*a*) 違い, 相違; 区別. —La ~ de edades no es un problema para que se casen. 年齢差は結婚するための問題にはならない. ~ de opiniones [de carácter] 意見[性格]の違い. ~ individual 個人差. notar la ~ entre un original y una copia 本物とコピーの違いに気づく. hacer ~ entre A y B A と B を区別する. No veo la ~ de una tela a otra. 2つの布地に違いは見られない. No hay ~ de precio. 値段は同じである. 類**desigualdad**. (*b*) 〖数学〗差; 格差; 差額. —pagar la ~ 差額を払う. Entre Tokio y Madrid hay una ~ de ocho horas. 東京・マドリード間の時差は 8 時間ある. Hay una gran ~ entre las fortunas de los dos. 2 人の資産格差は大きい. La ~ de restar dos de seis es cuatro. 6 引く 2 は 4 である. en más [en menos] 余り[不足]. 類**residuo, resto**. 反**suma**. ❷ 意見[性格]の相違; 不和, 争い. —resolver [arreglar] una ~ 争いを解決する. Las ~s entre marido y mujer son conocidas de todos. あの夫婦の不仲はみんなに知られている. Tuvieron sus ~s. 彼らは意見が対立した. Explicadme vuestras ~s. 君たちの争いの原因を説明しなさい. 類**desacuerdo, discordia, discrepancia**. ❸ 〖電気〗—~ de fase 位相差. ~ de potencial 電位差. ❹ 《生物, 論理》—~ específica 種差.

a diferencia de ... …とは違って, …とは反対に. Los hijos, *a diferencia de* su padre, son unos holgazanes. 父親と違って子供たちは怠け者である.

ir [haber] diferencia de ... a ... …と…は大変違う. *Va* mucha *diferencia de* una cosa *a* otra. 2つの事は大変違う.

partir la diferencia (1) (双方が互いに譲歩して)歩み寄る, 妥協する. (2) 〖+con〗…と妥協する, …に譲歩する.

¡Pues, no hay diferencia! 〖話〗いや全然違う.

diferenciación [diferenθjaθjón] 女 ❶ 区別, 識別, 差別. ❷ 分化.

diferencial [diferenθjál] 形 ❶ 相違を示す, 差別的な. ❷ 〖数学〗微分の. —ecuación ~ 微分方程式. ——男 〖機械〗差動歯車. ——女 〖数学〗微分.

‡**diferenciar** [diferenθjár] 他 ❶ を区別する, 識別する. —No sabe ~ estos dos peces. この 2 つの魚の違いが彼には分からない. ~ el bien del mal 善悪を区別する. El carácter es lo único que *diferencia* a los dos gemelos. その双子を区別できる唯一のものは性格の違いだ. ❷ を相違させる, …の違いを生む.

——*se* 再 ❶ 〖+de と〗異なる, 違う, 区別される. —¿En qué *se diferencia* el cangrejo de mar *del* de río? 海のカニと川ガニとはどこが違うのですか. Las dos hermanas *se diferencian* mucho. 2 人の姉妹は非常に違いがある. 類**diferir**. ❷ 《生物》分化する.

‡**diferente** [diferénte ディフェレンテ] 形 ❶ 〖+ a / de〗…と異なる, 違った, 別の. —Su criterio es ~ del nuestro. 彼らの規準は我々のと違う. Éste es un asunto ~. これは別の件だ. Tienen caracteres completamente ~s. 彼らは全く違う性格をしている. 類**desemejante, distinto**. 反**igual, semejante**. ❷ 〖複数名詞の前で〗様々の, いくつかの. —La cuestión presenta ~s aspectos. その問題は様々の様相を呈している. Hay opiniones ~s sobre el problema. その問題については様々の意見がある.

—— 副 別に, 別々に; 違うように. —Ella se comporta ~ en casa. 彼女は家では違ったふるまいをする.

diferido, da [diferíðo, ða] 形 ❶ 〖estar+〗遅れた; 延期した. ❷ 録画の. —emisión *diferida* 録画放送.

en diferido 録画の[で].

‡**diferir** [diferír] 他 ❶ を延期する, 延ばす; 延長する. —La reunión ha sido *diferida* hasta el 27 de noviembre. 会合は 11 月 27 日まで延期になった. 類**aplazar, retrasar**.

—— 自 ❶ 《文》〖+de と/+en で〗異なっている, 違っている, 相違する. —Su nueva novela *difiere* bastante de las anteriores. 彼の新しい小説は今までに出したものとかなり違っている. En este tema *diferimos* de vosotros. この問題では私たちは君たちと意見を異にする. 類**diferenciarse**. ❷ 《文》不同意である. —Lo siento mucho pero yo *difiero*. 残念ながら私は不同意だ. *Difieren* en cómo aplicar las medidas. どのように対策を講じるべきか彼らは意見は一致していない. 類**disentir**.

‡**difícil** [difíθil ディフィシル] 形 ❶ 〖+de +不定詞〗…するのは〖+para〗…にとって難しい, 困難な. —trabajo [crucigrama] ~ 難しい仕事[クロスワードパズル]. Este curso es ~ *para* los principiantes. この課程は初心者には難しい. Esta montaña es ~ de escalar. この山は登るのが難しい. Se nos presentó un problema de ~ solución. 私たちに解決の難しい問題が示された. 類**arduo, complicado, dificultoso, trabajoso**. 反**fácil**. ❷ (人などが)気難しい, 扱いにくい, 気まずい. —Era un muchacho ~ que se ofendía por nada. 彼はささいなことで腹を立てる気難しい少年だった. 類**intratable, quisquilloso**. 反**simpático, tratable**. ❸ 《話》(顔などが)変てこな, いやな. —¡Qué cara más ~ tiene! 彼は何て変てこりんな顔をしていること!

ser difícil 〖+不定詞/+que+接続法〗(…するのは)難しい, …しそうもない. Me *es difícil* decirlo. 私にはそれは言いにくい. *Es difícil* que pueda pasar el examen. 私は試験に受かりそうもない. ▶

712 difícilmente

次の構文の違いに注意。Es difícil resolver este problema. この問題を解決するのは難しい。Este problema es difícil de resolver. この問題は解決するのが難しい。

difícilmente [difiθílménte] 副 ❶ かろうじて、やっとのことで、苦労して。❷ ほとんど…しそうにない。—D~ se puede esperar que cambie. それが変わるというのはほとんどありそうもない。

dificultad [difikultá(ð)] 囡 ❶ 難しさ, 困難; 難事, 困難な点(→facilidad[簡単]). —sin ~ (alguna) 難なく, 楽々と. asunto de mucha ~ 大変難しい問題, 難事件. problema erizado de ~es 困難に満ちた問題. 反 **facilidad, sencillez**. ❷ 障害, 支障, 難儀, 厄介;〖主に(複)〗故障. — ~es mecánicas（機械などの）故障. plantear muchas ~es 多くの厄介[問題]を引き起こす. El anciano tiene ~ para andar. その老人は歩くのに難儀している. ¿Tuviste alguna ~ para encontrar la casa? その家を見つけるのに苦労した？ 類 **obstáculo, problema**. ❸〖しばしば(複)〗窮乏, 困窮; 苦境, 難局. —pasar ~es 苦しい生活をする. vencer [superar, zanjar] ~es 困難を克服する, 難局を乗り越える. 類 **aprieto, apuros**. ❹〖主に(複)〗異議, 反対, 文句, じゃま. —poner ~es a …に異議を唱える, …に難癖をつける. Me pusieron muchas ~es para darme el pasaporte. 私はあれこれ難癖をつけられ, なかなかパスポートを発行してもらえなかった. 類 **objeción, reparo, traba**. ❺ 不和, いざこざ. —Ha tenido ~es con la policía. 彼は警察といざこざを起こした.

con dificultad 苦労して, やっとのことで(=difícilmente). expresarse *con dificultad* 自分の考えがなかなかうまく言い表わせない. respirar *con dificultad* 苦しい[荒い]息遣いをする.

don [doña] dificultades へそ曲がり.

estar en [sobre] la dificultad 困難なことをよく納得している.

dificultar [difikultár] 他 ❶ を困難にする, 難しくする. —Las grandes olas y el fuerte viento *dificultaron* la operación de rescate. 大波と強風のせいで救助作業は難航した. ❷ を邪魔する, 妨げる.

dificultoso, sa [difikultóso, sa] 形 困難な, 難しい, 骨の折れる. —respiración *dificultosa*《医学》呼吸困難.

difier- [difiér-] 動 *diferir* の直・現在, 接・現在, 命令・2単.

difir- [difir-] 動 *diferir* の直・完了過去, 接・現在/過去, 現在分詞.

difluir [difluír] [11.1] 自 流れ出す, 広がる.

difractar [difraktár] 他《物理》(光線・電波など)を回折させる.

difteria [diftéria] 囡《医学》ジフテリア. —tener ~ ジフテリアにかかる.

diftérico, ca [diftériko, ka] 形《医学》ジフテリアの.

difumar [difumár] 他《まれ》→**esfumar**.

difuminar [difuminár] 他 ❶ かすませる, ぼんやりさせる. ❷《美術》を擦筆(ﾊﾞﾂﾋﾟ)でぼかす.

difumino [difumíno] 男《美術》擦筆(ﾊﾞﾂﾋﾟ).

difundir [difundír] 他 ❶（物・液体・臭いなど）をまき散らす, 拡散する, 放つ. —La lámpara *difundía* una luz tenue por la habitación. ランプは部屋に薄暗い光を放っていた. ❷（ニュース・思想などを）広める, 流布させる, 普及させる. —Las alarmantes noticias *difundieron* el temor entre la población. 不安を呼び起こすニュースが人々の間に恐怖をまき散らした. *Difundió* el cristianismo en ese país. 彼はその国にキリスト教を広めた.

— *se* 再 ❶ まき散らされる, 拡散される, 発散する. —Abrió la ventana y la luz del sol *se difundió* por todo el cuarto. 彼が窓を開けると, 日光が部屋中にふりそそいだ. ❷ 広まる, 流布[普及]する, 伝わる. —La triste noticia *se difundió* rápidamente por el pueblo. 悲しい知らせは急速に町中に広まった.

difunto, ta [difúnto, ta] 名 故人, 死者. —Día de (los) D~s〈カトリック〉死者の(記念)日, 万霊節(11月2日). misa [toque] de ~ 死者ミサ[弔いの鐘]. rezar por (el alma de) un ~ 故人の冥福(ﾒｲﾌｸ)を祈る. ~ de taberna 酔いつぶれた人. El ~ recibiría sepultura mañana. 故人の葬式は明日です. 類 **fallecido**.

El difunto era mayor [más pequeño].《話》その服は大きすぎる[小さすぎる].

— 形 亡くなった, 今は亡き, 故… —el ~ Sr. doctor A 故A博士. El niño se parece mucho a su ~ padre. その子は亡くなった父親そっくりである. 類 **fallecido, muerto**.

— 男 死体, 遺体. **cadáver**.

oler a difunto (1)（部屋などが）むっとする. (2) 余命いくばくも無い.

difusión [difusjón] [<difundir] 囡 ❶ 普及, 流布, 伝播; 宣伝; 蔓延(ﾏﾝｴﾝ). —tener ~ 普及する, 伝わる, 広まる. ~ de la enseñanza [de la cultura] 教育[文化]の普及. Sus libros han tenido una gran ~. 彼の本は広く読まれてきた. 類 **divulgación, propagación**. ❷（伝染病などの）蔓延, 流行. —tener ~ 蔓延する. ❸（ラジオ・テレビの）放送, 放映. — ~ radiográfica ラジオ放送. 類 **emisión**. ❹《物理》(光・水・熱などの)拡散(作用), 散乱, 放散. — ~ térmica 熱拡散. ❺《比喩》(文体などの)散漫, 冗漫. ❻ 散布, 発散.

difuso, sa [difúso, sa] 形 ❶（文体, 話し方などが）散漫な, 冗長な, とりとめのない. —estilo ~ 散漫な文体. explicación *difusa* だらだらした説明. 類 **largo, prolijo**. 反 **breve, conciso**. ❷ ぼんやりとした, まとまりのない. —color ~ ぼやけた色. luz *difusa* 散乱した光. idea *difusa* 漠然とした考え. Entre la niebla se veía la imagen *difusa* de un hombre. 霧の中に一人の男のぼんやりとした姿が見えた. 類 **dilatado, extenso, esparcido**. ❸ 拡散した, 広がった, 広範囲にわたる. —inflamación *difusa* 広範囲の発火. 類 **dilatado, extenso, esparcido**. 反 **concentrado**.

difusor, sora [difusór, sóra] 形 ❶ 広める. ❷ 放送の. —La televisión es un medio ~ de información. テレビは情報放送メディアである.

— 男《機械》拡散器.

diga(-) [díɣa(-)] 動 *decir* の接・現在.

digerible [dixeríβle] 形 消化しやすい, こなれやすい.

digerir [dixerír] [7] 他 ❶（食物）を消化する. ❷《話》(知識などを)吸収する, 飲み込む. ❸（侮辱などに）耐える, を我慢する.

digestible [dixestíβle] 消化の良い, 消化可能な. —energía ~ 可消化エネルギー.

digestión [dixestjón] 女 ❶ 消化, 消化作用, 消化力. —hacer la ~ 消化する. tener mala ~ 消化不良を起こす. ❷《比喩》理解, 会得.

digestivo, va [dixestíβo, βa] 形 ❶ 消化の, 消化力のある. —órgano ~ 消化器. funciones *digestivas* 消化作用. El estómago y los intestinos son parte del aparato ~. 胃と腸は消化器官の一部である. ❷ 消化のよい, 消化しやすい. —alimentos ~*s* 消化しやすい食品. 類 **digerible**, **digestible**. 反 **indigesto**. ❸ 消化を助ける, 消化促進の. —La menta es muy *digestiva*. ハッカは非常に消化をよくする.
—— 男 消化剤. —El médico le ha recetado un ~. 医者は彼にある消化剤を処方した.

digesto [dixésto] 男 要約, ダイジェスト.

digier- [dixjér-] 動 digerir の直・現在, 接・現在, 命令・2単.

digir- [dixir-] 動 digerir の直・完了過去, 接・現在/過去, 現在分詞.

digitación [dixitaθjón] 女《音楽》(楽器の)運指法, 指使い.

digitado, da [dixitáðo, ða] 形 ❶《動物》有指の. ❷《植物》(葉が)掌状の. —hoja *digitada* 掌状葉.

digital [dixitál] 形 ❶ 指の. —huellas ~*es* 指紋. ❷ 数字で計算する, デジタルの. —reloj ~ デジタル時計. cámara ~ デジタルカメラ. transmisión ~ de televisión por satélite 衛星デジタル(テレビ)放送 —— 女《植物》ジギタリス.

digitalina [dixitalína] 女《薬学》ジギタリン.

digitalización [dixitaliθaθjón] 女 デジタル化.

digitalizar [dixitaliθár] [1.3] 他 デジタル化する.

digitalmente [dixitálménte] 副 ❶ デジタル形式で. ❷ 指で.

digitígrado, da [dixitíɣraðo, ða] 形《動物》指行性の.

dígito [díxito] 男 ❶ アラビア数字(=números arábigos)(0〜9の数字). ❷ 桁(⸘). —El código postal tiene seis ~*s*. 郵便番号は6桁だ. ~ significativo《情報》有効桁.

dignamente [díɣnaménte] 副 品位をもって, 堂々と, 立派に. —vivir ~ まともな生活をする.

dignatario [diɣnatárjo] 男 高官, 高位の人. 類 **mandatario**.

‡dignidad [diɣniðá(ð)] 女 ❶(態度などの)威厳, 尊厳; 立派. —Comprometerá su ~ si lo hace Ud. そんなことをすればあなたの威厳にかかわる. Yo he procedido siempre con toda decencia y ~. 私はいつも品位と威厳に満ちた行動をとってきた. Desempeñó su cometido con gran ~. 彼は大変立派に自分の役目を果した. mantener la ~ humana 人間の尊厳を保つ. ❷ 品位, 自尊心, 誇り;(高位・顕職に伴う)威信, 体面. —perder su ~ 品位・面目を失う. Creía que con su dinero podía comprar mi ~. 彼は私の誇りを金で買えると思っていた. Hay varias cosas que una mujer no puede permitir por ~. 女性の自尊心が許さないことが色々ある. 類 **decencia**, **decoro**, **honor**. 反 **deshonor**, **indignidad**. ❸ 高官, 顕職; 高官, 顕職者, 高僧. —ostentar la ~ episcopal [de alcalde] 司教職(=obispado)[市長の職]にある.

herir [*ofender*, *atentar*, *contra*] *la dignidad de* ...(人)の自尊心・体面を傷つける. Esas palabras *hieren mi dignidad*. それらの言葉は私の自尊心を傷つけるものだ.

dignificar [diɣnifikár] [1.1] 他 …に威厳をつける, を高貴にする, 重々しくする. —El trabajo *dignifica* a las personas. 仕事は人に威厳を与える.

‡digno, na [díɣno, na ディグノ, ナ] 形 ❶ [+de+名詞/不定詞/que+接続法] …にふさわしい, 値する, 見合った [ser+]. —Su conducta es *digna de* admiración [*de* castigo]. 彼のふるまいは賞賛[処罰]に値する. Es ~ *de* verse. それは見る価値ある. Encontró una ocupación *digna de* sus aptitudes. 彼は自分の能力にふさわしい仕事を見つけた. 類 **acreedor**, **merecedor**. 反 **indigno**. ❷ [名詞の前で] 相応の, それ相当の, しかるべき. —Recibirá la *digna* recompensa. 彼はしかるべき報酬を受けるだろう. 類 **adecuado**, **conveniente**, **correspondiente**. 反 **inadecuado**, **indebido**. ❸(人・ふるまいが)恥を知る, 立派な. —Lleva una vida *digna* dedicada a la familia y al trabajo. 彼は家族と仕事のために身を捧げつつ立派な人生を送っている. 類 **honrado**, **íntegro**, **noble**. 反 **indigno**. ❹ 見苦しくない, まずまずの. —Tiene una casa *digna*. 彼は見苦しくない家を持っている. 類 **decente**, **decoroso**. 反 **indecente**.

digo [díɣo] 動 decir の直・現在・1単.

digresión [diɣresjón] 女(話・文章が)横道にそれること, 余談, (話の)脱線. —perderse en *digresiones* 話が脱線する. hacer una ~ en un discurso 講演で余談を話す.

dije[1] [díxe] 動 decir の直・完了過去・1単.

dije[2] [díxe] 男 ❶(腕輪・首飾りなどにつける)小さな飾り. ❷《話, 比喩》優秀な人. ❸ 複 虚勢, 空いばり, 強がり.

dijera(-) [dixéra(-)] 動 decir の接・過去.

dijeron [dixéron] 動 decir の直・完了過去・3複.

dijese(-) [dixése(-)] 動 decir の接・過去.

dijimos [dixímos] 動 decir の直・完了過去・1複.

dijiste [dixíste] 動 decir の直・完了過去・2単.

dijisteis [dixísteis] 動 dijo の直・完了過去・2複.

dijo [díxo] 動 decir の直・完了過去・3単.

dilaceración [dilaθeraθjón] 女 ❶(人・動物の)肉を引き裂くこと. ❷ 精神的に傷つけること.

dilacerar [dilaθerár] 他 を引き裂く.

dilapidación [dilapiðaθjón] 女 浪費, 乱費.

dilapidador, dora [dilapiðaðór, ðóra] 形 浪費する. —— 名 浪費家.

dilapidar [dilapiðár] 他(財産を)乱費する, (金を)使い果たす.

dilatabilidad [dilataβiliðá(ð)] 女 膨張[拡張]性.

dilatable [dilatáβle] 形 膨張性の, 膨張力のある.

‡dilatación [dilataθjón] 女 ❶ 膨張, 拡張, 拡大; 延長, 延期. —— térmica《物理》熱膨張. ~ de la pupila《医学》瞳孔(⸘)の拡大[散大]. ~ gástrica 胃拡張. ~ de un vaso sanguíneo

血管膨張. ~ del corazón 心拡張(→diástole). 類**expansión**. 反**contracción**. ❷《比喩》安堵, 慰藉(じゃ). 類**alivio, desahogo**.

dilatadamente [dilatáðamente] 副 広々と, 長々と.

‡**dilatado, da** [dilatáðo, ða] 過分 形 ❶ 広々とした, 広大な. —Ha vendido parte de sus *dilatadas* posesiones. 彼は広大な地所の一部を売却した. 類**extenso**. ❷ 長時間の. —El acto se prolongó debido a la intervención *dilatada* del gobernador. 知事の長々とした発言のおかげで行事が長引いた.

***dilatar** [dilatár] 他 ❶ を広げる, ふくらます, 膨張させる. —El calor del sol *dilata* el hierro. 太陽の熱が鉄を膨張させる. Este medicamento *dilata* las pupilas. この薬は瞳孔(どうこう)を開かせる. ❷ *(a)* を長引かせる, 引き延ばす, 遅らせる. —El profesor *dilató* la clase diez minutos. 先生は授業を10分延長した. 類**alargar, prolongar**. *(b)* を延期する, 延ばす. —~ la partida 出発を延期する. ❸《文》を喜ばせる, 満足させる. —Tu amabilidad me *dilata* el corazón. 君の親切に私の心は喜びで一杯だ.

——**se** 再 ❶ *(a)* ふくらむ, 膨張する. —Los metales se *dilatan* con el calor. 熱によって金属が膨張する. *(b)* 広がる, 伸びる. —El desierto se *dilata* hasta el horizonte. 沙漠が地平線まで広がっている. 類**extenderse**. ❷ 遅れる, 遅延する. —Su nombramiento se ha *dilatado*. 彼の指名は遅れた. ❸《文》喜ぶ, 満足する. —Se me *dilata* el corazón contemplando a mi nieto. 孫を見ていると私の心は弾んでくる.

dilatoria [dilatórja] 女 →dilatorio.

dilatorio, ria [dilatórjo, rja] 形 延期の, 時間を引き延ばすための. —táctica *dilatoria* 引き延ばし戦術. —— 女《主に複》引き延ばし, 延期. —Ahora no me andes con *dilatorias*. もうぐずずしないで. 類**dilación**.

dilección [dilekθjón] 女 愛情, いつくしみ(= cariño).

dilecto, ta [dilékto, ta] 形 愛する, いとしい, 親愛なる(= querido).

dilema [diléma] 男 ❶ 板ばさみ, 窮地, ジレンマ. —tener un ~ 板ばさみになる. estar [verse, encontrarse] en un ~ 板ばさみに陥っている. ❷《論理》ジレンマ, 両刀論法.

diletante [diletánte] 男女《しばしば軽蔑的に》ディレッタント(美術や文学の素人の愛好家), 芸術愛好家. —— 形《しばしば軽蔑的に》ディレッタントの, 愛好家の.

diletantismo [diletantísmo] 男 《しばしば軽蔑的に》素人芸, 道楽, ディレッタンティズム.

‡**diligencia** [dilixénθja] 女 ❶ 勤勉, 精励, 入念. —trabajar con mucha ~. まめに働く. 類**cuidado, esmero**. 反**descuido, negligencia**. ❷ *(a)* 手続き, 処置. —Fuimos a hacer unas ~s necesarias para la compra del piso. 私達はマンション購入に必要な手続きをとりに行った. 類**gestión, trámite**. *(b)* 使い走り. —Tengo que ir al centro a unas cuantas ~s. 私はお使いに町の中心部へ行かなければならない. 類**agencia, recado**. ❸ 敏活, 機敏. —Hay que resolverlo con toda ~. できるだけ早くそれを解決しなければならない. 類**prontitud**. 反**retardo**. ❹《法律》訴追, 起訴. —notario de ~s 執行官, 執達吏. instruir las ~s en el sumario 起訴を予審にかける. 類**actuación**. ❺《公文書に付いている処理・手続きの指図・確認用の》メモ. ❻ 乗合馬車. —~-correo 郵便馬車.

evacuar una diligencia 手続きを済ませる.
hacer una diligencia (1) 使い走りする. (2) 排便する.

diligenciar [dilixenθjár] 他《必要な措置など》を講ずる;《文書で行政的な》…の手続きをする.

diligente [dilixénte] 形 ❶ 勤勉な, 熱心な. —Es muy ~ en su trabajo. 彼女は大変仕事に熱心だ. 反**negligente**. ❷ [+en](仕事が)早い, 迅速な.

dilucidación [diluθiðaθjón] 女 解明, 明瞭化, 説明.

dilucidar [diluθiðár] 他 を明瞭にする, 説明する. —~ una cuestión 問題を明らかにする. Aún no se *han dilucidado* las circunstancias del crimen. いまだその犯罪の状況は明らかになっていない.

dilución [diluθjón] 女 ❶ 溶解, 融解. ❷ 薄めること, 希釈.

diluir [diluír] [11.1] 他 *(a)* を溶かす, 溶解する. —Tienes que ~ la pastilla en agua antes de tomarla. その錠剤は飲む前に水に溶かさなければならない. *(b)* を薄める. —~ un tinte en agua 染料を水で薄める.

——**se** 再 [3人称で] *(a)* 溶ける, 溶解する. —Esa substancia química se *diluye* en el agua. その化学物質は水に溶ける. 類**disolverse**. *(b)* 薄まる, 弱まる. —Si le echas cubitos de hielo al gazpacho, se *diluirá*. 氷のかたまりをガスパーチョに入れれば, 薄まるよ.

diluvial [diluβjál] 形 ❶《地質》洪積の. —terreno ~ 洪積層(の土地). ❷《気象》大洪水の. —— 男《地質》洪積層.

diluviar [diluβjár] 自《無主語》《気象》雨が激しく降る.

diluvio [dilúβjo] 男 ❶《気象》大洪水, 豪雨. —el ~ universal ノアの大洪水.❷《比喩》多数, 多量, 嵐のようなもの, 渦. —~ de preguntas 質問の嵐.

‡**dimensión** [dimensjón] 女 ❶《主に複》大きさ, 広さ; 規模, 重要さ. —coche [habitación, fábrica] de grandes *dimensiones* 大型車[大広間, 大規模工場]. matemático de ~ universal 世界的な大数学者. Se ha lanzado a un proyecto de grandes *dimensiones*. 彼は遠大な計画に取りかかった. Todavía no se conocen las *dimensiones* de la catástrofe. 災害の規模はまだ分からない. 類**importancia, magnitud, tamaño**. ❷ 寸法(長さ), 面積, 体積. —*dimensiones* exteriores 外のり, 外寸. tomar las *dimensiones* de una habitación 部屋の寸法[大きさ]を測る. Tiene una ~ de ocho metros cuadrados. そこの面積は8平米ある. 類**extensión, medida, volumen**. ❸《数学, 物理》次元, ディメンション. —la cuarta ~ 第4次元(= 時間). es-

pacio de cuatro *dimensiones* de la teoría de la relatividad 相対性理論の4次元空間(時空世界).

*dimensional [dimensionál] 形 ❶ 寸法の, 大きさの. —género ~ 《文法》大きさの性(bolso-bolsa, jarro-jarra のように指示物の大きさの相違により対立している名詞の性のこと). ❷ 《物理, 数学》次元の. —análisis ~ 《数学》次元解析.

dimes [dímes] 〖次の成句で〗
dimes y diretes 《話》口論, 口げんか; 噂話. andar en dimes y diretes 口げんかをする, 言い争う.

diminuendo [diminuéndo] 形 《音楽》ディミヌエンドの, だんだん弱くなる.
—— 男 《音楽》ディミヌエンド. 反 crescendo.

*diminutivo, va [diminutíβo, βa] 形 小さくする, 縮小する; 《文法》縮小辞の. —El sufijo ~ "-ico" es frecuente en Aragón. 縮小辞ico はアラゴンで頻繁に使われる.
—— 男 ❶ 《文法》縮小辞, 指小辞 (-ito, -illo, -ico など). 反 aumentativo. ❷ 《文法》縮小語, 示小語(縮小辞が添加された語). —"Casita" es ~ de "casa". casita は casa の縮小語である.

diminuto, ta [diminúto, ta] 形 小さい, 小型の, 小柄の. —Llevaba un ~ reloj de pulsera. 彼女は小さな腕時計をしていた.

*dimisión [dimisjón] 女 辞職, 辞任; 辞表. —hacer ~ de un cargo 辞職[辞任]する. presentar la ~ 辞表[辞職願い]を提出する. aceptar la ~ 辞表を受理する. ~ en bloque 総辞職. 類 renuncia.

dimisionario, ria [dimisjonárjo, rja] 形 辞職する, 辞する. —ministro ~ 辞職する大臣.
—— 名 辞職者, 辞任者.

dimitente [dimiténte] 形 →dimisionario.

*dimitir [dimitír] 自 〖+de を〗辞職[辞任]する. —Ha dimitido del cargo de decano. 彼は学部長の職を辞した. ~ de director 部長を辞職する.
—— 他 を辞職[辞任]する. —Ha dimitido su cargo. 彼は辞任した.

dimorfo, fa [dimórfo, fa] 形 《生物, 鉱物》2形様の.

dimos [dímos] 動 dar の直・完了過去・1複.

din [dín] 男 《まれ, 話》金銭(=dinero). —el ~ y el don 富と名誉.

dina [dína] 女 《物理》ダイン(力の単位).

Dinamarca [dinamárka] 固名 デンマーク(首都コペンハーゲン Copenhague).

*dinamarqués, quesa [dinamarkés, késa] 形 デンマーク (Dinamarca) の, デンマーク人[語]の. 類 danés. —— 名 デンマーク人. —— 男 デンマーク語. —El ~ es una lengua germánica. デンマーク語はゲルマン系言語の一つである.

dinámica [dinámika] 女 →dinámico.

‡dinámico, ca [dinámiko, ka] 形 ❶ (人が)活動的な, 精力的な. —Se ha casado con un joven ~ y emprendedor. 彼女は精力的で積極性のある若者と結婚した. ❷ 動態的な, 動的な. —análisis ~ 動態分析. 反 estático. ❸ 力学の; 力の, 動力の.
—— 女 ❶ 《物理》力学, 動力学. ❷ 原動力, 活力, 力.

‡dinamismo [dinamísmo] 男 ❶ 活力, 精力, 力強さ, バイタリティー; 行動力. —trabajar con ~ 精力的に働く. ~ del comercio exterior [de las relaciones internacionales] 貿易[国際関係]の活発な動き. 類 empuje, vitalidad. 反 inactividad, pereza. ❷ 《哲学》力本(ほん)説, 動力説, ダイナミズム. ❸ 《美術》ダイナミズム.

dinamita [dinamíta] 女 ダイナマイト.
tener dinamita 物議をかもす, 騒ぎのもとである.

dinamitar [dinamitár] 他 を(ダイナマイトで)爆破する.

dinamitero, ra [dinamitéro, ra] 形 ダイナマイトを利用する; ダイナマイトの. —un atentado ~ 爆破テロ(行為).
—— 名 ❶ 爆破テロリスト. ❷ 発破業[担当]者.

dinamo [dinámo] 女 《電機》発電機, ダイナモ.

dínamo [dínamo] 女 →dinamo.

dinamómetro [dinamómetro] 男 力計, 検力計.

dinar [dinár] 男 ❶ ディナール(アルジェリア・イラク・クウェート・チュニジア・リビア・ユーゴスラビア・ヨルダンの通貨). ❷ 《歴史》ディナール(中世のイスラム教国の通貨).

dinastía [dinastía] 女 ❶ 王朝, 王家. ❷ 《比喩》名門, 名家.

dinástico, ca [dinástiko, ka] 形 王朝の, 王家の. —derechos ~s 王権.

dinerada [dineráða] 女 ❶ 大金, 大きな財産. —tener una ~ 大金持ちである. ganar una ~ 大金を稼ぐ. ❷ 《まれ》《歴史》ディネラーダ(昔の銀貨).

dineral [dinerál] 男 大金, 莫大な金. —tener un ~ 大金持ちである. costar un ~ 莫大な金かかる.

dinerario, ria [dinerárjo, rja] 形 金銭の. —cuestiones *dinerarias* 金銭問題. aportación *dineraria* 《商業》出資.

dinerillo [dineríʎo] 男 ❶ 《話》ポケットマネー, わずかな額の金, 小金. ❷ 《まれ》《歴史》昔の銅貨.

**dinero [dinéro] 男 ❶ お金, 金銭; 通貨(普通この語のことが多い). —ganar [gastar] ~ 金を稼ぐ[使う]. ~ suelto [menudo] 小銭, ばら銭. Hoy no tengo ~. 今日は金がない. El negocio no da ~ todavía. その商売はまだもうからない. Para mí diez mil euros es mucho ~. 1 万ユーロは私にとって大金である. ~ de bolsillo [para gastos menudos] 小遣い銭, ポケットマネー. pagar con ~ contante (y sonante) 現金で払う. ~ al contado [al contante, (en) efectivo, en metálico] 現金. ~ líquido 現金, 即金. ~ negro ブラックマネー. ~ en caja 手持ちの現金. invertir ~ en acciones 株に投資する. convertir en ~ 現金に換える. ~ extranjero 外貨. ~ prestado [rentado] 借入金. ~ de curso legal 法貨. ~ bancario 信用貨幣. ♦dinero は一般にお金の意で, コイン(硬貨)は moneda, お札は billete という. ❷ 財産, 富. —hombre de ~ 金持ち, 資産家. hacer ~ を財をなす, 金持ちになる. En poco tiempo ha dilapidado todo el ~ que le dejó su padre. 彼はお父さんの残した遺産をあっという間にすべて使い果した. 類 caudal, fortuna. ❸ 《古代ローマの》デナリウス銀貨 (=denario); (14世紀 Castilla の)銀貨; (ペルーの)銀貨. —Judas vendió a Jesucristo por treinta ~s. ユダはイエスを銀貨 30 枚で売った.

¡Adiós mi dinero! 《物をなくしたりした時の驚き表現》しまった!

De dinero y bondad, quita siempre la mi-

tad./De dinero y calidad, la mitad de la mitad. 【諺】金の話と褒(^ほ)め言葉は話半分に聞け.

Dineros son calidad. 【諺】物の価値はすべて金で決まる(←金は品質である).

(El) dinero llama (al) dinero. 【諺】金が金を呼ぶ.

El dinero malo echa fuera al bueno. 悪貨は良貨を駆逐する.

El dinero no tiene olor. 【諺】不浄な金も金は金(←出所が何であれ金はにおわない).

estar [andar] mal [escaso] de dinero お金に困っている,金欠病にかかっている.

estar podrido en dinero 《話》大金持ちである,金が腐るほどある.

estrujar el dinero 《話》けちである.

ganar dinero a espuertas [a porrillo] 《話》大金を稼ぐ.

hacer dinero 《話》金持ちになる,財をなす.

Los dineros [dinerillos] del sacristán cantando se vienen y cantando se van. 【諺】悪銭身につかず.

Poderoso caballero es don Dinero./El dinero lo puede todo. 【諺】金がものをいう,地獄の沙汰(^{さた})も金次第.

Por dinero baila el perro (y por pan, si se lo dan). 【諺】金のためなら犬も踊る(金の持つ力を表わす).

sacar dinero de las piedras 《話》ひどいけちである.

sacarle jugo al dinero 払った金に見合うだけのものを得る.

tirar el dinero por la ventana 金を湯水のように使う.

dingo [díŋgo] 男 《動物》ディンゴ(オーストラリアの野生の犬).

dinosaurio [dinosáurjo] 男 《動物》ディノザウルス,恐竜(古代生物).

dintel [díntél] 男 《建築》まぐさ,鴨居(^{かもい})(入口・窓などの上の横木). 反 **umbral**.

diñar [diɲár] 他 《俗》をやる,くれてやる(=dar).

diñarla 《俗》死ぬ,くたばる(=morir).

dio [djó] 動 dar の直・完了過去・3 単.

・**diocesano, na** [djoθesáno, na] 形 《カトリック》❶ 司教区の,教区の. —administración *diocesana* 司教区の運営(財政面の). sacerdote ~ 教区司教. sínodo ~ 司教区会議. ❷ 教区司教[大司教]の.
—— 男 教区司教[大司教].
—— 名 (司)教区の信者. —Algunos ~s acudieron a felicitar al señor obispo en el día de su onomástica. 何人かの信者が司教様の霊名祝日にお祝いに駆けつけた.

・**diócesis** [djóθesis] 女 《単複同形》《カトリック》司教区,教区. 類 **sede, obispado**.

diodo [djódo] 男 《電気》2 極管,ダイオード.

dionisíaco, ca [djonisíako, ka] 形 酒神ディオニソスの,バッカスの,ディオニソス祭の.

Dionisio [djonísjo] 固名 ❶ 《男性名》ディオニシオ. ❷ (San ~)《聖》ディオニシオ[ディオニュシオス](祝日は10月9日).

Dionisos [djonísos] 固名 《ギリシャ神話》ディオニソス(酒の神;ローマ神話のバッカスにあたる).

dióptrica [djóptrika] 女 → dióptrico.

dióptrico, ca [djóptriko, ka] 形 屈折光学の.
—— 女 屈折光学.

＊**Dios** [djós ディオス] 男 ❶ 《宗教》(一神教の,特にキリスト教・ユダヤ教などの)神,創造神. —adorar a ~ 神を崇める[崇拝する]. confiar en ~ 神の助けを信じる. jurar por ~ 神にかけて誓う. rezar a ~ 神に祈る. ~ Hijo/Hijo de ~ イエス・キリスト(子なる神). ~ (hecho) Hombre 主イエス・キリスト. ~ Espíritu Santo 精霊なる神. ~ Todopoderoso [omnipotente] 全能の神. voluntad de ~ 神の思召し. encomendarse a ~ 神にすがる. servir a ~ 神に仕える. ❷ 《間投詞的に》【驚き・不快・怒り・失望】おやまあ!, 何てことだ! —*¡D~!*, se me ha olvidado llamar a su madre. しまった! 彼のお母さんに電話するのを忘れた.

¡A Dios! → adiós.

a Dios gracias → gracias a Dios.

A Dios rogando y con el mazo dando. 【諺】人事を尽くして天命を待つ(←神には祈り,自分も木づちを振るって働け).

¡Alabado sea Dios! (1) 《話》【驚き・喜び・安堵・賞賛】ああ助かった!, ありがたい!, やれやれ!, すばらしかった! (=¡bendito sea Dios!). (2) 《話》【諦め】仕方ない;【不快】なんてことだ!, ああ困った!;【怒り】畜生! (3) (ある場所に入る時の聖職者同士などの挨拶)主よ,称えられよ!

a la buena de Dios (1) 行き当たりばったりに,何の準備もなく,なりゆきで. Hizo el examen *a la buena de Dios* y lo suspendió. 彼はぶっつけ本番で試験に臨み,落ちた. (2) いいかげんに,適当に,ぞんざいに.

a la de Dios es Cristo よく考えずに,いいかげんに.

¡A la paz de Dios! 《挨拶》さようなら;こんにちは.

alma de Dios 素朴で善意に満ちた人.

amanecer Dios 夜が明ける.

¡Anda [Ande Ud.] con Dios! → ¡Vete [Vaya Ud.] con Dios!

A quien Dios se la diere [se la dé], san Pedro (Antón) se la bendiga. 【諺】神の摂理に任せよう.

A quien madruga Dios le ayuda. 【諺】早起きは三文の徳.

¡Así Dios me castigue! 本当にそうなんだよ!

¡Ay, Dios! 【驚き・痛み・哀れ・残念】ああ!, なんてこった!, おお! (=¡Dios!). *¡Ay, Dios! ¡Cómo me duele la cabeza!* ああ,何て頭が痛いんだ!

Ayúdate y Dios te ayudará [y ayudarte he]. 【諺】天は自ら助くる者を助く.

¡Bendito sea Dios! (1) 《話》【驚き・喜び・安堵・賞賛】ああよかった!, やれやれ!, ああ助かった!, すばらしかった! *¡Bendito sea Dios!*, no le ha pillado el coche por milagro. よかった!奇跡的に彼は車にひかれなかった. (2) 《話》【諦め】仕方ない;【怒り】畜生!;【不快】なんてことだ!, ああ困った!

¡Bendito y alabado sea Dios! →¡Bendito sea Dios!

Bien sabe Dios que ... …は確かである,絶対間違いない.

clamar a Dios (1) ひど過ぎる,嘆かわしい,絶望的である. La situación de estas familias *clama a Dios*. これらの家族の情況はひど過ぎる. 類 **clamar al cielo**. (2) 悲しむ,悲嘆に暮れる. 類 **afligirse, desesperarse**.

como Dios 《話》すばらしく,大変良く(=muy

bien, estupendamente). vivir *como Dios* 裕福に暮らす，大変居心地がいい. estar *como Dios* 絶好調である. Fue un viaje inolvidable; me divertí *como Dios*. それは忘れられない旅で，私はすごく楽しかった.

como Dios da a 〖＋人〗*a entender* 《話》〖困難を克服して〗(人)にとって精一杯，できるだけ. Arreglé el coche *como Dios me dio a entender*. 私は最善を尽くして車を修理した.

como Dios echó [*trajo*] *al mundo* 〖andar/estar/ir＋〗真っ裸で.

como Dios manda しかるべく，きちんと，正しく，ちゃんと（＝bien, como es debido, debidamente）. A esa fiesta debes ir vestido *como Dios manda*. そのパーティーにはきちんとした身なりをして行かないとだめだ. ordenar la habitación *como Dios manda* 部屋をきちんと片付ける.

como hay Dios/como Dios está en los cielos 《話》誓って，間違いなく. *Como hay Dios* que yo no fui el que lo hizo. 誓って言うが，それをしたのは私ではない.

¡*Con Dios*! 《話》さようなら！（＝¡Adiós!）.

¡*Con la ayuda de Dios*! 神のご加護で[があれば].

cordero de Dios 〖宗教〗神の子羊，キリスト.

cuando Dios quiera いずれかのうち，適当な日に. No puedo asegurarte la fecha; iré *cuando Dios quiera*. いつ行くか確約できないが，いずれそのうち行きます.

Cuando Dios quiere, con todos los aires [*con todos los vientos, sin nubes, estando raso*] *llueve*. すべては神の思召しで，不可能なことは何もない.

dar a Dios a ... (人)に臨終の聖体拝領をする（＝dar la comunión）.

dar a Dios lo que es de Dios y al César lo que es del César それぞれ正当な所有者に返さなくてはいけない（＝Dar al César lo que es del César y a Dios lo que es de Dios）.

dar [*entregar*] *el alma a Dios* 死ぬ，みまかる（＝morir）.

darse a Dios y a los santos ひどく心を痛める[苦しむ]. *Se da a Dios y a los santos* ante cualquier nimiedad. 彼はどんなささいなことにもひどく心を痛める.

de Dios 《話》ひどく，たくさん，たっぷりと；楽しく. Hace un frío *de Dios*. ひどく寒い. Lo pasamos *de Dios*. 私たちはとても楽しい時を過ごした.

de Dios abajo 《話》神以外で（誰も…ない）. No temo a nadie, *de Dios abajo*. 私は神以外に怖い人は誰もいない.

dejar Dios de su mano a ... 神が(人)を見放す，(人)がへま[まずいこと]をする.

delante de Dios y de todo el mundo 公衆の面前で，人前で，公然と（＝en público）.

De menos nos [*lo*] *hizo Dios*. 《話》(難しそうだが)なんとかなるだろう.

Después de Dios, la olla. 〖諺〗この世で食べるものに事欠かないことが一番.

Digan, que dijeron Dios dijeron. 言いたい奴には言わせておけ.

Dios aprieta, pero no ahoga. 〖諺〗天道人を殺さず(どんなに辛くても神を信頼し耐えることが大切).

Dios da ciento por uno. 〖諺〗情けは人のためならず，善を行えば報われる.

Dios dará. →DIOS PROVEERÁ.

Dios dirá. (人事を尽くして)天命をまつ，結果は神が決めてくれるだろう.

Dios es testigo de que ... 神かけて…を誓います.

Dios le tenga en su gloria. (死者の冥福を祈って)神よ彼のみたまを天へ導き給え；(人名を修飾する節の中で)故…. Pablo, que *Dios le tenga en su gloria*, tenía muy mal genio. 亡くなったパブロはとても気難しい人だった.

Dios lo quiera [*lo oiga*]. 《話》〖不信〗(希望を達成して欲しいが)どうかね，そうなるといいが（＝si quisiera Dios）. ¡Ojalá no sea nada grave!–¡*Dios lo quiera*! 大したことないといいのだが.–そうあってほしいね.

Dios los cría y ellos se juntan. 〖諺〗《軽蔑》類は友を呼ぶ.

Dios mediante. うまくいけば，何もなければ，神の思し召しにかなえば(手紙文でよく使われる：略 D. m.). Llegaremos el sábado, *Dios mediante*. うまくいけば私たちは土曜日に到着します.

Dios me entiende. (うまく説明できないが)私の論理は理に叶っているだけだ.

Dios me perdone, pero ... 《話》こう言っては何だが…，はばかりながら，はっきり言って. *Dios me perdone, pero* es un sinvergüenza. 言いにくいことだが，彼は恥知らずだ.

¡*Dios me* [*te*] *libre* (*de* ...)*!* (…なんて)そんなことがないように！，そんなことがあってたまるものか！ ¿Y tú pretendes que yo le pida perdón? ¡*Dios me libre*! 君はあいつに謝れと言うのか？ 冗談じゃない！ ¡*Dios te libre de* volver hoy tarde! きょうは帰りが遅いなんてことがないように！

¡*Dios me valga*! →¡Válgame Dios!

¡*Dios mío* [*de mi alma, de mi vida*]*!* 《話》〖驚き・感嘆・不思議・不快・苦痛・賞賛など〗，ええっ！，まさか！，ああ困った，まあ大変！，何てことだ！ ¡*Dios mío*! ¡Qué susto me has dado, Manolo! まあ驚いた，マノロ！

¡*Dios no nos* [*me*] *favorezca*!/¡*Dios no lo quiera*!/¡*Ni lo mande Dios*! →¡No (lo) quiera Dios!

¡*Dios nos asista*!/¡*Dios nos la depare buena*!/¡*Dios nos coja confesados*!/¡*Dios nos tenga de su mano*! 神様，お助けを！；くわばら，くわばら！

Dios proveerá. 神は与えたもう，神が導いて下さるだろう(悪や貧窮は将来必ず正される).

Dios, que da la llaga, da la medicina. 〖諺〗捨てる神あれば，拾う神あり.

¡*Dios quiera*! (1)そうだといいが！（＝¡Dios lo quiera [lo oiga]!）. (2)〖＋que＋接続法〗どうか…しますように（＝¡Quiera Dios que ...!）. ¡*Dios quiera* que haya llegado sano y salvo! どうか彼が無事に家に戻っていますように.

Dios sabe .../*sabe Dios* .../*sólo Dios sabe* ... …は誰も知らない(神のみぞ知る)；…は絶対に間違いない(神様のご存知だ). *Sabe Dios* si será verdad. それが本当かわかったものではない.

¡*Dios santo*!/¡*santo Dios*! 〖驚き・不信・恐怖など〗これは驚いた！，ええっ！，まさか！ ¡*Dios santo*! No entiendo cómo te puede gustar ese cuadro. ええっ！ どうしてその絵が気にいるのか私には理解できない.

718 Dios

¡Dios te [le] ampare! (施しの持ち合わせがない時などに)神の御加護がありますように!

¡Dios te [le] asista! 神の御加護がありますように!; お大事に!

¡Dios te [le] ayude! (くしゃみした人に)お大事に! (=¡Jesús!)

¡Dios te [le] bendiga!/¡Dios te [le] guarde! (感謝)神の祝福[いいこと]がありますように.

¡Dios te [le] guíe! (別れの時などに)神のお導きがありますように!

¡Dios te [le] oiga! 《話》そうだといいが!

¡Dios te [se] la depare buena! 《話》(相手の成功を祈って)うまくいきますように.

¡Dios te [se] lo pague! (施しなどに感謝して)あなたにお恵みがありますように.

Dios y (su) ayuda たくさんの労力, 一苦労. Me costó *Dios y ayuda* convencerle. 彼を説得するのは大変だった.

dormir en Dios [en el Señor] 《話》(信仰の厚い人が)亡くなる.

el dedo de Dios 神の御手(神の業・神意をいう).

en (el) nombre de Dios 後生[お願い]だから.

en gracia de Dios 神の恩寵により. morir *en gracia de Dios* 神に召される. Mi padre ya está *en gracias de Dios*. 父はもう亡くなっています.

estar con Dios 天国にいる, 故人になっている.

estar de Dios 起こるべくして起こる, 必然的である. Murió porque *estaba de Dios* que tomara ese avión. 彼はその飛行機に乗るという運命の故に死んだのだ.

estar fuera de Dios やることがでたらめである[狂っている].

gozar de Dios → estar con Dios.

gracias a Dios お蔭さまで, ありがたいことに; ああよかった.

hablar con Dios (1) 神に祈る. (2) 《話》高く飛ぶ.

¡ira de Dios! 《話》畜生!, いまいましい!

ir [andar] por esos mundos de Dios あちらこちらを, 色々な所で. *Va* tocando el acordeón *por esos mundos de Dios*. 彼はアコーディオンを弾きながら各地を回っている.

juicio de Dios 《宗教》(中世の)神命裁判.

la de Dios (es Cristo) 大騒ぎ, 混乱, 大喧嘩. Si no se calla, se va a armar *la de Dios es Cristo*. もし彼が黙らないと大騒ぎになるぞ.

¡Líbreme Dios! →¡Dios me [te] libre (de ...)!

llamar a Dios de tú 《話》ひどくなれなれしい, 無遠慮な口をきく.

llamar Dios a ... (a juicio [a su seno, para sí])/llevarse Dios a ... …が死ぬ(=morirse).

Madre de Dios 聖母マリア.

maldita de Dios la cosa《副詞的に》全然, 少しも, 全く…(ない)(=nada, absolutamente). No me importa *maldita de Dios la cosa*. 私は全然構わない.

Mañana Dios dirá. 明日は明日の風が吹く.

más ... que Dios 非常にたくさん(の…). Éste tiene más *dinero que Dios*. この方は非常にたくさんお金を持っている.

miente más que da por Dios 《話》大嘘つきである.

ministro de Dios 《宗教》司祭, 牧師(=ministro del Señor).

ni Dios 《話》誰も…ない(=nadie). Si se cae el avión, no se salva *ni Dios*. もし飛行機が墜落したら, 誰も助からないだろう.

ni para Dios 《話》絶対に…ない. Este niño no se está quieto *ni para Dios*. この子は全くじっとしていない.

no haber Dios que[+接続法]《話》…する者は一人もいない.

no haber para ... más Dios ni santa María que ... 《話》(人は)…が何より好きである, …に目がない. *Para él no hay más Dios ni Santa María que* el fútbol. 彼はサッカーが何より好きだ.

¡no lo permita Dios! →¡No (lo) quiera Dios!

¡No (lo) quiera Dios! とんでもない, そんなことがないように!

no llamar Dios a ... por el camino de ... 《話》(人)には…の才能[素質]がない. Comprendí enseguida que Dios *no me ha llamado por el camino de* la medicina. 私は医者には向いていないことがすぐにわかった.

no servir a Dios ni al diablo 《話》まったく役に立たない.

no tener sobre qué Dios le llueva ひどく貧乏である.

ofender a Dios 神の掟を破る, 罪を犯す.

palabra de Dios 福音(書).

¡par Dios! →¡Por Dios!

¡Plegue [Plega] a Dios! そうだとよいが!

poner a Dios por testigo de ... …(が真実であること)を神にかけて誓う.

poner [encender] una vela a Dios y otra al diablo 《話》(対立する)両方の肩を持つ, 八方美人である.

ponerse a bien con Dios 告解する, 神の許しを得る.

¡por Dios! 《話》お願いだから!; (頼むから)やめて下さい. No sé cómo agradecérselo.–¡Por Dios, no tiene importancia! お礼の申し上げようもありません.–いえいえ, 大したことではないので.

¡por Dios bendito! ¡bendito sea Dios!

por (el) amor de Dios 〔哀願・抗議・不快〕お願いだから, 後生だから. ¡Una limosnita *por amor de Dios*! どうかお恵みを! *¡Por el amor de Dios*, déjame tranquila un momento! お願いだから, しばらく放っておいてちょうだい!

por la gracia de Dios 神のお恵み[ご加護]により (公文書で王などの称号に添える). Rey de España *por la gracia de Dios*. 神のご加護によるスペイン国王.

Que sea lo que Dios quiera. 《話》神の御心のままに; なりゆきにまかせましょう.

Que venga Dios y lo vea, (si ...) 《話》(…なんてことは絶対ありえないよ, 神に誓ってそれは大間違いだ. *Si* eso no es una injusticia, *que venga Dios y lo vea*. それが不正でないなんてことは絶対ありえない.

¡quiera Dios! →Dios lo quiera.

quiera Dios [Dios quiera] que[+接続法] (一般に不可能なことの実現を願って)…でありますように, …だといいが!(=¡Ojalá ...!). *Quiera Dios que* no haya guerra. 戦争がないといいのに.

recibir a Dios 聖体を拝領する(=comulgar).

reino de Dios 天国.

Sea por Dios. そうなりますように; (あきらめ)しかた

がない.

ser para alabar a Dios 《話》(美・完璧・豊富さなどが)賞賛に値する.

ser una bendición (de Dios) すばらしい; 大変豊富である. *Es una bendición de Dios* la sonrisa de este niño. この子の微笑みはすばらしい.

ser un contra Dios 《話》非常に不当[不正]なことである.

si Dios es servido 神の思し召し次第で.

si Dios quiere うまくいけば, 何もなければ, 神の思[召しに適えば; うまくそのうち (= Dios mediante). A la una, *si Dios quiere*, llegaremos a Madrid. うまく行けば1時にはマドリードに着くでしょう. Hasta el martes, *si Dios quiere*. もし都合がつけば, 火曜日にお会いしましょう.

¡si Dios quisiera que …! どうか…しますように. *¡Si quisiera Dios que* lloviera! どうか雨が降りますように!

siervo de Dios (1)《カトリック》神の僕(ιξ), 司祭, 修道者. (2)《カトリック》キリスト教徒. (3)悲惨に暮れる人.

sin encomendarse ni a Dios ni al diablo 《話》何にも考えずに, 警戒もせずに.

tener Dios a … de su mano (人)に神が導きを与える. ¡Que *Dios le tenga de su mano*! 彼に神のお導きがありますように!

tentar a Dios 神をも恐れぬ振舞いをする, 罰当たりなことをする.

todo Dios 《話》みんな, 全ての人 (= todo el mundo).

¡Todo sea por Dios! 全ては神のお導きのままに; (あきらめ)仕方がない!

tratar con Dios → hablar con Dios.

¡Válgame [Válgate] Dios! 《話》〖驚き・不快・怒り〗おやおや!, ああ何てことだ!, 大変だ!

¡(Vaya) por Dios! 《話》〖不快・苦痛・怒り・残念・諦めなど〗やれやれ, ああいやだ, なんてことだ!; しかたがない! *¡Vaya por Dios!* Ya ha vuelto a estropearse la lavadora. ああいやだ, また洗濯機の故障だ.

¡Vaya [Vete] con la paz de Dios! → ¡Vaya con Dios!

¡Vaya [Ve, Vete] con Dios! (1)〖別れ〗では!, さようなら!, ごきげんよう!, ご無事で! (2)〖拒否〗放っておいて!, 黙って!

venir Dios a ver a … 《話》(願ってもない時)(人)に思いがけずいいことが起きる. Con ese premio le *ha venido Dios a ver*. その受賞は彼にとって思いもかけない幸運だった.

¡Vive Dios (que …)! 《古》〖怒り・驚きを表し, 誓いの入り句〗畜生!, (誓って)…だ!, いやはや!

¡Voto a Dios (que …)! → ¡Vive Dios (que …)!

*dios, diosa [djós, djósa] ディオス, ディオサ 名 ❶《宗教》(神話などの)神, 女神. —hacer un sacrificio a los ~*es* 神々に生贄(ιξ)を捧げる. los ~ del Olimpo オリンポスの神々. ~ tribal 部族神. Ra es el ~ del sol. ラーは太陽神である. los ~*es* de la mitología griega y romana ギリシャ・ローマ神話の神々. Venus es la *diosa* del amor y la belleza. ビーナスは愛と美の女神である. 題 **deidad, divinidad**. ❷ (他より優れた)神のような万能の人, 物. —El dinero era su ~. 金が彼にとって全てであった.

manjar de dioses とってもおいしい, 豪勢な料理.

Este pastel es *manjar de dioses*. このケーキはとってもおいしい.

ni dios → ni DIOS.

todo dios → todo DIOS.

diosa [djósa] 女 → dios.

diplodoco [diplodóko] 男 《古生物》(恐竜の)ディプロドクス.

:diploma [diplóma] 男 ❶ 卒業[修了]証書, (学位)免状, 資格免(許)状; 証書. ~ de bachiller [de licenciado] 大学入学資格[学士]免状. dar [otorgar] un ~ de honor 賞状を授与する. 題 **credencial, título**. ❷ (皇帝・国王の出す)特許状, 免許状.

•diplomacia [diplomáθja] 女 ❶ 外交(術); 外交官の職, 外交畑, 〖集合的に〗外交団. —entrar en la ~ 外交官になる. hacer ~ 外交官になる勉強をする. ❷《比喩》外交手腕, 駆引きの巧みさ. —Ella sabe tratar a los demás con mucha ~. 彼女は巧みな駆け引きで他人をあしらう術(ι)を心得ている. 題 **sagacidad, tacto**.

con diplomacia 如才なく, 巧みに, 外交辞令的に. obrar *con diplomacia* 如才なく振舞う. hablar *con diplomacia* 外交辞令的な話し方をする.

diplomado, da [diplomáðo, ða] 形 免状を持った, 資格のある, 卒業資格を持った. —profesor ~ 免状のある教師. calígrafo ~ 免状のある書道家.
—— 名 免状のある者, 大学卒業者.

diplomática [diplomátika] 女 ❶ 古文書学, 公文書学. ❷ 外交術.

:diplomático, ca [diplomátiko, ka] 形 ❶ 外交(上)の, 外交関係の; 外交官の. —cuerpo ~ 外交団. relaciones *diplomáticas* 外交関係. valija *diplomática* 外交行嚢(ξ). ❷ 外交的手腕のある; 付き合い上手な, そつのない. —Procura exponer el problema de forma *diplomática*. 彼はその問題をそつなく説明しようと努める. ❸ 免状[免許]の. —— 名 ❶ 外交官. ❷ 外交的手腕のある人; 如才のない人.

dipsomanía [dipsomanía] 女 《医学》アルコール中毒.

dipsomaníaco, ca [dipsomaníako, ka] 形 飲酒癖のある, アルコール中毒の.
—— 名 飲酒癖のある人, アルコール中毒患者.

dipsómano, na [dipsómano, na] 形 → dipsomaníaco.

díptero, ra [diptero, ra] 形 ❶《建築》双廊の(ある), 二重列柱堂造りの. ❷《虫類》双翅(ξ)類の. —— 男 《虫類》双翅類の昆虫(ハエ・アブ・カなど).

díptico [díptiko] 男 《美術》ディプティック(祭壇背後などの二枚折り画像).

diptongación [diptongaθjón] 女 《言語》二重母音化.

diptongar [diptongár] [1.2] 他 《文法, 音声》を二重母音化する.
—— se 再 《文法, 音声》二重母音に変わる.

•diptongo [diptóngo] 男 《文法, 音声》二重母音(開母音 a, e, o と閉母音 i, u の組み合わせ, 及び閉母音 i, u 同士の組み合わせによって1音節を構成する母音連続で14種類ある: agua, cuidado, paisaje, etc.). —~ creciente [decreciente] 上昇[下降]二重母音.

720 diputación

:diputación [diputaθjón] 囡 ❶〖集合的に〗議員団, 代表委員会(議員は diputado). —~ permanente (国会の)常任[常設]委員会. ❷ 国会[県議会]議員の職[任期]. —ejercer la ~ 議員を務める. ❸ 代理(行為), 代理派遣; 代表者選出. 類**delegación, representación**. ❹〖メキシコ〗市庁舎, 市役所. —ir a la D~ 市役所に行く. 類**ayuntamiento**.

diputación provincial 県議会.

:diputado, da [diputáðo, ða] 图《政治》(国会・県議会などの)議員, 代表士; 上院議員(→senador「上院議員」); 代表委員, 代表議員. ~ nacional [a Cortes, en Cortes] 国会議員. ~ provincial [de la comunidad autónoma] 県会[自治州議会]議員. ~ del partido de la oposición 野党議員. Congreso de los *D*~*s* (スペインの)下院(→Senado「上院」). 類**parlamentario**.
—— 過分 形 …と考えられた, …に選ばれた.

diputar [diputár] 他 ❶ を代表者として選出する[任命する], 代理者として派遣する. ❷〖+形容詞+por〗を(…と)見なす, 判断する.

*·***dique** [díke] 男 ❶ 堤防, 土手, 防波堤;(オランダの干拓地の)締め切り堤防. —~ de contención ダム, 堰堤(ﾂﾂ). Construyeron un ~ para contener el desbordamiento del río. 川の氾濫を食い止めるために堤防が築かれた. En el puerto hay un ~ para proteger del oleaje a los barcos. 港には波から船を守るために防波堤がある. 類**escollera, espigón, malecón, rompeolas**. ❷《海事》ドック, 船渠; 乾ドック(=~ seco [de carena]). —entrar en ~ (船が)ドック入りする. ~ flotante 浮きドック. ~ de marea 係船ドック. ❸ (有害なものの進展を)抑制, 制止, 歯止め; 障害, 障壁, 妨げ. —El trabajo es un ~ contra la depresión. 仕事がふさぎ込みの歯止めになる. 類**contención, freno, muro**. ❹《地質》岩脈, 露頭. ❺〖南米〗威信, 権威, 上流.

darse dique〖南米〗偉ぶる. *Se da dique* con que el hijo es neurólogo. 彼は息子が神経科医であることを自慢したがる.

dique de embarque (空港の)ローディングブリッジ.

dique seco [de carena] 乾ドック(船底が露出するドック).

en (el) dique seco〖encontrarse/entrar/estar/pasar+〗〖話〗(病気などで)活動を中止して, 休養して. El delantero centro *estuvo* un mes *es en el dique seco* por una lesión. センターフォワードは怪我で 6 か月間休養した. Su enfermedad le hizo *entrar en dique seco*. 彼は病気で休養した.

poner (un) dique [diques] a ... を抑える, 抑制する, 食い止める. *poner un dique a* la ambición [a las pasiones] 野心[熱情]を抑える. *poner un dique a* la desertización 砂漠化を食い止める.

poner diques al mar (ある行為を)抑える[阻む]ことは不可能である.

diquelar [dikelár] 他《俗》感づく, わかる.

dirá [dirá] 動 decir の直・未来・3 単.
dirán [dirán] 動 decir の直・未来・3 複.
dirás [dirás] 動 decir の直・未来・2 単.
diré [diré] 動 decir の直・未来・1 単.

dirección [direkθjón ディレクシオン] 囡 ❶〖en+〗方向, 方角;(飛行機・船の)針路. —La pelota rodó *en* ~ al río. ボールが川の方へ転がった. ¿*En* qué ~ va Ud.? どちらへいらっしゃるの? El viento soplaba *en* ~ este. 風は東に向かって吹いていた. El río corre *en* ~ Norte-Sur [N-S]. 川は北から南に流れている. Esta calle es de única ~. この通りは一方通行です. ~ prohibida《標識》進入禁止. ¿Qué ~ lleva el ladrón? 泥棒はどっちに逃げたのだろう? Nos cruzamos *en* ~ contraria. 私たちはすれ違った. en la misma ~ 同じ方向に. en todas *direcciones* 四方八方に. en la ~ de las agujas del reloj 時計の針の方向に. Salieron ayer con ~ desconocida. 昨日彼らはあてどもなく出かけた. A duras penas seguía la ~ de su razonamiento. 私は彼の考えがやっとのことでついていった. 類destino, rumbo, sentido**. ❷ 住所;(郵便物の)宛名(ｱﾃﾅ);《通信》アドレス. —cambiar de ~ 引っ越す. ~ de correo electrónico 電子メール・アドレス. ~ física [IP] 物理 [IP] アドレス. ~ del remitente 差し出し人の住所. poner mal la ~ en el sobre 封筒の住所を間違える. Escriba Ud. la ~ con claridad. 住所をはっきりお書きください. Dame tu ~, por favor. 君の住所を教えて. 類**domicilio, señas**. ❸〖集合的に〗(学校・会社・劇場などの)経営陣, 執行部, 首脳部. —La ~ ha ordenado el cierre de dos plantas. 経営陣は 2 工場の閉鎖を命じた. ~ de un partido político の執行部. 類**administración, mando**. ❹ 経営, 管理, 指導. —Le han confiado la ~ de la empresa. 彼は会社の経営を一任された. La ~ del hotel le comporta muchos problemas. ホテルの経営で彼はたくさんの問題にぶつかっている. llevar la ~ de una empresa [de un proyecto] 会社を経営する[プロジェクトの指揮をとる]. ~ de tiro (軍事) 射撃指揮. 類**conducción, gobierno, guía**. ❺ (会社・組織の)長の職; 長の事務室(社長室・重役室・部長室など). —Lleva ya dos años al cargo de la ~ de la empresa. 彼は社長になってもう 2 年になる. Accedió a la ~ del negocio a la muerte de su padre. 彼は父親が亡くなった時営業部長を引き受けた. Está en ~ desde hace una hora. 彼は社長室です. 中に入ってもう 1 時間たちます. 類**gestión, gobierno, mando**. ❻《カトリック》(霊的)指導(=~ espiritual). —Su ~ espiritual la salvó en aquel momento. 彼の霊的指導があの時彼女を救済した. 類**consejo, enseñanza, orientación**. ❼ ハンドル操作, 操縦; かじ取り装置. —~ asistida《自動車》パワーステアリング. ~ por radio [a distancia] 無線[遠隔]操縦. ❽《物理・数学》(物体がそれに沿って動く)線, 直線. —~ de una fuerza 力の働く線. ❾(演劇, 映画)監督, 演出. —~ escénica 舞台監督. La ~ es de Berlanga. (その映画の)監督はベルランガである.

bajo la dirección de ... (人の)指導[指揮, 監督]のもとに. Han hecho progresos rápidos en español *bajo su dirección*. 彼の指導のもとに彼らはスペイン語が急速に上達した.

Dirección General (官公庁の)局, 庁. *Dirección General* de Cultura 文化局.

en dirección a ... …の方向に, …に向けて. tomar [torcer] *en dirección a* la izquierda 左に曲がる. El avión volaba *en dirección a* París.

飛行機はパリに向けて飛んでいた.

llevar [estar encargado de] la dirección de ... …の指揮をとっている; (会社などを)経営している.

tomar [hacerse cargo de] la dirección de ... …の指揮をとる, を経営する.

directa [dirékta] 囡 →directo.

:**directamente** [diréktaménte] 副 ❶ **直接に**, じかに. —Lo tradujo ~ del español. 彼はそれをスペイン語から直接翻訳した. ❷ まっすぐに, 一直線に.

directiva [direktíβa] 囡 →directivo.

:**directivo, va** [direktíβo, βa] 形 **指導的な**; 経営の, 経営者[管理者]の. —junta *directiva* 役員会, 取締役会, 理事会. principio ~ 指導方針. 類**director**.
— 男 役員, 幹部, 経営者.
— 囡 ❶ 役員会, 取締役会, 理事会, 委員会. —La *directiva* del club ha fichado a dos jugadores extranjeros. クラブの役員会は2人の外国人選手と契約を結んだ. ❷ 指針, 指令, 指示. —Este país no cumple las *directivas* internacionales sobre pesca. この国は漁業に関する国際ガイドラインを守らない.

****directo, ta** [dirékto, ta ディレクト, タ] 形 ❶ **まっすぐな, 一直線の**. —una *directa* 直線. Este camino te llevará ~ hasta el cortijo. この道を行けば君はまっすぐ農園まで行けるよ. 類**derecho, recto, seguido**. 反**sinuoso, torcido**. ❷ **直接の**, 直接的な, じかの. —acción *directa* 直接行動. golpe ~ 直撃. complemento ~ 《文法》直接補語. Son órdenes *directas* del jefe. それはボスからの直接の命令だ. 類**inmediato**. ❸ 直行の, 直通の. —tren ~ 直行列車. vuelo ~ 直行(航空)便. ❹ 率直な, あからさまの. —pregunta *directa* 単刀直入の質問. ❺ 直系の. —descendiente ~ 直系の子孫.
— 男 ❶ 直行[急行]列車, 直行[直通]便. —Si coges el ~, sólo tardarás una hora. 君が直行便に乗れば1時間しかかからないだろう. 類**expreso**. ❷ (ボクシング)ストレート. — de derecha 右ストレート. ❸ (テニス)フォアハンド・ショット.

en directo 生放送の[で], 実況の[で]. emisión *en directo* 生放送.

— 囡 (自動車の)トップギア, 第1速. —poner [meter] la *directa* トップにギアを入れる.

:**director, tora** [direktór, tóra] 男女 ❶ **長**; 校長, 社長, 取締役; (官公庁の)局長, (ホテルの)支配人; 院長, 所長. — general (官公庁の)局長, 長官; 社長; 総支配人. ~ gerente 専務取締役. ~ de un banco 銀行の頭取. ~ de márketing マーケティング部長. ~ de gimnasio フィットネスクラブ経営者. ~ de sucursal (銀行の)支店長. ~ de personal 人事部長. ~ de fábrica 工場長. ~ de un hospital 病院長. La *directora* de la escuela reunió a todos los profesores en su despacho. 校長は全教員を校長室に召集した. El ~ está de viaje. 社長は旅行中である. 類**encargado, jefe, rector**. ❷ (音楽)**指揮者**; (映画, 演劇, テレビ, ラジオ)監督, 演出家, ディレクター. — ~ de orquesta オーケストラの指揮者. ~ visitante 客演指揮者. ~ escénico [de escena] 舞台監督. ~ de cine 映画監督. ~ de emisión ディレクター. ~ de producción プロデューサー. ~ artístico 美術監督. ~ de proyecto プロジェクトマネージャー. 類**guía**. ❸ 指導者. — ~ espiritual 《カトリック》霊的指導者, 指導司祭(信仰・道徳上の問題について信者を指導する聴罪司祭). ❹ (新聞社の)編集長 (= ~ de redacción). ❺ 《数学》指導者.
— 形 ❶ 指導[指揮・管理]する, 指導的な. —el equipo ~ de la empresa その会社の経営陣. ❷ 基本となる; 《幾何》準線の 『この意味の女性形は directriz』. —esquema ~ マスター・プラン.

Directorio [direktórjo] 固名 総裁政府[五執政官政府](1795-99, フランス革命末期の).

directorio, ria [direktórjo, rja] 形 指揮の, 指導上の.
— 男 ❶ 住所録, 名簿. ❷ 手引き, 規定. — ~ de navegación 航行規定. 類**normativa**. ❸ 手引書, 便覧. ❹ 指導, 指示, 管理. ❺ 理事会. 類**dirección, junta directiva**. ❻ 電話帳. ❼ 《情報》ディレクトリ. — ~ de inicio ホーム・ディレクトリ. ~ raíz ルート・ディレクトリ.

directriz [direktríθ] 囡 《複》directrices ❶ 『主に複』指令, 指図, 指示. —dar las *directrices* 指示を出す. seguir las *directrices* 指示に従う. ❷ 《数学》指導線, 準線. —trazar las *directrices* 準線を引く.
— 形 【女性形のみ】 ❶ 準線の, 基準の. —línea ~ 《数学》準線. ❷ 基本的な. —líneas *directrices* de un proyecto 計画のガイドライン.

diréis [diréjs] 動 decir の直・未来・2 複.

diremos [dirémos] 動 decir の直・未来・1 複.

diría(-) [diría(-)] 動 decir の直・過去未来.

:**dirigente** [dirixénte] 男女 ❶ (特に, 政党・会社の)**指導者**, 幹部, リーダー; 首脳陣. — ~ del partido 政党のリーダー. ~ sindical [del sindicato] 労働組合の幹部. 類**directivo**. ❷ マネージャー.
— 形 指導する, 指揮する, 支配する. —clase ~ 支配階級. personal ~ 幹部, 首脳陣, 役職者. equipo ~ 指導部. partido ~ 《政治》与党. consejo ~ 役員会.

dirigible [dirixíβle] 形 操縦できる. — 男 《航空》飛行船.

****dirigir** [dirixír ディリヒル] [3.6] 他 ❶ (a)を経営する, 運営する. (b)を指揮する, 統率する, 監督する. —*Dirigió* las labores de salvamento. 彼は救助作業の指揮をとった. ~ el tráfico 交通を管制する, 交通整理をする. ~ una empresa 企業を経営する. ~ un equipo チームの監督をする. (c)を指導する, 指図する. (d)を編集する; 司会する. ((工事・映画などを)監督する, 演出する; (オーケストラを)指揮する. ❷ 『+a に』(伝言・手紙などを)(人に)宛てる, 向ける. —El rey *dirigirá* hoy un mensaje *a* la nación. 国王は今日国民に向けて声明を発表する. El paquete venía *dirigido a* papá. 小包はお父さん宛に来た. *Dirigió* unas palabras de bienvenida *a* los nuevos alumnos. 彼は新入生に向かって二言三言歓迎の辞を述べた. La indirecta iba *dirigida a* ti. そのあてこすりは君に向けられたものだった. ❸ 『+a に/+hacia の方へ』(視線・努力などを)向ける. —Ella le *dirigió* una mirada de agradecimiento. 彼女は彼に感謝の視線を送った. *Dirigió* sus pasos *hacia* la estación. 彼は駅の方へ歩いて行った. *Dirigiremos* todos nuestros es-

722 dirigismo

fuerzos *a* lograr una paz duradera. 私たちは恒久平和を実現するためにあらゆる努力をしよう. ❹ …に道案内をする. ❺ を操縦する.
―se 再 ❶ 〖＋a に／＋hacia の方へ〗向かう, 向かって行く, (を)目指す. ―*Nos dirigimos a* casa *de un amigo*. 私たちは友人の家に向かった. *Se dirigían hacia* la costa. 彼らは海岸の方へ向かっていた. ❷ 〖＋a に〗(人)に話しかける, (人)に手紙を書く. ―*Se dirigió a* mí en japonés. 彼は私に日本語で話しかけてきた. *Me dirijo a* Vd. *para solicitarle* ... 〖手紙で〗…をお願いいたしたくお手紙を差し上げます. *Para más información diríjase a la oficina*. 詳しく知りたい方は事務局にお問い合わせください.

dirigismo [diriχísmo] 男 (政府などの)統制, 規制. ― ~ *económico* [*cultural*] 経済[文化]統制. *Está claro el ~ ideológico de la prensa en ese país*. その国では報道機関のイデオロギー統制が明らかだ.

dirija(-) [diriχa(-)] 動 dirigir の接・現在.
dirijo [diríχo] 動 dirigir の直・現在・1 単.
dirimente [dirimén̩te] 形 ❶ 決着をつける. **decisivo** ❷ 《法律》無効とする. ― *impedimento ~* 婚姻無効になる障害.
dirimir [dirimír] 他 ❶ を解決する, …に決着をつける (=*resolver*). ❷ を取り消す, 解消する. ―*~ un matrimonio* 結婚を解消する.

dis- [ðis-] 接頭 「反対, 否定(非・不); 分離; 強調」の意. ―*dis*concordancia, *dis*gustar, *dis*traer.

discal [diskál] 形 《医学》椎間(?)板の. ―*hernia ~* 椎間板ヘルニア.

discernidor, dora [disθerniðór, ðóra] 形 識別する, 見分ける; 識別力のある.

***discernimiento** [disθernimjén̩to] 男 ❶ (善悪・真偽が分かる)分別, 見識, 判断力. ―*actuar con* [*sin*] *~* 分別のある[ない]振舞をする. *Tiene suficiente ~ para saber distinguir entre el bien y el mal*. 彼には善悪を見分けられる十分な分別がある. *Cuando bebe, pierde el ~ entre lo bueno y lo malo*. 彼は酒を飲むと, 善悪の見境がなくなる. 類 **criterio, juicio, perspicacia**. ❷ 識別, 認識, 見分け. ―*capacidad de ~* 識別能力. 類 **discriminación**. ❸ (賞・称号などの)授与. ❹ 《法律》(後見人の)指定.

***discernir** [disθernír] [4.3] 自 区別する, 識別する. ―*~ entre el bien y el mal* 善と悪を判別する.
― 他 ❶ 〖＋de から〗を識別[判別]する, 区別する, 見分ける. ―*~ el bien del mal* 善と悪を判別する. 類 **percibir**. ❷ 《法律》を後見人に指定する. ❸ 《文》(賞)を授与する.

disciern- [disθjérn-] 動 discernir の直・現在, 接・現在, 命令・2 単.

***disciplina** [disθiplína] 女 ❶ 規律, 規則; 規律に従うこと. ―*educar con mucha ~* 規律正しくしつける. *observar* [*someterse a*] *la ~* 規律を守る[に従う]. *mantener una férrea ~* 軍隊の鉄の軍律を保つ. *Se relaja la ~*. 規律が乱れる. 類 **orden, regla**. 反 **anarquía, desobediencia**.
❷ 学科, 教科, 学問分野. ―*~s científicas* 科学の諸分野. *La ~ en que más suspenden es matemáticas*. 最も落とされる科目は数学である.
類 **asignatura, materia**. ❸ 複鞭(?)( ); 鞭打ち. **azote, látigo**. ❹ 訓練, しつけ. 類 **instrucción**.
disciplinas de monja 《植物》ハゲイトウ.
disciplina de partido 〖*de voto*〗党規.
disciplina eclesiástica 宗規.

disciplinadamente [disθiplináðamén̩te] 副 規律正しく, 律儀に, きちんと.

***disciplinado, da** [disθiplináðo, ða] 過分 形
❶ 訓練された, しつけられた; 規律に従った. ―*Es muy ~ en el colegio*. 彼は小学校でしっかりとしたしつけを受けている. ❷ 規律正しい. ―*Debes ser más disciplinada si no quieres tener problemas con los profesores*. もしあなたが先生たちと問題を起こしたくなければもっと規律正しくしなければいけない. 類 **metódico, ordenado**. 反 **desordenado, indisciplinado**.

disciplinante [disθiplinán̩te] 男女 (聖週間の)自らに鞭打ちながら歩む苦行者. 類 **flagelante**

disciplinar [disθiplinár] 他 ❶ を訓練する, 鍛える. ―*~ la mente* 精神を鍛える. ❷ をむちで打つ. **―se** 再 (自分自身を)鍛える.

disciplinario, ria [disθiplinárjo, rja] 形 規律の, 懲戒の. ―*castigo ~* 懲罰.

***discípulo, la** [disθípulo, la] 名 ❶ 弟子, 門弟; 生徒. ―*maestro y ~s* 先生と弟子たち. *~s de Cristo* キリストの12使徒; (現代の)キリスト教信者. *Platón, ~ de Sócrates* ソクラテスの弟子プラトン. *Somos ~s de la misma escuela*. 私たちは同じ学校の生徒である. 類 **alumno, colegial, estudiante, escolar**. ❷ (主義・思想などの)信奉家, 追随者. ―*~ de Kanto* カントの流れを汲む人. 類 **seguidor, adepto, partidario**.

***disco** [dísko] 男 ❶ 《音楽》レコード(→プレーヤーは *tocadiscos*). ―*poner* [*tocar*] *un ~* レコードをかける. *grabar* [*impresionar*] *un ~* レコードを吹き込む. *~ compacto* コンパクトディスク(CD). *~ sencillo* シングル盤. *~ microsurco* [*de larga duración*] LPレコード. *~ estereofónico* ステレオレコード. *~ de vídeo digital* デジタルビデオディスク, DVD. ❷ 円盤(状のもの). ―*lanzamiento de ~* 円盤投げ. *volante* 空飛ぶ円盤. *~ de control* 駐車ディスク(駐車時間表示カード). *~ del Sol* アステカ(azteca)族の円盤状の石の暦 [=*piedra del Sol*]. ❸ 《俗》いつもの同じ話, 決り文句; うんざりさせるもの. ―*Nos soltó* [*largó*] *otra vez el ~ de su viaje a París*. 彼はパリに行った時の話をまた私たちにした. *Siempre estás con el mismo ~*. またいつもの話が始まった. *¡Qué ~ ir allí otra vez!* またあそこへ行くなんてうんざりだ. 類 **paliza, rollo**. ❹ 交通信号(信号の色信). ―*El ~ está en rojo*. 信号は赤だ. *~ rojo* [*cerrado*] 赤信号. *~ verde* [*abierto*] 青信号. *~ amarillo* [*en ámbar*] 黄信号. 類 **semáforo, señal**.
❺ (電話)ダイヤル (= *~ selector* [*marcador, giratorio*]). ―*teléfono de ~* ダイヤル式電話 (プッシュフォンは *teléfono de teclado*). ❻ 〖コンピュータ〗ディスク. ―*~ compartido* 共有ディスク. *~ flexible* フロッピーディスク, ディスケット. *~ inicio* 起動ディスク. *~ láser* レーザーディスク. *~ magnético* [*óptico*] 磁気[光]ディスク. *~ magneto-óptico* MOディスク. *~ rígido* [*duro*] ハードディスク. *~ duro extraíble* [*removible*] リムーバブル・ハード・ディスク. ❼ 《解剖》*~ intervertebral* 椎間(?)(円)板. ❽ 《天文》(太陽・月などの)視表面. ❾ 《機械》―*freno de ~* ディス

ブレーキ. embrague de ~ 円盤クラッチ.

cambiar el [de] disco 話題を変える. No seas pesado, y *cambia el disco*. しつこいよ, 話題を変えようよ.

parecer un disco rayado 同じ話を何度も繰り返す.

discóbolo [diskóβolo] 男 《スポーツ》(古代ギリシャの)円盤投げ選手.

discográfico, ca [diskoɣráfiko, ka] 形 レコードの, レコード製造の; レコード業界の. —empresa *discográfica* レコード会社.

discoidal [diskoiðál] 形 円盤状[型]の.

díscolo, la [dískolo, la] 形 ❶ わがままな, 抑制できない, 手に負えない. 類 **indócil, rebelde**. 反 **obediente**. ❷ 反逆的な. —名 ❶ 手に負えない人. ❷ 反逆者.

disconforme [diskonfórme] 形 ❶ 【+con/en】(…と)(…について)一致しない, 異なる, 意見が異なる. ❷ 【+con】…に不満の, 承知しない. —Se mostró ~ con el acuerdo tomado. 彼はその決定に不満を表した.

disconformidad [diskonformiðáð] 女 ❶ 不一致, 相違. ❷ 不満, 不承知. —mostrar ~ 不満の意を表わす.

discontinuación [diskontinuaθjón] 女 中断; 不連続.

discontinuar [diskontinuár] 他 を中断する.

discontinuidad [diskontinuiðáð] 女 不連続(性), 中断.

discontinuo, nua [diskontínuo, nua] 形 不連続の, とぎれた, 断続的な. — trabajo ~ 断続的な仕事. línea *discontinua* 破線. 類 **interrumpido, intermitente**.

discordancia [diskorðánθja] 女 ❶ 不一致, 不調和, 反対. ❷ 《音楽》不協和.

discordante [diskorðánte] 形 ❶ 一致しない, 異なる. —Sus opiniones son ~s. 彼らの意見は一致していない. ❷ 調和しない. — colores ~s 調和しない色. ❸ 《音楽》調子がはずれた, 不協和音の.

nota discordante 《音楽》不協和音.

discordar [diskorðár] [5.1] 自 ❶【+en について, +conと】一致しない, 異なる, 違う. —*Discordaban* en su opinión sobre aquel asunto. 彼らはその件について意見を異にしていた. Tu planteamiento *discuerda* del mío. 君の立案は僕のとは違う. ❷【+conと】調和しない. ❸ 《音楽》調子が外れる.

discorde [diskórðe] 形 ❶ (意見が)異なる, 一致しない. ❷ 《音楽》調子が外れた, 不協和音の.

discordia [diskórðja] 女 不和, 反目, 争い. — causar [provocar, sembrar] ~ 不和を生む. tercero en ~ 仲裁者, 調停者. Entre los hermanos había continuas ~s. その兄弟の間には絶えず争いがあった.

manzana de la discordia →manzana.

discoteca [diskotéka] 女 ❶ ディスコ, ディスコテック. ❷ レコードライブラリー[保管所], レコードコレクション.

*****discreción** [diskreθjón] 女 ❶ 思慮分別; (言動の)慎み深さ, 慎重, 控え目; 秘密を守ること. — obrar con ~ 慎重に振舞う. comportarse sin ~ 分別のないことをする. callar por pura ~ 分別をわきまえて口を慎む. ~ del vestido 洋服の地味さ. ~ absoluta 秘密厳守. 類 **prudencia, sensatez**. 反 **indiscreción**. ❷ 機知(に富んだ言葉), 才気. —Reviste su falta de talento con ~. 彼は才能不足を機知で隠そうとしている. 類 **agudeza, ingenio**. ❸ 任意, 自由裁量. —Dejo el asunto a su ~. この件はあなたの裁量にお任せします. 類 **disposición**.

a discreción (1) 好きなだけ; 好きなように, 自由に (=a voluntad, a su antojo). Hoy podéis comer *a discreción*. 今日はお前たち好きなだけ食べていいよ. ¡Vino *a discreción*! ワイン飲み放題! ¡Descanso *a discreción*! 《軍事》休め! (号令). (2) 無条件で. darse [entregarse, rendirse, quedar] *a discreción* 無条件降伏する.

a (la) discreción de ... (人)の好きなように, (人)の思うままに. Durante un mes los rehenes estuvieron *a discreción de* los terroristas. 1か月間人質はテロリストの言いなりになった.

discrepancia [diskrepánθja] 女 ❶ 不一致, 相違, 矛盾, 食い違い. —Existía gran ~ de opiniones políticas. 政治的見解には大きな相違があった. ❷ (意見などの)相違, 不同意. —Entre el padre y la hija han surgido ~s graves. 父親と娘の間には深刻な意見の相違があった. ❸ 不和, 仲違い.

discrepante [diskrepánte] 形 (意見などが)食い違う, 一致しない.

discrepar [diskrepár] 自 【+de/conと】 ❶ (…が(互いに))違う, 異なる. —La camisa *discrepa del* traje por lo llamativa. そのシャツは派手すぎてスーツに合っていない. ❷ (…が(互いに))意見が異なる. —*Discrepo de* él en la cuestión religiosa. 宗教に関しては私は彼とは意見が異なる.

discretear [diskreteár] 自 ❶《話》こっそり耳打ちする, ひそひそ話をする. ❷ 《軽蔑》慎重そうに振舞う.

discreteo [diskretéo] 男 ❶《話》こっそり耳打ちすること, ひそひそ話. ❷《軽蔑》慎重そうに振舞うこと.

*****discreto, ta** [diskréto, ta] 形 ❶ 慎重な, 分別のある. — conducta *discreta* 慎み深い行動. Aquellas *discretas* palabras lograron aplacar su enfado. あの慎重な言葉遣いが彼の怒りを静めることができた. 類 **juicioso, prudente, sensato**. 反 **indiscreto**. ❷ 口のかたい. — No le cuentes ningún secreto, que es muy poco ~. 彼は非常に口が軽いからどんな秘密も話すな. 類 **callado, reservado**. ❸ 適度の, (程度が)普通の, 並みの. —Sus ganancias fueron *discretas*. 彼の稼ぎはまあまあだった. 類 **moderado**. ❹ 《服装・色彩などが)控え目の, 地味な. —color ~ 地味な色. Viste de forma *discreta* y no sobresalgas. 地味な身なりをして目立たないようにしなさい. ❺ 《科学》離散的な, 不連続の. 類 **discontinuo**. 反 **continuo**.

—— 名 ❶ 慎重な[思慮深い]人. ❷ (修道院長の)相談役.

discriminación [diskriminaθjón] 女 ❶ 差別, 差別待遇. —acabar con la ~ 差別をなくす. — racial[sexual] 人種[性]差別. ❷ 区別, 識別.

discriminar [diskriminár] 他 ❶ を差別する. — ~ por el color de la piel 皮膚の色によって差別する. ❷ を区別する, 見分ける. —Es demasiado pequeño para ~ lo bueno de lo malo. 善

724 discriminatorio

悪の区別をするには彼は幼なすぎる. 類**diferenciar, distinguir**.
— **se** 再〖3人称で〗差別される, 区別される.

discriminatorio, ria [diskriminatórjo, rja] 形 ❶ 差別する, 差別的な. ❷ 識別の, 区別の.

discromatopsia [diskromatópsja] 女《医学》色弱.

:**disculpa** [diskúlpa] 女 ❶ 弁解, 言い訳, 口実. —tener mucha 〜 十分言い訳が立つ. Su falta no tiene [admite] 〜. 彼の過失には弁解の余地はない. Tiene 〜 por ser joven. 彼は若いことを言い訳にしている. 類**excusa, pretexto**. ❷ 詫(わ)び, 陳謝, 謝罪. —aceptar sus 〜s por ... …に対する陳謝を受け入れる. Le pido 〜s por haber llegado tarde. 遅れて申し訳ありません.
pedir [**dar, presentar**] **disculpas a** ... **por** ... (人)に(事)を謝る, 詫びる(→②).

disculpable [diskulpáβle] 形 許しうる, 勘弁できる. —**falta** 〜 許される誤り.

・**disculpar** [diskulpár] [<culpa] 他 ❶〖+de/por (過ちなど)について〗を許す, 容赦する, 大目に見る. —*Disculpame por* haberte hecho esperar. 君を待たせたことを許してくれ. Rogamos *disculpen* las molestias que pueda ocasionarles la huelga. ストによって生じ得る御迷惑については御容赦下さいますようお願いいたします. 類**excusar**. ❷ を弁解[弁明]する, …の言い訳をする; 言い訳となる. —No trates de 〜 a tu hermano, que es un golfo. お前の兄弟の言い訳をするな, あいつはろくでなしだ. Ha bebido y eso *disculpa* su descortesía. 彼が酒を飲んでいたことが, 彼の不作法の言い訳となる.
— **se** 再 ❶〖+de/por について〗言い訳をする, 弁解する, 詫びる. —*Se ha disculpado por* haber llegado tarde. 彼は遅刻したことを弁解した. ❷〖+de+不定詞〗…できないと弁解する, 言い逃れる. —Ella *se disculpó de* asistir a la reunión. 彼女は会合に出席できないと言い訳をした. 類**excusarse**.

:**discurrir** [diskurrír] 自 ❶〖+por を通り〗過ぎる; (川などが)流れる, (道が)通っている. —un camino que *discurre* entre los álamos ポプラ並木の間を通る道. El río *disurre* por tierras de Andalucía. その川はアンダルシアの地を流れている. 類**pasar**. ❷ (時間などが)経過する, (会議など)が進行する, 推移する. —Los días en este pueblo *discurren* sin grandes sobresaltos. この町では大変ゆっくりするようなこともないままに日々が過ぎて行く. La fiesta *discurrió* animada. パーティーはにぎやかに進行した. ❸ 熟考する, 思索する. —*Discurre* un poco y lo comprenderás. 少し考えてみれば, 君は分かるよ. 類**reflexionar**.
— 他 を思い付く, 考え出す. —〜 un medio 策を思い付く.

discursear [diskurseár] 自 演説を行なう.

discursivo, va [diskursíβo, βa] 形 ❶ 推論による, 論証の. —método 〜 論証法. ❷ 思慮のある.

:**discurso** [diskúrso] [<discurrir] 男 ❶ 演説, スピーチ, 講演. —〜 electoral 選挙演説. dar [pronunciar, dictar, echar] un 〜 演説をする. 〜 inaugural [de apertura] 開会の辞. pronunciar un 〜 de clausura 閉会の辞を述べる. Nos largó un 〜 de una hora. 私たちは彼の演説を1時間も聞かされた. 類**alocución, conferencia**. ❷ 話, 談話; (言語)ディスコース, 談話. —cortar el hilo de 〜 話の腰を折る. El abuelo pierde con frecuencia el hilo de su 〜. 祖父はよく脈絡のない話をする. partes del 〜 品詞. análisis del 〜 談話分析. 類**charla, exposición, relato**. ❸ 思考(力), 思索; 推理, 論証. —El 〜 de su mente sigue una línea coherente. 彼の考えは首尾一貫している. 類**raciocinio, razonamiento**. ❹ (時の)流れ, 経過; 期間. —en el 〜 del tiempo 時が経つにつれ. en el 〜 de dos o tres años 2・3年の間に. 類**curso, transcurso**. ❺ 論文, 一論. —《*D*〜 *sobre el estilo*》『文体論』(Buffon 著). 《*D*〜 *del método*》『方法叙説』(Descartes 著). 類**disertación**. ❻ テーゼ. —el 〜 marxista マルクス主義のテーゼ. 類**doctrina, ideología, tesis**.

:**discusión** [diskusjón] 女 ❶ 討論, 討議, 論議, 審議. —tener [sostener] una 〜 con ... …と討議[議論]する. someter un proyecto de ley a la 〜 de ... 法案を…の審議に付する. Eso no admite 〜. これは異論の余地がない. 類**debate**. ❷ 論争, 口論. —〜 acalorada 激論. enzarzarse [enredarse] en una 〜 論争に巻き込まれる. encender [suscitar] una 〜 論争を引起す. 類**altercado, disputa**.
en discusión 討論[議論, 審議, 論争]中で[の].
sin discusión 文句[異議]なしに, 疑いなく, 確かに. 類**sin duda**.

・**discutible** [diskutíβle] 形 ❶ 議論の余地がある, 異論の(ある); 問題がある. —Esa solución es bastante 〜. その解決策はかなり議論の余地がある. Es muy 〜 que estuvieras acertado al rechazar la propuesta. 君がその提案をことわったのが適切だったのかどうか非常に問題がある. 類**controvertible, cuestionable, disputable**. 反**indiscutible**. ❷ 疑わしい, 不確かな. 類**dudoso, problemático**.

discutido, da [diskutíðo, ða] 形 論じられる, 取り上げられる, 問題にされる. —libro muy 〜 大いに問題にされた本.

discutidor, dora [diskutiðór, ðóra] 形 議論しがちな, 論争好きな.
— 名 議論しがちな[論争好きな]人.

***discutir** [diskutír ディスクティル] 他 ❶ を議論する, 討論する. —*Discutieron* el nuevo convenio laboral. 彼らは新労働協約に関して議論した. Este asunto habrá que 〜lo con el director. この件は部長に相談しなければなるまい. 類**debatir**. ❷ …に異議を唱える, 反対する. —Todo lo que digo me lo *discute*. 彼は私の言うことにいちいちケチをつける. Las órdenes no se *discuten*, se obedecen. この命令に対しては不服は言わせない, 従ってもらうだけだ. 類**cuestionar**.
— 自 ❶〖+de/sobre について〗議論する, 討議する. —〜 *de* política [*de* fútbol] 政治[サッカー]について議論する. Discuten por cualquier tontería. 彼らはどんなつまらないことでも議論する. ❷ 口論する, 言い争う. —Se han pasado horas *discutiendo*. 彼らは何時間も口論して過ごした. No quiero 〜 contigo. 私は君と口論したくはない. ¡No me *discutas*! 私に逆らうな.

disecador, dora [disekaðór, ðóra] 形 ❶ 解

剖する. ❷ 剥製(はくせい)にする.
— 名 ❶ 解剖者. ❷ 剥製の製作者.

disecar [disekár] [1.1] 他 ❶ を解剖する, 切り裂く. ❷ (鳥獣を)剥製(はくせい)にする. ❸ (植物を)観察用に保存する, 押し花にする.

disección [disekθjón] 女 ❶ 切開, 解剖. — hacer (practicar) una ~ 解剖する(こと). ❷ 剥製(はくせい)(にすること). ❸ 押し花.

disector, tora [disektór, tóra] 形 解剖する.
— 名 解剖者.

diseminación [diseminaθjón] 女 まき散らすこと, 散布; 種まき.

diseminar [diseminár] 他 ❶〖+por/en/entre〗…に…をばらまく, まき散らす. ❷ を流布させる, 広める. —se 再 ❶ 分散する, 散在する, 散らばる. ❷ 普及する, 流布する.

disensión [disensjón] 女 ❶ 意見の相違[衝突]. —Hay ~ en la política de inmigración. 移民政策について意見の相違がある. ❷ 不和, けんか, 口論. —Las *disensiones* entre marido y mujer son continuas. 夫と妻のけんかは絶え間ない. 類 **alteración, riña**.

disentería [disentería] 女《医学》赤痢. —~ amebiana アメーバ赤痢.

disentérico, ca [disentériko, ka] 形《医学》赤痢の. — 名《医学》赤痢患者.

disentimiento [disentimjénto] 男 不同意, 意見の相違, 異議表示(=desacuerdo).

disentir [disentír] [7] 自〖+de と, +en の点で〗意見が異なる, 一致しない. —*Disiento* de la opinión de usted. 私はあなたとは意見が異なります. 類 **discrepar**.

diseñador, dora [diseɲaðór, ðóra] 名 デザイナー; 設計者, 製図家. —~ de moda [gráfico] ファッション[グラフィック]デザイナー.

diseñar [diseɲár] 他 ❶ …の下図[図案]を作る, デザインする, 設計する. ❷《美術》の素描[スケッチ]をする.

diseño [diséɲo] 男 ❶ 図, 図案, デザイン. —hacer el ~ デザインをする. ~ gráfico グラフィックデザイン. ~ industrial 工業デザイン. ~s genéricos《情報》クリップ・アート. ❷ 下絵, 素描, デッサン. ❸ 設計[図], 見取図. —~ urbanístico 都市設計. ❹ あらまし, 大要, 概略.
de diseño (1) デザイナーブランドの. lámpara de *diseño* ブランドのライト. (2)《隠》(麻薬が)合成の.

*disertación [disertaθjón] 女〖+sobre〗(あるテーマに関する)講演, 論述; 論文. —Prepara una ~ *sobre* los géneros literarios. 彼は文学ジャンルに関する講演を用意している. leer una ~ *sobre* filosofía 哲学に関する論文を読む. 類 **conferencia, discurso**.

*disertar [disertár] 自〖+de/sobre について〗論じる, 論述する. —~ *sobre* ecología 生態学について論じる. Todos los domingos *diserta* en el periódico *sobre* la administración municipal. 毎日曜日彼は新聞で地方行政について論じている.

*diserto, ta [disérto, ta] 形 能弁な, 話し上手な. 類 **elocuente**.

disfagia [disfáxja] 女《医学》嚥下(えんげ)障害.

disfasia [disfásja] 女《医学》不全失語(症).

disfavor [disfaβór] 男《まれ》うとむこと, 冷遇, 愛想づかし.

disforme [disfórme] 形 →deforme.

disfragma [disfráɣma] 女《解剖》横隔膜.

*disfraz [disfráθ] 男(複 disfraces) 男 ❶ 変装, 仮装; 変装[仮装]衣装. —celebrar un baile [una fiesta, un concurso] de *disfraces* 仮装舞踏会[パーティ, コンテスト]を催す. Llevaba un ~ de oso. 彼は熊のぬいぐるみを着ていた. 類 **máscara**. ❷ 偽装, カムフラージュ, 隠し立て. —hablar sin ~ 率直に[腹蔵なく]話す. ponerse el ~ de buena persona いい人を装う. 類 **disimulación**.
bajo el disfraz de …. …と見せかけて, を装って; を口実にして. Ocultaba sus celos *bajo el disfraz de* la indiferencia. 彼は無関心を装って嫉妬を隠していた.
ser un disfraz 場違いである, 不適切である.

*disfrazado, da [disfraθáðo, ða] 過分 形 変装した, 偽装した. —Él iba ~ de pirata. 彼は海賊に変装していた. Sus sentimientos ~s no pasaron desapercibidos. 彼の見せかけの感情は気づかれずにはすまなかった.

*disfrazar [disfraθár] [1.3] 他〖+de に〗❶ を変装させる, 仮装させる. —En el carnaval le *disfrazaron* de payaso. 謝肉祭で彼は道化師に仮装させられた. ❷ (本心などを)偽る, 包み隠す, 偽装する. —*Disfrazaba* sus aviesas intenciones con amables palabras. 彼はやさしい言葉で邪悪な意図をおおい隠していた.
—se 再〖+de に〗変装する, 仮装[偽装]する. —~se de policía 警官に変装する.

:*disfrutar [disfrutár] 自 ❶〖+de を, +con で〗楽しむ, 楽しいときを過ごす. —*Disfrutamos* mucho *con* su charla. 私たちは彼の話を聞いて非常に楽しかった. Espero que hayan disfrutado *del* viaje. 私は彼らが旅行を楽しんでくれたものと思っている. 類 **divertirse**. ❷〖+de を〗享受する; 持っている. —Durante las vacaciones *disfrutamos de* muy buen tiempo. 休暇の間私たちは好天に恵まれた. *Disfruta de* excelente salud. 彼はすばらしい健康に恵まれている. ~ *de* fama 名声を持つ. 類 **gozar, tener**.
— 他 ❶ を楽しむ. —~ la buena comida 良い食事を楽しむ. ❷ (利益・権利などを)持っている, を享受する. —~ la herencia de su padre 父親の遺産を受け継ぐ.

disfrute [disfrúte] 男 ❶ 楽しむこと, 喜ぶこと, 享楽, 享受. —Para mí las termas son un ~. 私にとって温泉は楽しみだ. 類 **goce**. ❷ 利益, 益, 有益.

disfunción [disfunθjón] 女《医学》機能障害[異常]. —~ eréctil 勃起不能.

disgregación [disɣreɣaθjón] 女 分解, 崩壊, 分裂.

disgregar [disɣreɣár] [1.2] 他 を崩壊させる, 分散させる, 分解する, 裂く. —La guerra *disgregó* a las gentes de este pueblo. 戦争でこの村の人々は離散してしまった.
—se 再 崩壊する, 離散する, 砕ける, 解体する. —La colina *se ha disgregado* por la erosión. その丘は浸食で崩壊した.

disgustadamente [disɣustáðaménte] 副 不快そうに, 失望して.

:**disgustado, da** [disɣustáðo, ða] 過分 形 ❶ 味気ない, 無味の. 類 **desabrido, insípido**. ❷

悲しい，失望した．―Está muy ～ por la enfermedad de su hijo. 彼は息子の病気でひどく沈んでいる．[類]**apesadumbrado, triste**. ❸ 不仲の，不和の．―Está *disgustada* con su suegra. 彼女は義母と不仲である．[類]**enemistado, enfadado**.

*__disgustar__ [disɣustár]〔<gustar〕他 ❶ を不愉快にする，…の気にさわる，…にいやな感じがする．―Me *disgusta* la temporada de lluvias por la humedad. 梅雨は湿気があるから私は嫌いだ. Me *disgusta* su mala educación. 彼のしつけの悪さは私には不愉快だ. Nos *disgusta* que te hayas portado tan groseramente. 君が下品なふるまいをしたので私たちは不愉快に感じた．[類]**desagradar**. ❷ を悲しませる，がっかりさせる．―La actitud de ese amigo me *disgustó*. その友だちの態度に私はがっかりした．

―**se** 再〔+con/por に〕❶ 不愉快になる，腹立たしい，を迷惑に思う．―Carmen *se ha disgustado* conmigo. カルメンは私に腹を立てているのだ．❷ 悲しくなる，がっかりする．―*Se disgustó por* no haber sido invitada. 彼女は招待されなかったのでがっかりした．

*__disgusto__ [disɣústo ディスグスト] 男 ❶ 不快，不満，困惑；腹立たしさ，いら立ち．―Siento ～ por tu comportamiento con los invitados. お客に対する君の態度は不愉快だ. Al verle, ella no pudo ocultar su ～. 彼に会うと彼女は不快の念を隠せなかった. La pérdida del reloj fue un gran ～ para ella. 彼女は時計を失くして，とても腹を立てていた. Se estropearon el coche y tuvo un gran ～. 彼は車を壊され，とても腹を立てた．[類]**desagrado, placer, enfado**. [反]**agrado, placer, satisfacción**.

❷ けんか，仲たがい，争い．―Tiene frecuentes ～s con su hermano, pero se les pasan enseguida. 彼はしょっちゅう兄弟げんかをするがすぐ忘れてしまう. Tuvo un ～ con su hermano por cuestión de la herencia. 彼は兄と相続争いをした. salir a ～ diario 毎日のようにけんかする．[類]**contienda, discusión, pelea**. [反]**armonía, avenencia**.

❸ 悲しみ，心痛，苦悩；心配，不安．―Si te suspenden, darás un gran ～ a tus padres. 君が留年させられたりしたら，両親はとても悲しがるだろう. Han tenido un ～ tremendo con el accidente del hijo. 彼らは息子の事故で大変心を痛めた．[類]**inquietud, pesadumbre, pesar**. [反]**alegría, fortuna**.

❹ 嫌気(ぃゃ)，気が進まぬこと．―He decidido colaborar, pero con ～. 私は協力することに決めたが，渋々である. Ese camarero sirve como con ～. そのウエイターはいやいや応対しているみたいだ．[類]**desgana, fastidio, repugnancia**.

❺ 不運，不幸(な出来事)．―Si sigue conduciendo así el coche, cualquier día tendrá un ～. こんな運転を続けていたら，そのうち彼は不幸な目に遭うだろう．[類]**desgracia**.

__a [con] disgusto__ いやいやながら，意に反して(=de mala gana, a [con] desgana). *a mi disgusto* 私の意に反して

__estar [hallarse, sentirse] a disgusto__ 不快である，居心地が悪い，落ち着かない；嫌気がさしている．*Se sentía a disgusto* y se marchó. 居心地の悪さに，彼は去って行った. Yo estudiaba muy *a disgusto* en aquella universidad. 私はあの大学で勉強していたがちっとも落ち着かなかった. *Está a disgusto* en su trabajo. 彼は仕事にうんざりしている．

__dar disgustos [un disgusto] a__ ... (1)(人)を悲しませる. La muerte de su padre le *dio un disgusto*. 父親の死は彼を大変悲しませた．(2) (人)に心配をかける. Este niño me *da* muchos *disgustos*. 私はこの子のことがとても心配だ．

__llevarse un disgusto__ (1) 悲しむ. Cuando se enteró de la muerte de su amigo, *se llevó un disgusto* terrible. 彼は友人の死を知ってものすごく悲しんだ．(2) 腹立たしく思う. *Se llevó un* gran *disgusto* cuando se enteró que no le daban el trabajo. 彼は仕事をもらえないと知って腹立たしく思った．

__matar a ... a disgustos__ 《俗》(人)を悩ます，困らす. Esta hija me va a *matar a disgustos*. 私はこの娘には手を焼きそうだ．

__disidencia__ [disiðénθia] 女 ❶ (意見の)相違，不一致，不同意. ❷ (党などからの)分離，脱退．

__disidente__ [disiðénte] 男女 ❶ 意見を異にする人，反対者. ❷ 脱退者，分離派，反主流派．
―― 形 意見を異にする，反対の，分離した，脱退した，反主流の. ～ movimiento 反体制運動. escritor ～ 反主流作家．

__disidir__ [disiðír] 自 ❶ 意見を異にする. ❷〔+de〕…から脱退する．

__disíla__*bo, ba* [disílaβo, βa] 形 2 音節の．
―― 男 2 音節語．

__disimetría__ [disimetría] 女 不釣合い，非対称．

__disímil__ [disímil] 形 似ていない，異なる(=distinto)．

__disimilación__ [disimilaθjón] 女 ❶ 異化，不同化. ❷《音》異化(作用)．

__disimilitud__ [disimilitú(ð)] 女 不同，相違性，相違点．

__disimulable__ [disimuláβle] 形 ❶ 隠しうる，偽装できる. ❷ 許せる，大目に見られる．

__disimulación__ [disimulaθjón] 女 そらとぼけ，偽り．

__disimuladamente__ [disimuláðaménte] 副 こっそりと，わからないように．

*__disimula__*do, da* [disimuláðo, ða] 過分 形 偽った，(本心を)隠した，ごまかした．―Ella es muy *disimulada* y no sabes qué puede pensar. 彼女はよく本心を隠すのでどう考えていいのかわからない. Nos apenó mucho su dolor ～ del fracaso. 彼が失敗して苦しいのを隠しているのが私たちを辛くさせた. Se refirió a nuestro fracaso con mal *disimulada* pena. 彼は我々の失敗に触れたが，その心痛をうまく押し隠すことができなかった．[類]**fingido**.

__a lo disimulado [a la disimulada]__ こっそりと．
__hacerse el disimulado__ 知らないふりをする，しらばくれる. Siempre que me ve *se hace el disimulado*. 彼はいつも私を見ると気づかないふりをする．

*__disimular__ [disimulár] 他 ❶ (感情・欠点など)を隠す，取り繕う，ごまかす．―― ～ la pobreza 貧しさを隠す. ～ los años 年齢をごまかす. Será muy miedosa, pero lo *disimula* muy bien. 彼女は臆病なのだろうが，それを上手に隠している．[類]**esconder**. ❷ を知らないふり[見て見ぬふり]をする，見逃がす．―*Disimuló* aquella mentira de su hijo. 彼は息子のあのうそを見逃した．

—— 自 知らないふりをする、ごまかす. —Sé que te lo han contado, así que no *disimules*. 彼らが君にそれを話したことは分かっている。だから知らないふりをするな.

*__disimulo__ [disimúlo] 男 ❶ しらばくれ、空とぼけ、偽装. —hablar sin ～ 卒直に[忌憚({#きたん})なく]話す. 類__fingimiento__. 反__franqueza__. ❷ 寛容、寛大. 類__indulgencia, tolerancia__.
con disimulo (1) ひそかに、こっそり、しらばくれて. obrar *con disimulo* 本心を隠して行動する. *Con mucho disimulo* se lo metió en el bolsillo. 彼はこっそりポケットにそれを入れた. (2) 狡猾に、巧妙に.

__disipación__ [disipaθjón] 女 ❶ 消散、消失. ❷ 浪費、無駄遣い. ❸ 放蕩({#ほうとう})、遊興. ❹ 道楽.

__disipado, da__ [disipáðo, ða] 形 ❶ 放蕩({#ほうとう})な、道楽な. —Lleva una vida *disipada*. 彼は放蕩生活を送っている. 類__disoluto, libertino__. ❷ 消散した、消失した.

__disipador, dora__ [disipaðór, ðóra] 形 浪費する. —— 名 浪費家.

*__disipar__ [disipár] 他 ❶ (雲・煙など)を消し去る、散らす、消散させる. —El viento *disipó* la neblina. 風でもや が四散した. 類__desvanecer__. ❷ (疑いなど)を晴らす、追い払う、一掃する. —～ las dudas 疑いを晴らす. ～ la desconfianza 不信感を一掃する. 類__desvanecer__. ❸ (財産)を浪費する、濫費する. —*Ha disipado* todos los bienes heredados de sus padres. 彼は両親から受け継いだすべての財産を浪費した. 類__derrochar, desperdiciar, malgastar__.

——__se__ 再 消え失せる、消散する、一掃される. —Sus ilusiones *se disiparon*. 彼女の夢は吹き飛んだ.

__dislalia__ [dislálja] 女 《医学》発音不全、構音障害.

__dislate__ [disláte] 男 たわごと、つまらないこと、ばかげた行為. —decir ～s ばかなことを言う. cometer ～s ばかなことをする. 類__disparate, error__.

__dislocación__ [dislokaθjón] 女 ❶ 《医学》脱臼({#だっきゅう}). —～ de un hueso 《医学》骨の脱臼. ❷ 解体、取り外し; 崩壊. ❸ (事実の)歪曲、曲解.

__dislocadura__ [dislokaðúra] 女 →__dislocación__.

__dislocar__ [dislokár] [1.1] 他 ❶ を脱臼({#だっきゅう})させる. ❷ を取り外す、解体する. —El nacionalismo extremo está *dislocando* la sociedad. 極端なナショナリズムが社会を解体しつつある. ❸ (事実などを)曲げる、ゆがめる. —～ los hechos 事実を曲げる. Cuéntame lo sucedido sin ～lo. 起こったことをあるがままに話してちょうだい.

——__se__ 再 脱臼する. —*Se dislocó* la muñeca al caer por la escalera. 彼女は階段から落ちて手首を脱臼した.

__disloque__ [dislóke] 男 《話》最高、最上、この上ないこと. —ser el ～(=ser el colmo[el acabóse]). 最高[最上]だ.

__dismenorrea__ [dismenoréa] 女 《医学》月経困難症.

*__disminución__ [disminuθjón] 女 ❶ __減少__、縮小、軽減; 減退. —～ de nacimientos 出生数の減少. ～ de velocidad 減速. ～ del dolor 苦痛の軽減. ～ de las fuerzas 体力の衰え. 類__decremento__. 反__aumento__. ❷ (熱・気温・価値などの)低下; 値下げ. 類__descenso__.

ir en disminución 次第に減少[減退、縮小、低下]しつつある.

*__disminuir__ [disminuír] [11.1] 自 ❶ (数量が)減る; 少なくなる、小さくなる. —El número de analfabetos *ha disminuido* mucho. 読み書きできない人の数は非常に減った. Los casos de paludismo *han disminuido*. マラリアの症例は減っている. ❷ (程度が)和らぐ、低下する、緩和する. —La intensidad del viento *ha comenzado a* ～. 風の強さは弱まり始めた. ～ de peso [de tamaño] 重さ[大きさ]が減る. 類__menguar__.
—— 他 ❶ (出費など)を減らす、少なくする、小さくする. —Tienes que ～ la velocidad en las curvas. 君はカーブでは速度を落とさなければいけない. Intentan ～ la importancia del problema. 彼らは問題の重要性を軽視しようとしている. 類__reducir__. ❷ を和らげる、緩和させる.

__dismnesia__ [dismnésja] 女 《医学》記憶障害.

__disnea__ [disnéa] 女 《医学》呼吸困難.

__disociación__ [disoθjaθjón] 女 ❶ 分離(作用、状態)、分解. ❷ 《化学》解離.

__disociar__ [disoθjár] 他 ❶ を引き離す、分離する. ❷ 《化学》を解離させる.
——__se__ 再 [＋de]…から離れる、…と疎遠になる.

__disolubilidad__ [disoluβiljoðá(ð)] 女 ❶ 《化学》溶解性. ❷ 解散[解消]の可能性.

__disoluble__ [disolúβle] 形 ❶ 《化学》分解できる、融解して、溶ける、溶解性の. 反__insoluble__. ❷ (契約が)解消できる、(問題が)解決できる.

*__disolución__ [disoluθjón] 女 ❶ __解散__、解消、解除; 崩壊. —～ del parlamento [de la sociedad] 国会[会社]の解散. ～ del matrimonio 結婚の解消. ～ del contrato 契約の解除. ～ de la familia 家庭崩壊. ～ del Imperio Romano ローマ帝国の崩壊. 類__descomposición__. ❷ (風俗の)退廃、壊乱、放蕩({#ほうとう}). —～ de las costumbres 風紀の紊乱({#びんらん})、風俗の壊乱. 類__relajación, corrupción__. ❸ 《化学》溶解; 溶液. —～ acuosa [saturada] 水[飽和]溶液. 類__solución__.

__disoluto, ta__ [disolúto, ta] 形 自堕落な、ずぼらな、放埒({#ほうらつ})な. —mujer *disoluta* 自堕落な女. Lleva una vida *disoluta*. 彼女は放埒な生活を送っている. —— 名 放蕩({#ほうとう})者、道楽者.

__disolvente__ [disolβénte] 形 溶解力がある、溶かす. —sustancia ～ 溶解剤. —— 男 ❶ シンナー. ❷ 《化学》溶剤、溶媒.

*__disolver__ [disolβér] [5.2] 他 ❶ [＋en に](液体に)を溶かす、溶解する. —～ la pastilla *en agua* 錠剤を水に溶かす. 類__diluir__. ❷ (契約など)を解消する、取り消す; (議会、国会など)を解散する. —～ el matrimonio 結婚を解消する. ～ las Cortes 国会を解散する. ❸ (感情などを)解消させる、消失させる.

——__se__ 再 ❶ 溶ける、溶解する. —El azúcar *se disuelve* en el agua. 砂糖は水に溶ける. ❷ 解消する、解散する; 消散する. —La manifestación *se disolvió* sin incidentes. デモは混乱もなく解散した. La sociedad *se disolvió*. その会社は解散した. Mis dudas no *se disolvieron* tras su explicación. 私の疑問は彼の説明の後でも消えなかった.

__disón__ [disón] 女 《音楽》→__disonancia__.

__disonancia__ [disonánθja] 女 ❶ 不一致、不調和、不和. ❷ 《音楽》不協和音. 反__consonan__-

cia.

disonante [disonánte] 形 ❶ 不調和な, 一致しない. —color ~ 不調和な色. ❷《音楽》不協和音の. —nota ~ 不協和音.

disonar [disonár] [5.1] 自 〖+con/de〗…と一致しない, 調和しない. —Las cortinas *disuenan con los muebles*. そのカーテンは家具と調和していない. ❷《音楽》音[調子]が外れる, 不協和音になる. —La melodía que tocaba en el piano *disonaba*. 彼女がピアノで弾いているメロディーは音が外れていた.

dísono, na [dísono, na] 形 →disonante.

dispar [dispár] 形 同じでない, 等しくない, 異なった. —Tienen ideas ~*es* sobre esa cuestión. 彼らはその問題について異なる考えを持っている. 類 **desigual, diferente**.

disparada [disparáða] 女 【中南米】《話》逃走（=fuga）. —tomar la ~ 逃走する.

ala disparada 全速力で, 一目散に.

disparadero [disparaðéro] 男 (銃の)引金 (= gatillo).

poner a … en el disparadero 《話》…をけしかける.

disparador [disparaðór] 男 ❶《写真》シャッター, レリーズ. —~ automático セルフタイマーボタン. ❷《軍事》射手, 砲手. ❸ (鉄砲などの)引金. ❹《機械》(時計の)歯車のがんぎ, 逃がし止め.

:**disparar** [disparár] 他 ❶〖+contra/sobre〗(武器を)発射する, 発砲する, 撃つ. —~ al aire 空中に発射する. ~ a matar 射殺する. El policía *le disparó* en un brazo. 警官は彼の片腕を狙って撃った. ¡Alto o *disparo*! 止まれ, さもないと撃つぞ. *Dispararon* sobre [contra] los soldados enemigos. 彼らは敵兵めがけて発砲した. ❷ 投げつける, 蹴り込む; シュートする. ❸《写真機の》シャッターを切る. ❹ 〖メキシコ〗《話》勘定を払う, おごる. —Hoy *disparo* yo. 今日は僕のおごりだ. 類 **pagar**.

—他 ❶ (武器を)発射する, 撃つ, (花火など)を打ち上げる. —~ una flecha con un arco 弓で矢を射る. *Le dispararon* un tiro en el corazón. 彼は心臓を1発撃たれた. *Dispararon* 21 cañonazos de saludo. 彼らは21発の礼砲を撃った. ❷ …を投げつける, 蹴り込む. —~ un penalty ペナルティーシュートをする. *Disparó* el balón y metió un gol. 彼はボールを蹴り, ゴールを決めた. ❸《写真》を撮る, …のシャッターを切る. —He *disparado* ya diez fotos. 私はもう写真を10枚撮った. ❹《話》(質問など)を浴びせる, 投げつける. ❺〖メキシコ〗《話》をおごる. —Yo *disparo* esta ronda. 今度は私のおごる番だ.

—**se** 再 (*a*) (武器が)発射される; 暴発する. (*b*) 自分自身を撃つ. —Se *disparó* un tiro en la sien. 彼は自分のこめかみを撃った. ❷ 〖+hacia の方へ〗飛び出す, 走り出す; 暴走する. —Se *disparó hacia* la salida de la estación. 彼は駅の出口に向かって走り出した. ❸ (価格などが)急上昇する, 急騰する. —Se *ha disparado* el consumo de petróleo. 石油消費が急増している. Los precios *se dispararon*. 物価が急上昇した. ❹ 怒り狂う, 暴れ出す. —Tranquilo, no *te dispares*. 落ち着け, 騒ぐんじゃない. ❺ (装置などが)作動する, 動き出す. ❻ 〖メキシコ〗《話》おごる.

disparatadamente [disparatáðaménte] 副 でたらめに; むちゃくちゃに.

disparatado, da [disparatáðo, ða] 形 ❶ ばかげた, でたらめな, 無意味な, 途方もない. —idea *disparatada* ばかげた考え. 類 **absurdo**. ❷《話》過度の, 並外れた. —Tenía un miedo ~ a los ratones. 彼女はネズミをとてもこわがっていた. 類 **desmesurado, enorme**.

*:**disparatar** [disparatár] 自 でたらめを言う, ばかなことを言う. —Cállate y no *disparates* más. 黙って, それ以上わけごとを言うな.

:**disparate** [dispárate] 男 ❶ でたらめ, ばかげたこと; 軽率な行為. —no digas ~s でたらめ[ばかげたこと]を言うなよ. soltar un ~ 暴言を吐く, たわ言を言う. ensartar una serie de ~s 次々でたらめばかり言う. Es un gran ~ salir sin abrigo con el frío que hace. この寒さにオーバーを着ないで出かけるなんて全くどうかしている. Hiciste un ~ bañándote en ese río infestado de pirañas. ピラニアがうようよしている川で泳ぐなんて君は無茶をしたものだな. 類 **desacierto, desatino**. 反 **cordura**. ❷ 悪口, 悪たれ口. —Se descompuso y me soltó [dijo] todos los ~s que le vinieron a la boca. 彼は取り乱して言いたい放題昼をののしった. 類 **insulto, maldición**. ❸ 〖un disparate の形で副詞的に〗すごく, 大いに. —reírse un ~ 大笑いする. Gasta un ~ en zapatos, joyas y comida. 彼女は靴や宝石や食事にものすごく金をかける. 類 **una atrocidad**.

¡Qué disparate! ばかばかしい, とんでもない(非難・抗議・不快などを表す).

disparejo, ja [disparéxo, xa] 形 ちぐはぐな. —estilos ~s ちぐはぐなスタイル (=dispar).

disparidad [disparidáð] 女 不同, 不等. —~ de caracteres 性格の不一致.

:**disparo** [dispáro] 男 ❶ 発射, 発砲, 射撃, 発火. —hacer [tirar] un ~ 発射する. fallar el ~ 弾を外す. Murió a consecuencia de un ~ en la cabeza. 弾が頭に当たった結果, 彼は死んだ. ~ intimidatorio 威嚇射撃. 類 **tiro**. ❷ 射撃音, 銃声. —Se oyó un ~. 銃声が一発聞こえた. ❸《スポーツ》強烈なシュート. —lanzar un ~ a puerta ゴールへシュートする. parar el fuerte ~ del futbolista そのサッカー選手の強烈なシュートを止める. 類 **tiro**. ❹ 攻撃, 非難. —Los ~s de la prensa se centraron en él. 報道陣の攻撃は彼に集中した. 類 **ataque**. ❺ でたらめ, ばかげたこと, たわごと. 類 **disparate**.

disparo de aviso [de advertencia]《海事》(国旗掲揚・停船を求める)警告射撃, 威嚇砲撃, 警砲.

disparo de fogueo 空砲.

dispendio [dispéndjo] 男 浪費, 無駄遣い.

dispendioso, sa [dispendjóso, sa] 形 高額な, お金が非常にかかる. 類 **caro, costoso**.

dispensa [dispénsa] 女 (義務の)免除, 特別認可. —pedir ~ 免除を求める. tener ~ 免除されている.

dispensa matrimonial 近親結婚の特別許可.

dispensable [dispensáβle] 形 ❶ 免除しうる, 許しうる, 大目に見られる. ❷《カトリック》(教会法から)特別免除しうる.

dispensación [dispensaθjón] 女 (義務の)免除 (=dispensa).

dispensador, dora [dispensaðór, ðóra] 形

(恩恵・名誉などを)与える.
— 名 (恩恵・名誉などを)与える人;(薬品などの)販売機.

dispensar [dispensár] 他 ❶ (恩恵・名誉などを)与える, 授ける. ❷〖+de を〗…に免除する. ❸ 許す, 大目に見る.

dispensario [dispensárjo] 男 (無料)診療所, 病院.

dispepsia [dispépsja] 女《医学》消化不良(症), 胃弱. —tener [padecer] ~ 消化不良になる.

dispéptico, ca [dispéptiko, ka] 形 消化不良の. — 名 消化不良を患う人.

***dispersar** [dispersár] [<disperso] 他 ❶ (a) を分散させる, 散り散り(ばらばら)にする, ばらまく. —El pastor *dispersó* el rebaño. 羊飼いは羊の群を分散させた. El detergente *dispersa* la grasa. 洗剤は油を分解する. El viento *ha dispersado* el polvo de la calle. 風が街路のほこりを吹き飛ばした. (b) を追い散らす, 解散させる. —La policía *dispersó* a los manifestantes. 警察はデモ隊を追い払った. (c) (気などを)散らす. —Si *dispersas* tanto tu atención, nunca terminarás nada. 君はそんなに注意が散漫だと何も終らないよ. ❷《軍事》を敗走させる, 壊滅させる; 散開させる. —~ al ejército enemigo 敵軍を敗走させる.
— se 再 ❶ 分散する, 散らばる; 解消する. —El perro reunió a las ovejas que *se habían dispersado*. 犬は散らばっていた羊たちを集めた. Los miedos que sentía tardaron en ~se. 彼が感じていた恐れが解消するには時間がかかった. 類**desvanecerse**. ❷ 気が散る. —Debes procurar no ~te. 君は気を散らさないよう努力しなければいけない.

***dispersión** [dispersjón] 女 ❶ 散らばる(散らす)こと, 散乱, 分散, 散逸; 離散. ~ de los curiosos 野次馬の追い散らし. ~ del pueblo judío ユダヤ人の四散(→diáspora). ❷《軍隊》壊走, 潰走(かいそう); 散開. —El ejército consiguió la ~ del enemigo. 軍隊は敵を潰走させることができた. ❸《比喩》(注意力・努力などの)分散, 集中しないこと, 散漫. —Su ~ le impide concentrarse en el trabajo. 彼女は気が散って仕事に集中できない. ❹《化学, 物理》(光の)分散, 分光;《統計》散らばり. ❺《軍事》~ de tiro 射弾散布, 弾着のばらつき.

displacer [displaθér] 他 →desplacer.

displicencia [displiθénθja] 女 冷淡, 無愛想, 気乗りしないこと. —Les trataron con ~. 彼らは冷淡に扱われた.

displicente [displiθénte] 形 ❶ 不愉快な, むっつりした, 嫌そうな. ❷〖+con〗…によそよそしい, 冷淡な. —Ella estuvo ~ con los invitados. 彼女はお客さんたちによそよそしかった. ❸ 気乗りしない.

dispón [dispón] 動 disponer の命令・2 単.

dispondr- [dispondr-] 動 disponer の未来, 過去未来.

***disponer** [disponér ディスポネル]〖10.7〗他《文》❶ 並べる, 配置する, 配列する. —~ las sillas en filas 椅子を何列にも並べる. 類**arreglar, colocar**. ❷〖+para のために〗を準備する, 準備する, 用意する. —*Dispuso* todo lo necesario para la boda. 彼は結婚式に必要なものすべてを準備した. ❸ を規定する, 定める. —La ley *dispone* que … 法は…と規定している. La junta *ha dispuesto* una nueva normativa. 委員会は新しい規則を決定した. *Dispuso* que todos sus bienes pasaran a un centro de beneficencia. 彼は自分の全財産をある福祉施設に遺贈するよう指定した. El juez *dispuso* que fuera puesta en libertad condicional. 判事は彼女を仮釈放するよう命令した. 類**establecer, ordenar**.
— 自〖+de を〗❶ 自由に使える, 利用できる, 持っている. —Puede ~ de mí para lo que guste. 何でも御用命ください. *Disponemos* de muy poco tiempo. 私たちにはごくわずかの時間しかない. *Dispone* de diez años para pagar. 彼は 10 年間で支払わねばならない. 類**tener a disposición**. ❷ 処分する, 売却する. 類**dar, vender**.
— se 再《文》❶〖+para のために〗準備する, 用意をする. ❷〖+a+不定詞〗…しようとする, 決心する. —Le robaron cuando *se disponía a* tomar el tren. 彼は列車に乗ろうとしていたときに盗難に会った. La tropa *se dispuso a* atacar. 部隊は攻撃の用意を整えた.

disponga(-) [dispoŋga(-)] 動 disponer の接・現在. 「在・1 単.

dispongo [dispóŋgo] 動 disponer の直・現↑

disponibilidad [disponiβilidá(ð)] 女 ❶ 自由に処分できること, 利用できること, 使用権, 処分権. ❷ 複《商業》財源, 財産, 資金, 準備金.

***disponible** [disponíβle] 形 ❶ 利用できる, 役に立つ, 自由にできるような. —Tienen muchas informaciones ~s. 彼らには利用できる情報がたくさんある. Por las tardes estoy ~ por si me necesitas. 毎日午後, 君に必要があれば私はお役に立てます. 類**aprovechable, utilizable**. 反**indisponible**. ❷ 手近にある, 手持ち[手元]の; 手に入る. —fondo ~ 手元資金. renta ~ 可処分所得, 手取り収入. Este aparato aún no está ~ en el mercado español. この器具はスペイン市場ではまだ入手できない. ❸ ふさがっていない, 空いている; 手のすいている. —Al final de la sala hay dos asientos ~s. ホールの後部に 2 つ空席がある. Todo su tiempo ~ lo dedica a la familia. 彼は暇な時間を全部家族のためにささげている. 類**desocupado, libre**. 反**ocupado**. ❹《軍人, 官僚などが》待命中の, 待機中の.

***disposición** [disposiθjón] 女 ❶ (a) 配置, 配列, レイアウト. ~ de los muebles 家具の配置. ~ de los cuartos de un piso マンションの間取り. 類**colocación, orden**. (b)《軍事》隊形, 陣形. —Las fuerzas estaban en ~ de batalla. 部隊は戦闘隊形を取っていた. ❷ 自由に使用[処分]できること, 裁量, (使用する)権利. —Mi habitación está a tu ~. 私の部屋を自由に使っていいよ. Estoy en todo a su (libre) ~ [a la ~ de Ud.]. なんなりとお申しつけください. No tiene aún la libre ~ de sus bienes. 彼はまだ財産を自由に処分することができない. *disposiciones* testamentarias 遺言による財産譲渡. 類**merced, voluntad**. ❸〖+para〗…の才能, 適性, 能力. —Tiene ~ para las matemáticas. 彼は数学の才能がある. mostrar gran ~ para los idiomas 語学の才能を発揮する. Es una muchacha de mucha ~. 彼女は大変才能のある子です. 類**aptitud, habilidad, talento**. 反**incapacidad**.

730 dispositivo

ineptitud. ❹ (心・体の)**状態, 気持, 気分**(＝〜 de ánimo). —estar [encontrarse, hallarse] en buena 〜 de ánimo 上機嫌である, 気分がよい. estar en mala 〜 不機嫌である, 気分[健康]がすぐれない. Ahora estoy cansado y no estoy en 〜 de seguir trabajando. 今疲れていて, このまま働き続ける気になれない. Lo hallamos en buena 〜 para ayudarnos. 彼は我々を助ける気があるみたいだ. 類**actitud, estado, situación. ❺** 『時に複』準備, 用意; 措置. —Ya estoy en 〜 de salir de casa. 私は既に出かける用意ができている. tomar las *disposiciones* para ... ...のため[...する]ための対策を講ずる. Ese traje no está en 〜 de que te lo pongas para ir a una fiesta. その服は君がパーティーに着て行けるように作られていない. 類**estado, situación. ❻** 気質, 性向, 傾向; 勇敢さ. —Era la admiración de todos por su gentil 〜 y hermoso rostro. 彼女はその穏やかさと美しい顔だちによって皆の賛嘆の的だった. Admiro la 〜 del joven. 私はその若者の勇気に感心している. 類**gallardía, valor. ❼** (*a*) 《法律》(法律の)条項, 規定, 法. —*disposiciones* legales 法律条項, 法規. Esto se dice en la sexta 〜 de la ley. このことは法律の第6条にある. 〜 ministerial 省令. dar [dictar] una 〜 法律条項を公布する. abolir [anular, derogar] una 〜 法律条項を廃止する. (*b*) 命令, 指令, 指図. —El decano de nuestra facultad no acató la 〜 del rector. 我々の学部長は学長の指令を尊重しなかった.

estar [*hallarse*] *en disposición de* [＋不定詞, *que*＋接続法] ...する用意ができている, ...できる状態[状況]にある. Después de este fracaso no *estoy en disposición de* emprender nada nuevo. こんな失敗をした後では新しいことに取りかかる気になれない.

hacer disposición de (物)を自由に処分できる.
poner ... *a disposición de* ... を(人に)自由に使わせる, を(人)の自由に任せる. *Pongo* mi casa *a tu disposición* durante las vacaciones. 休暇中は私の家を自由にお使いなさい.

última disposición (1) 遺言, 遺志(＝testamento, última voluntad). Según su *última disposición*, parte de su fortuna va a parar a un asilo de ancianos. 彼の遺言により, 遺産の一部はある老人ホームのものになる. (2) 最近の法律条項. Según las *últimas disposiciones*, todas las casas de esta zona deben tener depuradores. 最近の規定ではこの地区の家は全て浄化装置を備えていなければならない.

dispositivo [dispositíβo] 男 ❶ 仕組み, 装置. —accionar un 〜 装置を働かせる. 〜 de almacenamiento 《情報》記憶機構. 〜 de seguridad 安全装置. 〜 electrónico 電子装置. 〜 periférico 《情報》周辺装置. 〜 de (特定の目的のために組織された)部隊. —Intervinieron 〜s de la lucha antiterrorista. 反テロ部隊が介入した.
—, *va* 形 配置する.

dispuesto [dispwésto] 動 disponer の過去分詞.

:**dispues̃to, ta** [dispuésto, ta] 過分 [＜disponer] 形 ❶ 整えられている, 並べられている. —〜 según ciertos principios ある原則に従って並べられている. ❷ (*a*) 準備ができている. —La cena está *dispuesta*. 夕食の準備ができている. 類**preparado**. (*b*) 『＋*a*/*para*』...する用意ができている. —Estamos 〜*s a* salir [*para* la marcha]. 私たちは出かける用意ができている. poco 〜 *a* ... ...したがらない. ❸ 活動的な; 素質のある. —una muchacha *dispuesta* y trabajadora 活動的で働き者の少女. 類**despejado, hábil**. ❹ [*bien* [*mal*]＋] (*a*) 好意的な[好意をもたない]. (*b*) 健康な[健康がすぐれない]. ❺ 立派な風采の, 姿形の美しい. 類**apuesto, gallardo**.

dispus- [dispus-] 動 disponer の直・完了過去, 接・過去.

*•**disputa** [dispúta] 女 口論, 言い争い; 議論. —〜 violenta 激しい口論. asuntos en 〜 論争中の問題. tener una 〜 口論[議論]する. 類**altercado, discusión, lucha**.
sin disputa 異論の余地なく, 文句なく, 間違いなく. Es, *sin disputa*, la más inteligente de la clase. 彼女は間違いなくクラスで一番頭がいい.

disputable [disputáβle] 形 議論の余地がある, 問題が残る. 類**discutible, problemático**. 反**indiscutible, indisputable**.

:**disputar** [disputár] 他 ❶ [＋*a* と]を争う, 競う, 取り合う. —Un sobrino le *disputa* el derecho a la herencia. 1人のおいが彼と相続権に関して争っている. Sólo usted puede 〜 le el título de campeón. あなただけが彼と選手権を争える人はいない. ❷ (試合)を行う. —Mañana *disputan* un importante partido. 明日彼らは重要な試合を争う.
— 自 ❶ [＋*de*/*sobre*/*acerca de* について] 口論する, 言い争う, 論争をする. 〜 〜 *de* [*sobre*] política 政治について議論する. ❷ [＋*con* と, ＋*por* を]争う. —*Disputa con* su vecino *por* cualquier nimiedad. 彼は隣人とどんなささいなことでも争う.
— *se* 再 を争う, 競い合う, 取り合う. —Diez participantes *se disputan* el premio. 10人の参加者が賞を争っている.

disquete [diskéte] 男 《情報》ディスケット.

disquisición [diskisiθjón] 女 ❶ 論文, 論考. —*disquisiciones* filosóficas 哲学的論考. ❷ 精査, 探求. ❸ 複 (議論の)わき道, 余談.

distancia [distánθja ディスタンシア] 女 ❶ 距離, 道のり; (時間的な)隔たり, 間隔. —El banco está a una 〜 de 50 metros. 銀行は50m離れた所にあります. ¿Qué 〜 hay [existe, media] de su casa a la estación? あなたの家から駅までの距離はどの位ありますか? ¿Cuál es la 〜 de aquí al próximo pueblo? ここから近くの町までの距離はどの位ありますか? Entre mi casa y la suya hay [existe, media] una 〜 de veinte metros. 私の家と彼の家とは20メートル離れている. llamada [avión] de larga 〜 長距離電話[飛行機]. Una 〜 de seis años separa las dos guerras civiles. 2つの内戦間には6年の隔たりがある. 類espacio, intervalo, trecho. ❷** (顕著な)違い, 差異, 相違(通常 enorme, gran, mucha などを伴なう). —Existe una enorme 〜 entre esos dos pintores. それら2人の画家の間には大きな相違がある. Hay [Va] mucha 〜 de las palabras a los hechos. 言うことと やることとはずいぶん違う. 類**diferencia**. 反**igualdad, semejanza. ❸** 疎遠, 不仲; よそよそしさ.

さ, 冷淡. —tratar a ... a ~ (人)によそよそしくする. La ~ que los separaba era cada vez mayor, y terminaron por divorciarse. 夫婦を隔てる距離は日増しに大きくなり, とうとう離婚するに至った. La ~ entre Silvia y Jorge ya no tenía solución. シルビアとホルヘとの不仲はもうどうしょうもなかった. 類**desafecto, enfriamiento.** 反**afecto, apego.**

a distancia/a [en] la distancia 遠くに, 遠くから(=lejos). Ese cuadro se aprecia mejor *a distancia*. その絵のよさは離れて見た方がよい. universidad *a distancia* 放送大学, 通信教育大学. enseñanza *a distancia* 通信教育. control [mando] *a distancia* リモコン, 遠隔操作.

a larga [gran] distancia 長[遠]距離の. una llamada *a larga distancia* 長距離電話.

a (una) considerable [respetable, respetuosa, etc.] distancia/a una distancia considerable [respetable, etc.] かなり遠くに・から, かなり距離を置いて(敬意・嫌悪・無関心などのため). Nos sentamos *a una respetable distancia* de la presidencia. 私たちは主宰者席からかなり距離を置いて腰かけた. Me gustan los toros, pero ... *a una distancia respetable*. 私は闘牛が好きだが, かなり遠くからでないと….

distancia focal [de enfoque] (光学, 写真)焦点距離.

guardar [mantener] las distancias con (身分上の)一線を画し, 一般に下の者に)なれなれしくしない. *Con* sus subordinados siempre *guarda las distancias*. 彼は部下とはどんな時もなれなれしくしない.

mantenerse a prudente distancia 安全車間距離を保つ. ¡*Manténgase a prudente distancia*! 安全車間距離を保ちなさい!

***distanciado, da** [distanθjáðo, ða] 過分 形 離れた, 遠くの; 昔の. —El pueblo está ~ de la capital unos treinta kilómetros. その村は首都から30キロばかり離れている. Desde hace mucho tiempo están ~s por motivos políticos. ずいぶん前から彼らは政治的な理由で距離をおいている.

distanciamiento [distanθjamjénto] 男 ❶ 隔てる[隔たる]こと, 遠ざける[遠ざかる]こと]. —Siguió el ~ del barco hasta que se perdió de vista. 彼は視界から消えてしまうまで船が遠ざかるのを目で追った. ❷ よそよそしくすること. ❸ 隔絶, 孤立.

***distanciar** [distanθjár] 〔<distancia〕他 ❶ …に距離[間隔]を置く, を遠ざける, 疎遠にする. —La falta de convivencia los *ha distanciado*. いっしょに暮らしていないので彼らは疎遠になった. ❷ (競走などで)を引き離す, リードする. — ~ al pelotón (他の選手の)集団を引き離す.

— se 再〔+de から〕 ❶ 遠ざかる, 離れる. —Contemplaba cómo la luna *se iba distanciando del* horizonte. 彼は月がどのように地平線を離れて行くか眺めていた. ❷ 距離を置く, 疎遠になる. —*Se distanció de* su esposa en poco tiempo. ほどなく彼と妻との間の距離が大きくなった. ❸ (競走などで)(を)引き離す, (…に)差をつける, リードする. — ~ *se de* sus perseguidores 自分の競争相手に差をつける.

***distante** [distánte] 形 ❶〔+de〕…から(空間的・時間的に)遠い, 離れた, 隔った〔estar+〕. —El Paseo del Prado *está* muy ~ *de* aquí. プラード通りはここから非常に遠い. Le encanta viajar por lugares ~s. 彼は遠方に旅行に行くのが大好きだ. 類**alejado, lejano, remoto.** 反**cercano.** ❷〔+con〕(人)によそよそしい, 冷たい. —Últimamente se mantiene ~ *conmigo*. 彼は最近私に対してよそよそしい. 類**frío.** 反**amable, cordial.**

distinción 731

‡**distar** [distár] 自〔+de から〕 ❶ (距離的・時間的に)隔たっている, 離れている. —La universidad no *dista* mucho *de* mi casa. 大学は私の家からあまり遠くない. ❷ ほど遠い, かけ離れている, (…とは)違っている. —Su pena *dista* mucho *de* ser sincera. 彼の悲嘆は, 真剣な感じからはかけ離れている.

diste [díste] 動 dar の直・完了過去・2単.

disteis [dístejs] 動 dar の直・完了過去・2複.

distender [distendér]〔4.2〕他 ❶ を緩める, 緩和する. — ~ las cuerdas de un violín バイオリンの弦を緩める. ❷ を膨脹させる, 膨らませる. ❸ (医学)(筋を)痛める.

— se 再 ❶ 緩む, 緊張が緩和する. —El tenso ambiente, poco a poco, *se fue distendiendo*. その緊張した雰囲気はだんだんと緩んで行った. ❷ 膨張する, 膨れ上がる. ❸ (筋が)痛む, 捻挫(ねんざ)する.

distensión [distensjón] 女 ❶ 膨張. ❷ (医学)筋違い, 捻挫(ねんざ). — tener una ~ 捻挫する.

distimia [distímja] 女 (医学)情緒異常.

‡**distinción** [distinθjón] 女 ❶ 区別, 識別; 差別. — hacer ~ entre el bien y el mal 善悪を区別する. Había poca luz y se hacía difícil la ~ de las señales de tráfico. あまり明るくなかったので交通標識の識別が困難だった. 類**apreciación, diferenciación, separación.** ❷ 栄誉, 名誉; 表彰; 特権. —Es un cargo muy deseado por las *distinciones* que conlleva. それは付いて回る栄誉からして切望されるポストである. Le dieron una ~ por haber capturado a un asesino. 彼は殺人犯を逮捕して表彰された. recibir una ~ 表彰[栄誉]を受ける. ~ honorífica 叙勲(じょくん). 類**honor, premio, prerrogativa.** ❸ 気品, 品位, 高貴, 上品さ. —mujer de mucha ~ とても気品のある女性. Tiene una ~ innata. 彼女には生まれつきの気品が備わっている. 類**educación, elegancia, finura.** ❹ 敬意, 厚遇, 特別扱い. —Nos trataron con gran ~. 我々はとても丁重にもてなされた. hacer objeto de ~ (人)を厚遇の対象にする. 類**consideración, miramiento.** ❺ (テレビの)鮮明度.

a distinción de …とは違って, …と区別して(=a diferencia de ...).

hacer [establecer] distinción [una distinción, distinciones] 区別する; 差別する, 特別扱いする. No *hizo distinciones* y nos dio a todos el mismo regalo. 彼は差別せず私たち全員に同じプレゼントをくれた.

sin distinción (de ...) (…の)区別なく, 無差別に. *sin distinción de* edades [de raza] 年齢[人種]の区別なく(に関係なく). viejos y jóvenes *sin distinción* 若い人もお年寄も区別なく. *sin distinción de* personas 特別扱いせず, 誰でも. obrar *sin distinción* めくら滅法に行動する.

hacer distinción con (人)を厚遇する, 丁重にもてなす, 気を配る.

distinga(-) [distinga(-)] 動 distinguir の接・現在.

distingo [distíngo] 動 distinguir の直・現在・1単.

distinguible [distingíβle] 形 識別しうる, 見分けられる.

:**distinguido, da** [distingíðo, ða] 過分 形 ❶ 著名な, 卓越した. —Es un ~ médico. 彼は著名な医者だ. familia *distinguida* 名門の家. D~ señor (手紙で)拝啓. 類**ilustre, renombrado**. ❷ 上品な, 気品のある. —Ella tiene una forma de hablar muy *distinguida*. 彼女はとても気品のある話し方をする. 類**elegante**.

distinguir [distingír ディスティンギル] [3.7] ❶ (a) を区別する. —No sabe ~ una sardina de un boquerón. 彼はイワシとカタクチイワシの違いが分からない. Son tan parecidos que es muy difícil ~los. 彼らは非常に似ているので区別するのが大変難しい. 類diferenciar**. (b) を特徴づける, 区別させる. —Nos trató con la generosidad que lo *distingue*. 彼はその持ち前の気前よさで私たちをもてなしてくれた. 類**caracterizar**. ❷ を見分ける, 識別する, 確認する. —A lo lejos se *distingue* el castillo. 遠くに城かが確認できる. La *distinguí* por la voz. 私は声で彼女と分かった. 類**percibir**. ❸ を特別扱いにする, 優遇する, ひいきする. ❹ 〖+con の〗栄誉を…に授ける, 授与する. —La han *distinguido* con la medalla del mérito artístico. 彼女に芸術功労賞が授与された. Nos *distinguió* con su presencia. 彼は御出席という栄誉を私たちに与えてくださった. ❺ (能力など)を際立たせる.

—自 ❶ 見分ける, 違いが分かる. 類**discernir**. ❷ 違って見える, 見違える.

—se 再 ❶ 〖+por で, +en の中で〗抜きん出る, 際立つ, 目立つ. —Se *distinguió* por su talento para los negocios. 彼は商売の才能で名を挙げた. Se *distinguía* por su belleza. 彼女はその美しさで目立っていた. 類**destacar, sobresalir**. ❷ 区別される, 違いがある. ❸ 見分けられる, 識別される.

•**distintivo, va** [distintíβo, βa] 形 (他との)違いを示す, 特徴[特性]を示す, 示差(ﾋ)的な. —rasgo —《言語》示差的特徴, 弁別素性. El consumismo es una característica *distintiva* de nuestra sociedad. 消費主義は私たちの社会を際立たせる特徴である. 類**característico, específico**.

—男 ❶ 記章, バッジ, 目印. —Aquella señora llevaba un ~ de la Cruz Roja. あの女性は赤十字の記章をつけている. 類**divisa, insignia, marca**. ❷ 象徴, 表象. —Los guantes eran para él el ~ de la finura. 手袋は彼にとって上品さの印なのだ. 類**símbolo**. ❸ 特徴, 特性. —El ~ de nuestra empresa es la calidad y el buen servicio. わが社の特徴は品質とよいサービスである. 類**característica**.

****distinto, ta** [distínto, ta ディスティント, タ] 形 ❶ 〖+a/de〗…とは異なる, 相違する, 別の〖ser+〗. —El color de la blusa es ~ del de la falda. ブラウスの色はスカートの色と違っている. Vivir en un pueblo es muy ~ de vivir en la ciudad. 田舎に住むのは都会に住むのと非常に違っている. Nos estamos refiriendo a dos cosas *distintas*. 我々は二つの違った事を話している. 類**desemejante, diferente, dispar**. ❷ 〖『名詞の前で』〗様々の, 色々の; いくつかの. —Se expusieron *distintas* opiniones sobre el problema. この問題について様々な意見が表明された. 類**diverso, vario**. ❸ 明瞭な, はっきりした, 鮮明な. —Procura hablar con voz clara y *distinta*. はっきりした明瞭な声で話すようにしなさい. 類**claro, nítido, preciso**. 反 **confuso**.

distocia [distóθia] 女 《医学》難產.

•**distorsión** [distorsjón] 女 ❶ (体・骨格などの)湾曲, ひずみ, ゆがみ, ねじれ, 捻挫(ﾈﾝ). —~ del tobillo くるぶしの捻挫 tener una ~ 捻挫する. 類**esguince, torcedura**. ❷ (事実などの)曲解, 歪曲. —~ del sentido de una frase 文意の曲解.

•**distracción** [distrakθjón]〖＜distraer〗女 ❶ 不注意, 油断, うっかり. —Una pequeña ~ cuando conducía le costó la vida. 運転中のちょっとした不注意が彼の命取りになった. En un momento de ~ le robaron la cartera. 彼は油断したすきに財布を盗まれた. 類**descuido, distraimiento**. 反**atención, cuidado, vigilancia**. ❷ 気晴らし, 息抜き, 趣味; 楽しみ, 娯楽. —Ir a pescar le sirve de ~. 釣りに行くことは彼の気晴らしになる. Ve la tele por la tarde como ~. 彼は気晴らしに午後にテレビを見る. 類**diversión, entretenimiento, pasatiempo**. 反**aburrimiento**. ❸ 気を散らすこと[もの], 気の散ること, 注意散漫; うわの空, 放心. —La ~ de la televisión me impide concentrarme. 私はテレビに気が散り, 集中できない. ❹ (公金の)横領, 着服, 流用. ❺ 放縦, 放蕩.

por distracción (1) うっかりして. cantar *por distracción* 鼻歌を歌う. Lo hizo *por distracción*. 彼はそれをうっかりしてやった. (2) 気晴らしに, 趣味で. Pinta *por distracción*. 彼は気晴らしに絵を描いている.

:**distraer** [distraér] [10.4] 他 ❶ を楽しませる, …に気晴らしになる. —La música me *distrae* en mis ratos de ocio. 暇な時間に私は音楽を楽しむ. *Distraía* a los niños contándoles cuentos. 彼は面白い話をして子どもたちを楽しませていた. 類**entretener**. ❷ 〖+de から〗…の気をそらせる, 気を散らせる. —Su cháchara me *distraía* de la lectura. 彼のおしゃべりで私は読書の気をそらされた. Se ruega no ~ al conductor.《掲示》運転手に話しかけないでください. Yo no sé qué hacer para ~lo de sus preocupaciones. 彼の心配を取り払ってやるにはどうしたらいいのか私には分からない. ❸ を盗む, 横領する, 着服する.

—se 再 ❶ 〖+de/con で〗気晴らしをする, 楽しむ. —Se *distrae* con los videojuegos. 彼はテレビゲームで楽しんでいる. Se *distraen* viendo la televisión. 彼らはテレビを見て楽しんでいる. 類**entretenerse**. ❷ 気が散る, 放心する, ぼんやりする. —Se *distrajo* un momento y le robaron la maleta. 一瞬気をそらされたすきに彼はスーツケースを盗まれてしまった. Si no te *distraes*, terminarás enseguida. 君は気を散らさなければすぐに仕事は終わるはずだ. 類**descuidarse, despistarse**.

distraídamente [distraíðaménte] 副 ぼんやりして, うっかりして, うわの空で, 放心状態で.

distraído, da [distraíðo, ða] 過去 [< distraer] 形 ❶ 楽しんでいる. —Está muy ~ viendo el partido de fútbol en la televisión. 彼はテレビでサッカーの試合を見て楽しんでいる. ❷ 面白い, 楽しめる. —Es una película muy *distraída*. それはとても面白い映画だ. 類 **divertido**. ❸ ぼやっとした, 上の空の. —Estabas ~ y no te diste cuenta de nada. 君はぼやっとしていて何にも気がつかなかったんだ. Cruzó la plaza con aire ~. 彼は上の空の雰囲気で広場を横切った. ❹ 不注意な, 注意散漫な. —Pedro es una persona muy *distraída*. ペドロはとても不注意な人間だ. Antonio siempre está ~ en clase. アントニオはいつも授業で注意散漫だ. — 名 ぼんやり者, 不注意な人. —La maestra regañó a los ~s. 先生は話を聞いていない者たちを叱った.

hacerse el distraído 聞こえないふりをする, 知らんぷりをする. Me vio pero *se hizo el distraído*. 彼は私を見たが知らないふりをした.

distraiga(-) [distráiɣa(-)] 動 distraer の接・現在.

distraigo [distráiɣo] 動 distraer の直・現在・1単.

distraj- [distrax-] distraer の直・完了過去, 接・過去.

distrayendo [distrajéndo] 動 distraer の現在分詞.

‡**distribución** [distriβuθjón] 女 ❶ (*a*) 分配, 配給, 配布; 配達. — de la riqueza 富の分配. ~ de víveres 食糧品の配給. ~ de la correspondencia 郵便物の配達. ~ de prospectos ちらし配り. ~ de películas 映画の配給. ~ de premios 賞品授与. 類 **repartición, reparto**. (*b*) (電気・水などの)供給; (商品の)流通(機構). ~ de electricidad 配電. La ~ de libros de texto está mal organizada. 教科書の流通機構が整っていない. ~ (映画などの)配給. — del trabajo 仕事の割振り. ~ de dividendos 配当金の割当て. ❸ 配置, (家の)間取り; 分布. ~ del piso マンションの間取り. ~ de la población 人口分布. ~ 《統計》度数分布. ❹ (*a*) 《機械》(内燃機関の)弁装置, カム. —eje de ~ カム軸. (*b*) 《印刷》解版. (*c*) 《政治》— Nueva D〜 ニューディール政策. (*d*) 《数学》超関数. (*e*) 《修辞》列挙法. (*f*) 《情報》分散.

•**distribuidor, dora** [distriβuiðór, ðóra] 形 分配[配給, 配送]の. —compañía *distribuidora* 配送会社. Esta red *distribuidora* funciona a la perfección. この配給網は完璧に機能している. 類 **repartidor**.

— 名 販売者[店], 代理店(主), (ある商品を扱う)業者. —~ exclusivo 特約販売店. Hemos cambiado de ~ de productos de limpieza. われわれは清掃用品の販売業者を変えた.

— 男 ❶ 《機械》(内燃機関の)配電器, ディストリビューター. — El mecánico arregló el ~ del coche. 整備工はその車のディストリビューターを修理した. ❷ 通り抜け部屋(いくつかの部屋に通じている小部屋), ホール. —Al final del pasillo, un ~ lleva a los dormitorios. 廊下の突き当たりには各寝室に通じているホールがある.

distribuidor automático 自動販売機.

— 女 ❶ (映画の)配給会社, 販売代理店. —*distribuidora* cinematográfica 映画配給会社. Pedí cinco ejemplares del libro en la *distribuidora*. 私は代理店にその本の見本を5冊注文した. ❷ 肥料拡散機. ❸ (卸の)流通会社.

distribuidora [distriβuiðóra] 女 →distribuidor.

‡**distribuir** [distriβuír] [**11.1**] 他 ❶ 〖~+a に, +entre の間に〗を分配[配分]する, 配る; 割り当てる. —En muchos países la riqueza está mal *distribuida*. 多くの国で富の分配は不均衡である. *Distribuyeron* el trabajo *entre* los tres. 彼らは仕事を3人で分担した. ~ el correo 郵便を配達する. 類 **repartir**. ❷ (映画などを)配給する, (商品を)供給する, 配布する. —Esa editorial *distribuye* la obra por todo el país. その出版社はその作品を全国に配本している. ❸ 〖~+en に〗(物・人)を並べる, 配列する, 配置する. —Las habitaciones están muy bien *distribuidas*. 部屋は非常によく配置されている. *Distribuyeron* a los alumnos *en* grupos de cinco. 彼らは生徒たちを5人ずつのグループに分けた. 類 **disponer, dividir**.

—*se* 再 ❶ 〖~+en/por に〗配分される, 配置される. ❷ 〖~+en に〗収納される.

distributivo, va [distriβutíβo, βa] 形 配分の. —conjunción *distributiva* 《文法》配分の接続詞 (o bien ..., o bien ...; ya ..., ya ...; ora ..., ora ... など).

‡**distrito** [distríto] 男 地区, 区域, 管(轄)区(行政・司法・選挙・警察・郵便・学校などの区分を示す). —junta de ~ 区議会. ~ electoral 選挙区. ~ escolar 学区. ~ judicial 裁判区. ~ marítimo 海上警備区. ~ municipal 市の行政区. ~ postal 郵便集配地区. ~ rojo 赤線地区. ~ universitario 大学地区. ~ comercial 商業地区. Mi casa está en el ~ Centro de Madrid. 私の家はマドリードの中心地にある. 類 **circunscripción, demarcación**.

distrito federal (連邦共和国の)首都地域; 〖メキシコ〗連邦特別区(〖略〗D.F.). En México la capital está en un *distrito federal*. メキシコでは首都は連邦特別区にある.

distrofia [distrófja] 女 《医学》栄養失調, 栄養障害, ジストロフィー. —~ muscular 筋ジストロフィー. tener una ~ ジストロフィーを病む.

disturbio [distúrβjo] 男 乱す[騒がす]こと, 騒動, 暴動. —~s estudiantiles 学生の暴動. Después del partido hubo ~s. 試合の後, 暴動が起こった. ~ emocional 《医学》情緒障害.

disuadir [diswaðír] 他 〖~+de〗…に(…を)思いとどまらせる, 断念させる, 思い切らせる. —Le *disuadimos de* que se dedicara a la política. 我々は彼が政治に身を投じるのを思いとどまらせた. 類 **persuadir**.

disuasión [diswasjón] 女 思いとどまらせること, 諫(\`いさ)めること. —fuerza de ~ 思いとどまらせる説得力, 抑止力.

disuasivo, va [diswasíβo, βa] 形 思いとどまらせる, 抑止する. —poder ~ 思いとどまらせる説得力, 抑止力.

disuasorio, ria [diswasórjo, rja] 形 →disuasivo.

disuelv- [diswélβ-] 動 disolver の直・現在, 接・現在, 命令・2単.

disyunción [disjunθjón] 女 ❶ 分離, 分裂,

遮断. ❷《文法》分離の接続詞 (o や o sea など). ❸《情報》論理和.

disyuntiva [disjuntíβa] 囡 →disyuntivo.

disyuntivo, va [disjuntíβo, βa] 形 ❶ 分離する, 引き離す. ❷《文法》離接の, 分離の. —conjunción *disyuntiva* 離接の接続詞.
—— 囡 二者択一, 代案, 別の方法 (=alternativa).

disyuntor [disjuntór] 男 《電気》ブレーカー, 安全器.

ditirámbico, ca [ditirámbiko, ka] 形 ❶ (詩などの)酒神[バッカス]礼賛の. ❷ ほめすぎる; 熱狂的な.

ditirambo [ditirámbo] 男《詩》酒神賛歌, 熱狂的な詩.

diurético, ca [djurétiko, ka] 形《医学》利尿の. —— 男《医学》利尿剤.

diurno, na [djúrno, na] 形 ❶ 昼間の, 日中の. 反 **nocturno**. —horario ~ 昼のスケジュール. ❷《植物》(花・葉が)昼間開く. ❸《動物》昼間活動する. —— 男《まれ》《宗教》日課書(時間ごとの祈りが書かれてある).

diva [díβa] 囡 ❶《詩》女神 (=diosa). ❷《比喩》(歌劇で)プリマドンナ. ❸ 高慢な[思い上がった]女性.

divagación [diβaɣaθjón] 囡 わき道にそれること, 余談, 脱線. —hacer una ~ 余談をする. Déjate de *divagaciones* y ve al grano. 余談はやめて本題に入って.

divagador, dora [diβaɣaðór, ðóra] 形 ❶ (話が)わき道にそれた, 本筋を離れた. ❷ 支離滅裂な話をする.

divagar [diβaɣár] [1.2] 自 ❶ (話・議論が)わき道へそれる, 本筋を離れる, 枝葉にわたる. ❷《まれ》さまよう, 放浪する (=vagar).

diván [diβán] 男 ❶ 寝椅子, ソファー. ❷ (アラビア・ペルシャなどの一人の作者による)詩集. ❸ (トルコの)国政会議, 議事堂; 法廷.

divergencia [diβerxénθja] 囡 分岐, 分裂; 相違. —Hay ~s en el gobierno respecto a la reforma fiscal. 財政改革に関して政府には意見の相違がある. 類 **desacuerdo**. 反 **convergencia**.

divergente [diβerxénte] 形 分岐する, 異なる. —Tenemos opiniones ~s sobre muchas cosas pero nos llevamos bien. 私たちは多くの点で意見が異なるが仲はよい. 反 **convergente**.

divergir [diβerxír] [3.6] 自 ❶【+de】…から分岐する, 発散[拡散]する. —Las carreteras *divergen* dos kilómetros más adelante. 幹線道路は2キロ先で分岐している. 反 **convergir**. ❷ (意見などが)分かれる, 【+de】…と異なる. —Yo *diverjo de* muchas de las ideas de mi padre. 私は多くの点で父と意見が異なる.

*****diversidad** [diβersiðá(ð)] 囡 ❶ 多様性. —En este bosque hay una gran ~ de árboles. この森には色々な木がある. 類 **abundancia, variedad**. 反 **uniformidad**. ❷ 相違, 食い違い. —~ de caracteres 性格の不一致. ~ de opiniones 意見の食い違い. 類 **diferencia**.

diversificación [diβersifikaθjón] 囡 多様化, 多角化.

diversificar [diβersifikár] [1.1] 他 多様化する, 変化させる, 広げる, 多彩にする.

—— ~ las aficiones 趣味を広げる.
——**se** 再 変化する, 多様になる.

*****diversión** [diβersjón] 囡 ❶ 娯楽, 気晴らし, 楽しみ, レクリエーション, 慰み. —por ~ 気晴らしに, 趣味で. El fútbol *es* mi ~ favorita [preferida]. サッカーは私の一番の楽しみだ. sana ~ 健全な娯楽. ~ de salón 室内ゲーム. local de ~ 娯楽場. 類 **entretenimiento, pasatiempo, recreo**. 反 **aburrimiento**. ❷《軍事》陽動作戦, 牽(ﾞ)制 (=divertimiento estratégico).

*****diverso, sa** [diβérso, sa] 形 ❶【複 名詞に前置して】様々の, 種々の, いろいろの. —Hemos preguntado a ~s especialistas. 私たちは様々な専門家に質問した. Toca ~s instrumentos musicales. 彼はいろいろな楽器を演奏する. 類 **diferente, distinto, vario**. ❷ 雑多な. —artículos ~s 雑貨. ❸【+de】とは異なる, 別の. —Esta chica es *diversa de* las demás. この女の子は他の女の子たちとは違っている. El problema presenta dos aspectos ~s. この問題は2つの異なる様相を呈している. 類 **diferente, distinto**. 反 **igual**.

diverticulitis [diβertikulítis] 囡《医学》憩室炎.

divertículo [diβertíkulo] 男《解剖》憩室.

diverticulosis [diβertikulósis] 囡《医学》憩室症.

*****divertido, da** [diβertíðo, ða] 過分 形 ❶ 楽しい, 面白い. —Es un programa ~. それはとても面白い番組です. Pasamos una noche *divertida*. 私たちは楽しい夜を過ごした. No conocía una ciudad tan *divertida*. 私はあんなに楽しい町には行ったことがなかった. 類 **alegre, entretenido**. ❷ ゆかいな, こっけいな. —Juan es una persona muy *divertida*. フアンはとてもゆかいな人です. Ella nos miraba con una expresión *divertida*. 彼女は楽しそうな表情で私たちを見ていた. 類 **gracioso**.

divertimiento [diβertimjénto] 男 ❶《まれ》娯楽, 楽しみ, 気晴らし (=diversión). ❷《音楽》嬉遊(ﾞﾎﾞ)曲, ディヴェルティメント. ❸《演劇》幕間の余興(舞踊など). ❹《軍事》牽制, 陽動作戦.

*****divertir** [diβertír ディベルティル] [7] 他 ❶ を楽しませる, 楽しくさせる. —Nos *divirtió* con sus chistes. 彼は我々をジョークで楽しませてくれた. El cine me *divierte* muchísimo. 映画は非常に私を楽しませてくれる. 類 **entretener**. ❷ (敵を)牽制する.
——**se** 再【+con で】楽しむ, 気晴らしをする. —Nos *divertimos* mucho en la fiesta. 私たちはパーティーで非常に楽しい時を過ごした. *Se divierte* viendo jugar a los niños. 私は子供たちが遊んでいるのを見て楽しむ.

dividendo [diβiðéndo] 男 ❶《商業》(株式の)利益配当, 配当金. —~ provisional 中間配当金. ~ activo 利益配当金. ~ pasivo 株の額面に対する払込み金. ❷《数学》被除数.

*****dividir** [diβiðír ディビディル] 他 ❶ を分割する, 分ける, 区分する. —*Dividió* la tarta en ocho partes. 彼女はケーキを八つに分けた. *Dividió* a la clase en grupos de cuatro. 彼女はクラスを4人ずつのグループに分けた. ❷【+entre の間に】を分配する, 割り当てる. —*Dividieron* la herencia *entre* los hermanos. 彼らは

遺産を兄弟たちで分けた. 類**repartir**. ❸ を分断する, 分離する, 分け隔てる. —El río *divide* los dos barrios. 川によって2つの地区が分たれている. 類**separar**. ❹ を分裂させる, 不和にする. —Esa cuestión *dividió* profundamente al partido. その問題が党内に深い亀裂を生んだ. La guerra civil *dividió* al país. 内戦がその国を分裂させた. 類**apartar, enemistar**. ❺《数学》[+entre で]を割る. —Quince *dividido* tres igual cinco. 15割る3は5. *Divide* 85 por [*entre*] 12. 85を12で割りなさい. 類**partir**.

— 自 割り算をする. —Todavía no saben ~. 彼らはまだ割り算ができない.

— **se** 再 ❶ 分かれる, (細胞が)分裂する. —Nos *dividimos* en grupos para buscarla. 私たちは彼女を探すためにいくつかのグループに別れた. El río se *divide* en dos brazos. 川は2つの支流に別れる. Deberían comprender que no *me* puedo ~. 私が同時に2つのことはできないということを分かってもらいたいものだ. ❷ 分割される, 区分される. —El libro se *divide* en diez capítulos. その本は10章に分かれている. ❸ 分け与える, 分配する. 類**repartirse**. ❹ 反目し合う.

diviert- [diβiért-] 動 divertir の直·現在, 接·現在, 命令·2単.

divieso [diβiéso] 男《医学》ねぶと, 疔(ちょう), はれもの, おでき. —tener un ~ はれものができた.

***divinamente** [diβinaménte] 副 ❶ 神のように; 神の力で. ❷ すばらしく, この上なく, 完璧に. —Lo hemos pasado ~. 私たちはこの上なく楽しくすごした.

***divinidad** [diβiniðáð] 女 ❶ 神性, 神格; 神力, 神徳. —Algunos herejes cuestionaron la ~ de Jesucristo. キリストの神性を疑問視していた異端者もいた. 類**deidad**. ❷《キリスト教から見て異教の》神. —*~es* de la antigua Grecia 古代ギリシャの神々. *~es* paganas 異教の神々. *~es* olímpicas オリンポスの神々. rezar a una ~ 神に祈る. 類**deidad, dios, diosa**. ❸《話》この上なく美しい[すばらしい]物[人], 優れた物[人]. —El novio le ha regalado un collar que es una ~. 恋人が彼女にこの上なくすばらしいネックレスをプレゼントした. ¡Qué ~ de chica! 何て惚れ惚れするような女の子かしら. 類**maravilla, preciosidad, primor**. 反**espanto, horror**.

decir [*hacer*] *divinidades* (言うこと·すること が)上手である, 才能がある. Carmen *hace divinidades* en la cocina. カルメンは料理が上手だ.

divinización [diβiniθaθjón] 女 神格化, 神としてあがめること.

divinizar [diβiniθár] [1.3] 他 ❶ を神にまつる, 神格化する, 神様扱いする. ❷《比喩》…に栄光を与える, を称賛する.

***divino, na** [diβíno, na] 形 ❶ 神の, (キリスト教以外の異教の)神々の; 神聖(とうと)しい. —voluntad *divina* 神意. A los emperadores los consideraban seres ~s. 皇帝たちは神々であると考えられていた. ❷ すばらしい, 見事な, この上ない. —Es una mujer *divina*. 彼女は打ち所のない美人だ. ¡Qué abrigo tan ~! 何てすばらしいオーバーなんだ. 類**excelente, maravilloso, sublime**.

— 男《話》すばらしく, この上なく.

***divisa** [diβísa] 女 ❶《地位·団体などを示す》記章, バッジ, 表徴. —ostentar una ~ en el cuello 襟章を得意そうにつけている. 類**emblema, insignia**. ❷ 複《商業》外国為替, 外貨. —control de *~s* 外国為替管理. mercado de *~s* 為替市場. reservas de *~s* 外貨準備高. exigir [efectuar] un pago en *~s* 外貨での支払いを求める[外貨で支払う]. ❸《紋章》銘(句), モットー. 類**lema, mote**. ❹《闘牛》色リボン(牛の肩口につけ出身牧場を示す). 類**moña**.

***divisar** [diβisár] 他 …が遠くに見える, 視認できる; を見渡せる. —A lo lejos se *divisaba* el mar. 遠方に海が見えていた. En la penumbra *divisó* al ladrón huyendo. 薄暗がりの中で彼は泥棒が逃げて行くのがかすかに見えた. 類**vislumbrar**.

divisibilidad [diβisiβiliðáð] 女 割り切れること, 整除性.

divisible [diβisíβle] 形 ❶《数学》[+entre/por] …で割り切れる. ❷ 分けることのできる, 可分の.

***división** [diβisjón] 女 ❶ **分割, 分配; 分裂, 分立.** —~ del trabajo《経済》分業. ~ celular《生物》細胞分裂. hacer cinco *divisiones* de la herencia 遺産を5分割する. ~ de poderes 三権分立. 類**distribución, partición, separación**. 反**unión**. ❷ 分けられたもの, 部分, 区分, 区画. —¿Cuántas *divisiones* de la tortilla has hecho? オムレツをいくつに分けたの? El cajón de la cómoda tiene varias *divisiones*. たんすの引出しはいくつかに仕切ってある. ~ administrativa [territorial] 行政区分. 類**categoría, clase, parte**. 反**conjunto, total**. ❸ 意見の対立, 反目, 不和. —Hay una gran ~ en el seno del partido. 党内(部)が分裂している. sembrar la ~ en una familia 家庭内に不和の種をまく. 類**discordia, desavenencia**. 反**acuerdo**. ❹《数学》割り算, 除法(掛け算→multiplicación). —hacer una ~ 割り算をする. ~ armónica《幾何》調和分割. ◆割り算の読み方 8÷4=2 Ocho entre [dividido entre, dividido por] cuatro son [a] dos. ❺ 仕切り, 境界線. —El río marca la ~ de las dos provincias. 川が二つの県の境い目になっている. ~ continental《地質》大陸分水界. ❻《軍事》師団. —Se han rendido dos *divisiones*. 2個師団が降伏した. ~ acorazada [blindada] 装甲師団, 機甲師団. ~ motorizada [móvil] 機械化師団, 車両化部隊. ❼《スポーツ》リーグ, 部. —equipo de primera ~ 1部リーグのチーム. ❽《文法》ハイフン(=guión). —~ de palabras ハイフネーション. ❾《修辞》段落, 分釈法.

divisional [diβisjonál] 形 分割の, 区分の; 部門の.

divisionario, ria [diβisjonárjo, rja] 形 ❶ →divisional. ❷ —《経済》moneda *divisionaria* 補助貨幣.

divisor, sora [diβisór, sóra] 男 ❶《数学》除数, 約数. —común ~ 公約数. máximo común ~ 最大公約数. ❷ 分割者, 分配者.

— 形 分かつ, 区分する;《数学》除数の.

divisorio, ria [diβisórjo, rja] 形 分ける, 分割する, 分離する. —línea *divisoria* 境界線.

divo, va [díβo, βa] 形《詩》神の, 神性の(=divino). — 名 (*a*)《オペラの》花形. (*b*)《エン

736 divorciado

ターテイメントの世界での)スター，スター然とした人．── 男 神，神性，神格．

divorciado, da [diβorθiáðo, ða] 形 離婚した．── 名 離婚者．

***divorciar** [diβorθjár] 他 を離婚させる．── Los dos acudieron al juez para que los *divorciara*. 2人は離婚を認めてもらおうと裁判官の元におもむいた．

── **se** 再 [＋de] ❶ (…と)離婚する．── Carlos *se ha divorciado* de María. カルロスはマリアと離婚した．類 **descasarse**. ❷ (…から)離れる，分離する，絶縁する．── El diputado *se ha divorciado de* sus bases. 下院議員は彼の支持基盤たともとと分かった．

:**divorcio** [diβórθjo] 男 ❶ 離婚，離縁；離婚判決；離婚法[制度]．── Se les otorgó el ~ por mutuo consentimiento. 彼らの協議離婚が成立した．ley de ~ 離婚法．motivo de ~ 離婚原因．pedir el ~ 離婚を求める．tramitar el ~ 離婚の手続きをする．類 **separación**. 反 **matrimonio**. ❷ 《比喩》不一致，食い違い，対立．── Existe un ~ entre su actuación y lo que dice. 彼は言行が一致しない．類 **desacuerdo**. 反 **coherencia**. ❸ 分離，分裂．── Su dimisión produjo un ~ en el partido. 彼の辞任で党が分裂した．類 **separación, desunión**.

:**divulgación** [diβulɣaθjón] 女 ❶ (科学知識などの)普及，一般化，大衆化．── revista de ~ científica 一般向き科学雑誌．類 **difusión, propagación**. ❷ (秘密などの)暴露，漏洩(ろうえい)．── ~ de un secreto de Estado 国家機密の漏洩．類 **revelación**. 反 **ocultación**.

divulgar [diβulɣár] [1.2] 他 ❶ (秘密・秘事を)漏らす，明らかにする，発表する，暴露する．── Se le acusa de ~ secretos de Estado. 彼は国家秘密の暴露で告訴されている．❷ を普及させる，広める，大衆化する，通俗化する．── **se** 再 [3人称で] 広まる，知られる，(秘密が)漏れる．

Dl. 《略号》＝decalitro デカリットル．
dl. 《略号》＝decilitro デシリットル．
Dls. 《略号》＝dólares ドル．
dm. 《略号》＝decímetro デシメートル．
DNI 《頭字》[＜Documento Nacional de Identidad] 【スペイン】国民身分証明書．

do¹ [dó] 男 《音楽》ハ音(ド)．
do de pecho 最も高い下の音. El tenor dio un admirable *do de pecho*. そのテノール歌手は驚嘆すべき殊高の音を出した．
dar el do de pecho 《話，比喩》大変な努力をする．

do² [do] 接 『アクセントをつけないで次の語に続けて発音する』《詩》…のところで(＝dónde)．

dobla [dóβla] 女 2倍の賭金．── jugar a la ~ 倍々で賭ける．

dobladillar [doβlaðiʎár] 他 《裁縫》(縁や裾)に折り返しをつける．

dobladillo [doβlaðíʎo] 男 《服飾》(縁や裾の)三つ折りぐけ，折返し．

doblado, da [doβláðo, ða] 形 ❶ [estar＋] 曲がった．❷ 《映画》吹替えされている．❸ 二重の．❹ 2つの顔[面]を有する，二枚舌の，偽りの．❺ ずんぐりした，がっしりした．❻ (土地が)でこぼこの．── 男 《服飾》ダブル幅(布地の長さの単位)．

doblaje [doβláxe] 男 《映画》吹替え，アテレコ，ダビング．

doblamiento [doβlamjénto] 男 折りたたむこと．

:**doblar** [doβlár] 他 ❶ (*a*) を2倍にする，倍増する；二重にする．── Dice que este año *ha doblado* sus ingresos. 彼は今年収入を倍増させたと言っている．(*b*) …の2倍になる．── Ella me *dobla* (en) la edad. 彼女は私の2倍の年だ．~ en altura 高さが2倍になる．❷ 折る，折り曲げる，を折り畳む．── No *dobles* tanto la rama, que se va a partir. そんなに枝を曲げてはいけない，折れてしまうよ．*Dobló* la hoja de papel en cuatro partes. 彼は紙を4つに折った．*Dobla* la camisa y ponla en el cajón del armario. シャツを折りたたんで，たんすの引き出しに入れてちょうだい．❸ (角などを)曲がる，回る．❹ 《映画，テレビ》(せりふ・役などを)吹き替える，…の代役をする；をダビングする．── La película está *doblada* al castellano. その映画はスペイン語に吹き替えられている．En varias escenas de la película *doblan* al protagonista. その映画のいくつかの場面で彼らは主人公のスタントをしている．❺ (*a*) を叩きのめす，打ちのめす，やっつける．── Lo *doblaron* a golpes. 彼らは彼を叩きのめした．類 **vencer**. (*b*) を屈伏させる．❻ 《スポーツ》を一周追い抜く．❼ 【メキシコ】を射殺する．❽ 【キューバ】…に恥をかかせる．

── 自 ❶ (人，道などが)曲がる，折れる．── *Doble* a la derecha, por favor. すみませんが，右に曲ってください．類 **girar, torcer**. ❷ 弔鐘が鳴る．── Las campanas *doblan* a muerto. 弔鐘が鳴っている．❸ (闘牛が)傷を負って倒れる．❹ 屈伏する，譲歩する．類 **ceder**.

── **se** 再 ❶ 曲がる，折れ曲がる；身をよじる．── ~*se* de dolor [risa] 苦しみ[笑い]で身をよじる．Los álamos *se doblaban* con el viento. ポプラの木が風でたわんでいた．❷ 2倍になる，倍増する．── Este año *se ha doblado* el número de turistas. 今年観光客の数が倍増した．❸ 屈する，屈伏する．── Los empleados no *se doblaron* a las exigencias de la empresa. 従業員たちは会社の無理な要求に屈しなかった．❹ 【メキシコ】【ドミニカで】ダブレットを付ける．

****doble** [dóβle ドブレ] 形 ❶ 2倍の，倍の [ser＋]．── Mi edad es ~ de la suya. 私の年は彼の倍ある．Este piso es de ~ tamaño que el mío. このマンションは広さが私のところの2倍ある．類 **duplo**. ❷ 二重の；複式の，二人用の．── ~ ventana [puerta] 二重窓[扉]．habitación ~ (ホテルの)ダブルの部屋．Lo dijo con ~ sentido. 彼はそれを二重にとれる意味で言った．類 **duplicado**. ❸ (花・植物が)八重咲きの．── Este clavel es ~. このカーネーションは八重咲きだ．類 **duplicado**. 反 **sencillo**. ❹ (人などの)裏表のある，二心ある，偽善的な．── Es tan ~ que no me fío un pelo de él. 彼は非常に裏表があるから私は少しも信用していない．❺ (布地が)厚手の．── abrigo franela ~ 厚手のフランネルのオーバー．❻ (ドミノの牌が)ダブルの，ぞろ目の．── blanca ~ ゼロのダブル．

── 副 ❶ 2倍(だけ)；二重に．── Con estas gafas veo ~. このめがねをかけると物が二重に見える．❷ さらに一層，輪をかけて．── Así es ~ peor. そうなったらなお一層悪い．❸ 二心をもって．

── 男女 ❶ そっくりの人，生き写し[瓜二つ]の

—Pilar es la ～ de su madre. ピラールは母親にそっくりだ. ❷(映画・演劇の)代役, 吹替, 替玉. —En las escenas de peligro un ～ sustituyó al actor famoso. 危険なシーンではあるスタントマンがその有名な俳優の代役をつとめた. ❸《情報》ダミー.

── 男 ❶〖普通, 定冠詞を付けて〗2 倍の数量・大きさなど. —El ～ de cuatro son ocho. 4 の 2 倍は 8 だ. He trabajado el ～ que tú. 私は君の倍は働いた. Lo ha comprado por el ～ de precio. 彼はそれを値段の 2 倍で買った. ❷(普通の数量の)2 倍のもの, ダブル. —Póngonos un ～ de cerveza a cada uno. ビールのダブルを私達皆に 1 杯ずつください. 反 **sencillo**. ❸〖主に 複〗(テニスなどの)ダブルス. ──～s caballeros [damas, mixtos] 男子[女子, 混合]ダブルス. 反 **simple**. ❹(カード・ゲームなどの)ダブル(点数を倍にした勝負). ──～ o nada 損が倍になるか帳消しになるかの勝負, 一か八かの勝負. ❺(衣服の)折り返し. —hacer dos ～s en la falda スカートに 2 つの折り返しを作る. 類 **doblez**. ❻ 弔鐘. —Oí los ～s que las campanas daban. 私は弔鐘が鳴っているのを聞いた. ❼ 写し, 副本. ── ～ del acta 議事録の写し. ❽〖主に 複〗(バスケットボールの)ダブルドリブル. —hacer ～s ダブルドリブルをする.

── 女 (ドミノ牌の)ダブレット.

doblegable [doβleɣáβle] 形 曲げやすい, しなりやすい.

doblegar [doβleɣár] [1.2] 他 ❶ を曲げる, 折る(＝doblar). ❷ (刀剣などを)振りまわす(＝blandir). ❸ (人に)あきらめさせる, をやめさせる, を屈服させる.

──se 再 ❶〖＋a/ante〗…に屈服する, 従う, あきらめる. ❷〖3 人称で〗折り重なる, 曲がる.

doblemente [doβleménte] 副 ❶ 二重に, 対にして, 2 倍にして. ❷ 二心をもって.

doblete [doβléte] 男 ❶《言語》二重語, 姉妹語(同一の語源を持つ語, 例えば fuego「火」と foco「焦点」など). ❷《スポーツ》異なる大会での二連勝.

hacer doblete 一人二役を演じる.

*doblez [doβléθ] 男〖複〗dobleces ❶ 折り目, ひだ; 折り返し. —Antes de poner el mantel, plancha los *dobleces*. テーブル・クロスを掛ける前に折り目にアイロンをかけなさい. hacer el ～ derecho まっすぐに折り目をつける. Es más fácil acortar la falda por el ～ que por la cintura. スカートはウエスト部分より折り返し部分で縮める方が簡単である. 類 **pliego, raya, repliegue**. ❷〖女でも可〗《比喩》二心(ఫ್ತే), 陰日向, 裏表のある性格. —persona sin ～ 陰日向[裏表]のない人. 類 **duplicidad, falsedad, hipocresía**.

con doblez 二心をもって, 偽善的に. obrar *con doblez* 二心ある行動をとる, 偽善的に振舞う.

doblón [doβlón] 男《歴史》(昔の)ドブロン金貨.

*doce [dóθe ドセ] 形 ❶《数詞》12 の, 12 人[個]の. —los ～ apóstoles 十二使徒. Un año tiene ～ meses. 1 年は 12 カ月である. ❷ (序数詞に変わって)12 番目の(＝duodécimo). —Ocho más cuatro son ～. 8 たす 4 は 12. En el concurso quedamos en el puesto ～. 私たちはコンクールで 12 位になった.

── 男 ❶《数詞》12; 12 人[個]; 12 の数字[記号](ローマ数字: XII). —Dice que el ～ le trae suerte. 彼は数字の 12 が彼に幸運をもたらすと言っ

doctoral 737

ている. Alfonso XII アルフォンソ 12 世. ❷〖las ＋〗12 時; 12 分; 12 日. —Son *las* ～. 12 時です. el ～ de junio 6 月 12 日. ❸ 12 番目; 12 番地[号室]. —Soy el ～ de la lista. 私は名簿で 12 番目です.

*dar*LE *a ... las doce*〖メキシコ, コロンビア, ベネズエラ〗《話》(1) 困難な状況にある. (2) 儲(ξ)けるつもりでいたが大損する(＝ir por lana y salir trasquilado).

:**docena** [doθéna] 女 ダース, 12 個; 約 12 個. —una ～ de huevos 卵 1 ダース. media ～ 半ダース, いくつか. a ～s ダース単位で; たくさん. por ～s ダース単位で.

la docena del fraile 13 個.

no entrar en docena con ... (人)と同じ[同様]でない.

doceno, na [doθéno, na] 形 12 番目の(＝duodécimo).

:**docente** [doθénte] 形 **教育の**(特に中等以上の), 教職の. —centro ～ 教育機関. personal ～ 教育スタッフ. La actividad ～ de las universidades se reanuda en octubre. 大学の教育活動は 10 月に再開される. 類 **didáctico, educativo, pedagógico**.

── 男女 教師, 教員.

:**dócil** [dóθil] 形 ❶ すなおな, おとなしい, 従順な. —Es un chico simpático y muy ～. 彼は感じよくまた非常にすなおな男の子だ. 類 **manso, obediente, sumiso**. ❷ (人・動物が)しつけしやすい, 馴らしやすい, 御しやすい. ❸ (金属などが)加工しやすい.

docilidad [doθiliðá(ð)] 女 おとなしさ, 従順さ.

dócilmente [dóθilmente] 副 従順に, 素直に.

dock [dó(k)] 男〖＜英〗〖複 docks〗❶《海事》波止場, 岸壁, 桟橋, ドック. ❷ 倉庫, 貯蔵所.

:**docto, ta** [dókto, ta] 形 **博学な**, 博識な, 学識豊かな;〖＋en〗(…に)精通[通暁]した, 造詣の深い. —Es muy ～ *en* historia. 彼は大変歴史に詳しい. 類 **ilustrado, instruido, versado**. 反 **ignorante, inculto, lego**.

── 名 博学な人, 博識家, 学者, 碩学(梵). —Es un ～ en la materia y te resolverá cualquier duda. 彼はその問題には造詣が深く, 君のどんな疑問も解決してくれるだろう. 類 **erudito, sabio**. 反 **ignorante**.

doctor, tora [doktór, tóra ドクトル, トラ] 名 ❶ **博士**; 学者. —obtener el título [el grado] de ～ en letras 文学博士の学位を取得する. ～ de la Iglesia 教会博士. ～ angélico 天使的博士(教会博士聖トマス・アクィナスの称号). ～ de la ley ユダヤ教の律法学者. ❷ **医者**; 先生(医者への呼掛け). —La *doctora* dijo que será necesario operar. 女医は手術する必要があると言った. 類 **médico**.

doctor honoris causa 名誉博士.

── 女 ❶ 博士の妻. ❷ 医者の妻.

*doctorado [doktoráðo] 男 ❶ 博士号, 学位. —conferir el ～ 博士号を授与する. ❷ 博士課程(＝curso de ～). —El ～ le llevó más de cinco años. 彼は博士課程を修了するのに 5 年以上かかった.

doctoral [doktorál] 形 ❶ 博士の. —tesis ～ 博士論文. ❷ (言葉・話し方が)もったいぶった, 大げ

さな, 学者ぶった. —Habla con un tono ~ bastante impertinente. 彼はとても無礼な学者ぶった話し方をする.

doctorando, da [doktorándo, da] 名 博士候補者.

doctorar [doktorár] 他 …に博士号を授与する. **—se** 再 博士課程を修める, 博士号を取得する.

:**doctrina** [doktrína] 女 ❶ (各宗派の)**教義, 教理**, 《カトリック》公教要理, 教理問答(書). ——cristiana キリスト教の教義; 浸礼派. ~ evangélica 福音主義の教義. ~ budista 仏教の教義. El sacerdote da clases de ~ en la escuela del pueblo. 司祭は村の学校でカトリック要理を教えている. 類 **catecismo**. ❷ 学説, 主義, 主張. ~ común 通説. ~ marxista [platónica] マルクスの[プラトンの]学説. ~ Monroe モンロー主義. ~ de un partido 党の綱領. ~ de la transmigración de las almas 輪廻(りんね)の考え. beber la ~ (他人の)学説を完全にものにする. 類 **dogma, ideas, teorías**. ❸ 学識, 知識. —hombre de mucha ~ 学識豊かな人. 類 **ciencia, sabiduría**. ❹ 《法律》. — legal 法解釈, 法理論. ❺ 教育; 学問分野. 類 **enseñanza**.

doctrinal [doktrinál] 形 教義上の, 学理上の, 学術的な. —tono ~ 学術的な文体.

doctrinar [doktrinár] 他 →adoctrinar.

doctrinario, ria [doktrinárjo, rja] 形 ❶ 教義上の, 理論の. —lucha *doctrinaria* 理論闘争. ❷ 純理論家の, 空論家の, 空理空論の. ❸ 教条的な.
— 名 ❶ 教条主義者, 空論家. ❷ 理論家.

doctrinarismo [doktrinarísmo] 男 教条主義.

doctrinero [doktrinéro] 男 《宗教》公教要理の教師.

:**documentación** [dokumentaθjón] 女 ❶ 〖集合的に〗(ある事柄に関する)**情報**, 調書, 関係書類; 参考資料. —Me falta ~ sobre el tema. そのテーマに関する情報が私には足りない. ❷ 身分証明書; (公的な必要書類). —D~, por favor. 身分証明書を拝見します. ~ del buque 船舶書類, 船積み書類一式. ~ del coche 自動車登録書. El policía le pidió que le mostrara la ~. 彼は警察官から身分証明書の提示を求められた. 類 **credencial**. ❸ 資料による裏付け, 文書調査, 考証. ❹〖情報〗ドキュメンテーション, 文書化.

documentado, da [dokumentáðo, ða] 形 ❶ 資料の裏付けがある. —un libro de historia bien ~ 資料の裏付けがしっかりした歴史書. El conferenciante no estaba bien ~. その講演者は資料がよくできていなかった. ❷ 身分証明書[類]を携帯した.

documental [dokumentál] 男 《映画》記録映画, ドキュメンタリー. —ver un ~ 記録映画を見る. —— 形 ❶ 文書の, 書類の, 証書の. ❷《映画》(映画・テレビなどの)事実を記録した, ドキュメンタリーの.

documentalmente [dokumentálménte] 副 資料に基づき, 記録上は.

documentar [dokumentár] 他 ❶〖+con〗を(資料で)裏付ける, 証拠書類で立証する. 類 **probar**. ❷ …について通知する, 情報を与える, …の証明書類を提供する.
—se 再 資料[証拠書類, 情報]を集める.

:**documento** [dokuménto] 男 ❶ 文書, (文献)資料, 記録; (時代・風俗の)証拠品. ~~ privado [público, oficial] 私[公]文書. ~ diplomático 外交文書. ~ confidencial [falso] 機密[偽造]文書. ~ histórico 史料. Los escritos de Quevedo son valiosos ~s de la sociedad de la época. ケベードの作品は当時の社会の貴重な証拠である. 類 **legado, testimonio**. ❷ (身分などの)証明(証明書類, 証明書). —D~ Nacional de Identidad スペイン政府発行の身分証明書. ~ justificativo 証拠書類. ~ fehaciente 信憑(ひょう)性のある証拠書類. 類 **certificado, justificante**. ❸ 《商業》(船荷証券などの)書類, 証券, 手形. ——s de embarque 船積書類. ~s contra aceptación 手形引受書類渡し(D/A). ~s contra pago 手形支払書類渡し(D/P). ~ negociable [comercial] 流通証券[商業手形]. ~s a la vista 一覧払いつき為替手形. ~ de crédito 信用証書. ❹〖情報〗ドキュメント. ~~ archivado [comprimido] アーカイブ・ファイル.

dodecaedro [doðekaéðro] 男 《数学》12面体.

dodecafónico, ca [doðekafóniko, ka] 形 《音楽》12音の.

dodecágono, na [doðekáɣono, na] 形 《数学》12角形の. —— 男 《数学》12角形.

dodecasílabo, ba [doðekasílaβo, βa] 形 《詩》12音節句の. —— 男 《詩》12音節の詩行.

dogal [doɣál] 男 ❶ (馬につける)端綱(はづな). ❷ 《まれ》引き結び.
estar con el dogal al cuello 《話》窮地に追い込まれている.

:**dogma** [dóɣma] 男 ❶ (教会の)**教義**, 教理, 信条, 教条(= ~ de fe). —La infabilidad del Papa es uno de los ~s de la Iglesia Católica. 教皇不謬(ふびゅう)性はカトリック教会の教義の1つだ. ❷ 教条, 学説, 信条. ~ marxista マルクス主義の教条. ❸ 定説, 定論, 原理, 公理. —La ley de la gravedad es un ~ admitido por todos. 重力の法則は誰もが認める原理だ. 類 **axioma, principio**.

dogmático, ca [doɣmátiko, ka] 形 ❶ 独断主義の, 独断的な; 教条主義的な. —Pronunció un discurso ~. 彼は教条主義的な演説を行なった. ❷ 教義上の, 教理に関する. —teología *dogmática* 教義神学.
—— 名 独断家, 独断論者; 教条主義者.

dogmatismo [doɣmatísmo] 男 ❶ 独断論, 独断主義, 独断的態度. —El ~ del padre no favorece la convivencia familiar. 父親の独断は家族の共同生活のためにならない. ❷〖集合的に〗教義, 教理. ❸ 主義, 原則, 学説.

dogmatizar [doɣmatiθár] [1.3] 他 ❶ を教義として説く. ❷ を独断的に述べる.

dogo [dóɣo] 男 《動物》ブルドッグ(= perro dogo).

doladera [dolaðéra] 女 《技術》(大工の)手斧(ちょうな).

:**dólar** [dólar] 男 ドル(アメリカ・エルサルバドル・エクアドル・カナダなどの貨幣単位;〖略〗$). —¿A cómo está hoy el ~ [el cambio del ~]? 今日のドルの交換レートはいくらですか? ~ negro [paralelo] 闇ドル. ~ americano [estadounidense, norteamericano] 米ドル. zona del ~ ドル地

域. caída [subida] del ~ ドル安[高]. pagar en ~ ドルで払う. cambiar ~es en euros ドルをユーロに替える.

* **dolencia** [dolénθia] 囡 (特に慢性的な)病気, 持病, 慢性疾患. —resentirse de una ~ antigua 古い病気がまだ後を引いている. sufrir una grave ~ 重い持病を患う. 類 **achaque**, **enfermedad**.

** **doler** [dolér ドレル] [5.2] 圁 ❶ [+a (人)に] [(身体の部分が)痛む. —Me duele el estómago. 私は胃が痛い [普通主語は動詞の後]. La inyección no me ha dolido. 注射は痛くなかった. ❷ (心が)痛む, つらい. —Me duele haberme portado con ella tan duramente. 彼女にあんなにつらく当たったことが悔やまれる. Nos duele que los insultos vengan de un amigo. 侮辱したのが友人であるということが我々にはつらい.

Ahí le duele. そこが彼の痛い所だ.

— se 再 [+de を] ❶ 嘆き悲しむ, …に不平を言う. —~se de su mala suerte 自分の不運を嘆き悲しむ. ❷ 哀れむ, …に同情する. —~se de la desgracia ajena 他人の不幸に同情する. 類 **compadecerse**. ❸ 後悔する, 悔む. —Me duelo de no haber asistido al acto. 私は式に参列しなかったことを悔いている. Se dolía de su comportamiento. 彼は自分の行動を悔いていた. 類 **lamentarse**.

dolicocéfalo, la [dolikoθéfalo, la] 形 (人が)長頭の.

dolido, da [dolíðo, ða] 形 [estar+] [比喩] 気分を害している, 悲しんでいる. —Se siente algo ~ porque no lo has invitado. 君が招待しなかったから彼はいくらか気分を害している.

doliente [doliénte] 形 ❶ 病気の, 病んでいる. —cuerpo ~ 病んだ身体. ❷ 悲しい, つらい, 苦悩する, 悲嘆にくれる. —Nos contó lo sucedido. 彼女は悲嘆にくれた声で何が起こったかを語ってくれた.

dolmen [dólmen] 男 [複 dólmenes] 《考古》ドルメン (巨大で偏平な天井を他の石で支えた机石).

dolo [dólo] 男 《法律》詐欺行為, 不正手段, ペてん. —con ~ 詐欺によって.

dolomita [dolomíta] 囡 《地質》苦灰石, ドロマイト.

** **dolor** [dolór ドロル] 男 ❶ (肉体的)痛み, 苦痛; 複 陣痛 (=~ del parto). —Me dan ~es de cabeza. 私は頭が痛い. Sentí un ~ repentino en la espalda. 私は急に背中が痛くなった. Comer cosas picantes me da ~ de estómago. 私は辛いものを食べると腹が痛くなる. ~ latente [sordo] 鈍痛. ~ de vientre 腹痛. ❷ (精神的)苦しみ, 悲しみ; 残念; 後悔. —Sintió un gran ~ por la muerte de su esposo. 彼女は夫の死を嘆き悲しんだ. Le causó [dio] mucho ~ la ingratitud de su hijo. 彼は息子の親不孝を嘆き悲しんだ. El problema me da ~es de cabeza. その問題で私は頭が痛い. ~ de corazón 後悔, 自責の念. ¡Qué ~! かわいそうに!, お気の毒に!, ひどい! los ~es de la Virgen 聖母マリアの(七つの)御悲しみ. 類 **aflicción**, **pena**. 反 **alegría**.

con dolor 申し訳ないが, 遺憾ながら. *Con harto dolor de mi parte te comunico que estás despedido.* 大変申し訳ないが君にはやめてもらう.

dolor de tripas (1) 不快, 嫌悪感, 怒り. *dar dolor de tripas* 不快にする, 立腹させる. (2) 《話》腹痛 (=~ de vientre).

dolores de entuerto 後陣痛, あとばら.

estar con dolores 陣痛が始まっている.

ser un dolor 残念なことである.

tener dolor de [+無冠詞名詞] …が痛い. *Tengo dolor de cabeza.* 私は頭が痛い.

dolora [dolóra] 囡 ドローラ (哲学的な思想を含む劇的な短詩型).

Dolores [dolóres] 固名 《女性名》ドローレス.

* **dolorido, da** [doloríðo, ða] 形 ❶ (前にけがをした所などが)痛い, 痛みを感じる [名詞+]. —Tengo la rodilla dolorida del golpe que me di esta mañana. 今朝ぶつけたひざが痛い. ❷ 悲しんでいる, 苦しい; 悲しそうな. 類 **afligido**, **apenado**, **desconsolado**.

dolorosa [dolorósa] 囡 →doloroso.

* **doloroso, sa** [dolorósa, sa] 形 ❶ (肉体的に)痛い, 苦痛をひきおこす [ser+]. —El tratamiento es muy ~. その治療は大変痛い. 反 **indoloro**. ❷ (精神的に)苦しい, つらい. —decisión dolorosa 苦しい決定. Es ~ saber que hay mucha gente que muere de hambre. 飢餓で死ぬ人がたくさんいるということを知るのはつらいことだ. ❸ 痛ましい, かわいそうな, 哀れむべき.

— 囡 ❶ 悲しみの聖母像. ❷ 《話》(こっけい語として)お会計, 勘定書. —Ahí viene el camarero con la dolorosa. ほらウェイターが勘定書を持ってくるよ.

doloso, sa [dolóso, sa] 形 《法律》詐欺(行為)の, 不正の, 詐欺的な.

dom. 《略号》 =domingo 日曜日.

doma [dóma] 囡 飼いならすこと, 調教(すること). —la ~ de caballos 馬の調教.

domable [domáβle] 形 (動物が)調教できる.

domador, dora [domaðór, ðóra] 名 ❶ (動物を馴らす人. ❷ (サーカスなどの)調教師. —~ de caballos [leones] 馬の調教師[ライオン使い].

domadura [domaðúra] 囡 →doma.

domar [domár] 他 ❶ (野生の動物を)飼いならす, 手なずける. ❷ をおとなしくさせる, 従わせる. —《La fierecilla domada》(Shakespeare)《文学》『じゃじゃ馬ならし』(シェークスピア). ❸ (情熱・感情などを)抑える. —~ los apetitos 欲望を抑える. ❹ (固いものを)ならす, 柔らかにする, (靴などを)なじませる. —~ unos zapatos nuevos 新しい靴をはきならす. ❺ (自然の力を)制御する.

domeñable [domeɲáβle] 形 ❶ おとなしくさせやすい, 御しやすい. ❷ 支配できる, 抑えられる, 抑制できる.

domeñar [domeɲár] 他 ❶ をおとなしくさせる, 従わせる (=domar). ❷ を支配する, 征服する, 抑える (=dominar).

domesticable [domestikáβle] 形 (動物が)飼いならすことのできる, 家畜化できる. —animal ~ 飼いならせる動物.

domesticación [domestikaθión] 囡 (動物を)飼いならすこと, 馴化, 家畜化.

domesticar [domestikár] [1.1] 他 ❶ を飼いならす, 家畜化する. —~ un oso クマを飼いならす. ❷ を教育する, しつける. —Cuando se case, la mujer lo domesticará. 結婚すれば, 彼は奥さんに

740 domesticidad

飼いならされるだろう.
——**se** 再 ❶ (動物が)なれる, 家畜化する. ❷ (人が)洗練される.

*__domesticidad__ [domestiθiðá(ð)] 囡 ❶ (動物の)飼い馴らされた状態, 家畜[馴化]状態(＝estado de ～). ——El lobo no vive bien en ～. 狼は人に飼われては居心地が良くない. ❷ おとなしさ, 従順. 類 **mansedumbre**. ❸ 家僕の身分;〖集合的に〗召使たち.

‡__doméstico, ca__ [doméstiko, ka] 形 ❶ 家庭(内)の, 家事の. ——servicio ～ [tareas *domésticas*] 家事. vida *doméstica* 家庭生活. economía *doméstica* 家計, 家政学. 類 **hogareño**. ❷ 国内の, 自国の. ——producto ～ 国産品, 国内製品. Algunos vuelos ～s llegaron con retraso. いくつかの国内便は延着した. ❸ 飼いならされ, 人に飼われている. ——animal ～ 愛玩用動物, ペット. ——名 家事使用人.

*__domiciliar__ [domiθiljár] 他【＋en に】❶ を住まわせる. ❷ (商業)(支払口座)を指定する, 自動振込[引き落とし]にする. ——～ sus pagos *en* un banco ある銀行に支払口座を指定する. ～ los recibos de la luz 電気代を自動引き落としにする.
——**se** 再【＋en に】住む, 定住する. ——Aunque es andaluz, *se ha domiciliado en* Barcelona. 彼はアンダルシーア出身だが, バルセローナに居を構えた.

*__domiciliario, ria__ [domiθiljárjo, rja] 形 ❶ 住所[住居]での; 自宅の. ——arresto ～ 自宅監禁, 軟禁. asistencia *domiciliaria* 自宅介護. registro ～ 家宅捜査. El médico hace visitas *domiciliarias* a los enfermos. その医者は患者の往診を行う. ❷ 住所の, 住居の. ——Necesito tus datos ～s para mandarte el paquete. 小包を送るため君の住所が必要だ. 類 **doméstico, hogareño, residencial**.

‡__domicilio__ [domiθiljo] 男 ❶ 住居, 住宅; 居住. ——～ particular 私宅, 自宅. elegir [adquirir] ～ 住居を定める. 類 **casa, residencia**. ❷ 〖法律〗住所, 所在地. ——sin ～ fijo 住所不定の. ～ legal 法定住所. ～ social 会社所在地. Avise Ud. si cambia de ～. 住所が変わりましたら知らせてください. 類 **dirección, señas**.
a domicilio 自宅へ[で]. servicio *a domicilio* 宅配, 家庭への出張. cobrar *a domicilio* 家に集金に行く. clases *a domicilio* 家庭出張教授. Se reparte la leche *a domicilio*. 牛乳は自宅に配達される. venta *a domicilio* 訪問販売.

*__dominación__ [dominaθjón] 囡 ❶ 支配, 統治; (精神的な)影響, 感化. ——efecto de ～ (経済)支配効果. La ～ romana se extendió a todas las orillas del Mediterráneo. ローマの支配は地中海沿岸全域に及んだ. 類 **dominio, poder**. ❷ 囲〖宗教〗主天使(天使の第 4 階級→ángel). ❸ 〖軍事〗(見晴らしのきく高台.

‡__dominado, da__ [domináðo, ða] 過分 形 支配された, 占拠された. ——un pueblo ～ 占領された村. un hombre ～ por la ambición 野望にとらわれた男.

__dominador, dora__ [dominaðór, ðóra] 形 ❶ 支配しする, 支配的な. ❷ 高圧的[横柄]な.
——名 ❶ 支配者. ❷ 高圧的[横柄]な人.

‡__dominante__ [dominánte] 形 ❶ 支配的な, 主要な, 有力な. ——noción [rasgo] ～ 主要な概念[特徴]. Actualmente la tendencia ～ en el peinado es el pelo largo. 現在のヘアスタイルの主流はロングヘアだ. 類 **dominador, predominante**. ❷ 優勢な, (遺伝形質が)優性の. ——carácter ～ 優性形質. ❸ (性格が)横暴な, わがままな. ——Esa mujer tiene un *carácter* excéntrico y ～. その女は異常で横暴な性格である. ❹ (峰などが)そそり立つ, 見下ろす. ——名 ❶ (音階の)第 5 度音, 属和音. ❷ 主要な特徴, 主調.

‡__dominar__ [dominár] 他 ❶ を支配する, 支配下に置く. ——España *dominó* gran parte de Sudamérica. スペインは南米のほとんどを支配下に収めた. Le *dominan* los celos. 彼は嫉妬(し)心にとりつかれている. ❷ (*a*)を統御[制御]する, 操る. ——～ (a) un caballo ind*o*mable 荒馬を手なずける. Ese jugador *domina* muy bien el balón. その選手はボールの扱いがとてもよい. (*b*)を抑える, 抑制する; 鎮圧する. ——～ u*n* incendio 火事を消しとめる. *Dominando* su ira, *se* calló. 彼は怒りを抑えて, 黙った. ～ un golpe de estado クーデターを鎮圧する. 類 **contener**. ❸ (外国語などを)習得する, 身に付ける, …に精通する. ——*Domina* nada menos que siete idiomas. 彼はなんと 7 か国語を操る. ❹ を見下ろす, 見渡す. ——La torre de la catedral *domina* toda la ciudad. 大聖堂の塔からは市全体が見渡せる.

——自 ❶【＋en/sobre において】支配的である, 優勢である. ——*En* esta zona *dominan* los pinos. この一帯には松が沢山生えている. En el cuadro *dominan* los tonos claros *sobre* los obscuros. その絵は暗い色調より明るい色調が勝っている. Le *domina* la avaricia. 彼は欲の塊だ. Su mujer *domina en* casa. 彼の妻は家を仕切っている. ❷【＋sobre の上に】そびえ立っている. ——El Teide *domina sobre* la isla de Tenerife. テイデ山がテネリーフェ島の上に高くそびえている.

——**se** 再 ❶ 我慢する, 自分を抑える, 自制する, 自制心を発揮する. ——*Me dominé* y no le dije nada. 私は自らを抑えて彼に何も言わなかった. 類 **reprimirse**. ❷ 展望される. ——Desde la cima del monte *se dominaba* todo el valle. 山の頂上からは谷全体が見渡せた.

__dómine__ [dómine] 男 ❶〖話〗ラテン語教師. ❷〖軽蔑的に〗学者ぶる人.

__Domingo__ [domíngo] 固名〖男性名〗ドミンゴ.

domingo [domíngo] [ドミンゴ] 男 日曜日. (カトリック)主日. ——ir vestido de traje de ～ 晴着を着て行く. *D*～ de Ramos 枝の主日(復活祭直前の日曜日). *D*～ de Pascuas [de Resurrección] 御復活の大祝日. 類 **dominica.
hacer domingo (平日なのに)仕事を休む.

__dominguejo__ [domingéxo] 男 ❶ ～dominguillo. ❷〖中南米〗取るに足りない人.

__dominguero, ra__ [domingéro, ra] 形 ❶〖話〗日曜日用の, 日曜日の. ——Hoy se pone el traje ～. 今日彼は日曜日用のよそ行きを着る. ❷〖話〗日曜に遊ぶ.
——名 ❶〖話〗日曜日に盛装する人, 日曜日に遊ぶ人, 行楽客. ❷〖軽蔑〗日曜ドライバー.

__dominguillo__ [domingíjo] 男〖遊戯〗起き上がり小法師.
tener [llevar] a ... como un dominguillo 思いのままに使う.

Domínica [domínika] 固名 ドミニカ国(首都ロゾー Roseau).

domínica [domínika] 女 《宗教》(キリスト教会の)安息日, 主日 (＝domingo).

dominical [dominikál] 形 ❶ 日曜日の, 安息日の. ― descanso 安息日の休み. ❷ 所有主の, 領主の. ❸ (新聞の)日曜版の. ― Publiqué el artículo en el suplemento ～. その記事は日曜版の付録に発表した. ― 男 (新聞の)日曜版.

Dominicana [dominikána] 国名 ドミニカ共和国(公式名 República Dominicana, 首都サントドミンゴ Santo Domingo).

‡**dominicano, na** [dominikáno, na] 形 ❶ ドミニカ(共和国)の. ― República Dominicana ドミニカ共和国. ❷ サント・ドミンゴの. ❸ ドミニコ(修道)会の. ― orden dominicana ドミニコ会.
― 名 ❶ ドミニカ人, ドミニカ共和国民. ❷ サント・ドミンゴ住民.

domínico, ca [domíniko, ka] 名 ドミニコ会の修道士[女].
― 形 ドミニコ会の.

‡**dominio** [domínjo] 男 ❶ 【＋sobre】…に対する支配(力), 統治, 権力, 影響力; 優勢. ―El rey tenía ～ sobre todo el país. 王は国中を支配していた. Los hijos, hasta la mayoría de edad, están bajo el ～ de sus padres. 子供は成人するまでは両親の支配下にある. Tiene setenta años, pero aún está en pleno ～ de sus facultades. 彼は70歳だが, まだ自分の能力を完全に発揮している. El cacique ejercía su ～ sobre todo el pueblo. 地方ボスが町中に権力を振るっていた. La ciudad entera era ～ del miedo. 町中が恐怖の念に満ちみちていた. ～ del aire [de los mares] 制空[制海]権. 類 **dominación, soberanía, poder.** 反 **servidumbre, sujeción.** ❷ (感情などの)抑制, コントロール. ―perder [recobrar] el ～ de sí mismo 自制心を失う[取り戻す]. Tiene un gran ～ sobre [de] sí misma. 彼女は極めて自制が利く. 類 **control.** ❸ 【＋de】精通, マスター, 熟達. ―Tiene pleno ～ del italiano. 彼はイタリア語を自由に操れる. ❹ (a) 《主に 複》(国や国王の)領土, 領地, 勢力範囲. ―En los ～s de Felipe II no se ponía nunca el sol. フェリーペ2世の支配の及ぶ土地では陽の沈むことがなかった. Lo asesinaron porque se había metido en el ～ de otros traficantes de droga. 彼は他の麻薬密売人のなわばりを侵してしまったので殺された. 類 **posesiones, señorío, territorio.** (b) (もと英連邦内の)自治領. ―El Canadá era un ～ del Imperio Británico. カナダは英連邦の1自治領だった. 類 **condominio.** ❺ (学問・芸術などの)分野, 領域; 言語[方言]圏. ―～ de las bellas artes 芸術分野. ～ lingüístico leonés レオン方言圏. 類 **ámbito, campo, esfera.** ❻ 《法律, 政治》所有権; 財産. ―El juez le ha privado del ～ de sus bienes. 裁判官は彼の財産権を奪った. transmisión de ～ 所有権の移譲. ～ directo 直接所有権. ～ público 公共財産. ～ eminente 公有財産. ～ útil 用益権. ～ aéreo 領空. ～ marítimo 領海. 類 **disposición, posesión, propiedad.** ❼ 《情報》ドメイン. ―～ público パブリック・ドメイン.

bajo el dominio de ... …の支配[統治・管理]の下に. Estos territorios estuvieron *bajo el dominio* extranjero. これらの領土は外国の支配下にあった.

ser del dominio público [común] (1) 周知の事実である. Ya *es del dominio público* que piensan divorciarse. 彼らがいつも離婚を考えていることは周知の事実だ. (2) 公共財産である.

tener un gran [buen] dominio de ... …に精通[熟達]している, (言語などが)自由自在である; 抑制できる. *Tiene un gran dominio de* las matemáticas. 彼は数学に精通している.

tener dominio sobre ... …を支配[掌握]している; (財産などを)思いどおり[自由]にできる. Él *tiene dominio sobre* todos sus compañeros. 彼は彼の全知人を掌握している.

dominó [dominó] 男 ❶ ドミノ遊び(28枚の札で点合わせをする行なう). ―jugar al ～ ドミノをする. una partida de ～ ドミノゲーム. ❷ ドミノの札. ❸ ドミノ仮装衣(舞踏会で用いるずきんと仮面付きマント).

domo [dómo] 男 《建築》ドーム, 円屋根 (＝cúpula). ―el ～ del estadio Koraku-en de Tokio 東京[後楽園]ドーム.

***don¹** [don ドン] 男 ❶ 《無冠詞・無アクセントで》(成人の男性個人名の前につける敬称; 略 D.; ⇒女性個人名の前では doña)ドン, …さん, 様, 殿, 卿(キョウ). ―～ Lorenzo ドン・ロレンソ (Señor) D～ Fulano de Tal なんの某(ボウ). 《El Ingeniero Hidalgo D～ Quijote de la Mancha》(Cervantes)『才智あふるる郷士ドン・キホーテ・デ・ラ・マンチャ』(セルバンテス). ♦もともと貴族に対する敬称であったが, 現在では社会的に高い地位にある人だけでなく, 一般に親しみ・敬意を込めた敬称としても用いられる. 姓はかってしてもよい. ❷ (軽蔑)(態度・行動を表す名詞・形容詞の前につけて, あだ名などを表す)…さん. ― ladrón 泥棒さん. No me vengas con más problemas; pareces ～ dificultades. これ以上難題を持ち込まないでよ. 君はどうやらトラブルメーカーみたいだから.

don cómodo 奢侈(シャシ)逸楽に耽る者.

don Diego 固名 ❶ ドン・ディエゴ. (2)《植物》オシロイバナ.

Don Juan ドン・ファン, プレーボーイ, 女たらし (＝donjuán). Es un *Don Juan* [un Tenorio]. 彼はプレーボーイだ. ♦スペインの作家 Tirso de Molina (¿1571?-1648) の戯曲《El burlador de Sevilla y convidado de piedra》『セビリァの色事師と石の招客』の主人公の名前 (Don Juan Tenorio) で, プレーボーイの代名詞としてよく使われる.

Señor Don (《略》Sr. D., Sr.Dn.) (手紙の宛名で)…様, …殿. *Sr.Dn.*Martín Rodríguez マルティン・ロドリーゲス様.

ser don alguien ひとかどの人物である.

ser (un) don nadie 取るに足りない[つまらない]人物である.

***don²** [dón] 男 ❶ 【＋de/para】(天賦の)才能, 天性 (＝natural) (皮肉を込めて欠点にも用いる). ―～ de acierto 当意即妙の才. ～ de lenguas 語学の才. Tiene un ～ natural *para* hablar. 口が達者なのは彼の生まれつきだ. Es una chica que no tiene ningún ～. 彼女は何の才能もない子である. Tiene el ～ *de* la inoportunidad. 彼はいつもタイミングが悪い. tener un ～ *para* el comercio [*para* la poesía] 商才[詩才]がある. tener el ～ *de* la palabra 口が達者である,

弁が立つ. ~ **de** errar 間違い癖. No tengo el ~ de la ubicuidad. いくらでも同時にあちこちに姿を見せる訳にはいかないよ. 類**gracia, habilidad, talento**. ❷ 贈り物; (特に)天の恵み; (おとぎ話で)望みのもの. —hacer un ~ a ... (人)に贈り物をする. pedir un ~ 願(がん)をかける. Le concedieron un gran ~. 彼はたいへんなプレゼントを頂いた. El hada le concedió el ~ de la belleza. 妖精は彼女に1つの望み、美貌(びぼう)を叶(かな)えてやった. ~**es del Espíritu Santo** 《カトリック》(堅振の秘跡により受ける)聖霊の賜物(たまもの). 類**dádiva, regalo**.
don de gentes 人好きのする[人に好かれる]素質.
tener (el) don de ... ...の才能がある. Tiene *don de* mando. 彼は指導者としての資質を具えている.

donación [donaθjón] 囡 ❶ 寄付, 寄進. —hacer una ~ 寄付をする. ~ **de sangre** 献血. ❷《法律》贈与. —~ **entre [inter] vivos** 生前贈与.

donador, dora [donaðór, ðóra] 形 →**donante**.

donaire [donáire] 男 ❶ 優雅, しとやかさ, 上品. —caminar con ~ 優雅に歩く. ❷ 機知, 才気, ユーモア. —tener ~ 才気がある. 類**agudeza, ocurrencia**.

donante [donánte] 形 寄贈する, 授与する, 提供する.
—— 男囡 寄贈者, 提供者, (臓器移植の)ドナー. —~**s de sangre** 献血者. ~ **de órganos** 内臓移植の提供者.

donar [donár] 他 [+**a** に]を寄贈する, 寄付する, 寄贈する, 提供する. —*Donó* sus bienes a una institución benéfica. 彼女は財産を慈善団体に寄付した.

donatario, ria [donatárjo, rja] 名 受贈者.

***donativo** [donatiβó] 男 (慈善・文化的目的の)寄贈, 寄付. —hacer un ~ a la iglesia 教会に寄付する. recoger los ~s para la campaña benéfica 慈善運動のために寄付を集める. 類**dádiva**.

doncel [donθél] 男 ❶《まれ, 古》若い騎士. ❷ 若者.

:**doncella** [donθéja] 囡 ❶ 生娘, 処女; 乙女, 娘. —*D*~ **de Orleáns** オルレアンの乙女(ジャンヌ・ダルク Juana de Arco のこと). 類**muchacha, virgen**. ❷ (料理以外の家事をする)女中, 小間使, 侍女. —**primera** ~ 掃除婦. 類**criada, sirvienta**. ❸《魚類》ベラ. ❹《ペルー》《植物》オジギソウ.

doncellez [donθeʎéθ] 囡 処女性, 童貞. —perder la ~ 処女[童貞]でなくなる. 類**virginidad**.

****donde** [donde ドンデ] 副(関係) 先行詞は場所を表す名詞句・副詞句 ❶ 〘制限用法〙...である..., ...する.... —Esta es la casa ~ nació el escritor. これがその作家が生まれた家です. ¿Cómo se llama el parque por ~ paseamos el otro día? この間散歩した公園は何ていう名前ですか. En la academia (en) ~ yo hice las prácticas, era yo el único chico. 僕が実習をした専門学校では僕が唯一の男性だった〘en donde は donde に比べて文語では用いられず, 主に教養のある人の口語で使用される〙.
❷ 〘説明用法〙そしてそこで.... —Este verano estuvimos un mes en Pontevedra, ~ nacieron mis abuelos. この夏私たちは1か月ポンテベドラにいたのですが, 私の祖父母はそこで生まれました. Por fin llegamos a la cumbre, desde ~ se veía toda la ciudad. やっと我々は山頂に着いたが, そこからは町中が見渡せた.
❸ 〘独立用法〙...の場所[ところ]に, ...の場所[ところ]で, ...の場所[ところ]へ. —Déjalo ~ estaba. それはもとあったところに置いといて. Aquí fue ~ se conocieron. 彼らが知り合ったのはここだった. Vamos ~ [adonde] nos lleves. 私たちは君が連れて行ってくれるところに行く〘運動の方向を示す場合には adonde を用いるのが原則であるが, 口語では donde を用いることがある〙.
❹ 〘+不定詞〙(*a*) 〘制限的用法〙...すべき.... —¿Y no tenéis sitio ~ dormir? それで君たちは寝るところがないの? (*b*) 〘独立用法〙...すべきところ[場所]. —¿Y no tenéis ~ dormir? それで君たちは寝るところがないの?
❺ 〘+名詞句, 前置詞的〙...のいる[ある]場所に, ...のいる[ある]場所へ. —Mis niños están ~ la tía Carmen. 子供たちはカルメンおばさんの所にいる.
allí donde ... ...するところはどこでも[どこへでも]. Iré *allí donde* tú me digas. 君が行けというところならどこでも行くよ.
de [por] donde ... (前文の内容を受けて)そのことから, したがって. En aquel documento hay muchos errores, *de donde* se infiere que no puso cuidado al redactarlo. あの書類には間違いがたくさんある. そのことから, 彼はそれを仕上げる際よく注意を払わなかったと推測される.
Donde las dan las toman.〘諺〙因果応報(←たたけばたたかれる).
mira [mire] por donde ...《話》驚いたことに..., 何と.... *Mira tú por donde* vamos a salir ganando. あらまあ, 私たち勝つよ.
no tener donde caerse muerto《話》(死に場所がないほど)とても貧しい.
tomar ... por donde quema を悪意に解釈する, を悪く取る. No lo *tomes por donde quema*. それを悪く取るな.

****dónde** [dónde ドンデ] 副(疑問) 〘場所について用いる〙 ❶ 〘直接疑問文で〙(*a*) どこに, どこで. —¿*D*~ está el ascensor? エレベーターはどこにありますか. ¿De ~ es usted? あなたのご出身ですか. ¿*D*~ estamos ahora? 今私たちがいるのはどこですか. (*b*)《話》どこに, どこに(= adonde). —Oye, ¿~ vas? ねえ, どこに行くの? ❷ 〘間接疑問文で〙(*a*) どこで, どこに, どこへ. —¿Quiere usted indicarme ~ podría comprar sellos? どこで切手が買えるか教えていただけますか. No sabíamos hacia ~ nos llevaban. 私たちはどこへ連れて行かれようとしているのか分からなかった. (*b*) 〘+不定詞〙どこで...すべきか, どこに...すべきか, どこへ...すべきか. —¿Sabes ~ poner esta cama? このベッドをどこに置いたらいいか知ってますか. Si alguna vez usted necesita más información, ya sabe ~ venir. いつかもっとお知りになりたいことができましたら, もうどこへいらしたらよろしいかおわかりですね.
¡de dónde! (相手に反論して)一体何でそんなことが言えるんだ; そんなことがあるものか! *¡De dónde* voy a tener que creer lo que tú dices! 君の言ってることなど信じるものか.
no saber dónde meterse《話》恥ずかしくて身の

置き所がない. Cuando mi marido comenzó a decir esas tonterías, *no sabía dónde meterme*. 夫があんな馬鹿なことを言い出したとき, 私は恥ずかしくて身の置き場がなかった.

no saber por dónde se anda[pesca] 〖話〗何をしているか分からない, 見当外れである.

por dónde ... 〖《驚嘆》一体どのようにして[なぜ]…か. Me pregunto *por dónde* se habrá enterado de todo eso. 彼は一体どのようにしてそのことを知ったんだろう.

saber dónde le aprieta el zapato 自分の置かれた状況[立場]をよく分かっている.

dondequiera [dondekjéra] 副 《まれ》どこ(に)でも, あらゆる所に. —Ese producto lo encontrarás ～. その製品は至る所で見られるだろう. *por* ～ どこででも, どんな所でも.

dondequiera que (1)〖＋接続法〗どこで[に]…しようと. Llámale *dondequiera que* esté. どこにいようと彼に電話しなさい. (2)〖＋直説法〗…する所はどこでも. *Dondequiera que* va, arma jaleo. 彼はどこへ行っても騒ぎを引き起す.

dondiego [dondjéɣo] 男 《植物》オシロイバナ.
dondiego de día 《植物》アサガオ(朝顔).

donjuán [donxuán] 男 ❶ ドンファン, プレーボーイ, 女たらし. ❷《植物》オシロイバナ.

donjuanismo [donxuanísmo] 男 ドン・フアンの流儀[やり方], 女たらし, 放蕩(ﾄﾞｳ)生活.

donosamente [donósaménte] 副 ❶ 気を利かせて; おもしろく. ❷ 優雅に, 上品に. ❸ (皮肉をこめて)お見事に.

Donoso [donóso] 固名 ドノーソ(ホセ José ～)(1924–; チリの小説家).

donoso, sa [donóso, sa] 形 ❶ 優雅な, 上品な. —Tiene un caminar ～. 彼女は優雅な歩き方をする. ❷《皮肉》おもしろい, 機知に富んだ, しゃれた. —¡*Donosa* ocurrencia! (皮肉で)それは面白いね. ❸《皮肉》結構な, とんでもない.

Donostia [donóstja] 固名 ドノスティア(サン・セバスティアンのバスク名).

donostiarra [donostjářa] 形 サン・セバスティアンの(SanSebastián)の.
—— 男女 サン・セバスティアンの人.

donosura [donosúra] 女 優雅さ; 機知; 軽妙さ.

donut [donú] 男《複 donuts》ドーナツ.

doña [dóɲa ドーニャ] 女 ❶❷ の意味では無冠詞用法〖アクセント〗❶《親しみ・敬意を込め既婚・未亡人女性の個人名の前につける; 略 D.ª》→成人男性の個人名の前では don ドーニャ, …さん, ❷ *夫人, 様.* —La infanta de Bordiu y Grecia クリスティーナ・デ・ボルディウ・イ・グレシア王女. ¿Qué hay, ～ Paula? パウラさん, 御元気ですか？ ❷《軽蔑》(態度・行動を表す名詞・形容詞の前につけて, あだ名などを表す)…さん. —*D* ～ melindres se está quejando otra vez. 気取り屋さんがまた文句を言っている. ❸ (la D～)〖俗〗主婦, 奥様.

Señora Doña ... 〖《略》Sra. D.ª》(手紙の宛名) …様, 殿.

dopaje [dopáxe] 男 ＝doping.

dopar [dopár] 他 〖<英 dope〗…に興奮剤を飲ませる, ドーピングする.
—— se 再 興奮剤を飲む, ドーピングする.

doping [dópin] 男 〖<英〗 興奮剤を飲むこと, ドーピング(＝dopaje). —acusar de ～ ドーピング

dormilón 743

の疑いで訴える. pruebas de ～ ドーピング・テスト.

doquier [dokjér] 副 →doquiera.

doquiera [dokjéra] 副 どこへでも, どこにも, どこへも.

por doquiera どこにでも, 到るところで.

dorada [doráða] 女《魚類》クロダイ, ヨーロッパヘダイ.

Dorado [doráðo] 固名 (El ～) エル・ドラード, 黄金郷.

dorado, da [doráðo, ða] 過分 形 ❶ 金色の; 金めっきの, 金箔の. —una cubertería *dorada* 金の食器セット. Se fríe la cebolla hasta que quede *dorada*. 玉ねぎを黄金色になるまで炒める. ❷ 黄金の, 全盛の. —una época *dorada* 全盛期. siglo ～ 黄金の世紀. los ～s años de la juventud 輝かしい青春の日々.

sueño dorado →sueño.
—— 男 ❶ 金メッキ, 金箔. ❷ 複 金めっきした金具 [装飾品]. ❸ (El D～) →Dorado.

doradura [doraðúra] 女 金箔をかぶせること, 箔置き, 金めっき.

dorar [dorár] 他 ❶ …に金[金箔]をかぶせる, 金粉をつける, を金めっきする, 金色に塗る. ❷《比喩》を粉飾する, …の表面をつくろう. —Le *doraron* la verdad de lo ocurrido. 彼は何が起こったのについて事実を取り繕って彼に伝えた. ❸《料理》をこんがりと焼く. ❹ を金色に染める. —El sol poniente *doraba* las montañas. 夕日が山々を金色に染めていた.

—— se 再 ❶《料理》こんがりと焼ける. —Ya *se han dorado* los ajos. ニンニクがもうこんがりと焼けている. ❷ 金色になる.

dorar la píldora 〖話〗(不愉快なことを)うまく言いくるめる.

dórico, ca [dóriko, ka] 形 ❶ ドーリア(Dórida)地方の, ドーリア人の. ❷《建築》ドーリア様式の. —columna *dórica* ドーリア式円柱. orden ～ ドーリア様式. ❸《歴史, 言語》(古代ギリシャ語の)ドーリア方言.

Dórida [dóriða] 固名 ドーリア地方(古代ギリシャ中部の地方).

dorio, ria [dórjo, rja] 形 (古代ギリシャの)ドーリア人の. —— 名 ドーリア人.

dormida [dormíða] 女 ❶ 眠ること; 一眠り, うたた寝. —Se echó una ～ en un banco del parque. 彼は公園のベンチで一眠りした. ❷ (蚕の)休眠. ❸ (動物の)ねぐら, 巣. ❹〖中南米〗寝場所.

dormidera [dormiðéra] 女 ❶《植物》ケシ(＝adormidera). ❷《話》寝つきのよさ. —tener buenas ～s 寝つきがいい.

dormido, da [dormíðo, ða] 過分 形 ❶ 眠っている. —No hagáis ruido. El niño está ～. お前たち音をたてるな. 子供が眠っているんだから. ❷ ぼんやりした, 呆然とした. —¿Estás ～ o qué? ぼけっとしているの？ 類 **atontado**. ❸ (手・足などが)しびれた, 無感覚の. —Tengo la pierna *dormida*. 私の足はしびれがひどい.

dormilón, lona [dormilón, lóna] 形 眠い, 眠たがる, 眠そうな. —Es muy ～ y no se levanta hasta las diez. 彼は大変な寝坊で10時まで起きない.
—— 名 眠たがり屋, 寝坊.

dormir [dormír ドルミル] [8.1] 自 ❶ 眠る. —He dormido muy bien. 私はぐっすり眠れた. ¡A ~! さあ寝なさい. Está dormido. 彼は寝ています. ❷ 泊る, 宿泊する. —Dormimos en un parador nacional. 私達は国営宿舎に宿泊した. ❸ ぼんやりとする; ほったらかしになる. —Será mejor dejar ~ el proyecto unos cuantos días. 数日間その計画を寝かしておくのがよかろう. Como sigas durmiendo, echarás a perder el negocio. ぼうっとしていると商売を台無しにしてしまう. Descubrí que un billete de 500 euros dormía en un cajón de mi despacho. 私は書斎の引き出しに 500 ユーロのお札が 1 枚忘れられているのを見つけた. ❹ (男女が)ベッドを共にする, 同衾(ヽヽ)する. —Los esposos no duermen juntos desde hace años. 夫婦は何年も前からベッドを共にしていない.

―― 他 ❶ を寝かしつける, 眠らせる. —~ al niño meciendo la cuna 揺りかごを揺すって子供を寝かしつける. ❷ を退屈させる. —La conferencia durmió a casi todos. ほとんどすべての人がその講演に退屈した. ❸ …に麻酔をかける. —Lo han dormido bien y dice que no le ha dolido la operación. 彼は麻酔がうまくかかったので手術は痛くなかったと言っている. ❹ (睡眠)をとる. —~ la siesta 昼寝をする. ~ la borrachera 二日酔いで寝る.

—**se** 再 ❶ 寝入る, 眠り込む. —Se ha quedado dormido. 彼は眠り込んだ. Se durmió profundamente y no se dio cuenta del incendio. 彼はぐっすり眠り込んでいて火事に気づかなかった. Conviene no ~se cuando las circunstancias son favorables. 状況がよい時にぼうっとしてはいけない. ❷ しびれる, まひする. —Se me ha dormido la pierna. 私の片足がしびれた. ❸ 鎮まる, 穏やかになる, 凪(ヽ)ぐ. —Se ha dormido el viento. 風が凪いだ. 類**apaciguarse, calmarse.**

dormirse en los laureles →laurel.
echarse a dormir →echar.

dormitar [dormitár] 自 居眠り[うたた寝]する, まどろむ. —El anciano dormitaba al sol en un banco del parque. その老人は公園の日のあたるベンチでうたた寝をしていた.

dormitivo, va [dormitiβo, βa] 形《医学》眠らせる, 催眠性の.
―― 男《医学》催眠剤.

:**dormitorio** [dormitórjo] 男 ❶ 寝室, 【集合的に】寝室用家具. —~ común 共同寝室. Sus padres les compraron el ~ como regalo de boda. 結婚祝いに両親は彼らに寝室用家具を買ってやった. ❷ 学生寮, 寮, 寄宿舎. 類**alcoba, aposento.**

Dorotea [dorotéa] 固名《女性名》ドロテア.

dorsal [dorsál] 形 ❶ 背中の, 背後の, 後方の. —espina ~《解剖》脊椎(セキツイ). aleta ~ 背びれ. ❷《音声》舌背の, 舌音の.
―― 男《スポーツ》ゼッケン, 背番号. —el ~ número 9 (nueve) ゼッケン 9 番. ―― 女 ❶《音声》舌背音. ❷ 山脈の最も高いところ.

dorsal oceánica《地理》大洋[海洋]中の山脈.

dorso [dórso] 男 ❶ (紙・ページ・硬貨・葉などの)背, 裏, 裏面. —Escribe el remite de la carta al ~ del sobre. 彼は差出人の住所氏名を封筒の裏に書く. ❷ 背中, 背部. —~ de la mano 手の甲. ❸《解剖》舌背.

:**dos** [dós ドス] 形(数) ❶【無変化】2 つの, 2 個[人]の. —~ veces 2 度[回]. ❷【名詞の後で】2 番目の. —el día ~ de marzo 3 月 2 日. el tomo ~ 第 2 巻.
―― 男 ❶【基数】2, 2 個[人][ローマ数字では II]. —D~ y tres son cinco. 2 足す 3 は 5. Vendré a buscarte dentro de ~ horas. 2 時間後に君を迎えに来よう. ❷ 2 番目, 2 日. ❸【las +】2 時. —Son las ~. 2 時だ. ❹【定冠詞 +】2 人, 両者, 両方. —Los ~ se casarán. その 2 人は結婚するだろう. ❺ 2 の数字, (カードで)2 の札, (さいころの)2 の目. —el ~ de espadas スペードの 2. Has hecho un ~ que parece un ocho. 君の書いた 2 の数字は 8 みたいだ. Tengo tres ~es. 私は 2 の札が 3 枚ある.

a dos《スポーツ》ジュースの.
a dos pasos de aquí ここのすぐそばに. Correos está a dos pasos de aquí. 郵便局はここからすぐのところにある.
cada dos por tres たびたび. Cada dos por tres sale a cenar. 彼はしょっちゅう夕食に出かける.
cada dos días 1 日おきに, 隔日に.
como dos y dos son cuatro まちがいなく, 明らかに. Seguro que ha vuelto a fumar, como dos y dos son cuatro. 彼がまたタバコを吸い出したことはまちがいない.
de dos en dos [dos a dos] 2 つ[2 人・2 個]ずつ.
dos por dos (1) 2 かける 2. (2) 2 つずつ.
en un dos por tres たちまち, すぐに. En un dos por tres se hizo un vestido. たちまちのうちに彼女はドレスを作った.
No hay dos sin tres. 2 度あることは 3 度ある.
una de dos 二つに一つ, どちらか.

:**doscientos, tas** [dosθjéntos, tas ドスシエントス, タス] 形 ❶ (数)200 の, 200 個[人]の. —doscientas personas 200 人. ❷【名詞の後で】200 番目の.
―― 名《基数》200, 200 人[個]; 200 番目の(人・もの). —En el maratón llegué el ~. マラソンで私は 200 番目に入った.

dosel [dosél] 男 ❶ 天蓋, てんちょう. ❷ 掛け布, たれ幕.

dosificación [dosifikaθjón] 女 ❶ (薬の)調剤, 調合. ❷ (量の)加減.

dosificar [dosifikár] [1.1] 他 ❶《医学》を調薬する, (薬)を調合する, 投薬する. ❷ を配分する, 割り当てる. —~ las fuerzas [provisiones] 戦力[食糧]を割り当てる.

***dosis** [dósis] 女【単複同形】❶ (薬の 1 回分の)服用量, (適用量. —~ letal [mortal] 致死量. una pequeña ~ 少量. No me han cambiado el medicamento, sino la ~. 私は薬ではなく服用量を変えられた. 類**toma.** ❷《比喩》ある分量[程度]. —una buena ~ de paciencia [de humildad] かなりの忍耐[謙遜]. con buena ~ de ironía 皮肉たっぷりに. 類**cantidad, porción.**
dosis de recuerdo《医学》(ワクチンの)再接種.

dotación [dotaθjón] 女 ❶ 寄贈, 寄付, 寄付金. —hacer una ~ 寄付をする. ❷【集合的に】《海事》乗組員. —~ de un barco 船の乗組員. ❸【集合的に】(官庁・会社などの)人員, (全)職員 (= personal). ❹ (嫁入りの)持参金.

dotado, da [dotáðo, ða] 過分 形 【+de】を付与された, 持っている; …の才能がある. —Está ~ del sentido del humor. 彼はユーモア感覚を持っている. Es una chica muy *dotada* para los idiomas. 彼女は語学の才能がとてもある. El premio está ~ con un millón de yenes. その賞には 100 万円《の賞金》がついている. estar bien [mal] ~ 才能のある[ない], 生殖能力の豊かな[乏しい].

‡**dotar** [dotár] 他【+con/de を】 **❶** …に与える, 備え付ける. —*Dotó* el pueblo *de* estupendas instalaciones deportivas. 彼は町にすばらしいスポーツ施設を作った. **❷**《才能などを》…に付与する. —Dios la *dotó de* genio para pintar. 神は彼女に画家としての才能を付与した. **❸** …に寄付する, 贈与する, (持参金として)…に持たせる. —La fundación les *dotó de* un millón de euros. 財団は彼らに 100 万ユーロを寄贈した. *Dotó* el proyecto *con* cien mil euros. 彼はそのプロジェクトに 10 万ユーロを寄付した.

‡**dote** [dóte] 女 **❶**【男 でも可】(花嫁や修道院入りする修道女の)持参金, 持参財産. —cazador de ~s 持参金目当てに嫁を探す男. mujer con una buena ~ 大変な持参金付きの女性. aportar una ~ 持参金を持って行く[来る]. **❷** 複 素質, 才能, 天分. —~s naturales 天分. muchacho de excelentes [magníficas] ~s 才能に恵まれた子. Tiene (buenas [grandes]) ~s para la música. 彼には音楽の才能がある. Tiene [Manifiesta] ~s de mando. 彼は指導者としての素質を備えている. 類 **aptitudes, cualidades, dones**.
—— 男《トランプ》得点.

dovela [doβéla] 女《建築》(アーチの)迫石(썩ᡲ).
doy [dói] 動 dar の直・現在・1 単.
dozavo, va [doθáβo, βa] 形《数》12 等分の.
—— 男 12 分の 1.
D.P., D/P《頭字》〔<documento contra pago〕《商業》DP 手形.
Dr.《略号》=Doctor 博士(男性).
Dra.《略号》=Doctora 博士(女性).
dracma [drákma] 女 ドラクマ(古代ギリシャの銀貨; 現代ギリシャの貨幣単位).
draconiano, na [drakonjáno, na] 形《法律・命令などが》厳しい, 過酷な. —tomar medidas *draconianas* 厳しい措置を取る.
draga [dráɣa] 女 浚渫(しゅんせつ)機.
dragado [draɣáðo] 男 浚渫(しゅんせつ). —hacer un ~ en el río 川を浚渫する.
dragaminas [draɣamínas] 男《単複同形》(軍事, 海事)掃海艇.
dragar [draɣár] [1.2] 他 浚渫(しゅんせつ)する, …の底をさらう.
drago [dráɣo] 男《植物》リュウケツジュ(竜血樹)(カナリア諸島原産の巨木).
‡**dragón** [draɣón] 男 **❶** ドラゴン, 竜(伝説上の怪獣). — ~ del jardín de las Hespérides《ギリシャ神話》ヘスペリデスの園の竜. 史《歴史》竜騎兵; 複 竜騎兵連隊. —Pertenece al cuerpo de *Dragones*. 彼は竜騎兵連隊に属している. **❸** (*a*)《動物》トビトカゲ(飛蜥蜴)(= ~ volador). (*b*)《魚類》 ~ marino ハチミシマ. (*c*)《植物》キンギョソウ(金魚草)(= boca de ~). **❹** (D~)《天文》竜座. —cabeza del *D*~ 昇交点. **❺**《機械》(反射炉の)炉口, 炉喉. **❻**《獣医》(馬などの瞳にできる)白斑(はくはん).

dragoncillo [draɣonθíjo] 女 **❶**《植物》エストラゴン(= estragón). **❷**《植物》キンギョソウ(= dragón).
dragonear [draɣoneár] 自《中南米》もぐりの営業をする, 無資格で営業する.
‡**drama** [dráma] 男 **❶**《演劇》劇, 演劇, 戯曲, 脚本;《文学》ドラマ(悲劇と喜劇の要素を併せ持つ). — ~ de televisión テレビドラマ. ~ familiar americano アメリカのホームドラマ. ~ lírico 歌劇, オペラ. ~ litúrgico (中世の)典礼劇. ~ griego ギリシャ劇. ~ histórico 史劇. ~ teatro. **❷** 劇的事件, 悲しい出来事, 惨事, 悲劇. —Aquel accidente fue un ~: murió toda la familia. その事故は一家全員が亡くなる惨事だった. ¡Vaya [Menudo] ~! 何ということか! 類 **desastre, desgracia, tragedia**. 反 **alegría**.

hacer un drama a ... (人前で)(人)に対してヒステリックに振舞う.
hacer un drama de ... (物事)を大げさに[悲劇に]考える.

dramática [dramátika] 女 →dramático.
‡**dramático, ca** [dramátiko, ka] 形 **❶** 演劇の, 戯曲の, 芝居の. —género ~ 演劇部門. talento ~ 劇の才能. Estudia arte ~ para ser actor. 彼は俳優になるために演技を学んでいる. 類 **teatral**. **❷** 劇的な, 感動的な; 悲劇的な. —La prensa se ha hecho eco del ~ caso del niño asesinado. 新聞は悲劇的な幼児殺人事件を伝えている. 類 **emocionante, sensacional, trágico**. **❸** 芝居がかった, わざとらしい. —Se pone muy ~ para contar cualquier cosa. 彼は何を話すにもわざとらしい.
—— 名 **❶** 劇作家, 戯曲作家. **❷** (悲劇)俳優.
—— 女 劇作法;《集合的に》戯曲; 劇詩(= poesía ~).

dramatismo [dramatísmo] 男 劇的であること, ドラマ性. —Lo relató con tal ~ que nos conmovió profundamente. 彼女はそれを大変劇的に語ったので私たちは深く感動した.
dramatizar [dramatiθár] [1.3] 他 **❶**《演劇》(事件・小説を)劇化する, 脚色する. — ~ una novela 小説を脚色する. **❷** を大げさにする, 誇張する. —*Dramatiza* sus problemas hasta límites increíbles. 彼は自分の問題を信じられないくらい誇張する.
dramaturgia [dramatúrxja] 女《演劇》劇作術[法], ドラマツルギー.
dramaturgo, ga [dramatúrɣo, ɣa] 名《演劇》劇作家, 脚本家.
dramón [dramón] 男《話, 軽蔑的に》通俗劇, 田舎芝居.
drapear [drapeár] 他《服飾》(布・衣服)にドレープをつける.
drástico, ca [drástiko, ka] 形 **❶** 激烈な, 徹底的な, 思い切った. **❷**《医学》劇薬の, 峻下(しゅんげ)剤の.
—— 男《医学》峻下剤, 強い下剤.
drenaje [drenáxe] 男 **❶** 排水(すること). —hacer un ~ de un terreno 地所の排水をする. **❷**《医学》排膿, ドレナージ; その手術用具.
drenar [drenár] 他 **❶** …の排水をする, (土地の)排水をする. **❷** …の膿(うみ)を出す.

dríada, dríade [dríaða, dríaðe] 女 《ギリシャ神話》ドリュアス(木の精).

driblar [driβlár] 他 《スポーツ》をドリブルする, ドリブルでかわす. ~~ a un jugador contrario 敵の選手をドリブルでかわす.

drible, dribling [dríβle, dríβlin] 〔＜英〕《スポーツ》ドリブル.

dril [dríl] 男 《服飾》雲斉(ﾂﾞｰ), ドリル織り(目のつまった布地).

drive [dráiβ, dráif] 男 〔＜英〕《スポーツ》(テニスの)トップスピン; (ゴルフの)ドライバー(ショット).

driver [dráiβer] 男 《情報》ドライバー.

driza [dríθa] 女 《海事》(帆・旗などを上げ下げする)揚げ綱, 動索, ハリヤード.

:**droga** [dróɣa] 女 ❶ 麻薬, 麻酔剤; 《比喩》麻薬. ― contrabando [tráfico, traficante] de ~s 麻薬の密輸[密売, 密売人]. ~ dura 強い麻薬(ヘロイン, コカインなど). tomar [administrarse] ~s 麻薬を使用する[飲む]. Se ha despenalizado el consumo de ~ blanda. これまで弱い麻薬(マリファナなど)は飲んでも罰せられなかった. La pesca es su ~. 釣りは彼には麻薬のようなものである. 類 **estupefaciente, narcótico**. ❷ 薬, 薬品, 薬種(ﾂﾞｰ). ❸《俗》うんざりさせるもの, 迷惑なこと. ― Es mucha ~ [una] ~. うんざり[いやなこと]だ. 類 **lata**. ❹《俗》ごまかし, たぶらかすこと. 類 **engaño, mentira**.

drogadicción [droɣaðikθjón] 女 麻薬中毒.

drogadicto, ta [droɣaðíkto, ta] 名 麻薬中毒者, 麻薬常習者.
―形 麻薬中毒の, 麻薬を常用する.

drogar [droɣár] [1.2] 他 …に麻薬剤を飲ませる[与える, 使わせる]
― se 再 麻薬を常用する.

drogodependiente [droɣoðepenðjénte] 形 男女 麻薬中毒者(の人).

droguería [droɣería] 女 ❶ 〖スペイン〗(掃除・大工用具などの)雑貨店. ❷《話》〖中南米〗薬局, ドラッグストア(=farmacia). ~ de turno 当番薬局.

droguero, ra [droɣéro, ra] 名 薬屋, 売薬業者.

dromedario [dromeðárjo] 男 《動物》ヒトコブラクダ.

druida [druíða] 男 《歴史》ドルイド僧(古代ゴールおよびケルト族の僧侶).

drupa [drúpa] 女 《植物》(モモ・サクランボなどの)核果, 石果.

drusa [drúsa] 女 《地質》晶洞, がま.

druso, sa [drúso, sa] 形 《イスラム教》(レバノン・シリアに住む)ドルーズ派の. ―名 ドルーズ派.

dual [duál] 形 ❶ 2 の, 二重の, 二元的な, 両…. ❷《文法》双数の.
―男《文法》双数(ギリシャ語などで「両…」の意味を示す語尾).

dualidad [dualiðá(ð)] 女 ❶ 二重性, 二元性, 二面性, 双対(性). ❷《化学》(結晶の)同質二像.

dualismo [dualísmo] 男 《哲学》二元性, 二元論. ~ del bien y el mal 善悪二元論.

dubitativo, va [duβitatíβo, βa] 形 疑いの.

Dublín [duβlín] 固名 ダブリン(アイルランドの首都).

ducado [dukáðo] 男 ❶ 公爵領, 公国. ❷ 公爵の位[身分]. ❸《歴史》ダカット金貨[銀貨](昔ヨーロッパ大陸で使用された). ❹《歴史》ドゥカード(スペインで16世紀まで使用された金貨).

ducal [dukál] 形 公爵の, 公爵領の.

ducentésimo, ma [duθentésimo, ma] 形《数》❶ 200番目の. ❷ 200分の1の.
―名 ❶ 200番目の人[物]. ❷ 200分の1.

:**ducha¹** [dútʃa] 女 ❶ シャワー(浴); シャワー装置[ルーム]. ―darse [tomar(se)] una ~ シャワーを浴びる. habitación con ~ シャワー付きの部屋. ~ escocesa 湯と水が交互に出るシャワー(治療用). La ~ del hotel estaba estropeada. ホテルのシャワーが故障していた. ❷《医学》(治療上の)灌注(ｶﾝﾁｭｳ), 洗浄(器). ~~ nasal 鼻腔の洗浄. 類 **irrigación**.

ducha (de agua) fría 《俗》興奮をさますもの, 水を差すもの. recibir una ducha de agua fría 冷や水を浴びせられる, がっくりくる. dar una ducha de agua fría a un proyecto 計画に水を差す[けちをつける]. La decisión del tribunal cayó como una ducha fría sobre los demandantes. 裁判所の判決は原告の頭に冷水を浴びせることになった. recibir una ducha 《俗》にわか雨に遭う.

ducha² [dútʃa] 女 ❶ (織物を織る時にできる)縞(ｼﾏ), 筋. ❷ (一条の)敵(ﾃｷ).

duchar [dutʃár] 他 ❶ …に水を浴びせる, シャワーを浴びせる, 灌水(ｶﾝｽｲ)させる. ―Duchó al niño y lo acostó. 彼女は子どもにシャワーを浴びせ, そして寝かしつけた. ❷《医学》を注水する, 洗浄する, ～の灌注(ｶﾝﾁｭｳ)法をほどこす.
― se 再 シャワーを浴びる. ―Yo me ducho por la mañana. 私は朝シャワーを浴びる.

ducho, cha³ [dútʃo, tʃa] 形 〔＋en〕…に巧みな, 熟練した, 経験のある. ―Él es muy ~ en cuestiones de arqueología. 彼は考古学の問題に非常に精通している. 類 **experto**.

duco [dúko] 男 (吹き付け用の)塗料, ラッカー.

dúctil [dúktil] 形 ❶ (物質が)引き延ばせる, どんな形にもなる, しなやかな, 延性のある. ―El cobre es un metal ~. 銅は延性金属である. ❷《比喩》従順な, すなおな. ―María tiene un carácter muy ~. マリアは大変すなおな性格だ. 類 **acomodadizo, condescendiente, dócil**.

ductilidad [duktiliðá(ð)] 女 ❶ (金属の)延性, 展性. ❷ すなおな性質, 従順性. 類 **docilidad**.

:**duda** [dúða ドゥダ] 女 ❶ 疑い, 疑念, 不審. ―No hay [No cabe] ~ de eso./Eso no admite ~. それは疑いの余地がない. sin la menor ~/sin sombra de ~ 一点[少し]の疑いもなく. disipar la ~ 疑いをかき消す. tener [abrigar] ~s 疑いを持つ. despejar [aclarar] una ~ 疑いを晴らす. Existen serias ~s sobre su inocencia. 彼が潔白であるということに重大な疑念がある. 類 **incertidumbre**. 反 **certeza, firmeza, seguridad**. ❷ 不確かさ, 不明確, 不安. ―Estoy en ~ de si he cerrado la puerta con llave. 私はドアに鍵をかけたかどうか, 確信がない. Después de echar la carta le asaltó la ~ de si la había firmado o no. 彼は手紙を投函した後でサインをしたかどうか不安に襲われた. 類 **inseguridad**. ❸ 疑問, 質問, 疑問点. ―exponer sus ~s sobre … について疑問を表明する. Le planteamos al maestro todas nuestras ~s. 私たちは先生に私たちの疑問点を持ち出した. 類 **cuestión, problema**. ❹ 迷い, ためらい, 躊躇(ﾁｭｳﾁｮ).

Tengo ~s sobre si salir o quedarme en casa. 私は出かけるべきか家に居るべきかどうか迷っている. 類**indecisión, vacilación**. 反**decisión, seguridad**. ❺ (信仰上の)懐疑, 疑い. —tener ~s 懐疑的になる. ~s religiosas 宗教的懐疑(神の存在に対する疑い). 類**escepticismo, incredulidad**.

conceder el beneficio de la duda a ... (悪く言う)正当な理由がなくて(人)を疑わない.

duda de que【+接続法, 否定文では直説法も】…という疑い. Existe la *duda de que* el autor del robo sea uno de los empleados. 窃盗犯は社員のひとりではないかと疑われている.

estar en (la) duda はっきりしない, 不確かである. La autenticidad del documento *está* todavía *en duda*. その書類が本物かどうかまだ判明しない.

fuera de duda 疑いもなく, 確かに, 極めて明白に. Su inocencia está *fuera de duda*. 彼の無罪は間違いない.

no cabe (ninguna [la menor, la más mínima]) duda 【+de/de que】(について, まったく)疑いの余地がない. *No cabe duda de* su interés por ti. 彼が君に関心を持っていることに疑いの余地はない. *No cabe duda (de) que* vendrá. 彼が来ることに疑いの余地はない.

no dejar lugar a dudas 疑う余地がない, 間違いがない.

poner ... en duda (1) を疑う, 疑問に思う, 問題視する. No voy a *poner en duda* tus palabras. 私は君の言葉を疑うつもりはない. (2) …について疑いを抱かせる. Vendían un perfume cuyo precio *ponía en duda* su contenido. 値段から考えて中身が疑わしい香水が売られていた.

por las dudas【中南米】【話】万が一のために(=por si acaso).

¿Qué duda cabe? まったく疑いの余地がない.

sacar a ... de la duda [de dudas] (人の)疑念を晴らす, 真実を明らかにする.

salir de dudas 疑いがなくなる[晴れる], 本当のことが分かる, 迷わなくなる. Le hicieron una biopsia para *salir de dudas*. 彼は本当のことが分かるようにバイオプシー(生検)をしてもらった.

sin duda (alguna)/sin ninguna [la menor] duda (1) 疑い[間違い]なく, 確かに, 必ず; もちろん. Ella estaba de viaje, *sin duda alguna*. 明らかに彼女は旅行中であった. (2) たぶん, おそらく(=tal vez, quizás). *Sin duda* creíste que lo había hecho yo. たぶん君は私がそれをしたと思ったかもしれない.

sin lugar a dudas 疑いの余地なく(=sin duda). Lo demostraron *sin lugar a dudas*. それは疑問の余地なく証明された.

tener sus *dudas* (人・物事を)信用していない, 疑っている.

dudable [duðáβle] 形 疑うべき, 疑いうる.

dudar [duðár ドゥダル] 自 ❶【+de を】疑う, 疑念を持つ. —*Dudo de* su inteligencia. 私は彼の頭の良さを疑わしく思っている. Todos *dudan de* su novio. みんなが彼女の婚約者を疑っている. ❷ (*a*)【+entre … o/y …】 (…かどうか)ためらう, 迷う, 躊躇する【+不定詞】. —*Duda entre* quedarse en España *o* volver a Japón. 彼はスペインにとどまるか, 日本に戻るかで迷っている. (*b*)【+en+不定詞】(…するのを)ためらう, 迷う. —No *duda en* llevar a cabo el proyecto. 彼は迷わずその計画を実行に移す. Si necesitas algo, no *dudes en* llamarnos. もし必要なことがあったら迷わず私達に電話して下さい. 類vacilar**.

—他【+que+接続法(否定文では直説法も)】を疑う, 疑ぐる, 疑わしく思う. —*Dudo que* llegue a tiempo. 彼が間に合うかどうか私には疑わしい. *Dudo que* haga buen tiempo mañana. 私には明日がいい天気になるとは思えない. Lo *dudo*. それはどうだろうか. Después de mucho ~lo, aceptó el cargo. かなり迷った後で彼はその仕事を引き受けた.

dudosamente [duðósaménte] 副 疑わしく; 不確かに.

‡**dudoso, sa** [duðóso, sa] 形 ❶【+de/sobre】(…について)疑いを持っている; 迷っている, ためらっている【estar+】. —*Está* ~ *sobre* la resolución que debería tomar. 彼はとるべき解決策について迷っている. 類**indeciso, inseguro, vacilante**. 反**decidido, resuelto, seguro**. ❷ (物事が)疑わしい, 不確かな, はっきりしない【ser+】. —El resultado *es* ~. 結果は疑わしい. 類**incierto, inseguro**. ❸ (人・行為が)いかがわしい, 怪しい, 信用できない【ser+】. —Está metido en negocios de *dudosa* legalidad. 彼は合法性の疑わしい取引に首をつっこんでいる. 類**ambiguo, equívoco**.

ser dudoso que【+接続法】…は疑わしい, 不確かである. Están invitados, pero *es dudoso que* vengan. 彼らは招待されているが, 来るのかどうかはっきりしない.

duel- [duél-] 動 doler の直・現在, 接・現在, 命令・2単.

duela [duéla] 女 おけ板.

duelista [duelísta] 男 決闘者.

‡**duelo**¹ [duélo] 男 ❶ (愛する人などの死による)深い悲しみ, 哀悼(の意), 服喪(の印). —Han colocado la bandera a media asta en señal de ~. 弔意を表して半旗が掲げられた. Los funerales del rey fueron una gran manifestación de ~ nacional. 王の葬儀は国民の深い悲しみをよく表していた. 類**luto, pena, pesar**. ❷ 葬列; 会葬者. —presidir el ~ 喪主を務める. Se despidió el ~. 会葬者は別れを告げた. 類**cortejo, entierro**. ❸ 雅 苦労, 困難. 類**trabajo**.

Los duelos con pan son buenos [son menos]. 【諺】食うに困らなければ苦労も大したものではない.

sin duelo たくさん, 惜しげなく, 気前よく. gastar *sin duelo* 惜しげなく使う. pegar *sin duelo* 容赦なくなる.

‡**duelo**² [duélo] 男 ❶ 決闘. —~ a muerte 死闘. —~ a pistola ピストルによる決闘. batirse en ~ 決闘する. Le retó en [a] ~ a su ofensor. 彼は彼を侮辱したやつに決闘を挑んだ. 類**desafío, reto**. ❷ 対決. —~ dialéctico 弁論による対決. ~ tenístico テニスの対抗試合.

‡**duende** [duénde] 男 ❶ (フラメンコの歌・踊りなどの)不思議な[怪しい]魅力, 魔力, 魔性. —Esta bailadora tiene ~. この踊り子には怪しい魅力がある. Granada es una ciudad con mucho ~. グラナダは言いようのない不思議な魅力のある町だ. ~s del cante flamenco フラメンコ歌謡の魅惑. 類**encanto, garbo, gracia**. ❷ (*a*) いたずら小鬼

748 dueña¹

[小妖精・小悪魔]魔に住み，夜みんなが寝静まると出てくると信じられている．(b) いたずらっ子，腕白． ❸《童話》小人(ぶ)．— Los gigantes y los ~s son personajes de cuentos. 巨人と小人はおとぎ話に登場する人物である． 類**enano, gnomo**. ❹ (昔の)金糸[銀糸]の織物． 類**restaño**.

andar como un duende/parecer un duende《俗》神出鬼没である．

tener duende (1) 不思議な[怪しい]魅力がある，魅力的である．(2) 気がかりである，心配している．

*dueña¹ [duéña] 囡 ❶ (一家・召使いなどの)女主人，所有者，女将(認)，雇い[飼い]主(→「男の主人は dueño)． — ~ de la pensión 下宿のおかみさん． Di a la ~ que un señor desea verla. 女主人にある人が会いたがっていると伝えよ．類**ama, propietaria**. ❷《古》(年配で一般に未亡人の)付添い婦人，女中頭，ばあや．— Salía de paseo acompañada de su ~. 彼女はばあやを伴って散歩に出掛けたものだった． 類**acompañante**. ❸《古》(貴族の)奥方，主婦．類**señora**.

dueña de honor (女王・王女の)侍女，女官．

poner a ... como [cual] (no) digan dueñas《俗》(人の)悪口を言う，ののしる． ¿Te has peleado con Antonia? El otro día te puso como no digan dueñas. 君アントニアとけんかしたな．せんだって君の悪口を言ったぞ．

‡**dueño** [duéño] 男 ❶ 持ち主，所有者，オーナー (→「(女性の)所有者」は dueña). — ~ de una tienda 店主． ~ de un bar バル経営者． ~ de la casa 家主． ~ de la pensión 下宿屋の亭主． Es el ~ de este coche. 彼がこの車の持ち主です．類**amo, patrón, propietario**. ❷ (一家・召使いなどの)主人，雇い主；飼い主(→「女主人」は dueña). — El ~ está de viaje. 主人は今旅行中です． ~ y señor 頂主． ~ y dependientes 店主と店員． El perro miraba a su ~. 犬は飼い主を見ていた．類**amo, señor**. 反**criado, siervo**. ❸ (一般におとで)愛する人(=女性の dueña). — Mi ~. (愛情を込めて)あなた(男女を問わず).

ser el dueño de la baila 采配(認)を振る，取り仕切る(=ser el amo del cotarro).

—, **ña²** 名 《＋de》(感情などを)支配できる人，自由にできる人． — No soy ~ de mis pasiones. 私は自分の感情をコントロールできない． Soy ~ de mis actos; no vengas pidiendo explicaciones. 私は自分の行動に責任をもっているから，なぜんなことしたのかなどと聞かないでくれ．

hacerse (el) dueño (1)《＋de》(状況など)を完全に掌握する(=hacerse el amo de). — En un momento *se hizo dueño de* la situación y dio las órdenes oportunas. 彼はたちまち状況を掌握し，適切な命令を下した． (2) 取り仕切る，采配(認)を振る． Mi suegra *se ha hecho el dueño* y lo dispone todo. 私の姑が采配を振るようになり，彼女は用意万端整えている． (3)《＋de》…をわが物にする．

ser (muy) dueño de《＋不定詞》自由に…できる[してよい]． *Es Ud. muy dueño de* hacer lo que mejor le parezca. あなたがよいと思うことをやっていいですよ． Claro que puedes rehusar: *eres muy dueño*. 勿論断ってもよい．君の自由にしてよい．

ser dueño de sí mismo 自分をコントロールでき，自制心を失わない，取乱さない． No se puede confiar en ella, porque no *es dueña de sí misma*. 彼女は信用できない．なぜなら彼女は自分をコントロールできないから．*Impávido y dueño de sí mismo*, contestó a aquella insultante pregunta. 彼はあの侮辱的な質問にひるむことなく落ち着いて答えた．

duerm- [duérm-] 動 dormir の直・現在，接・現在, 命令・2単．

duermevela [duermeβéla] 囡《話》うたた寝，居眠り，うつらうつらとして．

Duero [duéro] 固男 (el Río ~) ドゥエロ[ドウロ]川(スペインとポルトガルを流れる河川).

dueto [duéto] 男《音楽》(短い)二重奏(唱), デュエット．

*‡**dulce** [dúlθe ドゥルセ] 形 ❶ (味・声・言葉・香りなどが)甘い《ser/estar＋》. — bebida ~ 甘い飲物． vino ~ 甘口のワイン． voz ~ 甘い声． Este melocotón *es* ~ como la miel. このモモは蜜のように甘い． 類**dulzón**. ❷ (音楽などが)甘美な，快い，心地よい， — música ~ 心地よい音楽． brisa ~ 快いそよ風． ~s momentos de la vida 人生の楽しい瞬間． 類**agradable, suave**. ❸ (性格・目付きなどが)優しい，柔和な，(気候などが)穏やかな． — clima ~ 温暖な気候． Es una muchacha muy ~, al revés que su hermana. 彼女は妹とは反対にとても優しい娘だ．類**afable, blando, tierno**. ❹ 味の薄い，(塩から)くない． — agua ~ 淡水． ❺ (金属などか)柔らかな． — hierro ~ 軟鉄．

— 副 甘く；優しく，穏やかに． — Habla muy ~. 彼は非常に穏やかに話をする．

— 男 ❶ キャンディー，砂糖菓子；デザート． — caja de ~s キャンディーの箱． Le encantan los ~s. 彼は甘い物が大好きである． ❷ (果物の)砂糖漬け，砂糖煮． — ~ de almíbar 果物のシロップ漬け． ~ de membrillo マルメロの砂糖漬け． ❸《中米》赤砂糖，ざらめ．

en dulce 砂糖漬けの． melocotón *en dulce* 桃の砂糖漬け．

A nadie le amarga un dulce. 得になることをいやがる人はいない(←誰にとっても甘いものは苦くない).

dulcémele [dulθémele] 男《楽器》→salterio.

dulcera [dulθéra] 囡 (砂糖漬け果物を入れる)ガラス製皿．

dulcería [dulθería] 囡 菓子屋．

dulcero, ra [dulθéro, ra] 形 甘い物好きの，甘党の．

— 名 ❶ 甘い物好きな人，甘党． ❷ 砂糖菓子製造(販売)人，菓子屋．

dulcificar [dulθifikár] [1.1] 他 ❶ を甘くする．類**endulzar**. ❷ を和らげる，なだめる． — ~ una reprensión 叱責を和らげる． Esta medicina *dulcificará* tu alergia. この薬で君のアレルギーは和らぐだろう．

—**se** 再 ❶《3人称で》甘くなる． ❷ 和らぐ，穏やかになる． — Con el tiempo su carácter *se fue dulcificando*. 時とともに彼の性格は柔らかくなった．

dulía [dulía] 囡《宗教》ドゥリア，聖人崇敬(聖人に対する礼拝).

dulzaina [dulθáina] 囡《音楽》ドゥルサイナ(ガリシア地方などの木管楽器).

dulzarrón, rrona [dulθařón, řóna] 形 → dulzón.

dulzón, zona [dulθón, θóna] 形 ❶《軽蔑的に》とても甘い，甘すぎる． ❷《比喩》(言葉・音楽な

dulzor [dulθór] 男 →dulzura.

‡**dulzura** [dulθúra] 女 ❶ 甘さ, 甘味. ~ de la miel 蜜の甘さ. 類 dulzor. 反 amargor. ❷ 甘美さ, 快さ, 柔らかさ; 穏やかさ. ~ de la voz 声の甘い響き. tocar el instrumento con ~ 楽器を甘美さを奏でる. Aquí el clima es de una gran ~. ここは気候がとても温暖である. 類 suavidad. 反 aspereza. ❸ (性格・態度などの)温和さ, 柔和, 優しさ. ~ de la sonrisa 微笑の優しさ. Me habló con gran ~. 彼は私に大変穏やかに話した. 類 afabilidad, amabilidad. ❹ 〖主に複〗 優しい[甘い]言葉. —Él le acariciaba los oídos con ~s extremas. 彼は彼女の耳もとに甘い甘い言葉をささやいていた. ❺ おまえさん, あなた(皮肉・ユーモアの愛情表現). —¡Ven aquí, ~! あなた, こっちへ来て! 類 cariño.

con dulzura (1) 穏やかに, 優しく(→③). (2) 甘く(→②).

duma [dúma] 男 (ロシアの)立法議会, 国会.

dumping [dúmpin] 〖<英〗男 〖経済〗ダンピング, 投げ売り. —practicar el ~ ダンピングをする.

duna [dúna] 女 〖主に複〗(地理) (海浜の)砂丘.

dundera [dundéra] 女 〖中米〗愚かなこと, ばか.

dundo, da [dúndo, da] 形 〖中米〗愚かな, ばかな(=tonto).

*****dúo** [dúo] 男 ❶ 〖音楽〗二重唱[奏], デュエット; 二重唱[奏]曲. —un ~ de guitarras ギター二重奏. ❷ (二人による)共同作業. —un ~ de humoristas 漫才コンビ.

a dúo (1) 二人で(歌う・演奏する), 二重唱[奏]で. cantar *a dúo* 二重唱をする, デュエットで歌う. (2) (一般に)同時に二人で(協力して). Todo lo hacen *a dúo*. 彼らは何でも二人でする.

duodécimo, ma [duoðéθimo, ma] 形 〖数〗 ❶ 12番目の, 12分の1の.
—— 名 ❶ 12番目の人[物]. ❷ 12分の1.

duodenal [duoðenál] 形 〖解剖〗十二指腸の. —úlcera ~ 〖医学〗十二指腸潰瘍(ﾔｳ).

duodenitis [duoðenítis] 女 〖単複同形〗 〖医学〗十二指腸炎.

duodeno [duoðéno] 男 〖解剖〗十二指腸.

dúplex [dúple(k)s] 男 ❶ 〖建築〗複層住宅, メゾネット. —vivir en un ~ 複層住宅に住む. ❷ 〖通信〗二元放送, 同時送受方式. ❸ 〖金属〗鋳包(ｲﾊﾞｳ)材.

duplicación [duplikaθjón] 女 ❶ 複写, 複製. ❷ 倍増, 倍加, 二重, 重複. ❸ 〖情報〗ミラーリング.

duplicado [duplikáðo] 男 写し, 複製, 複写, コピー. —~ de un documento 文書のコピー. ~ de una llave 合鍵. sacar un ~ コピーをとる.

por duplicado 正副二通作成して.

duplicador, dora [duplikaðór, ðóra] 形 複写する; 2倍(二重)にする.

duplicar [duplikár] [1.1] 他 ❶ を二重[2倍]にする. —~ las inversiones[las ventas] 投資[売り上げ]を倍にする. Tu sueldo *duplica* al mío. 君の給料は僕の2倍だ. ❷ を複写する. —~ un documento[una cinta] 文書[テープ]をコピーする.
—— se 再 ❶ 二重[2倍]になる. —Los precios *se han duplicado* este año. 今年物価は2倍になった. ❷ 〖3人称〗複写される.

duplicidad [dupliθiðáð] 女 ❶ 二重[面]性,

durante 749

二重, 重複. ❷ 表裏のある言行, 二心.

duplo [dúplo] 男 2倍; 2個セット. —~ fregona 床モップ2本セット.
——, *pla* 形 2倍の.

‡**duque** [dúke] 男 ❶ 公爵 〖女性形は duquesa〗 (príncipe の下, marqués の上). —~ de Lerma レルマ公爵. el señor ~ 公爵様(呼掛け). 類 archiduque. ❷ (公国の君主)公. —~ de Luxemburgo ルクセンブルク公. ❸ 婦人マントのひだの型の名.

duque de alba 〖海事〗係船杭.

gran duque (1) 〖鳥類〗ワシミミズク. (2) 大公.

duquesa [dukésa] 女 ❶ 公爵夫人. —*D~* de Alba 〖歴史〗アルバ公爵夫人(1762-1802; その美貌とゴヤとの関係で有名). ❷ 女公爵, (公国の)女君主.

durabilidad [duraβiliðáð] 女 耐久性[力]. 類 perdurabilidad.

durable [duráβle] 形 ❶ 永続性のある, 恒久的な. ❷ 耐久性のある, 長持ちする.

‡**duración** [duraθjón] 女 継続期間, 持続時間; 持続性; 持ち, 寿命. —~ de mi estancia en España 私のスペイン滞在期間. ~ del filme 上映時間. ~ media de la vida humana 人間の平均寿命. Este género es de mucha ~. この品は長持ちする. La ~ de la guerra perjudica al comercio. 戦争が長引くと貿易がだめになる.

de larga duración 長期間[時間]の; 長持ちする. disco *de larga duración* LPレコード. vacaciones *de larga duración* 長期休暇.

de poca [*corta*] *duración* 短期間[時間]の, 一時的な. felicidad *de poca duración* 束の間の幸福. visita *de poca duración* (客の)短期間滞留(ﾁｮｳ).

*****duradero, ra** [duraðéro, ra] 形 ❶ 永続する, 長続きする; 長引く. —El tratado garantiza una paz *duradera*. その条約は永続的な平和を保証するものである. Aún se perciben sus ~s efectos de la catástrofe. まだ大惨事から長引いている影響が感じられる. 類 durable, permanente, persistente. 反 efímero. ❷ (品物が)持ちのよい, 長持ちする, 耐久性のある. —bienes de consumo ~ 耐久消費財. Estos zapatos se ven ~s. この靴は長持ちしそうだ. 類 durable.

duramadre [duramáðre] 女 〖解剖〗硬膜(脊髄や脳の).

duramen [durámen] 男 〖複 durámenes〗 〖植物〗(木材の)赤身材, 心材.

duramente [duráménte] 副 ❶ 懸命に, 熱心に. —trabajar ~ 一生懸命働く. ❷ 厳しく. —reprender ~ 厳しく叱る. ❸ 残酷に, 冷酷に.

Durango [duráŋgo] 固名 ドゥランゴ(メキシコの都市).

**durante [duránte ドゥランテ] 前 〖継続〗…の間, …の期間中. —~ mi estancia [su reinado] 私の滞在中[彼が統治していた間に]. ~ 1980 1980年の1年間に. El dictador gobernó el país ~ casi cuarenta años. 独裁者は40年近くこの国を統治した. Normalmente no salimos ~ la semana. 我々はふつうは平日には外出しない. Ha estado lloviendo ~ todo el día. 雨は一日中降っていた. Los precios aumentaron un 0.3% ~ el mes de di-

durar

durar [durár ドゥラル] 自 ❶ 続く, 継続する. —Su estancia en Valencia *duró* cinco días. 彼のバレンシア滞在は5日間に及んだ. *Duró* cuarenta años en su cargo. 彼はその職に40年間いた. La clase *dura* una hora y media. 授業時間は1時間半です. El día siguiente aún *duraba* la lluvia. 次の日もまだ雨は続いていた. 類**continuar**. ❷ 長持ちする. —Estos guantes le *duraron* mucho. 彼の手袋はとても長持ちした. Estas pilas *duran* tres años. この電池は3年持つ. Está muy grave y no *durará* mucho. 病人はとても悪いのでもう長くは持たないだろう.

duraznero [duraθnéro] 男 《植物》(果実が小さめな)モモの木.

duraznillo [duraθníʝo] 男 《植物》ハルタデ.

Durazno [duráθno] 固名 ドゥラスノ(ウルグアイの都市).

durazno [duráθno] 男 《植物》モモ(桃), モモの木.

dureza [duréθa] 女 ❶ 硬さ, 硬度. —~ de la cama ベッドの硬さ. ~ permanente [temporal] 《物理》永久[一時]硬度. escala de ~ de Mohs 《物理》モースの硬度. El diamante es el mineral de mayor ~. ダイヤモンドは一番硬い鉱物である. 類**rigidez**. 反**blandura**. ❷ 冷酷さ, 冷淡, つれなさ; 頑固さ. —¡Qué ~ de corazón! なんて心の冷たいこと! ❸ (声の)荒々しさ, (光の)強烈, (文体の)生硬さ. ❹ (気候の)厳しさ; (仕事などの)つらさ; (法・罰・条件などの)厳しさ, 苛酷; (表情・目つきの)険しさ. 類**severidad**. ❺ 《医学》たこ. —Me ha salido una ~ en la planta del pie. 私は足の裏にたこができた. 類**callosidad**.

con dureza つれなく, 冷たく, 冷酷に. tratar *con dureza* (人に)つれなくする, 虐待する.
dureza de oído 耳の遠さ, 難聴.
dureza de vientre 便秘(→estreñimiento).

durm- [durm-] 動 dormirの直・完了過去, 接・過去, 現在分詞.

*durmiente [durmjénte] 形 眠っている, 睡眠[休眠]中の. —la Bella D~ del bosque 眠れる森の美女. —男女 眠る人; 寝坊. —男 ❶ 《建築》ころばし根太(ねだ), 横材. ❷ 《話》(鉄道の)枕木. 類**traviesa**.

duro, ra [dúro, ra ドゥロ, ラ] 形 ❶ (a) 堅[固]い, 固くなった〖ser/estar+〗. —piedra *dura* 硬い石. pan ~ 固い[固くなった]パン. huevo ~ 固ゆでの卵. La madera de roble es *dura*. カシの材木は堅い. El asiento está ~. 座席は固い. 類fuerte, pétreo, sólido**. 反**blando, flojo**. (b) (錠・ドアなどが)固い, 滑りが悪い, きつい. —El volante va ~. ハンドルが固い. Esta cerradura *está durísima*. この錠は非常に固まっている. (c) (文体などが)硬い, 生硬な. —Su forma de relatar es *dura*. 彼の語り口はなめらかではない. 反**suave**. ❷ (仕事などが)難しい, つらい, 苦しい. —trabajo ~ つらい仕事. Es ~ de oído. 彼は難聴だ. Es muy ~ vivir solo. 一人で生きるのはつらいことだ. Las pruebas de selectividad se han puesto *duras*. 選抜試験は難しくなっている. ❸ (a) (気候などが)厳しい, 堪え難い. —clima ~ 厳しい気候. Le has dicho unas palabras muy *duras*. 君は彼に厳しいことを言った. (b) 〖+con〗…に対して(人・表情などが)厳しい; 冷酷な, 無情な. —voz *dura* 厳しい声. facciones *duras* 厳しい表情. facción *dura* del partido 党内の強硬派. Es ~ de corazón. 彼は心が冷たい. No seas tan *dura* con él. 彼に対してそんなに冷たくするな. (c) どぎつい, 刺激的な. —En el programa hay imágenes *duras* que pueden dañar la sensibilidad de los niños. その番組は子どもの感性に害があるようなどぎつい映像がある. 類**áspero, riguroso, rudo**. ❹ (人・物が)頑丈な, 丈夫な, 強い. —muchacho ~ 頑健な少年. coche ~ 頑丈な車. el ~ タフガイ. ❺ 頑固な, 強情な, しぶとい. —Tiene la cabeza *dura*. 彼は頭が固い. ❻ (水が)硬質の. —agua *dura* 硬水.

duro de roer [*tragar*] 耐え難い.
ser duro de cabeza 頭が固い, 頑固である.
—— 副 ひどく, 激しく; 乱暴に. —trabajar ~ 猛烈に働く. Dale ~. 彼を手ひどく痛めつけろ.
—— 男 ❶ 5ペセタ(硬貨). —Cuesta cinco ~s. 値段は25ペセタです. ❷ 冷たい男; ハードボイルド役の俳優; タフガイ(=el ~).

estar a las duras y a las maduras/tomar las duras con [por] las maduras 苦楽ともに甘受する, 良い面も悪い面も受け入れる.
Lo que faltaba para el duro. 泣きっ面に蜂だった, 悪い事は続くものだ.

dux [dú(k)s] 男 《歴史》ドージェ(古代ベネチアおよびジェノバ共和国の総督).

DVD 《頭字》〖＜Disco de Vídeo Digital〗 男 DVD. —~ grabador DVD録画機.

E, e

E, e [é] 女 ❶ スペイン語アルファベットの第5文字. ❷《音楽》ホ音(ミ, mi), ホ調.

:e [e] 接 『接続詞 y がiや hi で始まる語(母音[i]で始まる語)の前で使われる形』…と…. —español e inglés スペイン語と英語. padre e hijo 父と息子『ただし, hie の前では y のままである: agua y hielo 水と氷』.

e- [e-] 接頭 [ex- の異形] —emamar, emascular, emigrar.

E. 《略号》= Este 東.

ebanista [eβanísta] 男女 家具職人, 指物師.

ebanistería [eβanistería] 女 ❶ 家具製作, 指物. ❷ 家具製作所.

ébano [éβano] 男 《植物》コクタン(黒檀), コクタンの木. —estatuilla de ~ コクタンの小さな像.

ebonita [eβoníta] 女 エボナイト, 硬質[硬化]ゴム.

ebriedad [eβrjeðá(ð)] 女 →embriaguez.

ebrio, bria [éβrio, βria] 形 ❶ 〖estar+〗酔った. —Fue arrestado por conducir ~. 彼は酔払い運転で逮捕された. 類 **bebido, borracho**. ❷ 〖estar+〗《比喩》盲目的な, 有頂天の, 陶酔した. —estar ~ de alegría 喜びに酔っている.
—名 酔っぱらい, 酔った人.

Ebro [éβro] 固名 (el Río ~) エブロ川(スペインの河川).

***ebullición** [eβuʎiθjón] 女 ❶ 沸騰(ホヨヒネ). —punto de ~ 沸(騰)点. La temperatura de ~ del agua es de cien grados. 水の沸騰温度は100度である. ❷ 熱狂, 興奮, 騒然. —estar en ~ 沸き返っている, 熱狂している. multitud en ~ 沸き立つ群衆. 類 **agitación, efervescencia**.

ebúrneo, a [eβúrneo, a] 形 象牙の(ような). —piel ebúrnea 象牙のように白い肌.

eccehomo [ekθehómo] 男 ❶ (E~)《美術》エッケホモ(イバラ(茨)の冠をいただいたキリストを中心とする絵画). ❷ 《比喩》哀れでみすぼらしい人. —estar hecho un ~ みすぼらしい様子である.

eccema [ekθéma] 男 《医学》湿疹(ﾖﾑﾞ). —tener un ~ 湿疹がある.

eccematoso, sa [ekθematóso, sa] 形 湿疹(ﾖﾑﾞ)性の.

echada¹ [etʃáða] 女 《スポーツ》一馬身, 一艇身.

echado, da² [etʃáðo, ða] 形 〖estar+〗横たわった.
hombre echado para adelante《話, 比喩》大胆な男, 度胸のある男.

echador, dora [etʃaðór, ðóra] 形 ❶ 投げる, ほうりだす. ❷ 『中南米』→fanfarrón.
—名 投げる人.
—男 (コーヒーやミルクを注ぐ)ボーイ.

***echar** [etʃár エチャル] 他 ❶ を投げる, 投げ込む, 投じる. —El niño echó una piedra al río. 子供は川に石を投げた. 類 **arrojar, tirar**. ❷ を入れる, 注ぐ, つぎ込む. —una carta al buzón 手紙を投函する. *Echa* más vino en el vaso. グラスにワインをもっと注ぎなさい. ❸ (a) を放つ, 発する. —El pantógrafo del tren *echa* chispas. 列車のパンタグラフは火花を発する. (b) (つぼみ・実などを)つける; (歯・ひげなどを)生やす. — ~ el bigote 口ひげを生やす. El rosal *ha echado* muchos capullos. バラが沢山のつぼみをつけた. El peral no *ha echado* peras este año. 今年は梨の木に実がつかなかった. La niña *ha echado* un diente. 女の子に歯が生えてきた. ❹ (鍵)をかける. —Salí de casa sin ~ la llave. 私は鍵をかけずに家を出た. ❺ (演説・スピーチなど)を行う, 発する. — ~ una maldición 悪態をつく. ~ un piropo ほめ言葉を投げかける. ~ un discurso [un sermón] 演説[説教]する. 類 **dar, proferir, pronunciar**. ❻ (a) (ゲーム・競技)をする, やる. — ~ una partida de dominó ドミノ・ゲームをする. 類 **jugar**. (b) (競争)をする. — ~ una carrera de 100 metros 100メートル走をする, 100メートル走に加わる. (c) (一飲み)にする. —(se) un trago de agua 水を一飲みにする. ~ un cigarro タバコを吸う. (d) (計算)をする. —Paga tú y después *echamos* las cuentas. 君払っといてくれ, あとで精算しよう. ~ una multiplicación かけ算をする. ~ una siesta 昼寝をする. 類 **dormir**. ❼ を上映する, 上演する. — ~ una película 映画を上映する. ~ una obra de teatro 劇を上演する. 類 **poner, proyectar**. ❽ 〖+en に〗(時間)を費やす, 食われる, 過ごす. —*Echó* dos horas *en* llegar a Málaga. 彼はマラガに着くのに2時間かかった. 類 **consumir, tardar**. ❾ (a) を追い出す, 追放する, 退場させる. —El árbitro *echó* fuera al delantero centro. レフェリーはセンター・フォワードを退場させた. (b) をクビにする, 解雇する. —Le *echaron* porque trabajaba poco. 彼は仕事を少ししかしなかったのでクビになった. 類 **despedir, expulsar**. ❿ を置く; 倒し, 横にする. —*Echó* al suelo la barra de pesas. 彼はバーベルを床に置いた. ~ por tierra a su contrincante 相手を地面に倒す. ⓫ をやる, 分けてやる, 配る. — ~ las cartas (トランプの)カードを配る. — de comer a las gallinas めんどりにえさをやる. ⓬ を(外見から)言い当てる, …と推測する. —¿Qué edad me *echas*? 君, 私が何歳だと思うかね. ⓭ (コイントスで)決める. —*Echaron* a cara o cruz cuál de los dos lavaba los platos. 2人のうち誰が皿を洗うかコイン投げで決めた. ⓮ を着る, 掛ける. —Como hace frío, voy a ~ una manta más en la cama. 寒いので, ベッドにもう1枚毛布を掛けよう. ⓯ (視線)を投げかける. — ~ una mirada じっと見る. ⓰ を向ける. — ~ la cabeza hacia adelante[a la derecha] 首を前に垂れる[右に傾け

る]. **⑰** を(前に)出す. —¡Menuda barriga *has echado*! 君, すぐくお腹が出たね. **⑱** を(罰・義務として)(人)に課す. —Le *echaron* diez años de cárcel. 彼は10年の禁固刑を課せられた. **⑲** (書類)を提出する. —Voy a *la instancia* para el examen. 私は試験のための願書を出そう. **⑳** を賭ける, 投資する. —~ 100 euros a la lotería 宝くじに100ユーロを賭ける.

—— 自 【+por】を取る, 選ぶ. —*Echa por* el camino de en medio. 真ん中の道を取れ. ~ por el atajo 近道を取る. **❷** 【+a+不定詞】…し始める. —*Echó a* llover. 雨が降り始めた. ~ a reír 笑い出す. **❸** 向かう, 道を行く. —~ calle arriba 通りを上(ﾆﾉﾎ)へと向かう. Cuando llegues al cruce, *echa* hacia la izquierda. 交差点まで来たら左へ向って下さい. *Echaron* tras el ladrón. 彼らは泥棒の後を追った.

—— se 再 **❶** 行く, 移る, どく. —*Échate* un poco más allá, por favor. 君, もう少し, あっちへ行ってよ. **❷** (*a*) 横になる, 横になって休む. —Es mejor que *te eches* porque pareces cansado. 君, 疲れているみたいだから横になって休んだ方がいいよ. (*b*) 突っ伏す, 身を伏せる. —Los soldados *se echaron* a tierra en cuanto oyeron el primer cañonazo del enemigo. 兵士たちは敵の最初の砲撃を聞くや否や地面に伏せた. **❸** (*a*) 【+a に】身を投げる, 飛び込む. —*Échate al* agua, no tengas miedo. 水に飛び込めよ, 怖がらないで. (*b*) 【+sobre に】飛びかかる. —*Se echó sobre* el policía como una fiera. 彼は野獣のように警官に飛びかかった. (*c*) 【+a に】ふけるようになる, …の習慣が付く. —*Se echó a* la bebida. 彼は飲酒にふけるようになった. **❹** ~ の仲にする, (恋人・愛人)にする. —Cuando sea mayor, *me echaré* una novia como ella. 私が大きくなったら, 彼女のような人を恋人に持とう. **❺** 【+a+不定詞】…し始める. —Cuando supo la noticia, *se echó a* llorar. 彼はそのニュースを知って泣き始めた. **❻** を(自分の体に)着ける, かける. —Como tenía frío, *se echó* el abrigo. 寒かったので彼はオーバーをはおった. **❼** (鳥が)卵を抱く. —La gallina *se echó* sobre los huevos. めんどりは卵を抱いた. **❽** (風や)凪(ﾅｷﾞ)ぐ.

echar a perder を壊す, 駄目にする, 台無しにする. La helada *ha echado a perder* la cosecha de naranjas. 冷害のためオレンジの収穫は台無しになった. Nuestro proyecto *se ha echado a perder*. 我々の計画は無に帰した.

echar de menos (1) …がいないのを寂しく思う. Te *echaremos de menos*. 君が行ってしまったら, 我々はとても寂しくなるだろう. (2) …がないのに気づく. Leyendo ese libro, *eché de menos* algunas páginas. 私がその本を読んでいたら, 何ページか落丁があるのに気がついた.

echarse a dormir (1) 眠り込む. *Se echó a dormir* sobre el sofá. 彼はソファで眠りこんだ. (2) 怠ける, うっかりする, ぼんやりする.

echarse a morir 計画(がうまく行かないのに絶望して)を投げ出す.

echarse atrás 契約を守らない, 中途半端に終る. Estaba decidido a venir, pero al final *se echó atrás*. 彼は来るつもりだったのだが, 最後になって気が変った.

echarse encima (その瞬間が)やって来る, 到来する. *Se me está echando encima* el plazo de presentación de mi tesis. 私の論文の提出期限が迫って来ている.

echarpe [etʃárpe] (＜仏)男 ショール (=chal).
Echegaray [etʃeɣaráj] 固名 エチェガライ(ホセ José ~)(1832-1916, スペインの劇作家).
echón, chona [etʃón, tʃóna] 形 【中南米】→ fanfarrón. —— 【中南米】鎌.
echona [etʃóna] 女 →echón.
eclecticismo [eklektiθísmo] 男 《哲学》折衷主義.
ecléctico, ca [ekléktiko, ka] 形 《哲学》折衷的な, 折衷主義の. —actitud *ecléctica* 折衷的な態度.
*eclesiástico, ca [eklesiástiko, ka] 形 (キリスト)教会(制度)の; 聖職者の. —calendario ~ 教会暦. El papa encabeza la jerarquía *eclesiástica* católica. 教皇はカトリック聖職位階制の先頭にある. 類 clerical. 反 laico, seglar.
—— 男 **❶** (キリスト教の)聖職者. —A mi lado se sentó un ~. 私のとなりには一人の聖職者が座った. 類 clérigo, cura, sacerdote. **❷** (E~)(旧約聖書の)集会書(カトリックでは正典, プロテスタントでは外典とされる).
eclipsar [eklipsár] 他 **❶** 《天文》(天体が他の天体を)食する, 覆い隠す. **❷** 《比喩》…の顔色をなくす, を見劣りさせる, (名声などを)覆う, 暗くする.
—— se 再 **❶** 《天文》(天体が)隠れる, 食になる. **❷** 《話, 比喩》(人が)姿を消す.
eclipse [eklípse] 男 **❶** 《天文》(太陽・月の)食, 日食, 月食. —~ lunar 月食. ~ solar 日食. ~ total 皆既食. ~ parcial 部分食. **❷** 《比喩》(栄誉・名声などの)失墜, 衰退. **❸** 《話, 比喩》失踪, 姿を消すこと.
eclíptica[1] [eklíptika] 女 《天文》黄道.
eclíptico, ca[2] [eklíptiko, ka] 形 《天文》食の, 黄道の. —coordenadas *eclípticas* 黄道座標.
eclosión [eklosjón] 女 **❶** 開花. —~ de la primavera 春の開花. **❷** 孵化(ﾌｶ). **❸** 《比喩》出現, 勃興. —la ~ del liberalismo リベラリズムの勃興.
Eco [éko] 固名 男 《ギリシャ神話》エコー(空気と土との間に生まれた森の精; 美少年ナルキッソス Narciso への恋がかなわず憔悴しきって死に, 声だけが残ったと言われる).
:eco[1] [éko] 男 **❶** こだま, やまびこ, 反響(音). —El ~ de los truenos se oía en el valle. 雷鳴が谷にこだましていた. Si gritas fuerte en este túnel, comprobarás que hay ~. このトンネルで叫ぶとこだまするのがわかるよ. 類 retumbo, resonancia, tornavoz. **❷** (遠くに聞える)音響, かすかな音. —Sólo se oía un ~ lejano. 遠くにかすかな音しか聞こえなかった. Hasta mi casa llegaba el ~ de fuegos artificiales. 私の家まで打ち上げ花火の音が聞こえていた. Desde su ventana se oía el ~ del mar. 彼の窓から海のさわめきが聞こえていた. 類 murmullo, rumor. **❸** (記憶・耳に残る)音, おぼろげな記憶. —Me persigue el ~ de su voz. 彼の声が耳に付いて離れない. 類 reminiscencia. **❹** 《比喩》(世評などの社会的)反響, 評判, 反応, 波紋. —Su última obra ha tenido mucho ~ en la crítica. 彼の最新作は批評家たちに大きな反響を呼んだ. Todavía no se habían apagado los ~s del último escándalo político. この前の政治スキャンダルの波紋がまだ消えていなかった. 類 al-

cance, difusión, **divulgación, repercusión, resonancia**. ❺《話》噂話, 風の便り, 風説. ― Han llegado ~s de una posible dimisión del presidente del gobierno. 首相辞任の噂が出ていた. 類**chisme, rumor, referencia, son**. ❻《文学·芸能分野での》影響. ―En la novela aún se perciben ~s del romanticismo. この小説にはまだロマン主義の影響が感じられる. 類**influencia, influjo**. ❼《話》(他人の意見などの)模倣(者), 受け売り(をする人), まね; 反映. ―ser el ~ de … …の模倣[追随]者である. No es nada original; es un ~ fiel de su maestro. 彼は全然独創的ではなく師匠の単なる模倣者に過ぎない. 類**repetición, reproducción, copia**. ❽《物理, 音響, 音楽》エコー, 残響(装置). ―~ simple [múltiple]. 単純[多重]反響. Vivaldi recurrió con frecuencia al artificio de ~s. ビバルディは残響装置を頻繁に用いた. ❾《電気, 通信》エコー, 反射波. ―~s radáricos. レーダーエコー. ❿《詩》尻取り韻, 反響韻(前行の脚韻を次行で同じ音をもつ一語だけで繰返す押韻法).

ecos de sociedad (新聞・雑誌の)社交界消息欄, ゴシップ欄; 有名人のプライベート情報. El anuncio de la boda de la actriz apareció en los *ecos de sociedad*. その女優の結婚の発表が社交界欄に載った. Esta revista recoge todos los *ecos de sociedad*. この雑誌は有名人のあらゆるゴシップを集めている.

encontrar [hallar] eco 評判になる, 反響を呼ぶ, 波紋を投げかける.

hacer eco (1) 評判になる, 反響を呼ぶ, 波紋を投げかける, 影響する. Por vez primera la moda inglesa *hizo eco* en España. イギリスのファッションがスペインで初めて評判になった. (2) こだまする, 響きわたる.

hacerse eco de … (新聞・雑誌・テレビ・人がニュースなど)を伝え広める, を(受け売りで)言い触らす; 適切な措置を取る. La prensa internacional *se hizo eco de* la tragedia. 国際報道機関がその悲劇を伝えた. No hay que *hacerse eco de* esos infundios. そんな根も葉もないことを言い触らしてはいけない.

── 間 (ieco!)《中南米》❶ ほら, ここにある!; あっ, ここだ! ❷ そうだ!, その通り!

eco[2] [éko](< ecografía) 囡《話》《医学》エコー断層撮影(法). ―hacerse una ~ スキャンを受ける.

ecografía [ekoɣrafía] 囡《医学》超音波検査(法).

ecología [ekoloxía] 囡《生物》生態学, エコロジー.

ecológico, ca [ekolóxiko, ka] 形《生物》生態学の, 生態上の; 環境の. ―desastre ~ 環境破壊. agricultura *ecológica* 環境に配慮した農業(エコ農業).

turismo ecológico《観光》エコツーリズム.

ecologismo [ekoloxísmo] 男 環境(自然)保護主義.

ecologista [ekoloxísta] 形 環境[自然]保護. ―~ en acción エコロジー活動家.

ecólogo, ga [ekóloɣo, ɣa] 图 ~→ecologista.

economato [ekonomáto] 男 ❶ 生活協同組合の店舗, 生協の店. ―comprar en el ~ 生協の店で買う. ❷ 保管者の職.

econometría [ekonometría] 囡 計量経済学.

ecuación 753

:**economía** [ekonomía] 囡 ❶ 経済, 経済活動[状態, 体制]; 経済学. ―~ agrícola [social] 農業[社会]経済学. ~ doméstica [casera] 家計, 家政(学). ~ liberal [capitalista, de mercado] 自由主義[資本主義, 市場]経済. ~ nacional 国民経済. ~ planificada [dirigida] 計画[統制]経済. ~ política 経済学. ~ sumergida 闇の経済. La ~ familiar no marcha bien. 家計が赤字である. ❷ (*a*) 節約, 倹約. ―hacer ~s 節約する. vivir con ~ つつましく[質素に]暮らす. Eso puede llevar a una ~ de combustible. そうすれば燃料の節約になるだろう. 類**ahorro, moderación**. (*b*)《比喩》(時間・労力・言葉などの)効率的使用. ―~ de esfuerzos 労力の節約. hacer ~ de palabras むだのない言葉遣いをする. ~ de los cambios fonéticos 音声変化の経済性. ❸ 複 貯金, 蓄え. ―Me he comprado un ordenador con mis ~s. 私は貯金でコンピューターを買った. 類**ahorros**. ❹《自然界などの》秩序, 理法, 営み;(組織の各機能の)有機的統一. ―~ animal 動物の(有機的)営み. El nitrógeno es esencial en la ~ vegetal. 窒素は植物の営みに欠かせない.

:**económicamente** [ekonómikaménte] 副 ❶ 経済(学)的に, 経済上. ❷ 倹約して, 安上りに.

economice(-) [ekonomiθe(-)] 動 economizar の接·現在.

economicé [ekonomiθé] 動 economizar の直·完了過去 1 単.

:**económico, ca** [ekonómiko, ka] 形 ❶ 経済(上)の, 財政の. ―situación [crisis] *económica* 経済情勢[危機]. desarrollo ~ 経済発展[開発]. mundo ~ 経済界. ciencias *económicas* 経済学. año [ejercicio] ~ 会計年度. ❷ 経済学の. ―estudio ~ 経済研究. ❸《物·事が》経済的な, 安上りの, 買い得の[ser +]. ―restaurante ~ 安上りのレストラン. motor ~ 経済的な[燃費のかからない]エンジン. El viaje nos ha salido muy ~. 私達の旅行は安上りだった. 類**barato, modesto**. 反**caro, costoso**. ❹《人が》倹約的な, つましい; けちな. ―Se ha casado con una mujer *económica*. 彼は倹約家の女性と結婚した. 類**ahorrador, ahorrativo**. 反**gastador**.

economista [ekonomísta] 男女《経済》経済学者.

economizar [ekonomiθár] [1.3] 他 ❶ を経済的に使用する, 節約する, 貯金する. ― ~ gas [electricidad] ガス[電気]を節約する. 類**ahorrar**. ❷《比喩》(努力・犠牲を)惜しむ.

ecónomo [ekónomo] 男 ❶ 聖職者の会計係, 教会の管財人. ❷ 代理司祭. ❸《法律》(禁治産者の)財産管理人.

ectoplasma [ektoplásma] 男 ❶《生物》外(原形)質. ❷(霊媒から発する)心霊体, エクトプラズム.

*****ecuación** [ekwaθjón] 囡 ❶《数学, 化学》方程式, 等式, 反応式. ―~ con dos incógnitas 二元方程式. ~ cuadrática [cúbica] 二次[三次]方程式. ~ de primer grado [de segundo grado, de tercer grado] 一次[二次, 三次]方程式. ~ diferencial [integral] 微分[積分]方程式. ~ indeterminada 不定方程式. ~ lineal 二元一次方程式. ~ química 化学方程式. raíz [solución] de una ~ 方程式の根[解]. resolver [po-

754 Ecuador

ner] una ～ 方程式を解く[立てる]. sistema de *ecuaciones* con varias incógnitas 連立方程式. 類**igualdad**. ❷《天文》均時差(=～ del tiempo). —— personal 個人誤差(天体観測者に固有の反応時間誤差).

Ecuador [ekuaðór] 固名 エクアドル(公式名 República del Ecuador, 首都キト Quito).

‡**ecuador** [ekuaðór] 男 ❶ (よく E～で)《地理》赤道(=～ terrestre); 赤道地帯. —— terrestre 地球の赤道. pasar [cruzar, atravesar] el ～ 赤道を通過する. Los meridianos son círculos perpendiculares al *E*～. 子午線は赤道と直角に交差する円である. —— 《天文》(天体の)赤道. —— ～ celeste [celestial] 天(球上)の赤道. ～ galáctico 銀河赤道. ❷ (競技・教育課程・プロセスなどの)中間点, 半ば. —— ～ de un curso escolar 学年の中間点. Cuando cumplió los treinta, pensó que había llegado al ～ de su vida. 彼は満 30 歳になった時, 人生の半ばに来たと思った. 類**mitad**. ❹《物理》—— ～ magnético 磁気赤道. ❺《気象》—— ～ térmico 熱赤道. ❻《数学》均分円.

paso del Ecuador (1)《海事》赤道祭. (2)《話》(大学課程の)中間点通過; それを祝うパーティー[旅行]. (3) (物事の)中間点. El sexto día marca el paso del Ecuador en este festival de cine. 6 日はこの映画祭の中日だ.

ecualizador [ekualiðaðór] 男 ❶《電気》イコライザー. —— ～ gráfico グラフィック・イコライザー.

ecuánime [ekuánime] 形 ❶ かたよらない, 公平な, 公明正大な. —— decisión ～ 公平な判断. juez ～ 公平な裁判官. 類**imparcial**. ❷ 穏健な, 思慮分別のある, 落ち着いた, 平静な. —— carácter ～ 落ち着いた性格.

ecuanimidad [ekuanimiðáð] 女 ❶ 公平さ, 公明正大. —— Confío en la ～ del juez. 私は裁判官の公平さを信頼している.. ❷ 沈着, 平静, 落ち着き.

ecuatorial [ekuatoɾjál] 形《地理》赤道の, 赤道地帯の. —— línea ～ 赤道線.
—— 男《地理》赤道儀.

ecuatorianismo [ekuatoɾjanísmo] 男 エクアドル特有の語(法)(表現).

‡**ecuatoria*no, na*** [ekuatoɾjáno, na] 形 エクアドル(国)の Ecuador(人)の.
—— 名 エクアドル人.

ecuestre [ekuéstre] 形 ❶ 騎士の, 騎乗姿の. —— estatua [pintura] ～ 騎馬像[騎士姿の絵]. ❷ 馬術の, 乗馬の.

ecumenismo [ekumenísmo] 男《キリスト教》世界教会主義[運動].

eczema [ekθéma] 男 →eccema.

eczematoso, sa [ekθematóso, sa] 形 →eccematoso, sa.

ed.《略号》❶ =editorial 出版社. ❷ =edición 版. ❸ =editor 刊行者, 編者. ❹ = edificio ビル.

‡**edad** [eðáð] 女 ❶ 年齢, 年. —— ¿Qué ～ tiene Ud.?–Tengo 65 años. おいくつですか?–65 歳です. ¿Qué ～ le echas [calculas, das] a ese hombre? あの男は何歳だと思う? ¿A [Con] qué ～ se casó ella?–Se casó a los [con] 28 años. 彼女は何歳で結婚 したのですか?–28 歳で結婚しました. Tiene sesenta años, pero no aparenta esa ～. 彼は 60 歳だが, その年には見えない. No sé cuál será su ～, pero rondará los cincuenta. 彼の年齢がいくつなのか分からないが, 50 歳ぐらいだろう. Murió a la ～ de ochenta años./Murió a los ochenta años de ～. 彼は 80 歳で亡くなった. Aparenta más ～ de la que tiene. 彼は年より老けて見える. Ha llegado a la ～ de noventa años. 彼は 90 歳になった. Parece joven para su ～. 彼は年の割に若く見える. Yo ya trabajaba a tu ～. 君の年齢の時には私はもう働いていた. Somos de [Tenemos] la misma ～. 私たちは同年齢です. Su marido le dobla la ～ [la dobla en ～]. 彼女の夫の年齢は彼女の 2 倍だ. ～ competente 有資格年齢. ～ laboral (法定の)就業年齢. ～ núbil [casadera] 結婚適齢期. ～ penal 刑事責任年齢. ～ de la razón [del juicio] 分別のつく年齢. mujer en ～ fértil 出産(可能)年齢にある女性. ～ de retiro 定年. grupo de ～ 年齢層(例えば jóvenes: 15 歳まで, adultos:15-65 歳, viejos: 65 歳以上). 類**antigüedad, años, existencia, tiempo, vida**. ❷ (一生の(ある)時期, 年代, 年頃))世代. —— primera ～ 幼少期. —— temprana 少年期. en la ～ de nuestros abuelos 私たちの祖父母の年代に. Durante la ～ infantil aprendemos muchas cosas. 私たちは幼児期に多くのことを学ぶ. Se considera que las personas tenemos cuatro ～es: la infancia, la juventud, la madurez y la vejez. 人には幼年期・青年期・壮年期・老年期の 4 つの時期があると考えられている. Cada ～ tiene su encanto. 人生のどの年代にもそれなりの魅力がある. 類**etapa**. ❸ (事物などの)年数, 経過期間. —— un árbol de quinientos años de ～ 樹齢 500 年の木. Esta universidad tiene una ～ de 800 años. この大学は 800 年の歴史を誇っている. Se cree que la ～ de la Tierra es de unos 4.500 millones de años. 地球の年齢は約 45 億歳と思われている. 類**antigüedad, años, duración, tiempo**. ❹ (歴史区分の)時代, 時期, 年代. —— ～ espacial 宇宙時代. ～ mítica 神話時代, 神代. por aquella ～ その当時, その頃. En Europa se distinguen cuatro ～es: Antigua, Media, Moderna y Contemporánea. ヨーロッパでは古代・中世・近代・現代の 4 つの時代が区別されている. El siglo XV abrió la ～ de los descubrimientos. 15 世紀に発見の時代が始まる. Durante el mecenazgo de los Médicis, Florencia vivió una ～ dorada en las artes y las letras. メディチ家の文芸庇護の間, フィレンツェは芸術・文学において黄金時代を過ごした. 類**época, era, etapa, tiempo**.

a su edad …の年で[に].

de cierta edad もう若くはない, 年配の. persona *de cierta edad* 年配の人.

de corta [poca] edad 幼い, 幼少の, 年端のいかない. una niña *de corta edad* 幼い女の子.

de edad (1) 初老の, (かなり)年配の, 高齢の. Mi madre ya es *de edad*. 私の母はもう老人だ. En el metro hay asientos reservados para las personas *de edad*. 地下鉄にはお年寄りの優先席がある(→avanzada edad, de edad avanzada). (2) …歳の. chica de diez años *de edad* 10 歳の女の子.

edad adulta (1)(人間が肉体的・精神的に完成

した)成年期. llegar a la *edad adulta* 成年に達する. (2)(動物・植物がひとり立ちできる)成熟期. Cada árbol que se plante debe ser cuidado hasta llegar a la *edad adulta*. 木を植えたらどれも成熟するまで手入れをしなければならない.

Edad Antigua 《歴史》古代(476年西ローマ帝国の滅亡まで).

edad avanzada/avanzada edad 年配, 高齢, 老年(期)(→de edad).

Edad Contemporánea 《歴史》現代(18世紀末から21世紀初頭まで). Se suele decir que la *Edad Contemporánea* empieza con la Revolución Francesa de 1789. 現代はふつう1789年のフランス革命とともに始まると言われる.

edad crítica (1) 思春期. (2) (女性の)更年期 (=menopausia). (3) 人生の転機.

Edad de (la) Piedra 《歴史》石器時代.

Edad del Cobre [del Bronce, del Hierro] 《歴史》銅器[青銅器, 鉄器]時代.

Edad de los Metales 《歴史》金属器時代. La *Edad de los Metales* se divide en las edades del cobre, del bronce y del hierro, y abarca aproximadamente desde el año 4000 a.C. al 500 a.C. 金属器時代は銅器時代・青銅器時代・鉄器時代に区分され, おおよそ紀元前4000年から紀元前500年にまで及ぶ.

edad del pavo, 《[南米]》 **edad del chivateo** 《話》(大人になりかけの)少年期, 思春期.

edad de merecer 年頃, 結婚適齢期.

edad de oro/edad dorada 黄金時代. La *edad de oro* de la literatura española también se conoce como Siglo de Oro español. スペイン文学黄金時代はスペイン黄金世紀としても知られている.

edad escolar 就学年齢. niño en *edad escolar* 就学年齢の子供.

edad madura/mediana edad 中年, 壮年(45歳-60歳).

Edad Media 《歴史》中世(5世紀-15世紀末) (=medievo, medioevo). La *Edad Media* se suele dividir en Alta Edad Media, de los siglos V al XII, y Baja Edad Media, del XII al XV. 中世はふつう5世紀から12世紀までの中世前期と12世紀から15世紀までの中世後期に区分される.

Edad Moderna 《歴史》近世(15世紀末-19世紀初め). La *Edad Moderna* se inicia con el Renacimiento. 近世はルネッサンスとともに始まる.

edad provecta 《文》壮年, 年配, 高齢(=edad avanzada, ENTRADO en años).

edad tierna →tierna edad.

edad viril 壮年期(30-50歳).

edad mental 《心理》精神年齢. Aunque tiene catorce años, su *edad mental* es de siete. 彼は14歳だけれど精神年齢は7歳だ.

edad temprana →temprana edad.

en edad de ... …の年齢にした.

en la flor de la edad 若い盛りに, 青春真っ盛りに(=en la flor de la vida).

entrar en edad 年をとる. *entrado en edad* 年取った, 年配の. Cuanto más *entre en edad*, más crecerá su sentido de la responsabilidad. 彼は年をとればとるほどますます責任感が増すだろう.

estar en edad de 〔+不定詞〕…するのに適した

年齢である. Sus hijos ya *están en edad de* trabajar. 彼の子供たちはもう働ける年齢だ.

mayor de edad 成人(の), 大人(の). Es una persona *mayor de edad* y puede marcharse de casa cuando quiera. 彼は成人で好きな時に家を出ることができる.

mayoría de edad 成年(スペインでは18歳).

llegar a la [tener] la mayoría de edad 成年に達する, 成人する.

menor de edad 未成年者, 未成年(の). No puede votar porque es *menor de edad*. 彼は未成年なので投票できない.

minoría de edad 未成年(スペインでは18歳未満).

Mayoría de edad, saber y gobierno. 《諺》亀の甲より年の功.

no tener edad 《比喩》(ある活動や職業が)どんな年齢の人にでもできる. El deporte *no tiene edad*. そのスポーツはどんな年齢の人にでもできる.

temprana edad/edad temprana 若年(普通より早めという意味で). Murió a la *temprana edad* de 35 años. 彼は35歳の若さで亡くなった.

tener edad para ... …できる年齢である. Aún no *tiene edad para* decidir por sí mismo. 彼は自分の力だけで決められる年齢ではない.

tercera edad 《婉曲》老年(期)(=vejez)(60-65歳以降の定年を過ぎた年代). centro [residencia] de [para] la *tercera edad* 老人ホーム. sociedad de la *tercera edad* 高齢化社会.

tierna edad/edad tierna 幼年期, 幼少期. a la *tierna edad* de seis años 6歳の幼年期に. estar en la [SU] *tierna edad* 《話》幼い, 子供である.

edecán [eðekán] 男 《軍事》(皇族・将官付きの)副官.

edema [eðéma] 男 《医学》浮腫, 水腫.

edén [eðén] 男 ❶ (主にE~)《聖書》エデン(の園). ◆神が人類の始祖アダム(Adán)とイブ(Eva)を住まわせた楽園. ❷ 《比喩》楽園, 楽土.

edénico, ca [eðéniko, ka] 形 エデンの園の; 楽園の.

‡**edición** [eðiθjón] 女 ❶ (a) (本・新聞などの)…版. —primera ~ [~ príncipe/princeps] 初版. ~ revisada [corregida] y aumentada 改訂増補版. ~ en rústica [popular] ペーパーバック [普及]版. ~ crítica 校訂版. ~ de lujo 豪華版. ~ diamante 豆本. ~ pirata 海賊版. ~ del año 1960 1960年版. ~ de bolsillo ポケットブック, 文庫本. (b) (定期的催しの)…回. —Tercera ~ de la Feria de Muestras 第3回見本市. ❷ 出版. —~ de unas obras completas 全集の出版. 類 **publicación**.

segunda edición (1) 第2版. (2) 《比喩》(本物でなく)よく似た物[人], 複製, 生き写し. Tenemos con este muchacho la *segunda edición* de su padre. この子は父親そっくりだ.

* **edicto** [eðíkto] 男 ❶ 勅令, 王令. —E~ de Milán [de Nantes] ミラノ[ナント]の勅令. ~ pretorio (古代ローマの)法務官令. 類 **decreto, mandato**. ❷ (a) 公告, 告示, 公示. —~s matrimoniales 婚姻告示. Antes se publicaban los ~s de esponsales en la puerta de las iglesias. 以前は教会の入口に婚姻告示[公示]さ

756　edificación

れていた. El ayuntamiento, en un ~, ordenaba a los vecinos que no desperdiciasen la electricidad. 市役所は市民に節電を告示した. **類aviso, bando, proclama.** (*b*)《法律》(裁判所の掲示板や新聞に出る)公告 (= ~ judicial).

edificación [eðifikaθjón] 囡 ❶ 建造, 築造, 建設. ❷ 建物, 建物の集まり. ❸《比喩》啓発, 教化.

edificante [eðifikánte] 厖 有益な, ためになる, 模範的な, 教化的な. —*libro* ~ 有益な本.

‡**edificar** [eðifikár] [1.1] 他 ❶《大規模な建物》を建てる, 建設する, 建造する. — ~ *un rascacielos* 摩天楼を建てる. **類construir, levantar.** ❷《団体・機構》を創設する, 始める. —*Edificó una empresa importante.* 彼は有力企業を創始した. ~ *un sistema filosófico* 哲学体系を打ちたてる. ❸ …に良いお手本を示す. —*Con tu conducta edificaste a los niños del colegio.* 君の善行が小学校の生徒たちの模範となった.

‡**edificio** [eðifíθjo エディフィシオ] 男 ❶ ビル, (大きい)建物, 建築物. — ~ *público* 公共建築物. — ~ *privado* 個人の建物. ~ *inteligente* インテリジェントビル. construir [hacer, levantar] un ~ ビルを建てる. ~ *monumental* 巨大な建物. ~ *de oficinas* オフィスビル. ~ *multiusos* 多目的ビル. Vivo en aquel ~ de 30 pisos. 私はあの30階建のビルに住んでいる. **類casa, construcción, inmueble.** ❷ 機構, 組織;(知識・思想などの)体系. — ~ *social* 社会機構. ~ *de la ciencia* 科学[学問]の体系. **類corpus, estructura, sistema.**

edificio de nueva planta (1) 新築の建物. construir un *edificio de nueva planta* ビルを新築する. (2) 手を加えていない建物.

edificio panóptico 汎視(はんし)性の建物(一箇所から内部全体が見渡せる).

edifique(-) [eðifíke(-)] 動 *edificar*の接・現在.

edifiqué [eðifiké] 動 *edificar*の直・完了過去・1単.

edil [eðíl] 男 ❶《歴史》造営官(古代ローマで公設の建物・道路の管理や厚生・警察事務などをつかさどった). ❷ 町[市]会議員.

Edimburgo [eðimbúrɣo] 固名　エジンバラ(スコットランドの都市).

***editar** [eðitár] 他 ❶《書籍》を出版する, 発行する, 刊行する. — ~ *una revista mensual* 月刊雑誌を発行する. ~ *un disco CD* を発売する. *Han editado una edición crítica de Don Quijote en Barcelona.* バルセロナでドン・キホーテの校訂版が出た. **類publicar.** ❷《情報》を編集する. — ~ *un archivo* ファイルを編集する.

editor, tora [eðitór, tóra] 厖 編集の, 出版の. —*casa editora* 出版社.

—— 名 ❶ 発行者, 発行人. ❷ 編集者, 編集主任, 編集長.《コンピュータ》エディター. — ~ *de textos* テキストエディター;ワープロ. ~ *de enlaces* リンカー.

‡**editorial** [eðitorjál] 囡　出版社 (= *casa* ~, *casa editora*). — ~ *especializada en libros de medicina* 医学書専門の出版社. Trabajo en una ~ que publica libros de texto. 私は教科書を出している出版社に勤めている. **類editora.**

—— 男(新聞・雑誌の)社説, 論説 (= *artículo de fondo*). —Lo primero que leo en el periódico es el ~. 私が新聞で先ず最初に読むのは社説だ.

—— 厖 ❶ 出版(業)の. — ~ *casa* 出版社. — ~ *negocio* 出版業. *actividad* ~ 出版活動. *mundo* ~ 出版界. **類editor.** ❷《新聞の)社説[論説]の. ❸ 編集の.

editorialista [eðitorjalísta] 男女　論説委員.

edredón [eðreðón] 男 ❶ 羽布団. —*abrigarse con el* ~ 羽毛ぶとんにおおわれる. ❷《ケワタガモの)綿毛.

Eduardo [eðuárðo] 固名　《男性名》エドゥアルド.

educable [eðukáβle] 厖　教育を受けられる, 教育可能な.

*****educación** [eðukaθjón エドゥカシオン] 囡 ❶ 教育, 養成. — ~ *intelectual* [*moral*, *física*] 知[徳, 体]育. ~ *primaria* [*secundaria*, *superior*] 初等[中等, 高等]教育. ~ *audiovisual* [*sexual*] 視聴覚[性]教育. *E*~ *General Básica* 一般基礎教育(6歳から14歳までの初等教育)(【略】EGB.). *Ministerio de E*~ *Nacional* 文部省. *recibir una buena* ~ 立派な教育を受ける. **類enseñanza, instrucción.** ❷ しつけ, 礼儀作法, 教養. —*hombre sin* ~ しつけ[行儀]の悪い人. *Tiene muy buena* ~. 彼は大変しつけがよい. *No tiene* ~. 彼は行儀作法をわきまえていない. *Es de mala* ~ *escupir.* つばを吐くのは無作法です. *¡Qué falta de* ~! なんて無作法なんでしょう! **類cultura, maneras, modales.**

educación especial 身障児教育.

educación preescolar (3歳から6歳までの)就学前教育.

educacional [eðukaθjonál] 厖 教育の.

educacionista [eðukaθjonísta] 厖 →*educacional*. —— 男女 教育者.

*****educado, da** [eðukáðo, ða] 過分厖 ❶ 教育[訓練]された, しつけられた. ❷ 行儀[しつけ]のよい, 礼儀正しい;教養[教育]のある. —*Es un chico muy formal y* ~. 彼はとても真面目で行儀のよい子だ. **類cortés, correcto, instruido.**

bien educado 育ち[しつけ]のよい, 行儀のよい.

mal educado 育ち[しつけ]の悪い, 行儀の悪い, 不作法な.

educador, dora[1] [eðukaðór, ðóra] 名 教育者, 教育家, 教師. —*los* ~*es de enseñanza básica* 基礎教育の教育者たち.

—— 厖 教育する, 育成する.

educadora[2] [eðukaðóra] 囡 《メキシコ》保母. —*Escuela Nacional de Educadoras* 国立保母養成学校.

educando, da [eðukándo, da] 名 生徒, 学生 (= *alumno*).

*****educar** [eðukár エドゥカル] [1.1] 他 ❶ を教育する. —*Educaron a su hija en un colegio católico.* 彼らは娘をカトリック系の小学校に入れた. *El príncipe fue educado para rey.* 王子は王となるための教育を受けた. ❷ をしつける, 調教する. —*Es una persona mal educada.* 彼はしつけのなっていない人だ. — ~ *un perro* 犬を調教する. ❸ を鍛える, 鍛練する. — ~ *los músculos* 筋肉を鍛える. ~ *la voz* 声を鍛える. ~ *la inteligencia* 知性を養う.

—— *se* 教育を受ける, 勉強する. —*Se educó en Francia.* 彼はフランスで教育を受けた.

educativo, va [eðukatíβo, βa] 形 教育的な, 教育上有効な. —juguete ~ 教育的玩具.

edulcoración [eðulkoraθjón] 囡 《料理》甘味づけ.

edulcorante [eðulkoránte] 男 甘味料.

edulcorar [eðulkorár] 他 ❶《料理》…に甘味をつける, を甘くする. ❷(いやな面を)和らげる, 軽減する. 類**endulzar**.

eduque(-) [eðuke(-)] 動 educar の接・現在.

eduqué [eðuké] 動 educar の直・完了過去・1単.

EE. UU. 《略号》＝Estados Unidos (単数扱い) アメリカ合衆国(英 USA).

EFE [éfe]《＜la Agencia EFE》囡 【スペイン】エフェ通信社.

efe [éfe] 囡 文字 F, f の名称.
tener las tres efes 《話》(女性的に)醜くて(fea) 嘘つきで(falsa) 詮索が好きである(fisgona).

efebo, ba [eféβo, βa] 名 青年, 若者(≒adolescente).

efectismo [efektísmo] 男 ❶ (芸術・文学的)扇情主義, センセーショナリズム. ❷ 奇抜さ, 効果をねらうこと, 奇をてらうこと.

efectista [efektísta] 形 ❶ 効果をねらった, 奇抜な. —decoración ~ 奇抜な装飾. ❷ 扇情主義者の. —— 男女 扇情主義者.

:**efectivamente** [efektiβaménte] 副 ❶ 実際(のところ), 本当に, 事実上. —*E~*, estaba donde tú has dicho. 実際にそれは君の言った所にあった. 類**exactamente, realmente**. ❷(相づちとして)全くその通り, 確かに.

efectividad [efektiβiðá(ð)] 囡 効力, 有効性, 効果. —La ~ de las medidas tomadas ha quedado probada. その対策の有効性が証明された.

:**efectivo, va** [efektíβo, βa] 形 ❶ 有効な, 効力のある, 効果のある. —El castigo no es un medio ~ para educar. 罰は教育するための有効な手段ではない. El nombramiento no será ~ hasta que no se publique en el Boletín Oficial del Estado. 指名は国の官報で公示されるまでは有効とならない. 類**eficaz, operativo**. 反**ineficaz, inútil**. ❷ 実際の, 現実の, 本当の. —Ha logrado un triunfo ~. 彼は実質的な勝利を収めた. 類**auténtico, real**. 反**falso**. ❸ (職務が)正規の, 正式の.
hacer efectivo (1) 実行する, 実効化する. Prometió asistir e *hizo efectiva* su presencia. 彼は出席を約束し, 実際に出席した. (2) 現金化する, 現金で支払う[徴収する]. El banco *hará efectivo* el crédito a los cinco días de su concesión. 銀行は信用供与の 5 日後に現金化してくれる.
—— 男 ❶ 現金. —~ disponible [en caja] 手許現金. ❷ 複 兵力, 実働人員.
en efectivo 現金で. ¿Va a pagar con tarjeta o *en efectivo*? お支払いはカードですか, 現金ですか.

:**efecto** [efékto エフェクト] 男 ❶ 結果(→causa「原因」). —principio [relación] causa-~ 因果律[関係]. producir el ~ pretendido [deseado] 期待通りの効果をもたらす, 期待通りの効果を与える. Sin causa, sin ~. / No hay ~ sin causa. 原因のない結果はない. —~ cascada 雪だるま効果. Las heladas han tenido ~s desastrosos sobre los árboles frutales. 霜は果樹に惨憺たる結果をもたらした. La propaganda causó el ~ que se esperaba. 宣伝は期待通りの結果をもたらした. 類**consecuencia**. 反**origen, principio**. ❷ 効果, 効力, (薬などの)効き目, 効能. —bajo los ~s del alcohol アルコールのせいで, 酔いにまかせて. La medicina no tuvo ningún ~. その薬は全然効かなかった. ~s secundarios 副作用, 副次的効果. Se desmayó por ~ del dolor. 彼は苦痛のあまり気を失った. ~ calmante de ~ inmediato 即効性の鎮痛剤. ~ placebo 《医学》プラシーボ効果. La semana de descanso en el balneario tuvo ~s muy positivos en su salud. 彼は温泉で 1 週間休息をとったので, 健康に大変プラスの効果があった. ❸ (法律などの)効力. —La nueva ley tendrá ~ a partir de octubre. 新法は 10 月から発効することになる. quedar sin ~ 効力を失う. 類**vigencia**. ❹ (映画, 演劇, 放送)(音声・光・色などの)効果, 効果装置. —~s sonoros 音響効果. ~ de eco 残鳴効果. 類**artefacto, truco**. ❺ 印象, 感じ; 衝撃, 感銘, 影響. —hacer [causar, producir] buen ~ よい印象を与える. Sus palabras me hicieron un gran ~. 彼の言葉に私は強い感銘を受けた. Su conducta causó muy mal ~. 彼の行動は大変悪い印象を与えた. 類**conmoción, impacto, impresión, sensación**. ❻ 複 身の回り品(＝~s personales). —Para ir de viaje puso sus ~s en la maleta. 彼は旅行に出かけるためスーツケースに身の回り品を入れた. 類**enseres, pertenencias**. ❼ 複 商品. —~s estancados 専売品. Traspasan la tienda con ~s. その店の権利は在庫品込みで譲渡される. 類**existencia**. ❽《文》目的. —El edificio ha sido construido expresamente al [a tal, a este] ~. そのビルはわざわざこのために建てられた. A ~s legales tal matrimonio es inexistente. 法的にはそのような結婚は存在しない. 類**finalidad, objetivo**. ❾ 複 財産. —~s de consumo 消費財. ~s mobiliarios [inmobiliarios] 動[不動]産. 類**bienes, enseres**. ❿《商業》手形, 有価証券(＝~s comerciales [de comercio]). —~s a pagar 支払手形. ~s a cobrar [a recibir] 受取手形. ~s de favor 融通手形. ~s negociables 流通手形. ~s públicos [del Estado] 公債, 国債. ~s bancarios 銀行振出手形. 類**letra de cambio, talón**. ⓫《経済》効果. —~ de demostración デモンストレーション効果. ~ de exclusión クラウディング効果. ~ impositivo 税効果. ~ multiplicador 乗数効果; 相乗効果. ~ renta 所得効果. ~ sustitución 代替効果. ⓬《物理, 化学》効果. —~ Joule ジュール効果. ~ fotoeléctrico 光電効果. ~ Doppler ドップラー効果. ~ Edison エジソン効果. ⓭《スポーツ》(球技でボールにかける)スピン, 回転, ひねり. —dar ~ a la pelota ボールにスピンをかける. dar ~ a la bola de billar ビリヤードの球にひねりをかける. ~ hacia atrás バックスピン. chutar [sacar] con ~ スピンをかけてシュート[サーブ]する. Le dio al balón con ~. 彼はボールにスピンをかけた. ⓮《美術》トロンプ・ルイユ, 目だまし描法.
a (los) efectos [al efecto] de ... (1) …の目的で(＝con el FIN [con la finalidad] de ...). Depuraron el agua *a efectos de* evitar infecciones. 彼らは感染を避けるために水を浄化した. (2) …につ

いては. *A efectos de* este año, los sueldos aumentarán un 3%. 今年は賃金が 3% 上がるだろう.

a tal [*dicho, ese*] *efecto* そのために, わざわざ. Los alumnos que deseen solicitar beca deberán presentar un documento *a tal efecto*. 奨学金を申請したい人はそのための書類を提出しなければならない.

con efecto(s) de [*desde*] … …(の日付け)から有効. *Con efectos de* 4 de octubre. 10 月 4 日以降効力を発する.

de buen efecto 印象がよい. Es *de buen efecto* dar siempre las gracias. いつも感謝するのは印象がよい.

dejar sin efecto 無効にする, 取消す. *Dejaron sin efecto* el gol marcado por Luis. ルイスが決めたゴールは取り消された.

de mal efecto 印象が悪い.

de (*mucho*) *efecto* 印象的な, 感動的な, すばらしい. Es un película *de mucho efecto*, pero falta de contenido. それは感動的な映画だが, 内容がない.

efecto dominó ドミノ効果.
efecto invernadero 《気象》(大気の)温室効果.
efecto retardado 遅延効果. tranquilizante de *efecto retardado* 遅発性精神安定剤.
efectos especiales 《映画》特殊効果, SFX.
efecto bumerán 《社会》ブーメラン効果, やぶ蛇. tener un *efecto bumerán* (他人への攻撃のつもりが)我が身に跳ね返る.
efecto mariposa バタフライ効果(南米での蝶の羽ばたきが北米で旋風になるという予測できない変化の仕方).
efecto óptico 《心理》錯視, (目の)錯覚.
efectos retroactivos 遡及的な効果. La nueva ley tiene *efectos retroactivos* desde el primero de enero. 新法は年初に溯って実施される.

en efecto (1) (確信として)実際に, 確かに, 事実. *En efecto*, yo ya estaba enterado de todo. 確かに私は既にすべてを知っていた. Dijo que pagaría su deuda al cabo de un año, y, *en efecto*, la pagó. 彼は 1 年後借金を払うと言った. そして実際に払った. (2) (相手の発言に対する同意)そのとおり(=sí). Cuando le pregunté si se iba de vacaciones, respondió: "*En efecto*". 私が彼に休暇で出かけるかどうか訊ねたら,「その通りだ」と彼は答えた.

golpe de efecto (驚かすための予想外の)劇的な変化[事件], どんでん返し.

hacer a … el efecto de … (人)に…の印象を与える.

hacer el efecto ある印象を与える. Esto no me *hace* buen *efecto*. これは私には印象がよくない.

hacer efecto 期待通りの効果をもたらす; (薬などが)効く(→surtir efecto). Ya ha empezado a *hacer*le *efecto* la anestesia. 麻酔がもう効き出した.

llevar … a efecto を実行する(=llevar a cabo. →poner … en efecto). *llevar a efecto* el proyecto 計画を実行に移す.

para los efectos 実際には, 実質的には, 事実上.
poner …en efecto を実行する(→llevar …a efecto).

ser de mal efecto 印象[体裁, 趣味]が悪い.
surtir efecto (1) 期待通りの効果をもたらす, 効果を上げる; (薬などが)効く. Las medidas contra el paro no *han surtido efecto*. 失業対策は効果がなかった. (2) 《法律》効力を生じる, 発効する. Los términos del contrato *surten efecto* a partir del 1 de enero. 契約期間は 1 月 1 日から発効する.

tener efecto (1) 実施される; 《法律》効力を生じる, 発効する. El nuevo horario de trenes *tendrá efecto* a partir de mañana. 新しい列車ダイヤは明日から実施される. (2) 催される, 挙行される. Mañana *tendrá efecto* el comienzo de las clases. 明日は授業開始日です. (3) 効果がある; (薬などが)効く(→hacer efecto, surtir efecto). Su régimen no *tuvo* ningún *efecto*. 彼女のダイエットは何の効果もなかった.

:**efectuar** [efektuár] [1.6] 他 を実行する, 実施する, 行う. —*Efectuaron* una inspección de la zona. 地域の視察が実施された. 類**ejecutar, hacer, llevar a cabo, realizar**.

——**se** 再 実施される, 行われる. —Las evaluaciones *se efectuarán* cada semana. 評価は毎週実施される.

efeméride(s) [efémériðe(s)] 女 ❶ (新聞などの)同日記録, 過去の同じ日に起きた出来事. ❷ 記念日; その記念行事. ❸ (記録)日誌. ❹ 《天文》天体暦.

eferente [eferénte] 形 《解剖》導出の, 輸出の. —vaso ～ 導出管.

efervescencia [eferβesθénθia] 女 ❶ 《比喩》動揺, 興奮, 激動. —estar en ～ 動揺している. La discusión estaba en plena ～. 議論は白熱していた. Cuando llegó la fiesta estaba en plena ～. 彼が到着したときパーティーは宴たけなわの状態だった. ❷ 沸騰, 泡立ち.

efervescente [eferβesθénte] 形 ❶ 沸き立つ, 興奮した. ❷ 泡立つ, 発泡性の. —bebida ～ 発泡性の飲料. pastilla ～ 発泡性の錠剤.

:**eficacia** [efikáθia] 女 ❶ (薬・方法などの)効き目, 効能; 効果. —medicamento de gran ～ para bajar la fiebre 解熱剤として大変よく効く薬. Está comprobada la ～ de esta medicina. この薬の効き目は確認されている. 類**efectividad, fuerza, poder**. 反**impotencia, ineficacia**. ❷ 能率, 効率. —aumentar [disminuir] la ～ 能率を上げる[下げる]. un motor de gran ～ 高性能エンジン[モーター]. 類**eficiencia, rigor**. 反**ineficacia, ineficiencia**. ❸ 効力, 効果, 有効性. —～ de la publicidad 宣伝効果. Su intervención fue de gran ～. 彼の介入は大変有効だった. Todavía está por verse la ～ de estas gestiones. これらの処置がどれほど有効かはまだ不明だ. 類**efectividad, utilidad**. 反**ineficacia, ineficiencia, inutilidad**. ❹ 有能, 能力, 実力. —persona de gran ～ 大変有能な人. 類**aptitud, capacidad, competencia**. 反**incompetencia**.

:**eficaz** [efikáθ] 形 【複 eficaces】 ❶ 効力[効果]のある, 効き目のある, 有効な. —medicamento ～ 効き目のある薬. Hay que tomar medidas *eficaces*. 有効な手段をとる必要がある. 類**eficiente, poderoso**. 反**ineficaz**. ❷ 有用な, 役に立つ. —persona ～ 有能な人物.

eficiencia [efiθiénθia] 女 能力, 能率, 有効性. —～ en el trabajo 仕事の能率. sueldo a ～ 能

率給. La ~ del secretario es admirable. その秘書の能力は驚くべきものだった.

eficiente [efiθiénte] 形 効果的な, 能率的な, 有効な; 有能な. —secretaria ~ 有能な秘書. un ~ sistema de alarma 有効な警報システム.

efigie [efíxje] 女 ❶ 肖像, 画像, 姿, 像. ❷《比喩》体現, 具現, 権化, 化身. —Aquella anciana era la ~ de la bondad. あのおばあさんは善良さそのものだった.

efímera[1] [efímera] 女《虫類》カゲロウ.

efímero, ra[2] [efímero, ra] 形 ❶ つかの間の, はかない. —felicidad *efímera* つかの間の幸福. ❷ 一日の命の, 一日限りの.

eflorescencia [efloresθénθja] 女 ❶《化学》風化, 風解. ❷《医学》発疹(ほっ).

eflorescente [efloresθénte] 形《化学》風化性の.

efluvio [eflúβjo] 男 ❶ におい, 香気. ❷《比喩》気配, 雰囲気, 空気. —~ de primavera 春の気配.

efugio [efúxjo] 男 言い逃れ, 口実.

efusión [efusjón] 女 ❶ 感動, (感情の)ほとばしり. —mostrar ~ 感動する. Nos saludó con gran ~. 彼は大変感激して私たちにあいさつした. ❷ 流出. —~ de lava 溶岩の流出. ❸ 出血. —~ de sangre 出血.

efusividad [efusiβiðá(ð)] 女 大げさな感情表現.

efusivo, va [efusíβo, βa] 形 心情を吐露する, (感情が)あふれんばかりの. —una carta *efusiva* 熱烈な手紙.

EGB《頭字》(< Educación General Básica) 男【スペイン】一般基礎教育(初等教育).

Egeo [exéo] 固名 (Mar ~) エーゲ海.

égida, egida [éxiða, exíða] 女 ❶《ギリシャ神話》アイギス(ゼウスがアテナに授けた盾). ❷ 庇護, 保護, 後援. —bajo la ~ de ... …の庇護[後援]の下に.

‡**egipcio, cia** [exípθjo, θja] 形 エジプト(Egipto)の, エジプト[語]の.
— 名 エジプト人.
— 男 古代エジプト語.

Egipto [exípto] 固名 エジプト(首都カイロ El Cairo).

egiptología [exiptoloxía] 女 (古代)エジプト学.

eglantina [eɣlantína] 女《植物》スイートブライヤー(野生の赤色単弁のバラ).

égloga [éɣloɣa] 女《文学》《詩》牧歌, 田園詩.

ego [éɣo] 男《哲学》自我, エゴ.

egocéntrico, ca [eɣoθéntriko, ka] 形 自己中心の.

egocentrismo [eɣoθentrísmo] 男 自己中心主義.

‡**egoísmo** [eɣoísmo エゴイスモ] 男 ❶ 利己主義, エゴイズム, 自己中心[本位]; 利己的な行為(→ altruismo「利他主義」). —Su ~ le impide pensar en los demás. 彼はエゴイストで他の人のことは考えられない. 類 **egocentrismo**. ♦ **altruismo**, **humildad**. ❷《哲学》自我主義, 主観的観念論.

‡**egoísta** [eɣoísta エゴイスタ] 形 利己主義の, 自分本位の, 自分勝手な. —actitud ~ 利己的な態度. No seas ~ y presta la bici a tu amigo. 自己中心にならずに自転車

eje 759

を友だちに貸してあげなさい.
— 男女 利己主義者, 自分勝手な人.

ególatra [eɣólatra] 男女 自己崇拝者, 自賛者.

egolatría [eɣolatría] 女 自己崇拝, 自賛.

egotista [eɣotísta] 形 自己中心の. — 男女 自己本位の人. 類 **ególatra**.

egregio, gia [eɣréxjo, xja] 形 ❶ 有名な, 著名な, すぐれた, 卓越した. —Los ~s visitantes llegarán mañana. その著名な訪問客たちは明日到着する. 類 **ilustre**, **insigne**.

egresar [eɣresár] 自《中南米》[+de を]卒業する(= graduarse).

egreso [eɣréso] 男 ❶ 支出, 支払い. —ingresos y ~s 収入と支出. ❷《中南米》卒業(= graduación).

‡**eh**[é エ] 間 ❶《話》(文頭で相手の注意を喚起するための呼びかけ)あ, あれ, ちょっと. —¡E~, tú, a la cola! ちょっと, あんた, 列に並んで! ¡E~, señor, espere! Se le ha caído algo. ちょっと, 待ってください. 何か落ちましたよ.
❷《話》(文末で相手に同意を求める表現)…ね, …でしょう, そうでしょ. —Antes de salir, me llamas, ¿~? 出かける前に電話してね. Oye, eso es un abuso, ¿~? ねえ, それってひどいじゃない?
❸《話》(文末に置いて相手に念を押す表現)いいかい, わかったかい. —No quiero volver a verte jamás, ¿~? あなたにはもう二度と会いたくないの, いい. Y ahora, tú, a la cama, ¿~? さて, お前はもう寝る時間だよ, いいね. He sacado notable. Y el examen era difícil, ¿~? anda, para que veas. 僕は「良」を取った. 言っとくけど, 試験は難しかったんだよ.
❹《話》(聞き逃したこと, 理解できなかったことを繰り返してもらう際の表現)えっ. —¿E~? ¿Qué dices? えっ, 何だって.
❺《話》(驚き, 嘆美を表す表現)へえ, あら, あれ. 類 **ah**, **oh**. ♦ 相手に対する優しさ, 丁寧さを示すために文末で頻繁にこの語が用いられる.

eider [eiðer] 男《複》eideres《鳥類》ケワタガモ(毛織鴨).

Eiger [eixér] 固名 (Monte ~) アイガー山(スイスの高峰).

‡**eje** [éxe] 男 ❶ (回転)軸, 心棒; 車軸. —El mundo gira sobre su ~. 地球は地軸を中心に回転している. ~ delantero [trasero] (車の)前[後]車軸. ~ de la tierra 地軸. ~ de levas カムシャフト. ~ motor 主軸. chaveta del ~ 軸留めピン. caja del ~ 軸箱. 類 **árbol**, **cigüeñal**. ❷ (道路・川などの)中心線. —~ de una calzada. 車道のセンターライン. ❸ (el E~)(国家間の)枢軸同盟. —el E~ Berlín-Roma ベルリン・ローマ枢軸(1936年の独伊同盟). los países del E~ 枢軸国(第二次大戦中のドイツ・イタリア・日本. 連合国は los Aliados). ❹《比喩》(会談・作品・計画などの)中心, 核心; (行動などの)基本線; 中心人物. —La proliferación nuclear fue el ~ de las conversaciones. 核拡散防止交渉の中心テーマだった. ~ de la atención 注目の的. Ella es el ~ de la conspiración. 彼女がその陰謀の張本人である. idea ~ 中心思想[理念]. E~ del mal 悪の枢軸. ❺ (*a*)《数学, 物理》 ~ coordenado [de coordenadas] 座標軸. ~ de abscisas [de

760 ejecución

las equis] x 軸. ~ de ordenadas [de las íes] y 軸. ~ de rotación [de revolución] 回転軸. ~ de simetría 対称軸. ~ óptico（レンズなどの)光軸.（*b*)《解剖》~ cerebroespinal 脳脊髄(ﾉｳｾｷｽｲ)軸, 中枢神経系.（*c*)《植物》軸(茎など).
partir [*dividir*] *por el eje a* ...《俗》(人)をひどく困らせる, 迷惑をかける, うんざりさせる. Si ahora te echas para atrás, *nos partes por el eje*. もし今君が約束を破るなら我々は大迷惑だ.

‡**ejecución** [exekuθjón] 囡 ❶ (計画・命令などの)実行, 実施, 実現;（仕事などを)行うこと, 遂行;（約束などの)履行. ─proyecto de difícil ~ 実現困難な計画. ~ de un mandato 命令の実行. La ~ del trabajo nos llevó tres días completos. その仕事を成し遂げるのに私たちは丸 3 日かかった. El salto de la patinadora fue de una ~ perfecta. そのスケーターのジャンプは完璧な出来だった. 類**cumplimiento, realización**. ❷《法律》(判決などの)執行; 死刑執行, 処刑. ─ ~ de una sentencia 判決の執行. ~ forzosa 強制執行. pelotón de ~ (銃殺刑執行役の)銃殺隊. Antes, las *ejecuciones* de los reos se hacían en lugares públicos para que sirviesen de escarmiento. 以前, 死刑囚の処刑は見せしめに公開の場で行われた. 類**ajusticiamiento, asesinato, muerte**. ❸《音楽》演奏;（演劇)上演, 公演, 演技;（絵画などの)制作. ─Tu ~ de la sonata al piano fue magistral. 君のピアノソナタの演奏は見事だった. La ~ del papel protagonista fue impecable. 主役の演技は非の打ち所がなかった. 類**interpretación**. ❹《法律》差押え (= ~ de embargo). ─ ~ de una hipoteca 担保の差押え. trabar ~ 差押えを執行する. ❺（情報）実行.
poner ... en ejecución を実施する[実行に移す].

ejecutable [exekutáβle] 圈 ❶ 実施できる, 実行可能な; 遂行できる. ─No es un plan ~. それは実行できる計画ではない. 類**realizable**. ❷《法律》(行政措置として債務者が)訴えられる, 告訴可能な. ❸《法律》差し押さえられる, 強制執行可能な.

***ejecutante** [exekutánte] 圈 ❶ 実行[執行]する. ❷ 演奏する.
── 男女 ❶ 遂行者, 執行者;《法律》強制執行人. 類**ejecutor**. ❷ 演奏者. ─Al terminar su actuación, el ~ agradeció los aplausos del público. 演奏が終わると, 演奏者は聴衆の喝采に感謝した.

‡**ejecutar** [exekutár] 他 ❶ を**実行する**, 実施する, 行う. ─ ~ un plan 計画を実行に移す. ~ un triple salto mortal con limpieza 見事に 3 回転宙返りを決める. 類**efectuar, hacer, llevar a cabo, realizar**. ❷ (命令などを)守る, 果たす. ─El teniente *ejecutó* las órdenes del comandante sin protestar. 中尉は少佐の命令を逆らわずに守った. ❸ を処刑する, 死刑に処する. ─En aquella época se *ejecutaba* a los desertores. あの頃は脱走兵は死刑に処せられたものだった. 類**ajusticiar**. ❹《音楽》を演奏する, 弾く. ─La-rrocha *ejecutó* una sonata para piano de Chopin. ラローチャはショパンのピアノ・ソナタを弾いた. 類**interpretar, tocar**. ❺《法律》を(強制)執行する, 差し押さえる. ─Le *ejecutaron* la hipoteca. 彼は担保物件を差し押さえられた. ❻（情報）実行する.

ejecutiva [exekutíβa] 囡 →ejecutivo.

‡**ejecutivo, va** [exekutíβo, βa] 圈 ❶ 執行(上)の, 行政(上)の. ─comité ~ 執行委員会. El poder ~ dimana del legislativo. 行政権は立法権に由来する. ❷ (実行に)急を要する, 緊急の. ─procedimiento ~ 緊急措置. Las órdenes del capitán son *ejecutivas* y no admiten dilación en su cumplimiento. 艦長の命令は緊急のものでその実行に遅滞は許されない.
── 男 経営者, 役員; 行政官. ─Trabaja de ~. 彼は役員として働いている.
── 男 行政部, 執行部. ─La oposición ha criticado la postura del ~ frente al problema. 野党はその問題に対する行政の態度を批判した.
── 囡 役員会, 重役会. ─Es miembro de la *ejecutiva*. 彼は役員会のメンバーだ.

ejecutor, tora [exekutór, tóra] 圈 実行[執行]する; 演奏する. ── 名 実行[執行]者; 死刑執行人 (= ~ de la justicia).

ejecutoria[1] [exekutórja] 囡 ❶ 貴族証明書. ❷《法律》確定判決.

ejecutorio, ria[2] [exekutórjo, rja] 圈 《法律》(判決が)確定の. ─sentencia *ejecutoria* 確定判決.

‡**ejemplar** [exemplár] 圈 ❶ 模範的な, 手本となる. ─caso ~ 実例. Es una chica ~ en todo. 彼女は何事にも模範的な少女だ. 類**representativo, típico**. ❷ 見せしめの. ─Le dieron un castigo ~. 彼に見せしめの罰を加えられた.
── 男 ❶ (本・雑誌などの)…部, …冊, (書類の)…通. ─ ~ gratuito 無料見本. Esta revista tiene una tirada de cien mil ~es. この雑誌は 10 万部発行されている. 類**copia, reproducción**. ❷ 見本, 標本; 典型. ─Ese gato montés es uno de los pocos ~es que quedan de esa especie. そのヤマネコは, その種で残っている数少ない実物の一つである. sin ~ 前例のない, 前代未聞の. 類**caso, espécimen, muestra**.
¡Vaya [*menudo*] *ejemplar!* 何てひどい奴だ.

ejemplaridad [exemplariðá(ð)] 囡 ❶ 模範になること. ❷ 見せしめ. ─ ~ de un castigo みせしめの罰.

ejemplarizar [exemplariθár] [1.3] 他 ❶ …の模範となる. ❷ を例示する.

ejemplificación [exemplifikaθjón] 囡 例証, 例示.

ejemplificar [exemplifikár] [1.1] 他 を例証する, 例示する.

****ejemplo** [exémplo エヘンプロ] 男 ❶ (理解を助ける)**例**, 実例, 事例, 用例. ─ ~ típico 典型的な例. ~ de frase 例文. ~ de ensayo テストケース. ~ casero 誰でも知っている例, 卑近な例. a modo de ~ 例として. servir de ~ 例となる. ¿Me puedes dar algún ~? 何か例を挙げられる? 類**demostración**. ❷ 模範, 手本, 鏡; 模範的な人[行為]. ─predicar con el ~ 自ら手本を示す, 範(ﾊﾝ)を垂れる, 身をもって. Su valiente comportamiento es un ~ para todos. 彼の勇敢な行動は皆のお手本だ. 類**modelo, paradigma**. ❸ 典型, 見本. ─Las hormigas son un ~ de laboriosidad. 蟻は勤勉さの見本だ. Sus padres eran todo un ~ de honradez para todos. 彼の両親は皆にとって誠

実さを絵に描いたような人である. ❹ 戒め, 見しめ.
a ejemplo de ... 〜を模範として, …にならって.
dar ejemplo 【+a】(人)に模範[手本]を示す.
dar buen [mal] ejemplo a los hijos 子供によい[悪い]手本を示す.
poner [dar] un ejemplo 例を挙げる. *Te pondré un ejemplo para que entiendas lo que digo.* 君に私の言うことが分かるように例を挙げよう.
poner ...por [como] ejemplo 例として…を挙げる, 例に取る. *Pongamos por ejemplo el caso de Elena.* エレーナのケースを例に取ろう.
por ejemplo 例えば(《略》p. e., p. ej.). *Muchos animales se hallan en peligro de extinción; por ejemplo, el rinoceronte.* 多くの動物が絶滅の危機に瀕している. 例えばサイ(犀)がそうだ.
seguir el ejemplo de ... を見習う, 模範にする, …の例にならう. *Los jóvenes siguen el ejemplo de sus ídolos.* 若者たちはアイドルを手本にしている.
servir de [como] ejemplo a ... …の模範[見本]となる. *Luis sirve de ejemplo a los demás por su buena conducta.* ルイスの品行方正は他の人に対してのお手本となる.
sin ejemplo 前代未聞の, 前例[先例]のない; まれなことに. *una solución sin ejemplo* 前代未聞の解決法.
tomar como [por] ejemplo a ... (人)を手本にする, 見習う. *Debes tomar a tu padre como ejemplo.* 君は父親を手本にすべきだ.
tomar ejemplo de ... (人)を見習う.
vivo ejemplo/ejemplo vivo 典型的見本, 化身.

‡**ejercer** [exerθér] 【2.4】 ⑲ ❶ (*a*)(ある職業に)従事する, を営む, 行なう. —*Ejerce la medicina en una pequeña isla.* 彼は小さな島で医者をやっている. (*b*)を行使する. —〜 *el derecho al voto* 投票権を行使する. *Ejerce sus cualidades de humorista.* 彼はユーモアを備えた人としての長所を発揮している. ❷【 $+$sobre に】(影響力・圧力など)を及ぼす, 加える. —〜 *una gran influencia sobre el consejo de ministros* 内閣に大きな影響を及ぼす. *Ejerció presión sobre el ministro.* 彼は大臣に圧力をかけた.
— ⑮【 $+$de (職業)に】従事する, を営む, 営業する. —*Es funcionario por la mañana y ejerce de abogado por la tarde.* 彼は午前中は公務員で, 午後は弁護士をやっている. *Es médico, pero no ejerce.* 彼は医者だが開業はしていない.

‡**ejercicio** [exerθíθio] ⑲ ❶ (肉体的・知的な)運動, 体操. —*falta de* 〜 *(físico)* 運動不足. *práctico* 実技. *hacer* 〜*(s)* 運動する. *hacer* 〜*s respiratorios* 深呼吸する. *hacer* 〜*s de resistencia* (トレーニングで)持久力を養う. *El ajedrez es un buen* 〜 *para el cerebro.* チェスはよい頭の運動だ. *Si quieres perder peso, debes comer menos y hacer más* 〜. 君は減量したければ食事の量を減らし, もっと運動しなければならない. 類 **deporte, gimnasia.** 反**descanso, reposo.** ❷ 練習, 訓練, けいこ. —*hacer* 〜*s de piano* ピアノの練習をする. *Los niños tenían que hacer muchos* 〜*s de ortografía.* 子供たちは綴りの練習をたくさんしなければならなかった. ❸ 練習問題, 練習曲; 課題, 宿題. —〜*s de matemáticas* 数学の練習問題. *hacer los* 〜*s de la lección siete* 7課の練習問題をする. 〜 *de repetición* [*de susti-*

tución] 反復[入換え]練習. *Las redacciones son* 〜*s para aprender a escribir bien.* 作文は文章を上手に書けるようになるための練習問題だ. ❹ (1次・2次などの)試験, テスト, 審査. —*primer [segundo]* 〜 1次[2次]試験. —*ejercicio escrito* 筆記試験. *Todos los opositores se presentaron al primer* 〜. 受験者は全員1次試験を受けた. *Suspendí el* 〜 *práctico pero aprobé el oral.* 私は実技試験に落ちたが口頭試問には合格した. 類 **examen, prueba.** ❺ (職業に)従事, 業務, 仕事. —〜 *de la medicina* 医者の仕事, 医療業務(を行うこと). *dedicarse al* 〜 *de la medicina* 医療に携る. *Este título faculta para el* 〜 *de la docencia.* この資格によって教職に携ることが許される. 類 **desempeño, práctica.** ❻ (権力・権利・影響力などの)行使, 実践. —〜 *del poder* 権力の行使. *Los trabajadores se declararon en huelga haciendo* 〜 *de sus derechos.* 労働者は権利を行使してスト突入を宣言した. 類 **uso.** ❼ 《商法, 簿記》会計年度, 事業年度. —〜 *económico [social]* (企業の)会計年度, 事業年度. 〜 *fiscal* (国家予算の)会計年度. *El presupuesto del presente* 〜 *se aprobó el año pasado.* 今年度予算は昨年承認された. ❽ 《商業》—*precio de* 〜 (オプション契約である)契約価格. ❾ 《軍事》訓練, 演習, 教練 (= 〜*s militares*). —〜 *de tiro(s)* 射撃訓練. *La próxima semana habrá* 〜*s navales.* 来週海軍の演習がある. 類 **maniobras.**

ejercicios espirituales (1)《宗教》心霊修業, 霊操, 静想; 心の鍛錬. (2)《宗教》『霊操』(Ignacio de Loyola の著作).
en ejercicio (医者・弁護士の)現役の; 業務中の. *abogado en ejercicio* 開業している弁護士.

ejercitación [exerθitaθjón] ⑳ ❶ 開業, 営業. ❷ 行使, 実践. ❸ 訓練, 演習.
ejercitante [exerθitánte] ⑱ 訓練[演習]する; 修行する. — ⑳ 訓練生; 修行者.
ejercitar [exerθitár] ⑲ ❶ を訓練する, 【 $+$en 】に教え込む. ❷ (権利)を行使する. —〜 *sus derechos* 権利を行使する. ❸ を営む, 業とする. —*Está facultado para* 〜 *la medicina.* 彼は医師の資格を持っている. 類 **ejercer.** ❹ (才能・長所)を生かす, 使う. —*Tienes que* 〜 *tu capacidad de escritor.* 君はもの書きとしての能力を生かさなければならない. ❺ を実行する, 実践する. —〜 *la caridad* 慈善を施す. 類 **practicar.**

— *se* ⑭【 $+$en を】練習する. —*Se ejercita en judo.* 彼は柔道を練習している.

‡**ejército** [exérθito] ⑲ ❶《軍事》軍隊, 軍, 軍勢. —*E*〜 *de Tierra [de Mar, del Aire].* 陸[海, 空]軍. 〜 *enemigo [de ocupación]* 敵[占領]軍. 〜 *popular* 人民軍. 〜 *permanente* 常備軍. *E*〜 *de Salvación.* 救世軍. *un cuerpo de* 〜 (2 師団以上からなる)軍団, 方面軍. *ingresar en el* 〜 入隊する. 類 **fuerzas, milicia, tropa(s).** ❷《軍事》陸軍(→*marina*「海軍」, *aviación*「空軍」). ❸【*un* 〜 *de ...* の形で】《話》(目的を同じくする)大勢, 大群, 大軍. —*un* 〜 *de hormigas* 蟻の大群. *un* 〜 *de hinchas* 大勢のサポーター. 類 **batallón, masa, tropa, turba.**

ejerza(-) [exerθa(-)] ⑲ ejercer の接・現在.

ejerzo [exérθo] 動 ejercer の直・現在・1 単.
ejido [exíðo] 男 (村の)共有地.
ejote [exóte] 男 〖メキシコ,中米〗〖植物〗サヤインゲン.

*el, la [el, la エル, ラ] 冠(定)〖複〗los, las; 中性 lo→lo〗〖a と el, de と el は結合して al, del となる.ただし固有名詞の一部となった El は結合しない: el camino de El Escorial エスコリアル宮への道.〖アクセントのある, ha ではじまる女性単数名詞の前では la は el となる: el agua 水, el hacha 斧; 冠詞と名詞の間に形容詞がある場合は la となる; la otra agua 別の水; 複数は las; las hachas 斧〗〖日本語では特に訳さないでよい場合が多い〗. ❶ (a)〖状況・場面によって指すものが定まっているときに用いる〗. —¿A qué hora se abre el banco? 銀行は何時に開きますか? (b) 〖前の文脈に現れた語で指すものが定められているときに用いる〗その…. —Había una vez un rey que tenía una hija muy hermosa y la llamaban la Bella. あるとき王に一人の姫がいました.その娘はとてもきれいで「美し姫」と呼ばれていました. ❷〖説明による限定句に伴って相手にわかるもの〗(a)〖唯一のもの〗. —el cielo 天[空]. la tierra 地[地球]. el sol 太陽. (b)〖総称的に用いる〗. —El hombre es mortal. 人間は死すべきものである. (c)〖抽象観念を総称して〗. —El tiempo vuela como una flecha.〖諺〗光陰矢の如し(←時は矢のように飛んで行く). (d)〖身体の一部; 身につけるもの〗. —Abrió los ojos y levantó la cabeza. 彼は目を開けて頭を上げた. Ponte el abrigo. オーバーを着なさい. (e)〖自然・季節・方位・暦〗. —La lluvia 雨. el alba 暁. el otoño 秋. el norte 北. el domingo 日曜日. el primero de enero 1 月 1 日. Todo es triste en el invierno. 冬はなにもかも寂しい. (f)〖時間・時刻: 女性定冠詞を用いる〗. —Es la una y media. 1 時半です. Son las ocho. 8 時です. La clase empieza a las nueve. 授業は 9 時に始まる. (g)〖年齢〗. —Él andaba a los diecíocho años. 彼はもう 18 歳になっていた. Murió a los 25 años. 彼女は 25 歳で死んだ. ❸〖修飾語[句・節]によって限定されたもの〗(a) —la casa de mi tío 私の叔父さんとなる. El libro que está sobre la mesa es mío. 机の上にある本は私のです〖名詞が限定されなければ定冠詞は用いられない. una novela de Pérez Galdós ペレス・ガルドスの小説〗. (b)〖修飾語[句・節]によって限定された固有名詞〗. —la bella Helena 美しいヘレネー. la España del siglo XIII 13 世紀のスペイン. (c)〖固有名詞によって限定される普通名詞〗. —el doctor Pérez ペレス博士[医師]〖ただし呼びかけるときには冠詞はつけない. Buenos días, profesor López. ロペス先生はようございます〗. ❹〖名詞以外の名詞を名詞化する〗(a)〖形容詞の名詞化; 人を表す〗. —Los ricos deben ser caritativos con los pobres. 金持ちは貧乏人に慈悲深くあらねばならない〖完全に名詞に転換した〗. (b)〖+形容詞+de+人; 性質を強調する〗 —El bueno de Antonio ha muerto. 善人のアントニオは死んだ. (c) 例: el largo 長さ; el ancho 幅. 〖不定詞の名詞化〗 —El hablar demasiado es su defecto principal. 度を越したおしゃべりが彼の第一の欠点である〖完全に名詞に転換した例: el ser 存在; el saber 知識; el ir y venir de la gente 人々の往来〗. (d)〖その他〗 —el porqué de todas las cosas あらゆることの理由. el pro y el contra 好都合と不都合. El cómo le había entrado las ganas de leer ese libro nor lo sabía. 私は彼がなぜその本を読む気になったのか知らなかった. Le preocupa mucho el qué dirán. 彼は人のうわさを非常に気にしている. ❺〖代名詞的に用いられる〗(a)〖名詞の繰り返しを避けるために用いる〗. —mi coche y el de Pedro 私の車とペドロのそれ[車]. De estas dos corbatas, me quedaré con la verde. この二つのネクタイのうち私は緑の方をいただきます. (b)「〖「人」を表す〗 —la de gafas めがねの女性. los de aquí ここの人々. ❻〖比較級に定冠詞をつけて最上級を表す〗. —Este árbol es el más alto del jardín. この木は庭の中で最も高い. ❼〖全体を表す〗. —Va a vender el ganado que tiene. 彼は自分の持っている家畜を全部売ろうとしている. Estudiamos todos los días. 私達は毎日勉強します〖todo は冠詞の前につける〗. ❽〖強調〗まさその, 典型的な. —Así es la forma de hablar. これが話し方というものだ. ❾〖特定の固有名詞の前につける〗. (a)〖海・川・湖・山・島などは冠詞をつけることが多い〗. —el Océano Altántico 大西洋. el Guadalquivir グアダルキビール川. los Alpes アルプス山脈. las Baleares バレアーレス諸島. (b)〖普通名詞が固有名詞化したもの〗. —la Mancha ラ・マンチャ地方. el Escorial エスコリアル宮. el Pardo パルド宮. los Países Bajos オランダ. los Estados Unidos 合衆国. (c)〖慣用として冠詞のつく地名・国名〗. —el Brasil ブラジル. el Cairo カイロ市. el Canadá カナダ. la Coruña ラ・コルーニャ県. el Ecuador エクアドル. la Habana ハバナ市. el Perú ペルー. la Rioja リオーハ地方. (d)〖著者名・作者名に冠詞をつけてその作品を表わす〗. —el segundo tomo del Quevedo ケベードの第二巻. los Rubens del Museo del Prado プラド美術館のルーベンスの作品. (e)〖los+姓〗…家, …一家, …家の人々. —los López ロペス一家. (f)〖la+女性名; 俗語的, 軽蔑・からかい・親しみを表わす〗. —la Paloma パローマ. (g)〖同格で用いられる別名・あだ名〗. —Isabel la Católica カトリック女王イサベル. (h)〖略語の前につける〗. —la ONU 国際連合 (la Organización de Naciones Unidas). (i)〖イタリアの作家・芸術家〗. —El Petrarca ペトラルカ. El Ticiano ティチアーノ.

〖語法〗(1) 冠詞と名詞の間に種々の形容詞句が入ることがある. los para mí interesantísimos pormenores 私にとっては非常に興味ある詳細. (2) 名詞が 2 つ以上並なときは最初の名詞だけに冠詞をつけるのが普通. Los jefes, oficiales y soldados combatieron con gran valor. 隊長も将校も兵士もみな勇敢に戦った. (3) それぞれの語が独立して重要性があるときは冠詞をつける. Se arruinaron los vencedores, los vencidos y los neutrales. 勝者も敗者も中立の者も壊滅した.

el que →el QUE.
el cual →el CUAL.

*él [él エル] 代 (人称)〖複〗ellos〗〖主格・前置詞格は él, 対格 le, 対格 lo〗〖男性 3 人称単数〗 ❶〖主語となる; 話し手でも話し相手でもない他の人をさす〗彼が, 彼は. —Él es profesor de inglés. 彼は英語の教師です.〖主語の él は表示しないのが普通. わざわざそれを示すときは強調や対比の

意味がある: Es profesor de inglés.]. ❷ 〖叙述の補語となる〗…は彼だ. — Es *él* quien lo ha dicho. それを言ったのは彼です. ❸ 〖前置詞の後で人や男性単数の物を指す〗彼, それ. —Él siempre habla mal de *él*. 彼はいつも彼の悪口を言っている. Es importante el problema de la contaminación ambiental, pero ella no se interesa por *él*. 公害の問題は重要だが, 彼女はそれ(その問題)に関心を示さない.

‡**elaboración** [elaβraθjón] 囡 ❶ 製造, 加工, 精製; 製品, 加工品. — — de chocolate チョコレートの製造. — del hierro 鉄の製鋼. Esta mermelada es de ~ casera. このジャムは自家製だ. Para la ~ del pan se necesita levadura. パンの製造にはイーストが必要だ. 類**confección, fabricación, producción.** ❷ 〖計画・理論・法案などの〗作成, 立案, 考案; 〖知的なものを〗入念に仕上げること, 推敲〖推敲〗. — — del presupuesto 予算の編成. ~ de un nuevo plan de urbanismo 新都市計画の立案. ~ de un proyecto de ley 法案の作成. ~ de un proyecto [plan, una teoría] プロジェクト[計画, 理論]を練り上げる. ❸ 〖生理〗(分泌液などの)生成, 合成, 分泌; 〖植物, 生理〗同化, 消化. — ~ de hormonas [de los jugos gástricos] ホルモン[胃液]の生成. ~ de la savia 樹液の同化. Las abejas utilizan el néctar de las flores para la ~ de la miel. ミツバチは蜂蜜作りに花の蜜を利用する.

‡**elaborar** [elaβrár] 〖< labor〗他 ❶ を精製する, 調製する; (丹念に)作り上げる. —La cerveza se *elabora* con cebada. ビールは大麦で造られる. El hígado *elabora* bilis. 肝臓は胆汁を出す. Las abejas *elaboran* la miel. ミツバチは蜂蜜を作る. ❷ (計画・考えなど)を構想する, (入念に)練る, (文章)を推敲する. — ~ un proyecto [un plan, una teoría] プロジェクト[計画, 理論]を練り上げる. ━━**se** 再 精製される, 作り上げられる. —En La Rioja *se elaboran* vinos de excelente calidad. ラ・リオハでは素晴らしい品質のワインが製造される.

Eladio [eláðjo] 固名 〖男性名〗エラディオ.

elástica [elástika] 囡 〖服飾〗アンダーシャツ, 肌着.

elasticidad [elastiθiðáð] 囡 ❶ 弾力, 弾性. —módulo de ~ 〖物理〗弾性率. ❷ 融通性, 順応性, 柔軟性. —Saltó con la ~ de un gamo. 彼女はシカのようにしなやかに跳んだ. 類**flexibilidad.**

elástico, ca [elástiko, ka] 形 ❶ 弾力性のある, 伸縮自在の, しなやかな. —músculos ~s しなやかな筋肉. Ella tenía aún un cuerpo joven y ~. まだ若くてしなやかな身体をしていた. 類**ágil, flexible.** ❷ (考えなどが)融通の利く, ものにこだわらない, 柔軟な. —horario ~ 融通の利くスケジュール. 類**flexible.** ━━ 男 ❶ ゴムひも, ゴム輪. ❷ 〖服飾〗ズボンつり. 類**tirantes.**

Elba [élβa] 固名 (Isla de ~) エルバ島(イタリア領).

Elbe [élβe] 固名 (el ~) エルベ川(チェコ, ドイツを流れる河川).

Elcano [elkáno] 固名 エルカーノ(フアン・セバスティアン Juan Sebastián ~)(?-1526, スペインの航海者, マゼランの死後世界周航を達成した).

Elche [éltʃe] 固名 エルチェ(スペインの都市).

El Cid [el θið] 固名 →Cid.

El Dorado [el doráðo] 固名 エル・ドラード, 黄金郷.

ele [éle] 囡 ❶ 文字 L, l の名称. ❷ L 字形.

eléboro [eléβoro] 男 〖植物〗ヘレボルス(キンポウゲ科の一属). — ~ blanco バイケイソウ(ユリ科). ~ negro クリスマス・ローズ.

‡**elección** [elekθjón] 〖< elegir〗囡 ❶ 選択, 選ぶこと, 選り好み. — ~ de carrera 職業[進路]の選択. Vender la casa ha sido una buena ~. 家を売ったのはよい選択だった. Hiciste una buena ~ comprando ese terreno. 君がその土地を買ったのは正解だった. 類**selección, tría.** ❷ 〖主に 複〗〖政治〗(国政・地方などの)選挙, 選出. —*elecciones* generales 総選挙. *elecciones* municipales[locales] 地方選挙, 市町村議会選挙. *elecciones* primarias (政党の)予備選挙(= primaria). *elecciones* autonómicas 自治州選挙. *elecciones* legislativas 国会議員選挙. *elecciones* parciales 補欠選挙. *elecciones* presidenciales 大統領選挙. convocar *elecciones* anticipadas (任期切れ前の)解散総選挙[繰上げ選挙]を行なう. presentarse a las elecciones de [para] alcalde por el Partido Comunista 市長選挙に共産党から立候補する. Se celebran *elecciones* en mayo. 5月に選挙が行われる. 類**comicios, sufragio.** ❸ (一般に投票による役職・委員などの)任命, 選出. —Es segura su ~ como presidente de la comunidad de vecinos. 彼が自治会会長に選出されるのは確実である. La ~ del presidente se obtuvo por mayoría simple. 大統領は単純多数で選出された. 類**nombramiento, designación.** ❹ 選択の可能性[余地, 自由], 選択権. —No hay ~. 選択の余地はない. Lo hizo porque no tenía otra ~. 彼は他にどうしようもなかったのでそうした. 類**alternativa, opción, libertad.**

a elección de ... ...の選択[好み]で. Dejo la fecha *a tu elección*. 日取りの選択は君に任せる.

por eleccion 進んで.

electivo, va [elektíβo, βa] 形 ❶ 〖政治〗選挙による, 選挙の. —puesto ~ 選挙による役職. ❷ 選択の.

electo, ta [elékto, ta] 形 〖政治〗選定された, 選出された, 当選した. —presidente ~ 選出された大統領. ━━ 名 〖政治〗(選挙の)当選者.

elector, tora [elektór, tóra] 形 選挙[選出]する; 選挙権のある. ━━ 名 選挙人, 有権者.
━━ 男 〖歴史〗(神聖ローマ帝国の)選挙[選帝]侯.

electorado [elektoráðo] 男 〖集合的に〗(政治)選挙民, 選挙人, 有権者.

‡**electoral** [elektorál] 形 選挙(人)の. —censo ~ 選挙人名簿. ley ~ 選挙法. campaña ~ 選挙戦. distrito [circunscripción] ~ 選挙区. Su discurso ~ fue muy aplaudido. 彼の選挙演説は非常な喝采を博した.

‡**electricidad** [elektriθiðáð] 囡 ❶ 電気, 電流, 電力. —Este coche corre con ~. この車は電気で走る. Ayer hubo un corte de ~. 昨日停電があった. Las centrales nucleares producen ~. 原子力発電所は電気を起こす. consumo de ~ 電力消費. escasez de ~ 電力不足. producción de ~ 発電. ~ estática 静電気. ~ dinámica 動電気. ~ negativa [resinosa] 陰電気. ~ positiva [vítrea] 陽電気. ahorrar [mal-

764 electricista

gastar) ～ 電気を節約する[無駄遣いする]. alimentar la ～ 電力を供給する. cortar la ～ 電気を切る. 類**corriente**. ❷ 電気代[料金]. ❸ 電気学. —lección de ～ 電気学講義. La ～ es una parte de la física. 電気学は物理学の一部だ. ❹《話》緊張, 興奮. —Había ～ en el ambiente, porque nadie cedía en sus posturas. 誰も自分の立場を譲らないので雰囲気が緊迫していた. 類**nerviosismo, tensión**. ❺《気象》～ — atmosférica 気象[空中電気]. ❻《生理》～ — animal 動物[生物]電気. ❼《医学》～ — médica 医用電気技術.

・**electricista** [elektriθísta] 男女　**電気工**(= operario ～), 電気技師(= ingeniero [perito] ～), 電気屋(人). —Ha venido el ～ a arreglar la luz del comedor. 食堂の明かりを修理しに電気屋さんが来た.
—— 形　**電気の**, 電気関係の. —ingeniero [perito] ～ 電気技師. operario ～ 電気工.

:**eléctrico, ca** [eléktriko, ka] 形　**電気の**, 電気に関する; 電気で作動する. —aparato ～ 電気器具. chispa *eléctrica* スパーク. descarga *eléctrica* 放電. energía *eléctrica* 電力. corriente *eléctrica* 電流. central *eléctrica* 発電所. luz *eléctrica* 電灯. manta *eléctrica* 電気毛布. silla *eléctrica*（死刑用の）電気いす. tensión *eléctrica* 電圧.

electrificación [elektrifikaθjón] 女　❶（家庭・鉄道などの）電化. ❷ 帯電, 感電. ❸ 感動[感激]させること.

・**electrificar** [elektrifikár] [1.1] 他（鉄道など）を電化する. —En aquella época aún no se *había electrificado* la línea férrea. 当時の鉄道はまだ電化されていなかった.

electrizante [elektriθánte] 形《比喩》感動的な. —un espectáculo ～ 感動的なショー.

electrizar [elektriθár] [1.3] 他　❶（物体に）電気をかける, を感電させる. ❷《比喩》を興奮させる, 感動させる. —El discurso del primer ministro *electrizó* a la multitud. 首相の演説は群衆を熱狂[しびれ]させた. 類**excitar, inflamar**.

electrobomba [elektroβómβa] 女　電動ポンプ. —～ sumergible 電動水中ポンプ.

electrocardiograma [elektrokarðjoɣráma] 男《医学》心電図.

electrochoque [elektrotʃóke] 男《医学》電気療法, 電気ショック.

electrocinética [elektroθinétika] 女　動電学.

electrocución [elektrokuθjón] 女　電気椅子死刑, 感電死. —ejecutar por ～ 電気椅子で処刑する.

electrocutar [elektrokutár] 他　❶ を感電死させる. ❷ を電気椅子で処刑する. —se 再　❶ 感電死する. ❷ 電気椅子で処刑される.

electrodinámica [elektroðinámika] 女《物理》電気力学.

electrodo [elektróðo] 男《電気》電極（棒）.

electrodoméstico, ca [elektroðoméstiko, ka] 形　家庭電気の. —— 男　家庭電気製品. —tienda de ～s 家庭電器店.

electroencefalograma [elektroenθefaloɣráma] 男《医学》脳波図, 脳電図.

electrógeno, na [elektróxeno, na] 形《電気》発電の. —grupo ～ 発電装置. —— 男《電気》発電機 (= generador eléctrico).

electroimán [elektroimán] 男《物理》電磁石.

electrólisis [elektrólisis] 女《化学》電気分解, 電解.

electrólito [elektrólito] 男《化学》電解物[質, 液].

electrolizar [elektroliθár] [1.3] 他《物理》を電気分解[電解]する.

electromagnético, ca [elektromaɣnétiko, ka] 形《物理》電磁気[電磁波]の[で生じた].

electromagnetismo [elektromaɣnetísmo] 男《物理》電磁気, 電磁気学.

electromecánica [elektromekánika] 女 → electromecánico.

electromecánico, ca [elektromekániko, ka] 形　電気機械の. —— 名　電気機械工. —— 女　電気機械工学.

electrometría [elektrometría] 女《技術》電位測定.

electrómetro [elektrómetro] 男《技術》電位計.

electromotor, tora [elektromotór, tóra] 形《電気》電動の, 起電の. —aparato ～ 起電機. —— 男《電気》電動機, モーター.

electromotriz [elektromotríθ] [複 electromotrices]《電気》電動の, 起電の. —fuerza ～ 起電力.

electrón [elektrón] 男《物理》電子, エレクトロン.

electrónica [elektrónika] 女 → electrónico.

:**electrónico, ca** [elektróniko, ka] 形　**電子の**, 電子工学の[による]. —calculadora *electrónica* 電子計算機. negocio ～ イービジネス. comercio ～ イーコマース(電子商取引き). microscopio ～ 電子顕微鏡. horno ～ 電子レンジ. ingeniero ～ 電子工学技師.
—— 女　電子工学, エレクトロニクス. —Trabaja como especialista en una empresa de *electrónica*. 彼はあるエレクトロニクスの企業で専門家として働いている.

electroscopio [elektroskópjo] 男《物理》検電器.

electrostático, ca [elektrostátiko, ka] 形《物理》静電(気)の.

electrotecnia [elektrotéknja] 女　電気工学.

:**elefante, ta** [elefánte, ta] 名　❶《動物》ゾウ(象). —～ africano [asiático] アフリカ[インド]象. ❷《比喩》象のような巨漢.
elefante blanco《話》金ばかりかかる厄介物, 無用の長物, 持て余し物. El Estado es un *elefante blanco* con muchos empleados públicos que no cumplen con sus obligaciones. 国家はろくに働かない多くの公務員を抱えた無用の長物だ.
elefante marino 象アザラシ (= morsa).
tener una memoria de elefante 抜群に記憶力がよい.

elefantiasis [elefantjásis] 女《医学》象皮病.

elefantino, na [elefantíno, na] 形　象の.

:**elegancia** [eleɣánθja] 女　❶（着こなしなどの）優雅, 優美; 上品, 気品, 洗練. —la ～ en el vestir おしゃれ. Es notable por la ～ de su estilo literario. 彼は洗練された文体で有名だ. Aquel modisto destacaba por la ~ y originalidad de sus diseños exclusivos. あのデザイナーは独自のデザインの優美さと創造性で際立っていた. 類 **distinción, refinamiento**. 反 **inelegancia, ordinariez, vulgaridad**. ❷ 上品な言葉遣い, 礼儀正しさ. —Se comportó y habló con una ~ exquisita. 彼の振舞いと話し方は極めて上品だった. 反 **inelegancia**. ❸ 《ファッション・装飾の》趣味のよさ, 粋(いき)さ, スマートさ, あかぬけ; 《解決法の》鮮やかさ, 手際のよさ. —He elegido este restaurante por su ~ y excelente servicio. 私は瀟洒(しょうしゃ)でサービスが抜群なのでこのレストランを選んだ. Sus esculturas gustan por la ~ y sobriedad de sus líneas. 彼の彫刻はラインがスマートで簡素なので好まれる.

con elegancia (言葉遣い・振舞いが)上品に, 優美に, 粋に; andar *con elegancia* 上品に[スマートに]歩く; vestirse *con elegancia* 趣味のよい[粋な]服装をする, おしゃれをする.

elegante [eleɣánte エレガンテ] 形 ❶ 優雅な, 上品な, 趣味の良い〔ser+〕. —Es una actriz muy ~. 彼女はとても気品のある女優である. estilo ~ 優雅な文体. 類 **airoso, decoroso, distinguido**. 反 **pesado**. (服装などが)しゃれた, あかぬけた, 上質の〔estar+〕. —vestido ~ しゃれたドレス. andares ~s スマートな歩き方[やり方]. edificio ~ しゃれた建物. barrio ~ 高級な地区. No tienes que ponerte tan ~ para ir a la compra. 買物に行くのにそんなに華々しくかっこうをしなさんな. 類 **fino, galano, refinado**. ❷ (やり方などが)鮮やかな, 見事な, 正しい. —No invitarnos a su boda ha sido poco ~. 私たちが彼の結婚式に招待されないというのはあまりともだ.

— 男女 おしゃれな人; 上品な人.

elegantemente [eleɣantéménte] 副 優雅に, 上品に, 高尚に, 気品高く.

·elegantizar [eleɣantiθár] [**1.3**] 他 を優雅にする; 派手にする, きらびやかにする.

elegía [elexía] 女 《文学》《詩》悲歌, 哀歌, エレジー.

elegíaco, ca [elexíako, ka] 形 ❶ エレジー風の, 哀調の, 哀歌調の, 哀歌形式の. —poema ~ 哀歌[悲歌]. ❷ 哀切な, 悲痛な. —Me molesta el tono ~ que usa cuando habla. 私は彼女が話すときの悲痛な口調が気にさわる.

elegibilidad [elexiβiliðað] 女 被選挙権[資格].

elegible [elexíβle] 形 選ばれうる, 被選挙権のある.

·elegido, da [elexíðo, ða] 過分 形 ❶ 選ばれた, 選出された. —el candidato ~ 当選した候補者. ❷ 精選された, えり抜きの. —Estos melones ya están muy ~s. このメロンは選りすぐりだ. pueblo ~ por Dios 神により選ばれた民 (= ユダヤ民族). ❸ ひいきの, お気に入りの. 類 **favorito, predilecto, preferido**.

— 名 選ばれた人.

— 男 (神によって)選ばれた者, 選民. 類 **predestinado**.

·elegir [elexír] [**6.2**] 他 ❶ を選ぶ. —~ entre ir en tren o en autobús 電車で行くかバスで行くかを決める. *Has elegido* uno de los caminos más difíciles. 君は最も難しい道の一つを選んだね.

Lo *eligieron* como protagonista de la próxima película. 彼が次の映画の主役として選ばれた. ❷ (投票によりを)選出する, 選挙する. —Los ciudadanos *eligieron* alcalde a José Martínez. 市民らは市長にホセ・マルティーネスを選んだ.

El Eje [el éxe] 固名 = Eje.

·elemental [elementál] 形 ❶ 基本的な, 本質的な〔ser+〕. —principios ~es 基本原則. partícula ~ 素粒子. 類 **básico, fundamental**. 反 **secundario**. ❷ 初歩的な, 基礎的な. —álgebra ~ 初等代数学. español ~ 基礎スペイン語. conocimiento ~ 基礎知識. 類 **rudimentario, sencillo, simple**. ❸ 要素の, 元素の. —análisis ~ 元素分析. ❹ 分かりきった, 当然の. —No hablemos más de esto, que es ~. このこともはう話すのをやめよう. 分かりきったことだから. Es ~ no entregar el dinero sin un recibo. 受取りをもらわないうちは金を渡さないというのは当然のことだ. 類 **evidente, necesario, obvio**.

·elemento [eleménto エレメント] 男 ❶ 要素, 成分, 材料; (機械などの)部品. —~ constitutivo [constituyente, formativo] 構成要素. mueble por ~s ユニット家具. ~s de la oración 文の構成要素. ~ de tensión 緊張要因. La máquina consta de varios ~s. 機械は色々な部品から成る. No puedo hacer el pastel porque no tengo los ~s necesarios. 必要な材料がないのでケーキを作れない. 類 **componente**. ❷ 複 (学問の)初歩, 基礎, 基本原理. —~s de filosofía 哲学の初歩. ~s de la geometría 幾何学の基礎知識. 類 **fundamento, principios**. ❸ 構成員, メンバー, 一員. —Será un buen ~ del equipo. 彼はチームになくてはならないメンバーになるだろう. ❹ 《話, 軽蔑》分子, (良くも悪くも)やつ〔女性形 elementa もある〕. —~ revolucionario [de cuidado] 革命[要注意]分子. ~s subversivos 反体制[破壊活動]分子. ¡Vaya ~! なんというやつだ! ¡Menudo ~ está hecho ese pillo! そのいたずらっ子にはひどい悪がきになった! 類 **tío, tipo**. ❺ 複 基本手段, 方策. —No disponemos de los ~s básicos para llevar a cabo la tarea. 私たちにはこの仕事を遂行する基本的方策がない. 類 **medios, recursos**. ❻ (古代哲学で万物を構成すると考えられていた)四元素[四大(しだい)]の1つ(los cuatro ~s[四元素, 四大]: el tierra, 土; agua, 水; viento, 風; fuego, 火). —el líquido ~ 《文》海; 水. ❼ 複 (雨・風・波などの)自然の猛威, 暴風雨. —furia de los ~s 自然の猛威. luchar contra los ~s 自然の猛威と戦う. ❽ (生物の)生息環境, 住処(すみか). —El aire es el ~ de los pájaros. 空は鳥の住処だ. El agua es el ~ (natural) en el que viven muchos peces. 水は多くの魚が棲む自然環境だ. 類 **ambiente, hábitat**. ❾ 《化学, 物理》元素 (= ~ químico). —~s radiactivos 放射性元素. ~s transuránicos 超ウラン元素. tabla periódica de los ~s 元素の周期表. ❿ 《電気》(バッテリーの構成)素子, 電極. —batería de seis ~s 6 極のバッテリー. ⓫ 《数学》(集合の)元, 要素. —~ neutro 単位元. ~ simétrico 逆元. ⓬ 《中南米》愚か者, ばか.

elemento compositivo 《文法》語形成要素, 造語要素, 語彙形態素 (prefijo「接頭辞」, sufijo

766 Elena

「接尾辞」など).

elementos de juicio 判断材料(判断の基礎となる情報[知識、データ]). No tengo suficientes *elementos de juicio* para opinar. 私には意見を言えるだけの十分な判断材料がない.

estar [***encontrarse, hallarse, sentarse***] ***en*** su ***elemento*** 《話》(最も自分の趣味・好みに合い)自分の本領を発揮できる環境にいる、水を得た魚のようである. Es un borracho y sólo *se encuentra en su elemento* en las tabernas. 彼は酔っ払いで、居酒屋にいる時だけは水を得た魚のようだ.

Elena [eléna] 固名《女性名》エレーナ.

elenco [elénko] 男 ❶《演劇》配役, キャスト. ― El ～ de actores era excelente. 役者のキャストは最上だった. ❷ カタログ, 目録, 一覧表. 類 **catálogo,índice**. ❸ (ある事に)秀でた人々の集団.

‡**elevación** [eleβaθjón] [＜elevar] 女 ❶ (物理的に)上げる[上がる]こと, 高くすること, 上昇, 隆起. ―― ～ de agua 揚水. La ～ del muro impedirá que entren los ladrones. 塀(ヘ)を高くすれば泥棒の侵入を防げるだろう. ―― ～ del avión después del despegue me emociona. 離陸後飛行機が上昇するとどきどきする. 類 **ascenso, subida, alzamiento, ascensión**. 反 **bajada, descenso**. ❷《地理》高台, 高い所, 丘；隆起. ―― Desde esa pequeña ～ podrás ver el mar. あの小高い丘から海が見えるよ. Ese terreno es ondulado y sin *elevaciones* de importancia. その土地は波打っていて、大した勾配はない. 類 **altura, prominencia, saliente, colina**. 反 **depresión, planicie**. ❸ (物価・賃金の)上昇, 高騰；(生活水準・力などの)向上. ―― ～ de la temperatura corporal conteme temperatura corporal 体温の上昇. Los sindicatos reclaman la ～ de los salarios. 組合は賃上げを要求している. La ～ de los precios continúa. 物価上昇が続いている. 類 **subida, aumento**. 反 **bajada, depresión, descenso**. ❹ (文体・思想などの)高尚さ, 高邁さ, 高遠；(精神の)高揚, 高まり；激化. ―― ～ del estilo. 文体の高尚さ. La ～ del espíritu 精神の気高さ[高揚]. La ～ de su tono nos sorprendió a todos. 彼が激しい口調になって皆驚いた. 類 **alteza, nobleza, grandeza**. 反 **bajeza, vileza**. ❺ 昇進, 昇任, 登用. ―― ～ al trono 王位に就くこと. ～ a los altares 列聖. Su ～ al cargo de director fue aplaudida por todos. 彼の部長職への昇進はみんなに歓迎された. 類 **encumbramiento**. ❻《軽蔑》うぬぼれ, 尊大さ；有頂天. ―― Es insufrible su ～. 彼の思い上がりはは耐えられない. 類 **altivez, presunción, soberbia**. ❼ (建物の)建立, 建造, 建設. ―― ～ de un monumento 記念建造物の建立. ❽《数学》累乗式. ～ al cuadrado ある数字を二乗すること. ❾ (E～)《キリスト教》(ミサの中での)聖体奉挙(式). ―― Los fieles se arrodillaban durante la ～. 信者たちは聖体奉挙の間ひざまずいていた. ❿ (嘆願・苦情・異議などの)上申, 申し立て, 提出. ⓫《建築》立面図, 正面図. ⓬《天文》星の高度.

tirar por elevación 《軍事》曲射を行う.

‡**elevado, da** [eleβáðo, ða] 過分 形 ❶ 高い. ―― una torre *elevada* 高い塔. un monte ～ 高い山. Recibe el sueldo más ～ en la empresa. 彼は会社で最も高い給料をもらっている. Goza de una *elevada* posición social. 彼は高い社会的地位を享受している. ❷ 高尚な, 気高い. ―tono ～ 高い格調. pensamientos ～s 高邁(ミラ)な思想. 類 **sublime**. ❸《数学》累乗した. ―tres ～ al cuadrado 3の2乗. Diez ～ a cuatro es diez mil. 10の4乗は10000. 類 **potencia**.

paso elevado →**paso**.

***elevador** [eleβaðór] 男 ❶ (貨物用の)リフト, 昇降機；揚水[揚穀]機. ―― ～ de la gasolina ガソリンポンプ. ～ de gramos 揚穀機. 類 **montacargas**. ❷《解剖》挙(上)筋. ❸《電気》昇圧機. ―～ reductor 可逆型昇圧機. ～ eléctrico [de voltaje] 昇圧機, ブースター. ❹ (ジャッキ・起重機などの)持ち上げ装置. ―― ～ de rosca [de tornilla] ねじジャッキ. ～ hidráulico 水圧ジャッキ. ❺《中南米》エレベーター(＝ascensor).

――, **dora** 形 (物を)持ち上げる, (水などを)汲(ヘ)み揚げる. ―bomba *elevadora* de agua del pozo 井戸の揚水ポンプ. carretilla *elevadora* フォークリフト. músculo ～ del párpado superior《解剖》上まぶたの挙(上)筋. torno ～ 巻揚機, ウィンチ(＝torno). transformador ～ 昇圧変圧器.

elevamiento [eleβamjénto] 男 →**elevación**.

‡**elevar** [eleβár] 他 ❶ (a) を上げる, 揚げる, 高くする. ―― ～ el precio 値上げする. *Elevaron* el edificio dos pisos más. 彼らはそのビルをさらに2階だけ高くした. *Elevaban* los materiales con una grúa. 彼らは資材をクレーンで上げていた. 類 **alzar, levantar**. (b) を建てる, 建設する. (c) を高揚させる. ―― Aquellas palabras me *elevaron* el ánimo. あの言葉が彼の気持を奮い立たせた. ❷ を昇進させる, 昇(喋)らせる. ―― Lo *elevaron* a la dignidad de presidente del consejo. 彼は首相の地位にまで上りつめた. ❸ を上申する, 申し立てる, 提出する. ―*Elevó* una instancia al Ministerio de Justicia. 彼は法務省に請願書を提出した. ―una protesta al ayuntamiento 苦情を市役所に申し立てる. ❹《数学》を累乗する(＝～ a una potencia). ―3 *elevado* a 5 son 243. 3の5乗は243である.

――**se** 再 ❶ 上がる, 上昇する；[《＋a に》] 達する. ―Los precios *se elevaron* mucho. 物価はすごく上昇した. El pico *se eleva* a 5.000 metros. 頂上は5000メートルに達する. Los gastos *se elevan* a mil euros. 支出は1000ユーロまで増えている. ❷ 建つ, そびえる, 見下ろす. ―En la plaza *se eleva* el monumento a los caídos. 広場には戦没者慰霊塔が建っている. ❸ 昇進する, 進級する. ❹ (精神が)高揚する, (精神的に)高まる.

elfo [élfo] 男 妖精, 精霊, エルフ. ―《El rey de los ～s》(Schubert)《音楽》『魔王』(シューベルト).

El Greco [el ɣréko] 固名 ＝**Greco**.

El Havre [el áβre] 固名 ＝**Havre**.

Elías Calles [elías kájes] 固名 エリーアス・カーイェス(プルタルコ Plutarco ～)(1877-1945, メキシコの大統領, 在任 1924-28).

elidir [eliðír] 他 ❶ を弱める, 抑制する. ❷《文法》(母音・音節を)省く.

elig- [elix-] 動 *elegir* の直・完了過去, 接・過去, 現在分詞.

elij- [elix-] 動 *elegir* の直・現在・1単, 接・現在.

‡**eliminación** [eliminaθjón] 女 ❶ 除去, 除外, 削除, 排除；駆除. ―― ～ de la contaminación

公害の除去. ~ de un virus ウイルスの駆除. [類] **exclusión, supresión**. ❷ (競争で負かすこと, ふるい落し. —Nuestro equipo logró la ~ de la selección nacional de ese país. 私たちのチームはその国のナショナル選抜チームを退けることができた. ❸ 〖数学, 論理〗消去(法). —Encontré la respuesta por ~. 私はこの消去法によってその解答を見い出した. ❹ 〖生理〗排泄, 排出. —~ de la urea 尿素の排出.

‡**eliminar** [eliminár] 他 (a) 〖+de から〗を排除する, 追い出す, 払拭(ﾌﾂｼｮｸ)する. —Lo eliminaron del equipo. 彼らは彼をチームから外された. El Real Madrid *fue eliminado* en las semifinales de la Copa de Europa. レアル・マドリードはヨーロッパ杯争奪の準決勝で敗退した. —~ los temores 心配を払拭する. Este detergente *elimina* las manchas. この洗剤は染みをよく落す. [類] **excluir, quitar, suprimir**. (b) (人)を消す, 殺す. —Fue eliminado sin que lo supiera nadie. だれも知らないうちに彼は消された. [類] **asesinar, matar**. ❷ を不合格とする, 落とす. —*Fui eliminado* en la segunda prueba. 私は2次試験で落とされた. ❸ 〖代数〗を消去する. —~ una incógnita 未知数を消去する. ❹ 〖医学〗(老廃物など)を(体外に)排出する. —~ las toxinas 毒素を排出する.

eliminatoria[1] [eliminatória] 女 〖スポーツ〗予選.

eliminator|io, ria[2] [eliminatório, ria] 形 予選の, 勝ち抜きの, 競争の. —examen ~ 競争試験. prueba *eliminatoria* 予選, 予備試験.

elipse [elípse] 女 〖単複同形〗〖数学〗長円, 楕円(周). —trazar una ~ 楕円を描く.

elipsis [elípsis] 女 〖単複同形〗〖文法〗省略, 省略形.

elipsoide [elipsóiðe] 男 〖幾何〗楕円体[面].

elípt|ico, ca [elíptiko, ka] 形 ❶ 〖文法〗省略法の, 省略的な. —sujeto ~ 省略された主語. [類] **tácito**. ❷ 〖数学〗長円[楕円](形)の. —trayectaria *elíptica* 楕円軌線.

Elisa [elísa] 固名 〖女性名〗エリーサ.

elíse|o, a [eliseo, a] 形 極楽の. —Campos *Elíseos* シャンゼリゼ (Champs Elysées; パリの大通り).

elisión [elisión] 女 〖文法〗(音の)省略, 削除, 一部省略.

élite [élite] 女 〖集合的に〗エリート.

élitro [élitro] 男 〖動物〗(甲虫類の)翅鞘(ｼｼｮｳ).

elixir [eliksír] 男 ❶ 〖比喩〗万能薬, 霊薬. —~ de la eterna juventud 不老長寿の妙薬. tomar un ~ 万能薬を飲む. ❷ 〖歴史〗錬金薬液 (錬金術で卑金属を金に変えたという).

‡**ella** [éja **エヤ**] 代(人称)《複 ellas》〖女性3人称単数, 主格・前置詞格〗〖与格 le, 対格 la〗❶ 〖主語として; 話し手でも話し相手でもない他の人をさす〗彼女が. 〖主語の ella は表示しないのが普通. わざわざそれを示すときは強調や対比の意味がある: Vive en esta calle.〗. —E~ vive en esta calle. 彼女はこの通りに住んでいる. ❷ 〖叙述の補語となる〗…は彼女(だ). —¿Quién está ahí?-Ah, es ~. 誰がそこに来てるの?-あ, 彼女だ. No he llamado a la perra, es ~ la que ha venido. 私が犬を呼んだわけではない, 向こうの方からよって来たのだ. ❸ 〖前置詞の後で用いられる〗彼女, それ. —Quiero hablar con ~. 私は彼女と話したい. Abuelo, ¿quieres contarme algo de la Guerra Civil Española?-No, ya no quiero acordarme de ~. おじいちゃん, スペイン内戦について話してよ. -嫌だね. もうそれについては思い出したくないんだ.

aquí [allí] fue [será] ella ここ[そこ]から問題が始まった[始まる].

‡**ellas** [éjas **エヤス**] 代(人称)〖女性3人称複数, 主格・前置詞格〗❶ 〖主語として; 話し手でも話し相手でもない他の人たちをさす〗彼女たちが, 彼女らは. —E~ son mis compañeras de clase. 彼女たちは私のクラスメートです〖主語の ellas は明示しないのが普通. わざわざそれを示すときは強調や対比の意味を示す: Son mis compañeras de clase.〗. ❷ 〖主語の補語として〗…は彼女(だ). ❸ 〖前置詞の後で用いられる; 人や女性複数の物をさす〗—Según ~, mañana tenemos examen. 彼女たちの言うところによれば明日試験があるそうだ. De joven experimentó infinitas aventuras, pero ya no quiere hablar de ~. 彼は若い頃数知れぬ冒険を経験したが, もはやそれらについて話したがらない.

elle [éje] 女 エイェ (旧アルファベットの文字 Ll, ll の名称).

‡**ello** [éjo **エヨ**] 代(人称)〖中性主格・前置詞格; 前に出た内容をさす〗❶ 〖主語として〗それ. —E~ no significa nada. それは何も意味しない. ❷ 〖叙述補語として〗…はそれ(だ). ❸ 〖前置詞の後で〗それ, そのこと. —Por ~ me gusta esta gente. それで私はこの人たちが気に入っている.

ello es que 〖+直説法〗実は…なのだ.

‡**ellos** [éjos **エヨス**] 代(人称)〖男性3人称複数主格・前置詞格〗❶ 〖主語として; 話し手でも話し相手でもない他の人たちをさす〗彼らが, 彼らは. —E~ siempre vienen tarde. 彼らはいつも遅く来る〖主語の ellos は明示しないのが普通. わざわざそれを示すときは強調や対比の意味がある: Siempre vienen tarde.〗. ❷ 〖叙述補語として〗…は彼ら(だ). ❸ 〖前置詞の後で人や男性複数の物をさす〗彼ら, それら. —A ~ no les diré la verdad. 彼らには本当のことを言わないつもりだ. Como está preocupado por exámenes, mejor no hablar de ~. 彼は試験のことを心配しているので, それについては話さない方がよい.

elocución [elokuθión] 女 演説法, 雄弁術; 話術, 話し方. —tener una buena ~ 話し方がうまい.

‡**elocuencia** [elokuénθia] 女 ❶ 雄弁, 能弁, 弁舌力才; 雄弁術, 修辞法. —demostrar su ~ 雄弁である. Pocos tienen el don de la ~. 弁舌の才がある人はあまりいない. Consiguió persuadirlos [convencerlos] con su ~. 彼は弁舌を振るって彼らを説得できた. [類] **fluidez, oratoria**. ❷ 〖比喩〗(表情・態度・数字などの)表現力, 説得力. —~ de un gesto [de unos hechos] 表情[事実]のもつ説得力. Estas cifras son de gran ~. これらの数字が何よりの証拠だ. Aunque no dijera nada, la ~ de su mirada despejó cualquier duda. 彼はたとえ何も言わなかったにせよ, 訴えかける眼差しにしかなる疑いも晴らした.

con elocuencia 雄弁に, 弁舌さわやかに, 滔々(ﾄｳﾄｳ)と. expresarse *con elocuencia* 自分の考え

を滔々(⁵⁵)と述べる. Las cifras lo expresan *con elocuencia*. 数字がそのことをはっきり表している.

elocuente [elokuénte] 形 ❶ 雄弁な, 達意の, 説得力のある【ser+】. —orador ~ 雄弁な演説者. gráfico ~ 説得力のあるグラフ. Presentó datos muy ~s. 彼は非常に説得力のあるデータを示した. 類 **expresivo, persuasivo**. ❷ 意味のある, 意味深い; 多くを物語る. —Se hizo en la sala un silencio ~. 部屋には意味深長な沈黙が起きた. 類 **significativo**.

elogiable [eloxiáβle] 形 賞賛に値する.

*****elogiar** [eloxiár] 他 を褒(ʰ)め称える, 称賛する. —*Elogió* la decoración del palacio. 彼は宮殿の装飾を褒め称えた. 類 **enaltecer**.

:elogio [elóxjo] 男 ❶ 称賛する. ——entusiasta [encendido] 絶賛. dirigir [dedicar] ~s [un ~] a ... (人)を称賛する. recibir [ganarse] el ~ unánime de la crítica 批評家たちに口をそろえて称賛される. Su actitud merece [es digna de] ~. 彼の態度は称賛に値する. Hicieron un gran ~ [grandes ~s] de su obra literaria. 彼の文学作品が絶賛された. «*E* ~ de la locura» es una obra de Erasmo. 『愚神礼賛』はエラスムスの作品だ. 類 **alabanza, aplauso, encomio, loa**. 反 **ataque, censura, crítica, insulto, ofensa, reproche**. ❷ ほめ言葉, 賛辞 (=palabras de ~).

deshacerse en elogios con [hacia, para con] ... をほめちぎる, べたぼめする, 称賛を惜しまない.

elogiosamente [eloxjósamente] 副 褒(ʰ)め称えて, 賞賛して.

elogioso, sa [eloxjóso, sa] 形 称賛の, 賛美の.

Eloísa [eloísa] 固名 《女性名》エロイーサ.

elongación [elongaθjón] 女 ❶ 〖天文〗離隔, 離角. ❷ 〖医学〗伸長, 伸び.

El Oro [el óro] 固名 エル・オロ(エクアドルの県).

elote [elóte] 男 〖メキシコ, 中米〗トウモロコシ.

:el que [elke] 代(関係) 女 la que, 甲 lo que; 複 男 los que, 女 las que, 甲 →lo que 〖先行詞は人・物, 先行詞の性・数により定冠詞が変化する〗 ❶ 〖制限用法, 前置詞＋のみ(ただし sin, tras や三音節以上の前置詞, 複合前置詞は el cual が一般的. →el cual)〗…である…, …する…. —Es una profesora a *la que* respetamos todos. 彼女は私たちみんなが尊敬する先生だ. No es esa la persona a *la que* me refiero. 私が言っているのはその人のことではない. El señor con *el que* ella está hablando es un famoso médico. 彼女が話をしている紳士は有名な医者だ. Todas las ciudades por *las que* pasa el tren son muy pequeñas. あの電車が通る町はどれもとても小さい. Esa es la razón por *la que* no fui a la fiesta. それがパーティーに行かなかった理由です. Aquella torre, desde *la que* se ve toda la ciudad, es del siglo XV. そこから町全体が見渡せるあの塔は 15 世紀のものだ.〖制限用法では前置詞なしでは用いられない. すなわち, 関係節の主語および直接目的語となる物の先行詞とともに用いられることはない〗. ❷〖説明用法, ＋直説法〗そしてそれ[その人]は…, ところで[その人]は…なのだが[なので]. —Escribí a Carmen, *la que* está ahora en Tokio estudiando. 私はカルメンに手紙を書いたがそれは現在東京に留学中のカルメンだ.〖説明用法では前置詞なしでも用いられる. すなわち, 関係節の主語となる先行詞や直接目的語となる物の先行詞とも用いられる. このときすでに続く el que は単なる説明用法というより同格関係節のことが多い〗. ❸〖独立用法〗(a)〖＋直説法〗…である人, …する人. —*El que* [quien] a hierro mata, a hierro muere.〖諺〗因果応報(←刃で殺す者は刃で死ぬ). De las cuatro chicas, *la que* lleva las gafas es mi novia. その 4 人の女の子のうちメガネをかけたのが僕の恋人だ.〖el que が特定の先行詞を持たない場合は quien と置換可能. el que が特定の先行詞を想定している場合は quien との置換は不可〗. (b)〖＋接続法〗…である人, …する(ような)人. —*Los que* te lo hayan dicho, te engañan. おまえにそのようなことを言った連中はおまえをだましているのだ. *La que* te haga feliz te hará infeliz a la vez. 君を幸せにする女性は同時に君を不幸にもするだろう. (c)〖強調構文で〗…である[する]のは…である. —Fue *él el que* me lo contó. 私にそれを語ったのは彼だった.

—lo que 代(関係) 甲 無変化, 無強勢語〖先行詞は事柄または明示されない物〗 ❶〖前文の内容全体が先行詞の場合, 説明用法のみ〗そしてそれは, そしてそのことは. —*Él* desoyó los consejos de su madre, *lo que* le ocasionó muchos disgustos. 彼は母親の忠告を聞き入れなかった. それで彼女は大変怒った. Llegué tarde, por *lo que* no pude verte. 僕は到着が遅れた. だから(そのことによって)君に会えなかった. ❷〖独立用法〗…すること. —Perdón, pero no entiendo *lo que* quieres decir. ごめんなさい. でもあなたの言いたいことが分からないわ. No te preocupes. Aquí puedes decir *lo que* quieras. 心配しないで. ここでは言いたいことがいえる. Eso es precisamente *lo que* quise decir. それこそまさに私の言いたいことだった. No sabes *lo cansada que* estoy. 私がどんなに疲れているかあなたは分からない. Nos sorprendió *lo viejos que* parecían ellos. 彼らがあんまり老けて見えたのに私たちは驚いた. No sabes *lo que* te aprecio. 僕がどんなに評価しているか君は分かっていない. No quiere a su madre, con *lo buena que* es. 彼は母親がどんなに善人としても愛していない. Se parece a su padre en *lo feo que* es. 彼は醜男(ˢʳ²)であるところが父親と似ている.〖副詞 mucho は省略されることがある〗. ❸〖接続法＋lo que＋接続法, 譲歩〗たとえ…であろうと. —Digan *lo que* digan, iremos a la montaña. 彼らが何といおうと私たちは山に行く. *lo que es ...* …に関しても, …ということなら. *Lo que es* estudiar, sí estudié mucho. 勉強ということなら, ええずいぶん勉強しましたよ. *más [menos] ＋形容詞/副詞/副詞句 de lo que* …であるよりも…だ[…であるほど…でない]. Ella es *más* guapa *de lo que* yo imaginaba. 彼女は僕が想像していたよりも美人だ.

El Rif [el ríf] 固名 =Rif.

El Salvador [el salβaðór] 固名 エルサルバドル (公式名 República de El Salvador, 首都サンサルバドル San Salvador).

elucidación [eluθiðaθjón] 女 明らかにすること, 解明, 説明.

elucidar [eluθiðár] 他 を解明する, 説明する, 解説する (=dilucidar). —~ una cuestión filo-

sófica 哲学的な問題を解明する.

elucubración [elukuβraθjón] 囡 省察, 思索.

elucubrar [elukuβrár] 他 を省察する, 思索する.

eludible [eluðíβle] 形 避けられる, のがれられる.

eludir [eluðír] 他 …から逃げる, を避ける, (々々などを)うまくかわす, よける, 回避する. ~ un compromiso かかわりをさける. ~ impuestos 脱税する. ~ una mirada 視線を避ける.

Elvira [elβíra] 固名 《女性名》エルビーラ.

em- [em-] 接頭 「中に」; 名 形 の他動詞化; 強調」の意. —*em*barcar, *em*pobrecer (→en-).

Ema [éma] 固名 《女性名》エマ.

emaciación [emaθjaθjón] 囡 (病気による)やつれ, やせ細り.

emanación [emanaθjón] 囡 発出, 発散, 発出, 発散物. ~ de gases ガスの放出.

:**emanar** [emanár] 自 【+de から】 ❶ 発する, 発散する. —Este aroma *emana* de las azucenas. この香りはユリから出ている. Gases venenosos *emanaban* del volcán. 火山から有毒ガスが出ていた. ❷ 由来する, 生じる, (…に)起因する. —Su atractivo *emana* de su buen carácter. 彼の魅力は彼の善良な性格によるものだ. El poder *emana* del pueblo en una democracia. 民主主義においては主権は国民の側に発する.

—他 を発する, 放つ, 生み出す. —Esa mujer *emana* simpatía [alegría]. その女性は皆に好感をおぼえさせる[明るさを振りまいている]. 類 **emitir**.

emancipación [emanθipaθjón] 囡 ❶ 解放. ~ de esclavos 奴隷の解放. ~ de la mujer 女性解放. ~ de las colonias 植民地解放. 類 **liberación**. ❷ 離脱, 脱却.

·**emancipar** [emanθipár] 他 【+de から】を解放する, 自由にする. ~ a los esclavos 奴隷を解放する. La guerra *emancipó* a la colonia *de* la metrópoli. その戦争で植民地は宗主国から解放された. 類 **liberar, libertar**.

—se 再 【+de から】自由になる, 解放される, 独立する. —Se *emanciparon* del yugo de la esclavitud. 彼らは隷属状態から解放された. Ella se *emancipó* a los dieciocho años. 彼女は18才で独り立ちした. 類 **independizarse**.

emascular [emaskulár] 他 を去勢する(=castrar).

embadurnador, dora [embaðurnaðór, ðóra] 形 ❶ べたべたと汚す. ❷ 下手に塗りたくる.
—名 へぼ絵描き. 類 **pintamonas**.

embadurnar [embaðurnár] 他 を汚す, 【+con/de】…に(…を汚く)塗る. —*Embadurnó* de betún los zapatos. 彼は靴墨でソックスを汚してしまった.

—se 再 【+de で】よごれる, 汚くなる. —Se *embadurnó* de barro jugando en el jardín. 彼は庭で遊んでいて泥で汚れてしまった.

embaír [embaír] 他 [iで始まる活用形のみ使用] ❶ をだます, 欺く. ❷ を虐待する.

—se 再 呆然となる; うっとりする.

:**embajada** [embaxáða] 囡 ❶ 大使館. —agregado cultural de la ~ de España en Japón 駐日スペイン大使館の文化担当官. pedir asilo político en la ~ alemana ドイツ大使館に政治亡命を求める. ❷ 【集合的に】大使館員. —La ~ fue reducida a lo indispensable ante la amenaza de un ataque terrorista. テロの脅威を前に大使館員は必要最小限に縮小された. El Presidente fue recibido por la ~ de su país. 大統領は自国の大使館の歓迎を受けた. 類 **representación**. ❸ 大使の職務[地位]. —dar [conceder, ofrecer] la ~ de Francia フランス大使の職を与える. asumir la ~ de Alemania ドイツ大使の職を引き受ける. Le han ofrecido la ~ de Italia. 彼はイタリア大使の地位を与えられた. 類 **cargo**. ❹ (特に国家元首間で大使を通じて伝える)親書, メッセージ; 使節. —enviar [mandar] una ~ a … …に親書を送る. El presidente español envió una ~ a su homólogo francés. スペイン大統領はフランス大統領に親書を送った. 類 **mensaje, legación, misión, comunicado**. ❺ 大使の住居. —El ministro se alojará en la ~. 大臣は大使邸に泊まる予定である. ❻ 【話】無理な要求, 厄介な提案, とんでもない話[事], 面倒. —No me vengas ahora con esa ~. 今さらそんな無理なこと言わないでくれ. ¡Vaya una embajada! なんて無理難題を言うんだろう!

·**embajador, dora** [embaxaðór, ðóra] 名 ❶ 大使(→ministro「公使」, cónsul「領事」). —~ de España en Japón 駐日スペイン大使. ~ extraordinario 特命大使; 特別使節. ~ extraordinario y plenipotenciario 特命全権大使. ~ itinerante [volante] 移動大使. El nuevo ~ presentó sus cartas credenciales ante el jefe del estado. 新任大使は国家元首に信任状を提出した. Fue designada *embajadora* de España ante la ONU. 彼女はスペインの国連大使に任命された. ❷ (国家間などの)使節, 使節. ~ especial del Presidente 大統領の特使. ~ de la paz 平和使節. 類 **emisario, mensajero**. ❸ 【比喩】(特に芸術やスポーツ活動などの)国の使節, 使者, 代表. ~ de la moda española スペインモードの使節. Dalí se convirtió en el ~ del surrealismo español. ダリはスペインシュールレアリスムの代表となった. 類 **delegado, representante**.

—囡 ❶ 女性大使[使節]. ❷ 大使夫人.

embalador, dora [embalaðór, ðóra] 名 ❶ 荷造りする人, 梱包業者. 類 **empaquetador**. ❷ 【中南米】店員.

embajadora [embaxaðóra] 囡 →embajador.

embalaje [embaláxe] 男 ❶ 荷造り, 包装; 包装用品. —papel de ~ 包装紙. hacer el ~ 荷造りをする. ❷ 梱包(鈴)費. —Por el ~ paqué dos euros. 私は梱包費をユーロで支払った.

embalar[1] [embalár] 他 …の荷造りをする, を梱包(鈴)する. —La empresa de mensajería *embaló* los paquetes. 配送業者は小包を梱包した.

embalar[2] [embalár] 他 (モーターの)回転速度を上げる.

—se 再 ❶ 【話】(人が)熱中する, 夢中になる. —Antonio cuando bebe *se embala*. アントニオは酒を飲むとのぼせ上がってしまう. ❷ (モーターが)回転速度を上げる, 猛スピードを出す. —No *te embales* con la moto, que es peligroso. バイクをとばさないで, 危険だから. ❸ (ランナー・車が)速度を上げる. —El atleta, en los cien últimos metros, *se embaló*. そのランナーは最後の100メートルで速度を

embaldosado [embaldosáðo] 男 敷石を並べた床, タイル張り.

embaldosar [embaldosár] 他 …にタイルを張る, を石だたみにする. ―~ un suelo 床にタイルを張る.

emballenar [embaʎenár] 他 (コルセットに)芯を入れる.

embalsadero [embalsaðéro] 男 沼地, 湿地.

embalsamador, dora [embalsamaðór, ðóra] 形 ❶ (死体に)防腐処置を施す. ❷ 芳香をつける. ―名 (死体に)防腐処置を施す人.

embalsamar [embalsamár] 他 ❶ (死体に)香料をつめて腐敗を防ぐ. ❷《比喩》…に香りをつける, …を芳香で満たす. ―Los narcisos *embalsaman* el ambiente. スイセンはまわりを芳香で満たす. 類 **aromatizar, perfumar**.

embalsar[1] [embalsár] 他 (水を)せき止める.
―se 再 (水が)せき止められる.

embalsar[2] [embalsár] 他《海事》を(索などで)つり揚げる.

*__embalse__ [embálse] 男 ❶ 貯水; 貯水量. ―Si el ~ continúa a este ritmo, habrá agua abundante para el riego. この調子で水が溜まれば, 灌漑用水として十分であろう. 類 **estancamiento**. ❷ (給水·灌漑·発電用の)ダム, 貯水池, 堰(せき). ―~ de Asuán アスワンダム. 類 **pantano, presa**.

embanastar [embanastár] 他 ❶ をかごに入れる. ❷《比喩》(ある場所に)人を詰め込む.

embancarse [embaŋkárse] [1.1] 自《海事》座礁する.

embarazada [embaraθáða] 形《女性形のみ》妊娠した.

embarazar [embaraθár] [1.3] 他 ❶ を邪魔する, 阻(はば)む. ❷ を困惑させる, …にきまりの悪い[恥ずかしい, 気まずい]思いをさせる. ❸ を妊娠させる.
―se 再 ❶ 妊娠する, 子供ができる. ❷ どぎまぎする, 困惑する.

‡**embarazo** [embaráθo] 男 ❶ (a) 迷惑, 邪魔, 障害. ―Su presencia entre nosotros era un ~ constante. 彼が一緒だと私たちにはつねに迷惑だった. 類 **estorbo, molestia, obstáculo**. (b)《医学》障害 ―~ gástrico 胃腸障害. ~ de estómago 消化不良(症). ❷ 困惑, 当惑, 恥ずかしさ. ―hablar con ~ まごつき[つっかえ]ながら話す. Al ver a su padre allí, sintió un gran ~. 父親がそこにいるのを見て彼は大いに取り乱した. El frío recibimiento nos causó un gran ~. 彼に冷たくあしらわれ私たちは大変当惑した. encontrarse en un ~ 困っている. salir del ~ (人が)苦境から脱出する. 類 **apuro, vergüenza**. ❸ 妊娠(状態), 受胎; 妊娠期間. ―estar en el tercer mes de ~ 妊娠3か月である. toxemia del ~ 妊娠中毒症 (=toxemia gravídica). ~ extrauterino [falso] 子宮外[想像]妊娠. ~ gemelar [molar] 双生児[胞状奇胎]妊娠. 類 **fecundación, gestación, preñez**.

embarazosamente [embaraθosaménte] 副 邪魔になって; 困らせて.

embarazoso, sa [embaraθóso, sa] 形 ❶ 当惑させるような, やっかいな, 困った. ―silencio ~ 気づまりな沈黙. 類 **incómodo, molesto**. ❷ 邪魔な, 妨害となる, 扱いにくい. ―un informe ~ 扱いにくい報告書.

embarbillar [embarβiʝár] 他 (板などの)さねをする.

*__embarcación__ [embarkaθjón] 女 ❶《海事》『総称的に』船舶, 船, ボート. ―~ de recreo 遊覧船. ~ auxiliar 救命ボート. ~ pesquera 漁船. ~ de [a] remo 手漕(こ)ぎ舟, 櫓櫂(ろかい)船. ~ de [a] motor モーターボート. ~ de [a] vela 帆船. ~ deportiva [de deporte] 競技用ボート. ~ de arrastre トロール船. Está saludando al capitán de la ~. 彼は今船長に挨拶しているところだ. 類 **barco, barca, nave, navío**. ❷《文》乗船; 積み込み. ❸《海事》乗船日数, 航行期間. ―La ~ duró tres semanas. 航海日数は3週間に及んだ.

embarcadero [embarkaðéro] 男《海事》波止場, 埠頭(ふとう), 突堤.

‡**embarcar** [embarkár] [<barco] [1.1] 他 ❶ を乗船[搭乗, 乗車]させる, 船[飛行機, 列車]に積む. ―~ habrán *embarcado* mi carga para Cádiz. カディス向けの私の荷物をすでに船に積んだことだろう. ~ a los pasajeros 乗客を乗船[搭乗]させる. 反 **desembarcar**. ❷ [+en …] を引っ張り込む, 誘い込み, 関係させる. ―Intentó ~me en un negocio ilegal. 彼は不法な取引に私を巻き込もうとした.
―自 乗船する, (飛行機に)乗る, 搭乗する. ―En cuanto *haya embarcado* el último viajero, despegará el avión. 最後の旅客が乗り込み次第, 飛行機は離陸するだろう.
―se 再 ❶ 乗船する, 搭乗する. ―~se por la puerta 7 七番ゲートから搭乗する. Los turistas *se embarcaron* en el puerto de Barcelona. 観光客達はバルセロナ港で乗船した. ❷ [+en …] 関係する, 従事する, 首を突っ込む. ―Me he *embarcado* en la compra de terrenos. 私は土地の買付けに首を突っ込んだ.

‡**embarco** [embárko] 男 ❶ (荷物の)積み込み; 乗船, 船出, 搭乗. ―Ya ha comenzado el ~ de los pasajeros. 今や乗客の搭乗が始まった. Los soldados hicieron ~ en Cádiz rumbo a Canarias. 兵士たちはカディスでカナリアス諸島行きに乗船した. 類 **embarcación, embarque**. 反 **desembarque**. ❷《話》(事業などに)乗り出すこと, 着手. ―Te costará caro tu ~ en ese negocio. その商売を始めると高くつくよ. 類 **empresa**.

embargable [embarɣáβle] 形《法律》差し押さえできる.

embargar [embarɣár] [1.2] 他 ❶《法律》を差し押える, 押収する, 没収する. ―Le *embargaron* el piso por no pagar la hipoteca. 彼は抵当を支払わないためにマンションを差し押さえられた. ❷ を妨げる, さえぎる, 妨害する. ―Esa enfermedad *embarga* nuestros planes de viaje. その病気が私たちの旅行計画の邪魔をしている. 類 **obstaculizar**. ❸《比喩》(a) (悲しみが)の気持ちをいっぱいにする. ―Le *embargó* una profunda tristeza. 彼は深い悲しみで胸がいっぱいになった. (b) を大喜びさせる, を大満足させる. ―Aquel bonito regalo *embargó* a María. あのすてきなプレゼントでマリアは大喜びした. ❹ の時間[注意]を占める. ―El cuidado de la casa *embarga* todo su tiempo. 彼女は家の手入れに明け暮れている.

embargo [embárɣo エンバルゴ] 男 [主に熟語として用いられる] ❶《法律》差押え, 押収. — ejecución de ~ 差押え執行. ~ provisional (賃貸人による)家具差押え. ~ preventivo (将来の金銭執行保全のための)仮差押え. ~ de bienes litigiosos 係争物の差押え. ~ de retención 第三債務者に対する仮差押え. ejecutar [levantar, ordenar] el ~ 差押えを[差押えを解除する, の差押えを命じる]. proceder al ~ del piso マンションを差押える[の差押え処置を取る]. Sobre la finca pesa un ~. 地所は差押えられている. En el ~ perdió casa y tierras. 彼は差押えで家と土地を失った. ❷《政治》(武器などの)輸出[運搬]禁止, 通商停止, 封鎖. — levantar un ~ 輸出を禁止する. imponer un ~ 通商を禁止する. 類 **bloqueo, retención**. ❸《政治》出[入]港禁止. ❹《医学》消化不良, 不消化, 胃弱. 類 **indigestión**. ❺ (感情の)発, 感動, 動揺.

embargo económico 経済封鎖(= bloqueo económico).

sin embargo (1) しかしながら, とはいって(= no obstante, pero, con todo, a pesar de todo, aun así). Dice que está gordo, *sin embargo* sigue comiendo mucho, 彼は太ったと言いながら, 相変わらずよく食べている. (2)《話》(2つの事実・観念などの対比)しかしながら. Ella es muy aplicada; su hermano, *sin embargo*, detesta el estudio. 彼女は大変な勉強家である. しかし彼女の弟は勉強嫌いだ. (3) [+ de que] …であるにもかかわらず(= a pesar de que). Me dedicó un rato, *sin embargo de que* estaba ocupadísimo. 彼は大変忙しいにもかかわらず, 私に少し時間を割いてくれた.

embarnizar [embarniθár] 他 → barnizar.

***embarque** [embárke] 男 ❶ (船・飛行機・列車に)乗ること, 搭乗, 乗船, 乗車. — tarjeta de ~ para el vuelo de las once 11時の便の搭乗券. puerta de ~ 搭乗ゲート. sala de ~ 出発ロビー. pasarela de ~ (空港の)ローディングブリッジ. puerto de ~ 搭乗港, 船積港. orden de ~ 乗船命令. conocimiento de ~《商業》船荷証券. El ~ de los pasajeros se realizará media hora antes de la salida del vuelo. お客様のご搭乗は出発30分前になります. 類 **embarco, subida**. 反 **desembarque**. ❷ (貨物の)積込み, 荷積み, 船積み. ~ de mercancías 貨物の積込み. ~ parcial《商業》分割船積み. 類 **carga, embarco**. 反 **desembarque**. ❸ [集合的に] 積み荷. — un ~ de grano 穀物の積み荷. ❹《話》(巻き込まれた)厄介事, 困難な状況. ❺《南米》《話》失望, 落胆 (= chasco). — Es un ~. 彼はとても信用できない.

embarque(-) [embarke(-)] 動 embarcar の接・現在.

embarqué [embarké] 動 embarcar の直・完了過去・1単.

embarrada [embařáða] 女 《中南米》でたらめ, たわ言; へま.

embarrancar(se) [embařaŋkár(se)] [1.1] 自 ❶《海事》(船が)座礁する; (泥沼などに)はまりこむ, 動けなくなる. ❷《比喩》行き詰まる, 暗礁に乗り上げる. — El proyecto *se embarrancó* por falta de fondos. プロジェクトは資金不足で行き詰まった.

embarrar¹ [embařár] 他 ❶ …に泥をかける, を泥で汚す. — Miraba bien dónde ponía los pies para no ~ los zapatos. 彼女は靴を泥で汚さないように足元をよく見ていた. ❷《比喩》汚す.
— *se* 再 ❶ 泥に汚れる.

embarrar² [embařár] 他 をてこで持ち上げる.

embarrilar [embařilár] 他 を樽に詰める.

embarullador, dora [embařuʝaðór, ðóra] 形 ❶ 混乱させる, ややこしくする. ❷《話》いい加減な, 雑な. — 名 ❶ 混乱させる人[もの]. ❷ いい加減な[雑な]人.

embarullar [embařuʝár] 他 ❶《話》を混乱させる, ごちゃまぜにする, こんがらがらせる. — *Embarulló* la charla y no nos enteramos de nada. 彼女は話をごちゃまぜにしたので私たちは何もわからなかった. ❷《俗》をぞんざいにする, あわてていい加減にする. — Le faltaba tiempo y *embarulló* el examen. 彼は時間が足らなかったので試験をなおざりにした.
— *se* 再 ❶ 混乱する. — Al comenzar a hablar se puso nervioso y *se embarulló*. 彼は話し始めると緊張して頭が混乱してしまった.

embastar [embastár] 他 ❶《服飾》(布を)刺繍(しゅう)枠にはめる. ❷ (ふとんの)とじ縫いをする. ❸ (馬に)荷ぐらをつける.

embaste [embáste] 男《服飾》仮縫い, しつけ縫い. — hacer un ~ 仮縫いをする.

embastecer [embasteθér] 自 → engrosar.

embate [embáte] 男 ❶《海事》波が激しく打つこと. ❷《海事》海風. ❸《比喩》(感情の)嵐, 激発. — Sus ~s de cólera son terribles. 彼の怒りの炎はすさまじい.

embaúc- [embaúk-] 動 embaucar の直・現在, 命令・2単.

embaucador, dora [embaukaðór, ðóra] 形 だます, 欺く, 口先の上手な. — palabras *embaucadoras* うまい言葉, 甘言.
— 名 ペテン師, 詐欺師.

embaucamiento [embaukamjénto] 男 詐欺, ペテン.

embaucar [embaukár] [1.9] 他 をだます, 欺く. — *Embaucó* al pobre anciano con falsas promesas. 彼は嘘の約束でその哀れな老人をだました.

embauqué [embauké] 動 embaucar の直・完了過去・1単.

embaúque(-) [embaúke(-)] 動 embaucar の接・現在.

embebecer [embeβeθér] [9.1] 他 をうっとりさせる, 楽しませる. — La exposición de Goya le *embebeció*. 彼はゴヤの展覧会を堪能した. 類 **embelesar**. — *se* 再 うっとりする. — Nos embebecimos escuchándole cantar. 彼が歌うのを聞きながら私たちはうっとりした.

embeber [embeβér] 他 ❶ を吸収する, 吸い取る, 吸い上げる, 吸い込む. ❷ (液体を)しみこませる, 浸す. ❸ を入れる, 納める, はめ込む. ❹ (スカートの丈などを)短くする, つめる. — 自 縮む.
— *se* 再 ❶ [+ con/en に] 没頭する, 夢中になる, 心を奪われる. ❷ 縮む. ❸ [+ de を] 完全に理解する.

embelecar [embelekár] [1.1] 他 をだます, 欺く.

embeleco [embeléko] 男 欺くこと、だますこと；甘言． —engañar con ～s うまい言葉でだます．

embelesador, dora [embelesaðór, ðóra] 形 魅了する、うっとりさせる．

embelesamiento [embelesamjénto] 男 →embeleso.

embelesar [embelesár] 他 を魅了する、とりこにする、…の心を奪う． —María *embelesó* al público con su actuación. マリアはその演奏で聴衆の心を奪った． 類 **cautivar, fascinar**.
—**se** 再 [＋con/en に] 魅了される、心をとりこにされる、とりこになる． —*Se embelesa con* las películas románticas. 彼女はロマンス映画に夢中だ．

embeleso [embeléso] 男 ❶ 魅了、魅惑． —contemplar con ～ 魅了されて見つめる． 魅了するもの． —Este paisaje[esta chica] es un ～ para mí. この景色[この娘]は私の心をとりこにする．

embellecedor, dora [embejeðeðór, ðóra] 形 美しくする． — crema *embellecedora* 美顔クリーム．
— 男《自動車》(車輪の)ホイールキャップ．

embellecer [embejeθér] [9.1] 他 ❶ を美しくする、きれいにする． —El nuevo alcalde se ha propuesto ～ el pueblo. 新しい村長は村を美化することにした． ❷《比喩》を理想化する．
—**se** 再 ❶ きれいになる、美しくなる、身を飾る． —*Se ha embellecido* tanto que no la reconocía. 彼女はあんまり美しくなったので私は見分けがつかなかった． ❷《比喩》理想化される．

embellecimiento [embejeθimjénto] 男 美しくすること、美化；化粧；潤色．

embermejecer [embermexeθér] 他 ❶ を朱色に[赤く]する． ❷ (人を)赤面させる．
—**se** 再 ❶ 朱色に[赤く]なる． ❷ (人が)赤面する．

emberrenchinarse [emberrentʃinárse] 再《話》腹を立てる、(子供が)むずかる． —Está muy mimado y *se emberrenchina* por cualquier cosa. 彼はとても甘やかされているのでささいなことでむずかる．

emberrincharse [emberrintʃárse] 再 →emberrenchinarse.

embestida [embestíða] 女 ❶ 攻撃、襲来、突撃、突進． —hacer[recibir] una ～ 攻撃をする[受ける]． ❷《話、比喩》金(鈶)の無心、金をせびること．

embestir [embestír] [6.1] 自 ❶ 襲う、襲撃する． ❷《闘牛》突撃する． ❸《話、比喩》金を無心する、せびる． —Me *embistió* en mitad de la calle para pedirme dinero. 彼は往来の真ん中でいきなり私に金(鈶)を無心した．

embetunar [embetunár] 他 ❶ …に靴墨を塗る． —～ los zapatos 靴に靴墨を塗る． ❷ …にタールを塗る．

embicar [embikár] 他 ❶《海事》(弔意の印に)帆桁の1本を斜めにする． ❷《海事》(船首)を風上に向ける．

emblandecer [emblandeθér] 他 →ablandar.

emblanquecer [emblaŋkeθér] [9.1] 他 を白くする、白く塗る． —La nieve *ha emblanquecido* los campos. 雪で野畑は真っ白だった．
—(**se**) 自 再 白くなる． —Su pelo *se está emblanqueciendo*. 彼女の髪は白くなりつつある．

emblema [embléma] 男 ❶ 象徴、表象、象徴的なもの[紋章]． —La balanza es la ～ de la justicia. 秤は司法の象徴である． ❷ 記章、バッジ． —llevar un ～ 記章をつけている． ❸《美術》寓意画．

emblemático, ca [emblemátiko, ka] 形 象徴的な、表象する． — un edificio ～ 象徴的な建物． 類 **representativo, significativo**.

embobamiento [emboβamjénto] 男 うっとりすること、陶酔． 類 **atontamiento**.

embobar [emboβár] 他 をぼうっとさせる、魅了する、うっとりさせる． —Esa serie de dibujos animados *emboba* a los niños. そのアニメシリーズは子どもたちをとりこにしている．
—**se** 再 [＋con/de] …にぼうっとする、夢中になる． —*Se emboba con* la televisión. 彼はテレビに夢中になっている．

embobecer [emboβeθér] 他 (人を)ぼうっとさせる；愚かにする．
—**se** 再 ぼうっとする；愚かになる．

embocado [embokáðo] 形《男性形》(ワインが)中辛口の． —vino ～ 中辛口のワイン．

embocadura [embokaðúra] 女 ❶《地理》(川・港などの)口、河口、入口． — ～ del río de la Plata ラ・プラタ川の河口． ❷ (ワインの)味、風味． —tener buena ～ 口当りがよい． ❸《音楽》(楽器の)歌口、吹き口． ❹ (くつわの)はみ． ❺《演劇》プロセニアムアーチ、舞台前面枠(鈶)．

embocar [embokár] [1.1] 他 ❶ を口に入れる[押し込む]． ❷ (狭い場所)に入り込む[進入する]． —El camión *embocaba* el túnel. トラックはトンネルに入って行った． ❸《話》をむさぼり食う、がつつく． ❹《音楽》(楽器の吹き口)に唇を当てる． ❺《話》(いやなこと)を押しつける．
— 自《ゴルフ》カップインする．

embodegar [emboðeɣár] 他 (オリーブ油・ワインなど)を倉に入れ貯蔵する．

embolado [emboláðo] 男 ❶《演劇》端役；損な役回り、厄介事． ❷ ペテン、策略．

embolar [embolár] 他 ❶《闘牛》(牛の)角に防護用の木製の球をはめる． ❷《中南米》(靴を)磨く． ❸《中米》を酔わせる．
—**se** 再《中米》酔う．

embolia [embólja] 女《医学》塞栓(鈶)症． —tener una ～ 塞栓症にかかる．

embolismo [embolísmo] 男 ❶ 閏(うるう)日[月]を置くこと． ❷《比喩》混乱、もれ． ❸《話、比喩》うそ、でたらめ． ❹《医学》塞栓(鈶)．

émbolo [émbolo] 男 ❶《機械》ピストン． — bomba de ～ ピストンポンプ． ❷《機械》(ピストンの)プランジャー． ❸《医学》塞栓(鈶)．

embolsar [embolsár] 他 ❶ (特に金)を袋[財布]に入れる． ❷ (金)を受け取る． ❸《軍事》(敵軍)を取り囲み退路を断つ．
—**se** 再 金儲けする．

embonar [embonár] 他 ❶ を改良[改善]する． ❷《海事》(船体)に外板を張る． ❸《中南米》施肥する． ❹《中南米》つなげる、結びつける．

emboque [embóke] 男 ❶ (ボールなどを)ゴールに入れること；通り抜け． ❷《話》ペテン、策略．

emboquillado, da [embokijáðo, ða] 形 (タバコが)フィルター[吸い口]付きの．
— 男 フィルター[吸い口]付きタバコ．

emborrachamiento [emborratʃamjénto]

图 酔っぱらうこと, 酔い.

:emborrachar [emborat͡ʃár] [＜borracho] 他
❶ を酔わす, 酔っ払わせる. —Unos vasos de vino lo pueden ～. ワインを数杯飲むと彼は酔ってしまう. 類**embriagar**. ❷ (*a*) をもうろうとさせる, まひさせる, …の心をかき乱す. —El fuerte perfume que usa ella me *emborracha*. 彼女のつけている強烈な香水で私はくらくらする. Las pastillas son tan fuertes que me *emborrachan*. 薬が強いので私は頭がぼうっとする. 類**adormecer, atontar, perturbar**. (*b*) を有頂天にさせる, どきまぎさせる. —La *emborracharon* tantos éxitos. 幾度もの成功に彼女は有頂天になった. Los aplausos *emborracharon* al joven pianista en el escenario. 拍手が大きくて, 若いピアニストは舞台の上でのぼせ上がった. ❸ …に酒を入れる, 酒をしみ込ます. —Mi madre suele ～ el bizcocho con licor de fresas. 私の母はいつもスポンジケーキにイチゴのリキュールを入れる.

——**se** 再 ❶ 酔う, 酔っ払う. —～*se* de vino ワインで酔っ払う. —Anoche *me emborraché* tanto, que no me acuerdo cómo volví a casa. 昨夜あまり酔ったので, どうやって家に帰ったか覚えていない. ❷ (染色が)にじむ, (色が)まじり合う. ❸ (頭が)くらくらする, どぎまぎする. —*Me emborraché* de tanto estudiar, y decidí dormir un rato. 勉強しすぎて頭がくらくらしたので, 一眠りすることにした. ❹ 《自動車》(アクセルを踏みすぎて)エンジンがかからない状態になる.

emborrascarse [emboraskárse] [1.1] 再 (天候が)くずれる, 悪天候になる. —El tiempo *se emborrascó* por la tarde. 午後になって天候がくずれた.

emborronar [emboronár] 他 ❶ (紙に)しみをつける, (紙を)インクで汚す. ❷ 《比喩》…に文章をへたに書く, へたな絵を描く, を書き[描き]散らす.

emboscada [emboskáða] [1.1] 女 ❶ 《軍事》待ち伏せ, 伏兵. —La patrulla cayó en una ～ que le habían tendido. 哨戒部隊は待ちかまえていた伏兵につかまった. ❷ 落とし穴, 計略. —Teme que sus enemigos le estén preparando una ～. 彼らは敵がわなを用意しているのではないかと恐れている. 類**asechanza, celado, intriga**.

emboscar [emboskár] [1.1] 他 《軍事》を待ち伏せる. ——**se** 再 ❶ 待ち伏せる, 茂みに隠れる. ❷ (安全な)後方勤務につく.

embotado, da [embotáðo, ða] 形 ❶ (刃物の)切れ味が悪くなった. ❷ 《チリ》(牛が)黒毛脚の.

embotamiento [embotamjénto] 男 ❶ (刃物の)切れ味が悪くなること. ❷ (感覚などの)衰え, 弱まり. —Se duchó para quitarse el ～ de la cabeza. 彼は頭の回転を戻すためにシャワーを浴びた.

embotar¹ [embotár] 他 ❶ (刃先などを)鈍くする, 切れなくする. ❷ 《比喩》…の気力をなくさせる, …から元気[力]を奪う.

——**se** 再 ❶ (刃先などが)切れなくなる. ❷ 《比喩》頭の働きが鈍くなる.

embotar² [embotár] 他 (たばこなどを)缶に詰める.

embotellado, da [emboteʎáðo, ða] 形 ❶ 瓶(びん)詰めの. —agua *embotellada* 瓶詰めの水. ❷ 《比喩》(交通)渋滞した.

embotellador, dora [emboteʎaðór, ðóra] 形 瓶詰めする.

embriagado 773

—— 男 瓶詰めする人. —— 女 瓶詰め機[工場].

embotelladora [emboteʎaðóra] 女 →embotellador.

embotellamiento [emboteʎamjénto] 男 ❶ 瓶詰め, 缶詰め込み. ❷ 《比喩》(交通)渋滞, 混雑. 類**atasco (de tráfico)**.

:embotellar [emboteʎár] [＜botella] 他 ❶ を瓶に詰める, 瓶詰めにする. —～ dos mil litros de vino tinto al día 1日に 2000 リットルの赤ワインを瓶に詰める. ❷ (人)をすし詰めにする, (交通・事業)を停滞[渋滞]させる, 滞らす. —*Embotellaron* a ochenta personas en un autobús. 1台のバスに 80 人もの乗客が乗りこまされた. Los coches *embotellaron* las salidas de la ciudad. 車が市への出入り口を渋滞させた. —Para examinarse, *embotelló* todos sus apuntes. 彼は試験を受けるためにノート全部を丸暗記した. ❸ (*a*) を閉じ込める; 妨害する. (*b*) 《軍事》(港の軍艦)を封鎖する. ❹ 追い詰める. 類**acorralar**.

——**se** 再 すし詰めになる, 渋滞する. —A las ocho y media de la mañana *se embotellan* las entradas a la ciudad. 朝の 8時半には市への入口が渋滞する.

embotijar [embotixár] 他 を壷[水さし]に入れる. ——**se** 再 《話》怒る, 憤慨する.

embovedar [emboβeðár] 他 《建築》を丸天井で覆う.

embozado, da [emboθáðo, ða] 形 覆い隠した; 偽装した.

embozar [emboθár] [1.3] 他 ❶ (顔を)ベールなどで覆う. ❷ 《比喩》を覆い隠す. ❸ (動物に)口輪をはめる. ——**se** 再 顔を覆う, 隠す.

embozo [emboθo] 男 ❶ 《服飾》(マント・マフラーなどの一部で)顔の下方を覆う部分. —taparse con el ～ 顔の下で隠す. ❷ (シーツの)折返し部分. —～ de la sábana シーツの折返し. ❸ 《比喩》隠し立て.

quitarse el embozo 《比喩》正体を現わす.

embragar [embraɣár] [1.2] 他 ❶ 《機械》(歯車などを)かみ合わせる. ❷ を(持ち上げて運ぶために)綱で縛る.

embrague [embráɣe] 男 ❶ 《機械》連動機, クラッチ. —～ automático 自動クラッチ. pisar el ～ クラッチを踏む. ❷ 《機械》連動機をかみ合わせること.

embravecer [embraβeθér] [9.1] 他 を怒らす. —— 自 (植物が)強くなる, (やたらに)はびこる. ——**se** 再 ❶ (海が)荒れる. —El mar *se embraveció* por la tarde. 海は午後になって荒れた. ❷ [+con/contra] (動物などが)…に怒り狂う, 狂暴になる. —El joven *se embraveció* como un toro al oír aquel insulto. 若者はその侮辱を聞くと闘牛のように荒れ狂った.

embravecido, da [embraβeθíðo, ða] 形 ❶ 怒り狂った. ❷ (海が)荒れた.

embravecimiento [embraβeθimjénto] 男 激怒; 荒れ狂い.

embrazar [embraθár] 他 ❶ を腕で押さえつける. ❷ (盾などに)腕を通す.

embrear [embreár] 他 …にタールを塗る.

embriagado, da [embrjaɣáðo, ða] 形 酔った, 酩酊した; うっとりした.

embriagador, dora [embrjaɣaðór, ðóra] 形 陶酔させる, うっとりとさせる. ～ un perfume ～ うっとりする香りの香水.

embriagar [embrjaɣár] [<ebrio][1,2] 他 ❶ を酔わす, 酩酊(ﾒｲﾃｲ)させる. —Dos copas de cava la *embriagaron*. カーバ2杯で彼女は酔っ払ってしまった. 類**emborrachar**. ❷《文》大喜びさせる, 我を忘れさせる. —La música clásica la *embriaga*. 彼女はクラシック音楽に目がない. El éxito los *embriagó*. 彼らは成功して有頂天になった. 類**enajenar, transportar**. ❸《文》をもうろうとさせる, まひさせる. —Me *embriaga* el aroma del jazmín. 私はジャスミンの香りにうっとりとする. 類**adormecer, atontar, perturbar**.
— se 再 ❶ 酩酊する, 酔っ払う. —Tiene el mal hábito de beber hasta ～*se*. 彼には酩酊するまで飲む悪癖がある. 類**emborracharse**. ❷《文》[+con/de(喜びに)]酔いしれる. —～ de felicidad[de orgullo] 幸福感に浸る[思い上がりで有頂天になる].

***embriaguez** [embrjaɣéθ] 女 [複 embriagueces] ❶ 酔い, 酩酊(ﾒｲﾃｲ). —Conducía en estado de ～. 彼は酔っ払い運転をしていた. 類**borrachera**. ❷ 陶酔, 有頂天, 恍惚(ｺｳｺﾂ). —～ de gloria [del éxito] 栄光[成功]に酔いしれること. 類**enajenamiento, éxtasis**.

embridar [embriðár] 他 (馬に)馬勒(ﾊﾞﾛｸ)をつける.

embriología [embrjoloxía] 女 ❶《医学》胎生学. ❷《生物》発生学.

embrión [embrjón] 男 ❶《比喩》初期, 初め, 萌芽. —un proyecto todavía en ～ 未だ初期段階にある計画. ❷《医学》胎児(特に妊娠8週間以内).→**feto**. ❸《生物》胚(ﾊｲ).

embrionario, ria [embrjonárjo, rja] 形 ❶《比喩》初期の, 萌芽期の, 未発達の. —estado ～ 初期の状態. ❷《医学》胎児の, 胎生の. ❸《生物》胚に関する.

embrocación [embrokaθjón] 女 《医学》外用液薬.

embrocar [embrokár] [1,1] 他 ❶ (液体を)容器から別の容器へ移す. ❷ [メキシコ, 中米] (容器を)伏せる, 逆さにする.

embrollador, dora [embroʎaðór, ðóra] 形 混乱[紛糾]させる.
— 名 混乱させる人, トラブルメーカー.

embrollar [embroʎár] 他 ❶ をもつれさせる, 紛糾させる. ❷ を巻き込む, 巻き添えにする.
— se 再 ❶ もつれる, 紛糾する. ❷ 巻き込まれる, 巻き添えになる.

embrollo [embróʎo] 男 ❶ もつれ, 当惑, 混乱, ごたごた, 紛糾. —meterse en un ～ 混乱に巻き込まれる. deshacer un ～ 紛糾を解決する. ❷ 解決困難な状態, 窮地. —Tienes que salir de este ～. 君はこの窮地から脱せねばならない. ❸ 中傷, デマ, うそ. 類**mentira**.

embrollón, llona [embroʎón, ʎóna] 形《話》→**embrollador**. — 名 トラブルメーカー.

embromar [embromár] 他 ❶ (人)を(悪気なく)ちょっとからかう. 類**bromear**. ❷ (人)をからかってだます, 欺く. ❸《中南米》(人)を困らせる, …にいやがらせをする.
— se 再 《中南米》 えげつない冗談を言い合う; いやがらせをし合う.

embrujado, da [embruxáðo, ða] 形 魔法をかけられた[にかかった].

embrujamiento [embruxamjénto] 男 魔法(にかけること), 魔術[妖術].

embrujar [embruxár] 他 ❶《比喩》を魅了する, うっとりさせる. —Aquellos ojos me *embrujaron*. あの目は私をうっとりさせた. 類**cautivar**. ❷ …に魔法をかける. 類**hechizar**.

embrujo [embrúxo] 男 ❶《比喩》魅力, 魔力. —tener ～ 魅力がある. ojos con ～ 魅惑的な目. el ～ de La Alhambra de Granada グラナダのアルハンブラ宮殿の魅力. 類**fascinación**. ❷ 魔法をかけること. 類**hechizo**.

embrutecedor, dora [embruteθeðór, ðóra] 形 野獣化する, 粗暴[凶暴]にする.

***embrutecer** [embruteθér] [<bruto][9,1] 他 を粗暴にする, すさませる, ぼけさせる. —La guerra lo *embruteció*. 戦争で彼の心はすさんだ.
— se 再 粗暴になる, すさむ, ぼける. —Se *embruteció* viviendo en aquellas condiciones inhumanas. あの非人間的な環境で暮らしているうちに彼の心はすさんでしまった.

embrutecimiento [embruteθimjénto] 男 狂暴[粗野・愚鈍]にすること.

embuchado [embutʃáðo] 男 ❶《料理》ソーセージ, 腸詰. 類**embutido**. ❷《話》(外見に反して)なかなか面倒なこと. ❸《話, 比喩》不正, ごまかし. ❹《比喩》不正投票. ❺《比喩》《演劇》アドリブ.

embuchar [embutʃár] 他 ❶ (肉など)を腸詰にする. 類**embutir**. ❷《話, 比喩》をおなかに詰め込む, がつがつ食べる. ❸《製本》を投げ込む. ❹ (家禽に餌)を強制的に与える.
— se 再 [+de] をがつがつ食べる. —Se *embuchó* de pasteles y tuvo una indigestión. 彼女はケーキを食べ過ぎて胃がもたれた.

embudo [embúðo] 男 ❶ じょうご, 漏斗. ❷《比喩》(爆発などの)跡, 弾孔. ❸《まれ, 比喩》わな. 類**engaño, trampa**. ❹ 通行[交通]がゆっくりとした場所.
ley del embudo →**ley**.

embullo [embúʎo] 男 《中南米》騒ぎ, 騒動.

emburujar [emburuxár] 他 ❶《まれ》をぶつぶつの固まりにする. ❷ をまぜる, をごちゃまぜにする.
— se 再 ❶ (ぶつぶつの)固まりになる. ❷ 《中南米》身を包む.

embuste [embúste] 男 ❶ ごまかし, ぺてん. ❷ うそ, でたらめ (=mentira). —decir ～s でたらめを言う. ❸ 複 安物の装身具.

embustero, ra [embustéro, ra] 名 うそつき, ぺてん師.
— 形 うそをつく, ごまかす. 類**mentiroso**.

embutido, da [embutíðo, ða] 形《料理》ソーセージ, 腸詰. ❷ 詰め物をすること. ❸ 象眼, はめ込み細工. —un marco de madera con ～ de bronce 青銅の象眼がはめ込まれた木の枠. ❹ (金属の)プレス.

embutir [embutír] 他 ❶ …の腸詰めを作る. ❷ [+en に] を詰め込む; [+de を] …に詰める. —～ muchos folletos en un sobre 封筒にたくさんのパンフレットを詰め込む. ～ de plumas un colchón 布団に羽毛を詰める. ❸《技術》(金属)をプレスする.
— se 再《話》がつがつ食べる, がつつく. 類**embo**-

car. —*Se embutió* la tortilla en un abrir y cerrar de ojos. 彼はトルティーリャをあっと言う間にたいらげた.

eme [éme] 囡 ❶ 文字の M, m の名称. ❷《俗》(遠回しに)糞, くそ(＝mierda).

emergencia [emerxénθja] 囡 ❶ 緊急の場合, 非常の出来事, 危急のこと. —caso de ～ 非常事態. salida [escalera] de ～ 非常口[階段]. Si surge alguna ～, me llamas enseguida. 何か起こったらすぐに私に連絡するんだよ. ❷ 出現, 浮上.

emergente [emerxénte] 形 ❶ 現われ出る, 姿を現わす. —Los nacionalismos ～s constituyen un gran problema. 新興のナショナリズムが大きな問題となっている. ❷『+de』…から発生する, …に由来する.

año emergente ある日から翌年同日までの一年.

emerger [emerxér] [**2.5**] 自 ❶ 出てくる, 現れる; 水面に現れる, 浮かび上がる. —El sol *emergía* desde detrás de la montaña. 山の後ろから太陽が出て来ていた. Del agua *emergió* un submarino. 水の中から潜水艦が浮かび上がった. 反 **sumergirse**. ❷ (事実などが)明らかになる, (問題などが)生ずる. 類 **aparecer**, **surgir**.

emérito, ta [emérito, ta] 名 名誉の. —profesor ～ 名誉教授.

emersión [emersjón] 囡 ❶《天文》(天体の)食状態からの出現[出離]. ❷ 出現, 浮上.

emético, ca [emétiko, ka] 形《医学》嘔吐を促す. — 男《医学》催吐剤, 吐剤.

emetropía [emetropía] 囡《医学》正視.

emigración [emiɣraθjón] 囡 ❶ (他国への)移住. ❷『集合的に』移民. ❸《生物》(鳥・魚の)移動, 渡り, 回遊.

emigrado, da [emiɣráðo, ða] 名 ❶ (他国への)移民, 移住者. ❷《政治》亡命者.→emigrante.
— 形 →emigrante.

***emigrante** [emiɣránte] 形 (外国に)移住する, 出国する; (外国へ)出稼ぎに行く. —trabajador ～ 出稼ぎ労働者.
— 男女 移民, 移住者; (外国への)出稼ぎ者. —En el piso de arriba viven unos ～s brasileños. 上の階には数人のブラジル人出稼ぎ者が住んでいる. 類 **emigrado** (政治的)亡命者; **inmigrante** (外国からの)移住者.

‡**emigrar** [emiɣrár] 自 ❶『+a に』移住する; 出稼ぎに行く. —Hace trescientos años sus antepasados *emigraron* a América. 300年前に彼の祖先はアメリカ大陸に移住した. *Emigraron* a la ciudad en busca de trabajo. 彼らは職を求めて都市に移住した. 反 **inmigrar**. ❷ (渡り鳥が)渡る, 移動する. —Las golondrinas *emigran* a Japón en verano. ツバメは夏日本に渡ってくる. ❸《話》立ち去る. —*Emigro*, que me espera mi novia a las siete y media. 私は7時半に恋人と約束があるから失礼するよ. 類 **marcharse**.

Emilia [emílja] 囡《女性名》エミリア.

Emilio [emíljo] 固名《男性名》エミリオ.

emilio [emíljo] 男《通信》電子メール.

eminencia [eminénθja] 囡 (*a*)『+en』…に卓越[傑出]した人, 名士. —Él es una ～ *en* matemáticas. 彼は数学に秀でた人である. 類 **genio**, **talento**. (*b*) 卓越, 傑出. —con ～ すぐれて, 卓越して. 類 **altura**, **excelencia**. ❷ 小高い所,

高台, 丘. —Desde una ～ se divisaba el valle. その谷は丘から遠くに見えていた. 類 **altura**, **elevación**. ❸《カトリック》猊下(^{げい}) (枢機卿への尊称). —su [vuestra] ～ el cardenal camarlengo 尚高枢機卿猊下.

eminencia gris 黒幕, 陰の実力者.

‡**eminente** [eminénte] 形 ❶『+en』…において(人が)優れた, 卓越した; 著名な『ser+』. —Es ～ en bioquímica. 彼は生化学において卓越した人だ. Me operó un ～ cirujano. 有名な外科医師が私の手術をした. 類 **distinguido**, **excelente**, **ilustre**, **notable**. ❷ (場所が)高い, 突き出ている. —La catedral está emplazada en un lugar ～. 大聖堂は小高い場所に位置している. 類 **elevado**, **prominente**. 反 **hundido**.

eminentemente [eminéntemente] 副 著しく, 抜きんでて. —Ese es un país ～ agrícola. そこは抜きんでた農業国である.

eminentísimo [eminentísimo]『次の成句で』
Eminentísimo Señor Cardenal《宗教》枢機卿猊下(^{げい}).

emir [emír] 男 (アラビアの)アミール, 王子, 首長.

emirato [emiráto] 男 ❶ 首長国. —*Emiratos Árabes Unidos* アラブ首長国連邦. ❷《政治》アミールの地位.

emisario, ria [emisárjo, rja] 名 使者, (特に)密使, 特使. — 男 放水路, 排水路; (湖からの)川.

‡**emisión** [emisjón] 囡 ❶ (ラジオ・テレビの)放送, 放映; 番組. —～ de la tarde 午後の放送[番組]. ～ deportiva スポーツ番組. ～ de un partido de fútbol サッカーの試合の放映. ～ digital デジタル放送. ～ musical 音楽番組. ～ pirata 海賊放送. ～ en directo 生放送[中継]. ～ por (vía) satélite 衛星放送. ～ de televisión テレビ放送. cierre de la ～ televisiva 放送終了. La ～ televisiva se cerrará a las doce de la noche. テレビ放送は夜の12時に終了します. 類 **difusión**, **manifestación**, **producción**, **retransmisión**. 反 **recepción**. ◆「テレビ放送」は teledifusión,「ラジオ放送」は radiodifusión. ❷ (紙幣・切手・国債・債券・書類などの)発行, 発券, 発行額. —banco de ～ 発券銀行. precio de ～ (株式などの)売出[発行]価格. ～ de bonos [de títulos] del Estado 国債の発行. ～ de obligaciones 債券[社債]の発行. ～ de sellos 切手の発行. ～ de nuevas acciones [de nuevos billetes] 新株[新札]の発行. ～ de derechos 新株の株主割当発行. ～ gratuita 無償新株. ～ pública 公開発行. ～ bajo la par [sobre la par] 額面以下[以上]での発行. ❸ (光・熱・煙・香りなどの)放射, 放出, 排出, 射出. —～ de energía エネルギーの放出. ～ de calor 熱放射. Las cuerdas vocales permiten la ～ de la voz. 声帯によって発声が可能になる. ～ de dióxido de carbono 二酸化炭素の排出. 類 **expulsión**, **salida**. ❹ (意見などの)表明, 述べること. —La ～ de la sentencia tendrá lugar al día siguiente del juicio. 審理の翌日に判決が下される.

emisor, sora [emisór, sóra] 形《放送》放送の. —estación *emisora* 放送局. ❷ (紙幣・手形などを)発行する. —banco ～ 発券銀行.
— 男 ❶ 送信局. ❷ 送信機. — 名 送信人,

発行人; (メッセージの)発信者. 反 **receptor**.
emisora [emisóra] 女 《放送》放送局.

emitir [emitír] 他 ❶ を放つ, 出す, 発する. —El sol *emite* luz y calor. 太陽は光と熱を発する. ~ gritos 叫び声を挙げる. Lloraba *emitiendo* lastimosos quejidos. 彼は悲痛なむせび声をもらして泣いていた. 類 **emanar**. ❷ を発行する. —~ un cheque 小切手を発行する. El Banco Central *emite* moneda. 中央銀行は貨幣を発行する. ❸ (意見などを)述べる, 表明する. —~ una opinión [un veredicto] 意見[評決]を述べる. ❹ を放送する. —Esa emisora *emite* buenos programas musicales. その放送局はいい音楽番組を流している. 類 **difundir**.
— 自 放送する. —Esa estación *emite* en frecuencia modulada. その放送局はFM放送を流している.

emoción [emoθjón] 女 ❶ 感動, 感激, 興奮. —¡Qué ~, no hay clase hoy! うれしい! 今日は授業がないぞ. Sentí una honda ~ por el nacimiento de mi primer nieto. 私は初孫誕生に深い感動を覚えた. Le embargaba una profunda ~ al pensar en su pasado. 彼は過去を思うと感無量であった. Se echó a llorar de ~. 彼は感極まって泣き出した. 類 **conmoción, turbación**. ❷ 感情, 情緒. —Se regía más por emociones que por razonamiento. 彼は理屈よりも感情的になっていた. 類 **sentimiento**.
con emoción (1) 感動[感激, 興奮]して. El pueblo esperaba *con emoción* la noticia del nacimiento del príncipe. 国民は王子誕生の知らせを興奮して待っていた. Habló *con emoción* contenida. 彼は興奮を抑えて話した. (2) 感情を込めて.

emocionado, da [emoθjonáðo, ða] 形 ❶ 〖estar+〗感動した, 心を動かされた. ❷ 〖estar+〗取り乱した, 狼狽した.

emocional [emoθjonál] 形 ❶ 感情的な, 感激性の, 情緒的な. —hombre ~ 感情的な男. Se encuentra en un débil estado ~. 彼は気が弱くなっている. Sufre trastornos ~es. 彼女は情緒障害だ. ❷ (ことばなどが)感情に訴える.

emocionante [emoθjonánte] 形 **感動的な, 人を感動させる; 興奮させる(ような)**〖ser+〗. —encuentro ~ 感動的な出会い. película ~ 心を揺さぶるような映画. La segunda parte del partido ha sido muy ~. 試合の後半は非常に感動的だった. 類 **conmovedor, emotivo, impresionante**.

emocionar [emoθjonár] 他 を**感動させる, …の心を動かす; を動揺させる**. —Nos *emocionó* la noticia de su victoria. 彼らが勝利したと聞いて私達は興奮した. Ese programa a mí no me *emociona*. その番組は私にはあまりおもしろくない. 類 **conmover**.
—se 再 〖+con/de に〗感動する, 心を動かされる; 動揺する. —~se de alegría 大喜びする. Me *emociono* cada vez que oigo esa canción. その歌を聞くたびに私は感動する. Se *emociona* al hablar de su madre. 彼は自分の母親のことを話すと感傷的になる.

emoliente [emoljénte] 形 軟らかくする, 緩和的な.
— 男 《医学》(刺激)軟化薬, 緩和剤.

emolumento [emoluménto] 男 《主に 複》報酬, 手当, 謝礼. —pagar los ~s 報酬を払う. 類 **honorarios, retribución**.

emotividad [emotiβiðá(ð)] 女 ❶ 感動. ❷ 感受性.

emotivo, va [emotíβo, βa] 形 ❶ 感動的な. —encuentro ~ 感動的な出会い. ❷ 感受性の強い, 感情的な. —persona *emotiva* 感受性の強い人.

empacador, dora [empakaðór, ðóra] 形 梱包[包装]する. — 女 梱包[包装]機.

empacadora [empakaðóra] 女 →empacador.

empacar [empakár] [1.1] 他 ❶ を包む, 束ねる, 梱包(誌)する, 詰める, 荷作りする. ❷ を俵に入れる.

empachar [empatʃár] 他 ❶ …に消化不良を起こす, …の胃をもたれさせる. —Anoche me *empachó* la cena. 昨夜私は夕食を食べすぎて胃がもたれた. ❷ をまごつかせる, 当惑させる. —Sus chistes me *empachan*. 彼の冗談には面をくらってしまう. ❸ を退屈させる, うんざりさせる, 飽き飽きさせる. —Le *empacha* hablar con el director. 彼は部長と話すのはうんざりだ. ❹ を覆(蕊)う, 隠す. ❺ を妨げる, 邪魔する.
— 自 消化不良を起こす. —Los dulces *empachan*. 甘い物は消化が悪い.
—se 再 ❶ 〖+con/de で〗消化不良になる. —Se *empachó* de pasteles. 彼女はケーキで胸が悪くなった. ❷ 〖+con/de に〗退屈する, うんざりする, 飽き飽きする. ❸ まごつく, 当惑する. 類 **apurarse, cortarse**.

empacho [empátʃo] 男 ❶ 胃のもたれ, 消化不良. —tener ~ 胃がもたれる. tener ~ de … …を飽きるほど食べる, …に飽きる. Tongo ~ de tanto fútbol. サッカーのしすぎ(見すぎ)ですがに飽きてきた. ❷ ものおじ, 気後れ, 恥じらい. —tener [sentir] ~ 気後れがする. 類 **cortedad, turbación, vergüenza**. ❸《話》面倒なこと[人], 当惑させるもの[人].

empachoso, sa [empatʃóso, sa] 形 ❶ 胃にもたれる, 消化不良を起こす. 類 **indigesto**. ❷ ものおじする, 気後れする, 恥じらう. ❸《話》面倒な, やっかいな, うるさい. 類 **fastidioso**.

empadronamiento [empaðronamjénto] 男 住民登録; 国勢調査.

empadronar [empaðronár] 他 を住民録に記入する.
—se 再 〖+en〗住民録に登録される.

empajar [empaxár] 他 ❶ …にわらを敷く[詰める]. ❷《中南米》(れんがの土などに)わらを混ぜる. ❸《中南米》(屋根)にわらでふく.
— 再《中南米》《話》(穀物の)実が乏しくわらだらけになる.

empalagamiento [empalaɣamjénto] 男 →empalago.

empalagar [empalaɣár] [1.2] 他 ❶ (甘いものを)うんざり[げんなり]させる. ❷ を退屈させる, 飽きさせる. —Tantos halagos me *empalagan*. お世辞ばかり言われるのにはもう飽きた.
—se 再 ❶ 〖+con/de に〗(甘いもので)うんざりする, むかつく. ❷ 退屈する, 飽きる.

empalago [empaláɣo] 男 うんざりすること. —hablar con ~ うんざりする話し方をする.

empalagoso, sa [empalaɣóso, sa] 形

甘ったるい, うんざりする. —pastel ～ 甘ったるいケーキ. ❷《比喩》(小説・映画に)甘ったるい, 感傷的. —telenovela *empalagosa* y vulgar 感傷的な俗悪テレビドラマ. ❸《比喩》退屈な, あきあきさせる. — 名 厄介者, 困り者, 退屈な人.

empalar [empalár] 他 をくし刺しの刑にする.

empalidecer [empaliðeθér] 自 顔の血の気がなくなる.

empalizada [empaliθáða] 女 ❶ 柵(さく), 囲い. —hacer [levantar] una ～ 柵を立てる. ❷《軍事》矢来(やらい).

empalizar [empaliθár] [1.3] 他 …を柵で囲む.

empalmar [empalmár] 他 ❶【+con】を合わせる, つなぐ, 接合[結合]する. ❷ を結びつける, つなげる;《スポーツ》(サッカーで)パスを受けた選手がそれを直接シュートする. —Nos reunimos y *empalmamos* las ideas de cada uno. 我々は集まって互いの考えをつき合わせてみた.
—— 自【+con】(…が…と)結びつく, 連結する. —La charla de hoy *empalma con* la de ayer. 今日の話は昨日の話のつづきだ.
—— se 再 ❶ ナイフを隠し持つ. ❷【+con と】結びつく, 連結する, 結ばれる.《俗》勃起する.

empalme [empálme] 男 ❶ つなぐこと, 連結すること. —hacer un ～ つなぐ, 連結する. estación de ～《鉄道》接続駅. 類 **enlace, conexión**. ❷ 接合(点), 連結(場所), 接合箇所[点, 線, 面].

empamparse [empampárse] 再《南米》(大平原 pampa などで)道に迷う.

empanada [empanáða] 女 ❶《料理》エンパナーダ, ミートパイ(肉・野菜などを入れたパイ). —comer una ～ エンパナーダを食べる. ❷《話》欺瞞(ぎまん), 欺くこと.
empanada mental《話》色々な考えの錯綜[混乱].

empanadilla [empanaðíja] 女《料理》エンパナディーリャ, 小型のミートパイ(肉・野菜などを入れたパイ). —comer una ～ エンパナディーリャを食べる.

empanar [empanár] 他 ❶《料理》パン粉に包む, パン粉をまぶす(＝apanar). ❷《料理》をパイ皮で包む. ❸《農業》(小麦の種)をまく.
—— se 再《農業》種のまきすぎで枯れる.

empantanado, da [empantanáðo, ða] 形 水浸しになった.

empantanar [empantanár] 他 ❶ を水浸しにする. ❷ を泥沼に沈める. ❸ を行き詰まらせる.
—— se 再 ❶ 水浸しになる. ❷ 泥沼にはまり込む. ❸ 行き詰まる, 停滞する.

empañado, da [empaɲáðo, ða] 形 曇った, 輝きを失った.

empañar [empaɲár] 他 ❶ を曇らせる, ぼんやりさせる. —voz *empañada* por la emoción 感動でかすれた声. ❷《比喩》(名誉などを)汚す. 類 **manchar**. ❸ (幼児に)おむつをする.
—— se 再 ❶【3人称で】曇る, ぼんやりする. ❷《比喩》(名声が)汚れる. ❸ (目に)涙が浮かぶ, (目が)うるむ, 涙に曇る.

*empapar** [empapár] 他 ❶ (a) を吸い込む, (水分)を吸収する, 湿らせる. —La tierra *empapa* el agua. 大地が水分を吸収する. (b)【+con と】を吸わせる, 吸い取る, ふき取る. —～ *con* un trapo el agua derramada 雑巾でこぼれた水をふき取る. ❷ をぬらす, ずぶぬれにする. —La lluvia ha *empapado* la tierra [los vestidos]. 雨が大地にお湿りを与えた[服をびしょびしょにした]. ❸【+de/en と】を浸す. —～ los churros *en* café con leche チューロスをミルク・コーヒーの中に浸す. ～ el algodón *de[en]* alcohol 綿をアルコールに浸す.
—— se 再 ❶ ぬれる, 湿る; しみとおる. —La tierra *se ha empapado* de agua. 大地に水分がしみわたった. ❷【+de と】熟知する, (…に)かぶれる, つかる. —～*se de* ideas nuevas 新しい考えに染まる. *Se empapó del* romanticismo. 彼はロマン主義にかぶれた. 類 **imbuirse**. ❸ 飽食する. —～*se de* pasteles 嫌というほどケーキを食べる. 類 **atestarse**.
¡para que te empapes! 知っているとは思うが. El profesor no me castigó, *¡para que te empapes!* ぼく, 先生に罰せられなかったよ, 念のために言っておくがね.

empapelado [empapeláðo] 男 ❶ 壁紙. —cambiar el ～ de una pared 壁紙を変える. ❷ 壁紙を張ること.

empapelador, dora [empapelaðór, ðóra] 名 壁紙貼り業者[職人].

empapelar [empapelár] 他 ❶ …に壁紙を張る, を紙で包む. ❷《話, 比喩》を訴える, 起訴する; 審判・審査を行う, 法廷にかける.

empaque[1] [empáke] 男 荷造り, 包装.

empaque[2] [empáke] 男 ❶ 態度, ふるまい, 様子, かっぷく. —hombre de mucho ～ 押し出しのよい男. ❷《中南米》ずうずうしさ, 生意気. —tener ～ ずうずうしい.

empaquetado [empaketáðo] 男 梱包, 包装; 荷造り.

empaquetador, dora [empaketaðór, ðóra] 形 梱包[包装]する; 荷造りする.
—— 名 梱包[包装]係; 荷造りする人.

empaquetar [empaketár] 他 ❶ …の荷造りをする,【+en】を(箱・トランク・容器などに)詰める, 包装する. ❷《比喩》を詰め込む, 押し込む. ❸ 罰する, (罰金などを)課す. 類 **castigar**.

emparamarse [emparamárse] 再《南米》❶ 凍える. ❷ (雨などに)ぬれる.

emparedado [empareðáðo] 男《料理》サンドイッチ. —de jamón ハムサンド. comer un ～ サンドイッチを食べる.

emparedar [empareðár] 他 ❶ を監禁する, 閉じこめる. ❷ を壁で囲む, 壁の中に隠す.

emparejamiento [emparexamjénto] 男《情報》マッチング.

emparejar [emparexár] 他 ❶ を対にする. ❷ を同じ水準にもってくる, そろえる, ならす, 平らにする. ❸ (2枚の戸やドアを)半開きにする. —— 自【+con】…と調和する, 釣り合う, 対になる.
—— se 再 ❶ 対になる, ペアになる, 並ぶ. ❷【+con と】追いつく, (…と)同じレベルになる, そろう.

emparentado, da [emparentáðo, ða] 形 ❶ (人が)血縁関係のある, 親類の. ❷ (物が)関係[関連]のある.

emparentar [emparentár] [4.1] 自【+con】…が(…と)結婚によって姻戚関係になる. ❷ を(…と)関連づける. 類 **relacionar**.
estar bien emparentado 親戚に有力者がいる.

emparrado [emparráðo] 男 (ブドウなどの)棚.

emparrar [emparrár] 他 ❶ (ブドウのつる)を棚にはわせる. ❷ をつるでおおう.

778 emparrillado

emparrillado [empařižáðo] 男《建築》(土台の鉄などの)枠組み.

empastar¹ [empastár] 他 ❶ (本を)装丁する, 製本する. — ～ un libro 本を装丁する. ❷ (歯に)詰めものをする, (ひび割れなどを)ペースト状のものでふさぐ. ❸ …に糊(%)をつける. ❹《美術》…に絵の具を厚く塗る.

empastar² [empastár] 他 『中南米』(土地を)草地にする.
— **se** 再 ❶『中南米』(土地が)草地になる. ❷『中南米』(家畜が)鼓腸病になる.

empaste [empáste] 男 ❶ 製本(をすること). ❷ 歯に詰めること[もの], 充填(材). ❸《美術》厚塗り. ❹『ラ・プラタ』鼓腸病.

empastelar [empastelár] 他 (印刷)(活字を)組み違えする; (異なる種類の活字を)混ぜ合わせる.

:**empatar** [empatár] 自 **引分ける**, 同点になる. — Los dos equipos han empatado a uno. 両チームは1対1で引分けた. 反 **desempatar**.
— 他 ❶ を引分ける, …で同じ票数を獲得する. — ～ el partido その試合を引分ける. — ～ la votación 投票で同数を獲得する. ❷『中南米』(2つの物)を結びつける, つなぎ合わせる.

empate [empáte] 男《スポーツ》(勝負などの)引分け, 同点. — El partido acabó en [con] ～ a dos. 試合は2-2の引分けに終わった. deshacer el ～ 引分けの決着をつける.

empavesada [empaβesáða] 女《海事》満艦飾.

empavesado [empaβesáðo] 男 →empavesada.

empavesar [empaβesár] 他 ❶《海事》(船を)装飾旗で飾る. ❷ (記念碑などに)幕をかける. ❸ (通りを)飾る.

empavonar [empaβonár] 他 ❶ →pavonar. ❷『中南米』…にグリースを塗る.
— **se** 再 着飾る.

empecatado, da [empekatáðo, ða] 形 ❶《話》手に負えない, いたずらな, いまいましい. ❷ 運の悪い, 不運な.

empecer [empeθér] 自『3人称のみ, 否定文で使用』妨げる, 障害になる.

empecinado, da [empeθináðo, ða] 形 頑固な, 強情な. 類 **terco**.

empecinamiento [empeθinamiénto] 男 固執すること, 強情張り.

empecinarse [empeθinárse] 再『+en に』固執する, 強情を張る. — Se empecinó en comprar una moto. 彼はどうしてもオートバイを買うと言い張った. 類 **emperrarse, obstinarse**.

empedarse [empeðárse] 自『中南米』《俗》酔っ払う(=emborracharse).

empedernido, da [empeðerníðo, ða] 形 ❶ 頑固な, 凝り固まった, 悔い改めない, 信念が固い; 常習の. — Es un bebedor ～ de cerveza. 彼は絶対にビールしか飲まない男だ. un fumador [alcohólico] ～ ヘビースモーカー[アル中患者]. ❷ 無情な, 冷酷な.

empedrado, da [empeðráðo, ða] 形 ❶ [estar+] (敷石で)舗装された, 石畳の. — calle empedrada 石畳の道. ❷《話》(馬が)まだら模様の, ぶちの. ❸ (空が)うろこ雲で覆われた.

— 男 舗床, 舗装(工事), 石だたみ.

empedrador [empeðraðór] 男 舗装業者.

empedrar [empeðrár] [**4.1**] 他 ❶『+con/de』を(…で)舗装する. — ～ una calle を舗装する. ❷《比喩》『+de』…に(…を)散りばめる, まき散らす, 振りかける. — ～ el discurso de citas 演説の中に引用を多用する.

empegar [empeγár] [**1.2**] 他 ❶ …に松やに[ピッチ, タール]を塗る. ❷ (家畜に)タールで印をつける.

empeine [empéine] 男 足の甲.

empellar [empežár] 他 …に体当りする.

empellón [empežón] 男 一押し, 体当り. — dar un ～ 体当りする.
a empellones 手で押しのけて, 乱暴に.

empenachar [empenat∫ár] 他 を羽根飾りで飾る.

empeñado, da [empeɲáðo, ða] 形 ❶ 担保[質·抵当]に入れた. ❷ (議論などが)激しい, 白熱した.

:**empeñar** [empeɲár] 他 ❶ を質(担保)に入れる, 抵当にする. — Empeñó su reloj de oro en doscientos euros. 彼は200ユーロで金時計を質に入れた. ❷ 誓う, …を約束する, (言葉など)をかける. — ～ la palabra 誓う. ～ el honor 名誉をかける. ❸ を仲介者に立てる. ❹ (戦·議論)を始める, (戦端)を開く. — ～ una batalla 戦を始める. ❺ (歳月)を捧げる, 費やす. —Empeñó cinco años en escribir la novela. 小説を書くのに彼は5年間を費やした.
— **se** 再 ❶『+en に』こだわる, (…と)言い張る. — Ya que te empeñas, te lo contaré. 君がしつこいから, 教えてあげるよ. Se empeña en estudiar en el extranjero. 彼は留学すると言い張っている. 類 **insistir**. ❷『+con に』借金する. — Se empeñaron hasta el cuello para comprar la casa. 彼らは家を買うためにぎりぎりまで借金をした. 類 **endeudarse**. ❸『+en に』巻き込まれる, 入り込む. — Se empeñó por su hija en ese juicio. 彼は娘のためにその裁判にとりかかった. ❹ (戦が)始まる. — Se empeñó la lucha. 戦が始まった.

:**empeño** [empéɲo] 男 ❶ 質入れ, 担保[抵当]に入れること. —casa de ～s 質屋. papeleta de ～ 質札. en ～ 抵当として. 類 **pignoración**. ❷ **(a)** 切望, 執心, 決意. — En su ～ de llegar primero atropelló a tres personas. 彼はなんとか一番乗りしたくて3人を押しのけた. Su ～ es acabar la carrera. 彼の望みは大学を卒業すること だ. Su ～ en hacerlo es inquebrantable. 是が非でもそれをしようとする彼の決意は固い. 類 **afán**. **(b)** 意図, 企て, 目的. — morir en el ～ … にこころざし半ばにして死ぬ. Tiene el ～ de atravesar el Sahara. 彼はサハラ砂漠を横断するつもりである. 類 **empresa, intento, objetivo**. ❸ 熱心; 根気[粘り]強さ, 努力. — trabajar con ～ 熱心に働く. Pondremos el mayor ～ en complacerle. 彼に喜ばれるよう私たちは最大限努力しようと思う. 類 **constancia, tesón**. ❹ [主に 複] (まね)(り)楯. — tener muchos [buenos] ～s たくさん[よい]コネがある. 類 **influencia, valimiento**. ❺ 約束, 言質(ヒミ), 義務. 類 **compromiso, obligación**.
con empeño 熱心に, 一生懸命に; 根気[粘り]強く. Con empeño se consigue todo. 根気よくやれば何でも達成される.
poner [tomar] empeño en『+不定詞』…よう

うと努力する(→③).

tener empeño en 〖+不定詞, +*que*+接続法〗どうしても…したいと思っている, …したくてしょうがない. *Tengo empeño en que este trabajo esté acabado hoy.* 私はなんとかして今日中にこの仕事を終らせたい.

empeñoso, sa [empeɲóso, sa] 形 《中南米》粘り強い, 根気強い.

empeoramiento [empeoramjénto] 男 悪化.

:**empeorar** [empeorár]〖<*peor*〗他 を悪化させる. — *Más bien ha empeorado* la situación. むしろ君は状況を悪くした.

—— 自 (病気・天候が)悪化する. — *Si empeora el tiempo, tendremos que suspender el partido.* もし天候が悪化するなら, 試合を中止せねばなるまい. *La situación política [económica] ha empeorado.* 政治的[経済的]状況が悪化した.

—— **se** 再 (病気・天候が)悪くなる, 悪化する. — *Temo que te empeores.* 君の病気が悪化するのではと心配だ. *Su salud se ha empeorado.* 彼は健康状態が悪化した.

empequeñecer [empekeɲeθér] [9.1] 他 ❶ を小さく見せる, 見劣りさせる. ❷ を減らす, 少なくする, 小さくする. —— **se** 再 ❶ 小さくなる, 縮む. ❷ 萎縮する, 縮こまる.

empequeñecimiento [empekeɲeθimjénto] 男 縮小すること, 見劣り.

:**emperador** [emperaðór] 男 ❶ 皇帝, 帝王; 天皇(→*emperatriz*「女帝, 皇后」). el *E*~ Trajano トラヤヌス帝. el *E*~ Meiji 明治天皇. Carlos V fue rey de España y ~ de Alemania. カール5世はスペイン王(カルロス1世)であり神聖ローマ帝国皇帝でもあった. 類 *césar, soberano*. ❷ 《魚類》メカジキ(=*pez espada, espada*).

:**emperatriz** [emperatríθ] 女〖複 emperatrices〗❶ 女帝(→*emperador*「皇帝」). — la *E*~ Isabel イサベル帝. Catalina II, *E*~ de Rusia ロシア女帝エカテリーナ2世. ❷ 皇后.

emperejilar [emperexilár] 他 《話》を美しく飾る. —— **se** 再 《話》おしゃれをする, めかしこむ. 類 **emperifollarse**.

emperejilarse [emperexilárse] 再 《話》着飾る, めかし込む.

emperezar [empereθár] [1.3] 他 ❶ を妨げる, 遮る. ❷ を遅らす. —— (**se**) 再 怠惰になる.

emperifollar [emperifoʝár] 他 《話》を美しく着飾る. —— **se** 再 《話》おしゃれをする, めかしこむ.

emperifollarse [emperifoʝárse] 再 →*emperejilarse*.

empernar [empernár] 他 《技術》をボルトで締める.

emperramiento [empereamjénto] 男 強情(を張ること), 頑固.

emperrarse [empereárse] 再 《話》 ❶〖+*en*に〗固執する. — *Se emperró en que fuéramos al cine.* 彼は私たちに映画を見に行こうと言い張った. 類 **empeñarse**. ❷〖+*con*に〗夢中になる, とりつかれている. ❸ かっと怒る, 腹を立てる.

:**empezar** [empeθár] エンペサル [4.5] ❶ を始める, 開始する. — *Empezamos la comida con unos entremeses.* 我々は食事をオードブルで始める. *Han empezado un negocio de jardinería.* 彼らは園芸の商売を始めた. *La obra empieza con un poema de Alberti.* その作品はアルベルティの詩から始まる. 類 *comenzar, emprender, principiar*. ❷ …に手をつける, 食べ(飲み)始める. — ~ *una botella de vino tinto* 赤ワインの瓶に手をつける.

—— 自 ❶ 始まる. — *Las clases empiezan a las nueve menos cuarto.* 授業は8時45分に始まる. *Aquella enfermedad empezó con unas ligeras molestias en el estómago.* あの病気は胃に軽い不快感をおぼえることから始まった. ❷〖+*a*+不定詞〗…し始める. — *Empezó a nevar.* 雪が降り始めた. ❸〖+*por*+不定詞/現在分詞〗まず初めに…する, まず…から始める. — *Vamos a ~ por el aperitivo.* まず食前酒から始めよう. *Antes de tocar, empieza por estudiar la partitura.* 弾く前に楽譜をよく読むことから始めなさい. *Empecé diciéndoles que no tenía nada que ver con ellos.* 私はまず初めに彼らとは何の関係もないと言った.

para empezar (1) まず手初めに, 第一に. *Para empezar no tengo dinero y, por otra parte, tampoco me apetece ir.* まず第一にお金がないし, その上行く気もないよ. (2) (レストランで)前菜として. *Para empezar voy a tomar una ensalada mixta.* まず最初に私はミックスサラダを頂こう.

Por algo se empieza. 〖諺〗何でもいいからとにかく始めることだ.

Todo es (querer) empezar. 〖諺〗とにかく始めてみることだ.

Ya empezamos 〖+*con*〗(嫌だなあ)また…し始めた. *¡Ya empezamos con preguntas!* また質問攻めが始まった.

empicotar [empikotár] 他 をさらし台にかける.

empiec- [empjéθ-] 動 *empezar* の接・現在.

empiece [empjéθe] 男 始まり, 初め. 類 **comienzo**.

empiema [empjéma] 女 《医学》蓄膿.

empiez- [empjéθ-] 動 *empezar* の直・現在, 命令・2単.

empiezo [empjéθo] 男 《中南米》最初, 初め.

empinado, da [empináðo, ða] 形 ❶ 急勾配の. ❷ 直立の, まっすぐに立った. ❸ (建物などが)高い, 高くそびえた. ❹ 《まれ, 比喩》傲慢な, 横柄な.

empinadura [empinaðúra] 女 →*empinamiento*.

empinamiento [empinamjénto] 男 ❶ (垂直に)立てること. ❷ 高く上げること; 持ち上げること. ❸ そびえ立つこと. ❹ つま先立ち; (動物が)後ろ足で立つこと.

empinar [empinár] 他 ❶ を上げる, 持ち上げる. ❷ を立たせる, 立てる. ❸ (器を)傾けて飲む, ラッパ飲みにする.

—— **se** 再 ❶ つま先で立つ. ❷ (植物・建物などが)そびえる, 高くなる. ❸ 《航空》(飛行機が)急上昇する.

empinar el codo 《話, 比喩》酒をたくさん飲む.

empingorotado, da [empiŋgorotáðo, ða] 形 ❶ おめかしした. ❷ 《話》成り上がりの, 出世した. ❸ 《話》高慢ちきな, 生意気な. 類 **engreído**.

empiñonada [empiɲonáða] 女 松の実入りの菓子.

empiparse [empipárse] 再 《中南米》飽食する; たっぷり酒を飲む. 類 **ahitarse, apiparse**.

empíreo, a [empíreo, a] 形 《文》 ❶ 天空の,

780 empírico

最高天の. ── 《比喩》荘厳な. ── 图 ❶ 天界, 空. ❷ **cielo, paraíso** 《宗教》(五天中の)最高天(火と光の世界で後に神の住居と信じられた).

empírico, ca [empíriko, ka] 形 経験的な, 経験[実験]上の. ── conocimiento ~ 経験による知識. ── 图 《哲学》経験主義者.

empirismo [empirísmo] 男 《哲学》経験主義[論].

empitonar [empitonár] 他 《闘牛》(牛が闘牛士を)角で突き刺す.

empizarrado [empiθařáðo] 男 スレートぶき(にした屋根).

empizarrar [empiθařár] 他 《建築》(屋根を)スレートでふく.

emplastar [emplastár] 他 …に膏薬(ﾖｳﾔｸ)を貼る.

emplasto [emplásto] 男 ❶ 《医学》膏薬(ﾖｳﾔｸ). ── poner [aplicar] un ~ 膏薬を貼る. ❷ 《話, 比喩》間に合わせの(解決)策, 彌縫(ﾋﾞﾎｳ)策. 類 **arreglo, componenda.** ❸ 『中南米』うんざりさせる人. ❹ 病弱な人. ── estar hecho un ~. 体が弱い.

emplazamiento [emplaθamjénto] 男 ❶ 《法律》召喚, 呼び出し. ── carta de ~ 召喚状. ❷ 位置, 配置.

emplazar [emplaθár] [1.3] 他 ❶ 召喚する, 呼び出す. ❷ (建造物などの)位置を定める, を設置する. ── *Han emplazado* la piscina municipal en las afueras del pueblo. 町の郊外に市営プールがつくられた.

*empleado, da** [empleáðo, ða] 過分 形 ❶ (ある目的に)使われる, 用いられた. ── una expresión bien *empleada* よく用いられる言い回し. unos años de la vida mal ~s. 実り少なかった数年間の生活. 類 **usado.** ❷ 勤めて[働いて]いる. ── Está ~ por un amigo de su padre. 彼は父親の友人の元で働いている. 類 **colocado.** 反 **desempleado, parado.**

dar por bien empleado (お金や時間を)上手に使ってよかったと思う.

estar bien empleado 《話》当然の報いである. *Le está bien empleado* el despido por sinvergüenza. 破廉恥ゆえに彼が解雇されるのも当然の報いだ.

── 图 社員, 従業員, 勤め人; 役人; 事務員; 店員(= ~ de tienda). ~ bancario [de banco] 銀行員. ~ de correos 郵便局員. ~ público 公務員. ~ del Estado 国家公務員. ~ de hogar (家庭の)召使い. Es ~ en una fábrica. 彼はある工場の従業員である. Está de ~ en una empresa de informática. 彼はあるIT関連の会社で社員として働いている. 類 **funcionario, trabajador.**

empleada de hogar お手伝い, 家政婦, メード.

emplear [empleár エンプレアル] 他 ❶ を雇う, 雇用する. ── *La compañía* de autobuses *le ha empleado* como chófer. バス会社は彼を運転手として雇った. Esta fábrica *emplea* a cien personas. この工場は100人の工員を抱えている. ❷ を使う, 使用する. ── *Empleó* un cuchillo para cortar el pan. 彼はパンを切るのにナイフを使った. 類 **usar, utilizar.** ❸ 『+en に』(時間・お金などを)費やす, 消費する. ── *Empleó* el dinero *en* comprar alimentos. 彼はそのお金を食料品を買うのに使った. *Empleas* mal el tiempo. 君は時間の使い方が下手だ. El colegio *empleó* cien mil euros *en* comprar ordenadores. 学校はコンピューターを買うのに10万ユーロ注ぎこんだ. 類 **consumir, gastar.**

── **se** 再 用いられる; 雇われる. ── *Se ha empleado* de dependiente. 彼は店員として雇われた.

:**empleo** [empléo] 男 ❶ (*a*) 使用(法), 使うこと. ── modo de ~ (製品の)使用法. hacer buen ~ del tiempo 時間を上手[有効]に使う. El ~ de esa palabra no es común. その言葉は一般に使われていない. 類 **uso.** 反 **desuso.** (*b*) 雇用. ── pleno ~ 完全雇用. ❷ 勤め口, 職, 仕事; (軍隊の)階級. ── sin ~ 無職の, 失業して. solicitud [suspensión] de ~ 求[停]職願. buscar un ~ 職を探す. tener un ~ いい職[地位]に就いている. "Solicitan ~." 『職を求む』. Tiene un ~ en Aduanas. 彼は税関に勤めている. El militar tenía el ~ de capitán. その軍人は隊長の位についていた. 類 **colocación, trabajo.** 反 **desempleo, paro.**

suspender a … de empleo y sueldo (人を)(一時)停職処分にする. Por una falta leve le *han suspendido de empleo y sueldo* por tres días. 彼はちょっとしたミスで3日間の停職処分を受けた.

emplomado [emplomáðo] 男 ❶ 鉛板ぶきにした屋根. ❷ (窓やガラスの)鉛枠.

emplomar [emplomár] 他 ❶ 鉛で覆う[ふく], …に鉛でおもりをつける. ── ~ los cristales 窓ガラスに鉛の枠をつける. ❷ を鉛で封印する. ❸ 『中南米』(歯)に詰め物をする.

emplumar [emplumár] 他 ❶ を羽毛で覆う, 羽飾りをつける. ❷ …に羽飾りをつける. ❸ 『中米, カリブ』をだます, 欺く.

── 自 ❶ 羽毛が生えそろう. ── serpiente *emplumada* 羽のあるヘビ(古代メキシコの神) ❷ 『中南米』逃げる, のがれる.

emplumarlas 『中南米』《話》逃亡する.

emplumecer [emplumeθér] [9.1] 自 (鳥の)羽毛が生える.

empobrecer [empoβreθér] [9.1] 他 を貧乏にする; 衰えさせる. ── *La dictadura empobreció* la cultura del país. 独裁政治が国の文化の衰退を招いた.

──(**se**) 自(再) 貧乏になる, 貧しくなる; 衰退する.

empobrecimiento [empoβreθimjénto] 男 貧困化; 衰退.

empollado, da [empoʎáðo, ða] 形 《話》[+en] …に精通した, 詳しい.

empollar [empoʎár] 他 ❶ (卵)を抱く, (ひなを)暖める. ❷ 《話》を(頭に)詰め込む, 猛勉強する.

── 自 ❶ 卵を抱く, 巣にこむ. 類 **incubar.** ❷ 《話》詰め込み勉強をする, 猛勉強する.

── **se** 再 《話》詰め込みの勉強をする.

empollón, llona [empoʎón, ʎóna] 形 《話, 軽蔑》がり勉の.

── 图 《話, 軽蔑》がり勉.

empolvar [empolβár] 他 ❶ …に粉をつける, を粉だらけにする. ❷ をほこりまみれにする.

── **se** 再 ❶ 顔におしろい[パウダー]をつける. ❷ ほこりまみれになる.

emponchado, da [emponHtʃáðo, ða] 形 ❶ 『中南米』ポンチョを着た. ❷ 『アルゼンチン』《話》疑わ

かく着込んだ.

emponcharse [empontʃárse] 再 ❶ 〖中南米〗ポンチョを着た. ❷ 〖アルゼンチン〗《話》暖かく着込む.

emponzoñamiento [emponθoɲamjénto] 男 →envenenamiento.

emponzoñar [emponθoɲár] 他 ❶ をだめにする, 台なしにする. ❷ …に毒を入れる. 類 **envenenar**.

emporcar [emporkár] [5.3] 他 を汚す, 汚損する. 類 **ensuciar**.
——**se** 汚れる, きたなくなる. 類 **mancharse**.

emporio [empórjo] 男 ❶ 《比喩》(文化・芸術の)中心地. ❷ 《商業》中央市場, 商業の中心地.

empotrado, da [empotráðo, ða] 過分 形 (壁などにはめ込んだ, 埋め込んだ. —En esta habitación hay un armario ~. この部屋には作り付けのたんすがある.

empotrar [empotrár] 他 〖+en〗を(…に)はめ込む, 埋める. —armario *empotrado* はめ込みのたんす. cama *empotrada* 壁に作りつけのベッド. 類 **embutir**.
——**se** 再 (衝突などで)めり込む. 類 **chocarse**.

emprendedor, dora [emprendeðór, ðóra] 形 進取的な, 積極的な, 果敢な, 行動力のある.
——名 ❶ 事業家, 企業家. ❷ 行動力のある人, 進取の気質に富んだ人.

‡**emprender** [emprendér] 他 (困難なこと)に着手する, 取りかかる, (行動)を開始する. — ~ la ascensión[una investigación] 上昇[調査]を開始する. A las nueve de la mañana *emprendimos* la marcha. 午前9時に我々は行軍を開始した. 類 **comenzar, empezar**.
***emprenderla con** ... (人)に辛く当たる;(事物)について口うるさい. La profesora *la emprendía conmigo* todos los días y siempre me preguntaba. 女の先生は毎日私に辛く当たり, いつも私を当てるのであった.

empreñar [empreɲár] 他 ❶ 妊娠させる. ❷ 《話》迷惑をかける, 怒らせる.

‡**empresa** [emprésa] 女 ❶ (大胆・困難・危険な)企て, 計画, 大仕事. —llevar a efecto una gran ~ 大事業をなしとげる. La subida al Everest fue una ~ atrevida. エベレスト登攀(ﾄｳﾊﾝ)は大胆な試みであった. 類 **designio, iniciativa**. ❷ 《経済》企業, 事業, 会社. — ~ de construcción 建設会社. ~ privada [pública] 民間[公営]企業. ~ individual 個人企業. ~ multinacional 多国籍企業. ~ filial 子会社. ~ funeraria 葬儀社. fusión de ~s 企業合併. fundar [dirigir] 事業を起こす[営む]. 類 **compañía, firma, sociedad**. ❸ 共同事業. —Hay que destacar la labor de ~ que el equipo realizó. そのチームが実現したチーム・ワークを強調しなければならない. ❹ 〖集合的に〗(特に劇場の)経営者(側), 興行元. — jurado de~ 労使協議会. La ~ no es responsable de los objetos perdidos. 当劇場は遺失物について責任を負いません. ❺ (紋章などの)題銘付き象徴的な図案[表象]; 題名, モットー. — ~ del escudo 盾形紋章の図案.

empresariado [empresarjáðo] 男 〖集合的に〗使用者, 雇用者, 経営者.

empresarial [empresarjál] 形 企業の, 経営の, 管理の. —dirigentes ~es 経界の指導者. estructura ~ 経営構造.

‡**empresario, ria** [empresárjo, rja] 名 ❶ 企業家, 経営者. — ~ de pompas fúnebres 葬儀屋. 類 **patrono**. ❷ 請負人. — ~ de obras públicas 公共(土木)工事請負人. 類 **contratista**. ❸ (芝居などの)興行主; (スポーツのマネジャー. — ~ teatral [de teatros] 劇場支配人.

emprestar [emprestár] 他 《話》を貸す(= prestar).

empréstito [emprésito] 男 ❶ 《商業》貸付, 融資, ローン; 貸付金, 借款. —pedir un ~ 貸付を申し込む. ❷ 公債.

‡**empujar** [empuxár] 他 ❶ を押す, 押しやる. — ~ la puerta ドアを押す. Lo *empujaron* contra la pared. 彼は壁に押しつけられた. *Empujó* el carrito de la compra hacia la salida. 彼は買い物用のワゴンを出口の方へ押しやった. 反 **tirar**. ❷ 〖+a+不定詞, +a+que+接続法〗(…するよう)を駆り立てる, …に迫る, そそのかす. —El profesor le *empuja* a que vaya a España a estudiar. 先生は彼にスペインへ勉強しに行くよう働きかける. La necesidad le *empujaba* a robar. 彼は困窮の余り, 盗みを働こうとしていた. 類 **incitar, inducir**. ❸ 〖+de から〗(人)を追い出す, 追い込む. —Le *empujaron* a dimitir. 彼は辞職に追い込まれた.
——自 向上する, 地歩を固める, 勢いを増す. —Esta novela *empuja* con fuerza en la lista de éxitos. この小説は売れ行き番付において着々と上位に進出している. Las nuevas generaciones vienen *empujando*. 新しい世代が台頭してきている.

empuje [empúxe] 男 ❶ 押し, 突き. —dar un ~ 一押しする. ❷ 推進力, 精力, 気力. — hombre de ~ 実力者. tener ~ 気力がある. ❸ 《建築》(柱・壁にかかる)側圧力, 重み, 推圧, 推力.

‡**empujón** [empuxón] 男 〖複 empujones〗 ❶ (強く)押すこと, 一突き, 一押し. —Le dieron un ~ y se cayó al suelo. 彼は突かれて地面に倒れた. 類 **empellón**. ❷ 《話》(仕事・計画などでの)奮起, 一頑張り, 一押し, 急速な進捗(ﾁｮｸ). —Con otro ~ como éste acabarás de escribir el libro en una semana. この調子でもう一踏ん張りすれば1週間でその本を書き終えるだろう. 類 **adelanto, avance, impulso, progreso**. 反 **retroceso**.
***a empujones** (1) 人を押しのけて, 荒々しく, 乱暴に (=a empellones). abrirse paso *a empujones* entre la multitud 人混みを押しのけながら進む. (2) 間を置きながら, 中断しながら, 時々思い出したように, 少しずつ. Va haciendo su trabajo *a empujones*. 彼はのんびり仕事をしている. (3) 苦労して, やっとのことで. Sacó todos sus estudios *a empujones*. 彼はやっとのことで全科目に合格した.
***de un empujón** 押して, 突き飛ばして. Abrió [Cerró] la puerta *de un empujón*. 彼はドアを押し開けた[押し閉めた].

empuñadura [empuɲaðúra] 女 ❶ (刀剣の)柄(ﾂｶ). —agarrar la espada por la ~ 剣のつかを握る. ❷ (傘などの)柄(ｴ), 握り. ❸ 《比喩》(物語の)はじめの決まり文句, 出だし.

empuñar [empuɲár] 他 ❶ をぐいとつかむ, 握る. ❷ 《比喩》(地位・職を得る.
***empuñar el bastón** →bastón.
***empuñar el cetro** →cetro.

emú [emú] 男 〖鳥類〗エミュー.

emulación [emulaθjón] 女 ❶ 競争, 張り合い,

782 emulador

対抗意識. —sentir ~ 対抗意識を持つ. ❷ 模倣. ❸《情報》エミュレーション. —~ de terminal 端末エミュレーション.

emula*dor, dora* [emulaðór, ðóra] 形 (同じことをしょうと)張り合っている, 競い合う.
—— 男《情報》エミュレーター.

emular [emulár] 他 ❶ …と競争する, 張り合う, …に対抗する. ❷ 模倣する, 手本とする.

ému*lo, la* [émulo, la] 名《文》競争相手, ライバル.
—— 形 [+de] …と張り合う, 競争の.

emulsión [emulsjón] 女 ❶《化学》乳剤, 乳状液. ❷《写真》感光乳剤 (= ~ fotográfica).

emulsionar [emulsjonár] 他《化学》を乳状[乳剤]にする.

emulsor [emulsór] 男 乳化機.

***en** [en エン] 前

I 〖場所〗…で, …に, …の中に(へ).
II 〖時間〗…に.
III 〖様態, 方法, 材料〗…で.
IV 〖分野〗…で, …において.
V 〖結果〗…に.
VI 〖数量の差〗
VII 〖「信頼, 期待」を示す動詞や名詞とともに〗.
VIII 〖en+現在分詞〗
IX 〖en+不定詞〗.

I 〖場所〗 ❶〖位置〗…で, …に, …の中に(で). —Aprendí el español *en* la universidad. 私は大学でスペイン語を習った. No hay nada *en* la caja. 箱の中には何もない. La bomba estalló *en* la estación. 爆弾は駅で爆発した. ❷…(の上に)に[で, へ]. —Veo una paloma *en* el tejado. 屋根の上に鳩が一羽見える. La besó *en* los labios. 彼は彼女のくちびるにキスした. ❸…(の中)へ[に]. —Cayó *en* un pozo. 彼は井戸の中に落ちた. La vi entrar *en* esta tienda. 私は彼女がこの店に入るのを見た.

II 〖時間〗 ❶〖時〗…に. —*En* abril nos mudamos de casa. 四月に私たちは引越しをした. Nació *en* 1920. 彼は1920年に生まれた. ❷〖期間〗…以内に, …の間に. —Un carpintero hizo esta puerta *en* dos días. 一人の大工がこの戸を2日間で作った. ❸…後に, …たった時に. —Mi padre volverá *en* media hora. 父は30分したら帰ってくる.

III 〖様態, 方法, 材料〗 ❶…で. —Los dos se veían *en* secreto. 二人は内緒で逢っていた. Se encuentra en París *en* viaje de negocios. 彼は商用でパリにいる. ❷…を着て. —Salió *en* pijama. 彼はパジャマを着て出てきた. ❸…に乗って. —Vamos a dar una vuelta *en* coche. 車で一回りしてきましょう. ❹〖材料〗…で. —Yo hice encuadernar los libros *en* piel. 私は本を皮で製本してもらった. ❺〖言語〗…語で. —Tienes que escribirlo *en* español. 君はそれをスペイン語で書かなくてはいけない. ❻〖価格〗…で. —Compré este cuadro *en* quinientos euros. 私はこの絵を500ユーロで買った.

IV 〖分野〗…で, …において. —Francisco ha sacado un sobresaliente *en* latín. フランシスコはラテン語で「優」を取った. Es doctor *en* física. 彼は物理学の博士だ.

V 〖変化・変形の結果〗…に. —El mago del circo cambió la flor *en* una paloma. サーカスの手品師が花を鳩に変えた.

VI 〖数量の差〗…で. —En estos 50 años la población aumentó *en* un veinte por ciento. この50年間に人口が20パーセント増えた.

VII 〖「思考・信頼・期待」を示す動詞や名詞とともに〗…を, …の事を. —Siempre estás pensando *en* el dinero. 君はいつも金のことを考えている. He puesto muchas esperanzas *en* ti. 私は君に随分期待をかけました.

VIII 〖en+現分〗…するとすぐに, …したら. —*En* acabando de trabajar, saldré contigo a dar un paseo. 仕事が終わったら君と散歩に出かけよう.

IX 〖en+不定詞〗…することに[で]. —Muchísimo gusto *en* saludarla, señorita. お嬢さん, お知り合いになれてとても光栄です. Mi padre no tardará *en* volver. 父はもうすぐ帰ってくるでしょう. Ella fue la última *en* salir. 彼女は出て行くのが一番最後だった.

en- [en-] 接頭 ❶「中に」の意. —*en*céfalo, *en*volver. ❷「名 形 の他動詞化; 強調」の意. —*en*dulzar, *en*riquecer, *en*vejecer.

enagua [enáɣua] 女《服飾》ペチコート, アンダースカート. —ponerse la ~ ペチコートをはく.

enaguachar [enaɣuatʃár] 他 …に水を入れ過ぎる.

enagüillas [enaɣuíjas] 女 複 ファスタネーラ (ペチコートに似た男子用の短いスカート); (十字架上のキリストの)腰巻.

enajenación [enaxenaθjón] 女 ❶《法律》譲渡. ❷ 放心(状態), 有頂天, 狂喜. ❸ 乱心, 錯乱, 逆上. —~ mental 精神錯乱, 狂気.

enajenamiento [enaxenamjénto] 男 → enajenación.

enajenar [enaxenár] 他 ❶ を譲渡する, 売却する. —~ una propiedad 財産を譲渡する. ❷ をうっとりさせる, 狂喜させる. 類 **embelesar**. ❸ を疎んずる, 遠ざける. —Su mal carácter le *enajena* la amistad de los compañeros. 性格が悪いので友達が離れていってしまうのだ. ❹ を乱心させる, 発狂させる. 類 **enloquecer**.
—— se 再 ❶ ぼうとなる, うっとりする. ❷ 逆上する, 発狂する. ❸ [+de] (人から)離れる, 遠ざかる.

enalbardar [enalβarðár] 他 ❶ (馬)に荷鞍をつける. ❷《料理》(揚げ物)に衣をつける (= rebozar).

enaltecer [enalteθér] [9.1] 他 ❶ …の品位を高める. 名誉となる. —Ese heroico comportamiento *enaltece* su figura. その英雄的行為で彼は大いに男を上げている. 類 **engrandecer**. ❷ を激賞する, 称賛する. 類 **elogiar, ensalzar**.

enaltecimiento [enalteθimjénto] 男 ❶ 激賞, 称賛, 賛美. ❷ 品位を高めること, 名声を上げること.

enamora*do, da [enamoráðo, ða] 過分 形 ❶ 恋をしている, ほれた. —Está profundamente ~ de su novia. 彼は恋人を深く愛している. ❷ 愛好する, 熱中する. —Está ~ de los libros. 彼は熱狂的な読書家だ. Es una mujer *enamorada* de su profesión. 彼女は自分の仕事を愛している女性だ.
—— 名 ❶ 恋する人, 恋人. —Los ~s creen que son los más felices del mundo. 恋人たちは自分が世界で一番幸せだと思う. el día de los ~s 恋

人の日. 類 **novio**. ❷ 愛好者. — Es un ~ de la música clásica. 彼はクラシック音楽の愛好家だ. 類 **aficionado**.

‡**enamorar** [enamorár] [＜amor] 他 ❶ をほれ込ませる, …に恋心を起こさせる, 愛情を抱かせる. — Me *enamoró* (con) su belleza. 彼女の美しさに私は恋心をそそられた. ❷ …に言い寄る, 求愛する, を口説く. — ～ a todas las mujeres 女性と見れば誰にでも言い寄る. ❸ 大いに気に入る, 大好きになる. — Me *enamoran* las canciones populares de ese país. 私はその国の民謡が大好きだ. Le *enamora* la vida de familia. 彼は家族といっしょにいるのが大好きだ.
── se 再 ❶ [＋de に] 恋をする, ほれる. — José *se enamoró* de Carmen. ホセはカルメンに恋をした. ❷ [＋de に] 心酔する, 夢中になる, 熱中する. — *Se enamoró* de su pintura la primera vez que la vio. 彼は一目でその画家の絵に夢中になった. ❸ (互いに) 好きになる, 恋に落ちる. — *Se enamoraron* en aquel viaje. 彼らはあの旅行で恋に落ちた.

enamoricarse [enamorikárse] 再 →enamoriscarse.

enamoriscarse [enamoriskárse] [1.1] 再 [＋de に] …に淡い恋心を抱く, 恋しく思い始める.

enanismo [enanísmo] 男 《医学》小人症.

enano, na [enáno, na] 形 ❶ 小型の, ちっぽけな. ❷《軽蔑》背が低い.
── 名 男 ❶ 小人. ❷《軽蔑》小さな人, チビ. ❸《話》(愛称) 小さい子供. — Tengo dos ~s de dos y tres años. 私には 2 才と 3 才の子がいます. 類 **niño**.
como un enano《話》大いに, とても (楽しく・よく).

enarbolar [enarβolár] 他 (*a*) (旗などを) 揚げる, 高く揚げる. — ～ la bandera nacional 国旗を掲げる, 揚揚する. (*b*) (威嚇のために) 振りかざす, 高く掲げる. — Enarboló un bastón contra el carterista. 杖を振り上げてスリを追い払った. 類 **blandir**.
── se 再 ❶ (馬が) 後ろ足で立つ. 類 **encabritarse**. ❷《比喩》怒る, 腹を立てる. 類 **enfurecerse**.

enarcar [enarkár] [1.1] 他 をアーチ状にする, 弓なりにする.
── se 再 アーチ状になる, 弓なりに曲がる.

enardecer [enarðeθér] [9.1] 他 ❶《比喩》を元気づける, 鼓舞する, 興奮させる. ❷ を燃やす, たきつける, 燃え上がらせる, あおる. ❸《医学》…に炎症を起こさせる.
── se 再 ❶ 興奮する, 熱狂する. — Habían bebido demasiado y los ánimos *se enardecieron*. 彼らは酒が入りすぎて気分が高揚してしまったのだ. ❷ 燃える, 燃え上がる. ❸《医学》炎症を起こす. ❹ 性的に興奮する.

enardecimiento [enarðeθimiénto] 男 ❶《医学》炎症. ❷《比喩》元気づけること, 鼓舞.

enarenar [enarenár] 他 ❶ …に砂をまく [入れる], を砂で覆う. — ～ los baches en el camino 道の穴に砂を入れる. ❷ …に砂を混ぜる.
── se 再 砂でおおわれる. ❷《海事》座礁する.

enastar [enastár] 他 (道具・武器などに取っ手 [柄]) を付ける. — ～ un martillo ハンマーに柄をつける.

encabalgamiento [eŋkaβalɣamiénto] 男《詩》句またがり (詩句が 2 行にまたがって続くこと).

encabalgar [eŋkaβalɣár] [1.2] 他 ❶ …に馬を与える. ❷ を重ねる, 乗せる. ❸《詩》(詩句を) 2 行にまたがらせる. ── 自 馬に乗る.

encaballar [eŋkaβaʎár] 他 ❶ (瓦などを) 重ねる. ❷《印刷》(組版された活字を) 乱す.
── se 再《印刷》(組版された活字が) 乱れる.

encabestrar [eŋkaβestrár] 他 (馬に) 端綱(はづな)を掛ける.

encabezado [eŋkaβeθáðo] 男《情報》ヘッダー.

encabezamiento [eŋkaβeθamiénto] 男 ❶ (新聞記事などの) 見出し, (章などの) 表題;《情報》ヘッダー. ❷ (手紙の) 書き出し, 前文. ❸ 登録, 記載. ❹ 納税名簿.

encabezar [eŋkaβeθár] [1.3] 他 ❶ …の先頭に立ち, 一番上[前]にある. ❷ を指揮する, 指導する, 統率する, …の長である. 類 **acaudillar, capitanear**. ❸ [＋con] (文章・手紙などを) …で書き始める. — *Encabezó* su novela *con* una cita de Gracián. 彼は自分の小説の冒頭にグラシアンの言葉から引用をのせた. ❹ を名簿にのせる.

encabritarse [eŋkaβritárse] 再 ❶ (馬などが) 後ろ足で立つ. ❷ (船・車などが) 船首を上げる, 前部を浮かせる. ❸《話》怒る, 腹を立てる, かっとなる.

encachado [eŋkatʃáðo] 男《技術》(水路の) コンクリート床.

encachar [eŋkatʃár] 他《技術》(水路に) コンクリートを打つ.

encadenación [eŋkaðenaθjón] 女 →encadenamiento.

encadenamiento [eŋkaðenamiénto] 男 数珠つなぎ, 連鎖.

encadenar [eŋkaðenár] 他 ❶《比喩》をしばりつける, 束縛する. ❷ を鎖でつなぐ, …に鎖をかける. ❸ (観念・推論などを) 結びつける, 関連づける.

‡**encajar** [eŋkaxár] [＜caja] 他 ❶ (*a*) [＋en に] をはめる, はめ込む, 差し込む. — ～ el marco en el hueco de la ventana 窓に窓枠をはめる. *Encajó* la llave *en* la cerradura. 彼は鍵穴に鍵を差し込んだ. ～ las piezas de un rompecabezas パズルのピースをはめる. (*b*) (話の途中である話題を) 挿入する. — ～ un chiste [un cuento] ジョーク[物語]を挿入する. ❷《話》(いやいやながらも) を受け入れる, 受け止める. — No supe ～ esa mala noticia. 私はその悪いニュースを受けとめることができなかった. ❸《話》(一撃を) 加える, ぶち込む, (偽札などを) つかませる. — Le *encajó* una bofetada [un cenicero en la cabeza]. 彼はそいつに一発食らわせた [そいつの頭に灰皿で一発お見舞いした]. Me *encajaron* un billete falso. 私は偽札をつかまされた. ❹《スポーツ》を食らう, 入れられる. — Nuestro equipo *encajó* cuatro tantos. 我々のチームは 4 点を入れられた. ❺《話》を無理矢理聞かせる, 押しつける. — Nos *encajó* un sermón. 彼は我々に長たらしい説教をした.
── 自 ❶ はまる, ぴったりする. — El armario no *encaja* en este hueco. そのたんすはこの空間には収まらない. El cristal *encaja* bien en el marco. そのガラスは窓枠にぴったりだ. ❷ しっくりする, 適合する. — La nueva profesora *ha encajado* bien en el instituto. こんどの女の先生はその高校にうまく溶け込んだ. Aquellos chabacanos chistes no *encajaron* en la reunión. あの下品なジョークは集まりに場違いだった. ❸ [＋con と] 一致する. — Los informes de los dos no *encajan*. 二人の報

784 encaje

告は一致しない. Lo que me has dicho no *encaja con* lo que me contó tu mujer. 君が私に言ったことは君の奥さんが私に言ったことと一致しない.

— **se** 再 ❶ はまり込む, 入り込む. —La rueda *se encajó* en un barrizal. 車輪がぬかるみにはまり込んだ. ❷ を着込む, 着用する. —*Se encajó* el impermeable y salió a dar un paseo. 彼はレインコートを着込んで散歩にでかけた.

****encaje** [eŋkáxe] 男 ❶ 《手芸》レース, レース編み. —hacer ~ レースを編む. adorno de ~ レースの飾り. medias de ~ レーシーストッキング. industria del ~ レース産業. ~ al ganchillo 鉤針編みレース. ~ a la aguja [de aguja] ニードルポイントレース. ~ a máquina [hecho a mano] 機械編み [手編み]レース. ~ de blonda 絹[ブロンド]レース. ~ de bolillos ボビンレース. ~ de recicilla 透かしレース. ~ de Valenciennes ヴァランシアン・レース(北仏・ベルギーの高級ボビンレース). ❷ はめ込み, 接合, 挿入; はめ絵; 裁ち合わせ; (製本で)入紙, (新聞の)折り込み広告. —Para que esa máquina funcione, el ~ de las piezas tiene que ser perfecto. その機械が作動するためには部品がぴったりはまらなければならない. 類**acoplamiento, encajadura**. ❸《技術》受け口, ほぞ穴, くぼみ. —No encontraba el ~ adecuado de la pieza del rompecabezas. 彼はパズルのピースの適当なはめ込み口が見つからなかった. 類**encajadura, ensamblaje**. ❹ (銀行の資金留保の)準備金, 引当金, 準備率. ~ (=~ bancario). ~ legal 法定準備率. ~ de oro 金の準備高. ❺ 象眼細工; (家具などの)寄せ木作り (=taracea). ❻《紋章》山形の組み合わせ. ❼ 適合, 一致.

encajes de la cara 顔立ち, 目鼻立ち, 容貌, 顔形.

encajero, ra [eŋkaxéro, ra] 名 ❶ レース職人. ❷ レース販売業者.

encajetillar [eŋkaxetiʎár] 他 (タバコ)を箱詰めにする.

encajonar [eŋkaxonár] 他 ❶ を箱に入れる, 木枠に詰める, 容器に入れる. ❷《闘牛》(牛を移動のため)檻に入れる. ❸《建築》(を控え壁で)支える. ❹[+en]〈比喩〉を(狭い所に)押し込める.

— **se** 再 ❶[+en]押し入る, 割り込む, はまり込む. ❷ (川が)峡谷を流れる.

encalabrinar [eŋkalaβrinár] 他 ❶ をぼうっとさせる, 酔わせる. ❷ を怒らせる, 激怒させる. 類**irritar**. ❸ 幻想を抱かせる, (偽りの)期待をもたせる. 類**encandilar**.

— **se** 再 ❶[+con に]固執する, を欲しがる. ❷[+con/de に]惚(ほ)れる, 恋する.

encalado [eŋkaláðo] 男 白堊, 壁の漆喰(しっくい)塗り.

encalador, dora [eŋkalaðór, ðóra] 形 石灰塗りの, 漂白する. — 名 石灰しっくい塗り職人. — 男 (皮はぎ用)石灰液おけ.

encaladura [eŋkalaðúra] 女 →encalado.

encalar [eŋkalár] 他 …にしっくいを塗る, を白く塗る. —~ una pared 壁を白く塗る.

encalladero [eŋkaʎaðéro] 男《海事》船が座礁しやすい場所.

encalladura [eŋkaʎaðúra] 女 座礁.

encallar [eŋkaʎár] 自 ❶《海事》座礁する, 暗礁に乗り上げる. 類**varar**. ❷《比喩》(計画などが)失敗する, だめになる.

— **se** 再 (食物が)固くなる.

encallecer [eŋkaʎeθér] [9.1] 他 …にたこができる.

— **se** 再 ❶ たこができる; たこのように硬くなる. ❷ 無感覚になる. ❸ (仕事などに)鍛えられる; (悪習に)染まる. ❹ (食べ物が)固くなる.

*‡***encaminar** [eŋkaminár]〔<camino〕他 ❶[+hacia へと]向かわせる. —*Encaminó* sus pasos *hacia* la estación. 彼は駅の方へと足を向けた. El policía me *encaminó hacia* la plaza. 警官は私に広場への道を示した. 類**orientar**. ❷[+a+不定詞](…するよう努力など)を向ける. —*Encamina* todos sus esfuerzos *a* hacerse diplomático. 彼は外交官になるべく全精力を傾注する. ❸ を導く, 指導する. —Hay que ~ a estos niños por el buen camino. これらの子どもたちを良い方向へと導かねばならない. 類**encarrilar**. ❹[+a に]を向ける. —*Encaminan* la nueva publicación *a* los niños. 彼らはこんどの出版物を児童向けにする.

— **se** 再[+a/hacia に] ❶ 向かう, 向かって進む. —*Se encaminaron al* centro de la ciudad. 彼らは市の中心へと向かった. El país *se encaminaba hacia* la guerra. 国は戦争へと向かっていた. ❷ (を)目指す, 目的とする. —Las medidas están *encaminadas a* reducir los gastos públicos. その措置は公費節減を目的としている.

encampanado, da [eŋkampanáðo, ða] 過分 形 →acampanado.

dejar a ... acampanado《中米》(人)を置き去りにする.

encampanar [eŋkampanár] 他《中南米》見捨てる.

— **se** 再 ❶ 尊大な態度になる. ❷《闘牛》牛が頭を上げる. ❸《コロンビア》恋する. ❹《メキシコ》窮地に立つ. ❺《プエルトリコ, ベネズエラ》地位が上がる.

encanado[1] [eŋkanáðo] 男 水道管, 配管; 排水管.

encanado[2] [eŋkanáðo] 男 格子柵.

encanallamiento [eŋkanaʎamiénto] 男 下品になること; 卑劣化. 類**envilecimiento**.

encanallar [eŋkanaʎár] 他 を堕落させる, ならず者にする. 類**envilecer**.

— **se** 再 堕落する, ならず者になる.

encanastar [eŋkanastár] 他 をかごに入れる. —~ las uvas ブドウをかごに入れる.

encandecer [eŋkandeθér] [9.1] 他 を白熱させる. — **se** 再 白熱する.

encandilado, da [eŋkandiláðo, ða] 形《話》(目が)ぎらぎらした.

encandilar [eŋkandilár] 他 ❶ …の目をくらませる, をまぶしがする. 類**deslumbrar**. ❷《比喩》を眩惑する, 魅了する, うっとりさせる; 当惑させる. 類**embelesar**. ❸《話, 比喩》(欲望)を刺激する. ❹ 愛情を感じさせる, 好きにならせる.

— **se** 再 ❶ (顔・目が)輝く, ぎらぎらする. ❷ 目がくらむ, まぶしい (=deslumbrarse). —~*se* con la luz del sol 太陽の光で目がくらむ.

encanecer [eŋkaneθér] [9.1] 自 ❶ 白髪になる. ❷ かびが生える. ❸ 白髪になる.

encanijado, da [eŋkanixáðo, ða] 過分 形 衰弱した, やせ衰えた. 類**esmirriado**.

encanijamiento [eŋkanixamiénto] 男 衰

弱, やせ衰え.
encanijar [eŋkanixár] 他 を弱める, やわれさせる.
— **se** 再 衰弱する, やせ衰える.
encanillar [eŋkaniʎár] 他 を糸巻き[ボビン]に巻き取る.
‡**encantado, da** [eŋkantáðo, ða] 過分 形 ❶ 魔法にかかった. — La princesa estaba *encantada* por una bruja mala. 王女は悪い魔女によって魔法にかけられていた. ❷ (*a*) 喜んだ, 満足した. — Está ~ con sus estudios [la nueva casa]. 彼は自分の勉強[新しい家]に満足している. Estoy ~ de haberla conocido. 彼女と知り合いになれて私はうれしい. (*b*) (誘いなどに応じて)喜んで. — ¿Me acompañas a dar un paseo?–E~. 一緒に散歩しませんか?–喜んで. (*c*) (初対面のあいさつではじめまして. — Estoy ~ de conocerlo[la]. はじめまして. ❸ ぼけっとした, ぼんやりした. ❹ 人けのない, 幽霊の出そうな. — un palacio ~ 人が住んでいなさそうな邸宅.
‡**encantador, dora** [eŋkantaðór, ðóra] 形 魅力[魅惑]的な, うっとりさせる. — mirada *encantadora* 魅力的な目付き. noche *encantadora* 魅惑的な夜. Es una muchacha *encantadora*. 彼女は魅力のある少女だ. 類 **atractivo, cautivador, seductor**.
— 名 ❶ 魅力的な人, 魅惑する人. ❷ 魔法使い, 魔術師, マジシャン. — ~ de serpiente ヘビ使い. 類 **hechicero, mago**.
encantamiento [eŋkantamjénto] 男 ❶ 魔法, 魔術. — como por ~ 魔法のように. 類 **embrujamiento**. ❷ 魅惑, 魅力. — el ~ de una mirada 視線の魅力, 魅惑的な目.
‡**encantar** [eŋkantár] 他 ❶ を魅惑する, 魅了する, …の気を引く. 類 **fascinar**. ❷ …が大好きで, を喜ばせる. — Le *encanta* viajar sola. 彼女は独り旅が大好きだ. Me *encanta* la vida de la ciudad. 私は町の生活が大好きだ. ❸ を魔法にかける. 類 **embrujar, hechizar**.
— **se** 再 【+con/en に】うっとりする, 気を取られる. — Se *encanta* oyendo música clásica. 彼はクラシック音楽を聴くと我を忘れる. 類 **embelesarse**.
encante [eŋkánte] 男 ❶ 《まれ》競売, 競り. ❷ のみの市. 類 **mercadillo, rastro**.
‡**encanto** [eŋkánto] 男 ❶ 魅力, 魅惑; 魅力的な. — ~ de una sonrisa 微笑の魅力. una ciudad [una persona] con mucho ~ 大変魅力ある町[人]. Tienen un jardín que es un ~. 彼らはすばらしい庭を持っている. Disfrute del ~ del paisaje. 風景のすばらしさをお楽しみください. ¡Qué ~ de hombre! 何て魅力的な人なんでしょう. 類 **atractivo, embrujo, maravilla, primor**. ❷ 覆 肉体的魅力, 色香; 愛嬌. — Quedó cautivado [hechizado] por sus ~s. / Se rindió ante sus ~s. 彼は彼女の魅力のとりこになった. No me pude resistir a sus ~s. 私は彼女の魅力に参ってしまった. Utilizó todos sus ~s para conquistarlo. 彼女は彼の心をつかむため持てるすべての魅力をふるった. 類 **atractivo, atributos**. ❸ 歓喜, 喜び, 恍惚(こうこつ)状態; 不注意. — escuchar con ~ うっとりとして聞く. 類 **embelesamiento**. ❹ 魔法(にかける・かかること), 魔術. — como por ~ 魔法によるかのように, まるで魔法のように; 突然, 急に. — hacer un ~ をとく. Se rompió el ~. 魔法

encarcelación 785

がとけた. 類 **embrujo, encantamiento, hechizo**.
— 間 (夫婦・恋人間での愛情の呼びかけ語として)ねえ, あなた!, お前! — ¡Ven aquí, ~ mío! ねえ君, こっちに来てよ! Lo que tú quieras, ~. ねえ, あなたの好きなようにして. 類 **cariño**.
encañado [eŋkaɲáðo] 男 ❶ (籐・芦などの)格子. ❷ 《集合的で》配管, パイプ.
encañar [eŋkaɲár] 他 ❶ …に水路を開く. ❷ 《農業》(土地の)排水をする. ❸ 《農業》(植物に)支柱をかう, 添木をする. ❹ (糸を糸巻に巻く.
encañizada [eŋkaɲiθáða] 女 ❶ 簗(やな). ❷ 格子柵. 類 **encañado**.
encañizado [eŋkaɲiθáðo] 男 (葦などを編んだ)天井の支え.
encañonar [eŋkaɲonár] 他 ❶ …に銃口を向ける, をねらう. ❷ …に水路を開く; (水を)管で通す. ❸ (布・服などに)ひだをつける. ❹ (糸を糸巻に巻く.
— 自 (ひな鳥が)羽毛が生えそろう.
encapillar [eŋkapiʎár] 他 《海事》(帆桁に)(索具など)を装着する.
— **se** 再 《話》(頭からかぶって)服を着る.
encapirotar [eŋkapirotár] 他 …にとんがり頭巾をかぶせる. — **se** 再 とんがり頭巾をかぶる.
encapotado, da [eŋkapotáðo, ða] 過分 形 (空が)曇った; マントをつけた.
encapotamiento [eŋkapotamjénto] 男 怒った人のいかめしい顔つき.
encapotar [eŋkapotár] 他 …に外套を着せる.
— **se** 再 ❶ 【3人称単数形で無主語】《気象》(空が)曇る. 類 **nublarse**. ❷ 外套を着る. ❸ (馬が)頭を下げる.
encapricharse [eŋkapritʃárse] 再 【+de/en/con/por】 ❶ …に夢中になる, 執心する, だだをこねる. — Se *encaprichó* de una muñeca y no podía dormir sin ella. とても気に入っている人形があって, それなしでは眠れないほどだった. ❷ (うわべで, 見た目だけで)惚れ込む, 気に入る.
encapuchado, da [eŋkaputʃáðo, ða] 形 名 フードをかぶった(人), 覆面で顔を隠した(人).
encapuchar [eŋkaputʃár] 他 …に頭巾[フード]をかぶせる. — **se** 再 頭巾をかぶる.
encarado, da [eŋkaráðo, ða] 【次の成句で】
bien encarado 美しい顔をした.
mal encarado 醜い顔をした; 恐ろしい顔をした.
encaramar [eŋkaramár] 他 ❶ を上げる, 持ち上げる. — *Encaramó* al niño a una rama del árbol. その子を木の枝に登らせてやった. ❷ を称賛する. 類 **lisonjear**.
— **se** 再 ❶ 【+a】(難しいところへ)昇る, 登る; よじのぼる. ❷ 《比喩》頂点を極める. — En unos años *se encaramó* hasta el puesto de director. 彼は数年のうちに社長の地位にまでのぼりつめた.
encarar [eŋkarár] 他 ❶ …に直面する, 立ち向かう. — ~ un problema 問題に直面する. 類 **afrontar**. ❷ をねらう, …に銃口を向ける. ❸ 二人の人[二匹の動物]を向かい合わせにする, 向き合わせる.
— **(se)** 自(再) 【+a/con に】 ❶ 《比喩》反抗する, 刃向かう; 腹を立てる. ❷ 【+a/con に】直面する, 立ち向かう.
encarcelación [eŋkarθelaθjón] 女 投獄, 収

監; 監禁. 類 **encarcelamiento**.

encarcelamiento [eŋkarθelamjénto] 男 投獄, 収監, 監禁.

encarcelar [eŋkarθelár] 他 ❶ を刑務所に入れる, 収監する, 投獄する. ❷《建築》…にしっくいを詰める.

*****encarecer** [eŋkareθér] [<caro) [9.1] 他 ❶ …の価格を引き上げる, を値上げする. —La subida del precio de la gasolina *ha encarecido* el transporte. ガソリンの値上がりが運送費を上昇させた. ❷ を褒めたたえる, 褒めそやす, 称賛する. —*Encarecían* tanto su inteligencia que se volvió algo creído. 彼は頭の良さをあまりにほめられたので少し思い上がってしまった. 類 **alabar, ensalzar**. ❸《文》を強く勧める, 力説する; 強調する. —Me *encareció* que cuidara de los niños. 彼は子どもたちの面倒をみるよう私に力説した. Me *encareció* la importancia de no beber demasiado. 彼は飲み過ぎないことの重要性を私に強調した.
—— 自 値上がりする.
—— se 再 値上がりする. —*Se ha encarecido* el pan. パンが値上がりした.

encarecidamente [eŋkareθiðaménte] 副 熱心に, 切に.

encarecimiento [eŋkareθimjénto] 男 ❶ (物価の)値上がり, 高騰(こうとう); 値上げ. —~ de la vida 生活費の高騰. 類 **subida**. 反 **abaratamiento**. ❷ 切願, 熱心; 強調. —Su ~ para que yo le acompañara hizo que al fin accediera. 彼が私にお伴するようにしきりに頼むので, とうとう私は同意した. 類 **empeño, insistencia**. ❸ 称賛. —Por el ~ que hizo de la joven deduje que era su padre. その娘に対する誉め方から, 私は彼が彼女の父だと考えた. 類 **elogio, censura**.
con encarecimiento 熱心に, 切に, しきりに, 強く. *rogar con encarecimiento* 切願する.

encarezca(-) [eŋkareθka(-)] 動 encarecer の接・現在.

encarezco [eŋkaréθko] 動 encarecer の直・現在・1単.

*****encargado, da** [eŋkarɣáðo, ða] 過分 形 『+de』を任された, 引き受けた. —Está ~ *de* llevar la contabilidad. 彼は帳簿をつける担当者だ.
—— 名 ❶ 担当者, 責任者, 係; 従業員, 店員. —~ de la limpieza 清掃係員. ~ de tienda 店主任. Soy ~ de ventas. 私は販売係です. Deseo hablar con el ~ de la tienda. 店の責任者と話したいのですが. ❷ 代理人. ~ de negocios 代理公使.

*****encargar** [eŋkarɣár] [1.2] 他 ❶ (*a*) を委託する, ゆだねる, 任せる. —Me *encargó* un trabajo muy importante. 彼は非常に重要な仕事を私にゆだねた. 類 **encomendar**. (*b*) を依頼する, 頼む. —*Encargó* a la hija mayor que cuidara de sus hermanos. 彼は長女に弟達の面倒を見るよう頼んだ. Me *encargó* que te diera recuerdos. 彼から君によろしく伝えてくれとのことだ. Le *encargaron* del teléfono. 彼は電話番をするよう頼まれた. ❷ を注文する, 発注する; あつらえる. —Han llegado los libros que *encargaste*. 君が注文した本が届いた. ~ un traje スーツを1着あつらえる.
—— se 再 『+de を』引き受ける, 承諾する; …の面倒を見る. —Me *encargaré* de dar clases de español en lugar de ella. 私は彼女に代わってスペイン語の授業をすることを引き受けるつもりだ. Yo me *encargaré* de avisarle. 私が彼に知らせよう. *Se encargó* de mis hijos durante mi ausencia. 彼が私が留守の間子供達の面倒を見てくれた.

*****encargo** [eŋkárɣo] 男 ❶ 頼まれごと, 用事; 依頼. —dar un ~ 用事を頼む. Salió a hacer unos ~s. 彼はお使いに行った. Tengo algunos ~s que hacer en la ciudad. 私は町にいくつか用事がある. Le hicieron el ~ de que vigilara. 彼は見張るように頼まれた. 類 **recado**. ❷ 任務, 使命, 仕事; 職. —cumplir [ejecutar] su ~ 任務・使命を果たす. 類 **cometido, comisión**. ❸《商業》注文(品). —por ~ 注文で. hacer un ~ de doce jamones ハムを12個注文する. realizar un ~ 注文品を調製する. 類 **pedido**.
como (*hecho*) *de encargo/que ni hecho de encargo*《比喩》おあつらえ向きな, ぴったりした. *Este abrigo me viene como hecho de encargo*. このオーバーは私にぴったりである. *Esta tela me va que ni hecha de encargo para las cortinas*. この布地は我が家のカーテン地におあつらえ向きである. *de encargo* あつらえの[で]. *traje de encargo* 注文服. *muebles de encargo* 特注家具.
hacer encargos 用を足す, 使い走りをする(→①).

encargue(-) [eŋkarɣe(-)] 動 encargar の接・現在.

encargué [eŋkarɣé] 動 encargar の直・完了過去・1単.

encariñar [eŋkariɲár] 他 をいとおしく思わせる, 慕わせる.
—— se 再 『+con/de が』好きになる, いとおしく思う. —El niño *se encariñó* con el gatito. その子はその猫が気に入った. 類 **encapricharse, prendarse**.

Encarna [eŋkárna] 固名《女性名》エンカルナ (Encarnación の愛称).

Encarnación [eŋkarnaθjón] 固名 ❶《女性名》エンカルナシオン. ❷ エンカルナシオン(パラグアイの都市).

encarnación [eŋkarnaθjón] 女 ❶ (la E~)《宗教》(キリストにおける)顕現, 托身. ❷ 体現, 具現, 権化. 類 **personificación**. ❸ 肉色.

*****encarnado, da** [eŋkarnáðo, ða] 過分 形 ❶ 肉体化された, 人間の姿をした. —el Verbo ~ 肉体化したみ言葉(イエスのこと). el diablo ~ 人間の姿をした悪魔. ❷ 肉色の, 赤い. —El niño llegó con las mejillas *encarnadas* de tanto correr. その子は一生懸命走ったので真っ赤な頬をしてやって来た. Llevaba una blusa *encarnada*. 彼女は赤いブラウスを着ていた. 類 **colorado, rojo**. ❸ (ある人物を強調して)本人の.
—— 男《美術》肌色, 肉色; 赤色. —Del ~ al amarillo, hay toda una gama de colores. 肌色と黄色の間には無数の色調がある.

encarnadura [eŋkarnaðúra] 女 傷の直り具合.

encarnar [eŋkarnár] 他 ❶ を具体的に表現する, 具体化する, 象徴する. ❷《演劇》(俳優が役を)演じる. ❸ (猟犬・鷹などに)獲物の肉を味わせて刺激する.
—— 自 ❶ (傷が)直る, 癒(い)える. ❷《宗教》(神が)人間の姿をとる, 肉体をもつ, 顕現する.
—— se 再 ❶《宗教》化身する. ❷ (犬が)獲物の腸を食べる. ❸ 合わさる, 結合する, つながる. ❹

(爪が)肉にくい込む.

encarnecer [eŋkarneθér] 自 《まれ》太る, 肉がつく. 類**engordar**.

encarnice(-) [eŋkarniθe(-)] 動 encarnizar の接・現在.

encarnicé [eŋkarniθé] 動 encarnizar の直・完了過去・1単.

encarnizadamente [eŋkarniθáðaménte] 副 残虐に, 残忍に; 激しく.

encarnizar [eŋkarniθár] [1.3] 他 ❶ を激怒させる. 類**enfurecer**. ❷ (猟犬・鷹などに)獲物の肉を味わせて刺激する.
— **se** 再 ❶ 激しくなる; 残酷になる. ❷ [+con を] 残虐に扱う, 虐待する. 類**ensañarse**. ❸ (獣が獲物を)むさぼり食う.

encaro [eŋkáro] 男 ❶ 狙い, 照準. 類**puntería**. ❷ 注意してじっと見つめること. ❸ 《まれ》発砲の際に頬を支える銃の床尾の一部.

encarpetar [eŋkarpetár] 他 《中南米》(書類を)ファイルする.

encarrilar [eŋkařilár] 他 ❶ を軌道に乗せる, 順調に進ませる. 反**descarrilar**. ❷ を指導する, 導く. 類**encaminar**.
— **se** 再 軌道に乗る, 順調に進む.

encartar [eŋkartár] 他 (トランプで)(後に続く者が同じ札を出すように)自分の札を出す.
— **se** 再 都合がよい.

encarte [eŋkárte] 男 ❶ (トランプで)(後に続く者が同じ札を出すように)自分の札を出すこと. ❷ (新聞などの)折り込み広告.

encartonar [eŋkartonár] 他 ❶ を厚紙で包む. ❷ を厚紙で製本する.

encasillado [eŋkasiʝáðo] 男 ❶ 升目. ❷ 政府支持の候補者名簿.

encasillar [eŋkasiʝár] 他 ❶ 《比喩》[+de] を…と決めつける, みなす. ❷ (書類などを)整理棚に入れる. ❸ を分類する. ❹ を升目に記入する. ❺ 《比喩》(立候補者を)選挙区に割り当てる.

encasquetar [eŋkasketár] 他 ❶ を無理やり聞かせる, 無理やりしる, 押しつける. — Me han encasquetado a los niños mientras van de compras. 買い物に行く間, 私は子供らの世話を押しつけられた. ❷ (考えなど)を植えつける, 押しつける. ❸ [+a に] (帽子を)深くかぶせる.
— **se** 再 ❶ (帽子を)深くかぶる. ❷ 《比喩》(考えなどが)頭にこびりつく.

encasquillador, dora [eŋkaskiʝaðór, ðóra] 名 《中南米》蹄鉄工. 類**herrador**.

encasquillar [eŋkaskiʝár] 他 ❶ 《中南米》…に蹄鉄を打つ. ❷ …に金具の環[はめ輪, 口金]をはめる.
— **se** 再 ❶ (はめ輪のせいで発砲の際に弾丸が詰まる. ❷ 動きがとれなくなる, 立ち往生する, もたつく. — Se le ha encasquillado la palanca de marchas. 彼はギアハンドルの動きが取れなくなった. ❸ 《比喩, 話》話がつかえる, 考えがもたつく. — Cuando se pone nervioso, se encasquilla. 彼は緊張すると言葉がつかえる. ❹ 《中南米》おじけづく, びくつく.

encastillado, da [eŋkastiʝáðo, ða] 過分 形 傲慢な, 横柄な. 類**altivo, soberbio**.

encastillar [eŋkastiʝár] 他 ❶ …に城を築く. ❷ を積み重ねる, 積み上げる. ❸ …に足場を設ける.
— **se** 再 ❶ 《比喩》[+en に] 固執する. 類**obcecarse, obstinarse**. ❷ 城に逃げ込む, [+en に] 立てこもる, 籠城(ろうじょう)する.

encastrar [eŋkastrár] 他 ❶ はめる, はめ込む. 類**encajar**. ❷ (機械)(部品の歯をかみ合わせる.

encauchar [eŋkautʃár] 他 …にゴムを引く, ゴムで裏打ちする.

encausar [eŋkausár] 他 《法律》を起訴する. 類**procesar**.

encáustico, ca [eŋkáustiko, ka] 形 《美術》絵の具焼付けの. — 男 ワックス.

encausto [eŋkáusto] 男 ❶ 《美術》焼付け画法, 蝋画(ろうが)法. ❷ (昔皇帝が使用した)赤インク.

encauzamiento [eŋkauθamjénto] 男 水路を開くこと, 水路の整備.

encauzar [eŋkauθár] [1.3] 他 ❶ …の水路を開く, …に出口を与える. — ~ las aguas 水を導く. ❷ 《比喩》を導く, 指導する. — ~ la vida 人生の方向うけをする.

encebollado, da [enθeβoʝáðo, ða] 過分 形 タマネギのたくさん入った.
— 男 《料理》エンセボヤード. ♦たくさんのタマネギとスパイスで調味されオリーブ油でこんがり焼いた料理.

encebollar [enθeβoʝár] 他 (料理に)タマネギをたくさん入れる.

encefálico, ca [enθefáliko, ka] 形 《解剖》脳の.

encefalitis [enθefalítis] 女 《医学》脳炎. — ~ japonesa 日本脳炎. tener [padecer] ~ 脳炎になる.

encéfalo [enθéfalo] 男 《解剖》脳 (=cerebro). — tronco del ~ 脳幹.

encefalomalacia [enθefalomaláθja] 女 《医学》脳軟化症.

encefalomielitis [enθefalomjelítis] 女 《医学》脳脊髄炎.

encefalopatía [enθefalopatía] 《医学》脳症. — ~ espongiforme bovina 牛海綿状脳症 (BSE).

encelamiento [enθelamjénto] 男 ❶ 嫉妬. 類**celos**. ❷ (動物の)発情, さかり.

encelar [enθelár] 他 …に嫉妬心を起こさせる.
— **se** 再 ❶ [+de に] 嫉妬する. ❷ (動物が)発情する, さかりがつく.

encenagado [enθenaɣáðo] →encenagarse.

encenagarse [enθenaɣárse] [1.2] 再 ❶ 泥まみれになる. ❷ 《比喩》[+en] (悪事に)ふける, おぼれる.

encendedor [enθendeðór] 男 点火器, ライター (=mechero). ~ de bolsillo 携帯ライター. ~ de mesa 卓上ライター.
—, **dora** 形 明りをつける, 点火する, 発火する.

***encender** [enθendér エンセンデル] [4.2] 他 ❶ に火をつける, 点火する, を燃やす. — ~ un cigarrillo タバコに火をつける. ~ una vela ろうそくに火をつける. ~ el gas ガスに火をつける. 反**apagar**. ❷ …のスイッチを入れる, を点灯する. — ~ la radio ラジオのスイッチを入れる. ~ el televisor テレビのスイッチを入れる. ~ la luz 電気をつける. ❸ (a) をあおる, 燃え上がらせる, 激化させる. — Sus palabras *encendieron* los ánimos. 彼の言葉は心をかきたてた. 類**excitar**. (b) (感情などを)激化させる, つのらせる. — Lo que me dijo *encendió* mi ira. 彼が私に言ったことが私の怒りをつのらせた. ❹ (戦争を)引き起こす. — Pro-

blemas fronterizos *encendieron* la guerra. 国境問題が戦争を引き起こした. ❺ (口の中・舌を) ひりひりさせる. —El tabasco *enciende* la lengua. タバスコを食べると舌がひりひりする.
—— 自 火がつく, 点火する. —Este mechero no *enciende*. このライターは火がつかない.
—— *se* 再 ❶ 火がつく, 燃え上がる, 燃えさかる. —La leña está mojada y no *se enciende*. このまきは湿っていて火がつかない. ❷ 赤くなる, 紅潮する. —Avergonzada, su cara *se encendió*. 彼女は恥入って顔が赤くなった. ❸ 『+de で』激昂する, 興奮する. —La vimos ~*se de* ira. 我々には彼女が激怒するのが見えた.

*encendidamente [enθendiδaménte] 副 熱心に, 熱烈に, かっとなって. —La defendió ~. 彼は熱烈に彼女を弁護した.

:encendido, da [enθendíδo, δa] 過分 形 ❶ 火がついた, 点火された. —No tires colillas *encendidas* a la calle. 火がついたタバコを道に捨てないで. ❷ 熱くなった, (感情が)激しい. —La mirada *encendida* de aquel hombre la perturbó. その男の熱い視線が彼女を動揺させた. El equipo fue recibido con *encendidas* ovaciones. そのチームは盛大な拍手喝采で迎えられた. 類 intenso. ❸ 赤くなった, ほてった. —Sus mejillas estaban *encendidas*. 彼女の頬は真っ赤だった.
—— 男 点火, 発火; 点火装置. —~ electrónico 電子発火装置.

encenizar [enθeniθár] [1.3] 他 …に灰をかぶせる.

encentar [enθentár] 他 ❶ 始める, 開始する, 着手する. 類 comenzar, empezar. ❷ …に潰瘍を作る, 傷をつける. 類 herir, llagar, ulcerar. ❸ 減らす, カットする, かじる.
—— *se* 再 ❶ 潰瘍ができる, 傷つく.

encerado, da [enθeráδo, δa] 形 ❶ ろうそく色の. ❷ ワックスを塗った.
—— 男 ❶ (床などを)床みがき, ワックスかけ. ❷ 黒板 (=pizarra). ❸ 油布, 防水布. ❹ 絆創膏.

encerador, dora [enθeraδór, δóra] 名 ワックスをかける人.
—— 女 《機械》床みがき器, ワックスかけ機.

encerar [enθerár] 他 ❶ …にろう[ワックス]を塗る[引く]. ❷ をろうで汚す. ❸ …にモルタル[漆喰]を厚く塗る.
—— *se* 再 (穀物が)熟して黄色くなる.

encerradero [enθeřaδéro] 男 ❶ 雨天や毛を刈る際の羊の囲い場. ❷ 牛や羊の囲い場. 類 encierro, toril.

*encerrado, da [enθeřáδo, δa] 過分 形 閉じこもった, 閉じ込められた. —Ha pasado el día ~ en su habitación. 彼は一日中部屋に閉じこもっていた. Se quedó ~ en el cuarto de baño. 彼はバスルームに閉じ込められた. Los obreros están ~*s* en la fábrica. 労働者たちはまだ工場を占拠している. El alfil está ~. 《チェス》ビショップは動けない.

**encerrar [enθeřár エンセラル] [4.1] 他 ❶ 『+en に』(*a*) を閉じ込める, 監禁する, 幽閉する. —El rey *encerró* a su hijo *en* una torre. 王は自分の息子を塔の中に幽閉した. (*b*) をしまい込む, 押し込める. —*Encerró* sus joyas *en* la caja fuerte. 彼女は自分の宝石を金庫にしまい込んだ. ❷ を縮める, まとめる. ❸ (括弧などで)くくる, 囲む. — una frase poco importante entre paréntesis あまり重要でない句を括弧でくくる. ❹ を内包する, 内蔵する, 含む. —Sus palabras *encerraban* malas intenciones. 彼の発言は悪意を内に秘めていた. 類 contener. ❺ 《チェス》(駒)を封じ込める.
—— *se* 再 ❶ 閉じこもる, 立てこもる. —Discutí con mis padres y *me encerré* en mi cuarto. 私は両親と口論して部屋に閉じこもった. Los huelguistas *se encerraron* en una iglesia. ストライキ参加者は教会にたてこもった. ❷ 自分の殻に閉じこもる, 引きこもる. —Quisiera ayudarle, pero *se encierra* en sí mismo. 私は彼の役に立ちたいのだが, 彼は自分の殻に閉じこもったままだ.

encerrona [enθeřóna] 女 ❶ 《闘牛》しろうとの闘牛(試合). ❷ わな, おとし穴. —tender a … una ~ …にわなを仕掛ける. 類 celada, trampa. ❸ 《話》閉居, 隠退; 引きこもり.

encespedar [enθespeδár] 他 を芝生で覆う.

encestador, dora [enθestaδór, δóra] 名 (バスケットボールで)たくさんの点を取る人.

encestar [enθestár] 他 ❶ をかごに入れる. ❷ 《スポーツ》(バスケットボールで)シュートする, (点を)入れる.

enceste [enθéste] 男 《スポーツ》(バスケットボールの)シュート, 得点. —hacer un ~ 得点する.

enchapado [entʃapáδo] 男 化粧版張り, ベニヤ張り; 板金張り.

enchapar [entʃapár] 他 …にめっきをする; …に上張りをする, 化粧張りをする. 類 chapar.

encharcada [entʃarkáδa] 女 →encharcado.

encharcado, da [entʃarkáδo, δa] 過分 形 水浸しになった, 水たまりになった.
—— 女 水たまり; 池, 沼. 類 charca, charco.

encharcamiento [entʃarkamiénto] 男 水浸し.

encharcar [entʃarkár] [1.1] 他 ❶ を水びたしにする. ❷ (水分の取りすぎで胃を)水ぶくれにする. 類 enaguachar. ❸ (血・体液などが)器官・臓器を満たす. —La sangre *encharcó* sus pulmones. 彼は肺に血液がたまっていた.
—— *se* 再 ❶ 水びたしになる. ❷ 『+con で』水腹になる. ❸ 『+en』(悪習に)ふける.

enchicharse [entʃitʃárse] 再 【中南米】酔っ払う, 酒で酔う. 類 emborracharse.

enchilada [entʃiláδa] 女 【メキシコ, 中米】(料理)エンチラーダ(トルティーリャ tortilla に挽き肉を入れて巻き, チリソースで味付けしたもの). —comer una ~ エンチラーダを食べる.

enchilar [entʃilár] 他 ❶ 【メキシコ, 中米】(料理)をチリソースで味付けする. ❷ 【メキシコ, 中米】《比喩》を怒らせる.
—— *se* 再 【メキシコ, 中米】怒る, いらいらする.

enchinar [entʃinár] 他 ❶ 【中南米】《話》…の髪をカールする. ❷ を小石で舗装する.

enchiquerar [entʃikerár] 他 ❶ 《闘牛》(牛を)おりに入れる. ❷ 《俗, 比喩》を刑務所に入れる, 押し込める. 類 encarcelar.

enchironar [entʃironár] 他 《話》を豚箱[刑務所, 留置所]に入れる. 類 encarcelar, enchiquerar.

enchufar [entʃufár] 他 ❶ (電気)(プラグなど)をつなぐ, 差し込む. ❷ (管・ホースなど)をつなぐ. ❸

《話, 比喩》をコネを使って入れる[採用する]. ━se 再 《話, 比喩》コネを使って就職する.

enchufe [entʃúfe] 男 ❶《電気》プラグ, ソケット, 差込み. ❷《話》コネ, 縁故. ━tener ~ コネがある. ❸ (コネで手に入れた)職・仕事. ❹《機械》接合部.

enchufismo [entʃufísmo] 男 《話》コネを使うこと, コネに頼ること.

encía [enθía] 女 《解剖》歯茎, 歯肉. ━dar masaje a las ~s con el cepillo 歯茎を歯ブラシでマッサージする.

***encíclica** [enθíklika] 女 《カトリック》(ローマ教皇の)回勅から.

*:**enciclopedia** [enθiklopéðja] 女 ❶ 百科事典[全書]; 専門百科事典[辞典]. ━~ universal [de la historia de España] 世界[スペイン史]百科事典. ━en 30 volúmenes 30巻の百科事典. ~ ilustrada a todo color カラー図解百科事典. ~ médica 医学百科事典. Esta ~ se vende en fascículos semanales. この百科事典は毎週1回配本の分冊で売られる. 類 **diccionario**. ❷《話》博学, 博識な人, 生き字引(= ~ viviente [ambulante]).

enciclopédico, ca [enθiklopéðiko, ka] 形 ❶ 百科事典の. ━diccionario ~ 百科事典の内容をそなえた辞書. ❷《比喩》(知識が)幅の広い, 博学な. ━conocimientos ~s 幅広い知識.

enciclopedismo [enθiklopeðísmo] 男 《歴史》百科全書派の運動.

enciend- [enθjénd-] 動 encender の直・現在, 接・現在, 命令・2単.

encierr- [enθjér-] 動 encerrar の直・現在, 接・現在, 命令・2単.

encierro [enθjéro] 男 ❶ 閉居, 隠退, 隠れ家, 隠れ場所. ━vivir en ~ 隠れ家で暮らす. ❷ 閉じこめる[こもる]こと, 囲いをすること. ❸ 監禁, 禁固. ❹ 牢, 独房. ❺《闘牛》エンシエロ, 牛追い(闘牛の前に町に牛を放ち闘牛場まで追い込む行事).

****encima** [enθíma エンシマ] 副 ❶ 上に, 上方に; 頭上に. ━aquí [ahí] ~ ここ(そこ)の上の方に. Nosotros vivimos debajo y ellos ~. 私達は下に, 彼らは上に住んでいる. Teníamos ~ el helicóptero. 私たちの頭上にはヘリコプターがいた. 反 **debajo**. ❷(より)上位に; その上に. ━Tiene ~ a otro jefe. 彼の上には別の上司がいる. Puso la maleta en el suelo y se sentó ~. 彼は床にスーツケースを置き, その上に座った. ❸ 身に付けて, 所持して. ━¿Llevas cambio ~? 小銭を持ち合わせているかい. No sé cómo puedes llevar tantos kilos ~. 君がどうやってそんなに何キロも持てるのかわからない. ❹ 近づいて, 切迫して. ━El invierno ya está ~. もう冬がさし迫っている. Sólo estudia cuando tiene ~ los exámenes. 彼は試験が近づいた時だけ勉強する. ❺ その上, さらに. ━La comida de este restaurante es mala y ~ cara. このレストランの料理はよくない上に高い.

de encima 上の, 上にある. ¿Quieres pasarme el disco *de encima*? 上の方のレコードを取ってくれないか.

echarse encima →echarse.

encima de ... (1)…の上に, の上方に. Dejó la taza *encima de*l plato. 彼は茶わんを皿の上に置いた. Los ojos están *encima de* la nariz. 目は鼻の上にある. La lámpara está colgada *encima* de la mesa. 明りはテーブルの上に下っている. (2)…の上位に. *Encima de* él está el director general. 彼の上には局長がいる. (3)《＋不定詞》…する[である]上に. *Encima de* no ayudar, protesta. 彼は手助けしない上に文句を言う. ♦*encima de mí* の代りに *encima mío [mía]* のように所有形容詞を用いるのは正しくないとされる. ただし, 南米ではこの形は普通.

encima de que《＋直説法》…する[である]上に. *Encima de que* llega tarde, viene regañando. 彼は遅刻した上にぶつぶつ言いながらやって来る.

estar (siempre) encima de ... (1)(人)をいつもうるさく注意する. No soporta que su madre *esté siempre encima de* ella. 彼女は母親にいつもがみがみ言われるのにがまんができない. (2)(事)に常に注意を払う. Si quieres tener ganancias, tienes que *estar encima de*l negocio. 君はもうけたいと思うなら商売に専念していなければならない.

llevar encima (1) 身に付けている, 所持している. Lleva *encima* toda la ropa que tiene. 彼は持っている衣類のすべてを着している. (2) 責任を負う. La madre *lleva encima* todo el peso de la familia. 母親は家族のあらゆる重みを背負っている.

por encima (1) 上の方に, 上に. (2) ざっと, 表面的に. Leyó el libro muy *por encima*. 彼はその本をほんの上っつらだけ読んだ.

por encima de ... (1) …の上[上方・上位]に[を]. Ha puesto una servilleta *por encima de* la fruta. 彼は果物の上にナプキンをのせた. Saltó *por encima* de mi cama. 彼は私のベッドをまたいだ. (2) を超えて. El viaje salió *por encima de* un millón de yenes. 旅行は100万円以上についた. (3)…にもまして. Siempre obraba *por encima de* sus propios intereses. 彼はいつも自分自身の利益を度外視して行動していた. (4)…に反して. Se casará, pero para ello tendrá que pasar *por encima de* la voluntad de sus padres. 彼は結婚するだろうが, そのためには両親の意向に逆らわなければならないだろう.

por encima de todo (1) どんなことがあっても, とにかく. Le hablaré *por encima de todo*. 彼は彼女に話そう. (2) 何よりも, とりわけ. Hay que evitar, *por encima de todo*, que se difunda la noticia. 何よりもそのニュースが広がるのはふせぐ必要がある.

quitarse de encima →quitarse.

tener encima →tener.

encimar [enθimár] 他 ❶ を上に置く. ❷《中南米》上乗せする, 追加する. ❸《中南米》の頂上に達する. ❹ (トランプの賭金を)上げる. ❺《古》終了する, 終える.
━ 自 上になる, 上にあがる.
━se 再 ❶ 上になる, 上にあがる. ❷ を困らせる, を悩ます.

encimero, ra [enθiméro, ra] 形 上の. ━sábana encimera 上にかけるシーツ. 反 **bajero**.

Encina [enθína] 固名 エンシーナ(フアン・デル Juan del ~)(1468頃~1529頃, スペインの戯曲家・叙情詩人・音楽家).

encina [enθína] 女 ❶《植物》オークの木, カシ. ❷ オーク材.

encinal [enθinál] 男 →encinar.

encinar [enθinár] 男 カシの林[森].

encinta [enθínta] 形 〖estar+〗妊娠した. 類 **embarazada**.

encintado [enθintáðo] 男 (歩道の)縁(ᵋ)石.

encintar¹ [enθintár] 他 ❶ をリボンで飾る. ❷ …に縁石[へり石]を並べる. ❸《海事》…に腰外板をつける.

encintar² [enθintár] 他《まれ》妊娠させる, はらませる. 類 **embarazar, empreñar**
—**se** 〖中南米〗妊娠する, はらむ. 類 **embarazarse, empreñarse**

encizañar [enθiθaɲár] 他 ❶ を不和にする. — ~ a dos amigos 二人の友人を仲たがいさせる. ❷ (問題の)種をまく.

enclaustramiento [enklaustramiénto] 男 ❶ 修道院に入ること. ❷ 他者との触れ合いを避けて生活すること, 隠遁生活.

enclaustrar [enklaustrár] 他 ❶ を修道院に閉じこめる. ❷《比喩》を隠す, 引きこもらせる.
—**se** 再 ❶《比喩》隠れる, 引きこもる, 身を隠す. — Se ha enclaustrado para preparar los exámenes. 試験勉強をするために部屋にとじこもった. ❷ 修道院に入る; 修道士[女]になる.

enclavar [enklaβár] 他 ❶ …の位置を定める. ❷ …にくぎ[鋲(ᵇᵒᵘ)]を打つ. ❸ を刺し[突き]通す, 貫く. ❸《話》をだます.

enclave [enkláβe] 男 飛び地, 包領(他国の領土に囲まれた領土).

enclavijar [enklaβixár] 他 ❶《音楽》…に(弦楽器の弦を締める)糸巻きをつける. ❷ はめ込む, つなぐ.

enclenque [enklénke] 形 病身の, 病弱な. — niño ~ y enfermizo 病気がちの弱い子ども.
—— 男女 病弱な人.

enclítico [enklítiko] 男《文法》前接語(前の語に接続する語).
——, **ca** 形《文法》前接の.

encocorar [enkokorár] 他《話》をひどくいらだたせる, 激怒させる.
—**se** 再《話》〖+de/por〗ひどくいらいらする, 激怒する. — Mi marido se encocora por cualquier cosa. 私の主人はどんなことにもひどくいらつく. 類 **crisparse**.

encofrado [enkofráðo] 男 ❶《技術》(コンクリートを流し込むための)枠組み. ❷《技術》(トンネルなどの土留めのための)板張り.

encofrar [enkofrár] 他 ❶《技術》…に枠組みをする. ❷《技術》…に板張りをする.

encoger [enkoxér] [2.5] 他 ❶ (a) を縮める, 短縮する. — ~ los hombros 肩をすくめる[「自分は知らない, 関係ない」という意志表示]. El sol ha encogido el cuero. 日光で革が縮んだ. (b) を引っ込める, 退ける. — ~ las piernas 足を引っ込める. ❷ を怖がらせる, 畏縮(いしゅく)させる. — Aquellos gritos encogieron el corazón a la niña. あの叫び声に女の子は震え上がった. El estado en que se encontraba encogía el ánimo. 自分の置かれた状況に彼は意気消沈した.
—— 自 縮む, 短くなる. — Los trajes de lana encogen al lavarlos. ウールの服は洗うと縮む.
—**se** 再 ❶〖+de を〗すくめる. — ~se de hombros 肩をすくめる. ❷ (a) 縮み上がる, 震え上がる. — Se encoge ante las reprimendas del profesor. 彼は先生に叱られると震え上がる. Cuando el columpio comenzó a moverse, se me encogió el estómago. ブランコが揺れ始めた時, 私は胃が縮み上がるような不快感をおぼえた. (b) 気力が萎(ᵃ)える, 意気阻喪する. — Ese chico se encoge, y se aprovechan de él. その子はいじけやすいので皆にさげすまれる. Es una chica que jamás se encoje. 彼女は決して卑屈な人にはならない.

encogido, da [enkoxíðo, ða] 形 ❶ 体を丸めている, うずくまっている. ❷ 内気な, はにかみ屋の, 臆病な. 類 **apocado, pusilánime**. ❸ 萎縮した, すくんだ. ❹ 縮んだ.
—— 名 内気な人, はにかみ屋.
tener el corazón encogido びくびくしている.

encogimiento [enkoximiénto] 男 ❶ 縮み, 収縮; 萎縮. — El ~ del vestido se debe al lavado en caliente. そのつくろ縮んだのはお湯で洗ったからだ. ❷《比喩》びくつくこと, 臆病, 内気.

encoja(-) [enkoxa(-)] 動 encoger の接・現在.

encojar [enkoxár] 他 …の片足を不自由にさせる.
—**se** 再 ❶ 片足が不自由になる. ❷《比喩, 話》病気になる, 患う. ❸《比喩, 話》病気のふりをする, 仮病を使う.

encojo [enkóxo] 動 encoger の直・現在・1 単.

encolado [enkoláðo] 男 にかわづけ, のりづけ.

encoladora [enkolaðóra] 女 ❶《技術》スプライザー(フィルム・テープの接合機). ❷《機械》繊維産業における縦糸糊付け機.

encoladura [enkolaðúra] 女 ❶ 膠(ᵗᵒᵃ)付け, 膠(ᵗᵒᵃ)塗り. 類 **encolamiento**. ❷ テンペラ画の下地の膠(ᵗᵒᵃ)塗り.

encolamiento [enkolamiénto] 男 →encoladura.

encolar [enkolár] 他 ❶ をにかわづけにする, …にのりをつける. — ~ la pared para empapelarla 壁紙を貼るために壁にのりをつける. ❷ (ワインを)澄ませる.

encolerizar [enkoleriθár] [1.3] 他 を怒らせる, かっとさせる. —**se** 再 怒る, かっとなる.

:**encomendar** [enkomendár] [1.4] 他 ❶ (a) を委託する, ゆだねる, 任せる. — Le han encomendado la dirección de la orquesta. 彼はそのオーケストラの指揮を任された. Le encomendé que llevase a la niña a la guardería. 私は彼に娘を保育園に連れて行くように頼んだ. Encomendó el asunto a su abogado. 彼はその件を自分の弁護士に委託した. (b) を預ける. — Esta tarde le he encomendado los niños a mi hermana. 今日の午後私は子供を妹に預けた. ❷《歴史》…にエンコミエンダ (emcomienda) を与える, (インディオ)を委託する.
—**se** 再 〖+a に〗頼る, すがる. — ~se a Dios 神に身を委ねる.

encomendero [enkomendéro] 男 ❶《歴史》エンコメンデーロ(エンコミエンダ (encomienda) の委託を受けた者). ❷ 代理執行人.

encomiar [enkomiár] 他 を絶賛する, ほめそやす.

encomiástico, ca [enkomiástiko, ka] 形 称賛の, 絶賛の.

encomiend- [enkomiénd-] 動 encomendar の直・現在, 接・現在, 命令・2 単.

encomienda [enkomiénda] 女 ❶ (職権・任務の)委任, 委託; 委託された任務. ❷《歴史》エンコミエンダ制. ◆スペインのラテンアメリカ植民地時代, 開

拓者がエンコメンデーロ encomendero として一定区域のインディオから徴税し、そのかわりに教育を施しキリスト教の布教に任された制度. ❸《歴史》中世騎士団長の職[地位,領地]. ❹《中南米》郵便小包. ❺ 賞賛, 推賞. ❻ 庇護. ❼《まれ》よろしくとの伝言.

encomio [eŋkómjo] 男 ほめことば, 賛辞, 賞賛.
— hacer 〜 賛辞を送る.

encomioso, sa [eŋkomjóso, sa] 形 〔中南米〕賞賛の. 類 **encomiástico**.

enconar [eŋkonár] 他 ❶《比喩》を怒らせる, (感情を)過度に刺激する. ❷（傷を)悪化させる, 炎症をおこさせる. ❸《比喩》（争いなどを)激化させる.
—— **se** 再 ❶（傷が)うずく, 炎症を起こす. ❷《比喩》（争いなどが)激化する.

encono [eŋkóno] 男 ❶ 深い恨み, 怨恨, 憎しみ, (争いなどの)激しさ. 類 **animadversión**, **rencor**. ❷ 悪意.

encontradizo [eŋkontraðíθo] 〔次の成句で〕 **hacerse el encontradizo** 偶然に出会ったふりをする.

*****encontrado, da** [eŋkontráðo, ða] 過分 形 ❶ 向かい合った, 正面にある. — Sus balcones están 〜 s. 彼らのバルコニーは向かい合わせになっている. ❷ 反対の, 逆方向の, 対立した. — Tienen opiniones *encontradas*. 彼らは正反対の意見を持っている. Las dos ruedas tienen una rotación *encontrada*. その 2 つの車輪は逆の方向に回転する. 類 **antitético**, **opuesto**.

******encontrar** [eŋkontrár エンコントラル] [5.1] 他 ❶ (*a*)〔+en に〕を見つける, 見いだす; 発見する. — No *encuentro* ese libro en ninguna librería. どんな本屋にもその本は見つからない. No *encontramos* solución a ese problema. 我々にはその問題に解決策が見当たらない. *Encontré* un billete de cien euros en la calle. 私は道で 100 ユーロの紙幣を見つけた. (*b*) …に出くわす, を見掛ける, と出会う. — Ayer la *encontré* en la cafetería de la esquina. 昨日角のコーヒーショップで彼女を見掛けた. ❷〔形容詞/過去分詞〕を(…と)判断する, 考える. — *Encuentro* adecuada la medida que tomó. 彼がとった方策は適切だと私は思う. *Encuentro* que es una persona agradable e inteligente. 私は彼がやさしくて頭のいい人であると思う.

—— **se** 再 ❶〔+con と〕出くわす, **出会う**. — Ayer *me encontré con* él en el cine. 昨日私は映画館で彼と出くわした. ❷〔複数主語を伴って〕(お互いに)出会う; (約束して)会う. — *Nos encontramos* en la calle. 私たちは偶然道で出会った. ¿*Nos encontramos* en la estación? 駅で待ち合わせしましょうか. ❸ いる, ある. — ¿Cómo *te encuentras*? 君, 調子はどう. Él ahora *se encuentra* en Tokio. 彼は今東京にいる. Ese lago *se encuentra* en Perú. その湖はペルーにある. *Se encontró* solo y sin dinero. 彼は独りぼっちで一文無しのまま. Al volver *se encontró* la casa desvalijada. 戻ってみると家はごっそり空巣にやられていた. 類 **estar**, **hallarse**, **verse**. ❹ 衝突する, 対立する, ぶつかり合う. — Sus opiniones *se encuentran*. 彼らの意見は対立している. En la novela *se encuentran* dos estilos radicalmente distintos. その小説の中では全く正反対の 2 つの文体がぶつかり合っている. ❺ 一致する, 釣り合う. — Nuestros gustos *se encuentran*. 私達は趣味が合う.

encontrárselo todo hecho (ある人が)何でも思うがままである.

no encontrarse 居心地が悪い. *No me encontraba* en aquel ambiente selecto. あの高級な雰囲気の中ではどうも落ちつかなかった.

encontrón [eŋkontrón] → **encontronazo**

encontronazo [eŋkontronáθo] 男《話》衝突 (=choque). — *darse un* 〜 衝突する.

encopetado, da [eŋkopetáðo, ða] 形《話》上流の, 名門の. ❷《話》うぬぼれた, 高慢な.

encopetar [eŋkopetár] 他 上げる, 高くする.
—— **se** 再 ❶ 過度にうぬぼれる, 過度に気取る. ❷ 上がる, 高くなる.

encorajar [eŋkoraxár] → **encorajinar**.

encorajinar [eŋkoraxinár] 他《話》を激怒させる, 憤怒させる. 類 **encolerizar**, **enfurecer**.
—— **se** 再《話》〔+con〕…に激怒する, 憤慨する.
類 **encolerizarse**, **enfurecerse**.

encorchar [eŋkortʃár] 他 ❶ …にコルク栓をする. ❷（ミツバチを)巣箱に集める.

encordar [eŋkorðár] [5.1] 他 ❶（楽器に)弦を張る; (ラケットに)ガットを張る. — 〜 una raqueta de tenis テニスラケットのガットを張る. ❷ をひもで縛る. ❸（弔いの鐘を)鳴らす.
—— **se** 再 ❶（登山者が)体をロープで結ぶ, ザイレンする, ザイルで結び合う.

encordelar [eŋkorðelár] 他 をひもで縛る, …にひもを巻く.

encordonar [eŋkorðonár] 他 をひもで縛る, ひもで飾る.

encornado, da [eŋkornáðo, ða] 形〔bien, mal を伴って〕(牛の角が)立派な[貧弱な].

encornar [eŋkornár] [5.1] 他 を角で突く, 角で突っかける.
—— 自《中南米》角が生える.

encornudar [eŋkornuðár] 他《比喩》…に不貞を働く.
—— 自 角が生える. 類 **encornar**.

encorralar [eŋkořalár] 他 (家畜を)おり[囲い]に入れる.

encorsetar [eŋkorsetár] 他 ❶ …にコルセットをつける, をコルセットで締める. ❷ …の自由を奪う, を拘束する.
—— **se** 再 ❶ コルセットを着ける, コルセットを締める. ❷〔+en に〕拘束される. — *Se había encorsetado* en un estilo de vida que no la satisfacía nada. 彼女はまったく満足できない生活スタイルに拘束されていた.

encorvado, da [eŋkorβáðo, ða] 過分 形 ❶ 曲がった, 湾曲した. 類 **curvo**. ❷ 腰の曲がった, 腰がかがんだ. — Mi abuela tiene *encorvada* la espalda por la edad. 祖母は年で腰が曲がっている.

encorvadura [eŋkorβaðúra] 女 → **encorvamiento**.

encorvamiento [eŋkorβamjénto] 男 ❶ 曲がること, 曲げること; 湾曲, カーブ. ❷ 腰が曲がっていること, 腰の曲がり.

encorvar [eŋkorβár] 他 を曲げる, 湾曲させる. — El peso de los libros *encorvó* la estantería. 本の重みで棚がしなってしまった.
—— **se** 再 ❶ 曲がる, 湾曲する. ❷ かがむ. ❸（馬が)頭を下げて乗り手や荷をふり落とそうとする. ❹（人の意志などに)傾く, 屈する.

encostrar [eŋkostrár] 他 を外皮[外殻]で覆う;(パイなどに)を硬い皮で覆う.
— **se** 再 ❶ 外皮[外殻]ができる. ❷《医学》かさぶたができる.

encrespado, da [eŋkrespáðo, ða] 過分 ❶(髪が)縮れた, カールした. — Mi novio tiene el cabello ～. 私の恋人の髪は縮れている. 類 **rizado.** ❷ (海などが)波立った, 荒れた.
— 男 髪を縮らせること.

encrespador [eŋkrespaðór] 男 → rizador.

encrespamiento [eŋkrespamjénto] 男 ❶ 髪が縮れること, 髪がカールすること, 髪をカールすること. ❷ (恐怖や怒りで)毛が逆立つこと. ❸ 海が波立つこと, 海が荒れること. ❹ いらいら[じりじり]すること.

encrespar [eŋkrespár] 他 ❶ (波を)立てる. ❷ (毛髪などを)縮らせる. ❸《比喩》をいらいら[じりじり]させる. 類 **crispar.**
— **se** 再 ❶ (波が)立つ, (海が)荒れる. ❷ (髪が)縮れる. ❸ いらだつ, いらいらする. 類 **crisparse.** ❹ 紛糾する, もつれる.

encriptación [eŋkriptaθjón] 女《通信》暗号化.

encrucijada [eŋkruθixáða] 女 ❶ 四つ辻, 十字路. ❷《比喩》(人生・方針などの)分かれ道, 岐路. — la ～ de la vida 人生の岐路. estar en una ～ 進むべき道に迷っている. ❸ わな, 待ち伏せ. 類 **emboscada, asechanza.**

encrudecer [eŋkruðeθér] [9.1] 他 ❶ を荒々しくする, 激しくする. ❷《比喩》を怒らせる. 類 **exasperar.**
— **se** 再 ❶ (気候が)荒れる, 厳しくなる. ❷ 怒る.

*__encuadernación__ [eŋkuaðernaθjón] 女 ❶ 製本, 装丁, 表紙. — ～ de lujo 豪華装丁. ～ en cuero [en piel] 革装丁. ～ en media pasta [a la holandesa] 背革・半革装丁. ～ en pasta 総革[総クロス]装丁. ～ en [a la] rústica ペーパーバック版, 紙装丁. ❷ 製本所 (= taller de ～).

encuadernador, dora [eŋkuaðernaðór, ðóra] 名 製本工, 製本家, 装丁家.
— 男 紙をノート状に綴じるためのクリップ, ピン.

*__encuadernar__ [eŋkuaðernár] [< cuaderno] 他 を製本する, 装丁する. — Ya he encuadernado mi tesis doctoral. 私は博士論文をもう製本した. 反 **desencuadernar.**

encuadramiento [eŋkuaðramjénto] 男 ❶ 枠に入れること, 囲み; 枠組み. ❷ 配置, 配属; 組み込み, 編入. ❸《映画》フレーミング. ❹《テレビ》画像の垂直同期の調整.

*__encuadrar__ [eŋkuaðrár] [< cuadro] 他 ❶ を(枠や額縁に)入れる, はめ込む. — ～ una pintura de Miró ミロの絵を額に入れる. 類 **enmarcar.** ❷ [+en に] (a)(種類・時間・状況などに)を位置づけする, 含める. — Encuadran esta novela en el Romanticismo. 彼らはこの小説をロマン主義の中に位置づけている. (b)(人)を配属する, 配置する. ❸ (a) …の縁を飾る, を囲む. — Una cenefa encuadra el retrato. 縁飾りが肖像画を囲んでいる. (b) …の背景をなす. — El paisaje encuadra perfectamente la escena del entierro. その風景は埋葬シーンの背景としてまさにぴったりだ. ❹《写真, 映画》…の構図を決める. ❺《テレビ》…の画像を調整する.

— **se** 再 [+en に]位置うけられる, はまる; 加入する. — La obra se encuadra en el impresionismo. その作品は印象主義の中に位置づけられる. Se encuadró en el partido socialista. 彼は社会党に身を置いた.

encuadre [eŋkuaðre] 男 ❶《映画》構図, フレーミング. — hacer un ～ 構図を決める. ❷ 枠(ミ). ❸ (テレビの)画象調整(装置).

encuartelar [eŋkuartelár] 他《軍事》(中南米)(兵)に宿営させる, 待機させる. 類 **acuartelar.**

encubierta [eŋkuβjérta] 過分 [< encubrir] 女 詐欺, 欺瞞(ᵍ᙮). 類 **fraude.**

encubiertamente [eŋkuβjértaménte] 副 ❶ ひそかに, こっそりと, 秘密に. ❷ 不正に, 詐欺的に. ❸ 慎み深く, 慎重に, 用心して.

encubierto, ta [eŋkuβjérto, ta] 形 隠された, 隠れた, 秘密の. — significado ～ 隠された意味. intenciones encubiertas 隠された意図.

encubridor, dora [eŋkuβriðór, ðóra] 形 隠す, 隠匿する.
— 名 ❶ 隠す人[もの], 隠匿(ᵏ)者; 故買人(ᵏᵏ). 類 **tapadera.** ❷ 売春幹旋者. 類 **alcahuete.**

encubrimiento [eŋkuβrimjénto] 男 ❶ 隠すこと, 隠匿(ᵏ). ❷《法律》従犯, 幇助; 犯人をかくまうこと; 故買(ᵏᵏᵘ).

‡**encubrir** [eŋkuβrír] [3.1] 他 ❶ を隠す, 包み隠す, 秘密にする. — Su sonrisa encubría aviesas intenciones. 彼の微笑の裏には悪意が秘められていた. 類 **esconder, ocultar.** ❷ (犯人)をかくまう, 隠匿(ᵏ)する. — ～ al cómplice 共犯者を隠匿する.

encuentr- [eŋkuéntr-] 動 encontrar の直・現在, 接・現在, 命令・2 単.

‡**encuentro** [eŋkuéntro] [< encontrar] 男 ❶ [+con] (…との)出会い, 遭遇; 待ち合わせ, 落ち合うこと; 合流点. — lugar de ～ 出会いの場, 待ち合わせ場所. — emocionante 感動的な出会い. ～ inesperado [imprevisto] con un amigo de la infancia 幼なじみとの思いがけない出会い. ～ de los astronautas en el espacio 宇宙での宇宙飛行士たちのランデブー. punto de ～ de las dos avenidas 2 つの大通りの交差点. Esta estación es el punto de ～ de varias líneas de metro. この駅で地下鉄の幾つかの路線が交差している. ❷《文》会見, 会談; 会, 集会. — ～ familiar 家族会議. Tuve un ～ con el rector. 私は学長と会見した. Se celebrará un ～ sobre creación de empleo entre la patronal y los sindicatos. 雇用創出に関して労使会談が行われる. 類 **entrevista, reunión.** ❸ (偶然の)発見, 見つけもの. — El ～ del broche que había perdido me llenó de alegría. 失くしたブローチが見つかって私はとてもうれしかった. 類 **hallazgo.** ❹ (列車・自動車などの)衝突. — El ～ de los dos trenes que iban por la misma vía produjo un gran accidente. 同じ線路を走っていた電車同士の衝突は大事故になった. 類 **choque, colisión.** ❺《スポーツ》対抗試合, 対戦 (= ～ deportivo). — ～ amistoso 親善試合. ～ muy disputado 競(ᵏ)り合いの激しい試合. jugar [disputar] un buen ～ いい試合をする. Han retransmitido por televisión un ～ de fútbol. サッカーの試合がテレビで中継放送された. 類 **competición, partido.** ❻ (意見などの)衝突, 対立; 口論, けんか. — ～ de pareceres 意見の対立[衝突]. tener un ～ 対立[衝突]する. Tuvi-

mos un desagradable ~ con el vecino de abajo. 私たちは下の階の隣人と不快な言い争いをした. 類**altercado, riña**. ❼《軍事》会戦, 戦闘, 遭遇戦. —El ~ de ambos ejércitos tuvo lugar en una llanura. 平地で両軍の戦闘があった. 類**batalla, combate**. ❽ 複《印刷》(あとで別の色の文字を刷り込むために)残す空白. ❾《解剖》腋窩(ぇきゕ), 腋(ゎき)の下. ❿ 複《鳥類》(鳥の羽の付け根. ⓫《建築》(二つの梁(はり)・根太(ねだ)が作る)隅, 角. ⓬《動物》背峰(はいほう). ◆乗用動物・四足獣の両肩の間にある隆起.

ir [salir] al encuentro de ... (1)(人)を迎えに行く[迎えに出る]. En vez de esperar en casa, *le salí al encuentro*. 私は家の中で待たずに彼を迎えに出た. (2)(人・物)を探しに出る. *Salí a su encuentro* y la hallé en el parque. 私は彼女を探しに出て, 公園で彼女を見つけた. (3)(人)に対立[対決, 対抗]する, 立ち向かう. *Me salieron al encuentro* dos tipos que buscaban pelea. 喧嘩を売る奴が 2 人私に立ち向かって来た. (4)(人)に先んじる, 先手を打つ, 出し抜く. Cuando iba a darme el despido, yo *le salí al encuentro* presentando la dimisión. 彼が私に解雇を言い渡そうとした時, 私は彼の思惑を先回りして辞表を出した.

llevarse a ... de encuentro 〖プエルトリコ, メキシコ〗(人)を制す, (人)を破滅に引きずり込む.

encuerado, da [eŋkueráðo, ða] 過分 形 〖中南米〗裸の, 裸体の. 類**desnudo**.

encuerar [eŋkuerár] 他 を裸にする. 類**dejar en cueros, desnudar**.
—**se** 再 裸になる. 類**desnudarse**.

encuesta [eŋkuésta] 女 ❶ 調査, アンケート調査. —hacer [realizar] una ~ アンケート調査をする. ❷ (警察の)聞き込み捜査.

encuestador, dora [eŋkuestaðór, ðóra] 男 女 アンケート調査員.

•**encumbrado, da** [eŋkumbráðo, ða] 過分 形 高い. 類**alto, elevado**. ❷ 顕著な, 卓越した. 類**eminente**.

encumbramiento [eŋkumbramjénto] 男 ❶ 出世, 昇進, 昇格.

encumbrar [eŋkumbrár] 他 ❶ を高く上げる. ❷ …に名誉を与える, を礼遇する, …の地位を高める. ❸ をほめたたえる. 類**elogiar**. ❹ 登頂する, 頂上に到達する; 峠を越える.
—**se** 再 ❶ 高い地位に登る, 出世する. ❷ (物が)極めた高い所にある, 高みに達する.

encurtido [eŋkurtíðo] 男 〖主に 複〗《料理》(野菜の)酢漬け, ピクルス. —comer ~s ピクルスを食べる.

encurtir [eŋkurtír] 他 《料理》(野菜などを)酢に漬ける, ピクルスにする. —aceitunas encurtidas オリーブの酢漬け.

ende [énde]〖次の成句で〗
por ende《古》その故に, ゆえに, それによって.

endeble [endéβle] 形 ❶ (人が)弱い, かよわい. —Ella es de constitución física ~ 彼女は虚弱体質だ. ❷ (物が)もろい, 壊れやすい. ❸ (論拠が)弱い. —teoría ~ 弱い理論.

endeblez [endeβléθ] 女 虚弱さ, 弱さ.

endecágono, na [endekáγono, na] 形《数学》11 角形の. — 男《数学》11 角形.

endecasílabo, ba [endekasílaβo, βa] 形《詩》11 音節の. — 男《詩》11 音節の詩行.

endecha [endétʃa] 女 ❶ 葬送歌, 哀歌, 悲歌, 挽歌. ❷《詩》エンデーチャ (6-7 音節の 4 行詩, 弔いの歌が多い).

endemia [endémja] 女《医学》地方病, 風土病.

endémico, ca [endémiko, ka] 形 ❶《比喩》慢性的な, はびこる. —un mal ~ 社会悪. ❷《医学》(病気が)地方特有の, 風土病の. ❸《生物》(植物などが)ある地域に特有の, 特定の場所にのみ生息する.

endemoniado, da [endemoniáðo, ða] 形 ❶ 悪魔つきの. —«Los endemoniados»(Dostoievski)《文学》『悪霊』(ドストエフスキー). ❷《話》ひどい, いまいましい, はなはだしい. ❸《話》悪い, いたずら好きの.
— 名 悪魔に取りつかれた人. 類**poseso**.

endemoniar [endemoniár] 他 (人)に悪魔を取りつかせる.
—**se** 再《話》激怒する, 怒り狂う.

endenantes [endenántes] 副 ❶ かつて, 以前. 類**antes**. ❷〖中南米〗《俗》ちょっと前, ほんの今しがた.

endentar [endentár] [4.1] 他 ❶《技術》(歯車などを)かみ合わせる. ❷ …に歯をつける, ぎざぎざをつける.

endentecer [endenteθér] [9.1] 自 歯が生える.

enderezado, da [endereθáðo, ða] 過分 形〖+a/para〗…に都合のよい, …にかなった. 類**a propósito, favorable**.

enderezamiento [endereθamjénto] 男 ❶ 曲がったものをまっすぐにすること, 曲がったものがまっすぐになること, 傾いたものをまっすぐ立てること, 傾いたものがまっすぐ立つこと. ❷ 正しくすること, 正しくなること, 矯正.

•**enderezar** [endereθár]〔<derecho〕[1.3] 他 ❶ をまっすぐにする, 直立させる; (傾いたもの)を立て直す. —Hay que ~ el cuadro, que está torcido. 額が曲がっているから, まっすぐにせねばならない. El alambre es muy grueso y no es fácil ~ lo. 針金はとても太いのでまっすぐに伸ばすのは容易なことではない. ❷ を立ち直らせる; 正す, 矯正する. —El director no pudo ~ la marcha de la empresa. 社長は会社の経営を立て直せなかった. ~ a los jóvenes por el buen camino 若者達を正しい道に引き戻す. ❸〖+a/hacia〗を向ける, 差向ける, 捧げる. —*Enderezan* todos sus esfuerzos *a* una paz permanente. 彼らは彼らの全努力を永遠の平和に捧げる. *Enderezó* sus pasos *hacia* la ciudad. 彼は町の方へと向った. 類**dirigir, orientar**.
—**se** 再 ❶ まっすぐになる, 直立する. —*Enderézate*, que vas encorvado. 君姿勢を正せ, 背中が丸いぞ. ❷〖+a/hacia へと〗向かう. ❸ ~*se hacia* el norte 北へ向かう. Su carrera *se endereza hacia* la medicina. 彼の進む道は医学へと向かった. 類**encaminarse**.

ENDESA [endésa]〔<Empresa Nacional de Electricidad, S.A.〕 女 スペイン国営電力会社.

endeudarse [endeuðárse] 再 ❶〖+con〗…に借金をする. ❷〖+con〗…に借りができる, 恩がある.

endiablado, da [endjaβláðo, ða] 過分 形 ❶《話》ひどい, はなはだしい, たまらなく悪い. —un

~ olor ひどい悪臭. un sabor ~ たまらなく不味い味. Iba a una endiablada velocidad. とんでもないスピードを出していた. 類**endemoniado**. ❷《話》面倒な, 厄介な. —Este ~ asunto no me deja dormir bien. この厄介な案件で私はよく眠れない. ❸《話》邪悪な, よこしまな. 類**endemoniado**. ❹ 悪魔にとりつかれた (=endemoniado).

endibia [endíβia] 囡《植物》キクヂシャ, エンダイブ.

endilgar [endilɣár] [**1.2**] 他《話》[+a に] (いやなこと)を押しつける.

endino, na [endíno, na] 形《話》面倒な, いまいましい, 憎らしい. 類**perverso, indigno**.
—— 名《話》いまいましい人, 憎らしい人.

endiñar [endiɲár] 他 ❶《話》(平手打ちなどを)食らわす. ❷ 押しつける (=endilgar).

endiosado, da [endjosáðo, ða] 過分 形 ❶ 思い上がった, 高ぶる, 傲慢な. 類**engreído, soberbio**. ❷ 神格化された.

endiosamiento [endjosamjénto] 男 ❶ 横柄, 傲慢さ, 尊大. ❷ 放心, 忘我.

endiosar [endjosár] 他 ❶《軽蔑》を思い上がらせる, 尊大にさせる, 傲慢にさせる. 類**engreír, ensoberbecer**. ❷ を神格化する, 祭り上げる.
—— se 再 ❶《軽蔑》思い上がる, 尊大になる, 傲慢になる. —Con tanto halago *se ha endiosado*. ほめられすぎて, すっかり天狗になってしまっている. ❷ 放心する, 我を忘れる, 夢中になる.

end(o)- [end(o)-] 接頭「内部に」の意. -*endocrino, endodermo, endotérmico*.

endocardio [endokárðjo] 男《解剖》心内膜.

endocarpio [endokárpjo] 男《植物》内果皮.

endocrino, na [endokríno, na] 形《解剖》内分泌の, 内分泌腺の. —glándula *endocrina* 内分泌腺.
—— 名 内分泌専門医. 類**endocrinólogo**.

endocrinología [endokrinoloxía] 囡《医学》内分泌学.

endocrinólogo, ga [endokrinóloɣo, ɣa] 名《医学》内分泌専門医. 類**endocrino**.

endocrinopatía [endokrinopatía] 囡《医学》内分泌腺症.

endodermo [endoðérmo] 男《生物》内胚葉.

endogamia [endoɣámja] 囡 同族結婚.

endógeno, na [endóxeno, na] 形《生物》内生の. —órgano ~ 内生組織.

endolinfa [endolímfa] 囡《医学》内リンパ.

endomingado, da [endomiŋɡáðo, ða] 過分 形 ❶ よそいき[晴れ着]を着た. ❷ 日曜日用の, 日曜日に着飾る. 類**dominguero**.

endomingarse [endomiŋɡárse] [**1.2**] 再 よそいきを着る, 晴れ着を着る.

endoplasma [endoplásma] 男《医学》内質.

endosante [endosánte] 男女 [<endosar] 《商業》裏書き人, 譲渡人.

endosar [endosár] 他 ❶《商業》(書類・小切手などに)裏書きする. —~ un cheque 小切手に裏書きする. ❷《話》(いやなこと)を [+a] …に押しつける. 類**endilgar**.

endosatario, ria [endosatárjo, rja] 名《商業》被裏書き人, 譲受人.

endosmosis, endósmosis [endosmósis, endósmosis] 囡〔単複同形〕《物理》内浸透.

endoso [endóso] 男《商業》(書類・小切手の)裏書き, 裏書きすること. —~ en blanco 白地の裏書き. dar el ~ 裏書きする.

endriago [endrjáɣo] 男《古代伝説》の怪物.

endrina¹ [endrína] 囡《植物》リンボクの実.

endrino, na² [endríno, na] 形 青黒い.
—— 男《植物》リンボク.

endrogarse [endroɣárse] [**1.2**] 再《中南米》麻薬中毒になる.

endulzar [endulθár] [**1.3**] 他 ❶ (飲食物)を甘くする, 甘みを加える. —~ con azúcar 砂糖で甘くする. ❷《比喩》を快くする, 楽しくする, 気持ちよくする. —Los nietos *endulzaron* su vejez. 孫たちといると彼は年を忘れられた. ❸《比喩》(苦労・苦痛などを)和らげる, 穏やかにする. —La compañía de su mejor amigo *endulzó* su soledad. 親友がそばにいてくれることで彼の孤独感は癒された.
—— se 再 ❶ 〔3人称の〕甘くなる. ❷ 和らぐ, 穏やかになる. —Su carácter *se ha endulzado* con los años. 彼は年と共に人間が丸くなってきた.

****endurecer** [endureθér] [<duro] [**9.1**] 他 ❶ を硬くする, 硬化させる. —El sol *ha endurecido* el cuero. 日光で革が硬くなった. ~ las normas 規則を厳しくする. 反**ablandar**. ❷ (体など)を頑健にする, 鍛える. —~ los músculos 筋肉を鍛える. Ese clima extremo lo *ha endurecido*. その厳しい気候が彼の体を鍛えた. 類**fortalecer**. ❸ を硬化させる; かたくなにする, 冷酷にする. —Las dificultades de la vida *han endurecido* su espíritu. 人生の苦労のせいで彼の心はかたくなになった. Las desilusiones lo han ido *endureciendo*. 何度も幻滅して彼は冷酷になっていった. 類**insensibilizar**.
—— se 再 ❶ 硬くなる. —El pan *se endurece* con el tiempo. パンは時とともに硬くなる. ❷ 丈夫になる, 頑健になる. ❸ 厳しくなる, かたくなになる, 冷酷になる.

****endurecimiento** [endureθimjénto] 男 ❶ 固く[硬く]なる[する]こと; 固さ. —~ del mortero モルタルが固まること. ~ de las arterias 動脈硬化 (→arteriosclerosis). Se observa un progresivo ~ de sus facciones. 年齢とともに彼の顔は徐々にきつくなっている. 類**dureza**. 反**ablandamiento, suavidad**. ❷ (肉体的な)強化, 鍛錬, (疲労や仕事に対する抵抗力を)つける[のつく]こと. ❸ (*a*) 頑固さ, (態度などの)硬化. —~ del carácter 性格の頑固さ. ~ de sanción 罰則の強化. 類**obstinación, tenacidad**. (*b*) 冷酷. 類**crueldad, insensibilidad**.

ENE《略号》=estenordeste 東北東.

ene [éne] 囡 ❶ 文字 N, n の名称. ❷ 未知数, X. —tener ene pesetas X ペセタを持っている.

ene.《略号》=enero 1 月.

enea [enéa] 囡《植物》ガマ.

eneágono, na [eneáɣono, na] 形〔数〕 男 九角形(の).

enebro [enéβro] 男 ❶《植物》杜松(ねず), 西洋ネズ. ❷ その木材.

eneldo [enéldo] 男《植物》イノンド, ディル.

enema [enéma] 囡/男《医学》浣腸剤[液].

enemiga [enemíɣa] 囡 →enemigo.

****enemigo, ga** [enemíɣo, ɣa] エネミゴ, ガ] 形 敵の, 敵意のある, 反対の. —ejército ~ 敵軍. Adoptan una actitud *enemiga* hacia toda clase de progre-

so. 彼らはあらゆる種類の進歩に反対の態度を取っている. 類**adversario, contrario, opuesto, rival.**

ser enemigo de ... …が嫌いである, …に反対である. *Es enemiga de* madrugar. 彼女は早起きが嫌いだ.

—— 男 敵, 敵対者, 反対者. ~ de las mujeres 女性の敵. ~ declarado 公然と敵対する人. ~ jurado 不倶戴天の敵. ~ malo 悪魔. ~ natural 天敵. ganar ~s 敵を作る. Tiene muchos ~s porque es una persona sin escrúpulos. 彼は良心のかけらもない人物だから敵も多い. 類**adversario, contrario.**

—— 男 〖集合的に〗敵側, 敵軍, 敵国. —pasarse al ~ 敵に寝返る. El ~ atacó la capital. 敵軍は首都を攻撃した.

A enemigo que huye, puente de plata. 〖諺〗逃げる敵は追いつめるな(←逃げる敵に銀の橋をかける).

Quien tiene enemigos, no duerma. 〖諺〗油断大敵(←敵を持つ者は眠るな).

—— 女 敵意, 反感.

‡**enemistad** [enemistá(ð)] 〖<enemigo〗男 敵意, 憎悪, 反感. —tener [sentir] ~ hacia [a, por] ... (人)に敵意を抱く. Vivieron en eterna ~. 彼らは生涯ずっと反目し合った. Un malentendido fue la causa de su ~. 誤解が彼らの反目の原因だった. 類**antipatía, aversión, odio, rencor.** 反**afecto, amistad, aprecio, simpatía.**

enemistar [enemistár] 他 を敵対させる.
—— se 再 〖+con〗…と憎みあう, 敵対する.

energético, ca [enerxétiko, ka] 形 エネルギーの. —problema ~ エネルギー問題.

‡**energía** [enerxía] 女 ❶ 〖物理, 生理〗エネルギー. —fuentes de ~ エネルギー源. ahorro de ~ 省エネ. ~ alternativa 代替エネルギー. ~ atómica [nuclear] 原子力(エネルギー). ~ solar 太陽エネルギー. ~ cinética [potencial] 運動[位置]エネルギー. ~ eléctria [hidráulica] 電[水]力. ~ radiante [térmica, química] 放射[熱, 化学]エネルギー. ~ eólica 風力. 類**fuerza, potencia.** ❷ 力, 活力, 精力, 元気; (薬の)効力. ~ de los músculos 筋力. aplicar [consagrar] toda su ~ a ... …に全精力を傾ける. No tiene ~s ni para levantarse. 彼には起き上がる力もない. Empleaba toda su ~ en criticar a los demás. 彼は他人の批評にも全精力を費やしていた. 類**fuerza, vigor.** 反**debilidad, flaqueza.** ❸ 〖比喩〗毅然[断固]たるところ, 気力, 行動力. —Hace falta un hombre de ~ para dirigir la expedición. その遠征隊を指揮するには行動力のある人が必要だ. 類**carácter, firmeza, tesón.** 反**pasividad.**

con energía 精力的に, 活動的に, 力強く, 元気よく. La policía obró *con energía* al detener a los delincuentes. 警察は犯罪者の逮捕に際し, 迅速かつ精力的に行動した. Respondió *con energía* a sus ataques. 彼は全力を傾けて攻撃に応戦した.

‡**enérgico, ca** [enérxiko, ka] 形 ❶ 精力的な, 活力のある; 勢いの激しい. —Es de temperamento ~. 彼は気性が激しい. 類**firme, fuerte, potente.** ❷ 力強い, 強力な; 効力の強い. —ataque ~ 強力な攻撃. ácido ~ 強酸. ❸ 強固な, 強硬な. —decisión *enérgica* 断固とした決定. Presentarán una *enérgica* protesta en el ayuntamiento. 彼らは市役所に強硬な抗議をするだろう.

energúmeno, na [enerγúmeno, na] 名 〖軽蔑〗❶ 頭のおかしい人; 狂信者; 悪魔に憑(つ)かれた人. ❷ 激昂した人, 激怒した人. —Salió de su oficina hecho un energúmeno. 彼は怒り狂ってオフィスを出た.

‡**enero** [enéro] 男 1月.

enervación [enerβaθjón] 女 ❶ 意気阻喪(そう), 元気喪失. ❷ 柔弱, 惰弱. 類**afeminación.** ❸ 〖医学〗神経の消耗.

enervador, dora [enerβaðór, ðóra] 形 意気阻喪させる, 元気を失わせる.

enervamiento [enerβamjénto] 男 →enervación.

enervante [enerβánte] 現分 〖<enervar〗 → enervador.

enervar [enerβár] 他 ❶ 〖医学〗…の気力を弱める. 類**debilitar.** ❷ 〖比喩〗(議論などを)弱める. ❸ をいらいらさせる.
—— se 再 弱まる; いらいらする.

enésimo, ma [enésimo, ma] 形 〖数学〗n 番目の, n 倍の; (回数が)非常に多い. —Es la *enésima* vez que te lo repito. お前にはもう何度も同じことを言ったことか. Se asomó a la ventana por *enésima* vez. 幾度となく窓から顔をのぞかせた.

enfadadizo, za [emfaðaðíθo, θa] 形 怒りっぽい.

‡‡**enfadar** [emfaðár エンファダル] 他 を怒らせる, 立腹させる. —Me *enfada* que no me hagas caso. 君が私を無視するとは腹立たしい. 類**enojar, fastidiar.**

—— se 再 〖+con に〗腹を立てる, (人のことを)腹立たしく思う, 怒る. —Se enfadó mucho conmigo. 彼は私に大変腹を立てた. 類**enojarse.**

enfado [emfáðo] 男 ❶ 怒り, 立腹. —causar ~ 怒らせる. ❷ うんざりすること, 退屈.

‡**enfadoso, sa** [emfaðóso, sa] 形 腹立たしい, いら立つような, いやになる. —actitud *enfadosa* 腹立たしい態度. situación *enfadosa* いやな状況. Es una comisión *enfadosa* comunicarle el despido. 彼に解雇を伝えるのは不愉快な任務だ. 類**desagradable, enojoso, fastidioso, irritante, molesto.**

enfangar [emfaŋgár] [1.2] 他 を泥で汚す.
—— se 再 ❶ 泥まみれになる. ❷ 〖話, 比喩〗手を汚す, 悪事に手を染める. ❸ 〖話, 比喩〗〖+en〗(悪事に)おぼれる, 〖+en〗(悪習)に染まる.

enfardadora [emfarðaðóra] 女 〖機械〗梱包機.

enfardar [emfarðár] 他 を包む, 包みにする, 小包にする.

énfasis [émfasis] 男 ❶ 強調, 重点を置くこと, 重要視. —dar ~ a ... [poner ~ en ...] を強調する. Puso especial ~ en la puntualidad. 時間を守ることを特に強く言った. hablar con ~ 力説する. ❷ 〖文法〗強調.

enfático, ca [emfátiko, ka] 形 ❶ 勢いのある, 語気の強い, きっぱりとした. ❷ 強調された, 断固たる.

enfatizar [emfatiθár] [1.3] 他 を強調する, 誇張する. 類**subrayar.**
—— 自 力をこめて言う, きっぱりと言う.

enfermar

enfermar [emfermár] 他 を病気にする, 弱らせる.
—— 自 病気になる. [+de]…が悪くなる.
——se 再 《中南米》病気になる(=enfermar).

enfermedad [emfermeðá(ð)] エンフェルメダ(ド) 女 ❶ 病気, 疾患. — grave 重病. ~ aguda [crónica] 急性[慢性]病・疾患. ~ infecciosa. 感染病. ~ contagiosa 伝染病. ~ mental [nerviosa] 精神病. ~ infantil 小児病. ~ cardiovascular 循環器病. ~ funcional 機能障害. ~ orgánica 器質性疾患. ~ venérea 性病. ~ del sueño 眠病(みんびょう), 嗜眠(しみん)性脳炎. ~ de la piel 皮膚病. ~ azul 青色(せいしょく)病(先天性心臓疾患). ~ de Alzheimer アルツハイマー病. ~ de Parkinson [de Hansen] パーキンソン[ハンセン]病. contraer [coger] una ~ 病気にかかる. ~ ocupacional [profesional] 職業病. pegar [transmitir] una ~ 病気をうつす. Padece una ~ incurable. 彼は不治の病に冒されている. 類afección, dolencia, mal, salud**. ❷《比喩》(社会・道徳などの)病(やまい), 病弊; 病癖. ~ de los celos 嫉妬癖. La destrucción del medio ambiente es la ~ de la sociedad actual. 環境破壊は現代社会の病である. 類**mal, ruina**. ❸ 精神的障害, 心の病(やまい). —La ambición es una ~ difícil de curar. 野心は治療の難しい病である.

:enfermera [emferméɾa] 女 (女性)看護師. —~ jefa [en) jefe] 女性看護師長, 婦長. ~ electrónica 電子自動看護装置. ~ domiciliaria 巡回看護師(女性).

enfermería [emferméɾia] 女 ❶ 医務室, 病室. — de la universidad 大学の医務室. ❷ [集合的に]患者. ❸ 看護学.

:enfermero [emferméɾo] 男 看護師. — domiciliario 巡回看護師. trabajar como ~ en un hospital 病院で看護師をしている.

:enfermizo, za [emfermíθo, θa] 形 ❶ 病弱な, 虚弱な, 病気がちの[ser+]. —Es un niño ~. 彼は病弱な子どもだ. Tiene un temperamento ~. 彼は虚弱体質だ. 類**achacoso, débil, delicado**. 反**fuerte, robusto, sano**. ❷ 病的な, 不健全な. —Tiene una pasión enfermiza por los juegos de azar. 彼は賭け事に病的な情熱をもっている. 類**morboso, insano**. 反**sano**. ❸ (環境などが)健康に悪い, 病気になりそうな. —El clima de esa región es ~. その地方の気候は健康によくない.

enfermo, ma [emférmo, ma] エンフェルモ, マ 形 [+de]…が病気の[で], 病気にかかった, 病んだ[estar+]. — caer [ponerse] ~ 病気になる. ~ de amor 恋わずらいの. Está ~ de gravedad [de peligro]. 彼の病気は重態である. El invierno pasado cayó enferma de gripe dos veces. 去年の冬彼女は二度もかぜをひいた. 類indispuesto, malo**. 反**sano**.
poner enfermo a … (人)をむかむかさせる, 悩ませる. —Ese tipo de programas me pone enfermo. その種の番組にはいや気がさす.
—— 名 病人, 患者. —Es un ~ de Alzheimer. 彼はアルツハイマー病患者である.

enfermoso, sa [emferméso, sa] 形 [《中南米》]=enfermizo, za.

enfermucho, cha [emfermútʃo, tʃa] [<enfermo+-ucho] 形 病気がちな, 病弱な. 類**enfermizo, enfermoso**.

enfervorizar [emferβoɾiðár] [1.3] 他 を激励する, 鼓舞する, 熱狂させる. 類**enardecer**.

enfeudar [emfeuðár] 他《歴史》を授封する, を封土[領土]として与える.

enfilar [emfilár] 他 ❶ を列に並べる, 一列に整列させる. — los cañones 大砲を並べる. ❷ を糸に通す, 数珠なりにする (=ensartar). — las perlas de un collar 糸に首飾りの真珠を通す. ❸ (ある方向に)向かう, を沿って進む. —Enfiló la calle en dirección a la estación. その通りを通って駅へ向かった. ❹ [+a で] (銃口などを)向ける (=apuntar). ❺《軍事》を縦射する. ❻ (議論・話題などを)方向付ける, ある方向へ向ける.

enfisema [emfiséma] 男 《医学》気腫. — pulmonar 肺気腫. tener [padecer] ~ 気腫になる.

enfiteusis [emfitéusis] 《単複同形》女 《法律》不動産の永代[長期]賃貸, 不動産の永代[長期]賃貸契約.

enflaquecer [emflakeθéɾ] [9.1] 他 ❶ をやせさせる. ❷《比喩》を弱める, 衰弱させる. —La falta de trabajo le enflaqueció el ánimo. 仕事が見つからなくてすっかり落ち込んでしまった.
——(se) 自 自 ❶ やせる, 痩せる, 衰える. ❷ 意気消沈する.

enflaquecimiento [emflakeθimjénto] 男 ❶ やせること. ❷《比喩》衰弱. ❸ 意気消沈.

enflatarse [emflatárse] 再 ❶《中南米》嘆き悲しむ, 悩む. 類**acongojarse**. ❷《中南米》いらだつ, 不機嫌になる. 類**irritarse**.

enflautada [emflautáða] 女《中南米》でたらめ, ばかげたこと. 類**disparate, patochada**.

enflautar [emflautár] 他 ❶ を(吹いて)膨らませる. 類**hinchar, soplar**. ❷《話》光春を斡旋する. 類**alcahuetear**. ❸《話》を惑わす, だます. 類**alucinar, engañar**. ❹《中南米》《話》にいやなことを話す. 類**encajar**.

:enfocar [emfokáɾ] [<foco] [1.1] 他 ❶ …に焦点[ピント]を合わせる. — bien la imagen 映像によく焦点を合わせる. La cámara enfocaba al actor. カメラはその俳優に焦点を合わせていた. ❷ …に光を当てる, を照らす; [+hacia へ] (光)を向ける. — los matorrales con la linterna 懐中電灯で草むらを照らす. ~ la linterna hacia el jardín 懐中電灯を庭に向ける. ❸ (ある観点から)を考察[分析]する, …に取り組む. —La tesis no está bien enfocada. 論文は焦点がしっかり定まっていない. ~ bien un problema 問題をしっかりとらえる.

:enfoque [emfóke] 男 ❶ 焦点[ピント]を合わせること; 焦点, ピント. — automático オートフォーカス. Una buena cámara logra bellos ~s de primeros planos. いいカメラはクローズアップで撮ってもピントが合う. ❷《比喩》問題の捉え方, 見方. —Tu ~ del problema es erróneo. 君の問題の捉え方は間違っている. 類**aproximación, óptica**.

enfoque(-) [emfóke(-)] 動 enfocar の接・現在.

enfoqué [emfoké] 動 enfocar の直・完了過去・1 単.

enfoscar [emfoskáɾ] [1.1] 他 ❶ (空所)を満た

す，…の穴をふさぐ．❷ (壁に)漆喰(ﾂ)を塗る．—~ una pared 壁に漆喰を塗る．

—**se** 再《まれ》❶【3人称単数形で無主語】(気象)(空が)雲で覆われる．❷【+en】(商売などに)熱中する，のめり込む．❸ ぶっきらぼうになる，無愛想になる．

enfrascar [eɱfraskár] [**1.1**] 他 ～をフラスコ[びん]に入れる，びん詰にする．圞**envasar**.

—**se** 再 ❶【+en】…に夢中になる，没頭する．—~-se en una interesante conversación とても面白い会話に熱中する．圞**concentrarse**. ❷ やぶ(茂み)に入りこむ．

enfrenar [eɱfrenár] 他 ❶ (馬に)馬勒(ﾊﾞ)をつける，手綱をつける．❷ (馬を)手綱に慣れさせる，調教する．❸《まれ，比喩》抑える，抑制する(=refrenar).

—**se** 再 自制する，激情などを抑える．

enfrentamiento [eɱfrentamiénto] 男 対決，対立，挑戦．— ~ ideológico [armado] イデオロギー[武装]対立．

‡enfrentar [eɱfrentár]〈<frente〉他 ❶ …と対決する，立ち向かう．—No tienes más remedio que ~ la realidad. 現実と向きあう以外の方法はない．圞**afrontar**. ❷ ～を敵対させる，対立させる．—Una cuestión de dinero ha enfrentado a los dos hermanos. 金の問題で2人の兄弟は対立した．~ a dos carneros 2頭の雄羊を戦わせる．❸【+a/con】～を向かい合わせにする，対置させる，直面させる．—La suerte lo ha enfrentado con el campeón en el primer encuentro. 彼は運悪く1回戦でチャンピオンと当たった．

—**se** 再【+a/con に】❶ 対立する，敵対する，面と向かう．—Me enfrenté a él y le dije lo que quería decirle. 私は彼に面と向かって言いたかったことを言った．❷ 対抗する，対決する；**直面する**．—Se enfrentó tranquilamente a su enfermedad. 彼は落ちついて病気に立ち向かった．Nos enfrentamos a muchas dificultades. 私達は多くの困難に直面した．La selección española se enfrenta hoy con la francesa. スペイン代表チームはきょうフランス代表チームと対戦する．

‡enfrente [eɱfrénte エンフレンテ] 副 **正面に**，向こう側に，反対側に．—Allí ～ tienes el hotel. あの向こう側にホテルがある．Hay un banco a la derecha de la calle y ~ está mi casa. 通りの右側には銀行があり，その反対側に私の家がある．圞**delante, frente**. 反 **detrás**. ❷ 反対して，対立して．—No me gustaría tener ~ a una persona tan poderosa. あんな有力な人物は敵にまわしたくないものだ．圞**en contra**.

de enfrente 正面[向こう側・反対側]の．Estuve charlando con los vecinos de enfrente. 私は向かいの近所の人たちとおしゃべりをした．

enfrente de … (1) …の正面[向こう側]に，…の前に．Vivo enfrente del colegio. 私は小学校の前に住んでいる．(2) …に向き合って，…の前に．Estaba sentada enfrente de mí. 彼女は私と向かい合って座っていた．Están el uno enfrente del otro. 彼らは互いに向かい合っている．(3) …に反対して，…と対立して．

estar [ponerse] enfrente de … (人)と対立する，(人)に反対する．Su mujer se le puso enfrente y no siguió insistiendo. 彼の妻が反対したので，彼は主張し続けるのをやめた．◆enfrente de mí の代わりに enfrente *mío[mía]* のように所有形容詞を用いるのは正しくないとされる．ただし南米ではこの表現は普通．

enfriadero [eɱfrjaðéro] 男 冷蔵庫，冷蔵室．

enfriador, dora [eɱfrjaðór, ðóra] 形 冷却用の，冷やす．

— 男 冷蔵所[室]．

enfriamiento [eɱfrjamiénto] 男 ❶ 冷却，冷たくなること．— ~ de las relaciones 関係の悪化．❷ (情熱などを)冷ます，弱める．❸《医学》風邪．—agarrar [pillar, coger] un ~ 風邪にかかる．圞**catarro**.

‡enfriar [eɱfrjár エンフリアル] [**1.5**]〈<frío〉他 ～を**冷やす**，冷却する．—Puso la cerveza en el frigorífico para ~ la. 彼はビールを冷やすためにに冷蔵庫に入れた．❷ (情熱などを)冷ます，弱める，…に水を差す．—Los años han enfriado la amistad entre los dos. 歳月のために2人の友情は冷めてしまった．El mal partido que jugó el equipo enfrió el ánimo de la hinchada. チームがまずい試合をしたためファンの熱気は冷めてしまった．

— 自 冷える，寒くなる．—El refrigerador está estropeado y no enfría. 冷蔵庫は故障していて，冷えない．

—**se** 再 ❶ 冷める，冷える．—Se ha enfriado el consomé. コンソメが冷めてしまった．❷ 風邪を引く．—Me acosté desnudo y me enfrié. 私は裸で寝て風邪を引いた．圞**resfriarse**. ❸ 弱まる，弱化する，低下する．—La actividad económica se está enfriando. 経済活動は低下しつつある．

enfundar [eɱfundár] 他 ❶ ～をケースに入れる．— enfundar la cámara カメラをケースに入れる．❷ (剣を)さやにおさめる．— ~ la espada 剣をさやにおさめる．❸ カバーをかぶせる．— ~ los cojines クッションにカバーをかぶせる．

enfurecer [eɱfureθér] [**9.1**] 他 ～を激怒させる．

—**se** 再 ❶ (…に【+con】)(…の理由で【+de/por】) 激怒する．❷ (海・天候などが)荒れる．圞**alborotarse**.

enfurecimiento [eɱfureθimjénto] 男 ❶ 激怒，憤怒．❷ 海や天候が荒れること，時化(ﾌ).

enfurruñamiento [eɱfuruɲamjénto] 男《話》すねること，ふくれること．

enfurruñarse [eɱfuruɲárse] 再《話》❶ すねる，ふくれる，ぶっとする．❷ 空が雲でおおわれる，曇る．圞**encapotarse**.

enfurtir [eɱfurtír] 他 ❶ (毛織物を)縮絨(ﾌﾞｳ)する，フェルト状にする．❷ (毛)を密にする．

—**se** 再 ❶ (毛織物が)フェルト状になる．❷ (毛が)密になる．

engalanar [eŋgalanár] 他【+con/de で】～を飾る，装飾する，美しくする．

—**se** 再【+con/de】…で装う，着飾る．

engallado, da [eŋgajáðo, ða] 過分〈<engallarse〉形 ❶《比喩》横柄な，尊大な，高慢な．圞**altanero, soberbio**. ❷《比喩》直立した，まっすぐな．圞**derecho, erguido**.

engallarse [eŋgajárse] 自【+con】…に横柄な態度をとる．

‡enganchar [eŋgantʃár]〈<gancho〉他 ❶ *(a)*【+en (鉤(ｶ)などに)】を引っ掛ける，つるす．— ~ el abrigo *en* la percha オーバーをハンガーに掛ける．El carnicero engancha la carne *en* un

garfio. 肉屋は肉を鉤に引っ掛ける. (**b**) 〘+a に〙をつなぐ, 連結する. — ～ los vagones *a* la motomotora 客車を機関車に連結する. ～ los perros al trineo 犬をそりにつなぐ. (**c**) …にかぎ裂きを作る. ❷ (*a*) をつかむ, 捕まえる. — El policía lo *enganchó* del brazo y lo llevó a la comisaría. 警官は彼の腕をつかみ, 署へ連行した. Me *enganchó* la pierna con el pie y me caí al suelo. 彼が足で私の脚を引っ掛けたので私は地面に倒れ込んだ. — al criminal 犯人を捕まえる. 〖類〗**agarrar, apresar, coger**. (**b**) 《話》(人)を釣る, だます, …の心をつかむ. — La novela me *enganchó*. その小説は私の心をつかんだ. (**c**) 《話》(結婚相手)をつかまえる, 釣り上げる. — Por fin *enganchó* un novio rico. とうとう彼女は金持ちの恋人をつかまえた. ❸《話》(病気)にかかる. — *Enganché* un catarro hace tres días. 私は3日前に風邪を引いた. ❹ (闘牛)(牛が角に)を引っ掛ける, 角ではね上げる. — El toro *enganchó* al torero y le hirió gravemente. 闘牛士は牛の角に引っ掛けられて, 重傷を負った. ❺《軍事》を入隊させる, 軍籍に入れる.

—— 〘自〙 引っ掛かる. — La cometa *enganchó* en un cable eléctrico. たこが電線に引っ掛かった.

—— **se** 〘再〙 ❶ (*a*) 引っ掛かる, 宙づりになる. — El paracaídas *se enganchó* de una alta torre. パラシュートは高い塔から宙づりになった. (**b**) (衣類)を引っ掛ける, かぎ裂きを作る; (衣類が)引っ掛かる. — Ella *se ha enganchado* las medias. 彼女はストッキングを引っ掛けた. ❷ (病気)にかかる. — Me *enganché* un catarro hace tres días. 私は3日前に風邪を引いた. ❸《軍事》…に志願する. — ～*se a* la aviación 空軍に志願する. ❹〘+a に〙取りつかれる, 中毒する. — Se *enganchó a* la heroína y ahora no puede desengancharse. 彼はヘロイン中毒になり, 今や中毒から逃れられない.

enganche [eŋɡántʃe] 〘男〙 ❶ (かぎで)つなぐこと, 引っかけること, 連結. — hacer un ～ 連結する. ❷ かぎ, ホック, 留め金. ❸《軍事》募兵. ❹《メキシコ》《商業》頭金. — pagar un ～ 頭金を払う.

enganchón [eŋɡantʃón] 〘男〙 引っかけること, 引っかかること; 衣類や髪が尖ったものに引っかかること, 衣類や髪を尖ったもので引っかかること.

engañabobos [eŋɡaɲaβóβos] 〘男女〙〘無変化〙詐欺(⁐)師, ペテン師.

—— 〘単複同形〙ぺてん, かたり, 詐欺.

engañadizo, za [eŋɡaɲaðíθo, θa] 〘形〙 だまされやすい.

engañador, dora [eŋɡaɲaðór, ðóra] 〘形〙 ❶ (人を)だます, 欺く. 〖類〗**engañoso** ❷ 惑わす, 機嫌取りの.

—— 〘名〙 ❶ (人を)だます人, ペテン師. ❷ 誘惑する人.

**engañar [eŋɡaɲár エンガニャル] 〘他〙 ❶ をだます, あざむく. — *Engañó* al profesor diciéndole que había estado enfermo. 彼は病気だと言って先生をだました. Me *engañó* su buena conducta. 私は彼の善行にだまされた. ❷ …に(勘定を)ごまかす. — ～ al cliente en el peso お得意に対し重さをごまかす. ❸ (夫・妻が相手)を裏切る, …に対して浮気する. — ～ *a* su mujer con otra 別の女を作って自分の妻を裏切る. ❹ (一時的に)を紛らす. — *Engaño* el hambre con unas galletas. 私はビスケット2〜3枚で空腹を紛らす. ～ el sueño 眠気を紛らせる.

—— 〘自〙 錯覚である, 偽物である, 間違いである. — Aquel monte parece bajo, pero su altura *engaña* desde aquí. あの山は低く見えるが, ここからは高さが違って見えるのだ.

—— **se** 〘再〙 ❶ 誤る, 間違える, 見損う. — Me *engañé con* él, pues no era la persona honrada que yo creía. 私は彼を見損なった. 彼は私が思っていたような正直な人間ではなかったのだから. ❷ 真実に目をつぶる, 自らを偽る, 自らをだます. — Deja de *engañarte* a ti misma, él ha dejado de quererte. 自分をごまかすのはやめなさい. 彼はもう君を愛していないのだ.

engañifa [eŋɡaɲifa] 〘女〙《話》詐欺(⁐), ぺてん, かたり. — dar a … una ～ …をだます.

‡**engaño** [eŋɡáɲo] 〘男〙 ❶ だますこと, ごまかし, 欺瞞; まやかしもの, ぺてん師; フェイント. — con ～ だまして, 偽って. padecer [sufrir, ser víctima de] un ～ だまされる. deshacer un ～ 真相を明らかにする. Este libro es un ～. この本はまやかしものである. 〖類〗**fraude, timo**. 〖反〗**realidad, verdad**. ❷ 思い違い, 勘違い, 誤り. — salir del ～ 自分の誤りに気づく. padecer [estar en] un ～ 誤りに陥っている. inducir [llevar] a ～ (人を)誤りに陥れる. 〖類〗**equivocación, error**. ❸ 《闘牛》牛をあしらう〖類〗**muleta**. ❹ 釣り; 釣り道具. *llamarse a engaño* だまされたと称して約束[契約]を取消す. Léete bien el contrato antes de firmarlo, no vayas a *llamarte* luego *a engaño*. サインする前に契約書をよく読んでおきなさい. あとになって約束が違うから契約を取消したいなどと言わないようにね.

‡**engañoso, sa** [eŋɡaɲóso, sa] 〘形〙 人をだます[惑わせる]ような, ごまかしの, 偽りの. — apariencias *engañosas* 人をだますような外見. consejo ～ 人を惑わす助言. La sedujo con promesas *engañosas*. 彼はうその約束で彼女を誘惑した. 〖類〗**falaz, falso, ilusorio, mentiroso**. 〖反〗**sincero, verdadero**.

engarabitar [eŋɡaraβitár] 〘自〙 よじ登る, はい上がる. 〖類〗**trepar**.

—— 〘他〙 (特に, 寒さで指)を鉤状にする.

—— **se** 〘再〙 ❶ (寒さで指が)鉤状になる, (寒さで指が)かじかむ. ❷ 〘+a/en〙…によじ登る, はい上がる.

engaratusar [eŋɡaratusár] →engatusar.

engarce [eŋɡárθe] 〘男〙 ❶ 数珠つなぎ, 象嵌, (宝石の)はめこみ. — hacer un ～ 宝石をはめこむ. ❷《比喩》つながり, 関連.

engargantar [eŋɡarɣantár] 〘他〙 (鳥の)のどに餌を詰め込む.

—— 〘自〙 (歯車などが)掛かる, かみ合う, 連動する.

engarzar [eŋɡarθár] [**1.3**] 〘他〙 ❶ (糸・玉など)をつなぎ合わせる. — ～ dos hilos 2本の糸をつなぎ合わせる. ❷《比喩》(考えなど)をつなぎ合わせる, 関連させる. ❸ (宝石)を散りばめる, はめ込む. ❹ (毛)を縮れさせる, カールする.

—— **se** 〘再〙 (けんか・議論が)もつれる, こじれる.

engastar [eŋɡastár] 〘他〙〘+en〙(宝石を)…にはめる. — ～ un diamante en una sortija 指輪にダイヤモンドをはめる.

engaste [eŋɡáste] 〘男〙 宝石を散りばめること, 象嵌; (宝石の)はめこみ石. — un diamante en ～ de platino プラチナにはめ込んだダイヤモンド. **engarce**.

engatillar [eŋgatiʎár] 他 ❶ (板金など)をたたいてつなぐ. ❷ 《建築》を締め具[留め金, ジャッキ]などで固定させる; (ほぞ穴に木材)をはめ込む. ❸ (絵画)のタブローを締め具[留め具]などで補強する.
—— **se** 再 火銃器の発射が失敗する, 火銃器の弾の発射が機能しない.

engatusar [eŋgatusár] 他 《話》をくどきおとす, いいくるめる. —*Engatusó* a la abuela para que le comprara un reloj. 彼は祖母にさんざんせがんで時計を買ってもらった. 類 **camelar**.

engavillar [eŋgaβiʎár] → **agavillar**.

engendramiento [eŋxendramjénto] 男 ❶ (生物が)子をなすこと. ❷ 生起させること, 惹起(じゃっき)すること.

‡**engendrar** [eŋxendrár] 他 ❶ を生む, (子)をもうける, 生み育てる. —La perra *engendró* seis perritos. 牝犬は子犬を6匹生んだ. ❷ を引き起こす, 惹起(じゃっき)する. —Lo que les dijo sólo *engendró* duda y descontento. 彼が彼らに言ったことは疑念と不満を生じさせるだけだった. 類 **causar**, **producir**.
—— **se** 再 ❶ 生まれる. —Los celos *se engendran* en la mente. 嫉妬は心の中に芽ばえる. ❷ 生じる, 発生する. —La guerra *se engendró* por disputas territoriales entre los dos países. 戦争は両国間の領土紛争から起こった.
—— 自 《技術》(歯車が)かみ合う, 連動する.

‡**engendro** [eŋxéndro] 男 ❶ (未完成の)出来損ない(の芸術・文学作品). —Aquella escultura es un ~. あの彫刻は出来損ないである. 類 **disparate**. ❷ 奇形児; とても醜い人. 類 **monstruo**. ❸ (頭脳の)所産, 思いつき. —El proyecto es el ~ del ministro. その計画は大臣の考えである. ❹ 胎児. 類 **feto**.
mal engendro, **engendro del diablo**, **engendro maldito** 嫌なガキ, 悪党.

englobar [eŋgloβár] 他 ❶ を含む, 包含する. ❷ をひとまとめにして扱う, 一括する.

engolado, **da** [eŋgoláðo, ða] 形 ❶ 尊大な, いばった (= presuntuoso). —hablar con voz *engolada* いばった話し方をする. ❷ (文体が)もったいぶった, 大げさな (= bombástico).

engolfar [eŋgolfár] 他 ❶ を熱中させる. ❷ 《海事》(船が)沖に出る, 外洋に進む.
—— **se** 再 ❶ 〖+en に〗没頭する, 夢中になる. ❷ 《海事》(船が)沖に出る, 外洋に進む.

engolfarse [eŋgolfárse] 再 《比喩》〖+en に〗熱中する, 没頭する, 夢中になる. 類 **enfrascarse**.

engolletarse [eŋgoʎetárse] → **envanecerse**.

engolosinar [eŋgolosinár] 他 ❶ …の気を引く, 気をそそる, を誘惑する. —— **se** 再 〖+con ···〗が好きになる, 欲しくてたまらなくなる, …にふける.

engomar [eŋgomár] 他 を膠(にかわ)[糊]づけにする. —bigotes *engomados* 糊でかためた髭(ひげ).

engorda [eŋgórða] 女 ❶ 《中南米》(家畜の)肥育, 飼育. 類 **engorde**. ❷ 《中南米》《集合的に》(畜殺用に)肥育された家畜.

‡**engordar** [eŋgorðár] 〈< gordo〉自 ❶ 太る, 肥える, 肥満する. —He *engordado* tres kilos en estas vacaciones. 私は休暇中に3キロ太った. ❷ 裕福になる, 金をもうける. —Con aquellas estafas *engordó* rápido. あの詐欺で彼は急に金持ちになった.
—— 他 ❶ を太らせる, 肥満させる; 肥育する. —No tomo cerveza porque me *engorda*. ビールは太るから私は飲まない. —~ los cerdos con bellotas ドングリでブタを太らせる. ❷ を水増しする, 増量する. —Negocios poco lícitos *engordaban* su cuenta. あまり正当ではない取引で彼の勘定は水増しされていた.
—— **se** 再 太る.

engorde [eŋgórðe] 男 (動物を)太らせること, 肥育.

engorro [eŋgóro] 男 《話》迷惑な行為, やっかいなもの, 邪魔もの. 類 **fastidio**, **lata**.

engorroso, **sa** [eŋgoróso, sa] 形 やっかいな, 困難な, わずらわしい, 面倒な. 類 **fastidioso**, **molesto**.

engoznar [eŋgoθnár] 他 ❶ …に蝶番(ちょうつがい)をつける. ❷ を蝶番にはめる.

Engracia [eŋgráθja] 固名 《女性名》エングラシア.

engranaje [eŋgranáxe] 男 ❶ 《技術》《集合的に》歯車装置, ギア, 伝動装置. —caja de ~ ギアボックス. ❷ 《技術》(歯車を)かみ合わせること, かみ合い, 連動. ❸ 《比喩》結びつき, 関係, 関連.

engranar [eŋgranár] 他 ❶ 《比喩》つなげる, 関係づける. ❷ 《技術》歯車をかみ合わせる.
—— 自 《技術》(歯車が)かみ合う, 連動する.

‡**engrandecer** [eŋgrandeθér] 他 [9.1] 〖< grande〗❶ を大きくする, 広げる. —Derribaron varios edificios para ~ la plaza. 広場を拡張するため, いくつかの建物がとりこわされた. ❷ を傑出させる, 賞賛する; …の地位を上げる. —Los poemas heroicos *engrandecen* hechos pasados. 英雄詩は過去の出来事を称揚するものである. 類 **enaltecer**, **ennoblecer**.
—— **se** 再 大きくなる. —Aquella experiencia le sirvió para ~*se* espiritualmente. あの経験が彼が精神的に大きくなるのに役立った.

engrandecimiento [eŋgrandeθimjénto] 男 ❶ 拡張, 増大; 向上, 立派にすること. ❷ 昇進.

engrandezca(-) [eŋgrandéθka(-)] 動 engrandecer の接・現在.

engrandezco [eŋgrandéθko] engrandecer の直・現在・1 単.

engrane [eŋgráne] → **engranaje**.

engrapar [eŋgrapár] 他 (かすがい・ホッチキスなどで)をとめる. —~ dos papeles 2枚の紙をホッチキスでとめる.

engrasado [eŋgrasáðo] 男 油[グリース]をさすこと, 油[グリース]をつけること. 類 **engrase**.

engrasador, **dora** [eŋgrasaðór, ðóra] 形 油[グリース]をさす, 油[グリース]を塗る.
—— 男 グリース注入器.

‡**engrasar** [eŋgrasár] 〈< grasa〉他 ❶ …に油を塗る, 油を差す. —Hay que ~ la máquina periódicamente. 機械には定期的に油をやらねばならない. —~ la sartén フライパンに油を引く. ❷ 《話》買収する, …に賄賂(わいろ)を使う. 類 **adular**, **sobornar**.

engrase [eŋgráse] 男 ❶ 油を塗ること. —El mecánico hizo el ~ de las piezas. 機械工は部品に油を塗った. ❷ 潤滑油, 油. 類 **lubricante**, **lubrificante**.

engreído, **da** [eŋgreíðo, ða] 形 〖estar +〗うぬぼれた, 自負心の強い, 尊大な. 類 **presuntuoso**.

engreimiento [eŋgreimjénto] 男 うぬぼれ, 自

800 engreír

負心, 尊大. 類 **petulancia**.

engreír [eṇgreír] [6.6] 他 ❶ をうぬぼれさせる, 思い上がらせる. 類 **envanecer**. ❷《中南米》(子供)を甘やかす.
— **se** 再 ❶ [+con/de/por で] うぬぼれる, 思い上がる. ❷《中南米》甘える, わがままになる.

engrescar [eṇgreskár] [1.1] 他 をけんかさせる.
— **se** 再 けんかする, 争いを起こす.

engriador, dora [eṇfriaðór, ðóra] 形 冷却用の, 冷やす.
— 男 冷蔵所[室].

engrifarse [eṇgrifárse] 再《話, 隠》マリファナを吸う, ドラッグをする.

engrillar [eṇgriʎár] 他 ❶ …に足かせをつける. ❷ (比喩)を押さえる, 拘束する, 束縛する. 類 **aprisionar, sujetar**.
— **se** 再 ❶ ジャガイモが芽吹く. ❷《中南米》馬が頭を下げる. ❸《中南米》《話》激怒する, 立腹する.

engrosamiento [eṇgrosamiénto] 男 ❶ 厚く[太く]すること, 厚く[太く]なること. ❷ 増大, 増加, 拡大. ❸ 太ること, 肥満.

engrosar [eṇgrosár] [5.1] 他 ❶ を厚くする, 太くする, 拡大する. ❷ を増やす. — las filas de un partido 党員を増やす.
— 自 ❶ 増大する, 増加する, 大きくなる, 拡大する. ❷ (体が)太る, 肉をつける. ❸ (河川が)増水する. — **se** 再 増大する, 増加する, 大きくなる, 拡大する.

engrudar [eṇgruðár] 他 …に糊をつける.
— **se** 再 ねばつく, 糊状になる.

engrudo [eṇgrúðo] 男 糊. — poner [aplicar] ~ 糊をつける.

engruesar [eṇgrwesár] [< grueso] 他 を増やす, 増加させる, 拡大する. 類 **engrosar**.
— 自 増える, 増加する. 類 **engrosar**.

engrumecerse [eṇgrumeθérse] [9.1] 再 凝固する, 固まる. — la sangre 凝血する.

engualdrapar [eṇgwaldrapár] 他 (馬に)馬衣[飾り衣装]を着ける.

enguantado, da [eṇgwantáðo, ða] 過分 形 手袋をはめた, 手袋をした.

enguatar [eṇgwatár] [< guata] 他 …に詰綿の芯を入れる.

enguijarrado [eṇgixařáðo] 過分 男 丸石[玉石]で舗装された道.

enguirnaldar [eṇgirnaldár] 他 を花輪で飾る.

engullir [eṇguʎír] [3.9] 他 を噛まずに飲み込む, 丸飲みにする.
— 自 噛まずに飲み込む, 丸飲みする.

enharinar [enarinár] 他 …に小麦粉をまぶす.
— **se** 再 小麦粉でおおわれる.

enhebrar [enebrár] 他 ❶ (針に)糸を通す; (真珠などに)糸を通す. — la aguja 針に糸を通す. ❷《話》を立て続けにしゃべる. 類 **enhilar, ensartar**.

enhestar [enestár] [4.1] 他 (旗などを)揚げる, 掲げる.
— **se** 再《3人称で》高く揚がる, 掲げられる.

enhiesto, ta [eniésto, ta] 形 直立の, そびえ立つ. — El perro nos miraba con las orejas enhiestas. 犬は耳をぴんと立ててこっちを見ていた. En medio del pueblo se levantaba, enhiesta, la torre de la iglesia. 町のまん中には教会の塔が高々とそびえ立っていた.

enhilar [enilár] [< hilo] 他 ❶ …の目[穴]に糸を通す, …に糸を通す. — Mi abuela enhila las agujas sin ponerse las gafas. 私の祖母はめがねなしで針に糸を通す. 類 **enhebrar**. ❷《比喩》(考えや話)の筋道を立てる, をまとめる. ❸《比喩》(物事)を秩序立てる, を整理する. ❹ を一列に並べる. 類 **enfilar**.
— 自 [+a に] 向かっていく, 向かう. 類 **dirigirse, encaminarse**.
— **se** 再《闘牛》牛と直線になるように牛の前に立つ.

:**enhorabuena** [enoraβwéna] [< en hora buena] 間 おめでとう(ございます)!, よかったですね! (「成功・成就・受賞・名誉・幸運」などを祝う言葉)(「新年・誕生日・クリスマス」などを祝福する場合には **Felicidades!** が用いられる). — ¡E~ por el premio! 受賞おめでとう. ¡E~! Les deseo muchas felicidades. おめでとうございます. どうぞお幸せに(結婚した人へ).
— 女 お祝いの言葉, 祝辞. — Reciba mi más cordial ~ por el nacimiento de su hijo. お子様のご誕生を心よりお喜び申し上げます. 類 **felicitación, norabuena**.
dar [enviar] la enhorabuena a ... (人)にお祝いを言う, 祝辞を述べる. Todos me dieron la enhorabuena por mi ascenso. みんなが私の昇進を祝ってくれた.
estar de enhorabuena 大変幸せである, 幸福である; おめでたい, ご機嫌である. Estoy de enhorabuena, me han ascendido. 私は大変幸せだ. 昇進したのだ.
— 副 ❶ 折よく, 運よく, ちょうどいい時に; ありがたいことに. — Llegamos ~. 私たちはちょうどいい時に着いた. ¡Ya se ha ido ~! やれやれやっと帰ってくれた. ❷ 幸せに (= norabuena). — ¿Te casas? Que sea ~. 結婚するの? お幸せにね. ❸《古》(命令文で)(怒りを伴った許可の強調表現. →enhoramala) — ¡Idos ~! とっとと行ってしまえ.

enhoramala [enoramála] 副 不幸にして, 不運にも; 悪いときに, あいにく.

enhornar [enornár] 他 をオーブンに入れる.

:**enigma** [enígma] 男 ❶ 謎, 謎々, 意味不明の言葉. — clave del ~ 謎を解く鍵. proponer un ~ 謎を出す. descifrar el ~ 謎を解く. Sus palabras continúan siendo un ~ para mí. 彼の言葉は私にとって依然解けない謎だ. 類 **adivinanza**. ❷ 不可解[不思議]なこと, 謎. — El origen de la vida sigue siendo un ~. 生命の起源は依然として謎だ. Su vida es un ~ para todo el mundo, nadie sabe lo que hace. 彼の生活はみんなにとって謎で, 何をしているのか誰も分からない. 類 **incógnita, misterio**. ❸ 謎の人物, 得体の知れない人. 類 **misterio**.

:**enigmático, ca** [enigmátiko, ka] 形 謎のような, 謎めいた, 不可解な. — mujer *enigmática* 謎の女. sonrisa *enigmática* 謎めいた微笑. Continúan las investigaciones sobre la desaparición *enigmática* de la joven. その若い女の謎にみちた失踪について捜査が続いている. 類 **incomprensible, inescrutable, misterioso**. 反 **claro, comprensible**.

enjabonado [eṇxaβonáðo] 過分 男 石鹸の

洗うこと，石鹸をつけること．
enjaezar [eŋxaeθár] [1.3] 他 （馬に）引き具をつける．
enjalbegado [eŋxalβeɣáðo] 男 （壁などを）しっくいで白く塗ること． 類 **enjalbegadura, enlucido**．
enjalbegadura [eŋxalβeɣaðúra] →enlucido.
enjalbegar [eŋxalβeɣár] [1.2] 他 …に漆喰(½½)を塗る． 類 **encalar**．
enjalma [eŋxálma] 女 （軽い）荷鞍(½½)．
enjalmar [eŋxalmár] 他 に軽い荷鞍をつける．
enjambrar [eŋxambrár] 他 （ハチを）巣別れさせる． ―自 ❶ （ハチが）巣別れする． ❷《比喩》たくさん増える，繁殖する．
enjambre [eŋxámbre] 男 ❶ （巣別れする）ハチの群れ． ❷《比喩》群れ，群衆，大勢．
enjarciar [eŋxarθjár] 他《海事》…に索具をつける，を艤装(½½)する．
enjaretado [eŋxaretáðo] 男 格子作り［細工］．
enjaretar [eŋxaretár] 他 ❶《話》（いやなこと）を押しつける，無理やり聞かせる． ❷ …に糸［リボン，ひも］を通す． ❸《話,比喩》を急いでする，早口で言う．
enjaular [eŋxaulár] 他 ❶ をかご［おり］に入れる． ❷《話,比喩》を刑務所に入れる，収監する．
enjertar [eŋxertár] →injertar．
enjoyar [eŋxojár] 他 ❶ を宝石で飾る，…に宝石を散りばめる． ❷《比喩》を美しくする．
―se 再 （自分を）宝石で飾る．
enjuagadientes [eŋxuaɣaðjéntes] 男【単複同形】《話》うがい薬．
enjuagar [eŋxuaɣár] [1.2] 他 をすすぐ，ゆすぐ，ゆすぎ落とす，洗い落とす．
―se 再 ❶ （口を）ゆすぐ，うがいをする． ―～ se la boca 口をゆすぐ． ❷【3人称で】ゆすがれる．
enjuague [eŋxuáɣe] 男 ❶ ゆすぐこと，すすぐこと；ゆすぎの水． ―hacer un ～ ゆすぐ． ❷ うがい． ―hacer un ～ うがいをする． ❸《話》陰謀，策略． 類 **chanchullo**．
enjugador, dora [eŋxuɣaðór, ðóra] 過分 形 水気を取る，乾燥する．
― 男 乾燥台．
enjugar [eŋxuɣár] [1.2] 他 ❶ をふく，拭う． ―～ los platos. 皿をふく． ～ el sudor 汗をふく． ～ las manos [el rostro] 手［顔］をふく． ❷ を乾かす，乾燥させる． ❸《比喩》（借金・赤字）をなくす． ―～ una deuda 借金を返済する．
―se 再 ❶ （汗・涙などを）ふく． ❷【3人称で】乾く，乾燥する． ❸《比喩》（借金・赤字）がなくなる．
enjuiciamiento [eŋxuiθjamjénto] 男 ❶《法律》告訴，起訴． ❷《法律》裁判．
enjuiciar [eŋxuiθjár] 他 ❶《法律》を判断する，検討する． ❷《法律》を告訴する，起訴する．
enjundia [eŋxúndja] 女 ❶《比喩》本質，真髄，実質，実． ―tener ～ 内容が濃い． ❷《比喩》精力，力，活力． 類 **arrestos, fuerza, vigor**． ❸ （鳥の）卵巣の脂；（動物の）脂．
enjundioso, sa [eŋxundjóso, sa] 形 ❶ 脂肪質の，脂肪の多い． ❷《比喩》実のある，内容の濃い，豊かな．
enjuta¹ [eŋxúta] 女 ❶《建築》スパンドレル，三角小間（2つのアーチに挟まれた部分）． ❷《建築》ペンデンティヴ（ドームの円形プランから多角形プランへの移行部を作る曲線状の三角形の天井面）．

enlazar 801

enjuto, ta² [eŋxúto, ta] 形 ❶ やせた，やせこけた，しなびた． ❷ 渇いた（＝seco）．
enlabiar [enlaβjár] 他 ❶ …に唇を近づける，唇をつける． ❷ （甘言などを）誘惑する，だます．
enlabio [enláβjo] 男 甘言によってだますこと，騙し．
:**enlace** [enláθe] 男 ❶ （a） 繋(⅍)がり，関係． ―Hay un ～ lógico entre los dos asuntos. 2つの事件には論理的つながりがある． 類 **relación, unión**． 反 **desenlace, desunión**． （b） 繋(⅍)ぎ． ―El verbo 'ser' sirve de ～ entre sujeto y atributo. 動詞 ser は主語と属詞の繋ぎ役である． 類 **conexión, ligadura**． ❷ 結婚(式)(～ matrimonial)． ―Al ～ de José con María yo no estoy invitado. ホセとマリアの結婚式には私は招かれていない． 類 **casamiento**． 反 **divorcio**． ❸ （列車・バスなどの）連絡，接続，乗換え． ―estación de ～ 連絡［乗換え］駅． carretera de ～ 連絡道路． En esta estación está muy bien el ～ de trenes. この駅では列車の連絡がとてもいい． 類 **empalme**． ❹ （組織内の）連絡員． ―～ sindical （会社に対する）労働組合代表者． agente de ～ 《軍事》連絡将校． Actúa de ～ entre varias células del partido. 彼は政党のいくつかの支部間の連絡員をしている． ❺《化学,物理》結合． ―～ químico [iónico, covalente] 化学［イオン，共有］結合． 類 **conexión, unión**． ❻《情報》リンク． ―～ activo [seleccionado] 選択されたリンク．
enlace(-) [enláθe(-)] 動 enlazar の接・現在．
enlacé [enlaθé] 動 enlazar の直・完了過去・1単．
enlaciar [enlaθjár] 他 をしおらせる，しぼませる，…の元気をなくす．
―se 再 しおれる，しぼむ，元気をなくす．
enladrillado [enlaðrijáðo] 男 れんがの舗装道．
enladrillar [enlaðrijár] 他 をれんがで舗装する．
enlatado, da [enlatáðo, ða] 形《話》 ❶ 缶詰の． ❷《テレビ》録画の，録音の．
― 男 ❶ 缶詰． 類 **conserva**． ❷《テレビ》録画放送．
enlatar [enlatár] ［< lata］他 を缶に詰める．
enlazador [enlaθaðór] 男《情報》リンカー．
enlazadura [enlaθaðúra] 女 →enlace．
enlazamiento [enlaθamjénto] 男 →enlace．
:**enlazar** [enlaθár] [1.3] ［<lazo］他 ❶ ［＋a に，＋con と］を（ひもで）結びつける，結わえる，連結させる． ―Han comenzado las obras para ～ la carretera con la autopista. その街道を自動車専用道に接続する工事が始まった． ～ los legajos 書類の束を結わえる． 類 **unir**． ❷ を組み合わせる，組み立てる． ―～ las piezas de una máquina ある機械の部品を組み立てる． *Enlazó* muy bien las ideas en su discurso. 彼は演説の中で非常にうまく考えをまとめあげた． ❸ を（投げ縄で）捕らえる．
―自 ［＋con と］連絡する，接続する． ―La línea Barcelona-Valencia *enlaza* en Reus *con* la que lleva a Lleida. バルセロナ・バレンシア線はリェイダへ向かう線とレウスで連絡している． Este tren enlaza con el expreso. この列車は急行に接続する． 類 **empalmar**．

— **se** 再 結びつく; 姻戚関係になる, 親戚になる. —Con la boda *se han enlazado* las dos familias más ricas de la ciudad. その結婚式で市の最も富裕な両家が姻戚関係になった.

en línea [en línea] 副 オンラインで.

enlistonado [enlistonádo] 〔<listón〕男 《建築》木舞(ざまい).

enlistonar [enlistonár] 他 →listonar.

enllantar [eɲʎantár] 〔<llanta〕他 (車輪に)リムをつける.

enlodar [enloðár] 〔<lodo〕他 ❶ を泥で汚す, 泥だらけにする. ❷ (名声)を汚す, (人)の名声を汚せる. —Declinó la oferta por temor a ~ el nombre de la familia. 彼は家名を汚すのではないかとおそれその申し出を断った. 類 **infamar, manchar**. ❸ (土壁)に泥を塗り直す; (壁)の割れ目に粘土をつめる. — **se** 再 泥で汚れる.

enlodazar [enloðaθár] [**1.3**] 他 →enlodar.

enloquecedor, dora [enlokeθeðór, ðóra] 〔<loco〕形 ❶ 狂わせる. —música *enloquecedora* 気の狂いそうな音楽. ❷ 人を夢中にさせる. —ojos ~*es* 人を夢中にさせるまなざし.

enloquecer [enlokeθér] [**9.1**] 他 ❶ (人)を狂わせる, 正気を失わせる. —Le *enloqueció* el alcoholismo. アルコールが原因で彼は精神に障害をきたした. ❷ (人)を夢中にさせる. —A mi hijo lo *enloquece* el fútbol. 私の息子はサッカーに夢中だ. — 自 気が狂う, 正気を失う. —*Enloquecía* de celos. 彼は嫉妬で正気を失っていた.

— **se** 再 気が狂う, 正気を失う.

enloquecimiento [enlokeθimjénto] 男 気が狂う[気を狂わせる]事, 狂気.

enlosado [enlosáðo] 男 ❶ 床に敷石[タイル]を敷くこと. ❷ 石[タイル]敷きの床.

enlosar [enlosár] 〔<losa〕他 (床など)に敷石[タイル]を敷く, (壁など)をタイル張りにする.

enlozar [enloθár] [**1.3**] 他 《中南米》…に上薬を塗る.

enlucido, da [enluθíðo, ða] 過分 形 しっくい塗りの, 白く塗った.

— 男 ❶ しっくいを塗ること, 壁の白塗り. ❷ 塗られたしっくい.

enlucidor, dora [enluθiðór, ðóra] 名 しっくい塗り職人, 左官.

enlucimiento [enluθimjénto] 男 ❶ しっくいを塗ること, 壁の白塗り. ❷ 磨くこと, 光らせること.

enlucir [enluθír] [**9.2**] 〔<lucir<luz〕他 ❶ (壁など)にしっくいを塗り, 白塗りする. ❷ (金属)を磨く, 光らせる. —~ las armas 武器を磨く.

enlutado, da [enlutáðo, ða] 〔<luto〕形 ❶ 喪服を着た. ❷ 喪に服した.

enlutar [enlutár] 他 ❶ (人)に喪服を着せる. ❷ (ある時期)を悲しいものにする. 類 **afligir, entristecer**. ❸ を暗くする(=obscurecer).

— **se** 再 喪服を着る, 喪に服す. —*Se enlutó* tres años por la muerte de su hijo. 彼女は息子の死で 3 年間喪に服した.

enluzca(-) [enlúθka(-)] 動 enlucir の接・現在.

enluzco [enlúθko] 動 enlucir の直・現在・1 単.

enmaderado, da [emmaðeráðo, ða] 〔<madera〕形 板張りの, 木製の.

— 男 ❶ (床・天井などに)板を張ること, 木材による仕上げ. ❷ (建築に使った)木材.

enmaderamiento [emmaðeramjénto] 男 (床・天井などに)板を張ること, 木材による仕上げ.

enmaderar [emmaðerár] 他 (床・壁など)に板を張る, 木材で仕上げる.

enmadrarse [emmaðrárse] 〔<madre〕再 (子供が)母親にべったりする, 母親から離れられなくなる.

enmalezarse [emmaleθárse] [**1.3**] 〔<maleza〕再 雑草だらけになる.

enmaniguarse [emmaniɣwárse] 再 《中南米》❶ (土地が)雑草だらけになる. ❷ (人が)いなかの生活に慣れる.

enmarañamiento [emmaraɲamjénto] 〔<maraña〕男 もつれること, こんがらがること; 錯綜, 紛糾.

enmarañar [emmaraɲár] 他 ❶ をもつれさせる. —El viento le *enmarañó* el cabello. 風で髪の毛がぐちゃぐちゃになった. 類 **enredar**. ❷ (問題)を錯綜・紛糾させる, 難しくする. —~ un negocio [un pleito] 交渉[訴訟]を紛糾させる.

— **se** 再 もつれる, こんがらがる; 錯綜・紛糾する.

enmarcar [emmarkár] [**1.1**] 〔<marco〕他 を枠[額縁]に入れる.

enmarillecerse [emmarijeθérse] [**9.1**] 〔<amarillo〕再 黄色くなる.

enmascarado, da [emmaskaráðo, ða] 〔<máscara〕形 仮面[覆面]をかぶった. —Los ladrones iban ~*s*. 泥棒たちは覆面をかぶっていた.

— 名 仮面[覆面]をかぶった人.

enmascaramiento [emmaskaramjénto] 男 ❶ 仮面(覆面)の装着, 変装. ❷ カムフラージュすること.

enmascarar [emmaskarár] 他 ❶ (人)に仮面[覆面]をかぶせる. ❷ (物事・考えなど)を隠す, 隠蔽(じょう)する. 類 **disfrazar, encubrir**.

— **se** 再 仮面[覆面]をかぶる. —El atracador *se enmascaró* con un pasamontañas. 強盗は防寒帽で顔を隠した.

enmasillar [emmasiʎár] 〔<masilla<masa〕他 (穴や割れ目のあるもの)にパテをつめる; (ガラスなど)をパテでおさえる.

enmendadura [emmendaðúra] 女 →enmienda.

*****enmendar** [emmendár] [**4.1**] 他 ❶ を訂正する, 修正する, 直す. —Ya es demasiado tarde para ~ ese error. その誤りをなおすにはあまりに遅すぎる. ~ la conducta 行いを改める. ❷ を償う, 補償する. —~ un daño 損害を償う. *Enmendó* a la familia por el atropello. 彼はその家族に交通事故の補償をした. 類 **resarcir, subsanar**. ❸ 《海事》(船が方向)を変更する.

— **se** 再 『+de ≫』悔い改める, (欠点)を直す. —A sus años es difícil que *se enmiende* de un vicio tan arraigado. 彼の歳ではあんなに根づいた悪習を改めるのはむずかしい.

enmiend- [emmjend-] 動 enmendar の直・現在, 接・現在, 命令・2 単.

*****enmienda** [emmjénda] 女 ❶ (行いを)改めること, 改心, 改俊(%ぅん). —~ de la vida 更生. hacer [tener] propósito de ~ 行いを改めると決意する, 心を入れかえる. tomar ~ (罪人を)罰する. 類 **arrepentimiento**. ❷ 訂正, 修正, 改正. —~ de una sentencia 判決の訂正. poner [hacer] muchas ~*s* en el original 原文に多くの修

正・訂正を施す. 類**corrección, rectificación**. ❸ 修正[訂正]案; 訂正事項. ―El congreso ha rechazado la ~ total al proyecto de ley. 国会はその法案に対する全面的修正案を否決した. Vale la ~ que sustituye lo tachado. 抹消部分に代わる修正事項が有効である. Va sin ~ ni raspadura. 訂正・削除事項なし(文書を有効とするため文書の末尾に付す). ❹ 複 《農業》土地改良剤.

no tener enmienda (人について)矯正できない, 手に負えない, 救いがたい. Este niño *no tiene enmienda*. この子は手に負えない.

enmohecer [emmoeθér] [9.1] (<moho) 他 ❶ をかびさせる. ❷ をさびさせる.
―自 かびる, さびる.
―se 再 ❶ かびる. ❷ さびる. ❸ (知識などが)さびつく, 使えなくなる. ―Mis conocimientos de japonés *se enmohecieron* ya hace tiempo. 私の日本語の力はずいぶん昔にさびついてしまった.

enmohecido, da [emmoeθíðo, ða] 形 ❶ かびが生えた, かびた. ❷ さびついた.

enmohecimiento [emmoeθimjénto] 男 ❶ かびること, かびが生えること. ❷ さびつくこと.

enmonarse [emmonárse] 再 『中南米』酔っ払う. 類**emborracharse**.

enmudecer [emmuðeθér] [9.1] (<mudo) 自 ❶ 口がきけなくなる, 言葉を失う. ❷ 沈黙する, 口をきかない.
―他 (人)を沈黙させる, 黙らせる. ―No pude pronunciar palabra: el miedo me *enmudeció*. 私は一言も発することができなかった. 恐怖で口がきけなかったのだ.

enmudecimiento [emmuðeθimjénto] 男 黙ること, 沈黙; 口がきけないこと.

ennegrecer [enneɣreθér] [9.1] (<negro) 他 を黒くする; 暗くする; くもらせる. ―Grandes nubes *ennegrecieron* el horizonte. 大きな雲で地平線が暗くなった.
―se 再 黒くなる; 暗くなる; くもる.

ennegrecimiento [enneɣreθimjénto] 男 黒くする[なる]こと, 暗くする[なる]こと, くも(らせ)ること.

ennoblecer [ennoβleθér] [9.1] (<noble) 他 ❶ (人)を貴族にする, 爵位を与える. ❷ (人や物に)高貴さ[気品]を与える. 類**adornar, enriquecer**. ❸ (人)の高潔さを示す. ―Su abnegación la *ennoblece*. あんなに献身的につくす彼女は立派だ. 類**dignificar**.
―se 再 ❶ 貴族になる, 爵位を得る. ❷ 高貴さを示す.

ennoblecimiento [ennoβleθimjénto] 男 ❶ 貴族になる[する]こと, 叙爵. ❷ 高貴にする[なる]こと, 高貴さ.

enojadizo, za [enoxaðíθo, θa] 形 怒りっぽい. 類**enfadadizo**.

enojado, da [enoxáðo, ða] 形 怒った, 機嫌をそこねた. 類**enfadado**.

***enojar** [enoxár エノハル] 他 ❶ を怒らせる, …に腹を立たせる. ―A mi padre le *enoja* que vuelva tarde a casa. 父は私が遅く家に帰ると怒る. 類**enfadar**. ❷ をいらいらさせる, 不快にする. ―Su modo de hablar me *enoja*. 彼のしゃべり方に私はいらいらする. 類**irritar**.
―se 再 『+con に対して』怒る, (…に)腹を立てる. ―Se ha enojado mucho con nosotros. 彼は我々に対し激怒した. 類**enfadarse**.

***enojo** [enóxo] 男 ❶ 怒り, 立腹, 腹立ち. ―incurrir en el ~ de ... (人)の怒りを買う. sentir un profundo ~ por ... …に深い怒りを覚える. Todavía no se le ha pasado el ~. 彼はまだ怒っている. No mostró ~ por mi irresponsabilidad. 彼は私の無責任さに怒った様子も見せなかった. 類**enfado, irritación**. 反**agrado, complacencia, contento, satisfacción**. ❷ 〖主に複〗迷惑, 不快, 労苦. ―Pasó muchos ~s antes de conseguir este puesto. 彼はそのポストに就く前に大変苦労した. 類**desagrado, disgusto, molestia**. 反**alegría**.

causar [*provocar*] *enojo a ...* (人)を怒らせる; いやけを起こさせる. A mis padres *le causaron enojo* mis malas notas. 私の成績が悪いので両親は腹を立てた. *Me causa enojo* tener que repetir tantas veces lo mismo. 同じことをこんなに何度も繰り返さなければならないなんていらいらする.

***enojoso, sa** [enoxóso, sa] 形 不愉快な, 腹立たしい; 厄介な. ―Quiero consultarte un ~ asunto. 私は厄介な問題を君に相談したい. Los trámites burocráticos son siempre ~s. お役所の手続きはいつも面倒くさい. 類**difícil, irritante, molesto**. 反**agradable**.

enología [enoloxía] 女 ブドウ酒醸造学, ワイン学.

enorgullecer [enorɣujeθér] [9.1] (<orgullo) 他 (人)の誇りとなる, 自慢の種になる. ―Le *enorgullece* que su hijo sea ministro. 息子が大臣だということは彼の自慢の種だ.
―se 再 〖+de〗を誇る, 自慢する.

enorgullecimiento [enorɣujeθimjénto] 男 高慢(になること), うぬぼれ(ること), 思い上がり.

***enorme** [enórme エノルメ] (<norma) 形 ❶ 巨大な, 並外れて大きい; 途方もない. ―ciudad [edificio] ~ 巨大都市[ビル]. ¡Qué ~ error ha cometido! 彼は何ととてつもない間違いを犯したものだ. 類**colosal, desmedido, excesivo, gigantesco**. 反**pequeño**. ❷ ひどい, 下劣な. ―Aquellas ~s críticas revelaban un deseo de venganza. あのひどい批判は復讐したいという願望を表していた. 類**perverso, torpe**.

enormemente [enórmeménte] 副 大いに, 非常に.

***enormidad** [enormiðá(ð)] 女 ❶ 巨大さ, 莫大さ. ―la ~ de una catedral 大聖堂の大きさ. una ~ de dinero [de gente] 莫大な金[大勢の人]. 類**abundancia, grandeza**. 反**pequeñez**. ❷ 法外さ, 常軌を逸した言動, ひどい間違い. ―carta plagada de ~es ひどい間違いだらけの手紙. Es una ~ bañarse en el mar en estado ebrio. 酔っ払っていて海に入るなんてむちゃだ. con ~ 非常に, すごく. 類**barbaridad, desatino, despropósito**.

una enormidad (副詞的に)非常に, ものすごく. Me gusta una *enormidad*. 私はものすごく好きだ. 類**una barbaridad, un disparate**.

enquiciar [eŋkiθjár] (<quicio) 他 ❶ (ドアや窓など)を枠に合わせて取り付ける, 枠に収める. ―~ la puerta ドアを枠にはめる. ❷ を矯正する, 正常化させる, 落ち着かせる.

804 enquistarse

—**se** 再 いらいらする, 落ち着く

enquistarse [eŋkistárse] [＜quiste] 再 ❶ 《医学》嚢腫(のうしゅ)に包まれる. ❷ 固い物の中にはまり込む. ❸ (ある状況・状態のまま)動かなくなる, 停滞する.

enrabiar [enraβjár] [＜rabia] 他 を激怒させる, かんかんにおこらせる. 類 **encolerizar**.

—**se** 再 ❶ 激怒する, かんかんにおこる. 類 **encolerizarse**.

enraicé [enraiθé] 動 enraizar の直・完了過去・1単.

enraíce(-) [enraíθe(-)] 動 enraizar の接・現在.

enraíz- [enraíθ-] 動 enraizar の直・現在, 命令・2単.

enraizar [enraiθár] [1.11] [＜raíz] 自 根を張る, 根をおろす, 根づく. —Los árboles no *habían enraizado* y la sequía lo agostó. 木々は根づかず, 日照りで枯れてしまった. 類 **arraigar**.

—**se** 再 《時に比喩的に》根を張る, 根をおろす, 根づく.

enramada [enřamáða] [＜rama] 女 ❶《集合的に》生い茂った枝. ❷ 枝飾り. ❸ 木の枝でふいた屋根.

enramar [enřamár] 他 (場所など)を枝で飾る; …に枝で天井[日除]をつくる.

— 自 (植物が)枝をのばす, 枝をはる.

—**se** 再 枝々の間に隠れる.

enrarecer [enřareθér] [9.1] [＜raro] 他 ❶ (状況, 雰囲気)を悪化させる, を損なう. —Los despidos *enrarecen* el ambiente en la compañía. 解雇は会社の雰囲気を悪くする. ❷ (気体)を希薄にする. ❸ (物事)をまれにする, 希少にする.

— 自 まれである, なかなか見当らない.

—**se** 再 ❶ (状況, 雰囲気)が悪化する, 損なわれる. ❷ (気体)が希薄になる. ❸ (物事)がまれである, なかなか見当らない.

enrarecido, da [enřareθíðo, ða] 形 (気体が)希薄になった, 希薄な.

enrarecimiento [enřareθimjénto] 男 ❶ (気体の)希薄化. ❷ まれなこと, 希少さ.

enrasar [enřasár] [＜raso] 他 ❶ [＋con] …と (物)の高さをそろえる, (2つの物)の高さをそろえる. —～ los muros de un edificio 建物の壁の高さをそろえる. ❷ (物)の表面を平らにする, ならす. —～ el techo 天井の表面を平らにする[ならす]. ❸ (容器)の中身をならして縁の高さにそろえる, (容器の中身)をならして縁の高さにそろえる.

— 自 同じ高さになる[である].

enrase [enřáse] 男 ❶ 高さをそろえること. ❷ 表面を平らにすること, ならすこと.

enredadera [enřeðaðéra] 女 つる植物(特にヒルガオ).

— 形 つる性の. —planta ～ つる植物.

enredador, dora [enřeðaðór, ðóra] 形 ❶ (人が)事態を紛糾させる, ひっかき回す; (子供がいたずらな. ❷《話》うわさ好きの, おしゃべりな; うそをつく, ごまかす.

— 名 ❶ 紛糾させる人; いたずらっ子. ❷ うわさ好き, おしゃべり; うそつき.

enredar [enřeðár] 他 ❶ (糸など)をからませる. ❷ [＋en] (危険[やっかい])に(人)を引きずり込む. —Le *enredaron en* un negocio dudoso y se arruinó. 彼は怪しげな取り引きに巻き込まれて破産した. ❸ (物事)を紛糾させる. ❹ (人)を引き止める, 時間を無駄にさせる. 類 **entretener**. ❺ (人)を仲違いさせる, 不和の種をまく.

— 自 ❶ (子供が)いたずらする. ❷ [＋con を] 面白半分(ひまつぶし)にいじる. —Se pasa el día *enredando con* el ordenador. 彼は一日中コンピュータをいじって過ごす.

—**se** 再 ❶ からまる, こんがらがる. ❷ (つる植物が)からまる, はう, 伸びる. ❸ (物事が)紛糾する, 難しくなる. —El asunto *se enredó* cada vez más. その件は次第に紛糾していった. ❹ [＋en] (やっかいな事に)巻き込まれる; (議論などに)ひっかかりこう. 類 **enzarzarse**. ❺ [＋con] (異性)と深い仲になる. —*Se enredó con* una prostituta. 彼は売春婦と深い仲になった. 類 **amancebarse, liarse**.

enredijo [enřeðíxo] 男《話》《軽蔑的》もつれ, からまり, こんがらがり(=enredo).

enredista [enřeðísta] 形《中南米》→enredador.

‡**enredo** [enřéðo] 男 ❶ (糸・髪・針金などの)もつれ, 絡(から)みあい. —tener un ～ en el pelo 髪の毛がもつれている. 類 **embrollo, maraña**. ❷ (*a*)《比喩》(危険で複雑・困難な)いかがわしいこと[事件], ごたごた, 紛糾. —No te metas en ese ～. そんないかがわしいことに首を突っ込むなよ. ¡Qué ～! なんて厄介[面倒]なんだ! 類 **complicación, jaleo, lío**. (*b*) (子供の)いたずら, 悪ふざけ. 類 **malicia, travesura**. ❸ 情事, 浮気, 内縁関係. —Tiene un ～ con la vecina de abajo. 彼は階下の女性と浮気している. 類 **apaño**. ❹ (小説・劇などの)筋立て, プロット. —comedias de ～ (波瀾万丈の)筋の込み入った劇. 類 **trama**. ❺ 複 がらくた(道具), 厄介物; 道具一式. —Recoge los ～s que hay encima de la mesa. 机の上のがらくたを片付けなさい. 類 **tratos**.

***enredoso, sa** [enřeðóso, sa] 形 ❶ 込み入った, もつれた, 厄介な. —asunto ～ 複雑な事件. Poner al día todos los ficheros es un trabajo bastante ～. 全部のカードを最新のものに更新するのはかなり面倒な仕事だ. 類 **complicado, enrevesado, lioso**. 反 **fácil, sencillo**. ❷ (人が)いたずらな, ごたごたを引き起こす.

enrejado [enřexáðo] [＜reja] 男 ❶ 鉄格子(窓, 扉など);《集合的》(建物にある)鉄格子. ❷ 格子組みのフェンス[覆い].

enrejar¹ [enřexár] 他 ❶ …に格子をつける, を格子で囲む. ❷ (れんがや板等)を格子[柵]状に置く[配置する]. —～ tablas [ladrillos] para que se oreen 風にさらされるように板[れんが]を格子状に置く.

enrejar² [enřexár] 他《農業》(鋤(すき))に刃をつける.

enrevesado, da [enřeβesáðo, ða] [＜revés] 形 ❶ こみ入った, いりくんだ. —camino [crucigrama] ～ いりくんだ道[クロスワードパズル]. ❷ 複雑な; 難しい. —carácter ～ 難しい性格. asunto ～ 複雑な問題.

enriar [enřjár] [1.5] [＜río] 他 (麻・亜麻)を水につける[つけておく](亜麻加工のため).

enrielar [enřjelár] [＜riel] 他 ❶ (金属)を延べ棒にする; 延べ棒用の型に入れる. ❷《中南米》(車両)をレールに乗せる.

enripiar [enřipjár] [＜ripio] 他《土木》(穴)をくず石[割栗石]などでふさぐ.

Enrique [enríke] 固名 《男性名》エンリーケ.

enriquecer [enrrikeθér] [9.1]〔＜rico〕他 を豊かにする, 富ませる〖物質的にも精神的にも使う〗. ― El petróleo *ha enriquecido* el país. 石油のおかげでこの国は裕福になった. 類**adornar, engrandecer**.

― 自 豊かになる, 富む; 裕福になる. ― *Enriqueció* con la especulación del suelo. 彼は土地の投機で金持ちになった.

― **se** 再 豊かになる.

enriquecimiento [enrrikeθimiénto] 男 豊かになる[する]こと.

Enriqueta [enrriketa] 固名 《女性名》エンリケータ.

enriscado, da [enrriskáðo, ða] 形 険しい, 岩の多い.

enriscar [enrriskár] [1.1] 他 を高くする, そびえ立たせる. 類**elevar, levantar**.

― **se** 再 岩山[険しい山]に隠れる.

enristrar[1] [enrristrár] 他 （玉ネギ・ニンニクなど）をつないで房を作る. ― *~ ajos* ニンニクを数珠つなぎにする.

enristrar[2] [enrristrár] 他 （槍）を胸のところに（水平に）構える.

enrocar[1] [enrrokár] [1.1]〔＜roque〕他 《チェス》（キング）をキャスリングする.

― 自 《チェス》キャスリングする.

enrocar[2] [enrrokár] [5.3]〔＜rueca〕他 （糸を紡ぐための玉）を錘(*つむ*)(rueca)にかける, …から糸を紡ぎ出す.

enrocarse [enrrokárse]〔＜roca〕再 （つり針, いかりなどが）海底の岩にひっかかる.

enrojecer [enrroxeθér] [9.1]〔＜rojo〕他 を（熱で）赤くする; 赤面させる; 赤く塗る. ― El sol poniente *enrojecía* vivamente el horizonte. 夕陽は地平線を赤々と照らしていた.

― 自 赤くなる; 赤面する.

― **se** 再 赤くなる; 赤面する. ― Al oír aquel piropo *se enrojeció*. そのお世辞を聞いて彼女は赤面した.

enrojecimiento [enrroxeθimiénto] 男 赤くする[なる]こと; 赤面.

enrolar [enrrolár]〔＜rol〕他 ❶ を船員名簿に載せる, 船員としてやとう, 船に乗り組ませる. ❷ を軍隊に入れる, 徴兵する. ❸ を組織・グループなどに参加させる.

― **se** 再 …に参加する; 入隊する. 類**alistarse, inscribirse**.

enrollable [enrroxáβle]〔＜rollo〕形 （ブラインドなどが）巻き上がる. ― *persiana ~* 巻き上げ式ブラインド.

enrollamiento [enrroxamiénto] 男 丸める[丸まる]こと, 巻くこと.

enrollar [enrroxár] 他 ❶ を丸める, 巻く. ― *Enrolló* el mapa y me lo entregó. 彼は地図を丸め私に手渡した. ❷ 《話》〚+en〛（ある事に）(人)を巻き込む. ❸ （情報）スクロールする.

― **se** 再 ❶ 丸まる, 巻かれる. ❷ 《話》とりとめなく長話をする. ― *Se enrolla* con cualquiera que entra en el bar. 彼はバルに入ってくる誰とでも長話をはじめる. ❸ 《話》〚+en〛（ある事に）巻き込まれる, 首を突っこむ.

enrollarse bien [mal] おしゃべり上手[下手]である.

enronquecer [enrronkeθér] [9.1]〔＜ronco〕他 （人）の声をかれさせる;〚人が与格で〛(声)をかれさせる.

― 自 〚人が主語〛声がかれる, 声をからす.

― **se** 再 〚人が主語〛声がかれる, 声をからす.

enronquecido, da [enrronkeθíðo, ða] 形 声がかれた. ― Tenía la voz *enronquecida*. 彼は声がかれていた.

enronquecimiento [enrronkeθimiénto] 男 声がかれること. ― *Las pastillas no le han aliviado el ~(=ronquera)*. その錠剤を飲んでも彼の声がれはよくならなかった.

enroque [enrróke]〔＜roque〕男 《チェス》キャスリング.

enroscadura [enrroskaðúra] 女 輪にする[なる]こと, 巻くこと.

enroscar [enrroskár] [1.1]〔＜rosca〕他 ❶ （長いもの）を輪にする, リング状にする. ❷ （ねじ・ナットなど）をねじ込む, しめる. ― *~ un tornillo[una tuerca]* ねじ[ナット]をしめる.

― **se** 再 ❶ （長いものが）輪になる, （ヘビが）とぐろを巻く. ❷ （ねじ・ナットなどが）しまる.

enrular [enrrulár]〔＜rulo〕他 《中南米》（髪の毛）をカールする, 巻き毛にする.

ensabanar [ensaβanár]〔＜sábana〕他 ❶ …にシーツをかける, シーツで覆う. ❷ （壁など）を石膏で仕上げる.

― **se** 再 《中南米》反乱を起こす, 蜂起(*ほうき*)する.

ensacar [ensakár] [1.1]〔＜saco〕他 を袋に入れる, 袋詰めにする.

ensaimada [ensaimáða] 女 《菓子》エンサイマーダ. ◆マヨルカ風の渦巻形のパイ菓子.

:**ensalada** [ensaláða]〔＜sal〕女 ❶ 《料理》サラダ. ― *~ de frutas* フルーツサラダ (=macedonia). *~ de mariscos* シーフードサラダ. *~ de lechuga* レタスサラダ. *~ mixta* ミックスサラダ. *patatas en ~* サラダ風にあしらったジャガイモ[ポテトサラダ]. *~ rusa* ポテトサラダ (=ensaladilla rusa)（ニンジン・ジャガイモ・グリーンピースなどの茹でた野菜をマヨネーズであえたもの）. *aderezar [aliñar, arreglar] la ~ con aceite, vinagre y sal* サラダをオリーブ油と酢と塩で味付けする. ❷ 《話》ごちゃ混ぜ, でたらめ, 乱雑; ごちゃ混ぜな配色. ― *armar una ~* 混乱を引き起こす, ごちゃごちゃにする. *Tiene una ~ mental.* 彼は頭が混乱している. *Menuda ~ de lugares, nombres y fechas tenía en la cabeza el guía en la cabeza.* ガイドは頭の中で地名や人名や日付がごったまぜになっていた. 類**confusión, mezcla, mezcolanza, revoltijo**.

en ensalada 冷やしてオリーブ油と酢であえた(インゲン・ポテト・ライスなど).

ensalada de tiros [de balas] 《隠》激しい銃撃戦 (=tiroteo).

ensaladera [ensalaðéra] 女 サラダボウル.

ensaladilla [ensalaðíxa] 女 《料理》❶ （前菜用のちょっとした）サラダ. ❷ （特に）ポテトサラダ (=*~ rusa*).

ensalivar [ensaliβár] 他 唾液でぬらす.

ensalmador, dora [ensalmaðór, ðóra] 名 ❶ （民間の）ほねつぎ, 接骨師. ❷ 呪術医.

ensalmar [ensalmár] 他 ❶ （折れた・脱臼した骨）をなおす. ❷ （病人）を呪術で治す.

ensalmo [ensálmo] 男 （治療のための）おまじない, 呪文, 祈祷; （多分に迷信的な）民間療法.

(*como*) *por ensalmo* たちどころに. Me dieron unos masajes y el dolor desapareció *como por ensalmo*. マッサージをしてもらったら痛みはたちどころに消えた.

ensalzamiento [ensalθamiénto] 男 賞揚, 賛美.

ensalzar [ensalθár] [1.3] 他 ❶ を賞揚する, ほめそやす. —*Todos ensalzaron el valor de la joven madre*. みんなその若い母親の勇気を賞賛した. 類 **alabar, elogiar**. ❷ …の価値を高める, を高みにおし上げる. 類 **engrandecer, exaltar**.
— **se** 再 【＋de】を自慢する, を誇る. 類 **alabarse**.

ensamblador, dora [ensambla∂ór] 男 ❶ 指物師. ❷ 《情報》アセンブラ.

ensambladura [ensambla∂úra] 女 (特に木製部品の)はめ合わせ, 接合, 組み立て.

ensamblaje [ensambláxe] 男 ＝ensambladura.

ensamblar [ensamblár] 他 ❶ (特に木製部品)をはめ込む, 組み立てる, 接合する. — ~ *las tablas del suelo* 床板をはめ込む. 類 **juntar, unir**. ❷ 《情報》アセンブルする.

ensamble [ensámble] 男 ＝ensambladura.

ensanchador, dora [ensant∫a∂ór, ∂óra] 形 広げる. — 男 手袋のばし器.

ensanchamiento [ensant∫amiénto] 男 広げること, 拡張.

:**ensanchar** [ensant∫ár] 他 を広げる, 拡大する. —*Han ensanchado la carretera para evitar embotellamientos*. 渋滞を解消するために道路が拡幅された. ~ *la cintura de un pantalón* ズボンの胴まわりを広げる. 類 **ampliar**.
— 自 広がる, 拡大する. —*Este jersey ha ensanchado*. このセーターは伸びてしまった.
— **se** 再 ❶ 広がる, 拡大する. —*El río se ensancha hacia el sur*. 川は南に向かって伸びている. ❷ 得意になる, うぬぼれる. —*Cuando mencionan el éxito de su marido se ensancha*. 夫の成功の話になると, 彼女は得意そうになる. ❸ 場所を取る. —*No os ensanchéis tanto, que no quepo yo en el banco*. 君らあまり場所をとるなよ, ぼくがベンチに座れないから.

ensanche [ensánt∫e] 男 広げること, 拡張. — *Las obras de* ~ *de la carretera llevarán varios años*. その道路の拡張工事は数年かかるだろう. 類 **dilatación, extensión**. ❷ 広げて増えた分, 拡張部分; 《都市の拡張に伴う》新興開発地域. ❸ 《服飾》タック, 縫いひだ.
zona de ensanche →zona.

ensangrentado, da [ensangrentá∂o, ∂a] 〈＜sangre〉形 血染めの, 血まみれの; 血なまぐさい.

ensangrentamiento [ensangrentamiénto] 男 ❶ 血で汚す［汚れる］こと. ❷ 流血.

ensangrentar [ensangrentár] [4.1] 他 を血で汚す, 血まみれにする. —*Las continuas luchas ensangrentaron el país*. 絶え間ない戦いによってその国は血まみれになった.
— **se** 再 ❶ 血で汚れる, 血まみれになる. ❷ 激昂する. ❸ 【＋con/contra】…に対して残忍に振る舞う.

ensañamiento [ensaɲamiénto] 〈＜saña〉男 ❶ 残酷(になること). 類 **encono**. ❷ 激昂, 怒り.

ensañar [ensaɲár] を激昂させる. 類 **enfurecer, irritar**.
— **se** 再 【＋con】…に対して残忍に振舞う, 【＋en】…において残忍に振舞う. —*Los soldados se ensañaron con los prisioneros de guerra*. 兵隊たちは戦争捕虜を残忍に扱った.

ensarnarse [ensarnárse] 〈＜sarna〉再 《中南米》疥癬(かいせん)にかかる.

ensarnecer [ensarneθér] 自 →ensarnarse.

ensartador [ensarta∂ór] 〈＜sarta〉男 《中南米》バーベキュー用の焼き串.

ensartar [ensartár] 他 ❶ を数珠つなぎにする. — ~ *las cuentas en un hilo* 数珠玉［ビーズ］を糸でつなぐ. ❷ …に糸を通す. — *una aguja* (＝enhebrar) 針に糸を通す. ❸ を突き刺す. —*El toro le enterró el* *cuerno en una pierna*. その雄牛は彼の脚に角を突き刺した. 類 **atravesar, espetar, introducir**. ❹ (嘘やばかげたこと)を次から次へと言う.

:**ensayar** [ensaʝár] 他 ❶ (*a*) (実地に)を試験［試用］する, 試みる, 試演する. — ~ *un nuevo medicamento* 新薬をテストする. ~ *una obra de teatro* 劇を試演する. 類 **probar**. (*b*) を練習する, 稽古する, さらう. —*Antes del recital ensayó todas las piezas que iba a interpretar*. 彼はリサイタルを前にして演奏するはずの全曲をさらった. ❷ 【＋a＋不定詞】ためしに…する; …してみる. —*Ensayé a bailar un tango*. 私はためしにタンゴを踊ってみた. ❸ 【＋a (人)に】を練習させる. —*Su entrenador le ensayó el salto de altura*. 彼のコーチは彼に走り高跳びを練習させた.
— 自 ❶ 練習する, リハーサルする. —*En esa sala ensaya el coro del colegio*. その部屋では小学校の合唱団が練習している. ❷ 《ラグビー》トライする.
— **se** 再 【＋a＋不定詞】の練習をつむ, 腕をみがく, — ~ *se a recitar poesía* 詩の朗読の練習をする.

ensaye [ensáʝe] 男 試金, 金属の分析評価.

:**ensayista** [ensaʝísta] 男女 随筆家, エッセイスト. —*Miguel de Unamuno fue un gran* ~. ミゲル・デ・ウナムーノは 98 年世代の偉大な随筆家だった.

:**ensayo** [ensáʝo] 男 ❶ 随筆, エッセー; 試論. — ~ *filosófico* 哲学試論. «*E* ~ *sobre el entendimiento*» 『人間悟性論』(Locke 著). 類 **obra, tratado**. ❷ (性能などの)テスト, 試験, 試し, 実験, 試運転; 練習. —*vuelo de* ~ テスト飛行. *tubo de* ~ 試験管. ~ *de resistencia* 耐久テスト. *globo de* ~ 観測気球. ~ *de un método* ある方法を試してみること. *a modo* [*a título*] *de* ~ 試しに, 試験的に. *hacer el* ~ *de una nueva máquina* 新しい機械をテスト[試運転]する. 類 **ejercicio, experimento, prueba**. ❸ 《演劇》試演, リハーサル. —*Han hecho ya tres* ~ *s de la obra*. その作品のリハーサルはもう 3 回行われた. ❹ 《化学》試金, (定量)分析. — ~ *de un mineral* 鉱石の(試金)分析. ~ *de monedas* 貨幣の分析. 類 **ensaye**. ❺ 《スポーツ》試技, (ラグビーの)トライ.
de ensayo 試験的の, 試しの, 実験の(→❷).
ensayo general 芝居の総稽古, 舞台稽古, ゲネプロ.

ensebar [enseβár] 〈＜sebo〉他 …に脂を塗る.

enseguida [enseɣí∂a] 副 すぐに (＝en seguida).

Ensenada [ensenáða] 固名 エンセナーダ(メキシコの都市; アルゼンチンの都市).

ensenada [ensenáða] 女 入江.

enseña [enséɲa] 女 記章, 旗印. 類 **estandarte**.

enseñado, da [enseɲáðo, ða] 〔過分〕形 教えられた, 指導された, しつけられた. — bien [mal] ~ しつけの良い[悪い]. 類 **acostumbrado, educado**.

:**enseñanza** [enseɲánθa] 女 ❶ 教育, 指導; 教職. — recibir una buena ~ 立派[十分]な教育を受ける. nivel de ~ 教育水準. centro de ~ 教育機関. ~ para adultos 成人教育. Me dedico a la ~ de inglés en un colegio. 私は学校で英語教育に携わっている. ❷ 教育課程. — llevar a cabo la reforma de la ~ 教育改革を成し遂げる. ~ infantil 幼児教育. ~ obligatoria 義務教育. ~ preescolar 就学前教育. primera ~/~ primaria [básica] 初等教育. segunda ~/~ media [secundaria] 中等教育. E~ Secundaria Obligatoria 後期義務教育 (12 歳～16 歳までの)[略]ESO). ~ superior 高等教育. ~ universitaria 大学教育. ~ por correspondencia/~ a distancia 通信教育. ~ profesional [laboral] 職業教育. ~ técnica 技術教育. ~ religiosa 宗教教育. ~ laica 宗教色のない教育. escuela de primera ~ 小学校. instituto nacional de ~ media 国立中学校. ~ pública 公教育. ~ privada 私学教育. ❸ 教育法, 教育形態. ~ audiovisual 視聴覚教育. ~ programada プログラム学習. ~ socrática ソクラテス方式教授法. ~ práctica 実践[実用的]教育. ❹ 教育で受けた知識[教養]. — Su ~ es muy deficiente. 彼の知識はとても片寄っている. ❺〖主に複〗教え, 教訓, 戒め; 警訓となること. — sacar valiosas ~s de los fracasos 失敗から貴重な教訓を得る. Muchos cuentos encierran alguna ~ moral. 多くの童話は何かしら道徳的な教訓を含んでいる. Aún tengo presentes las ~s de mi maestro. 私は今なお先生の教えを忘れない. 類 **consejo, ejemplo**. ❻ 教義, 教え. ~ ~ de la Iglesia Católica カトリック教会の教義.

servir de enseñanza 教訓となる. *Ese castigo les servirá de enseñanza.* その罰は彼らにはいい薬となるだろう.

enseñar [enseɲár] エンセニャル 〔< seña〕他 ❶ (*a*) を教える, 教授する, 〖+*a*+不定詞〗…することを教える. — *Ella me enseña español.* 彼女は私にスペイン語を教えてくれる. *Mi padre me enseñó a nadar.* 父が私に泳ぎを教えてくれた. (*b*) (人)に教訓を与える. — *La adversidad te enseñará.* 逆境が君に教訓を与えるだろう. ❷ を見せる, 示す; あらわにする. — *Me enseñó su colección de monedas.* 彼は私にコインのコレクションを見せてくれた. *Nos enseñó el camino a la estación.* 彼は私たちに駅への道を教えてくれた. ~ *el trasero por un roto del pantalón* ズボンの破れ目からお尻をのぞかせる. 類 **mostrar.

enseñoramiento [enseɲoramjénto] 〔< señor〕男 わが物にすること, 支配.

enseñorearse [enseɲoreárse] 再 〖+*de*〗を手に入れる, 支配下に収める; 占有する. — *Mi hermana casada, cuando nos visita, se enseñorea de la casa.* 結婚した姉は, 私たちのところへやって来ると家を独占してしまう.

enseres [enséres] 男複 道具, 用具, 器具; 仕事道具. ~ *domésticos* 家財道具.

ensilado, ensilaje [ensiláðo, ensiláxe] 〔< silo〕男 〖農業〗(穀物などを)サイロに貯蔵すること.

ensilar [ensilár] 他 〖農業〗(穀物, 飼料など)をサイロに入れる, 貯蔵する.

ensillado, da [ensiʝáðo, ða] 〔< silla〕形 ❶ (馬などが)鞍をつけた. ❷ (馬などが)背のへこんだ.

ensillar [ensiʝár] 他 (馬など)に鞍をつける.

ensimismado, da [ensimismáðo, ða] 〔過分〕形 ❶ 考え込んだ, 物思いにふけった. ❷〖+*en*〗…に没頭した. — *Estaba ~ en la lectura y no oyó lo que le dije.* 彼は読書に没頭していて私の言うことを聞かなかった. ❸〖中南米〗うぬぼれた, …気取りの.

ensimismamiento [ensimismamjénto] 男 ❶ (考え事などへの)没頭. ❷〖中南米〗うぬぼれ.

ensimismarse [ensimismárse] 〔<en sí mismo〕再 ❶ (まわりの事に気づかないくらい)考え事に没頭する; 〖+*en*〗…に没頭する. — *Sentado junto a la ventana, se ensimisma en los recuerdos de su niñez.* 彼は窓にすわり, 幼い頃の思い出にふけっている. 類 **abstraerse**. ❷〖中南米〗うぬぼれる, いい気になる.

ensoberbecer [ensoβerβeθér] [9.1]〔< soberbio〕他 ❶ (人)を尊大にする, 思い上がらせる. — *Su extraordinario talento lo ensoberbeció.* 彼の並外れた才能が彼を尊大にした.

—**se** 再 ❶ 尊大になる, 高慢になる; 〖+*con/de*〗を鼻にかける. ❷ (比喩)(海が)荒れる.

ensoberbecimiento [ensoβerβeθimjénto] 男 傲慢になること, 思い上がり.

:**ensombrecer** [ensombreθér] [9.1]〔< sombra〕他 ❶ を日陰にする, 暗くする. — *El nuevo edificio ha ensombrecido el jardín.* 新しいビルのために庭は日陰になった. ❷ (性格・表情)を暗くする, 悲しがせる. — *La muerte de su mujer ensombreció su carácter.* 妻の死が彼の性格を暗くした. ~ *el rostro* 表情を曇らせる. ❸〖美術〗(顔・風景)を黒く描く, (絵に)陰影をつける.

—**se** 再 ❶ (日が)かげる. — *El cielo se cubrió de nubes y el día se ensombreció.* 空は雲でおおわれ, 日がかげった. ❷ 陰影がさす, 陰気になる. — *Al hablar de su familia su rostro se ensombrece.* 話が自分の家庭のことになると, 彼の顔は曇る.

ensoñación [ensoɲaθjón] 〔<sueño〕女 夢を見ること, 夢想. 類 **ensueño**.

ensoñador, dora [ensoɲaðór, ðóra] 形 夢想家の. — *Tiene un temperamento romántico y ~.* 彼はロマンティックで夢想家の気質だ.

— 名 夢想家.

ensoñar [ensoɲár] [5.1] 自 夢を見る, 夢見る; 夢想する.

— 他 を夢見る, を夢想する.

ensopar [ensopár] 〔<sopa〕他 ❶〖+*en*〗(パン)を液体(ワイン・ミルクなど)に浸す. — *el pan en vino* パンをワインに浸す. ❷〖中南米〗(人など)をずぶぬれにする.

ensordecedor, dora [ensorðeθeðór, ðóra] 〔<sordo〕形 (音が)耳を聾(ろう)する.

ensordecer [ensorðeθér] [9.1] 他 ❶ (人)を聞こえなくする, 耳を聾(ろう)する. —La edad le ha ido *ensordeciendo*. 年を取るにつれて彼は耳が遠くなっていった. ❷《言語》(音)を無声化する.
— 自 『人が主語』耳が聞こえなくなる. —Ella *ensordeció* cuando sólo tenía 40 años. 彼女はわずか40歳で耳が聞こえなくなった.
—**se** 再 ❶『人が主語』耳が聞こえなくなる. ❷《言語》無声化する.

ensordecimiento [ensorðeθimjénto] 男 ❶ 耳が聞こえなくなること. —Su ~ se debe a una infección en el oído. 彼の耳が聞こえないのは耳の感染症のせいだ. ❷《言語》無声化.

ensortijar [ensortixár]〔<sortija〕他 ❶ (髪の毛など)を巻く, カールする, 輪にする. ❷ (家畜に)鼻輪をつける.
—**se** 再 ❶ (髪の毛などが)巻かれる, 波立つ. ❷ 指輪をはめる. 類 **enjoyarse**.

ensuciamiento [ensuθjamjénto]〔<sucio〕男 よごすよごれること, けがす(けがれる)こと.

‡**ensuciar** [ensuθjár]〔<sucio〕他 ❶ を汚くする, 汚濁させる, よごす. —~ el vestido 服をよごす. Esos vertidos industriales *ensucian* el río. あの産業廃棄物が川をよごしている. ❷ (名誉)をけがす. —~ el honor de la familia 家名をけがす.
— 自 粗相をする, 便を漏らす.
—**se** 再 ❶ よごれる, 汚くなる. —La niña *se ha ensuciado* la falda de barro. 女の子は泥でスカートをよごした. ❷ 粗相をする, 便を漏らす. —El niño *se ha ensuciado* en el calzoncillo. 坊やはパンツに粗相をした. 類 **defecar**. ❸ 汚職をする, 名声を汚す. —~ se en un negocio poco digno ふさわしからぬ事業で名声を汚す.

‡**ensueño** [enswéno] 男 ❶ 幻想, 夢想, 空想. —Vive en un mundo de ~. 彼は空想の世界に生きている. No tiene los pies en la tierra, vive de ~s. 彼は地に足が着いていなくて, 夢に生きている. 類 **ensoñación, espejismo, fantasía**. ❷《比喩》(心に描く)夢, 憧(あこが)れ, 願望. —país de mi ~ 私の憧れの国. El ~ de mi vida ha sido ser escritor. 私の生涯の夢は作家になることだった. 類 **ambición, ilusión**. ❸《睡眠中の》夢. —Esta noche he tenido un ~ muy raro. 夕べ私は大変不思議な夢を見た. 類 **sueño**. 反 **realidad**.
de ensueño 夢の[夢に見る]ような, すばらしい; 憧れの. casa *de ensueño* 夢に見るような家. belleza *de ensueño* この世のものとは思えぬ美しさ. 類 **fantástico, ideal, maravilloso**.
¡Ni por ensueño!《話》とんでもない, まさか, そんなはずはない.

entabicar [entaβikár] [1.1]〔<tabique〕他『中南米』(部屋の一部など)を壁で仕切る, 区分する.

entablado [entaβláðo]〔<tabla〕男 板張りの台(床).

entabladura [entaβlaðúra] 女 板張りにすること.

entablamento [entaβlaménto] 男《建築》エンタブラチュア.『古典建築で柱の上の装飾的な部分』(=cornisamento).

entablar [entaβlár]〔<tabla〕他 ❶ を始める, 開始する, 着手する. —~ relaciones diplomáticas 外交関係を結ぶ. ~ un negocio あるビジネスに着手する. El ejército *entabló* un duro combate con la guerrilla. 軍はゲリラと激しい戦闘を開始した. 類 **empezar**. ❷ …に板を張る, を板囲いする.《医学》…に副木を当てる. —~ el suelo del pasillo 通路の床を板張りにする. ❸《チェス》(駒)を並べる.
— 自『中南米』引き分ける. 類 **empatar**.
—**se** 再 ❶ 始まる. —*Se ha entablado* una tremenda pelea en el bar. バールでものすごいけんかが始まった. ❷ (風向きが)定まる.

entable [entáβle] 男 ❶ 板張り(にすること). ❷ (チェスなどで)盤上の駒の配置.

entablillar [entaβliʝár]〔<tablilla〕他 (骨折した部位に)添え木を当てて固定する.

entalegar [entaleɣár] [1.2]〔<talega〕他 ❶ を袋に入れる, 詰める. ❷ (金)を貯め込む.

entallador, dora [entaʝaðór, ðóra]〔<talla〕名 彫刻家. 類 **escultor**.

entalladura [entaʝaðúra] 女 ❶ 彫ること, 彫刻. ❷ (木工品品の接合部の)切り込み, ほぞ穴; (樹脂を採るため木に入れる)切り込み.

entallamiento [entaʝamjénto] 男 →entalladura.

entallar [entaʝár] 他 ❶ (服)の寸法を直す, 体に合わせる. ❷ (像など)を彫る, 彫刻する. 類 **esculpir**. ❸ …に切り込みを入れる.
— 自 (服が)体にぴったり合う. —~ demasiado (服が)きつい. —**se** 再 ❶ (服が)体にぴったり合う. ❷ をはさむ, はさめる. —*Se entalló* un dedo con la puerta. 彼はドアに指をはさんだ.

entallecer [entaʝeθér] [9.1]〔<tallo〕自 (植物が)芽を出す. —**se** 再 (植物が)芽を出す.

entapizar [entapiθár] [1.3]〔<tapiz〕他 (部屋・壁などを)タペストリーで飾る, 覆う;〔+de/con〕…で(物を)覆う. —~ el cuarto *con* una alfombra 部屋をじゅうたんで覆う. —**se** 再〔+de〕…で覆われる.

entarimado [entarimáðo]〔<tarima〕男 寄せ木張りの床, 寄せ木張り.

entarimar [entarimár] 他 (部屋など)の床に板を張る.

entarquinar [entarkinár]〔<tarquín〕他 ❶ (耕地に)泥をまく. ❷ を泥でよごす.

entarugado [entaruɣáðo]〔<tarugo〕男 木のブロック敷きの床・舗装.

*__ente__ [énte] 男 ❶ 実体, 実在;《哲学》存在. —~ de razón 観念的存在(空想の産物). —~ de ficción 架空の人物. 類 **ser**. ❷ 団体, 機関; 会社. —~ estatal 国家. —~ público 公的な団体. 類 **corporación, entidad**. ❸《奇妙な・おかしなやつ, 人. —Todos se reían de aquel ~ extravagante. みんなはあのきやつのことをあざ笑っていた. 類 **sujeto**.

entechar [entetʃár]〔<techo〕他『中南米』…に屋根をつける.

enteco, ca [entéko, ka] 形 病弱な, 弱々しい. 類 **débil, enfermizo**.

entejar [entexár]〔<teja〕他『中南米』…にかわら屋根をつける.

entelequia [entelékja] 女 ❶《哲学》エンテレケイア, エンテレキー. ❷ 実現不可能な理想.

entelerido, da [entelerído, ða] 形 ❶ 凍えた; 恐れで凍りついた. ❷ 病弱な.

entena [enténa] 女 ❶《船舶》三角帆の帆桁.

❷ 長い丸太.

entenada [entenáða] 囡 まま娘 (=hijastra).

entenado [entenáðo] 男 まま子 (=hijastro).

entendederas [entendeðéras] 囡 複 (話)理解力.(「頭が悪い」という場合に使われることが多い).
— ser corto[duro] de ～ 理解力が乏しい.

entendedor, dora [entendeðór, ðóra] 名 理解力のある人, 頭の良い人；『＋de』(何かに)精通した人.

A [*Al*] *buen entendedor, pocas palabras bastan* [*con pocas palabras basta*]. 【諺】頭の良い人には少ない言葉で充分『話し相手に対して「あとは, もう言わなくても分かるでしょう」という意味合いで使うことが多い. 後半はしばしば略される』.

— 形 理解力のある；『＋de』(何かに)精通した.

:entender [entendér エンテンデル] [4.2] 他 ❶ …を理解する. — ～ el sentido de una palabra その語の意味を理解する. Ella me *entiende* bien. 彼女は私のことをよく分かってくれている. No hablo japonés, pero lo entiendo. 私は日本語は話せないけれど, 聞けば分かる. *Entiendo* que esté enfadada. 彼女が怒っているのもよく分かる.　類 **comprender**.
❷ …と思う, 考える, 理解する. — Yo *entiendo* que deberías hacerlo. 私は君がそれをやるべきではないかと思う. ¿Debo ～ que nuestra relación ha terminado? 私たちの関係は終わったと考えていいんですか.

dar a entender を分からせる, 理解させる. Me *dio a entender* que estaba algo mal. 私には何か体の具合が悪いことが分かった.

entender mal を誤解する. Tú me *entiendes mal*. 君は私を誤解している.

¿entiendes? (自分の言ったことに念を押して)…だよ, いいね, わかったかい. No pienso ayudarte, *¿entiendes?* 君を助けるつもりはないんだ, いいね.

ya me entiendes 分かっているだろうが. Él siempre ha sido un poco raro, tú *ya me entiendes*. 分かっているとは思うけれど, 彼はいつもそんなふうに少し変なんだ.

— 自 ❶ 『＋de について』分かっている, 熟知している. — *Entiende* mucho *de* informática. 彼は情報科学について非常に精通している. ❷ 『＋en について』…に分かっている, (…に)強い. — ～ *en* matemáticas 数学に強い. (*b*) …に介入する, 口を挟む, 関わる. — La iglesia no debe ～ *en* asuntos comerciales. 教会は商業上の問題には口を挟むべきではない. ❸ (話)同性愛者である, ホモである. — Dicen que Carlos *entiende*. カルロスはホモだといううわさだ.

— **se** 再 『＋con と』❶ (人と)うまが合う, 息が合う, 仲良しである. — Ella *se entiende* muy bien *con* su suegra. 彼女は姑と息が合っている. ❷ (意見が)一致する, 合意する. — Ya nos entendemos en el precio. 私たちは価格についてはもう合意している. ❸ (人)と愛人関係にある, 情交を結ぶ. — ～ *se con* un joven 若い男と関係している. ❹ (…の)扱いに慣れる, (…に)精通している. — *Se entiende* bien *con* el nuevo plan de estudios. 彼は新しい研究計画に精通している. ❺ 自分のことが分かっている. — No sé por qué actúas así. -Yo *me entiendo*. 私には君がなぜそんな行動をとるのかわからない. -自分では分かっているよ.

¿cómo se entiende? (怒って)一体どういうわけですか. ¿*Cómo se entiende* que sea tan mal educado ese chico? 一体どうしてあの子はあんなにしつけが悪いのですか.

entendérselas (1) うまくやりおおせる. ¡Allá *se las entienda*! あちらはあちらで勝手にやるがいいさ.
(2) 『＋*con*』(人と)話をつける, (事に)うまく対応する. Ya *te las entenderás con* papá. 君はお父さんとうまくやって行けるよ.

— 男 理解, 理解力.

a mi entender 私の理解するところでは. *A mi entender*, usted está equivocado. 私の考えでは, あなたはまちがっています.

entendidamente [entendíðamente] 副 賢明に, 巧みに.

:entendido, da [entendíðo, ða] 過分 形 ❶ 理解された, わかった. — mensaje mal ～ 誤解された伝言. Tenéis que estar aquí a las ocho, ¿～? 君たちは8時にここに来ないといけないよ, わかったかな. ❷ 『＋en』…に精通した, 明るい. — Es un profesor ～ *en* asuntos internacionales. 彼は国際問題に精通した教授です.

— 名 精通した人, 理解者. — Es un ～ en informática. 彼はITに詳しい. Es una conferencia para ～s. それは専門家のための講演会です.　類 **docto, perito, sabio**.

bien entendido que …という条件で. Le haré una rebaja, *bien entendido que* el pago será al contado. 支払いが現金だという条件で割引をいたしましょう.

no darse por entendido 聞こえないふりをする, わからないふりをする. Cuando le regaña su padre *no se da por entendido*. お父さんに叱られると彼は知らないふりをする.

:entendimiento [entendimjénto] 男 ❶ 理解, 了解. — ～ de las distintas culturas 異文化の理解. ～ entre pueblos 民族間の相互理解. Los fenómenos escapan a nuestro ～. それらの現象は私たちの理解を超えている.　類 **comprensión**. ❷ 分別, 理性, 判断力. — recto 正しい判断力. tener ～ 分別[理解力]がある. obrar con ～ 正気で行動する. Cuando bebe pierde el ～. 彼は飲むと分別を失う. La ira le nubló el ～. 彼は怒りのあまり判断力を失った. No regañes al niño, ¿no ves que no tiene ～? 子供を叱るなよ, 判断力がないのが分からないの?　類 **juicio, razón**. ❸ 《話》知力, 知性, 知恵, 頭の良さ. — ～ humano 人間の頭脳[理解力]. persona de (mucho) ～ 頭脳明晰な人, 大変頭のいい人. ser corto de ～/tener el ～ limitado 頭の働きが鈍い, 頭が弱い. El ～ distingue a las personas de los animales. 知性が人間と動物を区別する.　類 **inteligencia**. ❹ (意見などの)一致, 合意, 協調. — ～ internacional 国際協調. buen ～ 協調, 一致, 合意. llegar a un ～ 合意に達する. Nunca discuten, hay entre ellos buen ～. 彼らは決して口論しない. 彼らはいつも良い一致している. Se ha roto el ～ entre los dos países. 二国間の協調が崩れた.　類 **acuerdo, concordia**.　反 **desacuerdo, desavenencia, enemistad**.

entenebrecer [enteneβreθér] [9.1]【＜tinieblas】他 を暗くする.

— **se** 再 暗くなる. — Su alegre carácter *se fue entenebreciendo* con el paso del tiempo. 彼女の明るい性格は時が経つにつれて暗くなっていっ

た.

entente [enténte] 女〖<仏〗(主に国家間の)協約, 秘密協定, 協商. 顕**concierto, convenio, inteligencia, pacto**.

enterado, da [enteráðo, ða] 形 ❶〖+de〗(…について)知っている. ❷〖+de/en〗を良く知っている, 精通した. — Es un abogado muy ~ *en asuntos de divorcios*. 彼は離婚訴訟にとても強い弁護士だ. 顕**conocedor, entendido**. ❸〖中南米〗思い上がった. 顕**engreído, orgulloso**.
—— 名 精通した人, エキスパート. —— 男 了承済み(のサイン).

darse por enterado 分かった[気づいた]様子を見せる[態度で示す].

:**enteramente** [enterámente] 副 完全に, すっかり, まったく. — Es un producto ~ *nacional*. それは完全な国産品である.

:enterar [enterár エンテラル] 他 ❶〖+ de を〗…に知らせる, 承知させる, 報告する. — Me *enteraron de* todo lo sucedido. 彼らは起こったことすべてを私に知らせてくれた. 顕**informar**. ❷〖中南米〗を支払う;〖南米〗を完済する.
—— se 再 〖+de を〗知っている, 承知する; (…に)気づく. — *Se ha enterado* ya de la muerte de su padre. 父親の死を彼はすでに知ってしまった. Nadie *se enteró de* que había salido de casa. 誰も彼が家を出て行ったのに気づかなかった.

¡para que te enteres! (相手にいやなことを言って)念のため言っておくよ. Pues no me han suspendido, *¡para que te enteres!* ぼくは落とされなかったよ, 念のため言っておくよ.

se va [te vas] a enterar (脅して)思い知らせるよ. Como vuelvas a hacer novillos, *te vas a enterar*. 今度お前がずる休みをしたら思い知らせてやる.

entercarse [enterkárse]〖< terco〗再 固執する, 強情を張る.

*enteveza** [enteréθa] 女 ❶ (不幸・苦しみなどに耐える)不屈の精神, 堅忍(%%)(不抜). — Ha demostrado mucha ~ en la adversidad. 彼は逆境にあってもくじけなかった. Mantuvo toda su ~ durante el entierro de su marido. 彼女は夫の葬儀中にもしっかりしていた. ~ *de carácter* 性格の強さ. 顕**aguante, aplomo, fortaleza**. 反**pusilanimidad**. ❷ 毅然[断固]たる態度. — Mostró gran ~ en su conducta. 彼は毅然たる態度をとった. 顕**firmeza, inflexibilidad**. 反**debilidad**. ❸ 廉潔, 公明正大. 顕**integridad, rectitud**. ❹ 完全さ, 無欠さ. — ~ *virginal* 処女性, 純潔. ❺ (規律などを)厳格に守ること, 遵守(%%).

con entereza (1) 毅然[断固]として. Gestiona el negocio *con entereza*. 彼は毅然たる態度で交渉の手続きをしている. contestar *con entereza* きっぱり[はっきり]答える. (2) 気丈に, 強く. Aceptó su enfermedad *con gran entereza*. 彼は少しも動じずに自分の病気を受け入れた.

enteritis [enterítis] 女《医学》腸炎.

enterizo, za [enteríθo, θa] 形 ❶ →**entero**. ❷ 完全な, 継ぎ目のない.

enternecedor, dora [enterneθeðór, ðóra]〖<tierno〗形 優しい気持ち[同情心]にさせる. — Me dirigió una sonrisa *enternecedora*. 彼女は私に優しい微笑を送ってくれた.

enternecer [enterneθér]【9.1】他 ❶ (人)に優しい気持ち[同情心]を起こさせる, …の心を動かす. — La sonrisa de un niño *enternece* a cualquiera. 子供の微笑は誰の気持ちも優しくさせる. ❷ (物)を柔らかくする. 顕**ablandar**.
—— se 再 優しい気持ちになる.

enternecimiento [enterneθimiénto] 男 優しい気持ちを起こす[起こさせる]こと, 同情, あわれみ.

***entero, ra** [entéro, ra エンテロ, ラ] 形 ❶ 全部の, 全部そろっている, 丸ごとの〖estar+〗. — *una docena entera* そっくり1ダース. La vajilla *está entera*. 食器は完全にそろっている. Estuvimos un día ~ en su casa. 私たちはまる1日彼の家にいた. 顕**cabal, completo, íntegro**. 反**incompleto**. ❷〖限定的に〗全体の, すべての. Se comió el pollo ~. 彼はチキンを全部食べてしまった. ❸ 無傷の, そのままの〖estar+〗. — Nadie comió tarta y aún está *entera*. だれもケーキを食べなかったのでそっくり残っている. 顕**intacto**. 反**roto**. ❹ (精神的に)しっかりした, 意志堅固な, 毅然とした. — A pesar de la desgracia se mantuvo ~. 不幸にもかかわらず彼は毅然としていた. 顕**firme, robusto, sano**. ❺ 公正な, 清廉な. — Los tribunales deben ser ~s y eficaces. 裁判所は公正で効率的でなければならない. 顕**justo, recto**. ❻ 健全な, 丈夫な, 壮健な〖estar+〗. — Terminó la escalada del Everest muy ~. 彼は非常に元気にエベレスト登山を終えた. ❼ (調理したものに)芯がある; (果実が)熟していない〖estar+〗. ❽《数学》整数の. — *número* ~ 整数. ❾〖アメリカ〗そっくりの. 顕**parecido**.
—— 男 ❶《数学》整数. ❷《経済》ポイント(相場の単位), 刻み. — Las acciones han subido dos ~s. 株価は2ポイント上昇した. ❸〖中南米〗納付(金), 支払い(金).

por entero 完全に, すっかり, まったく. Se entregó al apostolado *por entero*. 彼は完全に伝道に没頭した.

enterogastritis [enterogastrítis] 女《医学》胃腸炎.

enterrador [entařaðór]〖<tierra〗男 ❶ 墓堀り人(=sepulturero). ❷《動物》シデムシ, 埋葬虫.

enterramiento [enteřamiénto] 男 ❶ 埋葬(=entierro). ❷ 墓(=tumba).

:enterrar [enteřár]【4.1】〖<tierra〗他 ❶ を(土中に)埋める. — Las tortugas *entierran* los huevos en la arena. カメたちは卵を砂に埋めた. ❷ を埋葬する. — Murió el día 11 y lo *enterraron* el 12. 彼は11日に死に, 12日に埋葬された. 顕**sepultar**. ❸ (人)より長生きする. — Usted nos va a ~ a todos. あなたは私たち皆よりも長生きすることになるだろう. ❹ (物の下や間に)隠す. — ~ *un billete entre un montón de papeles* お札を山のような書類の中に隠す. 顕**ocultar**. ❺ を忘れ去る, 葬り去る. — *Enterremos* el pasado y miremos el futuro. 過去の事は忘れて, 未来を見つめよう.
—— se 再 閉じこもる, 孤立する. — Cuando quedó viudo, *se enterró* en un monasterio. 彼は妻を失ったとき, 修道院に引きこもった.

entesar [entesár]【4.1】〖<tieso〗他 ❶ (物)をぴんと張る, 伸ばす. — ~ *una cuerda* ロープをぴん

と張る. ❷ (物)を強くする.

entibación [entiβaθión] 囡 《鉱業》材木による支え, 補強.

entibar [entiβár] 他 (坑道)を支柱で補強する, 支える. —— 自 〖+en〗を支えにする, 頼る.

entibiar [entiβiár] 〔<tibio〕他 ❶ をぬるくする, さます. —Dejó ~ la leche antes de tomársela. 彼女は飲む前にミルクをさました. ❷ (情熱などを)おとろえさせる, さます.

——**se** 再 ❶ ぬるくなる, さめる. ❷ (情熱などがおとろえる, さめる; 〖+con〗(人)と疎遠になる, 冷えた関係になる.

entibo [entíβo] 男 支柱, 支え; 支えの木材.

‡**entidad** [entiðá(ð)] 囡 ❶ (主に抽象的)**実体**, 観念的存在(物); 実在物. — ~ de la naturaleza 自然の実在物. La nación es una ~ intangible. 国家は触知不能な(観念的)存在である. 類**ente, realidad**. (b) 本質. —Él no logró aprehender la ~ de las nuevas ideas. 彼は新しい概念の本質を捉えられなかった. 類**esencia**. ❷ 機関, 団体, 組織; 会社. — ~ municipal 都市自治体, 市当局. ~ local 地方自治体. ~ deportiva スポーツ組織. ~ privada [de seguros] 民間[保険]会社. 類**corporación, organización**. ❸ 重要性. —problema de gran ~ 大変重要な問題. 類**importancia**.

de entidad 重要な.

entiend- [entiénd-] 動 entender の直・現在, 接・現在, 命令・2 単.

entierr- [entiér̃-] 動 enterrar の直・現在, 接・現在, 命令・2 単.

‡**entierro** [entiér̃o] 〔< enterrar〕男 ❶ 葬式, 葬儀, 埋葬. —Asistí al ~ de mi mejor amigo. 私は親友の葬儀に参列した. 類**funerales, enterramiento**. ❷ 葬列. —El ~ recorrió la ciudad. 葬式の列は市内を回った. Santo E~ 聖金曜日の行列. ~ de la sardina 灰の水曜日の謝肉祭. 類**comitiva, convoy**. ❸ 墓, 墓地. —En este ~ descansa mi madre. この墓地に私の母が眠っている. 類**sepulcro**. ❹ 《俗》埋もれた財宝. —descubrir un ~ 埋もれた財宝を発見する.

entintar [entintár] 〔<tinta〕他 ❶ をインク(墨)でよごす. ❷ を染める(=teñir).

entoldado [entoldáðo] 〔<toldo〕男 ❶〖集合的〗日よけ. —Tenemos que cambiar el ~ de la terraza. 私たちはテラスの日よけを変えなければならない. ❷ 日よけをつけたスペース〖祭りで踊るためにしつらえた場所など〗.

entoldar [entoldár] 他 ❶ を日よけで覆う. —Han entoldado el patio para que no entre el sol. 日が入らないようにパティオは日よけで覆われた. ❷ (空)を曇らせる.

entomología [entomoloxía] 囡 昆虫学.

entomólogo, ga [entomóloɣo, ɣa] 名 昆虫学者.

‡**entonación** [entonaθión] 囡 ❶《音声》イントネーション, 抑揚, 音調. — ~ ascendente [descendente] 上昇 [下降] 調. ❷ 語調, 口調. — ~ grandilocuente 大げさな口調. Por la ~ de su voz, me pareció que estaba muy enfadada. 声の調子から彼女が大変怒っているようだった. Puede saberse su lugar de procedencia por la ~. 彼の出身地は話し振りで分かる. 類**acento, tono**. ❸《音楽》発声(法), 調音, 音程. — ~ falsa 間違った発声, 狂った音程. cantar con

entono 811

buena ~ 正しい音程で歌う. perder la ~/fallar en la ~ 音程を外す. Tiene buena voz, pero una malísima ~. 彼はいい声をしているが, 音程がとっても悪い. 類**tono**. ❹《音楽》(グレゴリオ聖歌の)歌い出し, 先唱, 始唱. ❺ 思い上がり, 傲慢, 尊大. 類**arrogancia**.

entonado, da [entonáðo, ða] 〔<tono〕過分 形 ❶ 高慢な. 類**creído, orgulloso**. ❷ 酒でいい気分だった. —Cuando yo llegué, ya estaba ~. 私が到着した時には彼はもう出来上がっていた. ❸ 調律された, 調和した.

entonamiento [entonamiénto] 男 →**entonación**.

‡**entonar** [entonár] 〔<tono〕他 ❶ を歌う, 歌唱する, 詠唱する. —La abuela le *entona* a su nieto una canción de cuna. おばあちゃんは孫に子守歌を歌ってやる. ❷ を先導して歌う, …の音頭をとる. —*Entona* tú la canción, que la conoces bien. 君がその歌の音頭をとって, よく知ってるんだから. ❸ を強める, 強健にする; 元気づける. —La gimnasia *entona* los músculos. 体操は筋力を強める. Algo caliente te *entonará*. 何か温かいものを飲めば元気がでるよ. 類**fortalecer, vigorizar**. ❹ (オルガンに風)を送る, (オルガン)を弾く. ❺ 色調をそろえる, 配色する.

—— 自 ❶ 正しい音程で歌う, 調子を合わせて歌う. —Esa soprano no sabe ~ bien. あのソプラノはうまく音程がとれない. ❷〖+con と〗色の釣合いがとれる, 色が調和する. —La camisa no *entona con* el traje. シャツの色がスーツと合っていない.

——**se** 再 ❶ (酒などで)いい気分になる, 元気を取り戻す. —Necesito dormir un rato para *me*. 元気を回復するにはしばらく眠ることが必要だ. Con un vaso de vino *se entona*. グラス 1 杯のワインで彼はいい気分になる. ❷ 思い上がる, うぬぼれる. 類**engreírse**.

***entonces** [entónθes エントンセス] 副 ❶ (a) その時[頃], その当時. —E~ oí un ruido extraño. その時私は変な物音を聞いた. Fue ~ cuando conocí a la gallega. 私がそのガリシア出身の女性と知り合ったのはその時だった. (b) 〖主に前置詞の後で名詞的に〗その時, 当時. —desde ~ それ以来. hasta ~ その時まで. la gente de ~ 当時の人々. Para ~ yo ya estaba casado. その頃までにはもう私は結婚していた. ❷ 〖主に y の後で〗そうすると, それから, その次に. —Le llamé y ~ volvió la cabeza. 私が彼を呼ぶと彼はふり返った. ¿E~? それで(それからどうなった). ❸ それなら, それでは. そうすれば. —Si no querías verme, ¿a qué has venido ~? 私に会いたくなかったのなら, では何で来たんだ. E~, nos veremos mañana. それではまた会いましょう.

en [por] aquel entonces その当時, あの時[頃]. *En aquel entonces* todos vivíamos mejor. あの頃私達は皆今よりいい暮らしをしていた.

¡[Pues] entonces! それならそうなって当然だ, それなら仕様がない. ¿No fuiste tú quien se empeñó en hacer el viaje? *¡Pues entonces!* その旅行をしたいと言い張ったのは君じゃないか. だから今さらしょうがないよ.

entonelar [entonelár] 〔<tonel〕他 をたるに詰める.

entono [entóno] 男 ❶ (声の)調子, 抑揚(=

812 entontecer

entonación). ❷ 高慢さ. 類**arrogancia, presunción**.

entontecer [entonteθér] [9.1] [<tonto] (人)を馬鹿にする, ぼうっとさせる. —El golpe que me di en la cabeza me *entonteció*. 頭をぶつけて私はぼうっとなった.
— **se** 再 馬鹿になる, ぼうっとする.

entontecimiento [entonteθimjénto] 男 馬鹿になること, ぼうっとすること.

entorchado [entortʃáðo] 男 ❶ 絹糸のまわりに絹糸または金属糸を巻きつけて作ったひも. ❷ 《服飾》金(銀)モール. ❸ 《軍服などの》モール刺繍.

entorchar [entortʃár] 他 ❶ 《糸やひもの》まわりに糸(金属糸)を巻きつける. —~ un bordón de guitarra ギターの低音弦に糸を巻きつける. ❷ 《服》をモールで飾る.

entornado, da [entornáðo, ða] 形 《ドア・窓などが》ほとんど閉じた, 少し開いた.

entornar [entornár] 他 ❶ 《ドア・窓など》をほとんど閉じる, 少しだけ開けておく. —*Entorna* la ventana para que no entre tanto aire. あまり風が入らないように窓はほとんど閉めておいて. ❷ 傾ける, 斜めにする. 類**inclinar, ladear**.
— **se** 再 傾く, 傾斜する.

entorno [entórno] 男 環境, 周囲. —~ familiar[social] 家庭[社会]環境. ~ de desarrollo de software 《情報》開発環境.

entorpecedor, dora [entorpeθeðór, ðóra] [<torpe] 形 鈍らせる, 邪魔にする.

entorpecer [entorpeθér] [9.1] 他 ❶ …の動きを鈍らせる, にぶくする. —Los zapatos rotos le *entorpecían* los pasos. こわれた靴のおかげで彼はうまく歩けない. ❷ 《知性, 思考力》を鈍らせる, 弱くする. —El exceso de bebida *entorpece* el entendimiento. 酒の飲み過ぎは判断力を鈍らせる. ❸ …の障害になる, を遅らせる. —~ la marcha de un asunto 仕事の進行を遅らせる. 類**dificultar, retardar**.
— **se** 再 ❶ 《手足など》が鈍くなる, しびれる, 麻痺する. —Los músculos *se entorpecen* si no se ejercitan. 筋肉は使わなければ弱くなる. ❷ 《知性, 思考力》が鈍る, 衰える, 弱くなる. ❸ 遅れる, はかどらない.

entorpecimiento [entorpeθimjénto] 男 ❶ 動きが鈍くなること, うまく動かなくなること. —La artrosis produce un ~ de las articulaciones. 関節症は関節の動きの鈍化を引き起こす. ❷ 遅滞.

entozoario [entoθoárjo] 男 体内寄生虫.

****entrada**[1] [entráða エントラダ] 女 ❶ 入り口. —La ~ de la biblioteca está a la izquierda del edificio. 図書館の入り口は建物の左側にあります. Te espero a la ~ del teatro. 君を劇場の入り口で待っている. Esta es la ~ principal. これが表門です. Quedó bloqueada la ~ del puerto. 港の入り口が封鎖された. Colgó el sombrero en la percha de la entrada. 彼は玄関のハンガーに帽子を掛けた. ❷ (*a*) 入ること, 入場. —El barco hizo su ~ en el puerto a las dos. その船は2時に港に入った. realizar una ~ triunfal en el país. 凱旋帰国する. Se prohíbe la ~. 立ち入り禁止. (*b*) 入会, 加盟; 入社, 入学. —La ~ de España en la Comunidad Europea. スペインのEU加盟. Se espera su ~ en el gobierno. 彼の入閣が期待される. ❸ 入場券, 切符;〔集合的に〕入場者. —Compró dos entradas para el cine. 彼は映画の入場券を2枚買った. En el estreno de la obra hubo una gran [una floja] ~. その作品の初演では入場者が多かった[少なかった]. ❹ 〖主に 商業〗《帳簿への》入金, 収入. —libro de registro de ~s y salidas 出納簿. asentar una ~ 入金を1件記帳する. ~s y salidas 収入と支出. ❺ 頭金, 内金. —Pagó cien euros de ~. 彼は頭金として100ユーロ支払った. pagar la ~ del piso アパートの頭金を払う. ❻ 《料理》アントレ. —¿Qué va a tomar de ~? アントレは何にしますか. ❼ (*a*) 《テレビなどの》入力項目. (*b*) 《情報》入力, インプット. ❽ (*a*) 《野球》イニング, 回. (*b*) 《サッカー》タックル. —El árbitro señaló falta por aquella peligrosa ~. 審判はあの危険なタックルを反則にとった. ❾ 《頭の》髪の後退した部分. —Tiene ~s muy pronunciadas. 彼は髪が際立って後退している. ❿ 《辞書の》項目, 見出し語. ⓫ 初期, 初め. —a la ~ del invierno 冬の初めに. ⓬ 《演劇》登場 (= ~ en escena). ⓭ きっかけ. —Quise hablar del tema con ella, pero no me dio ~. 彼女とその件で話そうとしたが, きっかけがなかった.

de entrada まず, 手始めに. *De ~*, tendrías que haberle dicho la verdad. まず君は本当のことを言っておくべきだろう.

entrada de aire 空気取入口.
entrada general 《劇場》天井桟敷(:)の座席.
tener entrada en …に自由に出入りできる.

***entrado, da**[2] [entráðo, ða] 過分 形 《時間が》進行して. —El invierno está muy ~. 冬もだいぶ本格的になった. Muy *entrada* la noche salimos a pasear en coche. 夜もだいぶ更けて私たちはドライブに出かけた.

entrado en años [*en edad, en días*] 年輩の. un hombre *entrado en años* 年輩の男性.

entramado [entramáðo] 男 ❶ 木組み, 格子組み. —El ~ del techo está en muy mal estado. 天井の木組みはとても悪い状態になっている. ❷ ネットワーク, …網. —La policía desmontó un ~ subversivo. 警察は反体制網を解体した.

entramar [entramár] 他 《壁など》に木の格子組みを作る. ◆壁を塗り固める前の段階;《木材》を組み合わせて格子組みを作る.

***entrambos, bas** [entrámbos, bas] 形《不定》複 《文》《後に名詞を伴って》両方の, 双方の. —*E*~ señores se saludaron cortésmente. 両紳士は丁寧に挨拶し合った. 類**ambos**.
— 代《不定》《文》両方, 双方.

entrampar [entrampár] [<trampa] 他 ❶ 《動物など》を罠で捕える. ❷ 《比喩》をだます; ぎたごとに巻き込む. 類**engañar**. ❸ 《比喩》《人》に借金を負わせる; 《財産を抵当に入れる. ❹ 《事を》紛糾させる, 混乱させる. —Si intervienes tú, *entramparás* el problema. 君が介入すると問題がこんがらがる.
— **se** 再 ❶ 罠にかかる. —Dos conejos *se entramparon*. 2羽のウサギが罠にかかった. ❷ 借金をする. ❸ 窮地に陥る. 類**empeñarse, endeudarse**.

entrante [entránte] 形 来る, 次の. —la semana ~ 来週.

―― 男 ❶ 壁龕(がん), 壁のくぼみ; くぼみ. ―Hay un gran ~ en la cocina para poner platos. 台所には皿を置くために大きな壁龕がある. ❷ オードブル, 前菜. ―De[Como] ~ me sirvieron embutidos variados. オードブルとしていろんな腸詰めが出た. 類 **entremés**.

***entraña** [entráɲa] 女 ❶ 〘*a*〙 心, 思いやり, 情; 心の底. ―Es un hombre sin ~s. 彼は冷淡[残酷]な人だ. Los violadores no tienen ~s. 強姦をする人は残酷な人である. 類 **corazón, compasión, sentimientos**. 〘*b*〙 性格, 心根, 本性. ―hombre de malas [buenas] ~s たちの悪い[心根の優しい]人. Sus malas ~s le impedían tener consideración para sus hijos. 彼は性悪(しょうわる)者で自分の子供達を思いやることはなかった. 類 **carácter, genio, índole**. ❷ 〘主に 複〙内臓, 臓物, 腹わた. ―dar (hasta) las ~s 一切与える. 類 **tripas, vísceras**. ❸ 複 (物・事の)奥底, 深部, 内奥. ―Vive en las ~s de los montes. 彼は山奥深くに住んでいる. 類 **centro, corazón, interior**. ❹ 核心, 中心, 本質. ―Vayamos a la ~ del asunto. 問題の核心に入りましょう. Esto constituye la verdadera ~ del problema. これこそまさに問題の核心である. 類 **esencia, núcleo**.

arrancárseLE a ... las entrañas 心が引き裂かれる, 断腸の思いをする. *Se le arrancaban las entrañas viendo tanta pobreza.* あれほどの貧困を目のあたりにして断腸の思いだった.

... de sus *entrañas* いとしい, 可愛い, 愛する. *¡Hijo de mis entrañas!* いとしい我が子よ! (=¡Entrañas mías!) *Secuestraron al hijo de sus entrañas.* 彼は可愛い我が子を誘拐された.

echar las entrañas 激しく吐く.

no tener entrañas 思いやりがない, 冷淡[薄情・残酷]である.

sacar las entrañas a ... (1) (人)を殺す, ひどい目に合わせる. *Si no confiesa, le sacarán las entrañas.* もし彼が白状しないなら, 殺されるだろう. (2) あり金全部使わせる. *Si no deja la droga, este hijo nos* va a *sacar las entrañas.* もしこの子が麻薬をやめないなら, 我々は素寒貧(すかんぴん)になるだろう.

entrañable [entraɲáβle] 形 ❶ 親密な, 大好きな. ―Estudiamos en el mismo colegio y somos amigos ~s. 我々は同じ学校で勉強した親友だ. 類 **íntimo**. ❷ 心のこもった, 情愛深く; 心の底からの.

entrañablemente [entraɲáβleménte] 副 情愛深く, やさしく, 心から.

entrañar [entraɲár] 他 ❶ を意味する, 含意する. ―Ese negocio *entraña* graves riesgos. そのビジネスは大きなリスクを伴っている. 類 **contener**. ❷ を奥深くまで入れる.

―*se* 再 〘+con〙…と親しくなる, 心を通い合わせる.

****entrar** [entrár エントラル] 自 ❶〘+en/a に〙(中に)入る; 侵入する. ―~ *en la habitación* 部屋に入る. ~ *a la cocina* 台所に入って行く. *El ladrón entró en la tienda por la ventana.* 泥棒は窓から店に侵入した. *Las tropas aliadas entraron en la ciudad.* 連合軍の部隊はその町に侵入した. 類 **introducir**. ❷〘+en に〙〘*a*〙入学[入会]する, (組織などに)加入する, 参加する. ―~ *en una academia de idiomas* 語学学校に入学する. ~ *en un club de natación* スイミング・クラブに入会する. ~ *en el ejército* 入営する, 軍人になる. *Ha entrado de dependiente en un supermercado.* 彼はあるスーパーの店員になった. ―~ *en política* 政治に携わる. ~ *en la conversación* 会話に加わる. *No voy a* ~ *en el aspecto político del problema.* 私は問題の政治的側面に立ち入るつもりはない. ❸〘+en に〙〘*a*〙(物などが)入る, 収まる, はまる. ―*Tanta ropa no entra en la maleta.* そんなにたくさんの衣類はスーツケースに入らない. *Este anillo no le entra en el dedo.* この指輪は彼女の指にはまらない. *El clavo entra en la pared.* 釘が壁にうまく刺さる. *Estos pantalones no me entran.* このズボンは私にははけない. 〘*b*〙 (人が)入れる, 入れてもらえる. ―*Mi novio no entra en casa todavía.* 私の恋人はまだ家に入れてもらえない. ❹〘+en に〙入っている, 含まれる, 数えられる. ―*El desayuno no entra en el precio de la habitación.* 朝食は部屋代に含まれていない. *En la paella entran arroz, carne, marisco y azafrán.* パエーリャは米と肉, 魚介類, サフランが入る. *En un kilo han entrado quince ciruelas.* 1キロでプラムが15個あった. *Este hotel entra en la categoría de cinco estrellas.* このホテルは5つ星のランクに属している. *Ella no entra en la lista de candidatos.* 彼女は候補者名簿に入っていない. ❺〘+en に〙〘*a*〙(時期)に入る, さしかかる. ―~ *en los ochenta* 80歳になる. *Ha entrado ya en la adolescencia.* 彼はもう思春期に入った. 〘*b*〙(状態)に入る, (気持ちに)なる. ―*El nuevo reglamento entra mañana en vigor.* 新しい規則は明日発効する. *Hizo un poco de ejercicio para entrar en calor.* 彼は暖まるために少し体操をした. ―~ *en deseo* 欲しくなる. ~ *en duda* 疑い出す. 〘*c*〙(事に入る, とりかかる, 始める. ―~ *en un negocio* 交渉に入る. ❻〘*a*〙(時期が)始まる, 開始する. ―*Según el calendario lunar de este año, el otoño entra el 8 de agosto.* 今年の太陰暦によると秋は8月8日に始まる. 〘*b*〙〘+現在分詞〙(…すること)で始まる. ―*La novela entra hablando de un crimen.* その小説はある犯罪から話が始まる. ❼〘+a に〙(人に)(欲望・気分が)やって来る, 感じ始める, 起こる. ―*Viendo la película, me entró sueño.* その映画を見ていたら眠くなった. *Le entra sed.* 彼はのどが渇いた. ~ *pena* 悲しくなる. ~ *hambre* 腹が減る. *Le entró risa al oírlo.* それを聞いて彼は笑い出した. ❽〘+a+不定詞〙…し始める. ―~ *a trabajar* 働き始める. *A las nueve en punto entró a dar clase.* 彼は9時きっかりに授業を始めた. ❾〘+en/por に〙(習慣などを)受け入れる, (…に)染まる. ―~ *por una costumbre* 習慣を受け入れる. ❿《話》(飲食物が)入る, おいしい. ―*¡Cómo entra este melón!* このメロンはなんてうまいんだ. ⓫(演劇)登場する. ―*Por la izquierda entra Alejandro.* 下手からアレハンドロ登場. ⓬(音楽)(演奏が)入る, 鳴り出す. ―*Cuando el director dio la señal, entraron los violines.* 指揮者が合図すると, バイオリン(の演奏)が入ってきた. ⓭(闘牛)(牛が)突っかかってくる. ⓮(トランプなどで)勝負に出る, 賭ける.

***no entrar a ...** (人)の気に入らない，苦手である；わからない．*Ella no me entra*. 私は彼女が苦手だ． *Su casamiento con esa chica no le entra a su padre*. その娘との結婚は彼の父親の気に入らなかった．

no entrar ni salir en(+事) …に関わりがない． *A mí no me preguntes, que yo no entro ni salgo con ese negocio*. 私に聞かないでくれ，私はそのことに関係ないんだから．

―― 他 ❶ を(中へ)入れる．―*Entra* la colada, que amenaza lluvia. 洗濯物を取り込みなさい，雨が降りそうだから．*Entraron los muebles en el piso*. 彼らはマンションに家具を入れた． ❷ (弱み)に付け入る；(人)をあしらう．―*A este nuevo profesor no sabemos cómo entrarle*. この新任の先生にはどう接したらいいか私たちには分からない． ❸ 《スポーツ》…にタックルをする．―*El defensa entró duramente al delantero contrario*. ディフェンダーは相手のフォワードに厳しいタックルをした． ❹ 《情報》…にアクセスする；入力する．

―― 再 入り込む．―*Se nos ha entrado* la desgracia por las puertas. 不幸がわが家に入り込んだ．

*entre [éntre エントレ] 前 〖+人称代名詞の場合は主格を用いる．ただし再帰代名詞の場合は前置詞格〗❶〖場所，時間，数量〗…の間に；…から…まで．―Había dos extranjeros ~ el público. 観衆の中に二人の外国人がいた．*Se deslizó* ~ la muchedumbre. 彼は人混みの間に逃げ込んだ．*Salió de* ~ *los árboles*. 彼女は木の間から出てきた．*Es muy popular* ~ *los universitarios*. 彼は大学生の間でとても人気がある．*La oficina está abierta* ~ *las nueve y las doce*. 事務所は9時から12時まで開いています． ❷ 〖相互〗…の間で，互いに．―*una conversación* ~ *el señor López y su amigo* ロペス氏と友人の間の会話． ❸ 〖選択，区別〗…の間に，…の中で[から]；…か…か．―*Hay una gran diferencia* ~ *tu trabajo y el mío*. 君の仕事と僕の仕事の間には大きな違いがある．*Tuve que escoger una* ~ *varias posibilidades*. 私はいろいろな可能性の中から一つを選ばねばならなかった．*Dudaba* ~ *ir y no ir con ustedes*. 彼はあなた方と行くべきかどうか迷っていた． ❹ 〖仲間〗…と…の間．―*Se encuentra* ~ *la vida y la muerte*. 彼は生死の境にある． ❺ 〖比較〗…の中で．―*Rafael se destacaba* ~ *sus compañeros de la clase*. ラファエルはクラスメートのなかで特に目立っていた．*Fue elegido* ~ *los mejores estudiantes*. 彼は最優秀学生に選ばれた． ❻ 〖内部〗…の内に[で]．―*Dije* ~ *mí que nunca lo haría*. 私は決してしまいものを心の中で言った． ❼ 〖共同；接続詞的に〗．―*E*~ *los dos hermanos pagaron la deuda*. 兄弟二人でその借金を支払った．*Entre tú y yo lo haremos*. 君とぼくとでそれをやろう．*Dudaban* ~ *ellos*. 彼らは互いに話し合った．*Se miran* ~ *sí*. 彼らは互いに見つめ合う． ❽ 〖重なった理由〗…やら…やらで．―*E*~ *moscas y mosquitos no pude dormir bien*. 蠅やら蚊やらで私はよく眠れなかった．*E*~ *que vamos y volvemos pasarán tres horas*. 行って帰ってくるのに3時間かかるだろう．

entre (tanto) que〖+直説法〗…する間．

entre semana 平日，週日．

entre tanto →tanto.

entre- [entre-] 接頭 「中間，半ば」の意．―*entreabierto, entrefino, entresuelo, entrever*.

entreabierto, ta [entreaβjérto, ta] 過分〖<entreabrir〗形 半開きの．―*La puerta quedó entreabierta y pude oír lo que decían*. ドアが半開きだったので私は彼らの話を聞くことができた．

entreabrir [entreaβrír] [3.1] 他 (とびらなどを)少し開ける．―*Parecía dormido pero entreabrió los ojos cuando salí*. 彼は眠っているように見えたが私が立ち去る時には目を少しだけ開けた．

entreacto [entreákto] 男 《演劇》幕間，休憩時間；幕間劇．

entreayudarse [entreajuðárse] 再 助け合う．

entrecano, na [entrekáno, na] 形 白髪まじりの．―*Llevaba unas largas melenas entrecanas*. 彼は白髪まじりのもじゃもじゃした長髪だった．

entrecejo [entreθéxo] 男 ❶ 眉間にしわを寄せること，しかめ面．類 *ceño, sobrecejo*. *arrugar [fruncir] el entrecejo* 眉間にしわを寄せる，怒る，いやな・心配そうな顔をする．

entrecerrar [entreθerár] [4.1] 他 (ドアなどを)ほとんど閉じる，少しだけ開けておく． 類 *entornar*.

entrechocar [entretʃokár] [1.1] 他 (2つのものを)ぶつける．―*Brindaron entrechocando las copas*. 彼らはグラスを互いに合わせながら乾杯した．

―― 自 ぶつかる，ぶつかり合う．

―**se** 再 ぶつかり合う．―*Hacía tanto frío que se me entrechocaban los dientes*. とても寒くて私は歯がガチガチ鳴るほどだった．

entreclaro, ra [entrekláro, ra] 形 うす明るい．

entrecoger [entrekoxér] [2.5] 他 ❶ (人)を取りおさえる，身動き取れなくする． ❷ (人)を(議論・おどしなどで)追いつめる．

entrecomillado, da [entrekomiʎáðo, ða]〖<comilla〗形 引用符("", «»)で囲った，カッコ付きの．

―― 男 引用符で囲った部分．―*Los ~s del artículo corresponden a citas textuales*. 論文の""で囲った部分は原文の引用に対応している．

entrecomillar [entrekomiʎár] 他 を引用符("", «»)で囲う．

entrecoro [entrekóro] 男 教会の内陣(主祭壇と合唱台の間)．

entrecortado, da [entrekortáðo, ða] 形 途切れ途切れの．

entrecortar [entrekortár] 他 を少し切る，…に切れ目を入れる；(声など)を途切れさせる．―*La emoción que sentía entrecortaba sus palabras*. 彼は感動で言葉も途切れ途切れになっていた．

―**se** 再 途切れ途切れに喋(しゃべ)る，声をつまらせる；(声など)が途切れ途切れになる．

entrecot [entrekó(t)]〖<仏〗男 牛の肋骨(ろっこつ)の間のばら肉．

entrecruzar [entrekruθár] [1.3] 他 ❶ を交差させる．―*Entrecruza en la novela la ficción y la realidad*. その小説の中で彼はフィクションと現実を交差させている． ❷ (動植物)を異種交配させる．

―**se** 再 交差する．

entrecubierta [entrekuβjérta] 女〖主に 複〗《海事》中甲板，中艫(ちゅうろ)．

entredicho [entreðítʃo] 男 ❶ (信用や誠実さなどに対する)疑念, 不信. —estar en ~ 疑念を持たれている. levantar el ~ 疑念をはらす. poner en ~ を疑う. ❷ 禁止; 《カトリック》聖務禁止(停止).

entredós [entreðós] 男 ❶ はめこみ布 (2枚の布地をつなぐ装飾的なレース・刺繍(ししゅう)布). ❷ (2つのバルコニー窓の間に置く)たんす.

entrefilete [entrefiléte] 男 (新聞の)小さな囲み記事.

entrefino, na [entrefíno, na] 形 (品質やサイズが)中ぐらいの. —fideos ~s (細くも太くもない)中間サイズのヌードル. loza *entrefina* (高級品と安物の間の)中等の陶磁器.

‡**entrega** [entréɣa] 女 ❶ (a)(手)渡すこと, 引渡し; 配達; 授与; (正式の)交付, 手交. ~~ a domicilio (商品などの)宅配. ~ contra reembolso 代金引換渡し. nota de ~ (商品配達)受領証. pagar a la ~ de un paquete 荷物と引換えで代金を払う. ~ de premios 賞品授与. ceremonia de ~ de títulos 卒業証書授与式. ~ a la policía de un criminal 犯人の警察への引渡し. 類**concesión**. (b) (要塞などの)明渡し, 開城. —~ de una plaza fuerte 要塞の明渡し. 類**rendición**. ❷ (一回分の)引渡し量, 配達品. —una ~ de dinero 一度に渡される金額. Se comprometió a hacer dos ~s cada semana. 彼は週に2回渡してくれると約束した. ❸ 分冊, 配本. —novela por ~ 連載小説. 類**fascículo**. ❹ 《比喩》(人・主義・仕事などへの)専念, 傾倒, 心酔. —~ a una causa ある主義への傾倒[心酔]. al trabajo 仕事への精動振り. Se dedicó a esa labor con gran ~. 彼はその仕事に一意専心した. 類**atención, devoción**. ❺ 《建築》梁(はり)・桁(けた)の端[連結部分].

‡**entregado, da** [entreɣáðo, ða] 過分 形 …に専念した, 没頭した. —Últimamente está muy ~ a su trabajo. 最近彼は自分の仕事にすっかり没頭している.

‡**entregar** [entreɣár エントレガル] [1.2] 他 を渡す, 手渡す, 引渡す. —El cartero me *entregó* estas cartas para ti. 郵便配達員は君あてのこれらの手紙を私に手渡した. Los secuestradores *entregaron* a los rehenes a la policía. 誘拐犯たちは人質を警察に引渡した. Las composiciones deben ~las hoy. 作文は今日提出しなければならない. Mañana le *entregarán* el premio. 明日彼に賞が授与される.

—**se** 再 [+a に] (a) 一生懸命になる, 献身する, 身を任せる. —*Se entregó* sin reservas *a* la enseñanza. 彼は完全に教育に献身した. (b) …にふける, おぼれる. —*se a* las drogas 麻薬にふける. ❷ 出頭する, 自首する. —El presunto homicida *se ha entregado* a la policía. 殺人容疑者は警察署に出頭した. ❸ 降伏する, 投降する. —~ *se al* enemigo 敵の軍門に降(くだ)る.

entregue(-) [entreɣe(-)] 動 entregar の接・現在.

entregué [entreɣé] 動 entregar の直・完了過去・1単.

entreguerras [entreɣéřas] 女 【de ~】戦間期 (特に第一次と第二次の世界大戦の間の時期).

entreguismo [entreɣísmo] 男 負けと決まっていないのに負けた気持ちになること, 弱音を吐くこと.

entrelazado [entrelaθáðo] 男 《情報》インターレース.

entrelazamiento [entrelaθamjénto] 男 絡み合う(絡ませる)こと.

entrelazar [entrelaθár] [1.3] 他 を絡み合わせる, 編み上げる.
—**se** 再 絡み合う, 組み合わさる.

entrelínea [entrelínea] 女 ❶ 行間の書きこみ. ❷ 行間.

entrelinear [entrelineár] 他 を行間に書きむ. 英**interlinear**.

entrelistado, da [entrelistáðo, ða] 形 縞模様の; 縞と縞の間に柄の入った.

entrelucir [entreluθír] [9.2] 自 姿をのぞかせる, 垣間(かいま)見える.

entremedias [entremédjas] 副 (空間的あるいは時間的な何かと何かの)間に; 合間に. —de …の間に. Atravesó la sala por ~ de los que bailaban. 彼は踊っている人々の間を縫って部屋を横切っていった.

entremés [entremés] 男 【複 entremeses】 ❶ 前菜, オードブル. ❷ 《演劇》幕間(まくあい)劇.

entremeter [entremetér] 他 ❶ [+entre] を…の間に置く, …に混ぜる, 紛れ込ませる. —*Entremetió* el vídeo *entre* los libros de la estantería. 彼は本棚の本の間にビデオを挟んで置いた. ❷ (シーツのはしなどを)折り込む, 挟み込む. —~ la costura 縫い目を折り込む.
—**se** 再 ❶ [+en] (他人の問題)に口を出す, でしゃばる. 類**entrometerse**. ❷ 間に入る, 紛れ込む.

entremetido, da [entremetíðo, ða] 形 おせっかいな. 類**entrometido**.

entremetimiento [entremetimjénto] 男 おせっかい.

entremezclar [entremeθklár] 他 を混ぜ(合わせ)る.
—**se** 再 混ざる, 混じり合う.

entrenador, dora [entrenaðór, ðóra] 名 コーチ, トレーナー, 訓練者. —~ de animales 動物訓練師. ~ de baloncesto バスケットボール監督.
— 男 《機械》シミュレーター. —~ de pilotaje パイロット育成用シミュレーター.

‡**entrenamiento** [entrenamjénto] 男 ❶ 《スポーツ》トレーニング, 訓練, 練習. —~ intensivo 集中トレーニング, 特訓. recibir ~ 訓練を受ける. Le falta ~. 彼は練習不足だ. terreno de ~ 練習場. partido de ~ 練習試合. vuelo de ~ 訓練飛行. Se ha suspendido el ~ por la lluvia. 雨で練習が中止になった. El ~ de hoy ha sido muy duro. 今日の練習は大変きつかった. 類**adiestramiento, entreno, preparación**. ❷ 調教. —Se dedica al ~ de perros para ciegos. 彼は盲導犬の調教に携わっている.

entrenar [entrenár] 他 を訓練する, …にコーチする. —Es uno de los policías encargados de ~ los perros. 彼は犬を訓練する役目の警察官のひとりだ.
— 自 練習する, トレーニングする. —El equipo *entrenó* bajo la lluvia. そのチームは雨の中で練習した.
—**se** 再 トレーニングする, 練習する. —María *se entrena* a fondo para la maratón. マリアはマラソンのためにしっかりとトレーニングを積んでいる.

entreno [entréno] 〔男〕 →entrenamiento.

entreoí- [entreoí-] 〔動〕 entreoír の直・現在/完了過去, 命令・2複, 過去分詞.

entreoiga(-) [entreoíɣa(-)] 〔動〕 entreoír の接・現在.

entreoigo [entreóiɣo] 〔動〕 entreoír の直・現在・1単.

entreoír [entreoír] [10.2] 〔他〕 …がぼんやり[かすかに]聞こえる, もれ聞こえる; をもれ聞く.

entreoy- [entreoj-] 〔動〕 entreoír の直・現在/完了過去, 接・過去, 命令・2単, 現在分詞.

entrepaño [entrepáɲo] 〔男〕 ❶ 壁の柱と柱(窓と窓など)に挟まれた部分. ❷ 棚.

entrepierna [entrepjérna] 〔女〕 ❶ 内股(人体の,または衣服の部分). --Al niño le ha salido un grano en la ~. その子は股の内側にできものができている. ❷ 《俗》(男あるいは女)性器.
pasarse … por la entrepierna 《俗》気にしない, ばかにする.

entreplanta [entreplánta] 〔女〕 (建物の)中間階.

entrepuente [entrepwénte] 〔男〕【主に〔複〕】= entrecubierta.

Entre Ríos [éntre ríos] 〔固名〕 エントレ・リオス(アルゼンチンの県).

entrerrenglonar [entrereŋɡlonár] 〔他〕 (文書)の行間に書き込みをする.

entresacar [entresakár] [1.1] 〔他〕 ❶ [+de] を…から抜き出す, 選び出す. --Leyó un párrafo que *había entresacado de* un artículo del periódico. 彼女は新聞の記事から抜き出したパラグラフを読んだ. ❷ (木)を間伐する, (髪)をすく. --A comienzos de enero comenzaron a ~ los pinos. 1月の初めに松の間伐が始まった.

entresijo [entresíxo] 〔男〕 ❶〔解剖〕腸間膜. 〔類〕**mesenterio**. ❷ 隠れた部分, 場所, 内奥. --Conoce muy bien los ~s de la política nacional. 彼は国内政治の内奥によく通じている. 〔類〕**interioridades**.
tener muchos entresijos (物事が)入り組んでいる, 複雑である.

***entresuelo** [entreswélo] 〔男〕 ❶ 中2階(の部屋・住居). ❷ (下に地下室などがあり, 路面より1m以上の所にある)1階.

entretallar [entretaʎár] 〔他〕 ❶ …に浅浮き彫りを入れる, を刻む, 彫り込む. ❷ (布地)に模様を切り入れる. ❸ …の行く手をはばむ.

‡**entretanto** [entretánto] 〔副〕 ❶ その間に, そうしているうちに, その一方で. --Tú ve haciendo la ensalada, y ~ yo pondré la mesa. 君はサラダを作ってくれ. その間に私は食卓の用意をしておくから. 〔類〕**mientras tanto**. ❷ さしあたり, それまでは. --Estoy esperando destino y ~ me dedico a pintar. 私は配属が決まるのを待っているが, それまでは絵をかくのに専念する.
en el entretanto その間に, その一方で. Salió a hacer la compra y *en el entretanto* unos cacos le desvalijaron el piso. 彼は買物に出たが, その間に数人のどろぼうがマンションから金目のものをごっそり盗んで行った.

entretecho [entretétʃo] 〔男〕〖中南米〗屋根裏部屋.

entretejer [entretexér] 〔他〕 ❶ (色の違う糸など)を織り込む. --*Entreteje* la tela con hilos de plata. 彼女は銀糸を布に織り込んでいる. ❷ を織り[組み]合わせる. ❸ 〖比喩〗組み合わせる, 混ぜる.

entretela [entretéla] 〔女〕 ❶〖服飾〗芯地. ❷〔複〕《話》心の奥底. --¡Hija de mis ~s! わが最愛の娘よ! Aquellas palabras le llegaron a lo más hondo de sus ~s. あの言葉は彼女の心の奥底まで届いた.

entretelar [entretelár] 〔他〕 …に芯地を入れる, を補強する.

‡**entretener** [entretenér] [10.8] 〔他〕 ❶ を楽しませる, 遊ばせる. --No *entretengas* a los niños, que tienen que estudiar. そんなに子供たちを遊ばせないでよ, 勉強しなければいけないんだから. 〔類〕**distraer, divertir**. ❷ (a) …の気を逸(そ)らせる, 気を散らす; …のじゃまをする. --Me entretuvo y llegué tarde a clase. 彼がじゃまをしたので私は授業に遅刻した. 〔類〕**distraer**. (b) を引き延ばす, 遅らせる. --Ese medicamento sólo servirá para ~ la vida del paciente. その薬は患者の生命を引き延ばすのに役立つだけだろう. ❸ を紛らわす, ごまかす, だます. --~ el hambre con unas aceitunas 数粒のオリーブの実で空腹を紛らわす. Ella *entretiene* la espera haciendo punto. 彼女は編み物をして待ち時間を過ごす. ❹ を保存する, 消さずに残す, とっておく. --~ el fuego 火を消さずに残しておく.
—**se** 〔再〕 ❶ 楽しむ, 遊ぶ; 暇つぶしをする. --Los niños *se entretienen* mucho jugando al escondite. 子供たちはかくれんぼをして楽しんでいる. ❷ 気が散る; ぐずぐずする. --No *te entretengas*, que vas a perder el tren. ぐずぐずするなよ, 電車に乗り遅れるぞ.

entretenga(-) [entreteŋɡa(-)] 〔動〕 entretener の接・現在.

entretengo [entreténɡo] 〔動〕 entretener の直・現在・1単.

entretenida [entreteníða] 〔女〕 →entretenido.

***entretenido, da** [entreteníðo, ða] 〔過分〕〔形〕〔<entretenerse〕 ❶ 楽しんだ. ❷ (a) 愉快な, おもしろい, おかしい. --He leído una novela muy entretenida. 私はとてもおもしろい小説を読んだ. 〔類〕**distraído, divertido, interesante**. 〔反〕**aburrido, árido**. (b) (仕事などが)暇のかかる, 骨の折れる. --La corrección de pruebas será muy *entretenida*. ゲラ刷りを校正するのは非常に暇がかかるだろう. 〔類〕**arduo, pesado**.
—〔女〕 愛人, 囲われ者.

***entretenimiento** [entretenimjénto] 〔男〕 ❶ 娯楽, 楽しみ, 気晴らし; 楽しませるもの[道具]. --La lectura le sirve de ~ en invierno. 読書が彼の冬の娯楽である. Jugar al ajedrez es un gran ~. チェスをするのはとても楽しい. Su habitación está llena de ~s. 彼の部屋は娯楽道具で一杯だ. 〔類〕**distracción, diversión**. ❷ (物の)維持; 扶養. --El ~ de este coche cuesta mucho. この車の維持費は高い. gastos de ~ de una fábrica 工場の維持費. 〔類〕**conservación, mantenimiento**. ❸ (処理・解決などの)引き延ばし.

entretiempo [entretjémpo] 〔男〕 夏と冬の間, 春, 秋. --ropa de ~ 合服. Se puso un elegante traje de ~. 彼はエレガントな合服を身に着けた.

entretien(-) [entretjén(-)] 〔動〕 entretener の直・現在.

entretuv- [entretuβ-] 〔動〕 entretener の直・完

了過去, 接・過去.

entrevea(-) [entreβea(-)] 動 entrever の接・現在.

entreveía(-) [entreβeía(-)] 動 entrever の直・不完了過去.

entrevéis [entreβéis] 動 entrever の直・現在・2複.

entreveo [entreβéo] 動 entrever の直・現在・1単.

entrever [entreβér] [16] 『アクセントに注意: 直・現 entrevés, entrevé, entrevéis, entrevén; 直・完過 entreví, entrevió; 命・単 entrevé』他 ❶ をわずかに[ちらりと]見る, を垣間(ﾏﾏ)見る. —A lo lejos *entreveo* unos veleros. 遠くに数隻のヨットがほのかに見える. ❷《比喩》予測する, 推測する. —*Entrevió* sus verdaderas intenciones. 彼女は彼の真意を推測した.

entreverado, da [entreβeráðo, ða] 形 混ぜ合わせた, 縞模様になった. —tocino ~ 縞模様になったベーコン. —El niño tiene los ojos azules y el pelo ~. その子は目が青く髪にはメッシュが入っている.
—— 男 『中南米』子羊の焼肉.

entreverar [entreβerár] 他 ❶ …と…とを交[混]ぜる. —Contó la historia *entreverando* hechos reales e imaginados. 彼は真実の出来事と想像上の出来事を織り交ぜながらその物語を語った. ❷ …の中に紛れ込んでいる, 間にいる[ある].
—— se 再 『中南米』(人や物が)入り交じる.

entrevero [entreβéro] 男 『中南米』入り交じること; 混雑, 混乱. 類 **confusión, desorden, lío**.

entreví [entreβí] 動 entrever の直・完了過去・1単.

entrevía [entreβía] 女 《鉄道》ゲージ, 軌間.

entrevió [entreβió] 動 entrever の直・完了過去・3単.

‡entrevista [entreβísta] 女 ❶ 会見, 会談, 対談. —tener [mantener] una ~ con ... (人)と会談[会見, 対談]する. pedir [solicitar] una ~ con el embajador 大使に会見を申し込む. concertar una ~ 会見の約束をする. Celebraron una ~ sobre la paz mundial. 彼らは世界平和について会談した. ❷ (記者などの)インタビュー, 取材訪問. —~ de prensa 記者会見. ~ televisiva テレビのインタビュー. dar [conceder] una ~ a un periódico 新聞のインタビューに応じる. Le hicieron una ~ por radio. 彼はラジオのインタビューを受けた. En esta revista aparece publicada una ~ exclusiva con el presidente de la República. この雑誌には共和国大統領との独占インタビューが掲載されている. 類 **interviú**. ❸ (就職・採用試験などの)面接(試験). —hacer una ~ a ... …に面接する. tener una ~ en una empresa privada 会社で面接(試験)がある. Me han hecho una ~ en la oficina donde solicité el empleo. 私は就職を希望した会社で面接試験を受けた. 類 **cita, encuentro, interviú**.
entrevista de trabajo 就職の面接(試験). tener una *entrevista de trabajo* con el jefe 部長と面接する.

entrevistador, dora [entreβistaðór, ðóra] 名 インタビュアー, 会見する人, 面接する人.

‡entrevistar [entreβistár] 他 ❶ …にインタビューする, 面接する, 会見する. —El periodista *ha entrevistado* a un famoso actor. 新聞記者は有名な俳優にインタビューした. ❷ …に面接試験をする. —El jefe de personal nos *entrevistó*. 人事課長が私たちの面接をした.
—— se 再 『+con と』会見する, 会談する, …にインタビューをする. —El ministro de Hacienda *se entrevistó con* el presidente del Gobierno. 財務大臣は首相と会談した.

entrevisto [entreβísto] 動 entrever の過去分詞.

entripado [entripáðo] 男 ❶ 消化不良. —Una infusión de estas hierbas cura el ~. これらの葉を煎じたものは消化不良によい. 類 **empacho, indigestión**. ❷ 『中南米』(表には出さない)不快感, 怒り, 恨み.

entristecedor, dora [entristeθeðór, ðóra] [<triste] 形 悲しませる, 悲しくさせる. —La situación social de ese país es *entristecedora*. その国の社会状況は悲しむべきものだ.

‡entristecer [entristeθér] [9.1] [<triste] 他 ❶ を悲しくさせる, 悲しみで打ちのめす. —Me *entristece* tu partida. 君が出発するのは悲しい. Aquella escena *entristeció* su rostro. その光景は彼の顔をくもらせた. ❷ もの悲しくする, 陰気にする. —La desnudez de los árboles *entristece* el paisaje. 木々が葉を落として裸になっているのが景色を陰鬱(ﾂ)なものにしている.
—— se 再 『+con/de/por を』悲しむ, (…によって)悲しくなる. —Se *entristeció con* la muerte de su madre. 彼は母親の死を悲しんだ. Se le *entristeció* la voz contándome lo sucedido. 出来事を私に語りながら彼の声は沈んで行った.

entristecimiento [entristeθimjénto] 男 悲しませること, 悲しくなること.

entrojar [entroxár] [<troj] 他 を穀倉に入れる.

entrometer [entrometér] 他 →entremeter.
—— se 再 『+en』(他人の問題)に口を出す, でしゃばる.

*****entrometido, da** [entrometíðo, ða] 過分 形 名 でしゃばりな(人), おせっかいな(人), 口出しする(人). —Me fastidian las personas *entrometidas*. 私はおせっかいな人にはうんざりさせられる. Está *entrometida* en todos los asuntos de la familia. 彼女は家庭の問題全てに口出しする. Es un ~. 彼はでしゃばりだ.

entrometimiento [entrometimjénto] 男 でしゃばること, 他人の問題に口を出すこと.

entrompar [entrompár] 他 《話》酔わせる, 酩酊(ﾒｲﾃｲ)させる. —El vino dulce te *entrompa* sin darte cuenta. 甘口のワインは知らぬ間に酔ってしまう. 類 **emborrachar**.
—— se 再 《話》酔っ払う, 酩酊する. 類 **emborracharse**.

entroncamiento [entroŋkamjénto] 男 ❶ 『+con』…と親類[一族, 子孫]であること; …との姻戚関係. ❷ 鉄道路線の接続.

entroncar [entroŋkár] [<tronco] [1.1] 他 『+con』❶ を(ある家系・一族)に結びつける; …がある家系の一員・子孫であると主張[証明]する. —Algunos historiadores *entroncan* a esa familia *con* los reyes de Navarra. 歴史家の中にはその家系をナバラの国王の子孫であると主張する人がい

818 entronización

る. ❷ を…と結びつける, 関係づける, 関連づける. 類**relacionar**.

── 自〔+con〕❶ (ある家系)の一員である, 親戚[子孫]である. ── Uno de sus hijos *entroncó* por matrimonio *con* una familia aristocrática. 彼女の息子のひとりは結婚によって貴族階級の家系と親戚になった. ❷ (他の路線)と接続している. ── Ese tren *entronca* en Bobadilla *con* el que va a Granada. その列車はボバディーヤでグラナダ行きの列車と接続している. ❸ …と結びついている, 関係している.

entronización [entroniθaθjón]〔<trono〕女 王位に就く[就ける]こと, 即位. ── ceremonia de ~ 戴冠式.

entronizamiento [entroniθamjénto] 男 → entronización.

entronizar [entroniθár]〔1.3〕他 ❶ を王位に就ける. ❷ をあがめる, 称揚する. ── *Entroniza* continúamente a su mujer. 彼は絶えず妻をあがめている. 類**enaltecer, ensalzar**. ❸ を高い地位[要職]に就ける.

── se 再 得意になる, うぬぼれる.

entronque [entróŋke] 男 ❶ 親戚関係, 一族であること. ❷ (路線の)接続. ── Este pueblo fue un ~ de caminos muy importante. この村は諸街道の重要な接続地だった.

entropía [entropía] 女 《物理》エントロピー(熱力学的な); (情報理論で)情報力の欠如量).

entruchada [entrutʃáða] 女 →entruchado.

entruchado [entrutʃáðo] 男《話》(人を陥れるための)策略, わな, 詐欺. 類**estratagema, trampa**.

entruchar [entrutʃár] 他《話》を騙す, (人)に詐欺を働く.

entubar [entuβár]〔<tubo〕他 ❶ …に管をつける. ❷《医学》(人)に挿管する. ❸《隠》(主に兵士)を懲らしめる, 拘禁する. 類**arrestar, castigar**.

entuerto [entwérto] 男 ❶ 不正義によって生じた被害. ── deshacer ~s 不正を正す. ❷《主に複》《医学》後産陣痛, あとばら.

entumecer [entumeθér]〔9.1〕他 (体の一部)の動きを鈍らせ, しびれさせる. ── Hacía un frío espantoso que *entumecía* mucho la cara. ものすごく寒くて顔がとてもしびれるほどだった.

── se 再 ❶ (体の一部が)(寒さなどで)動かなくなる, しびれる, かじかむ; 麻痺する. ❷ (川が)増水する.

entumecido, da [entumeθíðo, ða] 形 (手足などが)動かない, しびれた, かじかんだ; 麻痺した.

entumecimiento [entumeθimjénto] 男 (体の一部が)寒さなどで動かなくなること, しびれ, かじかみ; 麻痺.

entumirse [entumírse] 再 (手足などが)しびれる.

:**enturbiar** [enturβjár]〔<turbio〕他 ❶ を濁らせる, 濁す. ── Las aguas residuales *enturbian* el río. 下水が川を濁らせている. ❷ を狂わせる, 乱す, 水を差す. ── Los disturbios estudiantiles *enturbian* la marcha de las clases. 学生騒動のため授業の進行が狂っている. El atentado *ha enturbiado* las fiestas. テロ事件のために祭りは水を差された. 類**perturbar**.

── se 再 ❶ 濁る. ── El agua del río *se ha enturbiado* con la tormenta. 川の水は嵐のため

に濁った. ❷ (やる気・活気が)無くなる. ── A causa de aquel fracaso *se enturbió* su habitual alegría. あの失敗のために彼のいつもの陽気さにかげりが見えた.

:**entusiasmar** [entusjasmár] 他 を熱中させる, 夢中にする, …が大好きになる. ── El fútbol le *entusiasma*. 彼はサッカーが大好き. El recital *entusiasmó* al público. リサイタルは観客を熱狂させた.

── se 再〔+con/por に〕熱中する, 夢中になる. ──~ *se con* los toros 闘牛に熱中する. *Se entusiasma por* ir de viaje. 彼は旅行に出かけるのに熱中している.

:**entusiasmo** [entusjásmo] 男 ❶ 熱狂, 興奮, 熱情, 熱意. ── mostrar [manifestar] ~ 熱意を示す. Habló con ~ de su éxito. 彼は自分の成功を熱っぽく話した. No ponía ~ en sus estudios. 彼は勉強に熱心でなかった. Ha perdido el ~ hacia [por] su trabajo. 彼は仕事に対する熱意を失ってしまった. 類**exaltación, fervor**. 反**frialdad, desencanto**. ❷ 感激. ── desbordar(se) de ~ 感激で一杯になる. Sintió un gran ~ por el proyecto. 彼はその計画に大感激した. Las palabras del líder despertaron ~ en el auditorio. リーダーの言葉は聴衆を感激させた. 類**emoción**. 反**desencanto**. ❸ (作家・芸術家の創造的)高揚, 霊感. ── En momentos de ~ creaba sus mejores obras. 彼は精神が高揚している時に最もよい作品を創造した. 類**inspiración**.

:**entusiasta** [entusjásta] 形 ❶〔+de〕…に熱中する, 熱心な. ── Era un muchacho muy ~ *del* cine. 彼は映画に夢中の少年だった. 類**admirador, apasionado, devoto**. ❷ 熱狂的な. ── Recibió ~s aplausos al terminar el concierto. コンサートが終ると彼は熱狂的な拍手喝采を受けた.

── 男女 熱狂者, ファン. ── Es una ~ de las novelas policíacas. 彼女は推理小説のファンだ.

entusiástico, ca [entusjástiko, ka] 形 (行為が)熱烈な, 熱狂的な(人には entusiasta を使う). ── una acogida *entusiástica* 熱烈な歓迎.

:**enumeración** [enumeraθjón] 女 ❶ 数え上げること, 列挙, 枚挙. ── hacer [realizar] una ~ exhaustiva de los hechos 事実を余すところなく列挙する. Me hizo una ~ de todos los países que le gustaría visitar. 彼は私に訪れてみたい国々をすべて列挙した. 類**recuento**. ❷ 目録, 一覧表, リスト, 細目. ── A principio de curso, el profesor nos dio una ~ de los libros que necesitábamos. 先生が学年初めに私たちに必要な本のリストをくれた. 類**lista**. ❸ (人口などの)調査. ── ~ de la población de un país 国の人口調査. ❹《修辞》列挙(法);《論理》枚挙法. ❺ 要約, 摘要. 類**resumen**.

:**enumerar** [enumerár]〔<número〕他 を列挙する, 数え上げる, 並べ立てる. ── Sería prolijo ~ toda su producción literaria. 彼の文学作品全部を数え上げるのは冗長なことだろう.

enumerativo, va [enumeratíβo, βa] 形 数え上げの, 列挙式の.

enunciación [enunθjaθjón] 女 ❶ 言明, 陳述, 述べること. ❷《言語》発話, 発話行為. ❸《数学》(問題などの)与件.

enunciado [enunθjáðo] 男 ❶ 言明, 述べること, 陳述(=enunciación). ❷ 述べられたもの(理論, 定理, 問題, 文など). ❸《言語》発語, 発話さ

enunciar [enunθiár] 他 ❶ (考え,理論などを)(明確に)述べる,提示する. — Einstein *enunció* la teoría de la relatividad. アインシュタインは相対性理論を提示した. ❷ 《数学》(問題, 定理などを)提出する, 出す. 類**formular**.

enunciativo, va [enunθiatíβo, βa] 形 ❶ 明確に述べた, 明言した. ❷ 《文法》平叙文の. — oración *enunciativa* 平叙文. 類**aseverativo**.

envainador, dora [embainaðór, ðóra] 〔< vaina〕形 鞘に収める. — hoja *envainadora* 葉鞘(ようしょう).

envainar [embainár] 他 ❶ (刃物を)鞘(さや)に収める. — ~ la espada 剣を鞘に収める. ❷ (物を)鞘に収めたように包む. — La lenteja *envaina* su semilla. レンズマメは莢(さや)の中に種子を収めている.

envalentonamiento [embalentonamiénto] 〔< valentón〕男 奮い立つ(立たせる)こと, 強気.

envalentonar [embalentonár] 他 (人を)奮い立たせる, (過度に)勇気づける. — Los aplausos de la multitud *envalentonaron* al equipo. 多数の人々の拍手がそのチームを奮い立たせた.

—— **se** 再 奮い立つ, 強気になる; 傲慢(ごうまん)になる, 威張る.

envanecer [embaneθér] 〔< vano〕[9.1] 他 (人を)得意がらせる, うぬぼれさせる. — Las buenas notas que ha obtenido le *han envanecido*. 彼はいい点を取って得意になった.

—— **se** 再 〔+de〕…で得意になる, うぬぼれる(否定的なニュアンスを伴わないこともある).

envanecimiento [embaneθimiénto] 男 得意になること, うぬぼれ, 思い上がり. 類**presunción**.

envarado, da [embaráðo, ða] 過分 形 ❶ 非常に尊大な, 大変高慢な. 類**estirado, orgulloso**. ❷ 《中南米》影響力のある, 有力者とコネがある.

—— 名 ❶ 非常に尊大な人, 大変高慢な人. ❷ 《中南米》影響力のある人, 有力者とコネがある人.

envaramiento [embaramiénto] 男 ❶ (手足などの)硬直, しびれ. ❷ 高慢, 偉そうに振る舞うこと.

envarar [embarár] 他 ❶ (寒さなどが)(体の一部を)こわばらせる, 硬直させる. — El intenso frío que hacía *envaró* sus pies. 激しい寒さで彼は足がこわばった. 類**entumecer**. ❷ (人を)高慢にさせる, を尊大にさせる.

—— **se** 再 ❶ (体の一部が)(寒さなどで)こわばる, 硬直する. — Al oír el aullido del lobo sintió que el cuerpo *se le envaraba*. オオカミの遠吠えを聞いて彼は身体がこわばるのを感じた. 類**entumecerse**. ❷ 横柄になる, 傲慢になる. — *Se envaró* tanto con el éxito que se hizo intratable. 彼女はその成功であまりに横柄になり手に負えなくなった. 類**enorgullecerse**.

envasado [embasáðo] 男 (ビン・缶・袋・箱などの)容器に入れること, 容器に入れたもの.

envasador, dora [embasaðór, ðóra] 形 じょうてん式の. — máquina *envasadora* de zumos. ジュースの絞り器.

—— 名 瓶[缶]詰職人. — La etiqueta lleva impreso el nombre y razón social del ~. ラベルには瓶詰職人の名前と商号が印刷されている.

—— 男 じょうてん.

—— 女 じょうてん式の瓶詰器具.

envasadora [embasaðóra] 女 →envasador.

envasar [embasár] 他 (液体や穀粒を)容器に入れる, パックする(保存・運搬用). — ~ al vacío 真空パックにする.

envase [embáse] 男 ❶ 容器に入れること, パック. — El ~ de los antibióticos se realiza en esta planta. 抗生物質のパックはこの階で行なわれる. 類**envasado**. ❷ (液体や穀粒などを入れるための)容器, パック. — Compra la leche en un ~ de cristal. 牛乳瓶に入ったミルクを買ってね.

envedijarse [embeðixárse] 〔< vedija〕再 (髪の毛が)もつれる, くしゃくしゃになる.

:envejecer [embexeθér] [9.1] 〔< viejo〕他 ❶ を老化させる, …に年を取らせる, をふけさせる. — La muerte de su mujer le *envejeció* mucho. 妻の死で彼は大いにふけた. Este vestido negro te *envejece*. この黒いドレスを着るとふけて見えるよ. ❷ (ワイン・チーズなど)を熟成させる, 寝かせる. — ~ el vino ワインを寝かせる.

—— 自 ❶ 老ける, 年を取る. — Ella *ha envejecido* mucho en los últimos meses. 彼女は最近数か月間にとても老けた. ❷ 古くなる, 古びる; 熟成する. — Este vino *ha envejecido* en barricas de roble. このワインはオークの樽で熟成する. ❸ 長く居座る. — ~ en el oficio そのポストに長く居座る.

—— **se** 再 老ける, 年を取る, 古びる. — Sus facciones *se han envejecido*. 彼の顔付きは老けてきた.

envejecido, da [embexeθíðo, ða] 〔< viejo〕形 (人が)年老いた, 老け込んだ; (物が)古びた, 古めかしい〘estar+〙. — Sólo tiene cincuenta años pero está muy ~. 彼はまだ50歳なのにかなり老け込んでいる.

envejecimiento [embexeθimiénto] 男 老け込むこと, 老い. — proceso de ~ del vino ワインの熟成の過程.

envenenado, da [embenenáðo, ða] 過分 形 ❶ 毒を盛られた, 中毒の. — Ella murió *envenenada*. 彼女は毒を盛られて死んだ. ❷ 悪意のある, 毒のある.

dardo envenenado 悪意に満ちた皮肉.

envenenador, dora [embenenaðór, ðóra] 〔< veneno〕形 毒のある.

—— 名 毒を盛る人.

envenenamiento [embenenamiénto] 男 毒を盛ること, 毒殺; 毒に当たること, 中毒. — Se sospecha que ha muerto por ~. 彼は毒殺の疑いがある.

:envenenar [embenenár] 〔< veneno〕他 ❶ を毒殺する, (人に)毒を盛る. — Está acusado de ~ a su mujer. 彼は妻を毒殺したとして告発された. ❷ …に毒を入れる, 毒を塗る; 汚染する. — *Envenenaron* las aguas del río con pesticidas. 川の水が農薬で汚染された. ❸ を毒する, 損なう, …に害をなす. — *Envenenó* a los jóvenes con aquellas malsanas creencias. 彼はあの不健全な信条で青年たちを毒した. ❹ 悪くとる, 悪意的に解釈する.

—— **se** 再 ❶ 毒を仰ぐ, 服毒自殺する. — La pareja *se envenenó* con arsénico. 男女二人はヒ素で服毒心中をした. ❷ 〔+con 〕中毒する. — ~

820 enverar

con setas キノコに当る。

enverar [emberár] 自 (果物などの実が)熟して色ろく。— Ya comienzan a ~ los melocotones. もうモモが色づきはじめた。

envergadura [emberɣaðúra] 女 ❶ 重要性;規模。— proyecto de (mucha) ~ 重要な企画。El nuevo ministro no tiene experiencia en tratar asuntos de esta ~. 新大臣はこれほどの重要性を持った案件を処理した経験がない。❷ 帆幅;(鳥・飛行機の)翼幅。❸ 人が腕を伸ばしたときの端から端までの長さ[幅](動物や物の幅を示す際にも用いられる)。

envergar [emberɣár] [1.2] 他 《海事》(帆)を帆桁(ほげた)に結びつける。

envés [embés] 男 ❶ (植物の葉などの)裏面, 裏側。— Un pelo blanco cubre el ~ de las hojas de ese árbol. その木の葉の裏面は白い毛で覆っている。類 **haz**. ❷ (物の)裏面, 裏側; 背中。— el ~ y el anverso de una moneda コインの裏と表。el ~ de una tela 布の裏側。類 **reverso, revés**. 反 **cara, haz**. ❸ 《比喩》(物事の)裏側, 裏面。

enví- [embi-] 動 enviar の直・現在, 接・現在, 命令・2 単。

enviada [embiáða] 女 ❶ →envío。❷ →

***enviado, da** [embiáðo, ða] 過分 形 送られた, 派遣された。

—— 名 派遣された人, 派遣員; 使者。— ex-traordinario 特使, 特命大使。~ papal 教皇特使。~ especial 特派員。Esta noticia ha sido transmitida por nuestro ~ especial en Jerusalén. このニュースはエルサレムの特派員により伝えられました。

‡**enviar** [embiár] エンビアル [1.5] 他 ❶ を送る, 送付する;(情報)ポストする。— un paquete certificado a España スペインへ書留小包を1つ送る。~ una postal 絵葉書を送る。~ datos 情報を送信する。類 **mandar**。❷ を派遣する, 出張させる, 行かせる。— a un médico forense al lugar del crimen 犯行現場に監察医を派遣する。Envió al hijo a comprar tabaco. 彼は子どもをタバコを買いにやった。~ tropas 部隊を派遣する。類 **mandar**。

enviciado, da [embiθiáðo, ða] 過分 形 (植物の)葉ばから多くて茂をつけない。

enviciar [embiθiár] [< vicio] 他 [+con/en] (人)を悪習に染める; …に悪い癖をつける。— El novio la ha enviciado con la bebida. 恋人が彼女を飲酒の悪癖に染めた。

—— se 再 [+con/en] …が大好きになる, …の悪習に染まる, …に溺れる。— Durante su estancia en ese país, se envició con el juego. その国に滞在中, 彼はギャンブルに溺れた。

envidar [embiðár] 他 (トランプで)(人)に対して賭けをつり上げる。

‡**envidia** [enbíðia] 女 ❶ 妬(ねた)み, 嫉妬(しっと)。— Siente [Tiene] ~ de su hermana mayor. 彼女は自分の姉のことをねたんでいる。❷ 羨(うらや)み, 羨望(せんぼう)。— Tengo [Siento] ~ de su belleza. 私は彼女の美しさがうらやましい。¿Te vas de vacaciones a Canadá? ¡Qué ~! 君は休暇でカナダへ行くの。何てうらやましいこと。Me da ~ lo bien que hablas. 私は君の話し上手がうらやましい。celos, deseo.

comerse [*consumirse*] *de envidia* (*por* …) / *comer*(*se*) *lo a* … *la envidia* (*por* …) (…に対する)羨望に身をさいなまれる, …が欲しくてたまらない。*Se lo come la envidia por* mi éxito. 彼は私の成功をひどくうらやんでいる。

‡**envidiable** [embiðiáβle] 形 うらやましい, うらやむべき。— Tiene una salud ~. 彼はうらやましいほど健康にめぐまれている。類 **apetecible, codiciable, deseable**. 反 **despreciable**.

‡**envidiar** [embiðiár] エンビディアル 他 ❶ をうらやむ, うらやましがる。— Todos *envidiaban* su erudición e inteligencia. 皆が彼の博識と知性をうらやましがっていた。❷ を嫉妬(しっと)する, ねたむ, そねむ。— La *envidian* porque es rica y guapa. 彼女は金持で美人だからねたまれる。

Más vale ser envidiado que envidioso. 《諺》人をうらやむより人からうらやまれる方が値打ちがある。

no tener [*nada*] [*tener poco*] *que envidiar a* … …に劣らない, ひけをとらない。Tu inteligencia *no tiene que envidiar a* la de José. 君の頭の良さはホセにひけをとらない。

‡**envidioso, sa** [embiðióso, sa] 形 [+de] をうらやましがる, うらやむ, ねたむ 《estar/ser+》。— Merche está *envidiosa de* su belleza *de* su hermana). メルチェは彼女(自分の妹)の美しさをうらやましがっている。Su carácter ~ le impide gozar de la vida. 彼はねたみ深い性格なので人生を楽しめないのだ。類 **ambicioso, celoso**.

—— 名 うらやましがる人, ねたみ深い人。— Los ~s son incapaces de alegrarse de los éxitos de los demás. ねたみ深い人は他人の成功を喜ぶことができない。

envigar [embiɣár] [< viga] [1.2] 他 (建物に)梁(はり)をつける。

envilecer [embileθér] [< vil] [9.1] 他 ❶ を堕落させる。— La envidia *envilece* a las personas. 嫉妬は人を堕落させる。❷ …の価値を下げる。類 **depreciar, devaluar**.

—— se 再 ❶ 堕落する。❷ 価値を下げる。— En la jornada de ayer, el euro *se envileció*. 昨日の相場でユーロは値を下げた。類 **depreciarse, devaluarse**.

envilecimiento [embileθimiénto] 男 ❶ 堕落。— Las malas compañías fueron la causa de su ~. 悪友たちが彼の堕落の原因だった。❷ 価値の下落。— ~ de los precios 価格の下落。類 **depreciación**.

envinado, da [embináðo, ða] [< vino] 形 《中南米》❶ 酔払った。❷ ワイン色の。

envinagrar [embinaɣrár] [< vinagre] 他 …に酢をかける; 酢漬けにする。

‡**envío** [embío] 男 ❶ 送ること, 発送, 送付; 送金。— hacer un ~ de libros por correo 本を郵送する。~ contra reembolso 代金引換渡し。instrucciones de ~ (注文品の)発送上の指図。~s a domicilio sin recargo 配達無料。gastos de ~ no incluidos 送料は含まれていない。pagar los gastos de ~ 送料(荷造り費も含む)を支払う。Este precio incluye los costes de embalaje y ~. この値段は梱包代と送料を含む。類 **expedición**. ❷ 郵便物, 発送物, 小包。— Tengo que ir a Correos a recoger un ~. 私は小包を受け取りに郵便局に行かなければならない。El ~ llegará el

lunes. 発送品は月曜日に着きます. 類**remesa**.
❸ 派遣. — ~ de una delegación [de un comisario] 代表団[代表者]の派遣. — ~ de personal 人材派遣. — ~ de tropas 派兵.

envión [embjón] 男 押すこと, ひと押し. 類 **empujón**.

enviscar [embiskár] 〔<visco〕【1.1】他 ❶ (枝など)に鳥もちを塗る. ❷ (犬)をけしかける.
—**se** 再 (鳥が)鳥もちにかかる.

envite [embíte] 男 ❶ (トランプで)賭金のつり上げ. ❷ 申し出. — aceptar el ~ 申し出を受ける. ❸ ひと押し. ❹《闘牛》牛に向かって誘いをかけること.
acortar [ahorrar] envites 長々とした説明を省略させる(する).
al primer envite 最初から, すぐに.

enviudar [embjuðár] 〔<viudo〕自 配偶者を亡くす, やもめになる. — *Enviudó hace cinco años.* 彼は5年前に連れ合いを亡くした.

envoltijo [embolttíxo] 男 →envoltorio.

envoltorio [emboltórjo] 男 ❶ 包み, くるんだ物. — *Hizo un ~ con la ropa y lo metió en la bolsa.* 彼は衣服で服をみそれを袋に入れた. 類 **lío**.
❷ 包むもの, 包装紙. 類 **envoltura**.

envoltura [emboltúra] 女 ❶ 包み(包装の部分), 外皮. — *Cubrió el sofá con una ~ de plástico.* 彼はそのソファーをビニールの包みで覆った.
❷ おくるみ, 産着.

envolvedor, dora [embolβeðór, ðóra] 名 包装係.
— 男 ❶ 包むもの(布, 紙など). ❷ 赤ん坊のおむつ替えや着せ替えのための台.
— 女 ❶ 包装用の器具 (=máquina envolvedora) — 男 ❷ 包む, 包装の.

envolvente [embolβénte] 形 ❶ 包む, くるむ.
❷《軍事》包囲する, 包囲の. — maniobra[movimiento] ~ 包囲作戦[行動].
— 女《数学》包絡線.

‡**envolver** [embolβér]【5.2】他 ❶ (a)〔+con で, +en に〕を包む, 包装する, くるむ. — *La dependienta envuelve la blusa con papel de regalo.* 女店員はブラウスを贈答用の包装紙で包む. — *el bocadillo en papel de plata* ボカディーヨを銀紙に包む. (b) を含む, 秘める. — *Sus amables palabras envolvían un velado reproche.* 彼のやさしいことばには隠された非難がこめられていた.
❷ をくるむ, 覆う. — ~ el bizcocho con nata カステラをクリームで覆う. *La niebla envolvía la ciudad.* 霧が町を覆っていた. ❸ を言いくるめる, やりこめる. — *No te dejes ~, que es un mentiroso.* 口車に乗るな, 彼はうそつきだから. ❹ を(紛争に)巻き込む. — *Le envolvieron en un asunto de drogas.* 彼は麻薬事件に巻き込まれた. ❺ (敵)を取囲む, 包囲する. — ~ al enemigo 敵を取囲む. ❻ (釣り糸)を巻く, 巻き込む, 収める. — ~ el sedal en el carrete de la caña 釣り糸を釣り竿のリールで巻く.
—**se** 再〔+en で〕❶ 身をつつむ, くるまる. — ~ *se en una manta* 毛布にくるまる. ❷ (…に)巻き込まれる, 巻き添えになる. — ~*se en un lío* もめ事に巻き込まれる.

envolvimiento [embolβimjénto] 男 ❶ 包むこと, 包装; 包囲. ❷ 事件などに巻き込む(巻き込まれる)こと.

envuelta [embwélta] 女 →envuelto.

epéntesis 821

‡**envuelto, ta** [enbwélto, -ta] 過分 〔<envolver〕形 ❶ 包まれた, 巻きつけられた. — *Llevaba al niño ~ en una manta.* 彼はその子を毛布に巻いて抱いていた. ❷ 包みかくされた. 類 **abrigado**, **rodeado**. — 女 複 産着(ᵘᵇᵘ).
〘メキシコ〙トルティーリャで具をまいたもの.

envuelv- [embuélβ-] 動 envolver の直・現在, 接・現在, 命令・2単.

enyesado [eɲjesáðo] 〔<yeso〕男 ❶ 石膏(ᵏᵒᵘ), 漆喰(ʃᵏᵏᵘᶦ)を塗る(で固める)こと. ❷ ギブス(をはめること). — *Mañana me quitan el ~.* 私は明日ギブスが取れる.

enyesadura [eɲjesaðúra] 女 →enyesado.

enyesar [eɲjesár] 他 ❶ (壁など)を石膏(塗る)・漆喰(ʃᵏᵏᵘᶦ)で塗り固める. ❷ ~ にギブスをはめる. — *Tendrán que ~ le la pierna.* 彼は足にギブスをはめなければならないだろう. 類 **escayolar**. ❸ (ワイン)に石膏を入れる. — *El vino se enyesa para aumentar su acidez.* ワインの酸味を出すためには石膏が加えられる.

enyugar [eɲjuɣár] 〔<yugo〕【1.2】他 …にくびきをかける.

enyuntar [eɲjuntár] 他〘中南米〙を一緒にする.

enzarzar [enθarθár] 〔<zarza〕【1.3】他 ❶ をイバラで覆う. ❷〔+en〕を(けんか・論争)に引き込む.
—**se** 再 ❶ イバラにからまる. — *La liebre se había enzarzado entre las zarzas del camino.* ノウサギは道のイバラにからまっていた. ❷〔+en〕(喧嘩・論争)に引き込まれる, …が始まる; 長話をする. — *Habían bebido y se enzarzaron en una violenta discusión.* 彼らは酒を飲んで激しい議論を始めた. ❸〔+en〕(厄介事)に巻き込まれる.

enzima [enθíma] 女 酵素.

enzootia [enθoótja] 女 (動物の)地方病, 風土病.

enzunchar [enθuntʃár] 〔<zuncho〕他 (箱などに)たがをはめる, たがで補強する.

eñe [éɲe] 女 文字 ñ の名称.

eoceno, na [eoθéno, na] 形 《地質》(第三紀)始新世の.

eólico, ca [eóliko, ka] 形 ❶ 風の, 風力の. — energía *eólica* 風力エネルギー. erosión *eólica* 風化. ❷《ギリシア神話》風の神アイオロスの. ❸ (古代ギリシア語の)アイオリス方言の, エオリア方言の.
— 男 アイオリス方言, エオリア方言.

eolio, lia [eóljo, lja] 形 ❶ アイオリス (Eolia, Eólida) の, エオリアの. ❷ 風の神アイオロスの.
— 名 アイオリス人, エオリア人.

eolito [eolíto] 男 《地質》原石器, エオリス.

eón¹ [eón] 男 《宗教》(グノーシス派で, 神から流出した物質と霊との中間体).

eón² [eón] 男 1億年の期間; 測り知れない長年月, 永劫(ᵉᶦᵍᵒᵘ).

epacta [epákta] 女 ❶ 太陽年と太陰年との日数の差. ❷《カトリック》宗教暦. 類 **añalejo**.

epatar [epatár] 〔<仏〕他《話》をびっくり仰天させる, たまげさせる. — *Su sombrero nos epató a todos.* 彼の帽子に私たちみんなびっくり仰天した.

epéntesis [epéntesis] 女《単複同形》《文法》挿音(ᵏᵒᵘᵒᵗ)現象, 挿入字[音(crónica→corónica, ten(e)ré→tendré など).

eperlano [eperláno] 男 《魚類》キュウリウオの一種(北欧の川に生息).

epi- [epi-] 接頭 「上, 表面」の意. —*epéntesis, epicarpio, epicentro, epidermis*.

épica [épika] 女 叙事詩. 反 *lírica*

epicarpio [epikárpjo] 男 《生物》(果物の)外果皮.

epiceno, na [epiθéno, na] 形 《文法》通性の.
♦動物を表わす名詞で, 男性名詞または女性名詞しかなく, それで両性を表わすもの. el cuervo, la liebre など.

epicentro [epiθéntro] 男 《地学》震央(震源の真上の地点). — ~ del terremoto 震央, 震源地.

epicicloide [epiθiklójðe] 女 《数学》外サイクロイド, 外擺(はい)線.

épico, ca [épiko, ka] 形 ❶ 叙事詩の, 叙事(詩)的な. —poesía *épica* 叙事詩. ❷ 英雄的な, 大きな. 類 *heroico*. ❸《話》ひどい, すさまじい. —El domingo, Antonio agarró una borrachera *épica*. 日曜日にアントニオはとことん酔っ払った. 類 *extraordinario, tremendo*.

epicureísmo [epikureísmo] 男 ❶《哲学》エピクロス主義. ❷ 快楽主義.

epicúreo, a [epikúreo, a] 形 エピクロス派の, 快楽主義の.
—— 名 エピクロス主義者, 快楽主義者.

Epicuro [epikúro] 固名 男 エピクロス(古代ギリシャの哲学者, 前341-271).

epidemia [epiðémja] 女 ❶ 伝染病(の流行).

epidémico, ca [epiðémiko, ka] 形 伝染病の, 伝染性の. —El brote ~ de meningitis está causando una gran alarma. 髄膜炎の伝染の兆しで非常警戒態勢が取られつつある.

epidemiología [epiðemjoloxía] 女 《医学》疫学.

epidemiológico, ca [epiðemjolóxiko, ka] 形 《医学》疫学の.

epidemiólogo [epiðemjóloɣo] 男 =epidemiológico.
—— 男 伝染病学者, 伝染病医.

epidérmico, ca [epiðérmiko, ka] 形 表皮の. —células *epidérmicas* 表皮細胞.

*****epidermis** [epiðérmis] 女 『単複同形』《解剖, 動物, 植物》表皮, 上皮; 皮膚. 類 *cutícula, piel*.
tener la epidermis fina [sensible] 《俗》神経過敏である, 怒りっぽい.

epidiascopio [epiðjaskópjo] 男 《光学》エピディアスコープ. 類 *episcopio*.

epifanía [epifanía] 女《カトリック》❶ 救世主の顕現, 主のご公現の祝日(1月6日に東方の三賢人のベツレヘム来訪で象徴される祝日). ❷ 神の顕現, 神の出現. 類 *aparición, manifestación*.

epifenómeno [epifenómeno] 男 ❶《哲学》随伴現象. ❷《医学》付帯徴候.

epífisis [epífisis] 女 『単複同形』《解剖》❶ 松果体. ❷ 骨端.

epifito, ta [epifito, ta] 形 《植物》着生[寄生]植物の. —— 男 着生[寄生]植物.

epifonema [epifonéma] 男/女 《修辞》エピフォネーマ(演説や意見を感嘆文または警句的な評言で締めくくること).

epigastrio [epiɣástrjo] 男 《解剖》上腹部.

epiglotis [epiɣlótis] 女 『単複同形』《解剖》喉頭蓋.

epígono [epíɣono] 男 エピゴーネン, 模倣者, 亜流.

epígrafe [epíɣrafe] 男 ❶ (巻頭・章・新聞などの)題辞, エピグラフ. ❷ (石, 金属に刻まれた)碑文, 碑銘. 類 *epigrama*.

epigrafía [epiɣrafía] 女 碑銘研究, 金石学.

epigrama [epiɣráma] 男 ❶ 警句, エピグラム. ❷ (短い)風刺詩. 類 *epígrafe*.

epigramático, ca [epiɣramátiko, ka] 形 風刺的な, 警句の. —— 名 風刺詩作家.

epilepsia [epilépsja] 女 《医学》癲癇(てんかん).

epiléptico, ca [epiléptiko, ka] 形 癲癇(てんかん)の. —Desde pequeño sufre crisis *epilépticas*. 小さいときから彼はてんかんの発作を起こす.
—— 名 てんかん患者.

epilogar [epiloɣár] [1,2] 他 (作品などを)要約する. 類 *compendiar*.

*****epílogo** [epíloɣo] 男 ❶ (戯曲・小説・詩などの)エピローグ, 終章(プロローグは prólogo). 類 *conclusión*. ❷ (事件の)結末, 終局. —La excursión tuvo un trágico ~. その遠足は悲劇的結末を迎えた. 類 *desenlace*. ❸《修辞》(演説の)結び, 締めくくり. —El profesor siempre hace en pocas palabras, un ~ del tema tratado en su clase. 先生は授業で扱われたテーマについていつも短い言葉でまとめをする. 類 *peroración*. ❹《まれ》要約.

epipaleolítico [epipaleolítiko] →mesolítico.

epirogénesis [epiroxénesis] 男 《地質》造陸運動(大陸の広範囲に影響を及ぼす地殻の垂直あるいは傾動運動).

episcopado [episkopáðo] 男《カトリック》❶ 司教(obispo)の位, 在位期間. ❷ (集合的)司教団.

*****episcopal** [episkopál] 形 司教の. —sede ~ 司教座. Los fieles recibieron la bendición ~. 信者たちは司教の祝福を受けた. 類 *obispal*.
—— 男 司教用典礼書.

episcopaliano, na [episkopaljáno, na] 形 司教の.

episcopio [episkópjo] 男 →epidiascopio.

episiotomía [episjotomía] 女 《医学》会陰側切開術(産道を十分開けるために会陰側方を切開する術).

*****episódico, ca** [episóðiko, ka] 形 ❶ 挿話的な, 挿話から成る. —narración *episódica* 挿話的な物語. Es una de las acciones *episódicas* paralelas a la trama principal. それは本筋と平行する挿話的な展開の一つである. ❷ 本筋にはかかわりない, 付随的な, 一時的な. —personaje ~ 脇役的な人物. Esa fue una acitividad *episódica* en su vida. それは彼の生涯では一時的な活動であった. 類 *anecdótico*.

*****episodio** [episóðjo] 男 ❶ (小説・劇・映画などで)挿話, エピソード. —El ~ de los molinos de viento es uno de los más famosos de «El Quijote». 風車の話は『ドン・キホーテ』の中で最も有名な挿話の1つだ. 類 *pasaje*. ❷《話》(人生・経験・歴史上などの挿話的な)出来事. —El nacimiento de su único hijo fue el ~ más feliz de su vida. 彼の1人息子の誕生が生涯で最も幸せなひとこまだった. 類 *incidente, suceso*. ❸

《話》(つかの間の・ささいな)出来事, エピソード. — Aquel amor fue un ～ más de su vida. その恋は彼の人生のほんのひとこまに過ぎなかった. 類 **anécdota**. ❹《話》(予期せぬ)多難な出来事. — Encontrar hotel en aquella ciudad fue todo un ～. あの町でホテルを見つけることは難事中の難事だった. 類 **aventura, peripecia**. ❺《テレビ, ラジオ, 映画》(連続ものの)1回分. — Hoy emiten el último ～ de esa serie. 今日はそのシリーズの最終回が放送される. ❻《医学》(ある疾患で繰返す)症状の発現. — La enfermedad se presenta con ～s de fiebre. その病気は発熱を繰返す. ❼《音楽》挿入部, 挿回. ❽《古代ギリシャ悲劇》のエピソード(2 つの合唱の間の対話場面). ❾《講演などでの》脱線, 余談.

epistaxis [epistáksis] 〔<ギリシャ〕 女 《病理》鼻血出血, 鼻出血.

epistemología [epistemoloxía] 女 《哲学》認識論.

epistemológico, ca [epistemolóxiko, ka] 形 《哲学》認識論(上)の.

epístola [epístola] 女 ❶《文, 戯》手紙, 書状. 類 **carta**. ❷《カトリック》使徒書簡; (ミサでの)使徒書簡朗読. ❸ (教化的あるいは風刺的な)書簡体詩.

epistolar [epistolár] 形 書簡の, 書簡体の. — estilo ～ 書簡体.

epistolario [epistolárjo] 男《カトリック》❶ 書簡集; 使徒書簡集. ❷ ミサで使徒書簡を朗読する人.

epitafio [epitáfjo] 男 墓碑銘, 墓誌.

epitalamio [epitalámjo] 男 祝婚歌.

epitálamo [epitálamo] 男 《医学》視床上部.

epitelial [epiteljál] 形 《解剖》上皮(組織)の.

epitelio [epitéljo] 男 《解剖》上皮(組織).

epitelioma [epiteljóma] 男 《医学》上皮腫(⁴).

epíteto [epíteto] 男 ❶《文法》特徴形容詞. ♦ 名詞が本来的に持つ性質を表わす. 'blanca nieve'の blanca など. ❷ 形容表現; 侮辱の言葉, ほめ言葉. — Me llamó imbécil, cobarde y otros ～s que no recuerdo. 彼は私に馬鹿や臆病者のほかにも覚えていないがいろいろ侮辱の言葉を吐いた.

epítome [epítome] 男 (作品の)要約, 梗概. — Te recomiendo este excelente ～ de gramática. 君にこのすばらしい簡約文法を推薦します.

epizootia [epiθoótja] 女 動物間の伝染病.

*****época** [époka エポカ] 女 ❶ 時代, 時期. — en cualquier ～ いつの時代にも. nuestra ～ / ～ actual 現代. ～ del cine mudo サイレント映画の時代. ～ del ordenador コンピューター時代. ～ de grandes convulsiones sociales 社会の大激動期. ～ alejandrina アレクサンドロス大王時代. ～ colonial 植民地時代. ～ dorada [de oro] 黄金時代. ～ isabelina イサベル時代(スペイン:1833-68). ～ de la Restauración 王政復古時代(スペイン:1875-1902). ～ visigoda 西ゴート時代. en la ～ de Franco フランコの時代. 類 **era, tiempo**. ❷ 時期, …頃, …期. — durante la ～ lluviosa [de (las) lluvias] 雨期に, 梅雨時に. ～ de celo 発情期. ～ de la siembra 種まきの季節, 播種(¹)期. en esta ～ 今頃. ～ de rebajas バーゲンセールの時期. ～ azul [rosa] de Picasso ピカソの青[ピンク]の時代. en mi ～ de estudiante 私の学生時代に. Odio esta ～ del año. 私は毎年今頃が大嫌いだ. Por

aquella ～ yo era un joven inexperto. 当時私は経験の乏(⁶)しい若者だった. Octubre es la ～ de la vendimia. 10 月はブドウの収穫期だ. Está pasando por una buena ～. 彼は今すべて順調だ. 類 **estación, etapa, temporada**. ❸ 昔, 過去, 当時. — Los actores llevan trajes de la ～. 俳優たちは当時の服装をしている. ❹ 期間, 間. — Vivió una ～ en Roma. 彼は一時ローマに住んだ. 類 **tiempo**. ❺《地質》世, 期. — ～ glacial [posglacial] 氷河[後氷]期. ～ eocena 始新世.

a épocas 時々.

de época 時代[年代]ものの. coche *de época* ビンテージカー, クラシックカー. mueble *de época* 時代ものの家具. traje *de época* 時代ものの服装, 昔風の服. película *de época* 時代劇映画.

de los [las] que hacen época 《話》(事件などが)ものすごい, 途方もない, とんでもない. — un gol *de los que hacen época* すばらしいゴール[得点].

en SU época (人)の若い頃には, (人)が活躍していた頃には, (人)の全盛時代には.

hacer [formar] época 一時代を画する, 一世を風靡(³)する, 新時代を開く. La minifalda *hizo época* en los años sesenta. ミニスカートは 1960 年代に一世を風靡した. La invención de la televisión *hizo época*. テレビの発明は画期的なものだった.

ser de SU época 時流に遅れていない, 当世風である.

epodo [epóðo] 男 ❶ 長短の詩行が交互に現われる古代の詩型. ❷ 古代ギリシャの叙情詩で 3 節あるうちの第 3 節.

epónimo, ma [epónimo, ma] 形 名祖(⁶)の. — 名 名祖(国や都市, 民族, 姓などの起源となった implicit在するに伝説上の人など). — Simón Bolívar es ～ de Bolivia. シモン・ボリバルはボリビアの名祖である.

*****epopeya** [epopéja] 女 ❶ 叙事詩(叙情詩は lírica). — La Ilíada es una ～ griega. イリアスはギリシャの叙事詩である. 類 **épica**. ❷ (一連の)叙事詩的壮拳, 英雄的偉業. — ～ napoleónica ナポレオンの偉業. 類 **gesto, hazaña**. ❸《俗》波瀾(⁶)万丈の冒険[旅], 艱難(⁶)辛苦. — Fue una verdadera ～ encontrar hotel. ホテルを見つけるのは全く至難の業(⁶)だった.

epos [épos] 〔<ギリシャ〕 男《文》叙事詩, 口承叙事詩群; 叙事詩の題材としてふさわしい一連の出来事. 類 **épica, epopeya**.

épsilon [épsilon] 女 エプシロン(ギリシャ語アルファベットの第 5 字; E, ε).

equi- [eki-] 接頭 「等しさ」の意. — *equi*ángulo, *equi*libro, *equi*valente.

equiángulo, la [ekjángulo, la] 形 《数学》等角の.

equidad [ekiðáð] 女 公平, 公正, 適正. — En esta empresa siempre hemos actuado con ～. 私たちはこの会社で常に公正に行動した.

equidistancia [ekiðistánθja] 女 等距離.

equidistante [ekiðistánte] 形【+de】…から等距離にある.

equidistar [ekiðistár] 自【+de】…から等距離にある. — Tu casa y la mía *equidistan de* la universidad. 君の家と僕の家は大学から等距離に

ある.

équido, da [ékiðo, ða] 形 《動物》ウマ(馬)科の.
— 男複 ウマ科.

equilátero, ra [ekilátero, ra] 形 等辺の. — triángulo ~ 正三角形.

equilibrado, da [ekiliβráðo, ða] 形 ❶ バランスのとれた. —dieta *equilibrada* バランスのとれたダイエット. ❷ (性格が)温和な, 平静な, 落ち着いた.
— 男 バランスを取ること, バランス. —Una de las prácticas que realizamos fue el ~ de ruedas. 私たちが行なった訓練のひとつは輪のバランス取りだった.

***equilibrar** [ekiliβrár] 他 ❶ …の均衡をとる, 釣り合いをとる. —~ la balanza de pagos 収支のバランスをとる. ~ la carga 荷物のバランスをとる. ~ los gastos con los ingresos 収入に見合った支出をする. ~ los premios y los castigos 賞罰の釣り合いをとる. ❷ …を同等にする, 等しくする. —Un gol en el último minuto *equilibró* el marcador. 最後の1分のゴールでスコアボードは同点になった.
—se 再 均衡がとれる, (力が)伯仲する. —Tres fuerzas aplicadas a un mismo punto *se equilibran*. 同じ1点にかかる3つの力が均衡している.

‡**equilibrio** [ekiliβrjo] 男 ❶ (体・事物の)釣合い, 平衡, バランス. —sentido del ~ 平衡感覚. mantener [guardar] el ~ バランスを保つ. mantenerse en ~ sobre un pie 片足でバランスを取って立つ. poner … en ~ を釣り合わせる. recuperar el ~ バランスを回復する. perder el ~ バランスを失う[崩す]; 平静さを失う. El anciano perdió el ~ y se cayó. 老人はバランスを失って転んだ. mantener [guardar] el ~ バランスを保つ. barra de ~ 平均台. 類 estabilidad. 反 desequilibrio, inestabilidad. ❷《比喩》(対立する勢力などの)均衡, バランス, 安定, 調和. —el precario ~ entre los partidos 政党間の不安定なバランス. ~ político 政治的均衡. ~ de fuerzas [de poderes] 勢力の均衡, バランス・オブ・パワー. ~ europeo ヨーロッパの均衡 (18世紀の国際関係に適用されたシステム). alterar el ~ ecológico de la Tierra 地球上の生態系のバランスを変える. En este bosque hay un ~ entre árboles de hoja perenne y árboles de hoja caduca. この森では常緑樹と落葉樹のバランスがよくとれている. 類 armonía, proporción. 反 desequilibrio, inestabilidad. ❸ (精神的な)平衡状態, 平静さ, 安定, 落ち着き, 調和. —~ mental 精神の安定, 心の平静. ~ emocional 情緒の安定. persona de gran ~ 大変釣合いのとれた人, 大変穏健な人. Sabe mantener siempre el ~ y la serenidad. 彼は困難な状況でいつも冷静沈着を保つことができる. 類 moderación, sensatez. ❹ (行動・考え方の)慎重さ, 節度. —Siempre mantiene el ~ en sus decisiones. 彼は決断を下す時はいつも慎重だ. 類 prudencia, sensatez. ❺ (経済)(収支・需給などの)均衡, 平衡, 釣合い. —teoría de ~ 均衡理論. ~ de la balanza de pagos internacionales 国際収支の均衡. mantener el ~ entre la demanda y la oferta 需給のバランスを保つ. ❻ 複 妥協策, 術策(→hacer equilibrios). ❼《化学, 物理》(力の)釣合い, 均衡. —~ químico [radiactivo, térmico, termodinámico] 化学[放射能, 熱, 熱力学]均衡. ~ estable 安定釣合い, 安定均衡. ~ inestable 不安定釣合い, 不安定均衡. ~ indiferente 中立均衡.

hacer equilibrios (1) バランスを取る. La gimnasta *hacía equilibrios* en la barra fija. その体操選手は鉄棒でバランスを取っていた. (2) うまく立ち回る, 妥協策を取る. Tuvo que *hacer equilibrios* para no herir la sensibilidad de nadie. 彼は他の感情も害さないようにうまく立ち回らなければならなかった. (3) やりくりする. Con mi salario tengo que *hacer muchos equilibrios* para llegar a final de mes. 私の給料でなんとかうまくやりくりして月末までもたせなければならない.

equilibrismo [ekiliβrísmo] 男 曲芸, アクロバット.

equilibrista [ekiliβrísta] 名 曲芸師, 軽業師.

equimosis [ekimósis] 女《医学》斑状出血, (打撲などによる)内出血でできた)あざ.

equino[1], **na** [ekíno, na] 形 馬の;《動物》ウマ科の. —peste *equina* 馬の伝染病. ganado ~ 馬.
— 男 (雄の)馬. —En este país se consume carne de ~. この国では馬肉が消費される.

equino[2] [ekíno] 男 ❶《動物》ウニ (=erizo de mar). ❷《建築》ドーリア式柱の凸状の刳(く)り形.

equinoccial [ekinokθjál] 形 春分(秋分)の. —línea ~ 赤道. día ~ 春分(秋分)の日.

equinoccio [ekinókθjo] 男 春分, 秋分. —~ de primavera 春分. ~ de otoño 秋分.

equinococosis [ekinokokósis] 女《医学》エキノコックス症.

equinodermo [ekinoðérmo] 男複 棘皮(きょくひ)動物(ヒトデ, ウニなど).

‡**equipaje** [ekipáxe] 男 ❶ (旅行用の)荷物, 手荷物 (=~ de mano). —hacer el ~ 荷造りする, 荷物をまとめる. facturar el ~ de mano hasta Madrid 手荷物をマドリードまでチッキで送る. exceso de ~ 制限超過手荷物. Siempre viaja con mucho [ligero de] ~. 彼はいつも荷物をたくさん抱えて[身軽で, 軽装で]旅行する. 類 bagaje, bultos. ❷《海事》乗組員, クルー. 類 tripulación.

equipamiento [ekipamjénto] 男 ❶ 装備, 備え; 仕度. ❷ (産業, 工業などの)基盤設備, 基盤施設. —Tenemos que invertir más en ~ industrial. 我々はもっと産業の基盤設備に投資しなければならない. 類 infraestructura. ❸《海事》(装備, 人員の)積み込み.

equipar [ekipár] 他 ❶ …を備える, 装備する. ❷ (衣服などを)そろえる, 整える. —*Equipó de* buena ropa a los niños para que no pasaran frío en las montañas. 彼女は子供たちが山で寒くないようにしっかりとした衣服をそろえた. ❸《海事》(航海に必要なものを)積み込む; (人員を)乗り込ませる. —buque *equipado con* misiles nucleares 核ミサイルを搭載した船.
—se 再 [+con/de](装備)を整える.

equiparable [ekiparáβle] 形【+a/con】…と同等の, …に匹敵する. —Mi situación económica no es ~ *a* la tuya. 私の経済状況は君のとは比較にならない. 類 comparable.

equiparación [ekiparaθjón] 女 同等であるとみなすこと; 同一視.

equiparar [ekiparár] 他【+a/con】…と同

等だとみなす. 似ていると言う. —Es natural que yo gane más. No puedes ~ tu trabajo con el mío. 私の方が稼ぐが多いのは当然だ. 君の仕事を私のと同一視することはできないよ.

——se 再 【+a/con】…と肩を並べる, …に匹敵する.

‡**equipo** [ekípo] 男 ❶ (スポーツ・共同作業のチーム, グループ, 組, 隊. ~ de emergencia 救急隊. ~ de fútbol サッカーチーム. ~ de rescate 救助隊. ~ nacional [local] ナショナル[地元]チーム. compañero de ~ チームメート. espíritu de ~ de colaboradores 協力者グループ. ~ médico 医師[医療]団. ~ de filmación 〖映画〗撮影隊. Esos dos ~s bajarán a segunda división. それら2チームは2部リーグに落ちるだろう. 類 **cuadrilla, grupo.** 反 **individual.** ❷ 〖集合的に〗(個人用の)装備, 用具, 用品; (機械)設備, 備品, 器具; (一軒の家の)家財道具. —Para esquiar hay que tener un buen ~. スキーをするにはいい装備が必要である. ~ de soldado 兵士の装備. ~ de colegial 学用品. ~ completo de alpinista 登山家の完全装備. un ~ de submarinista 潜水具一式. un ~ quirúrgico 外科用器具一式. ~ eléctrico 電気設備. ~ de música 音響設備, システム・コンポ. ~ de un barco 艤(ぎ)装. bienes de ~ 〖経済〗設備財. ~ físico ハードウェア. ~ periférico 〖コンピュータ〗周辺機器. ~ de descenso (飛行機の)着陸装置. 類 **instalación, instrumento, pertrecho.** ❸ 身の回り品, 身仕度, 旅装; 嫁入り衣装[道具] (= ~ de novia). —Se llevó un buen ~ porque pensaba viajar durante un mes. 彼は1か月間旅行するつもりだったので充分身支度を整えた. 類 **vestuario.** ❹ 設備[装備]を施すこと. —gastos [costo] de ~ 設備費. inversión de ~ 設備投資. 類 **equipamiento.**

cargárselas con todo el equipo 《俗》こっぴどく叱られる, 叱責(しっせき)される.

equipolencia [ekipolénθja] 女 〖論理〗等価, 等値. 類 **equivalencia.**

equipolente [ekipolénte] 形 〖論理〗等価の, 等値の. 類 **equivalente.**

equiponderar [ekiponderár] 自 同じ重さである.

equis [ékis] 女 ❶ 文字xの名称. ❷ xの形をしたもの. ❸ 〖話〗(数詞的に)ある数(の), 未知の. —Un número ~ de personas X 人の人々. ❹ 《映画》ポルノ映画; ポルノ映画を上演する映画館. —En esta calle hay una sala "X". この通りにポルノ映画館が一軒ある.

rayos x →rayo.

equiseto [ekiséto] 男 〖植物〗トクサ科の総称.

equitación [ekitaθjón] 女 乗馬, 馬術. —escuela de ~ 乗馬学校.

equitativo, va [ekitatíβo, βa] 形 公正な, 公平な. —No se ha hecho un reparto ~ de las ganancias. 利益の公平な分配が行われなかった.

équite [ékite] 男 (古代ローマの)騎士.

equivaldr- [ekiβaldr-] 動 equivalerの未来, 過去未来.

*‡**equivalencia** [ekiβalénθja] 女 ❶ (数量・価値・意義などの)等価, 同等, 等値. —La ~ de 1.000 metros es un quilómetro 1,000mは1 kmに等しい. Buscó la ~ en dólares del dinero que tenía. 彼は所持金相当額をドルで求めた. principio de ~ 〖物理〗等価原理. 類 **igualdad, paridad.** ❷ 〖数学〗同値, 等積. —relación de ~ 同値[等値]関係. ❸ 〖言語〗~ acústica 音響的同一性.

equivalente [ekiβalénte] 形 【+a】…と等価な, 同等の. —Esas dos expresiones son ~s. その二つの表現は等価である. Le tocó en la lotería una cantidad ~ al salario de dos años. 彼は宝くじで給料2年分に匹敵する額が当たった. ❷ 〖数学〗…と等積の. —dos prismas de bases ~s 底面積が等しい2角柱.

—— 名 ❶【+de】と(の)等価物, 同等の物. —Por arreglarme el reloj me pidieron el ~ de mil euros. その時計を修理してもらうのに1000 ユーロ請求された. ❷ 〖化学・物理〗当量.

*‡**equivaler** [ekiβalér] [10.5] 自 【+aに】等しい, 匹敵する, 等価である. —Un euro *equivalía* ayer *a* ciento treinta yenes. 1ユーロは昨日130円だった. Una contestación negativa *equivaldría* a la perdición. 拒否の返事をしたら破滅を意味するだろう.

equivalga(-) [ekiβalɣa(-)] 動 equivalerの接・現在.

equivalgo [ekiβálɣo] 動 equivalerの直・現在・1単.

equivocación [ekiβokaθjón] 女 ❶ 間違うこと, 間違い, 誤り. —Se produjo una ~ en la confección del programa del congreso. 会議のプログラムの制作で間違いが生じた. ❷ 間違い, あやまち, 誤り. 類 **desacierto, error.**

equivocadamente [ekiβokáðamente] 副 間違えて, 誤って.

*‡**equivocado, da** [ekiβokáðo, ða] 過分 形 ❶ 間違っている, 誤った. —Me parece que está usted ~. あなたは何か間違っていらっしゃるように思えます. un juicio ~ 誤った判断. 類 **errado, erróneo.** ❷ 不適切な, 見当ばずれの. 類 **desacertado.** ❸ あいまいな, 両義の.

—— 男 誤解, 間違い, 両義語.

***equivocar** [ekiβokár エキボカル] [1.1] 他 ❶ を間違える, とり違える. —Has equivocado la hora. 君は時間を間違えた. *Equivoqué* la profesión elegida. 私は選ぶ職業を誤った. *Equivocaste* mi paraguas con el tuyo. 君は自分の傘を私のと取り違えた. ~ el camino 道を間違える. 類 **errar.** ❷ を間違えさせる, とり違えさせる. —Me has equivocado. 君は私を間違えさせた.

——se 再 【+de/en】を間違える. —Si crees que vendrá mañana, *te equivocas*. もし君が彼は明日やって来ると思っているのなら, 間違いだよ. *Te equivocaste* de número de teléfono. 君は電話番号を間違えた. *Me equivoqué en* lo que te dije. 私が君に言ったことは誤りだった. *Se equivocó* al darme la llave. 彼は私に鍵を間違えてよこした. *Me equivoqué* pensando que era mi amigo. 彼が友だちだと思ったのは私の間違いだった. Estás *equivocado*. 君は間違ってるよ.

*‡**equívoco, ca** [ekíβoko, ka] 形 ❶ 曖昧(あいまい)な, 両方[いろいろ]の意味にとれる, 紛らわしい. —Para no comprometerse, contestó con una frase *equívoca*. かかわり合いにならないよう彼は曖

826 equivoque(-)

昧な返事をした. 類 **ambiguo, dudoso**. 反 **unívoco**. ❷ (道徳的に)いかがわしい, 怪しげな. —Es un hombre de conducta *equívoca*. 彼はいかがわしい行状の男だ. 類 **sospechoso**.
— 男 ❶ 間違い, 取り違え, 誤解. —Por un ~ nos detuvieron una hora en la aduana. 何かの間違いで私たちは税関に 1 時間も留め置かれた. 類 **error, malentendido**. ❷ どちらともとれる言い方, 曖昧語法, かけことば. ❸ 意味が曖昧な語, 両義語, 多義語.

equivoque(-) [ekiβoke(-)] 動 equivocar の接・現在.

equivoqué [ekiβoké] 動 equivocar の直・完了過去・1 単.

*era¹ [éra] 女 ❶ (農業) 脱穀場. ❷ (農業) (野菜や花の)小さな)畑, 菜園, 花壇; 苗床. 類 **bancal**. ❸ (鉱業) 砕鉱場, 砕石場.

*era² [éra] 女 ❶ 時代, 時期, 年代. —Actualmente vivimos en la ~ electrónica. 現在私たちはエレクトロニクス時代に生きている. Vino una ~ pacífica [de paz]. 平和な時代が来た. ~ de la computación コンピュータ時代. ~ atómica [nuclear] 原子力[核]時代. ~ (de explotacion) espacial 宇宙時代. ~ glacial [paleolítica, neolítica] 氷河[旧石器, 新石器]時代. 類 **edad, época, tiempo**. ❷ 紀元. —~ cristiana [de Cristo, común, vulgar] キリスト紀元, 西暦. Cervantes nació en el año 1547 de la ~ cristiana. セルバンテスは西暦 1547 年に生まれた. ~ española [de César, hispánica] スペイン紀元, シーザー紀元(西暦より 38 年前). ~ de la Hégira [musulmana] イスラム紀元(西暦 622 年 6 月 15 日に始まる). ❸ 長い年月. —durante ~s y siglos ~ (俗語)長い長い年月の間. ❹ (地質) (地質時代区分中で最大のもの)…代. —~ paleozoica [Primaria] 古生代, 第一紀. ~ mesozoica [Secundaria] 中生代, 第二紀. ~ cenozoica [Terciaria] 新生代, 第三紀. ~ cuarternaria 第四紀.

era³ [éra] 動 ser の直・不完了過去.

erais [érais] 動 ser の直・不完了過去・2 複.

eral, erala [erál, erála] 名 1 歳以上 2 歳未満の子牛.

éramos [éramos] 動 ser の直・不完了過去・1 複.

eran [éran] 動 ser の直・不完了過去・3 複.

erario [erárjo] 男 ❶ 国庫, 公庫. ❷ 財産(国庫, 公庫)の保管場所.

eras [éras] 動 ser の直・不完了過去・2 単.

erasmismo [erasmísmo] 男 エラスムス主義.

erasmista [erasmísta] 形 エラスムス主義の.
— 名 エラスムス主義者.

Ercilla y Zúñiga [erθíja i θúɲiɣa] 固名 エルシーリャイ(イ・スニガ)(アロンソ・デ Alonso de ~) (1533–94, スペインの詩人).

ere [ére] 女 文字 r の名称 [文字 r は erre と言われることもある].

erección [erekθjón] 女 [< **erigirse**] ❶ 立てる(立てる)こと, 建設, 設立. —Se oponen a la ~ de un rascacielos en el barrio. 彼らはその地区に超高層ビルを建設することに反対している. ❷ (生理)勃起(ぼっき).

eréctil [eréktil] 形 直立する, 勃起(ぼっき)性の. —Ese pájaro tiene un largo copete de plumas ~es. その鳥には直立した長い冠羽がある.

erecto, ta [erékto, ta] 形 ❶ 直立した. —Desde pequeño ha tenido ese andar ~. 小さい頃から彼はそんなまっすぐに伸びた歩き方をしてきた. 類 **derecho, erguido**. ❷ 持ち上げられた, 起こした. 類 **levantado, rígido**.

eremita [eremíta] 名 隠者. 類 **ermitaño**.

eremítico, ca [eremítiko, ka] 形 遁世(とんせい)の, 隠者の. —vida *eremítica* 隠遁(いんとん)生活.

eres [éres] 動 ser の直・現在・2 単.

Ereván [ereβán] 固名 エレバン(アルメニアの首都).

erg¹, ergio [érɣ, érxjo] 男 《物理》エルグ(仕事, エネルギーの単位).

erg² [érɣ] [<アラビア語] 男 《地理》エルグ(サハラ砂漠の砂丘砂漠地帯).

ergonomía [erɣonomía] [<ギリシャ] 女 エルゴノミクス, 人間工学, 作業工学(人間と機械の関係を研究する分野).

ergoterapia [erɣoterápja] 女 《医学》作業療法(手を使った仕事をすることにより病気や障害を治す治療).

ergotina [erɣotína] [<仏] 女 《薬学》麦角エキス, エルゴチン.

ergotismo¹ [erɣotísmo] 男 詭弁(きべん)(術).

ergotismo² [erɣotísmo] 男 《医学》麦角中毒.

ergotizar [erɣotiθár] [1.3] 自 三段論法を多用して議論する, 詭弁(きべん)を弄(ろう)する.

erguimiento [erɣimjénto] 男 立つ(立てる)こと, 起きる(起こす)こと.

***erguir** [erɣír] [6.3] 他 [ただし直・現で yergo, yergues, yergue, erguimos, erguís, yerguen; 接・現で yerga, yergas, yerga, irgamos, irgáis, yergan の活用もある] を持ち上げる, 起こす, まっすぐに立てる. —Parecía dormido, pero de repente *irguió* la cabeza. 彼は眠っているように見えたが, 突然頭を上げた. El perro *irguió* las orejas. 犬は耳をそば立てた. 類 **levantar**.
— se 再 ❶ 立ち上がる, そびえる. —Al ser nombrado, *se irguió* en la silla. 彼は名前を呼ばれると, 椅子から立ち上がった. El Everest *se yergue* por encima de la cordillera del Himalaya. エヴェレスト山はヒマラヤ山脈の上にそびえている. ❷ 鼻高々になる, 高慢になる, 威張る.

erial [erjál] 形 (土地が)不毛の, 荒れた.
— 男 ❶ 荒地, 不毛の地. —Es difícil imaginar que esos ~es fueran tierras de cultivo. それらの荒地が耕地だったことを想像するのは難しい. ❷ (比喩)荒れ野, 不毛の地. —Cuando le conocí, su corazón era un ~. 彼と知り合った時, 彼の心は荒れ果てていた.

***erigir** [erixír] [3.6] 他 ❶ を建てる, 建設する. —Han *erigido* un edificio para biblioteca. 図書館の建物が建てられた. La torre inclinada de Pisa fue *erigida* en el siglo XII. ピサの斜塔は 12 世紀に建てられた. 類 **construir, fundar, levantar**. ❷ を設立する, 創設する. —Dunant *erigió* la Cruz Roja en 1863. デュナンは 1864 年に赤十字を設立した. ❸ を昇格させる, 任命する. —Lo *erigieron* presidente de la compañía. 彼は会社の社長に任命された. ~ un territorio en provincia 準州を州に昇格させる.
— se 再 [+en の] 地位に達する, (…に)上る,

(を)自認する. —Se *erigió* en portavoz del grupo. 彼はグループのスポークスマンを自認した.

erisipela [erisipéla] 囡《医学》丹毒.

eritema [eritéma] 男《医学》紅斑症(症).

Eritrea [eritréa] 固名 エリトリア(首都アスマラ Asmara).

eritrocito [eritroθíto] 男《生理》赤血球. 類 **hematíe**.

eritrofobia [eritrofóβja] 囡《医学》❶ 赤色恐怖症, 恐紅病(赤色を異常に恐れる症状). ❷ 赤面恐怖症(人前で赤面するのを極端に恐れる症状).

erizado, da [eriθáðo, ða] 形 ❶《髪の毛が》逆立った. —Con esta crema se te queda el pelo completamente ~. このクリームで髪は見事に逆立つよ. 類 **encrespado**. ❷ とげだらけの. ❸〖+ de〗(困難・障害等)で一杯の. —El camino que llevó al país a la democracia estuvo ~ *de* dificultades. その国が民主化に到るまでには多くの困難があった.

erizar [eriθár] 〖1.3〗他 ❶ (髪の毛などを)逆立させる. ❷ を硬直させる, 堅くする, 立たせる. —El miedo que sentía le *erizaba* la piel. 彼は恐怖で肌が立っていた. ❸〖+de〗(困難・障害物などで)一杯にする.

—— se 再 ❶ (髪の毛が)逆立つ. —*Se me erizaron* los cabellos. 私は髪の毛が逆立った. ❷ びくびくする. —Al oír que tenía un tumor cerebral *se erizó*. 脳腫瘍(紅)があると聞いて彼はびくっとした. ❸〖+de〗(トゲ・ハリなどで)一杯である.

erizo [eríθo] 男 ❶《動物》ハリネズミ. ❷《動物》(= ~ de mar, ~ marino, equino). ❸《魚類》ハリセンボン. ❹ (クリなどの)いが. ❺《建築》忍返し(塀の上にとがったガラスや鉄棒などを立てた泥棒よけ). ❻《話》気難しい人. 類 **huraño, insociable**.

:**ermita** [ermíta] 囡 ❶ (人里離れた小さな)礼拝堂, 隠者(紀)の庵(紀). —ir en romería a una ~ 人里離れた礼拝堂に巡礼する. ◆郊外や山頂にあって, 巡礼で訪れたり祭りが行なわれたりする一般に小さな礼拝堂をいう. ❷《比喩》人里離れた家[所].

:**ermitaño, ña** [ermitáɲo, ɲa] 名 ❶ 隠者, 隠遁(紀)者, 世捨て人, (苦)行者;《キリスト教》隠修士. —hacer vida de ~ 隠遁生活を送る. los ~s de la Tebaida テベーダ(古代エジプト南部の地)の隠遁者. 類 **anacoreta, eremita**. ❷《比喩》孤独を愛する人. 類 **solitario**.

—— 男《動物》ヤドカリ(宿借)(= paguro).

ermitaño de camino 追いはぎ(= salteador).

Ernesto [ernésto] 固名《男性名》エルネスト.

erogación [eroɣaθjón] 囡 ❶ (財の)分配. ❷《中南米》出費, 支出; 寄付.

erogar [eroɣár] 〖1.2〗他 ❶ (財産・資金)を分配する. ❷《中南米》…の支払いをする.

erógeno, na [eróxeno, na] 形 性感の. —zonas *erógenas* 性感帯.

erosión [erosjón] 囡 ❶《地質》摩耗, 侵食, 風化. ❷ (名声・影響力の)喪失. 類 **desgaste, deterioro**. ❸《医学》糜爛(紀), 皮膚のただれ.

erosionar [erosjonár] 他 ❶ を摩耗させる, 侵食する, 風化させる. —La lluvia y el viento han *erosionado* las rocas y les han dado extrañas formas. 雨と風によりそれらの岩は侵食され奇妙な形になった. ❷ (名声などを)損わせる. —El paso del tiempo no ha logrado ~ nuestra amistad. 時が経っても私たちの友情は損われなかった.

—— se 再 摩耗する.

erosivo, va [erosíβo, βa] 形 摩耗させる, 侵食性の.

erótica [erótika] 囡 →**erótico**.

erótico, ca [erótiko, ka] 形 ❶ 性愛の, エロティックな, 官能的な; 好色の. —poesía [literatura] *erótica* 性愛詩[文学]. ❷ 肉欲を刺激する, 肉欲を喚起する. —una postura *erótica* エロティックな体位.

—— 囡 ❶ エロティシズム, 好色(= erotismo). ❷ (特に権力に見られる肉欲に似た)抗しがたい魅力. —la ~ del poder 権力の誘惑. la ~ de la política 政治の魔力.

erotismo [erotísmo] 男 エロティシズム, 好色.

erotomanía [erotomanía] 囡 淫乱(紀)症, 色情狂(の症状).

erotómano, na [erotómano, na] 形 色情狂の.

—— 名 色情狂(者).

errabundo, da [eřaβúndo, da] 形 ❶ 放浪する, 居所定めぬ. —Antonio siempre ha llevado una vida *errabunda*. アントニオはいつも放浪生活を送った. ❷《比喩》焦点が定まらない, ただよう. —nubes *errabundas* 浮雲.

erradamente [eřaðaménte] 副 誤って.

erradicación [eřaðikaθjón] 囡 根絶, 撲滅.

erradicar [eřaðikár] 〖1.1〗他 を根こそぎにする, (主に悪いもの)を根絶する, 撲滅する. —El nuevo gobierno se ha propuesto ~ el fraude fiscal. 新政府は脱税を根絶すると決心した.

errado, da [eřáðo, ða] 形 間違った, しくじった. —Su propuesta me parece *errada*. 彼の提案は間違っているように思う. 類 **desacertado, equivocado**.

erraj [eřá(x)] 男 オリーブの種をつぶして作った粉炭.

:**errante** [eřánte] 形 ❶ 放浪する, さまよう, 流浪の. —pueblo ~ 流浪の民. El poeta llevó una vida ~ hasta su muerte. その詩人は死ぬまで放浪生活を送った. 類 **errabundo, nómada, vagabundo**. ❷ 道からはずれた, 道を誤った.

errar [eřár] 〖4.6〗他 ❶ (的を)外す. —*Erró* el blanco. 彼は的を外した. ~ el disparo シュートを外す.

—— 自 ❶〖+en〗間違える, 誤る; 失言する. —*Erró en* la respuesta. 彼は返答を間違えた. *E ~ es humano* あやまちは人間にはつきものだ. El que mucho habla mucho *yerra*.[諺]物言えば唇寒し秋の風(←たくさんしゃべるとたくさん間違える). ❷〖+por〗を放浪する, さまよう, 流浪する. —*Erró por* Asia durante años. 彼は長年アジアを放浪した. 類 **vagar**. ❸ あてどなく(漠然と)考える, 漫然と考える, (思考などが)脇道にそれる. 類 **divagar**.

:**errata** [eřáta] 囡 誤植, ミスプリント, 誤字. —fe de ~s 正誤表. Este libro tiene muchas ~s de imprenta. この本は誤植が多い. 類 **error**.

errático, ca [eřátiko, ka] 形 ❶ 放浪の. —En Nepal me encontré con dos jóvenes ~s, buscadores de lo imposible. 私はネパールで不可能なことを探し求める二人の放浪の若者に出会った. 類 **errante, vagabundo**. ❷《医学》(痛みが)迷走性の. —Tenía dolores ~s. 彼の痛みは迷走性だった. ❸ (意見や態度が)変わりやすい, 移ろいや

errátil [erátil] 形 変動する, 不確定な.

erre [ére] 女 ❶ 文字 r の名称. ❷ rr の名称.
erre que erre 《話》頑固に, かたくなに.

erróneamente [eróneaménte] 副 間違って.

:**erróneo, a** [eróneo, a] 形 誤りのある, 間違った, 正しくない. —respuesta [determinación] *errónea* 間違った返答[決定]. Con un planteamiento ~ sus conclusiones no podían ser acertadas. 誤った問題提起によりその結末も適切ではなかった. 類 **equivocado, falso, inexacto.** 反 **acertado.**

*error [eŕor エロル] 男 ❶ 誤り, 間違い, ミス; 過失;《情報》エラー, バグ. —cometer [caer en, incurrir en] un ~ 誤りを犯す. corregir [enmendar, deshacer, reparar] un ~ 誤り[過ち]を正す. perseverar en el ~ 頑として誤りを認めない. señalar un ~ 誤り[ミス]を指摘する. Cometí el ~ de decírselo a ese cotilla. 私はそのおしゃべり屋に話すというミスを犯した. El accidente fue consecuencia de un ~ del piloto. 事故はパイロットの過失によるものだった. Ha sido un ~ salir con este tiempo. こんな天気なのに出掛けたのは間違いだった. ~ de disco ディスク・エラー. ~ de entrada-salida I/O エラー. ~ de imprenta [tipográfico] 印刷ミス, 誤植. ~ de máquina [de tecla] タイプミス. ~ del sistema システム・エラー. ~ en tiempo de ejecución 実行時エラー. ~ imprevisto 予期しないエラー. ~ judicial《法律》誤審. ~ material [mecánica, de copia, de pluma] 書き誤り, 誤植(=errata). ~ sintáctico 構文エラー. 反 **acierto, verdad.** ❷ 誤った考え[説], 謬見(びょうけん); 思い[考え]違い. —Este libro está lleno de ~s. この本は間違いだらけだ. Aquellas declaraciones son un grave ~ para su campaña electoral. ああいう発言は選挙戦にとって大変な損失である. 類 **desatino, falta, incorrección.** ❸《宗教・道徳上の》過ち, 過失, 罪過. —Le indujeron a ~ aquellos malos amigos. ああいう悪友たちが彼の道を誤らせた. ❹《商業》salvo ~ u omisión (契約書などの条項)誤謬(ごびゅう)脱落による限りにあらず. ~ por defecto [por exceso] 目量不足[過剰]. ❺《物理, 数学》誤差. ~~ absoluto [relativo] 絶対[相対]誤差. ~ accidental [aleatorio] 偶発誤差. ~ sistemático 定[系統]誤差. Hizo el vuelo con un ~ de siete segundos. 飛行時間の誤差は7秒だった.

error de (mucho) bulto 重大な誤り[過ち], ひどい間違い.

error de poco bulto 取るに足りない誤り[過ち].

error grave [*craso, crasísimo*]/*grave* [*craso, crasísimo*] *error* →error de (mucho) bulto.

estar en un [*el*] *error* 考えが間違っている, 思い/考え違いである. *Estás en un error* si crees que le vas a convencer. 君が彼を説得しようと思っているなら大間違いだ.

por error 間違って, 誤って. *Por error* se llevó mi diccionario. 彼は間違って私の辞書を持ち去ってしまった.

ertzaina [ertsáina, ertʃáina] 男女 バスク自治州警察の警官.

ertzaintza [ertsáintsa, ertʃáintʃa]〔<バスク〕女 バスク自治州警察.

eructación [eruktaθjón] 女 げっぷ, おくび(=eructo, regüeldo).

eructar [eruktár] 自 げっぷをする, おくびを出す. 類 **regoldar.**

eructo [erúkto] 男 げっぷ, おくび. —Echar un ~ es una falta de educación en mi país. 私の国ではげっぷをするのは無礼な行為です. 類 **regüeldo.**

:**erudición** [eruðiθjón] 女 ❶ 博学, 博識, 学識. —un hombre de gran ~ 大変博学な人. obra de ~ 学殖豊かな著作. 類 **cultura, saber.** 反 **ignorancia.** ❷ 考証学的知識[研究]. —No existió ~ en España por aquellos años. あの当時スペインには考証学的知識はなかった. 類 **ciencia, investigación.**

eruditamente [eruðitaménte] 副 博学に, 学識をもって.

:**erudito, ta** [eruðíto, ta] 形〔+*en*〕(…について)博学な, 学識のある, 物知りの. ——*en* egiptología エジプト学にくわしい. El libro tiene demasiadas notas y demasiados ~s. その本には過剰な注釈と博識な資料があふれている. 類 **experto, sabio.** 反 **ignorante.**

—— 名 (特に文科系の)学者, 博学な人, 物知り. —Sólo un ~ en la materia puede contestar a esa pregunta. その問題にくわしい学者だけが質問に答えられる.

erudito a la violeta えせ学者, 半可通.

erupción [erupθjón] 女 ❶ 噴出, 噴火. —~ volcánica 火山噴火. El volcán ha entrado en ~. その火山は噴火し始めた. ~ solar 太陽爆発. ❷《医学》発疹(ほっしん).

eruptivo, va [eruptíβo, βa] 形 ❶ 噴出の, 噴火の. —rocas *eruptivas* 火成岩. ❷《医学》発疹(ほっしん)性の.

es [és] 動 ser の直・現在・3 単.

es- [es-] 接頭〔ex-の異形〕—*escapar, escoger.*

esa [ésa] 形 (指示)→ese².

ésa [ésa] 代 (指示)→ese².

esbeltez [esβelteθ] 女 すらりとしていること.

:**esbelto, ta** [esβélto, ta] 形 ほっそりした, すらっとした, 細長い〔ser+〕. —Es una muchacha muy *esbelta*. 彼女は非常にすらっとした少女である. Hace ejercicios para mantener el busto firme y ~. 彼はがっしりしてすらっとした上半身を保つため運動をしている.

esbirro [esβíro] 男 ❶《軽蔑》手先, 用心棒, やくざもの. 類 **matón.** ❷《軽蔑》(監獄などの)下級役人. ❸《歴史》捕吏. 類 **alguacil, policía.**

esbozar [esβoθár] [1.3] 他 ❶ を素描する, スケッチする;《計画》の概略を示す. —*Esbozó* un diseño para el despacho de su nueva casa. 新しい家の書斎のために彼はデッサンを一枚描いた. 類 **bosquejar.** ❷ を(表情に)浮べる, 表す. —La madre *esbozó* una sonrisa de satisfacción. その母親は満足の微笑を浮べた.

esbozo [esβóθo] 男 ❶ 素描, スケッチ; 素案, 概略. —Le han encargado hacer un ~ del proyecto. 彼はそのプロジェクトの素案を作ることを任された. 類 **bosquejo.** ❷ 表情, (特に微笑)を浮べること.

escabechar [eskaβetʃár] 他 ❶ をマリネ(酢漬

け)にする. ❷《話》を試験で落第させる. —El profesor de matemáticas *ha escabechado* a la mitad de la clase. 数学の先生はクラスの半分をテストで落とした. 類 **suspender**. ❸《話》(白髪)を染める. ❹《話》を刃物で殺す.

escabeche [eskaβétʃe] 男 マリネ(用漬け汁). —~ de sardinas イワシのマリネ. perdices en ~ シャコのマリネ.

escabechina [eskaβetʃína] 女 ❶《話》(学生の)大量の落第. —El profesor nos dijo que si no estudiábamos más habría una ~. 先生は私たちがもっと勉強しなければ多くの者が落第するだろうと言った. ❷ 大破壊, 壊滅, 大損害.

escabel [eskaβél] 男 ❶ (座った状態で使う)足の台. ❷ (背のない)腰掛け. ❸《比喩》社会的に成功するための踏み台, 踏み台として利用される人.

escabiosa[1] [eskaβjósa] 女《植物》マツムシソウ.

escabioso, sa[2] [eskaβjóso, sa]《医学》疥癬(ᵃᶜ)の.

escabro [eskáβro] 男 ❶《獣医》(羊の)疥癬(ᵃᶜ). ❷《植物》(樹木の)樹皮がかさぶた状になる病気.

escabrosamente [eskaβrósaménte] 副 険しく, 困難に; 卑猥(ᵃᵛ)に.

escabrosidad [eskaβrosiðá(ð)] 女 ❶ (土地の)険しさ, 険しいこと. —Decidimos no seguir adelante al ver la ~ del camino. その道の険しさを見て我々は前進しないことにした. ❷ (事態の)難しさ, 困難なこと. ❸ 卑猥(ᵃᵛ).

escabroso, sa [eskaβróso, sa] 形 ❶ (土地が)険しい. —Anduvimos tres horas por un ~ sendero. 私たちは険しい小道を3時間歩いた. ❷ (事態が)困難な. ❸ 卑猥(ᵃᵛ)な. —El programa tenía algunas escenas *escabrosas*. その番組にはかなり卑猥なシーンがいくつかあった.

escabullirse [eskaβuʎírse] [3.9] 再 ❶ (手から)すり抜ける. ❷ こっそり抜け出す. —~*se* entre la muchedumbre 人混みに紛れて消える. ❸ (義務, 任務, 約束などから)逃れる, 免れる, 脱する. —Cuando tenemos mucho trabajo en casa, mi hija *se escabulle*. 家に仕事がたくさんあると, 私の娘はどこかにいなくなる.

escacharrar [eskatʃarár] 他 ❶ を壊す, (計画)を台無しにする. —No hace una semana que le compré la moto y ya la *ha escacharrado*. 彼にバイクを買ってやってまだ一週間もたたないのに彼はもう壊してしまった. 類 **estropear**.
—**se** 再 壊れる, 台無しになる.

escafandra [eskafándra] 女 潜水服, 潜水具.

escafandro [eskafándro] 男 →escafandra.

:**escala** [eskála] 女 ❶《物理》目盛り; 測定. —~ termométrica [del termómetro] 温度計の目盛り, 体温計の目盛り. ~ de Mohs モースの硬度計. ~ centígrada (Celsius) 摂氏温度目盛り(°C). ~ Fahrenheit 華氏温度目盛り(°F). ~ barométrica [del amperímetro] 気圧計[電流計]の目盛り. ~ logarítmica 対数目盛り, 対数尺. termómetro ~ centesimal 摂氏温度計. ~ sismológica [del sismógrafo] 地震計の目盛り. ❷ (現象・計画・考え方の)規模, スケール; 重要度. —de pequeña ~ 小規模な. a ~ mundial 世界の規模で[の]. a [en] pequeña [gran] ~ その商売は初めは小[大]規模だった. El sida es un problema de ~ mundial. エイズは世界的な規模の問題だ. ❸ (地図などの)縮尺; 比例, 割合. —~ centesimal 100 分の1の縮尺. retrato a ~ natural 実物[等身]大のポートレート. mapa a la ~ de uno por diez mil 1万分の1の地図. 類 **proporción, tamaño**. ❹ 段階, 等級, 規準; 位, 格付け; 体系(表). —~ profesional 職階, 位階. ~ de colores 表色系, 色度表. ~ de Beaufort ビューフォート風力階級. ~ móvil salarial《経済》賃金のスライド制. ~ graduada 目盛り付き定規. ~ social 社会階級. En la ~ de salarios, el mío ocupa un lugar intermedio. 賃金表で私の給料は真ん中あたりだ. ❺ (縄・折り畳み式はしご)はしご; (船・飛行機などの)タラップ. —~ de tijera 脚立. subir [bajar] (por) una ~ はしごを登る[降りる]. タラップを上がる[下りる]. ~ de cuerda [de viento] 縄ばしご. ~ real《海事》タラップ. ~ plegable 折畳み式はしご. ~ telescópica [extensible] 可伸はしご. ❻《海事》(船の)寄港(地);《航空》(途中)寄港地(地), 給油(地). —vuelo sin ~(s)《航空》直行便, ノンストップフライト. ~ franca 自由港. vuelo Barcelona–Nueva York con ~ en Lisboa リスボン経由バルセロナ–ニューヨーク便. La primera ~ será Tánger. 最初の寄港地はタンジールだ. ❼《音楽》音階(~ musical). —~ mayor [menor] 長[短]音階. practicar la ~ musical 音階練習をする. ❽《軍事》(階級別)兵員名簿, 序列, 階級. —El de general es el empleo más alto en la ~ militar. 軍隊の階級では将官は一番高い階級だ. 類 **escalafón**. ❾ —~ de peces 魚梯, 魚道. ❿《数学》記数法, ...進法. —~ binaria 二進法.

a escala 縮尺で[した]. La maqueta reproduce el teatro *a escala*. それは劇場の縮尺模型だ.

escala absoluta →escala Kelvin, escala termométrica.

escala cromática [diatónica]《音楽》半[全]音階.

escala Kelvin《物理》ケルビン[絶対]温度目盛り(0°C が絶対温度 273.16 度に当たる).

escala (de) Mercalli《地震》メルカリ=スケール, メルカリ震度(12 段階ある).

escala (de) Richter《地震》リヒター・スケール(マグニチュード表示用. 10 段階).

escala de reserva《軍事》予備役将校[幹部].

escala de valores 価値体系[規準], 価値観. Cada persona tiene una *escala de valores* diferentes. 人はそれぞれ価値観が違う.

escala técnica 燃料補給のための着陸[寄港].

hacer [realizar] (una) escala en ...《飛行機・船が》…に寄航する, 寄港する, 立寄る. El avión *hace escala en* París. 飛行機はパリに立ち寄る.

escalada [eskaláða] 女 ❶ 登ること, 登山, 登攀(ᵗᵒ). —Tardamos diez horas en la ~ de la montaña. 私たちはその山に登るのに 10 時間かかった. ❷ 上昇, 増加, エスカレーション.

escalador, dora [eskalaðor, ðora] 名 ❶ 登山家, 登攀(ᵗᵒ)者, (ロック)クライマー; 登る[登っている]人. ❷ (マウンテンバイクの)自転車競技の選手[サイクリスト]. ❸ 泥棒, 押し込み強盗, 家宅侵入者, 夜盗. ❹ (社会的)上昇志向の人, 高位に就きたがる人.
—— 形 登る, 登っている.

escalafón [eskalafón] 男 ❶ (従業員・兵士な

escalamiento [eskalamiénto] 男 ❶ 登ること, 登攀(とはん); 上昇. ❷ 押し込むこと; 強盗. ❸ (戦争の)拡大; (価格の)上昇. 類 **escalada**.

escálamo [eskálamo] 男 《海事》櫂栓, トールピン(舟べりのオールをつなぐ部分), オール受け. 類 **tolete**.

escalar [eskalár] 他 ❶ (山などに)登る, (塀・崖などを)よじ登る, (坂などを)上る. — Intenta ～ la cima por la cara sur. 彼は南斜面からの登頂を試みている. 類 **subir, trepar**. ❷ (はしごを使って場所に)入る, 上る. ❸ (家などに)押し入る, 押し込む; 強盗を働く. —*Escalaron* la mansión para robar. 彼らは邸宅に押し入って盗みを働いた. 類 **asaltar**. ❹ (高い地位)につく, (要職)を得る, 成り上がる. —*Escaló* tan rápidamente gracias a las influencias de su padre. 彼は父の影響力のお陰で異例の早さで昇進した. ❺ (水門)を上げる, 開ける. ❻ 《スポーツ》(自転車競技で)山道を上る. —Hoy los ciclistas *escalarán* dos de los puertos de montaña. サイクリストたちは今日は山の峠を2つ越える予定だ.
— 自 ❶ 登る, よじ登る. ❷ (戦争が)段階的に拡大する, エスカレートする; (価格が)上昇する, 急騰する. ❸ 《海事》[＋en] (船が)寄港する, 入港する.

escaldada [eskaldáda] 女 → **escaldado**.

escaldado, da [eskaldáðo, ða] 形 ❶ ゆでた, 湯がいた. ❷ やけどした; すりむいた. ❸ 《比喩》(ひどい目に遭って)用心深くなった, 懲りごりした. —Salió ～ de ese negocio y no quiere ni que le hablen de él. 彼はそのビジネスにはすっかり懲りてしまってもう話をきくのも嫌になっている. 類 **escarmentado**. — 男 煮沸; やけど.
— 女 ❶ ふしだらな女, 身持ちの悪い女. ❷ 《方》エスカルダーダ(ジャガイモとキャベツの一種を使った煮込み料理).

escaldadura [eskaldaðúra] 女 ❶ 煮沸, ゆでること. ❷ やけど, やけどする[させる]こと. ❸ 擦り傷, すりむくこと.

escaldar [eskaldár] 他 ❶ を煮沸する; 湯がく, ゆでてあく抜きする. —Aquí es preferible ～ las verduras. この野菜は出来ればあく抜きして使ったほうがいい. ❷ (鉄などを焼いて)真っ赤に焼ける. ❸ (蒸気・熱湯などで)やけどさせる; 擦り傷を負わせる. —La sopa estaba ardiendo y me ha *escaldado* la lengua. 私はスープが熱々で舌をやけどしてしまった. ❹ 《比喩》屈辱感を与える, 侮辱する, 馬鹿にする; 裏切る. ❺ 説教する; 教訓となる.
— **se** 再 やけどする; すりむく; 日焼けする. —El niño *se ha escaldado* la ingle con el roce de los pañales. 赤ん坊の足のつけねにおむつがふれてきてしまった.

escaleno, na [eskaléno, na] 形 ❶ 《幾何》(三角形)不等辺の, (円錐が)斜軸の. —triángulo ～ 不等辺三角形. ❷ 《解剖》斜角筋の.
— 男 《幾何》不等辺三角形; 《解剖》斜角筋.

escalera [eskaléra エスカレラ] 女 ❶ 《建築》(全体としての)階段, (手すりなども含む; →階段の1段 escalón, peldaño). —～ automática [mecánica, móvil] エスカレーター(→エレベーターは ascensor). subir [bajar] (por) la ～ 階段を上がる[降りる]. El ascensor se ha estropeado, tendremos que subir por la ～. エレベーターが故障したので階段を上らなければならなかった. Subió la ～s corriendo de dos en dos (escalones). 彼は階段を2段ずつ駆け上がった. ～ abajo [arriba] 階段を降りて[上がって]. correr [caer] ～s abajo 階段を駆け降りる[転げ落ちる]. ojo [hueco, caja] de la ～ 階段の吹き抜け. 類 **escalinata, escalones, gradas. ❷ 梯子(はしご) (＝～ de mano). —Apoye la ～ contra la pared. 壁に梯子をかけてください. 類 **escala, escalerilla, gradilla**. ❸ 《俗語》(下手なカットによる髪の)虎刈り. —Lleva el flequillo con ～s. 彼の前髪はそろっていない. 類 **trasquilón**. ❹ 《トランプ》(ポーカーの)ストレート, 連続カード. —～ real [de color] ロイヤル[ストレート]フラッシュ.

gente de escalera abajo 〔集合的に〕使用人; 下層階級.

escalerilla [eskalerija] 女 ❶ 小型の階段, 小さいはしご(状のもの), (飛行機のタラップ, トランプゲームで)3枚の連続したカード. ❷ 《獣医》馬などの口を開けさせたまま押さえておくための鉄製の器具.
en escalerilla (一連のものが)不規則に並ぶさま.

escalfado, da [eskalfáðo, ða] 形 (卵が)落とし卵にした. —huevo ～ 落とし卵, ポーチドエッグ. ❷ 壁に(しっくいなどがうまくつかず)気泡が入った.

escalfador [eskalfaðór] 男 ❶ (髭そり用の湯を沸かす)穴あきの蓋のついた容器. ❷ (料理・食物保温用の)3本足の卓上こんろ, こんろ付き卓上鍋. ❸ 古い絵の具やペンキを(塗り替える際などに)取り除くための道具.

escalfar [eskalfár] 他 ❶ (卵を)落とし卵にする; スープに落として煮る. ❷ (パンを)焼き過ぎる, 表面に気泡が入るくらい強火で焼く. ❸ 《古》温める, 熱くする. ❹ 《古》《中南米》正しいこと[もの]を減らす[除く].

escalinata [eskalináta] 女 (建物の)外階段, (玄関前などにある幅広の)石段, (踊り場のない)一区間分の階段. 類 **escalera, gradería**.

escalo [eskálo] 男 ❶ (はしごを使ってある場所に)入ること, 上ること; (家などに)押し入ること. —robo con ～ 押し込み強盗. ❷ (閉まっている所などに無理やりあけた)穴, すきま. —El preso hizo un ～ y se escapó. 囚人は穴を掘って脱獄した.

escalofriado, da [eskalofriáðo, ða] 形 (人が)悪寒のする, 寒気のする.

escalofriante [eskalofriánte] 形 ❶ ぞっとするような, 寒気のするような, 身の毛もよだつ; 恐ろしい. —escena ～ 血も凍るような光景. Es un relato ～. ぞっとするような話だ. 類 **aterrador, espeluznante, pavoroso**. ❷ 《比喩》驚くべき. —La naturalidad con que hablaba de su cercana muerte, me pareció ～. 死期が近いことを話す彼のその平静さが私には驚きであった. 類 **sorprendente**.

*escalofrío [eskalofrío] 男 〔主に 複〕悪寒(おかん), 寒け; 恐怖; (恐怖・寒さ・熱による)震え, おののき. —tener [sentir] ～s 寒け[悪寒]がする, 身震いする. Me cogieron ～s y tuve que meterme en cama. 私は寒けがしてもぐりこまなければならなかった. 類 **estremecimiento, repeluzno**.
dar [producir, causar] a ... escalofríos (人)をぞっとさせる. *Me da escalofríos* tan sólo recordar eso. それは思い出しただけでもぞっとする.

escalón [eskalón] 男 ❶ (階段・はしごの一つ一つの)段, ステップ, 踏み段. 類**grada, peldaño**. ❷《比喩》(階段の段々の様に見える)土地. ❸《比喩, 話》不揃いな髪の切り方, トラバリタ. ❹《比喩, 話》(発達・上昇過程の)段階, 歩; 階層, グレード; (到達への)踏み台, 飛び石. —Espera ascender un ~ en la empresa. 会社で一段昇進するのを期待している. El próximo examen es el último ~ para coseguir el título. 次の試験が資格を取るための最終段階のものだ. ❺《軍事》(一つの戦線に配された各々の)部隊; (部隊の梯(てい)形編成(配置), 梯団.

escalonado, da [eskalonáðo, ða] 形 階段的な.

escalonamiento [eskalonamjénto] 男 (ところどころに)置くこと, 分散させること, (間隔をおいた)配置; 分類, 等級分け; (ある期間内の)配分; 段階, グラデーション.

escalonar [eskalonár] 他 ❶ を(ところどころに)置く, 分散させる, (一定の間隔を開けて)配する. —Han escalonado contenedores de vidrio a lo largo de las calles. 通り沿いに空瓶の回収箱が設置された. ❷ 分類する; 等級分けする, ランクづけする. ❸(休暇などをずらす, 交替的にする; (ある時間・期間に)配分する. —~ los ascensos cada tres años 昇給を3年ごととする. ❹ 段階を追ってする, 徐々に行なう. ❺ 段をつける, 段状にする; 台地にする.
— se 再(間隔をおいて)並ぶ, 位置につく. —Los soldados se escalonaron en la avenida. 兵隊たちは大通りに一定間隔で配置についた.

escalonia, escaloña [eskalónja, eskalóɲa] 女 エシャロット(ネギの一種).

escalope [eskalópe] 男 エスカロップ(仔牛などの薄切り肉のカツ).

escalpar [eskalpár] 他 ❶ …の頭皮をはぐ, 表面を削る, 皮をむく. ❷ を酷評する, けなす; やっつける, 完敗させる.

escalpelo [eskalpélo] 男《医学》外科, (解剖用)メス.

escama [eskáma] 女 ❶ (魚・蛇などの)うろこ, 鱗(うろこ)片; (植物の)芽鱗(がりん)(芽やつぼみを保護する部分), 殻, さや. ❷ (皮膚などのはがれ落ちる)薄片, 層, かさぶた; (一般に)うろこ状のもの, フレーク. —~s de jabón/jabón en ~s 鱗片石鹸. ❸ (鎧(よろい)・鎖かたびらの)一つ一つの鉄片. ❹《比喩》疑い, 嫌疑, 不信, 疑惑; 用心, 警戒. ❺ 皮をかぶっていること, 腹黒さ; 内密, 隠すこと; 控え目, 遠慮深さ.

escamado, da [eskamáðo, ða] 形 うろこにおおわれた, うろこ状の. ❷《比喩》疑っている, 警戒した; 用心深い; 抜け目ない. —No es que no me fíe de él, pero ya estoy bastante ~. 彼を信用してないわけじゃないんだが, どうも用心深くなってしまった. ❸《中南米》疲れ果てた; 飽き飽きした.
— 男 ❶『集合的に』うろこ. ❷ うろこの形をした作品.

escamar [eskamár] 他 ❶ (魚の)うろこを取る. ❷ (うろこ状のもので)飾る; (うろこ状に)織り上げる. ❸《比喩, 話》不信感を与える, 疑いを持たせる, 心配させる, 疑惑を引き起こす. —No quisiera ~te, pero anda con cuidado. おどろかすつもりはないけど, でも気をつけて行くんだよ. Me escamó que me hiciera esa pregunta. その質問があったことに私は疑いを覚えた.

— se 再 ❶ (うろこ(状のもの)が)はがれ落ちる. ❷《比喩》疑いを抱く, 不信感を持つ, 警戒する, 用心する. —Se escamó al ver que salían tan temprano. 彼らが早くに出かけるのを見て彼は怪しいと思った.

escamón, mona [eskamón, móna] 形 (性格的に)疑い深い, 懐疑的な, 信用しない; 用心深い, 油断のならない, 慎重な.
— 名 疑い深い人. —Es un ~ y no se fía ni de su sombra. 彼は疑い深い人間で自分の影さえ信じていない. — 男 しかること, 叱責; いさかい, けんか. 類**regañina**.

escamonda [eskamónda] 女 ❶ 木の剪定, 枝おろし. ❷《比喩》削減, 切り詰め, 余分を除くこと.

escamondar [eskamondár] 他 ❶ (木の枝など)を刈り込む, 剪(せん)定する. 類**mondar, podar**. ❷《比喩》(余分なもの)を取り除く, 削減する, 切り詰める; 整える.
— 自 ❶ 木の剪定をする, 余分な枝をおろす. ❷《比喩》切り詰め(切り下げ)をする, 無駄を省く.

escamondo [eskamóndo] 男 = escamonda.

escamoso, sa [eskamóso, sa] 形 ❶ うろこのある, うろこ(状のもの)におおわれた. ❷ 薄片の, はがれ落ちやすい. ❸《比喩》疑い深い, 信用しない, 用心深い.

escamotar [eskamotár] 他 = escamotear.

escamoteador, dora [eskamoteaðór, ðóra] 形 ❶ 消すような, 見えなくするような. ❷ 盗みの, すりの. — 名 ❶ 魔法使い, 手品師, 奇術師. ❷ 詐欺師, ぺてん師; 泥棒.

escamotear [eskamoteár] 他 ❶ を消す, 消滅させる, 見えなくする, (特に手品師などがカードなど)を消す, 隠す; さっと取り除く, 払いのける. —El ilusionista escamoteó un conejo ante la admiración del público. 奇術師は感嘆する観客の前でウサギを消して見せた. ❷《話》(さっと)奪い取る, (まんまと)盗む, くすねる, ひったくる, かっさらう. —Le escamotearon la cartera en el metro. 地下鉄の車内で紙入れをすられた. ❸《比喩》(困難などを)避ける, 逃れる; (意図的に)飛ばす, 省く, 除く; (人の目から)隠す. —El ministro escamoteó el tema de los sobornos. 大臣は収賄の件を隠蔽(いんぺい)した.

escamoteo [eskamotéo] 男 ❶ 奇術, 手品, 早わざ; 消すこと. ❷ 盗み, すり, 詐欺. ❸ 隠蔽(いんぺい); 飛ばす[省く]こと. ❹《航空》(飛行機の)車輪を引っ込めること.

escampada [eskampáða] 女 (雨続きの中の)晴れ間, いっときの晴れ.

escampar [eskampár] 自 ❶『単人称動詞』雨がやむ, 晴れる. —Si escampa, daremos un paseo. 雨が止んだら散歩に行こう. ❷《比喩》固執するのをやめる, しつこく言い張っていたのを取り下げる. —Escampó en su afán de conseguir que le destinaran a Madrid. 彼はマドリードへ行かせてもらうよう熱心に言い張っていたのを取り下げた. ❸《中南米》雨をしのぐ, 雨やどりする. ❹《中南米》《話》(急いで)立ち去る, ずらかる. — 他 を一掃する, 取り除く, 空にする. 類**despejar**.

escampavía [eskampaβía] 女《海事》❶ (大型船の偵察用の)小型帆船. ❷ (密輸業者・不法入国者取り締まり用の)小型船, 密輸監視艇.

escanciador, dora [eskanθjaðór, ðóra] 名 (ワインなど飲み物を給仕する)ウエイター, 酒をつぐ係,

酌人. 類 copero.

escanciar [eskanθiár] 他 《文》を給仕する, (特に宴会の席などで)ワインを注ぐ; (グラスを)空ける, 杯を干す. ── 自 (ワインを)飲む, (酒をたくさん)飲む, 飲んで浮かれる.

escandalera [eskandaléra] 女 《話》大騒動, 騒ぎ, 騒乱. ── Anoche armaron una ~ en la calle y me despertaron. 昨夜はおもてで大騒ぎがあって私は目が覚めてしまった. 類 alboroto, escándalo.

escandalizador, dora [eskandaliθaðór, ðóra] 形 騒ぎを起こすような; 憤慨させるような. 類 escandaloso.
── 名 ❶ 騒ぎを起こすような人; 憤慨させるような人. ❷ 外聞の悪い人, スキャンダラスな人物.

escandalizar [eskandaliθár] [1.3] 他 ❶ を混乱させる, 衝撃を与える. ── La conducta de los nietos *escandaliza* a la abuela. 孫たちの振舞いにおばあさんはあたふたしている. ❷ いやがらせる, 憤慨させる. ── Ese crimen *escandalizó* al pueblo. その犯罪に国民は憤慨していた.
── 自 ❶ 騒ぎを起こす, 混乱を引き起こす. ❷ 騒ぎたてる, うるさくする. ── Baja el volumen, que *escandalizas* toda la casa. ボリュームを下げなさい, 家中にひびいてますよ.
── se 再【+de/por】❶ …に憤慨する, 気を悪くする, (特にわざとらしく, 大げさに)激怒して見せる. ── Te *escandalizas* por nada. 何でもないことに腹を立てるんだね. ❷ 衝撃を受ける, ぞっとする, 震え入る. ── Se *escandalizó* al ver el precio de la carne. その肉の値段を見てまげた.

escandallar [eskandajár] 他 ❶ 《商業》(価格)を査定する; (定価)を印刷する, …に値札をつける. ❷ …の抜き取り検査をする, (サンプル)を抽出検査する. ❸ 《海事》(測深器で)水深を測る. 類 sondear.

escandallo [eskandájo] 男 ❶ 《海事》測鉛, 測深器(水深を測る器具), 測深器の先端部分(水底の物質を調べるため, 獣脂をつける). 類 plomada, sonda. ❷ 《商業》価格決定, 価格協定, 価格操作. ❸ 値札, (商品に印刷された)定価, 価格表示. ❹ 抜き取り検査, 見本抽出法, 標本採取, サンプリング(一部の見本品を抜き出して商品の質などを検査すること).

:**escándalo** [eskándalo] 男 ❶ (わめく・泣くの)大騒ぎ, 大騒動. ── Los hinchas armaron un espantoso ~ al terminar el partido. サポーターたちは試合が終わった時もすごく騒いだ. En la calle había [se había armado] un ~ impresionante. 通りは大騒ぎだった. ~ nocturno 深夜騒音, 安眠妨害. 類 alboroto, jaleo, tumulto. 反 quietud, tranquilidad. ❷ 女 スキャンダル, 醜聞(しゅうぶん); 汚職, 疑獄. ── ~ financiero 金融汚職[スキャンダル]. ~ político 政治疑惑. Ella es una estrella de cine famosa por sus ~s. 彼女はスキャンダルで有名な映画スターだ. 類 desvergüenza. 反 decencia. ❸ 驚愕(きょうがく), 物議, 悪評. ── Don Carlos pasó del ~ a la indignación ante tanta desvergüenza. ドン・カルロスはあんな破廉恥を目の当たりにして, 眉を顰(ひそ)め, その上憤りすら覚えた. ❹ 怪(け)しからんこと, 言語道断, 破廉恥. ── Es un ~ cómo sube la vida. 生活費がこんなに高くなるなんて全くひどい話だ. 類 abuso, ver-

güenza. ❺ (集団的な)野次(やじ), 抗議. ── Le armaron un ~ a la salida, abucheándolo. 彼は出口で野次られ, 抗議された. 類 abucheo, bronca.

armar [*formar*] *un escándalo a …* (人)を野次(る), 抗議する, けんかを売る. Si me detienen ilegalmente, *armo un escándalo*. もし私が不当に逮捕されたら, 私は抗議する.

armar [*promover*, *formar*] *un escándalo* (1) 大騒ぎする. Los borrachos *armaron un gran escándalo* en la calle. 酔っぱらいたちが通りで大騒ぎした. 類 hacer una escena. (2) 顰蹙を買う, 物議をかもす. Las palabras del alcalde *promovieron un escándalo* en todo el pueblo. 町長の発言は町中に物議をかもした. 類 hacer ruido.

causar [*dar*] (*un*) *escándalo* (1) 世間を騒がす, 物議をかもす, 顰蹙を買う. *Dio un escándalo* casándose con su criada. 彼はお手伝いと結婚して物議をかもした. (2) 大騒ぎをする.

con gran [*el consiguiente*] *escándalo de …* (…して)…の顰蹙[憤激]を買う. Se iban besando en el tren *con gran* [*el consiguiente*] ~ *de los pasajeros*. 2人は電車の中でキスをして乗客の大顰蹙をかった.

de escándalo 法外な, 無茶な, 並外れた (= desmerado). *precios de escándalo* 法外な値段.

piedra de [*del*] *escándalo* (1) 非難的の. (2) 《宗教》躓(つまず)き[堕落]の機会[もと]. (3) 《古ローマ》躓きの石(破産者などが上に座らされたことから).

¡Qué escándalo! (1) うるさいなあ! ¡Qué *escándalo*! ¡Callad de una vez! うるさい! いい加減にしなさい! (2) 全く怪しからん[あきれた]ことだ! ¡Qué *escándalo*, lo caro que está todo! 何もかもこんな高いなんて, 全くひどい話だ!

escandalosa [eskandalósa] 女 →escandaloso.

escandalosamente [eskandalósaménte] 副 ❶ けしからぬことに, 極悪に, 言語道断にも. ❷ 目に余るほどに, 法外に, 無法にも. ❸ うるさく, 騒々しく. ❹ 中傷的に, 陰口で. ❺ ぞっとするように, ショッキングに.

:**escandaloso, sa** [eskandalóso, sa] 形 ❶ 恥ずべき, みっともない, けしからぬ. ── *conducta escandalosa* 恥ずべき行状. *precios ~s* 法外な物価. Está implicado en un ~ caso de corrupción. 彼は破廉恥な汚職事件に連座している. 類 inmoral, irritante, vergonzoso. ❷ 騒々しい, やかましい; よく騒ぎを起こす. ── *risa escandalosa* けたたましい笑い. No puedo soportar a unos niños tan ~s. 私はあんな騒々しい子どもたちには耐えられない. 類 alborotador, ruidoso.
── 名 騒々しい人, 騒ぎを起こす人.
── 女 《海事》斜帆, ガフトップスル. ◆スパンカー(ミズンマストの後方に取り付けられる縦帆)の上に天気のよいとき取り付ける小型の帆.

echar la escandalosa (けんかなどのとき)暴言を吐く, 口汚なくののしる, 乱暴な物言いをする.

Escandinavia [eskandinábja] 固名 スカンジナビア.

escandinavo, va [eskandináβo, βa] 形 スカンジナビア (Escandinavia) の. ── 名 スカンジナビア出身の人.

escandir [eskandír] 他 (詩)の韻律を調べる, 韻脚や音節の数を数える; 韻脚をそろえる; 韻律的に朗

読する.

escanear [eskaneár] 他 をスキャンする.

escáner [eskáner]〔＜英〕男〔複 escáneres〕❶〖医学〗CT スキャナー. ❷〖IT〗スキャナー, 走査器.

escansión [eskansjón] 女 (詩の)韻律分析, 韻脚や音節の数を数えること；(一つの詩を)韻脚などの単位に分けること；韻律的朗読.

escantillón [eskantijón] 男 ❶ (石の加工などに使う)型板, 雲型定規, テンプレート. ❷ (角材の)小口の寸法.

escaño [eskáno] 男 ❶ (背もたれのあるベンチ. ❷ 議員の座席. —El diputado, indignado, abandonó su ~. その代議士は憤慨して議員席を後にした. ❸ (選挙で各政党が獲得する)議席. —El partido ha obtenido veinte ~s en las últimas elecciones. その政党は最近の選挙で 20 議席を獲得した.

escapada [eskapáða] 女 ❶ 逃げる(免れる)こと, 脱出, 逃亡. ❷ ちょっと出かけること；短い旅行, ちょっとした遠出, あわただしい(大急ぎの)訪問. —Mañana haré una ~ a la playa. 明日ちょっと海へ行って来よう. ❸ (競技でスタート前の)フライング, そうとう, とっぴな行為.

en una escapada (1) すばやく, さっと, あっという間に. (2) (他の用事の)ついでに；ひとっぱしり. Iré *en una escapada* entre clases a comprar el regalo. 授業の合間の休み時間にちょっとプレゼントを買いに行って来よう.

escapado, da [eskapáðo, ða] 形〖ir, salir, volver などと共に〗大急ぎで, 超特急で, すぐさま, あっという間に. —Iré ~. すぐにもうかがいましょう.

＊escapar [eskapár エスカパル] 自 ❶〖+ de から〗逃げる, 抜け出る, 脱出する. —El pájaro *ha escapado* de la jaula. 小鳥は檻(おり)から逃げ出した. ~ de la cárcel 脱獄する. No dejes ~ esta oportunidad. この機会を逃さないようにしろ. 類 **huir**. ❷〖+a/de から〗(を)免れる, (を)せずに済ます. —Sólo un alumno de la clase *escapó a* la gripe. クラスでたった 1 人の生徒だけが流感にかからずに済んだ. *Escapó con* vida *del* incendio. 彼は命からがら火事から逃れた. ~ de la muerte 死を免れる. ❸〖+a〗(a) (…の)及ばない所にある. —Ese problema *escapa a* mi decisión. その問題は私の決定権の及ばない所にある. (b) (…から)抜け落ちる, 漏れる, 聞き漏らす. —Se me *escaparon* las conclusiones del conferenciante. 私は講演者の結論を聞き漏らした. ❹《スポーツ》逃げ切る, 振り切る.

— se 再 ❶〖+de/por を通って〗(a) 逃げる, 逃走する. —El preso *se escapó de* la cárcel. 囚人は脱獄した. *Se escapó por* la puerta trasera. 彼は裏口から逃げ出した. (b) 免れる, 避ける. —*Se ha escapado de* la gripe gracias a que está vacunada. 彼女はワクチンを打っていたおかげで流感を免れた. *Se escapó de* aquel peligro. 彼はあの危険を回避した. (c) 乗り遅れる. —Si no te das prisa, *se te va a escapar* el tren. 急がないと電車に乗り遅れるよ. ❷ (a) 失う, 逸する. —*Se me escapó* la oportunidad de viajar a Japón. 私は日本へ行くチャンスを逸した. *Se me ha escapado* un negocio. 私はいい取り引きを逃してしまった. (b) 見落とす, 気が付かない, うっかり忘れる. —*Se me escapó* una errata. 私は誤植を見落とした. Que no *se te escape*

decirle lo que te acabo de contar. 君に言ったことを彼に伝えるのを忘れないでね. ❸ 手の届く[影響力の及ぶ]所にない. —*Se me escapa* el sentido de la frase. 私にはその文の意味が分からない. ❹ (a)〖+ de〗漏れる, 漏れ出る. —El grifo está mal cerrado y el agua *se escapa*. 蛇口がよく閉まっていないので, 水が漏れている. (b) うっかり表に出る. —*Se me escapó* la risa. 私に笑いが顔に出た. ❺《スポーツ》〖+ de から〗抜け出る, 独り先頭に立つ. —El ciclista *se escapó del* pelotón a veinte kilómetros de la meta. その自転車選手はゴール 20 キロ手前で集団を振り切った.

‡**escaparate** [eskaparáte] 男 ❶ ショーウインドー, 陳列窓. —Me entretuve mirando ~s. 私はショーウィンドーをのぞいて楽しんだ. decorador de ~s ショーウインドーのディスプレーデザイナー[飾り付け係]. 類 **aparador, vitrina**. ❷ (a) ショーケース, ガラスケース. (b)《中南米》洋服だんす, 衣装戸棚. ❸《比喩》見せびらかし. —Le encanta estar en el ~. 彼は目立ちたがり屋だ. 類 **ostentación**.

escaparatista [eskaparatísta] 男女 ショーウインドの飾り付けをする人, ディスプレー係.

escapatoria [eskapatórja] 女 ❶ 逃亡, 逃避, 逃げること. ❷ 逃げ道, 出口；《比喩》(法などの)抜け穴, 通り道. —Estaban rodeados por la policía y no tenían ~ posible. 警察に包囲され彼らには逃げ道がなかった. ❸ 解決法, 打開策, 活路. —Es la única ~ que tienes. 君が切り抜けられる方法はそれしかない. ❹ 口実, 逃げ口上, 言い逃れ. —Siempre encontraba una ~. 彼はいつもうまい口実を思いついたものだった. 類 **excusa**. ❺ ちょっと出かけること；短い旅行, ちょっとした遠出 (= escapada).

en una escapatoria = en una escapada.

‡**escape** [eskápe] 男 ❶ (液体・気体などの)漏(も)れ, 漏出(ろうしゅつ). —El accidente parece que se debió a un ~ de gas. 事故はガス漏れによるもののようだ. Con el ~ de las aguas se inundó el huerto. 水漏れで菜園が水につかった. 類 **fuga, pérdida**. ❷ (窮地・困難からの)逃げ道, 活路, 解決法[策]. —Tanteó varias posibilidades que sirvieran de un ~ a aquella situación crítica. 彼はあの危機的状況からの逃げ道として役立ついくつかの可能性を探った. puerta de ~《比喩》抜け道, 逃げ道, 活路. 類 **escapatoria, salida, solución**. ❸《技術》(a) 排気, 排出；排気弁[口]. —gases de ~ 排気ガス. tubo [válvula] de ~ 排気管[弁]. ~ libre (マフラーなしの)排気(ガス). velocidad de ~《天文》(ロケットなどの)重力脱出速度. (b) (時計の)エスケープメント, 雁木(がんぎ)脱進機. ❹ 逃亡, 逃走, 脱出.

a escape 大急ぎで, すぐに, 全速力で (= a toda prisa, en seguida). En cuanto vio al policía, salió *a escape*. 彼は警官を見るや否や, 猛スピードで逃走した.

no tener [haber] escape 逃げ道[解決策]がない. *No tenía escape,* tuve que entregarles la cartera. 私は逃れる術(すべ)なく彼らに財布を渡さなければならなかった. Para tu problema *no hay escape*. 君の問題に解決策はない.

escápula [eskápula] 女《解剖》肩甲骨. 類 **omóplato**.

escapular[1] [eskapulár] 形 肩甲骨の；肩の.

escapular² [eskapulár] 他 《海事》(岬・暗礁などを)回る, 迂回する, 避ける. 類 **bordear**.
— 自 《海事》(もやい綱が)ほどける, 外れる. 類 **soltarse, zafarse**.

escapulario [eskapulário] 男 《宗教》肩衣, スカプラリオ. ◆修道士や信徒が信仰の印として身に付ける細長い布. 僧服の一部として, また単独でも用い, 胸と背中に垂らすようにしてかける. しばしば聖人像などの絵や刺繡がほどこされている.

escaque [eskáke] 男 ❶ (チェス盤などの)ます目. 類 **casilla**. ❷ (紋章の)区画 (1つの紋章の中に複数の図柄を配するときの, それぞれの図柄の枠). ❸ 複 チェス.

escara [eskára] 女 《医学》かさぶた; 火傷・皮膚病などの痕.

escarabajear [eskaraβaxeár] 自 ❶ (虫のように)はい回る, うごめく, 動き回る, 徘徊する; 群がる, ひしめく; むずむずする. ❷ 《比喩》書きなぐる, 走り書きする. 類 **bullir, cosquillear**. ❷ 《比喩》書きなぐる, 走り書きする. 類 **garabatear**.
— 他 《比喩, 話》(ある事柄が)…を心配させる, …の気をもませる; 悩ます, 不快にさせる. 類 **molestar, preocupar**.

escarabajo [eskaraβáxo] 男 ❶ 《虫類》コガネムシ. ❷ 《虫類》(一般に)甲虫(カブトムシ・カナブンなど). ❸ 《比喩, 話》こびと, 小人, ちび. ❹ (織物などの)傷, 糸の縮み, 織りムラ. ❺ 《比喩, 話》殴り書き, 走り書き. 類 **garabatos**.

escaramucear [eskaramuθeár] 自 =escaramuzar.

escaramujo [eskaramúxo] 男 ❶ 《植物》野バラ, イバラ; 野バラの実. ❷ 《貝類》ペルセベウス, 鳥帽子貝 (えぼしがい).

escaramuza [eskaramúθa] 女 ❶ 《軍事》(特に前線での)小競り合い, 衝突, 小戦闘, 前哨戦. —Varios soldados resultaron heridos en la ~. その戦で数人の兵士が負傷した. ❷ 《比喩》ちょっとした口げんか, 口論. —Fue una simple ~ entre vecinas. 単なる隣近所の女同士の言い争いだった. 類 **disputa, riña**. ❸ 《古》(騎士どうしの戦いでの)衝突と後退を繰り返す戦闘法.

escaramuzar [eskaramuθár] [1.3] 自 ❶ 《軍事》小競り合いをする, 小衝突をおこす. ❷ (馬が, 騎士どうしの戦いのように)前進と後退を繰り返す, 行ったり来たりする; (馬を)行ったり来たりさせる.

escarapela [eskarapéla] 女 ❶ (バラの花形の)記章, 花飾り(リボンなどで作ったもの, 主に帽子にっける). ❷ 《話》(特に女同士の)口げんか, 口論, けんか騒ぎ. —La conversación sobre el fútbol terminó en ~. サッカー談義はしまいには言い争いになった. 類 **enfrentamiento, riña**. ❸ tresillo (カードゲームの一種)で, 図柄の異なる3枚組のカード(勝ち札になる).

escarbadientes [eskarβaðjéntes] 男 《単複同形》爪楊枝.

escarbaorejas [eskarβaoréxas] 男 《単複同形》耳掻き (通常金属製または象牙製). 類 **mondaorejas**.

escarbar [eskarβár] 他 ❶ (人間または動物が手足やくちばしで地面を)ひっかく, つつく, ほじり起こす. —Los cerdos escarban el suelo con el hocico. 豚が鼻面で地べたを掘っている. 類 **arañar, rascar, remover**. ❷ (歯・耳などを)ほじる, かく, 掃除する. —Es de mala educación ~ los dientes en público. 人前で歯をほじるのは行儀が悪い. ❸ (火)をおこす, かき立てる. —~ el fuego de la chimenea 暖炉の火をかき立てる. 類 **atizar**.
— 自 ❶ かき回す, ひっかく, つつく. —El niño se entretenía escarbando en el jardín. 子供は庭でをほじくって土遊びで遊んでいた. ❷ 《比喩》[＋en] (a)(を)引っかき回して探す, 嗅ぎ回る. —Escarbando en los archivos encontró el precioso documento. 古文書館をあさって彼は貴重な文書を見つけた. (b) (プライバシーなど)を詮索する, ほじくる, 調べ上げる. —~ en la vida ajena 他人の生活に首を突っ込む. Escarbaron en su pasado, pero no encontraron nada comprometedor. 彼は過去を調べ上げられたが, 何もまずい点は見つからなかった. 類 **escudriñar, fisgar**.

escarcelar [eskarθeár] 自 《中南米》(馬が興奮して)跳びはねる[旋回する]. 類 **caracolear**.
— 他 《農業》(じゃがいもなどを)間引きする, (他のがよく育つように大きいのを)先に取る.

escarcela [eskarθéla] 女 ❶ (狩猟で使う)袋, 網状の鞄, ずだ袋. ❷ (腰に下げる)小さい袋, 巾着, 財布. ❸ (特に女性が使うつばのない)帽子, キャップ. ❹ 腰から下げて大腿部をおおう, 鎧の一部.

escarceo [eskarθéo] 男 ❶ さざなみ, 川面などに立つ波, 波紋. —El fuerte viento provocaba ~s en el lago. 湖面の強風で波立っていた. ❷ (話の逸脱, 脱線, とりとめもないこと; (深く考えない)活動・行為, 気まぐれ. 類 **divagación**. ❸ (男女の)ふざけ, ちゃれ, いちゃつき —~s amorosos). ❹ 《主に複》(馬が興奮して)跳びはねる[旋回する]こと; (馬を)跳びはねさせる[旋回させる]こと. 類 **caracol**.

escarcha [eskártʃa] 女 霜, 降霜, 白霜, 霜柱. —El jardín estaba cubierto de ~ por la mañana. 朝, 庭には真っ白に霜がおりていた. 類 **helada, rosada**.

escarchada [eskartʃáða] 女 《植物》メセンブリアンテマ, メセン, アイスプラント (多肉質の草花, 気泡におおわれた偏平形の葉を持つ).

escarchado¹ [eskartʃáðo] 男 ❶ 砂糖漬けにすること; 砂糖[糖衣]をまぶすこと. ❷ 金糸や銀糸を使った刺繡, 縫い取り.

escarchado², da [eskartʃáðo, ða] 形 ❶ 霜におおわれた, 霜の降りた. ❷ (果物など)砂糖漬けの; (菓子など)砂糖をまぶした, アイシング (糖衣)をかけた. 類 **confitado, cristalizado**.

escarchar [eskartʃár] 自 ❶ 《単人称動詞》霜が降りる, (地面が)凍結する (=formarse [hacerse] escarcha). —En el norte, empieza a ~ ya en noviembre. 北の方では, 11月にはもう霜が降り始める. Anoche escarchó. 昨夜は地面が凍結した. ❷ 霜でおおわれる, 霜が降りたようになる.
— 他 ❶ (果物などを)砂糖漬けにする; 氷砂糖状に固める. —Me han regalado una caja de castañas escarchadas. 私は土産にマロングラッセを1箱もらった. 類 **confitar**. ❷ (蒸留酒などの糖分)を結晶させる. ❸ (菓子など)に粉砂糖をふる, 砂糖をまぶす, アイシング (糖衣)をきせる. ❹ (霜に見えるよう)白い粉なまぶす, ふりかける; 霜でおおう. ❺ 金糸や銀糸で刺繡する, 飾る.

escarda [eskárða] 女 ❶ 雑草を取り除くこと, 除草, 草むしり. ❷ 除草の時期・季節. ❸ 除草用の小型の鍬(くわ).

escardador¹ [eskarðaðór] 男 除草用の小型

の鍬(ｸﾜ)(=escarda).

escardador², dora [eskarðaðór, ðóra] 名 除草をする人.

escardadura [eskarðaðúra] 女 (雑草を取り除くこと, 除草, 草むしり (=escarda).

escardar [eskarðár] 他 ❶ …から雑草を取る, 除草する. —*Escarda* el jardín todas las semanas. 彼は毎週庭の草むしりをする. Necesitan peones para ~ el trigo. 小麦畑の草取りをするのに人手が要る. 類**desherbar**. ❷《比喩》雑草を除去する, (主に精神面で無用物・有害物)を除く. —~ el libro de algunas groserías que contiene その本にある下品な部分を削除する. Hay que ~ las lentejas antes de cocerlas. レンズ豆は煮る前に悪いのをとり除かないといけない.

escardilla [eskarðíja] 女 除草用の小型の鍬(ｸﾜ).

escardillar [eskarðijár] 他 =escardar.

escardillo [eskarðíjo] 男 ❶ (escarda③よりも小さい)除草用の小型の鍬(ｸﾜ). 類**almocafre**. ❷《方》小型の鍬. ❸ (遊びで)鏡などで反射させた光.

escariador [eskarjaðór] 男《機械》拡孔器, 穴ぐり錐, リーマー.

escariar [eskarjár] 他《機械》(金属に開けた穴)を広げる, まるくする.

escarificación [eskarifikaθjón] 女 ❶《農業》土おこし, 土おこし; 種皮処理. ❷《医学》表皮切開, 小切開, 乱切.

escarificador [eskarifikaðór] 男 ❶《農業》土かき具, 路面破壊機, スカリファイヤー. ❷《医学》表皮を切開するための器具, 小切開用メス.

escarificar [eskarifikár] [1.1] 他 ❶《農業》(畑の土かき)をする, (土の表面)を掘りおこす; (種の)表皮に切り込みを入れる. ❷《医学》(種痘や膿を出すためなど)で表皮を切開する.

escarlata [eskarláta] 形 緋色の, 深紅色の. 類**carmesí**.
—— 女 ❶ 緋色, 深紅色; (枢機卿などの)緋衣, 緋色の布. 類**grana**. ❷《医学》猩紅(ｼｮｳｺｳ)熱.

escarlatina [eskarlatína] 女 ❶《医学》猩紅(ｼｮｳｺｳ)熱. ❷ 緋色の毛織物の一種.

escarmenar [eskarmenár] 他 ❶ (髪, 羊毛など)をすく, とかす, もつれをとく. —La anciana se *escarmenaba* el pelo con un peine desdentado. 老女は歯の抜けた櫛で自分の髪をすいていた. 類**carmenar**. ❷《鉱物》(鉱物)をふるいなどにかけて)より分ける, 運動する. ❸《話》(金品などをだまして)少しずつまきあげる, くすねる, かたる. ❹《比喩》(金銭)を取り上げるなどして)罰する, 懲らしめる.

escarmentado, da [eskarmentáðo, ða] 形 用心深い, 慎重に; 経験で覚えた, 教訓を得た, 思い知った.

escarmentar [eskarmentár] [4.1] 他 を懲らしめる, 厳しく罰する. …にお説教をする. —Tendrás que ~ al niño para que se enmiende. 君は子供を悔い改めるようきっちりお仕置きをすべきだろう. 類**castigar, corregir, reprender**.
—— 自 懲りる, (失敗などに)学ぶ, 反省する, 自戒する. —Hasta que provoque un accidente no *escarmentará*. 事故を起こしもしない限り懲りないのだろう. Habrá que imponerle un fuerte castigo para que *escarmientes*. お前には厳しく罰して反省してもらわねばならないだろう. ~ en cabeza ajena 他人の失敗に学ぶ, 教訓とする.

escarmiento [eskarmjénto] 男 ❶ 懲らしめ, 処罰, お仕置き. —hacer [dar] ~ (厳しく)罰する. ❷ 教訓, 戒め, (苦い)経験. —Este fracaso me ha servido de ~. 今度の失敗はいい教訓になった.

escarnecedor, dora [eskarneθeðór, ðóra] 形 嘲笑的な, からかう. ——恥ずべき, 不面目な, 不届きな. —— 名 馬鹿にする人, 嘲笑する者.

escarnecer [eskarneθér] [9.1] 他《文》を愚弄する, 馬鹿にする, 嘲る, からかう. 類**burlar, mofarse**.

escarnecimiento [eskarneθimjénto] 男 ❶ 馬鹿にすること, 愚弄, 嘲笑. —Se rieron de él con ~. 皆で彼を馬鹿にしてあざ笑った. ❷ 恥, 不面目, 醜態. —para ~ mío 恥ずかしながら.

escarnio [eskárnjo] 男 =escarnecimiento.

escarola [eskaróla] 女 ❶《植物》エンダイブ(の一種). ❷《中南米》ひだ飾り, ひだ襟.

escarpa [eskárpa] 女 ❶ 急勾配, 急傾斜, 急勾配. ❷《築城》(城壁の)勾配, 内岸.

escarpado, da [eskarpáðo, ða] 形 ❶ 傾斜した; 急勾配の. —Caminamos dos horas por una senda *escarpada*. 私たちは急な坂道を2時間歩きとおした. 類**inclinado, pendiente**. ❷ (*a*) 切り立った, 絶壁の, 断崖の. (*b*) 険しい, 岩の多い, ごつごつした. —*Escarpadas* montañas rodean la laguna. 渇(…)は険しい山々に囲まれている. 類**abrupto, escabroso**.

escarpadura [eskarpaðúra] 女 =escarpa ①.

escarpar [eskarpár] 他 ❶ (地面など)を(切り崩して)斜面にする, (城壁などに急傾斜)をつける. ❷ (彫刻などで)…にやすりをかける, をやすりで磨く.

escarpia [eskárpja] 女 (物をぶら下げる)フック, (鈎型に曲がった)釘. 類**alcayata**.

escarpiador [eskarpjaðór] 男 管を壁に固定する留め具.

escarpidor [eskarpiðór] 男 (歯が太く目の粗い)櫛, ブラシ.

escarpín [eskarpín] 男 ❶ パンプス; 金具や紐のない靴. ❷ オーバーソックス, ソックスカバー(普通の靴下やストッキングの上から履く靴下). ❸ (くるぶしまでの短い)ソックス, アンクルソックス.

escarzano, na [eskarθáno, na] 形《建築》(アーチが)半円よりも短い; 弓なりの.

escasamente [eskásamente] 副 ほとんど…なく, わずかに; かろうじて, せいぜい. —Hace ~ un año que se casó. 彼は結婚してまだやっと1年だ. La habitación estaba ~ iluminada. 部屋にはほんの少ししか照明がなかった.

escasear [eskaseár] 自 足りない, 不足している; 少なくなる. —Debido a las heladas *escasean* las verduras. 厳しい寒さで野菜の収穫が少なくなっている. 類**faltar**.
—— 他 ❶ をケチる, 出し惜しみする; 倹約する, 切り詰める. —Ella *escasea* las visitas a casa de su suegra. 彼女は姑(ｼｭｳﾄﾒ)の家に行き渋っている. 類**escatimar**. ❷ (石・木材などの面)を斜めに切り出す.

escasez [eskaséθ] 女〔複 escaseces〕❶ 不足, 欠乏, 乏しさ. —~ de alimentos [de dinero] 食料[金]不足. ~ de mano de obra 人手不足. ~ de recursos 資源の乏しさ, 資金不足. ~ de trabajo 仕事不足. año de ~ 凶年. 類**carencia**.

falta. 反**abundancia, sobra.** ❷ 貧困, 貧乏. —vivir con [en la] ~ 暮らしが貧しい. 類**indigencia, pobreza.** 反**riqueza.** ❸ けち, 吝嗇(%#). —La ~ del almuerzo fue vergonzosa. 昼食をけちけちするのは恥ずかしいことだった. 類**mezquindad.** 反**generosidad.**

:**escaso, sa** [eskáso, sa] 形 ❶ 乏しい, わずかな, 少ない [estar/ser+]. —Esta es una zona de *escasas* lluvias. この辺は雨の少ない地帯だ. Su propuesta tuvo ~ éxito. 彼の提案はあまりふるわない結果となった. 類**infrecuente, poco, raro.** 反**abundante.** ❷ [+de] …が不足した, 不十分な [estar/ser+]. —Estoy ~ *de* tiempo. 私には時間がない. Es un hombre ~ *de* inteligencia. 彼は知性の足りない男だ. 類**corto, insuficiente, pobre.** 反**sobrado.** ❸《数量+》…ぎりぎりの, …足らず, かろうじて…. —En tres días ~s lo acabó. 彼は3日足らずでそれを終えた. 類**corto, exiguo.**

andar escaso de ...（物）が不足している. *Ando muy escaso de tiempo.* 私は時間が足りない.

escatimar [eskatimár] 他 ❶ を出し惜しみする, 出し渋る; 倹約する, 節約する; とって[ためて]おく. —Le *escatiman* la admiración que merece. 彼には当然受けてしかるべき賞賛があまり向けられていない. *Escatimaron* la ayuda que habían prometido. 彼らは約束していたようには十分援助してくれなかった. No hay que ~ esfuerzos ni dinero en la educación de los hijos. 子供の教育には努力と金を惜しんではならない. 類**escasear, limitar, regatear.** ❷（事実・表現など）を歪曲する, ゆがめる.

escatología [eskatoloxía] 女 ❶（*a*）スカトロジー; スカトロ, わいせつ.（*b*）糞便による診断, 糞便学, 糞石学. ❷《宗教》終末論（死や死後の世界を論ずる）.

escatológico, ca [eskatolóxiko, ka] 形 ❶ 糞便に関する, スカトロの, わいせつな. ❷ 終末論の, 死後の世界に関する.

escayola [eskajóla] 女 ❶ ギブス. —Mañana le quitan la ~. 彼は明日ギブスがとれる. ❷（彫刻などの鋳型にする）焼き石膏, 化粧しっくい. —molde de ~ 石膏の鋳(')型. un busto de ~ 石膏の胸像.

escayolar [eskajolár] 他 をギブスで固定する; 石膏で固める. —Tenía *escayolado* el brazo roto. 骨折した腕をギブスで固定していた.

:**escena** [esθéna] 女 ❶《演劇》舞台, ステージ;（芝居の）背景, 舞台装置. —Al terminar la representación, el director salió a ~ a saludar. 芝居が終わると, 監督は挨拶をしにステージに現れた. Al levantarse el telón, la ~ estaba oscura. 幕が上がると, 舞台は暗かった. salir de ~ 退場する. llamar a ~ カーテン・コールをする, アンコールを求める. 類**decoración, escenario.** ❷《映画, 演劇》（戯曲を区切る）第…場; シーン, 場面. —segunda ~ del primer acto 第1幕第2場. ~ final [*de amor*] ラスト［ラブ］シーン. La despedida fue una ~ entristecedora. 別れのシーンは悲しかった. gran ~ 見せ場, 山場, クライマックス. ~ retrospectiva《映画》フラッシュバック（過去の思い出の場面への切り返し）. ~ muda パントマイム, 無言劇. ❸ 演劇, 芝居, 舞台芸術. —puesta en ~ 上演, 演出. director de ~ 演出家, 舞台監督. dedicar*se* a la ~ 演劇の仕事に携わる. ~ isabelina ingl*esa* 英国エリザベス朝の演劇. La ~ del país se en*cuentra* en decadencia. この国の芝居は衰退している. 類**drama, teatro.** ❹（事件・犯行などの）現場, 舞台;（社会の）舞台. La policía llegó a la ~ del crimen. 警察が犯行現場に到着した. ❺（現実生活の劇的な）場面, 光景, 情景. —Hoy he presenciado una ~ conmovedora. 今日私は感動的な光景を目撃した. 類**cuadro, escenario.** ❻（怒り・非難・脅しなどの）大騒ぎ, けんか騒ぎ. —No me hagas ~s. 私にわめき散らすなよ. 類**drama, tragedia.**

aparecer [entrar] en escena 舞台に登場する[立つ].

desaparecer de escena（1）（途中で）いなくなる; 引退する; 死ぬ. *desaparecer de escena* política 政界を退く.

hacer [dar, montar] una escena 大騒ぎする, わめき散らす, 怒る. *Hizo una escena* de celos a su mujer porque temía que lo engañara. 彼は妻にだまされていると思い, 痴話(%)げんかを吹っかけた.

llevar a (la) escena（作品）を舞台化する, 舞台にのせる[掛ける]（= poner en escena(2)）.

poner en escena（1）上演する（= representar）. *Han puesto en escena* una obra de Buero Vallejo. ブエロ・バイェーホの作品が上演された.（2）舞台化[脚色]する（= escenificar）. *Poner en escena* aquella obra tan antigua requirió un gran trabajo del director. あんなに古い作品の舞台化は演出家の大変な苦労を要した.

salir a (la) escena → entrar [aparecer] en escena.

volver a la escena カムバックする, 返り咲く.

:**escenario** [esθenárjo] 男 ❶《演劇》舞台, ステージ. ~ giratorio 回り舞台. estar en el ~ 舞台に立っている. pisar un ~ 舞台を踏む[に立つ]. 類**escena, tablas.** ❷（事件・戦争などの）現場;（映画）（筋が展開する）舞台, 撮影場所. —~ de un accidente 事故現場. Dos guardias se personaron en el ~ del crimen. 2人の警官が犯行現場に駆けつけた Sevilla es el ~ de la acción del filme. セビーリャがその映画の舞台である. Este lugar fue ~ de una batalla. ここはかつて合戦の舞台であった. ❸ 周囲の状況, 環境. 類**ambiente, atmósfera.**

escénico, ca [esθéniko, ka] 形 ❶ 舞台[場面, シーン]の; 芝居の, 劇の. —arte ~ 舞台美術. palco ~ 舞台. coreografía *escénica*（舞台の）振付け. ❷ 風景[情景, 光景]の, 情景的な.

escenificación [esθenifikaθjón] 女 脚色, 戯曲化; 上演, 舞台化. —La ~ de "La Celestina" está muy conseguida.『ラ・セレスティーナ』の上演は大成功だ.

escenificar [esθenifikár] [1.1] 他 ❶ を脚色する. —~ una novela を戯曲化する. ❷（芝居にして）上演する, 舞台化する. —Esa compañía *escenificará* "Yerma" de García Lorca. その劇団はガルシア・ロルカ作の『イェルマ』を上演する予定だ. 類**dramatizar.**

escenografía [esθenoɣrafía] 女 ❶ 舞台美術; 舞台装置, 舞台背景. ❷《美術》遠近画法, 配景図法.

escenográfica[1] [esθenoɣráfika] 女（事件や

出来事をとりまく背景, 周囲の状況. ― la ~ de un crimen 犯罪の背景関係.

escenográfico, ca² [esθenoɣráfiko, ka] 形 ❶ 舞台美術の, 舞台装置の. ― director ~ 舞台監督, 舞台美術担当者. ❷ 遠近画法の, 配景図法の.

escenógrafo, fa [esθenóɣrafo, fa] 名 ❶ 舞台美術家, 舞台装置担当者. ❷ 遠近法の画家.

escepticismo [esθeptiθísmo] 男 ❶《哲学》懐疑主義, 懐疑論. ❷ (一般に) 疑念, 懐疑.

escéptico, ca [esθéptiko, ka] 形 懐疑的な, 疑い深い, 懐疑主義の. ― espíritu ~ 懐疑的な精神.
― 名 ❶《哲学》懐疑主義者. ❷ 懐疑的な人.

escindir [esθindír] 他 ❶ を裂く, 割る, 分離させる. ❷《物理》(分子・原子を)分裂させる.
― se 再 ❶ 分裂する. ❷ 著名な, 傑出した.

Escipión [esθipjón] 固名 ❶ (~ el Africano) スキピオ (大アフリカヌス) (前236–183, ハンニバルを破ったローマの将軍). ❷ (~ Emiliano) スキピオ (小アフリカヌス) (前185–129, ローマの政治家・将軍).

escisión [esθisjón] 女 ❶ 分裂, 分割. ― ~ nuclear 核分裂. ❷《医学》切除, 摘出. ❸《生物》細胞分裂 (= ~ celular).

esclarecedor, dora [esklareθeðór, ðóra] 形 解明する.

esclarecer [esklareθér] [9.1] 他 ❶ を明るくする, 照らす. ❷《比喩》(意味などを)明らかにする, 解明する. ― ~ la verdad 真理を解明する. ❸《まれ》を有名にする. ― 自《3人称単数形で無主語》夜が明ける (= amanecer).

*esclarecido, da** [esklareθíðo, ða] 過分 形 ❶ 明らかにされた, 解明された. ― un escritor de la época 時代の傑出した作家. 類 **distinguido, insigne**.

esclarecimiento [esklareθimjénto] 男 ❶ 解明, 解説, 説明. 類 **aclaración, dilucidación**. ❷《雅》光をあてること, 明るく照らすこと. ❸《まれ》有名にすること, 高貴にすること.

esclaval [esklaβál] 女 装飾のない金属製の輪だけでできたブレスレット.

esclavina [esklaβína] 女《服飾》肩マント, ケープ. ― llevar la ~ マントを着ている.

:**esclavitud** [esklaβitú(ð)] 女 ❶ 奴隷の身分 [境遇]; 奴隷制度. ― Él vivía en la ~. 彼は奴隷であった. abolición de la ~ 奴隷制度の廃止. 類 **servidumbre, sumisión**. 反 **libertad**. ❷《比喩》隷属(状態), 屈従; (欲望・悪癖などへの)耽溺, とりこ. ― ~ de los niños 子供の言いなりになること. ~ del tabaco タバコのとりこ. El pueblo sacudió el yugo de la ~. その民族は隷属のくびきを脱した. 類 **sometimiento, sujeción**. 反 **independencia**. ❸《比喩》骨の折れる仕事, きつい労働, 苦役. ― Este trabajo es una ~. この仕事はきつい. ❹《比喩》講社.

liberar [*redimir*] *de la esclavitud* 奴隷の身分[隷属状態]から解放する.

reducir a [*sumir en*] *la esclavitud* (人)を奴隷にする, 隷属させる.

esclavizar [esklaβiθár] [1.3] 他 ❶《比喩》を支配する, 服従させる, こき使う. ❷《歴史》を奴隷にする.

:**esclavo, va** [eskláβo, βa] 名 ❶ 奴隷. ― tráfico [comercio] de ~s negros 黒人奴隷売買 [貿易]. trabajar como un ~ 奴隷のようにあくせく働く. mercado [emancipación] de ~s 奴隷市場[解放]. libertar [manumitir] a los ~s 奴隷を解放する. 類 **siervo**. 反 **señor, dueño**. ❷《[+de]》献身的な人. ― En la carta se declara mi ferviente ~. 手紙の中でぼくは君の恋の奴隷[とりこ]だと言っている. Es una esclava de su suegra. 彼女は姑(しゅうとめ)の言いなりになっている. 類 **cautivo, prisionero**. ❸ 信徒, 講中の人.
― 形 ❶《[+de]》(家などに)縛られた, …の言いなりの; (約束・仕事などに)忠実な, 献身的な. ― Es esclava de la casa. 彼女は家に縛られている. Está totalmente esclava de sus hijos. 彼女は全く子供の言いなりになっている. Se dice que muchos japoneses son ~s del trabajo. 多くの日本人が仕事熱心だと言われている. ❷ …の虜(とりこ)になった; …に溺(おぼ)れた. ― hombre ~ de la ambición [de la envidia] 野心に取りつかれた [嫉妬(しっと)にかられた]男. Es ~ del alcohol [de las drogas]. 彼はアルコール[麻薬]に溺(おぼ)れている. ❸ 信徒団に属する, 講中の. ― 男 (飾りや留め具のない) ブレスレット, 腕輪. 類 **pulsera**.

esclerodermia [eskleroðérmja] 女《医学》強皮症.

esclerosis [esklerósis] 女 ❶《医学》硬化(症). ― ~ arterial 動脈硬化. tener [padecer] ~ 硬化症にかかる. ~ lateral amiotrófica (ELA) 筋萎縮性側索硬化症 (ALS). ❷《比喩》停滞, 硬化.

esclerótica [esklerótika] 女《解剖》(眼の)鞏膜(きょうまく).

esclusa [esklúsa] 女 水門, 堰(せき). ― cerrar [abrir] la ~ 水門を開ける. ~ de Miraflores en el canal de Panamá パナマ運河のミラフローレス水門.

esclusero, ra [eskluséro, ra] 名 (運河, 水路などの)閘門(こうもん)監視員, 水門番.

escoba [eskóβa] 女 ❶ 箒(ほうき). ― barrer con una ~ 箒で掃く. ❷《植物》エニシダ(まめ科の低木).

coche escoba《スポーツ》伴走車.

escobada [eskoβáða] 過分 女 箒(ほうき)で掃くこと; 箒の一掃き.

escobajo [eskoβáxo] 男 ブドウの粒をとった軸.

escobar [eskoβár] 他 を(箒(ほうき)で)掃く (= barrer).

escobazo [eskoβáθo] 男 ❶ 箒(ほうき)での一撃. ― dar un ~ 箒でたたく. ❷《南米》(箒での)一掃き.

escobén [eskoβén] 男《海事》錨鎖孔(びょうさこう).

escobilla [eskoβíja] 女 ❶ ブラシ, 小箒. ― limpiar con una ~ ブラシで掃除をする. ❷ 小さな箒(ほうき). ❸《植物》オニナベナ. ❹《電気》(発電機の)ブラシ, 刷子.

escobillar [eskoβijár] 他 …にブラシをかける. ― 自《中南米》地面を掃いているかのように軽くサパテアードで踊る.

escobillero [eskoβijéro] 男 ブラシ入れ.

escobillón [eskoβijón] 男 モップ, デッキブラシ.

escobón [eskoβón] 男 ❶ 大箒(ほうき); 長柄の箒; すす払いの箒. ❷ 手箒. ❸《植物》エニシダ. 類 **escoba**.

escocedura [eskoθeðúra] 女 ❶ 炎症, ただれ. ❷《比喩》心痛, 心の痛手, 傷心.

escocer [eskoθér] [5.9] 自 ❶ うずく, ずきずき[ひりひり]痛む. —El ambiente estaba cargado y los ojos me *escocían*. 空気が汚れていて私は目がしょぼしょぼした. ❷《比喩》…の感情を害する. ——**se** 再 ❶《比喩》気分[感情]を害する. —Si no vas, seguro que *se escocerá*. あなたが行かないときっと気を悪くするだろう. ❷（皮膚が）炎症を起こす.

escocés, cesa [eskoθés, θésa] 形 ❶ スコットランド（人・語）の. —whisky ～《飲物》スコッチウィスキー. ❷《服飾》タータンチェックの. —名 男 スコットランド人. —男《言語》スコットランド語.

Escocia [eskóθja] 固女 スコットランド.

escocimiento [eskoθimjénto] 男 →escozor.

escoda [eskóða] 女《技術》(石工の)ハンマー, 鉄槌(?).

escofina [eskofína] 女《技術》石目やすり.

escofinar [eskofinár] 他《技術》…に石目やすりをかける.

****escoger** [eskoxér エスコヘル] [2.5] 他 [+de/(de) entre から] (いくつかの物・人の中から)選ぶ, 選び出す, 選び取る. —Compro en esta tienda las naranjas porque puedo ～las. 選べるから, この店でオレンジを買う. *Escoge* el reloj que más te guste. いちばん気に入った時計を1個選びなさい. 類 **elegir, seleccionar**. —自 選ぶ, 選択する. —Puedes ～ entre varias asignaturas. 君はいくつかの科目から選択してよい.

escogido, da [eskoxíðo, ða] 形 えりすぐった, より抜きの; 上質の, 極上の. —tropas *escogidas* 選り抜きの部隊, 精鋭部隊. Estos tomates son ～s. このトマトは素晴らしくおいしい. 類 **selecto**.

escogimiento [eskoximjénto] 男 選別, 選択.

escoja(-) [eskoxa(-)] 動 escoger の接・現在.

escojo [eskóxo] 動 escoger の直・現在・1単.

escolanía [eskolanía] 女『集合的に』教会附属の少年聖歌隊.

escolapio, pia [eskolápjo, pja] 形『宗教』エスコラピアス修道会 (Scuole Pie) の, ピアリスト会の, «Escuelas Pías とよぶ. año —名『宗教』エスコラピアス修道会の修道士[女], 生徒.

:**escolar** [eskolár] 形 学校の, 学校教育に関する, 生徒の. —libro ～ 教科書; 成績通知表. año [curso] ～ 学年. vacaciones ～es 学校の休暇. El niño ya está en edad ～. その子はもう就学年齢に達している. —男女 生徒, 学童, 小学生. —La acera del colegio se llenaba de ～es. 小学校前の歩道は児童でいっぱいになった. 類 **alumno, colegial, discípulo, estudiante**.

escolaridad [eskolariðá(ð)] 女 ❶ 就学. —～ obligatoria 義務教育. ❷ 学歴, 在学期間. ❸ 学業, 学業成績.

escolarización [eskolariθaθjón] 女 ❶ 就学, 学校教育. ❷ 学校教育の普及.

escolástica [eskolástika] 女 →escolástico.

escolasticismo [eskolastiθísmo] 男『哲学』スコラ哲学.

***escolástico, ca** [eskolástiko, ka] 形 ❶ スコラ哲学の, スコラ派的な. —San Anselmo es un conocido filósofo ～. 聖アンセルムスは著名なスコラ哲学者である. ❷（文体が）凝りすぎた, 学者ぶった. —disertación *escolástica* 形式ばった論述. 類 **academicista**. —名 スコラ哲学者. —図 ❶ スコラ哲学. El principal representante de la *escolástica* es Santo Tomás de Aquino. スコラ哲学の主要な代表者は聖トマス・アクィナスである. **escolasticismo**. ❷（ある宗教を擁護する）護教学. —la *escolástica* judía ユダヤ教のスコラ哲学.

escolio [eskóljo] 男 注釈, 傍注.

escoliosis [eskoljósis] 女『医学』側彎(?)症.

escollar[1] [eskoʎár] 自 ❶ 船が暗礁に乗り上げる, 座礁する. 類 **encallar, varar**. ❷《比喩》『中南米』頓挫する, 失敗する.

escollar[2] [eskoʎár] 他《まれ》目立たせる, 卓越させる. ——**se** 再 目立つ, 卓越する; 秀でる, 抜きん出る. 類 **descollar, destacarse**. —自《まれ》目立つ, 際立つ; 秀でる, 抜きん出る.

escollera [eskoʎéra] 女（防波堤のブロックなどの）波よけ.

escollo [eskóʎo] 男 ❶ 礁, 暗礁. ❷《比喩》危険, 落し穴. ❸《比喩》困難, 障害. —superar [salvar] un ～ 困難を克服する.

escolopendra [eskolopéndra] 女 ❶《動物》ムカデ. 類 **ciempiés**. ❷《植物》コタニワタリ.

escolta [eskólta] 女 ❶ *(a)* 護衛, 護送; 護衛団, 護送隊. —dar ～ 護衛する. viajar con ～ 護衛団をつけて旅行する. *(b)*『集合的に』付添い, エスコート, 随員, お供. 類 **séquito**. ❷《軍事》護衛機[艦]. —男女 護衛(の人), 随員. —～ privado 私設ボディーガード.

escoltar [eskoltár] 他 ❶ を護衛する, 警護する, 護送する. ❷（男せまが女性に）付き添う, エスコートする, 送り届ける. ❸ …に随行する, お供する.

escombrar [eskombrár] 他 ❶（瓦礫(??), 石くず, 残骸などを）取り除く, 片づける. 類 **descombrar, desescombrar**. ❷（ブドウの房からくず粒を）取り除く. ❸《比喩》一掃する, 片づける. 類 **desembarazar, limpiar**.

escombrera [eskombréra] 女 くず鉱捨て場, ぼた山; 瓦礫(??)捨て場.

escombro[1] [eskómbro] 男 ❶『主に 複』瓦礫(??), 石くず, 建物を取り壊した後の残骸. ❷ 鉱山などの砕石くず. ❸ くずブドウ.

hacer escombro『中南米』大げさに言う, ことさらに吹聴する.

escombro[2] [eskómbro] 男《魚類》サバ(鯖).

escondedero [eskondeðéro] →escondite.

****esconder** [eskondér エスコンデル] 他 ❶ *(a)* を隠す, 隠匿する, かくまう. —*Escondió* las joyas en un viejo zapato. 彼は宝石類を古い靴の中に隠した. ～ al autor del crimen en el desván 犯人を屋根裏部屋に犯人をかくまう. 類 **ocultar**. *(b)* を見えなくする, 覆い隠す, …の目隠しとなる. —El estante *esconde* una puerta secreta. 本棚が秘密の扉をおおい隠している. Esa sonrisa *esconde* malas intenciones. あの微笑の下には悪い意図が隠れている. 類 **tapar**. ❷ を(内に)秘める, 内蔵する. —Esas ruinas *esconden* un gran valor arqueológico. その遺跡は大きな考古学的価値を秘めている.

——se 再 隠れる，身を潜める；隠されている．—En el mar *se esconde* una gran riqueza mineral. 海中には大きな鉱物資源が隠されている．類**contener, encerrar**.

escondida [eskondíða] 女 →escon**d**ido.

escondidamente [eskondiðaménte] 副 こっそりと，ひそかに．

:**escondido, da** [eskondíðo, ða] 過分 形 ❶ 隠れた，隠された；秘密の． ❷ 人里離れた，遠隔の． —— 男 ❶ 《中南米》**escondite**. ❷ アルゼンチン北西部のクリオーリョの古いダンスの一種．
—— 女 複 《中南米》かくれんぼ．類**escondidos, escondite**.
a escondidas ひそかに，こっそりと．類**en escondido, escondidamente, ocultamente**.
en escondidas ひそかに，こっそりと．類**a escondidas, escondidamente, ocultamente**.

:**escondite** [eskondíte] 男 ❶ 隠し場所[家]，隠し場所．—No se encontraba seguro en aquel ~. 彼にはあの隠れ家は安全ではなかった．類**escondrijo, refugio**. ❷ かくれんぼ．—jugar al ~ かくれんぼをする．

escondrijo [eskondríxo] 男 隠れ家，隠し場所．—meterse en un ~ 隠れ家に入る．salir del ~ 隠れ家から出てくる．

:**escopeta** [eskopéta] 女 猟銃，散弾銃．—~ de viento [de aire comprimido] 空気銃．~ de dos cañones 二連発銃．~ negra 《比喩》猟師．~ de salón (射程の短い)射的銃．類**fusil, rifle**.
¡Aquí te quiero (ver), escopeta! さあ，どうなるか．

escopetazo [eskopetáθo] 男 ❶ 射撃，発砲．—dar un ~ 発砲する． ❷ 銃傷． ❸ 《話，比喩》突然の悪い知らせ．

escopetear [eskopeteár] 他 …に銃[猟銃]を何度も発砲する，銃[猟銃]の連続発射する．
——se 再 《比喩，話》互いにお世辞[侮辱の言葉など]を言い合う．

escopeteo [eskopetéo] 男 ❶ 銃[猟銃]の連続発砲． ❷ 《比喩，話》互いにお世辞[侮辱など]を言い合うこと．

escopetería [eskopetería] 女 ❶ 猟銃隊，銃兵隊． ❷ 銃[猟銃]の連続発砲[連続射撃]．

escopetero, ra [eskopetéro, ra] 名 ❶ 《軍事》小銃兵． ❷ 銃[猟銃]を携えた人，銃[猟銃]を運ぶ者． ❸ 銃[猟銃]を製作する人，鉄砲鍛冶(ぢ)；鉄砲商人． ❹ 猟師．類**escopeta negra**. ❺ 《虫類》ホソクビゴミムシ．

escoplear [eskopleár] 他 《技術》をのみで彫る．

escoplo [eskóplo] 男 《技術》(大工用の)のみ，たがね．

escora [eskóra] 女 ❶ 《海事》(船を建造するための)支柱． ❷ 《海事》(船の)傾斜，かしぎ．

escorar [eskorár] 他 《海事》(建造中の船に)支柱を施す．—— 自 ❶ 《海事》(船などが)かしぐ，傾く． ❷ 《比喩》(考えなどが)傾く，傾倒する．

escorbútico, ca [eskorβútiko, ka] 形 《医学》壊血病の[にかかった]．

escorbuto [eskorβúto] 男 《医学》壊血病．—tener ~ 壊血病になる．

escoria [eskórja] 女 ❶ 鉱滓(しょう)，からみ，スラッグ． ❷ 《地質》火山岩滓(ぎん)． ❸ 《比喩，軽蔑的に》くず，かす．—la ~ de la sociedad 社会のくず．

escoriación [eskorjaθjón] 女 《皮膚》のすりむ

escribir 839

き，すり傷．

escorial [eskorjál] 男 鉱滓(しょう)の山積み，鉱滓の捨て場，ぼた山．

escoriar [eskorjár] →excoriar.

escorpión [eskorpjón] 男 ❶ 《虫類》サソリ． ❷ 《魚類》カサゴ． ❸ (E-~)《天文》さそり座． ❹ (E-~)《十二宮》の天蠍(さそ)宮，さそり座．

escorzar [eskorθár] [**1.3**] 他 《美術》を遠近短縮法で描く．

escorzo [eskórθo] 男 《美術》遠近短縮法．

escota [eskóta] 女 《海事》帆脚索(ほあし)．

escotado, da [eskotáðo, ða] 形 《服飾》(服が)胸あきのある，胸元の開いた．—vestido ~ 胸元の開いた服．—— 男 《服飾》(服の)胸あき，えりぐり，ネックライン．類**escotadura, escote**.

escotadura [eskotaðúra] 女 《服飾》(服の)胸あき，えりぐり，ネックライン．

escotar [eskotár] 他 ❶ 《服飾》(服の)胸あきを大きくする． ❷ (自分の分を)払う．
——se 再 自分の分を払う，割り勘にする．

escote¹ [eskóte] 男 ❶ 《服飾》(服の)胸あき，襟(えり)ぐり，ネックライン．—~ atrevido 大胆な胸あき．~ redondo 丸首．~ en pico V ネック． ❷ 《服飾》(襟元の)レースのフリル． ❸ (襟元からのぞく)胸元．

escote² [eskóte] 男 自分の分，分担金．
ir a escote →pagar a escote.
pagar a escote 各自が自分の分を払う，割り勘にする．

escotilla [eskotíʎa] 女 《航空，海事》ハッチ，昇降口，艙口(そうこう)．

escotillón [eskotiʎón] 男 (床の)はね上げ戸．
aparecer [desaparecer] como por escotillón 《比喩》不意に現れる[消える]．

escozor [eskoθór] 男 ❶ うずき，痛み．—sentir ~ うずく．La roncha me produce un ~ insoportable. 腫れたところが痛くてたまらない． ❷ 悲しみ，悲嘆；いらだち．

escriba [eskríβa] 男 《歴史》書記，筆写者，ユダヤ教の律法学者．

escribanía [eskriβanía] 女 ❶ ライティング・デスク． ❷ 筆記用具． ❸ 公証役場；公証人の職．

escribano [eskriβáno] 男 ❶ 書記官，事務官，代筆人． ❷ 公証人． ❸ 《虫類》ミズスマシ (= escribano del agua).

escribiente [eskriβjénte] 男女 筆記者，写字生，書記．

***escribir** [eskriβír エスクリビル] [**3.3**] 他 ❶ を書く．—~ una carta 手紙を1通書く．~ una novela 小説を1編書く．Ella no sabe ~ a máquina. 彼女はタイプが打てない．Escríbeme tu número de teléfono en este papel. この紙に君の電話番号を書いてくれ． ❷ (楽曲)を書く，作曲する．—~ una ópera オペラを1曲書く，作曲する．
—— 自 ❶ [+a に]手紙を書く，手紙を出す．—Hace años que no me *escribe*. 数年前から彼は手紙をよこさない．Me *escribió* diciendo que retrasaba el viaje. 彼は旅行を延期すると手紙をよこした． ❷ (筆記具が)書ける．—Este bolígrafo no *escribe*. このボールペンは書けない． ❸ ものを書く，著述をする．—~ en inglés 英語で書く．~ en el ordenador コンピュータに打ちこむ．Me gano la

vida *escribiendo*. 私は著述をして生計を立てている.

— se 再 ❶ 書かれる, 綴られる. —¿Cómo *se escribe* tu apellido? 君の名字はどう綴るの? ❷ 文通する. —Ella y yo *nos escribimos* en japonés [por correo electrónico]. 彼女と私は日本語で [E メールで] 文通し合っている.

escriño [eskríɲo] 男 ❶ ワラをヤナギの小枝やアサで編んできたかご. ❷ 宝石箱, 貴重品箱.

escrito [eskríto] 動 escribir の過去分詞.

‡**escrito, ta** [eskríto, ta] 過分 [< escribir] 形 ❶ 書かれた;《比喩》はっきり見てとれる. —carta *escrita* a mano [a máquina] 手書きの [タイプした] 手紙. examen ~ 筆記試験. lenguaje ~ 書き言葉 (話し言葉は lenguaje hablado). Tiene la culpa *escrita* en la cara. 彼のせいだということは顔を見ればわかる (< 顔にかいてある). ley *escrita*/derecho ~ 成文法. ley no *escrita*/derecho no ~ 慣習法. ❷ 神の摂理によって定められた, 宿命的な. 類 **fatal, inevitable**. ❸ (メロンなどの) 網目模様の入った.

estar escrito 定めである, 宿命である. *Estaba escrito* que no volverían a verse. 2 人は 2 度と会わない定めとなっていた.

lo arriba escrito 上記 [前記・前述] のこと.

Lo escrito escrito está. 1 度書かれたことは書かれたことである, 取り消せない.

— 男 ❶ 書かれたもの, 文書, 書類; 手紙. —Dejó un ~ en la pizarra. 彼は黒板に何か書き置きをした. Te mandaré un ~. 君に手紙を書くよ. 類 **carta, documento, nota**. ❷ (文学) 作品, 著作. —~s de Ortega y Gasset オルテーガ・イ・ガセーの著作. 類 **obra, texto**. ❸ 《法律》(裁判所への) 申立て書, 申請書. —~ de agravios 上訴状. ~ de conclusión [de conclusiones] (一審の) 最終申立書. 類 **alegato**.

poner [tomar] por escrito を書きとめる, 文書にする.

por escrito 文書で, 書面で. Elevó *por escrito* a la autoridad competente una solicitud de permiso de armas. 彼は銃砲所持許可証の申請書を所轄官庁に提出した.

‡‡**escritor, tora** [eskritór, tóra エスクリトル, トラ] 名 作家, 文筆 [著述] 家. —~ fantasma ゴーストライター. ~ gastronómico グルメ評論家. Es una *escritora*. 彼女は女流作家である. 類 **autor**.

‡**escritorio** [eskritórjo] 男 ❶ 書き物机, 事務机. —~ efectos [objetos] de ~ 文房具. gastos de ~ 事務用品費. 類 **buró, escribanía**. ❷ (小型の) 宝石だんす. —~ embutido de marfil 象牙のぎらんと詰めた宝石だんす. ❸ 事務室; 書斎. 類 **despacho, oficina**.

escritorzuelo, la [eskritorθuélo, la] 名《軽蔑》三文作家, 三流文士.

escritura [eskritúra] 女 ❶ (表記システムとしての) **文字 (法)**, 表記法; (各言語の) **文字**; (活字の) **字体**. —Ese país no tenía ~; se introdujo de fuera. その国には文字がなかった. あとで外部から導入された. ~ latina [griega, árabe] ラテン [ギリシャ, アラビャ] 文字. ~ china 漢字. ~ gótica (印刷) ゴチック体. ~ corrida [normal] 普通筆記法 (→ 速記法 estenografía). 類 **grafía**. ❷ 筆跡; (字の) 書き方, 習字. —Tiene malísima ~. 彼はとても字が下手だ. Tiene una ~ totalmente ilegible. 彼の字は全く読めない. No le vendrían mal unas clases de ~. 彼に習字の授業を受けさせるのは悪くはなかろう. 類 **caligrafía**. ❸ 書くこと, 執筆. —La ~ del guión le llevó mucho tiempo. シナリオを書くのに大分時間がかかった. ❹《法律》(公正) 証書; 契約書. —~ pública [notarial] 公正証書. Aún no ha pagado al notario los gastos de la ~ del contrato. 彼はまだ契約書の作成費用を公証人に支払っていない. ~ de propiedad 権利 (証) 書. ~ de seguro 保険証券. ~ de emisión de bonos 債券発行証書. ~ de traspaso (不動産・権利などの) 譲渡証書. ~ de venta 売渡証. ~ de aprendizaje 年季奉公行契約書. 類 **contrato, documento, póliza**. ❺ 書類, 文書, 書き物. —En su biblioteca conserva ~s antiquísimas. 彼は自分の書庫に古文書を保管している. 類 **carta, documento, escrito**. ❻ [単] または [複] (E~(s)) 聖書. —la(s) Sagrada(s) E~(s) 聖書. 類 **Biblia**.

escriturar [eskriturár] 他《法律》を文書で公認する, 公証する.

escrófula [eskrófula] 女《医学》瘰癧(るいれき)腺病. —tener ~ るいれきがある.

escrofuloso, sa [eskrofulóso, sa] 形《医学》瘰癧(るいれき)腺病の (にかかった).

— 名 《医学》るいれき腺病患者.

escroto [eskróto] 男《解剖》陰嚢(いんのう).

escrupulizar [eskrupuliθár] [1.3] 自 [+en] を気にする, …に危惧の念をいだく.

‡**escrúpulo** [eskrúpulo] 男 ❶ (事の正邪・当否についての) **疑念**, ためらい, 気がかり; **良心のとがめ** (= ~(s) de conciencia). —sin el menor de los ~s 少しのためらいもなく. Le roen los ~s. 彼は良心の呵責(かしゃく)に苛(さいな)まれている. Es un hombre sin ~s. あれは平気で何でもやりかねない男だ. Mis ~s me impidieron hacerlo. そんなことをするのは私の良心が許さなかった. sentir ~s 良心のとがめを感じる, 気がとがめる, 気に掛ける. ~ de monja つまらない [取るに足りない事柄] (= ~s pueriles [nimios]). vencer los ~s ためらう気持ちを抑える. 類 **duda, recelo, temor**. 反 **desaprensión, indelicadeza**. ❷ (飲食に関する) 不潔感, 気持ち悪さ. —¡Bebe agua de mi vaso, no tengas tantos ~s! ぼくのコップの水を飲んでいいよ. そんなにいやがらないで! Le da ~ comer el pulpo crudo. タコを生で食べるのは彼には気持ちが悪い. 類 **aprensión, asco, manía**. ❸ 細心, 周到, (細かな) 気配り. 類 **escrupulosidad, esmero**. 反 **incorrección**. ❹ 靴に入った小石. ❺《薬学》エスクルプロ (薬量の単位: 1.198 グラム).

no hacer escrúpulo de [+ 不定詞] 平気で…する, …することをためらわない.

no tener escrúpulos (1) 平気で何でもやりかねない, 臆面(おくめん)もない. (2) 気持ち悪く思う. (3) 細心綿密でない.

sin escrúpulos 不道徳な, 破廉恥な, 無節操な. Es un hombre de negocios *sin escrúpulos*. 彼は無節操な実業家である.

tener [sentir] escrúpulos 心にやましさを覚える, 気がとがめる, ためらう.

escrupulosidad [eskrupulosiðá(ð)] 女《雅》きちょうめん, 細心, 綿密, 緻密. 類 **exactitud, minuciosidad**.

escrupuloso, sa [eskrupulóso, sa] 形 ❶ 〖+en〗…に几帳面な, きちんとした; 綿密な〖ser/estar+〗. — análisis ~ 綿密な分析. Es *escrupulosa en* su trabajo. 彼女は自分の仕事を几帳面にこなす. Últimamente está muy ~ *en* sus tareas. 最近彼は仕事ぶりが非常に周到だ. 類 concienzudo, cumplidor, meticuloso. 反 **descuidado**. ❷ きまじめな, 良心的な〖ser/estar+〗. — Es una juez *escrupulosa* que reflexiona mucho antes de emitir el veredicto. 彼女は判決を下す前に非常に熟慮する良心的な判事である. 類 honrado. 反 desaprensivo. ❸ 潔癖な; 用心深い, 心配症の〖ser/estar+〗. — Es tan ~ que nunca come nada sin hervirlo antes. 彼はとても潔癖なので事前に煮炊きしなければ決して何も食べない. 類 aprensivo, delicado.

escrutador, dora [eskrutaðór, ðóra] 形 吟味する, 詮索する, 探るような. — mirada *escrutadora* 探るような目つき.
— 名 〖政治〗開票立会人.

escrutinio [eskrutínjo] 男 ❶ 精査, 詮索. — hacer el ~ 詮索する. ❷ 〖政治〗(票の)集計, 開票. — Terminada la votación se procedió al ~ de los votos. 投票が終わると開票作業が始まった.

escuadra [eskuáðra] 女 ❶ 直角定規, 三角定規, さしがね, 曲尺. — de agrimensor (測量用の)angle儀. ~ de 45 (cuarenta y cinco) grados 45度の三角定規. ~ de 60 (sesenta) grados 60度の三角定規. falsa ~ 角度定規. trazar con ~ 直角定規で線を描く. ❷ 山形鉄, アングル. ❸ 〖軍事〗班, 分隊. ❹ 労働者の一団, 班. ❺ 〖スポーツ〗チーム. 類 equipo. ❻ 〖天文〗定座. *aescuadra* 直角に.

escuadrar [eskuaðrár] 他 ~ を正方形にする, 四角にする.

escuadrilla [eskuaðríja] 女 ❶ 〖軍事〗(小)艦隊, 戦隊; 飛行隊. — ~ acrobática アクロバット飛行隊.

escuadrón [eskuaðrón] 男 〖軍事〗騎兵中隊; 飛行隊.

escualidez [eskualiðéθ] 女 ❶ やせ衰え, やつれ. ❷ 不潔, 汚いこと.

escuálido, da [eskuáliðo, ða] 形 ❶ やせた. 類 esquelético. ❷ 汚い.

escualo [eskuálo] 男 〖魚類〗サメ, フカ.

escucha [eskútʃa] 女 ❶ 聞くこと, 聴取. ❷ 傍受. — 男女 〖放送〗ラジオの聴取者.
— 男 〖軍事〗斥候, 偵察兵.
escucha telefónica (電話の)盗聴.
estar [*ponerse, seguir*] *a la escucha* (注意深く)聞いている.

escuchar [eskutʃár エスクチャル] 他 ❶ ~ を聴く, …に耳を傾ける, 傾聴する. — Me *escuchó* con mucha atención. 彼は私の言うことを非常に注意深く聞いてくれた. ~ la radio ラジオを聴く. 類 oír. ❷ …に耳をかす, 注目する, を意に介する. — No parece muy dispuesta a ~ mis consejos. 彼女は私の助言にあまり耳をかそうとしているようには見えない. ❸ 〖中南米〗を聞く(=oír).
— 自 聞き耳を立てる, 耳を澄ます, 耳を傾ける. — Usted sólo oye, no *escucha*. あなたは聞いているだけで, 耳を傾けてはいない. *Escuchad* un momento; parece que alguien está llamando. ちょっと君たち, 耳を澄ましてごらん, だれかが呼んでいるみたいだ.
— *se* 再 自分の言葉に酔いしれて話す. — El profesor parece que disfruta *escuchándose*. その先生は自分の言葉に酔って楽しんでいるみたいだ.

escuchimizado, da [eskutʃimiθáðo, ða] 形 〖話〗やせた, ひょろ長い.

escudar [eskuðár] 他 を守る, 保護する, かばう.
— *se* 再 〖+con/en〗を口実にして逃げる, 盾にとる. 類 excusarse.

escudero [eskuðéro] 男 ❶ (騎士の)従士. ❷ (婦人用)小間使い, 侍者. ❸ 郷士(=hidalgo). ❹ 盾職人.

escudete [eskuðéte] 男 ❶ 小さな盾. — injerto de ~ 〖農業〗箱形芽接ぎ(接ぎ木の一方法). ❷ 〖植物〗スイレン(睡蓮).

escudilla [eskuðíja] 女 椀(わん).

escudo [eskúðo] 男 ❶ 盾(たて). — El guerrero se protegía con el ~. 戦士は盾で身を守っていた. embrazar un ~ 盾の取っ手に腕を入れる. 類 broquel. ❷ 〖紋章〗盾形紋章(=~ de armas); ワッペン. — Lleva el ~ de su equipo de fútbol favorito. 彼はひいきのサッカー・チームのワッペンをつけている. 類 insignia. ❸ 〖比喩〗防ぎ守る物[人], 保護物[者], うしろ盾. — *E*~ *Humano* 人間の盾. Deseaba que su partido fuera ~ contra el avance del comunismo. 彼は自分の党が共産主義の侵攻に対する防塞(ぼうさい)となることを望んだ. El alcalde es su ~. 町長が彼のうしろ盾である. 類 amparo, defensa, protección. ❹ 口実. 類 pretexto. ❺ 〖通貨〗エスクード(略 Esc.)(ポルトガルの通貨単位, チリの旧通貨単位(1960~75)でもあるが, 現在は peso). ❻ (鍵穴(かぎあな)の周囲に取り付けた盾形の)飾り座金(ざがね), 鍵穴隠し. 類 escudete. ❼ 〖海事〗(船尾の)船名板(=~ de popa). ❽ イノシシの肩肉. ❾ 〖天文〗火球, 隕石(いんせき)(=bólido).

escudriñar [eskuðriɲár] 他 ~ を細かに調べる, 吟味する, 詮索する, つくづく眺める. スキャンする.

escuela [eskuéla エスクエラ] 女 ❶ 学校; (特に)小学校; 校舎; 各種学校, 教習所. — ir a la ~ 学校へ行く. faltar a la ~ 学校を休む. establecer [fundar] una ~ 学校を設立する. maestro de ~ (primaria) 小学校の先生[教師]. recinto de la ~ 校内. ~ concertada 公費助成学校. ~ confesional ミッションスクール. ~ dominical 日曜学校. ~ laica (宗教系の学校に対し)普通学校. ~ filial [afiliada] 分校. ~ judicial 司法学校. ~ mixta 男女共学校. ~ naval 海軍兵学校. ~ nocturna 夜間学校. ~ pública [oficial] 公立学校. *E*~ *Oficial de Idiomas* 国立語学学校(略 EOI). ~ primaria [de primera enseñanza] 小学校. ~ privada [particular] 私立学校. ~ profesional 実業[専門]学校. ~ secundaria [de segunda enseñanza] 中学校. ~ taller 工芸技術実習学校. ~ técnica 専門[技術]学校. ~ vocacional 〖メキシコ〗実業学校. ~ de adultos 成人学校. ~ de arte dramático 演劇学校. ~ de artes y oficios 実業学校, 技術工芸学校. ~ de baile [de danza] 舞踊学校, ダンス教習所. ~ de bellas artes 美術学校. ~ de comercio 商業学校, ビジネススクール. ~ de equitación 乗馬学校.

842 escuerzo

~ de formación profesional 職業訓練校. ~ de montañeros 登山学校. ~ de música 音楽学校. ~ de odontología 歯科医学校. ~ de párvulos 幼稚園. ~ de verano サマースクール, 夏期学校. Todavía no tiene edad para ir a la ~. 彼はまだ就学年齢に達していない. ❷ **訓練, 練習; レッスン; 教育, 授業.** —alta ~《馬術》馬場馬術. Es un buen actor, pero le falta ~. 彼はいい俳優だが, 修行を積む必要がある. 類 **estudio, saber.** ❸《集合的に》**生徒教職員, (父兄も含む)学校関係者.** —Toda la ~ participó en el espectáculo de fin de curso. 全校生徒教職員が学年末の催しものに参加した. ❹《大学の》**学部, 専門学部;《建築・工学技術などの学部に相当する》高等専門学校, 単科大学;《大学院の》研究室.** —E~ de Medicina 医学部. E~ Superior de Ingenieros Agrónomos 農学部(に相当). E~ Superior de Comercio 商科大学. E~ Superior del Magisterio 教員養成大学. 類 **facultad, instituto.** ❺《学問・芸術・信条などの》**学派, 流派, …派;《集合的に》門下生.** —Era pintor de la ~ realista española. 彼はスペイン写実派の画家だった. ~ impresionista 印象派. un cuadro de la ~ flamenca《美術》フランドル派. ~ freudiana フロイト学派. E~ de París《美術》エコール・ド・パリ. ~ de Praga《言語学》プラーグ学派. ~ romántica ロマン派. Los primeros cuadros de El Greco tienen influencia de la ~ veneciana. エル・グレコの初期の絵画はベネツィア派の影響を受けている. 類 **corriente, tendencia.** ❻《比喩》**学習[修業]の場, 学校, 道場.** —Todo lo que sabe del amor lo aprendió en la ~ de la vida. 彼は恋愛についての知識はすべて人生という学校で学んだ. ❼ **風, 作風, 主義; 教授[教育]法, 教育方針.** —gente de las viejas ~s 旧弊な考えの人たち. Cada profesor tiene su ~. 先生にはそれぞれ自分の教授法がある. 類 **estilo, método.** ❽ **教え, 教訓, 手本.** —La bondad de su padre fue su mejor ~. 父親の人柄の良さは彼にとって一番よい手本だ. 類 **ejemplo, enseñanza.**

buque escuela →buque.

escuela activa《歴史》活動的学校(生徒の自発的学習を推し進めた. →escuela nueva).

Escuela de Traductores de Toledo《歴史》トレドの翻訳家グループ(1085年 Alfonso 6世にトレド奪還後にできた集団で, 特にアラビアの文献をラテン語やスペイン語に翻訳し, アラビア文化をヨーロッパに伝えた).

escuela militar 陸軍士官学校.

Escuela Moderna 新教育学校(Ferrer が1901年に幼児教育のためスペイン Barcelona に創立).

escuela normal [de magisterio]《一般に小学校・中学校教員養成の》師範学校, 教員養成大学. ♦現在では escuela universitaria para la formación del profesorado de EGB の名で知られている.

escuela nueva《歴史》(生徒の自立と自由を推し進める)活動主義教育法, 教育刷新運動(→escuela activa).

Escuelas Cristianas《カトリック》キリスト教学校修士会, ラサール会(Juan B. de La Salle: 1652-1719 がフランスで青少年教育を目的として 1684年創立).

Escuelas Pías《カトリック》エスコラピアス修道会(San José de Calasanz: 1556-1648 がイタリアで1597年に貧困児教育を目的として創設した修道会).

hacer [crear] escuela 一派を成す, 信奉者[追随者]を生む. La filosofía de Aristóteles *creó escuela*. アリストテレスの哲学は一家を成した.

granja escuela 教育農場.

escuerzo [eskuérθo] 男 ❶《動物》ヒキガエル. ❷《話, 比喩》やせて虚弱な人.

•**escueto, ta** [eskuéto, ta] 形 ❶《表現・文体などが》**平明な, 飾り気[無駄]のない, 簡潔な**[ser/estar+]. —Su *escueta* respuesta fue un simple "no". 彼の簡潔な答えはただ「いいえ」であった. Estuviste muy ~ en tu exposición. 君は説明に無駄がなかった. 類 **conciso, estricto, seco.** 反 **recargado.** ❷ **ありのままの; あからさまの, むき出しの.** —Es la verdad *escueta*. それはあからさまな真実だ. 類 **descubierto, desembarazado.**

esculpir [eskulpír] 他《美術》**を彫刻する, 〖+ en〗…に刻む, …に彫刻をする.** —~ una estatua en mármol 大理石像を彫る.

—— 自《美術》**彫刻する.**

escultor, tora [eskultór, tóra] 名 **彫刻家.**

escultórico, ca [eskultóriko, ka] 形 **彫刻の, 彫刻的な.** —belleza *escultórica* 彫刻的な美. arte *escultórica* 彫刻芸術.

‡**escultura** [eskultúra] 女 ❶ **彫刻(芸術).** —~ griega ギリシャ彫刻. Se dedica a la ~ en madera. 彼は木彫をやっている. ❷ **彫刻(作品), 彫像.** —~ de madera 木彫(作品). ~ exenta 野外彫刻. ~ móvil モビール彫刻, 動く彫刻(1930年アメリカで Calder が創始した). 類 **estatua, talla.**

escultural [eskulturál] 形 ❶ **彫刻の, 彫刻術の.** —arte ~ 彫刻芸術. ❷《比喩》**彫刻のような.** —cuerpo ~ 彫刻のように均整のとれた体.

escupidera [eskupiðéra] 女 痰壺(たんつぼ).

escupido, da [eskupíðo, ða] 過形 **生き写しの, うりふたつの.** —Carmen es *escupida* a su madre. カルメンは母親に生き写しだ.

—— 男 **esputo.**

escupidura [eskupiðúra] 女 ❶ (吐き出した)唾(つば), 痰(たん). 類 **escupitajo, esputo.** ❷ 唇の腫れ物.

escupir [eskupír] 他 ❶ **を吐く.** —~ sangre 血を吐く. ❷《比喩》(悪口などを)**吐く.** —~ insultos 悪口を吐く. ❸《比喩》**を発する, 噴出する, 漏らす.**

—— 自 ❶ **唾(つば)を吐く.** —Es de mala educación ~. 唾をはくのは行儀の悪いことだ. ~ a la cara(…に)顔に唾を吐きかける. ❷《比喩》(ペンから)インクが漏れる.

escupir por el colmillo →colmillo.

escupitajo [eskupitáxo] 男《話》唾(つば), 痰(たん), 吐き出した血. 類 **saliva, flema.**

escupitinajo [eskupitináxo] →escupitajo.

escurialense [eskurjalénse] 〖<Escorial〗形 エル・エスコリアル(El Escorial)の, エル・エスコリアル生まれの.

—— 男女 エル・エスコリアル生まれの人.

escurreplatos [eskurreplátos] 男〖単複同形〗(食器用の)水切りかご.

escurridero [eskuřiðéro] 男 水切り台, 水切り棚, 水切り.

escurridizo, za [eskuřiðíθo, θa] 形 ❶ すべりやすい, すべてつかみにくい. — camino ~ すべりやすい道. Las anguilas son muy *escurridizas* 鰻はとてもつかみにくい. ❷《比喩》とらえどころのない. — problema = とらえどころのない問題.

escurrido, da [eskuříðo, ða] 形 やせた. *peso escurrido* 正味重量.

escurridor [eskuřiðór] 男 ❶ (洗濯機の)脱水機. ❷ (野菜などの)水切りかご.

escurriduras [eskuřiðúras] 女 複 ❶ かす, おり, くず, (つまらない)残り物. ❷ しずく, 滴(しずく)り.

escurrir [eskuřír] 他 ❶ を絞る, 絞り出す. — una toalla タオルを絞る. ❷ ...の水気を切る, 水分をとる. ❸ を滴らせる. ❹ を滑らせる, 滑り込ませる.

—— 自 ❶ しずくが落ちる, (水などが)ぽたぽたと落ちる. ❷ すべりやすい.

—— se 再 ❶ すべり落ちる, するりと抜ける[逃げる]. — *Se escurrió* de la reunión sin que nadie se diera cuenta. 彼は誰も気がつかないうちに集会を抜け出した. ❷ (うっかり)間違える, 口をすべらせる.

escurrir el bulto 責任を免れる, 大役[危険]から逃れる.

***escusado, da** [eskusáðo, ða] 形 (場所などが)専用の, 特別用の; とっておきの. — Me llevó a un lugar ~ y pudimos hablar solos. 彼は私を特別な場所につれて行ってくれたので, 二人だけで話をすることができた. ♦excusado, da とも言う.

—— 男 (婉曲)手洗い, トイレ, 便所. — Preguntó al camarero dónde estaba el ~. 彼はウェイターにトイレがどこにあるかたずねた. 類 **baño, retrete, servicio**.

escúter [eskutér] 男 複 escúteres スクーター.

esdrújulo, la [esðrúxulo, la] 〈＜伊〉形 『言語』終わりから3番目の音節にアクセントがある. — La palabra "médico" es *esdrújula*. médico という語は終わりから3番目の音節にアクセントがある. verso ~ 終わりから3番目の音節にアクセントのある語で終わる韻文.

—— 男 『言語』終わりから3番目の音節にアクセントがある語.

ESE (略号) = estesudeste 東南東.

ese[1] [ése] 女 ❶ 文字S, sの名称. ❷ S字形. ❸ (バイオリンの)S字孔. ❹ S字形のかぎ.

ir haciendo eses 千鳥足で歩く, ジグザグ運転する.

****ese**[2], **esa** [ése, ésa エセ, エサ] 形(指示) 複 esos, esas) ❶ 〔+名詞〕『心理的に聞き手に近いもの[人], または話し手と聞き手の両方からあまり遠くないもの[人]を指す』その, あの (→este, ese). — Abre *ese* paquete. その小包を開けて. No me atrevo a darle *ese* disgusto. 彼にそんな心配をかけるなんてできない. ❷ 〔+時の名詞〕(現在からあまり遠くない過去または未来のことを指すの). — Desde *ese* día no volvió más. その日から彼は戻ってこなかった. Por *esos* años yo vivía en Tokio. その時代私は東京に住んでいた. No hay que arriesgar nada hasta *ese* día. その日までは全く危険を冒すべきではない. ❸ 〔+名詞〕(軽い不平・不満を示す)あの. — ¡Qué bruto es *ese* Carlos! あのカルロスときたら何て乱暴なんだ. ❹ 〔名詞の後〕(強調・怒り・軽蔑を示す)その, そんな. — La mujer *esa* es una ladrona. その女は泥棒だ. ¿Sabes lo que me pasó el viernes *ese* del demonio? あのとんでもない金曜日に私に何が起きたか知ってるか.

—— 代(指示) ❶ それ, そのもの, その人 〔→囲 eso. 中性を除く指示代名詞には, 指示形容詞と誤解される恐れがある場合にはアクセント記号を付けなければならない. →este〕. — *Ese* es mi libro. それは私の本だ. ¿Qué carta es *esa* que tienes en la mano? 君が持っているそれは何の手紙だ. Su principal defecto era *ese*: la bebida. 彼女の最大の欠点はあれだった. つまり飲酒だ. ❷ 『人を指して強調・軽蔑・怒りを表す』そいつ, あいつ. — No quiero volver a verte con *ese*. 君があいつといっしょにいるところは二度と見たくない. Un tipo como *ese* no confesará nunca. そんな男は決して白状しないだろう. ¡Nos ha fastidiado *esa* con sus exigencias! あの女にわがままを言われてうんざりしたよ. ❸ 『女性形で』(手紙文で)そちら, 御地(→esta). — ¿Cómo van los negocios en *esa*? そちらではご商売いかがですか.

ir [salir, venir] con esas 今さらそんなことを言いだす. — ¿Ahora me *vienes con esas*? 今さらそんなことを言われても(だめだ).

ni por esas 《話》それでもなお...でない. Le ofrecieron toda la fortuna, pero *ni por esas* aceptó el divorcio. 彼女は全財産を提示されたがそれでも離婚に応じなかった.

***esencia** [esénθja] 女 ❶ (一般に)本質, 真髄; 核心, 要点. — La ~ del cristianismo es la caridad. キリスト教の本質は愛徳である. En este panfleto va resumida la ~ de la ideología del partido. 党の理念の要旨がこのパンフレットにまとめられている. 類 **alma, carácter, fondo**. 反 **antítesis**. ❷《化学》(蒸留などで抽出した植物・食品などの)エキス, エッセンス, 精; 香水, 香油. — Con la ~ de algunas plantas se fabrican perfumes. 香水は何種類かの植物のエキスで作られる. ~ de menta [de limón] ハッカ[レモン]油. ~ de mirbana ニトロベンジン. 類 **extracto, perfume**. ❸《比喩》精髄, 精華, 典型. — Ese muchacho es la ~ de la cortesía. その子は礼儀正しさそのものだ. 類 **colmo, modelo, quintaesencia**. 反 **contrario, negación**. ❹『哲学』本質, 実体, 実在 (→accidente 偶有性, existencia 実存). — la ~ divina 神. 類 **entidad, naturaleza, sustancia**. ❺ ガソリン (= ~ mineral, gasolina).

en esencia (1) 本質的に, 本質において (=esencialmente). Las dos cosas son *en esencia* lo mismo. その2つのものは本質的には同じものだ. (2) かいつまんで, 要点だけ (=en resumen). Me contó *en esencia* lo sucedido. 彼は私に出来事をかいつまんで話してくれた.

por esencia 本質的に, もともと (=en esencia). El español es *por esencia* individualista. スペイン人はもともと個人主義者だ.

quinta esencia (1) 精髄, 真髄, 本質; 典型. Es la *quinta esencia* de la caballería japonesa. それが武士道の真髄である. (2)《古代哲学》第五元素, エーテル(火・水・土・気の四元以外の究極・至高の元質で, 万象に拡充して宇宙を構成すると考えられた). (3)《錬金術》(蒸留による)純粋分, 精. (→quintaesencia)

ser de esencia (物が)必要不可欠である.

844 esencial

esencial [esenθiál] 形 ❶ 本質的な, 本質の, 基本的な. —La inteligencia es ~ en el ser humano. 知性は人間にとって本質的なものだ. El oxígeno es un componente ~ del agua. 酸素は水の本質的な成分である. hipertensión ~ 《医学》本態性高血圧. 類**inseparable, integrante, natural, propio, sustancial**. 反**accidental**. ❷ 〖+a/en/para〗不可欠の, 絶対必要な, 大変重要な〖ser+〗. —El aire es ~ a la vida. 空気は生命に不可欠である. No es ~ que llegues antes de las nueve. 君は9時前に来る必要はない. 類**indispensable, necesario, principal**. ❸ エキスの, 粋を集めた. —aceites ~es (オリーブの)精油.
lo esencial 必要不可欠のこと[もの], 絶対必要なこと[もの]; 要点. Deja a un lado los detalles y cuéntame *lo esencial*. くわしいことはわきに置いておいて要点を話してくれ.

esencialmente [esenθiálménte] 副 本質的に, 本来. —Las dos cosas son iguales en apariencia, pero ~ distintas. 二つの物は見かけは等しいが, 本質的には異なる.

esfenoides [esfenóiðes] 男 〖単複同形〗《解剖》蝶形骨.
— 形 《解剖》蝶形骨の. —hueso ~ 《解剖》蝶形骨.

esfera [esféra] 女 ❶ 《幾何》球, 球体, 球面. — ~ terrestre [terráquea] 《文》地球(=globo terráqueo). ~ celeste 《天文》天球(儀), 空(=cielo). ~ armilar 渾天(古代の天体儀の一種)(=globo celeste). ~ de pista 《情報》トラック・ボール. ~ paralela [recta] 平行[直角]球. 類**bola, globo, pelota**. ❷ 《活動・勢力・専門・知識などの》範囲, 領分, 分野, 場. — ~ de actividad [de acción] 活動[行動]範囲. ~ de influencia 勢力範囲, 支配圏. Pocos compiten con él en su ~ profesional. 彼の専門分野で彼にかなう人はあまりいない. 類**ámbito, campo, órbita**. ❸ 《個人の属する》社会階級, 身分. —Las altas ~s de la sociedad) 上流社会. Sólo trata con personas de su ~. 彼は自分の地位にマッチする人々としかつき合わない. 類**ambiente, círculo, clase, medio**. ❹ 《時計・計器の》文字盤, 目盛り盤. 類**círculo, disco, mostrador**. ❺ 地球(儀)(= ~ terrestre [terráquea]). ❻ 〖複〗《文》天宮, 蒼穹(そうきゅう).

esfericidad [esferiθiðá(ð)] 女 《幾何》球体, 球形.

esférico, ca [esfériko, ka] 形 球(形)の, 球状の. —La toronja es una fruta *esférica*. グレープフルーツは球状の果物である. 類**globular, redondo**.
— 男 《スポーツ》(サッカーなどの)ボール. —El ~ dio en el larguero. ボールはクロスバーに当たった. 類**balón**.

esferoidal [esferoiðál] 形 《数学》長球体の, 楕円体の.

esferoide [esferóiðe] 男 《数学》長球体, 楕円体, 偏球体.

esfinge [esfínxe] 女 ❶ 《虫類》スズメガ. ❷ 謎の人. ❸ スフィンクス.

esfínter [esfínter] 男 《解剖》括約筋.

esforzado, da [esforθáðo, ða] 形 勇気のある, 勇敢な. —hombre ~ 勇敢な男. 類**animoso, valiente**.

esforzar [esforθár] [5.5] 〖<fuerza〗他 を強める, …に力を込める; 酷使する. — ~ el oído 耳を澄ます. — la voz 声を張り上げる. Tiene que ~ la vista para leer. 彼は読むために無理して目を使わなければならない. 類**forzar**.
—**se** 再 〖+por/para/en+不定詞〗(…するよう)努力する, 努める. —*Se esfuerza por aprobar el examen*. 彼は試験に合格しようと努力している.

esfuerc- [esfuérθ-] 男 esforzar の現・接・現在.

esfuerz- [esfuérθ-] 男 esforzar の直・現在, 命令・2単.

esfuerzo [esfuérθo] 男 ❶ 〖+para/por〗…しようとする(肉体的・精神的)努力, 骨折り, 頑張り. —sin ~ 労せずして, 造作なく, 容易に. ley del mínimo ~ 最小努力の法則. Hizo ~s *para* no dormirse. 彼は眠らないように努めた. Muchos ~s me costó convencerle. 私は彼を説得するのに骨が折れた. Hizo un ~ en los últimos metros y consiguió llegar el primero a la meta. 彼は最後の数メートルの頑張りで一着になれた. 類**ánimo, intento, vigor**. ❷ 経済的犠牲, 奮発. —Han hecho muchos ~s para comprarse la casa. 彼らはマイホームを買うために大きな犠牲を払った. Están haciendo un ~ para costear los estudios de los hijos. 彼らは子供のたちの学費を払うために犠牲を払っている. 類**sacrificios**. ❸ 《物理・機械》応力. — ~ de compresión [de tracción] 圧縮[引っ張り]応力. ~ de torsión [de cizallamiento] ねじり[剪断(せん)]応力.
hacer esfuerzos [*un esfuerzo*] *para* [*por*] 〖+不定詞〗(1)…しようと努力する. (2)…するため経済的犠牲を払う.
hacer un esfuerzo por su *parte* 努力する, 最善を尽くす.
no ahorrar [*economizar, escatimar, excusar, perdonar, regatear*] *esfuerzo*(*s*) *para* …のためには努力を惜しまない. 服(ふく)わない.

esfumar [esfumár] 他 ❶ 《美術》を擦筆(さっぴつ)でぼかす. ❷ 《美術》の色の調子を落とす.
—**se** 再 ❶ 〖3人称で〗消える, 見えなくなる, ぼやける. 類**desaparecer, desvanecerse**. ❷ 《ある場所から》抜け出す, こっそり立ち去る, いなくなる. —Al verla venir, *se esfumó*. 彼女が来るのを見ると彼はさっと身を隠した.

esfuminar [esfuminár] 他 を擦筆(さっぴつ)でぼかす, ぼかす. 類**difuminar**.

esfumino [esfumíno] 男 《美術》擦筆(さっぴつ)(色調, トーンなどをぼかすために使用される先の尖った小さな筒[柔らかな皮の筒]. 類**difumino**.

esgregadura [esɣreɣaðúra] 女 →estregamiento.

esgrima [esɣríma] 女 《スポーツ》フェンシング, 剣術. —practicar la ~ フェンシングをする.

esgrimidor, dora [esɣrimiðór, ðóra] 名 フェンシングをする人, フェンシングのできる人; 剣士.

esgrimir [esɣrimír] 他 ❶ (剣などを)ふるう. ❷ 《比喩》(議論・理屈などを)武器に使う. — ~ razones 正しい筋道を通す.
— 自 《スポーツ》フェンシングをする.

esgrimista [esɣrimísta] →esgrimidor.

esguince [esɣínθe] 男 ❶ 《医学》捻挫. —tener [hacerse] un ~ 捻挫する. ❷ 身をかわすこと. ❸ 《まれ》嫌悪の表情[身ぶり], 渋面.

eslabón [eslaβón] 男 ❶《比喩》結び付けるもの，つなぎ，きずな，関連．— ~ perdido 失われたつながり．❷（鎖の）輪，環．❸ 火うち鉄．❹《動物》サツリ．

eslabonamiento [eslaβonamjénto] 男 環状につなぐこと，連鎖，連結．

eslabonar [eslaβonár] 他 ❶《比喩》を関連づける．— ~ las ideas 概念を関連づける．類 **encadenar, enlazar**．❷ を環でつなぐ，連接する．
— **se** 再［+con］…と連結する，つながる．

‡**eslavo, va** [esláβo, βa] 形 スラブ人［民族・語］の．— lenguas eslavas スラブ諸語．— 名 スラブ人；複 スラブ民族．— 男 スラブ語．

eslinga [esliŋɡa]〔< 英 sling〕女 重い物を持ち上げるための吊索［綱，鎖］．

eslip, slip [esli(p), (e)slí(p)]〔< 英 slip〕男〔複 eslips〕《衣服》ブリーフ，ブリーフ状の水泳パンツ．

eslogan [eslóɣan]〔< 英 slogan〕男〔複 esloganes〕スローガン，標語．— ~ publicitario 広告のスローガン．— ~ electoral 選挙のスローガン．lanzar un ~ スローガンを掲げる．

eslora [eslóra] 女 《海事》（船の）長さ，全長．— barco de 43 (cuarenta y tres) metros de ~ 全長43メートルの船．

eslovaco, ca [esloβáko, ka] 形 スロバキア（人・語）の．— 名 スロバキア人．— 男 《言語》スロバキア語．

Eslovaquia [esloβákja] 固名 スロバキア（首都ブラチスラバ Bratislava）．

Eslovenia [esloβénja] 固名 スロベニア（首都リュブリャナ Liubliana）．

esloven|o, na [esloβéno, na] 形 スロベニア (Eslovenia)（人・語）の．スロベニア人．— 男 《言語》スロベニア語．

esmaltado, da [esmaltáðo, ða] 形 エナメル［ほうろう］をかぶせた，釉薬(ﾕｳﾔｸ)をかけた，七宝を施した．— cerámica esmaltada ほうろう焼き．

esmaltador, dora [esmaltaðór, ðóra] 名 ほうろう引きの職人，エナメルの職人．

esmaltar [esmaltár] 他 ❶ …にエナメルをかぶせる．❷《比喩》…に彩色する．❸ …の質を高める，飾る，…に光彩を与える．— Las amapolas esmaltan los campos. ヒナゲシの花が野原を彩っている．Esmaltó su charla con numerosas anécdotas. 彼は沢山のエピソードをまじえて話を面白くした．— **se** 再（爪に）マニキュアを塗る．

esmalte [esmálte] 男 ❶ エナメル，ほうろう．— ~ de [para] las uñas マニキュア．dar [aplicar] un ~ エナメルを塗る．❷ 七宝細工 (= ~ sobre cobre)．❸《解剖》（歯などの）エナメル質．❹ 花えんじ色（ふじ色の絵の具）．

esmeradamente [esmeráðamente] 副 入念に，丹念に，丹精を込めて．

‡**esmeralda** [esmerálda] 女 《鉱物》エメラルド，緑玉石，翠玉(ｽｲｷﾞｮｸ)．— ~ oriental 緑縁玉（= corindón verde）．
— 男 エメラルドグリーン（鮮緑色）(=verde ~)．
— 形 エメラルドグリーン（鮮緑色）の．— ojos (de color) ~ エメラルドグリーンの目．

Esmeraldas [esmeráldas] 固名 エスメラルダス（エクアドルの県）．

esmerar [esmerár] 他 （宝石・金属などを）磨く．
— **se** 再 ❶［+en/por］…に丹精をこめる．— 生懸命になる．— Él se esmeró en complacer-

eso 845

nos. 私たちを喜ばせようと一生懸命だった．❷［+en/por］…に（細心の）注意を払う．

esmerejón [esmerexón] 男 《鳥類》（ハヤブサの一種）コチョウゲンボウ．

esmeril [esmeríl] 男 金剛砂（粉末状の研磨剤）．— papel de ~ 紙やすり．

esmerilar [esmerilár] 他 を金剛砂で磨く．

esmero [esméro] 男 ❶ 細心の注意，注意深さ．— Pone ~ en la limpieza. 彼はすみずみまでていねいに掃除をしている．trabajar con ~ 念入りに仕事をする．❷ きちんとしていること，きちょうめんさ．

esmirriado, da [esmiři̯áðo, ða] 形 やせた，やせこけた；やつれた；しおれた．類 **consumido, extenuado, flaco**．

esmoquin [esmókin] 男〔複 esmóquines〕《服飾》タキシード．

esnob [esnó(β)] 形 俗物の，紳士気どりの，スノッブな．— 男女 俗物，紳士気どり，スノッブ．

esnobismo [esnoβísmo] 男 俗物根性，紳士気取り．

ESO [éso]〔< Enseñanza Secundaria Obligatoria〕略 《スペイン》中等義務教育．

‡‡**eso** [éso エソ] 低〔指示〕（中） ❶《心理的に聞き手に近い事柄を指す》それ，そのこと．— E~ a mí no me importa. そんなこと私はかまいません．Todo ~ es cierto. それはまったく確かなことだ．E~ que ha dicho me interesa. 彼が言ったあのことに私は関心がある．❷《空間的に聞き手に近い未知のものまたは漠然としたものを指す》それ．— ¿Qué es ~? それは何ですか．¿Has traído ~ que te pedí? 君に頼んでおいたあれを持ってきたかい．❸《話》《軽蔑的に》といつ，あいつ．— Mira ~, ¡qué chica! あれ見ろよ，何て娘だ．❹《承認・賛成を表して》そうだ，それだ，そのとおり．— ¡E~, ~! そうだ，そのとおり．

a eso de ... …頃．Llegaré a eso de las dos. 私は2時頃着きます．

ahí queda eso → quedar．

aun con eso それでもやはり．

¿Cómo es eso? （驚き・不快を表す）なんだって?, それは一体どういうことなのか．¿Cómo es eso? Me dijo claramente que estaba de acuerdo. なんだって? 彼ははっきりと賛成していると言ったんだよ．

en eso ちょうどその時．

de eso nada [ni hablar] 《話》とんでもない，論外だ．Tú podrías ir a recogerle. –*De eso nada!* 君は彼を迎えに行くこともできるだろうに．-とんでもない!

eso de［+名詞/不定詞/*que*］…《時に軽蔑》（相手の発言を受けて，あるいは，暗黙に了解されていることを受けて）その…ということ．No soporto *eso de* estar siempre quejándose. 私はそのいつも不平を言っているというのが我慢なりません．¿Qué es *eso de* volver a estas horas? いったいこんな時間に戻ってくるというのはどういうことだい?

Eso es. そのとおり．Entonces, ¿vas a divorciarte? –*Eso es.* それじゃ君は離婚するつもりなの? –そのとおり．

eso mismo (1) まさにそのとおり．*Eso mismo* es lo que dice mi padre. 私の父はまさにそのとおりのことを言っている．(2) それと同様に，同じく．*Eso mismo* haré yo. そのとおりにやりましょう．類 **asimismo, igualmente, también**．

eso que →y eso que.
ieso sí! もちろん. Puedes ir, pero *ieso sí!*, vuelve pronto. 出かけてもいいわよ, でももちろん早く戻って来てね.
ieso sí que no! 絶対だめ[違う]. Mamá, ¿puedo quedarme esta noche en casa de una amiga? –¡*Eso sí que no!* ママ, 今晩友達の家に泊まってもいい？-絶対だめよ!
ni con eso それでもやはり…でない. *Ni con eso* nos prestaron el dinero. 彼らはそれでも私たちに金を貸さなかった.
no por eso だからといって…でない. *No por eso* dejó de ayudarle hasta su muerte. だからといって彼女は死ぬまで彼を助けることを止めなかった.
para eso (1)(理由・動機)そのために[このために]. No te quejes. *Para eso* te pagan. 不平を言うな. そのために給料もらってるんだから. (2)(反語的に失望・幻滅を示す)そんなこと[こんなこと]のために. ¿*Y para eso* me has llamado? Tú no estás bien de la cabeza. こんなことのために電話かけてきたの? あなた頭がどうかしてるわよ.
por eso だから, それで. *Por eso* tuve que salir de casa tan temprano. だから私はこんなに早く家を出なければならなかったんだ.
por eso mismo [justamente, precisamente] それだからこそ, だからこそ. Es un chico muy sensible. *Por eso mismo* debes ser más cariñosa con él. 彼はとても傷つきやすい. だからこそ, あなたはもっと彼に優しくしなければならない.
¿Y eso? 〖話〗(1)(理由を求めて)それってなぜ? どうして? Papá está hoy de muy mal humor. –¿*Y eso?* パパは今日すごく機嫌が悪いわね. –それって, どうして? (2)(説明を求めて)それってどういうこと? Hoy no cenaré en casa. –¿*Y eso?* 今日は夕食家で食べないよ. –それって？
y eso cuando [porque, si] ... 〖強調〗しかもそれはまさに…である. Me ayuda en casa raras veces, *y eso cuando* no me encuentro bien. 彼女はたまにしか家の手伝いはしてくれない, それも私の具合が悪いときだけよ.
y eso que ... …にもかかわらず, しかも…なのに. Tiene el pelo horrible, *y eso que* fue ayer a la peluquería. 彼女の髪はひどいわ, 昨日美容院にいったのに.
¿eso qué es? それがどうした(というのだ).

esofagitis [esofaxítis] 囡 《医学》食道炎.
esófago [esófaɣo] 男 《解剖》食道.
Esopo [esópo] 固名 アイソポス[イソップ](前620頃–560頃, ギリシャの寓話作家).
esos [ésos] 形(指示) 男 複 →ese.
ésos [ésos] 代(人称) ése の男性複数形.
esotérico, ca [esotériko, ka] 形 ❶ 奥義に達した, 秘密の, 秘教の. ❷《比喩》難解な.
esoterismo [esoterísmo] 男 ❶ 奥義, 秘教. ❷《比喩》難解さ.
esotro, tra [esótro, tra]〔<ese otro の縮約形〕形〖古〗その他の, もう一方の. —*esotra* chica. もうひとりの若い娘.
—— 代 そのほかのもの[人].
esotropía [esotropi'a] 囡 《医学》内斜視.
espabilado, da [espaβiláðo, ða] 形 →despabilado.
espabilar [espaβilár] 他 →despabilar.

espaciador [espaθjaðór] 男 (タイプライターの)スペースバー.
‡**espacial** [espaθjál] 形 ❶ 宇宙(空間)の. — vuelo ~ 宇宙飛行. plataforma ~ 宇宙ステーション. nave ~ 宇宙船. paseo ~ 宇宙遊泳. transbordador ~ スペースシャトル. traje ~ 宇宙服. ❷ 空間の.
espaciar [espaθjár] 他 ❶ を一定の距離[間隔]をあけて置く, …の間隔をあける. ❷《印刷》…の語間[行間]をあける.
—— **se** 再 ❶〖3 人称で〗間隔があく. ❷《比喩》冗長になる. —No *te espacies* con datos inútiles y ve al grano. どうでもいい話しはおいといて, 本題に入ってくれよ.

‡**espacio** [espáθjo エスパシオ] 男 ❶ (物・人の占める)**場所, スペース**; (特定用途の)**空間**, 地帯. —En la casa que vive ahora le sobra mucho ~. 彼が今住んでいる家にはスペースが沢山余っている. Este armario ocupa demasiado ~. この洋服箪笥(ﾀﾝｽ)は場所を取り過ぎている. Es importante conservar los ~s verdes. 緑地帯を保全することは大切である. ~ muerto《軍事》死角. ~ vital 生活空間;《地政学》生活圏(領土). (ナチスの理念. ドイツ語の Lebenstraum の訳). 類 **área, extensión, volumen.** ❷ (時間に対する)**空間(的広がり); 天空; 《物理·幾何·芸術》空間.** — violación de ~ aéreo 領空侵犯. ~ de tres dimensiones 三次元空間. ~s imaginarios 空想の世界. geometría del ~ 立体[空間]幾何学. ~ tiempo《物理》時空(連続体)(四次元の Minkowski 空間のこと). ❸ (地球の大気圏外の)**宇宙(空間)**(= ~ estelar [cósmico, extraterrestre, ultraterrestre]). — ~ infinito 広大無辺の宇宙. viaje por el [al] ~ 宇宙旅行. El cohete fue lanzado al ~. ロケットは宇宙に打ち上げられた. nave del ~ 宇宙船. ~ sideral [interplanetario] 恒星間[惑星間]宇宙. 類 **cielo, firmamento, infinito.** ❹ (物体間の)**間隔, 隙間**(ｽｷﾏ), **空き地;《印刷》スペース, 行間.** —Entre las mesas de la clase hay un pequeño ~. 教室の机と机の間は少し空き間がある. dejar un ~ entre dos cosas 2つの物の間を空ける. escribir a un ~ [a doble ~, a dos ~s] シングル[ダブル]スペースで書く. 類 **distancia, hueco, vacío.** ❺ 空欄(= ~ en blanco); 空所, 余地, 余白. — ~ de disco《情報》ディスク・スペース. Llenen los ~s con las respuestas. 空欄に答えを書き入れなさい. 類 **blanco.** ❻ (時間の)間, 時間, 期間(= ~ de tiempo). —caminar por (el) ~ de dos horas 2時間歩く. En el ~ de dos años han muerto tres amigos. 2年の間に 3 人の友人が死んだ. Trató el asunto con gran ~. 彼はその問題を長々と論じた. 類 **intervalo, lapso, período, transcurso.** ❼《テレビ, ラジオ》(番組内の)枠(ﾜｸ), 番組;《新聞, 雑誌》紙面, スペース. — ~ informativo [cultural, musical] ニュース[教養, 音楽]番組. ~ publicitario コマーシャルの時間, 広告欄. 類 **programa.** ❽《音楽》五線譜の線間. ❾《機械》— ~ perjudicial (ピストンヘッドの)隙間. ❿《鉄道》— ~ de dilatación 伸縮継手(ﾂｷﾞﾃ). ⓫ 悠長, ゆとり.
—— 副 ゆっくりと, のろく, 遅く.

en (el) espacio de ... …の間に[で]. Terminó el examen *en el espacio de* una hora. 彼は 1 時間で試験を書き終えた.

espacioso, sa [espaθióso, sa] 形 ❶《内部が》広々とした, ゆったりとした. —La casa tiene una cocina muy *espaciosa*. その家には非常に広々とした台所がある. Me gustaría cambiar este coche por otro más ～. 私はこの車をもっと大きい車に変えたいものだ. 類 **amplio, ancho, vasto.** 反 **estrecho.** ❷ ゆっくりとした, 間延びした, のんびりした. —Es tan *espacioso* haciendo las cosas que me pone nervioso. 彼女は仕事をするとき大変のんびりしているので, 私はいらいらする. 類 **despacioso, lento, pausado.**

espada [espáða] 女 ❶ 剣, 刀;《フェンシング》エペ. ～ blanca 刃のついた剣. ～ negra 刃のない剣;《フェンシング》エペ(＝esgrima). punta de ～ 剣先(剣の鍔(つば)元). danza de ～s 剣舞. comedia de capa y ～ 合羽(かっぱ)と太刀(たち)もの. ceñir ～, ceñirse la ～ (人を)騎士に叙する. ceñir la ～ a ... (人)を騎士とする. ceñir(se) [llevar, traer] la ～ a la cintura 剣を腰に帯びる. desceñirse la ～ 剣をはずす; 騎士(戦)になるをやめる. desnudar [desenvainar, sacar, tirar de] la ～ 剣を鞘から抜く. envainar [enfundar] la ～ 剣を鞘に収める; 戦いをやめる. blandir [esgrimir] la ～ 剣を振り回す. rendir la ～ (降伏の印に)剣を差し出す. colgar la ～《俗》引退[退職]する. prueba de ～ フェンシング競技. Competirá en las tres modalidades: a florete, a sable y a ～. 彼はフルーレ, サーブル, エペの3種目で争う. 類 **acero, colada, estoque, tizona.** ❷《トランプ》(スペイン式の)スペード, 剣; 複 スペードの組札(＝naipe). —una ～ スペード1枚. as de ～s スペードのエース(＝la ～). jugar el rey de ～s スペードのキングを出す. ❸《魚類》メカジキ(眼梶木)(＝pez ～).

con la espada desnuda《比喩》決然と, 敢然と, なんとかして.

echar su *cuarto a espada/salir con* su *media espada*《俗》(人の話に)嘴(くちばし)を入れる, 口を挟む.

entre la espada y la pared 進退きわまって. Su marido y su madre la tienen *entre la espada y la pared*. 彼女は夫と自分の母の間に挟まれてにっちもさっちもいかない. La moción de censura puso al gobierno *entre la espada y la pared*. 不信任動議で政府は進退きわまった.

espada de Damocles (ギリシア伝説の)ダモクレスの頭上の剣(常に身に迫っている危険).

espada de dos filos [*de doble filo*] 両刃(もろは)の剣(＝arma de dos filos). La coalición con ese partido puede ser para el gobierno una *espada de dos filos*. その政党の連立は政府にとって両刃の剣となるかもしれない. Esos antibióticos son *espadas de dos filos*. それらの抗生物質は両刃の剣である.

estar hecho una espada やせて骨と皮ばかりになっている.

la espada de Bernardo(, *que ni pincha ni corta*) 役立たず(の物・人), 鈍刀(どんとう). *como la espada de Bernardo* 役に立たない.

meter la espada hasta la guarnición 徹底的に追い詰める[追及する].

poner [*pasar, meter*] *a espada* (人)を刃(やいば)にかける, 虐殺する(＝pasar a cuchillo).

presentar la espada《軍事》(王や国旗などに)剣を捧げて敬礼する.

quedarse a espada (1) 無一物[無一文]になる.

(2) がっかりする.

—— 男《闘牛》マタドール(＝primer ～)(とどめの剣 estoque を刺す闘牛士). —Los tres ～s cortaron orejas. 3人のマタドールはすばらしい技を見せ, 耳の切り取りを許された. 類 **diestro, matador, torero.**

—— 名 ❶ 剣士, 剣客. —buena [excelente] ～ 剣の達人. 類 **espadachín.** ❷ (その道の)第一人者, 権威, 大家(＝primer ～). 類 **autoridad.** *primer* [*primera*] *espada* (その道の)第一人者. Es una de las *primeras espadas* en la abogacía. 彼は弁護の第一人者のひとりだ.

ser buen [*buena*] *espada* (1) 論客である. (2) 剣の達人である.

espadachín [espaðatʃín] 男 ❶ 剣の達人, 剣客. ❷ あばれ者.

espadaña [espaðáɲa] 女 ❶《建築, 宗教》(教会堂の)鐘楼(しょうろう)(一枚の壁でできている). ❷《植物》ガマ.

espadero, ra [espaðéro, ra] 名 刀鍛冶(かじ), 刀剣商.

espadín [espaðín] 男 ❶ 礼装用の短剣. ❷《魚類》スプラットイワシ.

espadón [espaðón] 男 ❶ 大きい剣, 太刀. ❷《話, 軽蔑的に》(特に軍隊の)重要人物, 高級将校.

espaguetis, espagueti [espaɣétis, espaɣéti] <イ> 男《主に複》スパゲッティ.

＊espalda [espálda エスパルダ] 女 ❶《主に複》(人・動物の)背, 背中. —Me duele la ～. 私は背中が痛い. Le han atado las manos a la ～. 彼は後ろ手に縛られた. Tiene la ～ encorvada por la edad. 彼は老齢のため背中が丸まっている. cargado de ～s 猫背の(＝cargado de hombros). ancho de ～s 肩幅が広い. anchura de ～s 肩幅. Cuando oigo decir estas cosas me entra frío por la ～. こんな話を聞くと, 私は背筋が寒くなる. 類 **costillas, dorso, lomo.** 反 **pecho.** ❷ (建物などの)後ろ, 裏側, 背後; (服の)背. —Vivo a ～ de la catedral. 私はカテドラルの裏手に住んでいる. Fue muerto por la ～. 彼は背後から殺された. hablar por las ～s 陰口をたたく. Tienes un roto en la ～ de la chaqueta. 君の上着の背中に破れ目があるよ. un vestido con la ～ muy escotada. 背中が広く開いたドレス. 類 **envés, trasera.** 反 **fachada.** ❸《スポーツ》(水泳の)背泳. —nadar de ～(s) 背泳ぎする. 400 metros ～ 400メートル背泳. ❹ 複《軍事》後衛, しんがり. ❺《エクアドル》運, 運命.

a espaldas de ... (1) (人)のいない所で, ...に内緒で, 陰で. No me gusta hablar *a espaldas* de nadie. 私は人の陰口は言いたくない. (2) ...の後ろで[に], ...の背後で[に], ...の裏で[に]. El río corre *a espaldas del* palacio. 川は宮殿の裏手を流れている.

a espaldas vueltas 陰で, 隠れて, 密かに. criticar *a espaldas vueltas* 陰で非難する.

a la(*s*) *espalda*(*s*) 背(中)に, 背負って; 後ろに, 裏に. caminar con el sol *a las espaldas* [*a nuestras espaldas*] 太陽を背にして歩く. con la mochila *a la*(*s*) *espalda*(*s*) リュックを背負って.

848 espaldar

El huerto está *a las espaldas* de la casa. 野菜畑は家の裏にある。

caer(se) de espaldas (1) 仰向けに倒れる。(2) 《俗》びっくり仰天する、驚く。*Se va a caer de espaldas* cuando se entere. それを知ったら彼は驚きのあまりひっくり返るだろう。

dar de espaldas 仰向けに倒れる。Resbaló en la acera y *dio de espaldas*. 彼は歩道で足を滑らせ、仰向けに倒れた。

dar [tornar] la(s) espalda(s) a ... に背を向ける；を無視する、軽蔑する。Todos sus amigos le *dieron la espalda*. 友人仲間はみんな彼を無視した。Se sentó *dándome la espalda*. 彼は私に背を向けて座った。

de espaldas (1) 仰向けに；背後から。Está tendido *de espaldas* en el suelo. 彼は床に仰向けに寝ている。Fue atacado *de espaldas*. 彼は背後から攻撃された。Sólo le vi *de espaldas*. 私は彼の後ろ姿を見ただけだ。(2)《+ a》…に背を向けて、背中をつけて。*de espaldas al* sol 太陽に背を向けて。Se sentó *de espaldas* a la pared. 彼は壁に背を向けて座った。Ella está *de espaldas* a mí. 彼女は私に背を向けている。poner a ... *de espaldas al* suelo (人)を床に押しつける；《レスリング》フォールする。Lo pusieron *de espaldas* al muro. 彼は壁に追いつめられた。Ponte *de espaldas* a la ventana y el sol no te molestará. 窓に背を向けなさい、そうすれば太陽が苦にならないから。

Donde la espalda pierde su honesto nombre. 《戯》尻(ケツ)(=nalgas)(←背中の上品な名前を失う所)。

echarse ... a la(s) espalda(s) (物事)を心配しない、気にかけない；(仕事などを自発的に)忘れ去る。Luis es muy tranquilo, *se echa* todo *a las espaldas*. ルイスはとてものうとりしていて何事も気にしない。Él siempre *se echa a las espaldas* el trabajo y así le van las cosas. 彼はいつも仕事のことなど忘れるから、うまく行かないのだ。

echarse entre pecho y espalda を平らげる、飲み干す、腹に詰め込む。

echar(se) ... sobre la(s) espalda(s) (物事)を引き受ける、背負(ショ)い込む、責任を取る。*Se ha echado* un trabajo demasiado pesado *sobre las espaldas*. 彼はあまりに辛い仕事を引き受けた。

espalda con espalda 背中合わせに。

Espaldas vueltas, memorias muertas. 【中南米】【諺】去る者は日々に疎(ウト)し。

guardar las espaldas de ... (危険から人)を守る、護衛として(人)に同行する。Se atreve a insubordinarse porque tiene quien le *guarde las espaldas*. 彼はかばってくれる人がいるから思い切って逆らうのだ。

guardarse las espaldas (危険から)身を守る、危険に備える。Dio una respuesta ambigua porque intentaba *guardarse las espaldas*. 彼は身の安全を保とうとしていたので曖昧な答をした。

hablar por las espaldas 陰口をたたく。

hacer espaldas (1) 耐える、我慢する。(2)【+a】(人)を危険から守る。

irse de espaldas → caerse de espaldas ②。

medir las espaldas a ... 《俗》(人)を殴る。(=medir las costillas.)

mosquear las espaldas (罰として)背中を鞭(ムチ)で打つ。

por la espalda 背後から、不意打ちで、裏切って。herir *por la espalda* (人)を背後から傷つける；裏切る。Le dispararon *por la espalda* a traición. 彼は卑怯にも背後から撃たれた。

tener buenas espaldas/tener las espaldas (muy) anchas (1)(侮辱・嘲笑などに対して)辛抱強い、忍耐強い。A esas negociaciones hay que mandar personas que *tengan buenas espaldas*. その交渉には我慢強い人材を派遣せねばならない。(2) 十分に警護されている；後ろ楯(ダテ)がある。A pesar de *tener buenas espaldas*, fue víctima de un atentado. 彼は十分警護されていたにもかかわらず、テロの犠牲者となった。

tener el santo [el ángel] de espaldas 《俗》運に見放されている。

tener espaldas de molinero 肩幅が広くがっしりしている。

tener las espaldas bien cubiertas [bien guardadas] 《俗》しっかりした後ろ楯(ダテ)/後援者がいる。Hubo problemas en la empresa, pero mi padre *tenía las espaldas bien guardadas*. その会社には問題があったが、私の父にはしっかりした後ろ楯があった。

tener muchos años a la espalda 背中に年が現われている。

tirar [tumbar] de espaldas 《俗》(1)(常軌を逸して)びっくり仰天させる。La noticia me *tiró de espaldas*. 私はその知らせを聞いてびっくり仰天した。Tenía unos proyectos que *tumbaban de espaldas*. 彼は人もびっくりするような計画を練っていた。(2)(良くも悪くも)並外れている。Es una belleza que *tumba de espaldas*. 彼女はとっても美人だ。La habitación despedía un olor que *tumbaba de espaldas*. 部屋はむっとするような悪臭を放っていた。(3) 仰向けに倒す。

volver la(s) espalda(s) (1)【+a】…に背を向ける、無視する、軽蔑する(=dar la(s) espalda(s)). Cuando me ve, me *vuelve la espalda*: debe de estar enfadado conmigo. 彼は私に会うと、背中を向ける。私のことを怒っているに違いない。Desde aquel enojoso incidente me ha *vuelto la espalda*. あのいまいましい事件以来、彼は私を相手にしない。Les pedí un favor, pero todos me *volvieron la espalda*. 彼等にお願いしたが、みんなに断られた。(2) 逃げる。Al ver el peligro, Don Pedro *volvió la espalda*. 危険を知ってペドロさんは逃げ出した。

espaldar [espaldár] 男 ❶ 背(中)(特に食用肉)。❷ (椅子の)背。❸【歴史】(甲冑の)背当て。❹【農業】(果樹の苗木のための)垣根、(植物をはわせる)垣。

espaldarazo [espaldaráθo] 男 ❶《歴史》剣で背をたたくこと、騎士の叙任。❷《比喩》後援、支持。

dar el espaldarazo a ... (1)【歴史】(を騎士に)叙任する。(2)《比喩》適格である と認める。

espaldera [espaldéra] 女【農業】果樹の苗木のための垣根、植物をはわせる垣。

espaldilla [espaldíja] 女 ❶ (動物の)肩甲骨。❷ (動物の)肩(肉)。

espantable [espantáβle] 形 恐ろしい、怖い。類 **espantoso**.

espantada [espantáða] 過分 女 ❶ 動物が突然逃げ出すこと。❷ 恐怖から行為[行動]を急に断

念[放棄]すること.

dar la espantada 逃げ出す.

espantadizo, za [espantaðíθo, θa] 形 臆病な, びくびくした, おびえやすい. —Es un caballo muy ~. それは非常に臆病な馬だ. 類 asustadizo.

espantado, da [espantáðo, ða] 過分 形 怖かった, おびえた. 類 aterrado.

espantajo [espantáxo] 男 ❶《農業》案山子(かかし). 類 espantapájaros. ❷《話, 比喩, 軽蔑的に》ぶかっこうなもの, 人を驚かせるもの. ❸《話》こけおどし, 威嚇(いかく).

espantamoscas [espantamóskas] 男『単複同形』ハエ払い, ハエ取り.

espantapájaros [espantapáxaros] 男『単複同形』❶《農業》案山子(かかし). ❷《軽蔑》奇抜恰好な人; 馬鹿な人.

‡**espantar** [espantár] 他 ❶ を脅(おびや)えさせる, 震え上がらす, びっくりさせる. —Los gritos *espantaron* a los niños. その叫び声に子どもたちは脅えた. A mí los truenos me *espantan*. 私は雷鳴がこわい. Me *espantó* ver lo pobres que eran. 私は彼らがどんなに貧乏かを見てびっくりした. 類 aterrar, sorprender. ❷ を追い払う, 追い出す, 振り払う. —El caballo *espanta* las moscas con la cola. 馬はしっぽで蚊を追い払っている. ~ el miedo bebiendo 酒を飲んで恐怖心を払いのける. ❸ 迷惑である, 嫌である, 不愉快である. —Me *espanta* tener que decírselo. 彼にそれを言わねばならないとは嫌だな. 類 desagradar.

—se 再 『+ de/por/con に』 ❶ に脅(おびや)える, (を)怖がる, 震え上がる. —Creyendo que alguien le seguía, se *espantó*. だれかがつけて来ると思って, 彼は震え上がった. 類 asustarse, atemorizarse. ❷ たまげる, 驚嘆する. —*Me espanté* de verla tan guapa. 彼女がとてもきれいになったのを見てびっくりした. 類 admirarse, maravillarse.

‡**espanto** [espánto] 男 ❶ 恐怖; 脅(おびや)え. —¡Qué ~ cuando vimos al toro venir hacia nosotros! 牡牛が我々の方へやってくるのを見た時の我々の脅えっぷりといったら. Ver como conducía el taxista le causó ~. タクシーの運転振りを見て彼はぞっとした. Aquel horrible asesinato produjo gran ~ entre los vecinos. あの恐ろしい殺人事件で住民は震え上がった. La sociedad moderna siente ~ por la guerra nuclear. 現代社会は核戦争の恐怖に怯えている. 類 horror, susto, terror. ❷《主に複》《中南米》幽霊. 類 fantasma.

de espanto《俗》途方もない, ひどい. —Hacía un calor *de espanto*. ものすごく暑かった. unos precios *de espanto* 法外な値段. 類 extraordinario, inaudito, increíble.

estar curado de espantos《俗》(多くの修羅場をくぐってきているので)少々のことには驚かなくなっている.

ser un espanto（悪いことについて）ものすごい, 驚異的である, 恐ろしいぐらいである. *Es un espanto* lo cara que está la vida en Tokio. 東京は生活費が高いのにほんとに驚いています[ぞっとする].

‡**espantoso, sa** [espantóso, sa] 形 ❶ ぞっとするような, 恐ろしい; 恐るべき. —accidente ~ 恐ろしい事故. En la película salían monstruosos ~s. その映画にはぞっとするような怪物が出てくる. 類 horroroso, pasmoso. ❷《話》ものすごく, でかい. —Tengo una sed *espantosa*. ものすごくのどが乾いた. 類 desmesurado, enorme. ❸《話》みっともない, ひどい. —Tiene una nariz *espantosa*. 彼は何ともひどい鼻をしている.

España [espáɲa] 固名 スペイン(旧公式名は Reino de España スペイン王国; 首都マドリード Madrid).

*‡**español, ñola** [espaɲól, ɲola エスパニョール, ニョラ]
形 スペイン(España)の, スペイン人[語・系]の, スペイン風[流]の. —lengua *española* スペイン語. pueblo ~ スペイン国民. carácter ~ スペイン人気質, スペイン的性格. 類 hispánico, hispano.

a la española スペイン風な[に]. tortilla *a la española* スペイン風オムレツ(ジャガイモ入り).

— 名 スペイン人.

— 男 スペイン語. —~ medieval 中世[中期]スペイン語. ~ moderno 近世スペイン語. 類 castellano.

españolidad [espaɲoliðáð] 女 スペイン人らしさ.

españolismo [espaɲolísmo] 男 ❶ スペイン(人)らしさ. ❷ スペインびいき. ❸《言語》スペイン語法, スペイン語に特有の語法.

españolizar [espaɲoliθár] [1.3] 他 をスペイン化する. ❷ スペイン語化する, (外国語の単語を)スペイン語的な形に変える.

—se 再 スペイン風になる.

esparadrapo [esparaðrápo] 男《医学》絆創膏(ばんそうこう). —poner un esparadrapo 絆創膏を貼る.

esparaván [esparaβán] 男 ❶《鳥類》ハイタカ. ❷《獣医》(馬の)飛節内腫.

esparavel [esparaβél] 男 ❶《海事》投網. ❷《技術》(モルタルの)こて板.

esparceta [esparθéta] 女《植物》マメ科オノブリキス属の一種. 類 pipirigallo.

*‡**esparcido, da** [esparθíðo, ða] 過分 形 ❶ 散らばった, 分散した; 点在する. —El viento levantó las hojas *esparcidas* en el jardín. 風によって木の葉が庭にまき散らされた. 類 desparramado, disperso. ❷ 広範囲にわたる, 普及した, 大いに広まった. —Es una creencia muy *esparcida*, pero sin fundamento. それは非常に広がっているが, 根拠のない信念だ. 類 difundido, extendido. ❸ (人が)陽気な, 愉快な, おおらかな. —Es agradable estar con ella por su *esparcida* forma de ser. 彼女はおおらかな人柄なので, いっしょにいると楽しい. 類 alegre, divertido.

esparcimiento [esparθimjénto] 男 ❶《比喩》気晴らし, 娯楽. —centro [local] de ~ 娯楽施設, レクリエーション広場, 歓楽町. El paseo le proporciona un rato de ~. 散歩するのが彼にとっては楽しい一時となっている. 類 diversión. ❷ ばらまくこと, まき散らすこと, 散布. ❸《比喩》流布, 伝播(でんぱ). ❹ 休息, 休憩.

‡**esparcir** [esparθír] [3.5] 他 ❶ を散らす, 散布する, ばらまく. —El viento *esparció* los papeles que estaban en la mesa. 風でテーブルの上にあった書類がちらばった. El campesino *esparce* la semilla en el campo. 農民は種を畑にまく. ❷ (ニュースを)広める, 知らせる. —La radio *ha esparcido* la noticia. ラジオがそのニュースを広めた.

~ un rumor うわさを広める. 類**divulgar, publicar**. ❸ 気晴らしをさせる, 楽しませる. — el ánimo 気晴らしをする. 類**desahogar, divertir**.

——**se** 再 ❶ 散らばる, 散лика; (液体などが)こぼれる. —Las basuras *se han esparcido* por toda la avenida. ごみが並木通り全体に散らばった. La mancha *se ha esparcido*. しみが広がった. ❷ 広まる, 知れわたる. —El rumor *se esparció* por todo el pueblo. その噂は村中に広まった. ❸ くつろぐ, 気晴らしをする, 楽しむ. —Ella *se esparce* haciendo footing. 彼女はジョギングをしてストレスを発散させる.

espárrago [espárraɣo] 男 ❶《植物》アスパラガス. —He comido una tortilla de ~s. 私はアスパラガスの入ったトルティーリャを食べた. ~ blanco ホワイトアスパラガス. ~ triguero 野生のアスパラガス(麦の穂に似た形を持つ). ❷ 支柱.

mandar a … a freír espárragos《話》怒って人を追い出す, 追い払う.

¡Vete a freír espárragos!《話》出ていけ!, とっとと消え失せろ!

esparraguera [esparraɣéra] 女 ❶ アスパラガス畑. ❷ アスパラガス用の皿.

esparrancado, da [esparraŋkáðo, ða] 過分 形 ❶《話》股を広げた, 足を開いた. ❷ 開いた, 離れた.

esparrancarse [esparraŋkárse] [1. 1] 自《話》足[股]を広げる.

Esparta [espárta] 固名 スパルタ(古代ギリシャの都市).

espartano, na [espartáno, na] 形 スパルタ(Esparta)の. —educación *espartana* スパルタ教育. 類**riguroso, severo**. —— 名 スパルタ人.

espartella [espartéɲa] 女 エスパルト(アフリカハネガヤ)で編んだサンダル.

espartería [espartería] 女 ❶ エスパルト(アフリカハネガヤ)細工業. ❷ エスパルト細工場[販売所].

Espartero [espartéro] 固名 エスパルテーロ(ホアキン・バルドメーロ・フェルナンデス Joaquín Baldomero Fernández ~)(1793–1879, スペインの軍人・政治家).

espartero, ra [espartéro, ra] 名 アフリカハネガヤ (esparto)の職人, アフリカハネガヤ製品の商人.

espartizal [espartiθál] 男 アフリカハネガヤの群生[群生地].

***esparto** [espárto] 男《植物》エスパルト, アフリカハネガヤ(の葉)(葉が綱・ござ・粗布などの材料また製紙原料となる). 類**atocha**.

esparza(-) [esparθa(-)] 動 esparcir の接・現在.

esparzo [espárθo] 動 esparcir の直・現在・1単.

espasmo [espásmo] 男《医学》痙攣(けいれん), 発作. —tener un ~ 痙攣する.

espasmódico, ca [espasmóðiko, ka] 形《医学》痙攣(けいれん)性の, 発作性の. —movimiento ~ 痙攣性の動き.

espata [espáta] 女《植物》ブツエンポウ(仏炎苞).

espatarrarse [espatarrárse] 再 ❶《話》股を広げる, 足を大きく開ける. 類**despatarrarse**, esparrancarse. ❷《話》大の字になって倒れる. 類**despatarrarse**.

espático, ca [espátiko, ka] 形《鉱物》板状に割れやすい, (鉱物が)スパー状の.

espato [espáto] 男《鉱物》へぎ石, スパー. — ~ calizo 方解石. ~ flúor ほたる石. ~ pesado 重晶石.

espátula [espátula] 女 ❶ へら. —raspar con la ~ へらでこする. ❷《美術》パレットナイフ. ❸《鳥類》ヘラサギ.

especería [espeθería] 女 →especiería.

especia [espéθja] 女《料理》薬味, 香辛料, 薬味類, スパイス.

*__especial__ [espeθjál エスペシアル] 形 ❶ 特別の, 特殊な; 専門の. — número ~ 特別号. tren ~ 特別列車. enviado ~ 特派員. educación ~ 特殊教育. efectos ~*es* (映画などの)特殊効果. Este arroz es de una clase ~. この米は特上級である. 類**específico, extraordinario, particular**. 反**común, general**. ❷〔+para〕…のために特製の, 専用の. — cama ~ 特製ベッド. comida ~ 特別食. Este arroz es ~ *para* paellas. この米はパエリャ専用だ. 類**exclusivo, particular, propio**. ❸《話》独特の, 風変わりな. —Mi hermano tiene un carácter muy ~. 弟は非常に変わった性格をしている.

—— 男 特別な物(特別列車, 特別便, 特別号, 臨時増刊, 特集, 特別番組, 特選料理など).

en especial 特に, とりわけ.

especialice(-) [espeθjaliθe(-)] 動 especializar の接・現在.

especialicé [espeθjaliθé] 動 especializar の直・完了過去・1単.

*__especialidad__ [espeθjaliðað] 女 ❶ (学問・芸術・医者・弁護士などの)専門(分野), 専攻. —La psiquiatría es su ~. 精神医学が彼の専門だ. 類**especialización, rama**. ❷ (店・コックなどのお勧め[得意, 自慢]料理; (土地の)名物, 名産. —La ~ de la casa es la paella valenciana. その店のお勧め料理はバレンシア風パエーリャである. ❸ (人の)得意なもの, 十八番(おはこ), 特技. —Su ~ es meter la pata. 何にでもいちゃ口出しをするのが彼の得意業(ぎょう)だ. 類**habilidad**. ❹ 特別, 特色, 特殊性. —La ~ del producto consiste en su duración. その製品の特色は耐久性にある. 類**particularidad, singularidad**. 反**generalidad, normalidad**. ❺《薬学》 — ~ farmacéutica 特許薬剤(売薬)(=específico).

con especialidad 特に, とりわけ, 特別に(=especialmente).

ser [no ser] de la especialidad de … (人の)専門・得意なものである[でない]. Este asunto *no es de la especialidad* de ese abogado. この事件はその弁護士の専門ではない.

*__especialista__ [espeθjalísta] 名〔+de/en〕❶ (各分野の)専門家, スペシャリスト. — ~ en historia medieval 中世史の専門家. ~ de la lengua árabe アラビア語の専門家. 類**experto, perito**. ❷ …の専門医(=médico ~). —consultar a un ~ *del* oído [*del* corazón] 耳[心臓]の専門医に見てもらう. ❸《話》…が得意な人, 名人. —En este país tenemos muchos ~*s* en el arte de no trabajar. この国には働かないで暮らす術(すべ)を心得た人が沢山いる.

— 形 ❶ 【+de/en】…の専門(家)の. —trabajador ~ en electricidad 電気技師. médico en corazón [huesos] 心臓[骨]の専門医. 類 **especializado, experto, perito.** ❷《話》…を得意とする, …が実にうまい.

— 男 (映画・テレビの)スタントマン.

especialización [espeθjaliθaθjón] 女 ❶ 専攻. ❷ 専門化, 特殊化.

especializado, da [espeθjaljáðo, ða] 形 【+en】…が専門の, 専門化した. —revista *especializada* 専門雑誌.

:**especializar** [espeθjaliθár] [1.3] 他 【+en を】専門とさせる, 専門化する. —*Especializaron* la tienda *en* vinos y licores. 彼らは店を酒類専門にした.

— se 再 【+en を】専門とする, 専攻する, …の専門家となる. —*Se ha especializado en* lingüística. 彼は言語学の専門家となった. Esta librería *se especializa en* libros de medicina. この本屋は医学書専門だ.

:**especialmente** [espeθjalménte] 副 ❶ 特に, 特別に, とりわけ. —Lo hice ~ para ti. それらを特に君のために作った. 類 **particularmente, singularmente.** ❷ 格別, 非常に. —Es una chica ~ atractiva. 彼女は非常に魅力的な女の子だ.

:**especie** [espéθje エスペシエ] 女 ❶ 種類, 種(ﾙ), タイプ, 性質. —Es una ~ de piano, pero sin pedales. それはピアノの一種だがペダルがない. No me gusta esa ~ de vida. 私はそういう生き方は好きでない. Todas estas plantas son de la misma ~. これらの植物はすべて同じ種類のものである. Es una persona de una ~ ya anticuada. 彼はもはや古いタイプの人だ. 類 **clase, género, tipo.** ❷《生物》(動物分類上の)種(ｼｭ)(属género の下位分類→taxón); 類. — la ~ humana 人類. propagación [conservación] de la ~ 種の繁殖[保存]. «El origen de las ~s» (Darwin)『種の起源』(ダーウィン, 1859年). ~ en peligro de extinción. 絶滅に瀕している種. ~ animal [vegetal] 動物[植物]種. ~s acuáticas [terrestres] 水生[陸生]種. ❸ 情報, ニュース, 噂(ｳﾜｻ). — ~ inverosímil うそのようなニュース. difundir [propagar, hacer circular] una falsa ~ 虚報・風説を流す. Corre [Circula] la ~ de que el rey abdicará en su hijo. 王が息子に譲位するという情報が流れている. 類 **información, noticia, rumor.** ❹《問題になっている》事柄, こと, 事件. —No me acuerdo de tal ~. 私はそんなこと覚えていない. Se trató de aquella ~. 話はあのことだった. 類 **asunto, hecho, suceso.** ❺ 口実, 見せかけ. —Bajo la ~ de la persona religiosa escondía una forma de ser muy egoísta. 彼は宗教家に見せかけて, 大変利己主義的な生き方を隠していた. 類 **apariencia, pretexto.** ❻《化学》— química 単体, 化学元素 (=cuerpo puro). ❼ 香辛料, 香味料. 類 **especia.** ❽《フェンシング》フェイント. ❾《音楽》声(種):曲の各パート.

en especie(s) 現物で, 品物で. pagar el arrendamiento de la tierra *en especie* 小作料を現物で支払う.

escapársele a … una especie 不適切な[言ってはいけない]ことをうっかり漏(ﾗ)らす[言ってしまう].

especies sacramentales 《カトリック》(聖変化後キリストの肉と血に変わった聖体のパンとぶどう酒の)形色(ｹﾞｮｼｷ).

soltar una especie (相手の本心を探るため)鎌(ｶﾏ)を掛ける.

una especie de … 一種[ある種]の…, …のようなもの.

especiería [espeθjería] 女 ❶ 香味料[スパイス]を売る店; 香味料[スパイス]の商売. ❷ 【集合的に】香味料[スパイス]類.

especiero, ra [espeθjéro, ra] 名 香味料[スパイス]を商う人.

— 男 引き出しのたくさんついた香味料[スパイス]入れ[棚].

especificación [espeθifikaθjón] 女 ❶ 明示, 明記, 詳述, 列挙. —dar *especificaciones* 明示する. ❷ 明細書, 仕様書;《情報》スペック. — *especificaciones* técnicas 技術仕様書, スペック. ❸ 明確化, 特定化.

específicamente [espeθifikaménte] 副 特別に, 特定的に, 特有に.

especificar [espeθifikár] [1.1] 他 ❶ を(それぞれ)詳述する, (ひとつひとつ)正確に説明する. 類 **detallar, precisar.** ❷ をはっきりと決める, 正確に定める.

especificativo, va [espeθifikatíβo, βa] 形 特殊化の, 明示的な.

:**específico, ca** [espeθífiko, ka] 形 ❶ 【+de】…に特有の, 独特の; 特定の. —Es una pronunciación *específica* de esa zona. それはその地域に特有の発音だ. ~ peso — 比重. 類 **característico, especial, típico.** ❷ 特殊な. ❸ (薬などが)特効のある. —Este medicamento es ~ contra la alergia. この薬はアレルギーに対し特効がある.

— 男 特効薬.

espécimen [espéθimen] 男 【複 especímenes】 見本, 実例, 標本.

especioso, sa [espeθjóso, sa] 形 見かけのよい; うわべだけの, まやかしの. 類 **aparente, engañoso.**

espectacular [spektakulár] 形 ❶ 壮観な, すばらしい. —éxito ~ 大成功. salto ~ すばらしい跳躍. 類 **asombroso.** ❷ ショーの, 演芸の, 見せ物の.

espectacularidad [spektakulariðáð] 女 ❶ 壮観さ, すばらしさ. — ~ del paisaje 景色のすばらしさ. ❷ ショーとしてのすばらしさ.

:**espectáculo** [spektákulo] 男 ❶ (*a*) 見世物, ショー, 公演, 興行(物); 類 催し物(映画・演劇・コンサートなど). —guía de ~s 映画・演劇・催し物案内. sala de ~s ショーホール, 劇場, 映画館. En Barcelona cada noche pueden verse muchos ~s: teatro, cine, danza, etc. バルセロナでは毎晩, 演劇, 映画, 舞踊などの催し物がたくさん見られる. ~ de variedades バラエティーショー. ~ inmoral いかがわしいショー. ~ de luz y sonido 音と光のショー. presenciar [asistir a] un ~ ショーを見る. 類 **diversión, función, representación.** (*b*)《映画, テレビ》スペクタクル. —film de ~ スペクタクル映画. ❷ 見もの, 光景, 景観. —Me encanta contemplar el ~ de la salida del sol. 私は雄大な日の出を眺めるのが好きだ. Disfrutamos del ~ grandioso de las cataratas del Iguazú. 私たちはイグアスの滝の壮大な眺めを楽しんだ. 類 **escena, visión, vista.** ❸ みっともない[とんでもない, 人騒がせな]行為. —No des un ~ llorando en la calle. 通りで泣いたりしてみっともないことしないでよ. 類 **escándalo, número**.

:**espectador, dora** [espektaðór, ðóra] 名 ❶ (スポーツ・芝居などの)観客, 観衆, 見物人. —El cine da cabida a quinientos ~es. その映画館は500人収容できる. 類 **público**. ❷ 傍観者; 目撃者. —mirar como ~ 傍観する, 傍観者である. Fui un mero ~ de la discusión. 私はただその議論を傍観するだけだった. 類 **mirón**.
—— 形 観客[観衆]の; 傍観的な. —Le dejaron asistir a la operación como persona *espectadora*. 彼はその手術の立会人をつとめることを許された.

espectral [espektrál] 形 ❶ 幽霊(のよう)な, 不気味な. —aparición ~ 幽霊の出現. 類 **fantasmal**. ❷《物理》分光の, スペクトルの. —análisis ~ スペクトル分析.

:**espectro** [espéktro] 男 ❶ (一般に恐い)幽霊, 亡霊, お化け. —En este palacio parece flotar en el ambiente el ~ de los antepasados. この大邸宅には先祖たちの霊が漂っているようだ. 類 **aparecido, aparición, fantasma**. ❷《戦争・飢餓などの》脅威, 恐怖, 不吉な影. —Desde que tuvo aquel grave accidente desfila por su mente el ~ de la muerte. 彼はあの大事故にあって以来死の脅威が脳裏をかすめている. 類 **horror**. ❸《比喩》骨と皮ばかりにやせこけた人. —Aquella grave enfermedad la ha dejado hecho un ~. 彼はあの大病で骨と皮ばかりになってしまった. 類 **esqueleto**. ❹《物理》スペクトル;《音声》音響スペクトル(=~ acústico). —El arco iris muestra el ~ de la luz. 虹は光のスペクトルを示す. ~ atómico [magnético, continuo] 原子[磁気, 連続]スペクトル. ~ solar [del Sol] 太陽(光線)のスペクトル. ~ de absorción [invertido] 吸収スペクトル. ~ de emisión [de bandas, de difracción] 発光(帯), 回折]スペクトル. ~ infrarrojo [ultravioleta] 赤外線[紫外線]スペクトル. ~ luminoso [visible] 可視スペクトル. 類 **serie, gama**. ❺ 範囲, 領域;《医学》(抗菌)スペクトル. —alianza política de vasto ~ 広範囲な政治同盟. antibiótico de amplio ~ 有効範囲[効能]の広い抗生物質.

espectrógrafo [espektróɣrafo] 男《技術》スペクトログラフの装置.

espectroscopia [espektroskópia] 女《物理》分光学.

espectroscopio [espektroskópio] 男《物理》分光器.

:**especulación** [espekulaθjón] 女 ❶ 思索, 思弁, 純理, 空論. —dedicarse a la ~ filosófica 哲学的な思索にふける. vanas *especulaciones* 空理空論, くだらない考えごと. 類 **meditación**. ❷《商業》投機, 相場, 思惑(買い). —~ en la bolsa 株式投機. ~ del suelo [financiera] 土地[金融]投機をやる. Se ha comprado un piso con una ~ afortunada. 彼は運よく相場で一山あててマンションを買った.

especulador, dora [espekulaðór, ðóra] 名 ❶《商業》投機家. ❷ 思索家.
—— 形 ❶《商業》投機的な. ❷ 思索する.

especular [espekulár] 他 …に考えを巡らす, を推測する, 熟考する, 検討する. —— 自《商業》[+en] …に投機をする, 相場をはる.

especulativo, va [espekulatíβo, βa] 形 ❶ 思索の, 瞑想(ぢ)の. ❷《商業》投機の.

espéculo [espékulo] 男《医学》(口・鼻・膣(ぢ)などの)検鏡.

espejear [espexeár] 自 光る, 輝く, 反射する.

espejería [espexería] 女 鏡やその他装飾家具を扱う店.

espejismo [espexísmo] 男 ❶ 蜃気楼(しんき). —~ en el desierto 砂漠の蜃気楼. ❷ 妄想, 幻覚, 幻影. —tener [ver] un ~ 幻覚を見る.

:**espejo** [espéxo エスペホ] 男 ❶ 鏡. —mirarse en el [al] ~ 鏡に見入る[鏡に自分の顔[姿]を写して見る]. Rosa se mira en el ~ para peinarse. ローサは髪をとかすために鏡を見る. limpio como un ~ とてもきれいな[清潔な]. ~ bruñido como una patena (=limpio como una patena [como los chorros de oro]). ~ mágico 魔法の鏡. ~ de las aguas 鏡のような水面, 水鏡(ぢ?). 類 **luna**. ❷《比喩》鏡のように忠実に映し出すもの, 反映. —Los ojos son el ~ del alma. 眼は心の鏡[心の窓]. Esa película es un ~ de la sociedad actual. その映画は現代社会を忠実に映し出している. 類 **imagen, reflejo, retrato**. ❸ 模範, 手本, 鑑(が). —Su madre es ~ de virtud y resignación. 彼の母は美徳と忍従の鑑である. Es el ~ en que nos miramos todos. 彼は私たちみんなのお手本である. 類 **dechado, ejemplo, modelo**. ❹《鉱物》~ de las incas 黒曜石(=obsidiana). ❺《海事》(船尾の)船名板. ❻《植物》~ de Venus オオミズクシ(キキョウ科).

mirarse en … como en un espejo (1) (人)をいとおしく思う, かわいがる. Los abuelos suelen *mirarse en* sus nietos *como en un espejo*. 祖父母はいつも孫たちがかわいくて仕方がない. (2) (人)を模範[手本]とする. Si *te miraras* en tu padre *como en un espejo* no te hubieran suspendido. お父さんを手本にすれば君は留年することもなかったろうに.

No te verás en ese espejo.《俗》思い通りにはいかないよ.

(poder) mirarse en ese [este, aquel] espejo それ[これ, あれ]を手本として自戒する. Acuérdate de lo que le pasó a tu amigo y antes de hacer lo mismo que él *mírate en ese espejo*. 君の友達の苦い経験を思い出して, 彼と同じことをやる前に, それを教訓にしなさい.

espejuelo [espexuélo] 男 ❶《鉱物》透明石膏. ❷ 滑石の薄片. ❸《建築》採光窓. ❹ おびき寄せるもの, 誘惑. ❺《複》《まれ》めがね.

espeleología [espeleoloxía] 女 洞窟学.

espeleólogo, ga [espeleóloɣo, ɣa] 名 洞窟学者.

espeluznante [espeluθnánte] 形 身の毛がよだつ, ぞっとする. 類 **escalofriante**.

espeluznar [espeluθnár] 他《恐ろしさで》…の髪を逆立たせる, をこわがらせる, ぞっとさせる. —El viento *espeluznó* su melena. 風で髪が舞い上がっていた. Aquel crimen nos *espeluznó* a todos. その犯罪に誰もがおののいた.
—— se 再 身の毛がよだつ.

espeluzno [espelúθno] 男 →**repeluzno**.

espeque [espéke] 男 ❶ 木製のてこ. ❷ 壁の支柱, 支え.

‡**espera** [espéra] 囡 ❶ 待つこと; 待つ時間. — sala de ~ 待合室. Tuvimos una ~ de dos horas hasta que llegó el autobús siguiente. 私たちは次のバスまで待ち時間が2時間あった. Entretenía la ~ jugando al pachinco. 私はパチンコをしながら待ち時間をつぶしていた. Después de una larga ~, pudimos entrar. 私たちは長いこと待ってやっと入れた. Ese asunto urgente no admite ~. その緊急の問題は一刻の猶予も許されない. 類 **acecho, aguardo**. ❷〘待つことの〙忍耐強さ, 我慢; 沈着. —Está viendo la comida y ya no tiene ~. 彼は食べ物を目の前にして, もう我慢できない. 類 **aguante, calma, flema, paciencia**. ❸〘法律〙支払い猶予(期間)(=carta de ~); 〘裁判所の指定する〙期限. —Le obligarán a pagar sin más ~s. 彼はもうこれ以上待ってもらえず, 支払いを強制されるだろう. 類 **plazo, prórroga**. ❹〘狩猟〙待ち伏せ場所. —cazar a (la) ~ 獲物を待ち伏せて捕らえる.

a la espera de ... …を待って(=en espera de). Estoy *a la espera de* su visita. ご来訪をお待ちしています.

compás de espera (1)〘音楽〙休止(符). (2)〘比喩〙休止, 短い休憩.

en espera de ... (1) …を待ちながら, 待っている間に. *En espera de* tu llegada, leyó toda una novela. 君の来るのを待っている間に彼は小説を1冊読み終えた. *En espera de* su respuesta, reciba un cordial saludo.《手紙》ご返事をお待ちしてペンを置きます. (2) を待って(=a la espera de). Estuvimos *en espera de*l tren dos horas. 私たちは電車を2時間待っていた.

lista de espera 空席[キャンセル]待ち名簿, 補欠名簿.

esperantista [esperantísta] 男女〘言語〙エスペラント語使用者, エスペランティスト.

esperanto [esperánto] 男〘言語〙エスペラント語. —estudiar [hablar] ~ エスペラント語を学ぶ[話す].

Esperanza [esperánθa] 固名《女性名》エスペランサ.

‡**esperanza** [esperánθa] 囡《主に複》❶ 希望, 期待, 望み, 見込み; 希望的の. —~s vanas むなしい希望, 空頼み. Aún tengo un tenue hilo de ~. 私はまだ一縷の望みを抱いている. concebir [abrigar, acariciar] ~s 希望を抱く. perder la ~ 希望を失う. abandonar [desechar] ~s 希望を捨てる. alimentar una ~ 希望をかき立てる. defraudar [corresponder a] las ~s de ... 人の期待を裏切る[に沿う]. mirar con ~ 期待して見る. No hay ~. 絶望的だ. Tiene ~ en el éxito. 彼は成功に期待をかけている. Mantuvo hasta el último momento las ~s de curarse. 彼は病気回復の望みを最後の最後まで捨てなかった. Quedaron fallidas nuestras ~s. 私たちの期待は裏切られた. Ha fallado mi última ~. 私の頼みの綱が切れた. Es un niño sin ~s de salvarse. 助けようのない子だ. La madre tiene en él depositadas [puestas] grandes ~s. 母親は彼に大きな期待を寄せている. 類 **confianza, ilusión**. ❷ 信頼; 信仰. —A pesar de todo, tengo ~ en él 何だかんだ言っても, 私は彼に信を置いている. — ~ en Dios 神を信じること. 類 **confianza, creencia, fe**. ❸〘カトリック〙(三対神徳の)望徳(→信徳 fe, 愛徳 caridad). ❹〘数学, 統計〙— ~ matemática 期待値. ~ de vida 平均余命.

alimentarse [*vivir*] *de esperanzas* 一縷(いちる)の望みをつなぐ.

ancla de la esperanza (1)〘海事〙予備主錨(びょう). (2)〘比喩〙頼みの綱.

con la esperanza de〘+名詞, 不定詞, que+接続法/直説法〙

dar esperanza(s) de〘*de que*+接続法/直説法〙(人に)…という期待を抱かせる, 希望を与える. El médico no nos *ha dado esperanza* de que yo confíe en Dios. 医者は我々に希望を抱かせなかったが, 私は神を信じる.

de esperanza(s) 有望な.

llenar la esperanza de ... (物事が)(人)の希望を満たす[叶える].

Mientras hay vida, hay esperanza.【諺】命あっての物種「生きているかぎり希望がある」.

tener esperanzas [(*la*) *esperanza*] *de*〘+名詞, 不定詞, *de que*+接続法/直説法〙を期待している, …という望みを抱いている. Tengo (la) *esperanza de* que le destinen a Madrid. 彼がマドリードに配属になってほしい. Tiene pocas *esperanzas de* que el asunto se vaya a arreglar. 一件落着するなんて彼はほとんど期待していない. El enfermo no *tiene esperanza de* curarse pronto. その病人はすぐに直ることを期待していない. Tiene *la esperanza de* ser actriz. 彼女は女優になりたいと思っている.

esperanzador, dora [esperanθaðór, ðóra] 形 有望な, 希望のある, 希望を与える, 希望の持てる. — pronóstico ~ 希望の持てる予測. respuesta *esperanzadora* 希望の持てる返事.

esperanzar [esperanθár] [1.3] 他 …に希望を与える. —No debes la con promesas que no vas a cumplir. 守るつもりもない約束なんかして彼女に期待させてはだめだ.

——*se* 再 希望を持つ.

****esperar** [esperár エスペラル] 他 ❶ (a)〘+名詞/不定詞, que+接続法/直説法〙を**期待する**, **希望する**, (起きればいいと)思う. —Hay que ser optimistas y ~ lo mejor. 楽天的になって, 最善のことを期待すべきだ. *Espero* poder pasar el domingo en casa. 日曜日は家で過ごせればいいと思っている. *Espero que* apruebes el examen. 君が試験に受かればいいと思う. *Espero que* me digas la verdad. 私に本当のことを言ってほしい. No *esperaba que* volviera tan pronto. 私は彼がそんなに早く戻って来るとは思っていなかった. *Espero que* hará buen tiempo mañana. 私明日上天気だろうと思う. (b)〘+de en〙を期待する. —El padre *esperaba* demasiado *de* su hijo. 父親は息子に期待しすぎた. ❷ を**待つ**. —Te *espero* en la esquina. 角で君を待っているよ. La *esperaba* una gran decepción. 大きな失望が彼女を待っていた. Siento mucho haberle hecho ~. お待たせして申し訳ありません. 類 **aguardar**. ❸ 出産予定である. —*Espera* un hijo para el verano. 彼女は夏までに子供が生まれる予定だ.

de aquí te espero とてつもない, 並はずれた. Hacía un calor *de aquí te espero*. とてつもなく暑かった.

854 esperma

esperar sentado あまり期待しないで待つ, いつまでも待つ. Si crees que te va a prestar dinero, puedes *esperar sentado*. もし彼がお金を貸してくれると思っているのなら, 君はあまり期待しないことだ.

Quien espera desespera. [諺]期待する者は落胆する.

ser de esperar 当然予想できる. Es de esperar que acepte la propuesta. 彼が提案を受け入れるのは当然のことだ.

── 自 ❶ [+a+不定詞, que+接続法] …するのを待つ. — No me *esperes* a cenar. 夕食を待っていなくてもいいよ. *Esperaremos* a que amanezca. 夜が明けるのを待とう. ❷ [+en に] 期待する, 期待を寄せる. — *Espero en vosotros*. 私は君たちに期待している.

──se 再 予想する, 想像する. — Nadie se *esperaba* tanto éxito. だれもこれほどまでの成功を予測していなかった. Nadie se *esperaba* que llegara a ser un torero tan excelente. だれも彼がこんなに素晴らしい闘牛士になるとは想像していなかった.

esperma [espérma] 男/女 ❶《生理》精液. ❷ 鯨蠟(げいろう).

espermaceti [espermaθéti] 男 鯨蠟(げいろう), 鯨油.

espermatozoide [espermatoθóiðe] 男 ❶《動物》精子. 類 espermatozoo. ❷《植物》精子, 運動性雄性配偶子.

espermatozoo [espermatoθóo] 男 《動物》精子, 精虫.

esperpento [esperpénto] 男 ❶〖軽蔑的に〗醜い物[人]. ❷〖軽蔑的に〗馬鹿げたこと. ❸《スペイン文学》エスペルペント(バリェ・インクラン Valle Inclán などの不条理劇).

espesar [espesár] 他 濃くする, 密にする, 茂らせる.

──se 再〖3人称で〗濃くなる, 厚くなる, 茂る.

:**espeso, sa** [espéso, sa] 形 ❶〖主に液体が〗濃い, 濃厚な〖ser/estar+〗. — leche *espesa* 濃い牛乳. humo ~ 濃い煙. La sopa está demasiado *espesa*. スープが濃すぎる. 類 condensado, denso. 反 aclarado, aguado. ❷〖木などが〗密な, 密集した, 茂った. — bosque ~ うっそうとした森. tejido ~ 厚手の織物. pasta *espesa* 固練りのパスタ. El zorro se metió entre la *espesa* arboleda y lo perdimos de vista. キツネは茂った木立の中に入って行ったので私たちは見失った. 類 apretado, denso, tupido. ❸〖壁などが〗厚い. — muro ~ 厚い壁. Se escondió detrás de los ~s cortinajes. 彼は分厚いカーテンの陰に隠れた. 類 ancho, grueso, recio. 反 delgado. ❹〖話〗〖人〗〖人〗がきたならしい, 脂じみた. ❺〖話などが〗こみ入った, 難解な. — Como es un libro ~, sólo un experto en la materia puede entenderlo. それは難しい本なので, その問題の専門家しか理解できない. 類 enrevesado.

espesor [espesór] 男 ❶ 厚さ, 太さ. — ~ de la madera 材木の厚さ. ❷ 濃さ, 濃度. ❸〖雪の〗深さ.

espesura [espesúra] 女 ❶〖木の〗茂み. — meterse en la ~ 茂みに入る. ❷ 厚さ, 厚み, 太さ. ❸ 濃いこと, 濃度, 濃厚. ❹ 密集, 繁茂. ❺ ふさふさとした髪.

espetar [espetár] 他 ❶〖話〗を無理やり聞かせる. ❷〖話, 比喩〗突然に始める, 言い出す. ❸《料理》を焼き串に刺す.

──se 再 ❶ しゃちほこばる, お高くとまる, 肩をそびやかす. ❷ 身体を安定させる; 安全な所にいる, 身を落ちつける. 類 afianzarse, asegurarse, encajarse.

espetera [espetéra] 女 ❶ キッチン・ボード. 〖集合的に〗台所用品.

espetón [espetón] 男 ❶ 焼き串. ❷ 火かき棒. ❸ 大きなピン, 針.

:**espía** [espía] 名 ❶ スパイ, 間諜(かんちょう), 密偵. — ~ doble 二重スパイ. barco [satélite] ~ スパイ船[衛星]. 類 confidente. ❷《比喩》他人のことをかぎ回る人, 詮索好き. ❸《情報》クッキー.

── 女《海事》❶〖船の〗曳索(えいさく) ❷ 曳航(えいこう). ❸〖柱などの〗支索, 支え綱.

espiar [espiár] [1.5] 他 をスパイする, 見張る, 偵察する, (悪意を持って)ひそかに調べる.

espichar [espit∫ár] 他 を刺す. ── 自 死ぬ.
espicharla〖話〗死ぬ.

espiche [espít∫e] 男 ❶ 木でできた樽の栓; 船の穴を覆う栓. ❷〖まれ〗槍や串のように先の尖った武器[道具]. ❸《中南米》〖話〗長くて退屈な講演[演説, 話].

espícula [espíkula] 女《植物》イネ科植物の総状花序.

:**espiga** [espíɣa] 女 ❶ (a)《植物》〖麦などの〗穂. — ~ de trigo 小麦の穂. echar ~s 穂を出す. (b) 穂状花序. (c)《服装》杉綾(すぎあや)模様(~ = espina de pez). ❷《木工》(a)〖木材などの〗柄(え). — ensambladura de caja y ~ 枘穴接合, 枘継手(ほぞつぎて). (b) 木釘, 〖頭のない〗筋金. ❸〖刀剣などの〗中子(なかご), 小身(こみ). ❹《軍事》〖爆弾などの〗信管, 導火線. ❺《海事》檣頭(しょうとう). ❻〖鐘の〗舌. ❼《植物》~ ~ de agua ヒルムシロ(水生多年草).

espigadera [espiɣaðéra] 女 = espigadora.

espigado, da [espiɣáðo, ða] 形 ❶ 高い, すらりとした. — joven ~ すらりとした若者. ❷〖estar+〗熟した, 実をつける. ❸ 穂状の.

espigador, dora [espiɣaðór, ðóra] 名 落穂拾いをする人.

espigar [espiɣár] [1.2] 他 ❶ …の落ちた穂を拾い集める. — ~ los trigales 小麦畑で落穂拾いをする. ❷《比喩》を拾う, 拾い出す, 集める. ❸《技術》…にほぞを作る. ── 自 穂を出す.

──se 再 ❶〖人が〗大きくなる, 背が高くなる.

espigón [espiɣón] 男 ❶〖コespiga+ón〗突堤, 堤防, 防波堤. ❷ 釘など尖った道具の先端. ❸ ヒエ, キビ, トウモロコシなどの穂. ❹ ざらざらして棘のある穂. ❺ 尖った小さな尖り山. ❻ 螺旋(らせん)階段の軸になる柱.

espigón de ajo ニンニクの一片.

ir con espigón《比喩, 話》むっとして引きあげる.

espigueo [espiɣéo] 〖< espigar〗男 ❶ 落穂拾い. ❷ 穂が出る時期. ❸《比喩》資料[情報]収集.

espiguilla [espiɣíja] 女 ❶ 杉綾(すぎあや)模様. ❷《植物》小穂(しょうすい).

espín [espín] 男《物理》スピン.

:**espina** [espína] 女 ❶ とげ, いばら(茨). — Al coger el higo chumbo se ha clavado varias ~s. 彼はウチワサボテンの実を摘もうとしてとげが何本か刺さった. Tengo [se me ha metido] una ~ en el dedo. 私の指にとげが刺さっている. El tallo del rosal está erizado de ~s. バラの茎はとげだら

けだ. alambre de ~s 有刺鉄線 (=espino artificial). 類**aguijón, pincho, púa**. ❷ (魚の)小骨. —Se me ha atragantado una ~. 喉(%)に魚の小骨が刺さった. Ten cuidado con las ~s de este pescado. この魚の小骨に気をつけろよ. 類**astilla**. ❸ 〖解剖〗脊柱(ミルダ), 脊椎(ミミ) (=~ dorsal). ❹ ~ nasal 鼻棘(ヒポ). ❺ 気がかり, 頭痛[心配]の種, 悩み, 腹 苦労. —Ese hijo suyo es como una ~ clavada en el alma. その息子は彼の頭痛の種だ. Tengo clavada esa ~ en el corazón. 私はその点が引っかかる. Lleva todavía clavada la ~ de aquella traición. 彼はあの裏切りが未だに心に突き刺さっている. 類**pena, penalidades, pesar**. ❺ (計画などの)難点, 不都合. —problema lleno de ~s 実に厄介な問題. 類**desventaja, inconveniente**. ❻ 〖植物〗—~ blanca オオヒレアザミ, セイヨウチョウセンアザミ(西洋山査子)(=cardo borriquero). ~ santa [de Cristo] キリストノイバラ, ハマナツメ(=cambrón). uva ~ (野性の)フサスグリ. caña ~ 竹の一種. ❼ 〖服飾〗—~ de pescado [de pez] 杉綾(ポ)模様(=dibujo de espiga). corona de espinas (キリストがかぶらされた)イバラの冠(受難の象徴).

dar mala espina a … (1) (人に)危惧(ミ)の念を抱かせる. Esta enfermedad me *da mala espina*. 私はこの病気が心配だ. (2) 疑惑[不信]を抱かせる. Me dio muy *mala espina* que me dijeran que no estaba en casa. 彼は家にいないと言われたが, どうも怪しかった. Tanta justificación me *da mala espina*. そんなに弁明されるとかえって怪しい.

dejar a … la espina en el dedo 〖俗〗損害を全く償わない, いつまでも古傷を残す.

espina dorsal (1) 脊柱, 脊椎, 背骨 (=columna vertebral, espina, espinazo). (2) 〖地理〗(背骨のような)脊梁(紫緑)山脈, 山稜.

estar en espinas 心配ではらはら]している.

estar en la espina やつれている, やせ細っている.

No hay rosa sin espinas. 〖諺〗楽あれば苦あり(=とげのないバラはない). (=Cada rosa tiene su espina).

quedarse en la espina (de Santa Lucía) → estar en la espina.

sacar la espina 悪い[有害な]物を根絶する[一掃する].

sacarse la espina (1) (特にゲームなどで)雪辱(ミ²ミ)を果たす, 名誉挽回する. El torero *se sacó la espina* cortando dos orejas. その闘牛士は耳 2 本に値する賞を得て名誉挽回した. (2) 我慢していたことを一気に吐き出す[行う].

:**espinaca** [espináka] 囡 〖植物〗ホウレンソウ.
Espinal [espinál] 固名 エスピナル(コロンビアの都市).
espinal [espinál] 形 〖解剖〗背骨の, 脊柱の, 脊髄の. —médula ~ 脊髄.
espinar [espinár] 男 ❶ サンザシの茂み. ❷ 困難, 難局.
espinazo [espináθo] 男 ❶ 〖動物〗脊柱, 脊柱骨 (=columna vertebral). ❷ 〖建築〗(アーチ頂上の)かなめ石, くさび石.

doblar el espinazo 〖話, 比喩〗卑屈になる.

espinela [espinéla] 囡 ❶ 〖詩〗エスピネーラ(8音節 10 行の詩). ❷ 尖(ホᠯ)晶石, スピネル.
espineta [espinéta] 囡 〖音楽〗スピネット(小型のハープシコード).

espingarda [espiŋgárða] 囡 ❶ 〖軍事〗(アラビア製の)長い銃. ❷ 〖軍事〗小型大砲. ❸ 〖話, 比喩〗背が高くてやせている女性.
espinilla [espiníʎa] 囡 ❶ 〖解剖〗すね骨, 向こうずね. ❷ にきび, 吹き出物. —tener ~s en la cara 顔ににきびがある.
espinillera [espiniʎéra] 囡 ❶ (仕事・スポーツ用の)すね当て, レガース. —ponerse ~s すね当てをつける. ❷ 〖軍事〗(よろいの)すね当て.
espino [espíno] 男 〖植物〗サンザシ. —~ blanco セイヨウサンザシ(薬草).

espino artificial 有刺鉄線.
espinoso, sa [espinóso, sa] 形 ❶ とげの多い, 骨が多い. —pescado ~ 骨が多い魚. ❷ 〖比喩〗やっかいな, 困難な, 苦しい. —cuestión *espinosa* やっかいな問題.
espionaje [espionáxe] 男 スパイ行為, 偵察.
espira [espíra] 囡 ❶ 〖建築〗(腰束沿などの)笠, (柱などの台石の)頭. ❷ 螺旋(ﾗｾﾝ), 1 巻き.
espiración [espiraθjón] 囡 ❶ 呼気, 息を吐くこと. ❷ 発散(物), 放出(物).
espiral [espirál] 形 螺旋(ﾗｾﾝ)状の, 渦巻形の.
—— 囡 渦巻線, 螺(ﾗ)旋)状線, 螺旋状.
—— 男 (時計の)ひげぜんまい.

en espiral 螺旋状[式]になって.

espirar [espirár] 他 ❶ (息を)吹き出す. —inspirar y ~ 吸気と呼気. ❷ (臭気などを)放つ. ❸ を元気づける, …に精気を吹き込む.
—— 自 ❶ 呼吸する. ❷ 〖比喩〗(風が)やさしく吹く, そよぐ.
espiritado, da [espiritáðo, ða] 形 ❶ 悪魔に取りつかれた. ❷ 〖話, 比喩〗骨と皮ばかりの, 非常にやせた.
espiritismo [espiritísmo] 男 降神術, 心霊術. —sesión de ~ 心霊術の集会.
espiritista [espiritísta] 男女 降神術者, 心霊者.
espirituoso, sa [espiritwóso, sa] 形 ❶ 元気のよい, 生気のある. ❷ (飲料が)アルコールを含んだ; アルコール分が強い.

***espíritu** [espíritu エスピリトゥ] 男 ❶ (肉体・物体に対して)精神, 心 (→cuerpo[肉体]). —~ aventurero 冒険心(に富んだ人). ~ burgués ブルジョア精神. ~ competidor 競争心. ~ vengativo 復讐心. ~ indómito [indomable] 不屈の精神. ~ noble 気高い精神. ~ rebelde [de rebeldía] 反抗心. firmeza de ~ 堅固な精神. grandeza de ~ 気高さ. ~ crítico 批判的精神. enriquecer el ~ 精神を豊かにする. Cultiva su ~ haciendo yoga. 彼はヨガをして精神を鍛えている. El ~ es diligente, pero la carne es flaca. 〖聖書〗心は燃えても, 肉体は弱い(マタイ 26:41). ❷ (困難に立ち向かう)気迫, 気力, 根性. —Es un hombre de mucho ~ y sabe salir adelante en la vida. 彼はなかなか気概ある男で, 生涯逆境を克服できる. Tienes que poner un poco más de ~ en tu trabajo. 君はもう少し仕事を頑張らなければならない. 類**ánimo, energía**. ❸ (a) 気質, 気性, 性向, 精神力. —~ guerrero [de lucha] 闘争心, 闘志, 闘魂. Admiro tu ~ de lucha. 私は君の闘志[闘争心]には感服している. Carece del ~ necesario para llevar a cabo el plan. 彼には計画を実行に移すだ

856 espiritual

けの気力がない. ~ de trabajo 勤労精神, 労働意欲. ~ avieso ひねくれた根性. ~ de justicia 正義感. ~ emprendedor 進取の気性[気質](の持ち主). Lo hizo sin ningún ~ de revancha. 彼はそれを復讐心からやったのではない. ~ de sacrificio 犠牲的精神. (b)《話》…な精神[気性]の持ち主. —Soy un ~ libre. 私は自由な精神の持ち主だ. Es un ~ ansioso de saber. 彼は知識欲がある人だ. (c)才気, 機知, エスプリ; 知性. —una persona de mucho ~ 才気煥発な人. Tiene un ~ muy agudo y observador. 彼は大変頭が鋭く観察眼がある. Leyendo se cultiva el ~. 読書で知性が磨かれる. 類**agudeza, ingenio, vivacidad**. ❹ (死んだ人間の)霊, 霊魂, 幽霊. —~s de los antepasados 先祖の霊. salvación de ~ 霊魂の救済. comunicarse con los ~s 死者と交霊する. evocar [invocar] un ~ 霊を呼び出す. Dice que en su casa habita un ~. 彼は自分の家に幽霊が出ると言っている. 類**alma, ánima**. ❺ (神の)息吹, 精霊, 聖霊. —~s celestes [celestiales] 天使. Los ángeles son ~s benignos que nos protegen. 天使は私たちを守護する善良な霊だ. ❻ 《主に複》悪霊(ﾚｲ), 憑依(ﾋｮｳｲ)霊 (=malos ~s). —Tienes los ~s en el cuerpo. お前の体には悪霊が取り憑(ﾂ)いている. Parece poseído por los ~s. 彼は悪霊に取り憑かれているみたいだ. 類**demonio, diablo**. ❼ (神話などの)妖精, 精, 仙女. —~ de la fuente [del aire] 泉[空気]の精. ~s del bosque 森の精. invocar a los ~s del viento y del agua 風と水の精を呼び出す. 類**ánima, duende**. ❽《カトリック》(神から特別な人に与えられる)超自然な能力, 霊力, 賜物. —~ de profecía 予言[予知]能力. 類**don sobrenatural, hálito**. ❾ (法文などの)精神, 精髄, 真髄; (字句・形式に対して)精神, 内容. —«El ~ de las leyes» de Montesquieu モンテスキューの『法の精神』. ~ de la constitución 憲法の精神. ~ del cristianismo [de las Olimpiadas] キリスト教[オリンピック大会]の精神. ~ cartesiano デカルト的精神, 合理的精神. Hay que fijarse en el ~ de la ley y no quedarse sólo en la letra. 法の精神に注目すべきで, その条文だけにこだわってはいけない. 類**esencia**. ❿ 帰属意識, 身内意識. —~ de clase 階級意識. ~ de cuerpo 団結心, 連帯意識. ~ de partido 党派心. En nuestra clase reina un fuerte ~ de compañerismo. 私たちのクラスでは強い仲間意識が支配的だ. 類**conciencia, talante**. ⓫ (時代・グループなどの)風潮, 主潮, 気風, 支配的傾向. —el ~ de la literatura del siglo XVI 16世紀の文学の主潮. Su obra refleja muy bien el ~ de la época. 彼の作品は時代の風潮を如実(ﾆｮｼﾞﾂ)に反映している. ⓬《化学》精, アルコール, 酒精, 蒸留酒; エキス. —~ de [del] vino 酒精, エチルアルコール. ~ de madera 木精, メチルアルコール. ~ de sal 塩酸 (=ácido clorhídrico). 類**extracto**. ⓭《文法》(ギリシャ語の)気音符(')('). —~ débil [suave] 無気音符, 柔気音符ʻ. ~ fuerte [áspero, rudo] 有気音符, 剛気音符ʻ.

dar [**despedir, entregar, exhalar, rendir**] **el espíritu** 《婉曲》息を引き取る, 死ぬ (=expirar, morir).

espíritu de (la) contradicción 天邪鬼(ｱﾏﾉｼﾞｬｸ), つむじ[へそ]曲がり. **tener** *espíritu de contradicción* 天邪鬼である.

espíritu de equipo チーム・ワークの精神, 協調性.

espíritu de la golosina 『ser, estar, parecer, hecho +』(特に子供が)痩せこけた, 栄養失調になった.

espíritu maligno [*inmundo*] 悪霊, 悪魔 (=demonio, diablo). Está poseído por un *espíritu maligno*. 彼は悪霊に取りつかれている.

Espíritu Santo 《キリスト教》聖霊(三位一体Trinidad の第三位. 他の二つは Padre「父(なる神)(第一位)」と Hijo「子(第二位)」). en el nombre del Padre, del Hijo y del *Espíritu Santo* 父と子と聖霊の御名のおいて.

espíritus vitales 生気, 精気.

finura de espíritu 心の繊細さ, 精神の鋭敏さ.

levantar el espíritu 元気を出す, 元気が出る, 元気になる. ¡Vamos, *levanta el espíritu* y hazlo. さあ, 元気を出して, それをしなさい.

levantarle a … el espíritu (人)を元気づける, 鼓舞する, 励ます. Sus palabras logran *levantarme el espíritu*. 彼の言葉に私は元気づけられる.

Pascua del Espíritu Santo 《カトリック》聖霊降臨の大祝日 (=Pascua de Pentecostés)(復活祭後の7回目の日曜日).

pobre de espíritu (1) 小心な, 臆病な, 怯懦(ｷｮｳﾀﾞ)な. Es una persona *pobre de espíritu* y que se sonroja por nada. 彼は小心者で, 何でもないことですぐ赤面する. (2) 世間的な欲のない人. (3) 心が貧しい;《聖書》心貧しき人.

quedarse en el espíritu (強調表現)やせ細る. Como siga comiendo tan poco, *se va a quedar en el espíritu*. 彼のこんな小食が続けば, 痩せ細ってしまうだろう.

espiritual [espirituál エスピリトゥワル] 形 ❶ 精神の, 精神的な, 心の. —vida ~ 精神生活. salud ~ 心の健康. valor ~ 精神的価値. La fe da fuerza ~. 信仰は精神的な力を与える. 類anímico, mental, psíquico**. 反**corporal, material**. ❷ 霊的な, 宗教的な, 信仰の. —director ~《カトリック》の霊的指導者. 類**religioso, monacal**. 反**temporal**. ❸ 機知に富んだ, 才知のある. 類**ingenioso**.

—— 男 《音楽》黒人霊歌.

espiritualidad [espirituliðá(ð)] 女 ❶ 精神性. ❷ 宗教性. —~ curso de ~ 宗教の授業.

espiritualismo [espiritualísmo] 男 ❶ 精神主義. ❷《哲学》唯心論.

espiritualista [espiritualísta] 形 ❶ 精神主義の. ❷《哲学》唯心論の.
—— 男女 ❶ 精神主義者. ❷《哲学》唯心論者.

espiritualización [espirit u̯aliθaθjón] 女 霊性の付与, 精神化, 浄化.

espiritualizar [espiritualiθár] [1.3] 他 を精神的にする, 霊的にする, …に精神的な意味を与える

espiritualmente [espiritu̯álménte] 副 精神的に, 精神上.

espirituoso, sa [espirituóso, sa] 形 ❶ 活発な, 活気のある. 類**animoso**. ❷ (飲物が)アルコール分の多い (=espiritoso).

espiroidal [espiroiðál] 形 螺旋(ﾗｾﾝ)形の, 螺旋状の.

espirómetro [espirómetro] 男 《医学》肺活

量計.

espita [espíta] 女 ❶ (水道・ガスなどの)栓; (たるの)飲み口. ❷《話》大酒飲み. ❸ 掌尺, パルモ.

esplender [esplendér] 自 輝く.

esplendidez [esplendiðéθ] 女 ❶ 輝き, 光輝, 壮大さ, すばらしさ, 見事さ. ❷ 寛大, 寛容, 心の広さ.

‡**espléndido, da** [espléndiðo, ða] 形 ❶ すばらしい, 華麗な, 豪華な. — playa *espléndida* すばらしい海岸. comida *espléndida* 豪華な食事. mujer *espléndida* 華やかな女性. ocasión *espléndida* 願ってもない機会. Hace un tiempo ~. すばらしい天気だ. 類 **lujoso, magnífico, maravilloso, soberbio**. 反 **mísero, pobre**. ❷ 気前のいい, 物惜しみしない. —Se muestra muy ~ con todo el mundo. 彼はだれにも非常に気前がいい態度をとる. Hoy él está ~. 今日彼は気前がいい. 類 **generoso, liberal, rumboso**. 反 **avaro, tacaño**.

‡**esplendor** [esplendór] 男 ❶ 華麗さ, 壮麗さ, 豪奢(ごう); 見事さ. —La boda de la hija se celebró con gran ~. 娘の結婚式は絢爛(けんらん)豪華にとり行なわれた. ~ del día すばらしい日和(ひより). ~ de la belleza 輝くばかりの美しさ. vestirse con gran ~ 華麗に着飾る. 類 **esplendidez, lujo, magnificencia**. 反 **pobreza, sencillez**. ❷ 全盛期, 絶頂. —La primavera está en todo su ~. まさに春たけなわである. el imperio romano en su época de ~ 全盛期のローマ帝国. ~ de la cultura azteca アステカ文化の全盛期. 類 **apogeo, auge, plenitud**. ❸ (特に家系の)輝き, 光彩, 光輝. — ~ del sol 太陽の輝き. 類 **lustre, nobleza, resplandor**.

esplendoroso, sa [esplendoróso, sa] 形 ❶ 壮大な, 華麗な. 類 **grandioso**. ❷ 絶頂の, 全盛の. ❸ 輝かしい, まばゆいばかりの. 類 **brillante**.

esplénico, ca [espléniko, ka] 形 《解剖》脾臓(ひぞう)の. — arteria *esplénica* 脾臓[動]脈.

esplenio [esplénjo] 男 《解剖》板状筋.

espliego [esplję́ɣo] 男 《植物》ラベンダー.

esplín [esplín] 〔<英 spleen〕男 憂鬱(ゆうう), 倦怠.

espolada [espoláða] 女 → espolazo.

espolazo [espoláθo] 男 馬に拍車をかけること. *espolazo de vino* 《比喩, 話》ワインを一口飲む[ひっかける]こと.

espolear [espoleár] 他 ❶《比喩》を刺激する. ❷ (馬に)拍車をかける.

espoleta¹ [espoléta] 女 信管, 導火線. — ~ de percusión 着発信管. quitar la ~ 信管を外す.

espoleta² [espoléta] 女 《動物》(鳥の)叉骨(さこつ).

espolín [espolín] 〔<espuela〕男 ❶ 靴に固定された小さな拍車. ❷ 《植物》イネ科のナガホハネガヤ. ❸ 複 樽や缶を荷車から昇降する際に用いられる一対の丸太.

espolio¹ [espóljo] 男 死後教会のものになった聖職者の財産.

espolio² [espóljo] 男 ❶ 略奪, 剥奪. ❷《話》騒ぎ, 喧嘩.

espolique [espolíke] 〔<espuela〕男 ❶ 主人の乗る馬の前を徒歩で行く馬丁. ❷《ゲーム》馬跳びで跳ぶ者が馬になっている者を踵(かかと)でけること.

espolón [espolón] 男 ❶ (鶏などの)蹴爪(けづめ). ❷ (馬の)球節(脚の蹴爪毛の生ずる部分). ❸ (海岸の)護岸(堤防). ❹《海》(船の)衝角. ❺《建築》控え壁. ❻《話》しもやけ.

tener espolones 老獪である.

espolonazo [espolonáθo] 男 蹴爪(けづめ)による一打.

espolvorear [espolβoreár] 他 ❶ (粉などを)まく, 散布する, ふりかける. — ~ queso parmesano sobre la pasta パスタの上にパルメザンチーズをかける. ❷ …のほこりを払う.

espondaico, ca [espondájko, ka] 〔<espondeo〕形 《詩》(古典詩の韻律が)長々格の, 強々格の.

espondeo [espondéo] 男 《詩》強強格, 長長格, 揚揚格.

espondilitis [espondilítis] 女 《医学》脊椎炎.

espongiforme [espoŋxifórme] 形 スポンジ状の.

esponja [espóŋxa] 女 ❶ スポンジ(入浴・洗浄用). ❷《動物》海綿動物. ❸ 大酒飲み, 酒豪, さる. ❹ 容易に知識を吸収する人.

beber como una esponja 《話, 比喩》底なしに飲む, 大酒を飲む.

pasar la esponja 《話, 比喩》(いやなことを)水に流す.

tirar [arrojar, echar] la esponja 匙を投げる, 根負けする, (ボクシングで)タオルを投げる.

esponjado, da [espoŋxáðo, ða] 過分 形 ❶ 海綿状になった, スポンジ状になった, 多孔質の. ❷ ふっくりした, 柔らかくなった.
— 男 《料理》アスカリージョ(砂糖・蜜・卵白・レモンを練ってクリーム状にしたもので飲み物に入れる).

esponjar [espoŋxár] 他 ❶ を吸わせる. ❷ を海綿状にする. —He comprado un suavizante para ~ las toallas. タオルをふんわりさせたくて柔軟仕上げ剤を買ってきた. La gallina *esponjó* sus plumas. 鶏は羽毛をふくらませた.
— *se* ❶《比喩》得意がる, 思い上がる. 類 **engreirse, envanecerse, hincharse**. ❷ 〔3人称で〕海綿状になる. ❸ 健康そうになる.

esponjera [espoŋxéra] 女 ❶ スポンジ入れ.

esponjosidad [espoŋxosiðá(ð)] 女 ❶ 海綿状, スポンジ状, 多孔質. ❷ ふんわりしていること.

esponjoso, sa [espoŋxóso, sa] 形 海綿状[質]の, スポンジのような. — tierra *esponjosa* じめじめした土地. pan ~ ふんわりしたパン.

esponsales [espoŋsáles] 男 複 婚約. — contraer ~ 婚約する.

espontáneamente [espontáneaménte] 副 自発的に, 自然発生的に.

espontanearse [espontaneárse] 再 ❶ 自白する, 自首する. ❷ 意中の思い[秘密の思い]を打ち明ける.

‡**espontaneidad** [espontanejðá(ð)] 女 ❶ (言動などの)自然さ, 率直さ. — hablar con ~ 率直に[忌憚なく]言う. obrar con ~ 自然[率直]に振舞う. La ~ de su respuesta reveló a las claras sus intenciones. 彼の率直な答えで意図がはっきりした. 類 **franqueza, naturalidad**. 反 **reserva**. ❷ 自然発生; 自発性.

‡**espontáneo, a** [espontáneo, a] 形 ❶ 自発的な, 内発的な, 任意の. — gesto ~ 無意識の身

858 espora

ぶり. Me admiró la *espontánea* ayuda de la gente. 私は人々の自発的な支援に感心した. 類 **libre, voluntario.** 反 **forzado, obligado.** ❷ 自然発生的な;(植物などが)自生の. — generación [combustión] *espontánea* 自然発生[発火]. vegetación *espontánea* 自生植物. 類 **natural.** 反 **artificial.** ❸ 自然の(ままの); 天真爛漫(%%)の. — Estuvo muy *espontánea* en la entrevista. 彼女はインタビューでも非常に自然のままだった. 類 **franco, natural, sincero.** 反 **forzado, insincero.**

— 图 (闘牛場などで)素人の飛び入り. — Un ~ se tiró al ruedo y sufrió una cogida leve. 飛び入りが一人闘牛場に飛び込んで来て軽い角の傷を負った.

espora [espóra] 囡 《植物》胞子, 芽胞.

‡**esporádico, ca** [esporáðiko, ka] 形 ❶ 散発的な, 孤立した, 時々起きる; 突発的な. — Los casos de cólera detectados son ~s. 発見されたコレラの症例は散発的なものだ. 類 **aislado, ocasional, suelto.** 反 **continuo, frecuente.** ❷ 《医学》特発性の.

esporangio [esporánxio] 男 《植物》胞子嚢(%).

esportear [esporteár] [<espuerta] 他 を(スパルトなどで編んだ)かごで運ぶ, かごに入れてほうり投げる.

esportilla [esportíʝa] 囡 小さいかご.

esportillo [esportíʝo] 男 食料品を運ぶのに使われていた(スパルトなどで編んだ)かご.

esposa [espósa エスポサ] 囡 ❶ 妻, 家内 (→「妻」は esposo). — Preséntele mis respetos a su ~. 奥様にどうぞよろしくお伝えください.【自分の妻はスペインでは普通 mi mujer が用いられ, mi esposa はやや改まった言い方になる. 中南米では mi esposa が普通】. 類 **consorte, cónyuge, mujer, señora.**【中南米】. ❷ 手錠. — poner [colocar] las ~s a ...(人)に手錠をはめる. quitar las ~s a ...(人)から手錠を外す. La policía lo llevó a la comisaría con las ~s puestas. 警察は手錠をはめて彼を警察署に連行した. 類 **manillas.** ❸ 婚約者, 妻となる人. ❹《中南米》(聖職の象徴として)司教指輪.
esposa de Cristo (1)《宗教》教会 (=iglesia). (2) 修道女.
esposa del Señor 修道女 (=monja, religiosa).
futura esposa 未来の妻, 婚約者 (=prometida).

esposar [esposár] 他 ...に手錠をかける.

‡**esposo** [espóso エスポソ] 男 ❶ 夫, (御)主人(→「妻」は esposa). — Mi ~ no se encuentra en casa. 主人は家におりません. Esta pulsera se la regaló su ~. この腕輪は夫が彼女にプレゼントしたものである.【自分の夫はスペインでは普通 mi marido が用いられ, mi esposo はやや改まった言い方になる. 中南米では mi esposo が普通】類 **cónyuge, marido, consorte.** ❷ 複 夫妻, 夫婦. — Los ~s Curie キュリー夫妻. Los ~s se deben mutuo respeto. 夫婦は互いに尊敬し合わなければならない. ❸ 婚約者, 夫となる人.
futuro esposo 未来の夫, 婚約者 (=prometido).

espot [espó(t)] 男 →spot.

esprint [esprín(t)] [<英 sprint] 男 ❶《スポーツ》(陸上競技の)短距離走. ❷ 全力疾走.

esprintar [esprintár] 自《まれ》《スポーツ》(陸上競技で)全力で走る.

esprínter [esprínter] [<英 sprinter] 男女《スポーツ》スプリンター, 短距離走者.

Espronceda [espronθéða] 固名 エスプロンセーダ(ホセ・デ José de ~)(1808-42, スペインの詩人).

espuela [espuéla] 囡 ❶ 拍車. — picar ~s 拍車をかける. ❷《比喩》刺激, 行動に駆り立てるもの, 激励. — poner [dar] ~s a ... を刺激する, を激励する. 類 **acicate, estímulo.** ❸ (酒席で, 辞する前の)最後の一杯.
espuela de caballero《植物》ルリヒエンソウ.
sentir la espuela《比喩》気を悪くする.

espuerta [espuérta] 囡 (エスパルト製の)かご.
a espuertas《話, 比喩》たくさん, あり余るほどに. こたえ. ganar dinero *a espuertas* こたえた金を稼ぐ.

espulgar [espulɣár] [1.2] 他 ❶ ...からシラミをとる. ❷《比喩》を細かに調べる, 吟味する, 詮索する. — **se** 再 ❶ (自分の体から)シラミをとる. ❷ (互いに)シラミをとる.

‡**espuma** [espúma] 囡 ❶ 【集合的に】泡. — hacer ~ 泡立つ, 泡を立てる. ~ de cerveza ビールの泡. ~ de la sal 波打際の泡. La leche al hervir produce mucha ~. 牛乳は煮立つとたくさんの泡が立つ. Las olas del mar forman ~ al estrellarse en las rocas. 波が岩に砕ける と泡立つ. ~ de caucho [de látex] フォームラバー, 泡ゴム. 類 **burbuja, pompa.** ❷《料理》あく. — quitar[sacar] la ~ al puchero 煮込み料理のあくを取る. ❸《鉱物》~ de mar 海泡石 (=magnesita). ~ de nitro 硝石 (=salitre). ❹《俗》精粋, 最上の部分. 類 **nata, crema.**
crecer como (la) espuma《比喩》急に大きくなる. El césped que plantaste *crece como la espuma.* 君の植えた芝生が急に伸びている. Con esos negocios su fortuna *crece como la espuma.* その商売でもって彼の財産は急増する.

espumadera [espumaðéra] 囡 泡をすくう道具, 網じゃくし.

espumador, dora [espumaðór, ðóra] 名 灰汁(%)を取る人.
— 男 →espumadera.

espumajear [espumaxeár] 自 (口から)泡を吹く.

espumajo [espumáxo] 男 口から出されたつばの泡. 類 **espumarajo.**

espumajoso, sa [espumaxóso, sa] 形 泡だらけの, 泡の多い.

espumante [espumánte] 現分 [<espumar] 形 泡の立つ, 泡の出る.

espumar [espumár] 他 (液体の)泡[あく]をすくい取る. — ~ el caldo de la olla シチューのあくを取る. — 自 ❶ 泡だつ. ❷《比喩》急に増える, 大きくなる, 繁栄する.

espumarajo [espumaráxo] 男 ❶ (口から出る)泡. ❷ 浮きあが, 汚い泡.
echar espumarajos por la boca (口から泡を飛ばして)激怒する.

espumilla [espumíʝa] 囡 ❶《中南米》メレンゲ. 類 **merengue.** ❷ クレープに似た軽くて薄い布.

***espumoso, sa** [espumóso, sa] 形 ❶ 泡立つ, 泡だった, 泡だらけの『ser/estar+』. —Este jabón es muy ～. この石鹸は非常に泡立ちがよい. La sopa es *espumosa*. スープは煮立っている. 類 **espum(e)ante, jabonoso**. ❷ 発泡性の. —El cava y el champaña son vinos ～s. カバとシャンパンは発泡ぶどう酒である. ❸ 泡の(ような), 泡状の. ——男 発泡ぶどう酒.

espúreo, a [espúreo, a] 形 ❶ 私生児の, ままこの. —hijo ～ 私生児. ❷ 偽(ﾆセ)の, 偽造の. 類 **falso**.

espurio, ria [espúrio, ria] 形 →espúreo.

espurrear [espureár] 他 →espurriar.

espurriar [espuriár] 他 ❶ 口に含んだ水で霧吹きする;『+con』を…で濡らす. —El bebé *espurrió* el vestido *con* la papilla. その赤ん坊は離乳食で服を濡らした.

esputar [esputár] 他 (つば, 痰(ﾀﾝ))を吐き出す. ——自 つば[痰(ﾀﾝ)]を吐く[吐き出す]. 類 **escupir**.

esputo [espúto] 男 つば, 痰(ﾀﾝ).

esqueje [eskéxe] 男 《農業》接ぎ穂, さし枝. —plantar un ～ 接ぎ穂をする.

esquela [eskéla] 女 ❶ (略式の)短い手紙. —escribir una ～ 短い手紙を書く. ❷ 招待状, 案内状. —enviar una ～ 招待状を送る. ❸ 通知, 公告. —～ mortuoria 死亡広告.

*****esquelético, ca** [eskelétiko, ka] 形 ❶ 骸骨のような, やせ細った, 骨張った『ser/estar+』. —Come muy poco y se está quedando ～. 彼はほとんど食べないので, 骸骨のようにやせてしまっている. Este perro está ～. この犬は非常にやせ細っている. 類 **descarnado, escuálido, flaco**. 反 **gordo**. ❷ 骨格の, 骸骨の. —Tiene una fuerte estructura *esquelética*. 彼は頑丈な骨格をしている.

esqueleto [eskeléto] 男 《解剖》骸骨(ｶﾞｲｺﾂ); (人・動物の)骨格; 《比喩》骨と皮ばかりの人. —～ humano 人間の骨格. ～ externo (無脊椎動物の)外骨格(貝殻・甲殻など). estar hecho un ～ 骨と皮ばかりになっている. Parece un ～ vivo. 彼は生きた骸骨みたいだ. 類 **osamenta**. ❷ 《比喩》(建物・船などの)骨組, 枠組. 類 **armazón, estructura**. ❸ 《比喩》(小説・演説などの)概略, 骨子.
menear [*mover*] *el esqueleto* (1) 踊る. (2) (スポーツなどで)激しく動き回る.
tumbar el esqueleto 《俗》横になる, 寝る.

*****esquema** [eskéma] 男 [男性名詞であることに注意] ❶ (a) 略図, 略画, スケッチ. —dibujar un ～ del proyecto de edificio 建物の大ざっぱな設計図を書く. Ya tengo hecho el ～ del dibujo de la catedral. 私はカテドラルのおおまかなスケッチをもうしてある. 類 **bosquejo**. (b) 図式, 図表, 図解. 類 **diagrama, gráfico**. ❷ (計画・演説などの)概要, 要旨, 草稿. —～ de un problema 問題の概要. presentar previamente un ～ de la comunicación (研究)発表の要旨を前もって提出する. 類 **guión, resumen**. ❸ 《カトリック》公会議提出の法令の草案. ❹ 《哲学》先験的図式.
en esquema おおまかに; 図式的に. explicar en *esquema* おおまかに[図式で]説明する.

*****esquemático, ca** [eskemátiko, ka] 形 ❶ 図式的な, 図式の, 図表の. —figura *esquemática* 図解. corte ～ de la oreja 耳の断面図. La flor está pintada de un modo ～. 花は図式的に描かれている. ❷ 概略の, 概要の, おおまかな. —dibujo ～ 略図. Hizo un análisis ～ de la situación política del país. 彼はこの国の政治情勢について概観的な分析を行った. 類 **breve, conciso, resumido**. ❸ (考え方が)本質をつかんだ, 要点を突いた『ser/estar+』. —Hizo una exposición muy clara y *esquemática*. 彼は非常に明瞭で要領のよい説明をした.

esquematización [eskematiθaθión] 女 図式化; 概略化.

*****esquematizar** [eskematiθár] [1.3] 他 を図式化する, …の概略をまとめる, 略述する. —*Esquematizó* muy bien el argumento de la novela. 彼はその小説の粗筋を非常に上手にまとめた.

esquí [eskí] 男 《複》esquíes, esquís 《スポーツ》スキー; スキー用具. —campo [pista] de ～ スキー場. botas [bastones] de ～ スキー靴[ストック]. ～ náutico [acuático] 水上スキー. practicar el ～ スキーをする. ponerse los *esquíes* スキーを履く.

*****esquiador, dora** [eskiaðór, ðóra] 名 スキーヤー, スキーをする人.

esquiar [eskiár] [1.5] 自 スキーをする. —Fueron a ～ a Sierra Nevada. 彼らはシエラネバダ山脈にスキーに出かけた.

esquife [eskífe] 男 《海事》(かいで漕ぐ)小舟, 小ボート.

esquila¹ [eskíla] 女 ❶ カウベル, 家畜につける鈴. ❷ 呼び鈴.

esquila² [eskíla] 女 (はさみで)羊などの毛を刈ること.

esquilador, dora [eskilaðór, ðóra] 形 (羊などの)毛を刈る, 剪毛(ｾﾝﾓｳ)の. ——名 (羊などの)毛を刈ることを職業とする人. ——男 羊などの剪毛機.

esquiladora [eskilaðóra] 女 →esquilador.

esquilar [eskilár] 他 …の毛を刈る, を刈り込む. ——se 再 毛が刈られる.

esquileo [eskiléo] 男 ❶ (羊などの)毛を刈ること, 剪毛. ❷ 毛を刈る時期, 剪毛期. ❸ 毛を刈る場所, 剪毛場.

esquilmar [eskilmár] 他 ❶ 《農業》を刈り入れる, 取り入れる. ❷ 《話, 比喩》(a)を使い果たす. —～ una herencia 遺産を使い果たす. (b) (資源などを)枯渇させる. ❸ 《比喩》(植物が土地を)やせさせる.

esquilmo [eskílmo] 男 《農業》収穫物.

esquilón [eskilón] 女 ❶ 大型のカウベル. ❷ 大きな鈴[呼び鈴].

esquimal [eskimál] 形 エスキモー(人・語)の. ——男女 エスキモー人. ——男 《言語》エスキモー語.

*****esquina** [eskína] 女 ❶ (外側から見た)角(ｶﾄﾞ); 街角, 曲がり角(rincón は内側から見た隅(ｽﾐ)). —volver [doblar] la ～ 角を曲がる. calle Serrano, ～ Goya セラーノ通りとゴヤ通りの交差する角. dar la vuelta a una ～ de la calle 街角を曲がる. Mercedes vive en la casa de la ～. メルセーデスは角の家に住んでいる. Te espero en la ～ de siempre. 私はいつもの街角で君を待ってるよ. En una ～ de la mesa había un teléfono. テーブルの角の所に電話があった. chocar contra la ～ de una mesa 机の角にぶつかる. 類 **ángulo, chaflán**. ❷ 先端, 端, 角. —enjugarse las lágrimas con una ～ del pañuelo ハンカチの端で涙を拭(ﾇｸﾞ)う. 類 **punta, vértice**. ❸ 隅(ｽﾐ), 片隅. —En una ～

del comedor hay una lámpara. 食堂の片隅に電灯がある. **類rincón**. ❹《スポーツ》コーナー. ❺《遊戯》—jugar las cuatro ～s 隅取り遊びをする. ❻《南米》食料品店, 雑貨店, 角店(窓).

a la vuelta de la esquina (1) すぐ近くに; 到る所に; たやすく, やすやすと. El colegio está *a la vuelta de la esquina*. 学校はすぐ近くにある. encontrarse *a la vuelta de la esquina* 簡単に見つかる, どこでも手に入る, ありふれている. (2) 間近, 目前ういて, もうすぐ. Las Navidades están *a la vuelta de la esquina*. クリスマスはもうすぐだ.

darse contra [por] las esquinas 無駄骨を折る (=darse contra [por] las paredes).

de [en] esquina (建物・区画などの)角の; (部屋の隅を占める)コーナー用の. balcón *de [en] esquina* 角のバルコニー. mueble *de [en] esquina* コーナー家具.

doblar la [una] esquina (1) 角を曲がる. *doblar* la segunda *esquina* a la derecha 2つ目の角を右に曲がる. **類dar la [una] vuelta**. (2) 〖チリ〗死ぬ.

estar en esquina con ... (人)と仲違いしている, 不和になっている.

hacer esquina (1) (建物などが)角にある. Su casa *hace esquina* con [a] la calle Mayor. 彼の家はマヨール通りの角にある. (2) (2つの道路が)交差する.

mozo de esquina ポーター (=mozo de cordel [de estación]).

esquinado, da [eskináðo, ða] 形 ❶ 角(芝)のある, 角ばった. ❷《比喩》非社交的な, 気難しい.

esquinar [eskinár] 自〖＋con〗…と角になる. 他 ❶ …と角(芝)になる. ❷ を隅(芝)に置く. ❸ (二人を)仲たがいさせる.

esquinazo [eskináθo] 男 ❶《話》角(芝) (=esquina). ❷〖チリ, ラ・プラタ〗セレナーチ, 小夜曲 (=serenata).

dar [el] esquinazo a ... (1) (急に角を曲がって)をまく, …の追跡をかわす, 置き去りにする. (2) …に待ちぼうけをくわせる, …との約束をすっぽかす.

esquirla [eskírla] 女 ❶ (石, ガラスなどの)破片, 裂片. ❷《医学》骨折などによる骨の破片.

esquirol [eskiról] 男《話, 軽蔑的に》(人をさして)スト破り.

esquisto [eskísto] 男《鉱物》片岩.

aceite de esquisto シェール油.

esquistosomiasis [eskistosomjásis] 女《医学》住血吸虫症.

:**esquivar** [eskiβár] 他 ❶ を(巧妙に)避ける, 回避する, よける. —El campeón *esquivó* un directo de la izquierda sin dificultad. チャンピオンは左ストレートを難なくかわした. Tuvo que dar un volantazo para ～ una roca desprendida. 彼は落石をよけるため急ハンドルを切らなければならなかった. No sé la razón por la que ella me *esquiva*. 私は彼女が私を避ける理由がわからない. **類eludir, evadir, rehuir**. ❷ (要請などから)逃げる, かわす, ずらす. —*Esquivó* la invitación inventando un compromiso urgente. 彼は緊急の約束があるとごまかして招待を逃れた.

—**se** 再 ❶ 立ち去る, 逃げをうつ. ❷ 身をかわす. ❸ 約束を取り消す, 手を引く.

esquivez [eskiβéθ] 女 ❶ 不愛想, つれなさ, よそよそしさ. —responder con ～ よそよそしく答える. ❷ 非社交的なこと, 引っ込み思案.

esquivo, va [eskíβo, βa] 形 ❶ 不愛想な, 冷たい, よそよそしい. ❷ 非社交的な, 内気な, 恥ずかしがり屋の.

esquizofrenia [eskiθofrénja] 女《医学》精神分裂病. —tener [padecer] ～ 精神分裂病にかかる.

esquizofrénico, ca [eskiθofréniko, ka] 形《医学》統合失調症の.
— 名《医学》統合失調症患者.

esquizoide [eskiθójðe] 形《医学》統合失調症の傾向のある, 統合失調症質の.
— 男女《医学》統合失調症質の人.

esta [ésta] 形(指示)(女性形) →este.

está [está] 動 estarの直・現在・3単, 命令・2単.

ésta [ésta] 代(指示) éste の女性形.

:**estabilidad** [estaβiliðá(ð)] 女 ❶ 安定性; 持続性. —Esta mesa tiene poca [gran] ～. このテーブルは座りが悪い[よい]. ～ atmosférica《気象》大気の安定. ～ de un edificio 建物の安定性. ～ política [monetaria] 政治的[通貨の]安定. Estos días se ha producido cierta ～ en la bolsa. 最近相場がある程度安定してきた. 反**inestabilidad**. ❷ 平静, 落ち着き. —Recuperó su ～. 彼は平静さを取戻した. ❸《化学, 物理, 船舶》安定性. —～ de un compuesto 化合物の安定性. prueba de ～ (船舶の)復元力テスト.

estabilización [estaβiliθaθjón] 女 ❶ 安定化. ❷ 平衡化.

estabilizador, dora [estaβiliθaðór, ðóra] 形 安定させる.
— 男 ❶《航空》(飛行機の)安定板. ❷《機械》安定装置. ❸《化学》安定剤.

estabilizar [estaβiliθár] [1.3] 他 ❶ を安定させる. ❷《経済》(通貨価値を公的に)固定化する.
—**se** 再 安定する.

:**estable** [estáβle エスタブレ] 形 **安定した, しっかりした, 不変の**. —edificio ～ しっかりした建物. gobierno ～ 安定した政府. situación ～ 安定した状況. Los precios se mantienen ～s. 物価は落ち着いている. Necesito un empleo ～ y seguro. 私は安定して確実な職が必要だ. **類fijo, firme, seguro**. 反**inestable**.

:**establecer** [estaβleθér エスタブレセル] [9.1] 他 ❶ (a) **を開設する, 設立する, 樹立する**. —～ la monarquía 王国を樹立する. ～ una fundación 財団を設立する. ～ una sucursal 支店を開設する. **類fundar, instituir**. を確立する, 打立てる. —～ relaciones diplomáticas 外交関係を確立する. ～ un récord mundial 世界記録を樹立する. ❷ を制定する, …を規定する, 命令する. —La ley establece la escolaridad obligatoria. 法律は義務教育を規定している. ❸ を設定する, 確定する; 作成する. —～ un plan de estudios 調査計画を作成する. Se han reunido para ～ la fecha y el lugar del encuentro. 彼らは会見の日時と場所を確定するために集まった. ❹ を確証する, 証明する, 立証する. —La identidad de los muertos no ha podido ser *establecida*. 死者の身元は確認されていない.

—**se** 再 ❶ 〖＋en に〗定住する, 居を定める. —*Se estableció en* Tenerife después de jubilarse. 彼は退職後テネリーフェ島に定住した. 類**afincarse**. ❷〖+de〗開業する,開店する;自立する. *Se estableció de* pediatra *en* Lima. 彼は小児科医としてリマで開業した. Estaba de dependiente en una tienda y ahora *se ha establecido*. 彼はある店の店員だったが,今は独立している.

:**establecido, da** [estaβleθíðo, ða] 形 確立した,規定された,創設された. —conforme a lo ~ en el artículo … 第…条の規定に従って. Es un pintor español ~ en México. 彼はメキシコに居を構えたスペイン人画家だ.

dejar establecido … …を規定する,制定する.

:**establecimiento** [estaβleθimiénto] 男 ❶ 設立,創設;樹立;制定,確立. —~ de una escuela 学校の設立. ~ de un gobierno provisional 臨時政府の樹立. ~ de una sucursal 支店の開設. ~ de la constitución 憲法の制定. 類**fundación, creación**. ❷《学校・病院・会社などの》施設,機関,工場. —~ académico 学術機関. ~ benéfico [de beneficencia] 福祉施設. ~ penal [penitenciario] 刑務所. 類**casa, institución, organismo**. ❸ 店,商店. —El pueblo sólo tenía un ~, en el que vendían de todo. その村には店が1軒しかなかったが,そこではなんでも売っていた. ~ de bebidas 飲料店. ~ comercial 商店,営業所. ~ público 商店;飲食店. 類**local, tienda**. ❹ 定住,定着. ❺ 法令.

establezca(-) [estaβléθka(-)] 動 establecer の接・現在.

establezco [estaβléθko] 動 establecer の直・現在・1 単.

establo [estáβlo] 男 ❶ 馬小屋,うまや,厩舎(きゅうしゃ);牛小屋,牛舎. ❷《全体として》同じ厩舎の馬,持ち馬.

estabulación [estaβulaθjón] 女 家畜を厩舎[牛舎,馬小屋]で飼育すること.

estabular [estaβulár] 他《牛・馬を》厩舎で飼う.

estaca [estáka] 女 ❶ 杭棒,杭(くい). —clavar una ~ 杭を打つ. ❷ 棍棒. 類**garrote**. ❸《技術》大くぎ. ❹《農業》《挿し木用の》切り枝. 類**esqueje**.

estacada [estakáða] 女 ❶ 柵,矢来(やらい),防御柵,囲い. ❷ 決闘場.

dejar a … en la estacada《話,比喩》窮地にいる人を見捨てる,置き去りにする.

quedarse en la estacada《話,比喩》見捨てられる,苦境に陥る.

estacar [estakár] [1.1] 他 ❶《柵で土地の》境界線を作る. ❷《家畜を》杭(くい)でつなぐ.
—**se** 再《比喩》棒立ちになる,立ちすくむ.

estacazo [estakáθo] 男 ❶ 杭(くい)での一撃. —dar un ~ 杭で一撃を与える. 類**varapalo**. ❷《話,比喩》打撃. ❸《話,比喩》厳しい批判.

**estación [estaθjón エスタシオン] 女 ❶《鉄道》駅,停車場(略)Est., バスの停留所・タクシー乗り場 は parada). —Apéese en la ~ siguiente. 次の駅で降りてください. El tren iba despacio porque se acercaba a la ~. 電車は駅が近いのでスピードをおとしていた. *E*~ *de* Atocha アトーチャ駅. ~ de autobuses バスターミナル. jefe [empleado] de ~ 駅長[員]. mozo de estación ポーター(=mozo de cordel [de esquina]). ~ de metro [de ferrocarril] 地下鉄[鉄道]の駅. ~ terminal 終着[ターミナル]駅;エアターミナル. ~ de término [de cabeza]/〖アル

ゼンチン〗~ cabecera 終着駅. ~ de empalme [de enlace] 接続駅, 連絡駅. ~ de paso 通過駅. ~ de mercancías 貨物駅. ~ de clasificación [de apartado] 操車場. 類**apeadero, terminal, término**. ❷ (a) 季節. —las cuatro *estaciones* del año 四季(春 primavera, 夏 verano, 秋 otoño, 冬 invierno). ~ deliciosa 快適な季節. No me gusta la ~ que menos me gusta. 冬は私が最も嫌いな季節だ. ~ seca 乾季,乾期. ~ lluviosa [de (las) lluvias] 雨季,雨期. en la ~ actual [presente] 現在,今. (b)《スポーツなどの》シーズン;《作物などの》時期,旬(しゅん). ~ turística [deportiva] 観光[スポーツ]シーズン. Estamos en la ~ del esquí. 今スキーシーズンです. La ~ de las fresas ya ha pasado. いちごはもう旬が過ぎた. 類**época, temporada, tiempo**. ❸《テレビ,ラジオ》放送局(= ~ emisora);電波基地. —~ emisora de televisión テレビ局. ~ repetidora 中継局. ¿Qué estaciones puede Ud. oír con su radio? あなたのラジオではどんな放送局が聞けますか? ~ telegráfica [de telecomunicaciones] 電報[電信電話]局. ~ de radar レーダー基地. ~ espacial [cósmica] 宇宙ステーション,衛星中継基地. ~ de seguimiento (人工衛星などの) 追跡ステーション. ~ de trabajo《情報》ワークステーション. ❹《観測・研究などの》施設,観測所;署. —~ agronómica [de experimentación agrícola] 農業試験場. ~ meteorológica 気象観測所,測候所,気象台. ~ geodésica 測地点,三角点. ~ de policía [de bomberos] 警察[消防]署. ~ de bombeo《パイプラインなどの》パイプステーション. ~ transformadora 変電所,変圧所. ❺ サービスステーション;処理場;発電所(=central). —~ de gasolina ガソリンスタンド. ~ central de energía eléctrica 発電所. ~ depuradora [purificadora] de aguas (residuales) 浄水場,下水・汚水処理場. ~ clarificadora 濾過(ろか)施設. ~ de paseo 保養地,休養地;帯在(地),逗留(とうりゅう)(地). ~ balnearia 湯治[温泉]場,保養地,海水浴場. ~ termal 温泉(場). ~ veraniega 避暑地. ~ de esquí スキー場. ~ climática 避暑[避寒]地,リゾート地. ❼《カトリック》(a) —estaciones del Vía Crucis 十字架の道行きの14留(りゅう)(キリストが十字架を背負ってカルヴァリーの丘(Calvario)に達中立ち止まった14か所;またこのキリスト受難の場面を描いた絵や彫刻). (b) 聖堂内の壁に掛けられたキリスト受難を表わす14場面毎に跪(ひざまず)いて捧げられる各留の祈り. (c) 聖金曜日の参詣(さんけい). ❽ 姿勢,静止状態. ~ vertical [horizontal] 直立[横になった]姿勢. ❾《生物》(動植物の)生息地,分布区域. ❿《天文》変向位,留(りゅう)(惑星が天球上で一時的に停って見える現象・位置). —planeta en ~ 留にある惑星.

estación de servicio ガソリンスタンド(= ~ de gasolina),《自動車の》サービスステーション.

hacer estación 休憩する, 滞在する, 立ち寄る. *Hicimos estación* dos veces a mitad de camino para tomar algo. 我々は何か飲むために途中で2度休憩した.

:**estacional** [estaθjonál] 形 ❶ 季節の,季節的な. —*lluvias ~es* 季節的な雨. *trabajo* ~ 季節労働. *viento* ~ 季節風. ❷《天文・宇宙》静止した,留(りゅう)の. 類**estacionario**.

estacionamiento [estaθjonamjénto] 男 ❶《自動車》駐車. ~ prohibido 駐車禁止区域. 類**aparcamiento**. ❷ 停滞.

estacionar [estaθjonár] 他 ❶《自動車》(車を)駐車する. 類**aparcar**. ❷ を配置する, 部署につける. ― **se** 再 ❶ 駐車する. ❷ 止まる, 停止する, 停滞する.

estacionario, ria [estaθjonárjo, rja] 形 動かない, 静止した, 止まっている. ―un satélite en órbita *estacionaria* 静止衛星.

estada [estáða] 女 滞在, 逗留(とうりゅう). 類**estadía, estancia, permanencia**.

estadía [estaðía] 女 ❶ 滞在, 逗留(とうりゅう). 類**estada, estancia, permanencia**. ❷ 画家[彫刻家]の前でモデルがポーズを取る時間. ❸《商業》商船の停泊超過日数; 商船の停泊超過日数の賠償金.

‡**estadio** [estáðjo] 男 ❶《スポーツ》競技場, スタジアム; 野球場. ―ir al ~ de fútbol サッカー競技場に行く. ~ olímpico オリンピック・スタジアム. 類**campo, estadium**. ❷《発展・推移などの》段階, 局面, 程度;《医学》(病気の)段階, 各(時)期. ―Ha superado el primer ~ de la enfermedad. 彼は病気の第1段階を乗り越えた. Tuvo varios ~s de hipertensión. 彼は高血圧の諸症状を訴えた. ~ oral《精神医学》口唇期. 類**fase, período**. ❸ スタジオン(古代ギリシャの距離の単位で約200m); 1スタジオンの長さを持つ競技場.

estadista [estaðísta] 男女 ❶ 指導的な政治家, 国の指導者. ❷ 統計学者, 統計家.

‡**estadística**[1] [estaðístika] 女 ❶ 統計(表). ―~ económica 経済統計. hacer [tomar] las ~s de la población 人口統計をとる. ❷ 統計学. ―La ~ moderna abarca numerosos campos. 現代統計学は数多くの分野に及んでいる.

‡**estadístico, ca**[2] [estaðístiko, ka] 形 統計的な, 統計(学)の, 統計上の. ―datos ~s 統計資料. anuario ~ 統計年鑑. Se ha hecho un estudio ~ sobre el índice de drogadiccion en el país. その国の麻薬中毒の指数について統計的研究が行われた.
― 名 統計学者, 統計家.

estádium [estáðjum] 男 ＝estadio①.

‡‡**estado** [estáðo《エスタド》] [<estar] 男 ❶ 状態, 様子,《体・機械などの》調子,《情報》ステータス. ―Aquel campo de fútbol no está en buen ~ para jugar. あのサッカー場はプレイするには状態がよくない. Luis está en un ~ de tristeza. ルイスは悲しい様子だ. ~ salvaje [de naturaleza] 自然状態. ~ de alerta [de prevención] 警戒態勢. ~ de cosas 事態, 情勢. ~ sólido [líquido, gaseoso] 固体[液体, 気体]状態. ~ de la enfermedad 病状. Ha empeorado el ~ del enfermo. 病人の容体(ようだい)が悪化した. En el ~ en que está no puede trabajar. 彼は今の状態では働けない. 類**calidad, condición, situación**. ❷《政治》(多くは E~ で)国, 国家; 政体.―El ejército y la policía están al servicio del E~. 軍隊と警察は国家に仕えている. El E~ soy yo. 朕(ちん)は国家なり(ルイ14世の言葉とされているが実際は作者不詳). jefe de E~ 国家元首. hombre de E~ (特に指導的な)政治家(＝estadista). presupuesto del E~ 国家予算.

papel [renta] del E~ 国債. examen de E~ 国家試験. funcionario del E~ 国家公務員. Ministro de E~ 国務大臣. asunto [materia] de E~ 国務, 国事; 重大事. razón de [del] E~ 国是; 口実. secretario de E~ (米国の)国務長官. recursos del E~ 国家の財源. crimen de E~ 国事犯(犯罪). reo de E~ 国事[政治]犯(犯人). golpe de E~ クーデター. atentado contra la seguridad del E~ 反逆罪. Consejo de E~ 枢密院. Organización de E~s Americanos 米州機構(略は OEA). Comuidad de E~s Independientes 独立国家共同体(旧ソ連,《略》CEI). papel de pagos al E~ 収入印紙. ~ benefactor [de bienestar, de previsión] 福祉国家. ~ de derecho 法治国家. ~ soberano 主権国家. ~ plurinacional 多民族国家. ~ republicano [monárquico] 共和[君主]政体. ~ federal [federado] 連邦国家. ~ totalitario 全体主義国家. ~ en fideicomiso 信託統治国. ~ satélite 衛星国. ~ tapón 緩衝国. ciudad-~ 都市国家. ❸ (アメリカ・メキシコなどの)州. ―(los) E~s Unidos (de América) アメリカ合衆国(《略》EE.UU., E,U.(A.)). E~ Libre Asociado (＝Puerto Rico). E~ de California (米国の)カリフォルニア州. E~ de Guerrero (メキシコの)ゲレーロ州. ❹ 身分, 地位, ステータス. ―~ civil《法律》戸籍上の身分(独身は soltero, 既婚は casado, 離婚者 divorciado, 寡夫 viudo の別). En la casilla de ~ civil del carné de identidad constaba como soltero. 身分証明書の戸籍上の身分欄に彼は独身と記載されていた. Es de ~ civil casada. 彼女は戸籍上既婚者である. ~ llano [general, común] (貴族・聖職者に対して)平民 (＝plebe). ~ militar [eclesiástico] 軍人[聖]職. cuarto ~ 第4階級 (言論界, ジャーナリズム). ~ noble 貴族. ~ soltero 独身. ~ honesto (女性の)独身, 未婚. 類**clase, jerarquía, orden**. ❺《商業》(損益などの)計算書, 財務表 (＝~ de cuenta(s));(状況を記した)報告書, リスト. ~ s financieros 財務諸表. ~ de pérdidas y ganancias 損益計算書. ~ de [del] personal 従業員名簿. ~ de los gastos 支出報告書. ~ de la nieve (スキー場などの)積雪情報. ~ de contabilidad《中南米》貸借対照表. 類**inventario, memoria, resumen**. ❻《攻》領地. ―E~s Pontificios [de la Iglesia] (歴史)教皇領 (1870 年までイタリア中部にあった). ❼《軍事》―~ mayor (general) (総)参謀本部. ~ mayor central 統合参謀本部. ❽ エスタード(スペインの長さ・面積の単位. 長さ:7 pies＝約1.95m, 面積:49 m² pies＝約3.8m²).

cambio de estado (1)《物理》(化学物質の)状態変化. (2) 戸籍上の身分変化(独身・既婚・寡男の別の変化).

en estado de〖＋名詞/不定詞〗(…の, …できる)状態に[で]. *en estado de* funcionamiento (機械などが)正常に作動する状態に. estar *en estado de* descomposición 腐りかけた状態だ. No está *en estado de* trabajar. 彼は働ける状態にない.

en (un) estado〖＋形容詞〗…な状態に[で]. *en estado* latente 潜在[潜伏]状態に. Se encontraba *en un estado* deplorable. 彼は哀れな状態にあった. Está *en un estado* grave. 彼は重態である. El mercado de valores sigue *en estado* estacionario. 証券市場は依然閑散としている.

estado crítico (1) 危機的[危篤]状態, 重態 (=～ grave [serio]). (2) 《物理》臨海状態.

estado de alarma [*de sitio, de excepción*] 戒厳状態 (=～ de guerra), 非常事態 (=～ de emergencia). declarar el *estado de alarma* 戒厳状態[非常事態]を宣言する.

estado de alma [*de ánimo*] 気分, 機嫌. Varía mucho de *estado de ánimo*. 彼は感情の起伏が激しい.

estado de emergencia [*de necesidad*] 非常事態. decretar [proclamar] el *estado de emergencia* 非常事態を宣言する.

estado de gracia 《カトリック》聖寵(せいちょう)の状態(神の恩寵を受けている状態).

estado de guerra (1) 戦争状態. (2) 戒厳状態 (=estado de sitio).

estado de (la) inocencia 《カトリック》(人類が創造されたときの)無辜(むこ)[無罪]の状態.

estado de pecado 《カトリック》(人が天恵を受けない)自然(法)下の状態, 罪深い状態.

estado físico (1) 体調. (2) 《物理》物理的状態 (固体·液体·気体の3状態).

estado general (1) 体調. (2) 《古》平民. (3) 複《歴史》(18世紀フランスの)三部会.

estado perfecto (1) 完璧な状態. (2) 《生物》(蝶などの)成体[成虫]の段階.

estar a siete estados debajo de tierra (物が)地下の深いところに隠されている.

estar en buen [mal] estado (健康·経済·機械などの)状態/調子がよい[悪い]. El camino *está en mal estado*. 道路状態が悪い. *estar en buen estado de salud* 健康状態がよい. El coche todavía *está en buen estado*. 車の調子はまだ良好だ. La casa *estaba en muy mal estado*. 家の維持管理状態はとても悪かった.

estar en estado (interesante) / *estar en estado de (buena) esperanza* 妊娠中である. Está *en estado*, de ocho meses. 彼女は妊娠8か月である.

estar en estado de merecer (女性が)年頃である, 結婚適齢期である.

poner a … en estado / *dar estado a …* (父親が子供を)聖職につかせる; 結婚させる.

tomar estado (1) 結婚する (=mudar estado). (2) 司祭になる.

Estados Unidos de América [estáðos uníðos ðe amérika] 固名 アメリカ合衆国(首都ワシントン Washington; →América).

‡**estadounidense** [estaðouniðénse] 形 アメリカ合衆国(Estados Unidos de América)の, 米国の, アメリカの. 類 *norteamericano*.

―― 男女 アメリカ合衆国国民[市民], 米国人, アメリカ人.

estafa [estáfa] 女 ❶ 搾取, 詐取, かたり. ― hacer [cometer, realizar] una ～ 詐欺をする. ser víctima de una ～ 詐欺にひっかかる. 類 *engaño*, *timo*. ❷ 鐙(あぶみ), あぶみわく.

estafado, da [estafáðo, ða] 名 詐欺被害者.

estafador, dora [estafaðór, ðóra] 名 詐欺師, ペテン師.

estafar [estafár] 他 ❶ をかたる, 【+a】…から(金を)だまし取る. ❷ 《法律》を横領する.

estafermo [estaférmo] 男 ❶ 《歴史》回転人形(槍競技の的となった). ❷ 《話》うすのろ, まぬけ.

estafeta [estaféta] 女 ❶ 急使. ❷ 外交通信文書入りの郵便袋. ❸ 郵便支局, 郵便局 (=estafeta de correos). ❹ 《スポーツ》(リレーの)バトン.

estafilococo [estafilokóko] 男 《医学》ブドウ状球菌.

estagnación [estaɣnaθjón] [<英 stagnation] 女 停滞, 沈滞; 不振, 不況, 不景気.

estáis [estáis] 動 estar の直·現在·2複.

estalactita [estalaktíta] 女 《鉱物》鍾乳石(しょうにゅうせき)(石灰洞のたれさがった石灰石).

estalagmita [estalaɣmíta] 女 《鉱物》石筍(せきじゅん)(石灰洞のたけのこ状に積もった石灰石).

‡**estallar** [estaʎár] 自 ❶ (*a*) 爆発する, 炸裂(さくれつ)する, はじける. ― La bomba *estalló* en el portal. 爆弾が玄関で爆発した. *Estalló* el globo. 風船が破れた. 類 *explotar*. (*b*) 破れる, 張り裂ける, はち切れる. ― Las costuras de los pantalones *han estallado*. ズボンの縫目がはち切れた. Vas a ～ de tanto comer. お前そんなに食べるとなかなか破裂するぞ. ❷ 突発する, 勃発する, 突然起こる. ― La guerra *estalló* una semana después. 戦争は1週間後に勃発した. Llegamos a casa antes de que *estallara* la tormenta. 私たちは嵐が起きる前に家に着いた. ❸ (感情が)爆発する, ほとばしり出る. ―～ de emoción 感情が爆発する. El niño *estalló* de risa. 子供は嬉しくて笑い出した. La madre *estalló* en sollozos. 母親は急にすすり泣きを始めた.

―― 再 張り裂ける, はじける, はち切れる.

‡**estallido** [estaʎíðo] 男 ❶ 破裂, 爆発, 炸裂(さくれつ); パンク. ― El ～ de artefactos explosivos provocó el pánico entre la población. 爆発装置が炸裂して住民はパニックに陥った. El ～ del cohete anunció el comienzo de las fiestas. 花火の打上げがお祭りの開始を告げた. 類 *explosión, chasquido, estampido, reventón, detonación*. ❷ 破裂音, 爆発音; (鞭の)ピシッという響き. ―～ del neumático タイヤのパンクする音. Al oír el ～ del trueno, sintió pánico. 彼は轟き渡る雷鳴を聞いてパニックに陥った. Los niños se asustaron al oír los ～s del látigo. 子供たちは鞭のピシッという響きを聞いて震え上がった. 類 *estampido, explosión, zambombazo, estruendo, estrépito, detonación*. ❸ (戦争·火災·嵐·危機などの)突発, 勃発, 発生. ―～ de la revolución 革命の勃発. ～ de la epidemia 流行病の突発. Se anuncia el ～ de una nueva guerra. 新たな戦争の勃発が報じられる. ❹ (笑い·喜び·怒りなど感情の)爆発, 激発. ―～ de risas 爆笑. Sufrió un ～ de ira y pegó a su hija. 彼は烈火のごとく怒って娘を殴った. La noticia produjo una ～ de alegría en la ciudad. そのニュースを聞いて町は大喜びした. Cuando el cantante salió al escenario se produjo un ～ de gritos y aplausos entre el público. 歌手が舞台に登場した時, 観客にどっと歓声と拍手喝采がわき起こった. ❺ 破局, 破産. ― Esa relación terminará en ～. その関係は破局に終わるだろう. El negocio está a punto de dar un ～. その商売は今にもつぶれそうだ. 類 *ruina, quiebra*.

dar el estallido 《話》(過労などで)死ぬ, 過労死する. Un día *darás el estallido* si no dejas de trabajar a ese ritmo. そんなペースで働き続けたら, いつかそのうち死ぬぞ.

dar un estallido (1) 爆発する, 破裂する; 勃発する. (2) 破局を迎える, 悲惨な結末に終わる; 倒産する. La empresa *dio un estallido* y dejó una deuda de miles de millones. 会社が倒産して数十億の負債が残った. Cualquier día su paciencia *dará un estallido*. そのうち彼の我慢も限界に達するだろう.

estambre [estámbre] 男 ❶《植物》おしべ, 雄(ポ)ずい. ❷《服飾》梳毛(ポ)糸, 梳毛織物, ウーステッド.

Estambul [estambúl] 固名 イスタンブール(トルコの都市).

estamento [estaménto] 男 ❶ 階層, 階級. —~s de una sociedad ある社会の階層. ❷《スペイン史》エスタメント(アラゴン王国議会の 4 つの身分; 僧侶, 貴族, 騎士, 大学人).

estameña [estaména] 女《服飾》(梳毛(ポ)で織(ホ)る)あやラシャ, サージ, 粗布.

estamos [estámos] 動 estar の直・現在・1 複.

:**estampa** [estámpa] 女 ❶ (印刷された)絵[肖像画], 版画, 挿絵. —El niño se entretiene mirando los libros de ~s. 子供は絵本を見て楽しんでいる. El sacerdote nos dio una ~ de la Virgen María. 司祭が私たちに聖母マリアの肖像画をくれた. grabado de ~s 銅[彫刻]凹版(画). 類 **dibujo, grabado, ilustración, lámina**. ❷ (人間・動物の)姿, 外見, 見かけ, 様子. —Era un caballo de magnífica ~. それはすばらしいスタイルの馬だった. Tiene ~ de torero. 彼は闘牛師みたいだ. mujer de fina ~ ほっそりした女性. 類 **aire, apariencia, aspecto, figura**. ❸ 典型, 権化, 見本. —una ~ típica 典型(的な)例. Era la ~ de los caballeros andantes. 彼は遍歴の騎士の見本だった. Es la ~ de la pobreza. 彼は貧乏の典型だ. —del genio 折紙付きの天才. 類 **ejemplo, representación**. ❹ そっくり, 生き写し(=viva ~). —La niña es la viva ~ de su madre. その女の子は母親そっくり[母親に生き写し]だ. La novela consiste en una serie de ~s de la vida caballeresca. その小説には騎士の生活が生き生きと描かれている. 類 **imagen, reproducción, retrato**. ❺ 足跡. —Las ~s encontradas en la tierra condujeron al autor del crimen. 地面に見つかった足跡によって犯人が割れた. 類 **huella, señal**. ❻ (印刷)印刷. —dar un libro a la ~ 本を印刷出版する. sección de ~s de la Biblioteca Nacional 国立図書館の版画(資料)室, プリント[コピー]室.

dar a la estampa を印刷する.

¡Maldita sea su estampa!《俗》こんちくしょう!, くそったれ!

no ser la estampa de su devoción 好きになれない, どうも虫が好かない. Juan no es que me caiga mal; solamente que *no es la estampa de mi devoción*. 私はフアンが嫌いというわけではなく, ただ好きになれないだけです. 類 **no ser (el) santo de su devoción**.

romper la estampa a ...《俗》(人)をやっつける, 殺す.

ser la viva [propia, mismísima] estampa de ... (人)にそっくり[生き写し]である, 瓜(ペ)二つである. 類 **ser el vivo retrato de, ser la viva imagen de**.

tener buena estampa 見た目[外見]が立派である.

tener estampa de ... …に見える, 似ている, …みたいである. Tiene *estampa de* malvado. 彼は悪人に見える.

tener mala estampa (1) 見た目[外見]が悪い, 醜い. (2) 感じが悪い, 運が悪い, ついていない.

estampación [estampaθjón] 女 ❶ 印刷, プリント. 類 **estampado**. ❷ 型押し, 押し出し, 打ち出し, 心や頭への刻印.

estampado, da [estampáðo, ða] 形《服飾》(布地が)プリント柄の. —tejido ~ プリント柄の布地. —男《服飾》プリント柄の布地.

estampador, dora [estampaðór, ðóra] 形 ❶ 印刷の, プリントの. ❷ 型押しの, 打ち出しの. ——名 プリント工; 型押し工. 類《古》**impresor**.

estampar [estampár] 他 ❶《印刷》…の文字[模様]を(木判・ゴム印など)刷る, …に印刷する, プリントする. —~ flores en una tela 布地に花柄をプリントする. ❷ (足跡を)残す. ❸ (話)投げつける, ぶつける. —~ un vaso contra la pared 壁にコップを投げつける. ❹《話》(キス・殴打などを)与える, 加える. ❺ (印象などが)心に刻みつける, 銘記させる. ❻ を書く, 署名する. ——**se** 再《話》[+contra] ❶ ぶつかる. ❷ 心に残る, 胸に刻まれる.

estampía [estampía] [次の成句で]
entrar de estampía 急に入って来る.
salir de estampía あわてて飛び出す.

estampida [estampíða] 女 ❶ (動物の群が)驚いてどっと逃げ出すこと. ❷ 爆発音, 轟音(テシ).

estampido [estampíðo] 男 爆発, 爆発音. —dar un ~ 爆発する.

:**estampilla** [estampíja] 女 ❶ (一般にゴム製の)印鑑, 判(特に署名を模したもの); (押してできた)印, スタンプ, 証印, 消印, 封印. —poner ~ a un documento 書類に判を押す. 類 **sello**. ❷〖中南米〗郵便切手. 類 **sello (de correo)**.

estampillado [estampijáðo] 過分 男 ❶ 印をつけること, スタンプを押すこと. ❷ 帯封すること.

estampillar [estampijár] 他 ❶ …に印をつける, にスタンプを押す. ❷ …に帯封する.

están [están] 動 estar の直・現在・3 複.

estancado, da [estaŋkáðo, ða] 形 ❶ せき止められた, よどんだ. —aguas *estancadas* せき止められた水. ❷ 行き詰まった, 停滞した.

estancamiento [estaŋkamjénto] 男 ❶ (川などを)せき止めること, よどみ. ❷《比喩》行き詰まり, 停滞. —~ de las negociaciones 交渉の行き詰まり.

:**estancar** [estaŋkár] [1.1] 他 ❶ をせき止める, …の流れを止める. —La presa *estanca* agua para regadío. ダムは灌漑(認)のために水をせき止めている. ❷ を停滞させる; 中断する. —La depresión económica *estancó* la venta de automóviles. 経済不況のために自動車の売れ行きが鈍った. ❸ を専売とする, 独占する. —El Estado *ha estancado* la venta de tabaco. 国はタバコを専売とした. ——**se** 再 淀む, 停滞する; 中断する. —El agua del río *se estancó* a causa de un desprendimiento de tierra. 川の水は土砂崩れのために淀んだ. —*se* las negociaciones 交渉が中断する. La chica *se ha estancado* en sus estudios. 女の子は勉強が滞っている.

:**estancia**[1] [estánθja] 女 ❶ 滞在(期間). —¿Cuánto duró su ~ en París? パリ滞在はどのく

らいでしたか? Hemos ido a Málaga en una ～ de cinco días. 私たちは 5 日間の滞在でマラガに行って来ました. **estada**, **estadía**, **permanencia**. ❷ (宮殿などの広くて豪華な)部屋, 広間. — Nos sirvieron el café en una acogedora ～. 我々は快適な大広間でコーヒーを出された. 類 **aposento**, **cámara**, **sala**. ❸ 《建築》住居, 住まい, 邸宅. 類 **morada**. ❹ 入院期間[日数]. ～ en el hospital 入院. ❺《中南米》農場, 大農園, 牧場. — Ha heredado una ～ de diez mil hectáreas. 彼は 1 万ヘクタールの農場を持っている. 類 **finca**, **ganadería**, **hacienda**, .

*__estancia__² [estánθia] 囡《詩》連, 節 (= estrofa).

__estanciero, ra__ [estanθjéro, ra] 名《南米》《農業》大農園主, 農場主.

__estanco__ [estáŋko] 男 ❶ (専売品の)売店, タバコ屋. ❷ 専売(権), 独占権. ❸《歴史》記録[公文書]保管所. ——, __ca__ 形 防水の, 耐水の, 漏水防止の. — compartimiento ～《海事》水密区画;《比喩》完全な隔離・隔絶.

__estándar__, __estandard__ [estándar] [< 英 standard] 形 スタンダードな, 標準的な. —— 男 標準, 水準, スタンダード, 基準. - E～ Americano de Codificación para el Intercambio de Información《情報》ASCII.

__estandarización__ [estandariθaθjón] 囡 規格化, 標準化.

__estandarizar__ [estandariθár] [1.3] 他 を標準化する, 画一化する, 規格化する.

__estandarte__ [estandárte] 男 旗, 軍旗, 旗印.

__estannífero, ra__ [estannífero, ra] 形《鉱物》スズ(錫)を含んだ.

__estanque__ [estáŋke] 男 ❶ (公園などの)池. ❷ 貯水池.

__estanque(-)__ [estaŋke(-)] 動 estancar の接・現在.

__estanqué__ [estaŋké] 動 estancar の直・完了過去・1 単.

__estanquero, ra__ [estaŋkéro, ra] 名 ❶ タバコ屋の店主[店員], タバコ小売商人. ❷《中南米》居酒屋の主人.

__estanquillo__ [estaŋkíʎo] 男 ❶《中南米》(主に公営の酒, タバコなどの)専売品販売店. 類 **estanco**. ❷《エクアドル》居酒屋. 類 **taberna**. ❸《メキシコ》品数の少ない店.

*__estante__ [estánte] 男 ❶ 棚, 本棚, 棚板. — Puso el libro en uno de los ～s. 彼はその本を本棚の一つにのせた. 類 **anaquel**, **estantería**. ❷ 本箱, 書架, 飾り棚. — ～ para revistas 雑誌棚. ❸ (機械の)脚, 支柱, 支え. —— 形 定着した, 滞在している, 常駐する.

__estantería__ [estantería] 囡 ❶ (全体として)本棚. ❷ 書棚.

__estantigua__ [estantíɣwa] 囡 ❶《話, 比喩, 戯》のっぽでみすぼらしい人. 類 **espantajo**. ❷ おばけ, 幽霊. 類 **fantasma**.

__estañadura__ [estaɲaðúra] 囡《技術》スズ(錫)めっき.

__estañar__ [estaɲár] 他《技術》…にスズ(錫)めっきをする.

__estaño__ [estáɲo] 男《化学》スズ(錫)(元素記号 Sn, 原子番号 50).

__estaquear__ [estakeár] 他 ❶《中南米, 主に南米》…の手足を杭にしばりつけて拷問する. ❷《中南米, 主に南米》(皮)を杭にしぼって伸ばす.

__estaquilla__ [estakíʎa] [< estaca] 囡 ❶ 支えたり固定するために使用される先の尖った小さな木片;(靴のかかとなどに使われる)木釘. ❷ 角錐状の坊主釘. ❸ 大釘, 首釘, 長釘.

*__estar__ [estár エスタル] [13] 自 ❶ …である, …でいる, …になっている《一時的状態を表わす》. —¿Cómo estás? —Estoy bien, gracias. ご機嫌いかが. 元気です, ありがとう. Esta paella __está__ buena. このパエーリャはおいしい. Mi padre __está__ calvo. 私の父親は頭がはげてしまった. ～ enfermo 病気である. ～ triste 悲しそうだ. ～ sordo 耳を貸さない. ❷ (場所にいる, ある(所在を表わす). —La escuela __está__ cerca de mi casa. 学校は私の家の近くにある. El libro estaba en la mesa. 本はテーブルの上にあった. ¿Has estado en Tokio? 君は東京に行ったことがあるか. Estamos a veinte kilómetros de Granada. 私たちはグラナダから 20 キロの地点にいる. Estamos en primavera. 今春だ. ❸ **(a)** いる, ある. —¿__Está__ en casa? 彼いますか. ¿José? —__Está__. (出欠をとる際に)ホセ君. -はい. **(b)** (準備が)できている, 仕上がっている. —Ya __está__. さあでき上がりだ. ❹ 《+過去分詞》…になっている, …している《結果状態を表す》. —La profesora __está rodeada__ de sus alumnos. 先生(女性)は生徒たちに囲まれている. ❺《+現在分詞》…しつつある, している《進行形を作る》. —__Está nevando__. 雪が降っている. La anciana __está durmiendo__. おばあさんは眠っている. ❻ 似合う, ぴったりする, しっくりする. —Esa corbata te __está__ muy bien. そのネクタイは君にとても似合っている. 類 **caer**, **ir**, **sentar**. ❼《+a》**(a)** (値段, 温度が)…である. —Ese queso __está a__ 3 euros el kilo. そのチーズはキロ 3 ユーロです. El kilo de fresas __está__ en un euro. イチゴは 1 キロ 1 ユーロになっている. El niño __está a__ 40 de fiebre. 子どもは 40 度の熱がある. La habitación estaba a cero grados. 部屋は 0 度だった. **(b)** …日[曜日]である《普通 estamos の形で用いられる》. —¿__A__ cuántos __estamos__ hoy? —__Estamos a__ 2 de abril. 今日は何月何日ですか -4 月 2 日です. Ayer __estábamos a__ viernes. 昨日は金曜日だった. **(c)** …の準備用意ができている. —__Estoy a__ su disposición. 何でもご用命に応じます. __Estamos a__ las órdenes del director. 私たちは局長の命令に従います. ❽《+al+不定詞》(今ちょうど)…するところである. —Los Reyes __están al llegar__ al aeropuerto. 国王夫妻は今まさに空港に到着するところである. ❾《+con》**(a)** …と一緒にいる, 同居する. —Desde que se quedó huérfano __está con__ una tía. 彼は孤児になって以来おばさんと暮らしている. **(b)** (人と)一緒になる, 親密である. —Ella __está con__ Ramón desde hace dos años. 彼女は 2 年前からラモンといい仲だ. **(c)** …に会いに行く. —Enseguida __estoy contigo__. 私は間もなく君に会いに行く. **(d)** …と同意見である. —En ese punto __estoy con__ ustedes. その点については私はあなたがたと同意見です. **(e)** …を持っている, …が一時的にある. —__Está con__ muchas ganas de trabajar. 彼は非常に働く気がある. ❿《+de》**(a)** …しているところである, 最中である. —Hoy no viene porque __está de__ viaje. 今日は彼は旅行中なので来ない. ～ de mudanza[de obras] 引越中[工事中]である. **(b)** を

務める, …として働く. —Como su mujer se encuentra mal, él *está* de cocinero. 彼の妻が病気なので, 彼が料理人役を務めている. *Está* de profesora en Buenos Aires. 彼女はブエノスアイレスで先生をしている. (c) 〘妊娠〙…か月である. —*Está de* cuatro meses. 彼女は妊娠5か月だ. (d) 《話》を患っている. —Ella *está* del corazón. 彼女は心臓が悪い. ⓫ 〚+en に〛(a) 原因[理由]である, (…の)せいである. —El fracaso *está en* su pereza. 失敗の原因は彼の怠惰である. (b) 〚+不定詞〛するつもりである. —Antonio *está en venir* para Navidad. アントニオはクリスマスまでには帰るつもりだ. (c) 〚+que+直説法〛…と思う, 信じる. —*Estoy en que* el asunto no tiene solución. 私はその件には解決策がないと思う. (d) 〚+名詞〛…の最中である. —～ *en* guardia 警戒中である. Dile que *estoy en* el asunto y que no se preocupe. いまそれをやっている最中から心配するなと彼に言ってくれ. ⓬ 〚+para〛(a) 〚+名詞〛…する時である, するためにある. —Ahora no *estamos para* bromas. 今は冗談言っている時ではない. Las vacaciones *están para* disfrutarlas. 休暇は楽しむためのものだ. (b) 〚+不定詞〛ちょうど…しようとしている, することになっている, しそうである. —Cuando *estaba para* salir, me llamaron por teléfono. ちょうど出かけようとしたとき, 電話がかかってきた. *Está para* llover. 今にも雨が降りそうだ. ⓭ 〚+por〛(a) 〚+名詞〛…の味方である, に好意を持っている. —Él *está por* Juana. 彼はフアナに気がある. Siempre *ha estado por* la libertad de expresión. 彼は常に表現の自由を支持してきた. (b) 〚+不定詞〛(物事が)まだ…していない, されていない. —La habitación *está por* limpiar. 部屋はまだ掃除をしていない. (c) 〚+不定詞〛(人が)…する気になっている, しようとしている. —*Estoy por irme* para mi tierra natal. 私は生まれ故郷に帰りたくなっている. ⓮ 〚+sin なしで〛いる, …がないままである. —*Estoy sin* trabajo[dinero]. 私はいま失業中だ[お金がない]. El libro *está sin* publicar. その本はまだ出版されていない. ⓯ 〚+sobre〛(人)の面倒を見る, を見張る; …に責任がある. —Tenemos que *estar sobre* la educación de los hijos. 私たちは子どもの教育に責任がある. *Estoy sobre* el plan. 私はその計画に責任がある. ⓰ 〚+tras (de)〛欲しがっている. —*Está tras* de ese coche desde hace tiempo. 彼は以前からその車を手に入れたがっている. ⓱ 〚+que+直説法〛(a) (状態の強調) *Estoy que* trina. 彼は怒り狂っている. *Estoy que* me caigo de sueño. 私はひどく眠いんだ. (b) (状況への到達) —*Estoy que* no puedo más. 私はもう限界だよ[これ以上我慢できないぞ].

—**se** 再 …にいる, 留まっている, じっとしている. —*Se estuvo* alegre toda la tarde. 彼は午後中ずっとはしゃいでいた. *Se estuvo* en casa de sus tíos todo el verano. 彼は夏中叔父夫妻の家にいた. ¡*Estáte* quieto! 静かにしていろ.

a lo que estamos 〘話〙本題に戻って. *A lo que estamos* y déjate de divagaciones. 本題に戻って脱線はやめてくれ.

…, ¿estamos? いいね, わかったね, そうでしょう. He dicho que te pongas a estudiar, ¿*estamos*? 私はお前が勉強を始めるよう言っといたんだよ, わかってるね.

estar de más (sobra) →más.

estar por sí 自分のする[言う]ことに注意を払う. Ella *está* siempre *en sí*. 彼女はいつも自分のやることに気を配っている.

estar en todo →todo.

estar por ver →ver.

estar sobre sí 落ち着きはらっている.

estar visto →visto.

¿estás?/¿está usted? よろしいですか, わかりましたね.

ya está bien de は過分である, あまりに多過ぎる. *Ya está bien de* tu charla. 君のおしゃべりはもうたくさんだ.

ya estamos これで大丈夫だ, もう用意はできた.

¡ya estamos! (1) 賛成, 異議なし. (2) もうたくさんだ, やめろ.

estarcido [estarθíðo] 〘過分〙男 《美術》型を通して刷りだされた画, 素描, 図案.

estarcir [estarθír] 他 《美術》を型を通して刷り出す.

estás [estás] 動 estar の直・現在・1単.

‡**estatal** [estatál] 形 **国家の**, 国有の, 国営の. — economía ～ 国家経済[管理], empresa ～ 国営企業. universidad ～ 国立大学. 類 **nacional**.

estática[1] [estátika] 女 《物理》静力学.

estático, ca[2] [estátiko, ka] 形 ❶ 静的な, 静止の, 定位の, 静態の. 反 **dinámico**. — electricidad *estática* 静電気. análisis ～ 静態分析. ❷ 《話》(口もきけないほど)驚愕した, あきれて物も言えない, あっけにとられた. —quedarse ～ 唖然(％)とする. 類 **embobado**. ❸ 《物理》静力学の.

bicicleta estática →bicicleta.

estatificar [estatifikár] [1.1] 他 を国有化する, 国営する.

estatismo [estatísmo] 男 ❶ 国家主権主義. ❷ 不動(性), 固定, 静止, 静止状態.

estatizar [estatiθár] [1.3] 他 を国有化する, 国営化する.

estator, estátor [estatór, estátor] 〔<英 stator〕男 《電気》固定子(電気機械の回転部分に対する静止部分).

‡**estatua** [estátua] 女 ❶ (人間・動物の)彫像, 像. —～ yacente (墓石などの)横臥("$_{が}^{か}$")像. — sedente 座像. ～ orante 礼拝像(跪(%)いて祈る姿の). ～ ecuestre 騎馬像. la ～ de la Libertad 自由の女神. elevar una ～ de bronce 銅像を建てる. 類 **escultura, imagen**. ❷ (像のように)無表情な人, 冷たい人.

hacer la estatua 《サッカー》(ゴールされてもキーパーが)一歩も動けない.

merecerse una estatua 品行方正である.

quedarse (hecho [como]) una estatua (恐怖・驚きのあまり)動けなくなる, 立ちすくむ.

estatuario, ria [estatuárjo, rja] 形 ❶ 彫像の, 塑像の; 彫像[塑像]に適した. —mármol ～ 彫像用大理石. ❷ 彫像のような. —un gesto ～ 彫像のような表情. pase ～ 《闘牛》不動のパセ(闘牛士が体を動かさずに通すこと).

—— 名 彫像師, 塑像家.

estatuilla [estatuíʝa] 女 小さな彫像. —Esta película ha conseguido una ～ en los Oscars. この映画はアカデミー賞をひとつ獲得した.

estatuir [estatuír] [11.1] 他 ❶ を確立する, 設

置する, 制定する(=establecer). ❷ を証明する, 明らかにする.

‡**estatura** [estatúra] 囡 (人の)**身長**, 背丈. — media 平均身長. de ～ regular [mediana] 中背の. Tiene un metro ochenta de ～. 彼の身長は1m80cmです. ser alto [bajo] de ～ 背が高い[低い]. 顕**altura, talla**.

estatus quo [estátus kuo] [＜ラテン語] 現状.

estatutario, ria [estatutário, ria] 形 制定法の, 法令の; 法令に定められた.

‡**estatuto** [estatúto] 男 ❶ [主に 複] 〖法律〗(団体・会社・法人・地域などの)**規則**, 規約, 定款. — ～s del sindicato [de la comunidad de vecinos] 組合[自治会]規約. ～ municipal 市条例. ～ de funcionarios 公務員法. ～s del colegio de médicos 医師会法. ～s sociales 会社の基本定款. Van a someter a votación los ～s de la sociedad. 会社の定款が評決に付された. 顕**reglamento, reglas, ordenanzas, disposiciones, leyes**. ❷ 〖スペイン〗自治州憲章 (＝成句 estatuto de autonomía). —reforma del ～ autonómico 自治州憲章の改正. 顕**ley**. ❸ 〖法律〗法令, 制定法, 成文法. — ～ formal 典礼法; 議定書(＝protocolo). Los contratos y testamentos pueden ser considerados ～s. 契約と遺言は法的文書と考えられる. 顕**decreto, ley**. ❹ (社会的)地位, 身分.

estatuto de autonomía 《政治》〖スペイン〗自治州憲章. El estatuto de autonomía es, después de la Constitución, la norma institucional básica de las comunidades autónomas de España. 自治州憲章は憲法に次ぐスペイン地方自治体の基本的な制定法である.

estatuto de los trabajadores 労働基準法.

estatuto personal [*real*] (国際法で)対人[対物]法.

Estatuto Real 〖法律〗(1834年のスペインの)王国組織法. Martínez de la Rosa promulgó el *Estatuto Real*, para sustituir a la Constitución de 1812. マルティーネス・デ・ラ・ロサは1812年の憲法に取って代わる王国組織法を公布した.

estay [estái] [＜英 stay] 男 〖海事〗支索, 維持索, ステー.

‡‡**este**¹ [éste エステ] 男 ❶ **東**, 東方, 東部; 東欧(の略)E). —viento del ～ 東風. países del ～ 東欧諸国. ～ cuarta al nordeste 〖海事〗東微北. Japón está al ～ de China. 日本は中国の東にある. 顕**oriente**. 反**occidente, oeste**. ❷ 東風(＝viento (del) ～). — Hoy brama un ～ muy fuerte. 今日は非常に強い東風が吹き荒んでいる.

— 形 東の, 東方(へ)の; 東からの. —viento ～ 東風. longitud ～ 東経. navegar con rumbo ～ 東へ向けて航海する.

‡‡**este², esta** [éste, ésta エステ, エスタ] 形(指示) [複 estos, estas] ❶ [(空間的・心理的に)話し手に近いもの[人]を指す] この. — Me gusta *este* libro. 私はこの本が気に入っている. Tengo que solucionar *este* problema. 私はこの問題を解決しなければならない.
❷ [＋時の名詞] (現在または最近のことを示す)今の, 今度の; この前の. —En *este* mes llueve mucho. 今月は雨が多い. *Este* año voy a Guatemala. 今年私はグアテマラに行く. *Este* invierno he estado en Cuba. 今年の冬私はキューバに行って来た.
❸ [＋名詞] (文脈上で先に述べたもの[人]を指す)後者の, 後の; (今述べた, またはこれから述べるもの[人]を指す)この, 次の. —Entraron Martín y Mercedes; *esta* última traía del brazo a en cabestrillo. マルティンとメルセデスが入ってきたが, メルセデスの方で片腕をつっていた.
❹ [＋名詞] (軽い不平・不満を示す)この. —*Este* Antonio ... Al menos podía haber avisado. アントニオときたら…せめて前もって知らせてくれればよかったのに.
❺ [名詞の後] (強調・怒り・軽蔑を示す)この, こんな. —El niño *este* es muy travieso. この子ときたら本当にいたずらなんだから.
❻ 〖中南米〗(言いよどんで)ええと, あのう.

—代(指示) ❶ これ, このもの, この人 [→囲 esto]. —*Este* es mi hermano Francisco. この人が兄のフランシスコです. *Este* es mi plan. これが私の計画だ. ❷ (人を指して強調・軽蔑・怒りを表す)こいつ. —*Este* es tan idiota como el otro. こいつもあいつと同じくらばかなやつだ. ❸ (文脈上で後に述べたもの, 今述べたこと[人]を指す)後者, これ, この人. —Gabriela fue hacia José y *este* sonrió. ガブリエラがホセの方へ行くと, ホセはほほえみかけた. Manuel y Paloma son hermanos y *esta* es menor que aquel. マヌエルとパロマはきょうだいで, パロマの方が年下だ. ❹ 〖女性形で〗(手紙文で)こちら, 当地 [→esa]. —En *esta* no hay novedad. こちらでは変わりはありません. ❺ 〖女性形で〗(ocasión, vez, situación, carta などの名詞を省略して用いる)この…, 今回の…. —De *esta* nos quedamos sin médico. 今回はお医者さんなしだ. Hoy le remito *esta* por correo aéreo. 本日この手紙を航空便で送ります.
〖中性を除く指示代名詞は, 以前は指示形容詞の場合と区別するためアクセント記号を付けるのが原則だったが, 現行の正書法では付けても付けなくてもよい. ただし, 指示形容詞と誤解される恐れがあるときは付けなければならない〗

a todas estas (話を続ける際に用いられる)ところで, さて. *A todas estas*, algunos se escabulleron sin pagar. ¿Lo viste? ところで, 何人かが支払いをせずに出て行ったけど, 見たかい.

en estas [y estas] (＝en esto). Y *en estas* que se levantó el abuelo y comenzó a insultar a la vecina. この時そ老人が立ち上がり隣の女性を罵り始めた.

en una de estas いずれ近いうちに, そのうちに(良くないことが起こる). No deberías fumar en casa; *en una de estas* papá te va a pillar y ya verás. 家でタバコを吸うべきじゃないわ. そのうちパパに見つかって大変なことになるわよ.

esta y nunca más [*no más*] 《話》もうこれっきりだ. Ya lo sabes bien, ¿no? *Esta y nunca más*. 分かってるな. もうこれっきりだぞ.

por [*como*] *esta*[*s*] 《話》(脅迫じみた調子で)なんとしても. No volveré a dirigirle la palabra. ¡*Por estas*! もう彼には二度と声をかけない. 絶対に!

esté(-) [esté(-)] 動 estar の接・現在.

estearina [esteariˊna] 囡 〖化学〗ステアリン, 硬脂ステアリン酸(ろうそく製造用).

esteatita [esteatíta] 囡 〖鉱物〗ステアタイト(裁

縫用のチャコとして使用される). 類 **jabón de sastre**.

Esteban [estéβan] 固名 《男性名》エステバン.

estela[1] [estéla] 女 ❶ 船の通った跡, 航跡, 船跡. — dejar ~ 航跡を残す. ❷《比喩》(物の通り道, 跡, 跡, 名残. — dejar ~ 跡を残す. 類 **rastro**. ❸ (流星などの)尾. — la ~ de reactor 飛行機雲.

estela[2] [estéla] 女 (文字を刻んである, または彫刻のある)石柱, 石碑. — ~ funeraria 墓石. la ~ de Hammurabi ハムラビ法典.

estelar [estelár] 形 ❶ 星の, 星のような. — cúmulo ~ 星団. ❷《比喩》スターの, 花形の. — figura ~ del programa 番組の花形スター.

estenografía [estenoɣrafía] 女 速記(術).

estenografiar [estenoɣrafiár] 他 を速記する.

estenográfico, ca [estenoɣráfiko, ka] 形 速記の, 速記法の.

estenógrafo, fa [estenóɣrafo, fa] 名 速記者.

estenordeste [estenorðéste] 男 東北東, 東北東の風. —— 形 東北東の.

estenotipia [estenotípia] 女 ステノタイプ (普通のアルファベットを用いる一種の速記術).

estentóreo, a [estentóreo, a] 形 大声の, 大音声(だいおんじょう)の. — grito ~ 大きな叫び.

estepa[1] [estépa] 女 《地理》ステップ, 草原地帯. —*En las ~s del Asia Central* (Borodin)《音楽》『中央アジアの草原にて』(ボロディン).

estepa[2] [estépa] 女 《植物》ハンニチバナ.

estepario, ria [estepárjo, rja] 形 《地理》ステップの.

éster [éster] 男 《化学》エステル.

estera [estéra] 女 むしろ, ござ, マット, ドアマット.

esterar [esterár] 他 をござ[マット, むしろなど]で覆う.

estercoladura [esterkolaðúra] 女 →estercolamiento.

estercolamiento [esterkolamjénto] 男 堆肥(たいひ)[こやし]を施すこと.

estercolar [esterkolár] 他 (土地に)肥料を施す. — ~ los campos 畑に肥料をやる.
—— 自 (動物が)糞(ふん)をする.

estercolero [esterkoléro] 男 ❶《農業》堆肥(たいひ)場. ❷《比喩》汚い場所.

estéreo [estéreo] 男 ❶ ステレオ(再生装置), ステレオプレーヤー. ❷ ステレオレコード[テープ]. ❸ ステレオ録音方式, ステレオ.
—— 形 《無変化》ステレオの. — equipo ~ ステレオ装置. oir en sonido ~ ステレオの音で聞く.

estereofonía [estereofonía] 女 立体音響(効果), ステレオ.

estereofónico, ca [estereofóniko, ka] 形 立体音響効果の, ステレオの. — sonido ~ ステレオの音.

estereografía [estereoɣrafía] 女 《数学》立体画法, 実体画法 (平面上に立体を描く方法. 構図を扱う立体幾何学の一分野).

estereometría [estereometría] 女 《数学》体積測定, 求積法.

estereoscópico, ca [estereoskópiko, ka] 形 ステレオスコープの, 立体鏡の.

estereoscopio [estereoskópio] 男 ステレオスコープ, 立体鏡.

estereotipar [estereotipár] 他 ❶ を型にはめる, 形式化する. ❷《印刷》をステロ版にする, ステロで印刷する.

estereotipia [estereotípia] 女 ❶《印刷》ステロ印刷術, ステロ版製造法. ❷《医学》常同症.

estereotipo [estereotípo] 男 ❶ 固定観念, ステレオタイプ, 型にはまったこと. ❷《印刷》ステロ版, 鉛版.

esterero, ra [esteréro, ra] 名 ❶ ござ, マットなどの敷物を作る人; ござ, マットなどの敷物を商う人. ❷ ござ, マットなどの敷物を部屋に敷く職人.

‡**estéril** [estéril] 形 ❶ (土地・努力などが)不毛の, 実りのない; (時期が)不作の. — trabajo ~ 実りのない仕事. conversaciones ~es むなしい議論. año ~ 不作の年. pensamiento ~ 不毛の思想. *El campesino abandonó aquellas tierras ~es.* その農民はあの不毛な土地を棄てた. *Después de repetidas y ~es gestiones abandonaron el proyecto.* 彼らはくりかえし無駄な処置をとった末に計画を放棄した. 類 **baldío, improductivo, yermo**. 反 **fértil, productivo**. ❷ (人間・生物が)子ができない, 不妊の, 実を結ばない. — animal ~ 子ができない動物. 反 **infecundo**. 類 **infecundidad**. 反 **fertilidad**. ❸ 殺菌した, 無菌の. — envase ~ 無菌容器. gasa ~ 無菌ガーゼ. 類 **aséptico, esterilizado**.

‡**esterilidad** [esteriliðá(ð)] 女 ❶《医学》生殖不能, (女性の)不妊(症); (動物) 繁殖不能性; (植物) 不稔性. 類 **infecundidad**. 反 **fertilidad**. ❷ (土地の)不毛(性). ❸ (精神・思想などの)貧困, 不毛さ; 創造力欠如. ❹ 無益, 無駄. — *La ~ de sus esfuerzos le desesperaba.* 彼は自分の努力が無駄だったのでがっかりした. ❺《医学》無菌[殺菌]状態, 無菌性.

***esterilización** [esteriliθaθjón] 女 ❶ 不妊手術, 断種. ❷ 殺菌, 消毒. ❸ (土地の)不毛化.

esterilizador, dora [esteriliθaðór, ðóra] 形 ❶ 殺菌する, 消毒の. ❷ 不毛の; 不妊の, 実を結ばない.
—— 男 殺菌装置, 消毒器.

***esterilizar** [esteriliθár] [1.3] 他 ❶ を殺菌する, 滅菌する. — *los bisturíes* メスを殺菌する. ❷ …に不妊手術を施す. — *Esterilizamos a la perra para que no tuviera más cachorros.* 私たちは牝犬がこれ以上子犬を生まぬよう不妊手術を施す. ❸ を不毛にする.

esterilla [esteríja] 女 小型の敷物, マット. — ~ camping キャンプ用マット.

esterlina [esterlína] 形《経済》英貨の. — libra ~ ポンド.
—— 女 スターリング[英]·ポンド.

esternón [esternón] 男 《解剖》胸骨.

estero [estéro] 男 ❶《地理》河口. ❷『中南米』沼地, 沢地, 沼沢地, 湿地.

estertor [estertór] 男 ❶ (死に際の)のど鳴り, あえぎ. — ~ de la muerte 死に際のあえぎ. ❷《医学》(卒中などに伴う)高い軒(いびき).

esteta [estéta] 審美家, 審美眼のある人; 耽美主義者.

estetería [estetería] 女 ござ, マットなど敷物製造所[販売店].

***estética** [estétika] 女 ❶ 美学. — ~ renacentista ルネッサンス時代の美学. *Ha publicado un tratado de ~ literaria.* 彼は文芸美学の論

文を発表した. ❷ 美; 美観. —Ese palacio carece de ~. その宮殿は美観に欠けている. ❸ 美容術[法].

esteticismo [estetiθísmo] 男 耽美主義.

estético, ca [estétiko, ka] 形 ❶ **美学の**, 審美的な, 美に関する. —estudios ~s 美学の研究. ❷ 美的な, 芸術的な. —El diseño de estos muebles resulta muy ~. これらの家具のデザインは非常に芸術的なものになっている. ❸ 美容の. —cirugía *estética* 美容整形手術. —— 名 美学者, 審美家.

estetoscopia [estetoskópia] 女 《医学》聴診.

estetoscopio [estetoskópio] 男 《医学》聴診器.

esteva [estéβa] 女 《農業》鋤(すき)の柄.

estevado, da [esteβáðo, ða] 形 O 脚の, がに股の. —— 名 O 脚の人, がに股の人.

estiaje [estiáxe]〔<仏〕男 ❶ 川·池·沼地などの最小水量[最低水位]. ❷ 川·池·沼地などの水量が最小になる[水深が最低になる]渇水期.

estiba [estíβa] 女 ❶《歴史, 軍事》込め矢(前装銃に火薬を詰める道具). ❷《海事》積むこと, 積み込み. ❸ 羊毛を詰め込む場所.

estibador [estiβaðór] 男《海事》沖仲仕.

estibar [estiβár] 他 ❶ を詰める, 押し込む. ❷《海事》(荷を)積み込む.

estiércol [estiérkol] 男 (動物の)糞(ふん), こやし. —echar ~ a la tierra 土地にこやしをやる. abonar con ~ 肥料を施す.

estigio, gia [estíxio, xia] 形 ❶《神話》ステュクス川 (Laguna Estigia)の, 黄泉(よみ)の国の. ❷《比喩, 詩》地獄の. 類 **infernal**.

estigma [estíɣma] 男 ❶ 侮辱, 恥辱, 汚名. —~ familiar 家族の汚名. ❷《解剖, 動物》気孔, 気門. ❸《植物》(めしべの)柱頭. ❹《医学》小斑, 紅斑, 出血斑. ❺(古》(奴隷·罪人に押した)焼印, 烙印. ❻ あざ, 母斑. ❼《宗教》聖痕. 聖フランシスコらの体に現われたという十字架上のキリストの傷と同じ形のもの.

estigmatizar [estiɣmatiθár] [1.3] 他 ❶ …に汚名を着せる, …に烙印を押す. ❷ …に焼印を押す. ❸《宗教》…に聖痕をつける.

estilar[1] [estilár] 他 ❶ を使う, 実施する, 慣らす. ❷《まれ》(書類, 公文書などを)作成する. —— 自 行使する, 実行する.

estilar[2] [estilár] 他《古》を滴らせる. 類 **destilar**.

estilete [estiléte] 男 ❶ 尖筆(せんぴつ), 鉄筆. ❷ 小剣, 短剣. ❸《医学》探針.

estilista [estilísta] 男女 文章家, 名文家.

estilística [estilístika] 女《言語, 文学》文体論.

estilístico, ca [estilístiko, ka] 形《言語, 文学》文体の, 文体論の. —análisis ~ 文体分析.

estilización [estiliθaθjón] 女 様式化.

estilizado, da [estiliθáðo, ða] 形 様式化された, 型にはまった. —figura *estilizada* 様式化された形.

estilizar [estiliθár] [1.3] 他 ❶ を様式化する, 型にはめる, スタイリッシュなものにする. ❷ やせさせる, ほっそりさせる. ——se 再 やせる, 細くなる.

estilo [estílo エスティロ] 男 ❶(芸術家·作品·時代·地域独特の)**様式, スタイル**, …風; 画風. —~ gótico [barroco, rococó,

estilográfica 869

renacentista, plateresco] ゴチック[バロック, ロココ, ルネッサンス, プラテレスク]様式. Este cuadro es una imitación del ~ de Dalí. この絵はダリの画風のまねだ. el ~ de Cervantes [de Quevedo] セルバンテス[ケベード]の作風. vino espumoso ~ champán シャンペン風スパークリングワイン. comedor (de) ~ Luis XV ルイ15世風の食堂. casa de ~ europeo meridional 南欧風の家. jardín de ~ japonés 日本式庭園. 類 **forma, manera, modo**. ❷ (特有の生活·行動の)**様式, 流儀, やり方**. —No es su ~ de comportarse. それは彼の行動様式ではない. Me gusta su ~ de vestirse. 私は彼の着こなしが好きだ. Lleva veinte años en España, pero conserva un distintivo ~ oriental. 彼はスペイン在住 20年になるが, 明らかに東洋的な生活様式を保っている. 類 **costumbre, forma, práctica**. ❸ (作家独自の)**文体**; 言い回し, 言葉づかい; 《文法》話法;《情報》書体. —El ~ de este escritor es muy personal. この作家の文体はとても個性的である. Se expresa con un ~ muy ampuloso. 彼はとても大げさな言葉で考えを述べる. Es un ~ muy suyo. いかにも彼らしい言い方だ. ~ directo [indirecto] 直接[間接]話法. ~ indirecto libre 自由間接話法, 描出話法. ~ periodístico ジャーナリスティックな文体. ~ narrativo 物語(風). ~ familiar くだけた文体. ~ epistolar 書簡体. ~ de tipo タイプ·スタイル. ~ de viñeta 箇条書きスタイル. 類 **manera, modo**. ❹ (態度などの)**品格, 品位, 優雅; 華麗さ**. —Ella tiene mucho ~. 彼女はとても気品がある. mujer con mucho ~ とても上品な婦人. jugar con ~ 華麗にプレーする. Es de buen ~ ir a la ópera. オペラを見に行くなんて趣味がいい. 類 **calidad, clase, elegancia**. ❺ (服装などの)流行型, 流行スタイル. —Es el último ~. それは最新の流行スタイルです. 類 **moda**. ❻(スポーツ)泳法, スタイル; 複 メドレー. —~ libre 自由形 (=crol). ~ mariposa バタフライ. ~ braza 平泳ぎ. ~ espalda 背泳. carrera de 400 metros ~s relevos 400メートル·メドレーリレー. ❼ (日時計の)指導針 (=gnomon). ❽ 暦法. —~ viejo ~ 旧暦(ユリウス暦). nuevo ~ 新暦(グレゴリオ暦). ❾《音楽》—~ recitativo レチタティーヴォ, 叙唱. ❿《植物》花柱(かちゅう). ⓫ (蝋板に文字を書く)尖筆(せんぴつ), 鉄筆. ⓬《海事》(羅針盤の針を支える)軸.

a [al] estilo de ... …風に[の], …流に[の]. *al estilo antiguo* 旧式に[の]. edificio *al estilo de hoy* 現代風建物. Va vestida *al estilo de* su país. 彼女は民族衣装を着ている. Monta *a estilo* español [*de* España]. 彼はスペイン流の乗馬をする. *al estilo de* Cervantes セルバンテス風[流]に.
por el estilo【+de】…と同じくらい, 似た[同じ]ような. costar cinco millones o algo *por el estilo* だいたい 500万ぐらいする. En el pueblo todo estaba *por el estilo*. その村ではすべてが似たり寄ったりだ. A mí me cobraron diez mil pesetas, ¿y a ti? –Pues a mí *por el estilo*. ぼくは 1万ペセタとられたけれど, 君は? –そう, ぼくもだいたい. Se ha comprado un traje *por el estilo* del que yo tenía. 彼は私が持っていたのと同じようなスーツを買った.

estilográfica [estiloɣráfika] 女 →estilográfico.

870 estilográfico

estilográfico, ca [estiloɣráfiko, ka] 形 万年筆の; 尖筆型の. —pluma *estilográfica* 万年筆. lápiz ～ シャープペンシル. —— 女 万年筆.

estima [estíma] 女 ❶ 尊重, 尊敬. —tener [sentir] ～ a [hacia, por] … …を尊敬する. tener en mucha [poca] ～ 大変尊敬する[あまり尊敬しない]. 類**aprecio**. ❷《海事》推測航法（= navegación de ～).

*estimable [estimáβle] 形 ❶ 評価できる, 評価[尊敬]すべき. —actitud ～ 尊敬すべき態度. Es muy ～ su comportamiento en estas trágicas circunstancias. こうした悲劇的状況にあって彼のふるまいは非常に評価できる. 類**apreciable**. ❷ かなりの, 相当の, 大した. —La suma ofrecida era una cantidad ～. 提供された金額はかなりの額であった. 類**considerable**. ❸ 評価される, 見積もられる. —Recibió una herencia ～ en varios millones de euros. 彼は数百万ユーロと見積もられる遺産を受け取った.

*estimación [estimaθjón] 女 ❶ [+por/hacia]（…に対する）尊敬, 尊重, 敬意. —tener [sentir] ～ hacia[por] … …を尊敬する. Tiene mucha ～ por ti. 彼は君のことを大変尊敬している. 類**respeto, estima, aprecio**. 反**desprecio, odio**. ❷ 好評, 高い評価. —conseguir [ganarse, gozar de] la ～ de todos 皆の好評を得る. Con su rápida decisión se ganó la ～ de sus colegas. 彼は素早い決断で同僚から高い評価を得た. 類**aprecio, afecto, cariño, estima, valoración, consideración**. 反**desprecio, odio**. ❸《商業》見積もり, 評価; 評価額. —hacer la ～ de una obra 工事の見積もりをする. ～ aproximada おおよその算定. ～ presupuestaria 予算の見積もり. En la última ～, el cuadro se valoró en treinta mil euros. 最近の評価でその絵は3万ユーロと査定された. 類**evaluación, valoración, tasación, cálculo, tasa**. ❹ 判断. —según ～ común 一般的見解によれば. Procura hacer una ～ objetiva de la situación. 情況を客観的に判断するように務めなさい. 類**juicio**. ❺《古》動物的本能.

estimación de una demanda《法律》請求権認可.

estimación propia/propia estimación 自尊心（= amor propio).

*estimado, da** [estimáðo, ða] 過分 形 ❶ 親愛なる. —¿Cómo está su *estimada* familia? ご家族のご機嫌はいかがですか. E～ señor/*Estimada* amiga (手紙で)拝啓. Muy ～ profesor Moreno (手紙で)親愛なるモレノ先生. Mi ～ amigo Pedro (手紙で)親愛なるペドロ. ❷ 評価された; 概算された. —La cantidad *estimada* es de diez mil euros. 見積もり額は1万ユーロだ.

estimar [estimár エスティマル] 他 ❶ (a) を評価する, 尊重する. —Lo *estiman* poco como médico. 彼は医者としてはあまり評価されていない. (b) …に愛着を感じる, 親愛の情を抱く. —*Estimo* a todos mis compañeros de clase. 私は級友すべてに愛着を感じる. 類**apreciar**. ❷ …と判断する, 考える. —*Estimó* adecuado oponerse a la propuesta. 彼はその提案に反対するのが適当だと判断した. *Estimo* que no deberías hacerlo. 私は君がそれをやるべきではないと考える. 類**considerar, opinar**. ❸ (a) …と算定する, 算出する. —Se han *estimado* pérdidas de veinte millones de euros. 損害額は2千万ユーロと算定された. (b)〖+en と〗を見積る. —Un anticuario *estimó* el cuadro *en* mil euros. ある古美術商はその絵を1千ユーロと見積った. Ella *estima* en mucho tu amistad. 彼女は君の友情を高く評価している. 類**calcular, evaluar**.

—— se 再 ❶ 尊敬し合う. —Marido y mujer *se estiman* y se quieren. 夫妻は尊敬し合い, 愛し合っている. ❷ 自らを評価する. —No *te estimas* porque tienes complejo de inferioridad. 君は自分を評価していない, なぜなら劣等感の持主だから. ❸ …と考えられる. —*Se estimó* necesario que el ministro diera explicaciones. 大臣は釈明することが必要だと見なされた.

estimativa [estimatíβa] 女 ❶ 判断力. ❷ 本能.

estimulación [estimulaθjón] 女 ❶ 刺激, 興奮. 類**estímulo**. ❷ 激励, 鼓舞. 類**estímulo**.

estimulante [estimulánte] 形 ❶ 励ましになる, 勇気づける. —resultado ～ 人を勇気づけるような結果. ❷ 刺激的な, 興奮させる. —— 男《医学》興奮剤. —tomar un ～ 興奮剤を飲む.

‡**estimular** [estimulár] 他 ❶〖+a+名詞/不定詞, que+接続法〗（…するように)刺激する, 励ます, 鼓舞する. —El deseo de labrarse un buen porvenir le *estimulaba* a estudiar. よい未来を作りたいという欲求が彼を研究に駆り立てていた. Los incentivos le *estimulan* en el trabajo. 刺激策によって彼らは仕事に励んでいる. ❷ を促す, 促進する, 奨励する. —La publicidad *estimula* las ventas. 広告は販売を促進させる.

—— se 再 ❶ 自らを励ます. —*Se estimulaba* pensando que algún día podría ser famoso. 彼はいつかは有名になれるだろうと思って自らを励ましていた. ❷ 興奮剤[麻薬]を服用する. —*Se estimulaba* con antidepresivos. 彼は抗うつ剤を服用していた.

‡**estímulo** [estímulo] 男 ❶ 刺激(物), 激励, 誘因;《生理》刺激物. —Las primas les sirven de ～ para trabajar mucho. 報奨金は彼らにとって一生懸命働く励みになる. La luz es un ～ que actúa sobre el nervio óptico. 光は視神経を刺激するものである. 類**acicate, incentivo**. ❷ 自尊心. —Es un muchacho que no tiene ～. 彼は自尊心のない子である. 類**amor propio**.

estío [estío] 男《詩》夏（= verano).

estipendiar [estipendjár] 他 …に報酬[謝礼]を払う.

estipendio [estipéndjo] 男 俸給, 報酬, 給料, 謝礼. 類**paga, remuneración**.

estipulación [estipulaθjón] 女《まれ》約定, 契約, 規定, 明文化.

estipular [estipulár] 他 ❶ を規定する, 明記する, 明文化する. —Serán recompensados según *estipula* la ley. 法律の条文に従って報奨金が与えられるであろう. ❷《法律》(口頭で)を約定[契約]する. ❸ (複数の人が話し合って)を決定する, と折り合いがつく. 類**acordar, concertar, convenir**.

estirado, da [estiráðo, ða] 形《話》高慢な. —andar ～ 高慢な様子である. ❷ 着飾った, 盛装した. ❸《話》けちな, しみったれた.

estiramiento [estiramjéŋto] 男 ❶ 伸ばすこと, 引き伸ばすこと, 引っ張ること. ❷ 手足を伸ばすこと, 伸びをすること. ≡ orgullo.

*estirar [estirár] 他 ❶ (*a*) を**引き伸ばす**, 長くする, 伸ばす. —Se puso muy pesada *estirando* tanto su charla. 彼女はあんなに長々とおしゃべりをしたので, とてもしつこかった. (*b*) …を引っ張っていないようにぴんと張る. —Hay que ～ la cuerda porque está poco tensa. ロープが少したるんでいるからピンと伸ばさせなければならない. *Estira* las sábanas y pon la manta encima. シーツをしっかり伸ばし, その上に毛布を置きなさい. ❷ (お金)を倹約して使う, やりくりする. —Tiene que ～ el sueldo para llegar a fin de mes. 彼は月末まで持たせるため給料をやりくりして使わなければならない. ❸ 『中南米』を殺す.
—自 ❶ 『＋de で』引っ張る. —*Estira de* la cuerda un poco más. ひもをもう少し引っ張ってくれ. ❷ 大きくなる, 背が伸びる. —La niña ha estirado. 女の子は大きくなった. ≡ crecer. ❸ 『中南米』死ぬ.
—se 再 ❶ 伸びをする, 手足を伸ばす. ≡ desperezarse. ❷ (ゴム・セーターなどが)伸びる. —Mi chaqueta de lana se ha *estirado* y no me sirve ya. 私のウールのジャケットは伸びてしまって, もはや用をなさない. ❸ (子供が)大きくなる, 背が伸びる. ❹ 横になる, 寝そべる. —*Se estiró* sobre un banco. 彼はベンチに寝そべった. ❺ 気前のよいところを見せる.
estirar las piernas 伸びをする. Voy a salir un momento para *estirar las piernas*. 私はちょっと外へ伸びをしに行ってくる.

estirón [estirón] 男 ❶ 力いっぱい引くこと. —dar un ～ ぐいと引く. ❷ 急に成長すること. —dar [pegar] un ～ 急に背が伸びる.

estirpe [estírpe] 女 血統, 家系, 家柄. ≡ linaje.

estival [estiβál] 形 夏(期)の. —solsticio ～ 夏至. vacaciones ～s 夏期休暇.

*esto [ésto エスト] 代 (指示) 中 ❶ (心理的に話し手に近い事柄を指す)これ, このこと. —*Esto* es absurdo. これはばかげたことだ. Todo *esto* es mentira. こんなことはまったく嘘だ. *Esto* que te voy a contar no se lo digas a nadie. これから話すことはだれにも言うな. El 10%, ～ es, el doble que el año pasado. 10%, つまり昨年の数字の2倍だ. El ～ de tener que venir a las siete no me gusta. 7時に来ていないというのは困る. ¿Qué opinas de todo ～ que está pasando? 今起こっていることを君はどう思う? ～ llegó Daniel y … ちょうどその時ダニエルが到着して…. No tiene ni ～ de sentido común. 彼はかけらほどの常識も持ち合わせていない. ❷ (空間的に話し手に近い未知のものを漠然としたものを指す)これ. —¿Qué es *esto*? これは何ですか? Tengo que llevar *esto* a casa. 私はこれを家に運ばなければならない. ❸ (言いよどんで)ええと, あのう.
a todo esto (1) ところで, それはそうと; そういえば. Bueno, mañana seguimos hablando. *A todo esto*, ¿cómo está tu madre? 日を改めて話しましょう. ところで, お母さんはお元気ですか? La moto que he comprado es una maravilla. *A todo esto*, ¿tuvo la tuya algún problema para pasar la revisión? 今度買ったバイクは素晴らしいよ. それはそうと, 君のバイクは車検のとき問題あったとあるかい? (2) そうこうしている間に. Nos pusimos a charlar en el andén y, *a todo esto*, perdimos el tren. 私たちはホームでおしゃべりを始め, そうしているうちに電車に乗り遅れた.
en esto (1) その時. Estaba bañándome y *en esto* sonó el teléfono. 私が入浴の最中に電話が鳴った. (2) 突然. Charlábamos tranquilamente y *en esto* comenzó a gritar. 私たちは穏やかにおしゃべりをしていたら突然彼女は大声をあげた.
esto de … (話し手と聞き手が共有する情報に関して)この…, …というのは. Yo creo que *esto de* tener hijos no trae más que problemas. 子どもを持つというのは問題を抱えこむだけのことだと私は思う.
esto es つまり, すなわち. Llegará pasado mañana, *esto es*, el domingo. 彼女はあさって, つまり, 日曜日に到着する.
esto, lo otro y lo de más allá [*que si esto, que si lo otro, que si lo de más allá*] あれやこれや, いろいろなこと.

estocada [estokáða] 女 ❶ (剣の)突き. —dar una ～ 剣で突く. ❷ (闘牛)(牛に与える)とどめ.

Estocolmo [estokólmo] 固名 ストックホルム(スウェーデンの首都).

estofa [estófa] 女 《軽蔑的に》(人の)タイプ, たち, 性質. —de baja ～ たちの悪い.

estofado [estofáðo] 男 《料理》エストファード (煮込み料理の一種), 蒸し煮; シチュー. —～ de vaca 牛の煮込み. comer un ～ 煮込み料理を食べる.

estofar [estofár] 他 ❶ 《料理》をとろ火で煮る, シチューにする, 煮込む. ❷ 《服飾》…に刺し縫いする, キルティングする.

estoicismo [estoiθíismo] 男 ❶ 《比喩》克己, 禁欲. ❷ 《哲学》ストア哲学[主義].

estoico, ca [estóiko, ka] 形 ❶ 《哲学》ストア哲学の. ❷ 《比喩》克己の, 禁欲的な. ❸ 《比喩》動じない, たじろがない. ≡ entero, firme.
—名 ❶ 《哲学》ストア哲学者. ❷ 《比喩》禁欲主義者.

estola [estóla] 女 ❶ 《服飾》ストール, 肩掛け. —ponerse la ～ ストールを掛ける. ❷ 《宗教》ストラ(聖職者がつける頸垂(けいすい)帯).

estolidez [estoliðéθ] 女 愚かなこと, 考える力がまったくないこと.

estólido, da [estóliðo, ða] 形 愚かな. ≡ estúpido.

estolón¹ [estolón] 男 ❶ 《植物》匍匐(ほふく)枝, 匍匐茎(イチゴのように地面をはって, その末端や節から根を出して繁殖する地上茎, ランナー). ❷ 《動物》走根, 芽茎.

estolón² [estolón] 男 《服飾》助祭が四旬節に着用する長いストラ.

estoma [estóma] 男 《植物》気孔.

*estomacal [estomakál] 形 ❶ 胃の. —afección ～ 胃病. Sintió un fuerte dolor ～. 彼は激しい胃痛を感じた. ≡ gástrico. ❷ 胃によい, 消化を助ける. —medicamento ～ —Siempre toma una infusión de hierbas ～es. 彼はいつも胃によいハーブティーを飲んでいる. ≡ digestivo.
—男 胃薬, 健胃剤. —Este ～ tiene un sabor agradable. この胃薬はよい味がする.

estómago

*estómago [estómaɣo エストマゴ] 男 《解剖》胃; (一般に)腹, おなか. ― Tengo dolor de ～. 私は腹[胃]が痛い. El ～ se me ha descompuesto con el helado. 私はアイスクリームを食べておなかをこわした. cáncer [úlcera, empacho]de ～ 胃癌(ﾞ)[潰瘍(ﾞ)], もたれ]. boca del ～ 鳩尾(ﾞ). acidez de ～ 胃液酸度. tener el pesado ～/sentir pesadez de ～ 胃が重い. tener el ～ sano/tener un ～ de piedra 胃が丈夫である.

asentarse a ... el estómago (食べた物が)胃にもたれる.

de estómago 根気のある, 忍耐強い.

desconcertarse a ... el estómago 胃の調子がおかしくなる.

echarse ... al estómago 《俗》をたらふく[腹一杯]食べる, あびるほど飲む.

hacer buen [*mal*] *estómago* (物事が)喜ばす[不機嫌にする].

hacer estómago a ... (不愉快なものを)我慢する.

hacerse el estómago a ... ...に慣れる, 厚かましくも…する[になる].

labrar a ... el estómago 《俗》(人)が腹ぺこである.

levantarse a ... el estómago (人)は胃がむかつく.

no retener nada en el estómago 口が軽い.

quedar a ... en ... el estómago ...が(人)の心の中にしまっておかれる, 言わずにおかれる.

revolver el estómago 《俗》(1)(人)を腹立たしく[むかつか]せる. Aquella película pornográfica le *revolvió el estómago*. そのポルノ映画を見て彼はむかむかそう気が悪くなった. Me *revuelve el estómago* ver cómo suben los precios. この物価高にはほんとに腹が立つ. (2) 胃がむかつく, 吐き気を催す. Esa basura me *revolvió el estómago*. 私はそのごみで吐き気を催した.

revolverse a ... el estómago 胃がむかむかする, 吐き気を催す.

ser de buen estómago 胃が頑丈である. Carlos es de muy *buen estómago*; no se enferma nunca. カルロスは胃がとても頑丈で, 決して病気などしない.

tener a ... cogido por el estómago (人)を意のままに操(ﾞ)る.

tener a ... sentado [*asentado*] *en el estómago* [*en la boca del estómago*] 《俗》(人)に反感を抱く, 大嫌いである, 目の敵にする.

tener (*buen* [*mucho*]) *estómago* 《俗》辛抱強い, 神経が図太い, タフである, 度胸がある. Hay que *tener mucho estómago* para vivir con esa suegra. その姑(ﾞ)と暮らすには辛抱強くなければならない.

tener el estómago en los pies [*pegado al espinazo*] 《俗》腹ぺこで死にそうである, お腹が背中にくっつきそうである (= ladrar a ... el estómago).

tener los ojos más grandes que el estómago 食べきれもしないくせに欲張る.

estomatitis [estomatitís] 女 《医学》口内炎.

estomatólogo, ga [estomatóloɣo, ɣa] 名 《医学》口腔(ﾞ)病専門医[学者].

Estonia [estónja] 固名 エストニア(首都タリン Tallinn).

estonio, nia [estónjo, nja] 形 エストニア(Estonia)の, エストニア人の, エストニア出身の.
― 名 エストニア人.
― 男 エストニア語.

estopa [estópa] 女 ❶ 麻くず, 粗麻. ❷ 粗麻製布. ❸ 《海事》まいはだ(船舶の隙間をうめる麻くず).

arrear [*dar repartir*] *estopa* 殴る, ぶつ, めったうちにする.

estoperol [esteperól] 男 ❶ 《海事》船舶で用いられる頭が大きく短い丸鋲. ❷ 『中南米』激突, 衝突. 類 *encontronazo*. ❸ 金[銀]色の大きな平頭鋲.

estoque [estóke] 男 ❶ 剣, 細身の諸刃刀. ❷ 《植物》グラジオラス. ❸ 《闘牛》エストケ(とどめに用いる剣).

estoquear [estokeár] 他 ❶ 《闘牛》(牛)のとどめを刺す. ❷ を剣先で刺す.

estor [estór] 〔＜仏〕男 ブラインドのように上下に開閉されるカーテン.

estoraque [estoráke] 男 ❶ 《植物》エゴノキ. ❷ 安息香(ﾞ).

:estorbar [estorβár] 他 ❶ ...の邪魔をする, を妨げる, 妨害する. ― Unas sillas *estorbaban* el paso. いくつかのいすが通行の妨げとなっていた. El gobierno *estorba* la publicación del libro. 政府はその本の出版を妨害している. No le *estorbes*, que tiene que estudiar. 彼の邪魔をするんじゃない, 勉強しなければならないんだから. 類 *obstaculizar*. ❷ ...に迷惑をかける, を困らせる. ―Cállate y no *estorbes*. 迷惑だから黙ってくれ. 類 *incomodar*, *molestar*.
― 自 邪魔である, 迷惑である. ―Quítate de ahí, que estás *estorbando*. そこをどいてくれ, 邪魔だから.

:estorbo [estórβo] 男 邪魔(物・者), 障害, 妨害; お荷物. ―quitar un ～ 障害を取除く. El mayor ～ para los ciclistas es el viento. 自転車競技選手にとって最大の障害は風である. El pequeño le resulta a ella un ～ para trabajar. 彼女が働くには, 子供がお荷物になる. 類 *impedimiento*, *obstáculo*. 反 *ayuda*, *facilidad*.

*estorboso, sa [estorβóso, sa] 形 じゃまな, 迷惑な, 障害になる.

estornino [estornino] 男 《鳥類》ムクドリ. ―～ pinto ホシムクドリ.

estornudar [estornuðár] 自 くしゃみをする.

estornudo [estornúðo] 男 くしゃみ. ―dar un ～ くしゃみをする.

estos [éstos] 形(指示) →*este²*.

éstos [éstos] 代(指示) →*este²*, *esto*.

estoy [estój] 動 estar の直・現在・1単.

estrábico, ca [estráβiko, ka] 形 斜視の, やぶにらみの. 類 *bizco*.
― 名 斜視の人. 類 *bizco*.

estrabismo [estraβísmo] 男 《医学》斜視, すがめ. ―tener ～ 斜視である.

estrado [estráðo] 男 ❶ 儀式で主賓[主催者]が身を置く壇; 壇. 類 *tarima*. ❷ かつて貴婦人たちがお客を接客していた応接室. ❸ パン屋でオーブンの側にあるこれから焼く[パンをのせておく]台. ❹ 覆 《法律》法廷. ―portero de ～s 法廷監視員. citar para ～s 《法律》を召喚する, 出廷させる. hacer ～s 《法律》裁判官が訴訟当事者の話を聴

く. ❺《法律》裁判所で裁判の管理をする部局.

estrafalario, ria [estrafalárjo, rja] 形 ❶ 風変わりな. 類**extravagante, ridículo**. ❷ 身なりのだらしない. —vestido ～ だらしない服.
—— 名 変人, 奇人.

estragamiento [estrayamjénto] 男 荒廃; 堕落.

estragar [estrayár] [1.2] 他 ❶ を荒廃させる, 荒らす. 類**arrasar, destruir**. ❷ (感覚を)麻痺させる. ❸ を堕落させる. —— se 再 〖3人称で〗❶ 荒廃する. ❷ 麻痺する. ❸ 堕落する.

estrago [estráyo] 男 ❶ (戦争などによる)荒廃; 荒らすこと. —causar [hacer] ～s 荒廃させる. ❷ 損害, 惨害. 類**asolamiento, daño, ruina**. *hacer estragos* (1) 害を与える; 荒廃させる. (2) 人を惹きつける, 強い魅力がある.

estragón [estrayón] 男《植物》タラゴン, エストラゴン(葉は香辛料).

estrambote [estrambóte] 男《詩》(ソネットの後に付ける即興的な追加句.

estrambótico, ca [estrambótiko, ka] 形 異国風な, 風変わりな. —disfraz ～ 風変りな仮装. 類**estrafalario, extravagante**.

estramonio [estramónjo] 男《植物》チョウセンアサガオ(朝鮮朝顔).

estrangulación [estranɡulaθjón] 女 →estrangulamiento.

estrangulamiento [estranɡulamjénto] 男 ❶ 締めつけ, 絞殺. ❷《医学》狭窄.

estrangular [estranɡulár] 他 ❶ を締め殺す, 窒息させる. ❷《医学》(導管・腸などの)血行を圧迫する, 狭窄する. ❸《自動車》(エンジンに)チョークをかける. ❹ (計画・商談などの実現)を阻む, 防げる.
—— se 再 窒息する;《医学》絞扼(こうやく)する, しめつける.

estraperlear [estraperleár] 自《話》《商業》〖＋con〗をやみ取引する.

estraperlista [estraperlísta] 男女《話》《商業》やみ商人, やみ屋.

estraperlo [estraperlo] 男《話》《商業》やみ市, やみ取引, やみ値. —vender [comprar] de ～ やみで売る[買う]. dedicarse al ～ やみ取引をする.

estrás [estrás] 男 (人造宝石用の)高鉛フリント・グラス.

estratagema [estrataxéma] 女 ❶《軍事》戦略, 軍略. —pensar [idear] una ～ 戦略を練る. ❷《比喩》計略, 企らみ, 策略.

estratega [estratéɣa] 男女《軍事》戦略家. *estratega de café* →café.

estrategia [estratéxja] 女 ❶ 戦略, 作戦. —～ de mercado 販売戦略. ～ electoral 選挙の作戦. ❷《比喩》計略, 企らみ, 策略.

estratégico, ca [estratéxiko, ka] 形 戦略(上)の, 計略の. —posición *estratégica* 戦略的位置. valor ～ 戦略上の価値. armas nucleares *estratégicas* 戦略的核兵器.

estratificación [estratifikaθjón] 女 ❶ 層の形成. —～ social de un país 国の社会層の形成. ❷《地質》成層.

estratificado, da [estratifikáðo, ða] 過分 形 層になった, 層状の, 階層化された, 積み重なった.

estratificar [estratifikár] [1.1] 他 を層にする. —— se 再 〖3人称で〗層になる.

estrato [estráto] 男 ❶《地質》層, 地層. 類 capa, lecho. ❷《気象》層雲. ❸《生物, 解剖》(組織の)層(皮膚・網膜など). ❹《比喩》(社会の)階層, 階級. —～s sociales 社会階層. ❺《言語》～～ lingüístico 言語層(基層 sustrato や上層 superstrato).

estratocúmulo [estratokúmulo] 男《気象》層積雲.

estratoférico, ca [estratoferíko, ka] 形《気象》成層圏の.

estratosfera [estratosféra] 女《気象》成層圏.

estraza [estráθa] 女〖集合的に〗断片, きれはし, ぼろ. —papel de ～ 粗悪紙.

*__estrechamente__ [estretʃaménte] 副 ❶ (経済的に)困窮して, つましく. —La familia vive ～. その家族は生活に困っている. ❷ 緊密[密接]に, 親密に, しっかりと. —Están ～ unidos. 彼らは緊密にまとまっている. 類**intimamente**. ❸ 厳密に, 厳密に. —Cumple ～ su deber. 彼は厳密に自分の義務を果たす. 類**rigurosamente**.

estrechamiento [estretʃamjénto] 男 ❶ 狭まること, 狭めること. ❷ 緊密化. ❸ くびれ, 狭い部分.

:**estrechar** [estretʃár] 他 ❶ を狭める, 縮める, きつくする. —Mi madre me *ha estrechado* los pantalones porque he adelgazado. 私がやせたので母はズボンを詰めてくれた. 反**ensanchar**. ❷ を緊密にする, 強化する. —El exilio *estrechó* nuestra amistad. 亡命によって私たちの友情は強まった. ❸ を握りしめる, 握手する. —Vino hacia mí y me *estrechó* la mano. 彼は私の方にやって来て握手した. La madre *estrechó* fuerte al niño entre sus brazos. 母親は男の子をしっかりと抱きしめた. ❹ を強制する, 強要する, 無理強いする. —Su mujer le *estrechó* para que dejara aquel trabajo. 彼の妻は彼がその仕事をやめるよう強要した.
—— se 再 ❶ (*a*) 狭くなる, 狭まる. —La calle *se estrecha* al final. 通りは末端で狭くなっている. (*b*) 緊密になる. —Las relaciones entre los dos países *se han estrechado* en los últimos años. 両国間の関係は近年緊密になっている. ❷ (手を)握り締める; 抱き締める. —Ella le perdonó y *se estrecharon* la mano. 彼女は彼を許し, 握手し合った. ❸ 詰め合う. —*Se estrecharon* para que todos pudieran sentarse en el banco. 彼らは皆がベンチに坐れるように詰め合った. ❹ (経費を)切り詰める. —*Se estrechan* para comprarse un piso nuevo. 彼らは新しいマンションを買うために出費を切り詰めている.

*__estrechez__ [estretʃéθ] 女〖複 estrecheces〗❶ 狭さ; 窮屈さ. —La ～ de la calle impedía el paso de camiones. その道路は狭くてトラックは通れなかった. 反**anchura**. ❷ (*a*) (金銭上の)困窮, 貧窮. —vivir en la [con gran] ～ 貧乏暮らしをする, 生活に困る. pasar ～*ces* 金に困る, 貧乏暮らしをする. 類**escasez, pobreza**. 反**riqueza**. (*b*) 苦境, 困難. —hallarse en gran ～ 窮地[苦境]に陥っている. 類**aprieto, apuro**. ❸ (考えなどの)狭さ, 狭量さ; 厳しさ, 厳格さ. —～ de espíritu [de conciencia, de miras, de criterio] 狭量, 了見の狭さ. ❹ 親密さ, 緊密さ. ❺ (時間的な)余裕のなさ. ❻《医学》(食道などの)狭窄(きょうさく)(症).

estrecho

**estrecho, cha [estrétʃo, tʃa エストレチョ, チャ]

形 ❶（幅・場所が）狭い, 細い［ser＋］. —cinta *estrecha* 細いテープ. habitación *estrecha* 狭い部屋. Atravesé un largo y ~ pasillo. 私は長く狭い廊下を通った. El camino es tan ~ que no puede pasar un coche. その道はとても狭いので車が通れない. Es muy ~ de espaldas. 彼は非常に肩幅がせまい. 類 **angosto, reducido.** 反 **amplio, ancho.** ❷（衣服・居場所などが）きつい, 窮屈な［ser/estar＋］. —Estos zapatos me están ~s. この靴は私にはきつい. Esta falda me queda *estrecha*. このスカートは私にはきつい. Íbamos muy ~s en el autobús. 私達はバスの中で非常に窮屈な思いをした. 類 **ajustado, apretado, ceñido.** 反 **ancho, holgado.** ❸（金銭などが）苦しい, 逼迫している. —Está ~ de dinero. 彼は金に困っている. 類 **escaso.** ❹ 親密な, 親しい, 緊密な. —Una *estrecha* amistad nos une a los dos. 緊密な友情が私たち二人を結びつけている. 類 **íntimo, próximo.** ❺（態度・性格などが）厳しい, 厳格な, 厳密な. —moral *estrecha* 厳格な道徳. Han establecido unas normas muy *estrechas*. 彼らは非常に厳格な規範をうち立てた. 類 **austero, estricto, rígido, riguroso.** ❻ 心の狭い, 狭量な, 偏狭な. — ~ de miras 考え方の狭い. Es de espíritu ~. 彼は心が狭い. 類 **mezquino.** ❼ けちな, けちくさい, みみっちい. 類 **cicatero, miserable, tacaño.** ❽《話》（道徳的に）固い, 性的に抑圧の強い. 類 **pudoroso.**

—— 男 海峡, 瀬戸；山峡. —el *E*~ de Magallanes マゼラン海峡. 類 **canal, paso.**

poner a ... en estrecho de［＋不定詞］（人）を…する破目に追い込む.

***estrechura** [estretʃúra] 女 →estrechez.

estregadera [estreɣaðéra] 女 剛毛製のブラシ［モップ］.

estregadura [estreɣaðúra] 女 ＝estregamiento.

estregamiento [estreɣamjénto] 男 強くこする［磨く］こと. 類 **estregadura, restregadura, restregamiento.**

estregar [estreɣár] [4.4] 他 ❶ をこする, こすって磨く. ❷ を(ブラシで)ごしごしする[洗う]. ❸ を(磨き粉などで)磨く.

—— se 再（背中などを)こする；体をこする.

estregón [estreɣón] 男 強くこすること, 強くこすった痕. 類 **refregón.**

estrella [estréja エストレヤ] 女 ❶【天文】星；（月と太陽を除く）恒星（「惑星, 遊星」は planeta）. —cielo tachonado de ~s. 星屑を散りばめた空. En el cielo brillan las ~s. 空には星が輝いている. ~ de rabo 彗星（＝cometa）. ~ fugaz 流れ星. ~ de primera magnitud 一等星. centelleo [titileo] de ~s 星の瞬き. lluvia de ~s 流星群. orientarse por las ~s 星で方角を知る. dormir bajo las ~s 野宿する. levantarse con (las) ~s《俗》早起きする, 夜明け前に起きる. 類 **astro, lucero. ❷《占星》（運命を司る）星, 運勢, 星回り. —Lo quiso mi ~./Mi ~ me condujo allí それが私の運命だった. Creo en mi buena ~. 私は私のよい星回りを信じている. No quiso su ~ que muriera en casa. 彼は運悪く家では死ねなかった. 類 **destino, fortuna, hado, suerte.** ❸（俳優・スポーツ選手などの）スター, 花形. — ~ de [del] cine 映画スター. convertirse en [llegar a ser] una ~ スターになる. 類 **as, astro, celebridad.** ❹ 星形の印；（ホテル・レストランなどのランク付けの）星印；《軍事》（肩章・襟章の階級を示す）星, 星章；（国旗などの）星印. —hotel de cinco ~s 5つ星ホテル（1つ星から格一番上の5つ星まである）. He dibujado un cielo cuajado de ~s y la luna. 私は満天の星と月を描いた. (bandera de) las barras y las ~s 星条旗(米国国旗). ❺【印刷】星印, アステリスク(*). ❻（牛・馬の額の）星, 白斑. 類 **lucero.** ❼【動物】 ~ de mar ヒトデ(海星)（＝estrellamar). ❽【植物】 ~ ~ de tierra ヒメツチグリ属のキノコ（外皮は星形に裂ける). ❾【料理】ステッリーネ（スープに入れる星形の小さなパスタ食品). ❿（星形の）城塞. ⓫【中南米】星形の凧.

campar con su estrella よい星回りに生まれる.

con estrellas 夜明け前に, 日暮れに.

estrellas de Belén ベツレヘムの星（キリスト降誕の際現れた, 東方の賢者を los reyes magos をベツレヘムのキリスト誕生の厩まで導いた星).

levantarse a las estrellas 傲慢になる. 類 **ensoberbecerse, irritar.**

nacer con (buena) estrella いい星［幸運の星］の下に生まれる.

poner a ... por [sobre] las estrellas《俗》（人）をほめちぎる.

querer contar las estrellas 不可能なことを願う.

tener (buena) estrella →nacer con (buena) estrella.

tener [nacer con] mala estrella 不運な星の下に生まれる.

ver las estrellas《俗》（頭を強く殴られたりして）激痛で目から火が出る, とても痛い目に会う. Me di un golpe en la pared que me hizo *ver las estrellas*. 私は目から火が出るほどの勢いで壁にぶつかった.

estrellado, da [estreʎáðo, ða] 形 ❶ 星の多い, 星あかりの. —noche *estrellada* 星明りの夜. ❷ 星形の. ❸【料理】（卵が）目玉焼きの. —huevos ~s 目玉焼き.

estrellamar [estreʎamár] 女 ❶【動物】ヒトデ. ❷【植物】オオバコ.

:estrellar [estreʎár] 他 ❶ (*a*)［＋contra/en に］（投げつけて）を粉々にする, 打ち砕く, たたきつける. — ~ una taza *contra* la pared カップを壁につけて割る. (*b*) をぶつける. —El delantero *estrelló* el balón en el larguero. フォワードはボールをクロスバーにぶちあてた. ❷（卵）を目玉焼きにする. — ~ un par de huevos en la sartén フライパンで卵2個を目玉焼きにする. ❸ を星で一杯にする. —El pintor *estrelló* el fondo del cuadro. 画家は絵の背景を星で一杯にした.

—— se 再 ❶［＋contra/con に］激突する, 衝突する；砕ける. —El camión *se estrelló* contra un árbol. トラックは立木に衝突した. El avión *se estrelló contra* la falda de la montaña. 飛行機はその山腹に激突した. Los proyectos del alcalde *se estrellaron* con la oposición del pueblo. 市長の計画は住民の反対にぶちあたった. 類 **chocar.** ❷ 失敗する, 挫折する. —Su proyecto *se estre*-

lló al no encontrar colaboradores. 彼の計画は協力者が見つからなくて挫折した. ❸ (満天に)星が出る. —Obscureció y el cielo comenzó a ~*se*. 暗くなって空は星におおわれ始めた.

estrellato [estreʝáto] 男 《映画, 演劇》スターの座, スターダム.

estremecedor, dora [estremeθeðór, ðóra] 形 ❶ 驚くべき, ショッキングな. —*grito* ~ ぞっとするような叫び声. ❷ 激しい, 猛烈な.

‡**estremecer** [estremeθér] [9.1] 他 ❶ を揺らす, 揺り動かす, 震えさせる. —El seísmo *estremeció* la ciudad. 地震がその都市を震撼(%)させた. El viento helado *estremecía* a los excursionistas. 冷たい風がハイカーたちを震え上らせた. ❷ を恐れおののかせる, …に戦慄を覚えさせる. —El horrible asesinato ha *estremecido* a la gente del barrio. 恐ろしい殺人事件で地区の人々は震え上った.

—*se* 再 ❶ 揺らぐ, 震える. —Con el golpe de estado *se estremecieron* los cimientos de la democracia. クーデターで民主主義の土台は揺らいだ. ❷ 震え上がる, 恐れおのく. —Me *estremezco* de miedo pensando en aquella catástrofe. 私はあの大災害に思い至ると恐怖の念で戦慄を覚える.

estremecimiento [estremeθimjénto] 男 ❶ 身震い, おののき. —*tener un* ~ 身震いする. ❷ 揺れ, 震動. 類 *temblor*.

estremezca(-) [estremeθéka(-)] 動 estremecer の接・現在.

estremezco [estremeθko] 動 estremecer の直・現在・1単.

estrena [estréna] 女 ❶ 贈り物, 進物. ❷ 初めての使用, 使いぞめ, 着ぞめ.

‡**estrenar** [estrenár] 他 ❶ を初めて下ろす, 初めて用いる. —No he *estrenado* el vestido todavía. 私はまだドレスを下ろしていない. — una casa nueva 新居に住み始める. ❷ を初演する, (映画を)封切る. —La orquesta *estrenó* la sinfonía de un compositor joven. 交響楽団は若い作曲家の交響曲を初演した.

—*se* 再 ❶ 〖+como として〗初登場する, デビューする, 仕事を始める. —La semana que viene *se estrena como* dentista. 彼は来週歯科医を開業する. ❷ その日の初商いをする.

‡**estreno** [estréno] 男 ❶ 使い初め, (新しい服を)初めて着ること, 下ろすこと. —Estos zapatos son de ~. この靴は下ろしたてだ. ❷ 《映画, 演劇》封切り, 初演. —cine de ~ 封切館. Este año hay muchas reposiciones y pocos ~s. 今年は再上映が多く, 封切りが少ない. ❸ 〖職業活動の〗出だし, 門出, スタート; (役者の)初舞台, デビュー. —El día de su ~ como botones recibió muchas propinas. 彼はボーイとしての初仕事の日にチップを沢山もらった. 類 *debut*.

estreñido, da [estreɲíðo, ða] 形 ❶ 〖estar +〗《医学》便秘(症)の. ❷ けちの, しみたれた. 類 *tacaño*.

‡**estreñimiento** [estreɲimjénto] 男 《医学》便秘, 秘結. —— crónico 常性便秘. tener [padecer (de), sufrir] ~ 便秘している. tomar un laxante contra el ~ 便秘薬[緩下剤]を飲む. El médico le recomendó comer frutas y verduras para evitar el ~. 医師は彼に便秘にならないように果物と野菜を食べることを勧めた. recetar un laxante contra el ~ 通じ薬を処方する. 類 *constipación (de vientre)*. 反 *diarrea, descomposición*.

estreñir [estreɲír] [6.5] 自 便秘させる, 便秘を起こす. —*se* 再 便秘する.

estrépito [estrépito] 男 ❶ やかましい音, 騒音, けたたましい音. —*hacer* [*causar*] ~ 騒音を立てる. 類 *estruendo*. ❷ 見栄を張ること, 見せびらかし.

estrepitosamente [estrepitósaménte] 副 けたたましく, 騒々しく.

estrepitoso, sa [estrepitóso, sa] 形 ❶ やかましい, 騒々しい, けたたましい. ❷ 〖話, 比喩〗華々しい, 仰々しい, 大変な. —*fracaso* ~ 大失敗. 類 *espectacular, llamativo*.

estreptococo [estreptokóko] 男 《生物》連鎖球菌.

estreptomicina [estreptomiθína] 女 《医学》ストレプトマイシン(抗生物質, 結核の薬).

estrés [estrés] (<英)男 〖単複同形または estreses〗 ストレス, 緊張.

estresado, da [estresáðo, ða] 形 ストレスがたまった.

estresante [estresánte] 形 〖男女同形〗 ストレスの多い, 緊張を強いる.

estresar [estresár] 他 …にストレスを感じさせる.

estría [estría] 女 ❶ 細長いへこみ[くぼみ], 溝, すじ. ❷ 《建築》(柱の)縦溝, 溝彫り.

estriar [estrjár] [1.5] 他 《建築》(柱などに)縦溝を彫る.

estribación [estriβaθjón] 女 〖主に 複〗《地理》支脈. 類 *estribo*.

‡**estribar** [estriβár] 自 ❶ 〖+en に〗支えられている, 重みがかかる; 基づく. —La terraza *estriba en* cuatro columnas. テラスは4本の柱に支えられている. 類 *apoyarse, cargar*. ❷ 〖+en に〗基づく, 依拠する. —La fama de este compositor *estriba en* su originalidad. この作曲家の名声は彼の独創性による. 類 *consistir, fundarse, radicar*.

estribillo [estriβíʝo] 男 ❶ 《詩》折り返し句, 畳句, リフレイン, 曲の合唱部. ❷ 口癖, 何回も繰り返す語句, 決まり文句.

‡**estribo** [estríβo] 男 ❶ 《馬具》鐙(%). 類 *codillo, estafa*. ❷ (馬車・自転車・電車などの)乗降用ステップ, 昇降段, 足掛. ❸ 《建築》(a) 控え壁[柱], バットレス; 補強材. 類 *contrafuerte*. (b) (アーチやドームの)迫持受(%?), 迫持台; 橋脚台. 類 *entibo*. ❹ 《解剖》(中耳の)あぶみ骨. ❺ 《地質》(山脈の)支脈. 類 *estribación*. ❻ 〖比喩〗支え, 根拠, 論拠. 類 *apoyo, fundamento*.

estar con un [*el*] *pie en el estribo* (1) (旅などに)まさに出発しようとしている. Te escribo *con un pie en el estribo* de mi viaje a Grecia. 私はギリシャ旅行出発間際に君に手紙を書いています. (2) 死にかけている. (3) 鐙に足をかけている.

estar [*andar*] *sobre los estribos* 警戒している.
para el estribo 〖中南米〗別れの杯を(交(%)わす.

perder los estribos (1) (怒りなどに)自制心を失う, 怒り出す(=perder el control). Aquel pésimo servicio le hizo *perder los estribos* y reprendió a gritos al camarero. あの最悪のサー

ヴィスに彼の怒りが爆発し、大声でウェイターを叱責した. **(2)** (心配などで)いらいらする, 平静を失う (= perder la serenidad). Al ver que no daban razón del retraso, *perdió los estribos* y fue a ver al jefe de estación. 遅延の理由が説明できないのを見てとって, 彼はいらいらして駅長に会いに行った. **(3)** ばかげたこと[たわ言]を言う (=desbarrar). **(4)** (馬に乗ろうとして)鐙から足を外す.
perder los estribos de la paciencia いらいらする, 辛抱できなくなる (= perder los estribos).

estribor [estriβór] 男 《海事》右舷. — virar a ~ 右に旋回する. 反**babor**.

estricnina [estriknína] 女 《医学》ストリキニーネ, ストリキニン (中枢神経興奮剤).

・**estrictamente** [estriktaménte] 副 ❶ 厳しく, 厳格に, 厳重に. — Hizo ~ lo que le dijeron. 彼は言われたことを厳密に行った. 類**rigurosamente**. ❷ 厳密な意味で; まさしく, もっぱら. — Son problemas ~ personales. それはもっぱら個人の問題だ.

‡**estricto, ta** [estríkto, ta] 形 ❶ (人・態度・規制などが)厳しい, 厳格な, 厳重な. — moral *estricta* 厳格な道徳. aplicación *estricta* de la ley 法の厳格な適用. Es muy ~ con sus hijos. 彼は子供達に対して厳格だ. Es necesario un ~ cumplimiento de las normas. 規範の厳格な実行が必要だ. 類**duro, riguroso, severo**. 反**blando, tolerante**. ❷ 厳密な, 正確な. — en el sentido ~ 厳密な意味で(は). 類**ajustado, cabal, exacto**. 反**impreciso, inexacto**.

estridencia [estriðénθja] 女 ❶ 耳障りなかん高い音, 鋭い音. ❷ 激しさ.

estridente [estriðénte] 形 ❶ 耳障りな, かん高い, きんきん響く. — voz ~ 耳障りな声. ❷ (色彩などが)あくどい, けばけばしい. — colores ~s けばけばしい色.

estridor [estriðór] 男 耳障りな音.

estro [éstro] 男 ❶ 霊感, インスピレーション. ❷ (動物の)発情, さかり. ❸ 《虫類》ウマバエ(馬蠅).

estrofa [estrófa] 女 《詩》(詩の)連, 節, 段. — componer una ~ 一詩を一連書く.

estrógeno, na [estróxeno, na] 形 《生化学》発情促進の, 発情させる.
— 男 《生化学》エストロゲン (卵胞ホルモン, 発情ホルモン).

estroncio [estrónθjo] 男 《化学》ストロンチウム (元素記号 Sr, 原子番号 38).

estropajo [estropáxo] 男 ❶ 《植物》ヘチマ. ❷ (磨くための)ヘチマ, たわし. — limpiar con ~ わしで磨く. ~ metálico 金属たわし. ❸ 《話, 比喩》役に立たない人[物], くず. — Desde que se droga está hecho un ~. 彼はドラッグに手を出してからというもの廃人同様になってしまっている.
poner [dejar] a ... como un estropajo 《話》をやっつける.

estropajoso, sa [estropaxóso, sa] 形 ❶ (肉などが)固い, すじがある. ❷ どもる. — lengua *estropajosa* どもること, 舌足らずな言い方. ❸ (身なりが)だらしない, 汚ならしい.

‡**estropear** [estropeár] 他 ❶ を壊す, 損ねる, 損傷する. — Has *estropeado* la radio al darle ese golpe. お前があんなふうにたたいてラジオを壊したんだ. 類**deteriorar, romper**. 反**arreglar**. ❷ を台無しにする, ぶち壊しにする; 《容姿などを》衰えさせる. — Comenzaron a discutir y *estropearon* la fiesta. 彼らは口論を始め, パーティーを台無しにした. Ese rascacielos *estropea* el paisaje. あの高層建築が景色をだめにしている. Los años y los disgustos la han *estropeado* mucho. 年月と悩みで彼女はすっかり見る影もなくなった. 類**arruinar**.
—**se** 再 壊れる, 損なう. — *Se estropeó* el televisor. テレビが壊れた.

estropicio [estropíθjo] 男 ❶ 破損, 破壊, ぶちこわし. — hacer un ~ 破壊する. ❷ がやがや, 騒ぎ, ごった返し.

‡‡**estructura** [estruktúra エストルクトゥラ] 女 ❶ (物体・生体・作品などの)構造, 構成, 組み立て; (政府・社会などの)組織, 機構. — ~ administrativa 行政機構[組織]. ~ celular [de la célula] 細胞組織. ~ genómica 遺伝子構造. ~ molecular [de la molécula] 分子構造. 類**disposición, orden, organización**. ❷ 《建築》骨組み, 枠組み. — La ~ del edificio es de acero. そのビルの骨組みは鋼鉄でできている. 類**armadura, armazón, esqueleto**. ❸ 《言語》構造. — ~ gramatical 文法構造. ~ profunda [superficial] 深層[表層]構造. ❹ 《コンピュータ》~ principal メーンフレーム. ~ de datos. データ構造. ~ de árbol ツリー[木]構造.

‡**estructural** [estrukturál] 形 ❶ 構造(上)の. — fórmula ~ 《化学》構造式. La armazón del edificio tenía graves fallos. その建物の構造には重大な欠陥があった. ❷ 構造主義の, 構造的な. — método ~ 構造主義的方法. lingüística ~ 構造言語学. análisis ~ 構造分析.

estructuralismo [estrukturalísmo] 男 《言語, 哲学》構造主義.

estructurar [estrukturár] 他 を構造化する, 組織化する.
— **se** 再 〖3人称で〗構成される, 組織化される.

estruendo [estruéndo] 男 ❶ とどめき, 騒音. — hacer un ~ 騒音を立てる. El ~ de la explosión se oyó a varios kilómetros. 爆発音は数 km 先まで聞えた. ❷ 派手さ, 見栄, 見せびらかし. 類**aparato, pompa**. ❸ 大騒ぎ, 賑(にぎ)わい. — El ~ de la verbena no me dejaba dormir. 夜祭の賑わいで私は寝られなかった. 類**alboroto, bullicio**.

estruendoso, sa [estruendóso, sa] 形 やかましい, 騒々しい; 大きな音の; 派手な.

estrujador, dora [estruxaðór, ðóra] 形 絞[搾]り出す.
— 女 果物などの搾り器.

estrujadora [estruxaðóra] 女 → estrujador.

estrujar [estruxár] 他 ❶ を絞[搾]る, 圧搾する, 押しつぶす. — ~ un limón レモンを絞る. un papel 紙をくしゃくしゃに丸める. ❷ をしいたげる, 絞り上げる, 搾(しぼ)り取る. ❸ (人を)抱きしめる.
—**se** 再 ❶ 押し合う, 押し寄せる. — El público *se estrujaba* a la entrada del cine. 映画館の入口に人がひしめいていた. ❷ (頭を絞る, よく考える.

estrujón [estruxón] 男 ❶ 圧搾(さく), 押しつぶすこと, 絞り出すこと. — dar un ~ 押しつぶす. ❷ 押し寄せること. ❸ 搾取.

estuario [estujárjo] 男 《地理》(幅の広い)河口.

estucado [estukáðo] 過分 化粧しっくい[ス

タッコ]仕上げ.

estucador, dora [estukaðór, ðóra] 名 化粧しっくい[スタッコ]の職人. 類 **estuquista**.

estucar [estukár] [1.1] 他 …に化粧しっくい[スタッコ]を塗る.

‡**estuche** [estútʃe] 男 ❶ (壊れやすい物の)ケース, 入れ物; 包む物; 鞘(ᵉ). ～ de [para] gafas 眼鏡ケース. ～ de aseo 化粧道具入れ. ～ de joyas 宝石箱. ～ de compases [de violín, de cigarros] コンパス[バイオリン, シガー]ケース. ❷ (ケース入り)道具一式. ～ de cirugía [de aseo] 外科用器具[化粧道具]一式.

ser un estuche 《話》なんでも器用にこなせる人である.

estuco [estúko] 男 《建築》化粧しっくい[スタッコ].

‡**estudiado, da** [estuðjáðo, ða] 過分 形 ❶ 勉強した. —Tengo ya tres lecciones *estudiadas* del tema. ぼくはそのテーマについてはもう3課勉強してある.
❷ わざとらしい, 計算された. —Ella nos dirigió una *estudiada* sonrisa. 彼女は私たちにわざとらしい笑顔を見せた. Es una persona demasiado *estudiada*. 彼はあまりにも計算して行動する人だ. 類 **afectado, amanerado, fingido**. ❸ 入念に検討された. —un secuestro bien ～ 入念に計画された誘拐.

estudiantado [estuðjantáðo] 男 【集合的に】学生, 全校生徒. 類 **alumnado**.

‡**estudiante** [estuðjánte] 男女 (高校以上の)学生, 生徒. —carnet de ～ 学生証. ～ universitario 大学生. ～ de medicina 医学生. ～ de derecho 法学部の学生. Soy ～ de la Universidad de Barcelona. 私はバルセロナ大学の学生です. 類 **alumno, discípulo, universitario**.

estudiantil [estuðjantíl] 形 学生の, 学生生活の. —disturbios ～*es* 学生騒動.

estudiantina [estuðjantína] 女 学生の音楽隊, トゥナ. 類 **tuna**.

‡**estudiar** [estuðjár エストゥディアル] 他 ❶ を勉強する, 学ぶ, 習う. —Esta tarde voy a ～ filosofía moderna. 今日の午後は近代哲学を勉強しよう. *Estudia* guitarra con un profesor particular. 彼は個人教授でギターを習っている. ❷ を研究する; 考察する, 考案する. —*Estudia* el movimiento obrero en el siglo XIX. 彼は19世紀の労働運動を研究している. ❸ を検討する, 調査する; 審議する. —La cuestión merece ～se. その問題は検討する価値がある. ～ un proyecto de ley 法案を審議する.
—— 自 勉強する, 学ぶ. —Le gusta mucho ～. 彼は勉強が大好きだ. *Estudia* para meteorólogo. 彼は気象予報士になるために勉強している. ～ en la escuela diplomática 外交官研修所で勉強する.

‡**estudio** [estúðjo エストゥディオ] 男 ❶ 勉強, 勉学, 学習; 学問. —Dedica seis hora al ～ cada día. 彼は毎日6時間を勉強に当てている. Está muy atrasado en el ～. 彼は勉強が大変遅れている. sala de ～ 勉強部屋, 書斎; 研究室. aplicarse al [en el] ～/darse [dedicarse, entregarse] al ～/esforzarse en el ～/ocuparse del ～ 勉学に励む, 学問に専念する. ❷ 複 学業, 学校教育; 学識. —Cursa ～*s* de sociología en la Universidad. 彼は大学で社会学を勉強している. Obtuvo una beca para realizar sus ～*s*. 彼は学業を修めるために奨学金を得た. plan de ～*s* カリキュラム. bolsa de ～*s* 奨学金. hombre de ～*s* 学識のある人. ～*s* mayores 高等教育 ❸【＋de/sobre】…の研究; 研究書, 論文. —～ comparado [estadístico, sistemático] 比較[系統立った, 統計的]研究. viaje de ～*s* 研究[調査]旅行. Él está haciendo un ～ sobre la historia de mi pueblo. 彼は町の歴史を研究している. Se dedica al ～ de las hormigas. 彼は蟻の研究に携わっている. Acaba de publicar un ～ sobre el Quijote. 彼はドン・キホーテの研究書を出版したばかりだ. 類 **investigación**.
❹ 調査, 検討. —～ del mercado [de mercados]《商業》マーケティング, 市場調査. ～ de un proyecto de ley 法案の検討. ❺ 書斎, 勉強部屋, 研究室 (=sala [cuarto] de ～). —Se pasó todo el día en su ～. 彼は1日中書斎で過ごした.
❻ (テレビ, ラジオ, 映画, 写真)スタジオ. —～ cinematográfico [de cine] 撮影所, 映画撮影スタジオ. ～ fotográfico [de fotógrafo] フォト・スタジオ, 写真館. ～ radiofónico ラジオ放送スタジオ. ～ de registro de sonidos 録音スタジオ. ❼ (芸術家の仕事場, アトリエ, 画室, 彫刻室. —～ de artista アトリエ. He alquilado un ～ de pintor en un ático. 私は屋根裏部屋にアトリエを借りた.
❽ 熱心, 配慮; 気取り. —comportarse con ～ よく考えて振舞う. Cuando habla mueve las manos con ～. 彼は話す時, 気取って手を動かす. 類 **afectación, cuidado**. ❾ (仕事場・住居としての)ワンルーム・マンション. —Tiene un ～ en las afueras de la ciudad que utiliza para escribir. 彼は郊外に著述用にワンルーム・マンションを持っている. ❿ (音楽)練習曲, エチュード. —～ de piano ピアノ練習曲. ⓫ (絵画)習作, 試作, スケッチ.

con estudio (1) 気取って, わざとらしく (=afectadamente). (2) 勉強[研究]熱心に (=estudiosamente). (3) よく考えて, 気をつけて.

costear [pagar] los estudios a …/dar estudios a … (人)に学資[学費]を出してやる. Le *costea los estudios* a un sobrino suyo. 彼は甥(ᵒ)の1人に学費を出している. *costearse los estudios trabajando* 働いて学費を賄う.

en estudio 検討中で. La reforma universitaria está *en estudio*. 大学改革が検討されている. Tengo *en estudio* ese proyecto. その案は検討中です.

estudio(s) general(es)《古》大学 (=universidad).

hacer sus *estudios/cursar estudios* 学業を修める, 教育を受ける, 勉強する. Hizo sus *estudios* en París. 彼はパリで教育を受けた.

tener estudios 学(識)がある, 大学出である.

terminar [completar] sus *estudios* 学業を終える.

‡**estudioso, sa** [estuðjóso, sa] 形 勉強[学問]好きの, 勉強家の; 学究的な. —alumno ～ 勤勉な生徒. 類 **aplicado, laborioso, trabajador**. 反 **desaplicado, perezoso**.
—— 名 ❶ 研究者, 学者, 専門家. —Es un ～ de las lenguas. 彼は言語研究者である. 類 **especialista, investigador**. ❷ 勉強家.

estufa [estúfa] 女 ❶ ストーブ, ヒーター. ― ~ eléctrica [de gas, de petróleo] 電気[ガス, 石油]ストーブ. encender la ~ de leña [de carbón] 薪[石炭]ストーブに火を入れる. ~ infrarrojos 赤外線ストーブ. 類**calentador**. ❷ (温泉にある治療用)発汗室, 蒸風呂. ―Esta sala es una ~. この部屋はまるで蒸風呂のようだ. 類**sauna**. ❸ 《農業》温室. ―plantas de ~ 温室植物(熱帯植物など). 類**invernáculo, invernadero**. ❹ (病院・試験所などの)恒温装置, 熱殺菌器(~ de desinfección), 微生物[細菌]培養器(~ de cultivo), 乾燥器. ❺ 足温器. 類**estufilla**.

criar a ... en estufa (人)を過保護に育てる.

flor de estufa 《俗》病弱な人.

estufilla [estufíja] 女 ❶ 革製の小さいマフ(防寒具. ❷ 足を暖めるための小さい火鉢; 携帯用火鉢.

estulticia [estultíθja] 女 愚かさ, ばか(=estupidez).

estulto, ta [estúlto, ta] 形 ばかな, 愚かな(=estúpido).

estupefacción [estupefakθjón] 女 ❶ ぼうっとすること, 仰天, 呆然とすること. ―causar [producir] ~ びっくり仰天させる. 類**asombro, estupor**. ❷ 《医学》麻酔状態.

estupefaciente [estupefaθjénte] 形 ❶ 呆然とさせる, ぼうっとさせる. ❷ 《医学》麻酔性の, 無感覚にする. ── 男 ❶ 《医学》麻酔剤, 麻酔薬. ―tomar un ~ 麻酔薬を飲む. ❷ 麻薬. ―tráfico de ~s 麻薬の売買.

estupefacto, ta [estupefákto, ta] 形〖estar+〗ぼうっとした, 呆然とした, びっくりした. ―Al saber la noticia se quedó ~. その知らせを聞いて彼は呆然とした. Aquellas palabras me dejaron ~. その言葉に私はあいた口がふさがらなかった. 類**atónito**.

estupendamente [estupéndaménte] 副 すばらしく, とても上手に.

***estupendo, da** [estupéndo, da エストゥペンド, ダ] 形 すばらしい, 驚くほどの, すごい. ―coche ~ すご車. Es una mujer *estupenda*. 彼女はとびきりの美人だ. Es un tío ~. あれはすごい奴だ. Su novia está *estupenda*. 彼の恋人は今すごく魅力的だ. He pasado unas *estupendas* vacaciones. 私はすばらしい休暇を過ごした. 類**espléndido, excelente, maravilloso**. 反**horrible**.

:**estupidez** [estupiðéθ] 女〖複 estupideces〗ばかげたこと[言動]; 愚かさ. ―hacer [cometer] una ~ ばかなことをする. Es una ~ que hables sin saber nada del asunto. 君がその件について何も知らないで話すなんてばかげている. No digas *estupideces*, por favor. お願いだから馬鹿なことを言わないでくれ. 類**necedad, tontería**. 反**sensatez**.

***estúpido, da** [estúpiðo, ða エストゥピド, ダ] 形 ❶ 愚かな, まぬけな; くだらない. ―gesto ~ まぬけな表情. actitud *estúpida* まぬけな態度. No seas ~ y haz lo que te dicen. ばかなことを言われたことなかれ. Has llegado a una conclusión *estúpida*. 君はたわけた結論を出してしまった. 類**bobo, necio, tonto**. 反**inteligente**. ❷ 気取った, うぬぼれた. 類**presumido, vanidoso**.

── 名 ばか, まぬけ. ―*¡E*~! このまぬけ.

estupor [estupór] 男 ❶ ぼうっとすること, 仰天(=asombro). ―El ~ lo dejó sin habla unos momentos. 彼は驚きのあまり一瞬言葉を失った. causar ~ ぼうっとさせる. ❷ 《医学》昏迷(͜), 麻痺.

estuprar [estuprár] 他 (特に未成年者を)強姦する.

estupro [estúpro] 男 (特に未成年者への)強姦, わいせつ行為.

estuquista [estukísta] 〖<estuco〗男女 化粧しっくい(スタッコ)の職人. 類**estucador**.

esturión [esturjón] 男 《魚類》チョウザメ.

estuv- [estuβ-] 動 estar の直・完了過去, 接・過去.

esvástica [esβástika] 女 鈎十字, 卍(͜).

esviaje [esβjáxe] 男 《建築》斜切石(͜), 傾斜.

ETA [éta] 〖<バスク Euskadi ta Askatasuna (País Vasco y Libertad)〗女 バスク国と自由(バスク独立を目指すテロリスト秘密組織).

et al. (略号) =ラテン el alii (y otros) ...他(著).

etanol [etanól] 男 《化学》エタノール.

:**etapa** [etápa] 女 ❶ (発展・推移・計画などの)段階, 時期, 局面. ―El proyecto se realizará en diversas ~s. 計画は段階的に実施に移されるだろう. Vamos cubriendo [haciendo] ~s en la vida. 私たちは人生を一歩一歩段階的に歩んで行く. la ~ de convalecencia 回復期. en la segunda ~ del proyecto 計画の第二段階. última ~ de la guerra 戦争の最終段階, 戦争末期. 類**época, fase, parte**. ❷ (旅などの1日・1回の)行程, 旅程;《スポーツ》一走行区間. ―hacer un viaje en tres ~s 3 行程の旅をする. cubrir [hacer] la ~ de un día 1日分の旅程/行程をこなす. Recorrimos el país a pie, haciendo ~s de 20 quilómetros diarios. 我々は徒歩で全国を毎日 20kmの行程でまわった. La carrera ciclista tendrá tres ~s de 100 quilómetros cada una. その自転車レースは各々100kmからなる3区間で競う. 類**parte, trayecto**. ❸ 滞在地, 逗留( ), 立ち寄り. ―Nuestra primera ~ será París. 私たちの最初の滞在地はパリとなるだろう. ❹ 《航空》(ロケットの)段. ―cohete de tres ~s 3 段式ロケット. ❺ 《軍事》(a) 宿営地 (=parada). (b) (行軍中・宿営地の)糧食の割当て.

a cortas [pequeñas] etapas (1行程が短く)ゆっくりと, 楽に.

por etapas 徐々に, 段階を追って, ゆっくり. Fueron haciendo la escalada *por etapas*. 彼らは一歩一歩登っていった.

quemar etapas 《俗》(1) 予定の宿泊地に泊らず先を急ぐ. Hicieron el viaje *quemando etapas*. 彼等は駆け足で旅行した. (2) (仕事などを)休まず大急ぎでやる. Tendremos que *quemar etapas* si queremos terminar. 我々が仕事を終えたいなら, それを大急ぎでやらねばなるまい.

etc. (略号) =ラテン etcétera 等々.

:**etcétera** [etθétera] 男 ...など, 等々, その他 (〖略〗etc.)(etc. etc. と繰り返して使われることもある). ―En la granja había patos, gallinas, cerdos, faisanes, *etc*. 農場にはアヒル, ニワトリ, 豚, 雉( )などがいた. Añadió un ~ a la lista de oficios que había practicado en su vida. 彼は生涯で行った仕事のリストに「等々」を付け加えた.

un largo etcétera de ... 非常にたくさんの…. varias novelas y *un largo etcétera* de ensayos いくつかの小説と非常にたくさんの随筆 ..., y *un largo etcétera* (その他たくさんあることを表す)… など, など.

éter [éter] 男 ❶《化学》エーテル(有機化合物; 麻酔剤). ❷《詩》天空, 蒼穹(そうきゅう).

etéreo, a [etéreo, a] 形 ❶《詩》大空の, 蒼穹(そうきゅう)の. ❷《化学》エーテルの. ❸《文》ぼんやりした, あいまいな; はかない.

*eternamente [etérnaménte] 副 ❶ 永遠に, 永久に, いつまでも. —Le estaré ~ agradecido. いつまでもあなたに感謝しています. 類**infinitamente, para siempre**. ❷ いつも, しょっちゅう, たえず. —Ella está ~ quejándose de su suegra. 彼女はたえずしゅうとめについて不平を言っている. 類**constantemente, siempre**.

‡**eternidad** [eterniðáð] 女 ❶ 永遠, 永久, 無窮. —por [para] toda la ~ 永遠に, 未来永劫(ごう)に. 類**perpetuidad**. ❷ (真理・神・魂などの)永遠性, 不滅(性); 来世. —~ del alma humana 人間の魂の不滅性. No le tenía miedo a la muerte porque ansiaba la ~. 彼は来世を渇望していたので死を怖がらなかった. ❸《比喩》(際限なく思われる)非常に長い時間[期間]. —La discusión duró una ~. 議論は延々と[果てしなく]続いた. Hace una ~ que no la he visto. 私は本当に長いこと彼女に会っていない. 類 **siglo(s)**.

*eternizar [eterniθár] [1.3] 他 ❶ を永遠[不滅]にする, 永続させる. —«*Las Meninas*» *eternizaron* a Velázquez. 『女官たち』はベラスケスの名を不朽のものにした. ❷ を長引かせる. —El delegado *eterniza* las reuniones. その議員が会議を長引かせる.

— **se** 再 長引く, 時間がかかる; 永遠不滅のものとなる. —Las fiestas que ella da *se eternizan* siempre. 彼女の開くパーティーはいつも長引く. No *te eternices* pintándote. 化粧に時間をかけるなよ.

‡**eterno, na** [etérno, na エテルノ, ナ] 形 ❶ 永遠の, 永久の, 不変の. —vida *eterna* 永遠の生命. Se juraron amor ~. 彼らは永遠の愛を誓い合った. Se cree que el universo no es ~. 宇宙は永遠不滅のものではないと考えられている. 類**imperecedero, infinito, perenne, perpetuo**. 反**caduco, finito**. ❷ 果てしない, いつまでも続く; 相変わらずの. —Siguen con sus *eternas* disputas. 彼らはいつまでも口論を続けている. El viaje se nos hizo ~. 私たちにとって旅は果てしなく続いた. 類**continuo, inacabable, interminable**. 反**breve, efímero**.

— 男 神, 永遠なる者. —El *E*~ 神. 類**Dios**.

*ética¹ [étika] 女 ❶ 倫理, 道徳, 道義. —~ profesional 職業倫理. Es un hombre sin ~. 彼は不道徳な男だ. 類**moral**. 反**inmoralidad**. ❷ 倫理学.

‡**ético, ca²** [étiko, ka] 形 ❶ 倫理的な, 道徳上の, 道義の. —~ comportamiento ~ 道義にかなったふるまい. Vuestra actitud no es *ética*. 君たちの態度は道義的ではない. 類**moral**. 反**inmoral**. ❷ 倫理学の.

— 名 倫理学者; 道徳家.

etílico, ca [etiliko, ka] 形《化学》エチルの. —alcohol ~ エチルアルコール. Ingresó en el hospital en estado de coma ~. アルコールによる昏睡状態に陥って病院に担ぎ込まれた. conducir en estado ~ 酒酔い運転をする.

etilismo [etilísmo] 男《医学》エチルアルコール中毒. 類**alcoholismo**.

etilo [etílo] 男《化学》エチル.

etimología [etimoloxía] 女 ❶《言語》語源学. —~ latina ラテン語語源学. ❷ 語源(説明).

etimológico, ca [etimolóxiko, ka] 形《言語》語源(学)の, 語源説明の. —diccionario ~ 語源辞典.

etimól*ogo, ga* [etimóloɣo, ɣa] 名 語源研究者, 語源専門家.

etiología [etjoloxía] 女 ❶《哲学》原因論. ❷《医学》病源学.

etiope [etjópe] 形 → etíope.

etíope [etíope] 形 エチオピア(Etiopía)(人・語)の. — 男女 エチオピア人. — 男《言語》エチオピア語.

Etiopía [etjopía] 固名 エチオピア(首都アディスアベバ Addis Abeba).

‡**etiqueta** [etikéta] 女 ❶ ラベル, レッテル; (シャツなどの)ネーム・レーベル, 名札; 値札; 荷札, 手荷物引換証. —~ de origen 原産地表示ラベル. ~ de precio 値札. ¿Qué precio marca la ~? その値札にはいくらで表示してありますか? Puso en la maleta una ~ con su nombre. 彼はスーツケースに名前入りの荷札をつけた. 類**rótulo, marbete, inscripción**. ❷《集合的に》《比喩》(一般に評判を落とすような)レッテル, あだ名. —Le pusieron la ~ de intelectual porque siempre estaba leyendo. 彼はいつも読書ばかりしていたのでインテリのレッテルを貼られた. En la universidad le han colgado la ~ de pelota. 彼は大学でごますりのレッテルを貼られた. 類**calificación, calificativo, mote, sambenito**. ❸ (王室や公式行事などの)礼法, 礼儀作法; 儀礼; 儀式張ること. —la severa ~ de la Corte [de la Casa Real] 宮廷[王室]の厳格な礼儀作法. reglas de ~ 礼儀作法. falta de ~ 礼儀知らず. respetar [observar] la ~ tradicional 伝統的な作法を守る. Ha dispuesto a los invitados en la mesa según manda la ~. 彼は招待客を儀礼に従ってテーブルにつけた. La ~ obliga a servir la mesa por la derecha. 礼法により給仕は右側から行わなければならない. ~ de la red《通信》ネチケット.『「エチケット」のような軽い意味では buenos modales を用いる》 類**ceremonia, ceremonial, reglas, protocolo, urbanidad**. ❹《情報》タグ, フラッグ.

con gran[*mucha*] *etiqueta* 仰々しく, 儀式張って, うやうやしく (=con gran ceremonia). No me trates *con tanta etiqueta*, que parece que no nos conocemos. そんな他人行儀はやめてよ, 私たちが知り合いでないみたいだから.

de etiqueta (1) (パーティー・音楽会などで)正装の[で], 礼服で, 晴れ着姿で, 正式な, 格式ばった. vestido *de etiqueta* 礼服, 礼装のドレス. cena *de etiqueta* 正餐(式), 正装晩餐会. baile *de etiqueta* 正装の舞踏会. El traje *de etiqueta* es de rigor. 礼服着用のこと. Para la asistencia al acto se exige traje *de rigurosa etiqueta*. その行事出席には必ず礼服を着用のこと. A la fiesta hay que asistir [ir] *de etiqueta*. そのパーティーには正装で出席しなければならない. 類**de gala, de**

ceremonia. (2) 儀礼的な, 形だけの. hacer una visita *de etiqueta* 儀礼的な訪問をする. *Se ruega* [*Se suplica*] *etiqueta*. (招待状などで)正装のこと.
sin etiqueta 堅苦しくなく, もったいぶらずに, ごく質素に (= sin ceremonias). recibir *sin etiqueta* 気軽に迎える.

etiquetar [etiketár] 他 ❶ …にラベル[荷札]を貼る, (値段などの)シールを貼る. ❷『+ de/como』…に(…という)レベル[レッテル]を貼る.

etiquetero, ra [etiketéro, ra] 形 形式的な, おごそかな, 正式の, 儀式ばった.

etmoides [etmóiðes] 男 《解剖》篩骨(とっ).
—— 形 《解剖》篩骨の. — hueso ~ 《解剖》篩骨.

etnia [étnja] 女 民族.

étnico, ca [étniko, ka] 形 民族の. — disturbios ~s 民族紛争.

etnografía [etnoɣrafía] 女 民族誌(学).

etnología [etnoloxía] 女 民族学.

etnólogo, ga [etnóloɣo, ɣa] 名 民族学者[研究家].

Etruria [etrúrja] 固名 エトルリア(イタリア中部の旧州名).

etrusco, ca [etrúsko, ka] 形 《歴史》エトルリア (Etruria)(人・語)の. —— 名 《歴史》エトルリア人. —— 男 《歴史, 言語》エトルリア語.

eu-, ev- [eu̯-, eβ-] 接頭 「良, 好, 善」の意. — *eufemismo*, *euforia*, *evangelio*.

eucalipto [eu̯kalípto] 男 《植物》ユーカリ樹.

eucaristía [eu̯karistía] 女 《宗教》聖体, 聖晩餐, ミサ.

eucarístico, ca [eu̯karístiko, ka] 形 《宗教》聖晩餐の, 聖体の.

Euclides [eu̯klíðes] 固名 エウクレイデス[ユークリッド](前300年頃, ギリシャの数学者).

euclidiano, na [eu̯kliðjáno, na] 形 エウクレイデスの, ユークリッド幾何学の.

eufemismo [eu̯femísmo] 男 《言語》❶ 婉曲語法, 遠回しに言うこと. ❷ 婉曲語句, 遠回しの表現.

eufemístico, ca [eu̯femístiko, ka] 形 《言語》婉曲語法の, 婉曲的な.

eufonía [eu̯fonía] 女 快い音調, ユーフォニー.

eufónico, ca [eu̯fóniko, ka] 形 口調のよい, 快い音調の, ユーフォニーの. — sonido ~ 心地よい音. 反 cacofonía.

euforia [eu̯fórja] 女 ❶ 幸福感. — tener [sentir] ~ 幸福感を感じる. ❷ 《経済》好景気. ❸ (健康や薬の効果に伴う)幸福感・満足感, 喜び. ❹ 苦しみに耐える力.

eufórico, ca [eu̯fóriko, ka] 形 ❶ 幸福感に満ちた. ❷ 《経済》好景気の.

Éufrates [éu̯frates] 固名 (el Río ~) ユーフラテス川(西アジアの河川).

eugenesia [eu̯xenésja] 女 《医学》優生学.

Eugenia [eu̯xénja] 固名 《女性名》エウヘニア.

Eugenio [eu̯xénjo] 固名 《男性名》エウヘニオ.

eunuco [eu̯núko] 男 ❶ 去勢された男. ❷ 《歴史》宦官(なん).

Eurasia [eu̯rásja] 固名 ユーラシア(ヨーロッパ Europa とアジア Asia).

¡eureka! [eu̯réka] 間 わかった, 見つけた.

euritmia [eu̯rítmja] 女 ❶ 律動的運動, 律動的調和. ❷ 《スポーツ》リズム体操.

euro[1] [éu̯ro] 男 ユーロ(欧州連合に加盟した12カ国内で2002年から正式に流通することになった共通通貨).

euro[2] [éu̯ro] 男 《詩》東風(「西風」は céfiro, 「南風」は austro, 「北風」は boreas).

eurocalculadora [eu̯rokalkulaðóra] 女 ユーロ表示計算機.

Europa[1] [eu̯rópa] 固名 ヨーロッパ, 欧州. — ~ occidental [oriental] 西[東]ヨーロッパ.

Europa[2] [eu̯rópa] 固名 《ギリシャ神話》エウロペ.

europarlamentario, ria [eu̯roparlamentárjo, rja] 名 欧州議会議員.

europeidad [eu̯ropei̯ðá(ð)] 女 ヨーロッパ性, ヨーロッパ的特質.

europeísmo [eu̯ropeísmo] 男 《政治》ヨーロッパ(統合)主義.

europeísta [eu̯ropeísta] 形 《政治》ヨーロッパ(統合)主義の.
—— 名 《政治》ヨーロッパ(統合)主義者.

europeización [eu̯ropei̯θaθjón] 女 ヨーロッパ化, 欧化.

europeizante [eu̯ropei̯θánte] 現分 形 欧州[ヨーロッパ]化させる, 欧州[ヨーロッパ]主義の.
—— 男女 欧州[ヨーロッパ]主義者, 欧州[ヨーロッパ]化派.

europeizar [eu̯ropei̯θár] [1.3] 他 …をヨーロッパ化する, 欧化する.
—— se 再 ヨーロッパのようになる.

*****europeo, a** [eu̯ropéo, a] 形 ❶ ヨーロッパ(Europa)の, 欧州の; ヨーロッパ風の. — países ~s ヨーロッパ諸国. Unión *Europea* ヨーロッパ連合. ❷ ヨーロッパ[欧州]人の.
—— 名 ヨーロッパ[欧州]人.

Eurotúnel [eu̯rotúnel] 固名 (英仏海峡の)ユーロトンネル.

euscaldún, duna, euskaldún, duna [eu̯skalðún, dúna, eu̯skalðún, dúna] 形 バスク語の, バスク語を話す. 類 éuscaro, euskera, vasco, vascuence.
—— 名 バスク語話者.

éuscaro, ra [éu̯skaro, ra] 形 バスク(人・語)の.
—— 男 《言語》バスク語.

Eusebio [eu̯séβjo] 固名 《男性名》エウセビオ.

euskera, eusquera [eu̯skéra] 男 《言語》バスク語. 類 euscaldun, éuscaro, vasco, vascuence.
—— 形 バスク語の. 類 euscaldun, éuscaro, vasco, vascuence.

eutanasia [eu̯tanásja] 女 安楽死.

Eva [éβa] 固名 ❶ 《聖書人名》エバ[イブ](アダムの妻, 神がアダムの肋骨の一本から創造した最初の女性とされる). ❷ 《女性名》エバ.

evacuación [eβakuaθjón] 女 ❶ 立ち退くこと, 引き払うこと. ❷ 避難, 退避; 疎開. ❸ 《軍事》撤退, 撤兵. ❹ 《婉曲》排泄, 排便. ❺ 《行政, 法律》実行, 処理.

evacuado, da [eβakuáðo, ða] 過分 名 避難者, 疎開した人. — población *evacuada* 避難民.

evacuar [eβakuár] [1.6] 他 ❶ (家などを)あける, 引き払う, 空にする, …から避難する, 退避する, 疎開する. — Las tres familias *evacuaron* sus pisos. 3家族がマンションから立ち退いた. ❷ (軍

事》…から撤退する,撤兵する. —Las tropas *evacuaron* la ciudad. 部隊はその町から撤退した. ❸ をする,実行する,処理する. 類 **tramitar**. ❹排便する,便をする,吹き出する,打砕く. —— el vientre 排便する. —— 自 排泄する.

evacuatorio, ria [eβakuatórjo, rja] 形 排泄(促進)の. 男 公衆便所(=urinario).

evadido, da [eβaðíðo, ða] 過分 形 逃亡した,逃れた.

evadir [eβaðír] 他 ❶ を避ける,回避する,かわす. —~ el peligro 危険を避ける. ~ el pago de impuestos 税金の支払いを避ける. No puedo ~ el compromiso. 私はその取り決めを回避することはできない. 類 **eludir, esquivar**. ❷ 〈金など〉を不法に国外に持ち出す. —~ divisas 国外に外貨を不法に持ち出す.
—— **se** 再 ❶ 〖+de から〗脱走する; 逃れる. —*se de* la cárcel 脱獄する. 類 **escaparse, fugarse**. ❷ 〖+de で〗気晴らしをする,(心配などを)忘れ去る. —*Se evade de* sus preocupaciones leyendo. 彼は読書をして心配を遠ざける.

evaluación [eβaluaθjón] 女 ❶ 評価. —hacer una ~ 評価する. ❷ 採点,成績. ❸ 《商業》値踏み,見積もり.

evaluar [eβaluár] [1.6] 他 ❶ を評価する,検討する. —~ una propuesta 提案を検討する. ❷ を採点する. —~ a los alumnos es una tarea difícil. 成績評価は楽な仕事ではない. ❸ 《商業》を値踏みする,…の見積もりをする. —*Evaluaron* los daños en un millón de euros. 被害総額は100万ユーロにのぼると見られた.

evanescente [eβanesθénte] 形 つかの間の,はかない. —imagen ~ 消えやすいイメージ.

evangeliario [eβaŋxeljárjo] 男 《キリスト教》年間毎日の福音が載った典礼書.

evangélico, ca [eβaŋxéliko, ka] 形 ❶《宗教》福音(書)の,福音伝道の. ❷《宗教》プロテスタントの(=protestante).

:**evangelio** [eβaŋxéljo] 男 ❶ (主にE~)《聖書》福音書(新約聖書中,キリストの生涯・教えを記した最初の四書の中の一つ). —el E ~ según San Mateo [San Marcos, San Lucas, San Juan] マタイ[マルコ,ルカ,ヨハネ]による福音書. E~s sinópticos [Apócrifos] 共観[外典]福音書. ❷ 福音(キリストの教え;キリスト教). —predicar el ~ 福音を説く,キリスト教を布教する. convertirse al ~ キリスト教に改宗する. ❸ (ミサでの)福音書奉読章句. ❹《比喩》絶対的真理[真実],金科玉条. —creer como el ~ 金科玉条のように奉る. La opinión de su padre era para ella el ~. 父親の意見は彼女にとって絶対的真理であった. Cuando habla parece el ~. 彼が話すと実にまことらしく聞える. 類 **verdad**. ❺《まれ》(人の)信念,信条,考え. —Es un fanático de su ~. 彼は自分の信念にこり固まっている. 類 **creencias**.

lado del Evangelio (祭壇の)福音書側(祭壇に向って左側)(→lado de la epístola).

ordenar de Evangelio (人)を助祭に任命する.

evangelista [eβaŋxelísta] 男 ❶《宗教》福音書著者. ❷《宗教》福音朗読者.

evangelización [eβaŋxeliθaθjón] 女 キリスト教の伝道(布教).

evangelizar [eβaŋxeliθár] [1.3] 他 《宗教》…に福音を説く,キリスト教を伝道する.

evaporación [eβaporaθjón] 女 蒸発(作用),発散.

evaporar [eβaporár] 〔<vapor〕他 ❶ を蒸発させる. —El fuerte calor *ha evaporado* el agua del charco. 強い暑さのため水たまりの水は蒸発した. ❷ を消す,吹き飛ばす,打砕く. —La realidad *evaporó* sus ilusiones. 現実が彼の夢を打砕いた. 類 **disipar**.
—— **se** 再 ❶ 蒸発する. —Ella dejó abierto el frasco y el alcohol *se evaporó*. 彼女が容器を開けたままにしておいたので,アルコールが蒸発した. ❷ 消える,消失[消滅]する. —Sus riquezas *se evaporaron*. 彼の財産はたちまちなくなった. ❸《話》失踪する,(人が)蒸発する. —El padre *se evaporó* cuando era niña. 彼女が子どものとき父親は失踪した. 類 **desaparecer**.

evaporizar [eβaporiθár] [1.3] 他 を蒸発させる,気化させる. 類 **vaporizar**.
—— **se** 再 蒸発する,気化する. 類 **vaporizarse**.
—— 自 蒸発する,気化する.

Evaristo [eβarísto] 固名 《男性名》エバリスト.

:**evasión** [eβasjón] 女 ❶ 脱走,脱出,逃避. —~ de una cárcel 脱獄. Se descubrió el plan de ~ de los presos. 囚人の脱走計画が発覚した. 類 **fuga, huida**. ❷ (差し迫った困難・義務の)回避,忌避,(経済)(課税からの)逃避,税金逃れ. —~ de responsabilidades 責任回避. ❸ 逃避,気[憂さ]晴らし,娯楽. —encontrar una ~ en la lectura 読書に気晴らしを見出す. Para él, la bebida es una forma de ~. 彼にとって飲酒は1つの現実逃避法だ. ❹ 口実,言い訳. —Una respuesta sincera es más gratificante que una ~. 長い目で見れば,誠実な答えのほうが弁解より満足がいく. 類 **evasiva**.

evasión de capital(es) [*de divisas*] 《経済》(外国への)資本の逃避(=fuga de capital).

evasión fiscal [*de impuestos*] 脱税,税金逃れ. Están siendo investigados por presunta *evasión fiscal*. 彼らは脱税容疑で捜査を受けている.

de evasión 現実逃避的な,娯楽の. película *de evasión* 憂さ晴らしになる映画,娯楽映画. literatura *de evasión* (現実を忘れさせてくれる)逃避文学.

evasión impositiva [*tributaria*] →evasión fiscal (*de impuestos*).

evasiva [eβasíβa] 女 →evasivo.

***evasivo, va** [eβasíβo, βa] 形 ❶ 責任逃れの,言い逃れの,はぐらかしの〖ser/estar+〗. —Sólo recibí de él una respuesta *evasiva*. 私は彼からはぐらかすような返事しかもらえなかった. ❷ 回避的な,逃避的な. —El avión hizo una maniobra *evasiva* y evitó chocar con otro. その飛行機は回避行動によって別の機と衝突するのを避けることができた. —— 女 逃げ口上,言い訳,弁解. —No me vengas con *evasivas* y dime la verdad de una vez. 私に言い訳を言わないで,はっきり本当のことを言え.

evento [eβénto] 男 ❶ 行事,イベント. —celebrar un ~ 行事を催す. ❷ (重要な)出来事,(大)事件(=suceso).

a todo evento いずれにしろ.

eventual [eβentuál] 形 ❶ 偶然の,偶発的な. —encuentro ~ 偶然の出会い. ❷ 一時的な,臨時

882 eventualidad

の. —empleo 臨時雇い, アルバイト. ❸ 付帯的な.

eventualidad [eβentualiðá(ð)] 囡 予期せぬ出来事, 不測の事態. 類**contingencia, imprevisto**.

en la eventualidad de que …『+接続法』…の場合には, …の場合に備えて.

eventualmente [eβentuálménte] 副 ❶ 偶然に, たまたま. ❷ たぶん, おそらく.

evicción [eβikθjón] 囡 〖法律〗立ち退き命令.

:**evidencia** [eβiðénθja] 囡 ❶ 明白さ, 明らかなさま; 明白なこと. —con toda ~ 明白に. negar la ~ de los hechos 明白な事実を否定する. No se tiene la ~ de quién es el culpable. 誰に責任があるのか明らかでない. 類**seguridad**. 反**incertidumbre, inseguridad**.
❷ 確信. —mostrar la ~ 確信のほどを見せる. 類**certeza, convicción**.
❸ 〖南米〗証拠. —No hay ~ del crimen. その犯罪の証拠はない. 類**testimonio**.

evidencia moral (具体的証拠よりも経験・観察に基づく)蓋(がい)然的証拠.

poner en evidencia (1) 明らかにする, 証明する (=demostrar, evidenciar). Con aquella conferencia *puso en evidencia* su ignorancia. 彼はあの講演で自分の無知をさらけ出した. (2) (人の)間違いをさらけ出す, 恥をかかせる. Me *has puesto en evidencia* delante de todo el mundo. 君はみんなの前で私に赤恥をかかせた. 類**poner en ridículo**.

ponerse [quedar] en evidencia (1) (物事が)明らかになる. Dos hechos *se pusieron en evidencia*. 2つの事実が明らかになった. (2) (人が)恥をかく, 物笑い(の種)になる. *Se puso en evidencia* al enfadarse con su marido delante de todos. 彼女は公衆の面前で夫に腹を立てて, 赤恥をかいた. 類**quedar en ridículo**.

rendirse ante [a] la evidencia 明白な事実の前に屈する. *rendirse ante la evidencia* de las pruebas 明白な証拠を突きつけられて降参する.

tener la evidencia de (人には)…が明らかである. Tengo la evidencia de que Juan no estuvo. フアンがいなかったことは私には明らかである.

evidenciar [eβiðenθjár] 他 を明白にする, 明らかにする.

****evidente** [eβiðénte エビデンテ] 形 明らかな, 明白な, 歴然とした [ser+]. —Su cobardía es ~. 彼が臆病なことは明らかだ. Es ~ que ella no ha venido. 彼女が来なかったことは明らかだ. 類**claro, manifiesto, patente**. 反**dudoso, incierto**. ❷ (肯定の答として)もちろん, そのとおり. —¿Crees que deberían bajar los impuestos? —E~. 税金は下げるべきだと思うかい. —もちろんだ.

:**evidentemente** [eβiðéntemente] 副 明らかに, 明白に.

Evita [eβíta] 固名 《女性名》エビータ(エバ Eva の愛称).

evitable [eβitáβle] 形 避けられる. 反**inevitable**.

evitación [eβitaθjón] 囡 避けること, 回避, 防止. —en ~ de mayores males 事態がさらに悪くならないように.

****evitar** [eβitár エビタル] 他 ❶ を避ける, 回避する. —Lograron ~ que se propagara la epidemia. 彼らは疫病が拡がるのを回避することができた. Salgo muy temprano para ~ los atascos. 私は渋滞を避けるため朝早く出かける. Cuando me *ve*, procura ~me. 彼は私に会うと, 避けようと努める. —*Evitó* hablar del espinoso tema. 彼は厄介な話題については話さないようにした. 類**eludir, evadir**.

——*se* 再 ❶ …しないで済ます. —Ella *se evita* comprar libros frecuentando bibliotecas. 彼女は図書館通いをして本を買わずに済ませている. ❷ 互いに避け合う.

:**evocación** [eβokaθjón] 囡 ❶ (記憶などを)呼び起すこと, 想起, 喚起. —Aquel paisaje le traía *evocaciones* de su tierra. その風景を見て彼は自分の故郷を思い出した. ❷ (死者の)霊を呼び出すこと, 招魂, 降霊.

evocador, dora [eβokaðór, ðóra] 形 (思い出を)呼び起こす. —paisaje ~ 昔を思い出させる風景.

:**evocar** [eβokár] 他 ❶ を思い出す, 思い起こす, 振り返る. —Los antiguos compañeros de clase *evocaban* sus tiempos pasados. 昔の同級生たちは若き日々を思い出していた. ❷ を連想させる, 思い出させる, ほうふつとさせる. —Aquel paisaje montañoso le *evocaba* su tierra natal. あの山また山の風景は彼の故郷を思い出させた. ❸ (神・死者の霊)を呼び出す.

evocativo, va [eβokatíβo, βa] 形 →evocador.

:**evolución** [eβoluθjón] 囡 ❶ 発展, 発達, 進歩, 進展. —~ tecnológica 科学技術の進歩. —~ económica 経済発展. La ~ científica ha permitido llegar a la luna. 科学の進歩によって月に到達できた. 類**avance, desarrollo, progreso**. ❷ 〖医学〗(病気の)進行, 経過. —la ~ de un cáncer 癌の進行. La enfermedad sigue una ~ favorable. 病気は快方に向かっている. 類**desarrollo, proceso**. ❸ 〖生物〗(動植物の)進化. —la teoría de la ~ 進化論(=evolucionalismo). ~ biológica 生物学的進化. ~ de las especies [de las especies animales, del ser humano] 種(動物, 人類)の進化. ❹ (状態・情況・思想などの)展開, 推移, 変遷. —~ demográfica 人口の推移, 人口動態. —~ lingüística 言語進化, 言語の発達. ~ de los acontecimientos 事件の進展[推移], 事の成り行き. ~ social [de la sociedad] 社会の進展. ~ cíclica de la economía 経済活動の周期的展開. ~ de las ideas políticas en el siglo XIX 19世紀政治思想の変遷. 類**cambio, desarrollo, transformación**. 反**involución**. ❺ (行動・態度・思想などの)変化, 変転; 変節; 変心. —Con los años, sus ideas políticas han experimentado una gran ~. 年齢とともに彼の政治思想はとても変わった. 類**cambio, modificación, transformación**. ❻ 榎(舞踊・体操・スケート・飛行機などの)旋回, 動き回る動作. —Contemplaban las *evoluciones* de las palomas en torno a la plaza. 彼らは鳩が広場の回りを旋回するのを眺めていた. El público aplaudía entusiasmado las *evoluciones* de la bailarina. 観客はバレリーナの動きを盛んに拍手していた. 類**giros, vueltas**. ❼ 〖主に榎〗〖軍事〗

(特に部隊・戦艦・飛行機の)移動, 動き; (隊形変換のための)機動, 移動. —El pelotón, después de formar en columna, inició una ~. 分隊は縦隊に整列してから移動を開始した. ❽《哲学》進化論的方法.

‡**evolucionar** [eβoluθjonár] 自 ❶ 移り変わる; 進展する, 進化する. —La tecnología *evoluciona* con una pasmosa rapidez. 科学技術は驚くべき速さで発展している. Ese político *ha evolucionado* hacia posiciones moderadas. その政治家は穏健な立場に移行した. Su enfermedad *evoluciona* favorablemente. 彼の病気は快方に向かっている. ❷ (艦船・軍隊が)移動する, 展開する; 旋回する. —Las tropas *evolucionaron* hacia el este. 軍隊は東方へと展開した. La patinadora *evoluciona* sobre el hielo. 女性スケーターが氷の上で弧を描いている.

evolucionismo [eβoluθjonísmo] 男 《生物》進化論.

evolucionista [eβoluθjonísta] 形 《生物》進化論の. —— 男女 《生物》進化論者.

evolutivo, va [eβolutíβo, βa] 形 《生物》発展的, 進化の. —proceso ~ 進化の過程. 旋回的, 旋回運動の. —movimiento ~ 旋回運動.

‡**ex** [e(k)s] 形 [無変化+名詞/形容詞]前[元]の, 前[元]..., 旧...(地位・身分など)[接頭辞として1語になる場合, ハイフンでつなぐ場合もある: たとえば ex-presidente]. —*ex* presidente 前[元]大統領. *ex* alumno 卒業生, 同窓生. *ex* comunista 元共産党員. Es su *ex* novia. 彼女は彼の元恋人だ. 類 **antiguo**.

—— 男女 [単複同形]《話》元恋人, 元の[彼女]; 元夫[妻]. —El *ex* de Teresa sale ahora con Julia. テレサの元の彼は今フリアと付き合っている.

ex-[1] [es-] 接頭 ❶「外に, 外へ」の意. —*ex*carcelar, *ex*ceder, *ex*cluir, *ex*poner, *ex*portar. ❷「反対, 否定, 除去」の意. —*ex*culpar, *ex*plicar. ❸「強調」の意. —*ex*agerar, *ex*altar, *ex*terminar.

ex-[2] [es-] 接頭「前の, 元の」の意. —*ex* alumno, *ex* diputado, *ex* ministro.

exabrupto [eksaβrúpto] 男 激怒, ののしり.

exacavación [eksakaβaθjón] 女 ❶ 掘ること, 穴掘り, 掘削; 発掘. —hacer una ~ 発掘をする. 類 **cavadura**. ❷ 掘ってできた穴, くぼみ.

exacción [eksakθjón] 女 取り立て, 徴収(金). —hacer una ~ 取り立てを行なう. ~ de impuestos 税の徴収.

exacerbante [eksaθerβánte] 現分 形 いらいらさせる, 怒らせる. 類 **exasperación**. ❷ 悪化させる, 募らせる.

exacerbar [eksaθerβár] 他 ❶ (苦痛・病気・恨みなどを)つのらせる, 悪化させる. ❷ を怒らせる, いらいらさせる. ——se 再 ❶ 怒る, いらいらする. ❷ (病気が)進む, 悪化する.

exacerbación [eksaθerβaθjón] 女 ❶ いらだち, 憤怒. ❷ 悪化, 深刻化.

exactamente [eksáktaménte] 副 ❶ 正確に, 厳密に; ちょうど. ❷『間投詞的に』(まさに)その通り, 全くだ.

‡**exactitud** [eksaktitú(ð)] 女 ❶ (計算・測定・写しなどの)正確さ, 精密; (判断・論理・描写などの)正しさ, 的確さ. —~ de juicio 判断の正しさ. re-

citar un poema con ~ 詩を正確に朗読する. La copia reproducía con gran ~ el original. その複製は原画を実に正確に模写していた. 類 **precisión**. 反 **imprecisión, inexactitud**. ❷ 几帳面, 厳密さ; 時間厳守. —cumplir con ~ las órdenes recibidas 命令を厳守する. La ~ es su cualidad característica. 几帳面さは彼の特性である. 類 **fidelidad, puntualidad**.

‡**exacto, ta** [eksákto, ta エクサクト, タ] 形 ❶ 正確な. —Mi reloj marca la hora *exacta*. 私の時計は正確な時間を示している. Hizo una exposición *exacta* de lo sucedido. 彼は出来事を正確に説明した. 類 **cabal, preciso, puntual**. 反 **inexacto**. ❷ ちょうどの, きっかりの. —La cinta tiene tres metros ~s. そのテープは3メートルちょうどある. 類 **justo, preciso**. 反 **aproximado**. ❸ 厳密な, 精密な. —cálculo ~ 厳密な計算. ciencias *exactas* 精密科学. ❹ (a) 正しい, 本当の. —No es ~ que yo estuviera allí. 私がそこにいたというのは本当ではない. 類 **cierto, verdadero**. (b)『間投詞的に』(まさに)その通り, 全くだ. —¡E~! 全くその通り. ❺ (手本などに)忠実な, そのままの. —copia *exacta* 正確な写し. Es un ~ cumplidor de mis órdenes. 彼は私の命令の忠実な実行者だ. 類 **cabal, fiel**.

‡**exageración** [eksaxeraθjón] 女 ❶ 誇張, 大げさな表現. —hablar con ~ 大げさに[誇張して]話す. No es una ~ decir que ella es un ángel. 彼女を天使と言っても決して過言ではない. 類 **hipérbole**. ❷ (行動・性格・考えなどの)行き過ぎ, 過度. —Su generosidad es una ~. 彼の寛大さは行き過ぎである. Es desordenada hasta la ~. 彼女はあまりにふしだらである. 類 **desmesura, exceso**.

exageradamente [eksaxeráðaménte] 副 ❶ 大げさに. ❷ 非常に, 過度に.

‡**exagerado, da** [eksaxeráðo, ða] 過分 形 ❶ 誇張された, 大げさな. —Habla con ademanes ~s. 彼はとても大げさな身ぶりで話す. ¡Qué ~ eres! 君は何て大げさなんだ. Hoy estás muy ~. 今日は君はとても大げさだな. ❷ 過度の, 極端なほどの. —precio [gasto] ~ 法外な値段[出費]. un tamaño ~ べらぼうなサイズ. confianza *exagerada* 過度の信頼. 類 **desmedido, desmesurado, excesivo**. —— 名 大げさな人, 過剰にする人. —Es un ~. 彼は大げさなやつだ.

‡**exagerar** [eksaxerár] 他 ❶ を誇張する, 大げさに言う, 誇大に表現する. —Ella *exagera* todo lo que cuenta. 彼女の話すことはすべて大げさだ. ❷ をやり過ぎる, ...の度を越す. —Estás *exagerando* los preparativos. 君は準備をやり過ぎだ.
—— 自 ❶ 誇張して言う, 大げさに話す. —Creerás que *exagero*, pero es la pura verdad. 君は大げさに言っていると思うかもしれないが, 全く本当のことなんだ. ❷【+con/en を】やり過ぎる. —~ *con* los baños de sol 日光浴をし過ぎる.

‡**exaltación** [eksaltaθjón] 女 ❶ を誇張する, 大げさに称賛, 称揚, 賛美. —~ de la virtud 徳の称揚. dirigir unas palabras de ~ a ... (人)を賞賛する. 類 **glorificación, ensalzamiento**. ❷ 栄光. 類 **gloria**. ❸ (精神・感情の)高揚. —~ de la moral 士気の高揚. ❹ (過度の)興奮, 熱狂. —gritar con ~ 興

奮して[熱狂的に]叫ぶ. El café produce una ~ momentánea. コーヒーを飲むと一時的に神経が高ぶる. ❺ (高い地位への)昇進. —~ al grado de general 将軍の座に就くこと. ~ al trono del príncipe heredero 皇太子の即位. 類**elevación**. ❻ 《カトリック》—E~ de la Santa Cruz 聖十字架称賛の祝日 (9月14日).

:**exaltado, da** [eksaltáðo, ða] 過分 形 ❶ 激しやすい, 興奮しやすい. —Estaba nervioso y hablaba de forma *exaltada*. 彼は苛(いら)立って激しい調子で話していた. Su carácter ~ causó muchos problemas. 彼の興奮しやすい性格が多くの問題を引き起こした. ❷ 興奮した, 熱狂的な. —Están muy ~s con el partido de fútbol. 彼らはサッカーの試合で熱狂している. ❸ 急進的な. —Es un comunista ~. 彼は急進的な共産主義者だ.
—名 ❶ 熱狂的な人, 狂信者. —Saltó un ~ al ruedo. ある熱狂的なファンが闘牛場へ跳び出した. ❷ 過激派. —Unos ~s provocaron los disturbios. 何人かの過激派が暴動を扇動した. 類**extremista**.

:**exaltar** [eksaltár] 他 ❶ を褒めたたえる, 称揚する, 称賛する. —Los periódicos *exaltan* la labor del primer ministro. 新聞は首相の業績を褒めたたえた. 類**alabar, elogiar**. ❷【+a に】昇任させる, 登用する. —Fue *exaltado* al puesto de embajador. 彼は大使に昇任した. 類**elevar, encumbrar**. ❸ を高揚させる, 興奮させる. —El árbitro pitó penalty y *exaltó* la cólera de los hinchas. レフェリーがペナルティの笛を吹いたので, サポーターの憤激をかった.
—se 再 感情に走る, 激高する. —Está delicado del corazón y no le conviene ~*se*. 彼は心臓が弱っているから, 感情に走るのは良くない.

*****examen** [eksámen エクサメン] 男 複 exámenes ❶ 試験, テスト. —~ de admisión [de ingreso] a la universidad 大学入学試験. ~ oral 口述試験, 口頭試問. ~ escrito 筆記試験. ~ de fin del curso 期末試験. ~ eliminatorio 競争試験, 資格検定試験. ~ oposición. ¿Qué tal fue el ~ de ayer? 昨日の試験はどうだった? ¿Cómo te salió el ~? 試験の結果はどうだった? Mañana tengo un ~ de matemáticas. 私は明日数学のテストがある. anunciar las fechas de los *exámenes* 試験の日程を発表する. aprobar [pasar, salir bien en] un ~ 試験に合格する. caer [fracasar] en un ~ 試験に落ちる. hacer [presentarse a, sufrir, tomar] un ~ 試験を受ける. suspender un ~ 試験を落とす, …に不合格となる. dar un ~ de latín ラテン語の試験をする. someter a ~ テストする. prepararse para un ~ 試験の準備をする. 類 **ejercicio, prueba**. ❷ 調査, 検査, 審査. —someter a ~ un proyecto あるプロジェクトを検討に付する. Hizo un ~ detenido de su indumentaria. 彼は自分の衣服を綿密に調べた. 類 **inspección, observación, reconocimiento**. ❸《哲学, 宗教》—libre ~（プロテスタントの）自由検討,（特に宗教上の思想の）自由. ❹《法律》尋問, 審理. —~ de testigos 証人尋問. ❺《医学》診察, 検査. —~ médico 診察. ~ microscópico [radioscópico] 顕微鏡[X線]検査.

examen de conciencia (道徳的な)内省, 自省;（告解の前の）良心の究明. Haz *examen de conciencia* y mira si tú estás libre de culpa. わが身を顧みて, 過ちがないかよく考えてごらん.

examinador, dora [eksaminaðór, ðóra] 試験[検査, 審査]する. —comisión *examinadora* 審査委員会. — 男 試験官, 審査官.

*****examinando, da** [eksaminándo, da] 名 受験者[生], 志願[候補]者.

:**examinar** [eksaminár] 他 ❶【+de に】試験をする, 試験を受けさせる. —Mañana *examinamos* a los alumnos *de* gramática española. 我々は明日生徒たちにスペイン語文法の試験をする. Esta tarde nos *examinan* de matemáticas. 今日の午後私たちは数学の試験を受ける. ❷ を検査する, 調査する, 検討する. —~ el cadáver 検死する. —~ los documentos 書類を調べる. ~ a un enfermo 患者を診察する.
—se 再【+de の】試験を受ける,（ある科目を）受験する. —Mañana *me examino* de francés. 明日私はフランス語の試験を受ける.

exangüe [eksángwe] 形 ❶ 大出血した, 血が失せた, 貧血の. 類**desangrado**. ❷《比喩》疲労困憊した, 衰弱した. ❸《比喩》死んだ. 類**muerto**.

exánime [eksánime] 形 ❶ 息を引き取った, 死んだ. —cuerpo ~ 死体. ❷ (a) 気を失った. 類**desmayado**. (b) 衰弱した, 疲れきった. —La carrera me dejó ~. 走った後で私はぐったり疲れてしまった.

exantema [eksantéma] 男《医学》発疹, 発疹性熱病.

exarca, exarco [eksárka, eksárko] 男 ❶《宗教》（ギリシャ正教で）総主教の次の位, 総主教代理. ❷《歴史》（6世紀から8世紀にかけてのイタリアのビザンチン帝国の）太守. ❸《歴史》東ローマ帝国の軍隊の最高長官.

exasperación [eksasperaθjón] 女 いらだち, 憤激, 憤怒. —hablar con ~ 憤激して話す.

exasperante [eksasperánte] 現分 形 いらだたせる, 腹が立つ.

exasperar [eksasperár] 他 を怒らせる, 憤激させる. —se 再【+de/con】…に怒る, 憤怒する.

excarcelación [e(k)skarθelaθjón] 女 (囚人などの)釈放, 放免.

excarcelar [e(k)skarθelár] 他 (囚人などを)釈放[放免]する.

excavador, dora [e(k)skaβaðór, ðóra] 形 掘削(の), 穴掘りの. —máquina *excavadora* 掘削機. — 男 発掘者, 掘削者. — 女 掘削機, ブルドーザー.

excavadora [e(k)skaβaðóra] 女 →excavador.

excavar [e(k)skaβár] 他 ❶ (地面・穴などを)掘る, 掘り起こす[返す]. —~ un túnel トンネルを掘る. ❷ を(土の中から)掘り出す, 発掘する.

excedencia [e(k)sθeðénθja] 女 ❶ 休暇, 休職, 有給休暇. —estar en ~ 休職中である. ❷ 有給休暇中の給与.

excedente [e(k)sθeðénte] 形 ❶ 過度の, 過大な. 類**sobrante**. ❷ (勤め人などが)休暇中の.
— 男 余り, 剰余(金). —~ agrícola 余剰農産物.

:**exceder** [e(k)sθeðér] 自【+a に】勝(まさ)る,（…）より優れている,（…）を上回る【+en において】. —José *excede a* Tomás *en* inteligencia. 頭の良さ

にかけてはホセはトマスより優れている。❷【+a/de/en (限界)を】越える，超過する．—Conceder el permiso *excede* a mi competencia. 許可を与えるのは私の権限である．El plazo de las becas no *excederá* de un año. 奨学金の支給期間は1年を超えることはない．❸ 余る，過剰となる，だぶつく．—El dueño venderá a bajo precio las mercancías que *exceden*. 店の主人は売れ残っている商品を低価格で売りさばくだろう．

—— 他 （限度）を越える，陵駕（りょう が）する．—La maleta *ha excedido* el límite de peso. スーツケースは重量制限を超過した．類 **aventajar, propasar, superar**.

—— se 再【+de/en の】度を過ごす，(が) 行き過ぎである，超過する．—No debes *excederte* en la bebida. 君，飲み過ぎてはいけないよ．
excederse a sí mismo 評判[これまで]以上の力を発揮する．

‡**excelencia** [e(k)sθelénθja] 女 ❶ 優秀，卓越，すばらしさ．—Nos habló sobre las ~s del vino de Jerez. 彼はシェリーワインの品質の良さについて私たちに語った．類 **calidad, exquisitez, virtud**. 反 **defecto, deficiencia**. ❷ 『su~，呼びかけはvuestra ~ の形で』閣下，猊下（げい か）(『略』Exc.). —Presidió el acto su E~ el ministro de Educación. 教育大臣閣下がその儀式を司った. ♦ 貴族・大臣・知事・司教・マドリード市長・アカデミー会員などに対する敬称．vuestra excelencia はしばしば vuecencia, vuecelencia と縮約される．
por excelencia とりわけ，特に，何にもまして．El español es, *por excelencia*, apasionado. スペイン人は特に情熱的である．類 **por antonomasia**.

‡**excelente** [e(k)sθelénte] 形【+en】…に優れた，上等な，すばらしい．—Es un ~ médico. 彼は優れた医者だ．La carne está ~. その肉は上質だ．Tiene unos hijos ~s. 彼には立派な子どもたちがいる．Estoy en ~s relaciones con el jefe. 私は上司と最良の関係にある．Es ~ en informática. 彼は情報科学が優秀だ．類 **estupendo, extraordinario, sobresaliente, superior**. 反 **pésimo**.

*excelentísimo, ma [e(k)sθelentísimo, ma] 形【excelente の絶対最上級】❶【señor/señora の前に置いて】閣下（『略』Excmo., Excma.). —el E~ Señor Alcalde de Barcelona バルセローナ市長閣下．La *excelentísima* señora embajadora ha hecho su entrada en la sala. 大使令夫人は広間にお入りになった．❷ 『正式の場で』大統領，大臣，国会議員，裁判長，自治州首相，大都市の市長，将官，大使などや高官に付ける称号．❷ 非常に優れた．

excelsitud [e(k)sθelsitú(ð)] 女 荘厳さ，崇高さ，雄大さ．

excelso, sa [e(k)sθélso, sa] 形 ❶ 荘厳な，崇高な，雄大な，すぐれた．—artista ~ すぐれた芸術家．la poesía *excelsa* de San Juan de la Cruz サン・フアン・デ・ラ・クルスの荘厳な詩．❷ 非常に高い，そびえ立つ．—las *excelsas* cumbres de los Andes. アンデス山脈の高い山々．

excentricidad [e(k)sθentriθiðá(ð)] 女 風変わり，常軌を逸していること，奇行．類 **extravagancia**.

excéntrico, ca [e(k)sθéntriko, ka] 形 ❶ (人・行動などが)常軌を逸した，普通でない，風変わりな，エキセントリックな．類 **estrafalario**. ❷《数

学》（軌道が）偏心的な，中心を異にした．
—— 名 風変わりな人，変人，奇人．

‡**excepción** [e(k)sθepθjón] 女 ❶ 例外(的)存在，特例，異例(なこと); 除外．—La chica es una ~ en la familia por su pelo rubio. その女の子は金髪で，家族の中では例外的な存在だ．~ a [de] la regla 規則に対する例外．Han hecho una ~ con su padre. 彼の父親は例外とされた．❷ 『法律』抗弁，異議申立て．— ~ dilatoria 遷延的[引き伸し]抗弁(権). ~ perentoria 妨訴抗弁(権).

a [con, hecha] excepción de … …を除いて，…のほかは，は例外として．Me sabía todas las lecciones *a excepción de* la cuatro y la doce. 私は4課と12課を除いて全課を丸暗記していた．

de excepción (1) 例外の，特例の，異例の (= excepcional). trato *de excepción* 特別待遇．medida *de excepción* 特例措置．caso *de excepción* 例外的な[まれな]ケース．declarar el estado [la situación] *de excepción* 非常事態を宣言する．(2) 例外された，特に優れた．pianista *de excepción* 非凡なピアニスト．

hacer excepción de を除く，例外とする，別扱いする．Haciendo *excepción de* dos o tres, todos han firmado. 2・3人を除いて全員がサインした．

hacer una excepción 例外を作る[設ける，なす]．*hacer una excepción* a la regla その規則に例外を設ける．

La excepción confirma la regla. 『諺』規則あっての例外．

No hay regla sin excepción. 『諺』例外のない規則はない．

sin excepción 例外なく[のない]．La ley obliga a todos *sin excepción*. 法は例外なくすべての人を拘束する．

‡**excepcional** [e(k)sθepθjonál] 形 ❶ 例外的な，異常な，めったにない．—caso ~ 例外的な場合．Esta ley sólo se aplica en circunstancias ~es. この法律は例外的な状況にのみ適用される．類 **anómalo, extraordinario, insólito**. 反 **corriente, normal**. ❷ 特別に優れた，まれに見る．—comida ~ とびきりの御馳走．La película me ha parecido ~. その映画は並外れてすばらしいと思う．類 **excelente, extraordinario**. 反 **corriente**.

‡**excepto** [e(k)sθépto] 前『主格&形代名詞を支配する』を除いて(は)，…以外は，…のほかは．—E~ tú [él], vinieron todos. 君[彼]以外は皆来た．Me encontrarás aquí a cualquier hora, ~ de 2 a 4. 2時から4時までを除けばいつでも私に会えるよ．

excepto que【+直説法/接続法】…ということを除いて．Se lo consiento todo, *excepto que* fume. 彼は何でも許すが，タバコを吸うことは別だ．
excepto si [cuando]【+直説法】…の場合は別として．Sale todos los días de paseo *excepto si* llueve. 彼は雨が降っている時以外は毎日散歩に出かける．類 **a excepción de, menos, salvo**. ♦ 別の前置詞が名詞に必要な場合，excepto の後にそのまま残る．Se acordó de todos, excepto de mí. 彼は私以外の皆のことを想い出した．

‡**exceptuar** [e(k)sθeptuár] [1.6] 他 【+de から】を除外する，除く．—Su discapacidad le *exceptúa* de ciertas obligaciones. 彼は障害のため

にいくつかの義務を免除されている。Estoy en casa todos los días *exceptuando* los martes y viernes. 私は火曜日と金曜日を除いて毎日家にいる。

***excesivamente** [e(k)sθesíβaménte] 副 過度に, あまりに, 法外に. —Se puso ~ alegre. 彼は非常に喜んだ. La realidad es ~ compleja. 現実はあまりにも複雑である. 類**demasiado**.

excesivo, va [e(k)sθesíβo, βa] 形 過度の, 多すぎる, 行き過ぎる. —Tiene una *excesiva* afición al fútbol. 彼のサッカー好きは行き過ぎている. Me parece ~ que se enfade por tan poca cosa. そんなささいなことに腹を立てるのは行き過ぎだ. 類**demasiado, desmedido, excedente**. 反**insuficiente**.

exceso [e(k)sθéso] 男 ❶ [+de] 過度の…, やりすぎ, 行き過ぎ; 過剰, 過多. —El ~ de comida es perjudicial para la salud. 食べ過ぎは健康に有害である. Me multaron por el ~ de velocidad. 私はスピードの出し過ぎで罰金を払われた. Comerse cinco huevos es un ~. 卵5個は食べ過ぎだ. Hubo un ~ de público y se quedó gente sin entrar. 観客が多過ぎて, 入れない人も出た. ~ de equipaje 手荷物の(重量)超過, 超過手荷物. ~ de peso 重量オーバー. Tiene ~ de trabajo. 彼は仕事の抱え過ぎだ. Es generoso hasta el ~. 彼は気前がよ過ぎる[寛大過ぎる]. ~ de poder 《法律》越権行為. ~ de ejercicio [de precaución, de confianza] 運動[用心, 信用]のし過ぎ. 類**abuso, demasía, sobra**. 反**defecto, escasez, falta**. ❷ 超過分[量]. —pagar un ~ 超過料金を払う. Si hay más de dos metros, corta el ~. 2m 以上あれば, その長過ぎる分は切りなさい. 類**demasía, excedente**. 反**deficiencia, inferioridad**. ❸ 複 [+en] …での過度の行動; 暴飲暴食, 不節制, 放蕩(½). —cometer [hacer] ~s en la bebida 飲み過ぎる. llevar una vida de ~s 不摂生をする. Ahora está pagando los ~s de su juventud. 彼は若い時の放蕩の償いを今している. 類**desorden, libertinaje**. 反**comedimiento**. ❹ 《主に複》(公ての場での他人迷惑な)乱暴, 無法(行為), 騒乱. —castigar los ~s en la vía pública 公道での騒乱を罰する. Los ~s cometidos por los manifestantes contra los comercios son imperdonables. デモ隊の商店に対する暴動は許せない. ~s de la revolución 革命騒動. 類**abuso, desafuero, desmán, desorden**.

con [en] exceso あまりに, 過度に, 度を越して(= excesivamente, demasiado). comer *con exceso* 食べ過ぎる.

pecar por exceso やり過ぎる, 度が過ぎる.

excipiente [e(k)sθipiénte] 男 《薬学》佐薬(ᡓく), 賦(ᡓ)形剤, 結合剤(丸薬, 錠剤に成形するために使用される蜜・シロップなどの物質).

excisión [e(k)sθisjón] 女 →escición.

excitabilidad [e(k)sθitaβilidá(δ)] 女 ❶ 被刺激[興奮]性. ❷ 興奮しやすさ.

excitable [e(k)sθitáβle] 形 興奮しやすい, 激しやすい, 興奮性の. —carácter ~ 激しい性格.

excitación [e(k)sθitaθjón] 女 ❶ 興奮, わくわくする[させる]こと. ❷ 刺激. ❸ 興奮させるもの[事件], 刺激. ❹ (興奮した騒ぎ, (人心の)動揺.

***excitante** [e(k)sθitánte] 形 ❶ 興奮させる(ような), 刺激的な, わくわくさせる[ser/estar+]. —Los últimos minutos del partido de fútbol fueron ~s. そのサッカー試合の最後の数分間は興奮に満ちたものだった. Saltar en paracaídas es una experiencia ~. パラシュートで飛び降りるのはスリルのある体験だ. 類**emocionante**. ❷ そそるような, 挑発的な[ser/estar+]. —Con esa falda está ~. そのスカートをはくと彼女ははセクシーになる.

—— 男 興奮剤, 興奮性飲料; 刺激物. —El café y el té son ~s. コーヒーと紅茶は興奮性飲料である.

excitar [e(k)sθitár] 他 ❶ を興奮させる; 刺激する, そそる. —~ la curiosidad 好奇心をそそる. Me *excita* la idea de un crucero por el Mediterráneo. 地中海クルージングという考えに私は興奮している. Su riqueza *excita* la envidia de sus amigos. 彼の裕福さは友人たちのねたみをかった. El té me *excita*. 私はお茶を飲むと気持ちが高ぶる. ❷ [+a へ[に]] を駆り立てる, 促す, 扇動する. —*Excitó* a los soldados a la rebelión. 彼は兵士たちを反乱へと駆り立てた. ❸ …の欲情をかき立てる, を性的に興奮させる.

—se 再 ❶ 興奮する; いら立つ. —Este niño *se excita* fácilmente. この子はすぐに興奮する. *Se excita* con la falta de puntualidad de sus empleados. 彼は従業員が時間を守らないのでいら立っている. ❷ (性的に)興奮する. —Al verla bailar, *me excité*. 彼女が踊るのを見て, 私は性的興奮を覚えた.

***exclamación** [e(k)sklamaθjón] 女 ❶ (驚き・喜び・苦痛などの)叫び(声), 感嘆. —lanzar [soltar, proferir] una ~ 叫び声を上げる. Cuando se clavó la espina soltó una ~ de dolor. 彼はとげを刺した時苦痛の叫び声を上げた. El público prorrumpió en *exclamaciones* de júbilo ante el resultado del encuentro. 観衆は試合結果に歓喜の叫び声を上げた. 類**grito**. ❷ 《文法》感嘆符 (¡ …!) (=signos de ~). —Las interjecciones suelen aparecer entre *exclamaciones*. 間投詞は普通感嘆符で囲んで用いられる. 類**admiración**.

exclamar [e(k)sklamár] 他 …と叫ぶ, 大声を上げる. —Al entrar, todos *exclamaron*: "¡Felicidades!" 入ってくると, 全員が「おめでとう」と叫んだ. 類**gritar**.

—— 自 叫ぶ, 大声を上げる. —~ de admiración 感嘆の叫び声を上げる.

exclamativo, va [e(k)sklamatíβo, βa] 形 ❶ 《文法》感嘆の. —oración *exclamativa* 感嘆文. signo ~ 感嘆符. ❷ 感嘆の.

exclaustración [e(k)sklaustraθjón] 女 還俗(ᡕ≀).

exclaustrar [e(k)sklaustrár] [<claustro] 他 を還俗(ᡕ≀)させる.

—se 再 還俗する.

excluir [e(k)skluír] [11.1] 他 ❶ を締め出す, 除外する, 入れない. 反**incluir**. ❷ 採用しない, 却下する, 認めない.

exclusión [e(k)sklusjón] 女 除外, 例外, 排除, 追放. —con ~ de … …を除いて.

***exclusiva** [e(k)sklusíβa] 女 ❶ 独占(権), 専売(権); 総代理権. —Ese producto va a dejar de ser ~ del Estado. その製品は国の専売でなくろうとしている. 類**monopolio, prerrogativa, privilegio**. ❷ 独占記事, 特だね. —Ese periódico tiene la ~ de su entrevista. その新聞には彼のインタビューの独占記事が出ている.

‡**exclusivamente** [e(k)sklusiβaménte] 副 ❶ ただ…だけ, もっぱら. —Ha venido ~ por verte. 彼はただ君に会うためにだけやって来た. 類 **sólo, únicamente**. ❷ 排他的に, 独占的に.

exclusive [e(k)sklusíβe] 副 …を除いて, を含めずに『語句の直後に続ける』. 反 **inclusive**.

exclusividad [e(k)sklusiβiðá(ð)] 囡 ❶ 排他性. ❷ 独占, 独占権.

exclusivismo [e(k)sklusiβísmo] 男 排他主義.

exclusivista [e(k)sklusiβísta] 形 《軽蔑》排他主義の.
── 男女 《軽蔑》排他主義者.

‡**exclusivo, va** [e(k)sklusíβo, βa] 形 ❶ 排他的な, 独占的な, 専用の. —agente ~ 総代理店. Esta boca es *exclusiva* para los bomberos. この消火栓は消防士専用だ. 類 **único**. 反 **compartido, parcial**. ❷ 唯一の, ただそれだけの. —Ese vestido es un modelo ~, hecho expresamente para ella. そのドレスは限定モデルで, わざわざ彼女のために作られた. 類 **solo, único**. 反 **múltiple**. ❸ 〖+de〗を除いた. —Nos encontramos en una situación *exclusiva* de toda posibilidad de acuerdo. 私たちはどんな合意の可能性もない困難な状況にたち至った.

excombatiente [e (k) skombatiénte] 〔<combatiente〕形 在郷軍人の; 元闘士の.
── 男女 在郷軍人; 元闘士.

excomulgado, da [e(k)skomulɣáðo, ða] 過分 形 ❶《宗教》破門された. ❷《比喩》除かれた, 追放された. ❸《比喩, 話》いたずらな, 手に負えない. 類 **indino**.
── 名 ❶《宗教》破門された人. ❷《比喩》除かれた人, 追放された人. ❸《比喩, 話》いたずら者, 悪さをする人.

excomulgar [e(k)skomulɣár] [1.2] 他 ❶《宗教》破門する. ❷《話》除名する, 除籍する.

excomunión [e(k)skomunjón] 囡《宗教》破門, 除名; 破門宣告書. —fulminar [decretar] una ~ 破門を言い渡す.

excoriación [e(k)skorjaθjón] 囡《医学》表皮剥離, 擦(す)りむき傷, 擦り傷.

excoriar [e(k)skorjár] 他 擦(す)りむく, 擦り傷になる.

excrecencia [e(k)skreθénθja] 囡 (皮膚・植物の) こぶ, いぼ. —tener una ~ こぶがある.

excreción [e(k)skreθjón] 囡 排泄(作用).

excremento [e(k)skreménto] 男 排泄物, 糞(ふん). 類 **heces** (←HEZ).

excretar [e(k)skretár] 他 を排泄する.
── 自 排泄する, 便をする.

excretor, tora [e(k)skretór, tóra] 形《医学》排泄の. —aparato ~《解剖》排泄器官.

exculpación [e(k)skulpaθjón] 囡《法律》免罪, 釈放, 放免.

exculpar [e(k)skulpár] 他《法律》を無罪にする, 免罪する. —~ de un delito 罪を許す. 反 **inculpar**. ──**se** 再《法律》無罪になる.

‡**excursión** [e(k)skursjón] 囡 ❶ ピクニック, ハイキング, 遠足. —ir [salir] de ~ ピクニック[ハイキング]に出かける. ❷ 短い距離の移動.

excursionismo [e(k)skursjonísmo] 男 観光, 旅行.

***excursionista** [e(k)skursjonísta] 男女 遠足 [小旅行] する人, ハイカー; 見学者, 見物客.
── 形 遠足の. —peña ハイキング同好会.

‡**excusa** [e(k)skúsa] 囡 ❶ 言い訳, 弁解, 口実. —Dio como ~ el tener dolor de cabeza. 彼は頭痛がすることを口実にした. Su comportamiento no tiene ~. 彼のとった態度には弁解の余地がない. ¡Nada de ~s! 弁解[言い訳]無用! Llegó tarde y presentó la ~ de que había oído al médico. 彼は遅刻し, 医者に行って来たと言い訳した. inventar [forjar, fabricar] una ~ 言い訳ででっち上げる. Buscó varias ~s para justificar su negativa a participar. 彼は参加を断ったことを正当化するためいくつかの言い訳を考えた. 類 **disculpa, explicación, pretexto**. ❷ 陳謝, 詫(わ)び (の言葉). —deshacerse en ~s 平謝りに謝る. No tengo palabra de ~. 何とも申し訳ありません. 類 **disculpa**. ❸《法律》免罪, 減免.

admitir [aceptar] excusas 言い訳・陳謝を認める.

con la excusa de を口実にして. Eludió la entrevista *con la excusa de* que no se encontraba bien. 彼は体調が良くないことを口実にして, インタビューをうまくかわした.

dar [decir] excusas a … por/presentar [ofrecer] sus excusas a … por … (1) …について(人に)詫びる, 容赦を願う. Le *presento mis excusas por* haberlo molestado. ご迷惑をおかけしましたことをお詫び申し上げます. Me *dió excusas por* no haberme acompañado. 彼は私のお伴ができなかったことを私に詫びた. (2) (人に) …の言い訳 [弁解]をする. Me *dió excusas por* haber llegado tarde. 彼は私に遅刻の言い訳をした.

excusable [e(k)skusáβle] 形 許すことのできる, 言い訳のたつ, 弁解できる. —error ~ 許される過ち.

***excusado, da** [e(k)skusáðo, ða] 過分 形 ❶ (a) 免除された, 免れた; 許された. —Como estás enfermo estás ~ de ir al colegio. お前は病気だから小学校に行かなくてもかまわない. (b) 無用な, 不必要な, 余計な. —E~ es repetir que le estoy sumamente agradecido. あなたに非常に感謝しているのは繰り返すまでもありません. ❷ (場所などが)専用の, 特別用の; とっておきの. 類 **escusado**.
Excusado es decir que〖+直説法〗…は言うまでもない. *Excusado es decir que* estás invitado a la boda. 君が結婚式に呼ばれていることは言うまでもない.

puerta excusada 隠し扉.
── 男《婉曲》手洗い, トイレ, 便所. 類 **escusado**.

‡**excusar** [e(k)skusár] 他 ❶ …の言い訳をする, 弁解をする, 責任を逃れる. —*Excusó* la ausencia de su marido diciendo que se encontraba indispuesto. 彼女は体調が悪いからと言って夫の欠席の言い訳をした. *Excúsame* con tu madre. 君のお母さんには君からあやまっといてくれ. 類 **disculpar**. ❷〖+不定詞〗…しないで済ませる, …する必要はない. —*Excuso* escribirte más detalles de lo sucedido, pues nos veremos pronto. 出来事のもっとくわしいことは書かないでおく. 私たちはまもなく会えるのだから. *Excusé* invitarte porque supuse que estarías de viaje. 君は旅行中だと

思ったもので誘わずにおいた. 類**evitar**. ❸ [+de] (支払い, 義務などを)免除する, 免れさせる. —Por ser delicado de salud, le *han excusado de* hacer la mili. 体が弱いので, 彼は兵役免除になった. 類**eximir**, ❹ 許す, 大目に見る. —*Excusa un momento*. ちょっと待ってくれ.

——**se** 再 ❶ [+de/por の] 言い訳をする. —*Se excusó por* haber llegado tarde a clase. 彼は授業に遅刻した言い訳をした. ❷ [+de] …しないで済ます, (を)回避する.

execrable [eksekrá♭le] 形 呪うべき, 忌まわしい, 実にいやな. —*conducta ~* 忌まわしい行動. 類**abominable**.

execración [eksekraθjón] 女 ❶ 呪いのことば, 呪文. ❷ ひどく嫌うこと, 憎悪.

execrar [eksekrár] 他 ❶ を呪う, ののしる. —*~ a un traidor a la patria* 祖国を裏切った者を呪う. ❷ を忌み嫌う, ひどく嫌う.

exégesis [ekséxesis] 女 [単複同形] 〘宗教〙 (特に聖書の)釈義, 解釈, 注釈.

exención [eksenθjón] 女 (義務の)免除. —*~ de impuestos* 税の免除.

:**exento, ta** [eksénto, ta] 形 ❶ [+de] を免れた, 免除された; …なしの [estar+]. —*mercancía exenta de derechos de aduanas* 免税品. Los menores de dieciséis años están *~s de* responsabilidad penal. 16歳未満の者は刑法上の責任を免除される. Será un viaje no *~ de* peligros. それは危険がなくはない旅になるだろう. 類**dispensado, libre**. 反**obligado, sujeto**. ❷ 〘建築〙 独立した. —*columna exenta* 独立した柱.

exequátur [eksekuátur] [<ラテン] 男 ❶ 〘外交〙領事認可状(外国の領事または駐在商務官にその資格を承認し職務執行の権限を認めたものとして駐在国の外務省が与える証明書). ❷ 教皇教書の国家認可制度(ローマ教皇勅書の出版や教皇配下にある司祭の職務遂行に際して君主が与えていた認可).

exequias [eksékjas] 女複 葬儀, 儀式. 類**funeral**.

exfoliación [e(k)sfoljaθjón] 女 ❶ 薄片にする[なる]こと, うろこ状にする[なる]こと. ❷ 〘医学〙皮膚がうろこ状になること, 皮膚の剥脱[剥離]. ❸ 〘鉱物〙層状の薄片化.

exfoliador, dora [e(k)sfoljaðór, ðóra] 形 薄片にする, 剥脱させる.

—— 男 〘中南米〙はぎ取り式の用紙. 類**bloc**.

:**exhalación** [eksalaθjón] 女 ❶ 流れ星 (=estrella fugaz). ❷ 閃光(きん), 電光(一閃). 類**centella, rayo**. ❸ (a) 蒸気. 類**vapor**. (b) (気体の)発散; 呼気.

como una exhalación あっという[瞬く]間に, 電光石火で (=como un relámpago). *El tren pasó como una exhalación*. 電車がさっと通り過ぎた.

:**exhalar** [eksalár] 他 ❶ (気体・香気などを)放つ, 出す, 発散させる. —*Los tomillos exhalan un embriagador olor*. タイムは酔わせるような香りを放つ. ❷ (不平, ため息などを)もらす, こぼす. —*El herido exhalaba continuos gemidos*. 負傷者はたえまなくうめき声をもらしていた. —*~ el último suspiro* 息を引き取る.

——**se** 再 ❶ 息せき切る, 急いで走る. ❷ 切望する.

exhaustivo, va [eksaustíβo, βa] 形 徹底的な, 余すところのない, 網羅的な. —*investigación exhaustiva* 徹底的な調査. *análisis ~ del tema* その問題に関する網羅的分析.

exhausto, ta [eksáusto, ta] 形 [estar+] ❶ 使い尽くされた, 消耗した, 枯渇した. —*pozo ~* 涸れた井戸. ❷ へとへとなった. 類**extenuado**.

exheredar [eksereðár] 他 =**desheredar**.

:**exhibición** [eksiβiθjón] 女 ❶ (a) 展示(会), 陳列. ; ファッションショー (=~ de modas). —*~ de cuadros* 絵の展示. *~ aérea* 航空ショー. 類**exposición**. (b) 展示品. —*El mejor cuadro de la ~ es éste*. 展示した絵で一番いいのがこれです. (c) 〘映画〙上映, 公開. ❷ 誇示, 見せびらかし. —*En sus peleas simuladas realizaban una ~ de fuerza*. 彼らは模範試合で力を誇示していた. *La conferencia fue una ~ de su sabiduría*. その講演は彼の知識のひけらかしと化していた. 類**alarde, ostentación**. ❸ 〘スポーツ〙エキシビション, 模範試合. —*~ de gimnasia* 体操の模範演技.

exhibicionismo [eksiβiθjonísmo] 男 ❶ 〘医学〙露出症. ❷ 自己宣伝癖, 目立ちたがり.

exhibicionista [eksiβiθjonísta] 男女 ❶ 〘医学〙露出症の人. ❷ 自己宣伝癖のある人.

:**exhibir** [eksiβír] 他 ❶ を**展示**する, 陳列する, 公開する. —*El Museo de Prado exhibe numerosos cuadros de Goya*. プラード美術館は数多くのゴヤの絵を展示している. 類**exponer**. ❷ (a) を提示する, 呈示する. —*Para poder entrar deberán ~ su carnet de identidad*. 入場するには身分証明書を提示しなければならないでしょう. (b) を見せびらかす, 誇示する, ひけらかす. —*~ sus dotes de prestidigitador* 手品師としての彼の才能を示す. *~ su tipo en la piscina* プールで自分の体型を誇示する.

——**se** 再 人前に現れる, 人目を引く; 自分の裸体をさらす. —*Le encanta ir a fiestas y —se con sus amantes*. 彼はパーティーに行って愛人たちと人前に出るのが大好きだ.

exhortación [eksortaθjón] 女 ❶ 熱心に勧めること, 奨励, 激励. ❷ 説教. 類**plática**.

exhortar [eksortár] 他 [+a +不定詞/a que 接続法] …に(…を)熱心に説く, 勧める; 説教する, 訓戒する. 類**aconsejar, animar**.

exhorto [eksórto] 男 〘*exhortar*の直説法現在1人称単数形〙〘法律〙裁判委託通知.

exhumación [eksumaθjón] 女 (死体・墓の)発掘.

exhumar [eksumár] 他 ❶ (死体・墓を)掘り出す, 発掘する. —*~ los restos de ...* …の死体を掘り出す. ❷ (忘れたことを)思い出す, 呼び起こす, よみがえらせる; ひっぱり出す. —*Viendo las fotos, exhumó recuerdos de su infancia*. 写真を見ていると, 彼は小さい頃の思い出がよみがえってきた.

:**exigencia** [eksixénθja] 女 [複] ❶ (強い)要求, 要請, 要望. —*venir [ir] con ~s* 要請されて来る[行く]. *satisfacer las ~s de los tiempos* 時代の要求に答える. *según las ~s del caso* (状況の)必要に応じて. *Por ~s del trabajo me he quedado una hora más en el despacho*. 私は仕事に追われてもう1時間会社に残った. 類**petición, reclamación, requerimiento**. ❷ 無理な要求, わがまま. —*No pienso tolerar una ~*

como ésta. 私はこのようなわがままを許すつもりはない. 類**capricho, pretensión.**
tener (muchas) exigencias 多くを要求する, 口うるさい, 厳しい.

:**exigente** [eksixénte] 形【＋con [en]】(人)に対して[事について]口うるさい, 注文[要求]の多い; きびしい【ser/estar＋】. — Es ～ *con* los padres [*en* el trabajo]. 彼は他人に対して[仕事について]口うるさい. El niño está muy ～ últimamente. その子は最近わがままばかり言っている. 類**escrupuloso, insistente, requeridor.**
—— 男女 口やかましい人, 要求[注文]の多い人. — Es un ～ en lo que se refiere a la limpieza. 彼は掃除に関しては口うるさい.

exigible [eksixíβle] 形 要求できる, 請求できる.

:**exigir** [eksixír エクシヒル] [3.6] 他 ❶ (当然のこととして)**要求する**, 請求する, 強要する. — *Exigió* que se le indemnizara. 彼は賠償してくれと要求した. ～ una explicación de lo sucedido 起きたことの説明を要求する. ❷ …を必要とする, …が必要である. — Ser padre de familia *exige* una gran responsabilidad. 父親となるためには大きな責任が要求される. Es un animal que *exige* muchos cuidados. それは多くの世話が必要とされる動物だ.
—— 自 厳しくする, 口やかましい, 口うるさい. — El director nos *exige* demasiado a los empleados. 部長は我々社員に対してあまりにやかまし過ぎる.

exigüidad [eksiɣuiðá(ð)] ＜exiguo＞女 ❶ 乏しいこと, 僅少であること, 貧弱なこと. 類**insuficiencia.** ❷ とても小さい[狭い]こと.

exiguo, gua [eksíɣuo, ɣua] 形 ❶ 乏しい, 少ない, 貧弱な, 狭い. 類**reducido.** ❷ 小さい, 小規模の. 類**pequeño.**

exija(-) [eksixa(-)] 動 exigir の接・現在.
exijo [eksíxo] 動 exigir の直・現在・1単.
exilado, da [eksiláðo, ða] 形 →exiliado.
exilar [eksilár] 他 →exiliar.
exiliado, da [eksiljáðo, ða] 形 亡命した, (本国から)追放された, 流刑の. —— 名 亡命者, 追放者. — ～ político 政治亡命者.
exiliar [eksiljár] 他【＋a/en】を…に追放する, 流罪にする. ——se 再 亡命する. — Se exilió en México. メキシコへ亡命した.
exilio [eksíljo] 男 ❶ 亡命. — vivir en el ～ 亡命の生活をする. ❷ (国外への)追放, 流罪(ざい). — enviar [condenar] al ～ 追放する. ❸ 亡命地, 亡命先; 流刑(るけい)地. — irse al ～ 亡命する.
eximente [eksiménte] 形《法律》(罪を)免除する, 酌量すべき. — Su locura ha sido circunstancia ～ de culpabilidad. 彼の罪は精神異常ということから情状酌量の余地があった.
eximio, mia [eksímjo, mja] 形 有名な, 著名な, すぐれた. — poeta ～ 有名な詩人.
eximir [eksimír] 他【＋de】…から…を免除する. — La coartada le *exime* de toda sospecha. 彼はアリバイのためでどんな疑いもかけられない.
——se 再【＋de】を免れる.

:**existencia** [eksisténθja] 女 ❶ **存在**(すること), 実在;《哲学》実存(→本質 esencia). — No se ha demostrado la ～ de seres vivos en otros planetas. 他の惑星で生物の存在は実証されていない. probar la ～ de Dios 神の存在を証明する. verificar la ～ de un complot 陰謀の存在を実証する. filosofía de la ～ 実存哲学. 類**presencia, realidad.** 類**inexistencia, irrealidad.** ❷ **生存**, 生活; 人生, 生涯. — lucha por la ～ 生存競争. quitarse la ～ 自殺する. Me amarga la ～. 彼は私の人生をつらいものにしている. La niña fue feliz a lo largo de su ～ [en toda su ～, durante toda su ～]. その女の子は生涯を通じて幸せだった. 類**vida.** ❸ 複《商業》在庫品, ストック. — Apenas quedaban ～s de ese libro. その本はほとんど在庫がなかった. Tenían grandes ～s de mercadería. 商品の在庫がたくさんあった. agotar [renovar] ～s 在庫を一掃する[補充する]. liquidación de ～s 在庫一掃セール. Se nos han acabado los ～s de carbón. 石炭の在庫が底を突いた. 類**almacenamiento, surtido.**
dar (la) existencia a … を創作[創造]する.
en existencia 在庫[ストック]して, 手持ちにして (＝en almacén). Este libro ya no lo tenemos *en existencia* この本はもう品切れです. Hay poco azúcar *en existencia*. 砂糖のストックがあまりない.

existencial [eksistenθjál] 形 ❶ 存在の, 実存の. ❷《哲学》実存主義の. — filosofía ～ 実存主義哲学.

existencialismo [eksistenθjalísmo] 男《哲学》実存主義.
existencialista [eksistenθjalísta] 形《哲学》実存主義の.
—— 男女《哲学》実存主義者.

:**existente** [eksisténte] 形 現存する, 既存の; 在庫がある. — situación ～ 現状. 類**actual, presente, real.** 類**inexistente.**

:**existir** [eksistír エクシスティル] 自 ❶【＋en に】**存在する**, ある; 実在する. — Pienso, luego *existo*. 我思う, ゆえに我あり. Los niños creen que *existen* los Reyes Magos. 子供たちは東方の三博士は実在していると信じている. *En* esa biblioteca *existen* muchos incunables. その図書館には多くの印行本がある. 類**estar, haber, hallarse.** ❷ 生きている, 生存する. — Juró amarme mientras *existiera*. 彼は生きている限り私を愛すると誓った. Esta mañana dejó de ～. 今朝は彼は亡くなった. 類**vivir.**

:**éxito** [éksito エクシト] 男 ❶ **成功**, 上首尾; 出世. — mal ～ 不成功, 失敗. tener (buen) ～ en el examen 試験に合格する. tener ～ en la vida 立身出世する. Ha tenido ～ en su experimento. 彼は実験に成功した. La maniobra no tuvo ～. その作戦は失敗した. Tiene mal ～ en todo lo que emprende. 彼はやることなすことがすべてうまくいかない. Su perseverancia fue coronada por el ～. 彼の努力は成功で報われた. 類**triunfo.** 反**fracaso.** ❷ (a) (映画・小説・歌・モードなどの)**大当り**, 大好評[流行], ヒット. — Esa moda no ha tenido ～. そのファッションは流行しなかった. La obra de teatro ha sido un ～ clamoroso. その芝居は大当りだった. ser un ～ de taquilla《映画, 演劇》切符の売れ行きが良い, 大当りである. 類**aceptación, acogida.** (b)【mucho ～】 人気; (異性に)もてること. — Esta actriz tiene *mucho* ～. この女優は人気がある. Ese chico tiene *mucho* ～ con las chicas. その男の子は女の子たちにもてる. 類**partido; popularidad.**

890 exitosamente

con éxito 首尾よく. acabar [terminar] *con gran éxito* 成功裡に終わる. salir *con* buen [mal] *éxito* (事柄が)成功[失敗]する.

tener éxito (1) 『+en』(人が)…に成功する. *tener (buen) éxito en los negocios* 商売で成功する. (2) (事柄が)成功する; 大当りする, 流行する. *Tuvieron éxito sus gestiones.* 彼の工作が成功した. (3) 『mucho éxito』人気がある, 好評を博する;(異性に)もてる(→(2)). *Esta novela no tuvo mucho éxito.* この小説は不評だった.

exitosamente [eksitósaménte] 副 『中南米』成功裏に, うまくいって.

exitoso, sa [eksitóso, sa] 形 『中南米』成功した. —*proyecto* ~ 成功した計画.

Excmo., Exma. 《略号》 =Excelentísimo, ma 名 閣下.

exo- [ekso-] 接頭 「外部に」の意(→endo). — *éxodo, exósmosis, exotérmico, exotismo*.

éxodo [éksoðo] 男 ❶ (移民などの)出国, 出発, 大移動, 移住. ❷ (E~)イスラエル人のエジプト出国; 『聖書』出エジプト記.

exógeno, na [eksóxeno, na] 形 ❶ 外因的な. ❷ 『生物』外生の.

exoneración [eksoneraθjón] 女 (義務・責任などの)免除, 控除. —~ *de base* 基礎控除.

exonerar [eksonerár] 他 ❶ 『+de』を(義務・責任などから)免除する. ❷ 『+de』…から(名誉・権威などを)剥奪(はく)する, 解任する. —*Le exoneraron del cargo por incapacidad física.* 彼は身体上の理由により任務を剥奪された. 類 **destituir**.

exonerar el vientre →vientre.

exorbitancia [eksorβitánθja] 女 過度, 法外, 途方もないこと.

exorbitante [eksorβitánte] 形 (要求・値段などが)法外な, 途方もない, 過大な, ひどい. —*precio* ~ 法外な値段.

exorcismo [eksorθísmo] 男 悪魔払い, 魔除(よ)け, 厄払い.

exorcista [eksorθísta] 男女 (悪魔払いの)祈祷(とう)師.

exorcizar [eksorθiθár] [1.3] 他 ❶ (悪魔を)追い払う. —~ *el demonio* 悪魔を追い払う. ❷ …の悪魔払いをする.

exordio [eksórðjo] 男 (演説・説教の)前置き, 序論.

exornar [eksornár] 他 を飾る, 美しくする.

exósmosis, exosmosis [eksósmosis, eksosmósis] 女 (物理, 化学)外浸透. 反 **endosmosis**.

exotérico, ca [eksotériko, ka] 形 (門外漢に対して)開放的な, 部外者にもわかりやすい, 一般大衆向きの, 通俗的な. 反 **esotérico**.

‡**exótico, ca** [eksótiko, ka] 形 ❶ 異国(風)の, 外来の. —*plantas exóticas* 外来植物. paisaje ~ 異国的な景色. *moda exótica* 異国趣味の ファッション. *La chica tiene unos rasgos* ~*s*. 少女には異国風の[エキゾチックな]特徴がある. 類 **ajeno, extranjero, forastero**. ❷ 風変わりな, 奇妙な. 類 **extraño, extravagante, raro**.

exotismo [eksotísmo] 男 異国趣味, 異国情緒, エキゾチズム.

expandir [e(k)spandír] 他 ❶ を広げる, 拡張する, 拡大する. —~ *el pecho* 胸を広げる. ❷ (議論などを)発展させる. ❸ (噂・ニュースなどを)広める. 類 **difundir, propagar**. —**se** 再 ❶ (噂・ニュースが)広がる. ❷ 広がる, 膨らむ, 拡張する, 拡大する.

expansibilidad [e(k)spansiβiliðá(ð)] 女 拡張性.

expansible [e(k)spansíβle] 形 拡張できる, 拡大できる.

‡**expansión** [e(k)spansjón] 女 ❶ (領土などの)拡大, 拡張; (経済などの)発展, 増大. —~ *colonial* 植民地による領土拡大. *política de* ~ *de la ciudad de México* メキシコシティーの拡大. 類 **aumento, crecimiento, desarrollo, dilatación, ensanche**. ❷ (思想などの)普及, 伝播(ぱん), 流布(ふ). —~ *de una moda* 流行の広まり. *Esta ideología alcanza su máxima* ~ *en el siglo XIX*. このイデオロギーは19世紀にその普及の絶頂に達する. 類 **desarrollo, difusión, propagación**. ❸ 気晴らし, 気分転換. —*Salí de paseo para tener un rato de* ~ *tras cinco horas de estudio.* 私は5時間の勉強のあと, 気分転換にちょっと散歩に出た. 類 **distracción, recreo, solaz**. ❹ (感情の)吐露(ろ), 表出; ほとばしり; 真情の吐露. —*Necesitaba una* ~ *y vino a contármelo*. 彼には鬱憤(うっ)晴らしが必要であり, 私に話しに来た. *una* ~ *de alegría* あふれ出す喜び. 類 **confianza, desahogo, efusión**. ❺ (物理)膨張. —*La* ~ *del gas mueve el émbolo*. 気体の膨張がピストンを動かす. 類 **dilatación**.

expansionar [e(k)spansjonár] 他 を広げる, 拡大する, 拡張する. 類 **dilatar, ensanchar, expandir**.

—**se** 再 ❶ (物理)(ガスが)膨張する. 類 **dilatarse**. ❷ 楽しむ, 気晴らしをする. —*Va al cine para* ~*se*. 彼は気晴らしに映画へ行く. 類 **distraerse, divertirse**. ❸ 胸襟を開く, 心中を打ち明ける. —*Se expansionó con Luis*. 彼はルイスに気持ちを打ち明けた. 類 **desahogarse, espontanearse**.

expansionismo [e(k)spansjonísmo] 男 (政治)(領土)拡張政策, 拡張主義.

expansionista [e(k)spansjonísta] 形 (政治)(領土)拡張政策の, 拡張主義の. —*política* ~ 拡張政策. —男女 (政治)(領土)拡張政策論者, 拡張主義者.

expansivo, va [e(k)spansíβo, βa] 形 ❶ 開放的な, 社交的な. —*carácter* ~ 開放的な性格. 類 **comunicativo**. ❷ 膨張力のある, 膨張性の.

expatriación [e(k)spatrjaθjón] 女 国外追放, 亡命; 国外移住.

expatriar [e(k)spatrjár] 他 を国外に追放する. —**se** 再 追放の身となる, 亡命する; 国外に移住する.

expectación [e(k)spektaθjón] 女 ❶ 期待, 可能性. —*Se tiene una gran* ~ *en su visita.* 彼の訪問はとても期待されている. ❷ 楽しみ, 待ち望むこと.

expectante [e(k)spektánte] 形 ❶ 期待している, 待ち受けている. —*Estábamos* ~*s por conocer el resultado de los exámenes.* 私たちは試験の結果を知りたくてうずうずしていた. ❷ 《文》 (*a*) 妊娠した. —*madre* ~. 臨月の女性. (*b*) 成り行きに任せるような. —*medicina* ~ 自然療法.

expectativa [e(k)spektatíβa] 女 予期, 期待, 可能性. —*en* ~ *de destino* 運命を予感して. *Las* ~*s de que le den el premio son nulas.*

彼が受賞する見込みはゼロだ.
estar a la expectativa de ... を期待している.

expectoración [e(k)spektoraθjón] 囡 唾(ﾂﾊﾞ)や痰(ﾀﾝ)を吐く[吐き出す]こと; 吐き出された唾や痰.

expectorante [e(k)spektoránte] 形 《医学》痰を排出させる. ── 男 《医学》去痰(ｷｮﾀﾝ)剤.

expectorar [e(k)spektorár] 他 (痰(ﾀﾝ)・血を)吐き出す.

‡**expedición** [e(k)speðiθjón] 囡 ❶ (軍事・研究・スポーツの)遠征(隊), 探検(隊), 調査旅行. ─ *a los Andes de la Patagonia* パタゴニア・アンデス山脈の探検. *de salvamento* 救助隊. ~ *militar [naval]* 遠征軍[艦隊]. ~ *científica* 研究調査隊. *miembro de la* ~ 派遣[遠征]隊員. *Ha salido una* ~ *de montañeros al Everest.* エベレスト登山隊が出発した. ❷ (品物・手紙・小包などの)発送, 送付, 出荷. ─ *gastos de* ~ 発送費用. *aviso de* ~ 《商業》出荷通知. *empaquetar una mercancía para su* ~ 発送のため品物を梱包する. 類**envío**. ❸ 《集合的に》発送品. ─ *Mandó la* ~ *por vía aérea.* 彼は品物を航空便で発送した. 類**remesa**. ❹ 迅速さ, 手早さ. ─ *contestar con gran* ~ てきぱき答える. ❺ 交付, 発行. ─ ~ *de un permiso [de una partida de nacimiento]* 許可証[出生証明書]の発行.

*‎ **expedicionario, ria** [e(k)speðiθjonárjo, rja] 形 派遣する, 遠征の; 探検の. ─ *El cuerpo* ~ *partió anoche.* 派遣部隊は昨夜出発した. ── 名 遠征[探検]隊員, 派遣員. ─ *Los* ~*s regresaron sanos y salvos.* 遠征隊員は無事帰還した.

expedidor, dora [e(k)speðiðór, ðóra] 形 発送する, 発信する. ── 名 発送人, 差し出し人.

‡**expediente** [e(k)speðjénte] 男 ❶ 《集合的に》関係書類, 一件記録, 調書, ファイル. ─ ~ *personal* 個人ファイル[記録]. ~ *policíaco* 警察の調書. ~ *médico [del paciente]* 患者の医療記録. *archivar los* ~*s en carpetas por orden alfabético* 関係書類をアルファベット順にファイルに綴じ込む. *Instruyeron un* ~ *sobre la construcción de la presa.* ダム建設に関する書類一式が整った. 類**ficha, dossier, documentación**. ❷ (会社・学校・大学が処罰のために行う)審査, 審判, 調査; 《法律》(公務員の)行政審判 (~ *administrativo*); 懲戒処分 (→及物語 *expediente disciplinario*). ─ *Se producirá la suspensión de empleo y sueldo del expedientado durante el tiempo que dure la resolución del* ~. 懲戒処分の裁定があるまで処分者は停職になる. 類**investigación**. ❸ 経歴, 履歴. ─ ~ *criminal* 犯罪歴. ~ *profesional* 職歴, 実績, 勤務成績. *Este empleado tiene un* ~ *impecable.* この社員の経歴は申し分ない. 類**historial**. ❹ 学業成績, 成績証明書 (= ~ *académico*). ─ *El* ~ *de este alumno en el bachillerato es muy bueno.* この生徒は高校の学業成績が大変優秀だ. *Solicitó el traslado de* ~ *a la Universidad de Murcia.* 彼はムルシア大学に成績証明書の写しを申し込んだ. ❺ (難局解決の)手段, 方策, 便法; 急場[一時]しのぎ. ─ ~ *provisional [temporal]* 一時的な方便, 一時しのぎ. *Recurrieron al* ~ *de vender la casa.* 彼らは家を売るという手段を取った. 類**medio, recurso**. ❻ 《集合的に》手続き, 処理; 《法律》(主に司法・行政上の)手続き, 訴訟手続き. ─ *Se está cursando el* ~ *sobre el proyecto de la nueva carretera.* 新しい道路建設計画の手続きが進行中だ. ~ *judicial [legal]* 訴訟(手続き). 類**actuación, diligencia, gestiones, sumario, trámite(s)**. ❼ 口実, 方策. ─ *Se evade del trabajo a base de* ~*s.* 彼は口実を作って仕事を逃れる. 類**pretexto, recurso, arbitrio**. ❽ (問題を処理する)手際よさ, 迅速さ. ─ *un hábil* ~ 手際のよさ. *No tiene* ~. 彼は要領が悪い. 類**habilidad, recursos**.

abrir [formar, incoar, instruir, tramitar] un expediente (1) 訴訟手続きを取る, 起訴する, 訴訟の予審を行なう. *Ha incoado expediente de desahucio contra su inquilino.* 彼は借家人を相手取って立ち退き訴訟を起こした. (2) (懲戒処分などの)審査にかける; (公務員に対して)行政裁判を行なう. *Le han abierto un expediente porque se ausentaba sin justificación.* 彼は正当な理由もなくよく欠勤したので審査にかけられた. *Le incoaron expediente por falta grave de disciplina.* 彼は重大な規律違反で審査にかけられた.

cubrir el expediente (必要最小限のことだけして)お茶をにごす, 最小限の義務を果たす. *Estudia sólo lo justo para cubrir el expediente y que sus padres no le regañen.* 彼は両親に叱られないようお茶をにごす程度の勉強しかしない.

dar expediente a ... 《話》(問題などを)てきぱきと片付ける. *Vamos a dar expediente a este asunto para ocuparnos de otras urgencias.* 他に急を要することがあるのでこの問題を速く片付けましょう.

expediente de crisis [de regulación] 《経済》(法律上解雇に先立って行うべき)経営困難の表明. *La empresa ha presentado un expediente de crisis para eliminar la plantilla.* 会社は経営困難を表明して, 人員を削減しようとしている.

expediente disciplinario 懲戒処分 (= *medida disciplinaria*). *Al jefe de la oficina se le ha abierto un expediente disciplinario, con suspensión de empleo y sueldo.* 所長は停職処分審査にかけられた.

expedienteo [e(k)speðjentéo] [<*expediente*] 男 書類などの煩雑な手続き, お役所仕事.

‡**expedir** [e(k)speðír] [6.1] 他 ❶ (証明書などを)交付する, 発行する; 作成する. ─ *El Ministerio de Asuntos Exteriores expide el pasaporte.* 外務省が旅券を発行する. ❷ を発送する, 送付する. ─ *Los paquetes fueron expedidos por correo aéreo a Japón.* 小包は日本へ航空便で発送された. ~ *un telegrama* 電報を打つ. 類**enviar, mandar, remitir**. ❸ 公布する, 発布する. ─ ~ *un decreto* 法令を公布する. ❹ 《商業》(手形を)振り出す. ─ ~ *una letra de cambio* 為替手形を振り出す.

expeditar [e(k)speðitár] 他 を手早く処理する.

expeditivo, va [e(k)speðitíβo, βa] 形 急速の, 迅速な, 手早い.

expedito, ta [e(k)speðíto, ta] 形 ❶ (支障などがない). 類**despejado, libre**. ❷ 急速の, 迅速な, 手早い. 類**eficaz**.

expeler [e(k)spelér] 他 を追い出す, 追い立てる, 駆逐する; 吐き出す, 放出する.

expendedor, dora [e(k)spendeðór, ðóra] 形 《商業》小売の, 販売の. ─ *máquina expen-*

892 expendeduría

dedora de café コーヒーの自動販売機. ― 图《商業》小売店.

expendedor automático 自動販売機.
expendedor de moneda falsa 偽金使い.

expendeduría [e(k)spendeðuría] 囡《商業》売店, 小売店.

expender [e(k)spendér] 他 ❶《商業》を小売りする, 発売する. ―~ billetes 切符を発売する. ❷ (金を) 費やす, 使い果たす (= gastar). ❸ (にせ金を) 使う.

expendición [e(k)spendiθjón] 囡《商業》小売り, 販売.

expendio [e(k)spéndjo] [< expender] 男《中南米》❶《商業》小売. ❷ 酒, タバコなどを売る店; 主に専売品を売る店. ❸《まれ》= dispendio, gasto.

expensar [e(k)spensár] 他《中南米》《法律》…の費用を支払う, 経費を支払う.

expensas [e(k)spénsas] 囡 複 支出, 費用, 出費.

a (las) expensas de ... (1) …の費用で. (2) …を犠牲にして.

‡experiencia [e(k)sperjénθja エ(ク)スペリエンシア] 囡 ❶ 経験, 体験(したこと); 人生経験. ―Déjate aconsejar por una persona de ~. 人生経験豊かな人の意見を聞きなさい. doctor con ~ 経験豊かな医者. ~ amorosa [de amor] 恋愛経験. ~ de la guerra 戦争体験. falta de ~ en un trabajo 仕事の経験不足. Tiene mucha ~ como conductor. 彼は運転手としての経験が豊富だ. Tiene mucha ~ en el cuidado de los niños. 彼は子供の面倒を見る経験が豊富だ. Aquel accidente fue una ~ que no olvidaré nunca. あの事故は私には決して忘れられない経験となった. Viajar por el extranjero será una buena ~ para él. 海外旅行は彼にはいい経験となるだろう. 類 **pericia, práctica, vivencia**. 反 **inexperiencia**. ❷ (科学的な) 実験, 試験; 試み. ―~ química [física] 化学 [物理] 実験. Hicimos la ~ de estar sin comer una semana. 私たちは試しに一週間食べないでいてみた. 類 **experimento**.

La experiencia es la madre de la ciencia.【諺】経験は学問の母である.

por (propia) experiencia / por experiencia propia 経験から [で, によって]. He aprendido *por experiencia* que éste es el mejor camino a seguir. 私はこれこそ取るべき最良の方法であることを経験から学んだ.

experimentación [e(k)sperimentaθjón] 囡 ❶ 実験, 実地練習. ❷ 経験.

*****experimentado, da** [e(k)sperimentáðo, ða] 過分 形 [< experimentarse] ❶ 実験した, 試みた. ❷ [+ en] …に経験を積んだ, 経験のある, 熟練した. ―Es un carpintero ~ en su oficio. 彼は仕事に熟練した大工だ. Es un conductor ~ que lleva diez años conduciendo. 彼は 10 年も運転してきた老練な運転手だ. 類 **ducho, experto, versado**. 反 **inexperto**.

experimental [e(k)sperimentál] 形 ❶ 実験の, 実験的な, 実験用の. ―vuelo ~ 試験飛行. fonética ~ 実験音声学. ❷ 経験の, 経験による.

‡experimentar [e(k)sperimentár] 他 ❶ (a) を体験する, 経験する, 感じる. ―Ha experimentado lo que es la dependencia del alcohol. アルコール依存症とはどんなものかを彼は体験した. Experimentó alegría y temor al verla. 彼は彼女に会って喜びと恐れを実感した. (b) (変化などを) 被る, 受ける. ―Los precios *han experimentado* una gran subida. 物価は著しい上昇を被った. El enfermo *experimentó* una leve mejoría. 病人はいくらか回復した. ❷ を実験する, 試す, 試用する. ―Los patólogos *experimentan* con ratones un medicamento contra el cáncer. 病理学者たちはハツカネズミを使って抗癌 (がん) 剤を実験する. *Experimentaron* el nuevo robot y funcionaba perfectamente. 彼らが新しいロボットを試してみたところ, 完璧に動いた.

― 自 [+ con で] 実験する, 試す. ―~ *con* cobayas モルモットを使って実験する.

experimento [e(k)speriménto] 男 実験, 試み. ―hacer [realizar] un ~ 実験をする.

experto, ta [e(k)spérto, ta] 形 ❶ 熟練した, 老練な. ―manos expertas 熟練した手. ❷ 専門家の, 専門の知識を持った, 【+ de/en】…に詳しい. 類 **experimentado, hábil**.

― 图 専門家, 熟練者, 達人, エキスパート. ―~ en nutrición 栄養専門家. consultar a un ~ 専門家に相談する.

expiación [e(k)spjaθjón] 囡 罪滅ぼし, 罪のあがない, 贖罪 (しょくざい). ―Hizo aquella peregrinación como ~ por sus pecados. 彼は自分の罪のあがないとして巡礼を行った.

*****expiar** [e(k)spjár] 【1.5】他 ❶ (罪を) 償う, あがなう, …の罪滅ぼしをする. ―El criminal *expía* su culpa en la cárcel. 罪人は彼の罪を監獄で償っている. *Expían* sus pecados caminando descalzos en la procesión. 彼らは行列をはだしで歩いて贖罪 (しょくざい) をした. ❷ (悪事の) 報いを受ける; (刑に) 服する. ―*Expió* sus errores de juventud. 彼は若気の過ちの報いを受けた.

expiatorio, ria [e(k)spjatórjo, rja] 形 贖罪 (しょくざい) の, 罪滅ぼしの. ―víctima expiatoria 贖罪のいけにえ. ser el chivo ~ スケープゴートになる. 類 **expiativo**.

expiración [e(k)spiraθjón] 囡 ❶ 満期, 期限切れ. ❷ 息を引き取ること, 死亡.

*****expirar** [e(k)spirár] 自 ❶ 息を引き取る, 死去する. ―Su padre *expiró* anoche a las once y media. 彼の父親は昨夜 11 時半に息を引き取った. 類 **fallecer, fenecer, morir**. ❷ (有効期限が) 切れる, 無効となる, 失効する. ―Mi pasaporte *expira* el 15 del mes que viene. 私の旅券は来月の 15 日に無効となる. 類 **caducar, vencer**.

explanación [e(k)splanaθjón] 囡 ❶ 土地を平らにならすこと, 地ならし. 類 **allanamiento**. ❷ 説明, 解説, 詳説. 類 **explicación**.

explanada [e(k)splanáða] 囡 ❶ 平地, 空き地. ❷ (城の外岸の) 斜堤.

explanar [e(k)splanár] 他 ❶ (土地を) ならす, 平らにする. 類 **allanar**. ―~ un monte 山を平らにする. ❷ を説明する, 解説する (= explicar).

explayar [e(k)splajár] 他 を伸ばす, 広げる.

― **se** 再 ❶ 心を打ち明ける, 広げる. ❷ [3 人称で] 広がる, 伸びる. ❸ 子細に話す, 長々と論じる. ❹ 気晴らしをする.

expletivo, va [e(k)spletíβo, βa] 形《文法》虚辞の, 冗語の. ― 男《文法》虚辞, 冗語.

explicable [e(k)splikáβle] 形 説明可能な, 説明のつく; もっともな. —Su reacción es muy ~ si tenemos en cuenta la situación en que se encuentra. 彼の反応は置かれた状況を考えれば非常にもっともなことだ.

explicación [e(k)splikaθjón] 女 ❶ 説明, 解説, 解明. —El maestro hizo una ~ muy clara del problema. 先生はその問題についてはっきり説明した. La claridad de su ~ me convenció. 彼の説明が明解なので私はよく分かった. 類 aclaración, exposición. ❷《主に複》釈明, 弁解, 言い訳. —sin dar *explicaciones* 弁解もせずに. pedir *explicaciones* 釈明を求める. No dio *explicaciones* por su conducta de ayer. 彼は昨日の行動について私たちに釈明した. 類 disculpa, justificación. ❸ 動機, 理由, 原因. —Su desaparición no tiene ~ posible. 彼の失踪には動機が見当たらない. 類 causa, motivo, razón. *tener una explicación con ...*（人）と話し合いがつく, 仲直りする.

explicaderas [e(k)splikaðéras] 女複《話》説明の仕方. —tener buenas ~ 説明の仕方がうまい.

explicar [e(k)splikár エ(ク)スプリカル] [1.1] 他 ❶ (a) を説明する, 解説する. —Te voy a ~ cómo ir a la estación. 駅への行き方を君に教えてやろう. El profesor nos ha explicado hoy qué es la ecología. 先生は今日生態学とは何かということを私達に説明してくれた. (b) を明らかにする,（考え）を知らせる. —Explícame qué es lo que piensas. 君の考えていることは何か私に言ってごらん. ❷ を教える, …の先生をする. —Explica matemáticas en un instituto. 彼はある高校で数学の先生をしている. ❸ を釈明する, 弁明する. —Explicó su conducta para evitar malentendidos. 彼は誤解を避けるため自分の行動を釈明した.

—**se** 再 ❶ を理解する, …が分かる. —Ahora me explico por qué no me lo dijiste. 君が私になぜそれを言わなかったか今になってやっと分かる. No me explico por qué se marchó sin despedirse. 私は彼がなぜ別れも告げずに立ち去ったのかわからない. ❷（他人に）自分を分からせる, 自分の考えを表現する. —El profesor *se explica* muy bien. 先生は説明が非常にうまい. ¿*Me explico*? (私の言ったことが) わかりましたか. ❸《話》支払う, おごる.

explicativo, va [e(k)splikatíβo, βa] 形 説明に役立つ, 解説的な. —nota *explicativa* 注意書き, 注釈. folleto ~. 説明書.

explícito, ta [e(k)splíθito, ta] 形 明示された, はっきりした, 明白な. 反 implícito. —La orden fue *explícita*. 命令は明確に下されていた.

explique(-) [e(k)splike(-)] 動 explicar の接・現在.

expliqué [e(k)spliké] 動 explicar の直・完了過去・1単.

exploración [e(k)sploraθjón] 女 ❶ 探検, 探検旅行. —hacer [realizar] una ~ 探検をする. la era de las grandes *exploraciones*《歴史》大探検時代. ❷（実地の）調査, 探査. —submarina 海底調査. ~ petrolífera 石油探査. ❹《技術》走査, スキャン;《情報》ブラウズ. —línea de ~（テレビなどの）走査線. ❺（問題などの）探求. ❻《医学》(外科的な) 精密検査. ❼《軍事》偵察.

explorador, dora [e(k)sploraðór, ðóra] 形 ❶ 探検する, 探る, 探究する. ❷ 検査する, 調査する. ❸《軍事》偵察の.
—名 ❶ 探検家, 踏査家. ❷ ボーイ [ガール] スカウト. ❸《軍事》偵察兵.
—男 ❶（テレビの）走査機, スキャナー;《情報》ブラウザー. ❷《医学》ゾンデ, 消息子;《光学》走査板.

explorar [e(k)splorár] 他 ❶ を探検する,（実地に）調査する. ❷ を調査する, 探究する. ❸《医学》(体の) 精密検査をする;《技術》スキャンする. ❹《軍事》を偵察する.

exploratorio, ria [e(k)sploratórjo, rja] 形 ❶《医学》診察の, 検査の. —conversación *exploratoria* 問診. ❷ 調査の, 探検の.

explosión [e(k)splosjón] 女 ❶（爆弾などの）爆発, 破裂, 炸裂〔的〕. —~ nuclear [atómica] 核爆発. La ~ fue debida a un cortocircuito. 爆発はショートが原因だった. ~ de grisú（炭鉱の）ガス爆発. cráter de ~ 噴火口, 火口. —~ sónica《航空》ソニックブーム, 衝撃波音. 類 estallido, reventón. ❷（怒り・笑いなどの）爆発, 激発, 突発;（人口などの）急増. —~ de cólera [de ira] 怒りの爆発. ~ de risa 爆笑. ~ de entusiasmo 爆発する熱狂. —~ demográfica 人口の（爆発的）急増. 類 ataque, manifestación. ❸ 燃焼. —motor de ~ 内燃機関. ❹《音声》(閉鎖音の) 破裂; 外破 (→implosión).
hacer explosión 爆発する. La bomba *hizo explosión* a la hora que había más gente en la plaza. 爆弾は広場に人が多数いた時に爆発した.

explosionar [e(k)splosjonár] 他 爆発させる.
—自 爆発する.

explosiva [e(k)splosíβa] 女 →explosivo.

explosivo, va [e(k)splosíβo, βa] 形 ❶ 爆発の, 爆発性の. —artefacto ~ 爆破装置. El paquete ~ fue colocado debajo de una mesa. その小包爆弾はテーブルの下に置かれた. 類 detonante. ❷《話》爆弾的な, 注目を集める, 波乱を呼ぶ [ser/estar＋]. —El ministro ha estado ~ en sus declaraciones. その大臣は爆弾発言をした. ❸《音声》破裂(音)の; 外破の. —La "p" es una consonante *explosiva*.「P」は破裂音である.
—男 爆発物, 爆薬. —La pólvora es un ~. 火薬は爆発物である. —女《音声》破裂音, 閉鎖音.

explotable [e(k)splotáβle] 形 開発が可能な.

explotación [e(k)splotaθjón] 女 ❶ 開発, 開拓; 採掘. —~ de los recursos naturales 天然資源の開発. ~ petrolífera 石油採掘(場). ~ a cielo abierto 露天採掘, 露天掘り. ~ de los bosques 森林開発, 森林経営. mina en ~ 採掘中の鉱山. ~ de una línea de ferrocarril 鉄道路線の運行. ~ del filón aurífero agotó las reservas. 金鉱脈は採掘で掘り尽くされた. Cerraron la mina porque su ~ no era rentable. その鉱山は採掘しても採算が上がらないので廃鉱となった. 類 aprovechamiento. ❷《集合的》《産業》機械設備, 装備; 採掘所, 営業所; 耕地. —~ industrial 工場, 工場設備. ~ comercial 商事会社, 商店, 営業所. explotaciones vinícolas ワイン醸造工場. La ~ de caña de azúcar dispone de una moderna maquinaria. サトウキビ工場は最新設備を備えている. 類**factoría, industria, fábrica**. ❸ 経営, 営業, 運営, 管理. ― beneficios de ～ 営業利益. ～ familiar 家族経営. costes[gastos] de ～ 運転経費, 操業コスト. El pueblo vive de la ～ de la ganadería. その村は牧畜業で生計を立てている. Se dedica a la ～ de una granja. 彼は農場経営に従事している. ❹ (他人の労働などの)搾取. ～ del hombre por el hombre 人間による人間の搾取. ～ de trabajadores 労働者からの搾取. La esclavitud es el máximo ejemplo de ～ humana. 奴隷制度は人間搾取の一番いい例だ. ❺ 利用, 活用. ― Vive de la ～ de sus éxitos anteriores. 彼は以前の成功のお陰で生活している.

explotación agrícola (1) 農場, 農業開拓(地), 農業経営体. (2) 農場経営.

explotación forestal (1) 森林開発, 森林経営. (2) 植林地, 造林地.

explotación ganadera [pecuaria] (1) 牧場, 畜産場. (2) 牧畜業.

explotación minera (1) 採鉱, 採掘. (2) 採掘設備, 鉱山; 鉱業. ordenar el cierre de las *explotaciones mineras* 鉱山の閉鎖を命じる.

explotador, dora [e(k)splotaðór, ðóra] 形 ❶ 開発する, 採掘する. ❷ 搾取する. ❸ 経営の, 管理の. ― 名 ❶ 搾取者. ❷ 開発者, 開拓者. ❸ 管理者.

‡**explotar**¹ [e(k)splotár] 自 ❶ 爆発する, 炸裂する. ―La bomba *explotó* en una animada calle de la ciudad. 爆弾が市の人通りの多い街路で爆発した. 類**estallar, explosionar**. ❷ (突然)怒り出す, (感情が)爆発する. ―No pudo contenerse y *explotó* su cólera. 彼は自己抑制ができず怒りが爆発した. La madre *explotó* en llanto. 母親は急に泣き出した.

 ― 他 爆発させる. ―Unos jóvenes *explotaban* petardos. 数人の若者が爆竹を破裂させた.

explotar² [e(k)splotár] 他 ❶ (*a*) を開発する, 開拓する; 採掘する. ―～ un yacimiento de petróleo 油田を開発[油田から採掘]する. (*b*) を経営する, 運営する. ―*Explota* una granja avícola desde que era joven. 彼は若い頃から養鶏場を経営している. ❷ 搾取する, (人から)しぼり上げる. ―*Explota* a sus empleados. 彼は社員をこき使っている. ❸ を悪用する, (悪く)利用する, つけ込む. ―Ella *explota* su parentesco con el jefe. 彼女は上司との親戚関係を悪用している.

expoliación [e(k)spoljaθjón] 女 強奪, 略奪.
expoliar [e(k)spoljár] 他 【+de から】を略奪する, 分捕る.
expondr- [e(k)spondr-] 動 exponer の未来, 過去未来.

*exponente [e(k)sponénte] 形【+de】を説明する, 表わす. ―Continúan las violentas manifestaciones, ～ *del* descontento social. 激しいデモが続いているが, それは社会的不満を示すものである. 類**indicador**.

 ― 男 ❶ 代表的な人[もの], 典型; 証拠. ―Gandhi fue el máximo ～ del pacifismo. ガンディーは平和主義の最大の代表者であった. 類**prototipo**. ❷《数学》(累乗の)指数. ―Ocho es el resultado de elevar dos al ～ tres. 2の3乗の結果は8である. ❸ 指ер, 説明するもの. ―Se toma el analfabetismo como ～ del atraso de un país. 文盲率はある国の後進性の指標と見なされる.

‡**exponer** [e(k)sponér] **[10.7]** 他 ❶ (*a*) を展示する, 陳列する, 見せる. ―El pintor *expuso* sus cuadros en una galería de arte. 画家はある画廊で展示した. 類**exhibir**. (*b*) を発表する, 明らかにする, 表明する. ―*Expuso* con claridad lo que pensaba sobre el asunto. 彼はその件について考えていることをはっきりと表明した. ❷ (人前, 光などに)さらす, あらわにする. ―Puede ser peligroso ～ demasiado la piel al sol. 皮膚を日光にさらしすぎるのは危険かもしれない. ❸ を危険にさらす. ―El padre *expuso* su vida para salvar a su hijo. 父親は息子を救うために自分の生命を危険にさらした. ❹《カトリック》(聖体)を開帳する.

 ― 自 ❶ 出品する, 出展する. ―Nuestra empresa *expone* en la feria de muestras. わが社は見本市に出品している. ❷ 発表する. ―Hoy te toca a ti ～ en clase. 今日君が授業で発表する番に当たっている.

― **se** 再【+a に】❶ 身をさらす. ―～ *se a* un peligro 危険に身をさらす. ❷ (…の)危険を冒す, (…という)危険がある. ―Si no le llamamos, *nos exponemos a* que no esté en casa. もし彼に電話しないと, 彼は家にいない恐れがある.

exponga(-) [e(k)spoŋga(-)] 動 exponer の接・現在.
expongo [e(k)spóŋgo] 動 exponer の直・現在・1単.
exportable [e(k)sportáβle] 形 輸出できる, 輸出向きの.

‡**exportación** [e(k)sportaθjón] 女 ❶ 輸出. ― artículo [comercio] de ～ 輸出品[業]. ～ de las ideas 思想の輸出. cuota de ～ 輸出割当て. También pueden ser objeto de ～ los capitales y servicios. 資本とサービスも輸出の対象になり得る. 反**importación**. ❷ 輸出品; 輸出量[額]. ― ～ invisible (無形の)貿易外輸出品(観光・運賃・海外投資などによる外貨国際収入). En este país las *exportaciones* agrícolas superan a las industriales. この国では農産物の輸出量は工業製品のそれより多い.

*exportador, dora [e(k)sportaðór, ðóra] 形 輸出的の. ―Trabaja en una empresa *exportadora* de productos agrícolas. 彼は農産物輸出の企業で働いている.

 ― 名 輸出業者, 輸出商, 輸出国.

‡‡**exportar** [e(k)sportár エ(ク)スポルタル] 他 ❶ を輸出する. ―España *exporta* vinos a Japón. スペインは日本にワインを輸出している. Esa moda se *exportó* de Francia. そのファッションはフランスから輸出された. 反**importar**. ❷ (情報)を(別のファイルに)移しかえる, エクスポートする.

‡**exposición** [e(k)sposiθjón] 女 ❶ 展覧会, 展示会, 博覧会; 展示物; 展示[展覧]会場. ―visitar un ～ de pintura 絵画展に行く. la E～ Internacional de Muestras 国際見本市. E～ Universal 万国博覧会(略 Expo.). Palacio de *Exposiciones* 展覧会場. ～ del automóvil モーターショー. ～ de flores 草花品評[展示]会. ～ industrial [agrícola] 産業[農業]博覧会. ～ iti-

nerante 巡回展示会. ~ personal 個展. una ~ de cuadros de Murillo ムリーリョ展. Hay una ~ de vehículos antiguos en el recinto ferial. 見本市の会場では中古車展示会が開かれている. Han trasladado la ~ a otra sala. 展示場は別の展示会場へ移された. Hubo mercancías que no llegaron a ~ a tiempo. 期日までに展示会場に届かない商品があった. 類 **exhibición, muestra, presentación, manifestación, feria**. ❷ (商店などの)**展示**, 陳列. ― sala [salón] de ~ 展示会場, ショールーム. hacer una ~ 展示する. En la vitrina tienen una ~ de los trofeos que ha ganado el equipo. ショーケースにチームが獲得したトロフィーを陳列してある. 反 **ocultación**. 類 **exhibición**. ❸ 『+a』(日光・風などに)さらすこと, 当てること, 照射. ― ~ a los rayos ultravioletas 紫外線にさらされること. ― del cuerpo al sol 体を日光にさらすこと, 日光浴. Evita la ~ de la herida al aire hasta que esté cicatrizada. 傷口がふさがるまで傷口を空気にさらすことは避けなさい. ❹ (写真)露出(時間), 露光. ― tiempo [duración] de ~ 露出時間. exceso de ~ 露出過多[オーバー](=sobreexposición). falta de ~ 露出不足(=subexposición). ❺ (計画・考え・理論・問題などの)説明, 論述, 陳述, 表明; 発表. ―hacer una ~ minuciosa de un proyecto 計画について詳しく説明する. Su ~ de los hechos fue sumaria y clara. それらの事実についての彼の説明は簡潔で明確だった. Asistió mucha gente a la ~ de sus investigaciones. 彼の研究発表に大勢の人が出席した. 類 **explicación, declaración**. ❻ (建物の)向き, 方位. ― una casa de ~ soleada 南向きの家. La casa tiene una ~ muy soleada. 家はとても日当たりがよい. 類 **orientación**. ❼ (演劇, 小説, 叙事詩)(背景・人物などの)解説部, 導入部, 提示部. ― E~, nudo y desenlace es la división clásica de las obras literarias narrativas. 導入部と山場と結末は叙述文学作品の古典的区分である. 類 **prótasis**. ❽ 申立て(書), 請願(書). ― ~ de la rebaja de aranceles 関税割引請願書. Presentó una ~ de sus quejas al director. 彼は部長に苦情申立て書を提出した. 類 **declaración, instancia**. ❾ (音楽)(ソナタ形式・フーガなどの)主題提示部. ❿ 危険(に身をさらすこと). ―Es una ~ innecesaria para el negocio. それは商売上何の必要もない賭けだ. 類 **peligro, riesgo, imprudencia, temeridad**. ⓫ (カトリック)(聖体の)顕示. ― ~ del Santísimo 聖体の顕示. ⓬ (幼児などの)遺棄.

exposímetro [e(k)sposímetro] 男 (技術, 写真)露出計.

expositivo, va [e(k)spositíβo, βa] 形 説明的な, 説明の.

expositor, tora [e(k)spositór, tóra] 〔<exponer〕形 ❶ 展示する, 出品する. ❷ 解説する, 説明する.
―― 名 ❶ 出品者, 展示者. ❷ 解説者.
―― 男 展示台, 展示棚.

exprés [e(k)sprés] 〔<英 express〕形 ❶ (鉄道)急行の. ―tren ~ 急行列車. ❷ (コーヒーが)エスプレッソの. ―café ~ エスプレッソ・コーヒー. ❸ 圧力釜の. ―olla ~ 圧力釜. cafetera ~ エスプレッソ・マシーン.
―― 男 ❶ 急行列車. (tren expreso) ―tomar el ~ de las diez de la mañana 午前10時の急行に乗る. ❷ (飲物)エスプレッソ・コーヒー. ―tomar un ~ エスプレッソ・コーヒーを飲む.

expresamente [e(k)spresaménte] 副 ❶ 特に. ❷ はっきりと, 明瞭に. ❸ 故意に, わざと.

‡expresar [e(k)spresár エ(ク)スプレサル] 他 を表現する, 表わす, 言い表わす. ―Le expreso mi cordial agradecimiento. 心から感謝の念を申し上げます. Su pintura expresa muy bien el ambiente de la época. 彼の絵は, その時代の雰囲気を非常によく表わしている. Sus ojos expresaban una profunda alegría. 彼の目は心からの喜びを表していた. 類 **manifestar**.
――**se** 再 考えていることを表現する, 思っていることを言い表わす. ―Se expresa con fluidez en inglés. 彼は自分の考えを非常に流暢(リュゥチョゥ)に英語で言い表す. El compositor se expresa a través de sus composiciones. 作曲家は作曲を通じて自己を表現する. Como aún no puede hablar, se expresa por señas. 彼はまだしゃべらないので, 身ぶりで思っていることを表現する.

‡expresión [e(k)spresjón] 女 ❶ (言語・記号・造型などによる)**表現**(行為); 表現法[力]. ―libertad de ~ 表現の自由. medio [forma] de ~ 表現手段[形式]. ~ regular (情報)正規表現. ~ verbal [artística] 言語[芸術的]表現. Su ~ es fluida. 彼は弁舌さわやかである. Su ~ es poco clara. 彼の言い方はあまりはっきりしない. Aquel niño tiene una buena ~ escrita. あの子は文章表現能力がすぐれている. 類 **declaración, habla, manifestación**. ❷ (気持ち・性質などの)表われ, 表出, しるし. ―Este regalo es una ~ de nuestro agradecimiento. この贈物は私たちの感謝のしるしです. El arte es la ~ del espíritu de una época. 芸術は時代精神の表われだ. La forma de vestir era la máxima ~ de su mal gusto. 彼女の服装は彼女の悪趣味を最もよく表していた. 類 **demostración, manifestación**. ❸ (言葉としての)**表現**, 語法, 言い回し. ― ~ idiomática 慣用表現. ~ feliz うまい[適切な]表現. ~ figurativa 比喩的表現. Perdone [Válgame] la ~. こう申しては失礼ですが. 類 **giro, locución, palabra**. ❹ 表情, 顔つき; (魅力的な)表情に富んでいること. ―Por la ~ de su cara se veía que estaba enfadado. 彼が怒っていることは彼の顔の表情でわかっていた. En sus ojos había una ~ de tristeza. 彼の目は悲しそうだった. La niña no es guapa, pero tiene ~ en la cara. その女の子は美人ではないが, 表情が豊かである. 類 **ademán, gesticulación, gesto**. ❺ (芸術)表現(力・法), 表情, 精彩; (音楽)(楽節の)表情, 発想. ―Los cuadros de ese pintor tienen una ~ de tristeza. その画家の絵は悲しい表情をたたえている. Toca el piano sin mucha ~. 彼のピアノはあまり表情が豊かでない. Baila sin ~. 彼の踊りには精彩がない. 類 **viveza**. ❻ 複 (まれ, 俗)よろしく(との伝言); 挨拶. ―i(Déle) Muchas expresiones (de mi parte) a su familia! ご家族の方々にくれぐれもよろしくお伝えください. 類 **memoria, recuerdos, saludos**. ❼ (数学)式. ― ~ matemática 数式. ~ algebraica [polinominal] 代数[多項]式. ~ racional [irracional] 有理[無理]式. ❽ (言語)表現(→内容 contenido).

reducir a su mínima expresión (1)（書式など)をできるだけ簡素[簡略]化する，切詰める．(2)《数学》を約分する．

expresionismo [e(k)spresionísmo] 男 《美術》表現主義．

expresionista [e(k)spresionísta] 形 《美術》表現主義の．── 男女 《美術》表現主義の芸術家．

expresivamente [e(k)spresiβaménte] 副 表情豊かに，情感を込めて．

:**expresivo, va** [e(k)spresíβo, βa] 形 ❶ 表情に富む，表現力の豊かな；意味深長な．── rostro ～ 表情豊かな顔つき．*expresiva* mirada 意味ありげな目つき．Con un gesto ～ nos mandó callar. 彼は目に物を言わすような表情で私たちに黙るよう命じた．類 **elocuente, significativo, vivo.** 反 **inexpresivo.** ❷ 情愛の深い，愛情のこもった．── Es muy ～ con todos. 彼はだれに対してもやさしい．類 **afectuoso, cariñoso.** ❸ 本心からの，誠意のこもった．──～ agradecimiento 心からの感謝．類 **cordial, franco, sincero.** ❹ ［+de］を表している，…に特有の．── Su comportamiento fue ～ de su carácter. 彼の行動はその性格の表われだった．類 **indicativo.**

:**expreso** [e(k)spréso] 男 ❶ 急行(列車・バス・便)．── Llegó en el ～ de las diez. 彼は10時の急行で着いた．類 **especial, exprés, rápido.** ❷ (郵便) 速達(郵便)(= correo expreso)．── mandar por ～ 速達で送る．*tarifa de* ～ 速達料金．類 **urgente.** ❸ 特使，急使，使者．類 **mensajero.**

──**, sa** 形 ❶ はっきり示された，明示[明記]された；明らかな，はっきりした．── por orden *expresa* 厳命により．*condición expresa* 明記された条件．Lo dejó *expreso* en su testamento. 彼はそのことを遺言書にはっきり言い残した．Expuso de forma *expresa* su oposición al referéndum. 彼は国民投票に対する反対をはっきり言明した．類 **claro, especificado, explícito.** 反 **callado, implícito.** ❷ 急行(便)の．── tren ～ 急行列車（= tren exprés).¿Es ～ el próximo tren? 今度の列車は急行ですか? correo ～ 速達郵便（= correo urgente). ❸ café ～ (= café solo) エスプレッソ・コーヒー（= exprés).

──副 わざと，故意に．── Lo ha hecho ～ para molestarme. 彼は私を困らせるためにわざとそうした．類 **adrede, a propósito, de propósito, deliberadamente, expresamente.** ❷ わざわざ．── José fue ～ a darle las gracias. ホセはわざわざ彼にお礼を言いに行った．類 **ex profeso.**

exprimelimones [e(k)sprimelimónes] 〔< exprime + limones〕男 〖単複同形〗レモン絞り器．

exprimidera [e(k)sprimiðéra] 女 → exprimidor.

exprimidor [e(k)sprimiðór] 男 (調理用)絞り器．

exprimir [e(k)sprimír] 他 ❶ を(汁をとるために)絞る，絞り出す．──～ un limón レモンを絞る．❷ 《比喩》を搾取する，絞り取る．── **se** 再 《話》(知恵)を絞る．──～ *se* el cerebro 頭を絞る．

ex profeso [e(k)s proféso] 〔<ラテン〕副 特に，わざわざ．── hacer ... *ex* profeso わざと…する．

expropiación [e(k)spropiaθión] 女 ❶ 公的使用のための当局による収用[買い上げ]．❷ 〖主に複〗公的使用のために当局により収用された物．

expropiar [e(k)spropiár] 他 ［+de から］(財産などを)取り上げる，(土地などを)収用[徴収]する．

:**expuesto, ta** [e(k)spuésto, ta] 過分 形 〔< exponer〕❶ 展示された；表明された．── Los cuadros ～s no están en venta. 展示された絵画は売り物ではありません．las ideas *expuestas* por el primer ministro 首相により表明された考え方．❷ ［+a］…にさらされた．── Esas habitaciones están *expuestas* al viento norte. それらの部屋は北風に吹きさらされている．類 **aireado, descubierto.** ❸ 危険な．── No debes viajar por ese país. Es muy ～. その国を旅行すべきではないよ，とても危険だから．類 **arriesgado, peligroso.**

expugnable [e(k)spuɣnáβle] 形 奪取可能な，攻略できる．

expugnar [e(k)spuɣnár] 他 (場所を)占拠する，奪取する．類 **conquistar.**

:**expulsar** [e(k)spulsár] 他 ❶ ［+de から］を追放する，追い出す；退場させる．── Le han *expulsado de* la compañía. 彼は会社から追い出された．Los judíos fueron *expulsados de* España. ユダヤ人たちはスペインから追放された．El defensa fue *expulsado del* campo. そのディフェンダーは退場させられた．❷ を排除する，排出する．── La chimenea ～ el humo. 煙突は煙を排出する．類 **arrojar.**

expulsión [e(k)spulsión] 女 ❶ 追放，放逐，排除，駆逐，除名．── *E*～ *de los jesuitas* ❷ 《スペイン史》イエズス会士の追放 (1767年). ❸ 排出．❹ 《医学》分娩(%). ── sala de ～ 分娩室．

expulsor, sora [e(k)spulsór, sóra] 形 放出[放射]する，放出の．── mecanismo ～ 放出装置．── 男 エゼクター，放射器．

expurgación [e(k)spurɣaθión] 女 ❶ (不穏当な箇所の)削除．❷ 《比喩》(不純分子の)追放，パージ，粛清．

expurgar [e(k)spurɣár] [1.2] 他 ❶ ［+de］(書物・手紙などの不穏当な箇所を)削る，削除する．──～ un libro de errores 書物の誤りを削除する．❷ 《比喩》を浄化する，粛清する．類 **limpiar, purificar.**

expurgatorio, ria [e(k)spurɣatórjo, rja] 形 削除する，削る．── índice ～《カトリック》禁書目録．❷ 一掃する，浄化する；粛清する．

expus- [e(k)spus-] 動 exponer の直・完了過去，接・過去．

exquisitamente [e(k)skisitaménte] 副 ❶ 優雅に，気品高く．❷ 見事に，絶妙に．

exquisitez [e(k)skisitéθ] 女 ❶ おいしさ，美味．❷ 優雅さ，洗練．❸ 見事さ，美しさ，精巧さ，絶妙さ．

:**exquisito, ta** [e(k)skisito, ta] 形 ❶ 絶妙な，きわめて見事な，非常に美しい[絶品の]．── concierto [regalo] ～ すばらしいコンサート[贈り物]．El plato está ～. その料理は美味きわまりない．類 **delicioso, excelente, primoroso.** ❷ 洗練された，優雅な，上品な．── amabilidad [cortesía] *exquisita* 洗練された親切[礼儀]．Tiene un sentido ～ de la decoración. 彼は非常に洗練された装飾のセンスを持っている．類 **delicado, elegante, fino.**

extasiar [e(k)stasiár] [1.5] [<éxtasis] 他 を魅了する，…の心を奪う. 類**embelesar**.
—**se** ❶ 『＋con』…に魅了される，心を奪われ，恍惚となる. 類**embelesarse**. ❷《宗教》宗教的恍惚感を体験する.

éxtasis [é(k)stasis] 男 ❶ 有頂天，無我夢中，うっとりした状態，エクスタシー. —contemplar con ~ うっとりと眺める. estar en ~ うっとりとしている. tener un ~ うっとりとする. Fueron unos momentos de ~. 恍惚の一時であった. ❷《宗教》法悦.

extático, ca [e(k)státiko, ka] 形 有頂天の，夢中の，恍惚の，うっとりした.

extemporáneo, a [e(k)stemporáneo, a] 形 ❶ 時ならぬ，時候[季節]はずれの，不時の. —escarcha *extemporánea* 季節はずれの霜. ❷ 時機を逸した，折の悪い. —observación *extemporánea* とんちんかんな意見.

‡**extender** [e(k)stendér] [4.2] 他 ❶ を広げる，伸ばす，拡張する. —~ un mantel sobre la mesa テーブルの上にテーブル・クロスを広げる. *Extiende* el mapa para verlo completo. 彼は地図を全部見えるよう広げる. *Extiende* un poco más el brazo. もう少し腕を伸ばしなさい. （ニュースなど）を広める，普及させる. —*Extendieron* la fe cristiana por África. 彼らはキリスト教をアフリカに広めた. Las enciclopedias *extienden* nuestros conocimientos. 百科事典は私たちの知識を広げてくれる. ❸ を散らす，散乱させる；（パンなどに）バターを）塗る. —El viento ha *extendido* las hojas por todo el cuarto. 風のために部屋中に紙が散らかった. ~ la mantequilla sobre el pan パンにバターを塗る. ❹（公文書などを）発行する，交付する，作成する. —~ un cheque 小切手を切る. ~ un certificado 証明書を発行する.
—**se** ❶（*a*）広がる，伸びる，場所を占める. —Ante él se *extendía* una gran llanura. 彼の眼前には大平原が広がっていた.（*b*）（時間が）及ぶ，わたる，続く. —El Siglo de Oro se *extiende* entre los siglos XVI y XVII. 黄金世紀は16世紀と17世紀にまたがっている. La reunión se *extendió* durante casi cinco horas. 会議は約5時間にわたって続いた.（*c*）『＋a/hasta にまで』達する，及ぶ，届く. —Mi deuda se *extendió* a dos millones de pesos. 私の借金は200万ペソに達した. ❷ 散らばる，散らかる. —Los documentos se *extendieron* por la mesa. 書類がテーブルの上に散らばった. ❸（ニュースなどが）広まる，（病気などが）蔓延（まんえん）する. —El rumor se *extendió* por toda la ciudad. そのうわさは全市に広まった. La epidemia se *extendía* por todo el país. 疫病は国中に広がっていた. ❹『＋en/sobre に』横たわる，寝そべる. —Me *extendí* al sol *sobre* la hierba. 私は日光の下草の上に寝そべった. 類**tenderse, tumbarse**. ❺ 長広舌を振るう，長々としゃべる. —*Se extendió* dos horas en la explicación de su proyecto. 彼は自分の計画の説明に2時間長広舌を振るった.

*****extendido, da** [e(k)stendíðo, ða] 過分 形 ❶ 広がった，伸びた. —Al verme, mi nieto vino corriendo hacia mí, con los brazos ~s. 私を見ると，孫は両手を広げて私の方へ走って来た. ❷ 普及した，一般的な. —En España está muy *extendida* la costumbre de merendar. スペインでは夕方に軽食をとる習慣が一般化している. 類**di-**

extenso 897

vulgado, general, propagado.

extensamente [e(k)sténsaménte] 副 広く，広々と.

extensible [e(k)stensíβle] 形 延長可能の，広げられる. —mueble ~ 折り畳み式の家具.

‡**extensión** [e(k)stensjón] [<extender] 女 ❶ 面積，広がり，広さ；（海・大地などの）広い広がり. —El solar tiene una ~ de cien metros cuadrados. その敷地の面積は100m²ある. En toda la ~ del mar no se veía ningún barco. 広大な海には見渡す限り船は1隻も見えなかった. Es propietario de una vasta [gran] ~ de tierras y bosques en esta zona. 彼はこの地域に広大な土地と森林を所有している. En geometría el punto no tiene ~. 幾何学では点は広がりを持たない. 類**dimensiones, superficie**. ❷ 広がり，範囲；《音楽》（声・楽器の）音域. —Admiro la ~ de sus conocimientos. 彼の広汎な知識に感心している. ~ de la voz de un cantante 歌手の声域. ~ de un instrumento 楽器の音域. ~ de la protección del seguro 保険の範囲. 類**amplitud**. ❸《電話》内線. —Póngame con la ~ número siete. 内線の7番をお願いします. ❹（論理，言語，数学）外延；（語の）意味領域[範囲]. —El término "mueble" tiene más ~ que el "silla". 「家具」という言葉は「椅子」よりも外延が広い. Si te digo que eres un botarate, tienes que tomar el concepto en toda su ~. もし私が君はばかだと言ったら，君はその概念を広い意味にとらえなければならない. 類**comprensión, denotación**. ❺ 広げる[広がる]こと，伸ばす[伸びる]こと；拡張（部分），延長（部分），延長コード. —Aquel ejercicio gimnástico consiste en hacer una rápida ~ de brazos hacia arriba y después doblarlos. その運動は両腕をすばやく上に伸ばしてから曲げるものである. Necesitamos una ~ para poner la lámpara en un rincón de la habitación. 電気スタンドを部屋の隅に置くには延長コードが必要だ. ~ del mercado《商業》販路拡張. ~ de plazo《商業》(手形の)期間延長. 類**ampliación, desarrollo, expansión**. 反**recogimiento**. ❻（書類などの）発行，振出し. —~ de un cheque 小切手の発行. ~ de una letra 手形の振出し. ❼《情報》拡張子. —~ de archivo ファイル拡張子.

en toda la extensión de la palabra あらゆる意味で，完全に，まったく. El proyecto ha sido un fracaso *en toda la extensión de la palabra*. 計画はあらゆる意味で失敗だった.
por extensión 広義で[には]，広く.

extensivo, va [e(k)stensíβo, βa] 形 ❶《農業》粗放の. 反**intensivo**. —cultivo ~ 粗放農業. ❷ 広い，広範囲の；広義の. ❸『＋a』(法などが)…に適用される.
hacer extensivo 広げる，伝える.

‡**extenso, sa** [e(k)sténso, sa] 形 ❶ 広大な，広々とした，広がった. —Ha heredado un ~ terreno en Andalucía. 彼はアンダルシアで広大な地所を相続した. Desde la ventanilla del tren divisamos ~s trigales. 列車の窓から私達は広々とした小麦畑を見渡した. 類**ancho, vasto**. 反**reducido**. ❷ 広範囲の，（知識などが）広い，大規模な. —conocimientos ~s 幅の広い知識. Es un cantante de repertorio muy ~. 彼は非常

にレパートリーの幅が広い歌手だ. 類**amplio, detallado, extendido, lato**. ❸ 長時間の; 大きい, かさばる. —Es un documental interesante pero muy ～. それは興味深い記録映画だが, 非常に長い. 類**grande, largo**.
por extenso 詳細に, こと細かに. Explicó *por extenso* lo sucedido aquella noche. 彼はあの晩起きたことをこと細かに説明した.

extensor, sora [e(k)stensór, sóra] 形 伸びる, 伸張性の.
— 男 ❶《解剖》伸筋. ❷《スポーツ》エキスパンダー.

extenuación [e(k)stenua θión] 女 衰弱, 疲弊.

extenuado, da [e(k)stenuáðo, ða] 過分 憔悴した, 衰弱した, 疲労困憊した. 類**agotado**.

extenuar [e(k)stenuár] [1.6] 他 を衰弱させる, とても疲れさせる. 類**agotar**.
—**se** 再 疲労困憊せる, 疲れ果てる.

∗∗exterior [e(k)sterjór エ(ク)ステリオル] 形 ❶ 外側の, 外部の, 外の. —habitación ～ 外側の(中庭に面していない)部屋. aspecto ～ 外観, 容姿. temperatura ～ 外気温. la capa ～ de la Tierra 地球の表面. 類**externo**. 反**interior, interno**. ❷ 外的な, 外面的な, 外国の. —relaciones ～*es* 対外関係. comercio [cambio] ～ 外国貿易[為替]. deuda ～ 対外債務, 外債. política ～ 外交政策. Ministerio de Asuntos E～*es* 外務省.
— 男 ❶ 外側, 外部. —al [por el] ～ 外で, 戸外で. No podía asomarme al ～. 私より外に顔を出すことができなかった. 反**interior**. ❷ 外見, 外観, (人の)見かけ. —Pintó el ～ del edificio. 彼は建物の外観を絵に描いた. 類**apariencia, aspecto**. ❸ 国外, 外国. —correo del ～ 外国郵便. influencia del ～ 外国からの影響. Las relaciones comerciales con el ～ han aumentado en los últimos años. 外国との通商関係は近年増大している. ❹ 複《映画》野外撮影, ロケ. —Esos ～*es* están rodados en Almería. それらのロケはアルメリアで行なわれている.

exterioridad [e(k)sterjoriðá(ð)] 女 ❶ 外部, 外形. ❷ 外観, 外見, 見かけ; 虚飾.

exteriorización [e(k)sterjoriθa θión] 女 客観化, 明示化, 表面化, 外在化.

exteriorizar [e(k)sterjoriθár] [1.3] 他 を(内部的なものを)表面化する, 明示する, 表わす. —No le gusta ～ sus sentimientos. 彼は感情をあまり表に出したがらない. 類**manifestar, revelar**.
—**se** 再 打ち明ける, 明かす.

exteriormente [e(k)sterjórménte] 副 外部に[で], 外見上は.

exterminación [e(k)stermina θión] 女 絶滅, 撲滅, 皆殺し.

exterminador, dora [e(k) sterminaðór, ðóra] 形 絶滅の, 撲滅の, 皆殺しの. —ángel ～《聖書》滅びの天使(出エジプト後のエジプトの赤ん坊を皆殺しにした).
— 名 根絶者, 破壊者.

exterminar [e(k)sterminár] 他 を根絶する, 絶滅させる. —～ los insectos dañinos 害虫を駆除する.

exterminio [e(k)stermínjo] 男 →extermi-nación.

externado [e(k)sternáðo] 男 ❶ 通学生からなる学校. ❷ 通学生の生活様式. ❸《集合的に》通学生. 反**internado**.

externamente [e(k)stérnaménte] 副 外的, 外部から, 外に, 対外的に.

∗externo, na [e(k)stérno, na テルノ, ナ] 形 ❶ 外の, 外側の, 外部の. —ángulo ～ 外角. medicamento para uso ～ 外用薬. envoltura *externa* del fruto 果実の外被. en la parte *externa* 外部に. La parte *externa* del edificio se conserva mal. 建物の外部は劣悪な保存状態になっている. 類**exterior**. 反**interior**.
❷ 外面の, 見た目の. —Fue una caída espectacular, pero la herida es meramente *externa*. それは目を見張るような転落だったが, 怪我ははんの見かけだけにすぎない.
❸ 国外の, 外国の. —deuda *externa* 対外債務. ❹ (寮生でなく)通学の, (住み込みでなく)通勤の. —alumno ～ 通学生.
— 名 通学生.

extiend- [e(k)stjénd-] 動 extender の直・現在, 接・現在, 命令・2 単.

extinción [e(k)stin θión] 女 ❶ 消える[消す]こと, 消火, 鎮火. —～ de un incendio 火災の消火. ❷ 死滅, 絶滅. —causar la ～ de… …を死滅させる. especie amenazada [en peligro] de ～ 絶滅に瀕する種. ❸ 抹殺, 削除. ❹《家系など の》廃絶.

extinga(-) [e(k)stinga(-)] 動 extinguir の接・現在.

extingo [e(k)stingo] 動 extinguir の直・現在・1 単.

extinguible [e(k)stiŋgíβle] 形 消しうる, 消火できる; 消滅する.

∶extinguir [e(k)stingír] [3.7] 他 ❶ *(a)* を(少しずつ)消滅させる, 終わらせる, 失わせる. —Las desilusiones *extinguieron* su ánimo de lucha. 失望によって彼の戦う気力は失せていった. Aquella enfermedad *extinguió* su vida. あの病気が彼の命を失わせた. *(b)* を絶滅させる, 壊滅させる, 根絶する. —～ la violencia 暴力を根絶する. ❷ (明かり・火)を消す, 消火する. —Los bomberos lograron ～ el incendio. 消防士たちは火事を消すのに成功した. 類**apagar**.
—**se** 再 ❶ 消え去る, 終わる; 絶滅する. —Su vida *se extingue* día a día. 彼の生命は一日一日と終わりに近づいている. ❷ (明かり・火が)消える, 鎮火する. —El fuego *se extinguió* con la lluvia. 雨によって火は消えた. ❸ 無効となる, 失効する. —Mi carnet de identidad *se extingue* dentro de dos días. 私の身分証明書は 2 日後に無効となる. 類**prescribir, vencer**.

extinto, ta [e(k)stínto, ta] 形 ❶ 死滅した, 絶滅した. ❷ (火などが)消えた. —volcán ～ 死火山. ❸《中南米》亡くなった, 故人の.

extintor, tora [e(k)stintór, tóra] 形 (火を)消す, 消火用の. —aparato ～ 消火器.
— 男 消すもの, 消火器 (=～ de incendios). 類**matafuego**.

extirpable [e(k)stirpáβle] 形 ❶ 摘出[切除]可能な. ❷ 根絶[撲滅]できる. ❸ 根こそぎにできる, 引き抜くことができる.

extirpación [e(k)stirpa θión] 女 ❶ 根絶, 絶

滅. ❷《医学》摘出, 切除.

extirpa*dor*, ***dora*** [e(k)stirpaðór, ðóra] 形 根こそぎにする; 根絶する, 摘出する.
—— 男《農業》除草機.

***extirpar** [e(k)stirpár] 他 ❶ を根こそぎにする, 切除する, 摘出する. —Han tenido que ~ el bazo. 彼は脾(ひ)臓を摘出しなければならなかった. ❷ を根絶する, 撲滅する. —El nuevo gobierno se ha propuesto ~ la corrupción. 新政府は汚職を根絶する決意である. 類 **erradicar**.

extorsión [e(k)storsjón] 女 ❶ 厄介, 迷惑. —causar ~ 迷惑をかける. ❷ 強請, ゆすり. ❸《法律》強盗, 強奪(= usurpación).

extorsionar [e(k)storsjonár] 他 ❶ をゆする. ❷《法律》を強奪する(= usurpar). ❸ …に迷惑をかける.

***extra** [é(k)stra] [< extraordinario の略] 形 ❶ 格別の, 極上の, 特別上等の. —obsequiar con un vino ~ 極上のワインでもてなす. 類 **extraordinario, notable, superior**. 反 **corriente, inferior**. ❷ 余分の, 臨時の, 割増しの. —horas ~s 時間外労働, 超過勤務時間, 残業時間. trabajar horas ~s 時間外労働[残業]をする. Cobra tres pagas ~s. 彼はボーナスを3回もらっている. edición ~ de un diario 新聞の号外. 類 **adicional**.
—— 男女《映画, 演劇》エキストラ; 臨時雇い. —trabajar de ~ エキストラになる. 類 **comparsa, figurante**.
—— 男 ❶ 臨時手当, 賞与, ボーナス. —Tienen muchos ~s además del sueldo. 彼らは給与の他にたくさんの手当をもらっている. 類 **adehala, gajes, plus**. ❷《料理》(メニューにない)特別料理. —La cena te resultará más cara si pides un ~. 君がもし特別料理を注文するなら, 夕食はより高くつくだろう. ❸ 臨時出費, 追加金. —El salario no basta para pagar los ~s de diciembre. 12月の臨時出費を支払うには月給だけでは足りない.
—— 女 ❶《中南米》(新聞の)号外. —¿Leyó Ud. la ~ de esta mañana? 今朝の号外をお読みになりましたか? ❷《北米》スペアタイヤ.
—— 副 別途に, 余分に, 付加的に. —El desayuno no se paga ~. 朝食は別料金になります.

extra- [estra-] 接頭「…の外, 範囲外, 超」の意. —*extra*muros, *extra*ordinario, *extra*terrestre, *extra*territorial, *extra*viar.

extracción [e(k)strakθjón] 女 ❶ 抜き取り, 引き抜き, 摘出, 抽出. —hacer una ~ 摘出する. ❷《比喩》血統, 系統, 血筋. —de baja [noble] ~ 低い[高貴な]家柄の. ❸ 採掘.

extractar [e(k)straktár] 他 を要約する, 摘要する.

extracto [e(k)strákto] 男 ❶ 抜粋, 抄録, (公文書の)抄本. —~ de cuenta 《銀行》の計算書. ❷ せんじ[出し]汁, エキス, 精剤, 抽出液. —~ de consomé コンソメの素.

extrac*tor*, ***tora*** [e(k)straktór, tóra] 形《機械》抽出する, 排気の. —dispositivo ~ 排気装置.
—— 男《機械》排気装置, 換気扇. —~ de aire [de humos] de la cocina 台所の換気扇.

extradición [e(k)straðiθjón] 女 (ある国に逃げ込んだ)犯人の外国引き渡し, 本国送還. —pedir la ~ 引き渡しを要求する. conceder la ~ 引き渡しに応じる. negar la ~ 引き渡しを拒否する.

extrañamiento 899

extradós [e(k)straðós] 男《建築》(アーチの)外輪(がい).

‡**extraer** [e(k)straér] [10.4] 他 ❶ (*a*) を引き抜く, 取り出す, 抜き出す. —Le *extrajeron* una muela. 彼は奥歯を1本抜かれた. ~ dinero de una cuenta 口座から金を引き出す. ~ el aire de un recipiente 容器から空気を抜く. ❷ (*a*) 採取する, 採掘する. —~ petróleo 石油を採掘する. (*b*) (結論などを)引出す. —Has *extraído* unas conclusiones equivocadas. 君はまちがった結論をいくつか引出した. ❸《化学》[*de*] を抽出する. —~ oxígeno *del* agua 水から酸素を抽出する. ❹《数学》(根)を求める, 開く. —~ una raíz cuadrada 平方根を求める.

extraiga(-) [e(k)stráiɣa(-)] 動 extraer の接・現在.

extraigo [e(k)stráiɣo] 動 extraer の直・現在[1人単].

extraj- [e(k)strax-] 動 extraer の直・完了過去, 接・過去.

extrajudicial [e(k)straxuðiθjál] 形《法律》裁判外の. —acuerdo ~ entre las partes 双方の示談.

extralimitación [e(k)stralimitaθjón] 女 ❶ 度を越すこと. ❷ 乱用, 越権行為.

extralimitarse [e(k)stralimitárse] 再 ❶ 権力を乱用する, 越権行為をする. —~ en sus funciones 越権行為をする. 類 **excederse**. ❷ 度を越す.

extranjería [e(k)stranxería] 女 外国人であること, 外国人の身分. —ley de ~ 《法律》外国人法.

extranjerismo [e(k)stranxerísmo] 男 ❶《言語》外国語法, 外来語. ❷ 外国崇拝[好き], 外国かぶれ.

extranjerizante [e(k)stranxeriθánte] 現分 形 外国かぶれの, 外国好みの.

extranjerizar [e(k)stranxeriθár] [1.3] 他 を外国人のようにする. —**se** 再 外国人のようになる.

****extranjero, ra** [e(k)stranxéro, ra]
形 外国の, 外来の, 在外の. —niño ~ 外国の子供. lengua *extranjera* 外国語. costumbres *extranjeras* 外国の習慣. 類 **exterior, extraño, forastero**.
—— 名 外国人. —Han llegado de vacaciones millares de ~s. 何千人という外国人が休暇でやって来た.
—— 男 外国. —del ~ 外国の[から]. Se fue al ~. 彼は外国へ行った.
en [por] el extranjero 外国で. Pasó las vacaciones *en el extranjero*. 彼は休暇を外国で過ごした. Proyecto un viaje *por el extranjero*. 私は外国旅行を計画している.

extranjis [e(k)stránxis]【次の成句で】
de extranjis《話》こっそりと, 隠れて. entrar *de extranjis* en una fiesta パーティーにこっそり紛れ込む.

extrañamente [e(k)stráɲaménte] 副 奇妙に, 不思議な様子で.

extrañamiento [e(k)straɲamjénto] 男 ❶ 不思議に思うこと, 不審に思うこと, 驚き. ❷ 不在

900 extrañar

[喪失]を残念がること, 不在の人[喪失した物]を懐かしむこと. ❸ 国外追放.

‡extrañar [e(k)strañár] 他 ❶ を不思議がらせる, いぶかしく思わせる, 驚かす. —Me *extraña* que ella llegue tan tarde. 彼女がこんなに遅刻するとは私には不思議だ. No me *extraña*. 私は驚かない. 類 **asombrar, sorprender**. ❷ …がいないのを寂しく思う, を懐かしむ. —Mi hermana vive ahora en otra ciudad y la *extraño* mucho. 姉は今別の町に住んでいるので, 私はとても寂しく思っている. 類 **añorar, echar de menos**. ❸ …に違和感を持つ, なじめない, …がしっくりしない. —*Extraño* la cama de este hotel porque es demasiado blanda. このホテルのベッドにはしっくりしない, あまりに柔らかいからだ. ❹ を国外追放する. —*~* a los golpistas クーデター実行者たちを国外追放する. 類 **desterrar, exiliar**.

—**se** 再【+de】❶ (を)不思議に思う, いぶかしく思う, 驚く. —*Se extrañó* mucho *de* verme por allí. 彼はそこで私に会えたことが大変不審そうだった. 類 **sorprenderse**. ❷ (…と)疎遠になる, 縁遠くなる. —*Se ha extrañado de* nosotros últimamente. 彼は最近我々と疎遠になった.

extrañeza [e(k)strañéθa] 女 ❶ 不思議さ, 奇妙さ; 奇妙な[変な]こと[行動]. —Me causa [produce] cierta *~* tu silencio. 君が黙っているなんてなんか変だ. La *~* de aquel crimen radicaba en la ausencia de móviles. あの犯罪の異常さは動機の欠如にあった. Sus *~s* me hicieron pensar que estaba loco. 彼の異常な行動から気が狂っていると思った. 類 **rareza**. ❷ 驚き, 不審. —Me causó *~* no verle en clase. 教室で彼に会えないとは驚いた. Sintió *~* al vernos. 彼は私たちに会って驚いた. 類 **admiración, asombro, sorpresa**. ❸ (友人間の)疎遠, 不仲. 類 **alejamiento, desavenencia**.

‡extraño, ña [e(k)stráño, ña エ(ク)ストラニョ, ニャ]
形 ❶ 見知らぬ, なじみのない. —Esta comida es *extraña* en nuestro país. この料理はわが国ではなじみがない. Estas cosas no deberás decirlas ante personas *extrañas*. こんなことは他人の前で言ってはいけません. 類 **desconocido, forastero**. 反 **amigo, conocido, familiar**. ❷ 変な, 奇妙な; 異質の. —sombrero *~* 変な帽子. aspecto *~* おかしな様子. cuerpo *~* 異物. Hace *~* verte con barba. あごひげをはやした君を見ると変な感じだ. Me dirigió una *extraña* sonrisa. 彼は私に妙な微笑を見せた. 類 **anormal, extraordinario, raro**. 反 **corriente, normal, ordinario**. ❸【+a】…に無縁の, 無関係の. —Ella es *extraña* a nuestra familia. 彼女は我々の家族とは関係がない. Permaneció *extraña* a nuestra conversación. 彼女は我々の会話の埒外にいた. 類 **ajeno**. 反 **propio**. ❹ 外来の, 外部の. —influencias *extrañas* 外部からの影響.

ser extraño que【+接続法】…は変だ[おかしい]. *Es extraño que* no esté ya aquí もう彼がここにいないのはおかしい.

—— 名 見知らぬ人, 他人, よそ者. —Está prohibida la entrada de *~s* en el edificio. 建物内に部外者の立ち入りを禁ずる.

—— 男 不意の[突発的な]動き. —La moto hizo un *~* y se salió de la carretera. オートバイは急に変な動きをすると外へ飛び出した.

extraoficial [e(k)straofiθiál] 形 非公式の, 私的の. 類 **oficioso**.

‡extraordinariamente [e(k)straorðinárjaménte] 副 ❶ 異常に, 並外れて, 非常に. ❷ 非常によく.

‡extraordinario, ria [e(k)straorðinárjo, rja] 形 ❶ 異常な, 普通ではない. —acontecimiento *~* 異常な出来事. fuerza *extraordinaria* 異常な力. Hace un frío *~* para esta época del año. 1年のこの時期にしてはめずらしい異常な寒さである. 類 **excepcional, extraño, raro**. 反 **ordinario**. ❷ 並外れた, 非常な, 著しい. —talento *~* 並外れた才能. éxito *~* 著しい成功. Pescó una trucha de tamaño *~*. 彼は途方もない大きさのマスを釣った. 類 **extravagante, notable, sorprendente**. ❸ 特別の, 臨時の. —gastos *~s* 特別経費. paga *extraordinaria* ボーナス. horas *extraordinarias* 残業[超過勤務]時間. edición *extraordinaria* 特別版. sesión *extraordinaria* 臨時会. embajador *~* 特命大使.

—— 男 ❶ (新聞・雑誌の)特別号[版], 号外; 特集号. —Hoy han publicado el *~* de las elecciones. 今日選挙特集号が発行された. 類 **especial, extra**. ❷ 特別なこと, 異常事. —Hicieron un *~*. 彼らはとてつもないことをやった. ❸ (郵便などの)特別便, 速達便. ❹ 特別料理. —Mi madre preparó un *~* para la cena de Año Nuevo. 母は元旦の夕食のために特別のごちそうを作った.

extrapolación [e(k)strapolaθjón] 女 ❶ 推定, 敷延(ふえん). —hacer una *~* 敷延する. ❷《数学》外挿法, 補外法.

extrapolar [e(k)strapolár] 他 ❶ を(既知のことから)類推する; ある結論・法則を他分野にもあてはめる. ❷《数学》(既知の数値から未知の数値を)推定する.

extrarradio [e(k)strař̄áðjo] 男 郊外, 近郊. —vivir en el *~* 郊外に住む. 類 **periferia**.

extraterrestre [e(k)strateř̄éstre] 形 地球外の. —inteligencia *~* 地球外知能. 男女 地球外生物, 宇宙人. —《El *~*》『E.T.』.

extraterritorial [e(k)strateřitorjál] 形《法律》治外法権の.

extraterritorialidad [e(k)strateřitorjaliðáð] 女《法律》治外法権. —violar la *~* 治外法権を侵す.

extrauterino, na [e(k)strauteríno, na] 形《医学》子宮外の.

extravagancia [e(k)straβaɣánθja] 女 突飛なこと, 無茶, 奇行, 奇抜さ. —vestir con *~* 奇抜な服装をする. decir [hacer] una *~* 突飛なことを言う[する]. 類 **excentricidad**.

‡extravagante [e(k)straβaɣánte] 形 (人が)常軌を逸した; (行動・意見・服装などが)突飛な, 風変わりな, 奇怪な. —lenguaje *~* 無茶苦茶な言葉遣い. No he visto una persona tan *~*. 私はあんな常識はずれな人見たことない. 類 **estrafalario, estrambótico**.

—— 男女 常軌を逸した人, 奇人, 変人.
—— 女〔複〕《カトリック》(宗教によらない教皇の)教令集. 類 **decretales**.

extravasarse [e(k)straβasárse] 再《医学》(血液などが)溢れる(いっぷれる), にじみ出る.

extraversión [e(k)straβersjón] 女 外向な

性格.

extravertido, da [e(k)straβertíðo, ða] 形 外向的な. 反 **introvertido**. —carácter ~ 外向的な性格. —名 外向的な人.

extraviado, da [e(k)straβiáðo, ða] 形 ❶ なくした, 遺失物の. —objetos ~s 遺失物. ❷ 道に迷った. ❸ 堕落した. —llevar una vida *extraviada* 堕落した生活を送る. 類 **descarriado**. ❹ ぼうっとした, 焦点のさだまらない, うつろな. ~mirada *extraviada* うつろな目つき. ❺《話》頭がおかしい. ❻ 人通りの少ない.

‡**extraviar** [e(k)straβiár] [1.5] 他 ❶ を迷わせる, 迷子にさせる. —Aquella señal mal puesta nos *extravió*. あのまちがって置かれた標識によって私たちは道に迷った. ❷ をなくす, 紛失する. —He *extraviado* mi cartera y no sé dónde. 私は札入れをなくしたが, どこでなくしたかわからない. ❸ を正道から踏み外させる, 悪の道へ誘う. —Las malas compañías le *han extraviado*. 悪い仲間が彼を悪の道へ誘い込んだ. 類 **descarriar**. ❹ (視線を)外させる. ~~ la vista 視線が定まらない.

—**se** 再 ❶ はぐれる, 道に迷う. —*Nos extraviamos* en el bosque. 私たちは森の中で道に迷った. ❷ 正道を踏み外す. —*Sus malos amigos contribuyeron a que se extraviara*. 悪友たちが彼を悪の道に引きずり込んだ. ❸ (物が)なくなる, 紛失する. —*Se me ha extraviado* el paraguas que me prestaste. 私は君が貸してくれた傘をなくしてしまった.

extravío [e(k)straβío] 男 ❶ 道を誤ること. —causar ~ 道を誤らせる. ❷ 堕落すること. —causar ~ 堕落させる. ❸ 間違い, 過ち. —~s de la juventud 若気のいたり. ❹ 紛失, 遺失. 類 **pérdida**. ❺《話》面倒, 厄介なこと. 類 **molestia, trastorno**.

extremadamente [e(k)stremaðaménte] 副 極度に, 非常に, 極端に.

***extremado, da** [e(k)stremáðo, ða] 過分 形 極端な; 極度の, はなはだしい. —Fue una persona de *extremada* generosidad. 彼は極度に寛容な人だった. 類 **destacado, exagerado, excesivo**.

Extremadura [e(k)stremaðúra] 固名 エストレマドゥーラ(スペインの地方・自治州).

‡**extremar** [e(k)stremár] 他 を極端にさせる, 極端にまで行かせる. —Cuando conduzcas, *extrema* la prudencia. 運転するときは, いくら慎重でも慎重過ぎることはないよ. La policía *ha extremado* las medidas de vigilancia. 警察の警備は行き過ぎだった.

—**se** 再［＋en に］丹精をこめる. —*Se han extremado en* la organización del congreso. 彼らは大会の立上げに精魂込めた. 類 **esmerarse**.

extremaunción [e(k)stremaunθjón] 女《宗教》終油の秘跡. —dar [administrar] la ~ a un moribundo 臨終の人に終油の秘跡を与える.

extremeño, ña [e(k)stremépo, ɲa] 形 エストレマドゥーラ(Extremadura)(人)の.
—名 エストレマドゥーラの人.

extremidad [e(k)stremiðáð] 女 ❶ 複 四肢, 手足. ~~es superiores 両腕. ~es inferiores 両足. ❷ 先端, 末端. ❸ 極端, 極み.

extremismo [e(k)stremísmo] 男 極端論, 過激論. —~ islámico イスラム過激主義.

***extremista** [e(k)stremísta] 男女 (特に政治・

exuberante 901

思想上の)過激主義者, 過激派.
— 形 過激派[論]の, 過激主義(者)の. —ideas ~s 過激思想.

‡**extremo, ma** [e(k)strémo, ma] 形 ❶ 極度の, 最大限の, はなはだしい. —Cuidaban a sus hijos con *extrema* ternura. 彼らは子供たちを並外れた優しさで世話していた. ❷ 極端な. —*extrema* izquierda[derecha] 極左[極右]. En esta zona montañosa hace un frío ~. この山岳地帯は極端に寒くなる. Tienen opiniones *extremas*. 彼らは極端な意見を持っている. ❸ 末端の, 端の. —La mía es la habitación *extrema* del pasillo. 私の部屋は廊下の一番端のところだ. ❹ 〖主に名詞の前で〗最も遠い. —E~ Oriente 極東.

— 男 ❶ 末端, 端. —Corta el ~ de la cuerda. 綱の端を切りなさい. Yo no vi nada porque estaba en el otro ~ de la calle. 私は通りの反対側の端にいたので何も見えなかった. Estaba sentada en el ~ de la mesa. 彼女はテーブルの端のところに座っていた. 類 **cabo, extremidad, punta**. ❷ 極端, 極度, 極端な程度. —Amó a los suyos hasta el ~. 彼は自分の家族を極端なまでに愛した. Han llegado al ~ de no saludarse. 彼らは行くところまで行って挨拶すらしないようになった. ❸ 複 両極端, 正反対の(2つのもの). —Los ~s se tocan. 両極端は相通ずる. Marido y mujer son los dos ~s: él muy callado y ella muy charlatana. 夫婦は正反対で, 夫はとても無口なのに妻はとてもおしゃべりだ. ❹ 問題(点), 事項, 項目. —Vamos a dejar ese ~ para otro momento. その問題点は別の機会に残しておこう. ❺《スポーツ》(サッカーなどの)ウィング. —El ~ derecho pasó el balón al delantero centro. ライト・ウィングがボールをセンター・フォワードにパスした.

de extremo a extremo 始めから終わりまで; 端から端まで. Explícame lo que ha pasado *de extremo a extremo*. 起きたことは始めから終わりまで説明してくれ.

en [con, por] extremo 極端に, 極度に, きわめて. La conferencia me aburrió *en extremo*. その講演はどうしようもなく退屈だった.

en último extremo 最後の手段として. Sólo permitió que le operaran *en último extremo*. 彼は最後の手段として手術することを認めただけだった.

ir [pasar] de un extremo a otro 極端から極端に変わる, 極端に走る. En política siempre *ha ido de un extremo a otro*. 政治的に彼は常に極端から極端へと変わってきた.

extrínseco, ca [e(k)strínseko, ka] 形 外部(から)の, 外来的な, 付帯的な. —causa *extrínseca* 外因. 反 **intrínseco**.

extroversión [e(k)stroβersjón] 女 →extraversión.

extrovertido, da [e(k)stroβertíðo, ða] 形 →extravertido.

exuberancia [eksuβeránθja] 女 豊富, 多量. —~ de colores 氾濫する多くの色.

exuberante [eksuβeránte] 形 ❶ 豊富な, あふれるばかりの. —vegetación ~ 生い茂った緑. Su novia tiene formas ~s. 彼の恋人はグラマラスだ. ❷ (表現が)豊かな.

exudación [eksuðaθjón] 囡 しみ出ること, にじみ出ること, 滲出(しゅっ); 結露.

exudar [eksuðár] 他 をしみ出す, にじみ出させる; 結露する. —El vino *exuda* resina. 松の木はやにがでる. ——**se** 再 〖3人称で〗にじみ出る.

exultación [eksultaθjón] 囡 大喜び, 歓喜.

exultar [eksultár] 自 大喜びする.

exvoto [e(k)sβóto] 男 《宗教》奉納物. ◆病気回復などの感謝の印として, 髪の毛や身体の部分をかたどったロウ細工, 療養に使った物, などを奉納し, 教会の壁・屋根などに置く, その品物. —hacer un ～ 奉納する.

eyaculación [ejakulaθjón] 囡 《生理》射精. —～ precoz 早漏.

eyacular [ejakulár] 他 《生理》を射精する. —— 自 《生理》射精する.

eyectar [ejektár] 他 《機械》を排出する, 放出する. —～ un gas ガスを排出する.

eyector [ejektór] 男 ❶ 《機械》排出装置. —～ de aire 排気装置. ❷ 蹴子(しゅう), エゼクター(銃から空の薬莢をはじきだすための装置)

EZLN 《頭字》〖＜Ejército Zapatista de Liberación Nacional〗男 〖メキシコ〗サパティスタ国民解放軍(ゲリラ組織).

F, f

F¹, f [éfe] 囡 ❶ スペイン語アルファベットの第6文字. ❷《音楽》ヘ音(ファ), ヘ調.

F²《頭字》❶《<febrero》2月. —23-F (1981年スペインのクーデター未遂事件). ❷《<Fahrenheit》華氏.

f/《略号》=fecha 日付け.

fa [fá] 男 ❶《音楽》ヘ音(ファ). ❷《中南米》パーティ, お祭り騒ぎ.
— 囡《中南米》酔っ払うこと, 泥酔.

fabada [faβáða] 囡《料理》ファバーダ(白インゲン豆の煮込み料理). —comer una ~ ファバーダを食べる. ~ asturiana アストゥリア風ファバーダ.

fabla [fáβla] 囡 ❶ スペイン語の擬古文. ❷《古》寓話, おとぎ話. 類**fábula**. ❸《古》話すこと, 言語. 類**habla**.

‡**fábrica** [fáβrika ファブリカ] 囡 ❶ 工場, 製作所, 製造所. —instalar una ~ 工場を設立する. ~ de conservas [de gas, de papel, de zapatos] 缶詰[ガス, 製紙, 靴]工場. ~ siderúrgica [de harina] 製鉄[製粉]所. ~ de cerveza ビール醸造所. ~ de moneda 貨幣鋳造所. ~ de muebles 家具製作所. ~ textil [de textiles] 繊維工場. 類**factoría, industria**. ❷ 製造, 製作. —marca de ~ 商標. Estos vestidos tienen un defecto de ~. これらの洋服は製造上の欠陥がある. de ~ alemana ドイツ製の. 類**fabricación, industria**. ❸《建築》(a) 石[煉瓦(ホネ)]造り. —construcción de ~ 石造建築物. muro [pared] de ~ 石造りの壁, 煉瓦(ホネ)塀. (b) 建造物, 建築物. — ~ gigantesca 巨大建造物. 類**construcción, edificio, obra**. ❹ でっち上げ, 捏造(キッツ). — ~ de mentiras [de embustes] 嘘のでっち上げ. 類**invención**. ❺ 教会財産. —consejo de ~ 教会財産管理委員会.

al pie de fábrica 工場渡し価格で(al pie de la obra「建築資材などが」現場渡し価格で」).

en fábrica 工場渡しの. a precio *en fábrica* 工場渡し価格で.

‡**fabricación** [faβrikaθjón] 囡 ❶ 製造, 生産; 製品. — ~ de automóviles 自動車の製造. ~ defectuosa 欠陥(製)品. de ~ japonesa [nacional] 日本製[国産]の. de ~ casera [propia] 自家製の. ~ en serie 量産. sistema [costo de] ~ 製造工程[コスト]. estar en ~ 生産中である. 類**producción**.

‡**fabricante** [faβrikánte] 男女 製造業者, メーカー, 生産者; 工場主. — ~ de zapatos 靴の製造業者.
— 形 製造の, 製造する.

‡**fabricar** [faβrikár] [1.1] 他 ❶ (a) を(機械で)製造する, 生産する. —En esta factoría *fabrican* tractores. この工場ではトラクターを生産している. (b) を(手で)作り上げる, 製作する, 作る. —Mi padre *fabrica* mesas para despachos. 私の父親は事務机を作っている. 類**elaborar**. ❷ を建てる, 建設する, 建造する. — ~ un rascacielos 摩天楼を建てる. 類**construir, edificar**. ❸ (a) を創作する, こしらえる; でっち上げる. — ~ cuentos infantiles 童話を書く. ~ una mentira うそをつく. (b) を築き上げる; 引き起こす, 招く. — ~ una fortuna 財産を築き上げる. ~ su propia ruina 自分自身の破滅を招く. ❹ を(生理的に)作り出す. —El hígado *fabrica* hiel. 肝臓は胆汁を作り出す.

fabril [faβríl] 形 製造の. —industria ~ 製造業.

fabrique(-) [faβrike(-)] 動 fabricar の接・現在.

fabriqué [faβriké] 動 fabricar の直・完了過去・1単.

‡**fábula** [fáβula] 囡 ❶ 寓話(詩). — ~s de Esopo イソップ寓話(集)[物語]. ~s de la Fontaine [de Samaniego] ラ・フォンテーヌ[サマニエゴ]の寓話(集). colección de ~s 寓話集. 類**apólogo**. ❷ 神話, 伝説. —según la ~ 伝説によると. ~ de Prometeo [de Orfeo] プロメテウス[オルフェイス]の神話. 類**leyenda, mito**. ❸ 作り話, うそ. —Esta historia es una ~. この話はでっち上げである. Todo lo que nos contó es pura ~. 彼が私たちに話したことはすべて真っ赤なうそである. 類**falsedad, invención**. 反**realidad, verdad**. ❹ 噂(ウサ), ゴシップ; 物笑いの種. —Eso es una ~ que corre por ahí; no te lo creas. それはその辺の噂だが, それを信じるな. López es la ~ del pueblo. ロペスは村中の笑いものだ. 類**habladuría, rumor**. ❺ 話, 談義. — ~ milesia 猥談(カスタダ). ❻《劇・叙事詩などの》筋, プロット. 類**argumento**.

de fábula 非常に出来[品質]のよい. Tiene una casa *de fábula*. 彼には出来の持ち家がある. En la fiesta lo pasamos *de fábula*. パーティーで我々は最高のときを過ごした. Están liquidando las mercancías a precios *de fábula*. 信じられない価格でのバーゲンセールだ.

fabulario [faβulárjo] 男 寓話集, おとぎ話集.

fabulista [faβulísta] 男女 寓話作家.

fabuloso, sa [faβulóso, sa] 形 ❶ 信じられない(ような), 途方もない; (信じられないほど)すばらしい. —¡Es ~! それはすごい. Mi abuelo tenía una memoria *fabulosa*. 私の祖父は信じられないような記憶力を持っていた. 類**extraordinario, fantástico, maravilloso**. ❷ 架空の, 想像上の. —En esa película intervienen personajes ~s. その映画には架空の人物が出てくる. 類**ficticio, imaginario, inventado**. ❸ 寓話的な; 伝説上の, 伝説[神話]に出てくる. —Contaron una historia *fabulosa* sobre cómo se formó el lago. 彼らはその湖がどうしてできたかという伝説を語った. 類**le-**

904 faca

gendario, mítico. — 副《話》すばらしく. — En este viaje me lo he pasado ~. 今回の旅行中は申し分なく過ごすことができた.

faca [fáka] 女 ナイフ, 短剣, あいくち.

:**facción** [fakθjón] 女 ❶《主に複》顔立ち, 容貌, 目鼻立ち. — *facciones* perfectas [correctas] 整った顔立ち. tener las *facciones* marcadas [pronunciadas] 目鼻立ちがはっきりしている, 彫の深い顔立ちをしている. chica de *facciones* orientales 東洋風な目鼻立ちの女の子. Es abultada de *facciones*. 彼女は目鼻立ちがはっきりしている. 類**rasgos**. ❷ 過激派[集団], 徒党, (暴徒などの)一団;派閥,党派. — ~ extremista [revolucionaria] 過激[革命]派. ~ autonomista 自治派. una ~ de ladrones 盗賊の一団. 類**banda, pandilla.** ❸《軍事》哨戒(ﾉ), 見張り;戦闘. — estar de ~ 哨戒に立っている.

faccioso, sa [fakθjóso, sa] 形 ❶ 党派的な, 党派心の強い. ❷ 反逆的な, 反抗的な. — 名 徒党, 反逆者, 扇動家.

faceta [faθéta] 女 ❶《比喩》(物事の)一面, 側面. ❷ (結晶体・宝石の)小面, (カットグラスの)切子面.

facha¹ [fátʃa] 女《話》❶ 外観, 外見, 様子. — tener buena [mala] ~ 格好がよい[悪い]. ❷ おかしな身なり, みっともない格好. 類**adefesio, marracho.**

ponerse en facha (1)《海事》停船する. (2) 用意[支度]ができている.

facha² [fátʃa] 男女《政治》《話,軽蔑的に》ファシスト;保守派;右翼. — 形《政治》《話,軽蔑的に》ファシストの, 保守の;右翼の.

:**fachada** [fatʃáða] 女 ❶《建築》(建物の主要)正面, ファサード;(建物・船などの)外面. — ~ principal 主要正面. La ~ gótica de la catedral está muy deteriorada. そのカテドラルのゴチック様式の正面は大幅に破損している. casa con 15 metros de ~ 間口15mの家. ~ lateral [posterior] 側面[背面]. 類**cara, delantera, frente, frontispicio.** ❷《比喩》(人・物の)見かけ, うわべ, 外見;風采. — Este hombre no tiene más que ~. この人は見かけだけだ. La pretendida riqueza de esa familia es pura ~. その自称金持ち一家はまったくのうわべだけだ. tener gran ~ 堂々たる風采をしている. 類**apariencia, presencia.** ❸《比喩》外側, 沿岸地方. — ~ de la ciudad 町の外側. ~ marítima del país 国の沿岸地方. ❹《まれ》(本の)扉.

*con fachada a ...*に面した. casa *con fachada a*l mar 海に面した家.

hacer fachada con [*a*] ...に面して[向いて]いる.

fachenda [fatʃénda] 女《話》見せびらかし, 気取り, 見栄. 類**jactancia.**

— 男《話》自慢家, 見栄っぱり.

fachendear [fatʃendeár] 自《話》見せびらかす, 気取る.

fachendista [fatʃendísta] 形 → fachendoso.

fachendoso, sa [fatʃendóso, sa] 形《話, 軽蔑》虚栄心の強い, みえっぱりな. 類**presuntuoso.**

— 名 虚栄心の強い人, みえっぱりな人.

fachinal [fatʃinál] 男『アルゼンチン』低湿地, 沼沢地.

fachoso, sa [fatʃóso, sa] 形 ❶《話》醜い, 不格好な, 変な. ❷『南米』= jactancioso.

facial [faθjál] 形 ❶ 顔の, 顔面の. — masaje ~ 顔面のマッサージ. nervio ~ 顔面神経. ❷《商業》額面の. — valor ~ 額面価格. ❸《まれ》本能の.

:***fácil** [fáθil ファシル] 形 ❶ [+de/para] …し易い, 容易な, 簡単な[ser/estar+]. — Es un trabajo ~. それは易しい仕事だ. Ese problema no es ~ de resolver. その問題は解決が容易ではない. 類**sencillo, simple.** 反**difícil.** ❷ 楽な, 気楽な, 骨の折れない[ser/estar+]. — Lleva una vida muy ~. 彼は気楽な生活を送っている. 類**cómodo.** ❸ ありがちな, 起きやすい. — Mi padre tiene la lágrima ~. 私の父は涙もろい. ❹ 気の置けない, (人・性格が)扱いやすい;育てやすい. — El jefe es una persona muy ~ y asequible. 上司はとても気の置けない人で近づきやすい. Este niño tiene un carácter ~. この子は育てやすい性格をしている. 類**amable, dócil.** ❺ 人の言いなりになる;だらしない, ふしだらな. — Por su forma de tratar a los hombres parece una chica ~. あの男のあしらい方から見ると彼女は尻軽な女みたいだ.

es fácil que [+接続法] …がありそうだ, …が起こりそうだ, …かもしれない. *Es fácil que* nieve esta noche. 今夜は雪が降りそうだ.

— 副 たやすく, 簡単に;気楽に. — Esto es sencillo y se aprende ~. これは簡単で, 楽に学べる.

:**facilidad** [faθiliðá(ð)] 女 ❶ 容易さ, やさしいこと, 簡単. — El profesor se sorprendió por la ~ con que Antonio contestaba a sus preguntas. 先生はアントニオが先生の質問にいとも簡単に答えるのでびっくりした. 類**sencillez, simplicidad.** 反**complicación, dificultad.** ❷ 流暢(ﾘｭｳﾁｮｳ), (言葉の)よどみなさ. — Habla inglés con mucha ~. 彼は英語が大変流暢である. 類**habilidad, soltura.** ❸《主に複》便宜, 便;機会;《商業》(支払いの)便宜. — dar [ofrecer, proporcionar] todas las ~es a ... para ... (人)に…のためにあらゆる便宜を図る. Compramos una casa y nos dieron ~es de pago. 私たちは家を1軒を買い, 分割払いにしてもらった. ~es de crédito 信用貸し[クレジット]制度. La ~ del viaje le permite venir todas las semanas. 交通の便がよいので彼は毎週来られる. Tengo ahora ~ para importar un coche. 私には今が車を輸入するいい機会である. 類**ocasión, oportunidad.** ❹ [+para] (…の)能力, 才能, 素質;性向, 気質. — tener ~ para (aprender) los idiomas 語学の才がある. tener ~ de palabra [para hablar] 能弁である, 雄弁である. mostrar (una) gran ~ para la música 音楽のすぐれた才能を見せる. Tiene mucha ~ para olvidar [para acatarrarse]. 彼は忘れっぽい[風邪を引きやすい]. 類**aptitud, capacidad, disposición, dotes.** ❺ 設備, 施設. — ~es del puerto 港湾設備. 類**comodidades.** ❻ 人のよさ, 気弱さ, 寛大;従順, 素直. — Tiene excesiva ~ para dejarse convencer. 人が人よすぎて, その人の言いなりになる. 類**complacencia, condescendencia, ligereza.** ❼ 気楽さ, 安楽さ, 呑気(ﾉﾝｷ). ❽ (女の)だらしなさ, ふしだら. ❾『中米』交通機関.

con facilidad (1) 容易に, 楽々と, 簡単に(= fácilmente). Resolvió el problema *con la* mayor *facilidad*. 彼は問題を楽々と[易々と]解いた. (2) 流暢(%%)に (=con soltura).

‡facilitar [faθilitár] 他 ❶ を容易にする, 便利にする, 可能にする. —La nueva línea ferroviaria *facilitará* las comunicaciones. 新しい鉄道線は交通の便を容易にする. Tus indicaciones me *facilitaron* mucho los trámites. 君が指示してくれたので私は手続きが楽になった. ❷ を供与する, 提供する, 融通する. —Le *facilitaron* la información que pedía. 彼は求めていた情報を提供された. Las instancias se *facilitan* en la primera planta. 申込み用紙は2階で配布される. 類**entregar, proporcionar**. ❸ 《中南米》甘く見る, 見くびる.

‡fácilmente [fáθilménte] 副 容易に, 楽に, 難なく. —Eso puede entenderse ~. それはたやすく理解できる. Tiene una cara ~ reconocible. 彼は簡単にそれと分かるような顔をしている.

facineroso, sa [faθineróso, sa] 形 ❶ よこしまな, 邪悪な, 不正な. ❷ 常習犯の.
— 名 ❶ 無法者, 悪者, ならず者. 類**malhechor**. ❷ 常習犯.

facistol [faθistól] 男 ❶ 《宗教》(教会の)聖書台, 見台. ❷ 《宗教》(聖歌の)楽譜台.

facón [fakón] 男 《中南米》ガウチョの用いる大きく鋭い刀.

facsímil, facsímile [faksímil, faksímile] 男 ❶ 複写, 複製, コピー, (古書の)写真版, 模写. —edición ~ 復刻版. ❷ ファクシミリ, ファックス (《略》fax).
— 形 複写の, 複製の, コピーの, ファクシミリの.

factible [faktíβle] 形 実行[実現]できる, 可能な. —proyecto ~ 実現可能な計画.

facticio, cia [faktíθio, θia] 形 ❶ 人為的な, 人工的な. ❷ つくり物の, まがいものの. ❸ 不自然な.

*factor [faktór] 男 ❶ 〖+de/en〗…の要因, 要素, ファクター. —La estabilidad política es un ~ decisivo *en* la marcha del país. 政治的安定が国の発展の決定要因である. Nos habló sobre los ~*es de* la crisis religiosa. 宗教危機の諸要因について彼は我々に語った. ~ humano 人的要素. ~ externo [interno] 外的[内的]要因. ~*es de* producción 《経済》生産要素(土地 tierra, 労働 trabajo, 資本 capital). ~ *de* la evolución 《生物》進化の要因. ~ alcista [bajista] 《商業》(相場の)強気[弱気]材料. 類**causa, elemento**. ❷ 〖+de〗をひき起こした・作り出した張本人. —Él es el ~ *de* su desgracia. 彼は自ら不幸を招いている. 類**autor**. ❸ 《鉄道》荷物取扱係. ❹ 《商業》代理人, 仲買人. ❺ 《数学》因数, 因子, 約数. —~ primo 素因数. El orden de los ~*es* no altera el producto. 因数の順序を変えても, 積は変わらない. ❻ 《生物》遺伝(因)子 (=~ hereditario). —~ sanguíneo [antianémico] 血液[抗貧血]因子. ~ Rhesus [Rh] Rh 因子, リーサス因子. 類**gen, gene**. ❼ 《物理, 電気》係数, 率. —~ de seguridad 安全率[係数]. ~ de potencia 力率. ~ de carga 負荷率. ❽ 《軍事》食糧供給者.

factoría [faktoría] 〔＜英 factory〕女 ❶ 工場. ❷ 《商業》代理店. ❸ 《商業》代理業, 仲介業, 問屋業. ❹ 《歴史, 商業》海外代理店.

factótum [faktótun] 男 《話》 ❶ 雑働き, 何でも屋, 使い走り. ❷ たよりになる人, 腹心, 右腕. ❸ お

せっかい焼き, 出しゃばり. 類**entrometido**.

factual [faktuál] 形 事実の. —verificación ~ 事実の確認.

‡factura [faktúra] 女 ❶ 《商業》**請求書**, 勘定書. —extender una ~ 請求書を作成する. enviar [mandar] una ~ 請求書を送る. pagar una ~ 請求額を支払う. ¿A cuánto monta la ~? 勘定書はどれくらいになりましたか. 類**cuenta**. ❷ 《商業》**送り状**, インボイス. —~ pro forma [simulada] 見積り送り状, 仮送り状. ~ definitiva 確定送り状. ~ comercial [consular] 商業[領事]送り状. extender una ~ インボイスを作成する. enviar [mandar, remitir] una ~ インボイスを送る. pasar [presentar] una ~ インボイスを提出する. libros de ~s 仕入れ帳. 類**cuenta**. ❸ (製品・作品の)出来ばえ, 仕上がり, 仕立て; 様式. —mueble de buena [mala] ~ 仕上がりのよい[よくない]家具. Este abrigo tiene buena ~. このオーバーは仕立てがよい. Esta mesa es de excelente ~. このテーブルの仕上がりが大変すばらしい. de ~ clásica 古典様式の 類**ejecución, hechura**. ❹ 《エクアドル》手数料; 《アルゼンチン, ウルグアイ》菓子パン.

facturación [fakturaθjón] 女 ❶ 《商業》送り状[請求書]を書くこと. ❷ (駅・空港での)荷物の託送, チッキ.

*facturar [fakturár] 他 ❶ (…の)代金を請求する. —Le *facturaremos* los libros incluyendo los gastos de envío. 弊社は送料を含めて書籍代を御請求することに致します. ❷ 《商業》(…の)請求書[インボイス・送り状]を作成する. —La dependienta me *facturó* los artículos comprados. 女店員が私に買った商品の請求書を作成した. ❸ (目的地まで)荷物を預ける, を預託する, 託送する. —*Facturaron* las maletas antes de subir al tren. 彼らは列車に乗る前にスーツケースを預けた.

‡facultad [fakultá(ð)] 女 ❶ (精神的な)能力, 力, 《医学》(身体諸器官の)機能. —~*es* morales 精神力. Los animales no tienen la ~ de hablar. 動物には言語能力がない. No ha perdido ~*es* con los años. 彼は歳月を経ても身体的機能が低下しなかった. 類**capacidad**. 反**impotencia, incapacidad**. ❷ 〖主に 複〗〖+para〗 (芸術的な・職業上の)才能, 天分. —Ella no tiene ~*es para* cantante. 彼女には歌手の才能がない. Es un deportista en la plenitud de sus ~*es*. 彼は円熟期のスポーツ選手である. 類**aptitud, dotes, talento**. ❸ (大学の)**学部**(学科は departamento); 〖集合的に〗(学部の)教授陣. —~ de derecho [de ciencias económicas] 法[経済]学部. ~ de medicina 医学部. Está en la ~ de filosofía y letras. 彼は哲文学部に在籍している. el Decano de la ~ 学部長. La ~ está indignada. 教授陣は怒っている. ❹ 〖+para〗…する権限, 権利, 職権; 資格; 《宗教》機能. —~*es* discrecionales 自由裁量権. Yo no tengo ~ *para* concederte el permiso. 私には君に許可を与える権限がない. Le concedió ~*es para* que pudiera disponer de sus bienes. 彼は財産を自由に処分する権利を与えられた. Se excedió en sus ~*es*. 彼は越権行為をした[職権を乱用した]. detentar ~*es* (不正に)権限を保持する. 類**atribuciones, autoridad, derecho, poder**.

906 facultar

facultades mentales 知能, 知力 (=*facultades intelectuales*). perder las *facultades mentales* 頭がぼける. Escribió el testamento en plena posesión de sus *facultades mentales*. 彼はまだ頭がはっきりしているうちに遺言状を認(したた)めた.

facultar [fakultár] 他 …に資格[権限]を持たせる.

facultativo, va [fakultatíβo, βa] 形 ❶ 随意の, 任意の. —*asistencia facultativa* 随意の出席. ❷ 医者の, 医療の. —*parte* ~ 病状報告. ❸ (大学の)学部の. ❹ 専門の, 専門職の. —*términos* ~s 専門用語. ❺ 責任者(指導者)の決定による, 関係者次第の.
— 名 ❶ 医者, 外科医 (=médico). ❷ 専門職員, 技術員.

facundia [fakúndja] 女 《まれ》雄弁, 能弁. 類 **labia**.

facundo, da [fakúndo, da] 形 《まれ》雄弁な, 能弁な (=elocuente).

fado [fáðo] 男 《音楽》ファド(ポルトガル民謡, 舞踊).

‡**faena** [faéna] 女 ❶ 仕事, 特に肉体労働. — Ahora tenemos poca ~ en la fábrica. 工場ではいまあまり仕事がありません. 類 **labor, trabajo**. ❷ 《主に複》作業. —~s domésticas [de la casa] 家事. ~s agrícolas [del campo] 農作業. 類 **quehacer**. ❸ (a) 汚い手, 卑劣な手口. — Nos han cortado la luz. ¡Vaya ~! 電気を切られてしまった. 何ということだ. (b) 厄介なこと. — ¡Qué ~, la calle está cortada al tráfico! 何ということだ, この通りは通行止めだよ. ❹ 《闘牛》闘牛士の一連の技. ❺ 《中南米》農場での時間外の労働.
hacer una (mala) faena (a+人) (人)に故意に損害を与える.

faenar [faenár] 自 《海事》漁をする, 操業する.

faenero, ra [faenéro, ra] 名 《中南米》農場労働者.
— 形 《中南米》収穫物の取り入れ〔公売〕に従事した.

faetón [faetón] 男 フェートン(2頭立て4輪馬車).

fafarachero, ra [fafaratʃéro, ra] 〔<伊〕 《中南米》みえっぱり, 虚栄心の強い. 類 **fachendista, fachendoso**.
— 名 《中南米》みえっぱり, 気取り屋.

fagocito [faɣoθíto] 男 《生物》食細胞(白血球・リンパ球など).

fagocitosis [faɣoθitósis] 女 《単複同形》食菌作用.

fagot [faɣó(t)] 男 《複 fagots》《楽器》ファゴット, バスーン(低音木管楽器). —*tocar el* ~ ファゴットを吹く.
— 《音楽》ファゴット[バスーン]吹奏者.

faisán [faisán] 〔<プロバンス〕 男 《鳥類》キジ(狩猟の対象, 食材として珍重されている).

‡**faja** [fáxa] 女 ❶ 《服装》ガードル, コルセット; 帯, ベルト. —~ *abdominal* [de embarazo] 妊婦帯. ~ *braga* [pantalón] パンティーガードル. Se pone ~ para que no se noten los michelines de la cintura. 彼女は腰まわりのぜい肉が目立たないようにガードルを着けている. Los camareros llevan una ~ roja. ウェイターたちは赤い帯を身につけている. 類 **ceñidor, corsé**. ❷ (本・新聞などの)帯封, 帯紙. —*poner la* ~ *a un periódico* 新聞に帯封をする. En la ~ del libro se anunciaba el premio recibido. 本の帯紙には授与された賞が宣伝してあった. ❸ 帯状の土地, 地帯 (= ~ *de terreno*). —~ *intermedia* 中央分離帯. ~ *verde* 緑地帯. Tardamos varias horas en atravesar aquella amplia ~ *desértica*. 広大な砂漠地帯を横断するのに我々は数時間かかった. 類 **banda, franja**. ❹ (軍人・民間人・宗教人などの)綬(じゅ), 懸章. ❺ 《建築》(窓・扉の開口部の周囲に作る)胴蛇腹, 帯状装飾. ❻ 《紋章》横帯, フェス. ❼ 《海事》—~ *de rizos* 縮帆部, リーフバンド. ❽ 《通信, 物理》—~ *de frecuencia* 周波数帯.
Lo que entra con la faja sale con la mortaja. 【諺】三つ子の魂百まで(←マタニティー・ドレスで始まるものは死に装束で終わる).

fajamiento [faxamjénto] 男 帯[帯状のもの]をかけること, 帯[帯状のもの]で包む[くるむ]こと; 帯[帯状のもの]を締める[巻く]こと.

fajar [faxár] 他 ❶ を帯で締める. —~ *una revista* 雑誌に帯をかける. ❷ (幼児を)細長い布で包む[くるむ, 巻く]. ❸ 《中南米》(打撃を)与える, 殴る, たたく.
—(se) 自 再 ❶ ベルトを付ける. ❷ 《中南米》〖+con〗…しかかる, 殴り合う.

fajilla [faxíja] 女 印刷物の帯封.

fajín [faxín] 男 《服装》小さな飾り帯. —*llevar* ~ 飾り帯をしている. *ponerse el* ~ 飾り帯をつける.

fajo [fáxo] 男 ❶ 束. —~ *de billetes* 札束. ❷ 《複》産着(うぶぎ).

fakir [fakír] 男 →**faquir**.

falacia [faláθja] 女 ❶ 虚偽, うそ, ごまかし. —*con* ~ ごまかして. ❷ 詐欺, ぺてん. ❸ 《論理》虚偽.

•**falange** [faláŋxe] 女 ❶ (古代ギリシャの長槍(やり)と盾の)重装歩兵密集部隊, 密集方陣. —~ *macedónica* マケドニア重装歩兵密集軍. 類 **legión**. ❷ 大隊, 大軍. —*Las* ~s *napoleónicas invadieron España*. ナポレオンの大軍はスペインに侵入した. 類 **batallón, tropa**. ❸ ファシスト組織; 同志の集まり, 結社. —*F~ Española* [*la F~*] ファランヘ党 ♦1933年に José Antonio Primo de Rivera が結成し, 1936年~39年の内戦後政権を握ったフランコ将軍の体制を支えたスペインのファシスト党. ❹ 《解剖》指節(しせつ)骨; 指[趾]節. —*tercera* ~ 末節骨, 爪節(そうせつ)骨(=falangeta).

falangeta [falaŋxéta] 〔<falange〕女 《解剖》第三指骨.

falangina [falaŋxína] 〔<falange〕女 《解剖》第二指骨.

falangismo [falaŋxísmo] 男 ファランヘ主義.

falangista [falaŋxísta] 形 ファランヘ党の.
— 男女 ファランヘ党員.

falaz [faláθ] 形 《複 falaces》ごまかしの, 虚偽の. —*palabras falaces* ごまかしの言葉. 類 **embustero, falso**.

Falcón [falkón] 固名 ファルコン(ベネズエラの州).

***falda** [fálda ファルダ] 女 ❶ 《服装》スカート. —Ana lleva [trae] una ~ larga de color rojo. アナは赤いロングスカートをはいている. *ponerse* [*quitarse*] *la* ~ スカートをはく[脱ぐ]. ~ *ajustada* [*ceñida, tubo*] タイトスカート.

~ pantalón [plisada, fruncida] キュロット[プリーツ, ギャザー]スカート. ~ acampanada [de vuelo] フレアースカート. ~ corta [recogida] 短かめのスカート. ~ escocesa タータンチェックのスカート, キルト. ~ bajera アンダースカート. ❷《地理》(山の)ふもと, 山裾(ﾔﾏｽｿ), 山腹. —El pueblo está situado en la ~ de la montaña. その村は山裾にある. ~ de la colina 丘の中腹. 類ladera, vertiente. ❸ (座った女性の膝(ﾋｻﾞ)の部分). —Ella tenía al niño sentado en su ~. 彼女は子供を膝に座らせていた. 類**regazo**. ❹《俗》女, 女性. —asunto [cuestión, lío] de ~s 女性問題. Le gustan mucho las ~s. 彼は大変女好きだ. En este delito hay ~s de por medio. この犯罪の陰には女がいる. Hay ~s mezcladas en este asunto. この事件には女が絡んでいる. 類**mujer**. ❺〖主に《服》〗《服飾》裾(ｽｿ)〖…〗. —~s de la sotana スータン(僧服)の裾. remangar [alzar] las ~s 裾をまくり[持ち]上げる. ❻ (足元に火鉢を入れたテーブル (mesa camilla) の保温用の)カバー, スカート. ❼《料理》(牛の)脇腹肉, 肋肉, フランケ. ❽ (鎧(ﾖﾛｲ)の)腰当て, 草摺(ｸｻｽﾞﾘ); 肩当て, 肘当て. ❾ (帽子の)つば, ブリム.

aficionado a faldas/amigo de faldas 女好きな, 好色な, 女狂いの.

andar siempre entre faldas いつも女の子と一緒である, 女好きである.

estar pegado [cosido] a las faldas de ... (女性の)言いなりである; 乳離れしていない.

haberse criado bajo las faldas de mamá 過保護に育てられる.

perrillo de falda 愛玩(ｱｲｶﾞﾝ)犬.

faldear [faldeár] 他 (山の)ふもとをめぐる[囲む].
faldellín [faldejín] [<falda] 男 短いスカート; 別のスカートの上などに身につける短めのスカート.
faldero, ra [faldéro, ra] 形 ❶《服飾》スカートの. 類**mujeriego**. ❷《比喩》(男が)女好きな. ❸《比喩》(子供が)母親にべったりの.

perro faldero 抱き犬, 愛玩犬.

faldicorto, ta [faldikórto, ta] 形 スカートが短い, 短いスカートの.
faldillas [faldíjas] 女複《衣服》腰から下のヒップを覆う部分; ペプラム.
faldón [faldón] 男 ❶《服飾》洋服のたれ, 裾(ｽｿ). —*faldones* del frac 燕尾服の裾. ❷《建築》切妻(ｷﾘﾂﾞﾏ), 破風(ﾊﾌ). ❸ マントルピース. ❹《情報》バナー.
falena [faléna] 女《虫類》シャクガ.
falibilidad [faliβiliðá(ð)] 女 誤る[間違える]可能性があること; 誤る[間違える]危険性.
falible [falíβle] 形 誤りに陥りがちな, 誤りを免れない. 反**infalible**.
fálico, ca [fáliko, ka] 形 男根の, 陰茎の.
Falla [fája] 固名 ファーリャ(マヌエル・デ Manuel de ~)(1876-1946, スペインの作曲家).
falla[1] [fája] 女 ❶ 欠点, あら, 短所; 欠陥, 傷. —tener una ~ 欠点がある. 類**defecto, falta**. ❷《地理》断層. ❸《服飾》(婦人・子供用の)頭巾, ボンネット.
falla[2] [fája] 女 ❶ ファリャ. ♦バレンシアのサン・ホセ祭り(3月19日)で焼く張り子の人形. ❷ (F~) ファリャ祭り.
fallar[1] [fajár] 他 ❶ を失敗する, しくじる. —El delantero centro *falló* el disparo a puerta. センターフォワードの選手がシュートをはずした. En el examen *fallé* tres respuestas. 私は試験の答が3つ間違っていた. ❷ を失望させる, …の期待に背く. ❸ (トランプで切札)を出す.

—— 自 ❶ 働かなくなる, きかなくなる, 衰える. —Su salud empieza a ~. 彼は体がきかなくなってきた. ❷ 崩れる, 折れる. ❸ 失敗する, 間違える. —*Fallaron* todos nuestros cálculos. 我々の計算はことごとく失敗に終わった.

sin fallar 間違いなく, きっと; 確実に.

fallar[2] [fajár] 他 ❶《法律》を宣告する, (判決を)下す. —~ una sentencia 判決を下す. ❷ (賞)を授与する. —— 自 判決を下す. —~ en favor [contra] 有利な[不利な]判決を下す.
falleba [fajéβa] 女 掛け金, かんぬき.
:**fallecer** [fajeθér] [9.1] 自《文》亡くなる, 死ぬ, 逝去(ｾｲｷｮ)する. —*Falleció* en accidente aéreo. 彼は飛行機事故で亡くなった. 類**fenecer, morir, perecer**.
fallecido, da [fajeθíðo, ða] 過分 形 ❶ 亡くなった, 死んだ. 類**muerto**. ❷《古》気を失った; 衰弱した. 類**debilitado, desfallecido**.

—— 名 死者, 亡くなった人.

fallecimiento [fajeθimiénto] 男 死亡, 逝去, 死去. —Su ~ se produjo tras larga enfermedad. 彼は長いこと患って亡くなった. 類**defunción, muerte**. 反**nacimiento**.
fallero, ra [fajéro, ra] 形 ファリャ (falla[2]) の.

—— 名 ファリャの製作者.
fallezca(-) [fajeθka(-)] 動 fallecerの接・現在.
fallezco [fajéθko] 動 fallecerの直・現在・1単.
fallido, da [fajíðo, ða] 形 ❶ くじかれた, 失敗した. —un golpe de Estado ~ 失敗に終わったクーデター. 類**frustrado**. ❷ 無駄な, 徒労の. —Todos los esfuerzos resultaron ~s. あらゆる努力は水泡に帰した. ❸《商業》破産した, 支払い能力のない, 不渡りの. —letra de cambio *fallida* 不渡りの為替手形. 類**incobrable**. —— 名 破産者.
:**fallo**[1] [fájo] 男 ❶ 失敗. —Ha sido un ~ no invitar a tus suegros. 君の義理の両親を招待しなかったのは失敗だった. tener un ~ en ... …に失敗する. ¡Qué ~! Nos hemos dejado las entradas en casa. 大失敗だ. 私たちは入場券を家に置き忘れてしまった. 類**error, fracaso**. 反**acierto, éxito**. ❷ 欠陥, 間違い, 欠点. —Existían muchos ~s de interpretación. 解釈の間違いがたくさんあった. Murió de un ~ del corazón. 彼は心不全で死んだ. ~ del motor [de los frenos] エンジン[ブレーキ]の欠陥. ~ del sistema《情報》クラッシュ. ~ inicial《情報》初期故障. 類**defecto, deficiencia, falta**. ❸ (連続の中の)欠落(個所), 欠如, あき. —Hay varios ~s en este seto. この垣根には何個所か欠けている. tener ~s de memoria 記憶が欠落している. 類**falta, laguna, omisión**. ❹《トランプ》場に出ている組の札が手札にないこと. —Tengo ~ a corazones. 私はハートが手札にない.

no tener fallo (物事に)間違い[欠陥]がない, 完璧である. El plan *no tenía* fallo. その計画には欠陥がなかった.

—— , *lla*[3] 形 ❶《トランプ》場に出ている組の札が

手札にない. ―Estoy ~ a oros. 私はダイヤが手札にない. ❷《方言》力のない, 衰931した; 空虚な, むなしい. ❸〖中南米〗(穀物が)実らない.

fallo[2] [fáʎo] 男 ❶〖法律〗判決, 裁決. ―El ~ en primera instancia fue favorable a mi defendido. 第一審の判決は私の被告に有利だった. dar [dictar, expedir, pronunciar] un ~ 判決を下す[言い渡す]. ~ irrevocable 取消しできない(最終)判決. 類 sentencia. ❷ 判決, 決定; (医者の)不治の宣告. ―Has de emitir un ~ al respecto, como experto en la materia que eres. その点に関して君はその道の専門家として判定を下すべきだ. 類 decisión, resolución.

echar el fallo (1)〖法律〗判決を下す. (2)(医者が病人に)不治を宣告する. (3)《俗》(人・物について)判決[決定]を下す.

fallu*to*, *ta* [faʎúto, ta] 形〖中南米, 特に南米〗《話》❶ いい加減な, 約束を守らない, 不実な. ❷ 偽りの, 偽善の. 類 falso, hipócrita.
―― 名〖中南米, 特に南米〗《話》❶ いい加減な人, 約束を守らない人, 不実な人. ❷ 偽善者. 類 hipócrita.

falo [fálo] 男 ❶ 男根, 陰茎. 類 pene. ❷ ファルス, 男根像.

falsar*io*, *ria* [falsárjo, rja] 形 ❶ 偽る, 歪曲する, 捏(ねつ)造する. 類 falseador, mentiroso. ❷ 偽造する, 贋(がん)造する. 類 falseador.
―― 名 ❶ 偽る者, 歪曲する人, 捏造する人. 類 falseador, mentiroso. ❷ 偽造者, 贋造者. 類 falseador.

falseamiento [falseamjénto] 男 ❶ 事実を曲げること, 歪曲. ―~ de los hechos 事実の歪曲. ❷ 偽造. 類 falsificación.

falsear [falseár] 他 ❶ (事実を)偽る, 曲げる, 偽り伝える. ❷ を偽造する. ―~ la moneda 通貨を偽造する. ❸〖建築〗…に斜角をつける, 斜めに切る. ―― 自 ❶ 強さ[力]を失う, 弱くなる. ❷〖音楽〗音が外れる.

falsedad [falseðá(ð)] 女 ❶ 偽り, 虚偽, うそ; 本物でないこと. ❷ 不実, 不誠実, 不実な行為, みせかけだけのこと. ❸《法律》虚偽の陳述, 真実の隠蔽.

falsete [falséte] 男 ❶〖音楽〗裏声. ―cantar en [de, con] ~ 裏声で歌う. ❷ (たるの)栓. ❸ (部屋をつなぐ)小さい戸.

falsía [falsía] 女 ❶ 不誠実, 虚偽, 裏切り; 偽善. ―obrar con ~ 不誠実な行動をとる. 類 falsedad, hipocresía.

falsificación [falsifikaθjón] 女 ❶ 偽造; 偽造物. ―~ de billetes 紙幣偽造. Lo que dijo no es sino una ~ de la verdad. 彼の言った事はねじ曲げ以外の何物でもない. ❷《法律》文書偽造(罪).

falsificad*or*, *dora* [falsifikaðór, ðóra] 形 ❶ 偽造する, 贋造する. ❷ 曲げる, ゆがめる.
―― 名 ❶ 偽造者, 贋造者る人. ❷ 歪曲する人.

falsificar [falsifikár] [1.1] 他 を偽造する. ―una firma 署名を偽造.

falsilla [falsíʎa] 女 (下敷き用)罫紙(けいし).

****falso, *sa*** [fálso, sa ファルソ, サ] 形 ❶ 偽りの, 事実に反する, うその. ―palabras *falsas* 偽りの言葉. testimonio ~ 偽証. noticia *falsa* 誤報. Lo que dice es ~. 彼

の言っていることはうそだ. 類 engañoso, ficticio, fingido. 反 verdadero. ❷ (*a*) 偽(にせ)の, 本物でない, まがいの. ―diamante ~ 偽ダイヤ. ~ autor 偽作者. Circulan billetes ~s de cien dólares. 偽百ドル札が出回っている. 類 adulterado, falsificado. 反 auténtico, genuino. (*b*) 偽せかけの, 本物に似せた. ―puerta *falsa* 見せかけの扉. (*c*) 擬似的な, (特に植物名で)ニセ…. ―abeto ~ トウヒ. acacia *falsa* ニセアカシア. (*d*) 人造の, 模造の. ―dentadura *falsa* 義歯, 入れ歯. costilla *falsa* 仮肋骨. 類 artificial, postizo. 反 natural. ❸ 不誠実な, うわべをとりつくろった, ごまかしの. ―Es muy *falsa* y ha traicionado a su mejor amiga. 彼女は非常に不誠実で親友を裏切った. 類 falaz, mentiroso, traidor. 反 sincero. ❹《主に名詞の前で》間違った, 誤った, へまな. ―Un ~ movimiento le hizo rodar escalera abajo. へまな動作をしたもので彼は階段から転がり落ちた. 反 acertado, correcto.
―― 男 裏地, 裏打ち; 補強材. ―Se te ha descosido la falda y se te ve el ~. あなたのスカートははころびていて裏地が見えている.

dar un golpe en falso 的を外す, 空振りをする.
dar un paso en falso 空足を踏む, 足を踏み外す.
en falso (1) 偽って. Juró *en falso*. 彼は偽りの誓いをした. (2)《見かけが》だけ. La herida se curó *en falso*. 傷は見かけだけ治った. Este edificio está construido *en falso*. この建物はしっかりとした土台に建っていない. (3) (動作を)間違って, 誤って. Pisó *en falso* y se cayó. 彼は足を踏み外して転んだ. (4) 不具合で; 的外れで. Esta ventana cierra *en falso*. この窓はきちんと閉まらない.
estar en falso 張りUnexpected張りしている, 支えがない.
―― 名 うそつき, 偽善者. ―Es un ~ y no se puede confiar en él. 彼はうそつきで, 信用できない.

****falta** [fálta ファルタ] 女 ❶ 欠乏, 不足. ―Hay ~ de personal. 要員が不足している. La ~ de tiempo es el principal problema. 時間がないのが大きな問題だ. La ~ de agua es grave en esta región. この地方では水不足が深刻だ. No puedo viajar por ~ de dinero. 私は金がなくて旅行に行けない. Eso es una ~ de cortesía. それは礼儀知らずだ. una ~ de disciplina しつけがないこと. ❷ 欠点, 短所, あら, 傷. ―Este pantalón tiene una ~ en los bajos. このズボンのすそには傷がある. ❸ 誤り, 過失, 落度. ―cometer una ~ 過ちを犯す. ~ de imprenta ミスプリント. Me envió una carta llena de ~s de ortografía. 彼からの手紙には綴りの誤りが多数あった. ❹ 責任, 罪; 違反. ―Confesó sus ~s al sacerdote. 彼は罪を司祭に告解した. Debes reconocer que ha sido ~ tuya. 君は自分の責任だったことを認めるべきだ. Eso es una ~ grave. それは重大な過ちだ. ❺ 不在, 欠席. ―Ese niño lleva ya dos ~s de asistencia a clase esta semana. その子供は今週すでに2日欠席している. Aunque había mucha gente, noté su ~ en la fiesta. パーティーには多くの人がいたが, 彼はいなかった. ❻ (スポーツ)反則, (テニスで)フォールト. ❼《医学》無月経. ―Puede estar embarazada porque ha notado tres ~s. 彼女は3か月月経がないので妊娠しているのかもしれない.

a falta de (1) …がないので; …がなければ. *A falta*

de pan, buenas son tortas. 【諺】有り合わせで我慢しなければならない. (2)【*estar*+】あと…だけでよい. El permiso *está a falta de* la firma del rector. 許可はあと学長のサインが必要なだけだ.

caer en falta 誤りを犯す; 義務を果たさない.

coger a … en falta …の過ちの現場をおさえる.

echar … en falta …がない(ことに気づく/ことを寂しく思う). Os voy a *echar* mucho *en falta*. 君達がいないのは非常に寂しい. *Echo en falta* las siestas que me echaba en España. スペインで昼寝をしていたのを思い出して寂しく思う.

falta de educación 無作法.

falta de ortografía 綴りの間違い.

falta de pago 不支払, 未払い.

hacer falta 必要である. (*a*) Me *hace falta* un ordenador personal. 私はパソコンが必要だ. Él no *hace* ninguna *falta* aquí. 彼はここでは何も必要としない. Me *hace falta* más tiempo para terminar la traducción. 翻訳を終えるのにはもっと時間が必要だ. (*b*) 【+不定詞, +*que*+接続法】*Hace falta* ser un loco para conducir a esa velocidad. そのような速度で運転するには狂気にならなければならない. *Hace falta que* estudies más. 君はもっと勉強しなければばらない.

lanzar [***sacar, tirar***] ***una falta*** 《サッカー》フリーキックをする, 《バスケット》フリースローをする.

notar la falta de … …がないのを残念に[寂しく]思う.

sin falta 必ず, 間違いなく. Lo haré *sin falta*. 必ずそれをします. Te espero a las tres *sin falta*, no me hagas esperar. 必ず 3 時に待っているから, 待たせるな.

*faltar

[faltár ファルタル] 自 ❶ …が欠けている, ない; 足りない. —En el manuscrito *faltaban* las páginas iniciales. 原稿には初めの方のページが欠けていた. Cuenta a ver si *falta* alguien. だれか欠けていないか数えてみなさい. Me *faltó* valor para decírselo. 私には彼にそれを言う勇気がなかった. *Faltan* medicinas. 薬が足りない. ❷ 【時間・距離差をがが】まだ残っている, まだある【+*para*+名詞/不定詞, +*para*+接続法】. —Sólo *faltan* dos días *para* la Navidad. クリスマスまであと 2 日しかない. Aún *faltan* tres kilómetros *para* llegar a Santiago. サンティアーゴまであと 3 キロある. *Falta* un mes *para que* empiecen las vacaciones. 休暇が始まるまでに 1 か月ある. ¿*Cuántas* estaciones *faltan para* llegar a Sevilla? セビリャに行くのにあと駅はいくつありますか. ❸ 【+不定詞】まだ…していない, …する必要がある. Sólo *falta* fijar el día de partida. 後は出発日を決めるだけだ. ❹ (*a*) 【+*a* に】欠席する, 欠勤する, 姿を見せない. —Ella nunca *falta* a clase. 彼女は決して授業に欠席しない. 【+*de* から】姿を消す, いなくなる. —*Falta* de casa desde hace una semana. 彼は 1 週間前から家にいない. (*c*) 《婉曲》亡くなる, 死ぬ. —Cuando yo *falte*, no sé qué va a ser de ti. 私がいなくなったら, お前はどうなるんだろう. ❺ (*a*) 【+*a* に】背く, を破る, 無視する. —~ *a* su obligación 自分の義務を守らない. —~ *a* su palabra 約束を破る. *Falta a* la lealtad debida a un amigo. 彼は友人に対して当然の誠実さが欠けている. (*b*) 【+*en*】を怠る, 過ちを犯す, 失敗をする. —Si te *ha faltado en* algo, no ha sido adrede. 彼が君に対して何か失敗をやらかしたとしても, わざとではない.

¡faltaba [***faltaría***] ***más!*** (1) 《話》とんでもない, No, hombre, no. Hoy no pagas tú. *¡Faltaba más!* だめだよ. 今日は君は払わなくていい. (君が出すなんて)とんでもない. (2) もちろんいいですよ. Con mucho gusto le dejo tu recado, *¡faltaría más!* 喜んで君のことづてを彼に伝えるよ, もちろんさ.

falta (***por***) ***ver*** [***saber***] …は疑わしい, あやしい. *Falta por ver* si es verdad lo que dice. 彼が言っていることは本当かどうか疑わしい.

faltar 【+*a*+人】***poco para*** 【+不定詞, +*que*+接続法】 もう少しで…するところである. *Faltó poco para que* le atropellara el tren. 彼はもう少しで電車にひかれるところだった.

No faltaba [***faltaría***] ***más***. (1) 《話》もちろんですとも. ¿Quiere usted correrse un poco más? –*No faltaba más*. もう少し詰めていただけますか. –ええ, いいですよ. (2) とんでもない. Y ahora quiere que la invitemos, pues *¡no faltaba más!* 今度は彼女は私たちにおごってもらいたいらしいが, とんでもない話だ.

por si faltaba algo さらに悪いことには, おまけに.

*falto, ta

[fálto, ta] 形 ❶ 【+*de*】…が足りない, 欠けている, 不足した【*estar*+】. —El niño *está* ~ *de* cariño. この子には愛情が欠けている. La empresa *está falta de* recursos. 会社は資金が足りない. 類 **carente, escaso, necesitado**. 反 **abundante, sobrado**. ❷ 《話》(頭が)足りない, 頭が悪い. —Creo que es un poco ~ porque no se entera de nada de lo que dice. 彼は言われたことが全然わからないので少し足りない奴だと思う.

faltón, tona [faltón, tóna] 形 《話》(義務, 約束などを)さぼりがちな, ルーズな.

faltriquera [faltrikéra] 女 ❶ 《服飾》(女性の帯につけた)ポシェット, 小袋, 巾着(きんちゃく). ❷ 《文》ポケット(=*bolsillo*).

rascarse la faltriquera 《話》金を払う.

falúa [falúa] 女 《海事》小さなボート, ランチ.

falucho [falútʃo] [<*faluca*] 男 ❶ 《船舶》大三角帆を持ち沿岸を航行する船, フェラッカ船. ❷ 《中南米》軍人や大使が儀式でかぶっていた三角帽.

*fama

[fáma ファマ] 女 ❶ 名声, 有名. —buena ~ 名声, 好評. El filósofo ganó ~ mundial. その哲学者は世界的に名を弛(は)せた. El pintor disfrutó de gran ~. その画家は名声をほしいままにした. Ahora está en la cumbre de su ~. 彼は今名声を極めている. menoscabar [ensuciar, perjudicar] la ~ de … (人)の名声を傷つける[に泥を塗る]. 類 **celebridad, notoriedad, renombre**. 反 **desconocimiento**. ❷ 評判, うわさ, 世評. —mala ~ 悪名, 悪評. Tiene ~ de envidioso. 彼は焼きもちやきというわさだ. Es un hotel que lleva buena ~. それは評判のいいホテルである. tener buena ~ entre sus alumnos. 彼は生徒の間で評判がよくない. Corre la ~ de que se aproxima un gran terremoto. 大地震が迫っているといううわさが流れている. comprometer la ~ 評判を傷つける. echarse mala ~ 悪評を受ける. 類 **nombre, reputación, voz.**

Cobra [***Cría***] ***buena fama, y échate a dor-***

mir./Cóbrala mala y échate a morir. 【諺】功成り名遂げれば、あとは悠々自適の生活ができる.
de fama 有名な, 名高い (=famoso). una playa *de fama* mundial 世界的に有名な海岸.
de mala fama (1) 評判の悪い, 悪名高い. (2) (女性が性的に)ふしだらな.
echar fama うわさを広める, 言いふらす.
gozar [disfrutar] de buena fama 名声を博している; 評判がよい.
ser [correr] fama que … …といううわさだ, と言われている.
tener fama [+de](…ということで)有名である, (という)評判[うわさ]である. Esta chica *tiene fama de* antipática. この女の子は感じが悪いという評判だ.
tener [llevar] mala fama (1) 評判が悪い. Este restaurante *tiene mala fama*. このレストランは評判が悪い. (2) (女性が性的に)ふしだらである. Esta clase de mujeres *tienen muy mala fama*. この種の女たちは大変ふしだらである.

famélico, ca [faméliko, ka] 形 ❶ 餓死しそうな, 飢えている. 類 **hambriento**. ❷ やせこけた.

familia [familia ファミリア] 女 [＜英 family] ❶ 家族, 家庭, 世帯; 妻子. ~ nuclear [conyugal] 核家族. Es una ~ muy unida. 彼らは結束の固い家族だ. la Sagrada F~ 聖家族(ヨセフ, マリア, キリスト). Me dijo que era un amigo de la ~. 彼は家族みんなの友人だと私に言った. Recuerdos a su ~. ご家族の皆さんによろしく. «Sin ~»(Malot)《文学》『家なき子』(マロー). «La ~ de Pascual Duarte»(Cela)《スペイン文学》『パスクアル・ドゥアルテの家族』(セラ). abandonar a su ~ 家族を捨てる. deshonrar a su ~ 家名を落とす. mantener [sustentar] a su ~ 家族を養う. Procede de una ~ pobre. 彼は貧しい家庭の出である. ¿Cuántos son ustedes en [de] ~?/¿Cuántos son en su ~? — Somos cuatro (en [de] ~): mis padres, mi hermana y yo. ご家族は何人ですか？ — 両親と妹と私の4人家族です. Mi ~ está formada por mi padre, mis dos hijos, mi marido y yo. 私の家族は父と二人の子供と夫と私からなる. ❷《集合的に》(一家の)子供たち. — tener mucha [poca] ~ 子だくさんである[子供が少ない]. Al año de casados tuvieron ~. 彼らは結婚した年に子供ができた. 類 **descendencia, prole, hijos. ❸ 一族, 親族, 親戚, 一家. — la ~ López ロペス一家, ロペス家. «La F~ de Carlos IV»(Goya)《美術》『カルロスIV世の家族』(ゴヤ). ~ monárquica [imperial] 王家[皇族]. ~ política 姻戚. En navidad se reúne en casa de la abuela toda la ~: primos, tíos, sobrinos, etc. クリスマスには祖母の家にいとこ, 叔父叔母, 甥姪など親戚中が集まる. Mi ~ se instaló en esta ciudad hace tres generaciones. 私の一族は3世代前にこの町に居を定めた. 類 **clan, parentela, parientes**. ❹ 家柄, 家系, 血筋. — ~ ilustre [célebre, distinguida, de abolengo, de linaje] 名門, 名家, 上流家庭. ser de ~ noble [de ~ aristocrática] 貴族の出である. ser de ~ humilde [de ~ modesta] 低い身分の生まれである, 貧しい家の出である. Pertenece a una ~ de rancio abolengo. 彼は旧家の出だ. 類 **cuna, estirpe, linaje, origen**. ❺ (共通の祖先から出た)一族, 種族, 民族. — la gran ~ humana 人類. la ~ aria アーリア民族. ❻ (共通の思想・利益・生活様式などで結ばれた)同輩, グループ, 一派, 一門. — ~ espiritual 思想グループ. la ~ de los aficionados a la arqueología 考古学愛好家グループ. ~ franciscana [salesiana] フランシスコ[サレジオ]派. ~ de las violas 弦楽器群. 類 **comunidad, grupo**. ❼《言語》(言語分類上の)語族, 語派; 共通語根を持つ語群単語の語族 (= ~ lexical [de palabras]). — ~ indoeuropea インド・ヨーロッパ語族. ~ de lenguas románicas ロマンス語族. El italiano y el español pertenecen a la misma ~ lingüística [a la misma ~ de lenguas]. イタリア語とスペイン語は同じ語派に属する. ❽《生物》科(動植物の分類学上の単位: orden「目」の下で género「属」の上). — ~ compuesta キク科. El rosal y el almendro pertenecen a la ~ de las rosáceas. バラとアーモンドはバラ科に属する. 類 **clase**. ❾ 召使い. ❿【チリ】ミツバチの群れ;【キューバ】親友.

cabeza [jefe, padre] de familia 家長, 世帯主. Al morir el padre, el hijo mayor se convirtió en *cabeza de familia*. 父親が亡くなると, 長男が家長になった.

cargar(se) de familia 子だくさんである (=tener mucha familia). Está *cargado de familia*. 彼は子だくさんだ.

consejo de familia《法律》(未成年者の後見に関する)親族会議; 家族会議.

de buena familia / de familia bien 良家[名門, 上流階級]の. niños *de familia bien* 良家の子弟.

en familia (1) 家族だけで, 家族水入らずで. comida *en familia* 家族水入らずの食事. pasar las Navidades *en familia* クリスマスを家族だけで過ごす. Con ellos me siento como *en familia*. 彼らと一緒だと家族といるみたいでくつろげる. (2) 内々で, 内輪で, 親しい者だけで (=en la intimidad). La boda se celebró *en familia*. 結婚式は内輪で挙げられた. Estos asuntos deben resolverse *en familia*; no hay que airearlos. これらの問題は内分に済まさなければならない, 明るみに出してはいけない. (3) (皮肉)内々, 少人数で. Al final de mitin ya estábamos *en familia*. ミーティングの終わりにはもうあまり人がいなかった.

(eso) pasa [ocurre] en las mejores familias それはよくあることだ. No te preocupes, hombre; *eso pasa en las mejores familias*. 心配しなくていいよ, それはよくあることだから.

esperar familia 子供が生まれる予定である, 出産予定である. Mis primos *están esperando familia*. 私のいとこは子供が生まれる予定だ.

estar con familia【北米】妊娠している.

familia monoparental (特に母子家庭について)片親の家族.

familia numerosa (1)《法律》【スペイン】(3人以上の子供があって)公的扶助を受けている大家族. La matrícula del curso es más barata para los alumnos miembros de una *familia numerosa*. コースの登録料は公的扶助を受けている大家族の一員である生徒には安くなる. (2)《文》大家族, 大所帯. Formamos una *familia muy numerosa*. 我が家は大家族だ.

gran familia (1)(権力を持つ)大一族, 豪族, 名

家, 名門. Es de una de las *grandes familias* granadinas. 彼はグラナダの名家の一つの出だ. (2) la *gran familia* humana 人類.
hijo de familia 《軽蔑》親の七光りを受けた子, 金持ちのどら息子(＝hijo de papá).
juzgado de familia 家庭裁判所.
Libro de Familia 家族手帳(結婚の時に支給され, 子供の出生などを記録する).
medicina de familia 家庭医療; 家庭医学.
médico de familia ホームドクター, かかりつけの医者(＝médico de cabecera).
ser familia (de …) 《話》(…の)親戚である(＝ser pariente de …). *Es familia* tuya desde que se casó con tu hermano. 彼女は君のお兄さんと結婚してからは君の親戚である.
ser (como) de la familia 家族の一員のようである, 家族と親しい. Usted *es (como) de la familia.* くつろいでください, どうぞ, お楽に. Juan *es como si fuera de la familia.* フアンはまるで家族の一員のようだ.
tener un aire [un parecido] de familia (親子・兄弟のように)よく似ている(＝tener un parecido familiar). Todos *tienen un cierto aire de familia.* 彼ら一家はみんなどこか似ている. Todas sus obras *tienen un cierto aire de familia* que las identifican. 彼の作品は彼の作だとわかるようにすべてどこか似ている.
venir de familia 血筋を引いている, 遺伝する. La enfermedad le *viene de familia.* 彼の病気は遺伝だ.

‡**familiar** [familiár] 形 ❶ 家族の; 家庭の. — planificación [reunión] ～ 家族計画[会議]. vida ～ 家庭生活. Echo de menos el ambiente ～. 私は家庭的雰囲気をなつかしく思う. Conozco sus circunstancias ～*es*. 私は彼の家庭状況を知っている. ❷ よく知っている, おなじみの, 慣れた. — Le es tan ～ el inglés como su propio idioma. 彼は英語には自分の言語と同じくらいよく通じている. Esa canción me resulta muy ～. 私はその歌をよく知っている. 類 **conocido, sabido, visto**. 反 **desconocido**. ❸ 親密な, 親しみのある, 形式張らない. — Nos dieron un trato ～ en su casa. 私たちは彼の家で親しみのこもった扱いを受けた. 類 **llano, natural, sencillo**. ❹ 口語体の, くだけた, 形式ばらない. — estilo ～ くだけた文体, 親密体. lenguaje ～ 口語, くだけた言葉. 類 **coloquial, conversacional**. ❺ なれなれしい, うち解けた. — Era demasiado ～ en su relación con los profesores. 彼は先生たちとの関係があまりにもなれなれしかった. ❻ (商品などが)家庭用の; 家庭サイズの, 大型の. — coche ～ ファミリー・カー. Compré un detergente de tamaño ～. 私は家庭サイズの洗剤を買った.

hacerse familiar 習慣になる, 慣れっこになる. Nos visita con tanta frecuencia que su presencia en la casa *se ha hecho familiar.* 彼は頻繁に私たちの家に来るので彼が家にいるのは当たり前のことになっている.

── 男女 身内の者(親子・きょうだいなど), 親族, 親類. — ～ lejano 遠い親戚. Voy a visitar a un ～ de mi marido. 私は夫の身内の一人を訪ねるところだ. 類 **pariente**.

‡**familiaridad** [familiariðá(ð)] 女 ❶ 親しさ, 親密さ. — hablar con ～ 親しげに話しかける. Juana le trataba con excesiva ～. フアナによる彼の遇し方は親密の度が過ぎていた. 類 **confianza, franqueza**. ❷ 《主に 複》 なれなれしさ. — tomar [permitirse] ～*es* con …(人)になれなれしくする. 類 **libertad**.

‡**familiarizar** [familiariθár] [**1.3**] 他 〔＋con〕…に(人)を慣れさせる, なじませる, 親しませる. — La lectura de revistas le *familiarizó con* el ambiente de la capital. いろいろ雑誌を読んで彼は首都の雰囲気になじんだ.

── se 再 〔＋con に〕 ❶ 慣れる, 親しむ, なじむ. — *Se ha familiarizado* ya *con* las costumbres del país. 彼はその国の習慣にもう慣れた. ～ *se con* el peligro 危険に慣れっこになる. Le ha costado bastante ～*se con* el nuevo coche. 彼は新車に慣れるのにかなり手間どった. ❷ …と親しくなる, 親密になる, 仲良くなる. — Ella *se familiarizó* rápidamente *con* sus nuevos colegas. 彼女は新しい同僚たちとすぐ親しくなった.

familiarmente [familjármén̲te] 副 家族的に, 親密に.

familión [familjón] 男 大家族.

****famoso, sa** [famóso, sa フアモソ, サ] 形 ❶ 〔＋por〕…で有名な, 名高い. — La Rioja es una región *famosa por* sus vinos. リオハはブドウ酒で有名な地方だ. Se hizo ～ *por* sus borracheras. 彼は酔っぱらうことで有名になった. Algún día llegará a ser una bailarina muy *famosa.* 彼女はいつかとても有名なダンサーになるだろう. 類 **célebre, conocido**. 反 **desconocido, ignorado**. ❷ 《話》驚くべき, 人目を引く; すばらしい. — Nos alegró la cena con sus *famosas* ocurrencias. 彼がめざましい機知を発揮したので私たちの夕食は楽しいものとなった.
── 名 有名[著名]人.

fámulo [fámulo] 男 《話》下男.

fan [fán] 〔＜英〕男《複 fans》ファン, 愛好者, ひいき.

・**fanal** [fanál] 男 ❶ (飾り物のほこりよけ用)ガラスケース, ガラスカバー. ❷ (ランプなどの)風よけグラス, 火屋(ほや). ❸ 《海事》(船・港などの)標識灯, 舷灯(げんとう); (機関車の)前灯. 類 **farola**.

fanático, ca [fanátiko, ka] 名 ❶ 熱狂者, 狂信者, …狂. ❷ 熱心な愛好家, 大ファン. 類 **entusiasta**. ── 形 熱狂的な, 狂信的な.

fanatismo [fanatísmo] 男 熱狂, 狂信.

fanatizar [fanatiθár] [**1.3**] 他 …を熱狂させる, 狂信的にする. — ～ a las masas 大衆を熱狂させる.

fandango [fandáŋgo] 男 ❶ 《音楽》ファンダンゴ(スペインの陽気な舞踊曲). — cantar un ～ ファンダンゴを歌う. ❷ 《話》騒ぎ, 騒動. — armar un ～ 大騒ぎする. 類 **alboroto, jaleo**.

fandanguillo [fandaŋgíjo] 男 《音楽, 舞踊》ファンダンゴに似た 8 分の 3 拍子の踊り[音楽]. — bailar un ～ ファンダンゴを踊る.

fanega [fanéɣa] 女 ファネーガ. ◆スペイン語圏の体積・穀量の単位; 22.5 または 55.5 リットル, 地方によって異なる.

fanega de tierra 《農業》ファネーガ. ◆土地の測量単位; およそ 1.6 エーカー.

fanerógama [faneróɣama] 女 →fanerógamo.

fanerógamo, ma [faneróɣamo, ma] 形

《植物》顕花植物の. 反 **criptógamo**.
── 名 《植物》顕花植物.

fanfarrear [famfařeár] 自 →fanfarronear.
fanfarrón, rrona [famfařón, řóna] 名 ほらふき, 自慢家. 類 **bravucón**. ── 形 自慢する, 誇示する, 大ほらふきの, 空いばりの.
fanfarronada [famfařonáða] 女 いばること, 自慢すること, 空いばり. ── decir ~s 空いばりする.
fanfarronear [famfařoneár] 自 自慢する, いばる.
fanfarronería [famfařonería] 女 いばること, 自慢すること, からいばり.
fangal [faŋgál] 男 泥沼, ぬかるみ.
fango [fáŋgo] 男 ❶ (どろどろになった)泥, ぬかるみ. ❷ 《比喩》堕落, 恥, 不名誉. ── cubrirse de ~ 泥をかぶる, 不名誉なことになる. 類 **degradación, vilipendio**.
fangoso, sa [faŋgóso, sa] 形 泥深い, ぬかるみの, 泥まみれの. ── camino ~ どろんこ道.
fantasear [fantaseár] 自 ❶ 空想にふける. ❷ [+de] (…であると)うぬぼれる, 気取る. 類 **jactarse**. ── 他 を心に描く, 夢見る.
fantaseo [fantaséo] 男 夢見ること空想にふけること.
fantasía [fantasía] 女 ❶ 空想, 想像, 幻想; (芸術的・創造的)想像力(詩人・画家・音楽家などの). ── relato lleno de ~ 幻想に満ちた物語. poema pobre de ~ 想像力に乏しい詩. José tenía mucha ~ y se inventaba cuentos maravillosos. ホセは想像力豊かで, 素敵な話を創作していた. Toda esa historia es un producto de su ~. その話はすべて彼の空想の産物である. 類 **imaginación, invención**. 反 **realidad**. ❷ 空想[想像]の産物, 作り話. ── Su relato es pura ~. 彼の話は全くの空想だ. No le crea, todo eso es una ~. そんなの信じないでください, 全部作り話ですから. 類 **cuento, ficción, historia**. 反 **verdad**. ❸ 俗 《比喩》絵に描いた餅(ﾓﾁ). ── ¡Déjate ya de ~s y vive en la realidad! もう目い夢ばかり見ないで, 地についた生活をしなさい. 類 **ilusiones**. ❹ 気まぐれ, 思いつき. ── No debe Ud. consentirle todas sus ~s. あなたは彼のどんな気まぐれも許してはいけません. Vive a su ~. 彼は気ままに暮らしている. 類 **antojo, capricho**. ❺ 《服飾》ファンシー, 趣味. ── artículos de ~ ファンシーグッズ. vestido de ~ (仮装舞踏会などで着る)ファンシードレス. 類 **adorno**. ❻ 《音楽》幻想曲. ── "F~ cromática y fuga" de Bach バッハの「半音階的幻想曲とフーガ」. ❼ (連なっている)真珠.
de fantasía (1) 模造[イミテーション]の. joyas *de fantasía* 模造宝石. Este collar no es de perlas legítimas, es *de fantasía*. このネックレスは本物の真珠ではなく, イミテーションである. 類 **de imitación**. (2) (衣装などが)意匠を凝らした, 装飾の多い, 奇抜な. chaleco *de fantasía* 凝ったチョッキ.
por fantasía 《ベネズエラ》聴き覚えで. tocar *por fantasía* 聴き覚えで演奏する.
fantasioso, sa [fantasióso, sa] 形 ❶ 想像の[できる], 想像力の強い, 思い上がった.
── 名 夢想家, 気取り屋.
fantasma [fantásma] 男 [しばしば女 として] ❶ 幽霊, 亡霊, お化け. ── creer en ~s 幽霊を信じる. aparecer como un ~ (気づかれないよう不意

に)ぬっと[すっと]現われる. En la casa andan ~s. その家には幽霊が出る. cuento de ~s 怪談. 類 **aparecido, aparición, espectro**. ❷ 幻, 幻影. ── Hasta su muerte le persiguió el ~ de su crimen. 彼が死ぬまで彼に犯罪の幻影がつきまとった. 類 **imaginación, visión**. ❸ 《俗》見栄っ張り, 気取り屋. ── Parece muy valiente, pero no es más que un ~. 彼は大変勇ましそうだが, 単なる気取り屋にすぎない. 類 **fantoche**. ❹ 《テレビ》ゴースト.

andar como [parecer] un fantasma ぼけっとしている.

── 女 人を驚かすために変装した人. ── Fue a la fiesta disfrazado de ~. 彼はお化けに変装してパーティーに行った.

── 形 ❶ 人の住まない, 幽霊…. ── buque ~ 幽霊船. ciudad ~ ゴーストタウン. ❷ 実体のない, 見せかけだけの. ── sociedad ~ 幽霊会社. gobierno ~ 影の内閣. embarazo ~ 想像妊娠. noticia ~ 怪しいニュース. venta ~ 架空売却.
fantasmagoría [fantasmaɣoría] 女 次から次へ変わって行く[走馬燈的]光景[幻想].
fantasmagórico, ca [fantasmaɣóriko, ka] 形 幻想の, 幻想的な.
*fantasmal [fantasmál] 形 幽霊の(ような), ぼんやりした, 幻想的な. ── La niebla le daba al lago un aspecto ~. 霧で湖は幻想的な様子になっていた. 類 **fantasmagórico, irreal**.
fantasmón, mona [fantasmón, móna] 形 大変にうぬぼれた, 高慢な. 類 **fanfarrón, fantoche**, 大変うぬぼれ屋, 高慢な人.
:**fantástico, ca** [fantástiko, ka] 形 ❶ 空想上の, 架空の, 幻想的な. ── historia *fantástica* 空想的な物語. Las hadas son seres ~s. 妖精は架空の存在だ. 類 **imaginario, irreal, quimérico**. 反 **concreto, real**. ❷ 《話》途方もない, すばらしい, すてきな [ser/estar+]. ── Es una chica *fantástica*. 彼女はすばらしい女の子だ. Tiene una memoria *fantástica*. 彼はすばらしい記憶力を持っている. 類 **estupendo, fabuloso, maravilloso**. ❸ (人が)空想にふける. 気まぐれな; ほら吹きの. 類 **fantasioso, presuntuoso**. ── 副 《話》すばらしく, すてきに. ── En Madrid lo pasamos ~. 私たちはマドリードですごく楽しく過ごした.
fantochada [fantotʃáða] 女 ❶ ばかげた行動. ❷ 自慢, うぬぼれ, 気取り.
fantoche [fantótʃe] 男 ❶ あやつり人形. ❷ 《話, 比喩》でくの坊, 役立たず. ❸ 《話, 比喩》見かけ倒し, はったり.
FAO [fáo] 〔<英 Food and Agricultural Organization (Organización de la Agricultura y la Alimentación, OAA)〕 女 国連食糧農業機関.
faquir [fakír] 男 《宗教》(回教・バラモン教の)行者, 托鉢(ﾀｸﾊﾂ)僧.
F. A. R. 《頭字》〔<franco a bordo〕 《商業》FOB [本船渡しの]条件.
faradio [faráðjo] 男 《電気》ファラッド(電気容量の実用単位).
faralá [faralá] 男 〔複 faralaes〕 ❶ 《服飾》ひだ飾り, フリル. ── vestido de *faralaes* フリルのついた服. ❷ 《話》悪趣味な飾り.
farallón [farajón] 男 《海事》岩島, 岩礁.
faramalla [faramája] 女《話》 ❶ 場当りな言葉, 甘言, 口車, ぺてん. ❷ 安物, 見かけ倒しの

もの，がらくた．

faramallero, ra [faramaʎéro, ra] 形 《話》おしゃべりな，口のうまい，ぺてん師の． 類 **hablador, trapacero**.

—— 名 《話》口のうまい人，ぺてん師の．

farándula [farándula] 女 ❶《演劇》芝居，興行；演劇界． ❷《演劇》旅回りの喜劇団． ❸《まれ，比喩》甘言，口車，はったり，ぺてん． — gente de la ～ 山師，詐欺師．

farandulero, ra [faranduléro, ra] 形 《比喩，話》口のうまい人，ぺてん師の． 類 **hablador, trapacero**.

—— 名 ❶ 喜劇役者；旅回りの役者． ❷《比喩，話》口のうまい人，ぺてん師の．

faraón [faraón] 男 《歴史》ファラオ（古代エジプトの王の称号）．

faraute [faráute] 男 ❶ 使者． ❷ 目立ちたがり，出しゃばり．

FARC [fárk]〔＜Fuerzas Armadas Revolucionarias Colombianas〕女 複 コロンビア革命軍（ゲリラ組織）．

fardar [farðár] 自 ❶《話》〔＋de/con を〕見せびらかす，自慢する． ❷《話》かっこういい，しゃれた． — Esa corbata *farda* mucho. そのネクタイすごく素敵ね．

fardel [farðél] 男 ❶ 背負い袋． ❷《話》ぼろを着た人．

＊**fardo** [fárðo] 男 ❶（主に衣類の）包み，（商品の）荷物． — Hizo un ～ con su ropa. 彼は衣類を包みにくるんだ． 類 **bulto, lío, paquete**. ❷ ずしりと重い物．

pasar el fardo 責任を転嫁する．

fárfara [fárfara] 女 鳥類の卵の殻の内側についた薄い皮［膜］．

en fárfara 中途の，未完の．

farfolla [farfóʎa] 女 ❶ トウモロコシの皮． ❷ 見掛け倒しのもの，見た目が良い割に中身のつまらない物．

farfulla [farfúʎa] 女 早口でしゃべること，わけのわからないことをしゃべること． —— 形 早口の． 男女 早口でしゃべる人．

farfullar [farfuʎár] 自 ❶ 早口にしゃべる，わけのわからないことをしゃべる． ❷《話》仕事をいい加減にする，ぞんざいな仕事をする．

farfullero, ra [farfuʎéro, ra] 形《話》❶ 早口でしゃべる，混乱してしゃべる． 類 **farfullador**. ❷ 仕事をぞんざいにする，仕事をいい加減にする． 類 **chapucero**.

—— 名《話》❶ 早口でしゃべる人，混乱してしゃべる人． 類 **farfullador**. ❷ 仕事をぞんざいにする人，仕事をいい加減にする人．

farináceo, a [farináθeo, a] 形 粉状の，粉を生ずる．

faringe [farínxe] 女《解剖》咽頭．

faríngeo, a [farínxeo, a] 形《解剖》咽頭の．

faringitis [farinxítis] 女《医学》咽頭炎． — tener ～ 咽頭炎になる．

fariña [farína] 女【中南米】粒の大きなタピオカの粉．

farisaísmo, fariseísmo [farisaísmo, fariseísmo]〔＜fariseo〕男 ❶《宗教》ユダヤ教のパリサイ派（戒律の本質ではなく形式ばかりを重んじていた一派）． ❷《比喩》偽善． 類 **hipocresía**.

fariseo, a [fariséo, a] 名 形 ❶《聖書》パリサイ人（古代ユダヤで律法の形式にこだわった保守派の人）．

❷《比喩》偽善者． —— 形 ❶《聖書》パリサイ人［主義］の． ❷《比喩》偽善の．

‡**farmacéutico, ca** [farmaθéutiko, ka] 形 調剤学の，薬剤の；製薬の． — industria *farmacéutica* 製薬業．producto ～ 薬品．

—— 名 薬剤師，薬学士；薬品店主［経営者］． — Ella tiene el título de *farmacéutica*. 彼女は薬剤師の資格を持っている． 類 **boticario**.

‡**farmacia** [farmáθja] 女 ❶（街中や病院の）薬局，薬屋；調剤室． 類 **botica**. ❷ 薬学，調剤術． — estudiar ～ 薬学を勉強する．ejercer la ～ 薬剤師業［薬局］を営む．facultad de ～ 薬学部．productos de ～ 薬品． ❸ 薬箱；薬櫃． — ～ de bolsillo 救急箱．

farmacia de guardia 当番で，深夜も祝日も営業する薬局．

fármaco [fármako] 男 薬，薬剤（＝medicina）． — tomar un ～ 薬を飲む．alergia a ～s 薬物アレルギー． 類 **medicamento**.

farmacología [farmakoloxía] 女 ❶ 薬理学． ❷ 調剤．

farmacológico, ca [farmakolóxiko, ka] 形 薬理学の，薬理学的な．

farmacólogo, ga [farmakóloɣo, ɣa] 名 薬理学者．

farmacopea [farmakopéa] 女 薬局方，調剤書．

‡**faro** [fáro] 男 ❶ 灯台；（航空）標識灯（＝～ aéreo）． — ～ fijo 不動光灯台． — flotante/buque ～ 浮き灯台．~s de las pistas de aterrizaje（飛行機の）着陸誘導灯． ❷（車・電車・オートバイなどの）ヘッドライト． — ～ piloto [trasero] テールライト，尾灯．~s antiniebla フォグライト［ランプ］，霧灯．~ de marcha atrás バック（アップ）ライト，後退灯．~ lateral スモールライト． 類 **linterna, luz**. ❸《比喩》道しるべ，手引き，導き手． — El ejemplo del padre fue un ～ para los hijos. 父親の模範は子どもたちにとってのお手本だった． 類 **guía, norte, orientación**.

echar los faros 目を向ける，見る．

‡**farol** [faról] 男 ❶ 街灯，外灯；ランタン，角灯；（列車・船などの）ヘッドライト． — A la luz del ～ de la calle leyó la carta. 彼は街灯の明かりでその手紙を読んだ．Encienda Ud. el ～ para que veamos. 私たちが見えるようにランタンに火をともしてください．~ de situación《海軍》航海灯．~ a la veneciana 提灯（ちょうちん）．~ con brazo ascendente 上向きアーム付外灯．~ de proa [de popa]《海軍》船首［船尾］灯． 類 **fanal, farola, lámpara**. ❷《俗》(a) 見栄（みえ），虚栄，空威張り． — Se marcó un ～ diciendo que la conocía. 彼は見栄を張って彼女とは知り合いだと言った． 類 **fachenda, fanfarronada**. (b) 見栄っ張り，空威張りする人． — No le hagas caso; no es más que un ～. 彼のことを気にするな，単なる見栄っ張りなんだから． 類 **fachendoso, farolero**. ❸《トランプ》《俗》（ポーカーの）はったり． — Ten cuidado que muchas de sus jugadas son de ～. 彼の手にはいているはったりに気をつけろよ． ❹《闘牛》（牛を正面からかわした後）ケープを宙で回転させる技． ❺ 刻みタバコの包み紙．

echarse [marcarse, tirarse] un farol 虚勢・見栄を張る．

914 farola

¡Adelante con los faroles! (始めた以上)頑張れ! Digan lo que digan, tú, *¡adelante con los faroles!* 連中が何と言おうと、君は頑張れん!

farola [faróla] 囡 ❶ 街灯. ❷ カンテラ.

farolazo [farolát̪o] 男 ❶ カンテラでの殴打. ❷《中南米》蒸留酒などをぐいっと飲むこと.

farolear [foroleár] 自 《話》自慢する, 見せびらかす, 虚勢を張る. 類**fanfarronear**.

farolería [farolería] 囡 ❶ カンテラ屋. ❷ 《話》虚勢, 空威張り, 見栄っ張り. 類**fanfarronería**.

farolero, ra [faroléro, ra] 形 《話》虚勢を張る, 見栄っ張りの, 気取った. 類**ostentoso, vano**.
—— 名 《話》見栄っ張り, 気取った人.
meterse a farolero 余計な世話をやく, 関係ないことに口出しする.

farolillo [farolíjo] 男 ❶ (紙張りの)ちょうちん. ❷ 〖植物〗フウリンソウ(風鈴草).
farolillo rojo (順位の)最下位, びり.

farra [fářa] 囡 ❶ お祭り騒ぎ. —*ir* [*estar*] *de* ~ お祭り騒ぎをする. 類**jarana, juerga, parranda**.

fárrago [fářaɣo] 男 ❶ ごちゃまぜ(の物), 寄せ集め. —*un* ~ *de ideas* いろいろな考え, 雑念.

farragoso, sa [fařaɣóso-sa] 形 混乱した. —*discurso* ~ とりとめのない講演.

farrear [fařeár] 自 《中南米, 特に南米》《話》どんちゃん騒ぎをする.
——*se* 再 《中南米, 特に南米》《話》散財する.

farrista [fařísta] 形 《中南米, 特に南米》❶ どんちゃん騒ぎの好きな. ❷ 他人をからかう[冷やかす] .
—— 男女 《中南米, 特に南米》❶ どんちゃん騒ぎの好きな人. 類**juerguista**. ❷ 他人をからかう[冷やかす]人.

farruca [fařúka] 囡 →farruco.

farruco, ca [fařúko, ka] 形 ❶ 《話》(*estar* +)挑発的な, けんか腰の, 横柄な. 類**altanero, insolente**. ❷ 《話》故郷を出てきたばかりのガリシア[アストゥリア]人の.
—— 囡 ファルーカ(フラメンコの歌[踊り]の一種).
—— 名 《話》故郷を出てきたばかりのガリシア[アストゥリア]人.

:**farsa** [fársa] 囡 ❶ (*a*)(中世の聖史劇の幕間に挟まれた)笑劇, ファルス; 道化芝居. 類**comedia, sainete**. (*b*)《軽蔑》(まとまりのない)下品で醜悪な芝居. 類**patochada**. ❷ (比喩)茶番(的行為), ぺてん, いんちき. —*hacer* [*representar*] *una* ~ 一芝居打つ. Toda su propaganda política fue una ~ de cara a las lecciones. 彼の政治宣伝はすべて選挙向けの茶番だった. 類**engaño, enredo, simulación**. 反**verdad**. ❸ 演劇(界), 役者稼業; (一般に旅回りの)喜劇一座. 類**farándula, teatro**.

·farsante, ta [farsánte, ta] 形 《俗》偽善(者)的な, うわべだけの, 親切[おもて]ごかしの.
—— 名 ❶ 偽善者, ぺてん師. —*El muy* ~ *nos engañó a todos*. あの大うそつきに私達はみんなだまされた. 類**hipócrita, tramposo**. ❷ 喜劇[道化]役者, 類**comediante**.

fas [fás] 【次の成句で】
por fas o por nefas 《話》正当な理由があろうとなかろうと, ともかく, いずれにしても.

fascículo [fast̪íkulo] 男 ❶ 分冊(本). —*obra en* ~*s* 分冊本. ❷ 〖解剖〗(筋・神経の)(小)束.

fascinación [fast̪inat̪jón] 囡 魅了, うっとりさせる[する]こと. —*sentir* [*tener*] ~ (*por ...*) (...)に魅了される.

fascinador, dora [fast̪inaðór, ðóra] 形 うっとりさせる, 魅惑的な. —*un paisaje* ~ 魅惑的な景色. —— 名 うっとりさせるもの.

:**fascinante** [fast̪inánte] 形 魅惑的な, うっとりするような(*ser*/*estar*+). —*En esa película la actriz está* ~. あの映画でその女優は魅力的だ.
類**fascinador**.

:**fascinar** [fast̪inár] 他 ❶ を魅惑する, うっとりさせる, 引きつける. —*Me fascina su mirada*. 私は彼女の視線に引きつけられる. Los dibujos animados *fascinan* a los niños. アニメは子どもたちをとりこにする. 類**atraer, encantar**. ❷ を眩惑(げんわく)する, だます.
——*se* 再 〖+*con*〗…に魅惑される, うっとりする, 引きつけられる.

:**fascismo** [fast̪ísmo] 男 ❶ ファシズム, 全体主義. ❷ ファッショ(1922–43年に Mussolini 率いられたイタリアの国粋的・独裁的国家社会主義運動・体制).

fascista [fast̪ísta] 形 〖政治〗ファシスト党の[に属する], ファシズム的な. —*partido* ~ ファシスト党. —— 男女 〖政治〗ファシスト, ファシスト党員, ファシズム信奉者.

:**fase** [fáse] 囡 ❶ (変化・発達などの)段階, 時期, 局面; 〖生物〗(昆虫などの)…期. —~ *de crecimiento* 成長期. ~ *de desarrollo* 発展段階. ~-*crítica* 危機的な局面. —~ *larvaria* 幼虫期. Las instalaciones están en ~ *de ampliación*. 設備は拡張期にある. El combate está entrando en su última ~. 戦いは最終局面[段階]に入りつつある. *entrega de la primera* ~ *en 1998* 1998年に第1期工事の引渡し. 類**estado, etapa, período, aspecto**. ❷ 〖天文, 物理, 電気〗位相, 相; 〖化学〗相. —~*s de la luna* 月の位相, 月相. ~ *líquida* 液相. *diferencia de* ~ 位相差. La luna está en ~ *de cuarto menguante*. 月は下弦の相にある. 類**aspecto, cara**. ❸ (ロケットの)段. —*primera* ~ *de un cohete* ロケットの第1段.

:**fastidiar** [fastiðjár] 他 ❶ を嫌がらせる, 不快にさせる; 怒らせる. —*Me fastidia tener que coger el metro*. 地下鉄に乗らなければならないのは嫌になる. *Cállate y no me fastidies más*. 黙って, これ以上嫌がらせるようなことを言うな. 類**disgustar, enfadar, molestar**. ❷ をあきあきさせる, うんざりさせる, うるさがらせる. —*Me fastidian las personas entrometidas*. 私はおせっかいな人にはうんざりだ. 類**aburrir**. ❸ 《話》を台無しにする, だめにする, ぶちこわしにする. —*La tormenta fastidió la excursión*. 嵐のために遠足は台無しになった. *Ella me ha fastidiado el ordenador*. 彼女は私のパソコンを壊した. 類**dañar, estropear**.
¡No (me) fastidies! 《話》やめてくれ, 冗談を言うな. *¿Ha muerto Pepe? ¡No me fastidies! ¿Cuándo?* ペペが死んだって? 冗談を言うな. いつのことだ.
¡No te fastidia!/¡Nos ha fastidiado! 《話》とんでもない, よしてくれ. *Hazlo tú, que hoy tienes descanso, ¡no te fastidia!* 自分でやってよ, 今日はあなた休みでしょう. 冗談じゃない.
——*se* 再 ❶ 不愉快になる, 嫌気がする, うんざりする. —*El profesor se fastidia con nuestras*

preguntas. 先生は私たちの質問にうんざりしている. ❷ を我慢する, …に耐える. —Si te han suspendido, *te fastidias* y en adelante estudia más. 留年したのなら, 君がまんして今後はもっと勉強することだ. 類**aguantarse**. ❸《話》台無しになる, だめになる. —*Se ha fastidiado* el proyecto que tenían. 彼らの計画はうまく行かなくなった. *Se ha fastidiado* la radio[el tiempo]. ラジオがこわれた[天気が悪くなった]. ❹《中南米》あきあきする, 退屈する.

¡Hay que fastidiarse!《話》どうしようもないね, ひどいもんだ. *¡Hay que fastidiarse* el calor que hace aquí! Es insoportable. 大変なもんだね, この暑さは. 我慢できないよ.

¡para que te fastidies!《話》おあいにくさま, 残念でした. El profesor no me regañó, *¡para que te fastidies!* 僕は先生に叱られなかったよ, 残念だったね.

‡**fastidio** [fastíðjo] 男 ❶ 不快, うんざり, 迷惑; 苛(いら)立ち. —Es un ~ tener que ir a pie. 歩いて行かなければならないなんて嫌になってしまう. El llanto del niño por la noche nos produce [causa] un gran ~. 私たちは子供の夜泣きにはほんとうんざりする. 類**aburrimiento, disgusto**, **hastío**. 反**contento, satisfacción**. ❷ むかつき, 吐き気. —Este olor me causa [produce] ~. この臭いをかぐとむかむかする. 類**asco, náuseas**.

¡Qué fastidio! ああいやだ, ああうんざりだ; しゃくにさわるな!; うるさいなあ!

ser un fastidio〖不+定詞, +*que*+接続法〗…するのはうんざり[いや, しゃく]だ. *Es un fastidio que* llueva hoy. よりによって今日雨が降るなんてやりきれない.

fastidioso, sa [fastiðjóso, sa] 形 ❶ うるさい, 迷惑な, やっかいな. —visita *fastidiosa* 迷惑な客. compromiso ~ 面倒な約束. ❷ うんざりする, 退屈な.

fasto [fásto] 男 ❶ 華やかさ, 華麗. 類**fausto, lujo**. ❷ 複 年代記, 編年史.

——, *ta* 形 幸先のよい, 吉兆の. —días ~s 吉日. 反**nefasto**.

fastuosidad [fastwosiðáð] 女 華麗, 壮麗さ.

***fastuoso, sa** [fastwóso, sa] 形 豪勢な, 華美な, 派手な. —Dieron una fiesta *fastuosa*. 彼らは豪華なパーティーを開いた. La *fastuosa* reina lucía una magnífica pedrería. 豪奢な女王はすばらしい宝石類を見せびらかしていた. 類**espléndido**, **magnífico, ostentoso**.

‡**fatal** [fatál] 形 ❶ 運命を決する; 不運な, 不幸を招く. —Fue un encuentro ~ para ambos. それは二人にとって運命的な出会いであった. Aquella decisión tuvo ~*es* consecuencias. あの決定は大変な結果を招くことになった. 類**desgraciado, funesto, nefasto**. ❷ ひどく悪い, 最低の, どうしようもない〖ser/estar+〗. —La comida que nos dieron era ~. 私たちに出された食事はひどいものだった. Hoy hace un tiempo ~ para salir. 今日は出かけるには最悪の天気だ. 類**horrible, pésimo**. ❸ 宿命的な, 不可避の, 必然的な. —mujer ~ 魔性の女, 男を引き付けてやまない女. La muerte es el desenlace ~ de todo ser vivo. 死はあらゆる生命の避けられない結末だ. 類**inevitable**, **inexorable, necesario**. ❹ 致命的な, 生命にかかわる. —Sufrió un accidente ~ y murió. 彼は生命にかかわる事故にあい, 死んだ. 類**mortal**.

—— 副《話》ひどく悪く. —El equipo jugó ~. そのチームは最低のプレイをした. 類**horriblemente**.

‡**fatalidad** [fataliðáð] 女 ❶ 宿命, 運命, 因果. —Yo no creo en la ~. 私は運命を信じない. La ~ quiso que yo llegase tarde ese día. その日私が遅刻したのも運命だった. 類**destino, hado, sino**. ❷ 不運, 不幸, 災難. —Tuvo la ~ de pegarse contra una piedra al caer. 彼は転んだ時, 運悪く石にぶつかった. 類**adversidad, desgracia**. 反**dicha, suerte**.

fatalismo [fatalísmo] 男 運命論, 宿命観.

fatalista [fatalísta] 形 宿命論的な, 宿命論者の. —religión ~ 宿命論的な宗教.

—— 男女 宿命論者, 運命論者.

‡**fatalmente** [fatálménte] 副 ❶ 不運なことに, 不幸にも. —Ella se equivocó ~ al decidir casarse con él. 彼女は彼と結婚すると決めたときに不幸にも過ちを犯した. 類**desgraciadamente**. ❷ 宿命的に, 不可避的に, 必然的に. —Todos, ~, hemos de morir. 私たちは誰でも不可避的に死ななければならない. 類**inevitablemente**. ❸ 悪く, ひどく. —Habla ~ el inglés. 彼はひどい英語を話す.

fatídico, ca [fatíðiko, ka] 形 凶兆の, 不吉な, 縁起の悪い. 類**aciago, funesto**.

‡**fatiga** [fatíɣa] 女 ❶ 疲れ, 疲労. —Siento una agradable ~. 私は心地よい疲れを覚えている. ~ muscular [mental] 筋肉[精神]疲労. caerse [morirse] de ~ 疲れて立っていられない[死にそうだ]. ~ visual 目の疲れ. ~ nerviosa ストレス. ~ de combate《医学》戦場神経症. ~ de metales《技術》金属疲労. 類**agotamiento, cansancio**. 反**descanso**. ❷ (*a*) (主に病気による) 呼吸困難, 息切れ. —Los asmáticos cuando corren sienten ~. 喘息の人は走ると呼吸困難になる. 類**ahogo, sofoco**. (*b*) 吐き気. 類**náuseas**. ❸ 複 苦労, 苦難. —Ha pasado muchas ~s antes de triunfar. 彼は勝利を得るまでに多くの苦労を味わった. ~s del viaje 旅の苦労. No hay vida sin ~s. 苦労のない人生なんてない. 類**molestias, penalidades, sacrificios**.

con fatiga へとへとになって; 苦しそうに; 苦労して, *dar*LE *a … fatiga* (人)をためらわせる, 躊躇(ちゅうちょ)させる, …に二の足を踏ませる. *Me da fatiga* pedirle dinero prestado. 彼に金を貸してくれと頼むのなんていやだなあ.

‡**fatigar** [fatiɣár] [**1.2**] 他 ❶ を疲れさす, 疲労させる. —Hablaban en voz baja para no ~ al enfermo. 彼らは病人が疲れないよう小声で話をしていた. 類**cansar**. ❷ 悩ませる, 不愉快にさせる.

——*se* 再 疲れる, 疲労する. —*Me fatigué* haciendo footing. ジョギングをして私は疲れた. Si *te fatigas*, me lo dices y descansamos. もし疲れたら言ってください. 休みましょう.

Fatigarse y no ganar nada.【諺】骨折り損のくたびれ儲け.

fatigosamente [fatiɣósaménte] 副 苦しそうに, あえぎながら.

fatigoso, sa [fatiɣóso, sa] 形 ❶ 疲れる, 疲労する. —trabajo ~ 疲れる仕事. ❷ (息が)苦しそうな. —respiración *fatigosa* 苦しそうな呼吸. ❸ あきあきする, 退屈な.

fatigue(-) [fatiɣe(-)] 動 fatigar の接・現在.

fatigué

fatigué [fatiɣé] 動 fatigar の直・完了過去・1単.

fatuidad [fatu̯iða(ð)] 女 ❶ 愚かさ, 愚鈍, 愚行. 類**necedad**. ❷ うぬぼれ, 思い上がり. 類**engreimiento, presunción**.

fatuo, tua [fátu̯o, tu̯a] 形 ❶ うぬぼれの強い, 思い上がった. 類**engreído, vanidoso**. ❷ 間抜けの, 愚鈍な. 類**necio, tonto**.
  fuego fatuo 鬼火, 狐火.

fauces [fáu̯θes] 女複 《解剖》(哺乳動物の)のど, 咽頭.

‡**fauna** [fáu̯na] 女 ❶ (一定地域・時代の)動物相, 動物群; 動物誌(植物相・誌は flora). — ibérica [prehistórica] イベリヤ半島[先史時代の]動物相. ❷《話》グループ, 集団. —A este bar acude la ~ noctámbula. このバルには夜遊び族がやってくる.

fauno [fáu̯no] 男 《ローマ神話》ファウヌス(家畜・収穫の神; 上半身は人間で下半身はやぎの形をしている). —《Preludio a la siesta de un ~》(Debussy)《音楽》『牧神の午後への前奏曲』(ドビュッシー).

fausto, ta [fáu̯sto, ta] 形 幸運の, 幸せな, 喜ばしい. —~ acontecimiento 喜ばしい出来事. 類**afortunado, feliz**.
—— 男 華やかさ, 華麗, 壮観. —vivir con ~ 華やかな暮らしをする. 類**suntuosidad**.

fautor, tora [fau̯tór, tóra] 名 幇助(者, 共犯者.

fauvismo [fau̯βísmo] 男 《美術》フォービズム, 野獣派.

‡***favor** [faβór ファボル] 男 ❶ 親切(な行為), 好意, 恩恵. —un señalado ~ 格別の配慮. 《F~ de no fumar》『喫煙はご遠慮下さい』(掲示). Te quiero pedir dos ~es. 君に二つお願いがあるんだけど. Nunca olvidaré los ~es que me has hecho. 君の親切は決して忘れません. 類**ayuda, socorro**. 反**perjuicio**. ❷ 助け, 世話, 尽力. —Necesita tu ~. 彼は君の助けを必要としている. Le debo muchos ~es al profesor Ruiz. 私はルイス先生に大変お世話になっている. Ese ~ tan grande no te lo podré pagar en la vida. 君には大変世話になり恩返しは一生かかってもできないでしょう. 類**auxilio, ayuda**. ❸ 引き立て, 支持, ひいき, 信頼; 愛顧. —Goza del ~ popular. 彼は民心を得ている. Debe su posición al ~ y no a sus méritos. 彼の地位はひいきによるもので, 功績によるものではない. 類**apoyo, beneficio, protección**. 反**disfavor, enemistad**. ❹ (王・皇太子・権力者などの)寵愛. —buscar el ~ del rey 王の寵愛[庇護]を求める. 類**gracia, privanza, valimiento**. 反**disfavor**. ❺【主に複】(主に女が男に)身を許すこと(=entrega sexual). —La damisela concedió sus ~es al caballero que la galanteaba. 淑女きどりの令嬢さんは言い寄る紳士に体を許した. ❻ (貴婦人が騎士に与えた愛のしるしとしての)リボン, 花(など).

a favor (1) 有利な, 賛成の(→en contra「不利な, 反対の」). correr con el viento *a favor* 追い風を受けて走る. Hubo siete votos *a favor* y tres en contra. 賛成 7 票, 反対 3 票だった. (2) 《商業》貸方の(→en contra「借方の」). saldo *a favor* 貸し越し残高(→saldo en contra「借り越し残高」).

a favor de ... (1) …に有利な[に], …の味方[側]に立って, を賛成[賛成]して. concierto *a favor de* los damnificados 被災者支援コンサート. votar *a favor de ...* …に賛成票を投じる. Es un punto *a su favor*. それは彼女に有利な点だ. Los que estén *a favor de* la propuesta, levanten la mano. 提案に賛成な方は, 挙手をお願いします. Testó *a favor de* sus sobrinos y no les dejó nada a sus hijos. 彼は遺言によってすべてを甥たちに与え, 子供たちには何も残さなかった. (2) を利用して, …に助けられて, …のお陰で; (風・流れに)乗って. Se escapó *a favor de* la oscuridad de la noche. 彼は夜陰に乗じて逃亡した. nadar *a favor de* la corriente 流れに乗って泳ぐ. (3)《商業》(小切手・委任状などで)…あての[に]; を受益者とした, 貸方に. librar un cheque *a favor del señor ...* …氏を受取人として小切手を振り出す.

contar con el favor de ... (人)の支持を得ている, (人)に気に入られる. Cuenta con el favor de todos los miembros de su departamento. 彼は課の誰からも気に入られている.

de favor 優待の; 無料(贈与)の. billete [entrada, pase] *de favor* 優待券, 招待券, 無料入場券. Es *de favor*. それは無料だ.

en favor de ... (1) …に有利に, …に賛成して, を支持して(→a favor de ...). Siempre estoy *en favor de* la libertad de prensa. 私は常に報道の自由を支持する. abogar *en [a] favor de ...* (人)の弁護をする. (2) …のために, …の利益のために. hacer una colecta *en favor de* los damnificados 被災者のために募金する. Renunció a sus derechos *en favor de* su hermano. 彼は弟に自分の権利を譲った.

estar (como) para hacerle un favor《話》(女性だけについて)すごくセックスアピールがある.

favor de ...【+不定詞】《中米》【丁寧な依頼表現】…してください. ¿*Favor de* atenderme, señorita? 店員さん, ちょっとお願いします. *Favor de* hacer la cola. 列に並んでください.

ganarse el favor de ... (人)の支持[寵愛, 引き立て]を得る, (人)に気に入られる. Siempre trata de *ganarse el favor de* jefe. 彼はいつも上司の引き立てにあずかるように努めている.

hacer el favor de【+不定詞】(1)【丁寧な命令・依頼】親切にも…する. ¿Me *haces el favor de* cerrar la cortina? カーテンを閉めてくれませんか. ¿Puede *hacer el favor de* llamar más tarde? あとで電話していただけますか. ¡Acércame el lápiz, *haz el favor*! 鉛筆を取ってください. *Hágame el favor de* venir conmigo. 一緒にいらしてください.【Haga el favor de + 不定詞は丁寧過ぎて普段あまり用いられない】. (2) (怒り・不快感を表す) *Hazme el favor de* callarte, que no oigo nada. 何も聞こえないので黙ってくれませんかね.

hacer un favor a ...《話》(人)のために尽くす, 恩恵を施す. ¿Me *haces un favor*? /¿Quieres [Puedes] *hacerme un favor*? お願いがあるのですが. ¿Pago ahora?—Si *me hace el favor*. 今支払いましょうか. —そうしていただきます.

hacer un flaco favor (うっかりして・悪気なしに)(人)に迷惑をかける, 害を与える, 親切が仇になる(=hacer un flaco servicio).

pedir ... por favor (人)に…を丁重に頼む[請う], を是非と頂きたいと懇願する. Pide las cosas *por fa-*

vor. どうかくださいと丁重に頼みなさい.
pedir [*solicitar*] **un favor** (人に頼みごとをする，人)の援助を求める. Tengo *un favor* que *pedir*le a Ud. /Quería [Quisiera] *pedir*le *un favor*. お願いがあるのですが. Vengo a *pedir*te *un favor*. 君にお願いがあって来ました.
perder el favor de ... (人)の支持[寵愛]を失う，(人)に愛想をつかされる. El privado temía *perder el favor de*l rey. 寵臣は王の寵愛を失うのではないかと心配していた.
por favor (1)【一般に命令文・疑問文で】(丁寧な命令・依頼)どうぞ，どうか. Un momento, *por favor*. しばらくお待ちください. ¡Silencio, *por favor*! 静粛に願います. ¡Que no se te vaya a caer, *por favor*! お願いだから，落とさないでね. ¿Me dices qué hora es, *por favor*? 何時か教えてくれる? *Por favor*, ponme otra cucharadita de azúcar. お砂糖を小さじでもう一杯入れてちょうだい. (2) 《話》(抗議・拒絶して)お願いだから，やめてください. ¿Quieres irte de una vez, *por favor*? さっさと帰ってくれないかね. Ya está bien, ¡*por favor*! もういい，やめてください. (3)(呼び掛けで)あのうちょっと，すみません，もしもし. ¿*Por favor*, para ir a Correos? すみません，郵便局に行くにはどう行ったらいいですか. ¿Qué hora es, *por favor*? すみませんが，何時ですか.
tener ... a [en] su favor (何か)が有利になる，プラスとして働く，幸いしている；(何か)を言い訳にする. *Tienes a tu favor* la suerte de dominar varios idiomas. 運よく数か国語をマスターしていることで君が有利だ.
tener a ... a [en] su favor (人)を味方につけている，…の支持を得る，気に入られる(= tener a ... de su parte). *Tengo a mi favor a* toda la familia. 私は家族全員を味方につけている. *Tiene el público a su favor*. 世論は彼に好意的だ.
trato de favor 優遇. Tiene *un trato de favor* en la empresa. 彼は会社で優遇されている.

‡**favorable** [faβoráβle] 形 ❶【+a/para】…に都合のいい，有利な，好適な. —Las circunstancias son ~s para la inversión. 状況は投資に都合がいい. Hacía un viento ~ para la navegación a vela. 帆走にいい追い風が吹いていた. 類**conveniente, propicio.** 反**desfavorable.** ❷【+a】…に好意的な，賛成の. —La opinión es ~ a una intervención militar. 世論は軍事介入に好意的だ. 類**positivo.**

・**favorablemente** [faβoráβleménte] 副 都合よく，有利に；好意的に. —La enfermedad le evoluciona ~. 彼の病気は順調に回復している.

favorecedor, dora [faβoreθeðór, ðóra] 形 ❶ 似合う. ❷ 有利な.

‡**favorecer** [faβoreθér] [9.1] 他 ❶ …に恩恵を施す，味方する，を助ける. —El árbitro *favoreció* claramente al equipo visitante. レフェリーは明らかにアウェーのチームの味方をした. 類**apoyar, ayudar, beneficiar.** ❷ を容易にする，有利にする，…に有利に働く. —Las nuevas medidas *favorecen* la inversión exterior. 新しい対策は外国の投資を容易なものにした. ❸(服装などが)よく似合う，引き立てる，よく見せる. —Este vestido te *favorece*. このドレスは君によく似合っている. 類**agraciar.**
—**se** 再【+de】…を利用する，活用する. —*~se de su posición* 自分の立場を利用する. *Se favo-*

reció de esa situación. 彼はその機会を利用した.
favorecido, da [faβoreθíðo, ða] 形 ❶ 特典を与えられた. —cláusula de país más ~ 最恵国約款. ❷ 魅力的な. —rostro poco ~ 無器量な顔.

favorezca(-) [faβoreθka(-)] 動 favorecer の接・現在.

favorezco [faβoréθko] 動 favorecer の直・現在・1単.

favoritismo [faβoritísmo] 男 えこひいき，偏愛.

‡**favorito, ta** [faβoríto, ta] 形 気に入りの，ひいきの，大好きな. —Es su alumna *favorita*. 彼女は彼のお気に入りの生徒だ. Ella perdió su *favorita* pulsera. 彼女はお気に入りのブレスレットをなくしてしまった. 類**predilecto, preferido.**
— 名 ❶ お気に入り(の人・物)，人気者，大好きな物. —Es la *favorita* del público. 彼女は大衆の人気者だ. ❷ (王などの)気に入りの家臣，寵臣，寵姫. —El ~ de la reina tenía más poder que ella misma. 女王の気に入りの家臣が女王自身よりも権力を持っていた. 類**privado, valido.** ❸(競技・コンクールの)本命，優勝候補. —El caballo número 8 es el ~ en la tercera carrera. 8 番の馬が第 3 レースの本命だ.

‡**faz** [fáθ] 女【複 faces】❶《文》顔. — ~ a ~ 向かいあって，面と向かって. Presentaba la ~ radiante de júbilo. 彼は喜びで顔を輝かせていた. con la ~ sonriente [taciturna] 笑顔で[憂うげな顔をして]. 類**cara, rostro.** ❷ (*a*) 表面，正面. — ~ de la tierra 地表. decir a la ~ del mundo 公然と言う. (*b*) 表(貨幣，布地，葉などの). 類**anverso.** 反**reverso, revés.** ❸ 局面，様相. —Con la caída del comunismo cambió sustancialmente la ~ del mundo. 共産主義の没落とともに世相は本質的に一変した. 類**aspecto.**
a prima [primera] faz 一目で，一見して.
en faz y en paz 公然と穏やかに.
Sacra [Santa] Faz 《宗教》キリストの顔(の画像)(特に聖骸(がい)布 el paño de la Verónica に残った顔の像).

F.C.《頭字》男 ❶ (< *fútbol club*)サッカー・クラブ(チーム名). ❷ (< *ferrocarril*)鉄道.

‡**fe** [fé フェ] 女 ❶ 信用，信頼(性)，信じること. —tener ~ en el mañana 未来を信じる. Ha puesto toda su ~ en un curandero. 彼はあるやぶ医者に全幅の信頼を寄せた. Sus palabras no me inspiran ~. 彼の言葉は信じられない. Ese testigo no es digno de ~. あの証人は信頼に値しない. 類**confianza, crédito.** 反**desconfianza.** ❷《宗教》信仰(心)；(主義・思想の)信奉；信念. — ~ religiosa 信仰心. ~ católica [protestante] カトリック[プロテスタント]信仰. hombre de ~ 固い信仰を持った人. tener ~ en Dios 神を信じる. artículo de ~ 信仰箇条；絶対的真理. ~ patriota 愛国心. Abrazó la ~ católica. 彼はカトリック教徒になった. apostatar [renegar] de la ~ católica カトリックを棄教する. 類**creencias, dogma.** ❸《カトリック》望徳 esperanza, 愛徳 caridad と並ぶ三対神徳 virtudes teologales の1つ. —acto de ~ 信徳(誦)，信徳の心. ❹ 証明；証明書(= certificado). — ~ de bautismo [de matrimonio, de nacimiento] 洗礼

918 fealdad

[結婚, 出生]証明書. ~ pública 公式の証明書. ❺ 誓い, 誓約; 忠実, 忠誠. —guardar la ~ conyugal (結婚の時に交わす)夫婦の誓いを守る.

a buena fe 確かに, 間違いなく.

a fe de …に誓って, …の名誉にかけて. *a fe de caballero* 紳士の名誉にかけて, 誓って言うが.

a fe (mía) que …/por mi fe que … 誓って(言うが), 本当に, 確かに (=en verdad, realmente). *A fe mía que* no he sido yo. 誓って言うが, それは私ではなかった. *A fe mía que* nos estás engañando. 確かに君は我々をだましている.

a la buena fe (1) 無邪気に, 単純に. (2) 善意で.

auto de fe《スペイン史》*(a)* 宗教裁判所の死刑宣告, (特に異教徒の)火刑. *(b)* 焚書(ふんしょ).

buena fe 善意, 好意, 誠実; 無邪気. Lo hice con toda mi *buena fe* pensando que te ayudaba. 私は君の役に立つと思ってまったくの善意でそうしたのだ. católico de *buena fe* まじめなカトリック信者.

dar fe de を証明[認定, 証言, 立証]する (=atestiguar, certificar). Doy *fe de* que todo lo que ha dicho este hombre es verdad. 私はその人が言ったことはすべて真実だと証言します. La firma de un notario *da fe de*l documento. 公証人のサインがその書類の(有効性)を証明する.

dar fe de vida (自分の)消息を知らせる.

de buena fe (1) 善意で. Lo hizo *de buena fe*, pensando que os beneficiaba. 彼は君たちによかれと思って, 善意でそうしたのだ. (2) 無邪気に. Lo creí *de buena fe*. 私はばか正直にそれを信じた.

de [con] mala fe 悪意で, だますつもりで. En ese asunto ha obrado *de [con] mala fe* desde el principio. 彼はその件で, 初めからだますつもりであった.

en fe de lo cual (証書の決まり文句)右証拠として.

fe de erratas 正誤表.

fe de vida (年金・恩給受給者の)生存証明書.

fe púnica 不誠実, 悪意; 不実, 裏切り.

hacer fe (文書・証言が)信ずるに足る.

mala fe 悪意 (=mala intención); 不誠実. tener *mala fe* 不誠実である. Hace las cosas con *mala fe*. 彼はそれらのことを悪意でやっている.

prestar [dar] fe a … を信用する, 信じる.

profesión de fe (1) 信仰告白[宣言]. (2) 思想的態度の表明. hacer *profesión de fe* 思想的立場を明らかにする.

promotor de la fe《宗教》列聖[列福]調査審問検事, 証聖官 (=abogado del diablo).

símbolo de la fe《カトリック》使徒信経, クレド (=símbolo de los Ángeles).

tener fe en … を信用[信頼]する. Tiene una *fe* ciega *en* los médicos. 彼は医者に絶対的な信頼を寄せている. No *tengo fe en* sus palabras. 私は彼の言葉を信用していない.

*   **fealdad** [fealdáð] [< feo] 囡 ❶ 醜さ, 醜悪さ. —Su simpatía hace olvidar la ~ de su rostro. 彼女は感じのいい人なので, つい顔の醜さを忘れてしまう. 反**belleza**. ❷《比喩》卑劣さ. —Ha sido una ~ por tu parte tratarle así. 君が彼をあのように扱ったことは, 君にしては卑劣な行為であった. 類**indignidad**.

feamente [feaménte] 副 醜く, 醜悪に, ひどく.

feb.《略号》=febrero 2 月.

‡**febrero** [feβréro フェブレロ] 男 2 月(《略》feb., febr.). —en ~ 2 月に.

febrífugo, ga [feβrífuɣo, ɣa] 形《医学》解熱の. —男《医学》解熱剤 (=antipirético). —tomar un ~ 解熱剤を飲む.

febril [feβríl] 形 ❶《医学》熱の, 熱っぽい. —acceso ~ 発熱. 類**calenturiento**. ❷《比喩》熱狂的な, 激しい. —actividad ~ 活発な活動, 活気.

fecal [fekál] 形 糞便の. —aguas ~es 汚水.

*   **fecha** [fétʃa フェチャ] 囡 ❶ (手紙などの)日付, 年月日. —¿Cuál es la ~ de hoy?/¿En qué ~ estamos hoy? 今日は何日ですか? No te olvides de la ~ de mi cumpleaños. 私の誕生日を忘れないでよ. Por favor, escriba aquí su ~ y lugar de nacimiento. ここにあなたの生年月日と出生地を記入してください. ¿Qué ~ tiene [lleva] la carta? その手紙は何日付ですか? En esa ~ no estaba yo en Madrid. その日私はマドリードにいなかった. poner la ~ en la carta 手紙に日付を書き入れる. a partir de esta ~ 本日より. una carta de [con] ~ 3 de enero 1 月 3 日付の手紙. 類**data, día**. ❷ 日取り, 日時, 日程; 期日, 期限. —fijar [decidir, determinar] la ~ de la boda 結婚式の日取りを決める. ~ cierta《法律》確定日取. ~ límite [tope] 締切日. ~ de salida 発売日. ~ de vencimiento 満期日. de larga [corta] ~《商業》長期[短期]払いの. a 30 [treinta] días ~《商業》一覧後 30 日払いで. ❸ 日数, …日間. —Las cartas de Londres tardan por avión tres ~s. ロンドンからの手紙は航空便で 3 日かかる. ❹《中米》または《複》今, 現在. —Hasta la ~ todo marcha bien. 今日まですべて順調だ. en ~ próxima 近いうちに, 近々. a [por] estas ~s del año que viene 来年の今頃. el año pasado por estas ~s 去年の今頃. en estas ~s 今日(こんにち)(では). ❺《複》時代. —Aquellas ~s fueron trágicas. あの頃はひどい時代だった. 類**época, tiempo**.

a estas fechas (1) 今頃, このごろ. *A estas fechas* debe de estar viajando por México. 今頃彼はメキシコを旅行しているだろう. (2)『よくaún や todavía を伴ない』現在のところまだ, いまだに(実行・停止の遅れを表わす). *A estas fechas* todavía no sabemos su paradero. 私たちはいまだに彼の居所が分からない.

a [+数字+] día(s) fechas …日後. El cheque se cobra a dos días *fechas*. 小切手は 2 日後換金できます.

de esta fecha 今後.

de la cruz a la fecha《俗》最初から最後まで.

por estas fechas 今頃. Juan llegará *por estas fechas*. フアンはもう近く今頃だろう.

fechador [fetʃaðór] 男 ❶ 日付スタンプ[印]. ❷《中南米》消印. 類**matasellos**.

‡**fechar** [fetʃár] 他 ❶ …に日付をいれる[記す]. —El diploma está *fechado* en Salamanca el dos de mayo de 1950. その証書はサラマンカ, 1950 年 5 月 2 日という日付が入っている. *Fechó* la carta y la metió en el sobre. 彼は手紙に日付を書き封筒に入れた. 類**datar**. ❷ (過去の出来

事の)…の年代[日付]を定める, 年代を推定する. — *Fecharon* la construcción de la iglesia en el siglo X. その教会の建設は10世紀と推定された.

fechoría [fetʃoría] 囡 ❶ 悪行, 悪事. — hacer [cometer] una ~ 悪事をはたらく. ❷ いたずら. 類 **trastada, travesura**.

FECOM [fekóm] [＜Fondo Europeo de Cooperación Monetaria] 男 欧州通貨協力基金(略 EMCF).

fécula [fékula] 囡 澱粉(ﾃﾞﾝ).

feculencia [fekulénθja] 囡 ❶ 澱粉(ﾃﾞﾝ)を含んでいること. ❷ 沈澱物[おり]があること.

feculent|**o, ta** [fekulénto, ta] 形 ❶ 澱粉(ﾃﾞﾝ)を含む, 澱粉質の. — *alimento* ~ 澱粉を含む食品. ❷ 沈澱物を含む, どろどろの.

fecundación [fekundaθjón] 囡 ❶ 受胎, 受精. — *in vitro* 試験管受精. — *artificial* 人工受精. ❷ 〖農業〗(土地を)肥沃にすること.

fecundante [fekundánte] 現分 形 ❶ 肥沃にする, 豊かにする. ❷ 受胎[精]させる, 多産にする.

fecundar [fekundár] 他 ❶ 〖農業〗(土地を)肥沃にする. ❷ 受胎[受精]させる. — *huevo no fecundado* 受精していない卵, 無精卵. ❸ 多産にする, 豊かにする.

*__fecundidad__ [fekundiðá(ð)] 囡 ❶ 繁殖力, 多産性, 生殖力. — ~ de las ratas ネズミの繁殖力. *No fue una pareja de gran* ~. 彼らは子だくさんのカップルではなかった. ❷ (土地の)肥沃さ(ﾋﾖｸ), 豊饒(ﾎﾞｳ). — ~ de unas tierras 土地の肥沃さ. 類 **fertilidad**. 反 **esterilidad**. ❸ (作家の)多作; (想像力・精神などの)豊かさ. — *La* ~ *de ese escritor es impresionante*. その作家の多作ぶりには目を見張るものがある.

*__fecundizar__ [fekundiθár] [1.3] 他 を肥沃(ﾋﾖｸ)にする, 肥やす, 豊かにする. — ~ *un terreno con abonos* ある土地に肥料をやって肥沃にする. 類 **fecundar, fertilizar**.

fecund|**o, da** [fekúndo, ða] 形 ❶ (土地が)肥沃な, 肥えた, 多く産する. — *Esta es una tierra fecunda que da buenas cosechas.* ここは収穫の多い肥沃な土地. 類 **feraz, fértil, productivo**. 反 **infecundo, yermo**. ❷ 生産的な, 多作の,〖＋de/en〗…の豊かな. — *Es un escritor* ~ *en novelas policíacas.* 彼は推理小説を多作する作家である. 類 **fértil, productivo, rico**. 反 **estéril, improductivo**. ❸ 多産の, 繁殖する, 生殖力のある. — *El ratón es un animal muy* ~. ネズミは非常に多産の動物だ. 類 **fértil**. 反 **estéril**.

FED [féδ] [＜Fondo Europeo de Desarrollo] 男 欧州開発基金(略 EDF).

:__federación__ [feδeraθjón] 囡 ❶ (組合・スポーツなどの)連盟, 連合(会). — ~ *de sindicatos obreros* 労働組合連盟. *F~ Sindical Mundial* 世界労働組合連盟(略 FSM). *F~ Española de Fútbol* スペインサッカー連盟(略 FEF). 類 **confederación**. ❷ 連邦(化).

federal [feδerál] 形 ❶ 《政治》連邦の, 連合の. — *república* ~ 連邦共和国. *sistema* ~ *de gobierno* 連邦制度. ❷ 《政治》連邦政府の. ❸ 《歴史》(米国で南北戦争当時の)北部連邦同盟の, 北軍の. — 男女 ❶ 《政治》連邦主義者. ❷ 《歴史》(米国で南北戦争当時の)北部連邦同盟支持者, 北軍兵士.

federalismo [feδeralísmo] 男 《政治》連邦主義[制度].

federalista [feδeralísta] 形 《政治》連邦主義の. — 男女 《政治》連邦主義者.

federar [feδerár] 他 《政治》(独立諸州を)中央政府下に連合させる. — **se** 再 ❶ 《政治》連邦[連合, 同盟]に加わる. ❷ 《スポーツ》スポーツ連盟に加盟する.

federativ|**o, va** [feδeratiβo, βa] 形 《政治》連邦の, 連合の, 連盟の. — *gobierno* ~ 連邦政府.

Federico [feδeríko] 固名 《男性名》フェデリーコ.

feedback [fiδβa(k)] [＜英] 男 フィードバック.

feeling [filin] [＜英] 男 感覚, 予感.

féferes [féferes] 男 複 〖中南米〗がらくた, つまらない物, 日用雑貨. 類 **baratijas, bártulos, trastos**.

fehaciente [feha0jénte] 形 証拠となる, 証人となる. — *prueba* ~ 確実な証拠. 類 **fidedigno**.

Feijoo [fejxó(o)] 固名 フェイホー(ベニート・ヘロニモ Benito Jerónimo ~)(1676-1764, スペインの著述家).

feldespato [feldespáto] 男 《鉱物》長石.

Felicidad [feliθiðá(ð)] 固名 《女性名》フェリシダー.

*__felicidad__ [feliθiðá(ð) フェリシダ] 囡 ❶ (a) 幸福, 幸せ. — *Les deseo a Uds. muchas [toda clase de]* ~*es.* 皆様のご多幸をお祈りします. *compartir la* ~ 幸福を分かち合う. *correr tras la* ~ 幸福を追い求める. *vivir en completa* ~ とても幸せに暮らす. *deseos de* ~ (人の)幸せを祈る気持. *No hay mayor* ~ *que la salud.* 健康にまさる幸福はない. 類 **dicha, ventura**. 反 **desdicha**. (b) 喜び, うれしさ. — *Sintió una gran* ~ *al volver a verla.* 彼は彼女に再会した時とてもうれしかった. *poner cara de* ~ うれしそうな顔をする. *las* ~*es del mundo* 世の幸せ. 類 **contento, gozo**. 反 **disgusto, dolor**. ❷ 幸運. — *Fue una* ~ *poder volver a verlo.* 彼に再会できるなんて幸運だった. 類 **fortuna, suerte**. ❸ 無事, 順調. — *Hizo el viaje con* ~. 彼は無事に旅を終えた. *Salió de aquel lío con toda* ~. 彼はあのもめ事を無事に[首尾よく]脱した. 類 **normalidad, ventura**.

curva de la felicidad 《俗》太鼓腹(＝tripa). ¡(*Muchas*) *Felicidades!* おめでとう!(新年・クリスマス・誕生日などに).

:__felicitación__ [feliθitaθjón] 囡 ❶ 祝い, 祝賀; 祝辞; 賛辞. — *Mi padre me ha comprado una cámara como regalo de* ~. 父はお祝いにカメラを買ってくれた. *De todas partes del país se enviaron telegramas de* ~. 祝電が全国各地から寄せられた. ❷ 祝いの手紙[葉書], グリーティングカード. — ~ *de Navidad* クリスマスカード. *mandar [enviar] una* ~ 祝いの手紙を送る.

—— 間複 おめでとう, お祝い申し上げます.

*__felicitar__ [feliθitár フェリシタル] 他 ❶ …にお祝い[祝辞]を言う, を祝う, 祝福する. — *Le felicité por su éxito.* 私は彼の成功にお祝いを言った. *Ella me felicitó el día de mi cumpleaños.* 彼女は私の誕生日にお祝いを言ってくれた. ~ *las Navidades [el Año Nuevo]* クリスマス[新年]を祝う. *Felicité a un matrimonio recién casado.* 私は新婚夫婦を祝福した.

920 feligrés

❷ 称賛する, ほめる. —Has estado magnífico. Te *felicito*. お前はすばらしかった.感心した.
—**se** 再 [＋de/por] を喜ぶ, うれしく思う. —*Me felicito de* saber que han tenido un hijo. 彼らに男の子が生まれたと分かって私はうれしい.

feligrés, gresa [feliɣrés, ɣrésa] 名 ❶ 教区の信徒, 教区民. 類**parroquiano**. ❷《比喩, 話》常連, 常客.

feligresía [feliɣresía] 女 〖集合的に〗(1つの教会の)教区民, 信徒団.

felino, na [felíno, na] 形 ❶《動物》ネコ科の. ❷《比喩》猫のような, すばしこい. —movimiento ～ すばしこい動き.

Felipe [felípe] 固名 ❶《男性名》フェリーペ. ❷ (～ II) フェリーペ2世 (1527-98, スペイン王, 在位 1556-98).

Felisa [felísa] 固名《女性名》フェリーサ.

Félix [féli(k)s] 固名《男性名》フェリクス.

*:**feliz** [feliθ フェリス] 形[複 felices] ❶ 幸せな, 幸福な [ser/estar＋]. —Aquellos serían los momentos más *felices* de su vida. あれは彼にとって人生で一番幸福な瞬間だったろう. Estoy ～ con mi nueva casa. 私は新しい家を持って幸せだ. Desde que se casó con ella, es ～. 彼女と結婚して以来彼は幸せだ. ¡F-Año Nuevo! 新年おめでとう. ¡F～ viaje! よい旅をしていらっしゃい. 類**dichoso, venturoso**. 反**desdichado, desgraciado**. ❷ うれしい, 楽しい; 幸運な. —Pasaron un día ～ en la playa. 彼らは海岸で楽しい1日を過ごした. 類**afortunado, contento, satisfecho**. 反**descontento, disgustado**. ❸ 適切な, うってつけの, 巧妙な. —Gracias a tu ～ idea, salimos del apuro. 君の適切なアイデアのおかげで私たちは苦境を脱した. 類**acertado, afortunado, oportuno**. 反**desacertado, inoportuno**.

hacer feliz《話》好きである;(人を)うれしくさせる. El color de las cortinas no me *hace feliz*. そのカーテンの色は好きではない.

*:**felizmente** [feliθménte] 副 ❶ 幸せに, 幸福に; 楽しく. —Viven ～ en su país. 彼らは母国で幸せに暮らしている. 類**dichosamente**. ❷ 順調に, 首尾よく; 適切に. —Todo negocio acabó ～. すべての交渉は首尾よく終わった. ❸ 幸いにも, 幸運にも, まだに. —F～, el médico estaba todavía en la clínica. 幸いにも医者はまだ診療所にいた. 類**afortunadamente, dichosamente**.

felón, lona [felón, lóna] 形《まれ》裏切る, 背く, 不忠の (＝falso).
—名《まれ》裏切り者, 悪者 (＝traidor).

felonía [felonía] 女 裏切り, 不忠. —cometer [hacer] una ～ 裏切る. 類**traición**.

felpa [félpa] 女 ❶《服飾》フラシ天(布地). —toalla de ～ フラシ天のタオル. osito de ～ ぬいぐるみのクマ. ❷《話, 比喩》打つこと. —dar una ～ a ... をなぐる, ぶつ. 類**paliza**.

felpar [felpár] 他 をフラシ天で覆う.

felpilla [felpíja] 女《衣服》シェニール糸.

felpudo [felpúðo] 男 ドアマット. —sacudirse los pies en el ～ ドアマットで靴の汚れを落とす. ～ coco ヤシ製ドアマット.

femenil [femeníl] 形 女性の, 女性らしい.

*:**femenino, na** [femeníno, na] 形 ❶ 女性の, 女の. —sexo ～ 女性. Las mujeres formaron una asociación *femenina* para proteger sus derechos. 女性たちは自分の権利を守るため女性協会を設立した. 類**femenil, mujeril**. 反**masculino**. ❷ 女性的な, 女らしい, 女のような [ser/estar＋]. —La ternura no es sólo una cualidad *femenina*. 優しさは女性だけの特性ではない. Ha comenzado a pintarse para estar más *femenina*. 彼女はもっと女らしく見せるために化粧を始めた. 反**varonil**. ❸《動植物が》雌の, 雌性の. —flores *femeninas* 雌花. 反**masculino**. ❹《文法》女性の. —sustantivo ～ 女性名詞. 反**masculino**.
—男《文法》女性, 女性形. —El ～ de "perro" es "perra". perroの女性形はperraである. 反**masculino**.

fementido, da [fementíðo, ða] 形《古》二心のある, 不実の (＝falso).

*__feminidad, femineidad__ [feminiðáð, femineiðáð] 女 ❶ 女らしさ, 女性的なこと. —Yo no creo que el uso de pantalones reste ～ a la mujer. 女性がズボンをはくと女らしくなくなるとは私は思わない. 反**masculinidad**. ❷《医学》(男性の病的な女性化, 女性的なこと, めすし. 類**afeminación**.

feminismo [feminísmo] 男 フェミニズム, 男女同権主義.

femoral [femorál] 形《解剖》大腿(だい)骨の.
—男《虫類》腿節.

fémur [fémur] 男《解剖》大腿(だい)骨, 大腿部.

fenecer [feneθér] [9.1] 自 ❶ 死ぬ (＝morir). ❷ 期限が切れる, 終わる.
—他 を終える, 終らせる.

fenecimiento [feneθimjénto] 男 ❶ 死亡. ❷ 終わり, 終結.

Fenicia [feníθja] 固名 フェニキア(紀元前15世紀頃, 地中海東岸に栄えた王国).

*:**fenicio, cia** [feníθjo, θja] 形 ❶ フェニキア (Fenicia)の, フェニキア人[語]の. —mercader ～ フェニキア商人. En España hay restos de colonias *fenicias*. スペインにはフェニキア人の植民地の遺跡がある. ❷ 商売上手な, 抜け目なもうける. —Es muy ～. 彼は大変な商売上手だ.
—名 ❶ フェニキア人. —Los ～s eran hábiles comerciantes. フェニキア人は抜け目ない商人であった. —男 フェニキア語.

fénix [féni(k)s] 男 ❶ (F～) (エジプト神の)フェニックス, 不死鳥. ◆アラビアの荒野に住む, 500-600年ごとに自ら積んだまきに火を放って焼死し, その灰の中から再生するという霊鳥. ❷《比喩》大天才. —～ de los ingenios 機知の天才(ロープ・デ・ベーガLope de Vegaのこと).

fenol [fenól] 男《化学》フェノール, 石炭酸.

*:**fenomenal** [fenomenál] 形 ❶《話》とても大きい, 莫(ばく)大な, 途方もない. —Fue una ～ sorpresa que vinieras. 君が来たのは大変な驚きだった. 類**descomunal, desmedido, enorme**. ❷《話》すばらしい, 大変よい, ものすごい [ser/estar＋]. —La película tuvo un éxito ～. その映画は大変な成功を収めた. Esta carne está ～. この肉はすごくうまい. Desde que no bebo me encuentro ～. 飲むのをやめてから私はすごく調子がいい. 類**estupendo, extraordinario, fantástico**. ❸ 現象の.
—副 大変すばらしく, すごくよく. —Lo pasamos ～ jugando al billar. 私たちは玉突きをして

すごく楽しく過ごした.

fenomenalismo [fenomenalísmo] 男 《哲学》現象論.

‡fenómeno [fenómeno] 男 ❶ 現象, 事象. ─ ~ natural [de la naturaleza] 自然現象. ~ atmosférico [físico, fisiológico] 大気[物理, 生理]現象. ~ social 社会現象. ~ luminoso 発光現象. ~ maravilloso 不思議な現象. 類 **apariencia, manifestación**. ❷ 出来事. ─La sequía en un ~ habitual es España. 旱魃(かんばつ)はスペインではいつもあることだ. 類 **accidente, hecho, suceso**. ❸〖+de/en/para〗…の天才, すごい人; 並外れた[驚くべき]人[動物, 物事]. ─Beethoven es un ~ de [*para*] la música. ベートベンは音楽の天才だった. Es un ~ *en* las matemáticas. 彼は数学の天才だ. Este niño es un ~ jugando al ajedrez y siempre gana. この子はチェスがものすごくうまく, いつも勝つ. 類 **coloso, maravilla, prodigio, rareza**. 反 **vulgaridad**. ❹ 奇形の人間・動物), 怪物, 珍奇なもの; 変人, 変わり者. ─El pobre animal es un ~: nació con dos cabezas. かわいそうにその動物は奇形児で, 頭を2つつけて生まれた. Frankenstein es un horrible ~. フランケンシュタインはぞっとする化け物である. 類 **anormalidad, engendro, monstruo**. ❺《哲》現象.

── , na 形《俗》すばらしい, 並外れた, すごい. ─ coche ~ すばらしい車. Hay paisajes ~s en toda la provincia. その地方には至る所にすばらしい景色がある. pasar una tarde *fenómena* すばらしい午後をすごす. Este chico es ~. この子はすごい. 類 **estupendo, fabuloso, magnífico**.

── 副《俗》すばらしく, 見事に, 楽しく. ─pasarlo ~ 楽しくすばらしい時をすごす. Lo hicieron ~. 彼らはそれを立派にやってのけた. Nos lo hemos pasado ~ en España. スペインはすごく楽しかった. 類 **fenomenal**.

── 間《俗》─¡F~! すばらしい!, 最高!, すごい!

fenomenología [fenomenoloxía] 女 《哲学》現象学.

‡feo, a [féo, a フェオ, ア] 形 ❶ (姿・外見が)醜い, ぶかっこうな, 醜悪な. ─ cara *fea* 醜い顔. Es ~, pero muy simpático. 彼は醜男(ぶおとこ)だが, とても感じがいい. No hay quince años ~s. 若い盛りはだれでも美しい(←15歳に不美人なし). Está *fea* con ese vestido. あの服を着ると彼女はかっこうが悪い. el sexo ~《戯》男性. Es una ciudad *fea* y ruidosa. そこは醜悪で騒々しい都市だ. 反 **guapo, hermoso**. ❷ いやな, 不愉快な; 良くない. ─ novela *fea* ひどい[できの悪い]小説. color ~ いやな色. ¡Qué música tan *fea*! 何てひどい音楽なんだ. ❸ (a)(行為が)見苦しい, みっともない, 下品な. ─La mentira es *fea*. うそをつくのはみっともない. (b)(やり方が)きたない; 卑劣な. ─ acción *fea* きたない行為. ❹ ゆゆしい, やっかいな, 険悪な. ─Está metido en negocios ~s. 彼はやっかいな取引にかかわっている. El día se está poniendo ~. 天気が怪しくなってきた.

── 名 醜い人.

dejar [en] feo a … …に恥をかかせる. *Me dejaste feo* revelando mi verdadera edad. 君は私の本当の歳を明かして恥をかかせてくれた.

── 男 侮辱, 辱(はずかし)め. ─No estoy dispuesto a aguantar más ~s. 私はこれ以上の侮辱に耐えられない.

hacer un feo a … を侮辱する, 辱める. ¿*Me vas a hacer ese feo?* 私の顔をつぶすつもりじゃないだろうね(いやとは言わせないよ).

── 副 ひどく, 不快に. ─ saber [oler] ~ いやな味[臭い]がする. cantar ~ 下手な歌を歌う. 類 **mal**.

feracidad [feraθiðá(ð)] 〔< feraz〕 女 土地の豊かさ, 土地の肥沃さ. 類 **fertilidad**.

feraz [feráθ] 形 〖複 feraces〗(土地が)肥沃な. ─ campos *feraces* 肥沃な畑.

féretro [féretro] 男 ひつぎ, 棺, 棺台(= ataúd).

‡feria [féria フェリア] 女 ❶ 定期市, 市(いち). ─ ~ de ganado [del campo, de caballos] 家畜[農産物, 馬]市. real de la ~ 市の立つ場所[広場]. 類 **mercado**. ❷ 見本市(= ~ de muestras), フェア, 博覧会. ─ ir a la ~ del libro ブックフェアに行く. ~ internacional de muestras 国際見本市. 類 **exhibición, exposición**. ❸ 市(いち)のお祭, 縁日; 複 そのための休日. ─ F~ de Sevilla セビーヤの春祭り. En la ~ había caballitos, tómbolas, tiro al blanco, norias, etc. お祭りにはメリーゴーランド, 福引き, 射的, 観覧車などが出ていた. Fui a Madrid para las ~s de San Isidro. 私は聖イシドロの祭日にマドリードに行った. 類 **fiestas, verbena**. ❹ 複 市[祭り]の日の贈り物. ─ dar ~s 市[祭り]の日にプレゼントする. ❺《カトリック》(土・日を除く)平日, 週日. ─ ~ segunda [tercera, sexta] 月[火, 金曜日. ─ ~s mayores 聖週間の週日. ❻《メキシコ》小銭, 釣り銭. ─ ¿Tiene Ud. ~? 小銭お持ちですか? 類 **cambio, suelto**. ❼《中米》チップ. ─ dar una ~ チップをやる. 類 **propina**.

Cada uno habla [cuenta] de la feria como le va en ella.【諺】毀誉褒貶(きよほうへん)は世の習.

*ir*LE *a … como en feria*【メキシコ】うまくいかない; ひどく殴られる. *Le fue como en feria* con ese negocio. 彼はその商売がうまく行かなかった.

revolver la feria かき乱す, めちゃくちゃにする.

feriado, da [feriáðo, ða] 形 祝日の, 休みの, 休日の. ─ día ~ 祝日.

ferial [feriál] 形 定期市の. ─ días ~es 市がたつ日.

feriante [feriánte] 形 売買のために市に集まる.

── 男女 売買のために市に集まる人.

feriar [feriár] 他 を市で買う.

── 自 仕事を休む.

ferino, na [feríno, na] 形 凶暴な, 野獣のような.

tos ferina《医学》百日咳.

fermentable [fermentáβle] 形 発酵性の.

fermentación [fermentaθjón] 女 ❶ 発酵(作用). ─ ~ alcohólica アルコール発酵. ❷ 騒ぎ, 興奮.

fermentar [fermentár] 他 ❶ を発酵させる. ❷《比喩》を刺激する, かきたてる.

── 自 ❶ 発酵する. ❷《比喩》(考えなどが)わき起こる.

‡fermento [ferménto] 男 ❶《生化学》酵素, 酵母. ─ ~s figurados [orgánicos] 有機(構)的酵素. ~s solubles 加水分解酵素. ~ láctico 乳酸菌. 類 **enzima, levadura**. ❷ (不満・憎悪・動揺・興奮などの)誘因, 原因, 種. ─ ~ revolucionario [de xenofobia] 革命の火種[外国人嫌いの原因]. 類 **origen, semilla.**

Fernando [fernándo] 固名 《男性名》フェルナンド.

***ferocidad** [feroθiðá(ð)] 囡 ❶ (動物の)獰猛(ごう)さ; (人間の)残忍さ, 狂暴(性), 無慈悲さ. — ~ del tigre 虎の獰猛さ. 類 **crueldad, fiereza.** ❷ (嵐・眠気・空腹などの)猛烈さ, すさまじさ, ひどさ. ❸ 《まれ》残虐行為; 無慈悲な言葉, 暴言.
con ferocidad 残忍に, 凶暴に; 激しく.

ferodo [feróðo] 男 《商標》ブレーキライニング, ブレーキの裏張り.

*:**feroz** [feróθ] 形 〔複 **feroces**〕 ❶ (猛獣などが)獰猛(どう)な, (人・様子が)凶暴な, 残忍な. — El tigre es un ~ felino. トラは獰猛なネコ科動物である. Me dirigió una mirada ~. 彼は私に凶暴な視線を向けた. 類 **cruel, fiero, salvaje.** 反 **manso.** ❷ 猛烈な, 激しい, すさまじい. — Tenía un hambre ~, 彼は猛烈に空腹だった. El dolor que yo sentía era ~. 私の感じた苦痛は猛烈だった. 類 **enorme, intenso, tremendo.**

*°**ferrar** [feřár] [4.1] 他 を鉄で覆う.

*°**férreo, rrea** [féřeo, řea] 形 ❶ 鉄の, 鉄分を含む; 鉄製の. — vía [línea] *férrea* 鉄道. metal no ~ 非鉄金属. El monumento se sostiene sobre una estructura *férrea*. 記念物は鉄の構造の上に立てられた. ❷ 鉄のような, 堅い; 冷酷な. — Impusieron una *férrea* disciplina. 彼らは鉄のような規律を課した. 類 **duro, fuerte, tenaz.** 反 **blando, débil.**

ferrería [feřería] 囡 ❶ 鍛冶(かじ)工場, 鉄工場. ❷ 製鉄所, 鉄工所.

ferretería [feřetería] 囡 金物店.

ferretero, ra [feřetéro, ra] 名 (人を指して)金物屋.

férrico, ca [féřiko, ka] 形 《化学》(化学化合物が)第二鉄の, 3価の鉄を含む.

ferrita [feříta] 囡 《鉱物》フェライト(強磁性の鉄酸化物).

ferrobús [feřoβús] 男 《鉄道》気動車, ディーゼルカー.

*:**ferrocarril** [feřokaříl] 〔< hierro+carril〕男 鉄道. — viajar por ~ 列車[鉄道]で旅行する. guía de ~*es* 鉄道時刻表. Red Nacional de los F~*es* Españoles スペイン国有鉄道(略) RENFE). oficial de ~*es* 鉄道員. ~ de cremallera アプト式鉄道. ~ funicular 登山鉄道, ケーブルカー. ~ metropolitano 地下鉄. ~ suburbano 近郊線. ~ aéreo ロープウェー(= teleférico, funicular aéreo). ~ de sangre 動物が引っぱる鉄道; 馬車鉄道. ~ de circunvalación 環状鉄道. ~ de vía ancha [normal, estrecha] 広軌[標準軌, 狭軌]鉄道(標準軌間は1.435m). ~ de vía sencilla [doble] 単[複]線. 類 **tren.**

ferrocarrilero, ra [feřokařiléro, ra] 形 『中南米』鉄道の. 類 **ferroviario.**
— 名 『中南米』鉄道員. 類 **ferroviario.**

ferroso, sa [feřóso, sa] 形 ❶ 鉄を含む. ❷ 《化学》第一鉄の.

*:**ferroviario, ria** [feřoβjárjo, rja] 形 鉄道の. — empresa *ferroviaria* 鉄道会社. horarios ~*s* 鉄道時刻表. estación *ferroviaria* 鉄道駅. red *ferroviaria* 鉄道網.
— 名 鉄道員, 鉄道会社員. — Los ~*s* han iniciado una huelga. 鉄道員たちはストを始めた.

ferruginoso, sa [feřuxinóso, sa] 形 鉄分を含む, 鉄分を含んだ. — manantial ~ 鉄分を含む鉱泉.

*:**fértil** [fértil] 形 ❶ (土地が)肥沃(ひよく)な, 肥えた. — Esta tierra es muy ~. この土地は非常に肥沃だ. 類 **fecundo, feraz, ubérrimo.** 反 **estéril, yermo.** ❷ 〔+en〕…に富んだ, 豊かな, 豊沃な. — Ha sido un año ~ *en* acontecimientos políticos. 政治的な事件が相次いだ一年だった. De su ~ pluma surgieron magníficas novelas. 彼の豊沃な筆からすばらしい小説が生まれた. 類 **abundante, fecundo, rico.** 反 **escaso, pobre.** ❸ 豊作の, 実りの多い. — Fue un año muy ~ para el trigo. それは小麦が非常に豊作の年だった. La primera época de este arquitecto fue muy ~. この建築家の初期は非常に多産であった. ❹ 生殖力のある, 受胎可能な. — Todavía están en edad ~. まだ彼らは子供の作れる年齢だ. 類 **fecundo.** 反 **estéril.**

*:**fertilidad** [fertiliðá(ð)] 囡 ❶ 肥沃さ, 豊饒(ほう)さ; 豊作. — ~ de la tierra 土地の肥沃さ. año de ~ 豊年. 類 **fecundidad, feracidad.** 反 **esterilidad.** ❷ 《比喩》(想像力・精神などの)豊かさ. — ~ del ingenio [de la imaginación] 独創力[想像力]の豊かさ. ❸ 《生物》生殖力, 繁殖力.

fertilización [fertiliθaθjón] 囡 土地の肥沃化.

*:**fertilizante** [fertiliθánte] 形 (土地を)肥やす, 肥沃にする. — sustancia ~ 肥料.
— 男 肥料. — ~ químico 化学肥料. ~ líquido universal 汎用液体肥料. Con el uso de los ~*s*, la producción de tomates se ha duplicado. 肥料の使用によってトマトの生産は倍増した. 類 **abono.**

*°**fertilizar** [fertiliθár] [1.3] 他 を肥沃(ひよく)にする, 肥やす, 豊かにする. — Los excrementos de los animales se utilizan para ~ los campos. 動物の排泄物は畑を肥やすのに利用される. 類 **fecundar, fecundizar.**

férula [férula] 囡 ❶ 木べら(体罰用, 特にこどもの手のひらを打つ). ❷ 《医学》副木, 当て木. ❸ 《植物》オオウイキョウ.
estar bajo la férula de ... 《比喩》(権威・専横などの)支配下にある, 専制者に管理されている.

férvido, da [férβiðo, ða] 形 ❶ 熱烈な, 熱情的な. ❷ 《詩》燃えるような, 焼ける.

*°**ferviente** [ferβjénte] 形 熱烈な, 熱心な, 燃えるような. — Siente por su padre una ~ admiración. 彼は父親に対して熱烈な賛美の念を持っている. 類 **ardiente, entusiasta, fervoroso.** 反 **frío, tibio.**

*:**fervor** [ferβór] 男 ❶ (*a*) 熱心, 熱意, 熱烈, 熱情. — trabajar con ~ 熱心に働く. amar con ~ 熱愛する. hablar con ~ 熱っぽく話す. 類 **ardor, entusiasmo, pasión.** (*b*) 宗教的情熱 (= ~ religioso), 敬虔(けん); 敬服. — rezar con gran ~ 敬虔な祈りを捧げる. escuchar [seguir] con ~ 敬服して聞く[従う]. adherirse con ~ a una propuesta 提案に両手をあげて賛成する. Sentía un gran ~ al oír los sermones de los domingos. 彼は毎週日曜日の説教を聞くと敬虔な気持ちになるのだった. 類 **celo, devoción, piedad.** ❷ (太陽・炎などの)灼熱(しゃく), 炎熱. — ~*es* estivales 夏の酷暑. 類 **fuego, hervor.**

frialdad.

fervorín [ferβorín] 男 〖主に複〗(鼓舞するために投げかけられる)射祷のひとつひとつ.

‡**fervoroso, sa** [ferβoróso, sa] 形 熱烈な, 熱狂的な, 熱情的の. —Su padre era un ~ católico. 彼の父親は熱心なカトリック信者だった. 類 ardoroso, entusiasta, ferviente.

‡**festejar** [festexár] 他 ❶ (a) …の祝宴を催す, 祝賀する. —Festejan las bodas de plata con un gran banquete. 彼らは銀婚式を大宴会を開いて祝った. (b) (人)を祝う, もてなす, 歓待する. —Dedican tres días a ~ a su santo patrón. 彼らは3日間守護の聖人の祭を祝う. ❷ (男性が女性に)言い寄る, 口説く. —~ a una chica ある娘に言い寄る.

—**se** 再 お祝いをする, 楽しむ.

·**festejo** [festéxo] 男 ❶ 複 祭りの催し物[行事]. —programa de ~s de las fiestas de Pilar ピラールの祭りのプログラム. Los ~s se celebran cada año en agosto. 祭りの各種行事は毎年8月に行なわれる. 類 fiestas, regocijo. ❷ (女性への)求愛, 口説き. 類 galanteo, obsequio. ❸ 宴会, パーティー. —La boda se redujo a un ~ familiar. 結婚式は家庭的なパーティーになってしまった. ❹ (客の)もてなし, 歓待. —José consigue lo que quiere de él por medio de ~s y halagos. ホセはもてなしとお世辞によって彼から望むものを手に入れる.

festín [festín] 男 宴会, 祝宴, パーティー. —dar [ofrecer] un ~ 宴会を催す. invitar a un ~ 宴会に招待する.

festinar [festinár] 他 ❶ 〖中南米〗を早める, 急がせる, せきたてる. 類 apresurar, precipitar. ❷ 〖中南米, 特に中米〗をもてなす, を歓待する. 類 agasajar, festejar.

festival [festiβál] 男 (定期的な一連の)催し物, …祭, フェスティバル. —~ de danzas populares 民族舞踊フェスティバル. ~ de cine 映画祭. F- Internacional de Nuevo Cine Latinoamericano en La Habana ハバナ新ラテンアメリカ国際映画祭.

festivamente [festiβaménte] 副 陽気に, にぎやかに.

‡**festividad** [festiβiðá(ð)] 女 ❶ 祭日, 祝日, 祝祭日; 祭礼, 祝祭, 祭典, 祝賀行事. —La Navidad es una importante ~ en el Occidente. クリスマスは西洋では大切な祭りだ. Mañana es la ~ de San José. 明日はサン・ホセの祝日だ. ❷ (まれ)愉快, 陽気, 快活.

festivo, va [festíβo, βa] 形 ❶ 祝祭の, お祝いの. —día ~ 祝日. ❷ おどけた, おかしい, ひょうきんな. —carácter ~ ひょうきんな性格. 類 chistoso, gracioso. ❸ お祭り気分の, 陽気な. 類 alegre, divertido.

festón [festón] 男 ❶ 花綱(はなづな), 縁飾り. —adornar con festones 花綱で飾る. ❷ 〖建築〗懸花装飾.

festonar [festonár] 他 ❶ を花綱(はなづな)で飾る. 類 festonear. ❷ …に縁飾りをつける.

festonear [festoneár] 他 ❶ を花綱(はなづな)で飾る. ❷ 〖建築〗…に花模様の縁飾りを施す. ❸ を波形に縁どる.

fetal [fetál] 形 胎児の. —posición ~ 胎児の位置.

fetén [fetén] 形 〖無変化〗❶ 〘話〙本物の, 生粋の. —un madrileño ~ 生粋のマドリードっ子. ❷ 〘話〙すごい, すばらしい. — 副 大変よく, とてもうまく[楽しく](=muy bien).

— 女 〘話〙本当のこと(=la verdad).

pasarlo fetén 〘話〙楽しく過ごす.

fetiche [fetítʃe] 男 ❶ 呪物(じゅぶつ), 物神(ぶっしん). ❷ 迷信の対象, 偶像, お守り, マスコット.

fetichismo [fetitʃísmo] 男 ❶ フェティシズム, 呪物崇拝, 物神(ぶっしん)崇拝. ❷ 迷信, 盲目的崇拝.

fetichista [fetitʃísta] 形 呪物(じゅぶつ)[物神(ぶっしん)]崇拝の, 迷信の.

— 男女 呪物崇拝者, 盲目的崇拝者.

fetidez [fetiðéθ] 女 いやな臭い, 悪臭. 類 hedor.

fétido, da [fétiðo, ða] 形 悪臭を放つ, 臭い. 類 hediondo.

feto [féto] 男 ❶ 胎児. ❷ 〘話, 比喩, 軽蔑的に〙醜い人.

feúcho, cha [feútʃo, tʃa] 〔<feo〕形 〘話〙不器量な. 類 feúco.

feúco, ca [feúko, ka] 〔<feo〕形 〘話〙不器量な. 類 feúcho.

feudal [feuðál] 形 ❶ 封建性の, 封建的な. —sistema [sociedad] ~ 封建制度[社会]. ❷ 領土[封土]の. —señor ~ 封建君主, 領主, 大名.

feudalismo [feuðalísmo] 男 封建制度.

feudatario, ria [feuðatárjo, rja] 形 封建的, 封土を受けている, 封建家臣の.

— 男 封建家臣, (封土を与えられている)大名[王侯], 封臣.

feudo [féuðo] 男 ❶ 領地, 封土. ❷ 〖歴史〗家臣が領主に納める税. ❸ 忠勤の誓い. ❹ 〖スポーツ〗ホームグラウンド, ホームスタジアム.

fez [féθ] 女 〖複 feces〗〖服飾〗トルコ帽. —llevar ~ トルコ帽をかぶる.

fi- [fi-] 動 fiar の直・現在, 接・現在, 命令・2 単.

fiabilidad [fjaβiliðá(ð)] 女 信頼性, 信頼度.

fiable [fjáβle] 形 信頼[信用]できる, 当てになる, 確かな. —hombre ~ 信頼できる男.

fiado, da [fjáðo, ða] 形 ❶ 〖商業〗掛けの, つけの, 代金後払いの. —al [de] ~ 掛けで, つけで. ❷ 信じている, 頼みとする.

comprar … fiado →comprar.

fiador, dora [fjaðór, ðóra] 名 ❶ 〖法律〗保証人, 身元引受人. —salir ~ de [por] …の保証人となる. ❷ 〖商業〗掛売りをする人.

— 男 ❶ (戸, ドアなどの)掛け金, かんぬき. —cerrar con el ~ 掛け金をかける. ❷ 留めひも, 留め金. ❸ (銃などの)安全装置, 掛け金. ❹ 雨樋支え.

fiambrería [fjambrería] 女 〖中南米〗冷肉, ソーセージ類, チーズなどを専門に売る店.

fiambre [fjámbre] 男 ❶ 〖料理〗冷肉, コールドミート, 冷たい料理(ハム・ソーセージ・魚など). —~s variados 各種冷肉の盛合せ. Disponemos de un gran surtido de ~s: jamón, chorizos, longanizas, etc. 当店は色々な冷肉:ハム, チョリーソ, ソーセージなどを取りそろえています. 類 conserva, embutido. ❷ 〘俗〙死体. —Está (hecho) ~. 彼は死んだ. dejar ~ 殺す, ばらす. La policía aún no ha dado con el ~. 警察はまだ死体を見つけていない. 類 cadáver, muerto. ❸ 〖アルゼンチン〗盛り上がりに欠ける[退屈な]パーティー

924 fiambrera

[会合].

— 形 ❶《料理》冷やした，冷たい，冷えた．— carne ~ 冷肉．merluza ~ メルルーサの冷製．ternera ~ 子牛の冷肉．[類]frío. ❷《俗，皮肉》古い，陳腐な，新鮮味のない．— noticia ~ 古くなったニュース．[類]pasado, viejo. ❸『アルゼンチン』盛り上がらない．— 副『グアテマラ』《俗》現金で，即金で．

fiambrera [fjambréra] 囡 ❶ 弁当箱，食料用ケース[バスケット]．❷『中南米』食品戸棚．

*__fianza__ [fjánθa] 囡 ❶ 保証金，担保；保証．— dar [prestar] ~ 保証金を払う．dejar [depositar] como ~ 保証金として納める．adelantar como ~ el alquiler de dos meses 家賃2か月分を敷金として払う．~ de arraigo 抵当．[類]depósito, garantía, prenda. ❷《法律》保釈金．— Si paga la ~ podrá salir de la cárcel. 彼はもし保釈金を積めば出所できるだろう．El juez impuso cien millones de ~. 裁判官は保釈金1億円を課した．❸ 保証人．
bajo fianza 保釈金を積んで．Le han puesto en libertad *bajo fianza*. 彼は保釈金を積んで釈放された．

†**fiar** [fiár] [1.5] 他 ❶ ~を掛け[つけ]で売る．— El librero me *fía*, y yo le pago al final de año. 本屋は掛けで売ってくれ，私はまとめて年末に支払う．❷ 保証する．— Mi padre le *fió* para que le concedieran el crédito. 私の父は彼に信用供与が行なわれるように保証を行った．❸ (*a*) ~を託す，寄託する，任せる．— ~ a un sobrino toda su fortuna 全財産を1人の甥(おい)に託す．(*b*) (秘密) を打明ける．— *Fió* el secreto a su novia. 彼は自分の秘密を恋人に打明けた．
Muy largo me lo fiáis(*fías*). いくら待っても約束は守られぬ(←大変長いこと私に掛売りすることになる)．
ser de fiar (…が)信用するに足る，信用[信頼]できる．No me parece que esa mujer *sea de fiar*. 私にはその女性が信用できるとは思えない．

— 自 [+*en*] 信用する，信頼する，信じる．— Puedes ~ *en* ella para lo que desees. 君が望んでいることのために彼女を信用しても大丈夫だ．*Fío en Dios* que me ayudará. 神が助けてくれるだろうと私は信じている．

— *se* 再 [+*de*] を信用[信頼]し，(…に)信を置く．— No *me fío* de nadie. 私はだれも信用しない．*Fíate de mí*. 私を信用してくれ．No *me fío de* mí. 私は自信がない．[類]confiar.

fiasco [fjásko] 男 大失敗，ひどいこと[物]．— tener un ~ 大失敗をする．La inversión que hizo resultó [fue] un completo ~. 彼の投資は完全に失敗だった．[類]fracaso.

fíat [fía(t)] ⟨<ラテン fiat, hágase, sea hecho の意味⟩ 男 同意，承認，命令．

†**fibra** [fíβra] 囡 ❶ 繊維；《解剖, 動物》線維；木目(もくめ)，石目(いしめ)．— ~ textil 織物の繊維．~ de algodón 綿繊維．~ óptica de vidrio 光ファイバー，ファイバ・オプティックス，グラスファイバー．~ muscular [nerviosa] 筋[神経]繊維．~ química [natural] 化学[天然]繊維．~ artificial [sintética] 人造[合成]繊維．~ animal [vegetal] 動物性[植物性]繊維．~ de la madera 木目(もくめ)．~ acrílica アクリル繊維．[類]filamento,

hebra, veta. ❷ 気力，根性；天分，素質．— hombre de mucha ~ 気力にあふれる人．~ política 政治家の素質．Este chico tiene ~ y llegará lejos. この子は根性があるので前途有望である．Tiene ~ para los negocios. 彼は商才がある．[類]carácter, empuje, energía, nervio. ❸ (心の)琴線(きんせん)．— Este programa está hecho para tocar la ~ sentimental de las mujeres. この番組は女性の琴線に触れるように作られている．❹《植物》ひげ根．

fibrilación [fiβrilaθjón] 囡 《医学》(心臓の)細動；(筋肉の)線維攣(れん)縮．— ~ ventricular 心室細動．

fibrilar [fiβrilár] 形 《解剖》線維性の．
fibrilla [fiβríja] 囡 《解剖》原線維．
fibrina [fiβrína] 囡 《生化学》フィブリン，線維素．
fibroma [fiβróma] 男 《医学》線維腫．
fibromatosis [fiβromatósis] 囡 《医学》線維腫症．
fibrosis [fiβrósis] 囡 《医学》線維症．
fibrositis [fiβrosítis] 囡 《医学》結合組織炎．
fibroso, sa [fiβróso, sa] 形 繊維の多い，繊維質の．— material ~ 繊維性の材料．
fíbula [fíβula] 囡 ❶ ギリシャ人やローマ人が衣服を留めるために用いたブローチ[留め金]．❷《解剖》腓(ひ)骨．

‡**ficción** [fikθjón] 囡 ❶《文学》フィクション，虚構．— ciencia ~ サイエンス・フィクション (S.F.)．❷ 作り話，作り事．— No es más que una ~. それは作り話にすぎない．[類]invención.
ficción de derecho [*legal*] 《法律》擬制．

‡**ficha** [fítʃa] 囡 ❶ (分類・整理・資料用の)カード，索引カード；(出勤の)タイムカード．— ~ bibliográfica 図書カード．~ perforada パンチカード．hacer una ~ de cada libro 各本の索引カードを作る．sacar ~s 整理カードを作成する．~ antropométrica (犯罪者などの)人体測定値カード．~ artística キャスト．~ policiaca [de la policía] (警察の)ブラックリスト．~ técnica (映画, テレビ)クレジット・タイトル(スタッフを示す字幕)．~ de pacientes 患者のカルテ．~ de un guardarropa クロークの札．[類]cédula, filiación, papeleta. ❷ (ゲーム用など)貨幣代用のコイン，チップカウンター；賭け札．— ~ de teléfono 電話用コイン．~ de la ruleta ルーレットのチップ．meter [introducir] una ~ en la ranura 硬貨投入口にコインを入れる．❸ (ドミノなどの)牌(はい)，札，駒(こま)．— ~ del dominó ドミノの牌．~ del parchís [de ajedrez] インドすごろく[チェス]の駒．❹《スポーツ》選手契約．[類]fichaje. ❺《電気》— ~ de enchufe プラグ．❻ 悪党，ごろつき．
ser una (*buena*) *ficha* 危険人物[要注意人物]である．

fichaje [fitʃáxe] 男 《スポーツ》(選手の)契約[金]．— hacer un ~ 契約する．

fichar [fitʃár] 他 ❶ (カードに必要事項を書き込む[記入する]，…の索引カードを作る．— ~ un libro 本のカードを作る．❷ …の調書をとる，…に目をつける，を疑う，マークする，ブラックリストに載せる．❸《スポーツ》(選手)と契約する．— El club *ha fichado* a un jugador extranjero. クラブはある外国人選手と契約した．

— 自 ❶ (タイムレコーダーで)出勤時刻を記録する，タイムカードを押す．❷《スポーツなど》[+*por*] (選

手が)…に契約する.

***fichero** [fitʃéro] 男 **❶** (図書館・事務所などの) カードボックス, ファイルキャビネット. 類 **archivador**. **❷** 〖集合的に〗(あるテーマに関する)索引[資料]カード; ファイル. — ～ invertido 逆見出しファイル. Tiene un ～ muy completo sobre dramaturgos españoles del siglo XIX. 彼は19世紀スペインの劇作家に関する完璧な索引カードを持っている.

***ficticio, cia** [fiktíθjo, θja] 形 **❶** 虚構の, 架空の, 想像上の. —Los hechos narrados en esta obra son ～s. この作品で語られる事実は架空のものである. 類 **imaginado, inventado, irreal**. 反 **real**. **❷** 偽りの, 虚偽の, にせの. —Su llanto era ～. 彼の涙にはにせものだった. 類 **falso, fingido, simulado**. 反 **auténtico, verdadero**. **❸** 〖法律, 商業〗擬制の, 仮想の. —activo ～ 擬制[架空]資産. letra *ficticia* 空[融通]手形. valor ～ 掛け値.

FIDA [fíða] (＜Fondo Internacional de Desarrollo Agrícola) 男 国際農業開発基金 (英 IFAD).

fidedigno, na [fiðeðíɣno, na] 形 信頼[信用]できる, 当てになる. —noticia de fuente *fidedigna* 信頼できる知らせ. secretario ～ 信頼できる秘書.

fideicomiso [fiðeikomíso] 男 〖法律〗信託, 信託処分. —depósito en ～ 信託預金.

***fidelidad** [fiðeljðá(ð)] (＜fiel) 女 **❶** 忠実, 忠誠; (配偶者に対する)貞節. —～ conyugal 夫婦間の貞節. La ～ del perro a su amo es ejemplar. 犬の主人に対する忠誠は典型的である. Juraron ～ a la causa de la revolución. 彼らは革命の綱領に忠誠を誓った. 類 **devoción, lealtad**. 反 **infidelidad**. **❷** 正確さ. —El documento se copió con toda ～. 書類は正確にコピーされた. ～ de una brújula 磁石の正確さ. 類 **exactitud, precisión**. 反 **inexactitud**. **❸** (通信, 技術)(音の)忠実度, 性能. —alta ～ ハイファイ, 高性能. estéreo de alta ～ ハイファイ・ステレオ.

fideo [fiðéo] 男 〖料理〗ヌードル, パスタ, 麺類. —comer ～s ヌードルを食べる. **❷** 〖話, 比喩〗やせっぽち.

fiduciario, ria [fiðuθjárjo, rja] 形 信用上の, 信託の; 受託の. —heredero ～ 遺産受託者.
—— 名 受託者, 被信託者.

****fiebre** [fjéβre フィエブレ] 女 **❶** 〖医学〗(病気による)熱. —tener ～ [un poco de ～, alta] 熱がある[少しある, 高い]. Tengo mucha ～. 私はだいぶ熱がある. Cuando tuve anginas, me subió la ～ a cuarenta grados. 私は扁桃(êé)炎を患った時, 40度も熱が出た. Le ha dado ～. 彼は熱を出した. No se le quita la ～. 彼は熱が下がらない. ～ álgida 悪寒(åñ)を伴う熱. ceder [bajar, declinar, remitir] la ～ 熱が下がる. limpiar[se] de ～ 〖俗〗熱が下がる. 類 **calentura, temperatura**. 〖医学〗熱病. —Hacia finales de marzo le dio la ～ del heno. 彼は3月中頃花粉症(枯草熱)にかかった. ～ aftosa 〖獣医〗アフタ熱, 口蹄(ñê)病. ～ amarilla 黄熱(病)(＝vómito negro). ～ del loro オウム熱. ～ de Malta [melitense, mediterránea] 地中海熱. ～ escarlatinosa 猩紅(ñÑ)熱. ～ glandular 腺熱. ～ hemorrágica 出血熱. ～ intermitente 間欠熱. ～ láctea 授乳熱.

~ malaria マラリア(＝malaria). ~ miliar 粟粒(êê)熱. ~ paratifoidea パラチフス熱. ~ recurrente 回帰熱. ~ reumática リューマチ熱. ~s palúdicas マラリヤ, 泥沼熱, 瘴気(ñç)熱. ~ terciana [cuartana] (＝~s palúdicas) 三日[四日]熱, マラリヤ. ~ térmica 熱射病. ~ tifoidea [entérica] 腸チフス. **❸** 熱狂, 熱中, …熱, フィーバー. —La bolsa registra una ～ inversionista. 株式市場には投資フィーバーが起こっている. Lo devora la ～ del dinero. 彼は金銭に目が眩(Ñ)んでいる. ~ (de la búsqueda) del oro ゴールドラッシュ. ~ electoral 選挙フィーバー. ~ de los negocios 事業熱. ~ del juego ギャンブル熱. 類 **ardor, locura, manía**. 反 **desánimo**.
—— 男 〖南米〗ごろつき; 狡猾(ñç)な人(＝pícaro).

***fiel** [fjél フィエル] 形 **❶** [＋a]…に忠実な, 誠実な, 忠誠な. —Siempre ha sido ～ a su amigo. 彼はいつも友人に対し誠実だった. Es un ～ cumplidor de su deber. 彼は自分の義務を忠実に実行する人だった. 類 **devoto, leal**. 反 **desleal, infiel**. **❷** 正確な, ありのままの, 確実な. —Es una descripción ～ de los hechos. それは事実の忠実な記述である. Este reloj es muy ～. この時計はとても正確だ. 類 **exacto, preciso, puntual**. 反 **impreciso**.
—— 男女 信者, 信奉者. —El obispo dirigió su sermón a los ～es congregados en la catedral. 司教は大聖堂に参集した信徒たちに説教を行った. 類 **creyente, seguidor**.
—— 男 **❶** (はかりの)針, 指針. —～ de la balanza 天秤ばかりの針. La balanza está en el ～. 天秤がちょうど釣り合っている. **❷** (はさみの)目釘, 留め軸.

fielato [fjeláto] 男 **❶** (かつて町・村に出入りする商品にかかる税金を徴収するために町・村の入り口に設けられていた)税関事務所. **❷** 検査[審査, 監査]官の職, その事務所.

fieltro [fjéltro] 男 **❶** 〖服飾〗フェルト, 毛氈(äñ). —sombrero de ～ フェルト帽. **❷** 〖服飾〗フェルト製品. **❸** 〖服飾〗フェルト帽.

fiemo [fjémo] 男 (動物の)糞, 肥やし; 堆肥. 類 **estiércol, fimo**.

***fiera** [fjéra] 女 **❶** 猛獣, 野獣; (一般に)動物. —parque de [las] ～s/casa de ～s 動物園(＝zoo). domador de ～s 猛獣使い. Los tigres y leones son ～s. トラとライオンは猛獣である. 類 **animales, bestias, carnívoros**. **❷** 残忍[凶悪]な人. —Nerón era una ～. ネロ(ローマ皇帝)は残忍な人だった. 類 **ogro**. **❸** 怒りっぽい, 気性の激しい人. —Es una ～, no hay quien lo aguante. 彼女はぐあっとなるので, 誰も相手にしない. La ～ de tu padre se puso a gritar como un condenado. 気性の激しい君の父親は罪人のように叫び始めた.
—— 男女 **❶** 〖俗〗達人, 名人, 鬼, …狂. —Juan como cocinero es una ～. コックとしてフアンの右に出る者はいない. Es una ～ para el trabajo. 彼は仕事好きの鬼だ. Es una ～ en [para] los deportes. 彼はスポーツ狂だ. **❷** 〖闘牛〗牛(＝toro).
como una fiera 猛烈に, 勇猛に; 激怒して. luchar *como una fiera* 勇猛果敢に戦う. ponerse *como una fiera* かっとなる, 激怒する.

fierecilla

hecho una fiera 《俗》激怒して, 逆上して. **ponerse** [**estar**] *hecho una fiera* 激怒する[している], 狂っている].

fierecilla [fiereθíja] 囡 乱暴な女性, 扱い方の難しい女性. ―«La fierecilla domada»(Shakespeare)《文学》『じゃじゃ馬ならし』(シェークスピア).

fiereza [fieréθa] 囡 ❶ 獰猛(どうもう)さ, たけだけしさ. ❷ 恐ろしさ.

fiero, ra [fjéro, ra] 形 ❶ 荒々しい, 獰猛(どうもう)な. ―animal ～ 猛獣. ❷ 恐ろしい, こわい, ものすごい. ―Tengo un hambre *fiera*. 恐ろしく腹が減った. ❸ 醜い. ❹ 残忍な, 冷酷な. ―Me dirigió una *fiera* mirada. 冷たい目で私を一瞥した.

fiesta [fjésta フィエスタ] 囡 ❶ パーティー, 宴会, (社交上の)集い. ―dar [celebrar, hacer, ofrecer, tener] una ～ パーティーを開く. organizar una ～ パーティーを企画する[催す]. amenizar [alegrar, dar ambiente a] la ～ パーティーを賑(にぎ)やかにする[の雰囲気を盛り上げる]. ～ benéfica 慈善パーティー, チャリティーショー. ～ de cumpleaños 誕生パーティ. sala de ～s ダンスホール, ナイトクラブ, キャバレー. Ayer hubo una ～ de despedida. きのう送別会があった. Dieron una ～ para inaugurar la casa. 彼らは新築祝いのパーティーを開いた. 類 **celebración, reunión. ❷《主に 複》お祭り; 祭典, 祝典. ―～ brava [de toros] 闘牛の催し. ～(s) de carnaval カーニバルの祭典. ～ de San Fermín サン・フェルミン祭(Pamplona の牛追い祭り; 7 月 7 日に.inicio→ ceciero). ～s de San José de Valencia バレンシアのサン・ホセの火祭り(3 月中旬.→falla²). ～s de San Isidro de Madrid マドリードの(守護聖人)聖イシドロの祭り(5 月 15 日, この期間の闘牛は有名). La ～ mayor de mi ciudad se celebra en verano. 私の町一番のお祭りが夏に行なわれる. 類 **feria, festejo**. ❸ 祝日, 祭日, 休日 (=día de ～;《中南米》día feriado); 休暇. ―En la ～ de San Juan se hacen hogueras. 洗礼者ヨハネの祝日(6 月 24 日)にはかがり火が焚(た)かれる. El 25 de diciembre es la ～ de Navidad. 12 月 25 日はクリスマスの祝日である. ～s navideñas [de Navidad] クリスマス休暇. ～ de Pascua 復活祭休暇. ～ del Trabajo メーデー (5 月 1 日). ～ fija [inmóvil, inmoble] 不動祝日. ～ móvil [movible] 移動祝日(年によって変わる祝日). ～ civil [religiosa] 宗教的でない[宗教上の]祝日. ～ nacional 国の祝日; 闘牛 (=～ brava). F～ Nacional de España/(旧称)F～ de la Hispanidad [de la Raza] スペイン・デー(コロンブスのアメリカ大陸との出会い記念日. 10 月 12 日). empalmar una ～ con otra 飛び石連休の間の日も休みにする (=hacer puente). 類 **descanso, festividad, vacaciones**. ❹ 大喜び, 楽しみ, うれしいこと[もの]. ―Cuando llegaron los regalos, la casa se convirtió en una ～. 贈り物が来ると, 家中喜んだ. Recibir tu carta es una ～ para mí. 君から手紙をもらうのが何よりも楽しみだ. 類 **alegría, diversión, placer**. ⇔ **pena, tristeza**. ❺《複》かわいがること, ご機嫌取り, 甘ったれ. ―El perro hace ～s a su amo. 犬は主人になつくのだ. 類 **carantoña, caricia, zalema**.

Acabemos [*Tengamos*] *la fiesta en paz*./*Se acabó la fiesta*. (けんか・口論になりそうな時の仲裁者の言葉)(折角の楽しい席ですから)まあまあ, これくらいにしておきましょう.

aguar [*aguarse*] *la fiesta* パーティーを台無しにする[台無しになる], 座を白けさせる[座が白ける]. Como empiecen a hablar de política, *se nos agua la fiesta*. 彼ら政治を話題に乗せようものなら, 我々の座は白けてしまう.

de fiesta 祭り(用)の, パーティー(用)の. día *de fiesta* 祝(祭)日. ropa *de fiesta* 晴れ着, 盛装. vestido [traje] *de fiesta* パーティードレス, 晴れ着, 盛装.

estar de fiesta (1) 上機嫌である, 喜んでいる, 浮かれ騒いでいる. (2) 休暇中である.

estar en fiestas お祭りの最中である, お祭り気分である.

fiesta de armas (中世騎士の)馬上槍試合.

fiesta de guardar [*de precepto*] 《カトリック》守るべき祝日(信者が仕事を休んでミサに出席すべき聖日).

fiesta de los Tabernáculos [*de las Cabañuelas*] 《ユダヤ教》幕屋祭り.

fin de fiesta →fin.

hacer fiesta (1) (仕事をせずに・学校に行かず)1 日のんびり過ごす, 1 日休暇を取る (=guardar ～). (2) パーティーを開く.

hacer fiestas a ... (1) (相手に取り入るために)(人)をおだてる, (人)の機嫌をとる; (赤ちゃんなどを)あやす. No me *hagas fiestas*, que no te voy a dar el dinero. おだてたって, お金なんかあげないよ. El bebé *hace fiestas a* su mamá. 赤ちゃんはママに甘える仕草をしている. *hacer fiestas a* un bebé 赤ちゃんをあやす. (2) (犬などが人に)うれしそうにじゃれつく.

no estar para fiestas/estar para pocas fiestas (1) (病気などで)機嫌が悪い, 笑える気分ではない. (2) (物が)壊れかかっている, 今にも壊れそうである.

para coronar la fiesta/por fin de fiesta その上, おまけに, 挙げ句の果てに.

fiestero, ra [fiestéro, ra] 形 《話》お祭り騒ぎが好きな. ― 《話》お祭り騒ぎが好きな人.

FIFA [fífa] (<Federación Internacional de Fútbol Asociación)囡 国際サッカー連盟.

fifiriche [fifirítʃe] 形 《中南米》❶ 虚弱な, 弱々しい, 痩せた. ❷ しゃれ者, 気取りや. 類 **melindroso, petimetre**.

fígaro [fíɣaro] 男 理髪師. 類 **barbero**.

figle [fíɣle]〈<仏〉《音楽》金管楽器のひとつフィグレ, その奏者.

figón [fiɣón] 男 大衆食堂, めし屋.

Figueras [fiɣéras] 固名 フィゲラス(スペインの都市).

figulina [fiɣulína] 囡 →figulino.

figulino, na [fiɣulíno, na] 形 テラコッタの. ― 囡 陶器(テラコッタ)の小さな像[人形].

**figura [fiɣúra フィグラ] 囡 ❶ 姿, 体形, 形. ―María hace gimnasia para tener una ～ estilizada. マリアは細めの体形を保つため体操をする. Me ha regalado un broche con ～ de corazón. 彼から心臓の形をしたブローチをプレゼントされた. Por su ～ creí que era una mujer. 体形から, 彼を女性だと思った. ❷ 顔, 顔つき. ―Cuando sonríe se le ilumina la ～. 彼は微笑むと顔が輝く. caballero de la triste ～ 憂い顔の騎士. ❸《美術・彫刻など》像,

人物像. —~s nacimiento ベレン(クリスマスの飾り付け)用の人形. ❹ **人物**, 有名人, 大物. —Es una ~ del cine. 彼は映画界の大物だ. una gran ~ del mundo del teatro 演劇界の有名人. la ~ de Francisco Pizarro フランシスコ・ピサロの人物. ❺ **図形**; 模様. —~s similares 相似形. ~s geométricas 幾何学模様. ❻ 《演劇》**役**, 役割. —Creó estupendamente la ~ de D. Quijote. 彼はドン・キホーテの役を完璧にこなした. ~ central del reparto 配役の中の主役. ❼ 《舞踊, スポーツ》フィギュア. ❽ 《トランプ》絵札. ❾ 《チェスなどの》駒. ❿ 《修辞》文彩(= ~ de dicción). —~ retórica 言葉のあや ⓫ 《音楽》音符; 音型.
figura decorativa 飾り物(の人物).
hacer figuras 活き活きした動き[しぐさ]をする.

figuración [fiɣuraθjón] 囡 ❶ 空想, 想像(の産物). —~ de la mente 空想の産物. ❷ 表示, 表象, 形状.

＊**figurado, da** [fiɣuráðo, ða] 過分 形 比喩的な, 転義の. —en sentido ~ 比喩的な意味で. estilo ~ 比喩の多い文体. lenguaje ~ 象徴的な言葉遣い. 類 **imaginado, simulado**.

figurante, ta [fiɣuránte, ta] 名 ❶ 《演劇, 映画》エキストラ, 端役(は). —actuar de ~ la extra で出演する. 類 **comparsa**. ❷ 《比喩, 話》(事件, グループにおける)脇役, 端役.

＊**figurar** [fiɣurár] 自 ❶ 〘+ en/entre の中に〙現われている, (人の名などが)載っている; …に加わる. —Su nombre *figura en* la lista de invitados. 彼の名前は招待者リストに載っている. No *figuro entre* mis amigos. 私は友の友だちの中には入っていない. ❷ 〘+como の〙役を演じる. —La actriz *figura como* protagonista en la película. 女優はその映画で主役を演じている. ❸ 《話》抜きん出る, 目立つ, 有名である. —Carlos *figura* mucho en la prensa. カルロスの名は新聞によく出る. Es el futbolista que más *figura* en el equipo. 彼はチームでピカ一のサッカー選手だ. A ella siempre le ha encantado ~. 彼女はいつも目立つのが大好きだった. 類 **brillar, destacar, sobresalir**.
— 他 ❶ 〜のふりをする, を装う, …に見せかける. —*Figuró* ignorancia por humildad. 彼はへり下って無知を装った. ❷ を描く, 表わす. —Esa esfera *figura* la bola del mundo. その球体は地球を表している.
— **se** 再 ❶ 〘+que+直説法〙…と想像する, 思う. —Se *figuraba* que no nos íbamos a enterar. 彼は私たちが気付かないだろうと思っていたのだ. Me *figuro* que vendrá. 彼は来るだろうと私は思う. ¡Figúrate! 考えてごらんよ, 信じられるかい. 類 **imaginarse, suponer**.
❷ 〘+a (人)に〙思われる, 想像される〘+que+直説法〙. —Se me *figura* que está al tanto de todo. 彼は全部知っていると私には思える.

figurativo, va [fiɣuratíβo, βa] 形 ❶ 《美術》具象の. —arte ~ 具象芸術. ❷ 象徴的な, 比喩的な.

figurilla [fiɣurίʎa] 囡 小さな像, 小さな人形. —~s de mazapán マジパンの小さな人形.

figurín [fiɣurín] 男 ❶ 《服飾》衣裳デザイン. ❷ 《話, 比喩》しゃれ者, ハイカラ男. —ir [estar] hecho un ~ 流行の服を着ている. 類 **gomoso, lechuguino**.

figurinista [fiɣurinísta] 男女 《服飾》服飾デザイナー.

figurón [fiɣurón] 男 ❶ 《話》自慢屋, うぬぼれ屋. ❷ 《歴史, 演劇》(17 世紀のスペイン風刺劇の)登場人物. ❸ 《海事》船首飾り(= ~ de proa).

fijación [fixaθjón] 囡 ❶ 固定, 定着, 据え付け, 取り付け. ❷ 決定. — ~ de una fecha [de un salario] 期日[賃金]の決定. ❸ 《写真》定着. ❹ 複 《スポーツ》ビンディング(スキーやスノーボードに足を固定するの止め具). ❺ 偏執, 強迫観念, 固定観念. 類 **obsesión**.

fijador, dora [fixaðór, ðóra] 形 固定させる, 定着させる.
— 男 ❶ ヘアスプレー. —darse ~ ヘアスプレーをかける. ❷ 整髪剤; ジェル. ❸ 《写真》安定剤. ❹ 《美術, 写真》定着液, フィクサティーフ.

fijamente [fixaménte] 副 じっと.

fijapelo [fixapélo] 男 ❶ ヘアスプレー. —darse ~ ヘアスプレーをかける. ❷ 整髪剤.

＊**fijar** [fixár フィハル] 他 ❶ を固定する, 据えつける; 貼り付ける. —la estantería en el suelo 床に本棚を固定する. ~ un anuncio en la pared 壁にポスターを貼る. 類 **ajustar, asegurar**. ❷ を定める, 決める. — ~ la hora de una cita 会う時間を決める. ~ el precio de los artículos 商品の値段を定める. *Fijó* su residencia en Málaga. 彼はマラガに居を定めた. ❸ 〘+en に〙(…視線など)を向ける, (考え)を集中させる. — ~ la mirada *en* la montaña 山に視線を向ける. ~ la atención en una escena ある場面に注意を向ける. ❹ 《写真》〘+ en に〙を定着させる, 焼き付ける. — ~ la imagen fotográfica *en* el papel 印画紙に写像を焼き付ける.
— **se** 再 ❶ 〘+ en に〙注目する, 注意する, (を)じっと見る. —*Fíjate* bien dónde pones los pies. 足もとをよく注意してごらん. *Fijaos en* lo que voy a deciros. 君たち, 私の言うことに注目しなさい. ❷ 〘+en に〙気付く. —¿*Te has fijado en* lo delgada que está? 君は彼女のやせているのに気付いたか. ❸ 固定(化)する, 定着する.
¡Fíjate! ¡Fíjese usted! (1) ごらんなさい. *¡Fíjate* qué vestido lleva! ごらんよ, 彼女何て服を着ているんだ. (2) 考えてごらんよ, いいですか. *Fíjate*, si ya habían decidido el día de la boda. 考えてごらん, 彼らは結婚式の日取りまで決めてあったんだよ, それなのに. (3) もちろん, その通りだ. ¡Qué ilusión te habrá hecho el premio!—*¡Fíjate!* 君は賞がとれると期待しているだろうね. —もちろん.

＊**fijeza** [fixéθa] 囡 固定, (特に視線が)じっと動かないこと; 確実さ, 確信. 類 **firmeza, seguridad**. 反 **inestabilidad**.
con fijeza (1) じっと. La miraba *con fijeza*, sin apartar la vista de ella. 彼は彼女から目を離さずじっと見つめていた. (2) はっきりと, 確かに. No lo sé *con fijeza*, pero creo que es verdad. はっきりとは分からないが, それは本当だと思う.

Fiji [fíxi] 男 ❶ フィジー(南太平洋の島国). ❷ (Islas ~) フィジー諸島.

＊**fijo, ja** [fíxo, xa フィホ, ハ] 形 ❶ 〘+ a/en〙…に固定された, 据え付けの; しっかりした. —Asegúrate que la escalera esté *fija*. 階段がぐらついていないか確かめろ. El mueble está ~ *en* la pared. 家具は壁に固定されている. No puedo mover la mesa porque está *fija al* suelo. テーブルは床に固定さ

れているので私には動かせない．[類]**clavado, sujeto**．[反]**inestable, inseguro, móvil**. ❷ 固定した，一定の，不変の．—fiestas *fijas*（毎年同じ日の）固定祭日．precio ~ 定価，固定価格．sueldo ~ 固定給．Tiene un día ~ para el tenis. 彼がテニスに通う日は決まっている．❸ 永続的な，安定した．—Todos los empleados de la empresa están ~s. その会社の全員が正社員だ．No tiene un trabajo ~. 彼には定職がない．❹ 明確な，確定した．—Todavía no ha decidido el día ~ de la salida. 彼はまだ出発の日を決めていない．Por fin me han hecho un contrato ~. とうとう彼らは確定した契約をしてくれた．❺【+en】(視線・思考などが)…に対しじっと動かない【+estar】．—Su vista estaba *fija* en el horizonte. 彼の視線は地平線にじっと注がれていた．Permaneció con la mirada *fija* en el suelo. 彼は地面に視線をじっと向けたままだった．❻【+en】…に定住した，身を落ち着けた．—Tiene residencia *fija* en Sevilla. 彼女はセビリアに定住している．

de fijo 確実に，はっきりと．No sé *de fijo* si ella se hospedará en ese hotel. 彼女がそのホテルに泊まるのかどうかはっきりとは知らない．

—— 副 ❶ 確かに，確実に．—F~ que ya lo sabe. 間違いなく彼はそれを知っている．❷ じっと．—Miraba ~ hacia la torre. 彼はじっと塔を眺めていた．—— 男 固定給．

*fila [fíla フィラ] 囡 ❶ (人・劇場の席などの)列, 縦列, 行列．—En cuanto llegues al cine, te pones a la ~ de las taquillas. 映画館に着き次第，君は切符売場の列に並ぶんだよ．Déme una butaca de primera ~. 最前列の座席券をください．Los niños estaban en ~. 子供たちは列を作っていた．[類]**columna, línea**. ❷ 複 《軍事》軍隊, 戦列, 隊列．—~s enemigas 敵の軍隊．entrar [alistarse] en ~s/incorporarse a ~s 入隊する, 隊列[戦列]に加わる．formar las ~s 隊列を組む．[類]**ejército, milicia**. ❸ 《俗》反感, 嫌悪感, 憎しみ．—coger [tener] ~ a (人)に反感を抱く，を毛嫌いする．Le ha cogido ~ al profesor de inglés. 彼は英語の先生に反感を抱いた．[類]**antipatía, aversión, odio**. ❹ 《俗》党派, 集団．—Figura en las ~s de la oposición. 彼は野党の一員となる．❺《情報》行．

cerrar [estrechar] las filas (1)《軍事》隊列を詰める．(2)《比喩》(同志の)団結[結束]を固める，一丸となる．

en fila 列を作って, 整列して, 一列に並んで．esperar *en fila* 並んで待つ．ponerse *en tres filas* 3列になる．Para entrar en clase nos ponemos *en fila*. 教室に入るために私たちは一列に並んだ．

en fila india/en fila de a uno 一列縦隊で，一列になって．Cuando vayáis en bicicleta por la carretera, debéis ir *en fila india*. 君たちが幹線道路を自転車で行くのなら，一列になって走らねばならない．

en filas 軍役に．estar *en filas* 軍役についている．

en primera fila (1) 最前列に．Se sienta siempre *en primera fila* porque no oye bien. 彼はよく聞こえないので，いつも最前列に席を取る．(2)《比喩》第一線に，目立つ所に．A José le gusta estar *en primera fila*. ホセはいつも第一線にいたいと思っている．

formar en las filas de … （団体・党など）に加入する．

llamar a filas（軍隊に）召集する．Fueron *llamados a filas*. 彼らは軍隊に召集された．

romper filas《軍事》解散する(隊列を解く)．*¡Rompan filas!* 解散!

filacteria [filaktérja] 囡 ❶ 昔の人のお守り, 護符. [類]**amuleto, talismán**. ❷ 聖書の一節が書かれた切れ端が入った革製の小さな2つの包み物．◆祈祷の際, ユダヤ教徒はそのひとつを左腕にくくり, もう一つを額にくくる．❸ 絵画, 彫刻, 墓碑, 武器の紋章などにつけられる銘文が書かれたリボン[テープ]．

filamento [filaménto] 男 ❶《電気》フィラメント. ❷ 細糸, 繊維. ❸《植物》花糸.

filamentoso, sa [filamentóso, sa] 形 糸状の, 繊維状の.

filantropía [filantropía] 囡 博愛(主義), 慈善.

filantrópico, ca [filantrópiko, ka] 形 博愛主義の, 慈善の．—sociedad *filantrópica* 慈善協会．

filántropo, pa [filántropo, pa] 形 博愛主義の, 人類愛に満ちた.
—— 图 博愛主義者, 慈善家.

filaria [filárja] 囡《動物》フィラリア．

filariasis [filarjásis] 囡《医学》フィラリア症．

filarmonía [filarmonía] 囡《音楽》音楽好き.

filarmónico, ca [filarmóniko, ka] 形 《音楽》音楽好きの；交響楽団の．—Orquesta F~ Nacional de la Ciudad de México メキシコシティー国立交響楽団．

filatelia [filatélja] 囡 切手収集[研究]．—aficionado a la ~ 切手の収集家．

filatélico, ca [filatéliko, ka] 形 切手収集[研究]の．—exposición *filatélica* internacional 国際切手見本市.

filatelista [filatelísta] 男女 切手収集[研究]家.

‡filete [filéte] 男 ❶《料理》ヒレ肉, 腰肉, テンダーロイン；(赤身の肉・魚の骨なしの)切り身．—Comió un ~ con patatas fritas. 彼はフライドポテト添えステーキを食べた．~ de añojo (1才の)子牛のヒレ肉．~ de cinta de lomo de cerdo 豚背肉の切り身．un ~ de lenguado 舌平目一切れ．~ de magro adobado 塩漬け豚赤身肉の切り身．~ de merluza メルルーサの切り身．[類]**bistec, solomillo**. ❷《印刷》(背表紙などの)装飾輪郭線；(脚注の上などの)罫(≦い)(線); (装飾輪郭を押す)筋車(ぎしゃ)．—libro encuadernado en piel con ~s de oro (背表紙に)金色の縞模様の入った革装丁本．❸《建築》(二つの刳(く)り形の間の)平縁(℃)ん．~ ~ de una cornisa コーニス(軒蛇腹)の平縁刳形．❹《機械》(ナット・ボルトなどの)ねじ山, ねじ筋．❺ 隙間(♯♯)飾り．❻《服飾》縁飾り, 縁取り；《紋章》細線(ざ), フィレット．❼《馬術》(子馬用の)馬銜(は)．❽《解剖》—~ nervioso 神経線維束.

darse el filete《俗》なで回す, 愛撫する.

gastar muchos filetes《俗》会話を面白おかしくする.

filetear [fileteár] 他 ❶ …に筋飾りをつける, 輪郭線をつける. ❷ (魚を)おろして切り身にする, …かとヒレ肉をとる. ❸《技術》…にねじ山を切る．

filfa [fílfa] 囡 ❶《話》うそ, ごまかし, でっちあげ, 捏造(②う)．—decir ~s うそを言う．❷《話》偽物．

*filiación [filiaθión] 囡 ❶ 個人調書, 人相書き; 人物調査. —En la comisaría me tomaron la ~. 警察署で私は個人調書をとられた. 類 **documentación, señas.** ❷《子の親に対する》親子関係. —Descubrí su ~ por su parecido físico. 私は顔つきが似ていたので二人が親子とわかった. ❸《思想などの》系統, 由来. —~ de las ideas de los sistemas. Estas dos historias tienen un claro lazo de ~. この2つの話は系統的にはあきらかにつながっている. 類 **origen, procedencia.** ❹ 党員であること, 党籍;《軍事》兵籍. —En el interrogatorio confesó su ~ comunista. 彼は取調べで共産党員であることを白状した. 類 **afiliación.**

filial [filiál] 形 ❶ 子の, 子としての. —amor ~ 子としての愛情. ❷《商業》支部の, 関連会社の. —sociedad ~ 子会社.
— 囡 支店, 支部.

filiar [filiár] 他 …の個人調書を取る.
—**se** 再 ❶《軍事》軍籍に入る, 入隊する. ❷ 加入する, 会員になる. 類 **afiliarse.**

filibusterismo [filiβusterísmo] 男《歴史》❶ 19世紀のスペイン植民地解放運動. ❷ 17世紀ごろのカリブ海の海賊行為.

filibustero [filiβustéro] 男《歴史》❶ (17世紀ごろのカリブ海の)海賊. ❷ (19世紀の)スペイン植民地解放運動者.

filiforme [filifórme] 形 糸状の, 繊維状の.

filigrana [filiɣrána] 囡 ❶ 金銀線条細工. —hacer ~s 金銀線条細工を作る. ❷ (紙の)透かし模様. ❸ 繊細に仕上がった品, 精巧な細工品.

filípica [filípika] 囡《話》厳しい弾劾演説, 中傷. —echar una ~ さんざんに罵倒する.

Filipinas [filipínas] 固名 ❶ フィリピン(首都マニラ Manila). ❷ (Islas ~) フィリピン群島.

:**filipino, na** [filipíno, na] 形 フィリピン(Filipinas)の, フィリピン人の. —archipiélago ~ フィリピン群島.
punto filipino《話》卑劣な人, 悪いやつ.
— 名 フィリピン人.

filisteo, a [filistéo, a] 名 ❶《聖書》ペリシテ人. ❷《比喩》巨人. ❸ 俗物.

film [film] 男《複》films, filmes ❶《写真, 映画》フィルム (=película). ❷ 映画. —ver un ~ 映画を見る.

filmación [filmaθión] 囡《映画》撮影. —equipo de ~ 撮影隊.

filmador, dora [filmaðór, ðóra] 形 映画[フィルム]を撮る, 映画[フィルム]を撮影する.
— 名 映画[フィルム]を撮影する人.
— 囡 映画撮影機 (=máquina *filmadora*).

filmadora [filmaðóra] 囡 →filmador.

filmar [filmár] 他《映画》を撮影する. —~ una película[la boda de un amigo] 映画[友達に結婚式]を撮影する.

filme [fílme] 男 →film.

fílmico, ca [fílmiko, ka] 形 フィルムの, 映画の.

filmografía [filmoɣrafía] 囡《映画》映画[フィルム, マイクロフィルム]に関する知識[研究]; 映画関係の文献; 映画作品リスト.

filmología [filmoloxía] 囡《映画》映画理論[研究], 映画学.

filmoteca [filmotéka] 囡 フィルムライブラリー, 映画図書館, フィルム貸出し所.

filo[1] [fílo] 男 ❶ (刃物の)刃. —Esta navaja tiene el ~ muy fino. この剃刀(ホボ)は刃がとても鋭い. ~ embotado [cortante] なまくらな[よく切れる]刃. 類 **arista, borde, corte.** ❷《比喩》2分線[点], 境, 縁(š). ❸《メキシコ, 中米》空腹, 飢え.
al filo de《時間》…に, きっかり. *al filo de la medianoche* 夜の12時丁度に. *al filo del mediodía* 丁度正午に.
dar (un) filo a（1）…(の刃)を研(ˇ)ぐ, 刃をつける.（2）《比喩》元気づける, 鼓舞する.
darse un filo 頭を働かす.
darse un filo [un par de filos] a la lengua 陰口をたたく.
de filo《俗》きっぱりと, 決然と.
dormir hasta en el filo de una navaja どんな場所でも眠る.
espada [arma] de doble filo [de dos filos] 両刃(š)の剣《比喩的にも》. Sus palabras suaves eran un *arma de doble filo*. 彼の優しい言葉は正に両刃の剣であった.
filo del viento《海事》風向き.
hacer en el filo de la espada (何か)をきわどいところでうまくやる.
pasar al filo de la espada 切り殺す.
por filo 丁度, きっかり.
sacar filo a ... (…の刃)を研ぐ, とがらす (=afilar).

***filo**[2] [fílo] 男《生物》(動物分類学上の)門(ˇ) (綱に次ぐ)《*の上*; →taxón).

filocomunista [filokomunísta] 形 共産党シンパの, 共産党支持者の.
— 男女 共産党シンパ, 共産党支持者.

filología [filoloxía] 囡 文献学.

filológico, ca [filolóxiko, ka] 形 文献学(上)の. —estudios ~s 文献学的研究.

filólogo, ga [filóloɣo, ɣa] 名 文献学者.

filomena [filoména] 囡《詩》サヨナキドリ(小夜鳴鳥) (=ruiseñor).

filón [filón] 男 ❶《地質》脈, 岩脈, 鉱脈. —descubrir un ~ 鉱脈を発見する. ❷《比喩》大資源, 宝庫.

filosofal [filosofál]【次の成句で】
piedra filosofal 賢者の石(錬金術で探し求められた石).

filosofar [filosofár] 自 哲学的に思索する.
— 他 を哲学的に説明する.

filosofastro, tra [filosofástro, tra] 名《蔑》えせ哲学者.

:**filosofía** [filosofía] 囡 ❶ 哲学, 思想(体系). —~ griega [de Descartes, de Kant] ギリシャ[デカルト, カント]哲学. ~ existencial 実存哲学. ~ de la historia 歴史哲学. ~ del derecho [del lenguaje] 法[言語]哲学. Facultad de F~ y Letras 哲文学部. ~ de la vida 人生哲学. ~ natural 自然哲学 (特に自然科学). ~ moral 倫理学. 類 **ideología, metafísica.** ❷ 冷静, 達観, 諦観(ˇ); 忍従. —aceptar [tomar] las desgracias con mucha ~ 不幸に忍従する[じっと耐える]. 類 **conformidad, paciencia, resignación.**

:**filosófico, ca** [filosófiko, ka] 形 哲学の, 哲学的な. —sistema ~ 哲学体系. razonamientos ~s 哲学的推論. estudios ~s 哲学研究.

:**filósofo, fa** [filósofo, fa] 名 ❶ 哲学者, 思想家. ❷ (人生を)達観した人, 悟りを開いた人; 冷静

沈着な人. — vivir como un ~ (俗事を超越して)泰然として暮らす.

—— 形 哲学の, 哲学(者)的な, 達観した, 悟りを開いた.

filoxera [filokséra] 女 《虫類》ネアブラムシ(根油虫).

filtración [filtraθjón] 女 ❶ 濾過(ゕ), 濾過作用. — ~ del agua 水の濾過. ❷ 《比喩》(秘密などの)漏洩(ゑ).

filtrado, da [filtráðo, ða] 形 ❶ (情報などが)漏れた, リークされた. ❷ 《南米》《話》疲れた.

—— 男 濾過, フィルタリング.

filtrador [filtraðór] 男 フィルター, 濾過器.

filtrar [filtrár] 他 ❶ を濾過(ゕ)する, こす, 濾過して除く. — ~ el agua del río 川の水を濾過する. ❷ を(間から)通す. ❸ (秘密)を漏らす, リークする.

—— 自 漏れる, 浸透する, にじむ.

— se 再 ❶ (液体が)漏れる. ❷ (思想などが)しみ込む, 浸透する. ❸ (情報・光などが)漏れる.

filtro¹ [filtro] 男 ❶ 濾過(ゕ)器[装置], 水こし, フィルター. — usar un ~ フィルターを使う. crema con ~ solar 日焼け止めクリーム. ❷ 《写真》フィルター. ❸ (タバコの)フィルター. — cigarrillos con ~ フィルターつきタバコ. ❹ 《比喩》(一定の基準に従って行う)選考, 選抜. ❺ (情報)媒介.

filtro² [filtro] 男 媚薬(ゕ), ほれ薬 (= ~ amoroso).

fimo [fimo] 男 肥やし, 堆肥. 類 estiércol.

fimosis [fimósis] 女 《医学》包茎.

fin [fin フィン] 男(女 は方言) ❶ (期間・物事などの)終わり, 最後, 結末**. —¡Que pase [tenga] un buen ~ de semana! どうぞよい週末を! ¿Qué vas a hacer este ~ de semana? 今度の週末はどうするの? noche ~ de año 大晦日(ぉぉ)の夜 (=Noche vieja). ~ de carrete フィルムの1巻の終わり. Vimos la película hasta el ~. 私たちは映画を最後まで見た. Se marchó a ~es de septiembre. 彼は9月末に出発した. 類 **conclusión, final, término**. 反 **comienzo, inicio, principio**. ❷ (人の)**死, 最期**. — Su abuela murió sola; tuvo un triste ~. 彼の祖母は独り寂しく亡くなった, 悲しい最期だった. ❸ **目的, 目標**. — hacer con buen ~ 善意で(何かを)する. equiparar los medios a los ~es 手段を目的と突き合わせる. colecta con ~es benéficos 慈善募金. organización con [sin] ~es lucrativos 営利[非営利]団体. 類 **finalidad, objetivo, propósito**. ❹ (物の)端, 先, 末端. — del túnel トンネルの出口. ~ de un camino 道の突き当り.

a [en] fin de cuentas 結局(のところ), 要するに, どうせ. *A fin de cuentas*, son tus padres. 何だかんだ言っても彼らは君の両親なんだよ. (→en fin, por fin).

a fin de (1)《+不定詞, +que+接続法》…するために, …するように. No les dije nada *a fin de* evitarles un disgusto. 彼らはもめ事を避けようと彼らに何も言わなかった. (2)…の終わりに. Te pago *a fin de* mes. 月末に払うよ(→a fines de, al fin de).

a fines de ... (週・月・年・世紀などの)終わりの(頃)に, …末[下旬]に. *A fines de* esta semana volveré a mi casa. 私はこの週末家に帰ります. Cobro el sueldo *a fines de* mes. 私は月末に給料を受け取る(→a fin de, al fin de).

A la fin loa la vida, y *a la tarde loa el día*. →Hasta el fin nadie es dichoso.

al fin 最後に(は); ついに, とうとう; 結局(→en fin, por fin).

al fin de …の終わりに, …末に; …の果てに. *al fin de* mes 月末に. *al fin de* mundo 世界の果てに, 遠い所に.

Al fin se canta la gloria. 物事は終わってみないと正確な評価はできない(←最後になって初めて栄光は讃えられる).

al fin y al cabo/al fin y a lo [y al] postre (1) 結局(のところ), どうせ, とにかく. Luego me pagas, *al fin y al cabo* no necesito el dinero. お金はあとでいい, どうせ今は必要ないから(→al fin, en fin, por fin). (2) ついに, とうとう(→al fin, en fin, por fin).

¡Al fin solos! (おどけた口調で)他人を頼っては駄目なんだ.

con el fin de《+不定詞, +que+接続法》…するために(→a fin de). Te aviso *con el fin de que* te prepares. 君に準備するように知らせるよ.

dar fin (1) 終わる. (2) 死ぬ.

dar fin de ... を消費し尽くす; 全滅させる. *Dio fin de* la tortilla en dos minutos. 彼はオムレツを2分で平らげた.

dar [poner] fin a ... を終える, …に終止符を打つ, 完成する (=terminar). Aquí *daremos fin al* estudio de hoy. 今日の勉強はこれくらいにしよう. La actuación del cantante *puso fin al* festival. その歌手の歌でフェスティバルは終了した.

del principio al fin/desde el principio hasta el fin 初めから終わりまで.

El fin justifica los medios. 目的は手段を正当化する(目的のためには手段を選ばないというマキャベリ Maquiavelo の思想).

en fin (1) 結局(のところ), 要するに, つまり(→a [en] fin de cuentas, al fin, por fin). (2) ついに, とうとう, ようやく. *En fin*, después de muchas dudas, decidió dimitir. 彼はさんざん迷ったあげくついに辞職することに決めた(→al fin, por fin). (3) やれやれ, 仕方ない.

fin de fiesta (1)《演劇》(通常のプログラム終了後に出す)締めくくりの短い演物(ゑ). (2)《比喩》y como *fin de fiesta* 最後の締めくくりとして.

fin de semana (1) 週末, ウィークエンド. ¿Qué plan tenemos para este *fin de semana*? 今度の週末は何をしようか? (2) 週末旅行. ir de *fin de semana* 週末旅行に行く. (3) (小旅行用の)小型スーツケース.

Hasta el fin nadie es dichoso. 〖諺〗物事は最後まで分からない.

por fin (1) ついに, やっと, ようやく, 最後には(→al fin, en fin). (2) 結局, つまり(→al fin, en fin, a [en] fin de cuentas).

sin fin (1) 限り[果て]ない[なく], 無限の[に], たくさんの. discusión *sin fin* 際限のない議論. He recibido felicitaciones *sin fin*. 私は数知れぬ人からおめでとうと言われた. (2)《機械》継ぎ目なしの. sierra *sin fin* 帯のこぎり. tornillo *sin fin* ウォームギア[歯車].

tener fin 終わる. Los buenos tiempos han *tenido fin*. 良き時代は終わった.

tocar [acercarse] a su fin 終わりに近づく, 終わりかける. Las vacaciones de verano estaban *tocando a su fin*. 夏休みは終わりに近づいていた.

(un) sin fin de ... たくさんの…, 数限りない…. Tenía *un sin fin de* cosas que hacer. 彼にはすることがたくさんあった. Se cargó de *un sin fin de* deudas. 彼は多額の借金を背負い込んだ.

finado, da [fináðo, ða] 過分 名 故人. 類 **difunto**.

── 形 今は亡き. 類 **difunto**.

★final [finál フィナル] 形 ❶ 最終の, 最後の, 最終的な. ─ punto ~ 終止符, ピリオド. Ella logró pasar a la fase ~. 彼女は最終段階に進むことができた. La escena ~ de la película es emocionante. その映画のラストシーンは感動的である. 反 **inicial**. ❷《文法》目的の. ─ oración ~ 目的文[節]. conjunción ~ 目的の接続詞.

── 男 ❶ 最後, 終わり, 終末. ─ El incidente ocurrió al ~ de la guerra. その事件は戦争末期に起きた. Tuvo un ~ trágico. 彼は悲劇的な最期を遂げた. 類 **conclusión, fin, término**. 反 **inicio, principio**. ❷ 末尾, 末端. ─ Hay un nudo en el ~ del cordón. ひもの先には結び目がある. Su casa está justamente al ~ de la avenida. 彼の家は並木通りのちょうど一番端にある. 類 **cola, remate**. ❸ 結末; フィナーレ. ─ La película tiene un ~ feliz. その映画はハッピーエンドで終わる. 類 **desenlace**.

a finales de …の終わり[末]頃に. *A finales del mes pasado la tasa de paro llegó al 5, 1%.* 先月末に失業率は5.1%に達した.

al final (1)〖+de〗…の最後[終わり]に. *Al final del partido comenzó a llover.* 試合の最後に雨が降り始めた. (2) 最後になって, 結局, ついに. *Estuvo dos horas hablando y al final no me dijo la conclusión.* 彼は2時間も話したが, 結局結論は言ってくれなかった.

── 女 決勝戦. ─ La ~ de la copa Davis fue muy disputada. デビス・カップの決勝戦は非常に激しく争われた. ❷ 終点, 終着駅. ─ ~ de línea 終点.

cuartos de final 準々決勝.

finalidad [finaliðá(ð)] 女 ❶ 目的, 意図; 用途. ─ No sé con qué ~ me visitas. 私は君の来意が理解しかねる. Explíqueme la ~ de este aparato. この器具の用途を説明してください. 類 **motivo, objetivo, propósito**. ❷《哲学》目的性, 窮極性.

finalista [finalísta] 形 決勝戦[最終選考]に残った. ─ quedar ~ 決勝戦に残る.

── 男女 決勝戦出場選手[チーム], 最終選考に残った作品[作者].

★finalizar [finaliθár] 〖1.3〗他 …を終える, 終わらせる, 完成させる. ─ Mozart no pudo ~ su réquiem. モーツァルトはレクイエムを完成できなかった. 類 **acabar, concluir, terminar**.

── 自 終わる, 終了する. ─ El curso escolar *finaliza* a principios de junio. 学年は6月上旬に終了する.

★finalmente [finálménte] 副 ❶ 最後に, ついに, とうとう. ─ F~, logré convencerla. 最後に私は彼女を説得することができた. 類 **al fin**. ❷ 最終的には, 結局. ─ F~, no me ayudaron en nada. 結局私は全然助けてもらえなかった.

finamente [finaménte] 副 ❶ 見事に, 丁寧に, 上品に. ─ escribir ~ きれいに書く. hablar ~ 上品に話す. Los invitados fueron ~ agasajados por la familia. 招待客たちはその家族から手厚いもてなしを受けた. ❷ 抜けめなく, 要領よく.

financiación [finanθiaθión] 女《商業》出資, 融資; 資金の調達.

financiar [finanθiár] 他《商業》…に融資する, …の資金を調達する. ─ Buscamos quien nos *financie* el proyecto. 私たちはこの計画に出資してくれる人を探しています.

financiera [finanθiéra] 女 →financiero.

★financiero, ra [finanθiéro, ra] 形 財政の, 財務の; 金融の. ─ análisis ~ 財務分析. capital ~ 金融資本. Una entidad *financiera* le facilitó el préstamo. ある金融機関が彼に貸付けを行った. La empresa busca el respaldo ~ del estado. その企業は国の財政的支援を求めている.

── 名 財政(専門)家; 金融専門家. ─ En el debate participaron famosos ~s. 討論には有名な金融専門家たちが参加した.

── 女 金融会社. ─ En la *financiera* te explicarán las condiciones de pago. 金融会社ではあなたに支払条件を説明してくれるだろう.

finanzas [finánθas] 女 複 ❶ 財政, 財務, 財政学. ─ Comité estatal de F~【キューバ】国家財務委員会. Ministro de F~ 大蔵大臣. el mundo de las ~ 財界. ❷ 財源, 財力, 財政状態, 資産.

finar [finár] 自《文》死ぬ, 逝(*<)く.

── se 再 〖+por〗…を切望する, とても…したがる.

★finca [fíŋka] 女 ❶ 所有地, 地所, 不動産. ─ Tiene una gran ~ en el campo. 彼は田舎に広大な土地を持っている. ─ rústica 田舎の地所[家屋]. ─ urbana 都会の地所[ビル]. ❷《農業》農場, 農園. ─ administrar una ~ 農場を経営する.

fincar [fiŋkár] 〖1.1〗自 ❶ 不動産[地所]を買う, 家を構える. 類 **afincar**. ❷【中南米】根拠がある, 立脚する. 類 **estribar**. ─ En esto *finca* la dificultad. この点に難しさがある. 類 **estribar**.

── 再 不動産[地所]を買う.

finés, nesa [finés, nésa] 形 ❶ フィンランド(人・語)の (=finlandés). ❷ フィン族[語]の. ── 名 ❶ フィンランド人. ❷ フィン人. ── 男 ❶《言語》フィンランド語. ❷《言語》フィン語.

fineza [finéθa] 女 ❶ 立派さ, 見事さ, 美しさ, 優良, 上質, 上等, 上品さ. ❷ 親切, 優しさ, 丁重. 類 **atención, delicadeza**. ❸ 贈り物.

fingidamente [fiŋxíðaménte] 副 見せかけて, 偽って, ごまかして.

★fingido, da [fiŋxíðo, ða] 過分 形 偽りの, 見せかけの, うわべだけの. ─ Enseguida noté que la alegría por verme era *fingida*. 私に会った喜びがうわべだけだと私はすぐに気づいた. Es una persona muy *fingida*. 彼は偽善的な人物だ. nombre ~ 偽名. 類 **falso, hipócrita, simulado**.

fingidor, dora [fiŋxiðór, ðóra] 形 見せかけの, 偽りの, まやかしの.

── 名 うそつき, ぺてん師, いかさま師.

fingimiento [fiŋximiénto] 男 見せかけること, 振り; 偽り, ごまかし. ─ Aquella enfermedad era un ~ para no ir a trabajar. あれは出勤しないための仮病だった.

★fingir [fiŋxír] 〖3.6〗他 ❶ …のふりをする, …と見せかける, を装う. ─ *Fingió* dolor de cabeza para

932　finiquitar

no ni al colegio. 彼は学校に行かないために頭痛がするふりをした. *Fingió* que era un amigo para que le dejaran entrar. 彼は入れてもらうために友達のふりをした. 類 **aparentar, disimular.** ❷ をまねる, に似せる. —— ~ el canto del ruiseñor ナイチンゲールの鳴き声をまねる. La niña *fingía* que era madre y dormía a la muñeca. 女児は母親のまねをして人形を眠らせようとしていた.

—— *se* 再 …のふりをする, …と偽わる. —— ~*se* enfermo 仮(ゖ)病をつかう, 病気のふりをする. Carmen *se fingió* dormida para escuchar lo que decíamos. カルメンは私たちの話を聞くために眠ったふりをした. *Se fingió* policía para robar. 彼は盗みのために警官を装った.

finiquitar [finikitár] 他 ❶《商業》を決済する, 清算する,《取引を》まとめる. — ~ una deuda 借金を清算する. ~ un asunto 問題を片づける. 類 **liquidar, saldar.** ❷《話》を終える, 片づける. ❸《話》を殺す.

finiquito [finikíto] 男《商業》決済, 清算; 決済書, 清算書. —dar ~ a una cuenta 勘定を清算する.

*•**finito, ta*** [finíto, ta] 形 ❶ 限りある, 有限の. — La vida de los seres vivos es *finita*. 生物の生命には限りがある. 反 **infinito.** ❷《文法》定形の.

finja(-) [fíŋxa(-)] 動 fingir の接・現在.

finjo [fíŋxo] 動 fingir の直・現在・1単.

*•**finlandés, desa*** [finlandés, désa] 形 フィンランド (Finlandia) の, フィンランド人[語]の. — La capital *finlandesa* es Helsinki. フィンランドの首都はヘルシンキである. 類 **finés.** — 名 フィンランド人. — 男 フィンランド語.

Finlandia [finlándja] 固名 フィンランド (首都ヘルシンキ Helsinki).

fino, na [fíno, na フィノ, ナ] 形 ❶ 薄い〔ser/estar+〕. — Una *fina* película de polvo cubría la mesa. 薄いほこりの膜がテーブルをおおっていた. Las hojas de este libro son muy *finas*. この本の紙はとても薄い. 類 **delgado, sutil. 反 **espeso, grueso.** ❷ (*a*) 細い〔ser/estar+〕. — Sus venas están muy *finas*. 彼の静脈は非常に細くなっている. Un hilo es más ~ que una cuerda. 糸は綱よりも細い. 類 **delgado.** (*b*) 細かい〔ser/estar+〕. — Caía una lluvia *fina*. 細かい雨が降っていた. (*c*) 先のとがった, 鋭い〔ser/estar+〕. — Este lápiz tiene la punta muy *fina*. この鉛筆は先がとてもとがっている. 類 **afilado, agudo, aguzado.** 反 **romo.** (*d*) ほっそりした, すらっとした, 華奢(きゃ)な〔ser/estar+〕. — Ella tiene un rostro alargado y de rasgos ~s. 彼女は面長で華奢な目鼻立ちの顔をしている. Ahora está más ~ que antes. 彼は前よりもやせ細っている. 類 **delgado, esbelto, flaco.** 反 **gordo, grueso.** ❸ きめの細かい, なめらかな, すべすべした〔ser/estar+〕. — Esta tela es muy *fina*. この生地はとてもきめが細かい. Los bebés tienen la piel muy *fina*. 赤ん坊は非常にすべすべした肌をしている. 類 **liso, suave, terso.** 反 **arrugado, áspero.** ❹ 上質の, 上等の, 高級な. — La caoba es una madera *fina*. マホガニーは上質の木材だ. Es un bolso de *fina* calidad. それは高級なハンドバッグだ. ❺ 繊細な; 洗練された, あか抜けした. — Me regalaron un jarrón de porcelana *fina*. 私は繊細な磁器の壺をもらった. La decoración de la casa denotaba un gusto ~ y exquisito. その家の装飾は洗練された上品な趣味を表していた. 類 **exquisito, refinado.** ❻ 上品な, 礼儀正しい, 行儀のよい〔ser/estar+〕. —Es un hombre de ~s modales. 彼は礼儀正しい男だ. Estuviste muy ~ ayer en la comida. おまえは昨日食事の時にとても行儀がよかった. 類 **cortés, educado, elegante.** ❼《感覚が》鋭い, 敏感な. — Este perro tiene el olfato muy ~. この犬は非常に鋭い嗅覚を持っている. Tiene un oído muy ~ y nada de lo que dicen se le escapa. 彼はとてもいい耳をしているから人の言ったことは聞き逃さない. 類 **agudo, sutil.** ❽ 鋭敏な, 明敏な, 利発な. — Es muy ~ y se da cuenta de las cosas a la primera. 彼は非常に勘が良くて一度で物事がわかってしまう. Hizo un ~ análisis de la situación política. 彼は政治情勢について鋭い分析を行った. 類 **hábil, inteligente, listo.** ❾ 気の利いた. — Es una comedia muy *fina*. それは非常に気の利いた芝居だ. 類 **astuto, hábil, ingenioso, sagaz.** ❿ 純度の高い, 純粋な. — Estos pendientes son de oro ~. このイヤリングは純度の高い金製だ. 類 **depurado, puro, refinado.**

—— 男 上質(で辛口)のシェリー酒. — Antes de comer solemos tomar una copita de ~. 食前に私たちは上品なシェリー酒を一杯飲む習慣だ.

finolis [finólis] 形《単複同形》《話》きざな, 上品ぶった.

—— 男女《話》きざな人, 上品ぶった人.

finta [fínta] 女《スポーツ》フェイント. — hacer una ~ フェイントをかける.

fintar [fintár] 自《スポーツ》フェイントをかける. 類 **amagar.**

finura [finúra] 女 ❶ 丁重, 親切. ❷ 優良, 優秀; 見事さ, 美しさ. ❸ 繊細さ, 精巧. ❹ 鋭さ, 鋭敏さ.

fiord [fjór(ð)] 男 → fiordo.

fiordo [fjórðo] 男《地理》フィヨルド, 峡江.

fique [fíke]男《コロンビア, ベネズエラ》リュウゼツラン (竜舌蘭) の繊維. ♦綱や縄などに用いる.

:firma [fírma] 女 ❶ 署名, サイン; 調印. ♦スター・有名人などのサインは autógrafo. — Ponga su ~ aquí, por favor. ここにサインをお願いします. recoger ~s 署名を集める. El talón es nulo si no lleva la ~ del librador. この小切手は振出人のサインがなければ無効だ. ~ digital《通信》デジタル署名. ~ en blanco 白紙委任. ~ y sello 署名捺印. media ~ 姓だけの署名. Ayer tuvo lugar la ~ de los acuerdos. 協定の調印は昨日行われた. acreditar [legalizar] una ~ 署名が本物だと証明する. 類 **nombre, refrendo, rúbrica.** ❷ 商社, 会社. — ~ comercial 商社. ~ importante 一流商社[企業]. ~ prestigiosa [de gran prestigio] 有名企業. ~ solvente 支払能力のある会社. 類 **casa, marca.** ❸《集合的に》署名を要する書類. — La secretaria pasa la ~ cada día a la misma hora. 秘書は未決裁書類を毎日同じ時間に回す. ❹《商業》代表, 代理. — llevar [tener] la ~ de (会社・個人)の代表[代理]を務めている.

buena [*mala*] *firma*《商業》信用できる[できない]人.

dar a ... una firma en blanco（人)に白紙委任する, (人)の自由裁量に任せる.

dar la firma a ... (人)に経営を任せる.

firmamento [firmaménto] 男 天空, 大空 (= cielo).

firmante [firmánte] 形 調印した, 署名した.
── 男女 署名者, 調印者. 類 **signatario**. ─ el abajo ~ 下記の署名者.

:**firmar** [firmár] 他 ❶ …に署名する, 記名する, 調印する. ─ Rellené el documento y lo *firmé*. 私は文書に記入して, サインした. *Firmó* la protesta contra la central nuclear. 彼は原子力発電所に反対する抗議文に署名した. El acuerdo se *firmará* mañana. 協定は明日調印されるだろう.
── 自 ❶ 署名する, 記名する. ─ Ella se marchó sin ~. 彼女は署名せずに立ち去った. ❷ 〚+ *por* と〛(雇用)契約を結ぶ. ─ El futbolista *firmó por* el equipo número uno del país. そのサッカー選手は国で1番のチームと契約した. 類 **fichar**. ❸ 〚+ *por* と〛希望する, 望む. ─ Ahora mismo *firmaría* yo *por* irme a Canadá. 私は今直ぐにでもカナダに行きたいものだ.
──**se** …と署名する, 自署する. ─ *Se firmó* García del Nogal. 彼はガルシア・デル・ノガルと署名した.

firmar en blanco を白紙委任する, 自由裁量に任せる. *Firmé* un cheque *en blanco*. 私は白地小切手に署名した.

:**firme** [fírme] 形 ❶ しっかりした, ぐらつかない, 安定した〚ser/estar+〛. ─ tierra ~ 大陸; 陸地. Esta mesa baila y no está ~. このテーブルはがたがたしていて安定していない. El terreno es lo bastante ~ para construir un edificio tan alto. その地盤は高いビルを建てるに十分なくらいしっかりしている. Mantuve con él una ~ relación. 私は彼とゆるぎない関係を保った. 類 **estable, fijo, seguro**. 反 **inestable, inseguro**. ❷ 〚+ *en*〛…に断固とした, 不動の, 変わらない〚ser/estar+〛. ─ sentencia ~ 確定判決. Es ~ *en* sus convicciones. 彼の信念は固い. Está ~ *en* su decisión. 彼の決心は変わらない. Tuvo una confianza ~ *en* sus amigos. 彼は友人たちに不動の信頼を置いていた. 類 **constante, duro, invariable**. 反 **blando, flojo, variable**.

estar en lo firme 確固としている

¡Firmes! 気を付け.

mantenerse firme ゆるがない, 堅持する. Desde el principio *me mantengo firme* en mis propósitos. 最初から私の意図は変わっていない. *Se mantuvo firme* contra la opinión de la mayoría. 彼は大多数の意見に反対して毅然としていた.

oferta en firme 回答期限付き売買申し込み.

pedido en firme 期限指定注文.

ponerse firme 気を付けの姿勢をとる. Los soldados *se pusieron firmes*. 兵士たちは気を付けをした.

── 男 ❶ 土台, (建物の)基礎. ─ Levantaron una fábrica sobre el ~ del solar. その地所の土台の上に工場が建てられた. ❷ 路床, 路盤. ─ Han cortado la carretera para arreglar el ~. 路盤の修理のために道路は遮断された. ❸ (道路の)表面, 路面. ─ Este ~ es muy deslizante. この路面は非常に滑りやすい.

de firme (1) 熱心に, たゆまず. Está estudiando *de firme* para las oposiciones. 彼は採用試験のため懸命に勉強している. (2) 激しく; 間断なく. Llovía *de firme*. 雨が激しく降っていた. (3) 確実に. Créete lo que te digo porque lo sé *de firme*. 私はそれを確かに知っているのだから私の言うことを信じてくれ.

en firme (1) 確定取引で; 指し値で. El compromiso de venta es *en firme*. 販売契約は確定した条件で行う. (2) 確実に, きっぱりと. Hizo la promesa *en firme*. 彼はきっぱりと約束をした.

── 副 ❶ しっかりと, 堅固に. ─ La viga está ~ apoyada sobre esa pared. 梁(はり)はしっかりと壁の上に支えられている. ❷ 激しく, ひどく. ─ Su madre le pegó ~. 母親が彼をひどく殴った. ❸ 熱心に, 一所懸命に. ─ Ha estudiado ~ para aprobar el examen. 彼は試験に合格するために懸命に勉強した.

firmemente [fírmeménte] 副 堅固に, しっかりと; 断固として. ─ Cree ~ en la justicia. 彼は正義を固く信じている. Amarraron ~ un cable al poste. 彼らはその柱にロープを結び付けた.

:**firmeza** [firméθa] 女 ❶ (信念・考え・態度などの)揺るぎなさ, 堅固さ, 断固たる態度. ─ ~ de carácter [de voluntad] 性格[意志]の強さ. ~ de creencias [de convicciones] 確固たる信念. ~ de espíritu 堅固な精神. 類 **constancia, entereza**. 反 **debilidad, indecisión**. ❷ (物の)強固さ, 堅固さ. ─ ~ de un muro 塀の頑丈さ. 類 **estabilidad, solidez**. 反 **inestabilidad**. ❸ (商業)(市況の)堅調さ.

con firmeza しっかりと, 強く; 断固として. hablar *con firmeza* しっかり話す. Se negó *con firmeza* a venderlo. 彼はそれを売るのを断固として断った. Defendió *con firmeza* su opinión. 彼はしっかりと自分の意見にこだわった.

firuletes [firulétes] 男 複 〘南米〙ごてごてした装飾.

:**fiscal** [fiskál] 形 ❶ 国庫の, 税務(上)の. ─ contribuciones ~*es* 国税. sistema ~ 税制. reforma ~ 税制改革. inspección ~ 税務調査. agente ~ 税務官. ❷ 財政(上)の, 会計の. ─ año ~ 会計年度. asesor ~ 会計コンサルタント. política ~ 財政政策. 類 **financiero**. ❸ 検事の, 検察官の. ─ abogado ~ 検察官. ministerio ~ 検察庁, 検事局 (= ministerio público).
── 男女 ❶ (法律)検事, 検察官 (= abogado fiscal). ─ ~ público [procurador] 検事, 検察官. F~ General [del Estado] 検事総長. ~ togado (軍法会議の)検事. ~ anticorrupción 汚職担当検事. 類 **acusador, delator**. 反 **abogado, defensor**. ❷ 会計(検査)官, 財務官, 税務官吏. ─ Es ~ de tasas. 彼は課税事務官である. 類 **interventor, tesorero**. ❸ 人の粗(あら)探しをする人. 類 **acusador, entremetido**.

fiscalía [fiskalía] 女 ❶ 検事の事務所[職]. ─ ~ de tasas 課税事務所. ❷ 検察庁. ─ F~ Suprema 最高検察庁.

fiscalización [fiskaliθaθjón] 女 検察, 調査, 監査, 監視. ─ ~ administrativa 行政監査.

fiscalizar [fiskaliθár] [1.3] 他 ❶ を検察する, 調べる. ❷ を監査する, 監視する. ─ ~ las cuentas 会計を監査する. ❸ (話)を非難する, 詮索する.

fisco [físko] 男 国庫. ─ pagar al ~ 国庫に納入する. defraudar el ~ 脱税する.

fisga [físγa] 女 ❶ (魚をつく)やす, もり. ❷ ひやか

し, からかい. 類**mofa**.

fisgar [fisɣár] [1.2] 他 ❶《比喩》を詮索する. 類**curiosear, fisgonear**. ❷ …にもりを打ち込む, をやりで突く. ――**se** 再 あざける, 混ぜかえす. 類**burlarse, mofarse**.

fisgón, gona [fisɣón, ɣóna] 形 詮索する, 詮索好きな. 類**curioso**.
―― 名 詮索する人, 詮索好きな人, おせっかいやき.
―― 男《通信》クッキー.

fisgonear [fisɣoneár] 自〖+en〗を詮索する, 様子を窺う. 類**fisgar**.

fisgoneo [fisɣonéo] 男 かぎ回ること, 詮索.

fisible [fisíβle] 形 ❶ 裂けやすい, 分裂性の. ❷《物理》核分裂を起こす. ―El uranio y el plutonio son elementos ~s. ウランやプルトニウムは核分裂性の元素である.

‡**física** [físika] 女 物理学. ~ atómica 原子物理学. ~ nuclear (原子)核物理学. ~ del globo [del mundo] 地球物理学(→geofísica). ~ cuántica [relativista] 量子[相対性]物理学. ~ experimental [matemática] 実験[数理]物理学.

físicamente [físikaménte] 副 ❶ 物理的に. ❷ 身体的に, 肉体的に. ―Basta con que estés ~ presente. 君が今ここに実際にいてくれるということだけで十分なのだ.

‡**físico, ca** [físiko, ka] 形 物理(学)的な, 物理(学)の. ―leyes físicas 物理学の法則. fenómeno ~ 物理的現象. Se especializa en ciencias físicas. 彼は物理学を専攻している. 類**natural**. ❷ 身体の, 肉体の. ―ejercicio ~ 身体運動. sensación física 身体の感覚. No sufrió daño ~, pero sí psicológico. 彼は肉体的な傷はなかったが, 心理的には傷を負った. 類**corporal**. ❸ 物質の, 物質的な; 自然(界)の. ―mundo ~ 物質世界. geografía física 自然地理学. 類**material**. 反**inmaterial**.
―― 名 物理学者. ―~ teórico 理論物理学者.
―― 男 ❶ 体格. ―Tiene un buen ~. 彼はよい体格をしている. 類**constitución**. ❷ 容姿, 容貌, (人)の外見. ―Las modelos viven de su ~. モデルたちはその容姿によって生活している. Tiene un ~ agradable. 彼は感じのよい外見をしている.

fisiócrata [fisjókrata] 男女 重農主義者.

‡**fisiología** [fisjoloxía] 女 ❶ 生理学. ―~ humana [animal, vegetal] 人体[動物, 植物]生理学. ~ general [comparada] 一般[比較]生理学. ❷ 器官[身体]の機能. ―Tiene una ~ perfecta. 彼はほんとに体が丈夫だ. 類**complexión, constitución**.

*****fisiológico, ca** [fisjolóxiko, ka] 形 生理学的な, 生理的な. ―La digestión es una función fisiológica del animal. 消化は動物の生理的機能の一つである.

*****fisiólogo, ga** [fisjóloɣo, ɣa] 名 生理学者.

fisión [fisjón] 女《物理》分裂. ―~ nuclear 核分裂.

fisionomía [fisjonomía] 女 →fisonomía.

fisioterapeuta [fisjoterapéuta] 男女《医学》物理療法士.

fisioterapia [fisjoterápja] 女《医学》物理療法.

fisirrostro [fisiřóstro] 形《鳥類》(ツバメのように)くちばしが短く扁平で深く裂けている, 裂嘴(ˢˢ)の.
―― 男 複 裂嘴類.

*****fisonomía** [fisonomía] 女 ❶ 人相, 容貌, 顔つき. ―~ agradable 感じのよい顔つき. ~ poco agraciada 不器量. Tiene una ~ inteligente. 彼はいかにも頭のよさそうな顔つきをしている. 類**cara, rostro, semblante**. ❷《比喩》様相, 姿, 外観. ―~ de un barrio 町の姿. En verano la playa cambia de ~ con tantos chiringuitos y sombrillas multicolores. 夏になると多くの売店や色とりどりのパラソルで浜辺の姿は一変する. 類**apariencia, aspecto**. ❸ 人相学, 骨相学, 観相術.

*****fisonómico, ca** [fisonómiko, ka] 形 人相の, 顔つきの. ―Entre sus rasgos ~s destaca su gran nariz. 彼の顔の中では大きな鼻が際立った特徴である.

*****fisonomista** [fisonomísta] 名 ❶ 他人の顔をよく覚えている人. ―ser un buen [mal] ~ 他人の顔をよく覚えている[すぐ忘れてしまう]. ❷ 人相見, 観相家. ―Le gusta hacer de ~. 彼は人相を見るのが好きだ.
―― 形 ❶ 他人の顔をよく覚えている. ❷ 人相見の, 人相のわかる.

fístula [fístula] 女 ❶《医学》瘻管(ˢˢ), フィステル. ―~ lacrimal 涙腺瘻. ~ anal 痔瘻. ~ gástrica《医学》胃瘻. ❷ 管, 導管, 筒. ❸《歴史, 音楽》管楽器.

fistular [fistulár] 形《医学》瘻(ˢ)の, 瘻性の.

fisura [fisúra] 女 ❶ 裂け目, 割れ目, 亀裂. ❷ 分裂. ❷《医学》裂肛(ˢˢ), 《解剖》裂溝. ―~ de anal 裂肛, 切れ痔, 裂け痔.

fitness [fítnes] 〖<英〗男 フィットネス.

fitografía [fitoɣrafía] 女 記述植物学.

flabelo [flaβélo] 男 (儀式用の)大扇.

flaccidez, flacidez [flakθiðéθ, flaθiðéθ] 女 ❶ 張りや締まりのないこと, (筋肉の)弛緩, たるみ. ―La ~ de sus carnes delataba su enfermedad. たるんだ肉が彼女の病気を物語っていた. ❷ 蚕(ˢˢ)の伝染病.

fláccido, da [flákθiðo, ða] 形 →flácido.

flácido, da [fláθiðo, ða] 形 張りのない, 締まりのない, 緩んだ. ―carnes músculos ~s たるんだ肉[筋肉].

flaco, ca [fláko, ka フラコ, カ] 形 ❶ やせこけた, やせ細った, やせっぽちの〖ser/estar+〗. ―Es ~ de piernas, aunque tiene un vientre abultado. 彼は腹は出ているが, 脚は細い. Está tan flaca porque apenas come nada. 彼女はほとんど何も食べないのでやせ細っている. 類delgado, enjuto, seco**. 反**gordo, grueso**. ❷〖+de/en〗…が弱い, 乏しい, 足りない. ―punto ~ 弱点, 短所. Es muy flaca de memoria. 彼女は記憶力が弱い. 類**débil**. ❸ (精神的に)弱い; 根拠薄弱な, 説得力の弱い. ―La carne es flaca. 肉体は誘惑に弱いものだ. Es un argumento ~. それは根拠のない議論だ. 類**débil, endeble, frágil**. 反**fuerte, resistente**.
―― 男 弱点, 弱み; 欠点. ―Su ~ es la bebida. 彼の弱点はお酒を飲むことだ. La película tiene muchos ~s. その映画には多くの欠点がある. 類**debilidad, fallo, flaqueza, vicio**. 反**fuerte**.

flacucho, cha [flakútʃo, tʃa] 形 やせた, やせっぽちの.

flacura [flakúra] 女 ❶ やせていること, やせている

さま. —La excesiva ~ del niño nos tiene preocupados. その子があまりにもやせているので，私たちは心配している. **❷**弱さ，もろさ.

flagelación [flaxelaθjón] 囡 ❶鞭(むち)で打つこと，鞭打ち. 類**azote**. ❷《比喩》非難.

flagelado, da [flaxeláðo, ða] 形 ❶《生物》鞭毛(べんもう)のある. ❷《生物》鞭毛虫類.

flagelante [flaxelánte] 形 鞭で打つ.
— 男女 ❶《宗教》(聖週間の行列の)鞭打苦行者. ❷《宗教》(人が見る所で自己を鞭打った)中世の鞭打苦行派. ◊8世紀にイタリアで生まれた異端.

flagelar [flaxelár] 他 ❶を鞭(むち)で打つ. ❷《比喩》を叱りつける. —— se 自らを鞭打つ.

flagelo [flaxélo] 男 ❶鞭(むち)，鞭打ち. 類**azote**. ❷《比喩》災難，不幸. ❸《生物》鞭毛(べんもう).

flagrante [flayránte] 形 ❶(ちょうど)その時の，現行の. ❷明白な.
en flagrante 現行犯で.

flama [fláma] 囡 《まれ》炎，火，火炎；炎の輝き(=llama).

flamante [flamánte] 形 ❶輝く，光り輝く；派手な. ❷新品の，できたての，新人の. —~ piso 新築マンション.

flameante [flameánte] 形 燃え立つ；燃えるような.

flamear [flameár] 自 ❶(旗などが)はためく，翻(ひるが)る. ❷燃え立つ. ❸《海事》(帆などが)ばたばた動く. — 他 (消毒のために)を火に当てる.

:flamenco¹, ca [flaménko, ka] 形 ❶フラメンコの，(アンダルシアの)ジプシー風の. —*cante* [*baile*] ~ フラメンコ歌謡[舞踊]. *guitarra flamenca* フラメンコ・ギター. 類**agitanado**. ❷フランドル(Flandes)の，フランドル人の，フラマン語の. —*pintor* ~ フランドルの画家. ❸《話》いい体をした，健康そうな. —Tiene una novia muy *flamenca*. 彼には非常にいい体をした恋人がいる. 類**fuerte, lozano**.
ponerse flamenco 《話》生意気な[横柄な]態度をとる，思い上がる. *Se puso muy flamenco y le echaron del bar.* 彼は非常に横柄な態度をとったのでバールから追い出された.
— 名 ❶フランドル人，フラマン人. ❷《話》生意気な[思い上がった]奴. —Hay que bajarle los humos a ese ~. あの生意気な奴の鼻をへし折ってやらなければならない.
— 男 ❶フラメンコ(の歌・踊り). —Es muy aficionada al ~. 彼女は大変フラメンコ好きだ. ❷フラマン語(オランダ語の方言).

flamenco² [flaménko] 男 《鳥類》フラミンゴ. —el ~ hembra 雌のフラミンゴ. Los ~s duermen apoyando una pata en el suelo. フラミンゴたちは片足で地面に立って眠っている.

flamenquería [flamenkería] 囡 気取った素振り；厚かましさ. —Su ~ es de boquilla. 威勢がいいが口先だけだ.

flamígero, ra [flamíxero, ra] 形 ❶燃え立つ，火を吐く，炎のような. ❷(色などが)燃えるような. ❸《建築》火炎式の. —*gótico* ~ 火炎ゴチック様式.

flámula [flámula] 囡 ❶(槍やマストなどの先端に付ける)三角旗；ペナント. 類**banderola, grímpola**. ❷《植物》キンポウゲ.

:flan [flán] 男 ❶《料理》(カスタード)プディング，プリン，フラン. —~ de arroz [de espinacas, de huevo, vanilla] ライス[ホウレンソウの，卵の，バニラ

flecha 935

風味]プディング. ❷《比喩》(浜辺で子供の作る)砂山，砂饅頭. —Los niños hacen ~*es* de arena en la playa. 子供たちは浜辺で砂山を作っている. ❸(貨幣の刻印前の)金属円板.
estar (nervioso) como un flan 《俗》びくびくしている.

flanco [flánko] 男 ❶側面，わき腹. —~ *izquierdo* 左側面，左わき腹. ❷《軍事》隊の側面，左右の翼. —*Atacaron por el* ~ *este.* 攻撃は東翼から行われた. ❸(城の)側堡(そくほ).

Flandes [flándes] 固名 フランドル(ベルギー西部からフランス北西端，オランダ南西部にかけての地方).

flanero, ra [flanéro, ra] 名 プディングの型.

flanquear [flaŋkeár] 他 ❶…の側面[両側]に立つ，を挟んでいる. —*Dos estatuas flanquean la entrada del jardín.* 庭の入り口の左右に像が立っている. ❷《軍事》…の側面を守る[固める，攻撃する，迂回する]. ❸マヌーロンダリングをする.

flanqueo [flaŋkéo] 男 《軍事》側面攻撃.

flaquear [flakeár] 自 ❶弱る，減少する，〘+en〙…で劣っている. —*Flaquea en* matemáticas. 数学が苦手である. ❷(気力などが)衰える，(力などが)弱る. ❸勇気を失う.

:flaqueza [flakéθa] 囡 ❶弱点，弱み. ❷もろさ，誘惑に陥りやすいこと；優柔不断，軟弱. ❸やせきす，貧弱.

flash [flás, flá∫] 男[複 **flashes**]《写真》ストロボ.

flato [fláto] 男 ❶《医学》胃腸内にたまるガス，鼓腸. —*echar* ~s げっぷをする. ❷《中南米》憂うつ，悲しみ. 類**melancolía, tristeza**.

flatulencia [flatulénθja] 囡 《医学》腹が張ること，鼓腸.

flatulento, ta [flatulénto, ta] 形 《医学》鼓腸性の，ガスで下腹が張っている.

:flauta [fláuta] 囡 《楽器》フルート，横笛. —*tocar la* ~ フルートを吹く. ~ *de Pan* パンフルート(=siringa). ~ *dulce (de pico)* リコーダー. ~ *traversa* 横笛，フラウトトラベルソ.
— 男 《音楽》フルート奏者.
Y sonó la ~ *(por casualidad)*. 運がよかった，まぐれ当たりだった.

flautado, da [flautáðo, ða] 形 フルートのような. — 男 《音楽》(オルガンの)笛音音栓.

flautín [flautín] 男 《音楽》ピッコロ；ピッコロ奏者.

flautista [flautísta] 男女 《音楽》フルート奏者，笛を吹く人. —*«El* ~*»* (Manet)《美術》『笛を吹く少年』(マネ).

flébil [fléβil] 形 《文》涙を誘う；痛ましい. —*Se oía el* ~ *quejido del perro herido*. けがをした犬の悲しげな声がしていた. 類**lamentable, triste**.

flebitis [fleβítis] 囡 《医学》静脈炎. —*tener* ~ 静脈炎になる.

flebotomía [fleβotomía] 囡 《医学》静脈切開(術)；瀉血. 類**sangría**.

:flecha [flétʃa] 囡 ❶矢. —*disparar* [*tirar, soltar*] *una* ~ 矢を射る. *poner una* ~ *en el arco* 矢をつがえる. *sacar una* ~ *del carcaj* 箙(えびら)[矢筒]から矢を取り出す. *correr* [*salir*] *como una* ~ 矢のように速く走る[走り出す]. *El tiempo pasa como una* ~. 光陰矢の如し. 類**dardo, saeta**. ❷(方向指示の)矢印(→)；(車の)

方向指示器 (=～ de dirección); (秤などの)指針. —seguir la ～ 矢印の方向に進む. La ～ indicaba la salida. 矢印は出口を示していた. ❸ (鐘楼上の)尖塔. —～ de la catedral de Burgos ブルゴスのカテドラルの尖塔. ❹《幾何》正矢(せいし)(→sagita);《建築》(アーチの)迫高(はっこう), 垂直高;《梁(はり)の)たわみ;《天文》(la F～) 矢座.

flechar [fletʃár] 他 ❶ …に弓を引く, を矢で射る. ❷《話, 比喩》を一目ぼれさせる, …の心を射止める. 類 **cautivar, enamorar**.

flechaste [fletʃáste] 男《海事》ラットライン, 段索(帆柱に張られた縄ばしごの横桟).

flechazo [fletʃáθo] 男 ❶《話, 比喩》一目ぼれ. —enamorarse de un ～ 一目ぼれする. ❷ 矢で射ること. ❸ 矢で射られた傷, 矢傷.

flechero [fletʃéro] 男 ❶ 射手. ❷ 矢作り職人.

fleco [fléko] 男 ❶ ふさ飾り, 縁飾り. ❷ 前髪, おさげ髪. 類 **flequillo**. ❸《布の)ほつれ.

fleje [fléxe] 男《技術》鉄製の帯輪, たが.

flema [fléma] 女 ❶《比喩》平穏, 冷静, 沈着. —tener ～ 冷静である, 落ち着いている. ❷ 痰(たん), 粘液. ❸《比喩》粘液質(冷淡・無気力). 類 **cachaza, pachorra**.

flemático, ca [flemátiko, ka] 形 ❶ 痰(たん)の多い. ❷《比喩》粘液質の, 冷淡な, 無気力の. 類 **calmoso**. ❸《比喩》冷静な, 沈着な. 類 **sereno**.

flemón [flemón] 男 ❶《医学》蜂巣(ほうそう)炎. ❷《医学》歯槽膿漏(しそうのうろう).

flemudo, da [flemúðo, ða] 形 →flemático.

flequillo [flekíjo] 男 前髪, おさげ髪. —cortar el ～ 前髪を切る. tener ～ 前髪を垂らしている.

fletador [fletaðór] 男 ❶ 傭船主, チャーター主. ❷ 傭船[賃借]者, 運送者.

fletamento, fletamiento [fletaménto, fletamjénto] 男 傭船, チャーター; 傭船契約.

fletante [fletánte] 男【チリ, エクアドル】船や馬を運送用に賃貸する人.

fletar [fletár] 他 ❶ (船・飛行機・車などを)借り上げる, チャーターする. ❷ (荷を)積む, (旅客を)乗せる.

flete [fléte] 男 ❶ 積み荷, 貨物, 船荷. —～ marítimo 船荷. ❷ 貨物運送料, 運賃, 船賃. —pagar el ～ 運賃を支払う.

fletero, ra [fletéro, ra] 形【中南米】(船・車などが)賃貸用の. ❷【中南米】運送業者の.
—名 ❶【中南米】(船・車などの)賃貸業者. ❷【中南米】運送業者. ❸【南米】ポーター, 赤帽. ❹【キューバ】街娼.

*__flexibilidad__ [fleksiβiliðáð] 女 ❶ 柔軟性, 曲げやすさ, しなやかさ. —ejercicios de ～ 柔軟体操. ～ del cuero 皮の柔軟性. 類 **ductilidad, elasticidad**. 反 **dureza, rigidez**. ❷《比喩》柔軟さ, 順応性, 従順さ. ～ de carácter 性格の柔軟さ[従順さ]. persona sin ～ 融通のきかない人. 類 **adaptabilidad**.

flexibilizar [fleksiβiliθár] [1.3] 他 をしなやかにする; …に弾力性をもたせる. —～ los controles migratorios 移民管理を柔軟にする.

*__flexible__ [fleksíβle] 形 ❶ 曲げやすい, 柔軟な, しなやかな [ser/estar +]. —Este material es muy ～. この素材は非常に柔軟だ. Tiene setenta años, pero está ～. 彼は70歳だが, 体が柔らかい. 類 **dúctil**. 反 **rígido**. ❷ (状況・他人に対して)柔軟な, 融通の利く, 順応性のある [ser/estar +]. —normas ～s 弾力的な規範. horario ～ フレックス・タイム. ❸ Es una persona de carácter ～. 彼は従順な性格の人間だ. El plan ha de ser ～ para acomodarlo a posibles cambios. 計画はあり得る変化に合わせて柔軟性のあるものでなければならない. 類 **acomodaticio, dúctil**. 反 **inflexible, rígido**.
—男 ❶《電気の）コード, ケーブル. ❷ ソフト(フェルト製の帽子).

flexión [fleksjón] 女 ❶ 屈曲, 湾曲, たわみ. —hacer una ～ 屈伸をする. ejercicios de ～ 屈伸体操. ❷《文法》語尾変化, 屈折. —～ verbal 動詞の語尾変化.

flexor, xora [fleksór, ksóra] 形《解剖》屈筋の. —músculo ～ 屈筋.

flipado, da [flipáðo, ða] 形 ❶《話》びっくりした. ❷《俗》麻薬中毒の.

flipar [flipár] 他《話》とても…の気に入る.
—se 再 [＋por/con]《話》とても(麻薬に)入っている. ❷《俗》(麻薬に)ラリる.

flirt [flir(t)] 男 →flirteo.

flirtear [flirteár] (<英 flirt) 自 ❶ 恋をもてあそぶ, 浮気をする. ❷ [＋con] …にちょっと手を出す, 手を染める, 興味を示す.

flirteo [flirtéo] (<英 flirt) 男 戯れの恋, 浮気, 火遊び. —tener un ～ (con …) (…と)浮気をする.

flojamente [flóxaménte] 副 緩く; だらしなく, だらだらと.

flojear [floxeár] 自 ❶ 弱まる, ゆるむ. —El oido le *flojea*. 彼は耳が遠くなっている. ❷ 減少する, 落ち込む. ❸ 怠ける. —En lo qué más *flojea* es en geografía. 一番サボっているのは地理の勉強だ.

flojedad [floxeðáð] 女 ❶ ゆるみ, たるみ, 散漫. ❷ 無為, 怠惰, 無気力. ❸《比喩》弱々しさ, 軟弱. ❹ 不景気, 沈滞.

flojel [floxél] 男 ❶《服飾》(ラシャなどの)けば, 綿毛. ❷《鳥の)綿毛.

flojera [floxéra] 女 ❶ 怠惰, 無気力. —tener [sentir] ～ 面倒に思う. ❷ のろさ. ❸ 弱さ, 虚弱.

*__flojo, ja__ [flóxo, xa] 形 ❶ たるんだ, 緩い, 緩んだ [estar +]. —Llevas los cordones de los zapatos ～s. 君は靴ひもがゆるんでいる. El tornillo estaba ～. ねじが緩んでいた. 類 **flácido, inseguro, suelto, tenso**. ❷ 弱い, 微弱な, 劣った [ser/estar +]. —Sopla un viento ～. 弱い風が吹いている. Bebimos un vino ～. 私たちは弱いブドウ酒を飲んだ. Soy ～ de memoria. 私は記憶力が弱い. 類 **endeble**. 反 **fuerte**. ❸ 乏しい, 貧弱な, 不十分な. —La cosecha de trigo salió *floja*. 小麦の収穫は芳しくなかった. El mercado de valores está ～. 証券市場は不活発だ. 類 **débil, escaso, flaco**. 反 **abundante**. ❹ 無気力な, だらけた, 怠惰な. —Estos alumnos son un poco ～s. この生徒たちは少し怠け者だ. 類 **descuidado, perezoso**. 反 **trabajador**.
—名 怠け者, たるんだ人. —Los ～s de carácter no sirven para trabajos duros. 性格的に怠惰な連中はきびしい仕事には役立たない. 類 **negligente**.

Flor [flór]固名《女性名》フロール.

*__flor__ [flór フロル] 女 ❶《植物》花, 草花. —poner [disponer, arreglar] las ～es en un jarrón 花瓶に花をさす[生ける]. cultivar ～es 花を栽培する. dar ～es〔植物が〕花を咲かせる[つける]. tienda de ～es 花屋(=floristería). lenguaje de las ～es 花言葉. batalla de ～es〔祭りの〕花合戦. corona de ～es 花輪;花の冠. ～ artificial [de mano] 造花. ～ seca 押し花;ドライフラワー. ～es de maíz ポップコーン(=roseta). ramo de ～es 花束. No se admiten ～es ni coronas.〔死亡広告文句〕弔花は固くご辞退いたします. ～ completa [compuesta, doble] 完全[複合,重弁]花. ～ femenina [masculina] 雌[雄]花. ～ hermafrodita [unisexual] 両性[単性]花. ❷ 満開, 花盛り.《比喩》(人生・若さなどの)盛り, 盛期, 最盛期. —Los cerezos están en (plena) ～. 桜は満開だ. Estaba en la ～ de la juventud. 彼は青春真っ盛りであった. 類 **floración, plenitud**. ❸ 精華, 精髄, 粋(ホ゛ス), 選りすぐり(の人・物)(=～ y nata). —～ de la caballería 騎士道の華, 騎士の鑑(カガミ). ～ de la literatura 文学の精髄. ～ de la harina [harina de ～] 極上小麦粉. pan de ～ 上質の小麦粉で作ったパン. A la ceremonia asistía la ～ (y nata) de la sociedad. 儀式には社交界の主だった人たちが出席していた. 類 **crema, nata**. ❹《特に男性が女性におくる》お世辞, ほめ言葉, 賛辞. —A mí ya no me dicen ～es. 私はもうお世辞を言ってもらえない. Al verla pasar le echó una ～. 彼女が通りかかると彼は彼女を冷やかした. ～es de retórica 詞華(ガ), 文飾. 類 **elogio, piropo, requiebro**. ❺ 処女性, 純潔(=virginidad). —Desea casarse con una mujer que conserve su ～. 彼は処女を保っている女性と結婚したがっている. ❻〔液体の表面にできる〕皮膜, 白かび, 浮渣(サ). —～ del vino ワインの表面に浮くかび. ～ de una vena 鉱滓(サイ). 類 **nata**. ❼〔なめし革の〕銀面(毛の生えている側). ❽《化学》華(ヵ). —～ de azufre 硫黄(ィゥ)華, 湯の華. ～ de cinc 亜鉛華. ～ de cobalto コバルト華(=eritrina). ～ arsénico 砒華(ヵ). ❾〔中南米〕《チリ》(爪の)半月.

a flor de ... (内部にあるものが)…(の表面)すれすれに[の], ぎりぎりに[の]. —a flor de tierra 地面すれすれに, 地面近くに. Las carpas nadaban *a flor de agua*. 鯉が水面すれすれに泳いでいた.

a flor de piel 表面に, おもてに. Los nervios estaban *a flor de piel*. 神経がぴりぴりしていた. Tiene una sensibilidad *a flor de piel*. 彼は外面に感受性をたたえている.

ajustado a flor《工芸》(組立て部分が)水平にそろった.

andar de flor fragante《話》夢中になっている, のぼせ上がっている.

andarse a [buscar] la flor del berro《話》ボヘミアンのように自由奔放な生活をしている.

caer en flor 若死にする, 夭折(ヨゥセッ)する.

como mil flores/como unas flores《話》(1) 優美な, 優雅な, 華やかな. (2) 満足した, 気に入った.

dar en la flor de〖+不定詞〗…する癖(ャセ)[習慣]がつく.

dar flores secas a … (1) (人)を軽蔑する. (2) (人)を脅(オドッ)す, 脅迫する.

de flor〔中南米〕極めてよい, 満開の.

de mi flor《話》極めてよい, すばらしい.

echar flores (1)〔植物が〕花を咲かせる(=dar flores). (2)〖+a〗(特に女性に)お世辞・ほめ言葉を言う(=decir flores). Es muy guapa y todos los chicos le *echan* flores. 彼女は美人なので男の子は皆彼女にお世辞を言っている.

en flor (1)(花が)満開で, 開花して. Están ya *en flor* los almendros. アーモンドが既に満開である. (2)《比喩》(美・活力などが)絶頂期を迎えた, 最盛期で. Cuando yo la conocí, era una adolescente *en flor*. 私が彼女と知り合ったとき, 彼女は美しい青春の乙女であった.

en la flor de la edad [de la juventud, de la vida] 若い盛りに, 青春期に. Murió cuando estaba *en la flor de su vida*. 彼は若い盛りであったのに命を落とした. Se metió monja *en la flor de la edad*. 彼女は若い盛りに修道女になった.

flor de cantueso くだらない[取るに足りない]こと. Han reñido por *una flor de cantueso*. 彼らはつまらないことで言い争った.

flor de estufa [de invernadero] 温室育ちの人.

flor de la canela とびきり良いもの[人], 白眉(ハゥヒ). Esas cerezas son *la flor de la canela*. それらのサクランボは最上等品である. Tienes una hija que es *la flor de la canela*, y aun te quejas. 君はすばらしい娘の父親なのに, それでもまだ不満なのだ.

flor de la maravilla《話》(1) (病気になっても)すぐ治る人, 病気回復の早い人. (2)《植物》ティグリディア, トラユリ(アヤメ属).

flor de lis (1)《紋章》紋章意匠図形に使われる)白ユリの花. (2)《植物》イチハツ(=～)(白ユリ).

flor de tiguero〔プェルトリコ〕日照り雨.

flor natural (1)〔造花に対し〕生花. (2) 詩歌[文芸]コンクール(juegos florales)で最優秀者に贈られる一輪の花.

flor y nata 精髄, 精華, 粋(ィキ). En la boda se encontraba la *flor y nata* de la sociedad del lugar. 結婚式にはその土地の社交界の花形たちが顔を揃えていた.

ir de flor en flor 移り気である, 何にでも手を出す.

pasárselo [pasárselo] en flores 楽しく過ごす.

segar en flor 盛りの(人生・夢など)を駄目[台無し]にする. Aquella enfermedad *segó en flor* todas sus ilusiones. あの病気で, 大きくふくらんだ夢はすべてぶち壊しになった.

tener a flor de labios (笑みが)口もとからこぼれそうである; (言葉が)喉元(ノドモト)まで出かかっている. Siempre *tiene* la sonrisa *a flor de labios*. 彼女は口もとにいつも笑みが漂っている.

tener los nervios a flor de piel 神経がぴりぴりしている.

— 形〔南米〕すばらしい, 素敵な.

Flora [flóra] 固名《ローマ神話》フローラ(花と春の女神).

‡**flora** [flóra] 女 ❶ (一定地域・時代の)植物相, 植物群; 植物誌(→動物相・誌は fauna). —～ mediterránea 地中海植物相. ❷《生物》細菌叢(=～ bacteriana). —～ intestinal 腸内フローラ[細菌叢].

floración [floraθjón] 女 開花, 開花期. —estar en ～ 開花している. en plena ～ 満開で.

floral [florál] 形 花の(ような). —adornos ～es 花の装飾, 花飾り. ofrenda ～ 献花. juegos ～es 文芸コンクール.

florar [florár] 自 (特に果樹などの)花が咲く.

Los naranjos ya *han florado*. オレンジの花が咲いた.

floreado, da [floreáðo, ða] 形 ❶ 花で装飾した; 花柄の. —Llevaba una falda *floreada*. 彼女は花模様のスカートをはいていた. Me escribió la carta en un papel ~. 彼女は花模様の便箋を使って私に手紙を書いてきた. ❷ 《文体などが》華麗な. ❸ 《小麦粉などが》極上の.

florear [floreár] 他 ❶ 花で飾る. ❷ 《小麦粉》をふるい分け最上の部分をとる. ❸ 《カードに》いんちきをする.
— 自 ❶ 剣先を細かく動かす. ❷ 《音楽》《ギターで》アルペッジオを弾く, かき鳴らす. ❸ 《話》《女性に》優しい言葉をかける, お世辞を言う. 類 **piropear**. ❹ 《中南米》花が咲く (= florecer).

‡**florecer** [floreθér] [9.1] 自 ❶ 花が咲く, 開花する, 花盛りである. —En febrero *florecen* los almendros. 2月はアーモンドの花が咲く. ❷ 好調である, 成長する. —Finalizada la crisis, su negocio *floreció*. 危機が去った後, 彼の事業は好調となった. 類 **prosperar**. ❸ 栄える, 繁栄する, 盛んになる. —La literatura mística española *floreció* en el Siglo de Oro. スペイン神秘文学は黄金世紀に栄えた.
— se 自 《パンなどに》かびが生える. —Con la humedad *se florece* el pan. 湿気でパンにかびが生える.

floreciente [floreθjénte] 形 ❶ 《比喩》繁茂する, 栄える, 隆盛[盛大]な. —un país [negocio] ~ 大国[繁盛している商売]. 類 **próspero**. ❷ 花が開く.

florecimiento [floreθimjénto] 男 ❶ 開花, 花盛り. ❷ 《比喩》繁栄, 隆盛. 類 **prosperidad**.

Florencia [florénθja] 固名 ❶ フィレンツェ(イタリアの都市). ❷ フロレンシア(コロンビアの都市).

Florencio [florénθjo] 固名 《男性名》フロレンシオ.

florentino, na [florentíno, na] 形 フィレンツェ (Florencia) の.
— 名 フィレンツェの人.

floreo [floréo] 男 ❶ 雑談, おしゃべり. —andarse con ~s おしゃべりをする. ❷ 《音楽》ギターのアルペッジオ, かき鳴らし. —hacer un ~ ギターをかき鳴らす. ❸ 《剣術で剣先を》細かく動かすこと. —~ de la espada 剣先の細かい動き. ❹ 《スペイン舞踊で》片足をあげること.

florería [florería] 女 花屋.

・**florero, ra** [floréro, ra] 形 花の, 生花の, 花卉(き)の. —industria *florera* 生花産業. 類 **florista**.
— 名 花屋, 生花商; 栽培業者. —El ~ me preparó un precioso ramo. 花屋はすてきな花束を作ってくれた. 類 **florista**.
— 男 ❶ 花びん, 花器. —Coloqué las rosas en un ~. 私は花びんにバラの花を生けた. ❷ 《草花・花木の》植木ばち. —Tiene tulipanes en los ~s del balcón. 彼はバルコニーにチューリップの植木ばちを置いてある. 類 **búcaro, jarrón, vaso**.

Flores [flóres] 固名 フロレス(ウルグアイの県).

florescencia [floresθénθja] 女 ❶ 《植物》開花, 花時, 開花期. ❷ 《化学》風化(物), 風解.

floresta [florésta] 女 ❶ 森, 木立. ❷ 《比喩》詩華集, 詩文集, 詩選.

florete [floréte] 形 《砂糖などの》極上の.
— 男 《スポーツ》《フェンシングの》フルーレ.

floretear [floreteár] 他 花で飾る.
— 自 《スポーツ》《フェンシングで》フルーレを使う.

florezca(-) [floreθka(-)] 動 florecer の接・現在.

florezco [floréθko] 動 florecer の直・現在・1単.

floricultor, tora [florikultór, tóra] 名 園芸家, 草花栽培家.

floricultura [florikultúra] 女 園芸, 草花栽培.

Florida [floríða] 固名 ❶ (Península de ~) フロリダ半島(アメリカ合衆国の半島). ❷ フロリーダ(ウルグアイの都市).

‡**florido, da** [floríðo, ða] 形 ❶ 花盛りの, 花の咲いた, 花で飾られた [estar+]. —*florida* terraza 花がいっぱいのテラス. El jardín estaba ~. 庭は花盛りだった. Los almendros están ~s. アーモンドが花盛りだ. ❷ 《表現・文体が》華やかな, 華麗な, 飾り立てた. —Ese poeta tiene un estilo demasiado ~. その詩人の文体はあまりにも装飾的だ. 類 **elegante, recargado, retórico**.
lo más florido 最良の部分, えり抜きの人々[もの], 精粋. Se relaciona con *lo más florido* de la ciudad. 彼は町の一流の人々とコネを持っている.
gótico florido →**gótico**.
Pascua florida (キリスト教の)復活祭.

florilegio [floriléxjo] 男 アンソロジー, 選集, 名詩選, 詞華集 (= antología).

florín [florín] 男 ❶ ギルダー(オランダの通貨). ❷ 《歴史》フローリン(昔のスペインの通貨).

floripondio [floripóndjo] 男 ❶ 《植物》チョウセンアサガオ(朝鮮朝顔). ❷ 《比喩, 軽蔑的に》けばけばしい造花, 趣味の悪い大きな花飾り; (一般に)大柄で悪趣味な飾り・模様.

‡**florista** [florísta] 男女 ❶ 花屋, 花売り, 花売り娘. —~ callejera 街の花売り娘. ❷ 造花職人, 造花屋.

floristería [floristería] 女 花屋.

florón [florón] 男 ❶ 《建築・貨幣などの》花形装飾. ❷ 《植物》《キク科の頭状花などの》小花.

flósculo [flóskulo] 男 《植物》《キク科の頭状花などの》小花.

‡**flota** [flóta] 女 ❶ 船団; 《軍事》艦隊; 航空(戦)隊 (= ~ aérea). ~ pesquera 漁船団. ~ de (barcos de) guerra 艦隊. ~ mercante 商船隊. ~ de aviación civil 《集合的に》民間航空機. Manda una ~ compuesta de quince buques. 彼は15隻からなる艦隊を指揮している. ~ de Indias 《歴史》アメリカ航路 (16世紀のスペイン-アメリカ間). 類 **armada, escuadra, marina**. ❷ 《一国・一会社の》全保有船舶[航空機・車両]. —Dada la poca demanda de servicios, la compañía aérea disminuirá su ~. 運航需要の減少で航空会社は航空機の保有数を減らすだろう. ~ de camiones de la empresa その会社が保有する全トラック. ❸ 《中南米》(a) 大群, 一団. —una ~ de ... ...の一群[一団], たくさんの. (b) 虚勢. —echar ~s 自慢する, 誇る.

flotación [flotaθjón] 女 浮かぶこと, 浮動. —línea de ~ 《海事》喫水線.

flotador [flotaðór] 男 (水泳の浮き袋; (釣り・水量調節などの)浮き; 浮票, ブイ; フロート.

・**flotante** [flotánte] 形 ❶ 《水面・空中に》浮かんでいる, 漂う, ひらひらする. —dique ~ 浮きドック.

nube ~ 浮き雲. La madera es un material ~. 木材は水に浮く素材である. ❷ 浮動する; (商業)流動する, 変動する. —población ~ 浮動人口. activo ~ 流動資産. 類**fluctuante**.

:**flotar** [flotár] 自 ❶ (水面・空中に)浮かぶ, 浮く, 浮遊する. —Un submarino *flotaba* en la bahía. 1隻の潜水艦が湾に浮上していた. Un yate *flota* en el río. 1隻のクルーザーが川に浮かんでいる. Un globo anunciador *flota* en el aire. アドバルーンが空中に浮かんでいる. ❷ はためく, 翻る, なびく. —La bandera nacional de España *flotaba* al viento. スペインの国旗が風にはためいていた. 類**ondear**. ❸ (…の)気配がする, 漂う. —La tensión *flotaba* en la sala. 緊張した空気が会場を支配していた. 類**percibirse, sentirse**.

flote [flóte] 男 浮遊, 浮動, 浮揚.

a flote (1)《比喩》浮上して, (事業などが)立ち直って. (2) 水上に浮かんで, 海上に.

sacar [*poner*] *a flote* 《比喩》救出する. Él consiguió *sacar a flote* el hotel. 彼はホテルを窮地から救った.

flotilla [flotíja] 女 《海事》小艦隊, 小型船隊.

fluctuación [fluktuaθjón] 女 ❶ 変化. —*fluctuaciones* de la temperatura 温度の変化. ❷ 《商業》(相場などの)変動. —*fluctuaciones* del mercado fr̄ío 市場の変動. ~ del euro frente al dólar ドルに対するユーロの価の変動. ❸ 気の迷い; 逡巡; 動揺.

fluctuante [fluktuánte] 形 《商業》(相場などが)変動する, 変化する. —precios ~s 変動価格.

fluctuar [fluktuár] [**1.6**] 自 ❶ 《商業》(相場などが)変動する, 上下する. ❷ 《比喩》(心が)動揺する, 揺れる, 迷う. 類**vacilar**. ❸《比喩》(水に)漂う, 浮動する, 揺れている.

fluidez [flujðéθ] 女 ❶ (弁舌の)流暢さ, なめらかさ. —hablar con ~ なめらかに話す. ❷ 流動性.

fluido, da [flujðo, ða] 形 ❶ (ことばが)よどみのない, 流暢な, 能弁な, 弁舌さわやかな. —español ~ なめらかなスペイン語. estilo ~ 流れるような文体. La circulación es *fluida* los domingos. 日曜は車の流れがスムーズだ. ❷ 流動性の.
— 男 ❶《物理》流動体(気体および液体). ❷《電気》電気, 電流 (= ~ eléctrico).

:**fluir** [fluír] [**11.1**] 自 ❶ (*a*)【+por を】(液体などが)流れる, 流動する. —La sangre *fluye* constantemente *por* las arterias. 血液は動脈をたえまなく流れている. Hoy el tráfico *fluye* con regularidad. 今日は車が順調に流れている. (*b*)【+de から】流れ出る, 流出する. —El agua *fluye de* la fuente. 水が泉からわき出る. 類**manar**. ❷【+de から】(言葉・考えなどが)わき出る, よどみなく出る, 噴出する. —Las ideas *fluyen de* su mente sin esfuerzo. 考えが彼の頭から労せずにわき出してくる. 類**brotar**.

flujo [flúxo] 男 ❶ 流れ, 流水, 流出(量). —~ de sangre 血の流れ. ~ de palabras 饒舌な話し方. ~ de gente 人波, 人の流れ. ~ menstrual 月経. ~ de vientre 下痢 (=diarrea) ❷ 上げ潮. ~ y reflujo 上げ潮と引き潮. ❸ 《物理》束. —~ magnético 磁束. ❹ (ガス・電気の)流れ, 供給. ❺ 《経済, 情報》—~ de fondos キャッシュフロー. ~ de bits ビット・ストリーム. ~ de trabajo ワークフロー.

flujograma [fluxoɣráma] 男 フローチャート.

fluminense [fluminénse]〈ポルトガル〉形 リオデジャネイロ Río de Janeiro (出身)の. 類**carioca**.
— 男女 リオデジャネイロの出身者[住民].

flúor [flúor] 男《化学》フッ素(元素記号 F, 原子番号 9).

fluorescencia [fluoresθénθja] 女 蛍光発光, 蛍光性.

fluorescente [fluoresθénte] 形 蛍光(性)の. —lámpara ~ 蛍光灯. pintura ~ 蛍光塗料.
— 男 蛍光灯.

fluorita, fluorina [fluoríta, fluorína] 女 《鉱物》蛍石.

fluoruro [fluorúro] 男《化学》フッ化物. ~ de sodio フッ化ナトリウム.

flus [flús] 男 三つぞろいの(背広). 類**flux, terno**.

fluvial [flußjál] 形 川の, 河川の. —navegación [pesca] ~ 河川航行[川釣り].

flux [flú(k)s] 男『単複同形』(トランプで)フラッシュ(ポーカーで同種のカードがそろうこと).

hacer flux 《話, 比喩》金がなくなる.

fluxión [fluksjón] 女 《医学》充血, 鬱血(けつ).

FM《頭字》(<frecuencia modulada)女 FM (放送).

FMI《頭字》(<Fondo Monetario Internacional)男 国際通貨基金(英IMF).

fobia [fóβja] 女 ❶ 嫌うこと, 嫌悪. —tener [sentir] ~ a ... を嫌う. Todo el mundo tiene sus filias y sus ~s. 誰にでも好き嫌いはある. ❷《医学》恐怖症, 病的恐怖.

foca [fóka] 女 ❶《動物》アザラシ, オットセイ. ❷ アザラシ類の皮. ❸《軽蔑》でぶ, 太っちょ.

focal [fokál] 形 焦点の, 焦点にある. —distancia ~《写真》焦点距離.

focense [foθénse] 形《地理》(ギリシャの)フォキス Fócida (出身)の. ◆フォキスは古代の中部ギリシャにあった地域. デルフォイの神殿などがあった.
— 男女 (ギリシャの)フォキスの出身者[住民].

focha [fótʃa] 女《鳥類》バン(鷭), オオバン(ツル目クイナ科).

:**foco** [fóko] 男 ❶《物理》**焦点**, 焦点距離; 《写真》焦点, ピント; 《幾何》(楕円・双曲線・放物線の)焦点; 《言語》焦点. —~ de una lente レンズの焦点. La mayoría de las fotos me salieron fuera de ~. 私が撮った大部分の写真はピンボケになってしまった. profundidad de ~ 焦点深度. ~ fijo 固定焦点. ~ real [virtual] 実[虚]焦点. ❷ (光・熱の)源. —~ de luz 光源. La chimenea era el único ~ de radiación de calor en la sala. 広間では暖炉が唯一の熱放射源だった. ~ de un incendio 火事の火元(ひ). 類**fuente**. ❸《比喩》(影響・興味・地位などの)**中心, 源**; 《医学》病巣, (伝染病などの)発生地. —Roma fue el ~ de una brillante civilización. ローマは輝かしい文明の中心地だった. París es el ~ de la Ilustración. パリは啓蒙主義の中心である. ~ sísmico [del terremoto] 震源(地). detectar el ~ de infección 感染源を発見する. ~ de una enfermedad 病巣. ~ de una epidemia 伝染病の発生地. ~ de podredumbre [de corrupción] 腐敗の温床. ~ de vicios 悪の巣窟. ~ de atracción 人気の的. ~ de la rebelión 謀反の中心(地). ~ emisor 発信源. 類**centro, cuna,**

núcleo. ❹ (劇場などの)スポットライト; (車の)ヘッドライト. —~s del plató (映画・テレビの)セットのライト. 類**reflector.** ❺〖中南米〗電球.

fofo, fa [fófo, fa] 形 ぶよぶよした, 柔らかい, しまりのない. —Las carnes se van poniendo *fofas* con la edad. 年とともに肉はたるんでいく.

fogarada [foɣaráða] 女 炎, 火炎. —A la explosión siguió una gran ~. 爆発に続いて火の手が上がった. 類**llamarada.**

fogata [foɣáta] 女 焚火(たきび), かがり火. —hacer [encender] una ~ 焚火をする.

fogón [foɣón] 男 ❶ コンロ, レンジ; (レンジの)火口. —cocina de cuatro *fogones* 火口が4つのレンジ. ~ de gas ガスコンロ. ❷ 炉, 炉床, かまど. ❸ (ボイラーなどの)火室. ❹〖軍事〗火門.

fogonazo [foɣonáθo] 男 ❶ ぱっと出る発火, 閃光. —dar un ~ 閃光を発する. ❷〖写真〗フラッシュ (= flash).

fogonero [foɣonéro] 男 (機関車・汽船の)火夫, 機関夫.

fogosidad [foɣosiðá(ð)] 女 熱情, 激烈, 猛烈さ. 類**apasionamiento, ímpetu.**

fogoso, sa [foɣóso, sa] 形 熱烈な, 猛烈な, 激烈な. —temperamento ~ 熱情的な性格. 類**ardiente, impetuoso.**

foguear [foɣeár] 他 ❶〖軍事〗(銃の)筒払いをする. ❷〖軍事〗(人・馬を)砲撃に慣れさせる. ❸〖比喩〗(人を)仕事や労役に慣れさせる, 鍛える. —Dice que la mili le *foguearon* mucho. 彼は軍隊ですっかり鍛えられたといっている.

—se 再 (自分を)鍛える.

fogueo [foɣéo] 男 ❶〖軍事〗人・馬を砲撃に慣れさせること. ❷ (一般に)訓練.

disparo [balas] de fogueo 空砲.

folclore [folklóre] 男 民間伝承, フォークロア; 民俗学.

folclórico, ca [folklóriko, ka] 形 民間伝承の; 民俗学的な.

folclorista [folklorísta] 男女 民俗学者.

folía [folía] 〈＜仏〉女 ❶〖古〗狂気. ❷ 覆〖音楽〗フォリアス(カナリア諸島の民謡および民俗舞踊). ❸〖音楽〗フォリアス(ポルトガルの民俗舞踊). ❹〖音楽〗昔のスペイン舞踊の振りのひとつ.

foliáceo, a [foljáθeo, a] 形 ❶〖植物〗葉状の, 葉質の. ❷ 薄層[薄片]状の.

foliación [foljaθjón] 女 ❶〖植物〗葉を出すこと, 発葉; 葉のつき方. —estar en ~ 葉を出している. en plena ~ 葉をいっぱいにつけて. ❷〖印刷〗(本の)丁付け, 丁数.

foliar [foljár] 形〖植物〗葉の, 葉質の, 葉状の. **—** 他 (本に)丁数を付ける.

folicular [folikulár] 形 ❶〖植物〗袋果(状)の. ❷〖解剖〗小胞(状)の, 小嚢(状)の.

folicularío [folikulárjo] 〈＜仏〉男〖軽蔑〗三流の記者, 三文文士.

folículo [folíkulo] 男 ❶〖解剖〗小嚢(しょうのう), 濾胞(ろほう). ❷〖植物〗袋果.

folio [fóljo] 男 ❶ (本・紙の)一枚, 一葉. — ~ recto 紙の表面. ~ verso [vuelto] 紙の裏面. escribir en un ~ 紙に書く. ❷〖印刷〗(全紙の2つ折り(4ページ分). —en ~ 二つ折り判の. ~ atlántico 全判, 全紙. ❸〖印刷〗(本の各ページの上部の)欄外見出し.

de a folio《話, 比喩》ひどい, すごい. *disparates de a folio* ひどく馬鹿げたこと.

foliolo, folíolo [foljolo] 男〖植物〗小葉.

follaje [fojáxe] 男 ❶〖比喩〗(全体として一本の草木の)葉. —El espeso ~ impedía el paso. 葉が生い茂って通れなくなっていた. ❷〖比喩〗唐草模様の装飾, ごてごてした装飾. ❸〖比喩〗冗長, 冗漫, 饒舌.

follar[1] [fojár] 他〖俗〗❶ …とやる, 性交する. ❷ をうんざりさせる. 類**fastidiar, molestar.** ❸ を痛めつける.

follar[2] [fojár] [5.1] 他 をふいごで吹く.

—se 再〖俗〗(音の出ない)屁をする.

folletín [fojetín] 男 ❶〖比喩〗通俗小説, 大衆娯楽小説. ❷ (新聞の)連載小説[記事]. ❸ (通俗(娯楽)小説的な内容)映画・芝居. ❹ 小説にでてくるような状況, ドラマチックな出来事.

folletinesco, ca [fojetinésko, ka] 形 ❶ 通俗小説風の. ❷ (話が)もつれる, ややこしい.

folletinista [fojetinísta] 男女 連載小説作者.

folletista [fojetísta] 男女 パンフレット[案内書]の執筆者.

:**folleto** [fojéto] 男 パンフレット, 小冊子, 案内書. —Los ~s son gratuitos y puede llevarse tantos como usted guste. パンフレットは無料です. 好きなだけお取りください.

follón [fojón] 男 ❶〖話〗騒ぎ, 騒動. —armar(se) [montar] un ~ 騒ぎを起こす. 類**alboroto, riña.** ❷ 混乱, 雑然, 無秩序. 類**lío.** ❸ 音なしのロケット花火. ❹ 少し屁.

—, llona 形 ❶ 臆病な, 卑怯な. ❷ 怠惰な, 無精な. **—** 名 ❶ のらくら者, なまけ者. ❷ 役に立たない人.

fomentación [fomentaθjón] 女〖医学〗(温)湿布(すること); 湿布薬[剤], パップ(剤). 類**fomento.**

:**fomentar** [fomentár] 他 ❶ を促進する, 助長する, 振興する. — ~ el gusto por el deporte スポーツ愛好を促進する. ~ las relaciones amistosas entre dos países 両国間の友好関係を促進する. 類**impulsar, promover.** ❷ (*a*) (鳥が卵)を温める. —La gallina *fomenta* los huevos. めんどりが卵を温めている. (*b*)〖医学〗…に温湿布をする. — ~ un tumor 腫瘍に温湿布をする.

:**fomento** [foménto] 男 ❶ 振興, 奨励, 促進, 助成; (反乱・憎悪などの)助長, 扇動. — ~ del comercio 貿易振興. ~ de las ventas 販売促進. banco de ~ 勧業銀行. sociedades de ~ 振興団体. ~ de las artes 芸術の奨励. Ministerio de F~ (昔の)勧業省. El intercambio de estudiantes contribuye al ~ de la comprensión internacional. 留学生の交換は国際理解の促進に貢献する. ❷〖医学〗温湿布 (= compresa caliente); 温湿布を施すこと. 類**cataplasma.**

fon [fón] 男〖物理〗(音の強さの単位)フォン, ホン.

fonación [fonaθjón] 女 発声, 発音. —órganos de ~ 発声器官.

fonda [fónda] 女 ❶ 旅館, 宿屋. —alojarse en una ~ 旅館に泊まる. ❷〖中南米〗食堂, 飯屋.

fondeadero [fondeaðéro] 男〖海事〗投錨(とうびょう)(地), 停泊地.

fondeado, da [fondeáðo, ða] 形 ❶ 錨(いかり)を下ろした, 停泊中の. —estar ~ 停泊中である. ❷

【中南米】金持ちの.
fondear [fondeár] 自 ❶《海事》船を停泊させる. ❷《海事》海の水底を調べる, 水深を測る. ❸ 徹底的に吟味する.
── 自《海事》停泊する, 投錨(とうびょう)する.
fondeo [fondéo] 男 ❶《海事》投錨(とうびょう), 停泊. 類 **anclaje**. ❷《海事》水深測量. 類 **sondeo**. ❸《海事》(積荷の)検査. ❹ 精査; 探り, 詮索.
fondillos [fondíjos] 男複 (服飾)(ズボンの)底, 尻当て.
fondista [fondísta] 男女 ❶ 宿屋の主人. ❷《スポーツ》長距離選手.

****fondo** [fóndo フォンド] 男 ❶ (容器などの)底, 下部. — ~ del vaso コップの底. ~ falso 二重底(→doble fondo). una cacerola de ~ grueso 底の分厚いシチュー鍋. El ~ del saco tiene un agujero. 袋の底に穴が開いている. El poso de café queda en el ~ de la taza. コーヒーの出しがらがコーヒーカップの底に残っている. 類 **asiento, base, culo, hondo, embocadura**. ❷ (容器の)底の僅かな残り. — beberse el ~ 底の残りを飲み干す. 類 **culo**. ❸ (海・川・池・井戸などの)底. — ~ del mar [marino] 海底. ~ del río 川底. El agua está tan clara que se ve el ~ del lago. 水が大変澄んでいるので湖底が見える. 類 **lecho**. 反 **superficie**. ❹ (入り口と反対の)奥, 奥まった所, 突き当たり. — Te espero al ~ de la barra. カウンターの奥で君を待ってるよ. Los servicios están al ~ a la derecha. トイレは突き当たりの右にあります. línea de ~(テニス)ベースライン. 類 **final**. 反 **principio, exterior**. ❺ 〖主に複〗(共通の目的で集めた)資金, 基金, ファンド, 手持ち資金, 財源, 積立金. — congelación de ~s 資金凍結. malversación de ~s 公金横領. cheque sin ~s 空(ガ)渡り)小切手. solicitación de ~s《商業》(株式・債券の)払込み請求. por falta de ~s 資金難で. ~ de solidaridad (労働組合などの)闘争資金. ~ de reserva 予備金, 準備金, 引当金, 積立金. ~ para gastos menores《会計》小口現金, 小払資金(事務の雑費に充てる). ~ social (一会社の)会社資本. aportación de ~s 出資. agotar [bloquear, sacar] los ~s 資金を使い果たす[凍結される, 引き出す]. estar falto de ~s 資金不足である. recaudar ~s benéficos チャリティー募金をする. reunir [allegar, recaudar] ~s 資金を集める, 資金を調達する. No dispone de ~s suficientes en la cuenta. 彼は口座に充分なお金がない. Hicimos un ~ común para los gastos de transporte. 私たちで交通費をみんなで出した. F~ Europeo de Desarrollo ヨーロッパ開発基金(《略》FED; 1959年). F~ Europeo de Cooperación Monetaria ヨーロッパ通貨協力基金(《略》FECOM). F~ de la Infancia de las Naciones Unidas 国連児童基金, ユニセフ. F~ Monetario Internacional 国際通貨基金(〖略〗IMF). 類 **bienes, capital, caudal, dinero, efectivo**. ❻ (絵・小説・舞台などの)背景, 背後, バック. — foto con ~ de palmeras/foto con palmeras de ~ ヤシの木を背景にした写真. cuadro de ~ obscuro 背景が暗い絵. música de ~ バック(グラウンド)ミュージック. maquillaje de ~ (化粧の)下地クリーム, ファンデーション. plano de ~ 背景, 遠景. Su novela tenía como ~ el Madrid de la posguerra. 彼

の小説は内戦後のマドリードが舞台だった. Las discusiones entre los padres no son el ~ apropiado para la educación de los hijos. 両親のいさかいは子供の教育にふさわしい環境ではない. 類 **ambiente, atmósfera, entorno, marco, medio, superficie**. ❼ (模様に対して)地(じ). — tela con ~ blanco 白地の布. ❽ 心根, 根, 本性; 心底. — persona con un ~ excelente 心根のすばらしい人. No es malo en el ~. 彼は根は悪い人ではない. Te lo agradezco desde el ~ del corazón. 心から感謝するよ. Pese a esos arrebatos de mal genio, tiene muy buen ~. 彼はああいうかっとなりやすいが根はとてもいい人だ. 類 **índole, interior, corazón**. 反 **apariencia**. ❾ (事・問題の)核心, 本質, 根本, 基盤. — llegar al ~ del asunto 事の核心[本質]に迫る. Déjate de rodeos y vamos al ~ del problema. 遠回しに言うのはやめて問題の核心に入りましょう. La película es de ~ histórico. この映画には歴史的基盤がある. En lo que dijo se notaba un ~ de resentimiento. 彼が言ったことばの奥には憤りが感じられた. 類 **esencia, meollo, núcleo**. ❿ 奥行き. — un escenario de poco ~ あまり奥行きのない舞台. La casa tiene veinticinco metros de ~. その家は奥行きが25メートルある. 類 **profundidad**. 反 **anchura**. ⓫ 深さ, 深度. — una piscina de [con] mucho ~ 深いプール. El pozo tiene quince metros de ~. その井戸は深さが15メートルある. 類 **hondo, hondura, profundidad**. ⓬ 内容. — novela con mucho ~ 内容の豊富な小説. revistas sin ~ 中身のない雑誌. El ~ de esta obra desmerece de su forma. この作品の内容は形式に比べて見劣りする. vicio de ~ 重大な誤り. 類 **contenido**. 反 **forma**. ⓭ 〖主に複〗(図書館の)蔵書;（美術館・博物館などの所蔵(美術)品, コレクション;（出版社の)自社出版物. — una biblioteca con un buen ~ bibliográfico 見事な蔵書を持つ図書館. El archivo perdió parte de sus ~s en un incendio. 資料館は火事で所蔵資料の一部を失った. Nuestro ~ editorial supera los 3.000 títulos. 我が社の出版物は3千タイトルを越す. ⓮《スポーツ》(長距離走などの)持久力, 耐久力. — corredor de [de medio ~] 長距離[中距離]ランナー(=fondista). carrera de ~ 長距離走, 耐久レース. corredor con mucho ~ [sin ~] 持久力のある[ない]ランナー. La carrera de 5.000 metros es una prueba de ~. 5千メートル走は長距離種目の一つである. 類 **aguante, resistencia**. ⓯《比喩》(知識・精力などの)蓄積, たくわえ. — un ~ de sabiduría [de energías] 知識[精力]のたくわえ. 類 **reservas**. ⓰ 《宝石》大きさ, 質, 厚み. — diamante de poco ~ 小粒のダイヤモンド. ⓱《医学》~ del ojo 眼底. ⓲《法律》(法律行為の)実質;（訴訟の)本案. 反 **forma**. ⓳ 複(船舶)船底, 最下層. — limpiar los ~s del barco 船底を掃除する. ⓴《南スペイン, 中南米》(服飾)ペチコート. — Me puse ~ porque la falda se transparenta. 私はスカートが透けるのでペチコートをはいた. medio ~ スリップ. 類 **enagua**.

a fondo (1) 徹底的に[な], 完璧に, しっかりと. Conoce *a fondo* el tema. 彼はそのテーマを非常によく知っている. Tienes que hacerle al coche

fondón

una revisión *a fondo*. 車の点検を徹底的にやらなくてはだめだ. La casa necesita una limpieza *a fondo*. その家は徹底的に掃除する必要がある. (2) できる限り,できるだけ,最大限に. pisar el acelerador *a fondo* アクセルを一杯に踏む. (3) 深く. respirar *a fondo* 深呼吸する. (4) 根底から,根本的に[な]. reformar *a fondo* 根底から改革する. Es necesaria una reforma *a fondo* de las estructuras. 抜本的な構造改革が必要だ.

a fondo perdido (1) 資本[元金]の回収の見込みなしに,つもりで捨てたつもりで. invertir *a fondo perdido* 捨てたつもりで投資する. Es una subvención *a fondo perdido*. それは見返りのない助成金である. (2)《比喩》見返りのない,無駄に. Le hacía regalos sabiendo que eran *a fondo perdido*. 彼は無駄だと知りつつプレゼントを贈っていた. (3) →fondo perdido.

artículo de fondo 社説,論説.

bajos fondos 暗黒街(犯罪者の多い);社会の底辺の人たち. *bajos fondos socials [de la sociedad]*. 社会のどん底. La novela está ambientada en los *bajos fondos* de Nueva York. その小説の舞台はニューヨークの暗黒街に設定されている.

dar fondo (1)《海事》投錨する,停泊する (= fondear, anclar). El petrolero *dio fondo* en la bahía de Algeciras. タンカーはアルヘシラス湾に停泊した. (2)(物が)尽きる,無くなる,枯渇する. La paga extra *dio fondo* a los pocos días. ボーナスは数日で無くなった.

de bajo fondo 浅い.

doble fondo 二重底,上げ底 (=*fondo falso*); (海の)バラストタンク.

echar a fondo《海事》(船を)沈没させる.

emplearse a fondo 全力を尽くす. Los bomberos *se emplearon a fondo* para apagar el incendio. 消防隊は火事を消し止めるのにできるだけ努力した.

en el fondo (1)(見かけに似合わず)根は,本当は,実は. *En el fondo* es una persona estupenda. 彼は根はすばらしい人だ. (2) 基本的には (=fundamentalmente). *En el fondo* todos estamos de acuerdo. 私たちは基本的な点では全員意見が一致している.

en fondo (横に)並んで. marchar en una columna de diez *en fondo* 10列縦隊で行進する. Los soldados, de tres *en fondo*, marchaban en formación. 兵士たちは3列縦隊で行進していた.

estar en fondos 金持ちである,資金がある. *Estaba en fondos* y me invitó a cenar. 彼は懐が豊かだったので夕食をおごってくれた. La empresa *está en fondos*. その会社にはお金がある.

fondo de amortización《商業》減債基金,負債償却積立金.

fondo de caja (釣銭用の)小銭. Empezamos el día con un *fondo de caja* de 40 euros. 私たちはレジに小銭40ユーロを用意して一日の仕事を始める.

fondo de comercio《商業》暖簾(のれん),営業権;《商法》営業権利. *fondo de comercio negativo*《会計》消極暖簾.

fondo de maniobra [de rotación, de operaciones] 運転[営業]資金, (正味)運転資本,流動資産.

fondo perdido [*vitalicio, muerto*]《経済》終身年金.

fondos de inversión《経済》投資信託,投資ファンド. invertir en *fondos de inversión* estables 安定した投資ファンドに投資する.

fondos especiales《財政》特別引当金.

fondos propios《会計》純資産,自己資本,株主持分.

fondos públicos (1) 公金. El coste se pagó con cargo a los *fondos públicos*. 経費は公金で支払われた. (2) 国債,公債.

fondos reservados [*secretos, de reptiles*]《話》(政府機関などの)機密費.

irse a fondo《海事》(船などが)沈む,沈没する.

mal de fondos [estar/andar +] 金に困って,金詰まり. Estoy [Ando] *mal de fondos* y no puedo permitirme estos gastos. 私は金欠病なのでこんな出費はできない.

mar de fondo →mar.

pozo sin fondo《比喩》底無し,止まるところを知らないもの[こと]. Su ambición es un *pozo sin fondo*. 彼の野望は止まるところを知らない.

provisión de fondos (1)(手形決済のための)引当資金;準備金. *provisión de fondos* para el nuevo hospital 新病院設立準備金. (2)《法律》(弁護士などへの)前払金,前渡金.

telón de fondo (1)《演劇》背景幕,バックドロップ(舞台正面奥の垂れ幕); (事件などの)背景.

tocar fondo (1)《話》(不幸などの)極限に達する. Cuando la depresión *toque fondo*, empezarás a recuperarte. 鬱(うつ)病が限界まで行ったら,君は元気を取り戻すだろう. (2)《話》(相場・物価などが)底を打つ,底値をつける. El mercado [La bolsa] *ha tocado fondo*. 相場は底を打った. La crisis económica que estaba atravesando el país *ha tocado fondo*. 国が直面していた経済危機は底を打った. (3) 水底まで達する. El barco *tocó fondo* y estuvo a punto de encallar. 船は海底をかすってもう少しで座礁するところだった.

fondón[1] [fondón] 男 ❶ (ワインの)沈殿物, おり. 類 **asiento, madre**. ❷ (ブロケード[浮き織]の)下地. ❸《古》奥底.

fondón[2], **dona** [fondón, dóna] 形《軽蔑》太って鈍くなった, 中年太りの. —Debes hacer más ejercicio, porque te estás poniendo ~. もっと運動しなよ,中年太りになってきたよ. 類 **culón, gordo**.

fonducho [fondútʃo] [<fonda] 男 大衆食堂; 安宿. 類 **figón**.

fondue [fondí] [<仏] 女 《料理》(チーズ)フォンデュ. —~ de hierro fundido フォンデュ用鉄鍋.

fonema [fonéma] 男《言語》音素, フォニーム.

fonémica [fonémika] 女 →fonémico.

fonémico, ca [fonémiko, ka] 形《言語》音素の, 音素論の, 音素的な.
—— 女《言語》音素論.

fonendoscopio, fonendo [fonendoskópjo, fonéndo] 男《医学》聴診器. —El médico me puso el ~ y me dijo que respirara hondo. 医者は聴診器を当てて, 深く息を吸うようにと言った. 類 **estetoscopio**.

fonética [fonétika] 女 →fonético.

*__fonético, ca__ [fonétiko, ka] 形 音声学の, 音声上の. —alfabeto ~ 音声字母, 発音記号.

transcripción *fonética* 音声表記. cambio ~ 音変化.

—— 囡 ❶ 音声学. — *fonética* articulatoria 調音音声学. *fonética* histórica 歴史的音声学. ❷ (ある言語の)音声, 発音. — Tienes que mejorar tu *fonética* inglesa. 君は英語の発音をよくする必要がある.

fonetista [fonetísta] 男囡 音声学者.

fónico, ca [fóniko, ka] 形 音の, 音声の, 発音上の.

fono [fóno] 男 ❶ 〖南米〗電話, 電話番号. 類 **teléfono**. ❷ 〖南米〗(電話)の受話器. 類 **auricular**.

fonocaptor [fonokaptór] 男 (レコードプレーヤーの)ピックアップ.

fonográfico, ca [fonoɣráfiko, ka] 形 蓄音機の; 録音に関する. — Ha salido un nuevo modelo de aparato ~. 最新型の録音機が出た. sistemas ~s 録音方式.

fonógrafo [fonóɣrafo] 男 蓄音機.

fonograma [fonoɣráma] 男 表音文字.

fonolita [fonolíta] 囡 〖鉱物〗フォノライト, 響岩. ◆暗緑色または褐色の火山岩で, 打つとよく響く.

fonología [fonoloxía] 囡 〖言語〗音韻論; 音韻組織.

fonoteca [fonotéka] 囡 録音資料の保管所, レコード[テープ, カセット]ライブラリー; 録音資料のコレクション.

Fonseca [fonséka] 固名 (Golfo de ~) フォンセーカ湾(中央アメリカ地峡の太平洋岸の湾).

fontana [fontána] 囡 〖詩〗泉(=*fuente*).

fontanal [fontanál] 形 〖詩〗泉の.

fontanar [fontanár] 男 〖まれ〗泉. 類 **fuente, hontana, manantial**.

fontanela [fontanéla] 囡 〖解剖〗(乳幼児の頭蓋骨の)ひよめき, 泉門.

fontanería [fontanería] 囡 ❶ 配管工事. ❷ 給水設備配管路.

fontanero, ra [fontanéro, ra] 名 水道屋, 配管工, 水道修理人.

footing [fútin] 男 〖<英〗ジョギング.

foque [fóke] 男 ❶ 〖海事〗船首三角帆. ❷ 〖服飾〗のりの利いた衿(҈), 硬いカラー.

forajido, da [foraxído, ða] 名 無法者, 追放者, アウトロー.

—— 形 無法者の, 不逞(ҫ)の.

foral [forál] 形 フエロの, 特権の. — derecho ~ フエロ法, 特権法.

foráneo, a [foráneo, a] 形 外国の, よその. — costumbres *foráneas* 外国の習慣.

‡**forastero, ra** [forastéro, ra] 形 他国の, よその; 外国[外部]の. — costumbre *forastera* 異国[よそ]の土地の習慣. Me sentía ~ en aquella fiesta. 私はあのパーティーでよそ者になった感じがした. 類 **extranjero, extraño, foráneo**.

—— 名 外国人; 他国者, よそ者. — Cuando llega el verano, la ciudad se llena de ~s. 夏になると, 町は外から来た人々でいっぱいになる.

forcé [forθé] 動 forzar の直・完了過去 1 単.

forcejear [forθexeár] 自 ❶ 〖+*para*〗…しようと奮闘する; もがく, あがく. — Los pasajeros *forcejeaban* *para* bajar del autobús. 乗客たちはバスを降りようとして押しあいへしあいしていた. 類 **esforzarse, hacer fuerza**. ❷ 〖+*con*〗…と争う, 格闘する; …に抵抗する. — El atracador for-

forma 943

cejeó con el dependiente. 強盗は店員と格闘した. *Forcejeó con* ella hasta que la convención. 奮闘の末, 何とか彼女を説き伏せた. 類 **debatir, luchar**.

forcejeo [forθexéo] 男 ❶ 乱暴. ❷ もがくこと, あがくこと, 奮闘.

fórceps [fórθe(p)s] 男〖単複同形〗〖医学〗鉗子(⚈). — usar el ~ 鉗子を使う.

forense [forénse] 形 〖法律〗法廷の[に関する]. — médico ~ 法廷医.

—— 男 〖法律〗法廷医. — informe del ~ 法廷医の報告.

forestación [forestaθjón] 囡 植林, 造林.

*****forestal** [forestál] 形 森林の, 山林の. — guarda ~ 森林監視員. repoblación ~ 再植林.

—— 男囡 森林監視員.

forja [fórxa] 囡 ❶ 鍛冶場(⚈), 鉄工所. ❷ 鍛冶. ❸ モルタル, しっくい. ❹ 《比喩》鍛え上げること, 陶冶. — la ~ de una persona 人間形成

forjado, da [forxáðo, ða] 形 鍛造した. — hierro ~ 錬鉄.

—— 男 〖建築〗床面(上下の階の天井の間のコンクリート面).

‡**forjar** [forxár] 他 ❶ (鉄を)鍛える, 鍛造(ҫ)する. — ~ el hierro 鉄を鍛える. 類 **fraguar**. ❷ (計画などを)練り上げる, (財産などを)築き上げる, 作り上げる. — Tardó tres años en ~ el proyecto. 彼はその計画を練り上げるのに 3 年かかった. — una gran fortuna 一大財産を築き上げる. 類 **crear, formar**. ❸ ででっち上げる, 捏造(ҫ)する. — ~ mil mentiras 数多くのうそをでっち上げる. 類 **fabricar, fingir, inventar**.

—— **se** 再 ❶ を(勝手に)思い描く. — *Se ha forjado* muchas ilusiones con ese trabajo. 彼はその仕事で多くの夢を思い描いた. ❷ (自ら)作り上げる, 築き上げる. — *Se ha forjado* una estupenda posición en la empresa. 彼は会社ですばらしい地位を築き上げた. *Se ha forjado* un férreo carácter. 彼は鉄のような性格を作り上げた.

‡‡**forma** [fórma フォルマ] 囡 ❶ 形, 形状; 外形. — ~ redonda [de media luna, esférica, ovalada] 円[半月, 球, 楕円]形. ~ triangular [cuadrada, pentagonal] 三角[四角, 五角]形. dar a ... una ~ cuadrada (何か)を四角にする. Heredó del padre la ~ de los labios. 彼の唇の形は父親譲りだ. Este pastel tiene ~ de corazón. このケーキはハートの形をしている. Esta mesa tiene ~ circular [rectangular]. このテーブルは丸い[長方形だ]. 類 **configuración**. ❷ 方法, 仕方, 様式; 様相, 形態, 制度. — ~(s) de vida 生活様式. ~ de pensar 考え方, 意見. ~ de conducta [de actuar] 行動(様式), 振舞い. ~ de gobierno 政治体制[制度]. anunciar de ~ oficial [oficiosa] 公式[非公式]に発表する. Su ~ de mirar es muy dulce. 彼の見方はとても甘い. Se nota que es un andaluz por su ~ de hablar. 彼の話し方からアンダルシーア人だと分かる. El cliente puede elegir la ~ de pago que prefiera. 顧客はお好みの支払い方法を選べる. Ésa no es ~ de comportarse. それでは行儀が悪い. Hay distintas ~s de energía. エネルギーには様々な形態がある. 類 **manera, modo**. ❸ (思想・概念の)表現形式, 形式, 型(→*fondo*「内容」). —

forma

preocuparse por la ～ 形式にこだわる. crear nuevas ～s de expresión 新しい表現形式を生み出す. ～ de sonata 《音楽》ソナタ形式. Cuida más la ～ que el contenido. 彼は内容よりも形式に気を配る. [類]**estilo, modo**. [反]**contenido, fondo**. ❹ (肉体的あるいは精神的)調子, コンディション, 体調; 好調, 元気. — coger la ～ 体調を整える. estar en (buena) ～ 好調である, 体調が良い. Se encuentra en perfecta ～ física. 彼の体調は申し分ない. Debes cuidar la ～. 君は体調に気を配らなければならない (→en buena forma, en baja forma, en forma). ❺ 〜 (特に女性の) 腰・胸の)体型, 姿態, 容姿. ～s atractivas [redondeadas] 魅力的な[丸みを帯びた]体型. ～s mórbidas [opulentas] 柔らかい[豊満な]姿態. una mujer de ～s voluptuosas いな姿態の女性. un cuerpo de ～s armoniosas [esculturales] 均整のとれた[彫刻のように均整のとれた]肉体. Ese vestido te transparenta las ～s. この服だと体の線が透けてみえるよ. Ella tiene unas ～s pronunciadas. 彼女はとてもグラマーだ. El vestido demasiado ajustado le marcaba mucho las ～s. あまりにぴったりしたドレスは彼女の体の線をくっきり見せていた. [類]**curvas, figura, línea, tipo**. ❻ (主に[複])(話)礼儀, 礼儀作法, マナー; 慣習. — respetar [observar] las ～s 礼儀を守る. cuidar [descuidar] las ～s 礼儀作法に気を配る[を怠る]. Comer haciendo ruido no es una ～ educada de comportarse. 音を立てて食べるのは行儀が悪い. [類]**comportamiento, maneras, modales**. ❼ 《法律》(正規の法的)手続き; 形式, 書式. — por defecto(s) [por un defecto, por vicio] de ～ 手続き上の不備で, 形式上の不備で, 書式不備で. La sentencia fue anulada por defectos de ～. その判決は手続き上の不備で無効とされた. [類]**formalidades**. [反]**fondo**. ❽ 《哲学》形相, 形式 (→material 質料, 実質). — ～ sustancial [accidental] 実体的[偶有的]形相. El concepto de ～ varía según las escuelas filosóficas. 形相の概念は哲学の学派によって異なっている. [類]**concepto**. ❾ 《言語, 文法》形式, …形; (一合の)理論の)形相 (→実質 sustancia). — ～ apocopada 語尾音[音節]脱落形. ～ gramatical 文法形式. ～ femenina [del femenino] 女性形. ～ singular [del singular] 単数形. ～ del pretérito perfecto 現在完了形. ～ personal [no personal] 人称[非人称]形. poner el verbo en ～ negativa 動詞を否定形にする. ❿ (鋳)型, (帽子・靴などの)型 (=horma). — He metido la masa de la tarta en una ～. 私はケーキの生地を型に入れた. [類]**horma, molde**. ⓫ 《カトリック》聖体, ホスチャ (聖体の聖パン) (=sagrada forma). [類]**hostia**. ⓬ 《スポーツ》フォーム. ⓭ 《印刷》(本の組み版) 版型 (=formato). ⓮ 《南部スペイン, 中米》書式, 申し込み用紙. — Ayer llené y entregué el ～ de la declaración de Hacienda. 昨日私は所得申告書に記入して提出した. [類]**formulario**.

bajo forma de ... …の形をとって[とった]. recetar un medicamento *bajo forma de* píldora 錠剤になっている薬を処方する. La discriminación no puede ser tolerada *bajo ninguna de sus formas*. 差別はどんな形であれ認められない.

buenas formas 行儀のよさ, 礼儀正しさ, よいマナー. Si no me lo pides con *buenas formas* no te lo daré. お行儀よくくださいと言わなければ, 君にはあげない.

dar forma a ... (1) …に形を与える. El alfarero moldea el jarrón *dándole forma*. 陶工は形を整えながら花瓶を作る. (2) 〈考え・計画など〉を具体化する, はっきりさせる. *dar forma a* un proyecto [a una idea] 計画[考え]を具体化する. (3) を表明する, 表現する.

de alguna forma ある程度, ある意味では.

de [en] cualquier forma (1) いずれにしても, とにかく, 何はともあれ. Yo no puedo ir, *de cualquier forma* gracias por haberme avisado. いずれにしても私に知らせてくれてありがとう. [類]**de cualquier manera, de cualquier modo**. (2) いい加減に, ぞんざいに, 乱雑に. Acabó el trabajo *de cualquier forma*. 彼はその仕事をいい加減に片付けた. [類]**de cualquier manera, de cualquier modo**.

de forma que [+接続法] 〖目的〗…するように. Ponlo *de forma que* no se caiga. それを倒れないように立てて置きなさい. Explícaselo *de forma que* hasta los niños lo entiendan. 子供にも分かるように説明しなさい.

de forma que [+直説法] (1) 〖結果〗だから…, 従って, それゆえ. No te necesito para nada: *de forma que* no te molestes en venir. 君は少しも必要ないので, わざわざ来るには及ばない. (2) 〖文頭で〗それでは. *De forma que* ahora no quieres el helado. すると今, アイスクリームは欲しくないんだね.

de la misma [de igual] manera que ... …と同じように, 同様に.

de ninguna forma 決して…ない (=de ningún modo, de ninguna manera).

de otra forma 別の方法で; もしそうでなければ (=de otro modo).

de todas formas いずれにしても, とにかく, 何はともあれ (=de todos modos, de todas maneras, de cualquier modo, en cualquier caso). Está muy ocupado estos días, pero *de todas formas* vendrá. 彼は最近大変忙しいが, いずれにせよ来るだろう.

de (una) forma [+形容詞] 〖形容詞の副詞化〗(=en forma [+形容詞]). *de forma* temporal 一時的に, 臨時に. obrar *de forma* descortés 無礼を働く.

de una forma o de otra [*u otra*] →de todas formas.

en baja forma (1) 〖encontrarse/estar+〗(肉体的・気分的に)体調[調子]が悪い, 元気がない. Está muy desanimado por haberse quedado sin trabajo: *se encuentra en baja forma*. 彼は失業したので大変がっかりして元気がない. (2) 《スポーツ》調子が悪い, 不調な, スランプで. Esta temporada *está en baja forma*. 今シーズン彼は調子が悪い.

en buena forma (1) 〖encontrarse/estar/mantenerse/sentirse+〗好調な, 体調が良い, 元気な(→en forma). *mantenerse* [conservarse] *en buena forma* 健康を保つ, 体調を維持する. (2) しかるべき形[方法]で, 書式どおりに (→en (la) debida forma).

en cierta forma →de alguna forma.

en [de] forma de [+名詞] …の形をした[形で], …の形式で. *en forma de* rectángulo [hongo]

茸[長方形]の形をした.
en forma (1) 〔*encontrarse*/*estar*/*mantenerse*/*sentirse*＋〕《話》(スポーツ選手が特にトレーニングによって肉体的・精神的に)好調な, 体調が良い, 元気な(→*en buena forma*). *mantenerse* [*conservarse*] *en forma* 健康を保つ, 体調を維持する. Hoy me siento en plena *forma* [*en gran forma*]. 今日私は絶好調だ. (2)《話》正式の[に], しかるべく, きちんと, ちゃんと. Su pasaporte está *en forma*. 彼のパスポートは正規のものだ. Si hubieras estudiado *en forma*, no habrías suspendido el examen. 君はちゃんと勉強していれば, 試験に落ちなかっただろう. (3) 大変, 非常に, たくさん.
en forma 〔＋形容詞〕(1) …の形をした. una ala *en forma* triangular 三角の形をした翼(＝una ala de forma triangular). ーen [de] forma de 〔＋名詞〕. (2) 〔形容詞の副詞化〕hablar *en forma* lenta ゆっくり話す(＝hablar lentamente).
→de (una) forma 〔＋形容詞〕
en* (*la*) *debida forma しかるべき形[方法]で, 正規の手続きを踏んで, 書式どおりに, 正式に. Extienda usted la solicitud *en debida forma*. 書式に則って申請書を作成してください.
forma de ser 在り方, 性格, 人となり(＝carácter). Es su *forma de ser*. それがまさに彼の流儀だ.
guardar [*cubrir*] ***las formas*** (1) 礼儀を守る. No sabe *guardar las formas* en la mesa. 彼はテーブルマナーが悪い. 体裁[体面・人目]を繕う, うわべを飾る. Viven desavenidos, pero *cubren las formas*. 彼らは仲が悪いが, 体裁を繕っている.
no haber forma de 〔＋不定詞, ＋*que*＋接法〕…しようがない. *No hay forma de* convencerla. 彼女のことは説得のしようがない.
ponerse en forma (1) (…に対して)準備する, 身構える. (2) (特にスポーツをして)コンディションが良くなる, 調子が良くなる. Con el entrenamiento *se puso en forma*. 彼はトレーニングで調子が良くなった.
pura [***mera***] ***forma*** 形(式)だけのこと, うわべだけのこと. Es *pura forma*. それは単に形式だけのことだ.
tomar forma 決まった形を取る, 具体化する. El proyecto está empezando a *tomar forma*. その計画ははっきりした形になりつつある[まとまりかけている].

‡**formación** [formaθjón] 囡 ❶ 形成, 構成, 編成. —La ～ de los médanos se debe a la acción de los vientos. 砂丘の形成は風の作用による. La madre influyó mucho en la ～ de su carácter. 母親が彼女の人格形成に非常に影響した. ～ del gabinete 組閣. ～ de capital 資本形成. ～ de rocas 岩石の形成. 類**creación**. ❷ 教育, しつけ; 養成, 訓練. —Los niños han recibido una buena ～ en el colegio. 子供たちは学校できちんとした教育を受けた. ～ musical 音楽教育. centro [escuela] de ～ profesional 職業訓練センター[学校]. 類**conocimiento, cultura, educación**. ❸ 知識, 教養, 素養. —Tiene una sólida ～ literaria [religiosa, clásica, filosófica]. 彼はしっかりした文学[宗教, 古典, 哲学]の教養を身につけている. 類**conocimiento, cultura, educación**. ❹《軍事》隊形, 陣形. —Los soldados desfilaban en ～. 兵士たちは分列行進をしていた. ～ militar 軍隊の隊形[列]. ～ de combate 戦闘隊形. vuelo en ～ 編隊飛行. estar en ～ 隊形を組んでいる. ～ en orden cerrado [abierto] ／ ～ cerrada [abierta] 密集[散開]隊形. ～ de a tres 3列縦[横]隊. 類**alineación, orden**. ❺ 体つき, スタイル. —El toro es de buena ～. その牛のスタイルはいい. 類**forma**. ❻《地質》累層(るいそう)(＝～ geológica). —roca de ～ cuaternaria 第4紀層の岩石. ～ ontológica 岩層. ❼《植物》植物群系(＝～ vegetal). ❽《言語》(語などの)形成(法). —～ de palabras 語形成, 造語(法). ❾《スポーツ》フォーメーション. ❿《経済》～ social 社会構成体(マルクス主義の用語). ⓫《情報》配列.

*****formado, da** [formádo, ða] 過分 形 成長した, 成熟した. —Sólo tiene trece años, pero está muy *formada*. 彼女はたった13歳だが, とても成熟している. De esa universidad salen jóvenes ～s. その大学からはよく教育の行き届いた若者が輩出(はいしゅつ)している. 類**maduro**.
bien [***mal***] ***formado*** スタイルのよい[悪い], 均斉がとれた[とれていない]. una chica *bien formada* スタイルのよい女性.

‡**formal** [formál] 形 ❶ 形式(上)の, 形式的な; 外形の. —La solicitud tiene varios defectos ～es. その申請にはいくつかの形式上の不備がある. No me gusta el aspecto ～ de ese edificio. 私はその建物の外観が好きではない. ❷ まじめな, 律儀な, 几帳面な. —Es un estudiante muy ～. 彼は非常にまじめな学生だ. 類**cumplidor, responsable, serio**. 反**informal**. ❸ 正式[公式]の, 形式にかなった, 改まった. —Hicieron un compromiso ～ de venta. 彼らは正式の販売契約を結んだ. Se le dio la orden ～ de comparecer. 彼に正式の出頭命令が出た. 類**determinado, expreso, oficial**. 反**informal**. ❹ 行儀がよい, 礼儀正しい〔ser/estar＋〕. —Los niños estuvieron muy ～es en el viaje. 子供たちは旅行中非常に行儀がよかった.

formalidad [formaliðá(ð)] 囡 ❶ 正規の手続き. —cumplir con las ～es きちんと手続きを踏む. 類**requisito, trámite**. ❷《比喩》まじめなこと, 行儀のよいこと. 類**seriedad**. ❸ 儀礼的なこと, 儀式. —sin ～es 儀式ばらないで. ❹ 形式にこだわること. ❺ 信頼できること, 当てになること.

formalina [formalína] 囡《化学》ホルマリン.
formalismo [formalísmo] 男 ❶(極端な)形式主義. ❷《文学》(ロシア)フォルマリズム.
formalista [formalísta] 形 ❶ 形式主義の. ❷ (ロシア)フォルマリズムの. ——男女 ❶ 形式主義者. ❷ (ロシア)フォルマリスト.
formalizar [formaliθár] [1.3] 他 ❶ を正式にする, …の形式を整える; を具体化する. ❷ を法律上正当なものと認める. 類**legalizar, reglamentar**. ——se 再 まじめになる.

*****formar** [formár フォルマル] 他 ❶ (a)を形作る, 形成する, 作る. —una figura con arcilla 粘土で人形像を作る. El agua está *formada* por hidrógeno y oxígeno. 水は水素と酸素で構成されている. Ella *formó* un gran escándalo en la tienda. 彼女はその店で大変な騒ぎを引き起こした. ❷ を設立する, 構成する, 結成する. —*Hemos formado* una asociación de lingüística hispánica. 私たちはスペイン

946 formatear

語学の学会を結成した. ❸ を養成[育成]する, 教育する, 訓練する. —Esta universidad *forma* a buenos médicos. この大学はよい医者を養成している. 類**educar**. ❹ (兵隊など)を整列させる, 隊形[陣形]を組ませる. —~ a los reclutas 徴集兵を整列させる[訓練する].

—— 自 ❶ (兵隊などが)整列する. —Los soldados *forman* ante el coronel. 兵隊たちは大佐の前に整列する. ❷『[+en/entre de』の構成員[要素]となる, (…に)出ている, 名を連ねている. —*Forma en* el grupo de los veteranos. 彼は退役軍人会の一員である. ❸『南米』費用を払う.

—se 再 ❶ 教育を受ける, 育成される, 育つ. —*Se formó* en una famosa universidad. 彼は有名な大学で教育を受けた. ❷ 形成される, でき上る. —La inteligencia *se forma* estudiando. 知性は学ぶことによって形成される. *Se han formado* unas nubes extrañas. 奇怪な雲がわきあがった. ❸ 整列する, 隊列[隊形・陣形]を組む. —Los soldados *se formaron* en columnas de a cuatro. 兵士たちは4列縦隊を組んだ.

formar parte 一部を構成する. Todos *formamos parte* del equipo. 私たちは皆チームの一部を構成している.

formatear [formateár] 他 をフォーマットする, 初期化する.

formativo, va [formatíβo, βa] 形 ❶ 形成の, 形成する. —período ~ 形成期. ❷ 教育的な. —programa ~ 教育番組.

formato [formáto] 男 ❶ 体裁, 判, サイズ, 寸法, 大きさ. —fotocopia en ~ de B4 B4サイズのコピー. ❷ 《情報》書式, フォーマット. —~ de documento portable PDF.

Formentera [formentéra] 固名 フォルメンテーラ島(スペイン, バレアーレス諸島の島).

formero [forméro] 男 《建築》(アーチの)交差リブ, 壁付きアーチ. 類**arco**.

fórmico, ca [fórmiko, ka] 形 《化学》蟻(ぎ)酸の. —ácido ~ 《化学》蟻酸.

formidable [formiðáβle フォルミダブレ] 形 ❶ 恐ろしく大きい, 巨大な, とてつもない. —Un ~ tornado arrasó los campos. 恐ろしい竜巻が畑をなぎ倒した. Le dieron una ~ paliza. 彼はひどくなぐられた. 類enorme, extraordinario**. ❷ ものすごい, すごい, すばらしい. —Tienes una casa ~. 君はすごくいい家を持っている. Hemos pasado una tarde ~. 私たちはすごくすてきな午後を過ごした. 類**estupendo, fantástico, maravilloso**. ❸ 恐るべき, 恐ろしい; 手に負えそうもない. —El científico descubrió un ~ fenómeno. その科学者は恐るべき現象を発見した. 類**asombroso, espantoso, temible**.

formol [formól] 男 《化学》ホルマリン, ホルモール(=formalina). —conservar una serpiente en ~ ヘビをホルマリン漬けにする.

formón [formón] 男 ❶ (ほぞ穴などをあける)のみ. ❷ 《技術》穴あけ具, パンチ.

Formosa [formósa] 固名 ❶ フォルモーサ(アルゼンチンの都市). ❷ =Taiwán.

‡fórmula [fórmula] 女 ❶ 決まり文句; 決まったやり方, 作法. —~ de cortesía 儀礼上の決まり文句[作法]. Hacer una reverencia es una ~ de cortesía. お辞儀をするのはお決まりの作法である. pronunciar la ~ ritual 決まり文句を言う. 類**método, modelo, norma**. ❷ (契約・請願などの)書式, 形式, ひな型. —No existe ~ fija para la redacción de una solicitud. 申請書の作成に定型はない. 類**modelo, pauta**. ❸ (解決・和解の)方法, 方策, 解決策. —Hemos encontrado una ~ que armoniza las dos hipótesis. 私たちは2つの仮説を両立させる方法を見つけた. Negociamos una ~ que dejó a todos satisfechos. 私たちは解決策を協議し, 皆は満足した. —~ de convivencia 共存的解決策. 類**método, solución**. ❹ 《医学》(薬剤の)処方(箋), 《料理》調理法. —No te olvides de escribirme la ~ de esta salsa. このソースの作り方を手紙で私に書いてよこすのを忘れないで. 類**receta**. ❺ 《数学, 化学, 物理》公式, 式. —~ matemática 数学の公式. —~ química 化学式. La ~ del agua es H₂O. 水の分子式はH$_2$Oである. ~ de la gravitación universal 万有引力の法則. 類**ley, regla**. ❻ —~ floral 《植物》花式. —~ dentaria 《動物》歯式. ❼ 《自動車》フォーミュラ(エンジンの排気量によるレーシングカーの分類規格). —coche de carreras de ~ uno [Fórmula-1] フォーミュラ・ワンのレーシングカー.

por (pura) fórmula 形式的に, 儀礼的に, 社交辞令で. Me invitó a su boda *por pura fórmula*. 彼はお義理で私を彼の結婚式に招いてくれた. saludar *por fórmula* 形だけの挨拶をする.

formulación [formulaθjón] 女 ❶ 公式化, 定式化. —hacer una ~ 公式化する. ❷ 表明.

‡formular[1] [formulár] 他 ❶ (言葉・文書で)表明[表現]する, 述べる, (文書で)作成する. —~ un deseo 希望を述べる. —~ una petición 請願書を作成する. Pueden ~ preguntas al ponente. 発表者に質問をしてもかまわない. ❷ を定式[公式]化する, 式で表わす. —~ una reacción química ある化学反応を化学式で表わす. Einstein *formuló* la teoría de la relatividad. アインシュタインは相対性理論を公式化した. ❸ (薬)を処方する. —~ un preparado para combatir la calvicie 脱毛症に対処をめためる調合薬を処方する. 類**recetar**.

formular[2] [formulár] 形 書式(上)の, 形式(上)の, 公式の.

·formulario, ria [formulárjo, rja] 形 儀礼的な, 形式的な; 形式張った. —visita *formularia* 儀礼的訪問. Faltan algunos trámites puramente ~s. いくつかの単なる形式的な手続きがまだ残っている. En las instancias se emplea un lenguaje muy ~. 願書には非常に形式張った用語が用いられる. 類**formular, rutinario**.

—— 男 ❶ 書式, (書き込み)用紙, 申請書類. —~ de aseguramiento 保険金請求書類. Para solicitar el pasaporte, tiene usted que rellenar este ~. 旅券を申し込むにはこの書類に書き込まなければなりません. 類**impreso**. ❷ 公式[規則]集; 処方集. —~ de química 化学式集. El médico consultó el ~ de recetas. 医者は処方集を参照した. 類**recetario**.

formulismo [formulismo] 男 形式主義, 公式主義.

fornicación [fornikaθjón] 女 姦淫(かんいん), 姦通.

fornicar [fornikár] [1.1] 自 私通する, 姦

淫(%)する.

fornido, da [forníðo, ða] 形 強壮な, たくましい, 丈夫な. —Es un joven ～. たくましい若者だ.

fornitura [fornitúra] 女 《主に複》弾薬帯.

foro [fóro] 男 ❶ 公開討論会, フォーラム. ❷《歴史》(古代ローマの)公会の広場. —F～ económico mundial ダボス会議. ❸《法律》裁判所, 法廷. ❹《法律》弁護士業. ❺《演劇》舞台正面奥. ❻ 賃貸借(契約), 借地代. ❼(インターネットサイト上の)掲示板, フォーラム. *marcharse* [*irse*] *por el foro*《比喩》人に知られないように姿を消す.

forraje [fořáxe] 男 ❶ (牛馬の)まぐさ, 飼葉. ❷ 飼葉を集めること. ❸《話, 比喩》ごたまぜ, くだらない物.

forrajear [fořaxeár] 自《軍事》糧秣(ホェ)[馬糧]を探す, 飼葉を集める.

forrajero, ra [fořaxéro, ra] 形 飼葉用の. —planta *forrajera* 飼葉用の作物. remolacha *forrajera* カチクビート, 飼料用のビート.

***forrar** [fořár] 他【＋con/de で】…に裏地を付ける, 裏打ちする. —～ la chaqueta de terciopelo 上着にベルベットの裏地を付ける. ❷ (本など)にカバーをかける, 覆いを付ける, 装丁する. —～ un libro 本にカバーをかける. ～ la pared de papel 壁を壁紙で覆う. ❸《話》殴る, 殴りつける. —Le *forraron* a palos. 彼は棒で殴られた.

—**se** 再 ❶《話》大儲けする, 大金持になる. —*Se está forrando* con su nueva empresa. 彼は今度の事業で大儲けをしている. 類 **enriquecerse**. ❷《話》満腹する, たらふく食べる. —*Me he forrado* de pasteles. 私はケーキで満腹した. 類 **hartarse, hincharse**.

***forro** [fóřo] 男 ❶《服装》裏地, 裏;(コートの)ライナー. —El ～ de mi abrigo es de seda. 私のオーバーの裏地はシルクである. ❷ (本・ノートなどの)カバー, 覆い. —poner ～ a un libro 本にカバーをかける. ～ de tela 布のカバー. El ～ de los sillones está sucísimo. 肘掛け椅子のカバーはとても汚い. 類 **cubierta, funda**. ❸《海事》(船体・船底などの)内[外]張り;《技術》ライニング, 内張り. —～ *de freno* ブレーキ・ライニング. ～ de un canal 用水溝の粘土張り(水漏れを防ぐ). 類 **revestimiento**. *ni por el forro*《よく saber, conocer とともに》少しも[全然]…ない. Esta lección no me la sé *ni por el forro*. この課は全然覚えていない. No le gusta estudiar *ni por el forro*. 彼は勉強が大嫌いだ.

fortachón, chona [fortatʃón, tʃóna] 形《話》たくましい, 頑丈な.

fortalecedor, dora [fortaleθeðór, ðóra] 形 強くする; 力つける.

***fortalecer** [fortaleθér] **[9.1]**(＜fuerte)他 ❶ を強くする, 強化する, 力づける. —El ejercicio físico *fortalece* los músculos. 体操によって筋肉は強まる. ～ los lazos de amistad entre dos países 両国間の友好のきずなを強化する. —Tus palabras me *fortalecieron*. 君の言葉に私は力づけられた. 類 **corroborar, reforzar**.

—**se** 再 ❶ 強くなる, 強まる, 丈夫になる. —～*se* con vitaminas ビタミン類をとって丈夫になる. Desde que va a la piscina *se ha fortalecido* mucho. 彼はプールに行くようになってからとても丈夫になった.

fortalecimiento [fortaleθimjénto] 男 ❶ 要砦化, 防御工事, 堡塁. ❷ 力強くなること, 強化. —La estabilidad política ayudará al ～ de la democracia. 政治的安定が民主主義の強化を助けるであろう.

:**fortaleza** [fortaléθa] 女 ❶ (*a*)(体の)強さ, 丈夫さ. —niño de poca ～ あまり丈夫でない子. Tiene una gran ～ física. 彼は大変頑健である. 類 **fuerza, salud, vigor**. 反 **debilidad**. (*b*)(物の)強さ, 頑丈さ. —～ de un muro 壁の頑丈さ. 類 **resistencia, robustez**. 反 **fragilidad**. ❷ (*a*) 不屈の精神, 気力. —No tiene ～ de ánimo. 彼は意気地がない. Aquella desgracia puso a prueba su ～ de espíritu. あの不幸が彼の精神力を試した. 類 **entereza, firmeza**. 反 **pusilanimidad**. (*b*)(カトリック)剛毅(ニッ)(4つの枢要徳 virtudes cardenales の1つ). ❸《軍事》要塞, 砦(½ミ);(自然の)要害, 牢獄城塞. —～ inexpugnable 難攻不落の要塞. ～ volante 空飛ぶ要塞(第二次大戦時の米軍の重爆撃機 B-17 の愛称. なお B-29 は superfortaleza). 類 **fortificación, fuerte, plaza**. ❹ (悪臭・酒などの)強度; (味の)濃度; (薬の)効能. —quitar ～ al vino ワインの度数を下げる. 反 **fuerza**.

fortalezca(-) [fortaléθka(-)] 動 fortalecer の接・現在.

fortalezco [fortaléθko] 動 fortalecer の直・現在・1単.

fortificación [fortifikaθjón] 女 ❶《軍事》(*a*)砦, 要塞. (*b*)要塞化, 築城法, 防御工事. —atacar una ～ 砦を攻撃する. defender una ～ 砦を守る. ❷ 強化, 鍛錬. —～ del cuerpo 体の鍛錬.

fortificante [fortifikánte] 形 強くする; 元気づける.

fortificar [fortifikár] **[1.1]** 他 ❶ を強くする, 強化する. —～ los músculos 筋肉を鍛える. ～ la torre de una vieja iglesia 古い教会の塔を修復(補強)する. ❷《軍事》を要塞化する, …の防御を固める. ❸ …のアルコール分を高くする, 酒精を強化する. —vino *fortificado* 酒精強化ワイン.

—**se** 再 ❶ 強くなる, 強固になる. ❷《軍事》防備を固める.

fortín [fortín] 男 小さな要塞, 本陣から離れた砦.

fortísimo, ma [fortísimo, ma] 形〔fuerte の最上級〕とても強い.

fortuito, ta [fortúito, ta] 形 思いがけない, 偶然の. —encuentro ～ 偶然の出会い. 類 **accidental, imprevisto**.

****fortuna** [fortúna フォルトゥナ] 女 ❶ 運, 運命; 宿命. —caprichos de la ～ 運命のいたずら. vaivén de la ～ 運命の振り子. reveses de ～ 不運, 不幸, 災難. Así lo quiso la ～. そうなるのが運命だった. La ～ es ciega. 運命は盲目である. 類 **azar, destino, estrella, sino, suerte**. ❷ 幸運. —hombre mimado [favorecido] por la ～ 幸運に恵まれた男, 運のいい男. Fue una ～ encontrarte. 君に出会ったのは幸運だった. Si la ～ nos favorece, lo lograremos. もし運がよければ, 私たちはそれを達成できるだろう. 類 **dicha, suerte, ventura**. 反 **desdicha, desgracia, desventura, infortunio**. ❸

fortunón

(個人の)**財産**, 資産, 富(＝bienes de ～). una ～ personal 個人資産. amasar una gran ～ 巨万の富を築く. adquirir [conseguir] una enorme ～ 莫大な財産を手に入れる. perder toda su ～ en el juego ギャンブルで全財産を失う. consumir [quemar, dar cuenta de] su ～ 財産を使い果す. engrosar su ～ 財産を増やす. dejar su ～ a sus hijos 子供たちに財産を残す. Su voz era su ～. 彼の声は彼の財産だった. Es una de las personas con mayor ～ del país. 彼は国内有数の資産家の一人だ. Hizo una ～ con el contrabando. 彼は密輸で一財産を築いた. [類]**bienes, capital, caudal, hacienda, patrimonio, riqueza**. [反]**miseria, pobreza**. ❹ (しばしば F～)《神話》運命の女神. —Hoy la F～ me ha sonreído: mi billete de lotería está premiado. 今日は幸運が私に微笑み, 私の宝くじが当たった. La ～ favorece a los audaces. 運命の女神は勇者に味方する. ❺ 〖una＋〗大金〖通例, costar, valer, pagar と共に用いられる〗. —Este coche deportivo debe de haberle costado una ～. このスポーツカーに彼は大枚をはたいた筈である. Este diamante vale una auténtica ～. このダイヤモンドは本当に高価なものである. [類]**dineral, potosí**. [反]**miseria, pobreza**. ❻ (出版物・製品などの)成功, 好評. —Su propuesta tuvo escasa ～ entre los accionistas. 彼の提案は株主に不評だった. [類]**aceptación, acogida, éxito, reconocimiento**. [反]**fracaso**. ❼ 嵐, 時化(しけ). [類]**borrasca, tempestad**.

buena fortuna 幸運(＝buena suerte). con *buena fortuna* 運よく. Emprendimos el viaje con *buena fortuna*. 私達の旅行は幸先よいスタートをきった.

correr fortuna (1) 《海事》(船舶が)暴風雨[嵐]を乗り切る. (2) →probar SUERTE.

golpe de fortuna(＝golpe de suerte) 突然の幸運[不運], 運命の巡り合わせ, 好機. Un *golpe de fortuna* lo dejó arruinado. 突然の不運で彼は倒産した.

hacer fortuna (1) 一財産を築く. Emigró a América del Sur con la intención de *hacer fortuna*. 彼は一財産築こうと南米へ移住した. (2) 流行する, 当たる. Su invento *hizo fortuna* y ganó mucho dinero. 彼は発明が当たって, 大金を儲けた.

mala fortuna 不運(＝mala suerte). con *mala fortuna* 運悪く. La selección se va del Mundial por culpa de la *mala fortuna*. 選抜チームは運悪くワールドカップから姿を消す.

medios de fortuna 経済力, 資産(＝medios económicos).

moza de fortuna 売春婦(＝prostituta).

por fortuna (1) 幸運にも, 幸いにも, 運よく. *Por fortuna*, nadie resultó herido en el accidente. 幸運にもその事故で誰も負傷しなかった. (2) 偶然に, たまたま; もしかして, ひょっとして. ¿*Por fortuna* no tendrás tabaco negro? もしかして黒タバコをお持ちでないでしょうか?

probar fortuna 《話》(達成困難なことを)一か八かやってみる, 運を試す. Su abuelo se fue a América a *probar fortuna*. 彼の祖父は一旗揚げようとアメリカへ渡った. Probemos *fortuna* en esa empresa, a lo mejor tienen trabajo para nosotros. —か八かその会社にあたって見よう, もしかすると私たちの仕事があるかもしれない.

rueda de la fortuna (1) ルーレット(＝ruleta). (2) (運命の女神が回す)運命の紡ぎ車, 運命, 有為転変, 栄枯盛衰.

tener la fortuna de〖＋不定詞〗運よく[幸いにも]…する. Tuvo la *fortuna* de encontrar un empleo. 彼は運よく仕事が見つかった.

tener mucha [buena] fortuna (1) 幸運である, 運がいい, ついている. Ha tenido mucha *fortuna* al salir ileso del accidente. 彼は大変ついていて, 事故に遭(あ)ったが無傷で済んだ. (2) 好評である, 評判がよい. Su nuevo CD tuvo mucha *fortuna*. 彼の今度のCDは好評だった.

fortunón [fortunón]〔＜fortuna〕男《話》❶ 大変な幸運. ❷ 莫大な財産.

forúnculo [forúŋkulo] 男 《医学》癤(せつ), フルンケル. —tener un ～ 癤(腫れ, できもの)がある. [類]**divieso**.

forzadamente [forθáðaménte] 副 強制的に, 力ずくで, 無理やり. —sonreír ～ 無理してほほえむ. [類]**por fuerza**.

forzado, da [forθáðo, ða] 過分 形 ❶ 強いられた, 強制された. —Nos era ～ hacerlo. 私たちはそうするように強いられた. dimisión *forzada* 強制的な解任. ❷ 不自然な, 無理な. —sonrisa [amabilidad] *forzada* 不自然な笑顔[親切]. Este uso de la palabra resulta ～. その語をこのように用いるのは無理がある. [類]**afectado, artificial**. [反]**espontáneo**.

trabajos forzados 重労働; いやな仕事.
— 男 (ガレー船の)漕ぎ刑囚.

forzamiento [forθamjénto] 男 ❶ 強いること, 強制. ❷ こじ開けること, 押し入ること. ❸ 婦女暴行, 強姦. [類]**abuso, violación**.

:**forzar** [forθár] [5.5] 他 ❶〖a＋不定詞, que＋接続法(…するよう)〗…に強いる, 強制する. —Le *forzaron a* declararse culpable. 彼は有罪を無理やり自白させられた. ❷ 無理に…する, を強行する; 全力を出させる. —～ el paso 歩を速める. ～ el motor エンジンを全開させる. ❸ (戸)をこじ開ける, 押し入る; ぶち壊す. —Forzó la puerta para entrar. 彼は中に入るためドアをこじ開けた. ❹ (状況)を無理に変える, をねじ曲げる. —No deberías ～ la situación. 君は状況を変えようとすべきではないだろう. ❺ (女性)を暴行する, 強姦する. —*Forzó* a la mujer y después le robó el dinero que llevaba. 彼は女性を暴行した後に持っていた金を奪った.

:**forzoso, sa** [forθóso, sa] 形 避けられない, 必然の, 義務的な. —consecuencia *forzosa* 必然的な結果. aterrizaje ～ (飛行機の)不時着. heredero ～ 法定推定相続人. La asistencia es *forzosa*. 出席は義務的だ. [類]**imprescindible, necesario, obligatorio**. [反]**evitable, innecesario**.

ser forzoso〖＋不定詞/接続法〗…せざるを得ない, …しなければならない, …するのは必然だ. *Es forzoso que* vengas para firmar el contrato. 契約書にサインするために君はどうしても来なければいけない.

forzudo, da [forθúðo, ða] 形 力強い, 強力な, 怪力の.
— 名 (人を指して)力持ち.

fosa [fósa] 女 ❶ 墓, 墓穴. —~ común 共同墓地. cavar una ~ 墓を掘る. ❷《解剖》(骨などの)穴, 窩(ヵ). —~s nasales 鼻腔(ピ゙). ❸《地理》(土地の)沈下, くぼみ. —~ oceánica 海溝. ~ tectónica 地溝. ~ séptica (下水道のない所で)生活廃水を処理するための水槽, 浄化槽.
cavar su *propia fosa* → cavar.

fosco, ca [fósko, ka] 形 ❶ 無愛想な, 仏頂面の. [類] hosco. ❷ (天気が)どんよりした, 曇った. —El cielo está ~. 空がどんよりと曇っている. [類] oscuro. ❸ (髪や毛が)ぼさぼさしている. —Tienes el pelo ~. 髪がぼさぼさだよ. [類] alborotado.

fosfato [fosfáto] 男《化学》燐(以)酸塩. —~ de calcio 燐酸カルシウム.

fosforecer, fosforescer [fosforeθér, fosforesθér] **[9.1]** 自 燐(以)光を発する. —Las luciérnagas *fosforecían* en la oscuridad. 暗闇の中, 蛍が微かな光を発していた.

fosforera [fosforéra] 女 → fosforero.

fosforero, ra [fosforéro, ra] 形 マッチの. — 名 マッチ売り. — 女 マッチ箱.

fosforescencia [fosforesθénθja] 女 燐(以)光(を発すること), 青光り.

fosforescente [fosforesθénte] 形 燐(以)光を発する, 蛍光の. —pintura ~ 蛍光塗料.

fosfórico, ca [fosfóriko, ka] 形《化学》燐(以)の. —ácido ~ 燐酸.

‡**fósforo** [fósforo] 男 ❶ マッチ. —encender un ~ マッチをつける. ❷《化学》燐(以). ❸《比喩》頭の鋭さ, 機知. —Esta chica tiene mucho ~. この娘は鋭い.

fosforoso, sa [fosforóso, sa] 形《化学》(3 価の)燐(以)の, (3 価の)燐を含んだ.

fosgeno [fosxéno] 男《化学》ホスゲン♦塩化カルボニルの別称. 無色で刺激臭のある有毒ガス.

fósil [fósil] 形 ❶ 化石(のような), 化石化した. —madera ~ 亜炭. ❷《話, 比喩》古い, 昔の, 古くなった. —ideas ~es 古くさい考え.
— 男 ❶ 化石. —descubrir un ~ 化石を発見する. ❷《話, 比喩》時代遅れの人(物).

fosilización [fosilidaθjón] 女 化石化.

foso [fóso] 男 ❶ (城・要塞の)濠(*); 《軍事》塹壕(ボ). —cavar [hacer] un ~ 濠を掘る. ❷ 穴, くぼみ. ❸《演劇》舞台のすぐ前の席. —~ de orquesta オーケストラボックス. ❹ (自動車レース場の)ピット, 整備所. ❺《スポーツ》(陸上競技場の)ピット, 砂場, 着地マット.

fotingo [fotíngo] 男《中南米》安い一般大衆車.

‡**foto** [fóto] [< fotografía] 女 写真. —hacer [sacar] una ~ 写真を撮る. ampliar una ~ 写真を拡大する. Todas las ~s salieron bien. 写真は全部よく撮れていた. Esta ~ está desenfocada. この写真はピンボケだ.

fotocopia [fotokópja] 女 (フォト)コピー, 写真複写. —~ ampliada [reducida] 拡張[縮小]コピー. hacer ~s de un libro 本のコピーをとる.

fotocopiadora [fotokipjadóra] 女 コピー機.

fotogénico, ca [fotoxéniko, ka] 形 ❶ 写真うつりのよい. —Él es muy ~. 彼は写真うつりがすごくいい. Tiene unas facciones *fotogénicas*. 写真うつりのいい顔だちをしている. ❷ 光に反応しやすい.

fotógeno, na [fotóxeno, na] 形 発光性の. —sustancia *fotógena* 発光性物質. insecto ~ 光虫.

fotograbado [fotoɣraβáðo] 男 ❶ 写真の製版. —arte de ~ 写真製版技術. ❷ 製版したもの, 写真版, グラビア印刷, グラビア写真.

fotograbador [fotoɣraβaðór] 男 写真版工.

fotograbar [fotoɣraβár] 他 写真製版する.

fotógrafa [fotóɣráfa] → fotógrafo.

‡**fotografía** [fotoɣrafía] 女〖省略形は foto 女〗 ❶ 写真. —sacar [hacer, tomar] una ~ de... …の写真を撮(ど)る. sacarse una ~ 写真を撮ってもらう. ~ en color カラー写真. ~ instantánea スナップ写真. álbum de ~s 写真アルバム. Durante el viaje hicimos muchas ~s. 私たちは旅行でたくさん写真を撮った. Haga dos copias de esta ~. この写真を 2 枚焼増してください. Sáqueme la ~ de medio cuerpo sólo. 上半身だけの写真を撮ってください. Ella sale bien en las ~s. 彼女は写真映(ジ)りがよい(→ fotogénico). [類] instantánea, retrato. ❷《写真》写真撮影, 写真術; 写真スタジオ. —dedicarse a la ~ 写真の仕事をしている. laboratorio de ~ 写真の現像所. técnicas de ~ 写真技術. ~ submarina 水中撮影.

fotografiar [fotoɣrafjár] **[1.5]** 他 ❶ …の写真をとる, を撮影する. —A él nunca le ha gustado que le *fotografíen*. 彼はいつだって写真をとられるのが嫌いだった. ❷《比喩》(写真のように)綿密に[正確に]描く・描写する. —Conocía muy bien a ese profesor y me lo *fotografió*. その先生のことはともかくよく知っていて, どんな人かを私にこと細かに話してくれた. —se 再 自分の写真をとる.

fotográfico, ca [fotoɣráfiko, ka] 形 写真の. —máquina [cámara] *fotográfica* カメラ. arte ~ 写真技術. papel ~ 印画紙. laboratorio ~ 暗室. material ~ 写真教材; 写真資料. montaje ~ モンタージュ写真.

‡**fotógrafo, fa** [fotóɣrafo, fa] 名 写真家, カメラマン, 写真技師.

fotograma [fotoɣráma] 男 映画フィルムの 1 コマ.

fotogrametría [fotoɣrametría] 女 写真撮影による測量技術. —~ aérea 航空写真撮影.

fotolisis, fotólisis [fotolísis, fotólisis] 女〖単複同形〗《物理》光分解.

fotolito [fotolíto] 男 ❶ (印刷)写真平板. ❷ 写真石版画.

fotolitografía [fotolitoɣrafía] 女 ❶ 写真石版の技術. ❷ 写真石版画.

fotomatón [fotomatón] 男 スピード写真; それを撮るブース.

fotomecánica [fotomekánika] 女 形 写真製版印刷(の).

fotometría [fotometría] 女《物理》光度測定.

fotómetro [fotómetro] 男 光度計;《写真》露出計.

fotomicrografía [fotomikroɣrafía] 女 顕微鏡写真.

fotón [fotón] 男《物理》光子(光のエネルギー単位).

fotonovela [fotonoβéla] 女 写真に文章やせりふが入った小説.

fotoquímica [fotokímika] 女 → fotoquími-

950　fotoquímico

co.

fotoquímico, ca [fotokímiko, ka] 形 光化学の. —smog *fotoquímico* 光化学スモッグ.
── 女 光化学.

fotorrobot [fotor̄oβó(t)] 男 （犯罪捜査などの）モンタージュ写真.

fotosensible [fotosensíβle] 形 ❶ 感光性の. —papel ～ 感光紙. ❷《医学》(肌などが)光に過敏な.

fotosfera [fotosféra] 女《天文》光球(太陽をとりまくガス体の内部分).

fotosíntesis [fotosíntesis] 女《単複同形》《生化》光合成.

fotostato [fotostáto] 男 写真複写(機).

fototeca [fototéka] 女 写真のコレクション, フォトライブラリー.

fototerapia [fototerápja] 女《医学》光線治療.

fototipia [fototípja] 女《印刷》写真凸版法, コロタイプ(平版印刷)の一種.

fototipografía [fototipoɣrafía] 女《印刷》写真凸版法, 写真植字印刷.

fototropismo [fototropísmo] 男《植物》屈光性.

fotovoltaico, ca [fotoβoltájko, ka] 形《物理》光電池の.

foul [fául, fóul] [fául] 男《〈英〉》ファウル, 反則. 類**falta**.

fox [fó(k)s] 男 →fox trot.

fox terrier, foxterrier [fó(k)s ter̄jér, fo(k)ster̄jér] 〔〈英〉〕男 フォックステリア(犬).

fox trot, foxtrot [fó(k)s tró(t), fo(k)stró(t)] 〔〈英〉〕男《舞踊》フォックストロット(比較的速いステップの社交ダンス; またその曲).

foyer [fojér, fwajér] 〔〈仏〉〕男 （劇場などの）ロビー, ホワイエ.

frac [frá(k)] [frák] 〔〈仏〉〕男〔複 fracs, fraques〕 燕尾服.

·fracasado, da [frakasáðo, ða] 過分 形 失敗した. —En esa cafetería se reunían actores ～s. そのカフェテリアにはおちぶれた俳優たちが集まっていた. amor ～ 失恋. Murió en un ～ intento por escalar el Aconcagua. 彼はアコンカグアに登る試みに失敗して死んだ.
── 失敗した人. — Se considera un ～ en la vida. 彼は自分を人生の落伍者だと思っている.

‡fracasar [frakasár] 自 ❶〔+en に〕失敗する, 不成功に終わる, 挫折する. —Ha fracasado en su intento de reformar la estructura de la empresa. 会社を改革しようとする彼の意図は失敗に終った. Fracasó como político. 彼は政治家としては失敗した. 類**fallar, frustrarse, malograrse**. ❷ (船が)壊れる, 難破する.

‡fracaso [frakáso] 男 ❶ 失敗, 挫折. 反**éxito**. —tener un ～ 失敗する. acabar en ～ 失敗に終わる. Siempre echa la culpa de su ～ a los demás. 彼は自分の失敗をいつも人のせいにする. El éxito o ～ depende de nuestro esfuerzo. 成否はわれわれの努力次第だ. ❷ 落後者, 失敗者. —Como pintor ha sido un ～. 彼は画家としては落後者だった.

fracción [frakθjón] 女 ❶ 分けること, 割ること. —～ del pan カトリックのミサで司祭がホスチアを割って信者に分け与えること. ❷ *(a)* 部分, 断片. —Ya ha recibido su ～ de la herencia. 彼はもう遺産の分け前をもらっている. una ～ de segundo ほんの一瞬. *(b)* 分派. —Milita en la ～ conservadora del partido. 彼はその政党の保守派閥の一員として活動している. Una ～ del comité no aprobó la propuesta. 委員会の中のある一派はその提案を承認しなかった. ❸《数学》分数(=numéro quebrado). ～ decimal 小数. ～ propia 真分数. ～ impropia 仮分数.

fraccionamiento [frakθjonamjénto] 男 ❶ 分けること, 割ること. ❷《化学》分別, 熱分解. ❸《メキシコ》宅地造成. 類**urbanización**.

fraccionar [frakθjonár] 他 ❶ ～を分ける, 割る, 分裂させる. —La propuesta *fraccionó* la clase en dos. その案でクラスの意見は二つに分かれた. *Fraccionó* la tarta en cinco trozos. ケーキを5つに切り分けた. ❷《化学》(混合物)を分別する, 熱分解する.
── se 再 分裂する.

fraccionario, ria [frakθjonárjo, rja] 形《数学》分数の; 端数の. —moneda *fraccionaria* 小銭. número ～ 分数.

fractura [fraktúra] 女 ❶ 破壊. —La ～ del jarrón no tiene arreglo. 壺が割れてしまってもう直せない. ❷《医学》骨折. ～ abierta [compuesta] 開放[複雑]骨折. ～ de clavícula [de fémur] 鎖骨[大腿骨]骨折. ～ conminuta 粉砕骨折. ～ simple 単純骨折. Fue hospitalizado con ～ de cráneo (craneal). 彼は頭蓋骨骨折で入院した. Sufre una ～ de fémur. 大腿骨を骨折している. ❸ 割れ目. —La ～ de la tubería no es visible desde aquí. 配管にできたひび割れはここからは見えない. ❹《鉱物》断口.

fracturar [frakturár] 他 (無理に)をこわす, 砕く. —El ladrón *fracturó* el cristal de la ventana. 泥棒は窓ガラスを破った.
── se 再 折れる; 骨折する. —Se *fracturó* la pierna esquiando. スキーで脚を骨折した. 類**quebrantar, romper**.

fraga¹ [fráɣa] 女《植物》オランダイチゴ.

fraga² [fráɣa] 女 (岩や草に覆われた)荒れ地; 木のくず, 木切れ.

fragancia [fraɣánθja] 女 芳香, (花・果物などの)よい香り. —Aspiraba la ～ del azahar. 彼はオレンジ[レモン]の花のよい香りをかいでいた. 類**aroma, perfume**.

fragante¹ [fraɣánte] 形 香りのよい. —Se dejó acariciar por aquella ～ brisa. 香り立つ風に身を任せた. La rosa es una flor ～. バラは香りのよい花だ. 類**aromático, perfumado**.

fragante² [fraɣánte] 形 燃え立つ; 輝く.

fraganti [fraɣánti] →in fraganti.

fragata [fraɣáta] 女 ❶《海軍》フリゲート艦(護衛やパトロールに使われる小型の軍艦); 昔の帆船の一種. ❷《鳥類》軍艦鳥.

‡frágil [fráxil] 形 ❶ 壊れやすい, もろい, 華奢(きゃしゃ)な〔ser/estar＋〕. —F～. (注意書きで)こわれ物注意. Estos vasos son de un cristal muy ～. これらのコップは非常に壊れやすいガラスでできている. Tiene los huesos muy ～es debido a la falta de calcio. 彼はカルシウム不足で折れやすい骨をしている. 類**delicado, quebradizo**. 反**fuerte, irrompible**. ❷ (身体・意志などが)虚弱な, 薄弱

な, 弱い〖ser/estar+〗. —Su salud es ~. 彼は健康を害しやすい. Su memoria está cada vez más ~. 彼の記憶力はますます弱まっている. 類**débil, endeble, enfermizo.** 反**fuerte, sano.**

***fragilidad** [fraxiliðá(ð)] 囡 ❶ (物の脆(もろ)さ, 壊れやすさ. —~ de un cristal ガラスの脆さ. 類**debilidad, dureza, resistencia.** ❷ (体の)弱さ, 虚弱. —~ de la edad 体の弱さ, 虚弱体質. 類**delicadeza.** ❸ (人間・意志などの)弱さ, 誘惑に負けやすい性質; (記憶などの)はかなさ.

fragmentación [fraɣmentaθjón] 囡 ばらばらにする[なる]こと, 分割, 分裂. —La ~ del partido es ya inevitable. その政党の分裂はもはや避けられない.

fragmentar [fraɣmentár] 他 をばらばらに砕く, 断片にする; いくつかに分ける. —Los nacionalismos *fragmentaron* el país. 国粋主義が国を分裂させていた. *Fragmentaron* la colección en fascículos. 作品集は何分冊にも分けられた.

—**se** 再 ばらばらになる. —El país se *fragmentó* en pequeños reinos. その国はいくつかの小国に分裂した. El muro *se fragmentó* con la explosión. 爆発で壁が粉々になった.

fragmentario, ria [fraɣmentárjo, rja] 形 ❶ 断片的な. ❷ 不完全な. —No tenemos sino un conocimiento ~ del asunto. 私たちはこのことについては断片的知識しかない. 類**incompleto.**

*‡**fragmento** [fraɣménto] 男 ❶ 断片, 破片, かけら. —Los ~s del jarrón quedaron esparcidos por el suelo. 壺の破片が床に散らばった. 類**pedazo, trozo.** 反**todo, totalidad.** ❷ (文芸作品・講演・歌などの)一部分, 抜粋, 一節. —~s de una conversación 会話の端端. tocar ~s de Bach al piano バッハの抜粋曲をピアノで弾く. Por algunos ~s que leí en la revista, la obra parece interesante. 雑誌の記事をいくつか読んだが, その作品は面白そうだ. 類**trozo.** ❸ (未完作品・散逸した作品の残された)断片, 断章, 遺物. —Por los ~s que se conservan, se sabe que la estatua es del siglo IV. 残っている断片から, その彫像は4世紀のものであることがわかる. ❹ (情報) フラグメント.

fragor [fraɣór] 男 (戦・嵐などの)とどろき, 轟音(ごうおん). —No pudo conciliar el sueño hasta que no se alejó el ~ de la tormenta. 暴風雨のすごい音が遠ざかるまで彼は寝付けなかった.

fragoroso, sa [fraɣoróso, sa] 形《文》轟音(ごうおん)を発する, やかましい, 耳をつんざくような. —un arroyo ~ ものすごい音をたてる川の流れ. Una *fragorosa* multitud llenaba la plaza. 広場は大勢の人でえらくやかましい. 類**estrepitoso, estruendoso.**

fragosidad [fraɣosiðá(ð)] 囡 ❶ (道などが)険しいこと, (イバラなどが)生い茂っていること. —Me impresionó la ~ de aquellos montes y valles. あの山や谷の険しさが印象に残っている. —La ~ del terreno favoreció a la guerrilla. 険しい土地であることがゲリラ達にとっては幸いしている. ❷ 険しい道, 岩だらけの土地, 茂みにおおわれた場所.

fragoso, sa [fraɣóso, sa] 形 ❶ (道などが)険しい, 粗い, でこぼこの多い; (イバラなどの)生い茂った. —un terreno ~ 険しい土地. El pueblo se asienta en un lugar árido y ~. その村は険しく不毛の地にある. 類**abrupto, áspero, intrincado.** = **fragoroso.**

fragua [fráɣwa] 囡 ❶ (鍛冶屋の)炉, かまど. ❷ 鍛冶工場. 類**forja.**

fraguado [fraɣwáðo] 男 (石膏・セメントなどの)硬化.

fraguar [fraɣwár] [1.4] 他 ❶ をでっち上げる, 考え出す; たくらむ; (もめごとを)引き起こす. —El ejército *ha fraguado* un golpe de estado. 軍がクーデターを企てていた. *Fraguará* cualquier pretexto para no colaborar. 彼はどんな口実を作ってでも協力しないつもりだ. 類**discurrir, idear, tramar.** ❷ (剣など)を鍛える, 鍛えて造る.

— 自 ❶ (石膏・セメントなどが)固まる. 類**endurecerse.** ❷ (計画・アイデアなどが)うまく行く, 成功する. —El proyecto no llegó a ~ por diversas razones. 種々の理由によりその企画は成功を見なかった.

fragüe(-) [fraɣwe(-)] 動 fraguar の接・現在.

fragüé [fraɣwé] 動 fraguar の直・完了過去・1単.

‡**fraile** [frájle] 男 ❶ 《カトリック》**修道士**〖略〗 fray, Fr.; 托鉢(たくはつ)修道士(フランシスコ会・ドミニコ会・ベネディクト会などの). —meterse a ~ 修道士になる. ~ franciscano [mendicante] フランシスコ会[托鉢(たくはつ)]会の修道士. ~ de misa y olla 位もなく, またその勉強もしていない下働きの修道士. ~ motilón 助(平)修道士(=lego); (冷やかしで)修道士. 類**monje, religioso.** ❷《俗》(衣類の)裾のまくれ, 裏返り. —Se le ha formado [hecho] un ~ en el vestido. 彼女の洋服の裾がまくれた. 類**doblez.** ❸ (印刷)印刷の薄れ. ❹ (建築)(煙の出をよくするため暖炉の壁面に掘られた)三角の縦溝. ❺ (植物) ~ oreja de ~ カンアオイ(寒葵).

frailecillo [frajleθíjo] 男 (鳥類)ニシツノメドリ(背が黒く頬と腹の白いドリ目の鳥).

frailería [frajlería] 囡《集合的に》修道士, 修道僧の集団.

***frailesco, ca** [frajlésko, ka] 形 修道士の; 修道士じみた, 坊主くさい. —Conserva sus costumbres *frailescas.* 彼は修道士じみた習慣を守っている. 類**frailuno.**

frailuno, na [frajlúno, na] 形《軽蔑》修道士じみた, 坊主くさい.

framboyán [frambojáɲ] 男《植物》ホウオウボク(熱帯産, マメ科の常緑樹).

frambuesa [frambwésa] 囡《植物》ラズベリー, 木苺の実.

frambueso [frambwéso] 男《植物》ラズベリーの木, 木苺の木.

francachela [fraŋkatʃéla] 囡《話》宴会; どんちゃん騒ぎ. —Esta noche anda de ~ con los amigos. 今夜は友達と騒いでいる. 類**jarana, juerga.**

‡**francamente** [fráŋkaménte] 副 ❶ 率直に, あからさまに. —Te voy a hablar ~. 君に率直に話そう. 類**abiertamente, sinceramente.** ❷ 率直に言えば. —F~, no sé qué hacer. 率直に言ってどうしたらいいかわからない. ❸ 明らかに, はっきりと, 本当に. —Ese traje te sienta ~ mal. その服は本当のところ君に似合わない. 類**claramente.**

*‡**francés, cesa** [franθés, θésa フランセス, セサ] 形 フランス(Francia)の, フランス人[語]の, フランス

風の国. —países de habla *francesa* フランス語を話す国々. Me encanta la cocina *francesa*. 私はフランス料理が大好きだ. 類**franco, galo**.
— 名 フランス人. —a la *francesa* フランス風に. tortilla (a la) *francesa* プレーン・オムレツ.
— 男 ❶ フランス語. —Aprendió el ～ en Canadá. 彼はフランス語をカナダで学んだ. ❷《卑》フェラチオ.

despedirse [marcharse] a la francesa 無断で[挨拶なしに]帰る. Se marchó de la reunión *a la francesa*. 彼は無断で会合から帰ってしまった.

francesa [franθésa] →**francés**.

francesada [franθesáða] 囡 ❶《軽蔑》フランス人的特徴や行為. ❷《歴史》1808年のフランス軍のスペイン侵入.

francesilla [franθesíja] 囡 ❶《植物》ラナンキュラス, 花キンポウゲ. ❷《植物》西洋スモモの一種. ❸ ロールパンの一種.

franchute, ta [frantʃúte, ta] 图《話, 軽蔑》フランス人.

Francia [fránθja] 固名 フランス(首都パリParís). ❷ フランシア(ホセ・ガスパール・ロドリゲス・デ José Gaspar Rodríguez de ～)(1766頃-1840, パラグアイの政治家・独裁者, 在任1814-40).

Francisca [franθíska] 固名《女性名》フランシスカ.

franciscano, na [franθiskáno, na] 形 ❶ フランシスコ修道会の. —orden *franciscana* フランシスコ修道会. ❷ アッシジの聖フランシスコの持つ美徳を共有するような. —paciencia [humildad] *franciscana* 聖フランシスコのような忍耐[謙虚さ].
— 名 フランシスコ会の修道士[修道女].

Francisco [franθísko] 固名《男性名》フランシスコ.

francisco, ca [franθísko, ka] 形 ＝**franciscano**.

francmasón, sona [fraŋkmasón, sóna] 图 フリーメーソンの会員. 類**masón**.

francmasonería [fraŋkmasonería] 囡《仏<英 free mason》フリーメーソン団(博愛主義を信奉する世界的規模の秘密結社. 18世紀イギリスの石工職人の組合を起源とし, 定規やコンパスといった道具の紋章で知られる). 類**masonería**.

Franco [fráŋko] 固名 ❶ フランコ(フランシスコ Francisco ～)(1892-1975, 本名 Francisco Paulino Hermenegildo Teódulo F.-Bahamonde, スペインの軍人・政治家, 1947年終身統領となる). ❷《男性名》

:**franco, ca** [fráŋko, ka] 形
I ❶[＋con/para]…に対して率直な, 包み隠しのない, あからさまな. —*franca* sonrisa 開けっぴろげな笑み. Nos unía una *franca* amistad. 隠し立てのない友情が私たちを結びつけていた. Es ～ *con* todo el mundo. 彼はだれに対しても率直だ. 類**llano, sencillo, sincero**. 反**insincero**. ❷ (税金などが)免除された, 免れた, 無税の. —～ de impuestos 免税[無税]の. —～ de aduana 免税の. —～ de porte 運賃[郵便料金]先払いの, 郵便料金払い済み[無料]の. —～ a bordo 本船甲板[積み込み]渡しの. puerto ～ 自由(貿易)港. entrada *franca* 入場無料. Esta mercancía se envía *franca* de transporte. この商品は運賃無料で送ります. 類 desembarazado, exento, libre. 反**gravado, tasado**. ❸ 自由な, 妨げのない[estar＋]. —golpe ～ (サッカーの)フリーキック. Encontramos el paso ～ de obstáculos. 私たちは障害のない通路を発見した. 類**libre**. ❹《主に名詞の前で》明らかな, 明白な. —Al enfermo se le nota una *franca* mejoría. 病人には明らかな回復が見られる. 類 evidente, notable, patente.
II ❶《他の語と複合して》フランス(の). —guerra *franco*-prusiana 普仏戦争. Esta empresa es *franco*española. この企業は仏西の合弁だ. ◆接頭辞としてまたは複合語の一部として用いる. ❷《歴史》フランク人[語]の. —Los pueblos ～s fueron unificados por Clodoveo. フランク族はクロービスによって統一された.
— 名 ❶《歴史》フランク人. —Los ～s dieron su nombre a Francia. フランク人はフランスという名前の元になった. ❷ フランス人. —Los ～s han conquistado el mercado europeo. フランス人はヨーロッパの市場を席巻した.
— 男 ❶ フラン(旧フランス, ベルギーや現スイスなどの通貨単位). —～ suizo スイス・フラン. ❷ フランク語.

francófilo, la [fraŋkófilo, la] 形 フランス(人)びいきの. — 名 親仏派の人, 親仏家.

francófobo, ba [fraŋkófoβo, βa] 形 フランス嫌いの. — 名 フランス嫌いの人.

francófono, na [fraŋkófono, na] 形 フランス語を話す. —un país ～ フランス語圏の国.
— 名 フランス語を話す人.

francolín [fraŋkolín] 男《鳥類》クビワシャコ. ◆シャコに似たキジ科の鳥. 頭が黒く背は灰色に白斑点を持つ.

francote, ta [fraŋkóte, ta] [<*franco*]《話》開けっぴろげな, 気さくな, 飾り気のない, 率直な.

francotirador, dora [fraŋkotiraðór, ðóra] 名 ❶ (部隊に属さず単身で行動する)狙撃兵, ゲリラ兵士. ❷《比喩》単独行動をとる人.

franela [franéla] 囡 ❶ フランネル, ネル, フラノ. ◆片面が起毛した毛・綿織物の一種. —camisa ～ フランネルのシャツ. ❷《コロンビア, キューバ, プエルトリコ, ベネズエラ, 北米》肌着.

franelógrafo [franelóɣrafo] 男 フランネルボード(フランネルなどを貼った掲示板).

frangollar [fraŋgoʎár] 他 ❶《話, 比喩》を急いで雑にやる, 下手にやる. ❷《古》《チリ, ラ・プラタ》(小麦)を粉にひく. — 自《ボリビア》とぼける, しらばくれる.

frangollo [fraŋgóʎo] 男 ❶ (小麦を突き潰して煮詰めた)粥[飯]. ❷ (豆・穀類を挽いた)家畜用飼料; 鳥の餌. ❸《中南米》(とうもろこしを挽いて作った)煮込み; (見込み用に潰した)穀物. ❹《中南米》青いバナナを潰して乾燥させた菓子. ❺《中南米》雑に作った料理, 間に合わせの料理. ❻《中南米》ごたまぜ, 混乱. ❼《中南米》雑にやること, がさつな仕事.

frangollón, llona [fraŋgojón, jóna] 形《方》《アンダルシーア, 中南米》(するこの)雑な, がさつな, ぞんざいな. — 名 がさつな人.

franja [fráŋxa] 囡 ❶ 房(飾りなど), 房, フリンジ. —～ de árboles 土地の周囲を縁取るように生えた樹木. ❷ 細長い帯; 紐; 縞. —～ de interferencia《光学》(光の干渉による)縞. ～ de tierra 帯状の土地. F-～ de Gaza ガザ地区.

horaria [salarial, de edad] 時間帯[賃金の階層, 年齢層]. Los vasos eran pequeños, con una ～ roja alrededor. それらのグラスは小さくてまわりに赤い線が入っていた. Llevaba una camiseta con ～s azules y blancas. 青と白のストライプのTシャツを着ていた.

franjar, franjear [franxár, franxeár] 他《まれ》…に縁飾りをする, 房をつける.

franqueable [frankeáβle] 形 通過できる, 渡れる; 突破できる; 乗り越えられる. ― Por esta parte la sierra es fácilmente ～. この部分からなら山脈は容易に越えられる.

***franquear** [frankeár] 他 ❶ (*a*)(道)を切り開く, (障害)を取り除く, 突破する. ― *Franquearon* el camino hacia la cueva. 洞穴に向う道路が開通した. (*b*)を開放する, (通行などを)自由にする. ― El sacerdote nos *franqueó* la puerta de la iglesia para que entrásemos. 司祭は私たちが中に入れるよう教会の扉を開けた. ❷ を通り抜ける, 渡りおえる, のり越える. ― ～ la frontera[el río] 国境[川]を越える. ― un control policial 警察の検問を突破する. ❸ …に切手を貼る, …の郵税を支払う. ― *Franqueó* la carta y la echó en el buzón. 彼は手紙に切手を貼り, ポストに投函した. 類 **timbrar**.

――**se** 再〔＋con〕(…に)本心を打明ける, 本音を言う, 心を開く. ― *Se franqueó conmigo*. 彼は私に本心を打明けた.

***franqueo** [frankéo] 男 ❶ 郵便料金, 郵税(の支払い); 切手[印紙]の貼付(ﾄﾘ). ― No sé qué ～ necesitará esta carta. この手紙の郵便料金はいくらになるかわからない. ～ de un euro 1ユーロの郵便料金. ～ concertado 郵便料金別納. con insuficiente ～ 郵便料金不足で. ❷ (戸・通路などを)開けること. ❸ (奴隷の)解放.

⁑**franqueza** [frankéθa] 女 ❶ 率直さ, 正直, ざっくばらん(なこと), 腹蔵のなさ; 淡白. ― Dispense mi ～. 失礼ながら, 率直に言って. Te agradezco que me hayas hablado con esa ～. そのように正直に話してくれありがとう. 類 **claridad, espontaneidad, sinceridad**. 反 **doblez, falsedad, hipocresía, mentira**. ❷ 親密さ, 懇意, 友情. ― Cuando hay ～ sobran los cumplidos. 親しくなったら礼儀は不要だ. Tiene suficiente ～ para pedirme dinero si lo necesita. 彼が必要なら私に借金を頼めるほど彼と私は昵懇(ｼﾞｯ)の間柄だ. 類 **confianza, familiaridad**. ❸ 気前のよさ, 寛大, 鷹揚(ｵｳﾖｳ). 類 **generosidad**. ❹ 免除. 類 **exención, libertad**.

con franqueza 率直に, ざっくばらんに. Te voy a hablar con toda *franqueza*, sin mentiras ni tapujos. 君に極めて率直に, 嘘をつかず隠し立てずに話そう.

franquía [frankía] 女《海事》操船余地, 船が進むのに十分な広さ. ― estar [poner] un barco en ～ 十分広いところに船がある[を出す]. ～ postal →franquicia postal.

en franquía《比喩, 話》(困難や障害を克服した結果として)自由な, 意のままに動ける. El enfermo ya está *en franquía*. 病人は峠を越えた.

franquicia [frankíθia] 女 ❶ (税など法的義務の)免除; 免税の特典. ― ～ aduanera 関税免除. ～ postal 郵便料金の免除, 無料配達. 類 **exención, privilegio**. ❷《商業》フランチャイズ. ― Esta empresa opera en régimen de ～. この企業はフランチャイズシステムをとっている. Esta heladería es una ～. このアイスクリーム店はフランチャイズ・チェーンの店だ.

franquismo [frankísmo] 男 ❶ フランコ体制(Francisco Franco がスペインを統治した1936-75年の). ❷ フランコ主義(1936-1939年のスペインの内戦でFrancoを支持の).

franquista [frankísta] 形 フランコ派の, フランコびいきの.
―― 男女 フランコ派の人, フランコ支持者.

fraque [fráke] 男 →frac.

frasca [fráska] 女 ❶ 落ち葉, 枯れ葉; 小枝. ❷《中米, メキシコ》お祭り騒ぎ.

frasco [frásko] 男 ❶ (口の細い)小びん. ― ～ de campaña《南米》水筒. Me han regalado un ～ de perfume. 私はプレゼントに香水を1びんもらった. ❷ (実験用の)フラスコ. ❸《軍事》(角製の)火薬入れ. ❹ びんの中身. ❺ フラスコ(容積の単位).

¡Toma del frasco [carrasco]!《話》ざまあみろ, いい気味だ.

⁑**frase** [fráse] 女 ❶《文法》文, 文章. ― formar una ～ 文を作る. ～ simple [compuesta] 単[複]文. ～ interrogativa [exclamativa] 疑問[感嘆]文. ～s modelo 基本文型. No entiendo bien esta ～. 私にはこの文がよく分からない. 類 **oración**. ❷《文法》句; (話し手や言語特有の)言い回し, 言葉遣い, 文体. ― ～ adverbial [conjuntiva, prepositiva] 副詞[接続詞, 前置詞]句. ～ verbal [nominal] 動詞[名詞]句. 類 **expresión, locución, modo**. ❸ 複 空疎な文句, 美辞麗句. ― ¡Todo eso son ～s! そんなの外交辞令だよ. gastar ～s 美辞麗句を並べる. ❹《俗》諺(＝refrán). ❺《音楽》フレーズ, 楽句(＝～ musical).

frase hecha [estereotipada] 成句, 決まり文句(句でも文でもよい). Su discurso estaba lleno de *frases hechas* y tópicos. 彼の演説は決まり文句と月並みな話ばかりであった.

frase proverbial 諺, 格言.

frase sacramental (1) 秘跡の定句; 式文. (2) 儀礼的な言葉, 社交辞令(＝fórmula de cortesía).

frasear [fraseár]〔＜frase〕自 他 ❶ 句を作る, 言葉[句]で表わす. ❷《音楽》旋律を楽句[フレーズ]に区切る.

fraseo [fraséo] 男《音楽》旋律を楽句[フレーズ]に区切ること; その技法.

fraseología [fraseoloxía] 女 ❶ (ある言語・ある書き手に特有の)言い回し, 言葉遣い, 語法. ― Estudia la ～ en la obra de Camilo José Cela. 彼はカミロ・ホセ・セラの作品中の文体を研究している. ❷ 口数の多いこと, 無駄口, 冗漫. ― Déjate de ～ y habla claramente. 回りくどい言い方はやめては切り話しなさい. 類 **palabrería**. ❸《言語》ことわざ・慣用句などを研究する言語学の一分野, 成句研究.

frasquera [fraskéra] 女 びんを入れて運ぶための箱.

Frasquita [fraskíta] 固名《女性名》フラスキータ (Franciscaの愛称).

fratás [fratás] 男《土木》(しっくいなどを塗りのばすための, 左官用の)こて.

954 fraterna

fraterna [fratérna] 女《話》厳しい叱責, 注意; 抑圧.

*__fraternal__ [fraternál] 形 兄弟の, 兄弟らしい, 友愛のある. —amor ～ 兄弟愛. Nos conocemos desde niños y mantenemos una relación ～. 私たちは子供の時から知り合いで, 兄弟のような関係を保っている. 類 **fraterno**.

:__fraternidad__ [fraterniðá(ð)] 女 ❶ 兄弟関係, 兄弟愛. —ambiente de ～ 兄弟のような雰囲気. 類 **hermandad**. ❷ 友愛, 同胞愛. ～～ universal 四海兄弟[同胞](人類はみな兄弟). 類 **armonia**. 反 **desavenirse**.

__fraternización__ [fraterniθaθjón] 女 兄弟のように親しく付き合うこと.

__fraternizar__ [fraterniθár] [1.3] 自 兄弟のように付き合うこと, 親しくする; 兄弟の契りを結ぶ. —Los soldados *fraternizaron* con la población civil. その兵士たちは民間人と親しく交流した. 類 **confraternizar, simpatizar**. 反 **desunirse**.

__fraterno, na__ [fratérno, na] 形 兄弟の; 兄弟特有の. —luchas *fraternas* 兄弟喧嘩. Entre ellos hay un amor ～. 彼らの間には兄弟愛がある. corrección *fraterna* ひそかな譴責(けんせき)[忠告]. 類 **fraternal**.

__fratricida__ [fratriθíða] 形 兄弟殺しの. —lucha ～ 兄弟間の殺し合い.
——男女 兄弟殺害者. —Han detenido al presunto ～. 兄弟殺しの容疑者が逮捕された.

__fratricidio__ [fratriθíðjo] 男 兄弟殺し, 兄弟殺害の罪. —cometer un ～ 兄弟殺しの罪を犯す.

__fraude__ [fráuðe] 男 ❶ 詐欺, ごまかし, 不正(行為). —Fue despedido por cometer un ～ en el banco. 銀行で不正を働いたため解雇された. Se ha descubierto un ～ en los exámenes. 試験で不正行為が発覚した. — fiscal [tributario] 脱税. ～ electoral 選挙での不正行為. ❷《法律》詐欺(行為), 詐欺罪. 類 **engaño, estafa**.

__fraudulencia__ [frauðulénθja] 女 不正であること, 詐欺的行為.

__fraudulentamente__ [frauðuléntaménte] 副 詐欺的手段によって, 不正に.

__fraudulento, ta__ [frauðulénto, ta] 形 ごまかしの, 偽りの, 詐欺的な. —Está metido en un negocio ～. 彼は不正取引に手をそめている. venta *fraudulenta* 不正販売. 類 **engañoso, falaz, mentiroso**.

:__fray__ [frái]『fraile (修道士)の語尾脱落形』男…師(修道士の個人名の前に置く敬称.『略』Fr.). —F～ Luis de León ルイス・デ・レオン師.

__frazada__ [fraθáða] 女 (厚く毛足の長い)毛布.

__freak__ [frík]〔<英〕形 男女〔複 **freaks**〕『+con』(特定のことに)夢中になる(人), …狂(の).

__freático, ca__ [freátiko, ka] 形《地質》地下水の, 浸潤層の.

:__frecuencia__ [frekuénθja] 女 ❶ 頻繁, 頻発, 頻出. —La ～ de sus visitas demuestra tu interés por ti. 彼が頻繁に訪ねるのは君に興味があるからだ. 類 **repetición**. ❷ 頻度(数), 回数;《数学, 統計》(言語)(語彙の使用頻度(数)). —Ese autobús pasa con una ～ de quince minutos. そのバスは15分間隔で運行している. ～ de la pulsación [de la respiración]《医学》脈拍[呼吸]数. distribución de ～s《統計》度数分布. ❸《物理, ラジオ, テレビ》周波数 (=～ de ondas), 振動数 (=～ de vibraciones [de oscilaciones]). —alta [baja] ～ 高[低]周波数. modulación de ～, modulada FM, 周波数変調. ～ acústica 可聴周波(振動)数. transformador de ～ 周波数変換器. ～ de reloj《情報》クロック周波数. Esa emisora transmite en la ～ de 60 megahercios (60 MHz). その放送局は周波数 60メガヘルツで放送している.

con frecuencia しばしば, たびたび, 頻繁に. Falta a su trabajo *con mucha frecuencia*. 彼はしょっちゅう仕事を休む.

__frecuentación__ [frekuentaθjón] 女 しばしば行なうこと; 足繁く通うこと, 頻繁に出入りすること; よく会うこと.

:__frecuentar__ [frekuentár] 他 ❶ をしばしば訪れる, …によく行く, 通う. —Frecuento la biblioteca municipal. 私は市立図書館によく通っている. *Frecuenta* mucho ese bar. 彼はそのバルによく出入りしている. ❷ …と頻繁に付き合う, (…に)よく会う. —Aún *frecuenta* a los antiguos compañeros de colegio. 彼は昔の小学校の仲間たちとまだよく付き合っている. ❸ をしきりに繰り返す. —*Frecuenta* la lectura del periódico para mantenerse al día. 彼は世の中の動きに遅れないように新聞をよく読んでいる.

:__frecuente__ [frekuénte] 形 頻繁な, しばしば起きる, よくある. —La lluvia es ～ en Galicia. 雨はガリシアでは頻繁に降る. Tiene ～s altercados con la vecina. 彼は隣人の女性としょっちゅうけんかをしている. 類 **corriente, habitual, usual**. 反 **infrecuente**.

ser frecuente『+不定詞/接続法』…はよくある[ありふれている]. Cada vez *es más frecuente* ver chicas fumando por la calle. 若い女性がタバコを吸いながら街を歩いているのを見るのはますますありふれたことになっている. Hoy ya no *es frecuente* que una familia tenga más de dos hijos. 今日家族が2人以上の子供を持つのはもう普通のことではない.

:__frecuentemente__ [frekuéntemènte] 副 頻繁に, しばしば, たびたび. —Viaja ～ al extranjero. 彼は頻繁に外国に旅行に出かける. F～ las cosas no son como parecen. 多くの場合物事は見かけとは違う.

__free-lance, freelance__ [frílans]〔<英〕形 フリー(ランス)の, 自由契約の. —fotógrafo ～ フリーの写真家.
—— 名 フリーランサー.

__fregadera__ [freɣaðéra] 女 ❶ 流し(台), シンク. ❷『メキシコ』煩わしさ, 厄介ごと.

__fregadero__ [freɣaðéro] 男 ❶ (台所の)流し(台), 洗い場, シンク. ❷『中米, メキシコ』長く続く困難, 度重なる不運.

__fregado__ [freɣáðo] 男 ❶ 磨くこと, こすり洗い, 磨き. —Tú haces el ～ del suelo [de los platos]. お前は床磨き[皿洗い]をするんだよ. ❷《話》面倒, 厄介なこと; 紛糾, 混乱. —En buen ～ te has metido. 君も困ったことになったもんだね. ❸《話》騒ぎ, 口論, いさかい. —Mi mujer ha tenido un ～ con la vecina. 家内が隣りの奥さんとけんかしたんだ. Siempre arman un ～ cuando se juntan. 彼らが集まればいつも喧嘩騒ぎになる. 類 **discusión, escándalo, riña**. ❹『南米』役立たず.

servir lo mismo para un barrido que para un fregado 何でも引き受ける，よろず屋である(←掃除でも皿洗いでも同じようにこなす).

fregado, da [freɣáðo, ða] 形【中南米】❶厄介な，煩わしい．うるさい．❷頑固な．❸悪質な，汚ない．ずるい．

fregador [freɣaðór] 男 ❶ 流し(=fregadero)．❷(皿洗い用の)たわし．

fregadura [freɣaðúra] 女 ❶ 磨くこと(=fregado)．❷こすった跡；擦り傷，引っ掻き傷．❸【チ】困難，不運．

fregamiento [freɣamjénto] 男 こすること，摩擦．

‡fregar [freɣár] [4.4] 他 ❶ (食器などを)洗う，(…のよごれを)洗い落す，洗い清める．— **～ los platos** 皿洗いをする．La mujer guisa y el marido *friega*. 妻は料理を作り夫は皿を洗う．❷をこする，磨く．— **～ el suelo** 床(¾)を磨く．— **～ las cacerolas** 鍋を磨く．— **～ las pantorrillas** ふくらはぎをもむ．❸【中南米】を困らせる，悩ます，…に迷惑をかける．類**fastidiar, molestar**.

fregona [freɣóna] 女 ❶(軽蔑)皿洗い女；下働きの女中．❷(話)がさつな女，不作法な女．❸(モップなど，長柄のついた)床磨きの道具．— Después de barrer el suelo, pasa la **~**. 床を掃いたらモップをかけておいてね．

fregotear [freɣoteár] 他 をざっと磨く，急いで雑に磨く．

fregoteo [freɣotéo] 男 ざっと磨くこと，急いで雑に磨くこと．

freí- [frei-] 動 freír の直・完了過去．

freidera, freidora [freiðéra, freiðóra] 女 (揚げ物用の，深みのある)フライパン，鍋．

freidora [freiðóra] 女 フライヤー，フライ鍋．

freidura [freiðúra] 女 油で揚げること；揚げ物．

freiduría [freiðuría] 女 揚げ物屋．◆主に魚の揚げ物を，その場で作って売る店．

freímos [freímos] 動 freírの直・現在・1複，直・完了過去・1複．

‡freír [freír] [6.6] 他 ❶ を油で揚げる[いためる・焼く]，フライにする．— **Ha frito los huevos en aceite de oliva.** 彼はオリーブ油で卵を焼いた．❷(話)を射殺する，乱射して殺す．— **La frieron a tiros.** 彼女は射殺された．類**acribillar**. ❸(話)を困らせる，悩ます．— **Me tiene frito con sus estupideces.** 私は彼のおろか加減にうんざりしている．

— se 再 ❶(話)(暑さに)うだる．— **A estas horas te fríes fuera de casa.** この時刻に戸外では君は暑さにうだるよ．類**asarse**. ❷ 油で揚げられる，フライになる．

Al freír será el reír. [諺]喜ぶのはまだ早い[結果を見てから](←笑うのはフライを揚げてから).

freíste [freíste] 動 freírの直・完了過去・2単．

freísteis [freísteis] 動 freírの直・完了過去・2複．

fréjol [fréxol] 男 インゲン豆(→frijol). 類**judía**.

frenada [frenáða] 女 ❶ 急ブレーキ．❷ 叱ること．— **No hay que darle una ~.** 彼を叱ってはいけない．

frenado, frenaje [frenáðo, frenáxe] 男 ブレーキをかけること，制動，制御．— **indicadores de ~** ブレーキランプ(=luces de freno).

‡frenar [frenár] 他 ❶ …にブレーキをかける．— ***Frena,* Tomás, que nos vas a matar.** トマス，ブ

freno 955

レーキを踏めよ，おれたちを殺す気か．❷を抑える，抑制する．— **Hay que tomar medidas para ～ la inflación.** インフレを抑制する対策をとる必要がある．**～ el deseo inmoderado en la bebida** 度を越えた飲酒の欲望を抑える．類**refrenar, reprimir.**

— 自 ブレーキをかける；ブレーキがかかる．— **No *frenes* en las curvas.** カーブでブレーキをかけるなよ．**Este coche no *frena* bien.** この車のブレーキはよくきかない．

— se 再 抑制がきく，自重する．— **Es muy impulsivo y debe aprender a ～se.** 彼は非常に衝動的なので，自重することを学ぶべきだ．

frenazo [frenáθo] 男 急ブレーキをかけること；急激な失速．— **Tuvo que dar [pegar] un ~ para no atropellar al gato.** 彼は猫をはねそうになって急ブレーキをふまなければならなかった．

‡frenesí [frenesí] 男 ❶ 熱狂，熱中，興奮；猛烈．— **amar con ~** 熱愛する．**estar en un ~ de alegría [de celos, de dolor]** 気も狂わんばかりにひどく喜んで[嫉妬(½)して，苦しんで]いる．類**exaltación, paroxismo.** 反**moderación.** ❷ 狂乱，精神錯乱，逆上．— **Está enajenado y en su ~ se figura que quieren matarlo.** 彼は気が触れていて，狂乱発作を起こすと誰かに命を狙われていると妄想を抱く．類**delirio, locura.** 反**serenidad, tranquilidad.**

con frenesí 熱狂的に，興奮して，熱烈に，夢中になって．**hablar con frenesí** 興奮して話す．

‡frenético, ca [frenétiko, ka] 形 ❶ 逆上した，半狂乱の，熱狂した．— **Despliega una actividad *frenética*.** 彼は猛烈な活動を繰り広げている．類**arrebatado, delirante, loco.** ❷ 激怒した，怒り狂った[ser/estar+]．— **Se pondrá *frenética* si no obedeces inmediatamente.** 君がすぐに服従しないと彼女は怒り狂うぞ．類**colérico, furioso, rabioso.**

frenillo [freníʎo] 男 ❶【解剖】(ある器官の動きを制御する)小帯，靱帯；(特に)舌小帯．— **~ del prepucio** 包皮小帯．❷【医学】舌小帯肥大．❸ (犬・馬などにつける)くつわ，口輪．❹【海事】綱，ロープ．❺【中南米】凧糸．

no tener frenillo (en la lengua) 深く考えずにぺらぺらしゃべる，遠慮なく物を言う(=no tener pelos en la lengua).

‡freno [fréno] 男 ❶ ブレーキ．— **echar los ~s/ poner el ~** ブレーキをかける．**~ de disco [de tambor]** ディスク[ドラム]ブレーキ．**~ de mano [de aire]** ハンド[エア]ブレーキ．❷ くつわ，はみ(馬の口にはめ動きを制御するための馬具)．類**bocado.** ❸《比喩》抑制，制御，歯止め．— **Su ambición no tenía ~.** 彼の野望はとどまるところを知らなかった．**Hay que tomar medidas para poner ~ a la subida de los precios.** 物価高騰をくい止めるための対策を講じねばならない．類**contención, traba.**

correr sin freno 無節操に悪いことをする，悪行に走る．

echa el freno (*Magdaleno*) 《話》(ふざけた言い方で)もう止めなさい，まあ落ち着いて，止めろよ．**Oye, *echa el freno*, y no digas más tonterías.** まあまあ，馬鹿なことを言うのはその位にしておきなよ．

meter a … en freno を抑える，制御する．

morder [tascar] el ~ 《比喩》抑制に(嫌々なが

frenología

frenología [frenoloxía] 女 骨相学. ◆脳の構造や骨格と人間の精神面(性格・行状など)を関連づける学説.

frenólogo, ga [frenóloɣo, ɣa] 男 骨相学者, 骨相学の専門家.

frenopatía [frenopatía] 女 精神医学, 精神病学. 類 psiquiatría.

frenopático, ca [frenopátiko, ka] 形 精神医学の, 精神科病院の.
—— 男 精神医学[病学]; 精神科, 精神科病院.

frente[1] [fréntе フレンテ] 男 ❶ 《建物・家具・場所などの》正面**, 前面, 前部. —Están restaurando el ～ de la catedral. カテドラルの正面は修復中である. Han mejorado el ～ de todos los coches de la marca. そのメーカーの全車のフロント部分が改良された. adornar el ～ del altar 祭壇の正面を飾る. ～ de la pista《テニス》フォアコート(→fondo de pista《バックコート》). 類 anverso, delantera, fachada. 反 culo, trasera. ❷《硬貨などの》表. —La moneda lleva en el ～ una flor y en el reverso un castillo. そのコインの表には花, 裏には城が付いている. 類 anverso. 反 reverso. ❸《軍事》**前線**, 戦線, 戦場;《デモ隊などの》先頭, 最前列. —Lo reclutaron y lo enviaron al ～. 彼は徴兵され戦地に送られた. Iban a la ～ de la manifestación. 彼らはデモ隊の先頭に立っていた.《Sin novedad en el ～》(Remarque)《文学》『西部戦線異常なし』(1929年, レマルク作). ～ del oeste 西部戦線. 類 cabeza, delantera. 反 cola, final. ❹《政治, 社会》(統一, 共同)戦線, 活動, 協力. ～ común [único] 共同[統一]戦線. ～ nacional [popular] 国民[人民]戦線. ～ de acción contra la droga 麻薬撲滅運動. ～ de liberación nacional 民族解放戦線. ～ democrático 民主統一戦線. 類 coalición, confederación, liga. ❺《気象》前線. ～ cálido [frío] 温暖[寒冷]前線. ～ estacionario [ocluido] 停滞[閉塞]前線. ～ polar 極前線. ❻《ページ・紙面の》トップ, 上部, 冒頭. —al ～ 冒頭に. ❼《採鉱》—— ～ de corte [de arranque, de trabajo] 切羽(はば)《鉱》(面), 採掘現場. ❽《地理》—— ～ pionero 開拓前線《開拓地域と未開拓地域の境界》. ❾《物理》～ de onda 波面, 波頭(面).

al frente (1) 前に. dar dos pasos *al frente* 前に2歩進み出る. la Orquesta Sinfónica, con López Morán *al frente* ロペス・モラン指揮の交響楽団. (2)〖+de〗…の指揮を執って, を指揮して. No sé quién está *al frente del* negocio. 私は誰が経営の指揮を取っているのか分からない. Puso a su hija *al frente de* la empresa. 彼は会社の経営を娘に任せた(→ponerse [ir, estar] al frente de). (3)《本文前の》冒頭.

de en frente 向かい側の. la casa *de en frente* 向かいの家.

de frente (1) 正面から, 真っ向から. entrar *de frente* y no de lado 横向きでなく正面を向いたまま入る. tener el viento *de frente* まともに風を受ける. Cuando salí de clase, me encontré a Pedro *de frente*. 私は教室を出た時, ペドロとばったり出会った. (2) 横へ並んで, 並列で. marchar 4 *de frente* 4人が横へ並んで[4列になって]行進する. un coche tirado por cuatro caballo *de frente* 横並び4頭立《馬車. (3)《比喩》真正面から, 堂々と, 決然と(取り組む)〖acometer, atacar, embestir, tratar, lidiar などを伴って〗. abordar el asunto *de frente* 問題に真っ向から取り組む. Prefiero que mis enemigos me embistan *de frente*. 私は敵に正面から堂々と攻めてきて欲しい. (4) 前の方へ;《軍事》(号令)前へ進め! Sigue *de frente* hasta el final de la calle. 通りの末端までまっすぐ行きなさい. ¡Compañía! ¡*De frente*! 中隊, 前へ進め!

en frente (1) 向かい合って, 正面に(=enfrente). (2)〖+de〗…の向かいに, 正面に, …と向き合って(=enfrente de). Vive en la casa que está *en frente de* la nuestra. 彼は我が家の向かいの家に住んでいる. Los asientos estaban colocados unos *en frente de* los otros. 席が互いに向かい合うように2列並びであった.

hacer frente a ... (1)《問題・危険・逆境など》に立ち向かう, 真っ向から取り組む, 直面する. *hacer frente a* las dificultades 困難に立ち向かう. Le *hizo frente a* la vida por sus propios medios. 彼は自立した. (2)《人》に立ち向かう, 反対する, を阻む. La policía *hizo frente a* los manifestantes. 警察はデモ隊を阻止した.

hacer (un) frente común [único] con ... …と共同[統一]戦線を張る.

ponerse [ir, estar] al frente de ...《企業・オーケストラ・集団など》の指揮を取る, 先頭に立つ(→al frente). Iba *al frente de* la patrulla. 彼はパトロール隊を指揮していた.

—— 副〖+a〗…の前に[で], の正面に, に面して;《比喩》…に直面して. —Te espero ～ *a* la estación. 君を駅前で待っている. El hotel está ～ *al* mar. ホテルは海に面している. 類 ante, delante, enfrente. 反 detrás.

frente a ... (1) …の正面に, 前に[で], …に面して. Mi casa está *frente a* la suya. 私の家は彼女の家の真向かいにある. sentarse *frente a* ella 彼女と向かい合わせに座る. 反 detrás de. (2)《比喩》…に直面して. El país se halla *frente a* una grave crisis económica. 国は重大な経済的危機に直面している. (3) …に反対[敵対]して; …と反対に. Está *frente a* la reforma. 彼は改革に反対している. *Frente a* lo que pensaba Pedro, María se salió con la suya. ペドロが思っていたのと逆にマリーアは自分の思い通りにしてしまった. (4)《人・物事》に対して. Se tomarán medidas *frente a* grave problema de la droga. 深刻な麻薬問題に対して対策が講じられるであろう. mantenerse estable *frente al* dólar ドルに対して安定している.

frente a frente (1) 向かい合って, 真正面に. hablar *frente a frente* 向かい合って話す. Al volver la esquina me lo tropecé *frente a frente*. 角を曲がった所で, 私は彼と鉢合わせした(→de frente, frente por frente). (2) 面と向かって, あからさまに.

frente por frente (1) 向かい合って, 真正面に(→frente a frente). (2)〖+de〗…の真向かいに, 真正面に.

poner frente a frente《人・物》を向かい合わせる, 面と向かわせる, 突き合わせる(=enfrentar).

frente[2] [fréntе フレンテ] 女 ❶《解剖》《人・動物の》額**(ひたい), 前額部. —Se ha hecho una herida en la ～. 彼は額に負

傷した. El flequillo le tapa toda la ～. 前髪が彼女の額全体を覆っている. ～ calzada [estrecha] 狭い額. ～ deprimida そり額. ～ despejada 禿(ﾊｹ)あがった額. Se ganó la vida con el sudor de su ～. 彼は額に汗して働いた. **類** testero. 《比喩》表情, 顔つき. —mostrar una ～ serena 穏やかな顔[表情]を見せる. **類** cara, faz, rostro, semblante.

adornarle la frente a ... 《俗》(妻・夫)に対して不貞を働く, 浮気する.

alzar la frente 頭を上げる, 自信を取り戻す; 反抗する.

arrugar [fruncir] la frente (怒り・恐怖・驚きで)額に皺(しわ)を寄せる; 眉をひそめる, いやな顔をする. Ante tamaña insolencia *arrugó la frente*, encolerizado. 彼はあまりの無礼な態度に額に皺を寄せて怒った. *Arrugó la frente* extrañada. 彼女は訝(いぶか)って額にしわを寄せた.

bajar la frente 恥じ入る, うなだれる. No tienes por qué *bajar la frente*, pues nada malo has hecho. 君には恥じ入る理由がない. 何も悪いことはしていないのだから.

desarrugar la frente 愁眉を開く.

con la frente levantada [*muy*, *bien*] *alta*, *en alto*, *erguida*, (恥ずかしがらずに)胸を張って, 堂々と, 誇らしげに.

ir con [llevar] la frente levantada [*muy*, *bien*] *alta*, *en alto*, *erguida*, 良心に恥じるところがない. Tú no has hecho nada malo y puedes *ir con la frente muy alta*. 君は何も悪いことをしていない, 良心に恥じるところがない.

llevar [traer, tener] ... **escrito en la frente** 顔に…と書いてある(ごまかせない). Este sí que no engaña; *lleva escrito en la frente* lo que es: un estafador. この男は確かに人を騙(だま)せるような人間ではない; 詐欺師の正体が顔に出ているから.

no tener dos dedos de frente 《話》思慮が足りない, 頭が弱い.

freo [fréo] **男** 《海事》海峡. **類** canal, estrecho.

freón [freón] **男** 【商標】《化学》フレオン, フロンガス.

fresa¹ [frésa] **女** 《植物》イチゴ. — **形** イチゴのような色の. —Se ha comprado una falda ～. イチゴのような赤い色のスカートを買った.

fresa² [frésa] **女** ❶《機械》フライス(金属を削るのに使う電動工具の一種). ❷《医学》歯科医用のドリル.

fresado [fresáðo] **男** 《機械》金属を削ったり穴を開けたりすること, フライス加工, ミーリング.

fresador, dora [fresaðór, ðóra] **名** フライス加工をする人, 旋盤工.

fresadora [fresaðóra] **女** 《機械》フライス盤, ミーリング盤(金属の表面を削る工作機械の一種).

fresal [fresál] **男** イチゴ畑.

fresar [fresár] **他** ❶《機械》(金属)に穴を開ける; フライス加工する. ❷《農業》土地を耕して畝をまけるようにする. ❸《古》うなる; ぶつぶつ言う(＝gruñir). ❹《方》(パンをこねるために)小麦粉と水を混ぜる. ❺縁を飾る.

fresca [fréska] **女** ❶ さわやかな空気, 涼気. —Han salido a tomar la ～. 外の空気を吸いに出た. ❷ 朝夕の涼しい時間. —Partieron con la ～ de la tarde para Sevilla. 夕方の涼しい時間にセビリヤへ向けて出発した. ❸《話》臆面もない事実.

fresco 957

—Yo no me hubiera atrevido a soltarle esa ～. 彼にそのことをはっきり言うなんて私にはとてもできなかった. decir (soltar) cuatro ～s 遠慮なく本当のことを言う, ずけずけと(厚かましくも)言う. ❹《話》厚かましい女, 恥知らずな女; 尻軽な女. **類** desvergonzada.

frescachón, chona [freskatʃón, tʃóna] **形** ❶《話》丈夫そうな, 血色のよい, 健康そうな. ❷《海事》順風.

frescales [freskáles] **男女** 《単複同形》《話》ずうずうしい人, 厚顔無恥な人; 無頓着な人.

fresco, ca [frésko, ka フレスコ, カ] **形 ❶ (*a*) 涼しい, さわやかな, すがすがしい『ser/estar＋』. —El tiempo empieza a estar ～. 天気は涼しくなり始めた. Esta casa es muy *fresca*. この家はとても涼しい. La *fresca* brisa marina le daba en la cara. さわやかな海風が彼の顔にあたっていた. (*b*) 冷たい, 冷えた. —agua *fresca* 冷水, 冷水. bebida *fresca* 冷たい飲み物. Mete el vino en la nevera para que esté bien ～. よく冷えるようにブドウ酒を冷蔵庫に入れておきなさい. (*c*) (服・生地が)涼しい, 涼しそうな, 通気性のよい. —telas *frescas* 薄い生地. Ponte una blusa *fresca*, que va a hacer calor. 暑くなりそうだから涼しそうなシャツを着て行きなさい. **類** ligero, veraniego. **反** abrigado, tupido. ❷ (*a*) 新鮮な, 生きがいい, でき[とり]立ての『ser/estar＋』. —pescado ～ 生きのいい魚. huevo ～ 産み立ての卵. La leche tiene que ser muy *fresca*. 牛乳はとても新鮮でなければいけない. **類** reciente. (*b*) 起きたばかりの, 新しい, 最新の. —Trae noticias *frescas*. 彼は最新のニュースを持ってきた. **類** reciente. **反** antiguo. (*c*) (食品が)生の, 生鮮の, 冷凍でない. —Prefiero el pescado ～ al congelado. 私は冷凍の魚よりも生の方が好きだ. **反** congelado. (*d*) 乾いてない, 塗り立ての『estar＋』. —No toques la pared, que la pintura aún está *fresca*. 壁に触るんじゃない, まだペンキが乾いてないから. **類** húmedo, tierno. (*e*) 自然な, わざとらしくない. —Esta novela tiene un estilo ～ y ágil. この小説は自然で軽快な文体でできている. ❸ 元気のいい, 溌剌(はつらつ)とした, 若々しい『estar＋』. —La anciana aún tiene el cutis ～. その老婦人はまだ若々しい肌をしている. Hoy está *fresca* como una rosa. 今日彼女はバラの花みたいに生き生きしている. **類** lozano, terso. ❹ 冷静な, 落ち着いた, 平然とした『estar＋』. —Ha suspendido el curso pero se ha quedado tan *fresca*. 彼女は留年したが, あんなに平然としていた. **類** impasible, inmutable, sereno. ❺ 図々しい, 厚かましい, 生意気な. —Es tan ～ que no devuelve el dinero que le prestan. あいつはとても図々しく借りている金を返そうとしない. **類** descarado, desvergonzado.

estar [quedar] fresco si〖＋直説法〗《話》…だとしたら大間違いだ, 期待はずれだ. ¡Está fresco si cree que le voy a ayudar! あいつが私が助けてくれるだろうと思っているとしたら大間違いだ.

— **男** ❶ 涼しさ, 涼気, 冷気. —Hoy hace ～. 今日は涼しい. Me he acatarrado con el ～ de la mañana. 私は朝の冷気で風邪を引いた. Salió a la terraza a tomar el ～. 彼は涼しい風にあたろうとテラスに出た. Me he puesto la rebeca por-

frescor [freskór] 男 ① 涼しさ, さわやかさ. 類 fresco, frescura. ② 《美術》新鮮な肉の色, ピンク色.

frescote, ta [freskóte, ta] 形 《話》色つやのよい, まるまるとした, 血色のよい. 類 frescachón.

frescura [freskúra] 女 ① 涼しさ, 冷たさ. —sentir la ~ del aire de la mañana 朝の冷気を感じる. Notamos ~ al llegar al río. 私たちが川の所へ行くとひんやりと感じた. 類 frescor, frialdad. 反 calor. ② 新鮮さ, みずみずしさ. —Cuando volví a verla, sus carnes habían perdido ~. 私が再び彼女に会った時には彼女の肌はみずみずしさを失っていた. saborear la ~ del aire de la montaña 山の新鮮な空気を満喫する. ③ (a) 図々しさ. —Con mucha ~ me pidió dinero. 彼はぬけぬけと私にお金を無心した. Habla con ~ de temas que rozan la inmoralidad. 彼は恥じらいもなく卑猥(ひわい)な話をしている. tener ~ 図々しい. 類 descaro, desvergüenza. 反 formalidad, seriedad. (b) 無礼な(言動), 生意気. —soltar una ~ 失礼なことをずけずけ言う. Es una ~ dejar que le hagas tú su trabajo. 自分の仕事を君にさせるなんて失礼だよ. Me soltó una ~. 彼は私に生意気な話をした. 類 impertinencia. ④ 平然としている様子, 冷静, 冷淡. —Yo no tengo su ~ para callarme si mi marido me insultara. 私は夫にそのしられた時に黙っているだけの冷静さを持ち合わせていない. 類 serenidad. ⑤ 《まれ》(緑の多い場所の)心地よさ. —La ~ de aquel parque lleno de árboles y flores tranquilizaba al enfermo. 木と花で一杯のその公園の居心地のよさに病人の心はなごむのであった.

con frescura (1) 平然と, 落ち着き払って, 冷淡に. El mozo toma las cosas *con frescura*. その若者は物事を冷静にとらえる. (2) 図々(ずうずう)しく, 無遠慮に.

fresneda [fresnéða] 女 トネリコ林.

fresnillo [fresníʎo] 男 《植物》ディクタムナス, ヨウシュハクセン(ミカン科).

fresno [frésno] 男 《植物》トネリコ; トネリコ材.

fresón [fresón] 男 イチゴ. ♦fresa よりも大粒で酸味の強い種類のもの.

fresquera [freskéra] 女 蠅帳. ♦虫除けのために金網を張った戸棚. 風通しのよい所に置き食品の保存に使う.

fresquería [freskería] 女 《南米》清涼飲料のたぐいを売る売店, スタンド.

fresquito, ta [freskíto, ta] [<fresco] 形 ひんやりした, うすら寒い; よく冷えた.

que tengo ~. 私は涼しい感じがしたのでカーディガンを羽織った. 類 fresca, frescor, frescura. 反 bochorno, calor. ② フレスコ(壁)画; フレスコ画法. —pintura al ~ フレスコ画. Esta iglesia tiene unos ~s pintados por Goya. この教会にはゴヤの描いたフレスコ画がいくつかある. ③ 《南米》清涼飲料水.

—名 ① 図々しい人, 恥知らず. —Ese tío es un ~. そいつは恥知らずな奴だ.

al fresco 涼しい場所で, 屋外で. Durmió *al fresco*. 彼は屋外で眠った.

traer al fresco a〔+人〕《話》平気である, 大したことはない. *Me trae al fresco* lo que piense de mí. 彼が私をどう思おうと私は平気だ.

---

freudiano, na [froiðiáno, na] 形 フロイト学説の, 精神分析学の. —名 フロイト学説の支持者.

freza [fréθa] 女 ① (魚の)産卵; 産卵期. 類 desove. ② 魚の卵; 稚魚. ③ (魚が産卵のため水底に作る)穴; (動物が地面を引掻くなどして残す)穴, 跡. ④ 蚕が(脱皮と脱皮の間に)桑を食べる期間. ⑤ (動物の)糞.

frezar [freθár] [1.3] 自 ① (魚が)産卵する. 類 desovar. ② (魚が産卵のために)水底に穴を作る; (動物が)穴を掘る, 土を引掻く. ③ (蚕が)桑を食べる. ④ (動物が)糞をする. ⑤ 蜜蜂の巣から汚物が出る. —他 蜜蜂の巣箱を掃除する.

frí- [fri-] 動 freír の直・現在, 接・現在, 命令・2単.

friabilidad [friaβiliðáð] 女 砕けやすさ, もろさ.

friable [friáβle] 形 砕けやすい, もろい. 類 deleznable, desmenuzable.

‡**frialdad** [frialdáð] 女 ① (a) (性格・態度の)冷たさ, 冷淡, 無関心. —recibir [acoger] con ~ 冷やかに迎える. tratar con ~ 冷たくする, 冷遇する. ~ del público 大衆の無関心. 類 despego, indiferencia. 反 amabilidad, atención. (b) (物の)冷たさ, 寒さ. ~ del mármol 大理石の冷たさ. ~ de las manos 手の冷たさ. 類 frío. 反 calor. ② (異性に対する)性的無関心, 性欲欠乏; 《医学》不感症, 冷感症. —La ~ en la mujer se debe muchas veces a la falta de educación sexual. 女性の不感症は多くの場合, 性教育の欠如による. 類 frigidez. 反 apasionamiento, ardor. ③ (文体・口調などの)生彩[熱気]のなさ. —~ del estilo [del tono] 文体[口調]の生彩のなさ. ④ (a) 無気力. 類 apatía, pereza. (b) ばかげたこと. 類 necedad, tontería.

fríamente [friaménte] 副 冷たく, 冷淡に. —tratar a ... ~ 人を冷たくあしらう. Nos recibieron ~. 我々は冷淡に迎えられた.

fricandó [frikandó] [<仏] 男 フリカンドー(ベーコンを刺して煮た牛肉の料理).

fricasé [frikasé] [<仏] 男 《料理》フリカッセ(鶏肉, 仔牛肉などを刻んでホワイトソースで煮込んだ料理).

fricativa [frikatíβa] 女 →fricativo.

fricativo, va [frikatíβo, βa] 形 摩擦音の. —女 《音声》摩擦音(f, z など, 調音器官のせばめを息が通る際に生じる子音).

fricción [frikθión] 女 ① 摩擦, (物理, 機械)摩擦. —material de ~ 摩擦材. ② マッサージ, あんま(術). —dar a ..., una ~ en el cuero cabelludo (人)の頭皮をマッサージする. 類 masaje. ③ 不和, 衝突, あつれき. —~ comercial con Estados Unidos 米国との貿易摩擦.

friccionar [frikθionár] 他 ① をこする, 摩擦する. ② 《医学》マッサージする.

frieg- [friéɣ-] 動 fregar の直・現在, 接・現在, 命令・2単.

friega [friéɣa] [<fregar] 女 ① 《主に複》摩擦, こすること; 《医学》マッサージ. —Se da ~s de alcohol en los muslos. 大腿部をアルコールでマッサージする. 類 fricción, masaje. ② 《中南米》迷惑, 厄介, 面倒; 不快. 類 fastidio, molestia. ③ 《中南米》馬鹿げたこと. ④ 《中南米》殴打, ぶちのめすこと. 類 paliza, tunda, zurra. ⑤ 《中南米》叱責, 注意.

friera(-) [fríéra(-)] 動 freír の接・過去.
frieron [fríeron] 動 freír の直・完了過去・3複.
friese(-) [fríese(-)] 動 freír の接・過去.
frígida [fríxiða] 女 →frígido.
frigidez [frixiðéθ] 女 ❶ 冷たさ, 冷ややかさ, 冷淡. 類 **frialdad**. ❷《医学》(女性の)不感症.
frígido, da [fríxiðo, ða] 形 ❶ 冷たい, ひややかな, 冷淡な. —El agua está *frígida*. 水が冷たい. Me pusieron en una habitación *frígida*. 私は冷えきった部屋に入れられた. ❷ (女性が)不感症の. ❸《文》氷のように冷たい. —— 女 不感症の女性.
frigio, gia [fríxio, xia] 形 フリギアの. —— 名 フリギア人. ◆フリギア (Frigia): 小アジアの古代国家.
frigorificación [friɣorifikaθjón] 女 冷却, 冷蔵, 冷凍.
frigorífico, ca [friɣorífiko, ka] 形 冷却の, 冷蔵の. —cámara *frigorífica* 冷蔵庫. camión ~ 保冷トラック. barco ~ 保冷設備のある(貨物)船. —— 男 冷蔵庫; 冷凍室. —~ 1 [2] puerta ワン[ツー]ドア式冷蔵庫. Metió el pescado en el ~. 魚を冷蔵庫に入れた. 類 **nevera**.
frijol, fríjol [frixól, fríxol] 男《中南米》❶《植物》インゲン豆. 類 **fréjol, judía**. ❷ 食物, 食事. ❸ 複 自慢話, ほら話. ❹ 皮肉, あざけり. ❺ 臆病者.
¡Frijoles! だめだ, ばかな, とんでもない.
frió [frió] 動 freír の直・完了過去・3単.
frío, a [frío, a フリオ, ア] 形 ❶ (*a*) 寒い, (気温が)冷たい [ser/estar+]. —~ viento 寒い風. La mañana estaba *fría*. 午前中は寒かった. Había nevado y el día era muy ~. 雪が降っており日は非常に寒かった. Esta habitación es la más *fría* de la casa. この部屋は家の中で一番寒い. 類 **congelado, helado. 反 **cálido, caliente**. (*b*) (物質が)冷たい, 冷えた, さめた [ser/estar+]. —comida *fría* さめた食事. guerra *fría* 冷戦. La sopa ya está *fría*. スープはもう冷たくなっている. El café se ha quedado ~. コーヒーが冷めてしまった. El aire de la montaña es más ~ que el de la costa. 山の空気は海岸のよりも冷たい. Tengo las manos y los pies ~s. 私は手も足も冷たい. 反 **caliente**. (*c*) (人の)寒さを感じる, 寒々とした. —El cristal es *frío* y poco confortable. ガラスは寒々としてあまり快適ではない. Este pantalón de viscosa es muy ~. この化繊のズボンは非常に寒い. ❷ 冷ややかな, 冷淡な, よそよそしい. —Mi padre siempre fue muy ~ conmigo. 父はいつも私に対してとても冷淡だった. Me escribió una carta muy *fría*. 彼は私に非常に冷淡な手紙を書いてきた. Les dieron una acogida muy *fría*. 彼らは非常に冷たく迎えられた. 類 **despegado, distante, indiferente**. 反 **acogedor, cálido**. ❸ 冷静な, 平然とした, 沈着な. —juez ~ 冷静な判事. Siempre se mantiene ~ en las situaciones peligrosas. 彼は危険な状況でも常に平然としている. 類 **desapasionado, impasible, sereno**. 反 **caliente, inquieto**. ❹《話》(人が)燃えない, 不感症の. —Estás muy ~ conmigo esta noche. あなたは今夜私にとても冷淡だね. 類 **frígido**. 反 **apasionado, ardiente**. ❺ 熱のない, 感動のない, 素っ気ない. —No me gusta este pintor porque sus cuadros son ~s y cerebrales. 絵が冷たくて理知的だから私はこの画家が好きではない. 類 **inexpresivo**. 反 **apasionado, expresivo**. ❻ 寒色の. —Los colores ~s producen efectos sedantes. 寒色は鎮静効果を生み出す. 反 **cálido, caliente**. ❼ (隠れん坊やクイズなどで答えが)遠い, はずれている. —¡F~! 違います, 残念でした. 反 **caliente**.

dejar frío a〖+人〗(1) 動じさせない, 何も感じない. Estas críticas *me dejan frío*. これらの批判は私に何でもない. (2) 面白くない, 白けさせる, 感心しない. Ella lloró viendo la película pero a mí *me dejó frío*. 彼女は映画を見て泣いたが, 私は白けていた. (3) 呆然[唖然]とさせる. Su muerte *me dejó frío*. 彼の死に私は呆然となった.

quedarse frío 呆然自失する, 唖然とする. Cuando vio el suspenso en el tablón de anuncios *se quedó frío*. 彼は掲示板で不合格を知って呆然となった.

—— 男 ❶ 寒さ, 冷気, 冷え. —¡Qué ~! なんて寒いんだ. El ~ hace que se hiele el agua. 寒いと水が凍る. La aplicación del ~ a la conservación de los alimentos es relativamente reciente. 食品の保存に低温が利用されたのは比較的最近のことだ. 類 **frescor, frialdad**. 反 **calor**. ❷ 風邪, 感冒. 類 **enfriamiento, resfriado**. ❸ 寒け, 悪寒. —Debo tener fiebre, pues siento tanto ~. 熱があるに違いない, だってこんなに寒けがするんだから. 類 **escalofrío**.

coger frío 風邪をひく. Durante el paseo por el parque *he cogido frío*. 公園を散歩している間に私は風邪をひいた.

en frío (1) 冷静に. Las decisiones importantes hay que tomarlas *en frío*. 重要な決定は冷静に行わなければならない. (2) 準備なしで, いきなり. Así *en frío*, no sé qué responderte. あまり急なので, 私は君にどう答えていいかわからない.

hacer frío (気温が)寒い. Ayer *hizo* mucho *frío*. 昨日は非常に寒かった.

hacer un frío que pela [*un frío de perros*] 《話》凍えるように寒い. En esta casa *hace un frío que pela*. この家は凍えるように寒い.

no dar [*entrar*] *ni frío ni calor a* ... (人)にとってどちらでも同じことだ, どうでもいい, 何ともない. A mí eso *no me ha dado ni frío ni calor*. それは私にはどっちでもいいことだ.

tener [*pasar*] *frío* (人が)寒い, 寒く感じる. *Pasamos* mucho *frío* en el tren. 列車の中で私たちはとても寒く感じた.

friolento, ta [frjolénto, ta] 形 《文》寒がりの (=friolero).

friolera[1] [frjoléra] 女 ❶ つまらないもの, 些細なこと, 取るに足りないこと. —Con cualquier regalo se alegrará, aunque sólo sea una ~. 彼はどんな贈り物でも喜ぶだろう, たとえつまらない物でもね. 類 **fruslería**. ❷《皮肉》多額, 高額. —Ha pagado por la casa la ~ de un millón de euros. 彼は家を買うのに 100 万ユーロもの大金を払った. ❸ →friolero.

friolero, ra[2] [frjoléro, ra] 形 寒がりの (=friolento). —Mi madre va siempre muy abrigada porque es *friolera*. 母は寒がりなのでいつも厚着している.

frisa [frísa] 女 ❶《織物》(目の粗い厚手の)毛織

物. ❷【建築】騎馬防御柵. ❸【海事】(船の機械などを気密にするための)詰め物. ❹【中南米】(織物の)けば. ❺【中南米】毛布.
sacar la ... la frisa (鞭などで)人)をひどく打つ.
sacar la frisa a ... …の効果や利益を最大限に引き出す.

frisar [frisár] 自 ❶ [+en] (ある年齢に)近うく,なろうとする. —*Frisaba en* los cincuenta cuando dejó de bailar. 彼女は踊りをやめたときはもう50近くになっていた. ❷ 気が合う,気心が通じ合う. 類 **rondar, rozar**.
—— 他 ❶ (織物の毛など)をちぢらせる,けば立たせる. ❷【海事】(船の機械,砲門,船窓などに)布切れを詰めてぴったりさせる.

Frisias [frísjas] 固名 (Islas ~)フリジア諸島(北海沿岸の諸島).

friso [fríso] 男【建築】❶ フリーズ.♦古代建築など,柱頭の上にある水平部分の中の,細かい装飾を施してある所. ❷ 帯状の装飾部分. ❸ 腰板,腰羽目.♦壁の下部の,木などをはめ込み彩色してある部分;それに用いる材料. 類 **zócalo**.

frisón, sona [frisón, sona] 形 フリジアの.
—— 名 フリジア人. —— 男 フリジア語.♦フリジア(Frisia):オランダ北部の地方.フリースラント.

fritada [fritáða] 女 ❶ 揚げ物,フライ. —Tomamos una ~ de pescado. 私たちは魚のフライを食べた. 類 **fritura**. ❷ (揚げた玉葱,トマトなどで作る)調味ソース,ドレッシング.

fritanga [fritáŋga] 女 ❶《軽蔑》(まずい)揚げ物,油っぽすぎる揚げ物. 類 **fritada**. ❷ 台所. ❸ (小型の)ストーブ. ❹ 厄介なこと,面倒.

fritar [fritár] 他 ❶【中南米】→freír. ❷【冶金】(ガラス原料が)溶融する.

frito [fríto] 動 freír の過去分詞.

frito, ta [fríto, ta] 〔<freír〕形 ❶ 揚げた. —patatas *fritas* フライドポテト. Hoy hemos comido pescadito ~. 今日私たちは小魚のフライを食べた. ❷《話》イライラした,うんざりした. —Estoy ~ con tantas preguntas absurdas. 下らないことばかりきかれてもううんざりだ. 類 **fastidiado, harto**. ❸《話》眠っている. —El niño está tumbado en el sofá, ~. その子はソファにあおむけになって眠っている. ❹《話》死んでいる. —La puñalada lo dejó ~. 彼は(剣で)刺されて絶命した. ❺【中南米】うちひしがれた.
estar frito de calor 暑さにうだっている.
estar frito por ... …したくてたまらない.
quedarse frito《話》眠り込む;うとうとする. *Me quedé frito* viendo la televisión. テレビを見ているうちに寝入ってしまった. 類 **dormirse**.
tener [*traer*] *a ... frito* (人)を困らせる,いらだたせる. Estos niños tan revoltosos *me traen frita*. このいたずらっ子たちには本当に手がやける.
—— 男 ❶ 揚げ物,フライ. ❷【中南米】日々の糧,食い扶持. —*ganarse el ~* 生計をたてる.

fritura [fritúra] 女 ❶ 揚げ物,フライ. —una ~ de pimientos y tomates トマトとピーマンの揚げ物. 類 **fritada**. ❷ (ラジオの)雑音,パチパチという音.

:**frivolidad** [friβoliðáð] 女 ❶ (性格・行動の)軽薄,浮泊,浅薄. —persona de una ~ incurable どうしようもないほど軽薄な人. 類 **ligereza, veleidad**. 反 **gravedad, seriedad**. ❷ 下らなさ;下らない事[物]. —~ de una conversación 会話の下らなさ. 類 **futilidad, trivialidad**. 反 **importancia**.

frivolité [friβolité]〔<仏〕女 タッチング(レース編みの一種).

:**frívolo, la** [fríβolo, la] 形 ❶ 軽薄な,浮ついた,気まぐれな. —conversación [actitud] *frívola* 軽薄な会話[態度]. 類 **inconstante, ligero, veleidoso**. 反 **consciente, serio**. ❷ (作品などが)軽い,浅薄な,くだらない. —Con ese chico sólo se puede hablar de temas ~s. その男の子とはくだらない話しかできない. 類 **insustancial, superficial**. 反 **profundo, serio**. ❸ ふまじめな,ふしだらな. —espectáculo ~ いかがわしいショー. revista *frívola* くだらない雑誌.
—— 名 軽薄[ふまじめ]な人. —Es una *frívola* que sólo piensa en divertirse. 彼女は楽しむことしか考えていない軽薄な人物だ.

Fronda [frónda] 固名 フロンド党(1648-53,フランス,ルイ14世の幼少時に宮廷に対して反抗した貴族).

:**fronda¹** [frónda] 女 ❶《集合的に》葉;,小さな森,木立. —La espesa ~ no deja ver el sol. 葉が生い茂って太陽が見えない.

:**fronda²** [frónda] 女 つり包帯.

frondosidad [frondosiðáð] 女 ❶ 枝葉の生い茂っていること,密なこと. ❷ 植物の密生する場所. ❸ 生い茂った枝葉. 類 **follaje, fronda**.

:**frondoso, sa** [frondóso, sa] 形 ❶ 枝葉の茂った,葉の多い. —Paseamos por los ~s álamos del río. 私たちは川のポプラ並木を散策した. ❷ 草木の茂った,植物が繁茂した. —Detrás de la casa hay un jardín ~. 家の後ろには草木の生い茂った庭園がある.

frontación [frontaθjón] 女 ❶ こすること,摩擦. ❷【機械】摩擦.

frontador, dora [frontaðór, ðóra] 形 摩擦の,こする. —— 名 摩擦する人[物],こする人[物].

·**frontal** [frontál] 形 ❶【解剖】前頭の,前額部の. —lóbulo [hueso] ~ 前頭葉[骨]. Tiene una cicatriz en la zona ~ de la cara. 彼女の額の部分に傷跡がある. ❷ 正面[前面]の,正面からの. —lavadora de carga ~ 前開き式の洗濯機. La fachada ~ del edificio es de estilo rococó. その建物の正面はロココ様式である. Esta huelga supone un ataque ~ a la política económica del Gobierno. このストは政府の経済政策に対する真正面からの攻撃を意味する.
—— 男 ❶【解剖】前頭骨. —Se ha roto el ~. 彼は前頭骨を折った. ❷【宗教】祭壇飾り.

frontalera [frontaléra] 女 ❶ 額革(馬の額を締める革紐). ❷ 牛の額にあてて軛(くびき)がこすれるのを防ぐ革製品. ❸ 祭壇の前面を縁取る帯状の飾り. ❹ 祭壇の前面につける飾りをしまっておく所.

frontenis [fronténis] 男《単複同形》《スポーツ》ペロータ(テニスと同じようにラケットを使い,ボールを壁に打つ).

:**frontera** [frontéra] 女 ❶ 国境,国境地帯. —~ hispanomarroquí スペイン・モロッコ国境地帯. Inspeccionaron los pasaportes en la ~. 国境でパスポートを調べられた. ❷ (一般に)境,境界;《比喩》限界,限度. —Su ambición no tiene ~s. 彼の野心には限りがない. 類 **límite**. ❸【建築】正面,前面.

fronterizo, za [fronteríθo, θa] 形 ❶ 国境の; 境界の, 境目の. —Detuvieron al terrorista en un paso ～. 国境の峠でそのテロリストは逮捕された. ciudad *fronteriza* 国境の町. ❷ 境を接した. —España y Francia son países ～s./España es *fronteriza* con [de] Francia. スペインとフランスは隣り合った国である.

*__frontero, ra__ [frontéro, ra] 形【＋a/con/de】面と向かった, 向かいの, 正面にある. —Se ha comprado un piso ～ al mío. 彼はうちの向かいにあるマンションを買った.

frontil [frontíl] 男 ❶ 牛の額と軛(`く゛`)との間にあてて擦れるのを防ぐ詰め物. ❷《中南米》馬の額につける革枕.

frontis [fróntis] 男 ❶ (建物などの)正面, 前面. ❷ (ペロータ (pelota) のコートの)正面壁.

frontispicio [frontispíθjo] 男 ❶ (建物などの)正面, 前面. 類 **fachada**, **frontis**. ❷《建築》(戸や窓の上にある三角形の)破風, ペディメント(→ frontón). ❸ (本の)口絵; 扉. ❹《話》顔面.

frontón [frontón] 男 ❶《建築》破風, ペディメント(戸・窓・ポーチなどの上の三角形の壁). ❷ フロントン(バスク, バレンシアに伝わる球技の一種)(→pelota). ❸ フロントンに使う板壁; コート; 競技施設.

frotación [frotaθjón] 女 こすること, 摩擦.
frotadura [frotaðúra] 女 →frotación.
frotamiento [frotamjénto] 男 →frotación.
frotar [frotár] 他 こする, 擦る. —*Frotaba* el cristal con una gamuza. つや出し用のクロスでガラスを磨いていた. En la obscuridad oyó ～ una cerilla. 暗がりでマッチを擦る音が聞こえた. Metió la mano entre los pelos del chico y le *frotó* la cabeza. 彼はその子の髪に手を入れて優しく頭をなでた. 類 **friccionar**.
—**se** 再 (自分の体を)こする, 摩擦する, こすり合わせる. —*Se frotaba* el cuerpo con una esponja. 彼はスポンジで体をこすっていた. El león *está frotándose* el cuerpo contra los barrotes de la jaula. ライオンが檻の柵に体をこすりつけている.

frotarse las manos →mano.

frote [fróte] 男 →frotación.
frotis [frótis] 男〖単複同形〗❶ (建物や物の)正面. ❷ (スポーツ) 正面壁(ペロータのコートの).

fructífero, ra [fruktífero, ra] 形 ❶ 実のなる, 結実する. —El abono hace más *fructífera* la tierra. 肥料をやればその土地はもっとよく作物がとれるようになる. ❷《比喩》有意義な, 有益な, 実り ある. —Mantenemos desde hace años una *fructífera* relación. 我々はもう何年も前から有意義な交際を続けている. La reunión ha resultado muy *fructífera*. 会合は大変有意義なものになった.

fructificación [fruktifikaθjón] 女 ❶ 実がなること, 結実;《植物》結実器官. ❷《比喩》達成, 実現, 成果.

fructificar [fruktifikár]【1.1】自 ❶ 実がなる, 実を結ぶ. —Ese árbol *fructifica* a finales del verano. その木は夏の終わり頃に実をつける. ❷《比喩》有用である, 利益をもたらす, 実になる. —Sus muchos años de esfuerzo *han fructificado*. 長年の努力が実った. Las negociaciones *han fructificado* en un acuerdo. 取引きは合意に達した.

fructosa [fruktósa] 女《化学》果糖, フルクトース.

frustrado 961

fructuoso, sa [fruktuóso, sa] 形 有益な, 実り多い. 類 **fructífero**.
frufrú [frufrú] 男 衣擦れの[布などのこする]音.
frugal [fruɣál] 形 ❶ 少食な; 質素な, つましい. —Fue un hombre sufrido, estoico y ～. その人は辛抱強くて禁欲的でつつましい人だった. ❷ (食事などが)つましい, 軽い, わずかな. —En casa solemos tomar una cena ～. 私たちは家ではごく軽い夕食をとるのがふつうだ. Ha llevado siempre una vida ～. 彼は常に質素な暮らしをしてきた.
frugalidad [fruɣaliðá(ð)] 女 粗食; 節制; 倹約.
frugívoro, ra [fruxíβoro, ra] 形《動物》草食性の.
fruición [fruiθjón] 女 喜び, 楽しみ, 快感. —El niño comía con ～. その子は嬉々として食事をしていた. Aquel malvado sentía ～ viendo sufrir. あの悪党は人が苦しむところを見るのが楽しいのだ. 類 **complacencia**, **goce**.

frunce [frúnθe] 男 ひだ, ギャザー. —La blusa lleva ～s en las mangas. そのブラウスは袖にギャザーが入っている.
fruncido, da [frunθíðo, ða] 形 ❶ ギャザーをよせた. —falda *fruncida* ギャザースカート. ❷ (顔・眉を)しかめた. —con el ceño ～ しかめっ面をして. ❸ 疑い深い; 怒りっぽい; 気取った.
— 男 ❶ ギャザー(＝frunce). ❷ 眉をしかめること; 口をすぼめること.
fruncimiento [frunθimjénto] 男 ❶ ギャザー; ギャザーをよせること. ❷ 眉をしかめること, 口をすぼめること.
fruncir [frunθír]【3.5】他 ❶ ギャザーをよせる. —Le *están frunciendo* la falda a la niña. 女の子はスカートにギャザーをよせてもらっているところだ. ❷ (顔・眉などを)しかめる, ひそめる, すぼめる. —Al notar el olor a gasolina *frunció* la nariz. 彼はガソリンの臭いに気づくと鼻にしわをよせた. *Frunció* la frente y esperó mi respuesta. 彼は眉間にしわをよせて私の返答を待った. ～ la boca 口をとがらす.

fruncir el ceño →ceño.

—**se** 再 ❶ しかめる, しわになる. ❷ つつましいふりをする, 控え目なふりをする, 内気を気取る.
fruslería [fruslería] 女 ❶ つまらない物, 小さい物, 大した値打ちのない物. —Compra cualquier ～ para la merienda de los niños. 子供らのおやつ用に何でもいいからちょっとした物を買って来てくれ. 類 **chuchería**, **friolera**. ❷《話》下らないこと, 意味のないこと. —No te enfades por una ～. つまらないことで腹を立てるな. 類 **tontería**.
frustración [frustraθjón] 女 ❶ 失敗(させること), 未遂. ❷ 失望(させること), 期待外れ, 挫折. —Sintió una gran ～ al perder el empleo. 彼は職を失ってすっかり落ち込んでいる. ❸《心理》欲求不満, フラストレーション. —Debido a la falta de empleo, aumenta la ～ de los jóvenes. 働き口が足りないので若者の不満が増大している.

frustrado, da [frustráðo, ða] 形 ❶ 失敗した, 達成されなかった. —Hablaron del intento ～ de secuestro de un niño. 幼児の誘拐未遂事件が話題になっていた. un ～ golpe de Estado クーデター未遂. ❷ 失望した, 落胆した. —No te sientas ～, que un fracaso lo tiene cualquiera. そ

んなに落ち込むなよ，誰にだって失敗はあるんだから．Está muy ~ por no haber podido encontrar trabajo. 彼は職が見つからなかったのでとてもがっかりしている．

frustrante [frustránte] 形 失望させるような，がっかりさせるような，期待外れの．—Es ~ que un amigo te traicione. 君が友達に裏切られるのはがっかりだ．

frustrar [frustrár] 他 ❶（計画などを）失敗させる，実現せずに終わらせる．—La intervención del rey *frustró* el golpe de Estado. 国王の介入によりクーデターは未遂に終わった． ❷ 失望させる，期待を外れさせる．—A ella le *frustra* que sus estudiantes no sean aplicados. 学生たちがちゃんと勉強しないので彼女は失望している．
—**se** 再 ❶ 失敗する，未遂に終わる．—*Se ha frustrado* el asesinato. 暗殺は未遂に終わった． 類 fracasar, malograrse. ❷ 失望する，当てが外れる，くじける．—Las esperanzas que tenía depositadas en su hijo *se frustraron*. 彼は息子に期待していたのだが外れてしまった．

**fruta [frúta フルタ] 女 ❶（食用の）果物，フルーツ；果実，実（fruto はあらゆる植物の「実」を指す）．—Mis ~s preferidas son las peras y las naranjas. 私の好きな果物はナシとオレンジです．De postre siempre como ~. 私はデザートにいつも果物を食べます．Esta ~ todavía está verde. この果物はまだ熟していない．ensalada de ~s フルーツサラダ． ~ temprana はしりの果物．~ confitada [en dulce, escarchada] 砂糖漬けの果物．~ seca 乾果，ドライ・フルーツ；砂糖漬けの果物． ❷ 成果，所産，産物；利益．—~ de esfuerzos constantes たゆまぬ努力の賜物． ❸ 『中南米』(*a*)『アルゼンチン』アンズ（の実）(=albaricoque). (*b*)『コロンビア』『獣医』旋毛虫病（豚の病気）. (*c*)『チリ』スイカ.

fruta del cercado ajeno 隣の芝生（なんでもよく見えて欲しくなる他人の芝生）．

fruta del tiempo (1) 季節［旬(゜)］の果物．De postre tomaré *fruta del tiempo*. デザートは季節の果物にしよう．(2)『比喩』（冬の風邪など）季節に特有のもの．Insolaciones y conjuntivitis, en verano, son *fruta del tiempo*. 日射病と結膜炎とは夏特有の病気だ．

fruta de sartén （小麦粉などの）揚げ菓子（の総称）．

fruta prohibida 《比喩》禁断の木の実．Padece bronquitis, y el tabaco es para él *fruta prohibida*. 彼は気管支炎を患っているので，タバコは彼にとって禁断の木の実である． 類 **fruto prohibido**.

*frutal [frutál] 形 果物の，果物のなる，果実の実る．—Decoraron la mesa con adornos ~*es*. 彼らはテーブルに果物を飾り付けた．En el parque hay muchas plantas decorativas y árboles ~*es*. 公園には観賞用の木や果樹がある．
—— 男 果樹．—Tiene un jardín lleno de ~*es*. 彼は果樹がいっぱいある庭園を持っている．

frutar [frutár] 自 《まれ》実がなる，実る（=fructificar).

*frutería [frutería] 女 果物店［屋］．

*frutero, ra [frutéro, ra] 形 果物を売る人，(店を構えた)果物商（人）．
—— 男 ❶ 果物皿〔鉢(芯)，かご〕． ❷（食卓の果物に

かぶせておく）布カバー． ❸ 果物の静物画．
—— 形 ❶ 果物の，果物用の；果物運搬用の．—plato ~ 果物皿．industria *frutera* 果物栽培産業．buque [camión] ~ 果物運搬船［トラック］． ❷ 果物好きの．—Este niño es muy ~. この子はとても果物好きだ．

frutícula [frutíkula] 形 果実の；果樹栽培の．—comercio ~ 果物の売買；果物店．

fruticultura [frutikultúra] 女 果実の栽培；果樹園芸，果実農業．

frutilla [frutíja] 女 ❶ 数珠玉． ❷『中南米』イチゴ（チリ原産の大型のもの）．→fresón.

:fruto [frúto] 男 ❶『植物』(木の)実, 果実(→ fruta は果物)．—Las ramas están cargadas de ~s. 枝もたわわに実っている． ~ prohibido 禁断の木の実 (=fruta prohibida). Este árbol no da ~(s). この木には実がならない．~ seco (carnoso, de hueso) 乾[多肉, 核]果．~ dehiscente 裂開果．~ indehiscente 閉果．~ comestible [venenoso] 食用になる[毒のある]果実． ❷『比喩』(努力・労働の)成果，利益，結実；（知性などの)産物．—Este éxito es el ~ de sus esfuerzos de muchos años. この成功は彼の長年にわたる努力の賜物(ﾞ)である．No lograrás ningún ~ castigándole. 彼を懲らしめたって何にもならない．El negocio no dio ~. その商売はもうからなかった．Su malhumor es ~ del estrés. 彼の不機嫌はストレスの産物である． 類 **producto, provecho, resultado**. ❸ 〖集〗または 〖複〗産物，収穫物；農作物 (= ~ de la tierra). —Esta tierra no da ~(s). この土地からは何もとれない．~ de mar 海産物，海の幸 (=marisco) (貝類・エビ・カニ・ウニなどで魚は含まない). Inglaterra importa ~s españoles. イギリスはスペインの農産物を輸入している． 類 **producto**. ❹『法律』果実．——~s civiles 法定果実（利息・地代など). ~s industriales 勤労果実（労働による収益). ❺『文』子供．——~ del amor 愛の結晶．el ~ de tu vientre 《聖書》あなたがお腹を痛めた子（申命記 28:4).

con fruto 有益に[な]，成果を上げて．trabajar *con fruto* 仕事の成果を上げる．

dar [producir, rendir, llevar, tener] fruto (1) (木が)実をつける；(収穫物を)生み出す．(2) 成果を上げる，実を結ぶ．Sus esfuerzos *dieron fruto* por fin. 彼の努力はついに実った．

El árbol por los frutos se conoce./Por el fruto se conoce al árbol. 〖諺〗木の値打ちは実で分かる；人間の価値は行為で判断される．

fruto de bendición 嫡出子(ちゃくしゅつし)．

sacar fruto de ... ...から成果［利益］を上げる．No ha *sacado* ningún *fruto* de ese negocio. その商売からは何の収益も上がらなかった．

sin fruto 成果なく，無益に，無駄に[な]．trabajar *sin fruto* 無駄骨を折る．unas gestiones *sin fruto* 成果の上がらない仕事．

FSNL 〖頭字〗(<Frente Sandinista de Liberación Nacional) 『ニカラグア』サンディニスタ民族解放戦線(ゲリラ組織).

fu [fú] 感 ❶〖擬声語〗フウッ（猫のうなり声を表わす擬声語）． ❷ ちぇっ，くそっ（嫌悪・軽蔑などを表わす間投詞）．

hacer fu (como el gato) 逃げる，見捨てる，避ける；鼻先であしらう．Cuando me ve, *hace fu, como el gato*. 私を見ると猫のようにさっと行ってしまう．Ahora la juventud le *hace fu* al campo.

今の若い者は田舎を馬鹿にしている.
ni fu ni fa よくも悪くもない, 可もなく不可もない. ¿Qué tiempo hace? –*Ni fu ni fa*. 天気はどうだい? –まあまあってとこだ. A mí la carne *ni fu ni fa*. 私は肉は好きでも嫌いでもない. Fue una boda de tantas, de esas de un *ni fu ni fa*. 特にどうということのないありきたりの結婚式だった.

fucilar [fuθilár] 自 《詩》遠くで稲妻が光る.

fucilazo [fuθiláθo] 男 《詩》遠い稲光.

fuco [fúko] 男 《植物》ヒバマタ(海草の一種).

fucsia [fúksja] 女 《植物》フクシア, ホクシャ, フューシャ. ♦アカバナ科の低木. 葉は卵形でぎざぎざがあり, 釣鐘形の紅・紫色の花が垂れ下がるようにつく.

fucsina [fuksína] 女 フクシン(繊維・ワインなどの色つけに用いられる赤紫色の合成染料の一種).

fue [fwé] 動 ser, ir の直・完了過去・3単.

Fuego [fwéγo] 固名 (Tierra del ～) フエゴ島(南アメリカ大陸南端の島).

fuego [fwéγo フエゴ] 男 ❶ (a) 火. — encender ～ 火をつける. apagar el ～ 火を消す. Aquí está prohibido hacer ～. ここは火気厳禁. echar ... al ～ 火にくべる, 火に投げ入れる. poner la sartén en el ～ フライパンを火にかける. La leña está mojada y el ～ no prende. まきは濡れていて, 火がつかない. sentarse junto al ～ 火のそばに座る. (b) (タバコの)火. —¿Me da ～? タバコの火を貸してくれませんか. ¿Tiene usted ～? タバコの火を貸してください. 類 **lumbre. ❷ 火事. —*¡F～!* 火事だ. Los bomberos apagaron el ～. 消防隊が火事を消した. Un rayo provocó el ～ que asoló parte del bosque. 雷で火事が起こり, 森の一部が荒廃した. ❸ 火種;(コンロの)火口. —Es una cocina con tres ～s. その調理台には火口が3つある. 類 **quemador**. ❹ 世帯, 戸. —Era un pueblo con más de mil ～s. 1千世帯以上ある村だった. 類 **familia, hogar**. ❺ 砲火, 射撃. —Huyeron bajo el ～ enemigo. 彼らは敵の砲火の下を逃げた. ～ graneado 連続射撃. Preparen, apunten, ～. 用意, ねらえ, 撃て. ❻ 情熱, 熱中. —Ella pone mucho ～ en las discusiones. 彼女は議論に情熱をそそぐ. Hace tiempo que desapareció el ～ de mis años juveniles. 青年時代の情熱を失ってから久しい. ❼ (体の)ほてり, ほてり. —Sentía ～ en el estómago. 胃が焼けつくように感じていた.

a fuego lento 《料理》弱火で, とろ火で.

a fuego rápido [*fuerte, vivo*] 《料理》強火で.

a medio fuego 《料理》中火で.

abrir fuego 《軍事》砲火を開く.

atizar [*avivar*] *el fuego* 火勢を強める; 対立をあおる.

echar [*lanzar*] *fuego por los ojos* (怒りで)目をぎらつかせる, 激怒する.

estar entre dos fuegos 板ばさみになっている.

fuego de Santelmo [*de San Telmo*] セント・エルモの火.

fuego fatuo 鬼火, きつね火.

fuegos artificiales [*de artificio*] 花火.

hacer fuego 砲火を開く.

huir del fuego y dar en las brasas 一難去ってまた一難.

jugar con fuego 火遊びをする; 危険なことに手をだす.

pegar fuego a ... ...に放火する.

poner la(s) mano(s) en el fuego por ... ...について保証する, 請合う.

romper fuego → hacer fuego.

tocar a fuego 火事を知らせる.

fueguino, na [fweγíno, na] 形 フエゴ島(Tierra del Fuego: 南米大陸の南端, マゼラン海峡の南にある島)の.

—— 名 フエゴ島の人.

fuel, fuel-oil [fwél, fwéloil] 〈<英〉男 (暖房, ボイラーなどに用いる)燃料油, 灯油.

fuelle [fwéje] 男 ❶ ふいご. ❷ (アコーディオン・写真機などの)蛇腹;(かばん・紙入れなどの脇の部分にある)蛇腹状のひだ. ❸ (自動車・馬車などの)幌;(列車の車両間の連結部分にある)幌. ❹ アコーディオンプリーツ(衣服などのひだの一種). ❺ ガリシア地方のバグパイプの皮袋の部分. ❻ 《比喩》告げ口屋.

tener fuelle 《話》肺の強い, 息の長い; 辛抱強い. Ya no *tengo el fuelle* que tenía cuando joven. もう若い頃ほど息が続かない.

quedar sin fuelle 息切れする, 活力がなくなる, 力尽きる.

fuente [fwénte フエンテ] 女 ❶ (自然の)泉, 湧(ゎ)き水; 水源. —Descansamos junto a una ～ que está en mitad del bosque. 私たちは森の中程にある泉のほとりで休憩した. ～ de aguas termales/～ termal 温泉. ～ de río 川の水源(地). abrir la ～ de las lágrimas どめどなく涙を流す. 類 **manantial. ❷ (広場・公園・通りなどの)噴水, 噴水池. ～ de Cibeles (マドリードの)シベーレスの噴水. ～ de beber (公園などの)噴水式水飲み器. ～ luminosa [mágica] 照明噴水. ～ de caño, surtidor. ❸ 源, 源泉; 原因. —El petróleo y el carbón son ～s de energía. 石油と石炭はエネルギー源である. ～ de alimentación 電源, 動力源. El turismo es la principal ～ de divisas del país. 観光はその国の主要な外貨収入源になっている. ～ de ingreso [de suministro] 収入[供給]源. ～ tributaria 租税収入源. ～ de infección 汚染源. El pescado es una ～ valiosa de proteínas. 魚は貴重な蛋白源である. 類 **causa, origen, principio**. ❹ (情報などの)出所, 情報源, 消息筋. —～s seguras 確かな筋. según una buena ～/según una ～ informada 消息筋によれば. La radio es nuestra única ～ de información. ラジオが私たちの唯一の情報源である. noticia de ～ desconocida 未確認情報. 類 **origen**. ❺ 《料理》大皿, 盛り皿; 大皿に盛られた食べ物. —Se comió toda una ～ de patatas fritas. 彼はフライド・ポテト一皿を平らげた. ～ de horno 耐熱皿. 類 **bandeja, plato**. ❻ (カトリック)洗礼盤(＝～ bautismal). ❼ 《医学》(血液・膿(ﾉｳ)などの)排出口. ❽ 《情報》フォント. ～ de contorno [impresora, mapa de bits, pantalla] アウトライン[プリンタ, ビットマップ, スクリーン]フォント. ～ proporcional プロポーショナル・フォント.

beber en buenas fuentes 確かな筋から情報を得る, (その道の達人から)知識を教わる.

de buena(s) fuente(s)/de fuente(s) fidedigna(s)/de fuentes bien informadas 信頼できる[確かな]筋から, 消息筋から. Las noticias que nos manda son siempre *de buena fuente*. 我々に彼が送ってくる知らせは常に確かな筋から得たものだ.

fuente de juventud 青春の泉(その水を飲めば若さを取り戻せるという伝説の泉).

Tanto va el cántaro a la fuente que al fin se rompe. 〖諺〗たびたび危険を冒せばそのうち命運も尽きる(←壺があまり足繁く泉に通うと最後には壊れる).

Fuenterrabía [fuenteraβía] 固名 フエンテラビーア(スペイン北端の海岸保養地).

Fuentes 固名 フエンテス(カルロス Carlos 〜) (1928–, パナマ生れのメキシコの作家).

fuer [fuér] 男 〖fuero の縮約形.次の熟語でのみ用いる〗
a fuer de ... …として, …の名目で, …の資格[肩書き]で. Yo, *a fuer de* ministro, les aseguro que no habrá elecciones anticipadas. 私は大臣として任期切れ以前の選挙はないであろうということを確約いたします.

fuera [fuéra フエラ] 副 **❶ 外[外部]に[へ, で, は], 戸外に[へ, で, は]. —desde 〜 外から. hacia 〜 外へ. El perro tenía la lengua 〜. 犬は舌を出していた. Sal 〜 un momento, por favor. どうかちょっと外に出てくれ. El coche está 〜. 車は外に置いてある. 類 **afuera**. 反 **dentro**. **❷** 外出して, 不在で, 留守で〖estar＋〗. —Estaré 〜 el fin de semana. 私は週末この町にいない. **❸** よその土地[外国]に[へ, で]. —Es un problema grande en ese país, pero no 〜. それはその国では大きな問題だが, 他の国ではそうではない. **❹** 《スポーツ》アウェーで, 敵地で. —El equipo juega 〜. そのチームはアウェーで試合をする. 反 **en casa**. **❺** 《スポーツ》(ボールが)場外[アウト]で, ラインを割って.

de fuera (1) 外[外部, 戸外, 外国](から)の. los *de fuera* 外部の人, 外から来た人. Su novio es *de fuera*. 彼女の恋人はよその土地の出身だ. (2) 外[外部, 戸外, 外国]から. El ruido viene *de fuera*. 騒音は外から来る. (3) 外側[外面](から)は, 外見上. La casa es bonita vista *de fuera*. その家は外から見るときれいだ.

dejar fuera を除外する, はずす.

echarse fuera de ... から手を引く, を敬遠する.

estar fuera de sí 逆上している, 怒り狂っている. La pobre *estaba* totalmente *fuera de sí*. その気の毒な女はすっかり逆上していた.

fuera de ... (1) …の外[外部]に[へ, で]. Mi hijo está *fuera de* casa. 息子は家の外にいる. Espero *fuera de* la puerta. 私は戸の外で待っている. Dejemos es punto *fuera de* nuestras consideraciones. その点は私たちの考慮の外に置いておこう. (2) …の範囲を越えて, …の枠外に, …以上に. Estaba *fuera de* mis cálculos de que tú llegaras hoy. 君が今日来たのは私の計算外だった. Su conducta estuvo *fuera de* lo común [*de* lo corriente]. 彼の症状は普通のことではなかった. (3) を[…から]はずして, …がなくなって. *fuera de* línea 《通信》オフライン(で). *fuera de* moda 流行遅れの. *fuera de* lugar 場違いな, 不適当な. Está *fuera de* razón. それは理屈に合わない. La fruta ha madurado *fuera de* tiempo. 果物は時期はずれに熟した. Presentaste la instancia *fuera del* plazo de admisión. 君は受け付け期限を過ぎて願を出した. (4) を除いて, …は別として, …以外に. *Fuera de* lo que me digas tú, no sé nada de lo ocurrido. 君から聞いていること以外起きたことは何も知らない.

fuera de juego 《サッカー》オフサイド. Se anuló el gol porque había un jugador en *fuera de juego*. オフサイドの選手が一人いたのでゴールは無効になった.

fuera de que 〖＋直説法/接続法〗…である上に. *Fuera de que* no me gustan tus amigos, tampoco tengo ganas de salir hoy. 私はお前の友達が気に入らない上に今日は出かける気にならない.

fuera de serie (1) 特製の, 特注の. Tiene unas alfombras persas en su casa que son *fuera de serie*. 彼は家に特注のペルシャじゅうたんを数枚持っている. (2) 抜群の, 並外れた(人). Es una actriz *fuera de serie*. 彼女は並外れた女優だ.

por fuera (1) 外[外側]に[で, は]. Contemplaron el palacio sólo *por fuera*, pero no llegaron a entrar. 彼らは宮殿の外側だけを眺めたが, 中に入ることはしなかった. (2) 表面上, 見かけは. El edificio *por fuera* estaba completamente restaurado. 建物は外見は完全に修復されていた.

—— 間 〖＋de〗…から出て行け, 帰れ, 引っ込め. —¡F〜, 〜! 帰れ, 帰れ. F〜 de aquí. ここから出て行け. 〖＋名詞〗をやめろ, 取れ[脱げ]. —¡F〜 el sombrero! 帽子を取れ. ¡F〜 las contemplaciones con tu hijo! 息子を甘やかすのはやめろ.

—— 男 **❶** 出て行け[やめろ, 引っ込め]という野次[罵声]. —Le lanzaron muchos 〜s. 彼には引っ込めという野次がたくさん浴びせられた. **❷** 《スポーツ》アウト, (ラグビーの)インタッチ. —El árbitro pitó 〜 y dio la pelota al equipo contrario. レフェリーはアウトの笛を吹き, ボールを相手チームに与えた.

fuera(-) [fuéra(-)] 動 ser, ir の接・過去.

・**fueraborda, fuera borda** [fueraβórða, fuéra βórða] 男〖単複同形〗船外機付きボート). —— 形〖単複同形〗船外機付きの. —lancha 〜 船外機付きボート.

fuerc- [fuérθ-] 動 forzar の接・現在.

fuero [fuéro] 男 **❶** 《歴史》(ある地域, 人物のみに与えられた)特権, 免除; 特別法. **❷** (昔の)法典の名. —(中) F〜 Juzgo 『七部法典』(13 世紀の賢王アルフォンソ 10 世の編纂による有名な法典). **❸** 権能, 権限; 権威. —〜 eclesiástico [secular] 教会の[民間の]管轄. **❹** 《俗》〖話〗うぬぼれ, 傲慢, 尊大. —Tiene muchos 〜s. 彼はうぬぼれ屋だ. **❺** 《法律》裁判権, 裁定(の権限). —〜 parlamentario 議会裁判. **❻** 〖主に 複〗(特定の活動, 分野などの持つ)特権, 権利. —los 〜s de la poesía [de la justicia, del arte] 詩作の[裁判の, 芸術の]権利.

en su fuero interno [interior] 心の底では, 本心では. Sé que no está bien, pero *en mi fuero interno* no puedo perdonarle. よくないこととはわかっているが, 心の中ではどうしても奴のことが許せないんだ.

fuero de la conciencia 良心.

volver por los fueros de ... (不当な非難や侵害に対抗して)を守る, 回復する. Hay que *volver por los fueros de* la justicia social. 社会秩序の回復が必要だ.

volver por sus fueros 自分の権利・尊厳を守る.

fueron [fuéron] 動 ser, ir の直・完了過去・3複.

fuerte

[fuérte フエルテ] 形 ❶ (a) (力・風などが)強い『ser/estar+』. — Es tan ~ que puede levantar cien kilos. 彼は非常に力が強くて100キロを持ち上げられる. Desde que va al gimnasio está muy ~. ジムに通うようになってから彼はとても強くなった. Un ~ viento le ha derribado el árbol. 強い風で木が倒れた. 類 **poderoso, potente**. 反 **débil, flojo**. (b) (影響力・勢力などが)強い, 強力な, 強大な『ser/estar+』. — ~ hombre — ~ 実力者. Es director de una empresa muy ~. 彼はある大会社の重役だ. Los países ~s siempre han dominado a los débiles. 強国は常に弱小国を支配してきた. Tiene ~s razones para oponerse. 彼が反対するのには大きな理由がある. ❷ (物・身体が)丈夫な, 頑丈な; 健康な『ser/estar+』. — Este chico es ~ como un roble. この男の子はカシの木みたいに丈夫だ. La cuerda no era lo suficientemente ~ para soportar tanto peso. ロープはそれほどの重さに十分耐えられるほど丈夫ではなかった. Su ~ constitución le hacía apto para cualquier deporte. 彼は頑丈な体格をしていたのでどんなスポーツにも適していた. La abuela está ~ todavía. おばあさんはまだ元気だ. 類 **resistente, robusto, vigoroso**. 反 **débil**. ❸ (程度が)激しい, 強烈な, ひどい『ser/estar+』. — Sufre ~s dolores de cabeza. 彼はひどい頭痛がしている. Para él ha sido un golpe muy ~ la muerte de su mujer. 彼にとって妻の死は非常に強い衝撃だった. Tiene un ~ resfriado. 彼はひどい風邪をひいている. 類 **intenso, violento**. 反 **débil**. ❹ (効き目が)強力な, (におい, 味, 色彩などが)強い, きつい『ser/estar+』. — Este vino es ~. この酒は強い. El mar estaba de un color azul ~. 海は濃い青色だった. ¡Qué olor tan ~ tiene ese perfume! その香水はなんてきつい香りなんだろう. 類 **intenso, vivo**. ❺ (結び目などが)固い, きつい, しっかりと固定された『estar+』. — El clavo está muy ~. くぎは非常にしっかりと打ってある. No puedo deshacer el nudo porque está muy ~. その結び目は非常に固いのでほどけない. 類 **apretado, firme, sujeto**. ❻ (性格が)しっかりした, 気丈な, 強固な. — Ella es ~ y soportará bien la noticia. 彼女は気丈だからその知らせによく耐えられるだろう. 類 **animoso, valiente**. ❼ (気性が)激しい, 怒りっぽい. — Tiene un carácter tan ~ que es difícil convivir con él. 彼はとても激しい性格なので一緒に暮らすのは難しい. 類 **rebelde, vivo**. 反 **dócil**. ❽ (量が)大きい, 大量の. — Maneja ~s sumas de dinero. 彼は大変な金額を扱っている. 類 **abundante, grande**. ❾ (声が)大きい, やかましい, 騒々しい. — Tiene una voz muy ~. 彼は非常にうるさい声をしている. ❿ (描写が)強烈な, 露骨な. — La película tenía escenas muy ~. この映画にはとても強烈なシーンがある. ⓫ (言葉が)乱暴な, 下品な, (話・冗談が)きわどい. — Le gustan los chistes ~s. 彼はきわどい冗談が好きだ. 類 **grosero, grueso, malsonante**. ⓬ 重大な, 大変な; 手厳しい. — Me dijeron cosas muy ~s que me dolieron. 彼らは私を苦しめるような非常に手厳しいことを言った. ⓭ 要塞化した, 防備を固めた. — ~ plaza — 要塞, とりで. Era una ciudad ~, casi imposible de conquistar. それは要塞都市で, 征服するのはほとんど不可能だった. 類 **fortificado**. ⓮ 『+en』…が強い, 得意である『estar+』. — Está ~ en matemáticas y flojo en latín. 彼は数学は強いが, ラテン語は弱い. 類 **docto, enterado, experto, versado**. 反 **flojo**.

hacerse fuerte (1) 防備を固める, (要塞に)立てこもる. Los guerrilleros *se hicieron fuertes* en las montañas. ゲリラたちは山中に立てこもった. (2) 強硬である, 譲らない. Si crees que llevas razón, *hazte fuerte* y no te dejes convencer. 君は正しいと思っているなら譲らず, 人の言うことを聞いてはいけない. —— 男女 強者, 強い人.

—— 男 ❶ 得意(の分野), 得手, 強いところ. — Toca varios instrumentos, pero el piano es su ~. 彼はいろいろな楽器を弾くが, ピアノが一番得意だ. ❷ とりで, 要塞, 堡塁(ほうるい). — El ~ sucumbió tras larga resistencia. 要塞は長い抗戦の後に降伏した. 類 **fortaleza, fortín**. ❸ (出来事の)頂点, 真っ盛り. — en el ~ del combate 戦いの真っ最中に. 類 **apogeo, fuerza**.

—— 副 ❶ 強く, ひどく, 激しく. — Está lloviendo ~. 雨が激しく降っている. Ella le pegó ~. 彼女は彼を強く殴った. 類 **fuertemente**. ❷ たくさん, よく. — Hoy he desayunado ~. 今日は私はしっかりと朝食をとった. Hoy he trabajado ~. 今日私はよく働いた. 類 **mucho**. ❸ 堅く, しっかりと, きつく. — Agarró al gato ~ para que no escapara. 彼はネコに逃げられないようしっかりと捕まえた. ❹ 大声で, 声高に. — Habla siempre muy ~. 彼はいつも大声で話す.

fuertemente [fuértemente] 副 強く; 激しく. — Discutieron ~ de política. 激しい政治論争をくり広げた. La base aérea está ~ vigilada. 空軍基地は厳重な監視を受けている.

Fuerte Olimpo [fuérte olímpo] 固名 フエルテ・オリンポ(パラグアイの都市).

Fuerteventura [fuerteβentúra] 固名 フエルテベントゥーラ島(スペイン, カナリア諸島の島).

fuerz- [fuérθ-] 動 forzar の直・現在, 命令・2単.

fuerza

[fuérθa フエルサ] 女 ❶ (生き物, 特に人間の)力, 体力(= ~ física). — ~ muscular 筋力. desplegar [demostrar, exhibir] sus ~s 力を出す. gritar con toda la ~ de los pulmones ありったけの声を張り上げて叫ぶ. unir [aunar] las ~s 力を合わせる. Le empezaron a flaquear las ~s. 彼は体力が衰え始めた. Este trabajo exige mucha ~. この仕事には大変体力が要求される. Ya no tenía ~ para ponerse de pie. 彼にはもう立ち上がるだけの力もなかった. 類 **energía, fortaleza, potencia, vigor**. 反 **debilidad, flaqueza**. ❷ (物の)強さ, 丈夫さ, 耐久力; 強度; 濃度. — ~ de un dique [de un pilar] 堤防(柱)の頑丈さ. ~ de unos cimientos セメントの強度. ~ de un ácido 酸の強さ[濃度]. Esta cuerda tiene ~. このロープは丈夫だ. Este suelo no tiene ~ para resistir tanto el peso. この床は強度がないからその重みに耐えられないだろう. 類 **resistencia**. 反 **debilidad**. ❸ 元気, 勢い, 精力, 活力. — Debes comer más para recobrar las ~s. 元気を取り戻すためにもっと食べなくてはいけない. Ha llovido y el trigo está creciendo con ~. 雨が降ったので, 小麦がすくすく伸びている. 類 **energía**. ❹ (意志・精神・性格などの)強さ, 精神力, 気力, 勇気; 努力. — ~

966 fuerza

de ánimo 意志の強さ. ~ mental 精神力. A Ana le faltó ~ para negarse. アナは拒みきれなかった. No ha hecho ~ para conseguir la plaza. 彼はそのポストを獲得しようと努力しなかった. 類**ánimo, empuje, energía, esfuerzo, ímpetu**. 反**debilidad**. ❺ (他に与える)影響力, 支配力, 強制力; (法的な)効力. —~ del destino 運命の力. ~ probatoria suficiente 充分な立証力〔証拠力〕. por la ~ del dinero 金の力で. ceder a la ~ de la ley 法の力に屈する. Esa ley ya no tiene ~. その法律はもう無効である. Se les castigará con toda la ~ de la ley. 彼らは法の力で厳しく罰せられるだろう. Es un ministro con mucha ~ dentro del gobierno. 彼は政府内で大変顔がきく大臣だ. 類**autoridad, coacción, influencia, poder, presión**. ❻ (表現などの)力, 迫力. —~ de un argumento 論拠の説得力. ~ avasalladora de un discurso 演説の圧倒的な迫力. cuadro [estilo] lleno de ~ 力強い絵〔文体〕. Destaca la ~ expresiva de sus poemas. 彼の詩の表現力は際立っている. Ella se rindió ante la ~ de las razones de su jefe. 彼女は上司の理屈に屈した. Sus argumentos no tienen la suficiente ~ para convencerme. 彼の議論には私を納得させるのに充分な説得力がない. Sus relatos tienen ~. 彼の話には迫力がある. 類**brío, eficacia, empuje, ímpetu, impulso, poder, potencia**. ❼ 〖主に複〗兵力, 戦力; 軍, 軍部隊. —~ de intervención 介入部隊. ~ del ejército 兵力. ~ de paz [de pacificación] 平和維持軍. ~ militar 軍事力, 軍隊. ~s aliadas 連合軍. ~s antidisturbios 治安部隊, 機動隊. ~s convencionales 通常戦力 (=armas convencionales). ~s de desembarco 上陸〔占領〕軍. Las ~s rebeldes lograron la independencia. 反乱軍は独立を勝ち取った. 類**ejército, militar, tropas**. ❽ 〖主に複〗(同じ思想・利益で結びついた集団・組織の)勢力, 力; 人手, 人数. —equilibrio de ~ 勢力の均衡, バランス・オブ・パワー. ~ del enemigo 敵の戦力. ~ de un sindicato 組合の勢力. ~s de la oposición 野党〔反対〕勢力. ~s democráticas parlamentarias 議会の民主主義勢力. ~s económicas 経済力. Todas las ~s políticas condenaron el atentado terrorista. すべての政治勢力がテロ行為を非難した. 類**poder**. ❾ (薬剤などの)効目, 効力, 効能; 性能. —~ de un medicamento 薬の効目〔効力〕. la ~ de los antibióticos 抗生物質の効目. ~ de una máquina 機械の性能〔効果〕. ❿ 暴力, 腕力; 暴行. —recurrir a la ~ 〔暴力〕に訴える. ceder a la ~ 暴力に屈する. Usó [Se valió de] la ~ para obligarla a confesar. 彼は彼女に自白を強要するために暴力をふるった. 類**coacción, violencia**. ⓫ (物理)力, エネルギー, 作用. —~ centrífuga [centrípeta] 遠心〔求心〕力. ~ de adhesión 粘着力. ~ de flotación 浮力. vientos de ~ ocho 風力8の風. ~ de sustentación [ascensional] (航空) 揚力. ~ hidráulica 水力. ~ magnetomotriz 起磁力 (略:f. m. m.). ~ motora [motriz] 原動力, 起動力, 推進力. composición de ~s 力の合成. líneas de ~ 力線. par de ~s 偶力. La ~ del imán atrae el hierro. 磁力は鉄を引きつける. El aerogenerador aprovecha la ~ del viento mediante una turbina. 風力発電機はタービンを使って風力を利用する. 類**energía, impulso, potencia**. ⓬ (電気)電気, 電力, 電流. —~ eléctrica 電力, 電気. ~ electromotriz (電気)起電力. cortar la ~ 電気を切る〔止める〕. Este enchufe no tiene ~. このコンセントには電気が来ていない. Enciende las luces, que ya ha vuelto la ~. 停電が終わったので, 明りをつけなさい. 類**corriente, electricidad, energía, fluido**. ⓭ (軍隊などの)本隊; 主要部分. —La ~ de la investigación se ha volcado sobre esa misteriosa enfermedad. 調査ではその不可解な病気に主な精力が注がれた. 類**grueso**.

administrar sus [las] *fuerzas* 力をコントロールする, 体力をセーブする. Tienes que *administrar* muy bien *tus fuerzas* para poder llegar hasta la cumbre. 君は頂上までたどり着けるように, 体力をうまくコントロールしなければならない.

a fuerza de ... (1) よく hacer, conseguir などと共に〕…の力によって, …のお陰で (=a base de). *a fuerza de dinero* お金の力で. *a fuerza de manos* 力ずくで, 強引に. Ha malcriado al niño *a fuerza de mimos*. 彼女は子供をちやほや甘やかして育てた. Lo consiguió *a fuerza de sobornos* [*de trabajo*]. 賄賂を使って〔一生懸命働いて〕それを手に入れた. A fuerza de mucho estudiar logró aprobar los exámenes. 彼は根気強く勉強して試験に合格した. (2) あまりに…なのでかえって, …のあげくに. *A fuerza de excusarse consiguió que sospechasen de él*. 彼はあまり弁解するのでかえって疑われた.

a la fuerza (1) どうしても, やむを得ず, 必然的に (=por necesidad, necesariamente, →por fuerza). casamiento *a la fuerza* (妊娠などによる)やむを得ない結婚. Tuvo que aceptar la propuesta *a la fuerza*. 彼はやむなくその提案を受け入れざるを得なかった. ¿Vas a ir a la universidad mañana?-A ver. ¡*A la fuerza*! 君は明日大学に行くつもり?—まあ, しようがないね. Con todo lo que estudias, *a la fuerza* tienes que estar cansado. 君はよく勉強したので, きっと疲れているだろうね. (2) (人の意に反して)力ずくで, 無理やり, 強制的に (→por fuerza). entrar *a la fuerza* 押し入る. Lo llevé al colegio *a la fuerza*. 私は彼を無理やり学校へ連れて行った. Lo echaron *a la fuerza* del bar porque estaba borracho. 彼は酔っ払っていたので, バルから力ずくで放り出された.

A la fuerza ahorcan. いやも応もない, 選択の余地はない. Yo no quería marcharme del pueblo, pero *a la fuerza ahorcan*. 私は村を出たくなかったが, 他にどうしようもなかった.

a viva fuerza (人の意に反して)力ずくで, 無理やり, 暴力で. Le quitaron la bolsa *a viva fuerza*. 彼女はかばんをひったくられた.

caballo de fuerza 馬力 (=caballo de vapor).

camisa de fuerza →camisa.

cobrar [*recobrar, recuperar, reponer*] (las) *fuerzas* [*fuerzas*] (病気・病後に)元気を取り戻す, 体力を回復する; 勢いを盛り返す. De la operación salió bien; ahora sólo tiene que *recuperar las fuerzas*. 彼は手術が成功し, 今は体力の回復を待つだけだ.

con fuerza (1) 力を込めて, 強く, ぎゅっと, しっか

りと. Coge el conejo *con fuerza*, que no se te escape. 逃げられないようにウサギをしっかりつかまえておきなさい. apretar un tornillo *con fuerza* しっかりねじを締める. respirar *con fuerza* 深呼吸する. (2) 元気に, 丈夫に. Esta planta crece *con* mucha *fuerza*. この植物はすくすく育っている. (3) 勢いよく, 激しく. El agua salía *con fuerza*. 水が勢いよく流れ出ていた. Hoy el aire sopla *con fuerza*. 今日は風が強い. (4) 激しく, 熱烈に, 熱心に. protestar *con* mucha *fuerza* 激しく抗議する.

con todas sus ***fuerzas/con toda(s) la(s) fuerza(s)*** (su) ***fuerza*** 力[精]一杯, 全力で, 勢いよく. gritar *con todas sus fuerzas* 力の限り叫ぶ. La quería *con todas sus fuerzas*. 彼は彼女のことを熱愛していた.

de fuerza 力のある, 強力な, 説得力のある[argumento, idea, razón, recomendación などの修飾語としてよく用いられる]. argumento *de fuerza* 説得力のある論説.

de grado o por fuerza いや応なしに.

en fuerza de ... (1)《まれ》... (の力)によって, のお陰で(=a causa de, en virtud de). (2)《まれ》...が原因で, ...のために(=a causa de).

en la fuerza de ... ...の最盛期に, 絶頂期に. *en la fuerza de* la edad 働き盛りに; 男[女]盛りに. *en la fuerza d*el calor [de sus años mozos] 暑い[若い]盛りに.

fuerza animal [de sangre, de los animales] (1)(人力・機械力に対して)家畜の力, 畜力. Trabajaban el campo a base de *fuerza animal*. 彼らは畑を畜力で耕していた.

fuerza bruta (道徳的・精神的・知性的な力に対して)暴力, 腕力. emplear la *fuerza bruta* con [contra] ... ...に暴力を使う, 暴力を振るう. la *fuerza bruta* de la naturaleza 自然の猛威. En ese barrio impera la *fuerza bruta*. その地区は暴力によって支配されている.

fuerza de gravedad 《物理》重力(=gravedad).

fuerza de inercia (1)《物理》慣性力, 惰力. (2) 惰性. La *fuerza de la inercia* le hacía seguir en su puesto. 彼は惰性で仕事を続けていた.

fuerza de la costumbre 習慣の力, 惰性. Su matrimonio continúa no por amor sino por la *fuerza de la costumbre*. 彼の結婚は愛情によってではなく惰性で続いている.

fuerza de la naturaleza (1) 自然の力. luchar contra las *fuerzas de la naturaleza* 自然の猛威と戦う. (2)《比喩》怪力無双の人; 圧倒的迫力をもつもの.

fuerza disuasiva [disuasoria, de disuasión] 《軍事》(核兵器などの)戦争抑止力; 説得力. Tus razones no tienen ninguna *fuerza de disuasión*. 君の論拠には説得力がない.

fuerza liberatoria 《経済》(紙幣の)強制通用力.

fuerza mayor (1) 不可抗力, やむにやまれぬ事情. debido a circunstancias de *fuerza mayor* やむにやまれぬ事情により. excepto [salvo] en caso de *fuerza mayor* やむを得ない場合を除いて. Razones de *fuerza mayor* me han obligado a ausentarme del trabajo. やむにやまれぬ理由で私は仕事を休まねばならなかった. (2)《法律》不可

抗力(=caso fortuito).

fuerza pública/fuerzas de orden (público) (治安を保つ)警察(力)(=policía), 治安部隊. La *fuerza pública* sofocó el motín. 警察は暴動を鎮圧した. Las *fuerzas de orden público* acordonaron la zona del siniestro. 警察は災害現場への交通を遮断した.

fuerzas aéreas/fuerza de aire 《軍事》空軍.

fuerzas aeronavales [aeroterrestres] 《軍事》海空[空陸]軍. Las *fuerzas aeroterrestres* detuvieron la invasión enemiga. 空陸軍は敵の侵攻を食い止めた.

fuerzas armadas 《軍事》(陸軍・海軍・空軍を含む)軍隊, 国軍. Las *fuerzas armadas* de las Naciones Unidas vigilan que se cumpla el alto el fuego. 国連軍は停戦の遂行を監視している.

fuerza(s) de choque 《軍事》《比喩》突撃部隊, 精鋭部隊. La *fuerza de choque* del ejército es un cuerpo de elite. 軍の突撃部隊は精鋭部隊である.

fuerzas de seguridad 治安部隊, 保安軍隊[警察]. Las *fuerzas de seguridad* consiguieron ahogar la rebelión. 保安警察は反乱を鎮圧することができた.

fuerza(s) de voluntad (難事を達成するための)意志の強さ, 精神力, 気力. Con un poco de *fuerza de voluntad* lo conseguirás. 君は少し意志が強ければ, それができるよ. No dejas de fumar porque no tienes *fuerza de voluntad*. 君は意思が弱いからタバコをやめられないんだ.

fuerzas navales 海軍(=marina de guerra).

fuerzas terrestres/fuerza de tierra 陸軍.

fuerzas vivas (地方・土地の)有力者, リーダー. Todas las *fuerzas vivas* del pueblo asistieron al funeral. 地元の有力者は皆葬式に参列した.

fuerza vital 生命力, 活力; 気.

fuerza viva 《物理》活力: 運動エネルギー(energía cinética)の2倍に相当するライプニッツの概念.

hacer fuerza (1) 力を加える[入れる, 使う]. Tuvo que *hacer* mucha *fuerza* para levantarlo. 彼(女)はそれを持ち上げるのにたいへんな力を使わなければならなかった. (2)【+a/sobre】(人に)強要[強制]する. Le *hicieron fuerza* para que dimitiera. 彼は辞任を強いられた. Le acusaron de *hacer fuerza* a la justicia. 彼は司直に圧力をかけたかどで告訴された.

írsele a ... la fuerza por la boca [por el pico] 《話》(人)は口先だけである, おしゃべりだ(行動が伴わない), からいばりする. *Se le va la fuerza por la boca* y, a la hora de la verdad, no cumple lo que ha prometido. 彼は口先だけで, いざと言う時には約束の半分さえも守らない.

kilogramo fuerza 《物理》キログラム重, 重量キログラム(1kgの質量に働く重力の大きさに等しい力. 略: kgf)(=kilopondio).

La unión hace la fuerza. 【諺】団結は力なり.

Más vale maña que fuerza. 【諺】柔よく剛を制す.

medir sus ***fuerzas con [contra] ...*** (1) ...と力を競う, 力比べをする. Le desafié a *medir con* él *mis fuerzas.* 僕は彼に力比べを挑んだ. El campeón de karate *midió sus fuerzas con* el adversario. 空手のチャンピオンが競争相手と戦った. (2)(着手する前に)力量をはかる.

no sentirse con fuerzas para … …に耐えられそうな気がしない, をやれそうに思わない. No *me siento con fuerzas para* hacer ese viaje. 私はその旅に耐えられそうにない.

por fuerza (1)どうしても, やむを得ず, 必然的に, 仕方なく (=necesariamente, por necesidad, a la fuerza). Tengo que irme *por fuerza.* 私はどうしても行かなければなりません. (2)力ずくで, 無理やり, 強制的に (=a la fuerza, por la fuerza).

por la fuerza (人の意に反して)力ずくで, 無理やり, 暴力で (=a la fuerza, por fuerza). quitar [robar] el dinero *por la fuerza* 金を強奪する. Le han hecho marcharse del piso *por la fuerza.* 彼は無理やりマンションを追い出された.

quedarse sin fuerzas (1)力[体力, 元気, 気力]がなくなる. Está enfermo y *se ha quedado sin fuerzas.* 彼は病気で力が衰えた.

sacar fuerzas de flaqueza ありったけ[最後]の力[気力]を振り絞る. Me sentía agotado, pero *saqué fuerzas de flaqueza* para seguir trabajando. 私は疲れ果てていたが, 最後の力を振り絞って働き続けた.

ser fuerza〔+不定詞, +*que*+接続法〕…は必然である, 避けがたい. Si verdaderamente crees que te está engañando, *fuerza será que* le digas. もし本当に彼にだまされていると思うんだったら, 彼に言うべきだろう.

tomar fuerzas 力がつく, 元気になる.

fuese(-) [fuése(-)] 動 ser, ir の接・過去.

fuet [fué(t)] 男 (カタルーニャ地方産の)細長いソーセージの一種.

fuetazo [fuetáθo] 男【中南米】鞭で打つこと, 鞭打.

fuete [fuéte]〔<仏〕男【中南米】鞭.

:**fuga** [fúɣa] 女 ❶ 逃亡, 逃走, 脱走; 駆け落ち. ~ *de la cárcel* 脱獄. ~ *de prisioneros* 囚人の脱走. Nuestro ejército puso en ~ al enemigo. 我が軍は敵軍を敗走させた. ~ precipitada (先を争って)どっと逃げ出すこと. delito de ~《法律》轢(ｷ)き逃げ[当て逃げ]罪. 類**escapada, evasión, huida.** ❷ (液体・気体の)漏れ, 漏出. —Hoy ha habido una ~ de gas en la calle. 今日通りでガス漏れがあった. ~ (de corriente) eléctrica 漏電(ｿﾞ). 類**derrame, escape, pérdida.** ❸《比喩》(貴重なものの)流出, 逃避. ~ *de capitales* 資本の逃避[国外流出]. ~ *de cerebros* 頭脳流出. ~ *de información* 情報漏れ. 類**evasión.** ❹ 最盛期, 盛り; 激しさ, 熱情. —en la ~ *de la fresa* いちごの最盛期に. ~ *de la juventud* 青春の血気[激情]. En la ~ de la exaltación popular se produjeron los disturbios. 民衆の興奮のさなかに騒動が持ち上がった. 類**ardor, ímpetu.** ❺《音楽》フーガ, 遁走(ﾄﾝｿｳ)曲. —Bach compuso varias ~s. バッハはフーガを何曲か作曲した.

darse a la fuga/ponerse en fuga を逃走[遁走(ﾄﾝｿｳ)]する, 逃げる. Los bandidos *se dieron a la fuga.* 盗賊は逃げた.

fuga de consonantes [*de vocales*] 子音[母音]補充のパズル.

poner en fuga を逃走[遁(ﾄﾝ)走]させる.

***fugacidad** [fuɣaθiðá(ð)] 女 はかなさ, 消えやすさ, つかの間. — ~ *de la vida* 人生のはかなさ, はかない人生. 類**brevedad, caducidad.**

:**fugarse** [fuɣárse] [1.2] 再〔+*de* から〕逃走する, 逃げる, 脱走する. ~~*se fugaron de casa* 家出をする. Los prisioneros *se fugaron de la cárcel.* 囚人たちは脱獄した. 類**escaparse, huir.**

:**fugaz** [fuɣáθ] 形〔複 fugaces〕❶ つかの間の, はかない, たちまち消え去る. —Sólo tuvo *fugaces* amores. 彼はつかの間の恋をしただけだった. El primer ministro realizó una visita ~ al lugar del siniestro. 首相は災害地を短時間訪問した. 類**breve, efímero, pasajero.** 反**duradero, persistente.**

estrella fugaz 流れ星, 流星.

fugitivo, va [fuxitíβo, βa] 形 ❶ 逃げる, 逃亡している. —Fue atropellado por un coche conducido por un hombre ~ de la justicia. 警察に追われている男の運転する車にはねられた. ❷ 一瞬にして通りすぎる. —El ~ destello de un faro le orientó hacia la costa. 彼は灯台の光を頼りに岸辺へとたどりついた. ❸《比喩》束の間の, はかない, 一時の. —La felicidad [vida] es *fugitiva.* 幸せ[人生]とははかないものだ. 類**caduco, fugaz, perecedero.** — 名 逃亡者, 脱走者.

fugue(-) [fúɣe(-)] 動 fugar の接・現在.

fugué [fuɣé] 動 fugar の直・完了過去・1 単.

fuguillas [fuɣíʎas] 男女【単複同形】落ち着きのない人; 短気な人; 気が変わりやすい人. —Es un ~ y se enfada fácilmente por nada. 彼は気の短い人で些細なことにもすぐ腹をたてる. No se puede estar quieto un momento, es un ~. 彼は落ち着きがなくてちょっとの間もじっとしていられない.

fui [fuí] 動 ser, ir の直・完了過去・1 単.

fuimos [fuímos] 動 ser, ir の直・完了過去・1 複.

fuina [fuína] 女《動物》テン (=garduña).

fuiste [fuíste] 動 ser, ir の直・完了過去・2 単.

fuisteis [fuísteis] 動 ser, ir の直・完了過去・2 複.

ful [fúl] 形〔単複同形〕《話》❶ 失敗の, 出来の悪い, 粗悪な. —Venía de la capital, y las fiestas del pueblo las encontraba muy ~. 都会から来て行きそこねたその村の祭りはひどく粗雑なものに思えた. ❷ 偽の, いんちきの, 見せかけの. —Dos policías ~ han sido detenidos. 2 人のニセ警官が逮捕された. 類**falso, fingido.**

— 男 粗悪品; まがい物, 見せかけだけの人. —Se da mucha importancia pero no es más que un ~. 偉そうに見えるがただの見かけだおしだ.

fulana [fuláná] 女 →fulano.

fulano, na [fuláno, na] 名 ❶ 誰某, 某氏, 何とかいう人(名前の特定されない人物をさす). —Don F~/~ de tal 某氏. ~, mengano y zutano [perengano] そこらの人, 誰彼. Me lo dijo un ~. 誰やらに聞いた話だが. ❷《軽蔑》どこかの奴. —Vino un ~ a vernos. どこの馬の骨とも知れない男が会いに来た. Entraron tres ~s en la cafetería. カフェにどこの奴かわからない 3 人組が入ってきた. No sé quién es ese ~. そいつが何者かは私は知らない. ❸ 愛人.

— 女《俗》売春婦, 淫売, 売女. 類**prostituta.**

fular [fulár]〔<仏 foulard〕男 スカーフ;(プリント地の)薄絹.

fulbito [fulβíto] 男 ミニサッカー;〖アルゼンチン〗非公式なサッカー試合.

fulcro [fúlkro] 男 ❶(てこの)支点(=punto de apoyo). ❷〖植物〗茎, 葉[花]柄, 巻きひげ.

fulero, ra [fuléro, ra] 形〖話〗❶ 粗雑な, いい加減な, 役に立たない. 類**chapucero**. ❷(人が)嘘つきの, ごまかしの; とぼけた, ほらふきの. 類**fullero, tramposo**.
—— 名 嘘つき, ほらふき. —No hagas caso de lo que te dice ese ~. そんなはったり屋の言うことは放っとけ.

fulgente, fúlgido, da [fulxénte, fúlxiðo, ða] 形〖文〗光り輝く, きらめく. 類**brillante, resplandeciente**.

fulgor [fulɣór] 男 光輝, 光明, すばらしさ. —~ de la luna 月の輝き.

fulguración [fulɣuraθjón] 女 ❶ 輝くこと; 光, 輝き. ❷(落雷などによる)感電, 電撃.

fulgurante [fulɣuránte] 形 光り輝く; 輝かしい. —estrella ~ きらめく星. Por la ventana entreabierta llegaba un ~ rayo de sol. 半開きの窓から輝く日の光が差し込んでいた. Su éxito fue ~. 彼は輝かしい成功をおさめた. Su ascensión en la empresa fue ~. 彼の職場での昇進ぶりはすばらしいものだった.

fulgurar [fulɣurár] 自 光る, 輝く, きらめく, 光を放つ. 類**brillar, centellear, resplandecer**.

fúlica [fúlika] 女《鳥類》オオバン(大鷭).

full [fúl]〔<英〗〖ゲーム〗フルハウス(ポーカーの手の一つで, ワン・ペアーとスリー・カードの組合わさったもの).

fullerear [fujereár] 自〖話〗〖中南米〗見せびらかす, うぬぼれる.

fullería [fujería] 女 ❶〖話〗(ゲームでの)ずる, ごまかし, いかさま. —Ganaba porque hacía ~s. ずるしたから勝ってたんだ. 類**trampa**. ❷〖比喩〗(人をだます)手口, 策略, トリック. 類**astucia, treta**.

fullero, ra [fujéro, ra] 形 ずるい, いかさまの, 不正な; 偽の; いいかげんな. —— 名 (トランプでの)いかさま師; いいかげんな人. —No me gusta jugar con él porque es un ~. 奴とはゲームをしたくない, いかさま師だからな.

full time [fúltajn, fúltajm]〔<英〗副 フルタイムで, 常勤で(=a tiempo completo).

fulmicotón [fulmikotón] 男 綿火薬, 強綿薬(精製した綿から得る, ダイナマイトなどの火薬に用いる成分).

fulminación [fulminaθjón] 女 ❶ 閃光; 雷光, 落雷. ❷ 爆発, 炸裂. ❸ 激しい非難; 怒号, 雷.

fulminante [fulminánte] 形 ❶ 雷鳴がとどろく; ぱっと爆発する. ❷(病気が)突発的に発症する, 劇症の. —hepatitis ~ 劇症肝炎. ❸ どなりつけるような.

fulminar [fulminár] 他 ❶(光・稲妻などを)投げる, 放つ. ❷ 爆発させる, 弾を撃つ. ❸(光・稲妻などが)傷つける, 死なせる. —Lo *fulminó* de un tiro en la cabeza. 彼は頭部への一撃で絶命した. Murió *fulminando* por un rayo. 彼は落雷に打たれて死んだ. ❹(病が)襲う, 急死させる. —Un ataque de apoplejía lo *fulminó*. 彼は卒中の発作で亡くなった. ❺(判決・破門などを)言い渡す, 激しく非難する; 脅しの言葉をかける. ❻(目つき・声などで

funámbulo 969

人を)従わせる, 強い印象を与える, 感化する. —Los encantadores ojos de aquella chica le *fulminaron*. あの女の子の魅力的な目に彼はすっかり参ってしまった.

fulminar con la mirada (怒り・恨みのこもった目つきで)にらみつける.

fulminato [fulmináto] 男〖化学〗雷酸塩.

fúlmine [fúlmine] 男女〖南米〗悪運をもたらす人. 類**gafe**.

fumable [fumáβle] 形 タバコが吸える.

fumada [fumáða] 女 (タバコ)ひと吸い, 一服. —Dio una profunda ~ al cigarrillo y se quedó pensativo. 彼はタバコを深く一吸いしておいてから考え込んだ.

fumadero [fumaðéro] 男 喫煙所, 喫煙室;(特に)麻薬を吸う場所, 阿片窟(=~ de opio).

fumado, da [fumáðo, ða] 形〖話〗麻薬[ドラッグ]中毒の, ドラッグの影響を受けている. —Lleva toda la mañana ~. 彼は午前中はずっと薬の影響が出ている.

fumador, dora [fumaðór, ðóra] 形 タバコを吸う, 喫煙する. —vagón de no ~es 禁煙車両. —— 名 タバコを吸う人, 喫煙者. —~ pasivo 受動喫煙者. Es un ~ empedernido. 彼はヘビースモーカーだ. Reservaré un asiento de no ~. 禁煙席を予約しよう.

fumante [fumánte] 形〖化学〗発煙性の, 蒸発性の. —sal ~ 塩酸.

‡**fumar** [fumár] 他 (タバコなどを)吸う, ふかす, 喫煙する. —Le gusta ~ puros. 彼は葉巻を吸うのが好きだ. — marijuana マリファナを吸う. Se prohíbe ~. 禁煙.
—— 自 タバコを吸う. —¿*Fumas*? —No, no *fumo*. 君, タバコ吸うかい. —いや, 吸わないよ.
—**se** 再 ❶ タバコを吸う. —Se *fuma* un cigarrillo con el café. 彼はコーヒーを飲みながらタバコを1本吸った. ❷《話》(金・財産を)浪費する, 蕩尽(とぅじん)する. —Se *fumó* el sueldo en cinco días. 彼は月給を5日で使い果たした. 類**malgastar**. ❸《話》欠席する, サボる. —Hoy *se ha fumado* dos clases. 今日彼は授業を2つサボった.

fumarada [fumaráða] 女 ❶(一度に出る)煙, 湯気・排気など. —Tras la explosión salió una ~. 爆発の後に煙が立ちのぼった. ❷(パイプに詰める)一回分のタバコ.

fumarola [fumaróla] 女 噴気孔(火山の火口付近でガスなどを噴出する穴や割れ目); 噴出物.

fumigación [fumiɣaθjón] 女 (殺菌のために)いぶすこと, 燻蒸(くんじょう).

fumigador, dora [fumiɣaðór, ðóra] 形 燻蒸(くんじょう)の, 殺菌の. —— 名 燻蒸消毒をする人. —— 男 (消毒用のガスなどの)噴霧器.

fumigar [fumiɣár] [1.2] 他 (煙, ガスなどで)消毒する, 燻蒸(くんじょう)する, 滅菌する; 殺虫する, 駆除する.

fumista¹ [fumísta] 男女 (台所・ストーブ・煙突などの)工事人, 修理工; 掃除屋; 販売員.

fumista² [fumísta]〔<仏〕男女〖中南米〗冗談を言う人, からかう人. 類**bromista, burlón**.

fumistería [fumistería] 女 (台所・ストーブ・煙突などの修理・清掃の)仕事場, 工房; 工務店; 販売店.

funámbulo, la [funámbulo, la] 綱渡り

師, 綱渡り曲芸人. 類**equilibrista, volatinero**.

función [funθjón フンシオン] 囡 ❶ (生体各器官・機能装置などの)**機能**, 働き, 作用. —La ~ del freno es detener el vehículo. ブレーキの役目は乗り物を止めることである. ~ del hígado [de los pulmones] 肝[肺]機能. *funciones* generativas [de reproducción] 生殖機能. *funciones* digestivas 消化機能. ~ vegetativa 植物性機能. ~ clorofílica《生物》葉緑素作用. 類**actividad, papel, trabajo**. ❷『主に圏』(人・団体などの)**役目**, 職務, 役割. —cumplir [desempeñar, realizar] una ~ 職務を果たす[遂行する]. Dio la orden en el ejercicio de sus *funciones*. 彼は職権を行使して命令を下した. Se excedió en sus *funciones*. 彼は自分の職務で越権行為を犯した. 類**cometido, finalidad, papel**. ❸《演劇, 映画, サーカス》**上演**, 興行, 上映. —Cuando llegamos al circo, la ~ ya había comenzado. 我々が劇場に着いた時サーカスはすでに始まっていた. En este cine hay dos funciones por las tardes. この映画館では午後二回映写が行われている. ~ benéfica [de despedida] 慈善[さよなら]公演. ~ taquillera ドル箱興行. ~ de circo サーカスの公演. 類**diversión, espectáculo, representación**. ❹ (教会での)儀式, 典礼, ミサ. —Asiste todos los domingos a las *funciones* religiosas. 彼は毎週日曜日ミサに行く. 類**acto, ceremonia**. ❺《数学》関数, 函数. — ~ algebraica [analítica, periódica, trigonométrica] 代数[解析, 周期, 三角]関数. ~ del grado segundo 二次関数. ~ de demanda 需要関数. ❻《言語》機能(文中・発話内で, ある語・語群の果たす役割). —Un sintagma nominal puede desempeñar la ~ de sujeto. 名詞句は主語(としての)機能を果たすことができる. ~ de sustantivo 名詞の機能. ~ sintáctica 統語機能. ❼ 宴会, パーティー, (社交上の)会合. —dar [ofrecer] una ~ 宴会をする. ❽《俗》大騒ぎ. —armar una ~ 騒ぎ立てる. ❾《方》葬儀, 葬式. ❿《軍事》戦闘.

en función de … …に応じて, …次第で, …に関連して. Te pagaré *en función de*l volumen de tu trabajo. 給料は仕事量に応じて支払おう. 類**según**.

en funciones/en función (1) 代行の, 代理の; 臨時に. El alcalde *en funciones* inauguró la exposición. 市長代行が展覧会の開会式を挙行した. presidente *en funciones* 大統領議長代理. (2) 就任して, 職務に就いて. entrar *en funciones* 就任する, 職務に就く. estar *en funciones* 職務[勤務]中である.

función de gala [de etiqueta] (オペラなどの)特別公演, 特別興行; 正装の夜会.

funcional [funθjonál] 形 ❶ 機能上の, 機能に関する. —desorden[recuperación] ~ 機能障害[回復]. competencia ~ 機能の競合. procedimiento ~ 機能上の手続き; 役所的手続き. ❷ 機能的な, 機能本位の, 実用的な(建物, 家具など). —Se da más importancia al aspecto ~ que al artístico. 美的側面よりも機能性の方が重視されている. Son muebles muy bonitos pero poco ~es. 大変美しい家具だが使い勝手はよくない. 類**eficaz, práctico, utilitario**. ❸《言語》機能的

な. —palabra ~ 機能語(前置詞・接続詞・関係詞など). ❹《数学》関数の. —ecuación ~ 関数方程式.

funcionamiento [funθjonamjénto] 男 機能, 働き, 作用, 作動; 営業. —poner en ~ 実施する, 施工する, 始動する. Esta impresora está en ~ toda la noche. この印刷機は一晩中動いている. En las horas punta entran en ~ otros trenes. ラッシュアワーには臨時列車が運転される.

funcionar [funθjonár] 自 機能する, 働く, 作動(どう)する. —Mi reloj no *funciona* bien. 私の時計は調子が良くない. No *funciona*. 故障中. Nuestras relaciones de pareja no *funcionan*. 私たち2人の関係はうまく行っていない. El negocio *funciona* como esperábamos. 取引は私たちが期待していたようにうまく行っている.

funcionario, ria [funθjonárjo, rja] 名 公務員, 役人, 官吏. — ~ público 公務員. ~ municipal [del Estado] 地方[国家]公務員. ~ de correos 郵便局員. alto ~ 高級官僚. 類**burócrata, oficial**.

funda [fúnda] 囡 カバー, おおい; ケース; (剣の)さや. — ~ de almohada 枕カバー, ピロケース. ¿Has visto la ~ de mis gafas? 私の眼鏡ケース知らない? ~ de una raqueta de tenis テニスラケットのカバー. ~ de pistola ピストルカバー, ホルスター.

fundación [fundaθjón] 囡 ❶ (都市・会社・学校などの)創設, 設立, 創立. —El año que viene se celebra el quinto centenario de la ~ de la ciudad. 来年市制施行500年記念祭が催される. ~ de un partido nuevo 新党結成. ~ de una revista 雑誌の創刊. 類**constitución, establecimiento**. ❷ (a) (寄付された基金で運営される)財団, 施設, 協会. —F~ Rockefeller ロックフェラー財団. *fundaciones* benéficas 福祉施設[事業団]. La ~ está dirigida a la realización de obras benéficas. その財団は慈善事業を目的としている. 類**establecimiento, institución**. (b) (財団の)基金. 類**legado**.

fundadamente [fundaðaménte] 副 根拠をもって, 正当に.

fundado, da [fundáðo, ða] 過分 形 ❶ 設立された. —Ese organismo está recién ~. その機関は最近設立されたばかりである. ❷ 根拠のある, 正当な. —Existen *fundadas* esperanzas de conseguir la victoria. 勝利をものにする妥当な可能性がある.

fundador, dora [fundaðór, ðóra] 名 創立[創設, 設立]者, 発起人; (学派・宗教の)始祖, 開祖. — ~ de una compañía 会社の創立者. San Ignacio de Loyola fue el ~ de la Compañía de Jesús. 聖イグナティウス・デ・ロヨラはイエズス会の創立者であった. 類**creador, patrocinador**.
—— 形 創立[創設, 設立]の. —De los miembros [socios] ~es sólo queda él dentro de la empresa. 創立メンバーのうちもう彼しか会社に残っていない.

fundamental [fundamentál フンダメンタル] 形 ❶ 肝要な, 必須の, 重要な. —Nos encontramos en un momento ~ de la historia. 私たちは歴史上で重要な瞬間にいる. Lo ~ para mí es que me devuelvas el dinero. 私にとって重要なのは君が金を返してくれることだ. 類**básico, esencial, principal**. 反**accesorio, secundario**. ❷ 基礎

の, 根本の, 基本的な. —piedra ~ 礎石. derechos ~*es* del hombre 基本的人権. Ésa es la base ~ de todo nuestro sistema teórico. それはわれわれの全理論体系の基礎である. 類**básico, esencial.**

fundamentalmente [fundaméntaménte] 副 基本的に; 根本から. —No es mal hombre ~. 彼は根は悪人ではない.

fundamentar [fundamentár] 他 ❶ 土台を作る, 基礎を固める, 礎を置く. —Tardarán varios meses en ~ el edificio. 建物の基礎工事に何か月かはかかるだろう. Los cimientos sobre los que se *fundamenta* la casa son débiles. その家の土台はしっかりしていない. ❷ 裏付けを与える, 理由づけをする, 根拠を固める. —*Fundamenta* su tesis en falsos argumentos. 彼の論文は誤った論拠に基づいている.

:**fundamento** [fundaménto] 男 ❶ (a) 《建築》基礎, 土台. —Esta casa tiene unos ~*s* muy profundos y seguros. この家は土台が深くしっかりしている. echar [poner, establecer] los ~*s* 土台を築く. 類**base, cimientos.** (b) 《比喩》土台, 基本. —La ley es el ~ de la sociedad. 法は社会の土台である. 類**apoyo, base, soporte.** ❷ (十分な)根拠, 理由. —Lo que dices carece de [no tiene] ~. 君の言っていることは根も葉もないことだ. rumor sin ~ いわれのないうわさ. acusación sin ~ いわれのない非難. 類**base, motivo, razón.** ❸ 《主に否定文で》まじめ, 誠実さ. —Esta chica no tiene ~. この女の子はまじめだ. Es una noticia sin ~ de una revista del corazón. それはゴシップ雑誌のまじめでないニュースである. 類**formalidad, seriedad.** ❹ (学問・技術などの)基礎知識, 初歩. —~*s* de inglés [de la filosofía] 英語[哲学]の初歩. ~*s* de carpintería 大工の基本. 類**elementos, nociones.** ❺ (織物の)横糸.

no tener fundamento (1) 根拠[理由]がない. *No tiene* ningún *fundamento* para criticarte. 君を批判する何の根拠も彼にはない. (2) 不まじめである.

sin fundamento (1) 根拠のない[もなく], いわれのない. hablar *sin fundamento* はっきりした根拠もなく話す. (2) 不まじめに[して]. comportarse *sin fundamento* 行儀が悪い, 品行が悪い.

****fundar** [fundár フンダル] 他 ❶ を創設する, 設立する, 創始する. —Los celtas *fundaron* esta ciudad. ケルト人がこの都市を建設した. *Fundó* una asociación para la defensa de la naturaleza. 彼は自然保護のための協会を設立した. ❷『+en に』を基づかせる, …の根拠[理由]を置く. —*Funda* su dictamen *en* hechos demostrados. 彼は自分の判断を立証された事実によるとしている. 類**apoyar, basar.**

— **se** 再『+en』…によって立つ, 支えられる. ❷ …に基づく, 根拠を置く, よる. —Su odio se *funda en* una antigua traición. 彼の憎しみは昔の裏切りに原因がある. ¿*En* qué *te fundas* para criticarle? どういう理由で君は彼を批判するのか.

fundente [fundénte] 形 《化学》溶解の, 融解の, 溶解力のある. — 男 融剤, 媒溶剤; 《医学》腫瘍・炎症を散らす物質.

fundería [fundería] 女 《まれ》鋳物工場, 精錬所; 鋳造設備. →fundición.

***fundición** [fundiθjón] 女 ❶ 溶かす[溶ける]こ と, 溶解; 融解. —~ de los metales 金属の溶解. 類**fusión.** ❷ 鋳造; 鋳造所, 鋳物工場. —~ de acero 製鋼所. ❸ 鋳鉄 (=hierro colado). —~ blanca 白鋳鉄. ❹ (印刷)フォント (同一書体の活字の一揃い).

fundición de hierro (1) 鋳鉄 (=hierro colado). (2) 鋳鉄[製鉄]所.

fundido¹ [fundído] 男 《映画》フェードイン; フェードアウト.

fundido², **da** [fundído, ða] 形 ❶ 溶解の; 鋳造の. —acero [hierro] ~ 鋳鋼[鋳鉄]. ❷ 《商業》《中南米》破産した.

fundidor [fundidór] 男 鋳鉄工, 製鉄[精錬]作業員.

:**fundir** [fundír] 他 ❶ を溶かす, 融解させる, 溶解させる. —~ metales 金属を溶かす. El sol *funde* el hielo. 太陽は氷を溶かす. El calor *funde* la cera. 熱によってロウが溶ける. 類**derretir.** 反**congelar.** ❷ を鋳造する, 鋳型に入れて形作る. —~ una estatua 像を鋳造する. ❸ (金・財産)を浪費する, 無駄使いする. —*Fundió* en un día su sueldo. 彼は給料を1日で使い果した. 類**dilapidar.** ❹ (a) を一致させる, 一緒にする. (b) 《映画, 音楽》フェードさせる, 溶暗[溶明]させる.

— 自 溶ける, 融解する, 溶解する. —El platino sólo *funde* a altas temperaturas. プラチナは高温によってしか融解しない.

— **se** 再 ❶ 溶ける, 融解する, 溶解する. —La nieve se *funde* fácilmente con el calor. 雪は熱によって簡単に解ける. ❷ (a) 合併する, 融合[類和]する, 一緒になる. —Los dos bancos se *fundieron.* 両銀行は合併した. *Se fundieron* en un abrazo fraternal. 彼らは友好的に抱擁しあった. (b) 《映画, 音楽》フェードする. ❸ (電気器具が)壊れる, 焼き切れる. —~*se* los plomos ヒューズがとぶ. —*se* la bombilla 電球が切れる. ❹ 浪費する, 蕩尽する. —*Se fundió* la herencia en menos de un año. 彼は1年足らずで遺産を使い果した. ❺ 《中南米》破産する, 没落する.

fundo [fúndo] 男 《法律》(田舎の)地所, 不動産, 田畑.

:**fúnebre** [fúneβre] 形 ❶ 葬式[葬儀]の, 弔いの. —pompas ~*s* 葬儀. coche ~ 霊柩車. El cortejo ~ llegaba hasta el cementerio. 葬列は墓地まで続いた. 類**funerario, mortuorio.** ❷ 悲しみに沈んだ, 悲しげな, 陰気な『ser/estar+』. —¿Qué os pasa que tenéis esas caras tan ~*s*? 君たちはそんな暗い顔をしてどうしたんだ. Era una habitación ~ y oscura. それは陰気で暗い部屋だった. 類**funesto, lúgubre, triste.**

:**funeral** [funerál] 男 ❶ 《主に複》葬式, 葬儀. —~ de estado 国葬. A su ~ acudió todo el pueblo. 彼の葬儀には町中の人々が出席した. 類**exequias.** ❷ (教会で行われる)葬儀, 追悼式. —El ~ se celebró en estricta intimidad. 葬儀はごく内輪でとり行なわれた.

— 形 葬式[葬儀]の. —~ misa ~ 葬儀ミサ. El alcalde encabezaba la comitiva ~. 市長が葬列の先頭に立っていた. 類**fúnebre, funerario.**

funerala [funeróla] 副 『a la+』《軍事》(服喪の印に)銃口を下に向けて.

ojo a la funerala (殴られてできた)目のまわりの黒あざ.

972 funeraria

tener ... a la funerala …が壊れている.

funeraria [funeráɾja] 囡 葬儀屋; 葬式会館, 斎場.

funerario, ria [funeɾáɾjo, rja] 厖 葬式の, 弔いの, 埋葬の. —misa *funeraria* 葬儀のミサ. ceremonia *funeraria* 葬式.

funéreo, a [funéɾeo, a] 厖《詩》=fúnebre, funerario.

funesto, ta [funésto, ta] 厖 ❶ 不幸な, 不運な; 致命的な; 不吉な, 忌まわしい. 類**aciago**. ❷《話》台無しにするような, ひどい. —No podía pensar que aquel transbordo sería —. あそこで乗り換えかたが不運だったとは考えられなかった. Su estancia en ese país fue *funesta*. 彼のその国での滞在は不幸なものであった. Ese error puede tener *funestas* consecuencias. その過ちが致命的な結果を呼ぶことになるかもしれない. Ha sido un día —. ひどい一日だった. un ~ desenlace 不幸な結末, 破局. 類**desgraciado, nefasto, triste**.

fungible [fuŋxíβle] 厖 ❶ 消費できる, 消耗しうる, 使える. —bienes ~s 消費財. 類**gastable**. ❷《法律》代替可能な.

fungicida [fuŋxiθíða] 厖 殺菌剤の. —男 殺菌剤(カビなどの寄生する菌類に対して使うもの).

fungir [fuŋxíɾ] [3.6] 自《中南米》❶[+de] (職務を)務める, (…の役割を)果たす. — ~ de alcalde 市長を務める. ❷[+a] 代わりをする, 代理となる; でしゃばる.

fungo [fúŋgo] 男《医学》(皮膚や粘膜にできる)腫瘤, ポリープ, 菌症の腫れ物.

fungoso, sa [fuŋgóso, sa] 厖 海綿状の, 柔かい, すばらしい; 菌性の.

funicular [funikuláɾ] 厖 ロープの, ケーブルの, 索の. —ferrocarril [tren] ~ ケーブルカー. —男 ケーブルカー, ロープウェイ. 類**teleférico**.

furcia [fúɾθja] 囡《俗, 軽蔑》売春婦, 娼婦. 類**prostituta, puta, ramera**.

furgón [fuɾɣón] 男 (有蓋の)運搬車, 貨物車; 荷物車輌. — ~ de cola (貨物列車の)車掌車. ~ postal 郵便貨車, 郵便車両.

furgoneta [fuɾɣonéta] 囡 (後部に出し入れの扉のついた)小型の運搬車・輸送車, バン, ワゴン車.

:**furia** [fúɾja] 囡 ❶ 激怒, 激高, 憤激. —en un acceso de ~ かっとなって, 腹立ち紛れに. Desahogó [Desató, Descargó] su ~ contra ella. 彼女に激しい怒りをぶちまけた. El mal juego desató la ~ del público. そのまずいプレーは観客の激しい怒りを爆発させた. despertar [provocar] la ~ 激怒させる. dejarse llevar por la ~ 激しい怒りに身をゆだねる. estar hecho una ~ 激怒している. poseído de ~ 激しい怒りにかられて. 類**cólera, ira, rabia**. 反**serenidad, tranquilidad**. ❷ (戦い・暴風雨・病気などの)激しさ, 猛烈, 猛威. —atacar con ~ 激しく攻撃する. Los soldados luchaban con ~. 兵士たちは猛然と戦っていた. ~ de los elementos 自然の猛威. ~ del mar [de las olas, del viento] 荒れ狂う海[波, 風]. 類**ímpetu, violencia**. 反**calma**. ❸ 機敏, 迅速; 熱烈, 激情. —hablar con ~ まくし立てる. Escribía con ~ hoja tras hoja. 彼は1枚1枚狂ったように書いていた. Corrí con ~, pero no logré alcanzarle. 私は猛然と走ったが, 彼には追い付けなかった. 類**energía, prisa, vehemencia**. ❹ 絶頂, 頂点, 大流行, ブーム. —El rock estaba en plena ~. ロックがものすごくはやっていた. en la ~ del calor 暑さの一番厳しい時に. 類**auge, furor**. 反**decadencia**. ❺ すごくうなる人, ヒステリー. ❻ 複《ギリシャ・ローマ神話》(F~s) 復讐の三女神(三姉妹).

a la furia《ラ・プラタ》一目散に.

a toda furia 猛烈に急いで, 大急ぎで.

ponerse hecho [*como*] *una furia* 激怒する.

furibundo, da [fuɾiβúndo, da] 厖 怒りっぽい, 腹を立てた, 激怒した. —Le lanzó una *furibunda* mirada y el niño se asustó. 彼は憤怒の形相でにらみつけたので子供は縮みあがった. Fue una pelea *furibunda*. 取っ組み合いの喧嘩になった. ❷《話》激しい, 熱狂的な. —un ~ aficionado de … …の熱烈なファン. partido ~ 激戦(試合).

furiosamente [fuɾjosaménte] 副 怒り狂って, 激怒して; 激しく, 猛烈に.

:**furioso, sa** [fuɾjóso, sa] 厖 ❶ 怒り狂った, 激怒した[ser/estar+]. —*Está furiosa* contigo. 彼女は君に対して怒り狂っている. Al ver a su hija fumando se puso ~. 娘が喫煙しているのを見ると彼は激怒した. 類**colérico, furibundo, iracundo**. ❷ 猛烈な, 激しい, すさまじい. —Sintió un dolor ~. 彼は猛烈な痛みを感じた. 類**rabioso, tremendo, violento**.

:**furor** [fuɾóɾ] 男 ❶ 激しい怒り, 激怒, 憤激. ❷ (天候・病気・戦争などの)激しさ, 猛威. ❸ 熱中, 興奮, 熱情, 熱狂的流行, 熱狂的称賛. —hacer ~《話》大流行する.

furor uterino《医学》(女性の)性欲異常亢進.

furriel, furrier [fuříél, fuříéɾ] 男 ❶《軍事》補給係, 給与係(食糧・飼料・給与などの支給や分配を受け持つ兵・将校). ❷ 給付係(王室付きの馬丁のうち給付・徴収に携わる者).

furtivo, va [fuɾtíβo, βa] 厖 ひそかな, 隠れた, 内緒の. —caza *furtiva* 密猟. cazador ~ 密猟者. edición *furtiva* 海賊版. En clase, los dos se dirigían miradas *furtivas*. 二人は授業中にこっそり目くばせし合っていた.

fusa [fúsa] 囡《音楽》32分音符.

fuselaje [fuseláxe] [<仏] 男 飛行機の胴体, 機体.

fusibilidad [fusiβiliðá(ð)] 囡 (熱などに)溶けやすいこと, 可融性, 溶解性.

fusible [fusíβle] 厖 (熱などに)溶ける, 溶けやすい, 可融性の, 溶解性の. —男《電気》ヒューズ.

:**fusil** [fusíl] 男 銃, 小銃, 鉄砲. — ~ automático [de asalto, ametrallador] 自動小銃. ~ de repetición 連発銃. ~ de pistón ピストン式銃. ~ con alza automática 自動照準器付ライフル. ~ submarino 水中銃. piedra de ~ 火打ち石. cargar el ~ con balas 銃に弾丸を込める. descargar el ~ sobre un soldado 兵士に向けて銃を発射する. echarse el ~ a la cara [encararse el ~] (肩に当てて)銃をかまえる. Se le disparó el ~. 銃が暴発した. 類**escopeta**.

fusilamiento [fusilamjénto] 男 ❶ 銃殺; 銃殺刑. ❷《比喩》盗作.

:**fusilar** [fusiláɾ] 他 ❶ を銃殺する. —*Fusilaron* a los prisioneros de guerra. 彼らは捕虜を銃殺した. 類**ejecutar**. ❷ を剽窃(ʰ³ʲᵘ)する, 盗作する. 類**plagiar**.

・**fusilazo** [fusiláθo] 男 ❶ 発砲, 発射, 銃撃; 銃声. ❷ (被)弾傷.

fusilería [fusilería] 囡 ❶ 〖集合的に〗銃, 小銃, ライフル銃. ❷ 小銃隊, 小銃兵の集まり. ❸ (小銃の)発射, 射撃; 一斉射撃.

fusilero, ra [fusiléro, ra] 形 小銃の, 銃撃の. ── 男 小銃兵, 小銃隊員. ── ~ de montaña 山岳兵.

***fusión** [fusjón] 囡 ❶ 融解, 溶解. ─ punto de ~ 融点. El hielo pierde volumen con la ~. 氷は溶けると体積が減る. materiales en ~ 溶けている材料. temperatura [calor] de ~ 融解温度[熱]. 類 **derretimiento, fundición.** 反 **solidificación.** ❷ (会社の)合併(吸収合併は absorción). ─ ~ de dos empresas 2社の合併. 類 **unión.** 反 **separación.** ❸ (対立する政党・組合などの)合併, 連合; (対立する思想・利益などの)融合, 融和. ─ ~ de dos partidos 2政党の合併. ~ cultural [de ideas] 文化[思想]の融合. Es imposible conseguir la ~ de dos tendencias tan opuestas. 全く正反対の2つの傾向を融合させることは不可能である. ❹《物理》── ~ nuclear 核融合. ─ en frío 常温核融合.

fusionamiento [fusjonamjénto] 男 合併, 合同; 融合.

fusionar [fusjonár] 他 ❶ (会社・団体などを)併合する, 合併する. ─ Se rumorea que van a ~ esos dos bancos. その2つの銀行は合併するという噂だ. ❷ 融合する;《情報》マージする. ─ Ese metal *fusiona* a una elevadísima temperatura. その金属は極めて高温で融解する. ❸《比喩》1つにする. ─ ~ intereses[opiniones] 財産[意見]を1つにまとめる.

── **se** 再 合併する, 連合する. ─ Los dos partidos *se han fusionado* este año. その2政党は今年合併した.

fusta [fústa] 囡 ❶ (馬用の)鞭. ❷ (切り落とした)小枝, 枝切れ, 細い薪. ❸ 毛織物の一種. ❹ 小舟の一種(1~2本の帆柱と簡単なオールを備えた探検などに用いる舟).

fustán [fustán] 男 綿織物の一種(目がつんでいて厚く, 片面が起毛しているもの).

fuste [fúste] 男 ❶ 木材;(長い)棒, 竿;(槍の)柄. ❷ 《建築》柱, 柱幹(基部から柱頭までの間の部分). ❸ 鞍体(鞍の前後についている木の部分);《詩》鞍. ❹ 《比喩》内容, 実質, 中身; 基本, 根拠. ─ Es un artículo insulso, carente de ~. 中身のないつまらない記事だった. 類 **fundamento.** ❺《比喩》重要性, 重大さ, 意義. ─ hombre de ~ 重要人物. negocio de poco ~ つまらない取引き. 類 **entidad, importancia, nervio.**

fustigar [fustiɣár] [1.2] 他 ❶ (馬などを)鞭(むち)打つ, 鞭をくれる. 類 **azotar.** ❷《比喩》を厳しく非難する, 責める, 叱責する.

‡**fútbol, futbol** [fútβol, futβól] 男 《スポーツ》サッカー(アメリカン・フットボールは ~ americano). ─ jugar al ~ サッカーをする. ─ ~ rugby ラグビー. ~ sala フットサル. campo de ~ サッカー場. Federación Internacional de F~ アソシエーション国際サッカー連盟〖略〗FIFA. 類 **balompié.**

futbolín [futβolín] 男 サッカー盤, 卓上サッカー(人形を動かしてサッカー試合を再現する玩具・ゲーム).

futbolista [futβolísta] 男女 サッカー選手.

futbolístico, ca [futβolístiko, ka] 形 サッカーの, サッカー関係の. ─ equipo ~ サッカーチーム.

futesa [futésa] 囡 つまらない物, くだらないこと, 取るに足りない事柄. ─ Se enfada con cualquier ~. 彼らは些細なことにもすぐ腹を立てる. 類 **frusería, nadería.**

fútil [fútil] 形 つまらない, くだらない, 取るに足りない. ─ Discuten continuamente por causas ~es. 彼らはつまらない理由で絶えず議論をしている.

futilidad [futiliðá(ð)] 囡 ❶ 無価値, つまらなさ; 無意味; 無益. ❷ 軽薄, 浅薄. ❸ つまらない物, くだらない事柄. ─ Se pasa el día ocupada en ~es. 彼はつまらないことにかかずらわって一日を過ごしている.

futre [fútre] 男 〖中南米〗伊達男, 洒落者; 気取り屋.

futura [futúra] 囡 ❶ 《話》(女の)婚約者, 許嫁. ❷《法律》(将来の)継承権, 相続権.

futurismo [futurísmo] 男 ❶《美術》未来派. ◆20世紀初頭イタリアで興った芸術革新運動. 習慣・言語・文学・美術など多方面にわたる刷新を目指すもので, 1作品中に時空を越えての感情や状況を同時に表現するのが特徴的. ❷ 未来主義(未来を重視する思想・社会的態度).

futurista [futurísta] 形 ❶ 未来派の. ❷ 未来の. ─ Me fascinan las películas ~s. 私は未来映画にとても引きつけられる.

── 男女 未来派の芸術家.

***futuro, ra** [futúro, ra フトゥロ, ラ] 形 未来の, 将来の, 今後の. ─ en lo ~ 将来, 今後, 未来には. mi *futura* suegra 私の義理の母になる人. Las generaciones *futuras* nos lo agradecerán. 未来の世代は私たちにそれを感謝することだろう. 類 **próximo, venidero.** 反 **pasado.**

── 男 ❶ 未来, 将来. ─ en un ~ próximo 近い将来. Nadie sabe lo que nos reserva el ~. 将来何が私たちを待ち受けているかはだれにも分からない. Hablaremos del asunto en el ~. その件は将来話そう. 類 **porvenir.** ❷《文法》未来時制, 未来形. ─ ~ perfecto 未来完了. El verbo "llegaré" está en tiempo ~. 動詞 llegaré は未来時制である. ❸ 将来性, 前途. ─ Es una relación sin ~. それは将来性のない関係だ. ❹ 複《商業》先物(契約).

── 名 《話》将来の夫[妻], 婚約者, いいなずけ. ─ Te presento a mi ~. 私の将来の夫を紹介します. 類 **novio, prometido.**

futurología [futuroloxía] 囡 未来学.

futurólogo, ga [futuróloɣo, ɣa] 名 未来学者.

G, g

G, g [xé] 女 ❶ スペイン語のアルファベットの第7文字. ❷《音楽》ト音(ソ), ト調.

g.《略号》＝gramo グラム.

gabacho, cha [gaβátʃo, tʃa] 形 ❶ ピレネー出身の, ピレネー山脈付近の村・部族の. ❷《軽蔑》フランスの, フランス人の. ❸ (鳩が)大型で足にも羽毛のある. ── 名 ❶ ピレネー出身者, ピレネーの山岳民族. ❷《軽蔑》フランス人, フランス語. 類 **francés**. ── 男 フランス語法(フランスからの借用語)の多い言葉遣い・話し方.

‡**gabán** [gaβán] 男〔複 **gabanes**〕❶《服飾》オーバーコート, 外套(がいとう). ～ de pieles 毛皮のコート. 類 **abrigo, sobretodo**. ❷ (時々フード capucha も付く)袖付きマント, ポンチョ.

‡**gabardina** [gaβaɾðína] 女 ❶《服飾》(ギャバジン地の)レインコート. 類 **impermeable, trinchera**. ❷《繊維》ギャバジン.

gabarra [gaβáɾa] 女 ❶ はしけ, (平底で小型の)荷船, 小型運送船. ❷ 運搬船(ランチよりも大型でデッキが開かれ, 通常曳航あるいは帆とオールにより移動するもの).

gabarrero [gaβaréro] 男 ❶ はしけ, 運搬船の運転士. ❷ はしけの荷物の積み降ろしをする船員.

gabarro [gaβáro] 男 ❶ (布地の縦糸に入った)織りきず. ❷ (岩塊などの)小瘤, 突起. ❸《動物》(馬の脇腹・蹄(ひづめ)の上部などにできる)腫瘍. ❹ (鶏など家禽の)舌病. ❺《比喩》誤り, ミス; 勘定違い. ❻ (何かを受ける)義務, 責務, 不便, 不快.

gabela [gaβéla] 女 ❶ 義務, 負担; 支払い. 類 **carga, gravamen**. ❷ (国家に納める)税, 租税, 貢物. 類 **impuesto, tributo**.

‡**gabinete** [gaβinéte] 男 ❶《政治》内閣, 政府 (＝ministerial); 〔集合的に〕大臣(→個々の大臣は ministro). ～ fantasma シャドーキャビネット, 陰の内閣. formar [organizar] un ～ 組閣する. Esta tarde se reúne el G～. 今日の午後閣議が開かれる. El nuevo ～ ministerial no obtuvo la confianza del pueblo y dimitió en pleno. 新内閣は国民の信任を得られず総辞職した. 類 **gobierno, ministerio**. ❷ (古くは居間・寝室に隣接した)小部屋, 自室, 応接間; (婦人用の)私室, 居間. ─ El conde hizo pasar a sus amigos íntimos al ～. 伯爵は親友たちを自室に通した. La señora estaba muy cansada y se retiró pronto a su ～. 彼女はとても疲れていたのですぐ自室に引き下がった. 類 **aposento, recibidor**. ❸ 診察室(＝de consulta); (弁護士などの)事務室[所]. ─ El médico me examinó en su ～. 医者は診察室で私を診察した. 類 **consulta, despacho**. ❹ (博物館などの)陳列[展示・資料・標本]室; 研究室, 実験室. ─ El ～ de grabados del museo está en la segunda planta. 美術館の版画展示室は3階にある. ～ mineralógico [de historia natural] 鉱物[博物]標本室. 類 **laboratorio, museo**. ❺〔集合的に〕家具(一式). 類 **muebles**.

correo de gabinete 公文書送達吏.
cuestión de gabinete (1) 政府の存続を左右するような重大問題. (2) 誰にとっても重大な問題.
estratega de gabinete 机上の戦略家(＝estratega de café).

gablete [gaβléte] 男《建築》(窓のアーチや尖頭部分の)先端飾り, (尖塔・切妻壁の)先端部分; (鋭角の)切妻壁.

Gabón [gaβón] 固名 ガボン(首都リーブルビル Libreville).

Gabriel [gaβɾiél] 固名《男性名》ガブリエル.

Gabriela [gaβɾiéla] 固名《女性名》ガブリエラ.

gabrieles [gaβɾiéles] 男 複 (煮込み料理の具としての)ヒヨコマメ, ガルバンソ. 類 **garbanzo**.

gacel [gaθél] 男《動物》雄のガゼル. (→gacela)

gacela [gaθéla] 女《動物》ガゼル(小型のレイヨウ類, 足が細く雄は弓なりの角を持つ);《比喩》(ガゼルのように)すらりとして身のこなしが軽い女性.

gaceta [gaθéta] 女 ❶ 新聞; (特にある特定の団体・分野の)機関紙, 定期刊行物. ～ de Teatros 演劇紙. ～ de los Tribunales 法廷機関紙. ❷ (スペイン政府の)官報(現在の Boletín Oficial del Estado). ❸《比喩》噂話ばかりする人, ゴシップ好き, おしゃべり屋; 何にでも首を突込む人. ❹《窯業》さや(タイルなどを焼き上げる際に用いる耐火性の容器).

mentir más que la gaceta 大嘘をつく; 嘘ばかり言う.

gacetero [gaθetéɾo] 男 (機関紙の)執筆者, 記者, 売り子.

gacetilla [gaθetíʎa] 女 ❶ (新聞の)短いニュース, 小記事. ❷《比喩》情報通, ゴシップ好き.

gacetillero, ra [gaθetiʎéɾo, ra] 名 ❶ (短いニュース記事などの)執筆者, コラムニスト. ❷《話》新聞記者.

gacetista [gaθetísta] 男女 ❶ (機関紙の)愛読者. ❷ 情報通, 新しいニュースに詳しい人.

gacha [gátʃa] 女 ❶ 囲 (小麦粉などをベースに具材を加えた)煮込み料理, 粥(かゆ)状の煮物. ❷ 粥状のもの, ゆるいペースト状のもの(練り粉・陶土・泥など). ❸《中南米》ボウル, 椀, 鉢, 丼. ❹ 囲《方》お世辞, おだて, 甘言. 類 **caricias, halagos, mimos**.

a gachas →gacho.
hacerse unas gachas 粥のように(柔らかく・水っぽく)なる; 溺愛する; 感傷的になる, 涙もろくなる.

gacheta [gatʃéta] 女 ❶ ばね締まり(錠の一部, バネの力でかんぬきを固定するレバーの部分). ❷ かんぬきの端についているぎざぎざの歯(刻み目). ❸ 糊(＝engrudo).

gachí [gatʃí] 女《ロマ, 俗, 話》(若い)女, 娘っ子; いい女. 類 **muchacha, mujer**.

gachó [gatʃó] 男 《ロマ, 話》(若い)男, 奴, 野郎; (男の)愛人, 情夫.

gacho, cha [gátʃo, tʃa] 形 下向きの; 下向きに曲がった, 垂れた(動物の角・耳, 帽子のつばなど); (馬が)鼻面を胸深くうずめた, うなだれた. — Le vi paseando por el parque con la cabeza *gacha*. 私は彼がうつむいて公園を散歩しているところを見た.
a gachas 四つん這いで.
con las orejas gachas 《話》意気消沈して, すごすごと.

gachón, chona [gatʃón, tʃóna] 形 《話》(人が)魅力的な, 素敵な; 色っぽい; (子供が)甘えたれの.

gachumbo [gatʃúmbo] 男 『中南米』(ココヤシ・ヒョウタンなどの)固い殻(器として用いる).

gachupín, pina [gatʃupín, pína] 名 『中南米』(中南米に住む)スペイン人移住者; (一般に中南米の人から見ての)スペイン人.

gádido, da [gáðiðo, ða] 形 《魚類》タラ科の.
— 名 (一般に)タラ科の魚.

gaditano, na [gaðitáno, na] 形 カディス(Cádiz, スペイン南部の県)の, カディス市の.
— 名 カディス出身の人.

gaélico, ca [gaéliko, ka] 形 ゲール語(スコットランド・アイルランドのケルト語)の, ゲール族の.
— 名 ゲール族, ゲール人. 男 ゲール語.

gafa [gáfa] 女 ❶ 留め金, かすがい. ❷ 手鉤, フック, (綱の先につけて荷物の上げ下ろしなどに用いる)鉤. ❸ 複 眼鏡; 眼鏡のつる. — ~ bifocales 遠近両用眼鏡. — de sol サングラス.

gafar [gafár] 他 ❶ (爪や鉤状のもので)をひっかける, つかむ; ひっかく. ❷ (陶器などを)留め金で修繕する. 類 **lañar**. ❸ 《話》(人に)不幸をもたらす, 不運を招く.

gafe [gáfe] 男 《話》不運, 不吉, ジンクス. —Es un ~; siempre que viene, ocurre alguna desgracia. 彼は疫病神だ. 来れば何かしらよくないことが起こるんだから.
— 形 不運をもたらすような, 災いを呼ぶような. — Tiene fama de mujer ~. 不運を呼ぶ女と言われている.

gafedad [gafeðá(ð)] 女 ❶ 手足の指の収縮・麻痺. ❷ 指の曲る病気(ハンセン病).

gafete [gaféte] 男 かぎホック, 留め金.

gafo, fa [gáfo, fa] 形 ❶ 手足の指の曲った, 曲って固くなった. ❷ 指が(麻痺で)曲る病気にかかった. ❸ 『中南米』馬が(蹄に)鉄をつけずに歩いて)蹄(ひづめ)を痛めた.

gag [gáɣ] 男 〈英 語〉 ギャグ, 滑稽な場面・所作.

gaita [gáita] 女 ❶ 《楽器》ガイタ(クラリネットに似た長さ50センチ弱の楽器), フラジョレット(小型の縦笛), バグパイプ (= ~ gallega); (一般に)笛, ラッパ類. ❷ 《話》厄介なこと, 面倒, 難事. — Es una ~ arreglar una habitación tan desordenada. こう部屋が散らかっていては片付けるのも一苦労だ. No me vengas con ~s que yo he trabajado bastante hoy. 今日は働きづめだったんだからもう面倒くさい事はなしにしてくれよ. ❸ 病弱な人, 病気持ちの人. ❹ 《比喩, 話》首. — alargar la ~ 首をのばす. sacar la ~ 首をつき出す. 類 **cuello**.
templar gaitas (怒り・争いを)なだめる, (人を)満足させようとあれこれ気遣う.
estar de gaita 上機嫌である, 嬉しそうにしている.

gaitero, ra [gaitéro, ra] 形 ❶ (年がいもなく)陽気な, (場違いに)明るい. ❷ (服の色などが)けばけばしい, 派手な.

— 名 (おかしいほど)陽気な人, 滑稽な人.
— 男 ガイタ奏者, バグパイプ奏者.

gajes [gáxes] 男 複 給金, 賃金; (特に一定の基本給以外に加えられる)手当て, 報酬.
gajes del oficio (ある職務につきものの)危険性, 煩雑, 不便(反語的意味で).

gajo [gáxo] 男 ❶ (オレンジなどの果実の)房, ひと房, 果房. — ~ de granada(naranja) ザクロ[オレンジ]の房. — ~ de uvas[(ぶどうの)房, (鈴なりに房になっている)ひと枝. — ~ de cerezas[ciruelas] サクランボ[スモモ]の実の一枝. ❸ 折れた枝, 岐れた小枝. ❹ (ピッチフォーク, 熊手などの農具の)歯, 先端の岐れた部分.

‡**gala** [gála] 女 ❶〖主に 複〗盛装, 晴れ着, 礼装. —traje [vestido] de ~ 晴れ着, 盛装, 礼装. ~s nupciales [de novia] 花嫁衣装, ウェディングドレス. Se puso sus mejores ~s para la fiesta. 彼女はパーティーのために最高の盛装をした. La actriz lucía ~s esplendorosas. その女優は豪華に着飾っていた. 類 **etiqueta**, **vestido**. ❷ 花形, 精華, 誇り. —Esta chica es la ~ de la familia. この女の子は我が家の自慢の種である. ~ de la sociedad 社交界の花形. 類 **flor**, **nata**. ❸ (性格上盛装・正装を求める)パーティー, セレモニー. 類 **celebración**, **fiesta**, **recepción**. ❹ 特別なパーティー, 特別興行[行事], 祭典. —Se celebró una ~ para recaudar donativos para los pobres. 貧しい人たちへの救済募金のための祭典が催された. 類 **ceremonia**, **certamen**, **festival**. ❺ (歌手などの)リサイタル, ショー. — La cantante realizará cuarenta ~s este verano. その女性歌手はこの夏公演を40回開く. 類 **actuación**, **concierto**, **recital**. ❻ 複 結婚祝いの品. 類 **regalo**. ❼ 複 装飾品, 装身具. 類 **aderezo**, **adorno**, **joyas**. ❽ 優雅, 上品. 類 **garbo**, **gracia**. ❾ 『中南米』チップ. 類 **propina**.
de gala 盛装の[で], 晴れ着姿の[で], 正装の[で]. *día de gala* 盛装で出席する行事のある日. *función de gala* 盛装の夜会; (オペラなどの)特別興行. Los soldados se vistieron *de gala* para el desfile. 兵隊たちは分列行進のために正装した.
de media gala 略服の[で], 略礼装の[で].
gala de Francia 《植物》ホウセンカ(鳳仙花)(= balsamina).
hacer gala de ... (1) を自慢する, うぬぼれる. *Hace gala de* su hermosura. 彼女は美貌を鼻にかけている. (→tener a gala). (2) 誇示する, 見せびらかす. Él *hace gala de* sus riquezas. 彼は富を誇示している.
sus mejores galas 最高の盛装, 晴れ着.
tener a gala〖+不定詞/名詞〗を自慢する, 誇りとする(→hacer gala de). *Tiene a gala* ser inglés. 彼はイギリス人であることを誇りにしている.
uniforme de gala 式服, 礼服, 正装. llevar [ir con] el *uniforme de gala* 礼服を身につける. 類 **traje de ceremonia** [**de etiqueta**].
traje de gala 盛装, 晴れ着, 礼装. En la fiesta se exige *traje de gala*. そのパーティーは盛装を求められる.

galáctico, ca [galáktiko, ka] 形 《天文》銀河の, 天の川の.

galaico, ca [galáiko, ka] 形 ❶《文》ガリシアの(= gallego). ❷ ガラエキア(古代スペインの部族・地

976 galaicoportugués

域名.現在のガリシア,ポルトガルに相当).
—— 男 ガリシア人, ガリシア地方出身者.
—— 男 ガリシア方言.

galaicoportugués, guesa [galaikoportuɣés, ɣésa] 形 中世ガリシア語の.
—— 男 中世ガリシア語.

:**galán** [galán] 男 ❶ (若い美男の)主役, 二枚目, 主演俳優. —Este actor hace de 〜 en la obra de teatro. この俳優がその劇で主役をつとめる. ❷《話》いい男, 美男子; 女性に丁重な男. —Su novio era un verdadero 〜. 彼女の恋人は本当にいい男だった. 類 **majo**. ❸《話》恋人, いい人, 色男. —Te espera tu 〜. いい人があなたを待ってるよ. 類 **novio, pretendiente**. ❹ 恋する男, 求婚者. —Un joven 〜 iba a visitar a la dama todas las tardes. 若い恋人が毎晩のようにこの貴婦人を訪ねて行った. 類 **enamorado**.

galán de día〖植物〗ヤコウボウ.
galán de noche (1)(足つきで移動できる男性用の)洋服かけ.(2)〖植物〗ヨルソケイ.
—— 形 〖+男性単数名詞〗galano の語尾脱落形. → galano.

galancete [galanθéte] 男 ❶ 若者を演じる役者, 青年役. ❷《軽蔑》若い男.

galano, na [galáno, na] 形 ❶ 着飾った, 身なりの整った. 類 **acicalado**. ❷《比喩》(文体などが)優美な, 洗練された, エレガントな, きのきいた. —estilo 〜 優雅な文体. historia *galana* 美しい話. comparación *galana* 適切な比喩. うまいたとえ. ❸ (植物が)青々とよく繁った. ❹〖中南米〗(牛などが)二色のぶちの, 斑(まだら)の.

galante [galánte] 形 ❶ (男性が)女性に対して丁重な, 礼儀正しい, 優しい〖ser/estar+〗. —Es muy 〜 y siempre cede el asiento a las mujeres en el autobús. 彼はとても女性に優しくて, いつもバスの中で女性に席を譲る. Le agradezco su 〜 invitación. ご丁寧なご招待を感謝します. Estuvo muy 〜 con todos. 彼はだれに対してもとても親切だった. 類 **atento, obsequioso**. ❷〖文学〗恋愛物の, 艶笑の. —historia 〜 renacentista ルネッサンス時代の恋愛物語. 類 **amatorio, erótico**. ❸ (女性が)浮気な, 男好きな. 類 **liviano, mundano**.

galantear [galanteár] 他 ❶ (女性に)言い寄る, 口説く; 機嫌を取る, お世辞を言う, 誘惑する, もてあそぶ. 類 **cortejar, requebrar**. ❷ (人から何かを得るために)お世辞を言う, 機嫌を取る, ねだる.

galanteo [galantéo] 男 言い寄ること, 口説くこと; 御機嫌取り, お世辞. 類 **cortejo, requiebro**.

galantería [galantería] 女 ❶ (特に女性に対する)優しさ, 親切; 礼儀正しいこと. ❷ 優しい言葉, 親切な行為, お世辞, エレガントさ. ❸ 寛大. ❹ 寛大. 類 **bizarría, generosidad, liberalidad**.

galantina [galantína] 〖<仏〗女〖料理〗ガランティーヌ, ガランティン(鶏などに詰め物をして煮,冷やしてゼリーを添えたもの).

galanura [galanúra] 女 ❶ 優雅さ, 上品さ, 気品, 洗練. 類 **donosura, gracia**. ❷ (身なりの)優美さ, 小ぎれいなこと. ❸ (表現・文体などの)優雅さ, 上品さ.

galápago [galápaɣo] 男 ❶ 〖動物〗亀, (特に)淡水に生息する亀. ❷ (瓦用の)鋳型; 鋳塊(鋳型で固めた金属塊). ❸ 〖建築〗(地下部分に内側から施して土が崩れるのを防ぐ)コーティング, 外装. ❹ 犂床(すきどこ), 犂へら(先端の刃をはめる部分). ❺ 鞍(特に英式の軽いもの). ❻ 〖動物〗(馬などの)蹄炎(ていえん)(蹄(ひづめ)の周囲から角質分泌される病気). ❼ 亀甲状掩蓋(えんがい), テストゥド〖古代, 城壁を攻める際に兵士の頭上を守るのに用いた革張りの小屋; また各兵士の盾を頭上に連ねてこれを模した防御法〗.

Galápagos [galápaɣos] 固名 (Islas 〜) ガラパゴス諸島(エクアドル領).

galardón [galarðón] 男 賞, 褒美, 報酬(特に, 名誉として授けられるもの). 類 **premio, recompensa**.

•**galardonar** [galarðonár] 他 を表彰する, …に賞を授与する, 褒美を与える. —La han *galardonado* por su labor social. 彼女はその社会奉仕によって表彰された. Le *galardonaron* con la medalla del mérito artístico. 彼は芸術功労章を授与された.

galaxia [galáksja] 女 ❶〖天文〗天の川, 銀河(系), 星雲. ❷〖鉱物〗漂布土, フラー土(漂白や脱脂に用いる洗浄作用の粘土の一種).

galbana [galβána] 女《話》怠惰, 無精; 無力感, けだるさ.

gálea [gálea] 女 (古代ローマの兵士が用いた)顎紐付きの兜(かぶと).

galeaza [galeáθa] 女 船(櫂と帆柱を備えた種類のうち最も大型のもの).

galena [galéna] 女〖鉱物〗硫化鉛, 方鉛鉱.

galeno, na [galéno, na] 形 そよ風の.
—— 男《話, 戯》医者. 類 **médico**.

galeón [galeón] 男 ❶ 大型帆船(特に15-17世紀, 米大陸との貿易に用いた3本又は4本マストのスペイン商船). ❷〖方〗倉庫, 納屋.

galeota [galeóta] 女 小型のガレー船(2本マストで各舷16〜20本の櫂を備える).(→galera)

galeote [galeóte] 男 ガレー船の徒刑囚, 漕刑囚.(→galera) 類 **forzado**.

galera [galéra] 女 ❶ ガレー船(古代・中世の地中海を中心に主として戦用に使われた大型の帆船. 細長い船体に多数の櫂を備え, 奴隷や囚人に漕がせた); ガレー船の漕刑. —condenar a 〜s 漕役刑に処する, ガレー船送りにする. ❷〖印刷〗ゲラ(活字組版を入れる浅い箱). ❸ (幌付きの)4輪馬車. ❹ 女囚監獄, 女囚刑務所. ❺ (病院の)大部屋, 共同病室. ❻〖動物〗シャコ(蝦蛄). ❼〖鉱物〗反射炉. ❽ (大型の仕上げかんな. ❾〖数学〗割り算の記号(被除数と除数・商との間にひく). ❿〖中南米〗倉庫, 納屋. ⓫〖中南米〗山高帽.

galerada [galeráða] 女 ❶〖印刷〗(ゲラに入れる)組み活字, 植字; ゲラ刷り, 校正刷り. ❷ (幌付き4輪馬車1台分の)荷.

:**galería** [galería] 女 ❶ 回廊, 歩廊, 廊下. —〜 de un palacio 宮殿の歩廊. 〜 de columnas 列柱回廊. Lo encontraron muerto en una 〜 del museo. 美術館の歩廊で彼が死んでいるのが見つかった. 〜 de tiro (al blanco) 屋内射撃練習場. 類 **atrio, corredor, pórtico**. ❷(*a*)〖陳列室, 画廊, 美術館〗; 美術品専門店. —Gran G〜 del Museo del Louvre ルーブル美術館大陳列室(もとは宮殿内大歩廊). G〜 Nacional de Londres ロンドンの国立美術館. 〜 de pintura(s) 〖de arte, de cuadros〗 画廊. Expone en una 〜 de la calle Serrano. 彼はセラーノ通りのある画廊に出品している. 類 **museo, pinacoteca**. (*b*) (画廊などの)展示品, コレクション. ❸

(物干し場用などの)ベランダ, バルコニー; サンルーム. ―～ abierta テラス, 露台. ～ cubierta ガラスで覆ったテラス. En casa, el tendedero de la ropa lo tenemos en la ～. 我が家の物干し場はベランダにある. Vamos a tomar el sol en la ～. サンポーチで日光浴しよう. 類**balcón, solana.** ❹ (a) 《演劇》天井桟敷(ぐる)(最上階の一番安い席). ―Compramos localidades de la ～ porque teníamos poco dinero. 我々はお金が少ししかなかったので天井桟敷のチケットを手に入れた. 類**galline-ro, paraíso.** (b) (教会・劇場などの)階廊, 桟敷. ❺ (a) (天井桟敷・スポーツなどの)観客, ギャラリー. ―buscar los aplausos de la ～ 観客の拍手を求める. ❺ (一般)大衆, 公衆. ―Lo que hizo fue un gesto hecho de cara a la ～. 彼は俗受けをねらった表情をしてみせた. 類**vulgo.** ❻(鉱山) 坑道, (城塞などの)地下トンネル, トンネル, (土木)暗渠(鬼)) ―Los mineros trabajaban en la tercera ～. 坑夫達は第3坑道で働いていた. 類**túnel.** ❼ 複 デパート; アーケード街. ―Han ido de compras a las ～s. 彼らはデパートに買物に行った. 類**almacenes.** (建築)カーテン・ボックス. 類**bastidor, pabellón.** ❾(海事)船尾展望台. ❿ 写真撮影室, スタジオ.

para la galería 俗 (一般)受けをねらって. *actuar para la galería* スタンドプレイをする.

galerín [galerín] 男 (印刷)(ゲラに活字を組むのに用いる)小型の箱, 盆.

galerista [galerísta] 男女 画商.

galerita [galeríta] 女 《鳥類》カンムリヒバリ (= cogujada).

galerna [galérna] 女 (スペイン北部のカンタブリア海岸に吹く)強い北西風.

galerón [galerón] 男 《中南米》❶ 納屋; 倉庫, 差掛け小屋. ❷ 大きい部屋. ❸ 物語歌, (朗誦による)詩歌・俗謡の一種. ❹ 民間舞踊の曲の一種.

Gales [gáles] 固名 ウェールズ(英国の地域).

galés, lesa [galés, lésa] 形 ウェールズ(Gales, 英国南西地方)の. ―名 ウェールズ人, ウェールズ出身者. ―男 ウェールズ語(ウェールズで話されるケルト諸語の1つ).

galga¹ [gályа] 女 ❶ (転がり落ちて来る)大きな石, 落石. ❷ (精油機の)挽き臼, 石臼. ❸《虫類》大型の蟻の一種.

galga² [gályа] 女 (医学)(不衛生から, 首まわりの皮膚にできる)発疹.

galga³ [gályа] 女 (女性用の)靴紐, 靴のストラップ.

galga⁴ [gályа] 女 ❶ (荷馬車などの車輪を押える)制動棒, ハブブレーキ. ❷ 棺桶. ❸《<英計器》ゲージ; (編物の)ゲージ. ❹《海事》(補助用の)小錨.

galgo¹ [gályo] 男 《動物》グレイハウンド(猟犬の一品種). ―El niño quiere que el padre le compre un ～. その子は父親にグレイハウンド犬を買ってほしがっている.
¡*Échale un galgo!* (届かないこと, 追いつかないこと, 間に合わないこと, 取り返しのつかないことなどを表わしてしまった, 残念, 遅かりし.
de raza[*casta*] *le viene al galgo* 血は争えない, カエルの子はカエル.

galgo², **ga**⁵ [gályo, ya] 形 甘党の, 甘い物好きの; 食いしんぼうの. ―名 甘党, 甘い物好き, 食いしんぼう.

Galia [gália] 固名 ガリア(フランスの古称).

gálibo [gáliβo] 男 ❶《鉄道》計用車鉄枠(駅舎に取りつけてあるアーチ型の鉄製のもの, 荷を積んだ車両がトンネルなどを通過できるかの確認する. ❷ (鉄道)貨物車の最大積量. ❸《海事》(船体部品の)実物大模型. ❹ (円柱の優美な形の)均整, 調和. ❺《比喩》優美さ, 均整.

galicanismo [galikanísmo] 男 ガリア主義, ガリカニスム. ◆15～18世紀, フランス教会のローマ教皇庁からの独立と司教権確立を主張.

galicano, na [galikáno, na] 形 ❶ ガリア(ゴール)人の, フランス人の (= *gálico*). ❷ (文章など)フランス語まじりの, フランス語的言い回しを使った. ❸ ガリア主義(*galicanismo*)の, ガリア主義を信奉する.

Galicia [galíθia] 固名 ガリシア(スペインの地方).

***galicismo** [galiθísmo] 男 ❶ ガリシスモ(フランス語からの借用語[表現]). ◆スペイン語では外来語の代名詞的な存在で, その数は極めて多い; beige, bufete, buró, cocret, etiqueta, jardín など. ❷ フランス語特有語法.

gálico, ca¹ [gáliko, ka] 形 ガリア(Galia, 現在のフランスにあたる地域の古名, ゴール)人の, フランス人の. ―男《医学》梅毒.

gálico, ca² [gáliko, ka] 形 没食子(ᨳく)(植物にできる昆虫のこぶ)による虫こぶの, 五倍子の. ―*ácido* ～《化学》没食子酸, タンニン酸.

galileo, a [galiléo, a] 形 ガリラヤ(Galilea, イスラエル北部地方)の. ―名 ガリラヤ人; キリスト教徒; (el G～) イエス・キリスト.

galillo [galíjo] 男 ❶ 口蓋垂, のどひこ (= *úvula*). ❷《話》喉; 首.

galimatías [galimatías] 男 ❶ 意味不明の言葉, 訳のわからない話, 理解できない文章. ❷ 混乱, ちらかり, 無秩序. 類**confusión, enredo, lío.**

galio¹ [gálio] 男《化学》ガリウム(金属元素の1つ. 記号 Ga, 原子番号 31).

galio² [gálio] 男《植物》ヤエムグラ(アカネ科の薬草, チーズの製造に凝固剤として用いる).

galiparla [galipárla] 女 フランス語的言い回しやフランス語からの借用語の多い言葉, フランス語調の話し方.

galladura [gajaðúra] 女 鶏の受精卵の黄身に見られる小さい凝血.

gallardamente [gajarðaménte] 副 ❶ さっそうと, 優美に. ❷ 雄々しく, 勇ましく. ❸ 優れて, 立派に.

gallardear(se) [gajarðeár(se)] 自 再 ❶ 気取った風をする, 威張って歩く; 優れているように見せる. ❷ 見せびらかす, 誇示する.

gallardete [gajarðéte] 男 (船のマストなどに目印或いは飾りとしてつける)三角旗, ペナント.

***gallardía** [gajarðía] 女 ❶ りりしさ, さっそうとした[堂々たる]振舞い. ―*moverse con* ～ さっそうと[りりしく]振舞う. 類**gentileza, elegancia.** ❷ 勇気, 勇敢. ―*Demostró su* ～ *al enfrentarse con aquellos facinerosos.* 彼はあの悪人たちに立ち向かって勇気のあるところを見せた. 類**bizarría, valentía.**

***gallardo, da** [gajárðo, ða] 形 ❶ (人が)りりしい, 勇ましい, 勇敢な. ―*Su* ～ *comportamiento nos dejó asombrados.* 彼のりりしい態度は私たちを驚かせた. 類**arrojado, bizarro, valiente.** ❷ (男性が)細身でさっそうとした; (振舞いなどが)優雅な.

—Ella llegó a la fiesta acompañada de un ~ caballero. 彼女はさっそうとした紳士に付き添われてパーティーに来た. 類**airoso, galán, gentil**.

gallareta [gaʝaréta] 囡《鳥類》オオバン(大鷭).

gallarón [gaʝarón] 男 ノガン(野雁).

gallear [gaʝeár] 他 (雄鶏が雌鶏を)追う, つがう. — 自 ❶《話》自惚れる; 威張る; 見栄を張る, 自慢して人より抜きん出ようとする. —Es un momento muy poco oportuno para ~. 惚れている場合ではない. 類**fanfarronear, presumir**. ❷ 抜きんでる, 傑出する. ❸《冶金》(急冷して)気泡・ひびを入らせる. ❹《闘牛で》galleo (かわし技の一種)をする.

gallegada [gaʝeɣáða] 囡 ❶ ガリシア地方の踊りの一種; その音楽. —tocar la ~ ガリシアの舞踊曲を演奏する. ❷ ガリシア人の集団. ❸ ガリシア人特有の言葉・行為.

*****gallego, ga** [gaʝéɣo, ɣa] 形 ガリシア(Galicia)の, ガリシア人(語)の, ガリシア風の. —El clima ~ es lluvioso. ガリシアの気候は雨が多い.
— 名 ❶ ガリシア人, ガリシア出身の人. ❷《南米》《軽蔑》スペインからの移民, スペイン人. ❸《南米》《軽蔑》まぬけ.
— 男 ガリシア語. —El ~ es lengua oficial en Galicia, junto con el castellano. ガリシア語はカスティーリャ語とともにガリシアの公用語である.

galleguista [gaʝeɣísta] 男女 ガリシア自治主義者.

galleo¹ [gaʝéo] 男 ❶《冶金》金属を急冷するときにひびが入って生じる, 表面の凸凹. ❷ 闘牛でカーパを用い牛から身をかわす技の一種.

galleo² [gaʝéo] 男 自惚れ; 自慢. 類**jactancia, presunción**.

gallera [gaʝéra] 囡 ❶ 闘鶏場. ❷ 闘鶏を運ぶための籠.

gallería [gaʝería] 囡《中南米》❶ 闘鶏用の鶏舎. ❷ 闘鶏場.

‡**galleta** [gaʝéta] 囡 ❶ ビスケット, クラッカー. —casera 手作りビスケット. 類**dulce, pasta**. ❷ (保存用の)堅パン, 乾パン. 類**bizcocho**. ❸《話》平手打ち, びんた. —dar una ~ a ... (人)に平手打ちを食らわす. 類**bofetada, cachete, torta**. ❹ 無煙炭の一種. 類**antracita, carbón**. ❺《南米》マテ茶用の椀.
colgar [dar] la galleta a ... 《俗》(人)を解雇する.

galletero [gaʝetéro] 男 ❶ (ビスケットなどを入れる)菓子鉢, 器. ❷ ビスケットなどの菓子工場で働く人, 菓子製造職人.

gallina [gaʝína ガジナ] 囡 ❶《鳥類》雌鶏(めんどり)(雄鶏(おんどり)は gallo. →careo, clo). — ~ ponedora [clueca] 良く卵を産む[抱く]雌鶏. Tengo diez ~s que ponen huevos. 私は卵を産む雌鶏を10羽飼っている. **acostarse con [como] las ~s/acostarse a la hora de las ~s 早寝する. **caldo de ~** チキンスープ. **~ de agua** 《鳥》(=foja). **~ de Guinea** ホロホロチョウ(=pintada). **~ de río** オオバン(大鷭)(=fúlica, focha). **~ sorda** ヤマシギ(山鷸)(=chocha). **~ ciega** (a) (遊戯)(目隠しの)鬼ごっこ. (b)《鳥類》ヨーロッパヨタカ(夜鷹)(=chotacabras). ❸ **~ de mar**《魚類》ホウボウ(魴鮄).
cantar la gallina《俗》(やむをえず自分の誤りを)白状する.
carne de gallina (寒さ・恐怖などによる)鳥肌. **tener [ponérsele] la carne de gallina** 鳥肌が立つ. **El oírlo me puso la carne de gallina./Se me puso la carne de gallina al oírlo.** 私はそれを聞いただけで鳥肌がたった.
cuando meen las gallinas (雌鶏がおしっこをした時には→太陽が西から昇ることがあれば)(決してありえないことを言う).
echar una gallina 雌鶏に卵を抱かせる.
En casa de Gonzalo más puede la gallina que el gallo. あの家ではかかあ天下だ.
estar como gallina en corral ajeno 借りてきた猫みたいに神妙にしている.
La gallina de arriba ensucia a la de abajo. 『中南米』弱い者はいつも損する.
La gallina de mi vecina más gorda está [más huevos pone] que la mía. 『諺』他人のものはよく見えるもの.
matar la gallina de los huevos de oro (1度に全部の卵を得ようと金の卵を産む鶏を殺す→)目先の欲にかられて)元も子もなくす. **Su avaricia lo llevó a matar la gallina de los huevos de oro.** 彼は欲にかられて元も子もなくした.
paso de gallina むだ骨, 徒労.
pata de gallina (樹木の病気の一種)星形亀裂(きれつ), 星割れ.
— 男女 ❶《俗》臆病者. —Aquel chico es un ~; se asusta de todo. あの子は臆病で, なんにでもおびえる. 類**cobarde, medroso**. ❷ 早起きの人.
— 形 臆病な.

gallinácea [gaʝináθea] 囡 →gallináceo.

gallináceo, a [gaʝináθeo, a] 形《鳥類》キジ類の, 家禽の.
— 囡 複 キジ類の鳥(鶏・シャコなど).

gallinaza [gaʝináθa] 囡 ❶ (肥料用の)鶏糞. ❷《鳥類》ヒメコンドル(雌).

gallinazo [gaʝináθo] 男《鳥類》ヒメコンドル.

gallinería [gaʝinería] 囡 ❶ 雌鶏を売る場所・店. ❷《まれ》雌鶏の群れ. ❸《比喩》臆病, 小心. 類**cobardía, pusilanimidad**.

gallinero [gaʝinéro] 男 ❶ (家禽類を夜の間入れておく)鶏小屋. ❷ (鶏などを飼育するための)囲い地, 養鶏場. ❸《集合的に》(民家や農場で飼われている)鶏, 鶏の群れ. ❹《比喩》騒々しい場所, 互いの声が聞こえないほど周囲のうるさい所. —Se discutía de fútbol y la taberna parecía un ~. 酒場はサッカー談義で盛り上がっていてとてもうるさかった. ❺《演劇》天井桟敷(さじき). —Sólo quedan localidades de ~. 席は天井桟敷のしか残っていない. 類**paraíso**. ❻ 鶏を運ぶための籠.

gallineta [gaʝinéta] 囡《鳥類》❶ オオバン(大鷭). ❷ ヤマシギ. ❸《中南米》ホロホロチョウ.

gallipavo [gaʝipáβo] 男 ❶《鳥類》七面鳥. 類**pavo**. ❷《音楽》間違った音, 調子外れ.

gallito [gaʝíto] 男 ❶《比喩》抜きんでている人, 大立者, ボス. —Él es el ~ de la pandilla. 彼が一味のボス(仲間の大将)だ. ❷ 自惚れや, 偉ぶる人. ❸ 若い雄鶏. ❹《中南米》(ダーツの)矢. ❺《鳥類》スナイロオタテドリ; カンムリオタテドリ. ❻《虫類》トンボ.

gallito del rey《魚類》ギンポ(銀宝, ギンポ科の近海魚)(=budión).

gallo [gáʝo ガヨ] 男 ❶《鳥類》雄鶏(おんどり)(雌鶏(めんどり)は gallina). —Al apuntar el día nos despertó el quiquiriquí de un ～. 明け方私たちは雄鶏のコケコッコウの鳴き声に目が覚めた. al canto del ～/al cantar el ～ 明け方に, 夜明けに. ～ de pelea [de riña] シャモ(軍鶏), 闘鶏(の鶏). pelea de ～s 闘鶏(試合). al primer ～ 《古》真夜中に. ～ silvestre 大雷鳥(＝urogallo). ～ de cola larga 尾長鳥. ～ de monte ベニヒワシガラス. ～ de roca 『中南米』岩鳥. 『比喩』(*a*) (家庭・地域などのボス(的存在)), 顔役; 傑出した人. 一～ de una banda 一味の首領. 類 **mandona, gallito. (*b*) うぬぼれ屋, 空威張り屋. 類 **fanfarrón.** ❸ 《俗》調子っぱずれの歌声[音]. ― Es un cantor veterano, pero hoy ha soltado varios ～s. 彼はベテランの歌手だが, 今日は何度か音を外した. 類 **gallipavo.** ❹ 『魚類』ニシマトウダイ. ❺ 腹《遊戯》― correr ～s (カーニバルで)雄鶏を追いかけ回して頭きを切り割る遊び. 類 **correr gansos.** ❻ 『建築』棟木. ❼ 痰(だ), つば. ❽ 《俗》年輩者. ❾ 『中南米』強い男, 勇者; 好敵手. ― Antonio es el ～ de la pandilla. 一味の中ではアントニオが勇敢である. Ese no es ～ para él. そいつは彼にはとてもかなわない.

a escucha gallo じっと耳をすまして, きき耳を立てて.

alzar [*levantar*] *el gallo* 傲慢(説)な態度を取る, 高飛車に出る; 声を荒げる. Se atrevió a *alzar el gallo* a su padre y éste le dio una bofetada. 彼は父親に生意気な口を利き, 強烈な平手打ちを食らった.

andar de gallo 《俗》(ダンスなどの)夜遊びをする.

andar [*estar*] *de gallo bravo* 『メキシコ』不機嫌である.

bajar el gallo 傲慢な話し方[態度]をやめる.

Como el gallo de Morón, cacareando y sin plumas. 『諺』負け犬の遠吠え.

cresta de gallo 『植物』ケイトウ(鶏頭).

en menos que canta un gallo 《俗》瞬く間に, たちまち, あっという間に.

entre gallos y media noche 《夜ふけ・早朝ぎわの)とんでもない時間に.

misa de gallo 《カトリック》(クリスマスイブで行われる)深夜ミサ.

ojo de gallo 魚(お)の目, たこ.

otro gallo LE *cantara, si* … もし…なら, 状況は違って[もっとよい状況になって]いただろうに. *Si me hubieras hecho caso, otro gallo te cantara.* 君がぼくの言うことを聞いていれば, もっと違ったことになっていたろうに.

peso gallo 《ボクシング》バンタム級.

ser el gallo ボス(的存在)である; 傑出している.

ser engreído como gallo de cortijo 《俗》うぬぼれている, 威張りくさっている.

tener mucho gallo 《俗》傲慢[尊大, 生意気]である.

― 形 ❶ (話し方・態度が)尊大な, けんか腰の, 挑発的な. ― Se puso muy ～ cuando le dije lo que pensaba. 私が彼に思ったままを言ったら, 彼はけんか腰になった. ❷ 『中南米』― ser muy ～ 大変勇気がある.

gallofero, ra [gaʝoféro, ra] 形 放浪の, ぶらぶらしている; 意地汚い. ― 名 浮浪者, のらくら者, 意地汚い, 施しを求めて回る放浪者, 乞食者.

gallofo, fa [gaʝófo, fa] ＝ gallofero, ra.

gallón [gaʝón] 男 ❶ 『建築』卵状(饅頭)刳り形; スプーンなどの柄についている同様の模様. ❷

galvanizar 979

《海事》船首の最端にある助材. ❸ 芝土, 芝草(四角に切り分けたもの). ❹ (切り分けて処理した)牛なの肉, 肉片.

galo, la [gálo, la] 形 ガリア[ゴール]の, ガリア[ゴール]人の. ― 名 ガリア[ゴール]人. (→gálico.) ― 男 ガリア[ゴール]語(ガリアで話されたケルト語の１つ).

galocha [galótʃa] 女 ❶ (雨・雪用の)木靴, 鉄製の靴. ❷ 《古》帽子, キャップ(庇のないもの).

galón [galón] 男 ❶ ブレード, 飾り紐, モール. ❷ 《軍事》(軍服の袖口につけて階級などを示した)金モール, 飾りテープ. ❸ 《海事》飾り板(船体側面の水面あたりの高さにつけた細長い板). ❹ 〈＜英〉ガロン(容積の単位. イギリスで約4.5リットル, アメリカで約3.78リットルを表わす).

galonear [galoneár] 他 (服など)をブレードやモールで飾る, 飾りテープをつける.

galop, galopa [galó(p), galópa] 男, 女 ギャロップ, ハンガリー起源の舞踊・舞曲の一種.

galopada [galopáða] 女 ギャロップで走ること, 駆け足.

galopante [galopánte] 形 ❶ ギャロップの, 駆け足の. ❷ 『比喩』(病気が)急速に進行する, 奔馬性の. ― Una tuberculosis ～ le llevó en unos meses a la tumba. 結核が急速に進行し数か月で彼は息をひきとった. ～ inflación ～ 急激なインフレ.

galopar [galopár] 自 (馬が)ギャロップで走る. ― 他 (馬を)ギャロップで走らせる.

galope [galópe] 男 ❶ ギャロップ, 駆け足(馬の歩調の１つで最も速いもの). ― ～ tendido フルギャロップ(馬の前脚がほぼ水平に伸びるほど大股の駆け足).

a[*al, de*] *galope* ギャロップで; 大急ぎで.

a galope tendido 大駆けで; 全力疾走で.

galopín [galopín] 男 ❶ 浮浪児; ごろつき, よた者; 悪餓鬼. ❷ 恥知らず, 厚かましい人, 無遠慮な人. ❸ (親しみを込めて)腕白小僧, いたずらっ子. ❹ 《海事》キャビンボーイ(船長または高級船員付きの給仕係).

galpón [galpón] 男 『中南米』❶ (大型の)納屋, 掛小屋, 置き場. ❷ 《古》(南米の大農園で)奴隷部屋.

galucha [galútʃa] 女 『中南米』＝galope.

galuchar [galutʃár] 自 他 『中南米』＝galopar.

galvánico, ca [galβániko, ka] 形 ガルバーニ電気の; 直流電気の. (→galvanismo)

galvanismo [galβanísmo] 男 ❶ 《化学》ガルバーニ電気(化学反応により生じる電流). ❷ 直流通電法(動物の筋肉や神経に通電して効かせる). ❸ 直流電気療法(電流による治療法の一種). ❹ 《古》電気.

galvanización [galβaniθaθjón] 女 ❶ 電気めっき; 亜鉛めっき. ❷ 直流通電気療法. ❸ 活気づけること.

galvanizar [galβaniθár] [1.3] 他 ❶ 《化学》(電気分解で)金属をめっきする; (酸化防止のため)亜鉛めっきをする. ❷ (動物の体などに)電流をかける, 電気を流して動かす. ❸ 『比喩』(一時的に)元気づける, 活気を取り戻させる, 生き返らせる; 勇気を奮いたたせる; 熱狂させる. ― Esperamos que aparezca un nuevo político que *galvanice* nuestra sociedad decadente. この退廃した社会に新しい風を送ってくれる政治家が現われることを期

980 galvanómetro

待している.

galvanómetro [galβanómetro] 男 《電気》検流計(微少電流を検出しまたその強度・方向を調べる機器).

galvanoplastia [galβanoplástja] 女 《電気》電気鋳造, 電型法(電気分解を用いての金属めっき).

Gama [gáma] 固名 ガマ(バスコ・ダ Vasco de 〜) (1469頃-1524, ポルトガル航海者, インド航路の発見者).

gama¹ [gáma] 女 《動物》(雌の)ダマジカ.

gama² [gáma] 女 ❶ 音階. ❷ (色などの)段階, グラデーション. ❸ 《方》角.

gamarra [gamára] 女 むながい(馬具の一種).

gamba [gámba] 女 《動物》エビ(芝エビなど, 車エビより小型で食用のもの).

meter la gamba 《俗》余計な口出しをする(= meter la pata).

gamberrada [gamberáða] 女 乱暴, 暴力, ごろつきの振舞い; 破壊行為(= vandalismo).

gamberrear [gambereár] 自 暴力を振るう, 乱暴狼藉をはたらく; 放浪する.

gamberrismo [gamberísmo] 男 粗暴, 無法さ, 迷惑行為, 無頼生活.

gamberro, rra [gambéro, ra] 形 ❶ 横暴な, 迷惑なことをする; 粗野な, 不作法な. ❷ 放埒な. 類 disoluto, libertino.
── 男 ❶ 乱暴者, 無頼漢; 無骨者, ❷ 放蕩者, 道楽者. ❸ 《方》売春婦.

hacer el gamberro 騒ぎを引き起こす, 無法な行為をする.

gambeta [gambéta] 女 ❶ 《舞踊》脚を交差させるステップの一種. ❷ 《馬術》騰躍(馬の跳躍の一種). 類 corveta. ❸ 《中南米》身をかわす動作.

gambetear [gambeteár] 自 ❶ 《舞踊》脚を交差させた動きをする. ❷ 《馬術》(馬が)騰躍する. ❸ ひらりと身をかわす.

Gambia [gámbja] 固名 ガンビア(首都バンジュール Banjul).

gambito [gambíto] 男 (チェスで)開戦の手の一種(後の駒運びのためにポーンを一度に二目進める方法).

gamella [gaméja] 女 ❶ 飼葉桶, まぐさ桶. ❷ 洗い桶. ❸ 軛の両端にあるアーチ型の部分. ❹ 毛織物の一種. ❺ 《古》フタコブラクダ(= camello).

gameto [gaméto] 男 《生物》配偶子, 生殖体(卵子・精子など, 結合して新しい個体となる生殖細胞).

gamma [gámma] 女 ❶ ガンマ(ギリシャ文字の第三, g に相当. Γ, γ). ❷ ガンマ(質量の国際単位, 100万分の1グラム). ❸ (rayos 〜)《物理》ガンマ線.

gamo [gámo] 男 《動物》(雄の)ダマジカ, 鹿の一種. 肩高約90cm, 赤褐色に白斑があり, へら状の角を持つ.

correr como un gamo 脱兎のごとく走る.

gamón [gamón] 男 《植物》ツルボラン(ユリ科の花, 剣状の葉を持ち白い花穂をつける. アスフォデル).

gamonal [gamonál] 男 ❶ ツルボランの群生地. ❷ 《中南米》地主, 地方政界のボス(= cacique).

gamonalismo [gamonalísmo] 男 《中南米》大地主による支配, ボス政治.

gamopétalo, la [gamopétalo, la] 形 《植物》合弁花冠の(花びらの一部又は全部がつながっている). (= monopétalo)

gamosépalo, la [gamosépalo, la] 形 《植物》合弁萼(ᵍ)の(萼がつながっている). (= monosépalo)

gamuza [gamúθa] 女 ❶ 《動物》シャモア. ◆ピレネーなどヨーロッパの高山に住む羚羊の一種. 大型の山羊位の大きさで黒い角を持つ. ❷ セーム革, シャミ革(シャモアなどから取る柔らかくきめの細かい革); セーム革に似せた毛・綿織物. ❸ 汚れ落しやつや出しに用いる布.

***gana [gána ガナ] 女 ❶ [主に 複] 欲望, 意欲, …したい. ── tener [sentir] 〜(s) de [+不定詞]…したい. Hoy no tengo 〜s de hacer nada. 私は今日何もしたくない. hacer ... con poca 〜 をいやいやする. Rió con (todas sus) 〜s. 彼は心の底から笑った. Ardo en 〜s de conocerle. 私はどうしても彼と知り合いになりたい. 類 afán, ansia, deseo. 反 desgana. ❷ [単 または 複] 食欲. ── comer con [sin] 〜s もりもり[いやいや]食べる. 類 apetito, hambre. 反 desgana, inapetencia.

abrir [despertar, excitar] a ... la gana de comer (人)の食欲をそそる.

abrírsele [despertársele] a ... la(s) gana(s) de comer (人)に食欲が出る. Ya está repuesto de su enfermedad; empiezan a *abrírsele las ganas de comer*. 彼はもう病気が治り, 食欲が出てきた.

darle a ... ganas [la (real) gana] de [+不定詞]《俗》(時に怒りを込めて使われる)(人)は…したくなる, …する気になる. como te *dé la gana* 君の好きなように. Le dieron *ganas de* correr. 彼は走りたくなった. Me marcho porque *me da la (real) gana*. 帰りたくなったので帰るよ. No voy porque no *me da la real gana*. 行きたくないから行かない. ¡Tú te callas! ¡No *me da la (real) gana*! 君は黙っていろ!-いやだ! No *le dan ganas de* trabajar. 彼は働く気がない.

de buena o mala gana 好むと好まざるにかかわらず.

de buena gana 喜んで, 進んで, 意欲的に. Iría *de buena gana*, pero no tengo tiempo. 喜んで行きたいところだが, 暇がないんだ. 類 con mucho gusto.

de gana 一生懸命に, 意欲的に.

de mala gana いやいや, 渋々. Lo aceptó *de mala gana*. 彼はそれを渋々承諾した.

entrarle [venirle] a ... ganas de [+不定詞] (人)が…したくなる, したい気になる. Le vinieron de pronto *ganas de* reír. 彼は急におかしさがこみあげてきた. No trabaja a no ser que *le entren ganas*. 彼は気が向かないと働かない.

Es gana. 《中南米》それは見込みがない[不可能だ].

ganas locas [rabiosas] 熱望. tener (unas) *ganas locas de* [+不定詞]…したくてたまらない.

hasta las ganas 《メキシコ》気のすむまで, とことん.

lo que LE da [dé] la gana/lo que LE viene [venga] en gana (人)が望むこと・もの, 気に入ったこと・もの. Haz *lo que te dé la gana*. したいようにしなさい. No puedo decir todo *lo que me viene en gana*. 私は言いたいことは何でも言えるわけではない.

morirse [reventar] de ganas de [+不定詞]…したくてたまらない. *Me muero de ganas de* comprarme este coche. 私はこの車を買いたくてしょうがない.

quedarse [dejar] con las ganas がっかりする, 不満が残る, …することができない. *Me quedé con las ganas de ir.* 私は行けなかった.

*quitar*LE *a ... las ganas de* 〖+不定詞〗(人)に…する気をなくさせる, 意欲をそぐ. *La noticia de su muerte me quitó las ganas de comer.* 彼の死の知らせを聞いて私は食欲がなくなった.

*quitárse*LE *a ... las ganas de* 〖+不定詞〗(人)は…する気がなくなる.

tener ganas [gana] de (1)〖+不定詞〗…したい. *Tengo muchas ganas de viajar al extranjero.* 私はとても外国旅行をしたい. (2)〖+que+接続法〗…して欲しい. *Tengo ganas de que acabes ese trabajo.* 君にその仕事を終えて欲しい.

*tener*LE *a ... ganas* …に恨みを抱く.

*venir*LE *a ... en gana* …したくなる, 気に入る. *Le vino en gana comer golosinas.* 彼は甘い物が食べたくなった. *cuando le venga en gana* あなたのお好きな[都合のいい]時に.

*venir*LE *a ... en ganas de* 〖+不定詞〗(急に)…したくなる.

‡**ganadería** [ganaðería] 囡 ❶〖集合的に〗(一国・一地域・一個人所有の)家畜, (闘牛用の)牛. ~ *extremeña* エストレマドゥーラの牛. *Ha lidiado muchos toros de esa* ~. 彼はその(闘牛)牧場からの多くの闘牛と闘った. ❷ 牧畜(業), 畜産. ~ *intensiva [extensiva]* 集約的[粗放的]牧畜. *dedicarse a la* ~ *de toros de lidia* 闘牛の飼育にたずさわる. ❸ 種族, 血統.

‡**ganadero, ra** [ganaðéro, ra] 形 牧畜(業)の; 家畜の. *industria [región] ganadera* 牧畜業[地帯]. *productos* ~s 畜産物. *ciencia ganadera* 畜産学.

—— 名 牧場主, 牧畜[畜産]業者. —*En este pueblo sólo hay un ganadero importante.* この村には有力な牧畜業者が一人しかいない.

‡**ganado** [ganáðo] 男 ❶〖集合的に〗家畜(家禽(ﾞ)~ *ave de corral*). *criar una cabeza de* ~ 家畜を一頭買う. ~ *en estabulación* 舎内飼育の家畜. ~ *vacuno* 牛. ~ *de cerda [moreno, porcino]* 豚. ~ *caballar* 馬. ~ *lanar [ovino, ovejuno]* 羊. ~ *cabrío* 山羊(ﾞ). ~ *asnal* ロバ. ~ *merino* メリーノ種の羊. ~ *bravo* 飼い馴らされていない家畜(特に闘牛類). ~ *en pie* 生獣, 畜殺前の生きている家畜. ~ *mayor* (牛・馬などの)大型家畜. ~ *menor* (羊・豚などの)小型家畜. ~ *humano* 獣のような人間の群, 奴隷. 類 **ganadería, rebaño(s)**. ❷〖俗〗群衆(軽蔑的・ユーモラスに). —*Todo el* ~ *aplaudía a rabiar.* 群衆は1人残らず熱烈な拍手を送っていた. 類 **gentecilla, gentío, gente**. ❸ (一つの箱の)ミツバチの群れ. ❹〖中南米〗牛.

——, *da* 過分 形 ❶ 取得した. ❷ 勝った.

ganador, dora [ganaðór, ðóra] 形 勝者である, 勝った; 当選の. *equipo* ~ 勝チーム.

—— 名 勝利者. ~ *de la lotería* 宝くじ当選者. 類 **triunfador, vencedor, victorioso**. 反 **perdedor**.

*‡**ganancia** [ganánθja] 囡 ❶〖主に 複〗(特に金銭的な)利益, もうけ, 利潤. —*El restaurante le produce* ~s *considerables.* レストランは彼にかなりの利益をもたらす. *Se repartieron las* ~s. 彼らは利益を分かち合った. *obtener [sacar]* ~ 利益を得る. ~s *y pérdidas* 《会計》損益. ~s *de capital* キャピタルゲイン. *margen de* ~s マージン, 利鞘(ﾞ). ~ *líquida [neta]* 純益. ~ *bruta [total]* 粗(ﾞ)利益, 総利益. 類 **beneficio, negocio, utilidad**. 反 **pérdida, perjuicio**. ❷〖中南米〗チップ, 心付け. 類 **adehala, propina**.

hijo de ganancia 庶子(ﾞ), 私生児.

no arrendar ~ *la ganancia* 〖悪い結果・危険をほのめかし注意を促す表現〗(人)がどうなっても知らない. *Si no estudias, no te arriendo la ganancia.* 勉強しなければどうなっても知らないぞ.

ganancial [gananθjál] 形 利潤の, 収益の.

bienes gananciales (夫婦の)共有財産, (結婚により得る)財産.

gananciaso, sa [gananθjóso, sa] 形 (商談・試合などで)儲けになる, 有利な; 勝った. —*Si te jubilas ahora saldrás* ~. 今退職すれば得になるよ.

—— 名 勝者; 勝者. 類 **agraciado, beneficioso**. 反 **perjudicado**.

ganapán [ganapán] 男 ❶ 伝言や荷運びをして稼ぐ人, ポーター. ❷ (貧乏のために)どんな仕事も引き受ける人. ❸《比喩》粗野な人, 無作法な人. 類 **rudo, tosco**.

ganapierde [ganapjérðe] 男 (チェッカーなどのゲームで)持ち駒を全て失くした方を勝ちとする遊び方; 通常のルールの敗者を勝ちとするやり方.

*‡**ganar** [ganár ガナル] 他 ❶ (*a*) を得る, 獲得する, 勝ち取る. ~ *un premio literario* 文学賞を獲得する. ~ *una plaza* 地位を手に入れる. *Ganó una merecida fama.* 彼はふさわしい名声を勝ち取った. 反 **perder**. ❷ (*a*) (金銭・給料など)を稼ぐ, 儲ける, もらう. ~ *mucho dinero* 大金をかせぐ. *El presidente gana cinco mil euros al mes.* 社長は月に5,000ユーロもらっている. (*b*) (時間・スペースなど)を稼ぐ, 節約する. —*Si vas por el atajo, ganas media hora.* 近道を行けば30分早いよ. *He ganado bastante espacio con este tipo de letra.* 私はこの字体を使ってかなりのスペースを節約した. ❸ (*a*) (試合・争いなど)に勝つ. —*La selección griega ha ganado el partido final.* ギリシャ代表チームが決勝戦に勝った. *Es seguro que ganará el juicio.* 彼が訴訟に勝ちそうなのは確かだ. (*b*)〖+*en*/*a*〗…に勝る, 勝つ. —*Usted me ha ganado.* あなたにはかないません[私の負けです]. *Me ganas en categoría.* 身分にかけては君の勝ちだ. 類 **superar**. ❹ を占領する, 奪取する, 攻略する. ~ *un castillo* 落城させる. ❺ …に到達する, たどり着く. —*El fugitivo consiguió* ~ *la frontera.* 逃亡者は国境にたどり着くことができた. 類 **alcanzar**.

ganar terreno → *terreno*.

—— 自 ❶ 勝つ, 勝利する. —*El equipo ganó en el partido final de la eliminatoria.* チームはトーナメントの決勝戦で勝利した. ❷ 好転する, 良くなる; 増す. —*Esta actriz gana con los años.* この女優は年を重ねるごとに良くなる. ❸ 稼ぐ, 儲ける. ❹〖中南米〗〖+*para* の方へ〗向かう. ❺〖南米〗(ある場所へ)逃げ込む.

ganar por la mano a ... → *mano*.

no ganar para sustos [para disgustos] 悪いことばかり起きる, 災難続きである.

¡A idiota [embustero] no hay quien te gane!

おまえほどの馬鹿[うそつき]はいない．
──se 再 ❶ (信用など)を勝ち取る，獲得する；(賞罰などを)受ける．──~se nuestra confianza 私たちの信用を得る．En poco tiempo se ha ganado una buena reputación. 短い間に彼はいい評判をとった．Se ganó el desprecio de todos. 彼は皆の軽蔑を買った．Si sigues incordiando, te vas a ~ una bofetada. いつまでもうるさく言ってるとびんたを食うことになるぞ．❷ 稼ぐ，儲ける．──~se la vida 生計を立てる．❸ …の気に入る，を引き入れる，味方にする．──La niña se gana a la abuela con sus gracias. 女の子はその愛嬌でおばあちゃんのお気に入りとなっている．~se al público 人心をつかむ．

ganchero [gantʃéro] 男 ❶〖方〗鉤竿を使って筏を操る人．❷『中南米』手助けをする人，助手，補佐，アシスタント．
ganchete [gantʃéte] 男〖次の成句で〗
a ganchete『中南米』横目で，疑い・非難の目で，じろりと．
a medio ganchete 中途半端で，やりかけで．
de ganchete『中南米』腕を組み合って．
de medio ganchete (1) いい加減に，ぞんざいに．(2) (椅子に)浅く腰かけて．
ganchillo [gantʃíʎo] 男 ❶ (編物用の)かぎ針．❷ かぎ針編み．── hacer ~ かぎ針で編む．
*gancho [gántʃo] 男 ❶ (物を引っ掛ける・吊す・引っ張る)フック，鉤(かぎ)，掛け鉤；洋服掛け，ハンガー；(肉屋の)肉を吊る鉤 (= ~ de carnicero)；電話器掛け．── Colgó la chaqueta en [de] un ~. 彼は上着をハンガーに掛けた．El carnicero cuelga los trozos grandes de carne de un ~. 肉屋は肉の大きな塊を鉤に吊す．類 **corchete, garfio**. ❷《俗》(男性を引きつける女性の)性的魅力，色気，(男・女の)セクスアピール．── Es una chica que tiene mucho ~. 彼女はセクシーな女の子です．❸《服飾》(手芸の)鉤針，鉤針編み(物)．── labores de ~ 鉤針編み．aguja de ~ 鉤針．類 **ganchillo**. ❹《俗》(a) (賭け事や大道商人などの)おとり，さくら．類 **compinche, reclamo, señuelo**. (b) 客引き，ぽん引き．類 **rufián**. ❺《スポーツ》(a)《ボクシング》フック(肘を曲げての打撃)．── conectar [dar] un ~ フックを打つ．(b) (バスケットボール) (頭上で肘を曲げての)シュート．❻ (羊飼いの)柄の曲がった杖，牧杖；司教杖，錫杖(しゃくじょう)．類 **cayado**. ❼ (折れたり切られたりして木の幹に残った)枝株，(枝の)切り残り．類 **garrón, tetón**. ❽ 落書き，いたずら書き．❾ (狭い場所での)獲物の狩り出し．❿ (a)『中南米』ヘアピン (= horquilla, ~ de cabeza). (b)『アルゼンチン，チリ』── alfiler de ~ 安全ピン．(c)『メキシコ』ハンガー (= percha). (d)『アルゼンチン，グアテマラ』(一般に恋愛問題での)援助，仲介．── hacer ~ 援助[仲介]する．(e)『エクアドル，コロンビア』女性用の鞍(くら)．
de gancho (互いに)腕を組んで．類 **del brazo**.
echar el gancho a …《俗》(人)をうまく引っ掛ける，誘惑する；押さえつける．
ganchoso, sa [gantʃóso, sa] 形 鉤(かぎ)のついた；鉤形の．
*ganchudo, da [gantʃúðo, ða] 形 ❶ 鉤(かぎ)形の．── Tenía los ojos salientes y la nariz *ganchuda*. 彼は目が出ていて鉤鼻だった．❷ (学生が)コネのある．

gándara [gándara] 女 未開墾の低地，雑草地．
Gandhi [gándi] 固名 ガンジー(通称マハトマ Mahatma; 1869-1948, インドの政治家，民族運動の指導者).
gandinga [gandíŋga] 女 ❶ (洗いあげた)鉱石の砕片．❷〖方〗(家畜の臓物，脚・頭など肉以外の部分)．❸『中南米』臓物の煮込み料理．❹『中南米』無気力；無精．
buscar la gandinga 生計を立てる，食べていく．
gandul, dula [gandúl, dúla] 形 ❶ 怠け者の，無精な．類 **holgazán, perezoso, vago**. ❷ 役立たずの．類 **inútil**. ── 名 怠け者．
gandulear [ganduleár] 自 怠惰な生活をする，のらくらと暮らす．── No tiene trabajo y se pasa los días *ganduleando* por la calle. 職にも就かず街中をただぶらぶらしている．類 **holgazanear**.
gandulería [ganduleria] 女 怠惰，無精，怠けること．類 **pereza**.
gang [gán, gáŋ(g)] 〔< 英〕〖複 **gangs** [gan]〕男 ギャング，一味，徒党．
ganga[1] [gáŋga] 女《鳥類》サケイ(砂鶏)．『中南米』マキバシギ．
ganga[2] [gáŋga] 女《話，比喩》安くて良い品物，買い得品，掘り出し物，特価品；大安売り；楽な仕事．── La compra de este terreno ha sido una verdadera ~. この土地を買ったのは本当にいい買い物だった．《反語》見掛け倒しの物(人)，役立たず．── ¡Buena[Menuda] ~ te ha caído con el traslado! この移動で何もまったくいい役を引き当てたものだ．❸《鉱物》脈石(鉱床・鉱石中に含まれる，利用価値のない部分)．
Ganges [gánxes] 固名 (el Río ~) ガンジス川(インドの河川)．
ganglio [gáŋglio] 男 ❶《解剖》神経節(神経系やリンパ管の中で細胞体が集まり節状になっている部分)．── ~ linfático リンパ節．❷《医学》結節腫，ガングリオン(手足の関節，腱などに出来る腫瘍の一種)．
gangosear [gaŋgoseár] 自 = *ganguear*.
gangoso, sa [gaŋgóso, sa] 形 鼻声の，鼻にかかった．── voz *gangosa* 鼻声．類 **nasal**. ── 名 鼻声；鼻声でしゃべること[人]．── 副 鼻声で．
gangrena [gaŋgréna] 女 ❶《医学》壊疽(えそ) (血液の循環不良や化膿などから局部的に組織が死んで黒くなること)．類 **necrosis**. ❷ 表皮が腐食する樹木の病気．❸《比喩》社会を侵す害悪，弊害．類 **cáncer**.
gangrenarse [gaŋgrenárse] 再《医学》壊疽(えそ)になる．
gangrenoso, sa [gaŋgrenóso, sa] 形《医学》壊疽(えそ)の，壊疽にかかった．
gángster [gánster] 〔< 英〕〖複 **gánster**〕男 ギャングの一員，暴力団員，悪漢．
gangsterismo [gansterísmo] 男 ギャング行為．
ganguear [gaŋgeár] 自 鼻声でしゃべる，鼻にかかった話し方をする．
gangueo [gaŋgéo] 男 鼻声，鼻声でしゃべること．
Ganivet [ganiβé(t)] 固名 ガニベー(アンヘル Ángel ~)(1862-98, スペインの思想家・小説家)．
ganoso, sa [ganóso, sa] 形〖+de〗を望んで，欲しがって．── Está ~ de buena fama. 名声を得たがっている．Estaba ~ de volver a su tierra natal. 彼は故郷へ帰りたがっていた．類 **deseoso**.
gansada [gansáða] 女 ❶ 意味も無いこと，たわ

ごと，下らないこと．—Cállate y no digas más ～s. もう馬鹿なことを言うのはやめなさい．類 **majadería, sandez**．❸ 笑わせるようなこと，冗談，おふざけ．類 **gracia, tontería**.

gansarón [gansarón] 男 ❶ ガチョウ[ガン]の雛 (=ansarón). ❷《比喩》やせて背の高い人，ひょろ長い男の人．

gansear [ganseár] 自 たわいもないことを言う[する].

‡**ganso, sa** [gánso, sa] 名 ❶《鳥類》ガチョウ(鵞鳥); ガン(雁)(=～ salvaje [bravo]). 類 **ánade, ánsar**. ❷《俗》(軽蔑的に)(a) 愚図(ず)，のろま；どじ[不器用]なやつ．—Anda como un ～. 彼はのろのろ歩く．Es un ～; se pasa el día frente al televisor. あいつはうすのろで，一日中テレビの前で過ごす．類 **gandul, perezoso, torpe**. ❸《くだらない冗談ばかり言う人，おどけ者．—Ese ～ me tiene harto. 私はあのおどけ者にはうんざりだ．類 **patoso, soso**. ❸《遊戯》—correr el ～/correr ～s《祭で》ガチョウを追いかけ回し，頭をかち割る遊び．

gansos del Capitolio（ゴール人の夜襲を騒ぎ立てて知らせ，ローマを救った)カピトル神殿のガチョウ．

hablar por boca de ganso de ...（人）の受け売りをする（この場合 ganso は古語で家庭教師の意）．

hacer el ganso《俗》人を笑わせといて面白くない)ばかなことを言う[する]，おどける．

paso de ganso（軍事）膝を曲げずに足をまっすぐ伸ばしたまま高く上げる閲兵式行進の歩き方．

—— 形 ❶ 愚図な，のろまな；どじな，不器用な．—Ven, no seas ～. ぐずぐずしないで，来なさい．類 **patoso, perezoso**. ❷ 面白味のない，くだらない．類 **soso, graciouso**.

ganzúa [ganθúa] 女 ❶《鍵を使わずに錠前をこじ開けるための道具．類 **alambre**. ❷ 泥棒．—Han blindado la puerta por temor a las ～s. 泥棒除けに扉を装甲しました．❸ 人の秘密を聞き出す人，嗅ぎ付け屋．—No me extraña que se haya enterado la vecina: es una ～. 近所の奥さんがそれを知っていたのも不思議はない，何しろ嗅ぎ出すのがうまい人なんだから．

gañán [ɡaɲán] 男 ❶（農園の)下男, 作男, 人夫. ❷《比喩》頑強で無骨な男.

gañanía [ɡaɲanía] 女 ❶『集合的に』作男たち，下男たち．❷ 作男たちの住居，宿舎．❸《方》農園．

gañido [ɡaɲíðo] 男（犬などの）悲し気な吠え声，うめき声，うなり．

gañiles [ɡaɲíles] 男 複 ❶（動物の）喉の軟骨部分．類 **gañote**. ❷（魚などの）えら．

gañir [ɡaɲír]【3.9】自 ❶（犬などが)悲しげに吠える，きゃんきゃんと悲鳴をあげる．❷（カラス・ガチョウなどが)鳴く．❸《比喩》(人が)ぜいぜい言う，しわがれ声を出す；きいきい叫ぶ．

gañón [ɡaɲón] 男 = gañote.

gañote [ɡaɲóte] 男 喉，喉元，気管．類 **garguero, gañiles**.

garabatear [ɡaraβateár] 自 ❶（物を取るために)鉤(かぎ)を投げる，(井戸水を汲み上げるなどのために)鉤をおろす．❷ 回りくどい言い方[やり方]をする．—No ha terminado el trabajo porque se dedica a ～. 脱線ばかりしていてまだ仕事を終えていない．❸ 落書きをする．—En vez de estudiar *garabatea* en el texto. 勉強せず教科書に落書きしている．— 他 を殴り書き[走り書き]する．—Garabateó

garantir 983

un recado a su mujer y salió de casa. 彼は妻へのメモをさっと書いてから家を出た．類 **garrapatear**.

garabateo [ɡaraβatéo] 男 ❶ 鉤(かぎ)を投げる[おろす]こと．❷ 走り書き；落書き．

garabato [ɡaráβato] 男 ❶（物を引き寄せたり吊り下げたりするための)鉤(かぎ); フック．類 **gancho**. ❷（井戸で使う)綱の先につけた鉄の鉤．❸ 先端が鉤形になった堅い棒．❹ いたずら書き，落書き．類 **garrapato**. ❺《話, 比喩》(女性の)優美さ；色っぽさ．

‡**garaje** [garáxe] 男 ❶ ガレージ, 車庫．—meter un coche en el ～ 車をガレージに入れる．❷（自動車の)修理[整備]工場．

garajista [garaxísta] 男女 ❶ ガレージの所有者．❷ 駐車場の係員．❸ 自動車の修理工．

garambaina [garambáina] 女 ❶ 悪趣味な「安っぽい，けばけばしい)装飾．❷ 気どったこと，わざとらしい[気取った]表情；おかしな顔つき．—Los niños se divirtieron mucho con sus chistes y ～s. 彼の笑い話とおどけた顔つきに子供たちは大喜びだった．❸ 複（物事の妨げになるような)馬鹿々々しいこと；無理な要求；くどくどしい弁解．—Déjate de ～s y decídete de una vez. ごたくを並べていないでさっさと決めてしまいなさい．類 **pamplinas, tonterías**. ❹ 複 → garabato④.

garandumba [garandúmba] 女《中南米》(荷運び用の)川舟．

garante [garánte] 形 責任ある，保証人である． — 男女 保証人．—salir ～ 保証人になる．En el contrato de alquiler de la casa yo saldré ～ con mi firma. 家の賃貸契約のときは私が保証人としてサインします．

‡**garantía** [garantía] 女〖+de〗…の保証；保証書[期間]. —certificado [documento] de ～ 保証書．lavadora con ～ de un año 1年間保証付き洗濯機．marca de ～（品質などの)保証マーク．～ de calidad 品質保証．persona de ～(s) 信用できる人．La autoridad ha dado [ofrecido] ～s de que no habrá alteraciones del orden público. 当局は治安に乱れはないと請け合った．No hay ～ de que los precios bajen. 物価が下がるという保証はない．La ～ del televisor dura un año. テレビの保証期間は1年である．sin ～ del Gobierno 政府の保証なしに．類 **seguridad, confianza**. ❷ 保証するもの；《法律》担保，抵当．—Eso no es una ～ de éxito. それだけで成功が保証されたわけではない．dejar una prenda como ～ del pago 支払い保証として担保を出す．Antes de prestarle el dinero pidió ～. 彼は金を貸す前に担保を求めた．類 **aval, fianza, prenda**.

con garantía 保証[担保]付きで[の]. *con garantía* sobre bienes inmuebles 不動産担保付きで[の].

en garantía 担保として．tomar *en garantía* を担保に取る．depositar *en garantía*（何かを)抵当に入れる．

garantías constitucionales 憲法によって保障された国民の諸権利．suspensión de *garantías constitucionales* 憲法上の諸権利停止．

garantir [garantír] 他 = garantizar『欠如動詞，語尾にiの現われる形のみ用いられる．但し中南

984 garantizado

米では不完全動詞ではない].

garantizado, da [garantiθáðo, ða] 形 保証された, 保証つきの. — artículo ~ por dos años 2年間保証付きの商品.

:garantizar [garantiθár] [1.3] 他 を**保証する**, 請け合う; …の保証人となる. — Nos han garantizado la más absoluta discreción. 彼らは私たちに絶対に秘密を守ることを保証してくれた. Las abundantes lluvias *garantizan* el suministro de agua para el verano. 多量の雨は夏場の水供給を保証するものだ. Esta tienda me *garantiza* el televisor por seis meses. この店はテレビを6か月間保証付きにしてくれる.

garañón [garaɲón] 男 (種付け用の)ロバ(ラクダ, 馬など), 種ロバ, 種馬.

garapiña [garapíɲa] 女 ❶ (液体の)凝固, 煮詰まった状態, シロップ(カラメル)状. ❷ 砂糖の衣, アイシング. ❸ (縁に波形を施した)飾り紐; レースや飾り紐を使った織物. ❹ 〖中南米〗パイナップルを入れた清涼飲料の一種.

garapiñado, da [garapiɲáðo, ða] 形 凝固した; 砂糖[シロップ]漬けの; 糖衣をかけた. — almendras *garapiñadas* プラリネ(アーモンドに砂糖をかぶせたキャンデーの一種). piñones ~s 糖衣をかけた松の実.

garapiñar [garapiɲár] 他 ❶ (液体を)凝固させる, (煮詰めて)固まらせる, シロップ状にする; (アイスクリームなど)を冷やし固める, 凍らせる. ❷ (果物など)を砂糖漬けにする, シロップに漬け込む; 砂糖の衣をかける, アイシングをかぶせる.

garapiñera [garapiɲéra] 女 アイスクリーム製造器.

garapullo [garapúʝo] 男 ❶ 〈ゲーム〉ダーツ. 類 **rehilete**. ❷ 《闘牛》バンデリーヤ(闘牛で用いる銛). 類 **banderilla**.

garba [gárβa] 女 《方》 ❶ 〔農業〕(小麦など穀物の)束. ❷ (家畜用の)飼い葉, 飼料.

garbancero, ra [garβanθéro, ra] 形 ガルバンソの(→garbanzo). — 名 ガルバンソを売る人; 炒ったガルバンソを売る人. ❷ 〈比喩〉粗野な[無作法な, そんざいな]人. 類 **descortés, vulgar**.

garbanzal [garβanθál] 男 ガルバンソ畑.(→garbanzo)

:garbanzo [garβánθo] 男 〔植物〕ガルバンソ, エジプトマメ, ヒヨコマメ(の実[豆]).

contar los garbanzos 爪に火をともすように節約する.

de garbanzo 普通の, 一般の. *gente de garbanzo* 一般民衆, 庶民.

en toda [*cualquier*] *tierra de garbanzos* 至る所に[で].

ganarse los garbanzos 《話》日々の糧(て)を得る.

garbanzo mulato 小粒で灰色っぽいガルバンソ.
garbanzo negro 厄介者, 鼻つまみ. Él es el *garbanzo negro* de la familia. 彼は家族の厄介者だ.

garbear [garβeár] 自 ❶ 気取る; 誇示する, 見せびらかす. ❷ (生活を)やりくりする, 切り抜ける. — 他 ❶ (穀物を)束ねる. ❷ 盗む. — **se** 再 ❶ ぶらつく, 散歩する. ❷ = garbear 他 ①.

garbeo [garβéo] 男 《話》散歩, ぶらつき; ひと渡り見て回ること, 小旅行. — dar(se) un ~ 散歩する; ひと回りする. 類 **paseo**.

garbera [garβéra] 女 (穀物の)束を積み上げたもの, 束の山.

garbillar [garβiʝár] 他 ❶ (穀物を)ふるいにかける, ふるう. ❷ (鉱石を)ふるいにかける; 洗う.

garbillo [garβíʝo] 男 ❶ ふるい(穀物の選分けに用いる, カヤなどで出来たもの). ❷ ふるい(鉱物の選別や洗浄に用いる金網状のもの). 類 **criba**. ❸ 穀物のふるいかす, もみがら(飼料にする). ❹ (ふるった後の)細かい鉱石.

garbo [gárβo] 男 ❶ (挙動・身ごなしの)優美さ; 敏捷さ; 流暢; (立居振舞の)あざやかなこと. — andar con ~ 颯爽と歩く, エレガントに歩く. ❷ (行いの)見事さ; (特に, 文章などの)流暢さ; 優美さ, 気品. — El artículo está escrito con mucho ~. その記事は大変流暢な言葉で書かれている. 類 **desenvoltura, gracia**. ❸ 〈比喩〉寛大さ, 鷹揚(な)さ.

garbosamente [garβósaménte] 副 ❶ 優雅に, 上品に, エレガントに; あざやかに, 流暢に, 軽快に. ❷ 寛大に, 鷹揚に.

garboso, sa [garβóso, sa] 形 ❶ 優雅な, 上品な, エレガントな; あざやかな, 流暢な, 軽快な. — Tiene una mujer guapa y *garbosa*. 彼には美人でしとやかな奥さんがいる. 類 **brioso, gracioso**. ❷ 寛大な, 鷹揚(な)な.

garceta [garθéta] 女 ❶ 〈動物〉サギ, シラサギ. ❷ もみあげ. ❸ 鹿の角の下部.

García Lorca [garθía lórka] 固名 ガルシーア・ロルカ(フェデリーコ Federico ~)(1898-1936, スペインの詩人・劇作家).

García Márquez [garθía márkeθ] 固名 ガルシーア・マルケス(ガブリエル Gabriel ~)(1928-, コロンビアの作家・ジャーナリスト. 1982年ノーベル文学賞を受賞).

Garcilaso de la Vega [garθiláso ðe la βéɣa] 固名 ガルシラーソ・デ・ラ・ベーガ(インカ El Inca ~)(1539頃-1616, ペルーの年代記作家).

Gardel [garðél] 固名 ガルデル(カルロス Carlos ~)(1890-1935, アルゼンチンタンゴの歌手, 作曲家).

gardenia [garðénja] 女 〔植物〕クチナシ.

garduña [garðúɲa] 女 〈動物〉プナテン(貂の一種. 30cm程で夜行性・肉食のイタチに似た獣).

garduño, ña[2] [garðúɲo, ɲa] 名 こそ泥, すり, かっぱらい. 類 **ratero**.

garete [garéte] 男 〔次の成句で〕
ir(se) al ... 漂流する, 漂う; 目標を失う, 失敗する.

garfa [gárfa] 女 ❶ (猫・鷹などの)爪, 鉤(𝑘)爪. 類 **garra**. ❷ 市電などのケーブルを吊り下げて支える部分.
echar la garfa 《比喩, 話》爪を立てて掴む.

garfio [gárfjo] 男 鉤, フック, 鉤(𝑘)竿(複数の鉤のついたもの).

gargajear [garɣaxeár] 自 痰(𝑑)[唾(𝑡)]を吐く. 類 **escupir**.

gargajo [garɣáxo] 男 《話》痰(𝑑), 唾(𝑡). 類 **flema**.

**garganta [garɣánta ガルガンタ] 女 ❶ 〔解剖〕喉(𝑛), 首. — Me duele la ~ al tragar. 私は飲み込む時喉が痛い. Se me atravesó una espina en la ~. 私は喉に小骨が引っ掛かった. Le agarré por la ~ para que no escapara. 逃げないように私は彼の首筋を

つかまえた. oprimirLE la ~ (人)の首[喉首(のどくび)]を絞める. Se puso un collar de perlas en la ~. 彼女は真珠のネックレスを首につけた. 類**cuello**. ❷《比喩》(歌手の)声, 喉. — tener buena ~ いい喉[声]をしている. 類**voz**. ❸ (両側が絶壁の)峡谷, 山峡の狭い道. 類**desfiladero**. ❹ (足・瓶などの)くびれた[細い]部分;《建築》(円柱・手すり子などの)頸部(けいぶ), 柱頸. — ~ del pie 足首. ~ de un jarrón 壺の首. ~ de una polea 滑車の溝. 類**estrechamiento**.

tener a ... atravesado en la garganta (人)が気に入らない, 我慢ならない. Desde que le conocí lo tengo atravesado en la garganta. 知り合った時から彼が気に食わない.

tener [hacerseLE, atravesárseLE] un nudo en la garganta (感動・驚きで)喉が詰まって話せない, 胸が一杯になる.

gargantear [garɣanteár] 自 震え声で歌う, 声を震わせる. — 他 (滑車に綱の端の輪[ループ]を)くぐらせる.

gargantilla [garɣantíja] 女 (短めの)ネックレス, 首飾り; (真珠の首飾りなどの)1つ1つの玉, 粒.

gárgara [gárɣara] 女《主に複》うがい. — hacer ~s うがいをする.

mandar a hacer gárgaras 《話》追い払う, (要求などを)はねつける. Pedimos aumento de sueldo y nos mandaron a hacer gárgaras. 賃金引上げを要求したら一蹴された.

¡Vete [Que se vaya] a hacer gárgaras!《話》とっとと失せろ; くたばっちまえ.

gargarismo [garɣarísmo] 男 ❶ うがいをすること. ❷ うがい薬.

gargarizar [garɣariθar] [1.3] 自 うがいをする.

gárgol[1] [gárɣol] 男《建築》(板などをはめ込むための)溝.

gárgol[2] [gárɣol] 男 無精卵 (= huevo huero).

gárgola [gárɣola] 女 ❶《建築》(人や動物の彫刻を施した)雨樋[噴水の排水口]. ❷《植物》(亜麻の実などの)さや. ❸《方》(豆類の)さや.

garguero [garɣéro] 男《話》喉, 気管(の上部).

gargüero [garɣwéro] 男 = garguero.

garita [garíta] 女 ❶《主に木の》小屋(番小屋, 門衛の詰所, 守衛室など). ❷ (城などの)監視塔, 望楼. ❸ トイレ.

garitero [garitéro] 男 ❶ 賭博場の場主, カジノのオーナー. ❷ 博奕打ち, ギャンブラー.

garito [garíto] 男 ❶ 賭博場, 博奕部屋, カジノ. ❷ 賭け事での儲け.

garla [gárla] 女 おしゃべり (= charla).

garlar [garlár] 自《話》軽々しくしゃべる, 無遠慮にしゃべりたてる.

garlito [garlíto] 男 ❶ (魚用の)網(くびれた部分にネットを張り, 一度入った魚が逃げない仕掛けになっているもの). ❷《比喩》わな, 仕掛け, 落とし穴. 類**celada, trampa**.

caer en el garlito《話》わなにかかる, ひっかかる.

coger en el garlito《話》わなにかける, はめる; (悪事を働こうとしているのを)押さえる.

garlopa [garlópa] 女 仕上げかんな(普通のかんなよりも長く, 柄のついたもの. 既に削った木材などの表面をより滑らかにするのに用いる).

garnacha[1] [garnátʃa] 女 ❶ 白ブドウの一種. ❷ 赤ブドウの一種; そのワイン.

garnacha[2] [garnátʃa] 女 ❶ 法衣, ガウン(裁判官などが着る長い服. 肩から背中に垂れ下がる大きい襟のついたもの). ❷ 法衣を着る人, 裁判官. ❸《中南米》オムレツの一種.

‡**garra** [gára] 女 ❶ (獣・猛禽(もうきん)の鋭く曲がった)爪, 鉤爪(かぎづめ)の生えた手[足]. — afilar las ~s 爪をとぐ. ~ de un león ライオンの肢(あし). 類**garfa, uña, zarpa**. ❷《比喩》(軽蔑的に)手(貪欲・野心を暗示する). — Puso su ~ en el libro y se lo llevó. 彼女はその本をわしづかみにして持ち去った. ❸《複》(人・悪徳・愛などの)支配(力). — Los franceses cayeron en las ~s de los ingleses. フランス人はイギリス人の支配下に入った. 類**dominio, poder**. ❹《複》(オーバー仕立用などの)肢(あし)部分の毛皮 (2 級品). — abrigo de ~s de astracán アストラカンの肢毛皮コート. ❺《比喩》《海事》錨(いかり)の爪. 類**gancho**. ❻《中南米》(革などの)切れ端.

caer [estar] en las garras de ... (勢を及ぼす人)の手中に陥る[ある], ...に支配される[支配下にある]. Desde que cayó en sus garras, no se ha vuelto a saber nada de ella. 彼女が彼の手に落ちてから, 彼女のことはもう二度と何も知られていない.

echar la garra a ...《比喩》(人・物)を捕まえる.

sacar a ... de las garras de ... (人・物)の手から(人)を救い出す. Cuando todo parecía perdido, su amigo le sacó de las garras de aquel depravado. すべて絶望的に思われていた時, 友人が彼女をその堕落した男の手から救い出した.

tener garra 個性[魅力]がある. Para este tipo de trabajo hace falta *tener* mucha *garra*. このタイプの仕事につくには大変個性が必要である. Esta novela *tiene* mucha *garra*. この小説には大変魅力がある.

garrafa [garáfa] 女 ❶ 卓上用の酒瓶. ◆細首のついた大型の丸いもので, 柳細工あるいはプラスチックなどのカバーが付いている. 類**damajuana**. ❷《中南米》ガスボンベ. 類**bombona**.

garrafal [garafál] 形 ❶ (特にサクランボの実などが)普通よりも大きい; (木が)大型のものをつける. ❷《比喩》(欠点・誤りなどが)重大な, 大きな, ひどい. — un error ~ とんでもない間違い, 大失敗. una mentira ~ 真っ赤な嘘.

garrafón [garafón] [< garrafa] 男 大型の卓上用酒瓶.

garrancha [garántʃa] 女 ❶《話》剣. ❷ (トウモロコシなどの)苞(ほう), 苞葉(穂を包んでいる部分). ❸《方》《中南米》= gancho.

garrapata [garapáta] 女《虫類》(犬などに寄生して血を吸う)ダニ.

garrapatear [garapateár] 自 他 走り書きする, 雑に書く; 訳のわからないもの[意味のないこと]を書く, いたずら書きをする. — ~ una firma さっとサインする.

garrapato [garapáto] 男 走り書き, 殴り書き, 乱筆; いたずら書き, 落書き. — El niño se divierte haciendo ~s. その子はいたずら書きをして遊んでいる. 類**garabato**.

garrar [garár] 自《海事》船が(錨をよく下ろしていないために)後退する, 止まらずに錨を引きずる. 類**cejar**.

garrear [gareár] 自 = garrar.

garrete [garéte] 男 = jarrete.

garrido, da [garíðo, ða] 形 ❶ 美人の, ハンサム

な; スタイルのよい, スマートな, さっそうとした. —una *garrida* moza 美人, きれいな女の子. 類**apuesto, galán, hermoso**.

garrocha [garótʃa] 囡 (先端に尖った金具のついた)棒, 竿, (特に闘牛で用いる)槍. —salto de la ~ 棒高跳び. 類**pértiga**.

garrochazo [garotʃáθo] 男 (槍で)突くこと; 突き傷.

garrón [garón] 男 ❶ (鳥の)蹴爪. 類**espolón**. ❷ (兎などの)足首, 足先(狩りの獲物などの, 縛って吊り下げる部分). ❸ (木の枝など折り取った後に残る)突起, 突き出た枝. ❹ すね. ❺《方》『中南米』かかと.

garrotazo [garotáθo] 男 (棍棒などで)殴ること. —dar un ~ 棒で殴る.

garrote [garóte] 男 ❶ 棍棒, 棒(杖や武器になる太くて重いもの). ❷ ねじって締めつけること; (手足を締めつける)拷問. ❸ 絞首刑; 絞首刑の道具. —dar ~ 締め上げの拷問を課する; 絞首刑に処する. ❹ 止血帯. ❺ 〖海事〗(ロープを巻き上げる)レバー, ハンドル. ❻ (図などの)線の切れ目, 欠けている所. ❼ (壁面, 導管などの)反り, たわみ, 湾曲. ❽『中南米』ブレーキ.

garrotillo [garotíʎo] 男 〖医学〗ジフテリア(幼児に多い咽頭炎の一種). 類**crup, difteria**.

garrotín [garotín] 男 ガロティン(19世紀末に流行したダンスの一種).

garrucha [garútʃa] 囡 ❶ 滑車. 類**polea**. ❷《方》(ワイシャツの襟首などにつける)カフスボタン, 留め具. 類**pasador**.

garrulería [garulería] 囡 ❶ よくしゃべること, 冗舌. ❷ (冗舌な人の)しゃべり方, 多弁, 言葉の使いすぎ.

garrulidad [garulidá(ð)] 囡 おしゃべりなこと, 冗舌さ.

gárrulo, la [gárulo, la] 形 ❶ (鳥が)よくさえずる. ❷ (風・水の流れなどが)さざめく, ざわめく. —*arroyo* ~ さらさらと流れる小川. ❸ よくしゃべる, 冗舌な; 品のない.

garúa [garúa] 囡 〖海事〗『中南米』小雨. 類**llovizna**.

garuar [garuár] [1.6] 自 『中南米』小雨が降る. 類**lloviznar**.

garulla [garúʎa] 囡 ❶ 摘みとったブドウの粒. ❷ いたずら小僧, 腕白. ❸ 群衆; 野次馬; 烏合の衆.

garullada [garuʎáða] 囡 群衆; 烏合の衆.

garza[1] [gárθa] 囡 〖鳥類〗サギ. —~ *real* アオサギ.

garzo, za[2] [gárθo, θa] 形 (目の)青い. —— 男 〖植物〗ハラタケ(茸の一種).

garzón [garθón] 男 ❶ 〖鳥類〗アオサギの一種(羽冠がなく, くちばしの所に水をためる袋を持つ). ❷ 〔<仏〕若者; 男子. 類**joven, mozo**.

garzota [garθóta] 囡 ❶ 〖鳥類〗サギの一種(温暖な地域に住む水鳥, 雄は首に三本の長い羽根飾りを持つ). ❷ (帽子・馬具などにつける)羽根飾り.

‡**gas** [gás] 男 ❶ (燃料・灯火用の)ガス. —abrir [cerrar] la llave [de paso] del ~ ガス栓を開ける [締める]. encender [apagar] el ~ ガスをつける [消す]. escape de ~ ガス漏れ. ciudad del ~ 都市ガス. tubo de ~ ガス管. cocina [estufa] de ~ ガスレンジ[ストーブ]. contador de ~ ガスメーター. mechero de ~ ガスライター; ガスバーナー. alumbrado de ~ ガス灯. bombona de ~ propano プロパンガスボンベ. ~ natural (licuado) (液化)天然ガス. ~ de agua 水性ガス. ~ de efecto invernadero 地球温暖化効果ガス. ~ neurotóxico 神経ガス. ~ pobre 発生炉ガス. ❷《物理, 化学》ガス, 気体, (自動車・飛行機の)混合気; 排気ガス(= ~ de escape). —carbónico 炭酸ガス, ~ butano ブタンガス. ~ tóxico [venenoso] 有毒ガス. ~ lacrimógeno 催涙ガス. Llevaba mucho ~ aquel automóvil. その自動車は猛スピードを出していた. pérdida de ~ 失速. ~ oil ガスオイル, ディーゼル油(= *gasóleo*). ~ raro [noble, inerte] 希ガス, 不活性ガス. ~ hilarante 笑気, 二酸化窒素(麻酔用). ~ de los pantanos 沼気, メタンガス(= metano). ~ permanente 永久ガス. ~ mostaza マスタードガス. ~ de combate [asfixiante] 窒息ガス. cámara de ~ (処刑用の)ガス室. asfixiar con ~ ガスで窒息させる. 類**vaho, vapor**. ❸ 〖解剖〗腸内(体内)ガス(= ~*es intestinales*). —tener el vientre lleno de ~*es* 腹にガスがたまっている. 類**ventosidad**. ❹ 『中南米』ガソリン(= gasolina).

a todo gas 全速力で, フルスピードで.
dar gas アクセルを踏む, 速度を上げる.

gasa [gása] 囡 ❶ ガーゼ; 薄絹, 紗. ❷ 包帯. ❸ (帽子などに服喪の印として巻く)クレープ地の喪章.

gascón, cona [gaskón, kóna] 形 ガスコーニュ地方(Gascuña, フランス西南部)の, ガスコーニュ出身の. —— 名 ガスコーニュ人, ガスコーニュ出身者.

Gascuña [gaskúɲa] 固名 ガスコーニュ(フランスの地方).

gaseosa [gaseósa] 囡 →gaseoso.

‡**gaseoso, sa** [gaseóso, sa] 形 ❶ 気体の, ガス(状)の, ガス質の. —*cuerpo* ~ 気体. El vapor de agua es agua en estado ~. 水蒸気は気体状の水である. 反**aeriforme, volátil**. ❷ 炭酸ガスを入れた, 炭酸で飽和させた; 発泡性の. —*bebida gaseosa* 炭酸飲料.
—— 囡 ソーダ水, 炭酸水, レモネード. —~ *de limón* レモンスカッシュ. En la comida suelen beber vino con *gaseosa*. 食事のとき彼らはソーダ割りのぶどう酒を飲む習慣だ.

gasfitero [gasfitéro] 〔<英 gasfitter〕男 『中南米』❶ ガス取付人, ガス工事人, ガス業者. ❷ 配管工.

gasificar [gasifikár] [1.1] 他 ❶ をガス化する, 気化する. ❷ (飲物に)炭酸を入れる.

gasista [gasísta] 男女 ガス取付人, ガス工事人, ガス業者. 類**gasfitero**.

gasoducto [gasoðúkto] 男 ガスの輸送管, 配管.

gasógeno [gasóxeno] 男 ❶ 炭酸水の製造器. ❷ (自動車の燃料用などの)ガス発生装置. ❸ ベンジンとアルコールの混合液(燃料・シミ抜きなどに用いる).

gas-oil [gasójl] 〔<英〕男 = gasóleo.

gasóleo [gasóleo] 男 (ディーゼル機関用の)燃料, ディーゼル油; ガス油, 軽油.

‡**gasolina** [gasolína] 囡 ❶ ガソリン. —*poner* [*echar*] ~ *a un coche* 車にガソリンを入れる. A la salida de la ciudad repostaron ~. 彼らは町を出る時に給油した. estación de ~ ガソリン・スタンド. ~ súper [de alto octano] ハイオクタン・ガソリ

ン(=～-plomo, súper, supercarburante). ～ normal [regular] レギュラー・ガソリン. ～ sin plomo 無鉛ガソリン. surtidor [bomba] de ～ (ガソリン・スタンドの)給油ポンプ. 類**carburante**. ❷〖中南米〗ガソリン・スタンド.

‡**gasolinera** [gasolinéra] 囡 ❶ ガソリン・スタンド(=estación de gasolina [de servicio]). ❷ モーター・ボート. 類**lancha**.

gasómetro [gasómetro] 男 ❶ ガスタンク. ❷ ガス計量器.

Gaspar [gaspár] 固名〖男性名〗ガスパール.

gastable [gastáβle] 形 消費できる; 消耗できる; 使える.

gastado, da [gastáðo, ða] 形 ❶ 使い尽くされた, 消耗しきった; 磨耗した; 着古した. —playa salpicada de rocas *gastadas* por las olas 波に洗われて角のとれた石の散らばる海岸. Lleva unos vaqueros con las rodillas *gastadas*. 彼はヒザのぬけたジーパンをはいている. ❷〖比喩〗衰弱した, 疲れ果てた, 消衰した. —A pesar de su juventud, es un hombre ya ～. 彼は若いのに人生に疲れてしまっている. ❸〖比喩〗(言い回しなど)使い古しの, 陳腐な, お定まりの.

gastador, dora [gastaðór, ðóra] 形 金遣いの荒い, 浪費する. 類**derrochador, despilfarrador**.
— 名 浪費家, 濫費家. — 男〖軍事〗工兵(塹壕(ざんごう)や坑道を掘ったり突撃路を開いたりする兵隊).

gastamiento [gastamjénto] 男 消費[消耗]すること.

‡‡**gastar** [gastár ガスタル] 他 ❶ (*a*) (金銭・物・労力など)を使う, 費やす, 消費する. —He *gastado* mucho dinero en el viaje. 私は旅行にたくさんの金を使った. Este coche *gasta* mucha gasolina. この車は大量のガソリンを消費する. *Gastó* dos horas buscándote. 彼は君を探すのに2時間もかけた. 類**consumir**. 反**ahorrar**. ❷ (*a*) を使い切る, 使い果たす, 浪費する. —He *gastado* todo el jabón que había en casa. 私は家にあったせっけんを全部使ってしまった. (*b*) をすり減らす, 磨耗させる; だめにする. —El roce de las ruedas del tren *gasta* los raíles. 列車の車輪の摩擦によってレールはすり減る. ❸ を(習慣的に)使う, 使用する; 身に付ける. —～ bigote 口ひげを生やす. ～ gafas 眼鏡をかける. Ella *gasta* abrigo de visón. 彼女はミンクのコートを着ている. 類**llevar, usar, utilizar**. ❹ (よくない態度)をとる, (性向を)持っている. —*Gasta* muy mal humor. 彼はいつも大変不機嫌だ. ❺ (冗談など)をよく言う. —Es amigo de ～ bromas a todo el mundo. 彼は皆に冗談を言うのが好きだ. ❻ (人)を消耗させる, 疲れさせる. —El trabajo físico *gasta* a cualquiera 肉体労働をやればだれでも疲れる.

gastar(se)las〖話〗いつも振舞う, 行動をとる. No me extrañó que se enfadara porque sé cómo *las gasta*. 彼がいつもどんな態度をとるか知っているから怒ったというのも私には不思議ではない.

— 自 ❶ (金を)使う; (燃料を)食う. —El chico *gasta* mucho en diversiones. 若者は娯楽に大金をはたく. Este coche *gasta* poco. この車はあまりガソリンを食わない.

—**se** 再 ❶ すり減る, 摩耗する, 消耗する. —Estas suelas *se gastan* muy deprisa. この靴の底は大変急速にすり減ってしまう. Estas pilas tardan mucho en ～*se*. この電池は長時間持つ. ❷ 疲れ切る, 疲れ果てる; 老化する. —Se ha *gastado* cuidando a su marido enfermo. 彼女は病気の夫の看病で疲れ切っている. 類**agotarse, debilitarse**. ❸ (金銭)を使う, 消費する. —Se *gasta* demasiado dinero. 彼はお金の使い過ぎだ.

gasterópodo [gasterópoðo] 男〖動物〗腹足類.

‡**gasto** [gásto] 男 ❶〖主に複〗費用, 経費, …費; 出費; 支出(収入は ingreso). —Este mes hemos tenido muchos ～s. 今月は出費が多かった. Los ～s corren a cargo de la empresa. 費用は会社持ちだ. Con la subida de precios aumentaron los ～s. 物価上昇で出費がかさんだ. cobrar los ～s de envío 送料を領収する. ahorrar [disminuir, limitar, reducir, restringir] los ～s 出費を抑える[切り詰める]. economizar los ～s familiares [de los alimentos] 家計[食費]を切り詰める. cargar con los ～s 費用を負担する. dinero para ～s menudos 小遣い銭, ポケットマネー. ～s corrientes 経常費. ～s diversos [varios] 雑費. ～s extraordinarios [accesorios, imprevistos] 臨時出費, 臨時の支出. ～s de construcción [de reparación] 建設[修理]費. ～s de educación [de estudios, de escolaridad] 学費, 教育費. ～s de escritorio [de comunicación] 事務用品[通信]費. ～s de guerra 戦費. ～s de mantenimiento [de conservación] 維持費. ～s de representación 接待[交際]費. ～s de residencia [de personal] 住宅[人件]費. ～s de viaje 旅[交通]費. 類**costo, expensas**. ❷ (水・電気・ガスなどの)消費(量). —Mi coche tiene un elevado ～ de gasolina. 私の車はガソリンをやたらに食う. El ～ de electricidad aumenta en invierno. 電気代は冬期にかさむ. 類**consumo**. 反**ahorro, economía**.

cubrir gastos 出費[支出]を賄(まかな)う[カバーする]. El sueldo no les llega ni para *cubrir* los *gastos* familiares. その給料では彼らの家計すら賄うには足りない.

hacer el gasto〖俗〗(1) 会話を独占[リード]する, 話題の中心になる. Fue él quien *hizo el gasto* de la fiesta. パーティーの主役は彼だった. (2) (…の)費用を負担する.

hacer mucho gasto de (1) (金)をたくさん使う. *Haces mucho gasto de* dinero. 君は金使いが荒い. (2) (車などが燃料など)をたくさん消費する.

meterse en gastos 大金をかける. No *te metas en gastos* innecesarios. 不必要な経費に大金をかけるなよ.

sufragar los gastos de ... …の費用を負担する.

gastoso, sa [gastóso, sa] 形 金遣いの荒い, 浪費家の, ぜいたくな.

gastralgia [gastrálxja] 囡〖医学〗胃痛.

gastrectasia [gastrektásja] 囡〖医学〗胃拡張.

gástrico, ca [gástriko, ka] 形 胃の; 消化器官の. —jugo ～ 胃液. úlcera *gástrica* 胃潰瘍(かいよう).

gastritis [gastrítis] 囡〖医学〗胃炎.

gastroenteritis [gastroenterítis] 囡〖医学〗

胃腸炎.

gastrointestinal [gastrointestinál] 形 胃腸の, 消化の.

gastronomía [gastronomía] 女 美食学.

gastronómico, ca [gastronómiko, ka] 形 美食学の, 食道楽の.

gastrónomo, ma [gastrónomo, ma] 名 美食家, 食通, 料理通, グルメ.

gastropatía [gastropatía] 女 【医学】胃疾患.

gastroptosis [gastroptósis] 女 【医学】胃下垂.

gata [gáta] 女 ❶ 雌猫. ❷《話》マドリード出身の女性. ❸【中南米】小間使い, メイド. ❹《植物》ハリシュモク(→gatuña). ❺《比喩》山にかかる雲. ❻《方》毛虫の一種. ❼【中南米】ハンドル, クランク.
a gatas →gatas.
echar la gata 【中南米】くすねる, 盗む.
hacer la gata《話》謙虚な様子を見せる, 控え目な態度をとる.
soltar la gata 【中南米】くすねる, 盗む.

gatada [gatáða] 女 ❶ 猫特有の動き, 猫のような身ごなし. ❷ 猫の群れ. ❸ (狩りで)追われている野兎が猟犬の目を逃れるための突然動きを止めること. ❹ 策略, 奸計, 悪だくみ. ❺=gatuperio.

gatas [gátas] 女《次の成句で》
a gatas (1) 四つん這いで, 這って, 這う. andar *a gatas* 這って歩く; (赤ん坊が)這い這いする. (2)【中南米】ほとんど…ない, かろうじて; 苦労して, やっとのことで.
y los que anduvo a gatas 実年齢より若く言う, 自称の年令より年をとっている. Tiene cincuenta años, *y los que anduvo a gatas*. 彼は本当は50歳だ, さばをよんでいるんだよ.

gatazo [gatáθo] 男 <gato 騙(だま)し取ること, 詐欺. —dar — 騙し取る, 欺く.(=engañar, timar).

gatear [gateár] 自 ❶ 這う, 四つん這いで歩く(=andar a gatas). —El niño empezó a ~ a los siete meses. その子は7か月で這い這いを始めた. ❷ (木などに)よじのぼる. —他 ❶ (猫が)ひっかく. ❷《話》くすねる, かすめとる.

gatera [gatéra] 女 ❶ 猫穴(猫が出入りできるような壁, 扉などにあけた穴); (鍵穴など, 一般に壁, 扉などにあけた)穴. ❷【海】綱を通すために船体にあけた穴. ❸《話》こそ泥, かっぱらい. ❹ (野菜などの)露店商の女性, (市に屋台を出す)売り子.

gatería [gatería] 女《話》❶ 猫の群れ. ❷《比喩》悪童の一団. ❸ 猫かぶり; おべっか, 甘言.

gatillo [gatíʝo] 男 <gato ❶ (歯を抜くのに用いる)やっとこ; (工具の)クランプ, 万力; ジャッキ. ❷ (拳銃の)引き金, 撃鉄. —apretar el ~ 引き金をひく. ❸ (獣の)首筋.

gatito, ta [gatíto, ta] <gato 名 仔猫.

gato [gáto ガト] 男 ❶【動物】ネコ(猫), オスネコ. ~ de Angora アンゴラネコ. ~ montés ヤマネコ. ~ persa ペルシアネコ. ~ romano トラネコ, シマネコ. ~ siamés シャムネコ. ❷《話》マドリード生まれの男. ❸《話》こそ泥; ずる賢い人. ❹【メキシコ】《話》召使い. ❺【機械】ジャッキ. ❻ ネズミ捕り. ❼【アルゼンチン, ウルグアイ】男女で踊る民俗舞踊.
buscar tres [cinco] pies al gato →pie.
como (el) perro y (el) gato →perro.
correr [ir/pasar] como gato sobre ascuas《話》さっさと逃げる.
Cuando el gato no está los ratones bailan.【諺】鬼のいぬ間の洗濯.
cuatro gatos《話》少数の人. Había *cuatro gatos* en el cine. 映画館はがらがらだった.
dar [vender] gato por liebre《話》だまして売る, 人をだます(羊頭狗肉).
De noche, todos los gatos son pardos.【諺】暗闇が欠点を隠す.
defenderse como gato panza arriba《話》必死になって抵抗する.
gato viejo ずる賢い人.
haber gato encerrado《話》何か裏がある.
lavarse a lo gato [como un gato]《話》ざっと体を洗う.
lengua de gato →lengua.
llevar[se] el gato al agua《話》競争に勝つ.
no haber ni un gato 人っ子一人いない.
poner el cascabel al gato →cascabel.

GATT [gát] 〔<英 General Agreement on Tariffs and Trade (Acuerdo General sobre Aranceles Aduaneros y Comercio, AGAAC)〕男 貿易と関税に関する一般協定, ガット.

gatuno, na [gatúno, na] 形 猫の, 猫のような.

gatuña [gatúɲa] 女【植物】ハリシュモク(畑などに広がって生える, とげのあるマメ科の草).

gatuperio [gatupério] 男 ❶ ごたまぜ(特に, 有害な[まずい]もの). ❷《話》紛糾, 混乱, ごたごた. 類 *intriga*.

gauchada [gautʃáða] 女【中南米】ガウチョ特有の行為.
hacer una gauchada 人の頼みを聞き届ける, 親切にする.

gauchaje [gautʃáxe] 男【中南米】【集合的に】ガウチョ, ガウチョの一団.

gauchear [gautʃeár] 自【中南米】ガウチョのような暮らしをする.

gauchesco, ca [gautʃésko, ka] 形 ガウチョの, ガウチョの文学, ガウチョに似た. —*vida gauchesca*《文》ガウチョ生活.

gaucho, cha [gáutʃo, tʃa] 形 ❶ ガウチョの. ❷【中南米】ずる賢い, 抜け目ない. ❸【中南米】粗野な, 無骨な. ❹【中南米】乗馬のうまい.
—— 名 ガウチョ. ◆アンゼンチン・ウルグアイ及びブラジル南部の草原地帯に住む民族.
—— 男 つば広の麦わら帽子.

gaudeamus [gauðeámus] 〔<ラテン〕男【単複同形】❶ お祝い, 祭, 宴会. 類 *fiesta, regocijo*. ❷ 祝典歌の一種.

Gaudí [gauðí] 固名 ガウディ(アントニ[アントニオ] Antoni[Antonio] ~)(1852-1926, スペインの建築家).

gaudimanía [gauðimanía] 女 ガウディ好き.

gavanza [gaβánθa] 女 野バラの花.

gavanzo [gaβánθo] 男【植物】野バラ(木・実).

gaveta [gaβéta] 女 ❶ (机などの)引き出し. ❷ (モルタルなどに使う)こね桶.

gavia[1] [gáβja] 女 ❶【船舶】帆(特に, 最も高いマストについている帆). ❷ (船舶)(帆船の)見張り台. ❸ 排水溝; (地所の境界線となる)溝. ❹ (植樹のために掘った)穴, 溝. ❺ (狂人を収容する)檻.

gavia² [gáβia] 女 ＝gaviota.

gavial [gaβiál] 男 《動物》ガビアル(ワニの一種).

gaviero [gaβiéro] 男 《海事》見張り役の船員, トップマン.

gavilán [gaβilán] 男 ❶《鳥類》ハイタカ, コノリ(鷹の一種). ❷《比喩》タカ派；弱者を食い物にする人. ❸(万年筆の)ペン先(2つに分かれている部分). ❹(刀剣の)つば(柄の根元から左右に出た部分). ❺(一般に)鉤形のもの；(文字の書き終わりに見られる)鉤形. ❻《方》《中南米》(特に足の)爪が肉に食い込んで伸びること.

gavilla [gaβíʎa] 女 ❶(穀物・木の枝などの)束. —～ de sarmientos[trigo, hierba] ブドウのつる[小麦, 草]の束. ❷《比喩・話》(悪者の)一団, 一味, 徒党. —～ de pícaros 悪者の集団, ごろつきの一団. En ese bar se reúne gente de ～. そのバルは一味のたまり場になっている.

gavión [gaβjón] 男 ❶《軍事》(塹壕の補強に用いる)土を詰めた籠状のもの, 防塁. ❷(水力工事現場で補強に用いる)土や石を詰めた金網状のもの. ❸《話》大きい帽子. ❹《方, 古》ツバメ.

‡**gaviota** [gaβjóta] 女 《鳥類》カモメ(鷗).

gavota [gaβóta] 女 ガボット(17・18世紀フランスの快活な舞踊, またその曲).

gay [géi] 〈英〉形 複 gays (男性の)同性愛者(の).

gaya [gája] 女 ❶ 縞, 縞模様. ❷《鳥類》カササギ. 類**urraca**.

gayar [gajár] 他 を縞で飾る, (違う色の)テープなどで飾りつける.

gayo, ya [gájo, ja] 形 《文》陽気な, 明るい；華やかな, 派手な. 類**alegre**, **vistoso**.
  gaya ciencia 詩, (特に)吟遊詩, 恋愛詩.

gayola [gajóla] 女 ❶ 檻, 鳥かご. ❷《話》牢屋, 監獄.

gaza [gáθa] 女 《海事》(ロープの端に作る)輪, ループ.

gazapa [gaθápa] 女 《話》嘘. 類**embuste**, **mentira**.

gazapatón [gaθapatón] 男 《話》(話の上での)出鱈目, ほら, 大嘘, 間違い.

gazapera [gaθapéra] 女 ❶ 兎の穴, 巣. ❷《話》(悪者の)巣窟, たまり場, 隠れ家. ❸《比喩, 話》(やくざなどの)けんか騒ぎ, 争い. 類**pendencia**.

gazapo¹ [gaθápo] 男 ❶ 子兎, 若い兎. ❷《話》ずるい人, 狡猾な人.

gazapo² [gaθápo] 男 ❶(不注意からの)誤り, 言い[書き]間違い；印刷上の誤り. ❷ 嘘(＝embuste, mentira). ❸《情報》バグ.

gazmoñada, gazmoñería [gaθmoɲáða, gaθmoɲería] 女 良識家を気取ること, 慎み深いふりをすること.

gazmoñero, ra, gazmoño, ña [gaθmoɲéro, ra, gaθmóɲo, ɲa] 形 ❶上品ぶった, とりすました, 几帳面がった, 良識家[信心家]気取りの. ❷(しきたりなどに)やかましい, 堅苦しい. — 名 気取り屋, 偽善者.

gaznápiro, ra [gaθnápiro, ra] 形 (頭の)鈍い, 単純な；間抜けな；無教養な. — 名 うすのろ, 間抜け；田舎者. 類**palurdo**, **simplón**, **torpe**.

gaznate [gaθnáte] 男 ❶ 喉, 咽喉. 類**garganta**, **garguero**. ❷ 揚げ菓子の一種. ❸《中南米》パイナップルとココナッツを使ったメキシコの菓子の一種. *refrescarse [remojar] el gaznate*《話》一杯やる.

gemir 989

gazpacho [gaθpátʃo] 男 《料理》ガスパーチョ. ♦ 冷たい野菜スープ：トマト, キュウリ, タマネギ, ピーマン, パン, ニンニク, オリーブ油, 酢, 塩などで作る.

gazuza [gaθúθa] 女 《話》空腹, 空きっ腹. — Chupaba un hueso para engañar la ～. 彼は空腹を紛らわそうと骨をしゃぶっていた. 類**hambre**.

ge [xé] 文字 g の名称.

gehena [xeéna] 女 《聖書》地獄. 類**infierno**.

géiser [xéiser] 男 《地学》間歇泉(断続的に湧き出る温泉源).

geisha [géiʃa, xéiʃa] 〈＜日〉女 芸者.

gel [xél] 男 ❶《化学》ゲル(コロイド溶液が流動性を失った状態). ❷(化粧品などに用いられる)ゼラチン質の成分, ジェル. —～ baño ボディー用ジェル. ～ fijación 整髪用ジェル.

gelatina [xelatína] 女 ゼラチン；ゼリー.

gelatinoso, sa [xelatinóso, sa] 形 ゼラチン質の, ゼリー状の.

gélido, da [xélido, ða] 形 《詩》とても寒い[冷たい], 凍て付くような. — Tenía los pies ～s. 彼は足先がすっかり冷えきってしまっていた. 類**helado**.

gema [xéma] 女 ❶ 宝石. ❷《植物》芽. 類**yema**. ❸ 木材の一種.
  sal gema 岩塩.

gemación [xemaθjón] 女 ❶ 芽の成長. ❷《生物》(芽, 芽採による)無性生殖.

gemebundo, da [xemeβúndo, da] 形 ヒーヒー泣く, うめき声をあげる, むせる；泣き虫の, すぐにピーピー泣く人.

‡**gemelo, la** [xemélo, la] 形 ❶ 双子の, 双生の. — Ana y María son hermanas *gemelas*. アナとマリアは双子の姉妹である. 類**mellizo**. ❷ 対になった. —*arcos* ～対になったアーチ. ❸ 非常によく似た, うり二つの. — Fueron dos almas *gemelas*. 彼らは非常に気が合う二人だった.
  músculos gemelos 《解剖》(ふくらはぎの)双子筋.
  — 名 双子, 双生児. — Son ～s. 彼らは双子である.
  — 男 複 ❶ 双眼鏡. —～s de campo [de campaña] 野外用双眼鏡. ～s de teatro オペラグラス. 類**anteojos**, **binoculares**, **prismáticos**. ❷ カフスボタン.

gemido [xemíðo] 男 うめき声, 泣き声, うなり；嘆き.

gemidor, dora [xemiðór, ðóra] 形 うめく, うなりをあげる, 泣き声の；嘆いている.

geminado, da [xemiláðo, ða] 形 ❶《生物》(細胞などが)2つに分裂した；2重の. ❷《言語》2重子音の.

geminar(se) [xeminár(se)] 自 再 ❶《修辞》(文章内で)語句反復する. ❷《言語》(語内で)子音反復する.

Géminis [xéminis] 男 ❶《天文》双子座. ❷《占星》双子宮.

gemiquear [xemikeár] 自 《方》《中南米》哀れっぽく泣く, めそめそする, べそをかく. 類**gimotear**.

‡**gemir** [xemír] **[6.1]** 自 ❶ うめく, うなる；嘆く. — El niño *gemía* de dolor. 子供は痛さのためにうめいている. ❷(風・動物が)うなる, 悲しげに鳴く, 遠ぼえする. — El viento *gemía* en el olivar. 風がオリーブ畑でヒューヒュー鳴っていた. El perro empezó a ～ cuando nos vio marchar. 犬は私たちが

出て行くのを見て鳴き声を立て始めた.

gen [xén] 男 遺伝子. — ～ humano ヒト遺伝子.

genciana [xenθiána] 女 《植物》リンドウ; リンドウ属の植物の総称. ◆丈が低く茎は太い, 黄色い花をつけ, 根は胃の薬などに用いられる.

gendarme [xendárme] 男 (フランスの)憲兵, 警官.

gendarmería [xendarmería] 女 ❶ (フランスの)憲兵隊. ❷ 憲兵隊の本部, 司令部.

gene [xéne] 男 =gen.

genealogía [xenealoxía] 女 家系, 血筋; 系統; 家系図, 系譜.

genealógico, ca [xenealóxiko, ka] 形 家系の, 系統の; 系図の. — árbol ～ (家系・動植物の)系統樹. libro ～ 系図書.

genealogista [xenealoxísta] 男女 系図学者, 系統学研究者.

‡**generación** [xeneraθjón] 女 ❶ 世代, ジェネレーション; 《集合的に》同世代の人々. —Somos de la misma ～. 私たちは同世代である. ～ de la postguerra 戦後世代. ～ presente [futura] 現代[後世]の人々. computadora de la quinta ～ 《技術》第五世代のコンピュータ. la ～ del 98 [noventa y ocho] 《スペイン文学》98年世代作家. ◆1898年の米西戦争の敗戦を機にスペインの真の魂とスペイン再生の道を模索した作家たち (Azorín, Unamuno, Valle-Inclán, Baroja, Machado, Maeztu など). la ～ del 27 [veintisiete] 《スペイン文学》27年世代. ◆1927年, 黄金世紀最大の詩人 Góngora の 300 年忌に結成された唯美的詩人グループ (Rafael Alberti, Vicente Aleixandre, Gerardo Diego, García Lorca, Pedro Salinas, Dámaso Alonso など). ❷ (家系の)代, 一世代(約 25-30 年). —En Brasil viven muchos japoneses de tercera y cuarta ～. ブラジルには日系 3 世・4 世がたくさん住んでいる. En esta casa conviven cuatro *generaciones* de Ortegas. この家にはオルテガ家の 4 世代が同居している. alternancia de *generaciones* 《生物》世代交代[交替]. 類 **descendientes**. ❸ 《生物》発生, 生殖, 出産. — ～ espontánea 自然発生(説)(パストゥール以前の説). — ～ sexual [asexual] 有性[無性]生物. 類 **engendramiento, procreación**. ❹ (電気・ガス・熱などの)発生, 生成, 創出. — ～ de energía eléctrica 発電. Han prometido la ～ de nuevos puestos de trabajo. 新たな働き口の創出が約束された. 類 **creación, producción**. ❺ 《数学, 言語, コンピュータ》生成. — ～ de números aleatorios 乱数の発生.

*__generacional__ [xeneraθjonál] 形 世代(間)の; 同世代[時代]の. —Siempre han existido las diferencias ～es. いつの時代にも世代間の相違があった.

generador, dora [xeneraðór, ðóra] 形 ❶ 生み出す, 発生させる, もとになる. —Está averiada la caldera *generadora* de vapor. 蒸気機関のボイラーが故障している. El petróleo es ～ de riqueza. 石油は富をもたらす物だ. La droga es *generadora* de tragedia. ドラッグは悲劇を生むとなる. ❷ 《幾何》ある図形や立体を作るもとになる(線, 点など), 母線[点]の(→generatriz).
— 男 (エネルギー, ガスなどの)発生装置. — ～ de electricidad 発電機.

‡general [xenerál ヘネラル] 形 ❶ 一般の, 全般の, 全般的, 全体的の. —junta ～ [de accionistas] [株主]総会. regla ～ 総則. elecciones ～es 総選挙. parálisis ～ 全身麻痺. Dio una visión ～ del problema. 彼はその問題を概観した. 類 **global, total, universal**. 反 **parcial**. ❷ 世間一般の, 普通の, ありふれた. —La opinión ～ es favorable a las medidas del gobierno. 世論は政府の対策に好意的である. 類 **común, corriente, frecuente**. ❸ 概略の, 概括的な, 大まかな. —Mi impresión ～ es buena. 私の全般的な印象はよい. Hablo del asunto en términos ～s. 私はその件について大まかに話そう. ❹ (特殊ではなく)一般的な, ある部門[分野]に限定されない. —lingüística ～ 一般言語学. cultura ～ 一般教養. Es un problema de interés ～. それは一般的な興味を引く問題だ. 類 **total, universal**. 反 **especial, particular**. ❺ (組織全体の管理者である)総…. —director ～ 総支配人, 部[局]長. secretario ～ 事務総長, (政党の)書記長.

por lo general 一般に, 普通(は), 概して. *Por lo general*, me levanto a las seis. たいてい私は 6 時に起きる.

— 男女 ❶ 将軍, 陸軍[空軍]将官. — ～ en jefe 最高司令官. capitán ～ 陸軍大将. teniente ～ 陸軍中将. ～ de división 陸軍少将. ～ de brigada 陸軍准将. ❷ 《宗教》修道会総会長. —Ha sido nombrado ～ de los jesuitas. 彼はイエズス会総会長に指名された.

en general (1) 概して, 大体において. *En general* estamos contentos. 大体のところ, 私たちは満足している. (2) 普通(は), たいてい. Viene tarde *en general*. 彼はたいてい遅刻してくる. (3) 一般に[の], 全般的に[の]. el mundo *en general* 世界全体.

generala [xenerála] 女 ❶ 《軍事》[tocar a ～] 召集ラッパ, 戦闘準備[武装]命令のラッパ. ❷ 将軍夫人.

generalato [xeneraláto] 男 《軍事》 ❶ 将官職, 将校の地位[身分]. ❷ 将軍の集まり, 将官団.

‡generalidad [xeneraliðá(ð)] 女 ❶ 一般性, 普遍性. —La ～ no implica la vulgaridad. 一般性は必ずしも俗悪を意味しない. 類 **universalidad**. 反 **particularidad**. ❷ 複 一般論, 曖昧(きま)い; (学問の)概論, 総論. —Su discurso estaba llenode ～es. 彼の演説は一般論に満ちていた. Sólo sé las ～es de la física. 私は物理学の概論程度しか知らない. limitarse a ～es 一般論にとどまる. ❸ (la ～) 大多数, 大部分. —opinión de la ～ 大多数の意見. La ～ de la gente allí presente estaba fumando. そこに居合わせた人の大部分がタバコを吸っていた. 類 **el común, la mayoría**. ❹ (G～)《歴史》第 2 共和制下 1931-36 年と 1977 年以降の)カタルーニャ自治政府.

con (una) generalidad [*con generalidades*] 漠然と, 曖昧(きま)に, 一般論で, 概括的に. contestar *con generalidades* 曖昧に[一般論で]答える. tratar *con generalidad* 大まかに[概括的に]取り扱う.

*__generalísimo__ [xeneralísimo] 男 (三軍の)総司令官, 大元帥, 総統. —el G～ Franco フランコ総統[将軍].

generalización [xeneraliθaθjón] 女 ❶ 一般化, 普遍化. —Es ese tema, las *generaliza*-

ciones son peligrosas. そのテーマに関しては、一般論で物を言うのは危険だ. ❷ (紛争などの)拡大, 波及, エスカレート.

generalizador, dora [xenerali θaðór, ðóra] 形 ❶ 一般化する, 普遍化する. ❷ 広める, 普及させる.

***generalizar** [xenerali θiár] [1.3] 他 ❶ 普及する, 広げる, 普遍化する. —Hay que ~ la educación obligatoria gratuita. 無償の義務教育を普及させなければならない. 類**extender**, **propagar**. ❷ (個別的なことを)一般化する, 一般化して述べる. —No debes ~ un tema de tanta importancia. 君はそんな重要な問題を一般化して言ってはいけない.

—— 自 概括する, 総合する, 一般に言う. —No se puede ~ y decir que todos los jóvenes son así. 一般化して若者は皆そうだと言うことはできない.

——se 再 一般化する, 普及する, 広まる. —En poco tiempo *se ha generalizado* el uso del teléfono móvil. 短期間に携帯電話の使用は一般化した.

‡**generalmente** [xenerálménte] 副 ❶ 普通(は), たいてい, 一般に. —G~ viene más tarde que yo. たいてい彼は私よりも遅く来る. 類**comúnmente**. 反**raramente**. ❷ 一般に, 概して, 大体において. —G~, es mejor hablar poco. 概してあまり口をきかない方がよい.

generar [xenerár] 他 ❶ を生む, 発生させる; (新しい個体を)産む. ❷ もたらす, 引き起こす, 原因となる. —La injusticia genera violencia. 不正が暴力を生む. ~ energía 力を生み出す.

generativo, va [xeneratiβo, βa] 形 ❶ 発生の, 産出の. ❷ 発生力のある; 生殖力のある. ❸ 《言語》生成の. —*gramática* [*semántica*] *generativa* 生成文法 [意味論].

generatriz [xeneratríθ] [複 *generatrices*] 女 ❶ 《幾何》(ある図形や立体を生成する)母線, 母点, 母面. ❷ 発電機, 発生装置.

***genérico, ca** [xenériko, ka] 形 ❶ 一定の類 [属, 群] 全体に共通の, 一般的な; 総称的な. — 'Planta' es una palabra *genérica*. 「植物」というのは総称的な語である. 類**característico, común, general**. 反**específico**. ❷ 《文法》性の. —En la palabra "hermano" la desinencia *genérica* es '-o'. hermano という単語では -o が性の語尾である. ❸ 《生物》属の.

‡**género** [xénero] 男 ❶ 種類, 種, タイプ. —No me gusta ese ~ de bromas. 私はその種の冗談は好きでない. *distintos* ~*s de diccionarios* / *diccionarios de distintos* ~*s* 各種の辞書. *sin ningún* ~ *de duda* 少しの疑いもなく, 確実に, 必ず. ¿Qué ~ *de películas le gusta*? どんな種類の映画がお好きですか? 類**clase, especie, tipo**. ❷ 《文学・芸術作品の》ジャンル, 部門, 様式. ~ *literario* [*novelesco*] 文芸 [小説] ジャンル. ~ *cómico* 滑稽(ñ)もの. ~ *lírico* [*épico*, *dramático*] 叙情詩[叙事詩, 演劇]ジャンル. ❸ 流儀, やり方, 方法. —~ *de vida* 生活様式; 生き方. *Ese* ~ *de vida no es para llegar a viejo*. そんな生活の仕方では長生きできない. *Tal* ~ *de hablar no conviene a un alcalde*. そういう話し方は市長にふさわしくない. 類**forma, modo**. ❹ 《商業》商品, 品物. —*Se ruega no tocar el* ~. 《掲示》商品には手を触れないでください. *En esta tienda tienen buen* ~. この店はよい品を取り揃えている. 類**artículo, mercancía**. ❺ 生地, 布地, 織物; 繊維製品. — *comerciante en* ~*s* 服地 [織物] 商. ~*s de punto* ニットウェア, メリヤス製品. ~*s de algodón* [*de hilo, de seda*] 木綿製品 [リネン製品, 絹製品]. 類**paño, tejido, tela**. ❻ 《生物》(分類の)属(ꜝ)(科 *familia* の下位, 種 *especie* の上位分類. →*taxón*); (動植物の)種類. —~ *humano* 人類. ~ Homo ヒト属. ~ *mamífero* 哺乳(ꜝꜝꜝ)類 [動物]. *El halcón y el gavilán son dos aves del mismo* ~. ハヤブサとハイタカは同じ属の鳥である. ❼ 《文法》(名詞・形容詞などの)文法上の性(自然の性は *sexo*). —~ *masculino* [*femenino*] 男 [女] 性. ~ *neutro* 中性 (*lo blanco* や *esto, ello* など). ~ *gramatical* 文法的性.

de género 《美術》風俗描写の(宗教画・歴史画・肖像などと区別して). *cuadro* [*pintor*] *de género* 風俗画 [画家].

género chico 《演劇》軽喜歌劇(サルスエラ *zarzuela* を含む 19 世紀末の 1~2 幕物の小喜劇).

ser del género bobo [*tonto*] (物事が)ばかげている, 愚かなことである (= *ser una tontería*). *Es del género tonto casarte con María*. マリアと結婚するだなんてお前もどうかしてる.

‡**generosidad** [xenerosiðá(ð)] 女 ❶ 寛大, 寛容, 雅量; 気前のよさ. —*Siempre ha mostrado una gran* ~ *hacia sus empleados*. 彼は常に社員に対して寛大なところを見せてきた. *Gracias a la* ~ *de un amigo pude pasar una semana en Tokio*. 1 人の友人のおかげで私は東京で 1 週間を過ごすことができた. *Peca de* ~. 彼は気前がよすぎる [寛大すぎる]. 類**desinterés, desprendimiento, liberalidad**. 反**avaricia, tacañería**. ❷ 高潔さ, 立派さ; りりしさ.

‡**generoso, sa** [xeneróso, sa] 形 ❶ [+*con*/*para con*] (人に対して)気前のよい, 物惜しみしない, けちけちしない. —*Es muy* ~ *y comparte todo con sus amigos*. 彼は非常に気前がよくて何でも友達と分かち合う. *Era generosa para con los pobres*. 彼女は貧しい人たちに対して物惜しみしなかった. 類**dadivoso, desinteresado, desprendido, liberal**. 反**miserable, tacaño**. ❷ 寛大な, 寛容な; 思いやりのある. —*Le agradezco su generosa invitación*. 私は心の広い御招待に感謝します. 類**magnánimo, noble**. ❸ (ものが)潤沢な, 豊富な, たくさんの. —*Me sirvieron una ración de carne muy generosa*. 私は一人前の量がとても多い肉を出してもらった. 類**abundante, copioso**. 反**escaso**. ❹ (土地が)豊穣な, 肥沃な. —*Heredé unas tierras generosas de mi abuela*. 私は実り豊かな祖母の土地を相続した. 類**fértil**. ❺ (酒が)こくのある, 芳醇な. —*Rociamos la comida con un vino* ~. 私たちは食事といっしょにこくのあるワインを飲んだ.

genésico, ca [xenésiko, ka] 形 発生の, 生殖の; 産出の; 起源の.

génesis [xénesis] 女 ❶ 起源, 発生, 始まり; 創造. —~ *del universo* 宇宙の始まり. ❷ 由来, 起こり. —*la* ~ *de la tierra* 地球の誕生. *La* ~ *del problema está en la nueva ley*. 問題の発端はその新法にある. *Investiga la* ~ *del terremoto*. 地震の震源を調べている. *Vivió muy de* cerca la ~ de la revolución. 彼は革命の始まりを身近で体験した. 類**origen**. 男 (G~)(聖書)創世記(旧約聖書の第一書; 天地創造について書かれている).

genética [xenétika] 女 遺伝学.

genético, ca [xenétiko, ka] 形 ❶ 遺伝学的. ❷ 起源の, 発生の.

genetista [xenetísta] 男女 遺伝学者.

Gengis Kan [xéŋxis kán] 固 チンギス・ハン [ジンギス・カン(成吉思汗)](1167頃-1227, モンゴル帝国の始祖).

:**genial** [xenjál] 形 ❶ 天才的な, 才能あふれる, 独創的な. — Velázquez es un pintor ~. ベラスケスは天才的な画家だ. "El Quijote" es una novela ~. ドン・キホーテは独創的な小説だ. 類**inspirado**. 反**mediocre**. ❷ 機知に富んだ, 適切な, 巧妙な. — Lo que propones me parece una idea ~. 君の提案していることは私はうまい考えだと思う. 類**gracioso, ocurrente, oportuno**. ❸**soso**. ❸《話》抜群の, ずば抜けた, すばらしい. — Es un drama ~. それは非凡なドラマだ. 類**estupendo, excelente, extraordinario**.

—— 副 すばらしく, 並外れて. — Esa pareja baila ~. そのカップルは非常に上手に踊る.

genialidad [xenjaljðá(ð)] 女 ❶ 独創性, 創造力; 天賦の才能; 非凡な考え[ひらめき]. — El cuadro de "las Meninas" es un exponente de la ~ de Velázquez. 「ラス・メニーナス(女官たち)」の絵はベラスケスの才能を示す代表作だ. ❷ 天才的な業[作品], 偉業. ❸《軽蔑》奇抜な行為. — Su última ~ ha sido pasear por la calle vestido de Supermán. 彼の一番最近の奇行はスーパーマンの扮装でおもてを歩くというのだった.

geniazo [xenjáðo] 男 《話》怒りっぽい性格, 短気, かんしゃく. — Tiene un ~ del diablo. 大変なかんしゃく持ちである.

genio [xénjo ヘニオ] 男 ❶[+de/en/para](特に創造的な)…の才能, 天分, 天賦の才; 《俗》天才(=hombre de ~). — Lope de Vega fue un ~ de la literatura española. ロペ・デ・ベーガはスペイン文学の天才だ. ¡Eres un ~! 君は天才だ. Es un ~ para los negocios. 彼には商才がある. tener ~ musical 音楽の才能がある. Todas estas pinturas son obra de su gran ~ creador. これらの画はすべて彼の偉大なる創造の才の産物である. 類aptitud, don, facultad, talento**. ❷ (人の)**性質**, 性格, 気質; 短気, 癇癪(かんしゃく). — ~ endemoniado [endiablado, atravesado, de mil demonios] 意地の悪い性格, つむじ曲がりの性格. Es una persona simpática y de ~ tranquilo. 彼は感じの良い人で温和な性格の持ち主だ. mujer de mucho ~ 怒りっぽい[短気な]女性. Nunca había visto a nadie con tanto ~. それまで私はあんなに短気な人に会ったことがなかった. 類**carácter, índole, natural, temple**. ❸《俗》機嫌, 気分. — Papá se ha levantado hoy de muy mal ~. 父さんは今日起きた時大変機嫌が悪かった. 類**humor**. ❹ (時代・民族・土地・文化などの)精神, 風潮, 特質; (言語の)特性, 特質. — ~ francés フランス人気質. ~ del Renacimiento ルネサンスの精神. ~ de la lengua española スペイン語の特性. 類**espíritu**. ❺《俗》根性, 意気込み, 気迫. — Le falta el ~ de su padre para dirigir la empresa. 彼には会社を経営しようという父親のような意気込みが感じられない. 類**ánimo, brío, empeño**. ❻ (森・山・風などの)精, 妖精, 精霊; (土地・家などの)守り神, 守護(= ~ tutelar). — ~ de las montañas [de la fuente] 山[泉]の精. ~s del aire 風の精霊たち. ~ del mal 悪霊. El ~ de la lámpara de Aladino aparecía cuando alguien la frotaba. アラジンの魔法のランプをこすると悪魔が現われた. 類**deidad, duende, espíritu**.

*agriárse*LE *el genio a* ... (人が)気難しく[不機嫌に]なる.

corto de genio 意気地のない, 気の弱い, 内気な.

echar mal genio 気立てが悪くなる.

estar de buen [*mal*] *genio* 機嫌がよい[悪い].

genio pronto [*vivo*] 短気. tener el [un] *genio vivo* 短気である.

Genio y figura, hasta la sepultura.《諺》三つ子の魂百まで(←性格と容姿は墓場に入るまで).

pronto [*vivo*] *de genio* 短気な, 気が短い. Es un hombre nervioso y *pronto de genio*. 彼は神経質で短気な人だ.

tener buen genio 性格がよい(親切・陽気でおとなしい).

tener genio (1) 気難しい, 怒りっぽい(=tener mal genio). (2) 根性[ガッツ]がある. Este niño *tiene genio*. この少年は根性がある.

tener mal genio 気難しい, 怒りっぽい. El guarda *tiene* muy *mal genio* y siempre nos regaña. その守衛は怒りっぽく, 私たちにいつも小言ばかり言う.

tener mucho genio 短気である, 気が短い, 怒りっぽい. José *tiene mucho genio*, y en seguida se enfada. ホセは気が短く, すぐ怒る.

genioso, sa [xenjóso, sa] 形 『中南米』機嫌の悪い; かんしゃく持ちの.

genital [xenitál] 形 生殖の. — órganos ~es 生殖器, 性器. glándula ~ 生殖腺.

—— 男複 生殖器, (特に男子の)睾丸, 精巣. 類**testículos**.

genitivo, va [xenitiβo, βa] 形 生み出しうる, 産出できる. — 男《文法》属格, 所有格.

genitor, tora [xenitór, tóra] 形 発生させる, 生じさせる, もたらす. — 男 生みの親.

genitora [xenitóra] 女 → genitor.

genízaro [xeníθaro] 男 → jenízaro.

genocidio [xenoθíðjo] 男 大量虐殺, ジェノサイド(人種・宗教・政治上の理由から計画的に行われるもの).

genol [xenól] 男 《造船》船の助骨を形成する木材の一部.

genoma [xenóma] 女 《生物》ゲノム. — ~ humano ヒトゲノム.

genovés, vesa [xenoβés, βésa] 形 ジェノバ(Génova, イタリア北西部の港町)の, ジェノバ出身の. — 名 ジェノバ人.

**gente [xénte ヘンテ] 女 ❶《集合的に》(複数の人としての)人々, 人たち; (世間・人間一般としての)人々. — Había mucha ~ en la plaza. たくさんの人たちが広場にいた. Fue poca ~ al concierto. 演奏会には少しの人しか行かなかった. ¿Qué dirá la ~ cuando lo sepa? もしそれを知ったら, 世間は何と言うだろう? Los Gómez son buena ~. ゴメス家の人たちはいい人たちです. ~ inculta 無教養・無知な人々. la ~

en general 世間一般, 一般民衆, 庶民. ~ de razón エリート. ~ de cuidado 悪党, ごろつき. ~ perdida 悪党, 盗賊, 追いはぎ. 類**gentío, masa, público**.

❷ 〘文〙(色々な・あらゆる階層・職業の)人々. ―Vinieron ~s de todo el mundo a ver la exposición. 博覧会を見に世界中の人たちがやって来た. Las ~s de este barrio viven pobremente. この界隈(かいわい)の人々の生活は貧しい.

❸ 〖集合的に〗〖修飾語を伴い〗(ある職場・職業・階級・地域などの)人々. ―¿Cuánta ~ hay en esta compañía? この会社には社員が何人いるんですか? ~ armada [de armas, de guerra] 兵士, 軍人. ~ de Iglesia 聖職者. ~ de mar 船乗り, 船員, 漁師. ~ de pluma 《話》作家, 文筆家. ~ de trato 小売り商人. ~ baja [de baja ralea] 下層民. ~ copetuda [de alto copete] 上層階級の人たち. ~ de negocios 実業家, ビジネスマン. 類**equipo, grupo, personal**.

❹ 〖形容詞を伴い個別的に〗人(=persona). ―Juan es buena ~. フアンはいい人だ. ❺ 〖集合的に〗〖mi [tu, su, etc.] ~ の形で〗《話》家族, 親類縁者; 同郷人. ―He mandado a mi ~ de veraneo y me he quedado solo. 私は家族を避暑に送り出し, 独り残った. ¿Cómo está su ~? ご家族[故郷]の皆さんはお元気ですか? 類**familia, paisanos, parentela**. ❻ 〖集合的に〗〘軍事〙隊員;〘海事〙乗組員. ―El enemigo tiene poca ~. 敵はわずかしかいない. ❼ 〘宗教〙(キリスト教から見て)異教徒; (ヘブライ人から見て)異邦人. ―Pablo, apóstol de las ~. 異邦人の使徒, 聖パウロ. 類**gentiles**. ❽ 〘国民, 人民; 民族; 大衆, 庶民. 類**nación**. ❾ 〖集合的に〗(動植物などの)同類. ~ alada 鳥の仲間. ❿ 〘中南米〙(*a*) 〘メキシコ, ドミニカ〙(個別的に) 人 (=persona). ―dos ~s 2人. (*b*) 品位のある, 立派な人.

Ande yo caliente y ríase la gente. 〘諺〙私さえけりゃ人が笑おうと構わぬ.

de gente en gente 世代から世代へ, 代々.

derecho de gentes 〘法律〙(1) (ローマ法で)万民法. (2) (近代)の国際法.

dicho de las gentes 噂, 風説, 陰口, ゴシップ.

gente bien 上層階級の人たち, 金持ち; 立派な人たち. La *gente bien* no actúa de esa manera. 立派な人たちはそんな行動は取らない(→*gente guapa*).

gente de bien 誠実[正直]な人たち. En todas partes hay *gente de bien* en la que se puede confiar. どこにでも信頼できる誠実な人たちはいる.

gente de escalera(s) abajo 召使いたち, 使用人たち, 下層民(=servidumbre).

gente de la calle [de a pie] 普通の人たち, 一般人, 一般市民. Usa una jerga incomprensible para la *gente de a pie*. 彼は普通の人たちにはわけの分からない言葉を使う.

gente del bronce 陽気で果敢な人たち.

gente de mal vivir [de mala vida, de cuidado, maleante] 軽犯罪(常習)者たち, いかがわしい連中, ごろつき.

gente de medio pelo [de poco más o menos] (あまり裕福でない)中流階級の人, 取るに足らない連中.

gente de paz (1) 味方, 仲間. ¿Quién va [vive]?-¡Gente de paz! 誰だ?-味方だ. (2) 平和[穏健]な人々.

gente de pelo [de pelusa] 裕福な人たち.

gente de tomusa 〘ベネズエラ〙黒人, ムラート.

gente de vida airada 放蕩[道楽]者たち, ごろつき.

gente forzada [de su Majestad, del rey] (ガレー船の)漕役刑囚.

gente gorda 《話》(社会的・経済的な)お偉方, 大物, 有力者.

gente guapa 《話》上流階級の人たち, 金持ち. A esa discoteca va a divertirse la *gente guapa*. そのディスコへはお金持ちが遊びに出かける(→*gente bien*).

gente menuda (1) 《話》子供たち. En este restaurante hay también pequeños menús para la *gente menuda*. このレストランにはお子様用のメニューも用意してあります. (2) 〘軽蔑〙下層階級出の人たち.

gente natural 〘中米〙インディオ.

gente perdida 放浪者たち, 浮浪者たち(=vagabundos); 泥棒たち(=ladrones).

hacer gente (1) (ある目的で)人を集める; 徴兵する. (2) (関心を引いて)人を集める[群がらせる].

¡Hay una de gente! ものすごい数の人だ!

saber más que gente de pueblo 〘プエルトリコ〙悪賢い, 非常に抜け目がない.

ser gente/ser como la gente 〘中南米〙立派な[品行方正な, 正直な]人である.

ser mucha gente 《話》有力者[ひとかどの人物]である; 偉い人である; 気骨がある.

tener don de gentes 人を引きつける魅力がある.

tener trato de gentes 人の扱いがうまい.

gentecilla [xenteθíja] 女 《軽蔑》(ろくでもない)連中, (下層の)民衆, 有象無象の衆. ―Yo no me trato con esa ~. 私はあんな連中とはつき合わない.

:gentil [xentíl] 形 ❶ 親切な, 優しい. ―Nos atendió una oficinista muy ~. 非常に優しい女性社員が私たちに応対してくれた. 類**amable, cortés**. ❷ 〘文〙〖名詞に前置して〗優雅な, 上品な; 容姿端麗な. Le acompañaba una ~ mujer. 上品な女性が彼に同行していた. 類**apuesto, garboso, garrido**. ❸ (キリスト教から見て)異教(徒)の, 未信者の. ―Ciertos apóstoles predicaron a los pueblos ~es. 何人かの使徒は異教の諸民族に布教した. 類**idólatra, pagano**. 反**cristiano**.

―― 男女 (キリスト教から見て)異教徒, 未信者, 不信心者. ―En el imperio romano convivían cristianos y ~es. ローマ帝国にはキリスト教徒と異教徒が共存していた.

:gentileza [xentiléθa] 女 ❶ 親切さ, 好意; 礼儀正しさ. ―Ha tenido la ~ de acompañarme hasta casa. 彼は親切にも私を家まで送ってくれた. El café fue una ~ de la casa. コーヒーはその家の好意によるものだった. ¿Tendría usted la ~ de cerrar la ventana? 窓を閉めていただけませんでしょうか. 類**amabilidad, cortesía**. 反**grosería**. ❷ 《文》(振舞いなどの)優雅さ, 上品さ. ―portarse [hablar] con ~ 上品に振舞う[話す]. 類**garbo, gracia**.

gentilhombre [xentilómbre] 男 〖複 gentileshombres〗 ❶ (王に仕える)侍従, 従僕, 廷臣. ―~ de cámara 侍従, 側近. ❷ 〘まれ〙紳士.

994 gentilicio

gentilicio, cia [xentiliθio, θja] 形 国名(または民族、出身など)を表わす、地名の. ―adjetivo [nombre] ― 国籍形容詞[名詞], 地名形容詞[名詞](español, madrileño など).
― 名 国籍形容詞[名詞], 地名形容詞[名詞]. ―"catalán"es el ~ de los habitantes de Cataluña. 「カタラン」はカタルーニャ地方の住民をさす地名形容詞[名詞]である.

gentílico, ca [xentíliko, ka] 形 異教徒の, キリスト教徒でない.

gentilidad [xentiliðá(ð)] 女 ❶ 異教, キリスト教以外の宗教. ❷ 『集合的に』異教徒, 異教の人々.

gentilismo [xentilísmo] 男 =gentilidad.

gentilmente [xentílménte] 副 ❶ 優雅に, 勢力的に, エレガントに, 上品に. ❷ 親切に, 優しく. ―Se ofreció ~ a acompañarme a casa. 親切にも私を家まで送って行くと言ってくれた.

gentío [xentío] 男 (人の)集団, 群衆, 大勢の人. ―El pánico cundió entre el ~ que llenaba la plaza. 広場を埋めつくす人々の間にパニックが広がった.

gentualla, gentuza [xentuája, xentúθa] 女 〖軽蔑〗(ろくでもない)連中, 奴等; 烏合の衆. 類 **chusma**.

genuflexión [xenufleksión] 女 (特に礼拝で)ひざまずくこと, 跪座. ―Hizo una ~ y salió de la iglesia. ひざまずく一礼をしてから教会を出た.

genuino, na [xenuíno, na] 形 ❶ 本物の, 正真正銘の. ―Es un ~ deportista. 彼は本物のスポーツマンだ. ❷ 純粋な; 典型的な; 独特の, 独自の. ―Ese es un caso ~ de demencia senil. それは老人痴呆症の典型だ. Nos ofrecieron una copa de ~ jerez. 私たちに混じり気なしのシェリー酒をすすめられた. 類 **auténtico, legítimo, natural, puro**.

geocéntrico, ca [xeoθéntriko, ka] 形 〖地学, 天文〗地心の; 地球の中心から見た; 地球を中心とする. ―latitud *geocéntrica* 地心緯度. sistema ~ 地動説. 反 **heliocéntrico**.

geoda [xeóða] 女 〖地質〗晶洞, がま(岩の中などに出来る空洞で, 鉱物の結晶におおわれたもの).

geodesia [xeoðésja] 女 測地学(地球の形状や大きさなどを測定・研究し図示する学問).

geodésico, ca [xeoðésiko, ka] 形 測地学の.

geofísica [xeofísika] 女 地球物理学(地質学の1分野で, 地殻に関する現象を気象学・海洋学などを通じて研究するもの).

geofísico, ca [xeofísiko, ka] 形 地球物理学の.
― 名 地球物理学者.

:**geografía** [xeoɣrafía] 女 **地理学**; 地理, 地形, 地勢. ―~ física [humana] 自然[人文]地理学. ― lingüística [económica, política] 言語[経済, 政治]地理学. ― universal 世界地理学.

:**geográfico, ca** [xeoɣráfiko, ka] 形 **地理学(上)の**, 地理(学)的な, 地形的な. ―descripción *geográfica* 地理(学)的記述. mapa ~ 地形図. En este mapa están representados los principales accidentes ~s de la región. この地図にはその地方の主要な地形的な起伏が示してある.

***geógrafo, fa** [xeóɣrafo, fa] 名 地理学者.
―ingeniero ~ 測地技師.

:**geología** [xeoloxía] 女 **地質学**, 地質. ―~ histórica 地史学. ― *structural* 構造地質学.

***geológico, ca** [xeolóxiko, ka] 形 地質学上の, 地質の. ―La historia de la Tierra se divide en eras y períodos ~s. 地球の歴史は地質学的な代と紀に区分される.

geólogo, ga [xeóloɣo, ɣa] 名 地質学者.

geómetra [xeómetra] 男女 幾何学者.

:**geometría** [xeometría] 女 〖数学〗幾何学. ―~ elemental 初等幾何学. ~ plana [del espacio] 平面[立体]幾何学. ~ descriptiva [proyectiva] 画法[射影]幾何学. ~ analítica 解析幾何学. ~ (no) euclidiana (非)ユークリッド幾何学.

***geométrico, ca** [xeométriko, ka] 形 ❶ 幾何(学)上の, 幾何学的な. ―decoración *geométrica* 幾何学的装飾. progresión *geométrica* 等比数列. El triángulo es una figura *geométrica*. 三角形は幾何学的図形である. ❷ (幾何学のように)精密な, 正確な. ―Ese profesor tiene una mente *geométrica*. その先生は幾何学的な精神の持ち主である. 類 **matemático**.

geomorfología [xeomorfoloxía] 女 地形学(測地学の1分野).

geopolítica [xeopolítika] 女 地政学(国家の政治を地理的条件などの面から研究するもの).

Georgia [xeórxja] 固名 ❶ グルジア(首都トビリシ Tbilisi). ❷ ジョージア(米国の州).

georgiano, na [xeorxjáno, na] 形 ❶ グルジア (Georgia; 黒海に臨む旧ソ連邦の共和国)の. ❷ ジョージア州(米合衆国東部の州)の. ― 名 ❶ グルジア人. ❷ ジョージア州の人.

geotermia [xeotérmja] 女 地熱; 地球熱学.

geotérmico, ca [xeotérmiko, ka] 形 地熱の.

geranio [xeránjo] 男 〖植物〗ゼラニウム.

Gerardo [xerárðo] 固名 〖男性名〗ヘラルド.

gerbo [xérβo] 男 =jerbo.

***gerencia** [xerénθja] 女 ❶ (事業の)経営, 管理. ―La ~ de esta empresa necesita hombres muy calificados. この会社の経営には有能な人材が必要である. 類 **administración, dirección, gestión**. ❷ 支配人[経営者, 重役]の職務[任期, 執務室]. ―Durante su ~ la empresa marchó admirablemente. 彼の在職中は快調そのものだった. ❸ 支配人室, 支配人の執務室. ―La ~ está en la segunda planta. 支配人室は3階にある.

:**gerente** [xerénte] 名 〖商業〗(会社などの)**経営者, 支配人, 取締役**, 管理責任者, 店長. ―director ~ (株式会社の)社長. ~ general 総支配人. ~ de inmobiliaria 不動産店責任者. ~ de venta 販売担当責任者. ~ de la tienda 店長. ~ de publicidad [de personal] 宣伝[人事]部長. 類 **administrador, gestor**.

geriatra [xerjátra] 男女 老人病学者, 老年医学者.

geriatría [xerjatría] 女 老人病学, 老年医学(医学の1分野で, 老人の病理・治療について扱うもの).

gerifalte [xerifálte] 男 ❶ 〖鳥類〗ハヤブサ, 大型の鷹. ❷ 〖比喩〗重要人物; 重役.
como un gerifalte 素晴らしく, 大変よく. Vive [Está] *como un gerifalte*. 素晴らしい暮らしをして

Germán [xermán] 固名 《男性名》ヘルマン.

germanesco, ca [xermanésko, ka] 形 俗語の, スラングの, 隠語の.

Germania [xermánia] 固名 ゲルマニア(民族大移動前のゲルマン人の居住地).

germanía [xermanía] 女 ❶ (特に悪人同士, 泥棒仲間での)隠語. 類 **argot, jerga**. ❷ (G~) ヘルマニーア(16世紀初頭のバレンシアにあった同業組合[結社]). 類 **gremio, hermandad**.

‡**germánico, ca** [xermániko, ka] 形 ❶ ゲルマン民族の, 古代ゲルマニアの. —Los visigodos eran un pueblo ~. 西ゴート人はゲルマン民族の一つであった. ❷ ドイツ(人)風の, ドイツ(人)的な. —disciplina *germánica* ドイツ的規律. 類 **alemán**. ❸ ゲルマン語派の, ゲルマン語(系)の. —El alemán y el inglés son lenguas *germánicas*. ドイツ語と英語はゲルマン語系の言語である.
—— 男 古代ゲルマン語. —La lengua alemana tiene su origen en el ~. ドイツ語は古代ゲルマン語に起源を持つ.

germanio [xermánjo] 男 《化学》ゲルマニウム. ♦原子番号32, 略号Ge.

germanismo [xermanísmo] 男 ❶ ドイツ語法, ドイツ語からの借用語, ドイツ語風の表現. ❷ ドイツ人気質; ドイツ文化. ❸ ドイツ語[文学, 文化]の研究.

germanista [xermanísta] 男女 ドイツ語[文学, 文化]学者.

germanizar [xermaniθár] [1.3] 他 をドイツ風にする, ドイツ化する, ドイツの風俗習慣を普及させる. ——**se** 再 ドイツ風になる.

germano, na [xermáno, na] 形 ❶ ゲルマン民族の. ❷ ドイツの, ドイツ人の. ❸《古》真正の; 嫡出の. ——男複 ゲルマン民族.

germanófilo, la [xermanófilo, la] 形 ドイツ[ドイツ人]びいきの, ドイツ好きの; (特に第一次世界大戦で)ドイツ側についた.
—— 名 親独家.

‡**germen** [xérmen] 男 [複 **gérmenes**] ❶ 芽生え, 根源, 起源, 原因. —La nueva ley fue el ~ del caos en el que nos encontrábamos. 新しい法律が現在の混乱の発端となった. ahogar [sofocar] una rebelión en (su) ~ 反乱の芽を摘み取る, 反乱を未然に防ぐ. ~ de una idea ある思想の萌芽. ~ de la revolución 革命の火種(ひだね). 類 **causa, origen, raíz**. ❷《生物》種(た), 胚珠(はいしゅ); 胚, 胚芽; 幼芽. — ~ de una planta 植物の種. ~ de trigo 小麦の幼芽. 類 **embrión, semilla**. ❸ 主に(複)《医学》菌, 細菌. —*gérmenes* infecciosos [patógenos] 病原菌. 類 **bacteria, microbio**. ❹《生物》生殖細胞, 生殖質(≒ 体細胞・体質は soma).

en germen 芽生えている, 初期段階の[に]. Su primera obra contienen ya, *en germen*, la grandeza de las últimas. 彼の最近のすばらしい作品の兆しは既に処女作に見られる.

germicida [xermiθíða] < germen + cida 形 殺菌性の, 殺菌力のある, 病原菌を除去できる.
—— 男 殺菌剤.

germinación [xerminaθjón] 女 発芽, 成長し始めること; (考えなどの)芽生え, 出現. —Las heladas han retrasado la ~ del trigo. 霜で小麦の発芽が遅れている.

germinal [xerminál] 形 《生物》胚[胚芽]の,

原基の; 本源の. —— 男 芽月(フランス革命暦の第7月; 現在の3月21日から4月19日までに相当).

germinar [xerminár] 自 ❶ (植物が)芽を出す, 育ち始める. ❷《比喩》芽生える, 生じる, きざす. —Por entonces *germinaba* en su mente la idea de divorciarse. その頃彼の頭には離婚の2文字が浮かぶようになっていた. La miseria en que viven hace que *germine* la drogadicción. 彼らの悲惨な境遇が麻薬に手を伸ばすという結果をもたらしているのだ.

Gerona [xeróna] 固名 ヘローナ(スペインの県・県都).

gerontología [xerontoloxía] 女 老人学, 老年学(老人病・老化現象などについて扱うもの).

gerontólogo, ga [xerontóloɣo, ɣa] 名 老人学者[老年学]者.

Gertrudis [xertrúðis] 固名 《女性名》ヘルトゥルディス.

gerundense [xerundénse] 形 ヘローナ(Gerona; スペインのカタルーニャ地方東部の街)の, ヘローナ出身の. —— 男女 ヘローナの人.

gerundio [xerúndjo] 男 《文法》現在分詞. ♦スペイン語では動詞の語尾が -ando 又は -iendo という形をとる.

Gervasio [xerβásjo] 固名 《男性名》ヘルバシオ.

gesta [xésta] 女 武勲, 功, 手柄, 英雄的行為. *cantar de gesta* 武勲詩, 英雄叙事詩.

*‡**gestación** [xestaθjón] 女 ❶《生理》妊娠, 懐胎(期間)(受胎 concepción から出産 parto までの過程). — período [estado] de ~ 妊娠期間[状態]. 類 **embarazo, preñez**. ❷《比喩》(計画・思想などを)練ること, 作成過程[期間], 立案. —proyecto en ~ 構想中の計画. ~ de una ley 法律の立案. 類 **elaboración, maduración**.

Gestapo [xestápo] (< 独 Geheime Staatspolizei (Policía Secreta del Estado)) 男 《歴史》ゲシュタポ(ナチドイツの国家秘密警察).

gestatorio, ria [xestatórjo, rja] 形 持ち運び用の.
silla gestatoria ローマ教皇を儀式の際に乗せて運ぶ椅子.

gestear [xesteár] 自 = gesticular

gesticulación [xestikulaθjón] 女 ❶ 身振り, 手ぶり, ジェスチャー; 手まねをすること. ❷ しかめっ面, 嫌な顔をすること. 類 **gesto, mueca**.

gesticular [xestikulár] 自 ❶ (大げさな)身振り[手まね, ジェスチャー]をする. — Habla *gesticulando* exageradamente. 大げさな身振りをまじえながら話している. ❷ 顔をしかめる, 渋面をつくる.

‡**gestión** [xestjón] 女 ❶ 手続き, 処置, 工作, 働きかけ. —Hizo las *gestiones* necesarias para conseguir el puesto. 彼はその職を得るために必要な手続きを取った. hacer una ~ cerca del ministro 大臣に働きかける. 類 **diligencia, paso, trámite**. ❷ (会社などの)管理, 運営, 経営. —Su ~ al frente de la escuela fue excelente. 先頭に立っての彼の学校運営は見事だった. ~ empresarial 企業管理[経営]. ~ presupuestaria [de la información] 予算[情報]管理. ~ de negocios 《法律》事務管理. ~ de ficheros 《コンピュータ》ファイル管理. ~ de proyecto 《情報》プロジェ

クト管理. 類**administración, dirección, gerencia**.
hacer [*realizar*] *gestiones* 手続きをする, 措置を講ずる, 工作する. *hacer las gestiones preliminares* [*preparativas*] *para* …の準備工作をする. *El director está haciendo gestiones con el Ayuntamiento para ampliar el edificio de la escuela.* 校長は市役所に校舎増築を働きかけている.

:**gestionar** [xestionár] 他 ❶ …の**手続きをする**. — *Voy a ~ mi pasaporte.* 私は旅券申請の手続きをしよう. — *un permiso de exportación* 輸出許可の手続きをとる. ❷ (用件など)を処理する, 取り扱う; 管理する. 類**tramitar**.

:**gesto** [xésto] 男 ❶ **表情**, 顔(つき). — ~ *fruncido* しかめ面. *hacer un ~ despectivo* [*de alegría*] 軽蔑したような[嬉(ウレ)しそうな]顔をする. *poner un ~ de enfado* むっとした顔をする. *Tiene un ~ triste* [*avinagrado*]. 彼は悲しげな[無愛想な]顔をしている. *Me hizo un ~ para que saliera.* 彼は私に出て行くよう目顔で知らせた. *afirmar con el ~* 目顔でそうだと答える. *con ~ de desesperación* 絶望的な顔をして. 類**expresión, semblante**. ❷ しかめ面(ヅラ), 渋面. — *hacer ~s de dolor* 苦痛で[痛そうに]顔をしかめる. 類**mueca, mohín**. ❸ 身振り, 手振り, ゼスチャー, 振り, 合図. — *lenguaje de ~s* 身振り言語. ~ *teatral* (芝居がかった)大げさな仕草. *hablar con ~s exagerados* オーバーなゼスチャーを交えて話す. *entenderse* [*comunicarse*] *por ~s* 身振りで意志の疎通を図る[理解し合う]. *Hizo el ~ de huir.* 彼は逃げる素振りを見せた. *El payaso del circo hace ~s divertidos con su cara.* サーカスのピエロは顔で滑稽(コッケイ)な仕草をする. ❹ 優しい[寛大な, 立派な]行為. — *Fue un bonito ~ que se acordara de mi cumpleaños.* 彼が私の誕生日を覚えていてくれたのは気の利いた心遣いであった. *Su dimisión fue un ~ digno de elogio.* 彼の辞職は称賛に値する行為だった. 類**detalle, rasgo**.
estar de buen gesto [*de mal gesto*] 機嫌が良い[悪い].
fruncir [*torcer*] *el gesto/poner mal gesto* 顔をしかめる, 嫌な顔をする. *Cuando supo las notas de sus exámenes torció el gesto.* 彼は試験の成績を知った時, 顔をしかめた. *torcer el gesto de dolor* 痛みで[痛そうに]顔をゆがめる.
hacer gestos (1) [+*a*] (物事に)顔をしかめる. *Si haces gestos no puedo fotografiarte.* そんなしかめ面では写真に取れないよ. (2) [+*a*] (人に)身振り[手振り]をする, ゼスチャーで話す. *Hizo gestos de aprobación.* 彼は賛成の身振りをした.
hacer un gesto (1) [+*de*] …な顔をする. *hacer un gesto desagradable* [*de asco*] 嫌な顔をする. (2) 身振り[手振り]をする, 合図をする. *Roberto hizo un gesto con la mano para llamar a Lola.* ロベルトは手真似で[手招きして]ローラを呼んだ.
hacer un mal gesto 身のこなしを誤る.

gestor, tora [xestór, tóra] 形 **管理[運営]する, 経営[管理]の**. — 名 代行者; 経営者, 管理人; 取締役, 理事, 重役. — ~ *administrativo* 経営管理者. ~ *de negocios* 営業部長, 担当役. ~ *de información personal* 《情報》PIM. ~ *de interrupción* 《情報》割り込み, ハンドラ. ~ *de tareas* 《情報》タスク・マネージャ.
— 女 取締役会, 重役会議.

gestora [xestóra] 女 →**gestor**.

gestoría [xestoría] 女 管理[経営]事務所; 機関, 部局; 代行業, 代理店.

Ghana [gána] 固名 ガーナ(首都アクラ Accra).

ghanés, nesa [ganés, nésa] 形 ガーナの.
— 名 ガーナ人.

ghetto [géto] 男 →**gueto**.

giba [xíβa] 女 ❶ こぶ, (脊柱や胸郭の異常による)こぶ腫(シュ), せむし. ❷ 《比喩》邪魔物, 厄介なこと, 面倒, 不快なもの. 類**incomodidad, molestia**.

gibado, da [xiβáðo, ða] 形 こぶのある; せむしの. 類**corcovado** — 名 せむしの人).

gibar [xiβár] 他 ❶ …に瘤を生じさせる, を腫らす. 類**corcovar**. ❷ 《比喩》を困らせる, 悩ます, うるさがらせる. 類**fastidiar, molestar**.

gibelino, na [xiβelíno, na] 形 皇帝党の, ギベリン派の. ◆中世イタリアでローマ教皇勢力に対抗した, 神聖ローマ皇帝派. 反**güelfo**.
— 名 皇帝党員, ギベリン派.

gibón [xiβón] 男 《動物》テナガザル(東南アジア産の猿の一種で尾をもたない).

gibosidad [xiβosiðáð] 女 こぶ, こぶのような隆起, 突起, 腫れ.

giboso, sa [xiβóso, sa] 形 =**gibado**

Gibraltar [xiβraltár] 固名 ❶ ジブラルタル[ヒブラルタル](イベリア半島最南端のイギリスの直轄領). ❷ (*Estrecho de ~*) ヒブラルタル[ジブラルタル]海峡(大西洋と地中海を結ぶ海峡).

gibraltareño, ña [xiβraltaréɲo, ɲa] 形 ジブラルタル[ヒブラルタル](Gibraltar)の. — 名 ジブラルタルの人[出身者].

gigabit [xiɣaβí(t)] 男 《情報》ギガビット.

gigabyte [xiɣaβáite] 男 《情報》ギガバイト.

giganta [xiɣánta] 女 ❶ 大女, 身体の大きい女性. ❷ 《植物》ひまわり. 類**girasol**.

:**gigante** [xiɣánte] 男 ❶ **巨人**, 大男;《神話, 伝説》巨人; 巨大な動物[植物, 物]. 類**coloso**. 反**enano**. ❷ 《比喩》(非凡な才能・知力・悪徳などを備えた)大物, 巨星, 巨匠. — *Picaso es un ~ de la pintura.* ピカソは絵画の巨匠である. ❸ (祭りで使われる)巨人人形. — *Durante los festejos desfilaron ~s y cabezudos.* 祭りでは(変装した)巨人と大頭の小人が行進した.
— 形 **巨大な**. *la macarnota* [calamar, pantalla] ~ 巨大倒産[イカ, スクリーン]. ~ *edificio* ~ 巨大な建造物. *guisantes ~s* 途方もなくでかいエンドウ豆. 類**gigantesco**.

:**gigantesco, ca** [xiɣantésko, ka] 形 巨大な, 特大の; 巨人のような. — *Un petrolero ~ zozobró cerca de la costa.* 巨大なタンカーが海岸近くで沈没した. *Los jugadores de baloncesto tienen una estatura gigantesca.* バスケットボールの選手はけた外れの身長をしている. 類**descomunal, enorme, gigante**. 反**enano**.

gigantez [xiɣanteθ] 女 巨大さ, 並外れた大きさ.

gigantismo [xiɣantísmo] 男 《医学》巨人症, 巨大症(発育異常から身長などが極端に増大する病気).

gigantón, tona [xiɣantón, tóna] [<*gigante*] 男 ❶ 祭のときに作られる巨大な人形, 巨人像. ❷ 《比喩, 話》大男[女]. — 男 《植物》ダリアの

一種(キク科で暗紫色の花をつける).

gigolo, gigoló [xiγólo, jiγóló, xiγolóm, jiγoló] 男 ジゴロ, ひも(女に養われる情夫); 若い愛人, ツバメ.

gigote [xiγóte] 男 ❶ ひき肉をバターで炒めた料理. ❷《比喩》(一般に)細かく切った材料で作る料理. — hacer ~ 細かく切る.

Gijón [xixón] 固名 ヒホン(スペインの都市).

gijonés, nesa [xixonés, nésa] 形 ヒホン(Gijón, スペイン北部の港町)の.
── 名 ヒホンの人[出身者].

gilí [xilí] 形《話》馬鹿な, 間抜けな, 愚かな(= jilí). 類 **lelo, tonto**.

gilipollada [xilipoʎáða] 女《俗》馬鹿なこと, どじ, 間抜け(=jilipollada). — Lo que has dicho es una ~. お前の言っていることは馬鹿げている. decir [hacer] ~ 馬鹿なことを言う[する].

gilipollas [xilipóʎas] 形 男女《単複同形》《俗》アホな, 馬鹿な. — No seas ~! 馬鹿なこと言うな.

gilipollez [xilipoʎéθ] 女 複 gilipolleces 《俗》馬鹿げたこと, 愚かさ. 類 **gilipollada**.

gim- [xim-] 動 gemir の直・現在/完了過去, 接・現在/過去, 命令・2単, 現在分詞.

gimnasia [ximnásja] 女 ❶ **体操, 運動**; 体育;《スポーツ》体操. — Todos los días hace ~ para mantenerse en forma. 彼は健康維持のために毎日運動している. ~ deportiva 器械体操. ~ correctiva 矯正体操. clase de ~ 体育の授業. aparatos de ~ 体操用具. 類 **deporte, ejercicio**. ❷《比喩》(精神的・知的)訓練. — El bridge es una ~ mental. ブリッジ(ゲーム)は頭の体操になる. 類 **práctica**.

confundir la gimnasia con la magnesia 《俗》とんだ勘違いをする.

gimnasia artística (新体操に対して)体操(鉄棒, 平行棒, 鞍馬, 跳び箱, 床上運動など).

gimnasia rítmica 新体操(輪やテープや棍棒を用いて音楽に合わせて行う).

gimnasia sueca スェーデン体操(器具を用いない).

‡**gimnasio** [ximnásjo] 男 ❶ **体育館**. ❷ ギムナジウム(特にドイツの大学進学コースの9年制中等学校). ❸《古代ギリシャの》公共的な施設.

gimnasta [ximnásta] 男女 体操選手, 体操教師.

gimnástica [ximnástika] 女 →gimnástico.

*__**gimnástico, ca**__ [ximnástiko, ka] 形 体操(体育)の. — Todas las mañanas realizo algunos ejercicios ~s. 毎朝私は何種類かの体操をする.
── 女 体操.

gimotear [ximoteár] 自 ❶ (幼児などが)ぐずる, むずかる, めそめそする, (訳もなく)泣く. — Mece al niño, a ver se deja de ~. 坊やを揺すってやりな, 泣き止むかもしれないから. ❷ うめき声をあげる, 泣き声をたてる. 類 **gemiquear, gemir**.

gimoteo [ximotéo] 男 ぐずること, 泣きじゃくること; 泣き声.

gindama [xindáma] 女《話》恐怖, 怖気, びくびくすること.(=jindama). 類 **cobardía, miedo**.

Ginebra [xinéβra] 固名 ジュネーブ(スイスの都市).

ginebra [xinéβra] 女 ❶ ジン(ネズの実などで香りをつけた蒸溜酒). ❷ 騒ぎ, ざわめき; 混乱. ❸ 木琴に似た楽器の一種.

gineceo [xineθéo] 男 ❶《植物》(花芯の)めしべの部分, めしべの集まり. ❷《古代ギリシャの》婦人用の部屋, 女性用の居室.

ginecología [xinekoloxía] 女《医学》婦人科学, 婦人病学.

ginecológico, ca [xinekolóxiko, ka] 形《医学》婦人科の, 婦人科学の.

ginecólogo, ga [xinekóloγo, γa] 名 婦人科医.

Giner de los Ríos [xinér ðe los ríos] 固名 ヒネル・デ・ロス・リオス(フランシスコ Francisco ~)(1839-1915, スペインの教育家, 『自由教育学院』Institución Libre de Enseñanza の創立者).

ginesta [xinésta] 女《植物》エニシダ. 類 **hiniesta, retama**.

gineta [xinéta] 女 = jineta

gingivitis [xiŋxiβítis] 女《医学》歯肉炎.

‡**gira** [xíra] 女 ❶ (劇団・オーケストラなどの)**巡業**, 公演(演奏)旅行. — La compañía de teatro realizó una ~ por diversos países europeos. その一座はヨーロッパ諸国を公演して廻った. ~ por provincias 地方巡業. estar de ~ 公演中である. 類 **tournée**. ❷ 遠足, ピクニック, 日帰り旅行. — ir de ~ 遠足[ピクニック]に行く. 類 **excursión, jira**. ❸ 周遊, 一周旅行, ひと巡(ミッ)り. — hacer una ~ turística por el Pirineo ピレネーをひと巡りする. ~ electoral 選挙行脚(ケベャ).

girada [xiráða] 女 片足で立って回るスペイン舞踊の動きの1つ.

girado, da [xiráðo, ða] 名《商業》手形名宛人(受取人として指定された人).

girador, dora [xiraðór, ðóra] 名《商業》手形振出人(発行者).

giralda [xirálda] 女 (動物や人の形をした)風見.

giraldilla [xiraldíja] 女 ❶ = giralda. ❷ スペインのアストゥリアス地方及びその周辺地域の民族舞踊.

girándula [xirándula] 女 ❶ 仕掛花火の一種(点火すると回転しながら火花を出す). ❷ 水を回転しながら出す噴水装置の一種.

*‡**girar** [xirár ヒラル] 自 ❶ **回る, 回転する**, 旋回する. — La Tierra gira alrededor del Sol. 地球は太陽の周りを回っている. El país giró hacia el fascismo. 国はファシズムの方向へ転回した. ❷ (人・車・道などが)曲がる, 折れる. — Al llegar al cruce, gire usted a la izquierda. 交差点に着いたら左に曲がりなさい. La calle gira a la derecha. 通りは右に曲っている. 類 **doblar, torcer**. ❸〔+ alrededor de/en torno a について〕(話題が)めぐる, 展開する, を扱う. — La conversación giró alrededor de la política española. スペインの政治について話がはずんだ. ❹〔+ alrededor de〕(数が)…前後である. — El número de participantes giró alrededor de seiscientos. 参加者数は600人前後であった. ❺《商業》手形を振り出す. — ~ a veinte días 20日払いの手形を振り出す.

── 他 ❶ を回す, 回転させる. — ~ la ruleta con fuerza 力いっぱいルーレットを回す. Oí que alguien giraba el picaporte de la puerta. 私はだ

れかがドアノブを回す音を聞いた. ❷ を曲げる, 向ける. ~ la cabeza a la izquierda 顔を左に向ける. ❸《商業》(a) (手形などを)振り出す. ~ una letra de cambio 為替手形を振り出す. (b) で送金する. —Mi padre me *gira* ciento sesenta euros. 父は私に為替で160ユーロ送金してくれる.

girasol [xirasól] 男 ❶《植物》ひまわり. ❷《鉱物》火蛋白石(オパールの一種). ❸《比喩》権力者にへつらい庇護を受けようとする人, 太鼓持ち, おべっか使い.

giratoria [xiratória] 女 →giratorio.

giratorio, ria [xiratório, ria] 形 回る, 旋回する; 回転式の. —escenario ~ 回り舞台. puerta *giratoria* 回転扉. silla *giratoria* 回転椅子. placa[plataforma] *giratoria* 回転板[台].
— 女 回転式の家具(棚など).

‡**giro**¹ [xíro] 男 ❶ 回転, 旋回; 方向転換. —Dio un ~ de noventa grados sobre sus talones. 彼はかかとを軸にして90度回転した. El coche dio un ~ repentino para evitar el choque. 車は衝突を避けようと急に向きを変えた. dar dos ~s en el aire 2回宙返りをする. ángulo de ~《自動車》舵(%)取り角(車輪の最大旋回角度). radio de ~ (車体の最小)回転半径. ~ geométrico《幾何》図形の回転. 類 **rotación, vuelta**. ❷ (話題・議論・事態・商売などの)展開, 成行き, 局面, 変化. —tomar un nuevo ~ 新しい展開を見せる, 新局面を迎える. Hubo un ~ hacia temas más candentes. 話題がよりホットなものに変わった. El tiempo ha dado un ~: ayer hacía sol y hoy llueve. 天候が変わった. きのうは日が照っていたのに今日は雨だ. 類 **aspecto, dirección, cambio**. ❸ 言い回し, 表現; 文体. —~ arcaico[anticuado] 古風な言い回し. ~ cervantino セルバンテスの文体. ~ elegante 上品な言い回し. ~ idiomático 慣用表現. ~s propios de la región de ~ その地方独特の言い回し. 類 **expresión, frase, locución**. ❹《商業》(a) 為替. —~ postal[mutuo] 郵便為替. ~ bancario 銀行為替. enviar por ~ telegráfico 電信為替で送る. librar un ~ 為替手形を振り出す. Ayer le mandamos un ~ de mil dólares. きのう私たちは彼に1,000ドルの手形を送った. ~ en descubierto 過振(だ)出し手形. ~ de favor 空(だ)融通手形. ~ a la vista 一覧払為替手形. derechos especiales de ~ 特別引出権, SDR. 類 **letra, libranza**. (b) (手形・小切手の)振出し, 送金. —El ~ de letras se realizó ayer. 手形の振出しはきのう行われた. 類 **envío**. ❺ 空威張り, こけおどし. 類 **amenaza, bravata, fanfarronada**.

tomar otro giro 方向[意図・意見・決心・作戦]を変える.

tomar mal giro (事態などが)悪化する, 雲行きが怪しくなる. La reunión ha tomado mal giro. 会議の雲行きが怪しくなった.

***giro**², **ra** [xíro, ra] 形 ❶《中南米》翼・首の羽が黄色い(雄鶏). ❷《メキシコ》果敢な, 勇敢な.

girocompás [xirokompás] 男《航空, 海事》ジャイロコンパス, 回転羅針盤.

girola [xiróla] 女《建築》(ゴシック様式の教会などで)アプス(ábside). 祭壇の後方にある半円形の張り出し部分)を取り囲む回廊.

Girona [xiróna] 固名 ヘローナ[ジローナ](スペインの県・県都).

Gironda [xirónda] 固名 男 ジロンド党(フランス革命当時の穏健共和派). ♦フランスの地名 Gironde から.

girondino, na [xirondíno, na] 形 ジロンド党(Gironda)の. — 名 ジロンド党員.

giroscópico, ca [xiroskópiko, ka] 形 ジャイロスコープ(giroscópio)の. —estabilizador ~ ジャイロスタビライザー(ジャイロスコープの応用で船や飛行機の揺れを防ぐ安定装置). aguja[brújula] *giroscópica* ジャイロスコープの針[コンパス].

giroscopio [xiroskópio] 男 ジャイロスコープ, 回転儀 (1つの軸を中心に回転する円盤を用いた装置, 羅針盤などに使う).

giróstato [xiróstato] 男 ジャイロスタット(安定装置に用いられるジャイロスコープの一種).

gitanada [xitanáða] 女《軽蔑》❶ ジプシーの(人をだます)やり方, ジプシー的な(厚顔な)態度, ジプシー特有の行為. 類 **gitanería**. ❷ お世辞, おべっか, おもねること. 類 **adulación, zalamería**.

gitanear [xitaneár] 自 ❶ (売買のときなど)ずるいやり方をする, 人をだます. ❷ お世辞を言う, おべっかを使う, おもねる.

gitanería [xitanería] 女 ❶ =gitanada. ❷《軽蔑》[集合的に] ジプシー, ジプシーの一団.

***gitanesco, ca** [xitanésko, ka] 形 ジプシー(風)の, ジプシー的な. —Tiene unos rasgos ~s. 彼はジプシー的な特徴をしている.

gitanismo [xitanísmo] 男 ❶ ジプシー特有の習慣や生活様式. ❷ ジプシー言葉, ジプシー特有の言い回し. ❸[集合的に] ジプシー, ジプシー達.

‡**gitano, na** [xitáno, na] 名 ❶ ジプシー, ロマ. 類 **calé, cíngaro**. ❷ 魅惑的な女[子]. ❸《俗》甘言でだます人. 類 **adulador, zalamero**. ❹《俗》(商売などで)狡猾(窗)な人. —Es un ~, estafa a sus clientes. やつはずる賢く, 客をだます. 類 **estafador, tramposo**. ❺《俗》汚い身なりの人. —Siempre va hecho un ~. 彼はいつも汚らしい服装をしている.

brazo de gitano《菓子》ロールケーキ.

que no se lo[la] salta un gitano《話》特大の, 特上の. Nos pusieron un bistec *que no se lo saltaba un gitano*. 我々には特大のステーキが出された.

— 形 ❶ ジプシーの, ジプシー的な, ロマの. —música *gitana* ジプシー音楽. costumbres *gitanas* ジプシーの慣習. ❷ 魅惑的な. ❸ 甘言でだます. ❹ 狡猾な, ぺてんの. ❺ 身なりの汚い.

glabro, bra [gláβro, βra] 形《まれ》はげの, 毛のない, 無毛の. 類 **calvo, lampiño**.

glaciación [glaθiaθión] 女 氷河になること, 氷河作用.

glacial [glaθiál] 形 ❶ 凍った, 氷の. —época[período] ~ 氷河期. zona ~ 寒帯. ❷ 凍てつくような, 非常に寒い. —Un viento ~ entraba por las rendijas de la ventana. 窓のすき間から身を切るような風が吹き込んでいた. En Moscú hacía un frío ~. モスクワは大変な寒さだった. 類 **helado**. ❸《比喩》(応対などが)冷淡な, 冷たい. —Su actitud fue ~ durante toda la reunión. 集まりの間ずっと冷ややかな態度をとっていた. Le dispensaron un recibimiento ~. 皆が彼を冷たく迎えた. 類 **desabrido, desafecto, frío**.

glaciar [glaθiár] 男 氷河.

glacis [gláθis] 男 〖単複同形〗斜堤(城塞の外側の傾斜した部分). 類 **explanada**.

gladiador [glaðjaðór] 男 (古代ローマの)剣士 (公的試合で他の剣士あるいは猛獣と闘った).

gladio [gláðjo] 男 《植物》ガマ.

gladiolo, gladíolo [glaðjólo, gláðjolo] 男 《植物》グラジオラス.

glamour [glámur] 男 魅力.

glamouroso, sa [glamuróso, sa] 形 魅力的な.

glande [glánde] 男 《解剖》亀頭.

*__glándula__ [glándula] 女 ❶《解剖》腺(⭣). ― endocrina [de secreción interna] 内分泌腺. ~ exocrina [de secreción externa] 外分泌腺. ~ lagrimal 涙腺. ~ linfática リンパ腺. ~ mamaria 乳腺. ~ parótida 耳下腺. ~ pineal 松果腺(=epifisis). ~ pituitaria 脳下垂体腺(=hipófisis). ~ prostática 前立腺(=próstata). ~ salival 唾液腺. ~ sebácea 皮脂腺. ~ sudorípara 汗腺. ~ suprarrenal 副腎. ~ tiroides 甲状腺. 類 **órgano**. ❷《植物》腺.

glandular [glandulár] 形 腺の, 腺による; 腺質の. ―sistema ~ 腺系統, 腺組織.

glanduloso, sa [glandulóso, sa] 形 腺のある; 腺からなる.

glasé [glasé] 男 光沢のある目の詰んだ絹の一種. *azúcar glasé* (菓子などに使う)粉砂糖.

glaseado, da [glaseáðo, ða] 形 つや出しをした, つやのある. ― 男 菓子のつや出しに使う, 卵白に砂糖を溶かしたもの.

glasear [glaseár] 他 ❶(紙・布などの表面に)光沢をつける, つやを出す. ❷菓子の表面に, 卵白に砂糖を溶かしたものを塗ってつや出しをする.

glasto [glásto] 男 タイセイ(大青; 葉から藍色の染料が取れるアブラナ科の草).

glauco, ca [gláuko, ka] 形 明るい緑色の, ライトグリーンの. 類 **verde claro**.

glaucoma [glaukóma] 男 《医学》緑内障.

gleba [gléβa] 女 ❶(鋤で地面を起こす時に出る)土くれ, 土塊. ❷(一定の小作人や農奴に割り当てられた)土地. ―siervo de la ~ (中世の)農奴(土地に付属して売買され, その土地の耕作をした).

glena [gléna] 女 《解剖》(肩関節の)関節窩(⭣).

glera [gléra] 女 砂利地; 砂利道.

glicerina [gliθerína] 女 《化学》グリセリン(無色・無臭で甘味のある粘液; 化粧品・医薬品などに多用).

glicina [gliθína] 女 《植物》フジ(藤).

glicógeno [glikóxeno] 男 《化学》グリコーゲン (動物の肝臓・筋肉などに含まれる多糖類).

glíptica [glíptika] 女 宝石・鋼などにする彫刻, 彫刻技術.

gliptografía [gliptoɣrafía] 女 宝石彫刻学(彫刻した宝石の研究); 宝石彫刻術(=glíptica).

global [gloβál] 形 全体的な, 総括的な; 総計の, 概算の; グローバルな, 総合的な, 広い. ―Presentó una visión ~ del problema. その問題に関してグローバルな視点を示した. El coste ~ del proyecto supera los mil millones de yenes. その企画の総経費は数十億を越えている.

*__globo__ [glóβo] 男 ❶地球(儀)(=~ terrestre [terráqueo]). ―La lluvia ácida es un grave problema en muchos países de los ~. 酸性雨は世界の多くの国々で大問題となっている. 類 **Tierra**.

❷(ゴム製の)風船; 気球(=~ aerostático). ―Cruzó en ~ el océano Atlántico. 彼は気球で大西洋を横断した. inflar [hinchar] un ~ 風船をふくらます. ~ dirigible 飛行船(=dirigible). montar en ~ 気球に乗る. ~ sonda 気象観測気球. ~ cautivo 保留気球. 類 **aeróstato, balón**. ❸球, 球体. ―~ ocular [del ojo] 《解剖》眼球. ~ celeste 天体. 類 **esfera**. ❹(電灯の)丸い笠(一般に半透明ガラス製). ―lámpara de ~ 丸笠の電灯. ❺(テニスなどの)ロビングボール. ―dar un ~ ロブを上げる. ❻《俗》コンドーム.

echar globos 〖コロンビア〗思案する, 思い悩む.

en globo (1)全体として, 全体的に見て; 一括して. Esto es lo que cuesta *en globo*. これが全体としてかかる金額です. 類 **en conjunto**. (2)=inseguro.

hincharse como un globo 《俗》うぬぼれる.

salir en globo 《俗》追い出される.

globoso, sa, globular [gloβóso, sa, gloβulár] 形 小球[球]状の; 球状の; 球体からなる.

globulina [gloβulína] 女 《生物》グロブリン(動植物に広く分布する一群の単純蛋白質の総称).

glóbulo [glóβulo] 男 (血球などの)小球体. ―~ blanco 白血球(=leucocito). ~ rojo 赤血球.(=hematie).

glomérulo [gloméŕulo] 男 《医学》糸球体.

glomerulonefritis [glomerulonefrítis] 女 《医学》糸球体腎炎.

glomo [glómo] 男 《医学》糸球小体.

Gloria [glórja] 固名 《女性名》グローリア.

gloria [glórja グロリア] 女 ❶栄光, 栄誉, 名誉. ―lograr [alcanzar, lograr] la ~ 栄光を手にする. Después de publicar su segundo libro, alcanzó la ~ como poeta. 彼は2番目の著書を出版したあと, 詩人としての栄誉を手にした. 類 **celebridad, fama, honor. 反 **olvido, vulgaridad**. ❷(国・町・一家などの)誇り, 誉れ(となる人), 名士. ―Cervantes es una ~ de España. セルバンテスはスペインの誇りである. El castillo es la ~ de esta ciudad. 城はこの町の誇りである. 類 **orgullo**. ❸《俗》大きな喜び, 楽しみ, うれしさ. ―La ~ del estudioso es indagar. 学者の楽しみは研究である. Tienes una cara de salud que da ~ verte. 君は見て気持のいい健康な顔色をしている. 類 **deleite, gusto, placer**. ❹(普通 G~)《宗教》天国; 天上の栄光, 至福(=~ eterna)(現世の恩寵(⭣) gracia の状態に対するもの). ―¡Que Santa ~ goce [haya]! (死者の冥福を祈って)天国の至福を手に入れますように!/神の栄光あれ! "Que Dios lo tenga en su ~", rezaba el epitafio. 『神よ, 彼のみたまを天へ導きたまえ』と墓碑銘に書いてあった. Si eres bueno alcanzarás la ~ después de la muerte. もし君が善人ならば死後天国へ行けるだろう. ganar(se) la G~ 昇天する, 死ぬ. 類 **bienaventuranza, cielo, paraíso**. 反 **infierno**. ❺《美術》(a)(キリスト・聖者たちを包む)後光, 光輪, 背光. (b)(円天井などの)聖人や天使のいる空を描いた絵.

dar gloria 喜ばせる, 楽しませる, すばらしい. *Da gloria* ver a los niños tan felices. 子供たちがこんなに幸せそうなのを見るとうれしくてしょうがない.

estar en la gloria (1)(場所・状況などに)満悦している, 居心地がよい, 幸福の絶頂にある. En este

1000 gloriarse

sillón *se está en la gloria*. この肘(ひじ)掛け椅子は座り心地がよい[*se*は「人は」を意味する]. Rodeado de mujeres, Jaime *está en la gloria*. ハイメは女性に囲まれてとっても幸せそうである. (2) 天国にいる.

estar en SUS *glorias* 満悦している(=estar en la gloria).

hacer gloria de … …を自慢する.

oler a gloria すばらしい[おいしい]香りがする.

pasar a mejor gloria 《皮肉》死んで忘れ去られる.

… que en gloria esté/ … que Dios le tenga en su gloria (故人に言及して)今は亡き…, 故…. Mi padre *que en gloria esté*, era un gran admirador de tu país. 今は亡き私の父は君の国が大好きであった.

Sábado de Gloria 聖土曜日(復活祭前の土曜日)(=Sábado Santo).

saber a gloria (1) 美味しい. El pastel nos *supo a gloria*. そのケーキはとても美味しかった. (2) (言動・物事が人に)気に入る, うれしい.

sin pena ni gloria 可もなく不可もなく, 平凡に[な], 無難に[な]. Pasó por la universidad *sin pena ni gloria*. 彼は無難に大学を出た.

timbre de gloria 偉業, 殊勲, 功績.

vieja gloria 人気のなくなった人[物], 時代後れの人[物].

── 男 《カトリック》(聖歌の)グローリア, 栄光の聖歌, 栄光頌(しょう)(礼拝式の中で歌いまたは唱える). ― cantar [entonar] el G～ 栄光頌を唱える. 類 **cántico, rezo.**

Gloria in excelsis Deo 『いと高きところには栄光神にあれ』で始まる頌歌(しょうか), 栄光頌, 大頌栄.

Gloria Patri 『父と子と聖霊に栄光あれ』で始まる頌歌, 栄誦[唱], 小頌栄.

gloriarse [gloriárse] [1.1.5] 再 [+de/en を] ❶ 自慢する, 鼻にかける, 自画自賛する. ― *Se gloría de* tener éxito con las chicas. 女の子たちとうまくやっているのを自慢にしている. *Se gloría de* que no ha pedido nunca un favor. 人に物を頼んだことがないのを自慢にしている. 類 **jactarse, presumir.** ❷ (…を)喜ぶ, 嬉しく思う; (…に)満足する. ― La madre *se gloría de* las estupendas notas del hijo. 母親は息子の素晴らしい成績を嬉しく思っている. 類 **complacerse.**

glorieta [gloriéta] 囡 ❶ あずまや(特にブドウ棚や植木などで囲いをしたもの). 類 **cenador.** ❷ (園庭の中などの)小広場, 子供やねむのあるスペース. ❸ ロータリー, 交差点, 通りが合流する地点.

glorificación [glorifikaθjón] 囡 讃美, 称賛, 誉め称えること.

glorificar [glorifikár] [1.1] 他 を讃美する, 誉め称える, 称賛する, …に栄誉を与える. ― Levantan un gran monumento para ～ a los héroes de la guerra. その戦の英雄たちを称えるために大規模なモニュメントが作られる. ── *se* 再 = gloriarse.

gloriosa [gloriósa] 囡 →glorioso.

****gloriosamente** [gloriósaménte] 副 輝かしく, 堂々と, すばらしく.

:glorioso, sa [glorióso, sa] 形 ❶ 光栄ある, 名誉ある, 輝かしい. ― *gloriosa* victoria 輝かしい勝利. Tiene antepasados ～s. 彼は栄光ある祖先を持っている. 類 **célebre, famoso, ilustre.** ❷ 《カトリック》栄光の, 栄えある, 聖なる. ― Rezaba a la *gloriosa* Virgen María. 彼は聖母マリアに祈りを捧げていた. 類 **celestial, divino, santo.**

── 囡 (La G～) ❶ 聖母マリア. ❷ スペインの名誉革命(1868年無血クーデターによりイサベル2世追放).

glosa [glósa] 囡 ❶ 注, 注釈, (語句などの)説明のこと. ― *Glosas* Emilianenses エミリアヌス注記(古典ラテン語の文章の欄外に記された注; 977年頃のもので, スペイン語最古のものとされる). ❷ 小論, ノート, コメント, 注記. ――～s de actualidad 現状に関する解説. ❸ 《文学》各詩連の末尾に付される一定行数の詩句. ❹ 《音楽》(変奏曲の, 主題に対する)変奏, バリエーション.

glosador, dora [glosaðór, ðóra] 形 注の; 注釈する.

── 图 注釈者, (用語)解説者.

****glosar** [glosár] 他 ❶ を注釈する, 注釈する. ― El profesor nos *ha glosado* un poema de Santa Teresa. 先生は私たちにサンタ・テレサのある詩を注釈してくれた. ❷ を解説する.

glosario [glosárjo] 男 語彙集, 用語解説(本文中の注釈を要する語を巻末などに集め, 説明を付したリスト).

glosopeda [glosopéða] 囡 《獣医》口蹄疫(こうていえき)(口や蹄(ひづめ)に水疱のできる, 家畜に多い伝染病).

glotis [glótis] 囡 [単複同形] 声門(左右の声帯の間にある三角形の隙間).

glotón, tona [glotón, tóna] 形 大食いの; むさぼる; 貪欲な.

── 名 大食漢; がつがつと食べる人; 貪欲な人.

── 男 《動物》クズリ(シベリア・北欧などに住むイタチ科の大型の肉食獣).

glotonear [glotoneár] 自 がつがつと食べる, むさぼる.

glotonería [glotonería] 囡 大食, がつがつと食べること, むさぼること.

glucemia [gluθémja] 囡 《医学》血糖値; 血糖値が正常より高いこと.

glúcido [glúθiðo] 男 糖質.

glucinio [gluθínjo] 男 《化学》グルシニウム(原子番号4, 記号GI), ベリウム(berilio)の古名.

glucógeno [glukóxeno] 男 《化学》=glicógeno.

glucosa [glukósa] 囡 ブドウ糖, グルコース.

glucosuria [glukosúrja] 囡 《医学》糖尿.

gluglú [gluɣlú] 男 ❶ (水などの)ごぼごぼいう音. ❷ (七面鳥の)グルグルという鳴き声.

gluglutear [gluɣluteár] 自 (七面鳥が)グルグル鳴く.

gluten [glúten] 男 ❶ グルテン(小麦粉などに含まれる蛋白質の主成分で, 粘り気があり水に溶けない物質). ❷ (一般に)接着剤に用いる粘着性の物質.

glúteo, a [glúteo, a] 形 臀(でん)部の, 尻の. ― músculo(s) ～(s) 臀部筋. región *glútea* 臀部. arteria *glútea* 臀部動脈.

── 男 [複] 臀部筋.

glutinoso, sa [glutinóso, sa] 形 粘着性の, くっつく. 類 **pegajoso.**

GMT 《頭字》(<英 Greenwich Mean Time) 男 グリニッジ標準時.

gneis [(g)néjs] 男 《地学》片麻岩(花崗岩と同様の構造を持ち, 長石・石英から成る明色部分と雲

gnomo [(g)nómo] 男 ❶ ノーム(地中の鉱脈などを守ると言われる伝説上の小人, 地の精). ❷ (童話などで)小人, 小さな精.

gnomon [(g)nómon] 男 ❶ (日時計の原理で)方角や太陽の高度を測定する道具. ❷ 日時計の針.

gnosis [gnósis] 女 (単複同形) 神秘的直観; 霊的認識, 霊知.

gnosticismo [(g)nostiθísmo] 男 グノーシス主義[説](人間の理性の力で神の直観的認識を得ようとする2世紀頃の異端思想). 類gnosis.

gnóstico, ca [(g)nóstiko, ka] 形 グノーシス主義の.　——名 グノーシス主義者.

*__gobernable__ [goβernáβle] 形 ❶ 統治[支配]されうる, 管理しやすい, 従順な. —En aquellas circunstancias económicas, el país resultaba difícilmente ~. あのような経済状況下ではその国は統治が困難になっていた. ❷ 操縦可能な, 操縦しやすい.

:__gobernación__ [goβernaθjón] 女 ❶ 統治, 支配. —Ministerio de la G~ 内務省 (1939–1977; 現在は Ministerio del Interior). El rey encomendó al almirante la ~ de los territorios recién conquistados. 王は征服したばかりの領地の統治を提督に委託した. 類**gobierno**. ❷ 管理, 運営, 統轄. —~ de una familia 家庭の管理. ~ de una diócesis 司教区の統轄. 類**administración, dirección**. ❸ (船・車などの)操縦, 操舵; 制御, 抑制.

:__gobernador, dora__ [goβernaðór, ðóra] 名 ❶ (県や州の)**知事**(= ~ civil); (植民地などの)総督 (= ~ general). —Es ~ de Madrid. 彼はマドリード州知事である. gobernadora de Colima コリーマ州知事(女性). ~ militar 軍管区司令官. ~ eclesiástico 教会管区長. 類**delegado, jefe**. ❷ (公的機関の)総裁. — ~ del Banco de España スペイン銀行総裁. 類**representante**.
—— 形 統治する, 管理[運営]する. —reina gobernadora 統治する女王. junta gobernadora 運営委員会.
—— 女 知事[総督]夫人.

gobernalle [goβernáʎe] 男 《海事》(船の)舵. 類**timón**.

gobernanta [goβernánta] 女 ❶ (ホテルの)チーフメイド(メイドや給仕を管理する女性), サービス責任者の女性). ❷ (寮などの)管理や世話をする女性, 寮母.

gobernante [goβernánte] 形 治める, 統治する. —El partido ~ volverá a ganar las elecciones. 選挙では与党がまた勝利するだろう.
—— 男女 治める人, 統治する人, 政治に携わる人. —Bajo la dictadura los ~s eran elegidos a dedo. 独裁政権下では統治者は独断で選ばれていた.

:__gobernar__ [goβernár] [4.1] 他 ❶ (a) (国を)**統治する**, 治める, 支配する. —Un partido de izquierdas gobierna el país. 左翼政党が国を支配している. (b) (機関などを)管理する, 運営する, 経営する. —~ la casa 家庭を切り回す. El consejo de dirección gobierna la compañía. 取締役会が会社を経営する. 類**dirigir**. ❷ 操縦する, 操舵する, 運転する. —El capitán gobernó el barco serenamente durante la tempestad. 船長は嵐の間冷静に操船した. ❸ (人を)操る, 従わせる.

---

gobierno 1001

Tiene un carácter fuerte y no se deja ~ por nadie. 彼は強い性格の持主で, だれにも従わない.
—— 自 ❶ 統治する, 支配する. —En España el rey reina, pero no gobierna. スペインでは王は君臨するが統治はしない. Ese partido gobierna en el país desde hace veinte años. その政党は20年前からこの国で支配を行っている. ❷ 《海事》舵(かじ)が利く. —El barco no gobernó y encalló. 船は舵が利かなくなって座礁した.
——**se** 再 ❶ 自己管理する, 自制する, 身を処する. —Aunque es menor de edad, se gobierna muy bien. 彼は未成年だが, 非常によく自己管理ができている. ❷ 治まる; 治められる. —La familia se gobierna bajo las decisiones de su mujer. 家族は妻の決定によって動いている.

gobernárselas 自分のことは自分で処理する, 何とかやっていく. —No te preocupes por ella, que sabe gobernárselas. 彼女のことは心配するな, 自分で何とかやっていけるから.

gobiern- [goβjérn-] 動 gobernar の直・現在, 接・現在, 命令・2単.

gobierno [goβjérno] ゴビエルノ 男 ❶ 《政治》**政府, 内閣**. —~ central 中央政府. Se creará un G~ de coalición entre varios partidos. 数党によって連立内閣が作られるだろう. formar [organizar] un nuevo ~ 新内閣を組織する, 組閣する. El ~ en pleno dimitió. 内閣が総辞職した. Los socialistas llegaron al G~ en 1982. 社会主義者たちは1982年政権を取った. jefe [presidente] del ~ 首相, 内閣総理大臣. palacio de ~ 政府官邸. partido del ~ (→「与党」partido de la oposición). presidencia de ~ 首相[大統領]官邸. reunión del G~ 閣議. ~ federal [popular] 連邦[人民]政府. ~ militar 軍事政権, 軍政. ~ de concentración 挙国一致内閣. ~ en (el) exilio 亡命政権. ~ en funciones 暫定[選挙管理]内閣. ~ fantasma [en la sombra] シャドーキャビネット, 陰の内閣. ~ provisional [interino, de transición] 臨時内閣, 暫定内閣. ~ títere [marioneta] 傀儡(かいらい)政府, 傀儡政権. 類**autoridad, gabinete**. ❷ 《政治》**政体, 政治** (体制・形態). —Tenemos un G~ democrático. 我が国は民主政体をとっている. Su ~ fue muy negativo para el país. 彼の政治は国家にとって大変消極的なものであった. ~ autoritario [autocrático, del dictador] 専制政治, 独裁政治. 類**régimen**. ❸ 管理, 運営, 経営; 指導; 統治[期間], 支配. —tomar [llevar] el ~ de una empresa 会社の運営にあたる, 会社を経営する. ama de ~ (主に聖職者・独身者の)家政婦. hombre de ~ 統率力のある男. El ~ de una empresa tan grande no es fácil. こんな大きな会社の運営は楽ではない. El entrenador es el responsable del ~ del equipo de fútbol. 監督はサッカーチームの指導責任者である. 類**administración, dirección, gobernación, mando**. 反**anarquía, desgobierno**. ❹ 指針, 参考. —Esto se lo digo a usted para su buen ~. このことはご参考までに申し上げるのです(→para el gobierno de ...). ❺ 官庁, 県庁; 知事[長官]の官邸職, 任期, 管轄区(→gobierno civil). —Pasé por el G~ Civil para solicitar un permiso de armas. 私は銃器所持許可の申請に県庁に立ち寄った. ❻ 操作, 操舵($^{ウ}_{ダ}$), コントロール; (海事)舵($^{ダ}_{ジ}$). —manejar el ~ de un barco 船の舵($^{ダ}_{ジ}$)を操る. Perdió el ~ del volante del coche. 彼は車のハンドル操作を誤った. 類**gobernalle, manejo, timón**.

gobierno civil (1) 官庁, 県庁; 知事[長官]の官邸; (植民地の)総督府. (2) 知事[長官]の職[任期, 管轄区].

gobierno de la casa 家政, 家の取り仕切り.

línea de gobierno 路線, 運営[指導]方針. El pueblo no está conforme con la *línea de gobierno* del partido que está en el poder. 国民は政権の座にある政党の路線には賛成していない.

mirar contra el gobierno 《話》斜視である (= ser bizco).

para el gobierno de ... (人)への参考までに, 念のため. *Para mi gobierno*, me convendría saber cuándo piensas volver. 念のため, 君がいつ帰る予定か知っておいたほうがいいだろう.

servir de gobierno 参考[指針, 戒め]となる. Su experiencia te *servirá de gobierno*. 彼の経験は君にとっていい薬になるだろう.

gobio [góβjo] 男《魚類》小型のハゼ科の魚の総称.

‡**goce** [góθe] [<*gozar*] 男 ❶ 楽しみ, 喜び, 快楽. —~s materiales 物質的享楽. ~s sensuales 肉体的快楽. Fue un ~ para mí asistir a tu boda. 君の結婚式に出られてうれしかった. 類**deleite, placer**. 反**disgusto, dolor**. ❷ 享受, 享有. —~ de un privilegio 特権の享受. Nadie le disputa el ~ de su herencia. 彼と遺産相続争いする人は誰もいない. 類**disfrute**.

goce(-) [goθe(-)] 動 *gozar* の接・現在.

gocé [goθé] 動 *gozar* の直・完了過去・1単.

godo, da [gódo, ða] 形 ❶ ゴート族 (3-5 世紀にローマ帝国に侵入し, 二派に分かれてスペイン・イタリアなどに王国を建設したゲルマン民族)の; ゴート語の. ❷ (ゴート族侵入後これに混血したイベリア系スペイン人の)貴族(階級)の. —男 ❶ ゴート族, ゴート人. ❷《中南米》《軽蔑》スペイン人.

Godoy [goðói] 固 ゴドイ (マヌエル Manuel ~) (1767–1851, スペインの政治家).

gofio [gófjo] 男 トウモロコシ・小麦などの粉を炒ったもの.

gofo, fa [gófo, fa] 形 ❶ 馬鹿な, 無知な; 粗野な. 類**grosero, ignorante, necio**. ❷ (絵画で)小人の, 小人を描いた.

gol [gól] [<英] 男 ❶ (サッカーなどで)球をゴールに入れること, シュート. —marcar [meter] un ~ シュートをきめる; 点をいれる. Un defensa marcó el ~ de la victoria. ディフェンダーの1人が決勝ゴールを決めた. ❷ 得点 (=*tanto*). —Han ganado por tres ~*es* a cero. 3対1で勝った.

gola [góla] 女 ❶《話》喉; 首. ❷ (レースなどの)襟飾り, ひだ襟, フリル. ❸ (鎧($^{ヨロイ}_{ }$)の)喉当て, 首を覆う武具. 類**gorguera**. ❹《建築》S字形の割り形(えぐり取った装飾部分). ❺《軍事》(将校などが首につける)記章. ❻ (港や入江に船が入るとき通る)水路, 運河.

goleada [goleáða] 女《スポーツ》(大量の)得点, 高得点. —Han ganado por ~. 大差をつけて(楽々と)勝った. Es casi un milagro que no les hayan metido una ~. 大量失点しなかったのは殆ど奇跡に近い.

goleador [goleaðór] 男《スポーツ》シュートを決める人, 点を入れる人, ポイントゲッター; 得点者.

golear [goleár] 自《スポーツの試合で》シュートをきめる; 得点を入れる; (相手方よりも)優位に立つ; (大差で)勝つ. —Pensaban ~ al equipo contrario pero perdieron. 相手チームに大勝するかと思っていたのに負けてしまった.

goleta [goléta] 女《船舶》スクーナー (2本又は3本マストの, ヘリの低い軽帆船).

‡**golf** [gólf] 男《スポーツ》ゴルフ. —jugar al ~ ゴルフをする. jugador de ~ ゴルファー(→*golfista*). campo [terreno] de ~ ゴルフ場. palo de ~ ゴルフのクラブ.

golfa[1] [gólfa] 女《話》❶ 慎しみのない女, あばずれ. ❷ 売春婦. ❸ →*golfo*[2].

golfante [golfánte] 共 ならず者, ごろつき; 悪党. 類**golfo, sinvergüenza**.

golfear [golfeár] 自 ❶ 浮浪者暮しをする, 浮浪生活をする. ❷ 悪事をはたらく, ならず者の振舞いをする.

golfería [golferia] 女 ❶《集合的に》悪党共, やくざ連中; 浮浪者たち. ❷ 悪事, ごろつきのやること, 汚ないやり方; 浮浪生活.

golf*illo, lla* [golfíjo, ja] [<*golfo*] 名 浮浪児; 腕白小僧, いたずらっ子.

golfista [golfísta] 男女 ゴルファー, ゴルフをする人.

golfo[1] [gólfo] 男 ❶ 湾; 入江. —el ~ de Vizcaya ビスケー湾. Guerra del *Golfo* (pérsico) (ペルシャ)湾岸戦争. ❷ 海洋, 海原. ❸ カードゲームの一種. ❹《方》(窓・扉などの)蝶番($^{ちょう}_{つがい}$).

golfo[2], **fa**[2] [gólfo, fa] 名 ❶ 浮浪児, 悪童, いたずらっ子. 類**pilluelo, vagabundo**. ❷ 悪党, ごろつき; 恥知らず. —Enseguida se arrepintió de haberse casado con ese ~. そんなならず者と結婚してしまったことを彼女はひどく後悔した. 類**sinvergüenza**.

golilla [golíja] [<*gola*] 女 ❶ (特に聖職者がつけていた)襟飾り, 立て襟. ❷《話》(ひだ襟のついているような)聖職者, 司法官. ❸ フランジ(鉄管などの先端にある突縁, 管どうしをナットで締めてつなぐための部分). ❹ 家禽($^{き}_{ん}$)類の首から胸にかけての羽毛.

gollería [gojería] 女 ❶ 極上の料理, 珍味, 美味, 御馳走. —No puedo permitirme el lujo de tomar ~s. 山海の珍味を味わうなんていうぜいたくをする訳にはいかない. ❷《比喩》過剰, いきすぎ, 過度(の贅沢). 類**delicadeza, demasía, superfluidad**.

golletazo [gojetáθo] 男 ❶ 瓶の首の部分をたたきつけて割ること. ❷ (闘牛で)牛の首から胸にかけて突き刺すとどめの技. ❸《比喩》(議論などを, 中途であっても)突然[無理やりに]終わらせること, けりをつけること.

gollete [gojéte] 男 ❶ 首, 喉首(顎のすぐ下の部分). ❷ (瓶などの)首. ❸ 修道服の襟首の部分.

estar hasta el gollete《話》(1) 飽きた, 疲れた. *Está hasta el gollete* de las impertinencias de su vecino. 隣人の無礼な態度にはほとほといやになっている. (2) 借金が多い, 首が回らない. (3) 満腹した, 腹が一杯の.

‡**golondrina** [golondrína] 女 ❶《鳥類》ツバメ(燕). —~ de mar《鳥類》アジサシ(鯵刺); 《魚類》トビウオ(飛魚). 類**andarina, andorina**. ❷

《海事》モーターボート(特に Barcelona 港内での乗客輸送用・遊覧用). 類**lancha**.

Una golondrina no hace verano. 〖諺〗一部を見ただけで物事を判断するのは早計である(←燕が一羽訪れただけで夏になるわけではない).

Voló la golondrina. 《俗》当てが外れた, 望みが消えてしまった.

golondrino [golondríno] 男 ❶ ツバメの若鳥. ❷ 住まいを変えてばかりいる人, 渡り鳥, 旅鳥. ❸ 脱走兵. ❹《医学》腋窩(えきか)の汗腺が炎症を起こす病気, 腋窩腫瘍.

golondro [golóndro] 男 (気まぐれな)欲求, (一時的に)欲しくなること. — campar de ～《まれ》人に頼る, たかる, いいものにする.

golosear [goloseár] 自 = golosinear.

*__golosina__ [golosína] 女 ❶ おいしい物, (特に)甘い物, 菓子(キャンディー・キャラメル・チョコ・ケーキなど). — A María le gustan mucho las ～s. マリーアは甘い物が大好きだ. 類**dulce, exquisitez, gollería**. ❷ 望み, 願望, あこがれ(の対象). — mirar con ～ 物欲しげに[よだれの出そうな顔で]見る. Realizar un crucero es una ～ que pocos se pueden permitir. 巡航は少しの人にしか許されない望みです. 類**apetito, deseo**.

amargar a ... la golosina 《俗》楽しみを台無しにする.

el espíritu de la golosina 《俗》やせこけた人, 栄養失調の人.

golosinar [golosinár] 自 = golosinear.

golosinear [golosineár] 自 菓子(甘い物)を食べる, 菓子ばかり食べる. — Anda todo el día *golosineando*. 彼は一日中菓子ばかりつまんでいる.

goloso, sa [golóso, sa] 形 ❶ おいしそうなもの(特に甘いもの)の好きな, 甘党の; 大食いの. — Es muy ～ y así está de gordo. 彼は甘い物がすごく好きなので太っている. ❷ おいしそうな, 食欲をそるような; 魅力がある, 食指を動かされる. — Un destino en la sucursal de Estados Unidos siempre es ～. アメリカ支社でのポストというのはいつだって魅力的なものだ. 類**apetitoso**.

—— 名 おいしいもの[甘いもの]好きの人.

tener muchos golosos (皆に)望まれている, 欲しがられる. Ese puesto *tiene muchos golosos*. それは誰もが望むポストだ.

golpazo [golpáθo] [< golpe] 男 激しく[強く・大きな音で]打つ[殴る・たたきつける]こと, 強力な一撃; 激しい衝撃. — Abrió la puerta de un ～ y todos se asustaron. 彼が乱暴にドアを開けたので皆はびっくりした.

golpe [gólpe] ゴルペ 男 ❶ 殴打, たたくこと, 一撃; 衝突, 衝撃; 打撲. — dar [asestar] un ～ a ... /descargar un ～ sobre [contra] ... (人)に一撃を加える. recibir un ～ en [sobre] la cabeza 頭をぶつける, 頭にーや○ら. liarse a ～s con ... (人)と殴り合いを始める. Al caer se dio un ～ en la cabeza con [contra] una piedra. 彼は転んだ時, 石に頭をぶつけた. Dio unos ～s en la puerta con los nudillos. 彼はドアをトントンとノックした. El ～ que me di contra la mesa todavía me duele. 私はテーブルにぶつかってできた打ち傷がまだ痛む. 類choque, colisión, porrazo**. ❷《比喩》(a) ショック, (精神的な)打撃, 衝撃, 痛手; 災難. — Juan sufrió un tremendo ～ con la muerte de su amigo. フアンは友人の死でひどいショックを受けた. 類**choque, desgracia**. 反**alegría**. (b) 驚き, 驚嘆. — Tu visita fue un ～ muy agradable. 君の訪問は思いがけなくてもうれしかった. 類**admiración, sorpresa**. ❸ (密かに企まれた強盗などの)襲撃, 奇襲, 急襲(=～ de mano). — Pensaban dar un ～ atracando el banco el día siguiente. 彼らは翌日銀行を襲撃し強盗を働くつもりだった. 類**asalto, atraco, robo**. ❹ (自然現象・動作の)突発; 突然の出来事; (感情などの)激発, 発作. — ～ de calor 猛暑, 熱波. ～ de viento 突風, 一陣の風. ～ de risa ぷっと噴き出すこと. ～ de tos 咳(せき)きこみ. ～ de sangre 脳中の発作. ～ de ariete (蛇口などからの)水の噴出. ～ de sol《医学》日射病(=insolación). ～ de teatro 大向こうをうならせる行ない. — maestro 見事な腕前, 神業. 類**ataque**. ❺ 大勢, 群衆. ❻ (話の機知に富んだ言葉, ウィット, ユーモア; 一番面白い所, やま. — Nos reímos con sus ～s. 私たちは彼の面白い話に大笑いした. 類**agudeza, ocurrencia, salida**. ❼《技術》自動ロック錠(=cerradura de ～). ❽《スポーツ》(a)《ボクシング》パンチ. — ～ de abajo arriba アッパーカット. esquivar un ～ パンチをかわす. (b)《サッカー》キック. — ～ franco [de castigo] フリー[ペナルティー]キック. (c)《テニス, ゴルフ》ショット. — buen ～ ナイスショット. ～ de martillo スマッシュ. tercer ～ 第3打. ～ de acercamiento アプローチショット. (d)《フェンシング》ヒット. — ～ doble ダブルタッチ. (e)《野球》ヒット. (f) (ボート)ストローク. ❾《ゲーム》局面; ひと打ち, 一手. ❿ 心臓の鼓動.

acusar el golpe ショック[痛手, 苦痛]を隠しきれない.

A golpe dado no hay quite. 〖中米〗〖諺〗覆水盆に返らず(←すでに与えられた打撃には身のかわしようがない).

a golpe de ... を使って, ...のお陰で. *a golpe de diccionario* 辞書と首っぴきで. *a golpe de alpargata* [*calcetín*] 徒歩で, 歩いて. *a golpe de vista* ちらっと見ただけで.

a golpes (1) たたいて, 殴って. Le han educado *a golpes*. 彼はぶたれてしつけられた. (2) 力ずくで, 無理に. Se abrió paso *a golpes*. 彼は強引に通り抜けた. (3) 継続的に, とびとびに, 間をおいて. Llueve *a golpes*. 雨が降ったり止んだりしている. trabajar *a golpes* 時々働く. (4) 一かたまりずつ. sembrar *a golpes* 一握りずつ種を蒔(ま)く.

a golpe seguro 確実に, 間違いなく.

al primer golpe de vista 一目見て, ちらっと見ただけで, 第一印象で.

andar a golpes《俗》(1) 〖+con〗(人)と喧嘩ばかりしている. (2) 互いに殴り合う.

arrimar [*asestar*] *un golpe a* ... (人)に一撃を加える, (人)を一発殴る.

¡Buen golpe! よくやった!, お見事!

dar demasiados golpes a ... をくどくど[繰返し]言い続ける.

dar (*el*) *golpe*《俗》驚かせる, 感心させる. Con ese sombrero, *darás el golpe* en la fiesta. その帽子をかぶれば, パーティーで大評判になるよ.

dar golpe a ... を試食する. *dar golpe a la empanada* エンパナーダを食べてみる.

darse un golpe en 〖+体の一部〗*contra* ... (体の一部)を...にぶつける. *darse un golpe contra*

la mesa 机にぶつける.
dar un buen golpe 見事にやってのける.
dar un golpe (1)〖+a〗(人)に一撃を加える, (人)を一発殴る. (2) 強盗をする, 盗みを働く.
dar un golpe en falso 打ち損ねる, 空振りする.
de golpe (1) 突然, 急に. caer *de golpe* (雨や雪などが)急に降り出す. Las ventanas se abrieron *de golpe*. 窓が突然ぱっと開いた. (2) 乱暴に, バタンと.
de golpe y porrazo/de golpe y zumbido《俗》急に, 突然, (考える暇もなく)慌(あわ)ただしく. Paseábamos tranquilamente y *de golpe y porrazo* empezó a llover. 私たちがのんびりと散歩していたら, 突然雨が降り出した. (→*de golpe*).
de un golpe 一気に, いっぺんに, 一度に. Se tomó la cerveza *de un golpe*. 彼はビールを一気に飲み干した.
errar [fallar, marrar] el golpe 失敗する, しくじる.
golpe bajo (1)《ボクシング》ローブロー. dar un *golpe bajo* ローブローを打つ. (2)《比喩》裏切り, 汚い手, 不正なやり方.
golpe de cuartel〖中南米〗(軍部の)反乱, 暴動.
golpe de efecto (演劇, 映画)どんでん返し, 意外な展開; ギャグ. La escena final del primer acto es un *golpe de efecto*. 第1幕のラストシーンは意外な展開である.
golpe de Estado クーデター. Los generales dieron [armaron] un *golpe de Estado* y formaron un nuevo gobierno. 将軍たちはクーデターを起こし, 新政府を樹立した.
golpe de gracia (1) 瀕死の者への)とどめの一撃[一発]. Con su pistola le dio el *golpe de gracia*. 彼はピストルで相手にとどめの一発を放った. (2) (不信・不幸・破滅に導く)決定的な打撃.
golpe de luz《映画》(描かれた他のものの間から洩れてきて)画面の一部を局所的に照らす光.
golpe de mano 急襲, 襲撃, 奇襲.
golpe de mar 高波, 大波.
golpe de pecho (1) (罪を告白しながら後悔・悲しみのしるしとして, 手・こぶしで)胸をたたくこと. Con *golpes de pecho* indicaba el dolor que sentía. 彼は胸をたたいて自分の悲しみを表していた. (2)《比喩》後悔[痛悔]しているふりをすること, 大仰に信心ぶること.
golpe de suerte 思いがけない幸運. a puros *golpes de suerte* 全くの思いがけない幸運で.
golpe de vista 一見する[ちらっと見る]こと, 一瞥(いちべつ). a [al primer] *golpe de vista* 一目見て, ちらっと見ただけで, 第一印象で.
no dar [pegar] (ni) golpe《俗》何もしない, 働かない, 怠け者である. Se pasa el día *sin dar golpe*. 彼は1日中何もしないで過ごす.
parar el golpe (適切な行動で)災難[損害]を避ける.
tener buenos golpes [cada golpe] 機知(ウィット)に富んでいる.
tener un buen golpe《俗》いい考えを思いつく.
golpeadura [golpeaðúra] 囡 =golpeo.
golpear [golpeár ゴルペアル] 他 ❶ (一度またはくり返し)打つ, 叩く, 殴る. —El niño *golpeó* la puerta pidiendo ayuda. 子供は助けを求めてドアを叩いた. El ladrón le *golpeó* fieramente en la cara. 泥棒は残忍にも彼の顔を殴った. La lluvia *golpeaba* los cristales de la ventana. 雨が窓ガラスを叩いていた. ❷ を痛めつける, 苦しめる. —La vida *golpea* al hombre. 人生は人間を痛めつける.
—— 自 打つ, 叩く. —Su risa estridente *golpeaba* en mis oídos. 彼女のかん高い笑い声が私の耳に響いた.
—**se** 再 (自分の体を)打つ, 叩く; 殴り合う. —*Se golpeó* la cabeza al caer. 彼は転んで自分の頭を打った. Cayó de espaldas y *se golpeó* con la nuca en la pared. 彼はあお向けに倒れて, 壁に後頭部を打ちつけた. No *os golpeéis más*. もうこれ以上君たちは殴り合うな.
golpecito [golpeθíto]〖<*golpe*〗男 軽く[小さく]打つ[たたく]こと.
golpeo [golpéo] 男 打つ[たたく・殴る]こと.
golpetazo [golpetáθo] 男 ❶ 激しく[強く・大きく]打つ[殴る・たたく]こと. ❷ 激しい衝突. —Resbaló y se dio un ~ contra la pared. 滑っていって壁にしたたかぶつかった. 類 **choque, golpe**.
golpete [golpéte] 男 ドアや窓を開け放しておくための金具, ドア[窓]ストッパー.
golpetear [golpeteár] 自他 (何度も続けて)たたく[打つ], (軽く)打ち続ける. —La contraventana *golpeteaba* y el niño sintió miedo. 二重窓の内側の戸がバタンバタンと鳴るのでその子は怖がっていた.
golpeteo [golpetéo] 男 (何度も続けて)たたく[打つ]こと, (軽く)打ち続けること. —Se durmió oyendo el ~ del agua en los cristales. 窓をたたく雨の音を聞きながら眠りに落ちていった.
golpismo [golpísmo] 男 クーデター主義.
golpista [golpísta] 形 男女 クーデター主義の; クーデター主義者.
golpiza [golpíθa] 囡〖中南米〗殴打, 強打; 打ちのめすこと, こき下ろすこと, 非難; 敗北, 屈辱. 類 **paliza**
‡**goma** [góma] 囡 ❶ ゴム(ゴムの木の分泌する白い乳状の液). ~ de pegar ゴム糊. ~ arábiga アラビアゴム, ゴム糊. ~ laca セラック(ワニスの原料). ~ adragante トラガカントゴム. ~ espuma [espumosa] フォームラバー. ~ sintética 合成ゴム. papel de ~ ガムテープ. ❷ 弾性ゴム(= ~ elástica); 消しゴム(= ~ de borrar); 輪ゴム, ゴムひも. —neumático [pelota] de ~ ゴムタイヤ[ボール]. ~ de mascar チューインガム(→*chicle*). un fajo de billetes sujeto con una ~ 輪ゴムで留めた札束1個. Lleva zapatos con suela de ~. 彼はゴム底の靴をはいている. ❸《俗》コンドーム, スキン. 類 **condón**. ❹《医学》(特に梅毒第三期の症状での)ゴム腫(しゅ). ❺〖中米, メキシコ〗二日酔い, むかつき. —estar de ~ [tener ~] 二日酔いである. 類 **resaca**.
gomal [gomál] 男〖中南米〗ゴムの木の栽培場, ゴム農園.
Gomera [goméra] 固名 ゴメーラ島(スペイン, カナリア諸島の島).
gomero**, ra** [goméro, ra] 形《植物》ゴムの. —— 男 ❶ ゴムのばちか. ❷《植物》ゴムの木. ❸ ゴムの栽培[製造]者; ゴム農園の労働者.
Gómez de la Serna [gómeθ ðe la sérna] 固名 ゴメス・デ・ラ・セルナ(ラモン Ramón ~)(1888 –1963, スペインの小説家).

gomina [gomína] 女 整髪料, チック, ヘアクリーム.

gomita [gomíta] 女 輪ゴム, ゴムバンド.

gomorresina [gomořesína] 女 ゴム樹脂(樹液・樹脂・ゴムなどの混合物).

gomosidad [gomosiðá(ð)] 女 ゴム状であること, 粘着性.

gomoso, sa [gomóso, sa] 形 ゴム様の, 粘着性の. ── 男 伊達男, 酒落者, めかし込んだ男. 類 **lechuguino, petimetre, pisaverde**.

gónada [gónaða] 女 《解剖》生殖腺, 性腺.

góndola [góndola] 女 ❶ ゴンドラ(イタリアのベニス名物の小舟). ❷ 乗合馬車[バス]. ❸ (ロープウェイの)ゴンドラ; (気球の)吊りかご.

gondolero [gondoléro] 男 ゴンドラを操る[漕ぐ]人, ゴンドラの舟頭.

gonfalón [gomfalón] 男 国旗, 軍旗, 国旗 (= confalón). 類 **bandera, estandarte, pendón**.

gong [góŋ, góŋ] 男 どら(銅鑼); ゴング.

gongo [góŋgo] 男 =gong.

Góngora [góŋgora] 固名 ゴンゴラ(ルイス・デ Luis de ~)(1561-1627, スペインの詩人).

gongorismo [goŋgorísmo] 男 ゴンゴラ (Góngora; 16-17 世紀のスペインバロック期の詩人)風の文体, 誇飾主義(ゴンゴラに始まるスペイン・バロック文学の一派, 新語・倒置・隠喩・神話の引用などを多用した技巧的な文体を特徴とする).

goniometría [gonjometría] 女 角度測定.

goniómetro [gonjómetro] 男 角度計, 側角器(特に結晶の面角測定などに用いるもの).

gonorrea [gonořéa] 女 《医学》(慢性の)淋病.

Gonzalo [gonθálo] 固名 《男性名》ゴンサーロ.

gorda [górða] 女 →gordo.

gordal [gorðál] 形 (普通のものよりも)大きい[太い, 厚い]. ── aceituna ～ 大粒のオリーブ. dedo ～ 親指.

gordiano [gorðjáno] 形 ゴルディウス(フリギア王)の. ── nudo ～ 《比喩》難問; (きっぱりと片付けられた)難題. ♦フリギア王ゴルディウスが戦車の梶棒を軛に結びつけた. その結び目 (nudo) を解くことの出来る者がアジアの支配者となる, という神託があったが, アレクサンダー大王はこれを解くのを不可能と見て剣で切り離してしまった.

gordiflón, flona, gordinflón, flona [gorðiflón, flóna, gorðiɱflón, flóna] 形 ぶくぶく太った, ぶよぶよした; ずんぐりむっくりの; (顔が)丸ぽちゃの.

gordita [gorðíta] 女 《中米》《料理》(普通のものより分厚くて小さい)トルティーリャ.

gordo, da [górðo, ða ゴルド, ダ] 形 ❶ (まるまると)太った, 肥えた, でぶの『ser/estar+』. ── hombre ～ 太った人. vaca gorda 肥えた牛. Estás demasiado ～ y tienes que adelgazar. 君は太りすぎだから, やせなければいけないな. 類 **corpulento, grueso, obeso. 反 **delgado, flaco**. ❷ 脂肪(分)の多い, あぶらっこい. ── leche gorda 脂肪分の多い牛乳. tocino ～ ベーコン. Estas chuletas son muy gordas. このあばら肉は脂身が非常に多い. 類 **graso, mantecoso**. ❸ 大変な, 重要な, 重大な. ── Tenemos un problema ～. 私たちは大変な問題を抱えている. Cometió un error muy ～. 彼は重大な誤りを犯した. En el norte cayó una nevada gorda. 北部では大雪が降った. 類 **grande, grave, importante**. ❹ 太い. ── El hilo es demasiado ～ y no entra por el ojo de aguja. 糸が太すぎるので, 針の穴に通らない. Es ～ de piernas. 彼は足が太い. 反 **fino**. ❺ 分厚い, 厚い. ── Compré un libro muy ～. 私は分厚い本を買った. Este jersey es muy ～ y abriga mucho. このセーターはたっぷりしているので, とても暖かい. 類 **abultado, grueso, voluminoso**. ❻ 大きい, 大きくふくらんだ. ── dedo ～ del pie 足の親指. piedra gorda 大きな石. Tiene la nariz muy gorda. 彼は非常に大きな鼻をしている.

algo gordo 大変なこと, 重大なこと. Temo que pase algo gordo. 何か大変なことが起きないか心配だ.

caer gordo a 《話》(人が)気にくわない, 馬が合わない. No sé por qué pero me *cae gordo*. なぜだか分からないけれど, 彼とは馬が合わない.

hablar gordo 大口をたたく, ほらを吹く.

premio gordo (宝くじの)一等賞, 大当たり.

── 名 太った人.

── 男 ❶ 脂肪, 脂身, 獣脂. ── Quitó el ～ a su bistec. 彼はビフテキから脂身をとった. ❷ (宝くじの)一等賞, 大当たり. ── Le ha tocado el ～. 彼に1等賞が当たった. Se sacó el ～. 彼は大当たりをひいた.

de los gordos [de las gordas] 大変な, 重大な. Es una equivocación *de las gordas*. それは重大な誤りだ.

── 男 (昔の)10 センティモ銅貨.

armarse la [una] gorda 《話》騒ぎ[けんか]が起きる. Llegó su mujer y entonces *se armó la gorda*. 彼の妻が来ると, 大騒ぎが始まった.

estar [quedarse] sin (una) gorda 一銭もない. Estoy sin una gorda. 私には一銭も金がない.

ni gorda 《話》全然…ではない. Sin gafas no veo *ni gorda*. 私は眼鏡がないと全然見えない.

no tener ni [una] gorda 一銭もない. Quiero comprar un televisor nuevo, pero *no tengo ni una gorda*. 新しいテレビを買いたいんだけれど, 一銭も金がない.

gordolobo [gorðolóβo] 男 《植物》モウズイカ, ビロードモウズイカ(ゴマノハグサ科; 花を煎じて結核の治療に用いた).

:**gordura** [gorðúra] 女 ❶ 肥満. ── La demasiada ～ no es buena para la salud. 太り過ぎは健康に良くない. 類 **corpulencia**. 反 **delgadez, flacura**. ❷ 脂肪, 油脂, 脂肉. 類 **grasa**. ❸ 《アルゼンチン, プエルトリコ》クリーム, 乳脂.

gorgojo [gorɣóxo] 男 ❶ 《虫類》ゾウムシ(穀象虫などや象虫科の甲虫の総称, 穀類・野菜などを食べる害虫). ❷ 《比喩, 話》ちび, 小男.

gorgoritear [gorɣoriteár] 自 《話》声を震わせる, 音を細かく揺らして歌う.

gorgorito [gorɣoríto] 男 《主に複》(特に高音で歌うときなどの)声[喉]の震え, 細かい音の上下.

gorgotear [gorɣoteár] 自 ❶ (水などが)ごぼごぼ[じゃぶじゃぶ]音をたてる; (ガスなどが)ぶくぶくいう. ❷ =borbotar, borbotear.

gorgoteo [gorɣotéo] 男 ❶ (液体などの動く)ごぼごぼという音. ❷ 湧き出る[泡立つ]ような音.

gorguera [gorɣéra] 女 ❶ (首に巻く)ひだ飾り, 飾り衿. ❷ (鎧の)喉当て. 類 **gola**.

gori [góri] 男 《話》騒ぎ, 騒動. ── armar el ～ 騒ぎを起こす.

gorigori [goriɣóri] 男《話》❶ 弔いの歌、埋葬のときの歌. ❷《比喩》(人の)ざわめき、がやがやいう声；陰鬱な歌、嘆きの声.

gorila [goríla] 男 ❶《動物》ゴリラ. ❷《比喩》醜い[毛深い・手足の不格好な]男；大柄で強そうな[威圧的な]男；ボディーガード；乱暴者、悪党. 類 **guardaespaldas**.

gorjal [gorxál] 男 ❶ 僧服の襟部分、カラー. ❷ (鎧の)首当て、喉当て. 類 **gorguera**.

gorjear [gorxeár] 自 ❶ (鳥などが)声を震わせる、さえずる. ❷《比喩》(鳥のさえずりのように)声を震わせて笑う[歌う].
—se 再 (幼児が)ぶつぶつしゃべる、喃語で[片言で]しゃべる.

gorjeo [gorxéo] 男 ❶ (鳥が)声を震わすこと、さえずり. ❷ (幼児が)ぶつぶつしゃべること、喃語.

‡**gorra** [góřa] 女 ❶ 庇(ひさし)付き帽子(=~ de visera)、キャップ、野球帽. ~ de plato [military] (上の平らな士官帽、~ de montar 乗馬帽. ~ de escuela [de escolar] 学帽. ~ de marino [de velero] 船員帽. 類 **sombrero, boina**. ~ 縁なし帽、ボンネット(子供用)(=gorro)；《軍事》バズビー、近衛兵帽(毛皮帽). —La abuela regaló a su nietecita una preciosa ~. 祖母は孫娘に素敵な帽子をプレゼントした.
pasar la gorra《俗》(帽子を回して)寄付を募る. 類 **pasar la boina**.
— 男《比喩》いつも他人におごってもらう人、食客、居候. —Tu amigo es un ~: nunca paga. 君の友人はいつも人におごってもらってばかりで、決して払わない. 類 **gorrón, parásito**.
de gorra《俗》ただで、他人の払いで. *comer de gorra* 人のおごりで食べる、ただ飯を食う. *vivir [andar, ir] de gorra* 人にたかって暮らす、居候する. Ayer fuimos a la fiesta *de gorra*. きのう私たちはパーティーに招かれた.

gorrear [gořeár] 自《中南米》人にたかる、おごらせる；他人に頼って生活する、居候する.

gorrera [gořéra] 女 姦婦、堕落した女.

gorrería [gořería] 女 帽子屋；帽子工場.

gorrero, ra [gořéro, ra] 名 ❶ 帽子職人；帽子屋、帽子売り. ❷ たかり屋、居候；がめつい[抜け目ない]人. 類 **gorrón**.

gorrinada [gořináða] 女 豚のような行為・行動；汚らしいこと、卑劣なやり方. 類 **guarrada, porquería, suciedad**.

gorrinera [gořinéra] 女 豚小屋；汚い場所. 類 **pocilga**.

gorrinería [gořinería] 女 =gorrinada.

gorrino, na [goříno, na] 名 ❶ 豚、(特に4か月までの)仔豚. 類 **cerdo, cochino, puerco**. ❷《比喩》汚らしい奴.

‡**gorrión, rriona** [goříón, řóna] [[女複 gorriones]]名《鳥類》スズメ(雀).

gorriona [goříóna] 女 →gorrión.

gorrista [goříta] 形 人にたかる、人を頼って(当てにして)いる；居候の. — 男女 たかり屋；居候. 類 **gorrón, gorrera**.

gorro [góřo] 男 ❶ 帽子(特に庇(ひさし)のないもの)、キャップ、登山帽、深くかぶる帽子. ~ de baño 水泳帽；シャワーキャップ. ~ de dormir ナイトキャップ. ~ catalán カタルーニャ帽. ~ frigio フリギア帽. ❷ (乳幼児の)帽子、ボンネット. —La niña se puso el ~ de lana que le había regalado su abuelo y salió. 少女はおじいさんに買ってもらった毛糸の帽子をかぶって出かけた. ❸ (一般に、細長いものの先端などにかぶせる)帽子、カバー、キャップ.
estar hasta el gorro de … …に飽きた、疲れた、嫌気がさした. Ya *estoy hasta el gorro de* tus quejas. 君の愚痴はもう聞き飽きたよ.
poner el gorro [+a] (目の前で男女がふざけ合って見せるなど)人を赤面させる；馬鹿のような役をさせる.

gorrón[1] [gořón] 男 ❶《機械》回転軸、軸頭、ピボット. 類 **pivote**. ❷ (丸い)小石、石ころ、砂利.

gorrón[2], **rrona** [gořón, řóna] 形 人にたかる、他人を当てにする；居候の. —Es un tío ~ que siempre fuma a costa de los demás. あいつはタバコを人におごってもらってばかりいる.
— 名 たかり屋；居候. —¡No estaría mal que me invitaras tú alguna vez, ~! たまにはおごってくれてもいいじゃないか、自分ばかりたかりやがって. 類 **gorrero, gorrista**.

gorrona[2] [gořóna] 女 売春婦.

gorronear [gořoneár] 自 人にたかる、おごらせる、他人を当てにする；居候する. —Siempre anda *gorroneando* cigarrillos a los amigos. いつもタバコは仲間にもらってばかりいる. 類 **gorrear**.

gorronería [gořonería] 女 人にたかること、おごらせること；居候暮らし.

‡**gota** [góta] 女 ❶ (雨・汗・涙などの)滴、一滴、水滴. —~s de lluvia 雨の滴. ~s de rocío 露の玉. Este grifo no cierra bien y se escapan ~s de agua. この蛇口はしまりが悪いので水がぽたぽた漏れている. Grandes ~s de lágrimas le caían por la mejilla. 大粒の涙が彼の頬をつたっていた. Caían algunas ~s cuando salieron de casa. 彼らが出かける時、ぽつぽつ降って来た. A José se le cayó una ~ de tinta en el cuaderno. ホセのノートにインクが1滴落ちた. Ponme unas ~s de coñac en el té. 紅茶にブランデーを2, 3滴たらしてよ. ❷ (液体の)ほんの少量、微量. —No bebo ni una ~ de alcohol. 私は酒を一滴も飲まない. Sólo bebí una ~ de vino. 私はワインをほんの少ししか飲まなかった. 類 **miaja, pizca**. ❸《通例否定文で》(…が)少し(も…ない). —No tienes ni una ~ de sentido común. 君には少しも常識というものがない. 類 **insignificancia, pizca**. ❹《医学》点滴；滴剤、点眼薬. —El médico le ha recetado unas ~s para el hígado. 医者は彼の肝臓用に滴剤を処方した. ❺《医学》(a) 痛風(=podagra). —tener [padecer, sufrir de] ~ 痛風になる. (b) *~ caduca* [coral] 癲癇(てんかん)(=epilepsia). ~ militar 慢性淋病(りんびょう). ~ serena 黒内障、黒そこひ(=maurosis).
cuatro gotas ぱらぱら程度の小雨. Sólo han caído *cuatro gotas*. 小雨がほんのりぱらついただけだ.
gota a gota (1) 一滴ずつ、ぽたぽたと. caer *gota a gota* 滴る. El grifo soltaba el agua *gota a gota*. 蛇口から水がぽたぽたっと落ちていた. (2) 少しずつ、ゆっくり. Mis padres me dan el dinero *gota a gota*. 私の両親は私にお金を少しずつくれる. Fueron entrando en la sala *gota a gota*. 彼らはゆっくり広間に入っていった. (3) 点滴で. transfusión *gota a gota*. 点滴. Le pusieron *gota*

a gota toda la noche. 彼は1晩中点滴を受けた.
La última gota hace rebasar la copa. それで堪忍袋の緒が切れる.

ni (una) gota 少しも[一滴も, 何も]…ない. *No queda ni gota de* aceite en casa. 家には油が少しもない. *No tiene ni gota de* sentido del humor. 彼にはユーモアを解する心が少しもない.

no quedarLE ni … (una) gota de sangre en las venas [en el cuerpo] (人)は血の気がひく, 血の凍る思いをする, 肝をつぶす.

no ver (ni) gota 何も見えない. *Estaba tan oscuro que no se veía ni gota*. とても暗くて何も見えなかった.

parecerse como dos gotas de agua 非常によく似ている, 瓜二つである.

ser la última gota/ser la gota que colma el vaso (我慢・苦しみも)これが限界である, 堪忍袋の緒を切らせる.

sudar la gota gorda [tan gorda (como el puño)] 《俗》血のにじむような努力をする, 汗水たらして頑張る.

goteado, da [goteáðo, ða] 〖過分〗 形 斑点のある, まだらの; しみのある.

gotear [goteár] 自 ❶ (水などが)滴る, ぽたぽた垂れる, 漏れる. —*El grifo no cierra bien y gotea.* 蛇口の締まりが悪くて水がぽたぽた垂れる. ❷ (雨が)ぽつりぽつりと降る. —Cuando bajaron del tren empezó a ~. 電車から降りてみると雨がぽつぽつ降り出していた. ❸ 《比喩》少しずつ間隔を空けて(中断しながら)現れる[得る, 与える, などする].

goteo [gotéo] 男 ぽたりぽたりと垂れること, 滴ること. —*El ~ de la lámpara había formado un pequeño charco de aceite.* ランプの油がたれて小さな水たまり状になっていた. ❷ 《比喩》少しずつゆっくりと行なわれること(特に金遣いなど). —*riego a ~* 少量ずつの散水.

gotera [gotéra] 女 ❶ 雨漏り; (壁などに)雨水が浸みること. ❷ 雨の漏る穴, 隙間; 水が浸みてくる割れ目, ひび. ❸ (壁などに水が浸みて出来る)しみ. ❹ 〖主に圏〗(老人の)持病, 慢性の老人病. ❺ 樹木の病気の一種. ❻ (ベッドの天蓋などにつける)縁飾り.

gotero [gotéro] 男 ❶ 点滴器. 類 gota a gota. ❷ 《中南米》スポイト (=cuentagotas).

goterón [goterón] [<gotera] 男 ❶ 大粒の雨. ❷ 《建築》コーニス(軒蛇腹)の内側に, 雨水が下端へ流れないために作る樋. ❸ 《建築》円錐台形の刳形・装飾.

gótica [gótika] 女 →gótico.

:**gótico, ca** [gótiko, ka] 形 ❶ 《建築, 芸術》ゴシック式の, ゴシック風の. —*catedral gótica* ゴシック式の大聖堂. *El arco ojival y la bóveda de crucería son elementos ~s.* 尖塔アーチと交叉リブ型丸天井がゴシック様式の基本要素である. ❷ ゴート人[語]の, ゴート風の. —*lengua gótica* ゴート語. *El pueblo ~ procedía del norte de Europa.* ゴート民族は北ヨーロッパから来た. 類 **godo.** ❸ 《印刷》ゴシック体の. —*letra gótica* ゴート文字. *escritura gótica* ゴシック書体.

— 男 ❶ 《建築, 芸術》ゴシック様式. — *flamígero* フランボワイヤン様式, 火炎式ゴシック様式. *Es un edificio del ~ tardío(florido).* それは後期ゴシック様式の建物である. ❷ ゴート語. —*El ~ era una lengua germánica.* ゴート語はゲルマン語の一つであった. 類 **godo.**

— 女 ゴシック書体.

gotita [gotíta] [<gota] 女 小さな雫(しずく), ほんの1たらし.

gotoso, sa [gotóso, sa] 形 痛風病みの.
— 男 痛風病みの人.

Goya [gója] 固名 ゴヤ(フランシスコ・デ Francisco de ~)(1746-1828, スペインの画家).

goyesco, ca [gojésko, ka] 形 ゴヤ(Goya)の, ゴヤ風の.

*gozar [goθár ゴサル] [1.3] 自 ❶ 〖+de を〗楽しむ, 享受する, (…に)恵まれる. —*Ricardo gozó de su vida universitaria.* リカルドは大学生活を楽しんだ. *El anciano goza de una excelente salud.* 老人はすばらしい健康に恵まれている. *Goza de una merecida fama.* 彼は当然の名声を得ている. 類 **disfrutar.** ❷ 喜ぶ, 嬉しがる, 楽しそうである. —*Goza mucho viendo la televisión.* 彼はテレビを見て大いに楽しんでいる.

— 他 ❶ を楽しむ, 享受する. —*gozamos un clima agradable.* 当地は快適な気候を享受できる. *Tenemos que gozar la vida.* 私たちは人生を楽しまなければならない. ❷ …と性的関係を持つ.

—**se** 再 〖+en を〗楽しむ. —*Se goza en el mal ajeno.* 彼は他人の不幸を見て喜んでいる.

gozarla 《話》楽しく過ごす, 盛り上がる. *La gozaron anoche en el guateque.* 彼らは昨夜ホームパーティーで盛り上がった.

gozne [góθne] 男 ❶ 蝶番(ちょうつがい). ❷ (二枚貝の)貝殻どうしをつなぐ蝶番. 類 **bisagra, charnela, pernio.**

:**gozo** [góθo] 男 ❶ 喜び, うれしさ, 楽しさ. —*motivo de ~* 喜びの種, 楽しむ(の種). *saltar de ~* 跳び上がって喜ぶ. *el ~ de ver felices a los hijos* 子供たちの幸せを見る喜び. *con ~* うれし[楽し]そうに. *Cuando el príncipe se casó, todo el pueblo sintió un gran ~.* 皇太子が結婚した時, 町中がとても喜んだ. *El jardín lleno de flores era un ~ para la vista.* 一杯の花の庭園は目の保養になった. 類 **alegría, contento, placer.** 反 **desagrado, disgusto.** ❷ 複 (聖母マリア・聖人に捧げる)頌歌(しょうか), 賛歌. ❸ 炎. 類 **llamarada.**

dar gozo …は喜ばしい[うれしい・楽しい]ことである (=ser un gozo). *Daba gozo ver aquella puesta de sol.* あの日の入りを見るのは嬉しかった. *Da gozo escucharle.* 彼の話を聞くのは楽しい.

Su gozo en un pozo./El gozo en el pozo. 《俗》(期待を裏切られた時)ああがっかり. 駄目か.

no caber (en sí) de gozo 非常にうれしい, この上なく満足である. *Cuando le dijeron que había aprobado no cabía en sí de gozo.* 合格したと言われた時, 彼は非常にうれしかった.

ser un gozo 〖+不定詞〗《俗》…することは喜ばしい[うれしい・楽しい]ことである (=dar gozo). *Es un gozo ver crecer a los hijos.* 子供たちの成長ぶりを見るのは嬉しいことである.

*gozoso, sa [goθóso, sa] 形 ❶ 〖+con/de/por〗を喜んでいる, うれしがっている; うれしそうな 〖estar+〗. —*Estoy ~ con la noticia de tu boda.* 私は君の結婚の知らせに喜んでいる. *Estaba ~ por el nacimiento de su nieto.* 彼は孫の誕生を喜んでいた. 類 **alegre, contento, dichoso.** 反 **desdichado, desgraciado.** ❷ (物事が)喜ばし

い、うれしい、楽しい〖ser＋〗. —Fue una reunión familiar *gozosa*. それは楽しい家族の集まりだった. Todos deseábamos que se produjera el encuentro. 私達皆が楽しい出会いが起きることを望んでいた.

gozque [góθke] 男 キャンキャン鳴く小型の犬.

grabación [graβaθjón] 女 (テープなどに)吹込むこと, 録音, レコーディング(したもの). —La ~ se hará en disco compacto. 録音は CD でやります. La última ~ del conjunto no ha tenido mucho éxito. そのバンドの一番最近のアルバムは余り売れていない. 類**disco**.

grabado [graβáðo] 男 ❶ 彫る(刻みつける)こと; 彫刻, 彫版(術); 版画. —— al agua fuerte エッチング. ~ en cobre 銅版刷り. ~ en fondo [en hueco] (メダルなどを作るための)沈み彫り, 〔鋳型に彫る〕凹刻. ~ en madera 木版画. ❷ (本の挿し絵; 版画.) ❸ 録音.

grabador, dora [graβaðór, ðóra] 形 ❶ 彫る, 刻む; 版画の. —industrias [planchas] *grabadoras* 彫版工房[彫版板]. ❷ 録音の. —instrumento ~ 録音機材. 男女 版画家.

grabadora [graβaðóra] 女 カセットテープレコーダー. 類**magnetófono**.

grabadura [graβaðúra] 女 =grabado.

grabar [graβár] 他 ❶ を彫る, 刻みつける. —*Han grabado* su nombre en la lápida. 墓石に彼の名が刻まれた. ~ al agua fuerte エッチングする. Las ilustraciones del libro se terminaron de ~ ayer. その本の挿画の彫版は昨日完成した. ❷ (テープなどに)録音する, 吹き込む. —*Han grabado* el último disco compacto en Nueva York. 彼らはニューヨークで最新の CD を録音した. Es un disco del concierto *grabado* en directo. これはコンサートのライブ録音の CD だ. ❸ 心に刻む, 覚えておく. —~ en la memoria 記憶にとどめる. Las últimas palabras del padre las *grabó* en el corazón. 彼は父の最後の言葉を心に刻みつけた.

——**se** 再 心に残る, 胸に焼き付く. —Aquel triste suceso *se grabó* para siempre en su memoria. あの痛ましい事件は彼の記憶から決して消えることはなかった.

gracejo [graθéxo] 男 ユーモア, 機知, ウィット, (話すとき・書くときに)気が利いていること, 冴え. 類**donaire, gracia**.

✝**gracia** [gráθja] 女 ❶ 好意, 親切. —Me han hecho la ~ de dejarme viajar en clase preferente. 親切にもビジネスクラスに乗せてくれた. ❷ 〖皮肉〗迷惑〔厄介〕なこと. —Es una ~ que tengamos que esperar otro vuelo. 別の便を待たなければならないなんて面倒だ. ❸ 寵愛, 厚情; 庇護; 恩典. —conceder [otorgar] ~ (a＋人) (人)に恩典を与える. El pintor contaba con la ~ del rey. その画家は王の寵愛を受けていた. 類**favor, simpatía**. ❹ 〖宗教〗(神の)恩寵, 恩恵. —rey por la ~ de Dios 神の恩恵による国王. La ~ es indispensable para salvarse. 救済されるためには神の恩恵が不可欠です. Murió en ~ de Dios. 彼は神に召されてなくなった. ❺ 恩赦, 特赦. —derecho de ~ 恩赦権. 類**indulto, perdón**. ❻ (商業) 支払い猶予. —período de ~ 支払い猶予期間. ❼ (肉体美では

ない)魅力. —Aunque no es muy guapo, tiene mucha ~ cuando baila. 彼はそれほどハンサムではないが, 踊るととても魅力的だ. 類**encanto, simpatía**. ❽ 優雅さ, 趣味のよさ, 洗練. —Laura viste con mucha ~. ラウラは着こなしのセンスがとてもいい. ❾ 手腕, 才能. —No *tengo* ~ para pintar. 私は絵の才能がない. Hace su trabajo con ~. 彼はとても上手に仕事をする. ❿ 面白さ, ウィット. —tener mucha ~ とても面白い. No le veo ninguna ~ al chiste que has contado. 君の笑い話はちっとも面白くない. 類**agudeza, ocurrencia**. ⓫ 冗談, ジョーク. —decir una ~ 冗談を言う. No paró de decir ~s en todo el día. 彼は一日中冗談ばかり言っていた. ⓬ (気取った言い方)お名前. —¿Me podría decir su ~, señorita? お名前をよろしいですか, お嬢さん. ⓭ 複 —las Tres G~s (ギリシャ神話) 三美神. ⓮ 感謝. —muchas [Mil/Un millón de] ~s. どうもありがとう. G~s por invitarme. ご招待どうもありがとう. ¿Le apetece una cerveza?–No, ~. ビールを飲みたいですか？-いいえ, けっこうです. ¡G~s!–De nada. ありがとう.-どういたしまして.

acción de gracias → acción.

caer en gracia a ... (人)の気に入る. Parece que al profesor le *he caído en gracia*. 私は先生に気に入られたみたい.

dar (las) gracias (por ...) (何か)に対してお礼を言う, 感謝する. Le *doy las gracias por* su colaboración. ご協力に感謝致します.

de gracia 無償で, 無料で.

en gracia a ... …を考慮して. Me envió un regalo *en gracia a* la ayuda que le había prestado. 彼を助けたお礼に, プレゼントを送ってよこした.

gracias a ... …のおかげで.

gracias a Dios [*a Dios gracias*] おかげ様で.

hacer gracia (1) 面白いと思う. Me *hace gracia* su forma de hablar. 彼の話し方は面白い. (2) 楽しみである. Me *hace* mucha *gracia* ir a Perú. 私はペルーに行くのがとても楽しみだ. (3) 気に入る. Le *ha hecho gracia* la actriz de esta película. 彼はこの映画の女優が気に入った.

Maldita la gracia que hace [hizo] a 〖＋人〗〖話〗…は最悪だ(不快, 不満を示す). *Maldita la gracia que me hace* tener que salir a estas horas. こんな時間に出かけなければならないなんて最悪だよ.

no estar de gracia [*para gracias*] 機嫌が悪い.

no hacer gracia (1) 嫌である. *No me hizo* ninguna *gracia* tener que viajar con él. 彼と旅行しなければならないなんてうんざりだった. (2) おかしい.

no tener gracia (…が)面白くない, 不快である.

¡Qué gracia! (1) おや, まあ！(喜び・驚きを示す). *¡Qué gracia* que viajemos en el mismo avión! 同じ飛行機に乗り合わせるなんて驚きです. (2) 何だ(不快さ・憤慨を示す) *¡Qué gracia!* Apareces justamente cuando hemos terminado el trabajo. こいつは恐れ入った. 丁度仕事を終えた時に君が現れるなんて.

reírle la(s) gracia(s) a ... (人)にごまをする, へつらう.

tener gracia (1) 納得できない. *Tiene gracia que se te olvide* su número de teléfono cuando más lo necesitas. 一番必要なときに電話番号を忘れてしまうなんてどうかしてるよ. (2) 馬鹿げてる, ふざけてる. *Tiene gracia* que, encima, me eches la culpa. その上僕のせいになるなんて冗談じゃない. (3) →*gracia* の⑩.

¡Vaya [una] gracia! (1) ちくしょう(怒り・不快さを示す). *¡Vaya gracia!* He perdido la tarjeta de crédito. 何てこった. クレジットカードをなくしてしまった. (2) どうってことない(軽蔑を示す).

... y [de las] gracias …で十分すぎる. *¡Cien euros! Le pago setenta y gracias.* 100 ユーロだって! 70 ユーロ払いますよ. それで十分でしょう.

graciable [graθjáβle] 形 ❶ 親切な, 優しい. ❷ 優雅な, 上品な; 愛嬌のある. ❸ 好意により与えられる, 無償で得られる.

Gracián [graθján] 固名 グラシアン(バルタサール Baltasar 〜)(1601-58, スペインの小説家).

gracias [gráθjas] 女 複 [間投詞的に] ありがとう.

Graciela [graθjéla] 固名 《女性名》グラシエーラ.

grácil [gráθil] 形 ほっそりした, すらりとした; 華奢な, デリケートな. —Paseaba con una chica morena y de 〜 cintura. 黒髪で腰の細い女の子と連れ立って散歩していた. 類 **delicado, menudo, sutil**.

graciosamente [graθjósaménte] 副 ❶ 優美に, あでやかに. ❷ 親切に, 好意で; 無償で. ❸ 面白く, 愛嬌たっぷりに.

graciosidad [graθjosiðá(ð)] 女 ❶ 優雅さ, あでやかさ; 上品さ. ❷ 親切, 好意. ❸ 愛嬌のあること, ウィットに富んでいること.

:gracioso, sa [graθjóso, sa] 形 ❶ おかしな, 面白い, こっけいな《ser/estar+》. —¡Qué chiste tan 〜! なんておかしい冗談だろう. Es un chico muy 〜 y ocurrente. 彼は非常にひょうきんで機知に富んだ子だ. Es 〜 que estudiando en la misma universidad no nos hayamos encontrado antes. 同じ大学で学んでいながら前に出会わなかったというのは面白い. La ñina estuvo muy *graciosa* recitando la poesía. その女の子は詩を暗唱してとても気がきいている. 類 **cómico, divertido, ocurrente**. 反 **aburrido, soso**. ❷ 愛想のよい, 愛嬌のある, 魅力的な. —La chica tiene una sonrisa muy *graciosa*. その女の子はとても愛想のいいほほえみをしている. 類 **agradable, atractivo, simpático**. ❸ 親切な, 好意的な, ありがたい. —La *graciosa* contribución de esta empresa hizo posible que se construyera la guardería. この企業の好意的な寄付によって保育園を建設することが可能となった. ❹ (皮肉で)無愛想な, 迷惑な, ありがたい. —Cuando está 〜 no lo soporto. 彼が無愛想なときは耐えられない. 類 **molesto, pesado**. ❺ 無料の, 無償の, ただの. —Me dejó su casa de campo durante un año a título 〜. 彼は私に別荘を 1 年間無料で貸してくれた. 類 **gratuito**.

Su Graciosa Majestad (英国の)国王[女王]陛下.

—— 名 ❶ 道化役. —En la comedia clásica el 〜 solía ser un criado. 古典劇では道化役が召使であるのが常だった. 類 **bufón, cómico**. ❷ 喜劇役者[俳優]. —Es la *graciosa* por excelencia del cine norteamericano. 彼女はアメリカ映画の優れた喜劇女優である. ❸ ひょうきん者, いた

ら者. —Es el 〜 en todas las reuniones. 彼はあらゆる会合でひょうきん者である.

grada [gráða] 女 ❶ (祭壇や王座の前の)階段. ❷ (劇場・競技場などの)階段席, 雛(ǎな)壇, スタンド; (席の)時. ❸ 【教】; 集合的に〕(大きい建物の入口などにある)階段. ❹ (修道院の面会室などの)格子窓. ❺ 【海事】造船台, 船架(船の修理・造船のため海岸や川岸に設ける傾斜した石台). ❻ 《農業》砕土機, ハロー(鋤(ǎ)り起こした土塊を砕いて耕地をならす機械).

gradación [graðaθjón] 女 ❶ 段階的な配列, 程度の順に並んだ一続きのもの; (色調などの)漸次的変化, グラデーション. ❷ 《音楽》徐々に音調を上げて効果を出す演奏のしかた, 徐々に上っていく和声のまとまり. ❸ 《修辞》漸層法(語句を連続して重ねていくことにより意味を徐々に強めていく表現方法).

gradar [graðár] 他 《農業》(鋤(ǎ)り起こした土地を)砕土機で砕く.

gradería [graðería] 女 [集合的に](祭壇の前などの)階段; (劇場などの)階段席, スタンド, 観客席.

graderío [graðerío] 男 ❶ = gradería (特に闘牛場, スタジアムなどの観客席). ❷ (闘技場, スタジアムなどの席を埋める)観客, 観衆. —El 〜 prorrumpió en un atronador aplauso. 観衆の間に怒濤のような大喝采がわき起こった.

gradiente [graðjénte] 男 傾度(気圧などの変化の割合).

gradilla [graðíja] 女 ❶ (持ち運び可能な小型の)梯子(ë). ❷ れんがを作るのに用いる鋳型の一種.

:grado[1] [gráðo] 男 ❶ 段階, 程度, 度合; レベル, 位. —diferentes 〜s de la evolución de una especie 種(ǎ)の進化の様々な段階. 〜 de invalidez 障害の程度. En cierto 〜 tiene razón. 彼の言うことはある程度正しい. No sé qué 〜 de amistad hay entre ellos. 彼らがどの程度親しいのか私には分からない. Los alumnos se han dividido según su 〜 de capacidad. 生徒たちは能力の程度に従ってグループ分けされた. 類 **estado, fase, nivel**. ❷ (温度・角度・強度・濃度などの)度. —a treinta 〜s de latitud norte 北緯 30 度に. 〜 de libertad 《物理, 化学》自由度. vino de once 〜s アルコール 11 度のワイン. dar un giro de 180 〜s 180 度回転する. Hoy estamos a treinta 〜s a la sombra. 今日は日陰でも 30 度ある. Hoy la temperatura máxima ha llegado a los 38 〜s. 今日の最高気温は 30 度になった. Un ángulo recto tiene 90 〜s. 直角は 90 度である. Ayer hubo un terremoto de seis 〜s de intensidad en la escala Richter. 昨日マグニチュード 6 の地震があった. 〜 absoluto [Kelvin] 絶対温度(〜°K). 〜 centígrado [Celsius] セ[摂]氏度(〜°C). 〜 Fahrenheit カ[華]氏度(〜°F). 〜 Réaumur レ[烈]氏度. ❸ 学年, 年次. —Mi hijo está en el primer 〜 de la Primaria. 私の息子は小学 1 年生です. 類 **curso**. ❹ (学士・修士・博士などの)学位; 高校卒業資格. —Obtuvo el 〜 de doctor en filosofía. 彼は哲学博士の学位を取った. 〜 de licenciado 学士[修士]号. tener el 〜 (de bachiller) 高卒の資格(=bachillerato)を持っている. 類 **diploma, título**. ❺ 《軍事》階級, 位. —〜 militar 軍隊の階級. Tiene le de capitán del ejército del Aire. 彼は空軍大尉の位を持っている. 類**empleo, graduación**. ❻ (血縁の)親等. —parientes de [en] segundo ~ 二親等. parientes en primer ~ 一親等. primas en tercer ~. 又いとこ. Son primas en tercer ~. 彼女たちは又いとこの子同士である. ❼ (様々な分野の)等級;《法律》(裁判所の)審級. —homicidio de primer ~ 等一級殺人罪. conmutar la pena en un ~ 刑一等を減刑する. quemaduras de tercer ~《医学》第3度の火傷[熱傷]. en ~ de apelación [de revisión] 控訴審[再審]で(→「第一審, 第二審」es primera instancia, segunda instancia). ❽《文法》(形容詞・副詞の)級(= ~ de significación). —~ positivo [comparativo, superlativo] 原[比較, 最上]級. ❾ 閣《カトリック》(聖職者の)下級聖品, 下級四段(剃髪tonsura 後に与えられる品級). ❿ (階段の)段(= escalón, peldaño). ⓫《数学》(方程式の)次数, 次. —ecuación de segundo ~ 2次方程式.

de grado en grado 徐々に, 次第に, だんだんと. El odio que me tenía aumentaba *de grado en grado*. 彼が私に抱いていた憎悪の念は少しずつのっていった.

en alto grado 非常に, 大いに. Las drogas son consumidas *en alto grado* por la juventud. 麻薬が若者にたくさん飲まれている.

en mayor o menor grado (程度の差はあれ)多少とも.

en sumo [último, el más alto] grado/en grado sumo [superlativo] 最高に, 極度に, 極めて, 大変.

en tal grado 非常に(=tanto). Llovió *en tal grado* que el río se desbordó. 雨がたくさん降ったので川は氾濫(はんらん)した.

por grados 徐々に, 段階を追って, 次第に.

***grado**² [gráðo] 男 喜び, 意欲, やる気(以下の慣用句でのみ用いる).

a mal de su grado → mal de su grado.

de buen grado/de grado 喜んで, 進んで, 快く. Accedió *de buen grado* a dejarnos su coche. 彼は自分の車を我々に貸すことに喜んで同意した.

de buen grado o mal grado/de grado o por fuerza いや応なしに, 有無を言わさずに.

de mal grado いやいや, しぶしぶ. Siempre estudia *de mal grado*. 彼はいつもいやいや勉強をする.

de su grado 進んで, 自分の意志で.

mal de su grado いやいやながら, 不本意に.

ser de su grado (人)にとってうれしいことである. Es de mi grado comunicártelo. 君にそれを伝えることは私にとってうれしいことだ.

sin grado → de mal grado.

gradú- [graðú-] 動 graduar の直・現在, 接・現在, 命令・2単.

graduable [graðuáβle] 形 調節[加減]出来る, 調整可能な. —persiana ~ ベネチアン・ブラインド(紐で上げ下げや採光調節の出来る巻き上げ式のブラインド).

graduación [graðuaθjón] 女 ❶ 調節, 加減, 徐々に増す[減らす]こと. ❷ 測定; 段階分け. —~ de la vista 視力検査. ❸ 卒業, 学位取得. —El alcalde presidió la ceremonia de ~. 市長がその学位授与式を執り行なった. ❹ (酒類に含まれる)アルコールの度数. —Este es un vino de baja ~. これはアルコール度数の低いワインです. ❺《軍事》軍人の階級, 等級.

graduada [graðuáða] 女 → graduado.

***graduado, da** [graðuáðo, ða] 過分〔< graduarse〕形 ❶ 卒業した, 卒業生[者]の. —Los alumnos ~s celebraron una fiesta. 卒業生たちはパーティーを催した. 類**titulado**. ❷ (計器などに)目盛の付いた. —vaso ~ 計量カップ. termómetro ~ 目盛付き温度計. ❸ 度のある. —Lleva gafas de sol no *graduadas*. 彼は度の付いていないサングラスをかけている. ❹ 段階別にした.

—— 名 卒業生, 卒業者. —Es *graduada* en la Universidad de Granada. 彼女はグラナダ大学の卒業生だ.

graduado escolar 初等教育修了資格. Para poder cursar el bachillerato es necesario tener el *graduado escolar*. 中等教育を履修するためには初等教育終了資格を持つことが必要だ.

gradual [graðuál] 形 段階的な, 漸次的な, だんだん[徐々]に変化する; ゆっくりした. —una subida ~ de temperatura じわじわと気温が上がること. El enfermo experimenta una mejora ~. その病人は少しずつ回復している. Deberá acostumbrarse a la nueva vida de forma ~. 新生活にだんだん慣れていかなくてはならない.

—— 男 昇階唱(ミサで使徒書簡と福音書との間に歌われる曲).

***graduando, da** [graðuándo, ða] 名 卒業予定者.

—— 形 卒業予定の.

‡**graduar** [graðuár] [1.6] 他 ❶ を調節する, 調整する, 加減する. —~ el aire acondicionado [la calefacción] エアコン[暖房]を調節する. ❷ (度数などを)測定する, 計る. —Voy al oculista para que me *gradúe* la vista. 私は視力を測定してもらうため目医者に行く. —~ el vino ワインのアルコール度を測る. ❸ …に目盛りをつける; を階級[等級]分けする. —~ el termómetro 温度計に目盛りをつける. ❹ を漸増[漸減]させる. —~ el interés de una obra dramática ある曲劇への関心が増して行く. ❺〔+de (学位・階級を)〕…に与える, 授与する; を卒業させる. —*Graduaron* a García de capitán. ガルシーアを大尉に昇進した. La escuela *ha graduado* a setenta alumnos en este curso. 今年度その学校から 70 名の生徒が卒業した.

——**se** 再 ❶〔+de/por/en を〕卒業する. —Se *graduó de* [en] la Universidad de Murcia en Filosofía y Letras. 彼はムルシア大学文学部を卒業した. ❷〔+en〕(…の分野で)学位を得る;〔+de〕(…の階級に)任命される. —Se *graduó en* Letras. 彼は文学士号を得た. *Se graduó de* sargento. 彼は軍曹に任命された.

graffitero, ra [grafitéro, ra] 名 壁画家.

grafía [grafía] 女 (言語音を表わす記号としての)文字; 綴り, 綴り方. —Ese pueblo carecía de ~. その民族は文字を持っていなかった.

gráfica [gráfika] 女 → gráfico.

***gráficamente** [gráfikaménte] 副 ❶ グラフ[図表, 図解]によって. —El cuadro siguiente muestra ~ el último balance de pagos internacionales. 次の図は最近の国際収支をグラフで示している. ❷ 絵を見るように, 生き生きと, 明解に. —Lo ha expuesto muy ~. 彼はそれを非常

にわかりやすく説明した. ❸ 文字[書記]上で. —Estas palabras inglesas son 〜 idénticas, pero fonéticamente distintas. これらの英語の単語は文字上では同じだが, 音声的には相違する.

gráfico, ca [gráfiko, ka] 形 ❶ **写真[絵画, 印刷]の**, グラフィックの. —artes gráficas グラフィック・アート, 視覚芸術(書・画・写真・印刷など). reportero 〜 写真ジャーナリスト. Estudia diseño 〜. 彼はグラフィック・デザインを勉強している. ❷ (描写などが)生き生きとした, 絵を見るような, 明快な. —Nos describió lo sucedido de una forma muy gráfica. 彼は非常に生き生きと出来事を私たちに描写してくれた. Con una gráfica frase lo dejó todo claro. 生々しい言葉で彼は全てを明らかにした. 類 claro, expresivo, vivo. ❸ 図表で表した, 図解の, グラフの. —representación[explicación] gráfica 図解. 類 ilustrativo. ❹ 書記の, 文字の, 書写の. —sistema 〜 文字[書記]体系.

— 男 ❶ 図形, 図解, 図. —Me serví de un 〜 para llegar a la biblioteca. 私は図書館へ行くのに案内図を利用した. 類 dibujo, esquema, plano. ❷ グラフ, 図表;《情報》チャート. —En este 〜 he ordenado los datos numéricos en columnas. このグラフに私は数値を棒で示した. 〜s de computadora コンピュータ・グラフィックス. 〜s ráster ラスター・グラフィックス.

— 女 ❶ グラフ, 図表. —gráfica de tarta 円グラフ. gráfica de barras 棒グラフ. Esta es la gráfica de la temperatura del paciente. これは患者の体温グラフだ. Las gráficas muestran el aumento del paro en los últimos diez años. グラフは最近10年間の失業率の増加を示している. 類 curva, diagrama. ❷《美術》グラフィックアート;印刷美術.

gráfila, grafila [gráfila, grafila] 女 貨幣の両面にある縁模様.

grafismo [grafismo] 男 ❶ グラフィックデザイン. —El 〜 de este libro no invita a leerlo. この本のデザインは余り読む気をそそるものではない. 類 diseño, gráfico. ❷ (線画の)描き方, 筆使い. ❸ (各個人の書く)字, 字の書き方, 書きグセ.

grafista [grafista] 男女 グラフィックデザイナー.

grafito [grafito] 男 黒鉛, 石墨(炭素の同素体の1つ).

grafología [grafoloxía] 女 筆跡学, 筆相学(筆跡から人の性格などを読み取る学問).

grafólogo, ga [grafóloɣo, ɣa] 名 筆跡学者.

gragea [graxéa] 女 ❶ 砂糖菓子(特に着色した糖衣をかけたアーモンドなど). ❷ 糖衣をかけた錠剤.

graja [gráxa] 女 雌のカラス(鳥).

grajear [graxeár] 自 ❶ (カラスが)かあかあ鳴く. ❷ 《話》(赤ん坊が)ばぶばぶ言う.

grajo [gráxo] 男 ❶《鳥類》ミヤマガラス(cuervoに似ているが羽毛が紫色がかっており足と嘴(くちばし)の赤いもの). ❷《中南米》体臭, わきが.

grama [gráma] 女 ❶《植物》芝, 芝草, バミューダグラス(芝生・牧草用).

gramática [gramátika] 女《言語》文法(学). —〜 española スペイン語文法. 〜 comparada [histórica, general] 比較歴史, 一般文法. 〜 tradicional [normativa] 伝統[規範]文法. 〜 descriptiva [estructural] 記述[構造]文法. 〜 universal [generativa transformativa] 普遍

[変形生成]文法.

gramática parda 抜け目のなさ, ずるさ, 要領のよさ, 機転. Tiene [Sabe] mucha gramática parda. 彼はとても抜け目のないやつだ. Para resolver ciertos problemas es más importante la gramática parda que la inteligencia. ある種の問題解決には頭より要領のよさが大切である.

gramatical [gramatikál] 形 ❶ 文法(上)の, 文法的な. —categoría 〜 文法範疇(はんちゅう). Los alumnos deben hacer un análisis 〜 de estas oraciones. 生徒らはこれらの文の文法分析をしなければならない. ❷ 文法的に正しい, 文法(規則)にかなった. —Esta oración no es 〜. この文は文法的ではない.

gramático, ca [gramátiko, ka] 形 文法(上)の, 文法的な.
— 名 文法学者, 文法家. —Antonio de Nebrija fue el primer 〜 de la lengua castellana. アントニオ・デ・ネブリハはカスティーリャ語の最初の文法家であった.

gramil [gramíl] 男 罫(けい)引き(木材に平行線を引いたりするのに用いる大工道具の1つ).

gramilla [gramíja] 女 ❶ 牧草の一種. ❷ 麻などの束をのせて繊維をとるのに用いる台.

gramo [grámo] 男《度量》グラム(『略』g) (→quilo, quilogramo).

gramófono [gramófono] 男 蓄音機.

gramola [gramóla] 女 蓄音機(特にスピーカー内蔵のもの, 携帯可能のもの).

gran [grán] 形 →grande『単数形の名詞の前で用いられる語尾脱落形』. —hombre 立派な人, 偉大な男. 〜 montaña 大きい山, 高山.

grana[1] [grána] 女 ❶ (ザクロのような)暗紅色. ❷《虫類》エンジムシ, コチニールカイガラムシ(染色に用いられる). 類 cochinilla. ❷ カーミン(エンジムシなどから採られる赤色色素). ❸ 礼服などに用いられる薄手の生地.

grana[2] [grána] 女 ❶ (穀物が)実ること; 実りの時期. ❷ 植物の種子, 実. —〜 del paraíso = cardamomo.

Granada [granáða] 固名 ❶ グラナダ(スペインの県・県都). ❷ グレナダ(首都セントジョージズ Saint George's). ❸ グラナダ(フライ・ルイス・デ Fray Luis de 〜)(1505-88, ドミニコ会士).

granada [granáða] 女 ❶《植物》ザクロ(果実). ❷《軍事》擲(てき)弾(手で投げたり小銃で発射したりする小型の爆弾). 〜 de mano 手榴(りゅう)弾. 〜 de mortero 臼砲弾, 迫撃砲弾.

granadero [granaðéro] 男 ❶《軍事》擲(てき)弾兵(手榴(りゅう)弾などを扱う兵); 先頭部隊の兵. ♦共に身長の高い者が務める.

granadilla [granaðíja] 女 時計草(pasionaria)の花・実, パッションフルーツ.

granadina [granaðína] 女 →granadino[1], granadino[2].

granadino[1], **na**[1] [granaðíno, na] 形 グラナダ(Granada)の. — 名 グラナダ人, グラナダ出身者. — 男 ❶ 透かし模様の入った絹地の一種. ❷ グラナダ(Granada; スペイン南部の街)の舞曲・舞踊歌曲の一種.

granadino[2], **na**[2] [granaðíno, na] 形 ザクロ(の実)の. — 男 ザクロの花. — 女 ザクロの果汁, グレナデン・シロップ(清涼飲料, カクテルなどに用

1012 granado

いる), グレナデン・シロップとオレンジジュースのカクテル.

granado, da [granáðo, ða] 過分 形 ❶ 成熟した, 大人の. —Varias damas ya *granadas* encabezaban la manifestación. 何人かの大人の女たちがデモ行進の先頭に立っていた. 類 **juicioso, maduro**. ❷ 名高い, 卓越した, 傑出した. —Ha invitado a la fiesta a los más ~s de la sociedad. そのパーティーには社会的に最も名の知れた人々が招待された. 類 **lustre, notable, principal**. ❸ 背の高い.

Granados [granáðos] 固名 グラナドス(エンリーケ Enrique ~)(1867-1916, スペインの作曲家).

granalla [granája] 囡 (溶け易くするため)粒状に細かくした金属.

granar [granár] 自 (植物が)実を結ぶ, 種を生じる; (実が)熟れる.

granate [granáte] 男 ガーネット(暗紅色の宝石の一種). — 形 暗紅色の.

granazón [granaθón] 囡 種子のできること, 結実; 成熟.

Gran Bretaña [grám bretáṇa] 固名 ❶ 大[グレート]ブリテン島. ❷ イギリス, 英国(公式名: Reino Unido de Gran Bretaña e Irlanda del Norte).

Gran Canaria [gráŋ kanárja] 固名 グラン・カナリア(スペイン, カナリア諸島の主島).

Gran Chaco [gráṇ tʃáko] 固名 グラン・チャコ(ボリビア, パラグアイ, アルゼンチンにわたる低湿地帯).

**grande [gránde グランデ] 形 [単数名詞の直前では gran となるのが普通]
❶ 大きい[な][ser/estar+]. —Vive en una casa muy ~. 彼は非常に大きい家に住んでいる. El niño está muy ~ para su edad. その子は年の割にはとても大きい. 類 **amplio, enorme, holgado**. 反 **chico, pequeño**. ❷ (程度・数量が)大きな, 強い, 激しい. —con *gran* placer 大喜びで. a *gran* distancia 非常に遠くで. un *gran* número de gente 多数の人々. Oímos una *gran* explosión. 私たちは大きな爆音を聞いた. Era tan ~ su vergüenza que se puso rojo. 彼の感じた恥ずかしさは非常に大きかったので顔が赤くなった. Tengo un dolor de cabeza muy ~. 私はひどく頭痛がする. 類 **fuerte, intenso**. ❸ 〖主に名詞の前で〗偉大な, 偉い, 立派な. —Era una *gran* escritora. 彼女は偉大な作家であった. Dedicó toda su vida a ~s ideales. 彼は偉大な理想のために全生涯を捧げた. 類 **famoso, importante, noble**. ❹〖名詞の前で〗立派な; 盛大な, すばらしい. —Tu esposa es una *gran* mujer. 君の奥さんはとても偉い人だ. Nos dio un *gran* banquete. 彼は私たちに盛大な宴会をやってくれた. ❺ 大人の. —Cuando sea ~ quiere ser médico. 彼は大人になったら医者になりたがっている. 類 **adulto**. ❻ 年の大きい, 年長の. —Ya era ~ cuando se casó. 結婚した時には彼はもう歳がいっていた. 類 **mayor**. 反 **menor**. ❼ (皮肉で)大変な, 大した. —El *gran* sinvergüenza ha vuelto a engañarme. あのひどい恥知らずがまた私をそそのかした. 類 **absurdo, estúpido, gracioso, injusto**. ♦ 比較級は①の意味では más grande, その他の意味では mayor となるのが普通.

en grande (1) 大量に, 大規模に; 卸で. Se dedica al comercio de cereales *en grande*. 彼は穀類の卸売の商売に従事している. (2) 盛大に, 裕福に. Le gusta vivir *en grande*. 彼は安楽に暮すのが好きだ.

estar [quedarse] grande a ... (人)には大きすぎる. Esa chaqueta te *queda* un poco *grande*. その上着はお前には少し大きい.

ir [venir] grande a ... (1) (人)には大きすぎる. *Nos va grande* esa casa. その家は私たちには大きすぎる. (2) (役目などが)(人)に重すぎる, (人)には荷が重い. El cargo de director *le viene grande*. 局長の仕事は彼には荷が重い.

pasarlo en grande すばらしい時を過す, 大いに楽しむ. *Lo pasamos en grande* en el viaje. 旅行中私たちはとても楽しく過した.

ser grande que 〖+接続法〗あんまりだ, あきれたことだ, おかしな話だ. *Es grande que* teniendo un padre rico te niegue que prestar dinero. 金持ちのお父さんがいるというのに君に金を貸してやらなければいけないなんて変な話だ.

a lo grande 豪勢に, ぜいたくに, 盛大に. Me gustaría vivir *a lo grande*, sin pensar en el día de mañana. 明日のことは考えずにぜいたくに暮してみたいものだ.

— 男女 大物, 大立者, 偉い人. —Hoy se celebra una reunión entre los cuatro ~s. 今日 4 巨頭の会談が行われる.

grande de España 〖スペイン〗大公(昔のスペインの最高位の貴族). 類 **archiduque**.

— 男 ❶ 〖南米〗(宝くじの)1 等賞, 大当り. ❷ 大国. —los siete G~s. 七大国, G7.

*grandemente [grándemente] 副 〖特に過去分詞の前で〗大いに, 非常に, きわめて. —Le estoy ~ agradecido. 私はあなたに大変感謝しております. 類 **muy**.

⁝grandeza [grandéθa] 囡 ❶ (a) 偉大さ, 立派さ, 崇高さ; 壮大さ. —~ de un proyecto 遠大な計画. Futuras generaciones seguirán admirando la ~ de su obra. 後世の人々は彼の作品の偉大さをたたえ続けるだろう. ~ de carácter 崇高な性格. ~ de ánimo 勇気. ~ de alma 寛大さ. 類 **esplendor, excelencia**. 反 **vileza**. (b) 権勢, 栄華, 威光. —~ de Dios 神の威光. fantasear ~s 栄光を夢見る. 類 **majestad, poder**. ❷ (並外れて)大きなこと, 大きさ, 広大さ. —Todos admiraron la ~ de su sacrificio. 彼の犠牲の大きさにみんなが驚いた. ~ de un palacio 宮殿の広いこと[広さ]. 類 **tamaño, grandiosidad, magnitud**. 反 **estrechez, pequeñez**. ❸〖集合的に〗大公爵(スペインの最高位の貴族); その位階. —acceder a la ~ 大公位につく.

tener delirio [manía] de grandezas 誇大妄想狂である(→megalomanía).

grandilocuencia [grandilokwénθja] 囡 大袈裟な話し方, 仰々しい言葉; 大言壮語.

grandilocuente, grandílocuo, cua [grandilokwénte, grandílokwo, kwa] 形 (言葉の)大仰な, もったいぶった; 誇張した.

grandiosidad [grandjosiðá(ð)] 囡 雄大, 堂々としていること, 壮大さ.

*grandioso, sa [grandjóso, sa] 形 壮大な, 雄大な, 堂々とした[ser/estar+]. —El paisaje es ~. 景色は雄大だ. El tenor ha estado ~. そのテノール歌手は堂々としていた. 類 **imponente, impresionante, magnífico**. 反 **mísero, pobre**.

grandor [grandór] 男 大きさ, 広さ, サイズ. 類

magnitud.

grandote, ta [grandóte, ta] 〔＜grande〕形 《話》すごく大きな, 巨大な, ばかでかい.

grandullón, llona [granduḷón, ḷóna] 〔＜grande〕形 《話》(人が)育ちすぎた, 背の高すぎる, (不相応に)図体の大きい; 年に似合わない. —Tan ～ y todavía te peleas por los dulces. お前は大きななりをしてまだお菓子の取りっこをしているなんて.

graneado, da [graneáðo, ða] 〔＜granear〕形 ❶ 粒状に細かくした, 顆粒状の. —pólvora graneada 粒状の火薬. 類 **granulado** ❷ 点々とした, 斑点のある. —fuego ～ 連続射撃.

granear [graneár] 他 ❶ (種子を)蒔(ま)く. ❷ (火薬などを)粒状にする. ❸ (表面を)ざらざらの状態にする, ぶつぶつをつける. ❹ (石版画用の板に石筆で下絵を描くために)細かいざらざら[凹凸]をつける.

granel [granél] 〖次の成句で〗
a granel (1) (商品などが)ばらの, パック[箱, 袋]詰めでない, 計(はか)り売りの. mandarina *a granel* ばら売りのミカン. Aquí no se vende el trigo *a granel*. ここでは小麦の量り売りをしていない. ¿Se pueda comprar el vino *a granel*? ワインをキロ単位(グラム単位)で買うことは出来ますか. (2) 大量に, どっさり. Había comida y bebida *a granel*. 食べ物も飲み物も山ほどあった.

granero [granéro] 男 ❶ 穀類(特に小麦)の貯蔵場所, 穀物倉庫. ❷ 穀物のよくとれる地域, 穀倉地帯.

granillo [graníjo] 〔＜grano〕男 ❶ (動物)(インコ・カナリアなどの尾羽の付け根の上あたりに出来る)腫れ, でき物. ❷ (一般に)小さいおでき, 吹き出物. ❸《比喩》(ある物事から得られる)利益.

granítico, ca [granítiko, ka] 形 ❶ 花崗岩[御影石]の, 花崗岩様の. ❷《比喩》非常に固い.

granito [graníto] 〔＜grano〕男 ❶ 花崗岩, 御影石(建築・舗石などに用いられる. 固くて密度の高い火山岩の一種). ❷ 蚕の卵. ❸ 小さいおでき, 吹き出物.
echar un granito de sal 《比喩》(語の途中に)口をはさむ, 話に悪意の調子を加える.

granívoro, ra [graníβoro, ra] 形 (動物, 特に鳥類が)穀類を常食とする.

*****granizada** [graniθáða] 女 ❶ 雹(ひょう)[霰(あられ)]の大降り, 雹嵐. —La ～ estropeó la cosecha. 雹(ひょう)で作物は大きな被害を受けた. 類 **pedrisco, piedra**. ❷ (雨あられのように)激しく降ってくるもの. —una ～ de balas 雨あられと降る弾丸. una ～ de golpes げんこつの雨. recibir una ～ de insultos 次から次と侮辱の言葉を受ける.

granizado [graniθáðo] 〔＜granizar〕男 果汁などに砕いた氷を入れた飲物, 氷入りのジュース.

granizar [graniθár] [1.3] 自 ❶ 雹(ひょう)が降る. ❷ 雨あられと降り注ぐ, 浴びせられる. —*Granizaron* de piedras a los policías que intentaban reprimir la manifestación. デモを鎮圧しようとした警察に雨あられと石つぶてが浴びせられた.

*****granizo** [graníθo] 男 ❶ 〖気象〗〖集合的〗雹(ひょう), 霰(あられ). —Ayer cayó ～ y estropeó la cosecha. 昨日雹が降り, 作物に大きな被害が出た. 類 **pedrisco, piedra**. ❷ 雹[霰]の一粒(＝un grano de ～).

*****granja** [gráŋxa] 女 ❶ (一般に家畜・建物付き)農場, 農園; (家畜の)飼育場. —～ agrícola 農園. —～ avícola 養鶏場. —～ colectiva 集団農場.

grano 1013

—～ escuela 教育農場. 類 **hacienda, rancho**. ❷ 乳製品店(飲食も可能なカフェ風の店も多い). —Hemos ido a la ～ a tomar un chocolate con churros. 私たちはチューロを食べに乳製品店に行って来た.

granjear [graŋxeár] 他 ❶ (労働・交易などによって)を得る, 手に入れる; (一般に)得る. 類 **adquirir, conseguir, obtener**. — 自 《海事》(船が)向かい風で進む; 風上へ(風に逆らって)進む. — 再 (賞賛・反感などを)かう, 得る, 引き起こす. —A los pocos días *se había granjeado* la antipatía de todos. 幾日もたたないうちに彼女はカフェ中の人の反感を買うようになってしまっていた. 類 **atraer, captar**.

granjería [graŋxería] 女 農作物の収益, 収穫物; (商いによって得られる)利益, 儲け.

granjero, ra [graŋxéro, ra] 名 ❶ 農園[農場]の所有者, 管理者. ❷ 農園管理の仕事を(雇われて)する人. ❸ 商人.

*****grano** [gráno] 男 ❶ (穀物・ブドウなどの)一粒, 粒状, (粒状の)種子, 実, 豆. —～ a ～ 一粒ずつ. ～s de trigo [de centeno, de cebada, de avena] 小麦[ライ麦, 大麦, オート麦]の粒・種子. ～ de arroz 米粒. ～ de mostaza カラシの種子. Termínate el racimo de uvas y no lo dejes con cuatro ～s. ブドウを1房食べてしまえよ, 数粒残したって駄目だよ. Este año las espigas tienen poco ～. 今年は穂にほとんど実が入っていない. 類 **semilla**. ❷ 〘単 あるいは 複〙〖集合的〗穀類, シリアル. —almacén de ～ 穀物倉庫. comercio de ～s 穀物商. almacenar (el) ～ 穀物を貯蔵する. 類 **cereales**. ❸ (香辛料・塩・砂糖・砂)**粒**(の物), 粒子, 粉. —～ de sal 塩粒. —～ de incienso 香(こう)の粒. ～ abrasivo 磨き粒. Dame un par de ～s de pimienta para echar a la carne. 肉にかける粒コショウ少し頂戴. Se me ha metido un ～ de arena en el ojo. 私の目に砂粒が入り込んだ. 類 **partícula**. ❹ (木・石・皮・布地などの表面の)つぶつぶ, きめ(肌理), 木目, 石目; 《写真》(フィルムの)粒子. —(papel de lija de ～ fino きめの細かいサンド・ペーパー. madera de ～ grueso [gordo] 木目の粗い木材. Tienes que lijar más la madera porque aún tiene ～s. 君, まだザラザラしているから木材をもっと磨かねば. papel fotográfico de ～ fino 粒子の細かい写真印画紙. ❺〘un ～ de ...〙の形で主に否定構文で〙ほんの少し, 微量. —Ya no me queda ni *un* ～ *de* paciencia. もうこれ以上少しも我慢ならない. 類 **gota, pizca**. ❻ 〖医学〗吹き出物, にきび, 発疹. —Tiene la cara llena de ～s. 彼の顔は吹き出物だらけだ. Le ha salido un ～ en la nariz. 彼の鼻に吹き出物が出た. extirpar un ～ にきびをとる. 類 **bulto, hinchazón, inflamación**. ❼ (宝石などの単位)1/4 カラット. ❽ グレイン. (*a*) 薬量・貴金属の単位:1grano＝ 約 64.8mg. (*b*) 昔のスペインの重さの単位:1grano＝48mg.
¡Al grano! さあ本題に入ろう!
apartar [*separar*] *el grano de la paja* よいものと悪いものとを選り分ける.
Grano a grano, allega para tu año [*hinche la gallina el papo*] 〘諺〙塵(ちり)も積もれば山となる.
grano [*granito*] *de arena* (1) 砂粒. (2) ささやかな貢献[協力・寄与](poner, aportar を伴なに). Yo también aporté mi *grano de arena* con un

pequeño donativo. 私もささやかな献金でいくばくかの貢献をした.

granos del Paraíso 《植物》ビャクズク (amomo) の種.

ir al grano 《俗》(一般に命令形で)話の本題に入る(→¡Al grano!). ¡Déjate de preámbulos *y vayamos* [*y vamos, y ve*] *al grano!* 前置きはこれくらいにして、さあ本題に入ろう!

ni un grano 少しも[何も]…ない. No hay *ni un grano* de verdad en esa historia. その話には少しも真実味がない.

no ser (un) grano de anís 結構ばかにならない、あなどれない、かなり重要である. Seis mil dólares *no son ningún grano de anís*. 6,000 ドルと言ったら決してわずかな額ではない.

sacar grano de … …から利益をあげる.

Un grano no hace granero, pero ayuda al compañero. 〖諺〗塵(ﾁﾘ)も積もれば山となる.

granoso, sa [granóso, sa] 形 粒状の; (表面が)ざらざらした.

granuja [granúxa] 女 ❶ (房から外した)ブドウの粒. ❷ ブドウの実の中にある種.
— 男女《話》❶ 悪童、悪餓鬼連中; 浮浪児; いたずらっ子(の集団). ❷ 詐欺師、ぺてん師、悪人、悪党連中. 類**bribón, pícaro**.

granujada [granuxáða] 女 悪童の振舞い、盗み、詐欺、悪事.

granujería [granuxería] 女 ❶ =granujada. ❷ 悪童の集団、愚連隊. —La ~ del barrio tiene atemorizados a sus habitantes. その界隈の悪党連中に住民たちは恐れをなしてしまっている.

granujiento, ta [granuxiénto, ta] 形 にきび・吹き出物のある; 手ざわりのあらい. —cara *granujienta* にきび面.

granulación [granulaθjón] 女 《医学》顆粒状にする[なる]こと、粒状をなすこと; (集合的に)粒々.

granulado, da [granuláðo, ða] 形 粒状の、顆粒状の(特に粉末と区別する意味で). —azúcar ~ グラニュー糖. café ~ ひいてあるコーヒー、コーヒーの粉. — 男 (顆粒状の)調合薬.

granular[1] [granulár] 他 … を粒・顆粒状にする; (溶液)を凝固させて顆粒状にする. — se 再 ❶ 顆粒状になる. ❷ にきび[吹き出物]ができる、粒々だらけになる.

granular[2] [granulár] 形 粒状の; 粒々のある、ざらざらした. —Le ha salido una erupción ~ en todo el cuerpo. 彼は全身に細かい発疹が出ている.

gránulo [gránulo] 男 (ごく小さい)粒、顆粒.

granuloso, sa [granulóso, sa] 形 顆粒状の; 粒々のある、ざらついた.

granza[1] [gránθa] 女 ❶ 《植物》アカネ(茜)、西洋茜. ❷ 複(小麦などをふるいにかけた後に残る)もみがら、ふるいかす. ❸ 複(石膏・しっくい等の)かす. ❹ 複 (溶けた金属の)浮きかす. ❺ 複(選別した) 1.5-2.5cm大の石炭.

granza[2] [gránθa] 女 《植物》アカネ類、アカネ科の植物.

grao [gráo] 男 港、波止場、埠頭(として使われる)海岸.

grapa [grápa] 女 ❶ (ホッチキスの針・かすがいなど)両端を折り曲げて物をとめる[束ねる]ための金具. —coser papeles con ~s 紙をホッチキスでとじる.
❷《獣医》ブドウ瘡(ｿｳ)(馬の脚にできる潰瘍(ｶｲﾖｳ)の一種).

grapadora [grapaðóra] 女 ホッチキス.

grapar [grapár] 他 ホッチキスで留める.

:**grasa** [grása] 女 ❶ 脂肪、脂身; (動植物から抽出した食用)油. — ~ *de cerdo* ラード. ~ *de pescado* 魚油. ~ *vegetal* 植物油. criar ~s 肥える、肥太る. perder ~s やせる. mancha de ~ 脂[油]汚れ. Esta carne tiene mucha ~. この肉は脂身が多い. 類**aceite, manteca, sebo**. ❷ (襟(ｴﾘ), 袖などの)脂[油]汚れ、脂垢(ｱｶ). —El cuello de la camisa tiene ~. ワイシャツの襟が垢で汚れている. 類**mugre, pringue, sebo**. ❸ グリース、潤滑油. —poner ~ *en los ejes de las ruedas* 車軸に油を差す. ❹ 複 (鉱物)鉱滓(ｺｳｻｲ)、金屎(ｶﾅｸｿ)、スラグ. ❺ 複《中南米》靴墨. —Le doy ~ *por cuarenta pesos*. 40ペソで靴を磨きましょう.

grasera [graséra] 女 ❶ 油入れ台所で油をしまっておく容器. ❷ 油受け(焼肉店から出る油を受ける容器).

*grasiento, ta** [grasjénto, ta] 形 ❶ (食物などが)油っこい、脂肪分の多い[ser/estar+]. —Esta comida me ha salido muy *grasienta*. この食事は私には脂肪分が多すぎた. 類**graso**. ❷ 油のついた、油でよごれた、汚い[estar+]. —El mango de la sartén está ~. フライパンの柄が油でよごれている. 類**sucio, untado**. ❸ 油を含んだ、油でぬるぬる[てかてか]した; すべすべした. —Siempre lleva el pelo ~. 彼はいつも油でてかてかした頭をしている.

grasilla [grasíja] 女 ❶ サンダラック樹脂の粉末(紙につけてインクのにじみを抑えるもの). ❷《植物》モウセンゴケ、ムシトリスミレ.

graso, sa [gráso, sa] 形 脂肪質の、脂肪分の多い; 脂っこい; 太った. —alimentos ~s 脂っこい食べ物. cerdo ~ 脂身の多い豚. cuerpo ~ 脂肪太りの体. leche *grasa* 高脂肪乳. — 男 脂肪分の多いこと; 太っていること. ❷ 《話》(ハムなどの)脂身の部分.

grasoso, sa [grasóso, sa] 形 油を浸み込ませた、油を一杯に含んだ; 油で汚れた; 油の出る.

grata [gráta] 女 金属ブラシ、スチールたわし(金属性のものを磨くときなどに使う).

gratén [gratén] 男《料理》グラタン. —patatas al ~ じゃがいものグラタン.

:**gratificación** [gratifikaθjón] 女 ❶ (*a*) 特別手当、賞与、ボーナス. —pagar [dar] cinco meses de ~ *anual* 年間5か月分のボーナスを支給する. Le pagan una ~ *mensual por su aumento de ventas*. 彼は売上げを伸ばすと月々特別手当がもらえる. 類**bonificación, remuneración**. (*b*) 報酬、謝礼(金)、チップ. 類**propina, recompensa**. ❷ 満足(感)、喜び. —La madre olvida los desvelos que sufre con la ~ *de ver crecer sanos a sus hijos*. 母親は子供の健やかな成長を見て満足し、それまでの苦労を忘れてしまう. 類**agrado, satisfacción**.

gratificador, dora [gratifikaðór, ðóra] 形 (苦労などに)報いるような; 満足させるような、嬉しい. —Es ~ *descansar después del trabajo*. 仕事の後の休憩ははっとするものだ.

:**gratificar** [gratifikár] [1.1] 他 ❶ (人に)報いる、謝礼を出す、賞与を支給する. —La señora *gratificó al niño por devolverle el bolso*. 主婦はその子がハンドバッグを返してくれたことに対して

謝礼を与えた. El director le *ha gratificado* por excelentes notas. 校長先生は彼に優れた成績をつけた. El gerente me *gratificó* con mil quinientos euros por aquel trabajo extra. 取締役はあの特別な仕事に対して私に1，500ユーロのボーナスをくれた. 類**recompensar**. ❷ を喜ばせる. —Me *gratifica* saber que eres feliz en tu matrimonio. 君が結婚して幸せであると知って私は喜んでいる. 類**complacer**.

gratil, grátil [grátil, grátil] 男《船舶》❶リーチ(帆の縁の, マストに取り付ける部分). ❷ 帆桁の中央の, 帆を取り付ける索を結ぶ部分.

gratinar [gratinár] 他《料理》オーブンで上の部分だけを焼く, グラタンにする.

‡**gratis** [grátis] 副 ❶ 無料で, ただで, 無償で. —Le dejaron entrar ~ al teatro. 彼は劇場にただで入れてもらった. No voy a trabajar ~ para ti. 私はただで君のために働くつもりはない. 類**gratuitamente**. ❷ 苦労[代償]なしで, 努力しないで. —En esta vida pocas cosas se consiguen ~. この世では労せずに得られるものはほとんどない.
— 形《無変化》無料の, ただの. —Me han regalado dos entradas ~ para la exposición. 私は博覧会の無料入場券を2枚もらった. 類**gratuito**.

‡**gratitud** [gratitúð] 女 感謝(の念), 謝意. —expresar [manifestar] su ~ 感謝の意を表明する. en prueba [señal] de ~ 感謝の印として. Le guardo una ~ infinita por sus bondades. ご親切を心から感謝しています. 類**agradecimiento, reconocimiento**. 反**ingratitud**.

grato, ta [gráto, ta] 形 ❶ 楽しい, うれしい; 気に入っている. —Su regalo ha sido una *grata* sorpresa. 彼の贈り物はうれしい驚きだった. El novio no era ~ a la familia. 彼女の恋人は家族には気に入らなかった. Me es ~ comunicarles que he enviado los folletos. パンフレットをお送りしたことをお伝え申し上げます. Le agradezco su *grata* compañía. ごいっしょできたことを感謝します. 類**agradable, deleitoso, placentero**. 反**desagradable, ingrato**. ❷〖+a/de/para〗…に快い, 気持のよい. —Esa música es *grata* al oído. その音楽は耳に快い. Es una escena *grata de* recordar. それは思い出しても楽しい光景だ. Es un paisaje ~ *para* la vista. それは目に楽しい光景だ. 類**agradable, gustoso, placentero**. ❸ ありがたい, 結構な. —El escultor hizo *grata* donación de una de sus obras para subastarla en pro de los damnificados. その彫刻家は被災者のためオークションにかけるよう手持の作品の1つを寄贈した. 類**agradecido, apreciado, gracioso**.
persona non grata (来る国・機関にとって)好ましからざる人物.

gratuidad [gratuiðáð] 女 ❶ 無料, 無償. ❷ 根拠・いわれのないこと, 事実無根.

*‡**gratuitamente** [gratuitaménte] 副 ❶ ただで, 無料[無償]で; 好意で. —Su marido es piloto y ella puede viajar ~. 夫がパイロットなので彼女はただで旅行することができた. 類**gratis**. ❷ 根拠[理由]もなく, 事実無根で. —Usted afirmó ~ que yo tenía la culpa de lo sucedido. あなたは理由もなく私に事件の責任があると断定した.

‡**gratuito, ta** [gratuíto, ta] 形 ❶ 無料の, ただの, 好意からの. —La entrada al museo es *gratuita* para los jubilados. この美術館の入場は年金生活者は無料である. 類**gratis, regalado**. 反**pagado**. ❷ 根拠[理由]のない, いわれのない, 不当な. —Hizo unos comentarios completamente ~s. 全く根拠のない批評を行った. 類**arbitrario, infundado, injusto**. 反**fundado, justificado**.

grava [gráβa] 女 ❶ 砂利, (舗装道路などに用いられる)小石, バラス. ❷ (鉱床に見られる)小石・砂・粘土などの混合.

gravamen [graβámen] 男 ❶ (人に課される)任務, 義務, 責務. ❷ (土地に対して課される)税, 地代; 担保, 抵当. ❸ 積荷, 重荷.

gravar [graβár] 他 ❶ …に義務を課す, 税金をかける; 課税する. —El gobierno ha decidido ~ la recogida de basuras. 政府はゴミの収集を義務づけることを決定した. La casa está *gravada* con una hipoteca. その家は抵当に入っている. ❷ 荷を負わせる. —El alquiler del piso *grava* mucho la economía familiar. アパートの家賃が家計にとって大きな負担になっている.

‡grave [gráβe グラベ] 形 ❶ (事件などが)重大な, ゆゆしい, 深刻な. —La situación es ~ pero no desesperada. 事態は重大だが, 絶望的ではない. Estamos atravesando una ~ crisis económica. 私たちは深刻な経済危機にさしかかっている. Ha cometido un ~ error. 彼は重大な誤りを犯した. 類**difícil, importante, transcendente**. 反**ligero**. ❷ (病気などが)重い, 重態の, 危険な〖ser/estar +〗. —Su enfermedad no es ~. 彼の病気は重くはない. El paciente está todavía muy ~. 患者はまだ非常に重態だ. ❸ (人・表情・文体などが)重々しい, きまじめな, 厳粛な. —Nos habló en un tono muy ~. 彼は私たちに非常に威厳のある口調で話をした. Me alarmé al ver a mi marido con una cara tan ~. 夫がとてもまじめな顔をしているのを見ると, 私は不安になった. El profesor tiene un carácter ~ y nunca sonríe. 先生はとてもきまじめな性格で, 全然笑わない. 類**respetable, serio, solemne**. 反**alegre, jocoso**. ❹ (声・音が)低い, 低音の, 《言語》低音785の. —Los hombres tienen la voz más ~ que las mujeres. 男性は女性よりも低い声をしている. 類**bajo**. 反**agudo, alto**. ❺《言語》末尾第2音節強勢(後ろから2番目の音節に強勢のある)の. —"Mano" es una palabra ~. "mano"は末尾第2音節強勢である. 類**llano, paroxítono**. ❻《言語》抑音の, 重音の. —acento ~ 抑音アクセント記号, アクサン・グラーブ(`).
— 男 ❶ 低音(域). —En su actuación fallaron algunos ~s. 彼の演奏ではいくつかの低音を出し損ねていた. ❷ la caída de los ~s 物体の落下. ❸ 抑音アクセント記号, アクサン・グラーブ(`).

‡**gravedad** [graβeðáð] 女 ❶ (状況・問題・事故などの)重大さ, 深刻さ, ひどさ; 重態. — del asunto [de la falta] 事[過失]の重大さ. ~ de la situación 事態の深刻さ. enfermo de ~ 重病にかかった. herido de ~ 重傷を負った; 重症者. lesión sin ~ 大したことのない傷. No tiene conciencia de la ~ de su pecado. 彼は自分の罪深さに気づいていない. ❷ (態度・口調などの)重々しさ, 厳粛さ, 真面目さ; 荘重. —hablar con ~

1016 gravemente

重々しく[真剣に]話す. Habló en un tono de gran ~. 彼は大変荘重な口調で話した. Nos impresionó la ~ de su aspecto. 彼のいかめしい顔つきが我々には印象的だった. 類 **seriedad, solemnidad.** 反 **frivolidad, ligereza.** ❸ (物理) 重さ, 引力; 重さ. — leyes de la ~ 重力の法則. centro de ~ 重心. aceleración de la ~ 重力加速度. 類 **gravitación, peso.** ❹ (音の)低さ.

*__gravemente__ [gráβeménte] 副 ❶ ひどく, 重大に, 深刻に. —Este fracaso afectará ~ a otros proyectos. この失敗は他の計画にもひどい悪影響を及ぼすだろう. ❷ (病気が)重く, 重態で. —Está ~ enferma. 彼女は病気が重い.

__gravidez__ [graβiðéθ] 女 [複 gravideces] 妊娠(期間). —en estado de ~ 妊娠中に[で]. 類 **embarazo.**

__grávido, da__ [gráβiðo, ða] 形 ❶ (詩)満ちあふれた, 一杯に含んだ, 一杯になっていて重い. 類 **abundante, cargado, lleno.** ❷ 妊娠した, 孕(はら)んだ.

__gravilla__ [graβíʎa] 女 (grava よりも小さい)小石, 砂利, 細かい石ころ.

__gravimetría__ [graβimetría] 女 重力測定; 重力化学.

__gravímetro__ [graβímetro] 男 ❶ (化学) 比重計. ❷ (物理) 重力計.

__gravitación__ [graβitaθjón] 女 (物理) 重力, 引力; 重量. —teoría de la ~ universal 万有引力の法則.

__gravitar__ [graβitár] 自 ❶ (天体が他の天体の重力作用によってその周囲を)公転する. —La luna gravita en torno a la Tierra. 月は地球の周囲をまわっている. ❷ 重心をのせる, 支えられている; 重力が働く. —La bóveda gravita sobre cuatro columnas. 丸天井を四本の柱が支えている. ❸ 義務である; 重荷になる. —Toda la responsabilidad gravita sobre él. 全責任は彼の双肩にかかっているのだ. ❹ 脅威となる, のしかかる. —La amenaza del hambre gravita sobre gran parte del país. 飢えの恐怖がその国の大部分にのしかかっていた.

__gravoso, sa__ [graβóso, sa] 形 ❶ 重荷になる, 負担になる; 煩わしい, 厄介な. 類 **pesado.** ❷ 高くつく. 類 **costoso, oneroso.**

__graznar__ [graθnár] 自 (鳥・鷲鳥などが)鳴く, カアカア(ガアガア, クワックワッなど)と鳴く.

__graznido__ [graθníðo] 男 (鳥・鷲鳥などが)鳴くこと, (その)鳴き声; (比喩)耳障りな声での歌や話し方. —Más bien que cantar lo que hace es dar ~s. 歌うというよりはしろガアガア言っているだけという感じだ.

__greba__ [gréβa] 女 すね当て(鎧の一種で, 膝から足首までの部分を守るもの).

__greca__¹ [gréka] 女 (建物の壁などの)縁飾り, 縁模様, 雷文(幾何学模様の連続からなる装飾).

__Grecia__ [gréθja] 固名 ギリシャ(首都アテネ Atenas).

__Greco__ [γréko] 固名 (El ~)(エル・)グレコ(1548頃-1614, スペインの画家).

__greco, ca__² [gréko, ka] 形 = griego.

__grecolatino, na__ [grekolatíno, na] 形 ギリシャ・ラテンの.

__grecorromano, na__ [grekořománo, na] 形 ギリシャ・ローマの. —arquitectura grecorromana ギリシャ・ローマ建築. imperio ~ ギリシャ・ローマ帝国.

__greda__ [gréða] 女 フラー土(砂質を含む粘土の一種; 脂分の溶解やシミ抜きに用いる).

__gredal__ [greðál] 男 フラー土(greda)を含む土地, フラー土の採出する場所.

__Gredos__ [gréðos] 固名 (Sierra de ~) グレドス山脈(スペインの山脈).

__gredoso, sa__ [greðóso, sa] 形 フラー土(greda)を含む, 粘土質の.

__gregario, ria__ [greɣárjo, rja] 形 ❶ (動植物が)群居[群生]する, 群れをなす. —instinto ~ (羊などの)群居本能. ❷ (比喩)(人の)集団を好む, 付和雷同的な; 没個性的な, 独創性のない. —La educación en este país hace de los jóvenes seres ~s. この国の教育は若者の個性を消すようなものになっている.

—— 男 (スポーツ)(自転車競技で)リーダーを助けるチームメイト; 伴走者.

__gregarismo__ [greɣarísmo] 男 群居[群生]する性質; 集団的であること, 付和雷同; 没個性.

__gregoriano, na__ [greɣorjáno, na] 形 グレゴリウス(ローマ教皇)の. —calendario ~ グレゴリオ暦, 太陽暦. canto ~ グレゴリオ聖歌.

__Gregorio__ [greɣórjo] 固名 (男性名)グレゴリオ.

__greguería__ [greɣería] 女 ❶ グレゲリーア. ◆ゴメス・デ・ラ・セルナ (Ramón Gómez de la Serna, 19世紀末-20世紀のスペインの小説家)の始めた文学ジャンルの1つ. 人間世界の諸相に対する, 幾知に富んだ短い論評, 或いは格言形式のもの. ❷ (群衆の)ざわめき, 騒ぎ, どよめき. 類 **griterío, vocerío.**

__greguescos, greguescos__ [greɣwéskos, greɣéskos] 男 [複](16・17世紀頃用いられた幅広で膝までの長さの)ズボン.

*__gremial__ [gremjál] 形 同業[職業]組合の, (労働)組合の. —convenio ~ 労働協約. Los orígenes del movimiento ~ se remontan a la Edad Media. 組合運動の起源は中世にさかのぼる. 類 **sindical.**

—— 男女 (同業・労働)組合員.

*__gremio__ [grémjo] 男 ❶ (集合的に)(同業)組合, 同業者団体. —~ de obreros 労働組合. ~ de hosteleros [de hostelería] ホテル業組合. 類 **asociación, cuerpo.** ❷ (俗)(趣味・生活などが同じ)仲間, 同類. — Yo no soy de los solteros 独身仲間. Por fortuna yo no estoy en el ~ de los parados. 幸いにも私は失業者グループの中にはいない. Tú y yo pertenecemos al mismo ~. 君と私は同類だ. ❸ (歴史)(中世の商人・職人の)同業組合, ギルド. 類 **cofradía, corporación, hermandad.** ❹ 信徒団体. ❺ (大学の)教授陣.

__ser del gremio__ (俗)売春婦である; 同性愛者である. 類 **ser del oficio.**

__greña__ [gréɲa] 女 ❶ 乱れ髪, もつれた[くしゃくしゃの]髪. —Con las ~s que lleva parece una bruja. 髪を振り乱してまるで魔女みたいだ. ❷ (山羊など)動物の毛, 毛足. ❸ もつれ, 粉糾, 混乱.

__andar a la greña__ (1) 激しく口論する, 言い争う, (意見が合わず)喧嘩する. (2) (女性どうしが)つかみ合いの喧嘩をする.

__greñudo, da__ [greɲúðo, ða] 形 (髪が)乱れた, もつれた, ぼさぼさの. —— 男 当て馬(牝馬を刺激する

るためにあてがう牡馬).
gres [grés] 男 陶土の一種(粘土と石英質の砂との混合物で, 高熱で焼くことにより耐火·耐水性のある陶磁器を作る).
gresca [gréska] 女 ❶ 喧嘩, 口論, 争い, 小競り合い. —Marido y mujer andan siempre a la ～. その夫婦はいつも争ってばかりいる. 類**pendencia, riña**. ❷ 騒動, (争い·祭りなどの)騒ぎ. —Le gusta armar ～. 騒ぎを起こすのが好きなのだ. 類**algazara, bulla**.
grey [gréi̯] 女 ❶ (羊などの)群れ. 類**rebaño** ❷ (同じ教会·宗派に属する)信者, 信徒の集団. ❸ (同じ学校内の)生徒達, (同じ集団·共同体などに属する)人々, グループ, 会衆.
‡**griego, ga** [gri̯éɣo, ɣa] 形 ❶ ギリシャ(Grecia)の, ギリシャ人[語]の, ギリシャ風の. —La capital *griega* es Atenas. ギリシャの首都はアテネである. 類**helénico, heleno**. ❷ ギリシャ正教会の. 類**ortodoxo**.
—— 名 ギリシャ人. —Los ～*s* son muy hospitalarios. ギリシャ人は大変人をもてなす.
—— 男 ❶ ギリシャ語. —～ clásico 古典ギリシャ語. ～ demótico 民衆ギリシャ語(現代ギリシャの公用語). El ～ tiene un alfabeto distinto al latino. ギリシャ語はラテン語とは異なるアルファベットを持っている. ❷ わけの分からない言葉, ちんぷんかんぷん. —No entiendo: parece que hablas en ～. 私には理解できない. 君はわけの分からない言葉を話しているみたいだ. Eso es ～ para mí. それは私にはまったく分からない言葉だ. 類**chino**. ❸《俗》アナル·セックス.
grieta [gri̯éta] 女 ❶ ひび, 割れ目, 裂け目. —El aceite rezumaba por las ～*s* del barril. かめに入ったひびから油がしみ出していた. Hay una ～ de varios centímetros en la pared. 壁に数センチ程度のひび割れがある. Una ～ de varios metros en el hielo les impidió avanzar. 数メートルにわたってクレバスがあり彼らは前へ進めなかった. ❷ 隙間, 空き. ❸ (手指などにできる)ひび, あかぎれ.
***grifa**[1] [grífa] 女 マリファナの一種. —Se dedicaba al contrabando de ～, marihuana, y otras drogas. 彼はグリファ, マリファナその他の麻薬の密輸をしていた. 類**hachís, marihuana**.
grifería [grifería] 女 ❶〖集合的に〗水道の蛇口, 栓, 配管. ❷ 水道管·蛇口などの製造; 販売店.
‡**grifo**[1] [grífo] 男 ❶ (水道などの)**蛇口**; **栓**, コック. —abrir [cerrar] el ～ 蛇口をひねる[閉める]. cerveza al ～ 生ビール. El agua del ～ no es potable aquí. ここでは水道の蛇口から出る水は飲めない. 類**espita, llave**. ❷《ギリシャ神話》グリフィン(ライオンの胴体にワシの頭と翼などを持つ怪獣).
——, ***fa***[2] 形 ❶ (髪が)縮れた, もつれ合った. 類**crespo, rizado**. ❷〖中米〗(*a*) ムラート(mulato: 白人と黒人の混血)の. (*b*)〖メキシコ〗マリファナ中毒の; 酔っぱらった; 毛を逆立てた. —El gato está ～. その猫は毛を逆立てている.
—— 名 ❶ 縮(ちぢ)れ毛の人. ❷ (a)〖中米〗ムラート(mulato). (*b*)〖メキシコ〗マリファナ中毒者.
grifo**[2], ***fa[3] [grífo, fa] 形《印刷》イタリック[斜字]体の. —letra *grifa* イタリック体活字.
grilla [gríja] 女 ❶〖中南米〗口喧嘩; 面倒, 厄介; 騒ぎ. ❷ 雌のコオロギ.
Ésa es grilla. 作り話だ, ありそうもない.
grillera [grijéra] 女 ❶ (コオロギの隠れている)穴, くぼみ. ❷ (コオロギを入れる)虫かご. ❸ 騒々しい場所, 大勢で騒いでいる所.
grillete [grijéte] 男 手錠·足枷(かせ)などに用いる鉄製の輪.
grillo[1] [gríjo] 男 ❶《虫類》コオロギ. —～ cebollero [real] ケラ. ❷ 複(1対の)足枷(かせ).
andar a grillos つまらない事を気にする, 無駄な心配をする.
olla de grillos →olla.
tener la cabeza como una olla de grillos 茫(ぼう)然としている; 目まいで頭がくらくらする.
tener la cabeza llena de grillos 気がふれている, 気が違っている; 頭がいかれている.
grillo[2] [gríjo] 男《植物》芽, 新芽, 若芽.
grima [gríma] 女 苛立ち; 不快感, 嫌悪. —dar ～ (人の)癇にさわる. Me da ～ verle sin hacer nada. 奴が何もしないでいるのを見るとむかつく. Daba ～ oír los alaridos del enfermo. 病人のうめき声を聞いているといらいらした. 類**desazón, irritación**.
grímpola [grímpola] 女 ❶ (船の風見などに用いられる)小旗, ペナント. ❷《軍事》隊旗, 団旗(戦場や戦死者の墓に掲げられた三角形のもの). 類**gallardete**.
gringada [griŋgáða] 女 ❶〖集合的に〗外国人(→gringo), 異人達. ❷ 外国人[アメリカ人]特有の行為.
gringo, ga [gríŋgo, ga] 男 女 外国人, 異人, 外国語の話者; (特に中南米の人から見た)アメリカ人, ヤンキー. —— 男 意味不明の[判読不可能な]言語, 訳の分らない言葉. 類**griego**. —— 形 外国の, 異国の; 北米の; (言葉が)ちんぷんかんぷんの.
griñón [griɲón] 男 ❶ (修道女や信者が顔を包む)ベール. ❷ 小型の桃の一種.
gripal [gripál] 形 風邪·流感(→gripe)の. —Padece una afección ～. 流感にかかっている.
‡**gripe** [grípe] 女《医学》インフルエンザ, 流行性感冒; 風邪. —coger la ～ 流感にかかる. estar con ～ 流感にかかっている. Ayer se vacunó contra la ～. 昨日彼はインフルエンザの予防接種を受けた. ～ aviar [del pollo] 鳥インフルエンザ. 類**influenza, trancazo**.
‡**gris** [grís グリス] 形 ❶ 灰色の, ネズミ色の. —Se ha comprado un abrigo ～. 彼はグレーのオーバーを買った. 類**ceniciento, plomizo**. ❷ (天気が)薄暗い, どんよりとした, くすんだ〖ser/estar＋〗. —Me deprimen los días ～*es* del otoño. 私は秋のどんよりとした日々に気がめいっている. La mañana está ～. 朝は薄暗い. 類**nublado, sombrío, triste**. ❸ さえない, 精彩を欠いた, わびしい〖ser/estar＋〗. —Era una fiesta un poco ～. それは少々わびしいパーティーだった. Es un estudiante muy ～. 彼は非常にさえない学生だ. El equipo estuvo muy ～ durante todo el partido. そのチームは試合中大変精彩を欠いていた. 類**apagado, incoloro, triste**.
gris marengo 暗灰色(の), ダークグレー(の).
gris perla 明灰色(の), パールグレー(の).
—— 男 ❶ 灰色, ネズミ色, グレー. ❷ 寒気, 寒い風, 寒々とした天気. —Cierra la ventana, que entra un ～ desagradable. 窓を閉めなさい. いやな寒気が入るから. ❸〖スペイン〗《話》〖主に 複〗(灰色の制服を着た国家警察の)警官. —Los ～*es* di-

solvieron la manifestación. 警官たちはデモを解散させた. 類**poli.**

***grisáceo, a** [grisáθeo, a] 形　灰色がかった〖ser/estar＋〗. — blanco ～ 灰色がかった白. El cielo estaba ～. 空は灰色がかっていた. pájaro de plumaje ～ 灰色がかった羽の鳥.

grisalla [grisája] 〖＜仏〗女 〖美術〗グリザイユ（灰色の濃淡を使い浮彫に似せた絵画）.

grisú [grisú] 男　メタンガスの一種（炭坑で発生する可燃性・爆発性のもの）.

grita [gríta] 女 ❶ （大勢の人の）どよめき, 騒ぎ, わめき声;（特に非難や不満の）叫び声, ブーイング. ❷（複数の人が声高にしゃべっているときの）声や叫び.
dar grita a ... をはやしたてる, やじる.

****gritar** [gritár グリタル] 自 ❶ 叫ぶ, どなる, 大声を上げる. — Ella *gritó* y el ratero salió huyendo. 彼女が大声を上げたので, すりは逃げ出した. 類**chillar, vocear**. ❷ 大声で話す, わめく. — No *grites* tanto, que te oigo. そんなに大声で話すなよ, 聞こえるから.
—— 他 ❶ を大声で叱る, どなりつける, どやしつける. — No me *grites*, que el culpable no soy yo. 私をどならないでよ, 悪いのは私じゃないんだから. El padre *grita* a su hijo porque no le pide perdón. 父親は謝まらない息子が赦そうとしないのでどなりつける. 類**regañar.** ❷ を野次り倒す, 非難する, なじる. — El público *gritaba* al torero por la cobardía que mostraba. 観衆は闘牛士が臆病な様子を見せたのでブーイングを浴びせた.

gritería [gritería] 女　（大勢の人々の）ざわめき, 騒ぎ, どよめき, 叫び. — El árbitro señaló penalty y en las gradas se produjo una gran ～. 審判が PK の判定を下し観客席は大きくよめいた.

griterío [griterío] 男　＝gritería

***grito** [gríto] 男 ❶ （驚き・恐怖・怒り・喜びなどの）叫び(声), 大声, わめき(声); 悲鳴. — dar [emitir, lanzar, proferir, soltar] un ～ [～s] 叫び声・悲鳴を上げる, 大声を出す. prorrumpir en ～ de alegría [de dolor] 突然歓喜［苦痛］の大声を上げる. alzar [levantar] el ～ 声を荒げる. ～ de guerra 鬨(とき)の声, 雄叫(おたけ)び. La niña lanzó un ～ cuando vio la serpiente. その女児は蛇を見たとき悲鳴を上げた. 類**alarido, chillido, clamor, lamento.** ❷ （動物の）鳴き声, 吠(ほ)え声. —～s de los animales de la selva ジャングルの動物たちの鳴き声.
a gritos/a grito pelado [*abierto*, *herido*, *limpio*]／*a voz en grito* （＝a voz en cuello）大声で, ありったけの声で. asparse *a gritos* わめき立てる, 泣きわめく. llorar *a gritos* 泣きわめく［泣きじゃくる］. Siempre habla *a grito pelado*. 彼はいつも大声で話す. Dos vecinas estaban peleando *a grito limpio*. 2 人の隣人女性が大声を上げながらけんかしていた.
al grito 〖アルゼンチン〗すぐに, 直ちに.
andar a gritos 〖主語が複数〗犬猿の仲である, しょっちゅう喧嘩(けんか)ばかりしている.
el último grito (de la moda) 《俗》最新流行（＝la última moda）. Lleva un peinado que es *el último grito*. 彼女は最新流行の髪型をしている. Viste siempre según *el último grito*. 彼女はいつも最新流行の服を着ている.
estar en un grito 絶え間ない激痛でうめいて［う

なって］いる.
pedir [*estar pidiendo*] *a gritos* 《俗》（至急）ととても必要としている. La cocina *está pidiendo a gritos* una buena limpieza. 台所はすぐすみまで掃除する必要がある. Este tejado *pide a gritos* que le hagan una reparación. この屋根はすぐ修繕する必要がある.
*pegar*LE *a ... cuatro gritos* 《俗》（人）を非難する, とがめる.
poner el grito en el cielo 《俗》激怒［憤慨］する, かんかんになって怒る. Al verme fumando, mis padres *pusieron el grito en el cielo*. 私がタバコを吸っているのを見て, 両親は激怒した.

gritón, tona [gritón, tóna] 形　よく叫ぶ, 叫ぶように大声で話す.
—— 名　よく叫ぶ人, 叫ぶように大声で話す人, すぐどなる人. — No sé cómo puede aguantar a una mujer tan *gritona*. あんなにすぐ大声をあげる女に彼がどうして耐えていられるのか, 私にはわからない.

groenlandés, desa [groenlandés, désa] 形　グリーンランド（Groenlandia）の. —— 名　グリーンランドの人, グリーンランド出身者.

Groenlandia [groenlándja] 固名　グリーンランド島（デンマーク領）.

grog [gróy] 男　グロッグ（ラムなどの蒸溜酒を湯で割り, 砂糖とレモン汁を加えた飲み物）.

groggy, grogui [gróyi] 〖＜英〗形 ❶ グロッキーの（ボクシングで打たれてふらふらになり, 半ば意識不明でかろうじて立っている状態）. — dejar ～ グロッキーの状態にする, ふらふらにさせる. ❷ 〖比喩〗（疲弊・打撃・精神的ショックなどから）ふらふらになった, 茫然とした, ぐったりした. 類**aturdido.**

grosella [groséja] 女 〖植物〗スグリの実, カラント. — ～ espinosa グズベリー, 西洋スグリ. ～ negra 黒房スグリ, ブラックカラント.

grosellero [grosejéro] 男 〖植物〗スグリの木.

***grosería** [grosería] 女 ❶ 無作法, 失礼, 無礼. — Es una mujer de una ～ increíble. 彼女は信じられないほど無礼な女性だ. Es una ～ marcharse sin despedirse. 挨拶せずに帰るのは失礼である. 類**descortesía, incorrección.** 反**cortesía, delicadeza.** ❷ 下品な（言動）. — decir ～s 下品なことを言う. 類**indecencia.** 反**urbanidad.** ❸（手仕事の）粗雑さ, ぞんざい. 類**tosquedad.**

:**grosero, ra** [groséro, ra] 形 ❶ 粗野な, 育ち［しつけ・行儀］の悪い, 不作法な〖ser/estar＋〗. — Tu actitud con ellos fue muy *grosera*. お前の彼らに対する態度は非常に不作法だ. Sus *groseras* palabras nos molestaron mucho. 彼の品のない言葉に私たちは大変悩まされた. Es un hombre de gustos ～s. 彼は下品な趣味の男だ. 類**descortés, impertinente, maleducado.** 反**correcto, cortés, educado.** ❷ 粗野な, 粗悪な, 稚拙な. — tela [costura] *grosera* 粗い布地［仕立て］. Realizó un trabajo ～. 彼は雑な仕事をした. 類**basto, ordinario, tosco.** 反**refinado.** ❸（誤りなどが）ひどい, ばかばかしい. — error ～ ひどい誤り. —— 名　粗野［下品, 不作法］な人. — ¡Eres un ～! お前は不作法な奴だ.

grosor [grosór] 男 ❶ 厚さ, 厚み. — cojín de ～ 厚手のクッション. un tabique de poco ～ 薄い壁［間仕切り］. ❷（柱などの）直径. — el ～ de un árbol [cable, tornillo] 木（ロープ, ねじ）の直径.

grosura [grosúra] 女 ❶ （肉の）脂身, 脂肪. ❷

(食用にする)獣の脚, (鳥などの)臓物.

grotesco, ca [grotésko, ka] 形 ❶ 変な, おかしな, 奇抜な, 突飛な, 風変わりな. ―figura *grotesca*. Cayó en una postura muy *grotesca* y todos se rieron. 彼がとてもおかしな恰好になったので皆は大笑いした. ❷ 異様な; 悪趣味な, 美的な;
―男 〖建築, 美術〗グロテスク模様[装飾].

grúa [grúa] 女 ❶ クレーン, 起重機. ~ ~ corrediza 走行クレーン. ~ de carga 荷物用クレーン. ~ de pórtico 門型クレーン. ~ de torre タワークレーン. ~ giratoria 回転式クレーン. ~ fija 固定式クレーン. ❷ レッカー車.

gruesa[1] [grués̩a] 女 ❶ 12 ダース, グロス(数の単位). ―He comprado una ~ de clavos. 私は釘を 1 グロス買った. ❷ (教会の聖堂参事会員の)給与のうち中心となる所得. ❸ →grueso.

grueso, sa[2] [grués̩o, sa] 形 [+de]…が太い. ―tronco ~ 太い幹. línea *gruesa* 太い線. Es ~ *de piernas*. 彼は脚が太い. El hilo es muy ~ y no entra por el ojo de la aguja. 糸が太いので針の穴を通らない. 反**delgado, fino**. ❷ 厚い, 分厚い, 厚みのある. ―Tiene los labios muy ~s. 彼は大変分厚い唇をしている. El diccionario se compone de dos ~s volúmenes. その作品は分厚い 2 巻本から成り立っている. intestino ~ 大腸. 類**abultado, espeso, voluminoso**. 反**delgado, fino**. ❸ (まるまる)太った, 肥えた, ずんぐりした〖ser/estar＋〗. ―Aunque era bastante ~, tenía mucha agilidad. 彼はかなり太っていたが, 非常に敏捷だった. 類**gordo** 脂肪が付いて太っている, **grueso** がっしりした体格で肉付きがいい, **obeso** 太りすぎている. 反**delgado, flaco**. ❹ (中身が詰まっていて)大きい, 重みのある, かさばる. ―Me dio un ~ racimo de uvas. 彼は大きいブドウの房を私にくれた. ❺ (金額などが)大きい. ―Tuve que pagarles una *gruesa* cantidad de dinero. 私は彼らに巨額のお金を払わなければならなかった. ❻ (布などが)粗くて重い. ―No me gusta esta tela *gruesa*. この厚ぼったい布は好きではない. ❼ (冗談などが)さえない, 鈍くさい. ―Siempre gasta bromas muy *gruesas*. 彼はいつも非常に野暮ったい冗談を言う. 類**basto, grosero**. ❽ 〖スペイン南部, 中南米〗(言葉などが)粗雑な, 粗野な, 下品な. ―expresión *gruesa* 下品な表現. 類**grosero, malsonante, rudo**.

―男 ❶ 太さ. ―¿Cuánto mide el ~ de esta columna? この柱の太さはどのくらいありますか. 類**grosor**. ❷ 厚さ, 厚み. ―Este papel tiene un ~ superior al normal. この紙は普通のものより厚みがある. ¿Cuál es el ~ de la pared? 壁の厚さはどのくらいですか. 類**espesor, grosor, volumen**. ❸ 本体, 主力, 主要部. ―Quedó cercado el ~ del ejército. 軍の主力は包囲された. 類**cuerpo, masa, núcleo**.

en [*por*] *grueso* 卸(ｵﾛｼ)で.
intestino grueso →intestino.
mar gruesa →mar.

gruir [gruír] [11.1] 自 〖単人称動詞〗(鶴が)鳴く.

grujidor [gruxiðór] 男 ガラス切り; 切ったガラスの縁を磨く道具.

grujir [gruxír] 他 (ガラスを切断した後に縁を磨いて滑らかにする, 整える.

grulla [grúʎa] 女 〖鳥類〗ツル(鶴).

grullo, lla [grúʝo, ʝa] 形 ❶ 田舎者の; 無骨な, 野暮な, 垢抜けない. 類**cateto, paleto**. ❷ 〖話〗たかりやの. ❸ 〖中南米〗(馬などが)灰色の.
―男 ❶ 田舎者; 無知で愚かな人. 類 〖中南米〗灰毛馬. ❸ 〖中南米〗=peso (貨幣単位).

grumete [gruméte] 男 〖海事〗見習い水夫, 船員の仕事を手伝う見習いの少年, キャビン・ボーイ.

grumo [grúmo] 男 ❶ (血液・溶液などの)凝塊, 粘塊, だま. ❷ (液体の)凝固した部分. ~ de leche[de sangre] カード[血塊・血栓・血餅]. ❸ (野菜・果物などのごく密集した)房. ―~ de col キャベツの芯. ~ de coliflor カリフラワーの房. ~ de uvas ブドウの房. 類**cogollo, piña**. ❹ 鳥の翼の先端.

grumoso, sa [grumóso, sa] 形 凝塊だらけの, だまの多い; 凝固した.

gruñido [gruɲíðo] 男 ❶ ぶつくさ[ぶうぶう]不平を言う声; (犬などの怒り・威嚇(ｲｶｸ))の唸(ｳﾅ)り声. ―Siempre que le mando algo, suelta un ~. 私が彼に何か送ると常に彼はぶつくさ言う. 類**refunfuño, regaño**. ❷ (豚の)ぶうぶう鳴く声. ―Desde mi habitación oía el ~ de los cerdos. 私の部屋からは豚の鳴き声が聞こえていた. 類**bufido, rugido**.

gruñir [gruɲír] [3.10] 自 ❶ (豚・犬などが)うなる. ❷ 〖比喩〗(不満・抗議・嫌悪などを表わして)うなるような声を出す; ぶつぶつ言う. ―Algo le pasa al abuelo: se ha pasado el día *gruñendo*. おじいさんは何かあったのか, 一日中ぶつぶつ言っていた. ❸ (戸などが)きしむ, (風などが)うなるような音をたてる. ―La ventana está *gruñendo*. 窓がきしむ音がしている. 類**chirriar, rechinar**.

gruñir las tripas →tripa.

gruñón, ñona [gruɲón, ɲóna] 形 いつもぶつぶつ文句を言う, 何に対しても不平を言う, 気むずかしい.
―名 ぶつぶつ屋, 不平[小言]の多い人.

grupa [grúpa] 女 (主に馬の)尻, 背の後方部分. 類**anca**.

volver grupas [*la grupa*] (主に馬が)後退するために向きを変える, 回れ右をする, 踵(ｷﾋﾞｽ)を返す.

grupera [grupéra] 女 ❶ 馬の鞍の後ろに置いて荷物などを乗せるクッション. ❷ しりがい(馬の尻から尾の部分につける馬具の一種).

grupo[1] [grúpo グルポ] 男 ❶ グループ, 集団, 団体; 〖政治〗党派, 政党. ―~ de presión 圧力団体. ~ de noticias 〖通信〗ニュースグループ. ~ de trabajo ワークグループ. ~ industrial 企業グループ. Un ~ de turistas rodean al guía del museo. 旅行者の一行が博物館のガイドと取巻いている. Después de la excursión se reunieron para sacer una foto del ~. 遠足の後彼らは集合写真を撮るために集まった. Pertenecen al mismo ~ de la cámara. 彼らは院内同一会派に属している. 類**clase, conjunto, sección**. 反**individuo, unidad**. ❷ (物の)集まり, 群. ―En lo alto había un ~ de árboles. 頂上には木立ちがあった. ❸ 〖文法〗群, 語群. ―~ de palabras (文中でまとまった意味・機能を持つ)語群. ~ fónico (ポーズで挟まれた)語群, 呼気段落. ~ nominal [verbal] 名詞[動詞]句. ~ consonántico [vocálico] 子音[母音]群. 類**sintagma**. ❹ 〖医学〗(血液の)型. ―sangre del ~ A A 型の血液. ~ sanguíneo 血液型. ❺ 〖生物〗(動

物・植物の分類上の群, 区分. ~~ de orquídeas ラン科植物. ⑥《技術》設備一式, 装置. ~~ electrógeno [generador] 発電装置. ~ dental 歯科治療器具一式. ⑦《心理, 社会》集団. —terapia de ~ 集団(心理)療法. ~ de referencia レファレンス・グループ, 準拠集団. ⑧《軍事》(砲兵・戦闘)の部隊, (空軍の)大隊. ⑨《絵画, 彫刻》群像(構図の一単位をなす人・物の集団). ⑩《音楽》(歌手・楽器などの)グループ. ⑪《数学》群. ~~ de abeliano [cíclico, de permutación] アーベル[巡回, 置換]群. ⑫《化学》基(=~ funcional); 群. ~~ ácido 酸性基. ~ prostético 配合群, 補欠分子団.

*grupo² [grúpo] 名 【アルゼンチン】《俗》うそ(=mentira).

gruta [grúta] 女 ❶ (岩山などにできた)ほら穴, 洞窟. ❷ (建物や庭に洞窟に似せて作った)穴.

grutesco, ca [grutésko, ka] 形 ❶ (人工の)ほら穴の, 穴状の. ❷《美術, 建築》グロテスク風の. —columna grutesca グロテスク様式の柱.
—— 男 グロテスク様式(人や動物の空想的な形をモチーフにしたルネッサンス期の装飾芸術).

gruyere [grujére] 《<仏》男 グリュイエルチーズ(スイスの Gruyére 地方原産で固くて小穴のあるチーズ). =queso gruyere

guaca [guáka] 女【中南米】❶ (主にボリビアやペルーの)インディオの墓. ❷ 隠れた宝, 埋蔵物. ❸ 貯金箱.

guacal [guakál] 男【中南米】❶《植物》ヒョウタン, ヒョウタンノキ; ヒョウタンの実で作った器. ❷ (運搬に使う木製の)大かご.

guacamayo [guakamájo] 男 《鳥類》コンゴウインコ(オウムに似た南米産の鳥で鮮やかな色の羽根を持つ).

guacamol [guakamól] 男【中南米】《料理》ワカモレ(アボカドのサラダ).

guacarnaco, ca [guakarnáko, ka] 形【中南米】愚かな, 馬鹿な.

guachalomo [guatʃalómo] 男【中南米】ヒレ肉, サーロイン; サーロインステーキ.

guachapear [guatʃapeár] 他 ❶ (水たまりなどを)バシャバシャさせる, 水をはねかす, ピチャピチャ音をたてる. ❷《比喩》(仕事などを)雑にする, いい加減にやる. ❸【中南米】を盗む. — 自 (金属片などが)カチャカチャ音をたてる.

guache¹ [guátʃe] 男【中南米】俗人; 教育を受けていない人;《軽蔑》のらくら者, 怠け者, 浮浪者.

guache² [guátʃe] 男 水彩画, グワッシュ.

guachinango, ga [guatʃinángo, ga] 形 ❶【中米】ずるい, 口のうまい. ❷ 親しみやすい.
—— 男【メキシコ】タイに似た魚.

guacho, cha [guátʃo, tʃa] 形【中南米】❶ 孤児の, 親のない; 家のない. ❷ (靴などが)不揃いな.
—— 男 ❶ ひな鳥. ❷【中南米】畝, 溝. ❸ 孤児; 捨て子.

guaco [guáko] 男 ❶《植物》万能薬として用いられる南米産の藤に似た草. ❷《鳥類》ホウカンチョウ(宝冠鳥; 中南米産のキジ科の鳥で家禽にもなる). ❸ (古いインディオの墓 guaca から出土する)土偶, 土器.

guadal [guaðál] 男【中南米】(砂質の)湿地, 湿原, 沼沢地.

Guadalajara [guaðalaxára] 固名 グアダラハーラ(スペインの県・県都; メキシコの都市, ハリスコ州の州都).

guadalajarense [guaðalaxarénse] 形 男女 (メキシコの)グアダラハーラの(住民・出身者).

guadalajareño, ña [guaðalaxaréɲo, ɲa] 形 グアダラハーラ(スペイン, メキシコの都市)の.
—— 名 グアダラハーラ出身者[の住民].

guadaloso, sa [guaðalóso, sa] 形【中南米】沼地の, 沼沢の多い.

Guadalquivir [guaðalkiβír] 固名 (el ~)グアダルキビル川(スペインの河川).

Guadalupe [guaðalúpe] 固名 ❶ グアダルーペ(スペインの都市; メキシコの都市). ❷《女性名》グアダルーペ.

guadamací, guadamecí [guaðamaθí, guaðameθí] 男 (壁かけなどにする)浮き出し模様を施したなめし革.

guadaña [guaðáɲa] 女 (長柄の)鎌, 大鎌. ♦時間や死の象徴とされ, 死神の絵などで手に持たれる.

guadañador, dora [guaðaɲaðór, ðóra] 形 草刈りの.
—— 名 草を刈る人; 草を刈る(ための)もの.
—— 女 ❶ 草刈り機. ❷《比喩》死.

guadañadora [guaðaɲaðóra] 女 →guadañador.

guadañar [guaðaɲár] 他 (鎌で)草を刈る. 類 segar.

guadañero [guaðaɲéro] 男 草刈り人.

guadarnés [guaðarnés] 男 ❶ 馬具置場. ❷ 馬具係, 馬具の管理や手入れをする人. ❸ 武具係, 武器管理者(昔の宮廷の名誉職の一つ). ❹ 武器庫; 兵器博物館.

Guadarrama [guaðarráma] 固名 (Sierra de ~) グアダラーマ山脈(スペインの山脈).

Guadiana [guaðjána] 固名 (el Río ~) グアディアナ川(スペインとポルトガルの南部を流れる河川).

Guadix [guaðí(k)s] 固名 グアディス(スペインの都市).

guagua [guáɣwa] 女 ❶ つまらないもの, 取るに足りないこと. ❷【中南米】赤ん坊, 乳児. ❸【中南米】(オレンジやレモンの木につく)虫. ❹【中南米】(特に都市交通の)バス.
de guagua 《話》ただで, 無料で. 類 de balde.

guaica [guáika] 女【中南米】❶ ビーズ, ガラス玉. ❷ 数珠玉.

guaico [guáiko] 男【中南米】❶ くぼ地, 低地, 凹地; くぼみ, 穴. ❷ ごみ置き場, ごみ捨て場.

guaira [guáira] 女 ❶【中南米】(ペルーのインディオが銀を溶かすのに使う)陶製の溶鉱炉. ❷【中南米】(インディオの使う)笛の一種. ❸《海事》三角形の帆(=vela triangular).

Guairá [guairá] 固名 グアイラ(パラグアイの県).

guaje [guáxe] 形【中南米】愚かな, 馬鹿な. 類 boto, tonto.
—— 男【中南米】❶ (ワインを入れる)ヒョウタン. ❷ 安物; がらくた. ❸《植物》アカシアの一種.

Guajira [guaxíra] 固名 →La Guajira.

guajira [guaxíra] 女 キューバの民謡の一種.

guajiro, ra [guaxíro, ra] 名 キューバの(白人)農民.

guajolote [guaxolóte] 男【中南米】❶《鳥類》七面鳥. ❷ 馬鹿, 愚か者, 間抜け.

gualda [guálda] 女《植物》モクセイソウの一種(黄色の染料をとるのに用いる).

gualdera [gualdéra] 囡 (はしご・砲架などの)側板, 両側面の板.

gual*do, da* [guáldo, da] 形 黄色の. 類 **amarillo**.

gualdrapa [gualdrápa] 囡 ❶ 馬・ロバなどの尻にかぶせる長いカバー. ❷《話》(衣服から垂れ下がる)ぼろ, 切れ目.

gualdrapazo [gualdrapáθo] 男『海事』(波が穏やかなときに)船の帆がはためいてマストやロープにあたること.

gualdrapear [gualdrapeár] 自『海事』(波が穏やかなときに)船の帆がはためいてマストやロープにあたる.
— 他 (ピンなどを)互い違いに置く.

gualicho [gualítʃo] 男『中南米』❶ (ガウチョ族の)悪霊, 悪魔; 呪い. ❷ 御守り, 魔除け. 類 **amuleto, talismán**.

guama [guáma] 囡 ❶『植物』グワモ (guamo, マメ科の植物でコーヒー農園で木陰をつくるために植えられる); グワモの実. ❷『中南米』嘘.

guanábana [guanáβana] 囡『植物』トゲバンレイシ (guanábano)の実.

guanábano [guanáβano] 男『植物』トゲバンレイシ(アンチーヤス産のバンレイシ科の植物で実は食用になる).

guanaco [guanáko] 男 ❶『動物』グワナコ (ラマに似た草食性の大型哺乳動物でアンデス山脈沿いに生息する). ❷『中南米』田舎者; うすのろ.

Guanajuato [guanaxuáto] 固名 グアナファト(メキシコの州).

Guanare [guanáre] 固名 グアナレ (ベネズエラの都市).

guanche [guántʃe] 形 グワンチェ(征服以前にカナリヤ諸島に住んでいた民族)の. — 男女 グワンチェ族, グワンチェ族の言語.

guanear [guaneár] 他『中南米』❶ (土地に)堆肥をやる. ❷ をよごす. — 自『中南米』(動物が)糞をする.

guanera [guanéra] 囡『中南米』堆肥を置く場所, 肥溜め.

guan*ero, ra* [guanéro, ra] 形『中南米』グアノ(堆肥)の.

guano [guáno] 男『中南米』❶ グアノ, 鳥糞石(海鳥の糞から作る有機リン肥料). ❷ (グアノに似せて作った)化学肥料. ❸《話》お金. ❹ (一般に)ヤシ, ヤシ科の植物の総称; ヤシの葉.
meter guano 一生懸命に働く.
¡Vete al guano!《話》くたばっちまえ.

guantada [guantáða] 囡 びんた, 平手打ち. — **dar [propinar] una ~** 平手打ちをくらわす, 横っ面を張る. La discusión terminó a ~s. 口論はしまいにビンタの応酬となった. 類 **bofetón**.

Guantánamo [guantánamo] 固名 グアンタナモ(キューバの州・州都).

guantazo [guantáθo] 男 = guantada.

‡**guante** [guánte] 男 ❶『主に 複』(服装)手袋; (野球・ボクシングなどの)グローブ, グラブ. ~s de cuero [de piel] 皮手袋. ~s de lana 毛糸の手袋. ponerse (los) ~s 手袋をはめる. ~s de caucho [de goma] ゴム手袋. ~s de boxeo ボクシング用グラブ. ~s segunda piel 極薄ゴム手袋. caja de ~s『原子力』グローブボックス(少量の放射性物質などを扱う小型の箱). 類 **manopla, mitón**. ❷《俗》賄賂(ミ); 複 チップ, 心付け. — **dar un ~ a ...** (人)に賄賂を贈る. 類 **obsequio, propina**.

guapo 1021

arrojar [echar, tirar] el guante a ... (1) (人)に挑戦する, を挑発する. 類 **desafiar** (2) (挑戦のしるしに)(人)に手袋を投げつける.

asentar el guante a ... (1) (人)をたたく, 殴(ᠭ)る. (2) 虐げる, 虐待する.

como un guante とても従順な, おとなしい.

con guante de seda / con guante blanco 細かく気を遣って, 手厚く, 慎重に. Hay que tratarla *con guante de seda*, porque tiene muy mal genio. 彼女には細やかな気配りが必要である. なぜなら大変気難しい性格だから.

de guante blanco 正式な, 正装の.

echar el guante a ...《俗》(1) (人)を捕まえる, 逮捕する. La policía *le ha echado el guante*. 警察は彼を逮捕した. (2) (人)を盗む, 万引きする. En cuanto ella se volvió, el ladrón *echó guante al bolso*. 彼女が振り向いたとたんに泥棒はハンドバッグを奪った. (3) (人)に挑戦する.

Mano de hierro en guante de seda 外柔内剛 (←絹の手袋の中に鉄の手).

más suave [blando] que un guante →**como un guante**.

recoger el guante 挑戦[決闘]に応じる.

sentarLE **como un guante a ...** (人)にぴったり合う.

guantear [guanteár] 他『中南米』(手で)を殴る, 平手打ちをくらわす.

guantelete [guantelét̞e] 男 籠手(ᢟ)(鎧(よ)の一部). 類 **manopla**.

guantera [guantéra] 囡 手袋を入れておく所, (特に自動車のダッシュボードなどにある)手袋入れ, グローブ・コンパートメント.

guantería [guantería] 囡 ❶ 手袋を作る工場. ❷ 手袋を売る店. ❸ 手袋作りの仕事.

guant*ero, ra* [guantéro, ra] 名 手袋を作る[売る]人.

guapear [guapeár] 自《話》❶ (身なりや顔のいいことを)鼻にかける, 自惚れる. ❷ (勇気のあることを)見せつける, 誇示する. ❸ 自慢する.

guap*etón, tona* [guapetón, tóna] 〔<guapo〕形 ❶ 様子のいい, ハンサムな, 美人の; 恰好のよい, 颯爽とした. ❷ 派手な, けばけばしい.
— 名 ❶ 様子のいい人, りりしい人, あでやかな人. ❷《まれ》ほら吹き. 類 **perdonavidas**.

guapeza [guapéθa] 囡 ❶ guapo であること, 美しい[ハンサムな; しゃれている]こと. ❷ (身なりのいいことなどを)誇示すること; 見栄, 虚勢. ❸《まれ》勇敢さ.

‡**guapo, pa** [guápo, pa] グワポ, パ 形 ❶ (a) (人が)顔立ちのよい, みめよい. — No es *guapa*, pero tiene un tipo precioso. 彼女は, よくないが, スタイルは非常によい. (b) (男が)男前の, りりしい. —actor ~ 美男の俳優. (c) (女が)美人の, きれいな, かわいい. —Se ha casado con una mujer muy *guapa*. 彼は大変な美人と結婚した. 類 **bonito**. 反 **feo**. ❷ (a) (服装・外見が)さっそうとした, ぱりっとした. —¡Hombre, qué ~ estás! おや, いい格好をしてるじゃないか. 着飾った, はなやかな, はでな. —Tu amiga va muy *guapa* hoy. 君のガールフレンド今日は目立つなあ. ❸《話》(人・物が)かっこいい, かわいい, 楽しい. —coche ~ かっこいい車. gente *guapa* 有名人. Es una película *guapa* y te

recomiendo que la veas. それはおもしろい映画だから、見ることを勧めるよ. ❹ 度胸のある, 威勢のいい, 勇みはだの.
── 图 美男[美人], かわいい子[親しみ, 時には皮肉をこめた呼びかけにも用いる]. ─¡Venga, guapa, que perdemos el tren! ねえ, 急いでよ. 電車に乗り遅れてしまうから.

── 男 ❶ 度胸のある[勇みはだの]男. ─¿Quién será el ~ que le planta cara al jefe? 上司に逆らう度胸のある人はだれかいるかい. ❷ けんか好き, 乱暴者. ─Ahí viene el ~ de la pandilla. ほら, チンピラ仲間の乱暴者が来るぞ. 類**bravucón, fanfarrón**. ❸ だて男, 色男; 気取った男.
echárselas [dárselas] de guapo だて男を気取る.

guapote, ta [guapóte, ta]〔< guapo〕形 ふくよかで美しい, 豊満な, まるまるとした.

guapura [guapúra] 女 《話》guapo であること, 美しい[ハンサムな, しゃれている]こと. 類**belleza, hermosura**.

guaraca [guaráka] 女 〔中南米〕❶ 投石器, ぱちんこ. ❷ 鞭; (独楽回しの)紐.

guaracha [guarátʃa] 女 〔中南米〕グワラチャ(中南米の舞踊の一種, またその歌).

guarache [guarátʃe] 男 〔中南米〕(インディオのはく)革サンダル.

guaragua [guaráɣwa] 女 〔中南米〕❶ (肩や腰を振る)気取った歩き方; (ダンスなどでの)軽快な体の動き. ❷ 回りくどい話し方, 遠回しな言い方. ❸ 嘘; 嘘つき. ❹ 複 (安っぽい[ごてごてした])装身具, 安ぴかもの.

Guaranda [guaránda] 固名 グアランダ(エクアドルの都市).

guaraní [guaraní] 形 〔複guaraníes〕グワラニ族(南米のインディオの一種族)の. ── 男女 グワラニ族の人. ── 男 ❶ グワラニ語. ❷ グワラニ(パラグアイの貨幣単位).

guarapo [guarápo] 男 ❶ サトウキビの汁(これを蒸発させて砂糖を得る). ❷ サトウキビの汁で作った酒.

***guarda** [guárða] 名 〔通例 男 で, 女 →guardesa〕番人, 守衛, 管理人. ─En la entrada de la fábrica había un ~. 工場の入口に守衛がいた. ~ nocturno [de noche] 夜警. ~ de parque 公園警備員. ~ de la finca 農場管理人. ~ del museo 博物館の守衛. ~ forestal 森林監視[警備]員 (=guardabosque). ~ rural [de rivera] 田園[河川]監視官. ~ jurado (不動産などの)監視官. ~ de caza [de pesca] 密猟[漁業]監視人. ~ de vista 見張り人. 類**guardián, portero, vigilante**.

── 女 ❶《まれ》保護, 後見. ─para la ~ de mis derechos 私の権利擁護のために. Ángel de la G ~ 守護天使. ser en ~ de ... …の保護[庇護]下にある. 類**protección, tutela**. ❷ 監督, 管理. ─~ de los prisioneros 囚人の監視. 類**custodia**. ❸〔主に 複〕(印刷)(本の)見返し, きき紙. ❹〔主に 複〕錠の中の突起(合わない鍵の侵入を妨げる); (その突起に対応する)鍵の切り込み. ❺〔主に 複〕(扇子の親骨. ❻ (法の)遵(^{じゅん})守. ❼ (櫛(^{くし})の)親歯; (刀剣の)鍔(^{つば}). ❽ (女子修道院で)男性の訪問者につく修道女. ❾ (トランプ)(同種の上位札を守る下位の)ガード札, 捨て札. ❿〔中南米〕(服などの)縁飾り.
falsear las guardas (1) 合鍵を偽造する. (2) 〔軍事〕(奇襲のため城塞や軍隊の)見張り人を買収する. 類**アルゼンチン**(バスなどの)車掌.

guardabarrera [guarðaβaréra] 男女 踏切番, 踏切の監視や操作をする人.

guardabarros [guarðaβáros] 男 〔単複同形〕(車や自転車の)泥よけ.

guardabosque [guarðaβóske] 男 森の維持管理人.

guardabrisa [guarðaβrísa] 女 ❶ (ガラス製の)ランプのほや, ランプシェード(中にろうそくを入れて使う). ❷ 車のフロントガラス.

guardacabo [guarðakáβo] 男 《海事》(船のロープを通す)リング, 輪.

guardacabras [guarðakáβras] 男女〔単複同形〕山羊飼い. 類**cabrero**.

guardacantón [guarðakantón] 男 ❶ (建物の角や道の両側に, 車がぶつかるのを防ぐために作った)石柱. ❷ (四輪馬車で)前輪の保護用の鉄棒.

guardacoches [guarðakótʃes] 男〔単複同形〕駐車場の係員, 管理人.

guardacostas [guarðakóstas] 男〔単複同形〕沿岸警備・海難救助などの任にあたる小型の船, 監視艇, 警備艇.

guardador, dora [guarðaðór, ðóra] 形 ❶ (物事を)守る, 保つ; (特に)物持ちのよい; 規則を遵守する. ❷ けちな.
── 名 ❶ (物事を)守る[保つ]人, (特に)物持ちのよい人; 規則を遵守する人. ~ de la ley 法律の遵奉者. ❷ けちん坊. 類**mezquino**.

guardaespaldas [guarðaespáldas] 男女〔単複同形〕ボディーガード, (要人などを)護衛する人.

guardafrenos [guarðafrénos] 男女〔単複同形〕(鉄道の)制動手, ブレーキを扱う人.

guardagujas [guarðaɣúxas] 男女〔単複同形〕(鉄道の)転轍手, ポイントの切り換えをする人.

guardainfante [guarðaimfánte] 男 ❶ たが骨(昔の女性がスカートをふくらませるために腰につけた, ペチコートの一種). ❷ 《海事》キャプスタン(綱を巻き上げる装置)のシリンダーの直径を広げるために用いる板組み.

guardalado [guarðaláðo] 男 手すり, 欄干; 柵. 類**antepecho, pretil**.

guardalmacén [guarðalmaθén] 男〔複guardalmacenes〕倉庫係, 倉庫業者, 倉庫管理人.

guardalodos [guarðalóðos] 男〔単複同形〕=guardabarros.

guardamalleta [guarðamajéta] 女 カーテンの上部につけるひだ飾り.

guardamano [guarðamáno] 男 刀のつば. 類**guarnición**.

guardameta [guarðaméta] 男 (サッカーの)ゴールキーパー. 類**portero**.

guardamonte [guarðamónte] 男 ❶ 用心鉄(銃の引き金を止めておく金具). ❷ ポンチョ(マントの)ような上着. ❸〔中南米〕馬に乗るとき足を保護するために全面にのみつける革の脚カバー, 革ズボン.

guardamuebles [guarðamwéβles] 男〔単複同形〕❶ 家具倉庫, 家財道具を(料金を払って)保管してもらう場所. ❷ (宮廷で)家具類の管理や手入れをする係.

guardapelo [guarðapélo] 男 ロケット, メダイヨ

ン(中に形見の品などが入れられる装身具・貴金属の類). 類 medallón.

guardapiés [ɡu̯arðapi̯és] 男 〔昔の女性が着た〕くるぶしまでの長いスカート.

guardapolvo [ɡu̯arðapólβo] 男 ❶ (作業などの際に汚れや埃を防ぐため衣服の上から着る)上っぱり, オーバーオール, ダスターコート(古くは旅行の際に用いた). ❷ (一般に)埃よけのカバー. ❸ (窓, 戸口などの上に作られた)雨よけのひさし. ❹ (乗馬靴の甲の部分についている革製の)べろ. ❺ (懐中時計の)内ぶたの部分. ❻ 複 (荷車・馬車などの)轅から車軸にかけての鉄の部分.

guardapuerta [ɡu̯arðapu̯érta] 女 ❶ ドアにつけるカーテンやタペストリー. ❷ 雨戸, 鎧戸.

＊guardar [ɡu̯arðár グワルダル] 他 ❶ (a) 〔+de から〕を守る. ―El abrigo nos *guarda* del frío. オーバーは寒さから我々を守ってくれる. ―la ley 法律を守る. Han *guardado* su palabra. 彼らは約束を守った. (b) を見守る, 見張る. ―Un centinela *guarda* la puerta principal. 歩哨が1人正門を警備している. La alarma *guarda* de los ladrones la casa. 警報器は家を泥棒から守ってくれる. ¡*Guarda*! 気をつけろ, 危ない. ❷ をしまう, 保管する, 保存する. ―Ella *guarda* las joyas en la caja fuerte de un banco. 彼女は宝石類を銀行の金庫に保管してある. ❸ を取っておく, 残しておく. ―*Guárda*me el asiento un momento. ちょっと席を取っておいてちょうだい. El librero *guardó* varios ejemplares para la biblioteca. 本屋は図書館のために余分を取ってある. Su obsesión es ～ dinero. 彼の執念は金をため込むことだ. 類 ahorrar. ❹ (a) (ある感情)を抱き続ける, 持っている. ―*Guardo* su imagen en la memoria. 私の記憶の中には彼女のイメージが残っている. Ella me *guarda* rencor. 彼女は私に恨みを抱いている. (b) (あること)を保つ, 保ち続ける, 保持する. ―～ cama 病床にある. ～ cola 行列に並ぶ. ～ silencio 沈黙を守る. ～ un secreto 秘密を守る. Esta casa *guarda* recuerdos valiosos para mí. この家は私にとって貴重な思い出が残っている. ❺ (情報)を保存する, セーブする.

――se ❶ 〔+de に〕用心する, 警戒する. ―*Guárda*te de él, que no es una persona de fiar. 彼には気をつけろ, 信用できる人物ではないよ. *Guárda*te de las murmuraciones. 陰口には用心しろ. ❷ 〔+de+不定詞〕…しないように気をつける. ―*Guárda*te de participar en ese negocio. その取引にはかかわらないよう気をつけろ. 類 abstenerse. ❸ 手元に置いておく, しまっておく. ―*Guárda*te la cartera en el bolsillo. 財布をポケットにしまっておきなさい.

guardársela 仕返しの機会をうかがう, 今に見ろと思う. Es muy rencoroso y sé que *me la guarda*. 彼は恨みが深い奴だから, 私に仕返ししようと思っていることは分かっている.

guardarropa [ɡu̯arðařópa] 男 ❶ (特に劇場などの)クローク, 外套置き場. ❷ 衣裳箪笥, 衣裳戸棚. ❸ 集合的に 衣服, 持ち衣裳, ワードローブ. ❹ =abrótano.
―― 男女 ❶ クローク係, 預った外套や手荷物を管理する人. ❷ (劇場の)衣裳係. ❸ (宮廷の)衣裳係, 衣服の管理の仕事.

guardarropía [ɡu̯arðařopía] 女 (劇場) ❶ (エキストラやコーラスの)衣裳; 小道具. ❷ 衣裳・小道具の保管場所, 衣裳部屋.
de guardarropía 外見だけの, 見せかけだけの, にせの.

guardarruedas [ɡu̯arðařu̯éðas] 男〔単複同形〕❶ =guardacantón. ❷ (車庫用の出入口の両側にとりつけて側柱にタイヤがぶつかるのを防ぐ)S字形鉄片.

guardasilla [ɡu̯arðasíja] 女 (椅子がぶつかるのを避けるために壁につける木製の)剥形.

guardavía [ɡu̯arðaβía] 男 鉄道線路の監視員, 保線工夫.

guardería [ɡu̯arðería] 女 ❶ 保育園, 保育所, 託児所(=guardería infantil). ❷ 管理人(守衛, 番人, 監視員)の職務.

＊guardia [ɡu̯árðja グワルディア] 男女 ❶ 警官, 警察官. ―～ de tráfico [de la porra, de la circulación] 交通巡査. ～ de seguridad 警官. Llame Ud. a un ～. 警官を呼んでください. G～ Civil de Alta Montaña 治安警察山岳救助隊. 類 gendarme, guarda, policía. ❷ (軍事)衛兵, 守衛, 警備兵(隊員). ―relevo de ～ 衛兵交替. puesto de ～ 衛兵の詰所. ～s del palacio real 王宮の衛兵, 近衛兵. ～ entrante [saliente] 上番(と)[下番(と)]衛兵, 当直入り[明け]の守衛. ～ forestal 森林監視警備員. 類 centinela, guarda, vigía. ❸ 護衛, ボディーガード.

guardia civil (スペインの)治安警備隊; 治安警備隊員. ◆1844年, 農村部の秩序を保つために, 海岸部・国境地帯・街道筋・鉄道を監視するために創設, また治安警察として Franco 独裁体制を支えた.

guardia marina [複 guardia marinas; el [la] guardiamarina ともいう] 海軍士官候補生. Los *guardia marinas* pasan muchos meses en alta mar. 海軍士官候補生たちは洋上で何か月も過ごす.

guardia municipal (都市の)警官, 市警察官; 市警察.

guardia urbano (都市の)警官, 市警察官(市警察は guardia urbana).

ser más vago que la chaqueta [chaquetilla] de un guardia 俗 ひどい怠け者である.

―― 女 ❶ 警備, 見張り, 監視. ―Durante la noche hacían ～s para vigilar el campamento. 彼らは兵営警備のために一晩中見張りをしていた. ¡En ～! 気をつけろ! burlar la ～ 監視の目をかすめる[かいくぐる]. relevar la ～ 見張り[警備]を交替する. 類 custodia, defensa, vigilancia. ❷ (医師などの)当直, 当番; (軍事)歩哨勤務. ―salir de ～ 当直明け[非番, 下番(と)]になる. ❸ 警備隊, 護衛隊, 警備隊; 集合的に 警備兵, 衛兵, 警備兵. ―Hubo un relevo de la ～ real. 王宮衛兵の交代が行なわれた. cuerpo de ～ 警備隊, 衛兵隊; 衛兵詰所. ～ de honor 儀仗(ぎじょう)隊. ～ de corps 近衛隊, 親衛隊; 近衛兵. ～ de asalto (第2共和制の時の警察の)機動隊. 類 escolta, patrulla. ❹ (スポーツ)(ボクシング・フェンシングの)ガード, 防御の構え. ―― bajo ロー・ガード. bajar la ～ ガードを下げる. No aflojes la ～. ガードが甘いぞ. ❺ 複 (錠の中の)突起, ワード.

de guardia 当直の, 当番の, 休日[夜間]営業の. médico *de guardia* 当直医.

guardián

entrar de guardia 当直に立つ. *Entró de guardia* a las nueve. 彼は9時に当直に入りした.
estar de guardia (1) 見張りをしている, 警備[警戒, 監視]している. (2) 《海事》当直である (=estar de servicio).
estar en guardia [＋contra] (…に)警戒[用心]している; 《フェンシング》ガードしている.
montar [hacer](la) guardia 《軍事》歩哨(しょう)に立つ, 見張りをする. *A ti te toca hacer la guardia*. 君が歩哨に立つ番だ.
poner a ... en guardia (人に)警戒[用心]させる.
ponerse en guardia (1) [＋ante/contra] (不信・恐怖で…に)警戒する. *Ante mis preguntas se puso en guardia*. 私の質問に彼は警戒の態度をとった. (2) 《フェンシング》防御姿勢を取る.

*guardián, diana [ɡwarðján, ðjána] 图 管理人, 守衛, 監視[警備]員. ～ de parque 公園管理人. ～ de un museo 博物館の守衛. ～ de prisiones 看守. ～ de un garaje ガレージの番人. 類 guarda, vigilante.
— 男 ❶《カトリック》(フランシスコ会の)修道院長. ❷《海事》(係船помощь用の)太綱.
— 形 見張りをする, 見張り番の. —perro ～ 番犬.

guardilla [ɡwarðíʎa] 图 ❶ 屋根裏部屋. ❷ 屋根の張出し窓, 屋根窓. 類 **buhardilla, desván**.

guarecer [ɡwareθér] [9.1] 他 ❶ を保護する, 守る, 防護する. —*La cueva nos guareció de la lluvia*. 我々は洞窟で雨をしのぐことができた. ❷ …に避難場所を与える, の隠れ家となる, を収容する. ❸ を治す, 手当てする, 薬を飲ませる.
— se 再 [＋de] …から避難する, を避ける; (避難所に)逃げ込む. —*Los turistas corrían a ～se del granizo bajo los soportales*. 旅行者たちはアーケードの下にかけ込んで降ってきたあられをしのいだ.

Guárico [ɡwáriko] 固名 グアリコ(ベネズエラの州).

guarida [ɡwaríða] 图 ❶ (動物の)隠れ場所, 穴, 巣. —*A la derecha del sendero había una ～ de zorros*. 道の右側にキツネの穴があった. ❷ (特に悪者の)隠れ家, 巣窟, 根城. —～ de ladrones 盗人たちの根城. ❸ 人の集まる場所, たまり場. —*Antonio tiene muchas ～s*. アントニオには仲間と集まる場がいくつもある.

guarismo [ɡwarísmo] 男 数字, (特に)アラビア数字.
no tener guarismo 無数である, 数え切れない (=ser innumerable).

guarnecer [ɡwarneθér] [9.1] 他 ❶ [＋con/de で]を飾る. —～ una joya 宝石をつける. ～ un vestido *con* puntillas de encaje 服にレースの縁飾りをつける. 類 **adornar**. ❷ を…に装備する. —～ un barco de velas 船の帆を張る. ❸ …に守備隊を置く; (守備隊として)駐屯する. —*Han enviado refuerzos para ～ la ciudad*. 町の守備の為に増援部隊が派遣された. ❹《建築》(壁など)を塗り直す, 補強する. ❺ (狩猟用の鷹)に装備をさせる(鈴・革紐など). ❻《料理》に付け合せを添える[＋con/de]. —～ un pescado *con* verduras 魚に野菜の付け合せを添える.

guarnecido [ɡwarneθíðo] 男《建築》(壁を)塗り直すこと, 漆喰を塗ること; 漆喰.

guarnecido, da [ɡwarneθíðo, ða] 形 飾りをつけた. —*capa guarnecida* 縁飾りのついたマント. *espada guarnecida* 装飾をほどこした剣.

guarnés [ɡwarnés] 男 =guadarnés

‡**guarnición** [ɡwarniθjón] 图 ❶ (衣服・部屋などの)飾り, 装飾(レースや飾りひもなど). —*Lleva un abrigo con ～ de piel en el cuello y los bajos*. 彼は襟(える)と裾(そ)に毛皮のついたオーバーを着ている. 類 **adorno, paramento**. ❷《料理》(肉や魚料理に添える野菜などの)つま, 付き合わせ. —*Tomaremos un filete con ～ de patatas y tomates*. フライド・ポテトと焼きトマト添えのヒレ肉を食べましょう. 類 **acompañamiento**. ❸《軍事》(都市・要塞などの)守備隊, 駐屯部隊. —*estar de ～ en una ciudad* ある都市に駐屯している. *Toda la ～ estaba pendiente del ataque del enemigo*. 守備隊のみんなが敵の攻撃を待ち構えていた. 類 **guardia, tropa**. ❹ (宝石はめ込み)台座(だい), 爪. —*Llevó la amatista al joyero para que le pusiera una ～ de oro blanco*. 彼はプラチナにはめ込んでもらおうと, アメジストを宝石細工職人のところへ持って行った. 類 **engaste**. ❺ (剣・サーベルの)鍔(つば). —*Llevaba sus iniciales grabadas en la ～ de la espada*. 彼は剣の鍔(つば)にイニシャルを彫ってあった. ❻ 馬具(一式). —*Coloca rápidamente las guarniciones a los caballos y vámonos*. 急いで馬に馬具をつけなさい. そして出かけましょう. 類 **arneses, arreos**. ❼《自動車》~ de freno ブレーキ・ライニング. ~ de émbolo ピストン・リング.

guarnicionar [ɡwarniθjonár] 他 …に守備隊を置く, (兵などを)駐屯させる.

guarnicionería [ɡwarniθjonería] 图 馬具工場, 馬具織工の仕事場; 馬具の販売店.

guarnicionero [ɡwarniθjonéro] 男 馬具職人. 類 **talabartero**.

guarnir [ɡwarnír] [欠如動詞, abolirに同じ] 他《海事》(漁に使う)起重機の滑車を装備する【活用語尾がiで始まる形のみ使われる】.

guarra [ɡwára] 图 →guarro.

guarrada [ɡwaráða] 图 ❶ 汚ないこと, 不潔. 類 **inmundicia, porquería, suciedad**. ❷ 下品, 俗悪さ. ❸ 汚ない行為, ひどい仕打ち, 悪質ないたずら. —*¡Ya eres mayor para hacer esas ～s, hombre!* もういい大人なんだからそんな悪さすることなかろう. *Haz el favor de no contar ～s delante de los niños*. お願いですから子供たちの前でそんな下品な話はやめて下さいな. *Esta película es una ～*. この映画はひどい. 類 **indecencia**.

guarrería [ɡwarería] 图 =guarrada.

guarro, rra [ɡwáro, ra] 形 汚ならしい, 不潔ならしい; 豚のような. 類 **cerdo, cochino**.
— 图 汚ならしい人, 不潔な人; だらしない人.
— 男 ❶ 豚, 雄豚. ❷《比喩》あばずれ, ふしだらな女.

guasa [ɡwása] 图 ❶ 皮肉, 嫌味; からかい, 揶揄; 冗談, 悪ふざけ. —*con [de, en] ～* 冗談半分に. *Déjate de ～ y vamos a hablar en serio*. 冗談はおいておいてまじめに話そう. *Se tomó a ～ lo que le dije*. 彼は私の言ったことを冗談と思ったのだ. *Le dijo con mucha ～*. 全くの冗談で(嫌みたっぷりに)言った. *No he visto hombre con más ～*. こんなにふざけた男は見たことがない. ❷ 退屈, 面白くないこと, 味気ないこと.
estar de guasa 冗談を言う, ふざけている. *¿Ella,*

joven? ¡Estás de guasa, hombre! 彼女が若いだって？ ふざけちゃいけないよ．

guasada [guasáða] 囡 『中南米』粗いこと，粗雑，粗野．

guasca [guáska] 囡 『中南米』(手綱などに使う)革紐，紐；鞭．— dar ~ 鞭打つ．

guascazo [guaskáθo] 男 『中南米』guasca で打つこと，一撃．

guasería [guasería] 囡 『南米』粗野(ぶさ)，無作法(なこと．

guaso, sa [guáso, sa] 形 『中南米』粗野な，がさつな，不作法な，無骨な． 類 **grosero, incivil, tosco**． — 名 『中南米』田舎者；農民．

guasón, sona [guasón, sóna] 形 おどけた，滑稽な；冗談(じょうだん)好きの；からかう；皮肉を言う． 類 **bromista, burlón**． — 名 冗談やしゃれを言う人，おどけ者，ふざける人；皮肉を言う人．

guasquear [guaskeár] 他 をむち打つ．

guata¹ [guáta] 囡 (未加工の)木綿，原綿(特に，詰物用に平たく成型して両面を糊で固めたもの)．

guata² [guáta] 囡 『中南米』腹，腹部． 類 **barriga, panza, vientre**．

guate [guáte] 男 『中米』(飼料用の)トウモロコシ(の農園)．

Guatemala [guatemála] 固名 グアテマラ(公式名 República de Guatemala，首都グアテマラシティー Ciudad de Guatemala)．

‡**guatemalteco, ca** [guatemaltéko, ka] 形 グアテマラ(Guatemala)の，グアテマラ人(風)の．— la economía *guatemalteca* グアテマラ経済．
— 名 グアテマラ人．

guateque [guatéke] 男 (食事・ダンスなどでにぎやかにやる)ホームパーティー．

guau [guáu] 『擬音語』ワンワン(犬の声)．
— 男 (犬の)吠え声．

guayaba [guajáβa] 囡 ❶ 『植物』グアバ(の果実)；グアバのゼリー． ❷ 『中南米』嘘． 類 **embuste, mentira**．

guayabal [guajaβál] 男 グアバ(guayaba)の畑，植込み．

guayabera¹ [guajaβéra] 囡 (ゆったりした薄手の)ショート・ジャケット，オーバーブラウス．

guayabero, ra² [guajaβéro, ra] 形 『中南米』嘘の，偽りの；嘘をつく． 類 **embustero, mentiroso**．

guayabo [guajáβo] 男 ❶ 『植物』グアバの木．♦ アメリカ産のフトモモ科の木．高さ 5-6m になり楕円形の厚い葉と白い花をつける．実は食用． ❷ 『話』若いきれいな女の子；若者．

guayaca [guajáka] 囡 ❶ 『中南米』(身につけて使う小型の)袋，ケース，小物入れ，ポーチ；(特に)煙草入れ． ❷ お守り，魔除け．

guayacán, guayaco [guajakán, guajáko] 男 『植物』グアヤカン，ユソウボク．

Guayanas [guajánas] 固名 ギアナ地方(南アメリカ大陸北東部地方)．

guayanés, nesa [guajanés, nésa] 形名 ギアナの[人]，ガイアナの[人]．

Guayaquil [guajakíl] 固名 グアヤキル(エクアドルの都市)．

Guayas [guájas] 固名 グアヤス(エクアドルの県)．

‡**gubernamental** [guβernamentál] [< gobierno] 形 ❶ 政府の，与党の；統治の．— Los partidos de la oposición no están de acuerdo con la decisión ~. 野党は政府の決定に同意していない．El partido ~ se perfila como ganador en las próximas elecciones generales. 与党が次の総選挙では勝ちそうである．organigación no ~ 非政府機関，NGO． 類 **gubernativo, ministerial**． ❷ 政府支持の，政府よりの．— La prensa ~ hizo una campaña en defensa de las nuevas medidas. 政府支持の新聞は新しい政策を擁護するキャンペーンを行った．
— 男女 政府支持者，与党．— Los ~es están en mayoría en el parlamento. 議会では与党が多数を占めている．

gubernativo, va [guβernatíβo, βa] 形 政府の，行政の；官営の；治安の(→gubernamental)．

gubia [gúβja] 囡 ❶ 丸のみ(木工・彫刻等に使う先が半円形のもの)． ❷ 大砲などの銃口の検査に使う丸のみ形の用具．

gudari [guðári] 男 [複 gudaris] (バスクの)兵士．

guedeja [geðéxa] 囡 ❶ 長髪． ❷ 髪の一部，一房[一巻き]の毛束． ❸ (ライオンの)たてがみ．

güegüecho, cha [gueɣuéʧo, ʧa] 形 『中南米』❶ 馬鹿れた；間抜けな． ❷ 『医学』甲状腺腫を患っている． — 男 『中南米』『医学』甲状腺腫．

güelfo, fa [guélfo, fa] 形 教皇党の．
— 名 教皇党員．♦ 中世イタリアでギベリン党(gibelino，皇帝党)と対立したローマ教皇派の勢力．

Guernica [gerníka] 固名 ゲルニカ(スペインの町；内戦時の爆撃を題材としたピカソの絵画作品でも有名)．

güero, ra [guéro, ra] 形 『中南米』金髪の，ブロンドの．

‡**guerra** [géra ゲラ] 囡 ❶ (*a*) (武力による)戦争． — declarar la ~ 宣戦布告する．entrar en ~ 戦争を始める．hacer la ~ 戦争をする．estar en ~ 戦争中である．La ~ estalló una semana después. 一週間後に戦争が勃発した．~ bacteriológica 細菌戦争． ~ civil 内戦．~ de guerrillas ゲリラ戦争．~ nuclear 核戦争．G~ Civil Española 『歴史』スペイン内戦(1936-39)．Primera G~ Mundial 『歴史』第一次世界大戦(1914-18)．Segunda G~ Mundial 『歴史』第二次世界大戦(1939-45)．G~ del Golfo 『歴史』湾岸戦争．(*b*) (武力によらない)戦争，戦い．— ~ comercial [económica] 貿易[経済]戦争．~ fría 冷戦．~ de nervios 神経戦．~ de precios 価格競争．~ psicológica 心理戦．~ química [bacteriológica] 化学[細菌]戦争．~ santa 聖戦． ❷ (悪習との)戦い．— ~ contra la pobreza [la droga, la corrupción] 貧困[麻薬，汚職]との戦い． ❸ 争い，敵対，いがみ合い．— mantener la ~ 敵対する．

armarse la guerra 大騒動が起こる．

buscar [pedir/querer] guerra 《話》(*a*) 挑発的な態度をとる．La otra pandilla *buscaba guerra* y terminamos a palos. 相手グループが挑発したので，結局私たちはけんかをしてしまった．(*b*) (女性が)性的にそそのかす．

dar guerra 騒ぎを起こす，面倒を起こす．Son dos niños muy simpáticos, pero *dan* mucha *guerra*. 2人ともいい子供なんだが，とてもうるさい．

de antes de la guerra 《話》とても古い，流行遅

guerrear

れの.

en pie de guerra →pie.

guerra de cifras 対立する二者間が提示するデータの食い違い.

guerra sucia 宣戦布告をしない戦争, 卑劣な争い.

tener la guerra declarada (a+人)《話》(人に)敵意をあからさまに示す.

guerrear [geřeár] 自 **❶**〔+con/contra〕…と戦争する, 戦う. **❷** 反抗する, 逆らう. 類 **contradecir, rebatir, resistir**.

guerrera [geřéra] 女 →guerrero.

‡**guerrero, ra** [geřéro, ra] 形 **❶** 戦争の, 戦いの. —entonar un canto ~ 軍歌を歌う. espíritu ~ 闘志, 戦意. danza guerrera 出陣[戦勝]の踊り. 類 **bélico, militar**. 反 **pacífico**. **❷** 好戦的な, 戦闘的な. —Los germanos fueron pueblos ~s. ゲルマン民族は好戦的な民族であった. 類 **batallador, belicoso, combativo**. **❸**《俗》(子供が)いたずら(好き)の, うるさい. 類 **bullicioso, travieso**.

— 名 つわもの, 闘士; (昔の)戦士, 軍人. —~ valiente 勇敢な戦士. 類 **militar, soldado**.

— 女 軍服の上着(ぴったりしたデザインで徽(き)章などの飾りのあるもの).

guerrilla [geříja] 女 **❶** ゲリラ隊, 遊撃隊, 別動隊(正規軍でない小人数の部隊で, 時に応じて敵を攪乱する). **❷** ゲリラ, レジスタンス, パルチザン(占領下や独裁体制下などにあって, 土地住民の中から立ち上がり武器をとって戦う小集団). **❸** ゲリラ戦(=guerra de ~s). **❹** トランプゲームの一種.

guerrillear [geřijeár] 自 ゲリラ戦をする, ゲリラ隊員として戦う.

guerrillero, ra [geřijéro, ra] 名 ゲリラ兵, ゲリラ戦士, パルチザン.

gueto [géto] 男 ユダヤ人地区[居住区], ゲットー.

Guevara [geβára] 固名 ゲバラ(エルネスト・チェErnesto Che ~)(1928-67, アルゼンチン生まれ, キューバ革命の指導者).

guí- [gí-] 動 guiar の直・現在, 接・現在, 命令・2単.

‡**guía** [gía] 男女 **❶**(特に旅行などの)ガイド, 案内人. —servir de ~ a … (人)のガイドを勤める. ~ de museo 美術[博物]館の案内人. ~ de la selva [de montaña] ジャングルの[山岳]ガイド. G~ Michelin ミシュラン・ガイド(旅行案内書). ~ turística 観光ガイド. 類 **cicerone, conductor**. **❷** 指導者; (行動などの)指針. —~ espiritual [de almas] 精神的指導者, (魂の)霊的指導者. 類 **consejero, norte, orientación**.

— 男 **❶** (旅行・美術館などの)ガイドブック, 案内書. —consultar una ~ ガイドブック[案内書]を調べる. ~ de turismo 観光ガイドブック. ~ de carreteras 道路案内図. ~ de la ciudad 市のガイドブック. ~ gastronómica グルメガイドブック. ~ de viajeros 旅行案内. ~ de calles シティーガイド, 市街案内図. ~ del conductor ドライバー・ガイドブック. **❷** 類 **manual, plano, tratado**. **❸**《鉄道》時刻表 (~ de ferrocarriles); 電話帳 (~ telefónica [de teléfonos]). —No sabía tu teléfono y lo busqué en la ~ telefónica. 私は君の電話番号を知らなかったので電話帳で探した. **❹** 手引き, 案内, 指導; (行動などの)指針, 目標, 道し るべ. —~ vocacional 職業指導. línea ~ ガイドライン. ~ de pecadores 罪(ぐ)人たちの手引き. G~ de lingüística románica ロマンス言語学入門. 類 **faro, norte, norma, orientación**. **❺**《機械》誘導装置, 滑り溝, ガイド(レール); カーテンレール; (ミシンなどの)糸道. —carril con ~s para las cortinas カーテンレール. —~ de una pistola 拳銃所持許可書. Los policías le pidieron al camionero que les mostrara la ~. 警察官たちはトラック運転手に運転許可書の提示を求めた. ~ de carga 貨物運送状. **❻** (はね上げ)口ひげ (bigote) の先端. **❼**《植物》(特につる植物などの)本枝, 幹; 支柱, 添え木 (=rodrigón). —~ de la calabaza カボチャの茎. Hay que ponerle una ~ al rosal. バラの木に添え木を当てなければならない. **❽** (花火や発砲などの)導火線. **❾**《軍》(馬の)先導馬 (=caballo de ~s). **❿**《軍》(先導馬の)手綱. **⓫**《鉱業》(大鉱脈に続く)鉱脈, 支脈. **⓬**《海事》フェアリーダー, 索導器. **⓭**《音楽》フーガ(遁走曲)の主唱. **⓮** (扇子の親骨 (=guarda).

— 男 **❶**《軍事》嚮導(きょうどう)(整列・行進・方向転換の際に基準となる兵). **❷** (自転車・モーターバイクの)ハンドル (=manillar).

guiadera [giaðéra] 女 (精油機械のレバー, 井戸の桶などを動かすための)横木, 角材, 横棒.

***guiado, da** [giáðo, ða] 過分 →guiar.

‡**guiar** [giár] [1.5] 他 **❶** 案内する, 導く, 連れて行く. —El niño nos guió hasta la estación. 男の子は私たちを駅まで導いてくれた. ~ los destinos de un país 国の運命を導く. 類 **encaminar, orientar**. **❷** 指導する, 教えさとす, …に忠告する. —El padre guió a sus hijos con dureza. 父親は子供たちをきびしくしつけた. **❸** (植物)好ましい方向に伸ばす, はわせる. —~ las ramas 枝ぶりを矯正する. **❹** (乗物)を運転する, 操縦する. —~ una barca 小舟を操る.

—**se** 再〔+por〕導かれる, 従って行く. —Me guío por mi propio juicio. 私は自分の判断で行動する. Los navegantes se guiaban por la estrella polar. 航海者たちは北極星を目標にして進んで行った.

guija [gíxa] 女 **❶** (河床・川岸などにある)小石, 丸石(磨耗して角のとれた). 類 **china, guijarro**. **❷**《植物》カラスノエンドウ(マメ科の植物).

guijarral [gixařál] 男 小石だらけの土地, 小石の多い場所. 類 **pedregal**.

guijarro [gixářo] 男 (角がすりへって丸くなった)小石, 砂利. 類 **china, guija**.

guijarroso, sa [gixařóso, sa] 形 (地面・土地が)小石・砂利の多い.

guijo [gíxo] 男 **❶** (集合的に)道路の舗装用の砂利. **❷**《中南米》(水車, 精穀機械などの)回転軸, シャフト.

guillado, da [gijáðo, ða] 形《話》狂った, 気のふれた, 錯乱した. 類 **chiflado, trastornado**.

guilladura [gijaðúra] 女《話》狂気, 気が違っていること. 類 **chifladura**.

guillame [gijáme] 男 (細幅の)かんな, 溝かんな.

guillarse [gijárse] 再 **❶** 逃げる, 逃亡する, 立ち去る, ずらかる. —Dos presos se han guillado. 捕虜が2名脱走した. **❷** いかれる, ぼける, 気がふれる. 類 **chiflarse**.

guillárselas =**❶**. Se las guilló durante la noche. 夜の間に逃げ去った. 類 **pirárselas**.

Guillermo [gijérmo] 固名 ❶《男性名》ギリェルモ. ❷ (～ I) ウィリャム1世 (1027-87, イギリス王, 在位 1066-87, ノルマン王朝を開いた).

guillotina [gijotína] 女 ❶ ギロチン, 断頭台. ❷ (紙用の)断裁機, ペーパーカッター.
de guillotina (窓の)上下スライド式の, 落とし窓の.

guillotinar [gijotinár] 他 ❶ ギロチンで首をはねる, 断頭台で処刑する. ❷ 断裁機で(紙の縁など)を切り揃える, 切り落とす. ❸《比喩》(会議・長談義などを)中断させる, (終わらないうちに無理に)止めさせる.

guimbalete [gimbaléte] 男 (吸い上げ式ポンプを動かすための)レバー, (ポンプの)柄.

guimbarda [gimbárða] 女 かんなの一種(箱の底や溝などの細工に用いる細刃のもの).

günche [gúintʃe] 男《中南米》❶ 巻き上げ機, ウインチ. ❷ 起重機, クレーン.

guinda [gínda] 女 ❶《植物》ミザクラの実, サワーチェリー(酸味の強いサクランボの一種)の実. ❷《海事》船の全高(マストの先端までの高さ).

guindaleza [gindaléθa] 女《海事》(船をつなぐための)太綱, 大索.

guindar [gindár] 他 ❶ (巻き上げ機などで)高く上げる, 吊上げる; 高い所に吊るす. ❷《話》絞首刑にする. 類 **ahorcar**. ❸《話》(人と競り合って, 汚ないやり方で)勝ち取る; 奪って取る. — Antonio *guindó* el empleo. アントニオは勤め口を勝ち取った.
— *se* 再 ❶ [+de/por を] 伝って降りる; 滑り降りる. — ～ *de* un balcón バルコニーから下へ降りる. ～ *por* la pared 壁伝いに降りる. ❷ 首を吊る.

guindaste [gindáste] 男《海事》❶ (三本の丸太を組んだ)巻き上げ機(綱を操作するのに用いる). ❷ (帆綱をつなぐ)帆柱の横木.

guindilla [gindíja] 女 ❶《植物》赤トウガラシ. ❷《話, 軽蔑》警察, おまわり, ポリ公.

guindo [gíndo] 男《植物》ミザクラの木, 酸桜桃の木(桜桃に似ているが葉が小さく実の酸っぱいもの).

guindola [gindóla] 女《海事》❶ (帆柱の周囲などに吊るした)足場, (作業用の)腰掛板. ❷ 船尾に吊るした救命用ブイ. ❸ 扇形板(船の速度を測る手用測定器の先端につけた板).

Guinea [ginéa] 固名 ❶ ギニア(首都コナクリ Conakry). ❷ (Golfo de ～) ギニア湾.

guinea [ginéa] 女 ギニー(イギリスの古い通貨単位で21シリングに相当), ギニー金貨.

Guinea-Bissau [ginéa βisáu] 固名 ギニアビサウ(首都ビサウ Bissau).

Guinea Ecuatorial [ginéa ekuatorjál] 固名 赤道ギニア(公式名 República de Guinea Ecuatorial, 首都マラボ Malabo).

guineo, a [ginéo, a] 形 ギニア (Guinea, アフリカ西部の共和国又はアフリカ中部の大西洋沿岸地方の名称)の, ギニア出身の. — 名 ギニア人.
— 男 黒人の踊りの一種; それに伴う音楽.

guinga [gíŋga] 女 昔の木綿布の一種; ギンガム.

guiñada [giɲáða] 女 ❶ ウインク, 片目をつぶってみせること. 類 **guiño**. ❷《海事》ヨーイング(船首が突然進路を外れたり揺れたりすること).

guiñapo [giɲápo] 男 ❶ ぼろ, ぼろ布, ぼろきれ; ぼろぼろの服. 類 **andrajo, harapo**. ❷《比喩》弱々しい人, 病弱な人; (肉体的・精神的に打ちひしがれた人. — Esa larga enfermedad le ha dejado hecho un ～. 長患いで彼はすっかり弱りきってしまっている. ❸《比喩》堕落した人, 卑しい人, 品格のない人. — Cuando yo lo conocí, era un ～ de hombre. 知り合ったときの彼は見下げはてた奴だった.
poner como un guiñapo 侮辱する, 侮蔑の言葉を浴びせる.

guiñar [giɲár] 他 (片目)をつぶる, ウインクする. — Me *guiñas* el ojo cuando se acerque el profesor. 先生がこっちへ来たら目配せして教えてくれよ. — 自《海事》(船首が)突然進路を外れる, 揺れる, 偏走する.
— *se* 再 目配せし合う, 互いにウインクする. — Cuando vi que los niños *se guiñaban* comprendí que algo tramaban. 子供らが目配せし合っているのを見て, 何か企んでいるとわかった.

guiño [gíɲo] 男 ❶ ウインク, 片目をつぶってみせること. — Me hizo un ～ para que saliera. 彼は私に目配せで出ろと促した. ❷ (無意識に)顔面を動くこと, 眉をしかめること, まばたきすること.

guiñol [giɲól] 男 (指人形を使った)人形劇, 人形芝居.

‡**guión** [gjón] [< *guía*] 男 [複] **guiones** ❶ (演説・講演などの)要約, 要旨, メモ. — Es mejor que te hagas un ～ para la charla. スピーチのために要点を書き留めておいた方がよい. Le exigieron la presentación previa de un ～ de la comunicación. 彼は前もって研究発表の要旨提出を求められた. 類 **esquema, resumen, sumario**. ❷《映画, テレビ, ラジオ》シナリオ, 台本, 脚本; (視聴覚教育の)教授用資料;《情報》スクリプト. — Me han enviado varios *guiones* interesantes, pero no sé cuál elegir. 私のところに面白い脚本が幾つか送られてきたが, どれを選んでよいのかわからない. ❸《文法》ハイフン(-); ダッシュ(-)(= ～ largo). ❹ (行列・行進の先頭に掲げる)旗, 軍旗, 王旗;《カトリック》行列十字架. 類 **enseña, estandarte, pendón**. ❺ (渡り鳥の群で)先導役の鳥. — El ～ marcaba la ruta que los otros pájaros seguían. 先導役の鳥が進路を示し, 他の鳥はあとに続いた. ❻ 先導役, 指導者. — servir de ～ en una procesión 行列の先導者となる. ❼ (4人1組の舞踊)カドリールのリーダー. ❽《音楽》反復記号. ❾《鳥類》～ ～ de codornices ハタクイナ.
— 形 先導役の, 先頭に立つ. — perro ～《猟犬の群の》先導犬. La golondrina ～ levantó el vuelo y sus compañeras la siguieron. 先導役のツバメが飛び立つと仲間があとに続いた.

*‡**guionista** [gjonísta] 男女《映画, ラジオ, テレビ》脚本家, シナリオライター. 類 **escritor**.

guipar [gipár] 他《話》❶ 見える, 識別できる; 見つける, 気づく. — Está tan oscuro que no *guipo* nada. 暗くて何も見えない. Le *guipé* en cuanto entró. 彼が入って来るとすぐにわかった. 類 **descubrir, percibir, ver**. ❷ 理解する, わかる.

guipur [gipúr] 男 ギピュールレース(目の粗いレース編みの一種. 地になる網目がなく, 模様と模様を直接につなぎ合わせたもの).

Guipúzcoa [gipúθkoa] 固名 ギプスコア(スペイン北部バスク地方の県).

guipuzcoano, na [gipuθkoáno, na] 形 ギプスコア (Guipúzcoa) の.
— 名 ギプスコア出身の人.

güira [guíra] 女 《植物》ヒョウタン, キャラバッシュ(南米産ノウゼンカズラ科の高木, その実).

guiri [gíri] 〔＜バスク〕男女 ❶《軽蔑》外国人観光客[客]. ─¡La plaza está llena de ～s! 広場は外国人観光客でいっぱいですね. ❷《俗》治安警備隊員.

guirigay [giriɣái] 男〔複 guirigays〕《話》❶ 訳のわからない言葉, ちんぷんかんぷん, たわごと. ❷（叫び声・物音などの）騒ぎ, 喧騒, 混乱. ─Cuando se fue la luz, se armó un ～ de mil demonios. あかりが消えるともうすごい騒ぎがまきおこった. ❸ 喧嘩騒ぎ・暴力沙汰などの場, 光景.

guirlache [girláʧe] 男 キャンデー菓子の一種（アーモンド, ヘーゼルナッツなどをカラメルで板状に固めたもの）.

guirlanda, guirnalda [girlánda, girnálda] 女 ❶（花や小枝を編んだ作った）花冠, 花輪, リース. ❷（昔の粗い毛織物の一種.

güiro [guíro] 男《中南米》❶《植物》ヒョウタン, それに類する蔓性の植物, その実. ❷ ヒョウタンなどの実から作った楽器.

guisa [gísa] 女 方法, やり方, 風. 類**manera, modo**.

a guisa de ... …のように, …風に, …として. Puso una sábana a guisa de mantel. シーツをテーブルクロスがわりにした.

de esta [esa, tal] guisa この[その]ように, こんな[そんな]風に. Si seguimos de esta guisa, nos quedaremos sin seguidores. こんなやり方を続けていては, だれも私達についてこなくなるぞ.

en guisa de ... ＝a guisa de.

‡**guisado** [gisádo] 男《料理》シチュー, 煮込み(料理). ─～ de cordero 子羊のシチュー. 類**estofado, guiso**.

─, *da* 過分 形 料理された; 煮込み(料理)の, シチューにした. ─carne guisada 煮込んだ肉. La comida está guisada. 食事の用意ができている. 類**cocido, estofado**.

estar mal guisado 《俗》気分を害している, ご機嫌斜めである.

‡**guisante** [gisánte] 男《植物》エンドウ(豆) グリーンピース(＝～ verde). ─～ de olor スイートピー(＝haba de las Indias). ～ mollar [flamenco] サヤエンドウ. 類**pésol**.

‡**guisar** [gisár] 他 ❶（火を使って）調理する, 料理する, 煮炊きする. ─Voy a ～ patatas con bacalao. 私はタラ入りポテトを調理するつもりだ. Tu madre guisa muy bien. 君のお母さんは料理が上手だ. 類**cocer, cocinar**. ❷《話》(秘かに)たくらむ, 企てる. ─Parece que se guisa algo gordo en el gobierno. 政府内部では何か重大なたくらみが進んでいるようだ.

Ellos se lo guisan y ellos se lo comen.〔諺〕蒔いた種は刈られねばならぬ, 自業自得だ(←彼らはそれを料理し, 自らそれを平らげる).

guiso [gíso] 男 ❶ 料理. ❷ 煮込み料理, シチュー.

guisote [gisóte] 男《話》まずい[下等な, 下手な]料理.

güisqui [guíski]〔＜英〕男〔複 güisquis〕ウイスキー.

guita [gíta] 女 ❶ 細い麻紐. ❷《話》金銭, 現ナマ. ─aflojar [soltar] la ～ 金を払う.

‡**guitarra** [gitáRa] 女《楽器》ギター. ─tocar la ～ ギターを弾く. ～ acústica (フラメンコやクラシック用の)アコースティックギター. ～ eléctrica [clásica] エレキ[クラシック]ギター. 類**vihuela**.

chiflarle la guitarra (人)の計画をぶち壊す[台なしにする].

estar puesto a la guitarra (物事が)すばらしい出来ばえである.

pegar [venir] como guitarra en un entierro 場違いである.

ser buena guitarra 《俗》油断のならない人である. 類**ser buena maula**.

tener bien [mal] templada la guitarra 機嫌がいい[悪い].

─ 男女 ギター奏者, ギタリスト. 類**guitarrista**.

guitarrear [gitareár] 自 ギターを弾く, ギター演奏をする.

guitarreo [gitaréo] 男（けだるそうに, 或いは途切れ途切れに）ギターを爪弾くこと.

guitarrería [gitareRía] 女 ギター(マンドリン, リュートなど)の製作工場; ギターの販売店.

guitarrero, ra [gitaRéro, ra] 名 ❶ ギターを製作[販売]する人. ❷ ギターを弾く人, ギタリスト.

guitarrillo, guitarro [gitaRíʝo, gitáRo] 男 ❶ (4弦の)小型のギター. ❷ (高音で小型の)ギター.

‡**guitarrista** [gitaRísta] 男女 ギタリスト, ギター奏者.

güito [guíto] 男 ❶（杏など果物の）種(子供がおもちゃにする). ❷《話》帽子.

gula [gúla] 女 ❶ 大量に食べる[飲む]こと, 食べすぎ[飲みすぎ]; がつがつとむさぼり食うこと. ─comer con ～ 暴飲[暴食]する; がつがつする.

gules [gúles] 男《複》（紋章学での）赤色, 紅色.

gulusmear [gulusmeár] 自 ❶ つまみ食いをする;（煮炊きしている物を）くんくんと嗅ぎ回る. 類**golosinear**. ❷《比喩》詮索する, 嗅ぎ回る.

gumía [gumía] 女 モーロ人の使う刃のカーブした短刀の一種.

guripa [gurípa] 男 ❶（将校・下士官以外の）兵, 兵卒. ❷ 警官. 類**guardia**.

gurmet [gurmé(t)]〔＜仏〕男女 グルメ, 美食家.

gurriato [guRjáto] 男 雀のひな.

gurrumina [guRumína] 女 ─gurrumino.

gurrumino, na [guRumíno, na] 形 ひ弱な, 病弱な; 弱小の. 類**desmedrado, ruin**. ─名《話》子供. 類**chiquillo, niño**. ─ 男 妻に甘い夫; 尻に敷かれた夫.

─ 女 ❶ 夫が妻に対して甘いこと, 尻に敷かれていること. ❷【中南米】つまらない物, 安物. ❸【中南米】つまらない, 厄介, 面倒, 面倒事.

gurú [gurú] 男〔複 gurús〕ヒンズー教の導師, グル; (精神的な)指導者.

gusanear [gusaneár] 自 ❶（虫などが）うようよいる, 群がる, ひしめき合う. ❷ むずがゆい, むずむずする. 類**hormiguear**.

gusanera [gusanéra] 女 ❶ 虫などの繁殖地, 虫に荒らされた場所; 細菌などの温床(傷, 潰瘍などにも言う). ❷（鶏の餌にする虫を繁殖させるため）鶏舎内で堆肥などをためておく溝. ❸《話, 比喩》激情, 情熱.

gusanillo [gusaníʝo]〔＜gusano〕男 ❶ らせん状に巻いてある糸・針金(刺しゅう用の金糸・銀糸, カーテンを吊るのに用いる巻き取り式のワイヤーなど). ❷ 小さい虫. ❸《話》落ち着かないこと; むずむず[ピリピリ]すること.

gusanillo de la conciencia 良心の呵責.
matar el gusanillo 朝食前の空腹時に酒を飲むこと; 軽food で空腹を抑えること.

‡**gusano** [gusáno] 男 ❶ (ミミズ・サナダムシ・回虫などの)虫, 毛虫, うじ虫; (昆虫などの)幼虫. ～ de tierra ミミズ(→*lombriz de tierra*). ～ de (la) seda 蚕(かいこ). ～ blanco 地虫(こがね虫の幼虫の). ～ de luz ツチボタルの幼虫[雌](→*luciérnaga*). ～ revoltón ブドウにつく青虫(→*convólvulo*). 類 **larva, oruga**. ❷《比喩》卑劣な[卑しい]やつ, 下らないやつ. —No le hagas caso, es un vil ～. あいつのことは無視しろ, 最低のやつだから. El trato que me dieron hizo que me sintiera un ～. 私が受けた(ひどい)扱いのために, 私は自分が下らないやつだと思うしかなかった. ❸《情報》ワーム.

criar gusanos 死んで葬られている, 死んでいる.
gusano de la conciencia 《俗》良心の呵責(かしゃく)(→GUSANILLO de la conciencia).
matar el gusano (→*matar el* GUSANILLO) (1) 軽い物を食べて空腹を満たす. (2) 朝食抜きでお酒を一杯やる.

gusanoso, sa [gusanóso, sa] 形 (果物などが)虫の食った, 虫食いのある.
gusarapiento, ta [gusarapjénto, ta] 形 ❶ 虫(*gusarapo*)の涌(わ)いた. ❷《比喩》ひどく汚い, 不潔な; 腐った.
gusarapo [gusarápo] 男 (水中などに涌(わ))く虫, ぼうふら, 蛆.
gustación [gustaθjón] 女 試食, 試飲, 味見.

gustar [gustár グスタル] 自 ❶【+a】(a)【+名詞/不定詞】(人に)気に入る, 好きである, 好まれる. —*Me gusta* mucho ir al cine. 私は映画に行くのが大好きだ. Tú *me gustas*. 私は君が好きだ. A mí no me *gusta* la leche. 私は牛乳が好きではない. (b)【+不定詞, +que+接続法】…したい, …してもらいたい. —No *me gusta* que hables mal de ellos. 私は君に彼らの悪口を言ってほしくない. *Me gustaría* hacer un viaje por China. 中国を旅行したいのだ. *Me gustaría* que dijeras por qué estás enfadado. なぜ君が怒っているのか言ってもらいたいんだけど. ¿*Te gustaría* salir a cenar esta noche? 今夜夕食に出かけませんか. ❷【+de】を好む, (…が)好きだ. —*Gusta de* hacer viajes. 彼は旅行をするのが好きだ. Ella *gusta* mucho *de* organizar fiestas. 彼女はパーティーを開くのが好きだ.

— 他 ❶ を味わう, 味見する, 試食する. —*Gustó* el pescado y dijo que estaba muy bueno. 彼は魚を味見して非常にうまいと言った. ❷ を経験する. —El mal tiempo nos impidió ～ el placer del viaje. 悪天候のため私たちは旅の楽しみを味わうことができなかった. 類 **disfrutar**. ❸【定型表現で人が主語】…したい. —Cuando usted *guste*, salimos. よろしければ出かけましょう. ¿Volvemos ya?-Como usted *guste*. もう帰りましょうか. -どうぞお好きなように(いいですが). Estoy a su disposición para lo que usted *guste*(mande). (紹介された後で)どうぞよろしくお願いします.

¿*(Usted) gusta?* ¿*Si gusta?*d ¿*Gusta?* (食事を始めるとき, その場に居合わせた人に)あなたもいかがですか. (その答は通常; Que aproveche. 御遠慮なく召し上がってください.)

gustativo, va [gustatíβo, βa] 形 味覚の, 味覚に関する. —papilas *gustativas* 味蕾(舌面上の味覚器官).

Gustavo [gustáβo] 固名《男性名》グスターボ.
gustazo [gustáθo] 男 (主に悪意での)喜び, 快感; (恨みを晴らした時などの)喜び, 満足感. —Tuve el ～ de estrechar la mano del Rey. 私は国王と握手ができていい気分だった.

darse el gustazo de … (1) (自分のために)奮発する, おごる. Cuando cobre *me daré el gustazo de* invitarle a cenar. サラリーをもらったら彼に思いっきり夕食をおごってやろう. (2) (自分に)…を許す, …する満足を与える. *Me di el gustazo de dejarle plantado*. 私は彼に約束をすっぽかしてやった.

gustillo [gustíjo] 男 ❶ 後味; 気味, (かすかな)味わい. —Esta carne tiene un ～ extraño. この肉は妙な味がする. 類 **regusto**. ❷ (悪意を含んだ)喜び, 満足. —Me dio [sentí] un gran ～ cuando me dijo que le había dejado la novia. 奴が彼女に捨てられたと言うのでざまを見ろと思った.

‡‡**gusto** [gústo グスト] 男 ❶ 喜び, 楽しみ, 快さ. —Te presento a María.-Mucho [Tanto] ～ (en conocerle).-El ～ es mío. 君にマリアを紹介するよ. -はじめまして, どうぞよろしく. -こちらこそよろしく(→*encantado*). ¿Quieres un café?-Con mucho ～. コーヒーいかが? -喜んで頂きます. ¡Qué ～ da oírla tocar! 彼女の演奏が聞けるなんてうれしいなあ! 類 **deleite, placer, satisfacción**. ❷ 趣味, センス, 審美眼. —mobiliario de ～ refinado [exquisito] 洗練された趣味の家具. hombre de ～ 趣味のいい人. mal ～/～ vulgar 悪趣味. mujer de buen ～ 趣味のいい女性. adorno de mal ～ 趣味の悪い装飾(品). Se viste con muy buen ～ [con mucho ～]. 彼はとてもセンスのよい服装をしている. No tiene ～ en materia de pintura. 彼は絵のセンスがない. 類 **delicadeza, distinción, sensibilidad**. ❸【+por】…に対する好み, 興味. —Cultivan [Educan] en los niños el ～ *por* la pintura. 彼らは子供たちの絵画に対する関心を育てている. Eso no es de mi ～./Eso no va con mi ～. それは私の好み[趣味]に合わない. desagradable al ～ 味わいに合わない. Tiene ～ *por* la velocidad. 彼はスピードマニアである. 類 **afición, inclinación, preferencia**. ❹ (文化・社会の芸術的な)流儀, 様式, …風. —～ actual 当世風. al ～ de hoy 当世風[の]. ～ renacentista ルネッサンス様式. 類 **estilo, sensibilidad**. ❺ 気まぐれ, 思いつき, 急に駆られる欲望. —Este cuadro ha sido un ～ de mi mujer. この絵は妻の気まぐれでかけた. Él hace siempre su ～. 彼はいつも思いっきだけでやる. Tiene lo justo para vivir, sin permitirse ningún ～. 彼は我がままを許されなぎりぎりの生活をしている. 類 **antojo, capricho, deseo**. ❻ 味覚, 味, 風味; (=sentido del ～)(→五感 *sentido*). —vino agradable al ～ 美味しい[口当たりのよい]ワイン. Este café tiene mal ～. このコーヒーはまずい. Esta sopa tiene poco ～:le falta sal. このスープはあまり味がしない. 塩気が足りない. Tiene ～ a [de] manzana. それはリンゴの味がする. Este pastel tiene un ～ raro. このケーキは変な味がする. 類 **paladar, sabor**.

a [al] gusto de …/a su gusto (1) (人)の好み・意向に応じて, (人)の好きなように, …の向くままに.

gustoso

Las cosas nunca suceden *a nuestro gusto*. 物事は決して私たちの思いどおりにはいかない. Acomódese *a su gusto*. お楽になさって[おくつろぎ]ください. soltarse *a* su *gusto* 《俗》鬱憤(ﾌﾝ)を晴らす, 言いたい放題のことを言う; 好き勝手なことをする. Maneja las cifras *a su gusto*. 彼は意のままに数字を操る. Huevos *al gusto*. 卵はお好みで. (2) 腹蔵なく. Se despachó *a su gusto* diciéndome todo lo que se le ocurrió. 彼は思ったことをすべて腹蔵なく話した.

a gusto【よく *muy, tan* を伴い】(1) くつろいで, 気楽に, 心地よく. Me siento *tan a gusto* aquí, que me quedaría para siempre. ここはとても心地がいいので, 永久にいたいような気がする. Me encuentro *muy a gusto* en este sillón. この時(ﾄｷ)の掛け椅子はとても座り心地が良い. ¡Qué *a gusto* se está en casa! 我が家が一番くつろげるよ! (2) 喜んで, 快く. El trabajo le sale bien porque lo hace *muy a gusto*. 彼は進んでやるので仕事がはどる. (3) 十分に, 優に. Pesa *muy a gusto* sus noventa kilos. 彼の体重は優に90キロはある. (4)《料理》好みに応じて. Añada sal *a gusto*. 好みに応じて塩を加えてください.

a gusto de su *paladar* 好き勝手に, 気ままに, 恣意的に.

*coger*LE *a ... el gusto* (物)が好きになる, 気に入る(→*tomarle (el) gusto a ...*). *Le ha cogido el gusto* a la bici y no la suelta un momento. 彼は自転車が好きになり, 今は片時も手放さない.

con gusto 喜んで, 快く; 進んで, 熱心に. estudiar *con gusto* 熱心に勉強する.

con mucho gusto (1)《依頼》快く, 喜んで, 進んで. Iré *con mucho gusto*, ya que tú me lo pides. 君の頼みだから, 喜んで行きましょう. ¿Me ayudas? –*Con mucho gusto*. 手伝ってくれる? –喜んで. (2) 趣味がよい, センスがよい. Es una persona *con mucho gusto*:no hay más que ver su casa. 彼はセンスがよく, その証拠には彼の家を見るだけでよい.

*dar*LE *gusto a ...* (人)を喜ばせる, 楽しませる(= complacer). *Me da* mucho *gusto* bañarme en el mar. 海水浴するとはとてもうれしい. Los niños han venido sólo para *darle gusto al* abuelo. 子供たちは祖父を喜ばせるためだけにやって来た. No sabes *el gusto que me da* verte. 君に会えて私がどんなに喜んでいるか君には分かるまい.

darse el gusto de【+不定詞】(1) …して満足する[楽しむ]. *Me di el gusto de* refregárselo por las narices. 私は彼にそのことを当て擦(ﾘ)してやろうとした. *Se dio el gusto de* hacer un viaje a Europa. 彼はヨーロッパ旅行を楽しんだ. (2) 勝手に…する, やりたいことをする. No *se da* ningún *gusto*, sólo gasta lo imprescindible. 彼は衝動買いせず, 絶対必要な金しか使わない.

de buen gusto 趣味のよい, センスのある. vestido [mueble] *de buen gusto* 趣味のよい服[家具].

de mal gusto 趣味の悪い, 下品な. broma *de mal gusto* 下品な冗談. palabras *de mal gusto*. 下品な言葉.

De [Sobre] gustos no hay nada escrito [no hay disputa, no se ha escrito].【諺】蓼(ﾀﾃﾞ)食う虫も好き好き(←人の好みにきまりはない).

despacharse a gusto/despacharse a su *gusto* (思ったことを腹蔵なく言う, 好き勝手なことを言う[する]. *Se despachó a gusto* diciendo lo que pensaba de su cuñada. 彼女は義理の姉妹について思っていることを腹蔵なく言った.

encontrar gusto en …を喜ぶ, 楽しむ.

En la variedad está el gusto.【諺】変化にこそ趣きもあれ.

Hay gustos que merecen palos.【諺】蓼(ﾀﾃﾞ)食う虫も好き好き.

Hay para todos los gustos.【諺】誰にでも自分の好みに合うものが何かあるはずだ.

ir en gustos (事柄が)人の好き好きである. Eso *va en gustos*. それは人の好き好き[趣味]の問題である.

No hay gusto sin disgusto.【諺】世の中に完全な喜びはない, 美しいものにはとげがある.

no tener gusto para nada 全く食欲がない; 何もする気がしない.

por su *gusto/por gusto* (1) 自分から, 進んで, 好きで. Lo hizo *por su gusto*, sin que nadie le obligase. 彼は誰にも強制されずに進んでそうした. (2) 気ままに, 勝手に. Mi hermano me rompió el libro *por gusto*. 弟が私の本をわけもなく破った.

que da gusto/que es un gusto【誇張表現】(1) すばらしい, 最高の. tonto *que da gusto* この上ないばか者. (2) すばらく, ものすごく. Canta *que da gusto*. 彼の歌はすばらしい. Llueve *que es un gusto*. 雨がものすごく降っている.

relamerse de gusto (食べ物などで)すっかり満足する.

Sarna con gusto no pica(, pero mortifica).【諺】自ら招いた厄介事は苦にはならない(が, 不安は残る).

tener el gusto de【+不定詞】(丁寧表現)…いたします, …させて頂きます, …してうれしい. *Tengo el gusto de* presentarle al señor López. ロペスさんをご紹介いたします. *Tengo el gusto de* invitarle a cenar. あなたを夕食に招待させていただきます.

tener mucho gusto【+para】…するセンスがある.

tener gusto por ... …が好み[趣味]である.

tomarle (el) gusto a ... …が好きになる, 気に入る(→*cogerle gusto a ...*).

*gustoso, sa [gustóso, sa グストソ, サ] 形 ❶ おいしい, うまい, 美味な〘ser/estar+〙. —Nos ha preparado una *gustosa* paella. 彼は私たちにおいしいパエーリャを作ってくれた. 類 **delicioso, rico, sabroso**. 反 **insípido, soso**. ❷《叙述用法で》楽しい, 喜ばしい, 愉快な. —Accedió ~ a acompañarme. 彼は喜んで私に同行することを承諾してくれた. Pisar el césped descalzo me resulta ~. はだしで芝生を歩くのは楽しい. 類 **complacido, contento, satisfecho**. 反 **disgustado**.

gutapercha [gutapértʃa] 女 ❶ グッタペルカ(樹木から取れるゴムの一種で絶縁体やコーティング加工に用いる). ❷ グッタペルカでコーティングした布(椅子などに用いる).

gutural [guturál] 形 ❶ 喉の, 喉音の. —sonido ~ 喉を鳴らすような音, 喉から出る声. ❷《言語》喉頭音の, 軟口蓋音の(k, gなど). 類 **velar**.

Guyana [gujána] 固名 ガイアナ(首都ジョージタウン Georgetown).

H, h

H, h [átʃe] 囡 ❶ スペイン語アルファベットの第8文字. 普通は無音. ❷ (H)《化学》水素 (hidrógeno) を表わす元素記号.

ha. [á] 動 haber の直·現在·3単.

ha.《略号》=hectárea ヘクタール.

:**haba** [áβa]《単数の定冠詞は el》囡 ❶ (a)《植物》ソラマメ, その豆. (b) (コーヒー, カカオなどの)豆. (c) インゲンマメ (=alubia, judía). ❷ (虫刺されなどによる)腫れ, ふくれ. — La picadura de una avispa le produjo un(a) ~ en la pierna. スズメ蜂に刺されて彼の脚が腫れた. Tienes una pequeña ~ en la frente: te ha debido de picar un mosquito. きみの額に小さな腫れがあるよ. 蚊に刺されたにちがいないね. 類**ampolla**. ❸ (古く投票に用いられた2色のソラマメの)球.

En todas partes cuecen habas. それはどこへ行っても同じことだ (←いやなことはここだけにあるのではない).

(Esas [Eso]) son habas contadas. そんなことは分かりきっている, はっきりしている. O se porta mejor, o lo echan del colegio. ¡Son habas contadas! 彼が態度をあらためないと学校を追い出されることになる. そんなことははっきりしている.

haba de las Indias 《植物》スイートピー.

Habana [aβána] 固名 →La Habana.

habanera [aβanéra] 囡 ハバネラ(キューバの民俗舞踊, その曲也).

habanero, ra [aβanéro, ra] 形 ハバナ (La Habana, キューバの首都)の. — ハバナ出身の人. ❷ 中南米帰りの成り金, (スペインから)中南米へ渡って財を成した人. 類**indiano**.

habano, na [aβáno, na] 形 →habanero.
— 男 ハバナ(キューバ)特産の葉巻.

habar [aβár] 男 そら豆 (haba) の畑.

hábeas corpus [áβeas kórpus] 男 《法律》人身保護令状 (拘禁の事実·理由などを調べるため被拘禁者を出頭させる令状). ◆汝は身を保て, の意のラテン語から.

haber¹ [aβér] 男 《主に覆》 ❶ 財産, 資産. — Le han confiscado todos sus ~es. 彼は全財産を没収された. 類**bienes, caudal, hacienda**. ❷ 《商業》貸方, 資産, 債権. — En su ~ hemos abonado la cantidad recibida. 我々は受け取った額を貸方に記入した. Aquí está el balance del deber y el ~. ここに負債と資産の収支残高が出ている. ❸ 給料, 賃金, 収入, 報酬. — Los funcionarios perciben sus ~es del Estado. 公務員は国から給与を受けている. 類**emolumento, paga, retribucíon**. ❹ 長所; 評点簿. — La inauguración del polideportivo es un logro más en el ~ del alcalde. スポーツセンターを開設したことは市長の業績表の中では最大の成功だ.

en su haber (人の)名誉となるように, 賞賛に値して. Hay que anotar *en su haber* aquel favor que nos hizo. 我々に示してくれた彼の好意は見上げたものとして心に留めておくべきだろう.

:**haber**² [aβér アベル] **[14]** 動 ❶ [+過去分詞; 直説法·接続法の複合時制を作る]. — Me *he* levantado a las seis esta mañana. 私は今朝6時に起きた. Cuando llegué a la estación, ya *había* salido el tren. 私が駅に着いた時, 列車はすでに出発したあとだった. *He* estado en Estocolmo. 私はストックホルムに行ったことがある. ¿Qué *habrá* sido de él? 彼はどうなるんだろう. De *haberlo* sabido, ella no *habría* ido. それを知っていたら, 彼女は行かなかっただろう. Espero que *haya* llegado sin novedad. 私は彼が無事着くように望んでいる. Sentí mucho que te *hubieran* suspendido. 私は君が留年したことを大変残念に思った. ❷ [不定詞·現在分詞の複合形を作る]. — Antes de *haberlo* hecho, deberías haberme avisado. それをする前に君は私に知らせるべきだった. *Habiéndolo* mandado el jefe, hay que obedecer. 上司がそれを命じたので, 従わなければならない.

—— 他 ❶ (a) 〘無主語文を作る, 直説法·接続法では3人称単数形となるが, 直説法現在では特殊な形式 hay を用いる〙 …がある[いる]. — ¿Qué *hay*? 変わりはないかい. ¿Qué *hay* de nuevo? 何か変わったことがある? ¿*Hay* habitaciones libres? -Sí, las *hay*? あいている部屋がありますか. -はい, あります. ¿Dónde *hay* un hotel? -En este pueblo no *hay* ninguno. どこかにホテルがありますか. -この町には1軒もありません. No *hay* nadie en casa. 家にはだれもいない. Ayer *hubo* un accidente en esta calle. 昨日この通りで事故があった. *Había* mucha gente en la conferencia. 講演会にはたくさんの人がいた. No *habrá* quien te ayude. 君を助けてくれるような人はいないだろう. (b) 〘hay のあとに来る名詞(句)は直接補語なので, 代名詞化されると対格形をとる. haber は不定の人·事物の有無を表すのに対し, estar は定の人·事物の所在を表す〙. — Hay un gato en el sofá. ソファーにはネコがいる. El gato está en el sofá. ネコはソファーにいる. ❷ 〘過去分詞の形で〙 持たれた, 起こった, 捕えられた. — Todos los sucesos *habidos* en Salamanca los sabían los zamoranos. サモーラの人はサラマンカで起こった出来事はすべて知っていた. ❸ 〘時間+ha+que〙《古》…前から, 前に. — *Mucho tiempo ha que* vivía un anciano en esta casa. 昔々この家に1人の老人が住んでいた 〘現代では Hace mucho tiempo que となるのが普通〙. ❹ 〘接続法現在3人称単数形 haya を用いて願望文を作る〙 …があらんことに. — Mi padre, que santa gloria *haya*, murió hace tres años. 私の父親に冥福あれ, 父は3年前に死去した. ¡Bien *haya* el que ha pagado mi deuda! 私の借金を払ってくれた人に幸あれ.

habichuela

algo habrá 何か理由があるはずだ. *Algo habrá cuando ha dejado de saludarte.* 彼が君に挨拶するのをやめたからには何かわけがあるはずだ.

como hay pocos まれに見る, 無類の. *Es un empresario como hay pocos.* 彼は一流の経営者である.

de lo que no hay 前代未聞の; 最悪の. *Es un chico aburridísimo, de lo que no hay.* 彼はどうしようもないどうんざりする男の子だ.

donde los haya →si los hay.

haber de 〖＋不定詞〗…するはずである, することになっている, しなければならない. *Ha de venir aquí a las doce.* 彼はここに 12 時に来るはずだ. *He de salir de casa a las siete.* 私は 7 時に家を出ることになっている.

haber que 〖＋不定詞〗(一般に人は)…しなければならない. *Hay que hacer footing* para mantenerse en forma. 体調を維持するためにジョギングをしなければならない. *Hay que cumplir las leyes.* 法律を守らなければならない. *Había que verlo.* それは見ものだった.

habérselas con … (人)と対決する, 争う. *Cuando está bebido, se las ha con cualquiera.* 酒を飲んでいる時彼は誰とでもけんかをする.

hay … y … 〖同じ名詞を繰返して〗…にもいろいろある, …と言っても千差万別だ. *Hay profesores y profesores.* 一口に先生と言っても千差万別だ.

lo que hay es que 実を言うと, 実は.

no haber que 〖＋不定詞〗…する必要はない, …するに及ばない. *No había que estudiar tanto.* (誰でもよい誰かが)そんなに勉強するには及ばなかった.

no haber tal 確かではない.

No hay de qué. どういたしまして.

no haber más que 〖＋不定詞〗(1)…するしかない, …するだけでない. *No hay más que avisarle.* 彼に忠告するしかない. (2) それ以上…できない. *No hay más que decir.* それ以上言うことはない. *No había más que ver.* それだけ見れば十分だった.

no haber (nada) como … …に及ぶものはない. *No hay nada como la tranquilidad para conservar la salud.* 健康を維持するには心穏やかであることに優るものはない.

no haber nadie [otro] como … …以上の人[の右に出る者]はいない. *No había otra como ella para hacer una paella.* パエーリャを作らせたら彼女の右に出る者はいなかった.

no haber [tener] por dónde coger [agarrar] a 〖＋人, 事〗…のどこもよいもない, 取り柄がない.

que no hay más que pedir 願ってもない. *Dio una conferencia que no había más que pedir.* 彼は願ってもないほどの良い講演をした.

si los (las) hay まれに見る, 比類のない. *Es un chico inteligente si los hay.* 彼はまれに見る利口子どもだ.

habichuela [aβitʃuéla] 囡 インゲンマメ (=judía). **— ～ verde** サヤインゲン.

habiente [aβiénte] 形 所有する, 持っている. **— ～ derecho/derecho** ～の権利を持つ者, 正当な所有者; 受益者; 当事者.

:**hábil** [áβil] 形 ❶ 上手な, 熟練した; 有能な. *— Este gato es muy ～ para cazar ratones.* このネコはネズミを捕まえるのが上手だ. *Es muy ～ y enseguida te arregla la radio.* 彼はとても器用だからきみのラジオをすぐに修理してくれるよ. 類**apto, capaz, diestro.** ❷ 巧みな. *— una respuesta ～* 巧みな返答. ❸ ふさわしい, 適当な. *— Es ～ para este puesto.* 彼はこの地位にふさわしい. *Disponemos de un amplio local ～ para oficinas.* 弊社は事務所に適した広い用地を用意しております. 類**adecuado.** ❹ 〖法律〗資格(のある); 有効な. *— ～ para testar* 遺言状を作成する資格がある. *El acusado tiene pocos días ～es para la apelación.* 被告には控訴まで有効な期間があまりない.

días hábiles (公的機関, 裁判所などの)仕事日, 勤務日.

en tiempo hábil 期限[期間]通りに. *Pagó su deuda en tiempo hábil.* 彼は期限通りに借金を払った.

:**habilidad** [aβiliðá(ð)] 囡 ❶ 上手なこと, 巧みさ; 能力. *— Tiene la ～ de mentir con ～* 巧みに嘘をつく. *Tiene la ～ de contestar sin comprometerse nunca.* 彼はいつも全然責任を負わずに回答するのが上手である. 類**destreza.** ❷ 才能, 妙技. *— Entre sus muchas ～es sobresale la de cocina.* たくさんある彼の才能のなかで料理のそれがぬきんでている. *El niño no quiere acompañar a sus padres porque le obligan a lucir sus ～es.* その子は両親が彼の才能をひけらかすようにさせるのでいっしょに出かけるのをいやがる. ❸ 〖法律〗資格. **— ～ para suceder** 相続する資格.

habilidoso, sa [aβiliðóso, sa] 形 能力のある, 有能な, 堪能な; (特に手仕事など)器用な, うまい. *— Es muy ～ y arregla en su casa todo lo que se estropea.* 彼はすごく器用で, 壊れた物は何でも自分の家で直してしまう.

habilitación [aβilitaθjón] 囡 ❶ (特に法的に)資格を与えること, 権利を認めること. **— ～ de bandera** 沿岸(港湾)通商貿易の認可. ❷ (資金など を)用立てること, 融資. ❸ 開設, 設立. ❹ 会計, 会計の仕事; 会計課.

habilitado, da [aβilitáðo, ða] 名 ❶ (特定の任務の)権限を持つ者, 有資格者. ❷ 会計係, 主計官, (特に国家公務員や軍人に)給与等を支払う係. ❸ 法務長官の代理[補助員].

habilitar [aβilitár] 他 ❶ (法的な)資格を与える, 権利を認める, 適任とする. *— Lo habilitaron para suceder.* 彼の継承権が認められた. *Este título no le habilita para enseñar en un colegio.* この肩書では小学校で教えるための資格はとれない. ❷ 可能にする, 出来るようにする, 許す. ❸ 開設する, 設置する; 設立する; 〖＋para〗…に使えるようにする. *— Hemos habilitado la sala de visitas para comedor.* 我々は応接間を食堂として使えるようにした. *Han habilitado el antiguo hospital para museo.* 古い病院を改造して美術館が作られた. ❹ 〖商業〗(資金を)供給する, 融資する, 用立てる. ❺ (必要なものを)用意する, 揃える, 調達する; 提供する. 〖＋con/de〗.

*****hábilmente** [áβilménte] 副 ❶ 巧みに, 器用に, 上手に. ❷ 巧妙に, 抜け目なく.

habitabilidad [aβitaβiliðá(ð)] 囡 (家などが)住めること, 可住性.

*****habitable** [aβitáβle] 形 (住宅などが)居住に適する, 住める 〖ser/estar＋〗. *— No es una casa muy cómoda, pero sí ～.* それはあまり快適な家ではないが, 確かに居住は可能だ. 反**inhabitable.**

:**habitación** [aβitaθjón] 囡 ❶ (a) 部屋. *— Esta ～ la destinaremos a comedor.* この部屋

は食堂に当てることにしよう. 類**aposento, cuarto, pieza**. (b) 寝室, 個人部屋. —un *piso* de tres *habitaciones*, comedor y cocina 3DKのアパート. No tenemos *habitaciones* libres. 当ホテルには空き部屋はございません. ~ doble [individual] ツイン[シングル]. 類**dormitorio**. ❷ 住むこと, 居住. —En aquel pueblo abandonado no había señal de ~ humana. その廃村には人間が住んでいるようすはなかった. ❸ 住居, 住むところ. 類**domicilio, residencia, vivienda**. ❹ (動植物の)生息地.

habitáculo [aβitákulo] 男 ❶ 部屋; 住居; 住むための場所や建物. ❷ (動植物の)生息地, 自生地, 生息に適した条件の場所.

‡**habitante** [aβitánte] 男 (ある土地, 家の)**住人**, 住民, 居住者. —Vivimos en una ciudad de diez millones de ~s. 私たちは人口1千万人の都市に住んでいる.

‡**habitar** [aβitár] 他 …に**住む**, 居住する; 生息する. —Un matrimonio anciano *habita* la vieja mansión. ある老夫婦が古い邸宅に住んでいる.

—— 自 【+en に】住む, 居住する; 生息する. —En este piso *habita* una familia peruana. このマンションにはペルー人の家族が住んでいる. 類**morar, vivir**.

habitat, hábitat [aβitá(t), áβita(t)] 男 ❶ (動植物の)生息地, 自生地; (ある場所における)住環境, 生息条件. —El pantano destruirá el ~ de varias especies de animales. ダムの建設は数種の動物の生息環境を破壊することになるだろう. ❷ 住宅条件, 住居に関する諸条件. ❸ (住居に関する)地理的事柄. —~ rural 田舎の暮らし.

‡**hábito** [áβito] 男 ❶ (a) 〖主に複〗**習慣**, 癖. —~ de lectura 読書の習慣. Tiene el ~ de hablar en voz alta. 彼は大声で話すくせがある. El tabaco crea ~. タバコは癖になる. Tiene el mal ~ de tirar la colilla al suelo. 彼にはタバコの吸殻を地面にポイ捨てする悪癖がある. 類**costumbre**. (b) (習慣による)熟練. ❷ 僧服, 法衣. —El ~ no hace al monje. 〖諺〗外見だけ変えても, 中身までは変わらない(←法衣を着ただけでは修道士ではない).

ahorcar [*colgar*] *los hábitos* 僧職から離れる, 勉学をやめる. Nuestro párroco *ahorcó los hábitos* por una razón desconocida. われわれの教区司祭は不明の理由で僧職を去った. A los dos años de la carrera *colgó los hábitos*. 彼は学業2年目に勉学をすてた.

tomar el hábito 僧職につく, 宗教生活に入る.

habituación [aβituaθjón] 女 慣れさせること, 慣れること; 〖医〗薬に身体が慣れて薬効が薄れること, 薬物の常習.

habituado, da [aβituáðo, ða] 名 常連, なじみの客.

——形 慣れた, 馴染んだ.

‡**habitual** [aβituál] 形 ❶ いつもの, 習慣の. —Van a cenar en el restaurante ~. 彼らはいつものレストランで夕食をするだろう. El paseo, al caer la tarde, es una práctica ~ en el pueblo. 夕暮れどきの散歩はこの村では習慣的な行動である. 類**acostumbrado, habitual**. ❷ 定期的な. —Es un cliente ~. 彼は常客である. Soy lector ~ de esta revista. 私はこの雑誌の定期購読者である. 類**asiduo**.

habituar [aβituár] [1.6] 他 慣れさせる, 慣らす.

—~ a los alumnos a la nueva situación 生徒達を新しい環境に慣れさせるようにする. ——se 再 〖+a〗…に慣れる. —Nunca pude ~*me a* aquel frío. 私はあの寒さには決して慣れることが出来なかった. 類**acostumbrarse**.

‡**habla** [áβla] 〖冠の定冠詞は el〗女 ❶ 話すこと, 話しぶり. —Da gusto escucharle: su ~ es siempre fluida. 彼の話を聞くのは楽しい. 彼の話はいつも流れるようだ. el ~ de los niños 幼児ことば, 幼児の片言. ❷ 話す能力. —Su sorpresa fue tan grande que se quedó sin ~. 彼はあまりにもびっくりしたので話をすることができなかった. perder el ~ 口がきけなくなる, 口をきかなくなる. ❸ (a) 言語, ことば. —países de ~ española スペイン語を話す国々. (b) 方言. —El ~ especial de esta región この地方の方言. (c) 〖言語学〗パロール. 反**lengua**. ❹ 声. —Ella tiene un ~ muy dulce. 彼女はとても甘い声をしている.

al habla (1) (船などが)声の届く〖範囲にいる〗. El barco todavía está *al habla*. 船はまだ声の届く範囲にいる. (2) (電話で)…がお話しています. ¿Está José?-*Al habla*. ホセ君いらっしゃいますか.-はい, 私です.

estar [*ponerse*] *al habla con* …と連絡をとっている[とる], 交渉中である[に入る]. Tu tío desea que te pongas *al habla con* él cuanto antes. きみのおじさんはできるだけ早くきみと連絡をとりたがっている.

negar el habla a …と口をきかない. Ella *niega el habla a* su marido. 彼女は夫と口をきかない.

quitar el habla 唖然とさせる, びっくりさせる, 驚かす. Su tacañería *quita el habla*. 彼の吝嗇(りんしょく)にはことばもない.

hablado, da [aβláðo, ða] 形 ❶ 〖bien, mal の後で〗言葉使いのよい[悪い], 話し方の丁寧な[ぞんざいな]. ❷ 話された. —~ cine — トーキー映画. lengua *hablada* (書き言葉に対して)話し言葉.

‡**hablador, dora** [aβlaðór, ðóra] 形 おしゃべりな, 口の軽い. —Su familia tiene fama de *habladora*. 彼女はおしゃべりだという評判である. 類**charlatán**.

——名 おしゃべりな人, おしゃべり屋. —Nadie le cuenta ningún secreto, porque es un ~. 彼はおしゃべり屋なので誰も彼に秘密を語らない.

habladuría [aβlaðuría] 女 〖主に複〗(根も葉もない)噂, ゴシップ; 中傷, 陰口. 類**chisme, murmuración**.

hablanchín, china [aβlantʃín, tʃína] 形 〖まれ, 俗〗おしゃべりな; 話好きな(=hablador).

hablante [aβlánte] 男女 ❶ (ある言語の)話者, 話し手. —hispano*hablante* スペイン語話者, スペイン語を話す人. ❷ 《言語》(聞き手, 受け手に対して)話し手, 話者, 発話者. 反**oyente**. ——形 話す, 話している.

**hablar [aβlár アブラル] 自 ❶ (a) 話す, ものを言う, しゃべる. —El enfermo aún no puede ~. 病人はまだ口がきけない. El niño ya sabe ~. その子はもうしゃべれる. Tiene un defecto en la lengua y no puede ~ bien. 彼は舌に欠陥があってうまくしゃべれない. Esta estatua parece que está *hablando*. この彫像はまるで口がきける[生きている]みたいだ. Luis *habla* muy bien. ルイスは話が非常に上手だ. ~ por

1034 hablilla

señas 身振り手振りで話す. ❷【+a に】(a) 話しかける, 語りかける. —No me *hables*, que me distraes. 私に話しかけないでくれ, 気が散るから. (b) 話をする, 伝える; とりなす. —Mañana *hablará* el presidente al país. 明日大統領は国民に話をすることになっている. *Háblale* de esto por mí. このことについて私に代わって彼に伝えてくれ. Le *he hablado* de Pedro al director. 私はペドロのことを部長に伝えておいた. (c) 打明ける, 告白する, 白状する. —Consiguieron que *hablara* torturándole. 彼らは彼を拷問にかけてとうとう自白させた. 【類】**confesar**. (d) 命令する, 決心する, 決める. —Tú *hablas*: yo haré lo que tú digas. 君が決めろよ, 私は君の言ったとおりにするから. (e) (人と)口を利く, 付き合う. —No me *habla* desde hace años. 彼は数年前から私に口をきいてくれない.

❸【+con (人)と】話をする, おしゃべりする. —Con ella *hablo* en inglés. 私は彼女とは英語で話をする. Tengo que ~ contigo. 君に話しておかなければならないことがある. *Hablando* contigo he pasado un rato muy agradable. 君としゃべっていたら, とても楽しい時を過ごすことができた. 【類】**charlar, conversar**.

❹【+de/sobre/acerca de について】(a) 話をする, 述べる, 語る. —~ de literatura[de arte, de negocios] 文学[芸術・商売]について話す. Este capítulo *habla* de España. この章はスペインについて述べている. Estuvimos *hablando* de nuestros hijos. 私たちは息子たちのことについて話し合っていた. Esta tarde el primer ministro *hablará* de la actualidad política. 今夕首相は政治の現状について演説するだろう. (b) …のうわさをする, 陰口をきく. —La gente empieza a ~ de tu relación con ella. 人は君と彼女の関係についてうわさし始めている.

❺ 恋愛関係にある. —José y Carmen *hablan* desde hace tres años. ホセとカルメンは3年前から恋愛関係にある.

Aquí habla【+名前】. (電話で)こちらは…です. *Aquí habla* Ramón Gómez. こちらはラモン・ゴメスです.

¿*Con quién hablo*?/¿*Quién habla*? (電話で)どちら様ですか.

dar que hablar うわさの元[的]になる. A ella parece que le encanta *dar que hablar*. 彼女はうわさの的になるのが大好きみたいだ.

hablar a ... de tú [*usted*] (人)に tú[usted] で話をする. No me *hable de usted*. 私に usted を使わないでください.

hablar bien de ... をほめる.

hablar en cristiano 分かるように話す.

hablar entre dientes 口の中でぶつぶつ[ぼそぼそ]言う. Le regañé y se marchó *hablando entre dientes*. 私が叱ったところ, 彼は口の中でぶつぶつ文句を言いながら出て行った.

hablar mal de ... …の悪口を言う. No te permito que *hables mal* de él. お前が彼の悪口を言うのは許さないよ.

hablar por hablar [*por no callar*] とりとめのないことを話す, くだらないことばかりしゃべる.

hablar por los codos しゃべりまくる.

hacer hablar (1) をフルに機能させる;【+a】(人に)文句を言わせる. (2) (楽器)を上手に弾く. Hace *hablar* a su guitarra. 彼はギターを上手に弾く.

(*mira*) *quién habla*[*quién fue a hablar*] 他人の事を言える義理か. No se lava los dientes.-¡Mira quién habla! ¿Te los lavas tú? 彼は歯をみがいてないよ.-人の事を言えるのかい. お前はみがいたのか.

¡*ni hablar*! とんでもない. Papá, ¿puedo quedarme esta noche en casa de un amigo?-¡*Ni hablar*! お父さん, 今晩友だちの家に泊ってもいい?-とんでもない.

¿*qué hablas*? 何をばかなことを言っているんだ. Tú andas por ahí criticándome.-¿*Qué hablas*? お前はあの時私をとがめたな.-何をばかなことを言っているんだ.

Quien mucho habla mucho yerra. 【諺】口は災いの元(←たくさん話す人はたくさん誤りを犯す).

—— 他 ❶ (言語)を話す【+無冠詞または el+名詞】. —*Habla* español muy bien. 彼はスペイン語をとても上手に話す. No sé ~ japonés. 私は日本語が話せない. ❷ を言う. —Sólo *habla* tonterías. 彼はばかな事ばかり言う. *Habló* maravillas de ti. 彼は君のことを絶賛した. 【類】**decir**. ❸ を話し合う, 決める. —Eso no es para ~lo aquí. それはここで話をつけるようなことではない.

—— *se* 再 ❶ 語り合う. —Nos *hablamos* ayer en un café. 私たちは昨日喫茶店で語り合った. ❷ つき合う, ことばを交わす. —Carmen e Isabel no *se hablan*. カルメンとイサベルは絶交状態だ. ❸ …が通じる. —Aquí *se habla* inglés. ここ[本店]では英語が通じます.

hablárselo todo 会話を独り占めにする.

no se hable más これでこの話は終わりだ. Si tú no quieres colaborar, *no se hable más*. もし君が協力したくないのなら, この話は終わりだ.

hablilla [aβlíʝa] 囡 うわさ話, ゴシップ; 陰口, 中傷. 【類】**habladuría**.

hablista [aβlísta] 男女 言葉使いのきれいな人, 正しく上品な言葉を使える人; 正しい言葉使いを教える人; 言語の純粋主義者.

habrá [aβrá] 動 haber の未来・3 単.

habrán [aβrán] 動 haber の未来・3 複.

habrás [aβrás] 動 haber の未来・2 単.

habré [aβré] 動 haber の未来・1 単.

habréis [aβréis] 動 haber の未来・2 複.

habremos [aβrémos] 動 haber の未来・1 複.

habría(-) [aβría] 動 haber の過去未来.

hacecillo [aθeθíʝo] 男 ❶ (<haz)小さな束. ❷《植物》密集して束状につく花序(花のつき方)の一種.

hacedero, ra [aθeðéro, ra] 形 可能な, なしうる, 実行できる; やり易い, 簡単に実行できる. 【類】**factible**.

hacedor, dora [aθeðór, ðóra] ❶ 作る人, 製作者, 創造者. ❷ (H~, Sumo H~, Supremo H~)造物主, 神. ❸ 農場経営者, 農園の管理人.

hacendado, da [aθendáðo, ða] 名 地主, 土地所有者;【中南米】牧場主, 農園主; 農場労働者. —Se casó con un viudo ~. 彼女は男やもめの地主と結婚した. — 形 地所持ちの.

hacendera[1] [aθendéra] 囡 (住民が共通の利益のために協力して行う)共同作業, 勤労奉仕.

hacendero, ra[2] [aθendéro, ra] ❶ 土地・家屋の管理を入念に行う人, よく世話をする人.

アルマデン(スペインの水銀鉱床の中心地)の日雇い工員, 炭鉱夫. ── 形 土地・家屋の管理に入念な, 仕事熱心な.

hacendista [aθendísta] 男女 財政家, 経済学者, (特に)国家財政の専門家.

hacendoso, sa [aθendóso, sa] 形 (特に家事に関して)働き者の, 勤勉な, 精励な, 仕事熱心な.
── Se ha casado con una mujer guapa y *hacendosa*. 彼は美人で働き者の嫁さんをもらった.

hacer [haθér アセル] **10.10 他 ❶ *(a)* を作る. ── En esta fábrica *hacen* muebles. この工場では家具を作っている. Mi madre *hace* unas tartas riquísimas. 私の母は非常においしいケーキを作る. 〜 amigos 友人を作る. *(b)* を用意する, 準備する, 調える. ── Las camareras *hacen* la cama. メイドたちはベッド・メイキングをしている. 〜 la comida 食事の仕度をする. 〜 la maleta スーツケースに荷物を詰める. *(c)* (衣服)を仕立てる, 編む. ── El sastre me *ha hecho* un traje muy elegante. 仕立屋はとてもしゃれたスーツを私に仕立ててくれた. 〜 un jersey セーターを編む. *(d)* (作品)を制作する, 創作する. 〜 un programa de televisión テレビの番組を制作する. 〜 una poesía 詩を書く. 〜 を創造する, 造る. ── Se cree que Dios *hizo* al hombre a su imagen y semejanza. 神は自分の姿に似せて人間を創造したと信じられている. 類 *crear*.

❷ *(a)* をする, やる, 行う. ── ¿Qué *hace* usted aquí? –No *hago* nada. あなたはここで何をしているのですか. –私は何もしていません. ¿Qué *haces*? 何をしてるの.(警告して)何やってるの. Mañana tengo muchas cosas que 〜. 明日私はすることがたくさんある. No sé qué 〜 para convencerle. 私はどうやって彼を説得したらいいのかわからない. 〜＋名詞 (ある行為・活動)をする. 〜 un viaje 旅行をする. 〜 una excursión ハイキングをする. 〜 la comida 食事をする. 〜 doble clic ダブル・クリックする. 〜 presión 押す, 圧力をかける. 〜 burla a からかう. 〜 señas 合図をする. 〜 trámites 手続きをとる. 〜 el doctorado 博士課程を履修する. 〜 ejercicio 体操・運動をする. 〜 una fiesta パーティーをする. 〜 guardia 当直をする. 〜 punto 編み物をする. El dentista me *hizo* mucho daño. その歯医者に私はとても痛い目にあわされた. No me *hagas* cosquillas. 私をくすぐらないでよ. *(c)* 〜＋lo そうする (他の動詞の代用). ── ¿Escribirás mañana la carta? –*Lo haré* sin falta. 明日君は手紙を書いてくれるかい. –間違いなくするよ. *(d)* (役割)をする, 務める, 演じる. ── ¿Usted, qué *hace*? –Soy carpintero. あなたは何をなさっているの. –私は大工です. Ella *hace* el papel de reina en la obra. 彼女はその作品で女王の役を演じる. *(e)* …のふりをする, まねをする. ── El padre *hace* el mono para divertir a su hijo. 父親は息子をあやすために猿のまねをする. *Hace* que trabaja. 彼は働いているふりをしている. *(f)* を上映する, 上演する. ── ¿Qué película *hacen* hoy en aquel cine? あの映画館では今日何という映画を上映しているの. 類 *emitir*, *poner*, *representar*.

❸ *(a)* を…にする. ── Tus palabras me *hacen* feliz. 君のことばを聞いて私はうれしい. La explosión *hizo* escombros la fábrica. 爆発で工場は木っ端微塵(みじん)になった. Lo *hicieron* jefe de departamento. 彼は部長になった. El bigote te *hace* más joven. 口ひげを生やすと君は若く見える

y. Un poco de salsa de soja *hará* más sabroso el plato. 少ししょうゆを加えるとその料理はもっとおいしくなるだろう. *(b)* 〜＋de＋を…とする. ── *Hizo de* su hija una famosa diseñadora. 彼は娘を有名なデザイナーにした. Aquel viaje al extranjero *hizo de* mí un hombre. あの外国旅行で私は大人になった.

❹ 【無主語】*(a)* (天候)…となる. ── *Hace* buen [mal] tiempo. 天気が良い[悪い]. *Hace* viento. 風が吹いている. *Hace* calor [frío, fresco]. 暑い[寒い, 涼しい]. Si *hace* sol, iremos a la playa. 晴れたら私たちは海岸に行くことにする. *(b)* (時間)【*hace* … *que*＋直説法】…前から(…している), (…してから)…たつ. ── *Hace* tres años *que* vivo en Valencia. 私はバレンシアに住んで3年になる. *Hacía* tres años *que* vivía en Valencia. 私はそれまでに3年間バレンシアに住んでいた. *Hace* mucho *que* volvió de Chile. チリから戻ってずいぶんたつ. ¿Cuánto tiempo *hace que* vive usted en Tokio? どのくらい前からあなたは東京にお住まいですか. 【*hace* は現在を起点とする場合に用い, 過去の時点を起点とする場合は *hacía* となる. 未来形 *hará* は現時点での推定を表すが, 次のように未来における経過を表すこともある.】 Mañana *hará* cinco años. 明日で5年になる. *Hará* un año que no la veo. 彼女に会わなくなってから1年はたつだろう. *(c)* 【前置詞的に】…前に; 【*desde*＋】…前から. ── *Hace* tres años murió mi madre. 3年前に私の父は死んだ.【ただし過去の一時点での行為を表わす場合には接続詞 *que* が入らないことがある.】 Estudio chino *desde hace* dos años. 私は2年前から中国語を学んでいる. Vivía en Valencia *desde hacía* tres años. 3年前からそのときまでバレンシアに住んでいた.

❺ *(a)* 【＋不定詞】を…させる. ── *Hice venir* a mi mujer a mi oficina. 私は妻をオフィスに来させた. *Hice reír* a los alumnos. 私は生徒たちを笑わせた. *(b)* 【＋*que*＋接続法】を…(するように)させる. ── *Haré que* mi familia pueda veranear en Alicante. 私は家族がアリカンテで夏の休暇を過ごせるようにしよう. *Hice que* se callaran los alumnos. 私は生徒たちを黙らせた.

❻ *(a)* (音・光など)を生じさせる, 出す. ── Esa máquina *hace* mucho ruido. その機械はとてもうるさい. El perro *hace* guau. 犬はワンと吠える. Esta bombilla *hace* mucha luz. この電球はとても明るい. *(b)* (排泄物など)を出す. ── 〜 pipí おしっこをする. 〜 pus 膿(うみ)が出る.

❼ 【＋数詞】*(a)* (計算して)…になる; (順序が)…番目である. ── Tres y cuatro *hacen* siete. 3＋4＝7. Hoy *hago cuarenta* (años). 私は今日40歳になった. Usted *hace* el diecinueve. あなたは19番目です. Éste *hace* el *tercer* corredor que llega a la meta. この選手が3番目にゴール・インしたランナーです. *(b)* (容量が)…だけある, 入る. ── ¿Cuántos litros *hace* esta garrafa? この大瓶は何リットル入るか. *(c)* (人・車が距離)を走行する, 走る, 進む. ── El coche *hacía* ciento diez por hora. 車は時速110キロで走っていた. *Hacía* cada día veinte kilómetros para ir a la oficina. 彼は毎日オフィスに行くのに20キロ走っていた.

❽ …だと思う. ── Yo te *hacía* en Río de Janeiro. 私は君がリオ・デ・ジャネイロにいると思っていた.

Yo *hacía* a tu padre más viejo. 私は君のお父さんだもっと年寄りだと思っていた. No lo *hacíamos tan necio*. 私たちは彼がそれほどの愚か者とは思っていなかった. ❾【+aに】を慣らす; 訓練する, 鍛える. —*Hice* mi cuerpo *a* un duro trabajo. 私は体を重労働に慣らした. ~ *dedos* (ピアニストが)指慣らしをする. ~ *piernas para la carrera* 競走のために脚を鍛える. ❿ (金)を稼ぐ, 儲ける; ため込む. —Carmen *hizo* mucho dinero en aquel negocio. カルメンはあの商売で大儲けした.

hacer de menos を軽蔑する, 軽視する. Armando *hace de menos* a sus colegas. アルマンドは彼の同僚を軽蔑している.

hacerla 悪事を働く, いたずらをする. Él me *la ha hecho*, pero me la pagará. 彼は私に悪さをしたが, いずれつけは払ってもらおう.

—— 自 ❶ する, 行う, 振る舞う. —Déjame ~. 私にさせてくれ. *Haga* usted como quiera. 好きなようにしてください. ❷【+de】…(の)役をする, 演じる. —Carlos *hace de* malo en la película. カルロスはその映画で悪役を演じる. ~ *de moderador* 司会をする. Este cuarto *hace de trastero*. この部屋は物置として使われている. ❸【+por+不定詞】…しようとする, …するよう努める, …する気がある. —*Haré por* hablar contigo esta tarde. 私は今日の午後君と話し合うようにします. ❹【+aに】(a) …する気がある, …が欲しい. —¿Te *hace* un chocolate? 君はチョコレートが欲しいかい. ¿Te *hace* un kilo o más? 君, 1 キロでいいかい, それとももっと. (b) ふさわしい, ぴったりだ, 都合が良い. —Esta chica no *hace* para tu hijo. この娘は君の息子さんには向かない. Si te *hace*, vamos juntos. 君さえ良ければ一緒に行こう. Este plato no *hace* a la taza. この皿はコーヒー茶碗にしっくりしない. (c) 関連する, 重要である. —Por lo que *hace* a este asunto, yo no tengo nada que ver. この件に関しては, 私は何の関係もない. ❺【+como のような】ふりをする. —*Hizo como* que no me había visto. 彼は私に会ったことがなかったようなふりをした.

a medio hacer 中途半端に, 中断して. Dejé la limpieza de la casa *a medio hacer*. 私は家の掃除を途中で止めた.

hacer bien [*mal*]【+現在分詞/en+不定詞】…する(のが)良い(悪い)ことだ. *Has hecho bien* en no ir. 君は行かなくて良かった. *Has hecho mal* dejando los estudios. 君が勉強をやめたのは良くなかった.

hacer y deshacer 勝手気ままに振る舞う.

¡Qué le voy [*vas, vamos*] *a hacer!/¡Qué se le va a hacer!* 仕方がない, どうしようもない.

—— *se* 再 ❶【+名詞・形容詞】…になる, 変わる. —~*se diplomático* 外交官になる. ~*se comunista* 共産党員になる. ~*se judío* ユダヤ教徒になる. El vino *se ha hecho* vinagre. ワインはビネガーになった. ~*se de noche* [*de día*] 夜(昼)になる. ❷ (a) 作られる, 行われる, なされる. —La cena *se está haciendo*. 夕食の準備中だ. La tortilla mexicana *se hace* de maíz. メキシコのトルティーヤはトウモロコシから作られる. (b) 出来上がる; 成長する. —Los eucaliptos *se hacen* con rapidez. ユーカリは成長が速い. ❸【+定冠詞+形容詞】…のふりをする, 装う. —*Se hizo* el mudo. 彼は口がきけないふりをした. ~*se* el valiente 勇敢なふりをする. No *te hagas* el tonto. ばかまねをするな. 類 *fingirse*. ❹【+不定詞】(a) …してもらう. —Me *hice cortar* el pelo en la peluquería. 私は理髪店で髪を刈ってもらった. (b) 自身を…させる. —*Se hizo atar* el cuerpo a un pilar. 彼は自分の体を柱にくくりつけさせた. ❺【+aにって】…のように思える. —*Se me hizo* muy breve el tiempo. 私には時間がとても短く思えた. *Se me hace* que va a llover. 雨が降り出しそうだ. ❻【+aに】慣れる. —~*se al* calor 暑さに慣れる. No puedo ~*me a* este clima japonés. 私は日本のこの気候に慣れられない. No *me hago a* vivir en grupo. 私は団体生活に慣れていない. ❼【+con を】自分のものにする, 獲得する. —Me voy a ~*con* la medalla de oro. 私は金メダルを取るぞ. *Se hizo con* un buen puesto. 彼は良い地位を手に入れた. 類 *obtener*. ❽ (脇に)どく, 退く; 引き下がる. —*Hazte* a un lado, que estorbas el paso. 脇によけなさい, 通行の妨げになるから. *Hazte* un poco a la izquierda. 少し左へ寄ってくれ. ❾【+con を】思い通りにする. —Ella trata de ~*se* conmigo. 彼女は私を思い通りに操ろうとしている. ❿ (ある時間に)になる. —~*se de noche* [*de día*] 夜(昼)になる. ~*se la hora de comer* 食事の時間になる.

hacerse de nuevas →*nueva*¹.

hacerse de oro →*oro*.

hacerse (de) rogar →*rogar*.

¿qué se ha de …? …はどうなるのか. *¿Qué se ha hecho de ella?* 彼女はどうなったのか. *¿Qué se hizo de aquella promesa?* あの約束はどうなったんだ.

hacera [aθéra] 女 →*acera*.

‡**hacha** [átʃa] 女 [単数の定冠詞は el] ❶ 斧(おの), まさかり. —Cortaba la leña con un ~. 彼は斧で薪(まき)を割っていた. ❷ (a) たいまつ. 類 *antorcha*. (b) 大きなろうそく.

desenterrar el hacha de guerra 戦火の幕を切って落とす, 戦議を熟させる, 戦いの火蓋(ひぶた)を切る.

ser un hacha〘話〙秀(ひい)でる, 天才的である. *Es un hacha para las cartas* [*en matemáticas*]. 彼はトランプ(数学)に秀でる.

hachazo [atʃáθo] 男 ❶ 斧(おの)(hacha)で打つ(切断する)こと. —Se le seccionó tres dedos. 一刀のもとに指 3 本が切断された. ❷ (闘牛で)牛が横からする頭突き. ❸〘中南米〙馬が(驚いて)突然とびはねること.

hache [átʃe] 女 文字 h の名称.

llámele hache〘話〙同じことだ, どう呼んでも(言っても)かまわない.

por hache o por be = por ce o por be.

hachear [atʃeár] 他 を斧(おの)で割る, 切り刻む; (木材)を斧で荒削りする.

hachero [atʃéro] 男 ❶ 燭台(しょくだい); たいまつ立て. ❷ 木こり. ❸〘軍事〙工兵, 土木工兵.

hachís¹ [atʃís] 男 ハシシュ(大麻からとる麻薬の一種).

¡hachís!² [atʃís] 間〘擬声語〙ハクション(くしゃみの音).

hacho [átʃo] 男 ❶ たいまつ, かがり火. ❷ 海岸にある小高い場所, 丘(かがり火をたく場所に用いられた).

hachón [atʃón] 男 ❶ (大型の)たいまつ, ろうそく. ❷ たいまつの火をたく台, かがり火の台.

hachuela [atʃuéla] 女 小型の斧(おの), 手斧

(ちょう).

**hacia [aθja アシア] 前 ❶【目標】…に向かって、…に向けて(の)、…の方へ. ― Esta mañana partieron ~ Barcelona. 今朝彼らはバルセロナに向けて出発した. El avión se dirige ~ el norte. 飛行機は北へ向かっている. Miró ~ otro lado. 彼は反対側を見た. ❷【おおよその場所・時間】…あたりに[へ・で]; …のころに. ― Correos está ~ la estación. 郵便局は駅の方にある. Llegaremos a la ciudad ~ las seis. 私たちは6時頃に町に着くでしょう. ❸【傾向】…に[へ]. ― Se inclina poco ~ los estudios. 彼はあまり勉強に気が向かない. ❹【感情の対象】…に(対して), …への. ― Tiene un odio enorme ~ los extranjeros. 彼は外国人を非常に嫌っている.

:**hacienda** [aθjénda] 女 ❶ 農地; (とくに中南米で)農場, 大農園. ― Pasan todo el verano en su ~. 彼らは彼らの農園で夏中過ごす. 類**finca**. ❷ (*a*) 財産, 資産; 財政. ― Es un hombre de mucha ~. 彼は大した資産家だ. Si suben los precios del crudo será difícil que el gobierno pueda sanear la ~. もし原油価格が上がると政府が財政を建て直すことは困難になるだろう. ~ pública 類**bienes**. (*b*) 国庫. ❸ 財務省 (= Ministerio de H~). ―H~ debe tomar las medidas necesarias para evitar una crisis económica. 財務省は経済危機を避けるため必要な対策を講じるべきだ. ❹【まれ】雑用, 家事 (= quehaceres). ❺【中南米】家畜.

hacina [aθína] 女 ❶ (わら・干し草などの)山, 積み重ね, 堆積, 穀物の束などを順に積み上げて稲むら, 稲むら. ❷《比喩》積み重ね, 山, 大量, 山積.

hacinar [aθinár] 他 ❶ (穀物の束などを)積み重ねる, 積み上げる, 稲むらにする. ― ~ la leña en el sótano 地下室に薪(⸜ǎ⸝)を積んでおく. 類**acumular, amontonar**. ❷《比喩》次々と積み上げる, 山積みにする.

― **se** 再 ❶ (人が狭い所などに)群がる, 押し込められる, すし詰めになる, ひしめきあう. ― Tres familias *se hacinan* en esa chabola. この掘っ立て小屋には三世帯がぎゅうぎゅう詰めで暮らしている. ❷ 積もる, 積み重なる.

hácker [áker] 男《通信》ハッカー.

hada [áða] 女 [単数の定冠詞 el] 妖精. ― cuento de ~s おとぎ話.

hado [áðo] 男 宿命, 運命; 因果.

haga(-) [aɣa(-)] 動 hacer の接・現在.

hagiografía [axjoɣrafía] 女《カトリック》聖人伝, 聖徒列伝; 聖人伝研究.

hagiográfico, ca [axjoɣráfiko, ka] 形《カトリック》聖人伝の, 聖徒列伝の.

hagiógrafo, fa [axjóɣrafo, fa] 名《カトリック》❶ 聖人伝の作者. ❷ 聖書文学(特に旧約聖書中の, 律法・預言を除く第三の部分, 諸書)の作者.

hagiología [axjoloxía] 女 聖人伝研究; 聖人伝.

hago [áɣo] 動 hacer の直・現在・1 単.

haiga [áiɣa] 男/女《話》超高級車, 豪華自動車.

haiku [xáiku] [< 日] 男 [複 haikus] 俳句.

Hainan [áinan, xáinan] 固名 (Isla ~) 海南 [ハイナン]島(中国, 華南地区の島).

Haití [aití] 固名 ハイチ(公式名 República de Haití, 首都ポルトープランス Puerto Príncipe).

hallado 1037

haitiano, na [aitjáno, na] 形 ハイチ (Haití) の, ハイチ出身の. ― 名 ハイチ人, ハイチ出身者.

¡hala! [ála] 間 ❶【応援の言葉】がんばれ, さあ早く. ❷【驚き, 感嘆, 不快感を表わして】おやまあ, やれやれ, あーあ.

halagador, dora [alaɣaðór, ðóra] 形 ❶ お世辞の, へつらいの. ― palabras *halagadoras* お世辞, ほめ言葉. ❷ うれしがらせるような, 快い. ― Es muy ~ recibir tantas felicitaciones. こんなに祝ってもらえるのは本当にうれしいものだ.

halagar [alaɣár] [1.2] 他 ❶ をうれしがらせる, 満足させる. ― Me *halaga* que me hayas consultado. 私に相談してくれてうれしいよ. Le *halagaba* con palabras amorosas. 愛情のこもった言葉で彼を喜ばせていたものだった. ❷ 誉めそやす, 得意にならせる. ❸ こびへつらう, お世辞を言う. 類**adular, lisonjear**.

***halago** [aláɣo] 男 ❶ へつらい, お世辞. ― Sus constantes ~s me fastidian. 彼はお世辞ばかり言うので私はうんざりです. ❷ 満足, うれしがらせ.

halague(-) [aláɣe(-)] 動 halagar の接・現在.

halagué [alaɣé] 動 halagar の直・完了過去・1 単.

***halagüeño, ña** [alaɣwéɲo, ɲa] 形 ❶ 有望な, 見込みのある. ― Las perspectivas económicas son muy *halagüeñas*. 経済的見通しは非常に有望だ. 類**alentador, prometedor**. ❷ (人を)うれしがらせるような, 快い, 喜ばしい. ― Tus palabras *halagüeñas* le infundieron nuevos ánimos. 君のうれしがらせの言葉で彼は新しい元気が出てきた. La juventud es un período de la vida muy ~. 青春は人生の中の非常に楽しい時期である. 類**agradable, halagador, lisonjero**.

halar [alár] 他《海事》を引く, (ロープなどで)引き上げる, 引き寄せる; (船を)曳(⸜ʜ⸝)航する. 類**jalar**.

:**halcón** [alkón] 男《鳥類》タカ(鷹), ハヤブサ(隼) (鷹狩に用いられる). ― ~ niego (巣から取ったばかりでまだ訓練されていない)子タカ. ~ palumbario オオタカ. ~ **águila**.

halconería [alkonería] 女 鷹(⸜ᴛ⸝)狩り; 鷹の訓練法.

halconero, ra [alkonéro, ra] 名 鷹(⸜ᴛ⸝)匠, 鷹飼い. ― 女 ❶ 鷹狩用の鷹を飼う所, 鷹小屋. ❷ 男にこびを売る女; こびを売る女の態度や仕草・表情. ― 形 (男に)こびを売るような.

halda [álda] 女 ❶【まれ】スカート (= falda). ❷ (梱包などに用いる)大型の麻布・ズック布. 類**harpillera**. ❸【方】膝 (= regazo).

¡hale! [ále] 間 →¡hala!

haleche [alétʃe] 男《魚類》カタクチイワシ, ヒシコイワシ, アンチョビー.

halibut [aliβú(t)] 男《魚類》オヒョウ, カラスガレイ.

hálito [álito] 男 ❶ (吐く)息, (白く見える)息. ❷ 蒸気, 湯気. ❸《詩》そよ風.

halitosis [alitósis] 女《医学》呼気悪臭, 臭い息, 口臭.

hall [xól] [< 英] 男 (ホテルなどの)玄関口ビー, エントランスホール. 類**recibimiento, vestíbulo, zaguán**.

hallado, da [ajáðo, ða] 形 [bien, mal, tan などの副詞を伴って] 慣れている[いない], なじみの[なじみでない]. ― bien ~ 安心してくつろいでいる; 自

1038 hallar

分の本領を発揮できる; よく見かける. mal ～ ぎこちない; 得意の分野でない; まれな. 類**avenido**.

hallar [ajár アヤル] 他 ❶ ～を見つける, 見つけ出す, 見出す. —Hallé el libro que estaba buscando. 私は探していた本を見つけた. La hallamos en la biblioteca. 私たちは彼女を図書館で見つけた. Aún no he hallado la solución. まだ解答を見つけていない. 類**encontrar**. ❷ ～を発明する, 考え出す. —Ha hallado el modo de dormir bien. 彼は快眠の方法を考え出した. ❸ …に気づく, …が分る. —Hallé envidia en sus palabras. 私は彼のことばの中にねたみがあることに気づいた. Hallo injustificada su actitud. 私は彼の態度が不当なものだと思った. Aún no he hallado la razón de su enfado. 私はまだ彼が怒った理由が分らない. 類**advertir**, **encontrar**. ❹ ～を調べる, 確かめる. —Voy a ～ dónde se ha escondido. 私は彼がどこに隠れたか調べてみよう. Quien busca halla. 【諺】求めよ, さらば与えられん.(←探す者は見つける).

—— se 再 ❶ (ある場所・状況)にある, いる. —Me hallaba en la tienda cuando sucedió el atraco. 強盗事件があったとき, 私はその店にいた. Se halla enferma. 彼女は病気だ. Me hallo perdido. 私は道に迷った. Entre ellos estaban los posibles galardonados. 彼は受賞者の候補の一人だ. 類**encontrarse**. ❷ 〖＋con と〗 出くわす, 出会う. —Algún día te hallarás con la felicidad. いつか君は幸福と出会うだろう.

hallarse bien con … …に満足している.
hallarse en todo 何にでもしゃべる, 口を挟む.
hallárselo todo hecho 容易だと分かる, 楽にやってのける.
no hallarse en … …に向いてない, 合わない. No consigo hallarme en ese trabajo. 私はその仕事にはうまく適応できない.

:**hallazgo** [ajáɣɣo] 男 見つけること; 掘出し物(をすること); 拾得物. —El ～ de esos documentos arroja nueva luz sobre el problema. これらの文書の発見はその問題の解明に新しい光を投げかける. El nuevo presentador del programa ha sido un verdadero ～. 今度のプログラマーは掘り出し物だった. Quedaron horrorizados ante tan macabro ～. この気味の悪い発見にみんな怖がっていた.

halo [álo] 男 ❶ (太陽・月の周囲に現れる)かさ, 光暈(う). ❷ (聖人の絵で頭の回りに描かれる)光輪, 後光. 類**aureola**, **nimbo**. ❸ 〖比喩〗 (人物などをとりまく)名声, 評判, 尊敬や称賛の雰囲気し, 栄光. — Un ～ de gloria lo envolvía. 彼は栄誉に輝いていた.

halógeno, na [alóxeno, na] 形 〖化学〗ハロゲンの. —lámpara halógena ハロゲンランプ.
—— 男 ハロゲン, 造塩元素.

halterofilia [alterofílja] 女 重量上げ, ウエートリフティング.

hamaca [amáka] 女 ❶ ハンモック. ❷ デッキチェア(木枠に布を張った戸外用の折りたたみ椅子). ❸ ～ 5 posiciones 5 段階調整デッキチェア. 〖方〗揺り椅子, ロッキングチェア.

hamadríada [amaðríaða] 女 〖神話〗妖精, ニンフ, (特に)木の精 (＝dríade).

hamaquear [amakeár] 他 〖中南米〗揺らす, 揺り動かす. —— se 再 (ハンモックなどにのって)揺する, 揺れる.

*:**hambre** [ámbre アンブレ] 女 〖用〗el の定冠詞しか ❶ 空腹. — tener ～ 空腹である. ～ canina 飢えた犬のような空腹. Un baño largo da ～. 長風呂に入るとお腹が空く. entretener el ～ 空腹をまぎらす. ❷ 飢え, 飢餓. — padecer [estar con, pasar, sufrir] ～ 飢えに苦しむ. Mucha gente muere de ～. 多くの人々が餓死している. Sigue habiendo mucha ～ en el mundo. 世界には多くの飢餓がはびこっている. ❸ 熱望, 渇望. — ～ de riquezas [justicia] 富 [正義]への渇望.

A buen(a) hambre no hay pan duro. 【諺】すき腹にまずい物なし(←空腹に堅いパンはない).
andar muerto de hambre 惨めな暮しをする.
juntarse el hambre con las ganas [las ganas] de comer (2 人以上の人が)その思考法・行動様式が偶然に一致する, 似たり寄ったりである.
matar de hambre 少ししか食べ物を与えない.
matar [apagar] el hambre 空腹をいやす, 満たす. Me comí un bocadillo para matar el hambre. 私は空腹を満たすためにボカディーヨを 1 つ平らげた.
morir(se) de hambre (1) 空腹で死にそうである. (2) 貧しくて食べ物がない.
ser más listo que el hambre とても賢明な, 頭が切れる. Ese chico es más listo que el hambre. その子はとても利発だ.
muerto de hambre 貧しい人, 飢えた人.

:**hambriento, ta** [ambrjénto, ta] 形 ❶ 飢えた. —Hoy no he comido nada y ahora estoy ～. 今日は何も食べていないので今はお腹がぺこぺこだ. ❷ 〖＋de〗 を切望する, …に飢えている. —Está ～ de poder y hará todo lo posible para conseguirlo. 彼は権力に飢えているからどんなことをしてでもその手に入れるだろう. 類**deseoso**.
—— 名 飢えた人. —los ～s y los hartos 飢えた人々と満腹な人々(←貧しい人々と豊かな人々). Cuando no te guste una comida, piensa en los ～s. 気に入らない食べ物があるときには飢えた人々のことを考えなさい.

hambrón, brona [ambrón, bróna] 形 〖話〗ひどく腹の空いた, 飢えきった, ひもじい.

hambruna [ambrúna] 女 〖中南米〗非常な空腹, 飢えきっていること.

Hamburgo [ambúrɣo] 固名 ハンブルグ(ドイツの都市).

:**hamburgués, guesa** [amburɣés, ɣésa] 形 ハンブルグ(Hamburgo)の.
—— 名 ハンブルグ(出身)の人.
—— 女 ハンブルグ(ステーキ), ハンバーガー. —hamburguesa de queso チーズバーガー.

hamburguesa [amburɣésa] 女 →hamburgués.

hamburguesería [amburɣesería] 女 ハンバーガーショップ.

hampa [ámpa] 女 〖単数冠詞 un, el〗 ❶ やくざ, ギャング, ごろつき(の集団や生活); 下層階級の人々. ❷ 昔スペイン南部で不法な生活をし隠語を使っていた, ならず者の集団.

hampesco, ca [ampésko, ka] 形 ならず者の, やくざの, 犯罪者の; 下層階級の.

hampón, pona [ampón, póna] 形 ❶ いさましい; 勇み肌の, 強がりの; 威張った. 類**bravo**, va-

lentón. ❷ ごろつきの. 類 **haragán, maleante**.
— 名 無法者, ごろつき.

hámster [ámster] 男 〖＜英〗《動物》ハムスター(モルモットに似た小型のネズミの一種).

Han [án, xán] 固名 漢(前202‐後8, 中国の王朝).

han [án] 動 haber の直・現在・3複.

handicap [xándika(p)] 〖＜英〗男 ❶ (競技での)ハンディキャップ, ハンデ(力を平均にするため優者の側につける不利な条件). ❷ (一般に)不利な条件・状況, 困難, 障害. — La delgadez constituye un gran ～ para un luchador de sumo. 体の細いことは相撲取りとしては決定的にマイナスとなる.

hangar [aŋgár] 男 《航空》(飛行機の)格納庫.

Hanoi [anói, xanói] 固名 ハノイ(ベトナムの首都).

hansa [ánsa] 女 ハンザ同盟(13-17世紀ドイツ北部の諸都市にあった商業組合, 商人連合).

hanseático, ca [anseátiko, ka] 形 ハンザ同盟の.

happening [xápenin] 〖＜英〗男 〖複 happenings〗 (演劇などの)即興的演技.

hará [ará] 動 hacer の未来・3単.

haragán, gana [araɣán, ɣána] 形 怠惰な, 怠け者の, 仕事嫌いの. 類 **gandul, holgazán, perezoso**.
— 名 怠け者.

haraganear [araɣaneár] 自 怠ける, 何もせずぶらぶらしている. 類 **holgazanear**.

haraganería [araɣanería] 女 怠惰, 怠けること, 仕事もせずぶらぶらしていること.

harakiri [(x)arakíri] 〖＜日〗男 ＝haraquiri.

harán [arán] 動 hacer の未来・3複.

harapiento, ta [arapiénto, ta] 形 ぼろをまとった, ぼろを着た. — Un niño ～ pedía limosna a la puerta de la iglesia. みすぼらしいなりをした一人の男の子が教会の入口で物乞いをしていた.

harapo [arápo] 男 ❶ (衣類などから垂れ下がる)ぼろ, ぼろ布, ぼろきれ. ❷ (蒸溜過程の最後に出るアルコール度のごく低い)酒.

haraposo, sa [arapóso, sa] 形 ＝harapiento.

haraquiri [(x)arakíri] 〖＜日〗男 切腹(＝harakiri).

harás [arás] 動 hacer の未来・2単.

hardware [árðuea] 男 《情報》ハードウェア.

haré [aré] 動 hacer の未来・1単.

haréis [aréis] 動 hacer の未来・2複.

harem, harén [arén] 男 ❶ ハーレム, 後宮(イスラム教徒の邸内で妻妾の住んでいる部屋). ❷ 後宮に住む女性達.

haremos [arémos] 動 hacer の未来・1複.

haría(-) [aría(-)] 動 hacer の過去未来.

:**harina** [arína] 女 ❶ 小麦粉. — El pan se hace con ～. パンは小麦粉で作られる. ❷ (一般に)穀物などの)粉, ひき割り. ～ de flor 完全あら挽き小麦粉. ～ integral 全粒粉. ～ de maíz とうもろこし粉. ～ lacteada 麦芽乳.

(*estar*) *metido en harina* …に夢中になっている, うち込んでいる. Ya *metidos en harina* llegamos hasta el final. ここまでうち込んだんだから最後までやろう.

hacer(se) harina 粉ごなにする(なる). Al caer el florero quedó *hecho harina*. 花びんは落ちて粉ごなに砕けた.

ser harina de otro costal 同じことがあてはまらない, 全く別のことである. Te ayudaré con mucho gusto, pero prestarte dinero *es harina de otro costal*. 喜んで君を助けてあげるが, お金を貸してあげるとなると話は別だ.

harinero, ra [arinéro, ra] 形 小麦粉(harina)の. —molino ～ 製粉機, 製粉所. cedazo ～ 粉ふるい. — 名 製粉職人〖工具〗; 粉商人.

harinoso, sa [arinóso, sa] 形 ❶ 粉の多い, 粉っぽい(パン生地など). ❷ (外見が)粉のような, 粉状の. ❸ (りんごなどの果肉が)パサパサして粉っぽい.

harmonía [armonía] 女 ＝armonía.

harnero [arnéro] 男 ふるい, 粉ふるい.

estar hecho un harnero 傷だらけである.

harpa [árpa] 女 ＝arpa.

harpía [arpía] 女 ＝arpía.

harpillera [arpijéra] 女 袋地, ズック(粗く丈夫な麻布).

hartada [artáða] 女 ❶ 満腹すること, 腹一杯になること; 満腹の状態. — Se dio tal ～ de carne que devolvió. 肉を食べすぎて戻してしまった. ❷ うんざりすること, 飽き飽きすること.

hartar [artár] 他 ❶ を**満腹させる**, 飽食させる. — La paella nos *hartó*. パエーリャで私たちも満腹になった. ❷ をあきあきさせる, うんざりさせる. — *Harta* a cualquiera con sus bromas. 彼のジョークにはだれでもうんざりする. 類 **fastidiar**. ❸ 〖＋de で〗(人)にいやと言うほど与える. — Nos están *hartando* de hacer dibujos. 私たちはいやと言うほどスケッチをやらされている. *Han hartado* a la nena de besos. その(女の)赤ちゃんに彼らはキスの雨を降らせた. Lo *han hartado de palos*. 彼はいやと言うほど何度も棒で殴られた.

— se 再 〖＋de で〗 ❶ 満腹する, をたくさん食べる. — En la fiesta *nos hartamos de* jamón serrano. パーティーで私たちは腹いっぱい生ハムを食べた. No dieron de comer hasta ～*nos*. 彼らは私たちが満腹するほど食べる物を出してくれなかった. ❷ (*a*) (…に)飽きる, 飽き飽きする, うんざりする. — *Se hartó de* esperar y se marchó. 彼は待ちくたびれて帰ってしまった. Ella no *se harta de* cantar. 彼女は飽きずに歌い続ける. (*b*) いやと言うほど…する. — Ayer *me harté de* pescar truchas. 昨日私はいやと言うほど鱒を釣った. *Me hartaré de* dormir. 私はいやになるくらい眠ろう.

hartazgo [artáθɣo] 男 ＝hartada.

:**harto, ta** [árto, ta] 形 ❶ 満腹した. — No saques más comida, que ya están todos ～*s*. もう食べ物を出さないで. みんな満腹だから. 類 **lleno**. ❷ 〖＋de〗…に飽き飽きした. — Estoy ～ de estudiar inglés. 私は英語を勉強するのに飽き飽きした. 類 **cansado, fastidiado**. ❸ 〖＋de〗…に慣れ切って知っている. — Está ～ de tratar a personas como a ésta, pero siempre los engañan. 彼はこういう人々を扱い慣れているにもかかわらずいつも騙(だま)されている.

— 副 かなり, あまりに. — Estos días sus llamadas son ～ frecuentes. この頃彼らからの電話はあまりにも頻繁だ. 類 **bastante, demasiado**.

hartón [artón] 男 ＝hartada, hartazgo.

hartura [artúra] 女 ❶ 満足[満腹]した状態, 飽食. 類 **hartazgo**. ❷ うんざりすること, 飽き飽きすること. — ¡Qué ～ de música! もう音楽はたくさん

だ. Todas las noches tortilla, ¡qué ～! 毎晩トルティーリャばかりでもううんざりだ. ❸ たくさん, 豊富. 類 **abundancia, acopio**. ❹《比喩》(願望の)実現.

Hartzenbusch [arθembús(k)] 固名 アルセンブスク(フアン・エウヘニオ Juan Eugenio ～)(1806-80, スペインの劇作家).

has [ás] 動 haber の直・現在・2 単.

＊hasta [asta アスタ] 前 ❶《到達点》…まで. —Te acompaño ～ la entrada del pueblo. 私は村の入口まで君と一緒に行くよ. ❷《時間》…まで, …時まで. —¿Puedes esperar ～ mañana? 君は明日まで待てるかい? Estaré ocupado ～ las tres. 3時まで私は忙しい. Siga derecho por este camino ～ llegar a una iglesia vieja. 古い教会のある所までこの道をまっすぐ行ってください. ❸《副詞的に》…さえも. —Es capaz de aliarse ～ con el diablo. 彼は悪魔とだって手を結びかねない. Todo se hace por dinero, ～ el más cobarde de los crímenes. 皆, 金次第だ. 最も卑劣な犯罪でさえ, そうのだ. Hace frío ～ en agosto. 8月なのに寒い. ❹《数量の大きいことを示す》…もの. —En el torneo de ajedrez hubo ～ treinta participantes. チェスのトーナメントには30人もの参加者があった.

hasta ahora では, またすぐで(=hasta dentro de muy poco).
hasta después それでは.
hasta la vista また会いましょう.
hasta la noche ではまた今晩(会いましょう).
hasta luego →luego.
hasta mañana また明日.
hasta otra ではまた近いうちに.
hasta pronto ではまた後で.
hasta que … …まで(は). Esperaré *hasta que* vuelva. 彼が帰るまで待ちましょう.
hasta siempre (再会を期待しながら)さようなら, ご機嫌よう.

hastial [astjál] 男 ❶ 切妻壁(建物や家屋の正面上部の三角形の部分). 類 **frontispicio**. ❷ (建物の)正面, 前面. 類 **fachada**. ❸ (炭坑で)掘った溝の両側面, 鉱脈の側面. ❹《h を発音して》荒くれ者, ぶこつ者, 粗野な男.

hastiar [astjár] [1.5] 他 …をいやがらせる, 不快にさせる; いらだたせる, うるさがらせる; 退屈させる, 疲れさせる. —Me *hastía* tanta reunión. こんな集まりはうんざりだ. 類 **aburrir, fastidiar, hartar**.
—— se 再 〔+de〕…にうんざりする, 飽き飽きする, 疲れる. —*Se ha hastiado de* una vida tan monótona. これほど単調な生活に彼は飽きてしまったのだ.

hastío [astío] 男 ❶ 吐き気, むかむかすること. ❷ 不快, 嫌悪; 退屈, 倦怠; うんざりすること, 飽き飽きすること. —Es un ～ pasarse el día frente al ordenador. 一日中パソコンに向かって過ごすのはうんざりだ. ¡Qué ～ de vida! もうこんな生活は嫌だ. 類 **disgusto, tedio**.

hatajo [atáxo] 男 ❶《軽蔑》相当数, まとまった量, 一群. —un ～ de imbéciles 阿呆(あほう)連中, 馬鹿ども. un ～ de estupideces たわごと, くりごと. ❷ (家畜の)小さい群れ. 類 **hato**.

hatillo [atíʝo]〔<hato〕男 ❶ (身の回り品・衣類などをまとめた)小荷物. —coger [tomar] el ～ 荷物をまとめて立ち去る (=marcharse, irse). echar el ～ al mar 腹を立てる. 類 **enojarse, irritarse**. ❷ (動物の)小さい群.

hato [áto] 男 ❶ 身の回り品, 日用品, 身の回り品の包み. —andar con el ～ a cuestas しょちゅう引越しをする; 放浪生活をする. liar el ～ (気に入らない場所から)荷物をまとめて出て行く, 去る; 立ち去る用意をする. perder el ～ 慌てふためいて立ち去る. revolver el ～ 喧嘩や不和の種をまく, トラブルを引き起こす. ❷ 食糧. ❸ (動物の)群れ. ❹ 羊飼いなどが郊外で群の世話をして過ごす時に住む小屋, 番小屋. ❺《軽蔑》群, 連中, 一味(=hatajo); たくさん, 多量. —un ～ de pícaros 悪党連中.

Havre [áβre] 固名 (El ～) ルアーブル(フランスの都市).

hawaiano, na [awajáno, na] 形 ハワイの, ハワイ出身の.
—— 名 ハワイの人.

Hawai(i) [awái(i)] 固名 (Islas ～) ハワイ諸島.

hay [ái] 動 haber の直・現在・3 単.

Haya [ája] 固名 →La Haya.

＊**haya** [ája] 女〔直前の単数冠詞は el, una〕《植物》ブナ.

haya(-) [aja(-)] 動 haber の接・現在.

hayaca [ajáka] 女 (ベネズエラでクリスマスに作る)パイの一種(トウモロコシ粉の生地に肉や魚などの具を包んで作る).

hayal, hayedo [ajál, ajéðo] 男 ブナ林.

hayuco [ajúko] 男 ブナの実.

:**haz**¹ [áθ]〔複 haces〕男 ❶ (草, 小麦, たきぎなどの)束. —Iban cargando en los burros *haces* de trigo. 彼らはロバの背に小麦の束を積んで運んでいた. ❷ (物理)光線, 光束. —～ de rayos luminosos 光束.
—— 女〔男の定冠詞は el〕❶ 顔. 類 **cara, rostro**. ❷ (布・硬貨などの)表(おもて). —～ de una tela 布の表. 反 **envés**. ❸ 表面. —～ de la Tierra 地球の表面. 類 **superficie**.
a dos haces 下心をもって. ¡Cuidado con lo que dice! Siempre habla *a dos haces*. 彼の言うことには注意しろよ. いつも下心をもって話すんだから.
a sobre haz 一見して.

haz² [áθ] 動 hacer の命令・2 単.

haza [áθa] 女 (一区画の)耕地, 地所, (一区域の)土地.

:**hazaña** [aθáɲa] 女 手柄(てがら), 偉業, 勲功. —las ～s del Cid エル・シードの偉業.

hazañería [aθaɲería] 女《まれ》わざと驚いて見せること, 大げさな表情, 作り顔; 気取り.

hazañero, ra [aθaɲéro, ra] 形《まれ》大げさな表情の, わざとらしい, 作り顔の; 上品ぶった.

hazañoso, sa [aθaɲóso, sa] 形《まれ》勇ましい, 勇敢な; 英雄的な.

hazmerreír [aθmerreír] 男 笑わせ役, おどけ者, お調子者; 笑い者, 物笑いの種. —Antonio es el ～ de la clase. アントニオはクラスの中のお調子者だ.

HB《頭字》〔<バスク Herri Batasuna (Unidad Popular)〕男 バスク人民同盟(バスク独立派の政党).

he¹ [é] 動 haber の直・現在・1 単, 命令・2 単.

he² [é] 副〔直接補語の代名詞や場所を表わす副詞 (aquí など)と共に用いる〕《文》(存在を表わす).

—H~ aquí un ejemplo. ここに1つの例がある. H~me aquí sin entender nada. 私は何も分からずにいる. ~lo aquí ほらここに(それが)ありますよ. H~las ahí. そこにある.

heavy [xéβi] [＜英] 形 男 《複》heavies, heavys または単複同形》ヘビーメタル(の).
—— 男女 ヘビーメタルのファン.

hebdomadario, ria [eβðomaðárjo, rja] 形 (雑誌などの)週刊の. 類**semanal**. —— 男 (教会などで)週単位で司式を務める者, 週番聖職者.

hebilla [eβíja] 女 (ベルトなどの)バックル, 止め金, 尾錠.

hebillaje [eβijáxe] 男 止め具・バックル類, 尾錠・止め金の類全部.

‡**hebra** [éβra] 女 ❶ (動植物の)繊維, 筋. — de carne 肉の繊維. Estas judías tienen mucha ~. これらのインゲン豆には筋が多い. ❷ (a) 糸, 縫い針につける糸. —Me cuesta trabajo pasar la ~ por el ojo de la aguja. 針の目に糸を通すのが私にはやっかいだ. 類**hilo**. (b) (蜘蛛(くも)などの)糸. —Es maravilloso ver cómo el gusano de seda fabrica su ~. 蚕が糸を出すさまを見るのはすばらしい. ❸ (話の)筋道, 脈絡;《情報》スレッド. —No me interrumpas, que pierdo la ~. 邪魔しないでよ, 話の筋がこんがらかってしまうから. ❹《文》髪(＝cabello). —En sus sienes ya aparecen algunas ~s blancas. 彼の鬢(びん)にはもういくらか白髪が生えている. ❺ (a)《地質》鉱脈. (b) 木目.

pegar la hebra (1) (気がつかないうちに)会話を始める. Nos saludamos y, sin darnos cuenta, ya *habíamos pegado la hebra*. 私たちはあいさつを交わすといつのまにかもう会話を始めていた. (2) 話を長びかせる. Siempre que me ve, me *pega la hebra*. 彼は私に会うといつも話を長びかせる.

hebraico, ca [eβráiko, ka] 形 ヘブライの(＝hebreo).

hebraísmo [eβraísmo] 男 ❶ ヘブライ人の宗教, ヘブライズム(モーゼの律法を信奉, 後にキリスト教が継承した思潮), ユダヤ教. ❷ ヘブライ語法, ヘブライ語からの借用語.

hebraísta [eβraísta] 男女 ヘブライ語[文化]研究者.

hebraizante [eβraiθánte] 形 ❶ ヘブライ語法を使うような. ❷ ユダヤ教を(隠れて)信奉している.
—— 男女 ❶ ヘブライ語[文化]研究者. ❷ (隠れ)ユダヤ教徒.

hebraizar [eβraiθár] [1.3, 1.7] 他 ❶ ヘブライ語法を用いる, ヘブライ語からの借用語を使う. ❷ ユダヤ教を信奉する.

‡**hebreo, a** [eβréo, a] 形 ヘブライの, ヘブライ人の, ヘブライ語の. —la literatura *hebrea* antigua 古代ヘブライ文学. la religión *hebrea* ヘブライ人の宗教(ユダヤ教). —— 名 ヘブライ人, (近代の)ユダヤ人. 類**israelí, israelita, judío**. —— 男 ヘブライ語.

Hébridas [éβriðas] 固名 (Islas ~) ヘブリディーズ諸島(イギリス, スコットランドの諸島).

hebroso, sa [eβróso, sa] 形 ＝fibroso.

hecatombe [ekatómbe] 女 ❶ (多数の死者を伴なう)大惨事, 大災害; 大打撃. —económica [política] 経済[政治]的打撃. 類**catástrofe, desgracia**. ❷《宗教》(多数の動物などの)いけにえ, いけにえを捧げること. ♦古代ギリシャで(いけにえとして使われた)「100頭の牛」を意味する語より.

---

hecho 1041

hechicería [etʃiθería] 女 ❶ 魔法, 魔術, 妖術; 魔法を使うこと. ❷ 魅惑, 魅了, 魅力.

hechicero, ra [etʃiθéro, ra] 形 ❶ (人が)妖術を使う, 魔術的な. ❷ 魅了するような, うっとりさせるような. —ojos ~s 魅惑的なまなざし. chica *hechicera* 魅力的な女の子. estilo ~ うっとりさせるようなスタイル. 類**encantador**. —— 名 妖術使い, 魔法使い[魔人]; 呪術師.

hechizar [etʃiθár] [1.3] 他 ❶ …に魔法をかける; 呪いをかける. ❷ を魅了する, うっとりさせる.

hechizo [etʃíθo] 男 ❶ 魔法にかけること, 妖術を使うこと; 魔術. ❷《比喩》(女性の美貌など, 自然に備わった)魅力, 魅惑, 魔力. 類**atractivo**.

hecho [étʃo] 動 hacer の過去分詞.

****hecho, cha** [étʃo, tʃa エチョ, チャ] 過分 [＜hacer] 形 ❶ つくられた, なされた. — en España スペイン製の. ~ a mano 手製の. ¡Bien ~! でかした. No me atreví a protestar. -¡Mal ~! 私はあえて抗議しなかった.-まずいことをしたなあ. ❷ 完成された, 成熟した. —hombre ~ 成人. trabajo bien ~ りっぱにできた仕事. Ya no es una niña sino una mujer *hecha*. 彼女は女の子ではなくてもう一人前の女です. 類**maduro**. ❸ [(estar) ~＋名詞] …のようになっている. —estar ~ una fiera 猛獣のようになって(怒り狂って)いる. El niño está ~ un gigante. その子は巨人のように(背が高く)なっている. ❹ (肉などが)焼かれた, ウェルダンの. —Quiero la carne muy [poco] *hecha*. 肉はよく焼いて[あまり焼かないで]もらいたい. ❺ 既製の. —ropa *hecha* 既製服. frase *hecha* 成句, 慣用句. ❻ [bien [mal] ~] (容姿が)整っている[いない]. —una cara bien *hecha* 整った顔だち. Está muy bien *hecha*. 彼女はとてもスタイルがよい. 類**constituido**.

A lo hecho, pecho.《諺》できたことには胸を張れ(←しでかした過ちには直面して打開策を講ずべきだ).

dicho y hecho →dicho.

¡hecho! 賛成, それに決めた. ¿Vamos mañana de excursión?-¡H~! 明日遠足に出かけようか.-そうしよう.

hecho y derecho 正真正銘の. hombre *hecho y derecho* 本物の男.

Lo hecho está hecho. 覆水盆に返らず(←なされたことはなされてしまっている).

—— 男 ❶ 事実, 現実に起きたこと. —un ~ histórico 歴史的事実. un ~ evidente 明白な事実. un ~ fortuito 偶発的な出来事. Los ~s demuestran que teníamos razón. 現実が私たちが正しかったことを証明している. ❷ 事件, 出来事. —Los ~s ocurrieron en la medianoche del jueves 14. 事件は14日木曜の深夜に起きた. ❸ 行為, 行動; 業績. —Si la quieres, demuéstralo con ~s. 君は彼女が好きならそれを行動で示しなさい. grandes ~s 偉業. ~ de armas 武勲. Del dicho al ~ hay mucho trecho.《諺》言うことと行ないの間には大きな隔たりがある. 類**acción, obra**. ❹ 本題, 問題. ❺《法律》《複》法律に触れる行為, 犯行.

de hecho (1) 事実, 実際には. *De hecho*, nuestro país atraviesa por una crisis financiera. 確かに, 我が国は財政危機に直面している. (2) 事実上の. Ella es la jefa *de hecho*. 彼女が事実上のボスです.

1042 hechura

el hecho de〖＋不定詞［*que*＋接続法/直説法］〗…ということ，…という事実．*El hecho de tener que ir en avión ya supone un gran gasto.* 飛行機で行かなければならないこと自体がもう大きな出費だ．*El hecho de que* el epicentro se localizara en zonas próximas a la ciudad, agravó los daños causados por el terremoto. 震央が町に近かったことで地震による被害が大きくなった．
El hecho es que〖＋直説法〗実は…である．
eso está hecho ¡hecho!
frase hecha →frase.
hecho consumado 既成事実．
vías de hecho《法律》暴力行為，暴行．
── 圖 承知した(承諾を示す). ──¿Aceptamos las condiciones propuestas? –¡H~! 提案された条件を受け入れますか？–そうしよう．

hechura [etʃúra] 囡 ❶ 製造; (特に衣料の)縫製, 仕立て; 裁断; 仕立て代〖主に 複〗. ──Las ~s cuestan diez euros. 縫製代に10ユーロかかる. ❷ 作品; 創造物, 産物. ──~s de Dios 神の創り給いし物(人間など). ❸ 出来栄え; 仕立て具合. ──sofá de buena ~ 仕立てのよいソファー. ❹ 形; 体型. ──Hizo un pastel al que dio la ~ de corazón. ケーキをハート型に焼きあげた. Tiene una magnífica ~. 彼女は見事なプロポーションだ. ❺ 恩蔭を被っている者; 傀儡(ホトッ);手先, 子分. ──Es ~ de su maestro. 彼(女)は師匠の操り人形だ.

:**hectárea** [ektárea] 囡《単位》ヘクタール（＝100 áreas アール, 1万平方メートル）. ── finca de unas diez ~s 約10ヘクタールの面積をもつ農園.

héctico, ca [éktiko, ka] 形 結核の, 肺病の.

hecto- [ekto-] 接頭 「100」の意. ──*hectárea, hectómetro*.

hectogramo [ektoɣrámo] 男 ヘクトグラム（＝100グラム, 略 Hgr.）.

hectolitro [ektolítro] 男 ヘクトリットル（＝100リットル, 略 Hl.）.

hectómetro [ektómetro] 男 ヘクトメートル（＝100メートル, 略 Hm.）.

Héctor [éktor] 固名《男性名》エクトル.

heder [eðér] [4.2] 自 ❶ 悪臭を放つ, 臭い, 臭い. ──*Hiede* a tabaco. 煙草臭い. 類 **apestar**. ❷《比喩》不快である, うんざりさせる, 嫌な物である. 類 **cansar, enfadar**.

hediondez [eðjondéθ] 囡 ❶ 悪臭, 臭いこと. ❷ 臭い[汚い, 不快な]物.

hediondo, da [eðjóndo, da] 形 ❶ 臭い, 悪臭を放っている. 類 **fétido**. ❷ 汚ない, 不潔な. 類 **obsceno, sucio**. ❸ 不快な, 嫌な. 類 **enfadoso, insufrible**. ❹《植物》マメ科の低木の一種(黄色い花とバニラに似た実をつけ, 悪臭がある).

hedonismo [eðonísmo] 男 快楽主義(快楽・幸福が人生の究極であるとする思想); 快楽主義的な行為・態度.

hedonista [eðonísta] 形 快楽主義の, 快楽主義的な. 男囡 快楽主義者; 快楽を追い求める人.

hedor [eðór] 男 (通常, 有機物の腐敗から生ずる)悪臭, 腐臭. ──El sumidero despedía un ~ insoportable. 下水口から耐え難いほどひどい臭いがした.

hegelianismo [xeɣeljanísmo] 男 ヘーゲル(Hegel, 18-19世紀ドイツの哲学者)の思想, ヘーゲル哲学.

hegeliano, na [xeɣeljáno, na] 形 ヘーゲルの; ヘーゲル哲学の; ヘーゲル哲学を信奉する.

hegemonía [exemonía] 囡 ❶ 覇権, 盟主権. ❷ 主導権. ──mantener la ~ política 政治的主導権を維持する. 類 **superioridad**.

hégira, héjira [éxira] 囡《歴史》ヘジラ[ヒジュラ, 聖遷](紀元622年, マホメットがメッカを逃れ出てメディナへ移ったこと). ❷ (ヘジラのあった622年を紀元元年とする)イスラム暦, 回教紀元.

•**helada** [eláða] 囡 ❶〖主に 複〗氷結, 凍結; 厳寒. ❷ 霜, 降霜. ──~ blanca 霜, 白霜（＝escarcha). Las ~s tardías han dañado la cosecha de cebada. 遅霜の影響で大麦の収穫に被害が出た.
caer una helada 霜が降りる, (植物が)凍結する.

heladera [elaðéra] 囡 ❶ アイスクリーム製造機（＝heladora). ❷ 冷蔵庫（＝nevera). ❸ ひどく寒い場所（＝heladero).

heladería [elaðería] 囡 アイスクリーム屋, アイスクリームのメーカー.

heladero, ra [elaðéro, ra] 图 アイスクリーム売り, アイスクリーム屋の店員. ── 男 ひどく寒い場所, 冷蔵庫のような所. ──Mi cuarto es un ~. 私の部屋はまるで北極だ. ❷ 霜のよく降りる, 厳寒の, よく凍結する. ──Vive en una región muy *heladera*. ひどく寒い地方に住んでいる. enero frío y ~ 寒く冷たい1月.

heladizo, za [elaðíθo, θa] 形 氷結しやすい, 凍りやすい.

:**helado, da** [eláðo, ða] 過分〖＜helarse〗形 ❶ とても冷たい, 凍った, いてついた. ──En invierno sale del grifo el agua *helada*. 冬には蛇口からとても冷たい水が出る. Tengo los pies ~s. 私の足は凍えている. Los niños se quedaron ~s jugando en la calle. 子供たちは通りで遊んで体が冷え切ってしまった. ❷ (驚きや恐れで)びっくりする, めんくらう. ──Al oír la noticia me quedé ~. その知らせを聞いて私はびっくり仰天した.
── 男 アイスクリーム. ~ al [de] corte アイスもなか. ~ de vainilla バニラ・アイスクリーム.

helador, dora [elaðór, ðóra] 形 (空気などが)凍てつくような, ひどく冷たい. ──Soplaba un viento ~. 身を切るような寒風が吹いていた.

heladora [elaðóra] 囡 ❶ アイスクリーム製造機. ❷ 冷蔵庫; フリーザー.

helamiento [elamjénto] 男 氷結, 凍結; 冷凍.

:**helar** [elár] [4.1] 他 ❶ (a) を凍らせる. ──El frío de la noche *ha helado* la charca. 夜の寒さで池が凍った. (b) に霜害をもたらす. ──El frío *heló* los naranjos. 寒さのためにオレンジの木が枯れた. (c) を凍傷にかからせる. ──Las bajas temperaturas le *helaron* los dedos de las manos. 低温のため彼は両手の指もしもやけになった. ❷ (人)の肝を冷やさせる, ぞっとさせる, をびっくりさせる. ──La trágica noticia me *heló* completamente. 悲劇的な知らせに私は完全に凍りついたようになった. ❸ (熱意など)をさます, 萎(ナ)えさせる. ──El comienzo de la guerra *heló* sus esperanzas. 開戦によって彼の希望はしぼんでしまった. 類 **desalentar**.

── 自 ❶〖無主語で〗氷が張る, (気温が)零下になる. ──En invierno *hiela* con frecuencia en León. 冬のレオンではしばしば氷が張る. ❷ (緊迫の

あまり言葉が)出なくなる.
— **se** 再 ① 凍る, 凍(")てつく, 凍(ミ)える. — *Se ha helado* el lago. 湖が凍った. *Cierra la puerta, que me estoy helando.* ドアを閉めて下さい, 私は凍えそうだから. ② (植物が寒さのために)枯死する, 霜害を被る. — *Se han helado* las flores de los manzanos con la escarcha. 霜のためリンゴの花が枯れてしまった. ③ (熱意などが)失せる, 衰える, 消える. — Eran tantas las dificultades que *se nos heló* el ánimo de seguir adelante. 非常に障害が多いので私たちは先に進もうという気力が失せてしまった. ④ 凍傷にかかる. — Los dedos de los pies *se le helaron*. 彼は足の指が凍傷にかかった. ⑤ ぞっとする, おびえる, 仰天する. — *Se helará al enterarse* de la noticia. 彼はそのニュースを知ったらびっくりするだろう. ⑥ 冷める, 冷える. — El caldo *se ha helado*. スープが冷めてしまった.

helechal [eletʃál] 男 シダ(羊歯)の生えている所.

helecho [elétʃo] 男 羊歯, 羊歯・ワラビ類の総称.

helénico, ca [eléniko, ka] 形 〘古代〙ギリシャの, ヘレニズムの.

helenio [elénjo] 男 〘植物〙オオグルマ. ◆黄色い花をつけ, 根は薬用となる. 高さ2mを越える多年草.

helenismo [elenísmo] 男 ❶ ヘレニズム(ギリシャ)文明; (特に)世界的に影響を及ぼした古代ギリシャの思想・文化, その影響. ❷ ギリシャ語法, ギリシャ起源の語句.

helenista [elenísta] 男女 ❶ ヘレニズム学者, ヘレニズム(ギリシャ)文明の研究家・専門家. ❷ 古代ギリシャの言語や慣習を用いていたユダヤ人; ユダヤ教の教徒となったギリシャ人.

helenístico, ca [elenístiko, ka] 形 ❶ (特に)アレキサンドリアのギリシャ時代の(思想や芸術など). ❷ ヘレニズム学者の.

helenización [eleniθaθjón] 女 ギリシャ化, ギリシャの文化を取り入れること.

helenizar [eleniθár] [1.3] 他 ギリシャの文化(慣習・芸術など)を取り入れる, ギリシャ化する, ギリシャ風にする.

heleno, na [eléno, na] 形 〘古代〙ギリシャの, ヘレニズムの. —— 名 ギリシャ人.

helero [eléro] 男 (山頂などの)雪・氷, 氷河, 水原.

helgado, da [elɣáðo, ða] 形 歯が不揃いでところどころ欠けている, 歯並びの悪い, 乱杭(⹝⹝)歯の.

helgadura [elɣaðlúra] 女 ❶ 歯と歯の間の隙間. ❷ 歯並びの悪いこと, 乱杭(⹝⹝)歯であること.

hélice [éliθe] 女 ❶ (船・飛行機の)プロペラ, スクリュー. ❷ (貝殻・階段などの)螺旋(⹝⹝). ❸ 〘幾何〙螺旋形. ❹ 〘解剖〙耳輪(耳たぶの縁の部分). ❺ 〘建築〙(イオニア式柱頭などの)渦巻き模様. —— 男 〘天文〙大熊座.

helicoidal [elikoiðál] 形 螺旋(⹝⹝)形の, 螺旋状の, 渦巻き形の. — estría ~ 螺旋, 渦巻き形の線; コイル. movimiento ~ 螺旋運動, 回転.

*****helicóptero** [elikóptero] 男 ヘリコプター. — subir a un ~ ヘリコプターに乗り込む.

helio [éljo] 男 〘化学〙ヘリウム(気体元素の1つ, 原子番号7, 略 He).

heliocéntrico, ca [eljoθéntriko, ka] 形 ❶ 太陽を中心とする. ❷ 太陽の中心に関する.

heliograbado [eljoɣraβáðo] 男 写真凹版術, グラビア(日光に対する版の反応を利用したプリント技術); 写真凹版術でプリントした物.

heliografía [eljoɣrafía] 女 ❶ 〘情報〙日光反射信号法. ❷ 〘天文〙太陽面記述(学). ❸ グラビア印刷術.

heliógrafo [eljóɣrafo] 男 日光反射信号機, 回光信号機(鏡と日光の反射を利用した電信装置).

helioscopio [eljoskópjo] 男 〘天文〙ヘリオスコープ, (太陽観測に用いる)接眼鏡.

helioterapia [eljoterápja] 女 〘医学〙日光治療法, 日光による治療法.

heliotropismo [eljotropísmo] 男 (植物の)向日性, 屈光性.

heliotropo [eljotrópo] 男 ❶ 〘植物〙ヘリオトロープ, 木立瑠璃(⹝⹝)草(南米産の小低木, 薄紫色から白色の花が芳香を持つ); ヘリオトロープの色. ❷ 〘鉱物〙血玉髄, ブラッドストーン(暗緑色に赤い斑の入った宝石). ❸ 手動式のヘリオスタット(日光を鏡で反射して一定の方向に送り, 信号や合図に使う装置).

helipuerto [elipwérto] 男 ヘリポート, ヘリコプター用の空港.

helminto [elmínto] 男 虫, (特に)寄生虫(回虫・条虫の類).

Helsinki [elsínki] 固名 ヘルシンキ(フィンランドの首都).

helvecio, cia [elβéθjo, θja] 形 ヘルベチア(Helvecia, 現在のスイス)の. —— 名 ヘルベチア人.

helvético, ca [elβétiko, ka] 形 ヘルベチアの; スイスの. —— 名 ヘルベチア人; スイス人.

hemático, ca [emátiko, ka] 形 血の, 血液の.

hematíe [emátíe] 男 赤血球. 類 **glóbulo rojo**.

hematina [emátina] 女 〘生化学〙ヘマチン(血液中の赤色色素).

hematites [ematítes] 女 〘鉱物〙赤鉄鉱(赤色ないし褐色の酸化鉄).

hematología [ematoloxía] 女 血液学(血液に関する病理学, 組織構造学, また治療などの研究).

hematólogo, ga [ematóloɣo, ɣa] 名 血液学者, 血液学の専門家.

hematoma [ematóma] 男 〘医学〙(打撲などによって出来る, 内出血を伴なう)血腫, 瘤(⹝⹝)腫, こぶ.

hematuria [ematúrja] 女 〘医学〙血尿(尿に血が混じる症状).

*****hembra** [émbra] 女 ❶ (a) (動植物の)雌. — La yegua es la ~ del caballo. 'yegua' は 'caballo'の雌である. 反 **macho**. (b) 女の子, 女性. —Tiene tres hijos: dos varones y una ~. 彼女には3人の子供がある. 2人の男の子と1人の女の子だ. 類 **mujer**. 反 **varón**. ❷ 〘機械〙雌, (ねじの)ナット, (ホック止めの)小穴, (電気の)コンセントなど. ❸ 〘不変化で形容的に用いられる〙雌の. — águila ~ 雌鷲(⹝⹝). pájaro ~ 雌鳥.

hembraje [embráxe] 男 〘中南米〙(家畜などの)雌の群れ.

hembrilla [embríja] 女 ❶ (道具類についている)小さな鉤, (ホックなどの)鉤. ❷ 頭が輪になっているねじ, アイボルト. 類 **armella, cáncamo**.

hemeroteca [emerotéka] 女 新聞図書館, 新

聞・雑誌類を収蔵している図書館.

hemi- [emi-] 〖接頭〗「半分」の意(→semi-). —*hemiciclo, hemi*plejía, *hemi*sferio.

hemicerebro [emiθeréβro] 男 《解剖》大脳半球.

hemiciclo [emiθíklo] 男 ❶ 半円, 半円形(= semicírculo). ❷ (特に劇場, 講堂などの)半円形の雛段席. ❸ (国会議事堂などの)議院席.

hemicránea [emikránea] 囡 《医学》偏頭痛. 類 jaqueca

hemiedro, dra [emjeðro, ðra] 形 半面像の, (結晶の)半完面体の.

hemiplejía [emiplexía] 囡 《医学》半身不随[麻痺], 片側麻痺.

hemipléjico, ca [emipléxiko, ka] 形 半身不随の; 半身不随になった.

hemíptero, ra [emiptero, ra] 形 《虫類》半翅(し)目の. —— 男 複 半翅目(セミ類・カメムシ類など).

hemisférico, ca [emisfériko, ka] 形 半球の, 半球形の.

hemisferio [emisférjo] 男 ❶ 半球体. ❷ (地球・天球の)半球. —~ norte [boreal] 北半球. ~ sur [austral] 南半球. ~ occidental [oriental] 西[東]半球.

hemistiquio [emistíkjo] 男 《詩学》半行(1つの詩行の中で, 中間休止 cesura により 2 分されたものの各).

hemofilia [emofílja] 囡 《医学》血友病(血液の凝固不全のため, 出血傾向をきたす遺伝性の病気).

hemofílico, ca [emofíliko, ka] 形 血友病の; 血友病にかかった. —— 名 血友病患者.

hemoglobina [emoɣloβina] 囡 《生化学》ヘモグロビン(赤血球中にあり酸素を運ぶ色素蛋白(於)).

hemólogo, ga [emóloɣo, ɣa] 名 血液専門医.

hemopatía [emopatía] 囡 《医学》血液疾患.

hemoptisis [emoptísis] 囡 《医学》(特に肺・気管支など呼吸器からの)喀血(な).

hemorragia [emoráxja] 囡 《医学》出血. —~ nasal 鼻血. ~ intracerebral [subaracnoidea] 脳[クモ膜下]出血. ~ interna 内出血.

hemorrágico, ca [emoráxiko, ka] 形 出血の; 出血を伴なう.

hemorroidal [emořojðál] 形 痔(ぢ)の. —sangre ~ 痔による出血.

hemorroide [emořójðe] 囡 〖主に複〗痔(ぢ), 痔疾(=almorrana). —Sufre de ~s. 痔を患っている.

hemos [émos] 動 haber の直・現在・1複.

hemostático, ca [emostátiko, ka] 形 止血の; 止血作用のある. —— 男 止血剤.

hemotórax [emotóra(k)s] 男 《医学》血胸.

henal [enál] 男 = henil.

henar [enár] 男 牧草地, 干し草畑.

henchido, da [entʃíðo, ða] 過分 形 ふくらんだ, 充満した.

henchidura [entʃiðúra] 囡 満たす[詰める, ふくらます]こと; 一杯になること, 充満; 飽食.

henchimiento [entʃimjénto] 男 ❶ =henchidura. ❷ (製紙機械の)槽の底部. ❸ 《海事》(穴や隙間をふさぐための)木片.

:**henchir** [entʃír] [6.4] 他 を膨らます. —~ un globo 風船を膨らます. *Henchí* el pecho de aire. 私は空気で胸を膨らました. El profesor te *hinchó* de alabanzas. 先生は君のことをほめちぎった.

—— **se** 再 ❶ 〖+de で〗満腹になる. —*Me henchí* de uvas. 私はブドウを食べて満腹になった. 類 **atiborrarse, hartarse.** ❷ 膨らむ, 一杯である. —Se le *hinchó* el vientre de comer tanto. たくさん食べたので彼はお腹が出っ張ってきた.

hendedura [endeðúra] 囡 =hendidura.

hender [endér] [4.2] 他 ❶ を(縦に)裂く, 割る; ひび(裂け目)をつくる. —*Hendió* la puerta de un hachazo. 斧の一撃で扉をたたき割った. ❷ (空気や水を)切って進む. —El velero *hendía* suavemente las tranquilas aguas de la bahía. 帆船は湾内の静かな水面をゆっくりと進んでいた. ❸ 《比喩》人混みをかき分けて進む.

—— **se** 再 ひびが入る; 割れる.

hendido, da [endíðo, ða] 形 ひびの入った; 割れた. —paladar ~ 口蓋裂. labio ~ みつくち(兎唇). pata *hendida* (牛・羊などの)分趾蹄(ふ), 偶蹄(2つに分かれた蹄(今)).

hendidura [endiðúra] 囡 ❶ 割れ目, 裂け目; 切れ目; ひび. —El aire penetraba por una ~ de la pared. 壁の割れ目から外気が入り込んでいた. ❷ (物の表面にできた)溝, 切れ目; (滑車などの)溝.

hendimiento [endimjénto] 男 ❶ 裂く[割る, 切る]こと. ❷ (空気や水を)切って進むこと. ❸ 人混みをかき分けて進むこと. ❹ ひびが入る[割れる]こと.

hendir [endír] [4.3] 他 =hender.

henequén [enekén] 男 ❶ 《植物》ヘネケン(リュウゼツランの一種). ❷ ヘネケンから取る繊維(ロープなどに使われる).

henificación [enifikaθjón] 囡 干し草刈り, 草干し.

henificar [enifikár] [1.1] 他 干し草を作る, 牧草を刈り取って日に干し, まぐさとして貯える.

henil [eníl] 男 干し草置場.

heno [éno] 男 ❶ 干し草, まぐさ. ❷ 干し草用の牧草. ❸ 《植物》ホルクス(イネ科の植物). —~ blanco [eneké] シラゲオオムギ, ヨークシャーフォッグ. fiebre de ~ 《医学》花粉症, 枯草熱.

heñir [eɲír] [6.5] 他 (パン生地などを)こねる, 練る. 類 amasar.

hepática [epátika] 囡 →hepático.

hepático, ca [epátiko, ka] 形 肝臓の. —cólico ~ 肝(胆石)疝痛(な). insuficiencia *hepática* 肝不全, 肝機能障害. —— 名 肝臓の病気にかかっている人, 肝炎患者. —— 囡 《植物》ミスミソウ(三角草). ♦森林などに生息し, 葉は越冬して早春に花をつける. 別名ユキワリソウ(雪割草). 肝臓の薬とされる.

hepatitis [epatítis] 囡 《医学》肝炎. —~ C [vírica] C 型[ウイルス性]肝炎. ~ fulminante 劇症肝炎.

hepatopatía [epatopatía] 囡 《医学》肝障害.

heptacordo, heptacordio [eptakórðo, eptakórðjo] 男《音楽》❶ (ドからシまでの 7 音の)音階. ❷ 7 度(音程).

heptagonal [eptaɣonál] 形 7 角形の.

heptágono, na [eptáɣono, na] 形 7 角形の.

—— 男 7角形.

heptámetro [eptámetro] 男 《詩学》七歩格(の詩)(1行7詩脚からなる詩行).

heptarquía [eptarkía] 女 《歴史》7つの州からなる国, 七王国連合.

heptasílabo, ba [eptasílaβo, βa] 形 7音節からなる(詩行, 単語など).

heráldico, ca [eráldiko, ka] 形 紋章(学)の.
—— 女 紋章学.

heraldista [eraldísta] 男女 紋章学者.

heraldo [eráldo] 男 ❶ (中世の宮廷で)伝令官, 先導官(馬上試合などを取仕切る役), 紋章官 (= rey de armas). ❷ 使者, 伝令;報道者. ❸ 先駆け, 先触れ. —En España, los almendros en flor son el ~ de la primavera. スペインで春の訪れを告げるものと言えばアーモンドの花だ.

herbáceo, a [erβáθeo, a] 形 《植物》草[草本]の, 草本性の.

herbajar [erβaxár] 他 (家畜を)放牧する, 飼育する, 牧草を食べさせる. —— 自 (家畜が)牧草を食べる, 草を食む.

herbaje [erβáxe] 男 ❶ 〖集合的に〗草, 牧草;牧草地. ❷ 放牧料(他地域の牧草地で家畜の放牧に対してかけられる料金, 牧草地の賃貸料金). ❸ (昔のアラゴン王国で)新しい統治者に対しその任期の最初に住民が納めた貢物. ❹ 目の粗い防水性の毛織物(主に海事で用いる).

herbario, ria [erβário, ria] 形 草の, 草本の.
—— 名 《まれ》植物学者. —— 男 ❶ 植物の標本(箱・室). ❷ 《動物》反芻(¹)動物の胃の第一室, 第一胃.

herbazal [erβaθál] 男 草地, 草原.

herbecer [erβeθér] **[9.1]** 自〖単人称動詞〗草が生えかける, (土地などに)緑が萌(⁴)え初める.

herbero [erβéro] 男 ❶ 反芻(¹)動物(牛, 羊など)の食道. ❷ 《古》飼料係(鷹の餌にするまぐさを調達する係の兵士).

herbicida [erβiθíða] 男 除草剤.

herbívoro, ra [erβíβoro, ra] 形 《動物》草食性の. —— 男複 草食動物.

herbolario, ria [erβolário, ria] 形 《比喩, 話》間抜けな, 軽率な;気の変な. 類 **alocado**, **botarate**. —— 名 薬草[ハーブ]売り;薬草[ハーブ]の採集人. —— 男 ❶ 薬草[ハーブ]店. ❷ 植物の標本 (=herbario).

herboristería [erβoristería] 女 薬草[ハーブ]店(=herbolario).

herborización [erβoriθaθjón] 女 植物採集.

herborizar [erβoriθár] **[1.3]** 自 (研究・収集のため)植物採集をする.

herboso, sa [erβóso, sa] 形 草におおわれた, 草の生えた.

herciano, na [erθjáno, na] 形 《物理》ヘルツの.

hercio [érθjo] 男 《物理》ヘルツ(周波数・振動数の単位).→hertz.

hercúleo, a [erkúleo, a] 形 ❶ ヘラクレス(Hércules)の; ヘラクレスのような. ❷ 非常に強い;怪力の; 屈強の. —Hombres ~s vigilan la entrada de la discoteca. 強そうな男たちがクラブの入口で見張りをしている. fuerza *hercúlea* 怪力.

Hércules [érkules] 固名 ヘラクレス(ギリシャ神話の英雄で12の偉業を為し遂げた怪力の持ち主).
—— 男 ❶《天文》ヘラクレス座. ❷ (h~)《比喩》非常に力の強い人, 怪力の持ち主.

heredable [ereðáβle] 形 相続人になれる, 相続しうる.

heredad [ereðá(ð)] 女 ❶ (ある1人の所有者の持つ)土地, 耕地;地所. ❷ (家屋敷を含めた総体としての)不動産, 土地家屋.

heredado, da [ereðáðo, ða] 形 ❶ 受け継いだ, (親)譲りの. —Ha tenido que vender las tierras *heredadas*. 相続した土地を売却しなければならなかった. Ese genio, ~ de su madre, le hará sufrir. 母親似のその性格で彼は苦労することになるだろう. ❷ 土地や地所を持っている, 財産持ちの;裕福な. ❸ 既に相応な財産を受け取った, 相続済みの.

:**heredar** [ereðár] 他 ❶ (a)〖+de から〗(遺産)を相続する. —*Heredó* de su padre una casa de campo. 彼は父親から別荘を相続した. No tiene descendientes que le *hereden*. 彼には遺産を相続する子孫がいない. (b)…を(人)に遺産・相続財産として)譲渡する, 遺贈する. (c)…を相続人に指定する. ❷ 継承する, 受け継ぐ. —Es una situación *heredada* del régimen militar. それは軍事政権から受け継いだ状況である. ❸ を(遺伝的に)受け継ぐ. —*Heredó* el carácter de su padre. 彼は性格を父親から受け継いだ. La nariz la *hereda* de su madre. 鼻は母親似だ. ~ un mal hábito 悪癖を受け継ぐ. ❹《話》…のお古をもらう. —La niña *ha heredado* la ropa de su hermana. 女の子は姉の古着をもらった.
—— 自 〖+de から〗受け継ぐ, 相続する. ~ ~ de su tía 叔母から相続を受ける.

:**hereder**o, ra [ereðéro, ra] 形 受け継ぐ, 相続する. —príncipe ~ 皇太子, 王位[皇位]継承者.
—— 名 ❶ 相続人, (遺産などの)受取人, 後継者. —En ese país el primogénito era el ~. この国では長男が相続人であった. Los ingleses son los ~s de la libertad. 英国人は自由の継承者だ. ~ legítimo [testamentario] 正当な[遺言による]相続人. ❷ 土地所有者;不動産の所有者. ❸ (親から)ある特徴を受け継いだ人, (性格など)親に似たところのある人.

heredero forzoso 《法律》法定推定相続人.
instituir (por) *heredero* a ... を(遺言で)相続人に指定する.

hereditario, ria [ereðitárjo, ria] 形 ❶ (財産・性生などが)受け継いだ, 相続した, 譲られた. —propiedad *hereditaria* 世襲財産. monarquía *hereditaria* 世襲君主制. ❷ (病気などが)遺伝性の, 遺伝する. —enfermedad *hereditaria* 遺伝病.

hereje [eréxe] 男女 ❶ (キリスト教会から見ての)異端者, 異教徒. ❷《比喩》冒瀆するような事を言う[する]人, 不敬な行為をする人, 悪態をつく人. ❸《比喩, 話》悪さをする人. —No seas ~. 悪さはいけません. 類 **desvergonzado**, **procaz**.

herejía [erexía] 女 ❶ (キリスト教会から見ての)異教, 異端, 異説. ❷ (主流・一般論・有力説に反する)異説, 異論, 反論. —Es una ~ decir que a uno no le gusta Velázquez. ベラスケスが嫌いだと言うのは異端的だ. ❸ 侮辱, 無礼な言動. 類 **insulto**, **ofensa**. ❹ (特に弱者・動物などに対する)悪さ, いじめ. ❺ 愚行, つまらない行為, 当を得ない行為. —Teñirse ese precioso pelo negro es una ~. その見事な黒髪を染めてしまうなんて愚かな

1046 herencia

ことだ.

herencia [erénθia] 囡 ❶ **相続財産, 遺産**; 相続権. —Su padre le dejó una ~ de cinco millones de dólares. 彼の父は彼に5百万ドルの遺産を残した. recibir una ~ [=recibir en ~] 相続財産を受ける. adir [repudiar] la ~ 《法律》相続を認める[放棄する]. ~ yacente 相続人不在. ❷ (a) 《祖先あるいは古くから伝えられた文化など》の遺産. —la gloriosa ~ del pasado 過去の輝かしい遺産. (b) 〖比喩的に〗遺産. —Ella tiene la misma cara que su padre. ¡Menuda ~! 彼女はお父さんと同じ顔をしている. とんだ遺産だ. ❸ 《生物》遺伝; 《情報》インヘリタンス. —La genética estudia las leyes de la ~. 遺伝学は遺伝の法則を研究する.

heresiarca [eresjárka] 男女 異端の創始者, 異説・反論の発起人.

herético, ca [erétiko, ka] 形 異教(徒)の, 異端(者)の; 異説の, 反論の.

Heriberto [eriβérto] 固名《男性名》エリベルト.

herida [eriða] 囡 ❶ 傷, 負傷, けが. —~ grave [leve] 重傷[軽傷]. Le infligieron graves ~s en el pecho. 彼は胸に大けがを負った. ~ contusa 打撲傷. ~ incisa 切り傷. ~ penetrante 貫通性の傷. ❷ (心の)痛手, 苦痛. —La muerte de su hijo le produjo una profunda ~. 息子の死は彼の心に深い傷を残した. ❸ 侮辱. —Aquel comentario lo recibió como una ~. あのコメントを彼は侮辱と受け取った. 類 agravio, ofensa.

tocar [dar] en la herida (何かを言って)痛いところを突く, いやな思いをさせる. A ella no le gusta esa señora porque siempre le *toca en la herida*. 彼女はそのおばさんが好きではない. いつも痛いところを突かれるからだ.

respirar [resollar] por la herida 心の痛み[恨み]を吐露する. Escúchale bien: está tratando de *respirar por la herida*. 彼の言うことをよく聞いてやれ. 心の痛みを吐露しようとしているのだから.

herido, da [eríðo, ða] 過分〔<herirse〕 形 傷ついた, 負傷した. —brazo ~ 傷ついた腕. corazón ~ 傷ついた心. Dos pasajeros resultaron ~s de gravedad en el accidente. 乗客2名が事故で重傷を負った. Se sintió muy ~ cuando le dejó su novia. 彼は恋人に捨てられて大きな精神的痛手を受けた.

— 名 負傷者, けが人. —Los ~s fueron trasladados a un hospital cercano. 負傷者は近くの病院へ運ばれた.

herir [erír エリル] [7] 他 ❶ ❶を傷つける, 負傷させる. —El atracador le *hirió* en la espalda con una navaja. 強盗は彼の背中をナイフで傷つけた. 類 lesionar. ❷ ❶を(精神的に)傷つける, 悲しませる, 怒らせる. —La *hirió* profundamente lo que le dijiste. 君の言ったことが彼女を深く傷つけてしまったのだ. Aquella lastimosa escena nos *hirió* el corazón. あの痛ましい光景によって私たちの心は傷を受けた. ❸を刺激する, …に苦痛[不快の念]を与える. —~ la vista 目をくらませる, まぶしい. El sonido de la taladradora *hería* los oídos. ドリルの音が耳をつんざいた. ❹を叩く, 打つ, 踏み鳴らす. —Ella *hería* el suelo con los pies bailando flamenco. 彼女はフラメンコを踊って床を踏み鳴らしていた. ❺ …に(光・日光)が当たる; (矢などが的)に当たる. —Un rayo de sol me *hirió*. 日光が私に当たった. La flecha le *hirió* el blanco. 矢が的に当たった. 類 atinar. ❻ (楽器)を奏でる, かき鳴らす. —~ el arpa ハープを奏でる.

herir de muerte 致命傷を与える.

— **se** 再 傷つく, 負傷する. —*Se hirió* (en) la cabeza al caer por la escalera. 彼は階段から落ちて頭にけがをした.

hermafrodita [ermafroðíta] 形 ❶ 《生物》両性の, 雌雄の両性殖器を持つ; (花の)雌雄両方の蕊にもつ. ❷ (ヒトが)両性結合形の生殖器を(異常組織として)持つ. ◆ギリシャ神話のヘルマフロディトス(ヘルメスとアフロディテとの子で両性具有)の名に由来. — 男女 両性動(植)物.

hermafroditismo [ermafroðitísmo] 男 両性具有, 雌雄同体であること.

hermana [ermána エルマナ] 囡 ❶ 姉妹, 姉; 妹. —~ gemela 双子の姉妹. ~ política 義理の姉妹. media ~ 片親が同じ[異父母の]姉妹. prima ~ 本従姉妹, 血のつながっているおじ・おばの娘. ~ bastarda (嫡出子から見た)腹違いの姉[妹]. ~ mayor 姉. ~ menor 妹. Esta es mi ~ la pequeña. これが私の下の妹です. Yo tengo dos ~s. 私には女のきょうだいが2人います. ❷ 《宗教》修道女, シスター, 尼僧. —~ de la Caridad カリダ[カリタス](愛徳)修道会のシスター. ~ salesiana ラサール会修道女. ~ lega 助修(道)女.

hermanable [ermanáβle] 形 ❶ 兄弟の, 兄弟らしい. ❷ 比べうる, 釣り合う. ❸ ぴったり合う, マッチする.

hermanado, da [ermanáðo, ða] 過分 ぴったり合う, 一致する, 同じである; 類似した.

hermanamiento [ermanamjénto] 男 ❶ 調和. ❷ 合致. ❸ 一緒にする[なる]こと. ❹ 兄弟[姉妹]のような仲にする[なる]こと.

hermanar [ermanár] 他 ❶ 調和させる, 合わせる; 一緒にする, 1つにする. —Es un ensayo que *hermana* la sencillez y la profundidad. 素朴さと奥深さを合わせ持つ随筆だ. ❷ 合致させる; 対にする. ❸ 兄弟[姉妹]のようにする. 類 armonizar, juntar, unir.

— **se** 再 合う, 協調する; 兄弟[姉妹]のように気の合う仲になる. —Algunos nacionalismos actuales *se hermanan* con los del romanticismo. 現代のナショナリズムの中にはある種のロマンチシズムに関連しているものもある.

hermanastra [ermanástra] 囡 異母[父]姉, 異母[父]妹(両親とも異なる場合(親の再婚相手の連れ子など)にも用いる).

hermanastro [ermanástro] 男 異母[父]兄, 異母[父]弟.

hermandad [ermandá(ð)] 囡 ❶ 兄弟の間柄. ❷ 親愛の情, 友愛. —mantener la ~ entre los dos países 両国間の友好関係を維持する. vivir en ~ con … …と仲良く暮らす. ❸ 調和, 意見のまとまり. —En esta obra musical existe una perfecta ~ entre el cine y la música. このミュージック作品には映画と音楽の見事な調和がある. ❹ 類似. ❺ (a) (同業者の)組合. —Han creado una ~ de cosecheros de trigo. 小麦の収穫者組合が作られた. (b) (思想や宗教の)団体.

—~ de creyentes 信者会. 類**cofradía**.
Santa Hermandad 《歴史》サンタ・エルマンダー (15-16世紀のスペインの警察組織).

*hermano, na [ermáno, na エルマノ, ナ] 形 類似の, 同系の, そろいの. —ciudades *hermanas* 姉妹都市. lengua *hermana* 姉妹語. Los pendientes que llevas no son ~s. 君のつけているイヤリングはそろっていないよ.
— 男 ❶ 兄弟. —¿Tienes ~s? 君は兄弟は何人? — mayor [menor] 兄[弟]. ~ bastardo (嫡出子から見た)腹違いの兄[弟]. ~ carnal 同父母の兄弟. ~ de leche 乳(ち)兄弟. ~ de madre [uterino] 母親から生れた異父の兄弟. ~ de padre (父は同じの)異母の兄弟. ~ gemelo ふたごの兄弟. ~ político 義兄弟. medio ~ 【複】 medio ~s】片親だけ同じの兄弟. primo ~ (実)いとこ. ❷ 同志. ❸《宗教》修道士, 修道会士, ブラザー —~ lego 助修(道)士. ❹ 同一信心会員.

hermeneuta [ermenéuta] 男女 (聖書などの)原典解釈学者.

hermenéutica [ermenéutika] 女 テキスト(文献, 文学作品など, 特に聖書)の解釈, 解釈学.

hermenéutico, ca [ermenéutiko, ka] 形 テキスト解釈学の, 解釈学の.

herméticamente [ermétikamente] 副 密封して, 密閉して; 水も漏らさぬように; 頑(かた)に.

hermético, ca [ermétiko, ka] 形 ❶ 密閉の, 密栓の, 水や空気を漏らさない. ❷《比喩》(人が)頑(かた)な, 片意地な; 計り知れない; 用心深い, 口数の少ない. —Es un hombre de carácter ~. 無口な[頑固な]タイプの人だ. ❸ (思考・論理などが)不可解な, 得体の知れない; 入り込めない, 奥深い; 完璧な, 文句なしの. ❹ ヘルメス(古代エジプトの練金術師・哲学者)の, ヘルメスの門下の.

hermetismo [ermetísmo] 男 ❶ 密閉, 気密性. ❷《比喩》(人の)頑迷さ; 不可解さ. ❸ (思考などの)不可解さ; 神秘性, 奥深さ. ❹ ヘルメスの神秘思想の支持・信奉).

hermosamente [ermósamente] 副 美しく, 綺麗に; 見事に, 立派に, 完璧に.

hermoseamiento [ermoseamiénto] 男 美しくすること, 綺麗にすること; 装飾すること.

hermosear [ermoseár] 他 を美しくする, 綺麗にする; 飾る. —Ha comprado una crema para ~ el cutis. 肌をきれいにする美容クリームを買った.
—se 再 化粧する; 自分の身を飾る. —Ella emplea casi una hora en ~se. 彼女は化粧に1時間近くかける.

Hermosillo [ermosíjo] 固名 エルモシージョ(メキシコの都市).

hermoso, sa [ermóso, sa エルモソ, サ] 形 ❶ 美しい, きれいな. —~ valle entre las montañas 山あいの美しい谷. Nunca he visto un paisaje tan ~ (como éste). こんな美しい景色を今だかつて見たことがない. Es en otoño cuando Kioto está más ~. 京都が一番美しいのは秋です. ❷ すばらしい, すてきな, 立派な. —~ día de otoño 秋のすばらしい日. predicar un ~ sermón a los feligreses sobre la Biblia 聴衆に聖書について見事な説教をする. ❸ (天候が)よく晴れた. —un día ~ 好天の一日. 類 **apacible, despejado. ❹ 健康的な, 体格のよい. —Ella tiene tres ~s hijos. 彼女は3人の健康な子どもがいる. 類 **robusto, saludable**. ❺

---

heroísmo 1047

広々とした, (大きさが)堂々とした. —Esta casa tiene una *hermosa* cocina. この家には広々としたキッチンがある.

:hermosura [ermosúra] 女 ❶ 美しさ, 美. —El monte Fuji cubierto de nieve es de una ~ inigualable. 冠雪した富士山は比類なき美しさだ. Es una mujer dotada de gran ~. 彼女は絶世の美女です. ❷ 美しい人, 美女; 美しい物.
¡*Qué hermosura de* ...! 何て美しい…でしょう! ¡Qué hermosura de casa! 何と美しい家だろう!

Hernandarias [ernandárjas] 固名 エルナンダリアス(パラグアイの都市).

Hernández [ernándeθ] 固名 エルナンデス(ホセ José ~)(1834-86, アルゼンチンの詩人).

Hernando [ernándo] 固名《男性名》エルナンド.

hernia [érnja] 女《医学》ヘルニア(臓器の一部が本来あるべき腔から逸脱した状態になる病気, 脱腸など).

herniado, da [ernjáðo, ða] 形 ヘルニアになった, ヘルニアを患っている. — 名 ヘルニア患者.

herniarse [ernjárse] 再 ヘルニアになる[を患う].

Herodoto, Heródoto [eroðóto, eróðoto] 固名 ヘロドトス(前484?-425?, ギリシャの歴史家).

:héroe [éroe] 男 ❶ 英雄, 勇士. —El ~ de la batalla fue un soldado raso. その戦いの英雄は一兵卒だった. ❷ (小説, 劇, 映画などの)主人公, 主要人物. —Mi abuela no puede comprender que un chico tan feo sea el ~ de la película. 私の祖母はあんなに醜い少年が映画の主人公であることが理解できない. 類 **protagonista**. ❸《神話》神人, 半神的な勇士.

heroicamente [eróikaménte] 副 英雄的に, 雄々しく, 堂々と. —Murió ~ en defensa de sus creencias. 彼は自分の信念をつらぬき英雄的な死をとげた.

:heroicidad [eroiθiðá(ð)] 女 ❶ 英雄らしさ, 英雄的資質. —vivir con ~ 勇ましく生きる. ❷ 英雄的行為. —Hablar en público ha sido para él una ~. 公の場で話すことは彼にとっては勇気のいる行動だった.

:heroico, ca [eróiko, ka] 形 ❶ 英雄の, 勇壮な. —un acto [comportamiento] ~ 英雄的な行為[ふるまい]. tiempos ~s 英雄的な時代. ❷ 英雄詩の, 叙事詩の. —poema ~ 英雄詩. 類 **épico**. ❸ 思いきった, 最後の手段として用いる. — remedio ~ 思い切った手段. decisión *heroica* 思いきった決定. una *heroica* resistencia 思い切った抵抗.

heroicocómico, ca [eroikokómiko, ka] 形 英雄気取りの, 英雄風を真似た, 英雄素朴が勇壮さや気高さを誇張しすぎ却って滑稽に堕したことを言う).

heroína[1] [eroína] 女 ❶ 女性の英雄, 偉人, 女傑.(←héroe の女性形). ❷ (物語や映画の)女主人公, ヒロイン.

heroína[2] [eroína] 女 ヘロイン(モルヒネから作られる極めて強い麻薬).

:heroísmo [eroísmo] 男 英雄的資質; 勇壮, 勇敢. —Hombres, mujeres, niños defendieron con gran ~ la ciudad. 男や女や子供たちがとても勇敢に町を守った.

herpe, herpes [érpe, érpes] 男/女 《医学》ヘルペス(小さい水疱が群がって出来る皮膚病の一種. 疱疹). —~ zóster 帯状疱疹.

herpético, ca [erpétiko, ka] 形 ❶ ヘルペスの, ヘルペスに関する; ヘルペスのような. ❷ ヘルペスの出来やすい. — 名 ❶ ヘルペスの出来ている人, ヘルペス患者. ❷ ヘルペスの出来やすい人.

herpetología [erpetoloxía] 女 爬⁽ハ⁾虫類学; 爬虫類の動物に関する学術書.

herrada [eráða] 女 木桶(口よりも底のほうが広く, 鉄や真鍮⁽シンチュウ⁾のたがをはめてある木製のバケツ).

herradero [eraðéro] 男 ❶ (家畜に火ばしなどで)焼き印をつけること, 烙⁽ラク⁾印を押すこと. ❷ 焼き印をつける場所. ❸ 焼き印をつける時期.

herrado [eráðo] 男 (馬に蹄⁽ヒヅメ⁾鉄をつけること; (家畜・奴隷などに)焼印を押すこと, その作業.

herrador [eraðór] 男 蹄⁽ヒヅメ⁾鉄をつける人; 蹄鉄工.

herradura [eraðúra] 女 ❶ 蹄⁽ヒヅメ⁾鉄, 馬蹄. ❷ (広義で)馬蹄形(のもの). —arco de ~ 馬蹄型アーチ.
camino de herradura 馬だけが通れるような細い[険しい]道.

herraje [eráxe] 男 ❶ (窓・扉などの)締め金具, 鍵の類. ❷ 蹄⁽ヒヅメ⁾鉄, 蹄鉄をとめる釘の類.

herramental [eřamentál] 形《総称的に》ある作業に用いる道具一式, 一揃いの道具, ツール.
— 形 (道具類を入れる)袋・箱などの.

:**herramienta** [eramjénta] 女 ❶ (職人などが手で使う)道具, 工具. —~s de un jardinero 庭師の道具. Para el artesano, las manos constituyen ~s imprescindibles. 職人にとって手は不可欠な道具である. ❷《集合的に》道具類. — Lleva toda la ~ en una bolsa. 彼は道具類すべてを袋に入れて持っている. ❸《話》刀剣類, 刃物, (とくに)ナイフ. —Al ver que sacaba la ~, salió huyendo. 相手が刃物を抜くのを見ると, 彼は逃げ出した. 類 *arma blanca*. ❹《話》歯並び. —Tiene una ~ muy blanca. 彼はとても白い歯並びをしている. 類 *dentadura*. ❺《情報》ユーティリティ. —~ de autoría オーサリング・ツール.
máquina herramienta/herramienta mecánica 工作機械, 工具.

herrar [erár] [4.1] 他 ❶ (馬に)蹄⁽ヒヅメ⁾鉄をつける. ❷ (家畜・奴隷などに)焼印をつける, 烙印を押す. ❸ 鉄製の飾りをつける, 金具で補強する.

Herrera [eréra] 固名 ❶ エレーラ(フェルナンド・デ Fernando de ~)(1534–97, スペインの詩人). ❷ エレーラ(フアン・デ Juan de ~)(1530–97, スペインの建築家).

herrería [ería] 女 ❶ 鍛冶場, 鍛冶職人の仕事場[店]. ❷ 鍛冶職, 鍛冶屋の仕事. ❸《比喩》騒ぎ, (喧嘩などの)騒動.

herrerillo [ererijo] 男《鳥類》アオガラ(シジュウカラ科の鳥); シジュウカラ.

herrero [eréro] 男 鍛冶屋, 鉄職人.

herreruelo [ererwélo] 男《鳥類》ヒガラ(シジュウカラ科の鳥).

herrete [eréte] 男 ❶ (靴紐などの先についている)金具. ❷《中南米》焼き印, 焼き金.

herretear [ereteár] 他 ❶ (靴紐などの先に)金具をつける. ❷《古》(焼き金などで)印をつける. 類 *herrar*.

herrín [erín] 男 = *herrumbre*.

herrumbre [erúmbre] 女 ❶ さび(錆), 鉄さび. —criar ~ さびる, tener ~ さびている. 類 *herrin, orin*. ❷ 金気, 金具さ, (水などに含まれる)金属臭; 金属的な味. —Esta agua sabe a ~. この水は鉄のような味がする. ❸《農業》(穀物につく)さび菌, さび病.

herrumbroso, sa [erumbróso, sa] 形 さ(錆)びた, さびのついた.

hertz [er₀]《<独》《物理》ヘルツ(周波数・振動数の単位, 記号 Hz).

hertziano, na [er(t)θjáno, -na] 形 ヘルツ(振動数の単位)の (= *herciano*). —onda *hertziana* (ラジオ放送などに用いられる)ヘルツ波, 電磁波. ♦ ドイツの物理学者 H. Hertz が発見.

hervidero [erβiðéro] 男 ❶ (湯などが)煮えたぎる音・様子. ❷ (水がごぼごぼと湧き出る)泉, 水源. ❸ 大勢(の人・動物), (うごめいている)群れ, 群集. —En el ~ de ese barrio pululan los narcotraficantes. その地区の人の群れの中には麻薬の密売人がうようよいる. ❹ (激情・不信・もめごとなどの)たぎる所, 紛糾の場. —La sede del partido es un ~ de intrigas y discordias. 党本部は陰謀といさかいが渦巻く最中になっている.

hervido, da [erβíðo, ða] 過分 沸騰させた, 煮立たせた; ゆでた. —huevo [pollo] ~ ゆで玉子[チキン].

hervidor [erβiðór] 男 やかん, 湯沸し; 鍋(ミルクパン・煮込み鍋など); (一般に)湯を沸かす容器.

:**hervir** [erβír] [7] 自 ❶ 沸騰する, 沸点に達する, 煮立つ. —El agua ya *hierve*. もう湯がわいた. 類 *bullir*. ❷ (発酵などによって)泡立つ, 発泡する; (海が)波立つ. ❸ 〖+de で〗満ちている, ひしめく, うようしている. —El estadio *hervía* de gente. スタジアムは人であふれかえっていた. La cama *hervía* en chinches. ベッドにはナンキンムシがうようよしていた. ❹ (精神が)高ぶる, わき立つ, いきり立つ. —~ de ira [de celos] 怒りに燃える[嫉妬で身をこがす]. La gente *hervía* en ánimos de victoria. 人々は勝利への意欲に燃えていた.
— 他 ❶ を沸騰させる, 煮る, ゆでる. —~ el agua 水を沸騰させる. ~ dos huevos 卵を2個ゆでる. ❷ を煮沸消毒する. —~ el biberón 哺乳びんを煮沸消毒する.
hervir la sangre 激怒する. Al enterarme de la noticia, me *hirvió la sangre*. そのニュースを知って私は激怒した.

hervor [erβór] 男 ❶ (湯が)沸くこと, 沸騰; 煮立つこと, たぎること. —alzar [levantar] el ~ 煮立つ, 沸く, 煮立ち始める. —dar un ~ 軽く沸騰させる, —a ~ 煮立ちさせる. ❷ 熱狂, 興奮, 激昂. 類 *entusiasmo, fogosidad*. ❸ (若者の)情熱. —~ juvenil 若者の情熱; 若気の至り.

hervoroso, sa [erβoróso, sa] 形 ❶ 沸騰している(ような), 煮え立つ(ような). ❷ (気性などが)激しい, 激烈な, 情熱的な. 類 *ardoroso, fogoso, impetuoso*.

hetaira, hetera [etájra, etéra] 女 ❶ 売春婦. ❷ (古代ギリシャの)高級娼婦.

heteo, a [etéo, a] 形 ヒッタイト(Hitita, 小アジアに住んでいた古代民族)の. — 男複 ヒッタイト人. — 男複 ヒッタイト族.

heteróclito, ta [eteróklito, ta] 形 ❶ 不規則な; 無秩序に入り混じった; ごちゃまぜの. ❷《文法》不規則な.

heterodino, na [eteroðíno, na] 形 ヘテロダインの，うなり受波の．―― 男 ヘテロダイン(うなり受信装置)．◆真空管を振動させることにより，周波数の違う電波を混ぜて一種のうなりを生じさせ，受信を容易にする装置．

heterodoxia [eteroðóksja] 女 異端，異説，(正統派とされるものに反していること；(特にキリスト教に対する)異教．反 **ortodoxia**.

heterodoxo, xa [eteroðókso, ksa] 形 非正統派の，異端の，一般的な[正しいとされる]説に反する．― escritor ～ 異端児的な作家．opinión *heterodoxa* 異説．―― 男 異端者，異説を唱える人；(特にカトリックの教義に反する)異端．反 **ortodoxo**.

heterogeneidad [eteroxeneiðá(ð)] 女 異種・異質であること；種々雑多なこと．

heterogéneo, a [eteroxéneo, a] 形 異種の，異質の；様々な，雑多な；種々のものが混在する．― un país ～ (様々な人種・言語・宗教の混在する)複雑な国，多様性を持つ国．Ese partido tiene una afiliación muy *heterogénea*. その政党には実に様々な身分や職業の人々が加入している．反 **homogéneo**.

heterónomo, ma [eterónomo, ma] 形 他者に支配されている，他に依存する，他律の，他治的な．反 **autónomo**.

heterosexual [eteroseksuál] 形 異性に魅かれる，異性を愛する．―― 男女 異性愛者．反 **homosexual**.

hético, ca [étiko, ka] 形 ❶ 肺結核の，肺結核にかかっている(=tísico)．❷ やせ衰えた，衰弱した．―― 名 肺結核患者；衰弱した人．

hevea [eβéa] 女 《植物》パラゴムノキ(ブラジルのパラ産のゴムの木，現在ゴムを取るのに最も多く用いられている樹種)．

hexacordo [eksakórðo] 男 《音楽》 ❶ 6音音階，ヘクサコード(中世音楽の基礎となる，ドからラの6つの音の列)．❷ 6度音程．― ～ mayor 長6度．～ menor 短6度．

hexadecimal [eksaðeθimál] 形 16進法の．

hexaedro [eksaéðro] 男 《幾何》六面体．― ～ regular 立方体．

hexagonal [eksaɣonál] 形 六角形の．

hexágono [eksáɣono] 男 《幾何》六角形．

hexámetro [eksámetro] 男 《詩学》6歩格の(詩)．◆ギリシャ・ローマの叙事詩に見られる，1行6詩脚からなる詩行．―― 形 6歩格の．― verso ～ 6歩格の詩．

hez [éθ] 女 [複 heces] ❶ [主に複](液体の)沈殿物，おり，かす．❷ 複 排泄物，糞便．類 **excrementos**. ❸ 《比喩》最下層の人々，卑しい人々．― la ～ de la sociedad 社会の屑．

hg. [略号] =hectogramo ヘクトグラム．

hialino, na [jalíno, na] 形 透明な，ガラスのような．

hiato [játo] 男 ❶ 《まれ》割れ目，裂け目；断絶，途切れ．❷ 《言語》母音連続(別々の音節をなし，二重母音とならないもの：cafetería の í，e など)．❸ 母音連続(特にある語の末尾と次の語の頭とに同じ母音がある場合など)により生じる耳障りな音調(Va a ír. など)．

hibernación [iβernaθjón] 女 ❶ 冬眠，冬ごもり；(厳寒期・乾季などには環境上の悪条件を避けるため)動物が穴などに引きこもる現象．❷ 治療のため(麻酔などにより)患者に施す半無意識状態．❸ 凍結睡眠，人工冬眠(SFなどで死体の再生のため腐敗しない状態に保存すること)．

hibernal [iβernál] 形 冬の，冬季の(=invernal)．― sueño ～ 冬眠．

hibernar [iβernár] 自 冬眠する，冬ごもりする；避寒する，冬をすごす．―― 他 人工冬眠を施す(病気治療のため体温を下げて仮死状態にさせる)．

Hibernia [iβérnja] 固名 ヒベルニア(アイルランドの古称)．

hibisco [iβísko] 男 《植物》ハビスカス．

hibridación [iβriðaθjón] 女 (特に植物などの)異種交配，かけ合わせ．

hibridismo [iβriðísmo] 男 雑種性；雑種形成，交配現象．

híbrido, da [iβríðo, ða] 形 ❶ 雑種の，混血の，異種の交配からなる．❷ 混成の，混種の，異なる要素の混じった．―― 男 ❶ 雑種(の動・植物)，混血(の人)；混成物．❷ 《言語》混種語(異なる言語の要素からなる合成語．ギリシャ語源の auto とラテン語源の móvil から成る automóvil など)．

hice [íθe] 動 hacer の直・完了過去・1単．

hiciera(-) [iθjéra(-)] 動 hacer の接・過去．

hicieron [iθjéron] 動 hacer の直・完了過去・3複．

hicimos [iθímos] 動 hacer の直・完了過去・1複．

hiciste [iθíste] 動 hacer の直・完了過去・2単．

hicisteis [iθísteis] 動 hacer の直・完了過去・2複．

Hidalgo [iðálɣo] 固名 イダルゴ(メキシコの州)．

hidalgo [iðálɣo] [<hijo de algo] 男 《歴史》郷士，小貴族．◆中世から近代初頭のスペインの階級の1つ．貴族の称号はないが，地所を持ちその収入で生活出来る，平民よりは上の身分(→ hijodalgo)．

――**, ga** 名 高貴な精神の持ち主，高潔な人；寛大な人．

――**, ga** 形 ❶ 郷士の，郷士特有の．―Era de ascendencia *hidalga*. 彼は郷士の出だった．❷ 《文》高貴な，品位ある；寛大な．―Su ～ comportamiento me dejó maravillado. 彼の威厳にみちた振舞いに私は驚嘆した．類 **generoso**, **íntegro**, **noble**.

Hidalgo y Costilla [iðálɣo i kostíʎa] 固名 イダルゴ(イ・コスティージャ)(ミゲル Miguel ～) (1753-1811，メキシコ独立運動の指導者)．

*****hidalguía** [iðalɣía] 女 ❶ 《歴史》郷士の身分．―La ～ implicaba el disfrute de ciertos privilegios jurídicos. 郷士の身分はいくつかの法的特典を享受できることを意味していた．❷ 高潔さ，高貴さ．類 **magnanimidad**.

hidra [íðra] 女 ❶ 《動物》ヒドラ(腔腸動物の一種)．❷ (H～)《神話》ヒドラ，ヒュドラ(ヘラクレスが退治した九つの蛇の怪物)．❸ 《比喩》(根絶しがたい)社会悪，(滅びかけに見えてもまた現われる)害悪．❹ 海蛇の一種．

hidrácido [iðráθiðo] 男 《化学》水素酸．

hidrargirismo [iðrarxirísmo] 男 《医学》水銀中毒症．

hidrargiro [iðrarxíro] 男 《化学》水銀．類 **mercurio**

hidratación [iðrataθjón] 女 《化学》水を混ぜ

1050 hidratado

ること, 水和(作用).

hidratado, da [iðratáðo, ða] 形 《化学》水化[水和]した.

hidratante [iðratánte] 形 ❶ 水化[水和]するような. ❷ 潤いを与えるような. —**crema ~** モイスチュアクリーム, 保湿クリーム.

hidratar [iðratár] 他 ❶《化学》…に水を混じる, 水化[水和]する. ❷ (乾いた肌にローションなどで)潤いを与える. [再] でも用いる.].

hidrato [iðráto] 男《化学》含水化合物, 水化物. —**~ de carbono** 炭水化物.

hidráulica [iðráulika] 女 水力学, 水理学.

hidráulico, ca [iðráuliko, ka] 形 ❶ 水力の; 水力で動く. —**energía *hidráulica*** 水力エネルギー. **prensa *hidráulica*** 水力圧搾機, 液圧プレス. ❷ 水中で硬化する. —**cemento ~** 水硬セメント. ❸ 水力学の, 水理学の. —**ingeniero ~** 水力エンジニア, 水力を扱う技士. —— 名 水力学者, 水理学者.

hídrico, ca [iðriko, ka] 形 水の, 水に関する; 水のような, 水気の多い; 水素の, 水素を含む.

hidroavión [iðroaβjón] 男 水上飛行機(水面に浮けるフロートをつけた飛行機).

hidrocarburo [iðrokarβúro] 男《化学》炭化水素.

hidrocefalia [iðroθefálja] 女《医学》水頭症(頭蓋の内部に水が溜まる病気).

hidrocéfalo, la [iðroθéfalo, la] 形 名 水頭症[脳水腫]の(患者).

hidrocloruro [iðrokloruro] 男《化学》塩化水素.

hidrodinámica [iðroðinámika] 女 流体力学, 水力学.

hidrodinámico, ca [iðroðinámiko, ka] 形 流体力学の, 水力学の.

hidroeléctrico, ca [iðroeléktriko, ka] 形 水力発電の, 水力電気の. —**central *hidroeléctrica*** 水力発電所.

hidrófilo, la [iðrófilo, la] 形 ❶(ガーゼ・コットンなどが)吸湿性の, 吸水性の. —**algodón ~** 脱脂綿. ❷ 親水性の.

hidrofobia [iðrofóβja] 女《医学》❶ 恐水病, 水に対する極度の恐怖. ❷ 狂犬病(=rabia) の別称.

hidrófobo, ba [iðrófoβo, βa] 形 恐水病の, 恐水病にかかった. —— 名 恐水病患者.

hidrófugo, ga [iðrófuɣo, ɣa] 形 防水の, 防水加工した; 耐水性の. —— 男 防湿剤, 防水剤.

hidrogenar [iðroxenár] 他 …に水素を添加する, 水素化する.

hidrógeno [iðróxeno] 男《化学》水素.

hidrografía [iðroɣrafía] 女《地理》❶ 水路学(河川・湖沼・海岸線などの状態を研究する, 地理学の1分野). ❷ (ある1国又は1地域の)水位・流量の総計; (河川・湖沼などの)配置の様相・状態.

hidrográfico, ca [iðroɣráfiko, ka] 形 水路学の, 水流部分の. —**mapa ~** 水路図, (河川など)水流部分を示した地図.

hidrógrafo, fa [iðróɣrafo, fa] 名 水路学者.

hidrólisis [iðrólisis] 女《化学》加水分解(水や酵素の存在による分子の分裂反応の1つ).

hidrolizar [iðroliθár] [1.3] 他《化学》を加水分解する.

hidrología [iðroloxía] 女 水文学(水の性質・生成などを扱う学問).

hidromel [iðromél] 男 =hidromiel

hidrómetro [iðrómetro] 男 液体比重計, 浮き秤(ばかり), ハイドロメーター(流水の比重・速度等を測定する機器).

hidromiel [iðromjél] 男 蜂蜜と水を混ぜた飲物. (=aguamiel)

hidropesía [iðropesía] 女《医学》水腫(身体の組織や体腔にリンパ液などが溜まっている状態).

hidrópico, ca [iðrópiko, ka] 形 ❶《医学》水腫の; 水腫ができている. ❷ 常に喉の乾いた, (乾きの)癒えない. —— 名 水腫患者.

hidroplano [iðropláno] 男 ❶ 水上飛行機, 水上機. ❷ 飛行艇. 類 **hidroavión**.

hidroscopia [iðroskópja] 女 ❶ 水中透視鏡. ❷ 地下水調査.

hidroscopio [iðroskópjo] 男 ハイドロスコープ(水中をのぞくための器具); 地下水を発見するための装置.

hidrosfera [iðrosféra] 女 地球の表面のうち, 水の部分(海・川・湖沼など), 水圏.

hidrostático, ca [iðrostátiko, ka] 形 流体静力学の.
—— 女 液体静力学, 流体静力学.

hidroterapia [iðroterápja] 女 水治療法(鉱泉などによる病気治療).

hidróxido [iðróksiðo] 男《化学》水酸化物.

hidroxilo [iðroksílo] 男《化学》水酸基.

hiedra [jéðra] 女《植物》ツタ(蔦).

hiel [jél] 女 ❶ 胆汁. 類 **bilis**. ❷《比喩》苦々しさ; 苛立ち; 悪意. —**El artículo destila su ~.** その文章には彼の苦い思いがにじみ出ている. 類 **amargura, aspereza, desabrimiento**. ❸《主に複》苦難, 不幸, 不調, トラブル. 類 **adversidades, disgustos**.

echar [*sudar*] *la hiel* 働きすぎる, 過剰の労働をする. **En la tesis doctoral *he echado la hiel* pero estoy satisfecha.** 博士論文では血のにじむような苦労をしたが大いに満足している.

no tener hiel 穏やかな性格の, 優しい

dar a beber hieles 嫌がらせる, 不快にさせる.

hiel- [jél(-)] 動 helar の直・現在, 接・現在.

:**hielo** [jélo] 男 ❶ 氷. —**~ seco [carbónico]** ドライアイス. **El lago está cubierto de ~.** 湖は氷で覆われている. **Tomó whisky con ~.** 彼はウィスキーをロックで飲んだ. ❷ 冷淡, 無関心. —**Ella contestó con una mirada de ~.** 彼女は冷たいまなざしで答えた.

quedarse de hielo 呆然となる.

romper [*quebrar*] el hielo 堅苦しさを打ち破る, (会話・交渉などの)皮切りをする. **Empezó su conferencia con un chiste para tratar de *romper el hielo*.** 堅苦しい雰囲気を打ち破るため彼は講演をジョークで始めた.

hiemal [jemál] 形《まれ》《天文》冬の (=invernal). —**solsticio ~** 冬至.

hiena [jéna] 女 ❶《動物》ハイエナ. ❷《比喩》残酷な人, 人非人, 人でなし.

hier- [jér-] 動 herir の直・現在, 接・現在, 命令・2単.

hierático, ca [jerátiko, ka] 形 ❶(キリスト教以外の異教において)聖職の, 専ら宗教に従事する. ❷ ヒエラティック(古代エジプトの文字の一種)の, 神

官方文字の. ❸（絵や彫刻の人物の顔が）硬い, 険しい, 無表情な. ❹（宗教画・彫刻などが）因襲的な, 独創性のない, 伝統を気取った. ❺《比喩》（一般に）形や様式が）もったいぶった, 荘厳さを気取った.

hieratismo [jeratísmo] 男 ❶（聖人像などの）硬く厳しい表情. ❷（形や様式が）荘厳さを気取っていること, もったいぶった態度.

:**hierba** [jérβa] 女 ❶ (a) 草, 雑草. —No arranques esas ~s. その草を抜いてはいけないよ. ~ buena（植物）ハッカ（= hierbabuena). ~ cana（植物）ノボロギク. ~ de San Juan（植物）オトギリソウ. ~ luisa（植物）ボウシュウボク(防臭木) (= hierbaluisa). ~ mate (= ~ del Paraguay, yerba mate) マテ茶. ~s medicinales 薬草, ハーブ. ~ mora（植物）イヌホウズキ. mala ~ 雑草; 悪い人々〔連中〕. (b) 複《料理》ハーブ. — ~s finas (料理に用いる)香辛料(調味料)の植物. (c)《集合的》草. —Extendimos una manta sobre la ~ y nos sentamos a comer. 私たちは草の上に毛布を広げて食事をし始めた. Nos tumbamos sobre la ~. 我々は草の上に寝転がった. (d) 牧草. ❷ (a)《主に複》(毒草からとった)毒. —Se rumorea que mataron al heredero con ~s. 相続人は毒殺されたとうわさされている. (b)《ハシッシュなどの》麻薬. —fumar ~ 麻薬を吸う. 類 **droga suave [blanda]**. ❸（牧草を食べる動物の）年齢, 歳. —un potro de tres ~s 3歳の若馬.

como la mala hierba すばやく, たくさん. El rumor se extendió *como la mala hierba*. そのうわさはすぐに広がった.

en hierba（麦などが）まだ穂が出ていない. La cebada todavía está *en hierba*. 大麦はまだ穂が出ていない.

hierbas finas 香味用植物.

Mala hierba nunca muere.【諺】憎まれっ子世にはばかる(←雑草は死なない. 雑草ははびこる).

sentir [ver] crecer [nacer] la hierba 勘がよい, ぬけめがない, 機敏な, 腹黒い. No me extrañaría que llegara a director; es de los que *ven crecer la hierba*. 彼が所長になっても私は驚きはしないだろう. 彼は利口なんだから.

... y otras hierbas …など, …その他.

hierbabuena [jerβaβuéna] 女 (植物)ハッカ. 類 **menta**.

hierofanta, hierofante [jerofánta, jerofánte] 男 ❶（古代ギリシャの）秘儀を教える導師, 秘儀の手ほどきをする者, 部外秘の事柄を教える役目の人. ❷《比喩》（一般に）奥義を授ける者, 部外秘の事柄を教える役目の人.

hieroglífico, ca [jeroɣlífiko, ka] 形, 男 = jeroglífico.

hierra [jéra] 女《中南米》(家畜などに)焼き印を押すこと. 類 **herradero**.

Hierro [jéro] 固名 イエーロ(スペイン, カナリア諸島最西端の島).

hierro [jéro イエロ] 男 ❶ 鉄. —~ albo 白熱した鉄. ~ batido 圧延鉄. ~ candente [forjado] 鍛鉄, 錬鉄. ~ colado [fundido] 鋳鉄. ~ cuadrado 角鋼. ~ de doble T 工字型鋼. ~ dulce 軟鉄. ~ en lingotes 銑鉄. ~ espático 菱鉄鋼. ~ viejo くず鉄. ❷ (a) 刃, 刀身, (剣などの) 先. —Brillaban en la noche los ~s de las navajas. 夜の暗闇に(二人の)ナイフの刃先がキラリと光っていた. (b)（鉄の）武器. ❸ 焼き判, 焼き印, 烙印. ❹ 複 足[手]かせ. —A los esclavos les ponían ~s en manos y pies. 奴隷たちは手かせ, 足かせをはめられていた. 類 **grillos, esposas. ❺（ゴルフクラブの）アイアン.

agarrarse a [de] un hierro ardiendo 困難から脱するためにいかなる手段でも用いる.

de hierro 元気な. El niño es *de hierro*. その子供は元気だ. voluntad *de hierro* 強固な意志. salud *de hierro*（身体の）頑強さ.

machacar [martillar] en hierro frío（人を正しく導こうと）不可能なことを試みる. No intentes convencerlo: no harás sino *machacar en hierro frío*. 彼を説得しようと思うな. 不可能な試みをすることなるだけだ.

quitar hierro 議論などを冷ます発言をする. La discusión se enardeció y uno intentó *quitar hierro* al asunto contando un chiste. 議論は白熱したが, ある者が冗談話をして冷まそうとした.

hierv- [jérβ-] 動 hervir の直・現在, 接・現在, 命令・2 単.

higa [íɣa] 女 ❶（相手を馬鹿にするときに使う）こぶしを握り, 人差指と中指の間から親指を突き出すゼスチャー. ❷《比喩》侮辱, 愚弄, 嘲り. 類 **burla, desprecio**. ❸（こぶしの形の）お守り, 魔よけ. ❹《話》少しも, ちっとも, 全然. —No me importa una ~. / No se me dan dos ~s.（私は）全く構わない, 気にしない, どうでもよい.

dar [hacer] una higa 馬鹿にする, 侮辱する.

dar higas 馬鹿にする, 侮辱する.

no importar (a ...) una higa（人が）気にしない, 全く構わない; 関心がない.

no dar (por ...) dos higas（事柄・物を）気にしない, どうでもよい.

higadillo [iɣaðíʝo] 男《主に複》(小動物, 特に小鳥の)肝臓, レバー.

:**hígado** [íɣaðo] 男 ❶《解剖》肝臓; レバー. —cáncer [necrosis] de ~《医学》肝臓癌(%)[肝壊死]. ❷ 度胸, 勇気; ずうずうしさ. —Hacen falta ~s para trabajar en un lugar tan peligroso. そんなに危険な場所で働くには肝力が必要だ.

echar los hígados 骨を折る, 努力する. *Echó los hígados* en la traducción de una obra tan difícil. あの難しい作品の翻訳には彼は骨を折った.

hasta los hígados 非常に, この上なく. Me tienes harto *hasta los hígados*. 僕は君のおかげでとてもうんざりしてるんだ.

malos hígados 悪意, 敵意. Nadie quiere tratar con él porque tiene *malos hígados*. 彼は悪意をもっているので誰もが彼とつき合いたがらない.

tener hígados 肝力がある, ずぶとい. Pasa por encima de cualquier con tal de conseguir su objetivo; ¡tiene unos hígados! 彼は自分の目的を達成するためには誰でもふみにじってしまう. ずうずうしい奴だ.

:**higiene** [ixiéne] 女 ❶ 衛生, 衛生学. —~ escolar 学校衛生. ~ mental 精神衛生. ~ privada [individual] 私的衛生, 個人衛生. ~ pública 公衆衛生. ❷ 清潔, きれいなこと. —Este hotel pone especial cuidado en mantener la ~ en la cocina. このホテルは調理場の清潔を保つのに特別の注意を払っている.

:**higiénico, ca** [ixjéniko, ka] 形 衛生の, 衛生的な, 清潔な. —papel ~ トイレット・ペーパー.

•**higienista** [ixjenísta] 男女 衛生学者.

1052 higienizar

*higienizar [ixienieár] [1.3] 他 ❶ を衛生的にする, 清潔にする, 浄化する. ~~ los servicios (男女の)トイレを清潔にする. ~~ を浄化する. ~~ el mundo político 政界を浄化する.
— se 再 〖南米〗体を洗う.

‡higo [íɣo] 男 ❶ イチジク(の実). ❷ 《話》〖おもに否定文で〗少しも, これっぽっちも…(ない). — Me importa un ~. 私はちっともかまわない. no valer un ~ 少しも値打ちがない. no dársele a ... un ~ (人は)少しも気にしない.
de higos a brevas 時どき, たまに. Ella sólo me escribe *de higos a brevas*. 彼女はたまにしか私に手紙をよこしません.
estar hecho un higo しわしわになって, くちゃくちゃになって. Este vestido lo he traído en la maleta y *está hecho un higo*. この洋服をトランクに入れて持ってきたのでしわくちゃになった.

higrometría [iɣrometría] 女 湿度の測定(法); 湿度を扱う物理学・気象学の一分野.

higrómetro [iɣrómetro] 男 湿度計(=higroscopio).

higroscopio [iɣroskópjo] 男 ❶ 湿度計(=higrómetro). ❷ (湿度により伸縮する糸を用いた)天候を表示する装置.

higuera [iɣéra] 女 〖植物〗イチジク(無花果)の木. ~~ chumba [de Indias, de pala, de tuna] ウチワサボテン. ~~ del diablo [del infierno, infernal] トウゴマ, ヒマ. ~~ loca [moral, silvestre] エジプト産のイチジク.
caer de la higuera 現実の世界に戻る, 夢想から醒める.
estar en la higuera 夢見心地である, 白昼夢を見ている, ぼうっとしている(=estar en Babia).

higueral [iɣerál] 男 イチジク(無花果)の林; イチジク畑.

hijastro, ra [ixástro, ra] 名 継子, 継娘.

**hijo, ja [íxo, xa イホ, ハ] 名 ❶ 息子, 娘; 子供. — ¿Tienen ustedes hijos? —Sí tenemos dos hijos y una hija. ご夫妻にお子さんはありますか. —はい, 息子が2人, 娘が1人です. ~~ mayor [menor] 上の[下の]子供. ~~ único 一人っ子. ~~ de buena familia 良家の子. Juan García, ~~ ファン・ガルシア二世. ~~ bastardo 庶(ሊょ)子. ~~ de bendición [legítimo] 摘(ቴゃく)出子. ~~ de leche 養子. ~~ natural 私生児. ~~ político 養子. ❷ 生えぬきの人, その土地に生まれた人. — ~s de este pueblo この村の人々. Él es ~~ de Galicia. 彼はガリシア生まれだ. ❸ 複 子孫.
類 descendientes. 〖呼びかけ〗おい, きみ(訳さない場合が多い). —¡Mira, ~, ya no te puedo ayudar! ねえ, きみ, もう手伝ってあげられないよ. ❺ 作品, 産物. —Esos cuentos son *hijos* de su fantasía. それらの話は彼の空想の産物だ. Esta novela es *hija* de un premio Planeta. この小説はプラネータ賞が生んだものだ. ❻ 〖カトリック〗(*a*) 三位一体の第2位としての子・イエス・キリスト. (*b*) 修道士, 修道女. — ~s de San Francisco 聖フランシスコ会の修道士たち.
cada [*todo, cualquier*] *hijo de vecino* だれでも, だれもかれも. Voy a la votación como *cualquier hijo de vecino*. 私はみんなと同じように投票に行きます.
Cada uno es hijo de sus obras. 〖諺〗氏より育ち(←人はめいめいその行いの産物である).
¡hijo de Dios! あれ, おかしいな; うわあ, すごい.
hijo de papá (金持の)放蕩息子, ドラ息子.
hijo de perra [*de puta*, 〖中米〗*de la chingada*] 《俗》ばかやろう, ちくしょう, この野郎.
hijo de su madre (1) 母親似の子. (2) 《俗》= hijo de puta.
hijo de su padre 父親似の子. Es *hijo de su padre*. この父にしてこの子あり.
hijo del diablo ずる賢い人, 悪賢い人.
hijo pródigo 出戻りの放蕩息子.

hijodalgo [ixoδálɣo] 男 〖複 hijosdalgo〗= hidalgo.

hijuela [ixuéla] 女 ❶ 付属物; 分派, 下位分類されたもの. — Este *centro* de investigación es ~ de la Universidad. この研究センターは大学の付設機関である. ❷ 横道, 脇道; (用水路の)支流. ❸ (遺産などの)分け前, 取り分; 遺産配分を示した文書・リスト. ❹ (服の幅を広げるために継ぎ足す)布, まち布. ❺ 〖中南米〗(大きい土地を分割して得られた)土地, 地所, 区画.

hijuelo [ixuélo] 男 ❶ 〈hijo〉小さい息子, かわいい男の子. ❷ 〖植物〗の芽, 新芽; 発芽.

hila [íla] 女 ❶ 〖主に 複〗(古い布から出る)糸くず, ほつれ糸, けば; (特に)包帯として使われるリント布の糸. ❷ (家畜・獣などの)細い腸. ❸ 糸を紡ぐこと, 紡績. ❹ 列, 行列(=fila). ❺ 蚕(ﾆいこ)が糸を吐くこと. — Viene el tiempo de la ~. 蚕が繭(まゆ)を作る時期になった.
a la hila 順々に(=uno tras otro).

hilacha [iláʧa] 女 ❶ 〖衣服などの〗ほつれ, ほつれた糸. — Del borde de la falda te cuelgan unas ~s. スカートの裾がほつれて糸がたれてるわよ. ❷ (糸の)繊維; 糸くず. ❸ (ごくわずかな)部分; 残りかす. — Heredó una fortuna pero ya no le quedan más que unas ~s. 彼は一財産を相続したが今やあらかた失ってしまった.

hilacho [iláʧo] 男 = hilacha.

hilada [iláδa] 女 ❶ 列, ライン, 一列に並んだもの(=hilera). ❷ (特に建築で, れんが・タイルなどの)横の列, 段.

hiladillo [ilaδíjo] 男 (絹のかたまりから引き出される)糸端(これを紡績機にかけて糸を紡いでいく).

hilado, da [iláδo, δa] 形 ❶ 紡いだ, 糸にした. ❷ 糸の形をとった, 糸状の. — Ha adornado la tarta con crema *hilada*. ケーキにクリームを線状に盛って飾った.
— 男 ❶ 糸を紡ぐこと, 紡績. —fábrica de ~s 紡績工場. El ~ comenzó siendo una operación manual. 紡績は最初は手作業から始まった. ❷ (紡いだ)糸. — Ha aumentado la exportación de ~s. 紡績糸の輸出量が増加した.

hilador, dora [ilaδór, δóra] 名 紡績工, 糸を紡ぐ人. — 形 紡績の. — máquina *hiladora* 紡績機.

hilandería [ilandería] 女 ❶ (手仕事・職人業としての)紡績, 紡績; 糸を紡ぐ技術. ❷ 紡績工場, 糸紡ぎの仕事場.

hilandero, ra [ilandéro, ra] 名 紡績工, 糸紡ぎ職人.

hilar [ilár] 他 ❶ (糸)を紡ぐ, (繊維)を糸にする. ❷ (蚕が繭(まゆ)を作るため)糸を出す, (クモが巣を張るため)糸を出す. ❸ 思案する, 考える; 推察する; 企む, 画策する. — Amparado en la confianza del Rey, el general *hilaba* su conspiración. 国王

の信頼を得ているのをいいことに将軍は陰謀をめぐらしていた. ❹《話》関係がある, 関わりを持つ.

hilar delgado [fino] 細かい所まで厳密に考える, 正確を期する. *En cuestiones de negocios hila delgado.* ビジネスの問題となると彼は細かいことにもこだわる.

hilar tabaco 『中南米』噛みタバコを作る.

hilarante [ilaránte] 形 陽気にさせるような, 笑いを誘うような, 面白おかしい.

gas hilarante →gas.

hilaridad [ilaɾiðá(ð)] 女 歓喜, 陽気; 大笑い, 浮かれ騒ぎ. — *Aquella chusca historia provocó la — de todos.* そのおかしな話は皆の笑いをさそった.

Hilario [ilárjo] 固名 《男性名》イラリオ.

hilatura [ilatúra] 女 ❶ 紡績, 糸を紡ぐこと. ❷ 紡績工場, 糸紡ぎの仕事場. 類 **hilandería**.

hilaza [iláθa] 女 ❶（布を織るために紡いだ）糸（=hilado）;（布地の織目をなしている）糸. ❷（太くて均質でない, 撚りの粗い）糸.

descubrir [mostrar] la hilaza ぼろを出す,（隠されていた欠点などを）見せる, 暴露する.

hilera [iléɾa] 女 ❶ 列, 行列, 並び. — *La carretera está bordeada por una — de acacias.* 道路はアカシアの並木にふちどられている. *Vamos a poner en — a los niños.* 子供たちを列を作って並ばせましょう. ❷《軍事》隊列, 縦[横]隊. ❸ 針金を製造する機械）引き抜き用鉄板, ダイス鉄板, 絞りリング. ❹ 細い糸. ❺《建築》棟木,（テントの）梁材;（石・れんがなどの）横の層, 段. ❻（蜘蛛などの）糸を分泌する器官. ❼《古》紡績女工, 糸紡ぎ女.

:**hilo** [ílo] 男 ❶（*a*）糸, 縫い糸. — *— de coser* 縫い糸. *— bramante*（= *— de empalomar*) 太目の糸, 麻糸.（*b*）（クモ, 蚕(ホシュ)などの）糸.（*c*）（植物の）繊維. ❷ 線, 電線, 針金. — *— de cobre* 銅線. *—s del teléfono [— telefónico]* 電話線. 類 **alambre, cable**. ❸ アマ糸, アマ布, リネン. — *sábanas de —* リネンのシーツ. *servilletas de — bordadas* リネンのししゅう入りのナプキン. ❹（液体の細い流れ, したたり. — *— de agua [sangre]* 水[血]のしたたり. ❺（話の）筋道, 脈絡,（思考の）流れ;（情報）スレッド. — *— de una narración* 話の筋道. *— de su pensamiento* 彼の考えの流れ. *perder [seguir] el — de un discurso* 話の筋道を見失う[をたどる]. ❻ 一連, ひとつなぎ. — *un — de perlas* ひとつなぎの真珠. ❼《話》僅少, 少し, 一筋, 一条. — *Sólo quedaba un — de esperanza.* ほんの僅かの希望が残っているだけだった. *Por una rendija entraba un — de luz.* すき間から一条の光が差し込んでいた.

al hilo 木目, 布目などに沿って（まっすぐに）. *cortar una tela [una madera] al hilo* 布[木]目に沿ってまっすぐ切る.

al hilo del viento 風が流れる方向に向かって.

al hilo de medianoche [mediodía] 真夜中[正午]12時ちょうどに.

coger el hilo（事の内容を）承知する, 弁(ホッッ)える.

colgar [pender, estar pendiente] de un hilo 非常に危険な状態である, 風前のともしびである. *En aquel momento su vida pendía de un hilo.* そのとき彼の命はとても危険な状態だった.

hilo conductor 導線;（迷路から抜け出る）導きの糸;（小説の）粗筋.

hilo de la vida《文》人生行路.

hilo de voz 弱々しい声. *El niño estaba tan asustado que sólo le salía un hilo de voz.* その子はとても驚いていたので弱々しい声しか出なかった.

hilván [ilβán] 男 ❶（仮縫いや印つけのための）仕付け. ❷（仕付け・仮縫いの）針目, 糸目. ❸『中南米』（スカートの裾などの）上げ, 折り返し, ヘム.

hilvanar [ilβanár] 他 ❶ 仕付けをかける, 仮縫いをする. ❷《比喩》概略を示す, 要点を大まかに述べる, アウトラインを示す, 素描する. — *El proyecto está todavía a medio —.* その企画はまだ大ざっぱな下絵の段階だ. 類 **bosquejar**. ❸《比喩》急いで手早く簡単に作る; ざっとまとめる. — *Me avisaron un día antes y sólo pude — la conferencia.* 前日に知らされたので私は講演の内容を大まかにまとめるしかなかった.

himen [ímen] 男 処女膜.

himeneo [imeneó] 男《詩》❶ 結婚, 婚礼. 類 **boda, casamiento**. ❷ 結婚を祝う詩, 婚礼の祝歌（=epitalamio）.

himenóptero, ra [imenóptero, ra] 形《虫類》膜翅(ホン)類（蜂, 蟻などの類）. — 男複 膜翅類, 膜翅類の虫.

himnario [imnárjo] 男 賛美歌集, 聖歌集.

:**himno** [ímno] 男 賛歌, 賛美歌, 頌(ショッ)歌. — *— nacional* 国歌. *— a la Virgen* 聖母マリアをたたえる歌. *— de la universidad* 大学歌.

himplar, himpar [implár, impár] 自（ヒョウ・ジャガーなどが）吠える, うなる.

hincada [iŋkáða] 女『中南米』❶（急な）突き, 押し. ❷（特に礼拝のときの）跪坐(ᡪᡵ), ひざまずくこと. ❸（リウマチ性の）鋭い痛み.

hincadura [iŋkaðúɾa] 女 突くこと, 刺すこと; 打ち込むこと; 突き立てること.

hincapié [iŋkapjé] 男 ❶ 足を踏んばること, 足場を固めること. ❷ 強い主張; 固執; 強調.

hacer hincapié (1) 足元を固める,（力を入れて何かをするために）足を踏んばる. (2) 一定の立場を支持する, 見解を明確にする, 断固とした態度をとる.

hacer hincapié en — を主張する, 力説する, 強調する, 言い張る. *Hizo hincapié en que teníamos que guardar secreto.* 彼は秘密は守るべきだと言ってきかなかった. 類 **insistir en**.

hincar [iŋkár] [1.1] 他 ❶（釘・杭など）を打ち込む, 突き立てる. — *— un clavo* 釘を打つ. *— una estaca* 杭を打つ. ❷ *— el pie* 足を踏んばる. *El perro le hincó los dientes en el muslo.* 犬は彼の太ももにかみついた. *— la mirada* 視線を注ぐ. *Me iba hincando el codo en el autobús.* バスの中で彼の肘がずっと私に当たったままだった.

hincar el diente [+*en/a*] (1)（難しい事に）取りかかる, 着手する; 取り組む. (2) 没頭する, 専念する. (3) 酷評する, やっつける. (4)（金などを）借りようとする, 人を利用する, ゆする.

— se 再 刺さる, 突き刺さる. — *Se me ha hincado una espina en el dedo.* 私は指にとげが刺さった. *hincarse de rodillas* ひざまずく（=arrodillarse）.

hinch- [intʃ-] 動 **henchir**の直・現在, 接・現在, 直・完了過去, 接・過去, 命令・2単, 現在分詞.

:**hincha** [íntʃa] 女 憎しみ, 反感, 敵意. — *Todos le tienen —.* みんなが彼に反感を抱いている. 類 **antipatía, manía, odio**.

— 男女（スポーツのチームや選手の）ファン, サポー

ター, 熱狂的な応援者. —Los ~s animan a su equipo tan fanáticamente que a veces vuelven peligrosos. ファンたちは自分のチームをたいへん熱狂的に応援するのでときには危険になる. Soy ~ de los Gigantes. ぼくはジャイアンツのファンだ.

hinchada[1] [intʃáða] 囡 〖話〗〖集合的に〗ファン, 支持者, 応援者.

hinch*ado, da*[2] [intʃáðo, ða] 形 ❶ (病気などで)はれた, 膨れた. —Tiene la cara *hinchada* 顔がむくんでいる. ❷ 《比喩》(文体・言葉遣いなどが)大げさな, 誇大な; 豪語するような; もったいぶった, 美文調の. 類 **grandilocuente**. ❸ 《比喩》尊大な, 傲(ゴゥ)慢な, 横柄な; うぬぼれた, 思い上った. 類 **presumido, vano**.

hinchamiento [intʃamiénto] 男 ❶ 膨らますこと; ふくらみ, はれ; 膨張. ❷ 誇張, 増大. ❸ 尊大であること, 傲(ゴゥ)慢.

‡**hinchar** [intʃár] 他 ❶ (*a*) を膨らませる, 膨張させる, 張らす. — ~ un globo 風船を膨らませる. ~ una rueda タイヤに空気を入れる. Tiene *hinchados* los párpados por no haber dormido. 彼は不眠のためまぶたがはれている. 類 **henchir, inflar**. (*b*) を増大させる. —Las lluvias *hincharon* el río. 大雨で川が増水した. ❷ 〖主に南米〗を困らせる, うんざりさせる, …に迷惑をかける. —Me *hinchó* tanto que la mandé a paseo. 彼女には本当に迷惑したので私は首にした. 類 **fastidiar**. ❸ を大げさに言う, 誇張する, 誇大に言う. — ~ su currículo 経歴を誇張する. ~ una noticia ニュースを大げさに言う. ❹ を高慢にする, つけ上らせる. —Los éxitos *le hincharon*. 成功によって彼は鼻高々になった. 類 **ensoberbecer, envanecer**.

hinchar a [*de*] *golpes* [*palos*] *a* … (人)をめった打ちにする, さんざんに叩きめぐる.

— *se* 再 ❶ (*a*) はれる, 膨らむ. —A causa del golpe *se le hinchó* la frente. 彼は殴られて額にこぶを作った. El pan *se hincha* en el agua. パンは水の中で膨れた. (*b*) 太る. —*Se ha hinchado* por causa de esos medicamentos. 彼女はその薬のせいで太った. ❷ (*a*) 〖+a+不定詞〗…し過ぎる. —*Me he hinchado* a trabajar y estoy cansado. 私は働き過ぎて疲れている. (*b*) 食べ過ぎる, 飽食する. —*Me hinché* de comer [de pasteles]. 私はたらふく食べた[ケーキを腹いっぱい食べた]. ❸ うぬぼれる, のぼせ上る. —Cuando le adulan, *se hincha* como un pavo real. 彼はおべっかを言われると, クジャクみたいにうぬぼれるのだ. 類 **engreirse, envanecerse**. ❹ 金持になる, 富裕になる. ❺ (川が)増水する. —El arroyo *se hincha* durante la temporada de lluvias. 小川は雨期に増水する.

hincharse los cojones [*narices*] *a* … 〖俗〗(人)に激怒する, カンカンに怒る.

— 自 〖南米〗〖+por〗(スポーツ・チーム)を応援する.

hinchazón [intʃaθón] 囡 ❶ はれ, むくみ, 膨らみ. —La ~ de la cara ha empezado a bajar. 顔のむくみがひいてきた. La ~ del río se acerca a un límite peligroso. 河が警戒水準の近くまで増水してきた. ❷ (文体や言葉遣いの)誇大, 仰々しさ; 強調. ❸ 虚栄心, うぬぼれ; 尊大. —¡Vaya ~ que se gasta ese chico! そいつの思い上がった態度ったらない. 類 **engreimiento, soberbia, vanidad**.

hindi [índi] 男 ヒンディー[ヒンドゥー]語.

hindú [indú] 形 〖複 **hindúes**〗❶ インドの, インド人の. ❷ ヒンドゥー教の, ヒンドゥー教徒の.
— 男女 ❶ インド人. ❷ ヒンドゥー教徒.

hinduismo [induísmo] 男 ヒンドゥー[ヒンズー]教.

hinduista [induísta] 形 男女 ヒンドゥー教の, ヒンドゥー教徒.

hiniesta [iniésta] 囡 〖<ラテン〗〖植物〗エニシダ(ヨーロッパ原産のマメ科の落葉低木).

hinojal [inoxál] 男 フェンネルの生えている所; フェンネルの畑. →**hinojo**[1].

hinojo[1] [inóxo] 男 〖植物〗フェンネル, 茴香(ウィキョゥ). ♦ ハーブの一種, セリ科の多年草で黄色の花をつける. 実は香料としてオリーブなどを漬けるのに用い, 又香油を取る.

hinojo[2] [inóxo] 男 膝(=*rodilla*). *—de* ~*s* ひざまずいて(=*de rodillas*).

postrarse [*ponerse*] *de hinojos* ひざまずく. 類 **arrodillarse**.

hioideo, a [joiðéo, a] 形 〖解剖〗舌骨の.

hioides [jóiðes] 男 〖単複同形〗〖解剖〗舌骨.
— *hueso* ~ —*hueso* ~ 舌骨.

hipar [ipár] 自 ❶ しゃっくりをする. ❷ しゃくりあげる, ひいひい泣く. 類 **gimotear**. ❸ (猟犬などが)荒い息をする, ハアハアいう. ❹ 〖+por+名詞, 不定詞〗切望する, 熱烈に欲しがる, したがる. —Está *hipando por* viajar al extranjero. 海外旅行をしたくてしようがない. ❺ 〖仕事などで〗疲労困憊(ハイ)する. ❻ 〖方〗すすり泣く; 哀れっぽい声を出す, 鼻を鳴らす(この意味では発音[xipár]).

hiper- [iper-] 接頭 「超越, 過度, 上」の意. —*hipér*bole, *hiper*crítico, *hiper*mercado, *hiper*tensión, *hiper*trofia.

hiperacidez [iperaθiðéθ] 囡 〖医学〗過酸(症), 胃酸過多(症).

hipérbaton [ipérβaton] 男 〖複 **hipérbatos**〗〖修辞〗転置法(一般的とされる語順をとらず, 文の要素の順位を変えること).

hipérbola [ipérβola] 囡 〖幾何〗双曲線.

hipérbole [ipérβole] 囡 〖修辞〗誇張, 誇張法(実際よりも誇大あるいは過小に考えたり表わしたりすること); 誇張した表現. 類 **exageración**.

hiperból*ico, ca* [iperβóliko, ka] 形 ❶ 〖幾何〗双曲線の, 双曲線的な. ❷ 〖修辞〗誇張(法)の, 誇張した. —expresión *hiperbólica* 誇張した表現(=*hipérbole*). El elogio ~ forma parte de la cortesía japonesa. 大げさなほめ言葉は日本人特有の礼儀を表わすやり方の1つだ.

hiperbór*eo, a* [iperβóreo, a] 形 極北(地方)の.

hiperclorhidria [iperkloríðria] 囡 〖医学〗胃酸過多(症), 胃液中の塩酸過多.

hipercolesterolemia [iperkolesterolémja] 囡 〖医学〗高コレステロール血症.

hipercrítica [iperkrítika] 囡 →**hipercrítico**.

hipercrít*ico, ca* [iperkrítiko, ka] 形 ❶ (批評が)厳密な, 緻密な; 酷評の, あら探しの. ❷ (批評家が)厳しい, 細かい; 酷評家の. — 囡 厳しい批評, 酷評.

hiperdulía [iperðulía] 囡 〖宗教〗聖母マリアへの崇拝, マリア信仰 (=*culto de hiperdulía*).

hiperemesis [iperemésis] 囡 悪阻(ツワリ).

hiperenlace [iperenláθe] 男 《情報》ハイパーリンク.

hiperestesia [iperestésja] 女 《医学》知覚過敏.

hiperfunción [iperfunθjón] 女 《医学》機能亢(ξ)進.

hipermercado [ipermerkáðo] 男 (郊外などの)超大型スーパー(マーケット).

hipermétrope [ipermétrope] 形 遠視の; 老眼の. —— 共 遠視の人; 老眼の人.

hipermetropía [ipermetropía] 名 《医学》遠視; 老眼. 類 **presbicia**.

hiperplasia [iperplásja] 女 《医学》過形成, 増殖. —— prostática 前立腺肥大症.

hipersensibilidad [ipersensiβiliðá(ð)] 女 過敏であること, 過敏症; 極度に感じ易いこと, 傷つき易いこと.

hipersensible [ipersensíβle] 形 ❶ 感覚(知覚)の過敏な, 過敏症の, ❷ (精神・情緒面で)極度に感じ易い, 傷つき易い.

hipertensión [ipertensjón] 女 《医学》高血圧(症). 反 **hipotensión**.

hipertenso, sa [ipertenso, sa] 形 高血圧の. —— 名 高血圧の人, 高血圧患者.

hipertermia [ipertérmja] 女 《医学》高体温; 高熱(症).

hipertexto [iperté(k)sto] 男 《情報》ハイパーテキスト.

hipertrofia [ipertrófja] 名 ❶ 《医学》(器官の)肥大, 栄養過多. —— de la amígdala 扁桃肥大. ❷ 《比喩》過度の発達・進展, 過剰, 過多. —— de la burocracia 官僚主義の肥大.

hipertrofiarse [ipertrofjárse] 再 肥大する; 過多になる.

hipertrófico, ca [ipertrófiko, ka] 形 肥大(症)の, 肥厚性の; 極度に進展した, 過剰の.

hípica [ípika] 女 → hípico.

hípico, ca [ípiko, ka] 形 競馬の; 乗馬の; 馬の. —— concurso ~ 馬術大会. club ~ 乗馬クラブ. —— 女 競馬場; 乗馬, 馬術, 馬術競技. ♦ギリシャ語源 hippos (馬)より.

hipido [ipíðo] 男 ❶ しゃっくり. ❷ しゃくりあげること, ひいひい泣くこと, すすり泣き. —— El niño pasó unos lastimeros ~s. その子は哀れっぽくすすり泣いていた. 類 **gimoteo**. 類 (フラメンコの歌で合間に入れられる)叫び, うめき声, こぶし. 類 **jipio**.

hipismo [ipísmo] 男 ❶ 馬の飼育・調教に関すること; (特に)乗馬に関する事柄や概念一般. ❷ 馬術.

hipnosis [ipnósis] 女 (心理的・化学的手段による)人工催眠.

hipnótico, ca [ipnótiko, ka] 形 ❶ 人工催眠の, 催眠術の. —— método ~ 催眠療法. sueño ~ 催眠状態. ❷ (薬が)催眠性の. —— pastillas hipnóticas 催眠作用のある薬剤, 睡眠薬. —— 男 催眠薬, 睡眠薬.

hipnotismo [ipnotísmo] 男 催眠術; 人工催眠に関する概念・技術.

hipnotizador, dora [ipnotiθaðór, ðóra] 形 ❶ 催眠術をかける. ❷ 魅了するような. —— 名 催眠術師. ❷ 魅了する人.

hipnotizar [ipnotiθár] [1.3] 他 ❶ …に催眠術をかける, を眠くならせる. ❷ 《比喩》魅了する, うっとりさせる; 呆然とさせる. —— Los coches deportivos le hipnotizan. 彼はスポーツカーを見るとうっとりしてしまう. Ese chico la tiene hipnotizada. 彼女はその男の子に魅せられてしまっている.

hipo [ipo] 男 ❶ しゃっくり. —— Me ha dado ~. しゃっくりが出た. tener ~ しゃっくりをしている, しゃっくりが出る. ❷ 切望, 熱望. 類 **ansia**. ❸ 反感, 嫌悪. —— tener ~ con … を嫌っている. 類 **encono, rabia**.

quitar el hipo (主に que quita el hipo の形で)驚かせる, はっとさせる, あっと言わせる. Se ha comprado una casa de campo *que quita el hipo*. 彼は皆があっと驚くような豪華な別荘を買った.

hipo- [ipo-] 接頭 ❶「下, 以下, 減少」の意. —— hipócrita, hipodérmico, hipotensión, hipótesis. ❷「馬」の意. —— hípico, hipódromo.

hipocampo [ipokámpo] 男 ❶ 《魚類》タツノオトシゴ. ❷ 《解剖》(脳の)海馬.

hipocausto [ipokáusto] 男 (古代ギリシャ・ローマの住居で)床下に炉と導管をしつらえて暖をとる形式の部屋.

hipoclorito [ipoklorito] 男 《化学》次亜塩素酸塩[エステル].

hipocondría [ipokondría] 女 《医学》心気症, 憂うつ症(自分の病状を過大に考えて苛(ξ)立ったりふさぎ込んだりすること).

hipocondríaco, ca, hipocondriaco, ca [ipokondríako, ka, ipokondrjáko, ka] 形 心気症の, 憂うつ症の; 心気症にかかっている. —— temperamento ~ 心気症. —— 名 心気症患者; 憂うつになり易い人.

hipocondriasis [ipokondrjásis] 女 《医学》心気症.

hipocondrio [ipokóndrjo] 男 《解剖》(主に複)季肋[下肋]部(脇腹の上部, 上腹部の両脇部分).

hipocorístico, ca [ipokorístiko, ka] 形 (名詞が)口語的な形の; 愛称の. ♦話し言葉で親しみや婉曲の表現として, もとの語の変形や縮小形を用いる場合を言う. 例:Asunción (パラグアイの首都)に対する Asun など. —— 男 口語的な形の名詞; 愛称.

Hipócrates [ipókrates] 固名 ヒポクラテス(前460?–375?, ギリシャの医師).

hipocrático, ca [ipokrátiko, ka] 形 ヒポクラテス(紀元前ギリシャの有名な医師)の, ヒポクラテス医学の.

***hipocresía** [ipokresía] 女 偽り, 偽善, 猫かぶり. —— Hay mucha ~ en las palabras del político. その政治家の発言には多くの偽善がある.

:**hipócrita** [ipókrita] 形 **偽善な**, 猫をかぶった. —— No puedo soportar su ~ actitud. 私は彼の偽善的な態度にがまんができない.

—— 男女 偽善者, 猫かぶり. —— Nadie le quiere porque es un ~. 彼は偽善者なので誰にも好かれない.

hipodérmico, ca [ipoðérmiko, ka] 形 皮下の, 皮下にある, 皮下への. —— inyección *hipodérmica* 皮下注射.

hipodermis [ipoðérmis] 女 《解剖》皮下組織(真皮 dermis の下の部分).

hipódromo [ipóðromo] 男 競馬場, 競馬場, 走路, トラック.

hipófisis [ipófisis] 女 《解剖》(脳)下垂体(生殖・発育に関係する, 脳の下面についている内分泌

1056 hipofunción

腺).

hipofunción [ipofunθjón] 囡 《医学》機能低下症.

hipogastrio [ipoɣástrjo] 男 《解剖》下腹部.

hipogeo [ipoxéo] 男 ❶《古代民族が埋葬などに用いた》地下洞, 穴蔵, 地下墓室. ❷ 地下住居; 地下に作った建造物・礼拝堂.

hipoglucemia [ipoɣlucémja] 囡 《医学》低血糖症.

hipoplasia [ipoplásja] 囡 《医学》発育不全.

hipopótamo [ipopótamo] 男《動物》カバ. ◆ギリシャ語 hippos (馬) + potamos (河)より.

hiposo, sa [ipóso, sa] 形 (人が)しゃっくりをしている, しゃっくりの出る; しゃっくりを出しやすい.

hiposulfito [iposulfíto] 男《化学》次亜硫酸塩; チオ硫酸塩[エステル] ── ~ sódico《写真》ハイポ(定着液用のチオ硫酸ナトリウム).

hipotálamo [ipotálamo] 男 《解剖》視床下部.

hipoteca [ipotéka] 囡 ❶ (譲渡)抵当権, (不動産などで替えられる)債権. — El piso tiene [está gravado con] una ~. アパートは抵当に入っている. levantar una ~ (負債を精算して抵当権を解除する. ❷ 担保, 抵当物件, (借金などの)形. — prestar dinero sobre una ~ 担保をとって金を貸す. ❸《比喩》(ある事柄を行う際に伴う)困難, 障害.

hipotecar [ipotekár] [1.1] 他 ❶ を抵当に入れる. ❷《比喩》を投げ出してかかる, 失うことを顧みずにする. — Al aceptar aquel soborno, *hipotecó* la libertad. 彼はわいろを受け取ったことで自分の自由を引き換えにしたのだ.

hipotecario, ria [ipotekárjo, rja] 形 抵当の, 担保の. — préstamo ~ 抵当貸し, 担保付き融資 banco ~ 勧業銀行.

hipotensión [ipotensjón] 囡 《医学》低血圧. 反 **hipertensión**.

hipotenso, sa [ipoténso, sa] 形 低血圧の.
── 名 低血圧の人, 低血圧患者.

hipotenusa [ipotenúsa] 囡 《幾何》直角三角形の斜辺.

hipotermia [ipotérmja] 囡 《医学》低体温症; 低体温法.

:**hipótesis** [ipótesis] 囡 仮説, 仮定; 前提. — A ver, explícame el fundamento de tu ~. それでは君の仮説の根拠を説明してくれたまえ. ~ de trabajo 作業仮説. 類 **suposición, supuesto**.

·**hipotético, ca** [ipotétiko, ka] 形 仮説の, 仮定的の; 前提の. — Aun en el caso ~ de que fuera verdad, yo no me arriesgo. 仮にそれが本当だとしても私は危険をおかすことはしない.

hipoxia [ipó(k)sja] 囡 《医学》低酸素症.

hipsometría [ipsometría] 囡 測高法(地形学の一分野で, ある場所の高さを測定すること). 類 **altimetría**.

hipsómetro [ipsómetro] 男 測高計(液体の沸点から気圧を求め高さを測定する計器).

hir- [ir-] 動 herir の直・完了過去, 接・現在/過去, 現在分詞.

hirco [írko] 男 野生のヤギ(山羊), 山岳部に生息するヤギ; 雄ヤギ (= cabra montés).

hiriente [irjénte] 形 ❶ 傷つけるような, 攻撃性の. ❷《比喩》(言葉などが)心を傷つけるような, 辛らつな, 痛烈な. — Al oír aquel ~ comentario se alteró visiblemente. その中傷するような言葉に彼は明らかに憤慨した.

hirsuto, ta [irsúto, ta] 形 ❶ (毛が)硬くて太い, 強毛の. — cabellera [barba] *hirsuta* 硬く太い髪[濃いひげ]. ❷ 硬く太い毛の生えた, 強毛におおわれた. — piel *hirsuta* 毛深い肌. castaña *hirsuta* いが栗. ❸《比喩》(人が)荒っぽい性格の, ぶっきらぼうな, ぞんざいな.

hirv- [irβ-] 動 hervir の直・完了過去, 接・現在/過去, 現在分詞.

hirviente [irβjénte] 形 煮えたぎる, 沸騰した.

hisopada [isopáða] 囡 散水, 散水器 (hisopo) で水をふりかけること; (水をふりかけて行う)洗礼.

hisopar, hisopear [isopár, isopeár] 他 (散水器 hisopo で)…に聖水をふりかける.

hisopo [isópo] 男 ❶《宗教》(聖水の)散水器. ◆カトリックの洗礼などで聖水をふりかけるのに用いる道具. 木製あるいは金属製の柄の先端に, 豚毛などの刷毛あるいは穴のあいた金属球がついたもの(この球の中に聖水を含ませたスポンジを入れる). ❷《植物》ヒソップ, ヤナギハッカ(シソ科の香草の一種). ❸ ヤナギハッカの小束(①の散水器のかわりに用いた用具). ❹《話》(一般に)刷毛状のもの, 毛束, 散水器に似た形のもの.

hispalense [ispalénse] 形, 男女《文》= sevillano.

Híspalis [íspális] 固名 ヒスパーリス(ローマ時代のセビーリャ).

Hispania [ispánja] 固名 ヒスパニア(ローマ時代のイベリア半島).

***hispánico, ca** [ispániko, ka イスパニコ, カ] 形 ❶ スペイン語圏の, スペイン系の. — Pienso viajar por los países de habla *hispánica*. ぼくはスペイン語圏の国々を旅行しようと思っている. ❷ ヒスパニア (Hispania, イベリア半島のローマ時代の名)の.
── 名 スペイン語圏の人. — Los ~s tienen fama de poco puntuales. スペイン語圏の人々は時間にルーズだという評判がある.

·**hispanidad** [ispaniðá(ð)] 囡 ❶ スペイン的性質. ❷ スペイン語圏(の文化). ─ Día de la H~ コロンブスが新大陸に到着した10月12日. ◆特にフランコ体制下で用いられ, 現在は10月12日は Día Nacional de España となっている. 中南米では Día de Raza「民族の日」の名称を用いる.

hispanismo [ispanísmo] 男 ❶ スペイン語法, スペイン語独特の構文・言い回し. ❷ 他言語に入ったスペイン語, スペイン語からの借用語. ❸ スペイン文化(特に語学・文学)の研究; スペインに関する学問・研究あるいは事柄全般への愛好.

·**hispanista** [ispanísta] 男女 スペイン語[文学, 文化]の研究者. — Asociación [Congreso] Internacional de H~s 国際スペイン語圏研究者協会[会議].

hispanización [ispaniθaθjón] 囡 スペイン化.

hispanizar [ispaniθár] [1.3] 他 をスペイン化する, スペイン風にする, スペインの影響下に置く. 類 **españolizar**.

:**hispano, na** [ispáno, na] 形 スペインの, スペイン人の. ── 名 スペイン人. 類 **español**.

Hispanoamérica [ispanoamérika] 固名 イスパノアメリカ, スペイン語圏アメリカ.

hispanoamericanismo [ispanoamerikanísmo] 男 ❶ 中南米諸国・諸民族の連帯意識・団結の精神; (スペイン起源の)諸民族間の自己確立を促進する気運. ❷ (スペイン語に入った)中南米のある国[地域]独特の語・表現.

hispanoamericano, na [ispanoamerikáno, na] 形 ❶ スペイン系アメリカの, スペイン系アメリカ人の. —la literatura *hispanoamericana* スペイン系アメリカ文学. ❷ スペイン系アメリカとスペインの間の. —las relaciones culturales *hispanoamericanas* スペイン系アメリカとスペインとの文化交流.
—— 名 スペイン系アメリカ人.

hispanoárabe [ispanoáraβe] 形 イスラム・スペインの, イスラム教徒の支配下にあるスペインの.
—— 男女 (イベリア半島を支配していた時代の)スペインのイスラム教徒. —— 男 イスラム支配下のスペインで話されていたアラビア語.

hispanófilo, la [ispanófilo, la] 形 スペイン(の文化・歴史・風俗習慣など)を愛好する, スペイン好きの. —— 名 スペイン好きな人, スペイン愛好者, 親スペイン家.

hispanófobo, ba [ispanófoβo, βa] 形 名 スペインが嫌いな(人).

hispanohablante [ispanoaβlánte] 形 スペイン語を話す, スペイン語を母語とする; スペイン語の話される. —países ~s スペイン語を使用している国々. —— 男女 スペイン語話者, スペイン語を母語とする人.

híspido, da [íspiðo, ða] 形 (髪の毛・髭などが)硬くて太い, ごわごわした, 剛毛の; 毛むくじゃらの. 類 **hirsuto**.

histéresis [istéresis] 女 《物理》(磁気・電気・弾性などの)履歴現象, ヒステリシス(物質の状態がそれまでの経過に依存すること).

histeria [istéria] 女 ❶ 《医学》ヒステリー. ◆神経症の1つで, 精神的な原因から失声・けいれん・痴呆など様々な身体症状あるいは精神症状を示すもの. ❷ (病的なほどの)興奮状態. —~ colectiva 群衆の異様な興奮.

histérico, ca [istériko, ka] 形 ❶ ヒステリーの, ヒステリーにかかった. —No te pongas *histérica* que el niño está bien. 坊やは無事だからそんなに興奮しなくて大丈夫だよ. risa *histérica* ヒステリックな笑い声. ❷ (病的に)興奮した, ヒステリックな. ❸ [<ギリシア hystera (子宮)]母胎の, 子宮の.
—— 名 ヒステリックな人;《医学》ヒステリーを起こし易い人. —La *histérica* de la vecina ya está otra vez dando voces. 隣のヒステリーの奥さんがまた大声をあげている.

histerismo [isterísmo] 男 =histeria.

histología [istoloxía] 女 組織学(生物の組織を研究する医学・生物学の一分野).

☆☆historia [istórja イストリア] 女 ❶ 歴史, 歴史学, 史書. ~ antigua [moderna] 古代史[近代史]. ~ del arte 芸術史. ~ sacra [sagrada] (聖書が語る)聖史. ~ universal 世界史. las lecciones de la ~ 歴史の教訓. La ~ de Tito Livio ティトゥス・リウィウス(ローマの歴史家)が書いた歴史. Estoy leyendo la ~ de Japón. 私は日本の歴史を読んでいる. ❷ (個人の)経歴, 来歴, 前歴. —una mujer de [con] ~ いわくつきの女. la ~ de los Borbones ブルボン家の歴史. empañar [manchar] su ~ 自分の経歴にきずをつける. ~ clínica 病歴. ❸ 物語, 話. —Los niños modernos no tienen interés en ~s de príncipes. 現代の子供たちは王子様の物語に興味をもたない. La ~ es larga de contar. お話しすれば長くなります. ❹ 複 (a) つくり話, たわごと. —Dime la verdad y no me cuentes ~s. つくり話をやめて本当のことを言ってくれ. Lo siento pero hoy no estoy para ~s. 申し分けないが, 今日は冗談を言う気にならないんだ. (b) かげ口, うわさ. —No me vengas con ~s. 人のかげ口はやめてくれ. 類 **cuento, chisme, enredo**.
dejarse [quitarse] de historias よけいなことを言わないで(要点を述べる). ¡*Déjate de historias* y vamos al grano! よけいなことを言わないで肝心な点を述べなさい.
historia natural 博物学.
pasar a la historia (1) 『一般に未来時制で誇張的に用いられる』とても重要である. Tu hazaña *pasará a la historia*. 君のてがらはとても重要なものだ. La catástrofe del volcán *pasará a la historia*. その火山の災害は歴史に残るほど深刻だ. (2) 『完了時制に用いられ』古くなった. ¿No te das cuenta de que esa forma de pensar ya *ha pasado a la historia*? そういう考え方はもう古くなっているということに君は気がつかないのか.

historiado, da [istorjáðo, ða] 形 ❶ 《美術》(絵画などが)ある出来事・物語を題材にした, エピソードを描いた. —columna *historiada* 物語のような絵の描かれている(神殿などの)円柱. ❷ 《比喩》ごてごてと飾りたて, けばけばしい. —Su ~ sombrero llamó la atención de todos. 派手々々しい帽子が人目をひいていた. ❸ 象形模様の装飾を施した, 象形記号をつけた. —letra *historiada* 象形文字.

☆historiador, dora [istorjaðór, ðóra] 名 歴史家, 歴史学者. —~ de la fotografía 写真史研究家. ~ militar 軍事史研究家.

historial [istorjál] 男 ❶ (事柄の経緯を示す)詳細な記述; 記録, 報告書, 事例史. ❷ 履歴; 沿革; (人のたどってきた)過去. —Consiguió la beca a pesar de su pobre ~. 履歴が少ないのに奨学金を得ることができた.

historiar [istorjár] 『直・現に historio, historias ..., 接・現に historie, histories ...の活用もある』他 ❶ …の話をする, を物語る. ❷ を記述[記録]する.

historicidad [istoriθiðá(ð)] 女 歴史性; 史実性, 歴史的な確実性.

historicismo [istoriθísmo] 男 歴史主義.

historicista [istoriθísta] 男 歴史主義者.

☆histórico, ca [istóriko, ka] 形 ❶ (a) 歴史上の, 歴史的な, 史実に基づく. —novela *histórica* 歴史小説. estudios ~s 歴史研究. una figura *histórica* 歴史上の人物. (b) 事実に基づく, 確かな. —Lo que te cuento es ~. 私が君に言っていることは実際に起こったことなんだ. 類 **cierto, comprobado**. ❷ 歴史的に重要な, 歴史に残る. —un acontecimiento ~ 歴史的に重要なできごと. Fue un día ~ en su vida. それは彼の人生における重要な1日だった.

historieta [istorjéta] 女 ❶ 逸話, 挿話; 小話, 笑い話. ❷ 漫画, コマ漫画(=comic).

historiografía [istorjoɣrafía] 女 ❶ 資料編纂(学); 史料研究. ❷ 史書, 史料, 歴史研究書.

historiógrafo, fa [istorjóɣrafo, fa] 名 ❶ 史料編集者, (君主の命などにより)歴史の記述に携

わる人. ❷ 歴史家, 史料研究者.

histrión [istrjón] 男 ❶（特に古典劇の）俳優. ❷《古》曲芸師, 軽業師; 手品師, 奇術師. 類 **prestidigitador, volatinero**. ❸ 道化師. **bufón, payaso**. ❹ おどけ者, 奇抜なことや芝居がかった真似をする人. ❺ 偽善者, 猫かぶり.

histriónico, ca [istrjóniko, ka] 形 ❶ 俳優の, 役者の. ❷ 芝居がかった, わざとらしい; 奇をてらった; ひょうきんな.

histrionismo [istrjonísmo] 男 ❶ 俳優業, 役者という仕事. ❷《集合的に》役者, 俳優（達）. ❸ 役者の世界, 俳優の業界. ❹ 芝居がかった仕草, わざとらしい振る舞い; ひょうきんさ.

hita [íta] 女 ❶ 頭のない小型の釘（埋め込み用に使う）. ❷ 境界石, 道標. 類 **hito, mojón**.

hitita [itíta] 形 ヒッタイト（紀元前2,000年頃から小アジア一帯を占めた民族の名）の. — 男女 ヒッタイト人. — 男 ヒッタイト語.

hito [íto] 男 ❶ 境界石; 道標. 類 **mojón**. ❷《比喩》（歴史・人生などにおける）画期的な出来事, 重要な意味を持つ事柄. — La revolución constituyó un ～ en la historia del país. 革命はその国の歴史上の重大事となった. ❸ 標的（の中心）, 的; 目標, ターゲット. — dar en el ～（問題・困難などの）核心を捉える, 要点をつく.
a hito 安定して, 固定して, しっかりと, じっと.
mirar de hito/mirar de hito en hito じっと見つめる, 目を注ぐ. 類 **fijamente**.

hito, ta [íto, ta] 形 ❶《まれ》安定した, 固定した, 堅い. ❷《古》（馬が）黒い, 青毛の.

hizo [íθo] 動 hacer の直・完了過去・3単.

hl.（略号）= hectolitro ヘクトリットル.

Hnos.（略号）= hermanos《商業》兄弟商会.

hobby [xóβi]（<英）男 ❶ 話し趣味, 道楽.

hocicada [oθikáða] 女 ❶ 鼻面を押しつけること; 顔[鼻]をぶつけること.

hocicar [oθikár] [1.1] 他（豚などが鼻を）掘る, かき回す, 嗅ぎ回る（= hozar）.
— 自 ❶（鼻で）掘る, 嗅ぎ回る, つつく. ❷ 何度もキスをする. ❸《+con/contra/en》…に顔をぶつける; 前のめりに倒れる[ころむ]. — Andaba distraído y *hocicó contra* el poste. ぼんやりしていて柱にぶつかった. ❹《比喩》難問・障壁にぶつかる, 行き詰まる. ❺《海事》（船が）舳先を下にして沈む. ❻ 詮索する, 首を突込む.

hocico [oθíko] 男 ❶（犬・豚などの）鼻面. ❷《俗》（人の）唇が厚く突き出た口. — Antonio tiene buen ～[buenos *hocicos*]. アントニオは唇が厚く突き出た口をしている. ❸（人の）顔面. ❹ ふくれっ面, 渋面.
caer [darse] de hocicos（ころぶなどして）顔面をぶつける.
dar con la puerta en los hocicos 門前払いをくわせる, はねつける.
dar de hocicos contra ... …にぶつかる, ばったり会う. Tropezó y *dio de hocicos contra* la acera. 彼はつまずいて倒れ歩道に顔をぶつけた.
estar de hocicos 機嫌が悪い, ふくれている. Hoy no la ha llamado el novio y *está de hocicos*. 彼女は今日恋人が電話をくれなかったので不機嫌だ.
meter el hocico [los hocicos] 詮索する, 嗅ぎ回る; 干渉する. 類 **curiosear**.
poner hocico ふくれる, むっとする. Cuando le regañan *pone hocico*. 彼は叱られるとむくれてしまう.
romper los hocicos 顔を殴る.
torcer el hocico 顔をしかめる.

hocicudo, da [oθikúðo, ða] 形 ❶（動物が）鼻面の大きい. ❷《軽蔑》（人が）唇の突き出た, 唇が厚い. ❸《中南米》嫌な, 不愉快な, むかつく.

hocino [oθíno] 男 ❶（まきを割るなどに使う）なた, 斧. ❷ 移植ごて. ❸ 峡谷, 渓谷; 山裾の川沿いなどにある帯状の土地. ❹ 渓谷などに作られる小さい畑・植え込み.

hociquear [oθikeár] 他, 自 = hocicar.

hociquera [oθikéra] 女《中南米》（馬・犬などにつける）口輪, 口籠. 類 **bozal**.

hockey [xókej, xóki]（<英）男 ホッケー. — ～ sobre hielo/～ sobre patines アイスホッケー.

hodierno, na [oðjérno, na] 形 ❶ 今日の; 今の, 現在の. ❷ 現代の, 当世の, 今日の. — modas *hodiernas* 今の流行[ファッション].

hogaño [oɣáɲo] 副 今年に; 現代, 最近. — Muchas supersticiones de antaño parecen ridículas ～. 古い迷信の多くは今では馬鹿馬鹿しく思えるものだ. 反 **antaño**.

:hogar [oɣár] 男 ❶ 家庭, 家; 家族. — formar [fundar] un ～ 家庭を作る, 結婚する. artículos para el ～ 家庭用品. Cientos de personas se quedaron sin ～. 何百人もの人々が家を奪われた. Todos estos niños provienen de ～es deshechos. この子供たちはみな崩壊した家庭の出身だ. ～ de jubilado [del pensionista] 老人福祉センター. empleado de ～ 召使. 類 **residencia**. ❷《文》炉, 暖炉. 類 **chimenea**. ❸『スペイン』《教育》家政学, 家庭経済学.

hogareño, ña [oɣaréɲo, ɲa] 形 ❶ 家庭の, 家族の. — ambiente ～ 家庭的な雰囲気. vida *hogareña* 家庭生活. ❷（人が）家庭的な, 家族思いの; 出不精の. — Su señora es muy *hogareña*. とても家庭的な奥様ですね.

hogaza [oɣáθa] 女 ❶ 大きいパン（の塊）. ❷ 田舎風の（粗末な）パン; ふすま入りのパン.

***hoguera** [oɣéra] 女 ❶ たき火. — encender una ～ たき火をおこす. 類 **fogata**. ❷《歴史》火あぶりの刑. — Las brujas fueron condenadas a [morir en] la ～. 魔女たちは火あぶりの刑（による死）を宣告された.

hoja [óxa オハ] 女 ❶《集合的にも用いる》葉. — árbol de ～ caduca [perenne] 落葉[常緑]樹. En otoño se produce la caída de la ～[las ～]. 秋には木々の葉が落ちる. ❷ 花びら, 花弁. — clavel de ～s rojas 赤い花びらのカーネーション. 類 **pétalo. ❸ *(a)*（紙や薄い板・金属の）枚, 葉(ﾖｳ). — en blanco 白紙. una ～ de papel 一枚の紙. ～ de lata (= hojalata) ブリキ（板）. ～ de reclamaciones 苦情書き込み用紙. batir ～ 箔(ﾊｸ)にする. *(b)* ページ. — pasar [volver] la(s) ～(s)（本の）ページをめくる. *(c)* ちらし. — ～ suelta ちらし, (1, 2 枚の)印刷物. ～ volante ちらし, 宣伝ビラ. *(d)*《情報》シート. — ～ de cálculo [estilo, trabajo] スプレッド[スタイル, ワーク]シート. ❹（刃・ナイフなどの）刃, 刀身. — ～ de cuchillo ナイフの刃. ～ de afeitar 安全カミソリの刃. ～ de afilada ～ 鋭い刃のナイフ. ❺ *(a)*（戸や窓の）1枚. — puerta de dos ～ 二枚戸. *(b)*（びょうぶや三つ折り画の）1枚. ❻ 武

具の各部分.

al caer la hoja 秋になると. *Al caer la hoja empieza la temporada de rebajas.* 秋になるとバーゲンのシーズンが始まる.

hoja de estudios (学生の)成績書. *Tiene una hoja de estudios bastante regular.* 彼はまあまあふつうの成績書をもらっている.

hoja de parra (美術品で局部を覆う)イチジクの葉, (都合の悪いものをかくす)覆い.

hoja de ruta 旅程表; 《商業》貨物運送状.

hoja de servicios (役人などの)勤務[記録, 経歴]; 業績表. *Tiene una brillante hoja de servicios.* 彼は輝かしい勤務歴をもっている.

hoja de tocino 豚[ベーコン]の片方の腹, 片身.

poner a〖＋人〗***como hoja de perejil*** 酷評する, けなす. *Esos que tú crees tus amigos te pusieron como hoja de perejil.* 君が友達だと思っているその連中が君を酷評したんだよ.

volver la hoja 話題を変える. *Volvamos la hoja y hablemos de otra cosa.* 話題を変えてほかのことを話そう.

hojalata [oxaláta] 囡 ブリキ, ブリキ板; (缶詰などの)ブリキ缶. 類**hoja de lata**.

hojalatería [oxalatería] 囡 ❶ ブリキ缶を作る工場, ブリキ板を扱う作業場; ブリキ製品の店. ❷ ブリキ製品. ❸ ブリキ生産[細工]業.

hojalatero [oxalatéro] 男 ❶ ブリキ屋, 板金職人, ブリキ製品・めっき製品の生産[細工]あるいは販売をする人; (水道の)配管工.

hojaldrado, da [oxaldrádo, ða] 形 ❶ パイ[タルト, シュー]生地の, パイ生地を使った. ― *pasta hojaldrada* パイ生地. *pastel* ～ パイ菓子, タルト, シュークリーム. ❷ (パイ皮のように)はがれやすい; 薄片の, フレーク状の. ― 男 ❶ パイ[タルト, シュー]生地を使った菓子. ❷ パイ生地をめん棒でのばすこと.

hojaldrar [oxaldrár] 他 パイ[タルト, シュー]生地を作る, パイ生地をめん棒でのばす.

hojaldre [oxáldre] 男 ❶ パイ生地, タルト生地, シュー生地. ❷ パイ, パフパイ, タルト, シュークリーム (＝*pastel de hojaldre*).

hojarasca [oxaráska] 囡 ❶ (集合的に)落葉, 枯葉. ❷ (うっそうとした)茂み, 枝葉が過度に生い茂っていること. ❸《比喩》(見かけばかりで)つまらない[役に立たない]もの, (特に言葉遣いなどの)冗漫, 冗長, 蛇足.

*****hojear** [oxeár] 他 ❶ (書物・新聞等)にざっと目を通す, 一瞥(いちべつ)をくれる. ― ～ *el periódico* 新聞にざっと目を通す. ― ～ *una revista* 雑誌のページをめくる. ❷ (本)のページをめくる.
― 自《中南米》(木が)葉を出す, 芽をふく.

hojoso, sa [oxóso, sa], **hojudo, da** [oxúðo, ða] 形 ❶ 層状の, 幾重にも重なった, 薄板・箔(はく)状の. ❷ 葉の多い, 葉の茂った.

hojuela [oxuéla] (＜hoja) 囡 ❶ 小さい葉, (羊歯などの複葉の)一葉片, 小葉. ❷ パンケーキ. ❸ (アルミなどの)ホイル, 箔, 薄片. ❹ (刺繍・飾り紐などに使う)金[銀]糸. ❺ (オリーブの実をつぶした後に残る)皮, 薄皮(これをさらにひいて油などをとる).

miel sobre hojuelas 一層よい, よりよい.

****hola** [óla オラ] 間 ❶ やあ. (親しい間柄で用いる挨拶). ― *H*～, *buenos días.* やあ, おはよう. ❷《話》おや, まあ. (驚きを示す). ― ¿*Me haces un favor?* -¡*H*～! ¿*Un favor?* 頼みを聞いてくれるかな? -おや! 頼みだって? ❸《南米》(電話で)もしもし.

Holanda [olánda] 固名 オランダ (*Países Bajos* とも, 首都アムステルダム Amsterdam).

***holandés, desa** [olandés, désa] 形 オランダ (Holanda) の, オランダ人[語]の, オランダ風の. ― *salsa holandesa* オランデーズ・ソース(バター, 卵黄, レモン汁で作る). 類**neerlandés**.
― 名 オランダ人. ― Los *holandeses* hacen buenos quesos. オランダ人はよいチーズを作る.
― 男 オランダ語. ― *El* ～ *es una lengua germánica.* オランダ語はゲルマン語のひとつである.
― 囡 オランダ判 (27.5×21.5 cmの紙のサイズ).

a la holandesa (1) オランダ風に[の]. (2) 背革装の, クロス装丁の.

holandesa [olandésa] 囡 →holandés.

holding [xóldin] (＜英) 男 特殊会社, 親会社.

holgadamente [olɣaðaménte] 副 楽に, 苦労せずに, 余裕をもって. ― *vivir* ～ 恵まれた生活を送る. *En el asiento de atrás van tres personas* ～. 後部座席には3人は余裕で乗れる.

holgado, da [olɣáðo, ða] 形 ❶ (必要以上に)大きい, 広い; (服が)ゆったりした, ゆるい; (部屋・車などが)広い, 空間的余裕の多い; 余っている, だぶついている. ― *La chaqueta te queda un poco holgada.* この上着は君に少し大きい. *Los niños disponen de habitaciones muy holgadas.* その子たちはとても広い部屋を与えられている. ❷ (時間に)余裕のある. ❸ (経済的に)余裕のある. ― *Lleva vida holgada.* 余裕ある暮しをしている.

holganza [olɣánθa] 囡 ❶ 休息; 余暇. 類**descanso, quietud, reposo**. ❷ レジャー, 娯楽. 類**diversión, placer, regocijo**. ❸ 暇なこと, ぶらぶらしていること; 怠情 (＝*ociosidad*). 反**trabajador**.

***holgar** [olɣár] [5.4] 自 ❶ 余分である, 不必要である. ― *Huelga decir que debemos portarnos con caballerosidad.* 私たちが紳士的に振舞わなければならないのは言うまでもない. *Huelgan los comentarios.* 注釈は余計なことだ. 類**sobrar**. ❷ 休息をとる, 何もしないでいる. ― *Hoy me pasaré el día holgando.* 今日は1日私は何もしないことにしよう.

― **se** 再 ❶〖＋con/de〗喜ぶ, 満足に思う. ― *Ella se huelga de saber que todos estáis bien.* 彼女は君たちが皆元気だと知って喜んでいる. ❷ 楽しむ. ― *Todos nos holgamos en aquella fiesta.* 私たちは皆あのパーティーで楽しんだ. 類**alegrarse**.

***holgazán, zana** [olɣaθán, θána] 形 怠惰な, (人が)怠けている, ぐうたらな〖ser/estar＋〗. ― *Es un chico* ～ *y se pasa el día tumbado.* 彼は大変怠け者で, 一日中ごろごろして過ごしている. 類**gandul, haragán, vago**.
― 名 怠け者, 仕事嫌いな人; 浮浪者. ― *Muévete, ～, que hay mucho que hacer.* 動け, この怠け者, やることはたくさんあるんだから. 類**perezoso, vago**. 反**trabajador**.

holgazanear [olɣaθaneár] 自 怠ける; ぶらつく, 怠けて[暇なので]何もせずにいる; 無為に時を過ごす.

holgazanería [olɣaθanería] 囡 怠惰; 暇つぶし; 何もせずぶらぶらしていること. ― *No es porque esté cansado, si no lo ha hecho es por* ～. 疲

1060 holgorio

れているからじゃなくて，彼がそれをやらなかったのは怠慢からだ.

holgorio [olɣórjo] 男 =jolgorio.
Holguín [olɣín] 固名 オルギン(キューバの都市).
holgura [olɣúra] 囡 ❶ (空間的)余裕，広さ. —Entre los asientos de primera hay mucha ~. 最前列は座席間にゆとりがたくさんある. 類 **anchura**. ❷ (服)がゆるいこと. ❸ (機械の部品などの)ゆるみ，あそび. —El manillar de esta bicicleta tiene demasiada ~. この自転車のハンドルはあそびがありすぎる. ❹ 余暇；レジャー，娯楽. ❺ (経済的)余裕.
con holgura 余裕をもって，悠々と. Aquí nos podemos sentar los tres *con holgura*. ここは 3 人とも十分座れる. vivir *con holgura* 恵まれた生活を送る.
holladura [ojaðúra] 囡 ❶ 踏みつけること. ❷ 踏みにじること，汚すこと；抑圧，虐待；毀損. ❸ 足跡. ❹ (家畜の群れがある土地を通る際に支払われる)通行料.
hollar [ojár] [5.1] 他 ❶ を踏む，踏みつける；踏みつぶす；踏みにじる. —Era un paraje jamás *hollado por el hombre*. それは人がかつて足を踏み入れたことのない地であった. 類 **pisar**. ❷ (ある場所に)不当に侵入する，土足で踏み込む，踏み入って汚す. ❸ しいたげる，傷つける，(権利などを)踏みにじる，ないがしろにする，軽んじる. 類 **abatir, humillar**. ❹ (名誉などを)汚す，傷つける，失墜させる. ~ la dignidad de ... …の尊厳を失わせる，誇りを傷つける.
hollejo [oxéxo] 男 (ブドウ・豆などの)皮，薄皮.
hollín [ojín] 男 ❶ すす，煤煙. 類 **tizne**. ❷ 騒ぎ，騒動；歓声；口論 (= jollín).
holliniento, ta [ojinjénto, ta] 形 すすの；すすけた；すすだらけの.
holocausto [olokáusto] 男 ❶ (ユダヤ教で)供え物を火にくべて捧げること. 燔(はん)祭. ❷ 犠牲(的行為)，犠牲；いけにえ，捧げ物. —de [en] ~ いけにえとして，犠牲になって. ofrecerse en ~ 犠牲になる，我が身を捧げる.
hológrafo, fa [olóɣrafo, fa] 形 = ológrafo.
holoturia [olotúrja] 囡 (動物)ナマコ.
hombracho, hombrachón [ombrátʃo, ombratʃón] 男 ❶ 太った[がっちりした体格の]男. ❷ 下品な男，見下げた奴.
hombrada [ombráða] 囡 ❶ 男らしい振る舞い，勇気ある行為；手柄. ❷ 虚勢；空威張り.
hombradía [ombraðía] 囡 ❶ 男らしさ；たくましさ；度胸. 類 **entereza, esfuerzo, valor**.
**hombre [ómbre オンブレ] 男 ❶ 人，人間，人類. —~ moderno 現代人. los orígenes del ~ 人類の起源. buen ~ いい人. ~ de la calle [medio] 並の人，一般の人々. ~ fuerte 有力者. ~ de armas 兵士. ~ de bien 正直な人. ~ de ciencia 科学者. ~ de estado 政治家. ~ de honor 名誉を重んじる人. ~ de letras 文人. ~ de mundo 世間慣れした人. ~ de negocios 実業家，ビジネスマン. ~ bomba 自爆テロ. ~ público 政治家. ~ rana [複]~s rana] 潜水工作員，フロッグマン. pobre ~ かわいそうな[たよりない]人，とるに足りない人. ~ bueno 〖法学〗調停人. ~ del Renacimiento ルネサンス期の人. ~ europeo ヨーロッパ人. ❷ 男. —En la fiesta había más ~s que mujeres. パーティーに出ていたのはかなり男の方が多かった. ❸ 大人. —Ya es un ~. 彼はもう大人だ. un ~ hecho (y derecho) 一人前の人間. ❹〖話〗夫，愛人. —mi ~ うちのひと. ❺ 男らしい男. —Mi padre sí que es un ~. 私の父はたしかに男らしい男である.
como un solo hombre いっせいに. Todos se levantaron *como un solo hombre*. みんないっせいに立ち上がった.
de hombre a hombre 率直な. una charla *de hombre a hombre* 率直な話し合い.
El hombre propone y Dios dispone. 〖諺〗事を計るは人，事をなすは神(=人間は提案し，神が用意・準備する).
hacer (un) hombre 一人前の男にする，一人立ちさせる. El ejército le *hizo un hombre*. 軍隊が彼を一人前にした.
¡Hombre al agua [mar]! →agua.
ser hombre para …っでる. No *es hombre para* hacer eso. 彼にはそれをすることはむりだ.
ser mucho hombre 有能な男である.
ser poco hombre 能なしである，役立たずである；男らしくない.
—— 間 ❶ (相手に向って)きみ，おい(女性に向かっても用いられる). ❷ おや，おいおい，まさか. —*iH~!* iNo sabía que estuvieras aquí! おや! 君がここにいるなんて知らなかったよ! iCállate, ~! おい，うるさいぞ[驚き，疑惑(そうだとも)，譲歩(そうだね)，同情(おやまあ)，抗議(さあさあ)，ためらいなど多くの意を表わす].
hombrear¹ [ombreár] 自 ❶ (若者が)大人ぶる. ❷〖中南米〗(女性が)男のように振る舞う，男勝りである.
hombrear² [ombreár] 自 ❶ (肩で)押す[支える]. ❷ [+con と] 張り合う，やり合う，肩を並べようとする. —Acaba de ingresar y ya quiere ~ *con* los empleados veteranos. 彼は入社したてでもうベテラン社員並みにやりたがっている.
hombrecillo [ombreθíjo] [<hombre] 男 ❶ 小男；小人. ❷〖植物〗ホップ. 類 **lúpulo**.
hombrera [ombréra] 囡 ❶ 肩パッド. —chaqueta con ~s 肩パッドの入ったジャケット. ❷ 肩紐，ストラップ；ズボン吊り，サスペンダー. —Se me cae la ~ de este sujetador. このブラジャーは肩紐(ひも)がずり落ちる. 類 **tirante**. ❸ 肩章(軍服などの肩につける帯状の布で，武器を吊るす革紐を通したり，階級を表わす飾りをつけたりする). ❹ (鎧(よろい)の)肩当て，肩を保護する部分.
hombretón [ombretón] [<hombre] 男 大男，がっちりした体格の男. 類 **hombracho**.
hombría [ombría] 囡 男らしさ，男にあるべき美点(勇気，誠実さ，意志力，力強さなど)の総称.
hombría de bien 誠実，高潔；品性，徳.
**hombro [ómbro オンブロ] 男 ❶ 肩. —Me duele el ~ izquierdo. 私は左の肩が痛い. ❷ (衣類の)肩幅. —Esta chaqueta me queda ancha de ~s. この上着は私には肩幅が広すぎる. *De su* ~ *derecho colgaba una bolsa de deportes*. 彼は右肩からスポーツ・バッグをぶら下げていた.
a [*en*] *hombros* 肩にかついで(= sobre los hombros). llevar el paquete *a hombros* 包みをかついで運ぶ.

al hombro 肩にかけて. con su bolso *al hombro* 彼女のハンドバッグを肩にかけて.

arrimar el hombro 努力する, 協力する. Tenemos que *arrimar el hombro* para buscarle un trabajo. 彼に仕事を見つけてやるよう私たちは協力してやらねばならない.

cargado de hombros →cargado de espaldas.

echarse al hombro 背負いこむ. No *te eches al hombro* más de lo que aguantes. 君は自分が耐えられる以上のもの[こと]を背負いこんではいけないよ.

encogerse de hombros (1) 肩をすくめる. Le pregunté la hora y *se encogió de hombros*. 私が彼に時刻をたずねると彼は肩をすくめた. (2) 《比喩》無関心・軽蔑などの身振りをする.

hombro a [con, contra] hombro 肩を並べて, 力を合わせて. Han sacado adelante la empresa *hombro con hombro*. 彼らは一致協力して会社を繁栄に導いた.

hurtar el hombro 加わることをやめる. Apenas emprendimos el proyecto, *hurtó el hombro*. 私たちが計画を企てるとすぐに彼は加わることをやめた.

meter el hombro →arrimar el HOMBRO.

mirar por encima del [sobre el] hombro を軽蔑する, さげすむ. *Mira* a todos *por encima del hombro*. 彼はみんなをさげすんでいる.

sacar a hombros (称えるため)かつぎあげる. Tras el triunfo *sacaron* al torero *a hombros* de la plaza. (闘牛の)成功のあとでみんなは闘牛士を闘牛場からかつぎ出した.

hombruno, na [ombrúno, na] 形 (女性の)男のような, 男っぽい; 男勝りの. —andares ~s 男みたいな歩き方. Tiene una voz *hombruna*. 彼女は男性的な声をしている.

‡**homenaje** [omenáxe] 男 ❶ 敬意, 尊敬の念. —rendir [tributar] ~ a … (人に)敬意を表する. ❷ (敬意を表するための)記念の催し物. —Se celebró un acto de ~ al ilustre escritor para celebrar el segundo centenario de su nacimiento. その著名な作家の生誕 200 周年を祝う記念行事が行われた. ❸ 《歴史》忠誠の誓い.

en homenaje (a+人) (人に)敬意を表して.

torre del homenaje 《建築》(城の)主塔, 天守閣.

homenajeado, da [omenaxeádo, ða] 形 栄誉を与えられた, 称賛を受けている. —— 名 栄誉を与えられた人; (式などの)主賓.

homenajear [omenaxeár] 他 …に敬意を表す; 名誉[栄誉]を与える, 称える; を祝う. —El pueblo *homenajeó* el equipo vencedor con una gran fiesta. 村では勝利をおさめたチームを盛大な祝賀会で賛えた.

homeópata [omeópata] 形 《医学》ホメオパチー (homeopatía)の. —— 男女 ホメオパチー医, ホメオパチー支持者.

homeopatía [omeopatía] 女 《医学》ホメオパチー, 同毒療法, 類似治療法(ある症状を, それを引き起こすような薬物をごく微量に投与することによって治す方法. 種痘など).

homérico, ca [omériko, ka] 形 ❶ ホメーロス (Homero, 古代ギリシアの詩人)の, ホメーロス風の. ❷《比喩, 話》壮大な, 仰々しい, 派手な, 騒々しい, ものすごい (誇張して言うときに用いる). —una juerga *homérica* 天地を揺るがす大騒動. 類**tremendo**.

Homero [oméro] 固名 ホメーロス (生没年不明, 前 8 世紀後半の古代ギリシア最大の叙事詩人).

‡**homicida** [omiθíða] 形 人殺しの, 殺人の. —Han encontrado el arma ~ en un basurero. ごみ箱から凶器が見つかった. Al verlos juntos les dirigió una mirada ~. 彼らがいっしょにいるのを見ると, 彼は殺意を持った視線を彼らに向けた.
—— 男女 人殺し, 殺人犯. —El ~ fue detenido sin oponer resistencia. 殺人犯は無抵抗で逮捕された. 類**asesino**.

‡**homicidio** [omiθíðjo] 男 殺人. —delito de ~ (frustrado)《法律》殺人(未遂)罪. robo con ~ 《法律》強盗殺人. cometer un ~ 殺人を犯す. 類**asesinato**.

homilía [omilía] 女 《宗教》(司祭が聖書の事柄, 特に福音書について信者に教える)説教, 講話; 訓戒.

hominicaco [ominikáko] 男 つまらない人間, 取るに足りない者.

hominido [omíniðo] 男 ヒト科(の動物), 原人. —~ Tomai トウマイ原人.

homófono, na [omófono, na] 形 ❶《言語》同音の, 同音異音[異義]の (baca と vaca など). ❷《音楽》単声の; 斉唱(ユニゾン)の.

homogeneidad [omoxeneiðá(ð)] 女 同種, 同質(性); 均質性, 等質であること. 反**heterogeneidad**.

homogeneizar [omoxeneiθár] [1.3] 他 を均一にする, 均質化する, 同質にする.

homogéneo, a [omoxéneo, a] 形 ❶ (集合・集団が)同種の, 同質の, 似たものの集まっている, 同性均のからなる. —Es difícil encajar en esa sociedad tan *homogénea*. これほど差のない(どんぐりの背くらべのような)社会に適応するのは難しい. ❷ (物体が)均質の, 等質の. —Hay que batir bien hasta que la pasta queda *homogénea*. 生地がむらなく均質になるまで, よく練り混ぜること. 反**heterogéneo**.

homologación [omoloɣaθjón] 女 ❶ 承認, 認可, 認定, 公認, 確認. ❷《スポーツ》(記録の)公認, 認可. ❸ 対等[均一]にすること, 等分, バランスをとること. —~ de los cargos 2 las dos compañías fusionadas 合併した 2 社の債務の等分化.

homologar [omoloɣár] [1.2] 他 ❶ を承認 [確認]する. 類**confirmar, corroborar**. ❷ (公的なものとして)認可する; (スポーツの記録などを)公認する. ❸ 対等にする, 相応なものにする. 類**equiparar**. ❹《法律》裁判所の判決を(控訴せずに)有効と認める. ❺ 判事が当事者らの行為について確認をとる.

homología [omoloxía] 女 ❶ 対応すること, 相応, 相同関係. ❷《幾何》位相合同, 相似. ❸《化学》同族(関係).

homólogo, ga [omóloɣo, ɣa] 形 ❶ 対応する, 相応の. —Tenemos cargos [sueldos] ~s en todas las sucursales. 我々はどの支店でも同等の職務[給与]でやっている. ❷《幾何》相似の. ❸《化学》同族の, 同様の機能・構造を持つ. ❹ 同意の, 同義語の.
—— 名 同じ地位の人, 同等の者. —El ministro

1062 homonimia

español de Industria se reunirá hoy en Tokio con su ~ japonés. スペインの通産大臣が今日東京で日本の通産大臣と会談する.

homonimia [omonímia] 囡 ❶ 同名(であること). ❷ 同音異義(であること), 同音異義性.

homónimo, ma [omónimo, ma] 形 ❶ (人が)同名の. 類 **tocayo**. ❷ 同音異義の. ― 名 同名の人. ― 男 『言語』同音異義語.

homosexual [omoseksuál] 形 同性愛の, ホモの. ― 男女 同性愛者.

homosexualidad [omoseksualiðáð] 囡 同性愛; 同性愛行為.

homúnculo [omúŋkulo] [<hombre] 男 こびと; ちび, 小男; ガキ.

honda[1] [ónda] 囡 投石器, パチンコ.

hondazo [ondáθo] 男 投石器 (honda) で石を飛ばすこと.

hondear[1] [ondeár] 他 投石器 (honda) で石を飛ばす.

hondear[2] [ondeár] 他 ❶ 〖海事〗測鉛 (sonda) で水深を測る. 類 **sondar, sondear**. ❷ 船の積み荷を降ろす.

hondero [ondéro] 男 (昔の)投石戦士, 投石器 (honda) を使った兵士.

hondo, da[2] [óndo, da] 形 ❶ 深い, 低い. ― cante →cante. pozo ~ 深い井戸. vasija [herida] honda 深い器[傷]. raíces hondas 深い根. en lo ~ del valle 谷底に. en lo más ~ de su corazón 彼の心の内奥で. ❷ (悲しみなどが)深い, 深刻な. ― ~ pesar 深い悲しみ. 類 **profundo**. ― 男 底. ― El ~ del cántaro es muy pequeño y se cae con facilidad. 壺の底はとても小さいので簡単に倒れる.

de hondo 深さの. Tiene unos diez metros *de hondo*. 約10メートルの深さがある.

hondón [ondón] 男 ❶ (穴, カップなど一般に)くぼんだ物の)底, 底部. ❷ 窪(ᵡᵇ)地, 盆地, 凹地. ❸ 峡谷, くぼ地の奥. ❹ 針(#ᵇ)の穴. ❺ 履(⁷⁴)の底部.

hondonada [ondonáða] 囡 窪(ᵡᵇ)地, 低地.

hondura [ondúra] 囡 ❶ 深さ, 深いこと. ❷ 深く(低く)なっている部分, 深み. 類 **profundidad**.

meterse en honduras (1) (調査・研究などが)深みにはまる, 泥沼化する, (理解が及ばないなど)過度に掘り下げる. (2) (よく知らない事でも)根掘り葉掘り調べようとする.

Honduras [ondúras] 固名 ホンジュラス(公式名 República de Honduras, 首都テグシガルパ Tegucigalpa).

hondureñismo [ondureɲísmo] 男 ホンジュラス (Honduras) のスペイン語に特有の語・表現.

hondureño, ña [ondurépo, ɲa] ホンジュラス (Honduras) の. ― 名 ホンジュラス人.

honestamente [onéstaménte] 副 ❶ 誠実に, 正直に; 正当に大に, 公平に. ❷ 礼儀正しく, 上品に; 慎み深く, 控え目に. ❸ 高潔に, 立派に.

•**honestidad** [onestiðáð] 囡 ❶ 正直, 誠実; 公正さ. ― actuar con ~ 誠実に振る舞う. ❷ (女性の)品行.

‡**honesto, ta** [onésto, ta] 形 ❶ 正直な, 潔癖な, 高潔な. ― Es un hombre ~. 彼は正直な男だ. empleado ~ 生まじめな従業員. 類 **honrado**. ❷ (とくに女性が)貞淑な, 慎み深い. ― Es una mujer muy *honesta* y jamás ha dado que hablar. 彼女はとても品行方正な女性で, 噂の種をまいたことは一度もない. *estado* ~ 女性の未婚時代. ❸ 適当な, 正当な. ― La propina debe ser *honesta*, nunca excesiva. チップは適当でなければならない. 決して多過ぎてはいけない. 類 **razonable**.

Hong Kong [xóŋ kón, óŋ kón] 固名 ホンコン (香港) (中国の都市).

‡**hongo** [oŋgo] 男 ❶ 菌. ❷ 〖植物〗キノコ. 類 **seta**. ― crecer como ~s キノコのように(急速に)成長する. ~ atómico キノコ雲. el ~ de la contaminación スモッグ. ~ marino 〖動物〗イソギンチャク (=anemona de mar). ~ venenoso 毒キノコ. ❸ 山高帽子. ― Cada tarde salía de paseo con su ~. 毎日午後になると彼は山高帽をかぶって散歩に出かけたものだ. 類 **bombín**.

‡**honor** [onór] 男 ❶ 名誉, 栄誉, 光栄; 信義. ― hombre de ~ 名誉(信義)を重んじる人. ~ profesional 職業上の信義. ciudadano de ~ 名誉市民. miembro de ~ 名誉会員. invitado de ~ 名誉招待客. Prefiero el ~ al dinero. 私は金より名誉をとる. Su visita fue un ~ para el pueblo. 彼の来訪はその国民にとって誇りとなった. Tuve el ~ de saludarle personalmente. 私はあの方に直接お目にかかって挨拶する栄に浴した. 類 **honra**. ❷ 名声. ― una mancha en el ~ 名声についた汚点. ❸ 純潔, 貞節. ― ~ de una mujer 女の貞節. 類 **virginidad**. ❹ 囲 高位, 名誉のある地位. ― Aspiraba a los ~es de la presidencia (de la República). 彼は(共和国)大統領という高い地位を望んでいた. ❺ 囲 歓待; 儀礼. ― rendir los ~es 歓待する. rendir los últimos ~es 葬儀を挙行する. El rey recibió los ~es militares de rigor. 国王は慣例の儀仗礼を受けた.

en honor a la verdad 実を言えば, 本当に, 真実に誓って.

en honor de ... …に敬意を表して, …の記念に.

hacer honor a (1) うわさ通りにふるまう. Ha hecho *honor a* su fama de holgazán. 彼はなまけものの評判通りにるまった. (2) を履行する. *hacer honor a* su compromiso 約束を守る.

hacer los honores a (出された飲食物)をじゅうぶんにいただく. Los invitados *hicieron los honores a* todos los platos. 招待客は全ての料理をたいらげた.

hacer los honores de la casa 客をもてなす. La dueña *hizo los honores de la casa*. 奥さんが接待役をつとめた.

tener a honor【+不定詞】を誇りに思う. Tengo a mucho *honor* haber estudiado con ese profesor. 私はその先生のもとで勉強できたことを誇りに思う.

tener el honor de【+不定詞】…する光栄を有する. Todavía no *tengo el honor de* conocer al señor. 私はその方をまだ存じ上げません.

honorabilidad [onoraβiliðáð] 囡 ❶ 尊敬に値すること, 高潔であること. ❷ 立派な行い, 名誉ある行為, 高貴な振舞い.

honorable [onoráβle] 形 ❶ 尊敬すべき, りっぱな, 恥かしくない. ― ~ hombre 尊敬すべき男. ~ conducta 恥かしくない行動. Su abuelo era un hombre ~ en el pueblo. 彼の祖父は村ではりっぱな人物だった. ❷ 〖敬称〗閣下. ― el ~ presidente de la Generalitat Catalana カタ

ルーニャ自治政府首相閣下.

honorario, ria [onorárjo, rja] 形 名誉として与えられる(地位、学位など)、(地位などが)名誉職の、無報酬の. —presidente [cónsul] ~ 名誉会長[領事]. Es un cargo ~ y no recibe ningún sueldo. それは名誉職なので彼はまったく給料はもらえない. 同 **honorífico**.
—— 男 複 (医師、弁護士などの専門職・専門業務に払う)謝礼(金), 報酬, 料金. —~s de un médico [de un conferenciante, de un afinador de pianos] 医者[講演者、ピアノ調律師]の謝礼. Los ~s del abogado que ha llevado esta causa ascienden a más de cien mil euros. この訴訟を担当した弁護士の報酬は 10 万ユーロ以上にのぼる. 類 **emolumentos**.

honorífico, ca [onorífiko, ka] 形 栄誉ある、名誉としての、(無報酬で)名声のための; 敬称の. —a título ~ 肩書きとして、名目上. mención honorífica 選外佳作.

:**honra** [ónra] 女 ❶ (a) 名誉, 栄誉, 名目. — Luchó en defensa de su ~. 彼は自分の名誉のために戦った. La ~ de mi casa jamás ha sido manchada. わが家の名誉はこれまで傷(きず)つけられたことはない. 類 **honor**. (b) 光栄. —Es una ~ para mí poder acompañarle a Ud. あなたのお伴をできますことは私にとって光栄です. 類 **honor, orgullo**. (c) 名誉[誉れ]となるもの[者]. —Ese hijo es la ~ de su familia. その息子が家族の誇りである. ❷ 名声, 令名, 名望. —Su abnegado trabajo en África le granjeó una gran ~. アフリカにおける彼の献身的な仕事が彼に大きな名声をもたらした. ❸ (女性の)貞節, 節操. —Entre los gitanos la mujer debe ir con ~ al matrimonio. ジプシーの間では女性は結婚するときに純潔でなければならない. ❹ 複 (故人のための)儀式, 葬儀 (=~s fúnebres). —asistir a las ~s 葬儀に参列する.
¡A mucha honra! (軽蔑的に言われたことに対する茶化した返答)名誉なことだね、ありがたいことにその通りだ. Soy comunista y, *¡a mucha honra!* ぼくは共産主義者だよそうだが、ありがたいことにね.
tener a mucha honra 光栄に思う, 誇りに思う. *Tengo a mucha honra* ser miembro de este club. 私はこのクラブの会員であることを光栄に思います.

:**honradez** [onrađéθ] 女 正直, 誠実, 誠意. —Nadie duda de su ~. 誰も彼が正直であることを疑わない.

honrado, da [onráđo, ða オンラド, ダ] 形 ❶ 正直な, 誠実な, 誠意ある. —Es un hombre ~ incapaz de engañar a nadie. 彼は誰もだませない正直な男である. 類 **honesto**. ❷ 名誉な, 光栄な. —Se sintió muy ~ con la invitación. 彼は招待を受けて光栄に思った. ❸ 貞節な. —Se divorció porque sospechaba que su mujer no era *honrada*. 彼は妻が貞節でないのではないかと疑っていたので離婚した. 類 **decente, honesto**.

:**honrar** [onrár] 他 ❶ …に光栄[名誉]を与える、誇りに思わせる. —Usted me *honra* con su amistad. あなたは友情を示してくださる. Este ilustre amigo nos *honra* hoy con su presencia. この著名な友人が今日はご出席くださいました. ❷ …に敬意を表す, 敬う. —Esa iniciativa del Ayuntamiento le *honra*. その市役所の提案は彼に敬意を表すものだ. ❸ (商業)(手形などを)引き受ける, (期日に)支払う.
—— se 再 [+con/de/en を] 誇りに思う, 名誉に思う, 誇らしく思う. —*Se honraba con* su apellido. 彼は自分の姓を誇りに思っていた. *Me honro de* ser su amigo. 私は彼の友だちであることを誇りに思う.
honrar la casa [mesa] (客が)家に来てくださる. Le agradezco que se haya dignado *honrar nuestra casa*. 拙宅に御出でいただければありがたいのですが.

honrilla [onríja] [<honra] 女 自尊心, 名誉心, 自己愛. —por la negra ~ 自尊心から、周囲の評判を気にして.

honroso, sa [onróso, sa] 形 ❶ 名誉ある. ❷ 立派な, 尊敬すべき; 品位ある. —acción *honrosa* 徳高い行い. 類 **decente, decoroso**.

hontanar [ontanár] 男 泉, 泉の湧く所.

hopa [ópa] 女 ❶ (司祭服がチュニックのような)丈の長い衣服. ❷ (丈の長い)囚人服.

hopalanda [opalánda] 女 (特に昔の学生が着た)長くゆったりしたガウン.

hopear [opeár] 自 ❶ (動物、特に狐が追われるとき)尻尾を振る. ❷ 《比喩、まれ》ぶらつく, 遊び歩く (=corretear). ❸ 《中南米》呼ぶ, 叫ぶ.

hopo [ópo, xópo] 男 ❶ (狐などのふさふさした)尻尾. ❷ 前髪; (髪の毛の)ふさ.
¡Hopo! 出て行け!(=¡Largo de aquí!, ¡Afuera!)
sudar el hopo 大変な努力を要する. He *sudado el hopo* para conseguirlo. 彼を手に入れるのにずいぶん苦労した.

hora [óra オラ] 女 ❶ 時間. —Ha tardado una ~ en escribir la carta. 彼はその手紙を書くのに 1 時間かかった. media ~ 半時間, 30 分. Es ~ de marcharnos. 我々はもう失礼する時間です. tienda abierta las 24 ~s del día 1 日丸 24 時間開店. Trabajo seis ~s al día. 私は 1 日 6 時間働く. una ~ después 1 時間後に. ❷ 時刻, 時限. —¿Qué ~ es? 何時ですか. ¿A qué ~? 何時に. Es la ~ de comer. 食事(昼食)の時間です. Éstas no son ~s de llamar por teléfono. いまは電話をかける時刻ではない. ¿Éstas son ~s de llamar por teléfono? いまは電話をかける時刻だろうか. ¡Éstas son ~s de levantarse! 起床の時刻だ. Ya es ~ de que vuelvas. 君、もう帰る時刻だぞ. ¿Tiene usted ~? いまの時刻を教えてください. ¿Qué ~ tiene usted? いま何時ですか. ◆時間・時刻に関する表現: Es la una. 1 時です. Son las dos y cuarto [y quince]. 2 時 15 分です. Son las tres y media [y treinta]. 3 時半です. Son las cinco menos cuarto [las cuatro cuarenta y cinco, cuatro y tres cuartos]. 4 時 45 分 [5 時 15 分前]です. Son más de las ocho. 8 時過ぎです. Llegó pasadas las cinco. 彼は 5 時を回った時点で到着した [5 時過ぎに着いた]. Salió a eso de las cinco. 彼は 5 時頃出掛けた. Los Bancos abren a las nueve de la mañana y cierran a las tres de la tarde. 銀行は午前 9 時に開店し、午後 3 時に閉店する. Tomo el tren de las seis y diez. 私は 6 時 10 分発の列車に乗る. ❸ 《さまざまな時間・時刻の表現》 — local 現地時間. ~ astronómica [solar] 天文時. ~ de recreo 休憩(遊び)時間. ~ de verano サマー・タイム, 夏時間. ~ oficial [civil]

標準時. ~ de Greenwich グリニジ標準時. ~ suprema 臨終. ❹ (医師による診療などの)予約. ―pedir ~ 予約をする. Tengo ~ con el dentista a las dos. 私は2時に歯医者の予約が入っている. El médico me ha dado ~ para las once. 医者は11時に来るようにと私に言った. ❺ 最期. ―Le ha llegado su ~. 彼の死期が近づいた. Nadie sabe cuando nos llegará la ~. いつ我々に死期がやってくるか誰も知らない. ❻〖宗教〗圈 時課(定刻の祈り). ―~s canónicas 聖務日課(1日7回の祈りの日課). ~s menores 聖務日課の第1・3・6・9回. libro de ~s 時祷(ミミヤ)書.

a buena[s] hora[s] 間に合わずに. ¡A buenas horas me lo dices! きみがそれを言ってくれるのが遅すぎた.

¡a buenas horas mangas verdes! 時すでに遅し, 後の祭, 後悔先に立たず.

a cualquier hora いつでも, いつ何時でも.

a estas horas 今ごろ. Debe de estar en casa *a estas horas*. 彼は今ごろ家にいるにちがいない.

a hora avanzada 遅くに. *a hora avanzada* de la noche 夜遅くに.

a la hora 時間どおりに.

altas horas de la tarde 深夜, 夜が更けたころ.

a primera(s) hora(s) 朝一番に.

a todas horas いつも, 絶え間なく.

a última hora 最後になって. *a última hora* de la tarde [de la noche] 夕方[夜]遅くなって. Llegó *a última hora* de la reunión. 彼は会議の終わりごろになってやって来た.

dar hora 日時の約束をする. El dentista me *dio hora* para las cinco. 歯医者は私に5時に来るように指定した.

dar la hora (時計が)時刻を告げる.

dejar ... para última hora を後回しにする, 最後に回す.

en buena hora ちょうど良い時に, 折よく. *En buena hora* me encontré con él:tenía que pedirle un favor. 折よく彼に出くわした. 頼みごとをしなければならなかったのだ.

en hora 時刻通りに.

en mala hora 運わるく. *En mala hora* decidió aceptar aquel puesto. 彼はその地位につくことを受け入れる決心をしたが, それが良くなかった.

en su hora 適切なときに. *En su hora* te lo diré. 適当な時期になったらそれを教えてあげよう.

entre horas 食事と食事の間に. Ella siempre come *entre horas*. 彼女はいつも間食している.

Es hora de 〖+不定詞/que+接続法〗…すべきときだ. *Es hora de* marcharnos [*de que* nos marchemos]. 私たちはもう引き上げる時間だ.

¡(Es) la hora! 時間ですよ(授業などの終了を知らせる呼び声).

hacer horas 残業をする.

hora punta 〖覆 horas punta〗ラッシュ・アワー.

horas de oficina [de consulta] 営業[診療]時間.

horas extraordinarias 残業(時間). En la oficina casi todos hacen *horas extraordinarias* diariamente. その会社ではほとんどみんなが毎日残業している.

horas muertas むだに費す時間. Se pasa las *horas muertas* charlando. 彼はおしゃべりでむだに時間を過ごす.

no dar ni la hora 《話》ひどくけちである, 爪に火をともす.

pedir hora 約束の日時を決めてもらう.

poner en hora (un reloj) (時計の)時間を合わせる.

por horas 時間ぎめで. Estoy pagado *por horas*. 私は時間給をもらっている.

tener las horas contadas 臨終を迎える, 今はの際にふさわしい.

horaciano, na [oraθiáno, na] 圏 ホラティウス(Horacio)の, ホラティウス風の.

Horacio [oráθjo] 圈图 ❶ ホラティウス(前65-8, ローマの詩人). ❷ 〖男性名〗オラシオ.

horadado, da [oraðáðo, ða] 圏 (物が貫通するような)穴のあいた. ―男 (脱け殻になった)蚕(カイコ)の繭(まゆ).

horadar [oraðár] 他 …に穴をあける, 貫通させる, くり抜く, 掘りぬく. ―*Horada* la madera con un taladro. 木材にきりで穴を開ける.

horario, ria [orárjo, rja] 圏 時間の; 時刻の; 1時間(毎)の. ―Avísame cuando suene la señal *horaria* en el reloj del Ayuntamiento. 市役所の時計の(鐘・サイレン)が鳴ったら知らせてね. ―男 ❶ (時間の)時針. ❷ 時間割, 予定表, タイムテーブル. ~ de atención 受付時間. ~ de trenes 列車時刻表. ~ de trabajo 就業時間割. ~ de clases 授業時間割. ❸ 時計.

horca [órka] 囡 ❶ 絞首台. ❷ (囚人, 家畜などにつける)首枷(カセ), くびき. ❸ (乾草を集めるのに用いる)ピッチフォーク, さすまた. ❹ (先がふたまたになった)支柱, (木の枝を支える)つっかい棒. ❺ (玉葱・にんにくなどの)束. ◆数珠つなぎにしたものの2連を一方の端で束ねたもの. ❻〖中南米〗誕生日の贈り物.

pasar por las horcas caudinas (意に添わないことに)耐える, 屈従する, 甘んじて受け入れる.

horcadura [orkaðúra] 囡 (木の)また, 幹から枝が分かれて出ている部分; (枝の)分かれ目.

horcajadas [orkaxáðas] 副 〖a+〗またがって, 馬乗りになって, 脚を左右にひろげて.

horcajadura [orkaxaðúra] 囡 〖解剖〗(人体の)股.

horcajo [orkáxo] 男 ❶ (馬・ろばなどの首につける木製の)くびき. ❷ (川の)分岐点, 合流点. ❸ (山の)分岐点, 山と山の接する所.

:**horchata** [ortʃáta] 囡 オルチャータ(かやつり草の球根 (chufa) やアーモンドが原料の白くて甘い飲物. よく冷やして夏に飲む).

horchatería [ortʃatería] 囡 オルチャータを作る[売る]所, ミルクスタンド. →horchata.

horchatero, ra [ortʃatéro, ra] 图 オルチャータ作り, オルチャータ売り.

horcón [orkón] 〖<horca〗男 ❶ (果樹の枝などを支える)支柱, 突っかい棒. ❷〖中南米〗(家の梁, 軒などを支える)突っ張り棒, 支柱. ❸ ピッチフォーク. 圓 horca.

horda [órða] 囡 ❶ 流民, 遊牧民(特に中世ヨーロッパに侵入した民族などを指す). ―*H*~s de godos penetraron en la Península Ibérica. ゴート族がイベリア半島に侵入した. ❷〖比喩〗ギャング, 無法者(の集まり). ―*H*~s de hinchas sembraron el pánico entre los espectadores. 熱狂的サポーターの群れが観客の中にパニックをひきおこした.

:**horizontal** [oriθontál] 圏 水平(面)の, 水[地]

平線上の. — línea [plano, posición] ～ 水平線 [面, 位置]. propiedad ～ →propiedad. 反 **vertical**.

horizontalidad [oriθontaliðá(ð)] 囡 水平, 水平であること, 平面性.

‡**horizonte** [oriθónte] 男 ❶ 水平線, 地平線. — Una columna de humo se elevaba en el ～. 柱になった煙が地平線上に舞い上っていた. ❷ 視界, 視野, (思考の)限界. — Tiene unos ～s muy estrechos. 彼の視野はとても狭い. ampliar los ～s 視野を広げる. ❸ (将来の)見通し, 見込み. — El ～ de la política internacional se presenta esperanzador. 国際政治の見通しは期待がもてるようだ. Se suicidó porque todo era oscuridad en el ～. 将来の見通しは全て真っ暗だったので彼は自殺した. ❹ 境界, 国境. — los ～s del imperio 帝国の国境.

horma [órma] 囡 ❶ 型, 鋳型, 木型(特に靴や帽子を作るための). ❷ 靴型(型崩れを防ぐため中に入れておくもの). ❸ (モルタルで固めていない空積みの)石壁.

encontrar [hallar] la horma de su zapato (1) 自分の望み通りの物を見つける, ぴったりの物が見つかる. (2) 好敵手を得る, よいライバルに出会う.

‡**hormiga** [ormíɣa] 囡 ❶《動物》アリ(蟻). — ～ blanca 白アリ. — león ウスバカゲロウ, (特にその幼虫の)アリジゴク. ❷《医学》ひぜん, かいせん.

ser una hormiga《話》勤勉である, 倹約である.

hormigón [ormiɣón] 男 ❶《建築》コンクリート. — ～ armado 鉄筋コンクリート. El nuevo almacén se ha construido con suelo de ～. 新しい倉庫はコンクリートの床で建てられた. ❷《獣医》牛の病気. ❸《植物》植物の根・茎の病気.

hormigonera [ormiɣonéra] 囡《建築》コンクリートミキサー.

hormiguear [ormiɣeár] 自 ❶ かゆい, むずむずする; ちくちくする. — Me *hormiguean* los pies. 足がむずがゆい. ❷ うようよする, うじゃうじゃする. — La gente *hormiguea* en la plaza. 広場は人でごったがえしている. 題 **bullir**.

hormigueo [ormiɣéo] 男 ❶ かゆみ, むずむずすること; ちくちくすること. — Se me ha dormido la mano y siento ～. 手がしびれてビリビリする. ❷ ざわめき, 群がりうごめくこと. ❸ 胸騒ぎ, 不安; 苛立ち.

hormiguero, ra [ormiɣéro, ra] 形 アリ(蟻)の. — oso ～ アリクイ. — 男 ❶ 蟻の巣. ❷ 蟻の巣の入口(土が盛られている部分). ❸ (巣に群がる)蟻, 蟻の群れ. ❹ うごめいている群れ, うようよするもの; ざわめく人の群れ, 雑踏. — Los alrededores de la plaza antes de la corrida son un ～ de gente. 闘牛が始まろうとするときの闘牛場の周囲は大勢の人でごった返している.

hormiguillo [ormiɣíjo] 男 ❶ =hormigueo. ❷ 物を手から手へ渡していく人の列(建築現場で資材を運ぶときなどの). ❸ 馬・ロバなどの蹄(ひづめ)をいためる痛気, 馬蹄炎.

parecer que〖＋人〗*tiene hormiguillo* ざわざわする, 落ち着かない; うようよする.

hormiguita [ormiɣíta] [<hormiga] 囡 働き者で倹約家で切り盛り上手な人.

hormilla [ormíja] 囡 くるみボタンの芯(布などをかぶせてボタンにする); ボタンなど小さい物の中身として使う型.

hormón [ormón] [<hormona] 男 ホルモン.

hormona [ormóna] 囡《生物》ホルモン.

hormonal [ormonál] 形 ホルモンの. — función ～ ホルモン作用. Esa enfermedad se debe a una alteración ～. その病気はホルモンの変異によるものだ.

hornablenda [ornaβlénda] 囡《鉱物》角閃石, ホルンブレンド(カルシウム・マグネシウムなどの珪酸塩からなる暗緑色または灰褐色の鉱物).

hornacina [ornaθína] 囡 (像・花瓶などを置くための)壁のくぼみ, 壁がん, ニッチ.

hornada [ornáða] 囡 ❶ (パン, れんがなどの)1つのかまどで一度に焼ける量, ひとかま分, ひと焼き分. — Cuecen la segunda ～ de pan. 2 回目の分のパンを焼いているところだ. ❷ (課程などを)同時に終えた人たち; (工程など)一回に完成される分の製品. — Él es de una ～ de estudiantes anterior a la mía. 彼は私よりも 1 期上の先輩だ.

hornaguera [ornaɣéra] 囡 石炭.

hornazo [ornáθo] 男 ❶ 卵のタルト(イースターなどの時に作る. 卵を乗せて一緒に焼いたパイ菓子). ❷ イースターの日に説教師が受ける贈り物.

hornear [orneár] 他 ❶ かまどに入れる, オーブンで焼く. 題 **enhornar**. ❷ パン焼きを仕事にする, パン職人である.

hornero, ra [ornéro, ra] 名 パン焼き職人, パン屋; かまどの持ち主・管理者.
— 男《中南米》《鳥類》カマドムシクイ(泥土でかまどの形の巣を作る, 頭と尾が白と白の鳥).
— 囡 かまどの底, 床.

hornija [orníxa] 囡 (かまどの火にくべる)たきぎ, 木切れ.

hornilla [orníja] 囡 ❶ こんろ, レンジ. — ～ de gas ガス台. ～ eléctrica 電熱器, ホットプレート. ❷ (鳩が巣をかけるための)鳩舎の壁のくぼみ.

hornillo [orníjo] 男 ❶《料理》こんろ, レンジ. — ～ de gas [eléctrico] ガス[電気]こんろ. encender el ～ こんろに火をつける. 題 **infiernillo**. ❷ (パイプの)火皿. ❸《鉱業》爆薬を詰める穴. ❹《軍事》地雷.

‡**horno** [órno] 男 ❶ (a) かまど, 天火, オーブン. — ～ de panadero パン焼きのかま. ～ de microondas (grill) (グリル付き)電子レンジ. (b) (パン焼きのかま場. ❷ 窯(かま), 炉. — ～ de ladrillos れんが焼きの窯. alto ～ 溶鉱炉. ～ crematorio 火葬炉. ～ de reverbero 反射炉. ❸《比喩》とても熱い[暑い]場所. — Esta casa es un ～. この家はひどく暑い.

no estar el horno para bollos [tortas] …にふさわしい時機・好機ではない. Es mejor que no digas nada hoy a tu padre; hoy *no está el horno para bollos*. 今日はまだ何も君のお父さんに言わない方がいい. タイミングがよくないからね.

Hornos [órnos] 固名 (Cabo de ～) ホーン岬(チリ領, 南アメリカ最南端の岬).

horóscopo [oróskopo] 男 ❶ 星占い, ホロスコープ(生誕時の天体位置から以後の運勢を占うもの); 誕生時の天体位置の観測. — hacer un ～ 星占いをする. ❷ 星占いをする人, 占星術師, 予言者. ❸ (ラジオ番組・雑誌などの)星占いコーナー. ❹ (一般に)予言, 運勢占い.

horqueta [orkéta] 囡 ❶ (穀物などをより分けるのに使う)ピッチフォーク. ❷ 木の幹から枝の分かれ出る所, 枝の付け根. ❸《中南米》(川の)分岐点, 合

流点.

horquilla [orkíja] 女 ❶ (ピッチフォーク, 支柱など一般に)先端が枝分かれした柄の長い道具. ❷ (U字型の)ヘアピン, ヘアクリップ. ❸ (自転車, バイクなどの)フレームの前輪とハンドルを支える部分). ❹ (ボートの)オールの付け根を支える金具. ❺ (枝などの)また, 分かれ目, 枝分かれ部分. ❻ 枝毛, 枝毛症. ❼ (鳥の胸部の)又骨.

horrendo, da [orendo, ða] 形 ❶ 恐ろしい, ものすごい. —Hace un calor ~. ものすごい暑さだ. 類 **horrible, horroroso**. ❷《話》格好悪い, みっともない, 醜い. —Llevaba un peinado ~. 変な髪型をしていた.

hórreo [óřeo] 男 ❶ (スペイン北西部に特有の)穀物倉庫. ◆床を柱で支えて高くし, 通気をよくした造りになっている. ❷ (一般に)穀倉, 穀物置場.

:**horrible** [oříβle] 形 ひどい; 恐ろしい, ものすごい. —La herida presentaba un aspecto ~. 傷はひどい様子を見せていた. La interpretación fue ~. その解釈はひどいものだった. Nos sirvieron un vino ~. 我々はお粗末極まるワインを振舞われた. Hacía un calor ~. ひどい暑さだった. Me has dado un susto ~. 私は君から大変なショックを受けた. 類 **horroroso**.

hórrido, da [oříðo, ða] 形《まれ》=horroroso.

horrífico, ca [ořífiko, ka] 形《まれ》身の毛もよだつ, 恐ろしい (=horroroso).

horripilación [oripilaθjón] 女 ❶ ぞっとする(させる)こと, 鳥肌, 恐怖, 戦慄. ❷ (寒さなどによる)悪寒, 身震い. 類 **estremecimiento**.

horripilante [oripilánte] 形 ぞっとするような, 身の毛もよだつような. —Me ha contado una historia ~. 彼は私に身も凍るような話をしてきかせた.

horripilar [oripilár] 他 をこわがらせる, ぞっとさせる. —Me horripila pensar lo que pudo haber sucedido. どうなっていたことかと考えるだけでぞっとする. — **se** 再 こわがる, ぞっとする, 鳥肌が立つ.

horrísono, na [orísono, na] 形 (物音・声などが)恐ろしい, ぞっとするような. —Se produjo un griterío ~. 血も凍るような叫び声がきこえていた.

horro, rra [óro, řa] 形 ❶ (奴隷が)解放された, 自由になった;【+de】(…から)解放された, (任務などを)免れた. ❷【+de】(ある性質・特質などを)欠いた, …のない. ~ *de pudor* 恥知らずの, 慎みのない. ❸ (雌の家畜が)孕(はら)まない, 不妊の.

:horror [orór オロル] 男 ❶ (*a*) 恐怖. —Tiene ~ a montarse en avión. 彼は飛行機に乗るのに恐怖を感じている. (*b*) 恐ろしいもの. —los ~ *es* de la guerra 戦争の惨事. Recuerdo con ~ el accidente. 私はあの事故を思い出すだけでぞっとする. 類 **miedo, temor**. ❷ 嫌悪. —Tengo ~ a los perezosos. 私は怠け者が大嫌いだ. 類 **aversión**. ❸ いやな思い, 嫌悪感. —Las fotos del accidente aéreo daban ~. その航空機事故の写真にはぞっとした. Estas vacaciones han sido un ~. 今回のバカンスは最悪であった. ❹ 複 中傷, きつい悪口. —Dice ~ *es* de sus vecinos. 彼は近所の人々のひどい悪口を言っている.

divertirse horrores すばらしく愉快に過ごす. *Nos divertimos horrores* en la fiesta. 私たちはパーティーでとても愉快に過ごした.

un horror [*horrores*]《話》[副詞的に用いる] 大いに. Ayer trabajé *un horror* [*horrores*]. 昨日私は大いに働いた. La quiere *un horror*[*horrores*]. 彼は彼女をひどく愛している.

horrorizar [ororiθár] [**1.3**] 他 をこわがらせる, ぞっとさせる. —La alarma de inundación *horrorizó* a la vecindad. 洪水警報に近隣の人たちは震え上がった. Me *horroriza* viajar en avión. 私は飛行機に乗るのがこわくてだめです.

— **se** 再 【+de】をこわがる, ぞっとする. —*Se horrorizó* al ver el precio de la tierra. その土地の価格を見てこわくなった.

horrorosamente [ororósaménte] 副 ❶ 恐ろしく, ひどく. ❷《話》ものすごく, 途方もなく.

:**horroroso, sa** [ororóso, sa] 形 ❶ 恐ろしい, ぞっとさせる. —Fue ~ ver el edificio en llamas y la gente tirándose al vacío. 建物が炎につつまれ, 人々が空中に身を投げるのを見るのは恐ろしかった. 類 **horrible**. ❷ とても醜い, 醜悪な. —hombre ~ とても醜い男. ❸ ひどい, とても悪い. —Hace un tiempo ~. ひどい天気だ. 類 **horrible**. ❹ ひどく大きい, やたらたくさんの. —Tengo un sueño ~ [hambre *horrorosa*]. 私はひどく眠い[お腹がすいている].

horrura [orúra] 女 ❶ 排泄物, 汚物, 分泌物. ❷《冶金》スラグ(金属を溶解するときに浮いてはきかす). ❸《地質》スコリア(火山砕石の一種). ❹ (一般に)かす, くず, ごみ, がらくた. ❺《方》沈殿物, おり; 堆積物; (河川が増水した後に残る)泥. ❻《古》=horror.

*:**hortaliza** [ortalíθa] 女 野菜. —En estas huertas se cultiva toda clase de ~s. これらの畑ではあらゆる種類の野菜が栽培されている. 類 **legumbre, verdura**.

hortelano [ortelano] 男《鳥類》キノドアオジ(スペインに多い, 雀に似た灰褐色の小鳥).

hortelano, na [ortelano, na] 形 農園[果樹園]の. —agricultor ~ 農業従事者, 農園で働く人. — 名 農園[果樹園]労働者, (野菜・果物の)農業従事者.

hortense [orténse] 形 農園[果樹園]の, 畑の.

Hortensia [orténsja] 固名《女性名》オルテンシア.

hortensia [orténsja] 女《植物》アジサイ.

hortera [ortéra] 女 (木の)ボウル, 鍋.

— 男《話, 軽蔑》店員, 売り子; 商人.

— 形 男女 やぼったい[悪趣味な](人・物); 下品な[粗野な](人・物). —Lleva una chaqueta muy ~. ひどく趣味の悪い上着を着ている. No soporto a los ~s que presumen de elegantes. 上品ぶっているやぼな奴らには我慢できない.

hortícola [ortíkola] 形 農園[果樹園]の, 園芸の.

horticultor, tora [ortikultór, tóra] 名 園芸家(特に hortelano よりも専門的な知識・技術を持つ人).

horticultura [ortikultúra] 女 園芸, 野菜・果実などの栽培; 園芸学, 園芸技術.

hortofrutícola [ortofrutíkola] 形 青果作物(栽培)の.

hosanna [osá(n)na] 男《宗教》❶ ホサナ, ホザンナ. ◆喜び・賛美を表わすヘブライ語起源の言葉, キリスト教の礼拝で用いられる. ❷ ホザンナ聖歌. ◆復活祭前の Domingo de Ramos「枝の主日」に歌われ

る.

*__hosco, ca__ [ósko, ka] 形 ❶ 無愛想な，そっけない． —Tiene un carácter ~. 彼はとっつきにくい性格をしている． Su *hosca* expresión delataba el disgusto que sentía. 彼の無愛想な表情が不快さを示していた． 類 **huraño**. ❷ (天候・場所・雰囲気が)暗い，陰うつな． —invierno ~ 陰うつな冬． ❸ (肌が)浅黒い，暗褐色の．

‡__hospedaje__ [ospeðáxe] 男 ❶ 宿泊． —Recibió muchas atenciones durante su ~ en casa de unos amigos. 友人宅に宿泊中彼は手厚いもてなしを受けた． ❷ 宿泊料． —pagar el ~ 宿泊料を払う． ❸ 宿泊場所，貸し間，下宿． —Mi ~ está cerca de aquí. 私の宿泊場所はこの近くですよ．

__hospedamiento__ [ospeðamjénto] 男 ❶ (まれ)泊める，泊まること． ❷ 宿泊料． ❸ 宿泊場所(=hospedaje).

‡__hospedar__ [ospeðár] (<huesped) 他 宿泊させる，泊める． —Este monasterio *hospeda* a peregrinos. この修道院は巡礼者を宿泊させる． Esta noche *hospedo* a unos amigos japoneses. 今夜私は数人の日本の友だちを泊めてやる． 類 **albergar, alojar**.
— se 再 宿泊する，泊まる． —En Madrid *me hospedé* en un hostal. マドリードで私はある宿屋に泊った．

__hospedería__ [ospeðería] 女 ❶ 宿泊所，宿泊施設，宿屋． ❷ (修道院の中の)客を泊める部屋． —Pasé la noche en la ~ del monasterio. 私はその晩修道院の中の客室に泊まった．

__hospedero, ra__ [ospeðéro, ra] 名 宿屋の主人．

__hospiciano, na__ [ospiθjáno, na] 形 救貧院，孤児院(hospicio)の庇護を受けた，施設に入っている． —Ha adoptado a un niño ~. 彼は孤児院の子供を１人引き取った． — 名 施設に入れられている子供，施設で育った人．

__hospiciante__ [ospiθjánte] 形, 男女 『中南米』 =hospiciano.

*__hospicio__ [ospíθjo] 男 ❶ 孤児院，養護施設． —pasar la infancia en un ~ 孤児院で幼少期を過ごす． ❷ (巡礼者や貧しい人の)救貧施設．

**__hospital__ [ospitál] 男 ❶ 病院． —~ clínico 総合病院． ~ de sangre [de campaña] 野戦病院，仮設病院． ~ psiquiátrico 精神病院． buque [tren] H~ 病院船[列車]． H~ Universitario 大学病院． Ingresó ya cadáver en el ~. 彼はすでに遺体となって病院に運ばれた． ❷ 『歴史』 (巡礼や参拝者のための)旅人宿泊所．

__hospitalario, ria__ [ospitalárjo, rja] 形 ❶ (訪問者を)歓待する，(来訪者に)友好的な，手厚い． —En este país la gente es muy *hospitalaria*. この国の人々は大変友好的だ． ❷ (ある場所が)雨風や危険をしのげるような，庇護のある；友好的な人々の． —Encontraron una cueva *hospitalaria*, al abrigo de la lluvia, y descansaron un rato. 皆は雨をしのげる避難場所になるような洞穴を見つけそこで一休みした． ❸ 病院の，院内の． —Es necesario reforzar el sistema ~. 病院のシステムを強化する必要がある． ❹ (修道会・教団などが)救貧院などの施設を提供している，慈善事業を行なう． — 男 慈善宗教団員，救護院の従事者．

__hospitalidad__ [ospitaliðá(ð)] 女 厚遇，歓待；(巡礼者・困窮者への)情け，善意，救済，慈善活動． —dar ~ a los peregrinos pobres 貧しい巡礼者を手厚くもてなす． ❷ 入院，療養．

__hospitalización__ [ospitaliθjón] 女 ❶ 入院，病院収容． ❷ 入院期間．

__hospitalizar__ [ospitaliθár] [1.3] 他 を入院させる，病院に収容する． — se 再 入院する．

__hosquedad__ [oskeðá(ð)] 女 無愛想，つっけんどん，むっつりしていること，不機嫌．

__hostal__ [ostál] 男 オスタル(ホテルより小規模の宿泊施設)，旅館，安ホテル．

__hostelería__ [ostelería] 女 ホテル業，ホテル経営，ホテルビジネス，ホテルでのサービス全般；宿泊費． —huelga de ~ ホテル業界のスト．

__hostelero, ra__ [osteléro, ra] 名 旅館・民宿などの(hostería)の経営者，宿の主人．
— 形 ホテル業の，ホテルビジネスに関する． —La capacidad *hostelera* de esta país es pequeña. この地域の宿泊施設の収容力は小さい．

__hostería__ [ostería] 女 (安い)宿，旅館，民宿． 類 **hostal**.

__hostia__ [óstja] 女 ❶ 『宗教』 ホスチア．◆カトリックの礼拝で，聖体として司祭が信者に与える，種なしパンで作った白くて丸い小片． ❷ (ホスチアに似た)ウエファース菓子． ❸ 生贄(にえ)として捧げるもの，供え物． ❹ 《俗》殴打，パンチ，打撃． —dar [pegar] una ~ 殴る，一発お見舞いする． 類 **bofetón, golpe**.

__ser la hostia__ 《俗》限界である；極めつけである；我慢ならない．

— 間 《俗》 (怒り・苦痛・驚き・感嘆などを示す)くそっ；ああ；おお；まあ．—¡~, qué dolor! うわっ痛い！ ¿Quién ~s es esa? 彼女は一体何者なんだ？

__darse una hostia con__ 《俗》 …とぶつかる．

__ponerse [estar] de mala hostia__ 《俗》不機嫌になる[である]．

__tener mala hostia__ 《俗》怒りっぽい．

__hostiario__ [ostjárjo] 男 ホスチア入れ．◆ミサで司祭が聖別する前のホスチアを入れておく箱．

__hostigador, dora__ [ostiɣaðór, ðóra] 形 促す[せき立てる]ような；うんざりさせるような，うるさい．
— 名 促す[せき立てる]人・物；困らせる[うるさがらせる]人・物．

__hostigamiento__ [ostiɣamjénto] 男 ❶ (馬に)鞭を入れること． ❷ 困らせる[うるさがらせる]こと，嫌がらせ． ❸ 促すこと，せき立てること． ❹ 《軍事》(細かい攻撃を繰り返して)困らせること，敵の手をやかせること．

__hostigar__ [ostiɣár] [1.2] 他 ❶ (馬などに)鞭をくれる，鞭打つ． ❷ 《比喩》強いる，促す，せき立てる． —No me *hostigues* más, ahora lo hago. もうそんなにうるさく言うな，今やるところなんだから． ❸ (からかう，非難するなどして)を嫌がらせる，困らせる，悩ます． —Los compañeros de clase le *hostigaban* con sus burlas. クラスメートは彼をからかって困らせていた． 類 **acosar, molestar, perseguir**. ❹ 《軍事》 (間断なく細かい攻撃を繰り返して)を困らせる，疲労させる，戦力を鈍らせる． —Las guerrillas *hostigaban* al ejército. 軍はゲリラに手をやいていた． 類 **hostilizar**.

__hostigoso, sa__ [ostiɣóso, sa] 形 『中南米』 (食物が)飽きあきするような，むかつくような；(人が)うるさい，うんざりする；退屈な．

hostil [ostíl] 形 敵の, 敵対した, 反対の. —actitud ～ 敵意を表わした態度. La mayoría es ～ a la propuesta. 大半の者はその提案に反対だ. El pueblo está dividido en dos bandos ～es. その村は敵対する2派に分かれている. 類 **adversario, contrario, enemigo**.
medio hostil 悪い環境. En las grandes ciudades el hombre vive en un *medio hostil*. 大都会では人間は悪い環境の中で生きている.

hostilidad [ostiliðá(ð)] 女 ❶ 敵意, 敵対. —Había mucha ～ entre las dos familias. その2つの家は強く敵対しあっていた. 類 **antagonismo, enemistad**. ❷ [主に複](軍事)戦闘行為, 交戦. —el inicio [cese] de las ～es 戦闘の開始[中断]. romper [iniciar] las ～es 戦闘を始める. suspender [reanudar] las ～es 戦闘を中断[再開]する.

hostilizar [ostiliθár] [1.3] 他 ❶（軍事）= hostigar. ❷ を敵対させる. 対抗する; 嫌がらせる.

hotel [otél オテル] 男 ❶ ホテル. —alojarse en un ～ ホテルに宿泊する. ❷（庭つきの）一戸建て住宅, 郊外の住宅. —Vive en un *hotelito* con piscina en las afueras de la ciudad. 彼は市の郊外でプール付きのちょっとした一戸建て住宅に住んでいる 『*hotelito* は hotel に縮小辞 -ito がついた形』. 類 **chalé, villa**.

hotelero, ra [oteléro, ra] 形 ホテルの, 旅館の. —industria hotelera ホテル業. La ciudad dispone de 5.000 plazas *hoteleras*. その町が用意しているホテルのベッド数は5,000である. El número de estrellas determina la categoría *hotelera*. 星の数でホテルの等級が決まっている.
— 名 ホテル経営者[オーナー], 旅館主; ホテル支配人.

hotentote [otentóte] 男女 ホッテントット人（南アフリカの原住民）; ホッテントット族. ◆現在はブッシュマンとあわせてコイサン人種と呼ばれる.
— 形 ホッテントットの.

Houssay [úsai] 固名 ウサイ（ベルナルド Bernardo ～）(1887-1971, アルゼンチンの生理学者, 1947年ノーベル医学・生理学賞受賞).

hoy [ói オイ] 副 ❶ 今日（きょう）は, 本日（ほんじつ）は, きょう中に. —en el día de ～ 本日. desde [hasta] ～ きょうから[まで]. ～ por la mañana [la tarde] きょうの午前[午後]. H～ me he levantado temprano. きょう私は早起きした. ¿Qué día es ～? 今日は何日[何曜日]ですか. H～ estamos a 23 de noviembre. きょうは11月23日だ. H～ es martes [día feriado]. きょうは火曜日[休日]だ. No dejes para mañana lo que puedes hacer ～. きょうできることを明日まで延ばすな.

❷ 現在（では）, 今日（こんにち）（では）. —H～ sabemos mucho más sobre astronomía. 今日われわれは天文学についてはるかに多くのことを知っている. 類 **actualmente, ahora**.

de hoy a [para] mañana きょう明日中に, もうすぐ, やがて. Mis hermanos llegarán *de hoy a mañana*. 私の兄弟はきょう明日中にも着くだろう.
de hoy en adelante これからは, 今後は, 本日以降. *De hoy en adelante* intentaré estudiar más. これから先はもっと勉強を心がけよう.
de hoy en ocho [quince] días きょうから1[2]週間後に. Tengo que dejar el piso *de hoy en ocho días*. きょうから1週間後に私はマンションを出なければならない.
hoy (en) día 今日では, 近頃は, 昨今は. *Hoy en día* es fácil salir al extranjero. 今日では外国へ出かけるのは簡単だ.
hoy por hoy 今のところ(は), さしあたって, 当分の間. *Hoy por hoy* no me interesa esa proposición. さしあたり私はその提案に興味がない.
hoy por mí[ti] y mañana por ti[mí] お互い様, 明日はわが身. No me des las gracias, *hoy por ti y mañana por mí*. 礼は言わないでくれ, 明日はわが身ということもあるのだから.
por hoy きょうのところは, さしあたって. *Por hoy* ya hemos trabajado bien. きょうのところはもう十分働いた.
que es para hoy《話》今すぐやることだ. Venga, Pepe, *que es para hoy*. さあ, ペペ, 今すぐやってくれ.
— 男 今日（こんにち）, 現在. —la Cuba de ～ 今日のキューバ. Vivir el ～ es lo que importa. 大事なのはきょうを生きることだ. La juventud de ～ critica muchos de los valores que aceptaron sus padres. 昨今の若者は親たちが受け入れていた価値の多くを批判する.

hoya [ója] 女 ❶（地面にあいた大きい）穴, 窪み. ❷ 墓穴. —El sepulturero está cavando la ～. 墓掘り人夫が墓穴を掘っている. 類 **huesa, sepultura**. ❸ 窪地, 低地; 谷間. ❹（農業）苗床. 類 **almáciga, semillero**.
plantar a hoya 穴を掘って植える[種をまく].

hoyada [ojáða] 女 低地, 窪地, 凹地. 類 **hondonada**.

hoyar [ojár] 他《中南米》(種まきなどのため)地面に穴を掘る.

hoyo [ójo] 男 ❶（地面の）穴, 窪み. —Cavó un ～ para plantar un almendro. アーモンドの木を植えるために穴を掘った. El camino estaba lleno de ～s. 道はでこぼこだった. ❷（スポーツ）（ゴルフの）ホール. —un recorrido de 18 ～s 18ホールのコース. ❸《話》墓穴. —La droga lo llevó joven al ～. 麻薬のために彼は若くして死んだ. 類 **sepultura**.

hoyuelo [ojuélo] 男 えくぼ. —Cuando el niño ríe, se le hacen unos graciosos ～s en las mejillas. その子は笑うと両頬に可愛らしいえくぼができる.

hoz[1] [óθ] 女《複》**hoces**（刈り入れ等に使う）鎌.

hoz[2] [óθ] 女《複》**hoces**《地理》谷間, 峡谷; 川幅の細い所. —las *hoces* del río Duratón ドゥラトン川の峡谷（セゴビア県にある）.
de hoz y (de) coz 遠慮なく; 容赦なく.

hozadero [oθaðéro] 男 (猪などが)よく穴を掘りに来る場所.

hozar [oθár] [1.3] 他（豚・猪などが鼻面で地面を）掘る, 搜す, かき回す.

huaca [wáka] 女 = guaca.

huaco, ca [wáko, ka] 形, 男 = guaca.

huahua [wáua] 男女《中南米》= guagua.

Huancavelica [waŋkaβelíka] 固名 ウアンカベリカ（ペルーの都市）.

Huancayo [waŋkájo] 固名 ウアンカーヨ（ペルーの都市）.

Huánuco [wánuko] 固名 ウアヌコ（ペルーの都

市).

Huaraz [waráθ] 固名 ウアラス(ペルーの都市).

hub- [-uβ-] 動 haber の直・完了過去, 接・過去.

hube [úβe] 動 →haber.

hucha [útʃa] 女 ❶ 貯金箱. 類 **alcancía**. 《比喩》貯金, 貯蓄. — Antonio tiene buena ~. アントニオは相当な額の貯金がある. ❸ (農具を入れておく大型の)箱.

:**hueco, ca** [wéko, ka] 形 ❶ 中身がない. (a) からっぽの, 空洞になった. —árbol [ladrillo] ~ 中がからっぽの木[レンガ]. Tiene la cabeza *hueca*. 彼の頭はからっぽだ. 類 **vacío**. (b) くぼんだ. —Se sienta en una piedra lisa y *hueca*. 彼はなめらかでくぼんだ石に腰をおろす. 類 **cóncavo**. (c)《比喩》内容のない, 無意味な. —Era una discusión *hueca*. あれは内容のない議論だった. (d) だぶだぶの. —La camiseta le queda *hueca*. そのシャツは彼にはだぶだぶだ. ❷ ふわふわした, スポンジ状の. —lana *hueca* ふわふわした毛糸. colchón ~ ふわふわしたふとん. 類 **mullido**. ❸ (声や音が)低くて太い, 響き[鳴り]わたる. —Su voz *hueca* resonó en el patio. 彼の低くて太い声が中庭に響きわたった. ❹ 気どった, 思い上がった, 得意になった. — Anda ~ por la calle sin saludar a nadie. 彼は誰にもあいさつせず気どって街を歩く. 類 **hinchado, presumido, vano**.

—— 男 ❶ (a) へこみ, くぼみ. —Ella colocó un armario en el ~ de la pared. 彼女は壁のへこみにたんすを置いた. ~ de la mano 手のひら. (b) すき間, 穴. — ~ del ascensor [de la escalera] エレベーター[階段]のシャフト[上下する空間]). Su muerte dejó un ~ en el proyecto. 彼の死は計画に穴をあけてしまった. ❷ (戸や窓などの)開き口, 戸口. — El salón tiene dos ~ a la terraza. 居間にはテラスに向かって2か所の戸口がある. 類 **vano**. ❸ (a) 空いた場所, 空席. —No hay ni un ~ en el tren. 列車には1つも空席はない. (b)《比喩》(仕事などの)空席, 欠員. — un ~ en el equipo de trabajo 仕事スタッフの欠員. ❹ 空き時間, 合間. —Cuando tengas un ~, llámame. 君に空き時間ができたら私を呼んでくれ.

hacer (un) hueco 席を空けてやる. Vamos a *hacerle un hueco*, que aquí cabemos todos. ここにはみんな入れるから席を空けてやろう.

llenar un hueco (あるところにおいて)うまく役立つ. Ese joven actor *llenará un hueco* en el mundo teatral de hoy. その若手俳優は今日の演劇界に欠けている部分を埋めてくれるだろう.

huecograbado [wekoɣraβáðo] 男 (印刷) ❶ グラビア印刷(イラストなどの印刷に使う写真製版の方法の一つ). ❷ グラビア, グラビア印刷したもの. —Este periódico lleva páginas de ~. この新聞はグラビアのページが入っている.

huel- [uél-] 動 oler の直・現在, 接・現在, 命令・2単.

huélfago [wélfaɣo] 男 (馬などの)肺気腫(呼吸困難を伴う病気).

:**huelga** [wélɣa] 女 ❶ ストライキ, 罷(ʰ)業. —convocar una ~ スト指令を出す. declararse en [declarar la] ~ ストをする, ストを宣言する. estar en ~ スト中である. suspender la ~ ストを中止する. ~ de brazos caídos すわり込みストライキ. ~ de celo 順法スト. ~ general ゼネスト. ~ de [l] hambre ハンスト. ~ revolucionaria (経済的でなく)政治スト. ~ salvaje 山猫スト. Están en

~ indefinida. 彼らは無期限ストに入っている. ❷ 娯楽; 休息.

huelgo [wélɣo] 男 ❶ 呼吸, 息. 類 **aliento, respiración**. ❷ ゆとり, 余裕; 幅, 広さ; ゆるみ, すきま. 類 **anchura, holgura**.

huelguista [welɣísta] 男女 ストライキの参加者.

huelguístico, ca [welɣístiko, ka] 形 ストライキの. —Los sindicatos controlan las acciones *huelguísticas* de los trabajadores afiliados. 組合が加入している労働者らのスト行為を管理している.

:**huella** [wéʎa] 女 ❶ (a)(足, 車輪などの)跡, 踏んだ跡. —las ~s de las ruedas 車輪の跡. ~ dactilar [digital] 指紋. imprimir las ~s dactilares 指紋を押しつける. (b)(一般に)跡, 痕跡, 形跡. —Aún se notan en su rostro las ~s del sufrimiento. 彼の顔にはまだ苦悩の跡が残っている. seguir las ~s de … …の跡を追う, を求める. No quedaron ni ~s del pueblo. 村は跡形も無くなった. ❷ (階段の段の)踏み板. ❸ 言及, 論及, 記述; 手がかり, 証拠. —En los documentos se encuentran algunas ~s de ese hecho. その文書にはその事実についてのいくらかの記述がある. 類 **alusión, mención**.

dejar huella 《話》足跡を印する, 足跡を残す. La educación en ese colegio le *dejó huella*. その小学校での教育は彼の思い出に残った. Aquel viaje *dejó huella* en mi memoria. あの旅行は私の記憶に新しい.

ir tras las huellas de ... 《話》を捜し回る, …の跡を追う, 跡をたどる.

huello [wéʎo] 男 ❶ 道・地面(の状態). —Este camino tiene un mal ~. この道は状態がよくない. ❷ (馬の)歩み, 足どり. ❸ 蹄の下部.

Huelva [wélβa] 固名 ウエルバ(スペインの都市).

:**huérfano, na** [wérfano, na] 形 ❶ 両親(または片親)のない, 孤児の. —una niña *huérfana* de madre [padre y madre] 母[両親]を失った女の子. ❷ (庇護などが)欠けた, ない. —Una vida *huérfana* de amor lo llevó a la delincuencia. 愛のない生活が彼を非行に導いた.

—— 名 孤児, 片親のない子. —asilo de ~s 孤児院. ~ de guerra 戦争孤児.

huero, ra [wéro, ra] 形 ❶ 空の, 中身のない; (卵が)無精の. —Esta gallina sólo pone huevos ~s. この雌鶏は無精卵しか生まない. ❷《比喩》意味のない, 内容のない(演説など). —Pronunció un discurso largo y ~. 彼は長ったらしくて意味のない演説をした. 類 **vacío, vano**. ❸《中南米》病気がちの, 病弱な. ❹ 金髪の. ❺ アメリカ(合衆国)生まれの.

salir huera だめになる, 失敗する; 徒労に終わる.

Huerta [wérta] 固名 ウエルタ(ビクトリアーノ Victoriano ~)(1854-1916, メキシコの軍人・政治家).

·**huerta** [wérta] 女 ❶ 野菜畑, 果樹園. 類 **huerto**. ♦huerto よりも一般に規模が大きく, 果物より野菜の栽培にウエイトが置かれる. ❷ (とくに Valencia, Murcia 地方の)灌漑地帯.

huertano, na [wertáno, na] 形 (特に Valencia や Murcia などの)灌漑地帯の, 灌漑地(huerta)に住む. —— 名 灌漑地の住民.

1070 huertero

huertero, ra [wertéro, ra] 名 『中南米』園芸家. 類 **hortelano**.

:**huerto** [wérto] 男 果樹園, 野菜畑.
　llevar(se) a ... al huerto (1)(人)を説き伏せる, 説得しおわせる. (2)《俗》(人)を性的に誘惑する.

huesa [wésa] 女 墓穴, 墓. 類 **sepultura**.

Huesca [wéska] 固名 ウエスカ(スペインの県・県都).

huesillo [wesíjo] 男 『中南米』干し桃.

****hueso** [wéso ウェソ] 男 ❶ 骨. ―los ~s del pie 足の骨. ~ craneal 頭蓋骨. ~ de la suerte 叉(*)骨. ❷ (梅, 桃, オリーブなどの)種, 核. ―aceitunas con [sin] ~ 種のある[種をぬいた]オリーブの実. ❸ 《俗》死骸, 亡骸(殼ゼ). ―Aquí reposan los ~s de nuestros antepasados. ここにわれわれの祖先の亡骸が眠っている. ❹ (a)《話》質の悪いもの; つまらないもの. ―En el rastro te endilgan un ~ al menor descuido. のみの市ではちょっとうっかりすると粗悪品をつかまされる. (b)《話》むずかしい学課. ―La biología para mí es un ~. 生物学はぼくには苦手な科目だ. ❺ 《話》厳しい人, 扱いにくい人, いやな人. ―Este profesor es un ~. この先生は(厳しくて)いやな人だ.
　calado [empapado] hasta los huesos ずぶぬれになって. *Mi padre llegó a casa calado hasta los huesos*. 父はずぶぬれになって帰宅した.
　dar con sus huesos en la cárcel 牢獄に入れられる.
　dar con sus huesos en tierra 急に倒れる.
　dar en hueso やっかいなことに出くわす. 思い通りにならない人と出くわす. *En su nuevo trabajo parece que ha dado en hueso*. 彼は新しい仕事でやっかいなことに出くわしたようだ. *Su anterior jefe le mimaba pero con éste ha dado en hueso*. 前の部長は彼をかわいがったが, こんどの部長にはそうは行かなくなった.
　darle a la sin hueso よくしゃべる〖la sin hueso で「舌(lengua)」の意味〗. *Ella se pasa el día dándole a la sin hueso*. 彼女は一日中おしゃべりをして過ごす.
　estar por los huesos de …に恋している. *Desde que vio a mi hermana está por sus huesos*. 彼はぼくの妹に会ってから彼女に恋心を抱いている.
　estar [quedar] en los huesos 痩(*)せ細っている, 骨と皮になっている[なる].
　hueso de santo (万霊節に食べる)クリームまたはチョコレート入りのマサパン(mazapán).
　*no dejar*LE *[no roer*LE*] a* (+人) *hueso sano [los huesos]* 非難する, 陰口をたたく. *Cuando ella se divorció no le dejaron hueso sano en el pueblo*. 彼女は離婚したとき村では皆が悪口を言った.
　no poder con SUS *huesos* 疲れ切っている, へばっている, へとへとである.
　pinchar en hueso [duro] →dar en HUESO.
　ser un hueso duro de roer 箸(ℓ)にも棒にもかからない, ふてぶてしい.
　*romper*LE *[moler*LE*] a* (+人) *los huesos [un hueso]* 殴る, 叩きのめす. *Si vuelves a hacerlo, te romperé los huesos*. おまえがもう一度それをしたら叩きのめしてやるぞ.
　tener los huesos molidos くたくたに疲れている, 疲れ切っている.

huesoso, sa [wesóso, sa] 形 ❶ 骨の; 骨のある. ❷ 骨の多い; 骨太の.

:**huésped, peda** [wéspe(ð), peða] 名 ❶ 客, 泊り客; 下宿人. ―~ de un hotel ホテルの泊り客. *estar de* ~ *en casa de ...* …家の食客になる[…に居候する]. *casa de* ~*es* 下宿屋. ❷ (もてなしの)主人. ―El ~ recibió a todos los invitados en el portal. 主人は玄関ですべての招待客を迎えた. 類 **anfitrión**. ❸ 《生物》宿主.

hueste [wéste] 女 ❶ 《古代》軍, 軍勢; 兵. ❷ 支持者, 信奉者; (政党の)党員, 共鳴者. ―El político habló ante sus ~s reunidas. その政治家は集まった党員の前で話した. ❸ 群衆.

huesudo, da [wesúðo, ða] 形 骨ばった, 骨の目立つ. ―*La minifalda dejaba ver unas piernas huesudas*. ミニスカートの下から骨ばった脚がのぞいた.

hueva [wéβa] 女 魚卵, 腹子.

huevera [weβéra] 女 ❶ エッグスタンド, エッグカップ. ❷ (運搬・保管のための)卵用ケース, 卵パック.

huevería [weβería] 女 卵屋, 卵を売る店.

huevero, ra [weβéro, ra] 名 卵売り.

****huevo** [wéβo ウェボ] 男 ❶ 卵. ―*poner un* ~ 卵を産む. ―~ de Colón [de Juanelo] コロンブスの卵(一見難しいが結果的には容易なこと). ~ duro かたゆでの卵. ~ estrellado [frito] 目玉焼. ~ escalfado 落とし卵. ~*s al plato* トマトソースその他を加えてとろ火で固めた卵料理. ~*s moles* 卵黄と砂糖を(かき立てて作った)デザート. ~ *pasado por agua* ゆで卵. ~ *revuelto* いり卵. ~ *tibio* 〖中米, コロンビア, メキシコ〗ゆで卵. ❷《俗》睾丸(=testículo). ❸《生物》卵子, 卵細胞(=óvulo).
　a huevo 《話》(1)簡単に, たやすく; 安価で, 安く. *Si estudias un poco, aprobarás ese examen a huevo*. もし君が少し勉強すれば, その試験には簡単に合格するよ. (2)射程距離内に, 手の届くところに(=a tiro).
　costar un huevo 《俗》(1)高価である, 高くつく. *La casa le ha costado un huevo*. その家は彼には高価だった. (2)困難である, 骨が折れる. *Me ha costado un huevo encontrar trabajo*. 職探しは私には骨が折れた.
　hasta los huevos (mismísimos) huevos 《俗》あきあきした, うんざりした. *Estoy hasta los huevos de tus impertinencias*. お前の度重なる無礼には私はうんざりだ.
　importar un huevo 《俗》ちっとも構わない, 無関心である. *Me importa un huevo lo que diga*. 彼が何を言おうと私には関係ない. *Me importa un huevo si se ha molestado o no*. 彼が迷惑したかどうかについては私は無関心だ.
　ir como pisando huevos →pisar.
　parecerse como un huevo a otro 《話》そっくりである, 瓜二つである.
　parecerse como un huevo a una castaña ちっとも似ていない, 雲泥の差である, 月とスッポンである.
　por huevos 《俗》無理矢理に. *Siempre tenemos que hacer por huevos lo que dice*. いつも我々は彼が言いつけることを否応なしにやらねばならない.
　salir a ... de los huevos 《俗》(人)は…する気になる. *No voy porque no me sale de los huevos*. 私は行かない, その気にならないから.

si tiene huevos 《俗》もし彼にやる気があるなら.
tener huevos (la cosa) (何かが)不当である, 許し難い, 矛盾している.
tener un par de huevos [tenerlos bien puestos] 《卑》根性がある.
tocar los huevos 《卑》困らせる.
tocarse los huevos 《卑》のんべんだらりと過す.
un huevo 《俗》たくさん. Me extraña *un huevo* que haya llamado. 彼が電話をかけてきたとは私には不思議でならない.
¡y un huevo! 《俗》とんでもない. Quiere que le prestes dinero. -¡Y un huevo! お金をご用立てしましょうか.-とんでもない.

huerón, vona [welβon, βona] 名 【中南米】《卑》怠け者, のろま; 馬鹿, まぬけ.

¡huf! [úf] →¡uf!

Hugo [úγo] 固名 《男性名》ウーゴ.

hugonote [uγonóte] 形 ユグノー教(16-18世紀フランスのプロテスタントの新教)の, カルヴァン派の.
— 男女 ユグノー教徒.

huida [wíða] 女 ❶ 逃亡, 逃走, 遁走. —Estuvieron varios meses planeando la ~. 彼らは数か月の間逃亡を企てていた. ❷ (馬の)横跳び(急に道をそれること). ❸ (棒を通す穴などにもたせる)余裕, 逃げ. ❹ 《比喩》時の経つのが早いこと, 早い時の流れ. —La ~ de los años pesaba sobre él. 年月が飛ぶように過ぎるのが彼には辛かった.

huidero, ra [wiðéro, ra] 形 =huidizo.
— 男 ❶ (鉱山で)坑木を運び入れるための穴を掘る作業員. ❷ (狩りの)獲物が逃げ込む場所.

huidizo, za [wiðíðo, θa] 形 ❶ 臆病な, すぐに逃げたがる. —Era una chica tímida, de mirada *huidiza*. 彼女はこわがりでおどおどした目つきをしていた. ❷ はかない, 短い, 束の間の. —A partir de cierta edad, los años se tornan ~s. ある年令を超えると, 月日の経つのが早くなるものだ. 類 **fugaz**.

huido, da [wíðo, ða] 過分 形 人目を避けた, 身を隠すような, 不安気な; 逃げた, 逃亡中の. —La policía busca a dos peligros criminales ~s de la cárcel. 警察は2人の危険な脱獄囚を捜している.

Huila [wíla] 固名 ウイラ(コロンビアの県).

huilón, lona [wilón, lóna] 形 【中南米】=huidizo.

****huir** [wír ウイル] [11.1] 自 ❶ [+de から] (…から)逃げる, 逃げ去る, 逃走する. —El asesino *huyó* al extranjero. 殺人犯は国外に逃亡した. Los ladrones *huyeron* de la prisión. 泥棒たちが刑務所から逃げた. 類 **escapar, fugarse**. ❷ [+de を] 避ける. —~ de los vicios. 悪徳を避ける. Tengo la impresión de que *huye de* las chicas. 私は彼が女の子を避けているような印象を受ける. ❸ (速く)過ぎ去る, 遠ざかる. —¡Qué rápido *huye* el tiempo! 時は何と速く過ぎ去ることか. 類 **transcurrir**.
— 他 を避ける, 遠ざける. —Parece que me *huye*. 彼はどうやら私を避けているようだ.
— se 再 逃げ去る.

hule [úle] 男 ❶ 防水布, 油布. ❷ 【中南米】ゴム.
haber hule (1) 喧嘩になる, 騒ぎが起こる. Se tome que en el partido de hoy *haya hule*. 今日の試合では乱闘騒ぎが起こるのではないかと恐れている. (2) (闘牛で)牛が角で突く.

hulero, ra [uléro, ra] 形 【中南米】ゴムの.
— 男 【中南米】ゴムの栽培・採集などの労働者.

hulla [úja] 女 石炭.
hulla blanca 水力.

hullero, ra [ujéro, ra] 形 石炭の. —yacimiento ~ 炭鉱.

humanamente [umánaménte] 副 ❶ 人間的に, 人間らしく, 人間として; 人道的に. ❷ 人間の限界を超えずに, 人知の及ぶ範囲で. —Eso es ~ imposible. それは人間の力では不可能だ.

humanar [umanár] 他 を人間的にする, 人間性を与える, 類 **humanizar**.
— se 再 人間らしくなる; 人間化する; 【+a+不定詞】謙虚に[へり下って]…する.

‡**humanidad** [umaniðá(ð)] 女 ❶ **人類**. —el futuro de la ~ 人類の未来. ❷ 群衆. —En la plaza se ha congregado una gran ~. 広場に大群衆が集まった. ❸ 人間性, 人間味. —Debes perdonarle; nuestra ~ es débil. 彼を許してやらねばいけないよ. 人間は弱いものなのだから. ❹ 同情, 慈愛, 親切. —Deberías ayudarle aunque sólo fuera por ~. たとえ同情からだけであるにせよ君は彼を助けてやるべきだろう. 類 **compasión**. ❺ 肥満(の体). —Cayó al suelo con toda su ~. 彼の太った体が地面に倒れた. ❻ 複(ギリシャ・ラテンの)古典文学; 人文科学. —estudiar ~es 古典文学を勉強する, 人文科学を勉強する.

humanismo [umanísmo] 男 ❶ 人間性の認識・育成, それを目指す思想・哲学, 人道主義, ヒューマニズム. ❷ (特に16世紀頃の古典文学研究を中心とする)人文学.

humanista [umanísta] 男女 人間性研究者, 人道主義者, ヒューマニスト; 人文学者.
— 形 =humanístico.

humanístico, ca [umanístiko, ka] 形 人道主義の, ヒューマニズムの; 人文学の; 人文科学の.

humanitario, ria [umanitárjo, rja] 形 ❶ 人道的な, 博愛主義の. —Su carácter ~ le ha granjeado el cariño de todos sus subordinados. 彼の人道的な性格は部下全員の敬愛の念を受けるに至った. ❷ 情深い, 人情ある. 類 **bondadoso, caritativo**.
— 男 人道主義者, 博愛主義者.

humanitarismo [umanitarísmo] 男 ❶ 情深いこと, 慈悲深さ. ❷ 人道主義.

humanización [umaniθaθjón] 女 人間化; 人間性を与えること; 人間らしくすること.

humanizar [umaniθár] [1.3] 他 を人間らしくする, 人間的にする; 人間性を与える, 人間化する. —Los obreros piden que se *humanicen* las condiciones de trabajo en las minas. 労働者は鉱山での労働条件がもっと人間らしいものになるよう要求している. — se 再 人間らしくなる; 人情を持つようになる. —Con el tiempo su inflexible carácter *se humanizó*. 頑固な性格だったが時とともに人間がまるくなった.

****humano, na** [umáno, na ウマノ, ナ] 形 ❶ 人間の. —cuerpo ~ 人体. inmunodeficiencia *humana* ヒト免疫不全症. ❷ 人間的な, (不完全なものとしての)人間らしい. —Es ~ equivocarse. 誤ちを犯すが人間だ[人の常だ]. ❸ 人道的な, 人情のある. —Es una persona muy *humana*. 彼

humarada

— 男 —Los ~s ya han pisado la luna. 人類はすでに月に足跡を印した.

humarada, humareda [umaráða, umaréða] 女 もうもうたる煙[湯気], 濃く立ちこめる煙. —La leña está mojada y produce una horrible ~. 薪は湿っていてものすごい煙が出る.

humazo [umáθo] 男 濃い煙, もうもうたる煙[湯気].

dar humazo (相手を嫌がらせて)追い払う, 近づかせないようにする.

Humberto [umbérto] 固名《男性名》ウンベルト.

humeante [umeánte] 形 煙る, くすぶる; 湯気の立つ. —Nos sirvieron un plato de sopa ~. 私たちは湯気の立っているスープを出してもらった.

*****humear** [umeár] 自 ❶ (*a*) 煙を出す, くすぶる. —Una colilla *humea* en el cenicero. 灰皿でタバコの吸い殻がくすぶっている. (*b*) 湯気を出す, 蒸気を出す. —El caldo *humea*. スープが湯気を立てている. La tierra *humea*. 地面から水蒸気が上っている. ❷ (憎しみ・敵意が)残る, くすぶる. —Todavía *humea* la animosidad entre las dos partes. まだ双方の間に敵意が残っている.

—— 他《中南米》を燻蒸(ﾙﾝｼﾞｮｳ)する. —— las cosechas 収穫物を燻蒸する.

humectación [umektaθjón] 女 湿らせること, 加湿.

humectador [umektaðór] 男 加湿器.

humectante [umektánte] 形 湿気を与える.

humectar [umektár] 他 =humedecer.

:humedad [umeðá(ð)] 女 湿気, 湿り, 湿度. —En verano hay mucha ~ en Japón. 日本では夏に湿度が高くなる. Aquí huele a ~. ここは湿っぽいにおいがする. Había grandes manchas de ~ en la paredes. 壁に大きな染みがあった.

humedecer [umeðeθér] [9.1] 他 を湿らせる. —Es conveniente ~ la ropa antes de plancharla. アイロンをかける前にはかけるものを少し湿らせるとよい. —— *se* 再 湿る, 濡れる. —*Se le humedecieron* los ojos al verme. 私を見て彼は目に涙をうかべた.

:húmedo, da [úmeðo, ða] 形 ❶ 湿った, じめじめした, 湿気の多い. —Las sábanas están *húmedas*. シーツは湿っている. Soplaba un viento ~. 湿気を含んだ風が吹いていた. Ella tenía los ojos ~s por el llanto. 彼女は涙でぬれた瞳をしていた. ❷ 雨がちの. —Japón es un país ~. 日本は雨の多い国だ.

humera [xuméra] 女《話》酔っぱらうこと, 酩酊 (=jumera).

humeral [umerál] 形 上腕骨の. —articulación ~ 肩関節.

—— 男《宗教》肩衣, 覆衣. ◆カトリックのミサで司祭が聖体顕示台(custodia)に触れる際につける白い衣.

humero [uméro] 男 ❶ 煙突, 煙道(煙突の円筒部). ❷《中南米》=humareda. ❸《方》豚肉などの薫製(ﾙﾝｾｲ)をつくる部屋, 薫製にする場所.

húmero [úmero] 男 上腕骨(二の腕の骨).

:humildad [umildá(ð)] 女 ❶ 謙遜(ｹﾝｿﾝ), 謙虚, 卑下. —Es querido de todos por su ~. 彼は謙虚さのゆえにみんなに愛されている. 類 **modestia**. ❷ (身分などの)低いこと. —No le importa la ~ de su familia. 彼は家系の卑しいことを気にしない.

humildad de garabato いつわりの謙虚さ.

:humilde [umílde] 形 ❶ つつましい, 謙虚な. —Antes era más ~. 以前はもっと謙虚だった. a mi ~ parecer 私[見]をを申し上げますと. ❷ (身分や地位が)低い, 卑しい. —No oculta su origen ~. 彼は自分の卑しい出生を隠さない. 類語 **modesto**(humilde の方が modesto より一段低い). ❸ 貧しい, 粗末な, 質素な. —Vive en una casa ~. 彼はあばら家に住んでいる.

humillación [umijaθjón] 女 辱め, 侮辱; 屈辱, 不面目. —Ha sufrido muchas *humillaciones* en su vida. 彼は人生において幾多の屈辱を味わってきた. Sus compañeros de clase lo someten a constantes *humillaciones*. クラスメートは絶えず彼をいじめている.

humilladero [umijaðéro] 男 (古く町の入口などにあった)十字架の立てられている場所, キリスト磔刑(ﾀｯｹｲ)の像がある場所.

·humillante [umijánte] 形 屈辱的な, 面目のない. —Han firmado un tratado ~. 彼らは屈辱的な条約に調印した.

·humillar [umijár] 他 ❶ …に屈辱を与える, をはずかしめる, …の面目をつぶす. —Ella se complacía *humillándolo*. 彼女は彼に恥をかかせて喜んでいた. Le *humilla* que digan que su padre es un drogadicto. 彼にとって父親が麻薬中毒者だと人に言われるのは屈辱だ. ❷ (頭などを)下げる, 低くする. —— la cabeza para pedir perdón. 許しを請うべく頭を下げる. ❸《闘牛》(牛が守りの姿勢に入って)頭を垂れる.

—— *se* 再 服従する, へり下る, 卑下する. —*Se humilló* ante el jefe para que no lo despidiera. 彼は首にならないよう上司の前で低姿勢をとった.

:humo [úmo] 男 ❶ 煙. —La chimenea echa ~. 煙突が煙を出す. Me molesta mucho el ~ del tabaco. タバコの煙は私には大迷惑だ. ❷ 水蒸気, 湯気. —El ~ que salía de la olla nos abrió el apetito. 鍋から出ていた湯気が私たちの食欲をそそった. ❸ 複 うぬぼれ, 高慢. —Tiene muchos ~s. 彼はうぬぼれが強い. 類 **vanidad**. ❹ 複 家庭, 世帯. —una aldea de veinte ~s 20 世帯の村.

a humo de pajas 軽々しく.

bajárseLE los humos 自慢の鼻をへし折る. Se le bajaron los humos. 彼は身の程を思い知らされた.

convertir en humo 浪費する.

echar humo 激怒する, かんかんに怒る.

hacerLE humo (人)を無視する, 邪険にする.

hacerse humo 消える. La herencia con que ella contaba *se había hecho humo*. 彼女が当てにしていた遺産は(とうの昔に)無に帰していた.

irse todo en humo すべて消え去る, 水泡に帰す.

subírseLE el humo a las narices 怒る, 頭にくる.

subírseLE el humo [los humos] a la cabeza うぬぼれる, 高慢になる. Se *le subieron los humos a la cabeza*. 彼は高慢になった.

:humor [umór] 男 ❶ (*a*) 気質, 気性. —persona de ~ alegre 陽気な性質の人. 類 **índole**. (*b*) 気分, 機嫌. —estar de buen [mal] ~ 上[不]機嫌である. ponerse de mal ~ 不機嫌になる. No tengo [estoy de] ~ para bromas. 私は

冗談を言う気分になれない. ❷ ユーモアを解する心), こっけい, おかしみ. —Tiene un gran *sentido del* ~. 彼にはユーモアのセンスがある. ❸《生物》(血液, リンパ液などの)液, 体液. ~~ *ácueo* [vítreo] (眼球の)水様液[ガラス体液].

humor de perros [***de mil***, ***de todos los diablos***] 非常な不機嫌. Hoy papá está de un *humor de perros*. 今日父さんはとても不機嫌だ.

seguir*LE *el humor a (+人) …と調子を合わせる, …のごきげんをとる. De vez en cuando procura *seguirle el humor* a su esposa. ときおり彼は妻の機嫌をとろうと努める.

humorada [umoráða] 囡 ❶ 冗談, ジョーク, 洒落. ❷ 気まぐれ, 思いつき.

humorado, da [umoráðo, ða] 形 機嫌[気質]が…の. —**bien** ~ 上機嫌の; 気立てのよい. **mal** ~ 不機嫌な; 気難しい(=malhumorado).

humoral [umorál] 形 体液の, 分泌液の.

*humorismo [umorísmo] 男 ❶ ユーモア. —un ~ fino 洗練されたユーモアのセンス. ❷ 漫談.

*humorista [umorísta] 男女 ❶ コメディアン, 漫談家; ユーモア作家. ❷ ユーモアのセンスのある人. —— 形 ユーモアのセンスのある.

humorístico, ca [umorístiko, ka] 形 こっけい味のある, ユーモアのある, 諧謔(かいぎゃく)の. —Es famoso por sus escritos ~s. 彼は諧謔味のある書きもので名のある.

humoso, sa [umóso, sa] 形 煙[湯気]の出る, 煙る, 煙い; (味が)薫(くん)製風の, いぶしたような.

humus [úmus] 男《単複同形》《生物学》腐植土.

hundible [undíβle] 形 沈められる; 沈みうる, 沈没の可能性のある.

*hundido, da [undíðo, ða] 過分 形《< hundir》❶ 沈んだ. —barco ~ 沈没船. ❷ くぼんだ. —mejillas *hundidas* こけた頬(ほお). ojos ~s くぼんだ目. casa *hundida* en el suelo 陥没した家. ❸ (景気などが)落ち込んだ. —La economía del país está *hundida*. 国の経済は落ち込んでいる. ❹ (人が)意気消沈した, 沈みこんだ. —Desde la muerte de su hijo está ~. 息子を亡くしてから彼は落ちこんでいる. 類 abatido, deprimido.

*hundimiento [undimjénto] 男 ❶ 沈没, 崩壊; 陥没(した穴). —~ de un barco [de una empresa] 船の沈没[企業の倒産]. ❷ (道徳の)低下, (相場の)下落, (物価の)暴落.

*hundir [undír] 他 *(a)* を沈める, 沈没させる, 撃沈する. —*Hundió* la mano en el agua y cogió una piedra. 彼は手を水中に沈め, 石を1個つかんだ. —~ un barco enemigo 敵艦を1隻沈める. 類 sumergir. *(b)* をへこませる, 押す. *(c)* を突き刺す, 刺し込む, 打ち込む. —~ una faca en el vientre 小刀を腹に突き刺す. ❷ *(a)* を陥没させる, 沈下させる. —El golpe le *hundió* el cráneo. 彼は殴られて頭蓋骨が陥没した. *(b)* (建物などを)水没させる, 倒壊させる. —Las lluvias han *hundido* diez casas. 大雨で家屋が10軒水没した. El seísmo *hundió* varios edificios. 地震のため数棟のビルが倒壊した. ❸ を失敗させる, 挫折させる. —La falta de público *hundió* la representación de la obra. 観客が少なくてその作品の上演は失敗だった. ❹ を(精神的に)打ちのめす, 落胆させる, 落ち込ませる. —La muerte de su hijo lo *hundió*. 息子の死で彼は打ちのめされてしまった. 類 **abatir, abrumar**. ❺ を打ち負かす, 破滅させる, つ

hurgar 1073

ぶす. —La goleada *hundió* al equipo. ゴールラッシュに見舞われチームは完敗した. El nuevo director *hundió* el negocio. 新しい部長は取引をつぶしてしまった. 類 **arruinar**.

—— **se** 再 ❶ *(a)* 沈む, 沈没する. —Un barco *se ha hundido* en el Estrecho de Gibraltar. ジブラルタル海峡で船が沈没した. *(b)* へこむ, 陥没する, 沈下する. —El suelo *se ha hundido* por el peso de los libros. 本の重みで床がへこんだ. *(c)*【+en に】突き刺さる. —Las raíces *se hunden en* la tierra. 木の根は地面にもぐり込んでいる. *(d)* (建物などが)倒れる, 倒壊する. —El edificio *se hundió* a causa del seísmo. 建物は地震のため倒壊した. ❷ 失敗する, 挫折する; (経済などが)落ち込む. —El proyecto *se ha hundido* por falta de financiación. その計画は資金不足のため行き詰った. Los precios de la carne *se están hundiendo*. 食肉の価格は落ち込んでいる. ❸ (気分的に)落ち込む, 落胆する. —María *se hundió* al quedarse en paro. マリーアは失業して落ち込んだ. ❹ 大騒ぎになる. —La sala *se hundía* con los aplausos del público. ホールは観客の拍手喝采で割れんばかりだった. ❺【+en に】陥る, 落ち込む. —~*se en* una profunda depresión 深刻な不況に陥る.

*húngaro, ra [úngaro, ra] 形 ハンガリー(Hungría)の, ハンガリー人[語]の. —— 名 ハンガリー人. —— 男 ハンガリー語.

Hungría [ungría] 固名 ハンガリー(首都ブダペスト Budapest).

huno, na [úno, na] 男 複 フン族, 匈奴(きょうど)(5世紀初頭にヨーロッパを席巻したモンゴルの遊牧民). —— 形《まれ》フン族の(人), 匈奴の(人).

*huracán [urakán] 男 複 huracanes ❶《気象》(カリブ海地域で発生する)ハリケーン; 大暴風. ❷ 騒動, 混乱. —El ~ de la crisis económica está afectando a todas las clases sociales. 経済危機の嵐がすべての社会階層に影響を及ぼしている. ❸《話》猛烈な人, 勢いのある人.

ojo del huracán (1) ハリケーンの中心. (2)《比喩》台風の目, 騒動の中心.

huracanado, da [urakanáðo, ða] 形 暴風の, 嵐の, 大荒れの. —Vientos ~s destrozaron la cosecha de arroz. 台風が米の収穫に大損害を与えた.

huraña [uraɲía] 囡 内気, 引っ込み思案; 無愛想, 人付合いの悪いこと.

huraño, ña [uráɲo, ɲa] 形 内気な, 恥ずかしがりやの; 人付合いの悪い, 無愛想な.

hurgar [uryár] [1.2] 他 ❶ をほじくる, つつく, かき回す. —No te *hurgues* en la herida que se te va a infestar. 傷をいじるんじゃありません, もっと悪くなってしまいますよ. ❷ (他人の物などを)ひっかき回す, 詮索する, かぎ回る. —Es una cotilla y se pasa el día *hurgando* en la vida de los demás. 噂好きで一日中他人の生活をかぎ回っているりいる. 類 **fisgar**. ❸ (考え・記憶などが)さいなむ, 刺激する, 気にかかる. 類 **conmover, incitar**. ❹ 怒らせる, 嫌がらせる; (心の傷などに)触れる, (神経)を逆なでする.

—— **se** 再 (自分の身体の一部を)ほじる, つつく. —Es de mala educación ~*se* la nariz. 鼻をほじるのは行儀の悪いことだ.

hurgón, gona [urɣón, ɣóna] 形 (人が)詮索好きな, かき回すような. —— 男 ❶ 火かき棒. ❷ (闘牛でとどめをうつのに使う)刺殺用剣, 細身の剣. 類 **estoque**.

hurgonada [urɣonáða] 女 ❶ (火かき棒で)埋み火をかきたてること. ❷ (闘牛で)とどめの一突き, 刺殺. 類 **estocada**.

hurgonazo [urɣonáθo] 男 = hurgonada.

hurgonear [urɣoneár] 他 ❶ (火かき棒で埋み火)をおこす, かきたてる, かき回す. ❷ (剣で)刺す, 突く.

hurgonero [urɣonéro] 男 火かき棒 (= hurgón).

hurí [urí] 女 (イスラム教で)極楽にいるとされる絶世の美女.

hurón, rona [urón, róna] 形 ❶ 詮索好きな, (秘密などを)嗅ぎ回る. ——Yo no aguantaría a una mujer tan *hurona*. ああいう詮索好きな女は我慢出来ん. 類 **hurgón**. ❷ 引っ込み思案の; 人付き合いの悪い. ——En la casa de al lado vive una familia *hurona* y extraña. 隣の家に住む一家は付き合いが悪いしちょっと変わっている. 類 **huraño**.
—— 名 ❶ 詮索好きの人, かぎ回る人. ❷ 付き合いの悪い人. —Si viene el ~ de su novio nos aguará la fiesta. あの付き合いの悪い彼女の恋人がきたら我々のパーティーの座が白けてしまうだろう. ❸《動物》ケナガイタチ.

huronear [huroneár] 自 ❶ ケナガイタチを使って狩り(特にウサギ狩り)をする. —Se ha prohibido ~ en la caza de conejos. ウサギ狩りのときにケナガイタチを使うのは禁じられている. ❷《話》詮索する, のぞく; 嗅ぎ出す, ほじくり出す. —Deja de ~ en la vida de los demás. 他人の生活をかぎ回るのはやめなさい.

huronera [uronéra] 女 ❶ ケナガイタチの巣穴. ❷《比喩》(特にやくざなどの)隠れ家, 巣窟, 根城.

huronero [uronéro] 男 ケナガイタチの飼育者.

‡**hurtar** [urtár] 他 ❶ (*a*) を窃盗(とう)する, こっそり盗む, くすねる. —Un ratero me *hurtó* el monedero. すりが私の小銭入れを盗み取った. (*b*) (量目)をごまかす. —El carnicero me ha *hurtado* hoy cinco gramos. その肉屋に私は今日5グラムごまかされた. ❷【+de から】を遠ざける, それさせる, 隠す. —Ella *hurtaba* su cuerpo de las curiosas miradas de los hombres. 彼女は男たちの好奇心に満ちた視線から身を隠した. *Hurtó* el cuerpo para no ser atropellado por la moto. 彼はオートバイにひかれないよう体をかわした. ❸ (海・川が)土砂などを侵食する.
—— se 再 ❶ 身をかわす, よける, 隠れる. —Ella se *hurtó* tras un biombo para no ser vista. 彼女は見られないようにびょうぶの後に隠れた. ❷【+a から】逃れる.

‡**hurto** [úrto] 男 盗み, 窃盗; 盗品. —Le acusaron de ~ y lo echaron del colegio. 彼は窃盗で訴えられ, 学校から追放された. 類 **robo**.

husada [usáða] 女 (紡錘の上に置かれる)一紡ぎ分の羊毛・麻など.

húsar [úsar] 男《軍事》(ハンガリー風の軍服を着けた)軽騎兵.

husillo [usíjo] 男 ❶ (圧搾機を上下する)ねじ, ボルト, らせん; (機械の)軸, 心棒, シャフト. ❷ 排水管, ドレン.

husma [úsma] 女《まれ》詮索, のぞき回ること; 嗅ぎ出すこと (= husmeo).
andar a la husma《話》嗅ぎ回る.

husmeador, dora [usmeaðór, ðóra] 形 名 嗅ぎ回る(人・物), 詮索好きの(人・物).

husmear [usmeár] 他 ❶ を嗅いで追跡する, 嗅ぎ出す, 嗅ぎ当てる. —El perro *husmeaba* en un montón de basura. 犬がゴミの山を嗅ぎ回っていた. ❷《比喩》(自分に関わりのないことを)詮索する, 嗅ぎ回る, 首を突っ込む. —La vecina sólo viene a casa para ~ sólo viene a casa para ~ a casa para ~. その近所の女は他人の生活を詮索するためだけに家にやって来る.
—— 自《まれ》(肉などが腐って)悪臭を放つ.

husmeo [usméo] 男 = husma.

husmo [úsmo] 男《まれ》(腐肉などの)悪臭.
estar al husmo《話》待ち伏せる, チャンスをうかがう (= husmear).

huso [úso] 男 ❶ (紡績機の)つむ(紡錘). ❷ (旋盤などの)ドラム, 円筒部分. ❸《紋章》ひし形紋.
huso horario (子午線で区切られた各々の)標準時間帯, 同一時間帯.

‡**¡huy!** [úi] 間【痛みの苦痛で】いたっ;【驚き・不審・不賛成を表して】おや, まあ.

huy- [uj-] 動 huir の直・現在/完了過去, 接・現在/過去, 命令・2単, 現在分詞.

I, i

I, i [í]《複ies》囡 ❶ スペイン語アルファベットの第9文字. ❷ (I) ローマ数字の1. ❸ (I)《化学》yodo (ヨード)の化学記号.

i griega イ・グリエガ(「ギリシア語の i 」の意味で, y の呼称).

poner los puntos sobre las íes 細かい点まではっきり説明する. 類**puntualizar**.

i- [i-] 接頭《in-の異形》—*i*legal, *i*lícito, *i*limitado, *i*rregular, *i*rresponsable.

IB《頭字》《<Iberia, Líneas Aéreas de España, S. A.》イベリア航空.

ib., íbid.《略号》=ラテン ibídem (en el mismo lugar)同章[同節]に.

iba [íβa] 動 ir の不完了過去.

iba(-) [íβa(-)] ir の直説法不完了過去.

Ibagué [iβaɣé] 固名 イバゲー(コロンビアの都市).

ibais [íβajs] 動 ir の不完了過去・2複.

íbamos [íβamos] 動 ir の不完了過去・1複.

iban [íβan] 動 ir の不完了過去・3複.

Ibarra [iβára] 固名 イバーラ(エクアドルの都市).

ibas [íβas] 動 ir の不完了過去・2単.

Iberia [iβérja] 固名 古代イベリア(カフカス[コーカサス]南部の地方).

‡**ibérico, ca** [iβériko, ka] 形 ❶ イベリア(Iberia)の, イベリア人の, スペイン・ポルトガルの. —la Península *Ibérica*. イベリア半島. ❷ 古代イベリア(人)の. —esculturas *ibéricas* 古代イベリア人の彫刻. 類**ibero**. — 名 イベリア人. — 男 イベリア語.

iberio, ria [iβérjo, rja] 形 →ibérico.

ibero, ra [iβéro, ra] 形 イベリア (Iberia) の. —el pueblo [arte] *ibero* イベリア民族.

íbero, ra [íβero, ra] 形 →ibero.

Iberoamérica [iβeroamérika] 固名 イベロアメリカ(ラテンアメリカのスペイン語圏諸国とブラジル).

‡**iberoamericano, na** [iβeroamerikáno, na] 形 ❶ イベリア系アメリカ(Iberoamérica, スペイン語・ポルトガル語の話される中南米の地域)の, イベリア系アメリカ人の. —los países ~s イベリア系アメリカの諸国. 類**hispanoamericano**, **latinoamericano**. ❷ イベリア(スペイン・ポルトガル)と中南米間の. —cooperación *iberoamericana* イベリアと中南米間の協力.

— 名 イベリア系アメリカ人.

íbice, ce [íβiθe, iβe(k)s] 男《動物》アイベックス. 山岳地帯に生息する野性のヤギ.

ibicenco, ca [iβiθéŋko, ka] 形 イビーサ島 (Baleares諸島の南西部にあるIbiza島)の.

ibis [íβis] 男《単複同形》《鳥類》アフリカクロトキ.

Ibiza [iβíθa] 固名 イビーサ(スペイン, バレアレス諸島の島).

Ica [íka] 固名 イカ(ペルーの都市).

icáreo, a [ikáreo, a] 形 →icario.

icario, ria [ikárjo, rja] 形 ❶ イカロス(Ícaro)の, イカロスのような. ❷ 無謀な, 向こう見ずな.

iceberg [iθeβerɣ] 男《英》氷山. —la punta del ~ 氷山の一角.

ICI [íθi] 《<Instituto de Cooperación Iberoamericana》男《スペイン》イベロアメリカ協力院.

icneumón [ikneumón] 男 ❶《動物》エジプトマングース. ❷《虫類》ヒメバチ(姫蜂).

icono [ikóno] 男 ❶ (ギリシア正教の)聖母[聖人]画, イコン, 板絵(ﾊﾞﾝ). ❷《情報》アイコン, サムネイル.

iconoclasta [ikonoklásta] 形 ❶ 聖像[偶像]破壊(者)の. —El movimiento ~ tiene lugar en el siglo XIII. 聖像[偶像]破壊運動は13世紀に発生する. ❷ 伝統[権威]否定主義の. —Conozco muy bien sus ideas ~s. 私は彼の伝統[権威]否定主義的な思想を非常によく知っている.

— 名 ❶ 聖像[偶像]破壊者. —Los ~s destruían las imágenes sagradas. 偶像破壊者たちは聖像を打ち壊していた. ❷ 伝統[権威]否定主義者.

iconografía [ikonoɣrafía] 囡 ❶ 図像学(絵画や彫刻などの芸術作品の主題とその意味に関する研究). —Estudia la ~ en las iglesias góticas. 彼はゴシック式教会で図像学を研究している. ❷ 図像集, 肖像画集. —~ mariana. 聖マリア画集.

iconográfico, ca [ikonoɣráfiko, ka] 形 ❶ 図像学の. ❷ 図像集の, 肖像画集の.

iconología [ikonoloxía] 囡 ❶ 図像解釈学, イコノロジー(伝統的に定められた図像の細部にわたる研究). ❷ 寓意[象徴]図像.

icor [ikór] 男 ❶《医学》膿漿(ﾉｳｼﾞｮｳ)(少量の血液の混ざった膿(ｳﾐ)). ❷ (ギリシャ神話)神の血(ホメロスの詩に現れる語).

icosaedro [ikosaéðro] 男《幾何》二十面体. —~ regular 正二十面体.

ictericia [ikteríθia] 囡《医学》黄疸(ｵｳﾀﾞﾝ). —~ neonatal 新生児黄疸.

ictérico, ca [iktériko, ka] 形《医学》黄疸(性)の; 黄疸にかかった.

— 名 黄疸患者.

ictiófago, ga [iktjófaɣo, ɣa] 形 魚食の, 魚類を常食とする. —pueblo ~ 魚食民族.

— 名 魚食民; 魚食動物. 類**piscívoro**.

ictiología [iktjoloxía] 囡 魚類学.

ictiosauro [iktjosáuro] 男《古生物》魚竜.

id [í(ð)] 動 ir の命令・2複.

id.《略号》=ラテン ídem (lo mismo) 同上, 同前.

‡**ida** [íða]《<ir》囡 行くこと, 行き(道). —billete [viaje] de ~ y vuelta 往復切符[旅行]. Tardé

media hora en la ～. 私は行きに半時間かかった. 反**vuelta**.

a la ida 往路に. *A la ida* fuimos en avión. 私たちは行きは飛行機で行った.

idea [idéa イデア] 囡 ❶ (a) 考え, 思想, 観念. ～ fija 固定観念. ～ general 概念, 概要. ～ preconcebida 先入観. la ～ de la libertad 自由の観念. 類concepto, noción**. (b) 知識. — Sólo tengo una ligera ～ del tema. その件についてほんの少しの知識しかない. Hasta que no tenga ～ completa del proyecto no me comprometo. 私はこの計画についてすっかり分かるまでは引き受けるわけにはいかない. No tiene ～ de lo que le pasó. 彼は自分に何が起こったのか知らない. (c) 圉(政治・宗教などに関する)思想. — un hombre de ～s liberales リベラルな思想をもった人. (d) 信念; 感じ. — Tenía la ～ de que en Japón se comía siempre con palillos. 日本ではいつも箸で食事をするのだと私は思っていた. 類**opinión**. (e) 《哲学》イデア. ❷ 思いつき. ～ genial [luminosa] すばらしい考え, ひらめき. Es una buena ～. いい考えだね. Tengo [Se me ocurre] una ～. 私に考えが浮んだ. ❸ 意見, 印象. — cambiar [mudar] de ～ 考えを変える. ¿Qué ～ tienes de él? 彼について君はどう思う? Tenemos buena ～ de la chica. その娘について私たちはいい印象をもっている. ¿Tienes ～ de cuando volverá?—No tengo ni ～. 君, 彼がいつ戻ってくるか教えてよ. —全然見当もつかないよ. 類**opinión**. ❹ (a) 意図. —No tengo ～ de visitarle hoy. 私は今日彼を訪問するつもりはありません. 類**propósito**. (b) 計画, 構想. — La ～ del proyecto era buena, pero no se realizó bien. 計画の構想はよかったのだが, うまく実現しなかった. 類**esquema**. ❺ 才能, 器用さ. —El niño tiene mucha ～ para tocar el piano. その子はピアノを弾く大きな才能をもっている. 類**habilidad**.

apartar a ... del una idea (人)にある考えを捨てさせる. Le han apartado de la idea de casarse con esa chica. 彼は彼女と結婚しようという考えを捨てさせられた.

con idea → *de* [*con*] *mala idea*.

dar [*ocurrírsele*] *la idea de* …することを思いつく. De repente le *dio la idea de* dejar su trabajo. とつぜん彼は自分の仕事をやめる気になった.

dar (*una*) *idea de* をわからせる. Esto te *da idea de* lo contenta que está. これで, 彼女がどれだけ満足しているか君には分かるでしょう.

de [*con*] *mala idea* 悪意で. Yo no lo hice *de mala idea*. 私は悪気があってそれをしたのではありません.

formarse [*hacerse*] *una idea de* …についての考え[輪郭]が分かる. Con lo que dice la radio es difícil *formarse una idea de* lo que ha ocurrido. ラジオが言っていることだけでは起こったことの輪郭を知るのはむずかしい.

hacerse a la idea de …という考えに慣れる[を受け入れる]. Ya *se ha hecho a la idea de* vivir con los suegros. 彼女は義父母といっしょに住む気になった.

llevar [*tener*] *idea de* …するつもりがある. Lleva *idea de* estudiar en el extranjero. 彼は留学するつもりである.

¡Ni idea! 見当もつかない, 知るもんか.

no tener la menor idea de …のことが全然分からない.

no tener ni la más remota [*ligera*] *idea de* …のことがさっぱり分からない. *No tengo la más remota idea de* qué es lo que dice. 私は彼が何を言っているのかさっぱり分からない.

ideación [ideaθjón] 囡 観念形成, 観念化.

:**ideal** [ideál] 厖 ❶ 観念上の, 想像上の. —Huye de la realidad y se encierra en un mundo ～. 彼は現実から逃れて観念の世界に閉じこもる. 反**real**. ❷ 理想的な; すばらしい, 申し分のない. —Es un esposo ～. 彼は理想的な夫だ. Es un lugar ～ para pasar el invierno. そこは冬を過ごすには申し分のない場所だ.

—男 ❶ 理想. —Su ～ es ser famoso como pianista. 彼の理想はピアニストとして有名になることだ. 類**deseo, objetivo**. ❷ 教義, 信条. —No comparto sus ～s políticos. 私は彼の政治信条に与(くみ)しない. ❸ 規範, 標準, 典型. —El ～ de belleza cambia según los países. 美の基準は国によってまちまちだ. 類**canon, prototipo**.

lo ideal sería que 〖＋接続法〗…するのが最善だろう. *Lo ideal sería que* tú pudieras acompañarnos. 一番いいのは君が我々について来てくれることなんだが.

:**idealismo** [idealísmo] 男 ❶ 《哲学》観念論. 反**materialismo**. ❷ 理想主義. 反**realismo**.

:**idealista** [idealísta] 厖 観念論的な. —Nadie apoya sus proyectos ～s. 誰も彼の観念的な計画を支持しない. ❷ 理想主義の.

—男囡 観念論者, 理想主義者.

idealización [idealiθaθjón] 囡 理想化, 美化. —～ de una época ある時代の理想化.

:**idealizar** [idealiθár] [**1.3**] 他 を理想化する, 美化する. —En su novela *idealiza* el mundo rural. 彼はその小説で田園世界を理想化している. El paso del tiempo *idealiza* los recuerdos. 時間がたつにつれて思い出は美化される.

:**idear** [ideár] 他 を考え出す, 考えつく, 考案する. —El plan que *habéis ideado* no es viable. 君たちが考案した計画は実現可能ではない. ～ un mecanismo ある機械装置を考案する.

ideario [ideárjo] 男 理念, イデオロギー. —～ conservador 保守的イデオロギー. 類**ideología**.

ídem [idén]〔＜ラテン〕副 同上, 同じく(〖略〗id.). —Deberías estudiar más; y tu compañero, ～. 君はもっと勉強しなければまずいじゃないか. 君の仲間も同じくだ.

ídem de ídem [*de lienzo*] (強調的)全く同じ. Ella es una impertinente; y su esposo, *ídem de ídem*. 彼女は無礼者だが, 彼の夫も全く同じだ.

:**idéntico, ca** [idéntiko, ka] 厖〖＋a〗 ❶ …とまったく同じ, 同一の. —～Ella lleva una blusa *idéntica* a la mía. 彼女は私のとまったく同じブラウスを着ている. 類**igual, mismo**. ❷ …とよく似た, 類似の. —La niña es *idéntica* a la madre. その女の子は母親そっくりだ. 類**análogo, parecido, semejante, similar**.

:**identidad** [identidá(ð)] 囡 ❶ 同一であること, 同一性. —Es evidente la ～ de estas dos firmas. この二つの署名の同一性は明瞭だ. ❷ 身

元(証明), 本人であること. —probar [comprobar] la ～ 本人であることを証明[確認]する. carnet [documento, tarjeta] de ～ 身分証明書. ❸《数学》恒等式.

identificable [iðentifikáβle] 形 ❶ 識別[確認]し得る. —Dar por anónimo un cuento cuyo autor es ～. 彼は著者の特定できるある物語を作者不明としている. ❷ 同一視し得る, 同一と証明し得る. —El derecho no siempre es ～ con la justicia. 法律と正義は必ずしも同一視し得ない.

identificación [iðentifikaθjón] 女 ❶ (同一であることの)識別, 確認, 証明. —La policía procedió a la ～ del cadáver del ahogado. 警察は溺死体の身元確認にとりかかった. ～ genética DNA 鑑定. ～ de usuario 《情報》ユーザー ID. ❷《心理》同一視.

identificador [iðentifikaðór] 男 《情報》識別子.

*__identificar__ [iðentifikár] [1.1] 他 ❶ (…がだれ[何]であるか)を認定する, …の身元[正体]を確認する[割り出す], 特定する. —Identificaron al niño por su ropa. 子供の身元はその着衣によって確認された. El testigo identificó al presunto criminal. 目撃者はその容疑者を特定した. Un policía identifica a todo el que entra. 警官が入って来る人の身元をすべて確認している. ❷【+con と】を同一視する, 同定する. —Identifica sus conveniencias con las de los demás. 彼は自分の都合を他人の都合と同じだと思っている.
── se 再 ❶【+con と】(意見などが)一致する, 一体感を持つ. —Se identificó con la opinión de su profesor. 彼は先生の意見に賛成した. Me identifico con él. 私は彼と考えが合う. ❷ (自分の)身分を証明する, 身元を明らかにする. —El portero me pidió que me identificara. 管理人は私に身元を明らかにするよう要求した. ❸【+con と】同一視される. —El color verde se identifica con la esperanza. 緑色は平和の色と見なされる.

ideograma [iðeoɣráma] 男 表意文字.

ideología [iðeoloxía] 女 ❶ イデオロギー, 思想[観念]形態. —～ socialista. 社会主義イデオロギー. Nuestra institución no tiene ～ política. 我々の協会には政治的イデオロギーがない. 類 **ideario**. ❷《哲学》観念学, イデオロギー論.

ideológico, ca [iðeolóxiko, ka] 形 ❶ イデオロギー(上)の. —Los fundamentos ～s de ese partido se apoyan en el cristianismo. その党のイデオロギー的基礎は, キリスト教によっている. ❷《言語》概念的な, 意味に基づく(辞書). —diccionario ～ 概念型辞書(語の意味を出発点として編集された辞書).

ideólogo, ga [iðeóloɣo, ɣa] 名 ❶ イデオローグ, イデオロギーに通じた人. —Es el principal ～ de ese partido. 彼はその党の中心的イデオローグだ. ❷ 空理空論を唱える人; 夢想家, 理想家.

idílico, ca [iðíliko, ka] 形 牧歌的な, 田園詩的な. —un paisaje ～ 牧歌的な風景.

idilio [iðíljo] 男 ❶ 田園詩, 牧歌. ❷ 恋語り; 恋愛関係. —Los un donjuán: los ～s le duran poco. 彼は女たらしだ. 色恋の関係も長続きはしない. 類 **noviazgo**.

idioma [iðjóma イディオマ] 男 ❶ 言語. —el ～ inglés 英語. 類 **lengua.

♦ イディオム(慣用句)の意味はないので注意. イディオ ム は modismo 参照. ❷ (特定の状況・場面における)特殊な話し方. —～ de palacio 宮廷での言葉遣い.

idiomático, ca [iðjomátiko, ka] 形 ある言語特有[固有]の. —expresiones idiomáticas ある言語特有の表現.

idiosincrasia [iðjosiŋkrásja] 女 ❶ (個人・集団の)特質, 気質. —El pueblo japonés 日本人の気質. Es, por su ～, incapaz de protestar. 彼は性質的に抗議することができない. 類 **carácter**. ❷《病理》特異体質.

idiosincrásico, ca [iðjosiŋkrásiko, ka] 形 ❶ 特質的な, 気質的な. ❷《病理》特異体質の.

idiota [iðjóta] 形 ❶《病理》知恵遅れの, 精神薄弱の, 白痴の. 類 **imbécil, subnormal**. ❷ 愚かな, ばかな. —No seas idiota y protesta. ばかなことしてないで抗議しなさい. 類 **bobo, estúpido, necio, tonto**.
── 男女 ❶ 知恵遅れの人, 精神薄弱者, 白痴. ❷ 愚か者, ばか. —comportarse como un ～ ばかな真似をする. El ～ de tu hermano no se da cuenta de que se aprovechan de él. 君の兄弟のあのばかは自分が利用されていることに気付いていないんだ. ¡Idiota! ばか者!
hacer el idiota (1)《話》ばかな真似をする. Deja ya de *hacer el idiota*, y habla en serio. もうばかな真似をやめて, まじめに話してくれ. (2)《話》(報われないような)つまらないことをする. Hice el idiota invitando al Sr.García. 私はガルシア氏を招くなんてつまらないことをした.

idiotez [iðjoteθ] 女 ❶《病理》知恵遅れ, 精神薄弱, 白痴. —El anciano comienza a mostrar síntomas de ～. その老人はぼけの兆候を見せ始めている. 類 **oligofrenia, deficiencia mental**. ❷ ばかな行為[言動]. —No digas idioteces. ばかを言うな. 類 **estupidez, imbecilidad, tontería**.
ser una idiotez 《話》ばかげている, おかしい. Es una idiotez salir con este horrible tiempo. こんなひどい天気に出かけるなんて, ばかげている.

idiotismo [iðjotísmo] 男 ❶《文法》慣用句[表現]. —"A trancas y barrancas" es un ～ propio del español. 「苦労して, やっとのことで」は, スペイン語特有の慣用句である. 類 **modismo**. ❷ 無知. 類 **ignorancia**.

idiotizar [iðjotiθár] [1.3] 他 (人)をばかにする, 白痴化する. —Este programa de televisión *idiotiza* a los niños. このテレビ番組は子どもたちを痴呆化する.
── se 再 (人が)ばかになる, 白痴化する. —Con los muchos años de cárcel *se ha idiotizado*. 彼は牢獄で長い年月を過ごして頭がおかしくなってしまった.

ido, da [íðo, ða] 過分 [< ir] ❶ 過ぎ去った, 行ってしまった. —Recuerda los años ～s con nostalgia. 彼は過ぎ去った年月を懐しく思い出す. ❷ 頭のいかれた; ひどく放心["呆然"]とした. —Está medio ～ desde que perdió a su mujer. 彼は妻を亡くして以来, 半ば頭がおかしくなっている.

idólatra [iðólatra] 形 ❶ 偶像[異教の神]を崇拝する. —pueblos ～s 偶像を崇拝する民族. ❷【+de】を熱愛する, 溺愛する, 崇拝する. —～ del dinero お金を崇拝する.
── 男女 偶像[異教の神](の)崇拝者; 崇拝者.

idolatrar [iðolatrár] 他 ❶ (偶像・異教の神)を崇拝する. —～ al sol 太陽を崇拝する. ❷ (人)を熱愛[溺愛]する. —*Idolatra* a su novia y la cree perfecta. 彼は恋人を熱愛して, 彼女を完璧だと思っている. 類**adorar**.

idolatría [iðolatría] 女 ❶ 偶像崇拝. ❷ 溺愛, 過度の愛情. —Siente ～ por su nieto. 彼は孫を溺愛している.

idolátrico, ca [iðolátriko, ka] 形 ❶ 偶像崇拝の. ❷ 熱愛[溺愛]的な.

ídolo [íðolo] 男 **偶像(神), 崇拝の的, アイドル** ❶. —Este futbolista es el ～ de la juventud. このサッカー選手は若者のアイドルだ.

idoneidad [iðoneiðá(ð)] 女 適応[適切]性, 妥当性; 能力. —Ha aplicado un método sin probar la ～ del mismo. 彼はそれ自身の妥当性を検証せずにある方法を適用した. 類**aptitud**.

idóneo, a [iðóneo, a] 形 ［＋para］…に適切な, ふさわしい; 適任な. —No creo que sea la persona *idónea* para este trabajo. 私は彼がこの仕事の適任な人だとは思わない. 類**adecuado, apropiado, indicado**.

idos [íðos] 動 irse の命令・2 複.

idus [íðus] 男 複(古代ローマ暦で)3月・5月・7月・10月の15日, およびほかの月の13日.

i. e. 《略号》＝ラテン id est (esto es, lo mismo) すなわち.

iglesia [iγlésia イグレシア] 女 ❶ (a) 教会, 教会堂. —～ conventual 修道院の教会. ～ metropolitana 首都大司教座聖堂. ～ militante 戦いの教会(現世にあって戦っているカトリック信者). ～ parroquial 教区教会. ～ triunfante 凱旋(がいせん)の教会(死後天国に行ったカトリック信者たち). cumplir con la ～ (カトリック信者の義務として)復活祭の時期に聖体拝領をする. (b) 教派; カトリック教会. —I～ Católica [Luterana, Anglicana] カトリック[ルーテル, 英国国教]会. ～ episcopaliana 米国聖公会. ❷［集合的に］(a) 僧侶, 聖職者. —La opinión de la ～ suele ser conservadora. 聖職者の意見はいつも保守的だ. (b) 信者, 教区民. ❸ 教権. —separación de la I～ y el Estado 教権と国権の分離, 政教分離.

iglú [iγlú ［＜エスキモー］] 男 イグルー(エスキモーの氷雪塊の家).

Ignacio [iγnáθio] 固名《男性名》イグナシオ.

ignaro, ra [iγnáro, ra] 形 無知な, 無学な. 類**ignorante**.

ígneo, a [íγneo, a] 形 ❶ 火の, 火のような. —Un resplandor ～ nos cegó. 火のような輝きに私たちは目がくらんだ. ❷ 火色の. ❸《地質》火成の. —roca *ígnea* 火成岩.

ignición [iγniθjón] 女 ❶ 点火, 発火. —punto de ～ 発火点. ❷ 燃焼; 白熱. ❸《自動車》イグニッション, スターター (＝encendido).

ignífugo, ga [iγnífuγo, γa] 形 防火[耐火]性の. —construcción *ignífuga* 防火建築. 類**incombustible, a prueba de fuego**.

ignominia [iγnomínia] 女 ❶ 不名誉, 不面目. —Prefiero la muerte a vivir en la ～. 私は面目を失って生きるよりも死んだ方がましだ. ❷ 恥辱, 辱め. —El sueldo que le pagan es una ～. 彼の給料は恥ずかしいほどの少額だ. ❸ 恥ずべき行為[こと]. —El trato que ese país da a los refugiados es una ～. その国の難民に対する待遇は恥ずかしいために. 類**deshonor, deshonra, oprobio, vergüenza**. 反**deshonor, gloria**.

ignominioso, sa [iγnominióso, sa] 形 不名誉な, 恥ずべき.

ignorado, da [iγnoráðo, ða] 過分 形 ❶ 無視された, 忘れられた. —un país ～ 忘れられた国. una *ignorada* escritora 忘れられた女流作家. ❷ 不明の, 分からない. —estar en ～ paradero 行方不明である.

ignorancia [iγnoránθia] 女 無知, 無学. —por ～ 無知のために. Confieso mi ～ en cuestiones de arte. 私は芸術に関する自分の無知を認める. 類**falta de instrucción**. —La ～ de la ley no exime de su cumplimiento. 法律を知らなかったということは彼の言い訳にはならない. Demostró una ～ total del tema que tratábamos en la reunión. 彼は会議で扱っていた問題に関しては何も知らなかった. pecar de ～ 無知ゆえに罪を犯す. ～ crasa 許しがたい無知. ～ supina 極度の無知. 類**desconocimiento**.

ignorante [iγnoránte] 形 ❶ 無知な, 知らない. —ser ～ en …について何も知らない. Soy ～ en el tema. 私はその問題に関しては何も知らない. 類**sin instrucción**. ❷［estar＋, ＋de］…に気づいていない. —Estaban ～*s de* lo que tramaban y colaboraron con ellos. 彼らは何を企図しているか知らぬままに彼らに協力した. 類**sin información**.

—— 男女 無知な人, 無学な人.

ignorantismo [iγnorantísmo] 男 学問有害[無用]論. —El dictador fomentó el ～ entre la población. その独裁者は民衆の間に学問有害論を醸成した.

ignorantón, tona [iγnorantón, tóna] 形 《俗》非常に無知[無学]な.

ignorar [iγnorár イグノラル] 他 ❶ を知らない, …に無知である. —*Ignora* lo importante que es la salud. 彼は健康がいかに重要であるかを知らない. Yo *ignoraba* que ellos se encontraran allí. 私は彼らがそこにいるとは知らなかった. No *ignoraba* que me tenían envidia. 私は彼らが私をねたんでいることを知らないわけではなかった. ❷ を無視する. —El éxito le abrió las puertas de aquella sociedad que lo *ignoraba*. 彼が成功したことで彼を無視していた社会の扉が彼に開かれた. ～ los consejos del profesor 先生の助言を無視する. 類**no hacer caso de**.

ignoto, ta [iγnóto, ta] 形 (特に人跡未踏・未発見の場所に関して)未知の. —paraje ～ 未知の場所. 類**ignorado, inexplorado**.

igual [iγuál イグワル] 形 ❶ ［＋a/que］…と同じ, 同一の, 同様の. —Tu coche es ～ *que* el mío. 君の車はぼくのと同じだ. 1 kilo es ～ *a* 1.000 gramos. 1キロは1,000 グラムに等しい. Tengo un traje ～ *que* ése que llevas. ぼくは君が着ているそのスーツと同じのを持っているよ. Nuestros pareceres son prácticamente ～*es*. 我々の見解はほぼ同じだ. Quince ～*es*. (テニスなどの得点などで)フィフティーン・オール. 類**mismo**. ❷［＋a］似た, 類似の. —Esta conferencia es ～ *a* la que dio en Osaka. この講演は彼が大阪で行ったのと同じだ. Nunca he visto cosa ～. 私はそのようなこと[もの]を見

たことがない. 類**semejante, similar**. ❸ 平らな, 平坦な. —terreno ~ 平らな地面. superficie ~ なめらかな表面. 類**liso**. ❹ 一定の, 不変の, 安定した. —la marcha ~ del tren 列車の安定した(すべるような)進行. temperatura [clima] ~ 一定した気温[気候]. llevar una velocidad ~ 一定の速度を保つ. ¿Cómo está el enfermo?-/~. 病人のようすはどうですか?-あいかわらずです[変わりありません]. 類**constante, invariable**. ❺【+a】…につり合った, 見合った. —El resultado no ha sido ~ a nuestro trabajo. 我々が得た結果は我々の努力に見合わなかった. ❻ 平等な, 対等の. —Todos los hombres somos ~es ante la ley. 我々人間は法の前では平等である.

ser [*dar*] *igual* 同じことである, どっちでもよい. *Es* [*Da*] *igual*. 同じことだ. *Me es* [*da*] *igual que vengas o no vengas.* 君が来ても来なくてもぼくには(どっちでも)同じことだ[かまわない].

(*ir*) *iguales* (競争などで)互角になる. *A los doce minutos iban iguales.* 12分経ったとき2人は互角に走っていた.

—— 男女 同等[同じ階級]の人. —*Ella se relaciona sólo con sus ~ es.* 彼女は自分と同格の人とのみ交わる.

—— 男 ❶ 《数学》等号. ❷ 《覆》(宝くじで)同じ番号の続き札. —*¡Veinte ~ es!* 20枚続き札だよ!(宝くじ売りの売り声)

al igual que …と同様に, …のように. *Al igual que hicieron nuestros padres, debemos guardar las tradiciones.* 我々の親たちがしたように, 我々も伝統を守らねばならない.

de igual a igual 同等に, 対等に. *Lo tratan de igual a igual.* 彼は同等に扱われている.

igual que …と同様. *Mi hermano, igual que mi padre, canta muy bien.* 私の弟は父同様歌うのが上手です.

no tener (*otro*) *igual* 匹敵するものがない, 及ぶものがない.

por [*al*] *igual* 平等に, 均等に. *Repartió el pastel entre todos por igual.* 彼はみんなにケーキを均等に分けた.

sin igual 並はずれた, まれに見る. *una mujer de belleza sin igual* まれに見る美人. 類**sin par**.

—— 副 ❶ 同じように. —*Si en esta compañía te portas ~, ya te despedirán también.* もしこの会社で同じ行ないを続けていると, 君もやっぱり首を切られるぞ. ❷ きっと, おそらく(じゅうぶん…の可能性がある). —*I~ le ha pasado algo.* きっと彼に何か起こったのだろう. ❸【*poder* とともに用いられ】災いなどが起こりうる. —*I~ podías haberte roto una pierna.* 君は脚を1本折ることだってあり得たんだよ.

iguala [iɣuála] 女 ❶ 同じ[平ら]にすること. ❷ (医療・薬剤等のサービスの)医療協約. —*Te aconsejo que establezcas una ~ con el médico del pueblo.* 私は君に村の医師と診療の協約を結ぶように勧める. ❸ 協約金. ❹ 水準器, レベル.

igualación [iɣualaθjón] 女 ❶ 同じに[平らに]すること. ❷ 協約, 協定.

igualado, da [iɣualáðo, ða] 過分 形 ❶ 等しい, 同じの, 相違のない. —*En este momento, los dos van ~s a puntos.* この時点で, 2人は同点である. ❷ (鳥が)羽の生えそろった.

—— 女 《スポーツ》同点, 引き分け. —*En los últi-*

ijar 1079

*mos minutos nuestro equipo consiguió la ~. 最後の数分で我々のチームは同点に持ち込んだ. 類**empate**.

igualar [iɣualár] 他 ❶ (*a*) を平等に扱う, 同じにする. —*La ley iguala a hombres y mujeres.* 法の下では男女平等である. *Ha igualado siempre a todos sus hijos.* 彼はいつも子どもたち全員を平等に扱ってきた. (*b*) を平らにする, ならす. —*~ un camino* 道路を地ならしする. ❷ …に等しい, 匹敵する, …と同等である. —*Nadie le iguala en inteligencia en nuestra clase.* 私たちのクラスではだれも頭の良さで彼に及ぶ者はいない. ❸ を等しくする, 《数学》等号で結ぶ. —*Los dos candidatos igualaron el número de votos.* 2人の候補者は得票数が同じだった.

—— 自【+*a*/*con* と】❶ 同じである, 同等である. —*El color de los zapatos iguala con el de la americana.* 靴の色が上着の色と同じだ. ❷ …と引き分ける, 同点である. —*Los dos equipos igualaron a dos.* 両チームは2対2で引き分けた.

—— **se** 再 ❶【+*a* と】同じである, 同等である, 拮抗(きっこう)する. —*El interés por el fútbol se está igualando al del béisbol.* サッカーへの関心は野球に匹敵するものになりつつある. *Los dos colores se igualan.* 2つの色は同系色である. *Al final del partido se igualaron los resultados del marcador.* 試合の最後にスコアボードの結果は同じになった. ❷ 対等に付き合う, 自分を同等と見なす. —*~se con los pobres* 貧しい人々と分けへだてなく付き合う.

igualatorio [iɣualatórjo] 男 (*iguala* による)医療センター.

:igualdad [iɣualdá(ð)] 女 ❶ 平等, 同等. —*libertad, ~, fraternidad* 自由, 平等, 博愛. *~ de oportunidades* [*derechos*] 平等な機会[権利]. *Se enfrentaban en ~ de condiciones.* 彼らは平等な立場で向かいあった. *No tenían ~ de pareceres.* 彼らは同じ意見ではなかった. 類**equidad**. ❷ 《数学》方程式.

igualitario, ria [iɣualitárjo, rja] 形 (政治的, 社会的に)平等主義の. —*pensamiento ~* 平等主義思想. *En esta compañía las mujeres no reciben un trato ~.* この会社において女性たちは平等主義的な待遇を受けていない.

:igualmente [iɣualménte] 副 ❶ 同様に, やはり, 同じく. —*Las dos iban ~ peinadas.* 彼女たちは同じような髪型をしていた. *Es miembro, ~, de nuestra sociedad.* 彼もまた私たちの協会の会員. 類**asimismo, también**. ❷ (相手の挨拶に答えて)そちらも御同様に. —*Muchos recuerdos a su familia.* —*Gracias, ~.* ご家族によろしく. —ありがとう, そちらへもよろしく. *Te deseo que tengas unas vacaciones muy felices.* —*I~.* 楽しい休暇を過ごしてきてください. —あなたもどうぞ. ❸ 均等に, 平等に, 均一に.

iguana [iɣuána] 女 《動物》イグアナ. ♦中南米産の大トカゲで, 草食性.

iguanodonte [iɣuanoðónte] 男 《古生物》イグアノドン, 禽竜(きんりゅう).

ijada [ixáða] 女 (特に動物の)横腹, 脇(わき)腹. 類**ijar**.

ijar [ixár] 男 (特に人間の)横腹, 脇(わき)腹. 類**ijada**.

1080 ikastola

ikastola [ikastóla] 囡 (バスク語で教える)学校.

ilación [ilaθjón] 囡 ❶ 推論, 推理, 推定. 関連, つながり, まとまり. —Pronunció un discurso carente de ~. 彼はまとまりを欠いた講演を行なった. Expuso una serie de ideas interesantes pero sin ~. 彼は興味深い関連性のある考えを次々と披露した. 類 **conexión**.

ilativo, va [ilatíβo, βa] 形 ❶ 推論の, 推理の, 推定的な. ❷《文法》引き継ぎの. —conjunciones *ilativas* 引き継ぎの接続詞 (conque, por tanto など). 類 **continuativo**.

ilegal [ileɣál] 形 ❶ 違法の, 不法の. —Ha sido condenado a tres años de prisión por la venta ~ de drogas. 彼は麻薬の不法販売で禁固3年の刑に処された. 類 **ilegítimo, ilícito**. 反 **legal, legítimo**. ❷ 不法入国[滞在]の. —inmigrante ~ 不法滞在の移民.
—— 男女 不法入国[滞在]者.

ilegalidad [ileɣaliðá(ð)] 囡 ❶ 違法, 不法, 非合法. —Ha sido expulsado del país por trabajar en la ~. 彼は違法就労のため国外追放の処分を受けた. ❷ 違法[不法]行為. —Tu despido es una ~; deberías llevar el caso a los tribunales. 君の解雇は違法行為だ, 告訴に踏み切るべきだろう. 反 **legalidad**.

ilegible [ilexíβle] 形 ❶ 読めない, 判読できない. —letra ~ 判読不能の文字. ❷ 読むに値しない. ❸ 読んではいけない. —El juez ha declarado ~ esta obra. 裁判官はこの作品を禁書の処分にした.

ilegitimar [ilexitimár] 他 を違法[不法・非合法]とする. 反 **legitimar**.

ilegitimidad [ilexitimiðá(ð)] 囡 ❶ 違法, 不法, 非合法. ❷ 庶出, 私生. ❸ 不義, 不貞. ❹ 不正, 不当.

ilegítimo, ma [ilexítimo, ma] 形 ❶ 違法[不法・非合法]の. —ocupación *ilegítima* de un país. ある国の不法占拠. 類 **ilegal, ilícito**. 反 **legal, legítimo**. ❷ 庶出の, 私生の. —hijo ~ 私生児. 類 **adulterino, bastardo, natural**. 反 **legítimo**. ❸ 不義の, 不貞の. —relaciones matrimoniales *ilegítimas* 不義の夫婦関係. 類 **adulterino, adúltero**. ❹ 不正な, 不当な. —Ha presentado una denuncia contra la compañía por despido ~. 彼は不当解雇の理由で会社に対して訴えを起こした.

íleo [íleo] 男《医学》腸閉塞. 類 **vólvulo**.

íleon [íleon] 男《解剖》❶ 回腸. ❷ 腸骨.

ilerdense [ilerðénse] 形 イレルダ (Ilerda:Lérida の古名)の, レリダ (カタルーニャの1県)の.
—— 男女 レリダの人. 類 **leridano**.

ileso, sa [iléso, sa] 形 無傷の, 無事の. —salir ~ de un accidente 事故から無傷で助かる. 類 **indemne, sano y salvo**. 反 **herido**.

iletrado, da [iletráðo, ða] 形 ❶ 無教養な. 類 **inculto**. ❷ 文盲の. 類 **analfabeto**.

ilíaco, ca [ilíako, ka] 形 ❶ 回腸 (íleon) の. ❷ 腸骨 (ilion) の. ❸ トロヤ[トロイ](Ilion Troya) の.

iliberal [iliβerál] 形 ❶ 狭量な, 偏狭な. ❷ 物惜しみする.

ilicitano, na [iliθitáno, na] 形 エルチェ (Elche, 古名 Ilice アリカンテ県の1都市)の.
—— 名 エルチェ人.

ilícito, ta [ilíθito, ta] 形 ❶ 不法な, 違法の. —Ha sido arrestado por la tenencia ilícita de armas. 彼は武器の不法所持で逮捕された. 類 **ilegal, indebido**. ❷ 不倫の, 不義の. —mantener relaciones *ilícitas* con una mujer casada 人妻と不倫の関係を続ける. 類 **adúltero, ilegítimo**.

ilimitado, da [ilimitáðo, ða] 形 無制限の, 無限の. —responsabilidad ilimitada 無限責任. Puedes alquilar una casa en la playa por un plazo ~. 君は無期限で浜辺に別荘を借りられる. Los jóvenes tenéis delante posibilidades *ilimitadas*. 君ら若者たちは前途に限りない可能性がある.

iliterato, ta [iliteráto, ta] 形 無学な, 無知な. 類 **ignorante, iletrado, inculto**.

ilógico, ca [ilóxiko, ka] 形 ❶ 非論理的な, つじつまの合わない. —un razonamiento ~ 非論理的な推理. 類 **incoherente**. 反 **lógico, coherente**. ❷《話》不合理な, ばかげた, おかしな. —Sus palabras y acciones me parecen totalmente *ilógicas*. 彼の言動は全く不合理に思える. 類 **absurdo, insensato, disparatado**. 反 **sensato, razonable**.

ilota [ilóta] 男女 ❶ (古代ギリシア, スパルタの)農奴, 奴隷. ❷《まれ》賤[ﾞ]民; 市民権を奪われた人.

iluminación [iluminaθjón] 囡 ❶ 照明, 照らすこと. —~ indirecta 間接照明. La biblioteca tiene poca ~. その図書館は照明が暗い. ❷ イルミネーション, 電飾. ❸ (写本などの)彩飾. ❹ 啓発, 啓蒙.

*****iluminado, da** [iluminár̆o, ða] 過分 形 ❶ 照らされた. ❷ 啓示を受けた.
—— 名 ❶《宗教》照明派の信徒 (16～17世紀のスペインの異端派). ❷ 妄想家.

iluminador, dora [iluminaðór, ðóra] 形 ❶ 照明の, 照らし出す. —foco ~ スポットライト. ❷ 明らかにする.
—— 名 ❶ 照明係. ❷ 彩飾する人. —~ de libros 本の彩飾家.

:iluminar [iluminár] 他 ❶ (*a*) を照らす, 明るくする. —La luz del faro *iluminaba* el mar. 灯台の光が海を照らしていた. Esta lámpara ilumina poco. この電灯はあまり明るくない. 類 **alumbrar**. (*b*) …に照明をする, イルミネーションをほどこす. —El 1 de diciembre empiezan a ~ las calles. 12月1日から通りにイルミネーションが施される. ❷ (*a*) を啓発する, …に分かり易く解説する, 明らかにする. —Su conferencia nos *iluminó* a todos. 我々は皆彼の講演に啓発された. Sus notas *iluminaron* todos los detalles del suceso. 彼のメモが事件の全容を明らかにしてくれた. 類 **ilustrar**. (*b*) …に天啓[啓示]を与える. —iQue Dios me *ilumine*! 神が私に天啓を与えんことを. ❸ …に彩色をする, 色をつける. —~ un grabado 挿し絵に色をつける.
—— se 再 (顔・目が)明るくなる, 輝く, 喜色満面となる. —Al ver a su madre, sus ojos se *iluminaron*. 母親を見ると, 彼の目は輝いた.

iluminaria [iluminárja] 囡《主に複》イルミネーション, 電飾. —**luminaria**.

iluminismo [iluminísmo] 男《宗教》天啓説.
◆ 天の啓示を宗教の起源とする説.

:ilusión [ilusjón] 囡 ❶ 幻視, 幻影; 錯覚. —El espejismo es una ~. 蜃気楼は幻影である. ~ óptica 錯視. 類 **alucinación**. ❷ (*a*) 夢, 望

み, 期待. —Su ~ era viajar por todo el mundo. 彼の夢は世界中を旅行することだった. Los niños esperan con ~ la llegada de la Navidad. 子供たちはクリスマスの到来を期待して待っている. Ese viaje por el Japón me hace mucha ~. 日本を旅行するので私は今からわくわくしている. **(b)** はかない期待. —Hace años que vive con ~ de que le toque la lotería. 彼は長年宝くじが当たるようにとはかない期待をもって暮らしている. 類 **esperanza**. **(3)** **(a)** (わくわくさせる)喜び. —Tu visita me hizo [produjo] mucha ~. 君が訪ねてくれてとても嬉しかったよ. **(b)** 熱心. —trabajar con ~ 熱心に働く.

*forjar*SE [*hacer*SE] *ilusiones* (いつわりの)夢をはぐくむ[つくりあげる]. Él *se había hecho* muchas *ilusiones*, pero su proyecto fracasó. 彼はたくさん夢を抱いていたが彼の計画は失敗した.

:**ilusionar** [ilusionár] 他 **❶** …に期待[幻想]を抱かせる, わくわくさせる. —Me *ilusiona* pensar que voy a casarme con ella. 彼女と結婚すると考えただけで私はわくわくする. La *ilusionó* con falsas promesas. 彼女はうその約束に胸をときめかせた. **❷** を満足させる, 喜ばす. —Tu regalo le *ilusionó* enormemente. 君の贈り物に彼は大いに満足した. 類 **alegrar**.
— **se** 再 [+con に] 幻想を抱く, 期待を持つ, わくわくする. —*Se ilusionó* con la idea de hacer un viaje por Australia. オーストラリアを旅行するという考えに彼はわくわくした. *Se han ilusionado con* nuestro proyecto. 彼らは私たちの計画に期待を寄せいている.

ilusionismo [ilusionísmo] 男 手品. 類 **prestidigitación**.

:**ilusionista** [ilusionísta] 男女 手品師, 魔術師.

iluso, sa [ilúso, sa] 形 **❶** だまされた, たぶらかされた. —*I~* de ti si crees que te va a devolver el dinero. 彼が金を返してくれると思うなら, 君はだまされるぞ. **❷** だまされやすい; 夢見がちの. —Eres una romántica *ilusa*. 君は夢見るロマンチストだ.
— 名 夢想家. —Ha fracasado por ser un ~. 彼は夢想家ゆえに失敗した.

ilusorio, ria [ilusório, ria] 形 **❶** 偽りの, 幻の, 作りごとの. —Me engañó con promesas *ilusorias*. 私は彼のうその約束にだまされた. 類 **engañoso**. **❷** 空しい, 虚妄の. —Tus planes me parecen ~*s*. 君の計画は私には非現実的に思える.

:**ilustración** [ilustraθión] 女 **❶** 知識, 学識, 博識. —persona de poca ~ 学識のとぼしい人. **❷** **(a)** 挿し絵, 図解, イラスト. **(b)** 絵入り雑誌, 画報. **❸** (18世紀ヨーロッパの)啓蒙運動[主義]. —Las ideas de la *I~* pasaron de Francia a España. 啓蒙思想はフランスからスペインへ移っていった.

:**ilustrado, da** [ilustráðo, ða] 過分 形 **❶** 学識のある, 博識な. —persona *ilustrada*. 博識な人. hombres ~*s* 啓蒙運動家. **❷** 挿し絵入りの, 図解入りの. —libro ~ 絵本.
— 名 啓蒙派, 啓蒙主義者.

ilustrador, dora [ilustraðór, ðóra] 形 説明[解説]になる, 説明として役立つ, 実例になる. —dibujo [ejemplo] ~ 説明の挿絵[例].
— 名 挿絵画家, イラストレーター.

:**ilustrar** [ilustrár] 他 **❶** …に挿絵[写真, 図版]を入れる, を図解する. —~ un libro de cuentos 物語の本に挿絵を入れる. diccionario *ilustrado* 図解入り辞典. **❷** を(例を挙げて)説明する, 解説する, 例証する. —El congresista *ilustró* su comunicación utilizando diapositivas. 発表者はスライドを用いて彼の発表を解説した. **❸** を啓発する, 啓蒙する, 教示する. —El profesor *ilustra* a sus alumnos. 先生は生徒たちを啓発する. **❹** を有名にする.
— **se** 再 知識を得る, 教養を高める, 見聞を広める. —Cuando joven, viajó por todo el mundo para ~*se*. 彼は若いころ見聞を広めるために世界中を旅行した.

ilustrativo, va [ilustratíβo, βa] 形 説明に役立つ; 解説になる. —diapositivas *ilustrativas* 解説用スライド. He leído un artículo que me ha resultado muy ~ para mi tesis. 私は博士論文の論旨に非常に説得力を与えてくれることになった論文を読んだ. 類 **ilustrador, revelador, sintomático**.

:**ilustre** [ilústre] 形 **❶** すぐれた, 卓越した. —escritor ~ 著名な作家. familia ~ 貴族. 類 **célebre, famoso, insigne**. **❷** 著名な, (敬称として)令名高き. —Esta carta va dirigida al ~ señor director. この手紙は令名高き所長に宛てられている.

ilustrísimo, ma [ilustrísimo, ma] [*ilustre* の絶対最上級] 形 すぐれて高名な, ご高徳なる. ◆ 政治家・学者・宗教家などの高位にある人に対する敬称で, 'señor', 'señora' の前につけて用いられる. ((略)Ilmo, -ma).

Su ilustrísima 猊下(ᵍᵉ)(司教に対する敬称).

im- [im-] 接頭 [in- の異形] —*im*batible, *im*borrable, *im*posible; *im*buir, *im*poner, *im*portar.

:**imagen** [imáxen] [複 *imágenes*] 女 **❶** 姿, 像; 映像, 画像. —~ de fondo 背景画像. Contemplaba, absorto, su ~ reflejada en el agua. 彼は水に映る自分の姿をぼう然と眺めていた. Las *imágenes* de la película eran nítidas. その映画の画像は鮮明だった. ~ real [virtual] 実[虚]像. **❷** 像, 彫像, 偶像. —una ~ de bronce ブロンズ像. **❸** (心に描かれた)像, 心像. —Guarda la ~ de su madre muy viva en la mente. 彼の心の中に母の姿はとても鮮明に残っている. **❹** **(a)** 比喩(表現), メタファー. —una poesía llena de bellas *imágenes*. 美しい比喩に満ちた詩句. 類 **metáfora, tropo**. **(b)** イメージ, 象徴. —El pueblo tiene una ~ muy desfavorable del primer ministro. 国民は首相に対して好ましくないイメージをもっている. ~ pública 世評. Ese político cuida mucho su ~. その政治家は自分のイメージをとても大切にしている.

a imagen de …と同じように, …に似せて. Siempre se comporta *a imagen de* su padre. 彼はいつも父と同じようにふるまう. Dios creó al hombre *a su imagen* y semejanza. 神は自分の姿に似せて人を創造された.

congelar la imagen (画像などを)静(ʲ)止する.

quedarse para vestir imágenes (女性が)未婚のままでいる.

ser la viva imagen [imagen viva] de …によく似ている, …そのものである. *Es la viva imagen de* su padre. 彼はお父さんに生き写しである。Ella *era la imagen viva* de la desesperación. 彼女は絶望そのものであった。

*imaginable [imaxináβle] 形 想像できる、考えられる、想像できる限りの。—Me prometió todo lo ~. 彼は私に考えられる限りのあらゆることを約束した。

‡imaginación [imaxinaθjón] 女 ❶ 想像(力)、創造(力)。— ~ artística 芸術的想像力。Tiene una ~ desbocada. 彼はとっぴな想像をする。❷ 空想、妄想。—Eso no es verdad, son *imaginaciones* tuyas. それは本当じゃない、君の空想だ。

ni por imaginación 決して…しない。*Ni por imaginación* le pediré ayuda. 私は彼に助けを求める気など全くない。

pasar por la imaginación 心に浮かぶ、思いつく。No se me *pasó por la imaginación* que pudiera tocarme el premio gordo. 私に宝くじの特賞が当たるとは思いもよらなかった。

**imaginar [imaxinár イマヒナル] 他 を想像する、を思い描く。—*Imaginó* un mundo sin guerras. 彼は戦争のない世界を想像した。類 figurar. ❷ …と思う、考える。—*Imagino* que avisará antes de venir. 彼は来る前に知らせてくれると私は思う。❸ を考え出す、考案する、…に思い当る。—*Imaginó* un truco para que no le molestaran. 彼は彼らに邪魔されないよううまいやり方を思いついた。類 idear, inventar.

—— se 再 …と想像する、思う、を思い描く『+名詞, +que+直説法』。—*Se imaginó* la pena que sentiría su madre. 彼は母親が感じていただろう悲しみを思いやった。*Imagínate* que estás en Kioto. 君がいま京都にいると想像してごらん。No puedes ~ *te* cuánto me alegro. 君は私がどんなに喜んでいるか想像できない。*Me imagino* que a esta hora estará durmiendo. 私はこの時間彼が寝ているだろうと思う。類 figurarse.

imaginaria¹ [imaxinárja] 女 《軍事》❶ 待機[予備]部隊。❷ 夜勤、不寝番。—estar de ~ 不寝番をしている。

—— 男 不寝番(不寝番)の兵士。

*imaginario, ria² [imaxinárjo, rja] 形 ❶ 想像上の、架空の。—El ecuador es una línea *imaginaria*. 赤道は想像上の線である。enemigo ~ 仮想敵。類 ficticio. 反 real. ❷ 《数学》虚数の。—número ~ 虚数。

imaginativo, va [imaxinatíβo, βa] 形 ❶ 想像(上)の、空想の、架空の。—una historia *imaginativa* 想像の物語。❷ 想像力に富んだ、創意あふれる。—un niño ~ 想像力豊かな子ども。Para sacar adelante la empresa te hacen falta personas *imaginativas*. その事業を成功させるために、君には想像力豊かな人材が必要だ。

imaginería [imaxinería] 女 ❶ 聖像彫刻; 聖像画。❷ 絵画刺繍(ししゅう)。❸ 文学的形象。

imaginero [imaxinéro] 男 聖像彫刻家、聖像画家。

imán [imán] 男 ❶ 磁石; 磁鉄。❷ 魅力。—Ese hombre es un ~ para las mujeres. その男は女たちにとって魅力的だ。類 atractivo. ❸ (回教徒の祈祷(きとう)の)音頭役。

imanación [imanaθjón] 女 磁化、磁性を与えること。類 imantación.

imanar [imanár] 他 を磁化する、…に磁気を与える。—~ el hierro 鉄に磁気を与える。類 imantar, magnetizar.

imantación [imantaθjón] 女 →imanación.

imantar [imantár] 他 →imanar.

imbatible [imbatíβle] 形 無敵の、負け知らずの。類 invencible.

imbatido, da [imbatíðo, ða] 形 常勝の、負け知らずの。—Ese equipo aún sigue ~. そのチームはまだ常勝を続けている。類 invicto.

imbécil [imbéθil] 形 ❶ 《医学》痴愚の、精神薄弱な。❷ ばかな、愚かな。—¡No seas ~! ばかなまねをするな! ¡Qué mentira más ~! なんと愚かしいうそだ! 類 idiota, tonto.

—— 男女 ❶ 《医学》痴愚者、精神薄弱者。❷ ばか、愚か者。—¡Cállate, ~! 黙れ、ばかめ!

imbecilidad [imbeθiliðá(ð)] 女 ❶ 《医学》痴愚、精神薄弱。❷ ばかな[愚かな]言動。—¡No hagas más ~ *es*! これ以上ばかなまねをするな! Es una ~ querer convencerle sabiendo lo cabeza dura que es. 彼の頑固さを知りながら説得しようとするのは、愚かしいことだ。

imberbe [imbérβe] 形 まだひげの生えていない。

imbibición [imbiβiθjón] 女 吸収。

imbornal [imbornál] 男 ❶ 排水口。❷ (船舶)甲板排水孔、水落とし。

imborrable [imborráβle] 形 ❶ 消せない、消えない。—una tinta ~ 消えないインク。類 indeleble. ❷ 永続的な、忘れられない。—Guardo un recuerdo ~ de mi viaje a Japón. 私には日本旅行の忘れがたい思い出がある。類 inolvidable.

imbricación [imbrikaθjón] 女 ❶ 瓦(かわら)[鱗(うろこ)]状の重なり合い。—tejado construido por ~ 瓦状に造られた屋根。❷ 瓦[鱗]状配列[模様]。❸ 鱗形の装飾。

imbricado, da [imbrikáðo, ða] 形 瓦(かわら)[鱗(うろこ)]状の。

imbricar [imbrikár] [1.1] 他 を瓦(かわら)状に重ね合わせる。

—— se 再 ❶ 瓦状に重なり合う。❷ (問題などが)入り組む、密接につながる。

imbuir [imbuír] [11.1] 他 『+de』(人)に(思想など)を吹きこむ。—Ese amigo le *ha imbuido* de ideas erróneas. その友人は彼に誤った考えを吹きこんだ。No sé quién ha podido —le esa afición a la música. 誰が彼をそんな音楽好きにすることができたのか私はわからない。類 infundir.

—— se 再 『+de』(思想などに)かぶれる。—En su viaje al extranjero *se imbuyó* de ideas nuevas. 彼は外国旅行で新しい思想にかぶれた。

imitable [imitáβle] 形 ❶ まねできる。—firma ~ まねのできる署名。❷ 模倣に値する、手本になる。—conducta ~ 模範的な行ない。

‡imitación [imitaθjón] 女 ❶ まね、模倣、模造。—Hace una buena ~ de conocidos políticos. 彼は有名な政治家の物まねを上手にする。Su proceder es digno de ~. 彼の行いは手本にする価値がある。❷ 模倣作品、模造品、イミテーション。—Esta obra es una ~. この作品は模造だ。No es piel, sino una ~. これは皮ではなくて模造品だ。joyas [perlas] de ~ 模造宝石[真珠]。bolso ~ cocodrilo ワニ革ハンドバッグの模造品。

a imitación de … …をまねて。

*imitador, dora [imitaðór, ðóra] 形 まねをす

る, 模倣する. ── 图 模倣する人, 物まね.

imitar [imitár] 他 をまねる, 模倣する, …に似せる. ─*Imita* la forma de vestir de su ídolo. 彼は自分のアイドルの服装をまねている. *Imita* muy bien la letra y firma de su padre. 彼は父親の字とサインを非常にうまくまねて書く. Esta torre *imita* la torre Eiffel. この塔はエッフェル塔を模倣したものだ. ─ 自 〖+en に〗似せている, (…の)模造品である. ─Este vinilo *imita* muy bien al cuero. このビニールは非常によく革製品を模造している.

imitativo, va [imitatíβo, βa] 形 模倣の, 模倣的な. ─Los japoneses tienen una gran capacidad *imitativa*. 日本人は大変な模倣能力がある.

‡impaciencia [impaθjénθja] 女 **我慢できないこと, じれったさ, いらだち; 性急.** ─En cuanto el tren se retrasa unos minutos expresa su ~. 汽車が数分遅れるとすぐ彼はいらだちを見せる. 反 **paciencia**.

***impacientar** [impaθjentár]〔<impaciente〕他 をいらいら[じりじり]させる, 我慢できなくする, もどかしがらせる. ─Me *impacienta* su lentitud al hablar. 彼が話をするときののろさにはいらいらする. ── **se** 再 〖+con/por に〗いらいら[じりじり]する, 我慢できなくなる. ─Se *impacientó* por el atasco que había en la carretera. 彼は道路の渋滞に我慢し切れなくなった. Al ver que ella no venía, comenzó a ~se. 彼女が来ないのを見て, 彼はいらいらし始めた.

‡impaciente [impaθjénte] 形 ❶ せっかちな, 短気な. ─persona ~ せっかちな人. 反 **paciente**. ❷ 〖+con/de/por〗しきりに…したがる, 熱心な. ─Los niños están ~s *por* ver los regalos. 子供たちは贈り物を見たくてうずうずしている. ❸ 〖+con/por〗気がかりな, 不安な. ─Está ~ *con* la tardanza. 彼は遅れていることが気がかりだ. Está ~ *por* conocer el resultado de los exámenes. 彼は試験の結果が知りたくてうわの空である. 類 **intranquilo**.

impactante [impaktánte] 形 印象が強い, 衝撃的な.

impacto [impákto] 男 ❶ 衝撃, (物理的)ショック; 強い影響[効果]. ─El ~ de la caída. 芝生は落下の衝撃を和らげた. El ~ de la crisis petrolera en la economía ha sido muy grande. 石油危機の経済への影響は甚大なものであった. Aún no ha superado el ~ que le produjo la muerte de su amigo. 彼はまだ友人の死がもたらしたショックから立ち直れていない. ❷ (弾丸の)衝撃, 弾痕. ─El cadáver presentaba cuatro ~s de bala. その死体には4つの弾痕が見られた. 類 **señal**. ❹ (情報)ヒット.

impagable [impayáβle] 形 ❶ 支払えない. ─Este alquiler es ~ para mi salario. この賃貸料は私の給料では支払えない. ❷ 測り知れない. ─Me ha hecho un favor ~. 彼は私にこの上なくありがたい力となってくれた. 類 **inapreciable, inestimable**.

impagado, da [impayáðo, ða] 形 未払いの. ── 男 未払いの者, 滞納者.

impago, ga [impáyo, ya] 形 〖アルゼンチン, チリ, エクアドル〗未払いの, 未納の. ── 男 未払い. ─Le han procesado por ~ de las deudas. 彼は借金の未払いで起訴された.

---

impalpabilidad [impalpaβiliðáð] 女 さわれないこと; 感知できないこと.

impalpable [impalpáβle] 形 ❶ さわれない; 感知できない. ─La enfermedad del padre hizo ~ la alegría de la boda. 父親の病気のため, 結婚式の喜びが感じられなくなった. 反 **palpable**. ❷ 〖比喩〗ごく細かい, 微細な. ─ polvo ~ ごく細かいほこり[粉]. 類 **ligero, sutil**.

impar [impár] 形 ❶ 奇数の. ─número ~ 奇数. 類 **non**. 反 **par**. ❷ 比べようのない, 比類なき. ─Es una mujer de ~ belleza. 彼女は比類なき美貌を持つ女性だ. ── 男 奇数.

imparable [imparáβle] 形 止められない. ─El gol era ~. (サッカーで)そのゴールは止められなかった.

imparcial [imparθjál] 形 公平な, 公正な, 片寄らない. ─una decisión ~ 公平な決定. 類 **ecuánime, justo**. 反 **parcial**.

imparcialidad [imparθjaliðáð] 女 公平, 公正, 偏らないこと. ─La ~ del árbitro fue dudosa. 審判の公平さは疑わしかった. 類 **ecuanimidad, rectitud**. 反 **parcialidad**.

impartir [impartír] 他 を(分け)与える, 授ける. ─*Imparte* clases de japonés en una academia. 彼はある学校で日本語の授業をしている. El obispo *impartió* la bendición a los fieles. 司教は信徒たちに祝福を与えた. ❷ を知らせる, 伝える.

impase [impáse] 男 ❶ 袋小路, 行き詰り. ❷ 危機, 苦境. ─Las negociaciones se encuentran en un ~ desde hace varios meses. 交渉は数か月前から暗礁に乗りあげている. 類 **atascamiento, crisis**.

impasibilidad [impasiβiliðáð] 女 無感動, 平静, 物に動じないこと. ─Recibió con~ la noticia de que tenía cáncer. 彼は癌(がん)を患っているとの知らせを平然と受け取った.

impasible [impasíβle] 形 無感動な, 動じない, 平然とした. ─El rostro del condenado a muerte permanecía ~. 死刑囚の顔は平然としたままであった. 類 **imperturbable**.

impavidez [impaβiðéθ] 女 大胆; 冷静沈着.

impávido, da [impáβiðo, ða] 形 大胆な; 冷静沈着な. ─Los soldados esperaron ~s la acometida. 兵士たちは冷静沈着に襲撃を待った. 類 **impertérrito**. ❷ 無感動な. ─Aguantó ~ los insultos. 彼は動ずることなく侮辱に耐えた. 類 **impasible**.

impecabilidad [impekaβiliðáð] 女 ❶ 完璧, 完全無欠. ❷ 誤りのないこと, 無謬(びゅう)(性).

impecable [impekáβle] 形 ❶ 〖estar+〗(物事について)完璧な, 完全無欠な. ─Siempre lleva un traje ~. 彼はいつも完璧な状態の服を着ている. ❷ 〖ser+〗(人の行動について)申し分のない, 非のうちどころのない. ─comportamiento ~. 申し分のない身だしなみ.

impedancia [impeðánθja] 女 〖電気〗インピーダンス, 交流抵抗.

impedido, da [impeðíðo, ða] 過分 形 ❶ 妨げられた, 妨害された. ─El paso por esta calle está ~. この通りの通行が妨げられている. ❷ 体[肢体]の不自由な. ─Tiene que cuidar de su anciana e *impedida* madre. 彼は年老いて体の不自由な母親の世話をしなければならない.

impedido de (体の部位)の不自由な. Está *impedido de* una pierna. 彼は足が不自由である.
—— 形 体[肢体]の不自由な人. —— ~ físico 肢体不自由者.

impedimenta [impeðimén̄ta] 女 《軍事》(行軍の邪魔になる)軍用行李[貨物].

*****impedimento** [impeðiménto] 男 ❶ 妨げとなる物, 支障, 障害. — poner ~s a la construcción de la nueva autopista 新しい高速道路の建設を妨害する. 類**embarazo, estorbo, obstáculo**. ❷ 《法律》婚姻障害.

⁑impedir [impeðír] [6.1] 他 を妨げる, 妨害する, 邪魔する. — La huelga nos *impidió* viajar. ストライキのせいで私たちは旅行を妨げられた. Un guardia nos *impidió* la entrada en el edificio. 私たちが建物に入ることを警備員が妨げた. Una roca desprendida *impide* el paso de los automóviles. 崩れた岩が車の通行の邪魔をしている. Esta valla *impide* que las motos entren en el parque. この柵はオートバイが公園に入るのを防いでいる.

impeditivo, va [impeðitíβo, βa] 形 障害になる, 邪魔な.

impelente [impelénte] 形 ❶ 推進力になる. — bomba ~ 押上げポンプ. ❷ 駆り立てる[促す](ような).

impeler [impelér] 他 ❶ を推進する; 押しやる. — El fuerte viento *impelía* la nave hacia el acantilado. その強風は船を断崖の方へ押しやっていた. ❷ を駆り立てる, 促す. — El afán de poder es lo que le *impele* a entrar en la política. 権力の渇望が彼を政界進出へと駆り立てるものだ. 類 **estimular, incitar**.

*****impenetrabilidad** [impenetraβiliðað] 女 ❶ 入ることができないこと. ❷ 分かりにくいこと, 不可解. — La ~ de su rostro me dejó perplejo. 彼の不可解な表情に私は当惑してしまった.

⁑impenetrable [impenetráβle] 形 ❶ [+a] …が突き通せない, …がはいり込めない, を通さない. — selva ~ 通りぬけられない密林. pared ~ al calor 熱を通さない壁. ❷ 不可解な, 測り知れない. — su actitud ~ 彼の不可解な態度. misterio [enigma] ~ 測り知れない秘密[謎]. Los japoneses tienen fama de ser personas ~s. 日本人は不可解な人たちであるという評判である.

impenitencia [impeniténθja] 女 罪を悔悟しないこと.

impenitente [impeniténte] 形 ❶ 罪を悔悟しない, 改悛の情のない. ❷ 頑迷な, 性懲りのない. — Es un trasnochador [derrochador] ~. 彼は性懲りのない夜更かしや[浪費家]だ. 類**incorregible**.

impensable [impensáβle] 形 考えられない, 思いもよらない; ばかげた.

impensadamente [impensáðaménte] 副 思いがけず.

impensado, da [impensáðo, ða] 形 ❶ 思いがけない, 予期しない. — Ha sido una suerte *impensada* encontrar este piso tan céntrico y barato. そんなに都心に近くて安いマンションを見つけたのは, 思いがけない幸運であった. ❷ 考えていない. — una respuesta *impensada* 考えていない答. ❸ (統計で)無作為の.

impepinable [impepináβle] 形 《話》明白な, 当然至極な, 議論の余地のない. — Es un hecho ~ que no admite discusión. それは議論の余地のない明白な事実だ. 類 **incuestionable, indiscutible**.

imperante [imperánte] 形 ❶ 現行の. — el régimen ~ 現行体制. ❷ 《比喩》支配的な, 優勢な. — tendencia [viento, moda] ~ 支配的な傾向[風, 流行].

⁑imperar [imperár] 自 支配する, 君臨する; 優勢である. — Entonces *imperaba* Nerón. 当時はネロが君臨していた. España *imperaba* en los mares. スペインは海洋を支配していた. En ese país *imperan* la violencia y el desorden. その国では暴力と無秩序が支配的である. 類**dominar, mandar, predominar**.

*****imperativo, va** [imperatíβo, βa] 形 ❶ 命令的な, 威圧的な, 有無を言わせない. — Es una madre *imperativa*. 彼女は押しつけがましい母親だ. Ella se lo pidió en un tono tajante e ~. 彼女はきっぱりとした命令口調で彼にそれを頼んだ. 類 **autoritario, exigente**. ❷ 《文法》命令法[形]の, 命令の. — modo ~ 命令法. El verbo de la oración "ven aquí" está en modo ~. "ven aquí" という文の動詞は命令法になっている. ❸ 絶対必要な, 緊急の, 差し迫った. 類**urgente**.
—— 男 ❶ 《文法》命令法, 命令形. — El ~ no tiene más que segunda persona. 命令法には2人称しかない. ❷ 至上命令, 必要条件, 絶対必要なこと. — Lo hizo por ~ moral. 彼は倫理的な必要性からそれを行った. Entonces era ~ renegar del pasado franquista. 当時はフランコ時代の過去を否定することが至上命令だった. 類**exigencia, imposición**.

imperceptible [imperθeptíβle] 形 ❶ 知覚できない[見えない, 聞こえない, 等]. — un sonido ~ al oído humano 人間の耳には知覚できない音. 類**insensible**. ❷ かすかな, ごくわずかな. — En su rostro se dibujó una ~ sonrisa. 彼の顔にかすかな微笑みが現れた. 反**perceptible**.

imperdible [imperðíβle] 形 負けられない; 必勝の.
—— 男 安全ピン.

imperdonable [imperðonáβle] 形 許せない, 容赦できない. — Has cometido un error ~. 君は許しがたい誤りを犯した. Sería ~ que destruyeras tu felicidad. 君が彼の幸福をぶちこわすとしたら許せないことだろう. 反**comprensible, excusable**.

imperecedero, ra [impereθeðéro, ra] 形 不滅の, 不朽の, 永遠の. — fama *imperecedera* 絶えることのない名声. 類**eterno, inmortal**. 反 **perecedero**.

imperfección [imperfekθjón] 女 ❶ 不完全; 不十分. — La ~ de su trabajo se debe a la falta de experiencia. 彼の仕事が不完全なのは経験不足による. 反**perfección**. ❷ 欠点, 欠陥. — La tela tiene algunas *imperfecciones* y me la han dejado más barata. その布は少々きずがあるので, より安くしてもらえた.

imperfecto, ta [imperfékto, ta] 形 ❶ 不完全な, 不十分な. — El protagonista ha hecho una interpretación bastante *imperfecta*. 主役はかなり不満の残る演技をした. ❷ 《文法》不完了の. — pretérito ~ 不完了過去.

imperial [imperiál] 形 皇帝の, 帝国の, 堂々とした. —corona ~ 帝冠. familia ~ 皇室, 帝室; 皇帝一家.

Su Alteza Imperial 皇帝[皇后]陛下.
— 女 (馬車などの)屋根上の席, (2 階付きバスなどの)2 階.

imperialismo [imperialísmo] 男 帝国主義.

imperialista [imperialísta] 形 帝国主義の; 帝国主義的な. —Investiga la política ~ de Carlos V. 彼はカルロス5世の帝国主義的政策を研究している.
— 男女 帝国主義者.

impericia [imperiθía] 女 未熟, 拙劣, 無能. 反 pericia.

:imperio [império] 男 ❶ 帝国, 政庁. —el Sacro *I*~ (Romano) 神聖ローマ帝国. Roma durante el ~ 帝政期のローマ. ❷ 帝位, 治世. —el ~ de Augusto アウグストゥスの治世. ❸ 権力, 勢力; 尊大, 横柄. —Manda con ~. 彼は尊大に命令する. Vivimos sometidos al ~ de la informática y la comunicación 我々はコンピューターとマスコミの権勢の前にひざまずいて生きている. ❹ ナポレオン帝政期の芸術様式. —una mesa [silla] de estilo ~ ナポレオン帝政様式のテーブル[椅子].

valer un imperio 価値がある, すばらしい, 功績がある. Tiene una secretaria que *vale un imperio*. 彼はすばらしい秘書をもっている.

imperioso, sa [imperióso, sa] 形 ❶ 威圧的な, 横柄な, 傲慢な. —Dijo con voz *imperiosa* que nos marcháramos. 彼は押さえつけるような声で我々に出ていくように言った. 類 **autoritario**. ❷ 差し迫った, 緊急の. —Para mí es una necesidad *imperiosa* encontrar un empleo. 私にとって職を見つけることは差し迫った必要だ. 類 **indispensable, ineludible**.

imperito, ta [imperíto, ta] 形 未熟な, 下手な. 反 **perito, experto**.

impermeabilidad [impermeaβiliðáð] 女 水を通さないこと, 防水性.

impermeabilizar [impermeaβiliθár] [1.3] 他 を防水加工する.

impermeable [impermeáβle] 形 不浸透性の; 水を通さない, 防水(加工)の. —un traje ~ 防水着. — 男 レインコート.

*** impersonal** [impersonál] 形 ❶ 個性[独創性]のない, 没個性的な. —No me gusta la decoración ~ de su casa. 私は彼女の個性のない装飾が好きではない. 類 **banal, neutro**. 反 **original, personal**. ❷ 非個人的な, 個別的でない, 一般的な. —Recibimos un tratamiento ~. 私たちは一般的な扱いを受けた. ❸ 《文法》非人称の, 無主語の. —oración ~ 非人称文, 無主語文. "Llover" es un verbo ~. llover は非人称動詞である.

impersonalidad [impersonaliðáð] 女 ❶ 無[没]個性, 非人格性. —La ~ de los jóvenes de hoy es alarmante. 今日の若者たちの無個性ぶりは心配だ. ❷ 《文法》非[無]人称.

impertérrito, ta [impertérito, ta] 形 落ち着いた, 冷静な, 物に動じない. —El niño permaneció ~ mientras el profesor la reprendía. その子どもは先生に叱られている間も, 動じないままであった. 類 **impasible, inalterable**.

impertinencia [impertinénθia] 女 ❶ 無礼, 失礼. ❷ 無礼な言葉[行為]. —Has cometido una ~ al preguntarle la edad. 君は彼女に年齢を尋ねるという非礼を犯した. Cállate, ya has dicho bastantes ~s. 黙りなさい, 君はもうさんざん無礼なことを言ったのだから.

impertinente [impertinénte] 形 ❶ 無礼な, 失礼な. —No quiero contestar tus ~s preguntas. 私は君の失礼な質問には答えたくない. ❷ ずうずうしい. —¡Qué curiosa y qué ~ es! 彼女は何と詮索好きで, 何とずうずうしいのだろう. 類 **cargante, pesado**. ❸ 不適切な. —Sería ~ plantear ahora el problema. 今その問題を提起するのは不適当ではなかろうか. 類 **indiscreto**.

en tono impertinente 高圧的に, 横柄に. 類 **autoritario**.
— 男 複 柄付きめがね.

imperturbabilidad [imperturβaβiliðáð] 女 動じないこと, 平然としていること, 冷静沈着.

imperturbable [imperturβáβle] 形 動じない, 平然とした, 冷静沈着な. —una mirada ~ 動じない視線. En medio de aquella terrible confusión, él mantuvo una serenidad ~. あのひどい混乱の最中にあって, 彼は平然と落ち着きはらっていた. 類 **impasible**.

impétigo [impétiɣo] 男 《病理》濃痂疹(のうかしん), 飛び火.

impetración [impetraθión] 女 《文》願い出ること, 嘆願, 祈願.

impetrante [impetránte] 形 願い出る, 願い出の.

impetrar [impetrár] 他 ❶ を願い出る. —El padre *impetró* el perdón de su hijo. 父親は息子の許しを願い出た. 類 **implorar, suplicar**. ❷ (願い出たもの)の許可を得る.

:ímpetu [ímpetu] 男 ❶ (何かが突進するときの)激しさ, 猛烈さ. —el ~ de las olas [de los ataques] 波[攻撃]の激しさ. El ~ de la multitud me empujó hasta la salida. 群衆の激しい力で私は出口まで押しやられた. ❷ 元気, 活力, 力強さ. —Inició su jornada con mucho ~. 彼はたいそう元気に一日の仕事を始めた. ❸ 性急さ. —el ~ de la juventud 若者の性急さ. 類 **impetuosidad**.

impetuosidad [impetuosiðáð] 女 激しさ, 激烈さ. —moderar la ~ 激しさを緩和する. 類 **ímpetu**.

:impetuoso, sa [impetuóso, sa] 形 ❶ 激しい, 猛烈な, 激烈な. —ataques ~s 猛攻撃. ~ discurso 過激な演説. viento ~ 猛烈な風. Ella tiene un carácter ~ que casi da miedo. 彼女は人をこわがらせかねないほどの激しい性格をしている. 類 **dinámico, frenético, violento**. ❷ (人・行動が)衝動的な, 一時の感情に駆られた, 向こう見ずの. —No seas tan *impetuosa* y piensa un poco antes de decidir. そんなに衝動的にならずに決める前に少し考えなさい. 類 **impulsivo, irreflexivo, vehemente**.

impid [impí(ð)] 動 impedir の直・現在/完了過去, 接・現在/過去, 命令・2 単, 現在分詞.

impiedad [impieðáð] 女 ❶ 不敬虔(けん), 不信心. ❷ 冷酷, 冷淡. —Golpeaba al pobre muchacho con tremenda ~. 彼はその可哀想な少年を冷酷無比になぐりつけていた.

1086 impío

impío, a [impío, a] 形 ❶ 不敬虔(☆)な, 不信心な. —un hombre ~ 敬虔[不信心]な人. La quema de la iglesia ha sido un acto ~. 教会の焼き打ちは神を冒涜(☆)する行為であった. 類 **irreverente**. ❷ 冷酷な, 冷淡な. —Me ha dejado perplejo el trato ~ que da a su anciana madre. 彼の年老いた母親に対する無慈悲な振舞いは私を当惑させた.
—— 名 不敬虔[不信心]な人. —Después de dejar el convento se convirtió en un ~. 修道院を去ってから彼は不信心な人間になった.

implacabilidad [implakaβiliðá(ð)] 女 ❶ 情容赦のないこと, 無慈悲なこと. ❷ 和(☆)らげられないこと, 抵抗しがたいこと.

:**implacable** [implakáβle] 形 **容赦のない**, 仮借ない, 無慈悲な. —el ~ sol del mediodía ぎらぎら照りつける真昼の太陽. el paso ~ del tiempo 容赦ない時の経過. Es ~ cuando se trata de falta de educación. 彼女は不作法に関しては容赦がない.

implantación [implantaθjón] 女 ❶ 導入, 設置, 植えつけること. —A la guerra civil siguió la ~ de la democracia. 内戦に民主主義の導入が続いた. ❷《医学》移植. —La ~ del corazón ha tenido éxito. その心臓移植は成功した. 類 **trasplante**.

implantar [implantár] 他 ❶ を導入する, 設置する; 植えつける. —El nuevo gobierno *implantará* una reforma tributaria. 新政府は税制改革を断行するであろう. Durante mucho tiempo París *implantó* la moda. 長い間パリが流行の先端を行った. 類 **establecer, instaurar**. ❷《医学》を移植する.
—— **se** 再 導入される; 定着する, 根をおろす. —A partir de abril *se implantará* un nuevo horario de trenes. 4月から新しい列車の時刻表が導入される. La moda del pantalón vaquero *se implantó* primero en Norteamérica. ジーパンの流行は最初米国に定着した.

implicación [implikaθjón] 女 ❶ (犯罪への)関わり合い. —Se ha probado su ~ en el escándalo de malversación de fondos. 彼の公金横領スキャンダルへの関わり合いは立証された. ❷ (論理的)結果. —El problema puede tener *implicaciones* imprevisibles. その問題は予見できない結果を生じうる. ❸ 合意, 言外の意味. ❹ 矛盾.

:**implicar** [implikár] [1.1] 他 ❶ 〖+en に〗**巻き添えにする**, 連座させる, 巻き込む. —Un colega lo *implicó* en el desfalco. ある同僚が彼を横領事件に巻き込んだ. ❷ を含む, 包含する; 意味する. —Olvido no *implica* perdón. 忘れることは許すことを意味するわけではない. ❸ を伴う, 引き起こす, 生じる. —Este puesto *implica* una gran responsabilidad. この職務は重い責任を伴う.
—— 自〖主に否定文で〗妨げる, 矛盾する. —Esto no *implica* para que sea un buen padre de familia. このことは彼が一家のよい父親となるのに妨げとはならない. 類 **obstar**.
—— **se** 再 巻き添えをくう, 連座する, 巻き込まれる. ——*se* en un asunto de soborno 収賄事件に巻き込まれる.

implícitamente [implíθitaménte] 副 暗に, 暗黙のうちに.

implícito, ta [implíθito, ta] 形 暗に含まれた, 暗黙の, 暗々裡(*)の. —El acuerdo estaba ~ en su mirada. 合意の意思は彼の眼差しに暗に含まれていた. 反 **explícito**.

imploración [imploraθjón] 女 嘆願, 哀願.

implorar [implorár] 他 を嘆願[哀願]する. —*Imploró* a Dios el perdón de sus enemigos. 彼は自分の敵たちを許すよう神に嘆願した. 類 **impetrar, suplicar**.

implosión [implosjón] 女《音声》内破.

implume [implúme] 形 羽のない.

impolítico, ca [impolítiko, ka] 形 無作法な, 礼儀知らずの. 類 **descortés**.

impoluto, ta [impolúto, ta] 形 けがれのない, きれいな, 清浄無垢な. —nieve *impoluta* きれいな雪. 類 **limpio, inmaculado**.

imponderable [imponderáβle] 形 ❶ 評価できない, 計り知れない. —El tifón ha causado daños ~s. その台風は計り知れない被害を引き起こした. ❷ 不測の, 予期できない. —Son muchos los factores ~s que pueden intervenir en la vida de una persona. 人間の生活に介入しうる不測の要因は多い.
—— 男〖主に複〗不測の要因. —Si no surgen ~s, llegaremos pasado mañana. 思わぬ事態がなければ, 我々は明後日到着する. 類 **imprevistos**.

:**imponente** [imponénte] 形 ❶ 威風堂々とした, 威厳のある; 威圧的な. —campo de fútbol ~ 堂々としたサッカー競技場. Con ese bigote estás ~. その口ひげで君は堂々とした感じになっている. 類 **colosal**. ❷ (誇張して)すごい, すばらしい. —Hace un frío ~. 凍りつくように寒い. chica ~ すごくきれいな女の子. 類 **impresionante**.

:**imponer** [imponér] [10.7] 他 ❶〖+a (人に)〗 (a) を**義務づける**, 強いる, 押しつける. —No debes ~ tus ideas a los demás. 君は自分の考えを他人に押し付けるべきではない. (b) (税などを)課す, 負担させる. ——~ muchos deberes a los alumnos 生徒たちに沢山の宿題を出す. Le han impuesto una multa. 彼は罰金を課された. ❷〖+de/en/sobre に〗を教え込む, 叩き込む. —El profesor *impone* a los alumnos en filología. 先生は生徒たちに文献学をたたき込む. Nos *impuso* sobre las nuevas tendencias en pintura. 彼は私たちに絵画の新傾向を教え込んだ. 類 **enseñar, informar**. ❸〖+a に〗(名)を(人に)つける, 命名する. —Le *impusieron* el nombre de Antonio. 彼はアントニオという名を付けられた. ❹〖+en に〗(金)を預ける, 貯金する, 入金する. ——~ mil euros *en* su cuenta corriente 自分の預金口座に1000ユーロ入金する. ❺ を授ける, 授与する, 付与する. —Se le *impuso* una medalla de oro al campeón mundial. 世界チャンピオンに金メダルが授与された. ❻ …に敬意を払わせる, 恐怖心を起こさせる. —A mí la altura me *impone*. 私は高所恐怖症だ.

imponer las manos sobre …《カトリック》(人)に按手(☆)礼を行う.
—— 自 威圧感がある, いかめしい, 畏敬[畏怖]の念を起こさせる. —La catedral *impone*. 大寺院は堂々とした感じである.
—— **se** 再 ❶ (a) 必要である, 要求される. —*Se impone* conducir con la debida velocidad. し

かるべき速度で車を運転しなければならない. (b) 義務である, 課せられる. —*Se impuso* estudiar tres horas diarias. 毎日 3 時間勉強するのが義務であった. 〜を自らに課する. —*Te has impuesto* un sacrificio innecesario. 君は自らに不要な犠牲を課したね. ❷ 勝(ミセ)る, 優勢である, 圧倒する. —*Se impuso* a sus rivales a un kilómetro de la meta. 彼はゴールから 1 キロの所でライバルたちの首位に立った. ❸ 広まる, 流行する. —*Se ha impuesto* de nuevo la moda del pelo largo. また長髪の流行が広がっている.

imponga(-) [impóŋga(-)] 動 imponer の接・現在.

impongo [impóŋgo] 動 imponer の直・現在・1 単.

imponible [imponíβle] 形 ❶ 課税できる; 有税の. —no 〜 免税の. ❷《話》(服装の)野暮な; 似合わない.
líquido imponible 課税標準価額.

impopular [impopulár] 形 不人気の, 人望のない; 不評な. —Es 〜 entre sus compañeros de clase. 彼はクラスメートの間で大変人気がない. El nuevo impuesto al consumo es 〜. 新規の消費税は不評だ.

impopularidad [impopulariðá(ð)] 女 不人気; 不評. —La 〜 del gobierno ha alcanzado cotas desconocidas hasta ahora. 政府の不支持は前代未聞の水準に達した.

:importación [importaθjón] 女 輸入, 輸入品. —artículos de 〜 輸入品. 反**exportación**.

·importador, dora [importaðór, ðóra] 形 輸入する, 輸入業の. —país 〜 輸入国. Trabaja en una empresa *importadora* de cereales. 彼は穀類の輸入企業で働いている.
—— 名 輸入商, 輸入業者, 輸入国. —Este país es el principal 〜 de petróleo. この国は主要な石油の輸入国だ.

:importancia [importánθja] 女 ❶ 重要, 重要性. —El cultivo de la uva tiene mucha 〜 en esta región. ブドウの栽培はこの地方ではとても重要である. La 〜 del petróleo es indiscutible. 石油の重要性は議論の余地がない. Es una pregunta de [sin] 〜. それは重要な[取るに足りない]質問だ. Es de mucha 〜 que escribas a tus padres. きみがご両親に便りをすることがとても大切なんだ. ¿Qué 〜 puede tener que en vez de ir en coche vayamos en autobús? 車の代わりにバスで行けばどれほど違いがあるというんだ. No tiene la menor 〜. それは全然重要なことではない. ❷ 有力, 勢力(のあること). —Es persona de 〜. 彼は有力な人物だ.
dar [*conceder*] *importancia a ...* 〜を重視する.
darse importancia もったいぶる, いばる. Siempre que nos ve *se da* mucha *importancia*. 彼はわたしたちに会うといつももったいをつける.

:importante [importánte] 形 ❶ 重要な, 大切な. —Es 〜 que conozcas la situación. きみが状況を知ることは大切だ. Es lo más 〜 del asunto. それはその一件で最も重要なことだ. Lo 〜 es que te mejores cuanto antes. きみが少しでも早くよくなることが大切だ. gente 〜 要人.
❷ かなり大きな, 相当な. —una suma 〜 de dinero 相当な額のお金.
❸ 地位[身分]の高い. —Es una persona muy 〜 en la empresa. 彼は会社の中で高い地位につい

ている.

:importar [importár インポルタル] 自 重要である, 関心がある; 迷惑 [不都合]である. —No me *importa* nada que se enfade. 彼が怒ったとしても私は全然構わない. ¿Qué *importa* lo que él piense? 彼が何を考えようとどうってことないじゃないか. ¿A ti qué te *importa*? それだから何だと言うんだ(どうってことないだろう). Me *importa* un bledo [un comino]. 私はまったく構わないよ. No te *importa*. 君には関係ない.
(*No*) *le importa*[*importaría*] *que* 【+接続法】*? / ¿Le importa si* 【+直説法】*? / ¿Le importa*[*importaría*] 【+不定詞】*? ... しても構いませんか. ¿Le *importaría* que abriera la ventana? 窓を開けてもよろしいでしょうか. ¿Le *importaría* abrir la ventana?—En absoluto. すみませんが窓を開けていただけますでしょうか.—いいですとも. ¿Le *importa* si fumo? / ¿Le *importa* que fumemos? タバコを吸ってもよろしいか. ¿Le *importaría* acompañarme? いっしょに来ていただけますか.
—— 他 ❶ 〜を輸入する, 導入する. —〜 petróleo 石油を輸入する. Ese país *importa* capitales. その国は外資を導入している. 反**exportar**. ❷ (金額が)…にのぼる, 達する, 総額…である. —La cuenta *importa* cuarenta euros. お会計は 40 ユーロです. ❸ 伴う, 含む. —Detesto las actuaciones que *importen* violencia. 私は暴力を伴うような行動が嫌いだ. 類**conllevar**. ❹《情報》(データなど)を読み込む, インポートする.

:importe [impórte] 男 ❶ 料金, 値段. —〜 de fianza 保釈金. El 〜 de su estancia es de doscientos euros. あなたの滞在費は 200 ユーロです. 類**precio**. ❷ 額, 総額. —〜 de una factura 勘定書の額. 〜 de diez euros 総額 10 ユーロ.

importunación [importunaθjón] 女 しつこさ, うるささ; しつこく[うるさく]求めること.

importunar [importunár] 他 (人)にしつこく[うるさく]求める; 迷惑をかける. —Dile al niño que *está importunando* con tantas preguntas. 質問ばかりしてうるさいとその子に言ってやりなさい. Desearía hacerle una consulta y si no le *importuno*. もしご迷惑でなければご相談したいのですが.

importunidad [importuniðá(ð)] 女 ❶ しつこさ, うるささ. —Le advertí de la 〜 de su visita. 私は彼にその訪問が煩いと注意した. 類**indiscreción, inoportunidad**. ❷ しつこい[うるさい]こと; 迷惑. —Perdone mi 〜. ご迷惑をお許し下さい. Aquí está otra vez la vecina, ¡qué 〜! またここに近所の女性がいる, 何て間が悪いんだ! 類**lata, molestia**.

importuno, na [importúno, na] 形 ❶ 迷惑な, 慎みのない. —Ha estado muy 〜 hablando de un asunto que ellos guardaban en secreto. 君は彼らが秘密にしていた件を話すなんて非常にまずいことをしてくれた. 類**indiscreto**. ❷ タイミングの悪い. —Una llamada *importuna* me ha impedido terminar el trabajo. タイミングの悪い(電話の呼び出しがあって, 私は仕事の片が付かなかった. 類**inoportuno**. ❸ 厄介な, 面倒な. —El trabajo 〜 lo pasa la secretaria. 彼は厄介な仕事は

imposibilidad

秘書に回してしまう. 類**enfadoso, molesto**.

── 名 迷惑[厄介]者. ─Ha dicho que está hoy fuera para librarse de ~s. 彼は厄介者たちから解放されるため今日は外出していると言った.

‡**imposibilidad** [imposiβiliðá(ð)] 女 ❶ 不可能なこと, 不可能性. ─Está en la ~ de ayudarnos. 彼は私たちを助けてくれることができない. Ante la ~ de conseguir billetes, aplazaron el viaje. 彼らはチケットが手に入らないので旅行を延期した. ❷ (身体の)障害. ─~ física 身体の障害.

imposibilitado, da [imposiβilitáðo, ða] 形 体の不自由な. ─A consecuencia de un accidente quedó ~ de la pierna derecha. 事故の結果, 彼は右足が不自由になった.

── 名 体の不自由な人. 類**impedido, tullido**.

***imposibilitar** [imposiβilitár] 他 を不可能にする, 妨げる. ─El tifón *imposibilitó* que el avión aterrizara en el aeropuerto. 台風のため空港への航空機の着陸が不可能となった. Tus condiciones *imposibilitan* un acuerdo. 君の[が出した]条件のために合意が不可能になっている. 類**incapacitar**.

── se 再 (手足が)不自由となる, 身体障害者となる. ─Hace dos años que *se imposibilitó* debido a un accidente de tráfico. 彼は2年前交通事故のために身体障害者となった.

‡**imposible** [imposíβle] 形 ❶ 不可能な. ─Nada es ~ en la vida. 人生で不可能なことは何もない. Es ~ contestar a esa pregunta. その質問に答えることは不可能だ. ❷ ありえない, 信じがたい. ─Parece ~ que hayas venido a verme. きみがぼくに会いに来てくれたなんて信じられないよ. ❸ 手に負えない, たえがたい. ─El niño está hoy ~. その子は今日は手に負えない. El anciano se ha puesto ~ últimamente. その老人は近頃手に負えなくなってきた. 類**insufrible, intratable**. ❹ ひどい, とても悪い. ─Hace un tiempo ~. とても悪い天気だ.

hacer lo imposible 最善をつくす. *Hizo lo imposible* para conseguirlo. 彼はそれを手に入れるため最善をつくした.

── 男 不可能なこと[もの]. ─Siempre me pides ~s. きみはいつもぼくに不可能なことを求めるんだ.

imposición [imposiθjón] 女 ❶ *(a)* (税・義務などを)課すること. ─~ de una sanción 制裁を課すること. *(b)* 課税. ─~ directa [indirecta] 直接[間接]税. 類**carga, tributo**. ❷ 押しつけ; 負担. ─La subida de la tarifa eléctrica es una ~ que no se debe permitir. 電気料金の値上げは許しがたい負担である. ❸ 預金. ❹ ~ de manos (カトリック) 按手(称). ❺ 《印刷》製版.

impositivo, va [impositíβo, βa] 形 ❶ 課せられる. ❷ 税の. ─carga *impositiva* 税負担.

impositor, tora [impositór, tóra] 名 ❶ 預金者. ❷ 《印刷》製版工.

imposta [impósta] 女 ❶ 《建築》拱基石(誤災). ❷ 《建築》アーチ受け. ❸ 《建築》迫石(誤).

impostor, tora [impostór, tóra] 形 ❶ 詐欺[ぺてん]にかける. ❷ 中傷する.

── 名 ❶ 詐欺師, ぺてん師. ─Le avisé que aquel amigo era un ~. 私は彼にあの友人が詐欺師だと注意した. ❷ 中傷家. ─Este rumor es obra de sus ~es. このうわさは彼に対する中傷家たちのしわざだ.

impostura [impostúra] 女 ❶ 中傷(的発言). 類**calumnia**. ❷ 詐欺, ぺてん. 類**engaño**.

impotable [impotáβle] 形 飲めない. ─agua ~ 飲めない水.

‡**impotencia** [impoténθja] 女 ❶ 無力, 無能, 無気力. ─No comprendemos la ~ del gobierno ante la corrupción pública. 汚職にたいする政府の無力を我々は理解できない. ❷ 《医学》陰萎(汽)(男性が性的不能になる症状), インポテンツ.

***impotente** [impoténte] 形 ❶ 無力な, 無能な, 無気力な. ─El pueblo era ~ frente al desastre. 村はその災害には無力であった. Me sentía ~ para aconsejarle. 私は彼に忠告する力はないと感じていた. ❷ 《医学》陰萎の, 性的不能の.

impracticabilidad [impraktikaβiliðá(ð)] 女 実行不可能(性).

impracticable [impraktikáβle] 形 ❶ 実行不可能な. ─Este plan es ~. この計画は実行できない. 類**irrealizable**. ❷ 通行不能な, 通れない. ─camino ~ 通れない道. 類**intransitable**. ❸ 使用不能な, 使えない. ─La lluvia ha dejado ~ la cancha de tenis. 雨のためにテニスコートは使えなくなった.

imprecación [imprekaθjón] 女 呪い, 呪詛(ミネ). ─lanzar una ~ 呪いを発する, 呪いの言葉を投げかける.

imprecar [imprekár] [1.1] 他 を呪う, 呪いにかける. ─*Imprecaba* a los causantes de su desgracia. 彼は自分の不幸の原因を作った者たちを呪っていた. 類**maldecir**.

imprecatorio, ria [imprekatórjo, rja] 形 呪いの. ─palabras *imprecatorias* 呪いの言葉.

imprecisión [impreθisjón] 女 不明確さ, あいまいさ; 不正確さ. ─Se expresa con una notable ~. 彼は自分の考えを極めてあいまいに表明する. La ~ de las noticias sobre el accidente tenía nerviosos a todos. 事故に関する情報が不正確なので, 皆いらいらしていた.

impreciso, sa [impreθiso, sa] 形 不明確な, あいまいな, 漠然とした; 不正確な. ─Ha hecho una descripción bastante *imprecisa* de la situación. 彼はその情況のかなりあいまいな描写[記述]をした. 類**indefinido, vago**.

impregnación [impreɣnaθjón] 女 しみ込ませること, 浸透. ─la ~ de la madera 材木に(防虫剤などを)浸透させること.

impregnar [impreɣnár] 他 《+de/con/en》…に(液体を)しみ込ませる, 浸透させる. ─*Impregnó* el algodón *de* aceite y lo aplicó a la herida. 彼は綿に油をしみ込ませ, 傷口に当てた. ❷ (液体などが)にしみ込む. ─La humedad *ha impregnado* la pared. 湿気が壁に浸透した.

── se 再 《+de/con/en》(液体, 臭い)がしみ込む. ─La tela *se impregnó de* aceite. その布は油がしみ込んだ. El cuarto *se impregnó de* un fuerte olor a tabaco. その部屋はタバコの強い臭いがしみ渡った.

impremeditación [impremeðitaθjón] 女 ❶ 故意でないこと. ❷ 無思慮, 軽率, 不用意.

impremeditado, da [impremeðitáðo, ða] 形 ❶ 故意でない, 過失の. ─acto ~ 過失行為. 反**pensado, premeditado**. ❷ 無思慮な, 軽率

な, 不用意な. —decisión *impremeditada* 軽はずみな決定. 類**irreflexivo**.

:**imprenta** [imprénta] 図 ❶ 印刷, 印刷術. —dar a la ～ 印刷にまわす. escribir en letras de ～ 活字体で書く. ❷ 印刷所. —Trabaja en una ～ desde los catorce años. 彼は14才からある印刷所で働いている. ❸ 印刷物; 出版. —libertad de ～ 出版の自由. ❹ 印刷機. —La primera ～ usada en Japón fue fabricada en la Península Ibérica. 日本ではじめて用いられた印刷機はイベリア半島で製造された.

・**imprescindible** [impreθindíβle] 形 絶対必要な, 必要不可欠な, 欠かせない. —Su participación en el proyecto es ～. 彼が計画に参加することは絶対不可欠だ. Para acceder a ese puesto, es ～ hablar tres idiomas. その職に就くためには3か国語を話せることが絶対必要だ. Mete en la maleta sólo lo ～. スーツケースには必要不可欠なものだけ入れなさい. 類 **esencial, indispensable, necesario**. 反 **innecesario**.

es imprescindible que 〘+接続法〙…が必要不可欠である. *Es imprescindible que* nos acompañes, porque no conocemos el camino. 君が同行してくれることが絶対必要だ. 私たちは道を知らないのだから.

imprescriptible [impreskriptíβle] 形 時効[期限]のない; 不可侵の. —En este país se violan los derechos ～s de los ciudadanos. この国では市民の不可侵的な権利が蹂躙(じゅうりん)されている.

impresentable [impresentáβle] 形 人前に出せない, 見苦しい, 体裁の悪い. —Cámbiate de traje, que estás ～ para la fiesta. 服を着替えなさい. (今の格好では)パーティーに出られないよ.

impresión [impresjón インプレシオン] 図 ❶ (*a*) 印象, 感銘, 感じ. —El muchacho me ha hecho una excelente ～. その少年は私にすばらしい印象を与えた. la primera ～ 第一印象. Me causó una gran ～ la noticia de su detención. 彼が逮捕されたとの知らせで私は大きな衝撃を受けた. En aquel cuarto la ～ de suciedad era insoportable. その部屋の中の不潔感は耐えがたかった. (*b*) 意見. —cambiar *impresiones* con …と意見を交換する. Cuando nos veamos te contaré mi ～ sobre el asunto. 今度会ったときにその一件に関する私の意見を君に言おう. 類 **juicio, opinión. ❷ 跡, しるし. —En el cristal se ven las *impresiones* de los dedos de los niños. ガラスには子供たちの指の跡がある. ～ dactilar [digital] 指紋. 類 **huella, marca**. ❸ 印刷; (写真) 焼付け; (音楽) 録音, レコーディング. —una bella [mala] ～ きれいな[きたない]印刷.

hacer buena [*mala*] *impresión* よい[悪い]印象を与える. Su visita a España no le *ha hecho buena impresión*. スペイン訪問は彼によい印象を残さなかった.

tener [*dar, causar*] *la impresión de* …という印象をもつ[与える]. *Tengo* [*Me da*] *la impresión de* que ella no lo sabe. 私は彼女がそれを知らないという感じがする. *Da la impresión de* ser una mujer presumida. 彼女はなまいきな女性であるという印象を与える.

impresionable [impresjonáβle] 形 ❶ 感じやすい, 感受性の強い. —El niño es muy～ y no debería ver esta clase de programas. その子どもはとても感受性が強いから, この種の番組を見てはまずいだろう. 類 **sensible**. ❷ 録画[録音]しうる.

:**impresionante** [impresjonánte] 形 印象的な, 深い感銘を与える. —El pianista nos fascinó con su ～ actuación. そのピアニストは感銘深い演奏で私たちを魅了した. una ～ obra de arte 印象的な芸術作品. 類 **asombroso, fascinante**.

:**impresionar** [impresjonár] 他 ❶ を感動させる, 印象づける, …に感銘を与える. —Nos *impresionó* su bondad. 私たちはあなたの御親切に感激しました. Dijo aquello para ～me. 彼は私をびっくりさせようとしてあんなことを言ったのだ. Es tan radical en sus juicios que *impresiona* a cualquiera. 彼は見解が非常に過激だからどんな人にも強い印象を与える. ❷ (*a*) (映像)を(フィルムに)感光させる; 撮影する. —～ la imagen sobre la película 映像をフィルムに感光させる. (*b*) を録音する. —～ la conferencia en una cinta magnetofónica 講演をテープに録音する.

── *se* 再 ❶ 〘+con/de/por に〙感動する, 感銘[衝撃]を受ける. —Este niño *se impresiona* mucho con la sangre. この子は血を見てショックを受ける. Se impresionó al ver a tantos mendigos. そんなにたくさんの物乞いを見て彼は衝撃を受けた. ❷ 感光する; 録音[撮影]される. —La imagen *se impresionó* sobre la película. その像はフィルムに撮影された.

impresionismo [impresjonísmo] 男 《美術》印象主義, 印象派. ★特に19世紀後半のフランスにおけるセザンヌ, ルノワール, モネらに代表され, 感覚的主観的内容を重んずる一流派.

impresionista [impresjonísta] 形 ❶ 《美術》印象主義[派]の. —un cuadro ～ 印象派の絵. ❷ 印象(論)の. —un estudio [una visión] ～ 印象論的研究[見方].

── 男女 印象主義[派]の画家[芸術家, 音楽家].

impreso [impréso] 動 **imprimir** の過去分詞.

:**impreso, sa** [impréso, sa] 過分形 [<*imprimir*] 印刷された. —Me mandó el primer ejemplar ～ de su novela. 彼は自分の小説の刷り上がった最初の一部を送ってくれた.

── 男 ❶ 印刷物. —Estos días nos mandan a casa muchos ～s comerciales por correo. この頃は郵便で多くの宣伝の印刷物が家へ送られてくる. ❷ 印刷された用紙. —Hay que rellenar este ～ para solicitar el visado. 査証の申請にはこの用紙に記入しなければいけない.

・**impresor, sora** [impresór, sóra] 名 ❶ 印刷業者, 印刷工.

── 女 《印刷》印刷機, プリンタ. —～ de burbuja [de chorro de tinta, de líneas] バブルジェット[インクジェット, ライン]プリンタ. ～ de puntos ドット印字装置. ～ en color カラー・プリンタ. ～ serie シリアル・プリンタ. ～ térmica 感熱式プリンタ. ～ térmica de transferencia de cera 熱転写プリンタ. He comprado una *impresora* láser. 私はレーザープリンタを1台買った.

imprevisible [impreβisíβle] 形 予見[予知]できない. —Rotas las negociaciones, es ～ lo que pueda pasar. 交渉が決裂して何が起こるか予見できない.

imprevisión [impreβisjón] 女 先見の明を欠

imprevisor

くこと; 思慮不足, 不注意. —Por tu falta de ~ nos hemos quedado sin entradas. 君の気がきかなかったために我々は切符を手に入れられなかった. 反 **previsión**.

imprevisor, sora [impreβisór, sóra] 形 先見の明を欠いた; 思慮不足な, 不注意な.
— 名 先見の明を欠いた人; 思慮不足[不注意]な人.

:**imprevisto, ta** [impreβísto, ta] 形 予想しない, 思いがけない. —Un asunto ~ le impidió venir. 何か思いがけない用件で彼は来られなかったのだ. 反 **previsto**.
— 男名 臨時費. —Este mes he gastado mucho dinero en ~s. 今月は臨時費をたくさん使った.

imprimación [imprimaθjón] 女 ❶ 下塗り. ❷ 下塗りの材料.

imprimar [imprimár] 他 を下塗りする.

imprimátur [imprimátur] 男 〖単複同形〗(教会の与える出版[印刷]許可.

imprimible [imprimíβle] 形 印刷できる.

:**imprimir** [imprimír] [3.4] 他 ❶ (a) を印刷する, 刷る. —Han impreso diez mil ejemplares de la obra. 彼らはその作品を1万部刷った. (b) を出版する, 刊行する. —Esa novela se imprimió por primera vez en 1956. その作品は1956年に初めて出版された. 類 **editar**. ❷ 跡[刻印]を残す. —~ huellas digitales 指紋を残す. El niño imprimía sus manos en la arena. 男の子は砂の上に手形を残した. En las catedrales imprimían la espiritualidad de la época. 大聖堂にはその時代の精神性が刻み込まれている. ❸ を(心に)植え付ける, 刻み込む, 叩き込む. —El profesor imprimió en sus alumnos el deseo de estudiar. 先生は生徒たちに勉強しようという意欲を植え付けた. ❹ を推進する, (特徴・方向などを)与える, 伝える. —~ un movimiento rectilíneo 直線運動をさせる. ~ efecto al balón ボールにスピンをかける. Cuando entró en la autopista, imprimió una gran velocidad a la moto. 高速道路に入ると, 彼はオートバイのスピードを上げた.

improbabilidad [improβaβiliðá(ð)] 女 起こり[あり]そうもないこと.

improbable [improβáβle] 形 起こり[あり]そうもない, 疑わしい. —Parece ~ que llueva este fin de semana. この週末, 雨は降りそうもない.

improbidad [improβiðá(ð)] 女 ❶ 不正直, 不誠実; 邪悪. 類 **iniquidad, perversidad**. ❷ 甚大な努力[働き].

ímprobo, ba [ímproβo, βa] 形 ❶ 不正直[不誠実]な; 邪悪な. 類 **malvado**. ❷ 甚大な; 過剰な(努力・働き). —He tenido que hacer un esfuerzo ~ para convencerla. 彼女を説得するのに甚大な努力をしなければならなかった.

improcedencia [improθeðénθja] 女 ❶ 無根拠; 不適切. ❷ 容認できないこと.

improcedente [improθeðénte] 形 ❶ 不法な; 不当な. —Han denunciado a la empresa por despido ~ 彼らはその会社を不当解雇で告発した. ❷ 不適切な. —Tus quejas son ~s. 君の不平は妥当でない. 類 **inapropiado**.

improductivo, va [improðuktíβo, βa] 形 ❶ 非生産的な, 不毛な. —tierras improductivas 不毛な土地. ❷ 〖語〗非生産的な.

impronta [imprónta] 女 ❶ 押印, 刻印. ❷ (比喩的に)足跡; 影響.

impronunciable [impronunθjáβle] 形 ❶ 発音できない. ❷ 口に出してはならない.

improperio [impropérjo] 男 侮辱, ののしり, 罵言(ごん)〖悪口雑言.

impiedad [impjeðá(ð)] 女 ❶ 不適当, 不適切. ❷ (言葉の)不正確, 誤り. —hablar con ~ 不正確に話す.

impropio, pia [imprópjo, pja] 形 ❶〖+de/para/en〗…に不適当な, 不適切な. —una palabra impropia 不適当な言葉. Ese comportamiento es ~ en [de] él. その振る舞いは彼にふさわしくない. Estas temperaturas son impropias para este tiempo. こうした気温はこの時季に合わない. ❷〖文法〗転用の. —interjección impropia 転用の間投詞.

improrrogable [improroɣáβle] 形 延期できない. —plazo ~ 延期できない期限.

impróvido, da [impróβiðo, ða] 形 備えのない, 不用意な. 類 **desprevenido**.

improvisación [improβisaθjón] 女 ❶ 即興; 即席に作る[行う]事, 即興演奏; 即席の作品. —El pianista nos obsequió con unas improvisaciones sobre jazz. そのピアニストは我々にジャズの即興演奏を数曲やってくれた.

improvisado, da [improβisáðo, ða] 過分 形 即興の; 即席に作られた.

improvisador, dora [improβisaðór, ðóra] 形 即興する; 即席に作る.
— 名 ❶ 即席的に事を行う人. ❷ 即興詩人

*improvisar** [improβisár] 他 ❶ を即席で作る[行う], 即興で作る, 即興で演奏する. —~ una conferencia 即席で講演をする. ~ una poesía 即興で詩を書く. interpretar la fantasía improvisada de Chopin ショパンの即興幻想曲を弾く. ❷ を(何の用意もなく)急ごしらえする, 間に合わせで作る, でっち上げる. —~ una excusa 言い訳をでっち上げる. ~ una cena 急ごしらえで夕食を作る.

improviso, sa [improβíso, sa] 形 予見[予知]できない.
de [al] improviso (1) 不意に, 思いがけなく. Se presentó en casa de improviso. 彼は不意に家に姿を現した. (2) 即席に, 即興的に.
en un improviso 瞬時に (=en un instante).

improvisto, ta [improβísto, ta] 形 予見[予知]できない.
a la improvista 不意に, 思いがけなく.

*imprudencia** [impruðénθja] 女 ❶ 軽率さ, 不注意. —El accidente fue provocado por la ~ del conductor. 事故は運転手の不注意によって起きた. ❷ 軽率な言動. —cometer una ~ 軽率なことをする. ❸ 不謹慎. —Es una ~ dejar perros sueltos en el parque. 公園で犬を放し飼いにしておくのは不謹慎だ. 類 **temeridad**.
imprudencia temeraria 〈法律〉過失.

:**imprudente** [impruðénte] 形 思慮分別のない, 軽率な, 無謀な. —Uno puede perder su mejor amigo con sólo una palabra ~. 人はたった一言の軽率なことばで親友を失うこともある. Es muy ~ conduciendo en la autopista. 彼は高速道路で無謀な運転をする. 類 **insensato, temerario**.
— 男女 軽率な人, 分別のない人.

impúber [impúβer] 形 思春期前の.
—— 男女 思春期前の少年[少女].

impublicable [impuβlikáβle] 形 発表[出版]できない; 発表[出版]してはいけない.

impudencia [impuðénθja] 女 破廉恥, 無恥, 厚顔. 類 **descaro, desvergüenza**.

impudente [impuðénte] 形 恥知らずの, 破廉恥な, 厚かましい. 類 **desvergonzado**.
—— 男女 恥知らず[破廉恥]な人.

impudicia [impuðíθja] 女 〔<impudicicia〕 破廉恥, 恥知らず. 類 **descaro, desvergüenza**.

impudicicia [impuðiθíθja] 女 →impudicia.

impúdico, ca [impúðiko, ka] 形 破廉恥な, 恥知らずの. —un acto ~ 破廉恥な行為. —una revista llena de fotografías *impúdicas* みだらな写真だらけの雑誌.
—— 名 破廉恥[恥知らず]な人.

impudor [impuðór] 男 ❶ 破廉恥, 恥知らず, 慎みのなさ. ❷ (醜行をいとわない)厚顔無恥. 類 **cinismo**.

‡**impuesto** [impwésto] 男 税, 税金. —~ de lujo 奢侈(½)税. ~ de sucesión 相続税. ~ directo 直接税. ~ indirecto 間接税. ~ municipal 地方税. ~ sobre los beneficios del capital キャピタルゲイン税. ~ sobre la renta (de las personas físicas) (個人)所得税. ~ sobre el valor añadido 付加価値税(〔略〕I.V.A.). ~ sobre sociedades 法人税. ~ revolucionario 革命税(テロ組織への献金). evasión de ~s 脱税. exento [libre] de ~ 免税. tienda libre de ~s 免税店. gravar con ~ 課税する. pagar ~s 納税する. 類 **gravamen, tributo**.
—— 過分 形 〔<imponer〕 課された.

estar impuesto de [*en*] …を知っている, わきまえている. Pronto *estarás impuesto* de lo que debes hacer. もうすぐ, きみは自分がしなければならないことが分かるようになるだろう. *Está muy impuesto en* asuntos tributarios. 彼は租税問題にとても詳しい.

impugnación [impuɣnaθjón] 女 非難, 論駁(ミネ), 攻撃. —presentar una ~ 非難を呈する.

impugnar [impuɣnár] 他 を非難攻撃する; 論駁(ミネ)する. —~ la decisión del árbitro 審判の判定を非難攻撃する. ~ una teoría ある理論を論駁する.

‡**impulsar** [impulsár] 他 ❶ を押し進める, 動かす, 推進する. —El corazón *impulsa* la sangre por las venas. 心臓は血液を血管に送り込む. Fuertes vientos *impulsaron* la avioneta fuera de la pista. 強風のため小型機は滑走路の外に押し出された. —una campaña contra el sida エイズ撲滅のキャンペーンを推進する. ❷ 〔+a に〕を駆り立てる, 仕向ける, 促す. —El odio le *impulsó al* crimen. 憎悪の念が彼を犯罪に駆り立てた. ❸ を促進する, 刺激する, 進展させる. —~ la producción agrícola 農業生産を促進する. 類 **potenciar, promover**.

impulsión [impulsjón] 女 →impulso.

impulsividad [impulsiβiðá(ð)] 女 衝動性, 直情径行.

impulsivo, va [impulsíβo, βa] 形 ❶ 衝動的な, 感情に駆られた. —una persona [palabra] *impulsiva* 衝動的な人[言葉]. ❷ 推進(力)の. —fuerza *impulsiva* 推進力.

‡**impulso** [impúlso] 男 ❶ 衝動, 衝撃, 押すこと. —La mató llevado por un ~. 彼は衝動に駆られて彼女を殺した. Al nuevo jefe le falta ~ para promover el proyecto. 今度の部長にはその企画を進めようという気力がない. ❷ はずみ, 勢い. —El coche llevaba tanto ~ que no pudo pararse a tiempo. その車にはとてもはずみがついていたのでタイミング良く停止できなかった. Por un ~ momentáneo ella asintió a la propuesta. 一時のはずみで彼女はその提案に同意した.

a impulso de …の衝動に駆られて.

al primer impulso 最初のはずみで.

en el impulso del momento 一時のはずみで(できごころ心で).

por propio impulso 自らすすんで, 自発的に.

tomar [*coger*] *impulso* 〈スポーツ〉助走をつける.

impulsor, sora [impulsór, sóra] 形 ❶ 推進する. —cohete ~ 推進ロケット. ❷ 扇動する; 刺激する. —móvil ~ del crimen 犯罪に向かわせる動機.
—— 名 ❶ 推進者. —~es de la reforma agraria 農地改革の推進者. ❷ 扇動者; 刺激するもの.

impune [impúne] 形 罰せられない, 罰を受けない. —Ese crimen no puede quedar ~. その犯罪は罰を受けないで済まされない.

impunemente [impúneménte] 副 罰せられずに, 罰を受けないで.

impunidad [impuniðá(ð)] 女 罰を受けないこと, 無処罰特権, 免責. —quedar en la ~ 罰を受けない.

‡**impureza** [impuréθa] 女 ❶ 不純; 不純物. —eliminar las ~s de los minerales 鉱物の不純物を取り除く. ❷ 不純さ, 汚れ. —La ~ del aire ha llegado a ser preocupante. 大気汚染は深刻になっている.

impurificar [impurifikár] 他 ❶ を不純にする; 汚染する. —~ la atmósfera 大気を汚染する. ❷ (19世紀スペインの政府が公職から自由派を)追放する. —— se 再 不純になる; 汚染される.

‡**impuro, ra** [impúro, ra] 形 ❶ 不純な, 汚れた, きたない. —aire ~ 汚れた空気. metal ~ 不純物を含んだ金属. ❷ ふしだらな, 不品行な. —Le acusan de actos ~s. 彼はふしだらな行いを責められている. 類 **deshonesto, indecente**.

impus- [impus-] 動 imponer の直・完了過去, 接・過去.

imputable [imputáβle] 形 〔+a〕 …に責めを負わすべき, 帰すべき. —fracaso ~ a la falta de preparación 準備不足による失敗.

imputación [imputaθjón] 女 ❶ (罪・責任などを人に)帰すること; 非難. —formular una ~ contra alguien 誰かに対して罪を着せる. ❷ 算入(額).

imputar [imputár] 他 ❶ 〔+a〕 …に…の(責任などを)負わせる, …のせいにする. —~ un accidente a la casualidad 事故を偶然のせいにする. Le *imputan* un delito de cohecho. 彼には買収の罪が着せられている. 類 **atribuir**. ❷ (金額などを)算入する; 記帳する.

in- [in-] 接頭 ❶ 「否定(不・無), 剥奪」の意. —*inc*ierto, *inc*ompleto, *inex*acto, *inú*til. ❷ 「中・内に, 上に, 方へ」の意. —*inc*luir, *inc*orporar, *ind*ucir, *inf*iltrar, *ing*resar, *inm*igrar, *ins*ertar, *ins*ultar, *int*ención.

inabordable [inaβorðáβle] 形 ❶ 近寄れない; 近寄りがたい. —una persona ～ 近寄りがたい人. ❷ 取り組むことのできない. —un tema ～ 取り組むことのできない問題. 類**inaccesible**.

:**inacabable** [inakaβáβle] 形 限りのない, 果てしのない. —La construcción de la Iglesia de la Sagrada Familia es una empresa ～. 聖家族教会の建設は果てしのない事業である.

inaccesibilidad [inakθesiβiliðá(ð)] 女 ❶ 近寄れない[近づきがたい]こと. ❷ 難解なこと.

inaccesible [inakθesíβle] 形 ❶ 近寄れない; 近寄りがたい. —Fue el primero en superar ese pico ～. 彼がその難攻不落の山頂を征服した最初の人物だった. una persona ～ 近寄りがたい人. ❷ 難解な. 類**inalcanzable, inabordable**.

inacción [inakθjón] 女 無活動, 無為.

inacentuado, da [inaθentuáðo, ða] 形 無強勢の, アクセント(符号)のない. —palabra *inacentuada* 無強勢の語. 類**átono**. 反**acentuado, tónico**.

inaceptable [inaθeptáβle] 形 承認[承諾]できない. —Es una propuesta ～ それは承認できない提案だ. Esas condiciones son ～*s*. そうした条件は受け入れかねる. 類**inadmisible**. 反**aceptable, admisible**.

inactividad [inaktiβiðáð] 女 不活動, 休止. —El volcán pasa por un período de ～. その火山は休止期にある. 類**inacción**. 反**actividad**.

inactivo, va [inaktíβo, βa] 形 無活動の, 無為な. —Lleva un mes ～ y está desesperado. 彼は1か月何もせず絶望状態だ. 反**activo**.

inadaptable [inaðaptáβle] 形 〖+a〗…に適応[順応]できない. —Ese método de enseñanza es ～ a nuestra situación. その教授法は我々の情況に適応できない. 反**adaptable**.

inadaptación [inaðaptaθjón] 女 不適応(状態) 反**adaptación**.

inadaptado, da [inaðaptáðo, ða] 形 (環境や条件などに)適応[順応]しない. —niño ～ (学校生活に)不適応の子ども.
—— 男女 環境に適応しない人, 不適応者.

inadecuación [inaðekuaθjón] 女 不適切, 不適当; 不十分. 反**adecuación**.

inadecuado, da [inaðekuáðo, ða] 形 不適切[不適当]な; 不十分な. —El gobierno ha tomado medidas *inadecuadas* para frenar la inflación. 政府はインフレ抑制に向かない措置を講じた. 反**adecuado**.

inadmisibilidad [inaðmisiβiliðá(ð)] 女 承認しがたいこと, 受け入れがたいこと.

:**inadmisible** [inaðmisíβle] 形 受け入れられない, 承認できない; 信じられない. —Esta solicitud es ～. この申請は認められない. Esa excusa es ～. その口実は信じられない.

inadvertencia [inaðβerténθja] 女 不注意, 怠慢. —por ～ 不注意によって. Perdone mi ～. 不注意をお許し下さい. 類**descuido**.

inadvertidamente [inaðβertíðaménte] 副 不注意で, うっかりして.

inadvertido, da [inaðβertíðo, ða] 形 ❶ 不注意な, ぼんやりした. —un conductor ～ 不注意な運転手. ❷ 気づかれない, 知られない. —pasar ～ 気づかれないでいる.

:**inagotable** [inayotáβle] 形 ❶ 尽きることのない. —El sol constituye una fuente ～ de energía. 太陽は尽きることないエネルギー源である. conversación ～ 終わることのない会話. ❷ 疲れ知らずの. —corredor ～ 疲れ知らずの走者.

inaguantable [inayuantáβle] 形 耐えられない, 我慢できない. —Sentía un dolor ～. 彼は耐えがたい痛みを覚えていた. programa ～ 見るにたえない番組. 類**insoportable**.

inalámbrico, ca [inalámbriko, ka] 形 無線(電信・電話)の. —teléfono ～ 無線電話.

inalcanzable [inalkanθáβle] 形 到達[達成]できない. —un objetivo ～ 到達できない目標.

inalienable [inaljenáβle] 形 ❶ 〖法律〗譲渡できない. ❷ 不可侵の. —derecho ～ 不可侵の権利.

inalterabilidad [inalteraβiliðá(ð)] 女 不変性.

inalterable [inalteráβle] 形 ❶ 変化[変質]しない. —un color ～ a la luz 光で変化しない色. con rostro ～ 動ぜぬ表情で. 類**invariable**. ❷ 志操の堅固な.

inalterado, da [inalteráðo, ða] 形 変わらない, 変わっていない. —amistad *inalterada* 変わらぬ友情.

inamovible [inamoβíβle] 形 罷(°)免[更迭]されない, 終身の. —cargo [puesto] ～ 終身の職務[地位].

inane [ináne] 形 ❶ 空しい, 空虚な, 無益の. —un esfuerzo ～ 空しい努力. 類**vano, inútil**. ❷ 栄養失調の; 飢えで衰弱した.

inanición [inaniθjón] 女 栄養失調; 飢えによる衰弱. —morir de ～ 飢え死にする.

inanidad [inaniðáð] 女 ❶ 空しさ, 空虚さ. ❷ 空しい[空虚な]事 類**futilidad, inutilidad**.

inanimado, da [inanimáðo, ða] 形 ❶ 生命のない. —un objeto ～ 無生物. 反**animado**. ❷ 期を失った.

inánime [ináníme] 形 ❶ 生気のない. 類**exánime**. ❷ 無生の. 類**inanimado**.

inapagable [inapayáβle] 形 消せない, 消えることのない. 類**inextinguible**.

inapelable [inapeláβle] 形 ❶ 控訴できない. —El fallo del jurado será ～. 陪審の評決は控訴不能になろう. ❷ どうしようもない, 処置なしの. 類**irremediable**.

inapercibido, da [inaperθiβíðo, ða] 形 〖ガリシスモ〗気づかれない. 類**inadvertido**.

inapetencia [inapeténθja] 女 食欲不振.

inapetente [inapeténte] 形 食欲のない.

inaplazable [inaplaθáβle] 形 延期できない. —una visita ～ 後に延ばせない訪問.

inaplicable [inaplikáβle] 形 適用[応用]できない.

inaplicado, da [inaplikáðo, ða] 形 不勉強な, 怠慢な. (=desaplicado) 反**aplicado**.

inapreciable [inapreθjáβle] 形 ❶ 評価できない; 些細(*º)な, 取るに足りない. —cantidad ～ 取るに足らない量. ❷ 計り知れない, 貴重きわまりない. —Tu ayuda resultó ～ para nosotros. 君の助力は我々にとって計り知れないものだった.

inapto, ta [inápto, ta] 形 向かない, 適さない.

inarmónico, ca [inarmóniko, ka] 形 不調和な.

inarrugable [inar̃uɣáβle] 形 しわのつかない. —tejido ～ しわのつかない織物.

inarticulado, da [inartikuláðo, ða] 形 ❶ 節のない; 関節のない. ❷ 《言語》(分節された言語音に対して)未分節の.

inasequible [inasekíβle] 形 [＋a/para] …に手の届かない, 入手できない. —Su alto precio lo hace ～ para nosotros. 高い価格のために我々の手には届かない.
Ser (alguien) inasequible al desaliento. 非常に元気が良い, タフである.

inasistencia [inasisténθja] 女 欠席, 不参加.

inastillable [inastijáβle] 形 細かく割れない(ガラスなど).

inatacable [inatakáβle] 形 ❶ 難攻不落の. —fortaleza ～ 難攻不落の要塞. ❷ 非の打ち所のない. —razonamiento ～ 非の打ち所のない推理.

inatención [inatenθjón] 女 不注意, 無頓(とん)着. 類 descuido.

inaudible [inauðíβle] 形 聞こえない; 聞き取れない.

inaudito, ta [inauðíto, ta] 形 ❶ 途方もない, すごい, 前代未聞の. —un hecho ～ 途方もない事実. ❷ 聞いたことのない.

:**inauguración** [inauɣuraθjón] 女 開始, 開業[開会, 開館, 開店, 開場](式). — del curso 学期の開始. ～ de una tienda 開店. ～ de un congreso 学会の開会. ～ de un nuevo hospital 新しい病院の開業. ～ de una estatua 彫像の除幕式.

•**inaugural** [inauɣurál] 形 開会の, 開始の. —ceremonia [acto, sesión] ～ 開会式. discurso ～ 開会の辞.

•**inaugurar** [inauɣurár] 他 ❶ …の開会[落成・除幕・開通]式を行う. —El rector inauguró el curso el 3 de octubre. 学長は10月3日に開講式を行なった. La Reina Sofía inauguró el museo que lleva su nombre. ソフィーア王妃はその名を冠した美術館の竣工式を執(と)り行った. ～ el monumento a los caídos 戦没者記念碑の除幕式を行う. ❷ を創始する, 開始する, 開業[開店]する. —El banco inauguró ayer la nueva sucursal. その銀行は昨日新しい支店を開設した. Mañana se inaugura la temporada de baño. あした海水浴シーズンが開幕する.

INB [頭字] [＜ Instituto Nacional de Bachillerato] 男 (スペインの)国立高校.

•**inca** [íŋka] 形 《歴史》インカ帝国の, インカ族の. —Imperio ～ インカ帝国.
— 男女 《歴史》インカ族の人.
— 男 ❶ インカ帝国の皇帝. ❷ 複 インカ族. ❸ 《古》ペルーの金貨(20ソルに相当).

incaico, ca [iŋkáiko, ka] 形 インカの. —arte ～ インカ芸術.

incalculable [iŋkalkuláβle] 形 計算できない; 計り知れない; 莫大な, 無数の. —pérdidas ～s 莫大な損失. cuadro de un valor ～ 価値の計り知れない絵画.

incalificable [iŋkalifikáβle] 形 ❶ 言いようもなく悪い, 実にひどい. —una decisión ～ 実にひどい決定. 類 vituperable. ❷ 評価できない.

incandescencia [iŋkandesθénθja] 女 ❶ 白熱, 赤熱(状態). —llegar a la ～ 白熱[赤熱](状態)に達する. ❷ 熱狂.

---

incandescente [iŋkandesθénte] 形 白熱, [赤熱]した. —un hierro ～ 白熱した鉄. 類 candente.

incansable [iŋkansáβle] 形 疲れを知らない, 精力的な. —un trabajador [luchador] ～ 疲れ知らずの労働者[闘士]. ～ en el trabajo 仕事に疲れを知らない. 類 infatigable.

incansablemente [iŋkansáβlemente] 副 疲れも知らずに, 精力的に.

•**incapacidad** [iŋkapaθiðá(ð)] 女 ❶ 能力がないこと, 不能. —Es evidente su ～ para asumir esa responsabilidad. その責任を負う能力に欠けているのは明白です. encontrarse en la ～ de 〖＋不定詞〗…する能力がない. ❷ 《法律》無能力, 無資格. — para testar 遺書を書く資格がないこと.

incapacitado, da [iŋkapaθitáðo, ða] 形 ❶ 無能な, 役に立たない. ❷ 《法律》(権利を行使する)資格(能力)のない. —Luis está ～ para darte ese permiso. ルイスは君にその許可を与える資格がない. — 名 ❶ 無能な人. ❷ 《法律》無能力者.

•**incapacitar** [iŋkapaθitár] 他 ❶ を不可能にする, 不適格にする. —La lesión le incapacita para entrenar hoy. 負傷のため彼は今日トレーニングができない. Esa enfermedad le incapacita para el servicio militar. その病気によって彼は兵役が不適格になっている. 類 imposibilitar. ❷ (a)…に公民権を停止する, …から権利を剥奪する. —El tribunal le incapacitó para ejercer cargos públicos. 裁判所は彼が公職につく権利を停止した. (b) …に禁治産の宣告を下す.

•**incapaz** [iŋkapáθ] 形 [複 incapaces] 形 ❶ [ser ＋, ＋para] …にふさわしくない, 適格でない; [＋de] …ができない. —Ella es ～ para ese trabajo. その仕事は彼女には適格でない. ¿Tú crees que podría hacer tal cosa?–No, hombre, es ～. 彼がそんなことをすると君は思うの?–いや, 彼がそんなことをすることはありえない. Es ～ de una cosa así. そのようなことは彼はすることができない. Fue ～ de pegarle. 彼は彼女を殴ることができなかった. Es ～ de hacerle daño a nadie. 彼は誰にも危害を加えることができません. Este niño es ～ de estarse quieto un minuto. この子供はじっと座っていることができない. ❷ 《法律》無能な, 役に立たない.
— 男女 ❶ 役立たず. —Hay que despedir a ese ～. あんな役立たずはクビにするしか仕方がない. Es un ～ para todo. 彼はまったくの役立たずだ. 類 inepto, inútil. ❷ 《法律》無能力者.

incasable [iŋkasáβle] 形 ❶ 結婚できない, 結婚がむずかしい. ❷ 結婚ぎらいの.

incásico, ca [iŋkásiko, ka] 形 インカの. 類 incaico.

incautación [iŋkautaθjón] 女 《法律》押収, 没収, 差し押え. —ordenar la ～ de los bienes 財産の差し押えを命じる. 類 embargo.

incautamente [iŋkáutaménte] 副 不注意に, 軽率に.

incautarse [iŋkautárse] 再 [＋de] ❶ 《法律》を押収[没収]する. —Las autoridades se incautaron de la maquinaria por las deudas del empresario. 当局は経営者の負債を理由に機械類を差し押えた. La policía se incautó de un gran alijo de cocaína. 警察は大

量の密輸コカインを押収した. ❷ を勝手に自分のものにする.

incauto, ta [iŋkáuto, ta] 形 ❶ 不注意な, 軽率な. ❷ 純真な, 無邪気な. 類**ingenuo, inocente**.

*__incendiar__ [inθendjár] 他 …に火をつける, 放火する, を焼き払う. —*Incendió* el restaurante para cobrar el seguro. 彼は保険金を手に入れようとしてレストランに放火した. ~ un monte 山火事を起こす.
— **se** 再 焼ける, 火事になる. —*Se ha incendiado* un teatro en Madrid. マドリードの劇場が焼けた.

incendiario, ria [inθendjárjo, rja] 形 ❶ 火災を起こす, 放火の. — bomba *incendiaria* 焼夷(しょうい)弾. ❷ 扇動的な. —un escrito ~ アジ文書. pronunciar un discurso ~ アジ演説をする.
— 名 放火魔.

‡**incendio** [inθéndjo] 男 ❶ **火事**, 火災. —~ forestal 山火事. ~ provocado 放火. Ese pavoroso ~ fue provocado por una colilla. あの恐ろしい火事はタバコの吸い殻が原因で引き起こされたものだった. 類**fuego**. ❷ 情熱, 情火. 類**arrebato**.

incensar [inθensár] [4.1] 他 ❶ …に香をたく, 焼香する. ❷ …にへつらう.

incensario [inθensárjo] 男 ❶ 香; 入香. ❷ へつらい.

incentivo [inθentíβo] 男 ❶ (何かをする)刺激, 誘因, 動機. —El interés es un ~ potente. 興味は強力な刺激である. 類**estímulo**. ❷《経済》インセンティブ, 売上げ報奨金.

*__incertidumbre__ [inθertiðúmbre] 女 ❶ 不確実性. —Se sentía preocupado ante la ~ del paradero de su padre. 父親の居所がはっきりしないので彼は不安だった.
❷ 確信のないこと, 疑い, 不安. —Aquella llamada me produjo ~ sobre sus intenciones. あの電話で私は彼の考えに疑念を抱くようになった. 反 **certidumbre**.

incesable [inθesáβle] 形 絶え間ない, ひっきりなしの.

incesante [inθesánte] 形 ❶ 絶え間のない, ひっきりなしの. —Se oía el ~ golpear de las olas contra el acantilado. 岸壁に波がひっきりなしにぶつかる音が聞こえていた. el paso de ~ de vehículos 車のひっきりなしの通過. 類**constante**. ❷ たびたびの, 繰り返される. —~s peticiones de dinero たびたびの金の無心.

*__incesantemente__ [inθesántemente] 副 絶え間なく, 間断なく. 類**constantemente, continuamente**.

incesto [inθésto] 男 近親相姦(かん).

incestuoso, sa [inθestuóso, sa] 形 近親相姦(の). —relaciones *incestuosas* 近親相姦の関係.

incidencia [inθiðénθja] 女 ❶ (罪・過失に)陥ること. —~ en el error 誤りに陥ること. ❷ 影響, はね返り. —la ~ de la huelga general en la vida ゼネストの生活への影響. ❸ (付属的な)出来事, 事件. —La manifestación transcurrió sin ~s. デモはつつがなく進行した. ❹《幾何》投射, 入射. —ángulo de ~ 入射(投射)角.

por incidencia 偶然に.

incidental [inθiðentál] 形 付属[付帯]的な, 偶発的な.

‡**incidente** [inθiðénte] 形 付随する, 付帯的な;《物理》入射[投射]の. —rayo ~ 入射光線. 類**incidental**.
— 男 ❶ 小さな出来事, トラブル. —No se registraron ~s durante la manifestación. デモはトラブルもなく終わった. ❷ もめ事, 事件, 紛争. —En los ~s del partido hubo varios heridos. 党内のもめ事で怪我人が何人か出た.

incidentemente [inθiðéntemente] 副 偶然に, たまたま.

incidir [inθiðír] 自 ❶【+en】(過ちなどを)犯す. —~ en errores 過ちを犯す. ❷ (光線などが)射す. ❸【+en】注意を向ける. —~ en la cuestión que parece clave en este debate. この討論で鍵と思われる問題に注意を向ける. ❹ 偶発する, 起こる. ❺ 落ちる, 当たる. ❻ 影響を及ぼす. — 他《医学》を切開する.

incienso [inθjénso] 男 ❶ 香(こう); 入香. ❷ 香煙. ❸ へつらい. 類**adulación, halago**.

inciertamente [inθjertaménte] 副 不確かに; 不安に.

‡**incierto, ta** [inθjérto, ta] 形 ❶ **不確かな**, 疑わしい. —No podemos fiarnos de estas noticias tan *inciertas*. われわれはこんな不確かな情報を頼りにするわけにはいかない. 類**dudoso, inseguro**. ❷ ぼんやりした, 不明瞭な. —Desde el tren se divisaba el contorno ~ de la cumbre cubierta de nieve. 汽車から雪に覆われた山頂のぼんやりした輪郭が見えていた. 類**borroso, impreciso**. ❸ 不安定な, ふらつく. —El anciano caminaba solo, con pasos ~s. 老人はふらふら足どりで一人で歩いていた.

incineración [inθineraθjón] 女 焼却; 火葬. —la ~ de un cadáver 死体の焼却.

incinerador, dora [inθineraðór, ðóra] 形 焼却[火葬]用の.

‡**incinerar** [inθinerár] 他 を焼却する; 火葬する.

‡**incipiente** [inθipjénte] 形 初めの, 初期の. —tener un resfriado ~ 風邪をひきはじめている.

incircunciso, sa [inθirkunθíso, sa] 形 割礼を受けていない.

incisión [inθisjón] 女 ❶ 切り口; 切開. —hacer una ~ 切り口を入れる. ❷ (詩の)中間休止. 類**cesura**.

incisivo, va [inθisíβo, βa] 形 ❶ 切れる. —un instrumento ~ 切れる道具. ❷ 辛辣(しんらつ)な. —crítica *incisiva* 辛辣な批評.
— 男 門歯 (= diente incisivo).

inciso, sa [inθíso, sa] 形 切れた, 切れ目のついた. —cerámica *incisa* 切れ目のある陶磁器.
— 男 ❶ 余談, 話の脱線. —hacer un ~ 余談をする. ❷《文法》挿入句. ❸ 句点 (,). 類**coma**.

incitación [inθitaθjón] 女【+a】…への激励, 扇動; 教唆. —~a la violencia 暴力の扇動.

incitador, dora [inθitaðór, ðóra] 形 激励[扇動]する; そそのかす.
— 名 激励[扇動]者; 教唆者.

incitante [inθitánte] 形 ❶ 激励[扇動]する. ❷ (性的に)興奮させる. 類**provocativo**.

‡**incitar** [inθitár] 他【+a+不定詞/名詞へと】をそそのかす, 誘う, 扇動する. —Ese programa

incita a la violencia. その番組は暴力を誘発する. *Incitó* al perro para que atacara. 彼は犬を攻撃するようにしむけた. *Incitó* a los soldados a la rebelión contra el gobierno. 彼は兵士たちを政府に反乱を起こすよう扇動した. 類**instigar**.

incivil [inθiβíl] 形 不作法な, 粗野な. 類**inculto, descortés**. 反**educado, cortés**.

incivilidad [inθiβiliðáð(ð)] 女 不作法, 粗野. 類**incultura**. 反**civismo, educación**.

incivilizado, da [inθiβiliθáðo, ða] 形 野蛮な, 未開の.

inclasificable [iŋklasifikáβle] 形 分類できない.

inclemencia [iŋklemenθia] 女 ❶ 無慈悲, 冷酷. 類**crueldad**. 反**clemencia**. ❷【主に複】(気候の)厳しさ, 酷烈さ. —las ~s del tiempo 気候の厳しさ.

a la inclemencia 風雨にさらされて.

inclemente [iŋkleménte] 形 ❶ 無慈悲な, 冷酷な. 類**severo**. ❷ (気候の)厳しい, 酷烈な. —un invierno ~ 過酷な冬.

:**inclinación** [iŋklinaθión] 女 ❶ (a) 傾くこと, 傾斜. —La ~ de estas casas se debe al terremoto. これらの家が傾いているのは地震のせいだ. (b) 傾度, 勾配. ❷ お辞儀(ξ). —Al terminar el concierto el pianista hizo una profunda ~. 演奏が終わるとそのピアニストは深々とお辞儀をした. ❸ 傾向, 性向, 性癖. —Tiene ~ a burlarse de todo. 彼は何ごとも鼻で笑う性分である. Tiene *inclinaciones* liberales. 彼はリベラルな性質だ. 類**propensión, tendencia**. ❹【+ hacia/por】…に対する嗜好(ζ·), 好み; 愛情. — Siente [Tiene] ~ *por* [*hacia*] la pintura. 彼は絵画愛好家だ. Desde niño siente una profunda ~ *por* sus abuelos paternos. 幼いころから彼は父方の祖父母に深い愛情を抱いている. 類**afición, cariño**.

inclinado, da [iŋklináðo, ða] 過分 形 傾いた, 傾斜した. —La torre está un poco *inclinada*. その塔は少し傾いている. una cuesta muy *inclinada*. 非常に傾斜のきつい坂. —Es un chico ~ a la violencia. 彼は暴力傾向のある子だ.

:**inclinar** [iŋklinár] 他 ❶ を傾ける, かしげる, 曲げる. — La cabeza bajó la cabeza, うなずく. El seísmo *inclinó* peligrosamente el edificio. 地震によってその建物は危険なくらいに傾いた. ❷【+ a/hacia へと】し向ける, (…する気)を起こさせる. — Sus palabras me *inclinaron* a la duda. 彼のことばによって私は疑いをもつようになった. Les *inclinó hacia* opiniones radicalmente nacionalistas. 彼は彼らを過激なほど民族主義的な意見に走らせた.

— *se* 再 ❶ (a)【+ a へ】傾く, 傾斜する, 向かう. —La torre de la vieja iglesia *se* está *inclinando*. 古い教会の塔は傾き続けている. (b) お辞儀をする, 頭を下げる. —*~se* ante su Majestad 陛下の前でお辞儀をする. ❷ (a)【+ a + 不定詞】…する気になる, する傾向がある, しがちである. —*Me incliné a* creerle. 私は彼を信じる気になった. (b)【+ por + 名詞】を好む, 選ぶ; …に賛成する. —Ella *se inclina por* la calidad del producto que compra. 彼女は購入する商品の品質を選ぶ. ❸【+ a に】近づく, 似かよる. —*Se inclina a* la locura. 彼は発狂寸前である. 類**propender**.

ínclito, ta [iŋklito, ta] 形 著名な, 名高い.

ilustre.

*incluir** [iŋklμír インクルイル] [11.1] 他 ❶【+ en の中に】を含める, 入れる, 同封する. — una foto *en* el sobre 封筒の中に写真を1枚入れる. En esta carta va *incluido* un recibo. この手紙の中に受領証が入っている. No me *incluye* entre sus íntimos amigos. 彼は私を親友の中には入れていない. 反**excluir**. ❷ を保有する, 含む, 含有する, 包含する. — El menú del día incluye pan y postre. 日替わり定食にはパンとデザートが含まれている. 類**abarcar, comprender**.

inclusa [iŋklúsa] 女 捨て子収容所, 孤児院.

inclusero, ra [iŋkluséro, ra] 名 捨て子, 拾い子.

inclusión [iŋklusión] 女 ❶ 含めること, 包含; 封入. —con ~ de … …を含めて. ❷ 友情; 仲間.

inclusivamente [iŋklusíβaménte] 副 含めて.

inclusive [iŋklusíβe] 副 ❶ 含めて, 入れて. — hasta el 5 de mayo ~ その日も含めて5月5日まで. 反**exclusive**. ❷【まれ】さえも, まで.

ambos inclusive 双方とも含めて. He pedido habitación en el hotel desde el lunes al sábado, *ambos inclusive*. 私は月曜から土曜までその両日を含めてホテルに部屋を取った.

:**incluso, sa** [iŋklúso, sa] 形 含まれた, 同封された. —la carta *inclusa* 同封の手紙.

— 副【前置詞的に】❶ を含めて. —Había bebido toda la tripulación, ~ el piloto. パイロットを含めて全乗組員が飲酒していた. ❷ …さえ. — No se queja e ~ está contento. 彼は不平を言わないばかりか, 満足さえしている. Engaña ~ a sus padres. 彼は自分の両親でさえ欺いている. 類**aun, hasta**.

inclu‐ [iŋkluχ‐] 動 incluir の直·現在, 完了過去, 接·現在, 過去, 命令·2単.

incoar [iŋkoár] 他 (訴訟·審理などを)始める. — ~ expediente 審理を開始する. 類**abrir**.

incobrable [iŋkoβráβle] 形 取り立てられない, 回収できない. —deuda ~ 不良債権.

incoercible [iŋkoerθíβle] 形 抑えられない, こらえがたい. —pasión ~ 抑えがたい情熱.

incógnita [iŋkóɣnita] 女 ❶【数学】未知数. ❷ 謎; 不明の原因·理由. —Es una ~ cómo ha conseguido tanto dinero. 彼がいかにしてそんな大金を手に入れたのかは謎である.

despejar la incógnita de una ecuación (1)【数学】未知数を解く. (2) 謎を解く.

incógnito, ta [iŋkóɣnito, ta] 形 未知の. — una persona *incógnita* 未知の人; 微行の, 匿名の.

— 男 身分を隠すこと, 匿名. —guardar el ~ 身分を隠しておく, 人に名前を知らせずにいる. 類**anonimato**.

de incógnito 身分を隠して, 微行で. viajar *de incógnito*. お忍びで旅行する.

incognoscible [iŋkoɣnosθíβle] 形 認識できない, 認識しにくい. — ~ a simple vista 一見しただけでは認識できない.

incoherencia [iŋkoerénθia] 女 ❶ 脈絡のなさ, 支離滅裂. —Pronunció un discurso lleno

1096 incoherente

de ~s. 彼は支離滅裂な話をした. ❷ 矛盾した言動. —Sus palabras y sus hechos están en clara ~. 彼の言葉と行動は明らかに矛盾している. 類**incongruencia**. 反**coherencia**.

incoherente [iŋkoerénte] 形 ❶ 脈絡のない, 支離滅裂な. —Eso es ~ con tu razonamiento anterior. それは君の前の推理と脈絡がない. ❷ 非常識な(人). —Espero que no seas ~ en esto. 君のこの件で非常識なことのないよう期待する. 類**incongruente**. 反**coherente, congruente**.

incoloro, ra [iŋkolóro, ra] 形 ❶ 無色の. —El agua es *incolora*. 水は無色だ. ❷ 生彩のない. —un estilo [personaje] ~ 生彩のない文体[人物].

incólume [iŋkólume] 形 無傷の, 負傷しない. —Salió ~ del accidente. 彼は事故に遭ったが無傷だった. La antigua iglesia quedó ~ tras el fuerte seísmo. その古い教会は強い地震の後も大丈夫だった. 類**indemne**. 反**herido**.

incombustibilidad [iŋkombustiβiliðá(ð)] 女 不燃性.

incombustible [iŋkombustíβle] 形 ❶ 不燃性の. —un material ~ 不燃性物質. ❷《まれ》感情が燃えない, 恋愛できない. ❸ (人が)めげない, しぶとい. —un político ~ しぶとく生き残る政治家.

incomestible [iŋkomestíβle] 形 食べられない. 類**incomible**.

incomible [iŋkomíβle] 形 —Aquel guiso estaba ~. あのシチューは食べられなくなっていた.

‡**incomodar** [iŋkomoðár] [＜cómodo] 他 ❶ …に迷惑をかける, を困らせる. —Siento ~te, pero sólo va a ser un momento. 君に迷惑をかけてすまないが, ほんのちょっとの間だけだ. 類**molestar**. ❷ を怒らせる, 不愉快にさせる. —Tu irrespectuosa respuesta le *incomodó*. 君の無礼な返事に彼は腹を立てたのだ.
—— se 再 [＋por/con に] 怒る, 不愉快になる. —*Se incomodó por* lo que le dije. 私の言ったことで彼は不愉快になったのだ. No *te incomodes por* una tontería. 下らないことに腹を立てるなよ. *No se incomode*. どうかお構いなく.

‡**incomodidad** [iŋkomoðiðá(ð)] 女 ❶ 不便, 不自由. —Tuvimos que soportar muchas ~es durante el viaje. 私たちは旅行の間多くの不自由を忍ばなければならなかった. ❷ 不快, 迷惑. —Noté enseguida que mi visita le producía una cierta ~. 私の訪問が彼に少し迷惑であるのに私はすぐに気がついた.

‡**incómodo, da** [iŋkómoðo, ða] 形 ❶ (物事が)居心地の悪い, 不便な, 面倒な〔ser＋〕. —casa *incómoda* 不便な[住み心地の悪い]家. El sofá es ~. そのソファーは座り心地が悪い. Me resulta muy ~ tener que decirle la verdad. 彼に本当のことを言わなければならないのは非常に気づまりだ. 類**molesto, violento**. 反**cómodo**. ❷ (人が)居心地が悪い, 気まずい, 不愉快な〔estar＋/encontrarse/sentirse＋〕. —Estoy ~ en este asiento. この席は居心地が悪い. Me siento ~ en su compañía. 彼といっしょにいると私は落ち着かない.

‡**incomparable** [iŋkomparáβle] 形 (美しさなどの点において)比類のない, 無類の, 比較できない. —El panorama que se divisa desde aquí es de una belleza ~. ここから眺められる景色は比類なき美しさである.

incomparecencia [iŋkompareθénθja] 女 (法廷などへの)不出頭, 不出廷.

incompasivo, va [iŋkompasíβo, βa] 形 無慈悲な, 冷酷な.

incompatibilidad [iŋkompatiβiliðá(ð)] 女 ❶ 相容れないこと, 両立できないこと, 不調和. —de caracteres 性格の不一致. ❷《法律》兼職[兼任]不能. ❸《薬学》配合禁忌. ❹《数学》(方程式の)解のないこと.

incompatible [iŋkompatíβle] 形 ❶ [＋con] …と相容れない, 両立しない, 調和[一致]しない. —Ana es ~ *con* el director. アナは支配人としっくり行かない. caracteres ~s 相容れない性格. ❷《数学》(方程式で)解のない.

incompetencia [iŋkompeténθja] 女 ❶ 無能(力), 無資格. —Su ~ para ese trabajo es manifiesta. その仕事をする能力が彼にないことは明白だ. ❷《法律》無権限, 管轄違い. 類**incapacidad**.

incompetente [iŋkompeténte] 形 ❶ 無能な, 無資格な. —un líder ~ 無能な指導者. ❷《法律》権限のない, 管轄違いの. ❸《地質》(岩石の)変形しやすい.

‡**incompleto, ta** [iŋkompléto, ta] 形 不完全な, 未完成の. —Gaudí, al morir, dejó *incompleta* la Sagrada Familia. ガウディは死んだとき聖家族教会を未完成のまま残した. Su formación profesional es muy *incompleta*. 彼が受けた職業訓練はとても不完全なものである.

incomprendido, da [iŋkomprendíðo, ða] 形 ❶ (然るべき)理解のされない. ❷ (その真価などの)理解されない, 人から認められない. —un hombre ~ 理解されない人.
—— 名 理解されない人.

incomprensibilidad [iŋkomprensiβiliðá(ð)] 女 理解できないこと, 不可解.

incomprensible [iŋkomprensíβle] 形 理解できない, 不可解な. —traducción ~ 理解不能の翻訳. un suceso ~ 不可解な出来事. Su actitud me resulta ~. 彼の態度が私には理解しがたい.

incomprensión [iŋkomprensjón] 女 無理解; 理解不足.

incompresible [iŋkompresíβle] 形 圧縮[縮小]できない. 類**incomprimible**.

incomunicable [iŋkomunikáβle] 形 ❶ 伝達不能な, 連絡のとれない ❷ 交流できない, 無関係な. ❸ 人好きのしない.

incomunicación [iŋkomunikaθjón] 女 ❶ 伝達不能; 交流の途絶, 孤立. ❷《法律》隔離; 身柄拘束.

incomunicado, da [iŋkomunikáðo, ða] 形 ❶ 通信[交通]の途絶えた. —A consecuencia de la intensa nevada, varios pueblos han quedado *incomunicados*. 激しい降雪の為に, いくつかの村の交通が途絶えた. ❷ 隔離[監禁]された. —Lleva varios días ~ 彼は数日隔離されている.

incomunicar [iŋkomunikár] [1.1] 他 ❶ (逮捕者などを)隔離する. —El juez incomunicó al presunto asesino. 判事は殺人容疑者を隔離した. ❷ (ある場所の)交通[通信]を途絶えさせる.
—— se 再 孤立する, 人との交際を絶つ.

inconcebible [iŋkonθeβíβle] 形 ❶ 想像もつ

かない, 思いもよらない. —Para mí es ~ que pueda existir todavía esa clase de explotadores. その種の搾取者がまだ存在しうるなんて, 私には想像もできない. ❷ (非難をこめて)並外れた, 異常な. —Su descaro es ~. 彼の図々しさは並外れている.

inconciliable [iŋkonθiljáβle] 形 〖+con〗 …と相容れない, 調和しない; 和解できない. —Tanto orgullo es ~ *con* la caridad que predica. 余りの高慢さは彼の説く慈悲と相容れない. 類 **irreconciliable, incompatible.** 反 **compatible, conciliable.**

inconcluso, sa [iŋkoŋklúso, sa] 形 未完(成)の, 完結していない. —un poema ~ 未完の詩.

inconcuso, sa [iŋkoŋkúso, sa] 形《文》確かな, 疑問の余地のない. 類 **cierto, evidente.**

incondicional [iŋkondiθjonál] 形 ❶ 無条件の, 絶対的な. —rendición ~ 無条件降伏. ❷ 無条件に支持する, 盲信的な. —Soy un admirador ~ de ese pianista. 私はそのピアニストの熱狂的なファンだ.
—— 男女 〖主に複〗無条件的支持者.

inconexión [iŋkoneksjón] 女 無関連, 無関係.

inconexo, xa [iŋkonékso, ksa] 形 関連[関係]のない. —un amontonamiento de imágenes *inconexas* 関連のないイメージの集積.

inconfesable [iŋkomfesáβle] 形 恥ずかしくて言えない, 口に出せない. —una enfermedad ~ 人に言えない病気.

inconfeso, sa [iŋkomféso, sa] 形 (罪の)白状[自白]をしない.

* **inconfundible** [iŋkomfundíβle] 形 間違えようのない, 紛れもない, 独特の. —Ese novelista tiene un estilo ~. その小説家は独特の文体を持っている.

incongruencia [iŋkoŋgrwénθja] 女 不適合[不適切](なこと), 矛盾. 類 **incoherencia.**

incongruente [iŋkoŋgrwénte] 形 ❶ 〖+con〗と調和しない, 矛盾した. —una acción ~ *con* nuestro ideal de vida 我々の人生の理想にふさわしくない行動. ❷ 関係[脈絡]のない. —un relato ~ 脈絡のない話.

incongruo, rua [iŋkóŋgrwo, rwa] 形 ❶ → incongruente. ❷《宗教》定められた額に達しない僧への支給金の. ❸《宗教》支給金を受けていない(僧).

inconmensurable [iŋkommensuráβle] 形 ❶ 測ることができない. —el espacio ~ del cosmos 宇宙の測りしれない空間. ❷ 途方もなく広大な. —la extensión ~ del mar 海の途方もない広さ.

inconmovible [iŋkommoβíβle] 形 ❶ (物事が)確固とした; 動かせない. —una decisión ~ 確固とした決定. Estas columnas son ~s. これらの柱は動かせない. ❷ (人が)動じない, 平気でいる. —con rostro ~ 動ぜぬ表情で.

inconmutabilidad [iŋkommutaβiliðá(ð)] 女 取り替えられないこと, 交換できないこと.

inconmutable [iŋkommutáβle] 形 ❶ 取り替えられない, 交換できない. ❷ 不変の.

inconquistable [iŋkoŋkistáβle] 形 ❶ 征服できない, 難攻不落の. —un lugar ~ 難攻不落の場所. ❷ 懐柔できない.

incontestable 1097

inconsciencia [iŋkonsθjénθja] 女 ❶ 無意識. —estar en estado de ~ 無意識の状態でいる. ❷ 無自覚, 無思慮, 軽率. —Fue una ~ meterte en ese negocio. その商売に君が関わるのは軽率だった. 類 **ligereza, insensatez.**

‡**inconsciente** [iŋkonsθjénte] 形 ❶ 無意識の. —Lanzó una carcajada en una reacción ~. 彼は無意識に反応して高笑いをした. ❷ 意識不明の, 気絶した. —El herido seguía ~ cuando llegó la ambulancia. その負傷者は救急車が到着したとき意識不明のままだった. ❸ 軽率な, 自覚をもたない. —Le han echado de la compañía por ~ en su trabajo. 彼は自分の仕事に自覚がないということで会社をくびになった.
—— 男女 軽率な人, 意識を失った人. —Es un ~ bebiendo. 彼は酒を飲むと前後不覚になる.

inconsecuencia [iŋkonsekwénθja] 女 首尾一貫しないこと, 無定見, 矛盾.

inconsecuente [iŋkonsekwénte] 形 〖+con と, +en において〗首尾一貫しない, 無定見, 矛盾した. —Es ~ *en* sus actos. 彼は行動において首尾一貫しない. una actitud ~ *con* sus convicciones 彼の信念と矛盾した態度.
—— 男女 無定見な人.

inconsideración [iŋkonsiðeraθjón] 女 軽率, 無思慮. 類 **desconsideración.**

inconsiderado, da [iŋkonsiðeráðo, ða] 形 軽率な, 無思慮な; 思いやりのない. 類 **irreflexivo.**
—— 名 無思慮な[思いやりのない]人.

inconsistencia [iŋkonsisténθja] 女 ❶ 固くないこと; もろさ. —la ~ del material 材料のもろさ. ❷ 矛盾, 筋道の通らないこと; 無定見, 無節操.

inconsistente [iŋkonsisténte] 形 ❶ 固くない, もろい. —terreno ~ ゆるい地盤. ❷ 矛盾する, 筋道の通らない. —una teoría ~ 一貫性のない理論. Las pruebas que presentó eran ~s. 彼が提示した説明は矛盾していた.

inconsolable [iŋkonsoláβle] 形 慰めようのない, 悲嘆に暮れた.

inconstancia [iŋkonstánθja] 女 ❶ 変わりやすさ, 不定, 続かないこと. —la ~ en el estudio 勉強が続かないこと. ❷ 移り気, 気まぐれ; 無節操. —la ~ en sus aficiones 彼の趣味の無節操さ.

inconstante [iŋkonstánte] 形 ❶ 変わりやすい, 一定しない. ❷ 移り気な, 気まぐれな; 節操のない. —Es ~ en sus afectos. 彼は情が移ろいやすい.

inconstitucional [iŋkonstituθjonál] 形 憲法違反の, 違憲の.

inconsútil [iŋkonsútil] 形《まれ》縫い目のない. —velo ~ キリストの衣.

incontable [iŋkontáβle] 形 ❶ 数えきれない, 無数の. —El número de manifestantes contra la guerra era ~. 戦争反対デモ参加者はおびただしい数だった. 類 **innumerable.** ❷ (不都合, 破廉恥などの理由で)語ることのできない.

incontaminado, da [iŋkontamináðo, ða] 形 汚染されていない, 清浄の. 類 **puro.**

incontenible [iŋkonteníβle] 形 抑えられない, 手に負えない. —Su alegría era ~ 彼の喜びは抑え難かった. Tengo un hambre ~. 私はどうしようもなく空腹だ.

incontestable [iŋkontestáβle] 形 疑いの余

incontestado, da [iŋkontestáðo, ða] 形 論議されていない.

incontinencia [iŋkontinénθja] 女 ❶ (特に肉欲に対する抑制のなさ, 不節制, 淫乱. (=〜 sexual) ❷《医学》失禁. 〜 de orina 尿失禁.

incontinente [iŋkontinénte] 形 抑制自制力のない, 淫乱の. —un hombre 〜 自制力のない人.

incontinenti [iŋkontinénti] 副《まれ》すぐに, 直ちに.

incontrastable [iŋkontrastáβle] 形 ❶ 打ち勝つことのできない. ❷ 反論の余地がない. —una verdad 〜 反駁(㌫)できない真実. ❸ 頑固な.

incontrolable [iŋkontroláβle] 形 制御できない, 手に負えない.

incontrovertible [iŋkontroβertíβle] 形 論争の余地がない, 明白な. —un hecho 〜 明白な事実. 類**indiscutible**.

・**inconveniencia** [iŋkombenjénθja] 女 ❶ 不適当. —Hay que decidir sobre la conveniencia o 〜 del proyecto. 計画が適切であるか否かについて決めなければなりません. ❷ 迷惑, 不自由. —Hablan del tema de la 〜 de tener hijos. 彼らは子供を持つことの不便さについて話している. No tengo 〜 en que nos acompañe. あなたが私たちに同行されるのは私は構いません. ❸ 無礼な言動. —¿He dicho alguna 〜? 私は何か失礼なことを言いましたか？ El moderador cometió la 〜 de interrumpir al conferenciante. 司会者は無礼にも講演者の話をさえぎった. 類**impertinencia**, **incorrección**.

:**inconveniente** [iŋkombenjénte] 形 ❶ 不都合な, 不適当な. —Esta es una hora 〜 para hacer visitas. 今は人を訪問するのに不適当な時刻だ. 類**inapropiado**. ❷ 無作法な, 下品な. —Les dio mucha vergüenza el comportamiento 〜 de su hijo. 息子の無作法なふるまいに彼らは大変な恥ずかしさを感じた. 類**descortés**, **imprudente**.

— 男 ❶ 不都合, さしつかえ. —No tengo 〜 en admitir la propuesta. その提案を認めるのに異議はありません. No tenemos el menor 〜 en que usted se quede en casa. あなたが家に残っておられても, 私たちはいっこうにかまいません. Si no surge ningún 〜, iré a verte mañana. 何も不都合が生じなければ, 明日君に会いに行くよ. ❷ 障害, 問題. —Esta casa tiene el 〜 de que queda muy lejos del centro. この家は中心街からとても遠いという難問を抱えている.

inconvertible [iŋkombertíβle] 形 換えられない, 交換不能な.

incordiar [iŋkordjár] 他 を困らせる, 悩ませる. —Haz el favor de no 〜 más. もうこれ以上困らせないでくれないかね.

incordio [iŋkórðjo] 男《話》厄介, 迷惑. —Es un 〜 tener que salir a estas horas de viaje. こんな時間に旅行に出掛けねばならないなんて面倒だ. 類**fastidio**.

incorporación [iŋkorporaθjón] 女 ❶【+a】…への合体, 合併, 編入. —la 〜 a filas de soldados 兵士の入隊. ❷ 加入, 参加. —la 〜 de España a la Unión Europea スペインのEUへの加入. ❸ 起き上がること.

incorporado, da [iŋkorporáðo, ða] 形 ❶ 合体[合併・編入]された. ❷ (ベッドで)体を起こした. ❸《技術》内蔵された.

incorporal [iŋkorporál] 形《文》❶ 無形の, 形体のない. ❷ 触れられない. 類**incorpóreo**.

:**incorporar** [iŋkorporár]〔<cuerpo〕他【+a/en に】を加える, 付け加える, 加入させる. —〜 un apéndice a un libro 本に付録を付け加える. Han incorporado las propuestas de los ciudadanos en el proyecto. 市民の提案が計画の中に加えられた. Pasados veinte minutos se incorporan las verduras. 20分たったら野菜を入れます. ❷ …に上半身を起こさせる. —Incorporaron un poco al enfermo para que tomara la medicina. 彼らは薬を飲ませるために病人の体を少し起こさせた.

— se 再 ❶ 【+a に】加わる, 加入する. —〜se a la Asociación Internacional de Hispanistas 国際ヒスパニスト学会に加入する. 〜se a una manifestación デモに加わる. 類**integrarse**. ❷ 上体[上半身]を起こす. —Al 〜se volcó el vaso de vino. 上体を起こしたとき彼はワイングラスをひっくり返した. ❸ 【+a (職などに)】就く, 着任する. —Hace dos semanas que se incorporó a su nuevo destino. 2週間前に新しい任地に着いた.

incorpóreo, a [iŋkorpóreo, a] 形 無形の, 形体のない. —cosas incorpóreas 無形の物事.

・**incorrección** [iŋkořekθjón] 女 ❶ 誤り, 不正確. —una redacción llena de incorrecciones gramaticales 文法的誤りだらけの作文. 類**falta**. ❷ 無礼な言動. —Ha sido una 〜 no invitarla a la boda. 彼女を結婚式に招かないのは無礼だった. 類**descortesía**, **grosería**.

incorrecto, ta [iŋkořékto, ta] 形 ❶ 不正確な, 間違った. —una operación matemática incorrecta 間違った数学の演算. ❷ 礼儀に反する, 失礼な. —Ha estado 〜 hablándose así 君にそんな風に話すなんて彼は失礼だった.

incorregible [iŋkořexíβle] 形 ❶ 矯正できない, 直し難い. —un defecto [error] 〜 直せない欠点[誤り]. ❷ 改心の見込みのない, 度し難い. —un niño 〜 手に負えない子ども.

incorruptible [iŋkořuptíβle] 形 ❶ 腐敗しない. —una materia 〜 腐らない物質. ❷ 買収されない, 清廉潔白な. —un funcionario 〜 清廉潔白な公務員. 類**insobornable**.

incorrupto, ta [iŋkořúpto, ta] 形 ❶ 腐敗していない. ❷ 退廃していない; 買収されない. —un funcionario 〜 汚職していない公務員. ❸ 純潔な.

incredibilidad [iŋkreðiβiliðá(ð)] 女 信じられないこと, 信用できないこと.

incredulidad [iŋkreðuliðá(ð)] 女 ❶ 疑い深さ, 懐疑. ❷《文》不信心.

incrédulo, la [iŋkréðulo, la] 形 ❶ 疑い深い, 懐疑的な. 類**desconfiado**. ❷《文》不信心な. 類**descreído**. ❸ 不信心な人.

:**increíble** [iŋkreíβle] 形 ❶ 信じられない. —Exagera tanto las cosas que resultan 〜s. 彼は物事をあまりにも誇張して言うので信じられなくなる. ❷ 思いもよらない, うそみたいな. —Es 〜 que haya cometido ese crimen. 彼がその罪を犯したなんてうそみたいだ.

:**incremento** [iŋkreménto] 男 増加, 増大;

(情報)インクリメント. —El ~ del número de turistas ha aliviado el problema del paro. 観光客の数の増加によって失業問題が軽減された. Este mes los precios han sufrido un ~ del tres por ciento. 今月物価は3パーセント上昇した. **類aumento, crecimiento**.

increpación [iŋkrepaθjón] 女 ❶ 厳しく叱りつけること, 強い叱責. ❷ 激しい非難; 侮辱. ❸《文》厳しい抑圧.

increpar [iŋkrepár] 他 ❶ を厳しく叱りつける[強く叱責する]. —Ella *increpa* a los niños por cualquier cosa. 彼女はどんなことでも子どもたちを叱りつける. ❷ を侮辱する. —Fue detenido por ~ a la policía. 彼は警察を侮辱したために逮捕された.

incriminación [iŋkriminaθjón] 女 罪の告発; 罪を負わせること.

incriminar [iŋkriminár] 他 ❶ …に罪を負わせる. —Fue *incriminado* del delito. 彼はその罪を負わされた. ❷ …をひどく非難する.

incruento, ta [iŋkrwénto, ta] 形 無血の, 血を見ない. —una lucha *incruenta* 無血の戦い.

incrustación [iŋkrustaθjón] 女 ❶ 嵌込(はめこみ)むこと, 象眼(細工). ❷ 外皮で覆う[覆われる]こと; 外殻. 皮殻. ❸ 湯あか. ❹《医学》かさぶた, 痂(か)皮. ❺《情報》埋め込み.

incrustar [iŋkrustár] 他 ❶ を嵌込(はめこみ)む, 象眼する. —una esmeralda en un camafeo エメラルドをカメオ細工に象眼する. ❷ を皮殻[外皮]で覆う. ❸ …に湯あかをつける.

—**se** 再 ❶ はまり込む; 付着する, こびり付く. —~ la grasa en la pared 油脂が壁に付着する. ❷ (比喩的に)刻みつけられる. —una cosa en la memoria あることが記憶に刻み込まれる.

incubación [iŋkuβaθjón] 女 ❶ 抱卵, 孵化(ふか). —~ artificial 人工孵化(ふか). ❷《医学》(病気の)潜伏期.

incubadora [iŋkuβaðóra] 女 ❶ 孵卵器. ❷ (未熟児用の)保育器.

incubar [iŋkuβár] 自 他 ❶ (卵)を抱く, 孵化する. ❷《医学》潜伏期にある.

íncubo [íŋkuβo] 男 夢魔(眠っている女を犯すと言われる).

incuestionable [iŋkwestjonáβle] 形 疑う余地のない. —un deber ~ 問答無用の義務. **類indiscutible, innegable**.

inculcar [iŋkulkár] [1.1] 他 ❶ (考え・習慣など)を徹底的に教え込む, たたき込む. —La madre *inculca* en sus hijos los hábitos de la limpieza y el orden. その母親は子どもたちに掃除と整頓の習慣をたたき込む.

inculpabilidad [iŋkulpaβiliðá(ð)] 女 無罪, 免責.

inculpable [iŋkulpáβle] 形 無罪の, 免責の.

inculpación [iŋkulpaθjón] 女 罪を負わせること; 告訴, 告発.

inculpar [iŋkulpár] 他 〖+de〗…の罪にする; を…で告訴する. —La policía tiene pruebas para ~ al empleado *del* robo. 警察はその従業員を窃盗罪で告訴する証拠を握っている. **類acusar, culpar**.

incultivable [iŋkultiβáβle] 形 耕せない; 開拓できない.

:**inculto, ta** [iŋkúlto, ta] 形 ❶ 耕されていない, 未耕作の. —Ante nuestros ojos se extendían hectáreas de tierra *inculta*. われわれの目の前に何ヘクタールもの未耕作地が広がっていた. ❷ 教養のない; 粗野な, 洗練されていない. —Se ha casado con una mujer muy guapa pero *inculta*. 彼はとても美しいが教養のない女性と結婚した.

incultura [iŋkultúra] 女 ❶ 無教養. ❷ 耕していないこと, 未開墾.

incumbencia [iŋkumbénθja] 女 責任, 義務. —Ese asunto no es de tu ~ その件は君の責任ではない. **類competencia**.

incumbir [iŋkumbír] 自 〖+a〗…に関わりがある; …の責任である. —A ella no le *incumbe* eso. 彼女にはそれは関係ない.

incumplido, da [iŋkumplíðo, ða] 形 ❶ 果たされない, 未遂の. ❷ 未払いの. ❸ (義務・約束などを)果たさない, 守らない.

incumplimiento [iŋkumplimjénto] 男 果たさないこと, 不履行. —Lo han demandado por ~ del contrato. 彼は契約不履行で訴えられた.

incumplir [iŋkumplír] 他 を果たさない, 履行しない. —~ la orden del jefe 上司の命令を果たさない. ❷ (約束など)を守らない.

incunable [iŋkunáβle] 形 活版術発明当時(16世紀初頭以前に印刷された).
— 男 初期印刷本, 揺籃(ようらん)期本.

incurable [iŋkuráβle] 形 不治の, 治らない. —padecer una enfermedad ~ 不治の病を患う.

incuria [iŋkúrja] 女 怠慢, 投げやり. **類negligencia**.

:**incurrir** [iŋkuřír] 自 〖+en〗❶ (誤りなどに)陥る, を犯す, しでかす. —*Incurrió en* un error. 彼は誤りを犯した. **類cometer**. ❷ (怒り・不興などを)かう, 被る. —Ha incurrido en el enfado del profesor. 彼は先生の怒りをかった. *Incurrió en* el desprecio de sus amigos. 彼は友人たちの軽蔑の的となった.

incursión [iŋkursjón] 女 ❶《軍事》急襲, 侵略. ❷ (不意の)侵入, 闖(ちん)入, 乱入.

incurso, sa [iŋkúrso, sa] 形《法律》告訴されている; 刑罰を受けている. — 男 進攻, 襲撃.

indagación [indaɣaθjón] 女 調査; 探究, 研究. —La policía procedió a la ~ de los hechos. 警察は事実を調査する処置を取った.

:**indagar** [indaɣár] [1.2] 他 (質問して)調査する, (聞き込み)捜査する. —~ la causa del incendio 火事の原因を調査する. La policía está *indagando* el robo. 警察は盗難の捜査をしている. **類averiguar, investigar**.

indague(-) [indaɣe(-)] 動 indagar の接・現在.

indagué [indaɣé] 動 indagar の直・完了過去・1単.

indebidamente [indeβiðaménte] 副 不当に; 不法に.

indebido, da [indeβíðo, ða] 形 ❶ 義務的でない; 規定外の. ❷ 不当な, 不法な; 折悪しい. —conducta *indebida* 不法行為. una hora *indebida* 折悪しい時間. una sanción *indebida* 不当な制裁. **類ilícito, inoportuno**.

indecencia [indeθénθja] 女 ❶ 下品, 品の悪さ, 慎みのなさ. —La ~ de algunas personas es insoportable. いく人かの品の悪さは耐え難い. ❷ 下品な[みだらな]こと. —Su vestido es una

~. 彼女の服装はみだらだ. 類**obscenidad**.

indecente [indeθénte] 形 ❶ 下品な, みだらな, 破廉恥な. —una película ~ わいせつ映画. 類**deshonesto, obsceno, grosero**. ❷ よごれ物だらけな, ひどい. —un cuarto ~ ひどい部屋. ❸ 卑しい, 下劣な. 類**vil, ruin**.

indecible [indeθíβle] 形 言葉に表せない, えも言えぬ. —una sorpresa ~ 言いようもない驚き.

indecisión [indeθisjón] 女 決心のつかないこと, 迷い; 優柔不断.

:**indeciso, sa** [indeθíso, sa] 形 ❶ 決定されない, 未定の. —Su viaje a España está todavía *indeciso*. 彼のスペイン旅行は未定である. ❷ 決定的でない, どっちつかずの. —batalla *indecisa* 勝負のつかない戦い. ❸ 優柔不断の, ちゅうちょした. —Permaneció ~ un instante antes de responder. 彼は答える前に一瞬ためらった.
—— 男 優柔不断な人. —Es un ~ y pierde todas las oportunidades que se le presentan. 彼は優柔不断な人間でやってくるチャンスはすべて逃している.

indeclinable [indeklináβle] 形 ❶《文法》[語尾]変化しない. —un adjetivo ~ 無変化の形容詞. ❷ 不可避の, 拒めない. —una obligación ~ 避けがたい義務. 類**ineludible**.

indecoro [indekóro] 男 不作法; 下品, 破廉恥.

indecoroso, sa [indekoróso, sa] 形 不作法な; 下品な, 破廉恥な. —un gesto ~ 不作法なしぐさ. Llevaba un vestido ~. 彼女は見苦しい服装をしていた. 類**indecente**.

indefectible [indefektíβle] 形 絶えることのない, 尽きない; 衰えない. —Envidio su ~ buen humor. 彼が絶えず上機嫌なのが私はうらやましい.

indefectiblemente [indefektíβleménte] 副 絶えることなく; いつも確実に.

indefendible [indefendíβle] 形 ❶ 防御できない, 守れない. —una posición ~ 防御不能な陣地. ❷ 弁護できない, 言い訳のたたない.

indefensible [indefensíβle] 形 →indefendible.

indefensión [indefensjón] 女 無防備.

:**indefenso, sa** [indefénso, sa] 形 ❶ 無防備の. —Los soldados atacaron la aldea *indefensa*. 兵士たちはその無防備の村を襲った. La ciudad, *indefensa*, no opuso resistencia al enemigo. 無防備なその町は敵に対して抵抗はしなかった. ❷ 無力の, たよる者のない. —Era un pobre viejo ~. 彼はあわれなよるべない老人だった. 類**desvalido**.

:**indefinible** [indefiníβle] 形 ❶ 定義できない, 何とも言えない. —Aquella fruta rara tenía un sabor ~. その珍しい果物は何ともいえない味だった. Sentí una ~ sensación de bienestar. 私は何ともいえない幸福感に浸った. ❷ 期限のはっきりしない. —Quiere pagármelo a un plazo ~. 彼はその支払いを無期限払いにしたいと思っている.

***indefinidamente** [indefiníðaménte] 副 ❶ 無期限に, 際限なく, いつまでも. —El conflicto bélico parecía prolongarse ~. 武力紛争は際限なく続くように思われた. ❷ 漠然と, 不明確に.

***indefinido, da** [indefiníðo, ða] 形 ❶ 不明確な, 漠然とした, はっきりしない. —La tela tiene un color ~ entre verde y amarillo. その布地は緑と黄色の中間のはっきりしない色をしている. Me saludó con un gesto ~. 彼は私にあいまいな身ぶりで挨拶をした. 類**indeterminado**. 反**definido, determinado**. ❷ (日時, 数量などが)不定の, 未確定の, 無期限の. —Iniciaron una huelga *indefinida*. 彼らは無期限ストを始めた. Las obras se han suspendido por tiempo ~. 工事は無期限に中止された. 類**ilimitado, indeterminado**. 反**determinado, limitado**. ❸《文法》不定の. —artículo ~ 不定冠詞. pronombre ~ 不定代名詞.

indehiscente [indejisθénte] 形《植物》(果皮が)不裂開の.

indeleble [indeléβle] 形 ❶ 消えない. —una huella ~ 消えない跡. ❷ ぬぐうことのできない; 不朽の. 類**imborrable**.

indeliberado, da [indeliβeráðo, ða] 形 無思慮な, 不用意な, 軽率な. —Lo hizo de forma *indeliberada*. 彼はよく考えずにそれを行なった.

indelicadeza [indelikaðéθa] 女 ❶ 下品; 粗野. ❷ 不作法(な行為). —Ha sido una ~ no invitarla. 彼女を招待しないのは失礼であった.

indelicado, da [indelikáðo, ða] 形 下品な, 粗野な; 不作法な.

indemne [indémne] 形 無傷な, 損害を受けなかった. —salir ~ de un accidente 事故にあって無事ですむ. 類**sano y salvo, ileso**. 反**herido**.

indemnidad [indemniðá(ð)] 女 ❶ 無傷ですむこと, 無損害. ❷ (損[傷]害などの)保障, 賠償.

indemnizable [indemniθáβle] 形 賠償[補償]できる.

***indemnización** [indemniθaθjón] 女 ❶ 賠償, 補償. —exigir una ~ 賠償を要求する. ❷ 賠償金, 補償金. —pagar una ~ de dos millones de yenes 200万円の賠償金を支払う.

***indemnizar** [indemniθár] [1.3] 他 〔+de/por について〕(人)に補償する, 弁償する, 賠償する. —~ a las víctimas de un accidente de tráfico 交通事故の犠牲者たちに補償する. Le han *indemnizado de* daños y perjuicios. 彼は損害の補償を受けた.

indemostrable [indemostráβle] 形 証明できない.

:**independencia** [independénθja] 女 独立, 自立; 独立心. —México consiguió la ~ en el año 1821. メキシコは1821年に独立を確保した.

independentismo [independentísmo] 男 独立主義, 独立運動.

:**independiente** [independjénte] 形 ❶〔+de〕…から独立の, 自立した, 離れた. —nación ~ 独立国. Ella vive ~ de sus padres. 彼女は両親から自立して暮している. ❷ 自主心のある, 独立心の強い, 他の影響を受けない. —Es un hombre ~ y no se deja influir fácilmente por los demás. 彼は自主心の強い男で他人の影響は容易にうけない. ❸ (政治的に)自由な, 無所属の. —Se presentó por ~ a las elecciones. 彼は無所属で選挙に立候補した. ❹ 自営の, フリーの, フリーランサーの(=autónomo).

independientemente [independjénteménte] 副 独立して, 自立的に; 自立して.

independizar [independiθár] [1.3] 他 …を独立させる; 解放する. —Gran Bretaña *independizó* a sus últimas colonias tras la Primera

Guerra Mundial. 大英帝国は第1次大戦の後そ の最後の植民地を独立させる.
— se 〖+de〗…から独立する; 自立する. **—** ~*se de* los padres 親から独立する.
indescifrable [indesθifráβle] 形 解読[判読] できない. — un enigma ~ 解けない謎.
indescriptible [indeskriptíβle] 形 表現[描 写]できない, 筆舌に尽くしがたい. — un espectácu- lo ~ 言語を絶する光景. una alegría ~ 名状しが たい喜び.
indeseable [indeseáβle] 形 ❶ (ふつう外国人に ついて)国内に入って欲しくない. ❷ 好ましからざ る(人). ❸ 望ましくない.
— 男女 入国を許したくない人; 好ましからざる人 物.
indesmallable [indesmajáβle] 形 (特にス トッキングが)伝線しない.
indestructible [indestruktíβle] 形 破壊でき ない; 不滅の.
indeterminación [indetermina θjón] 女 ❶ 不確定, 不明確, 未定. — Se mantiene la ~ respecto a la fecha de partida. 出発の日取りに 関しては未定のままだ. ❷ 優柔不断, 不決断, ため らい. — Pierdes oportunidades por tu ~. 君は 優柔不断なためにチャンスを のがしている.
indeterminado, da [indeterminá ðo, ða] 形 ❶ 不確定の, 不定の, 未定の. — un número ~ de personas 数は分からないが何人かの人々. ❷ 優柔不断な, 不決断な. ❸ 《文法》不定の. — artículo ~ 不定冠詞. adjetivo ~ 不定形容詞. pronombre ~ 不定代名詞.
*·**India** [Índja] 固名 ❶ インド(公式名は Re- pública de la India, 首都ニューデリー Nueva Delhi). ❷ 複 (las ~s) 西インド諸島.
indiada [indjáða] 女 アメリカ・インディアン[原住 民]の集団[群衆].
indiana[1] [indjána] 女 プリント・キャラコ(布).
indianismo [indjanísmo] 男 ❶ インドの言語 特有の表現. ❷ インド学.
indiano, na[2] [indjáno, na] 形 ❶ アメリカ(生 れ)の. ❷ 東インドの. ❸ アメリカ成金の.
— 名 アメリカ(生れ)の人; アメリカ帰りの成金.
Indias Occidentales [índjas okθiðentáles] 固名 西インド諸島.
Indias Orientales [índjas orjentáles] 固名 東インド諸島.
:**indicación** [indikaθjón] 女 ❶ 指示, 合図; 示 唆. — Fui a ese dentista por ~ de un vecino. 隣人が教えてくれたので私はその歯医者に行った. Me hizo una ~ con la mano para que nos callásemos. 彼は静かにしようと私に片手で合図し た. ❷ 標示, 標識. — En la autopista ten cuidado con la ~ de velocidad límite. 高速 道路では制限速度の標示に注意するんだ. ❸ 注 意, 注意書き, 注釈. — Aquí tienes las *indica- ciones* sobre el manejo del aparato. ここに器 具の使用についての注意書きがあるよ. Cuand lee un libro suele poner *indicaciones* al margen de la página. 本を読むときに彼はページの余白に注 釈を書き込む習慣がある. 類 **observación**.
indicado, da [indikáðo, ða] 形 ❶ 指示[表 示]された. — un medicamento ~ para enfer- mos cardíacos 心臓病患者用の指示薬. ❷ 適 切な. — No creo que sea la persona *indicada* para ese puesto. 私は彼がそのポストにふさわしい 人間だとは思わない.

indicador, dora [indikaðór, ðóra] 形 指示 する. — una señal *indicadora* 標識.
— 男 ❶ 指示物, 表示器, 標識. — el ~ de velocidad 速度表示計. — el ~ de la temperatura 温度計. ❷ 《情報》プロンプト; ポインタ.
indicador económico 経済指標.
****indicar** [indikár インディカル] [1.1] 他 ❶ (*a*) を示す, 指示する, 指摘す る. — Me indicó con la mano que me acerca- ra. 彼は私に近くへ来るよう手で合図した. ¿Qué *in- dica* esta señal de tráfico? この交通標識は何を 指しているのですか. Mi reloj *indica* las dos y media. 私の時計は2時半を指している. El ba- rómetro *indica* lluvia. 晴雨計は雨を示している. (*b*) …と命じる, 指令する. — El policía nos *indi- có* que desalojáramos el local. 警官は私たちに その場所を立ち退くように命じた. ❷ を教える, 告げ る. — ¿Quiere usted ~ me por dónde queda Correos? 郵便局がどの辺にあるか教えてください. ❸ を見せる, (の兆候)を示す, 意味する. — Esa erupción *indica* una alergia. その発疹(㉆)がア レルギーを意味する. Su rostro indicaba descon- tento. 彼の顔は不満そうだった. ❹ (医者が薬・治 療法)を指示する. — El médico me *ha indicado* que debo guardar cama. 医者は私に寝ているよ う指示した.
indicativo, va [indikatíβo, βa] 形 ❶ 〖+ de〗を指示する, 表す. — un gráfico ~ *de* la situación de la empresa その事業の情況を示す 図表. ❷ 《文法》直説法の. — modo ~ 直説法.
— 男 ❶ 《文法》直説法. ❷ (電話などの)指示 番号.
:**índice** [índiθe] 男 ❶ 人さし指. — dedo ~ 人さ し指. ❷ 指示するもの, 指標. — El número de analfabetos es un ~ para conocer la cultura de un país. 文盲の数はある国の文化を知る一つの 指標である. 類 **indicio**. ❸ (*a*) (書物の)目次, 索 引, インデックス. — ~ alfabético 《de autores, de materias》アルファベット【著者別, 事項別】索 引. (*b*) 目録, (リストやカードによる)図書目録. ❹ 人さし指 〖=dedo ~〗. ❺ 指数. — ~ de pre- cios 物価指数. ~ de natalidad 出生率. ~ *del coste de vida* 消費者物価指数. ~ de refrac- ción 《光学》屈折率. ❻ 《計器, 時計などの》指針, 針. ❼ 《カトリック》禁書目録. ❽ 《数学》指数.
:**indicio** [indíθjo] 男 ❶ しるし, 指示すること. — Su silencio es ~ de que está enojada. 彼女が 黙っていることは彼女が怒っていることを表している. ❷ 徴候, きざし. — No hay ~s de que vayan a bajar los precios. 物価が下がるという徴候はない. Los primeros ~s de su talento como pintor surgieron siendo muy pequeño todavía. 彼 の画家としての才能の最初のきざしは彼がまだとても 幼い頃に現われた. 類 **prueba, señal**. ❸ 形跡, 痕 跡; ほんのわずか, 少量. — Aquella casa abando- nada presentaba ~s de algún crimen. あの廃 屋は何か犯罪の形跡を見せていた. ~s de albúmi- na 微量のたんぱく質. ❹ 《法律》証拠(物件).
índico, ca [índiko, ka] 形 インドの. — Océano Í~ インド洋.
:**indiferencia** [indiferénθja] 女 無関心, 重要 でないこと, 冷淡. — Le trataron con ~. 彼は冷

淡に扱われた. Hojeaba el periódico con ～. 彼は興味なさそうに新聞のページを繰っていた.

indiferente [indiferénte] 形 ❶ たいしたことがない, どちらでもよい. —Debe de haber decaído su talento literario porque sus últimos libros son un tanto ～s. 彼の最近の本はかなりつまらないから, 彼の文才は落ちてきたに違いない. Es ～ que te vayas o que te quedes aquí. きみが行ってしまおうとここに残ろうとどちらでもよい. Me es ～ partir hoy o mañana. 今日出発しようと明日出発しようと私には同じことだ. ❷ 関心・愛情をもたない. —Aunque no os lo creáis, me es ～ esa chica. 君たちが信じなくてもよいが, ぼくはその娘には関心がない. Se muestra ～ en la elección de un empleo. 彼は自分の仕事の選択には無関心である. ❸ 冷淡な, かかわりのない. —Ella está ～ conmigo últimamente. 彼女はこの頃ぼくに冷たい. Es ～ al lujo. 彼はぜいたくには無縁だ. Se muestra ～ al dolor ajeno. 彼は他人の痛みに対して冷淡な態度をとる. ❹ 不信心な.
—— 男女 無関心な人.

indiferentismo [indiferentísmo] 男 (政治や宗教に関する)無関心(主義), 局外中立主義.

indígena [indíxena] 形 その土地の, 土着の. —la población ～ 原地住民. —— 男女 土着民, 原住民. 類 **aborigen**.

indigencia [indixénθia] 女 貧困, 困窮. —morir en la ～ 貧困のうちに死ぬ.

indigenismo [indixenísmo] 男 ❶ イベロアメリカ原住民文化の研究. ❷ (イベロアメリカの)原住民擁護主義. ❸ 《言語》原住民語からの借用語(表現).

indigente [indixénte] 形 貧困の, 困窮した. —familia ～ 貧困家庭. 類 **pobre**.
—— 男女 貧乏人, 困窮者. —ayudar a los ～s 貧民を援助する.

indigestarse [indixestárse] 再 ❶ 消化不良になる. —¡Te vas a ～ con tanto comer! そんなに食べて消化不良を起こすぞ. ❷ (食物が)合わない; あたる. —Se le indigestó el pescado. 彼は魚であたりをした. ❸ 気に入らない, 虫が好かない. —Se me indigestó desde el primer momento en que la vi. 彼女に会った最初のときから, 私は虫が好かなかった.

indigestión [indixestjón] 女 消化不良.

indigesto, ta [indixésto, ta] 形 ❶ 消化しにくい. —El pepino es ～. キュウリは消化が悪い. ❷ 未消化の, 消化されていない. ❸ (人が)消化不良を起こした. ❹ 混乱した. ❺ 付き合いづらい.

indignación [indiɣnaθjón] 女 (非難すべきこと, 不正に対する)憤(いきどお)り, 憤慨, 怒り. —Al oír que hablaban mal de su madre, se estremeció de ～. 自分の母が悪く言われているのを聞くと彼は憤りで身震いした.

indignado, da [indiɣnáðo, ða] 形 【con/contra (人に)/por (物事に)】憤慨した, 怒っている.

indignamente [indíɣnaménte] 副 ひどく, 恥しく, 卑劣に.

indignante [indiɣnánte] 形 憤慨させる, とんでもない. —Lo ～ es que ni siquiera pida perdón. 腹立たしいのは彼が謝りもしないことだ.

indignar [indiɣnár] 他 を憤慨[憤激]させる, 立

腹させる. —Su falta de respeto me indigna. 彼が敬意を欠いていることに私は腹が立つ. Me indigna que tiren las colillas al suelo. 私は彼らが吸いがらを地面に捨てることが腹立たしい. 類 **airar, enfadar, enojar**.
—— se 再 【+con (人)に/por (事)に】憤慨[憤激]する, 立腹する. —No te indignes con ella, que no tiene la culpa. 彼女に腹を立ててはいけない, 彼女に罪はないのだから. Se indignó por el trato que le dieron. 彼らに受けた扱いに憤慨した.

indignidad [indiɣniðá(ð)] 女 ❶ 下劣[卑劣](な行為). ❷ 《法律》相続権喪失(故人に対する相続者の重大な過失による).

indigno, na [indíɣno, na] 形 ❶ 【+de】…にふさわしくない, 値しない, 価値のない. —Su manera de hablar es indigna de una dama. 彼女の話し方は淑女にふさわしくない. Es ～ de recibir el premio que le han concedido. 彼は授与された賞を受け取るにはふさわしくない. ❷ (人, 行為が)軽べつすべき, 品位を傷つける, 恥かしい. —Su modo de comportarse fue ～. 彼のふるまい方は軽べつすべきものであった. 類 **ruin, vil**.

índigo [índiɣo] 男 《植物》藍(あい).

indino, na [indíno, na] 形 ❶ 《俗》→**indigno**. ❷ 意地悪な; 厚かましい.

indio, dia [índjo, ðja] 形 ❶ (a) アメリカ・インディアンの, インディオの. —lengua india インディオの言語. trajes ～s インディオの民族衣装. (b) (インド)の先住民の. ❷ インド人の, インドの.
—— 名 ❶ アメリカ・インディアン, インディオ; 先住民. —hacer el ～ 《スペイン》《話》愚かな振る舞いをする, 馬鹿なことをする. ❷ インド人. ❸ 《メキシコ》《話》田舎者. 類 **palurdo**.

indique(-) [indíke(-)] indicar の接・現在.

indiqué [indiké] 動 indicar の直・完了過去・1単.

indirecta [indirékta] 女 →**indirecto**.

indirectamente [indiréktaménte] 副 間接(的)に; 遠回しに. —Se siente ～ perjudicada. 彼女は間接的に被害を受けたと感じている.

indirecto, ta [indirékto, ta] 形 ❶ (方法が)間接的な. —El contacto con él fue ～. 彼との接触は間接的だった. Es una manera indirecta de decir que somos idiotas. それは私たちが愚か者と遠回しに言っているのだ. ❷ (税金が)間接の, 間接税の. ❸ 《文法》(目的語が)間接の, 間接目的の. —complemento ～ 間接補語.
—— 女 ほのめかし; あてこすり. —decir [soltar] una ～ ほのめかす; あてこする.

indirecta del padre Cobos 分かりすぎた暗示.

indiscernible [indisθerníβle] 形 見分けられない, 区別できない.

indisciplina [indisθiplína] 女 規律を守らないこと, 不服従.

indisciplinado, da [indisθiplináðo, ða] 形 規律を守らない, 反抗的な.
—— 名 反抗者.

indisciplinarse [indisθiplinárse] 再 規律に背く; 反抗する.

indiscreción [indiskreθjón] 女 ❶ 無遠慮, 無作法. —¿Me podría decir qué edad tiene, si no es ～? 失礼でなければ, お年を教えていただけますか? ❷ 無遠慮な言動.

indiscreto, ta [indiskréto, ta] 形 ❶ 軽率な, 口の軽い, うかつな. —No le cuentes el secreto

porque es muy ～. 彼は非常に口が軽いから秘密を話してはいけない. 類**imprudente, inoportuno**. 反**discreto, prudente**. ❷ 無遠慮な, ぶしつけな, 不適切な. —Dijo que no respondía a las preguntas *indiscretas*. 彼は無礼な質問には答えないと言った. En aquel rincón estaremos a salvo de miradas *indiscretas*. 我々は無遠慮な視線を避けてあの隅っこにいることにしよう. 類**entrometido, impertinente, inoportuno**. 反**oportuno**.
── 名 無遠慮[不謹慎]な人, 口の軽い人. —No me fío de él porque es un ～. 彼は口の軽い男だから私は信用しない.

indisculpable [indiskulpáβle] 形 許せない, 弁解できない. 類**inexcusable**.

:**indiscutible** [indiskutíβle] 形 ❶ 議論の余地のない, 疑う余地のない, 否認できない. ❷ (リーダーやチャンピオンが)誰もが認める.

indisolubilidad [indisoluβiliðá(ð)] 女 ❶ 分離[解消]できないこと. —la ～ del matrimonio católico カトリックの結婚を解消できないこと. ❷ 不溶解[解]性.

indisoluble [indisolúβle] 形 ❶ 分離[解消]できない. —una pareja ～ 別れえない夫婦. ❷ 溶解[分解]しない. —sustancia ～ 溶解しない物質.

indispensable [indispensáβle] 形 不可欠の, かけがえのない, どうしても必要な. —Es ～ que acudas tú por ti mismo. 君が自分で行ってくれないと困るのだ. Se llevaron sólo lo ～ para el viaje. 彼らは旅行にどうしても必要な物だけを持って行った.

[indisponer](/dict/indisponer) [indisponér] **[10.7]** 他 ❶ 〖+con/contra に対して〗を仲たがいさせる, 不和にする. —Falseó lo ocurrido para ～me *con* vosotros. 彼は出来事をねじ曲げて君たちと私の仲を裂こうとした. ❷ …に体調を崩させる, を不調にさせる; …に軽い痛みを感じさせる. —La humedad me *indispone*. 私は湿気で体調を崩す.
── se 再 ❶ 仲が悪くなる, 不和になる. —*Se indispuso* conmigo por una tontería. 彼はつまらないことで私と仲が悪くなった. 類**enemistarse**. ❷ 体調を崩す, 軽い痛みを感じる. —*Se indispuso* y no pudo viajar. 彼は体調を崩して旅行ができなくなった.

indisponga(-) [indispoŋga(-)] 動 indisponer の接・現在.

indispongo [indispóŋgo] 動 indisponer の直・現在・1 単.

indisponible [indisponíβle] 形 自由に使用[処理]できない.

[indisposición](/dict/indisposicion) [indisposiθjón] 女 ❶ 体の不調. —El primer ministro sufrió una ligera ～ durante la reunión. 首相は会議中に軽い体調不良を起こした. ❷ 悪い感情, 気分を害すること.

indispuesto, ta [indispuésto, ta] 形 ❶ 体の具合[気分]が悪い. —La abuela se encuentra algo *indispuesta*. 祖母は少し体調が悪い. ❷ 〖+con/contra〗…に対し気分を害した. —Estoy ～ *contra* él. 私は彼に対し気分を害している.

indisputable [indisputáβle] 形 議論の余地のない, 明白な.

indistinguible [indistiŋgíβle] 形 識別できない; 見分けられない.

indistintamente [indistíntaménte] 副 ❶ 無差別に, 区別なく. ❷ 不明瞭に, ぼんやりと.

indistinto, ta [indistínto, ta] 形 ❶ 区別のない, 無差別な. —Es ～ que lo haga Carmen o María. それをカルメンがやろうとマリーヤがやろうと変わりない. ❷ 不明瞭な, ぼんやりした. ❸ 〖商業〗共同の. —cuenta corriente *indistinta* 共同当座預金. depósito ～ 共同預金.

:**individual** [indiβiðuál] 形 ❶ 個人の, 個人的な. —Sobre la mesa había cuatro manteles ～*es*. テーブルの上には個人用のクロスが置いてあった. rasgos ～*s* 個人的特徴. deberes [derechos] ～*s* 個人の義務[権利]. ❷ シングルの; (出来事が)一回限りの;《スポーツ》(競技や決勝が)シングルの. —Reservó una habitación ～. 彼はシングル・ルームをひとつ予約した.
── 男 《スポーツ》シングルス. ～～ masculino [femenino] 男子[女子]シングルス.

[individualidad](/dict/individualidad) [indiβiðualiðá(ð)] 女 ❶ (人の)個性. —rostro carente de ～ 個性のない顔. No están educando a los niños para que sean conscientes de su ～. 自分の個性を自覚するように子供たちは教育されていない. ❷ (物の)特性, 個体的特徴. ❸ 個性のある人.

:**individualismo** [indiβiðualísmo] 男 個人主義.

[individualista](/dict/individualista) [indiβiðualísta] 男女 個人主義者. ── 形 個人主義の, 利己的な. —actitud ～ 利己的な態度. Se dice que los españoles son muy ～*s*. スペイン人はとても個人主義的であるといわれている.

individualizar [indiβiðualiθár] **[1.3]** 他 ❶ 個別化する, 個々に区別する. —～ un nuevo virus 新しいウイルスを個別化する. ❷ 個性化する, 個性を与える.

individuar [indiβiðuár] **[1.6]** 他 →individualizar.

:**individ*uo*, dua** [indiβíðuo] 名 ❶ (不特定の)人物. —El presunto asesino es un ～ alto y de mediana edad. 殺人の容疑者は背の高い中年男だ. ❷ (軽蔑)奴, 人. —dos ～*s* muy extraños とても奇妙な二人の男. ¿Quién era ese ～ que iba contigo? 君といっしょにいたあの男は誰ですか. 類**tipo**.
── 男 ❶ (社会・集団に対して)個人; 個体. —Investiga las relaciones entre el ～ y la sociedad de aquel tiempo. 彼は当時の個人と社会の関係を研究している. ❷ 構成員・メンバー;《話》部下, 手下. —～ de la Real Academia Española スペイン王立アカデミーのメンバー. ❸ 《話》自己, 自身. —Andrés cuida bien de su ～. アンドレスは自分の体によく気をつけている. 類**persona**.
── 名 (軽蔑)男[女], やつ.
── 形 個人の; 不可分の.

indivisibilidad [indiβisiβiliðá(ð)] 女 分割できないこと, 不可分性. —la ～ de un número ある数が割り切れないこと.

indivisible [indiβisíβle] 形 分割できない, 不可分の. —una herencia ～ 分けられない遺産. número ～ por cuatro 4 で割れない数.

indiviso, sa [indiβíso, sa] 形 〖法律〗分割していない, 共有の. *pro indiviso* 共有の. Bien *pro indiviso* 共有財産.

Indo [índo] 固名 (el ～) インダス川.

indo, da [índo, da] 形 →indio.

Indochina [indotʃína] 固名 インドシナ.

indochino, na [indotʃíno, na] 形 インドシナ (Indochina)の. —la península *indochina* インドシナ半島. ― 名 インドシナ人.

indócil [indóθil] 形 従順でない, 御し難い. —carácter ～ 素直でない性格.

indocilidad [indoθiliðá(ð)] 女 従順でないこと, 御し難いこと.

indocto, ta [indókto, ta] 形 無学な, 知識のない. 類 **inculto, ignorante**.

indocumentado, da [indokumentáðo, ða] 形 ❶ 身分証明書を持たない[不携帯の]. ❷ 信用できる証拠がない. ❸ 信用のない. ❹ 無知な. 類 **ignorante**. ― 名 ❶ 身分証明書を持たない[不携帯の]人. ❷《俗》のろま.

indoeuropeo, a [indoeuropéo, a] 形 インド・ヨーロッパ語(族)の. —las lenguas *indoeuropeas* 印欧諸語. ― 男 印欧語.

:índole [índole] 女 ❶ 特徴, 性質. —un problema de ～ afectiva 感情的な問題. temas de ～ delicada デリケートな問題. 類 **clase, tipo**. ❷ 性質, 性格, 気質. —Es un chico de muy buena ～. 彼はとても良い性格の若者だ. ser de ～ tranquila y bondadosa 穏やかで心の優しい性格である.

indolencia [indolénθja] 女 ❶ 無気力; 怠惰. 類 **apatía**. ❷ 無痛; 無感覚.

indolente [indolénte] 形 ❶ 無気力な; 怠惰な. —Mi hijo es ～ por naturaleza. 私の息子は生来のらくら者だ. ❷ 無痛の; 無感覚な.

indoloro, ra [indolóro, ra] 形 無痛(性)の. —una operación *indolora* 無痛手術.

indomable [indomáβle] 形 ❶ 飼い馴(な)らされない; 手なずけられない. —un caballo ～ 荒馬, 悍(かん)馬. ❷ 御し難い, 抑えられない. —un carácter ～ 手に負えない性格.

indomado, da [indomáðo, ða] 形 飼い馴(な)らされていない, 荒々しい.

indomesticable [indomestikáβle] 形 飼い馴(な)らされない. 類 **indomable**.

indómito, ta [indómito, ta] 形 →**indomable**.

Indonesia [indonésja] 固名 インドネシア(首都ジャカルタ Yakarta).

indonesio, sia [indonésjo, sja] 形 インドネシア (Indonesia)の. ― 名 インドネシア人.

indostanés, nesa [indostanés, nésa] 形 ヒンドスタン (el Indostán) の. ― 名 ヒンドスタン人.

indostaní [indostaní] 男 ヒンドスタン語.

indostánico, ca [indostániko, ka] 形 ヒンドスタンの.

indostano, na [indostáno, na] 形 →**indostanés**.

indubitable [induβitáβle] 形 疑う余地のない, 確かな.

inducción [indukθjón] 女 ❶ 誘い込み; 誘導. —Se le acusa de ～ al robo. 彼は窃盗をそそのかした罪で告訴されている. ❷《論理》帰納. —la ～ lógica 論理的帰納. ❸《電気》誘導. —bobina [carrete] de ～ 誘導コイル. ～ electromagnética 電磁誘導.

inducido, da [induθíðo, ða] 形 ❶ 誘い込まれた; 誘導された. ❷《電気》誘導の. —corriente *inducida* 誘導電流. ― 男《電気》電機子.

inducir [induθír] [9.3] 他 ❶ (人)を誘い込む, 誘導する, そそのかす. —La falta de libertad política le *indujo* a exiliarse. 政治的な自由のなかったことが原因で彼は亡命した. La conducta de los padres *indujo* a los hijos al crimen. 親のふるまいが子供たちを犯罪に走らせた. 類 **impulsar, llevar**. ❷ (誤りなどを)(人)に犯させる. —～ a [en] error 誤りを犯させる, 間違えさせる. ❸《論理》を帰納する; 推定する. 類 **inferir**. 反 **deducir**. ❹《電気》(電気・磁気)を誘導する.

inductancia [induktánθja] 女《電気》インダクタンス(コイル), 誘導子.

inductivo, va [induktíβo, βa] 形 ❶ 帰納的な. —un método ～ 帰納法. 反 **deductivo**. ❷《電気》誘導の.

inductor, tora [induktór, tóra] 形 ❶ 誘導の. ❷《法律》教唆(犯)の. ― 男 ❶ 教唆者(犯). ❷《電気》誘導回路.

:indudable [induðáβle] 形 疑う余地のない, 確かな. —Es ～ que ha actuado precipitadamente. 彼が大あわてで行動したことは確かだ.

:indudablemente [induðáβlemente] 副 疑う余地なく, 間違いなく, 確かに. —I～, él tenía motivos para enfadarse. 確かに彼には怒る理由があった. I～ que la situación ha mejorado. 間違いなく事態は良くなった. 類 **evidentemente**.

indulgencia [indulxénθja] 女 ❶ 寛大, 寛容. —tratar con ～ a ... …を寛大に遇する. ❷ (カトリック) 免罪, 贖宥(しょくゆう). —～ plenaria 全免罪, 全贖宥(しょう).

indulgente [indulxénte] 形 〖+con/para/para con〗 …に対して寛大な, 甘い, 大目に見る. —～ (para) con los amigos 友人に対して甘い.

indultar [indultár] 他 ❶ (人)を赦免する. —*Indultaron* al reo de la pena de muerte. 被告は死罪を赦免された. ❷ (義務などを)免除する.

indulto [indúlto] 男 ❶ 特権. ❷ 赦免; (義務などの)免除.

indumentaria [indumentárja] 女 ❶〖集合的に〗(特に着用している)衣裳, 衣服. ❷ (時代的・民俗的)衣裳学(研究).

indumento [induménto] 男 衣裳, 衣服. 類 **vestimenta**.

induración [induraθjón] 女《医学》硬化(した部分).

:industria [indústrja] 女 ❶ 産業, 工業. —La ～ japonesa va a la cabeza del mundo. 日本の産業は世界のトップを行く. ～ agrícola 農業. ～ algodonera 綿工業. ～ biotecnológica バイオ産業. ～ del transporte 運輸業. ～ de los servicios サービス業. ～ de transformación 加工業. ～ manufacturera 製造業. ～ liviana 軽工業. ～ minera 鉱業. ～ pesada 重工業. ～ textil 繊維工業. Ministerio de I～ y Energía《スペイン》工業・エネルギー省. ❷ 産業界, 業界. —La ～ electrónica se ha desarrollado a una velocidad de vértigo. 電子工学の業界はものすごい速さで発展してきた. ❸ 工場. —Ha montado una ～ de circuitos integrados. 彼は IC の工場を建てた. 類 **fábrica**. ❹ 巧妙さ, 手ぎわのよさ, (手先の)器用さ. —Resolvió el problema con su ～. 彼は手ぎわよくその問題を解決した. Envidio la energía e ～ que tiene para todo. 私は彼があらゆることにたいして見せるエネルギーと手ぎわよ

さがうらやましい. 類 **destreza, habilidad**.

industrial [industriál] 形 産業の, 工業の, 企業の. —La producción ~ ha bajado este año. 今年の工業生産は低下した.
—— 男女 企業家, 実業家, ビジネスマン. —Los ~es han criticado la política económica del gobierno. 企業家は政府の経済政策を批判した.

industrialismo [industrialísmo] 男 産業[工業]主義, 産業[工業]優先.

industrialización [industrialiθaθjón] 女 産業[工業]化. —la ~ de un país [del campo] 一国[田舎]の工業化.

industrializar [industrialiθár] **[1.3]** 他 を産業[工業]化する. —~ una región 地方を工業化する. ——se 再 産業[工業]化する.

industriar [industriár] 他 (人)を訓練する; に教え込む.
——se 再 工夫をこらす, 才覚を働かす.

industriarse [industriárse] 再 うまく手に入れる.

industrioso, sa [industrjóso, sa] 形《文》❶ 勤勉な; 活動的な. ❷ 器用な, 巧みな.

inédito, ta [inédito, ta] 形 ❶ 未刊行の, 出版されていない. —Esa obra permaneció *inédita* hasta la muerte del autor. その作品は作家の死まで未刊行のままであった. ❷ (今まで)知られていない. —Esa galería expone bocetos y dibujos ~s de Picasso. その画廊はピカソのこれまで知られていない下絵やデッサンを展示している.

ineducable [ineðukáβle] 形 (障害などのため)教育が施せない.

ineducación [ineðukaθjón] 女 無作法なこと, 教養がないこと.

ineducado, da [ineðukáðo, ða] 形 無作法な, しつけのできていない. 類 **descortés, grosero**.

inefabilidad [inefaβiliðáð] 女 えも言われぬこと, 言語に絶すること.

inefable [inefáβle] 形 (感情などが)言うに言えない(ほどの), 言い表せない(ほどの), 言いようのない. —alegría ~ 言葉で言いつくせない喜び. Una ~ paz inundó mi corazón. 言うに言えない安らぎの気持ちが私の心にあふれた. 類 **indecible, indescriptible, inenarrable**.

ineficacia [inefikáθja] 女 ❶ 効果[効力]のないこと, 無効果[効力]. ❷ 無能.

ineficaz [inefikáθ] 形 ❶ 効果[効力]のない. —un medicamento ~ 効かない薬. ❷ (人が)無能な. 類 **inútil**.

ineficiencia [inefiθjénθja] 女 ❶ 非能率. 類 **ineficacia**. ❷ 無能.

ineficiente [inefiθjénte] 形 ❶ 能率が上がらない, 非能率的な. 類 **ineficaz**. ❷ (人が)無能な.

inelegancia [ineleɣánθja] 女 無粋さ, 野暮, 下品.

inelegante [ineleɣánte] 形 不粋な, 野暮な, 下品な.

inelegible [inelexíβle] 形 (選ばれる)資格のない, 不適格の.

ineluctable [ineluktáβle] 形 不可避の, 抗し得ない, 必然の. —el ~ destino 逃れられない運命. 類 **ineludible, inevitable**.

ineludible [ineluðíβle] 形 避けられない, 不可避の, 逃れられない, やむを得ない. —El cuidado de los hijos es un deber ~ de los padres. 子供の世話は両親の逃れられない義務だ. Hoy tengo un compromiso ~. 今日私にはやむを得ない約束がある. 類 **inevitable, insoslayable**.

INEM, Inem [iném] 〔<Instituto Nacional de Empleo〕男 〖スペイン〗雇用庁.

inenarrable [inenarráβle] 形 言い表せない, 言語に絶する. —un espectáculo ~ えも言われぬ景観. 類 **indescriptible, tremendo**.

inencogible [inenkoxíβle] 形 縮まない.

inepcia [inépθja] 女 ❶ 愚劣さ; 愚劣な言動. ❷ 愚鈍, 無能. 類 **ineptitud**.

ineptitud [ineptitúð] 女 愚鈍, 無能. 類 **incapacidad, incompetencia, necedad**.

inepto, ta [inépto, ta] 形 無能な, 愚鈍な. —un hombre ~ para este tipo de trabajo この種の仕事に無能な人. 類 **incapaz, inútil**.
—— 名 能なし, 愚か者.

inequívoco, ca [inekíβoko, ka] 形 明白な, 疑いの余地のない. —un gesto ~ de descontento 不満の明らかなしぐさ.

inercia [inérθja] 女 ❶ 無気力, 怠慢, 不活動. —Es difícil sacarle de su ~. 彼を怠惰から脱却させるのは困難だ. 類 **apatía, pereza**. ❷《力学》慣性. ❸ 消極的な抵抗.
por inercia 惰性で.

inerme [inérme] 形 ❶ 武装していない; 無防備の. ❷《植物》とげのない;《動物》針のない.

inerte [inérte] 形 ❶ 無気力な, 怠惰な. ❷ 生命のない. —la materia ~ 生命のない物質. 類 **muerto**. ❸ 動かない. 類 **inmóvil**. ❹《化学》不活性の.

inervación [inerβaθjón] 女《解剖, 生理》神経分布; 神経作用.

Inés [inés] 固名 〖女性名〗イネス.

inescrutabilidad [ineskrutaβiliðáð] 女 不可知性, 測り知れないこと.

inescrutable [ineskrutáβle] 形 測り知れない, 不可知の. —un misterio ~ 窺(^{うかが})い知れぬ謎.

inescudriñable [ineskuðriɲáβle] 形 → inescrutable.

inesperadamente [inesperáðamente] 副 思いがけなく, 意外に; 不意に.

inesperado, da [inesperáðo, ða] 形 思いがけない, 予期しない. —Un encuentro ~ cambió todos mis planes. ある思いがけない出会いが私の計画をすべて変えてしまった. 類 **impensado, imprevisto**.

inestabilidad [inestaβiliðáð] 女 不安定(性・な情況). —~ económica 経済的不安定.

inestable [inestáβle] 形 不安定な, すわりの悪い. —tiempo ~ 不安定な天気. una posición ~ すわりの悪い位置. ❷ 気の変わりやすい. —un carácter ~ 気の変わりやすい性格.

inestimable [inestimáβle] 形 貴重きわまりない, 評価できない, すこぶる有難い. —un tesoro ~ 評価を絶する宝. Nos prestó una ~ ayuda. 彼は私たちにこの上ない手助けをしてくれた. 類 **inapreciable**.
de valor inestimable 計り知れない価値の.

inestimado, da [inestimáðo, ða] 形 ❶ 評価[見積り]をされていない. ❷ 尊敬[尊重]されていない.

inevitabilidad [ineβitaβiliðáð] 女 不可避(性); 必然性.

inevitable [ineβitáβle] 形 避けることができな

い, 必然の. —El embotellamiento es ～ a estas horas en el centro. 渋滞はこの時間帯に街の中心部では避けることができない. Es ～ que hagamos noche en Madrid. 私たちはどうしてもマドリードで一泊しなければならない. 類 **forzoso, necesario**.

inexactitud [ineksaktitú(ð)] 囡 ❶ 不正確, 不精密. ❷ 誤り. 類 **error**.

inexacto, ta [ineksákto, ta] 形 不正確な; 誤った. —una división *inexacta* 不正確な分割.

inexcusable [ineskusáβle] 形 ❶ 避けられない, しないではいられない. —un deber ～ 免れない義務. 類 **indisculpable**. ❷ 許せない, 言い訳のできない.

inexhausto, ta [ineksáusto, ta] 形 尽きることのない, 無尽蔵の.

inexistencia [ineksisténθja] 囡 存在[実在]しないこと, 非実在.

inexistente [ineksisténte] 形 ❶ 存在[実在]しない, 非実在の. ❷ ないも同然の, 取るに足らない.

:**inexorable** [ineksoráβle] 形 ❶ 無慈悲な, 仮借のない, 容赦のない. —padre [juez] ～ 無慈悲な父[判事], sentencia [castigo] ～ 仮借のない判決[罰]. Su corazón ha comenzado a acusar el ～ paso de los años. 彼の心は容赦のない歳月の経過を責めるようになった. 類 **implacable, inevitable**.

inexperiencia [ine(k)sperjénθja] 囡 無経験, 不慣れ, 未熟. —El accidente fue provocado por su ～. 事故は彼の未熟さのせいで引き起こされた.

inexperto, ta [ine(k)spérto, ta] 形 経験のない, 不慣れの, 未熟な. —un conductor ～ 不慣れな運転手. —— 名 無経験者.

inexplicable [ine(k)splikáβle] 形 説明できない; 不可解な. —Tuvo un fallo ～. 彼は説明のつかない失敗をした.

inexplicado, da [ine(k)splikáðo, ða] 形 然るべき説明[解明]がされていない.

inexplorado, da [ine(k)sploráðo, ða] 形 探険されていない, 未踏査の. —una región *inexplorada* 人跡未踏の地域.

inexplotado, da [ine(k)splotáðo, ða] 形 開拓[利用]されていない.

inexpresable [ine(k)spresáβle] 形 表現しようのない, いわく言い難い, 言語に絶する. 類 **indecible**.

inexpresivo, va [ine(k)spresíβo, βa] 形 ❶ 無表情な, 表情に乏しい. —con cara *inexpresiva* 無表情な顔つきで. ❷ 表現力の乏しい. —un dibujo ～ 表現力不足の絵.

inexpugnable [ine(k)spuɣnáβle] 形 ❶ 攻略できない, 難攻不落の. —una ～ fortaleza 難攻不落の要塞. ❷ 説得を頑として受け入れない.

inextenso, sa [ine(k)sténso, sa] 形 広がりのない.

inextinguible [ine(k)stiŋgíβle] 形 ❶ 消せない, 消火できない. ❷ 果てなき, 不滅の. —amor ～ 不朽の愛.

inextirpable [ine(k)stirpáβle] 形 根こそぎにできない, 根絶できない.

inextricable [ine(k)strikáβle] 形 ❶ (からみついて)抜け出せない. —la maleza ～ de un monte 山の抜けられない茂み. ❷ 解けない; 錯綜(⁽ˢᵒ⁾)した, こんがらがった.

infalibilidad [iɱfaliβiliðað] 囡 ❶ 誤りのないこと, 無謬(⁽ᵇʸᵘ⁾). ❷ 《カトリック》(教皇・教会の)無謬(⁽ᵇʸᵘ⁾)性.

infalible [iɱfalíβle] 形 無謬な, 誤ることのない; 絶対に確実な.

infaliblemente [iɱfalíβleménte] 副 誤りなく, 絶対確実に; 必ず.

infamación [iɱfamaθjón] 囡 ❶ 中傷, 誹謗(⁽ᵒ⁾), 名誉毀(⁽ᵏⁱ⁾)損. ❷ 不面目, 不名誉, 名折れ.

infamador, dora [iɱfamaðór, ðóra] 形 → **infamante**.

infamante [iɱfamánte] 形 ❶ 中傷する, 名誉を傷つける. ❷《法律》加辱の. —pena ～ 加辱刑(名誉剥奪の刑罰).

infamar [iɱfamár] 他 を中傷[誹謗]する, …の名誉を傷つける. 類 **difamar**.

infamatorio, ria [iɱfamatórjo, rja] 形 中傷的な, 名誉毀損の. —unos versos ～s 中傷的な詩文.

infame [iɱfáme] 形 ❶ おぞましい, 忌わしい, 卑しい. —un enemigo ～ 忌わしい敵. ❷ 不名誉な, 恥ずべき. —una conducta ～ 恥ずべき行為. ❸ 非常に悪い. —un tiempo ～ ひどく悪い天気.

infamia [iɱfámja] 囡 ❶ 中傷, 悪口; 恥ずべき行為. ❷ 汚辱, 恥辱, 不名誉. —vivir en la ～ 恥辱にまみれて暮らす.

:**infancia** [iɱfánθja] 囡 ❶ 幼少, 幼年期. —Pasó su ～ en Barcelona. 彼は幼年期をバルセローナで過ごした. ❷ 【集合的に】幼児たち. —El humo del tabaco puede dañar mucho a la salud de la ～. タバコの煙は幼児たちの健康を大いに損ねる可能性がある. ❸ (発達の初期, 揺籃(⁽ʳᵃⁿ⁾)期, 黎明期. —Entonces los ordenadores todavía estaban en su ～. 当時コンピュータはまだ開発初期だった. la ～ del mundo [de una institución] 世界[ある機構]の黎明期.

infando, da [iɱfándo, da] 形 忌まわしい.

:**infanta** [iɱfánta] 囡 ❶ 幼女. ❷ (スペインで王位継承者ではない)王女, 内親王. ❸ (infante の妻)親王妃.

infantado [iɱfantáðo] 男 (次男・次女以下の)親王[内親王]の領地.

:**infante** [iɱfánte] 男 ❶ 幼児. —No te entenderá, que es un tierno ～. 彼(女)はいとけない幼児なんだからお前の言うことなんか理解できないよ. No le des explicaciones. ¿No ves que es un tierno ～? その子に説明してもむだだよ. いとけない幼児だとわからないのかい. ❷ (スペインで王位継承者ではない)王子, 親王. ❸ 歩兵. —～ de marina 海兵隊員.

infantería [iɱfantería] 囡 《軍事》歩兵(隊). —～ de Marina 海兵隊, 海軍陸戦隊. ～ ligera 軽(装)歩兵隊.

infanticida [iɱfantiθíða] 形 幼児[嬰児(⁽ᵉⁱ⁾)]殺しの. —— 名 幼児[嬰児]殺し(犯人).

infanticidio [iɱfantiθíðjo] 男 幼児[嬰児]殺し(犯行).

:**infantil** [iɱfantíl] 形 ❶ 幼児の, 子どもの. —La película está pensada para un público ～. この映画は子供客に向くように考えられている. ❷ 子どもっぽい, 幼稚な. —Me choca un poco su manera ~ de hablar. 彼の子どもっぽいしゃべり方が私にはちょっと気にさわる. 類**aniñado**. ❸ 無邪気な, あどけない. —Era un viejo simpático y de expresión ~. 彼は感じがよくて無邪気な表情の老人だった. 類**ingenuo**.

infantilismo [imfantilísmo] 男 ❶ 子供っぽい振舞い[性格]; 幼稚症. ❷《医学》発育不全, 小人病.

infanzón, zona [imfanθón, θóna] 名 《権力等の制限を受けた》郷士.

infarto [imfárto] 男《医学》梗塞(こうそく); 心筋梗塞(= ~ de miocardio). — ~ cerebral 脳梗塞.

infatigable [imfatiɣáβle] 形 疲れを知らない, 根気強い. — ~ para [en] el estudio 根気よく研究にいそしむ. un ~ defensor de los derechos humanos 疲れ知らずの人権擁護運動家.

infatuación [imfatuaθjón] 女 夢中にさせる[なる]こと, 有頂天, のぼせ上がり.

infatuar [imfatuár] [1.6] 他《人》を有頂天にさせる, のぼせ上がらせる.
— **se** 再 【+con】…に有頂天になる, のぼせ上がる. — *se con* los elogios 賛辞にのぼせ上がる.

infausto, ta [imfáysto, ta] 形 不幸な, 不運な. — un suceso de ~ recuerdo 不幸な思い出の事件. 類**desgraciado**.

infección [imfekθjón] 女 ❶ 感染, 伝染(病). — una ~ intestinal 腸の伝染病. 類**contagio**. ❷ 汚染; 腐敗. 類**contaminación**.

infeccioso, sa [imfekθjóso, sa] 形 病気を伝染する, 感染性の. — germen ~ 病原菌. una enfermedad *infecciosa* 伝染病.

infectar [imfektár] 他 ❶《病気が人体に感染する, 病毒が入る. — una herida *infectada* ばい菌で化膿した傷. ❷《話》《ある場所》を汚染する. ❸《人心など》を毒する, 退廃させる.
— **se** 再《傷などがばい菌で》化膿する; 《伝染病に》感染する.

infecto, ta [imfékto, ta] 形 ❶【+de】…に感染[汚染]された; (比喩的に)害された, 染まった. — ~ de una ideología extremista 過激派のイデオロギーにかぶれた. ❷ 悪臭を放つ, いやな, ひどい. — un olor ~ ひどく臭い匂い. 類**asqueroso, nauseabundo**. ❸《精神的に》いやらしい, 下劣な. — una mente *infecta* 早しむべき精神.

infecundidad [imfekundiðáð] 女 不妊; 不毛;《医学》不妊症. 類**esterilidad**.

infecund*o, da* [imfekúndo, da] 形《女・動物》が不妊の; 《畑》が不毛の. 類**estéril**.

infelice [imfelíθe] 形《詩》→infeliz.

infelicidad [imfeliθiðáð] 女 不幸. 類**desdicha, desgracia**.

:**infeliz** [imfelíθ] 形 [複 infelices] ❶ 不幸な, みじめな. — ~suerte [vida] ~ 不幸な運命[人生]. 類**desgraciado**. ❷ お人よしの.
— 男女 お人よし; かわいそうな人. —Presume de inteligente, pero en el fondo es un ~ el que todos abusan. 彼は頭がいいとうぬぼれているが, 実際はみんなに利用されているかわいそうな人だ. 類**apocado, inocente**.

inferencia [imferénθja] 女 《論理》推理, 推論. 類**ilación**.

:**inferior** [imferjór] 形【+a】❶ より下の, 下方の. —Algunas tiendas ocupan el piso ~ del hotel. いくつかの店がホテルの下の階を占めている.

infiel **1107**

paso ~（駅などの)地下道. ❷《品質などが》劣った, 低い. —Esta película es muy ~ *a la otra que vimos la semana pasada*. この映画は私たちが先週見たのよりずっと劣る. ❸《数字・量が》より少ない, 小さい. —A la conferencia asistió un número de personas ~ *a veinte*. その講演会には20人を下回る人数しか出席しなかった. 反**superior**.
— 男女 目下の人, 部下. —Trata con mucha dureza a sus ~es. 彼は部下をとても厳しく扱う.

inferioridad [imferjoriðáð] 女 劣ること, 劣等; 下位, 下級; 劣勢. —en numérica において劣ること. complejo de ~ 劣等コンプレックス; 劣等感. comparativo de ~《文法》劣等比較級. *estar en inferioridad de condiciones* 不利な立場[情況]にある.

inferir [imferír] [7] 他 ❶【+de/por】…から…を結論[推理・推論]する. —De su actitud *infiero* que no sabe nada. 彼の態度から彼が何も知らないと私は推論する. ❷《結果として》をもたらす. ❸《危害や侮辱など》を与える, 加える. — ~ una grave herida al dueño de la joyería 宝石店の主人に重傷を負わせる.

infernáculo [imfernákulo] 男 石けり遊び.

:**infernal** [imfernál] 形 ❶ 地獄の. —fuego ~ 地獄の火. ❷ ひどい, ひどくいやな. —El ruido de las obras no me dejó dormir. 工事のひどい騒音で私は眠れなかった. ambiente [comida] ~ ひどい雰囲気[食事]. 類**insufrible, pésimo**.

infestación [imfestaθjón] 女 はびこること, 横行; 荒らすこと, 荒廃.

infestar [imfestár] 他 ❶ に(有害な動植物が)はびこる; 荒らす. —Tiene el jardín *infestado* de malas hierbas. その庭は雑草がはびこっている. La gripe infestó el pueblo. インフルエンザが村に広がった. ❷ に(害悪なものが)横行する, にあふれる. —Los anuncios de ese producto *infestan* toda la ciudad. その製品の広告が町全体にあふれ返っている. ❸ を汚染する. — ~ las aguas del río 川の水を汚染する.

infeudar [imfeuðár] 他 →enfeudar.

inficionar [imfiθjonár] 他 ❶ を汚染[腐敗]させる. 類**contaminar**. ❷ を毒する. 類**envenenar**. ❸《人》を堕落[退廃]させる. — **se** 再 ❶ 汚染される, 腐敗する. ❷ 堕落[退廃]する.

infidelidad [imfiðeliðáð] 女 ❶ 忠実でないこと. — ~ conyugal [matrimonial] 不倫, 浮気. delito de ~ en la custodia de documentos públicos 公文書管理違反罪. ❷ 不正確さ. —La ~ de la interpretación del traductor fue motivo de quejas. 通訳の不正確さがクレームの原因となった. ❸《宗教》不信仰; (キリスト教徒から見て)異教徒.

infidencia [imfiðénθja] 女 《文》不誠実, 不(忠)実; 不実な行為.

:**infiel** [imfjél] 形 ❶【+a/con/para/para con】…に忠実でない, 不誠実な. —No debes confiarte en él porque es ~ *a sus promesas*. 彼は約束に忠実でないので君は彼を信用すべきではない. ❷ 不貞な, 不実な. —Teme que su mujer le sea ~. 彼は妻が自分に対して不貞を働いているのではないかと懸念している. ❸ 不正確な, 忠実ではない. —copia ~ 不正確な複写. intérprete ~

不正確な通訳. ❹ 異教の, 不信仰の. —pueblo ～ 異教の民.

—— 男女 異教徒, 不信仰者. —Los misioneros portugueses vinieron a Japón a convertir ～es. ポルトガルの宣教師たちは異教徒を改宗させようと来日した.

infiernillo [iɱfjernjóɡ] 男 アルコールランプ; 石油こんろ.

:infierno [iɱfjérno] 男 ❶《キリスト教》地獄; (キリスト教以外の宗教で)よみの国(死者の霊のおもむくところ). —Él no cree en la existencia del ～. 彼は地獄の存在を信じない. 反 **cielo**. ❷ (地獄のように)ひどい(ところ), 非常な苦しみ. —Su vida en el extranjero ha sido un ～. 彼の外国生活はとても苦しいものだった. El combate se convirtió en un verdadero ～. 戦闘は真の修羅場と化した. ❸ (騒然として)混乱した場所, 騒動. —La policía intentó disolver la manifestación y la calle se convirtió en un ～. 警察がデモを解散させようとしたので通りは大混乱に陥った.

¡Vete (Que se vaya) al infierno! くたばれ, 行っちまえ, だまれ.

infiltración [iɱfiltraθjón] 女 ❶ しみ込むこと, 浸透. —～ del agua en la madera 水が木材にしみ込むこと. ❷ 侵入; 潜入. —～ de elementos extraños a la organización 組織への無関係な分子の侵入. ❸《医学》浸潤.

infiltrado, da [iɱfiltraðo, ða] 形 潜入した. —periodista ～ 潜入したジャーナリスト.

:infiltrar [iɱfiltrár] [＜filtro] 他 【＋en に】をしみ込ませる, 注入する, 吸い取らせる. —*Infiltran* el agua en la tierra. 彼らは水を地面にしみ込ませている. ～ cortisona *en* la zona lesionada 患部にコーチゾンを注射する. ❷ (考えなどを)浸透させる, を吹き込む, 植えつける, 叩き込む. —El profesor *infiltró* sus ideas revolucionarias entre sus alumnos. 先生は自分の革命的な考えを生徒の間に吹き込んだ.

—— **se** 再【＋en に】 ❶ しみ込む, にじむ. —La humedad *se infiltra* poco a poco *en* la pared. 湿気が少しずつ壁にしみ込んでいる. ❷ 入り込む, 侵入する, 潜入する. —Logró ～*se en* la organización terrorista. 彼はテロ組織に潜入することに成功した. *Se infiltró* de ideas xenófobas *en* la ciudad. 外国人嫌いの考えが町に浸透した.

ínfimo, ma [íɱfimo, ma] 形 ❶ 最低の. —comprar una camisa por un precio ～ 最低価格でシャツを買う. ❷ 最下級の, 最も劣る. —un restaurante de *ínfima* categoría 最低クラスのレストラン.

:infinidad [iɱfiniðáð] 女 ❶ 無限. —la ～ del universo 宇宙の無限. ❷ 無数, 多数. —Tengo ～ de cosas que contarte. 君に話すことが無数にあるよ. 類 **montón, multitud**.

infinitesimal [iɱfinitesimál] 形《数学》無限小の, 極小の. —cálculo ～ 微積分学.

***infinitivo** [iɱfinitiβo] 男《文法》不定詞. —Los ～s en español acaban en -ar, -er e -ir. スペイン語の不定詞は -ar, -er および -ir で終わる.

——, *va* 形《文法》不定詞の. —modo ～ 不定法.

:infinito, ta [iɱfínito, ta] 形 ❶ 無限の, 無限大の. —espacio [tiempo] ～ 無限の空間[時間]. misericordia *infinita* de Dios 神の無限の慈悲. 類 **ilimitado**. ❷ 無数の, 数多くの. —Tengo *infinitas* cosas que hacer. 私はなすべきことが数多くある. Ha recibido *infinitas* llamadas de protesta. 彼は抗議の電話を無数に受けた. ❸ とても大きい, とても強い. —Siente un amor ～ por su tío. 彼は叔父に対してとても強い愛情[憎しみ]を抱いている. 類 **inmenso**.

—— 男 無限のもの,《数学》無限大(記号は∞). —Me gusta meditar mirando al ～. 私は無限の空間を見つめて瞑想するのが好きだ.

—— 副 大いに, とても. —Se lo agradezco ～. あなたにそのことでとても感謝しています. Lo siento ～. 大変申し訳ありません.

infinitud [iɱfinitúð] 女 無限; 無限の数量. 類 **infinidad**.

inflación [iɱflaθjón] 女 ❶《経済》インフレーション, 通貨膨張. —frenar la ～ インフレを抑える. 反 **deflación**. ❷ 膨張. —Hoy existe una ～ de abogados. 今日弁護士はあり余っている. ❸ 得意, 自慢. ❹ 誇張.

inflacionismo [iɱflaθjonísmo] 男 インフレ政策, 通貨膨張論.

inflacionista [iɱflaθjonísta] 形 インフレ(傾向)の, 通貨膨張(論)の.

inflador [iɱflaðór] 男 空気入れ, 空気ポンプ.

inflamable [iɱflamáβle] 形 燃えやすい, 引火性の. —un gas ～ 引火性ガス.

inflamación [iɱflamaθjón] 女 ❶ 引火, 発火. ❷《医学》炎症. —～ de la rodilla ひざの炎症.

inflamar [iɱflamár] 他 ❶ を燃え立たせる, 燃え上がらせる. —El calor del fuego *inflamó* un depósito de gasolina. 火の熱でガソリン貯蔵庫が燃え上がった. ❷ (情熱などを)かき立てる; (感情を)激させる. —Su discurso *inflamó* a la multitud. 彼の演説に群衆は興奮した.

—— **se** 再 ❶ ぱっと燃え上がる. ❷ (情熱などが)かき立てられる; (感情が)激する. —～*se de* [*en*] ira 憤激する, いきり立つ. ❸ 炎症を起こす. —La garganta *se le inflamó*. 彼は喉に炎症を起こした.

inflamatorio, ria [iɱflamatórjo, rja] 形 炎症(性)の.

inflar [iɱflár] 他 ❶ をふくらませる. —～ un globo 風船をふくらませる. ❷ を誇張する. —～ el número de asistentes a la manifestación デモ参加者の数を大げさに言う. ❸《話》(何度も人を)殴る. —Lo *inflaron* a bofetadas. 彼は何度もびんたを食らった.

—— **se** 再 ❶ ふくらむ. ❷《話》【＋de を】したこま食べる[飲む]. —El niño *se infló de* pasteles. その子どもはケーキをたらふく食べた. ❸ 思い上がる, うぬぼれる.

inflexibilidad [iɱfleksiβiliðáð] 女 ❶ 曲げられないこと. ❷ 不屈, 剛直, 頑固.

inflexible [iɱfleksíβle] 形 ❶ 曲げられない. ❷ 不屈の, 頑固な, 一徹な. —～ en su resolución 自分の決意を曲げない. ～ a los ruegos 要請に屈しない.

inflexión [iɱfleksjón] 女 ❶ 曲げること. ❷ 方向の変化, 屈折. ❸ 抑揚, 声の調子の変化. ❹《文法》語形変化(語尾), 活用(形).

infligir [iɱflixír] [3.6] 他 ❶ (罰などを)加える, 科する. —Le *han infligido* un severo castigo. 彼は厳罰に処せられた. ❷ (損害などを)与える. —

~ malos tratos 虐待をする.

influencia [iɱflyénθia] 囡 ❶ 影響. —El edificio es de[tiene] ~ barroca. その建物にはバロック式の影響が見られる. Conducía bajo la ~ del alcohol. 彼は酒気おび運転をしていた. ~ en [sobre] ... (物)に対する影響. Los clásicos ejercieron una gran ~ en su obra. 彼の作品は古典の影響を多大に受けている. Cree en la ~ de los astros sobre la vida humana. 彼は星の人生に及ぼす影響を信じている. Ese hombre ejerce una mala ~ sobre ella. あの男は彼女に悪い影響を与える. 類**influjo**. ❷〖主に 複〗勢力, 権勢; コネ, 縁故. —Le dieron el cargo por ~s. 彼はコネで役職に付けてもらった. En Barcelona le ayudaron personas con bastante ~. 彼はバルセロナでかなりの有力者たちに援助を受けた. Se dedicaba al tráfico de ~s. 彼は裏工作に専念していた.

influenciable [iɱflyenθiáβle] 形 影響を受けやすい.

influenciar [iɱflyenθiár] 他 →influir.

influenza [iɱflyénθa] 囡 《医学》インフルエンザ, 流行性感冒. 類**gripe**.

:influir [iɱflyír] [11.1] 自 ❶〖+en/sobre に〗影響する, 影響を与える, 影響を及ぼす. —El clima influye en la forma de vida de las gentes. 気候は人々の生活様式に影響を及ぼす. Aquel viaje influyó en su carrera como escultor. あの旅行が彼の彫刻家としての経歴に影響を及ぼした. Su opinión influye en las decisiones que toma el alcalde. 彼の意見は市長が為す決定に影響を与えている. ❷〖+con/en に〗働きかける, 運動する. —Influyó con el gerente para que el hotel empleara a su hijo. 彼は自分の息子を雇ってくれるようそのホテルの重役に働きかけた.

—— 他 …に影響する, を感化する. —El cante flamenco le influyó mucho. フラメンコ歌謡は彼に非常に影響を与えた. ——**se** 再〖+de から〗影響を受ける. —Ella se influye con facilidad de los demás. 彼女は他人から影響を受け易い.

influjo [iɱflúxo] 男 ❶〖+sobre〗…に対する影響, 影響力, 作用. —Su padre ejerció un gran ~ sobre él. 彼の父は彼に大きな影響を与えた. Perdónale.Te insultó bajo el ~ de la bebida. 彼を許してくれ. 酒のせいで君を侮辱したんだから. 類**influencia**. ❷ 上潮. 類**flujo**.

influy- [iɱfluj-] 動 influir の直・現在/完了過去, 接・現在/過去, 命令・2 単, 現在分詞.

influyente [iɱflujénte] 形 影響力のある, 勢力のある, 有力な. —una persona ~ 有力者, 実力者.

infolio [iɱfólio] 男 二折判の本.

:información [iɱformaθión] 囡 ❶ 情報, 知識; 知らせ. —Necesito más ~ sobre lo ocurrido. この事件に関してもっと知りたい. Para mayor ~ llamar al siguiente número. もっと知りたい方は次の番号に電話してください. Para su ~ les comunicamos el nuevo horario de oficina. ご参考までに新しい営業時間をお知らせ申し上げます. ❷案内(所); 電話番号案内. —el mostrador de ~案内所, インフォメーション・デスク. I— está en la primera planta. 案内所は1階にあります. 類**datos, detalles**. ❸《新聞, ラジオ, テレビ》ニュース, 報道. —Y ahora pasamos a la ~ deportiva. さて, 今度はスポーツニュースです. La ~ que llega de la zona de combate es confusa. 戦場からの報道は混乱しています. En este país no se respeta el derecho a la ~. この国では報道の権利が尊重されていない. ~ meteorológica 天気概況. servicio de ~ 報道部. En la página 30 viene la ~ cultural. 芸術欄は30ページです. 類**noticia**. ❹ 情報;《軍事》諜報. —Ministerio de I— 情報省.

informador, dora [iɱformaðór, ðóra] 名 ❶ 情報[資料]提供者, 報告者. ❷ 新聞記者.

informal [iɱformál] 形 ❶ (人が)だらしのない, きちんとやらない. —un chico ~ だらしのない子. ❷ 正式でない, 略式の. —una comida ~ 略式の食事. lenguaje ~ くだけた言葉使い.

—— 名 だらしのない人. —Nunca cumple lo que promete, es un ~. 彼は約束することを全然守らない, いいかげんなやつだ.

informalidad [iɱformaliðáð] 囡 ❶ だらしなさ, (約束・義務などの)不順守, 不履行. ❷ 正式でないこと, 略式.

informante [iɱformánte] 男女 ❶ →informador. ❷《言語, 社会》インフォーマント(研究の被調査者).

:informar [iɱformár] 〔<forma〕他 ❶〖+de/que〗(ということ)を(人)に知らせる, 報告する, 通報[通知]する. —Me informaban de todo. 私にはすべて知らされていた. Nos han informado que se aplaza la reunión. 私たちは会議は延期されると知らされた. ❷ を形作る, 形成する, 特徴づける. —El pesimismo informa toda su obra. 悲観主義が彼の全作品を特徴づけている. La bondad informa su carácter. 善意が彼の性格を形作っている.

—— 自 ❶〖+de について〗情報を伝える. —La estación de televisión informó de la marcha de las negociaciones. テレビ放送局は会談の進行状況について伝えてくれた. ❷《司法》(法廷で)陳述する, 論得[論陳?]する.

——**se** 再〖+de を〗知る, 問い合わせる, …の通知を受ける. —¿Cómo puedo ~me de[del] resultado del examen? 試験の結果をどうやって私は知ることができますか. En esa ventanilla puede ~se sobre el horario de trenes. そこの窓口で列車の時刻表について尋ねることができます.

informática [iɱformátika] 〔<仏〕囡 情報科学; 情報処理. —Los avances de la ~ en los últimos años son espectaculares. 最近の情報科学の進歩には目を見張るものがある.

informático, ca [iɱformátiko, ka] 形 情報処理の, 情報科学の.

informativo, va [iɱformatíβo, βa] 形 情報を提供する, 通信の. —corresponsal ~ ニュース特派員. —— 男 ニュース番組.

avance informativo 《テレビ, ラジオ》ニュース予告.

boletín informativo →boletín

informatización [iɱformatiθaθión] 囡 情報化, IT 化.

informatizado, da [iɱformatiθáðo, ða] 形 コンピューター[情報]化した.

informatizar [iɱformatiθár] 他 を情報化する, IT 化する.

:informe [iɱfórme] 男 ❶ レポート, 報告;《情

報)レポート. — ~ policial [comercial] 政治レポート[市況]. Elaboró un ~ completo sobre el asunto. 事件についての完全なレポートを書き上げた. ~ anual 年次報告書. ~ de gestión 議長の報告, 業務報告書. 類**dictamen, exposición**. ❷ 複 (*a*)情報; 明細書, 詳細. 類**datos**. (*b*)(従業員の)身元保証. — Tenemos excelentes ~s de las empresas en las que ha trabajado. 彼が働いていた会社からのすばらしい彼の身元保証がある. pedir ~s 身元保証を求める.
── 形 無定形の, 形の定まらない.

infortunado, da [iɱfortunáðo, ða] 形 《文》不幸な, 不運な. — una criatura *infortunada* 不幸な子供. 類**desafortunado**.
── 名 不幸[不運]な人.

infortunio [iɱfortúnjo] 男 ❶ 不運, 不幸; 災難. 類**adversidad, desdicha**. ❷ 逆境.

infra- [infra-] 接頭 「下位」の意. — *infra*estructura, *infra*humano, *infra*scri(p)to.

infracción [iɱfrakθjón] 女 《法律, 行政》違反, 違約, 侵害; 交通違反. — una ~ contra el código de la circulación 交通規則違反.

infractor, tora [iɱfraktór, tóra] 形 違反の.
── 名 違反者, 侵害者. — sancionar a los ~es de la ley 法律違反者たちを制裁する.

infraestructura [iɱfraestruktúra] 女 ❶《技術》基礎工事. ❷ 下部構造, 経済的基盤; (ある活動の)基礎, 土台. — ~ aérea 《航空》地上設備.

in fraganti [iɱ fraɣánti] 副〔〈ラテン語〉現行(犯)で, 現場で. — coger [pillar] a uno ~ 現行犯で人を捕らえる.

infrangible [iɱfraŋxíβle] 形 《文》壊れない; 不可侵の. 類**inquebrantable**.

infranqueable [iɱfraŋkeáβle] 形 通れない, 通り抜けない; 克服しがたい. — un obstáculo ~ 乗り越えがたい障害.

infrarrojo, ja [iɱfrarróxo, xa] 形 赤外線の. — rayos ~s 赤外線.

infrascri(p)to, ta [iɱfraskri(p)to, ta] 形 下記署名の.
── 名 下記署名者.

infrecuente [iɱfrekuénte] 形 まれな, 頻度の低い. — Ese tipo de cosas no son ~s aquí. その種のことは当地では珍しくない. 類**raro**.

infringir [iɱfriŋxír] [3.6] 他 (法・規則などを)犯す, 破る. 類**quebrantar**.

infructífero, ra [iɱfruktífero, ra] 形 ❶ 実のならない. ❷ 成果のない. — Mi esfuerzo ha resultado ~. 私の努力は徒労に終わった.

infructuoso, sa [iɱfruktuóso, sa] 形 実りのない, 成果の上がらない. — un trabajo ~ 無益な仕事. 類**inútil, infructífero**.

infrutescencia [iɱfrutesθénθja] 女 《植物》集合果.

ínfulas [íɱfulas] 女 複 ❶ (古代ローマで生贄(いけにえ)がつけた)白布のはち巻き. ❷ 司教冠垂(た)れ飾り. ❸ 気取り, うぬぼれ. — tener muchas ~s 気取る, いばる. darse ~s 気取る.

infumable [iɱfumáβle] 形 (質が悪くて)喫むに堪えない(タバコ); どうしようもない, 劣悪な.

infundado, da [iɱfundáðo, ða] 形 根拠のない, 事実無根の, 理由のない. — rumores ~s 根も葉もないうわさ.

infundio [iɱfúndjo] 男 うそ, 根なしごと. — Esta noticia es un ~. このニュースは根なしごとだ.

‡**infundir** [iɱfundír] 他 ❶〔+a に〕(感情など)を吹き込む, 引き起こす, 抱かせる. — Debes ~le aliento. 君は彼に元気を出させなければいけない. Los niños *le infundían* ternura. 子どもたちが彼にやさしい気持ちを起こさせた. Ese profesor *me infunde* un gran respeto. あの先生は私に大変尊敬の気持ちを感じさせる. ❷ (神が)…に感応させる.

infusión [iɱfusjón] 女 ❶ (茶・薬を湯に浸して)成分を振り出すこと, 煎(せん)じること. ❷ 煎じた(振り出した)もの, 煎じ薬. — una ~ de manzanilla カミツレ茶(消化を促進する). ❸《神学》(恩寵(おんちょう)や霊感の)注入, 《カトリック》(洗礼の)灌(かん)水.

infuso, sa [iɱfúso, sa] 形《文》天賦の, 天与の. — ciencia *infusa*《神学》注賦の知識, 神が与えた知識.
tener ciencia infusa (皮肉な意味で)知ったかぶりをしている.

ing.《略号》= ingeniero 技師.

ingeniar [iɱxenjár] 他 を考案する, 創出する. — ~ un sencillo aparato para ahorrar gasolina ガソリンを節約する簡単な装置を考案する.
── **se** 再 工夫をこらす, 才覚を働かせる.
ingeniárselas 工夫して「才覚を働かせて」うまく手に入れる[やり遂げる]. *Me las ingeniaré* para terminar pronto este trabajo. 私はこの仕事をすぐに仕上げてみせよう.

ingeniería [iɱxenjería] 女 工学(技術), エンジニアリング. — ~ genética 遺伝子工学. ~ de sistemas [sistemática] システムエンジニアリング. ~ química 化学技術.

‡**ingeniero, ra** [iɱxenjéro, ra] 名 技師, 技術者, 工学者. — ~ agrónomo 農業技師. ~ civil 土木技師. ~ de caminos, canales y puertos 土木技師. ~ de minas 鉱山技師. ~ de montes 山林技師. ~ electricista 電気技師. ~ mecánico 機械技師. ~ naval 造船技師. ~ químico 化学技師. ~ técnico 大学卒の技師. ~ técnico hidrolimpieza 水浄化技術者.

‡**ingenio** [iɱxénjo] 男 ❶ (*a*) **才能, 知恵, 独創力**; 発明の才. — Me maravilla su ~ para resolver cualquier dificultad. どんな困難でも解決する彼の才能が私は驚嘆する. 類**talento**. (*b*)才知のひらめき, 機知. — aguzar [afilar] el ~ 機知をよくはたらかせる. 類**chispa**. ❷ 才人, 創意の人. — Es uno de los ~s más preclaros del Renacimiento. 彼はルネッサンス期の最も有名な才人の1人だ. ❸ (*a*) 機械, 装置. — Ha inventado un curioso ~ para evitar atracos. 彼は強盗防止の珍しい装置を発明した. 類**artificio, máquina**. (*b*) 兵器, 武器. — El desarrollo de los ~s militares amenaza la paz del mundo. 武器の発達が世界の平和を脅かしている. (*c*) サトウキビ圧搾(さく)機, 製糖工場(= ~ de azúcar).

ingeniosidad [iɱxenjosiðáð] 女 ❶ 発明の才, 創意工夫に富むこと, 起用さ. ❷ うまい考え, 機知; 悪知恵.

‡**ingenioso, sa** [iɱxenjóso, sa] 形 ❶ (人について)機知のある, りこうな; 独創力のある. — Es una mujer muy *ingeniosa* que amenaza siempre las reuniones. 彼女は集いを楽しくしてくれる機知

のある女性だ. el ~ hidalgo Don Quijote de la Mancha 才知あふれる郷士ドン・キホーテ・デ・ラ・マンチャ. ❷ (物が)巧妙な, 精巧な. —método ~ 巧妙な方法.

ingénito, ta [iŋxénito, ta] 形 ❶ 生まれつきの, 先天的な. —bondad *ingénita* 持って生まれた善良さ. 類**innato, connatural**. 反**adquirido**. ❷《文》生まれていない.

ingente [iŋxénte] 形 巨大な, 非常に大きな. —un ~ número de peregrinos 非常に大勢の巡礼者. 類**enorme, inmenso**.

ingenua [iŋxénua] 女 →ingenuo.

ingenuidad [iŋxenuiðá(ð)] 女 率直, 純真, 無邪気. —Hizo aquella pregunta con toda ~ y no supe qué responder. 彼はまったく無邪気にその質問をしたので私はどう答えていいかわからなかった.

****ingenuo, nua** [iŋxénuo, nua インヘヌオ, ヌア]
形 天真爛漫(らんまん)な; 純真な, うぶな. —Él se gana la vida explotando a las personas *ingenuas*. 彼は純真な人びとを搾(さく)取して暮らしをたてている. No seas ~. そんな無邪気なこと言うなよ.
— 名 純真な人, うぶな人. —Es un ~ que se cree todo lo que le dicen. 彼は人に言われることをすべて信じ込んでしまうような人間だ. 類**cándido, inocente**. — 女《劇》うぶな娘役をする女優.

ingerencia [iŋxerénθia] 女 →injerencia.

ingerir [iŋxerír] [7] 他 (食べ物・液体・葉など)をごくりと飲みこむ, 飲みくだす. —Durante la fiesta, *ingirió* gran cantidad de alcohol. パーティの間, 彼は大量のアルコールを流しこんだ.

ingestión [iŋxestión] 女 ごくりと飲みこむこと, 飲みくだし. —la ~ de los alimentos 食物をかきこむこと.

Inglaterra [iŋglatéřa] 固名 ❶ イングランド(大ブリテン島の南半分を占める地方). ❷ 英国, イギリス(=Reino Unido, 首都ロンドン Londres).

ingle [íŋgle] 女《解剖》鼠蹊(そけい)部, ももね.

***inglés, glesa** [iŋglés, glésa イングレス, レサ] 形 イギリスの, 英国の. —lengua *inglesa* 英語. 類**británico**.
— 名 イギリス人. —los *ingleses* イギリス人.
— 男 英語.

inglesismo [iŋglesísmo] 男 →anglicismo.

inglete [iŋgléte] 男 ❶ (三角定規の)45度の角. ❷《木工》ありつぎ.

ingobernable [iŋgoβernáβle] 形 統治できない, 手に負えない; (船が)操縦不能の. —aquellos ~s muchachos あの手に余る子どもたち.

ingratitud [iŋgratitúð] 女 忘恩, 恩知らずなこと. 類**desagradecimiento**.

***ingrato, ta** [iŋgráto, ta] 形 ❶『+a/con/para/con』…に対して恩知らずの. —Ha sido muy ~ con tus padres. 彼は君の両親にたいしてとても恩知らずだった. 類**desagradecido**. ❷ 不愉快な, いやな. —Está haciendo una primavera *ingrata*. 不愉快な春の気候だ. No quiere recordar su *ingrata* estancia en ese país. 彼はその国での不愉快な滞在を思い出したがらない. 類**desagradable, desapacible**. ❸ (*a*) 報われない, 割の悪い. —tarea *ingrata* 報われない仕事. (*b*) (土地が)収穫のない, 収益のない. —terreno ~ 不毛な土地.

ingravidez [iŋgraβiðéθ] 女 ❶ 重さのないこと; 非常に軽いこと. ❷《物理》無重力(状態).

ingrávido, da [iŋgráβiðo, ða] 形 ❶《文》重さのない; 非常に軽い. 類**leve, ligero**. ❷《物理》無重力の.

ingrediente [iŋgreðiénte] 男 ❶ (混合物の)成分, 含有物, (料理などの)原(材)料. —los ~s de una paella パエーリャの材料. ❷《文》(文学ないし芸術作品の)構成要素.

***ingresar** [iŋgresár] 自『+en に』❶ 加入する, 入学する, 入会する. —Ella *ingresó en* la Universidad Autónoma de Madrid. 彼女はマドリード自治大学に入学した. ❷ 入院する. —*Ingresó en* un hospital con pulmonía. 彼は肺炎で入院した.
— 他 ❶『+en に』(お金を)入金する, 振込む, 預金する. —*Ingresó en* su cuenta mil euros. 彼は1000 ユーロを自分の口座に入金した. ❷ を入院させる. —Lo *ingresaron* en estado de coma en la unidad de cuidados intensivos. 彼は昏睡状態のまま集中治療室に入れられた. ❸ …の収入がある. —*Ingresa* mensualmente unos diecisiete mil euros. 彼は1万7千ユーロの月収がある.

***ingreso** [iŋgréso] 男 ❶ 入ること. —La policía impidió el ~ de los manifestantes en el ayuntamiento. 警察はデモ隊が市役所に入るのを阻止した. 類**entrada**. ❷ (団体などへの)加入, 入会, 入学. —Tras muchos años de negociaciones, se realizó el ~ de España en la Comunidad Económica Europea. 長年の交渉のすえスペインのヨーロッパ共同体への加入が実現した. examen [discurso] de ~ 入学試験[入会講演]. ❸ 入金; 覆 収入. —hacer un ~ en el banco 銀行で入金する. Sus ~s le permiten llevar una vida de lujo. 彼は収入のおかげで豪華な生活を送ることができる. los ~s del Estado 国家の歳入. 反**gastos**.

inguinal [iŋginál] 形《文》→inguinario.

inguinario, ria [iŋginário, ria] 形《解剖》鼠蹊(そけい)部の.

ingurgitar [iŋgurxitár] 他 (特に動物が)丸飲みする, がぶ飲みする. 類**engullir**.
— **se** 再《生理》(器官が液体で)肥大する.

inhábil [ináβil] 形 ❶ 不器用な, 下手な. —un ~ para trabajos manuales 手仕事が拙い. ❷ 無能な, 資格のない. —Es ~ para el cargo que desempeña. 彼は務めている職に向いていない. 類**incompetente**. ❸ 不適当な. ❹ (役所で)執務しない. —día ~ 休日. hora ~ 執務外時間.

inhabilidad [inaβiliðá(ð)] 女 ❶ 不器用, 拙劣. ❷ 無能, 無資格. ❸ (仕事の)障害.

inhabilitación [inaβilitaθión] 女 ❶ 資格剥奪(はくだつ). ❷ 資格の喪失.

inhabilitar [inaβilitár] 他《文》…の資格を剥奪(はくだつ)する, を無能力にする. —Su enfermedad le *inhabilita* para continuar en el cargo. 彼は病気のため職務の継続が不可能になる.

inhabitable [inaβitáβle] 形 人の住めない. —un lugar ~ 住みにくい場所.

inhabitado, da [inaβitáðo, ða] 形 人の住まない, 無人の.

inhalación [inalaθión] 女《医学》吸入.

inhalar [inalár] 他《医学》を吸入する. 類**as-**

pirar.

inherencia [inerénθia] 囡 固有性, 生得性, 内在.

inherente [inerénte] 形【+a】…に固有の, 本質的に属する. — El miedo es ~ a la naturaleza humana. 恐れは人間の本性に根ざしたものだ.

inhibición [iniβiθjón] 囡 ❶ 抑制, 抑圧. ❷ 《心理, 生理》禁制, 抑制.

inhibir [iniβír] 他 ❶《法律》(裁判官)に訴訟の継続を妨げる. ❷《心理, 生理》(欲望などを)抑える, 抑制する. ❸《医学》(器官の機能・活動を)一時的に停止[麻痺]させる.
— **se** 再【+de/en】を控える, 遠慮する. —~ se de la responsabilidad de decidir 決定の責任から手をひく. Ella se inhibió en esa cuestión. 彼女はその問題に関わるのをやめた.

inhibitorio, ria [iniβitórjo, rja] 形 抑制する, 抑圧的な. — gesto ~ 抑えこむようなしぐさ.

inhospitalario, ria [inospitalárjo, rja] 形 ❶ もてなしの悪い, 無愛想な, 不親切な; 排外的な. ❷ (場所が)雨露をしのぎにくい, 荒涼とした. — playa inhospitalaria 吹きさびしい海岸.

inhospitalidad [inospitaliðá(ð)] 囡 ❶ もてなしの悪いこと, 冷遇, 無愛想; 排外性. ❷ 雨露をしのぎにくいこと; 荒涼.

inhóspito, ta [inóspito, ta] 形 (場所が)居心地の悪い, 住みにくい. — región inhóspita よそ者に冷たい地域. 類**inhospitalario**.

inhumación [inumaθjón] 囡 埋葬. 反**exhumación**.

inhumanidad [inumaniðá(ð)] 囡 不人情, 残酷, 人間味のなさ. 類**crueldad**.

inhumano, na [inumáno, na] 形 ❶ 不人情な, 冷酷な, 残酷な. — Recibieron un tratamiento ~ en la cárcel. 彼らは刑務所で血も涙もない待遇を受けた. 類**cruel**. ❷ (苦痛などが)大変な, 激しい.

inhumar [inumár] 他《文》(死体を)埋葬する. 反**exhumar**.

INI [íni] (＜Instituto Nacional de Industria) 男《スペイン》国家産業公社.

iniciación [iniθiaθjón] 囡 ❶ 始めること, 開始, 始まり. — Queda una semana para la ~ de la campaña electoral. 選挙戦の開始まで一週間ある. ❷ 入門, 手ほどき. —~ a la sociología 社会学入門.

*__iniciado, da__ [iniθjáðo, ða] 過分 形 ❶ 始まった. — la expedición iniciada por Pizarro ピサロが始めた遠征. ❷ 秘伝を授けられた. ―― 名 秘伝を授けられた人.

iniciador, dora [iniθjaðór, ðóra] 形 始める, 開始する. — el país ~ de las hostilidades 戦端を開く国. ―― 名 創始者; 発起人, 先導者.

:**inicial** [iniθjál] 形 最初の, 冒頭の, 初頭の. — El plan ~ era hacer una fiesta, pero luego decidimos ir de excursión. 私たちの最初の計画はパーティーをやることだったが, 後ではピクニックに行くことに決めた. 反**final**.
―― 囡 頭文字 (=letra ~). — Lleva grabadas las ~es de su esposo en la pulsera. 彼女は夫のイニシアルをブレスレットに刻んでいる.

inicializar [iniθialiθár] 他《情報》初期化する.

inicialización [iniθialiθaθjón] 囡《情報》初期化.

:**iniciar** [iniθjár] 他 ❶ を始める, 開始する. —~ la marcha 行進を開始する. —~ las negociaciones 商談を始める. 類**comenzar**. ❷【+en】を (人に)教える, 手ほどきをする, 指導する. — Me inició en lingüística. 彼は私に言語学を教えてくれた. 類**enseñar**. ❸《情報》を起動する, 立ち上げる, イニシャライズする. —~ sesión ログインする.
— **se** 再 — La ceremonia se inició a las diez. 式典は10時に始まった. Fue en el sótano donde se inició el incendio. 火事が発生したのは地下室だった. ❷【+en】を学び始める, …に入門する. —~ se en sociología 心理学を学び始める. Se inició en la carpintería el pasado año. 彼は昨年大工の修業を始めた.

:**iniciativa** [iniθiatíβa] 囡 ❶ 率先, 先取, イニシアチブ. — Fue una estupenda ~ la de efectuar una colecta. 募金を実行しようというのはすぐれた先取だった. Lo hizo por su propia ~. 彼は自らすすんでそれをした. El partido comunista tomó la ~ de investigar el escándalo. 共産党がスキャンダル調査のイニシアチブをとった. ~ ciudadana 市民運動家. ❷ 発議, 首唱. — Nuestra ~ de organizar un comité fue rechazada. 委員会を作るというわたしたちの発議は拒否された. ❸ 独創力, 事を始める才能. — persona de mucha ~ 独創力のある人.

iniciativo, va [iniθiatíβo, βa] 形 始めの, 発端の.

inicio [iníθio] 男 ❶ 開始, 最初, 冒頭. — dar inicio a … …を開始する, …に着手する. ❷《情報》スタートアップ; ブーストラップ. —~ de sesión ログイン.

inicuo, cua [iníkwo, kwa] 形 不公平な; 不正な, 邪悪な. — una acción inicua 不正行為【絶対最上級は iniquísimo】. 類**infame, vil**.

inigualable [iniɣwaláβle] 形 比べものにならない, 卓越した.

inigualado, da [iniɣwaláðo, ða] 形 匹敵するもののない, 並ぶもののない. — un récord ~ 無敵の記録.

inimaginable [inimaxináβle] 形 想像できない, 考えられないような. — una aventura ~ 想像を絶する冒険.

inimitable [inimitáβle] 形 まねのできない, 独特な, 比類なき. — un estilo ~ 独特な文体.

ininteligente [ininteliξénte] 形 頭の良くない, 聡明でない, 愚鈍な.

ininterrumpido, da [ininteřumpíðo, ða] 形 絶え間ない, 連続した. — un período ~ de tiempo 途切れない一連の期間. 類**seguido, continuo**.

iniquidad [inikiðá(ð)] 囡 不公平, 不正; 不正行為.

injerencia [iŋxerénθia] 囡【+en】…への干渉, 口出し. —~ en los asuntos internos 内政干渉.

injerir [iŋxerír] [7] 他 ❶ を入れる, はめる; 接ぎ木する. —~ cemento en una grieta 割れ目にセメントを詰めこむ. — una rama en un árbol 枝を接ぎ木する. ❷【比喩的に】を挿入する. —~ refranes instructivos 教訓的なことわざを話にはさむ. — **se** 再【+en】に】干渉[口出し]する. —~ se en los asuntos de los demás 他人の問題に

口出しする.

injertador, dora [iŋxertaðór, ðóra] 形 接ぎ木の. — 名 接木師.

injertar [iŋxertár] 他 ❶ を接ぎ木する. ❷《医学》(組織)を移植する. 類**implantar**.

injerto [iŋxérto] 男 ❶ 接ぎ木. — hacer un 〜 接ぎ木する. ❷ 接ぎ穂, 接ぎ枝. ❸《医学》(組織)の移植. 類**implantación**.

:**injuria** [iŋxúrja] 女 ❶ 侮辱, 侮辱のことば, 悪口. — inferir [proferir] 〜s 侮辱を加える[侮辱のことばをはく]. Ha sido detenido por proferir 〜s contra el rey. 彼は国王にたいする侮辱のことばを言ったかどで逮捕された. ❷ 損害, 損傷. — Se notan en su rostro las 〜s del tiempo. 彼の顔に年令による衰えが見られる.

injuriante [iŋxurjánte] 形 侮辱的な. 類**insultante, ofensivo**.

·**injuriar** [iŋxurjár] 他 ❶ を侮辱する, はずかしめる, ののしる. — Me *injurió* en público. 彼は公衆の面前で私を侮辱した. 類**insultar, ofender**. ❷ をわずかしめる, 傷つける, そこなう. — Su propósito era 〜 el honor de sus compañeros. 彼の意図するところは仲間たちの名誉を傷つけることだった.

·**injurioso, sa** [iŋxurjóso, sa] 形 侮辱的な, 無礼な, 攻撃的な. — Sus palabras *injuriosas* me ofendieron mucho. 彼の侮辱的な言葉に私は大変不愉快になった. 類**ofensivo**.

:**injusticia** [iŋxustíθja] 女 不正(な行為), 不公平, 不法. —cometer una 〜 不正を犯す. Los jóvenes protestan contra las 〜s del sistema educativo. 若者たちは教育制度の不公平に抗議する.

injustificable [iŋxustifikáβle] 形 弁解できない, 道理に合わない.

injustificado, da [iŋxustifikáðo, ða] 形 根拠のない, 不当な. —retraso 〜 理由のない遅刻.

:**injusto, ta** [iŋxústo, ta] 形 ❶ 不当な, 不正な. — El actual sistema tributario es 〜 con los asalariados. 今の税金制度はサラリーマンに不当なものだ. ❷ 不公平な. — El profesor ha sido 〜 en las calificaciones. 先生は成績をつけるのに不公平だった.

Inmaculada [immakuláða] 固名《女性名》インマクラーダ.

inmaculada [immakuláða] 女 →inmaculado.

·**inmaculado, da** [immakuláðo, ða] 形 ❶ よごれの全くない, しみひとつない. — Lleva siempre las camisas *inmaculadas*. 彼はいつも真っ白なシャツを着ている. 類**impoluto**. 反**manchado, sucio**. ❷ けがれのない, 清純無垢(?)な, 汚点のない. — la *Inmaculada* Concepción (聖母の)無原罪のお宿り(聖母マリアがその母聖アンナの胎内に宿ったときから原罪を免れていること). Tiene un expediente 〜. 彼はまったく汚点のない前歴の持ち主だ. 類**impecable, impoluto**. 反**corrompido, defectuoso**.

— 女 (I〜)《宗教》(聖母の)無原罪のお宿り. — La fiesta de la I〜 es el día 8 de diciembre. 無原罪のお宿りの祝日は12月8日である.

inmadurez [immaðuréθ] 女 未熟.

inmaduro, ra [immaðúro, ra] 形 未熟の, 熟れていない; 未完成の.

inmanejable [immanexáβle] 形 扱いにくい; 手に負えない, 制御できない. —un niño 〜 手に負えない子ども.

inmanencia [immanénθja] 女《哲学》内在(性).

inmanente [immanénte] 形《哲学》[+a] …に内在的な, 固有の. — El dolor, como la alegría, es 〜 *al* hombre. 苦痛は歓喜と同じく人間に内在している. 類**inherente**.

inmanentismo [immanentísmo] 男《哲学》内在哲学.

inmarcesible [immarθesíβle] 形 枯れない; 不滅の, 不朽の. — gloria 〜 不滅の栄光.

inmarchitable [immartʃitáβle] 形《文》→inmarcesible.

inmaterial [immaterjál] 形 ❶ 非物質的な. ❷ 実体のない, 無形の. —activo 〜 無形資産.

inmaturo, ra [immatúro, ra] 形 未熟な; 時期尚早の.

inmediación [immeðjaθjón] 女 ❶ 付近, 近郊. —en las 〜*es* de la capital 首都の近郊に. 類**alrededores, cercanías**. ❷ 近接. ❸《法律》直接相続者の相続権.

:**inmediatamente** [immeðjátaménte] 副 ❶ すぐさま, ただちに, 即座に. —Ven aquí 〜. 今すぐここに来い. I〜 antes de que ella llegara, se oyó un disparo. 彼女が来る直前に銃声が聞こえた. 類**enseguida**. ❷〖+a〗…と直接に, …に接近して. —I〜 *al* lado está la embajada japonesa. すぐ隣には日本大使館がある. ❸〖+a〗…の直後に, すぐ後に. —I〜 〜 se produjera el terremoto, dio a luz a su primer hijo. 地震の起きた直後に彼女は最初の息子を生んだ.

inmediatamente que〖+直説法〗…するとすぐに, 〖+接続法〗…したらすぐに. *Inmediatamente que* llegues, me avisas. 着いたら, すぐ知らせてくれ.

:**inmediato, ta** [immeðjáto, ta] 形 ❶ すぐ近くの, 隣の. —Vive en un pueblo 〜 a Madrid. 彼はマドリードのすぐ近くの町に住んでいる. En la factoría *inmediata* trabaja su padre. 彼の父は近くの工場で働いている. 類**contiguo**. ❷ 即刻の, 即座の. —La medicina tuvo un efecto 〜. その薬はすぐ効いた.

de inmediato ただちに, 即座に. En cuanto llegué a Madrid, fui *de inmediato* a ver a mi tío. 私はマドリードに着くやいなやただちに叔父に会いに行った. 類**inmediatamente**.

inmejorable [immexoráβle] 形 この上ない, 申し分のない. —de calidad 〜 最高品質の.

inmemorial [immemorjál] 形《記憶にないが》遠い昔の, 大昔の. —de tiempo 〜 [desde tiempos 〜*es*] 大昔から, ずっと昔から.

inmensidad [immensiðáð] 女 ❶ 広大さ. —la 〜 del mar [del firmamento] 海の[大空の]広大さ. ❷ 巨大さ.

:**inmenso, sa** [imménso, sa] 形 ❶ 広大な, 果てしない; 莫大な. —Ante nuestros ojos se extendía el 〜 mar azul. わたしたちの眼前に果てしない青い海が広がっていた. Brillaban un 〜 número de estrellas en el cielo. 空には無数の星が輝いていた. 類**ilimitado, infinito**. ❷《比喩》途方もなく大きい. —Al oír la noticia, sentí una *inmensa* alegría. その知らせを聞いたとき, わたしは途方もなく大きな喜びを感じた. 類**enorme**.

inmensurable

inmensurable [immensuráβle] 形 《文》❶ 計りきれない, 無量の. ❷ 途方もない. 類**inconmensurable**.

inmerecidamente [immereθiðaménte] 副 不相応に, 不当に.

inmerecido, da [immereθíðo, ða] 形 受けるに値しない, 不相応な, 不当な. —un premio ~ 身に余る賞. un castigo ~ 不当な罰.

inmergir [immerxír] [3.6] 他 を浸す, つける.

inmersión [immersjón] 女 ❶ 浸すこと, つけること; 潜水, 沈潜. ❷《天文》(天体の)潜入. *inmersión lingüística* (外国語だけを使用する)集中講座.

inmerso, sa [immérso, sa] 形 潜水した, 沈潜した.

inmigración [immiɣraθjón] 女 (他国・他の土地からの)移住. —~ española en Latinoamérica スペイン人の中南米移住. ley de ~ 移民法. 反**emigración**.

inmigrante [immiɣránte] 形 (他国・他の土地からの)移民の.
—— 名 (他国・他の土地からの)移民. —los ~s mejicanos de Estados Unidos 米国のメキシコ系移民. 反**emigrante**.

inmigrar [immiɣrár] 自 (他国から)移住する. 反**emigrar**.

inmigratorio, ria [immiɣratórjo, rja] 形 (他国からの)移住[移民]に関する.

inminencia [imminénθja] 女 切迫, 急迫, 差し迫ったこと. —~ de un peligro 危険の差し迫り.

***inminente** [imminénte] 形 差し迫った, 切迫した, 今にも起こりそうな. —Es ~ el peligro de inundación. 洪水の危険が差し迫っている. Se rumorea una ~ subida de impuestos. 増税が間近いといううわさが広がっている. 類**inmediato**, **próximo**.

inmiscuir [immiskuír] [11.1] 他 を混合する, 混ぜる.
——se 再 〖+en〗…に干渉する, みだりに口をはさむ. —No me gusta *inmiscuirme en* la vida de los demás. 私は他人の生活に干渉するのは好まない. 類**entrometerse**, **meterse**.

inmobiliaria [immoβiljárja] 女 →**inmobiliario**.

inmobiliario, ria [immoβiljárjo, rja] 形 不動産の. —agente ~ 不動産業者. crédito ~ 不動産ローン. especulación *inmobiliaria* 不動産投機.
—— 女 建築会社; 不動産会社[屋] (=sociedad inmobiliaria).

inmoble [immóβle] 形《文》❶ 動かせない, 動かない. ❷ (決意や精神が)確固とした, 動じない.

inmoderado, da [immoðeráðo, ða] 形 不節制な, 節度のない, 過度の. —un afán ~ de placeres 快楽の度を越えた熱望.

inmodestia [immoðéstja] 女 慎みのないこと, 無遠慮, 不謹慎.

inmodesto, ta [immoðésto, ta] 形 慎みのない, 無遠慮な, 不謹慎な.

inmolación [immolaθjón] 女《文》犠牲に捧げること; 自己犠牲.

inmolar [immolár] 他《文》(神に)を生贄(いけにえ)に捧げる. ——se 再 〖+por〗(…のために)自分を犠牲にする. —héroes *inmolados por* la patria 祖国のために殉じた英雄たち.

inmoral [immorál] 形 ❶ 不道徳な, 不品行な. —una conducta ~ 不道徳な行為. 反**moral**. ❷ 背徳的な, 猥褻(わいせつ)な. —un espectáculo ~ みだらな光景. 類**indecente**, **obsceno**.

inmoralidad [immoraliðá(ð)] 女 ❶ 不道徳, 不品行; 猥褻. ❷ 不道徳な行為.

:**inmortal** [immortál] 形 ❶ 不死の, 不滅の. —Los cristianos creen que el alma es ~. キリスト教徒は霊魂は不滅であると信じている. 類**eterno**. ❷ 不朽の. —un valor [una fama] ~ 不朽の価値[名声].

inmortalidad [immortaliðá(ð)] 女 不死, 不滅, 永遠(性). —la ~ del alma 霊魂の不滅. 類**eternidad**.

inmortalizar [immortaliθár] [1.3] 他 を不滅[不朽・永遠]にする. —Goya *inmortalizó* en sus cuadros a toda clase de personajes de su época. ゴヤはその絵の中で彼の時代のあらゆる種類の人物たちを不朽化した.
——se 再 不滅[不朽・永遠]化する.

inmotivado, da [immotiβáðo, ða] 形 ❶ 動機のない, 無根拠の. —Su preocupación está *inmotivada* 彼が心配する理由が見つからない. ❷《言語》(言語記号が)恣(し)意的な.

inmoto, ta [immóto, ta] 形《文, まれ》動かない, 固定した.

inmovible [immoβíβle] 形 (しばしば誇張的に)動かせない. →**inmóvil**.

:**inmóvil** [immóβil] 形 動かない, じっとしている. —Permanecí ~ para que no me vieran. 私は見られないようにじっとしていた.

inmovilidad [immoβiliðá(ð)] 女 不動(性), 固定(性).

inmovilismo [immoβilísmo] 男 現状肯定主義, 事なかれ主義.

inmovilización [immoβiliθaθjón] 女 動かなくする[なる]こと, 固定; 麻痺(まひ); (資産の)固定化.

***inmovilizar** [immoβiliθár] [1.3] 〖<móvil〗 他 ❶ を動かなくさせる, 固定する, 麻痺(まひ)させる. —Le *inmovilizaron* la pierna con escayola. 彼はギプスで片脚を固定された. La fuerte nevada *inmovilizó* el tráfico en la autopista. 大雪で高速道路の交通が麻痺した. ❷ を固定資産化する, 不動産化する; 《法律》(資産の)譲渡を禁止する. —El juez *ha inmovilizado* el capital. 裁判官は資本の譲渡を禁止した.
——se 再 動かなくなる, 停止する; 麻痺する. —Se le *ha inmovilizado* el brazo derecho. 彼は右腕が動かなくなった. Entró en el cuarto y *se inmovilizó* ante la mesa. 彼は部屋に入ると, テーブルの前に立ち止まった.

inmueble [immuéβle] 形 不動産の. —bienes ~s 不動産. —— 男 家, 建物.

inmundicia [immundíθja] 女 ❶ 不潔, 不浄. ❷ 汚物, 不潔物. ❸ 下品; 卑猥.

inmundo, da [immúndo, ða] 形 ❶ 不潔な, 汚い. —un lugar ~ 不潔な場所. ❷ 下品な; 卑猥な. —un lenguaje ~ 下品なことば遣い.

inmune [immúne] 形 ❶〖+a〗…から免れた, 免除された. —~ a la justicia. 司直の手から免れた. ❷〖+a〗…に対して免疫性の; 免疫になった. —ser ~ a esa enfermedad その病気に対して免

inmunidad [immuniðá(ð)] 囡 ❶ 免疫(性). ❷《法律》免除特権, 非訴追特権, 免責. —la ~ parlamentaria [diplomática] 議員特権(議会開催中の非逮捕権)[外交官の免除特権].

inmunización [immuniθaθjón] 囡 免疫(にすること); 予防注射.

inmunizar [immuniθár] [1.3] 他 [+contra] …に対して…を免疫にする. —Mediante la vacunación se *inmuniza* al organismo *contra* muchas enfermedades. 予防接種を通じて多くの病気に対して人体を免疫化する.
— se 再［+contra］…に対して免疫になる.

inmunodeficiencia [immunoðefiθjénθja] 囡《医学》免疫不全. —síndrome de ~ adquirida [SIDA] 後天性免疫不全症候群, エイズ.

inmutabilidad [immutaβiliðá(ð)] 囡 不変(性). —la ~ de las costumbres 風俗習慣が変わらないこと.

inmutable [immutáβle] 形 ❶ 不変の, 変えることができない. —una decisión ~ 変更不能の決定. ❷ 冷静な, 動じない. —Permaneció ~ ante las acerbas críticas que le hicieron. 彼は手厳しい判断にさらされても, 顔色を変えなかった.

inmutar [immutár] 他 を動揺させる, 顔色を変えさせる.
— se 再 動揺する, 顔色を変える. —Recibió la trágica noticia pero no *se inmutó*. 彼は悲劇的な知らせを受けたが動じなかった.

innato, ta [innáto, ta] 形 生来の, 先天的な, 生まれつきの. —una cualidad *innata* 生得的性質.

innavegable [innaβeɣáβle] 形 航行[航海]できない. —un río ~ 航行不能な川.

innecesario, ria [inneθesárjo, rja] 形 不必要な, 余計な. —Es ~ repetírselo. 彼にそれをくり返し言うのは無用なことだ. 類 **fútil, superfluo**. 反 **necesario**.

innegable [inneɣáβle] 形 否定できない, 明白な. —Es ~ que ella tiene mucho talento. 彼女が才能豊かなことははっきりしている. 類 **claro, evidente**.

innoble [innóβle] 形 卑しい, 下品な, 下劣な.

innocuo, cua [innókuo, kua] 形 = **inocuo**.

innominado, da [innomináðo, ða] 形 無名の, 名のわからない.

innovación [innoβaθjón] 囡 革新, 改革; 目新しいこと. —El nuevo ministro de transportes ha llevado a cabo muchas *innovaciones* en poco tiempo. 新しい運輸大臣は短期間にたくさんの改革を実現した. Ha realizado una serie de *innovaciones* en la tienda para poder competir en el mercado. 彼は市場で競争できるように店に一連の新趣向を凝らした改革を行った.

innovador, dora [innoβaðór, ðóra] 形 革新する, 革新的な. —un método ~ 革新的な方法.
— 图 革新者.

innovar [innoβár] [<nuevo] 他 刷新する, 一新する. —Dicen que la gramática generativa *ha innovado* la lingüística. 生成文法は言語学を一新したと言われる.

innumerable [innumeráβle] [<número] 形 無数の, 数えきれない. —El Mar Interior de Seto está sembrado de ~s islotes. 瀬戸内海には無数の小島がちりばめられている. Ha viajado ~s veces a Madrid y nunca ha visto el museo del Prado. 彼は数限りなくマドリードを訪れているがプラード美術館を見たことがない.

inobediencia [inoβeðjénθja] 囡 不従順, 反抗.

inobediente [inoβeðjénte] 形 不従順な, 反抗的な.

inobservado, da [inoβserβáðo, ða] 形 ❶ 観察されない, 気づかれない. ❷ (規則が)守られない.

inobservancia [inoβserβánθja] 囡 不順守, 不履行, 違反. —la ~ del reglamento 規定違反.

:**inocencia** [inoθénθja] 囡 ❶ 無罪. —Por fin se ha probado la ~ del acusado. ついに被告の無罪が証明された. ❷ 無邪気, 純潔. —Hoy los niños pierden pronto la ~. 今日子供たちは早い時期にその無邪気さを失う. 類 **candor, sencillez**.

Inocencio [inoθénθjo] 固名《男性名》イノセンシオ.

inocentada [inoθentáða] 囡 ❶ 無邪気な言動; ばかげたこと. ❷ (幼児の行為の)いたずら.

:**inocente** [inoθénte] 形 ❶ 無罪の, 潔白の. —El juez lo ha declarado ~ del delito que se le imputaba. 判事は彼にかけられていた容疑の無罪を宣告した. ❷ 無邪気な, 純真な. —Es tan ~ que se cree todo lo que le dicen. 彼はひどく純真なので人が言うことは何でも信じる. 類 **cándido, ingenuo**. ❸ (a) 罪のない. —Es una broma ~. それは罪のない冗談だ. (b) (とくに飲食物について)無害の. —No te preocupes. Esto es una bebida ~. 心配しないで. これは無害な飲み物だ. 類 **inofensivo**.
— 男女 無罪の人, お人好し. —Durante la dictadura condenaron a muerte a muchos ~s. 独裁政権時には罪の無い多くの人々が死刑に処せられた.

hacerse el inocente しらばくれる. Lo sabe y *se hace el inocente*. 彼はそれを知っているのにしらばくれている.

Los Santos Inocentes (= Día de los inocentes) 幼子の日 (12 月 28 日) ユダヤのヘロデス王が幼児を虐殺した記念の日)聖書マタイ伝・2.16.

inocentón, tona [inoθentón, tóna] 形 お人よしの. — 图 お人よし.

inocuidad [inokuiðá(ð)] 囡 無害.

inoculación [inokulaθjón] 囡《医学》(予防)接種, 種痘.

inocular [inokulár] 他 ❶《医学》(病菌を)(予防)接種する. — ~ un virus ウイルスを予防接種する. ❷ (悪い考えなど)を植えつける, 注入する.

inocuo, cua [inókuo, kua] 形 無害の, 無毒の. —una sustancia *inocua* 無害の物質. 類 **inofensivo**. ❷ 味のない; 味気ない. —una bebida *inocua* 味気ない飲物. una conversación *inocua* つまらない会話. 類 **insulso**.

inodoro, ra [inoðóro, ra] 形 無臭の, においのない.
— 男 (トイレの)防臭装置[弁]; 防臭弁付きトイレ.

:**inofensivo, va** [inofensíβo, βa] 形 害にならない, 不快を与えない, あたりさわりのない. —lecturas *inofensivas* 害のない読書. Contemplaba, abstraído, los ~s juegos de los niños. 彼は子供たちのたわいのない遊びをぼんやりと眺めていた。No te engañará. Es un ser ~. 彼は害にならない人物だから君を欺くことはないだろう。 類 **inocente, inocuo.**

inoficioso, sa [inofiθjóso, sa] 形 ❶《法律》道義[人倫]に反する(遺言・持参金・贈与). ❷『南米』無意味な, 役に立たない.

:**inolvidable** [inolβiðáβle]〔<olvidar〕形 忘れられない, 忘れることのできない. ―He hecho un viaje ~ por Europa. 私はヨーロッパで忘れることのできない旅行をした.

inoperable [inoperáβle] 形《医学》手術できない.

inoperante [inoperánte] 形 効果のない, 働きのない. ―una medida gubernamental totalmente ~ 全く働かない政府の措置. 類 **ineficaz.**

inopia [inópja] 女 貧困. 類 **pobreza.**
estar en la inopia ぼんやりしている, うわの空でいる. No te has enterado porque *estás en la inopia*. 君はぼうっとしているから気付かなかったのだ.

inopinado, da [inopináðo, ða] 形 思いがけない, 不意の, 予想外の. ―Su *inopinada* llegada nos desconcertó. 彼が不意に到着したので, 我々は当惑した. 類 **imprevisto, inesperado.**

inoportunidad [inoportuniðáð] 女 時宜を得ないこと, タイミングの悪さ. ―la ~ de una visita 訪問の折のまずさ.

inoportuno, na [inoportúno, na] 形 時宜を得ない, 折[タイミング]の悪い. ―una llamada *inoportuna* まずい時の呼び出し(電話のベル). Has escogido el momento más ~. 君は最もまずい時を選んだ.

inorgánico, ca [inoryániko, ka] 形 ❶《生物》無機の; 非有機的な. ―química *inorgánica* 無機化学. ❷ 無組織の, 未組織の.

inoxidable [inoksiðáβle] 形 酸化しない, 錆(さ)びない. ―acero ~ ステンレス(鋼).

in promptu [im próm(p)tu]〔<ラテン〕[副詞句] 即席に, 急に. ―tomar partido ~ sobre un problema 問題にその場しのぎで手を打つ.

inquebrantable [iŋkeβrantáβle] 形 (比喩的に)破れない; 強固な, くじけない. ―tener una fe ~ en la medicina 医学を固く信用している.

inquier- [iŋkjér-] 動 inquirir の直・現在, 接・現在, 命令・2 単.

inquietador, dora [iŋkjetaðór, óra] 形 →inquietante.
― 名 騒乱を起こす者; 不穏分子.

inquietante [iŋkjetánte] 形 人を不安にさせる, 物騒な, 不穏な. ―Las últimas noticias son muy ~s. 最近のニュースは非常に物騒である. un aire ~ 不気味な気配.

:**inquietar** [iŋkjetár]〔<quieto〕他 を不安にさせる, 気配させる, いら立たせる. ―Los rumores de un inminente seísmo *han inquietado* a la población. 地震が切迫しているといううわさが住民を不安にさせた. 類 **intranquilizar.**
―**se** 再〔+con/por〕に不安になる, いら立つ, を心配する. ―Mi hijo *se inquieta por* el resultado del examen. 私の息子は試験の結果を心配している. No *se inquiete* usted. 心配なさらないでください.

:**inquieto, ta** [iŋkjéto, ta] 形 ❶ (*a*) 落ち着きのない, じっとしていない. ―El director se alargó en su discurso y los niños comenzaron a estar ~s. 校長の話が長くなると子供たちは落ち着きがなくなり始めた. 類 **desasosegado.** (*b*) 前向きの, 進取の気性に富む; 新しがりやの. ―No me extraña que haya llegado tan lejos: siempre fue un muchacho ~. 彼がこんなにえらくなったのもふしぎではない. いつも前向きな少年だったから. ❷ 不安な, 心配そうな. ―El enfermo ha pasado una noche *inquieta*. 病人は不安な一夜を過ごした. *Toda la familia está inquieta* por la enfermedad del abuelo. 家族みんなが祖父の病気を心配している. Los padres pasaron un día ~s sin tener noticias del paradero de su hijo. 両親は息子の居場所がわからなくて不安な 1 日を過ごした.

:**inquietud** [iŋkjetúð] 女 ❶ (*a*) 心配, 落ち着きのないこと. ―La primera vez que viajé en avión, pasé una gran ~. 初めて飛行機に乗ったとき私はとても不安な思いがした. 類 **preocupación.** (*b*)《主に 複》(精神的)不安. ―La juventud es una época de grandes ~es en la vida. 思春期は人生で最も不安にみちた時代である. ❷ 複 知的向上心, 探求心; 名誉欲, 野心. ―~es literarias 文学的好奇心. Es un joven sin ~es. 彼は向上心のない青年だ.

inquilinaje [iŋkilináxe] チリ方言

inquilinato [iŋkilináto] 男 ❶ 借家(すること). ❷ 借家人の権利. ❸ 借家代に対する租税.

inquilino, na [iŋkilíno, na] 名 ❶ 借家人, 店子(たなこ), テナント. 類 **arrendatario.** 反 **arrendador, dueño, propietario.** ❷『中南米』(チリの大農園 fundo の)農民, 小作農.

inquina [iŋkína] 女 敵意, 反感, 憎悪. ―No comprendo la ~ que le tiene a José. 私には彼がホセに抱いている敵意がわからない. 類 **animadversión.**

inquiridor, dora [iŋkiriðór, ðóra] 形 尋問の, 取調べの. ― 名 尋問者, 取調べ係.

inquirir [iŋkirír] [4.7] 他 調べる, 調査する, 問い合わせる; 詮索(せんさく)する. ―~ las causas de algo. 何かの原因を調査する. 類 **indagar, investigar, averiguar.**

inquisición [iŋkisiθjón] 女 ❶《文》調査; 取調べ, 尋問. ❷ (I~) 宗教裁判所.
hacer inquisición 書類を整理[焼却処分]する.

inquisidor, dora [iŋkisiðór, ðóra] 形 探るような, 詮索(せんさく)するような. ―un espíritu ~ 探究的精神.
― 名 ❶ 異端審判官; 宗教裁判官. ❷ 探究者.

inquisitivo, va [iŋkisitíβo, βa] 形 詮索するような; 調査の, 取調べの. ―mirada *inquisitiva* 探りを入れるような眼差し.

inquisitorial [iŋkisitorjál] 形 ❶ 宗教裁判の. ❷ 過酷な, 厳しい. ―un jefe ~ 情容赦のない上司.

inquisitorio, ria [iŋkisitórjo, rja] 形 ❶ 調査能力のある. ❷ 調査の; 取調べの, 尋問の.

INRI, inri [inri]〔<ラテン Iesus Nazarenus Rex Iudaeorum (Jesús Nazareno Rey de los Judíos)〕男 ユダヤの王, ナザレのイエス(キリスト処刑のとき十字架に付けられた題字).

inri [inri] 男 キリストの十字架の銘 (Iesus Nazarenus Rex Iudaeorum ユダヤ人の王, ナザレのイエ

ス).

para más [mayor] inri さらに悪いことに.
poner el inri (人)を侮辱[愚弄(ぐろう)]する.

insaciable [insaθjáβle] 形 飽くことを知らない, 貪(どん)欲な. — un apetito ～ 底無しの食欲. un afán ～ de dinero. お金に対する貪欲な渇望.

insalivación [insaliβaθjón] 女 (食物などに)唾(つば)液を混ぜること, 混唾.

insalivar [insaliβár] 他 (食物など)に唾液を混ぜる, 混唾する.

insalubre [insalúβre] 形 健康によくない, 不衛生な. 類 **malsano, insano**. 反 **saludable**.

insalubridad [insaluβriðá(ð)] 女 健康に悪いこと, 不健康, 不衛生.

INSALUD [insalúθ] (＜ Instituto Nacional de la Salud) 男 《スペイン》保健庁.

insania [insánja] 女 《文》狂気, 狂乱, 気違いじみていること. 類 **locura**.

insano, na [insáno, na] 形 ❶ 健康に悪い, 健康を害する. 類 **insalubre**. ❷ 狂気の, 気違いじみた. 類 **loco**.

insatisfacción [insatisfakθjón] 女 不満足. 類 **descontento**.

insatisfecho, cha [insatisfétʃo, tʃa] 形 ❶ 飽き足らない, 満たされない. — sentirse ～ 飽き足らずに思う. ❷ [＋con] …に不満な. — Está totalmente ～ *con* su salario. 彼は給料に全く不満である. 類 **descontento**.

:**inscribir** [inskriβír] [3.3] 他 ❶ [＋en に] (a) を登録する, 記入する; 申し込ませる. — Te voy a ～ *en* un club de tenis. 私はテニス・クラブに君の名前を申込んでおこう. (b) を記載する. — *Inscribió* a su hija *en* el registro civil. 彼は戸籍簿に娘を登録した. ❷ を刻み込む, 刻みつける, 彫る. — *Ha inscrito* en el anillo la fecha de su boda. 彼は結婚の日付を指輪に刻み込んだ. ❸ 《幾何》を内接させる. — ～ un triángulo en una circunferencia 円に三角形を内接させる.
—— **se** 再 ❶ [＋en に] 登録する, 申込む, 購入[講読]の申込をする. — ～ *se en* un curso de verano 夏期講習に出席を申込む. ❷ [＋dentro de/en に] 入る, 含まれる. — Esta novela *se inscribe dentro de* la corriente romántica. この小説はロマン主義の流れに含まれる.

:**inscripción** [inskripθjón] 女 ❶ 登録, 登記, 記入. — La ～ para la matrícula se cierra el treinta de este mes. 学籍登録(授業料納入)は今月の30日で締め切られる. plazo de ～ 申込期限. ❷ 銘, 碑文, (貨幣などの)銘刻. — Hallaron varias *inscripciones* ibéricas en aquellas ruinas romanas. そのローマの遺跡からいくつかのイベリア碑文が見つかった. ❸ 公債, 債券.

inscrito, ta [inskríto, ta] 形 ❶ 登録[記名]された. — ～ en un registro 登録簿に記載された. ❷ 刻まれた. ❸ 《数学》内接した. — círculo ～ 内接円.

・**insecticida** [insektiθíða] 形 殺虫用の, 殺虫剤の. — Han rociado los campos con una solución ～. 彼らは畑に殺虫剤溶液を散布した.
—— 男 殺虫剤. — Cierra la puerta cuando echas el ～. 殺虫剤をまくときには戸を閉めなさい.

insectívoro, ra [insektíβoro, ra] 形 虫を食う, 食虫の. —— 名 食虫動物. —— 男 複 《動物》食虫類.

:**insecto** [insékto] 男 昆虫, 虫. — Algunos

inservible 1117

～s son vehículo de enfermedades. ある種の昆虫は病気の媒介をする.
insecto social (アリ, ミツバチなどの)群居性昆虫.

inseguridad [inseɣuriðá(ð)] 女 不安; 不安定, 不確かさ; 安全でないこと. — una situación de ～ 不安定な情況. ～ ciudadana 治安不良, 都市の治安の悪化.

inseguro, ra [inseɣúro, ra] 形 不安な; 不安定な, 不確かな; 安全でない. — un terreno ～ ゆるい地盤. El tiempo para este fin de semana se presenta ～. 週末の天気ははっきりしていない.

inseminación [inseminaθjón] 女 授精. — ～ artificial 人工授精.

inseminar [inseminár] 他 を受精させる.

insensatez [insensaté θ] 女 無分別な(言動), 非常識, ばかげたこと. — Lo que han dicho me parece una ～. 彼らの言ったことは常軌を逸していると思える.

insensato, ta [insensáto, ta] 形 無分別な, 非常識な, ばかげた. — una idea *insensata* 突飛な考え.
—— 名 非常識な人間. — Es un ～ pero no es malo. 彼は非常識だが悪人ではない.

insensibilidad [insensiβiliðá(ð)] 女 ❶ 無感覚, 麻痺. — la ～ de una parte del cuerpo 体の一部の麻痺. ❷ 無関心, 冷淡. — ～ al dolor ajeno 他人の痛みに対する無関心.

insensibilizar [insensiβiliθár] [1.3] 他 を無感覚にする, 麻痺させる, 麻酔をかける. —— **se** 再 (特に情緒的意味で無感覚になる, 麻痺する.

insensible [insensíβle] 形 ❶ [＋a] …に無感覚な, 麻痺した. — ～ *al* calor 暑さに無感覚な. ❷ [＋a] …に(情緒的に)無感覚な, 冷淡な, 感じない. — Él es ～ *a* las lágrimas. 彼は涙に動じない. ❸ 感じられないほどの, かすかな, ごくわずかな. — una subida ～ かすかな上り勾配. el ～ paso del tiempo 感じとれないような時の経過.

:**inseparable** [inseparáβle] 形 ❶ 分けられない, 分離できない. — La alegría y el dolor caminan ～s en la vida. 人生は悲喜交々(こもごも)である. ❷ (親密で)離れられない. — Ellas son amigas ～s. 彼女たちは親密な親友である.

insepulto [insepúlto] 形 葬られていない, 埋葬されてない.

inserción [inserθjón] 女 ❶ 書き込み, 記入, 掲載. ❷ 挿入, 差し込み, 嵌込(はめこ)み; 《解剖》付着; 《植物》着生. — ～ de un anuncio en un periódico 広告の新聞への折込み. ❸ (社会・体制の中に)組入れること. — la ～ social de los marginados 周辺的な人たちを社会的に組入れること.

insertar [insertár] 他 ❶ を挿入する, 入れる; 書き込む. — ～ una cláusula en un tratado ある章句を論文に挿入する. ～ el hilo en la aguja 糸を針に通す. ❷ を掲載する. — *Insertaron* la noticia en las páginas de sucesos. そのニュースは三面記事に掲載された.
—— **se** 再 《解剖, 植物》付着する, 着生する.

inserto, ta [insérto, ta] 形 ❶ 挿入された, 差し込まれた; 《解剖, 植物》付着した, 着生した.

inservible [inserβíβle] 形 ❶ (あまり古くて, あるいはこわれていて)使えない, 用をなさない[estar ＋]. — Este paraguas *está* ～. このかさはばかになっている. ❷ (ある目的に)役に立たない, 利用でき

1118 insidia

ない〖ser+〗. —Estas tijeras *son* ~s porque son muy pequeñas. このはさみはとても小さいので役に立たない.

insidia [insíðia] 女 ❶ わな, 計略. ❷ 悪意. —obrar con ~ 悪意をもって行動する. ❸ 待ち伏せ. 類 **asechanza**.

insidioso, sa [insiðióso, sa] 形 ❶ わなを掛ける, 計略を弄する, —un comportamiento ~ 計略的な行状. ❷ 陰険な, 油断のならない. —enfermedad *insidiosa* 油断のならない病気. ❸《医学》潜伏・潜在性の. — 名 陰険な[狡猾な]人.

‣insigne [insíɣne] 形 (業績などによって)著名な, 有名な, 名高い. —Un ~ profesor dio una conferencia en la universidad. ある著名な教授が大学で講演をした. 類 **célebre, eminente, ilustre**. 反 **desconocido**.

insignia [insíɣnia] 女 ❶ 徽(ᵇ)章, バッジ. —Llevaba en la solapa la ~ blanca del club. 彼はクラブの白い徽章をえりにつけていた. ❷ 団旗, 団章. ❸《海軍》(艦長の階級を示す)旗旗. ❹ 軍旗.
buque insignia 《海軍》旗艦.

insignificancia [insiɣnifikánθia] 女 ❶ 下らなさ, 取るに足りないこと; 無意味. —la ~ de un problema ある問題の下らなさ. ❷ つまらないもの. 類 **menudencia**. ❸ 少量; 少しの金額. —Este reloj me costó una ~. この時計は安い買物であった.
ser una insignificancia 非常に小さい[わずかである].

‡insignificante [insiɣnifikánte] 形 ❶ 意味のない, つまらない, 取るに足りない. —Siempre se está quejando de cosas ~s. 彼はいつも些細な事に不平を言っている. Cometiste un error ~. 君はつまらぬミスを犯したね. 類 **baladí, despreciable**. —Yo no creo que sea una persona tan ~ como dicen. 人が言うほど彼がつまらぬ人物だと私は思わない. ❷ ほんの少しの, 少額の. —No me prestaron más que una cantidad ~ de dinero. 私はほんの少額の金しか貸してもらえなかった.

insinceridad [insinθeriðá(ð)] 女 不誠実, ふまじめ.

insincero, ra [insinθéro, ra] 形 誠実のない, ふまじめな.

‣insinuación [insinuaθión] 女 ❶ ほのめかし, 思わせぶりなこと. —hacer una ~ ほのめかす. Aquella ~ me dejó perplejo. あの思わせぶりな言い方に私は当惑した. ❷ 言い寄ること.

insinuante [insinuánte] 形 うまく取り入れる, 言葉巧みな. —Ha estado muy ~, casi provocativa. 彼女は非常にこびる態度で, ほとんど挑発的だった.

‡insinuar [insinuár] [1.6] 他 をほのめかす, それとなく言う, 暗示する. —*Insinuó* por teléfono que se encontraba indispuesto. 彼は具合が悪いと電話ではのめかした. 類 **sugerir**.
— **se** 再 ❶〖+a en〗(愛情・好意を得ようと)気を引く, (…に)色目を使う; 取り入る. —Ella esperaba que él *se* le *insinuase*. 彼女は彼が言い寄ってくるのを待っていた. *Se insinuó* con el director para conseguir el puesto. 彼は地位を得ようと重役に取り入ろうとした. ❷〖+en に〗(感情などが知らず知らず)入り込む, しみ込む, 芽生える. —El gusto por la música clásica *se insinuó* en ella desde niña. クラシックに対する趣味が子どもの頃から彼女の心に芽生えた. ❸ ほの見える, 垣間(ᵃᵐ)見える. —La pálida claridad del alba *se insinuaba* en el horizonte. 暁(ᵃᵏ)の白い明るさが地平線にかすかに見え始めた.

insipidez [insipiðéθ] 女 ❶ 無味; まずさ. ❷ 無味乾燥, 面白味のなさ.

insípido, da [insípiðo, ða] 形 ❶ 味のない, まずい. —un alimento ~ 味のない食品. ❷ 無味乾燥な, 面白味のない. —una comedia *insípida*. つまらない芝居. 類 **soso**.

insipiente [insipiénte] 形 《文》無知な. 類 **ignorante**.

‣insistencia [insisténθia] 女 ❶ 固執, 執拗さ. —Me pidió con ~ que no dijera nada a su mujer. 彼の妻に何も言わないようしつこく彼に頼まれた. Su ~ en ir a estudiar a México convenció a los padres. 彼のメキシコに留学したいという強い思いが両親を説得した. ❷ 主張, 力説.

insistente [insisténte] 形 しつこい, 執拗(ᵏᵢ)な, 言い張ってきかない. —No seas tan ~, que vas a resultar pesado. そんなにしつこく言い張らないで, うるさがられるよ.

insistentemente [insisténteménte] 副 しつこく, 執拗に.

‣insistir [insistír] 自 ❶〖+en を〗言い張る, 執拗に言う[頼む]; (…に)こだわる. —No *insistas*; ya te he dicho que no voy. 何度も言うな, 私は行かないともう言っただろう. ~ en el tema そのテーマにこだわる. ~ en hablar 話すことにこだわる. *Insiste en* que le duele la cabeza. 彼は頭が痛いとしきりに訴えている. *Insistió en* que viajáramos por Filipinas. 彼は私たちがフィリピンを旅行するようしつこく言い張った. ❷〖+en/sobre を〗強調する, 力説する. —Los médicos *insisten en* la importancia de alimentarse bien. 医者たちは十分栄養をとることの重要性を強調する.

insobornable [insoβornáβle] 形 買収されない, 清廉な.

insociabilidad [insoθiaβiliðá(ð)] 女 非社交性, 交際嫌い.

insociable [insoθiáβle] 形 非社交的な, 交際嫌いの.

insocial [insoθiál] 形 →insociable.

insolación [insolaθión] 女 ❶ 日射病. —coger una ~ 日射病にかかる. ❷《気象》日照時間.

insolar [insolár] 他 (植物など)を日に当てる.
— **se** 再 日射病になる.

insolencia [insolénθia] 女 ❶ 無礼; 生意気. ❷ 横柄, 傲慢. ❸ 無礼[傲慢な]言動. —decir ~s 無礼[傲慢な]ことを言う.

insolentar [insolentár] 他 を横柄[傲慢]にする, 思い上がらせる.
— **se** 再 横柄[傲慢]になる.

insolente [insolénte] 形 ❶ 無礼な; 生意気な. —hablar con tono ~ 無礼な調子で話す. ❷ 横柄[傲慢]な. —una mirada ~ ふてぶてしい眼差し. — 名 無礼[傲慢]な人.

insolidaridad [insoliðariðá(ð)] 女 連帯しないこと.

‡insólito, ta [insólito, ta] 形 ❶ まれな, 珍しい. —Es algo ~ que llueva tanto en esta temporada del año. 一年のこの時期にこんな雨が降るのは珍しい. ❷ ふつうでない, 異常な, 並外れた. ― El espectáculo era de una *insólita* belleza. そのショーは並外れて美しかった. Ha cazado un jabalí de un tamaño ~. 彼はとびぬけて大きいイノシシを捕獲した. 類 extraordinario.

insoluble [insolúβle] 形 ❶ 溶けない, 不溶解性の. ― ~ en el agua 水に溶けない. ❷ (問題が)解けない, 解決できない.

insolvencia [insolβénθja] 女 支払い不能, 破産.

insolvente [insolβénte] 形 ❶ 支払い不能の, 破産した. ― declararse ~ 破産を宣言する. ❷ (任務遂行の)能力を欠いた.
― 男女 破産者.

insomne [insómne] 形 不眠の, 眠らない. ― pasar ~ toda la noche 一晩中眠らずに過ごす.
― 男女 不眠症の人.

insomnio [insómnjo] 男 不眠(症). ― un remedio contra el ~ 睡眠薬.

insondable [insondáβle] 形 ❶ 底知れない, 非常に深い. ❷ 計り知れない, 不可解な. ― un misterio ~ 不可解な謎.

insonorización [insonoriθaθjón] 女 防音.

insonorizado, da [insonoriθáðo, ða] 形 防音された.

insonoro, ra [insonóro, ra] 形 防音の; 響かない. ― un material ~ 防音材.

‡**insoportable** [insoportáβle] 〔<soportar〕形 がまんできない, たえられない. ― En Andalucía hace un calor ~ en verano. アンダルシアでは夏にはがまんできないほど暑くなる. Tu novia es muy simpática pero su madre es ~. 君の彼女はいい感じだが彼女の母親はたえがたい. 類 **inaguantable**.

insoslayable [insoslajáβle] 形 不可避の, 避けられない. ― problema ~ のっぴきならない問題. un compromiso ~ 外せない約束.

‡**insospechado, da** [insospetʃáðo, ða] 過分 形 思いがけない, 予想外の. ― tener un éxito ~ 予想外の成功をおさめる. 類 **inesperado**.

insostenible [insosteníβle] 形 ❶ 持ちこたえられない; 危機に瀕(ひん)した. ― La situación en esa compañía se ha vuelto ~. その会社の情況は危機的になった. ❷ (議論などが)支持できない. ― una opinión ~ 主張しがたい意見.

‡**inspección** [inspekθjón] 女 ❶ 検査, 監査, 監督. ― La ~ sanitaria permitió detectar un brote de viruela. 衛生検査によって天然痘の兆候が見つかった. ❷ 検査所, 監督局. ― Ese asunto incumbe a la ~ de trabajo. その件は労働監督局の管轄です.

inspección ocular 《法律》実地検証.

‡**inspeccionar** [inspekθjonár] 他 を検査[検査]する, 視察[査察]する, 検問する. ― La policía *inspeccionó* el lugar del crimen. 警察は犯罪現場を捜査した. ~ las obras 工事を検査する. Mientras esperaba se puso a ~ la sala. 待っている間に彼は部屋をじっくり点検し始めた.

‡**inspector, tora** [inspektór, tóra] 名 検査官, 監督官; (列車の)検札係. ― ~ de policía (私服)刑事. ~ de trabajo 労働基準監督官. En la aduana el ~ abrió todo mi equipaje. 税関で検査官が私の荷物を全部開けた. Enfadado por el trato recibido en la aduana, pidió que viniera el ~. 税関で受けた扱いに腹をたてて彼は監督官を呼ぶよう求めた.

‡**inspiración** [inspiraθjón] 女 ❶ 吸気, 吸入. ― La ~ y espiración son muy importantes en la meditación Zen. 禅の瞑想(めいそう)においては吸気と呼気がとても重要である. ❷ 霊感, 着想, インスピレーション. ― Se me ocurrió la idea en un momento de ~. 一瞬の霊感でその考えが私の頭にひらめいた. Sólo pinta de madrugada porque dice que es cuando le viene la ~. 彼は明け方にしか絵を描かないが, それは彼の言ではその時間にインスピレーションが浮かぶからである. ❸ 感動, 感激(を与えるもの), 感興. ― Es una obra buena, pero sin ~. それはいい作品だが, 感動がない. ❹ 影響, 感化. ― Es un jardín de ~ japonesa. それは日本の影響を受けた庭園だ. ❺ 《宗教》神の霊感, 神感.

‡**inspirado, da** [inspiráðo, ða] 過分 形 〖+en〗(…に)着想を得た, インスピレーションを受けた. ― una película *inspirada* en una novela de García Márquez ガルシア・マルケスのある小説に着想を得た映画.

inspirador, dora [inspiraðór, ðóra] 形 ❶ 霊感を与える; 感興を呼び起こす. ― paisaje ~ 感興をそそる風景. ❷ 鼓吹[激励]する. ― músculos ~es 《解剖》呼吸筋.
― 名 ❶ 霊感を与える人[もの]. ❷ 鼓吹[激励]者.

‡**inspirar** [inspirár] 他 ❶ (ある感情)を吹き込む, 感じさせる, 抱かせる. ― El profesor nos *inspira* confianza. 先生は我々に信頼感を植え付ける. El pobre anciano *inspiraba* compasión. 気の毒な老人は同情を引き起こしていた. ❷ …に(着想・霊感)を与える. ― La música de Beethoven *inspiró* a Brahms. ベートーヴェンの音楽はブラームスに霊感を与えた. Tintoretto *inspiró* a El Greco. ティントレットはエル・グレコに影響を与えた. ❸ (息)を吸う, 吸い込む, 吸入する. ― ~ el aire 息を吸い込む. 類 **aspirar**. 反 **espirar, exhalar**.
― 自 息を吸う. ― Uno ~, dos espirar. 1 で息を吸い, 2 で吐き出す.
― **se** 再 〖+en〗(…に)着想を得る, 霊感を授かる, インスピレーションを受ける. ― *Se inspiró en* un hecho real para escribir la novela. 彼は現実の出来事からその小説を書く発想を得た.

instable [instáβle] 形 →**inestable**.

‡**instalación** [instalaθjón] 女 ❶ (a) 据えつけ, 取りつけ, 架設. ― La ~ del teléfono tardó media hora. 電話の取りつけには 30 分かかった. (b) (人をある場所に)落ちつかせること, 居させること. ― La ~ del pintor en el extranjero influyó bastante en su creación artística. その画家が外国に住み着いたことでその芸術的創作はかなりの影響を受けた. ❷ 設備, 装置. ― Está muy complicada la ~ eléctrica de mi casa. 我が家の電気設備はとても入りくんでいる. ❸ 開設, 開業. ― El pueblo se opone a la ~ de una central nuclear. 住民は原子力発電所の開設に反対している. ❹ 施設, 設備. ― *instalaciones* deportivas スポーツ施設. *instalaciones* educativas 教育施設. ❺ 《情報》インストール.

‡**instalado, da** [instaláðo, ða] 過分 形 設置された, (会社などが)開設された. ― cámaras de vi-

deo *instaladas* en bancos 銀行に取付けられたビデオカメラ. bancos extranjeros ~s en Tokio 東京に開設した外国銀行.

instalador [instalaðór] 男 ❶ (設備などの)取付け業者. — ~ sanitario 配管工, 水道屋. ❷ 《情報》セットアップ.

‡**instalar** [instalár] 他 ❶ 《+en に》(人)を住まわせる, 定住させる, 入居させる. — A los refugiados los *instalan* provisionalmente en tiendas de campaña. 難民たちは臨時的にテントに収容された. ❷ を据え付ける, 設置する, 取り付ける. — ~ una antena アンテナを取り付ける. Van a ~ una fábrica de frigoríficos en el pueblo. 町に冷蔵庫の工場が設立されることになっている. ❸ 《情報》をインストールする.

— se 再 《+en に》 ❶ 住む, 住まう; 取り付く. — Se han *instalado en* un barrio tranquilo. 彼らは閑静な一角に住みついた. El dolor se ha *instalado en* la pierna izquierda. 痛みが私の左脚に取り付いた. ❷ 席につく, 座る. — Los comensales *se instalaron en* sus mesas. 会食者たちは自分のテーブルについた.

‡**instancia** [instánθia] 女 ❶ 願い, 請願, 嘆願. — A ~s de todos nosotros, él asumió la presidencia del club. みんなの頼みで彼がクラブを主宰することを引き受けてくれた. 類**petición**. ❷ 願書. — He presentado una ~ para que se me conceda una beca. 私は奨学金がもらえるよう願書を提出した. 類**solicitud**. ❸ 《法律》審級, (第…)審. — tribunal [juzgado] de primera ~ 第一審裁判所. ❹ 《情報》インスタンス.

en última instancia 最後の手段として. *En última instancia* acudiré a los tribunales. 最後の手段として私は裁判所に訴えるつもりだ.

instantánea [instantánea] 女 →instantáneo.

instantáneamente [instantáneamente] 副 即座に, 直ちに; 瞬間的に.

‡**instantáneo, a** [instantáneo, a] 形 瞬間の, 即席の; インスタントの. — Al sentarse, sintió un dolor ~ en la espalda. 彼は座ったとき, 一瞬痛みを背中に感じた. café ~ インスタントコーヒー.

— 女 スナップ写真. — sacar *instantáneas* スナップを撮る.

*instante [instánte インスタンテ] 男 瞬間. — Un ~, por favor. ちょっとお待ちください. Me molesta a cada ~. 彼はしょっちゅう私を煩わす. En ese mismo ~ llegó el autobús. ちょうどその瞬間にバスが到着した. Por un ~ creí que iba a pegarme. 瞬間私はぶたれるかと思った. *al* ~ すぐに, 即座に.

instar [instár] 他 《文》(…に…するよう)しきりに勧める, 催促する; を切願[懇請]する. — Me *instó* a que me decidiese. 彼は私に決断するよう迫った. ~ la pronta solución del problema. 問題の早急な解決を切に求める.

— 自 切迫する, 急を要する. — *Insta* que vayamos a verla. 私たちが彼女に会いに行くことがどうしても必要だ. 類**urgir**.

instauración [instauraθión] 女 設立, 創始; 制定. — la ~ de la democracia 民主主義の樹立.

instaurar [instaurár] 他 《文》を設立[創始]す

る; 制定する; 確立する. — ~ un régimen político ある政治体制を確立する. 類**establecer, implantar**.

instigación [instiɣaθión] 女 そそのかし, 扇動, 教唆(‡).

a instigación de ... …にそそのかされて.

instigador, dora [instiɣaðór, ðóra] 形 そそのかす, 扇動する, 教唆する.

— 名 扇動者, 教唆者. — ~ de un delito 犯罪の教唆者, 《法律》従犯者.

instigar [instiɣár] [1.2] 他 をそそのかす, 扇動する, 教唆する. — Le *instigaron* a sublevarse. 彼は反乱を起こすようにそそのかされた. 類**incitar, provocar**.

instilar [instilár] 他 ❶ を(一滴ずつ)注入する, 点滴する. ❷ (思想など)を染み込ませる, 徐々に注入する.

‡**instintivo, va** [instintíβo, βa] 形 本能的な. — Los animales tienen un ~ temor al fuego. 動物は火に対して本能的恐怖を抱く.

‡**instinto** [instínto] 男 ❶ 本能; 直観. — Las aves aprenden a volar por ~. 鳥は本能的に飛ぶことを覚える. ~ de conservación 自己保存の本能. ❷ 本性; 素質, 天分. — Es un hombre de malos ~s. 彼は性悪だ. Tiene ~ musical y llegará a ser un gran pianista. 彼は音楽の天分をもっているので偉大なピアニストになるだろう.

‡**institución** [instituθión] 女 ❶ 設定, 制度. — La ~ de esta ley permitirá proteger los derechos de las mujeres. この法律の制定によって女性の権利が守られるだろう. ❷ (*a*) 施設, 団体. — Ha dejado su herencia a una ~ benéfica. 彼は自分の遺産をある慈善団体に残した. ~ pública 公共施設. (*b*) 機関, 協会. — El tribunal supremo es la máxima ~ judicial del país. 最高裁判所は国の最高の司法機関である. ❸ 制度. — forma de ~ republicana [monárquica] 共和制[王制]. En este país no se respetan las *instituciones*. この国では現体制が尊重されていない.

institución de heredero (遺言による)相続人指名.

ser una institución 長老, 名物(男[女])である. Mi abuelo *era* toda *una institución* en el pueblo y su muerte fue llorada por todos. 私の祖父は村では完全に長老的存在だったので彼の死はみんなの涙をさそった.

institucional [instituθionál] 形 制度(上)の. — reforma ~ 制度上の改革.

instituir [instituír] [11.1] 他 ❶ (団体・制度など)を設立[創設]する. — ~ un premio literario [una fiesta nacional] 文学賞[国民の祝日]を制定する. ❷ (遺産相続人に)を指定する. — El presidente *instituyó* heredero de toda su fortuna a su hijo único. 社長は全財産の遺産相続人に一人息子を指定した.

‡**instituto** [institúto] 男 ❶ (*a*) 研究所. — Realiza investigaciones en el I~ de Ciencias Sociales. 彼は社会科学研究所で研究をしている. (*b*) (芸術・スポーツ, 福祉などの)協会, (政府機関の)…院, 公社. — Es director del I~ Municipal de Juventud y Deportes. 彼は市立青少年スポーツ協会の会長である. I~ Nacional de Empleo (スペインの)国家雇用院. ❷ (スペインなどで国公立の)高等学校; 中等学校. — Enseña francés en el

~. 彼は高校でフランス語を教えている. ~ de segunda enseñanza [enseñanza media] 中(等)学校. Han abierto un nuevo ~ de belleza. 新しい美容院が開店した. ❸ 規定, 会則. ❹ (軍事的な)組織; (宗教的な)団体. —La Guardia Civil es un ~ armado. 治安警察は武装組織である. ~s y organizaciones religiosas 宗教団体.

institutriz [institutríθ] 囡 女性家庭教師.

instituyente [instituyénte] 形 設立[創設]の.

‡**instrucción** [instrukθjón] 囡 ❶ 教育; 訓練. —En la niñez, la naturaleza constituyó su única fuente de ~. 幼年期は自然が唯一彼の受けた教育の根源であった. ~ militar 教練. ~ primaria 初等教育. 類**educación, enseñanza**. ❷ 知識, 教養. —Es un hombre de poca ~, pero muy capaz. 彼は教育のあまりない男だが, とても有能である. ❸ 指図(ｻｼｽﾞ), 指示. —Este folleto tiene *instrucciones* para el manejo del aparato. この小冊子に装置の取り扱いの説明が載っている. seguir las *instrucciones* al pie de la letra 言葉どおりに指示にしたがう. ❹《法律》(審理の)調査作成.

instructivo, va [instruktíβo, βa] 形 ❶ 教育的な, 有益な, ためになる. —Ha sido una conferencia muy *instructiva*. それは非常に有益な講演会だった. 類**educativo, formativo**. 反**destructivo**. ❷ (意図などを)明らかにする, 教訓的な. —Estas palabras son muy *instructivas* respecto a sus verdaderas intenciones. これらの言葉は彼の真意を非常にはっきり教えてくれるものだ. 類**revelador**.

instructor, tora [instruktór, tóra] 形 ❶ 教える, 教授する. —el sargento ~ 教練軍曹. ❷《法律》—juez ~ 予審判事. — 男女 ❶ 教師; インストラクター. —~ de vuelo 飛行学校教員. ❷《法律》予審判事.

‡**instruido, da** [instruíðo, ða] 過分 [＜instruirse] 形 教育のある, 教養のある. —No necesitamos personas *instruidas* sino trabajadoras. 私たちは教育のある者ではなくてよく働く人を必要としている.

‡**instruir** [instruír] [11.1] 他 ❶ [＋en] (人)に教える, 授業をする, を教育する. —Su padre lo *instruyó en* el arte de la floricultura. 父親は彼に花作りの技術を教え込んだ. ~LE *en* matemáticas (人)に数学を教える. 類**enseñar**. ❷ [＋de/sobre 等で] (人)に知らせる, 教える, 通告する. —El médico me *ha instruido sobre* los peligros de ese medicamento. 医者はその薬の危険について私に教えてくれた. ❸《司法》を審理する. —~ una causa 事件を審理する.

—**se** 再 教育を受ける, 学ぶ. —*Se instruyó* en un colegio católico. 彼はカトリック系の小学校で教育を受けた.

instrumentación [instrumentaθjón] 囡《音楽》器楽の編成, 管弦楽法.

instrumental [instrumentál] 形 ❶《音楽》楽器の. —música ~ 器楽. ❷ 道具になる, 手段として使われる. ❸《法律》証拠となる. —prueba ~ 証拠書類. — 男 ❶《集合的に》楽器. ❷《集合的に》器具, 道具, 装備. —~ médico 医療器具. ❸《文法》具格.

instrumentar [instrumentár] 他 (曲)を管弦楽用に編曲する. 類**orquestar**.

instrumentista [instrumentísta] 男女 ❶ 器楽(演奏)家. ❷ 楽器製作者. ❸ 管弦楽の編曲者. ❹ 外科手術の助手.

‡**instrumento** [instruménto] 男 ❶ 道具, 器具, 用具. —Se construyó una casa con sus propias manos e ~s. 彼は自分の手と道具家を建てた. ~ de precisión 精密器械. 類**utensilio**. ❷ 楽器. —~ músico [musical] 楽器. —~ de cuerda [percusión, viento] 弦[打, 管]楽器. Ella sabe tocar un ~. 彼女は楽器が弾ける. ❸ 手段, 方便. —El proyecto ha servido de ~ para estrechar la amistad de los dos países. その計画は2国の友情を深める手段として役立った. 類**medio**. ❹ 公文書, (証明)書類. —Los ministros de asuntos exteriores de ambos países firmaron el ~ de ratificación de los acuerdos culturales. 両国の外相は文化協定の批准書に署名した. 類**documento**.

instruy- [instruj-] 動 instruir の直・現在/完了過去, 接・現在/過去, 命令・2単.

insubordinación [insuβorðinaθjón] 囡 不服従, 反抗. 類**indisciplina, insumisión**. 反**disciplina, sumisión**.

insubordinado, da [insuβorðináðo, ða] 形 従順でない, 反抗的な. —Los soldados ~s fueron sometidos a juicio. 反抗兵士たちは裁判にかけられた. 類**indisciplinado, insumiso**. 反**disciplinado, sumiso**.

insubordinar [insuβorðinár] 他 を反逆[反抗]させる.

—**se** 再 反逆[反抗]する. —Los alumnos *se han insubordinado* y piden la expulsión del profesor. 生徒達は(学校に)反抗して教師の追放を求めている. 類**indisciplinarse, sublevarse, revelarse**.

insubstancial, insustancial [insuβstanθjál, insustanθjál] 形 ❶ 味のない, 味のうすい. 類**insípido, soso**. ❷《比喩》無味乾燥の, 面白味を欠いた. —una historia ~ y aburrida 味気なく退屈な物語. 類**anodino, soso**. 反**interesante**.

insubstancialidad, insustancialidad [insuβstanθjaliðáð, insustanθjaliðáð] 囡 ❶ 味のないこと. 類**insipidez**. ❷《比喩》無味乾燥, 面白味を欠くこと.

insubstituible, insustituible [insuβstituíβle, insustituíβle] 形 代わりのできない, 代替できない. —Tu participación en el proyecto es ~. 君のプロジェクトへの参加は余人をもって代えがたい.

insuficiencia [insufiθjénθja] 囡 ❶ 不足, 不十分. —la ~ de agua 水不足. 類**escasez**. 反**suficiencia**. ❷《医学》機能不全. —~ cardíaca. 心不全, 心臓障害. ❸《複》欠陥, 不適切(な点). —Tenemos que tomar en cuenta las ~s de su explicación. 我々は彼の説明の至らぬ部分を考慮に入れねばならない. 類**inadecuación**. 反**logro**.

insuficiente [insufiθjénte] 形 不足な, 不十分な. —Ha realizado un esfuerzo ~. 彼は努力したが不十分だった.

— 男 (初等中等教育における)不合格, 落第(の評点). —En este curso he sacado un ~ en inglés. 今学期, 私は英語で落第点を取ってしまっ

1122 insuflar

た.

insuflar [insuflár] 他 ❶《医学》(ガス・液体・粉末などを)吹き入れる, 送入する. —le a ... el aire en los pulmones …の肺に空気を吹き入れる. ❷《比喩》(感情を)吹き込む, 鼓吹する. —Las palabras del profesor *insuflaron* ánimo a los alumnos. 先生の言葉が生徒たちを元気づけた. 類 **infundir**.

insufrible [insufríβle] 形 ❶ 耐えられない, 我慢できない. —un dolor ~ たまらない苦痛. 類 **inaguantable, insoportable**. ❷ (人が)我慢のならない, 手に負えない. —Es una mujer ~: siempre está jactándose. 彼女は鼻持ちならない女だ, いつも自慢ばかりしている. 類 **inaguantable, insoportable, cargante**.

ínsula [insula] 女《文》島. 類 **isla**.

insular [insulár] 形 島の, 島に住む. —pueblo ~ 島嶼(とう)民族. 類 **isleño**.
—— 名 島民. 類 **isleño**.

insularidad [insulariðá(ð)] 女 島国であること, 島国性; 島国根性.

insulina [insulína] 女《薬学》インシュリン(ホルモンの一種で, 糖尿病の特効薬).

insulinodependiente [insulinoðepindi énte] 形《医学》インシュリン依存性の.

insulsez [insulséθ] 女 ❶ 味のないこと, 無味. 類 **insubstancialidad, insipidez**. ❷《比喩》無味乾燥, 面白味のないこと. —Esa novela es una ~. その小説はつまらない. 類 **sosería**.

insulso, sa [insúlso, sa] 形 ❶ 味のない; まずい. —un pan ~. まずいパン. 類 **insípido, soso**. 反 **sabroso, gustoso, rico**. ❷《比喩》無味乾燥な, 面白味のない. —una conferencia [historia] *insulsa* つまらない講演[物語]. 類 **simple, soso, insubstancial**. 反 **gracioso, divertido, interesante**.

insultante [insultánte] 形 ❶ 侮辱的な, 無礼な. —un comentario ~ 無礼なコメント. 類 **ofensivo**. ❷《比喩》屈辱的な, 恥ずかしい思いをさせる. —Ese lujo es ~ para esta pobre gente. その贅沢はこの貧しい人々にとって屈辱的に思える. 類 **humillante**.

:**insultar** [insultár] 他 を**侮辱する**, ののしる. —*Insulta* a todo aquel que se le opone. 彼は反対する人はだれでものしる. 類 **injuriar, ofender**.

insulto [insúlto] 男 ❶ 侮辱, 無礼; 侮辱の言葉. —Se alejó masculando ~s. 彼はぶつぶつとののしりながら離れていった. No lo tomes como un ~. それを侮辱と取らないでくれ. 類 **ofensa, agravio, injuria**. 反 **elogio, halago**. ❷ 不意の攻撃, 急襲. ❸ 失神. 類 **desmayo**.

insumergible [insumerxíβle] 形 沈むことのない, 不沈の. 反 **sumergible**.

insumisión [insumisjón] 女 不服従.

insumiso, sa [insumíso, sa] 形 ❶ 屈服(降伏, 帰順)していない. 反 **sometido**. ❷ 反抗的な, 従順でない. —un chico ~ 反抗的な少年. 類 **rebelde, indócil, desobediente**. 反 **sumiso**.

insumo [insúmo] 男《経済》(資本などの)投入; 基本的消費財.

insuperable [insuperáβle] 形 ❶ (品質などが)最高の, 極上の. —artículo de calidad ~ 極上品. 類 **inmejorable, excelente, superior**. 反 **pésimo**. ❷ 乗り越えられない, 克服しがたい. —una dificultad ~ 乗り越えがたい困難. 類 **invencible, infranqueable**.

insurgente [insurxénte] 形 反乱の, 反乱を起こした. —tropas ~s. 反乱軍. 類 **rebelde, sublevado**.
—— 名 反乱者, 暴徒.

insurrección [insureɣθjón] 女 反乱, 暴動, 蜂起. 類 **sublevación, rebelión**.

insurreccional [insureɣθjonál] 形 反乱の, 暴動の.

insurreccionar [insureɣθjonár] 他 を反乱させる, 蜂起させる. 類 **sublevar**.
——**se** 再 反乱する, 蜂起する. —~*se* contra el gobierno actual 現政府に対して反乱する. 類 **sublevarse**.

insurrecto, ta [insuré kto, ta] 形 (政府に対して)反乱する, 決起する. —Las tropas del gobierno han capturado al grupo ~. 政府軍は反乱グループを捕らえた. —— 名 (政府に対する)反乱者. 類 **sublevado, insurgente, rebelde**.

insustancial [insustanθjál] 形 →**insubstancial**.

insustancialidad [insustanθjaliðá(ð)] 女 →**insubstancialidad**.

insustituible [insustituíβle] 形 →**insubstituible**.

intachable [intatʃáβle] 形 非の打ちどころがない, 落ち度のない, 申し分のない. —Es ~ en su conducta. 彼の行状には非の打ちどころがない. 類 **irreprochable, impecable**. 反 **criticable, censurable**.

intacto, ta [intákto, ta] 形 ❶ 手をつけていない, 元のままの, 完全な. —La iglesia se conserva *intacta*. 教会は無傷のまま保たれている. ❷《比喩》無傷の, 無欠の. —Su reputación ha salido *intacta* del escándalo. 彼(女)の名声はスキャンダルで傷つくことはなかった. 類 **completo, entero, íntegro**. 反 **incompleto**. ❸ (問題などが)扱われていない. ❹ 純粋な.

intangibilidad [intaŋxiβiliðá(ð)] 女 触れられないこと, 不可侵性.

intangible [intaŋxíβle] 形 ❶ 侵してはならない, 不可侵の. —La libertad de expresión es ~, como señala la Constitución. 憲法が謳(うた)っているように, 表現の自由は不可侵である. 類 **inviolable, sagrado**. ❷ 手に触れられない. 類 **intocable**. ❸《比喩》無形の, 非物質的な. 類 **inmaterial**.

integérrimo, ma [intexérimo, ma] [íntegroの絶対最上級] すこぶる完全な; この上なく高潔な.

:**integración** [inteɣraθjón] 女 ❶ 統合; 合併; 完成. —La ~ racial sigue constituyendo un grave problema en muchos países. 人種の統合は多くの国で深刻な問題であり続けている. Esta ciudad nació de la ~ de varios municipios. この市はいくつかの町村の合併で生まれた. ❷《数学》積分法.

integrado, da [inteɣráðo, ða] 形 (全体の中に)統合された; (情報)組み込みの. —un grupo ~ por ... …から成る[構成される]グループ.

:**integral** [inteɣrál] 形 ❶ (構成部分をすべて含んで)完全な, 全面的な. —La editorial ha emprendido una traducción ~ de su obra. その

出版社は彼の作品の完全翻訳にとりかかった. pan ～ （ふすまを取り去らない）完全小麦粉のパン. educación ～ 全人教育. Emprenderán una reforma ～. 全面的な改革を始めるだろう. ❷ （全体の一部として）欠くことのできない，肝要な. —Los brazos y las piernas son partes ～es del cuerpo humano. 四肢は人体の重要な一部である. 類**integrante**. ❸ 《数学》整数の；積分の. — cálculo ～ 積分法.

― 男 《数学》整数；積分.

integralmente [inteɣrálmente] 副 全部，ことごとく.

*****integrante** [inteɣránte] 形 （全体の）一部を構成する，一員である，構成要素の. —España y Portugal son países ～s de la Unión Europea. スペインとポルトガルはヨーロッパ連合の構成国である. 類**componente**.

― 男女 構成員，構成要素. —Uno de los ～s de la banda terrorista fue detenido por la policía. テロ組織の構成員の一人が警察に逮捕された.

:**integrar** [inteɣrár] 他 ❶ （全体を）構成する，形成する. —Veinte jugadores *integran* el equipo. 20人の選手がそのチームを構成している. 類**constituir**. ❷ （*a*）［+en に］を入れる，加える，加入させる. —～ a veinte personas *en* el club 20人をクラブに加入させる. （*b*）統合する；同化させる. —～ Europa ヨーロッパを統合する. El conferenciante trató de ～ las dos teorías. 講演者は2つの理論を統合させようと試みた. ❸ 《数学》を積分する.

― se 再［+en に］❶ 加入する，入会する. —～ se *en* un club de natación 水泳クラブに入会する. ❷ 同化する，とけこむ. —Se *integró* pronto *en* la clase. 彼はすぐクラスにとけこんだ.

:**integridad** [inteɣriðáð] 女 ❶ 完全，無欠；全部. —El acueducto romano de Segovia se ha conservado en toda su ～. セゴビアのローマの水道橋は全く完全に（無傷のまま）保存されてきた. ❷ 高潔，潔癖，公正. —Podemos confiar en la ～ de su conducta. わたしたちは彼の行動の正しさを信じることができる.

íntegro, gra [inteɣro, ɣra] 形 ❶ 全体の，まるごとの，完全な. —Cada mes entrego el sueldo ～ a mi mujer. 私は毎月給料をまるごと妻に渡す. 類**entero**. ❷ 公正な，高潔な，実直な. —Mi padre ha sido un funcionario ～, de una conducta intachable. 私の父はその行いに非の打ちどころのない実直な役人であった. 類**recto**.

integumento [inteɣuménto] 男 ❶ 《生物》（動物の）外皮，皮殻；（植物の）殊皮. 類**envoltura**. ❷ 《比喩》変装，見せかけ.

intelecto [intelékto] 男 《文》知性. 類**inteligencia, entendimiento**.

*****intelectual** [intelektuál インテレクトゥアル] 形 知力の，知的な；知識の. —Se dedica a un trabajo ～. 彼は知的労働に従事している. La prensa critica la atonía ～ de los participantes en el simposio. マスコミはシンポジウムの参加者たちがあまり知性を発揮しないことを批判する.

― 男女 知識人，有識者. —Los ～es protestaron contra la política del gobierno. 知識人たちが政府の政策に抗議した. En 1937 se celebró en Valencia el Congreso de Intelectuales Antifascistas. 1937年にバレンシアで反ファシズム知識人会議が開催された.

*****intelectualidad** [intelektualiðáð] 女 ❶ 知性，知力. —Es un profesor muy admirado por su ～. 彼はその知性により生徒にとても尊敬されている先生です. ❷ 知識階級，（集合的に）知識人. —la ～ mexicana メキシコの知識階級.

*****intelectualismo** [intelektualísmo] 男 ❶ 《哲学》主知主義，主知説. ❷ 《軽蔑》知識偏重.

*****intelectualista** [intelektualísta] 形 ❶ 《哲学》主知主義の. ❷ 《軽蔑》知識偏重の.
― 男女 ❶ 《哲学》主知主義者. ❷ 《軽蔑》知識を偏重する人.

:**inteligencia** [intelixénθia] 女 ❶ 知性，知能，理解（力）. —～ artificial 人工知能（第5世代コンピューター）. Es un niño de gran ～. 彼は知能のすぐれた子だ. Me temo que no haya llegado a una ～ completa del problema. 私は彼がその問題を完全に理解するには至らなかったのではないかと心配する. Ese problema debe ser tratado con ～ y cuidado. その問題は賢明かつ慎重に取り扱われねばならない.

❷ 合意，了解. —Por falta de ～ entre los dos países no se firmó el acuerdo. 両国の間に合意が得られなかったため協定は結ばれなかった. ❸ 高い知性の持ち主，知識人，インテリ. —Se codeaba con las ～s de la época. 彼は当代の知識人たちと付き合っていた. ❹ スパイ活動，諜報活動. —servicios de ～ 情報機関. la I～ británica 英国情報部. 類**comprensión, entendimiento**.
en la inteligencia de que …という条件で［了解のもとに］. Te lo contaré *en la inteligencia de que* no se lo digas a nadie. 誰にも言わないという条件でそれをまえに教えてやろう.

inteligenciado, da [intelixenθiáðo, ða] 過分 形 知識のある. 類**enterado**.

*****inteligente** [intelixénte インテリヘンテ] 形 ❶ 頭のよい，利口な，賢明な. —El perro es un animal ～. 犬は利口な動物である. El hombre es un ser ～. 人間は知的な動物である. El discurso ha sido ～. 演説は知性に富んだものだった. ❷ （コンピューターなどが）知能の高い，情報化された. —edificio ～ インテリジェントビル. una tarjeta ～ スマートカード, ICカード.

― 男女 頭のよい［利口な，知的な］人. —En este colegio los más ～s reciben clases especiales. この小学校では一番成績のいい子どもたちは特別の授業をうける. Los ～s son generalmente poco asequibles. 一般にインテリはあまり気さくではない.

inteligibilidad [intelixiβiliðáð] 女 理解できること，分かりやすいこと.

inteligible [intelixíβle] 形 ❶ 理解できる，分かりやすい. —Explíquemelo de forma ～. それを分かるように説明して下さい. 類**comprensible, claro**. 反**oscuro**. ❷ はっきり聞き取れる，明瞭な.

intemperancia [intemperánθia] 女 ❶ 不節制，放縦；暴飲暴食. ❷ 不寛容な（態度），妥協しないこと. 類**intolerancia, intransigencia, incomprensión**. 反**comprensión, amabilidad**.

intemperante [intemperánte] 形 ❶ 不節制

な, 放縦な; 暴飲暴食する. ❷ 不寛容な, 非妥協的な. 類intransigente, intolerante.

intemperie [intempérje] 囡 ❶ 天気の不順; 気候の厳しさ. ❷ 野天.
a la intemperie 野天で, 吹きさらしの. dormir [vivir] *a la intemperie*. 野外で眠る[暮らしする].

intempestivamente [intempestiβaménte] 副 折悪く; 時期外れに.

intempestivo, va [intempestíβo, βa] 形 時ならぬ, 折悪い; 時期を外れた. —Siempre llamas a horas *intempestivas*. いつも君はタイミングの悪い時に電話をかけてくる. Una nevada *intempestiva* retrasó la salida. 時ならぬ降雪で出発が遅れた. 類inoportuno, inesperado.

:**intención** [intenθjón] 囡 ❶ 意図, 意志, (…する)つもり. —Teníamos (la) ~ de ayudarle, pero él no quiso. 私たちは彼を助けるつもりだったが彼はそれを望まなかった. Mi ~ era ir yo solo. 私の考えは私一人で行くことだった. Me llamó con (la) ~ de aconsejarme. 私に忠告するつもりで彼は電話してきた. (de) buena ~ 善意(で). (de) mala ~ 悪意(で). 類語**intención**は心の中でいだいている計画, 意図. **intento**は目的達成への実践に重点. ❷ 供養, 追悼(のミサ). —Ayer se aplicó la misa a la ~ del difunto alcalde. 昨日亡くなった市長の追悼ミサがあった.
con intención わざと, 故意に. Pareció un accidente pero lo había hecho *con intención*. 事故のように見えたが, 彼は故意にやっていたのだ.
de primera intención 初めは. *De primera intención* pensó denunciarlo, pero luego desistió. 初めは彼は告発しようと考えたが, その後断念した.
segunda [doble] intención 裏表[二心, (きち).)]のあること, 腹黒さ. Podemos fiarnos de él, porque es una persona que nunca lleva *segunda intención*. 彼は決して裏表のある人ではないから私たちは彼を信頼できる.

intencionadamente [intenθjonáðaménte] 副 故意に, わざと.

***intencionado, da** [intenθjonáðo, ða] 形 ❶ 故意の, 意図的な. —Ha sido un error ~. それは意図的な誤りだった. 類**deliberado, voluntario**. 反**casual, involuntario**. ❷ ある意図を持った, たくらんだ. —Fueron preguntas *intencionadas* para dejarme en ridículo. それらは私を笑いものにしようとしくんだ質問だった.
bien intencionado, da = bienintencionado.
mal intencionado, da = malintencionado.

***intencional** [intenθjonál] 形 故意の, 意図的な; 意志の. —Ella creyó que el encuentro había sido ~. 彼女はその出会いが意図的なものだったと思った. 類**intencionado**.

intendencia [intendénθja] 囡 ❶《軍隊》経理部; 経理系[監督官]の職務; その職員. ❸ 監督, 管理. ❹《南米》行政区; 市役所.

intendente [intendénte] 男 ❶《軍隊》主計; 経理係, 監督官; 補給局長. ~ *militar*《軍隊》主計総監. ❷《南米》市[村]長.

*intensamente** [inténsaménte] 副 激しく, 力強く, 懸命に. —Ella vivió ~ cada momento de su corta vida. 彼女は短い生涯の各瞬間を精いっぱい生きた.

:**intensidad** [intensiðá(ð)] 囡 強さ, 激しさ, 強度. —La ~ del temblor fue tal que creíamos que la casa se derrumbaba. 地震の強さが激しかったので私たちは家が壊れると思った. ~ *del calor* 猛暑, 厳しい暑さ. La ~ *de la fiebre nos alarmó*. 熱の高いのに我々はびっくりした. La ~ *de su amor era evidente*. 彼の熱烈な愛は明らかであった.
intensidad del sonido《物理》音の強さ, 音の強度.

intensificación [intensifikaθjón] 囡 強める[強まる]こと, 強化, 増大.

*intensificar** [intensifikár] [1.1] 他 を強化する, を強める. —La policía *intensificó* la búsqueda de los terroristas. 警察はテロリストの捜索を強化した.
— *se* 再 強まる, 強力になる. —Sus deseos de venganza *se intensifican*. 彼の報復したいという気持ちは強まりつつある.

intensión [intensjón] 囡 ❶ →intensidad. ❷《音声》(調音器官が発音の態勢をとる)調音の第一段階.

*intensivo, va** [intensíβo, βa] 形 ❶ 集中的な, 集約的の. —*curso* ~ 集中講義. *cultivo* ~ 集約農業. *jornada intensiva* 集中[短縮]勤務 (夏期に休憩なしで午前中だけ働くこと). El enfermo está en la unidad de vigilancia *intensiva* [de cuidados ~*s*]. その患者は集中治療室にいる. ❷《文法》強意の, 強調の. —El adjetivo "ultrarrápido" tiene un matiz ~ que no tiene "rápido". 形容詞 ultrarrápido は rápido にない強意の意味合いがある.

*intenso, sa** [inténso, sa] 形 (程度が)強い, 激しい; 真剣な. —Llevamos varios días de un calor ~. この数日私たちは猛暑の日々を過ごしている. A pesar de los ~*s esfuerzos que ha hecho no ha conseguido aprobar*. 彼は真剣に努力したにもかかわらず合格することができなかった. un ~ *olor* ~ *colonia* オーデコロンの強烈なにおい. el ~ *tráfico en las horas puntas* ラッシュアワーのすし詰め状態. *el amor* ~ *de un padre por sus hijos* 子どもたちへの父親の深い愛情. *un rojo* ~ 濃赤色. Ha sido una semana de ~ *trabajo*. それは重労働の1週間だった.

:**intentar** [intentár] 他 を企てる, 試みる, 意図する. —*Intentaron provocar una revolución*. 彼らは革命を起こそうと企てた. *Intenta que nadie te vea*. だれにも見られないようにしろよ. No *pierdes nada con* ~*lo*. それをやってみても損はないよ. 類**pretender, procurar, tratar**.

:**intento** [inténto] 男 ❶ 意図, 目的. —El ~ *de los terroristas era atravesar la frontera*. テロリストたちの意図は国境を越えることであった. 類**intención, propósito**. ❷ 試み, 未遂行為. —*Después de varios* ~*s, ganó el premio*. 何度かの試みの後, 彼は賞を獲得した. ~ *de robo* [*suicidio*] 窃盗[自殺]未遂.
de intento わざと, 故意に. *No me avisó de intento*. 彼はわざと私に知らせなかった.

intentona [intentóna] 囡 (失敗に終わる)無謀な企て, たくらみ. —Hicieron una ~ *de fugarse de la cárcel, pero fracasaron*. 彼らは無謀にも脱獄を試みたが, 失敗した. *una* ~ *golpista* クーデター未遂.

inter- [ínter-] 接頭 「中間; 相互」の意. —*inter*cambio, *inter*dependencia, *inter*línea, *inter*nacional, *inter*venir.

interacción [interakθjón] 囡 相互作用.

interactivo [interaktíβo] 男 《情報》対話型.

interamericano, na [interamerikáno, na] 形 米大陸諸国間の.

interandino, na [interandíno, na] 形 アンデス諸国間の.

intercalación [interkalaθjón] 囡 挿入, 加えること. 類 **inserción**.

intercalar¹ [interkalár] 形 ❶ 挿入された, 間に入れ込んだ. ❷ （日・月などが）閏(うるう)になるように挿入された —*día* ～. 閏日 (2月29日).

intercalar² [interkalár] 他 『+en』…に挿入する, 『+entre』…の間に（を）入れる. —～ *unos episodios en un discurso* 講演にいくつかのエピソードを交える. *Hay que* ～ *su nombre en la lista.* リストに彼の名前を入れなければならない.

intercambiable [interkambjáβle] 形 交換できる. —*una máquina con piezas* ～*s* スペア部品付きの機械.

intercambiar [interkambjár] 他 を交換する; 《情報》をスワップする. —～ *opiniones* 意見を交換する.

———**se** 再 を交換し合う. —*Se han intercambiado los asientos.* 彼らは席を交換し合った.

intercambio [interkámbjo] 男 交換; 交流. —～ *de publicaciones.* 出版物の交換. *medio de* ～ 交換手段. *～ cultural* 文化交流. 類 **canje, permuta**. ❷ 交易, 貿易 (＝ *comercial*).

interceder [interθeðér] 自 『+por/a favor de』 (のために) 仲裁する, とりなす. —*Intercedí ante su jefe por [a favor de] él.* 私は彼のために上司に口添えした. *Intercedió para que no me expulsaran.* 私が追い出されぬよう彼が取りなしてくれた. 類 **mediar**.

intercelular [interθelulár] 形 《生物》細胞間の.

interceptación [interθeptaθjón] 囡 ❶ 途中で捕らえる[奪う]こと, 横取り; (通信の)傍受. ❷ 遮(しゃ)断, 妨害; 迎撃, 要撃.

interceptar [interθeptár] 他 ❶ を途中で捕らえる[奪う], 横取りする, (通信)を傍受する. —～ *una conversación telefónica* 電話を盗聴する. *El defensa central interceptó el balón.* 中央のディフェンスがボールをインターセプトした. ❷ を遮る, 妨害する; 迎撃する. —*Un corrimiento de tierras interceptaba la vía.* 山崩れが道路を遮断していた.

intercesión [interθesjón] 囡 仲裁, とりなし. 類 **mediación**.

intercesor, ra [interθesór, ra] 形 仲裁の, とりなしの.

——— 名 仲裁人, とりなす人. 類 **mediador**.

intercolumnio [interkolúmnjo] 男 《建築》柱間, 二つの柱の間の空間.

intercomunicación [interkomunikaθjón] 囡 ❶相互の通信; 相互連絡. ❷ (電話の)内線通話.

interconectar [interkonektár] 他 を相互に連絡させる.

intercontinental [interkontinentál] 形 (特にヨーロッパとアメリカ) 大陸間の, 大陸をつなぐ. —*proyectil balístico* ～ 大陸間弾道弾. *vuelo* ～ 大陸横断フライト.

intercostal [interkostál] 形 肋(ろっ)骨の. —*neuralgia* ～ 肋間神経痛.

interdecir [interðeθír] 他 を禁止する. 類 **vedar, prohibir**.

interdental [interðentál] 形 囡 《音声》歯間音(の).

interdependencia [interðependénθja] 囡 相互依存, 持ちつ持たれつ.

interdependiente [interðependjénte] 形 互いに依存する, 持ちつ持たれつの.

interdicción [interðikθjón] 囡 《法律》禁止. —～ *civil* 公民権停止, 禁治産.

interdicto, ta [interðíkto, ta] 形 《法律》禁止を受けた; 禁治産の.

——— 名 《法律》禁治産者. 類 **incapacitado**.

——— 男 ❶ 《法律》禁止. ❷ 宗務停止. 類 **entredicho**.

interdigital [interðixitál] 形 《解剖》指間の. —*membrana* ～ 指間の薄膜.

*interés [interés インテレス] 男 ❶ 興味, 関心. —*Ha sido una conferencia de mucho* ～. それはとても興味深い講演だった. *Esta novela no tiene ningún* ～. この小説は全くおもしろくない. ❷ 《主に 複》利益, 利害. —*Lo hice por tu* ～. 私は君のためと思ってそれをやったのだ. *Sólo le importan sus* —*es*. 彼には自身の利害だけが大事なのだ. *los* —*es franceses en África* アフリカにおけるフランスの権益. ～ *público* 公共の利益. *intereses creados* 既得権益. *intereses conflictivos [comunes]* 相対立する[共通の]利害. ❸ 利子, 利息. —*Pagan un* ～ *del [de un] ocho por ciento por el préstamo.* 彼らはローンに8分の金利を払う. ～ *simple [compuesto]* 単[複]利. ～ *bancario* 銀行利子. ❹ 複 財産. —*Perdió todos sus* —*es en el golpe de estado.* 彼はクーデターで全ての財産を失った. *Un abogado administra los intereses de la familia.* 1人の弁護士が一家の財産を管理している. 類 **bienes**.

a interés 利息つきで. *Me prestaron el dinero a un interés razonable.* 私はその金を手ごろな利息で貸してもらった.

en interés de …のために. *Todo lo que dice es en interés de la sociedad.* 彼が言うことはすべて社会のためを思ってである.

poner interés en …に興味を感じている. *Pone mucho interés en lo que hace.* 彼は自分のやっていることにたいそう興味を抱いている.

sentir interés por …に関心をもつ. *Sentimos mucho interés por saber la causa del accidente.* われわれは事故の原因を知りたいと思った.

tener interés en [por] …に関心をもつ. *Ella no tiene interés en los deportes.* 彼女はスポーツに関心がない. *Tengo interés por conocer a sus padres.* 私は彼の両親と知り合いになりたい.

*interesado, da [interesáðo, ða] 形 ❶ 『estar+』『+en/por』 (…に)興味を持った, 関心のある. —*Estamos* —*s en la conservación medioambiental.* 私たちは環境を守ることに関心がある. *Se mostró* ～ *por conocer la investigación que llevas a cabo.* 彼は君が進めている研究

1126 interesante

のことを知りたがっている. ❷ 利害関係のある. —Ese país apoya la guerra por razones *interesadas*. その国は利害関係からの戦争を支持している. parte *interesada* 当事者. ❸ 私心のある.
— 名 ❶ 関心のある人. —Los ~s por el cine 映画に関心のある人. ❷ 当事者, 関係者. —El resultado del examen ya ha sido comunicado a los ~s. 試験の結果は関係者にすでに伝えられた. Los ~s disponen de información detallada de nuestras oficinas. 関係者は当社のオフィスの詳しい情報を持っています. ❸ 私心のある人. —Jorge es un ~ y no piensa más que en su beneficio. ホルへは打算的な人間で, 自分の利益しか考えない.

interesante [interesánte] 形 ❶ おもしろい, 興味をひく. —Ha sido una conferencia muy ~. それはとてもおもしろい講演だった. ❷ 魅力的な. —Tu padre me parece una persona ~. 君のお父さんは私に魅力的な人物に思える. un precio ~ 買い得な値段.
hacer(se) el interesante 関心をひこうとする. No *te hagas el interesante* y habla claro. 気をひくような言い方をせずにはっきりと話せよ.

interesar [interesár インテレサル] 〔<*interés*〕他 ❶ …に興味を抱かせる, 関心を持たせる; かかわりを持つ. —Me *interesa* mucho la poesía de García Lorca. 私はガルシア・ロルカの詩に大いに興味がある. Nos *interesa* establecer relaciones comerciales con su empresa. 私どもは貴社と取引関係を開設することに関心があります. ❷〖+*en* に〗を参加させる, 関与させる. —Su cuñado *le interesó* en el negocio familiar. 義父が彼を家業に加わらせた. ❸《文》…に損傷を与える. —La herida *interesa* la región abdominal. そのけがは腹部に損傷を与えている.

— *se* 再〖+*por* に〗興味を抱く, 関心を持つ. —Ella *se interesa por* la salud de mi mujer. 彼女は私の妻の健康に関心を寄せている. Ese chico *se interesa por* ti. その青年は君に気がある.

interestelar [interestelár] 形 星と星との間の, 恒星間の. —materia [polvo] ~ 星間物質 [塵].

interfaz [interfáθ] 男 《情報》インターフェース. — ~ de usuario ユーザー・インターフェース.

interfecto, ta [interfékto, ta] 形 殺害された.
— 名 ❶ 殺害された人; 横死者. ❷ 《戯》話題になっている人.

interferencia [interferénθja] 女 ❶ 干渉; 妨害. — ~ gubernamental. 政府の干渉. ❷《物理》(電波などの)干渉, 混信.

interferir [interferír] [7] 自 ❶《物理》干渉する. ❷ 干渉する; 妨害[邪魔]する; 電波障害を起こす. —No quiero ~ en tus asuntos. 私は君の事柄に干渉したくない. 類 **obstaculizar**.
— 他 を妨害する. —Grupos radicales han intentado ~ las elecciones. 過激派グループは選挙妨害を試みた.
— *se* 再〖+*en* に〗干渉[介入]する, 口出しする. —No quiero *interferirme en* los asuntos de los demás. 私は他人の問題に口をはさみたくない.

ínterin [ínterin] 男 ❶ 合い間. —en el ~. その間に. ❷ 代理期間. 類 **interinidad**.
— 副 そうこうする内に. 類 **entretanto, mientras**.

interina [interína] 女 →*interino*.

interinamente [interinaménte] 副 ❶ その間に, そうこうする内に. ❷ 臨時に, 代理で.

interinar [interinár] 他 (職務)を代行する, の代理を務める.

interinato [interináto] 男《中南米》→*interinidad*.

interinidad [interiniðá(ð)] 女 ❶ 臨時, 代理. ❷ 代行期間.

interino, na [interíno, na] 形 臨時の, 代理の. —médico [profesor] ~ インターン[代理教員]. — 名 代理者. — 女 (通いの)家政婦, お手伝い.

interior [interiór インテリオル] 形 ❶ 中の, 内の; 奥の. —la parte ~ 内側. ropa ~ 下着. habitación ~ (通りなどに面していない)奥の部屋. Mar I~ de Seto 瀬戸内海. ❷ 内心の, 内面の. —Lleva una vida ~ muy intensa. 彼はとても激しい内面生活を送っている. ❸ 国内の. —política [comercio] ~ 国内政治[取り引き]. ❹《地理》内陸の, 奥地の. 反 **exterior**.

— 男 ❶ (a) 中, 内部, 奥. —El ~ de la casa es tan bonito como el exterior. その家の中は外と同じぐらいきれいだ. Ministerio del I~ ~ ministerio. (b) (家屋・ホテルの)内側(普通は日当りが悪い). ❷ 内心. —En su ~ nos desprecia. 彼は内心われわれを軽蔑している. ❸《地理》内陸. —El clima de ~ es muy frío. 内陸部の気候はとても寒い. ❹ (サッカーなどの)インナー; インサイド. ❺ 複 内臓 (=*entrañas*).
decir para su interior ひとり言を言う.

interioridad [interjoriðá(ð)] 女 ❶ 内(部), 中. ❷ 複 内部事情, 私事.
meterse en interioridades 私事に立入る, 内部事情を探る. No me gusta *meterme en interioridades*. 私は私事に立ち入るのは好まない.

interiorización [interjoriθaθjón] 女 ❶ (感情などを)表さないこと. ❷ (思想などの)理解を深めて身に付けること.

interiormente [interjorménte] 副 ❶ 内部で[は], 内側は. —Desconozco lo que pasa ~ 私は中で起こっていることを知らない. ❷ 心のうちで.

interjección [interxekθjón] 女 《文法》間投詞.

interlínea [interlínea] 女 ❶ 行間. ❷《印刷》インテル(行間をあけるための差し鉛).

interlineación [interlineaθjón] 女 ❶ 行間への書き入れ. ❷《印刷》行間にインテルを入れること.

interlineado, da [interlineáðo, ða] 過分 形 ❶ 行間に書き入れた. ❷《印刷》行間にインテルを入れた. — 男 行間.

interlineal [interlineál] 形 行間に書き入れた. —traducción ~. 原文の各行ごとに書き込まれた翻訳文.

interlinear [interlineár] 他 ❶ を行間に書き入れる. ❷《印刷》…の行間にインテルを入れる. 類 **regletear**.

interlocutor, tora [interlokutór, tóra] 名 ❶ 対話者, 話し相手. ~ Disputaba con su ~. 彼は相手と口論していた. ~ válido 公式の交渉相手. ❷ 複 会話の参加者, 話し手. 類 **hablante**.

intérlope [intérlope] 形 密輸の; 密売買の.
— 男 密輸船.

interludio [interlúðjo] 男 ❶《音楽》間奏曲. ❷ 幕間の寸劇《音楽, 映画》.

:**intermediario, ria** [intermeðjárjo, rja] 形 中間の, 仲介の. —Las empresas *intermediarias* juegan un papel importante en la economía japonesa. 仲介[取次ぎ]業は日本の経済で重要な役割を果たしている.
— 名 仲介者, 仲裁者; (生産者と消費者との間に立つ)中間人. —El presidente estadounidense sirvió de ~ para resolver el conflicto entre esos dos países. アメリカの大統領がそれら2国間の紛争を解決するための仲裁者として働いた.

:**intermedio, dia** [interméðjo, ðja] 形 ❶ (時間·空間の中で)…の**間にある**, 中間の. —Colocó el piano en el espacio ~ entre las dos columnas. 彼は2本の柱の間のスペースにピアノを置いた. los años ~s その間に経過した歳月. color ~ / 中間色. ❷ 中ぐらいの, 並みの. —precio ~ / あまあまな値段. Es un producto de calidad *intermedia*. それは並みの品質の製品である.
— 男 (劇·演奏会·会議などの)休憩時間, 幕間(まくあい). —Aproveché el ~ para hacer una llamada. 休憩時間を利用して私は電話をかけた. 類 entreacto, intervalo.
por intermedio de ~を仲介して.

intermezzo [interméθo] 〔伊〕《音楽》間奏曲; 幕間劇.

*****interminable** [intermináβle] 形 果てしない, 長たらしい, 終わりのない. —La conferencia se me hizo ~. その講演は際限なく続くように思えた. 類 eterno, inacabable. 反 breve, corto.

intermisión [intermisjón] 女 休止, 絶え間, 途切れ. 類 interrupción.

intermitencia [intermiténθja] 女 ❶ 間欠, 継続. —Hoy llueve con ~. 今日は雨が降ったりやんだりする. ❷ 点滅器; (自動車の)ウインカー.

intermitente [intermiténte] 形 間欠的な, 断続的な. —fiebre ~ / 間欠熱. fuente ~ / 間欠泉. de modo ~ / 断続的に.
— 男 点滅器; (自動車のウインカー);《情報》ブリンク.
— 女《医学》間欠熱.

internación [internaθjón] 女 ❶ (奥地への)入り込み. ❷《比喩》深い探究. ❸ (病院などへの)収容.

:**internacional** [internaθjonál] 形 **国際的な**, 国際の, 国家間の. —En Kioto se celebran muchos congresos ~es. 京都では多くの国際会議が開催されている. derecho ~ / 国際法. artista ~ / 国際的芸術家. comercio ~ / 貿易. conflicto ~ / 国際紛争. relaciones ~es / 国際関係. vuelo ~ / 国際便, 国際航空.
— 男女 国際競技会出場(スポーツ)選手, 国の代表選手. —Este jugador ha sido tres veces ~. このプレーヤーは3度目の代表選手になったことがある.
— 女 ❶《歴史》インターナショナル, 国際労働者同盟. ❷ インターナショナルの歌.

*****internacionalidad** [internaθjonaliðá(ð)] 女 国際性. —Ese futbolista alcanzó la ~ jugando en equipos extranjeros. そのサッカー選手は外国のチームでプレーして国際的に知られるようになった. La ~ del conflicto es un hecho indiscutible. 紛争の国際化は疑いのない事実です.

internacionalismo [internaθjonalísmo] 男 ❶ 国際性. ❷ 国際主義. —~ obrero / 労働者インターナショナリズム.

*****internacionalizar** [internaθjonaliθár] 〔1. 3〕他 (領土·事件などを)国際化する, 国際管理下に置く. —~ un puerto / 港を国際管理化に置く.
— se 再 国際化する, 国際的なものになる. —El conflicto *se ha internacionalizado*. 紛争は国際化した.

internamiento [internamjénto] 男 ❶ 収容. —~ en un hospital / 病院への収容. ❷ 収容期間.

:**internar** [internár] 〔<interno〕他〔+en に〕❶ を**収容する**, 入院[入所]させる; 抑留[拘留]する. —~ al paciente en un hospital / 患者を入院させる. Los *internaron* en un campo de concentración. 彼らは強制収容所に抑留された. ❷ (内部に)移す; 連れ込む. —El general mandó ~ la unidad de combate *en* la selva. 将軍は戦闘部隊を森の中に移動させるよう命じた. *Internaron* a los rehenes *en* el desierto. 彼らは人質たちを砂漠に連行した.
— se 再〔+en に〕❶ 入り込む, 侵入する. —El ladrón *se internó* por la espesura. どろぼうは茂みに逃げ込んだ. ❷ (問題などを)掘り下げる, 探求する. —*Se internó en* el mundo del budismo. 彼は仏教の世界を深く究めた.

internauta [internáuta] 男 インターネット·サーファー.

internet [interné(t)] 男 インターネット.

*****interno, na** [intérno, na] インテルノ, ナ 形 ❶ 内部の; 国内の. —El escándalo ha hecho que se resienta la organización *interna* de la empresa. スキャンダルによってその会社の内部組織は崩壊寸前になった. interferir en los asuntos ~s de un país / ある国の内政問題に介入する. medicina *interna* / 内科(学). médico ~ / (病院の)専従医. 類 interior. ❷ 寄宿の. —estudiante ~ / 寄宿生. Está ~ en un colegio inglés. 彼は英国の全寮制学校に寄宿している.
— 名 ❶ 寄宿生, (病院の)インターン. ❷ (刑務所の)被収容者, 在監者.

internuncio [internúnθjo] 男 ❶ 代弁者. ❷ 教皇の代理公使. ❸ (コンスタンティノーブル在住の)オーストリア皇帝公使. ❹ (会談における)代理の話者.

interparlamentario, ria [interparlamentárjo, rja] 形 (二国以上の)議会間の; 国際的議員団の.

interpelación [interpelaθjón] 女 ❶ (議会などでの)質問, 釈明要求. —hacer una ~ al ministro de Hacienda. 大蔵大臣に国会質問する. ❷ 請願.

interpelar [interpelár] 他 ❶ (政府などに)質問する, 説明を求める. —~ a un ministro en el parlamento. 議会で大臣に質問する. ❷ 請願する.

interplanetario, ria [interplanetárjo, rja] 形 惑星間の. —viaje ~ / 宇宙旅行.

Interpol [interpól] 〔<英 International Criminal Police Organization〕(Organización

Internacional de Policía Criminal) 囡 国際刑事警察機構.

interpolar [interpolár] 他 ● 挿入する, 間に入れる; …に加筆する. 類 **intercalar, insertar**.

***interponer** [interponér] [**10.7**] 他 ❶ 〖+entre の〗間に…を置く, さし挟む. —*Interpusieron una alambrada entre las gradas y el campo de fútbol.* 観客席とサッカー・グラウンドとの間にフェンスが設けられた. ❷ (権力など)を介在[介入]させる, 行使する. —*Interpuso su influencia ante el jefe para que no te despidieran.* 彼は君が首にならないよう部長に対し影響力を行使した. ❸《司法》(異議)を申し立てる. —～ un recurso de apelación 控訴手続をとる.

— **se** 再 ❶〖+entre の〗間に入る, 間に割って入る, 介入する. —*Me interpuse entre dos chicos que se golpeaban.* 私は殴り合っている2人の若者の間に割って入った. ❷〖+en に〗立ちはだかる, 遮(さえぎ)る, じゃまをする. —Tenía un brillante porvenir, pero una enfermedad *se interpuso en* su camino. 彼には輝かしい将来が期待されたが, 病気によってその道は閉ざされた.

interposición [interposiθjón] 囡 ❶ 間に入ること, 介在. ❷ 仲裁; 干渉.

‡**interpretación** [interpretaθjón] 囡 ❶ 解釈, 説明. —Este texto ha sido objeto de muchas y diferentes *interpretaciones*. このテキストは多くの異なる解釈の対象となってきた. No me convence tu ～ de los hechos. それらの事実についての君の解釈に私は納得できない. ❷ (*a*)《映画, 演劇》演技, 演出. —Ha sido muy aplaudida su ～ en la película. その映画での彼の演技は大いに賞賛された. (*b*)《音楽》演奏. —Ha sido magnífica la ～ del pianista. そのピアニストの演奏はすばらしかった. ❸ 通訳. —～ simultánea 同時通訳. ❹《情報》解釈.

‡**interpretar** [interpretár] 他 ❶ を解釈する, 解説する. —～ un texto de Santa Teresa 聖テレーサのテキストを解釈する. Yo lo *interpretaría* de otro modo. 私だったら別の解釈をとるでしょう. *Has interpretado* mal mis palabras. 君は私の言葉をまちがって受け取った. ❷ を演じる; 演奏する, (代りに)実現する. —～ papeles trágicos 悲劇的な役を演じる. ～ una pieza de Chopin ショパンの曲を演奏する. 類 **realizar, representar**. ❸ を通訳する, 翻訳する. —*Interpretó* muy bien el discurso del embajador. 彼は大使の演説を上手に通訳した.

interpretativo, va [interpretatíβo, βa] 形 解釈(用)の, 説明的な.

‡**intérprete** [intérprete] 男女 ❶ (*a*) 通訳(者), 解釈者. —Un profesor bilingüe sirvió de ～ en la conferencia. 二カ国語が話せる1人の教授が講演で通訳をした. (*b*) 解釈者, 注釈者. —Es un renombrado ～ de la poesía medieval china. 彼は中国の中世詩歌の有名な注解者である. (*c*) 代弁者. —Ha sido ～ de los sentimientos del pueblo. 彼は民衆感情の代弁者であった. ❷ 演奏者, 演技者, 歌手. —El papel principal fue representado por un ～ mundialmente conocido. 主役は世界的に知られた俳優によって演じられた. ❸《情報》インタープリター. —～ de comandos コマンド・インタープリター.

interpuesto, ta [interpwésto, ta] 過分 〔< interponer〕形 間に入った, 挿入された.

interregno [interéɣno] 男 ❶ (元首の)空位期間. ❷《比喩》(政務の)空白期間.

interregno parlamentario (議会の)休会期間.

‡**interrogación** [interoɣaθjón] 囡 ❶ 尋問, 疑問. —La ～ se hizo a puerta cerrada. その尋問は非公開で行なわれた. ❷《文法》疑問文; 疑問符 (¿, ?). —signo de ～ 疑問符. Le llamó la atención la frase entre *interrogaciones*. 疑問符のついた文が彼の注意をひいた.

interrogante [interoɣánte] 形 疑問の, いぶかしげな, 問いかけるような. —una mirada ～ 不審そうにうかがう視線. 類 **inquisitivo, interrogativo**.

— 男 疑問(点); 問題. —La conclusión del informe es un ～. レポートの結論は疑問が残る. Los ～s del caso son muchos. 事件の疑問点は多い. 類 **problema**.

***interrogar** [interoɣár] [**1.2**] 他 …に質問する, を訊問する. —Los diputados de la oposición *interrogaron* al ministro. 野党議員が大臣に質問を行った. La policía *interrogó* al presunto delincuente. 警察は被疑者を訊問した. 類 **preguntar**.

interrogativo, va [interoɣatíβo, βa] 形 疑問の, 疑問を表す. —pronombre ～ 疑問代名詞. Hizo un gesto ～ con el rostro. 彼は顔でいぶかしげな仕草をした.

***interrogatorio** [interoɣatórjo] 男 ❶ 尋問, 取調べ. —En el ～ que le hizo el fiscal se declaró inocente. 検事が行なった尋問で彼は無実であると主張した. someter al detenido a un ～ policial 逮捕者を警察の尋問にかける. ❷ 尋問調書. ❸ 質問事項.

***interrumpido, da** [interumpíðo, ða] 過分 形 中断した. —negociaciones pesqueras *interrumpidas* desde hace dos meses 2カ月前から中断している漁業交渉. ❷ (交通などが)ストップした, 遮断された. —Ayer las comunicaciones telefónicas quedaron *interrumpidas* durante varias horas. 昨日, 数時間電話が不通になった. ❸ (話が)途切れた.

‡**interrumpir** [interumpír] 他 ❶ を中断する, 妨げる, 邪魔する. —Un coche averiado *interrumpe* el tráfico. 故障車が交通を遮断している. *Interrumpió* la lectura para tomar un café. 彼はコーヒーを飲むため読書を中断した. ～ las vacaciones 休暇を中断する. ❷ (他人の話)をさえぎる. —Perdona que te *interrumpa*. 君の話をさえぎってすまない.

— **se** 再 ❶ 中断される, 止まる, 停止する. —El fluido eléctrico *se interrumpió* de pronto. 電流が突然止った. Sigue estudiando; no te *interrumpas*. 勉強を続けなさい, 途中でやめてはいけない. ❷ 話をやめる, 口をつぐむ.

***interrupción** [interupθjón] 囡 ❶ 中断, 妨害;《情報》ブレーク, 割り込み. —Aún continúa la ～ del debate presupuestario. まだ予算審議が中断したままだ. hablar sin ～ 絶え間なく話す. ～ voluntaria del embarazo 人工妊娠中絶. ～ sincrónica《情報》トラップ. ❷ 遮断, 不通.

interruptor, tora [interuptór, tóra] 形 中断(用)の.

── 男 《電気》スイッチ, 開閉器, 断流器.

intersecarse [intersekárse] 再 《幾何》(線や面などが)交わる, 交差する.

intersección [interseksjón] 女 ❶ 交差点. 類 **cruce**. ❷《幾何》(2直線, 2平面の)交わり.

intersindical [intersindikál] 形 労働組合間の.

intersticio [interstíθjo] 男 ❶ 間隙(げき), すき間, 裂け目. ─ El agua de la lluvia penetraba por los ~s del tejado. 雨水は屋根のすき間からしみ込んでいた. ❷《解剖》組織間隙(げき).

interurbano, na [interurβáno, na] 形 都市間の. ─ poner una conferencia *interurbana* 市外通話をかける.

:**intervalo** [interβálo] 男 ❶ (時間的)間隔, 合間. ─ En el ~ de una semana me han robado dos veces. 1週間の間隔を置いて私は2度盗難にあった. No tenemos más que cinco minutos de ~ entre clase y clase. ぼくたちは授業の間に5分しか空き時間がない. ❷ (空間的)間隔. ─ Desfilan con ~s de dos metros. 彼らは2メートル間隔で行進している. ❸《音楽》音程.

a intervalos 間をおいて, ときどき.

intervén [interβén] 動 intervenir の命令・2単.

:**intervención** [interβenθjón] 女 ❶ *(a)* 干渉, 介入. ─ política de no ~ 不干渉対策. La ~ de la policía hizo que se prolongara la huelga. 警察の介入がストを長引かせた. *(b)* 参加, 入ってくること; 発言, コメント. ─ Su ~ en la discusión era muy esperada. 議論への彼の参加が強く望まれていた. Tuvo una ~ oportuna. 彼はいいところで発言した. El presidente, en su televisión, pidió comprensión para su política. 大統領はテレビ出演で自分の政策の理解を求めた. ❷ 会計検査, 監査(役)室. ❸ 統制, 監督. ─ de los precios 物価統制. ❹《医学》(外科)手術. ─ quirúrgica 外科手術.

intervencionismo [interβenθjonísmo] 男 干渉主義.

intervendr- [interβendr-] 動 intervenir の未来, 過去未来.

intervenga(-) [interβeŋga(-)] 動 intervenir の接・現在.

intervengo [interβéŋgo] 動 intervenir の直・現在・1単.

:**intervenir** [interβenír] **[10.9]** 自 【+con に】❶ *(a)* 加わる, 参加する; 出演する. ─ ~ en la redacción de la revista 雑誌の編集に参加する. *(b)* かかわる, 関与する. ─ Complejas causas *intervinieron* en el declive económico del país. 複合的な原因がこの国の経済的衰退に関与している. ❷ 介入する, 干渉する, 口出しする. ─ Las Naciones Unidas *intervendrán en* el conflicto. 国連がその紛争に介入するだろう. Mi padre *intervino* por ella ante el jefe. 私の父が彼女のために上司に対して圧力をかけた. No *intervengas* mientras el profesor esté hablando. 先生が話している間に口出しするな.

── 他 ❶ …に手術をする. ─ El paciente fue *intervenido* por un excelente cirujano. 患者は優秀な外科医の手術を受けた. ❷ 盗聴する; (郵便などを)検閲する. ─ ~ el teléfono 電話を盗聴する. ~ la correspondencia 郵便を検閲する. Les fue *intervenido* un importante alijo de cocaína. 彼らの電話の盗聴によって大量のコカイン密輸が分かった. ─ El Gobierno ha *intervenido* la importación de artículos de lujo. 政府は贅沢品の輸入を規制した. ❹ (会計)を検査する, 監査する. ─ ~ las cuentas de una empresa 企業の会計を監査する. ❺ …に(内政)干渉する.

interventor [interβentór] 男 ❶ 会計検査官, 監査役. ❷ 選挙[投票]立会人.

intervertebral [interβerteβrál] 形 《解剖》椎間の. ─ disco ~ 椎間板.

interviene- [interβjéne-] 動 intervenir の直・現在.

intervin- [interβin-] 動 intervenir の直・完了過去, 接・過去, 現在分詞.

*****intervíú** [interβjú] 男[女] インタビュー, 会見. ─ hacer un(a) ~ a … (人)にインタビューをする. 類 **entrevista**.

interviuvar [interβjuβár] 他 …と会見する, …にインタビューする. 類 **entrevistar**.

intestado, da [intestádo, ða] 形 《法律》遺言のない. ─ morir ~ 遺言を残さずに死ぬ.

── 名 《法律》遺言を残さないで死亡した人.

intestinal [intestinál] 形 腸の. ─ afección ~ 腸疾患.

intestino, na [intestíno, na] 形 内部の, 集団内の, 国内の. ─ luchas *intestinas* 内部抗争. 類 **interno**. ── 男 腸. ~ ciego 盲腸. ~ delgado 小腸. ~ grueso 大腸.

intimación [intimaθjón] 女 通告; 命令, 申し渡し. ─ rechazar la ~ de la autoridad 当局の命令を拒む.

*****íntimamente** [íntimaménte] 副 親しく, 親密に, 密接に; 内心で. ─ Está ~ convencido. 彼は心底納得している. Estos dos problemas están ~ relacionados. この二つの問題は密接に関連している. 類 **estrechamente**.

intimar [intimár] 他 …を通告[命令]する, 言い渡す. ─ El juez *intimó* al acusado a [para] que dijera la verdad. 裁判官は被告に本当のことを言うよう求めた. 類 **instar, requerir**.

── 自 【+con】…と親しくなる, 仲良くなる. ─ Ha *intimado* mucho *con* ella. 彼は彼女と非常に親しくなった.

── se 再 ❶ しみ込む. ❷ 親しくなる, 仲良くなる.

intimidación [intimiðaθjón] 女 脅し, 強迫, 威嚇(いかく).

:**intimidad** [intimiðá(ð)] 女 ❶ 親密さ, 親密な関係. ─ Existe entre los dos mucha ~. 二人の間には親密な関係がある. ❷ 私的な考え[ことがら], 私生活, プライバシー. ─ Las revistas del corazón no respetan la ~ de las personas. ゴシップ雑誌は人のプライバシーを尊重しない. derecho a la ~ プライバシーの権利. ❸ 仲間, 内輪. ─ La boda se celebró en la ~. 結婚式は内輪で行なわれた. Me lo contó una persona de su ~. 彼の仲間の一人が私にそれを話してくれた. ❹ (場所の)落ち着き, くつろいだ感じ. ─ A la caída de la tarde el parque recobra su ~. 夕暮れどきに公園は再び静かで落ち着いた場所となる. ❺ 複 陰部.

intimidar [intimiðár] 他 …を脅す, 威嚇する. ─ No nos *intimidan* en lo más mínimo sus amenazas. 彼(ら)の脅迫なんて我々は少しもこわく

1130 íntimo

ない. 類**acobardar, atemorizar, asustar**.

── **se** 再 こわがる, おじけ, ひるむ.

íntimo, ma [íntimo, ma] 形 ❶ 内(心)の, 心の奥の. ── Te lo agradezco desde lo más ~ del corazón. 君にそのことで心の底から感謝するよ. 類 **profundo**. ❷ 親密な. ── Ellos mantienen una *íntima* amistad desde niños. 彼らは子供のころから親密な友人関係を保っている. Él nunca tuvo amigos ~s. 彼は決して親友をもたなかった. ❸ 私的な, 個人的な, 内輪の. ── Celebraron sus bodas de plata con una fiesta *íntima*. 彼らは内輪の宴会で銀婚式を祝った. ❹ 静かで落ちつける, もてなしのよい. ── Me gusta este parque, porque es muy ~ y recoleto. この公園はゆっくり落ちつけるし人も少ないので好きだ.

── 名 親友. ── Invitó a la fiesta sólo a sus ~s. 彼はパーティーに親しい友人だけを招待した.

intitular [intitulár] 他 …に題をつける.

── **se** 再 …と題する[呼ばれる] 類 **titular(se)**

intocable [intokáβle] 形 ❶ 触れられない, 触知できない; 触れてはならない. 類 **intangible**. ❷ 問題にできない, 批判を許さない. ── un asunto ~ 関わりれない事柄.

── 男女 (インドの)不可触賤民, 最下層民.

intolerable [intoleráβle] 形 ❶ 認め[許し]難い. ── descortesía ~ 目に余る無礼. 類 **inadmisible, inaceptable**. 反 **tolerable**. ❷ 我慢できない, 耐え難い. ── dolor ~ 耐え難い苦痛. 類 **insufrible, insoportable**. 反 **soportable**.

intolerancia [intoleránθja] 女 ❶ 不寛容; 狭量. 類 **intransigencia**. ❷ **tolerancia, transigencia**. ❸《医学》(食べ物・薬品に対するアレルギー, 不耐性. ── Tiene cierta ~ a la leche. 彼は牛乳に多少のアレルギーがある.

intolerante [intolerante] 形 不寛容な; 狭量な. ── ~ con [para con] los subordinados 部下に対して寛大でない. Fue educado en un ambiente religioso ~. 彼は不寛容な宗教的雰囲気の中で教育を受けた. 類 **intransigente**. 反 **tolerante**.

── 男女 不寛容[狭量]な人.

intonso, sa [intónso, sa] 形 ❶ 髪を伸ばしたままの. ❷ 無知な. 類 **ignorante, inculto**. ❸《比喩》(本の縁を)裁断していない.

intoxicación [intoksikaθjón] 女 ❶ 中毒. ── ~ alimenticia [etílica, alcohólica aguda]. 食[アルコール, 急性アルコール]中毒. 類 **envenenamiento**. ❷《比喩》(政治的意図を持つ思想などの)宣伝, 流布. ── una campaña de ~ contra determinados políticos 特定の政治家たちに対する批判情宣運動.

intoxicar [intoksikár] [1.1] 他 ❶ 中毒させる. ── Las setas *intoxicaron* a toda la familia. キノコのために家族全員が中毒した. 類 **envenenar**. ❷ (アルコールまたはタバコが)健康を害する. ── Tantos excesos en el fumar lo han ido *intoxicando* poco a poco. 喫煙のし過ぎで彼の健康が少しずつむしばれていった. ❸《比喩》(思想などを)宣伝する, 流布させる. ── ~ a la opinión pública 世論に対して情宣活動をする.

── **se** 再 中毒にかかる. ── ~*se* con las emanaciones de gas ガス中毒になる. 類 **envenenarse**.

intoxicómano, na [intoksikómano, na] 名 麻薬中毒者.

intra- [intra-] 接頭 「中・内に」の意. ── *intra*muros, *intra*muscular, *intra*venoso.

intradós [intraðós] 男《建築》(アーチや丸天井など迫持(の))の)内輪, 内瓦.

intraducible [intraðuθíβle] 形 翻訳できない.

intramuros [intramúros] 〈ラテン〉副 城壁内に; 市内に.

intranquilidad [intraŋkiliða(ð)] 女 不安, 心配, 憂慮. 類 **inquietud, desasosiego, ansiedad**. 反 **tranquilidad, serenidad**.

intranquilizar [intraŋkiliθár] [1.3] 他 を心配させる, 不安にする. ── Las malas noticias que llegaban sobre el accidente nos *intranquilizaron* mucho. 事故に関して届く悪い知らせに我々はとても不安になった.

── **se** 再 『+de』 (…のことを)心配する, 不安に感じる. 類 **desasosegar(se), alterar(se), inquietar(se)**.

intranquilo, la [intraŋkílo, la] 形 ❶ 〔estar+〕不安な, 心配な; 不穏な. ── Hoy *estoy* un poco ~ por la fiebre. 今日は熱があるので少々落ち着かない気分だ. Estuve ~ hasta que me llamó. 私は彼女が電話してくれるまで不安な思いだった. 類 **soliviantado, inquieto**. 反 **tranquilo, sereno**. ❷ 〔ser+〕落ち着きのない; 神経質な. ── Me gustaría que Anita no *fuera* tan *intranquila*. アニータがもう少し神経質でないといいと思うのだが. 類 **nervioso, inquieto**. 反 **tranquilo**.

intrascendente [intransθendénte] 形 → intrascendente.

intransferible [intransferíβle] 形 譲渡不能の『intrasferible とも書く』. 反 **transferible**.

intransigencia [intransixénθja] 女 非妥協(性), 頑固さ. 類 **intolerancia**. 反 **tolerancia, condescendencia**.

intransigente [intransixénte] 形 非妥協的な, 頑固な; 要求の多い, うるさい. ── adoptar una actitud ~ 強硬な態度をとる. Es ~ en el cumplimiento de las normas. 彼は規則の実行に(当たって)妥協を許さない. 類 **intolerante**. 反 **tolerante, condescendiente**.

intransitable [intransitáβle] 形 (道や場所が)通れない, 通行不能の. ── La calle ha quedado ~. その通りは通行できなくなった. 類 **impracticable**.

intransitivo, va [intransitíβo, βa] 形 《文法》自動詞の. ── oración *intransitiva* 自動詞文. ── 男 自動詞. 反 **transitivo**.

intrascendente [intrasθendénte] 形 重要でない, 取るに足らない.

intratable [intratáβle] 形 ❶ 扱えない, 扱いにくい, 処理できない. 反 **tratable**. ❷ 非社交的な, 感じが悪くて付き合いづらい. ── Ella está ~ últimamente. 彼女は最近ぶすっとしている. 類 **insociable, antipático**.

intravenoso, sa [intraβenóso, sa] 形 静脈内の. ── inyección *intravenosa* 静脈注射.

intrepidez [intrepiðéθ] 女 ❶ 大胆, 剛勇. 類 **valentía, audacia**. 反 **temor, miedo**. ❷ 向こう見ず.

intrépido, da [intrépiðo, ða] 形 ❶ 大胆な, 勇敢な. ── Fue una viajera *intrépida*. 彼女は勇敢な旅行家だった. 類 **valiente, audaz**. 反 **temeroso, miedoso**. ❷ 向こう見ずな. 類 **irreflexivo**.

intriga [intríɣa] 囡 ❶ 陰謀, 策略, はかりごと. —tramar una ~ contra el gobierno 政府に対して陰謀を企てる. 類**maquinación**. ❷ (小説・劇などの)筋(立て), プロット; その興味. —Estoy leyendo una comedia de ~ amorosa. 私はある恋愛劇を読んでいる. 類**embrollo**, **enredo**.

intrigante [intriɣánte] 形 ❶ 陰謀をめぐらす, 策略を企てる. 類**maquinador**. ❷ 興味[好奇心]をそそる. —una película ~ 興味津々の映画. —— 名 陰謀家, 策略家.

intrigar [intriɣár] [1.2] 自 陰謀をめぐらす, 策略を企てる. —Es una persona a la que le gusta ~. 彼は策略をめぐらすのが好きな人だ. 類**maquinar**, **tramar**. —— 他 …の興味[好奇心]をそそる. —Me *intriga* lo que está planeando. 私は彼が計画していることが気になる.

intrincación [intriŋkaθjón] 囡 錯綜, 粉糾.

intrincado, **da** [intriŋkáðo, ða] 形 ❶ 入り組んだ, もつれた. —un nudo ~ こんがらがった結び目. ❷ 錯綜した, 複雑な. —órdenes *intrincadas* 込み入った命令. 類**complicado**.

intrincar [intriŋkár] [1.1] 他 を錯綜させる, 複雑にする; もつれさせる. —Esos hechos han venido a ~más el asunto. それらの事実によって事件はより複雑になってきた. 類**complicar**.

intríngulis [intríŋgulis] 男 ❶《話》困難, 厄介. —Ahí está el ~. そこに困難があるのだ. 類**dificultad**. ❷《まれ》ほの見える下心.

intrínseco, **ca** [intrínseko, ka] 形 本来備わっている, 本質的な, 固有の. —valor ~ 真価. 類**propio**. 反**extrínseco**.

‡**introducción** [introðukθjón] 囡 ❶ 入れること, 入ること; 導入; 案内. —La Constitución prohíbe la ~ de las armas nucleares en la nación. 憲法は国内への核兵器の持ち込みを禁じている. ❷ 序文, はしがき. —Me ha resultado más interesante la ~ que el libro mismo. 私は本そのものよりも序文の方がおもしろかった. Él jamás actúa por ~. 彼は初めの筋書き通りには決して行動しない. ❸《音楽》序奏, 導入部. ❹ 入門. —~ a la filosofía 哲学入門.

‡**introducir** [introðuθír] [9.3] 他 ❶【＋en に】(物)を**入れる**, 挿入する, 差し込む. —Introdujo dos monedas *en* la ranura y marcó el número. 彼は電話器にコインを2つ入れ, 番号を回した. *Introduje* los zapatos en una caja. 私は靴を箱に入れた. 類**meter**. ❷【＋en に】を招き入れる, 案内する. —El criado lo *introdujo en* la sala de espera. 召使いが彼を待合室に案内した. ❸【＋en に】(*a*) を導入する, 取り入れる. —Esa compañía *ha introducido* un nuevo horario de trabajo. その会社は新しい労働時間制を導入した. ~ palabras extranjeras *en* un idioma 言語に外国語を取り入れる. (*b*)(作品などに)を登場させる. —*Introduce* en la película a las brujas. 彼はその映画に魔女たちを登場させる. ❹ 持ち込む, 引き起こす, 生じさせる. ❺【＋en に】(人)を送り込む, 紹介する. —La *introdujeron en* aquel selecto club de tenis. 彼らは彼女をあのテニスの選抜クラブに紹介した. —— **se** 再【＋en に】❶ 入る, 入り込む. —El balón *se introdujo en* la portería tras golpear en el larguero. ボールはクロスバーにあたった後ゴールに入った. Le gusta ~*se en* los asuntos de los demás. 彼は他人の事に介入するのが

好きだ. 類**entrar**. ❷ 入れてもらう, 加わる. —~ *se en* el mundo del espectáculo 芸能界に入る.

introduc*tor*, **tora** [introðuktór, tóra] 形 案内の; 導入の, 紹介の. —— 名 案内者; 導入者, 紹介者. — de embajadores (外国の大使を国家元首に謁見させる)式部官.

introduj- [introðux-] 動 introducir の直・完了過去, 接・過去.

introduzca(-) [introðuθka(-)] 動 introducir の接・現在.

introduzco [introðúθko] 動 introducir の直・現在・1単.

introito [intróito] 男 ❶《カトリック》入祭文, 入祭唱(ミサの初めの祈り). ❷《古代劇》の前口上.

intromisión [intromisjón] 囡 干渉; おせっかい, 口出し. —~ del gobierno en el mundo económico 政府の経済界に対する介入. 類**injerencia**, **entrometimiento**.

introspección [introspekθjón] 囡 内省, 内観; 自己省察[分析].

introspectivo, **va** [introspektíβo, βa] 形 内省の, 内観的の. —método ~《心理》内観法. análisis ~ 自己分析.

introversión [introβersjón] 囡《心理》内向(性). 反**extroversión**.

introverso, **sa** [introβérso, sa] 形 →**introvertido**.

introvertido, **da** [introβertíðo, ða] 形《心理》内向性の, 内向的な, 内気な. 反**extrovertido**. —— 名 内向型の人, 内気な人.

intrusión [intrusjón] 囡 ❶ 侵入, 闖入(ちんにゅう), 押し入り. ❷ 貫入物;《地学》貫入岩.

intrusismo [intrusísmo] 男 無資格での営業.

intruso, **sa** [intrúso, sa] 形 侵入した, 押し入った; 不法営業の. —— 名 侵入者, 闖入者; 不法営業者;《情報》クラッカ, ハッカー. — *informático* ハッカー. 類**entrometido**.

‡**intuición** [intujθjón] 囡 **直観(力)**, 直覚. —A la primera conversación que mantuve con él, tuve la ~ de que nos estaba engañando. はじめて彼と話したときに彼が私たちを欺いているという直観をもった. Tiene mucha ~ para la música. 彼は音楽にたいする勘がいい.

intuir [intuír] [11.1] 他 を直観で知る, 直観する. —Se *intuye* que eso es verdad. それが真実だと直観的にわかるものだ.

‡**intuitivo**, **va** [intujtíβo, βa] 形 **直観の**, 直観的な, 直覚の. —No hace falta ser muy ~ para saber lo que piensa. 彼が考えていることを知るためにはそれほど直観をはたらかせる必要はない. —— 名 (理性より)直観のすぐれた人. —Einstein tuvo que ser un gran ~. アインシュタインは直観のとてもすぐれた人であったにちがいない.

intumescencia [intumesθénθja] 囡《文》《医学》腫れ上がり, 膨隆. 類**hinchazón**.

***inundación** [inundaθjón] 囡 ❶ 洪水, 浸水, 氾濫. —~ de la planta baja de un edificio 床上浸水. El tifón provocó graves *inundaciones* en Kyushu. 台風が九州に大洪水をもたらした. ❷ (物の)氾濫. —A través del correo electrónico llega una ~ de información. 電子メールを通じて山のような情報が入ってくる. 類**avalancha**.

inundar

:inundar [inundár] 他 ❶ を水浸しにする, …に(水を)氾濫(%%)させる, 洪水を起こす. —Una lluvia torrencial *inundó* la ciudad. 大雨で町は水浸しになった. 願**anegar**. ❷ 〖＋de で〗をあふれさせる, 一杯にする, 満たす. —～ *de* agua los campos de arroz 田に水を張る. *Inundaron* las calles *de* propaganda electoral. 彼らは通りを選挙用の宣伝広告でいっぱいにした. Hacía calor y la gente *inundó* la playa. 暑かったので人々は海岸に押し寄せた.

　——se 再 ❶ 水浸しになる, 氾濫になる, 洪水になる. —Dejó el grifo abierto y *se inundó* el baño. 彼は蛇口を閉め忘れたので, 浴室が水浸しになった. ❷ 〖＋de で〗あふれる, 一杯になる, 満ちる. —El jardín *se inunda de* sol cada mañana. 庭には毎朝日光がさんさんと降り注ぐ.

inurbano, na [inurβáno, na] 形 無礼な, 無作法な; 粗野な. 反**urbano**.

inusitado, da [inusitáðo, ða] 形 異常な, 普通でない. —idea *inusitada* 突飛な考え. Hace un frío ～ para octubre. 10月にしては異常な寒さだ. 願**extraordinario, raro, insólito**. 反**normal, habitual, corriente**.

:inútil [inútil] 形 ❶ 役に立たない, 役立たずの. —¿Por qué guardas tantos trastos ～*es*? どうしてそんなにたくさんの役に立たないがらくたを残しておくの? Esta televisión ya está ～. このテレビはもう役に立たない. ❷ 無用の, むだな. —Todos sus esfuerzos resultaron ～*es*. 彼の努力はすべてむだになった. Es ～ que grites. お前が叫んでもむだだ. ❸ (*a*) (兵役などに)適さない, 不適任な. —Fue dado ～ para el servicio militar por demasiado miope. 彼は近眼がひどいので兵役には不適任だと見なされた. 願**inepto**. (*b*) (体)が不自由な, 動けない. —El médico teme que se quede ～ para toda la vida. 医者は彼が一生不自由な体になるのではないかと恐れている. 願**impedido, inválido**.

　—— 男女 役立たず(な人); (体)が不自由な人. —Es un ～ al que no se le puede confiar nada. 彼はどんなことも任せられない役立たずだ.

·inutilidad [inutiliðáð] 女 ❶ 役に立たないこと[もの], 無用. —Han reconocido la ～ de la nueva política monetaria. 新金融政策の無用性が認められた. ❷ 〘話〙役立たず. —Ese nuevo empleado es una ～. 新しい社員は役立たずだ.

·inutilizar [inutiliθár] [1.3] (＜inútil) 他 無用にする, 役に立たなくする, 台無しにする. —El seísmo *ha inutilizado* la red de comunicaciones. 地震のため通信網が役に立たなくなった. El virus actúa *inutilizando* los mecanismos de defensa del cuerpo humano. そのウィルスは人体の免疫機構を効かなくするよう働く.

　——se 再 無用となる, 役に立たなくなる, 台無しになる.

·inútilmente [inútilménte] 副 むだに, 無益に, むなしく. —Estás perdiendo el tiempo ～. 君は時間をむだに過ごしている. I～ me esforcé en persuadirlo. 彼を説得しようとしたがむだだった.

invadeable [imbaðeáβle] 形 (川などが)歩いて渡れない; (比喩的に)乗り越えられない.

·invadido, da [imbaðíðo, ða] 過分 形 ❶ 侵略された. —país ～ 侵略された国. ❷ あふれた, 蔓延した. —playas *invadidas* por turistas extranjeros 外国人観光客に占領された浜辺. ❸ (ある感情に)襲われた. —Me siento ～ de cierta melancolía. 私はある憂鬱な思いにとらわれている.

:invadir [imbaðír] 他 (*a*) …に侵入する, を侵略する. —Los romanos *invadieron* la península Ibérica. ローマ人はイベリア半島を侵略した. Una plaga de pulgones *invadió* los campos. 異常発生したアブラムシが畑に襲来した. (*b*) を侵害する. —～ la intimidad プライバシーを侵害する. No dejes que *invada* tus competencias. 彼が君の権限を侵害しているのを放っておくな. ❷ …に押し寄せる, 殺到する. —Los turistas *invadieron* el parque temático. 観光客がそのテーマパークにあふれかえった. ❸ に…する気を起こさす, をかき立てる, (感情が)襲う. —Le *invadió* un miedo inexplicable [una inusitada alegría]. 彼は説明のつかない恐怖[異常な喜び]に襲われた.

invaginación [imbaxinaθjón] 女 〘医学〙腸管の接合(手術); 陥入, 重積. —～ intestinal 腸管接合手術.

invaginar [imbaxinár] 他 〘医学〙(腸管)を接合する; 陥入[重積]させる.

　——se 再 〘医学〙(腸管が)陥入[重積]する.

invalidación [imbaliðaθjón] 女 無効(化), 失効. —la ～ de un contrato 契約の失効. 願**anulación**.

invalidar [imbaliðár] 他 を無効にする, 失効させる. —～ el resultado de una elección 選挙の結果を無効にする. La nueva ley *invalida* esas disposiciones. 新法はそれらの条項を失効させる. 願**anular**.

invalidez [imbaliðéθ] 女 ❶ (人について)障害, 不能. —Recibe una pensión por ～. 彼は障害者年金を受給している. ❷ 〘法律〙無効(性). —～ de un contrato 契約の無効(性).

inválido, da [imbáliðo, ða] 形 ❶ 障害を負った. —Está ～ del brazo derecho. 彼は右腕に障害がある. Esa enfermedad lo dejó ～. その病気のために彼は障害者になった. 願**minusválido, impedido, imposibilitado**. ❷ 〘法律〙無効の, 効力のない. —un documento [voto] ～ 無効の文書[投票]. 願**nulo**. 反**válido**.

invariable [imbarjáβle] 形 ❶ 変化しない, 不変の, 一定の. —Su plan se mantiene ～. 彼の計画は変更のないままだ. 願**constante, inalterable**. 反**variable, inconstante**. ❷ 〘文法〙不変化の.

:invasión [imbasjón] 女 侵入, 侵略; 侵害. —España ha sufrido numerosas *invasiones* en su historia. スペインは歴史上数々の侵略をうけた. una ～ de mosquitos 蚊の侵入. una ～ de vocablos extranjeros 外来語の侵入.

invasor, sora [imbasór, sóra] 形 侵入する, 侵略する. —La capital fue asediada por el ejército ～ durante dos semanas. 首都は侵略軍に2週間包囲された.

　—— 名 侵入者, 侵略者.

invectiva [imbektíβa] 女 非難[攻撃]演説・文書. 願**crítica**.

invencibilidad [imbenθiβiliðáð] 女 ❶ 無敵. ❷ 克服できないこと.

:invencible [imbenθíβle] 形 ❶ 負けることのない, 無敵の. —Fue un equipo ～ durante muchos años. それは長年無敵のチームだった. La Armada I〜 無敵艦隊 (1588年英国に破れたスペインの艦隊). ❷ 克服できない. —Nuestro plan fracasó ante un obstáculo 〜. われわれの計画は克服できない障害のため失敗した. Tiene una repugnancia 〜 al pescado crudo. 彼は生魚にどうしようもない嫌悪感をもっている.

‡**invención** [imbenθjón] 女 ❶ **発明**, 創作. —La 〜 de la imprenta se remonta al siglo XV. 印刷術の発明は15世紀にさかのぼる. l〜 de la Santa Cruz 聖十字架発見の祝日 (5月3日. キリストの十字架発見を記念する). ❷ 発明品, 作りごと. —Este abrelatas es una 〜 muy útil. この缶切りはとても便利な発明品だ. Todos sus problemas resultaron ser una pura 〜. 彼のトラブルはすべて単なる作りごとだと判明した. 類 **invento**.

patente de invención →patente.

invendible [imbendíβle] 形 売れない; 売り物にならない.

‡**inventar** [imbentár] 他 ❶ **を発明する**, 考案する, 考え出す. —Edison *inventó* el gramófono. エジソンは蓄音機を発明した. ❷ 創作する; をでっち上げる. —〜 bellos cuentos 美しい物語を考え出す. *Inventa* cualquier excusa para no ir a trabajar. 彼は勤めに行かないためにどんな口実でも作り上げる. 類 **idear, imaginar**.

—**se** 再 (話を)作り上げる, でっち上げる. —Se *inventó* una historia inverosímil. 彼はまことしやかな物語をでっち上げた.

inventariar [imbentarjár] 他 …の商品[財産]目録を作る, 棚卸しをする.

inventario [imbentárjo] 男 商品[財産]目録, 棚卸し表. —hacer un 〜 目録を作る, 棚卸しする.

a beneficio de inventario →beneficio.

inventiva [imbentíβa] 女 独創性, 創造力, 発明の才. 類 **fantasía, ingenio**.

inventivo, va [imbentíβo, βa] 形 発明の才のある, 創作力に富む. —capacidad *inventiva* 発明的能力.

‡**invento** [imbénto] 男 ❶ 発明品, 考案されたもの. —Esta receta es un 〜 de mi madre. この料理は私の母が考案したものです. ❷ でっち上げ.

***inventor, tora** [imbentór, tóra] 名 発明者, 考案者. —el 〜 de la dinamita ダイナマイトの発明者. 類 **creador**.

invernáculo [imbernákulo] 男 温室. 類 **invernadero**.

invernada [imbernáða] 女 ❶ 冬を過ごすこと; 避寒, 冬眠. ❷ 冬の時期, 冬陽.

invernadero [imbernaðéro] 男 ❶ 温室. 類 **invernáculo**. ❷ 《まれ》避寒地; 冬用の牧場.

efecto invernadero →efecto.

invernal [imbernál] 形 ❶ 冬の. ❷ 厳しい. —frío 〜 厳寒.

—男 冬用の家畜小屋.

invernar [imbernár] [4.1] 自 ❶ 避寒する, 冬を過ごす. ❷ (特に動物について)冬を過ごす; 冬眠する. (=hibernar) ❸ 【南米】冬用の牧場で草を食(は)む.

invernizo, za [imberníθo, θa] 形 冬らしい, 冬のような. —Hoy hace un tiempo 〜. 今日は冬のように寒い天気だ.

‡**inverosímil** [imberosímil] 形 (情勢や話が)ありそうない, 本当とは思えない. —Es una histo-

ria 〜. それは嘘のような話だ.

***inverosimilitud** [imberosimilitú(ð)] 女 本当らしくないこと. —la 〜 de la información publicada en una revista ある雑誌に公表された情報の信憑性の欠如.

***inversión** [imbersjón] 女 ❶ 《商業》投資. —un buen plan de *inversiones* 優れた投資計画. 〜 directa 直接投資. realizar una 〜 投資する. aumentar las *inversiones* públicas 公共投資を増やす. ❷ (上下を逆にすること, 逆転, 反転にすること, 反転. ❸ 倒錯. —〜 sexual 同性愛, 性的倒錯. ❹ (*a*)《電気, 物理》反転. (*b*)《写真, 光学》反転. (*c*)《化学》転化. (*d*)《修辞, 文法》倒置, 語順転倒. (*e*)《医学》臓器の位置のずれ. (*f*)《音楽》(和音などの)転回. (*g*)《気象》激変. —〜 meteorológica [térmica] 気温の異常な上昇(または下降).

fondo de inversión →fondo.

inversionista [imbersjonísta] 男女 投資家. 類 **inversor**.

***inverso, sa** [imbérso, sa] 形 《+a/de》(方向·順序などが)…とは逆の, 反対の. —diccionario 〜 逆引き辞典. traducción *inversa* 母語から外国語への翻訳. en sentido 〜 al de las agujas del reloj 時計の針とは逆方向に. Los faros de un coche que circulaba en sentido 〜 la deslumbraron. 逆方向から来た車のライトで彼女は目がくらんだ. Sus planteamientos son 〜*s a* los nuestros. 彼の提案は私たちのとは正反対だ. 類 **contrario, opuesto**.

a [por] la inversa 逆に, 反対に, あべこべに. Se descalzó empujando el zapato del pie izquierdo con la punta del derecho y *a la inversa*. 彼は左足の靴を右足のつま先でおさえて脱いでからその逆をやって右の靴を脱いだ.

inversor, sora [imbersór, sóra] 形 ❶ 投資(家)の. ❷ 逆の, 反対の. —corriente *inversora* 逆流.

—名 投資家. 類 **inversionista**.

invertebrado, da [imberteβráðo, ða] 形 ❶ 無脊椎(きゅい)の. ❷ 《比喩, 文》活力のない, もろい. —una sociedad *invertebrada* 脆弱な社会.

—男 複 無脊椎動物.

invertido, da [imbertíðo, ða] 過分 形 ❶ 逆にした, 転倒した. —letras *invertidas* 逆立ちした文字. ❷ 性的倒錯の, 同性愛の.

—名 性的倒錯者, 同性愛者. 類 **homosexual, marica, sodomita**.

‡**invertir** [imbertír] [7] 他 ❶ を逆さ[反対]にする, 逆転[反転]させる, あべこべにする. —〜 una tendencia 傾向を逆転させる. *Invirtió* el termómetro para que bajara el mercurio. 彼は水銀が下がるよう体温計を逆さまにした. En este tramo puedes 〜 el sentido de la marcha. この区間ではユーターンしてもかまわない. ❷ 《+en》(*a*) (金)を投資する, 投じる. —〜 dinero en acciones 株に金を投じる. (*b*) (歳月)を過ごす, 費す. —*Invirtió* muchos años *en* la traducción de la novela. 彼はその小説の翻訳に何年も費した. 類 **dedicar, destinar**.

—**se** 再 逆転する, あべこべになる. —La tendencia a la baja de los precios del petróleo *se invirtió* en 1973. 石油価格の低下傾向は1973

年に逆転した。

:**investigación** [imbestiɣaθjón] 囡 **研究, 調査**. —Se dedica a la ~ científica. 彼は科学的［学術］研究に従事している. La ~ de la policía se llevó a cabo en el mayor secreto. 警察の調査は極秘に行なわれた. Este medicamento está todavía en fase de ~. この医薬品はまだ研究段階である.

:**investigador, dora** [imbestiɣaðór, ðóra] 形 ❶ 調査の, 研究の. —comisión *investigadora* 調査委員会. ❷ 探るような. —mirada *investigadora* 詮索するような視線.

── 图 調査者, 研究者. ~~ gatronómico 食品研究家. ~ privado 私立探偵. Es un gran ~ en el campo de química. 彼は化学の分野に於ける偉大な研究者だ.

:**investigar** [imbestiɣár] [1.2] 他 ❶ を調査する, 捜査する; 詮索する. —La policía *investiga* el crimen. 警察はその犯罪を捜査している. 類 **averiguar, indagar**. ❷ を研究する. —*Investigo* los hábitos de las ballenas. 私は鯨の生態を研究している. ~ las causas de la depresión económica 経済不況の原因を調査研究する.

investir [imbestír] [6.1] 他 ［＋con/de］（人）に（の特権・称号など）を授ける, 付与する. —Le *invistieron* de doctor honoris causa. 彼は名誉博士の称号を受けた. 類 **conferir, conceder, otorgar**.

inveterado, da [imbeteráðo, ða] 形 《文》古い, 古くからの; 根深い. —Sigue con su *inveterada* costumbre de madrugar 彼は早起きする習慣を昔から続けている.

invicto, ta [imbíkto, ta] 形 常勝の, 負け知らずの. —nuestro ~ general 我らの常勝将軍.

***invierno** [imbjérno インビエルノ] 男 ❶ 冬. —En ~ anochece muy temprano. 冬はとても早く日が暮れる. ❷ （中南米の赤道地域）雨期.

cuarteles de invierno 《軍事》冬営地.

inviert- [imbjért-] 動 invertir の直・現在, 接・現在, 命令・2単.

inviolabilidad [imbjolaβiliðá(ð)] 囡 不可侵(性), 神聖. ~ del domicilio [de la correspondencia] 住居［郵便物］の不可侵権. ~ parlamentaria 議員の不逮捕特権.

inviolable [imbjoláβle] 形 侵すことのできない, 不可侵の; 神聖な. —promesa ~ 破れない約束. 類 **sagrado**.

inviolado, da [imbjoláðo, ða] 形 《まれ》侵害されていない; 手のつけられていない, 無傷の.

invirt- [imbirt-] 動 invertir の接・現在, 命令・2単, 直・完了過去, 接・過去, 現在分詞.

invisibilidad [imbisiβiliðá(ð)] 囡 目に見えないこと, 不可視性.

invisible [imbisíβle] 形 目に見えない, (小さくて)目につかない. —Estas lentillas son casi ~s. このコンタクトレンズはほとんど目に見えない. energía [seres] ~(s) 目に見えないエネルギー［存在］.

en un invisible 一瞬のうちに, またたく間に, たちまち.

:**invitación** [imbitaθjón] 囡 ❶ 招待, 案内. —Ella aceptó [rehusó] la ~ a la fiesta. 彼女はそのパーティへの招待に応じた［断った］. No vendrá si no le haces una ~ personal. 君が個人的に招待しないと彼は来ないだろう. ❷ 招待状, 案内状 (=carta, tarjeta de invitación). —Ayer recibí la ~ para la boda. 私は結婚式の招待状を昨日受け取った.

:**invitado, da** [imbitáðo, ða] 過分 形 **招待された**. —Estás ~ a nuestra boda. 君を私たちの結婚式に招待いたします.

── 图 招待客, 客. —Esta noche tenemos muchos ~s. 今夜たくさんの来客があるよ. Su nombre no aparece en la lista de ~s. 彼の名前は招待客の名簿に出ていない.

****invitar** [imbitár インビタル] 他 ❶ ［＋a に］(人)を**招待する**, 招く, 呼ぶ. —Nos *invitaron* a comer en su casa. 彼らは私たちを家の食事に招待してくれた. Los novios me *invitan* a su boda. その両カップルは結婚式に私を招いてくれる. Os *invito* a dar un paseo en mi coche. 君たちを私の車でドライブに連れて行ってあげよう. 類 **convidar**. ❷ …におごる, 費用を負担する. —Juan me *invitó* porque era su cumpleaños. フアンは自分の誕生日だからといって私におごってくれた. Estás *invitada*. 君には私がおごるよ. Te *invito* a un café. 君にコーヒーをおごろう. ❸ ［＋a＋不定詞/a que＋接続法 …するよう］(人)に頼み, 促し, 誘う. —El conferenciante nos *invitó* a que le hiciéramos preguntas. 講演者は私たちに質問をするよう促した. La policía *invitó* a los manifestantes a desalojar la plaza. 警察はデモ隊に広場から退去するよう促した.

── 自 ［＋a＋不定詞/a que＋接続法］(…するように)誘う, 気持ちをそそる. —El frío *invita* a tomar coñac. 寒いのでコニャックが飲みたくなる. El buen tiempo *invitaba* a salir de casa. よい天気なので外出したくなった.

invocación [imbokaθjón] 囡 ❶ 祈願, 祈り. ~ a Dios 神への祈願. ❷ 祈願の言葉, 助け［加護］を求める言葉.

invocar [imbokár] [1.1] 他 ❶ (救いなどを求めて神, 霊などに)祈願する, 呼んで祈る. ~ a la Virgen 聖母マリヤに祈願する. ❷ を懇願［嘆願, 哀願］する. ~ la ayuda de …の助けを求める. 類 **implorar, suplicar, impetrar**. ❸ (法など)に訴える; を援用する, 発動する. ~ el código civil [el ejemplo de su predecesor] 民法［先任者の例］を引き合いに出す. 類 **aducir**.

involución [imboluθjón] 囡 ❶《生物》退化, 退縮. ~ senil 老人性退行. ~ uterina 子宮退縮. ❷《比喩》退行, 退化; 衰退.

involucionista [imboluθjonísta] 形 男女 反動的な(人), 前向きでない(人).

involucrar [imbolukrár] 他 ❶ (本論以外のこと)を挿入する, 差しはさむ, 持ち出す. ❷ ［＋en］(人)を(事件などに)巻き込む, 関係させる. —Son capaces de ~nos a todos en ese caso. 彼らは我々全員をその事件に巻き込みかねない. 類 **complicar, implicar**.

──**se** 再 ［＋en］(人)が(事件などに)巻き込まれる; 関係する. —*Se involucró* en un negocio de venta de armas. 彼は武器販売のビジネスに巻き込まれた.

involuntario, ria [imboluntárjo, rja] 形 ❶ 不本意の, 心ならずの. —un error ~ うっかりした誤り. homicidio ~ 《法律》過失致死. 類 **impensado, impremeditado**. 反 **voluntario, pen-**

sado, premeditado. ❷ 無意識の, 思わず知らずの. 類**inconsciente**. ❸《生理》不随意の. — músculos ~s 不随意筋.

invulnerabilidad [imbulneraβiliðá(ð)] 囡 不死身, 傷つけられないこと. 反**vulnerabilidad**.

invulnerable [imbulneráβle] 形 ❶ 不死身の, 傷つけられない. 反**vulnerable**. ❷《比喩》[+a]…に屈しない, 耐えうる. —ser ~ a las críticas 批判をものともしない.

‡**inyección** [injekθjón] 囡 ❶ 注射, 注入; 注射液. —Me han puesto una ~, y me siento mucho mejor. 注射を一本してもらって, 気分がずっと良くなった. ~ de cemento セメントの注入. ~ de dinero público en el banco 公金の銀行への預け入れ. Sus palabras fueron una ~ de ánimo para todos. 彼のスピーチはみんなにとって活力剤となった. ❷《技術》噴射. —bomba de ~ 燃料の噴射ポンプ. motor de ~ (燃料)噴射式エンジン.

inyectable [injektáβle] 形 注射できる; 注射用の.
—— 男《薬学》注射液, アンプル.

inyectado, da [injektáðo, ða] 過分 形 充血した, 赤くなった. —ojos ~s (en sangre) 充血した目. cara inyectada 赤ら顔.

‡**inyectar** [injektár] 他 ❶ [+en に]を注射する. —El médico le inyectó insulina en un brazo. 医者は彼の腕にインシュリンを注射した. (a)(気体・液体などを)注入する. — ~ aire en las ruedas タイヤに空気を入れる. ~ conservantes a los alimentos 食品に保存料を入れる. ~ hormigón コンクリートを注入する. (b)(感情などを)吹き込む. —El novelista ha inyectado una buena dosis de ironía en su libro. 小説家はその本に大量の皮肉を盛り込んだ.

——se 再(薬物を自分に注射する. — ~se morfina 自身にモルヒネを打つ.

inyector [injektór] 男 ❶ 注射器. ❷(ボイラーの)給水器.

ion, ión [jón] 男《複》iones 《化学, 電気》イオン.

iónico, ca [jóniko, ka] 形《化学, 電気》イオンの, イオンに関する.

ionización [joniθaθjón] 囡《化学, 電気》イオン化, 電離.

ionizar [joniθár] [1.3] 他《化学, 電気》をイオン化する, 電離する. ——se 再 イオン化[電離]する.

ionosfera [jonosféra] 囡《物理》イオン圏; 電離層.

iota [jóta] 囡 イオタ(ギリシア文字母の第9字, Ι, ι; ローマ字のI, iに当たる).

IPC [頭字] (<Índice de Precios de Consumo) 男 消費者物価指数.

ipecacuana [ipekakuána] 囡 ❶《植物》吐根(ﾄﾞｺﾝ). ❷南米産アカネ科の低木. ❷《薬学》吐根剤(吐根の乾燥根を材料とした吐剤・下剤).

ípsilon [ipsilon] 囡 ユプシロン(ギリシア文字母の第20字, Υ, υ; ローマ字のY, yに当たる).

Iquique [ikíke] 固名 イキーケ(チリの都市).

Iquitos [ikítos] 固名 イキトス(ペルーの都市).

‡**ir** [ir イル] [19] 自 ❶ [+a/para へ, に] (a)(人・乗り物などが)行く. —Fueron a Sevilla en tren [avión]. 彼らは列車[飛行機]でセビーリャに行った. Este autobús no va a Segovia. こ

ir 1135

のバスはセゴビアには行かない. Voy hacia tu oficina. 私は君の会社の方に行く. Cojo dos autobuses para ~ desde mi casa hasta la oficina. 私は家から会社に行くのに2回バスを乗り換える. Siempre voy a contracorriente. 彼はいつも時流に逆らう. (b) 出る, 出席する. —Mañana voy a la boda de una sobrina. 明日私は姪の1人の結婚式に出る. Han ido al cine. 彼らは映画に行った. (c)(在)通う, 通勤[通学]する. —Voy andando al trabajo. 私は歩いて出勤する. Mi padre va a su oficina en metro todas las mañanas. 私の父は毎朝地下鉄で会社に行く. (d)(道などが)通じている, 至る, 伸びる. —Esta calle va a la Plaza Mayor. この通りはマヨール広場に通じている. ❷ (a)(ある状態に)なる, 進む, 動いている. —Mi reloj va atrasado. 私の時計は遅れている. ¿Cómo te va? ご機嫌いかが. ¿Cómo te ha ido en el examen? -Me ha ido regular. 試験はどうだった. -あまり良くはなかったよ. (b) (順番が)当る, ~の番である. —¿Quién va ahora? 今度はだれの番だね. (c) 置かれる, 配置される. —Esta silla va al lado de aquella mesa. この椅子はあっちのテーブルの脇に置かれる. (d)(カードゲームで)勝負に出る, 賭ける. —¿Vas o no vas? -Voy. 君は勝負するか, 下りるか.-勝負する. 類**entrar, jugar**. ❸ [+a] (…に)似合う, 適する, 合う. —No te va ese peinado. その髪型は君には似合わない. (b) (…に)関係がある, かかわりがある. —A ti nada te va en eso. 君にとってはそれはどうでもいいことだ. (c) 意味**importar**. (c)(…に)対応する. —Esta dirección va con ese paquete de libros. この住所がその小包の行き先だ. (d)(…の)気に入る, 好きだ. —Le va mucho eso de codearse con gente importante. 彼は偉い人と交際するのが大変好きだ. (e) (…に)賭ける. ❹ [+a por/a で] 取りに[探しに・迎えに] 行く, 狙う. —Voy por leña. 私は薪を取りに行く. ❺ [+con] (a) (を)着ている, 身に付けている. —Siempre ella va con falda. 彼女はいつもスカートをはいている. Iba con gafas de sol. 彼女はサングラスをしていた. (b)(を)支持する, 応援する, (…の)味方である. —Yo voy con el Real Madrid. 彼はレアル・マドリードのファンだ. En ese punto voy contigo. その点では私は君に賛成だ. (c)(…と)調和する, 釣り合う, 合う. —Esa corbata no va con el traje. このネクタイはスーツに合わない. (d) (を)持っている. —Ve con tiento. 注意. 注意しなさい. Va con mucho miedo. 彼は非常に怖がっている. ❻ (a) [+de+名詞](…に)行く, 出かける. —Voy de viaje [de compras]. 私は旅行[買い物]に行く. (b) [+de+形容詞]…の態度をとる, 様子をしている. —Va de listo. 彼は利口ぶっている. (c)[+de で] 着ている, (…で)装っている. —Ella iba de negro. 彼女は黒い服を着ていた. ❼ [+de/sobre について] 扱っている, (…の)ことである. —La discusión iba de política. 議論は政治についてだった. Ella iba de broma. 彼女は冗談のつもりだった. ❽ [+de ... a ... から…の間に] (a) 差がある, (数量が)…になる. —De 11 a 20 van 9. 11と20の差は9である. ¡Lo que va de madre a hija! 母と娘では何と違いがあることか. (b) 及ぶ, 達する. —El capítulo octavo va de la página 221 a la 250. 第8章は221ページから250ページまである. ❾ [+desde ... hasta ... …から…まで] 広がっている, 伸びている,

及ぶ. —La granja *va desde* este camino *hasta* el río. 農場はこの道から川まで広がっている. ❿〚detrás de/tras/por を〛追いかける, 追い回す, …に執心する. —*Van tras* sus huellas. 彼らは彼の足跡を追っている. José *va detrás de* Carmen. ホセはカルメンを追い回している. *Voy detrás de* ese coche hace años. 私は何年も前からその車が欲しいと思っている. ⓫〚+en〛(a)(…に)かかっている, 依存する, …次第である. —En cuestión de aficiones todo *va en* gustos. 趣味の問題は皆それぞれである. En el esfuerzo va el éxito. 成功は努力次第である. (b)(…に)影響する, 響く. —La cantidad *va en* detrimento de la calidad. 量が多くなると質が落ちる. (c)(ある位置に)ある〚進行している〛. —*Fue en* cabeza hasta el kilómetro treinta. 彼は30キロ地点までは先頭にいた. (d)(…で)行う, やっている. —Sus amenazas no *iban en* broma. 彼の脅迫は冗談でやっているのではない. ⓬〚+para/por を〛(職業などを)目指す; (…に)なりたがっている. —Ella *va por* la Diplomacia. 彼女は外交官を目指している. El niño *va para* pintor. その子は画家になりたがっている. ⓭〚+por に〛(a) かかわる, 関係がある. —Lo que dijo *iba por* ti. 彼が言ったのは君のことだ. (b) 進む, 行っている. —*Va por* segundo de medicina. 彼は医学部の2年だ. *Voy por* la página diez. 私は10ページまで進んだ. ⓮〚+sobre を〛追いかける, 追究する. —La policía *va sobre* el criminal. 警察は犯人を追跡している.

a eso iba [*voy*] 《話》まさにそれだよ, 私が言いたかったのはそれだ. No has dicho cuándo te casas. —*A eso iba*. 君はいつ結婚するか言わなかったね. —今それを言おうとしたところだよ.

a lo que íbamos [*iba*] 先ほどの話ですが….

¡allá va! (1)(物を相手に投げるとき)そら行くぞ. (2)まさか.

¿dónde vas con …? そんなに…を持ってどうするつもりか. *¿Dónde vas con* tanto dinero? そんなにお金を持ってどうするつもり.

el no va más 《話》これ以上はない最上のもの. En cuestión de cocina, los franceses son *el no va más*. 料理に関してはフランスが一番だ.

estar ido 《話》頭がいかれている〚おかしい〛. Está *ido* desde que volvió de la mili. 彼は兵役から戻って以来頭がおかしい.

ir〚+現在分詞〛…している, して行く. *Va* anocheciendo. 日が暮れかかっている. *Vamos* caminando. 私たちは歩き続けている. *¿Vamos* empezando a comer? 食事を始めようか. 〚進行形の1種であるが, 「estar+現在分詞」が状態を表すのに対し, 動作がさらに進行して行くという意味が加わる〛.

ir〚+過去分詞〛…している, されている. Este reloj *va* adelantado [atrasado]. この時計は進んで[遅れて]いる. No ha pasado una semana y *ya va* arrepentido. 1週間もたっていないのに彼は後悔している. *Van* vendidos más de un millón de ejemplares. 彼らは100万部以上売った. En este sobre *van* incluidos dos certificados. この封筒には2通の証明書が同封されている〚「estar+過去分詞」とほぼ同じ意味を持つが, 動作の進行の意味が加わる〛.

ir a〚+不定詞〛(1) …しようとしている, しそうだ. *Va a* llover. 雨が降りそうだ. Cuando *iba a* salir, llamaron por teléfono. ちょうど私が出かけようとしたとき電話がかかってきた. (2) …するつもりだ. *Voy a* acabar mi trabajo cuanto antes. 出来るだけ早く仕事を終えるつもりだ. ¡No *irás a* decirme ahora que no vienes! 君は来ないのだから口を出さないで. (3) …しに行く〚《中南米でこの形式を未来形の代わりに用いることが多い. 特に(2)の意味ではそれが顕著である〛.

ir adelante 前進する, 進歩する, (生活などが)向上する.

ir a lo suyo 《話》自分のことしか考えない. Es un egoísta y sólo *va a lo suyo*. 彼は利己主義で自分のことしか考えない.

ir a mejor [*peor*] 良く[悪く]なる. Su enfermedad *va a mejor* [*peor*]. 彼の病気は良くなって[悪化して]いる.

ir bien (1)(物事が)うまく[順調に]行く[進む], 進歩する. Su negocio *va bien*. 彼の商売はうまく行っている. El motor no *va bien*. エンジンの調子が悪い. (2)〚+a に〛似合う, 合う, 調和する. Te *va bien* este traje. このスーツは君に良く似合うね. (3)〚+a に〛都合[具合]がよい. (4)(薬などが)効く. Estas pastillas te *irán bien*. この薬は君に良く効くだろう.

ir lejos 《話》手の届かないところにある, 手に負えない. Las cosas *fueron lejos*. 自体は手の届かないところに行ってしまった.

ir y … 《話》いきなり[意外にも]…する〚後の表現を強調する〛. Como estaba enfadada, *fue y* me cerró la puerta en las narices. 彼女は怒っていたので, いきなり私の鼻先で扉を閉めた.

no [*ni*] *ir a … ni venir a …* (人)にとってはどうでもいい. Este es un asunto que *a* ti ni te *va ni te viene*. これは君にとってはどうでもいい問題だ.

no vaya a ser que〚+接続法〛…するといけないから. Llévate el abrigo, *no vaya a ser que* haga frío. 寒いといけないからコートを着て行きなさい.

no vayas a〚+不定詞〛…しないよう注意しなさい. *No vayas a* caerte. 転ばないよう気をつけろ.

¡qué va! とんでもない, 冗談じゃない. ¡*Qué va*, eso no es así! とんでもない, それは違うよ.

¿quién va? そこにいるのはだれだ.

vamos (1) さあ[さて]始めよう]. (2)(促して)さあ, それ. ¡*Vamos*, hombre, levántate, que es la hora! さあ, 起きろ, 時間だぞ. (3)(ためらって)ええと. Bueno, *vamos*, no es que él esté ofendido pero deberías tener más cuidado. あのねえ, 彼は気分を害しているというわけではないんだが, 君はもっと気をつけた方がいいよ. (4)(抗議・不満)おやおや, おい, 何てことだ. ¡*Vamos*! Ya está bien de llorar. おいおい, もう泣くのはいい加減にしてくださいよ.

vamos a〚+不定詞〛(1)(勧誘)…しましょう. *Vamos a* trabajar. 働こう. (2)私たちは…しようとしている; …しに行く.

vaya (1)(不信・失望)まさか, そんな. (2)(驚いて)何と, まあ, まったく. ¡*Vaya*, hombre, qué mala suerte tienes! 何とも君は運が悪いんだね. ¡*Vaya*, hombre, quién está por aquí! わあ驚いた, こんなところで会えるなんて. (3)〚+名詞〛何という…. ¡*Vaya* calor! なんてひどい暑さだ. ¡*Vaya* lío en que nos hemos metido! 何とも厄介なことにわれわれは巻き込まれたものだ.

vaya usted [*vete tú*] *a saber* わかるものか, 本当

はどうか怪しいものだ. Dice que el dinero se lo dio su padre, *vete tú a saber*. お金は父親が出してくれたのだと彼は言うのだが怪しいもんだ.
——**se** 再 ❶ [＋de から] 立ち去る；［＋a/para に］行ってしまう. —¡*Vete de aquí*! ここから出て行け. El autobús acaba de *irse*. バスは出てしまったばかりだ. *Se fue* para su tierra natal en cuanto acabó su carrera. 学校を出ると彼は故郷に帰った. ¿No *te vas* a estar quieto? ちょっと落ち着いたらどうだ. 類**marcharse**. ❷ (時間が)過ぎ去る. —El tiempo *se ha ido* volando. 時間は飛ぶように過ぎてしまった. ❸ 漏れる, 流れ出る, こぼれる. —*Se fue* la leche. 牛乳がこぼれた. ❹ (物・金銭などが)なくなる, 尽きる；切りがつく. —El salario *se me va* antes de final de mes. 給料は月末までになくなってしまう. ❺ (物・記憶などが)消える, 消え失せる. —Las manchas de aceite *se van* con dificultad. 油じみはなかなか消えない. *Se me van* los nombres últimamente. 最近私は人の名を忘れてしまう. ❻ 死にかかっている；亡くなる. 類**morirse**. ❼ 足を滑らす, つまずく；(手足などが)思わず動く. —*Se le fue* el pie y cayó al río. 彼は足を滑らせて川に転落した. ❽ (大小)便をする, 用を足す；おならをする. —¿*Te has ido*, eh? お前おならをしたな.

allá se van 同じようなものだ. *Allá se irán* ganancias y gastos. 収入と支出は同じくらいになるだろう.

:**ira** [íra] 囡 はげしい怒り, 激怒. —Golpeó a su mujer en un arrebato de ~. 彼は腹立ちまぎれに妻をなぐった. 類**cólera**.

descargar su ira contra ... …に当たり散らす, …に怒りをぶちまける. *Descargó su ira contra* el coche y lo destrozó. 彼は車に当たり散らして壊してしまった.

iracundia [irakúndja] 囡《文》怒りっぽさ；かんしゃく持ち. 類**irascibilidad**.
iracundo, da [irakúndo, da] 形 怒りっぽい, 短気の, 激しやすい. 類**furioso, colérico, irascible**. 反**pacífico**.
Irán [irán] 固名 イラン (首都テヘラン Teherán).
iranés, nesa [iranés, nésa] →iraní.
iraní [iraní] 形 イラン (el Irán) の；イラン人の.
—— 男女【複iraníes】イラン人.
iranio, nia [iránjo, nja] →iraní.
Iraq [irá(k)] 固名 イラク (首都バグダッド Bagdad).
iraquí [irakí] 形 イラク (el Iraq/Irak) の；イラク人の.
—— 男女【複iraquíes】イラク人.
irascibilidad [irasθiβiliðá(ð)] 囡《文》怒りっぽさ, かんしゃく持ち, 短気. 類**iracundia, irritabilidad**.
irascible [irasθíβle] 形 怒りっぽい, かんしゃく持ちな, 短気な. 類**iracundo, irritable**. 反**pacífico**.
iré [iré] 動 ir の直・未来・1 単.
iremos [irémos] 動 ir の直・未来・1 複.
Irene [iréne] 固名《女性名》イレーネ.
irg- [irɤ-] 動 erguir の直・現在/完了過去, 接・現在/過去.
iría(-) [iría(-)] 動 ir の直・過去未来.
iridio [iríðjo] 男《化学》イリジウム (元素記号 Ir).
iridiscencia [iriðisθénθja] 囡 虹色, 玉虫色.
iridiscente [iriðisθénte] 形 虹色の, 玉虫色の.
iris [íris] 男 ❶ 虹 (=arco ~). ❷ 《解剖》(眼球の)虹彩（こうさい）. ❸ 《鉱物》貴重白石 (=ópalo noble). ❹ (I~)《ギリシャ神話》イリス (虹の女神).
irisación [irisaθjón] 囡 ❶《主に複》虹色の虹彩. ❷ 虹色を発すること.
irisado, da [irisáðo, ða] 形 虹のような；虹色の光彩を放つ.
irisar [irisár] 自 虹色に光る, 虹の虹彩を放つ.
—— 他 を虹色にする. —Un rayo de sol *irisaba* el cristal de la ventana. 太陽光線が窓のガラスを虹色に染めていた. —— 自 虹色になる.
iritis [irítis] 囡《医学》虹彩（こうさい）炎.
Irlanda [irlánda] 固名 ❶ アイルランド (首都ダブリン Dublín). ❷ アイルランド島.
irlandés, desa [irlandés, desa] 形 アイルランド (Irlanda) の；アイルランド人 [語] の.
—— 名 アイルランド人. —— 男 アイルランド語.
:**ironía** [ironía] 囡 ❶ 皮肉 (な状況). —Fue una cruel ~ que tuviese que pedirle dinero a su ex mujer. 彼が別れた妻に金を無心しなければならなくなったのはひどく皮肉な話だった. las ~s del destino 運命の皮肉. ❷ 皮肉, 当てこすり, 嫌味. —Lo dijo con ~. 彼はそれを皮肉な言い方で言った. Ya estoy harto de tus ~s. 君の皮肉な言葉にはうんざりしている. 類**burla**. ❸ 反語 (法).
irónicamente [irónikáménte] 副 皮肉に, 当てこすって.
:**irónico, ca** [iróniko, ka] 形 ❶ (状況が)皮肉な, あいにくの. ❷ 皮肉な, 風刺的な. —Hizo un comentario ~ sobre el peinado. 彼は髪型について皮肉のことを言った. Lo dijo en tono ~. 彼はそれを皮肉な言い方で言った. Era un hombre inteligente y muy ~. 彼は頭がよくいつも皮肉を言う男だった. 類**burlón**.
ironizar [ironiθár] [1.3] 他 を皮肉に言う, からかう. 類**ridiculizar**.
irracional [iraθjonál] 形 ❶ 非理性的な, 理性のない. —animales ~es (人間以外の)非理性動物, 畜生. 反**racional**. ❷ 道理に反した, 不合理な. —método ~ 不合理な方法. Siente aversión a ~ a viajar en avión. 彼は飛行機で旅するのがわけもなくきらいだ. 類**ilógico, insensato, irrazonable**. 反**lógico, razonable, sensato**. ❸《数学》無理の. —número ~ 無理数.
irracionalidad [iraθjonaliðá(ð)] 囡 理性のないこと, 分別[道理] のなさ；不合理性. 類**absurdo, absurdidad**. 反**racionalidad**.
irradiación [iraðjaθjón] 囡 ❶ (光・熱などの)発散, 放射. —la ~ solar 太陽の放熱. ❷ (放射線などの)照射.
irradiar [iraðjár] 他 ❶ (光・熱など)を発散する, 放射する. —~ luz y calor 光と熱を発する. ❷ …に(放射線などを)照射する, 当てる. ❸《比喩》(影響などを)及ぼす. —Su novia es una chica que *irradia* simpatía. 彼の恋人は好感を抱かせる女の子だ. 類**extender, difundir, propagar**.
—— **se** 再 ❶《文》(ある活動・影響が)広まる, 普及する. —La epidemia *se irradió* por todo el país. その流行病は国中に広まった.
irrazonable [iraθonáβle] 形 道理に合わない, 筋の通らない；分別を欠いた. —Es ~ enfadarse por una cosa tan nimia. そんなつまらないことで腹

1138 irreal

を立てるのはおかしい. 類absurdo, ilógico, insensato. 反razonable.

irreal [iřeál] 形 現実でない, 非現実的の; 架空の, 空想の. —Vive en un mundo ～. 彼は虚構の世界に生きている. 類inexistente, imaginario. 反real, verdadero.

irrealidad [iřealiðá(ð)] 女 非現実(性), 非実在(性), 現実に反すること. 類ficción. 反realidad.

irrealizable [iřealiθáβle] 形 実現[達成]できない. —un proyecto ～ 実現不可能な計画. 類imposible. 反realizable, factible, posible.

irrebatible [iřeβatíβle] 形 反論の余地のない, 明白な. —una teoría ～ 反証できない理論. 類indiscutible, rebatible, discutible.

irreconciliable [iřekonθiliáβle] 形 ❶ 和解[融和]できない. —Se dividieron en dos bandos ～s. 彼らは和解の道を 2 つの派に別れた. ❷ 両立しない, 相容れない. —Tienen ideas políticas ～s. 彼は相容れない政治思想の持ち主だ. 類incompatible.

irreconocible [iřekonoθíβle] 形 認められない, 認知できない.

irrecuperable [iřekuperáβle] 形 取り返しのつかない, 元通りにならない, 回復不能な. —un enfermo ～ 不治の病人.

irrecusable [iřekusáβle] 形 拒否できない, 拒めない; 反論しえない. —una invitación ～ 断れない招待. una prueba ～ 明白な証拠. 類irrebatible, irrefutable.

irredentismo [iřeðentísmo] 男 民族統一, 失地回復主義; 《政治》イッレデンタ(未回復地)併合主義. ◆オーストリアの支配下にあった未回復のイタリアを祖国に併合しようとする 1866 年以後に興った政治運動.

irreden to, ta [iřeðénto, ta] 形 未回復の, 未回収の, (特に領土, 国民が)外国の支配下にある.

irredimible [iřeðimíβle] 形 請け戻せない, 買い戻しのきかない.

irreducible [iřeðuθíβle] 形 ❶ 削減[縮小, 割引]できない, これ以上小さくならない. —fracción ～《数学》既約分数. ❷ 屈服[帰順]させられない, 征服できない. —Un grupo de ～s rebeldes opera al norte del país. あくまで抵抗する反乱者の一味が国の北方で活動している. ❸【+a】(に)帰しえない, …化できない. —Esta sustancia es ～ a gas. この物質は気体にはならない. 反reducible, convertible.

irreductible [iřeðuktíβle] 形 ❶ →irreducible. ❷ 両立しない, 相容れない. —Los dos tienen caracteres ～s. 二人は互いに相容れない性格をしている. ❸ 譲らない, 頑固な. —una postura ～ 強硬な姿勢.

irreembolsable [iřeembolsáβle] 形 償還できない; 回収できない.

irreemplazable [iřeemplaθáβle] 形 かけがえのない; 取り替えられない. 類insustituible. 反reemplazable, sustituible.

irreflexión [iřefleksjón] 女 無思慮, 無反省, 軽率. 類ligereza.

irreflexivamente [iřefleksíβaménte] 副 思慮なく, 無反省に, 軽率に.

irreflexi vo, va [iřeflexsíβo, βa] 形 無思慮[無反省]な, 軽はずみな. 類imprudente, ligero, impensado. 反reflexivo, prudente, pensado.

irrefragable [iřefraɣáβle] 形《文》抑止[阻止]できない. —la fuerza ～ del oleaje 波の抗(あらが)えない力. 類incontenible, irresistible.

irrefrenable [iřefrenáβle] 形 抑制[制御]できない. —impulso ～ 抑え切れない衝動. 類incontenible, irreprimible.

irrefutable [iřefutáβle] 形 反論[論駁(るんばく)]できない, 紛れもない. —una prueba ～ 明白な証拠. 類incontrovertible, incuestionable, irrebatible. 反discutible, cuestionable.

*__irregular__ [iřeɣulár] 形 ❶ 不規則な, 変則な. —Tiene un pulso ～. 彼の脈は不規則である. verbo ～《文法》不規則動詞. triángulo ～ 不等辺三角形. ❷ 平らでない, ふぞろいな. —terreno ～ 平らでない土地. ❸ 不法な, 反則的な. —Ha realizado exportaciones ～es. 彼は不法な輸出を行った. ❹ だらしのない, 乱れた. —Lleva una vida ～. 彼はだらしのない生活を送っている. 類inmoral.

*__irregularidad__ [iřeɣulariðá(ð)] 女 ❶ 規則性のないこと, 不規則, 変則. —～ climática 天候の不順. Aún no han reparado la ～es del asfaltado. まだアスファルト舗装の凸凹が修理されていない. ❷ 不正, 違反. —Fue denunciado por ～es financieras. 財政上の不正で告発された. cometer ～es en el uso del dinero público 公金を不正に使う.

irreligión [iřelixjón] 女 無宗教, 無信仰.

irreligio so, sa [iřelixjóso, sa] 形 ❶ 無宗教の, 信仰を持たない. 類ateo, descreído. 反creyente, religioso. ❷ 反宗教的な.

irremediable [iřemeðjáβle] 形 ❶ 取返しのつかない, 回復できない. —daños ～s 取返しのつかない損害. 類irreparable. 反reparable. ❷ 不可避の, 処置の施しようのない. —males ～s 処置なしの害悪. 類inevitable. 反evitable.

irremisible [iřemisíβle] 形 許し難い, 容赦できない. —un pecado ～ 許し難い罪. 類imperdonable.

irreparable [iřeparáβle] 形 取返しのつかない, 償えない. —La muerte de ese escritor constituye una pérdida ～. その作家の死は取返しようのない損失だ. 類irremediable. 反reparable.

irreprensible [iřeprensíβle] 形 とがめられない, 罪のない.

irreprimible [iřeprimíβle] 形 抑え切れない, こらえ切れない. —un impulso ～ 抑え難い衝動. Sintió unos ～s deseos de llorar. 彼女はどうしようもなく泣きたい思いにかられた. 類incontenible, irrefrenable.

*__irreprochable__ [iřeprotʃáβle] 形 非の打ちどころがない, 欠点のない, 申し分のない. —El comportamiento de esa chica ha sido ～ y ejemplar. その女の子の生活態度は非の打ちどころがなく, 模範的でした. 類impecable, intachable, perfecto. 反criticable, reprochable.

*__irresistible__ [iřesistíβle] 形 ❶ 抵抗できない, うち勝てない, (衝動などが)抑えきれない. —El enemigo empezó a atacarnos con un ímpetu ～. 敵は抑えきれないほどの勢いで彼らを攻撃し始めた. Sintió un ～ deseo de abrazarla. 彼は彼女を抱きしめたくてたまらなかった. 類incontenible, irrefrenable, irreprimible. ❷ 我慢できない, 耐え難い,

こらえきれない. —Tengo un dolor de muelas ~. 私は我慢できないくらい奥歯が痛い. El calor se hizo ~ en aquel cuarto cerrado. あの閉めきった部屋では暑さが耐え難かった. 類**inaguantable, insoportable, intolerable**. ❸ たまらなく魅力的な〖ser/estar+〗. —El chico estaba ~. その男の子はたまらなほど魅力的だった. Esa actriz tiene una mirada ~. その女優はたまらなほど魅力的なまなざしをしている.

irresoluble [iřesolúβle] 形 解けない, 解決できない. —un problema ~ 解けない問題. 類**insoluble**. 反**soluble**.

irresolución [iřesoluθjón] 女《文》不決断; 決断力のなさ, 優柔不断. —En este caso no cabe ~ de ningún tipo. この場合にはいかなる形の優柔不断も許されない. 類**indecisión**. 反**resolución, decisión**.

irresoluto, ta [iřesolúto, ta] 形《文》❶ 決断力のない, 優柔不断の. —permanecer ~ ante un problema ジレンマに直面して煮え切れないままでいる. 類**indeciso, vacilante**. 反**decidido, resuelto**. ❷ 解決されない.
—— 名 優柔不断な人.

irrespetuoso, sa [iřespetuóso, sa] 形 無礼な, 失敬な. —actitud irrespetuosa 無礼な態度. 類**desconsiderado**. 反**respetuoso, considerado**.

irrespirable [iřespiráβle] 形 ❶ 呼吸できない. —un gas ~ (有毒で) 吸えないガス. ❷ 呼吸の困難な, 呼吸に適さない. —El ambiente de esta discoteca está ~. このディスコの空気は息が詰まる.

***irresponsabilidad** [iřesponsaβiliðá(ð)] 女 無責任.

:**irresponsable** [iřesponsáβle] 形 ❶ 責任のない, 責任を負わない. —Fue declarado ~ por ser menor de edad. 彼は未成年ゆえに責任はないと宣告された. ❷ 責任感のない, 無責任な. —Estoy cansado de trabajar con un tipo tan ~. 私はあんな無責任なやつといっしょに働くのはこりごりだ.
—— 男女 無責任な人. —No me fío de él porque es un ~. 彼は無責任な人間だから私は信用しない.

irresuelto, ta [iřesuélto, ta] 形 →irresoluto.

irreverencia [iřeβerénθja] 女 ❶ 不敬, 非礼, 無礼. ❷ 不敬な言動[行為]. —cometer una ~ 不敬を犯す.

irreverente [iřeβerénte] 形 (特に宗教的に) 不敬な, 非礼な. —No entres en el templo vestida de una forma tan ~. そんな不敬な格好で聖堂に入ってはいけない. 類**irrespetuoso, desconsiderado**. 反**respetuoso, considerado**.

irreversible [iřeβersíβle] 形 逆転[後退]できない, 不可逆的な. —reacción ~ 不可逆反応. 反**reversible**.

irrevocable [iřeβokáβle] 形 取消し[変更]できない. —una sentencia [una decisión] ~ 取消し不能の裁定[決定]. 反**revocable**.

irrigación [iřiɣaθjón] 女 ❶《医学》灌注(かんちゅう), 洗浄; 灌腸. ❷ 灌漑(かんがい). 類**riego**.

irrigador [iřiɣaðór] 男《医学》灌注[灌腸]器, 洗浄器.

irrigar [iřiɣár] [1.2] 他 ❶《医学》(体の器官)を灌注[洗浄]する. ❷ を灌漑する. 類**regar**.

irrisible [iřisíβle] 形 笑うべき, ばかげた, おかしい.

irrisión [iřisjón] 女 ❶ あざ笑い, 嘲笑(ちょうしょう). 類**burla, mofa**. ❷ もの笑いの種, お笑いぐさ.

irrisorio, ria [iřisórjo, rja] 形 ❶ お笑いぐさの, 嘲笑を誘う. —oferta irrisoria ばかげた申し出. 類**ridículo**. ❷ わずかな, 取るに足りない. —sueldo ~ 雀(すずめ)の涙ほどの給料. 類**insignificante**.

irritabilidad [iřitaβiliðá(ð)] 女 怒りっぽさ, 短気, かんしゃく. 類**irascibilidad**.

irritable [iřitáβle] 形 ❶ 怒りっぽい, 短気な. 類**irascible, colérico**. ❷《医学》過敏な. —Ella tiene una piel muy ~. 彼女の肌はとても過敏だ. síndrome del colon ~ 過敏性大腸症候群.

***irritación** [iřitaθjón] 女 ❶ いらだち. —El primer ministro no pudo ocultar su ~ con los periodistas. 首相は記者たちに対するいらだちを隠せなかった. ❷《医学》軽度の炎症.

irritante [iřitánte] 形 ❶ いらいらさせる, 腹立たしい. —una respuesta ~ 人を怒らせる返答. 類**exasperante**. 反**tranquilizador**. ❷《医学》炎症を起こさせる; 刺激性の. —sustancia ~ 刺激性物質.

***irritar** [iřitár イリタル] 他 ❶ をいら立たせる, いらいらさせる, 怒らせる. —Me irrita que la gente hable en la biblioteca. 私は図書館内で人がしゃべっていると腹が立つ. ❷ …に炎症を起こす, をひりひりさせる, 刺激する. —El humo del tabaco irrita la garganta. タバコの煙でのどがひりひりする. ❸ (感情) を引き起こす, 高ぶらせる, つのらせる. —~ el odio [el apetito] 憎悪[食欲]を引き起こす. La mirada de mi secretaria irrita los celos de mi mujer. 私の女性秘書の視線は私の妻の嫉妬心をつのらせる.
——se 再 ❶ いら立つ, いらいらする, 怒る. —Se irrita por nada. 彼は何でもないことに腹を立てる. ❷ 炎症が起きる, ひりひりする, 刺激を受ける. —Se me ha irritado la piel con esa crema. そのクリームを使ったら皮膚に炎症が起きた. ❸ (感情が) 高ぶる, つのる; 激高する.

irrogar [iřoɣár] [1.2] 他《文》(害など)をもたらす, 引き起こす. —Tu fracaso nos ha irrogado muchos perjuicios. 君の失敗は我々に多大な損害をもたらしてくれた. 類**acarrear, causar**.

irrompible [iřompíβle] 形 破る[壊す]ことのできない. —vasos y platos ~s 割れないコップと皿. 類**duro, indestructible**.

irrumpir [iřumpír] 自〖+en に〗押し入る, 乱入する. —La muchedumbre irrumpió en el campo de juego. 群衆がグランドになだれ込んだ. 類**invadir, introducirse**.

irrupción [iřupθjón] 女 ❶ 押し入ること, 乱入; 闖(ちん)入. —~ de los manifestantes en el ayuntamiento デモ隊の市庁舎へのなだれ込み. ❷ 急襲; (感情の)激発.

Isaac [is(a)á(k)] 固名《男性名》イサク.

Isabel [isaβél] 固名 ❶《女性名》イサベル. ❷ (~ I) イサベル1世 (1451-1504, カスティーリャおよびスペインの女王, 在位 1474-1504, 通称カトリック女王). ❸ (~ II) イサベル2世 (1830-1904, スペインの女王, 在位 1833-68).

isabelino, na [isaβelíno, na] 形 ❶ イサベル[エリザベス]女王時代の; (特にスペインの)イサベル2世時代の. —estilo ～ イサベル様式. la Inglaterra *isabelina* エリザベス朝イギリス. ❷ イサベル2世派の. ❸ (馬が)明るい鹿毛(ゖ)の. ❹ イサベル女王の(貨幣).

Isidro [isíðro] 固名 《男性名》イシドロ.

⁑isla [ísla イスラ] 女 ❶ 島. —El Mar Interior de Seto está sembrado de ～s. 瀬戸内海には島々がちりばめられている. ❷ (無人地帯の中に孤立している)木立ち, 小さな森. —El templo se levantaba junto a una ～ de árboles. 寺は木立ちの横に立っていた. ❸ (空港・駅・道路などにある)安全地帯. ～ de peatones 歩行者天国, 車両乗り入れ禁止区域. ～ de equipajes 荷物一時置き場. ～ de información 案内所. ❹ (都市の)一区画, 街区, ブロック.

islam [islán] 男 ❶ イスラム教, 回教. 類**islamismo**. ❷ (I～) イスラム世界, 回教圏.

islámico, ca [islámiko, ka] 形 イスラムの, 回教の. —la civilización *islámica* イスラム文明. 類**musulmán, mahometano**.

islamismo [islamísmo] 男 イスラム教, 回教. 類**islam, mahometismo**.

islamización [islamiθaθjón] 女 イスラム(教)化.

islandés, desa [islandés, desa] 形 アイスランド(Islandia)の.
—— 名 アイスランド人.
—— 男 アイスランド語.

Islandia [islándja] 固名 アイスランド(首都レイキャビク Reykjavík).

Islas Bahamas [íslas βaámas] 固名 バハマ(首都ナッソー Nassau).

Islas de Micronesia [íslas ðe mikronésja] 固名 ミクロネシア連邦(首都パリキール Palikir).

Islas Marshall [íslas marsál] 固名 マーシャル諸島(首都マジュロ Majuro).

Islas Salomón [íslas salomón] 固名 ソロモン諸島(首都ホニアラ Honiara).

isleño, ña [isléɲo, ɲa] 形 島の; 島民の.
—— 名 島民.

isleta [isléta] [<isla] 女 ❶ 小島. ❷ (道路の)安全地帯.

islote [islóte] 男 (特に火山性で無人の)小島, 岩島.

ismaelita [ismaelíta] 形 ❶ イシマエル(聖書で, Abraham とその侍女 Hagar との息子)の子孫の. ❷ アラビア人の.
—— 男女 ❶ イシマエルの子孫. ❷ アラビア人.

ismo [ísmo] 男 主義, 学説, イズム.

isobara [isoβára] 女 《気象》等圧線.

isobárico, ca [isoβáriko, ka] 形 《気象》等圧の. —líneas *isobáricas* 等圧線.

isoclino, na [isoklíno, na] 形 《地質》等(傾)斜の.

isocromático, ca [isokromátiko, ka] 形 《物理》同色の.

isócrono, na [isókrono, na] 形 《物理》等時性の.

isógono, na [isóɣono, na] 形 《物理》(結晶体が)等角の; 等偏角の.

isómero, ra [isómero, ra] 形 《化学》異姓(体)の.

isométrico, ca [isométriko, ka] 形 ❶ 等大[等積, 等量, 等長]の. ❷ 《鉱物》等軸の. ❸ 《韻律》等格調の.

isomorfo, fa [isomórfo, fa] 形 《化学, 物理》同形の.

isópodo, da [isópoðo, ða] 形 《動物》等脚類の. —— 男 複 《動物》等脚類.

isósceles [isósθeles] 形 《幾何》二等辺の(三角形). —triángulo ～ 二等辺三角形.

isoterma [isotérma] 女 →isotermo.

isotermo, ma [isotérmo, ma] 形 《気象, 物理》等温(線)の. —líneas *isotermas* 等温線.
—— 女 《気象》等温線.

isótono, na [isótono, na] 形 《物理》同中性子核[アイストーン]の.
—— 男 《物理》同中性子核, アイストーン.

isótopo [isótopo] 男 《化学》アイソトープ, 同位元素, 同位体.

isótropo, pa [isótropo, pa] 形 《物理》等方性の.

isquemia [iskémja] 女 《医学》虚血, 乏血.

isquémico, ca [iskémiko, ka] 形 虚血性の.

isquialgia [iskjálɣja] 女 《医学》坐(ざ)骨神経痛.

isquiático [iskjátiko] 形 坐(ざ)骨の.

isquion [ískjon] 男 《解剖》坐(ざ)骨.

Israel [i(s)ráel] 固名 イスラエル(首都エルサレム Jerusalén).

israelí [israelí] 形 (現代)イスラエル(Israel)の.
—— 男女 〖複israelíes〗 イスラエル人.

israelita [israelíta] 形 古代イスラエル(人)の, ヘブライ(人)の.—— 男女 古代イスラエル人, ヘブライ人. 類**hebreo, judío**.

israelítico, ca [israelítiko, ka] 形 古代イスラエルの, ヘブライの.

istmeño, ña [is(t)méɲo, ɲa] 形 ❶ 地峡の. ❷ パナマ地峡の. —— 名 地峡の住民.

ístmico, ca [ís(t)imiko, ka] 形 地峡の.

istmo [ís(t)mo] 男 ❶ 地峡. —— ～ de Panamá パナマ地峡. ❷ 《解剖》峡部.

Italia [itálja] 固名 イタリア(首都ローマ Roma).

italianismo [italjanísmo] 男 イタリア語法; イタリア語からの借用語.

⁑italiano, na [italjáno, na] 形 イタリア(Italia)の, イタリア人[語]の. —Cenamos en un restaurante ～. 私たちはイタリア・レストランで夕食をした.
—— 名 イタリア人.
—— 男 イタリア語. —El ～ actual deriva del dialecto toscano medieval. 現代イタリア語は中世のトスカナ方言から派生している.

Itálica [itálika] 固名 イタリカ(セビーリャ市郊外のローマ遺跡).

itálico, ca [itáliko, ka] 形 ❶ 古代イタリアの. —pueblos ～s 古代イタリア民族. ❷ 《印刷》イタリック体の, 斜字体の.

Itapúa [itapúa] 固名 イタプーア(パラグアイの県).

ítem [íten] [<ラテン] 副 《各項目・章の始めに用いて》同様に, 同じく; さらに.
ítem más さらにまた. —— 男 ❶ 項目, 品目; 個条. ❷ 付加, 付足し. ❸ 《情報》アイテム.

iteración [iteraθjón] 女 繰り返し, 反復. 類**repetición**.

iterar [iterár] 他 を繰り返す, 反復する. 類**repetir**.

iterativo, va [iteratíβo, βa] 形　繰り返しの, 反復の. —verbo 〜 反復動詞.

iterbio [itérβjo] 男 《化学》イッテルビウム(略号: Yb).

itinerante [itinaránte] 形　巡回[移動]する. —una exposición 〜 移動展覧会.

‡**itinerario, ria** [itinerárjo, rja] 形　旅程の, 行程に関する.

—— 男 ❶ 道順. —Seguimos el 〜 que nos habían indicado en la oficina de turismo. 観光局で教えてもらった道順を我々はたどった. ❷ 日程, 旅程, 行程. —Según el 〜 no paramos en Ávila. 旅程表によると我々はアビラでは泊らないようだ.

itrio [itrjo] 男 《化学》イットリウム(略号:Y).

Iturbide [iturβíðe] 固名　イトゥルビーデ(アグスティン・デ Agustín de 〜)(1783-1824, メキシコの軍人・皇帝, 在位 1822-23).

IU 《頭字》(＜Izquierda Unida) 女 《スペイン》左翼連合(共産党を中心とする連合会派).

IVA [íβa] (＜Impuesto sobre el Valor Añadido) 男 《スペイン》付加価値税, 消費税.

Izabal [iθaβál] 固名　(Lago de 〜)イサバル湖(グアテマラの湖).

izar [iθár] [1.3] 他　(旗など)を(綱で高く巻き)揚げる. —〜 la bandera 旗を掲揚する.

izq., **izqda.** 《略号》＝izquierda 左(側).

‡‡**izquierda**[1]　[iθkjérða　イスキエルダ] 女
❶ 左, 左側. —doblar a la 〜. 左折する. Se sentó a mi 〜. 彼は私の左側に座った. A la 〜 hay un banco. 左手に銀行がある. Mantenga su 〜. 左側通行. ❷ 左手. —usar la 〜 左手を使う. Escribe con la 〜. 彼は左手で書く. ❸《政治》左翼, 左派. —Se considera una persona de 〜s. 彼は左翼と思われている. Es uno de los líderes de la 〜 griega. 彼はギリシャの左翼指導者の1人だ.

extrema izquierda 極左.

a izquierda 時計回りと反対に. El tornillo va *a izquierdas*. そのねじは左に回る.

izquierdismo [iθkjerðísmo] 男　左翼性.

izquierdista [iθkjerðísta] 形 《政治》左翼の, 左翼の.

—— 男女　左派, 左翼(主義者).

‡‡**izquierdo, da**[2]　[iθkjérðo, ða　イスキエルド, ダ] 形 ❶ 左の, 左の方の, 左側の. —mano *izquierda* 左手. ojo [ventrículo] 〜 左の目[左心室]. el ala *izquierda* de un edificio 建物の向かって左側. Sintió un dolor agudo en la pierna *izquierda*. 彼は左脚に鋭い痛みを感じた. El restaurante está en el lado 〜 de la calle. レストランはその通りの左側にある. 類 **siniestro**. 反 **derecho**, **diestro**. ❷《政治上》左翼の, 左派の.

levantarse con el pie izquierdo 一日中ついてない, 運のない日だ. Hoy *se ha levantado con el pie izquierdo* y no acierta en lo que hace. 今日彼は一日中運が悪くて, やることがうまく行かない.

—— 名　左利きの人. 類 **zurdo**.

J, j

J, j [xóta] 囡 スペイン語アルファベットの第10字. ドイツ語の 'ch' のような強い音で, 'k' や 'g' に似た要領ながら, 舌面後部をほとんど口蓋垂に付けるように調音される.

¡ja [xá] 間 ❶ ハッハッハ(笑い声). ―Se ha creído lo que le has dicho. *Ja, ja, ja.* 君が言ったことを彼は信じてしまったよ. ハッハッハ. ❷ ふん(疑惑・あざけり・否定などを示す). ―¡*Ja!* No resistirá ni un día sin fumar. ふん! 彼は1日だって禁煙できないよ.

jabado, da [xaβáðo, ða] 形 【中南米】雑色の, まだらの(鶏).

jabalcón [xaβalkón] 男 《建築》筋違い(材).

jabalí [xaβalí] 男 《複 jabalíes》《動物》イノシシ.

jabalina [xaβalína] 囡 ❶ 雌イノシシ. ❷ (狩り・武器用の)もり; 《スポーツ》やり. ―lanzamiento de ~ 《スポーツ》やり投げ.

jabato, ta [xaβáto] 形 ❶ 《比喩》勇敢(大胆不敵)な. 類 atrevido, valiente. ❷ 【中米】短期な; 粗野な. 類 grosero, irascible.
― 男 ❶ 子イノシシ. ❷ 《比喩》勇敢(大胆不敵)な若者.

jábega [xáβeɣa] 囡 ❶ 地引き網. ❷ 小型漁船.

jabeque [xaβéke] 男 ❶ 本柱の沿岸船. ❷ 《話》(顔への)刀傷.

jable [xáβle] 男 (樽などの底板をはめ込む)底溝.

¡jabón [xaβón] 男 石けん. ~ en polvo 粉石けん. ~ de tocador (olor) 化粧石けん. ~ líquido 液体石けん. pompa de ~ シャボン玉. ~ de sastre (裁縫に用いる)チャコ, 石けん石.
*dar*LE *jabón* おべっかを言う. Aborrezco a la gente que *da jabón.* 私はおべっかを言う人が大嫌いだ.
*dar*LE *un jabón* はげしく叱る. El profesor le *ha dado* un buen *jabón* por llegar tarde a clase. 授業に遅刻したので先生は彼をはげしく叱った.

jabonada [xaβonáða] 囡 ❶ 石けんで洗うこと. ❷【南米】叱責. 類 regaño.

jabonado [xaβonáðo] 男 石けん洗い. 類 jabonadura.

jabonadura [xaβonaðúra] 囡 ❶ 石けん洗い. 類 enjabonado, jabonada, jabonado. ❷ 石けんの泡.

jabonar [xaβonár] 他 ❶ を石けんで洗う, …にせっけんをつける. ~ la ropa 衣類をせっけん洗いする. ❷ 厳しく叱る, なぐる.
―*se* 再 = enjabonarse.

jaboncillo [xaβonθíʎo] 男 裁縫用のチャコ. 類 jabón de sastre. ❷ 化粧(薬用)石けん. 類 jabón de tocador. ❸ 《植物》ムクロジ.

jabonera [xaβonéra] 囡 ❶ 石けん箱, 石けん入れ. ❷ 《植物》シャボンソウ.

jabonería [xaβonería] 囡 石けん工場; 石けん屋.

jabonero, ra [xaβonéro, ra] 形 ❶ 石けんの. ❷ 薄黄色の. ―toro ~ 薄黄色の牛.
― 名 石けん工; 石けん商人.

jabonete [xaβonéte] 男 化粧石けん.

jabonoso, sa [xaβonóso, sa] 形 ❶ 石けんを含んでいる. ―agua *jabonosa* 石けん水. ❷ 石けんのような; なめらかな.

Jaca [xáka] 固名 ハカ(スペインの都市).

jaca [xáka] 囡 小馬. ~ de dos cuerpos 普通の馬に近い大きさで, それと同じ仕事ができる小馬.

jácara [xákara] 囡 ❶ 愉快な物語歌. ❷ 民衆舞踊の一種. ❸ 迷惑, 厄介, 腹立たしいこと. 類 molestia, fastidio. ❹ 《比喩》言説, 一席. 類 razonamiento, parrafada. ❺ 《比喩》うそ, 偽り. 類 embuste.

jacarandá [xakarandá] 男 《植物》ジャカランダノキ. ♦熱帯アメリカ産のノウゼンカズラ科ジャカランダ属の木の総称.

jacarandoso, sa [xakarandóso, sa] 形 《話》陽気な, 活気のある; 粋な. 類 alegre, airoso, gracioso, desenfadado.

jacaré [xakaré] 男 【中南米】アメリカワニ. 類 caimán.

jacarear [xakareár] 自 ❶ 愉快な物語歌 (jácara) を歌う. ❷ 騒ぎながら通りを歩く.
― 他 (言うことで)(人)を困らせる, いやがらせをする.

jacarero, ra [xakaréro, ra] 形 陽気な, ひょうきんな, 冗談好きの. ― 男 愉快な物語歌 (jácara) 流し(の人).

jácena [xáθena] 囡 《建築》桁(ケタ), 大梁(ハリ).

Jacinto [xaθínto] 固名 (男性名)ハシント.

jacinto [xaθínto] 男 ❶ 《植物》ヒヤシンス(の花). ❷ 《鉱物》(宝石用の)ジルコン, 風信子鉱.
jacinto de Ceilán 《鉱物》ジルコン, 風信子鉱.
jacinto de Compostela 《鉱物》紅水晶.
jacinto occidental 《鉱物》黄玉, トパーズ. 類 topacio.
jacinto oriental 《鉱物》紅玉, ルビー. 類 rubí.

jaco [xáko] 男 やせ馬. 類 jamelgo.

jacobinismo [xakoβinísmo] 男 ジャコバン主義(フランス革命時のロベスピエールを中心とした急進的思想).

jacobino, na [xakoβíno, na] 形 ❶ 《歴史》ジャコバン党の(フランス革命時, パリのサン・ヤコブ San Jacobo 修道院で結社された秘密結社). ❷ 《比喩》過激革命(共和)主義の. ― 名 ❶ 《歴史》ジャコバン党員. ❷ 《比喩》過激革命(共和)主義者.

jacobita [xakoβíta] 形 ❶ 《宗教》キリスト一性論の. ❷ 《英国史》ジェームズ2世派の.

── 男女 ❶《宗教》キリスト一性論の人. ❷《英国史》ジェームズ２世派支持の人.

Jacobo [xakóβo] 固名《男性名》ハコボ.

jactancia [xaktánθja] 女 自慢, うぬぼれ. 類 **presunción**.

jactanciosamente [xaktanθjósaménte] 副 自慢して, 自慢げに.

***jactancioso, sa** [xaktanθjóso, sa] 形《文》うぬぼれた, 自慢好きの, 高慢な. ─ Tu ~ amigo va por ahí presumiendo por su nueva casa. ほら君の高慢ちきな友達が新しい家を自慢しているよ. 類 **presumido, presuntuoso, vanidoso**.
── 男 うぬぼれ屋, ほら吹き, 高慢な人. ─ Los ~s aburren con sus alardes. うぬぼれ屋は見栄を張って人をうんざりさせる.

‡**jactarse** [xaktárse] 再〖＋de を〗自慢する, 誇りにする, 鼻にかける. ─ Ella siempre *se jacta* de tener un hijo muy inteligente. 彼女はいつも非常に頭のよい息子を持っていることを鼻にかけている. *Se jacta* de sus conocimientos. 彼は自分の知識を自慢している. 類 **enorgullecerse, presumir, vanagloriarse**.

jacuzzi [jakúsi] 男 ジャグジー.

‡**jade** [xáðe] 男《鉱物》ヒスイ(翡翠).

jadeante [xaðeánte] 形 あえいでいる, 息を切らした. ─ respiración ～ あえぎながらの呼吸.

jadear [xaðeár] 自 あえぐ, 息を切らす. ─ llegar *jadeando* 息を切らして到着する.

jadeo [xaðéo] 男 あえぎ, 息を切らすこと.

Jaén [xaén] 固名 ハエン(スペインの市).

jaenés, nesa [xaenés, nésa] 形 ハエン(スペイン南部, グラナダ北北西方の州・都市)の.
── 名 ハエン人.

jaez [xaéθ] 男 ❶《主に複》(装飾的な)馬具, 馬飾り. 類 **aderezo, guarnición**. ❷《比喩》(主に悪い性質; 種類. ─ No te mezcles con gente de ese ~. そんな性質の人たちと付き合うな. 類 **índole, ralea**.

jaguar [xaɣwár] 男《動物》ジャガー, アメリカヒョウ(南米産の大豹).

jagüel [xaɣwél] 男《中南米》→jagüey.

jagüey [xaɣwéi] 男《中南米》池, 堀; 水ため.

jaiba [xáiβa] 女《中南米》(海川の)カニ.

Jaime [xáime] 固名《男性名》ハイメ. ❷ (~ I, el conquistador) ハイメ１世征服王(1208-76, アラゴン王, 在位 1214-76).

jaique [xáike] 男 モーロ人の全身服の一種(寝間着・日用着).

Jalapa [xalápa] 固名 ハラパ(メキシコの都市).

jalapa [xalápa] 女《植物》ヤラッパ(メキシコ原産のツル草); その根(下剤用).

jalar [xalár] 他 ❶ を引く, 引っ張る. ❷ を(むしゃむしゃ)食べる. ─ Tenía tanta hambre que se lo *jaló* todo en un instante. 彼は非常に空腹だったので, それを全部あっという間に平らげてしまった. ❸〖中南米〗立ち去る.

jalbegar [xalβeɣár] [1.2] 他 ❶ (壁に)白色[石灰]塗料を塗る. 類 **encalar, enjalbegar**. ❷ (顔に)白粉(おしろい)で化粧する.
── se 再 白粉[化粧]する.

jalbegue [xalβéɣe] 男 ❶ 白色[石灰]塗料(を塗ること). ❷《比喩》白粉(おしろい).

jalea [xaléa] 女 ❶ ゼリー. ❷《薬学》ゼリー状の糖衣薬品.
hacerse una jalea (色恋や親切で)ひどくべたべたした態度をとる.

jalear [xaɾeár] 他 ❶ (歌ったり踊ったりしている人たち)をはやし立てる, 喝采(かっさい)する. ❷ (人)を大げさに盛り立てる, 活気づける. ─ Le jaleaban para que se tirara de cabeza al río. 彼は頭から川に飛び込むようにあおられた. ❸ (狩りで)(犬)をけしかける.

jaleo [xaléo] 男 ❶ 騒ぎ; 混乱. ─ armar ~ 騒ぎを起こす, 騒ぎ立てる. un ~ de cifras y letras ごちゃまぜの数字と文字. ❷ 口論, けんか. ─ Tuvieron un ~ gordo con motivo de la venta de su terreno. 彼らは土地の売却をめぐって大げんかした. ❸ アンダルシアの民族舞踊; その歌.
armarse ... un jaleo 混乱する; 間違える.

jalifa [xalífa]〖califa (マホメットの後継者)の異形〗男 (旧スペイン保護領)モロッコの代官, 副総督.

jalifato [xalifáto] 男 ❶ jalifa の職・地位; その治世. ❷ jalifa の管区.

Jalisco [xalísko] 固名 ハリスコ(メキシコの州).

jalón [xalón] 男 ❶《測量》標柱, 標杭. ❷《比喩》(歴史・人生の)画期的事件.

jalonar [xalonár] 他 ❶《測量》に標柱[標杭]を立てる. ❷《比喩》(歴史・人生の時期)を画する. ─ los acontecimientos más importantes que *jalonan* su vida 彼の生涯を画する最重要な事件.

Jamaica [xamáika] 固名 ジャマイカ(首都キングストン Kingston).

jamaicano, na [xamaikáno, na] 形 ジャマイカ(島)の. ── 名 ジャマイカ人.

jamar [xamár] 他《まれ》=comer.
── se 再《話》=comerse.

***jamás** [xamás ハマス] 副 ❶ 決して…ない, 少しも[まったく, 絶対に]…ない, どんなときでも…ない. ─ *J*~ te dejaré de querer. これから決して君を捨てることはない. Prometió que ~ volvería a beber. 彼は決して二度と飲まないと約束した. ¿Por qué no le pides perdón? ─*j*~! どうして彼に許しを請わないのだ. ─絶対にするものか.
類語 **nunca**. jamás は nunca と同義だが, これよりも強意的. nunca jamás と重ねて用いることもある. 〖否定文で動詞の前にも後にも位置するが, 後に置く場合は no その他別の否定語が動詞の前に必要: Jamás le he visto./No le he visto jamás.〗 ❷〖疑問文, 最上級の後の関係詞などで〗いつか, かつて, これまでに. ─ ¿Has visto ~ una cosa parecida? 君はこんなことを今までに見たことがあるかい. Es la mejor película que ~ se haya hecho en este país. それはこの国でかつて作られた中で最上の映画だ.
(en el) jamás de los jamases 《話》絶対に…ない, 決して決して…ない. *En el jamás de los jamases* permitiré que ella entre en mi casa. 彼女がわが家に入ることは今後絶対に認めるものか.
jamás en la vida 決して…ない, これまでに全然…ない. No he visto *jamás en la vida* una persona tan desagradable. 私はこれまでにこんな不愉快な人間を全然見たことがない.
nunca jamás →nunca.
por [para] siempre jamás 永久に, いつまでも. *Por siempre jamás* le estaré agradecido. 私はいつまでも彼に感謝するでしょう. No me casaré con él *por siempre jamás*. 彼と結婚することはこ

れからも絶対ない.

jamba [xámba] 囡 〖建築〗(戸・窓などの)側柱, 抱(￪), わき柱.

jambaje [xambáxe] 男 〖建築〗(戸・窓などの)側柱と楣(￪).

jamelgo [xamélɣo] 男 やせ馬.

‡**jamón** [xamón] 男 ❶ ハム, (豚の)もも[大腿]肉. —~ crudo 生ハム. ~ curado 熟成生ハム. ~ de pato curado カモの熟成ハム. ~ en dulce 白ワインで煮たハム. ~ serrano ハモン・セラーノ(塩漬け乾燥熟成生ハム). ~ de York ヨーク・ハム(ゆでた骨皮付き燻製). huevos fritos con ~ ハム・エッグ. ~ de pata negra [ibérico] ドングリだけで育てたブタのハム.
¡Y un jamón! / ¡Y un jamón con chorreras! (拒否の表現)いやなこだ, 絶対…ではない. Le dije que me ayudaras un rato, y me contestó: *"¡Y un jamón!"* 私が彼にちょっと手伝ってくれと言うと彼は「いやなこった」と答えた.

jamona [xamóna] 形 〖女性形のみ〗《俗》(特に肉づきの良い)年増の; 中年太りした.
—— 囡 《俗》(太めの)年増(女); 中年太りした女.

jangada [xaŋɡáða] 囡 ❶ 〖航海〗いかだ. ❷ どじ, へま; ばかげたこと.

jansenismo [xansenísmo] 男 ヤンセン主義. ◆オランダの神学者 Cornelio Yansen (1581–1638) の教義で, 厳格なカトリックの一派. イエズス会の教義に敵対した.

Japón [xapón] 固名 日本(首都東京 Tokio).
—— Mar de ~ 日本海.

‡‡**japonés, nesa** [xaponés, nésa ハポネス, ネサ] 形 日本(Japón)の, 日本人[語]の. — Los productos ~*es* se venden por todo el mundo. 日本製品は世界中で売られている.
—— 名 日本人. — Los ~*es* tenemos fama de trabajar demasiado. われわれ日本人は働き過ぎるという評判である.
—— 男 日本語. — La pronunciación en ~ no es difícil para los hispanohablantes. 日本語の発音はスペイン語圏の人にはむずかしくない.

jaque [xáke] 男 ❶ (チェスの)王手. —¡~ al rey! 王手. dar jaque (mate) al rey 王手をかける. 類 **mate**. ❷ からいばりや.
tener [poner, traer] en jaque (a …) 《比喩》(人)を脅しつけておく, 不安にさせておく.

jaquear [xakeár] 他 ❶ (チェスで)(相手の王)を詰める. ❷ (敵)を追い詰める.

jaqueca [xakéka] 囡 ❶ 偏頭痛. 類 **migraña**. ❷ 《比喩》うるささ, 厄介, 面倒.
dar jaqueca (ぐずぐず言い張って)(人)をうんざりさせる. No me *des* más *jaqueca* con ese problema. その問題で悩ませるのはもうやめてくれ.

jáquer [xáker] 男 〖情報〗ハッカー.

jaquetón [xaketón] 男 ❶ からいばりや, ほら吹き. ❷ 〖動物〗サメ(鮫)の一種.

jáquima [xákima] 囡 (馬具の)おもがい.

jara [xára] 囡 ❶ 〖植物〗コジアオイ, シスト. 類 **cisto**. ❷ (先端をとがらせ焼いた)投げ棒.

jarabe [xaráβe] 男 ❶ シロップ, 糖蜜(½); シロップ剤. —~ contra la tos 咳(½)止めシロップ. ❷ 甘ったるい飲み物.
jarabe de palo 《比喩, 話》(仕置きに)たたく[なぐる]こと.
jarabe de pico 《比喩, 話》無駄口; 空約束. Tiene mucho *jarabe de pico*. 彼はとても口がうまい.
jarabe tapatío メキシカン・ハットダンス(代表的な民俗舞踊).

jaral [xarál] 男 ❶ コジアオイの茂み. ❷ 《比喩》もつれた[粉糾・錯綜した]もの・こと.

jaramago [xaramáɣo] 男 〖植物〗カキネガラシ.

jarana [xarána] 囡 ❶ お祭り騒ぎ, ばか騒ぎ. —estar de ~ ばか騒ぎしている. ir de ~ ばか騒ぎする[してまわる]. ❷ けんか騒ぎ, 乱闘. —armar ~ けんか騒ぎを起こす. ❸ わめき声, 歓声. —armar ~ わめき声を上げる. ❹ 《話》計略, ぺてん. 類 **trampa**.

jaranear [xaraneár] 自 ばか騒ぎする[してまわる], 浮かれ騒ぐ.

jaranero, ra [xaranéro, ra] 形 お祭り騒ぎの好きな, 浮かれ騒ぎのお好きな.

jaranista [xaranísta] 形 〖中南米〗→ jaranero.

jarcia [xárθja] 囡 ❶ 〖主に 複〗〖船舶〗索具(帆・帆柱・ロープ類一式). ❷ 漁具. ❸ 《比喩, 話》ごたまぜ.

‡**jardín** [xarðín ハルディン] 男 ❶ 庭, 庭園; 公園. — Vamos a dar un paseo por el ~. 庭園を散歩しよう. ~ botánico 植物園. ~ de (la) infancia/〖南米〗~ de infantes 幼稚園. ~ zoológico (= parque zoológico) 動物園.
❷ (船の)トイレ.
❸ (エメラルドの)くもり.
❹ 〖野球〗外野; 〖米〗外野(全体).

jardinaje [xarðináxe] 男 〖中南米〗造園術; 園芸. 類 **jardinería**.

jardinería [xarðinería] 囡 造園術, 園芸, ガーデニング.

‡**jardinero, ra** [xarðinéro, ra] 名 ❶ 庭師, 園丁, 造園家. — El ~ me dio una rosa preciosa. 庭師は私にすてきなバラを一輪くれた. ❷ 〖野球〗外野手. —~ centro センター, 中堅手. ~ derecho ライト, 右翼手. ~ izquierdo レフト, 左翼手.
a la jardinera (肉料理などに調理した)野菜を添えた. ternera *a la jardinera* 仔牛の温野菜添え.
—— 囡 ❶ 女性園芸家[庭師]; 庭師の妻. ❷ 植木箱[鉢], プランター, 台台, 盆栽棚(½). —~ de barro [de madera] 素焼きの[木製]プランター. ❸ (路面電車の)納涼車.

jareta [xaréta] 囡 ❶ (ひもを通すための)縫いひだ. ❷ (服の装飾用の)ひだ, ギャザー. ❸ 〖船舶〗(帆の締め綱). ❹ 〖海軍〗(敵の侵入を防ぐ)防衛柵(¹¹), 防衛網.

jarope [xarópe] 男 ❶ シロップ, 糖蜜(½). 類 **jarabe**. ❷ 《比喩, 話》まずい飲み物.

jarra [xára] 囡 ❶ (取っ手付きの)水差し, 壺(￪). ❷ (ビール用)ジョッキ.
en [de] jarras 両手を腰に当てひじを張って.

jarrazo [xaráθo] 男 ❶ 〈jarra〉 ❶ 大水差し, 大水壺. ❷ 水差しでの殴打.

jarrete [xaréte] 男 ❶ (特に肉牛の)脛(½)肉. ❷ ひかがみ(膝の後ろのくぼみ).

jarretera [xaretéra] 囡 靴下留め, ガーター. — Orden de la J~ (イギリスの)ガーター勲位.

jarro [xáro] 男 ❶ (取っ手のある)水差し, 壺(፫ぽ). —Nos bebimos varios ~s de vino. 私たちは壺に入ったワインを何本か飲んでしまった. 類 **jarra**. ❷ 水差しに入る量.
a jarros 大量に. 類 *a cántaros*.
un jarro de agua fría 幻滅, 失望. *recibir un jarro de agua fría* がっかりする, 幻滅を味わう. *echar un jarro de agua fría sobre* …(人)をがっかりさせる[失望させる].

jarrón [xarón] [<jarro] 男 ❶ 壺(፫ぽ), かめ. ❷ 飾り壺. —un ~ de flores 花びん.

Jartum [xartún] 固名 ハルツーム(スーダンの首都).

jaspe [xáspe] 男 〖鉱物〗碧玉(ピ゚ょく).

jaspeado, da [xaspeáðo, ða] 形 碧玉(ピ゚ょく)模様の; まだらの, ぶちの.
—— 男 碧玉模様をつけること.

jaspear [xaspeár] 他 に碧玉(ピ゚ょく)模様をつける; をまだら模様にする. ~ ~ la pared de rojo y blanco 壁を赤と白でまだら模様にする.

jato, ta [xáto, ta] 名 子牛. 類 **ternero**.

‡**jaula** [xáula] 女 ❶ 鳥かご, おり. —Es peligroso acercarse a la ~ de los leopardos. ヒョウのおりに近づくのは危険だ. ❷ (ガラス, 陶器類を運ぶ)梱包の木わく. —Necesitarán una gran ~ para transportar la estatua. 彼らはその像を運ぶのに大きな木わくが必要だった. ❸ 〖話〗監獄, 牢獄. —Pasará en la ~ el resto de su vida. 彼は残りの人生を牢獄の中で過ごすだろう. 類 **cárcel**, **prisión**. ❹ 〖闘牛〗(牛がリングに出る前に入れておかれる)囲い場(=toril).

jauría [xauría] 女 一隊の猟犬.

javanés, nesa [xaβanés, nésa] 形 ジャワ(Java)人. —— 名 ジャワ人. —— 男 ジャワ語(ジャワ・スマトラで話されるマライ・ポリネシア語).

Javier [xaβiér] 固名 ❶ ハビエル[ザビエル](フランシスコ ~)(1506-52, スペインのイエズス会の宣教師). ❷ 〖男性名〗ハビエル.

jayán, yana [xaján, jána] 名 ❶ 大柄の力持ち; 巨人. ❷ いなか者.

‡**jazmín** [xaθmín] 男 〖植物〗ジャスミン, ソケイ(モクセイ科の低木). —— de España [real] オオバナソケイ, タイワンソケイ.

jazz [jáθ, jás] [<英] 男 ジャズ(北米の黒人起源の音楽).

jebe [xéβe] 男 ❶ 〖化学〗明礬(ミョョ゚). 類 **alumbre**. ❷ 〖中南米〗ゴム. 類 **caucho**.

jedive [xeðíβe] 男 (1867-1914年にトルコが与えた)エジプト総督[太守]の称号.

jeep [jí(p)] [<英] 男 ジープ(小型の馬力の強い自動車).

jefa [xéfa] 女 →jefe.

‡**jefatura** [xefatúra] 女 ❶ (公的機関の)本部, 司令部, 本署; 警察署. 警察本部. —— de tráfico 交通署. La J~ Superior de Policía de Barcelona バルセロナ警察本部. ❷ 長[首長, 指導者](jefe)であること; 長[首長, 指揮者]の地位[職務], リーダーシップ. —Dimitió de su ~ de la empresa. 彼は社長を辞めた. En España, el Rey ostenta la J~ del Estado. スペインでは王が国家元首の地位にある. ❸ 指揮, 指導. —bajo la ~ de …の指揮[指導]のもとで.

‡**jefe, fa** [xéfe, fa] ヘフェ, ファ 名 ❶ 長, 上司, 局部, 課, 所長. —Nuestro nuevo ~ nos da mucho más traba-jo que el anterior. 今度の上司は以前の人よりもずっとたくさんの仕事を我々にさせる. La han nombrado jefa de la sección de personal. 彼女は人事課の課長に任命された. ❷ 頭(ぷら), 首長; 隊長. —El ~ de la oposición pronunció un discurso flojo y aburrido. 野党の党首はまとまりのない退屈な演説をした. ~ de estación 駅長. ~ de Estado 国家元首. J~ del Estado Mayor del Ejército 陸軍参謀総長. ~ de familia 家長. ~ del gobierno 首相, 総理大臣. ~ de negociado 課長. ~ de ventas 営業部長.
en jefe 首席の, 総….*comandante [redactor] en jefe* 総司令官[編集長].

Jehová [xeoβá] 固名 《聖書》エホバ.

jején [xexén] 男 〖中南米〗〖虫類〗ブヨ; カ(蚊).

jengibre [xenxíβre] 男 〖植物〗ショウガ; ショウガの根茎.

jenízaro, ra [xeníθaro, ra] 形 ❶ 混合した. 類 **mezclado**. ❷ 〖中南米〗混血の.
—— 男 古代トルコ王の近衛歩兵.

jeque [xéke] 男 (回教国ないし東洋の国の)知事; 首長, 族長. —un ~ árabe アラブの首長.

jerarca [xerárka] 男 (組織の)高位の人; 《宗教》教主; 高僧.

‡**jerarquía** [xerarkía] 女 ❶ 階級, 階層(制度・組織), 教会制度(カトリック教会などの聖職者の位階制). —Se elevó rápidamente en la ~ eclesiástica. 彼は急速に教会の高い階級に昇っていった. El rectorado es la máxima ~ en la universidad. 学長職は大学では最高の地位である. ~ social [angélica] 社会[天使の]階級. ❷ 高位の人. —Le recibieron el Presidente y las altas ~s del gobierno. 彼は大統領や政府の高官に迎えられた.

jerárquico, ca [xerárkiko, ka] 形 階級による; (聖職)位階制の. —organización *jerárquica* 階級組織.

jerbo [xérβo] 男 〖動物〗(北アフリカの)トビネズミ.

jeremiada [xeremiáða] 女 おおげさな悲嘆.

jeremías [xeremías] 男女 〖単複同形〗いつも嘆いている人, 愚痴っぽい人.

jerez [xeréθ] 男 シェリー酒(スペイン南部 Jerez de la Frontera, Puerto de Santamaría と Sanlúcar de Barraneda 産の白ブドウ酒).

jerezano, na [xereθáno, na] 形 ヘレス(Jerez)の. —— 名 ヘレス人.

Jerez de la Frontera [xeréθ ðe la frontéra] 固名 ヘレス・デ・ラ・フロンテーラ(スペインの都市).

jerga¹ [xérɣa] 女 ❶ 隠語(特定の社会的グループだけが使う語). —~ de los estudiantes 学生用語. 類 **germanía**. ❷ わけのわからないおしゃべり, たわごと. 類 **jerigonza, galimatías**.

jerga² [xérɣa] ❶ 粗ラシャ. ❷ わらぶとん.

jergón [xerɣón] 男 ❶ わらぶとん. ❷ 《比喩》体に合わない出来の悪い服. ❸ 《比喩》太って愚鈍な人.

jerguilla [xerɣíja] 女 サージ状の布.

jerigonza [xeriɣónθa] 女 ❶ わけのわからない言葉, たわごと. 類 **galimatías, jerga**. ❷ 隠語. —hablar en ~ 隠語を使って話す. 類 **jerga**. ❸ 妙な(滑稽な)ふるまい.

jeringa [xerínɡa] 女 ❶ 注射器; 洗浄器; 注入

1146 jeringador

器. —— **de engrase** 潤滑油差し. ❷『中南米』迷惑, 厄介, うるさいこと.

jeringador, dora [xeringaðór, ðóra] 形 『中南米』うるさい, 迷惑な, 厄介な.

jeringar [xeringár] [**1.2**] 他 ❶ ❶ を注射する; …に注入する. ❷《比喩, 俗》(人)を困らせる, に迷惑をかける. 類 **fastidiar**.

—— **se** 再 《人が》迷惑[被害]を受けても我慢する.

jeringazo [xeringáθo] 男 ❶ 注射; 注入. ❷ 注射[注入]液.

jeringuilla [xeringíja] 女 ❶ 小さな注射器. ❷『植物』ばいかうつぎ.

Jerjes [xérxes] 固名 (~ I) クセルクセス 1 世(アケメネス朝ペルシャの王, 在位前 486-465).

jeroglífico, ca [xeroɣlífiko, ka] 形 (特に古代エジプトの)象形文字の.

—— 男 ❶ 象形文字. ❷ 絵文字当て.

Jerónimo [xerónimo] 固名 《男性名》ヘロニモ.

jerónimo, ma [xerónimo, ma] 形 《宗教》聖ヒエロニムス隠修団の.

—— 男複 聖ヒエロニムス隠修団.

Jersey [xerséi] 固名 (Isla ~) ジャージー島(イギリス領).

‡**jersey** [xerséi] 男[複 **jerseys, jerseis**] セーター. —— **Ponte el ~, que hace frío.** 寒いからセーターを着なさい. 類 **suéter**.

Jerusalén [xerusalén] 固名 エルサレム(イスラエルの首都).

Jesucristo [xesukrísto] 固名 《聖書人名》イエス・キリスト(= Jesús).

‡**jesuita** [xesuíta] 男 ❶ (カトリック教会の)イエズス会士. ◆16 世紀に San Ignacio de Loyola が創設(→Compañía de Jesús).

—— 形 ❶ イエズス会士の, イエズス会の. **convento** —— **イエズス会の修道院**. ❷《話》偽善的な, ずるい, 抜け目のない. 類 **astuto, hipócrita**.

—— 男女 《話, 軽蔑》偽善者, ずる賢い人. 類 **disimulado, hipócrita**.

jesuítico, ca [xesuítiko, ka] 形 ❶ イエズス会の. ❷《比喩》偽善的な. 類 **disimulado, hipócrita**.

‡**Jesús** [xesús ヘスス] 男 ❶《聖書人名》イエス(キリスト)(= Jesucristo, 前 4?-後 30?; →Cristo). —— **la Compañía de ~**《カトリック》イエズス会 (Ignacio de Loyola が 1534 年に創設した修道会). **El Niño ~** 幼子イエス(像). **~ Nazareno** ナザレのイエス. ❷《男性名》ヘスース. ◆男子の洗礼名. Chucho, Jesusín はその愛称.

—— 間 ❶ (くしゃみをした人に)お大事に(= ¡Salud!). —¡Achís!—¡~!—¡Gracias! ハクション—お大事に!—どうもありがとう! ❷《古語的》えっ!, ああ!, おやおや!, あれまあ!, やれやれ!(驚き・喜び・落胆・不快・苦痛などの感嘆表現. 普通は女性言葉). —**i~, qué susto me has dado!** まあ驚いた! **i~, ya son las diez!** おやまあ, もう 10 時だ.

con el Jesús en la boca びっくり(仰天)して.

en un (decir) Jesús 《話》あっという間に, 即座に (= en un decir amén).

Hasta verte, Jesús mío.《戯》乾杯!

¡Jesús, María y José!/¡Jesús mil veces! (驚き・感嘆・悲嘆・苦痛・抗議などを表わす)うわっ, まあ, へえ, おやおや, とんでもない.

sin decir Jesús 急に, 突然, 出し抜けに. **morir sin decir Jesús** 急死する.

jeta [xéta] 女 ❶《豚の》鼻面. ❷《話》(人の)とんがり口. ❸《話》顔. —**Le voy a romper la ~.** 奴の顔をぶん殴ってやる. ❹《話》ふくれ面. —**Hoy tiene [está de] ~.** 今日彼は仏頂面をしている. ❺ 厚顔無恥, 厚かましさ.

jetón, tona [xetón, tóna] 形 →jetudo.

jetudo, da [xetúðo, ða] 形 口をとがらせた, ふくれ面の.

jíbaro, ra [xíbaro, ra] 形 ❶ 『中南米』いなかの. ❷ ヒバロ族の.

—— 名 ヒバロ族. ◆人間の頭部を小さく縮めてミイラを作ることで知られるエクアドルおよびペルーのインディオ部族.

jibia [xíbia] 女 《動物》(甲のある)イカ. 類 **sepia**.

jibión [xibión] 男 イカの甲.

Jibuti [xibúti] 固名 →Yibuti.

jícara [xíkara] 女 チョコレート用コップ.

jicarazo [xikaráðo] 男 ❶ チョコレート用コップでなぐること. ❷ 毒を盛ること.

dar jicarazo《比喩, 話》手早く事を処理する.

jicote [xikóte] 男 『中南米』《虫類》(ホンジュラスの)大スズメバチ.

jiennense [xie(n)nénse] 形 →jaenés.

jifero, ra [xiféro, ra] 形 屠殺(場)の.

—— 男 ❶ 屠殺人. 類 **matarife**. ❷ 屠殺用の大包丁.

jigote [xiɣóte] 男 バター風味のひき肉料理. 類 **gigote**.

jilguero [xilɣéro] 男 《鳥類》ゴシキヒワ.

jilote [xilóte] 男 『中南米』まだ実りきっていないとうもろこし.

Jiménez [ximéneθ] 固名 ヒメネス(フアン・ラモン Juan Ramón ~)(1881-1958, スペイン・詩人, 1956 年ノーベル文学賞受賞).

jinense [xinénse] 形 →jaenés.

jineta [xinéta] 女 ❶ 《動物》ジャコウネコ. 類 **gineta**. ❷ 競馬用の乗り方. —**montar a la ~** あぶみを短くしてひざを曲げて乗馬する. ❸ 女性騎手; 婦人馬術家.

‡**jinete** [xinéte] 男 ❶ 騎手, 乗馬者. —**Es el mejor ~ del club.** 彼は乗馬クラブで最もすぐれた騎手だ. ❷ 乗用馬. 類 **sarabreed**.

jinetear [xineteár] 自 馬を乗りまわす.

jingoísmo [xingoísmo] 男 強硬外交政策(論), (愛国的)主戦論, 盲目的愛国主義.

jingoísta [xingoísta] 形 強硬外交論の, 盲目的愛国主義の.

—— 男女 強硬外交論者; 盲目的愛国主義者.

jinjol [xínxol] 男 《植物》ナツメ(の実). 類 **azufaifa**.

jinjolero [xinxoléro] 男 《植物》ナツメの木. 類 **azufaifo**.

jipi [xípi] 男 ❶ パナマ帽. 類 **jipijapa**. ❷《<英 hippie》ヒッピー族の人『hippy とも書く』.

jipijapa [xipixápa] 女 パナマ帽の材料にするタコノキの葉から取る繊維. 類 **panamá**.

jira [xíra] 女 ❶ 布の破れ切れ[細長い切れ]. 類 **jirón**. ❷ 遠足, ピクニック. —**ir de ~ campestre** ピクニックに出かける. ❸ 周遊旅行. —**hacer una ~ por España** スペインを周遊する. ❹ 巡回; 公演旅行, 巡業. —**~ artística** 演奏旅行など. 類 **gira**.

jirafa [xiráfa] 女 《動物》キリン, ジラフ.

jirón [xirón] 男 ❶ (布や衣服の)破れ切れ. — hacer *jirones* ずたずたにする. un vestido hecho *jirones* ぼろぼろになった服. 類 **desgarrón**. ❷《比喩》断片. — un jirón de mi corazón 私の心の断片. 類 **pedazo**. ❸ 先のとがった旗.

jitomate [xitomáte] 男 『《中南米》《植物》』トマト.

jiu-jitsu [jújitsu, jujitsu] 男〈＜日〉柔術, 柔道.

JJ. OO. 《略号》= Juegos Olímpicos オリンピック大会.

Joaquín [xoakín] 固名 《男性名》ホアキン.

jockey [jóki, jókei, xóki, xókei]〈＜英〉男 競馬騎手, ジョッキー.

jocosamente [xokósaménte] 副 こっけいに, おかしく, ひょうきんに.

jocoserio, ria [xokosério, ria] 形 まじめでこっけいな; 悲喜劇的な. — una novela *jocoseria* 悲喜劇的な小説. 類 **tragicómico**.

jocosidad [xokosiðá(ð)] 女 ❶ ユーモア, こっけい, おかしみ. ❷ 冗談. — decir una ～ ひょうきんなことを言う. 類 **broma, chiste**.

jocoso, sa [xokóso, sa] 形 ユーモラスな, こっけいな, ひょうきんな. — hacer una cosa *jocosa* ひょうきんなまねをする. 類 **gracioso, chistoso, humorístico**.

jocundidad [xokundiðá(ð)] 女 陽気, 快活.

jocundo, da [xokúndo, da] 形《文》(人や物事が)陽気な, 快活な. 類 **alegre**.

joder [xoðér] 他《卑》❶ 性交する. ❷ うんざりさせる, いらいらさせる. 類 **molestar**. ❸ 台無しにする, 駄目にする. ❹ 盗む. 類 **robar**.
——*se* 再 台無しになる. —Con la lluvia *se ha jodido* la fiesta. 雨でパーティーは台無しになった.
—— 間 ちくしょう, なんてことだ.

jodido, da [xoðído, ða] 過分 形《卑》❶ うんざりした, 不快な. ❷ 救いがたい.

Johannesburgo [xoanesβúryo, joanesβúryo] 固名 ヨハネスブルグ(南アフリカの都市).

jolgorio [xolyórjo] 男 お祭り騒ぎ, ばか騒ぎ.

Jonia [xónia] 固名 イオニア(小アジア西岸付近のエーゲ海の島を指す古称).

jónico, ca [xóniko, ka] 形 ❶ イオニア(Jonia)の. — Mar ～ イオニア海. ❷《建築》イオニア式の.

Jordania [xorðánja] 固名 ヨルダン(首都アンマン Amman).

Jorge [xórxe] 固名《男性名》ホルヘ.

***jornada** [xornáða] 女 ❶ (1日分の)労働, 労働時間. —Estos obreros tienen una ～ (laboral) de ocho horas. これらの労働者は1日8時間働く. ❷ (活動期間としての)1日, 1日分(1日分の)の旅程[行程]. —la primera ～ del congreso 会議の初日. De Madrid a Salamanca sólo hay una ～ de camino. マドリードからサラマンカへはたった1日分の行程しかありません. ❸《比喩》人の一生, 生涯. — Carlos V pasó los últimos años de su ～ en el monasterio de Yuste. カルロス5世は晩年ユステの修道院で過ごした. ❹ 1日(24時間). — los sucesos más destacados de la ～ 1日のうちで最も目立った出来事. 類 **día**. ❺ 複 講習会. — Se han inaugurado las ～*s* sobre el medio ambiente. 自然環境に関する講習会が開かれた.

a grandes jornadas 大急ぎで.
jornada intensiva 集中労働時間方式, 無休連続労働時間方式.
media jornada パートタイム. trabajo a [de] *media jornada* パートタイムでの仕事.

‡**jornal** [xornál] 男 ❶ 日給. —Gasta casi la mitad del ～ en el juego. 彼は日給のほとんど半分を賭け事に費やしている. ❷ (1人1日分の)労働時間. — Para terminar la siega harán falta otros trescientos ～*es* más. 刈り入れを終えるのにはさらに300日分の労力が要るだろう.

a jornal 日給で, 日雇いで. Hay muchos obreros que trabajan *a jornal*. 日雇いで働く労務者が多い. trabajo *a jornal* 日雇いの仕事.

***jornalero, ra** [xornaléro, ra] 名 (主に農場の)日雇い労働者. — los ～*s* de la vendimia ブドウ収穫期の日雇い労働者. 類 **bracero**.
—— 形 日雇い農場労働者の. — clase *jornalera* 日雇い農場労働者階級.

joroba [xoróβa] 女 ❶ (背中の)こぶ, 出っぱり, ふくらみ. ❷《話》厄介, わずらわしさ.

jorobado, da [xoroβáðo, da] 過分 形 ❶ 背中の湾曲した. ❷ 厄介な, わずらわしい.
—— 名 背中の湾曲した人.

jorobar [xoroβár] 他《話》をうんざり[いらいら]させる. ——*se* 再 我慢する, あきらめる.

José [xosé] 固名 ❶《聖書人名》ヨセフ(マリアの夫). ❷《男性名》ホセ.

Josefa [xoséfa] 固名《女性名》ホセーファ.

‡**jota**¹ [xóta] 女 ❶ 文字jの(名称). ❷『否定文で』少しも…ない(ni, una, ni, una に続くことが多い). —No entiendo ni ～ de pintura. 私は絵画のことはさっぱり分かりません. No se veía una ～. 何も見えなかった. sin faltar una ～ 何一つ欠けることなく.

***jota**² [xóta] 女 ホータ(Aragón を中心とし Valencia, Navarra 地方にもある民謡, 舞踊). — Los aragoneses cantan y bailan la ～ durante las fiestas del Pilar. アラゴン人はピラールの祝祭の間ホータを歌ったり踊ったりする.

Jovellanos [xoβejános] 固名 ホベリャーノス(ガスパール・メルチョール・デ Gaspar Melchor de ～) (1744-1811, スペインの政治家・劇作家).

****joven** [xóβen ホベン] 形〖複〗*jóvenes* 若い, 若々しい, 新しくできた. —Es tres años más ～ que yo. 彼は私より3歳年下だ. De ～ estudió en Inglaterra. 彼は若い頃英国で勉強した. Ya era ministro a la edad de treinta años. 彼は30才という若さで大臣であった. Es un club ～. それは出来て間もないクラブだ. Se conserva ～ para su edad. 彼は年令のわりには若々しい.
—— 男女 青年, 若者, 娘. —Hoy ha venido una ～ preguntando por ti. 今日おまえのことをたずねて娘さんがやって来たよ.

***jovenzuelo, la** [xoβenθuélo, la] 〈＜joven〉形 とても若い, まだ若い.
—— 名 若者, 少年, 少女.

jovial [xoβjál] 形 陽気な; 快活な.

jovialidad [xoβjaliðáð] 女 陽気さ; 快活さ.

‡**joya** [xója] 女 ❶ 宝石(類), 宝石の入った装身具. —Ella anda siempre con muchas ～*s* puestas. 彼女はいつもたくさん宝石を身につけている. 類 **alhaja**. ❷ 大切な人[物], 宝物. —Este libro es una ～ porque sólo se conservan

1148 joyería

otros dos ejemplares en el mundo. この本はお宝だ。世界でもう二冊残っているだけだから． Tiene una hija que es una ~. 彼女は(まるで宝物みたいに)すばらしい娘がある．

:**joyería** [xojería] 囡 ❶ 宝石商, 宝石店. —Su padre es propietario de una ~. 彼の父は宝石店の経営者である． La ~ española goza de fama en el mundo. スペインの宝石商は世界でも名高い． ❷『集合的』宝石類, 貴金属. —De toda la ~, el diamante es la piedra que más atrae a las mujeres. あらゆる宝石類の中でダイアモンドが最も女性を魅惑する石である．

:**joyero, ra** [xojéro, ra] 图 宝石商人, 宝石細工師. —Es un famoso ~ que aprendió el arte en Italia. 彼はイタリアで技術を学んだ有名な宝石細工師だ． ❷ 宝石箱．

Juan [xuán] 固名《男性名》フアン．
Juana [xuána] 固名《女性名》フアナ．
Juana de Arco [xuána ðe árko] 固名 ジャンヌ・ダルク(1412-31, フランスの愛国者)．
Juan Manuel [xuám manuél] 固名 フアン・マヌエル(ドン Don ~)(1282-1349?, スペインの作家・政治家・武将)．
Juárez [xuáreθ] 固名 フアレス(ベニート Benito ~)1806-72, メキシコの政治家・軍人)．
jubilación [xuβilaθjón] 囡 ❶ 退職, 引退. —~ anticipada voluntaria 早期希望退職. ❷ 退職金, 年金, 恩給. ❸ 歓喜, 狂喜.

:**jubilar**[1] [xuβilár] 動 ❶ (〈年金を付けて〉を)退職させる. —La compañía ha jubilado a los empleados mayores de sesenta años. 会社は60歳以上の社員を退職させた． ❷ を廃棄する, 捨てる, お払い箱にする． —Esos zapatos están ya para jubilarlos. それらの靴は廃棄予定だ．
— **se** 動 退職する, 年金生活に入る. —Me jubilo este año. 私は今年退職する．

:**jubilar**[2] [xuβilár] 形 ❶ 《カトリック》聖年の, 全贖宥(しょうゆう)の. ❷ (ユダヤ教の)50年節の, ヨベルの年の.

・**jubileo** [xuβiléo] 男 ❶ 《カトリック》(法王の与える)全贖宥(しょうゆう), 大赦; (全贖宥の行われる)聖年(año de ~=año santo). —conceder un ~ 全贖宥を与える. ganar el ~ 全贖宥を得る. 類 **indulgencia plenaria**. ❷ 《話》大勢の人の出入り[往来]. —El día del concierto, la plaza de toros era un ~. コンサートの日, 闘牛場には大勢の人が詰めかけた. ❸ 《歴史, 宗教》(古ユダヤ教の)ヨベル[安息]の年(ユダヤ民族が Canán に入った年から起算して50年ごとの年). —En el año del ~ no se segaba. ヨベルの年には刈入れは行わなかった. ❹ (一般に25年か50年の特別な)記念日; 英国王政記念日. —~ de plata [de oro] 25[50]周年記念日. 類 **aniversario**.
por jubileo めったに…ない.

:**júbilo** [xúβilo] 男 歓喜, 大喜び. —Cada vez que su equipo marcaba un gol, los hinchas saltaban de ~. 自分のチームがゴールを決めるたびに熱狂的ファンたちは大喜びした. 類 **alborozo, regocijo**.

・**jubiloso, sa** [xuβilóso, sa] 形 《文》喜び[歓喜]に満ちた, 大喜びの, うれしそうな〖ser/estar+〗. —Su ~ rostro irradiaba felicidad. 彼の歓喜に満ちた顔は幸せにあふれていた. 類 **alborozado, alegre, contento**.

judas [xúðas] 男女《単複同形》《比喩》裏切り者(→Judas Iscariote).
Judas Iscariote [xúðas iskarjóte] 固名《聖書人名》ユダ(イスカリオテの~)(十二使徒の1人, のちにイエスを裏切った).
Judea [xuðéa] 固名 ユダヤ.
judeoespañol, ñola [xuðeoespaɲól, ɲóla] 形男 ユダヤ・スペイン語(の), ジュデズモ(の).
judería [xuðería] 囡 (中世の)ユダヤ人街[社会].
judía[1] [xuðía] 囡 《植物》インゲンマメ. —~ blanca 白インゲンマメ. ~ verde サヤインゲン.
judicatura [xuðikatúra] 囡 裁判官の職位, 任期).
・**judicial** [xuðiθjál] 形 《法律》司法(上)の, 裁判(上)の, 裁判官[所]の; 法定の—poder [derecho] ~ 司法権, 裁判権. autoridad ~ 司法当局. policía ~ 裁判所(裁判官)の命令を執行する警察. escuela ~ 司法学校. partido ~ 地方裁判所の管轄区. por vía ~ 法的手段で, 裁判によって. recurrir a la vía ~ 法的手段に訴える.

:**judío, a**[2] [xuðío, a] 形 ❶ ユダヤ人; 《宗教》ユダヤ教徒. —Expulsión de los ~s. 《歴史》ユダヤ人追放(1492年). ❷《話》強欲な人, 欲張りがちな人. 類 **avaro, tacaño**. ❸《話》高利貸し. 類 **usurero**.
—— 男複 ユダヤ民族(=pueblo ~).
—— 形 ❶ ユダヤ (Judea) の, ユダヤ人の(徒)の. —pueblo ~ ユダヤ民族. religión judía ユダヤ教. genocidio ~ ユダヤ人大虐殺. 類 **hebreo, israelita**. ❷ イスラエル (Israel) の. —Gobierno ~ イスラエル政府. 類 **israelí**. ❸《軽蔑》強欲な, 欲張りな, けちな. 類 **avaro, tacaño**. 反 **generoso**.

judo [júðo] 〔<日〕男 柔道.
judoka [juðóka] 〔<日〕男女 柔道家.
jue.《略号》=jueves 木曜日.
jueg- [xuéɣ-] 動 jugar の直・現在, 接・現在, 命令・2単.

* **juego** [xuéɣo フエゴ] 男 ❶ 遊び, 遊戯, 娯楽, ゲーム, 戯れ, 冗談. —~ al escondite かくれんぼ. ~ de palabras [de vocablos] 言葉遊び, 語呂合せ, 駄じゃれ. sala [salón] de ~s ゲームセンター, (ホテル・船などの)遊戯室. divertirse con un ~ ゲームをして楽しむ. ~ de sociedad サロン遊戯. ~ educativo 教育的な遊び. 類 **distracción, diversión, entretenimiento**. 反 **aburrimiento**. ❷ (トランプ・チェスなどの)ゲーム; ゲームの道具. —~ de barajas [de cartas, de naipes] トランプ遊び. ~ de vídeo [acción] テレビ[アクション]ゲーム. ~ de envite [carteado] 賭け[賭けなし]の遊び. ~ de damas チェッカー. ~ mental [de ingenio, de imaginación] メンタルゲーム, 頭を使う遊び, 頓知. ~ de mesa [de salón] (チェス・双六(すごろく)などの)ボードゲーム. ~ de tira y afloja ハンカチ取りゲーム. ~ de las canicas ビー玉遊び. ~ de la oca 双六の一種. ~ de las prendas 罰金遊び. ~ de rol《心理》ロール・プレイング; RPG. ~ de ajedrez チェスの道具(盤や駒など). ❸《スポーツ》競技, 試合, 勝負; (J~)s競技大会. —J~ Olímpicos オリンピック大会. terreno [campo de ~(s) 競技場, 遊び場. ~ de balón (大きいボールの)球技. ~ de pelota 球技; 球技場; ハイアライ;

《歴史》(インディオの)球技. ~s atléticos 陸上競技. ❹《スポーツ》(テニス・バレー・卓球などの)回, 本, ゲーム. — partido de tres ~s 3回勝負. ganar por seis ~s a dos 6対2にセットをとる. ❺ 賭け事, ばくち, ギャンブル (= ~ de azar [de suerte]). — casa [lugar] de ~ 賭博場, カジノ. ~ de Bolsa 投機, 相場. teoría de ~ 《数学》の理論. ¡Hagan ~, señoras y señores! さあ, みなさんお賭けください! Le acude el ~ 彼はついている. Es un ludópata y el ~ lo ha arruinado 彼はギャンブル中毒者で, ギャンブルで破産した. ❻《スポーツ》プレー, 技, 演技; (楽器・武器を操る)技. — ~s malabares (お手玉などの)曲芸, 軽業, ジャグリング (=malabarismo). — limpio フェアプレー. — ~ sucio 汚いプレー, 反則, 汚い手. crear ~ (味方の選手に攻撃・得点の)チャンスを与える. ❼ (器具などの)一式, 一揃い. un ~ de llaves (家中などの)鍵の一揃い. un ~ de naipes トランプ1組. ~ de aguas 噴水装置. un ~ de baño タオルセット(フェイスタオルとバスタオル). ~ 6 tazas de café porcelana [de té] 磁器製コーヒーカップ[ティーカップ]6点セット. un ~ de cama シーツと枕カバー. un ~ de comedor [de dormitorio] 食堂[寝室]用家具一式. ❽ (美しく見せる)取り合せの(妙), (光・色の)きらめき. — ~ de luces 照明効果. ❾ 関節; 関節の動き. — ~ de la muñeca 手首の関節. El ~ de las rodillas es necesario para andar. 膝の関節は歩くのに必要だ. Me duele al hacer el ~ del tobillo. 私は足首の関節を動かすと痛い. 図 articulación, coyuntura. ❿ (機械の)連結部; 動き, 作用; (部品間の)遊び, ゆとり. — Esta puerta tiene roto el ~ del gozne. このドアは蝶番 (ちょうつがい) が壊れている. ~ de la llave en la cerradura 鍵の回り具合い. El volante tiene poco ~. ハンドルに遊びが少ない. ⓫ 策略, たくらみ, 魂胆; 手口, やり方. — Su ~ le ha salido bien. 彼の策略はうまくいった. Sabemos tu ~. 君の魂胆は分かっている. ⓬ 《トランプ》手, 手札. — tener buen [mal] ~ 手が良い[悪い]. ⓭ 《複》(児童遊園地の)遊具(ブランコ, 滑り台など). ⓮ 《スポーツ》右利き・左利きの別.

abrir (el) juego 競技[ゲーム]を始める.
Afortunado en el juego, desgraciado en amores. 【諺】賭けに強い者は恋に恵まれない[逆もまた]: Desgraciado en el juego, afortunado en amores).
a juego 【+con】…とよく合った, 調和した. corbata y pañuelo *a juego* 対のネクタイとハンカチ. Lleva el collar *a juego con* los pendientes. 彼女はイアリングとよく合ったネックレスをしている.
andar en juego → *estar en juego*.
conocer [adivinar, descubrir, ver] a ... el juego (人)の魂胆[手の内]を見抜く. *Descubrieron su juego* y no pudo estafarlos. 彼は手の内を見抜かれ, 彼らを騙せなかった.
dar juego (1)【+a】…の反響を呼ぶ, 話題になる, …に騒ぎを引き起こす. La boda del famoso futbolista *dio* mucho *juego* en las revistas. 有名なサッカー選手の結婚は雑誌で大変話題になった. (2) 多くの可能性を与える, (予想以上に)好結果を生む, 成功する. Una camisa blanca *da* mucho *juego* porque combina con todos los colores. 白いワイシャツはあらゆる色と合うので多くの組合せができる. (3) …に自由[可能性]を与える.
doble juego 【jugar/hacer +】裏表[二心]のあ

juez 1149

る言行.
entrar en juego 影響する, 関係する, 介入する.
estar en juego (名誉・利益などが)危うい状況にある, かかっている. *Está en juego* tu vida [tu reputación]. 君の命[名声]が危ない.
fuera de juego (1)《スポーツ》オフサイド; (ボールが)コート外の. pitar *fuera de juego* オフサイドに対しホイッスルを吹く. estar *en fuera de juego* オフサイドである. (2)(人が)係わりのない, 除外された.
hacer juego con ... …とよく合う, 調和する. El color de esta corbata no *hace juego con* el traje. このネクタイの色はスーツと合わない.
hacer juegos de ojos 目をきょろきょろさせる.
hacer [seguir] el juego a ... (無意識にも)を後押しする, 助ける, 利する.
juego de manos 手品, 奇術. hacer *juegos de manos* 手品をする. *Juego de manos, juego de villanos*. 【諺】バッグなどの私物にいたずらする奴には腹が立つ.
juegos florales 詩のコンクール(1323年フランスのトゥルーズに創設され, 賞として金銀の造花が与えられた).
mostrar el [su] juego 手の内を見せる.
poner ... en juego (1) (金・命・地位など)を賭ける, 危険にさらす. poner *en juego* su situación [su honor] 自分の地位[名誉]を賭ける. (2) (影響力・コネ・手段などを)利用する. Puso en juego todas sus influencias para conseguir el contrato. 彼は契約を獲得するためにあらゆるコネを利用した. (3)を動かす, 始動させる.
por juego 冗談で, ふざけて.
ser (un) juego de niños [de chiquillos] たやすいことである, たわいのないことである.
tomar [echar] ... a juego をまじめに考えない, 冗談にとる.

juerga [xuérɣa] 囡《俗》飲めや歌えやのどんちゃん騒ぎ『*huelga* のアンダルシア訛り』. — correrse una ~ お祭り騒ぎをする. estar de ~ にぎやかに騒いでいる. llevar una vida de ~ 放蕩生活を送る. salir [irse] de ~ con los amigos 友人と騒ぎに出かける.

jueves [xuéβes フエベス] 男【単複同形】
木曜日. — *J*~ Santo 聖木曜日.
no ser cosa del otro jueves 特別大したことがない. El concierto estuvo bien, pero *no fue cosa del otro jueves*. 演奏会はよかったが, 特別大したことはなかったよ.

juez [xuéθ] 男女【複 jueces】❶ 裁判官, 判事. — Lo declaró inocente. 裁判官は彼を無罪だと宣告した. ~ de primera instancia [de instrucción] 一審[予審]担当判事. ~ ordinario 一審担当判事. *J*~ Supremo 神. ~ de paz [municipal] 治安判事. ~ de menores 少年事件担当裁判官, 少年裁判所判事. ❷ 裁定者, 判断を下す人. — Quieren que yo haga de ~ para decidir quién lleva razón. どちらが正しいか決めるように私が判断を下すよう求められている. ❸ (競技などの)審判(員). — Cuando anunciaron el nombre del ganador, el público abucheó a los *jueces*. 勝者の名前を告げたとき観衆は審判にやじをとばした. ~ árbitro 主審. ~ de línea 《球技》線審, ラインズマン. ~ de silla 《テニス》主審.

juez de palo 〘話〙へぼ裁判官.
ser juez y parte 偏向している, 中立的でない. Él no debería opinar porque es *juez y parte*. 彼は中立の立場にないから意見を言うべきじゃない.
jugada [xuɣáða] 囡 →jugado.
jugado, da [xuɣáðo, ða] 過分 形 〘話〙熟練の.
── 囡 ❶ (スポーツなどの)一勝負, 回, 一手. ❷ 汚い手を使うこと. ❸ 取引, 商売.

・**jugador, dora** [xuɣaðór, ðóra] 图 ❶ 《スポーツ》(球技・ゲームなどの)競技者, 選手, プレーヤー. ~ de fútbol サッカー選手. ~ de ajedrez チェスのプレーヤー. ~ titular 正選手, レギュラー. ~ de cuadro 内野手. fichar a un famoso ~ 有名な選手と契約する. ❷ ばくち打ち, ギャンブラー; 相場師; 賭け事好きな人. ~ de Bolsa 相場師. ~ empedernido 賭博常習者.
jugador de manos 手品[奇術]師.
jugador de ventaja (トランプなどの)いかさま師.
── 形 ❶ 選手の, 競技の. ❷ 賭け事好きな; 賭博師の, ばくち打ちの; 遊び好きな.

****jugar** [xuɣár フガル] [5.8] 自 ❶ (a) 遊ぶ, 楽しむ; 競技する. ── Los niños están *jugando* en el parque. 子供たちは公園で遊んでいる. A ti te toca ~. 君がプレイする番だ. Hoy no *juega* porque está lesionado. 彼は負傷しているので今日はプレイしない. (b) 〚+a をして〛遊ぶ, する. ── ~ al dominó [a las cartas] ドミノ[トランプ]をして遊ぶ. ~ al tenis [al fútbol] テニス[サッカー]をする. (c) 賭ける, 賭け事をする. ── *Jugué*, pero no tuve suerte. 私はお金を賭けたが, つきがなかった. ── ~ a la lotería 宝くじを買う. ❷ 〚+con と〛もてあそぶ, おもちゃにする, いじる. ── *Jugaba con* un bolígrafo mientras hablaba 彼は話している間ボールペンをもて遊んだ. Estás *jugando con* él y no deberías hacerlo. 君は彼をもてあそんでいるので, そんなことはすべきではなろう. ❸ (a) 〚+en に〛かかわる, 参加する, 首を突っ込む. ── *Jugaba en* un negocio poco limpio. 彼はあまりきれいではない取引にかかわっていた. (b) …に影響する, 作用する. ── El tiempo *juega* en contra de nosotros. 時間の経過は私たちに不利に働いている. ❹ 〚+con と〛調和する, ぴったりする, (に) 似合う. ── Este armario *jugará* bien *con* la habitación. このたんすは部屋によく合うだろう.
── 他 ❶ (ゲーム・試合の)をする, 行う. ── ~ un partido de fútbol サッカーの試合をする. ❷ (トランプ・ゲームでカード)を出す. ── ~ el rey キングの札を出す. ❸ (お金など)を賭(か)ける. ── *He jugado* mucho dinero a las cartas. 私はトランプ・ゲームに大金を賭けた. 類**apostar**. ❹ (役割)を果たす. ── *Jugó* un papel muy importante en el proyecto. 彼はそのプロジェクトでとても重要な役割を果たした. ❺ (四肢)を動かす. ── No puede ~ bien el tobillo después del golpe. 彼は打撲のあとくるぶしをよく動かせない. ❻ を使う, 利用する, 操作する. ── ~ la espada 剣を操る. Sabe ~ bien sus influencias. 彼は自分の影響力を上手に行使できる.
jugar fuerte (1) 強く出る, 断固とした態度をとる, 強行する. Digan lo que digan, usted tiene que *jugar fuerte*. 彼らが何と言おうと, あなたは断固とした態度をとるべきだ. (2) 大金を賭ける. En esta partida se *juega* muy *fuerte*. このゲームに人は大金を賭ける.
jugar limpio フェア・プレイをする.
jugárSEla (人を)あざむく, ひどい目にあわせる. *Me la jugó* abandonándome en aquel trance. 彼はあの苦しい時に私を見棄ててひどい目にあわせた.
jugar sucio 汚いプレイ[行為]をする.
── **se** 再 ❶ (自分の物事を)賭ける; 危険にさらす. ── *Me juego* cien euros a que Paco no viene. 私はパコが来ないという方に100ユーロ賭けるよ. *Se juega* la vida en el boxeo. 彼はボクシングに命懸けだ. ❷ (ゲーム・試合が)行われる. ── Hoy *se juega* la final de la Eurocopa. 今日欧州カップの決勝戦が行われる.
jugarse el todo por el todo すべてを賭ける.
jugarreta [xuɣaréta] 囡 〘話〙汚いやり方[手口].

:**jugo** [xúɣo] 男 ❶ (a) 汁, 果汁, 樹液. ── ~ de naranja オレンジジュース. El niño cortó una rama de la higuera y de ella salió un ~ lechoso. その子がイチジクの枝を切るとミルクのような樹液が出てきた. 類**zumo**. (b) 肉汁, ソース, グレービー. ── ~ de carne 肉汁. (c) 液, 分泌液. ── ~ gástrico 胃液. ~ pancreático 膵(すい)液. ❷ 本質, 実質, 精髄. ── Este reporte tiene mucho ~. このレポートは中身がしっかりしている. Procuro sacar ~ a los libros que leo. 私は読む本の要点をつかむように努めている. 類**provecho, utilidad**.
sacar [el] jugo a (人・物)を利用する, 絞りとる. Ten cuidado con este hombre, que sólo va a *sacarte el jugo*. その男に気をつけなさい. おまえを利用するだけだろうから.

・**jugoso, sa** [xuɣóso, sa] 形 ❶ (果物などが)汁の多い, 水分(水気)の多い〚ser/estar+〛. ── La naranja es una fruta muy *jugosa*. オレンジは水気の多い果物だ. 反**seco**. ── Este filete me ha quedado muy ~. このヒレ肉(のステーキ)はおいしかった. 類**suculento, sustancioso**. ❷ (話が)内容のある, (話・仕事などが)おいしい, 利益のある〚ser/estar+〛. ── Tuve que marcharme en el momento en que la discusión estaba más *jugosa*. 議論がもっともおもしろくなったところで私は出て行かなければならなかった. El negocio es ~. その仕事はうま味がある. 類**provechoso, sustancioso**.
jugué [xuɣé] 動 jugar の直・完了過去・1単.

:**juguete** [xuɣéte] 男 ❶ おもちゃ, 玩具. ── Mi hijo colecciona coches de ~. 息子はおもちゃの車を集めている. ~ bélico 戦争おもちゃ. ❷ 玩弄(がんろう)物, もてあそばれるもの〚人〛. ── El barco a la deriva, era ~ de las olas. その船は漂流していたとき波にもてあそばれていた. ser ~ de las pasiones 感情の赴くままに振る舞う, 情熱のとりこになる. ❸ 小劇. ── ~ lírico [cómico, dramático] 叙情[滑稽(こっけい), ドラマチック]小劇.
juguetear [xuɣeteár] 自 遊ぶ, 楽しむ. 〚+con …を/と〛もてあそぶ, ふざける. ── ~ con las llaves [con el perro] 鍵をもてあそぶ[犬とじゃれる].
juguetería [xuɣetería] 囡 玩具店, おもちゃ屋; 玩具業(界).
juguetón, tona [xuɣetón, tóna] 形 ふざけ[いたずら]好きの; (犬などが)じゃれ好きの.

:**juicio** [xuíθio] 男 ❶ 判断, 判断力. ── Es un

hombre recto de ~. 彼は正しい判断力をもった男である. ~ de valor 価値判断. ❷ 分別, 思慮. —Deja la solución del problema al buen ~ de tu padre. その問題の解決は君のお父さんの正しい判断に任せておきなさい. 類**cordura**, **sensatez**. ❸ 正気, 理性. —No estaba en su ~ cuando insultó al director. 所長を侮辱したとき彼は正気ではなかった. ❹ 意見, 考え. —A mi ~, es una excelente exhibición. 私の考えではそれはすばらしい展示会だ. 類**opinión**, **parecer**. ❺ 裁判, 訴訟; 審判. —La empresa ha perdido el ~. その会社は裁判に負けた. ~ criminal 刑事訴訟. ~ civil 民事訴訟. ~ final 最後の審判. ~ de Dios 神命裁判. ~ divino 神の審判. ~ oral 公判, 審理. ~ sumarísimo 簡易裁判. ~ temerario デマ, 中傷.

día del juicio [*del Juicio Final*] →**día**.

estar fuera del juicio 正気でない, 狂気である.

falto de juicio 狂気の.

hacer perder el juicio a … (人)の気を狂わせる.

muela del juicio →**muela**.

tener sorbido [*trastornado*, *vuelto*] *el juicio a …* (人)の気を狂わせる, 分別を失わせる. Esa chica *le tiene sorbido el juicio.* 彼はその娘に首ったけである.

:**juicioso, sa** [xuiθjóso, sa] 形 思慮深い, 賢明な. —Es un hombre ~ y sabe lo que debe hacer en cada momento. 彼は賢明な男だ. そのときどきすべきことを心得ている. 類**sensato**.
— 名 思慮深い人, 賢明な人.

Jujuy [xuxúj] 固名 フフイ(アルゼンチンの県).

jul. 《略号》=julio 7月.

Julián [xuljáŋ] 固名 《男性名》フリアン.

Juliana [xuljána] 固名 《女性名》フリアナ.

Julio [xúljo] 固名 《男性名》フリオ.

:**julio** [xúljo フリオ] 男 ❶ 7月. ❷ ジュール(エネルギーおよび仕事の国際的な単位).

jun. 《略号》=junio 6月.

junco [xúŋko] 男 ❶ 《植物》イグサ. ~ de Indias 《植物》トウ(籐). ~ florido 《植物》ハナイ, ブトムス. ~ marinero 《植物》ガマ(蒲). ~ oloroso 《植物》キャメルグラス, ラクダグサ. ❷ 《細身の》杖, ステッキ. ❸ 《海事》ジャンク(中国の平底船).

Junín [xunín] 固名 フニン(アルゼンチンの都市).

:**junio** [xúnjo フニオ] 男 6月. —En Japón llueve mucho en el mes de ~. 日本の6月は雨が多い.

júnior [júnjor, xúnjor] 〈英〉形 《無変化》 ❶ 若い, 子どもの. ❷ 《スポーツ》ジュニアクラスの.
— 男女 《複》júnior(e)s ❶ ジュニア, 息子, 娘. ❷ ジュニアクラスの選手.

:**junta** [xúnta] 女 ❶ 会, 集会, 会議. —~ (general) de accionistas 株主総会. Ayer se celebró la ~ general de nuestro club. きのうわれわれのクラブの総会が開かれた.
❷ 委員会, 協議会, 議会. —La ~ directiva lo ha nombrado presidente de la empresa. 重役会は彼を会社の社長に任命した. ~ de Castilla y León カスティーリャ・レオン自治州. ~ de educación 教育委員会. ~ militar 軍事評議会.
❸ つぎ目, 合わせ目. —La ~ del grifo está floja y se sale el agua. 蛇口のパッキングがゆるんで水が漏れている. ~ de culata ガスケット, パッキング. ❹ 《建築》目地(ヒ゛).

Junta de Andalucía アンダルシーア評議会(自治州政府のこと).

:**juntamente** [xúntaménte] 副 ❶ 〖+con〗 …といっしょに, ともに, 共同〖合同〗で. —Atacaron ~ las dos escuadras. 二つの艦隊がともに攻撃した. El gobernador posó para la prensa ~ con su mujer e hijos. 知事は新聞のために妻や子供たちいっしょに写真のポーズをとった. 類**conjuntamente**. ❷ 同時に. 類**simultáneamente**.

:juntar [xuntár フンタル] 他 ❶ を合わせる, 一緒にする, くっつける. —He juntado cuatro sillas para echar una siesta. 私は昼寝をするのにいすを4つくっつけた. 類**acercar**. 反**alejar**, **separar**. ❷ を集める, 寄せ集める, 集合させる. —Juntaron todas las maletas a la entrada del hotel. 彼らはホテルの入口にスーツケースを全部集めた. ~ a todos sus parientes 親戚を全員集める. ~ cien mil euros 10万ユーロ集める. Cuando pequeño, juntaba sellos. 子どもの頃私は切手を集めていた.
—**se** 再 ❶ (同じ場所に)集まる, 集合する, 合流する. —Nos juntamos en la plaza a las seis. 私たちは6時の広場に6時に集合した. ❷ かち合う. —Se juntó su boda con la tuya. 彼の結婚式と君のとがかち合った. ❸ 〖+con と〗親しくする, 親密にする, 仲良くする. —No me gusta que te juntes con aquella chica. あなたがあの娘と親しくするのは私の気に食わない. ❹ 近づく, 寄り添う. —No te me juntes tanto, que hace mucho calor. そんなに私に近寄るな, とても暑いから. ❺ 〖+con と〗一緒に暮す, 同棲する. —Se juntaron hace dos años, pero aún no se han casado. 彼らは2年前に同棲し始めたが, まだ結婚はしていない.

:junto, ta [xúnto, ta フント, タ] 形 いっしょの, まとめた. —Las niñas siempre juegan juntas. その女の子たちはいつもいっしょに遊ぶ. Íbamos ~s en el avión. 私たちは同じ飛行機でいっしょに行った. Estaba sentada con las manos *juntas* en las rodillas. 彼女は手をひざの上で合わせてすわっていた. Nunca había visto tanta gente *junta* hasta llegar a Japón. 私は日本に行くまであんなにたくさんの人をまとめて見たことがなかった.
— 副 ❶ 〖+a〗…の傍らに, そばに, 隣りに. —Compré estos zapatos en una tienda que está ~ a la plaza. 私は広場のそばの店でこの靴を買った. Siéntate ~ a la ventana, que tienes más claridad para leer. 読書をするのにより明るいから窓ぎわにおかけなさい.
❷ 〖+con〗…といっしょに. —Me mandó un ramo de flores ~ con una tarjeta de felicitación. 彼は私にお祝いのカードといっしょに花束を送ってくれた.

en junto 全部で. Sólo tengo mil pesetas *en junto*. ぼくは全部で, 1,000ペセタしかもっていない.

por junto ひとまとめにして. Compré estos libros *por junto*. 私はこれらの本をひとまとめにして買った.

todo junto すべて同時に, すべて一緒に. Habla, come y bebe, *todo junto*. 話す, 食べる, 飲む, こ

れら3つを同時にやれ.

Júpiter [xúpiter] 固名 《(ローマ神話)》ユービテル[ジュピター] (主神で天の支配者).

***jurado, da** [xuráðo, ða] 過分 形 宣誓した. ― No has guardado la promesa *jurada*. 君は誓った約束を守らなかった. *intérprete* ~ 公認通訳.

censor jurado de cuentas →censor.

― 男 ❶ 【集合的に】 (コンクールなどの)審査委員会, 審査員団. ―El ~ eligió el primer premio por unanimidad. 審査員は全員一致で一等賞を選んだ. ❷ 【集合的に】 (法律) 陪審. ―El ~ condenó a prisión al encausado. 陪審員は被告に禁固刑を言い渡した. ❸ 審査員, 陪審員. ―Uno de los ~s había sido sobornado. 陪審員の一人は買収されていた. ~ *mixto* 労使合同協議会.

:**juramento** [xuraménto] 男 ❶ 誓い, 宣誓. ―Hizo [Prestó] ~ de decir la verdad. 彼は真実を語ると宣誓した. Hicieron tomar ~ al testigo. 証人には宣誓をさせられた. ~ *asertorio* 真実であることを認める宣誓. ~ *hipocrático* ヒポクラテスの誓い. ~ *judicial* 法定の宣誓. ❷ ののしり, 悪態. ―Tiene el vicio de decir ~s. 彼はののしるという悪癖がある. soltar un ~ 悪態をつく.

:**jurar** [xurár] 他 ❶ を誓う, 宣誓する. ―Te *juro* por Dios que no he hecho nada malo. 私は何も悪いことはしていないことを神かけて誓う. *Juro* por mi honor que cumpliré con mi deber. 私は私の義務を果たすことを私の名誉にかけて誓う. *Juro* decir la verdad. 私は真実を述べることを誓う. Hoy *jura* su cargo el Presidente del Gobierno. 今日首相は就任の宣誓を行う. ❷ …に(忠誠を)誓う, 誓約する. ―*Juraron* al Rey en una ceremonia solemne. 彼らは厳かな儀式によって王に忠誠を誓った. ~ (la) *bandera* 国旗に忠誠を誓う. ~ *la Constitución* 憲法に順守を誓う. ❸ を(強く)断言する. ―*Juro* que no volveré a hacerlo. 私は2度とそんなことはしないと断言する.

― 自 下品な言葉を吐く, 悪態をつく. ―Cuando le va mal, empieza a ~. 事がうまく運ばないと彼は悪態をつき始める.

jurárSEla(s) a … (人)に対し仕返し[報復]を誓う. *Se la ha jurado a*l embaucador. 彼はそのペテン師に報復を誓った.

***jurídico, ca** [xuríðiko, ka] 形 法律(上)の, 司法(上)の; 法定の. ~ *lenguaje* → 法律用語. *procedimiento* ~ 法手続き. Este asunto ya sólo puede resolverse por la vía *jurídica*. この件にはもう単なる法的手段でしか解決できない. 類 *legal*.

***jurisdicción** [xurisðikθjón] 女 ❶ 【法律】権限, 管轄権. ―Este asunto es de la ~ del gobernador civil. この問題は知事の権限に属す. La solución de ese problema no entra en mi ~. その問題の解決は私がどうこうできることではない. 類 *autoridad, competencia, potestad*. ❷ (法律) 司法権, 裁判権. ― ejercer la ~ en un juicio 裁判で司法権を行使する. ~ *eclesiástica* 教会裁治権. ~ *militar* 軍事法廷, 軍法会議. ❸ (法律) 管轄区域. ―El recinto de la embajada es ~ del país que la tiene. 大使館構内は

それを所有する国家の管轄区域である. El obispo recorrió su ~. 司教は管轄区域を訪れた. 類 *circunscripción, demarcación*

caer bajo [dentro de] la jurisdicción de … …の管轄下に入る.

caer fuera de la jurisdicción de … …の管轄外である.

jurispericia [xurisperíθja] 女 法学.
jurista [xurísta] 男女 法学者, 法律家; 【複】法曹. ― Comisión Internacional de *J*~s. 《(法学)》国際法律家委員会.

***justamente** [xústaménte] 副 ❶ ちょうど, まさに, きっちり. ―Has dicho ~ lo que esperaba oír de ti. 君にまさに君の口から聞きたいと思っていたことを言った. *J*~ iba yo ahora a llamarte por teléfono. ちょうど私は君に電話しようとしていたところだ. El armario cabe ~ en este hueco. たんすはこのすきまにぴったり収まる. 類 *exactamente, justo, precisamente*. ❷ 公正[公平]に, 正しく, 正当に. ―Has obrado ~. 君は正当にふるまった. Serás juzgado ~. 君は公正に裁かれるだろう. La obra fue premiada ~. その作品は当然のことながら受賞した. ❸ ようやく, やっと, ぎりぎり. ―Gana ~ para vivir. 彼の稼ぎでは生きていくのがやっとだ.

justeza [xustéθa] 女 公平さ; 正当性.
:**justicia** [xustíθja] 女 ❶ (a) 正義, 公平. ―Las distintas civilizaciones han tenido concepciones diferentes de la ~. さまざまな文明が正義する異なる概念を持ってきた. pedir ~ 正義を要求する. (b) 正当性. ―Dudan de la ~ de esa resolución. その決議の正当性が疑われている. 類 *equidad*. ❷ (a) 裁判. ―Ya no hay otro remedio que recurrir a la ~. もう裁判に訴える以外に手はない. (b) 【集合的に】警察, 司直. ―El asesino fue arrestado por la ~. その殺人犯は警察に捕えられた. huir de la ~ 警察から逃げる.

en justicia (1) 正しく, 当然に. Yo creo que en este asunto no has obrado *en justicia*. この件については君は正しくふるまわなかったと私は思う. (2) 公平に判断すると. *En justicia* hay que reconocer que son productos de mejor calidad que los nuestros. 公平に判断するとそれの方がわれわれの製品より上質だと認めねばならない.

hacer justicia (1) 正当に評価する. Es inútil insistir. No conseguirás que te *hagan justicia*. 言い張ってもむだだ. 君は正当に評価してもらえることはないだろう. (2) 裁く, 死刑に処する (= administrar justicia). *Se ha hecho justicia* con los culpables. 罪人たちには処刑された.

Ministerio de Justicia 法務省.
Sala de justicia 法廷.
ser de justicia 公平である. *Es de justicia* que cumplas lo prometido. 君が約束を守るのは正しいことだ.

tomarse la justicia por su mano リンチを加える, 勝手に制裁を加える.

***justiciero, ra** [xustiθjéro, ra] 形 (人が)厳正[厳格]な, 正義感の強い (ser/estar+). ―El fiscal es implacable y ~ con los abusos. 検事は違反には容赦なく, 厳正に対処している. 類 *justo, severo*.

― 名 厳正な人.

justificable [xustifikáble] 形 正当化[弁明]できる.

justificación [xustifikaθjón] 囡 ❶ 正当化, 正当理由[根拠], 弁明. ❷《情報》行端揃え. — ～ derecha 右寄せ.

justificado, da [xustifikáðo, ða] 過分 形 正しい, 正当な. —Ha sido un despido ～. それは正当な解雇だった.

justificante [xustifikánte] 形 正当化する, 正当と認める. 男 証明書, 領収書;《法学》証拠(物件), 証拠書類. —～ de pago 支払い証明書.

justificar [xustifikár] [1.1] 他 ❶ (a) 正当化する, …と言い訳をする. —El hecho de ser menor de edad no *justifica* su mala conducta. 未成年だからといって彼の乱行まで正しいことにはならない. (b) …の無実を主張する; を弁護する. —Haga lo que haga su marido, ella siempre le *justifica*. 彼女は夫が何をしようと彼は正しいと言い張る. ❷ を(文書などによって)正当化する, 実証する. —～ una teoría con los datos データによって理論の正しさを立証する. Estos documentos *justifican* mi carrera. これらの書類が私の経歴を証明している. ❸《印刷》(各ページの行の長さ・行末など)を揃える. —～ los márgenes マージンを揃える. ❹《神学》(神が人)を義認する.
— se 再 ❶〔+con/de について〕自己弁護をする, 弁明する, 釈明する. —Se *justificó de* su pereza. 彼は自分の怠惰の釈明をした. ❷ 正当化される, 正当である. —Su conducta se *justifica* por sí misma. 彼の行為の正しさはそれ自身によって証明されている.

Justo [xústo] 固名《男性名》フスト.

justo, ta [xústo, ta フスト, タ] 形 ❶ 公平な, 公正な, 正しい. —Siempre ha sido un profesor muy ～ en las calificaciones. 彼はつねに成績評価の公正な教師であった. El actual sistema tributario no es ～. 現在の税制は公平ではない. ❷ 当然の, 正当な. —Es un castigo ～. 当然の罰である. Es ～ que te niegues a trabajar en esas condiciones. 君がそんな条件で働くのを拒否することはもっともだ. 類 **lícito**. ❸ ぴったりの, 的確な; 十分な. —No creo que ésa sea la expresión *justa*. 私にはそれが的確な表現だとは思えない. Tenemos el dinero ～ para el viaje. 私たちは旅行にぴったり足りるだけのお金をもっている. Ese traje me viene ～. そのスーツは私にぴったりです. 類 **adecuado, preciso**. ❹ ちょうどの, ほかならない. —Tengo mil pesetas *justas*. 私はちょうど1,000ペセタもっている. Ahora estamos en el lugar ～ del accidente. いまわれわれはちょうど事故の現場にいる. Date prisa. Tenemos el tiempo ～. 急いで. 時間ぎりぎりなんだから(あまり時間がない). ❺ ぴっちりとした, ぎっしり詰った, きつい. —Aunque muy ～, cabe todo en este armario. ぎっしりだが, 全部このタンスに収まる. 類 **apretado**.
— 男 (宗教的な)善人, 義人. —Los ～s gozarán de la visión de Dios. 善人は神のすがたを見ることができる.
— 副 ちょうど, まさに. —Llegué ～ cuando salía el tren. ちょうど列車が出ようとしていたとき私は着いた. J～ ahora íbamos a tu casa. ちょうど今私たちは君の家へ行こうとしていたところです. La tienda se encuentra ～ detrás de la estación. その店はちょうど駅の後ろがわにある. Él es un tacaño. -J～. 彼はけちん坊だ. —全くそのとおりだ.

juvenil [xuβenil] 形 ❶ 青春の, 若者らしい, 若々しい. —Siempre lleva un traje ～. 彼はいつも若者らしいスーツを身につけている. delincuencia ～ 少年犯罪, 非行. moda ～ 若者のファッション. ❷《スポーツ》ジュニア(選手)の. —El equipo ganó el campeonato ～ de béisbol. そのチームは野球のジュニア選手権に優勝した.
— 男女 ジュニア選手. —Los ～*es* de fútbol ganaron el campeonato europeo. サッカーのジュニア選手たちはヨーロッパ選手権に勝った.

juventud [xuβentú(ð) フベントゥ] 囡 ❶ 青春, 青春時代. —Pasó unos años de su ～ en Europa. 彼は青春時代の何年かをヨーロッパで過ごした. ❷〖集合的に〗青年, 若人. —La ～ de este país tiene un futuro claro. この国の若者の将来は明るい. ❸ 若さ, 活力. —Él no saldrá elegido porque le falta ～. 彼は選ばれないだろう. 若さが欠けているから. 類 **energía, vigor**. ❹ 初期, 始まり. —～ de un astro ある天体の誕生期. —del año その年の初め. ❺ 〘複〙青年同盟. —Las J～s Socialistas 社会主義青年同盟.

juzgado [xuθɣáðo] 男 ❶《法律》裁判所; (特に裁判官が一人だけの)法廷, 単一裁判官法廷. —～ de familia 家庭裁判所. ～ de menores 少年裁判所. ～ de primera instancia 第一審. 類 **tribunal**. ❷《法律》(単一裁判官の)裁判所の管轄範囲, 司法管区. —Esa causa no pertenece a este ～. その訴訟はこの司法管区の管轄外だ. ❸〖集合的に〗裁判官, 判事; 裁判官の職務[身分].
de juzgado de guardia《話》耐えられない, 無法な, 犯罪的な.
—, da 形 判決の下された.

juzgar [xuθɣár フスガル] [1.2] 他 ❶《司法》を裁く, 裁判する, …に判決を下す. —El tribunal *juzgará* el caso el mes que viene. 裁判所は来月この事件に判決を下すだろう. ❷ を判断する, 判定する, …に判定を下す〔+de/como と〕. —No *juzguez* mal lo que he dicho. 私が君に言ったことを悪くとらないでくれ. No se debe ～ a las personas sin conocerlas bien. よく知らずに人を判断すべきではない. No lo *juzgaba* capaz de hacer esa estupidez. 私は彼がそんなばかなことをやるとは考えなかった. La *juzgo como* mi mejor amiga. 私は彼女を大の親友だと思っている. El médico *juzga* que el enfermo debe guardar cama. 医者は病人が寝ているべきだと診断している.
a juzgar por …によって判断すると. *A juzgar por* su conducta, no es mala persona. 彼の行動で判断する限り彼は悪人ではない.

juzgón, gona [xuθɣón, ɣóna] 形〘中米〙難癖をつける, 一言居士の. 類 **criticón**.

juzgue(-) [xuθɣe(-)] 動 juzgar の接・現在.

juzgué [xuθɣé] 動 juzgar の直・完了過去・1単.

K, k

K, k [ká] 女 スペイン語アルファベットの第 11 文字．ギリシア・ラテン起源の語や外来語の表記にのみ用いられる．発音はつねに [k].
K 《略号》 ❶ =kilobyte キロバイト． ❷ =quilate カラット．
ka [ká] 女 文字 K, k の名称．
kabuki [kaβúki] 〔＜日〕男 歌舞伎．
Kabul [kaβúl] 固名 カブール(アフガニスタンの首都)．
kahlua [káluɑ] 男 〘中米〙《飲み物》カルア(カカオとコーヒーを混ぜたリキュール)．
kaki [káki] 形 →caqui.
kamikaze [kamikáθe] 〔＜日〕男 神風特攻隊(員); 特攻隊機． —— 男女 無鉄砲な人．
Kampuchea [kamputʃéa] 女 カンプチア(カンボジア Camboya の別称)．
kampucheano, na [kamputʃeáno, na] 形 カンプチア (Kampuchea) の．
kan [kán] 男 汗(ﾊﾝ), ハン. ◆中世モンゴル・タタールなどの主権者の称号; 中央アジア諸国の統治者の尊称．
kanato [kanáto] 男 汗国(ﾊﾝこく)．
kantiano, na [kantjáno, na] 形 カント(哲学)の．
—— 名 カント学派の人; カント哲学の信奉者．
kantismo [kantísmo] 男 カント(ドイツの哲学者 Manuel Kant 1724-1804)の哲学．
kapoc [kapók] 男 カポック, パンヤ．
kappa [kápa] 女 カッパ(ギリシア語字母の第 10 字 κ, Κ)．
karakul [karakúl] 男 →caracul.
karaoke [karaóke] 〔＜日〕男 カラオケ, カラオケ店 [ボックス].
karate [karáte] 〔＜日〕男 《スポーツ》空手．
karateka, karateca [karatéka] 〔＜日〕男女 空手家．
karst [kárst] 男 《地質》カルスト(地形)．
kart [kár(t)] 〔＜英 cart〕男〔複 karts〕ゴーカート．
karting [kártiŋ] 〔＜英 carting〕男 ゴーカート・レース．
katana [katána] 〔＜日〕女 日本刀．
Katmandú [katmandú] 固名 カトマンズ(ネパールの首都)．
kayac [kajá(k)] 男 カヤック. ◆エスキモーのあざらし皮製狩猟用小舟; キャンバス製の競技用カヌーの一種．
Kazajstán [kaθaxstán] 固名 カザフスタン(首都アスタナ Astana).
Kb, KB 《略号》 =kilobyte キロバイト．
Kc, k/c 《略号》 =kilociclo キロサイクル．
kcal 《略語》 =kilocaloría キロカロリー．
kéfir [kéfir] 男 《飲料》ケフィール, ケフィア(カフカース地方やブルガリア産の発酵乳)．
kendo [kéndo] 〔＜日〕男 剣道．
Kenia [kénja] 固名 ケニア(首都ナイロビ Nairobi).
keniano, na [kenjáno, na] 形／名 →keniata.
keniata [kenjáta] 形 ケニアの．
—— 男女 ケニア人．
kepis [képis] 男 →quepis.
kermes [kérmes] 男 →quermes.
kerosén [kerosén] 男 灯油．類 **queroseno, nafta**.
ketchup [kétʃu(p)] 〔＜英〕《料理》ケチャップ．
kg. 《略号》 =kilogramo キログラム．
Kiev [kjéf] 固名 キエフ(ウクライナの首都)．
kif [kif] 男 《俗》ケフ, 大麻タバコ．
Kilimanjaro [kilimaŋxáro, kilimaɲxáro] 固名 (Monte ～) キリマンジャロ山(タンザニアの山)．
*__kilo__ [kílo] 男 〘kilogramo の省略形〙キロ(グラム)(=quilo).
kilo-, kili- [kilo-, kili-] 接頭 「1000」の意. — *kilo*gramo, *kili*litro, *kiló*metro.
kilobit [kiloβí(t)] 男 《情報》キロビット．
kilobyte [kiloβáit] 男 《情報》キロバイト．
kilocaloría [kilokaloría] 女 キロカロリー．
kilociclo [kiloθíklo] 男 《ラジオ》キロサイクル(周波数の単位)．
kilográmetro [kiloɣrámetro] 男 《物理》キログラム・メートル(仕事量の単位で, 1 キログラムの重量の物を 1 メートル上げる仕事量を指す)．
**kilogramo [kiloɣrámo キログラモ] 男 キログラム(=quilogramo). —Déme dos ～s de cebollas. 玉ネギを 2 キロください. ◆日常生活では省略形の kilo を用いることが多い．
kilohercio [kiloérθjo] 男 《物理》キロヘルツ．
kilolitro [kilolítro] 男 キロリットル．
kilometraje [kilometráxe] 男 キロメートルで測った距離; 走行距離．
kilométrico, ca [kilométriko, ka] 形 ❶ キロメートルの. —postes ～s キロメートル道標. ❷ 《比喩, 話》非常に長い, 果てしない. —un pasillo ～ 延々と続く長い廊下．
—— 男 周遊券. 類 **billete**.
**kilómetro [kilómetro キロメトロ] 男 キロメートル(=quilómetro). —Mi casa está a dos ～s del pueblo. 私の家は村の中心から 2 キロのところにある．～ cuadrado 平方キロ．
kilovatio [kiloβátjo] 男 キロワット(電力の単位)．
kilt [kíl(t)] 男 《服飾》キルト．
kimono [kimóno] 〔＜日〕男 (日本の)着物, 和服; (着物風の)部屋着．
kindergarten [kinderɣárten] 〔＜独〕男〘

kindergartens〗 幼稚園 (＝escuela de párvulos).
kinesiterapia [kinesiterápi̯a] 男 《医学》運動療法.
kinético, ca [kinétiko, ka] 形 運動の, 動的な.
‡**kiosco** [ki̯ósko] 男 →quiosco.
kirguís [kirgís] 形〖単複同形〗キルギス(人・語)の. ── 男 キルギス語.
Kirguistán [kirgistán] 固名 キルギス(公式名 República de Kirguistán, 首都ビシュケク Bishkek).
Kiribati [kiriβáti] 固名 キリバス(首都タラワ Tarawa).
kirie [kírje] 男 《宗教》キリエ,「主よ, 憐れみたまえ」の祈り.
kit [kí(t)] 男 キット. ─～ manguera 4 accesorios アクセサリー4点付き散水ホースキット. ～ mopa atrapapolvo 組立式埃とりモップ.
kiwi [kíwi] 男 ❶ 《動物》キウィ. ◆ニュージーランド産の翼のない鳥. ❷ キウィフルーツ.
Kj. 《略号》 ＝kilojulio キロジュール.
kl. 《略号》 ＝kilolitro キロリットル.
kleenex [klínes] 男〖単複同形〗《商標名》クリネックス, ティッシュペーパー.
km. 《略号》 ＝kilómetro キロ(メートル).
Km/h 《略号》 ＝kilómetros por hora 時速…キロ.
knock-out [nókau̯(t)]〔＜英〕男 《ボクシング》ノックアウト. ─dejar [poner] a ... ～ …をノックアウトする.
knock-out técnico テクニカル・ノックアウト.
K.O. 《頭字》〔＜ 英 knock-out〕男 ノックアウト.
koala [koála] 男 《動物》コアラ.
kodac [koðá(k)] 女 コダック写真機(商品名); 小型の写真機.
kokotxa [kokótʃa] 女 →cococha.
Komintern [komintérn]〔＜露 Kommunistitcheskij Internatsional (Internacional Comunista)〕男 《歴史》コミンテルン.
kopec [kopék] 男 →copec.
kosovar [kosoβár] 形 男女 コソボ自治州民(の).
krausismo [kraṷsísmo] 男 クラウゼ(ドイツの哲学者 Karl Krause 1781-1832)の哲学.
kurdo, da [kúrðo, ða] 形 →curdo.
Kuriles [kuríles] 固名 (Islas ～) 千島列島.
Kuwait [kuβái̯(t)] 固名 クウェート(首都クウェート Kuwait).
kuwaití [kuβai̯tí] 形 男女 〖kuwaití(e)s〗 クウェート (Kuwait)の(人).
kV 《略号》 ＝kilovoltio キロボルト.
kW 《略号》 ＝kilovatio キロワット.
kW/h. 《略号》 ＝kilovatio(s) por hora キロワット時.

L, l

L, l [éle] 囡 ❶ スペイン語アルファベットの第12字. ❷ (L) ローマ数字の50.

l. 《略号》= litro リットル.

:**la**¹ [la] 冠 《定冠詞の女性単数形》→el.

la² [lá] 男 《複 las》《音楽》イ音(ラ).

*:**la**³ [la ラ] 代《人称》《複 las》《女性3人称単数対格; 直接補語となる》❶《話し手でも話し相手でもない他の女性をさす》彼女を. —La conozco muy bien. 私は彼女をよく知っています. ❷《話し相手の人をさす》あなたを. —La llamaré por teléfono a usted. 私はあなたに電話をしましょう《usted で話しかける相手について用いられる》. ❸《女性単数の物・事をさす》それを. —Es una carta de mi familia.La recibí ayer. それは私の家族の手紙です. それを昨日受け取りました. ¿Sabías la noticia de su muerte?–No, la supe ayer. 彼の死去のニュースを君, 知っていた?–いや, 昨日それを知ったんだ.

La Alcarria [la alkárja] 固名 アルカリア地方《スペイン, カスティーリャの一地方》.

La Asunción [la asunθjón] 固名 アスンシオン《ベネズエラの都市》.

laberíntico, ca [laβeríntiko, ka] 形 迷路[迷宮の](ような); 入り組んだ, 錯綜した. 類 enredado, intrincado.

laberinto [laβerínto] 男 ❶ 迷路, 迷宮. —perderse en un ~ 迷路に迷い込む. 類 dédalo. ❷ 錯綜, 紛糾. — un ~ de papeleos 厄介な書類処理. 類 maraña, embrollo. ❸《解剖》(内耳の)迷路.

labia [láβja] 囡 巧みな弁舌. —vendedor con mucha ~ 言葉巧みな店員.

labiada [laβjáða] 囡 →labiado.

labiado, da [laβjáðo, ða] 形 《植物》(花冠・萼(がく)が)唇形の. — 囡《複》《植物》シソ科.

labial [laβjál] 形 ❶ 唇の. —lápiz ~ 口紅. ❷《音声》唇音の. —sonido ~ 唇音.
— 囡《音声》唇音(=consonante ~; [p][b][m]など).

labialización [laβjaliθaθjón] 囡 《音声》唇音化.

labihendido, da [laβjendíðo, ða] 形 兎唇(としん)の.

*:**labio** [láβjo ラビオ] 男 ❶ 唇. —Ella nunca se pinta los ~s. 彼女はぜんぜん口紅を塗らない. el ~ inferior [superior] 下[上]唇. ❷ (唇状のものの)ふち, へり. —los ~s de una herida [de un vaso] 傷口[コップ]のへり. ❸ 口. —Ni una palabra salió de sus ~s. 彼の口からはひと言も出なかった. Su ~ enmudeció. 彼の口は開かずのままだった. 類 boca. ❹《解剖》大[小]陰唇(=~ vaginal).

cerrar los labios 黙る. *Cierra los labios* y no se lo digas a nadie. 黙るんだ. そしてそれを誰にも言うんじゃない.

estar colgado [pendiente] de los labios de … (人)の言葉に耳を傾ける.

labio leporino 《医学》口唇裂, 兎唇(としん), 三つ口.

morderse los labios 唇をかんで言いたいのをこらえる; 笑いをこらえる. *Se mordió los labios* para no decir todo lo que sabía. 彼は知っていることすべてを話したいのをこらえた. *Me mordí los labios* para no soltar la carcajada. 私は唇をかんで大笑いするのをこらえた. (=morderse la lengua).

no despegar [descoser] los labios 黙ったままでいる. Algo le pasa. *No ha despegado los labios* en todo el día. 彼はどうかしたんだ. 一日中押し黙ったままだ.

sellar los labios 黙らせる, 言わせない. Le han sobornado para *sellarle los labios*. 彼は口外しないようにと買収された.

La Boca [la βóka] 固名 ボカ《アルゼンチン, ブエノスアイレスの地区》.

:**labor** [laβór] 囡 ❶ (a) 仕事, 作業. —Las ~es domésticas son bastante monótonas. 家事はかなり単調である. día de ~ 仕事[労働]日, ウィーク・デー. (b) 仕事の成果, 作品. —Ha realizado una gran ~ en el campo de la medicina. 彼は医学の分野で大きな成果を上げた. ❷ (a) 裁縫, 手芸. —Mi madre es aficionada a hacer toda clase de ~es. 私の母はあらゆる種類の手芸が趣味である. ~ de punto [aguja, ganchillo] 編み物[針仕事(縫い物, ししゅうなど), かぎ針編み]. (b) 手芸品. —Mi abuela deja siempre la ~ sin terminar. 私の祖母はいつも手芸品を未完成のままにしておく. ❸ (a) 農作業. —~es del campo 農作業. caballo de ~ 使役馬. tierra de ~ 耕地. (b) 土を耕す作業, 耕作. —A esta tierra le basta con una ~ antes de sembrar. この土地は種をまく前に一度耕しておけば十分だ. ❹ 家事. —Ha dejado el empleo para dedicarse totalmente a sus ~es. 彼女は仕事をやめて, 完全に家事に専念することにした.

de labor 農耕用の(動物または用具). casa *de labor* 農家.

laborable [laβoráβle] 形 (土地が)耕せる, 耕作可能な. —tierra ~ 耕作できる土地. 類 cultivable. 反 incultivable.

día laborable (祭日に対する)平日, 労働日.
— 男 平日 (=día laborable).

·**laboral** [laβorál] 形 労働の, 労働者の. —Esta empresa nunca ha tenido problemas ~es. この企業は労働問題を一度も抱えたことがない. incapacidad ~ 就労[労働]不能.

:**laborar** [laβorár] 自 働く, 努力する, 奮闘する. —Lleva diez años *laborando* en la empresa. 彼は10年間会社で働いてきた. 類 trabajar.

—⽥ を耕す. ~~ los campos 畑を耕す.

laboratorio [laβoratórjo] 男 ❶ 実験室, 研究所, 試験場. ~~ de identificación genética 遺伝子情報研究室. Esta universidad tiene un magnífico ~ de lenguas. この大学にはすばらしい LL (言語実習室)がある. ~ espacial 宇宙実験室. ❷ 製薬工場.

laborear [laβoreár] 他 ❶ (土地)を耕す, 耕作する. 類 labrar, cultivar. ❷ (鉱山)を採掘[採鉱]する.

laboreo [laβoréo] 男 ❶ 耕作, 土地を耕すこと. 類 labranza. ❷ (鉱業) 採掘, 採鉱. 類 explotación.

*laboriosidad [laβorjosiðá(ð)] 女 ❶ 勤勉さ, 精励, 仕事熱心, 仕事好き. ~~ de las hormigas 蟻のような勤勉さ. Ese cargo es un premio a tu ~. この役職は君の精勤に対する報奨(ほうしょう)だ. 類 diligencia. 反 pereza. ❷ (仕事・交渉などの)困難さ. —La restauración de un cuadro es siempre una tarea de mucha ~. 絵の修復は常に大変困難な仕事である. 類 dificultad, complejidad. 反 facilidad.
con laboriosidad 勤勉に, 熱心に. trabajar *con laboriosidad* 勤勉に働く.

laborioso, sa [laβorjóso, sa] 形 ❶ よく働く, 勤勉な. —Los japoneses son gente *laboriosa*. 日本人はよく勤勉である. 類 diligente. ❷ ほねのおれる, 困難な. —Tras unas negociaciones *laboriosas* se ha firmado la paz. ほねのおれる交渉のすえ, 平和条約が署名された. 類 complicado, difícil.

laborismo [laβorísmo] 男 ❶ (英国の)労働党. ❷ 労働党の主義[政策]; 労働運動.

laborista [laβorísta] 形 ❶ 労働党の; 労働党主義の. ~ partido ~ 労働党.
—— 男女 労働党員; 労働党支持者.

labra [láβra] 女 (石や材木の)彫刻, 細工.

labrado, da [laβráðo, ða] 形 ❶ 彫刻された, 細工を施した(石・材木・金属など). ❷ 耕した, 耕作した.
—— 男 ❶ 彫刻, 細工. —Hizo un precioso ~ en plata. 彼はすばらしい銀細工を製作した. ❷ 《主に複》耕作地, 畑.

Labrador [laβraðór] 固名 (Península del ~) ラブラドル半島(カナダの半島).

:**labrador, dora** [laβraðór, ðóra] 形 農業の, 農夫の. —población *labradora* 農業人口.
—— 名 農夫, 農民, 農場主. —Los ~*es* han formado una cooperativa para vender sus productos. 農民たちは産物を売るために協同組合をつくった. 類 agricultor, campesino.

labradorita [laβraðoríta] 女 《鉱物》曹灰長石.

labrantío, a [laβrantío, a] 形 耕せる, 耕作できる. —tierra *labrantía* 可耕地, 耕作地.
—— 男 耕地.

*labranza [laβránθa] 女 ❶ 《農業》耕作, 農耕. —trabajos de ~ 農作業. 類 cultivo, labor, laboreo. ❷ 《農業》耕地, 農地. 類 hacienda, tierra. ❸ 《まれ》労働, 作業. ❹ 《まれ》細工, 彫刻.
de labranza 農業の, 農民の; 耕作の. *casa de labranza* 農家. aperos [instrumentos] *de labranza* 農機具, 農具. tierras *de labranza* 耕地.

Lacio 1157

:**labrar** [laβrár] 他 ❶ を耕す, 耕作する. ~~ la tierra 土地を耕す. Son tomates del campo que yo mismo he *labrado*. それは私自身が耕した畑のトマトです. ❷ (木・石・皮など)を加工する, 加工する; (木)を彫る. ~~ la madera 木を彫る. ~ la piedra 石を彫る. ~ la plata 銀細工をする. ~ una inscripción en la piedra 石に碑文を彫る. ❸ を作り出す, 築く. —Está *labrando* su propia perdición. 彼は自身の破滅を招きつつある.
—— se 再 自分の…を作り上げる. —*Se labró* un brillante porvenir trabajando en una empresa. 彼はある企業で働きながら輝かしい後を築き上げた.

:**labriego, ga** [laβrjéyo, ya] 名 農夫, 農民, 百姓.

labro [láβro] 男 ❶ 《虫類》上唇. ❷ 《魚類》ベラ.

laburno [laβúrno] 男 《植物》キングサリ, キバナフジ. ◆マメ科の低木で, 種子は有毒.

laca [láka] 女 ❶ ラック(ワニスの原料). ❷ ラッカー(塗料); 漆. ❸ ラック製品; 漆器. ❹ ヘアスプレー. —poner ~ al pelo 髪にヘアスプレーをかける.
goma laca シェラック(ワニス).
laca para [de] uñas マニキュア液.

lacayo [lakájo] 男 ❶ (仕着せを着た)下男, 従僕. 類 paje, servidor. ❷ 《比喩》おべっか使い, 卑屈な人. 類 adulador, lisonjero.

laceador [laθeaðór] 男 『メキシコ』投げ縄を扱う人.

lacear [laθeár] 他 ❶ を輪ひも[リボン]で飾る. ❷ をわなひもで縛る. ❸ を投げなわで捕える.

lacedemonia [laθeðemónja] 女 →lacedemonio.

lacedemonio, nia [laθeðemónjo, nja] 形 名 ラケダイモンの(人), スパルタの(人).
—— 女 ラケダイモン, スパルタ.

La Ceiba [la θéiβa] 固名 ラ・セイバ(ホンジュラスの都市).

laceración [laθeraθjón] 女 傷つけること; 裂傷.

lacerado, da [laθeráðo, ða] 形 ❶ 《まれ》不幸な. 類 desgraciado, infeliz. ❷ ハンセン病の. 類 leproso.

lacerar [laθerár] 他 《文》❶ (体)を傷つける. —El filo del cuchillo le *laceró* la mano. ナイフの刃で彼は手に傷を負った. 類 herir, lastimar. ❷ (比喩的に)を引き裂く, ずたずたにする. —La traición de su novio le *laceraba* el corazón. 彼女は恋人に裏切られて心がずたずたにされた.

laceria [laθérja] 女 ❶ 貧窮, 悲惨. 類 miseria, pobreza. ❷ 労苦, 困苦.

lacería [laθería] 女 輪ひも飾り; その形式の建築装飾.

lacero [laθéro] 男 ❶ 投げ縄師. ❷ 密猟師. ❸ (市の)野犬捕獲係.

lacha[1] [látʃa] 女 《魚類》カタクチイワシ. 類 boquerón.

lacha[2] [látʃa] 女 恥, 節操. 類 pundonor, vergüenza. —Le da ~. 彼は恥ずかしい思いをしている.
tener poca lacha 恥知らずである.

Lacio [láθjo] 固名 ラティウム(古代イタリアの都市国家).

lacio, cia [láθjo, θja] 形 ❶ (特に髪が)縮れていない, 長くて柔らかい. —con los cabellos ~s 縮れない真っ直ぐな髪をして. 類**lizo.** ❷ しおれた, しなびた. 類**marchito.** ❸ 力のぬけた, たるんだ. 類**flojo.**

lacón [lakón] 男 豚の肉.

lacónico, ca [lakóniko, ka] 形 ❶ (人が)無駄口をきかない, ことば数の少ない. —Antonio ha sido ~ en su conversación. アントニオは無駄な会話をしなかった. un hombre ~ 口数の少ない男. 類**escueto, preciso.** ❷ (文章などが)簡潔な, 簡明な. —una carta *lacónica*. ごく短い手紙. 類**breve, conciso.** 反**prolijo, retórico.**

laconismo [lakonísmo] 男 簡潔さ; 簡潔な表現. 類**concisión, sobriedad.** 反**prolijidad.**

La Coruña [la korúŋa] 固名 ラ・コルーニャ(スペインの県・県都).

lacra [lákra] 女 ❶ (病気などの)あと; 傷跡. 類**cicatriz, secuela.** ❷《比喩》きず; 欠点. —La discriminación sexual constituye una ~ social. 性差別は社会的な悪弊である. 類**defecto, tara.**

lacrar [lakrár] 他 ❶ (手紙など)を封蠟(ｶﾞ)で封をする. —~ una carta certificada 書留を封蠟で封じる. ❷ (人)の健康を害する, を病気にする. ——**se** 再 病気になる.

lacre [lákre] 男 封蠟(ｶﾞ).

lacrimal [lakrimál] 形 涙の. —glándulas ~*es*. 涙腺.

lacrimatorio, ria [lakrimatórjo, rja] 形 涙の. —vaso ~ 涙つぼ. ◆古代の墳墓で発見され, 哀悼者の涙を入れたものと誤って考えられた.

lacrimógeno, na [lakrimóxeno, na] 形 ❶ 催涙の. —gas ~ 催涙ガス. ❷《比喩, 文》お涙頂戴の. —melodrama ~ 涙を誘うメロドラマ. 類**sensiblero.**

lacrimoso, sa [lakrimóso, sa] 形 ❶ 涙ぐんだ, 涙を出す. —Ana me miraba con los ojos ~*s*. アナは涙ぐんだ目で私を見ていた. 類**lagrimoso, lloroso.** ❷ 嘆きがちの; 涙もろい. ❸ 涙を誘う, 哀れな. —Le encantan las historias *lacrimosas*. 彼女は泣かせる物語が大好きだ. 類**lastimero, lastimoso.**

lactación [laktaθjón] 女 ❶ 授乳[哺乳](期). ❷ 乳の分泌.

lactancia [laktánθja] 女 授乳[哺乳](期). —~ materna [artificial] 母乳[ミルク]で育てること. 類**crianza, amamantamiento.**

lactante [laktánte] 形 乳飲みの. —— 男女 乳飲み子, 乳児. 類**bebé.**

lactar [laktár] 他《文》に授乳する, 乳を飲ませる. 類**amamantar, criar.**
—— 自《文》乳を飲む. 類**mamar.**

lactasa [laktása] 女《化学》ラクターゼ(乳糖分解酵素).

*__**lácteo, a**__ [lákteo, a] 形 ❶ 乳の, 牛乳の. —industria *láctea* 酪農. El yogur, la mantequilla y el queso son productos ~*s*. ヨーグルトとバター, チーズは乳製品である. 類**láctico, lechoso.** ❷ 乳状の, 乳白色の, 乳のような. —color ~ 乳白色. Era una chica de fina y *láctea* piel. 彼女はすべすべした乳白色の肌をした女の子だった. Vía *Láctea* 銀河, 天の川.

—— 男 乳製品. —Me gustan los ~*s*. 私は乳製品が好きだ.

lactescente [laktesθénte] 形 乳状の, 乳のような.

láctico, ca [láktiko, ka] 形 乳の. —ácido ~. 乳酸.

lactosa [laktósa] 女《化学》ラクトース, 乳糖.

lacustre [lakústre] 形《文》湖沼の; 湖(水)に住む[生じる]; 湖畔の. —planta ~ 湖水[辺]植物. poblado ~ 湖畔の集落.

ladear [laðeár] 他 傾ける. —~ el cuerpo [la cabeza] 体を曲げる[首を傾げる]. *Has ladeado* la puntilla y no entra. 君は釘を曲げてしまったので, 入らない.
—— 自 ❶ 傾く. ❷《比喩》正しい道からそれる. ❸ 山の斜面を歩く.
——**se** 再 ❶ 離れる, わきによける. —*Ladéate* para que pasen. 人が通れるようによけなさい. 類**apartarse, quitarse.** ❷《話》傾く. —El cuadro *se ha ladeado* y hay que enderezarlo. 絵は傾いてしまった. 真っ直ぐにしなければいけない. La antena *se ha ladeado* con el viento. アンテナが風で傾いた. *Se ladeó* al partido conservador. 彼は保守党に傾いた. 類**inclinarse, torcerse.** ❸ [+ con と]肩を並べる, 対等である. ❹ [+ con と]敵対[反目]しだす. ——~*se* con un vecino 隣人と反目しだす. ❺ [《中南米, チリ》恋をする.

ladeo [laðéo] 男 傾けること; 傾き, 傾斜. 類**inclinación.**

*__**ladera**__ [laðéra] 女《地理》山腹, 山(丘陵)の斜面, 傾斜地. —~ norte [sur] 北[南]斜面. ~ abrupta 急斜面. ~ suave なだらかな斜面. subir [bajar] por la ~ 山腹を登る[下る].

ladilla [laðíʎa] 女《虫類》ケジラミ. *pegarse como una ladilla*《比喩, 話, まれ》くっついて離れないでいる.

ladino, na [laðíno, na] 形 ❶ (人が)狡猾な, ずるい, 抜け目のない. 類**astuto, sagaz.** ❷ (中世期, アラビア語に対する)ロマンス語の. ❸『中米』(スペイン語だけを話す)メスティソの.
—— 男 ❶ ラディノ語, レト・ロマン語(スイス東南部で話されるロマンス語). ❷ ユダヤ・スペイン語. 類**judeoespañol.**

__lado**__ [láðo ラド] 男 ❶ 側面, 側(ｶﾞ). —~ derecho [izquierdo] 右[左]側. ~ norte de la ciudad 町の北側. a este ~ [al otro ~] de la calle 通りのこちらに[向こう側に]. 類**lateral.** ❷ (紙・コインなどの表・裏の)面, 側. —los dos lados de una medalla メダルの両面. 類**cara, plana.** ❸ わき, 隣, 横. —echar a un ~ わきへどける. poner a un ~ わきに押しやる, 片寄せる. La cama está situada en el ~ de la ventana. ベッドは窓際にある. a mi ~/al ~ mío 私のそば[隣, 横]に[で]. mirar a un ~ 横を向く. ❹ (問題・事柄の)側面, 一面, 観点. —~ bueno [malo] よい[悪い]面, 長所[短所]. ~ débil [flaco] 弱点. ver el ~ bueno [positivo de las cosas 物事のよい面(だけ)を見る, 楽観する. 類**ángulo, aspecto, faceta.** ❺ 場所, 所; すき間, スペース. —hacer (un) ~ 場所[席]を空ける, 席を詰める. Vamos a algún ~. どこかへ行こう. Déjame un ~. ちょっと詰めて. ¿Quieres que vayamos a otro ~? 他のところへ行こうか? 類**lugar, sitio.** ❻ (自分の進む)道, 方面; 方法. —intentar por otro ~ 他の方法でやってみる. 類**camino, vía.**

❼ わき腹, 横腹. —dormir del ～ derecho 右向きになって眠る. inclinar su cuerpo de un ～ 体を横に傾ける. Siento un dolor en el lado izquierdo. 私は左脇腹が痛い. 類 **costado, flanco.**
❽ 味方, 陣営, 側; 圏 擁護者, 支援者, 協力者. —inclinarse del ～ de … …の方に傾く, …に賛成[味方]する. ¿De qué ～ estás tú? 君はどっちの側[味方]だ? Puedes contar conmigo, estoy de tu ～. 僕を当てにしていいよ, 君の味方だから.
❾《数学》辺. —tres ～s del triángulo 三角形の3辺. ❿ 血筋, 家系. —primo mío por parte materno [de mi madre] 私の母方のいとこ. ⓫《軍隊》(隊)の側面, 翼. ⓬《スポーツ》サイド, エンド, ポジション. —cambiar de ～ サイドチェンジする.

a ambos lados 両側に.
al lado 隣に, すぐそばに, 横に, 近くに. casa de *al lado* 隣の家.
al lado de …/*a* su *lado* (1) …のそば[脇, 横]に. Siéntate *a mi lado*. 私の隣に座って. (2) …と比べて. *A tu lado* soy pobre. 君と比べたら僕なんか貧乏だ. (3) …の指導を受けて, …に師事して.
a todos lados あらゆる所に, 至るところで. Voy contigo *a todos lados*. どこにでもついていくよ.
a un lado y otro/a uno y otro lado 両側に. *a un lado y otro* de la calle 通りの両側に.
cada cosa por su lado ばらばらに, めちゃくちゃに, 雑然と.
cada uno por su lado めいめいが勝手に, てんでんばらばらに.
dar de lado a … 無視[敬遠]する, のけ者にする.
*dar*LE *a* … *por su lado* 【メキシコ】《話》(人)と同意見のふりをする.
dejar … *a un lado*/*dejar* … *de lado* を無視する, のけ者にする, 気にしない; をわきへ置く[どける]. *Deja de lado* tus preocupaciones y diviértete. 心配などそっちのけにして, 楽しみなさいよ.
de lado a lado こちら側から向こう側へ; 端から端まで. recorrer el país *de lado a lado* 国中を端から端まで巡る.
de un lado …, *de otro* … 一方では…そして他方では.
de (medio) lado (1) 横向きに, 横に, 横から. ponerse [descansar] *de lado* 横向きになる[寝る]. volverse *de lado* 顔を向く. El viento sopla *de lado*. 風が横殴りに吹いている. (2) 斜めに, 傾けて. ponerse [llevar] el sombrero *de lado* 帽子を斜(斜)にかぶる[かぶっている].
de un lado para [a] otro 〖andar/caminar/ir+〗あちらこちらへ, 休みなく. caminar [andar] *de un lado a otro* del cuarto 部屋を行ったり来たりする.
echarse [hacerse] a un lado (1) 脇による, 道をあける. (2) 手を引く, 控える.
echársela de lado 【メキシコ】自慢する.
estar ahí al lado すぐそばにいる.
estar al lado [del lado] de … …の味方である.
hacer … *a un lado* (邪魔なもの)を片側に押しける[寄せる].
hacerse a un lado 脇によける.
ir de lado 大きな思い違いをする; 次第に悪化する. Si crees que contándome esas historias voy a tener miedo, vas *de lado*. そんな話をして私が怖がると思ったら大間違いだよ.
ir [echar, tirar] cada uno [cada cual] por su lado《話》(1) (意見が合わず)各自が我が道を行く. (2) 袂(たもと)を分かつ.
irse [echar, tirar] por otro lado 別の道を行く; 別の手段を取る.
lado a lado 並んで. ir *lado a lado* 並んで行く; 肩を並べる, 匹敵する.
mirar a otro lado (人・物事に)知らん顔をする, 横を向く.
mirar de (medio) lado a … (1) を見下す. (2) をそ知らぬ顔で[こっそり]見る. (3) →dar de lado a …
ponerse de [del] lado de … (主に議論で)…の味方をする, …の側につく.
por cualquier lado que se mire どう考えてみても.
por otro lado 別の面から, 別のやり方で; 他方; その上.
por su *lado* …としては.
por todos (los) lados (1) 至るところに[で], どこにでも (＝por todas partes). (2) あらゆる面で[から]. considerar el problema *por todos los lados* 問題をあらゆる面から考える.
por un lado 一方では, 他方では.
por un lado …, *por (el) otro (lado)* … 一方では…また他方では.
tener a … *de* su *lado* (人)を味方につけている.

ladrador, dora [laðraðór, ðóra] 形 (犬が)よくほえる.
Perro ladrador poco mordedor. こけおどしをする人(←よくほえる犬はほとんどかみつかない).
‡**ladrar** [laðrár] 自 ❶ (犬が)ほえる. —El perro *ladraba*. 犬がほえていた. ❷《話》(*a*) ののしる, わめきちらす. —Cuando está de mal humor, *ladra*. 彼は機嫌が悪いときはわめきちらす. (*b*) 脅す, 脅しをかける. —Más que hablar *ladra*, pero es inofensivo. 彼は話すというより脅しているようだが, かみつきはしない.
—— 他《話》をわめく, わめきちらす. —Nos *ladró* toda clase de amenazas. 彼はあらゆる種類の脅し文句をわめき立てた.
ladrería [laðrería] 女 ❶《獣医》(豚の)嚢虫(のうちゅう)症. ❷《古》ハンセン病院.
ladrido [laðríðo] 男 ❶ (犬の)ほえ声. —ladridos. ほえる. 類 **aullido, gañido.** ❷《比喩》どなり声, がみがみした声. —El viejo soltó cuatro ～s y los niños echaron a correr. 老人がちょっと大声でどなると, 子どもたちは走り出した.
ladrillado [laðrijáðo] 男 れんが舗装; れんが敷き.
ladrillar [laðrijár] 男 れんが工場; れんが置き場.
ladrillazo [laðrijáθo] 男 れんがでの殴打.
caer como un ladrillazo (食物が)胃にもたれる.
‡**ladrillo** [laðríjo] 男 れんが, タイル; れんが状のもの.

***ladrón, rona** [laðrón, róna ラドロン, ロナ] 名 泥棒, 盗賊. —Los *ladrones* fueron detenidos al día siguiente. 泥棒たちは翌日逮捕された. ¡Al ～! 泥棒だ[捕まえてくれ]!
La ocasión hace al ladrón. 【諺】機会が泥棒をつくる(その気はなくても偶然の機会に出来心で手を出すことがある).
cueva de ladrones 盗賊の巣窟(そうくつ). No com-

1160 ladronear

pro en esa tienda. Es una *cueva de ladrones*. 私はその店では買わない。まるで泥棒の巣窟だから。
— 形 《話》(主に子供が)いたずらな，腕白な．類 **granuja, pícaro, travieso**.
— 男 ❶ たこ足コンセント, ソケット. ❷ 分岐水路.

ladronear [laðroneár] 自 盗みで生活する，泥棒をして生きる．

ladronera [laðronéra] 女 ❶ 盗賊の巣窟(ः) ． ❷ 盗み, 窃盗. 類 **latrocinio**. ❸ (= alcancía).

ladronzuelo, la [laðronθuélo, la] 〔< ladrón〕名 こそ泥；すり．類 **ratero**.

lagaña [layána] 女 目やに(= legaña).

lagar [layár] 男 ❶ (ブドウ・リンゴ・オリーブなどを処理する)圧搾(ः)所. ❷ (ブドウなどの)搾(ः)り桶；圧搾器. ❸ (魚の)塩漬け保存倉庫.

lagartear [layarteár] 他 『チリ』(人)の両腕を押さえる(縛る).

lagartija [layartíxa] 女 〖動物〗小トカゲ.

:**lagarto** [layárto] 男 ❶ 〖動物〗トカゲ. ❷ 二頭筋(肩と肘の間の筋肉).

lagartón, tona [layartón, tóna] 形 狡猾な, 腹黒い. —La muy *lagartona* intentaba timarnos. あの非常に狡猾な女は私たちをだまそうとしていた. 類 **astuto, taimado**.
— 名 狡猾な〔腹黒い〕人. —No te fies de él porque es un ~ de miedo. 彼は恐ろしく腹黒い人間だから信用するな.
— 女 売春婦. 類 **prostituta**.

lagartona [layartóna] 女 →lagartón.

:**lago** [láyo] 男 湖, 湖水. —*L*~ Titicaca チチカカ湖.

**lágrima [láyrima ラグリマ] 女 ❶ 涙. —Ella tenía los ojos llenos de ~s. 彼女は目に涙をうかべていた. Las ~ corrían por sus mejillas. 涙が彼の頬を流れていた. asomar [brotar] ~s 涙があふれる. derramar [verter] ~s 涙を流す. secarse [enjugarse] las ~s 涙をふく. ~s de cocodrilo そら涙. ❷ 苦労, 悩み. —Hacer tanta fortuna le ha costado sudor y ~s. あれだけの財産を築くのに彼は汗と涙を流した.

asomar las lágrimas a los ojos 涙を目に浮かべる. Estaba muy emocionada y las lágrimas *asomaron a sus* [los] *ojos*. 彼女は感動のあまり目に涙を浮かべた.

deshacerse [*anegarse*] *en lágrimas* 泣きくずれる，さめざめと泣く. Al oír la noticia, ella *se deshizo en lágrimas*. その知らせを聞くと彼女は泣きくずれた.

lágrimas de sangre 後悔の涙. Llora con *lágrimas de sangre* la educación que ha dado a su hijo. 彼は自分の息子に行ったしつけを後悔して無念の涙を流している.

llorar a lágrima viva さめざめと泣く. Leyendo la novela, lloraba *a lágrima viva*. 小説を読みながら彼女はさめざめと泣いていた.

saltarse las lágrimas 目に涙があふれる, 泣き出す. Al despedirle se me *saltaron las lágrimas*. 彼と別れるとき私は涙が出てきた.

lagrimal [layrimál] 形 涙の. —carúncula ~ 涙丘. fístula ~ 涙管瘻(ः). glándula ~ 涙腺. saco ~ 涙嚢(ः).— 男 目がしら.

lagrimar [layrimár] 自 泣く, 涙を流す. 類 **llorar**.

lagrimear [layrimeár] 自 ❶ 涙を流す, 涙が出る. —Estoy resfriado y me *lagrimean* los ojos. 私は風邪をひいていて, 目から涙が出てくる. ❷ よく泣く, 泣き虫である. 類 **lloriquear**.

lagrimeo [layriméo] 男 ❶ 涙の出ること. ❷ よく泣くこと. 類 **lloriqueo**. ❸ 〖病理〗(止まらない)涙の分泌.

lagrimón [layrimón] 男 大粒の涙.

lagrimoso, sa [layrimóso, sa] 形 ❶ 涙ぐんだ(目). 類 **lacrimoso, lloroso**. ❷ 哀れな；お涙頂戴の. —Estoy leyendo una novela *lagrimosa*. 私はお涙頂戴の小説を読んでいる.

La Guajira [la yuaxíra] 固名 グアヒーラ(コロンビアの県).

laguna [layúna] 女 ❶ (山中の)小湖；沼, 池. ❷ 〖比喩〗(文書・知識などの)欠陥；不足, 抜け. —Comienza a tener ~s de memoria. 彼の記憶には空白ができはじめている. En su tesis se advierten algunas ~s. 彼の論文にはいくつか不備な点が見られる. 類 **defecto, falta, olvido, omisión**. ❸ (続きものの)切れ目, 抜け, 空(ः)き. —Tengo algunas ~s en mi colección de Austral. 私のアウストラル双書にはいくつか抜けている.

lagunajo [layunáxo] 男 (雨後などの)水たまり.

lagunar[1] [layunár] 男 〖建築〗格間(ः). ◆格天井の格縁(ः)によって区画された部分；格天井の鏡板.

lagunar[2] [layunár] →charco.

lagunoso, sa [layunóso, sa] 形 湖沼の多い.

La Habana [la aβána] 固名 ハバナ(キューバの首都).

La Haya [la ája] 固名 ハーグ(オランダの都市).

laicado [laikáðo] 男 ❶ 在俗であること. ❷ 〖集合的に〗(聖職者に対する)一般信徒.

laical [laikál] 形 (聖職者に対して)一般信徒の, 在俗の；世俗の. 類 **laico**.

laicidad [laiθiðá(ð)] 女 〖中南米〗→laicismo.

laicismo [laiθísmo] 男 ❶ 世俗〔非宗教〕性. ❷ 世俗〔非宗教〕主義；政教分離主義.

laicista [laiθísta] 形 世俗主義の.
— 男女 世俗主義者, 政教分離主義者.

laicizar [laiθiθár] [1.3] 他 (組織, 特に教育施設を)世俗化〔非宗教〕する.

***laico, ca** [láiko, ka] 形 ❶ 非宗教的な, 宗教から独立した. —enseñanza *laica* 非宗教的な教育. colegio ~/escuela *laica* (宗教系の学校に対し)普通学校 estado ~ 政教分離国家. 類 **civil, secular**. ❷ (宗教)(キリスト教徒であっても)聖職者でない, 一般信徒の, 俗人の. —hermano ~ 平修道士, 助修士 mujer *laica* 女の平信徒. 類 **civil, lego, seglar**.
— 男 (キリスト教徒の)一般信徒, 非聖職者, 俗人. 類 **lego, seglar**.

laísmo [laísmo] 男 《文法》間接補語 le, les の働きとして代名詞 la, las を使うこと(例: *La* dieron muchas flores. 彼女はたくさん花をもらった).

laísta [laísta] 形 《文法》laísmo の.
— 男女 《文法》laísmo を使う人.

laja [láxa] 女 ❶ 平石. 類 **lancha, lasca**. ❷ 〖海洋〗岩の浅瀬.

La Libertad [la liβertá(ð)] 固名 リベルタード(エルサルバドルの都市；ペルーの県).

lama[1] [láma] 男 ラマ僧.

lama² [láma] 囡 ❶ 軟泥, へどろ. 類**fango, lodo**. ❷『中南米』苔(ɡ). ❸『中南米』かび, 緑青.

lamaísmo [lamaísmo] 男 ラマ教.

La Mancha [la mántʃa] 固名 ラ・マンチャ(スペインの地方).

lamasería [lamasería] 囡 ラマ教僧院.

Lambayeque [lambajéke] 固名 ランバイェーケ(ペルーの県).

lambda [lámða, lámda] 囡 ギリシャ字母の第11字.ラムダ(Λ, λ),スペイン語の l に対応する.

lamé [lamé] 男 〖装飾〗ラメ.

La Meca [la méka] 固名 メッカ(サウジアラビアの都市, イスラム教の聖地).

lameculos [lamekúlos] 男女〖単複同形〗《俗》追従者, おべっか使い. 類**adulón, pelotillero**.

lame<i>**dor, dora**</i> [lameðór, ðóra] 形 なめる(ような);なめるのが好きな. —— 名 なめる人. —— 男 ❶ おべっか, 追従. 類**lisonja**. ❷ 砂糖を溶かした水.

lamedura [lameðúra] 囡 なめること.

lameli<i>**branquio, quia**</i> [lameliβránkjo, kja] 形《動物》弁鰓(ᅞ)綱の.
—— 男 複《動物》弁鰓綱. ◆軟体動物の1綱でハマグリなどの二枚貝を含む.

lameli<i>**cornio, nia**</i> [lamelikórnjo, nja] 形《動物》鰓角(ᅞᅧ)群の.
—— 男 複《動物》鰓角群.◆鞘翅(ᅌᅵᅎ)目の1群で, 甲虫類を含む.

***lamentable** [lamentáβle] 形 ❶ (行動, 過ち, 出来事が)嘆かわしい, 悲しむべき. —Fue víctima de un ~ error. 彼は悲しむべき誤りの犠牲者だった. 類**deplorable**. ❷ (状況・様子が)悲しい, かわいそうな, 嘆かわしい. —El anciano se encontraba en un estado ~. 老人はかわいそうな状況にあった. Verle llorar de aquella manera era un espectáculo ~. 彼があんなふうに泣くのを見ると悲しい. 類**triste**.

***lamentación** [lamentaθjón] 囡 ❶(主に複)(悲痛・苦痛の)嘆き, うめき声, 悲嘆の声. —Muro de las *lamentaciones* (エルサレムの)嘆きの壁. Durante toda la noche se oían las *lamentaciones* del enfermo. 一晩中病人のうめき声が聞こえていた. 類**lamento, queja**. ❷ (主に複) 愚痴, 泣き言, 不平不満. —Déjate de *lamentaciones*. 愚痴はやめろ. 類**quejas**. ❸ 〖主に複〗(L~)〖聖書〗(旧約の)哀歌(〖略〗Lam). —las *Lamentaciones* de Jeremías エレミヤの哀歌.

****lamentar** [lamentár ラメンタル] 他 深く悲しむ, 残念[気の毒]に思う〖1人称単数形で用いられることが多い〗. —*Lamento* la muerte de tu hermano. 私は君の兄さんの死を残念に思う. *Lamento* no poder acompañarle hasta su casa. お宅までご一緒できないことを残念に思います. *Lamento* que no haya llegado a tiempo. 時間に合わなかったことは残念だ. 類**deplorar, sentir**.

——**se** 再〖+de/por を〗悲しむ, 嘆く;ぼやく. —*Se lamenta de* la mala suerte que ha tenido en la vida. 彼は人生の不運を嘆いている. 類**quejarse**.

:**lamento** [laménto] 男 嘆きの声, うめき, 号泣. —Ella me tiene harto con sus quejas y ~s. 彼女にうんざりして不平と嘆きの声をもらした.

El poema es un ~ a la fugacidad de la vida. この詩は人生の移ろいやすさを嘆いている. 類**quejido**.

lamen<i>**toso, sa**</i> [lamentóso, sa] 形 ❶ 嘆くような, 不平がましい. —Me lo pidió con palabras *lamentosas*. 彼は愚痴っぽい言い方で私にそれをねだった. 類**plañidero**. ❷ 情ない, ひどい, 哀れな. —El enfermo se encuentra en un estado decaído y ~. 病人は衰弱して悲惨な状態にある. 類**lamentable**.

lameplatos [lameplátos] 男女〖単複同形〗❶《話》甘党の人. ❷《軽蔑》まともな生活手段を持たない人;ろくでなし.

lamer [lamér] 他 ❶ なめる. —El gato le *lamía* la cara. 猫は彼の顔をなめていた. El perro se lamía la herida. 犬は自分の傷をなめていた. ❷《比喩》(ある場所を)(なめるように)洗う, 打つ. —Suaves olas *lamen* las arenas de la playa. 穏やかな波が海岸の砂を洗っている.

Mejor lamiendo que mordiendo. 厳しくあたるよりも甘言を弄した方が成果が得られる(←かみつくよりもなめる方が良い).

que no se lame 《話》ひどい, すごい.

lametada [lametáða] 囡 なめること. 類**lametón**.

lametón [lametón] 男 ぺろぺろなめること. —Se comía el flan a *lametones*. 彼女はプリンをぺろぺろなめながら食べていた.

lamia [lámja] 囡 ❶《ギリシャ神話》ヘビ女(美女の頭と竜の体をもった怪物). ❷ (スペイン沿岸にいる)サメの1種.

lami<i>**do, da**</i> [lamíðo, ða] 形 ❶ やせ細った. 類**flaco**. ❷ めかしこんだ. 類**relamido**. ❸ (絵が修正のしすぎで)生彩を欠いた.

·**lámina** [lámina] 囡 ❶ 薄板, 薄片, ボード;金属板;画用紙. —~ de oro 金箔. ~ de vidrio 板ガラス. ~ de cobre 銅板. una caja de ~s de chocolate 板チョコ1箱. comprar ~s de dibujo 画用紙を買う. 類**chapa, placa**. ❷ (本などの)図版, 挿絵, イラスト. —~ en color [en blanco y negro] カラー[白黒]の図版. He comprado unas ~s que reproducen cuadros de Miró. 私はミロの絵の複製を買った. 類**dibujo, estampa, ilustración**. ❸《美術》銅版(画), 版画. ❹《話》(特に馬・牛の, 時には人の)姿, 外見, 格好, 体つき. —toro de buena ~ 格好[体格]のよい雄牛. 類**estampa**. ❺《植物》葉身, 葉片;(キノコの)かさの下面にある放射状の仕切り壁. ❻《解剖》薄層, 薄膜;(骨・軟骨の)広い部分. ❼《印刷》鉛版, 版;《写真》感光版.

laminación [laminaθjón] 囡 (金属の)圧延;薄板にする[を張る]. 類**laminado**.

tren de laminación 圧延機.

lami<i>**nado, da**</i> [lamináðo, ða] 過分 形 圧延された. —acero ~ 圧延鋼.
—— 男 (金属の)圧延;薄板. —~ en frío [en caliente] 冷間[高温]圧延.

laminar¹ [laminár] 他 ❶ (金属を)圧延する, 薄板にする. —~ el acero 鋼を圧延する. ❷ …に薄板[薄片]を張る.

laminar² [laminár] 形 薄板[薄片]の, 薄層をなす. —corriente ~《物理》層流. estructura ~《鉱物, 生物》層状組織. recubrimiento ~ 薄

1162 lamiscar

板の被覆.

lamiscar [lamiskár] [1.1] 他 をぺろぺろなめる.

La Montaña [la montáɲa] 固名 モンターニャ (スペイン, カンタブリア地方).

lampacear [lampaθeár] 他 《船舶》(甲板など)をデッキブラシで磨く, モップで拭く.

lampalagua [lampaláɣwa] 形 【アルゼンチン】大食漢の, がつがつ食べる.
—— 男 【チリ】川の水を飲み尽くすという伝説上の怪物.

‡**lámpara** [lámpara] 女 ❶ 電灯, ランプ. ~ eléctrica [de aceite, de alcohol] 電気[石油, アルコール]の照明. ~ de pie [mesa] フロア[電気]スタンド. ~ de soldar (配管工用の)ブローランプ. ~ solar 太陽灯. ~ votiva 灯明, 灯火. ~ de mineros [seguridad] (鉱夫の)安全灯. ❷ 真空管. ❸ 油じみ. —¡Menuda ~ llevas en la blusa! ブラウスに大きな油じみがついてるわよ.

lampareía [lamparería] 女　照明器具工場[店].

lamparero, ra [lamparéro, ra] 名 ❶ 照明器具製造者; 照明器具商. ❷ 照明係.

*lamparilla** [lamparíʎa] [<lámpara] 女 ❶ (ナイトテーブル用の)小型ランプ, 小灯, 豆ランプ. ❷ 常夜灯, 浮かし灯明 (=mariposa); 灯心台, 灯明台. ❸ オイル・ライター; アルコールランプ. ❹ 《植物》ハコヤナギ, ポプラ. ❺ 【ウルグアイ】電球. 類 **bombilla**.

lamparín [lamparín] 男 ❶ (教会の)ランプ台. ❷ 【チリ】カンテラ, ランプ.

lamparista [lamparísta] 男女 →lamparero.

lamparón [lamparón] 男 ❶ 大型の電灯. ❷ (衣類などの)油のしみ. —Lleva un ~ en la camisa. 彼はシャツに油のしみをつけている. 類 **lámpara, mancha**. ❸ 《病理》瘰癧(るいれき)(結核性頸部リンパ節炎).

lampazo [lampáθo] 男 ❶ 《植物》ゴボウ. ❷ 《船舶》(甲板洗いなどをする)デッキブラシ, モップ.

lampiño, ña [lampíɲo, ɲa] 形 ❶ ひげのない, まだひげの生えていない. 類 **barbilampiño, imberbe**. 反 **barbudo**. ❷ 毛[にこ毛]のない.

lampista [lampísta] 男女 →lamparero.

lampo [lámpo] 男 《詩》光輝, 光彩, 輝き.

lamprea [lampréa] 女 《魚類》ヤツメウナギ.

lamprear [lampreár] 他 (魚類)を(ブドウ酒・砂糖・蜜などで)再調理する.

lan [lán] 男 《通信》ラン, LAN. —~ inalámbrico 無線LAN.

‡**lana** [lána] 女 ❶ 羊毛; 毛糸; 毛織物. —~ de alpaca アルパカウール una bufanda de ~ 羊毛のマフラー. tela de ~ 羊毛の布. tejer la ~ 毛糸を編む. ~ de acero スチールウール(研磨・さび落とし用などの繊維状鋼鉄). ~ de vidrio ファイバーグラス. ~ merino[merina] ボタニーウール(豪州産極上メリノ羊毛). ~ virgen 新毛. pura ~ virgen 純粋新毛. ❷ 【中南米】《話》現金, キャッシュ, 現ナマ. —Tienen mucha ~. 彼らは現金をたくさん持っている. 類 **dinero**.

ir (a) por lana y volver trasquilado ミイラ取りがミイラになる.

Unos cardan la lana y otros cobran la fama. 【諺】仕事をした人は報われず, 他の人がその名誉(報酬)を横取りする.

lanar [lanár] 形 羊毛の; 羊毛を産む. —ganado ~ 羊, 綿羊.

*lance** [lánθe] 男 ❶ (小説や実生活での興味深い・目立った)出来事, 事件, 場面, 局面. —~s amorosos [de amor] 恋愛, 情事. ~s cómicos [jocosos] 滑稽な出来事. ~ imprevisto 思いがけない出来事. Fue un viaje lleno de ~s divertidos. それは面白い出来事が次々起こる旅行だった. 類 **episodio, suceso, hecho, acontecimiento, evento**. ❷ 難局, 苦境, 困難, 危機. —Nos vimos en un ~ apretado. 私たちは窮地に立たされた. Su sangre fría le ayudó a salir de aquel ~. 彼の冷静さがその苦境を脱するのを助けた. ¡En menudo ~ estamos, con lo que llueve y sin paraguas! この雨で傘もなくて困ったなあ! 類 **apuro, aprieto, incidente, trance**. ❸ 喧嘩, 口論. —tener un ~ con ... …と喧嘩する. En un ~ entre caballeros no se debe llegar al insulto. 紳士同士の口論では相手をののしってはいけない. Los ~s entre caballeros son características de las novelas de caballería. 騎士同士の対決は騎士道小説の特徴である. 類 **pelea, desafío, disputa, duelo, pendencia, reyerta**. ❹ 《ゲーム, スポーツ》(一勝負・試合を構成する重要な)一手, 一局, プレー, 攻め. —El próximo ~ decidirá la partida. 次の一手が勝負を決定する. En el último ~ metieron el gol. 彼らは最後の攻めでゴールを決めた. 類 **jugada**. ❺ 《闘牛》ランセ(カパを使うかわし技). —~ afarolado ケープを頭上高く大きく旋回させて牛の攻撃をかわす技. La verónica es uno de los ~s de la lidia. ベロニカは闘牛のカポテさばきの一つだ. 類 **pase**. ❻ (網・石などを)投げること; 投網[打つこと]; 一網の漁獲. —Al segundo ~, la piedra llegó más lejos. 2回目に投げた時, 石はもっと遠くまで行った. 類 **lanzamiento**. ❼ 【アルゼンチン, パラグアイ】(建物の中の)一区画, 一区分. ❽ 【チリ】《話》身をかわすこと. —hacer el [un] ~ a ... 身をかわして…を避ける.

a pocos lances (1) まもなく, すぐ. Si tomamos el tren de alta velocidad en París, *a pocos lances* nos pondremos en Lyon. パリで高速電車に乗ればすぐリヨンに着きます. (2) 困難も障害もなく.

de lance (1) (特に本について)中古の, 格安の. libros *de lance* 古本, 見切り本. muebles *de lance* 中古家具. tienda *de lance* 中古品店. Recorría los puestos de libros *de lance* en busca de alguna ganga. 彼はよく掘り出し物を求めて露店の古本屋を見て歩いたものだ. (2) 《副詞的に》中古で, 格安で. comprar [vender] *de lance* 中古で買う[売る].

echar [mal] lance 《話》目的を達成する[達成しない]. *Echó* un buen *lance* obteniendo la beca. 彼は首尾よく奨学金を手に入れた.

jugar el lance 《話》難しい問題を処理する.

lance de fortuna 幸運(の出来事), 偶発事, 思いがけない幸運. Conseguí el puesto gracias a un *lance de fortuna*. 私は幸運にもその職を得た.

lance de honor 決闘 (=desafío, duelo). Por defender a su dama aceptó un *lance de honor*. 彼は思いを捧げた貴婦人を守るために決闘に応じた.

tener pocos lances 《話》単調である, 面白くない, 退屈である. La película de ayer *tenía pocos*

lances. 昨日の映画は面白くなかった.
tirarse un lance[ラ・プラタ]《話》(1) 一か八かやってみる(=probar suerte). (2) 〖+con〗(一般に男が女に)言い寄る.

lance(-) [lanθe(-)] 動 lanzar の接・現在.
lancé [lanθé] 動 lanzar の直・完了過去・1単.
lancear [lanθeár] 他 を槍(ﾔﾘ)で突く[刺す]. 類 **alancear**.
lanceolado, da [lanθeoláðo, ða] 形《植物》(葉が)披(ﾋ)針形の, 槍先形の.
lancero [lanθéro] 男 ❶《軍事》槍(ﾔﾘ)騎兵. ❷ 複 カドリル(舞踊)の一種.
lanceta [lanθéta] 女《外科》ランセット, 乱切刀.
:**lancha** [lántʃa] 女 ❶ ランチ, カッター, モーターボート. ― ~ motora [a motor, de motor] モーターランチ, モーターボート. ~ de desembarco 上陸用舟艇. ~ de pesca 釣り舟. ~ de salvavidas [de salvamento, de socorro, de auxilio] 救命ボート. ~ fuera borda 船外機つきボート. ~ neumática ゴムボート. ~ patrullera 哨戒艇. ~ de vela ヨット. ❷ 平たい石, 石板.
lanchada [lantʃáða] 女《海事》はしけが1回に運ぶ荷物.
lanchaje [lantʃáxe] 男《海事》はしけによる貨物輸送; はしけ賃.
lanchero [lantʃéro] 男《海事》はしけの船頭.
lanchón [lantʃón] 男 [<lancha] 大型のはしけ.
lancinante [lanθinánte] 形 刺すような(痛み). 類 **punzante**.
lancinar [lanθinár] 他 を(突き)刺す. 類 **punzar**.
landa [lánda] 女 荒れ野, 荒れ地.
landgrave [lan(d)ɣráβe, lan(d)gráβe] 男 旧ドイツの爵位の1種, 方伯.
landó [landó] 男 ランドー馬車, 幌(ﾎﾛ)付き4輪馬車.
lanería [lanería] 女 羊毛[毛織物]商(店).
lanero, ra [lanéro, ra] 形 羊毛の. ― industria *lanera* 羊毛産業.
― 名 羊毛[毛織物]商人.
:**langosta** [langósta] 女 ❶《甲殻類》イセエビ, ロブスター. ❷《虫類》イナゴ.
langostero, ra [langostéro, ra] 形 ロブスターの.
― 名 ロブスターを捕る漁師.
― 女 ロブスター漁の漁船.
langostín [langostín] 男 →langostino.
langostino [langostíno] 男《動物》クルマエビの類. ― ~ cocido [crudo] 茹(ﾕ)で[生]クルマエビ.
langostón [langostón] 男《虫類》(大型の)バッタ, イナゴ.
languidecer [langiðeθér] [9.1] 自 ❶ (肉体的・精神的に)弱る, 衰える, 元気をなくす. ― El enfermo *languidece* cada día más. 病人は日ごとにやつれている. Ana *languidecía* de amor no correspondido. アナは片思いに身を焦がしていた. 類 **entristecerse, desalentarse**. ❷ 活気を失う, だれる. ― La conversación *languidecía* poco a poco. 会話は少しずつだれていた. 類 **decaer, desanimarse, perder**.
languidez [langiðéθ] 女 憔悴(ｼｮｳｽｲ), 衰弱; けだるさ. 類 **desánimo, decaimiento**.
lánguido, da [lángiðo, ða] 形 ❶ 弱々しい,

力のない, 衰えた. ― Tras su grave enfermedad se encuentra todavía muy ~. 彼は重病の後でまだやつれ切っている. ❷ 活気のない; けだるい, 物憂げな. ― mirada *lánguida*. 物憂げな視線.
lanífero, ra [lanífero, ra] 形《詩》羊毛のある(の生えた).
lanificación [lanifikaθión] 女 →lanificio.
lanificio [lanifíθio] 男 ❶ 羊毛加工. ❷ 羊毛製品.
lanilla [laníʎa] 女 ❶ (織物の)けば. ❷ フランネル(布).
lanolina [lanolína] 女《化学》ラノリン, 羊毛脂(軟こう・化粧品の原料).
lanosidad [lanosiðá(ð)] 女《植物》(葉や果物などの)綿毛. 類 **pelusa**.
lanoso, sa [lanóso, sa] 形 羊毛におおわれた; 羊毛状の. 類 **lanudo**.
lansquenete [lanskenéte] 男 (15-16世紀のドイツ人の)傭兵.
lanudo, da [lanúðo, ða] 形 羊毛の多い, 羊毛におおわれた. 類 **lanoso, velloso, velludo**.
lanza [lánθa] 女 ❶ 槍(ﾔﾘ). 類 **asta, pica**. ❷ (車の)かじ棒, ながえ. ❸ (ホースの)筒先, 筒口. ❹ 槍騎兵.
a punta de lanza →punta.
correr lanzas 馬上で槍合戦(試合)をする.
estar con la lanza en ristre 槍を持ち攻撃に準備をしている;《比喩》(必要なときに)行動の準備ができている.
romper una lanza [lanzas] por [en favor de] ... を擁護する. Aunque te apoya moralmente, no es hombre que rompa lanzas por ti. 彼は君を精神的に支援しているけれども, 君のために骨折って力になる人間ではない.
lanzable [lanθáβle] 形 ― asiento ~ (飛行機の緊急脱出用)飛び出し座席.
lanzabombas [lanθaβómbas] 男《軍事》爆弾発射装置; 迫撃砲.
lanzacabos [lanθakáβos] 男 ― cañón ~ (人命救助用の)綱打ち砲.
lanzacohetes [lanθakoétes] 男《軍事》ロケット弾発射砲.
*lanzada [lanθáða] 女 ❶ 槍(ﾔﾘ)の一突き, 槍での突き刺し. ― dar [asestar] una ~ 槍で突き刺す. derribar de una ~ 槍の一突きで倒す. El caballero sufrió una ~ durante el torneo. 騎士は馬上槍試合で槍の一撃を食らった. ❷ 槍による傷, 槍傷. ― La fiera murió por las ~s. 猛獣は槍傷で死んだ. ❸《中南米》嘔吐, 吐くこと. ― No pudo evitar soltar la ~ en la calle. 彼は路上で嘔吐を抑えることができなかった. 類 **vómito, devuelto**.
lanzada a moro muerto 存在しない敵や障害に向かっていくこと.
lanzadera [lanθaðéra] 女 (織機の)梭(ﾋ), シャトル(横糸を左右に通す器具).
lanzadera espacial スペースシャトル.
***lanzado, da** [lanθáðo, ða] 過分 形 ❶ 投げられた. ― El balón ~ por el contrario dio en el larguero. 敵のシュートしたボールはゴールポストに当たった. ❷〖ser/estar+〗《話》(人が)大胆な, 積極果敢な, 決然とした, 遠慮のない. ― Es un chico muy ~ y suele conseguir lo que se propone.

1164 lanzador

彼はとても積極的な青年で、ねらったものは大概手に入れる。Es muy *lanzada* y hace las cosas sin pensarlas bien. 彼女はとても大胆で、物事をよく考えないでやる。**類impetuoso**. ❸《ser+》《話》(人が)性急な、せっかちな。—No seas tan ～. そんなにあわてる[張りきる]なよ。《estar+》速い、迅速な。—Se montó en la bicicleta y salió ～. 彼は自転車に飛び乗って大急ぎで飛び出した。Iba ～ con la moto. 彼はバイクで飛ばしていた。**類rápido**. **反lento**. ❺《estar+》《話》性的に興奮した。
—— 名《話》(男女関係で)積極的な人、向こう見ずな人。—Es un ～ con las mujeres, y se lleva muchos cortes. 彼は女性に対して積極的で、振られてばかりいる。
—— 男《釣り》キャスティング、スピニング、投げ釣り(=**pesca al** ～).

lanza*dor*, *dora* [lanθaðór, ðóra] 形 投げる。
—— 名(スポーツの)投げる人；投手。—～ **de disco** 円盤投げ選手。

lanzagranadas [lanθaɣranáðas] 男《軍事》擲弾(tekidan)筒、手りゅう弾発射器。

lanzallamas [lanθajámas] 男《軍事》火炎放射器。

·**lanzamiento** [lanθamjénto] 男 ❶ 投げること、投げつけること；(爆弾などの)投下。—El ～ de balón a la canasta fue perfecto. そのシュートは完璧だった。**類tiro**. ❷ 発射、打上げ。—～ de un cohete [de misiles, de una satélite de comunicaciones] ロケット[ミサイル、通信衛星]の打上げ。**base** [**campo**] **de** ～ (ロケットの)発射場、打上げ場。**plataforma de** ～ (ロケットなどの)発射台。Retransmitieron por televisión el ～ de una sonda lunar. 月探査機の打上げがテレビで中継放送された。**類salida**. ❸ 飛び降り、飛び込み、飛び出し。—～ de un paracaidista パラシューターの飛び降り。～ de un nadador a la piscina 水泳選手のプールへの飛び込み。❹ (特に新製品・ファッション・芸術家・思想などの)売り出し、新発売、発表、宣伝。—～ de un nuevo producto al mercado 新製品の売り出し。**precio de** ～ 発売記念特価。Este champú es una oferta de ～. このシャンプーはキャンペーン中のお買い得品。París es el mejor escenario para el ～ de modas. パリはニューモードの発表に最適の場所である。**類promoción**. ❺《海事》(船の)進水。—ceremonia de ～ 進水式。**類botadura**. ❻《新事業・活動・計画などの)開始、着手、(会社などの)創始。—～ de una nueva empresa 創業、～ de un plan económico 経済計画の着手。❼《スポーツ》(陸上競技で)投擲(tōteki)(競技)。—El ～ de disco, martillo, jabalina y peso son deportes olímpicos. 円盤投げ、ハンマー投げ、槍投げ、砲丸投げがオリンピック種目である。Su ～ fue nulo. 彼の投擲は無効だった。❽《スポーツ》(反則などによるボールの)スロー、キック；シュート。—～ de un corner コーナーキック。～ de penalties ペナルティーキック。Encestó su primer ～.《バスケットボール》彼は最初のシュートを決めた。Falló el ～《サッカー》シュートは失敗した。**類tiro, intento**. ❾《コロンビア、ウルグアイ》《法律》強制立ち退き。—El ～ se decidió porque el inquilino no pagaba el alquiler. 借家人は家賃を支払わなかったので強制立ち退きが決定された。**類desalojo, desahucio**.

lanzaminas [lanθamínas] 男《軍事》機雷投射器；機雷敷設艦。

lanzamisiles [lanθamisíles] 男《軍事》ミサイル発射台[装置]。

lanzaplatos [lanθaplátos] 男《軽蔑》わな；計略。

:**lanzar** [lanθár] [1.3] 他 ❶ (a) を投げる、ほうり投げる、投げつける。—～ la jabalina 槍投げをする。～ una piedra al río 川に石を投げる。Lanzó la pelota contra la pared. 彼は壁にボールを投げつけた。**類arrojar**. ❷ (視線)を投げる、(声)を挙げる、発する。—～ una mirada de odio 憎しみの視線を投げる。—～ un grito 叫び声を挙げる。❸ (ロケットなどを)発射する、離陸させる；(船)を進水させる。—～ un cohete ロケットを発射する；花火を打ち上げる。❹ を広める、発表する、発売する。—～ un rumor falso うそのうわさを流す。—～ un nuevo disco compacto 新しいCDを発売する。
—— **se** 再 ❶ 飛び込む、飛び出す；[+sobre/contra に]飛びかかる。—*Se lanzó de cabeza al río*. 彼は頭から川に飛び込んだ。El tigre *se lanzó sobre su presa*. トラは獲物に襲いかかった。El policía *se lanzó contra* el ladrón. 警官はどろぼうに向って突進した。❷ 思い切る、決断する；[+a+不定詞]思い切って…する。—*Me lancé* y le confesé mi amor. 私は思い切って彼女に私の思いを打ち明けた。—*se a* gritar 思い切って大声を出す。❸ 加速する、[+不定詞]急に…する。—No *lances*, que hay tiempo de sobra. そんなにせくなよ、時間は余っているのだから。

Lanzarote [lanθaróte] 固名 ランサローテ島(スペイン、カナリア諸島の島)。

lanzatorpedos [lanθatorpéðos] 形 魚雷発射の。—**tubo** ～ 魚雷発射管。
—— 男 魚雷発射管。

laña [lápa] 女 ❶ かすがい、締め金。**類grapa**. ❷ 安全ピン。**類imperdible**.

lañar [laɲár] 他 をかすがい[締め金]で留める[締める]。—～ una vasija rota. こわれた器をかすがいでつなぎ合わせる。

Laos [láos] 固名 ラオス(首都ビエンチャン Vientiane).

laosiano, na [laosjáno, na] 形 ラオス(Laos)の。
—— 名 ラオス人。
—— 男 ラオス語。

Lao-Tse [láotsé] 固名 老子(生没年不明、中国春秋時代末期の思想家)。

lapa [lápa] 女 ❶《動物》(岩に付着する)笠貝の類。❷ しつこい厄介者。
agarrarse [pegarse] como una lapa (人が)しがみつく、くっついて離れない。

La Paz [la páθ] 固名 ラパス(ボリビアの首都；メキシコ、バハカリフォルニア州の州都)。

lapicera [lapiθéra] 女 →lapicero.

lapicero [lapiθéro] 男 ❶ シャープペンシル。❷ 鉛筆、ペン。❸《中南米》ペン掛け、ペン差し。

lápida [lápiða] 女 石碑。—～ conmemorativa,—～ sepulcral [mortuoria] 墓石、墓碑。

lapidación [lapiðaθjón] 女 石打ちの刑、石責め。**類apedreamiento**.

lapidar [lapiðár] 他 (人)を石打ちの刑にする、石責めで殺す。**類apedrear**.

lapida*rio*, *ria* [lapiðárjo, rja] 形 ❶ 宝石の。❷ 石碑[墓石]の。—inscripción *lapidaria* 碑

銘. ❸ (語句が)碑銘に適した. —decir frases *lapidarias* 碑銘風の文句を言う. —名 ❶ 宝石細工人, 宝石商. ❷ (石碑・墓石の)石工師.

lapidificación [lapiðifikaθjón] 囡 《化学》石化, 化石.

lapidificar [lapiðifikár] 他 《化学》を石に変える, 石化させる.

lapislázuli [lapisláθuli] 男 《鉱物》青金石, るり.

*__lápiz__ [lápiθ ラピス] 男 ❶ **鉛筆**. —Escríbelo con [a] ～. それを鉛筆で書きなさい. un dibujo a [en] ～ 鉛筆での素描. ～ de color 色鉛筆, クレヨン. ～ de mina シャープペンシル. ～ de pasta 『チリ』ボールペン. ～ de 《化粧》鉛筆状のもの. ～ de cejas ペンシル型まゆずみ, アイブロウ. ～ de labios 口紅, 棒紅. ～ de ojos アイライナー. ❷ 《情報》ペン. —～ fotosensible[óptico] ライトペン.

La Plata [la pláta] 固名 ❶ ラ・プラタ(アルゼンチンの都市). ❷ (el Río de ～) ラ・プラタ川(アルゼンチン, ウルグアイ, パラグアイの河川).

lapo [lápo] 男 むち打つこと; なぐりつけ.

lapón, pona [lapón, póna] 形 ラプランド(Laponia)『ラップ』(人・語)の. —名 ❶ ラプランド[ラップ]人. ❷ 男 ラプランド[ラップ]語.

Laponia [lapónja] 固名 ラップランド(ノルウェー北部の地域).

lapso [lápso] 男 ❶ (時間の)経過, 期間. —En el ～ de unos días la situación ha cambiado. 数日のうちに情況は変化した. [類] **período, tiempo.** ❷ 誤り, 間違い. [類] **lapsus, desliz.**

lapsus [lápsus] [ラテン]男 (不注意による)誤り, 間違い. —～ calami [linguae] 書き[言い]間違い. [類] **equivocación, error, falta.**

la que [lake] (la+que) →que.

laquear [lakeár] 他 ～に漆(ラック)を塗る, (髪)にスプレーをかける.

lar [lár] 男 ❶ (古代ローマの)家の守り神. ❷ かまど. ❸ 榎 家庭. —regresar a sus *lares*. わが家に帰る. [類] **hogar.**

Lara [lára] 固名 ララ(ベネズエラの州).

lardar [larðár] 他 (肉)にラードを塗る.

lardear [larðeár] 他 →lardar.

lardo [lárðo] 男 ラード(豚の脂肪を精製して作られた半固体の油), 豚脂.

lardoso, sa [larðóso, sa] 形 ラード[豚脂]の; 脂肪の多い;脂(あぶら)じみた.

*__larga__[1] [lárɣa ラルガ] 囡 ❶ 《闘牛》ラルガ(片手でカポーテを長く伸ばして牛を誘う技). —El torero hizo una ～ y el toro lo embistió. 闘牛士はラルガを行ったので, 牛は闘牛士に襲いかかった. ❷ [主に] 《ヘッドライトの》ハイビーム. —Pon la ～ si no ves bien la carretera. 道路がよく見えないのなら, ヘッドライトを上向きにしなさい.

a la larga (1) 長い目で見れば, 最終的には, しまいには. Piensa comprarse un terreno y, *a la larga*, hacerse una casa de campo. 彼は土地を買い, ゆくゆくは別荘を建てようと思っている. *A la larga* te arrepentirás de no haber estudiado más. 後になれば君ももっと勉強しなかったことを後悔することになるだろう. (2) ゆっくりと, だんだん, 少しずつ. Esta medicina hará efecto *a la larga*. この薬はだんだん効果が出てくるだろう.

dar largas [a+名詞] を先延ばしにする, 長引かせる, 遅らせる. Su intención es *dar largas* al asunto. 彼の意図は件を長引かせることだ. Siempre que voy me *da largas* con el cobro del alquiler. 私が行くと, いつも彼は賃貸料の支払いを先延ばしにしようとする.

largamente [lárɣaménte] 副 ❶ 長く, 長い間, 長らく. —A veces conversamos ～. 時々私たちは長話をする. ❷ 惜しみなく, 気前よく; 豊富に. ❸ 楽々と, ゆうゆうと.

largar [larɣár] [1.2] 他 ❶ 《海事》を解く, ゆるめる. —～ cable al ancla いかりの綱を解く. ～ una vela 帆を解く, 帆を広げる. ❷ (*a*) (面倒なもの)を押しつける. —Me *largó* el paquete más pesado. 彼から一番重い包みを押しつけられた. (*b*) (不愉快・不適切なこと)を言う. —Nos *largó* un aburrido sermón. 彼は私たちに退屈な説教をした. (*c*) (打撃など)を与える; くれてやる. —Me *largó* un puntapié. 彼から蹴りを入れられた. Tuve que *largarle* una buena propina. その時私は彼にたっぷりチップをくれてやらねばならなかった. ❸ (言うべきでないこと)を言ってしまう. —*Largó* todo lo que sabía del asunto. 彼はその件について知っていることを全て言ってのけた. —自 《話》しゃべりまくる.

—se 再 ❶ 行ってしまう, ずらかる. —¡*Lárgate* y no vuelvas a venir aquí! 出て行け, 二度とここに来るな. ❷ 《海事》出帆する; 他の船から離れる.

*__largo, ga__[2] [lárɣo, ɣa ラルゴ, ガ] 形 ❶ (*a*) (《距離・寸法が》)長い, 遠い[ser+]. —cuerda larga 長いロープ. onda larga 長波. libro ～ ページ数の多い本. Es ～ de brazos. 彼は腕が長い. Ella lleva el pelo muy ～. 彼女は非常に長い髪をしている. Todavía nos queda por delante un ～ camino antes de llegar. 私たちが到達するまでにはまだ長い道のりが残っている. Estas cortinas son *largas* para la ventana. これらのカーテンはその窓にかけるには長すぎる. [反] **breve, corto.** (*b*) 《時間が》長い, 長時間の 『ser+』. —～ tiempo 長い時間. un viaje ～ 長旅. previsiones[préstamo] a plazo 長期予測[貸付け]. vocal *larga* 《言語》長母音. Mi tía vivió ～s años en el extranjero. 私の叔母は長年外国に住んでいた. En verano los días son ～s. 夏には日が長くなる. Tiene una *larga* experiencia como actor. 彼は俳優として長い経験がある. (*c*) (衣服などの丈が)長い, 長すぎる 『estar/quedar+』. —Esa chaqueta te está *larga*. その上着は君には丈が長い. Los pantalones me quedan ～s. ズボンが私には長すぎる. (*d*) 実に長い, 長ったらしい. —Se me hizo muy *larga* la conferencia. その講演は私には非常に長ったらしいものだった. [類] **dilatado, extenso.** ❷ 《数量+》 も長く[多く], 優に[たっぷり]…も. —Vivió en Granada treinta años ～s. 彼は実に 30 年もの間グラナダに住んでいた. El coche le costó cuarenta mil euros ～s. 彼の車に優に 4 万ユーロもした. Póngame un kilo ～ de melocotones. モモをたっぷり 1 キロちょうだい. ❸ 背の高い, ひょろ長い. —Es tan ～ que tuvo que agacharse para entrar en casa. 彼はとても背が高いので, 身をかがめないと家に入れない. [類] **alto.** ❹ 気前のよい, 大まかな, 寛大な. —Mi abuela era *larga* haciendo regalos. 私の祖母は贈り物をするときに気前がよ

かった. 類generoso, liberal. ❺［＋de］…がたくさんある, 豊かである. —Desde que su mujer trabaja, va ～ de dinero. 妻が働き出して以来彼は金がたっぷりある. Es una mujer *larga de lengua*. 彼女は口の達者な女性だ. ［話］…に抜け目のない, 頭の回転の速い, 機敏な. —Luis es más ～ de lo que parece y será difícil de engañarlo. ルイスは見かけ以上に抜け目ないから, だますのは難しいだろう. 類astuto, listo, perspicaz. ❼《音楽》ラルゴの, きわめて遅いゆっくりしたテンポの.

a lo largo (1) 縦に. Corta la tabla *a lo largo*. 板を縦に切りなさい. La habitación mide tres metros de ancho y cuatro *a lo largo*. 部屋は幅が3メートル, 縦が4メートルある. (2) 遠くに, はるかに. Se veían *a lo largo* las velas de los barcos. 遠くに船の帆が見えた.

a lo largo de［＋名詞］(1) …に沿って, …沿いに. Fuimos *a lo largo de* la vía del tren. 私たちは線路沿いに進んだ. *A lo largo del* río hay embarcaciones y balsas. 川沿いに船や筏(いかだ)がある. (2) …の間中, …の間ずっと, …を通じて. *A lo largo de* la conferencia fue muy aplaudido. 講演の間中彼は非常に拍手を受けた. *A lo largo de* este tiempo no nos hemos visto mucho. この期間ずっと私たちはあまり会わなかった.

a lo largo y a lo ancho de［＋名詞］…のあちこちに, …の至るところ. En pocas horas la noticia se difundió *a lo largo y a lo ancho del* país. 数時間の間にそのニュースは国中に広がった.

a todo lo largo［*todo a lo largo*］*de*［＋名詞］…に沿ってずっと. A todo lo largo de la avenida han colocado numerosas banderas. 大通りに沿って延々と多数の旗が並べられた.

cuan largo［＋直説法］＝*todo lo largo que*.

todo lo largo que［＋直説法］長々と, 全身を伸ばして. Estaba tumbado en la arena *todo lo largo que* era. 彼は砂の上に長々と寝そべっていた.

—— 男 ❶ (幅に対して)縦, 長さ, 丈, (横に対して)縦. —Ella mide el ～ del vestido. 彼女はドレスの丈を計っている. ¿Cuánto tiene de ～ esta habitación? この部屋は縦がおよそいくらありますか. La fachada tiene siete metros de ～. 建物の正面は長さ7メートルある. Acabó muy cansado después de nadar cuatro ～s. 彼はプールを縦に4回［2往復］泳いだ後大変疲れた. 類largura, longitud.

❷ (生地の)長さ, 着分. —Para hacer la falda se necesitan dos ～s de cincuenta centímetros. そのスカートを作るには50センチ幅で2着分の生地が必要だ.

❸ (音楽)ラルゴ(の曲・楽章). —El ～ es un aire más reposado que el adagio. ラルゴはアダージョよりも落ち着いた曲調だ.

❹ (スポーツ)馬身, 身長差, 艇身. —El caballo favorito ganó por un ～. ひいきの馬が1馬身差で勝った.

de largo (1) ずっと前から, 昔から. Este problema ya viene *de largo*. この問題はもうずっと以前からのものだ. (2) ロングドレスを着て. Voy a ir *de largo* esta noche a la fiesta. 私は今夜パーティーにロングドレスを着て行く.

ir para largo かなり長引く, 当分終わらない. No te impacientes, porque la reunión *va para largo*. いらだつな, 会議はしばらく続くのだから.

pasar de largo 通り過ぎる, 素通りする. *Pasó de largo* como si no me hubiera visto. 彼はまるで私を見なかったみたいに通り過ぎた.

poner［*vestir*］*de largo a*［＋女性］を社交界に初めてデビューさせる. *Pusieron de largo a* su hija. 彼らは娘を社交界にデビューさせた.

ponerse［*vestirse*］*de largo* (1) ロングドレスを着る. A esta fiesta debes ir *vestida de largo*. このパーティーには君はロングドレスで行かなければならない. (2) 社交界にデビューする.

por largo 詳しく, たっぷりと. Hablamos del asunto *por largo*. 私たちはその件についてこと細かに話し合った.

—— 副 ❶ たっぷりと, 大いに, 長々と. —Otro día hablaremos más ～. いつかもっとゆっくり話し合いましょう. Nos reímos ～ de sus tonterías. 私たちは彼の間抜けさに大笑いをした. 類largamente.

❷［話］遠くに. —Tu casa está muy ～ de la mía. 君の家は私の家から大変遠い. 類lejos. (間投詞的に)出て行け, 失せろ. —¿Qué haces aquí? ¡L～! ここで何をしているんだ. 出て行け. ¡L～ de ahí! さっさと失せろ.

largo y tendido 長い間, じっくりと. Hablamos *largo y tendido* con toda franqueza. 私たちは長いこと大変率直に話し合った.

Largo Caballero [láryo kaβajéro] 固名 ラルゴ・カバリェーロ(フランシスコ Francisco ～)(1869-1946, スペインの政治家).

largor [laryór] 男 長さ. 類longitud.

largucho, cha [laryútʃo, tʃa] 形 ［中南米］やせてひょろ長い.

larguero [laryéro] 男 ❶ 縦桟; (扉などの)だき, わき柱. ❷《サッカー等》クロスバー. 類travesaño. ❸ 長枕.

largueza [laryéθa] 女 ❶ 豊富, ふんだん. —La naturaleza nos da frutos con ～. 自然は我々にふんだんに恵みを与えてくれる. 類abundancia. ❷ 惜しみなさ, 気前のよさ. 類generosidad. ❸ 長さ (=largura).

larguirucho, cha [laryirútʃo, tʃa] 形 ひょろひょろ背ばかり高い.

largura [laryúra] 女 長さ. 類longitud. 反anchura.

laringe [larínxe] 女 《解剖》喉頭.

laríngeo, a [larínxeo, a] 形 喉頭の.

laringitis [larinxítis] 女 《医学》喉頭炎.

laringoscopio [larinɡoskópio] 男 《医学》喉頭鏡.

La Rioja [la ṛjóxa] 固名 リオハ(アルゼンチンの都市; スペインの地方・自治州).

Larra [láṛa] 固名 ラーラ(マリアーノ・ホセ・デ Mariano José de ～)(1809-37, スペインのジャーナリスト・小説家・劇作家).

larva [lárβa] 女 幼虫; うじ.

larvado, da [larβáðo, ða] 形 ❶《医学》潜在性(仮面性)の. ❷ 潜在的な. —peligro ～ 潜在的な危険.

las¹ [las] 冠 ［定冠詞の女性複数形］→el.

＊**las**² ［las この文字］代 ❶［女性3人称複数対格; 直接補語となる］❶［話し手でも話し相手でもない他の人たちをさす］彼女たちを. —*Las* vi en la calle. 私は彼女たちを通りで見た. ❷［話し相手の人をさす］あなたたちを. —*Las* invito a ustedes a la fiesta. 私はあなたたちをパーティーに招待いたします〖ustedes で話しかける相手について用いられる〗. ❸〖女性複数の物をさす〗それらを. — Estoy buscando mis gafas. No *las* encuentro en ninguna parte. 私はめがねを探しているが, どこにもそれを見つけることができない.

lasaña [lasáṉa] 囡〖料理〗ラザニア.

lasca [láska] 囡 石のかけら. 類 **laja**.

Las Casas [las kásas] 固名 ラス・カサス(バルトロメー・デ Bartolomé de)(1474-1566, スペインのドミニコ会派伝道士・歴史家).

lascivia [lasθíβja] 囡 ❶ 淫(いん)乱, 好色. ❷ 淫行. 類 **lujuria, impudicia**. 反 **castidad**.

lascivo, va [lasθíβo, βa] 形 ❶ 淫(いん)乱な, 好色な. — mujer [mirada] *lasciva* 多情な女[いやらしい視線]. 類 **lujurioso, impúdico, libidinoso**. 反 **casto**.

laser, láser [lasér, láser] 男 レーザー. — rayo ～ レーザー光線. impresora ～ レーザープリンター.

lasitud [lasitú(ð)] 囡 疲労, 倦(けん)怠. 類 **flojedad, decaimiento, fatiga**. 反 **vigor, ánimo**.

Las Marismas [las marísmas] 固名 マリスマス(スペイン, グアダルキビル川の河口の湿原).

laso, sa [láso, sa] 形 ❶ 疲労した, 力のない, だれた. — Después de caminar seis horas estaba ～. 6 時間歩いて彼は疲れきっていた. ❷ 真っ直ぐにのびた(髪). 類 **lacio, liso**. ❸ よじれていない(糸・絹).

Las Palmas [las pálmas] 固名 ラス・パルマス(スペイン, カナリア諸島の県・県都).

lástima [lástima ラスティマ] 囡 ❶ 哀れみ, 同情, 残念. — ¡Qué ～ que no puedas venir! 君が来られないとは残念至極. Es una ～ que no hayáis venido más temprano. 君たちがもっと早く来られなかったのは残念だ. Me da ～ verle en ese miserable estado. 彼がそんな悲惨な状況にいるのを見て同情している. Siento ～ por ellos. 彼らがかわいそうだ. Da ～ verla así de delgada. 彼女が痩せ細ってしまったのを見るのは悲しい. Me da ～ (de) ese hombre. あの男がかわいそうだ. ¡No te tengo ～, te mereces el castigo! 僕は君に同情しない, 自分が悪いのだから. una persona digna de ～ 同情に値する人. 類 **compasión, pena. ❷ 悲惨なこと[状況], みじめなこと; 嘆き. — Siempre que ella viene me cuenta sus ～s. 彼女はやって来るといつも彼女の悲惨な状況を語る. Ya está bien de ～s, mujer, piensa en cosas alegres. お前もう嘆くのはいいかげんにして, 楽しいことを考えろ.

de lástima 粗末な, みすぼらしい. Le han hecho un arreglo en la cocina *de lástima*. 彼女は粗末な台所を修理してもらった.

(*estar*) *hecho una lástima* 《話》哀れな状態になっている. El tifón ha dejado el jardín *hecho una lástima*. 台風によって庭は哀れな状態になった.

lastimado, da [lastimáðo, ða] 形 傷ついた.

lastimador, dora [lastimaðór, ðóra] 形 傷つける; 有害な.

lastimadura [lastimaðúra] 囡 傷つけること; 負傷.

:lastimar [lastimár] 他 ❶ **を負傷させる**, 傷つける, 痛める. — Estas botas me *han lastimado* los pies. 私はこのブーツで足に靴ずれができた. 類 **lesionar**. ❷ (精神的に)傷つける, はずかしめる. — Aquellas palabras de desprecio la *lastimaron* profundamente. あの軽蔑の言葉で彼女

は深く傷ついた. 類 **herir, lacerar**.

— *se* 再 負傷する, 傷つく. — Esquiando *me lastimé* la cadera. 私はスキーをしていて腰を痛めた.

lastimero, ra [lastiméro, ra] 形 ❶ 哀れな, 悲痛な, 悲しげな. — con voz *lastimera* 哀れっぽい声で. 類 **lastimoso, triste**. ❷ 傷つける; 有害な.

lastimoso, sa [lastimóso, sa] 形 ❶ 気の毒な, 同情をさそう. — Lo encontré en una situación *lastimosa*. 彼が気の毒な情況にあるのを知った. ❷ 嘆かわしい, 残念な. — un accidente ～ 嘆かわしい事故. 類 **lamentable, deplorable**.

lastra [lástra] 囡 平石. 類 **laja, lasca**.

lastrar [lastrár] 他 ❶〖海事〗(船)に底荷を積む; (気球)に砂袋を積む. ❷〖比喩〗の障害[じゃま]になる. — Los conflictos etnológicos *lastran* el desarrollo del país. 民族紛争は国の開発を妨げている.

lastre [lástre] 男 ❶〖海事〗底荷; (気球などの)砂袋. — en ～ 底荷だけ積んで, から荷で. ❷〖比喩〗障害, じゃま, 妨げ. — La deuda externa es un ～ para la economía. 対外債務は経済の重しになっている. ❸ 〖否定文で〗分別, 良識. — Este alumno todavía no tiene ～. この生徒はまだ分別がない.

:lata [láta] 囡 ❶ (*a*) ブリキ. — Eran muy pobres y vivían en una casa de ～. 彼らはとても貧しくブリキ張りの小屋に住んでいる. 類 **hojalata**. (*b*) 缶. — una ～ de cerveza [de pimientos] 缶ビール[ピーマンの缶詰]. una ～ de aceite para el coche 車の缶入りオイル. Los tomates son de ～. このトマトは缶詰めです. sardinas en ～ 缶詰のイワシ. ～ de conserva 缶詰. ～ de hornear 〖アンデス〗ベーキングシート, ベーキングトレイ. ～ palometa マジョの缶詰. ❷〖話〗重苦しく, 苦痛, 不快さ. — ¡Qué ～![¡Vaya una ～!] なんていやなことだ. ¡Qué ～ de chico, siempre hablando lo mismo! この少年はなんて退屈な坊ちゃだ. いつも同じ話ばかりして. ❸〖話〗お金. — estar sin ～ 金が無い. no tener ni (una) ～ 一文も無い. ❹〖コロンビア〗〖話〗食べ物. 類 **comida**.

dar la lata 〖話〗やっかいものである. Deja ya de *dar la lata*. 人に迷惑をかけるのはやめろ. Estos niños se han pasado toda la mañana *dando la lata*. この子供たちは午前中ずっと面倒を起こしていた. Me *da la lata* levantarme temprano. 〖チリ〗早く起きなければならないのはやっかいなことだ.

Latacunga [latakúṉga] 固名 ラタクンガ(エクアドルの都市).

latamente [látaménte] 副 ❶ 広く, 広大に. ❷ 広い意味で, 広義に.

latazo [latáθo] 男 《話》厄介, 面倒, 迷惑. — Limpiar el cuarto es un ～. 部屋の掃除はいやなことだ. Este niño es un ～. この子は悩みの種だ. 類 **fastidio, pesadez**.

latear [lateár] 他〖中南米〗(人)を長い無駄話でうんざりさせる.

*latente [laténte] 形 (表面化しないで)隠れている, 潜在する, 潜伏性の[ser/estar+]. — calor ～ 〖物理〗潜熱. Se comportaba con amabilidad, pero un odio ～ crecía en su pecho. 彼は親切にふるまっていたが, 胸の中には密かな憎しみが

lateral

増していった. El virus estaba ya ～ en él desde hace años. そのウイルスは何年も前からすでに彼の体内に潜伏していたのだ. 類**oculto, velado.** 反**manifiesto, patente, visible.**

lateral [laterál] 形 ❶ 側面の, 横の. ―calle ～ 横道, わき道. 反**central.** ❷ 傍系の. ―heredar por línea ～ una fortuna 傍系親族で財産を相続する. 反**directo.** ❸《音声》側(面)音の.
―― 男 ❶ 側面, 側部. 反**centro.** ❷《演劇》舞台のそで, 舞台わき. 反**central.**
―― 女《音声》側(面)音.
―― 名《スポーツ》(フットボールなどの)ウイング, 翼.

lateranense [lateranénse] 形 ラテラン教会[宮殿]の. ―concilio ～ ラテラン公会議.

látex [láte(k)s] 男 [単複同形]《植物》乳液, 乳汁; ラテックス(ゴムの原料となる乳液).

•**latido** [latíðo] 男 ❶ (心臓の)鼓動, 動悸, 脈拍. ―Al correr, los ～s del corazón se aceleran. 走ると心臓の鼓動が速くなる. Sufría del corazón y sus ～s eran anormales. 患者は心臓が悪く, 脈拍が異常だった. Hasta el último ～ estuvo consciente. 彼は息を引き取るまで意識があった. 類**palpitación, pulsación, pulso.** ❷《医学》(断続的な)ずきずきする痛み, 疼痛(とっう), うずき. ―Siento ～s en la herida. 私は傷がずきずき痛む. Notaba unos ～s en la sien muy molestos. 彼はこめかみがずきずきうずいて, とても不快だった. ❸《比喩》刺激, 突き動かす力. ―El ～ del pueblo se puso de manifiesto en la revolución. 国民の力のうねりが革命という形をとって現れた. 類**estímulo.** ❹《まれ》(犬が)キャンキャンと吠えること, キャンキャンという吠え声. ―El perro lanzó un angustioso ～ al ser golpeado. その犬はたたかれて苦しそうにキャンキャンと吠えた. ❺【北米】胃痙攣(けい).

latiente [latjénte] 形 脈打つ, 鼓動する.

latifundio [latifúndjo] 男《社会, 経済》(地方の)大農園; 大土地所有. 反**minifundio.**

latifundismo [latifundísmo] 男《社会, 経済》大土地所有制.

latifundista [latifundísta] 形《社会, 経済》大土地所有者[農地]の.
―― 男女 大地主, 大土地所有者.

latigazo [latiɣáðo] 男 ❶ むち打つこと. 類**trallazo.** ❷ 厳しい叱りつけ. ❸ (瞬間的な)激痛. ❹《話》(酒の)ひと飲み. ―darse un ～ 一杯飲む.

látigo [látiɣo] 男 ❶ むち. ―hacer restallar el ～ むちをびしりと鳴らす. 類**fusta, azote, zurriago.** ❷ (遊園地の)カーブでスピードを上げ強く揺れる乗り物.

latiguear [latiɣeár] 自 むちをびしりと鳴らす.

latiguillo [latiɣíʝo] 男 ❶ (陳腐な)決まり文句. ―un discurso lleno de ～ 口癖のような文句ばかりの演説. 類**muletilla.** ❷ (役者の)大げさな演技.

:**latín** [latín] 男 ラテン語. ―jurar en ～《話》のべつ悪態をつく, 人をののしってばかりいる. saber (mucho) ～《話》ものが分かっている, 賢明である. ～ clásico [vulgar] 古典[俗]ラテン語.

latinajo [latináxo] 男 ❶《軽蔑的に》ラテン語句; 下手なラテン語. ―No quiero que me vengas con ～s. ラテン語をふり回さないでもらいたい.

latinidad [latiniðáð] 女 ❶ ラテン文化. ❷ [集合的に]ラテン民族, ラテン諸国.

latiniparla [latinipárla] 女《皮肉》ラテン語の乱用.

latinismo [latinísmo] 男 ラテン語法, ラテン語借用語.

latinización [latiniθajón] 女 ラテン(語)化.

latinizar [latiniθár] [1.3] 他 をラテン(語)化する. 類**romanizar.**

:**latino, na** [latíno, na] 形 ❶ ラティウム(el Lacio)の; ラテン系の: ラテン語の. ―América Latina ラテン・アメリカ. gramática latina ラテン語文法. los países ～s de América ラテンアメリカ諸国. ❷ ローマ・カトリックの. ―la Iglesia latina ローマ・カトリック教会.
―― 名 古代ラテン人; ラテン系の人; ローマ・カトリック教徒. ―Los ～s tienen fama de ser apasionados. ラテン系の人は情熱的であるという評判をもつ.

latinoamericano, na [latinoamerikáno, na] 形 ラテン・アメリカ(Latinoamérica)の.
―― 名 ラテン・アメリカ人.

:**latir** [latír] 自 ❶ (心臓が)鼓動する, ドキドキする, 動悸(どうき)がする. ―Al oírlo, me empezó a ～ el corazón aceleradamente. それを聞くや私の心臓は早鐘のように打ち出した. 類**palpitar.** ❷ 秘められている, 潜在している. ―Una extraña energía latía en su cuerpo. 彼の体には不可思議な活力が潜んでいた. En aquella mirada latía un profundo desprecio. 彼の眼視の中には深い軽蔑の念が潜んでいた. ❸ ずきずき痛む. ―La herida me late terriblemente. 傷がずきずきとひどく痛む.

:**latitud** [latitúð] 女 ❶《天文, 地理》緯度. ―Esa ciudad se encuentra a 30° de ～ norte [sur]. その都市は北緯[南緯]30度のところにある 【30° は treinta grados と読む】. 反**longitud.** ❷《主に 複》(緯度からみた)土地, 地方; 風土. ―La naturaleza es muy severa en esas ～es. その地方では自然はとても厳しい. ❸ 幅, (縦にたいする)横. 類**ancho, anchura.**

latitudinal [latituðinál] 形《地理》緯度の; 横断面の.

lato, ta [láto, ta] 形 広い, 広大な; 広義の. ―en sentido ～ 広義で, 広い意味で. 類**amplio, dilatado.** 反**estricto.**

latón [latón] 男 真鍮(しんちゅう).

latonero [latonéro] 男 真鍮(しんちゅう)細工師.

latoso, sa [latóso, sa] 形《話》迷惑な, うるさい, 厄介な. ―¡Qué ～ está este niño hoy! この子は今日何で世話を焼かれるんだ. Hacerlo todo ahora es muy ～. 今それを全部やるのはとても厄介だ. 類**pesado, fastidioso.**

latría [latría] 女 神に捧げる礼拝[崇拝].

latrocinio [latroθínjo] 男 盗み, 窃盗.

laúd [laúð] 男 ❶《音楽》リュート. ❷《動物》おさがめ. ❸《海事》一本マストの小帆船の一種.

laudable [lauðáβle] 形 称賛に値する, ほめるべき, 感心な. 類**loable, plausible.**

láudano [láuðano] 男《薬学》❶ アヘンチンキ. ❷ アヘン剤.

laudatorio, ria [lauðatórjo, rja] 形《文》称賛する, 讃美的な. ―frases laudatorias 讃美を表す文句. 類**elogioso.** 反**crítico.**

laude [láuðe] 女 ❶ 墓碑. ❷ 複《宗教》讃課(朝課の後の勤行).

laudo [láuðo] 男《法律》(仲裁者[機関]の)裁

定, 判定. 類**decisión, sentencia**.

Laura [láura] 固名《女性名》ラウラ.

laureado, da [laureáðo, ða] 形 ❶ 受賞した; サン・フェルナンド勲章を受けた(軍人). ❷ (栄誉の)月桂冠をいただいた. ― poeta ~ 桂冠詩人.
―― 名 受賞者; サン・フェルナンド勲章を受けた軍人.

laurear [laureár] 他 ❶ (人)に賞を授与する; (軍人)にサン・フェルナンド勲章を授与する. ❷ (人)に月桂冠をいただかせる.

:**laurel** [laurél] 男 ❶ (a)《植物》月桂樹. ― ~ rosa (セイヨウ)キョウチクトウ. (b) 月桂樹の葉, ベイリーフ(料理の香味料として用いる). ❷ 図 栄冠, 名誉. ― Tras una dolorosa lucha, ganaron los ~es de la victoria. 苦しい闘いのあと, 彼らは勝利の栄冠を手にした. 類**honor**.
dormirse en [sobre] los laureles 成功に甘んじる, すでに自分のなし遂げたものに満足する. *Confiado en el éxito de su primera novela, se durmió en los laureles.* 彼は最初の小説の成功の上にあぐらをかいてしまった.

láureo, a [láureo, a] 形 月桂樹の葉の.

lauréola, laureola [lauréola, laureóla] 女 ❶ 月桂冠, 桂冠. ❷ 光冠. 類**aureola**. ❸《植物》ジンチョウゲ.

lauro [láuro] 男 ❶ 月桂冠. ❷《主に複》《比喩》栄誉, 勝利.

lauroceraso [lauroθeráso] 男 《植物》セイヨウバクチノキ.

lava [láβa] 女 ❶《地質》溶岩. ❷《採鉱》(砂金などの)洗鉱.

lavable [laβáβle] 形 洗たくできる, 洗いがきく.

***lavabo** [laβáβo] 男 (<lavar) ❶ (一般に陶器や磁器製の固定された)洗面台[器]. ― El ~ tiene grifos dorados. その洗面台は金メッキの蛇口がついている. Se ha atascado el desagüe del ~. 洗面台の排水管が詰まった. 類**pila, aguamanil, lavatorio, pileta, lavamanos**. ❷《主に複》《話》(遠回しに)化粧室, 手洗い, 洗面所, トイレ. ― Por favor, ¿dónde está el ~? あの, すみません, お手洗いはどこですか? Se ha pasado una hora en el ~ arreglándose. 彼女は1時間かけて化粧室で身支度した. 類**aseo, baño, retrete, servicio, tocador, váter, WC**. ❸《カトリック》洗手礼, 洗指式(ミサで奉献のあと司祭が指を洗う儀式); (洗手礼を行った司祭の)手ふき布.

lavacaras [laβakáras] 男女《単複同形》おべっか使い, へつらい屋. 類**adulador**.

lavacoches [laβakótʃes] 男《単複同形》洗車係, 車庫の従業員.

lavada [laβáða] 女《中南米》洗うこと, 洗濯.

lavadero [laβaðéro] 男 ❶ 洗濯場. ❷《採鉱》砂金の洗い場.

lavado [laβáðo] 男 ❶ 洗うこと, 洗濯. ― ~ de cabeza 洗髪. ― en seco ドライクリーニング. ❷《絵画》淡い彩色.
lavado de cerebro 洗脳.
lavado de estómago [gástrico]《医学》胃腸の洗浄.

***lavador, dora** [laβaðór, ðóra] 形 洗う, 洗濯する, 洗濯用の. ― líquido ~ 洗濯液. máquina *lavadora* de uso industrial 工業用洗濯機. oso ~ アライグマ.
―― 男 洗濯人, 洗濯屋.
―― 女 ❶ 洗濯機. ― ~ superautomática 全自動洗濯機. Puse la ropa en la ~ para hacer la colada. 私は洗濯をするため衣類を洗濯機に入れた. ❷《話》洗濯女, 洗濯業の女性. 類**lavandera**.

lavadora [laβaðóra] 女 →lavador.

lavadura [laβaðúra] 女 ❶ 洗うこと, 洗濯. ❷ 複 洗い水, 汚れ水.

lavafrutas [laβafrútas] 男《単複同形》果物洗い; フィンガーボール.

lavaje [laβáxe] 男 ❶ 羊毛洗浄. ❷《医学》浣腸(かんちょう).

lavamanos [laβamános] 男《単複同形》❶ フィンガーボール. ❷《中南米》洗面台.

lavamiento [laβamjénto] 男 ❶ 洗うこと, 洗浄, 洗濯. 類**lavado**. ❷《医学》浣腸(かんちょう).

lavanda [laβánda] 女《植物》ラベンダー(しそ科の香料植物) 類**cantueso, espliego**.

lavandera [laβandéra] 女《鳥類》セキレイ.

lavandería [laβandería] 女 ❶ クリーニング屋. ❷ (セルフサービスの)貸し洗濯機屋, コインランドリー (~ automática).

lavandero, ra [laβandéro, ra] 男 洗濯屋(の従業員).
―― 女 (昔の)洗濯女.

lavándula [laβándula] 女《植物》ラベンダー. 類**lavanda**.

lavaojos [laβaóxos] 男《単複同形》洗眼コップ.

lavaplatos [laβaplátos] 男女《単複同形》皿洗い(人).
―― 男《単複同形》皿洗い機 (máquina ~).

****lavar** [laβár ラバル] 他 ❶ を洗う, 洗濯する, 洗浄する. ― ~ una herida con agua 傷を水で洗う. ~ la ropa con detergente 洗剤で衣類を洗う. ~ los platos 食器を洗う. ~ el mineral 洗鉱する. ❷ (汚名などを)すすぐ, 一掃する. ― Se porta bien para ~ su mala fama. 彼は自分の悪評をすすごうと品行をよくしている. ❸ …に水彩絵具で色を塗る, 淡彩を施す. ― ~ el dibujo 絵に淡彩を施す.
―― 自 ❶ 洗う, 洗濯する. ― Esta mañana la he dedicado a ~. 私は午前中を洗濯にあてた. ❷ (衣類が)洗える, 洗濯が利く. ― Esta chaqueta no *lava* bien. この上衣は汚れがよく落ちない.
――**se** 再 (自分の身体の一部)を洗う. ― *Me lavé* con jabón después de jugar al tenis. 私はテニスをした後石けんで体を洗った. Antes de comer hay que ~se las manos. 食事の前に両手を洗うべきだ.
echar a lavar (衣類を)洗いに出す.
La ropa sucia se lava en casa.《諺》身内の争いは外に出すな(←汚い衣服は家で洗うべし).
lavarse las manos (1) 両手を洗う. (2)《話》手を引く, 責任をとらない.

lavativa [laβatíβa] 女 ❶《医学》浣腸(かんちょう)剤. ❷《医学》浣腸器.

lavatorio [laβatórjo] 男 ❶ 洗うこと, 洗浄(液). ❷《カトリック》(ミサでの)洗手式, 濯足式.

lavavajillas [laβaβaxíʎas] 男《単複同形》皿[食器]洗い機; 食器用洗剤. ― ~ concentrado 食器洗い用濃縮洗剤. 類**lavaplatos**.

lavazas [laβáθas] 女 複 洗い水, 汚れ水.

lavotear [laβoteár] 他 をざっと洗う.

—**se** 再 体をざっと流す.

lavoteo [laβotéo] 男 ざっと洗うこと. —darse un ~ ざっと体を洗う.

laxación [laksaθjón] 女 ❶ 弛緩(しかん), 緩む[緩める]こと. ❷ 便通を良くすること.

laxamiento [laksamjénto] 男 →laxación.

laxante [laksánte] 形 ❶ 便通を良くする, 通じをつける. 類**astringente**. ❷ 緩和する, 緊張を解く. —— 男 緩下剤, 通じ薬. 類**purgante**.

laxar [laksár] 他 ❶ を緩める, 弛緩(しかん)させる. 類**relajar**. ❷ 《腸》の便通を良くする. 類**purgar**. 反**astringir, estreñir**.

laxativo, va [laksatíβo, βa] 形 便通を良くする, 通じをつける. —— 男 緩下剤, 通じ薬.

laxitud [laksitú(ð)] 女 ❶ 緩み, たるみ, 弛緩(しかん). — ~ de la moral 道徳の締まりがなくなること. 類**relajación**. ❷《病理》弛緩症; アトニー. 類**atonía**.

laxo, xa [lákso, ksa] 形 ❶ 緩んだ, たるんだ, 弛緩(しかん)した. —músculo ~ たるんだ筋肉. 類**flojo**. 反**tenso**. ❷《比喩》締まりのない, だらしのない, 放縦な. —una vida laxa だらけた生活. una conciencia laxa いい加減な意識.

lay [lái] 男 (中世プロヴァンスの)短い恋愛物語詩.

laya[1] [lája] 女 ❶ 種類. —ser de la misma ~ 同じ種類である. libros de toda ~ あらゆる種類の本. 類**condición, tipo**. ❷ (人について軽べつ的)性質. —Sus amigos son todos de la misma ~. 彼の友人たちは皆同じ穴のムジナだ.

laya[2] [lája] 女 鍬(くわ)[鋤(すき)].

layar [lajár] 他 鍬(くわ)[鋤(すき)]で(畑などを)耕す, 鍬(く)く. — ~ el campo 鍬で畑を耕す.

lazada [laθáða] 女 ❶ ちょう結び; その結び目. —atar los cordones de los zapatos con dos ~s 靴のひもをちょう結びにする. ❷ 飾り結び.

lazar [laθár] [1.3] 他 (動物を)投げ縄[輪]で捕らえる; 縄で縛る.

lazareto [laθaréto] 男 ❶ 隔離病院; ハンセン病院. 類**leprosería**. ❷ (国境等の)検疫所.

lazarillo [laθaríʎo] 男 盲人の手引きをする少年[犬]. —perro ~ 盲導犬.

lazarino, na [laθaríno, na] 形 ハンセン[らい]病の. —— 名 ハンセン[らい]病患者.

lazarista [laθarísta] 男《カトリック》ラザリスト会修道士.

Lázaro [láθaro] 固名《男性名》ラサロ.

:**lazo** [láθo] 男 ❶ (a) 結び, 結び目. —hacer un ~ 結ぶ, 結び目をつくる. Se te ha deshecho el ~ de los zapatos. 君の靴の結び目がほどけたよ. La mujer se anudó el ~ del delantal. その女性はエプロンのひもを結んだ. 類**nudo**. (b) 結び飾り, ちょう結び(ネクタイ). —Le gustan los vestidos llenos de ~s. 彼女は結び飾りのたくさんついた洋服が好きだ. ❷ 投げなわ, 輪なわ. —Los vaqueros manejan bien el ~ para coger los animales. カウボーイは動物をつかまえるのに上手に投げなわを扱う. cazar a ~ を(投げなわの形の)罠(わな)で捕らえる. ~ corredizo 引き結び, 輪差(わさ). ❸ 絆(きずな), 縁, 束縛. —Estamos unidos por ~s de amistad. われわれは友情のきずなで結ばれている. 類**vínculo**. ❹ わな, 計略. 類**trampa, ardid**.
caer en el lazo わなにはまる, 術中に陥る. *He caído en el lazo.* 私はわなにはまってしまった.
tender un lazo わなをしかける. *Le han tendido un lazo.* 彼はわなをしかけられてしまった.

lazulita [laθulíta] 女《鉱物》天藍(てんらん)石; 青金石, るり. 類**lapislázuli**.

Ldo., Lda.《略号》= licenciado, da 学士.

*:**le** [le] 代《人称》❶ 男性・女性 3 人称単数与格; 間接補語となる❶【話し手でも話し相手でもない他の人をさす】彼に, 彼女に. —Le voy a decir la verdad. 私は彼に本当のことを言う. ❷【話し相手の人をさす】あなたに. —Le mandaré a usted una tarjeta postal. あなたに絵はがきをお送りしましょう【usted で話しかける相手については用いられる】. ❸ それに. —Esta ensalada está sosa. ¿Le echamos un poco de sal? このサラダは味気ない. 少し塩をかけようか? ❹【スペインでは人をさす場合, 人称代名詞・男性単数対格 lo の代わりに用いられる】彼を, あなたを. —Yo le estimo mucho. 私は彼をとても尊敬しています. ❺《メキシコ, 中米》【一部の動詞の命令形, 時には会話・副詞に付加される】—Ándale [Ándele]. 頑張れ, さあ早く, その通り, おやまあ. ¡Hijole! こりゃすごい, おやまあ. →andar, hijo. 【lo や les とともに用いられるときは le は se となる: Se lo doy a usted. あなたにそれを差し上げます】

:**leal** [leál] 形 忠実な, 誠実な. —amigo ~ 誠実な友. Fue ~ a él [a sus ideales]. 彼は王に[自分の理想に]忠実であった. 類**fiel**.
—— 男女 忠義な者, 忠臣.

:**lealtad** [lealtá(ð)] 女 忠実, 誠実. —Me lo prometió con toda ~. 彼はまったく誠実にそれを私に約束してくれた. 類**fidelidad**.

lebrato [leβráto] 男 子ウサギ.

lebrel [leβrél] 形 グレーハウンド種の. —perro ~. (野ウサギ狩り用の)グレーハウンド犬.
—— 男 グレーハウンド犬.

lebrero, ra [leβréro, ra] 形 ❶ 野ウサギ狩り用の(犬). ❷ 野ウサギ狩りの好きな(人).

lebrillo [leβríʎo] 男 たらい, 洗い鉢.

*:**lección** [lekθjón] レクシオン 女 ❶ 授業, 講義, 稽古(けいこ). —Hoy no hemos tenido ~ de francés. 今日はフランス語の授業がなかった. El profesor da *lecciones* de filosofía en la universidad. その先生は大学で哲学の教授をしている. Da ~ de ordenador en una academia. 彼は専門学校でコンピュータを習っている【dar, tener ~ は「習う」という意味に付加される】. Ella recibió *lecciones* de flamenco en España. 彼女はスペインでフラメンコを習った. dar la ~ (その結果を)暗唱する. 類**clase**. ❷ (教科書の)課, レッスン, 学課. —Antes de salir tengo que repasar la ~. 出かけるまえに学んだ課を復習しなければいけない. ¿Por qué ~ vamos ahora? いま勉強しているのは何課だっけ? ❸ 教訓, 見せしめ, 戒め. —Su comportamiento ha sido una ~ para todos. 彼のふるまいはみんなにとって一つの教訓となった. Hay que darle una buena ~ a ese chico. その子にはちゃんとけじめを教えこまなければいけない. 類**ejemplo, escarmiento**.
lección magistral 特別講演.

lecha [létʃa] 女 ❶ (雄魚の)魚精, 白子. ❷ その精嚢(のう).

lechada [letʃáða] 女 ❶ 白色塗料, 水しっくい. — ~ de cal しっくい. ❷ (製紙用の)パルプ. ❸ 白濁した液.

lechal [letʃál] 形 ❶（特に子羊が）哺乳期の．— cordero ~ まだ乳離れしていない子羊．❷《植物》乳液を出す．
—— 男女 哺乳期の子牛［動物］.
—— 男《植物》乳液.

leche [létʃe レチェ] 囡 ❶ 乳, 牛乳, ミルク. ~ condensada 練乳, コンデンスミルク. ~ desnatada スキムミルク, 脱脂乳. ~ con calcio カルシウム入り牛乳. ~ entera 無調整牛乳. ~ infantil 幼児用ミルク. vaca de ~ 乳牛. ternera de ~ 哺乳中の子牛. ~ de gallina [de pájaro]《植物》オオアマナ. ~ en polvo 粉乳, 粉ミルク. ~ frita（小麦粉と牛乳を原料とする）揚げ菓子. ~ merengada メレンゲで作ったアイスクリーム. ~ pasteurizada 低温殺菌牛乳. ❷《植物の白い液, 乳（状）液. —— ~ de almendras [coco] アーモンド乳（粘滑薬として使用）［ココヤシの果汁, ココナツミルク］.《化粧》乳液. —— ~ hidratante モイスチャー乳液. ❹《俗》精液（= semen）. ❺《話》殴打. — Si sigues molestando te daré una ~. もしお前が迷惑をかけ続けるなら, 一発ぶんなぐるぞ. 類 **bofetada**.
a toda leche [*echando leches*]《俗》大急ぎで（= a toda velocidad）.
darse una leche 体をぶつける, 衝突する；びっくりする.
estar de mala leche《俗》きげんが悪い. No le digas nada, que *está de mala leche*. 彼に何も言うな, きげんが悪いんだから.
¡*leche!*《俗》【間投詞として】ちくしょう! ¡Leche, estate quieto! ばか, 静かにしろ.
la leche《話》たくさん（= mucho）. Sabe *la leche* de ordenadores. 彼はコンピュータについてよく知っている.
pegarse una leche → darse una leche.
ser la leche《話》やっかいな, うるさい, いやなやつ；変わり者. Esa tía *es la leche*. Todo el mundo se queja de ella. その女はいやなやつだ. みんなが文句をいっているよ.
tener mala leche《俗》いじの悪い, いやな性格をしている. Ese tío *tiene muy mala leche*. あの男はとてもいやなやつだ.

lechecillas [letʃeθíjas] 囡 複 ❶（子牛・子羊の）胸腺. 類 **molleja**. ❷（牛の）臓物, はらわた.
lechera [letʃéra] 囡 → lechero.
lechería [letʃería] 牛乳屋；乳製品販売店.
lechero, ra [letʃéro, ra] 形 ❶ 乳の, 牛乳の. — industria *lechera* 乳業. ❷ 乳の出る, 乳用の. — vaca [cabra] *lechera* 乳牛［ヤギ］. ❸《話》けちな, しみったれの.
—— 男 ❶ 牛乳配達人. ❷ 酪農夫.
—— 囡 ❶ 牛乳売りの女, 乳搾りの娘. ❷ 牛乳入れ, ミルクポット.
lechetrezna [letʃetréθna] 囡《植物》灯台草, 高灯台.
lechigada [letʃiɣáða] 囡 ❶ ひとかえりのひな；（動物の）ひと腹の子. ❷（悪党の）一味, 暴力団.
:**lecho** [létʃo] 男 ❶ 寝床. — Reveló la verdad en el ~ de muerte. 彼は臨終の床で真実を明かした. 類 **cama**. ❷（川・海などの）底, 河床. — el ~ del río 川の底. ❸ 層；地層. — Hemos puesto ~s de paja en la caja para proteger los platos. お皿を保護するために箱の中に何層ものわらを入れました.
lechón, chona [letʃón, tʃóna] 名 ❶（まだ哺乳期の）子豚. 類 **cochinillo**. ❷《比喩》汚らしい人, 不潔な人. —— 男（一般に）雄豚.
lechoncillo [letʃonθíjo] 男《話》→ lechón.
lechoso, sa [letʃóso, sa] 形 乳のような, 乳状の；乳白色の. — líquido ~ 乳液. color ~ 乳白色. 類 **lácteo, lechal, blanquecino**.
—— 男 パパイアの木.
:**lechuga** [letʃúɣa] 囡 ❶《植物》レタス, チシャ. — ensalada de ~ y tomate レタスとトマトのサラダ. ❷ 襟や袖のひだ飾り, ひだ襟.
como una lechuga はつらつとした. A pesar de los años, está *como una lechuga*. 彼は年のわりにはつらつとしている.
más fresco que una lechuga あつかましい, しゃあしゃあした. Es *más fresco que una lechuga*. 彼はあつかましい.
lechuguilla [letʃuɣíja] 囡 ❶ ひだ襟(ﾋﾀ), フリル. ❷《植物》野生のチシャ.
lechuguina [letʃuɣína] 囡《話》流行を追うおしゃれな娘.
lechuguino [letʃuɣíno] 男 ❶ レタスの苗. ❷《話》おしゃれな若者, だて男；一人前の格好をしたがる若輩.
***lechuza**[1] [letʃúθa] 囡 ❶《鳥類》(総称として)フクロウ(梟)；メンフクロウ（= ~ común）. — La ~ es de menor tamaño que el búho. フクロウはミミズクよりも体が小さい. ~ campestre コミミズク. ~ gavilana オナガフクロウ. ~ mora アフリカコミミズク. 類 **búho**. ❷《話》宵っ張りの人, 夜型の人；夜遊びする人. 類 **búho, noctámbulo, trasnochador**. ❸《話》意地悪な醜い女. ❹【メキシコ, キューバ】《俗》売春婦（= ramera, prostituta）. ❺【メキシコ, チリ】《俗》金髪で色白の人, 肌の白い人.
***lechuzo**[1]**, za**[2] [letʃúθo, θa] 名《話》❶ 甘党. — Es una ~, se pasa todo el día comiendo dulces. 彼女は甘党で一日中お菓子ばかり食べている. 類 **goloso**. ❷ 宵っ張りの人, 夜型の人；夜遊びする人. — Juan es un ~, sólo sale de noche. フアンは夜型の人で, 夜しか出かけない. 類 **búho, noctámbulo, trasnochador**.
—— 形 ❶《話》甘党の, 甘い物好きの. — No seas ~; si comes tantos dulces, te vas a poner enfermo. 甘い物はやめなさい. そんなに沢山甘い物を食べたら病気になるよ. 類 **goloso**. ❷《話, 軽蔑》あほな, ばかな, まぬけの. — Hoy abundan los jóvenes ~s sin formación. 近頃は教養のないばかな若者たちがあふれている. 類 **tonto, bobo, memo**. 反 **listo**. ❸《話》宵っ張りの, 夜型の；夜遊びする. 類 **búho, noctámbulo, trasnochador**.
—— 男《話, 軽蔑》あほ, ばか, まぬけ. — Parecía un chico listo, pero era un ~. 彼は利口な子に見えたが, ばかだった. 類 **tonto, bobo, memo**. 反 **listo**. ❹《話》取立人.
lechuzo[2] [letʃúθo]（< leche）男 形《話》(1歳未満の)子ラバ(の).
lectivo, va [lektíβo, βa] 形 授業［講義］のある. — día ~ 授業日. período ~ 学期.
:**lector, tora** [lektór, tóra] 名 ❶ 読む人, 読者, 愛読者. — Esta revista tiene muchos ~es. この雑誌は読者が多い. ❷ 外国人語学教師. — Fue ~ de español en una universidad británica. 彼は英国の大学でスペイン語外国人教師をしていた.
—— 形 読む, 読書の. — aficiones *lectoras* 読書

1172　lectorado

の趣味.

—— 男 読み取り機, リーダー, ドライバ, プレーヤー. —— ~ de CD CD プレーヤー. ~ CD-ROM CD-ROM ドライブ. ~ del código de barras バーコード・リーダー. ~ de tarjeta カード読み取り装置. ~ óptico de caracteres 光学式文字読み取り装置.

lectorado [lektoráðo] 男 ❶ (大学の)語学講師の職. ❷《カトリック》朗読者[読師]の地位.

:lectura [lektúra] 女 ❶ 読むこと, 読書. —— la ~ de una novela 小説を読むこと. sala de ~ 閲覧室. Tiene una gran afición a la ~. 彼は読書が大好きである. ❷ 読物, 読本. —— Mi padre seleccionaba mis ~s cuando era joven. 私が若い頃父は私の読む物を選んでくれたものです. ❸ 解釈, 見方. —— Podemos hacer varias ~s de esa película. われわれはその映画についていくつかの解釈をすることができる. ❹《情報》読み取り.

lectura de memoria 《情報》メモリーの読み取り.

lectura óptica 《情報》光学式読み取り.

persona de mucha lectura 博読な人.

**leer [leér レエル] [2.6] 他 ❶ (a) を読む. —— ~ un periódico 新聞を読む. ~ una novela 小説を読む. *Leo* el francés pero no lo hablo. 私はフランス語が読めるが, 話せない. ~ una partitura 楽譜を読む. (b) を朗読する, 読み上げる, 読んで聞かせる. —— La abuela *lee* un cuento a su nieto. おばあさんは孫に物語を読んで聞かせる. ❷ を読み取る, 解読する, 見抜く. —— en su expresión el descontento 彼の表情の中に不満を読み取る. Me *leyó* el pensamiento. 彼は私の心の中を読み取った. ❸ (論文)の口述試験を受ける. —— Ayer *leí* mi tesis doctoral ante el tribunal. 昨日私は審査委員会の前で私の博士論文の審査を受けた. ❹《情報》(コンピュータが)を読み込む.

—— 自 読む, 読書する. —— El niño ya sabe ~. その子はもう字が読める. Si no *leo* en la cama, no puedo dormirme. 私はベッドで読書しないと眠れない.

leer de corrido すらすら読む.

leer entre líneas …の行間[言外の意味]を読み取る. Si *lees entre líneas*, apreciarás que no está de tu lado. もし言外の意味を察して見れば, 君は彼が味方ではないことに気が付くだろう.

leer la cartilla a ... (人)をしかりつける, とがめる.

lega [léɣa] 女 (修道院などの)平修女, 助修女.

legacía [leɣaθía] 女 →legación①.

legación [leɣaθjón] 女 ❶ 使節の役職[任務, 管轄, 任期]. ❷ 公使館;《集合的》公使館員.

legado [leɣáðo] 男 ❶ 使節, 特使; 教皇特使. 類 **enviado, comisionado, representante**. ❷ (古代ローマの)地方総督[長官]; 軍団長. ❸ 遺産, 形見;《比喩》文化財. —— el ~ de Grecia ギリシャの文化遺産.

legajo [leɣáxo] 男 (ある事柄に関する)書類の束.

:legal [leɣál] 形 ❶ 法律(上)の, 法定の, 合法の. —— Usó todos los medios ~*es* para ganar el pleito. 訴訟に勝つために彼はすべての法的手段を用いた. contrato ~ 合法的な契約. medicina ~ 法医学. 類 **legítimo**. ❷《話》頼り甲斐のある, 信頼の置ける. —— Pablo es un tío muy ~. パブロは

とても信頼の置けるやつだ.

*legalidad [leɣaliðá(ð)] 女 ❶ 合法性, 適法性, 合法的範囲. —— ~ de un contrato 契約の合法性. principio de ~ 適法性の原則. conforme a la ~ 法に従って, 合法的に. actuar con ~ 法の手続きを踏む. salirse de la ~ 合法的範囲から逸脱する, 法を破る. Es discutible la ~ de esa medida. その処置の適法性には議論の余地がある. 類 **licitud, legitimidad, derecho, justicia**. 反 **ilegalidad**. ❷《集合的》(一国の)現行法. —— acatar [respetar, atenerse a] la ~ vigente 現行法を守る. La manifestación respetará la ~ vigente. デモは現行法の範囲内で実施される. 類 **ley, legislación, normativa, derecho**.

dentro de la legalidad/en la legalidad 法に触れない範囲で, 法の範囲を逸脱しないで. No habrá problemas si nos mantenemos en la legalidad [dentro de la legalidad]. 法の範囲を逸脱しなければ問題ないだろう.

fuera de la legalidad 合法的範囲から逸脱して. Los negocios del banquero estaban *fuera de la legalidad*. その銀行家の取引は合法的範囲から逸脱していた.

legalismo [leɣalísmo] 男 法律第一主義; お役所的形式尊重主義.

legalista [leɣalísta] 形 法律第一主義の; 法律の条文にこだわる.

—— 男女 法律第一主義者.

legalización [leɣaliθaθjón] 女 ❶ 合法化, 適法化. —— la ~ del aborto (妊娠)中絶の合法化. ❷ 認証, 認定, 公的証明.

legalizar [leɣaliθár] [1.3] 他 ❶ を合法化する; 適法と認める. —— ~ un partido 政党を合法化する. Se van a casar para ~ su situación. 彼らは自分たちの情況を法律上正当化するために結婚するだろう. ❷ (書類・署名)を真正なものと認証する. —— ~ el contrato ante notario 契約書を公証人の前で認証する.

legalmente [leɣálménte] 副 ❶ 法律的に. ❷ 合法的に, 法に適って.

légamo [léɣamo] 男 ❶ 軟泥, ぬかるみ. ❷ 粘土質, ローム.

legamoso, sa [leɣamóso, sa] 形 ❶ 軟泥の, ぬかるんだ. ❷ 粘土質の.

legaña [leɣáɲa] 女 目やに.

legañoso, sa [leɣaɲóso, sa] 形 目やにのついた, 目やにの多い.

—— 名 目やにのついた[多い]人.

legar [leɣár] [1.2] 他 ❶ を遺贈する, 遺言で譲渡する. —— Legó toda la fortuna a su único hijo 全財産を一人息子に遺贈した. ❷ (人)を派遣する. ❸ (思想・文化などを)伝える, 後世に残す.

legatario, ria [leɣatárjo, rja] 名《法律》受遺者, 遺産受取人. —— ~ universal 包括受遺者.

legendario, ria [lexendárjo, rja] 形 ❶ 伝説(上)の, 伝説的な. —— un héroe [personaje] ~ 伝説的な英雄[人物]. ❷ 名高い, 伝説に残るほどの. —— 男 聖人伝集.

legibilidad [lexiβiliðá(ð)] 女 (字の)読みやすさ, 判読のしやすさ.

legible [lexíβle] 形 (字が)読みやすい, 判読できる. 類 **leíble**. 反 **ilegible**.

:legión [lexjón] 女 ❶ (a) (古代ローマの)軍団. (b) 部隊, 軍, 軍団. —— la ~ extranjera 外人部

隊. ~ de voluntarios 義勇軍. ❷ (人や生き物が)多数, 多勢. —una ~ de turistas 多勢の観光客.

legionario, ria [lexionárjo, rja] 形 ❶ (古代ローマの軍団)レギオンの, 歩兵軍団の. ❷ 部隊の, 軍団の. ❸ 《医学》 —enfermedad del ~ レジオネラ病. —男 レギオン兵; 軍団兵.

*__legislación__ [lexislaθjón] [<legislar] 女 ❶ 『集合的に』(法律, 政治) (一国の)法律, 法, 法制. —reformar la ~ vigente 現行法を改正する. ~ francesa フランス法(制). historia de la ~ 法制史. según la ~ internacional 国際法によれば. La ~ española no lo permite. スペイン法はそれを許さない. 類**derecho, legalidad, código, normativa**. ❷ 『集合的に』(法律, 政治)(ある活動分野の)法律(→ley は個別的な「法」). —En este país es muy rígida la ~ en materia de medio ambiente. この国では環境に関して法律がとても厳しい. ~ antimonopolio [antimonopolística] 独占禁止法. ~ mercantil 商法. ~ laboral 労働法. ~ ambiental 環境保護法. ~ bancaria 銀行法. ~ criminal 刑法. ~ fiscal [tributaria] 税法. ~ de aduanas 関税法. 類 **código, ley, normativa, reglamentación, reglamento**. ❸ (法律, 政治)立法, 法律制定. —Al Parlamento corresponde la ~. 立法は国会の任務である. ❹ 法学, 法律学. 類**derecho**.

legislador, dora [lexislaðór, ðóra] 形 立法の, 立法する. —名 立法者, 法律制定者.

legislar [lexislár] 自 立法する, 法律を制定する.

legislativo, va [lexislatíβo, βa] 形 ❶ 立法の, 立法権のある; 立法府の. —asamblea *legislativa* 立法議会. poder ~ 立法権. cuerpo ~ 立法府. tramitación *legislativa* 立法手続き. ❷ 法律の. —orden *legislativa* 法令.

legislatura [lexislatúra] 女 ❶ 立法府, 立法機関. ❷ 立法議会の会期.

legista [lexísta] 男女 法律家, 法学者. —médico ~ 法医学者.

legitimación [leximitaθjón] 女 ❶ 合法化, 正当化. ❷ (法律)(庶子)を嫡出(ちゃくしゅつ)子と認めること, 認知. —la ~ de un hijo natural 私生児の認知.

legitimar [leximitár] 他 ❶ (法律)(真正であること)を認知する. —~ la firma 署名を認証する. 類**autenticar**. ❷ (法律)(庶子)を嫡出(ちゃくしゅつ)子と認める. ❸ (政府など)を承認する.

legitimidad [leximitiðá(ð)] 女 ❶ 合法[適法]性; (だれか)が嫡出(ちゃくしゅつ)子であること. —negar la ~ de alguien como heredero だれかの相続人としての合法性を否定する. 類**legalidad, licitud**. ❷ 真正であること; 正当性. —certificar la ~ de un documento ある書類が真正であるのを承認する.

legitimismo [leximitísmo] 男 正統王朝主義.

legitimista [leximitísta] 形 正統王朝派[主義]の. —男女 正統王朝派の人.

‡**legítimo, ma** [lexítimo, ma] 形 ❶ **合法的な**, 法にかなった, 合法(ちゃくしゅつ)の. —gobierno ~ 合法的な政府. hijo ~ 嫡出子. 類**legal**. ❷ 正当な, 正しい. —Su crítica es totalmente *legítima*. 彼の批判はまったく正しい. 類**lícito**. ❸ 本物の, 正真正銘の. —Es de plata *legítima*. それは本物の銀でできている. un Picasso ~ 正真正銘のピカソの作品. 類**auténtico**.

lego, ga [léɣo, ɣa] 形 ❶ (聖職者に対して)平信徒, 俗人の. —hermano ~ 平修士, 助修士. ❷ 無知の, 無学な. —Soy completamente ~ en electricidad. 私は電気についてまったく知らない. 類**ignorante**. —名 平信徒, 俗人. —男 《宗教》平修士, 助修士.

legón [leɣón] 男 (平らな除草用の)鍬(くわ). 類 **escardillo**.

legra [léɣra] 女 《医学》❶ 骨膜剥離子(はくりし). ❷ キュレット, 搔爬(そうは)器.

‡**legua** [léɣwa] 女 レグワ(距離の単位, =5572 m).

*__a la legua__ [__a una legua, a [de] cien leguas__] はっきりと, 明白に. Se ve *a la legua* que ella miente. 彼女がうそをついていることは明白にわかる.

*__legua de posta__ 1里(=約4km).

*__legua marítima__ 1海里(=約5555.55m).

leguleyo [leɣuléjo] 男 いんちき弁護士, 三百代言.

‡**legumbre** [leɣúmbre] 女 ❶ 豆, 豆類. —~s secas 乾燥豆類. ~s cocidas 水煮豆類. En esta región se cultivan muchas clases de ~. この地方では色々な豆類が栽培されている. ❷ 野菜. —~s verdes 青物野菜. 類**hortaliza, verdura**.

leguminosa [leɣuminósa] 女 →leguminoso.

leguminoso, sa [leɣuminóso, sa] 形 《植物》マメ科の. —女複 マメ科の植物.

leí- [lei-] 動 leer の直・完了過去, 過去分詞.

leíble [leíβle] 形 (字が)読める, 判読できる. 類 **legible**.

leída [leíða] 女 読むこと, 読書. —de una ~ 一気に.

*__leído, da__ [leíðo, ða] 過分 [<leer] 形 ❶ 読まれた. —obra muy *leída* 広く読まれている作品. ❷ 博識の. —persona *leída* 博識人.

leísmo [leísmo] 男 《文法》直接補語 lo, los の働きとして代名詞 le, les を使うこと(例: Busqué a José y no *le* encontré. 私はホセを捜したが見つからなかった).

leísta [leísta] 形 《文法》leísmo の. —男女 《文法》leísmo を使う人.

leitmotiv [lei(d)motíf, láitmotif] [<独] 男 ❶ 《音楽》ライトモチーフ, 示導動機. ❷ (広義で)反復して現れる主題, 中心思想.

lejanamente [lexanaménte] 副 遠くに, 遠方で.

*__lejanía__ [lexanía] [<lejano] 女 ❶ 遠い所, 離れた場所, 遠方. —En la ~ se divisaba la torre de la iglesia. 遠くに教会の塔が見えていた. 類 **lontananza, horizonte**. 反**cercanía, vecindad, proximidad**. ❷ 《話》(2点間の空間的・時間的)遠さ, 隔たり, 距離. —La ~ no fue un obstáculo para nuestra amistad. 遠く離れていることは私達の友情の障害にはならなかった. La ~ de sus recuerdos lo ponía muy triste. 思い出が薄れていくことが彼を悲しませた. 類**distancia**. 反 **cercanía, vecindad, proximidad**.

‡**lejano, na** [lexáno, na] 形 遠い, 遠く離れた, はるか昔の. —Antes España era un país ~ para nosotros. かつてスペインは私たちにとって遠

く離れた国だった. pariente ~ 遠い親戚. en épocas *lejanas* はるか昔の時代に. El L~ Oriente 極東.

lejía [lexía] 囡 ❶ (洗濯用)アルカリ液; 灰汁(ぁ<); 漂白剤. ❷《話》大目玉, 厳しい叱りつけ.

lejitos [lexítos] 〔<lejos〕副 少し遠くに; かなり遠くに.

*lejos [léxos レホス] 副〔+de〕 ❶ …から離れて, 遠くに, (時間的に)遠い. —Mi casa está ~ *del* centro de la ciudad. 私の家は町の中心から離れている. Ese día está ya demasiado ~. その日はもう遠い昔のことだ. Todavía está ~ para decidirme. 私が決心するのはまだ遠い先のことだ. 反**cerca**. ❷ …するどころか, …にはほど遠い. —L~ *de* molestarme, eso me encanta. 迷惑どころかそれを私は喜んでいるのです. Estaba ~ *de* saber lo que sucedía. 私は起こっていることを知るにはほど遠い状態でした.

a lo lejos [*de lejos, desde lejos*] 遠くに, 遠くから. *A lo lejos* se veían unos molinos. 遠くにいくつかの風車が見えた. *De lejos* parece mucho mejor. 遠くからだとずっとよく見える. Le vimos venir *desde lejos*. 私たちは彼女がやってくるのを遠くから眺めた.

ir demasiado lejos 度を過ごす, 行き過ぎる; 言い過ぎる. *Has ido demasiado lejos* en tus exigencias. 君の要求は厳し過ぎるね.

lejos de mí [*ti, él, etc.*] (人)には…なんてとんでもない. *Lejos de mí* el pretender ese cargo. 私がそのポストを望むなんてとんでもない.

ni de lejos とんでもない, それどころではない.

sin ir más lejos 早い話が, 卑近な例で言えば, 手っ取り早い例では. Tú, *sin ir más lejos*, has hecho novillos más de una vez. 卑近な例を挙げると, 君は一度ならずサボったな.

lelo, la [lélo, la] 形 ❶《話》愚かな, ばかな, 鈍い. 類**bobo, tonto**. 反**vivo, avispado**. ❷ 呆然とした. 類**atontado**. —Al oír la noticia nos quedamos ~s. 知らせを聞いて我々は呆然となった.

dejar a … lelo (人)を呆然とさせる.

estar lelo por …に夢中である, 熱を上げている.

lema [léma] 男 ❶ 標語, モットー; (本や章の初めの)題辞; (盾や紋章に記された)銘. —En esa oficina repiten en voz alta el ~ de la empresa todas las mañanas. その事務所では毎朝会社の標語を大声でくりかえしている. ❷ (審査などで実名を隠すために用いられる)仮名. ❸ (*a*)《数学》補助定理. (*b*)《論理》副命題. ❹《言語》(辞書の)見出し語.

Leman [léman] 固名 (Lago ~) レマン湖.

lemnisco [lemnísko] 男 (古代ローマで競技者のかぶとにつけた)勝利のリボン.

lemosín, sina [lemosín, sína] 形 (フランス中西部の都市リモージュ(Limoges)の.

—— 名 リモージュ市民[出身者].

—— 男 オック語, プロバンス語.

lempira [lempíra] 男 レンピラ(ホンジュラスの貨幣単位: 1L=100centavos).

lémur [lémur] 男 《動物》(マダガスカル島産の)キツネ猿.

lencería [lenθería] 囡 ❶ 婦人用下着, ランジェリー. 類**ropa interior**. ❷ (シーツ・テーブル掛けなどの)リンネル製品. ❸ ランジェリー店[売り場]; リンネル製品店. ❹ (病院の)リンネル室.

lencero, ra [lenθéro, ra] 名 リンネル製品[ランジェリー]製造[販売]業者.

—— 囡 (下着類の)お針子.

lendrera [lendréra] 囡 (シラミの卵取りの)すきぐし.

*lengua [léngua レングワ] 囡 ❶ 言語, ことば. —~ española スペイン語. ~ oficial 公用語. dominar una ~ extranjera 外国語を修得する. don de ~s 語学の才能. ~ materna [natural] 母語. ~ muerta 死語. ~s hermanas 姉妹語. ~ viva 現用(言)語. ~ aglutinante [flexiva, analítica]《言語》膠着[屈折, 分析]言語. ~ artificial 人工言語. ~ de oc オック語. ~ de oil オイル語. 類**lenguaje, idioma**. ❷ (状況・領域・学問分野などに特有の言語学的変種としての)言語. —~ escrita [hablada] 書き[話し]言葉. ~ coloquial [literaria] 口[文]語. ~ estándar 標準語. ~ culta [vulgar] 教養[卑語. ~ oral 口頭言語[話し言葉]. 類**habla**. ❸ (個人・グループ・1地域・1時期に特徴的な)話し方, 言葉, 用語(法). —la ~ de Góngora ゴンゴラ(スペイン黄金世紀の詩人)の使用する言語. la ~ de los médicos 医者独特の用語. 類**estilo**. ❹ (科目名として)スペイン語, 国語. —Ha sacado sobresaliente en matemáticas y lengua. 彼は数学と国語で良を取った. ❺《解剖》舌;《料理》タン. —cáncer de ~ 舌癌(ﾆﾞ). El niño chasqueó la ~. その子は舌打ちをした. ❻ 舌状のもの; (鐘の) 舌(=badajo); (秤の)針(=fiel, lengüeta). —Si tiras de esta cuerda, la ~ golpea la campana. この綱を引けば舌が鐘を打つ. ❼《地理》細長く突き出した地形. —~ de tierra (半島・岬などの)細長い陸地; 地峡. ~ (de [del]) glaciar 氷舌.

andar en lenguas (de la fama)《話》噂される, 取り沙汰される. *Anda en lenguas de la fama* que su mujer le engaña con un joven. 彼は奥さんが若い男と浮気していると噂されている.

atar [*sujetar*] *la lengua a …*《話》(人)に口止めする, (人)の口を封じる, (人)を黙らせる. Si no le *atas la lengua a* tu hermano, contará sus secretos. 弟に口止めしないと, 秘密をばらされてしまうよ.

buscar la lengua a … (人)に言いがかりをつける, 喧嘩をふっかける (=buscar las cosquillas).

*calentárse*LE *la lengua* 〖+人〗(1)夢中になって長々と話す. (2)かんかんに怒る.

con la lengua fuera [*afuera, de un palmo*] 〖ir/llegar/subir/estar+〗(人)へとへとなって, 疲れ果てて, 息を切らして. Llegó a la meta *con la lengua fuera*. 彼は息も絶え絶えにゴールインした.

con un palmo de la lengua (*fuera*) →con la lengua fuera.

*dar*LE *a la lengua*《話》ぺちゃくちゃ[ぺらぺら]しゃべる. Se pasaron toda la mañana *dándole a la lengua*. 彼らは午前中ずっとおしゃべりしていた.

de lengua en lengua 口から口へ (=de boca en boca).

*destrabar*LE *la lengua a …* (人)に自由にしゃべらせる.

echar la lengua へとへとになる, 息切れがする.

echar la lengua al aire →írseLE la lengua a …

echar la lengua (*de un palmo*) *por …* 切望す

*escapárse*LE *la lengua a* ... →*írse*LE *a* ... *la lengua*

hablar con lengua de plata　袖の下を使う．

hacerse lenguas de ...　《話》ほめすぎる，ほめそやす．*Todo el mundo se hace lenguas de su éxito*. みんなが彼の成功をほめやさる．

irse de la lengua　《話》うっかり口を滑らす．*Se fue de la lengua y desveló nuestro secreto*. 彼はうっかり口を滑らして，私たちの秘密を明らかにした．

írsele a ... *la lengua*　《話》うっかり口を滑らす．*A Juan se le fue la lengua y contó lo que no debía*. フアンはうっかり口を滑らし，話してはいけないことをもらしてしまった．

largo de lengua　(1)《話》おしゃべりな，噂好きの，口さがない．*No te fíes de ella, que es larga de lengua*. 彼女を信用するな，あまりにおしゃべりだから．(2) 厚顔無恥な，横柄な．*José es un niño contestón y largo de lengua en la escuela*. ホセは学校ではああ言えばこう言う横柄な子だ．

lengua afilada [*de doble filo*]　《話》毒舌（= *mala lengua*). *tener una lengua de doble filo* [*una lengua muy afilada*]. 毒舌家である．

lengua de cultura　文明語．

lengua de escorpión [*de hacha*]　→*lengua viperina*.

lengua de fuego　火炎（= llama）．

lengua de gato　《料理》ラングドシャ（薄いクッキー，アイスクリームに添えたりする）．

lengua de trapo [*de estropajo*]　(特に子供の)はっきりしない発音，片言．*Tiene una lengua de estropajo*. 彼は発音がはっきりしない．

lengua de víbora　→*lengua viperina*.

lengua franca　《言語》(1) フランク語．(2) 混成(言語), リングワフランカ（= lingua franca, lengua híbrida）(地中海の諸港で意志疎通のために用いられたイタリア語・アラビア語・スペイン語・フランス語・ギリシア語などの混成言語).

lengua larga　【中南米】毒舌(家)（= *lengua afilada* (*viperina*)）.

lengua madre　(1) 祖語．*El latín es la lengua madre de las lenguas romances*. ラテン語はロマンス諸語の祖語である．(2) 母語，母国語（= lengua materna). *Nació en Galicia y el gallego fue su lengua madre*. 彼はガリシアに生まれ，ガリシア語が彼の母語になった．

lengua serpentina [*de sierpe, de serpiente*]　→*lengua viperina*.

lengua viperina　毒舌(家), 中傷(家). *ser* [*tener*] (*una*) *lengua viperina* 毒舌家である．

ligero de lengua　《話》口の軽い．

llevar la lengua fuera　→*echar la lengua*.

mala lengua　《話》毒舌(家), 中傷(家). *tener* [*ser*] *mala lengua* 毒舌家である．

malas lenguas　《話》毒舌家，中傷家．*según malas lenguas de la vecindad dicen que la mujer tiene un amante*. 近所の口の悪い連中によると，彼女は愛人がいるそうだ．

media lengua　《話》(1) 舌足らず(の話し方)，片言．*Empezó a contárnoslo con su media lengua*. 彼はその舌足らずな話し方で私達に語り始めた．(2) 舌足らずの人．*Aquel media lengua comenzó a contar lo sucedido*. あの舌足らずが何

が起きたかを話し始めた．

meterse la lengua en el culo [*donde le quepa*] 《俗》[主に命令形で] 黙る．¡*Deje usted de decir necedades y métase la lengua en el culo*! 馬鹿なことを言うのはやめて，いい加減黙りなさい．

morderse la lengua　《話》(言いたいことを我慢して)黙っている，口をつぐむ，口を慎む．*Me mordí la lengua para no pelearme*. 私はけんかにならないように口をつぐんだ．

no tener pelos [*pelillos*] *en la lengua*　《話》言いたい放題を言う，ずけずけ物を言う．

parecer que ha [*has, han* ...] *comido lengua* (1) 《話》よくしゃべる，しゃべり過ぎる．*Cállate ya. Parece que has comido lengua*. もう黙れよ，しゃべり過ぎだ．

*pegárse*LE *la lengua al paladar a* ...　(動揺・驚きなどで)(人が)口がきけない，言葉が出てこない．*Se le pegó la lengua al paladar al oír eso*. 彼はそれを聞いて言葉が出なかった．

poner lengua(*s*) *en* ...　(人)の悪口を言う．

sacar la lengua a ...　《話》(主に子供)に舌を出す，あっかんべえをする，からかう．

soltar(*se*) *la lengua*　うっかり口を滑らす，不用意に言ってしまう．

*soltárse*LE *la lengua a* ...　(人が)うっかり口を滑らす，不用意に言ってしまう．

suelto de lengua　→*ligero de lengua*.

tener ... *en* (*la punta de*) *la lengua*　(1)《話》…が喉まで出かかっている，を思い出しそうで思い出せない．*Ya me acordaré: lo tengo en la lengua*. 今思い出すから，喉まで出ているんだ．(2)《話》を言いそうになる．

tener la lengua gorda　《話》酔っ払っている．

tener la lengua (*muy*) *larga*　《話》おしゃべりである，噂好きである（→*largo de lengua*）.

tener la lengua suelta　《話》おしゃべりである．

tener mucha lengua　(1) おしゃべりである，口数が多い．(2)《話》(年配の人・上司に対しいつも)口答えする，反駁する．

tirar a 〖+人〗*de la lengua*　(1)《話》(秘密なこと を人)から聞き出す，…の口を割らせる．(2) (人)に言いがかりをつける．*No me tires de la lengua, no quiero discutir contigo*. 私に言いがかりをつけないで，君とは議論したくないから．

tomar lengua(*s*)　情報を得る．*La policía recurre a confidentes para tomar lenguas*. 警察は情報を得るためにスパイに頼る．

*trabárse*LE [*trastrabárse*LE] *a* ... *la lengua* (人)の舌がもつれる，舌が回らない，(人)がうまく話せない．*Se le trabó la lengua y, en lugar de decir 'pamplinas', dijo 'plimpanas'*. 彼は舌が回らず, pamplinas と言う代わりに plimpanas と言った．

traer en lenguas a ...　(人)の悪口を言う，陰口を叩く．

*venírse*LE *a la lengua a* ...　(人)の頭に浮かぶ（= ocurrirse）.

lenguado [leŋgwáðo] 男 《魚類》シタビラメ，シタガレイ．

‡**lenguaje** [leŋgwáxe] 男 ❶ (*a*) ことば，言語，ことばづかい．〜 *hablado* [*escrito*] 話し[書き]ことば．〜 *culto* 教養のあることば．〜 *de marcado*

1176 lenguaraz

[de programación]《情報》マークアップ[プログラミング]言語. ~ ensamblador《情報》アセンブリ言語. ~ estandarizado y generalizado de marcado, SGML《情報》SGML. ~ extensible de marcado《情報》XML. ~ cifrado 暗号(文). ~ de alto [bajo] nivel《情報》高[低]水準言語. ~ forense 法廷言語. ~ fuente《情報》原始言語, 起点言語, ソースランゲージ. ~ máquina《情報》機械語. 類**habla**. (b)《言語》言語活動. ❷ 語法, 用語; 文体. —el ~ de Quevedo ケベードの語法. ~ literario 文法体. ~ coloquial 口語体. ~ técnico 専門用語. ❸ (音声や文字によらない)ことば, 言語. — ~ de los gestos 身ぶり言語. ~ de las abejas ハチの言語. ~ de las flores 花ことば. ~ de signos 手話.

lenguaraz [leŋɡwaráθ] 形 ❶ 口の悪い, 毒舌の. —una persona ~ 毒舌家. 類**deslenguado, malhablado**. 反**discreto, prudente**. ❷ おしゃべりな, 口数の多い.

lenguaz [leŋɡwáθ] 形 おしゃべりな, 饒舌(じょうぜつ)な.

lengüeta [leŋɡwéta] [<lengua] 女 ❶ 小さな舌状のもの; (靴の)舌革, (秤(はかり)の)指針; (木工の)実(さね). ❷《音楽》(管楽器の)リード, 舌. ❸《解剖》喉頭蓋(こうとうがい). ❹《情報》タブ.

lengüetada [leŋɡwetáða] 女 舌でなめること; ひとなめ. —limpiar el plato a ~s 舌でなめて皿をきれいにする.

lengüetazo [leŋɡwetáθo] 男 →**lengüetada**.

lengüetear [leŋɡweteár] 自 (舌で)なめる.

lengüetería [leŋɡwetería] 女《楽器》(集合的にパイプオルガンの)リードストップ, リード音栓.

lengüicorto, ta [leŋɡwikórto, ta] 形《話》口数の少ない; 恥ずかしがりやの.

lengüilargo, ga [leŋɡwilárɣo, ɣa] 形 ❶ 口の悪い, 毒舌の. 類**lenguaraz, deslenguado**. ❷ おしゃべりな.

lenidad [leniðá(ð)] 女 寛容, 寛大; 甘やかし. 類**benevolencia, blandura**.

lenificar [lenifikár] [1.1] 他 ❶ (炎症などを)和らげる, 鎮める. — ~ la irritación del tejido 組織の炎症を和らげる. ❷《比喩》(苦しみなどを)和らげる, 軽減する. 類**calmar, aliviar**.

leninismo [leninísmo] 男 レーニン主義. ♦Nikolai Lenin の唱えた「プロレタリア独裁」を志向する共産主義.

leninista [leninísta] 形 レーニン(主義)の.
— 男女 レーニン主義者.

lenitivo, va [lenitíβo, βa] 形 (薬などが)和らげる, 緩和性の, 鎮痛性の. —un medicamento ~ 鎮痛剤.
— 男 ❶《医学》鎮痛剤, 緩和剤. 類**calmante**. ❷ 慰め. 類**alivio**.

lenocinio [lenoθínjo] 男《文》売春の斡旋(あっせん). —casa de ~ 売春宿. 類**alcahuetería**.

***lentamente** [léntaménte] 副 ゆっくりと, 遅く, のろのろと. —La mujer se dirigió ~ hacia la estación. その女性はゆっくりと駅に向かって行った. 類**despacio, paulatinamente**. 反**rápidamente**.

:**lente** [lénte] 男 ❶ レンズ, メガネの玉. — ~ de un microscopio 顕微鏡のレンズ. ~ de aumento 拡大レンズ, 虫メガネ. mirar con ~ 虫メガネで見る. ~ bifocal 遠近両用レンズ. ~ convergente 収束レンズ. ~ divergente 発散レンズ. ❷ 複 (ふつう複)メガネ, 眼鏡. —una señora que llevaba ~s メガネをかけた婦人. ~s de contacto コンタクト・レンズ(=lentillas). 類**gafas**.

lenteja [lentéxa] 女《植物》ヒラ豆, レンズ豆. — ~ de agua [acuática] 青浮草.
venderse por un plato de lentejas《話》価値の乏しいものと引き換えに貴重なものを提供する.

lentejuela [lentexwéla] [<lenteja] 女 シークイン, スパンコール(衣服につけるきらきらした飾り).

lenticular [lentikulár] 形 レンズ形の, ヒラ豆状の. — 男《解剖》レンズ状骨.

lentilla [lentíʝa] 女 コンタクトレンズ. 類**lente de contacto**.

lentisco [lentísko] 男《植物》ニュウコウジュ(乳香樹).

:**lentitud** [lentitú(ð)] 女 遅さ, ゆっくりとしたさま. —El tiempo pasaba con mucha ~. 時間がとてもゆっくりと過ぎていた.

*:**lento, ta** [lénto, ta レント, タ] 形 遅い, ゆっくりした, のろい. — ~ en el trabajo [en actuar, de reflejos] 仕事がおそい [行動がおそい, 反射が鈍い]. caminar a paso ~ ゆっくりとした足どりで歩く. cocer a fuego ~ とろ火で煮る.
— 副 ゆっくりと. —Los ancianos caminan ~. 老人はゆっくり歩く.

:**leña** [léɲa] 女 ❶ 薪(たきぎ), まき. —Recogió ~ para encender el fuego. 彼は火をたくためにたきぎを集めた. hacer ~ (山や林などで切ったり拾ったりして)たきぎを集める. ❷ (罪やけんかでの)なぐりつけ, 殴打. —Hubo mucha ~ en la pelea. けんかではひどくなぐりあいがあった. dar [repartir] ~ なぐりつける.
añadir [echar, poner] leña al fuego (火に油を注ぐように)怒りなどをあおる, 事を荒だてる. En vez de calmarlo, estás *echando leña al fuego*. 君は彼らのけんかを静めるかわりにあおりたてているんだ.
llevar leña al monte 屋上屋(おくじょうおく)を架す, 余計なものをさらに増やす, 無駄な苦労をする.

***leñador, dora** [leɲaðór, ðóra] 名 (職業としての)きこり, 木材伐採人; 薪(たきぎ)取り, 薪売り. —una cuadrilla de *leñadores* 薪取りの一団. Hoy los ~*es* utilizan sierras eléctricas muy potentes. 今のきこりは大変強力な電動のこぎりを使っている.
— 形《文》薪取りの, きこりの; 薪売りの. —Le amenazaron con un hacha *leñadora*. 彼はまきを割る斧で脅された.

leñazo [leɲáθo] 男《話》❶ 棒での殴打[なぐりつけ]. —propinar un ~ 棒でなぐりつける. 類**garrotazo**. ❷ 激しい激突[ぶつかり]. —dar un ~ 激しくぶつかる. 類**choque, trompazo**.

¡**leñe**! [léɲe] 間《話》いやだ, ちくしょう(不快や驚きの念を表す). —*¡*~, déjame en paz! ちくしょう, ほっといてくれ!

leñera [leɲéra] 女 薪(たきぎ)置き場; その山.

leñero [leɲéro] 男 ❶ 薪(たきぎ)売り. ❷ 薪置き場. 類**leñera**.

leño [léɲo] 男 ❶ 丸太, 丸木. 類**tronco**. ❷《比喩, 話》間抜け, でくの坊. 類**tarugo**. ❸《詩》船.

leñoso, sa [leɲóso, sa] 形 木のような, 木質の.

León [león] 固名 ❶ レオン(スペインの都市; メキシコの都市; ニカラグアの都市). ❷《男性名》レオン. ❸ レオン(フライ・ルイス・デ Fray Luis de ~)(1527-91, スペインの宗教家・詩人).

:**león, ona** [león, óna] 名 ❶《動物》ライオン, 獅子(しゝ), 『アメリカ』ピューマ. — ~ marino アシカ. ❷ (獅子のように)勇猛な人, 強い人.
la parte del león(分け前などの)最上の部分, うまい汁[イソップ物語から]. *Él se llevó la parte del león.* 彼がいちばんうまい汁を吸った.
No es tan fiero el león como lo pintan. 人や物事を扱うのは思うほど難しくない.
— 男《天文》(L~) 獅子座.
— 女 女傑, 女丈夫.

leonado, da [leonáðo, ða] 形 黄褐色の, ライオンの毛の色に似た.

Leonardo [leonárðo] 固名《男性名》レオナルド.

leonera [leonéra] 女 ❶ ライオンの檻(おり)[巣]. ❷《話》散らかった, 雑乱な(部屋). — *Esta habitación es [está hecha] una ~.* この部屋は大変散らかっている.

leonero [leonéro] 男 ❶ ライオンの飼育係. ❷ 博徒, 博打(ばくち)打ち; 賭博(とばく)場主.

***leonés, nesa** [leonés, nésa] 形 レオン(León)の, レオン出身の[人]の, レオン方言の.
— 名 レオン人, レオン出身の人.
— 男 レオン方言(ロマンス語の一つ. 現在ではスペイン語の一方言と見なされる). — *El ~ medieval tuvo un uso jurídico.* 中世レオン方言は法廷で使用された.

leonino, na [leoníno, na] 形 ❶ ライオンの; レオン(人名)の. ❷ 一方にだけ有利な, 片方だけの得する. — *contrato ~* 一方的な[不公平な]契約. *hacer un reparto ~.* 不公平な[ある人だけ得になる]分け方をする. 類 **abusivo, injusto**. 反 **justo**.

Leonor [leonór] 固名《女性名》レオノール.

leontina [leontína] 女 (懐中時計の)鎖. 類 **cadena**.

leopardo [leopárðo] 男《動物》ヒョウ(豹). 類 **pantera**.

leopoldina [leopoldína] 女 ❶ 懐中時計の鎖. ❷ (耳当てがなく普通よりも低い)軍帽.

Leopoldo [leopóldo] 固名《男性名》レオポルド.

Lepe [lépe] 固名 レペ(ペドロ・デ Pedro de ~)(15世紀の博学な司教).

lepidóptero, ra [lepiðóptero, ra] 形《虫類》鱗翅(りんし)目の.
— 男 複《虫類》鱗翅目の昆虫; チョウなどの類.

lepisma [lepísma] 女《虫類》シミ(衣魚, 紙魚).

lepórido, da [lepóriðo, ða] 形《動物》ウサギ科の(動物).

leporino, na [leporíno, na] 形〔< liebre〕ウサギの(ような). — *labio ~* 兎唇(としん).

lepra [lépra] 女《医学》癩(らい)病, ハンセン病.

leprosería [leprosería] 女 癩(らい)[ハンセン病]療養所. 類 **lazareto**.

leproso, sa [lepróso, sa] 形 癩(らい)[ハンセン病]患者.

lerdo, da [lérðo, ða] 形 ❶ (家畜などの歩くのが)のろい, ぐずぐずした. ❷《比喩》愚鈍な, とんまな. 類 **torpe**.
— 名 のろま, ぐず; とんま.

Lérida [lériða] 固名 レリダ(スペインの都市).

leso 1177

leridano, na [leriðáno, na] 形 レリダ(Lérida)の. — 名 レリダ県民.

les [les レス] 代(人称)《男性・女性 3 人称複数与格; 間接補語となる》 ❶《話し手でも話し相手でもない他の人をさす》彼らに, 彼女らに. — *El profesor López les enseña español.* ロペス先生は彼らにスペイン語を教えている. ❷《話し相手の人をさす》あなたたちに. — *¿Les ha dicho a ustedes que hoy no viene? 彼はあなたがたに今日来ないことを言ったか? ♦ustedes* で話しかける相手について用いられる. ❸《複数の物をさす》それらに. — *Son dos helados de vainilla. ¿Les echo almíbar?* バニラ・アイスクリーム 2 個です. シロップをかけますか? ❹《スペインでは人をさす場合人称代名詞・男性複数対格 los の代わりに用いられる》彼らを, あなたがたを. — *No Les veo últimamente.* 私は最近彼らを見かけていない《lo や los とともに用いられるときは se となる. *Se lo doy a ustedes.* あなたがたにそれを差し上げます》.

lesbiana [lesβiána] 女 同性愛の女性, レズビアン.

lesbianismo [lesβianísmo] 男 (女性の)同性愛(関係).

lesbiano, na [lesβiáno, na] 形 ❶ レスボス島(Lesbos)の. ❷ 同性愛女性の, レズビアンの. — *amor ~* (女性の)同性愛.
— 名 レスボス島民.

lesbio, bia [lésβio, βia] 形 名 → **lesbiano**.

:**lesión** [lesjón] 女 ❶ 損傷, 傷害. — *una ~ en la pierna [de corazón]* 脚[心臓]の傷害. *Las mercancías no han sufrido ninguna ~ en el traslado.* 商品は運搬中に何ら損傷がなかった. — *leve [grave]* 軽[重]傷. 類 **daño, herida**. ❷ 損害, 侵害. — *una ~ para los derechos de otra persona* 他人の権利の侵害. 類 **agravio**. ❸《法律》傷害罪.

lesionado, da [lesjonáðo, ða] 形 ❶ 負傷した, 傷つけられた. — *El equipo tiene tres jugadores ~s.* チームには 3 人のけがをした選手がいる. ❷ 損害を受けた; 侵害された. — 名 負傷者.

:**lesionar** [lesjonár] 他 ❶ を**負傷させる**, けがをさせる, 損傷[損害]を与える. — *Una zancadilla del defensa lesionó al extremo derecho.* フルバックのトリッピングのためにライト・ウイングは負傷した. 類 **herir**. ❷ (精神的に)を傷つける, 侵害する. — *El artículo del periodista ha lesionado el derecho a la intimidad de la familia.* そのジャーナリストの記事は一家のプライバシーを侵した. *El reglamento lesiona los intereses de los trabajadores.* その規則は労働者の利益を侵害する.
— **se** 再 負傷する, けがをする. — *Se ha lesionado el tobillo en el último partido.* 彼はこの前の試合でくるぶしを負傷した.

lesivo, va [lesíβo, βa] 形〔+para〕に損害を与える, 有害な. — *El exceso en la bebida es ~ para la salud.* 飲みすぎは健康に有害だ. *Esta medida será lesiva para nuestros intereses.* この措置は我々の利益を損ねることになろう. 類 **perjudicial**. 反 **beneficioso, favorable**.

lesna [lésna] 女 → **lezna**.

leso, sa [léso, sa] 形 ❶ 損害を受けた, 傷つけられた. — *crimen [delito] de lesa majestad [patria]*《法律》大逆罪, 不敬罪; 反逆罪. *crimen*

1178 Lesotho

de *lesa* humanidad 人類に害悪を及ぼす犯罪. 類**ofendido**. ❷ 錯乱した, 気のふれた. ❸ 〖南米〗愚かな.

Lesotho [lesóto] 固名 レソト(首都マセル Maseru).

letal [letál] 形 《文》致命的な, 命にかかわる, 死の恐れがある. — mordedura [gas] ~ 命取りのかみ傷[毒ガス]. 類**mortal, mortífero**.

letanía [letanía] 女 ❶ 《カトリック》連禱(%), リタニイ. ◆司祭と会衆とが交互にかわす連続の祈り. ❷ 《比喩, 話》(長く書き連ねた)表; 連続. — Nos soltó una ~ de proverbios [quejas]. 彼は我々に次から次へとことわざ[不平]を並べ立てた. 類**retahíla, sarta**.

letárgico, ca [letárxiko, ka] 形 ❶《医学》昏睡(%)(状態)の, 嗜眠(%)の. — estado ~ 昏睡状態. ❷ 無気力の, 不活発な.

letargo [letáryo] 男 ❶ 《医学》昏睡(%), 嗜眠(%). — Lleva varios días en estado de ~. 彼は数日昏睡状態のままである. ❷ 睡魔, 眠気; 無気力. — El vino en la comida me produce ~ y no puedo trabajar después. 食事中のワインで私は眠くなり, その後勤けない. 類**modorra, sopor**. ❸ 《動物》冬眠. 類**hibernación**.

Leticia [letíθja] 固名 レティシア(コロンビアの都市).

letífico, ca [letífiko, ka] 形 楽しい, 活気のある.

letón, tona [letón, tóna] 形 ラトビア(Letonia)の. — 名 ラトビア人. — 男 ラトビア語(バルト系言語の一つ).

Letonia [letónja] 固名 ラトビア(首都リガ Riga).

letra [létra レトラ] 女 ❶ 文字, 字. — las ~s del alfabeto アルファベットの文字. ~ cursiva イタリック体(＝~ bastardilla). ~ de mano 手書き文字. ~ mayúscula [minúscula] 大[小]文字. ~ negrita [negrilla] ゴチック体(＝~ gótica). ~ doble 複文字(ch, ll, rr など). ~ muda 無音文字(h など). ~ corrida 走り書きの字. ~ de mano 手書き文字. ~ menuda [pequeña] 細かい字;《比喩的に》する言と. ❷ 活字体. ~ de molde [imprenta] 活字, 活字体. escribir en ~ de molde [imprenta] 活字体で書く. ~ redonda [redondilla]《印刷》円体, 丸みを帯びた書体, ローマン体. ~ versalita 《印刷》スモール・キャピタル. 類tipo**. ❸ 字体, 筆跡. — Tiene buena [mala] ~. 彼は字がうまい[へたである]. ❹ (内容, 精神に対して)字句, 字義, 文面. — No hay que atenerse a la ~ sino al espíritu de la ley. 法律の字句ではなくて精神にこだわるべきである. ❺ 歌詞. — la ~ de una canción その曲の歌詞. ❻ 《経済》手形, 為替手形. — ~ de cambio 為替手形. aceptar [girar, pagar, protestar] una ~ 手形を引き受ける[振り出す, 支払う, 拒絶する]. ❼ 短い手紙, 一筆, 短信. — Te pondré unas ~s. 君に一筆書き送るよ. escribir [poner] dos [cuatro] ~s 一筆書く. ❽ (a) 学問. — Es un hombre de ~s. 彼は学のある人だ. primeras ~s 学問[教育]の初歩. (b) 文学, 人文科学. — licenciado en ~s 文学士. Facultad de L~s 文学部.

a la letra [*al pie de la letra*] 文字どおりに, 忠実に, 厳密に. Siguió las instrucciones *a la letra* [*al pie de la letra*]. 彼は指示に忠実に従った. Ella tomó *al pie de la letra* lo que le dijeron. 彼女は言われたことを言葉どおりに受け取った.

atarse a la letra 文字通りの意味にこだわる.

letra muerta 死文, 空文. La ley sin la autoridad que la haga cumplir es *letra muerta*. それを遵守させる権威のない法律は死文化している.

¡Despacio [Despacito] y buena letra! あわてないでうまくやれ.

La letra con sangre entra. 〖諺〗鞭(%)を惜しめば子供をそこなう(←学問は血とともにはいる, 子供は厳しく教育しなければだめだ).

*letrado, da [letráðo, ða] 形 ❶ 学問[教養]のある, 博識な; 人文科学に通じた. — Es un político muy ~. 彼はとても教養のある政治家だ. Es una mujer *letrada* en historia. 彼女は歴史に通じている. gente *letrada* 教養人, 学者連中. 類**culto, docto, erudito, instruido, leído, preparado, sabio**. 反**analfabeto, ignorante, iletrado, inculto**. ❷ 学者ぶった, 衒学(%)的な, ペダンチックな.

— 男 《文》弁護士, 法律家. — el ~ de la defensa [de la acusación] 被告側[原告側]弁護人 La *letrada* pidió la absolución del acusado. 弁護士は被告の無罪判決を求めた. 類**abogado, jurista**.

*letrero [letréro] (<letra) 男 ❶ 掲示, 貼り紙, 立て札, 表札. — El ~ dice "prohibido fumar". 立て札には「禁煙」とある. De la pared cuelga el ~ de "no tocar". 壁に「触るな」という貼り紙がしてある. 類**rótulo, cartel, placa, anuncio**. ❷ 標識, 標示板, 看板, 広告, ポスター. — ~ de direcciones 方向揭示板. ~s publicitarios 広告看板. Pusieron un ~ luminoso con el nombre del restaurante. レストランの名前の入ったネオンサインが取り付けられた. ❸ ラベル, レッテル. 類**rótulo, etiqueta**. ❹ 《話》(建物・壁などへの)落書き, スローガン. — Alguien había escrito ~s insultantes en la fachada. 誰かが外壁に侮辱的な落書きをした. 類**pintada**.

letrilla [letrílja] 女 《詩学》レトリーヤ. ◆各連の末尾にリフレインが現れる詩体.

letrina [letrína] 女 ❶ (野外などの)便所. ❷ 汚らしい[不潔な]場所.

leucemia [leuθémja] 女 《医学》白血病.

leucémico, ca [leuθémiko, ka] 形 《医学》白血病の, 白血病を患った. — 名 白血病患者.

leucocito [leukoθíto] 男 《医学》白血球. 類**glóbulo blanco**.

leucoma [leukóma] 男 《医学》角膜白斑[白濁], 目ぼし.

leudar [leuðár] 他 …にパン種[イースト]を入れて(を)発酵させる[ふくらませる]

— se 再 (パン種で)発酵する, ふくらむ.

leudo, da [léuðo, ða] 形 パン種[イースト]で発酵した[ふくらんだ].

— 男 パン種[イースト]で発酵した[ふくらんだ]パン生地.

leva [léβa] 女 ❶ 《海事》抜錨(%), 出帆, 出港. ❷ (軍隊の)徴兵, 召集, 動員. 類**recluta (miento)**. ❸ 《機械》(a) カム. — árbol de ~s カム・シャフト. (b) (風車・タービンなどの)翼, 羽根. (c) てこ, レバー. 類**palanca**.

*entender*LE *la leva* 《比喩，話》(人)の意図を知る.

irse a leva y a monte 《比喩，話》逃げする，雲隠れする.

no haber levas con uno 《話》(人)に対策も口実もない.

levadizo, za [leβaðíθo, θa] 形 上げ下げできる．—**puente ~** 可動橋，はね橋.

levador [leβaðór] 男 ❶ 《機械》(水車・タービンなどの)羽根. ❷ 《紙工場の》紙の取り上げ工具.

levadura [leβaðúra] 女 ❶ パン種，酵母，イースト. **~ de cerveza** ビール酵母. **~ en polvo** ベーキングパウダー. ❷ 《比喩》種，根源，もと.

levantada¹ [leβantáða] 女 ❶ 起床. ❷ (病人の)離床.

levantado, da² [leβantáðo, ða レバンタド, ダ] 過分 〔<levantar(se)〕形 ❶ 起立した，立った. 類 **sentado. ❷ 起きた (= despierto). —**esperar ~** 寝ないで待っている. **Está ~ desde las cinco de la mañana.** 彼は朝の5時から起きている. ❸ (持ち)上げられた，起こされた，除去された. —**Camina con el hombro derecho un poco ~.** 彼は右肩を少し上げて歩く. **El pavimento está ~.** 舗装が剥がされている. ❹ 《比喩》高尚な，崇高な，高揚した. 類 **sublime, elevado, excelso**.

con la frente levantada ⇔ **frente**.

*levantamiento [leβantamjénto] 〔<levantar(se)〕男 ❶ 持ち上げること；上昇. —**Le han prohibido cualquier ~ de peso.** 彼(女)は重い物は何であれ持ち上げることを禁止された. **Un ligero ~ de cejas indicaba su asombro.** 彼はちょっと眉を吊り上げて驚きを示した. 類 **alzamiento, ascenso, subida**. ❷ 〔+ contra〕(…に対する)蜂起，反乱，決起. **~ popular [militar]** 民衆[軍事]蜂起. **El ejército sofocó el ~ de los descontentos.** 軍隊は不満分子の蜂起を鎮圧した. **Se ha producido un ~ de los campesinos contra el Gobierno.** 農民の反政府暴動が起きた. 類 **alzamiento, amotinamiento, asonada, motín, sublevación, rebelión, sedición**. ❸ (特に建物・記念建造物の)建設，建造，建立. **~ de una estatua [de una catedral]** 銅像[カテドラル]の建立. **El ~ de esta casa duró seis meses.** この家の建築工事は6ヵ月に及んだ. 類 **construcción, edificación, erección**. ❹ (禁止・罰などの)解除，解禁，取消し. **~ el ~ de la veda de caza** 狩猟解禁. **~ del castigo** 処罰の停止. **~ del bloqueo económico** 経済封鎖の解除. **El juez procedió al ~ de la sanción.** 裁判官は制裁解除を命じた. 類 **cancelación**. ❺ (キャンプ・障害・包囲など据え付けられたものの)除去，移動. —**El ~ de la vía antigua durará varios meses.** 旧鉄道線路の除去には数か月かかるだろう. 類 **desmantelamiento, eliminación, retirado, traslado**. ❻ 《地質》隆起. —**Esta cordillera se formó por el ~ de la corteza terrestre.** この山脈は地殻の隆起によってできた. 類 **elevación, prominencia**. ❼ 《地形学》(設計図・地図などの)作成; (書類の)作成. **~ topográfico** 地形測量，測図. **realizar el ~ de los planos del local** 建物の図面を作成する. 類 **trazado, proyecto, plano**. ❽ 起床. —**hora de ~** 起床時間.

levantamiento de acta 調書[証書]の作成；議事録の作成.

levantamiento del cadáver 《法律》(事故現場での判事と法医学者による)遺体確認, (遺体安置所への)遺体移送(命令). **El juez ordenó el levantamiento del cadáver y su traslado al tanatorio.** 判事は遺体確認と遺体安置所への遺体移送を命じた.

levantamiento de pesos 《スポーツ》重量上げ，ウェートリフティング.

levantar [leβantár レバンタル] 他 ❶ (a) を(高く)上げる，持ち上げる. —El padre *levanta* a su hijo en alto.** 父親は子供を高く持ち上げる. **Quien quiera hacer preguntas que *levante* la mano.** 質問したい人は手を上げてください. 類 **alzar**. (b) (視線)を上げる. —**Levantó la mirada hacia la torre.** 彼は塔の上の方へ視線を向けた. (c) (声・音)を上げる，大きくする. —**No me *levantes* la voz.** (私に)大きな声を出さないで. (d) (元気)を出させる，(士気)を高める. —**Levanta el ánimo, que todo se arreglará.** 元気を出せ，万事うまく行くよ. ❷ (物)を立てる，(人)を起こす. —**Levanta la silla, que se ha caído.** 椅子を立てなさい，倒れたから. ❸ (a) を取り除く，取る. —**El mantel está manchado y hay que ~lo.** テーブルクロスにしみが付いたので，取らなければいけない. **~ el vendaje** 包帯を取る. (b) をはがす，ひっぺがす. —**La humedad *levantó* la pintura.** 湿気のためにペンキがはげた. (c) を引き払う，解除する. **~ el campamento** キャンプを引き払う. **~ el asedio [el sitio]** 包囲を解く. (d) を免除する，免れさせる. —**Le han *levantado* el castigo.** 彼は処罰を免れた. **~ un embargo [el arresto]** 差し押え[逮捕]を免除する. (e) を閉会にする. —**El presidente *levantó* la sesión.** 議長は会議の終了を宣言した. ❹ (a) を建てる，建造する. **~ un rascacielos** 摩天楼を建てる. (b) を創設する. —**El alcalde ha *levantado* un colegio en el pueblo.** 村長は村に小学校を創設した. ❺ を生じさせる，引き起こす. —**~ falsos testimonios** 偽証をする. **Las declaraciones del primer ministro han *levantado* una fuerte polémica.** 首相の発言は大論争を巻き起こした. **~ protestas** 抗議を引き起こす. 類 **alzar**. ❻ 〔+contra〕(に対し)[決起]させる，蜂起させる. —**El general *levantó* al ejército contra el gobierno.** 将軍は政府に対して陸軍を蜂起させた. ❼ (軍隊に人)を召集する. ❽ (地図)を書き上げる，作成する. —**~ un plano de la ciudad** 市の地図を作成する. ❾ (トランプ)(カード)をカットする; (伏せてあるカード)を表に向ける. —**Levanta tus cartas.** 君のカードを表に向ける. ❿ (テント)を盗む，奪う. —**Me *levantaron* el bolso mientras andaba distraída por la calle.** 私は通りをぼんやりして歩いていてハンド・バッグを盗られた. 類 **robar**. ⓫ (巣・隠れ家から)(獲物)を追い出す，おびき出す. —**El perro *levantó* las liebres.** 犬はウサギを巣から追い出した.

── 自 (雲が)切れる，(霧が)晴れる.

── **~se** 再 ❶ (a) 立ち上がる. —**Se *levantó* de la silla.** 彼は椅子から立ち上がった. (b) 蜂起する，決起する. —**Se *levantaron* contra la dictadura.** 彼らは独裁制に反対して決起した. ❷ (ベッドから)起きる，起床する. —**Me *levanto* a las siete todos los días.** 私は毎日7時に起きる. **Ya está mejor de la pulmonía, pero aún no puede**

~se. 彼はもう肺炎はよくなったが、まだ床を離れることはできない. ❸ 立っている、そびえている、抜きん出る. —La torre *se levanta* airosa sobre el pueblo. その塔はその町の上にすっくとそびえ立っている. ❹ (*a*) 発生する、起こる、(大波が)立つ. —*Se ha levantado* un tifón. 台風が発生した. ~*se un fuerte oleaje* 大波が立つ. (*b*) 現れる、出る、出現する. —*Se me ha levantado* un fuerte dolor de estómago. 私は胃に激しい痛みが走った.

levantar el vuelo (1) 飛び上がる. Al acercarme, los gorriones *levantaron el vuelo*. スズメたちは私が接近するといっせいに飛び立った. (2) 快調に進む、好調である. Después de superar la crisis, la empresa *levantó el vuelo*. 危機を乗り越えたあと、会社は順調となった.

Levante [leβánte] 固名 ❶ レバンテ(スペインの東部地方). ❷ レバント(地中海東岸地域).

levante [leβánte] 男 ❶ 東、東方. —dar a ~ 東に面する. 類 este, oriente. ❷ 東部地方. —el L~ español [mediterráneo] スペイン[地中海]東部.(特に Valencia と Murcia). ❸ 東風.

levantino, na [leβantíno, na] 形 ❶ 東方の; レバンテ[地中海東部地方]の. ❷ (スペインの)レバンテ地方の. —— 名 ❶ レバンテ地方の人. ❷ レバント人; 東部地方の人.

levantisco, ca [leβantísko, ka] 形 反抗的な、不穏な. —pacificar los elementos ~s 不穏分子を懐柔する. 類 rebelde, turbulento.

levar [leβár] 他 《海事》錨を上げる. —~ *anclas* 抜錨(ばっぴょう)する. —— 自 《海事》出航[出帆]する、錨を上げる. 類 zarpar.

*leve [léβe] 形 ❶ 軽い. —carga ~ 軽い荷物. 類 ligero. 反 pesado. ❷ 取るに足りない、大したことがない. —herida ~ 軽い傷. error ~ ちょっとしたミス. 反 grave. ❸ かすかな、弱い. —Corre una ~ brisa. やさしいそよ風が吹いている. un ~ ruido かすかな音. 類 fino, sutil.

levedad [leβeðáð] 女 ❶ 軽さ、軽微. 類 ligereza. ❷ 軽薄、無節操. 類 inconstancia.

levemente [leβeménte] 副 ❶ 軽く. ❷ わずかに、少しだけ. —Está ~ resfriada. 彼女は少し風邪気味だ.

*levita¹ [leβíta] 女 《服飾》フロックコート(19世紀に流行した男性の正装.現在は男性の昼間用礼服).

tirar a ... de la levita 《話》(人)におべっかを使う、へつらう、ごまをする.

*levita² [leβíta] 男女 ❶ (ユダヤ教)レビ族(Levi)の人、レビ人(ぴど)(古代イスラエルでユダヤ教団の祭司階級の下に置かれ、教化活動などに携わったレビ人). ❷ (カトリック)助祭 (sacerdote「司祭」の下の聖職者(=diácono). —sacerdote ~ レビ族の司祭.

levitación [leβitaθjón] 女 (心霊術などの)物体[空中]浮揚.

levítico, ca [leβítiko, ka] 形 ❶ (旧約聖書の)レビ族の. ❷ ひどく教会[聖職者]的な、抹香臭い.
—— 男 式次第.

léxico, ca [léksiko, ka] 形 語彙(ぷ)の、語彙的な; 辞書の. —Ha publicado un estupendo estudio ~ del habla popular de Madrid. 彼はマドリードの民衆語の素晴らしい語彙的研究を発表した.

—— 男 ❶ (ある言語の)語彙. —~ *español* スペイン語の語彙. ❷ (特定の社会・分野・作家などの)語彙、用語(集). —~ *marinero* 海事用語. ~ *cervantino* セルバンテスの語彙. 類 **vocabulario**. ❸ 辞書; (特にギリシャ語などの)古典語辞書. 類 **diccionario**.

lexicografía [leksikoɣrafía] 女 ❶ 辞書編集(法). ❷ 語彙研究[記述].

lexicográfico, ca [leksikoɣráfiko, ka] 形 ❶ 辞書編集(法)の. ❷ 語彙研究[記述]の.

*ley [léi レイ] 女 ❶ **法律**, 法, 法令, 法規; 法案 (=proyecto de ~). —Todos somos iguales ante la ~. 我々は皆法の前で平等だ. respetar [acatar, observar, atenerse a] la ~ 法を守る. violar [infringir] la ~ 法を破る. dictar [promulgar] una ~ 法律を発布する. derogar la ~ 法律を廃止する. acogerse a la ~ 法律の力に訴える. hombre [persona] de ~ 法律家. ~ *antibotellón* 路上飲酒禁止法. ~ *escrita* 成文法. ~ *natural* 自然法; 自然法則、自然律. ~ *social* 社会保障法. ~ *vigente* 現行法. ~ *de divorcio* 離婚法. ~ *de extranjería* 外国人登録法. ~ *de seguridad vial* 道路交通法. *Leyes de Indias* (歴史)インディアス法. ~ *marcial* 戒厳令. ~ *seca* (米国の)禁酒法. ~ *sálica* (女子の王位継承などを認めない)サリカ法. actuar conforme [según] la ~ 法律に従って行動する. contra [en contra de] la ~ 法に反して. fuera [al margen] de la ~ 法の枠外で. ~ *del embudo* 《話》相手によって適用の仕方が異なる不公平な法律. Le aplicaron la ~ *del talión*: ojo por ojo, diente por diente. 彼に「目には目を、歯には歯を」という反座法が適用された. 類 **legislación, normativa**. ❷ **法律学**, 法学 (=derecho). —estudiar ~es 法律を学ぶ. ❸ (科学・哲学上の)**法則**, 原則, 規則. —~ *de la gravedad* [*de Ohm*] 重力[オームの]法則. ~ *de la oferta y la demanda* 需要供給の法則. ~es *de Mendel* メンデルの法則. ~ *del mínimo esfuerzo* 最小努力の法則. ❹ 規則、決まり、ルール、掟(おき). —~ *de la ventaja* アドバンテージルール. cumplir las ~es *del juego* ゲームのルールを守る. ~ *del destino* 運命の定め. ~ *del más fuerte* 弱肉強食の掟. ~ *de la selva* [*de la jungla*] ジャングルの掟、弱肉強食の掟. ~ *del silencio* (犯罪組織などの)黙秘の掟. 類 **norma, pauta, reglamento**. ❺ 《宗教》戒律、掟、教え. —~ *de Dios* 神の掟、律法(神がモーゼに与えた). ~ *vieja* [*antigua*] 古い律法 (~ *de Moisés*). ~ *nueva* (*de gracia*) 新しい律法(キリストの教え). ~ *de los mahometanos* [*de Mahoma*] イスラム教の戒律. *Tablas de la* ~ (聖書)モーゼの十戒の石版. 類 **credo, fe**. ❻ (法定による金・銀などの)質、含有量. —*oro de* ~ 法定含有量を持つ金. *subir* [*bajar*] *de* ~ 含有量を下げる[上げる]. *bajo de* ~ 含有量の少ない. *de buena* ~ 含有量の多い; 優秀な. ❼《話》情愛、愛着、忠誠. —Le tengo ~ *a esta casa*. 私はこの家が好きだ. 類 **afecto, apego, cariño, fidelidad, lealtad**.

Allá van leyes do [*donde*] *quieren reyes*. 【諺】権力者の考えが法となる.

con todas las de la ley れっきとした、本物の; 規定どおりの[に], 正式に、完全に; 当然. *profesor con todas las del ley* れっきとした教授. *casarse con todas las de la ley* 正式に結婚する.

de buena ley 信頼できる, 善良な, 誠実な; 正しい, 当然の. *amigo de buena ley* 信頼できる[善良な]友人.

de ley (1) 法定金[銀]位の. *unos pendientes de oro de ley* 純金のイヤリング. (2) 信頼できる, 善良な, 誠実な. *Es de ley y puedes confiar en él.* 彼は信頼できるし, 頼りにしていいよ. (3) 正しい, 当然の. *como es de ley* 当然のことながら.

de mala ley 悪質な, 信頼できない.

dictar sus propias leyes 自分勝手に振舞う, 勝手なことをする.

en buena ley 正しく, 正当に.

fuera de la ley [単複同形]無法者, アウトロー.

Hecha la ley, hecha la trampa/Quien [El que] hace la ley, hace la trampa 〖諺〗いかなる法にも抜け穴がある.

La costumbre hace la ley./La costumbre tiene fuerza de ley. 〖諺〗慣習は法を作る.

tener [tomar, cobrar] ley a ... …に愛着を持つ, を好きになる.

venir contra la ley 法を破る.

ley- [lej-] 動 *leer* の直・完了過去, 接・過去, 現在分詞.

:**leyenda** [lejénda] 女 ❶ 伝説; 物語, 物語詩. — *las ~s de la Edad Media* 中世の伝説. *~ negra* (スペインの残虐さ, 不寛容さを題材にした)黒い伝説. ❷ (貨幣, メダル, 記念碑などの)銘, 題銘; (地図などの)凡例. — *~ de la moneda* 貨幣の銘.

lezna [léθna] 女 (靴屋などの)突き錐(ぎり); (木工用の)錐, 千枚通し.

lía[1] [lía] 女 (荷造り用の)荒縄, 綱.

lía[2] [lía] 女〖主に複〗(特にブドウを搾(しぼ)った)かす, おり. 類 **heces**.

liana [liána] 女〖植物〗(熱帯産の)つる植物. 類 **bejuco**.

liar [liár] [1.5] 他 ❶ 縛る; 包む. — *~ un cigarrillo* タバコを巻く. — *~ los libros con papel de regalo* 本をプレゼント用の包装紙に包む. ❷ (糸などを玉状に)巻きとる. ❸《俗》巻き込む. — *~ a ... en el negocio* 人を商売に引き込む. ❹《俗》混乱させる. — *~ el problema* 問題を複雑にする. — **se** 再 ❶ 縛られる; くるまる. ❷ 巻かれる. ❸ (問題などに)首を突っ込む. ❹ 不倫な関係を結ぶ. — *Se lió con una vecina.* 彼は隣りの奥さんと不倫をした.

liarse a ...《俗》(激しく, 熱心に)…し始める. ***liarse a golpes con ...*** …と殴り合いを始める.

liarla《俗》事態を困難にする. *La he liado con lo que he dicho.* 私の言葉で事態が難しくなった.

liásico, ca [liásiko, ka] 形〖地質〗黒ジュラ統の, リアス統の.

libación [liβaθjón] 女 ❶ 酒を味わうこと; 試飲; (虫が花の蜜を)吸うこと. ❷ 灌奠(かんてん), 献酒. ◆古代の祭式の一つで, ブドウ酒などを神に捧げる印として, 祭壇にまくこと.

libanés, nesa [liβanés, nésa] 形 レバノン(Líbano)(人)の. — 名 レバノン人.

Líbano [líβano] 固名 レバノン(首都ベイルートBeirut).

libar [liβár] 他 ❶ (昆虫が)花の蜜(みつ)を吸う. ❷ (酒を)味わう, たしなむ. ❸ (供儀で酒を)灌奠(かんてん)する, 奉納する.

libelista [liβelísta] 男女 中傷[誹謗(ひぼう)]文の筆者.

libelo [liβélo] 男 中傷文, 誹謗(ひぼう)文. 類 **difa-mación**.

libélula [liβélula] 女〖虫類〗トンボ.

líber [líβer] 男〖植物〗内皮, 靱皮(じんぴ).

:**liberación** [liβeraθjón] 女 ❶ 解放, 釈放. — *~ de los esclavos [de la ciudad]* 奴隷[その町]の解放. ❷ (債務などの)免除, 解除.

liberado, da [liβeráðo, ða] 形 ❶ 解放[自由化]された. ❷ (債務, 義務などから)免除された, 免税された. ❸〖商業〗払い込み済みの.

— 名 活動家. — *~ sindical [de una banda terrorista]* 組合[テロ組織]の活動家.

:**liberal** [liβerál] 形 ❶ 気前のよい, 物惜しみしない; 寛大な, おうような. — *Es ~ con todos sus alumnos.* 彼は生徒みんなにたいして寛大である. 類 **generoso, tolerante**. ❷ 自由主義(者)の. — *partido [pensamiento] ~* 自由党[自由主義思想]. 反 **conservador**. ❸ 自由業の. — *profesión ~* (医者, 弁護士, 建築家などの)自由業.

— 男女 自由主義者.

·**liberalidad** [liβeraliðá(ð)] [< *liberal*] 女 ❶ (異なる思想・態度に対する)寛大さ, 寛容さ, 鷹揚(おうよう)さ. 類 **generosidad, tolerancia**. 反 **intolerancia**. ❷ 気前のよさ, 物惜しみしないこと. — *Dando muestras de su ~, nos invitó a comer a todos.* 彼は気前よく私たちを全員を食事に招待してくれた. 類 **generosidad**. ❸〖法律〗(財産の)無償譲与.

con liberalidad (1) 寛大に, 鷹揚(おうよう)に. *Ese escritor acepta las críticas con mucha liberalidad.* その作家は批判を大変寛大に受け入れる. (2) 気前よく. *Se repartieron subvenciones con liberalidad.* 気前よく補助金が配分された.

:**liberalismo** [liβeralísmo] 男 **自由主義**. — *Ese político es muy conocido por su ~.* その政治家は自由主義者として知られている.

liberalización [liβeraliθaθjón] 女 自由化. — *~ del comercio* 貿易の自由化.

liberalizar [liβeraliθár] [1.3] 他 (政治・経済・文化活動などを)自由化する. — *~ la economía [las importaciones de automóviles]* 経済[自動車の輸入]を自由化する. 反 **nacionalizar, socializar**. — **se** 再 自由化される.

liberalmente [liβerálménte] 副 ❶ 自由に; 寛大に. ❷ 気前よく, 惜しげもなく.

liberar [liβerár] 他 ❶〖+ *de* から〗(囚われたものを)自由にする, 解放する. — *El nuevo gobierno ha dado orden de ~ a los presos políticos.* 新政府は政治囚たちを釈放する命令を下した. — *~ al pueblo del dominio extranjero.* 国民を外国支配から解放する. 類 **libertar**. 反 **apresar**. ❷〖+ *de*〗(義務など)から(人)を免除する. — *Me han liberado de ese cargo.* 私はその任務を免除された. — **se** 再〖+ *de* から〗自由になる. — *Desea ~ se de la esclavitud a que la tiene sometida el marido.* 彼女は夫に従わせられる奴隷のような状態から解放されたがっている. *Con el cierre de la factoría, el pueblo se ha liberado de los malos olores.* 工場閉鎖で住民は悪臭から開放された.

Liberia [liβérja] 固名 リベリア(首都モンロビアMonrovia).

liberiano, na [liβerjáno, na] 形 リベリア(Liberia)(人)の.

— 名 リベリア人.

1182 libérrimo

libérrimo, ma [liβérrimo, ma] 【libre の絶対最上級】形 きわめて自由な, 全く自由な.

Libertad [liβertá(ð)] 固名 →La Libertad.

:**libertad** [liβertá(ð)] 女 ❶ 自由, 解放. —Consiguió la ~ para el pueblo. 彼は国民のために自由を獲得した. Tienes plena ~ de [para] decidirlo. 君はまったく自由にそれを決めていいんだよ. ~ condicional 仮釈放, 保護観察. ~ de cultos 礼拝の自由. ~ de comercio 自由貿易. ~ de conciencia [religiosa] 信教の自由. ~ de imprenta [prensa] 出版の自由. ~ de palabra [expresión, pensamiento] 言論[表現, 思想]の自由. ~ provisional 保釈, 仮釈放. ❷ 心やすさ, 気楽さ, 放縦(じゅう). —Los chicos y las chicas se tratan hoy con mayor ~ que antes. 昨今の男女交際は以前よりも放縦だ. Con toda ~ decidme lo que queréis. 君たち気楽に(遠慮せずに)欲しいものを言ってくれ. 類 **desembarazo, franqueza**. ❸ 無礼, 無遠慮, 馴れ馴れしさ. La empleada se toma muchas [demasiadas] ~es con los clientes. その女店員は客に無礼な態度をとる. 類 **familiaridad, licencia**.

con (toda) libertad (全く)自由に, 遠慮なく. Puedes hablar *con toda libertad*. 君, 全く自由にしゃべっていいよ.

en libertad 自由な状態である. Le dejamos *en libertad* para hacer lo que quiera. われわれは彼の好きなようにさせておこう. Estás *en libertad* para escoger lo que más te guste. 君は自由に一番気にいったものを選べるんだ.

tomarse la libertad de ... 勝手ながら[失礼をも顧みず]…する. Me he tomado *la libertad de* venir a verle. 勝手ながらお訪ねしました. Me tomo *la libertad de* dirigirme a usted para informarle de la próxima reunión. 次回の会合についてお知らせするためにお手紙をさし上げた.

libertador, dora [liβertaðór, ðóra] 形 解放する, 自由にする. —— 名 解放者, 救済者. —El L~ (南米独立運動における)解放者シモン・ボリバル (Simón Bolívar).

:**libertar** [liβertár] 他【＋de から】を解放する, 自由にする; 【＋de】(人)から(を)免除する. —~ a los prisioneros de guerra 捕虜を解放する. Un amigo me *ha libertado de* la deuda. ある友人が私の借金を免除してくれた.

—— *se* 再 【＋de から】自由になる, を免れる. —~*se de* la dictadura 独裁制から解放される.

libertario, ria [liβertárjo, rja] 形 絶対自由主義の, 無政府主義の. —el movimiento ~ アナーキズム[無政府主義]運動.
—— 名 絶対自由主義者, 無政府主義者. 類 **ácrata, anarquista**.

libertinaje [liβertináxe] 男 放蕩(とう), 放縦(じゅう), 放埓(らつ). 類 **desenfreno, relajación**.

libertino, na [liβertíno, na] 形 放蕩(とう)の, 放縦[放埓(らつ)]な. —llevar una vida *libertina*. 放蕩にふける. —— 名 放蕩者. 類 **depravado, disoluto, licencioso**.

liberto, ta [liβérto, ta] 名 (特に古代ローマの)解放奴隷, 自由民.

Libia [líβja] 固名 リビア(首都トリポリ Trípoli).

libídine [liβíðine] 女《文》好色, 淫乱(いん), 淫奔(ぽん). 類 **lascivia, lujuria**. 反 **castidad**.

libidinoso, sa [liβiðinóso, sa] 形《文》好色な, 淫乱な, [淫奔(ぽん)]な. 類 **lascivo, lujurioso**. 反 **casto**.

líbido [líβiðo] 〔＜ラテン〕 女《心理》リビドー, 性欲. ◆フロイト心理学の用語で, 性的本能のエネルギーを意味する.

libido [liβíðo] 女 →líbido.

libio, bia [líβjo, βja] 形 リビア(Libia)の.
—— 名 リビア人.

:**libra** [líβra] 女 ❶《重量の単位》ポンド(460 gramos, =160 onzas). ❷ ポンド(英国の貨幣単位, =~ esterlina). ❸《天文》(L~) 天秤(びん)座.

libraco [liβráko] 〔＜libro〕男 つまらない本, くだらない本.

librado, da [liβráðo, ða] 過分 形 —salir bien [mal] ~ 有利に[不利に]切りぬける.
—— 名《商業》手形名宛人[受取人, 支払人]. 反 **librador**.

librador, dora [liβraðór, ðóra] 形 解放する, 自由にする. —— 名 ❶《商業》(為替手形の)振出人. 類 **librante**. 反 **librado**. ❷ 解放者.

libramiento [liβramjénto] 男 ❶《商業》支払命令(書). —~ de una letra de cambio 為替手形の支払命令. 類 **libranza**. ❷ 解放, 釈放; 免除.

librante [liβránte] 男《商業》手形振出人. 類 **librador**.

libranza [liβránθa] 女《商業》支払命令(書). 類 **libramiento**.

:**librar** [liβrár] 他 ❶【＋de から】を免除する, 免れさす, 解放する. —Sus consejos me *libraron del* riesgo que corría. 彼の助言によって私は冒そうとしていた危険を免れた. La operación le *libró de* la muerte. 手術によって彼は死を免れた. 類 **excusar, liberar, salvar**. ❷ (戦)を交える, 開始する. —Los dos ejércitos *libraron* una larga guerra. 両軍は長期戦に交えた. ❸《商業》(手形など)を振出す. —~ una letra de cambio 為替手形を振出す. ❹《司法》を通告[宣告]する, 言い渡す. —~ *sentencia* 判決を言い渡す.
—— 自 休みをとる. —*Libro* esta semana el martes. 私は今週火曜に休みをとる. ❷《話》出産する. —Espera ~ para comienzos de mes. 彼女は月初めに出産の予定だ.
—— *se* 再【＋de を】免れる, 免除される, なしで済ます. —*Se libró del* servicio militar por una enfermedad. 彼は病気のために兵役を免除された. *salir bien librado de* をうまく切り抜ける. *He salido bien librado de* la enfermedad. 私は何とか病気にかからずに済んだ.

salir mal librado de …でへまをやる.

*libre [líβre リブレ] 形 ❶ 自由な. —un ciudadano ~ 自由な市民. traducción ~ 意訳. Dejaron ~s a los esclavos. 奴隷たちは自由の身にされた. ~ albedrío →albedrío. ❷ 免れた, 免除された. —Está siempre ~ de preocupaciones. 彼はいつも気苦労をしない. entrada ~ 入場無料. tienda ~ de impuestos 免税店. ❸ 空いている. —Ahí viene un taxi ~. 空車(のタクシー)がやってきた. ¿Está ~ este asiento? この席は空いていますか. ❹ ひまな. —Estoy ~ esta tarde. 私は今日の午後はひまです. En mis ratos ~s me dedico a leer. 私はひまなときには読

書をします. 類**desocupado**. ❺ 独身の.—Esta chica está aún 〜. この娘はまだ独身です. 類 **soltero**. ❻ だらしのない, 奔放な.—Es un artista muy 〜 en sus costumbres. 彼は私生活のとてもだらしない芸術家である. 類**deshonesto, disoluto**. ❼ 向こう見ずな, 無遠慮な, 奔放な.—Él es muy 〜 cuando habla. 彼は実に自由奔放にしゃべる. 類**atrevido, desenfrenado**. ❽ 平坦な, 凹凸のない.—Ya ha quedado 〜 la carretera. 道路の凹凸はもはや無くなった. 類**transitable**. ❾ 試験は受けるが出席は義務うけられない, 自由聴講の.

al aire libre →aire.
amor libre →amor.
barra libre →barra.
manos libres [sueltas] →mano.
por libre (1) 既成の慣習に捕われずに, 自由奔放に. (2) フリーランスで, 自由契約で.
ser libre de [para]〖＋不定詞〗(自由に, 遠慮なく)...できる. *Eres libre de* llamarme cuando quieras. 君はいつでも好きなときに私に電話をしていいんだよ.

librea [liβréa] 囡 (使用人などの)制服, お仕着せ.
librecambio [liβrekámbjo] 男 自由貿易.
librecambismo [liβrekambísmo] 男 自由貿易主義[論]. 反**proteccionismo**.
librecambista [liβrekambísta] 形 自由貿易(主義)の. —— 男女 自由貿易主義[論]者. 反**proteccionista**.
:**libremente** [liβreménte] 副 **自由に**, 好きなように, 勝手に. —Puedes escoger 〜 lo que quieras. 君は好きなものを自由に選んでよい.
librepensador, dora [liβrepensaðór, ðóra] 形 (特に宗教上の)自由思想の, 自由思想を抱く[信奉する]. —— 名 (特に宗教上の)自由思想家.
librepensamiento [liβrepensamjénto] 男 (特に宗教上の)自由思想.
librera¹ [liβréra] 囡〘中南米〙本箱, 本棚.
:**librería** [liβrería] 囡 ❶ 書店.—Es una excelente 〜. それは素敵な書店です. ❷ 本だな, 本箱.—El Quijote está en el tercer estante de la 〜. ドン・キホーテは本だなの三段目にあります. ❸ 書籍商[業].

****librero, ra**² [liβréro, ra リブレロ, ラ]〔<libro〕名 書店主, 書籍販売業者, 本屋.—un 〜 de viejo. 古本屋. Éste fue un barrio de 〜s. この地区は本屋街だった. 類**impresor, librero**.
—— 形 (まれ)本の, 書籍の.—producción *librera* 書籍生産. 類**editorial**.
—— 男〘メキシコ〙本棚, 書棚.—En su despacho había un pequeño 〜. 彼の書斎には小さい書棚があった. 類**estantería, anaquel, repisa**.
libresco, ca [liβrésko, ka] 形 〘軽蔑〙本の; 本から得た, 独りよがりの, 非実用的な.—conocimientos 〜s 読書によって得た知識, 机上の学問.
libreta¹ [liβréta] 囡 ❶ ノート; メモ帳. 類**cuaderno**. ❷〘商業〙会計簿, 出納簿; 通帳.—〜 de ahorros [de banco, de depósitos] (銀行の)預金通帳.—〜 de cheques 小切手帳.
libreta² [liβréta]〔<libra〕囡 (丸くて白い)一ポンド分のパン.
libretista [liβretísta] 男女 (歌劇などの)台本作者.
libreto [liβréto] 男 (歌劇などの)台本, 歌詞.
librillo [liβríjo]〔<libro〕男 ❶ (巻きタバコ用の)紙(の束). ❷〘動物, 解剖〙(反芻(ﾊﾝｽｳ)類の)重弁胃.
:**librito** [liβríto]〔<libro〕男 ❶ 小さい本. ❷ タバコの巻紙の束(=librillo).

***libro** [líβro リブロ] 男 ❶ 本, 書物, 著作.—〜 de bolsillo ポケットブック, 文庫本. 〜 de cabecera 座右の書. 〜 de consulta 参考書. 〜 de texto 教科書. 〜 de cocina 料理の本. 〜 de cuentos 物語[童話]本. 〜 usado 古本. 〜 de caballerías 騎士道物語. 〜 mecánico [móvil, animado, mágico] 飛び出す絵本. 〜 electrónico 電子ブック. 〜 de lectura 読本. 〜 encuadernado 装丁本. 〜 en rústica ペーパーバック. 〜 de estilo スタイルブック. ❷ 巻, 編.—La obra se compone de cuatro 〜s. その作品は4巻本である. ❸ 帳簿, 台帳.—llevar los 〜s 帳簿をつける. 〜 mayor 元帳, 台帳. 〜 de caja 現金出納簿. 〜 (de) diario 仕訳日記帳. 〜 de pedidos 注文控帳. 〜 de cuentas 帳簿, 会計簿. tenedor de 〜s 簿記係り. teneduría de 〜s 簿記. 〜 de asiento [de contabilidad] 帳簿. 〜 de facturas 仕入帳. 〜 de inventarios 財産目録, 棚卸原簿. 〜 de ventas 販売元帳. ❹ 記録, 資料集.—〜 de actas 議事録. 〜 escolar [de escolaridad] 成績通知票. 〜 copiador 信書控帳. 〜 de a bordo 〘海事〙航海日誌. 〜 de firmas 署名簿. 〜 de reclamaciones (ホテルなどの)苦情書き込み帳. 〜 de visitas 来客名簿. 〜 de horas 〘カトリック〙聖務日課書. 〜 de registro 登録簿, 台帳. 〜 de señas [de direcciones] 住所録, アドレス帳. 〜 blanco de la educación [del deporte] 教育[スポーツ]白書. 〜 amarillo (フランス政府刊行の)黄書. 〜 azul (英国政府・議会刊行の)青書, ブルーブック. 〜 rojo (スペイン政府刊行の)赤書. ❺ (小切手・切手などの)綴じ込み帳.—〜 talonario 小切手帳. 〜 旧約聖書のテキスト.—L— de los Reyes 列王紀略. L— de Josué ヨシュア記. 〜s sagrados 聖典. 〜s sapienciales [morales, de la sabiduría]〘聖書〙知恵の書. 〜 de misa ミサ典書. 〜 de coro 合唱曲集. ❼〘動物〙葉胃(ﾖｳｲ)(反芻動物の第3胃). ❽〘複〙税金.

ahorcar [colgar, quemar] los libros《話》学業をやめる.
a libro abierto いきなり本を開いて, 準備なしに, すらすらと, 難なく.
como un libro abierto 〖hablar/explicar(se)＋〗極めて明確に, 正確に; 物知り顔に.
de libro《話》❶ 完璧な. La operación ha sido *de libro*. 手術は完璧だった. 類**perfecto**. (2) 筋の通った, (筋が通っていて)分かりやすい.
libro de familia 戸籍簿, 家族証明書.
libro de instrucciones (商品の)使用説明書.
libro de oro [de honor] (著名な訪問客の)記帳簿.
meterse en libros de caballerías 余計な口出しをする.
punto de libro 栞(ｼｵﾘ).

librote [liβróte]〔<libro〕男 〘軽蔑〙くだらない[面白くない]本.

Lic., Licdo. 《略号》= licenciado 学士; 許可済み.

licántropo [likántropo] 男 〖医学〗 狼狂(ろうきょう)患者, 狼(おおかみ)憑(つ)き.

licencia [liθénθia] 女 ❶ 許可, 許し. — No me dieron ~ para entrar. 私は入場の許可を与えられなかった. 類**permiso**. ❷ 許可証, 免許. — ~ de pesca [caza] 魚釣[狩猟]許可証. ~ de exportación 輸出許可. ~ de conducir 〖主に中南米〗運転免許証. ~ de armas 銃砲所持許可証. ~ de obras 建築許可. ~ 学士号. — ~ en derecho [letras] 法学[文学]学士の学位. ❹ 休暇. — Ella no viene hoy porque está con ~. 彼女は休暇をとっているので今日は来ません. ❺ 気まま, 放縦. — Se toma demasiadas ~s con el jefe. 彼は上司にたいしてあまりにも気ままな態度をとりすぎる. 類**confianza**. ❻ 〖文法〗破格. — ~ poética 韻文の破格(韻文において修辞や構文, 語法上の逸脱が許される自由).

licenciado, da [liθenθiáðo, ða] 過分 〔< licenciar(se)〕 名 ❶ 〖+en〗(特に薬学や法学の)**学士**, 大学卒業者; 薬剤師. — conceder el título de ~ a un estudiante 学生に学士号を授与する. Farmacia del ~ Villegas. 《表示》薬剤師ビィエガスの薬局. ◆時に個人名・姓あるいは性だけに前置されて「… 学士」の敬称として, 特に薬学士や法学士の場合よく使われる. ❷ 除隊兵. — Los ~s pasan a la reserva. 除隊兵は予備役に編入される. ❸ 〖中南米〗《敬称》弁護士, 法律家 〖略〗 Ldo., Lda.). — El ~ expuso sus argumentos. 弁護士は自分の論拠を述べた. Venga por acá, Licenciada. こちらへどうぞ, 先生.
licenciado vidriera (1) 《スペイン文学》ぴいどろ学士(セルバンテスの小説『ぴいどろ学士』の主人公で, 自分の体がガラスでできていると信じ込んだ学士). (2) 小心で臆病な人.
—— 形 ❶ 学士号を取得した, 学士の. ❷ 〖estar+〗除隊した. — Estoy ~ hace un mes. 私は1か月前除隊している. ❸ 免許を受けた. ❹ 知ったかぶりの, 生意気な, きざな.

licenciamiento [liθenθiamjénto] 男 ❶ 学士号[修士号]授与式; 大学の卒業(式). ❷ 〖軍事〗除隊, 免役.

licenciar [liθenθiár] 他 ❶ 〖軍事〗(兵士)を除隊させる. — ~ a un soldado por su enfermedad 病気のために兵士を除隊させる. ❷ …に学士号を与える. — La Facultad de Filología ha licenciado a treinta alumnos. 文学部は30名の学生に学士号を与えた. ❸ 〖文〗を解雇する. — ~ a veinte trabajadores 20人の労働者を解雇する.
—— se 再 ❶ 兵役を終える. ❷ 学士号を得る, 大学を卒業する. — ~se en filosofía 哲学士となる.

licenciatura [liθenθiatúra] 女 ❶ 学士号, 学位. — conseguir [obtener] la ~ de ciencias. 理学士号を取る. Tiene la ~ de derecho. 彼は法学士号を持っている. Ha obtenido su ~ en Antropología en la Universidad de Barcelona. 彼はバルセロナ大学で人類学の学士号を取った. 類**grado, diploma**. ❷ 大学課程, 専門課程. — Todavía no ha terminado la ~, le faltan algunas asignaturas. 彼はまだ学士課程を修了していない. あと数科目足りない. 類**carrera**.

❸ 《まれ》(大学の)卒業式, 学士号授与式. 類**licenciamiento**.

licencioso, sa [liθenθjóso, sa] 形 (特に性的に)放縦な, ふしだらな, 淫(みだ)らな. — llevar una vida licenciosa ふしだらな生活をおくる. 類**disoluto, indecente, inmoral**. 反**casto, decente**.

liceo [liθéo] 男 ❶ 文芸協会; 文化運動団体. ❷ 〖中南米〗中等学校, 小学校. ❸ リュケイオン. ◆古代アテネの Aristóteles が彼の哲学を説いた学園.
El Liceo リセオ劇場(スペインの Barcelona にあるオペラ劇場).

licitación [liθitaθjón] 女 競売, 競(せ)り; 入札. — sacar a ~ 競売にかける. fase de ~ (公共事業の)入札時期.

licitador, dora [liθitaðór, ðóra] 名 競(せ)り手, 入札者.

licitar [liθitár] 他 を競売する; 入札する.

lícito, ta [líθito, ta] 形 ❶ (行為などが)合法の, 適法の, 法律の認める. — ~ negocio → 合法的な取引. medida lícita 合法的な手段. — ~ herir en legítima defensa. 正当防衛で人を傷つけるのは適法である. Nunca es ~ el uso de la violencia. 暴力の使用は絶対に正当でない. 類**justo, legal, legítimo**. 反**ilegal, ilícito**. ❷ 正当な, 当然の, 許される. — Es ~ buscar lo mejor para los hijos. 子供たちのために最善のものを求めようとするのは当然のことだ. 類**justo**.

licitud [liθitúð] 女 適法性, 合法性; 正当性. 類**legalidad**. 反**ilicitud**.

licor [likór] 男 ❶ 液体. ❷ リキュール(甘味, 香料などを加えたアルコール飲料). — Mi abuelo toma un ~ después de cenar. 祖父は夕食のあとリキュールを飲みます. ~ de manzana リンゴのリキュール.

licorera¹ [likoréra] 女 ❶ リキュール用装飾ボトル. ❷ 台付き洋酒セット.

licorería [likorería] 女 〖中南米〗蒸留酒製造工場[店].

licorero, ra² [likoréro, ra] 名 酒店主, 酒類販売業者.

licoroso, sa [likoróso, sa] 形 (ブドウ酒が)香りのよい, 芳醇な; 強い, アルコール度の高い.

licú- [likú-] 動 licuar の直・現在, 接・現在, 命令・2単.

licuadora [likwaðóra] 女 ジューサー.

licuar [likwár] [1.6] 他 (固体・気体)を液化する, 融解する. — El sol *está licuando* la nieve caída anoche. 太陽が昨夜降った雪を溶かしている. ~ el hierro 鉄を融解する.
—— se 再 液化[溶解]する. — El oxígeno se licúa a bajas temperaturas. 酸素は低温で液化する.

licuefacción [likwefakθjón] 女 液化, 融解.

lid [líð] 女 ❶ 戦い, 争い, 争闘. — Es un hombre curtido en ~es. 彼は百戦錬磨の闘士だ. 類**combate, contienda, pelea**. ❷ 論争, 討論. ❸ 活動, 仕事. — No tengas miedo; es un experimentado en esas ~es. 恐れることはないよ, 彼はその問題については経験豊かな人だから.
en buena lid 正当な手段で.

líder [líðer] 〔< 英 leader〕男女 ❶ (特に外国の政党の)党首, 指導者, リーダー. — ~ de la oposición 野党の党首. ~ sindical 労働組合のトップ. 類**jefe**. ❷ 《スポーツ》首位の者, 首位選手; トップ

[首位]チーム. —equipo ～ de la liga リーグの首位チーム. ～ provisional 暫定首位選手.

liderar [liðerár] 他 統率する.
liderato [liðeráto] 男 ❶ 指導者[党首]の地位[任務]. ❷ 指導[統率]力, リーダーシップ. 類 **liderazgo**.
liderazgo [liðeráθγo] 男 →liderato.
Lidia [líðja] 固名 《女性名》リディア.
lidia [líðja] 女 ❶ [闘牛] 闘牛. —toros de ～ 闘牛用の牛. 類 **corrida, toros**. ❷ 戦い, 闘争. 類 **lucha**.
lidiador, dora [liðjaðór, ðóra] 名 ❶ [闘牛] 闘牛士. 類 **torero**. ❷ 戦士, 闘士.
lidiar [liðjár] 他 《牛》と戦う, 闘牛を行なう. 類 **torear**.
— 自 ❶ 〖+con/contra〗(人・困難など)と戦う, 争う. —Ha tenido que ～ mucho para dar carrera a sus hijos. 彼は子どもたちの教育のために大変な奮闘をせねばならなかった. Cansada de ～ contra los obstáculos abandonó el proyecto. 彼女は障害と戦うのに疲れて計画を放棄した. 類 **luchar, pelear, combatir**. ❷ 〖+con〗(人)をあしらう, いなす. —No sabe cómo ～ con los empleados. 彼は従業員のあしらい方を知らない. Está cansado de ～ con el personal de la tienda. 彼は店のスタッフとの付合いにうんざりしている.
Liechtenstein [liktenstéjn] 固名 リヒテンシュタイン(首都ファドゥーツ Vaduz).
lied [lje(ð)] 〈＜独〉男 《音楽》リート, (ドイツの叙情的ないし物語風の)歌曲.
liendre [ljéndre] 女 シラミの卵.
cascarLE [machacarLE] las liendres 《話》(人)をたたく, なぐる; (人)を叱る.
⁑lienzo [ljénθo] 男 ❶ 亜麻, 麻, 綿の布. ❷ 《美術》(a) 画布, カンバス. (b) 絵画, 絵. —Es uno de los ～s más famosos de Picasso. それはピカソの絵のなかで最も有名なもののひとつです. ❸ 《建物の》正面; (一区画をなす)壁面(外壁・内壁). —Colocó un cuadro en el ～ vacío entre las dos ventanas. 彼は窓と窓の間にある壁に額を一枚飾った.
lifting [líftin] 〈＜英〉男 〖複 liftings〗 顔や身体のたるみをとる美容形成手術.
⁑liga [líɣa] 女 ❶ (a) 連合, 連盟, 同盟. —la ～ árabe アラブ連盟. 類 **alianza**. (b) (スポーツの)競技連盟, リーグ. —～ de fútbol サッカーリーグ. campeón de ～ リーグ・チャンピオン. ～ española de fútbol スペイン・サッカーリーグ. ❷ ガーター, 靴下どめ. ❸ 《植物》ヤドリ木. ❹ 鳥もち. ❺ 合金. —una ～ de estaño y plomo すずと鉛の合金.
hacer buena [mala] liga (con) (…と)うまく[まずい]関係を保つ, うまくやっていく. —Procuraremos hacer buena liga con los nuevos socios. 新会員とうまくやっていくように努力します.

*ligado, da [liɣáðo, ða] 過分 形 ❶〖estar+, +a〗…と結ばれた, …に繋(つな)ぎとめられた, 縛られた. —Estamos ～ a ellos por fuertes lazos de amistad. 私達は彼らと強い友情の絆で結ばれている. Lo encontraron ～ de pies y manos. 彼は両手両足を縛られて発見された. Ese concertista peruano llevaba muchos años ～ a España. そのペルー人の演奏家は何年もスペインを離れないでいる. 類 **unido, coligado, asociado**. 反 **separado, libre, independiente**. ❷ (約束・契約などに)束縛された, 拘束された. —Con este contrato quedo ～ de por vida a esta empresa. 私はこの契約で生涯ずっとこの会社に縛られている. ❸ 関係づけられた, 関連のある. —personajes ～s al anterior gobierno 前政府とつながりがある人物. ❹ (マヨネーズ・カスタードなどが)濃い. —La mahonesa ha quedado bien ligada. マヨネーズが固くなってしまった. ❺《言語》(形態素について)単独では発話されない, 拘束された. ❻ 《トランプ》(同じ組のカードがそろうなどの)手がよい, 幸運な. —Tuve que abandonar la partida cuando tenía el juego ～. 手がよい時に勝負を止めなければならなかった. ❼『アルゼンチン, ベネズエラ』(電話が)混線している. —Está ～. 電話が混線しています.
— 男 ❶ 字をつなげて書くこと; 《印刷》合字, 抱き字 (ae, fi, ffi など). ❷ 《音楽》レガート, スラー[タイ](で結ばれた音符). —Un ～ da continuidad a la frase musical. レガートはフレーズを滑らかに続けさせる.

ligadura [liɣaðúra] 女 ❶ 縛る[結ぶ]こと. ❷ つながり, 絆(きずな). ❸ 《音楽》スラー[タイ]. ❹ 《医学》結紮(けっさつ). ❺ 《海事》ラッシング(索具による固縛).
ligamen [liɣámen] 男 ❶ 縛り付け, 結び付け. 類 **atadura**. ❷ 絆(きずな), つながり. ❸ 生殖能力を奪うと信じられた呪い. ❹ 再婚の妨げとなる未成立の離婚.
ligamento [liɣaménto] 男 ❶ 《解剖》靭帯(じんたい). ❷ 《建築》tendón. ❷ (織物の)織り方, 編み方. ❸ 縛る[結ぶ]こと, 結合; 絆(きずな).
ligamiento [liɣamjénto] 男 ❶ 縛る[結ぶ]こと, 結合; 絆(きずな). ❷ (意思の)一致, 和合.
⁑ligar [liɣár] 〖1.2〗他 ❶ (a) を(ひもで)結ぶ, 結わえる; 縛る. —Ligué el paquete de libros con una cuerda. 私は本の小包にひもを掛けた. Le ligaron las manos a la espalda. 彼は後ろ手に縛られた. (b) を結び合わせる. —～ las dos puntas del cordón ひもの両端を結び合わせる. (c) (字を)つなげて書く. —～ las letras 字をつなげて書く. (d) 《音楽》(音譜)をレガートで演奏する. —La cantante sabe ～ la melodía muy bien. その女性歌手はメロディーをとても上手にレガートで歌える. (e) (ある語の末尾子音とex次の語の頭母音とを)つなげて1音節で発音する, 連声(れんじょう)させる. —～ palabras 語と語をつなげて発音する. ❷〖+a に〗(a) を結ぶ, 結びつける. —Los liga la filatelia. 彼らは切手収集で結束している. El destino me ha ligado a ti. 運命が私を君に結びつけた. (b) を関連づけて考える, 関係うける. —Hoy día los chicos ligan sus estudios a la profesión. 今日では若者は学歴を職業に結びつけて考えている. (c) を束縛する, 拘束する. —El contrato me liga a la empresa hasta el año dos mil diez. 私は契約によって2010年まで会社に拘束されている. ❸《料理》をあえる, 加える. —～ la mayonesa マヨネーズをあえる, 作る. ❹ (金・銀に他の金属)を混ぜる, 合金を作る. —～ cobre con plata 銅と銀を混ぜる. ❺《トランプ》(手)を作る, 揃える. —～ una escalera de color ストレート・フラッシュを作る. ❻《話》を手に入れる, 獲得する. —Ligó una entrada para la corrida de hoy. 彼は今日の闘牛の切符を手に入れた.
— 自 ❶〖+a/con と〗(異性と)仲良くなる, くっつく, つるむ. —Él va a las discotecas a ～. 彼は

ligazón

女の子をひっかけるためにディスコに通っている. ❷ 混ざる, 混[交]じり合う. —Bate azúcar, leche y huevos hasta que **liguen**. 砂糖と牛乳と卵を混ざり合うまでかき混ぜなさい.
── **se** 再 ❶ 〔+a に〕結びつく, 関係する, 加入する. —*Se ha ligado a* la empresa de un familiar. 彼はある身内の会社に入った. ❷《話》〔+a/con と〕(異性と)くっつく, 関係を持つ. —*El chico se ligó a* una gaditana. 青年はカディスの女性にすり寄った.
ligarla/ligársela (子供の遊びで)鬼になる.

ligazón [liɣaθón] 女 ❶ 結び付き, 結合, 絆(きずな). ❷《海事》ハトック, 中間肋(ろっ)材.

*****ligeramente** [lixéraménte] 副 ❶ わずかに, 少し, やや. —Sus labios estaban ~ abiertos. 彼の口は少しあいていた. La temperatura se ha elevado ~. 気温はやや上昇した. ❷ すばやく, 急いで; 軽快に. —El pájaro huyó ~ hacia la enramada. 鳥は枝の方へすばやく逃げていった. 類 **rápidamente**. ❸ 軽く, そっと; あっさりと. —A ese problema me referiré ~ en el siguiente apartado. その問題については次の項で軽く触れておこう. ❹ 軽々しく, 軽率に. —No hay que juzgar ~ a nadie. 誰かを軽々しく判断しようとしてはならない.

:**ligereza** [lixeréθa] 女 ❶ (a) 軽さ, 軽快さ. —A pesar de los años, sus piernas aún no han perdido ~. 年の割には彼女の脚はまだ軽快さを失ってはいない. (b) 速さ, 俊敏さ. ❷ 軽率, 軽はずみ. —Es peligroso opinar con ~. 軽率に意見を言うのは危険である. 類 **frivolidad**.

ligero, ra [lixéro, ra リヘロ, ラ] 形 ❶ 軽い. (a) (重量が)軽い. —Viajo con una maleta *ligera*. 私は軽いスーツケースをもって旅行します. peso ~ (ボクシングの)ライト級. 反 **pesado**. (b) 薄い, 軽い. —Lleva un vestido ~. 彼女は薄いドレスを来ている. una música *ligera* 軽音楽. (c) (食物など)負担の少ない, 軽い. —Tomaré una comida *ligera* antes de salir. 外出前に軽く食事をするつもりだ. (d) (睡眠などが)浅い. —Tiene un sueño ~. 彼は眠りが浅い. (e) 弱い. —Sintió un ~ dolor en el brazo. 彼は腕に軽い痛みを感じた. (f) 軽微な. —castigo ~ 軽い罰. un ~ error 取るに足らぬミス. (g) (濃度・材質が)薄い. —un café ~ 薄いコーヒー. un suéter ~ 薄手のセーター. un vino ~ 薄口のワイン. ❷ 速い, 軽快な, 敏速な. —tren ~ 速い列車. Anda ~. 君, 軽快に歩けよ. paso ~ すばやい足取り. 類 **rápido**. ❸ (a) 軽薄な, 軽々しい. —Fue un poco ~ al sacar esa conclusión. 彼がその結論を出したのはいささか軽率だった. mujer *ligera* ふしだらな[不身持な]女. (b) 軽々しい, つまらない. —conversación *ligera* たわいのない会話. ❹〔+de〕…が少しの, 少ない, 軽い. —Siempre viajo ~ *de* equipaje. 私はいつも軽い荷物で旅行します. Va muy *ligera* de ropa. 彼女はとても軽装である.
a la ligera 性急に; 軽々しく, 軽率に. Lo hicieron *a la ligera*, y fracasaron. 彼らは性急にそれを行い失敗した.
de ligero 軽率に, 無分別に. Ha obrado *de ligero* al dar su opinión. 彼は意見を述べるときに軽率だった.

ligio [líxjo] 形 主君に忠誠を誓った. —feudo ~ 主君に忠誠を尽くし二君に仕えないこと.

lignificarse [liɣnifikárse] [1.1] 再 木質化する.

lignito [liɣníto] 男 〘鉱物〙亜炭, 褐炭.

ligón¹ [liɣón] 男 鍬(くわ)の一種.

ligón², **gona** [liɣón, ɣóna] 形《話》よくもてる, プレイボーイの. —Es un hombre muy ~. 彼はすごいプレイボーイだ. Ese tío ~ no me deja tranquila. プレイボーイのそいつのせいで私は落ち着けない.
── 男《話》プレイボーイ[ガール]; ナンパ師.

ligue [líɣe] 男《話》ナンパした相手.

ligue(-) [líɣe(-)] 動 ligar の接・現在.

ligué [liɣé] 動 ligar の直・完了過去・1 単.

liguero, ra [liɣéro, ra] 形《スポーツ》リーグ(戦)の. —partido ~ リーグ戦.
── 男 ガーター, 靴下留め.

ligur [liɣúr] 形 リグリア (Liguria) の.
── 男女 リグリア人.

ligustro [liɣústro] 男 〘植物〙イボタノキ.

lija [líxa] 女 ❶ 〘魚類〙ホシザメ. ❷ ホシザメの皮 (金属・木材の研磨に利用). ❸ 紙やすり, サンドペーパー (= papel de ~).
dar lija 〖キューバ, サント・ドミンゴ〗《比喩, 話》(人)にお世辞を言う, へつらう.
darse lija 〖キューバ, サント・ドミンゴ〗《比喩, 話》気取る, 格好をつける.

lijar [lixár] 他 (ものを)紙やすり[サンド・ペーパー]で磨く.

lila¹ [líla] 女 〘植物〙ライラック, リラ(の花).
── 男 ふじ色, 薄紫色.

lila² [líla] 形《話》ばかな, 間抜けな. —No te hagas el ~. ばかな真似をするな. 類 **fatuo**, **tonto**.
── 男女《話》ばか者, 間抜け.

liliácea [liljáθea] 女 →liliáceo.

liliáceo, a [liljáθeo, a] 形 〘植物〙ユリ(科)の.
── 女 複 〘植物〙ユリ科の植物.

liliputiense [liliputjénse] 形 ❶ 小人国の. ❷ 非常に小さい, ちっぽけな.
── 男女 ❶ 小人国の人. ❷ 小人. ◆イギリスの Swift 作『ガリバー旅行記』の小人国リリパット (英 Lilliput)から.

Lima [líma] 固名 リマ(ペルーの首都).

lima¹ [líma] 女 ❶ やすり. ~ de [para] uñas. 爪やすり. dar con [pasar] la ~ やすりをかける. ❷ やすりかけ[仕上げ]. 類 **limado**, **limadura**. ❸《比喩》推敲(すいこう), 磨き上げ.
comer como una lima 大食いである, 馬食する.
lima sorda (1) 目の silent な人 (2)《比喩》知らず知らずのうちに物を壊滅させてゆくもの.

lima² [líma] 女 〘植物〙ライム(の木). ◆熱帯産でレモンに似た果実.

lima³ [líma] 女 〘建築〙(屋根の)たるき.

limado, da [limáðo, ða] 過分 形 やすりをかけた. ── 男 やすりかけ[仕上げ].

limadura [limaðúra] 女 ❶ やすりかけ[仕上げ]. ❷ 《主に複》やすりの(削り)くず. —~s de hierro 鉄の削りくず.

limalla [limáʎa] 女 複 〖集合的に〗やすりの(削り)くず.

limar [limár] 他 ❶ (金属など)にやすりをかける, やすりで磨く. ❷《比喩》(文章などを)推敲(すいこう)する, …に磨きをかける. 類 **pulir**. ❸《比喩》を弱める, 緩

和する. — ～ asperezas (人間関係の)とげとげしさを和らげる.

limar diferencias 両者の敵対[分離]関係を解消させる.

limaza [limáθa] 囡 《動物》ナメクジ. 類 **babosa**.

limazo [limáθo] 男 ねばねば[どろどろ]したもの, 粘液.

limeño, ña [liméɲo, ɲa] 形 リマの(Lima)の. — 名 リマ市民.

limero, ra [liméro, ra] 名 ❶ ライム売り. 男 ライムの木.

limeta [liméta] 囡 フラスコ型の瓶.

limitación [limitaθjón] 囡 ❶ 限ること, 制限. — ～ de velocidad 速度制限. Es un programa que gusta a todo el mundo, sin ～ de edad. それは年令にかかわりなくみんなが好きな番組だ. ❷ 《主に 複》限界. — Deberás conocer tus *limitaciones*. 君は自分の限界というものを知るべきだよ.

*****limitado, da** [limitáðo, ða] 過分 形 ❶【ser/estar】限られた, 制限された, 有限の. — espacio ～ 限られたスペース. edición *limitada* 限定版. oferta *limitada* 限定販売. Los recursos naturales son ～s. 自然資源は有限だ. El poder del Gobierno está ～ por el Parlamento. 政府の権限は国会によって制限されている. 類 **condicionado, restringido**. 反 **ilimitado**. ❷ ごく少ない, 僅かな. — un número ～ de personas ごく少数の人. Tiene posibilidades *limitadas*. その可能性はごく少ない. 類 **escaso, reducido, corto, pequeño, poco**. 反 **enorme, grande, ilimitado**. ❸ 頭の悪い[鈍い], 才能に乏しい, 知能の劣った. — Era un niño perezoso y, además, ～. その子は怠け者でしかも頭があまりよくない. Es bastante ～ para las matemáticas. 彼は数学がかなり弱い. 類 **retardado, ignorante**. 反 **inteligente**. ❹ 《法律, 商業》有限の. — responsabilidad *limitada*《法律》有限責任. sociedad (de responsabilidad) *limitada*《商業》有限会社.

limitador, dora [limitaðór, ðóra] 形 制限する, 限定的な. 類 **restrictivo**.

*****limitar** [limitár] 他 ❶ …に境界を定める, を限定する, 制約する. — ～ las atribuciones del ministro 大臣の権限を限定する. El campesino *limitó* su terreno con estacas. 農民は自分の土地を杭(ぐい)で囲った. ❷ を制限する, 抑制する. — *Limitaron* las importaciones de trigo. 彼らは小麦の輸入を制限した. ～ los gastos de personal 人件費を抑制する.

— 自【+con o】境を接する, 隣接する. — México *limita* al norte con Estados Unidos. メキシコは北部で米国と国境を接している. 類 **colindar, lindar**.

— se 再【+a】…するだけにとどめる. —*Limítese a* decir sí o no. はいかいいえだけを答えなさい. *Me limito a* decirte lo que me han ordenado. 私は命令されたことを君に伝えているだけだ.

*****límite** [límite] 男 ❶ 境, 境界(線). — Este río es el ～ natural entre las dos comarcas. この川は2つの地域の自然境界線になっている. los ～s de España スペインの国境. ❷ 果て, 限界. — Caminamos hasta el ～ del bosque. 私たちは森のはしまで歩いた. un mar sin ～s 限りなく広い海. Todo tiene sus ～s. どんなものにもほどというのがある. La ambición de mi hijo no tiene ～s. 私の息子の野心には限界がない. ❸ 制限, 限度, 極限. — No hay ～ de edad para ingresar en la universidad. 大学に入るのに年令の制限はない. ❹【名詞と同格で形容詞的に用いられる】— velocidad ～ 制限速度. situación ～ 極限状態. fijar los precios ～ 価格を制限する.

limítrofe [limítrofe]【+con/de】(国・地域が)…と境界を接する, 隣接する. — México es un país ～ *de* los Estados Unidos. メキシコは米国の隣国である. un pueblo ～ *con* Portugal ポルトガルとの国境にある村. España y Francia son países ～s. スペインとフランスは隣接国である. 類 **aledaño, colindante, fronterizo**.

limo [límo] 男 軟泥, 泥土; ローム. 類 **légamo, lodo**.

:**limón** [limón] 男 ❶《植物》レモン(の実, 木). ❷【形容詞的に】レモン色の. — una blusa de color amarillo ～ レモンイエローのブラウス.

limonada [limonáða] 囡 →**limonado**.

limonado, da [limonáðo, ða] 形 レモン色の, 淡黄色の. — 囡 レモネード, レモン水.

limonar [limonár] 男 レモン畑, レモン果樹園.

limoncillo [limonθíʎo] 男《植物》フトモモ科の木. ♦葉にレモンの芳香があり, 木は家具類の材料として用いられる.

limonero, ra [limonéro, ra] 形 レモンの. — exportación *limonera* レモンの輸出. — 名 レモン売り[商人]. — 男《植物》レモンの木.

limonita [limoníta] 囡《鉱物》褐鉄鉱.

limosidad [limosiðá(ð)] 囡 ❶ 泥だらけ; ぬかるみ. ❷ 歯石. 類 **sarro**.

:**limosna** [limósna] 囡 施し, 施し物. — dar [pedir] ～ 施しをする[を乞う]. El pobre viejo vive de ～. そのあわれな老人は物乞いをして暮らしている.

limosnear [limosneár] 自 物ごいをする, 施しを求める. 類 **mendigar, pordiosear**.

limosnero, ra [limosnéro, ra] 形 ❶ 施し好きな; 慈悲深い. ❷《中南米》物ごいの. — 名《中南米》物ごい, 乞食.

limoso, sa [limóso, sa] 形 泥だらけの, 泥深い; ぬかるみの. — En el fondo ～ del estanque croaban las ranas. 泥のたまった貯水池の底でカエルが鳴いていた.

limpia¹ [límpja] 囡 ❶ 掃除, 清掃. 類 **limpieza**. ❷《比喩》(政治などの)粛清, 追放, 一掃. — 男《話》靴磨き(行為). 類 **limpiabotas**.

limpiabarros [limpjaβárros] 男【単複同形】靴の泥落とし; ドアマット.

limpiabotas [limpjaβótas] 男【単複同形】(街頭の)靴磨き[人].

limpiachimeneas [limpjatʃimenéas] 男【単複同形】煙突掃除夫[人]. 類 **deshollinador**.

limpiacristales [limpjakristáles] 男【単複同形】窓掃除器(クリーナー); 窓ガラス掃除人, 窓ふき作業員.

limpiada [limpjáða] 囡《南米》→**limpieza**.

limpiador, dora [limpjaðór, ðóra] 形 掃除[清掃]する, 汚れをとる. — 名 掃除[掃除]人. — ～ de cristales 窓ガラスの掃除人.

—— 男 掃除器. — ~ de WC トイレ洗浄器. Están anunciando un nuevo ~ de alfombras. 新しいじゅうたん掃除器の宣伝がされている.

limpiadura [limpjaðúra] 女 ❶ 掃除, 清掃. ❷ 複 (掃除した時に出る)ごみ, くず; ほこり, ちり.

limpiahogar [limpjaoɣár] 男 家庭用洗剤. — ~ antibacterias 抗菌家庭用洗剤.

limpiamente [limpjaménte] 副 ❶ きれいに, 清潔に. — vestir ~ 清潔な身なりをする. ❷《比喩》巧みに, うまく. — Superó ~ la marca establecida. 彼は見事に従来の記録を更新した. ❸《まれ》心から, 誠実に. 類**honestamente**. ❹ 正直に, 公正に. 類**sinceramente**.

limpiametales [limpjametáles] 男『単複同形』金属用クリーナー(艶出し).

limpiamuebles [limpjamuéβles] 男『単複同形』家具用クリーナー(艶(つや)出し).

limpiaparabrisas [limpjaparaβrísas] 男『単複同形』(自動車の)ワイパー.

:**limpiar** [limpjár] 他 ❶ (a) を掃除する, きれいにする, 洗い清める, 清潔にする. — ~ el jardín [la casa] 庭[家]の掃除をする. (b) を拭く, 磨く. — ~ la mesa テーブルを拭く. ~ la herida con alcohol 傷口をアルコールで拭く. ~ los zapatos 靴を磨く. ❷ (a) (汚(よご)れ)を取り去る, 除(のぞ)く, (恥など)をすすぐ. — Fue a la iglesia para confesarse y ~ sus pecados. 彼は告解をし, 罪をそそぐべく教会に行った. (b) 『+de から』を一掃する, 取り除く. — La policía limpió de gamberros las calles. 警察は街からチンピラを一掃した. ~ de hierbas el jardín 庭の草をむしる. ~ de escamas el pescado 魚のうろこを取る. (c) (小枝)を払う, 剪定(せんてい)する. — ~ los rosales バラの木を剪定する. ❸《話》を盗む, 奪う; (賭け事で)一文なしにする. — Me limpiaron la cartera en el tren. 私は電車の中で財布を盗まれた. 類**hurtar, robar**.

—— **se** 再 (体の一部)を洗い清める. — Haz el favor de ~te antes de salir. 外出する前に体をきれいにしておきなさい. —~se los dientes 歯を磨く. El niño se limpió los mocos con la mano. 子どもははなを手で拭いた.

limpiaúñas [limpjaúɲas] 男『単複同形』爪磨き用品.

limpidez [limpiðéθ] 女《詩》清澄, 透明. 類**claridad, tersura**.

límpido, da [límpiðo, ða] 形《詩》清澄な, 透明な. 類**terso, transparente, claro**.

:**limpieza** [limpjéθa] 女 ❶ 掃除, 洗濯, 洗浄. — artículos de ~ 掃除[清掃]用具. mujer de la ~ 掃除婦. Yo cocino y él se encarga de la ~. 私が料理し, 彼が掃除を担当している. 類**aseo**. ❷ 清潔さ, きれいなこと. — Tiene la manía de la ~. 彼は潔癖症である. En su cuarto hay poca ~. 彼の部屋はあまり清潔ではない. La ~ del agua permite ver el fondo del río. 水がきれいなので川底が見える. ❸ (警察による)浄化, 一掃, 粛清; 掃討. — Iniciaron la ~ de delincuentes de la ciudad. 町からの犯罪者一掃が始められた. ❹《話》(ばくちなどで)お金を擦ること, 巻き上げ; 盗難. ❺ 公正さ, 誠実, 正直. — ~ de corazón 高潔さ, 正直. Observadores internacionales vigilan la ~ y legitimidad de las elecciones. 国際監視員が選挙の公正さと合法性を監視している. actuar con ~ 誠実に行動する. 類**honradez, honestidad**. ❻ 純潔, 清純. 類**castidad, pureza**. ❼ 見事さ, 巧みさ, 手腕のよさ. — ejecutar un trabajo con toda ~ 仕事を見事にこなす. El atleta saltó con ~ todas las vallas. その選手はすべての障害物を鮮やかに跳び越えた. 類**destreza, perfección, precisión**. ❽《スポーツ, ゲーム》フェアプレイ. — jugar con ~ フェアプレイする, フェアプレイをする. 類**corrección**. ❾ (聖母マリアの)無原罪の御宿り. ❿《ベネズエラ》《話》貧困, 貧乏. 類**pobreza**.

limpieza de bolsa《話》無一文, 極貧.
limpieza de manos《話》(商売上)手を汚していないこと, 廉直.
limpieza de sangre《歴史》血の純潔. ♦昔の生粋のキリスト教徒が先祖にユダヤ教徒・イスラム教徒などの異教徒を持たないこと(→cristiano viejo「旧キリスト教徒」). Los cristianos viejos presumían de su *limpieza de sangre*. 旧キリスト教徒は血の純潔を自慢にしていた. (→cristiano nuevo「新キリスト教徒」: キリスト教徒に改宗したモーロ人 moro やユダヤ人 judío).

limpieza en [a] seco ドライクリーニング. hacer una *limpieza en seco* del traje スーツをドライクリーニングする.

limpieza étnica 民族浄化.
limpieza general 大掃除. hacer (una) *limpieza general* de toda la casa 家中の大掃除をする.

operación de limpieza《軍事》掃討作戦.
zafarrancho de limpieza《船舶》清掃.

:**limpio, pia**² [límpjo, pja] 形 ❶ きれいな, 汚れていない, 清潔(好き)な. — La habitación [camisa] está limpia. 部屋[シャツ]はきれいである. Esta niña es muy limpia. この女の子はとてもきれい好きだ. Los gatos son muy ~s. ネコはとてもきれい好きだ. llevar una vida limpia けがれのない暮らしをする. 反**sucio**. ❷ 澄んだ; 純粋な. — El aire [cielo] está ~. 空気[空]は澄んでいる. ~ de sangre 純血の. ❸ 正味の. — Ganó diez mil euros limpios. 彼は正味(手取り)1万ユーロをかせいだ. 類**neto**. ❹ (…) 正直な, 誠実な. — intenciones limpias 誠実な意図. juego ~ 公正な試合[ゲーム]. Tengo la conciencia limpia. 私は正直な心の持主だ. una conducta limpia 誠実な行動. ❺ 簡明な, 素朴な. — imagen limpia 簡素なイメージ. un estilo ~ 素朴な文体. ❺ (…が)ない, 免れた. — Está ~ de toda sospecha. 彼にはまったく疑われいところはない. ❻《話》無一文の, すっからかんの. — En el juego le dejaron ~. そのゲームで彼は無一文にされた. 類**pelado**. ❼ ~を知らない. — Estoy ~ en este asunto. 私はこの件には暗い. 《副詞的に》きれいに, 公正に. — jugar ~ フェアプレーをする.

a grito [puñetazo] limpio『修飾する語の意味を強調する』大声で叫んで[拳(こぶし)をふりあげて]. Mi hija me llamó *a grito limpio*. 娘は大声で叫んで私を呼んだ. Se pelearon *a puñetazo limpio*. 彼らは拳をふりあげて激しくけんかをした.

en limpio (1) 正味で. Gana sólo tres mil pesetas *en limpio* al día. 彼女は1日に正味3,000ペセタかせぐだけだった. (2) 武器をもたないで, まるごしで. Se pelearon *en limpio*. 彼らは武器なしで戦った. (3) 清書した. Puso la carta *en limpio*.

彼は手紙を清書した. (4) 具体的に, 結局. Explícamelo *en limpio*. 具体的にそれを説明してくれ.
limpio de corazón 清らかな心を持った.
pasar a [poner en] limpio を清書する.
sacar en limpio →sacar.

limpión [limpjón] 男 ❶ 軽い掃除. —dar un ～ a los zapatos 軽く靴を拭(ﾋﾞ)く. ❷《戯》清掃係, 掃除人. ❸《アストゥリアス, 中南米》ふきん.

limusina [limusína] 女《自動車》リムジン. ◆運転席と客席の間に仕切りのある箱型自動車; リムジンバス.

Lina [lína] 固名《女性名》リナ.

linácea [linátθea] 女 →linácéo.

linácéo, a [linátθeo, a] 形《植物》アマ(亜麻)科の. —— 女複 アマ科の植物.

:**linaje** [lináxe] 男 ❶ 家系, 血統, 系図. —Está orgulloso de su ilustre ～. 彼は自分のすぐれた家系を自慢している. el ～ humano 人類.【類】**estirpe**. ❷ 種類. —En el zoo se encontraban animales de todo ～. その動物園にはあらゆる種類の動物が見られた.

linajudo, da [linaxúðo, ða] 形 高貴な生まれの, 家柄の立派な; 家柄を鼻にかける家族. —una familia *linajuda* 家柄を鼻にかける家族.

Linares [lináres] 固名 リナレス(スペインの都市; チリのији都市).

linaza [linátθa] 女 亜麻仁(ﾆ), アマ(亜麻)の種子. —aceite de ～ 亜麻仁油.

lince [línθe] 男 ❶《動物》オオヤマネコ(大山猫). ❷《話》目はしのきく人; 抜け目のない[敏感な]人. —Es un lince para los negocios. 彼は商売にかけては抜け目がない.【類】**sagaz**.
ojos de lince 鋭い目(つき).
—— 形 ❶ (目つきが)鋭い, 油断できない. —tener ojos ～s 鋭い目つきをしている.【類】**perspicaz**. ❷《話》切れ者の, 抜け目のない.

linchamiento [lintʃamjénto] 男 私刑, リンチ.
linchamiento moral バッシング.

linchar [lintʃár] 他 (人に)私刑[リンチ]を加える.

lindamente [líndaménte] 副 ❶ きれいに, 素敵に, 素晴らしく. —El balcón estaba ～ engalanado. バルコニーはきれいに装飾されていた. ❷《皮肉》見事に, 巧みに, まんまと. —Me quitaron ～ la cartera. 私はものの見事に財布を抜き取られてしまった.

lindante [lindánte] 形 隣接している, 隣り合った. —una casa ～ con el río 川に隣接した一軒家.【類】**limítrofe**.

:**lindar** [lindár] 自【+con と】❶ 境を接する, 隣接する. —Su casa tiene un huerto que *linda con* el mío. 彼の家はわが家の畑と隣接する畑がある.【類】**colindar, confirmar, limitar**. ❷…と似たようなものである, 紙一重である. —Esa dura crítica *linda con* el insulto. その厳しい批判は侮辱と同じようなものだ.

linde [línde] 女(時に男) ❶ 境界(線).【類】**limite, lindero, término**. ❷ 限界, 限度. —Estás rebasando el ～ de mi paciencia. 君は堪忍袋の緒が切れているよ.【類】**límite**.

lindero, ra [lindéro, ra] 形 隣接した, 隣り合った. —Vive en una cabaña *lindera* con el bosque. 彼は森に接する小屋に住んでいる.【類】**limítrofe, lindante**.

—— 男 境界(線). —Estuvo en los ～s del suicidio. 彼は自殺と紙一重の状態だった.【類】**linde**.

lindeza [lindéθa] 女 ❶ きれいさ, かわいさ; 素晴らしさ. ❷《複》《皮肉》悪口, 雑言. —Salió del despacho después de soltar unas cuantas ～s al jefe. 彼は少しばかり上司をののしってから部屋から出てきた.【類】**insultos, improperios**. ❸《複》甘言, 美辞麗句. —deshacerse en ～s hacia una mujer 女性に向かってしきりに甘言を弄する.

:**lindo, da** [líndo, da リンド, ダ] 形 可愛い, 愛らしい, 美しい. —Es una chica [casita] muy *linda*. とても可愛い娘[家]だ.【類】**bonito, precioso**.
de lo lindo とても, 大いに. En la fiesta nos divertimos *de lo lindo*. パーティーでわれわれは大いに楽しんだ.

lindura [lindúra] 女 ❶ →lindeza. ❷ きれいな人[物].

:**línea** [línea] 女 ❶ 線, すじ. ～ recta [quebrada, de puntos] 直[破, 点]線. ～ base ベースライン. ～ central (道路の)センターライン.【類】**raya**. ◆日常的には raya の方をよく用いる. ❷ スタイル. (a) 形, 輪郭. —Su coche tiene una ～ muy moderna. 彼の車はとても現代的な形をしている. un coche de ～ aerodinámica 流線形をした車.【類】**forma, perfil**. (b) 体の線, 人の姿. —Ana hace ejercicios diarios para guardar [conservar, mantener] la ～. アナは体の線を保つため毎日体操をする. (c) (流行の)型, スタイル. —Este otoño se lleva una ～ muy clásica. 今年の秋はクラシックなスタイルが流行する. ～ de fijación 整髪料. ❸ (文字の)行; 複 短信, ひとくだり. —leer entre ～s 行間を読む, 言外の意味を読みとる. El otro día me puso unas [dos, cuatro] ～s. 先日彼から短信を受けとった. ～ de comandos《情報》コマンド・ライン.【類】**renglón**. ❹ 列, 一連(の人や物). —A lo lejos se divisaba una ～ de casas blancas. 遠くに一列に並んだ白い家が見えた. ❺ 路線, (運輸の)系統, 線. ～ de autobuses バス路線. ～ aérea [marítima] 航空[海]路, 航空[海運]会社. ～ férrea [de ferrocarril] 鉄道. ❻ 電線, 通信線. ～ telefónica [telegráfica] 電話[電信]線. ～ de comunicación 通信回線. ～ dedicada 専用回線. Descuelga el teléfono para ver si hay ～. 電話がかかるかどうか見るために受話器を取ってごらん. Ahora no tengo luz porque están arreglando la ～. 電線の修理中なので今は電気が来ていません. ～ de alta tensión 高圧線. ❼ 方針, 主義. —El nuevo gabinete sigue con la misma ～ que antes. 新内閣は以前と同じ方針を続ける. ～ de conducta (人の)行動の傾向. ❽ 種類, 等級. —Es un pintor de primera ～. 彼は第一級の画家である.【類】**categoría, clase**. ❾ 家系, 系列. —Ellos son parientes por ～ materna [paterna]. 彼らは母[父]方系の親戚である. ～ sucesoria de la Corona Española スペイン王位継承順位. ❿ 戦線, 戦列. ～ de batalla misma 戦線. luchar en primera ～ 最前線で戦う.【類】**frente**. ⓫ (顔の)輪郭, 容貌. —una cara de ～s angulosas 角ばった顔. ⓬ (商品などの)種類. —Se ha lanzado al mercado una nueva ～ de cosméticos. 新

種の化粧品が市場に出回った. ⓮《スポーツ》ライン. ━~ de banda 《サッカー》サイドライン；《ラグビー》タッチライン. ~ de centro センターライン. ~ de salida スタートライン. ⓮ (手相の)線. ━~ de la vida 生命線.
dar línea 《電話》外線につなぐ.
en línea オンラインで(に).
en líneas generales 一般的に言って, 大筋において. Esa idea me parece buena *en líneas generales*. その考えは一般的に言っていいと思います.
en su línea そのジャンル[クラス]で.
en toda la línea (勝ち, 負けの意の動詞とともに用いられ)完全に, すっかり. De ese modo fracasaron *en toda la línea*. そういうふうにして彼らは完全に失敗した.
línea curva 曲線, カーブ.
línea de agua [de flotación] (船の)喫水線.
línea defensiva 《サッカーなどの》ディフェンス陣.
línea delantera 《サッカーなどの》フォワード陣.
línea de montaje 組み立てライン.
línea de puntos 連続点(=*puntos suspensivos*).
línea directa (1) 直系. (2) コネ, 係累. Tiene *línea directa* con el presidente. 彼は大統領とコネがある.
línea dura 過激分子, 過激派, 過激思想.
línea equinoccial 《天文》昼夜平分線(=*Ecuador terrestre*).
línea férrea 線路.

:**lineal** [lineál] 形 ❶ 線の, 線状の. ━Los olivos, plantados en formación ~, ofrecían un espectáculo deslumbrante. 線状に植えられたオリーブの樹は人を圧倒する見事な景色を作っていた. dibujo ~ 製図. hoja ~《植物》線形葉. ❷ 一律の, 一斉の. ━subida ~ de 100 euros 100ユーロの一斉値上げ.

lineamento [lineaménto] 男 →lineamiento.

lineamiento [lineamjénto] 男 輪郭, 外形；顔立ち.

linear [lineár] 他 ❶ 線[罫]を引く. ❷ 素描[スケッチ]する. 類 *bosquejar*.

linfa [límfa] 女《生理》リンパ液.

linfático, ca [limfátiko, ka] 形 ❶《生理》リンパ(質)の. ━vasos [conducto] ~s リンパ管. glándula *linfática* リンパ腺. ganglio ~ リンパ節. ❷ 無気力な, 活力のない, 不精な.

linfatismo [limfatísmo] 男《医学》リンパ体質.

linfocito [limfoθíto] 男《生理》リンパ球.

linfoma [limfóma] 女《医学》悪性リンパ腫(=~ *maligno*).

lingote [liŋgóte] 男 ❶ 鋳塊, 地金, 延べ棒. ━~ de plata 銀の延べ棒. ~ de primera fusión [arrabio] 鋳鉄塊. ❷《印刷》インテル. ♦ 活字組版の行間用込め物.

lingotera [liŋgotéra] 女 鋳型, インゴットの型.

lingual [liŋgwál] 形 ❶《解剖》舌の. ━nervios ~s 舌神経. ❷《音声》舌音の.
━━ 女《音声》舌音(t, d, l 等の舌を活用して発せられる音)；舌音字.

lingüista [liŋgwísta] 男女 言語学者.

lingüística [liŋgwístika] 女 言語学. ━~ aplicada 応用言語学. ~ diacrónica 通時言語学. ~ general 一般言語学. ~ histórica 歴史言語学.

lingüístico, ca [liŋgwístiko, ka] 形 言語(学)の, 言語に関する. ━un estudio ~ 言語(学)的研究. política *lingüística* 言語政策.

linimento [liniménto] 男 (擦り傷の)塗膏(とこう)剤, 塗り薬.

lino [líno] 男《植物》亜麻；アマ系, アマ布, リネン. ━Se ha comprado una bonita blusa de ~. 彼女は美しいアマのブラウスを買った. fibra de ~ アマ繊維.

linóleo [linóleo] 男 リノリウム(床の敷き材).

linón [linón] 男《繊維》寒冷紗(かんれいしゃ).

linotipia [linotípja] 女《印刷, 商標》ライノタイプ, 自動鋳植機.

linotipista [linotipísta] 男女 ライノタイプ工, ライノタイピスト.

lintel [lintél] 男《建築》楣(まぐさ)(窓や入口などの上の横木). 類 *dintel*.

linterna [lintérna] 女 ❶ 手提げランプ, ランタン, カンテラ. ━~ frontal ヘッドランプ. ❷ 懐中電灯. ❸ 灯台. 類 *faro*. ❹《建築》ランターン, (採光・通風用の)越し屋根. ❺《機械》ちょうちん歯車, サシカナ.

linterna mágica [de proyección] 幻燈機. ♦ 現在のプロジェクターに相当するもの.

linterna sorda 龕灯(がんどう).

lío [lío] 男 ❶ 包み, 束. ━hacer un ~ con sus pertenencias 身の回り品をひとまとめにする. ❷《俗》混乱, 困難. ━meterse en un ~ 窮地に陥る. ❸ 不倫な関係, 色恋ざた, 情事. ━tener un ~ con … 人と愛人関係にある. ❹ 噂話, 陰口, ゴシップ. ━armar un ~ 噂をふりまく.

liofilizar [ljofiliθár] 他 [1.3] (保存用に食物・薬品など)をフリーズドライ[凍結乾燥]する.

lionés, nesa [ljonés, nésa] 形 リヨン(Lyon, フランスの都市)の.
━━ 名 リヨン市民[出身者].

lioso, sa [ljóso, sa] 形 ❶《話》いざこざ[面倒]を起こす, 騒がせ屋の. ━¡Qué mujer más *liosa*! 何て人騒がせな女なんだ. 類 *chismoso, enredador*. ❷《話》込み入った, もつれた, 複雑な. ━Ahí está lo ~ del asunto. そこが問題の難しいところだ. Me dio una explicación *liosa* que no entendí. 彼はややこしい説明をしてくれたのでわからなかった. 類 *complicado, difícil*.

lípido [lípiðo] 男《化学》脂質. 類 *grasa*.

Li Po [lí pó] 固名 李白(701?-762, 中国唐中期の詩人).

lipoma [lipóma] 男《医学》脂肪腫(しゅ).

liquen [líken] 男《植物》地衣類, コケ.

líquida [líkiða] 女 →*líquido*.

liquidable [likiðáβle] 形 ❶ 液化できる. ❷ 清算[決済, 弁済]できる.

:**liquidación** [likiðaθjón] 女 ❶ 液化, 溶解. 類 *licuación*. ❷《商業》清算；決算；決済. ━En mayo hago la ~ de la deuda. 私は5月に借金の清算をする. La ~ de los impuestos puede efectuarse a plazos. 税金の納入は分割で行うことができる. ~ de gastos 経費の清算. ❸《商業》蔵払い売り出し, 在庫品一掃セール. ━"~ por reforma" (看板などで)改装につき在庫品一掃セール. ❹ 終わること, 終結, 解散. ━Decidieron la ~ del club por falta de fondos. 彼らは資金不足の

ためにクラブの解散を決めた.

liquidador, dora [likiðaðór, ðóra] 形 《商業》清算する.
— 名 《商業》清算人, 管財人.

liquidámbar [likiðámbar] 男 《植物》フウ(楓), モミジバフウ.

‡**liquidar** [likiðár] 他 ❶ (a)(借金・会社を)清算する, 決済する. — *las deudas* 借金を清算する. 類**saldar**. (b)(会社・不動産)を売却する, 整理する. (c)を解決する, 終わらせる, …にけりをつける. — *Liquidé mi relación con él por causas privadas.* 私は個人的な理由で彼との関係を清算した. *La cuestión se ha liquidado ya.* その問題は解決済みだ. ❷ …の安売りをする, 大売り出しをする. — *las existencias sobrantes* 売れ残りの在庫品の大売り出しをする. 類**saldar**. ❸ (有り金全部)をはたく, 蕩尽する, 使い果たす. — *Liquidó en un año la herencia.* 彼は遺産を1年で使い果した. ❹《話》を殺す, 消す. — *Un asesino a sueldo lo liquidó.* ある殺し屋が彼を殺した. 類**eliminar, matar**. ❺を液化させる, 溶かす, 溶解させる. — *plomo* 鉛を溶解させる. ❻【メキシコ】《話》を解雇する, 首にする.
— 自 安売りする.
— **se** 再 液化する. — *El hielo se liquida con el calor.* 氷は暑さで溶ける.

liquidez [likiðéθ] 女 ❶ 液体性, 流動性. ❷《商業》換金性; 流動資産[資金]. — *La ~ de la empresa le permite asumir ese préstamo.* 会社の流動資産のおかげで彼はその貸し付けを得られる.

‡**líquido, da** [líkiðo, ða] 形 ❶ 液体の, 液状の, 流動体の. — *Es un medicamento ~ para la tos.* それは咳(煞)用の水薬である. *Sólo puede ingerir alimentos ~s.* 彼は流動食しか消化できない. *cuerpo [estado] ~* 液体[液状]. 反**sólido**. ❷《商業》正味の; 決済ずみの, 清算ずみの. — *Descontados los impuestos, le queda una renta líquida de doscientos mil yenes al mes.* 税金を差し引くと彼には月に正味20万円の収入が残る. *deuda líquida* 清算済みの負債. *sueldo ~* 手取り給与. 類**neto**. ❸《音声》流音(r, l)の.
— 男 ❶ 液, 液体. — *El agua es un ~ indispensable para el hombre.* 水は人間には不可欠の液体である. ❷《商業》純益, 清算残高. — *El ~ que tiene la empresa ahora no llega a diez millones de yenes.* その企業が今持っている流動資金は1千万円に満たない.
líquido imponible 課税の対象となる所得, 課税標準価額.
— 女 《音声》流音([r]や[r, l]の音).

lira¹ [líra] 女 ❶《音楽》(古代ギリシャの)リラ, 竪琴(涵). ❷《詩学》リラ(11音節と7音節の行からなる5行詩). ❸《比喩》詩才. ❹〈L~〉《天文》琴座.

lira² [líra] 女 リラ(イタリアの旧貨幣単位).

lírica [lírika] 女 →**lírico**.

‡**lírico, ca** [líriko, ka] 形 ❶ 叙情詩の. — *poesía lírica* 叙情詩. 反**épico**. ❷ 叙情的な, 感動的な. — *Ha sido un discurso ~ y poco objetivo.* 感情的で客観性の少ないスピーチだった. ❸《演劇》音楽主体の(例えば la ópera, la zarzuela).
— 女 (文学のジャンルとしての)叙情詩. — *Juan Ramón Jiménez es un representante de la ~ moderna española.* フアン・ラモン・ヒメネスはスペイン現代叙情詩の代表である.

lirio [lírjo] 男 《植物》アヤメ(菖蒲), アイリス. — *~ blanco* 白ユリ(=azucena). *~ de agua* ホテイアオイ. *~ de los valles* スズラン(鈴蘭)(=muguete).

lirismo [lirísmo] 男 ❶ 叙情性, リリシズム. — *una poesía de gran ~* リリシズム溢れる詩. ❷ 感情の発散; 熱情. ❸《中南米》夢, 幻想.

lirón [lirón] 男 ❶《動物》ヤマネ(冬眠鼠). ❷《話》よく眠る人, 眠たがり屋.
dormir como un lirón ぐっすりよく眠れる.

lirondo, da [liróndo, da] 形 →**mondo**.

lis [lis] 女 ❶《植物》アヤメ(=lirio). ❷《植物》白ユリ(=flor de lis).

lisa [lísa] 女 ❶《魚類》ドジョウに似た小魚. ❷《魚類》ボラ. 類**mújol**.

lisamente [lísamente] 副 ❶ 簡潔に. ❷ 滑らかに.

lisa(mente) y llanamente (1) 率直に; 簡潔に. *Exponle lisa y llanamente tu opinión.* 君の意見を包み隠さず彼に表明しなさい. (2)《法律》文字通りに.

Lisboa [lisβóa] 固名 リスボン(ポルトガルの首都).

lisboeta [lisβoéta] 形 リスボン(Lisboa)の.
— 男女 リスボン市民[出身者].

lisbonense [lisβonénse] 形 →**lisboeta**.

lisbonés, nesa [lisβonés, nésa] 形名 →**lisboeta**.

lisiado, da [lisjáðo, ða] 形 身体障害の, 腕や足を失った[不自由な].
— 名 身体障害者, 腕や足を失った[不自由な]人. *~ de guerra* 傷痍(ゑ)軍人. 類**impedido, inválido, mutilado, tullido**.

lisiar [lisjár] 他 (人)を傷つける; (人)の腕や足を失わせる[不自由にする].
— **se** 再 (人が)傷つく; 腕や足を失う[が不自由になる].

‡**liso, sa** [líso, sa] 形 ❶ なめらかな, 平らな, でこぼこのない. — *Buscaron un terreno ~ para poner la tienda de campaña.* 彼らはキャンプ用のテントを張るために平らな土地を捜した. *A pesar de su edad conserva un cutis ~ y fresco.* 彼は年の割にはなめらかで若々しい肌をしている. ❷ (服などの)飾り気のない, 単純な. — *A ella le gustan las faldas lisas.* 彼女は飾り気のないスカートが好きである. ❸ (布地など)無地の, 単色の. — *Llevaba una blusa lisa.* 彼女は無地のブラウスを着ていた. *tela lisa* 無地の生地. ❹ (髪にちぢれがなく)まっすぐの. — *Ella tiene el pelo muy ~.* 彼女はとてもまっすぐな髪である. 類**lacio**. ❺ 障害のない, 開かれた. — *La nueva ley nos ha dejado el camino ~ para iniciar las negociaciones.* 新しい法律が私たちに交渉を始めるための平坦な道を残してくれた. *carrera de doscientos metros ~s* (障害物のない)200メートル走. ❻ 厚かましい. 類**atrevido, insolente, respondón**.

liso y llano 率直な, 単刀直入な. *Habló en lenguaje liso y llano para que todos le entendieran.* みんなに分かってもらえるように彼は率直なことばで話した. *Deseo conocer la verdad lisa y llana.* 私はありのままの真実を知りたい.

lisonja

lisonja [lisóŋxa] 囡 へつらい, 追従, お世辞. 類 **adulación, halago**.

lisonjeador, dora [lisoŋxeaðór, ðóra] 形 へつらう, おもねる, お世辞のうまい.
— 图 へつらう人, おべっか使い. 類 **lisonjero**.

lisonjear [lisoŋxeár] 他 ❶ (人に)へつらう, おもねる, お世辞を言う. — Al jefe le molesta que le *lisonjeen*. 上司にはお世辞を言われるのをいやがる. 類 **adular, halagar**. ❷ (人を)得意にさせる, うぬぼれさせる. — Le *lisonjeaba* haber ganado el primer premio. 彼は一等賞を取って得意になっていた. 類 **envanecer**. ❸ (感覚を)楽しませる. 類 **agradar, deleitar**.
— **se** 再 得意になる, うれしがる.

lisonjero, ra [lisoŋxéro, ra] 形 ❶ へつらう, おべっか使いの. — No conozco persona más *lisonjera* que ella. 私は彼女以上のおべっか遣いを知らない. 類 **adulador, halagador**. ❷《比喩》人を楽しませる, 快い. — palabras *lisonjeras*. 耳に快い[虚栄心をくすぐる]言葉. 類 **agradable, satisfactorio**. — 图 へつらう人, おべっか遣い.

:**lista**¹ [lísta] 囡 ❶ リスト, 表; 名簿; 目録. — No tengo billete. Estoy en ~ de espera. 私は切符を持っていない. キャンセル待ちのリストに入っているのです. Tengo que aprender la ~ de los principales ríos de Japón. 私は日本の主な川の名前の一覧表を覚えなければならない. ~ de precios 値段表. ~ de correo [distribución] メーリングリスト. ~ de tareas タスク・リスト. ❷ (布などの模様の)しま; 細長い切れ端, 帯. — Los jugadores llevan camisetas de ~s blancas y negras. 選手たちは白と黒のしま模様のシャツを着ている. ~ de tela [madera] 細長い布[板]切れ. 類 **raya, tira**.
a listas しま模様の. Ella colocó una nueva cortina *a listas*. 彼女はしま模様の新しいカーテンをつけた.
lista civil 王室費, 元首の特別歳費.
lista de boda (新郎新婦が希望する)結婚祝いのリスト.
lista de correos (郵便)局留め(係).
lista negra ブラックリスト. Me han puesto en la *lista negra*. 私はブラックリストに入れられてしまった.
pasar lista 出席をとる. Nuestro profesor *pasa lista* todos los días en clase. 私たちの先生は毎日授業中出席をとる.

listado, da [listáðo, ða] 形 縞(¿)の, 縞模様の. — un traje de baño ~ de amarillo y blanco. 黄色と白の縞の水着.
— 男 《コンピュータ》リスティング.

listar [listár] 他 (まれ)表[リスト]に記入する. 類 **alistar**.

listel [listél] 男 《建築》平縁(¿)(=filete).

listero [listéro] 男 (特に建設現場等の職場の)名簿係; 出席点呼係.

listeza [listéθa] 囡 《話》❶ 利口, 賢さ. ❷ 明敏さ, 鋭敏さ. 類 **prontitud, sagacidad**. ❸ 抜け目なさ; 狡猾(¿)さ.

listín [listín] 男 小リスト; 電話帳(=~ de teléfonos). — ~ de precios 価格表.

*:**listo, ta**² [lísto, ta リスト, タ] 形 ❶ 利口な, 利発な[+ser]. — Es un niño ~. あれはりこうな子だ. 類 **inteligente**. ❷ 機転のきく, 機敏な; 抜け目のない. — Pronto te darás cuenta de lo ~ que es. 彼がどれほど機敏であるか君はすぐに分かるだろう. Es muy ~ para los negocios. 彼は商売には抜け目がない. 類 **avispado, sagaz**. ❸ 用意のできた, 準備の整った [+estar]. — Cuando estéis ~s para salir, avisadme. きみたちは出かける用意ができたら私に知らせてくれ. Todo está ~ para la boda. 結婚式の準備はすべて整っています. No te preocupes. Le mandamos un regalo y ~. 心配するなよ. 彼にプレゼントを送ってそれで万事オケーだ. ¡L ~! 用意(して)(間投詞として用いる). 類 **preparado**.
estar [*ir*] *listo* 期待はずれになる, うまくいかない. *Está listo* si cree que en Japón va a encontrar trabajo nada más llegar. 彼は着いたらすぐに日本で仕事を見つけるなんて考えると期待はずれになる.
pasarse de listo りこうすぎる, 考えすぎて失敗する. Esta vez *te has pasado de listo*. 今回は考えすぎて失敗したね.

listón [listón] 男 ❶ 木摺(¿), 細長い板. ❷ リボン, ひも. ❸《建築》平縁(¿), フィレット. 類 **listel**. ❹《スポーツ》(高跳びなどの)バー. ❺《比喩》水準, 目標. — No se presentó al concurso porque el ~ era muy alto. レベルが非常に高かったので彼はコンクールに出場しなかった.
poner el listón alto [*bajo*] 要求水準を高く[低く]する.

listonar [listonár] 他 木摺(¿)を打ち[取り]つける.

lisura [lisúra] 囡 ❶ 滑らかさ, すべすべしていること. — ~ de la piel 肌の滑らかさ. ❷ 平坦(¿), 起伏のないこと. ❸ (髪が)まっすぐな. ❹《比喩》率直; 誠実. — Déjate de rodeos y habla con ~. 持って回った言い方はやめて率直に話しなさい. 類 **sinceridad**. ❺《中南米》下品[無礼]な言動; 厚かましさ.

lite [líte] 囡 《法律》訴訟, 裁判. 類 **pleito**.

litera [litéra] 囡 ❶ (人や馬が引く昔の)輿(¿). ❷ (船や列車の)作りつけ寝台. ❸ 二段ベッド.

literal [literál] 形 文字[字義]通りの; 逐語的な. — sentido ~ de la frase 語句の文字通りの意味. traducción ~ 逐語訳.

literalmente [literálménte] 副 ❶ 文字通りに; 逐語的に. — traducir ~ 直訳[逐語訳]する. ❷ 完全に, まったく. — Estoy ~ agotado. 私はすっかり疲れ切っている.

:**literario, ria** [literárjo, rja] 形 文学の, 文学的な. — El Cid es una obra *literaria* mundialmente conocida. エル・シードは世界的に知られている文学作品である. vocación *literaria* 文学の資質. estilo ~ 文学的な文体. concurso ~ 文芸作品の懸賞募集(コンクール).

:**literato, ta** [literáto, ta] 图《文》作家, 文学者, 文士, 文筆家. — Es conocido más como periodista que como ~. 彼は作家よりジャーナリストとしてよく知られている. 類 **escritor**. — 形 文芸に通じた.

:**literatura** [literatúra] 囡 ❶ 文学, 文芸. — El Quijote es la mejor obra de la ~ española. ドン・キホーテはスペイン文学の中で最良の作品である. Se dedica a la ~ del Siglo de Oro. 彼は黄金世紀の文学を研究している. ~ oral 口承文学. ❷ 文献. — Esta biblioteca dispone de mucha ~ sobre ese tema. この図書館はそのテー

マに関する多くの文献を所蔵している. ~ médica [jurídica] 医学の[法律に関する]文献. ❸ むだ口, 空論. —Es hora de hechos y no de ~. 今はむだ口をたたいているときではなくて行動のときだ. ❹ 文学研究. —Es difícil vivir de la ~. 文学研究で生活するのはむずかしい.

litiasis [litiásis] 囡 〖単複同形〗《医学》結石症.

litigación [litiɣaθjón] 囡 《法律》訴訟, 係争. 類 **pleito**.

litigante [litiɣánte] 男女 訴訟当事者.
—— 形 訴訟を起こしている, 係争中の.

litigar [litiɣár] [1.2] 自 ❶ 《法律》〖+por/sobre, +con/contra〗…について(人に対して)訴訟を起こす, 提訴する. —Los hermanos *litigaron* por cuestiones de herencia. 兄弟たちは遺産相続問題で訴訟を起こした. *Litigo contra* la editorial por cuestión de derechos de autor. 私は著作権問題で出版社を提訴する. 類 **pleitear**. ❷ 論争する, 言い争う. —*Litiga contra* su vecino por un asunto de difamación. 彼は中傷されたことで隣人といさかいを起こしている. 類 **altercar, reñir**.

litigio [litíxjo] 男 ❶ 訴訟, 係争, 紛争. 類 **pleito**. ❷ 争い, 論争.
en litigio 係争[論争]中の. *punto en litigio* 争点.

litigioso, sa [litixjóso, sa] 形 ❶ 訴訟[係争]中の. ❷ 訴訟[係争]の因となる.

litio [lítjo] 男 《化学》リチウム(記号 Li).

litisexpensas [litise(k)spénsas] 囡 複 《法律》訴訟費用.

litófago, ga [litófaɣo, ɣa] 形 《動物》石を食う, 穿石類の(軟体動物).

litografía [litoɣrafía] 囡 ❶ 石版印刷(術). ❷ 石版画, リトグラフィー. ❸ 石版印刷所.

litografiar [litoɣrafjár] [1.5] 他 を石版刷りする.

litográfico, ca [litoɣráfiko, ka] 形 石版(印刷)の. —piedra *litográfica* 石版刷り用の石.

litógrafo, fa [litóɣrafo, fa] 名 石版師, 石版工.

*litoral [litorál] 形 《地理》沿岸の, 沿海の, 海辺の. —regiones [zonas] ~*es*. 沿海地方[地帯]. países ~*es* del Mediterráneo 地中海沿岸諸国. fauna ~ 沿岸動物相. El clima ~ es más húmedo que el montañoso. 海岸気候は山岳性気候より湿潤である. 類 **costero**.
—— 男 ❶ 《地理》沿岸(地方, 地帯); 海辺; 大陸棚. —Chile tiene un largo ~. チリは海岸線が長い. Las lluvias serán fuertes en el ~ cantábrico. カンタブリア海沿岸地方では雨が強くなるでしょう. Hicimos una excursión por el ~ mediterráneo. 私たちは地中海沿岸地方を旅行した. 類 **costa, ribera, playa**. ❷ 〖アルゼンチン, パラグアイ, ウルグアイ〗河岸地域.

litosfera [litosféra] 囡 《地理》地殻, 岩石圏.

litri [lítri] 囡 《話》めかし込んだ, しゃれ者の, きざな. —Es un bar frecuentado por niños ~*s*. そこは気取った子たちがよく通うバルだ.

‡**litro** [lítro] 男 ❶ リットル(容量の単位, 1,000cc; 略号は l.), その容量. —Se compró un ~ de agua mineral para el viaje. 彼は旅行用に 1 リットルのミネラルウォーターを買った.

Lituania [lituánja] 固名 リトアニア(首都ビリニュス Vilna).

lituano, na [lituáno, na] 形 リトアニア(Lituania)の. —— 名 リトアニア人. —— 男 リトアニア語.

liturgia [litúrxja] 囡 《宗教》礼拝[祈祷(きとう)]式; 典礼. —~ romana ローマ教会[カトリック]式典礼. ~ oriental ギリシャ正教[東方]式典礼.

‡**litúrgico, ca** [litúrxiko, ka] 形 《宗教》典礼(式)の. —libros ~*s* 典礼書. ~ año ~ 典礼歴年(カトリックでは 12 月から翌年 11 月までの 1 年間). lengua *litúrgica* 典礼用語.

Liubliana [ljuβljána] 固名 リュブリャナ(スロベニアの首都).

livianamente [liβjanaménte] 副 ❶ 軽々しく; 軽薄に, 気まぐれに. ❷ みだらに, ふしだらに. ❸ 《比喩》表面的に.

liviandad [liβjandá(ð)] 囡 ❶ 軽いこと, 軽さ. ❷ ささいなこと, どうでもいいこと. ❸ 軽薄, 気まぐれ. 類 **frivolidad, ligereza**. ❹ (特に女性の)みだらさ; ふしだらな行為.

liviano, na [liβjáno, na] 形 ❶ 軽い. —una maleta [chaqueta] *liviana* 軽いスーツケース[上着]. un plato ~ 軽い料理. 類 **ligero**. ❷ ささいな, 重要でない. —Se preocupa por problemas ~*s*. 彼はささいな問題で気をもむ. 類 **leve**. ❸ (特に女性が)浮気の, 移り気の; みだらな. —una mujer *liviana* 尻(しり)の軽い[ふしだらな]女. 類 **inconstante, ligero, voluble**.
—— 男 複 (動物の)肺.

lividecer [liβiðeθér] [9.1] 自 ❶ 蒼白(そうはく)[土気色]になる. ❷ 暗紫色になる.

lividez [liβiðéθ] 囡 ❶ 蒼白(そうはく), 土気色. ❷ 暗紫色. —~ cadavérica 死人のような青白さ.

lívido, da [líβiðo, ða] 形 ❶ 蒼白(そうはく)[土気色]の. —ponerse [quedarse] ~ 顔面蒼白(そうはく)になる. 類 **cadavérico**. ❷ (寒さ・打撲などで)紫色になった, 暗紫色の. —Su cara estaba *lívida* a causa del frío. 彼の顔は寒さで紫色になっていた. 類 **amoratado**.

living [líβin] 男 〖英〗《複 livings》居間, リビングルーム. —comedor ~ 食堂兼居間.

lixiviar [liksiβjár] 他 《化学》を浸出する.

liza [líθa] 囡 ❶ (昔の騎士の)闘技場; 闘技, 試合. 類 **lid, palestra**. ❷ 《比喩, 文》闘争[論争], (利害などの)衝突. —Están en ~ intereses contrapuestos. 利害が対立して争っている. entrar en ~ 闘争[論争]に加わる.

lizo [líθo] 男 ❶ (織機の)綜絖(そうこう). ❷ 〖チリ〗(織機の)梭(ひ).

ll [éje] 囡 旧スペイン語アルファベットの 1 字.

llaga [ʎáɣa] 囡 ❶ 潰瘍(かいよう). 類 **úlcera**. ❷ 傷. —Los zapatos nuevos me han hecho una ~ en el talón. 新しい靴のせいでかかとに傷ができてしまった. 類 **herida, laceraión**. ❸ 《比喩》(心の)傷, 苦悩, 痛手. —La ~ que le dejó la muerte de su hijo aún no se ha cerrado. 息子の死が彼に残した傷はまだいえていない. 類 **pena, pesadumbre**.
poner el dedo en la llaga 《話》問題の核心をつく(←指を潰瘍に触れる).

llagar [ʎaɣár] [1.2] 他 (体の一部に)潰瘍(かいよう)を起こす. ——se 再 (人・体の一部が)潰瘍になる.

‡**llama**¹ [ʎáma] 囡 ❶ 炎, 火炎. —Las ~*s* se

1194 llama²

extendieron rápidamente por toda la casa. 炎は一瞬のうちに家中に広がった. ❷ 情熱, 情炎. —La ausencia no consiguió apagar la ~ de su amor. 相手がいなくても彼の愛の炎は消えなかった.

llama² [jáma] 囡 《動物》リャマ(南米産, とくにアンデス山中に見られるラクダ科の家畜).

‡llamada¹ [jamáða] 囡 ❶ 呼ぶこと, 呼びかけ; 通話. —Te haré una ~ telefónica antes de salir. 出かける前に君に電話するよ. Ha habido una ~ para ti. 君の(留守中に)電話があったよ. una ~ a cobro revertido コレクトコール. ❷ 呼ぶ声, 合図. —Al oír la ~ de su madre el niño se escondió. 母の呼ぶ声が聞えるとその子は隠れた. una ~ de socorro 助けを求める声. ❸ 呼びかける力, 訴えかけること. —~ del deber 義務感. ~ interior 心の中の使命感. ~ de la Patria 祖国の要請. ❹ (注釈などを示す)参照符号, 数字(など). ❺ 点呼; 召集.

llamadera [jamaðéra] 囡 (牛を突く)突き棒.

‡llamado, da² [jamáðo, ða] 過分 形 ❶ …と呼ばれる, …として知られる. —chica llamada Teresa テレサと呼ばれる女の子. Alfonso X ~ el Sabio 賢王として知られているアルフォンソ10世. ❷ いわゆる. —la llamada ley de la gravedad いわゆる重力の法則.
— 男 呼ぶこと, 呼び出し;《情報》コール. —El perro acudió al ~ de su amo. 犬は主人の呼び声にとんで来た. 類 **llamada**.

llamador, dora [jamaðór, ðóra] 名 呼ぶ人; 訪問者; 電話のかけ手. — 男 ❶ ドアのノッカー[ベル], 呼び鈴. ❷ 警報ボタン.

‡llamamiento [jamamjénto] 男 ❶ 呼ぶこと, 呼びかけ, 訴え. —El alcalde hizo un ~ al pueblo para que acogiera a los refugiados. 市長は避難民を受け入れるように市民に呼びかけた. hacer un ~ a la serenidad [calma] 落ち着くように訴える. ❷ 移住招待状. ❸ (軍隊への)召集.

‡‡llamar [jamár ヤマル] 他 ❶ 名を呼ぶ, (身ぶりなどで)招く. —Me di cuenta de que alguien me llamaba. 私はだれかが呼んでいるのに気がついた. Me llamó con la mano. 彼は私を手招きした. Me llama de tú[usted]. 彼は私に tú[usted] を使う. ❷ …に電話をかける. —Te llama tu padre desde Bogotá. お父さんがボゴタから君に電話をかけてきたぞ. ¿A qué hora te llamo mañana? 明日何時に君に電話しようか. 類 **telefonear**. ❸ 名付ける, を…という名で呼ぶ. —Llamaron a la niña Teresa como a su abuela materna. 彼らはその女の子を母方の祖母と同じくテレサと名付けた. A esta calle la llaman Serrano. この通りをセラノと呼ばれる. Mi nombre es José, pero me puedes ~ Pepe. 僕の名はホセだけれど, ペペと呼んでいいよ. Me llamó cretino delante de todos. 彼は私のことを皆の前で大ばかと言った. ❹ 呼び出す; 召集する. —Le han llamado a declarar. 彼は申告のため呼び出された. ❺ を引きつける, 魅惑する. —No me llaman los dulces. 私は菓子には魅力を感じない. Le llamaba siempre el afán de viajar. 旅行したいという欲求がいつも彼を引きつけていた. 類 **apetecer, tirar**.

— 自 (戸口で)ノックする, 呼び鈴[チャイム]を鳴らす. —Llaman a la puerta. 玄関で人が呼んでいる. Pase sin ~. ノックなしで入ってください.

— **se** 再 …という名前である, …と呼ばれる. —¿Cómo te llamas? 君の名前は何というの. Me llamo Manuel, ¿y tú? 私はマヌエルという名前だが, 君は. Se llama María Isabel, pero la llaman Maribel. 彼女はマリーア・イサベルという名前だが, マリベルと呼ばれている. Esto sí que se llama vivir. これぞまさに生きるということだ.

lo que se llama いかも. Eso es lo que se llama vivir. まさにそれがいわゆる生きるということだ.

llamarada [jamaráða] 囡 ❶ ぱっと燃え上がること; その炎, 火炎. —El viento levantó una ~ de fuego. 風で炎がぱっと燃え上がった. ❷ 《比喩》(顔の)紅潮, ぱっと赤らめること. —Una ~ cruzó por su rostro al verme. 私に会って彼女の顔はぱっと赤らんだ. ❸ 《比喩》(感情の)激発. —una ~ de ira [celos] 怒り[嫉妬]の爆発. 類 **arrebato**.

llamativo, va [jamatíβo, βa] 形 ❶ (服装・色などが)けばけばしい, 派手な, やたらに目立つ. —traje [color] ~ 派手な服[色]. 類 **chillón, estridente**. ❷ (女性が)色っぽい, 色(ӹ)やかな; 挑発的な. 類 **excitante, provocativo**.

llameante [jameánte] 形 (めらめらと)燃え上がっている, 火をふく; 燃えるような.

llamear [jameár] 自 (めらめらと)燃え上がる, 燃え立つ.

llampo [jámpo] 男 ❶ 《アンデス》→ **relámpago**. ❷ 《チリ》砕けた鉱石.

llana¹ [jána] 囡 (左官の)こて. —dar de ~ こてでならす.

llana² [jána] 囡 ❶《まれ》ページ, 紙面. ❷ → **llanada**.

llanada [janáða] 囡 平原, 平野. 類 **llanura**.

llanamente [jánaménte] 副 ❶ 平易に, わかりやすく; 率直に. —hablar lisa y ~ 率直に話す. ❷ 気さくに, 飾らずに. —comportarse ~ 自然に振る舞う.

llanca [jáŋka] 囡 《チリ》❶ 青緑色の銅鉱. ❷ (アラウコ族が装飾品としてきた)その銅鉱の小石.

llanero, ra [janéro, ra] 名 ❶ 平原 (llanura) [平地]の住民. ❷ (オリノコ川流域の)ロス・ヤーノス (Los Llanos)の住民(出身者).

llaneza [janéθa] 囡 ❶ (人の)気さくさ, 飾り気のなさ. 類 **sencillez**. ❷ 平明さ; 率直さ. ❸ (文体の)平易さ, 簡明さ.

‡‡llano, na³ [jáno, na ヤノ, ナ] 形 ❶ 平らな, 平たんな, なめらかな. —Es un terreno [camino] ~. 平らな土地[道]である. ❷ 気どらない, 純朴な. —Es un jefe muy amable y ~ con todos. 彼はみんなに対して愛想がよく気どらない上司だ. 類 **afable, natural, sencillo**. ❸ 平民の, 非特権階級の. —Es un político muy votado entre el pueblo ~. 彼は一般大衆から多くの票をもらう政治家だ. ❹ 平易な, 平明な; 普通の. —Es incapaz de dar una explicación franca y llana. 彼は率直で平明な説明をすることができない. 類 **corriente, fácil**. ❺ 末尾から2番目の音節にアクセントのある. —La mayoría de las palabras españolas son llanas. スペイン語の単語の大半は後ろから2番目の音節にアクセントがある. 類 **grave, paroxitono**.

a la llana 気さくに, 飾り気なく (=llanamente).

de llano 遠回しでなく，単刀直入に，あからさまに．

━━ 男 平原，広野．━━*Tardaron un día en atravesar aquel inmenso ~.* 彼らはその広い平原を横切るのに1日かかった．[類] **llanura**.

Llanquihue [ʝaŋkíwe] 固名 ヤンキウエ(チリの県).

llantén [ʝantén] 男 〖植物〗オオバコ(~ mayor). ━━ *~ de agua* サジオモダカ. *~ menor* ヘラオオバコ.

llantera [ʝantéra] 女《話》泣きじゃくること，おいおい泣くこと．━━*coger una ~* 泣きじゃくる，おいおい(わんわん)泣く．*Cuando le da la ~ no para en dos horas.* 彼女をおいおい泣かせると2時間でも止まらない．[類] **llantina, llorera, lloro**.

llantina [ʝantína] 女《話》→llantera.

:**llanto** [ʝánto] 男 泣くこと，涙を流すこと；涙．━━*Se oía el ~ de un niño.* 子供の泣き声が聴こえていた．*La mujer prorrumpió en ~.* その女性はわっと泣き出した．*L~ por Ignacio Sánchez Mejía* イグナシオ・サンチェス・メヒーアに捧げる哀歌(García Lorca の詩).

anegarse [deshacerse] en llanto 泣きくずれる，むせび泣く．*Al oír la noticia, la madre se deshizo en llanto.* その知らせを聞くと母親は泣きくずれた．

:**llanura** [ʝanúra] 女 平原；平たさ．

llapa [ʝápa] 女 →yapa.

llapango, ga [ʝapáŋgo, ga] 形 〖エクアドル〗素足の，裸足の(裸).

***llave** [ʝáβe ヤベ] 女 ❶ 鍵(診). ━━*cerrar con ~* 鍵をかける，錠をおろす．*echar la ~* 戸締まりをする．*~ maestra* マスターキー，親鍵．❷(問題解決などへの)鍵，手がかり；要点，秘けつ．━━*El diálogo es la ~ para resolver el problema.* 対話は問題解決への鍵である．*La paciencia ha sido la ~ de su éxito.* 忍耐は彼の成功の秘訣であった．[類] **clave**. ❸ 〖工具〗スパナ，(モンキー)レンチ．*~ inglesa* レンチ．❹ 調節弁，コック，蛇口，スイッチ．*~ de la luz* 電気のスイッチ．*~ de paso del agua [del gas]* 水道の蛇口 [ガスのコック]. ❺〖音楽〗音部記号．(ピアノなどの)キー．❻〖印刷〗大カッコ({}). ❼(レスリングなどの)固め技．ロック．*~ s de judo* 柔道の固め技．❽〖歯科医〗鉗子(綻).

bajo [debajo de] llave 鍵をかけて，安全な場所に隠して．*Tienen todos los objetos de valor bajo llave.* すべての貴重品を鍵をかけて保管している．

bajo [debajo de] siete llaves しっかりと保管して．*La mujer guarda sus alhajas bajo siete llaves y ni su marido sabe dónde.* その婦人は自分の宝石類をしっかり保管しているので夫でさえどこにあるか知らない．

llave de contacto (車の)イグニッションキー．

llave de la mano (手を開いて)親指の先から小指の先までの長さ．

llave de tuercas スパナ．

llavero, ra [ʝaβéro, ra] 名 鍵の管理人，鍵番．━━ 男 キーホルダー，キーリング．

llavín [ʝaβín] (<llave) 男 (掛け金用の)小さな鍵．

:**llegada** [ʝeɣáða] 女 ❶ 到着，着くこと．━━*Debido a la niebla la ~ del avión se retrasó una hora.* 霧のため飛行機の到着は1時間遅れた．

***llegar** [ʝeɣár イェガル] [1.2] 自 ❶ [+*a* に] (*a*) 着く，到着する．━━*El tren llega a Sevilla a las cuatro y media.* 列車は4時半にセビーリャに着いた．*Siempre llega tarde a clase.* いつも彼は遅刻している．❷(*a*)〖+*a* に〗到達する，達する，届く．━━*Cuidándose llegó a los cien años.* 彼は健康に気を付けて100歳に達した．*El río es poco profundo y el agua sólo llega hasta las rodillas.* 川は浅いので水はひざまでしか達しない．*El cable no llega al enchufe.* コードがコンセントまで届かない．*La cola llegaba hasta la plaza.* 行列は広場にまで達していた．*Mi sueldo mensual no llega a cuatro mil euros.* 私の月給は4000ユーロに届かない．*Los asistentes llegaron al centenar.* 出席者は100人にに達した．(*b*) 手が届く．━━*Cógeme ese vaso que yo no llego.* 私には手が届かないからそのコップをとってちょうだい．*Ha llegado a jefe de sección.* 彼は課長になった．❸ 到来する，来る．━━*Ya llega el otoño.* もう秋が来た．*Ha llegado una carta para ti.* 君に手紙が来ている．❹ 心を打つ，感銘を与える．━━*Aquellas palabras me llegaron al corazón.* あの言葉は私の心に響いた．❺(費用などが)足りる，充分である．━━*El dinero que tengo ahorrado no me llega para comprar un piso.* 私が貯金しているお金ではマンションを買うのに足りない．

━━*se* 再 〖+*a* に〗行く，寄る，(近くの場所に)行く．━━*Me llego un momento a casa de mis padres y en seguida vuelvo.* 私は両親の家にちょっと寄ってすぐ戻ってくるよ．*Llégate al bar a ver si está papá.* バールにお父さんがいないか見に行ってきて．

estar al llegar もうじきやって来る．*Mi tío está al llegar.* 叔父がもうすぐやって来る．

llegar a〖+不定詞〗…するに至る，することになる．*Llegó a ser alcalde de París.* 彼はとうとうパリ市長になった．*Con el tiempo llegarás a saber lo mucho que te he querido.* 時がたてば君は私がどんなに君のことを愛していたかわかるようになるだろう．

llegar al alma 心を打つ，強い印象を与える．*Su conferencia me llegó al alma.* 彼の講演に私は感銘を受けた．

llegar a las manos 暴力に訴える，なぐり合う．*Los dos comenzaron a discutir y llegaron a las manos.* 2人は口論の末なぐり合った．

llegar lejos 将来性がある，出世する．*Esta chica llegará lejos en el mundo de la pintura.* この娘さんは絵画の世界で大いに伸びるだろう．

llegue(-) [ʝeɣe(-)] 動 llegar の接・現在．

llegué [ʝeɣé] 動 llegar の直・完了過去・1単．

***llenar** [ʝenár イェナル] 他 ❶ (*a*) [+*de/con* で] (空間・容器)を満たす，一杯にする．━━*Mi padre llenó el vaso de vino tinto.* 父はグラスを赤ブドウ酒で満たした．*La gente llena la plaza.* 広場は人々で一杯だ．(*b*) [+*de* に] を一杯に置く，並べる．━━*El niño llenó la mesa de juguetes.* 子供はテーブルの上をおもちゃだらけにした．(*c*) 〖+*de* で〗(感情などで)人を満たす，一杯にする．━━*La noticia nos ha llenado de tristeza.* そのニュースに我々はうちひしがれた．(*d*) を満腹させる．━━*La tortilla española nos ha* *llenado* a todos. スペイン風オムレツで我々は皆満腹した. ❷ (書類に)を書き入れる, 記入する. — el documento 書類(の空欄)に記入する. 類 **rellenar**. ❸ (*a*)〖+de〗(人)に(を)豊富に与える, を豊かにする, 富ます. —El viaje al extranjero la ha *llenado* de felicidad. 外国旅行は彼女を幸福感で一杯にした. Le *llenaron* de elogios. 彼らは彼をべたぼめにした. 類 **colmar**. (*b*)(希望など)を満足させる. —Sus promesas no *llenaban* mis ambiciones. 彼の約束は私の野心を満足させるとはなかった. No la *llenó* la relación con el chico. 彼女はその若者との関係に満足しなかった. ❹ (時間など)を過ごす, つぶす. —*Llena* su tiempo de ocio paseando y pescando. 彼は余暇を散歩と釣りで過ごす. 〖話〗妊娠させる.

—**se** 再 〖+de〗一杯になる, 充満する. —La piscina *se llenó de* agua en una hora. プールは1時間で水が一杯になった. *Se llenó de* alegría al saber que venías. 君が来ることを知って彼は喜びで一杯になった. ❷ 〖+de/con〗満腹する. —Me he *llenado de* arroz a la cubana. 私はキューバ風ライスで満腹した.

****lleno, na** [jéno, na イェノ, ナ] 形 ❶ 〖+de〗…で一杯の, (一杯に)満ちた. —Trajo una bota *llena de* vino. 彼はワインで一杯の革袋をもって来た. El avión iba *de* pasajeros. 飛行機は乗客で満員だった. Vino *de* alegría. 彼は喜びで一杯になってやって来た. unos pantalones —*s de* manchas シミだらけのズボン. 類 **ocupado, repleto**. ❷ 満腹の. —Ya no puedo comer más: estoy ~. もうこれ以上食べられません, 満腹です. ❸ 肉付きのいい. —Está en relaciones con esa chica rubia, un poco *llena*. 彼はその金髪でちょっと肉付きのいい娘と付き合っている.

— 男 満員, 大入満員. —Aquella noche hubo un ~ total. その夜は大入満員だった. *de lleno* (**en lleno**) 全く, 完全に. Aquí nos dará el sol *de lleno*. ここなら我々は太陽を存分に浴びられるだろう. La reforma laboral nos afecta *de lleno*. 労働改革は我々に全体的な影響を与える.

llevada [jeβáða] 女 運搬; 携行; 着用.

llevadero, ra [jeβaðéro, ra] 形 〖ser+〗我慢できる, 辛抱できる. —un frío — しのげる寒さ. El hijo ya trabaja y la situación es más llevadera. 息子がもう働くようになって, 状況は楽になった. 類 **soportable, sufrible, tolerable**. 反 **insoportable**.

****llevar** [jeβár イェバル] 他 ❶ (*a*)(物)を持って行く, 運ぶ. —Llevó el paquete a correos. 彼は小包を郵便局に持って行った. ~ la maleta a la consigna 手荷物預り所にスーツケースを持って行く. Yo te *llevo* el baúl. 私がトランクを持って行く. (*b*)(人)を連れて行く, (乗り物に)乗せる. —Esta tarde *llevo* a los niños al parque. 今日の午後私は子供たちを公園に連れて行く. Te *llevo* en coche hasta tu casa. 私は君を家まで車で送って行くよ. 反 **traer**. ❷ (名)を携帯する, 持っている; …が付いている. —¿Cuánto dinero *llevas*? 君はいくらお金を持ってる. Este árbol *lleva* peras. この木には洋ナシがなっている. Esa sílaba *lleva* un tono alto. その音節は高いピッチを持っている. El niño *llevará* el nombre de Tomás. その子はトマスという名前がつくだろう. (*b*) 含む, 含有する. —Este pastel *lleva* licor. このケーキには洋酒が入っている. El cuadro *lleva* muchas frutas. その絵には多くの果物が描かれている. (*c*) (ある感情)を抱く. —*Llevo* mucha tristeza. 私は大変悲しい. Mis padres *llevaron* muy mal mi divorcio. 両親は私の離婚を非常に不快に思ったのだ. ❸ (衣服など)を身につけている, 着ている. —*Llevas* un vestido muy elegante. 君はずいぶんしゃれたドレスを着ているね. ❹ 〖+形容詞/過去分詞/副詞〗(身体・衣服などが)ある状態)にある, をしている, …してある. —*Lleva* el pelo cortado al rape. 彼は頭を丸刈りにしている. *Llevas* sucios los zapatos. 君は靴がよごれてる. *Llevas* arrugados los pantalones. 君はズボンがしわだらけだ. ❺ 〖+過去分詞〗…してある〖過去分詞は直接補語と性・数一致する〗. —*Llevo* leídas diez páginas de la novela. 私はその小説をすでに10ページ読んだ. Ella *lleva* sufridos muchos desengaños. 彼女はその幻滅を味わっている. *Llevamos* vendidos más de mil ejemplares. 私たちはもう1000冊以上売った. ❻ を生じる, もたらす, 起こす. —El tifón *llevó* la inundación a esa zona. 台風はその一帯に洪水をもたらした. Las palabras del rey *llevaron* la tranquilidad a la población. 国王の言葉は国民に平静をもたらした. ❼ 〖+*a*へ〗を導く, 駆る, 達せしめる. —El gobierno militar *llevó* el país *a* la ruina. 軍事政権は国を荒廃へと導いた. Esta avenida te *lleva a* la plaza de toros. この大通りを行けば闘牛場に出るよ. ¿Qué camino *llevas* para ir a tu casa? 家に戻るにはどの道を通るの. La enfermedad le *llevó a* una profunda depresión. 病気のために彼はすっかり落ち込んでしまった. ❽ を操る, 運転する. —Ella sola *llevó* el coche durante todo el viaje. 旅行の間中彼女は独りで車を運転した. Sabe ~ muy bien a un tío que es muy raro. 彼は変り者のおじさんをあしらうのがとても上手だ. ❾ を担当する, 管理する, 経営する. —Los dos hermanos *llevan* la tienda. 兄弟2人が店を経営している. ~ las cuentas 経理を担当する. ❿ を切る, 失わせる, 持ち去る. —La máquina me *llevó* el brazo derecho. 私は機械に右腕を奪われた. ⓫ …に耐える, を我慢する. —Ha *llevado* la enfermedad con paciencia. 彼は我慢強く病気に耐えた. ⓬ (*a*)(時間)を過ごす. —¿Cuánto tiempo *lleva* usted en Granada? どのくらいの期間グラナダにご滞在ですか. *Llevo* cinco años aprendiendo español. 私はスペイン語を学んで5年になる. (*b*)(時間)がかかる, (時間)を要する, 必要とする. —*Llevó* una semana reparar la avería del coche. 車の故障を直すのに1週間かかった. ⓭ (お金)をとる. —Me *llevaron* ocho euros por arreglar la máquina. 私は機械の修繕代として8ユーロとられた. ⓮ (調子・拍子など)をとる. —*Llevas* bien el ritmo. 君はリズムのとり方がうまいね. No lo alcanzarás porque *lleva* una buena marcha. 彼は快調に歩いているから君は追い付けないだろう. ⓯ 〖+*a*より〗多い, 勝る, 上回る. —Mi hijo me *lleva* cinco centímetros. 息子は私より5センチ背が高くなった. Sólo me *llevas* tres meses. 君は私より3か月先に生まれただけだ. ⓰ (計算で上の桁へ(数)を繰り上げる, 送る.

llevar adelante を推進する, 実行に移す, 実現す

d. Hay que *llevar adelante* nuestros planes. われわれの計画を推進する必要がある.

llevar consigo (1) 〜を連れて行く. *Siempre que viajo, llevo conmigo a mi mujer.* 私は旅行するときにいつも妻を連れて行く. (2) (ある事)を伴う. *El matrimonio lleva consigo una gran responsabilidad.* 結婚には大きな責任が伴う.

llevar las de ganar [perder] (他人に対して)有利な立場にいる[不利な立場にいる].

no llevarlas todas consigo 疑う, 心配する, 恐れる. *No las llevo todas conmigo porque no me fío de él.* 私は彼を信用していないので, (彼への)疑念は晴れない.

── 自 ❶【+a に】通じる, 向かう. ── *Esta avenida lleva a la plaza de toros.* この大通りは闘牛場に通じている. *Todos los caminos llevan a Roma.* すべての道はローマに通じる. ❷【+現在分詞】…し続けている, している. ──*Llevo estudiando desde las diez.* 私は10時から勉強を続けている. ❸【+en に】滞在している, (で)過ごしている. ── *Lleva en* el extranjero desde abril. 彼は4月から外国に住んでいる.

── se 再 ❶ 連れて行く, 持って行く, 携行する. ──*Llévate* al niño a la guardería. 子供を保育園に連れて行ってね. ~*se* el paraguas 傘を持って行く. ❷ 獲得する, 手に入れる; 買う. ── *Ramón se llevó* el premio gordo de la lotería. ラモンは宝くじの1等賞をとった. ❸ 持ち去る, 連れ去る. ── *Los ladrones se llevaron* la caja fuerte. 泥棒は金庫を持ち去った. *Se llevaron* a dos clientes como rehenes. 彼らは2人の客を人質として連れ去った. ❹ (ある感情を)抱く, 感じる. ── *Me llevé una gran sorpresa al verla allí.* 私は彼女をそこで会って大変びっくりした. ❺ 流行する, はやる. ── Este año *se lleva* la minifalda. 今年はミニスカートがはやっている. ❻ (年齢等に)差がある, 違いがある. ── *Las dos hermanas se llevan* cuatro años. 姉妹の年齢差は4歳である. *Nos llevamos tres centímetros de alto.* 私たちは3センチ身長差がある. ❼ 元気である. ──¿*Cómo se lleva* ella? 彼女元気かね. ❽ (計算で上の桁に数)を繰り上げ, 上げる, 送る. ── *Cinco y siete son doce y me llevo* una. 5+7=12で(10の位へ)1が繰り上がる(他 参照).

llevarse a matar 仲が非常に悪い. *Juana y Carmen se llevan a matar.* フアナとカルメンの仲は非常に悪い.

llevarse bien [mal] con … (人)とうまく行く[行かない], 仲がよい[悪い]. *Se llevan muy mal y terminarán separándose.* 彼らは大変仲が悪いから別れることになるだろう.

llevarse por delante 〜を引き倒す, 踏みにじる, 殺す. *Un coche se la llevó por delante.* 1台の車が彼女をひいた.

llorado, da [joráðo, ða] 形 《死者に冠して》悼まれる, 悲しまれる. ── el ~ Picasso 今は亡きピカソ.

lloraduelos [joraðuélos] 男女《単複同形》《話》泣き虫; 嘆いてばかりいる[泣き言ばかり言う]人.

＊＊llorar [jorár ヨラル] 自 ❶ (a) 泣く. ── *Lloró* por la muerte de su madre. 彼は母親が死んだために泣いた. (b) 涙が出る. ── Con el humo me *lloran* los ojos. 煙のため私は目から涙が出ている. ~ de alegría [de rabia] うれし涙をする[悔し涙を流す]. ❷《話》【+a に】ぼやく, 不平をこぼす, 泣いて訴える. ── Le *lloré a* mi madre hasta que me dio dinero. 私は母に小遣いをくれるまで泣いて訴えた.

── 他 〜を嘆き悲しむ; (涙を)流す. ── ~ su mala suerte 自分の不運を嘆き悲しむ. ~ la muerte de un amigo 友人の死を悼む. ~ lágrimas de compasión 同情の涙を流す.

El que no llora no mama. 【諺】黙っていてはわからない(←泣かない子は乳がもらえない).

Quien bien te quiere te hará llorar. 【諺】良薬は口に苦し(←お前をよく愛する人はお前を泣かせるものだ).

llorera [joréra] 女 おいおい[わんわん]泣くこと, 大泣き, 号泣. 類 **llantera, llantina**.

llorica [joríka] 形 男女 泣き虫(の).

lloriquear [jorikeár] 自 しくしく[めそめそ]泣く. 類 **gimotear, sollozar**.

lloriqueo [jorikéo] 男 しくしく[めそめそ]泣くこと. 類 **gimoteo**.

llorisquear [joriskeár] 自 →lloriquear.

lloro [jóro] 男 泣くこと, 嘆き; 涙. 類 **llanto**.

llorón, rona [jorón, róna] 形 ❶ (特に子どもが)泣き虫の. ──¡Qué niño tan *llorón*! 何て泣き虫な子だろう. ❷ 泣き上戸の; 泣き言の多い. 類 **quejica**. ❸ (木が)枝の垂れた. ── sauce ~ 《植物》シダレヤナギ.

── 名 泣き虫; すぐ泣き言を言う人.

── 男 (軍帽の)羽根飾り.

── 女 ❶ (葬儀の)泣き女. ❷ 複【アルゼンチン, ウルグアイ】(ガウチョの使う)大型の拍車.

llorona [joróna] 女 →llorón.

lloroso, sa [joróso, sa] 形 ❶ 泣き顔の, 泣きはらした; 今にも泣きそうな. ── Con los ojos ~s el niño miraba el destrozado juguete. 目に涙を浮かべてその子は壊れたおもちゃを見ていた. La niña salió *llorosa* de la casa después de la reprimenda. その女の子は叱られたあと涙ぐんで家を出た. ❷ (物事が)涙を誘う, 悲しませる. ── Aquél era un espectáculo ~. あれは泣かせる光景だった.

llovedera [joβeðéra] 女【中南米】長雨.

llovedero [joβeðéro] 男 →llovedera.

llovedizo, za [joβeðíθo, θa] 形 (天井などが)雨漏りのする. ──agua *llovediza* 雨水, 天水.

＊llover [joβér ヨベル] [5.2] 自 ❶【無主語】雨が降る. ── *Llueve* a cántaros. 土砂降りの雨である. Ya ha dejado de ~. もう雨は止んだ. ❷ (物事が)雨・あられと降り注ぐ. ── Han *llovido* desgracias sobre ella. 不幸が次々と降りかかった. Le han *llovido* las ofertas de trabajo. 彼には仕事の注文が殺到した. 類 **abundar, caer**.

como llovido (del cielo) 不意に, 突然, 思いがけなく. Apareció *como llovido del cielo*. 彼は突然のように現れた.

como quien oye llover 知らぬ振りで, 馬耳東風で. Escuchaba a su padre *como quien oye llover*. 彼は父親の話を馬耳東風で聞き流していた.

haber llovido 歳月が経つ, 時が経過する. Ha *llovido* mucho desde entonces. その時から長い歳月が流れた.

llover sobre mojado 泣きっ面に蜂である, 悪いことにまた悪いことが重なる. Me dice que no es

1198 llovida

gran cosa, pero es que *llueve sobre mojado*. 彼大は私に大したことではないと言っているが、泣きっ面に蜂のようなものだ。
Nunca llueve a gusto de todos.【諺】雨はだれにも気に入るようには決して降らない。

llovida [joβíða] 囡 【南米】雨, 降雨.
llovido [joβíðo] 男 密航者.(=polizón)
:**llovizna** [joβíθna] 囡 霧雨, 小ぬか雨, しぐれ. —Esta mañana ha caído ～. 今朝しぐれが降った. Se oía el croar de las ranas en la ～. 霧雨の中でカエルの鳴き声が聞こえていた.
lloviznar [joβiθnár] 自 【3人称単数形のみ】霧雨[こぬか雨]が降る.
llueca [juéka] 形 【女性形のみ】(雌鶏が)卵を孵(かえ)す期の.
— 囡 抱卵期の雌鶏. 類 **clueca**.
lluev- [juéβ-] 動 llover の直・現在, 接・現在, 命令・2 単.

‡lluvia [júβja ユビア] 囡 ❶ 雨, 降雨. —～ torrenciales 豪雨, 土砂降り. Ya estamos en la temporada de ～s. もう梅雨だ. Castilla es una región de poca ～. カスティーヤはあまり雨の降らない地方である. ❷ たくさん, 大量. —Recibió una ～ de regalos el día de su cumpleaños. 彼は誕生日にプレゼントをどっさりもらった. Me hicieron una ～ de preguntas. 私は質問あらしの質問をうけた.
lluvia ácida 酸性雨.
lluvia atómica [*radiactiva*] 放射能雨.
lluvia de estrellas 流星雨.

lluvioso, sa [juβjóso, sa] 形 【時期的に:ser/estar+】, 【気候・地域的に:ser+】雨の, 雨続きの. —La primavera está *lluviosa* este año. 今年の春はよく雨が降る. Aquí el otoño es ～. 当地は秋は雨続きだ. Esta región es muy *lluviosa*. この地方は大変雨が多い. 類 **pluvioso**.

‡lo¹ [lo ロ] 冠(定)中 ❶【lo+形容詞(句): 抽象名詞や集合名詞を作る】…なもの, …なこと. —*Lo* ideal es diferente de *lo* real. 理想は現実と異なる. Ya hemos dicho todo *lo* necesario. もう私達に必要なことをすべて言いました. ❷【lo+過分】…したこと, …されたこと. —Él tiene la culpa de todo *lo* ocurrido. 起こったことはすべて彼のせいです. *Lo dicho, dicho.*【諺】一度言ったことは取り消せない. ❸【lo+副】…なこと, …のこと. —*Lo* cerca. 近いこと. ❹【lo+所有形容詞】…のもの. —*Lo* mío, mío, y *lo* tuyo, de entrambos.【諺】私のものは私のもの, 君のものは二人のもの.
a lo ... …のように, …のやり方で. Trabaja a *lo* bestia. 彼は獣のように働く.
a lo más →más.
a lo que ... 【中南米】…する時の, …の時.
a lo sumo →sumo.
con lo [+形容詞・副詞+] *que* …[+直説法](1) …のように. *Con lo* inteligente *que* es, no necesitará estudiar. 彼はあんなに頭がいいのだから, 勉強する必要はない. (2) …なのに. *Con lo* buena *que* es, nadie quiere casarse con ella. あんなにいい娘なのに誰も彼女と結婚したがらない.
¡Con lo que ...! …なのに…とは. *¡Con lo* que yo la he ayudado, y ni me viene a ver! あんなに彼女を助けてやったのに, 彼女は私に会いにも来ないなんて!

lo de ... …のこと. Olvidó *lo de* la reunión. 彼は会議のことを忘れてしまった. Muchas gracias por *lo de* ayer. 昨日はどうもありがとう.
lo [+形容詞変化形+] *que* ... (1) …であること. Me contó ella *lo divertida que* se pasó la noche. 彼女はその夜楽しく過ごしたことを私に話しました. (2) どんなに…であるか. No podrá usted figurarse *lo hermosa que* se ha puesto su hija. 彼の娘がどんなに美しくなったかあなたは想像できないでしょう.
lo [+副詞+] *que* ... (1) …なこと. Le llamó la atención *lo aprisa que* iba la gente. 人々の足どりが早いのが彼の注意を引いた. (2) どんなに…であるか. No sabía *lo lejos que* está su padre. 彼の父がどれほど遠くにいるかは知らなかった.
lo que →lo que.
lo cual →lo cual.

‡lo² [lo ロ] 代(人称)【複】los】【男性3人称単数対格; 直接補語となる】❶ 【話し手でも話し相手でもない他の人をさす】彼を. —No lo conozco bien. 私は彼をよく知らない【スペインでは le が用いられる】. ❷【話し相手の人をさす】あなたを. —*Lo* vi a usted ayer en la estación. 私はあなたを昨日駅で見かけました【usted で話しかける相手について用いられる. スペインでは le が用いられる】. ❸【男性3人称単数の物をさす】それを. —*Lo* compré ayer. 私はそれを昨日買いました.

‡lo³ [lo ロ] 代(人称)【中性対格】❶【直接補語として; 前に出た内容をさす】それを, そのことを. —No lo sé. 私はそれを知らない. ❷【ser, estar, parecer, fingir を用いた文の叙述補語として】そう. —Aunque es joven, no *lo* parece. 彼は若いのだがそれらしく見えない. ¿Son universitarias? –Sí, *lo* son. 彼女ら, 女子大生ですか?–はい, そうです. ¿Están cansados? –Sí, *lo* estamos. あなた方疲れてますか. –はい, 疲れてます【このような場合, 名詞の性・数にかかわりなく中性の lo で受けることができる】.

loa [lóa] 囡 ❶《文》賞賛. 類 **elogio**. ❷ (古典劇の)前口上; 寸劇. ❸【メキシコ, 中米】叱責.
loable [loáβle] 形《文》賞賛すべき, 賞賛に値する. 類 **laudable**. —Los medios que ha usado son muy ～s. 彼が用いた手段[方策]は賞賛に値する.
loar [loár] 他 を賞賛する, 褒(は)めたたえる. 類 **alabar, elogiar**.
lobanillo [loβaníjo] 男 ❶《医学》皮脂嚢腫(のうしゅ), 嚢胞(のうほう). 類 **quiste**. ❷ (樹皮の)こぶ.
lobato [loβáto] 男 オオカミの子.
lobera¹ [loβéra] 囡 ❶ オオカミの隠れ場[穴]. ❷ オオカミの棲(す)む山.
lobero, ra² [loβéro, ra] 形 オオカミの. —*piel lobera* オオカミの皮. 類 **lobuno**.
— 男 オオカミ狩りの猟師.
lobezno [loβéθno] 男 →lobato.
:**lobo, ba** [lóβo, βa] 名《動物》オオカミ, 狼. —Tengo más hambre que un ～. 私はお腹の皮が背中に張りつきそうだ. (←私はオオカミよりもお腹がすいている). —～ acuático カワウソ. —～ cerval [cervario] オオヤマネコ. —～ marino アザラシ (=foca).
coger [*pillar*] *un lobo* 酔っぱらう (=embriagarse).
diente de lobo →diente.
estar como boca de lobo 真っ暗である.

hombre lobo →hombre.
lobo de mar 老練な船乗り.
lobos de una camada [*de la misma camada*] 同じ穴のむじな.
¡Menos lobos! 大げさだ.
meterse en la boca del lobo 虎穴(こけつ)に入る, すすんで危険をおかす.
ser un lobo con piel de oveja 羊の皮をかぶった狼である(偽善者である).
ver las orejas al lobo 危険に気がつく.

lóbrego, ga [lóβreɣo, ɣa] 形 暗い, 暗くて気味の悪い; 物悲しい, 陰気な. —*una habitación lóbrega* 暗くて薄気味悪い部屋. *Ocurrió en una lóbrega noche de invierno.* 事は冬の陰鬱(うつ)な夜に起こった. 類 **oscuro, sombrío**.

lobreguez [loβreɣéθ] 女 暗さ, 暗い気味の悪さ; 陰気. 類 **oscuridad, tenebrosidad**.

lobulado, da [loβuláðo, ða] 形〖植物, 解剖〗小葉に分かれた, 裂片状の. —*La hoja del trébol es lobulada.* クローバの葉は裂片状である. *arco* ~ 〖建築〗小葉状アーチ.

lóbulo [lóβulo] 男 ❶〖植物〗(クローバなどの)裂片, 小葉. ❷ 耳たぶ (~ *de la oreja*). ❸〖解剖〗葉(よう). — *del cerebro* 頭葉. — *del hígado* [*del pulmón*] 肝[肺]葉. ❹〖建築〗(アーチなどの)小葉状切れ込み模様.

lobuno, na [loβúno, na] 形 オオカミの, オオカミのような. —*aspecto* ~ オオカミのような外観.

‡**local** [lokál] 形 ❶ 土地の, 地方の, 地元の. —*La policía* ~ *se encargó del accidente.* 地元警察がその事故を受けもった. *La noticia fue publicada en el vespertino* ~. そのニュースは地方夕刊で公表された. *autoridades* ~*es* 地方の当局. *costumbres* ~*es* その土地の習慣. *hora* ~ 現地時間, ローカル・タイム. *emisora* ~ 地方局. ❷ 局部的な; 〖情報〗ローカルの. —*anestesia* ~ 局部麻酔.
— 男 土地, 用地, (ビルの店舗用)区画. —*Ha encontrado un buen* ~ *para montar la sastrería.* 彼は洋服屋を開くためによい用地を見つけた. "*Se alquilan* ~*es*" 「テナント募集」(看板). *Han prohibido fumar en* ~*es públicos.* 公共の場所では禁煙になった. 類 **espacio, lugar, sitio**.

‡**localidad** [lokaliðá(ð)] 女 ❶ 土地, 町, 村. —*En esta* ~ *no hay hoteles de más de dos estrellas.* この土地には2つ星以上のホテルはない. 類 **ciudad, población**. ❷ (*a*) (劇場などの)座席, 席. —*He reservado dos* ~*es de sombra para los toros de este domingo.* 私は今度の日曜日の闘牛を見るために日陰の席を2つ予約しました. 類 **asiento, plaza**. (*b*) 入場券. —*Hay que hacer cola para conseguir* ~. 入場券を手に入れるためには行列しなければならない. 類 **entrada**.

localismo [lokalísmo] 男 ❶ (排他的な)郷土愛, 地方主義. ❷ (地方の)方言, 訛(なま)り.

localista [lokalísta] 形 地域的な.

localización [lokaliθaθjón] 女 ❶ 所在の確認, 位置の測定. —*La* ~ *del avión siniestrado no ha sido fácil.* 事故に遭った飛行機の場所を確認するのは容易ではなかった. ❷ 局地[局部]化. ❸ (テキスト解釈での)作者や制作年代を言い当てること. ❹〖情報〗パス, 経路.

localizar [lokaliθár] [**1.3**] 他 ❶ …の所在[位置]を確認[特定]する. —~ *un submarino* [*un tumor*] 潜水艦[腫瘍(しゅよう)]の場所を突きとめる. *Están tratando de* ~ *al abogado.* 彼らは弁護士の居場所を確認しようとしている. 類 **encontrar, hallar**. ❷ を局地[局限]化する. —~ *un incendio* [*una epidemia*] 火事[流行病]が広がるのを食い止める, 延焼を防ぐ. ❸ (—*Localícese el texto siguiente.* 次のテキストの作者と制作年代を述べよ.
— *se* 再 (痛みなどが)位置する; 集中する. —*El dolor se le ha localizado en la cintura.* 痛みは腰に集中した.

***locamente** [lókaménte] 副 気が狂ったように, 熱烈に, 激しく. —*Está* ~ *enamorada de él.* 彼女は彼を熱烈に恋している.

locatario, ria [lokatárjo, rja] 名 借地[借家]人; 小作人. 類 **arrendatario**.

locatis [lokátis] 形〖単複同形〗気がふれた, 頭のおかしくなった. —*Juan está algo* ~. フアンは少し頭が変になっている. 類 **chiflado**.
— 男女〖単複同形〗気がふれた人.

loc. cit. 《略号》=ラテン *loco citato* (en el lugar citado) 上記引用文中に.

locería [loθería] 女 〖集合的に〗(陶)磁器; 〖アンダルシーア, 中南米〗陶磁器工場.

locha [lótʃa] 女 〖魚類〗ドジョウ.

loche [lótʃe] 男 →locha.

loción [loθjón] 女 ❶ 化粧水, ローション. —~ *capilar* ヘアローション. ~ *para después del afeitado.* アフターシェイブローション. ❷〖医学〗(患部への)ローション剤の塗布[による洗浄・マッサージ]. 類 **fricción, friega, masaje**.

lock-out [lokáu(t)] 〖<英〗 [lokáu] 男 〖複 lock-outs〗ロックアウト, 工場閉鎖.

__loco, ca__ [lóko, ka ロコ, カ] 形 ❶ 気の狂った, 正気でない. —*Se volvió* ~ *de tanto estudiar.* 彼は勉強しすぎて気が狂った. *Estás* ~ *si crees que te van a ayudar.* みんなが君を助けてくれると考えているのなら君はどうかしているよ. 類 **chiflado, demente, desquiciado**. ❷ [+*de*] …で分別をなくした, 理性を失った. —*Se puso* ~ *de ira al oírlo.* それを聞くと彼は怒りで分別を失った. *Está* ~ *de amor por la chica.* 彼はその娘の愛で目がくらんでる. 類 **ciego, rabioso**. ❸ [+*con/por*] …に夢中になって, 熱狂して. —*La abuela está loca con* *su primer nieto.* 祖母は初孫に夢中になっている. *Mi hijo está* ~ *por el ordenador y se pasa el día ante él.* 私の息子はコンピュータに熱狂して一日中その前にいる. 類 **chalado, chiflado**. ❹ 大きな, とてつもない(*alegría, amor, entusiasmo, ilusión, interés* など精神状態を表す名詞を修飾し). —*Le hace una ilusión loca estudiar en el extranjero.* 彼には外国で勉強するのが大きな夢である. *Tiene un interés* ~ *en el Kabuki.* 彼は歌舞伎に大変な関心をもっている. *Tiene un interés* ~ *en que vayas a verla.* 彼は君が彼女に会いに行くことにものすごく関心をもっている. 類 **enorme, extraordinario, intenso**. ❺ 目が回るほど忙しい. —*He tenido una semana loca y necesito descansar.* 私は1週間とても忙しかったので休息が必要である.
— 名 気の狂った人, 狂人. —*Gritó como una loca al ver el cadáver de su hijo.* 彼女は息子

の死体を見たときに気が狂ったように叫んだ. Es un ~ conduciendo. 彼は運転するときは狂ったようになる.

a lo loco [*a locas*] 軽々しく, 気楽に, 無反省に. No lo decidas *a lo loco*; tienes mucho tiempo todavía. それを軽々しく決めてはいけない. 君にはまだたっぷり時間があるのだから.

(*a tontas*) *y a locas* →*a lo loco*.

Cada loco con su tema. 〖諺〗人は誰でも自分の考えを持っている(←狂人といえどもめいめいが自分のテーマを持っている).

estar loco de alegría [*contento*] 大喜びである[とても満足している]. El niño *está loco de alegría* con el juguete. その子はおもちゃで大喜びしている.

hacer el loco ばかなまねをする, 道化役をつとめる. *Hizo el loco* para atraer la atención de todos. 彼はみんなの注目を集めるためにばかなまねをした.

hacerse el loco わからないふりをする, とぼける. Lo llamé pero *se hizo el loco*. 私は彼を呼んだが彼は知らんぷりをした. 類 **disimular, fingir**.

loco de remate [*de atar*] 完全に狂気の.

tener una suerte loca 運が強い, 非常に幸運である.

traer [*tener*] *loco a ...* (人)の気を狂わせる. El reuma le *traía loco*. 彼はリューマチで気も狂わんばかりであった.

volver loco a ... (1) (人)をうるさがらせる, うんざりさせる. Me *vuelve loco* con tantas preguntas. そんなにたくさんの質問をされて私はうんざりする. 類 **aturdir, marear**. (2) (人)を夢中にさせる, 熱狂させる. Ese actor *vuelve locas a* las chicas. その俳優は娘たちを熱狂させている. 類 **enamorar**.

volverse loco por ... …に気が狂う, 夢中になる. Se *vuelve loco por* las carreras de caballos. 彼は競馬に夢中になっている.

locomoción [lokomoθjón] 女 (*a*) 移動. —órganos de ~ 移動装置. (*b*) (特に乗物による)移動, 輸送. —gastos de ~ 輸送費. medios de ~ 輸送[交通]手段. sistema de ~ de las masas 大量輸送方式.

locomotor, tora [lokomotór, tóra] 形 移動[運動]の. —Las alas constituyen el aparato ~ de los pájaros. 羽は鳥の運動器官である.
— 女 機関車. —~ eléctrica [de vapor] 電気[蒸気]機関車.

locomotora [lokomotóra] 女 →locomotor.

locomotriz [lokomotríθ] 形 (locomotor の女性形で, この形に対応する男性形はない)移動[運動]の. —energía ~ 運動エネルギー. fuerza ~ 推進[原動]力.

locomóvil [lokomóβil] 形 移動できる.
— 女 移動式蒸気機関車.

locuacidad [lokwaθiðá(ð)] 女 多弁, 饒舌(じょう). 類 **facundia, labia, verborrea**.

lo cual [lukwál] →cual.

locuaz [lokwáθ] 形 多弁[饒舌(じょう)]な, おしゃべりな. 類 **charlatán, hablador**.

locución [lokuθjón] 女 〖文法〗慣用句, 熟語; 句, フレーズ. —~ adjetiva [adverbial, conjuntiva, interjectiva, prepositiva] 形容詞[副詞, 接続詞, 間投詞, 前置詞]句. 類 **frase**.

locuelo, la [lokwélo, la] [<loco]形 〖話〗軽率な, 向こう見ずな. 類 **irreflexivo**.
— 名 やんちゃ坊主; おてんば娘.

:**locura** [lokúra] 女 ❶ 狂気, 精神異常. —En un ataque de ~ intentó matar a su padre. 彼は狂気の発作で父親を殺そうとした. ❷ 気ちがいざた, 愚行. —Fue una ~ contárselo. 彼にそれを言うのは気ちがいさたであった. 類 **barbaridad, disparate, insensatez**. ❸ 熱愛, 熱狂. —Tiene ~ por las motos. 彼はオートバイに熱狂している. La quiere con ~. 彼は彼女を熱愛している.

locutor, tora [lokutór, tóra] 名 (ラジオ・テレビの)アナウンサー; ニュースキャスター.

locutorio [lokutórjo] 男 ❶ (刑務所・修道院の)面会室. ❷ 電話ボックス. 類 **cabina (telefónica)**. ❸ (ラジオ)放送スタジオ.

lodachar [loðatʃár] 男 →lodazal.

•**lodazal** [loðaθál] 男 ❶ ぬかるみ, 泥沼, 泥地. —La moto se metió en un ~ y me costó trabajo sacarla. バイクがぬかるみにはまりこみ, 引き出すのが大変だった. Tuvimos que retroceder porque se nos hundían los pies en el ~. 足がぬかるみにめり込むので私たちは引き返さなければならなかった. 類 **barrizal, barrizal, cenagal, atascadero**. ❷ 〖比喩〗泥沼, 窮地, 苦境; 悪徳, 堕落. —Vivió durante años en un ~. 彼は何年もの間, 堕落した生活を送った. 類 **barrizal, ciénaga, cenagal**.

lodazar [loðaθár] 男《まれ》→lodazal.

loden [lóðen] 男 〖繊維〗ローデン. ◆主にチロル・スイス・アルザス地方で作られる旅行着用の毛織物.

:**lodo** [lóðo] 男 ❶ 泥. 類 **barro, cieno, fango**. ❷ 不名誉, 不評. —Su crimen ha cubierto de ~ nuestro nombre. 彼の犯罪は私たちの名前を穢(けが)した.

lodoso, sa [loðóso, sa] 形 泥だらけの, ぬかるみの. 類 **cenagoso, fangoso**.

logarítmico, ca [loɣarítmiko, ka] 形 〖数学〗対数の. —tabla *logarítmica* 対数表.

logaritmo [loɣarítmo] 男 〖数学〗対数. —tabla de ~s 対数表. ~ decimal [vulgar] 常用対数. ~ natural 自然対数.

logia [lóxja] 女 ❶ 〖建築〗柱廊, ロッジア. ❷ (フリーメーソン[秘密結社]の)集会所; その集会.

lógica [lóxika] 女 →lógico.

lógicamente [lóxikaménte] 副 論理的に, 必然的に.

:**lógico, ca** [lóxiko, ka] 形 ❶ 論理学の. —Su teoría no se basa en principios ~s. 彼の理論は論理学的原則に基づいていない. ❷ 論理的な, 筋の立った. —Hay que buscar un argumento ~ para convencerle. 彼を説得するために筋道の立った論拠を見つけなければならない. Has sacado las consecuencias *lógicas*. 君は筋の通った結論を導き出した. ❸ 当然の, ふつうの. —Con tanto trabajo es ~ que se queje. あんな仕事を抱えていては彼が嘆くのも当然である. No me parece ~ que fumes padeciendo de bronquitis. 気管支炎にかかっていながら君がタバコを吸うのが私にはふつうとは思えない. 類 **natural, normal**.
— 名 論理学者.
— 女 ❶ 論理学. ❷ 論理, 正しい筋道. —~ formal 形式的論理性. Su explicación carece de toda ~. 彼の説明にはまったく論理がない. ~ borrosa [matizada, difusa] ファジー・ロジック.

logística [loxístika] 女 →logístico.

logístico, ca [loxístiko, ka] 形 ❶《軍事》兵站(☆☆)学[業務]の. — apoyo ～ 兵站業務支援. ❷ 記号論理学の. — 名 ❶《軍事》兵站学[業務]. ❷ 記号論理学.

logogrifo [loɣoɣrífo] 男 文字のなぞなぞ. ♦与えられた語の文字や音節を組み換えて別の語を作る言葉遊び.

logomaquia [loɣomákja] 女 言葉上の論争[言い争い].

logopeda [loɣopéða] 男女 言語治療医[療法士].

logopedia [loɣopéðja] 女 言語医学, 言語治療.

***logrado, da** [loɣráðo, ða] 過分形 ❶ 得られた, 獲得された, 達成された. — El premio ～ no se lo esperaba. 手にした賞は彼が予期していないものだった. — una *lograda* representación よくできた演技. Esa obra está muy *lograda*. その作品はとても見事にできあがっている. 類**conseguido**. 反**frustrado**.

****lograr** [loɣrár ログラル] 他 ❶ を獲得する, 手に入れる. — un buen trabajo 立派な職を得る. — una justa victoria 正当な勝利をかちとる. No se *ha logrado* el resultado apetecido. 望んだ結果は得られなかった. 類**alcanzar, conseguir, obtener**. ❷ を達成する, 成し遂げる. — *He logrado* que me suban el sueldo. 私は給料のアップに成功した.

—**se** 自 達成[完遂]される. — *Se logró* acabar el edificio en el plazo previsto. 建物は予定の期日には完工した.

logrería [loɣrería] 女《まれ》高利貸し; 不当利益, 暴利.

logrero, ra [loɣréro, ra] 名 ❶ 高利貸しの人). 類**prestamista, usurero**. ❷ 部下を酷使する人.

logro [lóɣro] 男 ❶ 獲得, 成果, 達成. — ～ deportivo [académico] スポーツの[学問的]成果. El descubrimiento de la penicilina fue un gran ～ para la humanidad. ペニシリンの発見は人類にとって偉大な成果であった. 類**éxito, fruto**. 反**fracaso**. ❷ 利益; 高利. — dar a ～ 高利貸しをする.

logroñés, ñesa [loɣroɲés, ɲésa] 形 ログローニョ (Logroño) の.
— 名 ログローニョ市民[出身者].

Logroño [loɣróɲo] 固名 ログローニョ(スペインの都市).

loísmo [loísmo] 男《文法》❶ 間接補語 le, les の働きとして代名詞 lo, los を使うこと(例: *Lo* doy las gracias. 私は彼にお礼を言う). ❷ (スペインで) 本来代名詞 le を用いるのが正しい人の直接補語に lo を使うこと(例: Entonces *lo* vi. 私はその時彼に会った).

loísta [loísta] 形《文法》loísmo の.
— 男女《文法》loísmo を使う人.

Loja [lóxa] 固名 ロハ(エクアドルの都市).

Lola [lóla] 固名 《女性名》ロラ (Dolores の愛称).

Lolita [lolíta] 固名 《女性名》ロリータ (Dolores の愛称).

***loma** [lóma] 女 (なだらかに続く)丘, 小山. — Covarrubias se asienta entre ～s onduladas de la meseta de Carazo. コバルービアスはカラソ高原

---

longevo 1201

台地のうねる丘の間にある. 類**colina, cerro, collado, altozano, montículo**.
la loma del Diablo 【アルゼンチン】人里離れた所.

lombarda¹ [lombárða] 女《植物》赤キャベツ, ムラサキカンラン.

lombarda² [lombárða] 女 (昔の)射石砲, 石弓.

lombardo, da [lombárðo, ða] 形 ロンバルディア (Lombardía) の.
— 名 ロンバルディアの住民[出身者].

lombriz [lombríθ] 女 ❶《動物》ミミズ (～ de tierra). ❷ 回虫 (～ intestinal). — ～ solitaria サナダムシ.

lomera [loméra] 女 ❶ (馬具の)背帯. ❷ (屋根の)大棟. ❸ (本の)背革.

:**lomo** [lómo] 男 ❶ (動物や人間の)背中, 背; (人間の)腰部. 類**espalda, espinazo**. ❷ (主に豚の)背肉. — De segundo plato pidió un filete de ～. 彼は 2 皿目の料理として豚の背肉のステーキを注文した. ❸ (本の)背. — Distinguió fácilmente el libro por el color del ～. 彼は背表紙の色で簡単にその本を見分けた. ❹ (刃物の)背, みね. — Empujó el ～ del cuchillo para poder cortar mejor. 彼はよりよく切れるようにナイフの背を押えた. 類**filo**. ❺ (田畑の畝(☆)).
a lomo [*a lomos*] (馬やロバの)背にまたがって. El hidalgo recorrió la Mancha *a lomos* de un caballo viejo. その郷士は老いた馬にまたがってラ・マンチャを歩き回った.
agachar [*doblar*] *el lomo* (1) 懸命に働く. Para prosperar hay que *agachar el lomo*. 繁栄を迎えるためには懸命に働かねばならない. (2) 頭を下げる, 卑下する. Es una persona muy orgullosa y no *agacha el lomo* ante nadie. 彼は非常にプライドの高い人だから誰にたいしても決して頭を下げることはない.
sobrar el lomo《話》ゴマをする, おべっかを使う, お世辞を言う (= dar coba).

lona [lóna] 女 ❶ (厚い)木綿地, カンバス. — zapatos [toldo] de ～ ズック靴. [日よけ用の布] ❷ テント, 天幕. ❸《海事》帆(布). ❹《スポーツ》 (ボクシングなど格闘技の)マット.

loncha [lóntʃa] 女 薄片, スライス. — cortar en ～s 薄切りにする. una ～ de queso チーズ 1 切れ. 類**lonja, rodaja**. ❷ 平石(☆). 類**lancha**.

lonche [lóntʃe] 男《中南米》昼食, 軽食.

lonchería [lontʃería] 女《中南米》軽食堂.

londinense [londinénse] 形 ロンドン (Londres) の.
— 男女 ロンドンの住民[出身者].

Londres [lóndres] 固名 ロンドン(英国の首都).

longanimidad [loŋganimiðáð] 女 忍耐強さ, 辛抱; 寛大. 類**magnanimidad**.

longánimo, ma [loŋgánimo, ma] 形 忍耐[辛抱]強い; 寛大な. 類**constante**.

longaniza [loŋganíθa] 女 ❶ 細長いソーセージ, 腸詰め. ❷《比喩, 話》えらく細長いもの.
atar los perros con longaniza(s)《話》【主に否定で皮肉】順風満帆である. Allí no *atan los perros con longanizas*. そうは問屋が卸さない.

longevidad [loŋxeβiðáð] 女 長寿, 長命, 長生き.

longevo, va [loŋxéβo, βa] 形 長寿[長命]の,

長生きの.
:**longitud** [loŋxitúð] 囡 ❶ 長さ. —Necesito una tela de tres metros de ～ por uno de anchura. 私は長さ3メートルで幅が1メートルの布地がいる. 類**largo**. ❷《地学》経度, 径線.《天文》黄経. —Estamos a 135 grados de ～ este. 私たちは東経135度のところにいる. 反**latitud**.
longitud de onda《物理》波長.
salto de longitud →salto.
longitudinal [loŋxituðinál] 形 ❶ 縦の. 反**transversal**. ❷《地理, 天文》経度[経線]の; 経線の.
lonja¹ [lóŋxa] 囡 ❶ 薄切り, スライス. —una ～ de jamón ハム1切れ. 類**loncha, rodaja**. ❷ (馬車用の)革ひも. ❸ (動物をたたく)革の鞭(莟).
lonja² [lóŋxa] 囡 ❶ 商品取引所, 市場. —～ de granos 穀物市場. ❷ (剪毛)(洗)所の羊毛保管倉庫. ❸ (カカオ・砂糖などの)食料品店. ❹《建築》(教会などの少し高くなった)前廊, 玄関.
lonjear [loŋxeár] 他《アルゼンチン》(革ひもにするため皮の毛を)削ぎ落とす.
lontananza [lontanánθa] 囡 《美術》遠景, 背景. —difuminar la ～ 背景をぼかす.
en lontananza 遠くに, 彼方に. Se divisaba un pueblecito *en lontananza*. 遠くの方に小さな町の姿が浮かんでいた.
look [lúk]〔<英〕男 外観, 容貌.
looping [lúpin]〔<英〕男《航空》宙返り飛行.
loor [loór] 男《文》賞賛. —en ～ de ...... を称えて. 類**alabanza**.
López [lópeθ] 固名 ロペス(カルロス・アントニオ Carlos Antonio ～)(1790-1862, パラグアイの政治家).
López de Ayala [lópeθ ðe ajála] 固名 ロペス・デ・アヤーラ(ペドロ Pedro ～)(1332-1407, スペインの作家・政治家).
lo que [loke] →que.
loquear [lokeár]〔<loco〕自 ばかげたことをする[言う]; ばか騒ぎする.
loquera [lokéra] 囡 ❶ (精神病患者用の)独房. ❷ (精神病院の)看護婦. ❸《中南米》狂気. 類**locura**.
loquería [lokería] 囡 《チリ, ペルー》精神病院. 類**manicomio**.
loquero [lokéro] 男《話》❶ (精神病院の)看護人. ❷ 迷惑な騒ぎ. ❸《軽蔑》精神病院(＝manicomio).
lora [lóra] 囡 ❶《鳥類》(雌の)オウム. ❷《比喩》《中南米》おしゃべりな女.
Lorca [lórka] 固名 →García Lorca.
***lord** [lór]〔<英〕男(複 lores)❶ (英国での貴族・大主教・行政の高官に対する敬称)卿; 貴族. —Los arzobispos ingleses tienen el título de ～. イギリスの大主教は卿の敬称を持っている. recibir el tratamiento de ～ 貴族の敬称を授かる. ❷ (イギリスの)上院議員; 長官, 大臣. —L～ Mayor (ロンドンなど大都市の)市長, primer ～ del Almirantazgo (英国の)海軍大臣. Cámara de los *Lores* (英国の)上院[下院]は Cámara de los Comunes.
lordosis [lorðósis] 囡《医学》脊柱(悙ポ)前弯.
lorenés, nesa [lorenés, nésa] 形 ロレーヌ (Lorena)の. —— 名 ロレーヌの住民[出身者].
Loreto [loréto] 固名 ロレート(ペルーの県).
loriga [loríɣa] 囡 ❶ (中世の)鎖帷子(豓). ❷ 馬甲.
loro [lóro] 形 ❶《鳥類》オウム, インコ. 類**papagayo**. ❷《比喩, 話》醜い女. ❸《比喩, 話》つまらないことばかりおしゃべりする.
estar al loro《俗》事情に通じている.
más viejo que un loro すっかり老けこんだ.
lorza [lórθa] 囡 (服の)上げ, 縫い込み.
los¹ [los] 冠《定冠詞の男性複数形》→el.
***los**² [los ロス] 代《人称》《男性3人称複数対格; 直接補語となる》❶【話し手でも話し相手でもない他の人たちをさす】彼らを. —El director *los* mandó a España. 部長は彼らをスペインへ派遣した〖スペインでは人をさす①と②の場合, 代わりに les を用いることがある〗. ❷【話し相手の人をさす】あなたたちを. —¿Los conoce a ustedes? 彼はあなたたちを知っていますか〖ustedes で話しかける相手にだけ用いられる〗. ❸【男性3人称複数のものをさす】それらを. —Me gustan estos trajes. *Los* compraré. 私はこれらの服が気に入りました. それらを買おうと思います.
losa [lósa] 囡 ❶ 平石, 敷石, 舗石, タイル. 類**baldosa**. ❷ 墓石 (～ sepulcral). —estar bajo la ～ 死んでいる. No dirá nada: él es una ～. 彼は何も言わないだろう. 口が堅いから.
echar [poner] una losa encima 秘密にする.
tener una losa encima 気が重い, 苦悩している.
losange [losánxe] 男《紋章》菱(ピ)形の装飾模様.
Los Ángeles [los ánxeles] 固名 ❶ ロサンジェルス. ❷ ロス・アンヘレス(チリの都市).
loseta [loséta]〔<losa〕囡 ❶ 小敷石(舗石); (床用の)タイル. ❷ わな, 落とし穴. 類**trampa**.
*coger*LE *en la loseta*《比喩, 話》(人)を巧みにだます.
Los Ríos [los ríos] 固名 ロス・リオス(エクアドルの県).
lote [lóte] 男 ❶ 分け前, 取り分. —Dividió las ganancias en tres ～s. 彼は利益の取り分を3人に割り当てた. ❷《商業》組, ロット; 道具セット, 食品パック. —～ de muebles 一組の家具. un ～ de 2 cojines [3 sartenes, 6 perchas madera] クッション2個[フライパン3点, 木製ハンガー6個]セット. ～ caldo de carne ビーフブイヨン・パック. ～ de galletas ビスケットのパック詰め. ❸ 当たりくじ. ❹ (土地の)一区画. ❺《情報》バッチ.
darse [meterse, pegarse] el lote《俗》愛撫し合う, ペッティングする.
darse un lote de comer [dormir, trabajar]《話》したたか食べる[たっぷり眠る, 猛烈に働く].
lotería [lotería] 囡 ❶ 宝くじ, 富くじ. —jugar [echar] a la ～ 宝くじを買う. ～ del Niño (スペインの)公現節くじ(1月6日に抽選). ～ primitiva (スペインの)6つの数字をあわせる国営くじ. ❷ 宝くじ販売所. —El número premiado lo compró en la ～ de la estación. 彼は当たりくじを駅の宝くじ販売所で買った. ❸《比喩的に》運次第の不確定要素. ❹《ゲーム》ビンゴ. 類**bingo**.
*caer*LE *[tocar*LE*] la lotería* (1)…に宝くじが当たる. *Le ha tocado la lotería* y hoy nos invita a la cena. 彼は宝くじを当てたので今日われわれを夕食に招待してくれている. (2)《皮肉》大いに得をする[思いがけない]ことが起こる.

lotero, ra [lotéro, ra] 名 宝くじ売り.

loto [lóto] 男 《植物》スイレン, ハス; その実[花].

Lourdes [lúrðes] 固名 《女性名》ルルデス.

Loyola [lojóla] 固名 ロヨラ(イグナシオ・デ Ignacio de ～)(1491?-1556, イエズス会創立者).

loza [lóθa] 女 ❶【集合的に】陶器, 磁器(類). ❷ 陶土, 磁土.

lozanear [loθaneár] 自 ❶（草木が）青々と茂る. ❷（人が）元気はつらつとしている. ❸ 傲慢に振舞う.

lozanía [loθanía] 女 ❶（植物の）繁茂, 生い茂り. ―Aquí las plantas crecen con ～. ここは植物が青々と生い茂っている. 類 **verde, verdor**. ❷（人の）はつらつさ, みずみずしさ. ―Quedó prendado de la juventud y ～ de la chica. 彼は女の子の若さとはつらつさに心を奪われた. 類 **vigor, vitalidad**. ❸ 傲慢, 思い上がり. 類 **altivez, orgullo**.

lozano, na [loθáno, na] 形〖estar＋〗 ❶（草木が）青々と生い茂った; みずみずしい. 類 **fresco, verde, vigoroso**. ❷（人が）はつらつとした, 若々しい. ―una chica lozana ぴちぴちした女の子. 類 **saludable**.

Luanda [luánda] 固名 ルアンダ(アンゴラの首都).

lubina [luβína] 女《魚類》スズキ(鱸). 類 **róbalo**.

lubricación [luβrikaθjón] 女 注油, 潤滑, 滑らかにすること.

lubricante [luβrikánte] 形 滑らかにする, 潤滑作用の. ― 男 潤滑油.

lubricar [luβrikár] [1.1] 他（機械などに）注油する, 潤滑剤[油]を差す.

lubricidad [luβriθiðáð] 女《文》淫奔(いんぽん)さ, 好色. 類 **lascivia, lujuria**.

lúbrico, ca [lúβriko, ka] 形《文》淫乱(いんらん)な, 好色な. ―intención [mirada] lúbrica みだらな下心[眼差].

lubrificación [luβrifikaθjón] 女 →lubricación.

lubrificante [luβrifikánte] 形 →lubricante.

lubrificar [luβrifikár] [1.1] 他 →lubricar.

Lucas [lúkas] 固名《男性名》ルーカス.

lucense [luθénse] 形《文》ルーゴ(Lugo)の. ― 男女 ルーゴの住民[出身者].

lucerna [luθérna] 女 ❶ シャンデリア. 類 **araña**. ❷ 天窓, 採光窓. 類 **claraboya**. ❸《虫類》ホタル. 類 **luciérnaga**. ❹《魚類》→milano.

lucero [luθéro] 男 ❶ 明星, 金星. ―～ de la mañana [del alba, miguero] 明けの明星. ～ de la tarde [vespertino] 宵の明星;（一般に）大きな明るい星. ❷（牛・馬などの額の白星. ❸ 複〖比喩, 詩〗（美しい大きな）目, 瞳. ❹（窓の）シャッター. **al lucero del alba**《話》誰にでも. Es capaz de cantarle las verdades al lucero del alba. 彼は誰にでも本当のことを言ってのけてしまう.

*lucha [lútʃa ルチャ] 女 ❶ けんか, 戦い, 戦闘. ―Entablaron una terrible ～. 彼らははげしい戦いを始めた. El cuartel se rindió tras una encarnizada ～. 血なまぐさい戦闘のあとその部隊本部に降伏した. 類 **batalla, combate, pelea**. ❷ 争い, 闘争. ―Ha llevado una vida de ～ y de trabajo. 彼は闘争と苦労の人生を送った. ～ contra el paro 失業に反対する闘争.

～ de clases 階級闘争. ❸ 衝突, 紛争. ―No puede disimular la ～ interior a que está sometido. 彼は自分がいま置かれている心の中の葛藤をごまかすことはできない. 類 **conflicto, pugna**. ❹《スポーツ》レスリング. ―～ grecorromana《レスリング》グレコローマンスタイル. ～ libre《レスリング》フリースタイル.

luchador, dora [lutʃaðór, ðóra] 名 ❶ 闘士; 努力家. ❷《スポーツ》レスラー, 格闘家. ― 形 闘争的な; 闘士らしい. ―Es una mujer luchadora y no se arredra ante nada. 彼女は闘志あふれる女性で, 何事にもひるまない.

*luchar [lutʃár ルチャル] 自 ❶ (a) 戦う, 争う. ―Dos leones luchan violentamente. 2 匹のライオンが死闘を演じている. En ella luchaban el amor y el odio. 彼女の中で愛と憎しみとが戦っていた. 類 **contender, pelear**. (b)〖＋contra に対して〗戦う, 闘争する. ―～ contra la droga 麻薬反対の運動をする. 類 **combatir**. (c)〖＋por のために〗努力する, 戦う. ―La gente luchaba por salir 人々は外へ出ようと必死になった. ～ por la existencia 生き残りをかけて戦う. ❷ 奮闘[苦闘]する. ―Mi padre ha luchado mucho en la vida. 私の父親の一生は苦闘の連続であった. ❸ レスリングをする.

Lucía [luθía] 固名《女性名》ルシーア.

lucidez [luθiðéθ] 女 ❶ 明晰(めいせき), 明敏. ―Expuso sus ideas con gran ～. 彼ははっきりした明瞭に自分の考えを開陳した. 類 **clarividencia, perspicacia**. ❷ 正気. ―La enferma tuvo unos momentos de ～. 病人はしばしば正気に戻ることがあった. 反 **aturdimiento, confusión**.

lucido, da [luθíðo, ða] 過分形 ❶ 輝かしい, 素晴らしい. ―una interpretación lucida 名演奏. Tiene una lucida colección de relojes. 彼は見事な時計のコレクションを持っている. Es un trabajo poco ～. それはあまりさえない作品だ. ❷ 優美な, 華やかな. ―un vestido ～ しゃれた洋服. **¡Estamos lucidos!** 何たることだ, めちゃくちゃだ. **estar [ir] ～ si ...** ...だとしたらたまらない[とんでもないことになる].

lúcido, da [lúθiðo, ða] 形 ❶ 明晰(めいせき)[明敏]な, 明快な. ―estilo [razonamiento] ～ 明快な文体[論法]. poseer una mente lúcida 明敏な頭脳を持っている. 類 **inteligente, sagaz**. ❷〖estar＋〗正気の, 意識がはっきりしている. ―intervalo ～《医学》(狂気が正気に戻る)覚醒(かくせい)期, 明瞭期.

luciente [luθjénte] 形 光り輝く, きらきらした.

luciérnaga [luθjérnaɣa] 女《虫類》ホタル(蛍).

Lucifer [luθifér] 男 ❶《聖書》ルシファー. ◆ Satán と同一視される反逆天使・堕(だ)天使. 類 **diablo**. ❷《男性名》ルシフェル.

lucifer [luθifér] 男 ❶ 明けの明星, 金星. ❷ 悪魔, サタン; 悪党, 邪悪な人, 意地悪で怒りっぽい人.

lucífero, ra [luθífero, ra] 形 光り輝く. ― 男 明けの明星.

lucimiento [luθimjénto] 男 ❶ 光輝, 輝き, ❷ 成功, 上首尾. ―hacer ... con ～ ...を見事にやり遂げる. **quedar ... con lucimiento** 任務[目的]を見事に

1204 lucio¹

果たす.

lucio¹ [lúθio] 男 《魚類》カワカマス.

lucio², cia [lúθio, θia] 形 《まれ》光る, 輝く; 光沢[つや]のある. 類**lúcido, terso**.

lución [luθión] 男 《動物》アシナシトカゲ.

:**lucir** [luθír] [9.2] 自 ❶ 光る, 輝く, 光り輝く. — Las estrellas *lucen* en el cielo. 星が空で輝いている. Esta bombilla *luce* mucho. この電球はとても明るい. 類**alumbrar, brillar**. ❷ 成果が現れる, 実を結ぶ, 報われる. — Gasta mucho en cosméticos, pero le *luce* poco. 彼女は化粧品にたくさんお金を使っているが, あまり成果はない. ❸ 抜きん出る, 傑出する, 目立つ. — Tu hermana es la que *luce* más en la clase. 君の妹はクラスの中で最も抜きん出ている. ❹《話》格が高い. — Esta marca de automóvil *luce* mucho. この車のブランドは非常に格が高い.
— 他 ❶ を見せびらかす, 誇示する. — Le gusta a la dama ~ sus joyas en las fiestas. その貴婦人はパーティーで宝石を見せびらかすのが好きだ. Vas *luciendo* una mancha en la falda. (皮肉で)君はスカートにしみが付いているよ. ❷ (壁に)しっくいを塗る.
— **se** 再 ❶ (a) 目立とうとする, 自慢する. — Siempre busca ocasiones de *~se*. 彼は常に自己顕示の機会を狙っている. (b) 笑いものになる. — *Se lució* ante los invitados. 彼は招待客の前で笑いものになった. ❷ うまく行く, 目立つ; (皮肉で)失敗する. — Se luce cada vez que guisa. 彼は料理を作るたびに好評を得ている. *Se ha lucido* en el trabajo que le encomendaron. 彼は任された仕事をうまくやった.

lucrar [lukrár] 他 を手に入れる, 獲得する.
— **se** 再 [+con/de] …で[から]利益を上げる, もうける.

lucrativo, va [lukratíβo, βa] 形 営利的な, もうけ[利潤]の多い. — institución no *lucrativa* 非営利団体. negocio ~ もうかる商売. 類**productivo, rentable**. 反**improductivo**.

Lucrecia [lukréθia] 固名《女性名》ルクレシア.

lucro [lúkro] 男 ❶ しばしば軽蔑的)もうけ, 利益. — ~ cesante《法律》逸失利益. ~s y daños《財政》損益. deseo [afán] excesivo de ~ 過度の営利欲. 類**beneficio, ganancia**.

luctuoso, sa [luktuóso, sa] 形《文》哀れな, 痛ましい, 悲惨な. — una noticia *luctuosa* 悲惨なニュース. 類**desgraciado, triste**.

lucubración [lukuβraθión] 女 ❶ 刻苦勉励の, 労作, 苦心の作. — *lucubraciones* filosóficas 哲学の労作. 類**elucubración**.

lucubrar [lukuβrár] 他 を夜通しで研究[製作]する; …に刻苦勉励する.

ludibrio [luðíβrio] 男《文》嘲笑, 愚弄(ﾞ). 類**desprecio, escarnio, mofa**.

ludir [luðír] 他 をこする, 摩擦する.

ludópata [luðópata] 男女 賭博中毒者, ギャンブル中毒の人.

luego¹ [luéγo] 接《文》《結果を示す》だから, それゆえ. — Pienso ~ existo. 我思う, ゆえに我あり(デカルトの言葉). No estaba allí, ~ no pudo saber de qué hablamos. 彼はそこにいなかった. だから我々が何を話したか知らなかったはずだ.

luego² [luéγo ルエゴ] 副 ❶ あとで, のちほど, やがて. — Ahora descansa; ya tendrás ~ tiempo para estudiar. 今休んでおきなさい. あとで勉強する時間があるだろうから. Primero dijo que venía, pero ~ se negó. 彼は最初来ると言ったあとで断った. 類**después, más tarde**. ❷《中南米》すぐに, 直ちに. — Muy ~ se arrepintió. すぐさま彼は後悔した. Tráigame una cerveza.—, L~, ~. ビールを1本お願いします. —はい, ただちに. 類**pronto**.

desde luego もちろん, たしかに. No vuelvas a cometer el mismo fallo. *—Desde luego*. 同じ間違いをしてはいけないよ. —もちろんです. *Desde luego*, ésta no ha sido la major solución. たしかに, これは最良の解決策ではなかった. No es, *desde luego*, la persona mas adecuada. たしかに彼は最適の人物ではない.

hasta luego (別れるときのあいさつ)じゃまたあとで. さよなら.

luego que《+直接法・接続法》…するとすぐに. *Luego que* termines tu trabajo, cenaremos. 君が仕事を終えたらすぐ夕食にしよう.

luego ya だから, それゆえ. Te lo repetí muchas veces, *luego ya* no puedes quejarte. おまえに何度もそのことを言ったのだから, 不平を言ってはいけないよ.

lueguito [lueγíto] 副 [<luego]《中南米》❶ すぐに, 即座に. ❷ 近くに.

luengo, ga [luéngo, ga] 形《まれ》❶ 長い. — *luenga(s)* barba(s) 長いひげ. hace ~s años ずっと昔に. 類**largo**. ❷ 遠い, はるかな. — de *luengas* tierras はるか遠い土地から. 類**lejano**.

:**lugar** [luγár ルガル] 男 ❶ (a) 所, 場所; 箇所. — Hemos encontrado un ~ precioso para vivir. 私たちは暮らすのにすばらしい場所を見つけた. El coche no está en su ~ habitual. その車はいつもの場所にない. No le he dicho el ~ adonde vamos de vacaciones. われわれが休暇にどこへ行くかまだ彼に言ってない. La Tierra ocupa un ~ en el sistema solar. 地球は太陽系の一地点を占めている. Esta frase la encontré en un ~ de este libro. 私はこの文をこの本のある箇所で見つけた. 類**paraje, sitio**. (b) 土地, 村, 町. — La gente del ~ es muy amable. その土地の人々はとても親切だ. En un ~ de la Mancha, de cuyo nombre no quiero acordarme, … 名は思い出したくないが, ラ・マンチャのさる村に…(ドン・キホーテの冒頭の文). 類**localidad**. ❷ (a) 地位, 身分, 職. — Mi tío ocupa un buen ~ en la empresa. 私の叔父はその会社でいい役職についている. (b) 順位. — Su nombre ocupa un ~ destacado en el mundo político. 彼の名前は政界で抜きんでた位置を占めている. ocupar el tercer ~. 第3位を占める. 類**puesto, posición**. ❸ (a) 時間, (時間の)余裕. — No tengo ~ para hacer tantas cosas. 私はそんなに多くのことをする余裕がない. 類**tiempo**. (b) 機会. — La próxima semana trataré de hacer ~ para hablar contigo. 来週君と話せる機会をつくるようにします. 類**ocasión, oportunidad**. ❹ 動機, 原因(→dar lugar).

lugar común きまり文句, 常套句. Pronunció un discurso lleno de *~es comunes*. 彼は常套句でいっぱいの講演を行った.

dar lugar a … …のもとになる, を引き起こす. Su

comportamiento *ha dado lugar a* que le critiquen. 彼は自分のふるまいのために批判されることになった.

***en lugar de* ...** (1) …の代わりに. *En lugar del director ha venido su secretaria.* 部長の代わりに彼の秘書がやって来た. *en mi lugar* 私の代わりに. (2) (人が)…の立場なら. *Yo, en tu lugar, no iría.* 私がもし君の立場だったら行か700ない.

en primer lugar 第一に, まず最初に. *En primer lugar, debemos presentarnos.* まず最初に私たちは自己紹介をしなければならない.

¡*En su lugar, descanso*! 《軍事》その場, 休め!
en su lugar [fuera de lugar] 適切な, ぴったりの[的はずれの]. *Tu intervención estuvo muy en su lugar [fuera de lugar].* 君の発言はとても適切だった[的はずれだった].

en último lugar 最後の手段として; 最後に, とうとう. *En último lugar llamaríamos un taxi.* いざとなったら我々はタクシーを呼ぶことにしよう.

hacer lugar 場所[スペース]をあける. *¿Me hace usted un poco de lugar?* 少しスペースをあけていただけませんか. *Antes de comprar el frigorífico hay que hacer lugar en la cocina para colocarlo.* 冷蔵庫を買う前に台所にそれを置く場所をあけないといけません.

hacerse (un) lugar 評価される, 注目される. *Es una persona muy amable y dondequiera que se hace lugar.* 彼はとても優しい人なので, どこへ行っても評判がよい.

los Santos Lugares (キリストゆかりの)聖地(パレスチナ), 聖跡.

lugar santo 聖所(寺院, 教会など).

no ha lugar [*a* + 不定詞] 《法律》却下する, …の余地なし. *No ha lugar a deliberar.* 検討の余地なし.

tener lugar 起こる, 行なわれる. *La próxima reunión tendrá lugar en junio.* 次の会合は6月に行なわれる予定だ.

lugareño, ña [luɣaréɲo, ɲa] 形 村の, 田舎の. —*costumbres [tradiciones] lugareñas* 村の習慣[伝統].
—— 名 村人. 類**aldeano**.

lugarteniente [luɣartenjénte] 男 職務代行者; 副責任者.

Lugo [lúɣo] 固名 ルゴ(スペインの県・県都).

lugre [lúɣre] 男 《船舶》ラガー(3本マストの小帆船).

lúgubre [lúɣuβre] 形 陰鬱(%)な; 死を思わせる, 無気味な. —*Él estaba ayer* ~. 彼は昨日気分が沈んでいた. *ambiente* [*voz, conversación*] ~ 打ち沈んだ雰囲気[暗い声, 陰気な会話]. 類**fúnebre, sombrío, triste**. 反**alegre, festivo**.

Luis [luís] 固名 《男性名》ルイス.
luis [luís] 男 ルイ(フランスの20フラン金貨).
Luisa [luísa] 固名 《女性名》ルイーサ.

:**lujo** [lúxo] 男 ❶ ぜいたく; 豪華, 余裕. —*Viven con mucho* ~. 彼らはぜいたくに暮してる. *Yo no puedo permitirme el* ~ *de tener una casa de campo.* 私には別荘をもつというようなぜいたくはできない. *Con lo ocupado que estoy no puedo darme el* ~ *de perder un día en la playa.* これだけ忙しいと私は浜辺で一日過ごすような余裕はない. ❷ (必要とはかぎらないことを)たくさん. —*Me ha contado lo sucedido con todo* ~ *de detalles.* 彼は起こったことを事細かに教えてくれ

lumbrera 1205

た. 類**profusión**.

de lujo 豪華な, 高級な, デラックスの. *En este país la televisión es un artículo de lujo.* この国ではテレビはぜいたく品だ. *piso de lujo* 高級マンション.

un lujo asiático 極度のぜいたく (=*lujo extremado*).

:**lujoso, sa** [luxóso, sa] 形 ぜいたくな, 豪華な. —*Le gusta hospedarse en hoteles* ~s. 彼は豪華なホテルに宿泊するのが好きだ.

lujuria [luxúrja] 女 ❶ 淫乱(%), 邪婬(%). —*pecado de* ~ 《キリスト教》色欲[邪婬]の罪. 類**concupiscencia, lascivia**. ❷ (植物の)繁茂; 過剰; 豊富. 類**demasía, exceso**.

lujuriante [luxurjánte] 形 ❶ (草木が)生い茂った, 繁茂した. 類**exuberante**. ❷ 淫乱[好色]な.

lujuriar [luxurjár] 自 ❶ 淫乱(%)である, 肉欲にふける. ❷ (動物が)交尾する.

lujurioso, sa [luxurjóso, sa] 形 淫乱(%)[好色]な. —*pensamientos* ~s. みだらな思い. *Nos dirigió una mirada lujuriosa.* 彼は私たちにやらしい視線を向けた. 類**lascivo, obsceno**.

Lulio [lúljo] 固名 ルリオ(ライムンド Raimundo ~)(1235-1315, スペインの哲学者・神学者).

lulú [lulú] 男 《動物》スピッツ犬.

lumbago [lumbáɣo] 男 《医学》(激しい)腰痛.

lumbar [lumbár] 形 《解剖》腰の, 腰部の. —*región* ~ 腰部. *vértebras* ~*es* 腰椎.

:**lumbre** [lúmbre] 女 ❶ 火, 光. —*Encendió la* ~ *para caldear la habitación.* 彼は部屋を暖めようと火をつけた. *¿Tiene* ~, *por favor?* (たばこの)火を貸していただけませんか. 類**fuego**. ❷ 輝き, 明るさ. —*Aquellos ojos habían perdido la* ~ *de años atrás.* その眼は往年の輝きを失っていた. 類**brillo**. ❸ 戸や窓の空き間. —*Por la* ~ *de la ventana supe que había alguien en la casa.* 戸のすき間から家に誰か居るのが分かった. 類**claridad**. ❹ 複 火打ち道具(一揃え).

a la lumbre 火のそばに, 火のところに. *Siéntate a la lumbre, que hace frío.* 寒いから火のそばにおかけなさい.

ser la lumbre de los ojos 目の中に入れても痛くないくらい大切である.

*****lumbrera** [lumbréra] 女 ❶ 話, 時に皮肉)非常に聡明な人; (他の人たちに光明を与える)傑出した指導者, 権威者, 泰斗. —*una* ~ *de la política* 政治学の権威. *Es una auténtica* ~ *en su especialidad.* 彼はその分野の第一人者である. *Es una* ~ *para las matemáticas* [*en matemáticas*]. 彼は数学の天才だ. *No es ninguna* ~. 彼はあまり利口じゃない. *Es una de las refulgentes* ~*s de la Iglesia.* 彼は教会の傑出した指導者の一人だ. 類**eminencia, genio, sabio**. 反**tarugo, zoquete**. ❷ 《建築》(屋根の)明り取り, 天窓, 採光窓. —*La luz entraba a raudales por la* ~ *de la habitación.* 部屋の天窓から光がさんさんと差し込んでいた. 類**claraboya, tragaluz, lucerna, lucernario, tronera**. ❸ 《技術, 機械》通風孔, 通気孔; (2サイクルエンジンのシリンダーの)蒸気口. —~ *de admisión* 吸気口. ~ *de escape* 排気口, 排出口. 類**orificio, respiradero**. ❹ 発光体; 光, 明り. —*Venían con* ~*s en la mano.* 彼

らは手に明りを持って来た. ❺《船舶》舷窓. 類 **portilla**. ❻《メキシコ》(闘牛場・劇場の)桟敷席, ボックス. ❼複《文》目. —Sus ~s brillaban en la oscuridad. 彼の目が暗闇の中で光っていた.

lumen [lúmen] 男複 **lúmenes, lumen**》《物理》ルーメン(光束の単位).

luminar [luminár] 男 ❶ (太陽・月・星などの)発光体. ❷《まれ》傑出した人, 権威者. 類 **lumbrera**.

luminaria [luminárja] 女 ❶〔主に複〕電飾, イルミネーション. ❷ (教会の祭壇の)灯明, 常夜灯. ❸複《比喩》目.

luminescente [luminesθénte] 形 発光する, 冷光を発する.

lumínico, ca [lumíniko, ka] 形 光の, 発光の. —— 男《物理》発光体[物].

luminiscencia [luminisθénθja] 女《物理》発光, 冷光, ルミネセンス.

・**luminosidad** [luminosiðá(ð)] 女 ❶ 明るさ, 明度; 輝き. —la ~ de los ojos 目の輝き. Me gusta esta habitación por su ~. この部屋は明るいので私は気に入っている. El sol sacaba a la nieve una ~ que hería los ojos. 太陽は雪に反射して眩しいぐらい明るかった. Este detergente da gran ~ a los colores. この洗剤を使うと色が大変鮮やかになる. 類 **claridad, brillantez, luz**. 反 **oscuridad**. ❷《比喩》(思想・説明などの)明晰さ, 明確さ. —Es notable la ~ de las ideas de este filósofo. この哲学者の思想の明晰さは注目に値する. 類 **claridad, brillantez, diafanidad**. ❸《天文》(天体の)光度. ❹〈テレビ〉輝度.

:**luminoso, sa** [luminóso, sa] 形 ❶ 光る, 輝く. —Partimos un ~ día de julio. 私たちは7月のある明るい日に出発した. En la oscuridad apareció el punto ~ de una linterna. 暗やみの中からカンテラの明るい光が現われた. anuncio ~ 電飾広告. ❷ (考えなどが)すばらしい, 明瞭な. —Se le ocurrió una idea luminosa. 彼はすばらしい考えを思いついた. Me dio un consejo ~. 彼は私にすばらしいアドバイスをしてくれた. 類 **acertado**.

luminotecnia [luminotéknja] 女 照明技術.

lumpen [lúmpen] 〈＜独〉男〔単複同形または **lumpenes**〕形 ルンペン(浮浪者)の.

lun. 《略号》=lunes 月曜日.

****luna** [lúna ルナ] 女 ❶ (a) 月. —La L~ es un satélite de la Tierra. 月は地球の衛星である. ~ creciente [menguante] 上弦の[下弦の]月. ~ llena 満月. ~ nueva 新月. media ~ 半月, 三日月. (b) 月光, 月明かり. —Había ~ aquella noche. その夜は月が明かるかった. Salimos a tomar la ~. 私たちは月見に出かけた. ❷ 衛星. —Han enviado una sonda a una de las ~s de Marte. 火星の一つの衛星に探査機が送られた. ❸ 気まぐれ, むら気. —Cambia de ~ continuamente. 彼はいつも気が変る. Déjalo. Ha cogido la ~. 彼をほうっておきなさい. 気まぐれが起こったんだ. ❹ (鏡やショーウインドウの)ガラス板. —La vio reflejada en la ~ del escaparate. 彼は彼女の姿がショーウインドウのガラスに写っているのを見た. armario de ~ 鏡つきのたんす.

dejar [quedarse] a la luna de Valencia 失望させる[する], がっかりさせる[する]. En el momen-to más interesante de la película, hubo un apagón y *nos quedamos a la luna de Valencia*. 映画が一番おもしろいときに停電があって, 私たちはがっかりだった.

estar de buena [mala] luna 機嫌が良い[悪い]. No te enfades con él. Lo han suspendido y *está de mala luna*. 彼に腹を立ててはいけないよ. 落第して機嫌が悪いんだから.

estar [vivir] en la luna うわの空である, ぼんやりしている. Me equivoqué de tren porque *estaba en la luna*. 私はぼんやりしていたので列車を間違えた. Deja de *estar en la luna* y escucha lo que te digo. ぼやぼやしていぼくの言うことを聞けよ.

ladrar a la luna むだに怒りを表す, むなしく憤りをぶつける. Hablar con él es *ladrar a la luna*. 彼と話してもむだに腹立たしくなるだけだ.

luna de miel ハネムーン, 蜜月. viaje de *luna de miel* 新婚旅行.

pedir la luna 不可能なことを望む. Intentar imponer una disciplina tan severa es *pedir la luna*. そんなに厳しい規律を課そうとするのは無理というものだ.

lunación [lunaθjón] 女《天文》太陰月. ◆新月のサイクルを基準とした1か月, 29日.

・**lunar** [lunár] 形 月の, 月(探査)用の; 太陰の. —año ~ 太陰年(12太陰月に相当). calendario ~ 太陰暦. eclipse ~ 月食. mes ~ 太陰月(新月から新月までの期間). módulo ~ 月着陸船. paisaje ~ (月面のような)荒涼とした風景. superficie ~ 月面. Una claridad ~ ilumina los campos. 月明かりが畑を照らしている.
—— 男 ❶ ほくろ. —~ postizo 付けぼくろ. Ella tiene un ~ junto a la boca. 彼女は口のそばにはくろがある. 類 **peca**. ❷ 水玉模様. —Ella llevaba un vestido de ~es rojos. 彼女は赤い水玉のドレスを着ていた. ❸ (動物の)斑点, ぶち, まだら. —El caballo tiene un ~ en forma de estrella en la frente. その馬は額に星形の斑点がある. ❹《文》(作品などの)きず, 欠点, 欠陥. —El error es mínimo, pero representa un ~ en un trabajo tan bien hecho. 誤りは最小のものだが, とてもよくできた仕事のきずになっている.

lunático, ca [lunátiko, ka] 形〔ser+〕気の変わりやすい, きまぐれな; 気の狂った.
—— 名 気まぐれな人; 狂人, 精神異常者.

lunch [lúntʃ, lántʃ] 〈＜英〉男〔複 **lunchs**〕 (祝い事などの)立食会, 午餐(ﾗﾝ); 軽い昼食.

lunchería [luntʃería] 女《中南米》→**lonchería**.

***lunes** [lúnes ルネス] 男〔単複同形〕 月曜日. —El museo cierra los ~. その美術館は月曜日は閉館である.

cada lunes y cada martes 毎日のように, 頻繁に.

hacer lunes porteño/hacer San Lunes 月曜日にずる休みをする.

luneta [lunéta] 〔＜luna〕女 ❶ 半月形の髪飾り. ❷《建築》(ドアの上の)半月形の採光窓. ❸《演劇》平土間席. ❹《自動車》リア・ウインドー. ❺《眼鏡の》レンズ.

luneto [lunéto] 男《建築》ルネット. ◆丸天井に設けられた採光用の半月形の壁間.

lunfardismo [lumfarðísmo] 男 (アルゼンチン, 特にブエノス・アイレスの)泥棒仲間の隠語, スラング.

lunfardo, da [lumfárðo, ða] 形 (アルゼンチン,

特にブエノス・アイレスの)泥棒仲間の隠語[スラング]の.

—— 男 ❶ その隠語[スラング]. ❷【アルゼンチン, ペルー, ウルグアイ】泥棒. 類**ladrón, ratero**.

lúnula [lúnula] 囡 ❶ 爪の根元の半月. ❷ 弓形, 半月形.

lupa [lúpa] 囡 拡大鏡, 虫眼鏡, ルーペ. —leer un libro con ~ ルーペで本を読む.

lupanar [lupanár] 男 《文》売春宿. —barrio de ~es 売春地区. 類**burdel, mancebia, prostibulo**.

Lupe [lúpe] 固名 《女性名》ルーペ (Guadalupe の愛称).

lupino, na [lupíno, na] 形 オオカミの.
—— 男 《植物》ルピナス, ハウチワマメ (≒altramuz).

lúpulo [lúpulo] 男 《植物》ホップ. ◆雌花に生じる黄粉はビールの香料に用いられる.

lupus [lúpus] 男【単複同形】《医学》ループス, 狼瘡(ろうそう)(皮膚結核). —~ eritematoso エリテマトーデス.

Lusitania [lusitánja] 固名 ルシタニア(イベリア半島の古代ローマの一州, 今のポルトガルおよびスペインの一部).

lusitanismo [lusitanísmo] 男 ポルトガル語からの借用語; ポルトガル語法. 類**portuguesismo**.

lusitano, na [lusitáno, na] 形 ❶ ルシタニア (Lusitania, ポルトガルの古名)の. ❷ ポルトガル (Portugal)の. 類**portugués**.
—— 男 ❶ ルシタニア人. ❷ ポルトガル人.

luso, sa [lúso, sa] 形名 →lusitano.

lustrabotas [lustraβótas] 男【単複同形】 【中南米】靴磨き(人). 類**limpiabotas**.

lustración [lustraθjón] 囡 (払い)清め.

lustrar [lustrár] 他 ❶ (主に靴を)磨く, …のつや[光沢]を出す. —~ los zapatos 靴を磨く. 類**abrillantar, sacar lustre**. ❷ (《比喩》輝きが与えられるものを)(払い)清める, 浄化する. 類**purificar**.

lustre [lústre] 男 ❶ つや, 光沢. —dar [sacar] ~ a… …のつや[光沢]を出す. —《比喩》輝き, 誉れ. —Temía que la conducta del hijo menoscabara el ~ de la familia. 彼は息子の品行のために家族の栄誉が損なわれるのを恐れていた. La persistente lluvia quitó ~ a la fiesta. 降りやまない雨のため祭りの華やかさが殺(そ)がれてしまった. 類**esplendor, gloria, lucimiento**. ❸ 《俗》(人の)血色の良さ. —¡Qué ~ tiene esa niña! その女の子は何てつやつやしてるのだろう! ❹ (毛皮や帽子の)つや出し剤.

lustrina [lustrína] 囡 ❶ ラメ(金・銀糸を織り込んだ織物). ❷ アルパカに似た光沢のある織物. ❸ 【チリ】靴墨.

lustro [lústro] 男 ❶ 5年(間). 類**quinquenio**. ❷ シャンデリア.

lustroso, sa [lustróso, sa] 形 ❶ 光沢[つや]のある. —La raída chaqueta contrastaba con los zapatos ~s. 擦り切れた上着がぴかぴかの靴と対照をなしていた. ❷ 《比喩》血色の良い, つやつやした; (動物が)毛につやのある. —El niño está ~. その子は顔のつやがいい. El gato tiene un pelo negro y ~. その猫は黒くてつやのいい毛並だ.

lúteo, a [lúteo, a] 形 泥の.

luteranismo [luteranísmo] 男 《宗教》ルター(Lutero)主義, ルター派.

luterano, na [luteráno, na] 形 《宗教》ルター派[主義]の. —iglesia luterana ルーテル教会.
—— 名 ルター派の人.

Lutero [lutéro] 固名 ルター(マルティン Martín ~)(1483-1546, ドイツの宗教改革者).

luthier [luθjér] 男女【複】luthiers 弦楽器の製作者.

‡**luto** [lúto] 男 ❶ 喪, 喪中, 忌中. —Está de ~ por la muerte de un familiar. 彼は身内の喪に服している. 類**duelo**. ❷ 喪服, 喪章. —Lleva [Va de] ~ por la muerte de su madre. 彼女は母親の死で喪服を着ている. vestirse [ponerse de] ~ 喪服を着る. medio ~ 半喪服, 略式喪服. ❸ (社会的に著名な人物への)哀悼, 服喪; 悲嘆. —El gobierno ha decretado un día de ~. 政府は哀悼の日を法令化した. —~ oficial por la muerte del emperador 天皇の死にたいする公式の服喪 (大喪の礼). 類**aflicción, pena**.

aliviar el luto 喪服を軽め, 半喪に服する.

lutria [lútrja] 囡 《動物》カワウソ (nutria).

luxación [luksaθjón] 囡 《医学》脱臼(きゅう). —~ de codo ひじの脱臼. 類**dislocación**.

Luxemburgo [luksembúryo] 固名 ルクセンブルク(首都ルクセンブルク Luxemburgo).

luxemburgués, guesa [luksemburyés, ɣésa] 形 ルクセンブルク (Luxemburgo)の.
—— 名 ルクセンブルク人.

Luz [lúθ] 固名 《女性名》ルス.

‡**luz** [lúθ 複 luces] 囡 ❶ 光. —Esta habitación da a la calle y entra mucha ~. この部屋は通りに面していて光がたくさん入る. ❷ (a) 明るさ, 灯. —Esa bombilla da poca ~. その電球はあまり明るくない. (b) 電灯. —Apaga la ~ al salir del cuarto. 部屋から出るときには電灯は消しなさい. Dormía con todas las luces encendidas. 彼女は電気を全部つけたままで眠っていた. ~ eléctrica 電灯, 電気. ~ de carretera [larga] 《自動車》ハイビーム. ~ corta [de cruce] 《自動車》ロービーム. ~ de posición 《自動車》サイドマーカーランプ. ~ de freno 《自動車》ブレーキランプ. luces fijas [multicolores] 豆電球[多色豆電球](クリスマス装飾用などの). 類**bombilla, lámpara**. (c) 電気. —Vive en una cabaña donde no hay ~. 彼は電気のない山小屋に住んでいる. pagar la ~ 電気代を払う. Se ha ido la ~. 停電した. encender la ~ 電気をつける. ❸ 《比喩(的)》模範になる人(や物), 手本, その道の先覚者. —Aquel libro fue la ~ que guió su vida. その本は彼の人生を導いた手本となった. ❹ 明かり採り, 採光窓. —edificio de muchas luces 明かり採りの多い建物. ❺ (窓などの)内のり, 内径. —El armario tiene dos metros de ~. その衣装だんすは内のりが2メートルある. ❻ 《絵画》明るい部分. —En ese cuadro el juego de luces y sombras es admirable. その絵の光と影の組み合わせ方みごとだ. 反**sombra**. ❼ 複 (a) 啓発, 啓蒙. —el siglo de las Luces 啓蒙運動の世紀 (18世紀). (b) 知性, 知力. —Con tan pocas luces, no se le puede encargar ni un recado. 頭が悪いので彼に伝言すら頼めない. 類**inteligencia**.

a buena luz 注意深く(=atentamente).

a la luz de… …に照らして(見ると), を考慮して. Hay que estudiar el presente *a la luz del*

pasado. 過去に照らして現在を考えねばならない.
a la luz del día 隠れることなく，人目をさけることなく.
arrojar [echar] luz sobre ... (解決の)光を投じる，…の解明を助ける. Esa idea *arroja luz sobre* el problema. その考えは問題の解明を助ける.
a todas luces まったく，明らかに，どう見ても. Tu plan es *a todas luces* irrealizable. 君の計画はどう見ても実現不可能だ.
claro como la luz del día 明白な，はっきりしている.
con luz 明るいうちに，明るくなって，日中に. Date prisa, que quiero salir *con luz*. 明るいうちに出かけたいので急いでくれ.
dar a luz 子供を産む（＝parir）. A los cuarenta años *dio a luz* a su primer hijo. 彼女は40才になって初めての子を産んだ.
dar luz verde a ... …にゴーサインを出す，…の開始を許可する.
entre dos luces (1) 夜明に；夕暮れに. (2) ほろ酔いの. Ese viejo siempre anda *entre dos luces*. その老人はいつもほろ酔いである.
las primeras luces [la primera luz] 夜明. Los pájaros se despiertan con las *primeras luces* de la mañana. 小鳥たちは夜明とともに目覚める.
luz artificial 人工光.
luz de Bengala ベンガル花火.
luz de la razón 知性，理性の光. La guerra nuclear no tiene sentido a *luz de la razón*. 核戦争は理性の光に照らせば無意味なことだ.
luz de sus ojos (人や物が)…のお気に入り，いとしい人. Es *la luz de* mis *ojos*. 彼は私のお気に入りです. ¡*Luz de* mis *ojos*! (子供に向って)かわいい子.
luz natural 日光.
luces naturales 知性.
luz refleja [secundaria] 反射光.
media luz 薄明かり. Entornó la ventana y la habitación quedó a *media luz*. 彼が窓を半分閉じると部屋は薄明かりになった.
rayar la luz 夜が明ける.
sacar a (la) luz (1) (隠れた事実などを)明らかにする，引き出す. Intentaron sobornarle para que no *sacara a la luz* las irregularidades cometidas por la empresa. 彼らは会社が犯した不正を明らかにしないように彼を買収しようとした. (2) 出版する. A los cincuenta años *sacó a luz* su primera novela. 50才にして彼は最初の小説を出版した.
salir a luz (1) (隠れたことが)明らかになる. Han salido *a luz* todos sus trapos sucios. 彼の不正はすべて明るみに出された. (2) 出版される，世に出る. El primer tomo del diccionario *saldrá* pronto *a luz*. その辞書の第1巻はすぐ出版されることになっている.
ver la luz (1) 生まれる（＝nacer）. El artista *vio la luz* en Granada. その芸術家はグラナダで生まれた. (2) 出版される.

luzca(-) [luθka(-)] 動 lucir の接・現在.
luzco [lúθko] 動 lucir の直・現在・1単.
Luzón [luθón] 固名 ルソン島（フィリピンの島）.

M, m

M, m [éme] 女 ❶ スペイン語アルファベットの第13字. ❷ (M) ローマ数字の1,000.

m/《略号》❶ =mes 月. ❷ =mi 私の.

m.《略号》❶ =metro メートル. ❷ =masculino 男性.

M.ª《略号》=María《女性名》マリア.

M-19《頭字》[<Movimiento 19 de Abril] 男 [コロンビア] 4月19日運動(ゲリラ組織).

maca [máka] 女 ❶ (果物の)傷み, 傷. 類 roce. ❷ (布・陶器などの)傷, 汚れ. 類 defecto. ❸ 《比喩》精神的欠陥. ❹ 《比喩, 話》見せかけ, ごまかし, 詐欺.

macabro, bra [makáβro, βra] 形 不気味な, ぞっとする; 死を思わせる. — una escena *macabra* 恐ろしい場面 danza *macabra* 死の舞踏. 類 fúnebre, lúgubre.

macaco, ca [makáko, ka] 形 ❶ (子どもに親愛の情をこめて)ちびの, 坊主の. ❷ 《軽蔑》ちびの, ばかの. ❸ [中南米] 醜い, 奇形の.
— ❶ ちび, 坊主. ❷ 《軽蔑》ちび, ばか.
— 男 《動物》マカク. ◆ニホンザルなど短尾猿類の総称.

macadam [makaðán] 男 [複 macadams [makaðáns]] マカダム式砕石舗道. ◆考案者のイギリス人 McAdam の名より.

macadamizar [makaðamiθár] [**1.3**] 他 (道)にマカダム式舗装をする, 砕石を敷き詰める.

macadán [makaðán] 男 →macadam.

macana [makána] 女 ❶ うそ, でたらめ, 根なしごと. ❷ 昔のインディオが使った刃付きの棍棒. ❸ 《比喩》傷もの, 売れ残り(商品); 古いがらくた. ❹ [コスタリカ, メキシコ] (農耕用の)突き起こし棒. ❺ [南米] へま, どじ, 間違い. 類 desatino, mentira. ❻ [アルゼンチン, ペルー, ベネズエラ] 不愉快なこと. — ¡Qué ~! なんて不愉快だ!

macanazo [makanáθo] 男 ❶ 棍棒による殴打. ❷ [ラ・プラタ, チリ] でたらめ, うそ.

macaneador, dora [makaneaðór, ðóra] 形 [ラ・プラタ] うそつきな, でたらめの.
— 名 [ラ・プラタ] うそつき, でたらめを言う[やる]人.

macanear [makaneár] 他 ❶ [キューバ, プエルトリコ, サント・ドミンゴ] を棍棒で殴る. ❷ [コロンビア, ニカラグア, ベネズエラ] (農地)を除草する. ❸ [コロンビア] (商売)をうまく進める.
— 自 ❶ [コロンビア, ホンジュラス] 精を出して働く. ❷ [ラ・プラタ, チリ] ばかを言う, ほらを吹く.

macanudo, da [makanúðo, ða] 形 《話》すごい, 素晴らしい, 驚くべき. — Fue un concierto ~. ものすごいコンサートだった. 類 asombroso, estupendo.

Macao [makáo] 固名 マカオ(中国の特別行政区, 旧ポルトガル海外領).

macaquear [makakeár] 自 [中南米] サルのような動作をする, 色々な表情をする, おどけた仕草をする.
— 他 [中南米] を盗む, かっぱらう.

Macarena [makaréna] 固名 マカレナ(スペイン, セビーリャの地区).

macarrón [makařón] 男 ❶ [主に 複] マカロニ. — *macarrones* al gratén マカロニグラタン. ❷ マカロン(クッキー風の菓子). ❸ (電線などをおおう)プラスチック状細管.

macarronea [makařonéa] 女 雅俗混交体の(諧謔(かいぎゃく))詩. ◆ラテン語とロマンス語を混ぜ合わせたラテン風の詩型.

macarrónico, ca [makařóniko, ka] 形 ❶ 雅俗混交体の. ❷ (言葉が)誤りだらけの, 崩れた. — hablar un inglés ~ ブロークンな英語を話す.

macarse [makárse] [**1.1**] 再 (果物が傷によって)傷み始める.

Macas [mákas] 固名 マカス(エクアドルの都市).

macear [maθeár] [<mazo] 他 ❶ (物)を大槌(つち)(mazo)で打つ. ❷ 《比喩》…に固執する, しつこく言い張る. 類 molestar, porfiar.

Macedonia [maθeðónja] 固名 ❶ マケドニア(バルカン半島南部の古代王国). ❷ マケドニア(首都スコピエ Skopje).

macedonia [maθeðónja] 女 →macedonio.

macedónico, ca [maθeðóniko, ka] 形 → macedonio.

macedonio, nia [maθeðónjo, nja] 形 マケドニア (Macedonia)(人)の.
— 名 マケドニアの住民[出身者].
— 女 《料理》果物を液体につけて柔らかくすること, ふやかすこと; 漬けること. ❷ 《比喩》苦行.

maceración [maθeraθjón] 女 ❶ (物質を液体につけて)柔らかくすること, ふやかすこと; 漬けること. ❷ 《比喩》苦行.

maceramiento [maθeramjénto] 男 →maceración.

macerar [maθerár] 他 ❶ (物質を)(液体につけて)柔らかくする, ふやかす; 漬ける; (たたいて)柔らかくする. — ~ la piel en alcohol 皮をアルコール漬けにする. ~ la carne 肉をたたいて柔らかくする. 類 ablandar. 反 endurecer. ❷ 《比喩》(肉体)に苦行を課する, を痛めつける. 類 mortificar.
— se 再 ❶ (液体につけられて)柔らかくなる. ❷ 苦行する.

macero [maθéro] [<maza] 男 (儀式・行列などの)権標[職杖(しょくじょう)]の奉持者.

maceta¹ [maθéta] 女 ❶ (工具などの)取っ手, 柄(え). 類 empuñadura, mango. ❷ (石工が使う)槌, 鎚, ハンマー. 類 martillo. ❸ [中米] 《話》頭.
— 形 ❶ [プエルトリコ] 極貧の, けちな, 欲張りな. ❷ [南米] (馬が)年老いた.

maceta² [maθéta] 女 ❶ 植木鉢. 類 tiesto. ❷ (祭壇用の)小型の花瓶. ❸ 《植物》散房花序. ◆ミズキなどのように花が平面に並ぶ咲き方. 類 corimbo.

macetero [maθetéro] 男 ❶ フラワースタンド, 植木鉢の台, 植木鉢のホルダー. ❷【南米】(大型の)植木鉢, プランター.

macetón [maθetón] 〔<maceta²〕 男 大きな植木鉢.

macfarlán, macferlán [makfarlán, makferlán] 〔服飾〕 男 インバネス; マクファーレン. ◆ケープつきのコート. 類 **gabán**.

macha [mátʃa] 女 ❶【貝類】マテガイ, ミゾガイ. ❷【南米】酔っ払うこと, 酩酊.

machacador, dora [matʃakaðór, ðóra] 形 砕く, 潰す, 粉砕する.
— 名 砕くもの[人], 粉砕するもの[人].
— 女 粉砕機, クラッシャー.

machacadora [matʃakaðóra] 女 →machacador.

machacante [matʃakánte] 男 ❶ 〔軍事〕(軍曹につく)従兵, 軍曹当番兵. ❷《話》5ペセタ硬貨. 類 **duro**.

machacar [matʃakár] [1.1]〔<machar〕他 ❶ を叩きつぶす, 砕く, 突きつぶす. — *Machacó los ajos en el mortero.* にんにくを乳鉢でつぶした. ❷《話》をしつこく繰り返す; を頭に叩き込む. — *Machacó la física hasta aprobarla.* 彼は合格するまで物理を頭に叩き込んだ. ❸（価格）を大幅に下げる. ❹《スポーツ》ダンクシュートする. ❺《話》を疲労させる; 痛ませる. — *Esta letra tan pequeña machaca la vista.* こんな小さな字では目が疲れる. 類 **cansar, fatigar**. ❻（相手）をやっつける, 負かす. — *Nuestro equipo machacó al rival.* わたしたちのチームはライバルに勝った. *El diputado machacó al líder de la oposición en el debate.* その代議士は, ディベートで野党の党首を負かした.
— 自 ❶〔+en/sobre〕…に固執する, …についてしつこく繰り返す. — *No machaques más sobre ese asunto.* その件については, もうしつこく繰り返すな. *Machacó hasta que consiguió el dinero.* 彼はしつこくねばって金を手に入れた. ❷ 頭に叩き込む, 猛勉強する. — *Aprobó a fuerza de ～.* 彼は猛勉強したおかげで合格した.
— se 再 ❶《話》(自分の身体の一部)をつぶしてしまう. ❷《話》(時間・金などを)費やす. ❸《話》(料理)をきれいに平らげる; (仕事)を片付ける.

Hay que machacar el hierro mientras que está caliente.【諺】鉄は熱いうちに打て.
Machacando se aprende el oficio.【諺】習うより慣れろ.
machacar los oídos 耳にたこができるほど繰り返す.
machacársela《卑》自慰にふける. 類 **masturbarse**.

machacón, cona [matʃakón, kóna] 形 ❶《話》しつこい, くどい, うるさい. — *Es tan machacona que resulta insoportable.* 彼女は耐えがたいほどしつこい. 類 **importuno, insistente, pesado**. ❷《話》がり勉. 類 **empollón**.
— 名 ❶《話》しつこい人, くどい人. ❷《話》がり勉.

machaconería [matʃakonería] 女《話》しつこいこと, くどいこと. — *Su ～ cansa a cualquiera.* 彼のしつこさには誰でもうんざりする.

machada [matʃáða] 女 ❶ 雄ヤギの群れ. 類 **hato, manada**. ❷ 勇敢な行為, 大胆な行為. 類 **valentía**. ❸ 愚かなこと, 愚行. 類 **necedad**.

Machado [matʃáðo] 固名 マチャード(アントニオ Antonio ～)(1875-1939, スペインの詩人).

Machala [matʃála] 固名 マチャーラ(エクアドルの都市).

machamartillo [matʃamartíjo] 男 →martillo.

machaquear [matʃakeár] 他 →machacar.

machaqueo [matʃakéo] 男 ❶ 砕くこと, 潰すこと. ❷ しつこいこと, くどいこと.

machaquería [matʃakería] 女 しつこいこと, くどいこと. 類 **importunidad, pesadez**.

machar [matʃár] 他 叩く, 叩き壊す. 類 **golpear, quebrantar**.
— se【南米】酔っ払う. 類 **emborracharse**.

macheta [matʃéta] 女 肉切包丁; 手斧.

machetazo [matʃetáθo]〔<machete〕男 ❶ マチェテでの一撃[切断]. ❷ マチェテによる傷[傷跡]. 類 **golpe**.

machete[1] [matʃéte] 男 ❶ マチェテ. ◆幅広で短い片刃の剣;〔中米〕伐採などに使う山刀, 鉈. ❷【南米】カンニングペーパー. 類 **chuleta**. ❸〔音楽〕マチェテ(ポルトガルの4弦の小型ギター).

machete[2], **ta** [matʃéte, ta] 形 ❶【南米】巨大な. ❷【南米】けちな.

machetear [matʃeteár] 他 ❶ マチェテで切る[切り開く, 刈り取る]. ❷〔海事〕杭を打ち込む. ❸〔南米〕カンニングペーパーを準備する. ❹〔中米〕精を出す, がり勉する; 固執する.
— se【南米】カンニングをする.

machetero, ra [matʃetéro, ra] 名 ❶ マチェテで道を切り開く人; マチェテでサトウキビを刈り取る人. ❷〔中米〕(成績のよくない)がり勉.

machi, machí [mátʃi, matʃí]〔<アラウコ〕男女【南米】民間療法医, 呪術医, 祈祷師. 類 **curandero**.

machiega [matʃiéɣa]〔<macho〕形 〔女のみ〕【虫類】女王蜂の. 類 **maesa**.
abeja machiega 女王蜂.

machihembrado [matʃiembráðo] 男 〔建築〕実接(はぎ), 実矧(はぎ). ◆板の接合法のひとつ.

machihembrar [matʃiembrár]〔<macho+hembra〕他〔建築〕を実矧(はぎ)で継ぐ, (板)を接合する.

machina [matʃína]〔<仏〕女 ❶〔機械〕(港湾・造船所などの)大型クレーン, 起重機. 類 **cabria, grúa**. ❷〔機械〕杭打ち機, パイルドライバー; 落し槌, ドロップハンマー. 類 **martinete**.

machismo [matʃísmo]〔<macho〕男 マチスモ, 男性優位主義, 男尊女卑. ◆特にラテン・アメリカのメスティソ mestizo 社会における男性優位の伝統的価値観.

:**macho** [mátʃo] 形〔男性形のみ〕❶ 男の, 男性の, (動物)雄の, (植物)雄性の. — *gorrión ～* 雄スズメ. ❷ 強い. — *vino ～* 強いワイン. ❸ 男っぽい, 男らしい. 類 **varonil, viril**. ❹〔機械〕雄部の, 対応物にはめこまれるようできている. — *enchufe ～* プラグ.
— 男 ❶ 男(性), 雄, 雄性. 反 **hembra**. ❷ (*a*) 男っぽい人, おとこらしい男. (*b*)《話》(親しみをこめて)おい, お若いの; ねえ, 君. — *M～, nos divertimos muchísimo.* おあにいさん, おれたちとっても楽しいねえ. 類 **animoso, esforzado, valiente**. ❸

〔機械〕雄部,雄. ❹〔建築〕控え(壁[柱]),壁から張り出した柱. 類 **machón**. ❺〔動物〕ラバ. 類 **mulo**.

macho cabrío 雄ヤギ.

machón [matʃón] 男 〔建築〕石柱；片蓋柱, 控壁, バットレス. 類 **pilar**.

machota¹ [matʃóta] 〔<mazo〕女 槌, ハンマー.

machota² [matʃóta] 〔<macho〕女 男のような女, 男勝りの女, おてんば. 類 **hombruno, marimacho**.

machucadura [matʃukaðúra] 女 ❶(果実などの)傷, 傷み. ❷ 打ち身, 打撲傷, 痣(あざ). 類 **golpe, magulladura**. ❸(ものが)ぶつかること, (体を)打ちつけること.

machucamiento [matʃukamjénto] 女 → machucadura.

machucho, cha [matʃútʃo, tʃa] 形 ❶ 落ち着いた, 冷静な, 慎重な. 類 **sosegado, juicioso**. ❷ 年増の, とうが立った, 盛りが過ぎた.

machucón [matʃukón] 男 →machucadura.

Machu Pichu [mátʃu pítʃu] 固名 マチュ・ピチュ(ペルーのインカ遺跡).

macicez [maθiθéθ] 女 中身が詰まっていること；頑丈[堅固]なこと, たくましいこと.

macilento, ta [maθilénto, ta] 形 ❶ やつれた, やせ細った, 蒼白な. —rostro ~ やつれた顔. 類 **descolorido, flaco**. ❷(光が)乏しい, ほのかな. —luz *macilenta* 弱々しい光.

macillo [maθíʎo] 〔<mazo〕男 ❶ 小型の槌[ハンマー]. ❷〔音楽〕(ピアノの)ハンマー.

macis [máθis] 女 〔植物〕ナツメグの皮. 類 **corteza**.

macizar [maθiθár] [1.3] 他 (穴を)ふさぐ, …に詰め物をする. 類 **rellenar**.
—— 自 (魚釣りで)餌をまく.

macizo, za [maθíθo, θa] 形 ❶ 中身が詰まった；鍍金(めっき)でない. —Le regaló una pulsera de oro ~. 彼は彼女に金むくのブレスレットをプレゼントした. 類 **lleno**. ❷(体格などが)がっしりとした, 頑丈な；(論旨などが)しっかりとした, すきのない. 類 **sólido**. ❸〔話, 俗〕(女性が)魅惑的な, グラマーな.
—— 男 ❶ 高台, 高地, 山塊. ❷ 建築物の集合, 建築群. ❸ 花壇, 植え込み. ❹〔建築〕開口部間の壁. ❺(魚釣りの)練り餌. ❻(樽に詰めた)イワシ.

macla [mákla]〔<仏〕女 ❶〔鉱物〕相晶, 十字型結晶. ❷〔紋章〕菱形紋.

macolla [makóʎa] 女 〔植物〕(一つの株全体の)芽・枝・茎・蕾など.

macrobiótica [makroβjótika] 女 →macrobiótico.

macrobiótico, ca [makroβjótiko, ka] 形 長寿法の, 長生の.
—— 女 長寿法, 健康法.

macrocosmo [makrokósmo] 男 〔哲学〕大宇宙. 類 **universo**. 反 **microcosmo**.

macrocosmos [makrokósmos] 〔単複同形〕男 〔哲学〕大宇宙.

macroeconomía [makroekonomía] 女 マクロ経済学.

macroscópico, ca [makroskópiko, ka] 形 肉眼で見える. 反 **microscópico**.

macruro, ra [makrúro, ra] 形 〔動物〕(甲殻類で, エビのように)尾の長い, 長尾類の.

maderamen 1211

—— 男 複 〔動物〕(エビなどの)長尾類.

macuco, ca [makúko, ka] 形 ❶〔南米〕すばらしい, 驚異的な. 類 **macanudo**. ❷〔南米〕ずる賢い, 狡猾な. 類 **astuto, cuco, taimado**. ❸〔南米〕(子供・若者が)体の大きい, 強壮な.
—— 名 ❶〔南米〕ずる賢い人, 狡猾な人. ❷〔南米〕体の大きい子[若者].

mácula [mákula] 女 ❶ 汚れ, 染み, 斑点；〔比喩的に〕汚点. 類 **mancha**. ❷ 虚偽, 欺瞞, ペテン. 類 **engaño, trampa**. ❸〔天文〕(太陽の)黒点. ❹〔解剖〕(網膜の)黄斑. ❺〔印刷〕二重刷り, 刷り損じ.

mácula lútea 〔解剖〕(網膜の)黄斑.

macular [makulár] 他 ❶ …を汚す, …に染みをつける；(名誉などを)汚す. 類 **manchar, deslustrar**. ❷〔印刷〕を刷り損じる.

maculatura [makulatúra] 女 ❶〔集合的に〕汚れ, 染み, 斑点. ❷〔印刷〕刷り損じた紙.

macuto [makúto] 男 ❶(兵士の)背嚢；背負袋, リュックサック. 類 **mochila**. ❷〔中米〕物乞いに使う籠. 類 **cesto**.

Madagascar [madaɣaskár] 固名 マダガスカル(首都アンタナナリボ Antananarivo).

madama [madáma]〔<仏〕女 ❶《まれ, 皮肉》マダム, 奥様, 夫人. 類 **señora**. ❷〔中南米〕売春宿の女将；助産婦, 産婆. ❸〔キューバ〕〔植物〕ホウセンカ(鳳仙花).

Madariaga [madarjáɣa] 固名 マダリアーガ(サルバドール・デ Salvador de ~)(1886-1978, スペインの評論家・外交官).

Madeira [madéira] 固名 ❶ (Archipiélago de ~) マデイラ諸島(大西洋上, ポルトガル領の火山列島). ❷(m~)=madera 男.

madeja [madéxa] 女 ❶(紡いだ糸を巻き取る)かせ. ❷(女性の)長い髪.

enredar … la madeja 紛糾させる.

enredarse la madeja 紛糾する, こんがらかる.

hacer madeja (液体が糸や髪のように)凝固する.

madeja sin cuenta 紛糾した[もつれた]もの；支離滅裂な人.

—— 男 怠け者, ぐうたら.

madera [madéra] 女 ❶ 木材, 材木. —Guarda sus joyas en una preciosa caja de ~. 彼女は素敵な木の箱に宝石をしまっている. ~ de roble カシ材. ❷ 性質, 素質, 才能. —Tiene ~ de político. 彼は政治家になる素質がある. Este chico tiene buena[mala] ~ para la música. この子は音楽の才能がある[ない].

tocar madera (誰かが不吉なことを言ったとき, 不幸を招かないよう木に触れる迷信的行為, またそれを象徴して言う表現). *Toquemos madera.* 木に触れておこう. Habrá que *tocar madera*. 木に触れておかねば.

—— 男 (ポルトガル領のマデイラ島産の)マデイラ酒(ワイン)(=madeira).

maderable [maderáβle] 形 用材になる. —bosque ~ 用材林.

maderada [maderáða] 女 (いかだに組むなどして運ばれる)木材の全体.

maderaje [maderáxe] 男 →maderamen.

maderamen [maderámen] 男 ❶ (一つの建築物に使用される)用材の全体. ❷ (一つの建築物の)木造部分.

1212 maderería

maderería [maðerería] 囡 材木置き場, 木場.
maderero, ra [maðeréro, ra] 形 製材の, 製材に関わる. — industria *maderera* 製材業.
—— 名 ❶ 製材業者, 材木商. ❷ 木材運搬人, いかだ師.

Madero [maðéro] 固名 マデーロ(フランシスコ・インダレシオ Francisco Indalecio ~)(1873-1913, メキシコの政治家).

madero [maðéro] 男 ❶ 丸太;角材;材木. ❷ 船. 類 **buque, nave**. ❸〖話〗ばか, まぬけ, うすのろ. 類 **insensible, necio, torpe**. ❹《俗》警官.
madero barcal 丸い製材用材木.
madero cachizo 太い製材用材木.
madero de cuenta〖海事〗(竜骨・船首・船尾など船体を支える)部材.
madero de suelo〖建築〗梁(はり), 桁(けた). 類 **viga, vigueta**.

madona [maðóna]〔<伊〕囡 マドンナ, 聖母マリア;聖母の絵[像].

madrás [maðrás] 男 マドラス木綿, 薄手の木綿の布地.

madrastra [maðrástra] 囡 ❶ まま母, 継母. ❷〖まれ〗不快なもの, 厄介なもの. 類 **hijastro, padrastro**.

madraza[1] [maðráθa] 囡 子供を溺愛する母親, 子に甘い母親. 類 **padrazo**.

madraza[2] [maðráθa]〔<アラビア〕囡 (イスラムの)高等教育機関.

** ***madre** [máðre マドレ] 囡 ❶ 母, 母親, おかあさん. — Ya es ~ de tres hijos. 彼女はもう3児の母である. Los cachorros no se apartan de la ~. 子犬は母犬から離れない. león ~ 母ライオン. ~ adoptiva 養母. ~ biológica 生母, 生みの母. ~ de familia 家庭の主婦. ~ de leche 乳母(＝ama, nodriza). ~ lactante 授乳中の母親. ~ política しゅうとめ(＝suegra). ~ soltera 未婚の母. futura ~ 妊婦. ❷(女子修道院長, マザー(上級の修道女に対する敬称);~ abadesa[superiora] 女子修道院長, 尼僧院長. ❸ 原因, 源(みなもと). — Andalucía es ~ de poetas. アンダルシアは詩人たちの揺籃(ようらん)の地である. La ociosidad es ~ de todos los vicios. 怠惰はあらゆる悪癖の原因となる. 類 **causa, origen**. ❹〖名詞と同格で形容詞的に用いられ〗母のような, …のもとになる. ~ lengua ~ 母語. ~ patria 母国. casa ~ 本社, 本店. ❺ (ワイン, 酢などのたるの底にたまる)おり, 沈殿物.
Ahí está [Esa es] la madre del cordero. そこに問題の鍵がある, そこが難しいところだ.
¡Bendita sea la madre que te parió! よくやった.
como su madre le echó al mundo 素っ裸で.
el ciento y la madre たくさんの人. No vamos a caber en tres coches: somos *el ciento y la madre*. われわれは3台の車にはおさまらない. まったく大人数なんだから.
¡la madre que te [le, os, les] parió! (1)《俗》(怒り・不愉快を表して)畜生(ちくしょう), 親の顔を見てみたい. (2)〖誉められたとき〗素晴らしい, でかしたぞ.
¡madre mía! (驚きの表現)ああ驚いた. おやまあ.
sacar de madre 人を怒らせる;人の気をもませる. Me *saca de madre* que siempre llegue tarde. 彼女はいつも遅刻して私を怒らせる. El que no me haya escrito todavía me *saca de madre*. 彼がまだ手紙をよこさないので私は不安だ.
salirse de madre (1)(川が)氾濫(はんらん)する. El río *se salió de madre* e inundó gran parte del pueblo. 川が氾濫して村の大部分を水浸しにした. (2) 限度を超える. Sus exigencias *se salen de madre*. 彼の要求は限度をこえている. Que prohíba a sus hijos salir de noche *se sale de madre*. 彼が子供たちに夜間外出を禁じるのは行き過ぎだ.
ser la madre del cordero 真の理由[キーポイント, 要点]である.

madrearse [maðreárse] 再 (ワイン・パン種などが)腐敗する.

Madre de Dios [máðre ðe djós] 固名 マドレ・デ・ディオス(ペルーの県).

madrépora [maðrépora]〔<伊〕囡〘動物〙イシサンゴ(石珊瑚);イシサンゴの群体. 類 **coral**.

madrero, ra [maðréro, ra] 形 母親に甘える, 母が大好きな.

madreselva [maðresélβa] 囡〘植物〙スイカズラ(忍冬).

Madrid [maðrí(ð)] 固名 マドリード(スペインの首都).

madrigal [maðriɣál]〔<伊〕男 ❶〖詩学〗マドリガル. ◆主に恋愛をテーマにした各行7音節または8音節の短詩. ❷〖音楽〗マドリガル, マドリガーレ. ◆イタリアで発達した無伴奏の叙情的な合唱曲.

madrigalesco, ca [maðriɣalésko, ka] 形 ❶〖詩学〗マドリガル(風)の, 叙情的な, 牧歌的な. ❷〖音楽〗マドリガル(風)の. ❸ (愛情表現などの)繊細な, 甘美な. 類 **delicado, elegante**.

madriguera [maðriɣéra] 囡 ❶(ウサギなどの)巣穴. ❷(悪党どもの)隠れ家, 巣窟.

:madrileño, ña [maðriléɲo, ɲa] 形 マドリード(Madrid)の. — Los callos son un plato típicamente ~. 胃袋の煮込みはマドリードの代表的な料理だ.
—— 名 マドリードの人. — Los ~s son gente abierta y acogedora. マドリードの人は開放的でよそ者に親切である.

***madrina** [maðrína] 囡 ❶〖カトリック〗(洗礼・堅信に立会う)代母, 名付け親;《プロテスタント》教母(padrino「代父」/「教父」). — La ~ del primer hijo fue la abuela. 長男の代母は祖母だった. ❷ (結婚式で)新郎の付添い人, 介添え人, 立会い人(＝~ de boda). — La ~ de la boda fue la madre del novio. 結婚式の介添え人は新郎の母親が務めた. ❸ (船の進水式での)女性の主賓, 命名者. — La princesa fue la ~ en la botadura del trasatlántico. 王女が大西洋横断定期船進水式の主賓を務めた. ❹ (国旗宣誓式や落成式・開通式などでの)女性の主賓. — ~ en la inauguración de un puente 橋の開通式の女性主賓. La actriz fue ~ de la inauguración del festival. その女優がフェスティバルの開会式の主賓を務めた. ❺ 〖まれ〗(芸術家などの特に経済面での)女性後援者, スポンサー, 保護者, 後見人. — Este pintor no habría llegado a la fama de no ser por la ayuda de su ~. この画家はもし後援者の援助がなければ有名にならなかっただろう. 類 **protectora, valedora**. ❻〖海事〗(舷縁の)支え, スタンション;〖まれ〗支柱, 突っ張り. ❼ (馬の群れを先導する)雌馬. ❽〖まれ〗(2頭の馬の馬銜(はみ)を繋ぐ)革ひも. ❾〖中南米〗(a) 野生動物の飼い慣らしのために一

緒に繋いでおく別の家畜. **(b)**『アルゼンチン, チリ』(競馬の)伴走雌馬. **(c)**『ベネズエラ』馬・ラバ・牛などの家畜の群れ.

hada madrina 主人公を助ける妖精.

madrina de guerra (第一次大戦中の)戦時代母(前線兵士に銃後から手紙・慰問袋を送り世話をした女性).

madrinazgo [maðrináθɣo] 男 《宗教》(カトリックの)子供と代母の関係, 代母としての務め; (プロテスタントの)教母としての務め. 類 **padrinazgo, compadrazgo**.

madroñal [maðroɲál] 男 マドロニョの林[畑].

madroño [maðróɲo] 男 ❶ 《植物》マドロニョ, マドロニェ; その果実. ♦ツツジ科アルブツス属の常緑低木でコケモモの仲間. ❷ マドロニョの果実に似た房飾り.

:**madrugada** [maðruɣáða] 女 ❶ 夜明け, 明け方. — Nos levantamos de 〜 para ir a pescar. われわれは釣りをするために朝早く[夜明けに]起きた. 類 **alba, amanecer**. ❷ 夜更け, 深夜(夜半過ぎから早朝までの時間), 未明. — Las calles están desiertas a las tres de la 〜. 深夜の3時には街に人影がなくなる. ❸ 早起きすること. — A mí no me sientan bien las 〜s. 私は早起きがにがてだ. 類 **madrugón**.

de madrugada 夜明けに. Se fueron a la cama *de madrugada*. 夜明けになって彼らは床に就いた.

*.**madrugador, dora** [maðruɣaðór, ðóra] 形 ❶ 早起きの, 早起きする『ser/estar＋』. — Es muy *madrugadora* y los domingos también se levanta a las seis de la mañana. 彼女はとても早起きで日曜日でも朝6時に起きる. 類 **mañanero, tempranero**. ❷ 《話》(出来事が)早々に起きる, 機先を制する. — El equipo visitante marcó un gol 〜 cuando sólo habían transcurrido dos minutos de juego. アウェーのチームは試合開始後2分しか経っていないのに早々と1ゴールを上げた. — 名 早起きの人.

:**madrugar** [maðruɣár] [1.2] 自 ❶ **(a)** 早起きをする. — *Madrugaba* para hacer footing. 彼はジョギングするために早起きをしたものだった. **(b)** 《話》(他人を)出し抜く, 先んじる, 先駆ける. — Si quieres sacar una entrada para ese partido, tendrás que 〜. もし君がその試合の入場券を手に入れたいのなら, 先手を打たなければならないだろう. ❷ 《話》(ある事が)早めに起こる.

A quien madruga, Dios le ayuda. 【諺】早起きは三文の得(←早起きする人を神は助ける).

No por mucho madrugar amanece más temprano. 【諺】果報は寝て待て(←早起きしても早く夜が明けるわけではない).

madrugón, gona [maðruɣón, ɣóna] 形 早起きの. 類 **madrugador**.
— 名 早起きする人.
— 男 (いつにない)早起き.
darse [pegarse] un madrugón. (いつになく)早起きをする.

maduración [maðuraθjón] 女 ❶ 成熟, 熟成. ❷ 《医学》化膿.

madurar [maðurár] 他 ❶ (果実など)を成熟[完熟]させる. — El sol *madura* los frutos. 果実は日に当たって成熟する. ❷ (計画など)を練り上げる. — *Maduran* un proyecto de reforma educativa. 教育改革の計画が練り上げられる. ❸ 《医学》化膿させる.

— 自 ❶ (果実などが)熟する. — Los níspenos ya *han madurado*. カリンの実が熟した. ❷ (肉体的・精神的に)成熟する, 大人になる. — Aquella experiencia le ayudó a 〜. あの経験のおかげで, 彼は精神的に大人になった. ❸ 《医学》化膿する.

madurativo, va [maðuratiβo, βa] 形 ❶ 成熟[熟成]させる. ❷ 《医学》化膿させる.
❸ 《まれ, 話》懐柔策.

:**madurez** [maðuréθ] 女 ❶ 成熟, 円熟; 成熟期. — Estas manzanas están en su punto de 〜. このリンゴは熟している(食べごろだ). La fama le llegó ya en la 〜. 名声は円熟期になって彼に訪れた. ❷ 分別, 慎重, 熟慮. — Confían en él por la 〜 de sus actos. 彼は分別のあるふるまいで人に信用されている. 類 **sensatez**.

:**maduro, ra** [maðúro, ra] 形 ❶ 『estar/ser＋』(果物・野菜などが)熟した, 熟れた. — poco 〜 十分に熟れていない. Los melones que tenían eran muy 〜s. 彼らが持っていたメロンはよく熟れていた. Estos plátanos aún no están 〜s. このバナナはまだ熟れていない. 類 **sazonado**. 反 **verde, inmaduro**. ❷ 『estar/ser＋』(比喩)成熟した, 円熟した, 思慮深い, 分別のある. — Esperaba que tu comportamiento fuera 〜, no como el de un niño. 君には子供のようなふるまいではなく分別ある行動を期待していた. una persona de 〜 juicio 思慮深い人. una democracia *madura* 成熟した民主主義. Es un hombre inteligente, pero aún no está 〜 como profesor. 彼は頭のいい男だが, 教師としてはまだ未熟だ. 類 **juicioso, sensato, reflexivo, prudente, experimentado**. 反 **inmaduro, insensato, irreflexivo, imprudente**. ❸ 『estar/ser＋』中年の, 壮年の. — Es una mujer ya *madura*, pero se conserva todavía muy atractiva. 彼女はもう中年女性だが, 相変わらず大変魅力的だ. 類 **adulto, mayor**. 反 **inmaduro, joven, menor**. ❹ 『estar＋』(計画・考えなどが)念入りの, 慎重な, 熟慮した, 熟した. — Su proyecto ya está 〜, sólo falta que se lo aprueben. 彼の計画はすでによく練られていて, あとは承認してもらうだけだ. *después de madura* consideración 熟慮の末. 類 **listo, preparado, a punto, meditado, claro**. 反 **inmaduro, verde**. ❺ 機の熟した, ちょうどよい時期の. — Las cosas no estaban *maduras* para la reforma. 改革には時期尚早だった. 類 **listo, preparado, a punto, meditado, claro**. 反 **inmaduro, verde**. ❻ 完成した, よくできた. — Es su novela más *madura* hasta ahora. それは彼のこれまでの小説で最も完成度の高い作品だ. 類 **conseguido, logrado**. ❼ 『estar＋』《医学》(吹き出物などが)化膿した, 膿(う)んだ. — absceso 〜 膿み切った腫(は)れ物. Van a sajarme el forúnculo porque ya está 〜. 私は癤(せつ)が膿(う)んでいるので切開してもらうことになっている. ❽ 『メキシコ』さんざんなめに遭った.

edad madura 中年, 壮年. Entraba ya en la *edad madura* cuando decidió divorciarse. 離婚を決めた時彼はもう中年になろうとしていた.

— 名 成熟した人, 中年[壮年]の人. — Se ha casado con un 〜 muy agradable. 彼女はとても感じのよい中年男性と結婚した.
— 男 『中米』(料理用の)熟れたバナナ.

maesa

maesa [maésa] 囡 ❶《古》女性教師.
abeja maesa《虫類》女王蜂.
maese [maése] 男《古》親方, 名人, 師匠. **maestro**.
maese coral 手品, 奇術, マジック.
Maestra [maéstra] 圄名 (Sierra ~) マエストラ山脈(キューバの山脈).
maestra [maéstra] 囡 ❶ (主に小学校の)女性教員; (習い事などの)女の先生, 女師匠. ❷《まれ》〖定冠詞とともに〗女学校, 女子校;《古》女学校の女性教員. —ir a la ~ 女学校に通う. ❸ 教師の妻. ❹《比喩》師. —La historia es la ~ de la vida. 歴史は人生の師である. ❺《漁業》地引網の引綱; 延縄の幹縄. ❻《建築》(壁・塀・舗石などの工事で)基準[基礎]となる板[石など].
abeja maestra《虫類》女王蜂.
maestra de primera enseñanza [de primeras letras]. 小学校の女性教員.
teta de maestra 女王蜂の巣房, 王台.
maestral [maestrál] 形 ❶ 教員の. ❷ 騎士団長の, 騎士団管轄区域の. —*mesa* ~ 騎士団長の管轄区域. ❸ 見事な, 立派な. 類 **magistral**. ❹《海事》(地中海特有の)北西風の. —*viento* ~《海事》(地中海特有の)冷たく乾いた北西風. 類 **mistral**.
—— 男 ❶《海事》(地中海特有の)冷たく乾いた北西風. 類 **mistral**. ❷ 女王蜂の巣房, 王台. 類 **maestril**.
maestrante [maestránte] 男 貴族の乗馬クラブの会員.
maestranza [maestránθa] 囡 ❶ (昔の)騎士養成学校; 貴族の乗馬クラブ. ❷ 工廠, 軍需工場; 〖集合的に〗工廠の労働者.
maestrazgo [maestráθɣo] 男 騎士団長の地位; 騎士団長の管轄区域.
maestre [maéstre] 男 ❶ 騎士団長. ❷《海事》(昔の商船の経理担当の)航海士.
cuartel maestre《軍事》(昔の)総司令官.
maestre coral 手品, 奇術, マジック.
maestre de campo《軍事》(昔の)連隊長, 旅団長.
maestre de campo general《軍事》(昔の)副連隊長.
maestre de hostal (昔のアラゴン家の)家政長官.
maestre de jarcia《海事》索具係.
maestre de plata (インディアスから輸送された)銀の管理官.
maestre de raciones [de víveres] (船の)食事係.
maestre general → cuartel general.
maestre racional (昔のアラゴン地方の)財務長官.
maestresala [maestresála] 男 ❶ (昔の)毒見役. ❷ 給仕長.
***maestría** [maestría] 囡 ❶ (芸術家・職人などの)巧みさ, 熟練, 腕のさえ. —Tiene una ~ única para la jardinería. 彼には園芸の特異な才能がある. Nos demostró su ~ en el manejo del florete. 彼は私たちに巧みなフルーレさばきを見せてくれた. Tiene gran ~ en el uso de los pinceles. 彼は筆遣いが非常に巧みだ. 類 **destreza, pericia, facilidad, habilidad, maña, ingenio, arte, mano**. 反 **torpeza, impericia**. ❷ (特に技術職人の)師匠〖親方, 棟梁〗(maestro)の身分, 技能士資格; 教職の資格. —sacar el título de ~ industrial 技能士の資格を取得する. conseguir la ~ en electricidad 電気技能士の資格を取得する. obtener la ~ 教職の資格を取る. 類 **peritaje**. ❸ 大学院の修士課程, 修士の称号. —curso de maestría 修士課程. obtener la ~ 修士号を得る.
con maestría 巧みに, 上手に, 見事に. pintar con verdadera maestría とても上手に絵を描く. Marcó el gol *con gran maestría*. 彼は非常に巧みにゴールを決めた.
maestril [maestríl] 男 (蜜蜂の巣で)女王蜂を育てる巣房, 王台.
maestrillo [maestríʎo] 男《軽蔑》教師.
Cada maestrillo tiene su librito.〖諺〗人には人のやり方[意見]がある, 十人十色.

***maestro, tra** [maéstro, tra マエストロ, トラ] 形 ❶ すぐれた, 見事な. —"Las Meninas" es una obra *maestra* pintada por Velázquez. 「侍女たち」はベラスケスによって描かれた傑作である. ❷ 主要な. —pared *maestra* 主壁. palo ~《海事》メインマスト, 大檣(だいしょう). ❸ 飼いならされた. —perro ~ 飼いならされた犬.
—— 名 ❶ 先生, 教師. —~ auxiliar (小学校の)補助教員. Estudia para ~ de colegio. 彼は小学校の先生をめざして勉強している. Es un ~ de piano. 彼はピアノの教師である. 類 **profesor**. ❷ 達人, 大家, 名手. —Picasso es uno de los grandes ~s del arte contemporáneo. ピカソは現代美術の巨匠の1人である. Es un ~ de la cocina japonesa. 彼は日本料理の達人だ. 類 **experto**. ❸ 作曲家, 音楽家. —El ~ ha interpretado maravillosamente la pieza. その音楽家は見事にその曲を演奏した. ❹ 師匠, 親方. —~ albañil [sastre, carpintero] 左官の親方[仕立屋の親方, 大工の棟梁(とうりょう)]. ❺ 教え[教訓]になるもの[こと]. —La historia es la *maestra* de la vida. 歴史は人生を教えるものである.
—— 男 ❶ (闘牛の)マタドール, 正闘牛士. ❷《海事》メインマスト, 大檣(たいしょう).
maestro de armas [esgrima] 剣術の先生.
maestro de ceremonias (1) (式などの)進行役, 司会者. (2) 式部官.
maestro de escuela [de primera enseñanza] (初等教育の)先生.
maestro de obras 建築請負師, (建築の)現場監督.
ser maestro (consumado) en … …の名人である, …に熟達している. *Es un maestro consumado en el arte del baile flamenco*. 彼はフラメンコの舞踊に熟達している.

mafia [máfja] 〈＜伊〉囡 ❶ (シチリアの犯罪秘密結社)マフィア. ❷ (一般的に)犯罪組織, 暴力団. ❸〖プエルトリコ〗策略, 罠. 類 **ardid, engaño, trampa**.
mafioso, sa [mafjóso, sa] 形 マフィアの.
—— 名 マフィアの構成員; 暴力団員.
Magallanes [maɣaʎánes] 圄名 ❶ マガリャネス[マゼラン](フェルナンド・デ ~) Fernando de ~) (1480?-1521, ポルトガルの航海者・軍人; 最初の世界周航指導者). ❷ (Estrecho de ~) マゼラン海峡(南アメリカ大陸南端の海峡).
magancear [maɣanθeár] 自《南米》怠惰な

生活をする，横着をする． 類 **haraganear, remolonear**.

maganza [maɣánθa] 女 《南米》怠惰，横着． 類 **haraganería**.

magazine [maɣaθín] 《〈英〉》男 ❶ 雑誌． ❷ テレビなどのワイドショー．

Magdalena [maɣðaléna] 固名 ❶《女性名》マグダレーナ． ❷ マグダレーナ（コロンビアの都市；ボリビアの都市）．

magdalena 女 ❶ （M～）《聖書》(イエスにより悔悟した)マグダラのマリア；《女性名》マグダレナ． — Santa María M～ マグダラの聖マリア(祝日は7月22日)． ❷ (ふしだらな生活を)悔い改めた女． ❸《料理》マドレーヌ． ❹ 貝殻形などの型に入れて焼いた小さなケーキ菓子．
  estar hecha una Magdalena さめざめと泣く，悲嘆に暮れる．
  no estar la Magdalena para tafetanes 機嫌が悪い，虫の居所が悪い．

magdaleniense [maɣðaleniénse] 《〈仏〉》形《考古》マドレーヌ期の．
— 男《考古》マドレーヌ期．◆後期旧石器時代の最後で，アルタミラやラスコーの洞窟壁画が描かれた．

magenta [maxénta] 《〈伊〉》形 マゼンタ[マジェンタ]色の，赤紫色の．
— 男 マゼンタ[マジェンタ]色，赤紫色．◆1859年のイタリア北部マジェンタでの戦いの流血の色から．

magia [máxia] 女 ❶ **魔法**, 魔術． — blanca 白魔術(善神の力をかりて行う無害なもの．奇術などもその一つ)． ～ negra 黒魔術(悪神の助けをかりて行う有害なもの)． ～ natural 奇術． 類 **brujería, hechicería**. ❷ 魔力, 不思議な力． — Nadie podía sustraerse a aquella mirada de ～. 誰もあの魔力のある視線から目をそらすことができなかった．
  (como) por arte de magia 魔法のように，不思議に．Venía con nosotros pero desapareció de pronto *como por arte de magia*. 彼は私たちといっしょに来たが，突然魔法のように消えてしまった．

magiar [maxiár] 形 マジャールの，ハンガリーの． 類 **húngaro**.
— 名 マジャール人(ハンガリー人の自称)．
— 男 マジャール語(フィン・ウゴル語派に属する)．

mágica [máxika] 女 →**mágico**.

mágico, ca [máxiko, ka] 形 ❶ 魔法の，魔術の． — En esta región perviven aún creencias *mágicas*. この地方には まだ魔術信仰が生き残っている．varita *mágica* 魔法の杖． ❷ 魔法のような，不思議な．— Ver al hombre caminando sobre la luna parecía un espectáculo ～. 月の上を人が歩いているのを見るのは不思議な光景だった．Aquella muchacha tenía una belleza *mágica*. あの少女は不可思議な美しさの持主だ． 類 **encantador, hechicero, maravilloso**.
  cuadrado mágico 魔方陣．
  linterna mágica 幻灯機．
— 名 魔術師，魔法使い． 類 **encantador, mago**.
— 女 魔術． 類 **magia**.

magín [maxín] 男《話》想像(力)，空想． 類 **imaginación**.

magisterial [maxisteriál] 形 教職の，教員の．

magisterio [maxistério] 男 ❶ 教師の仕事，教職．— Su vida ha estado consagrada al ～. 彼の人生は教職にささげられてきた．Estudia ～. 彼は教職に就くべく勉強している． ❷《集合的に》(国

や地域の)教員． — El ～ está decidido a ir a la huelga si no se atienden sus reivindicaciones salariales. 教員たちは賃上げ要求がかなえられないならストを打つ決定をしている．

magistrado, da [maxistráðo, ða] 名 ❶ 司法官，判事，検事，(主に最高裁判所の)裁判官． 類 **consejero, corregidor, juez, oidor**. ❷ 政府高官，行政官．

magistral [maxistrál] 形 ❶ 教師の，教職の． — Sus primeras clases ～*es* eran aburridísimas. 彼の教師としての最初の授業はまったく退屈だった． ❷ すぐれた，じょうずな． — Dio una conferencia ～. 彼はすぐれた講演をした．Es un ejemplo ～ de empresario. 彼は経営者のみごとな模範だ． 類 **excelente, magnífico**. ❸ きざな，気取った． — Me fastidia ese tono ～ que usa al hablar. 私は彼が話す時に口をついて出る気取った口調にはうんざりだ． 類 **afectado, pedante**.
  lección magistral →**lección**.

magistratura [maxistratúra] 女 ❶ 裁判官[判事，司法官]の地位[職務]；(政府の)要職，行政長官職．— entrar en la ～ 司法官になる，司法畑に入る．ejercer la ～ 司法官を務める．Obtuvo la ～ de la audiencia provincial de Ávila. 彼はアビラ地方裁判所の判事職に就いた． ❷ 裁判官[判事，司法官；行政長官]の任期．— El juicio ocurrió en 1988, durante la ～ del juez Martínez. その裁判は1988年マルティネス裁判官の任期中に行われた． ❸《集合的に》(一国・一地域の)裁判官，判事，司法官；行政長官，高官．— La ～ se opuso a la nueva ley de seguridad ciudadana. 裁判官は新治安法に反対した． ❹ (社員代表と経営者たちから成る)労働裁判所． ❺《中南米》公務員職．— Ocupa un buen puesto en la ～. 彼は公務員のいいポストに就いている．Esa decisión debe tomarla el político que ocupa la más alta ～ de la nación. その決定は国家の最高官職にある政治家によって為されるべきだ．
  llevar a magistratura (労働争議で企業を)労働裁判所に告発[告訴]する．
  primera magistratura《アルゼンチン，ウルグアイ》大統領職．
  Magistratura del Trabajo (スペインの)労働裁判所(現在のJuzgados de lo Socialに対する古称)．

magma [máɣma] 男 ❶《地質》マグマ，岩漿． ❷《化学》マグマ剤．

magnanimidad [maɣnanimiðá(ð)] 女 寛大さ，度量の大きさ．—con ～ 寛大に． 類 **generosidad**. 反 **mezquindad**.

magnánimo, ma [maɣnánimo, ma] 形 寛大な，度量の大きな，心の広い．— Es ～ con sus subordinados. 彼は部下に対して寛大だ．un padre ～ 太っ腹な父親． 類 **generoso, noble**. 反 **mezquino**.

magnate [maɣnáte] 男 実力者，有力者，大立者．— ～ de las finanzas 財界の大物． 類 **poderoso, prócer**.

magnesia [maɣnésia] 女《化学》酸化マグネシウム，マグネシア．— ～ blanca 炭酸マグネシウム．— efervescente 発泡性マグネシウム(制酸剤)．

magnesiano, na [maɣnesiáno, na] 形《化学》マグネシア含有の．

1216 magnesio

magnesio [maɣnésjo] 男 《化学》マグネシウム (金属元素.化学記号 Mg).

magnesita [maɣnesíta] 女 ❶《鉱物》海泡石. ❷《鉱物》マグネサイト.

magnético, ca [maɣnétiko, ka] 形 磁気の, 磁力の. —campo ～ 磁場. cinta *magnética* 磁気テープ. polo ～ 磁極. aparato de resonancia *magnética* 磁気共鳴装置. tarjeta *magnética* 磁気カード.

magnetismo [maɣnetísmo] 男 ❶ 磁気, 磁力. —～ terrestre 地磁気. ❷ 磁気作用[現象]; 磁気学. ❸《比喩》魅力. —Su sonrisa tiene un gran ～. 彼女の微笑には大変な魅力がある. El gurú ejercía sobre sus discípulos un ～ irresistible. その指導者は弟子たちを抗し難く魅了していた. 類 atractivo, hechizo.
magnetismo animal 催眠術. 類 hipnotismo.

magnetita [maɣnetíta] 女《鉱物》磁鉄鉱.

magnetización [maɣnetiθaθjón] 女 ❶ 磁化. ❷ 催眠術をかけること. ❸ 魅了すること.

magnetizar [maɣnetiθár] [1.3] 他 ❶ (物体)を磁化する. ❷ (人)に催眠術をかける. 類 hipnotizar. ❸ (人)を魅了する. —La protagonista *magnetizó* al público con su magnífica actuación. 主役の女性は素晴らしい演技で観客を魅了した. 類 fascinar.

magneto [maɣnéto] 女/男《電気》マグネット発電機.

magnetofón [maɣnetofón] 男 テープレコーダー. 類 grabadora.

magnetofónico, ca [maɣnetofóniko, ka] 形 テープレコーダーの. —cinta *magnetofónica* 磁気[録音]テープ. grabación *magnetofónica* テープ録音.

magnetófono [maɣnetófono] 男 →magnetofón.

magnicidio [maɣniθiðjo] 男 国家元首[要人]の殺害[暗殺].

magnificar [maɣnifikár] [1.1] 他 ❶ (物・人)をほめる, 賛美する, 称賛する. —Ella *magnifica* las cualidades de su hijo. 彼女は息子の長所をほめそやす. 類 ensalzar. ❷ を誇張する. —una noticia ニュースを大げさに言う. 類 exagerar.
—— se 再 より偉大に見える; 自分をより偉大に見せる.

magníficat [maɣnifika(t)] 男《カトリック》(晩課の終りに歌われる)聖母マリア賛歌, マニフィカート.

magnificencia [maɣnifiθénθja] 女 ❶ 壮麗, 壮大, 華麗. 類 esplendor, grandiosidad, suntuosidad. ❷ 寛大, 鷹揚(ホウ)). —Era conocido por su ～ con los necesitados. 彼は困窮者に対して気前のいいことで有名であった. 類 generosidad, liberalidad.

magnífico, ca [maɣnífiko, ka] 形 ❶ 豪華な, 壮麗な, 堂々とした. —Es una catedral *magnífica*. それは壮麗な大聖堂である. 類 lujoso, suntuoso. ❷ すばらしい, すてきな. —Ha marcado un gol ～. 彼はすばらしいゴールを決めた. Su padre es un hombre ～. 彼の父はすてきな人だ. Desde la cima del monte Fuji se divisa un ～ panorama. 富士山の頂上からの眺望はすばらしい. 類 espléndido, estupendo. ❸ (学長などの要職に付ける敬称)学長先生. —el ～ señor rector 学長先生.

magnitud [maɣnitú(ð)] 女 ❶ 大きさ, 規模, 尺度. —La longitud y el peso son ～es. 長さと重さは(計測の)尺度である. Tiene una finca en la pampa de tal ～ que usa una avioneta para recorrerla. 彼はパンパに軽飛行機で回るくらい大規模な農園をもっている. ❷ 重要性, 重大さ. —No se da cuenta de la ～ de su crimen. 彼は自分の犯した犯罪の重大さに気付いていない. Se han embarcado en un proyecto de gran ～. 彼らは非常に重要な企画に着手した. ❸ (星の)等級, (地震の)マグニチュード.

magno, na [máɣno, na] 形 ❶ 重大な, 重要な. —En 1992 se celebró el quinto centenario del ～ acontecimiento del descubrimiento de América. 1992年にはアメリカ発見という重大な出来事の500年祭が催された. ❷ (歴史的人物などの名に冠して)偉大な. —Alejandro M～ アレクサンダー大王(マケドニアの王).
aula magna 講堂, 大講義室. El congreso se celebró en el *aula magna* de la universidad. 会議はその大学の講堂で開催された.

magnolia [maɣnólja] 女《植物》モクレン; タイサンボク(泰山木).

mago, ga [máɣo, ɣa] 名 ❶ 魔術師, 魔法使い. ❷ (聖書)(キリストの生誕を祝うために来訪したという)東方の三博士[賢人]の一人. —los tres Reyes M～s 東方の三博士. ◆Baltasar, Gaspar, Melchor の3人を指す. ❸ (古代ペルシアの)ゾロアスター教の祭司[僧侶]. ❹ (情報)ウィザード.

magra [máɣra] 女 (肉・ハムなどの)薄切り, スライス.

magrear [maɣreár] 他《俗》を愛撫する, ペッティングする.

magrez [maɣréθ] 女 →magrura.

magro, gra [máɣro, ɣra] 形 (肉が)脂身のない(少ない); 《文》(土地・人が)やせた. ❷ (豚肉の)赤身. —— 女 スライスハム.

magrura [maɣrúra] 女 ❶ (人が)やせていること; (肉が)脂肪分がないこと; (土地が)やせていること.

maguey [maɣéi] 男《植物》リュウゼツラン(竜舌蘭). 類 agave, pita.

magulladura [maɣujaðúra] 女 ❶ 打撲傷, 打ち身; あざ. 類 contusión. ❷ (果物の)傷み.

magullamiento [maɣujamjénto] 男 → magulladura.

magullar [maɣujár] 他 ❶ (人)に打撲傷を負わせる, (強く打って体)にあざをつける. ❷ (果物を)傷める, ～に傷をつける.
—— se 再 ❶ 打撲傷を負う, (自分の体に)あざをつくる. —Al caerme *me magullé* (en) el brazo derecho. 転んで私は右腕に打撲傷を負った. ❷ (果物)が傷む.

magullón [maɣujón] 男《南米》→magulladura.

magyar [maxiár] 形 →magiar.

maharajá [maaraxá] 男 マハラジャ, 大王(インド王侯の尊称).

maharaní [maaraní] 女 マハラーニ(王妃, 王女).

Mahoma [maóma] 固名 マホメット[ムハンマド] (570頃-632頃, アラビアの預言者, イスラム教の開祖).

mahometano, na [maometáno, na] 形 ムハ

ンマド[マホメット]の，イスラム教[回教]の. —Las creencias *mahometanas* se basan en el Corán. イスラム教の信仰はコーランに基づいている. 類 **musulmán**.

—— 名 イスラム教徒, 回教徒.

:**mahometismo** [maometísmo] 男 イスラム教, 回教, マホメット教.

Mahón [maón] 固名 マオン(スペイン，バレーレス諸島メノルカ島の都市).

mahón [maón] 男 ナンキン木綿.

mahonés, nesa [maonés, nésa] 形 マオン(Mahón)の. —— 名 マオンの住民[出身者].

mahonesa [maonésa] 女 《料理》マヨネーズ(= mayonesa).

maicena [maiθéna] 女 コーンフラワー, トウモロコシ粉; コーンスターチ.

maicero, ra [maiθéro, ra] 形 トウモロコシの. —— 名 トウモロコシ商人.

mail [méil] 男 《通信》電子メール, E メール.

mailing [méilin] 〔＜英〕男 (メーリングリストでの)送付.

maillot [maijó(t)] 〔＜仏〕男 ❶ ツールドフランスなどで着るジャージ. ❷ レオタード.

Maimónides [maimónides] 固名 マイモニデス[イブン・マイムーン](モイセス・ベン・マイモン Moisés Ben Maimón ～)(1135?-1204, イスラム世界で活躍したユダヤ教徒の医師・哲学者).

mainel [maínel] 男 《建築》堅[縦]框(かまち). ◆窓などの縦仕切り.

Maite [máite] 固名 《女性名》マイテ(María Teresa の愛称).

maitines [maitínes] 男複 《カトリック》夜明け前に祈りを捧げる)朝課, 早課.

maíz [maíθ] 男[複 maíces] ❶《植物》トウモロコシ(玉蜀黍). —El ～ es originario de América. トウモロコシはアメリカ原産である. ◆新大陸の主要作物の一つで, メキシコでは tortilla として主食となり, Andes で chicha 酒の原料となる. cultura del ～ トウモロコシの文化(メソアメリカ Mesoamérica の文化). 類 **choclo, elote, mijo, panizo. ❷ トウモロコシの実. —*tortilla de* ～ トウモロコシのトルティーリャ. *palomitas* [*rosetas*] *de* ～ ポップコーン. *harina de* ～ トウモロコシ粉, コーンフラワー. *Las palomitas son granos de* ～ *tostado*. ポップコーンは炒(ぃ)りトウモロコシの粒である. 類 **panizo, mijo**.

maíz de Guinea (1) アズキモロコシ(= maíz morocho). (2) モロコシ(蜀黍)(= zahína)(イネ科).
maíz morocho 《植物》アズキモロコシ(の実).
maíz pira [コロンビア] ポップコーン.
coger a ... asando maíz 《キューバ》《話》(人)を現場で捕まえる, 現場を襲う.
comer [*picar*] *maíz* 《話》両手の一本指だけでゆっくりタイプを打つ.
ser maíz de la misma mazorca 《話》(二人以上の人が)性格・趣味・習慣が似ている.

***maizal** [maiθál] 男 トウモロコシ畑. —Los presos evadidos se habían escondido en los ～*es*. 脱走犯はトウモロコシ畑に隠れていた.

majá [maxá] 女 《キューバ》(キューバ)の大蛇.

majada [maxáða] 女 ❶ (家畜の囲い場; 羊小屋. 類 **aprisco, redil.** ❷ (牛馬などの)糞; 厩肥(きゅう). ❸ [南米] (羊・山羊の)群れ.

majadal [maxaðál] 男 ❶ (羊などの)牧草地. ❷ (家畜の)囲い場.

majo 1217

majadería [maxaðería] 女 ❶ 愚かさ. ❷ たわごと; ばかげた行為. —*decir* ～*s* たわごとを言う. 類 **estupidez, tontería**.

majadero, ra [maxaðéro, ra] 形 愚かな, ばかげた, たわけた. 類 **mentecato, necio**.
—— 名 ばか, たわけ者.
—— 男 ❶ すりこぎ. ❷ (編み物用)糸巻き.

majador, dora [maxaðór, ðóra] 形 すりつぶす, 挽(ひ)く. —— 男 臼(うす); 乳鉢; すりこぎ.

majadura [maxaðúra] 女 すりつぶすこと, 挽(ひ)くこと.

majagranzas [maxaɣránθas] 男 [単複同形] 《話》うるさい奴.

majar [maxár] 他 (物)をすりつぶす, 挽(ひ)く. —～ *los ajos en un mortero* ニンニクを臼(うす)ですりつぶす. 類 **machacar**.

majareta [maxaréta] 形 《話》頭のおかしい, 気が狂った. —*Este terrible ruido me está volviendo* ～. *この*ひどい騒音で私は頭がおかしくなっている. *Es de* ～*s salir a estas horas*. こんな時間に出かけるなんて狂っている.

:**majestad** [maxestá(ð)] 女 ❶《格式》威厳, 威光, 荘厳; 壮麗, 壮大さ, 気高さ. —*Camina con la dignidad y* ～ *de un rey*. 彼は王様のような威厳に満ちた歩き方をする. ～ *de un rostro* 威厳に満ちた顔つき. ～ *de una catedral gótica* ゴシック式大聖堂の威容. 類 **dignidad, grandeza, solemnidad, majestuosidad, magnificencia, elegancia.** 反 **sencillez, vulgaridad.** ❷ (M～) (神・王・皇帝などに対する敬称)陛下. —¡*Su* [*Vuestra*] *M*～ (*Real*)!/¡*Su Real M*～! 陛下! *Su M*～ *Católica* スペイン国王陛下. *Su Graciosa M*～ (慈愛深き)英国国王[女王]陛下. *Su M*～ *Cristianísima* (信仰厚き)フランス国王陛下. *Su Divina M*～ (キリスト教の)神. *Su M*～ *el Rey* 国王陛下. *Sus Majestades los Reyes de España* スペイン国王国王夫妻.
con majestad 威厳に満ちて, 堂々と; 荘厳に.
delito [*crimen*] *de lesa majestad* 《法学》大逆罪, 不敬罪.
en majestad 《美術, 図象》荘厳の, 栄光の(中世美術の典型的図象で, 正面を向いて玉座に座り高い聖性を示す姿). *Cristo en majestad* 荘厳[栄光]のキリスト. *Virgen en majestad* 荘厳の聖母(子).

:**majestuosidad** [maxestuosiðá(ð)] 女 威厳, 荘厳さ, 壮大さ. —～ *del altar* 祭壇の荘厳さ. ～ *de su rostro* 彼の威厳のある顔つき. *La* ～ *del vuelo de las águilas siempre me ha cautivado*. 鷲が飛ぶ威風堂々たる姿に私はいつも魅了された. 類 **majestad, solemnidad**.

:**majestuoso, sa** [maxestuóso, sa] 形 威厳のある, 堂々とした, 荘厳な[ser/estar+]. —*El rey caminaba con un porte* ～. 国王は威厳のある様子で歩んでいた. *Al entrar al palacio nos deslumbró la majestuosa escalera*. 宮殿に入ると壮大な階段に私たちの目はくらんだ. 類 **grandioso, señorial, solemne**.

majo, ja [máxo, xa] 形 いなせな, しゃれた, 魅力的な; 《俗》きれいな, ハンサムな.
—— 名 ❶ いなせな男, 小粋な女, 洒落(しゃれ)者. ❷ 18-19 世紀マドリードで伊達な格好をしてボヘミアン的生活を送っていた下層民. —《*La maja des-*

nuda [vestida]》「裸[着衣]のマハ」.
majolar [maxolár] 男 セイヨウサンザシの林.
majoleto [maxoléto] 男 →majuelo①.
majuelo [maxuélo] 男 ❶《植物》セイヨウサンザシ. ❷ (実のなった)若木のぶどう園.
mal [mál マル] 形 [<malo: 男性単数名詞の前で末尾母音-oが脱落する] 悪い. ― Hoy hace ~ tiempo. 今日は天気が悪い. El examen no está ~. 試験(の結果)は悪くない. Hoy está de ~ humor. 今日彼は不機嫌だ. No debes dar ~ ejemplo. 君は悪い模範を示してはいけない. 反 **buen(o).

――― 男 ❶ 悪, 邪悪, 不正. 反 **bien**. ❷ 害, 害悪, 禍. ― En Hiroshima quedan grabados los ~es de la guerra. 広島には戦禍の跡が残っている. Él nos hizo mucho ~. 彼は我々に悪いことばかりした. 類 **daño, perjuicio**. ❸ 不幸, 不運. ― El accidente trajo el ~ a esta familia. 事故がこの家族に不幸をもたらした. Nadie debe alegrarse del ~ ajeno. 誰も他人の不幸を喜んではいけない. 類 **desgracia**. ❹ 不都合, 問題. ― El ~ está [consiste] en que no sé nada de eso. 問題は私がそれについて何も知らないことだ. 類 **inconveniente**. ❺ 病気. ― ~ de las vacas locas 狂牛病. No se sabe qué ~ tiene. 彼がどんな病気にかかっているか分からない. ~ de Parkinson [Alzheimer] パーキンソン[アルツハイマー]病. 類 **enfermedad**.

――― 副 ❶ へたに, 不器用に. ―Canta [Escribe] ~. 彼は歌うのが[字を書くのが]へただ. Este plan no está ~. この計画は悪くはない. Has hecho ~ en no ir. 君, 行かなかったのはまずかったね. Habla ~ el español. 彼のスペイン語はへただ. ❷ 誤って, 不正に. ―Me entendieron ~. 私は誤解された. ❸ ゆたに…い, 得がたく…い. ―…い. ―*M*~ podrás entender si no prestas atención. 注意していないとなかなか理解できないよ. ❹ (oler, saber などとともに用いられて) ―Huele ~. いやな臭いだ. ❺ (oír, ver などとともに用いて) 不十分に. ―Se ve muy ~ desde aquí. ここからだとちゃんと見えない. ❻ 病気で. ―Su hija sigue ~. 彼の娘は病気のままだ. 類 **enfermo**.

A grandes males, grandes remedios. 【諺】絶望的な状況は必死の対策を呼び求める.
a mal con …と among … Ella está *a mal con* su suegra. 彼女はしゅうとめと仲が悪い.
andar [*ir, marchar*] *mal* (事が)うまく運ばない. Las cosas *andan mal*. 事がうまく運んでいない.
darse mal a … (人)は不得意である. *Se le da mal* la literatura. 彼は文学が苦手だ.
echar mal de ojo 呪いをかける.
estar a mal con … (人)と仲が悪い. Está *mal con* su suegra. 彼女は姑(はは)とうまく行かない.
estar mal que [+接続法] …するのはよくない.
del mal el menos (悪いながらも)まだましな選択.
de mal en peor ますます悪く(なる). La economía de nuestro país va *de mal en peor*. わが国の経済はますます悪化してゆく.
hablar [*decir*] *mal de* (人)の悪口をいう. Siempre *habla mal de* otros. 彼はいつも人の悪口を言っている.
llevar a mal … (あることを)悪く解釈する, …に腹を立てる.

¡Mal! よくない!, まずい!
mal de la piedra (大気汚染・湿気などによる)石の風化[崩壊].
mal de las alturas [*de montaña*] 高山病 (=soroche).
mal de la tierra 郷愁, ホームシック.
mal que [+接続法] たとえ…しても (=aunque). Irá allí *mal que* no quiera. たとえ嫌でも彼はそこへ行くだろう. *Mal que* te pese, tendrás que acompañarle. たとえ嫌でも君は彼について行かねばなるまい.
mal que bien (うまくいかなくても)なんとかして, ともかくも. *Mal que bien* tendremos que caminar adelante. なんとかして我々は歩み続けねばならない.
menos mal (*que*) まだましである, …でよかった, …でまずかった. *¡Menos mal!* まだよかった!, まだましだ! *Menos mal que* hemos cogido el tren. 汽車に乗れてまだよかった. *Menos mal que* no ha sido nada grave. 全然大したことなくて不幸中の幸いだ.
No hay mal que por bien no venga. 【諺】禍福はあざなえる縄のごとし (←幸せのためにやって来ない不幸はない).
parar en mal 不幸な[まずい]結果になる.
ser un mal pensado (物事を)悪くとる, 悪い方に考える.

mala [mála] 女 (イギリス・フランスの)郵袋.
malabar [malaβár] 形 (インドの)マラバール (Malabar) の.
――― 男女 マラバールの住民[出身者].
――― 男 マラバール語.
juegos malabares 手品, 奇術, (投げ物の)曲芸.
malabarismo [malaβarísmo] 男 ❶ 手品, 奇術, (投げ物の)曲芸. ❷《比喩》(困難な情況での)立ち回り, 保身術. ―Tendríamos que hacer ~ para alcanzar el objetivo. 目標を達成するには我々はうまく立ち回らねばならないだろう.
malabarista [malaβarísta] 男女 曲芸(軽業)師, 手品[奇術]師. 類 **ilusionista, prestidigitador**.
Malabo [maláβo] 固名 マラボ(赤道ギニアの首都).
Malaca [maláka] 固名 ❶ マラッカ(マレーシアの州・州都). ❷ Estrecho de ~ マラッカ海峡. ❸ Península de ~ マレー半島.
malacate [malakáte] 男 ウィンチ, 巻き揚げ機. 類 **cabestrante**.
malacia [maláθia] 女《医学》軟化症.
malacitano, na [malaθitáno, na] 形 →malagueño, ña.
malaconsejado, da [malakonsexáðo, ða] 形 (悪い助言を受けて)無分別な, 思慮を欠く; 口車に乗ってしまった.
malacopterigio, gia [malakopterixio, xia] 形《魚類》(サケ・ニシンなど)軟鰭(なんき)類の.
――― 男 軟鰭類の魚.
malacostumbrado, da [malakostumbráðo, ða] 形 ❶ 悪習に染まった. ❷ しつけの悪い; 甘やかされた. ―El niño está ~. その子どもは甘やかされている.
malacrianza [malakriánθa] 女【中南米】無作法, しつけ[育ち]の悪さ.
Málaga [málaɣa] 固名 マラガ(スペインの県・県都).
málaga [málaɣa] 男 マラガ産の甘口ワイン. ―

Póngame un ~, por favor. マラガワインを1杯お願いします.

malagradecido, da [malaɣraðeθíðo, ða] 形 恩知らずな. 類 **desagradecido, ingrato**.

malagueña [malaɣéɲa] 女 →malagueño.

malagueño, ña [malaɣéɲo, ɲa] 形 マラガ (Málaga) の.
— 名 マラガの住民[出身者].
— 女 マラゲーニャ.◆フラメンコの1つで, fandango に似たマラガの民謡・舞踊.

*__malamente__ [malaménte] 副 ❶《話》悪く, ひどく, まずく. —Comprendí que aquello iba a terminar ~. あの件は悪い結末を迎えることが私にはわかった. Está ~ esta temporada. この時期彼は体調がよくない. 類 **mal**.[副詞としては mal が普通で, **malamente** は金銭・健康に限られた場合に用いられる.] ❷ 乏しく, 不足して, 不十分に. —Estamos ~ de fondos. 私たちは資金が十分にない. No gana más que para comer ~. 彼はやっと食えるほどしか稼いでいない. 類 **escasamente**. ❸ ほとんど…しそうもない. —M~ puedes haberlo visitado. 君が彼を訪ねることはまずできなかっただろう. 類 **difícilmente**.

malandante [malandánte] 形 不幸な, 不運な. 類 **desgraciado**.

malandanza [malandánθa] 女 不幸, 不運. —Sus ~s lo llevaron al fracaso. 彼は不運続きで破綻した. 類 **contratiempo, desgracia**.

malandrín, drina [malandrín, drína] 形 《戯》腹黒い, 邪悪な. 類 **perverso**.
— 名 腹黒い人, 悪漢.

malapata [malapáta] 男女《話》❶ 厄介者, 迷惑をかける人. ❷ (動作の) 鈍い人.

malaquita [malakíta] 女《鉱物》マラカイト, クジャク石.

malar [malár] 形《解剖》頬[きょう] (骨) の.
— 名 頬骨. 類 **pómulo**.

malaria [malárja] 女《医学》マラリア. 類 **paludismo**.

Malasia [malásja] 固名 マレーシア (首都クアラルンプール Kuala Lumpur).

malasio, sia [malásjo, sja] 形 マレーシア (Malasia) の. — 名 マレーシア人.

malasombra [malasómbra] 男女 迷惑な人, 厄介者; 面白みのない人. —El ~ de tu hermano ha vuelto a llamarme a estas horas. 迷惑者の君の弟はまたこんな時間に電話をかけてきた.

malavenido, da [malaβeníðo, ða] 形 仲が悪い, 折り合いがつかない. —Suegra y nuera están *malavenidas*. 姑[しゅうとめ] と嫁はうまが合わない. ❷ 不満な; 文句の多い. 類 **descontento**.

malaventura [malaβentúra] 女 不運, 不幸. 類 **desgracia, desventura**.

malaventurado, da [malaβenturáðo, ða] 形 不運な, 不幸な. 類 **desgraciado, desventurado**.

Malawi [maláwi] 固名 マラウィ (首都リロングエ Lilongwe).

malayo, ya [malájo, ja] 形 マレーシア (Malasia) の; マレー半島 (Península de Malaca) の.
— 男 マレー語.

malbaratar [malβaratár] 他 ❶ (物を) 安く処分する, 投げ売りする. —En esta tienda *malbaratan* las existencias. この店では在庫一掃処分セールをしている. 類 **malvender**. ❷ (金銭を) 浪費する. —En poco tiempo *malbarató* la herencia de su padre. すぐに彼は父親からの相続財産を食いつぶしてしまった. 類 **derrochar, despilfarrar, malgastar**. 反 **ahorrar**.

malcarado, da [malkaráðo, ða] 形 ❶ 顔の醜い; 感じの悪い顔をした, 不愛想な. 類 **feo, hosco, repulsivo**. 反 **agradable**. ❷ 不機嫌な顔をした, 仏頂面の. 類 **enfadado, malhumorado**.

malcasado, da [malkasáðo, ða] 形 ❶ 夫婦仲の悪い; 別居した, 離婚した. ❷ 不貞な.
— 名 ❶ 夫婦仲の悪い[別居・離婚した]人. ❷ 不貞な夫[妻].

malcasar [malkasár] 他 (人に) 不幸な[誤った]結婚をさせる.
— se 再 不幸な[誤った]結婚をする. —*Se malcasó* con un mafioso y ha sufrido mucho. 彼女は暴力団員と誤った結婚をして大いに苦しんだ.

malcomer [malkomér] 自 貧しい食事をする, 粗食する. —Tú *malcomes* porque quieres. 君は自らそうしたくて貧しい食事をしている.

malcomido, da [malkomíðo, ða] 形 栄養失調の.

malcontento, ta [malkonténto, ta] 形 不満な, 満足しない. —~ con su puesto actual 現在の地位に不満な. 類 **descontento**.
— 名 不平不満を言う人.

malcriadez [malkrjaðéθ] 女《南米》育ちの悪さ, しつけの悪さ.

malcriado, da [malkrjáðo, ða] 形 しつけ[育ち]の悪い, 不作法な; 甘やかされた. 類 **consentido**.
— 名 しつけ[育ち]の悪い人; 甘やかされた人.

malcriar [malkrjár] [1.5] 他 (子どもの) しつけを怠る; 甘やかして育てる.

maldad [maldá(ð)] 女 ❶ 悪, 悪(質)さ. —la ~ del motivo de un crimen 犯罪動機の悪質さ. ❷ 悪事, 悪行, 不正(行為). —cometer [decir] ~es 悪事を働く[悪質なことを言う].

maldecir [maldeθír] 他 ❶ (人・物事を) 呪う. —*Maldijo* a sus antiguos compañeros. 彼は昔の仲間たちを呪った. ~ su destino 自らの運命を呪う. ❷ (人・物事を) ののしる, 悪く言う. —*Maldigo* el momento en que me encontré con él. 私は彼と出会ったその時を憎む. Su madre *maldijo* a su nuera. 彼の母親は嫁をののしった.
— 自 ❶ [+de] (人・物事を) ののしる, 悪く言う; 中傷する. —Siempre *maldice* de los ricachones. 彼はいつも成金たちのことを悪く言う. ❷ (物事を) 嘆く; 不平を言う. —~ de los días pasados en ese país その国で過ごした日々を嘆く.

maldí [maldí] 動 maldecir の命令・2 単.

maldic- [maldiθ-] 動 maldecir の直・現在, 現在分詞.

maldiciente [maldiθjénte] 形 ののしり屋の, 悪口家の.
— 男女 ののしり屋, 陰口屋, 中傷家. 類 **detractor, murmurador**.

maldición [maldiθjón] 女 ❶ 呪い. —Parece que ha caído una ~ sobre esta casa. この家は呪われたかのようだ. ❷ ののしり, 悪口, 中傷. —soltar una ~ ののしる, 悪口を言う. La vieja, enfadada, le echó una ~. 老女は怒って彼をののしった. ❸ (不快・怒りの) ちくしょう! —¡*M*~! Me he olvidado la cartera. ちくしょう! 財布を忘れてしまった.

maldiga(-) [maldíγa(-)] 動 maldecir の接・現在.

maldigo [maldíγo] 動 maldecir の直・現在・1単.

maldij- [maldix-] 動 maldecir の直・完了過去, 接・過去.

maldispuesto, ta [maldispuésto, ta] 形 ❶ 体調の悪い. 類**indispuesto**. ❷ 意欲を欠いた, やる気のない. — No le he invitado a salir porque le veía ~. 気が進まないように見えたので, 彼を外出に誘わなかった.

maldita [maldíta] 女《話》舌. — soltar la ~ おしゃべりをし過ぎる.

‡**maldito, ta** [maldíto, ta] 形 ❶ のろわれた, 地獄に落とされた. 類**condenado**. 反**bendito**.
❷ いまいましい. — Estos ~s chiquillos nunca me dejan en paz. このいまいましいガキどもはいつもうるさくして私を悩ませるんだ. ¡M~ embustero! このいまいましいペテン師野郎!
❸ 《定冠詞+名詞の前に置いて》(不快, 軽蔑的ニュアンスで)全然…ない, 少しも…ない. — No sé *maldita* la cosa de eso. 私はそんなこと全然知らないよ. ¡*Maldita* la gana que tengo de salir ahora! 今は外出なんかする気には全くないね. No tiene *maldita* la gracia. それはちっともおもしろくない.
¡Maldito sea! いまいましい!, くそ!, ちくしょう!
¡Maldito sea …! (人, 物が)…なんかくそくらえだ!
¡Malditos sean sus consejos! 彼の忠告なんてくそくらえだ! ¡Malditas sean sus observaciones! 彼の注意なんてくそくらえだ!
— 名 ❶ 邪悪な人, 悪人; (子供)わんぱく坊主. — ¡Vete, ~! あっちへ行け, この野郎. 類**maligno**.
❷ 悪魔.

Maldivas [maldíβas] 固名 モルディブ(首都マレ Male).

Maldonado [maldonáðo] 固名 マルドナード(ウルグアイの都市).

maleabilidad [maleaβiliðá(ð)] 女 (金属の)可鍛性, 展性.

maleable [maleáβle] 形 ❶ (金属が)可鍛性[展性]のある. ❷ (人が)従順な.

maleante [maleánte] 形 悪党の, ごろつきの, 無法者の. —— 男女 悪党, ごろつき, 無法者. 類**delincuente, forajido, malhechor**.

malear [maleár] 他 ❶ (人)を堕落[退廃]させる. 類**pervertir**. ❷ (物)を傷める, 腐らせる. 類**corromper**.
—— se 再 ❶ 堕落する, 退廃的になる. 類**pervertirse**. ❷ 傷む, 腐る.

malecón [malekón] 男 ❶ 堤防; 防波堤. 類**dique**. ❷《鉄道》(線路の)土手, 盛り土.

maledicencia [maleðiθénθja] 女 陰口(を言うこと), 中傷(すること). 類**chismorreo, murmuración**.

maleducado, da [maleðukáðo, ða] 形 しつけ[行儀]の悪い, 不作法な. — Este niño está ~. この子供も行儀が悪い.
—— 名 礼儀知らず, 不作法者. — Ese ~ merece una reprimenda. その不作法者は叱責に値する. 類**descortés**.

maleficencia [malefiθénθja] 女《文》邪心, 性悪.

maleficiar [malefiθjár] 他 ❶ (人・物)を害する. ❷ …に呪いをかける. 類**hechizar**.

maleficio [malefíθjo] 男 呪い, 呪術, 妖術(ようじゅつ); ジンクス. 類**brujería, sortilegio**.

maléfico, ca [maléfiko, ka] 形 ❶ 呪いをかける. — un brujo ~ 妖術師. ❷ 悪意のある; 有害な. — Aquel amigo ejerció sobre él influencias *maléficas*. あの友人彼に対して有害な影響を及ぼした. 類**maligno, perjudicial**.

malejo, ja [maléxo, xa] 形《話》やや[いくぶん]悪い.

malentender [malentendér] 他 を誤解する.

malentendido [malentendíðo] 男 誤解. — Había, por lo visto, un ~ entre nosotros. 我々の間には誤解があったようだ.

maléolo [maléolo] 男《解剖》くるぶし. 類**tobillo**.

malestar [malestár] 男 ❶ 体調[気分]の悪さ. — Después de nadar mucho tiempo sintió un gran ~. 彼は長時間泳いだ後ひどく気分が悪くなった. ❷ (人に与える)不快な感情, 不愉快. — Su comportamiento insolente causó ~ entre los presentes. 彼の傲慢な振舞いに出席者たちは不愉快な思いをした.

‡**maleta**[1] [maléta] 女 ❶ スーツケース, 旅行かばん(「トランク」は baúl). — ~ de viaje 旅行かばん. Mete la ropa en la ~. 衣類をスーツケースに入れなさい. 類**equipaje, maletín, valija**. ❷【ベネズエラ, チリ】(車の)トランク(= maletero). ❸【中南米】《話》(小旅行用の)衣類の包み; 【アルゼンチン, グアテマラ, ウルグアイ, チリ】袋, 鞍嚢(あんのう)(= alforja). ❹【アルゼンチン】学生かばん. ❺【キューバ, プエルトリコ】猫背, 背中のこぶ; 厄介なもの(= giba, joroba). ❻【北米】(おむつの中の)大便.
andar como maleta de loco【アルゼンチン, ウルグアイ】《話》せわしく, せわしく動き回る.
deshacer la maleta 荷物をスーツケースから取り出す.
estar [levantarse] de maleta【アルゼンチン, チリ】不機嫌である.
hacer [preparar] la(s) maleta(s) (1) 旅行の支度をする, 荷物をスーツケースに詰める. Tengo que *hacer la maleta* porque mañana me voy de viaje. 私は明日旅行に出かけるので旅行支度をしなければならない. (2)《話, 比喩》引越す, 転職する. Me amenazó con denunciarme si no *hacía la maleta*. 彼はもし私が出て行かないと私を告発すると強迫した.
largar [soltar] la maleta【チリ】《話》死ぬ.

‡**maleta**[2] [maléta] 男女 形《話, 軽蔑》(特にスポーツ選手・闘牛士について)下手くそ(な). — Eres un ~ conduciendo. 君は運転が下手だね. Los espectadores empezaron a silbar y a decirle al torero:¡~, ~! 観客はピーピー口笛を吹いて闘牛士を「下手くそ, 下手くそ」とやじり始めた.

‡**maletera**[1] [maletéra] 女 ❶【ボリビア, チリ, ペルー】(車の)トランク(= maletero). — Los secuestradores introdujeron a la víctima en la ~ del vehículo. 誘拐犯は犠牲者を車のトランクに入れた. ❷【コロンビア, ベネズエラ, メキシコ】サドルバッグ.

‡**maletero**[1] [maletéro] 男 ❶ (駅・空港・ホテルなどの)ポーター, 赤帽. — Era ~ de la Estación de

Atocha. 彼はアトーチャ駅の赤帽だった。El ~ llevará el equipaje a su habitación. ポーターがお部屋まで荷物をお持ちします。❷《自動車》(車の)トランク．―poner[meter] el equipaje en el ~ del coche 荷物を車のトランクに入れる．類 **portaequipaje, portaequipajes, portamaletas.** ❸《住居》(作り付けの)箪笥(たんす)，押入れ，戸棚，クロゼット；(箪笥上部の)スーツケース入れ．―Tu bolsa de viaje está guardada en el ~ del armario. 君の旅行かばんは洋服箪笥の上の棚にしまってある．Durante el verano guardo en el ~ la ropa de invierno. 夏の間私は冬着を押入れにしまっている．❹『南米』すり(＝cortabolsas, ratero, ladrón).

・**maletero², ra²** [maletéro, ra] 名 スーツケース製造[販売]業者．

・**maletín** [maletín] 男[複 maletines] ❶《話》(書類・小物・お金入れ用の)アタッシェ[ブリーフ]ケース，書類[学生]かばん；(医者の)手さげかばん．―El abogado sacó el contrato de su ~. 弁護士はアタッシェケースから契約書を取り出した．Puso su ~ escolar sobre la cama. 彼は学生かばんをベッドの上に置いた．El médico cogió su ~ y corrió al lugar del accidente. 医師はかばんを取り，事故現場へ走った．類 **portafolios, cartera.** ❷ 小型スーツケース，小型旅行かばん．―Sólo llevo en el ~ una muda, el pijama y la bolsa de aseo. 私はボストンバッグに下着の替え一回分とパジャマと洗面道具入れしか持っていない．❸《軍事》(騎兵の)雑嚢(ざつのう) (＝~ de grupa).

maletón [maletón] 男 大型のスーツケース，トランク．―~ (de) herramientas 工具箱．

malevaje [maleβáxe] 男『ラ・プラタ』❶ 悪人，犯罪者．❷ 悪の世界，下層社会．

malevo, va [maléβo, βa] 形『ラ・プラタ』悪人，犯罪者．

malévolo, la [maléβolo, la] 形 悪意[邪心]のある，敵意を抱いた．―Me lanzó una mirada *malévola*. 彼女は私に敵意に満ちた眼差しを向けた．una sonrisa *malévola* 敵意を含んだ微笑．類 **malicioso, malintencionado.**

‡**maleza** [maléθa] 女 ❶ 雑草．―Ha crecido ~ en el arrozal. 田んぼに雑草がはえた．類 **hierbas.** ❷ かん木の茂み．―Era difícil encontrar un camino en medio de tanta ~. 深い茂みの中で道を見つけるのは困難だった．

malformación [malformaθjón] 女 (先天的な身体の)奇形．

malgache [malɣátʃe] 形 マダガスカル(Madagascar)島[人，語]の．
── 男女 マダガスカル人．
── 男 マダガスカル語．

・**malgastador, dora** [malɣastaðór, ðóra] 形 無駄に使う，無駄遣いする，浪費する．類 **derrochador.**
── 名 浪費家，金遣いの荒い人，無駄遣いする人．

・**malgastar** [malɣastár] 他 を浪費する，無駄遣いする．―Tiene el mal hábito de ~ el dinero en tonterías. 彼にはばかな事に金を浪費する悪癖がある．Perdona si estoy *malgastando* tu tiempo. もし君の時間を無駄にしているとしたら許してください．

malgeniado, da [malxenjáðo, ða] 形 『南米』機嫌の悪い，怒りっぽい．

malhablado, da [malaβláðo, ða] 形 言葉使いの悪い，口汚い．
── 名 言葉使いの悪い[口汚い]人．類 **deslenguado, grosero.** 反 **bienhablado.**

malhadado, da [malaðáðo, ða] 形《文》❶ (人が)不運な，不幸な，不幸せ．類 **desventurado, infeliz.** ❷ (物事が)不吉な．類 **aciago, funesto.**

malhechor, chora [maletʃór, tʃóra] 形 (常習的に)悪事を働く．
── 名 犯罪者，悪人．類 **delincuente.** 反 **bienhechor.**

malherir [malerír] [7] 他 (人)に重傷を負わせる，をひどく傷つける．―Se encuentran *malheridos*. 彼らは重傷を負っている[主に受身の過去分詞で使われる]．El ladrón *malhirió* a un dependiente. 泥棒は店員にひどいけがを負わせた．

malhumorado, da [malumoráðo, ða] 形 不機嫌な，気分を害した．―Habló con tono ~. 彼はぶっきらぼうに話した．Papá está hoy ~. パパは今日ごきげんななめだ．

Malí [malí] 固名 マリ(首都バマコ Bamaco).

‡**malicia** [malíθja] 女 ❶ 悪いこと；悪意；陰険さ．―Le criticaron con mucha ~. 彼はみんなから悪意をもって批判された．類 **maldad, malignidad.** ❷ 悪賢こさ，ずるさ，狡猾(こうかつ)さ．―Mi hijo ya tiene mucha ~. 私の息子はもう悪知恵がはたらく．Es un hombre sin ~. 彼はずるいところのない男だ．類 **astucia, picardía.** ❸ 疑念．―Tengo la ~ de que no ocurriera así. そんなふうに起こらなかったのではないかと私は思う．類 **recelo, sospecha.** ❹ 性的な含み，性に関する知識；下心．―Contó un chiste con mucha ~. 彼はこのジョークをわいせつな調子で語った．❺ 悪性，有害性，危険性．―una enfermedad con ~ 悪性の病気．Esa fiebre tiene mucha ~. その熱は大いに危険だ．

maliciar [maliθjár] 他 ❶ (悪意を抱いて)(何か)を怪しむ，疑う．❷ →malear.
── se 再 [＋de/en] を[で]邪推する，おかしいと思う．―¿Por qué *te malicias* de todo? なぜ君は何でも勘ぐるのか．Se *malician* en el juego. 彼らはゲームで疑心暗鬼になる．Me *malicié* que había ocurrido algo anormal entonces. 私はその時何か異常なことが起こった気がした．

malicioso, sa [maliθjóso, sa] 形 悪意のある，意地の悪い．―Nos echaron unas miradas *maliciosas* al entrar en la sala. 我々は広間に入った時変な視線を向けられた．No seas ~, y piensa bien de los demás. 意地悪にならないで，他人のことをよく考えなさい．
── 名 悪人；意地悪な人．

málico, ca [máliko, ka] 形《化学》リンゴ(酸)の．―ácido ~ リンゴ酸．

malignidad [maliɣniðá(ð)] 女 ❶ 悪意，悪．❷《医学》悪性．

maligno, na [malíɣno, na] 形 ❶ 性悪の，よこしまな，邪悪な．―intención *maligna* 悪意．類 **malicioso, perverso, taimado.** ❷《医学》悪性の．―tumor ~ 悪性腫瘍．反 **benigno.**
── 名 性悪な人，邪悪な人．
── 男 悪魔．

espíritu maligno 悪魔．

malilla [malíja] [＜mala] 女 ❶ (スペイン・トランプで)2番目に強いカード．♦金 oro と聖杯 copa

1222 Malinche

では 7, 剣 espada と棍棒 basto では 2. ❷ (スペイン・トランプで) 9 が一番強いカードになるゲーム.

Malinche [malíntʃe] 固名 マリンチェ[マリンツィン][?-1530, アステカ族のインディオの女性,「裏切り者」の代名詞].

malintencionado, da [malintenθjonáðo, ða] 形 悪意のある, 敵意のある. 類 **malicioso**.
— 名 悪意のある人, 敵意のある人.

malinterpretar [malinterpretár] 他 を誤解する.

malla [mája] 女 ❶ 《服飾》メッシュ. — cota de 〜 鎖かたびら. ❷ (網・鎖などの) 目. ❸ 複 (体操・バレー用の) タイツ. — pirata スパッツ. ❹ 《海事》ロープの巻き. ❺ 《通信》ウェブ. — 〜 mundial ワールド・ワイド・ウェブ, WWW.

Malleco [majéko] 固名 マジェーコ (チリの県).

mallo [májo] 男 ❶ (木などの) 槌(つち). ❷ ペルメル球戯, その球戯場.

Mallorca [majórka] 固名 マジョルカ[マヨルカ]島 (スペイン, バレアーレス諸島中の最大の島).

mallorquín, quina [majorkín, kína] 形 マヨルカ島の (Mallorca の).
— 名 マヨルカ (島) の住民[出身者].
— 男 (カタルーニャ語の) マヨルカ方言.

malmandado, da [malmandáðo, ða] 形 言うことを聞かない, 反抗的な, やる気のない. 類 **desobediente**.
— 名 反抗的な人, 言うことを聞かない人.

malmaridada [malmariðáða] 【女のみ】形 結婚に失敗した, 夫とうまくいっていない. 類 **malcasada**.
— 女 結婚に失敗した女性.

malmaridado, da [malmariðáðo, ða] 形 不貞の.

malmirado, da [malmiráðo, ða] 形 ❶ 評判のよくない, 信用されていない, 疎外されている. 類 **malquisto, desconceptuado**. ❷ 思慮[配慮]に欠ける, 分別のない, 礼儀知らずの. 類 **descortés, inconsiderado**.

malnutrición [malnutriθjon] 女 栄養不良.

****malo, la** [málo, la マロ, ラ] 形 【男性単数名詞の前で末尾母音 o が脱落して mal となる】 ❶ 悪い, 邪悪な. — Es una persona muy *mala*. 彼はとても悪い人間だ. Tiene *malas* ideas. 彼はよこしまな考えをもっている. 類 **malvado, perverso**. ❷ 劣悪な, よくない; にせの. — Este vino es 〜. このワインはよくない. Tiene *mala* cabeza para las cuentas. 彼の頭は計算に向かない. ❸ (a) 意地悪い, 仲が悪い. — Es 〜 con todos sus compañeros. 彼は同僚みんなと仲が悪い. (b) いたずらの. — Eres un niño 〜. お前はいたずら坊主だな. 類 **travieso**. ❹ 不都合な, 不適切な. — Es un mal momento para actuar. いまは行動するにはよくない時だ. 〜s consejos 不適当な忠告. *mala* noticia [suerte] 悪い知らせ[不運]. ❺ 病気の. — Se ha puesto 〜 esta mañana. 彼は今朝病気になった. 類 **enfermo**. ❻ そこなわれた, いたんだ. — Esta leche está *mala*. この牛乳はいたんでいる. Este jersey está ya muy 〜. このセーターはもうとてもいたんでいる. 類 **estropeado**. ❼ 有害の. — El tabaco es 〜 para la salud. タバコは健康に有害である. 類 **nocivo**. ❽ 不快な, いやな. — Pasamos un mal rato. 我々は不愉快なひとときを過ごした. mal olor [sabor] いやな臭い[味]. 類 **desagradable, molesto**. ❾ …しにくい. — Es un problema 〜 de resolver. それは解決しにくい問題である. Esta música es *mala* de interpretar. この音楽は演奏しにくい. 類 **difícil**. ❿ 品行のよくない, 身持ちの悪い. — Es una *mala* mujer. あれは品行のよくない女だ.
— 男 悪魔; 悪者.

a malas (con) (と) 仲が悪い. Estos días anda *a malas* con su novia. この頃彼は恋人と仲が悪くなっている.

de malas (1) (…する) 元気がない. Estoy *de malas* con el trabajo hoy. 私は今日は仕事に身が入らない. (2) 仲が悪い, けんかしている. Está *de malas* con su amigo. 彼は友人と仲が悪くなっている. (3) ついてない, へまな. Hoy estoy *de malas* en el juego. 今日はゲームでついていない. (4) 悪意をもって. Venía *de malas*. 彼は邪心を抱いていた. (5) 不機嫌な. Está [Se halla] *de malas*. 彼は不機嫌だ.

lo malo es que ... 悪いことには…, 問題は…. Quisiera ir, pero *lo malo es que* no tengo tiempo. 行きたいのはやまやまだが, 問題は時間がないことだ.

malo será [sería] que ... …は難しいだろう. *Malo sería que* Juan no cumpliera su promesa. フアンが約束を守らないことはありえないだろう.

ni un [una] mal [mala] ... ひとつの…もない. No tengo ni una *mala* botella de vino en casa. 家には一本のワインさえ置いてないんだ.

por las malas むりやりに, 強制的に. Vendrás conmigo aunque sea *por las malas*. 君はむりにでも私といっしょに来るんだ.

ser malo para [con, para con] ... …が苦手である. Soy muy *malo* para las matemáticas. 私は数学が苦手だ.

maloca [malóka] [アラウコ] 女 【南米】 ❶ 白人がインディオの村を襲撃すること. ❷ インディオが白人の町を急襲すること. 類 **malón**.

malogrado, da [malográðo, ða] 形 ❶ 若死にした, 夭折 (ようせつ) した. — 〜 pintor 夭折した画家. ❷ 不幸な, 不運な; 失敗した. — Tuvo un parto 〜. 彼女は赤ん坊を死産した.

‡**malograr** [maloγrár] 他 ❶ (機会・時間など) を無駄にする, 駄目にする. — Él sólo contribuyó a 〜 el proyecto. 彼はただ計画をだめにするのに役立っただけだ. ❷ (機会) を逃がす, 逸する. — 〜 una oportunidad チャンスを逸する. El delantero centro *malogró* una estupenda ocasión de gol. そのセンターフォワードはすばらしいゴールのチャンスを逃した. 類 **desperdiciar**.
— se 再 ❶ (a) 失敗に終わる, 挫折する, 駄目になる. — La excursión *se malogró* por el mal tiempo que hacía. ピクニックは悪天候のために台無しになった. (b) 若死にする, 夭折 (ようせつ) する. — *Se les malogró* el primer hijo. 彼らは長男に若死にされた. ❷ 《農業》不作になる. — La cosecha *se ha malogrado* por la sequía. 収穫は旱魃 (かんばつ) のために不作となった.

***malogro** [malóγro] 男 ❶ (計画・努力などの) 失敗, しくじり, 挫折. — tener un 〜 失敗する. 類 **fracaso**. ❷ 若死に, 夭折 (ようせつ). ❸ 《農業》不作.

maloliente [maloljénte] 形 臭い, 悪臭がする,

いやな臭いのする. — basura ～ 悪臭がするごみ. [類] **hediondo**. [反] **oloroso**.

malón [malón] 〔＜アラウコ〕[男] ❶ 〖南米〗インディオによる急襲. ❷ 急に裏切ること, 不意打ち; 不良グループ.

malparado, da [malparáðo, ða] [形] 傷ついた, さんざんな目にあった. — salir ～ さんざんな目にあう.

salir malparado de ... …でひどい目にあう.

malparar [malparár] [他] を傷つける, さんざんな目にあわせる, いじめる. [類] **deteriorar, maltratar**.

malparir [malparír] [自] 流産する, 妊娠を中絶する, 堕胎する. [類] **abortar**.

malparto [malpárto] [男] 流産, 妊娠中絶, 堕胎. [類] **aborto**.

malpensado, da [malpensáðo, ða] [形] 疑い深い, 懐疑的な, 悲観的な. — ¡No seas *malpensada*! (女性に対して)悪意に取らないで! [類] **desconfiado, escéptico, incrédulo**. [反] **crédulo**.
— [名] 疑い深い人, 懐疑的で[悲観的な]人.

malquerencia [malkerénθja] [女] 反感, 敵意, 嫌悪, 毛嫌い. [類] **odio, ojeriza**.

malquerer [malkerér] [4.8] [他] 嫌う, いやがる, 悪意を持つ. — No puedo ～ así a mis vecinos. 私は隣人たちにそのような悪意を持つことができない.
— [男] 悪意, 嫌うこと.

malquistar [malkistár] [他] 〖＋con〗 を敵対させる, 仲たがいさせる, …から離反させる. [類] **enemistar, indisponer**.
— **se** 〖＋con〗 …と敵対する, 仲たがいする, …から離反する.

malquisto, ta [malkísto, ta] [形] 嫌われている, 評判が悪い. [類] **malmirado, desconceptuado**.

malsano, na [malsáno, na] [形] ❶ 健康を害する, 体に悪い; 不健全な, 退廃的な. — un clima [un ambiente] ～ 不健全な[退廃的な]雰囲気[環境]. [類] **dañoso, insalubre**. [反] **sano**. ❷ 〘まれ〙病弱な, 虚弱な. [類] **enfermizo**.

malsín [malsín] 〔＜ヘブライ〕[男] 悪口を言い触らす人, 不和の種を蒔く人; 密告屋, 告げ口屋. [類] **cizañero, soplón**.

malsonante [malsonánte] [形] ❶ 耳障りな, 聞くに堪えない. ❷ (言葉などが)下品な, 卑猥な. — palabra ～ 卑猥な言葉. [類] **chabacano, soez**.

malsufrido, da [malsufríðo, ða] [形] 忍耐(力)に欠ける, 堪え性のない. [反] **paciente**.

Malta [málta] [固名] マルタ(首都バレッタ La Valletta); マルタ島 ♦地中海のほぼ中央に位置し, 古くから重要な拠点.

fiebre de Malta 〘医学〙マルタ熱.

orden de Malta マルタ騎士団.

malta [málta] 〔＜英 malt〕[女] ❶ モルト, 麦芽. [類] **cebada**. ❷ (コーヒーの代用として)焙煎した大麦.

azúcar de malta マルトース, 麦芽糖.

malteado [maltéaðo] [男] モルト[麦芽]の製造.

maltés, tesa [maltés, tésa] [形] マルタ (Malta) (人, 語)の.
— [名] マルタ人.
— [男] マルタ語. ♦アラビア語の方言から独立. セム語派のひとつ.

maltillero, ra [maltijéro, ra] [名] 〖南米〗競売人.

maltosa [maltósa] [女] 〘化学〙マルトース, 麦芽糖.

malversador 1223

maltraer [maltraér] [10.4] [他] を虐待する, 苦しめる, 痛めつける, 損害を与える. [類] **maltratar, mortificar**.

llevar [traer] a ... a maltraer をいつも煩わせる, 不快にさせる.

maltraído, da [maltraíðo, ða] [形] 〖南米〗身なりがだらしない[みすぼらしい]. [類] **desaliñado**.

maltratador, dora [maltrataðór, ðóra] [名] 虐待者.

maltratamiento [maltratamjénto] [男] 虐待, 酷使.

:maltratar [maltratár] [他] ❶ を虐待する, 虐げる, いじめる. — Se separó de su marido porque la *maltrataba*. 彼女は虐待されたので夫と別居した. No se debe ～ a los animales. 動物を虐待してはいけない. ❷ を損う, …に損害を与える.

maltrato [maltráto] [男] 虐待, 酷使. — ～ a los niños 児童虐待. — ～ de animales 動物虐待. No podía soportar los ～s de su marido. 彼女は夫からの虐待に耐えることができなかった.

maltrecho, cha [maltrétʃo, tʃa] [形] 虐待された, 痛めつけられた, 悲惨な. — hombre ～ y cansado 手荒に扱われ疲れた様子の男. La guerra dejará ～ al primer ministro. 戦争のせいで首相はひどい目にあうだろう. [類] **maltratado, malparado**.

maltusianismo [maltusjanísmo] [男] 〘経済〙マルサス (Malthus) 主義[学説], マルサスの人口論.

maltusiano, na [maltusjáno, na] [形] 〘経済〙マルサス (Malthus) 主義の.
— [名] マルサス主義者.

malucho, cha [malútʃo, tʃa] [形] ❶ 〖estar＋〗〘話〙体の調子が悪い, 気分が悪い. — Ahora mi hija está *malucha*. 今娘の体の調子が悪い. ❷ 〘話〙質が悪い, 傷んだ.

malva [málβa] [女] 〘植物〙アオイ(葵). — ～ loca [real, rósea] タチアオイ.

estar criando malvas 〘比喩, 話〙死んで埋葬されている.

ser [estar] como una malva 〘比喩〙おとなしく従順である.
— [形] [単複同形] 薄紫[ふじ]色の.
— [男] [単複同形] 薄紫[ふじ]色.

malvado, da [malβáðo, ða] [形] 凶悪な, 邪悪な, 非道な. — Quienes lo mataron son unos asesinos ～s. 彼を殺した奴らは極悪非道の殺し屋だ.
— [名] 悪人, 悪党, 極道者.

malvarrosa [malβarrósa] [女] 〘植物〙タチアオイ.

malvasía [malβasía] [女] ❶ 〘植物〙マルバシア. ♦ギリシャ原産の甘くて香りの良い大粒のブドウ. ❷ マルバシアのワイン.

malvavisco [malβaβísko] [男] 〘植物〙ウスベニタチアオイ.

malvender [malβendér] [他] (品物)を投げ売りする, 安く処分する. [類] **malbaratar**.

malversación [malβersaθjón] [女] (公金の)横領, 着服. — ～ de fondos 公金横領(罪).

malversador, dora [malβersaðór, ðóra] [形] (公金などを)横領[着服]している, 使い込んだ. — Es un funcionario ～. 彼は公金横領を犯している役人だ.

1224 malversar

—— 图 横領犯.

malversar [malβersár] 他 (公金などを)横領[着服]する, 使い込む. — ~ fondos públicos 公金横領を犯す.

Malvinas [malβínas] 固名 フォークランド諸島 (イギリス領).

malvís [malβís] 男 〖鳥類〗ワキアカツグミ.

malvivir [malβiβír] 自 〖主に不定詞で〗ひどい[苦しい]生活をする. —Con su sueldo apenas puede ~. 彼の給料では何とか貧乏暮らしができるかどうかだ.

malvón [malβón] 男 〖メキシコ, ラ・プラタ〗ゼラニウムの一種.

mama [máma] 女 ❶ 〖解剖〗乳房. —cáncer de ~ 乳癌(がん). 類 pecho, seno, teta. ❷ 〖話〗 →mamá.

:**mamá** [mamá] 女 〖複mamás〗 おかあさん, ママ (madre の幼児語).

mamada [mamáða] 女 ❶ 乳を吸うこと; その1回に吸う量. ❷ 授乳期. ❸ 〖俗〗フェラチオ (=felación). ❹ 〖俗〗酔い (=borrachera).

mamadera [mamaðéra] 女 (母乳の吸い出し器, 吸乳器.

mamado, da [mamáðo, ða] 形 〖俗〗酔っぱらった. —Está ~. 彼は酔いがまわっている. 類 borracho.

mamador, dora [mamaðór, ðóra] 形 乳を吸う, 乳飲みの.

mamagrande [mamaɣránde] 女 〖中南米〗祖母 (=abuela).

mamaíta [mamaíta] 女 〖話〗お母ちゃん, ママ.

mamandurria [mamandúrja] 女 〖中南米〗 ❶ 楽しての高収入, ぼろもうけ. ❷ 掘出物.

mamar [mamár] 他 ❶ (母親の乳房から)乳を吸う (通常過去時制で, 幼い時から習慣などを)身につける, 体得する. —Mamó la honradez desde que nació. 彼は生まれた時から正直な人間に育った. ❸ 労せずに手に入れる. —Antonio ha mamado un empleo estupendo. アントニオはすばらしい職に楽々とありついた. ❹ 〖俗〗フェラチオをする.

—— 自 ❶ 乳を吸う. —dar de ~ al niño 子どもに母乳を与える. ❷ 〖話〗 (習慣的に)酒を飲む. —Se lo han prohibido, pero él sigue mamando. 彼は禁じられたのに酒を飲み続けている.

—— se 再 ❶ 〖話〗酔っぱらう. 類 emborracharse. ❷ 労せずに手に入れる.

mamario, ria [mamárjo, rja] 形 〖解剖〗乳房の; (雌の)乳首の. —glándula mamaria 〖解剖〗乳腺.

mamarrachada [mamařatʃáða] 女 〖話〗 ❶ 奇妙な[ばかげた]行為. ❷ 出来損ない; がらくた. 類 mamarracho, payasada.

mamarrachista [mamařatʃísta] 男女 変人, 奇妙なことをする人.

mamarracho [mamařátʃo] 男 ❶ 奇人, 変人; 奇妙な格好をした人. —Estaba hecho un ~. 彼は異様な格好をしていた. ❷ 〖敬意を払うに値しない〗人. ❸ 出来損ない; がらくた. —Esta obra es un ~. この作品は駄作だ.

mamelón [mamelón] 男 ❶ (動物の)乳首. ❷ 円頂の丘. ❸ 〖医学〗傷跡にできた小さな肉の盛り上がり.

mameluca [mamelúka] 女 〖チリ〗売春婦.

mameluco [mamelúko] 男 ❶ ばか, 愚か者. —El muy ~ no nos dijo la verdad. その大ばか者は我々に本当のことを言わなかった. 類 bobo, estúpido, idiota. ❷ 〖歴史〗 (エジプトのスルタンの)親衛隊, マムルーク. ❸ 〖中南米〗〖服飾〗オーバーオール; (子ども用の)ロンパース.

mamey [maméi] 男 〖植物〗マミー. ♦熱帯アメリカ産のオトギリソウ科の大きな果樹.

mamífero, ra [mamífero, ra] 形 哺乳(にゅう)類の. —animal ~ 哺乳動物.

—— 男 複 哺乳類.

mamila [mamíla] 女 ❶ (乳首を除いた)乳房. ❷ (男の)乳頭.

mamilar [mamilár] 形 ❶ 乳房の. ❷ (男の)乳頭の.

mamola [mamóla] 女 (子供のあごの下をなでること[指で軽くたたいてからかうこと]. —hacer [dar] la ~ a (+人) (子供の)あごの下をなでて笑わせる; (人の)あごの下を指で軽くたたいてからかう.

mamón, mona [mamón, móna] 形 ❶ 乳離れしていない; よく乳を吸う[飲む]. ❷ 〖軽蔑, 時に親愛〗まぬけな, しょうのない.

—— 名 ❶ 乳飲み子, 乳児. ❷ 〖軽蔑, 時に親愛〗まぬけな, しょうのないやつ.

—— 男 ❶ 〖植物〗吸い枝. ❷ 〖植物〗メリユッカ (の果実).

mamotreto [mamotréto] 男 ❶ メモ帳, 備忘録. ❷ 〖軽蔑〗ばかでかい本[書籍の束]. ❸ 大きくて邪魔なもの. 類 armatoste.

mampara [mampára] 女 ❶ ついたて, 間仕切り. ❷ 内扉.

mamparo [mampáro] 男 〖海事〗 (船内の)隔壁.

mamporro [mampóřo] 男 ❶ 殴打, 殴りつけ. —Le dieron un ~ y lo tumbaron. 彼は殴り倒された. ❷ ぶつけること. —Me di un ~ contra la pared. 私は壁にぶつかった. 類 golpe.

mampostería [mamposteɾía] 女 〖建築〗粗石積み(工事). —~ en seco モルタル[セメント]で固めない粗石積み.

mampostero, ra [mampostéro, ra] 名 粗石積み職人.

mampuesto, ta [mampwésto, ta] 形 石工用の. —— 男 ❶ (手で持てる大きさの)粗石, 原石. ❷ 胸壁.

mamut [mamú(t)] 男 〖複 mamuts〗 〖古生物〗マンモス.

mana [mána] 〖中南米〗 ❶ 男 →maná. ❷ 女 〖コロンビア〗泉.

maná [maná] 男 ❶ 〖聖書〗マナ. ♦イスラエル人がエジプトを出てから荒野で神から奇跡的に与えられた食物. ❷ 〖植物〗 (トネリコの)マンナ, 甘い樹液.

Manabí [manaβí] 固名 マナビー(エクアドルの県).

manada [manáða] 女 ❶ (主に四足獣の)群れ. —una ~ de vacas 牛の群れ. ❷ ひとつかみ, 一握り.

en manada (人が)一団となって. Salían *en manada* del estadio. 皆一団となってスタジアムから出ていった.

manager [mánajer] 〖<英〗男女〖mánager とも; 複 managers, mánagers〗 ❶ (プロスポーツ選手の)マネージャー. ❷ (企業などの)経営者. 類 gerente.

Managua [manáɣwa] 固名 マナグア(ニカラグア

の首都).

managüense [managüénse] 形 マナグア(Managua)の.
— 男女 マナグアの住民[出身者].

‡**manantial** [manantiál] 形 泉の. — agua 〜 泉から湧く水.
— 男 ❶ 泉. 類 **fuente**. ❷ みなもと, 源泉. — Los periódicos son un 〜 muy importante de información. 新聞はとても大切な情報源である.

manar [manár] 自 ❶ 湧(わ)き出る, 流れ出る. — El agua mana de la fuente. 水は泉から湧き出ている. 類 **brotar, fluir**. ❷ […+en]…が豊富に[たくさん]ある. — María mana en la abundancia. マリアはたくさんある名前だ.
— 他 (液体)を吹き出す. — El manantial mana agua. 泉から水が吹き出ている. La herida manaba abundante sangre. 傷口から大量の血が流れ出ていた.

manatí [manatí] 男 《動物》マナティー, 海牛.

manaza [manáθa] [<mano+-aza] 女 《話》大きな[不細工な]手.
— 男女 〜sで単数扱い《話》(手先の)不器用な人. — Es un 〜s. 彼はぶきっちょだ. 類 **torpe**. 反 **manitas**.

mancar [maŋkár] [1.1] 他 ❶ (人)を不具にする. ❷ (手·腕)を不自由にする.

manceba [manθéβa] 女 → mancebo.

mancebía [manθeβía] 女 ❶ 若々しさ, 若者らしさ. ❷ 若者の放縦[自堕落]. ❸ (昔の)売春宿.

mancebo, ba [manθéβo, βa] 形 若い. 類 **joven, mozo**.
— 男 ❶ 若者. ❷ 独身者. ❸ 薬局の店員[助手]. — 女 内縁の妻, 情婦, めかけ. 類 **amante, concubina**.

mancera [manθéra] 女 鋤(すき)の柄.

Mancha [mántʃa] 固名 ❶ (Canal de la 〜) イギリス海峡. ❷ → La Mancha.

‡**mancha** [mántʃa] 女 ❶ しみ, 汚れ. — Llevas una 〜 en la blusa. 君のブラウスにしみがついているよ. una 〜 de aceite combustible 流出した石油の固まり. ❷ 斑点, まだら, ぶち. — El perro es blanco con una 〜 negra en el lomo. 犬は白地で背中に黒いぶち模様がある. El campo aparecía verde con algunas 〜s rojas de amapolas. 野原は所々ひなげしの花の赤い斑点があるものの緑色に見えていた. ❸ 汚点, きず, 汚辱. — Su conducta puso una 〜 en el honor de la familia. 彼の行動は家族の名誉に汚点を与えた. Su expediente no tiene 〜. 彼の書類は完全無欠だ. 類 **deshonra**. ❹《天文》(太陽の)黒点. ❺《芸術》素描.
extenderse [difundirse, cundir] como una mancha de aceite (うわさなどが)急速に広まる. — La noticia se extendió como una mancha de aceite en el pueblo. その知らせは村中に急に広まった.
sin mancha 汚点のない, けがれのない. vida [conducta] sin mancha けがれのない人生[行動].

manchado, da [mantʃáðo, ða] 形 ❶ 染みのついた, 汚れた. ❷ (動物が)ぶちになった, まだらの.

****manchar** [mantʃár マンチャル] 他 ❶ をよごす, 汚くする, …にしみを付ける. — El aceite ha manchado el sofá. 油でソファーにしみができた. He manchado de vino el mantel. 私はワインでテーブルクロスをよごした. Mancha. (公園のベンチなどに)ペンキ塗り立て. **ensuciar**. ❷ (名声など)をけがす, 傷つける, 失墜させる. — 〜 el buen nombre de la familia 家族の名声を傷つける. ❸ (色が変るように)別の液体を少し混ぜる. — Camarero, póngame una leche manchada. ボーイさん, コーヒー入りホット·ミルクをください. ❹《美術》(絵)に(色の上で)明暗をつける, 下色を塗る, をマッスにする.
— se 再 [+de で](自分の服·体に)しみが付く, よごれる, 汚くなる. — Tu camisa se ha manchado de aceite. 君のワイシャツはオリーブ油でよごれた. Se manchó los pantalones de barro. 彼はズボンを泥でよごした.

manchego, ga [mantʃéɣo, ɣa] 形 ラ·マンチャ(La Mancha)の.
— 名 ラ·マンチャの住民[出身者].
— 男 ラ·マンチャ産の山羊のチーズ.

manchón [mantʃón] 男 ❶ 大きな染み[汚れ, 斑点(はんてん)]. ❷ 植物(草木)の生い茂った場所. ❸ 牧草用に一年間放置される耕地.

manchú, chúa [mantʃú, tʃúa] 形[複 manchús, manchúes] 満州の.
— 名 満州人. — 男 満州語.

mancilla [manθíʎa] 女 (名誉·純潔などに関する)汚点, 傷; 不名誉. — Goza de una fama sin 〜. 彼は傷のない名声を博している. 類 **deshonor, mancha**.

mancillar [manθiʎár] 他 (名誉など)を汚す, 傷つける. — El delito cometido por el empleado mancilló el honor de la compañía. 従業員の犯した犯罪は会社の名誉を汚した. 類 **deshonrar, manchar**.

‡**manco, ca** [máŋko, ka] 形 ❶ 片(両)手を失った[が不自由な], 片(両)腕を失った[が不自由な]. — Un mendigo 〜 pedía limosna en la esquina. 片腕の乞食が角のところで物乞いをしていた. ❷ 不完全な, 欠陥のある. — verso 〜 不完全な詩. 類 **incompleto, defectuoso**.
— 名 手腕のない[不自由な]人. — el 〜 de Lepanto レパントの片手男(レパントの海戦で負傷し左手が不自由になったセルバンテス).
no ser manco en [para] …にかなりの才能をもつ.

Manco Cápac [máŋko kápa(k)] 固名 ❶ (〜 I) マンコ·カパク1世(生没年不明, ペルーのインカ帝国の創始者). ❷ (〜 II) マンコ·カパク2世(1500頃-44, インカ帝国最後の皇帝).

mancomún [maŋkomún] 【次の成句で】
de mancomún 一致協力して; 合意の上で.

mancomunar [maŋkomunár] 他 ❶ (ある目的のために力·資金など)を結集する, まとめる. — 〜 los esfuerzos para sacar adelante el proyecto 計画を進めるために努力を結集する. ❷《法律》(複数の人)に連帯責任を負わせる.
— se 再 [+con]…と一致協力する, 連帯する. — Se mancomunaron con nosotros para luchar contra la opresión. 彼らは圧制と戦うために我々と力を合わせた.

mancomunidad [maŋkomuniðá(ð)] 女 ❶ 連帯, 一致協力, 協同. — 〜 de empresas 企業連合. ❷ (特に自治体, 地方の)連邦, 連盟.

manda [mánda] 女 (遺言による)遺贈, 遺産.

dejar una ~ para ... (人)に遺贈する. 類 **donación, legado**.

mandadero, ra [mandaðéro, ra] 名 使い走り, 伝令. 類 **recadero**.
— 安 パートタイムの家政婦, お手伝い.

mandado, da [mandáðo, ða] 名 命令を受ける人, 部下, 使い走り. —No te enfades conmigo. Yo soy un ~. 私に腹を立てないでくれ. 私は使いの者だから.
— 男 ❶ 使い, 伝令. —Tienes que ir a un ~. お前はお使いに行かねばならない. ❷ 命令, 指示. 類 **mandato**.

mandamás [mandamás] 形 やたらと命令ばかりする, 命令好きな.
— 男女 やたらと命令ばかりする[命令好きな]人.

‡**mandamiento** [mandamjénto] 男 ❶ 命令, 指令. —~ gubernamental [militar] 政府軍の命令. Recibió el ~ de guardar secreto. 彼は機密を漏らさないようにとの命令を受けた. Debes cumplir los ~s de tus padres. 両親の命令には従わなければいけない. 類 **disposición, mandato, orden, ordenanza, precepto**. ❷《宗教》(特にカトリック教会の)掟(おきて), 戒律. —Los Diez M~s《聖書》神[モーゼ]の十戒 (= decálogo). 類 **precepto**. ❸《法律》(特に裁判官が出す)命令. —~ de arresto [de detención] 逮捕(令)状. ~ de embargo 差押状. ~ judicial [para comparecer] 裁判所命令(書), 勾引(こういん)状. El juez ha emitido un ~ de desahucio. 裁判官が立退き令状を発した. ❹《話》五本の指. —comer con los cinco ~s を手づかみで食べる.

mandanga [mandáŋga] 安 ❶《俗》何事にも動じないこと, 肝っ玉がしっかり座っていること. 類 **calma, pachorra**. ❷ 複 ばかげたこと, 冗談. —No me vengas con ~s y habla en serio. ばかなことを言わずにまじめに話してくれ. 類 **cuentos, tonterías**.

mandante [mandánte] 形 命令[指揮]をする.
— 男女《法律》委任[委託]者. 反 **mandatario**.

‡**mandar** [mandár マンダル] 他 ❶【+a に】を命令する, 言いつける; 注文する. —Mandó callar a los alumnos. 彼は生徒たちに静かにするよう命じた. El capitán manda que carguen los fusiles. 大尉は彼らが小銃に弾を込めるよう命じる. Mandó a su hija que hiciera la compra. 彼は娘に買い物をするよう言いつけた. 類 **decir, ordenar**. ❷【+a に】を送る, 発送する, 送り届ける. —Le he mandado una postal felicitándole. 私は彼にお祝いを述べる絵葉書を送った. Mándenoslo hasta nuestra casa. それを我々の家まで届けてください. Mi mujer te manda recuerdos. 妻が君によろしく伝えてくれと言っていた. ❸ を出向かせる, 派遣する, 使いをやる. —He mandado al niño a hacer un recado. 私は子どもを使いにやった. Mandó a Pepe para que le recogiera en la estación. 彼はペペを君の出迎えに駅に行かせた. He mandado llamar al fontanero. 私は水道工事人を呼びに人をやった. Los mandé a buscar al gato. 私は猫を捜しに彼らをやった. —~ a su hija al colegio 娘を小学校に行かせる. Mandó al niño por pan. 彼は子供にパンを買いに行かせた. Le mandé por el médico. 私は医者を迎えに彼をやった. ❹《軍隊》を指揮する. ❺ (薬)を処方する.

mandar al otro barrio [**mundo**] (人を)死に追いやる. Un cáncer de pulmón le mandó al otro barrio en tres meses. 肺癌のため彼は3か月で死に追いやられた.

— 自 指揮をとる, 命令する, 支配する. —La reina mandaba sobre sus súbditos. 女王は家臣の上に君臨していた. Aquí el que manda soy yo. ここで命令をするのはこの私だ.

¡**a mandar!/lo que usted mande** 何でもご用命ください, かしこまりました.

¡**mande!** (1)《話》(呼んだ相手に対して)はい, 何でしょうか. (2)《話》(聞き返して)何ですって, もう1度お願いします.

—**se** 再 自分のことは自分でする. —La abuela todavía se manda bien. 祖母はまだ自分のことは自分でする.

mandarín [mandarín] 男 ❶ 中国清朝の高官, 官僚. ❷ 小役人. ❸ 大物, 顔役.

mandarina [mandarína] 安 ❶ 標準中国語, 北京官話. ❷《植物》マンダリンオレンジ, ミカン. —~ a granel 計り売りミカン.

mandarinero [mandarinéro] 男 →mandarino.

mandarino [mandaríno] 男《植物》マンダリンオレンジ[ミカン]の木.

mandatario, ria [mandatárjo, rja] 名 ❶《法律》受任[受託]者. 反 **mandante**. ❷《政治》統治者. —primer ~ 国家元首.

‡**mandato** [mandáto] 男 ❶ 命令, 指図; 命令書. 類 **orden**. ❷《法律》受任, 委託, 代理. ❸ 統治(権); 任期. —Durante su ~ aumentó el desempleo. 彼の任期の間に失業が増えた. ❹《宗教》洗足式(最後の晩餐でキリストが12使徒に行ったことにちなんで12人の人の足を洗う儀式).

mandíbula [mandíβula] 安 ❶ あご;《解剖》下顎骨(かがくこつ). —~ desencajada 外れたあご. ❷ (鳥の)くちばし; (昆虫の)吻(ふん).

reír(se) a mandíbula batiente (あごが外れるほど)大笑いする.

mandil [mandíl] 男 ❶ (職人用の革・布製の)エプロン, 前掛け. 類 **delantal**. ❷ フリーメーソンの記章. ❸ 馬の手入れ用の布. ❹ (漁に使う)細かい目の網.

mandilete [mandiléte] 男 ❶ (甲冑(かっちゅう)の)こて, 手甲. ❷ 砲門, 砲口蓋(がい).

mandilón [mandilón] 男《話》臆病者, 意気地なし. 類 **apocado, pusilánime**.

mandinga [mandíŋga] 形 ❶《アフリカ》マンディンカ族の. ❷《中南米》黒人の.
— 男女 マンディンガ族の(人).
— 男 ❶ マンディンガ語. ❷《中南米》悪魔.

mandioca [mandjóka] 安 ❶《植物》キャッサバ, マンジョーカ. ❷ タピオカ. ◆キャッサバの根から作る食用でんぷん. 類 **tapioca**.

‡**mando** [mándo] 男 ❶ 命令(権), 指揮(権), 支配. —Estuvo bajo su ~ un regimiento. 彼は一連隊を指揮下においていた. tener el ~ [estar al ~] de ... を指揮する. ❷ 【主に 複】 指揮陣, 首脳, 司令部. —los ~s del ejército [del país] 軍の司令部[国の首脳]. ❸ (支配, 統治の)任期. —Durante el ~ del anterior alcalde aparecieron muchos problemas. 前市長の任期中に多くの問題が出てきた. 類 **mandato**. ❹ 操縦(装置), 操作, 制御. —~s de un avión 飛行機の操縦装

置. ~ a distancia リモートコントロール, 遠隔操作.
alto mando 《軍事》最高司令部.
puesto de mando →puesto.

mandoble [mandóβle] 男 ❶ 両手で持った剣での切りつけ[一撃]. ❷ 大きな剣[刀]. ❸ 《比喩》殴りつけ.

mandolina [mandolína] 女 《音楽》マンドリン.

mandón, dona [mandón, dóna] 形 いばりちらす, 命令好きな.
—— 男女 いばりちらす[命令好きな]人. 類 **autoritario**.

mandrágora [mandráɣora] 女 《植物》マンダラゲ. ナス科植物で, その根は催眠剤などとして呪術に使われた.

mandria [mándria] 形 ❶ 役に立たない, 価値のない. ❷ 臆病な.
—— 男女 ❶ 役立たず. ❷ 臆病者, 意気地なし.

mandril¹ [mandríl] 男 《動物》マンドリル(ヒヒ).
mandril² [mandríl] 男 《機械》(旋盤の)心棒, 主軸. ~ del embrague スプライン軸.

manduca [mandúka] 女 《話》食べ物, 食事(=comida).

manducación [mandukaθjón] 女 《話》食べること.

manducar [mandukár] [1.1] 他 《話》を(がつがつ)食べる(=comer).
—— *se* 再 *Se ha manducado* todos los platos que había en la mesa. 彼はテーブルにあった料理を全部たいらげてしまった.
—— 自 がつがつ食べる.

manducatoria [mandukatórja] 女 《話》食べ物; 食事.

manea [manéa] 女 (動物の)足かせ.

manear [maneár] 他 ❶ (動物に)足かせをはめる, …の足を縛る. ❷ →manejar.

manecilla [maneθíʎa] 女 ❶ (時計や計器の)針. ❷ (本)の留め金. ❸ 《印刷》指矢印(☞).

manejabilidad [manexaβiliðá(ð)] 女 操作[操縦]のしやすさ; 御しやすさ.

manejador, dora [manexaðór, ðóra] 名 《メキシコ》(車の)運転手, ドライバー; 《情報》ドライバ.

*manejar [manexár] 他 ❶ を操作[操縦]する, 扱う, 用いる. —— ~ bien la aguja y el hilo 針と糸を自在に操る. ~ el ordenador コンピューターを操作する. Esta herramienta se *maneja* con facilidad. この道具は簡単に扱える. *Maneja* el lenguaje con propiedad. 彼は言葉を的確に操る. ❷ を管理する, 運用する, 経営[運営]する. —— ~ varios negocios 事業をいくつか経営する. ❸ (人)を操る, 動かす. —— Ella *maneja* a su marido. 彼女は夫を尻に敷いている. ❹ 【中南米】(車)を運転する.
—— 自 【中南米】自動車を運転する.
—— *se* 再 ❶ 【+con に対して】うまくやって行く, 何とか対応する. —— Sabe —*se* muy bien *con* los niños. 彼は子供たちとつき合うのが非常にうまい. Ella *se maneja* bien en el negocio. 彼女は商売をうまくやっている. ❷ 体がきくようになる. —He estado lesionado, pero ya puedo —*me* bien. 私は負傷していたが, もう体を自由に動かせるようになった.

manejárselas 《話》何とかうまくやる. Ella tiene que aprender a *manejárselas* sola. 彼女は何とかうまくやって行くすべを学ばなければならない.

*manejo [manéxo] 男 ❶ 扱い, 操作. —Esta máquina es de fácil ~. この機械は操作が簡単だ. instrucciones del [para el] ~ 取扱い説明. ❷ 処理能力, 手際, 手腕(ウデ)(のよさ). ❸ 〖主に 複〗策略, ごまかし, 陰謀. — Ya conozco tus ~*s*. 君の手はもう分っているよ. 類 **intriga**. ❹ 【中南米】自動車の運転.

maneota [maneóta] 女 →maniota.

manera [manéra マネラ] 女 ❶ 仕方, 方法. —Hay muchas ~*s* de preparar la paella. パエリヤの調理方法はたくさんあります. No me gusta su ~ de pensar. 私は彼の考え方が気にくわない. ~ de hacer [obrar, ser, ver] やり方[ふるまい方, あり方, 見方]. Nos miraba de una ~ extraña. 彼は我々をいぶかしげに見つめていた. 類 **modo. ❷ 種類. 類 **clase**, **especie**. ❸ 複 行儀, 作法. —Sus ~*s* son de hombre refinado. 彼の行儀作法は洗練された男性のものだ. Me trataron con buenas[malas] ~*s*. 私は丁重に[無礼に]扱われた. 類 **modales**. ❹ 《文学, 芸術》様式, スタイル, 作風. — Es interesante ver el desarrollo de las ~*s* de Picasso. ピカソの様式の発展を見るのはおもしろい. 類 **estilo**.

a la manera de … …のやり方で, …流に. Se pinta *a la manera de* su actriz favorita. 彼女はお気に入りの女優風に化粧する. Hacemos el pan *a la manera* francesa. 私たちはフランス風にパンを焼きます.

a su manera …の(好きな)やり方で, …流に. Lo hizo *a su manera*. 彼は自分流にそれをした.

a manera de … (1) …のように, …として. (2) まるで…であるかのように(用いて).

de alguna manera 何らかの方法で. *De alguna manera* habrá que avisarle. 彼には何らかの方法で知らさねばなるまい.

de cualquier manera (1) 悪く, 不注意に(扱う). No trates la jarrón *de cualquier manera*. 壺(ﾂﾎﾞ)を不注意に扱ってはいけない. (2) 容易に, 心配なく. Esta blusa se lava *de cualquier manera*. このブラウスは簡単に洗えます. (3) どうしても, 結局のところ. *De cualquier manera*, ya no queda remedio. 結局のところもう処置なしだ.

de esta [esa] manera こんな[そんな]ふうに(する と). *De esa manera* no podemos conseguirlo. そんなふうにするとわれわれはそれを手に入れることができない.

de igual [la misma] manera …のように. Déjalo *de la misma manera* que cuando viniste. 君が来たときのようにしておいてください.

de mala manera 無礼に, 乱暴に. Me contestó *de mala manera*. 彼は私に乱暴な返事をした. Ella conduce *de mala manera*. 彼女の運転は乱暴だ.

de manera que (1) 〖+直説法〗(前の文をうけて結果を表わす)それゆえ, …だから. Se lo dije ayer, *de manera que* vendrá pronto. 私は昨日彼に言っておいたので, すぐに来るでしょう. (2) 〖+接続法(前の文の目的を表わす)〗…するために. Le llamé ayer *de manera que* viniera a vernos hoy. 今日私たちに会いに来るように昨日彼に電話しました.

1228 Manes

de ninguna manera (強い否定)決して…ない. 絶対に…ない. No puedo hacerlo *de ninguna manera*. そんなこと絶対にやれない. ¿Quieres ir?-¡*De ninguna manera*! 行きたいかぃ?-全然行きたくないよ.

de otra manera (1) 違ったように, 他の異なったかたちで. Quiero que sea *de otra manera*. それが別の結果になってほしい. (2) もしそうでなければ. Si fuera *de otra manera*, no me quejaría. もしそうでなければ, 私はこんなに不平は言わないのだが.

de tal manera que あまり…なので(=tanto que). Me cansé *de tal manera que* ni pude cenar. 私はあまりにも疲れたので夕食さえとれなかった.

de todas maneras (1) いずれにしても. No sé si voy; *de todas maneras* te llamaré. ぼくは行くかどうかわからない. でもいずれにしても君に電話するよ. (2) どんなことがあっても. Tendrás que terminarlo *de todas maneras*. どんなことがあっても君はそれを終えてしまわなくてはいけない.

de una manera o de otra どうにかして(…する). *De una manera o de otra* solucionaré este problema. どうにかしてこの問題を解くつもりだ.

en cierta manera ある程度は, ある意味では. *En cierta manera* estoy contento de lo ocurrido. 私は起こったことにある程度は満足している.

en gran manera おおいに, たいへん. Contribuyó *en gran manera* al desarrollo del país. 彼はその国の発展におおいに貢献した.

no haber manera (de) …はむりだ, 不可能だ. *No hay manera de* convencerle. 彼を説得するのはむりだ. *No hay manera de* que me entiendan. 私が理解してもらうのは不可能な事だ. Quise hablarle, pero *no hubo manera*. 私は彼に話しかけたかったが, どうしようもなかった.

¡Qué manera de …! 何という…のしかただ! ¡*Qué manera de* aparcar su coche! 何という駐車のしかただ!

sobre manera たいへん. Me encanta *sobre manera* el vino de Jerez. 私はヘレスのワインには全然目がない.

Manes [mánes] 固名 マニ(216?-277, ペルシャのマニ教の開祖).

manflor [maɱflór] 男 【中南米】女のような[めしい]男.

manflorita [maɱflorɪ́ta] 男 【中南米】【まれ】→afeminado.

‡**manga**¹ [máŋga] 女 ❶《服飾》袖(そで), 袂(たもと). —Puedes subirte las ~s. 君, 袖をまくったらいいよ. sin ~s ノースリーブの. Se limpió el sudor con la ~ de la camisa. 彼はシャツの袖で汗を拭いた. Se puso un jersey de ~ larga. 彼は長袖のセーターを着た. ~ farol ちょうちん袖. ~ dolman ドルマンスリーブ. ~ montada アタッチスリーブ, 普通袖. ~ perdida [colgante] 筒袖. ~ raglán [ranglán] ラグラン袖. ~ sisa [a la sisa] ノースリーブ. ❷ ホース; 排水管. —~ de incendio [de riego] 消火[散水]ホース. Necesitamos una ~ de diez metros. 10メートルのホースが必要だ. 類 **manguera**. ❸ (布製で円錐形の)漉(こ)し袋, フィルター. —Mi abuela sigue colando el café con ~. 祖母はまだ布のフィルターでコーヒーを漉している. 類 **colador**. ❹ 《料理》(生クリームなどの)絞り(出し)器, 絞り袋(=~ *pastelera*). —presionar la ~ 絞り袋を絞る. Echó la nata en la ~ para decorar la tarta. 彼女はケーキを飾りつけるために絞り出し器に生クリームを入れた. ❺《スポーツ》(3回勝負などの)…回戦, …本目, …セット, …試合. —ganar la primera [la segunda] ~ 1[2] 本目を取る. Ha quedado tercero en la primera ~ del descenso de esquí. 彼はスキー滑降の1本目で3位になった. 類 **eliminatoria**. ❻《海事》(船の)幅. —Ese yate tiene treinta metros de eslora y doce de ~. そのヨットは長さ30メートル, 幅12メートルある. ❼ (風向き・風力を示す)吹流し(=~ de viento). —En las autopistas suele haber ~s en las zonas de mucho viento. 高速道路ではふつう強風地帯に吹流しがある. ❽《気象》(海・湖・陸地の上の)竜巻. 類 **tifón, tromba**. ❾ 海峡(=estrecho). —Una ~ de pocos metros separaba la isla de la costa. 数メートルの海峡が島と海岸を隔てていた. ❿《釣り, 採集》(捕獲用の)網; たも, 引き網(=esparavel). —~ de mariposas 捕虫網, 捕蝶網. ⓫《海事, 採鉱》通気筒, 通風筒, 通風管. ~ de ventilación (建物の)通気口;(鉱山の)換気用ダクト, 通風管. ⓬《軍事》分遣隊, 派遣隊. 類 **destacamento**. ⓭ 【複】利益, 収益, 収入(=ganancias, utilidades, beneficios). ⓮《登山》ナップサック. ⓯《トランプ》(ブリッジの)シングル. ⓰《航空》(空港の接続橋. ⓱《アルゼンチン, ウルグアイ》(昆虫の)群れ, 大群. —~ de langostas イナゴの大群. ⓲《アルゼンチン, ウルグアイ》《話, 軽蔑》(不良の)一団. —~ de cretinos 馬鹿な連中. ⓳《ベネズエラ》(家畜を追い込むための)狭い通路; 〖エクアドル, コロンビア〗(家畜の)囲い場. ⓴《中米》ポンチョ; 《メキシコ》雨ガッパ.

¡A buena hora (mangas verdes)! 後の祭り.

bajo manga 【まれ】密かに, こっそり.

dar [tratar con] manga ancha a … (人の過ちなどに対して)寛大[寛容]である, 甘い. A esta gente no se le puede *dar manga ancha*, porque se aprovechan. こういう人達を寛大に扱うわけにはいかない, つけ上がるから.

de manga 《話》ただで, 無料で. En este teatro conozco al portero y puedo entrar *de manga* cuando quiera. 私はこの劇場の門番と知合いなので入りたい時はいつでもただで入れる.

en mangas de camisa ワイシャツ姿で, 上着を脱いで, ワイシャツ一枚になって(=en camisa). Hacía tanto calor que iba *en mangas de camisa*. あまり暑いので彼はワイシャツ姿だった.

de manga tres cuartos 七分袖の.

estirar más el brazo que la manga 自分の能力以上のことをしたがる, 背伸びする.

hacerle [darle, dirigirle] un corte [cortes] de manga(s) a … 《話》(左手で前に突き出した右肘の内側を叩いて, その右腕を勢いよく上方に曲げて)(人)に対して侮辱・拒絶のジェスチャーをする. El jugador fue sancionado por *dirigir un corte de mangas al público*. その選手は観衆にあざけりの身ぶりをしたので罰せられた.

hacer mangas y capirotes 勝手なまねをする, 自分勝手に行動する[解決する]. Hoy día algunos medios informativos *hacen mangas y capirotes* de muchos principios éticos establecidos. 今日いくつかのメディアは既に定められている倫理的原則の多くを無視している.

jalar (de) la manga (1) 【中南米】注意を引く.

(2)《俗》お金をねだる[せびる]. Me jaló *la manga* para que le prestara unos pesos. 彼は数ペソ貸してくれるように私にねだった.

manga ancha 《話》寛大さ, 寛容さ. Mi madre no está preocupada, porque tiene *manga ancha* para estas cosas. 母はこういうことに対して度量があり気に病んでいない.

manga de agua (1)(強風を伴う)にわか雨, スコール(=turbión). ¡Menuda *manga de agua* cayó el otro día! このあいだはひどいスコールだった!

manga de aire/manga veleta (風見用の)吹流し.

manga de viento (1) 竜巻, つむじ風(=torbellino). Una *manga de viento* levantó los papeles que había por la calle. 竜巻で通りにあった紙くずが舞い上がった. (2)(風向きを見る)吹流し.

manga estrecha (道徳面での)厳格さ, 不寛容.

manga(s) por hombro(s) 《話》乱雑に, 無頓着に(=sin orden, en desorden). En esa casa todo está *manga por hombros*. その家は散らかし放題だ.

ni más ni mangas 《話》まさに, まさしく(=ni más ni menos).

sacarse ... de la manga (1)《話, 軽蔑》(根拠もない嘘を)でっち上げる(=inventarse); (うまい手を)考えつく[使う]. Antonio *se sacó de la manga* una excusa para justificar su ausencia. アントニオは欠席を正当化するために言い訳をでっち上げた. (2)《話》思いがけず手に入れる. Cuando parecía todo perdido, *se sacó de la manga* cuarenta mil euros y pudo volver a empezar de nuevo. 全てが絶望的に思われたとき, 思いがけず4万ユーロが手に入って仕事を再開できた.

ser más corto que las mangas de un chaleco 《話》大変臆病[内気]である. Y tú crees que Pablo va a decírselo al profesor.¡Pero si *es más corto que las mangas de un chaleco*! No se atreverá. それで君はパブロがそれを先生に言うと思うのかい.あの臆病者が言えるわけないだろう.

tener [llevar, guardar, traer](escondido) en la manga [debajo de la manga] 《話》(いざという時に使うために)をひそかに準備している, 隠し持っている, 奥の手として…がある. El abogado estaba tranquilo porque *tenía en la manga* una prueba decisiva. 弁護士は決定的証拠を握っていたので落ち着いていた. Confío en él porque es un hombre que siempre *guarda* un último recurso *en la manga*. 彼はいつも最後の手段をひそかに準備しているので信頼できる.

tirar LE *(de) la manga a ...*【アルゼンチン】(1)(人)にねだる, お金を貸してくれるように頼む. Cada vez que viene *le tira la manga a* la madre. 彼は来るたびに母親にお金を無心する. (2)(人)の袖を引く; 注意[気]を引く.

__manga__² [máŋga] 囡 《植物》マンゴーの一種; マンゴー(の実)(=mango).

__manga__³ [máŋga] 〔＜日〕【単複同形】漫画. — Aumentan los aficionados al ～. 漫画ファンが増えている. Uno de los ～ más conocidos es el de la serie Dragon Ball. 最も有名な漫画の一つがドラゴンボールシリーズの漫画だ.

__mangana__ [maŋgána] 囡 (牛馬の脚にかけて捕らえるための)投げ縄.

__manganato__ [maŋganáto] 男 《化学》マンガン酸塩.

__manganear__ [maŋganeár] 他 (牛馬)に投げ縄をかける.

__manganeso__ [maŋganéso] 男 《化学》マンガン(記号 Mn).

__manganilla__ [maŋganíja] 囡《まれ》❶ 策略, 謀略. 類 **ardid, engaño, treta**. ❷ 手先の器用さ.

__mangante__ [maŋgánte] 形 《話》泥棒の; たかり屋の.
── 男 《話》❶ 泥棒; こそ泥. 類 **ladrón**. ❷ たかり屋, 物乞い. 類 **pícaro, sablista**.

__mangar__ [maŋgár] 他 《話》(金)を盗む, まき上げる; たかる. ── Me *mangaron* la cartera en el metro. 私は地下鉄で財布をくすねられた.

__manglar__ [maŋglár] 男 《植物》マングローブ.

__mangle__ [máŋgle] 男 《植物》ヒルギ科の植物物(マングローブを形成).

__mango__¹ [máŋgo] 男 ❶ (フライパン・斧・ハンマー・傘などの)柄(*), 取っ手, 握り. ── de la escoba [del cazo, de la pala] 箒(ほう)[片手鍋, スコップ]の柄. Esta sartén tiene el ～ de madera. このフライパンには木製の柄がついている. 類 **asidero, agarradero, empuñadura, puño**. ❷《音楽》(弦楽器の)指板, 棹(=mástil). ❸《俗》陰茎.

mango de cuchillo (貝類)マテガイ(馬刀貝).

tener la sartén por el mango 《話》支配している, 主導権を握っている, 牛耳っている. Yo no puedo hacer nada, porque es él quien *tiene la sartén por el mango*. 主導権を握っているのは彼なので私には何も出来ない.

__mango__² [máŋgo] 男 ❶《植物, 果物》マンゴー(の木・実). — El ～ es una fruta tropical. マンゴーはトロピカルフルーツである. El ～ es originario de la India. マンゴーはインド原産である. ❷【アルゼンチン, パラグアイ, ウルグアイ】《話》ペソ貨, 腰 お金(=dinero). — andar sin un ～ 無一文である. ¿Me prestás unos mangos? お金貸してくれる? 類 **peso, austral**. ❸ 男女【メキシコ, グアテマラ, ホンジュラス】《話》大変魅力的な人, いい女. ── Cada día me gustas más, eres un ～. 私は日増しにあなたのことが好きになる.あなたは大変魅力的です. ❹【アルゼンチン, ウルグアイ】《話》ペソ貨.

estar hasta el mango【アルゼンチン】満員である. El teatro *estaba hasta el mango*, no había ni una butaca vacía. 劇場は満員で, 空席が一つもなかった.

haber un arroz con mango【キューバ, パナマ, ドミニカ】《話》大混乱している.

__mangeador, dora__ [maŋgoneaðór, ðóra] 形 でしゃばりの, お節介の; ボス気取りの, いばった.

__mangonear__ [maŋgoneár] 自《話》【＋en】…に出しゃばる, お節介する; 恣意(シイ)的に支配権を行使する. ── Le gusta ～ en todo. 彼は何にでも首を突っ込むのが好きだ. No permite que su suegra *mangonee* en sus asuntos familiares. 彼女は姑(ショ゙ゥ)が家族のことを仕切るのを許さない.
── 他 (人)を操る. ── Después de casarse la mujer *mangoneaba* al marido. 結婚後, 夫は妻の尻に敷かれていた. 類 **dominar, manejar**.

__mangoneo__ [maŋgonéo] 男 《話》出しゃばり, お節介; 恣意的な支配.

__mangonero, ra__ [maŋgonéro, ra] 形 《話》→

1230 mangosta

mangoneador.

mangosta [maŋgósta] 女 《動物》マングース.

mangostán [maŋgostán] 男 《植物》マンゴスチン(の実).

manguardia [maŋguárðia] 女 《土木》(橋脚の両わきを補強する)控え壁, 扶壁.

manguear [maŋgeár] 他 《南米》(家畜)を囲いに入れる; 追いたてる.

manguera [maŋgéra] 女 ❶ (散水・消防用の)ホース, 流水管. ❷ (船の)排水管. ❸ 通風管, 換気筒.

manguero [maŋgéro] 男 散水作業員.

mangueta [maŋgéta] 女 ❶ (トイレの排水用)U字型管. ❷ 浣腸(かんちょう)器. ❸《建築》つなぎ梁(はり), 桁(けた).

manguito [maŋgíto] 男 ❶《服飾》マフ; 袖カバー. ❷《機械》(管の)継ぎ手.

maní [maní] 男 [複 manís, manises] ピーナッツ, 落花生. 類 **cacahuete**.

:**manía** [manía] 女 ❶ 熱狂, 熱中; …狂, マニア. — Ahora le ha dado [le ha entrado] la ~ de coleccionar discos de flamenco. 今彼はフラメンコの CD を集めるのに夢中だ. Ha cogido una ~ con montar en moto, y no piensa en otra cosa. 彼はバイクに熱中し, 他のことは頭にない. 類 **obsesión, pasión**. 反 **desinterés**. ❷ (変な)癖, 奇癖, 習癖. — tener la ~ de [tener ~ por] la limpieza 潔癖症である. Es un solterón lleno de ~s. 彼は奇癖だらけの独身男だ. 類 **obsesión, costumbre, hábito, vicio, antojo, capricho**. ❸《話》[+a] (…への)反感, 毛嫌い, 嫌悪. — Reconoce que le tienes ~. 彼に反感を持っていることを認めなさい. Me ha cogido [tomado] ~. 私は彼に嫌われた. 類 **antipatía, aversión, ojeriza**. 反 **simpatía**. ❹《精神医学》妄想, 躁(そう)病, 固定観念. — ~ de grandezas 誇大妄想 (= megalomanía). ~ persecutoria [de persecución] 被害妄想, 迫害妄想. Tiene la ~ de que todo le sale mal. 彼はどうもやってもうまくいかないという思いこみに取りつかれている. 類 **neurosis, obsesión, paranoia, psicosis**.

manía depresiva 《心理》躁鬱(そううつ)病.

maniaco, ca [maníako, ka] 形 《医学》躁病の; 偏執狂の.

— 名 躁病患者; 偏執狂. — ~ depresivo 躁鬱(そううつ)病患者. ~ sexual 色情狂.

maníaco, ca [maníako, ka] 形 →maniaco.

maniatar [maniatár] 他 (人)の手を縛る.

maniático, ca [maniátiko, ka] 形 ❶ 偏執狂的な; 奇人の, 変わり者の. ❷ マニアの. — Es ~ con la limpieza. 彼は潔癖症だ.

— 名 ❶ 偏執狂; 奇人, 変わり者. ❷ マニア. — un ~ del fútbol サッカー狂.

manicero, ra [maniθéro, ra] 名 《中南米》ピーナッツ売り.

manicomio [manikómjo] 男 ❶ 精神病院. 類 **psiquiátrico**. ❷《比喩, 話》がさがさと騒がしい所.

manicura [manikúra] 女 →manicuro.

manicuro, ra [manikúro, ra] 名 マニキュア[美爪(びそう)術]師.

— 女 マニキュア, 美爪(びそう)術. — hacerse la ~ マニキュアをする.

manida [maníða] 女 (野獣の住む)穴, 巣; (悪人などの)隠れ家, 巣窟(そうくつ).

manido, da [maníðo, ða] 形 ❶ 使い古された, ぼろぼろの. 類 **gastado, sobado, viejo**. ❷ (食べ物が)腐りかかった. ❸《文》ありふれた, 陳腐な. — Esto es un tema ya ~. これはもう手垢のついたテーマだ. 類 **trillado**.

manierismo [manjerísmo] 男 ❶《美術》マニエリスム. ♦16世紀にイタリアで生まれ, 後に広くヨーロッパに広まったルネッサンスとバロックをつなぐ美術様式. 尺度や遠近法を誇張したりゆがめたりするのが特徴. ❷ マンネリズム, 型にはまった表現.

manierista [manjerísta] 形 ❶ マニエリスムの, マンネリズムの, 型にはまった. ❷ マニエリスムの.

— 男女 ❶ マニエリスムの芸術家. ❷ マンネリズムに陥った芸術家.

:**manifestación** [manifestaθjón] 女 ❶ (a) (見解などの)表明, 発表. — Las *manifestaciones* del primer ministro no aportaban nada nuevo. 首相の声明には何ら新味がなかった. 類 **declaración**. (b) (感情などの)表れ, 兆(きざ)し. — El llanto es una ~ del dolor. 涙は痛みの表れである. una ~ de la enfermedad 病気の兆し. 類 **demostración, muestra, reflejo**. ❷ デモ(行進), 示威運動. — Muchos estudiantes asistieron a la ~ en contra de la subida de matrícula. 多くの学生が学費の値上げに反対するデモに参加した.

manifestador, dora [manifestaðór, ðóra] 形 表明する, 表わす. — Hizo gestos ~*es* de consentimiento. 彼は同意を表わす仕草をした.

*manifestante [manifestánte] 男女 《政治》デモ参加者, 示威運動者; 複 デモ隊. — La policía lanzó bombas de gas lacrimógeno sobre los ~s. 警察はデモ隊に催涙ガスを発射した.

— 形 デモ参加者の, デモ隊の. — El rector recibió a una representación del grupo ~. 学長はデモ隊の代表を迎え入れた.

:**manifestar** [manifestár] [4.1] 他 ❶ (意見など)を表明[表示]する, 声明する. — *Manifestó* su intención de colaborar. 彼は協力の意向を明らかにした. 類 **declarar, expresar**. ❷ (感情など)をあらわにする, 見せる, 露見させる. — ~ el odio [la pena, la ira] 憎しみ[悲しみ, 怒り]をあらわにする. Cada vez que dice algo, *manifiesta* su ignorancia. 彼は何か言うたびに無知を暴露している. ❸《カトリック》(聖体)を顕示する.

— **se** 再 ❶ 現れる, あらわになる, 明らかになる. — *Se manifestaba* la satisfacción en su rostro. 彼の顔には満足の気持が現れていた. ❷ 自分の意見を表明する, 意思表示をする. — La patronal aún no *se ha manifestado* sobre la propuesta de los sindicatos. 経営陣はまだ組合の提案について意思表示をしていない. ❸ デモに参加する, デモをする. — Los obreros *se manifestaron* por el Paseo de la Castellana. 労働者たちはカステヤーナ散歩道をデモ行進した.

:**manifiesto, ta** [manifjésto, ta] 形 ❶ 明らかな, 明白な. — Es un error [una verdad] ~ [*manifiesta*]. それは明かな誤り[真実]だ. 類 **claro, patente**.

❷ 公にされた, 公表された. — Es una opinión *manifiesta*. それは公の意見だ.

— 男 ❶ 宣言, 声明書. — el ~ comunista 共産党宣言. El ~ del partido no explica claramente sus intenciones políticas. その政党の声

明は政治的意図をはっきりと説明していない. ❷《キリスト教》聖体顕示.

poner de manifiesto 明らかにする, はっきりさせる. Con esas palabras *puso de manifiesto* su propósito. 彼はそれらの言葉で自分の意志を明らかにした.

manigua [maníɣwa] 囡 ❶ 【中南米】(アンティーヤス諸島などの)密林, ジャングル. ❷《比喩》混乱, 紛糾.

manigual [maniɣuál] 男 → manigua.

manija [maníxa] 囡 ❶ (器具の)取っ手, 握り. ❷ (馬などの縄[鎖])の足かせ. ❸ (麦刈りのさけが防止用)手袋. ❹ (環になった)締めつけ金具.

Manila [maníla] 固名 マニラ(フィリピンの首都).

manilargo, ga [maniláɾɣo, ɣa] 形 ❶ 手の長い. ❷《比喩》すぐ物を盗む, 手の早い. ❸ 気前のよい, 物惜しみしない, 寛大な.

manilense [manilénse] 形 マニラ(Manila)の.
— 名 マニラの住民[出身者].

manileño, ña [maniléɲo, ɲa] 形 名 → manilense.

manilla [maníʎa] 囡 ❶ 手錠. ❷ ブレスレット, 腕輪. 類 pulsera. ❸ (時計の)針. 類 manecilla.

manillar [maniʎáɾ] 男 (自転車・オートバイの)ハンドル.

:**maniobra** [manjóβra] 囡 ❶ (機械の)操作; (列車, 自動車, 船などの乗り物の)運転, 操縦; 運車. — Esperamos a que hicieran una ~ para cambiar el tren de vía. われわれは列車の転轍(てん)操作を待っていた. 類 operación. ❷《軍隊》演習. — El rey dirigió las ~s. 国王が軍の演習を指揮した. ❸ 策略, 工作. 類 ardid. ❹ (船の)索類, 船具類.

maniobrabilidad [manjoβraβiliðá(ð)] 囡 操縦[操作]のしやすさ.

maniobrable [manjoβráβle] 形 操縦[操作]しやすい.

maniobrar [manjoβráɾ] 自 ❶ 操作[操縦]する;《海事》操船する;《鉄道》操車する. ❷《軍事》演習を行なう. ❸《比喩》策略を弄する, 工作をする.

maniota [manjóta] 囡 (馬などの縄[鎖])の足かせ.

manipulación [manipulaθjón] 囡 ❶ (薬品・食品などの)取扱い, (機械などの)操作. — ~ indebida de un aparato de gas ガス器具の誤使用. ❷ (不正)操作, 工作. — La ~ de la información no se puede permitir. 情報操作は許せない.

manipulador, dora [manipulaðóɾ, ðóɾa] 形 取扱う, 操作[処理]する.
— 名 取扱い人, 操作[処理]者.
— 男 (電信機の)電鍵(でん), 送信機.

manipular [manipuláɾ] 他 ❶ (薬品・機械などを)取扱う, 操作[処理]する. — Es peligroso ~ estas sustancias químicas. これらの化学物質を取扱うのは危険である. *Manipula* la consola de videojuegos con notable habilidad. 彼はビデオゲーム機を見事な器用さで操る. 類 manejar, operar. ❷ (自分流に財産・事業などを)管理する. ❸ (人・世論・相場などを)操作する, 工作する. — ~ el resultado de las elecciones 選挙の結果を操作する.
— 自/**se** 再 【+en/con】を取扱う; 操作する.

manípulo [manípulo] 男 ❶《カトリック》腕

mano² 1231

帛(はく). ◆ミサで司祭が左腕にかける飾り帯. ❷《歴史》(古代ローマ軍の)軍団旗; 歩兵隊の一団. ❸ (薬品の)一つかみ[握り]の量.

maniqueísmo [manikeísmo] 男 ❶ マニ教. ❷ (善悪の)二元論.

maniqueo, a [manikéo, a] 形 マニ教の, マニ教徒の. — 名 マニ教徒.

maniquí [manikí] 男 [複 maniquís, maniquíes] ❶ マネキン(人形), (洋服用の)胴体模型. ❷《比喩》他人の言いなりになる人, 操り人形. 類 muñeco, pelele.
— 男女 ファッションモデル. 類 modelo.

manir [maníɾ] 他 (わかせた肉などを)柔らかくする, 熟成させる; (食物を)マリネにする.

manirroto, ta [manirróto, ta] 形 浪費する.
— 名 浪費家. 類 derrochador, malgastador.

manisero, ra [maniséɾo, ɾa] 形 【中南米】→ manicero.

manita [maníta] 囡 ❶ 小さな手. ❷《化学》マンニット, マンニトール.

hacer manitas (2 人が)手を愛撫し合う.

manitas de oro [de plata] (ギタリストなど)手先のとても器用な人.

ser un manitas《話》手先が器用である.

manito¹ [maníto] 男 (子供用の)下剤.

manito², ta [maníto, ta] [< hermano, na] 名 【メキシコ】(友人に対して)君, お前. 類 amigo, compadre.

manivacío, a [maniβaθío, a] 形 から手の, 手ぶらの; 何の収穫[手土産]もない.

manivela [maniβéla] 囡《機械》クランク, クランクハンドル. 類 manubrio.

Manizales [maniθáles] 固名 マニサレス(コロンビアの都市).

manjar [manxáɾ] 男 (おいしい)食物, 料理. — ~ blanco 《料理》ブラマンジェ. — ~ exquisito [delicado] ごちそう. — ~ espiritual 心の糧.

mano¹, na [máno, na] [< harmano, na] 名 【中南米】(友人に対して)君, お前.

∗∗**mano²** [máno マノ] 囡 ❶ (人の)手(→ 「足」pie,「脚」pierna,「腕」brazo). — ~ derecha [izquierda] 右[左]手. — ~ de equipaje [espejo] de ~ 手荷物[手鏡]. palma de la ~ 手のひら. alzar [levantar] la ~ 手を上げる, 挙手する. entregar en propia ~ 直接自ら手渡す. salir con las ~s en alto 両手を高く上げて出てくる. hablar con [por] las ~s 手話で伝える; 身振り手振りで話す. La tomé [cogí] por la ~. 私は彼女の手を取った. *M*~s a la nuca. 両手を首の後ろに回せ(警官の警告). Siempre va con las ~s en el bolsillo. 彼はいつもポケットに手を入れている. Le dije [hice] adiós con la ~. 私は彼に手を振って別れを告げた. ❷《動物》(四足動物の)前脚; (鳥類)脚; (猛禽類の)爪. — El jinete fue derribado por el caballo cuando, encabritado, levantó las ~s. 騎士は馬が前脚を上げて後脚で立った時振り落とされた. 類 pata. ❸《料理》四足動物の膝から下の部分. — Hoy comeremos ~s de cerdo. 今日私たちは豚足を食べる. ❹ [複] 人手, 働き手, 労働力[者]; (船の)乗組員. — Faltan ~s. 人手が足りない. Hay ~s. 手は足りている. Para la descarga del barco se necesitaban tres ~s de estibadores. 船の荷揚げに荷揚

mano²

人民が 3 人必要だった. ❺ (援助の)手, 手助け, 援助. —¡Que Dios nos tenga en su Santa ～! 神のご加護のあらんことを. Necesito una ～ para acabar hoy el trabajo. 今日この仕事を終えるのに手助けが必要だ(→echar una mano a ...). 類 **auxilio, ayuda, socorro**. ❻ 支配, 影響力, 力; 権限, 責任. —tener mala ～ 顔が利かない. dar ～s para la negociación a ... ...に交渉の権限を与える. Haré todo lo que esté en mis ～s. できることは何でもするつもりだ. 類 **autoridad, facultad, imperio, mando, poder**. ❼ 複 (所有・管轄上の)手. —llegar a (las) ～s de ... ...の手元に届く. El asunto está en ～s de mis abogados. その事件は私の弁護士の手に任せている. 類 **control, posición**. ❽ 介入, 関与, 参加. —En la decoración de la casa se advierte la ～ de un experto. この家の完璧なインテリアには専門家が加わっているようだ. 類 **actuación, intervención, participación**. ❾ (+para/con) (...の)手腕, 腕前, 上手(→buena mano). —con [de] ～ maestra 見事に, 鮮やかに. tener ～ para la administración 経営手腕がある. Es un profesor con mucha ～ para los niños. 彼は子供の扱い方がうまい先生だ. 類 **destreza, habilidad**. ❿ 筆致, タッチ. —Este cuadro es de la ～ de Miró. この絵はミロの手によるものです. ⓫ 側, 方向, 方面. —A ～ derecha verá Ud. el palacio. 右手に王宮があります. En la próxima bocacalle, gire [doble] a ～ derecha. 次の角を右折してください. ⓬ (女性・両親による結婚の承諾)(→pedir [pretender] la mano de ...). —Aspiraba a la ～ de Raquel. 彼はラケルとの結婚を切望していた. ⓭ (仕事で反復される)一塗り; 一洗い; 一拭き; 一作業. —la última ～ 最後の仕上げ. dar una ～ de pintura a la pared 壁にペンキを塗る. Di una ～ de barniz a la puerta. 私はドアにニスを一回塗った. Cuando se secó la pintura de la pared, le dio [aplicó] otra ～. 壁のペンキが乾いたら, 彼はもう一度塗り直した. 類 **pasada**. ⓮ (話) 叱責, 罰. —¡Buena ～ te espera de tu padre! お父さんに大目玉を食らうぞ. 類 **castigo, represión**. ⓯ (トランプ)(a) 手, 手札, 持ち札. —tener un as en la ～ 手にエースを持っている. tener una buena ～ 手がよい. ⓰ (トランプ・ドミノなどの全体としての)一勝負, 1ゲーム; (1回毎の)一勝負, 一手. —echar [jugar] una ～ 一勝負する, 1ゲームする. ganar la primera ～ 1回目を勝つ. Vamos a jugar otra ～ de ～. もう一勝負しよう. 類 **jugada, partida, ronda**. ⓱ (遊戯) 先手, 親. —ser [estar de, tener la] ～ 親である, 先手である. Esta vez, yo soy ～. 今度は私が親だ. ⓲ 《スポーツ》(サッカー・ホッケーの)ハンド(反則の一). —El árbitro pitó ～. 審判がハンドに対してホイッスルを吹いた. ⓳ (話) 大量, 連続, 一続き. —dar una ～ de puñetazos a ... をボカボカ殴る, ...にげんこつの雨を降らせる. dar una ～ de palos a ... を棒でめった打ちにする. 類 **tunda, zurra**. ⓴ (ワインなどの全員への)一渡り. —¡Una ～ de vino! さあ, ワインを一杯いこう. Por favor, sírvanos otra ～ de cervezas. 私たちにビールのお代わりをお願いします. 類 **ronda**. ㉑ (紙の)1帖(1/20)(スペインでは 25 枚). —una ～ de papel de seda 薄葉紙 1 帖. ㉒ (料理)すりこぎ, 乳棒(～ de almirez). —machacar los ajos y el perejil con la ～ del mortero ニンニクとパセリをすりこぎでつぶす. 類 **majador**. ㉓ (印刷) インデックス(manecilla). ㉔ (時計の)針. —La pequeña marca las dos. 短針が 2 時を指している. 類 **aguja, manecilla**. ㉕ 『中南米』(バナナの)1房; トラブル, 不慮の出来事. 類 **gajo**. ㉖ 『中南米』仲間, 同僚, 友人. ㉗ (アフリカのギニア湾に住む)マノ族[語].

abandonado [dejado, desamparado] de la mano de Dios [estar/quedarse＋] (1) 見捨てられた, 辺鄙な, 近づきにくい. (2) (人が)誰の世話にもならない.

abandonar [abandonarse] en (las) manos de ... を[身を]...の手にゆだねる *abandonarse en manos de* la suerte [del vicio] 運命に身を任せる[悪に染まる].

abrir la mano (話) (1) 制限[統制]を緩める, 手心を加える, 大目に見る. (2) 気前よく使う, 湯水のように使う. (3) 賄賂を受け取る. Aprovechó su posición para *abrir la mano*. 彼は地位を利用して賄賂を受け取った.

abrir la mano al caballo 手綱を緩める(＝aflojar las riendas).

a cuatro manos (1) あらゆる手を尽くして. (2) 四つん這いで. El niño iba gateando *a cuatro manos*. その子供ははいはいをしていた.

a dos manos 喜んで, 進んで, 熱心に; がつがつと (＝con toda voluntad).

aflojar la mano (1) 統制を緩める, 手心を加える (→abrir la mano). (2) (人)に金を与える.

al alcance de la mano 手の届く所に, 手近に, 手元に; 実現可能に.

a la mano (1) 手近な所に, 手元に. Siempre tengo el mando a distancia *a la mano*. 私はいつもリモコンを手近に置いている. (2) 自身で, 本人が. escribir *a la mano* 自分で手紙を書く.

alargar la mano a ... (挨拶・握手のため) (人)に手を差し出す, 握手を求める. (物を取ったり・物乞いのために)手を差し出す, 手を伸ばす(→extender la mano a ...).

alzar [levantar] la mano a [contra] ... (1) (脅迫や殴ったりするために)(人)に拳を振り上げる. 刃向かう. Nunca *ha alzado la mano* a sus hijos. 彼は一度も子供に手をあげたことがない. (2) (質問・討論などで)挙手する, 手を挙げる.

a mano (1) (機械によらず)人手によって, 手で(→a máquina). jersey hecho *a mano* 手編みのセーター. escrito *a mano* 手書きの. escribir *a mano* 手書きする. (2) 身近に, 手近に, 手元に. ¿Tienes *a mano* algo para escribir? 何か書く物を持っているか? (3) 途中で. La librería me coge *a mano*. その書店は私が行く道筋にある. (4) 『中南米』互角で, 五分五分で. estar [ponerse, quedarse] *a mano* 『中南米, 北米』対等である; 貸し借りなしである.

a mano abierta 惜しみなく, 惜しげもなく (＝a manos llenas).

a mano airada (怒りで)こぶしを振り上げて.

a mano alzada (1) (描線が)フリーハンドで. (2) (投票が)挙手で. votación *a mano alzada* 挙手による採決.

a mano armada (1) 武装して, 凶器を用いて. atraco *a mano armada* 武装強盗. (2) 果敢に, 決然と.

a mano limpia 素手で, 道具[武器]を使わないで.

a manos de ... (1) …の手にかかって. Murió *a manos de* los asaltantes. 彼女は強盗の手にかかって死んだ. (2) 〖ir a parar/llegar/venir/terminar+〗…の手に渡って〖委ねられて〗(→en (las) manos de ...). (3) 〖llegar/ir a parar+〗…に迎えられて. Llegó a las once de la noche *a mis manos*. 彼は夜の11時に到着し私が出迎えた.

a manos llenas 気前よく, 惜しみなく, 大量に. gastar el dinero *a manos llenas* 惜し気なく金を使う.

andar en manos de todos ありふれている, ごく普通のものである.

apretar la mano (1) 〖+a〗(挨拶などで人)と握手する. (2)《話》厳しくする.

a pura mano 〖中南米〗(道具を使わず)手で.

A quien le dan el pie, se toma la mano 〖諺〗抱っこと言えばおんぶ(甘えてますますつけあがる).

asentar [sentar] la mano a ... (人)を殴る, 厳しく扱う.

atar de pies y manos a ... 《話》(人)の行動の自由を奪う, 自由にさせない; 手足を縛る. El miedo *le ató de pies y manos*. 彼は怖くて手足がすくんでしまった.

atar las manos a ... 《話》(人)の行動の自由を奪う, 自由にさせない. Lleva *las manos atadas*. 彼はもうちもちもいかなくなっている.

atarse las manos [de manos] 《話》行動(の自由)を自制する.

bajar la mano 値段を下げる.

bajo la(s) mano(s) de ... 〖quedar/tener+〗…に属して, …の所有に.

bajo mano 不法に, 不正に, こっそりと, 隠れて, ひそかに, 秘密に.

besar la mano [las manos] (手紙)敬具. Su seguro servidor que *besa su mano*. (男性への公用文で)敬具(〖略〗S. s. s. que b. s. m.)

buena(s) mano(s) (手の)器用さ, 上手, 巧みさ. Se daba *buena mano* peinando a las señoras. 彼は女性の髪をセットするのにとてもうまかった.

caer a mano 近くにいる〖ある〗; 都合がよい.

caer [recaer] en manos de ... 《話》(人)の手に渡る〖入る, 委ねられる〗, …に捕まる

caerse la mano a ... 〖中南米〗《話, 軽蔑》ホモである.

caérsele de las manos a ... (1)《話》(人が)(退屈で〖難しくて〗)うんざりする, 耐えきれなくなる. Este libro es tan aburrido que *se me cae de las manos*. この本はあまりに退屈でうんざりだ.

cambiar de mano(s) (物が)人手に渡る, 所有者が変わる(=mudar de manos).

cargar la mano 《話》(1) 〖+de/con/en〗(調味料などを)きかせすぎる, 入れすぎる. *cargar la mano en [con] la sal* 塩を入れすぎる(→irsele a ... la mano). (2) 〖+de/con/en/sobre〗を過度にする, 厳しくする. *cargar la mano en* el castigo [en los exámenes] 罰[試験]を厳しくする. 高くふっかける, 法外な値段をつける. En esa tienda a veces *cargan la mano* en los precios. その店は時々法外な値段をふっかける. (4) 〖+de〗…に固執する.

cerrar la mano (1) (自分の)手を握りしめる. (2) (出費)を抑える, 出し惜しむ, けちる; (制限などを)厳しくする.

comerse las manos 《話》飢えている, 非常に空腹である.

como por la mano [con la mano] やすやすと, 見事に, 大変適切に

con el corazón en la(s) mano(s) (1) (予想できない事態に)いらいらして, 神経質になって. (2) 正直に, 心から, 率直に.

con la mano 手で(→a mano). hacer señas *con la mano* 手で合図する.

con la mano a [en] la cintura 〖メキシコ〗やすやすと, 楽々と, 容易に.

con la mano en el corazón 正直に, 誠実に, 真面目に; 心から. No te rías, que te lo estoy diciendo *con la mano en el corazón*. 笑わないで, 真面目に話しているんだから.

con las manos 〖trabajar/ganarse la vida+〗肉体労働で.

con las manos abiertas 寛大に.

con las manos cruzadas 腕組みをして; 何もしないで, 手をこまねいて. quedarse *con las manos cruzadas* 何もしないでいる, 傍観している(→mano sobre mano).

con las manos en la masa 〖coger/pescar/pillar/apresar/atrapar/sorprender+〗《話》(主に悪いこと)の最中に, 犯行中に, 現行犯で.. *coger [pillar] a ... con las manos en la masa* (人)を現行犯で捕まえる, 現場を押さえる.

con las manos en los bolsillos 何もしないで.

con las manos vacías 〖ir(se)/venir(se)/volver(se)/llegar/encontrarse/marcharse/salir+〗(目的を遂げずに)手ぶらで, むなしく. Fue a buscar trabajo y *volvió con las manos vacías*. 彼は仕事を探しに行ったが, 何も見つからずに帰ってきた. (2) (土産を持たずに)手ぶらで.

con mano dura 手荒く, 冷酷に.

con mano escasa 僅かに, ほんの少し, けちけちと.

con mano pesada 厳しく, 厳格に.

con mano rápida すばやく.

con mano segura しっかりと.

conocer como la palma de la mano [como a sus manos] (人・物)をとてもよく知っている, 十二分に知っている, …に詳しい.

con sus propias manos 自分自身の手[力]で, 自分で.

con una mano atrás [detrás] y otra delante/con una mano delante y la otra atrás [detrás] 《話》一文無しで, 無一文で; 仕事がなく. Se ha quedado en la ruina y ahora está *con una mano detrás y otra delante*. 彼は破産して今は無一文で.

con una sola mano 《婉曲》マスターベーションしながら.

correr por mano de ... …の仕事[責任]である, …の意のままである.

cruzar las manos/cruzarse de manos (1)《話》(意識的であれ無意識的であれ)何もしない, 手をこまねく; 腕組みをする. (2) 関与しない, 係わらない.

dar de mano (1) 仕事を終える[やめる, 切り上げる]. (2) (漆喰などを)仕上げに塗る.

dar de manos (床・地面などに)前に手をついてばたっと倒れる.

dar en manos de ... →caer [recaer] en manos de ...

dar la mano a ... (1)(人)に握手を求める, 手を差し出す(＝estrechar la mano a ...). *darse la mano* 握手を交わす. *¡Dame la mano!* (犬に向かって)お手! *Cuando nos presentan a alguien damos la mano.* 私たちは誰かに紹介された時は握手をします. (2)(人)に手を貸す, (人)を助ける, 援助する.. *Di la mano* a la anciana para que pudiera subir al tren. 私はおばあさんが電車にのるのを手伝ってあげた. (3)(人)の手を取る; (人)に手を預ける, 手を引かれる. *El niño le daba la mano a su abuela.* 子供が祖母に手を引かれていた. (4)(女性本人あるいは女性の父親・両親が)結婚を承諾する[認める].

dar la primera mano a ... …に最初の一塗り[一拭き]をする; …を開始する; …の素案をする.

dar la [una] última mano a ... …に最後の手を加える, …の仕上げをする.

darse la mano (1)(挨拶)互いに握手する; 和解する, 仲直りする. *Los dos se dieron la mano.* 二人は握手を交わした. (2)(物が)とてもよく似ている, 酷似している; すぐ近くにある. *Tus zapatos y los míos se dan la mano.* 君の靴と僕の靴はとてもよく似ている.

darse la mano con ... …と関連がある; …と酷似する.

darse las manos 〖主語に愚〗和解[和睦]する, 仲直りする; 提携する.

dar una mano por ... 〖過去未来形で〗を強く望む. *Daría una mano* [mi mano derecha] *por ....* どんな犠牲を払っても…したい. *Daría una mano por* hacer ese viaje. 是非の旅行をしたいのだが.

dejado de la mano de Dios 《話》神に見放された, ついていない; 辺鄙な, 人里離れた; 荒れ果てた.

dejar de la mano うっちゃっておく, 放置する, やめる, (特に本を)読むのをやめる; (人を)見捨てる. *dejar en (las) manos de ...* …の手にゆだねる(→abandonar las manos de ...).

de la mano (1) 手を取って; 手をつないで. *Los dos paseaban por el parque de la mano.* 二人は手をつないで公園を散歩していた. (2)〖＋de〗…の指導[支配]下で; …に手を引かれて. *Mi hermano entró en el mundo de los negocios de la mano de mi padre.* 兄は父の指導を受けて実業界に入った. *dibujo de la mano de Dalí* ダリが描いたデッサン. (3)〖＋de〗(…の)紹介で.

de mano 手で運ぶ[動かす]. *equipaje de mano* 手荷物. *carretón de mano* 手押し車. *taladro de mano* ハンドドリル.

de mano derecha [izquierda] (ドアが)右[左]開きの.

de mano en mano (手渡しで)人から人へ, 手から手へ; 伝統的に. *pasar de mano en mano* 手から手に渡る[回る]. *Esas tradiciones han llegado de mano en mano hasta nosotros.* この伝統は現代まで代々受け継がれてきた.

de manos a boca 《話》突然, 思いがけなく, 不意に.

de mano(s) de ... (人)から. *La actriz recibió el premio de manos de otra famosa cineasta.* 女優は他の有名な映画スターから賞を受け取った.

de primera mano (1) 新品の. *coche de primera mano* 新車. (2) 直接[の], 仲介なしに[の], オリジナルの. *información de primera mano* 直接得た情報.

de segunda mano 間接に[の]; 中古の. *coche [libro] de segunda mano* 中古車[古本].

echar (la) mano a ... (1)《話》…に手を伸ばす, つかむ; (武器などに)手をかける; (人)をつかまえる. *Se enfadó con todos, así que echó mano al bolso y se marchó.* 彼女はみんなに腹を立てたので, ハンドバッグを取って帰ってしまった. (2)を利用する, …に訴える.

echar las manos a ... (取る・つかむために)…に手を伸ばす.

echar mano de ... 《話》(人・物を)使う, 利用する; …に頼る. *Echó mano de* la tarjeta de crédito para pagar la cena. 彼は夕食代の支払いにクレジットカードを使った.

echar una mano a ... 《話》(人)に手を貸す, 助ける, 手伝う(＝ayudar)(→tender una [la] mano). *¿Me echas una mano con esta maleta, que pesa mucho?* このスーツケースは重いので運ぶのを手伝ってくれる?

echarse [llevarse] las manos a la cabeza/ponerse las manos en la cabeza 困惑する, 途方に暮れる.

en buenas [malas] manos 信頼のできる[できない]人の手に. *estar [dejar] en buenas manos* 信頼のできる人の手にゆだねられる[ゆだねる].

en (las) manos de ... …の手中[責任]に, …の手に委ねられた. *poner el reparto de la herencia en manos de sus abogados* 財産の分配を弁護士の手に委ねる.

en mano (1) 直接本人に. *entregar el paquete en mano* 荷物を手渡しする. (2)《商業》*dinero en mano* 手元現金.

en propia(s) mano(s) 直接本人に. *Se lo entregué en propias manos.* 私は彼にそれを直接手渡した.

ensuciarse las manos 手を汚す; 不正事件に関係する, 盗みを働く.

en su mano 直接本人に, 手渡しで.

en un mano a mano 二者会談で.

estar en la mano de ... …次第である, の手にある(→hacer lo que esté en su mano).

estrechar la mano a ... (人)に握手を求める, 手を差し出す(→dar la mano a ...).

frotarse las manos 《話》(満足・期待して)もみ手をする; 手をこすり合わせる.

ganar por la mano a ... 《話》(人)の機先を制する, 先手を打つ, 出し抜く.

hacer lo que esté en su mano できるだけのことをする, 手を尽くす. *El médico hará todo lo que esté en su mano para salvarle.* 医者は彼を救うために手を尽くすだろう.

ir a la mano a ... (1)(人)を制止する, 抑える. (2)〖北米〗(子供の)お尻を叩く.

ir a parar a las manos [en manos] de ... (人)の手に渡る.

ir por su mano (決められた)正しい側[車線]を通行する.

irse a las manos 殴り合いになる(→llegar [pasar, tirarse, venir(se)] a las manos.).

írsele [escapársele] a ... la mano (1) 自制心を失う, 自制できない. *Se me fue la mano y le golpeé.* 私は我慢できなくなって彼を殴ってしまった. (2)〖＋en/con〗(調味料などを)入れ過ぎる; …の

度を過ごす. *Se te ha ido la mano con* la sal en esta sopa. 君はこのスープに塩を入れ過ぎたね. (3) (人)は手が滑る. *Se me fue la mano.* 私は手が滑ってしまった.

*írse*LE [*escapársele*] *de* [*entre*] *las manos a* ... (1) (人)の手から逃げる, 失われる. El plato *se le fue de las manos.* 彼は手が滑って皿を落とした. El título de campeón *se le ha ido de las manos.* 彼はチャンピオンになるチャンスを逸した. (2)《話》コントロールできなくなる.

jugador de manos 手品師.

jugarse los dedos de una mano 敢えて…する危険を冒す.

largo de manos (1)［ser＋］《話》手の早い, すぐ殴る(→mano(s) larga(s)). (2)［ser＋］《話》盗癖のある(→mano(s) lista(s)).

lavarse las manos (1) 手を洗う;《婉曲》トイレに行く. (2)《話》(事件などに)関わり合いにならない, 手を引く[切る]. Yo *me lavo las manos,* así que toda la responsabilidad será vuestra. 私は手をひいているので, 君たちに全責任があるだろう.

leer las manos 手相を見る.

levantar la mano →abrir la mano, aflojar la mano.

levantar la mano a ... (殴ろうと人)に手[拳]を振り上げる(→alzar [levantar] la mano a [contra] ...).

listo de manos ［ser＋］《話》盗癖のある(→largo de manos, manos listas).

llegar [*pasar, venir*]*se*] *a las manos* 《話》(口論がとうとう)殴り合いになる, 喧嘩になる. Empezaron a discutir y por poco *llegan a las manos.* 彼らは議論を始め, もう少しで殴り合いになるところだった.

llevar la mano a ... (人)に手を取って教える; 手伝う.

llevar(*se*) [*tener*(*se*), *traer*(*se*)] *entre manos* (1) (計画・策略などを)練っている, 温めている, たくらんでいる. ¿Qué te traes *entre manos?* 何をもくろんでいるんだ? (2) →no saber lo que lleva entre manos.

llevarse las manos [*ambas manos*] *a la cabeza* 《話》(驚きや怒りで)頭に手をやる, びっくりする, 憤慨する, 頭を抱える, 困惑する. Cuando le dijeron el precio del sofá *se llevó las manos a la cabeza).* 彼はそのソファーの値段を聞いてびっくりした(→echarse las manos a la cabeza).

llevar SU *mano* →ir por SU mano.

mala(*s*) *mano*(*s*) (手が)不器用, 下手. Tiene *mala mano* para dibujar [para la cocina]. 彼女は絵[料理]が下手だ.

mancharse las manos (不道徳な行為で)名声を汚す.

mano a mano (1) 二人きりで, 一緒に, 楽しげに; 協力して. (2)圏(2人の)対決, 対戦; 競争して (3)圏(2人の)対談, 会談. decidir en un *mano a mano* 二者会談で決定する(→en un mano a mano). (4)［闘牛］(通常は3人だが, 技量の伯仲した)2人のマタドールによる闘牛.

mano amiga 親しい人, 友好の手. tender una *mano amiga* a los refugiados 難民に暖かい手をさしのべる.

mano anónima 無名の人, 匿名氏.

mano armada 武装した人

mano blanda 寛容, 寛大.

mano de gato 応急修理.

mano de hierro →mano dura.

mano de mantequilla [*de Soria*] 不器用さ.

mano de obra (企業・地域・国での)人手, 労働力. En este país la *mano de obra* es muy barata. この国では労働力が大そう安い. En el sector industrial sobra *mano de obra.* 産業部門では労働力が余っている.

mano derecha (1) 右手;《比喩》右腕, 片腕 (＝álter ego). Manuel es mi *mano derecha.* マヌエルは私の右腕だ. (2)《政治》右翼. (3) →no saber cuál es [dónde tiene] su mano derecha.

mano de santo 《話》即効的治療法, 妙薬, 特効薬. Este jarabe es *mano de santo* para la tos. このシロップは咳の特効薬だ.

mano de Tigre ［植物］木本植物.

mano diestra (1) 右手(→mano zurda). (2) 器用な手;《比喩》右腕.

mano dura [*de hierro*] 《話》(懲罰・待遇・指導上の)厳格さ, 厳しさ. Dirige el país con *mano de hierro.* 彼は国を厳しく統率している.

mano invisible 《経済》(アダム・スミスの経済学で)見えざる手.

mano izquierda (1) 左手. (2)《話》(問題解決・交渉などの)巧みさ, 抜け目なさ, ずるさ. Resolvió los problemas de la oficina con *mano izquierda.* 彼は会社の問題を巧みに解決した(→tener (mucha) mano izquierda).

mano maestra 巧みさ. artículos nacidos de su *mano maestra* 彼の名人芸から生まれた商品. con [de] *mano maestra* 巧みに, うまく.

¡*Manos a la obra!* さあ, 仕事に取りかかろう! → poner(se) mano(s) a la obra.

¡*Manos arriba!*/¡*Arriba las manos!* 手を上げろ!

manos de mantequilla (物を落としやすい)不器用さ.

mano siniestra 《文》左手.

mano(*s*) *larga*(*s*) (1)《話》(特に子供を)すぐ殴る[喧嘩早い]人. (2) 手癖の悪い人; 手癖の悪さ. (3) 気前のよい人.

manos libres [*sueltas*] (1) 空いた手. (2) 自由裁量(権), フリーハンド. dar a ... *manos libres* (人)の自由裁量に任す.

manos limpias (1) 無罪, 潔白, 廉直 (＝honradez). Tengo la conciencia tranquila porque tengo las *manos limpias.* 私は清廉潔白なので良心に恥じるところがない. (2)(業務遂行上の)廉潔さ, 公明正大. (3) (給料以外の)特別報酬.

manos limpias de sangre 無実, 潔白.

mano(*s*) *lista*(*s*) 《話》盗難癖のある人, 掏摸(ぐ)り(→mano(s) larga(s)).

manos muertas 《法律》(教会財産の)死手譲渡; 永久土地保有. tierras en *manos muertas* 死手譲渡[永代所有]の土地.

mano sobre mano 《話》何もしないで, 働かないで (＝ociosamente)(→con las manos cruzadas). ¿No te da vergüenza estar *mano sobre mano* mientras los demás trabajamos? 君は私たちが働いている間何もしないで恥ずかしくないのか?

¡*manos quietas!* 手を触れるな!, 手を出すな!;(前脚を掛けようとする犬に対して)お座り!

manos sucias (1) 汚い手. Tienes las *manos*

sucias por jugar con barro. 君の手は泥んこ遊びして汚れてる. (2) 不法労働で得た報酬.
mano zurda 左手(→mano diestra).
meter la mano [las manos, mano] a ... 《話》(仕事など)にとりかかる, 着手する, 始める.
meter (la) mano [las manos] en ... (1) …に口出しする, 干渉する; 介入する. (2) 《話》(仕事など)にとりかかる, 着手する, 手をつける. (3) 《話》盗む. *meter la mano en* la hucha 貯金箱を盗む.
meter la(s) mano(s) hasta el codo (1) 〖+en〗(比喩)(何かに)巻き込まれている, 掛かり合いになる. (2) 完全に間違っている.
meter mano a ... 《話》(1) (人を)殴る. (2) (人)に触る, 痴漢行為をする, 愛撫する(=magrear). En el metro *me metieron mano*. 私は地下鉄で体を触られた. (3) (仕事など)にとりかかる, 着手する, 手をつける. (4) …に口出しする, 干渉する; 介入する. (5) (違法行為で)(人)を取り調べる. Con esto de los desfalcos han *metido mano* al contable. この横領で会計係が取り調べを受けた.
morderse las manos (チャンスを逃して)後悔する, 臍(ほぞ)をかむ(=arrepentirse). *Me muerdo las manos* por haber perdido la oportunidad. 私はチャンスを逃して後悔している.
mudar de manos →cambiar de manos.
no saber cuál es [dónde tiene] su mano derecha/no saber lo que lleva [trae] entre manos 理解力がない, 無知[無能]である, 分別がない.
no tener (tantas) manos para ... (一時)にそれほど多くの…はできない. *No tengo manos para tantas cosas*. そんなに多くのことを私一人では無理だ.
parar a las manos [en manos] de ... …の手に渡る. La joya *ha parado en [a las] manos de* su hija. その宝石は娘の手に渡った.
pasar las manos →venir(se) a las manos.
pasar la mano por el lomo [el cerro] a ... (人)にお追従[お世辞]を言う, ごまをする(=adular, lisonjear).
pedir [pretender] la mano de ... (女性)に結婚を申し込む, (男が恋人の両親)に結婚の承諾を求める.
perder la mano 腕が鈍る[落ちる].
poner en (las) manos de ... (1) (人)に…の便宜をはかる. (2) を(人)に任せる. *Pongo en tus manos* la dirección de la fábrica. 工場の経営を君の手にゆだねよう.
poner la mano encima a ... 《話》(人)を殴る(乱暴に・無理やり)捕らえる.
poner (la) mano [las manos] en [a] →meter (la) mano [las manos] en [a] ...
poner la mano sobre [a, encima de] ... (人)を殴る.
poner la(s) mano(s) encima de [a, sobre] ... 《話》(人)を叩く(=golpear).
poner la(s) mano(s) en el fuego por ... 《話》(人の誠実さ・事の真実性)を保証する.
poner mano en ... (仕事)に着手する, 取りかかる.
ponerse de manos (動物が)後脚で立つ, (犬が)ちんちんする(=empinarse). Cuando el caballo se encabritó, *se puso de manos* y tiró al jinete. その馬が棹立ちになった時, 前脚を上げて騎手を振り落とした.

ponerse en manos de ... (人)に自分のことを任せる, 身をゆだねる, …に世話になる. *ponerse en manos de* un buen médico いい医者に自分のことを任せる.
poner(se) mano(s) a la obra 仕事に着手する[取りかかる].
por debajo de mano →bajo mano.
por su (propia) mano 自分(自身)で, 自ら.
¡Qué mano! 〖中南米〗なんと運のよいことか, こいつは驚いた, これはひどい.
quitar de las manos a ... 《話》(売り手)から(商品)を競って買う, 奪い合う. Este producto nos lo *quitan de las manos*. 当社のこの製品は引っ張りだこです.
quitarse de las manos (何か)を奪い合う.
sacar las manos 〖中南米〗他人の事に口出ししない.
sentar la mano a ... (1) (人)を殴る, 叩く, を厳しく罰する. (2) (人)から法外な料金を取る.
ser largo [listo] de manos/tener las manos largas (盗み・喧嘩・女に)手が早い, 喧嘩早い, 手癖が悪い.
ser pies y manos de ... 《話》(人)の右腕である, (人)を立派に助ける.
si a mano viene/si viene a mano ひょっとして, もしかすると, 多分; 都合がよければ.
soltar la mano en ... …が上手になる, …に熟練する, …の腕が上がる.
tender la [una] mano a ... (1) (握手などのために)(人)に手を差し出す(=dar la mano a ...). (2) (人)に手を貸す, 援助する; 施し物を求める(→echar una mano a ...).
tener ... al alcance de la mano をほぼ手中にしている. *tener el triunfo al alcance de la mano* 勝利をほぼ手中にしている(→tener en su(s) mano(s), tocar con la mano).
tener atadas las manos 《話》自由に行動できない.
tener en su(s) mano(s) [en la(s) mano(s), por su mano] (人)の掌中にある, を自由にできる; ほぼ手中にしている. *Tienes* la decisión *en tus manos*. 決断は君にゆだねられている.
tener la mano ancha (道徳・義務・他人のことに)あまり厳しくない.
tener malas manos para [con] ... …が下手である, 不器用である.
tener mano con ... (人)に影響力がある, 顔がきく.
tener mano en 〖+事〗…に影響力がある, 顔がきく.
tener manos de trapo 不器用である.
tener mucha mano 影響力を持っている. *Tiene mucha mano* en [con] el Ministerio. 彼は省内で影響力が強い. Si se lo dices tú, a ti te hará caso, porque *tienes mucha mano* sobre él. 彼に君が言えば, 君の言うことを聞くだろう. 君は彼に影響力を持っているから.
tener (mucha) mano izquierda 《話》(問題解決・交渉などが)巧みである, 手腕がある(→mano izquierda).
tener mucha(s) mano(s) 手腕がある, 上手である; やり手である. *Tiene mucha mano* para tratar a la gente. 彼は人の扱いが上手だ.
tener(se) entre manos (1) 《話》(計画・策略などを)練っている, 温めている, たくらんでいる. *Tiene*

algo gordo *entre manos*. 彼は何かとんでもないことをたくらんでいる(→llevar(se) [tener(se), traer(se)] entre manos). (2) →no sa*ber* lo que lleva [trae] entre manos.

tocar con la mano　手の届くところにある(→tener al alcance de la mano).

tomar (de) la mano　(人·物)を手でつかむ[取る].

tomar ... en sus manos　(物事)を引き受ける.

traer a la mano　(猟犬が獲物を)取ってくる.

traer(se) entre manos《話》(1) = llevar (tener, traer(se)) entre manos. (2) …に従事している, 取りかかっている.

untar la(s) mano(s) a ...　(人)に賄賂を使う, を買収する(= sobornar).

venir con sus manos lavadas　何もせず全て終了後利益だけかすめ取りに来る.

venir la mano de ...　【中南米】(人·物)にごまをする, 買収する.

*venir*LE *a mano a ...*　(人)にとって都合がよい, ついでである. Pasa a buscarme a las dos, si *te viene a mano*. 都合がよければ, 10時に迎えに来て.

*venir*LE [*venírse*LE] *a la(s) mano(s) a ...*　(1) たなぼた式に(人)の手に入る, 労せずして(人)の手に入る. Se llevó una gran sorpresa cuando *le vino a las manos* la fortuna de su tía. 彼は叔母さんの財産が労せずして手に入った時, 大変驚いた. (2) 喧嘩する, 争う.

venir(se) a las manos　喧嘩になる, 殴り合いになる, 争う(→llegar [pasar, venir(se)] a las manos).

vivir de [por] sus manos　自活する.

manojo [manóxo] 男 ❶ 束; 一つかみ(握り). — un ~ de perejil 一束のパセリ. ~ de llaves 鍵束. ❷《比喩, 話》(人の)一団. — un ~ de idiotas 愚か者の集まり. Mi vecina tiene un ~ de críos. 私の隣人には乳飲み子の一団がいる.

a manojos　たくさん, 大量に.

estar hecho un manojo de nervios　ひどく神経質になっている.

Manola [manóla] 固名《女性名》マノーラ(Manuela の愛称).

manoletina [manoletína] 女 ❶《闘牛》マノレティーナ(ムレータを背後に構えたパセ). ❷ 闘牛士の靴に似たローヒールの靴.

Manolo [manólo] 固名《男性名》マノーロ(Manuel の愛称).

manol*o, la* [manólo, la] 名 ❶ (M~) マノーロ, マノーラ (Manuel, Manuela の愛称). ❷《古》(粋で屈託のない)マドリードの下町っ子.

manómetro [manómetro] 男 《物理》圧力計, マノメーター.

manopla [manópla] 女 ❶《服飾》ミトン. ❷《スポーツ》(フェンシングなどの)グローブ. ❸ (甲冑の)籠手(ﾎﾟﾃ).

manosear [manoseár] 他 ❶ (物)をいじり回す, やたらに触る. — No *manosees* la fruta, por favor. 果物をいじくり回さないで下さい. 類 **sobar**. ❷《比喩》(物)を何度も利用する; (テーマ·問題など)に繰り返し取り組む. — Este tema ya está muy *manoseado*. このテーマはもういい加減手垢がついている.

manoseo [manoséo] 男 いじり回すこと, やたらにさわること. 類 **soba**.

manotada [manotáða] 女 →manotazo.

manotazo [manotáθo] 男 平手打ち, びんた.

類 **bofetada, torta, tortazo**.

quitarle (a uno) (algo) de un manotazo　(人)から(何か)をひったくる.

manotear [manoteár] 他 をたたく, はたく.
— 自 (盛んに)手振りをする.

manoteo [manotéo] 男 (盛んな)手振り.

manquedad [maŋkeðað] 女 ❶ 手[腕]のないこと; 手[腕]の不自由. ❷《比喩》欠如; 欠陥.

manquera [maŋkéra] 女 →manquedad.

Manrique [manríke] 固名　マンリーケ(Jorge ~)(1440?-79, 詩人).

mansalva [mansálβa] 女《次の成句で》

a mansalva　何の危険もなく, 安全に. Dispararon *a mansalva* contra el ejército enemigo. 彼らは安全な場所から敵軍を撃った. Con aquel profesor nos copiábamos *a mansalva*. あの先生のときは楽々カンニングし合っていた.

mansarda [mansárða] 女《建築》マンサール屋根(二重勾配式の屋根); 屋根裏(部屋).

mansedumbre [manseðúmbre] 女 ❶ 温和, おとなしさ; 従順. — con ~ おとなしく; 素直に. 類 **apacibilidad**. ❷ (水や空気の)静かなこと, ゆっくりした動き.

mansión [mansjón] 女　大邸宅. — Tienen una ~ en la costa. 彼らは海辺に大邸宅をもっている.

hacer mansión　滞在する. Hicieron *mansión* en el pueblo el fin de semana. 彼らは週末その村に滞在した.

‡**mans*o, sa*** [mánso, sa] 形 ❶ 穏やかな, やさしい. — Es un hombre ~ como un cordero. 彼は子羊のようにやさしい男だ. 類 **apacible**. ❷ (動物が)おとなしい, 馴れた. — Tengo un perro [gato] muy ~. 私はとてもおとなしい犬[猫]を飼っている. Es un toro ~. あれはおとなしい雄牛だ. 反 **bravo**. ❸ (自然の事物が)静かな, 穏やかな. — Se oía el ~ correr de las aguas. 水が静かに流れる音が聞こえていた.

— 男 (群を先導する動物の雄)先導羊, 先導牛; (とくに闘牛で雄牛を先導する)去勢牛.

mansurr*ón, rrona* [mansurón, róna] 形 ひどくおとなしい.

‡**manta** [mánta] 女 ❶ 毛布. — Duerme con tres ~s porque es muy friolero. 彼はとても寒がりなので毛布を3枚かけて寝る. ~ de viaje 旅行用毛布. ❷ (何回もの)殴打, なぐりつけ. — Su madre le dio una ~ de azotes como castigo. 母親は彼に罰として何発もお尻に平手打ちをした. 類 **paliza, somanta, tunda**. ❸ ゆったりした服, ポンチョ.

a manta (de Dios)　大量に. Aquí hay mosquitos *a manta*. ここには大量に蚊がいる.

liarse la manta a la cabeza　思い切って乗り出す, 大胆に決心する. Se lió *la manta a la cabeza* y se fue a vivir al campo. 彼は大決心をして田舎に移住してしまった.

tirar de la manta　秘密をあばく, 漏らす. La empresa ha intentado sobornar a ese diputado para que no *tire de la manta*. その企業はその議員が秘密をあばかぬよう賄賂(ﾜｲﾛ)を贈ろうとした.

manteamiento [manteamjénto] 男　毛布での胴上げ.

mantear [manteár] 他 (からかいや遊びで)(人)を

毛布で胴上げする.

:**manteca** [mantéka] 囡 ❶ 脂肪; (豚の)ラード, 乳脂肪. ～ de cerdo ラード. ～ de vaca バター. Se unta la ～ de cerdo en la sartén al asar la carne. 肉を焼くときにはフライパンにラードを塗る. 類**grasa**. ❷（植物の実の）脂肪分. ～ de cacao カカオバター. ❸〖主に 複〗(人間の体の)余分な脂肪. —Haz ejercicio, que tienes buenas ～s. 君は脂肪が付き過ぎるから運動しろよ.
como manteca (1) とてもやわらかい. Los espaguetis, al cocerse demasiado, se quedan *como manteca*. スパゲッティは茹で過ぎるととてもやわらかくなってしまう. (2) 従順な, おとなしい. Ese niño es *como manteca*. その子はとてもおとなしい.
Eso no se le ocurre ni al que asó la manteca. (誰かのばかげた言動に対して)よくそんなばかげたことを思いついたもんだ.

mantecada [mantekáða] 囡 ❶ バターと砂糖のついたパン. ❷ (四角い)マドレーヌ風の菓子パン.

mantecado [mantekáðo] 男 ❶ (ラードを使った)クッキー風の菓子. ❷ (カスタードに似た)アイスクリーム.

mantecón [mantekón] 男《比喩, 話, まれ》軟弱者, 腰抜け, 弱虫.

mantecoso, sa [mantekóso, sa] 形 ❶ 脂肪の多い, 油っこい; 太った, 肥えた. —leche *mantecosa* 脂肪分がたっぷりな牛乳. un cerdo ～ 肥えた豚. ❷ 脂肪[バター]のような(舌触りの).

:**mantel** [mantél] 男 ❶ テーブルクロス. —levantar el ～ (食事後)テーブルクロスをたたむ, 食事を終える. Pon el ～ en la mesa, por favor. どうかテーブルにテーブルクロスを掛けてちょうだい. ～ rollo テーブルクロス・ロール. ❷ 聖壇布, 祭壇布.
comer a manteles くつろいでご馳走を食べる. Celebramos su cumpleaños *comiendo a manteles* en el hotel. みんなは彼の誕生日をホテルでゆっくりと御馳走を食べて祝った.

mantelería [mantelería] 囡 テーブル掛けとナプキンのセット.

manteleta [manteléta] 囡 (婦人用の)肩掛け, 短いケープ[マント].

mantelete [manteléte] 男 ❶ (高位聖職者の着用する)ひざまでの袖なし上衣, マントレッタ. ❷《軍事》防盾, (弾丸よけの)遮蔽[板][盾].

mantén [mantén] 動 mantener の命令・2 単.

mantendr- [mantendr-] 動 mantener の未来, 過去未来.

mantenedor, dora [manteneðór, ðóra] 形 保ち, 維持する. —fuerzas *mantenedoras* del orden público 治安維持部隊; 警察.
— 名 (コンクール・審査会などの)審査員[主催者]; 進行係.
mantenedor de familia (一家の)かせぎ手.

mantenencia [mantenénθja] 囡 ❶ 維持, 保持. ❷ 支持, 扶養. ❸ 食物.

:**mantener** [mantenér] [**10.8**] 他 ❶ を保つ, 維持する, 保持する. —*Mantiene* la casa limpia y ordenada. 彼は家をきれいに整頓してある. Estados Unidos *mantiene* el primer lugar entre los países consumidores de petróleo. 米国は石油消費国の中で第 1 位を占めている. 類**conservar**. ❷ (*a*) (落ちないように)を支える. —Estas columnas *mantienen* el edificio. これらの円柱が建物を支えている. ¿Me podrías ～ un momento el cuadro? ちょっと絵の額を支えていてくれませんか. *Mantén* los brazos en alto. 手を高く上げたままにしなさい. (*b*) (経済的に)を支える, 食べさせる, 養う. —Tiene que ～ a toda su familia. 彼は全家族を養わねばならない. ～ tres perros 3 匹の犬を飼う. 類**alimentar, sustentar**. (*c*) (精神的に)を支える. —La esperanza de volver a verla es lo que me *mantiene*. 彼女にまた会えるという希望が私の支えとなっている. ❸ を続ける, 続行する, 継続する. —*correspondencia* 文通を続ける. ～ una conversación [una discusión] 会話[議論]を続ける. ❹ (ある意見)を主張する, 言い続ける. —*Mantengo* que debemos expulsarle del club. 私は彼をクラブから追放すべきだと主張している. ❺ (約束など)を守る, (法令など)を順守する —～ el orden 秩序を守る. Si se lo has prometido, debes ～ tu palabra. もし君が彼にそれを約束したのなら守らなければならない.
— *se* 再 ❶ (姿勢・状態を)保つ, 維持する, (ある状態)にある. —～ *se* firme en sus creencias 自分の信念をしっかりと保つ. Apenas puedo ～*me* en pie. 私はほとんど立っていることができない. A pesar de ser tan viejo, *se mantiene*. 彼はあんなに年を取っているにもかかわらず元気である. ❷ 〖＋*de*で〗生活する, (を)食べて生きる. —*Se mantiene de* verduras. 彼は菜食で生きている. *Se mantiene* con la pensión de viudez. 彼女は寡婦年金で生活している.

mantenga(-) [manteŋga(-)] 動 mantener の接・現在.

mantengo [manténgo] 動 mantener の直・現在・1 単.

:**mantenimiento** [mantenimjénto] 男 ❶ 維持, 管理, 保守. —servicio de ～ (機械などの)保守サービス. ～ preventivo 予防保守. El ～ del negocio se hace cada vez más difícil. その事業を維持していくのは次第に困難になっている. ～ de una máquina [de un edificio, de un parque] 機械[ビル, 公園]の管理. El ～ de esa actitud te va a crear problema. そんな態度をいつまでも続けると問題が起こる. ❷ 食物, 糧(かて); 扶養. —El muchacho trabaja para proporcionar el ～ de sus hermanos. 少年は兄弟を養うために働いている. 類**alimento, sustento**. ❸ 複 食糧. 類**víveres**.

manteo¹ [mantéo] 男 →**mantenimiento**.
manteo² [mantéo] 男 ❶ (聖職者の)長マント. ❷ (農婦の)前合わせスカート.

mantequera [mantekéra] 囡 ❶ (食卓用の)バター入れ. ❷ (バター製造用の)撹乳(かくにゅう)器.

mantequería [mantekería] 囡 乳製品店[工場].

mantequero, ra [mantekéro, ra] 形 バター(製造)の. —la industria *mantequera* バター製造業.
— 名 酪農業者; 乳製品販売業者.

:**mantequilla** [mantekíʎa] 囡 ❶ バター. —En el desayuno tomo una tostada con ～ y café con leche. 私は朝食にはバターをぬったトーストとカフェオレをとります. ❷ バタークリーム.

mantequillera [mantekiʎéra] 囡 〖中南米〗→**mantequera**.

mantiene(-) [mantjéne(-)] 動 mantener の直・現在.

mantilla [mantíja] 女 ❶《服飾》マンティーリャ. ◆スペインやラテンアメリカの女性がかぶる黒い薄絹のショール. — de encaje(s) [de blonda] レース編みのマンティーリャ. ❷《主に複》(新生児用の)厚手のおくるみ. — niño de ～s 生まれたばかりの子ども. ❸ (飾りのついた)鞍敷き(布). ❹《印刷》ブランケット.

estar en mantillas (物事が)始まったばかりである; (人が)非常にうぶ[無知]である. La informática *estaba* aún *en mantillas*. 情報科学はまだ始まったばかりであった.

mantillo [mantíʝo] 男 腐植質土; 堆肥(たい).

mantis [mántis] 女《単複同形》《虫類》カマキリ.

mantisa [mantísa] 女《数学》(対数の少数部分である)仮数.

manto [mánto] 男 ❶ (a) (婦人用の)マント, ケープ. 類**capa**. (b) (女性が喪に服するための黒いうすぎぬの)ショール. (c) (国王などが儀式に用いる)礼服, 式服. (d) 聖人像などにかける掛け布. ❷ (a) 保護するもの. —La Virgen os proteja bajo su ～. 聖母マリアが汝を庇護せんことを. (b) 隠すもの. — Un espeso ～ de niebla facilitó la huida de los ladrones. 深い霧に隠れてどろぼう達はやすやすと逃亡した. (c) 覆い. —La ciudad amaneció cubierta con un blanco ～ de nieve. 町は白い雪のベールに覆われて夜明けを迎えた. ❸《地学》マントル(地球の地殻 corteza と中心核 núcleo との中間部); 鉱層. ❹ (暖炉のマントルピース, 炉棚. ❺《生物》(軟体動物などの)外套膜.

manto acuífero [*freático*]《地質》帯水層.

mantón [mantón] 男 (婦人の)肩掛け, ショール. 類**chal**.

mantón de Manila (刺繍が施された絹製の)ショール.

mantudo, da [mantúðo, ða] 形 (鳥が)翼[羽]を垂れた.

mantuv- [mantuβ-] 動 mantener の直・完了過去, 接・過去.

manuable [manuáβle] 形《まれ》便利な, 扱いやすい.

manual [manuál] 形 手の, 手先の, 手でする. —Se dedica a trabajos ～es. 彼は手作業に従事している. obrero ～ 肉体労働者.
 — 男 便覧, 必携, 手引き. —Lo consultaré en el ～ de gramática. 私はそれを文法の便覧で調べてみよう.

manubrio [manúβrjo] 男 ❶《機械》クランク[ハンドル]. 類**empuñadura, manivela**. ❷ ハンドル, 柄. — piano de ～ 手回しピアノ.

manucodiata [manukoðjáta] 女《鳥類》ゴクラクチョウ(極楽鳥).

Manuel [manuél] 固名《男性名》マヌエル.

Manuela [manuéla] 固名《女性名》マヌエラ.

manuela [manuéla] 女 (昔のマドリードで使われた一頭立ての)貸し馬車.

manufactura [manufaktúra] 女 ❶ (手工業)製品. — de lana 羊毛製品. ❷ 工場, 製造所. —～ de hilados 製糸業. 類**industria**.

manufacturado, da [manufakturáðo, ða] 過分 形 製造[製作]された. — productos ～s 工業製品.
 — 男 工業製品(= producto ～).

manufacturar [manufakturár] 他 を製造[製作]する. 類**fabricar**.

manufacturero, ra [manufakturéro, ra] 形 製造(業)の. — industria *manufacturera* 製造業.

manumisión [manumisjón] 女 (奴隷の)解放. 類**emancipación**.

manumitir [manumitír] 他《法律》(奴隷を)解放する; (隷属状態などから)自由にする. 類**emancipar, libertar**.

manuscrito, ta [manuskríto, ta] 過分 形 (<manuscribir) 手書きの. — carta *manuscrita* 手書きの手紙.
 — 男 手稿, 稿本, 写本; 原稿. —En el museo se exhiben ～s de la época de Alfonso X. その博物館でアルフォンソ10世時代の写本が展示されている.

manutención [manutenθjón]〔<mantener〕女 ❶ 扶養, 養うこと; 生活費. — medios de ～ 生計を立てる手段. 類**mantenimiento, sustento**. ❷ 維持, 保全. 類**conservación**. ❸ (工場内・倉庫間など短距離の)(原料・商品などの)移動, 運搬.

manzana [manθána] 女 ❶ リンゴ(の果実). ❷ (四辺が街路に囲まれた一区画)街区, ブロック; その中の建物群. —Su casa debe de estar en esta ～. 彼の家はこのブロックにあるはずだ. ❸ リンゴのような形をしたもの. (a) (剣の)つか頭. (b) (家具などの)球飾り.

estar como una manzana [*estar más sano que una manzana*] (元気でびんびんした). Después de las vacaciones tienes aspecto de *estar como una manzana*. 休暇をとってからは君はとても元気な顔色をしている.

manzana de la discordia 不和のもと(ギリシャ神話で不和の神 Eris が婚礼の席へ投げ入れ, 女神たちが争った金のリンゴ. トロイ戦争の原因となった不和のリンゴ).

manzanal [manθanál] 男 ❶ →manzanar. ❷ リンゴの木. (= manzano).

manzanar [manθanár] 男 リンゴ畑[園].

Manzanares [manθanáres] 固名 マンサナレス(スペイン, タホ川の支流).

manzanilla[1] [manθaníja] 女 ❶《植物》カミツレ(の実・花); (消化剤としての)カミツレ茶. ❷ 小オリーブの実. ❸ マンサニーリャ. ◆アンダルシアのサンルカル・デ・バラメーダ産の辛口の白ブドウ酒. ❹ (哺乳動物の)肉趾(にく). ❺ (手すりやバルコニーなどの端の)飾り玉. ❻ あご先. ❼ (布地の)丸ボタン.

manzanillo, lla[2] [manθaníjo, ja] 形 小オリーブの.
 — 男 ❶ 小オリーブの木. ❷ マンチニール. ◆熱帯アメリカ産のトウダイグサ科の樹木.

manzano [manθáno] 男《植物》リンゴ(の木).

maña [mápa] 女 ❶ 器用[巧み]さ, 腕前; 上手なこと. —Tiene mucha ～ para reparar las averías de coche. 彼は車の故障を修理するのが非常にうまい. 類**destreza, habilidad, pericia**. ❷《主に複》狡猾(こう)さ, 悪知恵, 策略. — obrar con ～ ずる賢く立ち回る. 類**astucia**. ❸《主に複》悪癖, 悪習. —Le quedan malas ～s de su niñez. 彼には子供時代の悪い習慣が残っている. 類**resabio**. ❹ (亜麻・エスパルトなどの)小さな一束[一つかみ].

darse maña うまくやる, 巧みに処理する. Se dio

buena *maña* para convencer a su padre. 彼女はとても上手に父親を説得してのけた.
Más vale maña que fuerza. 〚諺〛柔よく剛を制す(←技は力に勝る).

mañana [maɲána マニャナ] 囡 朝, 午前. —esta ～ 今朝. ayer por la ～ 昨日の午前. Estudio por la ～. 私は午前中に勉強する. Volvimos a las tres de la ～. 私たちは深夜(早朝)の3時に帰ってきた. Hace una ～ muy hermosa. とてもすばらしい朝だ. todas las ～s 毎朝.
── 男 将来, 近い未来. —El ～ de nuestro país es incierto. わが国の将来は不確実だ. Ya no pienses en el ～. 君はもう明日のことを考えるんじゃない.
── 副 明日, 将来. ～～ por la mañana 明日の朝. *M～* no hay clase. 明日は授業がない. Te llamaré ～ mismo. まちがいなく明日君に電話するよ.
de mañana 朝早く.
de mañana en ocho días 明日から1週間後に, 来週の明日.
después de pasado mañana 3日後.
Hasta mañana. それじゃ, また明日(別れるときのあいさつ).
Mañana será otro día./Mañana Dios dirá. 〚諺〛明日は明日の風が吹く.
muy de mañana 朝とても早く. Partieron muy de mañana. 彼らは朝とても早く出発した.
No dejes para mañana lo que puedas hacer hoy. 〚諺〛今日できることを明日に延ばすことなかれ.
pasado mañana あさって, 明後日.

mañanear [maɲaneár] 自 《話》早起きする. 類**madrugar**.

mañanero, ra [maɲanéro, ra] 形 ❶ 朝の. —El sol ～ de primavera es muy agradable. 春の朝日はとても気持ちが良い. 類**matutino**. ❷ 早起きの[ser/estar+]. —Estás muy ～ últimamente. 君は最近ずいぶん早起きだね. 類**madrugador**. ── 名 早起きの人.

mañanita [maɲaníta] 囡 ❶ 明け方, 早朝. ❷ (婦人用)ベッドジャケット. ❸ 覆 〖中南米〗(誕生日などに歌われる)メキシコの民謡, マニャニータス.

mañero, ra [maɲéro, ra] 形 ❶ ずるい, 狡猾(こう)な. 類**astuto**. ❷ 扱いやすい.

maño, ña [máɲo, ɲa] 名 《話》(スペインのアラゴン人) **aragonés**. ❷ (アラゴンの親しい呼びかけ語として)やあ君, ねえ, お前.

mañoco [maɲóko] 男 〖中南米〗タピオカ(キャッサバの根から取った澱粉(でんぷん)). 類**tapioca**.

mañosamente [maɲósaménte] 副 ❶ 器用に, 巧みに. ❷ ずるく, 狡猾に.

mañoso, sa [maɲóso, sa] 形 ❶ 器用な, 巧みな. 類**habilidoso**. ❷ ずるい, 狡猾な, 悪知恵の働く.
── 名 《情報》ハッカー.

maoísmo [maoísmo] 男 毛沢東思想[主義].

maoísta [maoísta] 形 毛沢東主義の.
── 男女 毛沢東主義者.

maorí [maorí] 形 (ニュージーランド原住民の)マオリ人の. ── 男女 覆maoríes, maorís] マオリ人. ── 男 マオリ語.

Mao Tse-tung [máo tsetún] 固名 毛沢東 (1893-1976, 中国の政治家).

mapa [mápa マパ] 男 地図. ～～ de España スペインの地図. ～ mudo 白地図. ～ astronómico 星図. ～ del tiempo 天気図. ～ lingüístico [demográfico, topográfico] 言語地図[人口分布図, 地形[地勢, 測量]図]. 類**atlas, plano**.
desaparecer [perderse] del mapa 姿を消す, 完全に消え去る. Sentí una vergüenza tan grande que hubiera querido *desaparecer del mapa*. 私はあまりにも恥ずかしくて, 消えてなくなりたい思いであった[穴があったら入りたいと思った].
no estar en el mapa 並でない, よくあることではない.
── 囡 《まれ》最もすぐれたもの(ところ). —La Rioja es la ～ del vino tinto. リオハは赤ワインの名産地である.
llevarse la mapa 最高である, 傑出する(=llevarse la palma). En punto a aceite de oliva, Andalucía *se lleva la mapa*. オリーブ油に関してはアンダルシアが最高である.

mapache [mapátʃe] 男 《動物》アライグマ.

mapamundi [mapamúndi] 男 世界地図, (平面)両半球図.

maque [máke] 男 ラッカー; 漆(=zumaque del Japón).

maquear [makeár] 他 (家具など)にラッカー[漆]を塗る.

maqueta [makéta] 囡 ❶ (建築物などの)模型, ひな型. 類**modelo**. ❷ (本の)束(つか)見本.

maquetación [maketaθjón] 囡 デスクトップパブリッシング, DTP.

maquetista [maketísta] 男女 ❶ (建築物などの)模型製作者. ❷ (本の)割付け(レイアウト)係.

maqui[1] [máki] 男 《植物》(チリ産の)ホルトノキ科アリストテリア属の低木. ◆原住民はその果実から薬用酒を造り, また木材を楽器の製作用に用いる.

maqui[2] [máki] 男女 ❶ マキ. ◆第2次大戦中のフランスの抗独ゲリラ. ❷ ゲリラ, 地下運動員.

maquiavélico, ca [makjaβéliko, ka] 形 ❶ マキャベリの, マキャベリズムの. ❷ 権謀術数を駆使する, 老獪(ろうかい)な. 類**astuto**.

maquiavelismo [makjaβelísmo] 男 ❶ マキャベリズム. ◆(政治的)目的遂行のためには手段を選ばないことを正当化するマキャベリの説. ❷ 権謀術数.

Maquiavelo [makjaβélo] 固名 マキャベリ(ニッコロ Nicolás ～)(1469-1527, イタリアの政治家・思想家).

maquila [makíla] 囡 ❶ 粉ひき[搾油]料としての粉不分. ❷ 粉ひき[搾油]料の計量器.

maquilero [makiléro] 男 粉ひき[搾油]料の徴収人; 粉ひき[搾油]をして現物を受け取る人.

maquillador, dora [makijaðór, ðóra] 名 《演劇, 映画, テレビ》メーキャップ係.

maquillaje [makijáxe] 男 ❶ メーキャップ, 化粧. ❷ メーキャップ用品, 化粧品. 類**cosmético**.

maquillar [makijár] 他 ❶ (人)にメーキャップ[化粧]する. —La han tenido que *maquillar* mucho para interpretar el papel de abuela. 彼女は祖母役を演ずるために大変なメーキャップを余儀なくされた. ❷ 《比喩》を偽装する. —Se opuso a que *maquillaran* el problema. 彼は問題を隠ぺいすることに反対した.

―― **se** 再 メーキャップ[化粧]する. ―― *Siempre se maquilla demasiado.* 彼女はいつも厚化粧しすぎる.

máquina [mákina マキナ] 女 ❶ **機械. ― **~ de escribir** タイプライター. **~ de coser** ミシン. **~ (expendedora) de tabaco** タバコの自動販売機. **cuarto [sala] de ~s** (船の)機関室; (工場などの)機械室. **~ de afeitar** 電気[安全]かみそり. **~ del tiempo** タイムマシン. **~ de lavar** 洗濯機 (=**lavadora**). **~ compatible** 互換機. **~ de juego** ゲーム機. **~ eléctrica** 電気器具. **~ quitanieves** 除雪機[車]. **~ registradora** レジスター. **~ calculadora [de calcular]** 計算機. **~ tragamonedas** [中南米] スロットマシーン. 類 **aparato, artefacto**. ❷ (レーシングカーなどの)競技用車, マシン;《話》オートバイ, 自転車. ― *La Harley Davidson es una buena ~.* ハーレー・ダビッドソンはいいマシンだ. ❸《鉄道》機関車(=**~ de [del] tren**);《自動車, 船舶》エンジン, モーター. 類 **locomotora**. ❹ カメラ(=**~ de fotografía [de fotografía, de fotografiar]**). **~ ~ de fotos**《話》カメラ. 類 **cámara**. ❺ 機構, 仕組み, 機関. **~ ~ del Estado** 国家機構. **~ electoral** 集票マシン. **~ humana** 人体. *La ~ del universo es una maravilla.* 宇宙のメカニズムは驚異である. 類 **mecanismo, dispositivo**. ❻ (演劇)(場面転換の)仕掛け, からくり(迫(せ)り・宙乗りなど). 類 **tramoya**. ❼ 壮大な建造物. ― *la gran ~ de El Escorial* エル・エスコリアルの壮大な建物. ❽ 豊富, 大量. ― *Tengo una ~ de libros.* 私は本をたくさん持っている. ❾《中南米》自動車 (=**coche, automóvil**);《北米》《話》消防自動車. ― *manejar una ~* 車を運転する. ❿《南米》強い魅力的で豊満な女性. ⓫ 熱狂的なリズム音楽. ⓬ 奇才, 偉才; (政党などの)幹部連中. ⓭ 絵空事; たくらみ, 計略.

a máquina 手動で, 機械によって. *escribir a máquina* タイプで打つ. *coser a máquina* ミシンで縫う. *Esta prenda puede lavarse a máquina.* この衣類は洗濯機で洗えます. *hecho a máquina* 機械製[加工]の.

a toda máquina 全速力で, フルスピードで (=**a gran [toda] velocidad**). *correr a toda máquina* 全速力で走る.

como una máquina (人が)機械のような[に](速い, 正確な; 冷たい).

entrar en máquina 印刷に回される.

forzar la máquina (…しようと)全力を注ぐ[努力する]; エンジンを酷使する.

ir a máquina parada (自転車競走で)スタンディングの状態になる.

máquina de guerra 《歴史, 軍事》大型兵器.

máquina (de) herramienta 工作機械 (=**máquina-herramienta**, 複**máquinas-herramientas**).

máquina de vapor 蒸気機関.

máquina hidráulica 水力機械, 水車.

máquina infernal 仕掛け爆弾.

máquina neumática 空気[排気]ポンプ.

máquina tragaperras →**tragaperras**.

ser [tener] una máquina de hacer dinero 非常に金儲けがうまい.

maquinación [makinaθjón] 女 陰謀, 策謀, たくらみ. 類 **conjura, conspiración, intriga**.

maquinador, dora [makinaðór, ðóra] 形

陰謀[策謀]をめぐらす, 悪だくらみをする.
―― 名 陰謀[策謀]家, 策士.

maquinal [makinál] 形 ❶ 機械的な, 自動的な, 無意識の. ― *movimientos ~es* 機械的な運動. 類 **automático, inconsciente, mecánico**. ❷《比喩》無造作な, 思慮を欠いた.

maquinar [makinár] 他 ❶ (陰謀など)をめぐらす[たくらむ]. ― *Están maquinando una conspiración contra el primer ministro.* 彼らは首相に対する陰謀を画策している. 類 **fraguar, tramar, urdir**. ❷《冶金》(金属片)を機械加工する.

:maquinaria [makinárja] 女 ❶《集合的に》機械(類), 機械設備[装置], 機械一式(個別的には **máquina**). ― *Japón fabrica ~ electrónica.* 日本は電子機器を製造している. **~ agrícola** 農業機械. *especializarse en ~ industrial* 産業機械学を専攻する. ❷ 機械の仕組み, 仕掛け, メカニズム. ― *Conoce bien la ~ del coche.* 彼は車の仕組みに詳しい. **~ de un reloj** 時計の機械仕掛け. *la delicada ~ del organismo humano* 人体の精巧な仕組み. 類 **mecanismo**. ❸ 機構, 組織. ― *la ~ burocrática [administrativa] del Estado* 国の官僚[行政]機構. **la ~ de la justicia** 司法機関. **la ~ electoral** 集票マシン. 類 **máquina**.

maquinilla [makiníja] 女 ❶ 安全かみそり (= **~ de afeitar**); バリカン (= **~ ~ para cortar el pelo**). **~ ~ eléctrica** 電気かみそり[バリカン]. ❷ 小型機械.

maquinismo [makinísmo] 男 (近代産業の)機械化, 機械導入.

maquinista [makinísta] 男女 ❶ 機械技師, 機械製作者. ❷ (機関車の)機関士.

maquinizar [makiniθár] [1.3] 他 (産業)を機械化する, …に機械を導入する.

mar [már マル] 男《漁業・海事用語や一部の成句では女》❶《地理》海, 海洋. ― **~ interior 内海. *El ~ está agitado.* 海が荒れている. *viaje por el ~* 船旅. **agua del ~** 海水. *al otro lado del ~* 海の向こうに, 海外に. **hombre de ~** 海の男, 船乗り. **por ~** 海路で, 船で. **~ adentro** 沖合で. **~ plena** 満潮. **~ baja** 引き潮. **productos del ~** 海産物, 海の幸. **baños de ~** 海水浴. ❷《地理》内海, 大きな湖 (=**lago**)(塩水または淡水のもの). ― *M~ de Galilea* ガリラヤ湖. ❸ 大洋 (=**océano**). ― *M~ Atlántico* 大西洋. *M~ Pacífico* 太平洋. ❹《天文》(月などの)海. ― *los ~es de Marte* 火星の海. ❺ 大波, 波浪, うねり (= **montañosa**). ― *Hay demasiada ~ para zarpar.* 船を出すには波が高すぎる. *surcar los ~es* 波を切って進む. **~ en bonanza [en calma]** 凪(なぎ). **~ marejada**. ❻ (i~!)《軍事》始め!(号令). ― *Derecha, i~!* 右向け, 右!(号令).

alta mar《海事》沖合, 外洋, 遠洋. *en [a] alta mar* 遠洋で.

a mares《話》たくさん, 多量に (=**mucho**). *llover a mares* 大雨が降る. *llorar a mares* 大泣きする, わあわあ泣く. *sudar a mares* 大汗をかく, びっしょり汗をかく.

arar en el mar《話》無駄骨を折る, 無駄なことをする.

arrojarse a la mar《話》大変な危険を冒す.

cagarse en la mar (*salada*) →cagarse.
¡Caguen la mar! 《俗》→cagarse en la mar (salada).
de mar a mar (1) いっぱいに, 端から端まで. La sala estaba repleta *de mar a mar* de candidatos. ホールは志願者でぎっしりいっぱいだった. (2) ぜいたくに[過度に]着飾って.
echar agua en el mar 無駄なことを言う.
estar hecho un mar de lágrimas 《話》大泣きする, さめざめと悲しがに泣く.
estar [ir] hecho un brazo de mar 《話》ぱりっとしている, 美しく整えている.
golpe de mar 大波, 時化(け), 怒涛(ど).
hablar de la mar 《話》夢みたいなこと[絵空事]を言う.
hacerse [echarse] a la mar/irse [hacerse] mar adentro 《海事》出航する, 出帆する, 出港する.
la mar 〖gustar/querer+〗《話》[副詞的に] 大変, 非常に(=mucho). El cine le *gusta la mar*. 映画なら彼(女)は大好きだ.
la mar de ... 〈話〉(1) 大量の, たくさんの(=un mar de ...). *la mar de* trabajo [*de* gente] たくさんの仕事[大勢の人]. *la mar de* veces 何度も. (2) 非常に, 大変, とても, すごく(=mucho, muy). *la mar de* bien 極めて上手に. *la mar de* divertido とても楽しんで. Es *la mar de* guapa. 彼女は大変な美人だ. Estamos *la mar de* bien aquí. ここは非常に快適だ.
lobo de mar 《比喩》老練[経験豊富な]船乗り.
los mares del Sur 《文》太平洋.
los Siete Mares 〖文〗(地球上のすべての海, 七つの海(北・南太平洋, 北・南大西洋, インド洋, 南氷洋, 北極海).
mar abierta →alta mar.
mar arbolada (波高6メートル以上の)荒海.
mar brava →mar gruesa.
mar de fondo (1) 《気象》(沖の海流などに原因する)波のうねり, 大波. (2) 《比喩, 話》(町・集団内部の)潜在的な不満[不安]. provocar una *mar de fondo* 不満を生む. Detrás de esas declaraciones hay *mar de fondo*. その発言の裏には根深い不満がある.
mar de sangre 血の海, 大虐殺.
mar gruesa (波高6メートル以下の)荒海, 荒れ狂った海.
mar patrimonial 〖中南米〗《法律》領海(=territorial).
mar picada (mar gruesa と mar rizada の中間の)荒海.
mar rizada 少し波立った海.
mar territorial [jurisdiccional] 《法律》領海.
nivel del mar 《地理》海抜. a mil metros sobre el *nivel del mar*. 海抜1,000メートルの高さに[で].
no hallar agua en el mar 非常に簡単なことさえできない.
pelillos a la mar 仲直り, 和解. echar *pelillos a la mar* [al mar]. (互いに)すべてを水に流す, 仲直りする.
picarse el mar 海が波立つ, 海が荒れる.
Quien no se aventura no pasa la mar. 〖諺〗

虎穴に入らずんば虎児を得ず.
un mar de ... 大量の...(=mucho). *un mar de* problemas たくさんの問題. tener un [la] mar de sueños 夢が一杯ある.
mar. 《略号》=marzo 3月.
marabú [maraβú] 男 ❶《鳥類》アフリカハゲコウ. ❷(婦人帽など装飾用の)ハゲコウの羽毛.
marabunta [maraβúnta] 女 ❶ アリの大群(による被害). ❷《比喩, 話》(騒ぎ立てている)群集.
maraca [maráka] 女 〖主に 複〗《楽器》マラカス.
Maracaibo [marakáiβo] 固名 ❶ マラカイボ(ベネズエラの都市). ❷ (lago de ~) マラカイボ湖.
Maracay [marákai] 固名 マラカイ(ベネズエラの都市).
maragato, ta [maraɣáto, ta] 形 マラガテリーア (Maragatería, スペイン北部レオン地方の都市)の.
—— 名 マラガテリーアの住民[出身者].
maraña [marána] 女 ❶(糸や髪の毛などの)もつれ, 絡まり. —una ~ de pelo もつれた[ぼさぼさになった]髪. ❷《比喩》紛糾, 混乱, ごたごた. —meterse en una ~ de problemas sin darse cuenta 気付かぬうちに問題のごたごたに巻き込まれる. 類 embrollo, enredo, lio. ❸ くず絹糸(で作った布). ❹ 茂み, やぶ. 類 maleza. ❺《植物》ケルメスナラ(=coscoja).
marañero, ra [maranéro, ra] 形 面倒を起こす, 厄介者の.
—— 名 面倒を起こす人, 厄介者. 類 enredador.
Marañón [maranón] 固名 ❶ (el ~) マラニョン川(ペルー北部にあるアマゾン川の支流). ❷ マラニョン(グレゴリオ Gregorio ~)(1887-1960, スペインの医師・著作家).
marañón [maranón] 男《植物》カシューノキ.
marasmo [marásmo] 男 ❶《医学》消耗(症), 衰弱. ❷《比喩》無気力, 不振. —Nuestros negocios quedan sumergidos en un completo ~. 我々の事業は完全な不振に陥っている. Consiguió sacar al país del ~ económico en que se encontraba. 彼は国が陥っていた経済不況から救い出すことに成功した. 類 inmovilidad, paralización.
‡**maratón** [maratón] 男/女《スポーツ》マラソン(競走)(その他の耐久競争). —El ~ es una de las pruebas más populares de la olimpiada. マラソンはオリンピックの最も人気のある競技の一つだ.
maratoniano, na [maratonjáno, na] 形 名 マラソンの(ランナー).
maravedí [maraβeðí] 男 〖複〗 maravedís, maravedises, maravedíes マラベディ(スペインの昔の代表的な貨幣).
‡**maravilla** [maraβíja] 女 ❶ すばらしいこと[もの], 不思議なこと[もの]. —La interpretación del protagonista ha sido una ~. その主役の演技はすばらしいものだった. las siete ~s del mundo 世界の七不思議. la octava ~ 世にも不思議なこと[もの]. ¡Qué ~ de paisaje! 何てすばらしい景色だ! Es un hombre de ~. すばらしい男だ. ❷ 驚嘆, 非常な驚き. —¿No es una ~ que haya cambiado tanto? 彼があんなに変わったのにびっくりしませんか? Causa ~ oírle hablar tantos idiomas. 彼が何カ国語も話すのを聞くと驚嘆する. 類 admiración, asombro. ❸《植物》キンセンカ.
a las (mil) maravillas [a maravilla] すばらしく, 驚くほどに. Todo me va *a las mil maravi-*

llas. すべてが私に驚くほど順調にいっている.

contar [decir] maravillas de (人やものの)すばらしさを語る, ほめて語る. *Cuenta maravillas de su viaje por el mundo.* 彼は世界旅行のすばらしかったことについて語っている.

hacer maravillas みごとにやる, とても巧みにやる, うまくやりくりする. *Ella hace maravillas en el arreglo floral.* 彼女はとてもみごとに生け花をする. *Hace maravillas con el pequeño salario que recibe.* 彼は受けとるわずかな給料でうまくやりくりする.

venir*LE *de maravilla …にとてもぴったり合う, あつらえ向きである.

maravillar [maraβijár] 他 (人を)驚嘆[感嘆]させる, 驚かす. —*Nos maravilla el gran éxito que él está teniendo.* 彼の大成功には驚くよ. *Esta magnífica obra maravilló a todos.* この素晴らしい作品は見る人を皆感嘆させた.

— se 再 〖＋con/de〗…に驚嘆[感嘆]する, 不思議だと思う. —*Me maravillo con su talento.* 私は彼の才能に舌を巻く.

:**maravilloso, sa** [maraβijóso, sa] 形 すばらしい, 驚嘆すべき; 不思議な. —¡*Qué fiesta tan maravillosa!* なんてすばらしいパーティーだ! *Ha sido maravilloso su recuperación.* 彼の回復は驚異的だった. 類 **admirable, excelente, extraordinario**.

Marbella [marβéja] 固名 マルベリャ(スペインの海岸保養地).

marbete [marβéte] 男 ❶ ラベル; 値札, 荷札. 類 **etiqueta**. ❷ 縁, へり. 類 **filete, orilla, perfil**.

:**marca** [márka] 女 ❶ しるし, マーク, 目印. —*Puso una ~ en el libro para saber por donde iba leyendo.* 彼はどのあたりまで読んでいたかわかるように自分の本にしるしをつけた. ❷ 商標, 銘柄, メーカー, ブランド. —¿*Qué ~ de jabón usas?* どのメーカーの石けんを使っているの? — *de fábrica* 商標. — *registrada* 登録商標. ¿*De qué ~ es su coche?* あなたの車の車種は? ❸ 跡, 形跡, 傷跡. —*Dejó en el borde del vaso una ~ de carmín.* 彼女はグラスの縁に紅の跡を残した. *Siguieron las ~s del asesino en el barro.* 彼らは泥の中にある殺人犯の足跡をたどって行った. 類 **huella, señal**. ❹ 烙印, 焼印; 焼印を押すこと. —*Están poniendo la ~ del ganadero en los toros.* 雄牛に牧畜業者の焼印が押されている. ❺ 《スポーツの》記録, レコード; (サッカーなどの)スコア. —*En este campeonato de atletismo se han batido muchas ~s.* この陸上競技会ではたくさんの新記録が生まれた. ❻ (紙の)すかし模様. —*papel de ~* フールスキャップ紙(すかし入りの筆記用紙). ❼ (人間や馬などの)背丈をはかるものさし. ❽ 陸標(海から見て, ある土地の目標となる目印). ❾ 辺境. ❿ 《情報》ブックマーク. — *de página* ブックマーク.

de marca (1) 有名メーカーの. (2) =de marca mayor.

de marca mayor とほうもない, 大きい. *Este hombre es un idiota de marca mayor.* この男はとてつもないばか者.

marcación [markaθjón] 女 《海事》(船の)位置測定; 方位角.

marcadamente [markáðaménte] 副 はっきりと, 目立って, 顕著に. —*Es un político ~ reaccionario.* 彼は著しく反動的な政治家だ.

:**marcado, da** [markáðo, ða] 過分 形 顕著な,

---

marcar 1243

はっきりした. —*un ~ optimismo* 顕著な楽観主義. *una marcada preferencia* はっきりした偏好, はっきり特定のものを好むこと. *un ~ acento escocés* はっきりしたスコットランドなまり.

— 男 (髪の)セット; (家畜の)焼き印押し. —*lavado y ~* シャンプー[洗髪]と髪のセット.

marcador, dora [markaðór, ðóra] 形 印[マーク]を付ける; (家畜に)焼き印を押す.
— 名 ❶ (商品の)検査官. ❷ (家畜に)焼き印を押す人. ❸ 《スポーツ》得点記録係, スコアラー.
— 男 ❶ 《スポーツ》得点表示板, スコアボード. ❷ マーカー(ペン). ❸ 《印刷》紙差し工.

abrir [inaugurar] el marcador 《スポーツ》先取点をあげる.

adelantarse [ponerse por delante] en el marcador 《スポーツ》相手の得点を上回る, 逆転する.

igualar el marcador 《スポーツ》同点にする.

ir por delante en el marcador 《スポーツ》相手を得点でリードしている, 勝っている.

Marca Hispánica [márka ispánika] 固名 スペイン辺境領(フランク族に征服されたイベリア半島北東部の地域, 現在のカタルーニャ地方).

marcaje [markáxe] 男 《スポーツ》相手をマークすること.

marcapáginas [markapáxinas] 男 《情報》ブックマーク.

:**marcar** [markár] [1.1] 他 ❶ (記号・マークを)付ける, …に印を付ける. — *~ los árboles* 木に印を付ける. *~ los pañuelos* ハンカチにマークを入れる. *~ las reses con hierro* 家畜に焼き印を押す. ❷ (*a*) (計器がある数値を)記録する, 指す. —*El termómetro marca cuarenta grados.* 寒暖計は40度を指している. *El reloj marcaba las dos.* 時計は2時を指していた. (*b*) (商品の値段)を表示する. —¿*Qué precio marca la etiqueta?* ラベルにはいくらと書いてあるの. (*c*) (変化などを)示す, 意味する, (時代)を画する. —*Aquel atentado marcó el comienzo de la guerra.* あのテロ事件は戦争の始まりを示すものだった. (*d*) 指示[指定]する. —*El profesor me marcó el camino que debía seguir.* 先生は私に進むべき道を示していた. ❸ (電話のダイヤル)を回す, (プッシュボタン)を押す. —*Para pedir línea exterior, marca un cero.* 外線にかけるにはゼロを押しなさい. ❹ 《サッカー》 (*a*) (ゴール)を入れる. —*El delantero centro marcó tres goles en el partido.* そのセンターフォワードが試合でハットトリックを達成した. (*b*) (相手の選手)をマークする. ❺ (*a*) (体に思い出を残す, 痕跡をとどめる, 跡を残す. —*Sus años en España le marcaron para siempre.* 彼のスペインでの歳月は彼に永遠の思い出を残した. (*b*) …に傷跡を残す. —*El navajazo le marcó la cara.* 刃物傷が彼の顔に残った. ❻ …を目立たせる, 際立たせる. —*Esta blusa marca el pecho.* このブラウスだと胸の線が浮き出る. ❼ (髪形)をセットする. — *~ el pelo* 髪形をセットする. *Sólo quiero que me laven y me marquen.* 私は洗髪して髪をセットしてもらいたいだけだ. ❽ (拍子・リズム)を取る. — *~ el compás* 拍子を取る. — *~ el paso* 歩調を取る.

— se 再 ❶ (自分の)髪形をセットする. — *~ se el pelo* 髪形をセットする. ❷ 目立つ, 際立つ, 浮き出る. —*Con este vestido se le marca el talle.* こ

1244 marcasita

のドレスだと彼女の体形が浮き出る. ❸《話》をする, 行なう; を言う. —*Me marqué* una salsa con una señorita guapísima. 私はとてもきれいな娘さんとサルサを踊った.

marcasita [markasíta] 囡《鉱物》白鉄鉱.
Marcela [marθéla] 固名《女性名》マルセラ.
Marcelino [marθelíno] 固名《男性名》マルセリノ.
Marcelo [marθélo] 固名《男性名》マルセロ.
marceño, ña [marθéɲo, ɲa] 形 3 月の.

:**marcha** [mártʃa] 囡 ❶ 歩くこと, 歩み, 歩行. —Los excursionistas iniciarán la ~ de madrugada. ハイカーは明け方に出発する予定です. tener una ~ precipitada [lenta] 早足で[ゆっくりした歩調で]進む. ~ regular 一定速度の進み方. 類**andadura**. ❷ 行進. —~ de las antorchas たいまつ行進, デモ行進. Hicieron una ~ contra la guerra. 戦争反対のデモ行進が行なわれた. 類**manifestación**. ❸《軍事》行進, 行軍, 進軍; (行進の歩調). —hacer una ~ forzada [nocturna] 強[夜間]行軍をする. doblar las ~s《軍事》行軍を速める. a ~ de 二日分進軍する. ❹ 出発, 出立. —¿A qué hora es la ~? 出発は何時でしょうか? A todos nos entristeció tu ~. 君に行かれて私たちはみんな悲しかった. El tren tiene prevista su ~ a las cinco de la tarde. 電車は午後 5 時に発車予定だ. 類**ida, partida, salida**. 反**llegada**. ❺ 去ること; 引退; 撤退. —la ~ de los campesinos a las ciudades 農民の都市への移住. Anunció inesperadamente su ~ del equipo. 彼は突然のチーム去ることを表明した. 類**abandono, éxodo**. ❻《機械などの》進み, 調子, 稼動; 運行. ❼ スピード, 速度. —acelerar la ~ 速度を上げる. disminuir [aminorar] la ~ 速度を落とす. ❽《事業・事態などの》進行, 進展, 進歩. —la buena ~ de un negocio 事業の順調さ. según la ~ de los acontecimientos 事態の成り行き次第で. ~ del tiempo 時の流れ, 時代の歩み. Tiene un buen negocio en ~. 彼の商売は順調だ. ¡Vaya una ~ que lleva la paella! パエーリャのなくなるのの早いこと! 類**curso, desarrollo, evolución**. ❾《病気などの》経過. —La enfermedad sigue su ~. その病気は進行している. ❿《話》(夜の盛り場などの)活気, 盛り上がり; 賑わい, どんちゃん騒ぎ, お祭り騒ぎ. —Este pueblo tiene mucha ~ en verano. この町は夏になると大変賑わう. Ahora empieza la ~ en esta discoteca. 今からこのディスコは盛り上がる. 類**ambiente, jarana, juerga**. ⓫《話》やる気, 意欲, 元気. —Les entró la ~ y se fueron a bailar. 彼らは思いついて踊りに行った. ¡Vaya ~ tienes hoy! 今日はやる気満々じゃないか. ⓬《自動車》(変速の)ギア. —~ directa トップギア. primera [segunda, tercera, cuarta] ~ ロー[セカンド, サード, フォース]ギア. cambiar de ~ en un vehículo 車のギアチェンジをする. meter la ~ atrás [reversa] バックギアに入れる. tener cinco ~s 5 段変速である. 類**velocidad**. ⓭《音楽》マーチ, マーチ曲. —tocar la ~ nupcial [fúnebre] 結婚[葬送]行進曲を演奏する. ~ militar 軍隊行進曲. ⓮《スポーツ》競歩 (= ~ atlética). —atleta de ~ 競歩の選手. ⓯《キューバ, プエルトリコ》(馬の)常歩(なみあし), 正歩.

abrir [*cerrar*] *la marcha* (行進・デモ・行列などの)先頭[最後尾]を行く.

a marchas forzadas/*a largas marchas*/*a toda marcha* 大急ぎで, 強行軍で; 時間に追われて, 追い立てられるように. *terminar el trabajo a marchas forzadas* 大急ぎで仕事を終える.

batir (*la*) *marcha*《軍事》(ラッパや太鼓で)行進曲を演奏する.

cambio de marcha(*s*)《自動車》ギアチェンジ, 変速装置. *cambio de marchas automático* 自動変速装置, オートマ.

coger la marcha (*de* [*a*] ...)《話》(…の)こつをつかむ, やり方をのみ込む. *Aún no le he cogido la marcha al trabajo*. 私は仕事のこつをまだつかんでいない.

dar [*hacer*] *marcha atrás* (1) (車を)バックさせる. (2)《比喩》(考え・計画などを)引っ込める, 後退させる, 断念する. *A última hora ha dado marcha atrás*. いざという時に彼は気が変わってしまった. *El ayuntamiento ha dado marcha atrás en sus intenciones de construir el pantano*. 市は貯水池を作る計画を断念した.

dar marcha a ... (1)《話》(人)を盛り上げる; を性的に興奮させる. (2) (人)の気分を害する, 怒らせる.

en marcha (1) 進行[走行]中の; 作動[始動, 稼動]している. *tirarse del camión en marcha* 走行中のトラックから飛び降りる. *Una computadora ya está en marcha*. コンピュータが 1 台既に作動している. (2)《軍隊》進め[号令].

ir(*se*) *de marcha* (1) 遊びに出かける, どんちゃん騒ぎをしに出かける. (2)《+a》(…へ)歩いて行く.

marcha moderada《交通標識》スピードを落とせ.

marcha real 国王行進曲(スペイン国歌).

poner en marcha (1) (車・機械を)動かす, 発車させる, 始動させる. *poner el coche en marcha* 車を発進させる. *poner en marcha el dispositivo de seguridad* 安全装置をかける. (2) (事業を)開始する. *poner en marcha un negocio* 商売を始める, 創業する.

ponerse en marcha (1) 動き[歩き]出す, 始動する, 出発する. (2) 操業開始する, 活動を開始する. *El nuevo restaurante ya se ha puesto en marcha*. 新しいレストランがもう開店した.

puesta en marcha (1) (活動などの)開始. (2)《機械》発車, 発進.

romper la marcha (1) 着手する. (2) = *abrir la marcha*.

sobre la marcha (1) その場で, 場当たり的に, 成り行きを見て, 臨機応変に. *No sé dónde comeremos. —Eso lo decidiremos sobre la marcha.* どこで食べましょうか. —それはその場で決めましょう. (2) 直ちに, 即座に.

marchamar [martʃamár] 他 (税関で輸入貨物に)検査済の印を押す.
marchamo [martʃámo] 男 ❶ 税関の検査済の印, 通関証票. ❷ (食肉など製品の)検査済マーク.
marchante, ta [martʃánte, ta] 形 商人の, 商業の. 類**mercantil**.
—— 名 ❶ 商人, (特に)美術商. ❷《中南米》顧客, 常連客.

marchar [martʃár マルチャル] 自 ❶ 進む, 行く, 歩く. —*Marchaban*

cogidos del brazo. 彼らは互いに手を組みながら歩いて行った. Chocó con una furgoneta que *marchaba* en sentido contrario. 彼は反対車線を走っていたワゴン車と衝突した. ❷ (機械などが)動く, 働く, 機能する. —El reloj *marcha* bien. 時計は正しく時を刻んでいる. Esta radio no *marcha*. このラジオはこれている. 類**funcion**ar. ❸ (物事が)うまく運ぶ, 進展する. —Sus negocios *marchaban* estupendamente. 彼の商売はトントン拍子であった. ¿Cómo *marcha* usted de salud? 健康状態はいかがですか. ❹ (軍隊が)行進する, 行軍する. ❺ 注文を通す. —¡*Marchen* dos cañas! (ウェイターが料理人に)生ビール2つ願います. Un bocadillo de jamón.-¡*Marchando*! ハムのボカディーリョ1つお願いします.-(ウェイターが)はい, わかりました.

—**se** 再 立ち去る, 出かける, 帰る. —*Se marchó* para Perú el mes pasado. 彼は先月ペルーへと去った. *Se marchó* de su casa cuando cumplió veinte años. 彼は20歳になったときに家を出た. Mañana *me marcho* de vacaciones. 明日私は休暇に出かける. Ya *me marcho*. 私もう失礼します.

marchitamiento [martʃitamjénto] 男 ❶ (植物が)しおれる[しなびる]こと. ❷ 衰弱, やつれ.

marchitar [martʃitár] 他 ❶ (植物を)しおれさせる, 枯らせる. —El calor *ha marchitado* los geranios. 暑さのせいでゼラニウムが枯れてしまった. ❷ (体力や容色を)衰えさせる; やつれさせる. —Esa enfermedad la *ha marchitado*. その病気のために彼女はやつれてしまった. 類**ajar**, **avejentar**.

— **se** 再 ❶ しおれる, 枯れる. —Por falta de agua *se han marchitado* las flores que me dieron. 水が足りなくてもらった花は枯れてしまった. ❷ 衰弱する, やつれる. 類**mustiar**(**se**), **secar**(**se**).

marchitez [martʃitéθ] 女 ❶ しおれた[枯れた]状態. ❷ 衰弱した[やつれた]状態. 反**lozanía**.

marchito, ta [martʃito, ta] 形 ❶ (植物が)しおれた, 枯れた. —flor *marchita* しおれた花. ❷ 衰弱した, やつれた. —rostro ~ やつれた顔. 類**ajado**, **mustio**. 反**lozano**.

marchoso, sa [martʃóso, sa] 形 愉快な.

—名 愉快な人, 遊び人.

Marcial [marθjál] 固名 マルティアリス(マルクス・バレリウス Marco Valerio ~)(40?-104, ローマの風刺詩人, ヒスパニア出身).

marcial [marθjál] 形 ❶ 戦争の, 軍隊の. —ley ~ 戒厳令. 類**bélico**, **castrense**, **militar**. ❷ 軍人らしい, 威風堂々とした. —porte ~ 堂々とした風采. ❸ 《薬品》鉄分を含む.

artes marciales (柔道や空手などの)武術, 格闘技.

marcialidad [marθjalidá(ð)] 女 軍隊調, 勇壮, 威風堂々.

marciano, na [marθjáno, na] 形 火星(Marte)の.

—名 火星人; 宇宙人.

‡**marco** [márko] 男 ❶ (絵などの)枠, 額; (窓や戸の)枠. —~ de cuadro 絵の額. Ella se quedó vacilante en el ~ de la puerta antes de entrar. 彼女は入る前にしきいをまたぎながらめらって立ちどまった. ❷ 枠組み, 範囲; 《情報》フレーム. —Es un ~ adecuado para discutir el problema. それはその問題を論じるのに適切な枠組みだ. ❸ 背景, 雰囲気. —El jardín japonés daba un ~ encantador a la ceremonia del té. 日本庭園がお茶の湯にすばらしい雰囲気をかもしだしていた. El ~ económico del país no soportará una tasa de inflación tan elevada. その国の経済状況はこんなに高率のインフレをもちこたえられないだろう. 類**ambiente**, **fondo**. ❹ マルク(ユーロ導入以前のドイツの貨幣単位).

Mar del Plata [már ðel pláta] 固名 マル・デル・プラータ(アルゼンチンの都市).

marea [maréa] 女 ❶ 潮(の干満), 潮汐(ちょう). —~ creciente [menguante] 上げ潮[引き潮]. ~ alta [baja] 満潮[干潮](時). ~ viva [muerta] 大潮[小潮]. Sube [Baja] la ~. 潮が満ちる[引く]. ❷ 《比喩》大勢, 殺到. —una ~ humana 人波. ❸ 潮風; 川風, 谷風. ❹ (漁船一艘による1日の)水揚げ, 漁獲高.

marea negra (重油などで)汚染された海流.

marea roja 赤潮.

mareado, da [maréaðo, ða] 過分 形 ❶ 気分が悪い; (船などに)酔った; (酒に酔って)ばらった. —Tienes la cara pálida.¿Estás ~? 顔色が悪いよ, 気持ちが悪いのかい? ❷ 《書誌》(紙がくさって)しみのついた本の.

mareaje [mareáxe] 男 ❶ 航海術, 航法. 類**navegación**. ❷ (船の)針路, コース.

mareante [mareánte] 形 ❶ 気分を悪くさせる; 船酔いさせる. ❷ 《話》うんざりさせる, うるさい. ❸ 航海の. 類**marino**.

—男女 航海者.

marear [mareár] 他 ❶ (人)をうんざりさせる, 困らせる, 悩ませる. —Me *marean* tantas visitas. 訪問客が多すぎていやになってしまう. 類**fastidiar**, **importunar**, **molestar**. ❷ (人)に船[乗物]酔いをさせる; 気分を悪くさせる, むかつかせる. —El barco siempre *me marea*. 私はいつも船酔いする. Ese olor la *marea*. その臭いで彼女は気持ちを悪くした. ❸ (船)を操縦する, 航行させる. —aguja de ~ 羅針盤. ❹ 《商》(商品)を競売にかける.

—自 ❶ うんざりさせる, うるさい. —Vete a jugar y deja ya de ~. 遊びに行って, もううるさくするのはやめなさい. ❷ 〖古〗 航海する.

— **se** 再 ❶ 船[乗物]酔いする; 気分が悪くなる. —*Se mararon* en cuanto despegó el avión. 彼らは飛行機が離陸するとすぐに気分が悪くなった. 類**indisponerse**. ❷ 目まいがする, 頭がくらくらする. —*Me mareo* con tanta luz. あまりのまぶしさに目まいがしてしまう. Ayer *se mareó* en clase. 昨日彼は授業中に目まいがした. ❸ 《話》ほろ酔い気分になる. ❹ 《比喩》〖しばしば否定文で〗あれこれ[くよくよ]考える. —No *te marees* con lo que ha pasado. 過ぎたことを思い悩むな.

marejada [marexáða] 女 ❶ (波の)うねり, 大波. ❷ 《比喩》(騒乱の前などの)(人心の)動揺; うわさ, 流言飛語.

maremagno [maremáɣno] 男 ❶ おびただしいこと, たくさんのもの[人], 大勢. 類**muchedumbre**, **profusión**. ❷ 《比喩・話》混乱した[雑然たる]大勢の群衆[もの]. —La habitación del niño es un ~ de juguetes. 子ども部屋はおもちゃの山になっている.

mare mágnum [maremáɣnun] [<ラテン] 男 →maremagno.

maremoto [maremóto] 男 海底地震.

marengo

marengo, ga [maréŋgo, ga] 形 濃い灰色[青色]の, ダークグレイ[ブルー]の.
—— 男 様々な色の糸で織った濃い色のウール地.

mareo [maréo] 男 ❶ 船[乗物]酔い; 気分が悪くなること, むかつき. —Los viajes en barco me producen ~s. 船旅だと私は酔ってしまう. ❷ 目まい, 頭がくらくらすること. —Sufrió [Le dio] un ~ mientras limpiaba la casa. 家の掃除をしている間に彼女は目まいがした. 類 **aturdimiento, vértigo**. ❸《比喩・話》面倒, 厄介; 困惑. 類 **agobio, fastidio, molestia**.

mareógrafo [mareóɣrafo] 男 検潮器.

‡**marfil** [marfíl] 男 ❶ 象牙(ゾウゲ). —Me regaló unos pendientes de ~ como recuerdo de África. 彼は私にアフリカのみやげとして象牙のイヤリングをくれた. ~ vegetal《植物》ゾウゲヤシ. ❷《歯の》象牙質. ❸《形容詞的に》アイボリーの. —Ha pintado las paredes de color ~. 彼は壁をアイボリーに塗った.

marfileño, ña [marfiléɲo, ɲa] 形 ❶ 象牙(ゾウゲ)の; 象牙のような. 類 **ebúrneo**. ❷ コートジボアール (Costa de Marfil) の.

marga [márɣa] 女 ❶《地質》泥灰土, マール. ❷ (袋やわら布団用の)粗布.

margal [marɣál] 男 泥灰土の多い土地.

margarina [marɣarína] 女 マーガリン.

Margarita [marɣaríta] 固名《女性名》マルガリータ.

margarita [marɣaríta] 女 ❶《植物》ヒナギク; マーガレット. —deshojar la ~ 花びらをむしりながら恋占いをする. —echar ~s a los puercos《諺》豚に真珠. 類 **perla**. ❸《貝類》タカラガイ, コヤスガイ; (真珠layerの)貝.

‡**margen** [márxen] 男《複 márgenes》❶ (a) 欄外, 余白. —Lo apunté en el ~ de la página tres del libro. 私はそれを本の 3 ページの余白にメモした. dejar ~ 余白を残す. ~ derecho [inferior] 右[下]マージン. (b) 欄外の注. ❷ (時間などの)余裕, 余地. —Tengo un ~ de cinco días para presentar el trabajo. レポートの提出は 5 日間の余裕がある. ~ de confianza 信頼を置きうる限度. ❸ 機会, 動機, 口実. —Hay que darle ~ para que demuestre su valor. 彼に勇気を示す機会を与えてやらなければならない. 類 **motivo, ocasión, pretexto**. ❹《商業》利ざや, マージン(売価と原価とのの開き). —vender con mucho ~ マージン[もうけ]を大きくとって売る. 類 **ganancia**.
—— 女《時に男》(川の)岸, (道などの)へり. —Caminamos por la ~ izquierda del Sena. 私たちはセーヌ川の左岸を歩いた. 類 **borde, orilla**.
al margen de ... ... から離れて, 締め出されて. Me mantengo *al margen de* todo lo que no sea mi profesión. 私は自分の職業とは関係のないあらゆることから離れている. Le ha dolido que le dejen *al margen del* asunto. 彼はその一件から外されて心が痛んだ. viver *al margen de* la sociedad 社会の片隅に(のけ者にされて)暮らしている.
por un escaso margen かろうじて, 僅少差で. Fue elegido *por un escaso margen* de votos. 彼は僅少の票差で選出された.

marginado, da [marxináðo, ða] 形 ❶ (社会から)疎外された, のけ者にされた, 周辺[底辺]の. ❷《植物》(葉が)縁取りのある.
—— 名 社会から疎外[のけ者に]された人.

‡**marginal** [marxinál] 形 ❶ へりの, ふちの; 余白の, 欄外の. —nota ~ 欄外の注. flora ~ 岸辺の植物. ❷ 周辺的な, 部外者的な. —Adopta una postura ~ ante el problema. 彼はその問題に対して部外者的立場をとる. ❸ 二次的な, 副次的な. —Es un problema ~. それは二次的な問題だ.

marginar [marxinár] 他 ❶ (書類・印刷物などに)余白を残す. ❷ (本文に)欄外注を入れる; 欄外に書き込みをする. ❸《比喩》を無視する, 考慮しない; を疎外(のけ者に)する. —En este país *marginan* a los homosexuales. この国では同性愛者は疎外される.

margoso, sa [marɣóso, sa] 形 泥灰土質の, 泥灰土を含んだ.

margrave [marɣráβe] 男《歴史》(神聖ローマ帝国時代のドイツ貴族の称号の)辺境伯.

margraviato [marɣraβiáto] 男《歴史》❶ 辺境伯の称号. ❷ 辺境伯領.

Mari [mári] 固名《女性名》マリ (María の愛称).

María [maría] 固名 ❶《聖書人名》(聖母)マリア(紀元前後の人, イエスの母). ❷《女性名》マリア.

María Antonieta de Habsburgo [maría antonjéta ðe apsβúrɣo] 固名 マリー・アントワネット (1755-93, フランス王ルイ 16 世の妃).

mariachi [marjátʃi] 男《音楽》マリアッチ. ◆メキシコのハリスコ州で生まれた民俗音楽[集団].

María Cristina de Borbón [maría kristína ðe borβón] 固名 マリア・クリスティーナ・デ・ボルボン (1806-78, フェルナンド 7 世の妃, 娘イサベル 2 世の摂政, 1833-40).

María Cristina de Habsburgo [maría kristína ðe apsβúrɣo] 固名 マリア・クリスティーナ・デ・アプスブルゴ (1859-1929, アルフォンソ 12 世の妃, 息子アルフォンソ 13 世の摂政, 1885-1902).

María de Guadalupe [maría ðe ɣwaðalúpe] 固名《聖人の名》グアダルーペの聖母マリア(メキシコの守護聖人).

marial [marjál] 形 聖母マリア賛美の書物の.
—— 男 聖母マリア賛美の書物.

María Magdalena [maría maɣðaléna] 固名《聖書人名》マグダラのマリア(娼婦であったが罪を悔いてキリストに許された. 復活するイエスに会った).

Mariana [marjána] 固名《女性名》マリアナ.

Marianao [marjanáo] 固名 マリアナオ(キューバ, ハバナの北西にある衛星都市).

Marianas [marjánas] 固名 ❶ (Fosa de las ~) マリアナ海溝(太平洋の海溝). ❷ (Islas ~) マリアナ諸島.

marianista [marjanísta] 形《カトリック》マリーア会 (Compañía de María) の.
—— 男女 マリーア会会員.

Mariano [marjáno] 固名《男性名》マリアノ.

***mariano, na** [marjáno, na] 形 聖母マリア(信仰)の. —El rezo del rosario es una devoción *mariana*. ロザリオの祈りは一種の聖母マリア信仰である.

María Teresa de Habsburgo [maría terésa ðe apsβúrɣo] 固名 マリア・テレジア (1717-80, ハンガリー・ベーメンの女王, オーストリア大公妃,

在位 1740-80).

Maribel [mariβél] 固名《女性名》マリベル (María Isabel の愛称).

marica [maríka] [<María] 男《俗》❶ 女のような男. 類 **mariquita**. ❷ ホモ, 同性愛者. 類 **maricón**.
── 女 ❶《話》《鳥類》カササギ. 類 **urraca**. ❷（トランプの）金貨のジャック. ❸ 下劣な人.
── 形 ❶ ホモの. ❷ 下劣な.

maricón [marikón] 男《俗》❶（侮辱的に）女のような男. ❷ ホモ, 同性愛者. 類 **homosexual**.

mariconeo [marikonéo] 男 ホモセクシュアルのしぐさ.

mariconería [marikonería] 女 ❶ ホモセクシュアルであること. ❷ 卑劣な行い. ❸ ホモセクシュアルのような態度[言葉].

maridaje [maríðáxe] 男 ❶ 調和, 結合. ── Existía un perfecto ~ entre unas tribus y la naturaleza. いくつかの部族と自然の間には完全な調和があった. 類 **armonía, unión**. ❷ 夫婦関係[の和合]; 同棲, 内縁関係.

maridar [mariðár] 他（2 つのもの）を結合させる.
── 自 ❶ 結婚する. 類 **casarse**. 反 **separar**. ❷ 同棲する. 類 **amancebarse**.

marido [maríðo マリド] 男 夫. ── Antes de casarse ya vivían como ~ y mujer. 結婚する前からすでに彼らは夫婦として暮らしていた. 類 **esposo**. 反 **mujer**.

mariguana [mariɣwána] 女（麻薬の）マリファナ.

marihuana [mariwána] 女 → mariguana.

marijuana [marixwána] 女 → mariguana.

marimacho [marimátʃo] 男《俗》男勝りの女, 男のような女.

marimandona [marimandóna] 女 やたらと口うるさい[命令好きな]女.

marimba [marímba] 女 ❶《楽器》マリンバ. ❷（アフリカの）太鼓の一種.

marimorena [marimoréna] 女《話》(騒がしい)けんか. ── Comenzaron a discutir y se armó la ~. 彼らは言い合い始めてけんかになった. 類 **alboroto, bronca, riña**.

:**marina** [marína] 女 ❶『集合的に』船舶, 艦船. ~ de guerra 艦隊. ~ mercante (集合的に)商業船舶. 類 **armada, flota**. ❷ 海運力, 海軍力. ── Venecia contaba con su ~ muy potente. ベネチアは非常に強力な海軍力を有していた. Ministerio de M~ 海軍省. ── En español abundan los términos de ~. スペイン語には航海関係の用語が豊富に存在する. 類 **náutica, navegación**. ❸ 海洋画, 海の景色を描いた絵. ❸ 海辺, 海岸.

marinar [marinár] 他 ❶《料理》(魚)をマリネ[酢漬け]にする. ❷（船）に船員を乗り組ませる.

marinear [marineár] 自 船員として働く.

marinera [marinéra] 女 → marinero.

marinería [marinería] 女 ❶ 船員の職業, 船乗り稼業. ❷『集合的に』船員, 乗組員.

:**marinero, ra** [marinéro, ra] 形 ❶ 海の, 航海の, 船乗りの. ── traje ~ 船乗りの服. salsa [pescado] a la *marinera* 漁師風のソース[魚料理]. ❷ 操船しやすい. ── El yate no le ha costado mucho, pero es poco ~. そのヨットは彼にはそれほど高くつかなかったが, あまり操船しやすくない.
── 男 船乗り, 船員; 水兵.

── 女 セーラー服. 水兵服（= blusa *marinera*）.

marines [marínes] 男複（米国の）海兵隊.

marinesco, ca [marinésko, ka] 形 船員[水夫]の, 船乗りの. ── a la *marinesca* 船乗り風に.

marinismo [marinísmo] 男 マリニスモ. ◆マリーニ Marini (17 世紀イタリアの詩人)風の装飾的な文体.

marinista [marinísta] 形 海洋画を描く, 海洋画家の.

:**marino, na** [maríno, na] 形 海の, 海洋の. ── corriente *marina* 海流. brisa *marina* 海風(海から陸へ吹く風).
── 男 ❶ 船員, 船乗り. ── Es ~ y viaja por todo el mundo. 彼は船乗りで世界中を旅する. 類 **marinero**. ❷ 航海の熟練者.

Mario [márjo] 固名《男性名》マリオ.

marioneta [marjonéta] 女 ❶ 操り人形, マリオネット; 複 操り人形芝居. 類 **títeres**. ❷《比喩》操り人形, 傀儡(かいらい).

:**mariposa** [maripósa] 女 ❶《虫類》チョウ, 蝶; 蛾 (= ~ nocturna, polilla). ❷ 灯明. ❸《工具》チョウナット. ❹（水泳の）バタフライ.

mariposear [mariposeár] 自 ❶ 移り気である; (特に男が)女性を口説いて回る. ❷（ある人に）しつこくつきまとう.

mariposón [maripósón] 男《話》❶ 移り気な男; 女性を口説き回る男. ❷ ホモ, おかま.

Mariquita [marikíta] 固名《女性名》マリキータ (María の愛称).

mariquita [marikíta] 女 ❶《虫類》テントウムシ. ❷《鳥類》インコ. 類 **perico**.
── [< marica] 男 女のような男.

Marisa [marísa] 固名《女性名》マリーサ (María Luisa の愛称).

marisabidilla [marisaβiðíja] 女 知ったかぶりする女, 物知り顔の女.

marisabidillo, lla [marisaβiðíjo, ja] 名 インテリぶった人.

mariscador, dora [mariskaðór, ðóra] 名 魚介類漁業者.

:**mariscal** [mariskál] 男 ❶《軍事, 陸軍》(フランスなどの)軍最高司令官. ── el ~ Tito チトー元帥. 類 **general**. ❷《歴史, 軍事》(中世ヨーロッパ宮廷で, condestable「元帥」の下の)司令官. ❸《方, まれ》獣医（= veterinario, albéitar）. ❹《歴史, 軍事》厩(うまや)係り; 蹄鉄工（= herrador）.

mariscal de campo (1)《歴史》(スペインの)陸軍少将(現在は general de división と呼ばれる. teniente general「中将」のすぐ下の地位); (ドイツ・英国の)陸軍元帥. ostentar los entorchados de *mariscal de campo* 陸軍少将の金モール刺繍を誇示する. (2)《アメリカンフットボール》クォーターバック.

mariscal de logis《軍事》需品係将校.

Mariscal Estigarribia [mariskál estiɣaríβja] 固名 マリスカル・エスティガリビア（パラグアイの都市）.

:**marisco** [marísko] 男（貝類やエビ, カニ, タコ, イカなどの）海の幸, シーフード. ── sopa de ~s 海の幸のスープ.

marisma [marísma] 女（通常河口に面した海岸近くの）塩沼[沼]沢. ── Las *M*~s スペイン Gua-

dalquivir 川河口の低湿地.
marismeño, ña [marisméɲo, ɲa] 形 塩[沼]沢の.
── 名 ラス・マリスマス(Las Marismas)の住民[出身者].
Marisol [marisól] 固名 《女性名》マリソル (María de la Soledad の愛称).
marisqueo [mariskéo] 男 魚介類漁業.
marisquería [mariskería] 女 海産物[シーフード]のレストラン[店].
marisquero, ra [mariskéro, ra] 名 (貝・エビ・カニなどの)漁師; 海産物の商人.
marista [marísta] 形 《カトリック》マリスト会 (Instituto de Hermanos Maristas)の.
── 男 《カトリック》マリスト会士.
marital [marităl] 形 ❶ 夫婦[結婚]の. ─relaciones ~es 夫婦関係. vida ~ 結婚生活. ❷ 夫の. ─autorización ~ 夫権.
‡**marítimo, ma** [marítimo, ma] 〔＜mar〕形 ❶ 海上の, 海洋の; 海事の; 海運上の, 海上貿易の. ─bloqueo ~ 海上封鎖. navegación *marítima* 航海. nación *marítima* 海洋国家, 海事国. poder ~ 海軍力. seguro ~ 海上保険. ruta *marítima* 海路. derecho ~ 海法, 海事[海national]法, región *marítima* 海軍管区. transporte ~ 海上輸送, 海運. correo ~ 郵便. comercio ~ 海上貿易[交易]. por vía *marítima* 船便で; 海路で. viaje ~ 船旅. 類 **marino**, **náutico**. ❷ 臨海の, 海に面する, 海辺の. ─ciudad *marítima* 臨海都市. paseo ~ 海沿いの散歩道. El clima ~ es más suave que el del interior. 海洋気候は内陸気候より穏やかだ.
maritornes [maritórnes] 女 〔単複同形〕粗野で醜い男まさりの女中. ◆『ドン・キホーテ』の作中人物に由来.
marjal[1] [marxál] 男 沼地, 低湿地.
marjal[2] [marxál] 男 (農地測量の単位で)5アール 25 センチアール.
marjoleta [marxoléta] 女 《植物》(セイヨウ)サンザシの実.
marjoleto [marxoléto] 男 《植物》(セイヨウ)サンザシ.
marketing [márketin] 〔＜英〕男 《経済》マーケティング, 市場調査(＝mercadotecnia).
marmita [marmíta] 女 ❶ (ふた付きの金属製)鍋(な); 圧力鍋. ❷ 飯盒(ごう). ❸ 《地質》 ─ ~ de gigante 甌穴(おう), ポットホール.
marmitón [marmitón] 男 (調理場の)見習いコック, 下働き.
‡**mármol** [mármol] 男 ❶ 大理石. ❷ 大理石の彫刻作品. ─Ha comprado un estupendo ~ para el jardín. 彼は庭用にすばらしい大理石の彫刻を買った.
de mármol 冷たい, 冷酷な.
marmolejo [marmoléxo] 男 《まれ》小さな柱.
marmolería [marmolería] 女 ❶ 大理石加工場. ❷ 『集合的に』(建物の)大理石(全体). ❸ 大理石の彫刻品.
marmolillo [marmolíjo] 男 ❶ 車よけの石柱. 類 **guardacantón**. ❷ 《比喩》愚か者, 間抜け.
marmolista [marmolísta] 男女 大理石工; 大理石商.
marmóreo, a [marmóreo, a] 形 大理石のよ

うな). ─una escultura *marmórea* 大理石の彫刻.
marmosete [marmoséte] 男 《印刷》(巻末や章尾に付ける)飾り模様.
marmota [marmóta] 女 ❶ 《動物》マーモット. ❷ 《比喩》よく眠る人, 寝坊. ─dormir como una ~ ぐっすり眠る. ❸ 《話, 軽蔑》家政婦.
maro [máro] 男 《植物》 ❶ ニガクサ. ❷ サルビア.
maroma [maróma] 女 ❶ 太綱, 索. ❷ 『中南米』綱渡り, 曲芸, 軽業. ❸ 『中南米』サーカスの興行. ❹ 『中南米』(政治的な)変節, 風見鶏.
andar en la maroma 味方する, 支持する.
maromear [maromeár] 自 ❶ 『中南米』綱渡りをする, 曲芸を演じる. ❷ 『中南米』日和見する, 風見鶏的な態度を取る.
maronita [maronita] 形 マロン派の.
── 男女 マロン派の人(レバノン地方のキリスト教徒).
marque(-) [marke(-)] 動 marcar の接・現在.
marqué [marké] 動 marcar の直・完了過去・1単.
‡**marqués, quesa** [markés, késa] 名 侯爵; 侯爵婦人, 女侯爵. ◆duque 公爵より下で, conde 伯爵より上の爵位.
marquesado [markesáðo] 男 ❶ 侯爵の爵位. ❷ 侯爵領.
marquetería [marketería] 女 ❶ 寄せ木[象嵌(ぞうがん)]細工; 象眼. ❷ 家具[指物]工芸. 類 **ebanistería**.
Márquez [márkeθ] 固名 →García Márquez.
marra [máṙa] 女 (石工用の)ハンマー, げんのう (＝almádena).
marrajo, ja [maṙáxo, xa] 形 ❶ (主に闘牛用の牛が)性格の悪い, 危険な. ❷ (人が)ずる賢い, 狡猾(こう)な. 類 **astuto**, **cauto**.
── 男 《魚類》サメの一種. ◆体長 2, 3 メートルで地中海に生息する危険なもの.
marrana[1] [maṙána] 女 ❶ 《動物》雌豚. 類 **cerda**. ❷ 《比喩, 話》汚らしい女; 品行の悪い女.
marrana[2] [maṙána] 女 (水車の回転軸.
marranada [maṙanáða] 女 ❶ 汚る, 汚い[不潔な]物. ─La habitación quedó hecha una ~ después de la fiesta. 部屋はパーティーの後汚れ放題になった. 類 **cochinada**, **guarrada**. ❷ 卑劣な行為. ─Su comportamiento con ella ha sido una ~. 彼女に対する彼のふるまいは卑劣であった. 類 **cochinada**, **indecencia**.
marranería [maṙanería] 女 →marranada.
marrano[1], **na** [maṙáno, na] 形 ❶ 汚らしい, 不潔な. ─¡Qué niño tan marrano! 何て汚らしい子どもなんだ. ¡Qué ~ está el cuarto! 何て汚い部屋なんだ. 類 **desaseado**, **sucio**. ❷ 卑劣な, 浅ましい. ─Es un ~ capaz de traicionar a sus amigos. 彼は友人さえ裏切りかねない卑劣なやつだ. 類 **indecente**, **vil**.
── 男 《動物》ブタ. 類 **cerdo**.
── 名 ❶ 汚らしい[不潔な]人. ❷ 卑劣な[浅ましい]人. ❸ 《歴史》偽装改宗ユダヤ教徒. ◆レコンキスタ時代, 強制的にカトリックに改宗させられながらも, 秘かにユダヤ教の信仰を続けた人の蔑称.
marrano[2] [maṙáno] 男 ❶ (水車の回転軸との)つなぎ材. ❷ (搾油機の)均圧板.
marrar [maṙár] 自 誤る, 失敗する, 不成功に終わる. ─*Se han marrado* varios de los limo-

neros que plantamos. 私たちの植えたレモンにはうまくいかなかったものもある. 類**errar**. ❷それる, 逸脱する. 類**desviarse**.
　── 他 を失敗する. ─ ～ el tiro 狙い[的]を外す. 類**fallar**.

marras [mářas] 副 以前, 昔. 類**antaño** *de marras* (戯, 軽蔑)例の; いつもの. Nos contó la aventura *de marras*. 彼は私たちにいつもの冒険談をしてくれた. Vino a verte el individuo *de marras*. 例の[いつもの]人が君に会いに来た.

marrasquino [mařaskíno] (＜伊) 男 〖料理〗マラスキーノ. ◆サクランボの一種から作るリキュール.

marro [mářo] 男 ❶〖遊戯〗石投げ. ◆地面に立てた棒に石を投げてその近さを競う遊び. ❷〖遊戯〗鬼ごっこ. ◆二組に分かれて互いに捕まえ合う遊び. ❸ 身をかわすこと. ❹《まれ》失敗, 誤り. 類**error, falta, yerro**.

‡**marrón** [mařón] 形 くり色の, 茶色の. ─ Te sienta muy bien ese sombrero ～. その茶色の帽子が君にはよく似合うよ.
　── 男 ❶ くり色, 茶色. ❷ (石投げ遊びに用いる)小石. ❸ 《菓子》マロン・グラッセ (＝～ glacé).

marroquí [mařokí] 形 (複 marroquíes, marroquíes) 〖地理〗モロッコ (Marruecos)(人)の.
　── 男女 モロッコ人. ── 男 モロッコ革.

marroquinería [mařokinería] 女 ❶〖集合的に〗モロッコ革; 皮革製品. ❷ 皮革製品の製造(業). ❸ 皮革製品の製造工場[工房].

marrubio [mařúβjo] 男 〖植物〗(シソ科の)マルビウム, ニガハッカ.

marrueco¹ [mařwéko] 男 〖チリ〗(ズボンの)前あき. 類**braguta, portañuela**.

marrueco², **ca** [mařwéko, ka] 形 名 《まれ》→marroquí.

Marruecos [mařwékos] 固名 モロッコ (首都ラバト Rabat).

marrullería [mařuʒería] 女 おだて, ほめ殺し, おべっか, 口車, 甘言. ─ No consiguió engañarme con sus ～s. 彼は私をほめ殺しにすることはできなかった. 類**astucia, engaño, treta**.

marrullero, ra [mařuʒéro, ra] 形 口のうまい, 言葉の巧みな.
　── 名 口のうまい人.

Marsella [marséja] 固名 マルセーユ (フランスの都市).

marsellés, llesa [marseʒés, ʒésa] 形 名 マルセーユの(人).

marsopa, marsopla [marsópa, marsópla] 〔＜仏〕女 〖動物〗ネズミイルカ.

marsupial [marsupjál] 形 〖動物〗育児嚢のある, 有袋類の. ─ bolsa ─ 育児嚢.
　── 男 複 〖動物〗(カンガルーやコアラなどの)有袋類.

mart. (略号) ＝martes 火曜日.

Marta [márta] 固名 (女性名)マルタ.

marta¹ [márta] 〔＜Marta〕 女 ❶ 家事をこなせる優しい女性, 良妻賢母. ❷ お人よしの女性.

marta² [márta] 〔＜仏〕 女 〖動物〗 ❶ (イタチ科の)テン(貂). ─ ～ cebellina [cibelina] クロテン. ❷ テンの毛皮.

Marte [márte] 固名 〖ローマ神話〗マルス (戦いの神).

*★**martes** [mártes マルテス] 男 〖単複同形〗火曜日. ─ el ～ pasado [que viene] 先週の[来週の]火曜日.

En martes, ni te cases ni te embarques. 〘諺〙結婚も乗船も, 火曜は御法度 (←不吉な火曜日には何も着手するな). ◆スペインでは迷信で火曜を一番の凶日にしている.

Martí [martí] 固名 マルティ (ホセ José ～)(1853-95, キューバの革命家・詩人).

martillada [martiʎáða] 女 ハンマー[槌]で打つこと.

martillar [martiʎár] 他 →martillear.

martillazo [martiʎáθo] 男 ハンマー[槌]で強く打つこと[音]. ─ Me despertaron los ～s que daban en el piso superior. 上の階から聞こえるハンマーの音で私は目が覚めた.

*****martillear** [martiʎeár] 他 ❶ を金槌[かなづち][ハンマー]で打つ[叩く]. ─ El carpintero *martillea* clavos sobre la madera. 大工が木材に釘を打ち込んでいる. ❷ をしつこく[繰返し]打つ. ─ La lluvia *martillaba* los cristales. 雨が窓ガラスを叩いていた. ❸ を苦しめる, 悩ます.
　── 自 ❶ しつこくくり返される. ❷ (エンジンが)ノックする, 異常音を立てる.

martilleo [martiʎéo] 男 ❶ ハンマー[槌]で打つこと[音]. ❷ 単調に繰り返す音. ─ El ～ de la lluvia contra los cristales no cesó durante horas. 窓ガラスをたたく雨の音は何時間も続いた.

martillero, ra [martiʎéro, ra] 名 〖南米〗競売人.

‡**martillo** [martíʎo] 男 ❶ 〖工具〗槌(つち), 金槌, ハンマー. ─ a ～ ハンマーでたたいて. ❷ (ピアノの弦をたたく)ハンマー. ❸ 〖スポーツ〗(ハンマー投げの)ハンマー. ❹ 〖解剖〗(中耳の)槌骨(ついこつ). ❺ 〖魚類〗シュモクザメ (＝pez ～). ❻ (競売人, 議長などが用いる)木槌; 競売場.

a macha martillo しっかりと, 徹底的に; (信念・信仰などが)強固な. Aprendimos la lista de los reyes godos *a machamartillo*. 私たちはゴート人の王たちの名前一覧表をしっかりと覚えた. Es un católico *a macha martillo*. 彼は正真正銘のカトリック教徒だ.

pez martillo 〖魚類〗シュモクザメ.

Martín [martín] 固名 (男性名)マルティン.

martín del río [martín del río] 男 〖鳥類〗ゴイサギ(五位鷺). 類**martinete**.

martinete¹ [martinéte] 男 ❶ 〖鳥類〗ゴイサギ(五位鷺). ❷ 〖鳥類〗ゴイサギの冠羽.

martinete² [martinéte] 〔＜仏〕 男 ❶ 〖音楽〗(ピアノの)ハンマー. ❷ 〖機械〗(鍛造用の)ハンマー, ドロップハンマー, 落し槌; 杭打ち機, パイルドライバー. ❸ 〖機械〗鍛造工場. ❹ 〖音楽〗マルティネーテ. ◆ギター伴奏のないアンダルシーア地方のジプシーの民謡. 鍛冶職人らの歌に由来する.

martingala [martingála] 女 ❶ カルタ遊びでの賭け. ❷ たくらみ, 策略; 工夫, 仕掛け. 類**artificio, artimaña, astucia**. ❸ 複 (よろいの下に着る)半ズボン. ❹ 〘話〙面倒なこと, やっかいなこと. ─ Es una ～ tener que salir a estas horas. こんな時間に外出しなければならないなんてやっかいだ.

martín pescador [martím peskaðór] 男 〖鳥類〗カワセミ(翡翠).

‡**mártir** [mártir] 男女 殉教者; 受難者, 犠牲者. ─ Aquí están enterrados los ～es de la revolución. 革命に殉じた人たちがここに埋葬されている. La madre ha sido una ～ de la familia. 母親

は家族のために犠牲になってきた.

‡**martirio** [martírjo] 男 ❶ 殉教, 殉死. —El *M*~ de San Mauricio es un famoso cuadro de El Greco. サン・マウリシオの殉教はエル・グレコの有名な絵だ. Está dispuesto a ir al ~ por defender la causa de la revolución. 彼は革命の大義を守るために殉死する覚悟である. ❷ 受難, 苦難. —Vivir con esta mujer es un verdadero ~. この女と暮らすのは真の苦難だ. Afeitarse sin agua caliente es un verdadero ~. お湯を使わないでひげをそるのは本当に拷問のようだ. 類 **sufrimiento, tormento, tortura**.

martirizador, dora [martiriθaðór, ðóra] 形 迫害する, 苦しめる; 殉教させる.
—— 名 迫害者, 責めさいなむ人.

***martirizar** [martiriθár] [1.3] 他 ❶ を殉教させる, 殉難させる; 迫害する. —Los romanos *martirizaron* a muchos cristianos. ローマ人は多くのキリスト教徒を迫害した. ❷ を虐待する, 苦しめる, 困らせる. —El hombre *martirizaba* a los burros haciéndoles trabajar muchas horas seguidas. その男は長時間連続してロバたちを働かせて虐待した. Estos zapatos me martirizan. この靴はあたって痛い.

——**se** 再 思い悩む, 苦しむ. —*Se martirizaba* pensando en su novia. 彼は恋人のことを考えて思い悩んでいた.

martirologio [martirolóxjo] 男 ❶ 殉教者名簿, 聖人名簿. ❷ (訴訟の)被害者名簿.

Maruja [marúxa] 固名 《女性名》マルーハ (Maríaの愛称).

marxismo [marksísmo] 男 《政治》マルクス主義. ——-lenismo マルクス-レーニン主義.

marxista [marksísta] 形 《政治》マルクス主義(者)の.
—— 男女 《政治》マルクス主義者, マルキスト.

‡**marzo** [márθo マルソ] 男 3月. —el 21 [veintiuno] de ～ 3月21日.

‡**mas** [mas] 接 《文》[逆接を示す] しかし, されど. —No me lo dijo claramente, *mas* me lo imaginé. 彼は私にそれをはっきり言わなかったが, 私は推測した. 類 **pero**.

****más** [más マス] 副 《muchoの比較級》❶ 《形容詞・副詞(句)の前で》[＋que] …よりもっと(多く), いっそう. —Tu hermano mayor es ~ alto *que* tú. 君のお兄さんは君より背が高い. Ella es mucho ~ inteligente *que* tú. 彼女は君よりもずっと頭がいい. En la competición corrió ~ rápido de lo que esperaba. 競争で彼は期待した以上に速く走った. ◆más＋形容詞・副詞は比較級の表現となる. 比較の対象は de の後に来るが, それが数量の表現または lo＋形容詞, lo que 節の場合は de で導かれる:Nos va a costar más de lo que crees. それは君が思っているより金がかかりそうだ. ❷ *(a)*《動詞の後または前で》[＋que] …よりさらに, もっと, それ以上. —Quédate un poco ~. もう少しいてくれ. No te digo ~. これ以上は君に言わない. Estudia ~ que el año pasado. 彼は去年以上に勉強している. Este abrigo me gusta ~ que aquél. 私はこのオーバーの方があれよりも好きだ. *M*~ quiero salir de aquí sin dinero que no salir. 出て行かないより文なしでここから出て行く方がましだ. Me gustaría ~ que viniera después de la cena. できたら夕食後に彼が来てくれるといいんだが. *(b)*《名詞などの後で》その上, さらに. —Te lo repito una vez ~. もう一度それをくり返すよ. Corre un kilómetro ~. もう1キロ走りなさい. Tiene varias casas ~. 彼はさらに数軒家を持っている. *(c)*《否定文で》もう(…ない), それ以上(…ない). —Hoy ya no lloverá ~. 今日はもうこれ以上雨は降らないだろう. ❸ 《＋de＋数量・程度の表現》…以上, …を超えて. —Murieron ~ *de* dos mil personas. 2千人を超える人が死んだ. Invito a ~ *de* veinte personas. 私は20人以上の人を招待する. Llevo ~ *de* dos horas esperando. 私は2時間以上も待っている. *M*~ *de* media ciudad se encuentra sin luz. 町の半分以上が停電している. Son ~ *de* las nueve. 今9時過ぎだ. [más de cinco は厳密には5を含めず, 6以上の意味である.] ❹ *(a)*《定冠詞・所有形容詞の後で》[＋de] …の中でもっとも, 一番. —Es la chica ~ divertida *de* la clase. 彼女はクラスでもっとも楽しい女の子だ. Julio es el ~ guapo *de* todos. フリオは皆の中で一番ハンサムだ. Es la persona ~ culta que he conocido. 彼は私が知っている中でもっとも教養のある人だ. [定冠詞・所有形容詞＋(名詞)＋más＋形容詞は最上級の表現となる. 比較の対象は de で導かれる.] *(b)*《代名詞＋que で始まる関係節の中で》もっとも, 一番. —Los *que* ~ se han divertido son tus compañeros. 一番楽しんだのは君の仲間たちだ. ❺ 《感嘆文で》《形容詞の前で》なんと, 非常に, とても. —¡Qué vida ~ triste! なんて悲しい人生だろう. ¡Qué manera ~ extraña de saludar! なんと変な挨拶の仕方だろう. ¡Llevaba un traje ~ bonito! 彼はなんときれいな服を着ていたことか. ❻ なおさら. —Hospedaré en ese hotel, y ~ si me lo recomiendas tú. 私はそのホテルに泊まろう. 君が推薦しているならなおさら.

a lo más 多くても, せいぜい, よくて. Le echo cuarenta años *a lo más*. 彼はせいぜい40歳くらいだろう. Bebo, *a lo más*, un vino a la semana. 私は週にせいぜいワインを1本飲むくらいだ.

a más (1) その上, さらに, おまけに. Tiene dos mil euros de sueldo y *a más* otros dos mil de renta. 彼には2千ユーロの給料をもらっていて, さらにもう2千ユーロの家賃が入る. (2)[＋名詞]…が多ければ多いほど. *A más* gente, menos trabajo. 人が多ければ多いほど仕事は少なくなる. (3)[＋不定詞]してｓ(も). *a más* correr 全速力で. Te lo enviaré el lunes por la tarde *a más* tardar. 遅くとも月曜日の午後には君にそれを送ろう.

a más de …のほかに, …に加えて. *A más de* ésta tiene tres hijas. このほかに彼には3人の娘がいる.

a más no poder できうる限り, これ以上はないほど. Comimos *a más no poder* y nos empachamos. 私たちはこれ以上は無理というほど食べて胃がもたれた.

a más y mejor 非常に, 大量に, 大いに. Ha estado lloviendo todo el día *a más y mejor*. 一日中これ以上ないというくらいの大雨が降っていた.

aún más (1) なおいっそう. Éste es *aún más* caro que ése. これはそれよりもなおいっそう値段が高い. (2) まして, なおさら; それどころか. Te digo que debemos hacerlo, *aún más*, que no tenemos otro remedio. 言っておくが, 私たちはそれをやらねばならない. もっと言えば他に方法はないのだ.

aunque nada más sea →aunque.
cada vez más →cada.
como el que más 人並みに. Eso, tú puedes hacerlo *como el que más*. それは君なら人並みにできるはずだ.
cuando más →cuando.
cuanto más 【+副詞】 (*tanto*) *más* 【+副詞】 →cuanto.
cuanto más (*tanto*) *menos* →cuanto.
de lo más 非常に, とても. Te encuentro *de lo más* bien. 君はずいぶん元気そうだね.
de más (1)【+名詞】余計な, 余分な, 余っている. Aquí hay un cubierto *de más*. ここには食器類が一人分余っている. (2)【話】何もしないで, ひまな. Lleva todo el día *de más*, sin hacer nada. 彼は一日中何もしないで過ごしている.
de más en más 次第に, だんだん.
de poco más o menos 平凡な, 大したことのない.
el que más y el que menos/cual más cual menos/quien más quien menos だれでも, どんな人でも. Quien más quien menos busca la felicidad. だれもが幸せを求めている.
en más (1)【+que】…よりももっと, それ以上に. Aprecio *en más* esta atención *que* cualquier regalo. 私はどんな贈り物よりもこうした配慮の方がありがたい. (2) 余分に. Hay en la cuenta un error de cinco euros *en más*. 会計には5ユーロ余分の間違いがある.
es más それどころか, …と言うより. Este alumno no estudia nada, *es más*, ni siquiera va a clase. この生徒は全然勉強しない. それどころか授業にさえ行かない.
estar de más《話》余分[無用, 余計なこと]である. Tú *estás de más* aquí. 君はここでは余計者だ. *Está de más* hablar de ese modo. そんな風に話しても無駄だ.
ir a más 増大[増加]する, (程度が)進む. La crisis económica *va a más* actualmente. 経済的危険は増大している.
las más de las veces →vez.
más adelante →adelante.
más allá de →allá.
más aún (1) まして, なおさら. Disfrutaba con el cine, *más aún* si era de suspense. 彼は映画を楽しんでいた. それがサスペンス物だったからなおさらそうだった. (2) それどころか. No me gusta, *más aún*, lo detesto. 私はそれが好きではないどころか大嫌いだ.
más bien (1) むしろ, どちらかと言うと. La casa es *más bien* pequeña. その家はどちらかと言うと小さい. (2)(否定文の後で)それどころか, 反対に. No me parece feo, *más bien* me parece muy atractivo. 彼は醜いようには見えない. それどころかとても魅力的だ.
más de la cuenta →cuenta.
¡Más lo eres tú!(相手の非難に対して)お前こそうだ.
más o menos だいたい, およそ; 多少とも. Habría *más o menos* cien personas. およそ100人はいただろう. Serán las seis *más o menos*. だいたい6時頃だろう.
más que (1)【+接続法】たとえ…でも, …としても. Tendrías que ir, *más que* te pese. たとえ気が重くても君は行かなければならないだろう. (2)【+名詞】…以上に; …以外に. Nadie, *más que* su padre, sabe lo mucho que ha sufrido. 彼がどんなに苦しんだかを彼の父親以上に知っている人はいない. (3)【形容詞+*más que*+形容詞】…なことこの上ない. ¡Tacaño, *más que* tacaño! けちもけち, この上ないけちだった.
más que nunca →nunca.
más tarde o más temprano →tarde.
más y más ますます, 次第に. Los precios aumentan *más y más*. 物価はますます上がっている. Pedía *más y más* dinero. 彼はますます多額の金を要求していた.
mientras más … más →mientras.
nada más →nada.
ni más ni menos まさに, まさしく, ほかでもない. Eso es *ni más ni menos* lo que yo te prometí. それこそまさに私が君に約束したことだ. Ella ha sido siempre una amiga para mí *ni más ni menos*. 彼女は私にとって常にただの友達だった.
no más (1) ただ, たった, …だけ. Quiero un café *no más*. 私はコーヒー1杯がほしいだけ. (2)【+名詞】…はもうたくさん. *No más* discusiones, vamos al cine. もう議論はたくさんだから映画に行こう. ¡*No más* televisión por hoy! 今日はもうテレビはたくさん[終わりにしよう]. (3)【+直説法・接続法】…するとすぐ. *No más* se marchó, comenzaron a criticarle. 彼が帰ったとたん彼らは批判しだした. (4)【中南米】(主に命令文で)とにかく. Váyase *no más*. とにかく出て行って下さい.
no más de【+数量】多くても, せいぜい. Había *no más de* cincuenta personas. 多くて50人いただけ.
no【+動詞】*más que* … …しか…しない. *No* tiene *más que* siete años. 彼は7歳にすぎない. *No* quiere *más que* comer dulces. 彼はお菓子しか食べたがらない. *No* dice *más que* estupideces. 彼はばかなことしか言わない.
no【+動詞】*más*【+名詞】*que* … …以外[以上]に…しない. *No* veo *más* solución *que* ésta. これ以外の解決策は見つからない. *No* quiero *más* dinero *que* el necesario para vivir. 生活のために必要なお金以外はほしくない.
nunca más →nunca.
poco más o menos だいたい, およそ; 多少とも. La fiesta empezará a las nueve *poco más o menos*. パーティーはだいたい9時から始まるだろう.
por más【+名詞・形容詞・副詞】どんなに…しても.
por más que (1)【+接続法】どんなに[いくら]…したとしても. *Por más que* insistas no conseguirás convencerle. どんなに君が主張しても彼を説得することはできないだろう. (2)【+直説法】どんなに[いくら]…しても. *Por más que* corrí, no llegué a tiempo. 私がいくら走っても間に合わなかった.
¿Qué más da? そんなことどうでもいいじゃないか, それがどうした, 同じことだ.
¿Qué [*quién*] *más?* ほかには何[誰]か(ある[いる]の か).
ser más【+que】…よりも(社会的地位が)上である, 上に立つ. Siempre ha querido *ser más que* los demás. 彼はいつも他の人の上に立ちたがった.
sin más (*ni más*) 理由もなく, 不意に, いきなり. No puedes romper el contrato *sin más ni más*. 君はわけもなく契約を破棄することはできない.

Sin más, se volvió y salió de la habitación dando un portazo. 不意に彼は体の向きを変えるとドアをバタンと閉めて部屋を出ていった.

sobre más o menos 《話》だいたい，およそ.
todo lo más →todo.
¿Y qué más? それでどうした；だからどうしたというのだ.

—— 形 〖単複同形〗 ❶ 〖mucho の比較級〗〖+ que〗(数・量・程度などが)…よりもっと多い[多くの，大きい]. —Necesito ~ dinero. 私はもっと金が必要だ. Yo tengo ~ amigos *que* tú. 私は君よりたくさんの友達を持っている. Esta habitación tiene ~ anchura *que* la otra. この部屋はもう一つの部屋よりも広い. ❷ 〖数学〗(数値の前で)プラスの，正の. — ~ ocho プラス8. ❸〖感嘆文で〗〖+名詞〗なんと多くの[たくさんの，大きい]. —¡Había ~ gente! なんと大勢の人がいたことか. ¡Hacía ~ frío! なんと寒かったことだろう. ❹ 《話》〖+que〗もっとよい[上等な，大きい，強い]. —Es ~ casa *que* la tuya. それは君の家よりすごい家だ. *M~* hombre *que* él no lo encontrarás. 彼はどい人を君は見つけられないだろう.

—— 副 〖無強勢〗 ❶ 〖数学〗を足して，プラス. —Dos ~ tres son cinco. 2足す3は5. ❷ …に加えて，…のほかに. —Son cinco ejemplares, ~ los que están en el almacén. 倉庫にある分のほかにも5冊ある.

—— 代(不定) ❶ 〖定冠詞複数/lo+〗〖+de〗…の大多数, 大部分. —Los ~ piensan que te has equivocado. 大多数の人は君が間違えたと思っている. Las ~ *de* la clase fumaban. クラスの大部分の女性はタバコを吸っていた. *De* todos estos cuadros los ~ los pintó mi abuelo. この絵の大部分は私の祖父が描いたものだ. Los ~ *del* tiempo lo pasaron en el hotel. 大半の時間を彼らはホテルで過ごした. ❷〖無冠詞〗もっと多くのこと[人，もの, 数量など], それ以上のこと[人，ものなど]. —Tengo mucho ~ que decir. 私にはもっとたくさん言いたいことがある. Ya han pasado siete años o ~. すでに7年かそれ以上たっている. No hay asientos para ~. これ以上の人の席はない.

sus más y sus menos 《話》(いろいろな)問題，やっかい[面倒]なこと, 難点. Los dos tuvieron *sus más y sus menos* en el trabajo. 二人は仕事の上でごたごたがあった. El mundo de los espectáculos tiene *sus más y sus menos*. ショービジネスの世界には何かと面倒なことがある.

—— 男 〖数学〗 ❶ プラス記号, 正符号, 加号. ❷ 正数.

‡**masa** [mása] 女 ❶ 塊(カタマリ); 集まり, 一団, 一群. —~ de nieve [nubes] ひとかたまりの雪[雲]. — ~ humana 人間の一団. La escultura es todavía una ~ amorfa llena de agujeros. その彫刻はまだ穴だらけの形のかたまりにすぎない. ❷ (パンの)生地, こね玉; しっくい. — ~ de pan パン生地. una ~ de agua y harina 水と小麦粉のこね玉. 類 **pasta**. ❸ 複 大衆, 群衆. —Acabo de leer "La rebelión de las ~s". 私は『大衆の反逆』(オルテガ・イ・ガセーの著書)を読んだばかりだ. medios de comunicación de ~s マスメディア・大衆媒体. ❹ 全体, 総量. ❺〖物理〗質量. — ~ atómica 原子質量.

en masa ひとかたまりになって, 一団となって. Los obreros acudieron *en masa* pidiendo el cese del jefe de personal. 労働者たちは人事部長の解雇を求めて大挙してやってきた. producción *en masa* 大量生産.

la gran masa 大半, 大多数. *La gran masa* de comerciantes se opone a la introducción del nuevo impuesto sobre el consumo. 商人の大多数は新消費税の導入に反対している.

masacre [masákre] [＜仏] 男 大虐殺, 殺戮. —cometer una ~ 虐殺する. 類 **matanza**.

masada [masáða] [＜カタルーニャ] 女 (農場や牧場の中に立つ)農家, 作業小屋. 類 **masia, masa**.

masaje [masáxe] [＜仏] 男 ❶ マッサージ, 按摩, 揉み療治. —Se dió unos ~s en la pierna. 彼は自分の脚をマッサージした. ❷ マッサージ用品[器]. —Te recomiendo este ~ para después del afeitado. このアフターシェーブはおすすめだよ.

masajista [masaxísta] 男女 マッサージ師, 按摩.

Masaya [masája] 固名 マサーヤ(ニカラグアの都市).

mascada [maskáða] 女 ❶ 噛むこと, 咀嚼(ソシャク). ❷ 〖南米〗〖俗〗相手のあごを下から突き上げて殴ること. 〖南米〗一口(分の量). 類 **bocado**. ❹ 〖中米〗(噛みタバコなどの)一回分. ❺ 〖中米〗(絹の)ハンカチ. ❻〖中米〗へそくり; 袖の下.

dar una mascada a … 〖中米〗を強く叱責する, 激しく非難する.

largar [*soltar*] *la mascada* 〖中南米〗吐く; 吐露する.

mascador, dora [maskaðór, ðóra] 形 噛む, 噛み砕く, 咀嚼(ソシャク)の. 類 **masticador, triturador**.

—— 名 噛む人[もの], 噛み砕く人[もの].

mascadura [maskaðúra] 女 ❶ 噛むこと, 噛み砕くこと, 咀嚼(ソシャク). ❷ 〖ホンジュラス〗菓子パン. ❸ 〖プエルト・リコ〗(一口分の)かみタバコ.

mascar [maskár] [1.1] 他 ❶ (食べ物を)よく噛む, 噛み砕く. — ~ goma de ~ チューインガム. Mientras yo hablaba no dejaba de ~ chicle. 私が話をしている間ずっと彼はガムを噛んでいた. 類 **masticar**. ❷ 《話, 比喩》(口の中で)もぐもぐ[ぶつぶつ]言う. 類 **mascullar**. ❸《話, 比喩》噛み砕く, わかりやすく説明する.

dar todo mascado a … …に噛み砕いて説明する.

—— *se* 再 《話》重大事態が予感される[差し迫っているように思われる]. —*Se mascaba* la revolución. 革命の勃発が差し迫っているようだった.

máscara [máskara] 女 ❶ 仮面, マスク, 面. —ponerse [quitarse] una ~ 仮面をする[外す]. llevar ~ 仮面をしている. — ~ de subnet 〖情報〗サブネット・マスク. 類 **careta**. ❷ 防毒マスク, ガスマスク. — ~ antigás 防毒マスク. ~ de oxígeno 酸素マスク. 類 **careta**. ❸ 〖スポーツ〗(野球・フェンシングなどの)マスク. ❹ 仮装, 変装. 類 **disfraz**. ❺ 複 仮装パーティ. 類 **mascarada**. ❻ 仮装した人. ❼《比喩》口実, 言い訳. ❽ 複 道化芝居, 仮面劇. 類 **mojiganga**. ❾ (化粧)マスカラ.

arrancar [*quitar*] *la máscara* 〖動〗《比喩》仮面をはぐ. Voy a arrancarle la máscara a ese alcalde. あの市長の化けの皮をはいでやる.

quitarse … *la máscara* 正体を明らかにする, 本音を言う.

mascarada [maskaráða] 囡 ❶ 仮面舞踏会, 仮装パーティー. ― Asistí disfrazado de payaso a la ~. 私はピエロの格好をして仮装パーティーに出た. ❷ 仮装行列. 類**comparsa**. ❸ 見せかけ, まやかし, 茶番(劇). 類**farsa, enredo, trampa**.

mascarilla [maskaríʎa] 囡 ❶ (目の部分だけを覆う)仮面, (防塵)マスク. ❷ (鼻と口だけを覆う)マスク, 酸素[麻酔]マスク. ― El dentista se puso la ~. その歯科医はマスクをつけた. ~ de gas ガスマスク. ❸ 顔型, (特に)デスマスク, 死面. ❹ (美顔用の)パック. ― ~ dérmica 顔パック. ~ de belleza 美顔パック.

quitarse la mascarilla 仮面を脱ぐ, 本性を現す.

mascarón [maskarón] 男 ❶ 大きな仮面. ❷ 《建築》(装飾用の)奇怪な面.

mascarón de proa 《海事, 造船》船首像, フィギュアヘッド.

mascota [maskóta] 〔<仏〕囡 ❶ (幸運をもたらす)人形や動物, お守り. ― Una muñeca como ~. 彼女は人形をお守りにしている. 類**amuleto, talismán**. ❷ マスコット; ペット. ― ~ de los juegos olímpicos オリンピックのマスコット.

mascujar [maskuxár] 他 →**mascullar**.

masculinidad [maskuliniðá(ð)] 囡 ❶ 男性[雄]としての特性, 雄性, 男らしさ. 類**virilidad**. 反**femineidad, feminidad**.

mayorazgo de masculinidad 男子相続制, 男子相続権.

masculino, na [maskulíno, na] 形 ❶ (a) 男性の, 男の. ― moda *masculina* 男性ファッション. 反**feminino**. (b) 男らしい. ― El niño ya tiene un rostro muy ~. その子はもう男らしい顔をしている. 類**enérgico, varonil, viril**. 反**femenino**. ❷ 《文法》(名詞・代名詞・形容詞が)男性の. ― nombre ~ 男性名詞. ❸ (女が)男のような, 男勝りの.

―― 男 《文法》男性(形).

mascullar [maskuʎár] 〔<mascar〕他 ❶ 《話》をもぐもぐと噛む. ❷ 《話》をもぐもぐとぶつぶつと言う, つぶやく. ― Salió del bar mascullando insultos. 口の中でのしりながら, 彼はバルを出た.

masera [maséra] 〔<masa〕囡 ❶ 《料理》(パン生地をこねるための)桶. 類**artesa**. ❷ 《料理》(パン生地をこねるための)布; (パン生地を発酵させるためにかける)布. 類**lienzo, paño**. ❸ 《動物》(ビスケー湾産の)エビの一種, オマールエビ, ロブスター.

masetero [masetéro] 男 《解剖》咀嚼(そしゃく)筋のひとつ)咬(こう)筋.

masía [masía] 〔<カタルーニャ〕囡 (農場や牧場の中に立つ)農家, 作業小屋. 類**casa de campo, masa, masada**.

masificación [masifikaθjón] 囡 大衆化, 大規模化.

masificar [masifikár] 他 ❶ を大衆化する, 無個性化する. ❷ (人)をたくさん集める.

―― se 再 無個性になる, 大衆化する, 人をたくさん集める.

masilla [masíʎa] 〔<masa〕囡 (窓ガラスの固定などに使用する)パテ, 接合剤. 類**pasta**.

masita [masíta] 〔<masa〕囡 ❶ 《軍事》(兵士の給料から差し引かれる)被服費. ❷ 【南米】菓子, ケーキ; パスタ. 類**pasta, pastelillo**.

masivo, va [masíβo, βa] 形 ❶ 《医学》(投与量が)最大耐量の. ❷ 大量の, 多量の. ― producción *masiva* 大量生産. ❸ 大勢の, 大集団の, 大規模の. ― manifestación *masiva* 大規模なデモ. armas de destrucción *masiva* 大量破壊兵器. emigración *masiva* 大規模な移民.

maslo [máslo] 男 ❶ 《動物》尾の中心部. ❷ 《植物》茎. 類**astil, tallo**.

masón¹ [masón] 男 ❶ →**masa**. ❷ (小麦粉を練った)鳥の餌.

masón², **sona** [masón, sóna] 〔<仏〕名 フリーメーソンの会員.

masonería [masonería] 囡 フリーメーソン. ♦慈善・親睦活動を通じて普遍的な人類共同体の完成を目指す秘密結社. 類**francmasonería**

masónico, ca [masóniko, ka] 形 フリーメーソンの.

masoquismo [masokísmo] 男 マゾヒズム, 被虐性愛; 被虐趣味. ♦オーストリアの作家ザッヘル・マゾッホ Sacher Masoch(1836-1895)の描く人物から, 精神病学者クラフト・エビング Krafft Ebing (1840-1902)が命名. 反**sadismo**.

masoquista [masokísta] 形 マゾヒズムの, 被虐性愛の, 嗜虐的な. 反**sadista**.

―― 男女 マゾヒスト, 被虐性愛者, 嗜虐的な人.

mastaba [mastáβa] 囡 《歴史》マスタバ. ♦古代エジプトの台形墳墓.

mastelerillo [mastelerí́ʎo] 男 《船舶》トゲルンマスト, 上檣(しょう). ♦マスト[帆柱]の一番上の部分.

mastelerillo de juanete トゲルンマスト, 上檣.

mastelerillo de juanete de popa メーントゲルンマスト, 大檣上檣.

mastelerillo de juanete de proa フォアトゲルンマスト, 前檣上檣.

mastelerillo de juanete mayor →mastelerillo de juanete de popa.

mastelerillo de perico ミズントゲルンマスト, 後檣上檣.

mastelero [masteléro] 男 《船舶》トップマスト, 中檣(しょう). ♦マスト[帆柱]の中央の部分.

barcón mastelero 帆船.

mastelero de gavia メーントップマスト, 大檣中檣.

mastelero de juanete →mastelerillo de juanete.

mastelero de perico →mastelerillo de perico.

mastelero de popa →mastelero de gavia.

mastelero de proa →mastelero de velacho.

mastelero de sobremesana ミズントップマスト, 後檣中檣.

mastelero de velacho フォアトップマスト, 前檣中檣.

mastelero mayor →mastelero de gavia.

masticación [mastikaθjón] 囡 よく噛むこと, 噛み砕くこと, 咀嚼(そしゃく).

masticador, dora [mastikaðór, ðóra] 形 ❶ 噛み砕く, 咀嚼(そしゃく)する. ❷ 《動物, 昆虫》咀嚼器をもつ.

―― 男 ❶ 《動物》馬銜. ❷ (咀嚼の困難な人のために)食材や料理をすりつぶす道具, マッシャー.

*****masticar** [mastikár] [1.1] 他 ❶ を噛む, 噛み砕く, 咀嚼(そしゃく)する. ― ~ chicle チューインガムを噛む. ❷ を思索する, 噛みしめる. ― Todos los jugadores *masticamos* nuestra derrota. われ

われ選手は皆敗北を噛みしめた.

mástil[1] [mástil] 男 ❶《海事》マスト, 帆柱. ❷ 柱, 支柱, 竿. ❸ (草木の)茎, 幹. ❹ (羽の)軸. ❺ (弦を張るための)棹〔s〕. ❻ (無電用の)鉄塔.

mástil[2] [mástil]《ナワトル》男 (アステカ族が使用した)ふんどしの一種. 類 taparrabos.

mastín, tina [mastín, tína] 形《動物》マスチフ(種)の. — perro 〜 マスチフ.
—— 名《動物》マスチフ(イギリス原産の大型犬).— 〜 danés グレートデーン.

mastitis [mastítis] 女《単複同形》《医学》乳腺炎.

mastodonte [mastoðónte] 男 ❶《動物》マストドン. ♦新生代後半に生息したゾウ目の化石哺乳類. ❷(話, 比喩)巨大なもの[人].

mastodóntico, ca [mastoðóntiko, ka] 形 ❶《動物》マストドン(古生物, ゾウ型の哺乳類)のような. ❷(話, 比喩)大きな, 巨大な, 大男の, 大女の.

mastoides [mastóiðes] 形《単複同形》《解剖》乳様突起の; 乳頭状の.
—— 女《解剖》乳様突起.

mastoiditis [mastoiðítis] 女《医学》乳様突起炎.

mastuerzo [mastuérθo] 形 愚鈍な, 間抜けな. 類 necio, torpe, majadero.
—— 男 ❶《植物》コショウソウ(胡椒草). ❷《植物》クレソン, オランダガラシ. 類 berro. ❸《話》愚鈍な人, 間抜け. 類 cernícalo, necio.

masturbación [masturβaθión] 女 自慰, マスターベーション, オナニー. 類 onanismo.

masturbar [masturβár] 他 (相手の性器)を刺激する.
— se 自慰に耽る, オナニーをする.

mata[1] [máta] 女 ❶ (背の低い)草木, 低木, 灌木. ❷ (草木の)茎. ❸ (草木や低木を植えた)畑[庭]. — Tiene una mata de cerezos excelente. 彼女はりっぱな桜の庭を持つ. ❹《植物》ニュウコウジュ(乳香樹). 類 lentisco.

mata de la seda《植物》トウワタ[唐綿], ガガイモ.

mata de pelo 長く豊かな髪.

mata parda カシやナラの林[茂み].

mata rubia《植物》ケルメスナラ. ♦紅色染料の原料となるエンジムシの一種ケルメスカイガラムシがつく. 類 coscoja.

saltar de la mata《話》姿を明らかにする, 登場する.

seguir a ... hasta la mata《話》(人)をしつこく追いまわす, ...につきまとう.

ser todo matas y por rozar《話》(取引などが)紛糾[錯綜・混乱]している.

mata[2] [máta]《<仏》女《金属》鈹[かわ], マット. ♦硫化鉱物の溶練作業で生ずる中間生成物.

mata[3] [máta]《<matar》男《ゲーム》(賭金をつり上げていく)トランプゲームのひとつ. 類 truque.

matacán [matakán] 男 ❶《植物》マチン(= nuez vómica); マチンの毒物. ❷《狩猟》(犬に追われた)野ウサギ. ❸ つかんで投げやすい石. ❹《建築》石落とし.

matachín[1] [matatʃín] 男 ❶ (昔の)道化役者; その踊り[動作]. — dejar a ... hecho un 〜 (人)に恥ずかしい思いをさせる.

matachín[2] [matatʃín] 男 ❶ 畜殺業者(= matarife). 類 jifero. ❷《比喩》けんか早い男. 類 camorrista, pendenciero.

matadero [mataðéro] 男 ❶ 畜殺場. 類 degolladero. ❷《比喩, 話》骨の折れる[ひどく厄介な]仕事. — Ir a trabajar tan lejos es un 〜. そんなに遠くに勤めるのは, えらい骨折りだ.

ir [venir] al matadero (人が)死地[戦場]に赴く.

llevar a ... al matadero (人)を死地[戦場]に送り込む.

matador, dora [mataðór, ðóra] 形 ❶ 殺す, 殺しの. ❷《比喩》悪趣味の, 滑稽〔こっけい〕な. — Llevaba un vestido 〜. 彼は趣味の悪い服を着ていた.
—— 名《闘牛》マタドール. ♦牛にとどめを刺す役の闘牛士. 類 espada, torero.

matadura [mataðúra] 女 (馬などの)鞍〔くら〕擦れ.

matafuego [matafuéɣo] 男 ❶《主に複》消火器. ❷ 消防士.

matalahúga, matalahúva [matalaúɣa, matalaúβa] 女《植物》アニス(= anís).

mátalas callando [mátalas kajándo] 男女《単複同形》《話》猫かぶり, 狡猾で陰険な人.

matalobos [matalóβos] 男《単複同形》《植物》トリカブト(= acónito).

matalón, lona [matalón, lóna] 形 やせて鞍〔くら〕擦れの絶えない(馬など).

matalote[1] [matalóte] 形 →matalón.

matalote[2] [matalóte] 男《海事》僚艦. — 〜 de proa [popa] 先行[後続]艦.

matamoros [matamóros] 形《性・数無変化》からいばりする, 強がり屋の. 類 valentón.
—— 男《単複同形》からいばりする人, 強がり屋.

matamoscas [matamóskas] 男《単複同形》ハエ叩き, ハエ取り器[紙].

‡**matanza** [matánθa] 女 ❶ 大虐殺, 大量殺人, 殺戮〔さつりく〕. — Los pescadores hicieron una 〜 de focas, que fue muy criticada. 漁師たちはアザラシを大量虐殺したが, それは大いに批判された. Antes de abandonar la ciudad, el enemigo realizó una horrible 〜 de mujeres y niños. 敵は町を出る前に女や子供をむごたらしく殺りくした. ❷ 畜殺, 食肉用として家畜を殺すこと. ❸ (a) 豚を殺すこと, 豚の解体, マタンサ; またその時期. — La 〜 del cerdo tiende a desaparecer de los pueblos. 豚の畜殺[マタンサ]は町から姿を消す傾向にある. ♦マタンサは11月から12月にかけてスペインの多くの村で, 家庭の保存食用に豚を殺す伝統的な行事. (b) マタンサの集い, お祝い. — Me han invitado a la 〜. 私はマタンサの集いに招待されている. (c) (保存食として塩漬けや腸詰めにされた)豚肉加工品. — En esa familia numerosa la 〜 dura sólo unos meses. その大家族ではマタンサの肉はたった数か月しかもたない.

Matanzas [matánθas] 固名 マタンサス(キューバの都市).

mataperrear [matapereár] 自《まれ》《ペルー》いたずらをする, ふざける.

mataperros [matapéros] 男《単複同形》《話, まれ》街をふらつくいたずら坊主.

‡‡**matar** [matár マタル] 他 ❶ を殺す, ...の命を奪う. — Mató a su madre. 彼は自分の母親を殺した. Han matado dos conejos para hacer la paella. 彼らはパエーリャを作るために2羽の兎を殺した. 類 asesinar, eliminar, li-

quidar. ❷《話》をひどく苦しめる、わずらわせる。— Estos zapatos me *matan*. この靴をはくと痛い. Este calor me *mata*. この暑さにはまいってしまう. Este niño me va a ~ a disgustos. この子は心配ばかりかけて私は寿命が縮んでしまう. ❸を弱める、無くす、除く. —~ el hambre con unos pinchos de tortilla 卵焼きをつまんで空腹を満たす. ❹《トランプ》(相手の出したカードより)強いカードを出す、切る. —~ con el rey el caballo del contrario 相手の馬の札 (11) をキングの札 (12) で切る. ❺を落胆させる、がっかりさせる、気落ちさせる. —Sus envenenadas críticas me *han matado*. 彼の毒のある批評に私はすっかり落ち込んだ. ❻《希望など》を壊す、打ち砕く. —~ las esperanzas 希望を打ち砕く. ❼《暇》をつぶす. —Dio un paseo para ~ el tiempo. 彼は暇つぶしのために散歩した. ❽《切手》に消印を押す. —~ el sello 切手に消印を押す. ❾《角張ったもの》を削って丸くする. —~ las esquinas de un mueble 家具の角(かど)を丸くする. ❿をぼかす、くすませる、ぼかす、(光沢などを)消す. —El color negro *mata* al violeta. 黒色はスミレ色をくすませる. ⓫《石灰・石膏(せっこう)》を消和する.

estar [*llevarse*] *a matar con* …《話》(人)と敵対している、犬猿の仲にある. Ella *está a matar con* su suegra. 彼女は姑と犬猿の仲である. *Se llevan a matar*. 彼らは非常に仲が悪い.

matarlas callando《俗》善人のふりをして陰で悪い事をする、猫をかぶる. No te fíes de él, que *las mata callando*. 彼を信用するなよ、表と裏が違うから.

no (me) mates《話》まさか、とても信じられない. ¿Sabes que ha muerto Carmen?-*No me mates*. カルメンが死んだこと知ってるかい.-まさか、うそだろう?

que me maten si《話》…なんて信じられない、本当に…ならば私の首をやる. *Que me maten si* no logro casarme con ella. 私が彼女と結婚できなかったら私の首をやるよ.

——*se* 再 ❶ (a) 自殺する. —*Se mató* arrojándose al mar. 彼は海に投身自殺した. 類 **suicidarse**. (b) (事故で)死ぬ. —~*se* en un accidente de tráfico 交通事故で死ぬ. ❷ (a)《+a/por》…しようと必死になる、一所懸命になる. —*Se mata por* aprobar el examen. 彼は試験に合格しようと必死である. (b)《+por に》首ったけである、(を)溺愛する. —*Se mata por* su nieta. 彼は孫娘に目がない. 類 **desvivirse**. ❸ (配色などが)しっくりしない、合わない、ぴったりしない. —El rojo y el verde *se matan*. 赤色と緑色とはしっくりしない. ❹《+con と》けんかする、争う. —*Se mataba con* su padre. 彼は父親といがみ合っていた.

matarife [matarífe] 男 畜殺業者. 類 **jifero**.

matarratas [matarrátas] 男〖単複同形〗❶ (質が悪くて強い)焼酎. ❷ 猫いらず.

matasanos [matasános] 男〖単複同形〗やぶ医者.

matasellos [mataséjos] 男〖単複同形〗(切手の)消印; スタンプ.

matasiete [matasjéte] 男〖単複同形〗《話》からいばりする人、強がり屋. 類 **fanfarrón**.

matasuegras [matasuéɣras] 男〖単複同形〗(おもちゃの)蛇腹笛.

matatías [matatías] 男〖単複同形〗《軽蔑》金貸し、高利貸し. 類 **prestamista, usurero**.

match [mátʃ]〈英〉男 (スポーツの)試合、対決.

material 1255

mate¹ [máte] 形 ❶ つやのない、くすんだ. ~ [plata] ~ いぶし金[銀]. 類 **apagado, opaco**. 反 **brillante**. ❷ (音が)鈍い. —sonido ~ 鈍い音.

mate² [máte] 男 ❶《チェス》チェックメイト、詰み. —dar jaque ~《キングを》詰める. ❷《スポーツ》スマッシュ.

dar mate a … (人)をからかう、あざ笑う.

mate³ [máte] 男 ❶ マテ茶. —cebar ~ マテ茶を入れる. ~ amargo [cimarrón] 砂糖なしのマテ茶. ❷ マテ茶の木. ❸《マテ茶用の》ヒョウタンの器. ❹〖チリ,ラ・プラタ〗《話》頭.

matear¹ [mateár] 他 (一定の間隔をあけて株や種を植える、蒔(ま)く).
—— 自《狩猟》(猟犬が)獲物を求めて茂みの中を捜す.
——*se* 再 (小麦など穀物の株が)生え広がる.

matear² [mateár] 自 ❶ マテ茶を飲む. ❷〖チリ〗(他の仲間と)混合する.

matear³ [mateár] 他〖チリ〗《チェス》(キングを)詰める、チェックメイトする.

:**matemática** [matemátika] 女 〖主に複〗数学. —~s aplicadas [mixtas] 応用数学. ~s puras 純粋数学.

matemáticamente [matemátikaménte] 副 ❶ 計算上では. ❷ 厳密に.

:**matemático, ca** [matemátiko, ka] 形 ❶ 数学の、数学上の. ❷ 非常に正確な. —En Japón los trenes llegan con puntualidad *matemática*. 日本では列車は正確に時間通りに到着する. 類 **exacto, preciso**.
—— 名 数学者.

Mateo [matéo] 固名《男性名》マテーオ.

:**materia** [matérja] 女 ❶ 物質、もの. —el espíritu y la ~ 精神と物質. ~ blanda [pegajosa] 柔い[べとべとした物質]. ~ cósmica 宇宙物体. La cerámica es una ~ que ha abierto nuevos caminos a la ciencia. セラミックは科学に新しい道を開いた物質である. ❷ 材料. —Las paredes de esta casa están hechas de una ~ resistente y muy económica. この家の壁は耐久性があってとても経済的な材料でできている. 類 **material**. ❸ (精神的なものに対して)物質的なもの. —Los niños de hoy crecen apegados a la ~. 今日の子供たちは物質的なものに執着して育っている. 反 **espíritu**. ❹ 事柄、題目; 問題. —Ese caso puede ser ~ para un trabajo interesante. その事例は興味深い研究のテーマになりうる. índice de ~s (本の)目次. No me gusta hablar de ~s que no entiendo. 私は自分が理解できない問題について話すのは好きではない. 類 **asunto, cuestión, tema**. ❺ 学科、科目. —La física es una ~ que odio. 物理は大嫌いな科目だ. 類 **asignatura**. ❻《医学》膿(う). 類 **pus**.

materia(s) prima(s) [*primera(s) materia(s)*] 原料.

en materia de …の件については、…に関しては. *En materia de* cine es una autoridad. 映画に関しては彼は権威だ.

entrar en materia 本題に入る. Déjate de rodeos y *entra en materia*. 遠回しな言い方はやめて本題に入ってくれ.

:**material** [materjál] 形 ❶ 物質の; 物質的な、物的な、有形の. —objeto ~ 物体. los daños

1256 materialidad

~*es* del terremoto 地震による物的被害[損害]. civilización ~ 物質文明. ayuda ~ 物資の[経済的]援助. prueba ~〖法律〗物的証拠, 物証. bienes ~*es* 有形財産. valor ~ 物質的価値. Sus hijos nunca tuvieron dificultades ~*es*. 彼の子ども達は決して金銭的には困らなかった. 類**corpóreo, físico, sensible, tangible**. 反**inmaterial, intangible, espiritual**. ❷ 肉体の. — dolor [goce] ~ 肉体的苦痛[快楽]. 類**corpóreo, físico, sensible, tangible, terrenal**. 反**inmaterial, intangible, espiritual**. ❸ 実際[実質]上の, 本当の, 具体的な. —presencia de ...(人)が実際に居合わすこと. resultado ~ 実質的[具体的]な成果. imposibilidad ~ de asistir a un acto セレモニーに出席することが現実問題として不可能なこと. 類**efectivo, real**. ❹《軽蔑》物質主義的の, 物欲的の, 即物的の. —una persona muy ~ 物欲一点張りの人, 俗物. 類**materialista**. ❺〖ベネズエラ〗細かい, くどい.

autor material (事件などの)張本人, 真犯人. El *autor material* de este crimen era un chico de veinte años. この犯罪の真犯人は20才の青年だった.

— 男 ❶【主に(複)】材料, 素材, 資材. —nuevo ~ 新素材. ~ publicitario [de publicidad] 広告媒体. ~ refractario 耐熱材, 耐火材. ~*es* de construcción 建築資材. Estos muebles son de buen ~. これらの家具はいい材料を使っている. ¿De qué ~ es esta mesa? この机の材質は何ですか? 類**componente, elemento, ingrediente, materia, sustancia**. ❷〖集合的に〗(学校・病院・会社などの)用具, 道具, 用品; 設備, 機材(一式). —~ bélico [de guerra] 軍需品, 軍事物資. ~ escolar [deportivo, de oficina] 学用品, スポーツ[事務]用品. ~ didáctico 教材. ~ de laboratorio 実験室の設備(機材). ~ quirúrgico 手術器具. ~ de limpieza 清掃用具. ~ de explotación 開発プラント. ~ humano 人材. 類**instrumental, instrumentos, utensilios**. ❸ (作品・研究などの)資料, 題材, 素材. —reunir ~*es* para escribir un artículo 記事を書くための資料を集める. ~ informativo 情報(資料). ❹ 革, なめし革 (=cuero curtido). —zapatos de ~ 革靴. un sillón de ~ 革張りの肘掛け椅子. 類**cuero**. ❺《話》物(𝑔), 麻薬(=droga). —La policía encontró en su casa un montón de ~. 警察は彼の家で大量の麻薬を発見した.

de material〖中南米〗《建築》(日干し)煉瓦造りの, 堅material でできた.

material hereditario《生物》遺伝物質.

material móvil [*rodante*] (鉄道)〖集合的に〗車両.

materiales de derribo 建築古材.

***materialidad** [materjaliðá(ð)] 女 ❶ 物質性, 具体性; 実在性. —negar la ~ del alma 魂の実在性を否定する. 反**espiritualidad**. ❷ (事物などの)外見, 外面, 表面; (意味に対して)音声. —No percibe más que la ~ del asunto. 彼は問題の上っ面しか見ていない. 類**apariencia**. ❸ 実体, 実質. —la ~ del hecho 行為の実質的価値.

***materialismo** [materjalísmo] 男 ❶〖哲学〗唯物論[主義]. —El ~ en Occidente surgió con el atomismo de Demócrito. 西洋における唯物論はデモクリトスの原子論とともに現れた. 反**idealismo**. ❷《軽蔑》物質主義, 物欲主義; 実利主義. —Su ~ es repugnante:sólo le interesa ganar dinero. 彼の物質主義にはむかむかする. 金儲けにしか興味がないんだから. El afán consumista demuestra el ~ de la sociedad actual. 消費への飽くなき欲求は現代社会の物質主義を表わしている.

materialismo dialéctico《哲学》弁証法的唯物論(→marxismo). ◆K. Marx, F. Engels が唱え, 後に Lenin が発展させた, マルクス主義の世界観の基礎をなす哲学学説.

materialismo histórico《哲学》史的唯物論, 唯物史観(→marxismo). ◆歴史的発展の要因は精神的なものではなく物質的なものであるとする見解.

***materialista** [materjalísta] 形 ❶ 唯物論の, 唯物論的な. —modo de pensar ~ 唯物論的な考え方. filósofo ~ 唯物論哲学者, 唯物論者. El comunismo se basa en una filosofía ~. 共産主義は唯物論哲学に基づいている. 反**espiritual**. ❷ 物質主義の, 物質主義的な, 物欲的な; 実利主義の. —civilización ~ 物質文明. Vivimos en una cultura muy ~. 私たちは物質偏重主義の文化を生きている. Tienes una actitud demasiado ~ ante la vida. 君は人生に対して物欲的すぎる. 類**material, práctico, utilitario**. 反**espiritual, idealista**. ❸〖メキシコ〗建築資材の. —camión ~ 建築資材を運ぶトラック.

— 男女 ❶ 唯物論者. —Los ~*s* se oponen a los idealistas. 唯物論者は観念論者と対立する. 反**espiritualista, idealista**. ❷ 物質万能[物欲]主義者, 実利主義者. —Es un ~ que sólo piensa en vivir bien. 彼は安楽に暮らすことしか考えない物質万能主義者だ. Es una ~ que prefiere las cosas a las personas. 彼女は人より物が好きな物質万能主義者だ. 反**espiritualista**. ❸〖メキシコ〗建築資材のトラック運転手; 建築資材運送トラック; 建築(資材)業者.

materialización [materjaliθaθjón] 女 ❶ 物質化; 具体化, 有形化. ❷ (心霊体による)出現, 顕現.

materializar [materjaliθár] [1.3] 他 ❶ を物質化する ❷ を具体[有形]化する, 実現する. —*Materialicé* mi idea en esta obra. 私は着想をこの作品に具体化した. ❸ (人)を物質主義者にする. —La vida en ese país *materializa* a las personas. この国で生活すると人は物質主義者になる. ❹ (霊体)を具現[顕現]させる.

— *se* 再 ❶ 物質になる. ❷ 具体[有形]化される, 実現される. —Murió antes de que su proyecto *se materializase*. 彼は計画が日の目を見る前に亡くなった. ❸ 物質主義者になる.

materialmente [materjálménte] 副 ❶ 物質的に; 物理的に. ❷ 事実上, 実際上.

maternal [maternál] 形 母の, 母親らしい. —cariño [amor] ~ 母親の愛情, 母性愛. instinto ~ 母性本能. 類**materno**.

***maternidad** [materniðá(ð)] 女 ❶ 母親であること; 母性. —protección de la ~ 母性保護. estar de baja por ~ 産休中である. La ~ la ha vuelto más responsable. 彼女は母親になっていっそう責任感が出てきた. 反**paternidad**. ❷ 産院, 産科病院 (=casa[clínica]de ~). —Su marido es el ginecólogo de una ~ municipal. 彼女の夫は市立産院の婦人科医である. Estaba de parto y la ingresaron en la ~. 彼女は陣痛が始まっていたので産院に入院した. ❽《美術》(聖)母子像.

‡**materno, na** [matérno, na] 形 ❶母の, 母としての, 母らしい. —amor ~ 母性愛. 反**paterno**. ❷母系の, 母方の. —abuela ~*materna* 母方の祖母. ❸母国の. —lengua ~*materna* 母(国)語.

matero, ra [matéro, ra] 形《南米》❶マテ茶の好きな. ❷マテ茶の.
—— 名《南米》マテ茶の愛飲家.

matete [matéte] 男『アルゼンチン, ウルグアイ』❶ごたまぜ, 混合物. ❷けんか. ❸混乱, 紛糾.

matidez [matiðéθ] 女 ❶ (色の) くすみ, つやのなさ; (音の) 鈍さ. ❷《医学》(打診の際の)濁音.

Matilde [matílde] 固名《女性名》マティルデ.

matinal [matinál] 形 ❶朝の. 類**matutino**. ❷ (興行の) 午前の部の. —sesión ~ 午前の興行.
—— 女 午前の興行.

matinée [matiné] 〈 < 仏〉女 ❶昼興行, マチネー; 昼の会合. ❷ 〔マチネ〕(女性の)化粧着.

matiz [matíθ] 男《複 matices》❶ (同一色の微妙な)色合い, 色調, 調子. —Lucía un elegante kimono con delicados *matices* del grana. 彼女は深紅の微妙な色合いをもつ優雅な着物を見せらかしていた. 類**gama, tonalidad, tono**. ❷ (何色かの)配色. —El ~ de este cuadro está poco logrado. この絵画の配色はあまり成功していない. ❸ニュアンス, (微妙な)差異. —Sus palabras tenían un cierto ~ retador. 彼の言葉にはある程度挑戦的なニュアンスがあった. "La Colmena" es una novela de insuperable ~ narrativo.『蜂の巣』はこの上なく物語の妙味をもっている小説だ.

matizado, da [matiθáðo, ða] 形〔+de/en〕(…の)色を帯びた, 含みを持った. —color amarillo ~ *del* verde 緑がかった黄色. ideología *matizada de* comunismo 共産主義の色合いを帯びたイデオロギー.

matizar [matiθár] [1.3] 他 ❶ (色)を配合する, 組み合わせる. 類**combinar**. ❷〔+con/de/en〕(の)色合いをつける. —~ la habitación de rojo 部屋を赤色でまとめる. ❸〔+con/de/en〕(色など)に微妙な変化を与える; 含みを持たせる. —La luz del sol naciente *matizó* el agua *de* suaves colores. 朝日の光で水が柔らかな色の変化を示した. ~ el tono de voz 声の調子を変える. *Matizó* sus palabras *con* un delicado humor. 彼はことばに微妙なユーモアの含みをもたせた. *Matizó* los pros y los contras del proyecto. 彼は計画の利害得失に色をつけた.

matojo [matóxo] 〈 < mata+-ojo〉男 ❶ 雑木, 雑草. ❷『植物』オカヒジキ(アカザ科の一種). ❸山に生い茂る草木.

matón [matón] 男 ❶《話》けんか早い男. ❷殺し屋; 用心棒.

matonismo [matonísmo] 男 腕力[恫喝]によるさばり; ごろつきぶり.

matorral [matořál] 男 低木の茂み; 雑草地. 類**maleza**.

matraca [matráka] 女 ❶マトラカ(木製のガラガラ). ◆聖週間に鐘の代わりをする. ❷《話》からかい, ひやかし. —dar ~ a ... (人)をからかう. 類**burla, chasco**. ❸《話》しつこさ, うるささ. —dar la ~ a ... (人)にいらいらさせる. ❹《話》しつこく[くどい]人. 類**machacón, pesado**. ❺《複》《話》数学の科目.

matraquear [matrakeár] 自 ❶《話》ガラガラを鳴らす; カタカタ音を立てる. ❷《話》いらいらさせる, うるさがらせる. 類**importunar, molestar**.

matraqueo [matrakéo] 男 ❶マトラカを鳴らすこと; カタカタ鳴る音. ❷《話》しつこさ, くどさ.

matraz [matráθ] 男《化学》長首フラスコ.

matrero, ra [matréro, ra] 形 ❶ずるい, 狡猾(ニョ)な, 抜け目ない. 類**astuto, diestro**. ❷疑い深い. 類**receloso, suspicaz**. ❸だまし屋の, 裏切り者の. 類**engañoso, pérfido**. ❹《南米》《司直の手を逃れて山に逃走中の, 放浪している.

matriarcado [matriarkáðo] 男 ❶ (原始)母系家族制, 母権制. ❷ (ある社会や集団の)女性支配.

matriarcal [matriarkál] 形 母系家族制の, 母権制の.

matricaria [matrikária] 女《植物》ナツシロギク.

matricida [matriθíða] 形 母親殺しの.
—— 男女 母親殺しの犯人.

matricidio [matriθíðjo] 男 母親殺しの犯行.

‡**matrícula** [matríkula] 女 ❶登録簿, 名簿; (大学などの)学籍登録; 授業料. —~ de alumnos 学生の学籍登録. ~ de coches 自動車登録. ~ de buques 船舶の登録. derechos de ~ 登録費. Mañana abren la ~ en la facultad. 明日学部の登録が始まる. 類**inscripción, registro**. ❷ (教育関係などでの)登録者(総数). —Este curso hay más ~ que el año pasado. 今学年は去年より登録者数が多い. ❸ (自動車の)登録番号; ナンバープレート. —Este coche tiene ~ de Madrid. この車はマドリードのナンバープレートをつけている. puerto de ~ 船籍港.

matrícula de honor (1) (科目における)最優秀成績. Este año ha tenido tres *matrículas de honor*. 彼は今年3つ最優秀成績をもらった. (2) 特待生登録(成績優秀で授業料が免除).

matrícula gratuita 授業料免除.

matriculación [matrikulaθjón] 女 登録[入学]すること; その手続き.

‡**matricular** [matrikulár] 他 (公文書・学籍簿に)を登録する, 記載する. —El padre quería ~ a su hijo a la Universidad de Barcelona. 父親は息子をバルセロナ大学に入学させたがった. ~ un coche 車を登録する.
—— se 再〔+en〕登録する, 入学手続きをする. —*Me he matriculado en* una academia de idiomas. 私は語学学校に入学手続をした. *Se matriculó en* la Facultad de Educación. 彼は教育学部に入学した.

***matrimonial** [matrimonjál] 形 結婚の, 婚姻の; 夫婦(間)の. —vida ~ 結婚生活. vínculo ~ 結婚の絆. capitulaciones [capítulos] ~*es*.《法律》(公正人立会いでサインする)婚姻財産契約. enlace ~ 結婚(式)(=boda). compromiso ~ 婚約. agencia ~ 結婚紹介所. separación ~ (夫婦の)別居. Sus relaciones ~*es* van estupendamente. 彼らの夫婦関係は非常にうまく行っている. Sus relaciones ~*es* van cada día peor. 彼らの夫婦関係は日増しに悪くなっていく. 類**marital**.

‡**matrimonio** [matrimónjo] 男 ❶ 結婚; 結婚式. —contraer ~ con ... …と結婚する, 婚姻の契りを結ぶ. ~ civil (教会で式をあげないで婚姻届

1258 matritense

を出す)届け出結婚. ― religioso [por la iglesia] 教会による結婚. 類 **boda, casamiento.** ❸ 夫婦. ―En este apartamento vive un joven ~ inglés. このアパートにはイギリス人の若い夫婦が住んでいる. ― homosexual 同性愛者の夫婦.

matritense [matriténse] 形名 →madrileño.

matriz [matríθ] 女 (複 matrices) ❶《解剖》子宮. 類 **útero.** ❷ 鋳型, 抜き型; (活字の)母型(ぼがた); (レコードの)原盤. 類 **cuño, molde.** ❸ 原本, 原簿, 台帳. ❹ (小切手帳などの)控え, 割り符. ❺《数学》マトリックス, 行列; (情報)配列. ~ de puntos ドット・マトリックス. ❻《鉱物》基質, 石基. ❼ 雌ねじ(=tuerca). ❽《鳥類》クイナ.
― 形 母体となる, 主たる. ― casa ― 本社[店, 局, 部]. lengua[Iglesia] ~ 母語[主教会].

matrona [matróna] 女 ❶ 助産婦, 産婆. 類 **comadrona.** ❷ (税関・刑務所などの)女性係官. ❸ (特に古代ローマの)上流の母親. ❹ 太った中年女性.

Maturín [maturín] 固名 マトゥリン(ベネズエラの都市).

matute [matúte] 男 ❶ 密輸入(品). ―hacer ~ 密輸する. Llevaba el ~ escondido dentro de un muñeco. 彼は人形の中に密輸品を隠し持っていた. 類 **contrabando.** ❷《まれ》闇(やみ)賭博場.
de matute 秘密裏に; 非合法的に.

matutear [matuteár] 自 密輸入する.

matutero, ra [matutéro, ra] 名 密輸入者.

matutino, na [matutíno, na] 形 朝の; 朝刊の. ― periódico ~ 朝刊. Le gusta darse un baño ~. 彼は朝風呂に入るのが好きだ. 類 **matinal.**

maula [máula] 女 ❶ がらくた, 役立たずの物. ❷《まれ》(布・紙などの)切れ端. 類 **resto, retal.** ❸ 策略, ごまかし, ぺてん. 類 **engaño.**
― 男女《話》 ❶ 詐欺[ぺてん]師; 金払いの悪い人. ❷ 怠け者, 役立たず. 類 **holgazán.**
ser buena maula (人が)腹黒い, 悪党である.
― 形《アルゼンチン, ウルグアイ》臆病な.

Maule [máule] 固名 マウレ(チリの県).

maulería [maulería] 女 ❶《まれ》(布の)端切れ物店. ❷ 策略, ごまかし, ペテン.

maulero, ra [mauléro, ra] 名 ❶《まれ》(布の)端切れ物商人. ❷ 詐欺[ぺてん]師. 類 **marrullero.** ❸《エクアドル》手品師, 魔術師.

maullador, dora [mauʝaðór, ðóra] 形 (猫が)よく鳴く.

maullar [mauʝár] [1.8] 自 (猫が)にゃーにゃー鳴く. 類 **mayar.**

maullido [mauʝíðo] 男 猫の鳴き声. ―dar ~s (猫が)にゃーにゃー鳴く. 類 **mayido, miau.**

Mauricio [mauríθjo] 固名 ❶ モーリシャス(首都ポートルイス Port Louis). ❷《男性名》マウリシオ.

Mauritania [mauritánja] 固名 モーリタニア(首都ヌアクショット Nouakchott).

mauritano, na [mauritáno, na] 形 モーリタニアの. ― 名 モーリタニア人.

máuser [máuser] 男 (複 máuser(e)s) モーゼル銃.

*__mausoleo__ [mausoléo] 男 (石の建物から成る豪華で壮大な)墓(所), 霊廟(れいびょう). ―Ha mandado hacer un impresionante ~ para su esposa. 彼は妻のために立派な墓を建てるよう命じた.

maxifalda [maksifálda] 女《服飾》マキシスカート.

maxilar [maksilár] 形《解剖》顎(あご)の. ― hueso ~ 顎骨. venas ~es 顎脈.
― 男 顎骨. ― inferior [superior] 下[上]顎骨.

*__máxima__ [máksima] 女 ❶ 格言, 金言, 箴言(しんげん). ~s morales 道徳訓. 類 **aforismo.** ❷ 処世訓; 規範. ―Mi ~ es no faltar a la palabra. 私の処世訓は約束を破らないということだ. 類 **norma, principio.**

maximalismo [maksimalísmo] 男 過激主義.

maximalista [maksimalísta] 形 過激主義の.
― 男女 過激主義者.

máximamente [máksimaménte] 副 ことに, なおさら.

máxime [máksime] 副 特に, とりわけ, ことに. ―Los padres estarán contentos, ~ cuando su hijo se ha colocado en una buena compañía. 息子が良い会社に就職して両親の喜びもひとしおだろう. 類 **mayormente.**

Maximiliano de Habsburgo [maksimiljáno de apsβúrɣo] 固名 マクシミリアーノ[マクシミリアン](1832-67, メキシコ皇帝, 在位 1864-67).

*__máximo, ma__ [máksimo, ma] 形 最大の, 最高の, 極限の. ― ~ goleador (サッカーなどの)最高得点者. Es el ~ éxito que hemos tenido. これはいままで私たちが得た最大の成功だ. La velocidad *máxima* de este coche es de 250 kilómetros por hora. この車の最高時速は 250 キロだ. La música sonaba en su *máxima* intensidad. 音楽はフォルティシモで鳴っていた. Es uno de los escritores ~s de España. 彼はスペインで最も偉大な作家の一人だ. 類 **mínimo.**
― 男 最大, 最大数[量], 最高点. ―La radio estaba puesta al ~. ラジオはボリュームが最大になっていた. 類 **limite, tope.**
como máximo せいぜい, 多くて, 最大限. Tardaré dos días *como máximo* en traducirlo. 私はそれを訳すのに長くて 2 日かかります.

máximum [máksimun] [<ラテン語] 男 → máximo.
al máximum → como máximo.

may.《略号》= mayo 5 月の.

maya[1] [mája] 形 マヤ(人・語・文化)の.
― 男女 マヤ人[族]. ♦ メキシコ南部のユカタン半島からホンジュラスに住む原住民インディオ.
― 男 マヤ語.

maya[2] [mája] 女 ❶《植物》ヒナギク. ❷ (5 月の祭りに選ばれる)5 月の女王, メイ・クイーン.
hecha una maya (女性が)着飾って.

mayar [majár] 自 →maullar.

mayestático, ca [majestátiko, ka] 形 陛下(majestad)の. ― plural ~《文法》威厳の複数(国王や教皇など高位の人が 1 人称複数で自分を指示する表現法. 例:Nos, el rey 国王たる余). 類 **augusto, majestuoso.**

mayido [majíðo] 男 →maullido.

*__mayo__ [májo マヨ] 男 ❶ 5 月(→mes). ―Nos

casaremos en ~. 私達5月に結婚します. *M~ es el mes de las flores.* 5月は花咲く月です. ❷ メイポール, 5月柱(5月に広場などに建てて花・リボンで飾り付け, その周りで踊られる). —Los mozos del pueblo colocaron el ~ en la plaza. 村の青年達が広場にメイポールを建てた. ❸ 〖⦅村の青年たちが4月末日と5月1日に娘たちのために持ち歩く⦆春の歌. ❹ (男が恋人の戸口に置く)枝飾り. ❺〖キューバ〗《鳥類》クロギヌムクドリモドキ.

Agua de mayo, pan para todo el año. 〖諺〗5月に雨が降れば1年分のパンができる.

como (el) agua de mayo 〖スペイン〗《話》干天の慈雨のように, 折りよく. Esperábamos la llegada de las vacaciones *como agua de mayo*. 私たちは休みが来るのを首を長くして待っていた. Esta paga extraordinaria me viene *como agua de mayo*. この臨時収入はとても助かった.

Cuando marzo mayea, mayo marcea. 〖諺〗3月に天気がよければ, 5月の天気は悪くなることが多い.

flores de mayo 聖母月(5月のこと).

Hasta el cuarenta de mayo no te quites el sayo. 〖諺〗5月になるまで薄着は禁物.

para mayo 〖皮肉, ユーモア〗〖チリ〗ずっと先に, いつになるかわからぬ頃.

mayólica [majólika] 囡 マジョリカ焼き(装飾的なイタリアの陶器).

mayonesa [majonésa] 囡 《料理》マヨネーズ (=*salsa* ~).

⁑mayor [majór マヨル] 形 〖*grande* の比較級. →**menor**〗 ❶ (*a*) 〖+ *que*〗 …より大きい, より多い. —Mi problema es ~ *que* el tuyo. 私の問題は君のより大きい. Esa inversión tiene un riesgo ~. その投資はもっと大きいリスクがある. Se ha comprado un coche ~ *que* el mío. 彼は私のより大きい車を買った. 反 **menor**. 〖形así・寸法のみならず主に各種・程度を用いる〗. (*b*) 〖定冠詞・所有形容詞＋〗もっとも大きい, 最大の. —La ~ parte de la gente está en contra de ese proyecto. 大部分の人たちはその計画に反対である. Es la ~ ciudad del país. それは国最大の都市である. Este es el ~ perro que he visto. これは私が今まで見た中で一番大きい犬だ. Viven en la ~ miseria. 彼らは極貧の中で暮らしている. Su ~ ambición es llegar a director gerente. 彼の最大の野心は総支配人になることだ. ❷ (*a*) 年上の, 年長の. —Mi padre es ~ *que* mi madre. 私の父は母より年上だ. Mi hermana ~ me lleva tres años. 私の姉は私より3歳年上だ. 反 **menor**. (*b*) 〖定冠詞・所有形容詞＋〗もっとも年上の. —Soy el ~ de los hermanos. 私は兄弟の中で一番年上だ. ❸ 大人の, 成人した. —Ella es ~ de edad. 彼女は成人した大人だ. Tiene dos hijos ~es. 彼女には成人した息子が二人いる. Cuando sea ~ quiero ser abogado. 大人になったら僕は弁護士になりたい. ❹ 年配の, 中高年の; 老齢の. —En la reunión sólo había personas ~es. 会合には年配の人たちしかいなかった. Mis abuelos ya son muy ~es. 私の祖父母はかなりの年配だ. 類 **viejo**. ❺ 主要な, 主な, 重要な. —*plaza* ~ 中央広場. *calle* ~ 大通り. *mástil* ~ 《海事》メインマスト. ❻ 先任の, 主任の, 上級の. —El cocinero ~ es el que organiza el trabajo en la cocina. コック長とは調理場で仕事を指揮する人である. ❼《音楽》長調の, 長音階の. —*escala de do* ~ ハ長調. ❽《数学》大である(不等号＞*>*で表す). —x > (*mayor que*) y. x は y より大である.

al por mayor 卸売りで[の]; 大量に. *venta al por mayor* 卸売り. En ese comercio venden azúcar *al por mayor*. その商店では砂糖を卸売りしている.

colegio mayor →**colegio**.

fuerza mayor →**fuerza**.

ir [pasar/llegar] a mayores 重大[おおごと]になる. Hay que actuar antes de que el asunto *pase a mayores*. その件が重大事になる前に行動するべきだ.

—— 男女 ❶ 大人, 成人. —Los ~es no comprenden a los niños. 大人たちは子供たちを理解しない. ❷ 年長者, 年配者, 中高年. —*residencia para* ~*es* 老人ホーム.〖*mayor* は老人を婉曲に指す語として用いられる.

—— 男 ❶ 首長, 長, 指導者. —~*es del clan* 一族の長老たち. ❷ ⦅複⦆先祖, 祖先. —No debemos olvidar las enseñanzas de nuestros ~*es*. 私たちは祖先の教えを忘れてはいけない. 類 **abuelos, antecesores, antepasados**. ❸〖英米などで〗陸軍少佐. 類 **comandante**. ❹《会計》元帳.

—— 囡 《論理》大前提.

mayoral [majorál] 男 ❶ 牧童頭. ❷ (農場の)監督, 人夫頭. ❸ (駅馬車などの)御者. ❹〖アルゼンチン〗(電車の)運転手.

mayorazgo [majoráθɣo] 男 ❶ 長子相続制; 長子相続の世襲財産; 相続権のある長子. 類 **primogenitura**. ❷《話》長男, 嫡男.

mayordomía [majordomía] 囡 家令[執事]の職務; その事務所.

mayordomo [majordómo] 男 ❶ 家令, 執事, 使用人頭. ❷ (信徒会の)財産管理担当官. ❸〖チリ〗(工事などの)現場監督. ❹〖ペルー〗召使い, 使用人.

mayordomo mayor (王家の)内大臣.

⁑mayoría [majoría] 囡 ❶ 大部分, 大半. —En España la ~ de las tiendas se cierran a mediodía. スペインでは大半の店が昼に閉まる. La ~ de las veces que escribo no contesta a mis cartas. 私が便りをしてもたいていの場合彼は返答してこない. ❷ (投票の)多数, 多数党. —El proyecto de ley se aprobó por ~ de votos. その法案は多数票で認められた. ~ *abrumadora* 圧倒的多数. ~ *absoluta* 絶対多数(過半数を占める). Antonio tiene tres votos de ~. アントニオは次点者より3票多くとっている. 反 **minoría**. ❸ 成年, 成人の年令. —llegar a la ~ 成人になる. ~ *de edad* 成年.

mayoridad [majoriðáð] 囡 ❶ より大きいこと; 年上であること. ❷ 成年[成人]であること.

mayorista [majorísta] 男女 卸売り業者, 問屋. 反 **detallista, minorista**.

—— 形 卸売りの.

mayoritario, ria [majoritárjo, rja] 形 多数派の; 多数決による. —*partido* ~ 与党, 多数党. 反 **minoritario**.

mayormente [majórménte] 副 主として, 特に. 類 **principalmente**.

mayúscula [majúskula] 囡 →**mayúsculo**.

mayúsculo, la [majúskulo, la] 形 ❶ 大文字の. —letra *mayúscula* 大文字. ❷ ひどく大きな. —Ha dicho un disparate ～. 彼はひどくばかげたことを言った. Me ha dado un susto ～. 彼は私をひどく驚かせた.

—— 女 大文字. —Los nombres propios se escriben con *mayúscula* inicial. 固有名詞は頭文字を大文字で書かれる. 反**minúscula**.

maza [máθa] 女 ❶ 大きな木槌(きづち), かけや. ❷ 棍棒(昔の武器). ❸ (儀式・行列用の)金頭杖(づえ). ❹ (ビリヤードの)キュー尻(じり). ❺ (音楽)(太鼓の)ばち. ❻ 《話》うるさい人, 厄介者. ❼ 【南米】(車輪の)轂(こしき). ❽ [コロンビア, キューバ, プエルトリコ] (サトウキビ圧搾機の)ローラー.

maza de Fraga (杭(くい)打ち用)パイルハンマー.

mazacote [maθakóte] 男 ❶ 固く塊になったもの; 固く干からびた食物. —El arroz ya está hecho un ～. その米はもうカチカチになっている. ❷ 出来損いの芸術作品. —Han erigido al poeta un monumento que es un ～. 詩人に出来損ないの記念碑が建てられた. ❸ (建設用)コンクリート. 類**hormigón**. ❹ オカビジキの灰. ❺《比喩, 話》うるさい人, 厄介者.

mazamorra [maθamóra] 女 ❶【南米】(特にペルーの)トウモロコシ粉の粥(かゆ), コーンスープ. ❷ 湿んだスポンジケーキ; (スープ用の)くずれたビスケット. ❸《比喩, まれ》くずれて粉々になったもの.

mazapán [maθapán] 男《料理》マジパン. ◆*nata nuez* 生クリームとクルミ入りのマジパン.

mazazo [maθáθo] 男 ❶ 槌(つち)[棍棒]による一撃. ❷《比喩》衝撃. —La noticia de su grave enfermedad fue un ～ para nosotros. 彼の重病の知らせはわれわれにとって衝撃であった.

mazdeísmo [maθdeísmo] 男 (古代ペルシア人の)ゾロアスター教, 拝火教(＝zoroastrismo).

mazdeísta [maθdeísta] 形 ゾロアスター[拝火]教の(＝zoroástrico).

—— 男女 ゾロアスター[拝火]教徒.

mazmorra [maθmóra] 女 地下牢.

mazo [máθo] 男 ❶ 大きな木槌(きづち). ❷ (物を打ち砕くための)小槌. 類**maza**. ❸ 束, 一組に束ねた[まとめた]もの. —un ～ de cintas [cartas] テープ[手紙]の束. ❹ うるさい人, 厄介者.

A Dios rogando y con el mazo dando.【諺】天は自ら助くる者を助く(←神に祈りつつ, また槌(つち)をたたきつつ).

mazorca [maθórka] 女 ❶ トウモロコシの穂. 類**panocha, panoja**. ❷ カカオ豆. ❸ 紡錘の糸. ❹【アルゼンチン】独裁政府; 政治的テロ組織.

mazurca [maθúrka] 女《音楽, 舞踊》マズルカ(ポーランドの舞踊[曲]).

Mb, MB《略号》＝megabyte メガバイト.

Mc《略号》＝megaciclo メガサイクル.

MCCA《頭字》(＝Mercado Común Centroamericano) 男 中米共同市場.

me [me メ] 代(人称)【1人称単数与格・対格; 話し手をさす】❶【直接補語として】私を. —*Me* invitó a su casa. 彼は私を家に招待してくれた. ❷【間接補語として】私に, 私にとって, 私から. —Mi padre *me* regaló estos libros. 父は私にこれらの本をプレゼントしてくれた. ❸【再帰代名詞として】私自身を[に]. —Esta mañana *me* he levantado temprano. 私は今朝早く起きました.

meada [meáða] 女《俗》小便; その跡[染み].

meadero [meaðéro] 男《俗》小便所. 類**urinario**.

meados [meáðos] 男 小便, おしっこ.

meaja¹ [meáxa] 女《まれ》かけら, くず(＝migaja).

meaja² [meáxa] 女 ❶ 昔の銅貨. ❷ 昔の訴訟費用.

meaja de huevo 卵の砥盤.

meandro [meándro] 男 ❶ (川や道の)蛇行, 曲がりくねり. ❷《建築》雷紋.

mear [meár] 自《俗》小便をする(＝orinar).

—— 他《俗》…に小便をかける.

—**se** 再《俗》小便をもらす. —Hasta los seis años *se meaba* en la cama. 彼は6歳までおねしょをしていた.

mearse de risa [*de gusto*]《比喩, 俗》大笑いする[大いに喜ぶ].

meato [meáto] 男《解剖》管, 道. —～ auditivo [urinario] 耳[尿]道.

Meca [méka] 固名 →La Meca.

meca [méka] 女《チリ》人糞(じん); 獣のふん.

mecánica [mekánika] 女 ❶ 力学, 機械学. —～ celeste 天体力学, 天文学. ❷ 機構, メカニズム, 仕組み. —Comprueba la ～ del aparato antes de usarlo. その器具を使うまえに機構を調べなさい. 類**mecanismo**. ❸ (機械の)しかけ, 働き.

mecanicismo [mekaniθísmo] 男 ❶《哲学》機械論,《言語学》機械主義, メカニズム. ❷ 機械の導入. ❸ 機械化への傾向.

mecánico, ca [mekániko, ka] 形 ❶ 力学の, 機械(学)の, 機械学の. —las leyes *mecánicas* 力学の法則. El rendimiento ～ de este motor es magnífico. このエンジンの機械的効率はすばらしい. ❷ 機械的な, 自動的な. —acto [gesto, movimiento] ～ 機械的行動[身振り, 動き]. 類**automático, inconsciente, maquinal**.

—— 男 機械工. —～ de automóviles 自動車修理工.

mecanismo [mekanísmo] 男 ❶ 機械(装置), 仕掛け. —～ de cierre automático 自動閉鎖装置. ～ eléctrico 電動装置. El ～ de este reloj es muy simple. この時計の仕掛けはとても単純だ. 類**dispositivo**. ❷ 機構, 仕組み, メカニズム. —～ administrativo 行政機構. ～ del cerebro 脳のメカニズム. En unos días estará al tanto del ～ del negocio. 彼は数日したら業務の手順がわかるだろう.

mecanización [mekaniθaθjón] 女 機械化.

mecanizar [mekaniθár] [1.3] 他 ❶ を機械化する. —～ la producción [agricultura] 生産[農業]を機械化する. ❷ (人間の活動)を機械的にする. —Tiene su vida *mecanizada*. 彼は機械のような生活をしている.

mecano, na [mekáno, na] 形 名 メッカの, メッカの人.

—— 男 組み立て式の玩具.

mecanografía [mekanoɣrafía] 女 タイプライターを打つこと, タイプ技能.

mecanografiado, da [mekanoɣrafjáðo, ða] 形 タイプライターで書かれた, タイプした.

mecanografiar [mekanoɣrafjár] [1.5] 他 をタイプライターで書く, タイプする.

mecanógrafo, fa [mekanóɣrafo, fa] 名 タイピスト.

mecapalero, ra [mekapaléro, ra] 名《グアテマラ,ホンジュラス,メキシコ》(mecapal を使う)荷物運び人.

mecatazo [mekatáθo] 男《ホンジュラス,メキシコ》縄[ひも]で打つこと. 類 **latigazo**.

mecate [mekáte] 男《中南米,フィリピン》(麻・リュウゼツランの)縄,ひも.

mecatear [mekateár] 他 ❶《メキシコ》縄[ひも]で縛る. ❷ を鞭(铈)で打つ. ❸《ベネズエラ》(人)にへつらう. ── *se* 再《メキシコ》─ *mecateárse* las 走り去る,姿をくらます.

mecedor, dora [meθeðór, ðóra] 形 揺する,揺れる; かき混ぜる.
── 男 ❶ 木製の攪拌(袃)棒. ❷ ぶらんこ.
── 女 揺り椅子, ロッキングチェア.

mecedora [meθeðóra] 女 →**mecedor**.

mecenas [meθénas] 男女《単複同形》学芸の後援[保護]者, パトロン.

mecenazgo [meθenáθɣo] 男 学芸の後援[保護].

mecer [meθér] [2.4] 他 ❶ を揺り動かす,揺する. ─ La madre *mece* la cuna [al niño en sus brazos]. 母親は揺りかごを[子どもを腕の中で]揺らしている. 類 **balancear, columpiar**. ❷ (液体を)かき混ぜる, 攪拌(袃)する.
── *se* 再 揺れる, 済ませた. ─ Al niño le encanta ─*se* en el columpio. その子どもはブランコに乗るのが大好きだ.

mecha [métʃa] 女 ❶ (ランプ・ろうそくなどの)芯(珉), 灯心. 類 **pábilo**. ❷ 導火線, 信管. ─ ~ de seguridad 安全導火線. ❸《医学》ガーゼ. ❹《料理》(肉に刺し込む)豚の生ベーコンの薄切り. ❺ (他の部分と色が異なる)髪の毛房(= mechón de pelos).

aguantar (la) mecha《話》(不愉快なことや逆境などを)耐え忍ぶ, 我慢しきる.

a toda mecha《話》全速力で.

alargar la mecha《話》給料が増える.

mechar [metʃár] 他 (鳥肉などに)豚の生ベーコンを刺し込む.

mechera [metʃéra] 女 ❶ 万引き女. ❷《料理》(豚の生ベーコンの)刺し込み針(= aguja ~).

mechero [metʃéro] 男 ❶ (タバコ用の携帯式)ライター; 点火器. 類 **encendedor**. ❷ 火口, バーナー. ─ ~ de gas ガスバーナー. ❸ (燭台(铧)の)ろうそく立て. ❹ 万引き男.

mechón [metʃón] 男 ❶ (髪・毛糸の)房. ❷ (ランプの)大きな芯(珉).

meconio [mekónjo] 男 ❶《医学》胎便. ❷《薬学》ケシのエキス.

medalla [meðája] 女 ❶ メダル, 賞杯[牌(ǐ)], 勲章. ─ ~ de oro [plata, bronce] 金[銀,銅]メダル. Le han concedido [Le han premiado con] la ~ del mérito civil. 彼は市民功労賞を授与された. ❷ ペンダント, ロケット(とくに聖母マリア, 聖人などが刻まれた). ❸《彫刻》浅浮き彫り(= bajorrelieve). ❹ 古銭.

el reverso de la medalla メダルの裏, (物事の)反面.

── 男女 メダル受賞者, メダリスト.

medallón [meðajón] 男 ❶ 大型メダル. ❷ (装身具の)ロケット. ❸《建築》円形浮き彫り[模様]. ❹《料理》薄い輪切り肉[魚], メダイヨン.

médano, medaño [méðano, meðáɲo] 男 ❶ 砂丘 (= duna). ❷ 砂州(菘).

Medellín [meðejín] 固名 メデジン(コロンビアの都市).

media[1] [méðja] 女《主に複》ストッキング, 長靴下;《南米》ソックス. ─ ~s de seda シルクのストッキング. ponerse [quitarse] las ~s ストッキングをはく[脱ぐ]. 類 **calcetines**.

media[2] [méðja] 女 ❶《数学》平均. ─ ~ aritmética 算術平均(いくつかの数の合計をその数で割った値). ~ proporcional 比例中項. ❷ 半時間. ─ El concierto empieza a las siete y ~. そのコンサートは 7 時半に始まる. Terminaremos a la ~ en punto. ちょうど半時間たったときに終えよう. ❸ ハーフボトル (= ~ botella). ─ Póngame una ~ de vino. ワインのハーフボトルをお願いします. ❹《スポーツ》ハーフバック.

a medias (1) 半分ずつ(の); 共同で. (2) 中途半端に[な].

de media 平均して.

mediacaña [meðjakáɲa] 女 ❶《建築》刳型(鷥), モールディング; 平縁. ❷《木工》丸のみ. ❸ ヘアーアイロン, カールです.

*‎**mediación** [meðjaθjón] 女 ❶ 仲裁, 調停. ─ El Secretario General de la ONU ha ofrecido su ~. 国連事務総長が仲裁を申し出た. pedir ~ 調停を要請する. Mi ~ no bastó para que llegaran a un acuerdo. 私の仲裁は彼らが和解するのに十分ではなかった. ❷ 仲介, 取り次ぎ. ─ *por ~ de ...* を介して, …の仲介で.

‡**mediado, da** [meðjáðo, ða] 過分 形 半分になった[入った, 済ませた]. ─ La botella de aceite [El teatro] está *mediada*[o]. 油のびん[劇場]が半分になっている[半分入っている]. Llevo *mediada* la traducción. 私は翻訳を半分し終わっている. M~ el camino, nos paramos a descansar. 道を半分行った所で我々は立ち止まって休息した. Los días ~s entre su llegada y su partida pasó los visitando museos. 彼は来てから帰るまでの間の日々は美術館を訪れて過ごした.

a [hacia] mediados de《時間》…の半ば頃に,中旬に. Llegará *a mediados de* agosto. 彼は 8 月中旬にやってくるだろう. *a mediados de* semana [mes, año, siglo] 週[月,年,世紀]の半ばに.

mediador, dora [meðjaðór, ðóra] 形 調停の, 仲裁の; 仲介の, 間に入る.
── 名 調停[仲裁]者; 仲介者. ─ Él se ha ofrecido a actuar de ~ en el conflicto. 彼は紛争の調停役を務めるのを買って出た.

medialuna [meðjalúna] 女 ❶ クロワッサン(三日月形のパン). 類 **cruasán**. ❷ 半月形.

mediana [meðjána] 女 ❶《幾何》(三角形の)中線. ❷ (ビリヤードの)長めのキュー.

‡**medianamente** [meðjánaménte] 副 中くらいに, 並みに, 可もなく不可もなく. ─ Es una carne ~ buena. それはまずまずの肉だ. 類 **regularmente**.

medianejo, ja [meðjanéxo, xa] 形《話》並よりやや劣る, 平均以下の.

medianería [meðjanería] 女 ❶ (2 つの地所を分離する)境界塀; 柵. ❷ (2 つの建物の間の)境界壁.

medianero, ra [meðjanéro, ra] 形 ❶ 境界

medianía

の. — pared *medianera* 境界壁. ❷ 調停[仲裁]の.

— 图 ❶ 調停[仲裁]者. ❷ (境界壁を共にする)隣人. ❸ 折半小作農.

*medianía [meðianí̩a] 囡 ❶ 凡庸(さ), 平凡(さ). — Sus obras no pasan de ser ~s. 彼の作品は凡庸の域を出ない. 顥 **mediocridad**. ❷ 凡庸な人, 平凡な人, 凡人. — Juan es una ~ como novelista. ファンは小説家としては凡庸だ. 顥 **mediocre**. ❸ 中流(の生活). — vivir en una apacible ~ 落ち着いて人並みの生活を送る. ❹ 中央部, 中間の地域, (特に海岸と山岳の間の地域. — frontera entre las ~s y la costa de la isla 島の中間部と海岸との境界. El desprendimiento ocurrió en la ~ del túnel. 落石はトンネルの中央部で起きた.

:medi**ano**, na [meðiáno, na] 厖 ❶ 中ぐらいの, 並の. — Es un hombre de edad *mediana*. 彼は中年の男性だ. Es ~ de estatura. 彼は中ぐらいの背丈だ. 顥 **regular**. ❷ 平凡な, 中庸な; それほどよくない, 悪い. — estudiante de *mediana* capacidad intelectual 平凡な知的能力をもった学生. Los resultados no son fiables:ha realizado un trabajo de campo ~. 結果は信頼できない. 彼はそれほどよくないフィールドワークしかしなかったから. Es un vino muy ~. それはとても粗悪なワインだ. 顥 **mediocre**. ❸ 中央の, 真ん中の. — hija *mediana* (3 姉妹の)真ん中の娘 (=hija media).

media**noche** [meðjanótʃe] 囡 ❶ 真夜中; 夜の12時. — a ~ 真夜中に. ❷《比喩》(ハムなどをはさんだ)ロールパン『この意味で複数形は medianoches』.

****mediante** [meðiánte メディアンテ] 前 … によって, を通じて, …のおかげで. — Logró la beca ~ una recomendación. 彼は推薦により奨学金を得た.

Dios mediante 神のお望しで, 万事うまく行けば. Volveré, *Dios mediante*, a fines de semana. 万事うまく行けば私は週末に戻ってくる.

— 囡《音楽》中音[長・短音階の第 3 度音].

:medi**ar** [meðiár] 圁 ❶ 半分になる, 半ばに達する. — *Ha mediado* ya el barril de vino. 樽のワインが樽に半分入った. *Mediaba* junio cuando nos conocimos. 私たちが知り合ったのは 6 月の半ばであった. ❷ (*a*) 間に入る, 仲介する, 介入する. — *Medié* por mi amigo ante el director. 私は重役の前で私の友人をよろしくと頼んだ. 顥 **interceder**. (*b*) 取りなす, 仲裁する. — Tienes que ~ entre ellos para que se reconcilien. 君は彼らが仲直りするよう仲裁しなければならない. 顥 **arbitrar**. ❸ (*a*) (ある事が中途で)起こる. — Pensaba regresar el martes, pero *medió* la huelga y tuve que retrasar la vuelta. 私は火曜日に帰ろうと思っていたのだが, ストが入ったために帰りを遅らせなければならなかった. (*b*) 介在する, 間にある. — Entre los dos edificios *media* un jardín. 二つのビルの間には庭園がある. Entre los dos *median* formas muy distintas de ver la vida. 2 人の間には非常に異なる人生観がある. ❹ (時が)経つ, 経過する. — *Medió* un año entre los dos grandes seísmos. 2 つの大地震の間には 1 年が経過していた. 顥 **transcurrir**.

medi**ático**, *ca* [meðjátiko, ka] 厖 メディアの.

mediati**zar** [meðjatiθár] [1.3] 他 ❶ (権力などを)間接支配する. — La mujer del presidente *mediatizaba* la administración de la empresa. 社長夫人が会社の経営を左右していた. ❷ (行動の自由を妨げるなどして)(人や組織)に干渉する.

medi**ato**, ta [meðjáto, ta] 厖 間接の. 反 **inmediato**.

médica [méðika] 囡 ❶ 女医. ❷ 医者の妻.

medica**ción** [meðikaθjón] 囡 ❶ 投薬. ❷《集合的に》薬剤, 医薬品.

medica**mento** [meðikaménto] 男 薬剤, 医薬. 顥 **fármaco, medicina, remedio**.

medicamen**toso**, *sa* [meðikamentóso, sa] 厖 薬用の, 薬効のある. — vino ~ 薬用酒.

medi**car** [meðikár] [1.1] 他 (患者に)投薬する, 薬を服用させる. 顥 **medicinar**.

—se 再《+con》薬を服用する.

medi**castro** [meðikástro] 男《軽蔑》❶ やぶ医者. ❷ にせ医者.

Médici [méðiθi] 固名 (los ~) メディチ家 (15-16 世紀に栄えたフィレンツェの名家).

****medicina** [meðiθína メディシナ] 囡 ❶ 医学, 医業. — estudiante [facultad] de ~ 医学生[部]. Mi padre quiere que estudie ~. 父は私が医学を学ぶことを望んでいる. ~ *legal* 法医学. ~ *general* 一般医学. ~ *intensiva* 集中医療. ~ *interna* 内科学. ~ *preventiva* 予防医学. ❷ 薬. — Detesta las ~s. 彼は薬を毛嫌いしている. 顥 **medicamento**. ❸《比喩》薬, 効き目のあるもの(こと). — La mejor ~ para las penas es el olvido. つらいときには忘れることが一番の薬だ. La mejor ~ para que estudie es dejarle sin televisión. 彼を勉強させる最良の薬はテレビを見させないことだ. 顥 **remedio, solución**.

:medici**nal** [meðiθinál] 厖 薬用の, 薬効のある, 医療用の. — aguas ~es 薬用鉱泉水. hierbas ~es 薬草. plantas ~es 薬用植物. Esa planta tiene un alto poder ~. その植物は高い薬効がある. Las aguas de ese balneario son ~es. その温泉の湯は薬効がある. 顥 **curativo**.

balón medicinal メディシンボール (筋肉鍛錬用の重い革製ボール).

medici**nar** [meðiθinár] 他 (患者に)投薬する, 薬を服用させる.

—se 再 薬を服用する. 顥 **medicar**.

medi**ción** [meðiθjón] 囡 測量, 測定, 計量. 顥 **medida**.

****médico**, ca [méðiko, ka メディコ, カ] 厖 医学の, 医療の. — examen [reconocimiento] ~ 医師の診察[健康診断]. revista *médica* 医学雑誌. tratamiento ~ 医療. instrumental ~ 医療器具. receta *médica* 処方箋.

— 图 医者, 医師. — ~ de cabecera [familia] かかりつけの医者, 主治医. ~ *general* 一般開業医, 一般医. ~ *forense* 監察医. ~ *intensivista* 集中治療担当医. ~ *militar* 軍医. ~ *toxicológico* 毒物専門医. ~ *de urgencias* 救急医. ~ *de apelación* 立会医師. ~ *de cámara* 侍医. ~ *espiritual* 聴罪師.

medi**cucho** [meðikútʃo] 男《軽蔑》→**medicastro**.

:me**dida** [meðíða] 囡 ❶ はかること; 測定, 計量. — La ~ del terreno llevará una hora. その土

地の測定には1時間かかるだろう. ❷ 寸法, サイズ (長さ, 大きさ, 重さ, 速度など). —El sastre ya me ha tomado las ~s para el traje. 仕立屋は私の服の寸法をもう測ってくれた. ¿Cuál es la ~ de tu cuello? 君の首回りのサイズはいくらですか? 類 **dimensión**. ❸ 度量の単位. —pesos y ~s 度量衡. Añada dos ~s de aceite y una de vinagre. 油を2に対して酢を1の割合で加えてください. ❹〖主に 複〗措置, 処置, 対策. — ~s de seguridad 安全措置. Se ha tomado ~s necesarias para combatir la inflación. インフレと戦うために必要な対策が講じられた. Hemos aislado al enfermo como ~ precautoria. 予防措置としてわれわれは病人を隔離した. 類 **disposición**. ❺ 程度, 割合. —Se paga el jornal a ~ del trabajo. 仕事の割合で日給が支払われる. Te ayudaré con ~ mis fuerzas. 私にできるかぎり君を助けよう. 類 **grado, intensidad, proporción**. ❻ 節度, 抑制. —Habló con ~. 彼は控えめに話した. Se puso a llorar sin ~. 彼は人目をはばからず泣き出した. 類 **mesura, prudencia**. ❼《詩》韻律, 格.

a la medida (1) あつらえて. un traje hecho *a la medida* あつらえの服, オーダーメイド. (2) ふさわしい, ぴったりの. El precio debe ser *a la medida* de la calidad. 値段は品質に見合っていなければならない. Me encontrado un trabajo *a la medida*. 彼は自分にぴったりの仕事を見つけた. La novia parece hecha a la ~. 彼の恋人はまさに彼にぴったりの人だ.

a (la) medida de su *deseo* …の望むとおりに.

a medida que …にしたがって, …につれて. Se iba enardeciendo *a medida que* hablaba. 彼は話すにつれて興奮していた. *A medida que* aumenten las ventas bajaremos el precio. 当社は売り上げが増えるにつれ価格を下げるつもりです.

colmar(se) 〖*llenar(se)*〗 *la medida* 限界に達する, がまんできなくなる. Este insulto *ha colmado la medida* de mi tolerancia. この侮辱のことばで私の忍耐も限界に達した.

en cierta medida ある程度.

en gran medida 大いに.

en la medida de lo posible できるかぎり. Te ayudaré *en la medida de lo posible*. できるかぎりお手伝いするよ.

en la medida en que …する限りにおいて.

hasta cierta medida ある程度まで.

sin medida 過度に, 節度なく. Fuma *sin medida*. 彼はたばこを吸いすぎる. 類 **exageradamente**.

tomar las medidas de [a] …の[(人)に対して]寸法をはかる. *Tomaron las medidas del* terreno. 彼らはその土地の広さを測った.

*tomar*LE *a … las medidas*《比喩》(人)を判断する, …の品定めをする. Ayer *te tomaron las medidas* en la reunión. 昨日会議で君は品定めをされたんだ.

***medido, da** [meðíðo, ða] 過分 形《文》穏健な, ひかえめな, 控えめな. —Es una chica de ~s ademanes. 彼女は控えめな態度の女の子だ. 類 **discreto, ponderado**.

medidor, dora [meðiðór, ðóra] 形 測定[計量]する. —El manómetro es un aparato ~ de presión. マノメーターは圧力を測定する器械だ.

— 名 測定者[士].

— 男『中南米』(水道・ガス・電気などの)メーター.

mediero, ra [meðjéro, ra] 名 ❶ 靴下製造[販売]業者. ❷ 折半小作農人.

***medieval** [meðjeβál] 形 ❶ 中世(Edad Media)の, 中世風の. —ideología del hombre ~ 中世人の思想. ❷《比喩》時代後れの, 保守的な.

medievalismo [meðjeβalísmo] 男 ❶ 中世的性格, 中世風. ❷ 中世研究.

medievalista [meðjeβalísta] 男女 中世研究家.

medievo [meðjéβo] 男 中世(=Edad Media).

****medio**[1]**, dia** [méðjo, ðja メディオ, ディア] 形 ❶〖無冠詞で名詞に前置して〗(a) 半分の, 2分の1の. —~ maratón ハーフマラソン. Hay ~ melón en la nevera. 冷蔵庫にはメロンが半分残っている. Compró *media* docena de huevos. 彼は卵を半ダース買った. Ella consumió ~ kilogramo de azúcar. 彼女は砂糖を0.5キロ消費した. La conferencia duró dos horas y *media*. 会議は2時間半続いた. Volveré dentro de *media* hora. 私は30分後に戻ってくる. 反 **entero**. (b) 半ばの, 不完全な, 中途半端の. —*media* luna 半月. *media* asta 半旗. Me dirigió una *media* sonrisa de complicidad. 彼女は私に仲間内だけにわかる微笑を投げかけてきた. (c) 大半の, たいての. —*Media* ciudad oyó la explosión. 町の人の大半が爆発音を聞いた. ❷ (両極の)中間の, 間の, 中央の. —oído ~ 中耳. clase *media* 中流階級. dedo ~ 中指. línea *media* 中心線. Nos sentamos en la parte *media* del avión. 私たちは飛行機の中央部に座った. ❸ 平均の, 並の, 普通の. —temperatura *media* 平均気温. El español ~ no puede permitirse esos lujos. 平均的なスペイン人にはそんなぜいたくは許されない. El libro es de calidad *media*, ni bueno ni malo. その本の質は中程度で, 良くも悪くもない.

a media voz →voz.

a medias palabras →palabra.

a medio (1)〖+名詞〗…半分くらいの[で, まで]. La falda le llegaba *a media* pierna. スカートは長さが彼女の脚の半分くらいまであった. (2)〖+不定詞〗…しかけて, …途中で, …し終わらないで. Tenía la cena *a medio* hacer cuando me llamaste. 君が私に電話をかけてきたときは, 私はまだ夕食を作りかけだった. La casa está *a medio* pintar. その家は塗装の途中だ.

a medio camino 中途で, 途中まで. *A medio camino* nos quedamos sin gasolina. 途中で私たちはガソリン切れになった.

de medio cuerpo →cuerpo.

media lengua →lengua.

Medio Oriente 中東.

— 名 (サッカーなどのスポーツで)ハーフ(バック). — Mi hijo juega de ~ en un equipo infantil de fútbol. 息子は少年サッカーチームでハーフバックとして競技している.

— 副 ❶〖+形容詞/過去分詞〗半分, 半ば, いくぶん. —Está ~ muerta de frío. 彼女は凍えそうになっている. Volvió ~ borracho a casa. 彼は家にほろ酔いで帰ってきた. ❷〖+形容詞・過去分詞〗ほとんど…しないで, …し終わらないで. — Tenía tanta prisa que salió ~ vestida. 彼女

1264 medio²

は大変急いでいたのでろくろく服も着ないで飛び出した.
ni medio [＋副詞]《話》全然(…ではない). Eso no está *ni medio* bien. それは全然だめだ.

medio² [médjo メディオ] 男 ❶ **中央**(部), まん中, 中間. — El perro está en el ～ de la calle. 犬は通りのまん中にいる. Puso la vela en el ～ de la tarta de cumpleaños. 彼はバースデーケーキのまん中にローソクを立てた. 類**centro, mitad**. ❷ [主に複]**手段**, 方法, 対策;(情報)メディア. —— de vida 生活手段. ～ publicitario 広告媒体. ～s de comunicación 交通通信手段[機関]; マスメディア. ～s de difusión [de información] マスメディア, 大量伝達媒体. ～s de transporte [locomoción] 輸送機関[手段]. ～s por caudales ストリーミング・メディア. El fin justifica los ～s. 目的は手段を正当化する. Para enriquecerse utilizaba ～s poco ortodoxos. 金持ちになるために彼はあまりまっとうではない手段を利用した. Debes intentar por todos los ～s que deje la bebida. 君はあらゆる手段を使って飲酒をやめなければならない. 類**manera, medida, procedimiento**. ❸ 複 資力, 資産, 資金. —— de producción 資本財, 生産手段. ～s de fortuna 資産, 財力. Es un hombre de pocos ～s. 彼は財産があまりない. No tiene ～s económicos para mantener a la familia. 彼は家族を養うための経済的手段を持っていない. 類**capital, elementos, recursos**. ❹ **環境**[自然]環境, 生息場所. —— acuoso 水生環境. Vive en un ～ miserable. 彼は悲惨な環境で生きている. 類**ambiente**. ❺ (特定の)**社会**, (特定の)集団, …界. ～s económicos 経済[実業]界. ～s políticos 政界. Esta comedia se desarrolló en un ～ aristocrático. この演劇は貴族社会で発展した. 類**círculo, clase, sector**. ❻ **半分**, 2分の1. — un ～ 2分の1. Dos ～s hacen un entero. 半分を2つ合わせると完全なものになる. 類**mitad**. ❼ **中指**. —— Se puso el anillo en el ～ y no podía sacárselo. 彼は中指に指輪をしたがとれなくなった. ❽ 複 闘牛場の中心部. — El torero sacó el toro a los ～s. 闘牛士は牛を闘牛場中央に引き込んだ. ❾ 霊媒. 類**médium**.
de medio a medio 完全に, まったく. Se equivocó *de medio a medio*, pero no quería reconocerlo. 彼は完全に間違ったのに, それを認めようとしなかった.
de por medio (1)[名詞＋]じゃま[障害]になる. Surgieron muchos problemas *de por medio* y tuvimos que dejarlo. たくさんの障害となる問題が生じたので私たちはそれをやめなければならなかった. (2)[estar＋]介入[介在]して. En esto está *de por medio* mucha gente importante. この件には多数の重要な人々がかかわっている.
en medio (1) まん中[中央]に(して). El alcalde se sentó *en medio*. 市長はまん中に座った. (2) じゃまになって. No te pongas *en medio*, que no dejas pasar. じゃまな所に立つなよ, 人が通れないから.
en medio de (1) …のまん中に[で], …の中央に[で], …の間に[で]. El niño iba *en medio de* sus padres. 子供は両親にはさまれて歩いていた. Está *en medio de* la plaza. 彼は広場のまん中にいる. (2) …のまっただ中で, …に囲まれて. *En medio de* tanto desorden es imposible trabajar bien. これほどの混乱の中ではよく働くことは不可能だ. (3) …の最中に. *En medio de* la conversación saltó una risotada. 会話の最中に爆笑が起きた.
en medio de todo それにもかかわらず. *En medio de todo*, tenemos que dar gracias a Dios. それにもかかわらず私たちは神に感謝しなければならない.
en su ***medio*** 自分の分内で, 気楽に [encontrarse/estar/vivir＋]. En las fiestas está *en su medio*. パーティーでは彼は屈託がない.
medio ambiente (自然)環境. La contaminación está destruyendo el *medio ambiente*. 汚染が環境を破壊している.
no ahorrar [economizar, escatimar] medios 全力を尽くす. Esa empresa *no escatima medios* para conseguir clientes. その企業はお客を獲得するためには何でもする.
poner tierra (de) por medio →tierra.
ponerse [meterse] por (en) medio 介入する, じゃまをする. Ella *se puso por medio* para evitar la pelea. 彼女がけんかを防ぐために間に入った.
por (en) medio (1) まん中に[で, を]. La carretera pasa *por medio* del pueblo. 街道は町のまん中を通っている. (2) じゃま[障害]になって, 間に入って. Estando su madre *por medio* no podía pensar en irse de la casa. 母親がいる故に彼は家を出て行くことなど考えられなかった. (3) 乱雑に, 無秩序に. Los niños han dejado todos sus juguetes *por en medio*. 子供たちはおもちゃを乱雑に散らかした. (4) 半分(ずつ)に. Partió una cuartilla *por medio*. 彼は1枚の用紙を半分に切った.
por medio de …を通じて, 仲介として, …によって. Lo conocí *por medio de* un anuncio. 私は広告によってそれを知った.
quitar de en medio a [＋人] (邪魔になる者を)消す, 殺す, 取り除く. Antes de cometer el robo, *quitaron de en medio a* dos guardias. 盗みを働く前に彼らは二人の警官を殺した.
quitarse de en medio 《話》 (1) (ある場所や仕事から)引き下がる, 立ち去る, どく. *Quítate de en medio*. どいてくれ. Lo mejor en estos casos es *quitarse de en medio*. これらの件について一番良いのは手をひくことだ. (2) 自殺する. *Se quitó de en medio* arrojándose desde un octavo piso. 彼は9階から飛び降りて命を絶った.

:**mediocre** [meðjókre] 形 ❶ **平凡な**, (知性などが)並みの, 陳腐な. — Es un estudiante ～ pero con deseos de trabajar. 彼は成績が並みだが, 勉学心のある学生だ. Ha presentado una tesis ～. 彼は平凡な論文を提出した. 類**mediano**. ❷ **中ぐらいの**. — Hemos tenido una cosecha ～ de aceituna. オリーブの収穫は中程度だった. 類**intermedio**.

*****mediocridad** [meðjokriðá(ð)] 女 ❶ **凡庸**(さ), 平凡(さ), 月並み. — No quiere admitir su ～ profesional. 彼は自分のプロとしての凡庸さを認めたがらない. 類**medianía**. ❷ **凡人**. — Este escritor se destaca entre las ～es de su época. この作家は同時代の凡庸な作家たちの中では傑出している.

:**mediodía** [meðjoðía] 男 ❶ **正午**(12時); お昼時. — Llegaremos a Madrid mañana a(l) ～. わたしたちは明日正午にマドリードに着きます. Dieron las doce del ～ cuando el tren entraba en la estación. 列車が駅に入ったときに正午の時報が鳴った. Esta tienda se cierra a ~ この店は正午に閉まる. ❷ 南, 南部 (=sur). —Vive en el ~ de España. 彼はスペインの南部に住んでいる. Mi ventana da al ~. 私の部屋の窓は南向きだ.

medioeval [meðioeβál] 形 →medieval.
mediopensionista [meðiopensionísta] 男女 ❶ 学校で給食を受ける生徒. ❷ 2食付きの下宿人.

:medir [meðír] [6.1] 他 ❶ を測る, 測定する, 測量する. —~ la temperatura 温度[体温]を測る. Voy a *medir* al niño. 私は子どもの身長を測るつもりだ. Tenemos que ~ el espacio antes de comprar el refrigerador. 冷蔵庫を買う前に我々はスペースを測らねばならない. ❷ (a)(損得など)を勘案する, 見積る, 推測する. —~ los riesgos [los pros y los contras] de una empresa 事業のリスク[得失]を見積る. (b) (他と比較しながら能力などを)評定する, 評価する, 判定する. —~ la inteligencia de un aspirante ある志願者の知能を評定する. Hoy van a ~ sus fuerzas jugando al ajedrez. 彼らはチェスをやって自分たちの力を比べるつもりだ. ❸ (ものの言い方を)加減する, 抑制する, (慎重にものを)言う. —*Mide* tus palabras cuando hables en la reunión. 会議で話すときは物言いに気をつけなさい. ❹ (詩)(詩の音節数を)数える, 韻律を整える,《音楽》(拍数を)配分する. —~ un verso de un poema 詩の音節数を数える.

—— 自 寸法が…である. —La mesa *mide* un metro de ancho por dos de largo. テーブルは幅が1メートル, 長さが2メートルある. Paco *mide* un metro ochenta. パコは身長が1メートル80もある.

—**se** 再 ❶[+con と] 戦う, 競う, 争う. —Ese equipo se *medirá* hoy con la selección nacional. そのチームは全国代表チームと今日対戦する. ❷ 適応する, 調子を合わせる, 自己をコントロールする.

meditabundo, da [meðitaβúndo, da] 形 物思いに沈んだ, 考え込んだ, 瞑想(ぬぃ)的な. —Caminaba por el parque cabizbajo y ~. 彼は頭を下げ沈思黙考しながら公園を散歩していた. 類 **ensimismado, pensativo**.

:meditación [meðitaθjón] 女 熟考, 沈思黙考; 黙想, 瞑(ぬぃ)想. —Daré su respuesta después de una hora de ~. 1時間じっくり考えてから返答します. Lo encontré sumido en una profunda ~. 彼を見たとき彼は深い黙想にふけっていた.

:meditar [meðitár] 自 瞑想する, 黙想する. —*Medita* sobre el porvenir de su país. 彼は自分の国の将来について考える. Todos los años se retira una semana a ~ a un monasterio. 彼は毎年1週間ある修道院に黙想するために引きこもる. 類 **reflexionar**.

—— 他 を熟考する, 熟慮する. —~ las posibilidades de un éxito de un negocio 事業の成功の可能性を熟考する. 類 **pensar, reflexionar**.

meditativo, va [meðitatíβo, βa] 形 瞑想(ぬぃ)的な, 黙想的; 思索的な. —en actitud *meditativa* 考えこむような態度で.

mediterráneo, a [meðiterráneo, a] 形 地中海(Mar Mediterráneo)(沿岸)の. —clima ~ 地中海性気候. ciudad *mediterránea* 地中海沿岸の都市.

descubrir el Mediterráneo よく知られていることをニュースにする.

médium [méðjun] 男女 霊媒, 巫女(ふ).
medo, da [méðo, ða] 形 (古代ペルシアの王国)メディア (Media) の.
—— 名 メディア人.
medra [méðra] 女 →medro.
medrar [meðrár] 自 ❶ (動植物が)成長する, 大きくなる. 類 **crecer**. ❷ 繁栄[発展]する, 出世する. 類 **mejorar, progresar, prosperar**.
Medrados estamos. 《皮肉, まれ》何てことだ, 困ったなあ. Si después de una hora de viaje, el restaurante está cerrado, *medrados estamos*. 一時間かけて出かけてレストランが閉まっていたら大変だ.
medro [méðro] 男 ❶ 成長, 増大. 類 **aumento**. ❷ 繁栄[発展], 出世. 類 **adelantamiento, progreso**.
medroso, sa [meðróso, sa] 形 ❶[estar+] 怖がっている, おどおどした. ❷[ser+] 臆病な, 怖がり屋の. 類 **pusilánime, temeroso**. ❸ 《まれ》恐ろしい.
—— 名 臆病者, 怖がり屋.
****médula, medula** [méðula, meðúla] 女 ❶ 《解剖》髄(ﾄﾞ), 骨髄; 脊髄. —~ espinal 脊髄. ~ oblonga 延髄. ~ ósea 骨髄. ❷《比喩》真髄, 核心, 中核. —llegar a la ~ del problema 問題の核心に迫る. La reforma educativa constituye la ~ de su programa político. 教育改革は彼らの政策の中核をなしている. 類 **esencia, meollo, núcleo, sustancia**. ❸《植物》髄. 類 **pulpa**.
hasta la médula 骨の髄まで, とことん, 徹底的に. mojarse *hasta la médula* ずぶぬれになる. enamorado *hasta la médula* 恋にうつつを抜かしている. un régimen corrupido *hasta la médula* 芯まで腐敗しきった体制.
medular [meðulár] 形 髄の, 骨髄の; 真髄の, 本質的な.
medusa [meðúsa] 女 《動物》クラゲ.
mefistofélico, ca [mefistoféliko, ka] 形 ❶ (ゲーテの Fausto の悪魔)メフィストフェレス (Mefistófeles) の(ような). ❷ 悪魔的な(人・行為). —mirada [solución] *mefistofélica* 悪魔的な眼差し[解決]. 類 **demoníaco, diabólico, perverso**.
megabit [meɣaβí(t)] 男 《情報》メガビット.
megabyte [meɣaβái(t)] 男 《情報》メガバイト.
megaciclo [meɣaθíklo] 男 《電気》メガサイクル (100万ヘルツ; 記号 Mc).
megáfono [meɣáfono] 男 メガホン, 拡声器.
megalítico, ca [meɣalítiko, ka] 形 巨石の. —construcción *megalítica* 巨石建造物.
megalito [meɣalíto] 男 《考古》(有史以前の)巨石, メガリス.
megalomanía [meɣalomanía] 女 《医学》誇大妄想(狂); 過剰な野心[自負].
megalómano, na [meɣalómano, na] 形 誇大妄想(狂)の. —— 名 誇大妄想狂(患者).
megaterio [meɣatérjo] 男 《古生物》メガテリウム, オオナマケモノ.
megatón [meɣatón] 男 メガトン (100万トン, 〖略〗MT). ◆ 核爆弾の爆発力の単位として用いられる.
megavatio [meɣaβátjo] 男 《電気》メガワット

1266 megavoltio

(100万ワット,『略』MW).

megavoltio [meɣaβóltjo] 男 《電気》メガボルト(100万ボルト,『略』MV).

megohmio [meɣómjo] 男 《電気》メグオーム(100万オーム,『略』MΩ).

mejicanismo [mexikanísmo] 男 メキシコ特有の語法[表現].

:**mejicano, na** [mexikáno, na] 形 メキシコ(Méjico, México)の, メキシコ人の, メキシコ・シティー(México, D.F.)の.
—— 名 メキシコ人.

mejido, da [mexíðo, ða] 形 (卵を)攪拌(☆☆)した, 泡立てた.

:**mejilla** [mexíʝa] 女 ほお, 頰.

:**mejillón** [mexiʝón] 男 《貝類》ムラサキガイ, ムール貝. ~es al vapor 蒸しムール貝. ~es a la marinera ムール貝の漁師風. ◆黒っぽい食用二枚貝でスペイン料理には欠かせない.

mejillonero, ra [mexiʝonéro, ra] 名 ムール貝漁業者.

*mejor [mexór メホル] 形 ❶ 『bueno の比較級』『+que』…よりもっと良い, いっそう優れた. —Este libro es ~ que aquél. この本はあの本よりも良い. Mi hermana tiene un vestido ~ que el mío. 姉は私のよりも良いドレスを持っている. M~ es quedarse en casa que salir de paseo con la lluvia. 雨の中を散歩するよりは家にいた方が良い. ~, igual, peor que hace un año 1年前よりよい, 変わらない, 悪い(世論調査で経済の現状に対する選択肢). premio a la ~ interpretación masculina protagonista 主演男優賞. 反**peor**. ◆人の性質・道徳的な面の意味でも más bueno を用いるのが普通です:Es más bueno que su padre. 彼は父親よりも善人だ. ❷ 『定冠詞・所有形容詞などの後で』『+de』…の中で最も良い, 最善の, 最上の. 「最善・最上」のこと. Es mi ~ amigo. 彼は私の一番の親友だ. Es el ~ profesor de todos. 彼は全員の中で最良の先生だ. Es la ~ película que he visto jamás. それは私が今まで見た中で最高の映画だ.
Lo mejor es enemigo de lo bueno. 『諺』角を矯(*)めて牛を殺す(←最良のものは良いものの敵である).
ser mejor 『+不定詞』/**(ser) mejor que** 『+接続法』…の方が良い[好ましい]. *Es mejor* no decir nada. 何も言わない方が良い. *Es mejor que* no salgas porque hace mucho frío. 非常に寒いから君は外出しない方が良い. *Mejor que* no venga. 彼は来ない方が良い.
—— 副 ❶ 『bien の比較級』『+que』…よりもっとよく, もっと上手に, より以上に. —Lo hizo ~ que tú. 彼は君よりも上手にそれをやった. Con esas gafas veo ~. この眼鏡をかけるともっとよく見える. Estoy ~ que ayer. 私は昨日よりも元気だ. 反**peor**. ❷ 『定冠詞付きの名詞の修飾語または代名詞+que で始まる関係節の中で』最もよく, 一番上手に. —Es la obra musical ~ compuesta de este autor. それはこの作者が作曲した最良の作品だ. Es la que habla ~ el español de todos. 彼女が皆の中で一番上手にスペイン語を話す. ❸ むしろ, どちらかと言えば, いっそ. —Te quedarías ~ esta blusa. どちらかと言えばあなたにはこのブラウスの方が似合う. ❹ 『間接的に承認を表して』大変よろしい, ますます結構だ. —Hemos decidido adelantar el viaje. -¡M~! 私たちは旅行を延期することにした.-それは結構なことだ.
a lo mejor 『+直説法』たぶん, もしかすると. *A lo mejor* voy a México este verano. もしかすると私は今年の夏メキシコに行くかもしれない. ¿Crees que vendrá hoy? -*A lo mejor*. 彼は今日来ると思うか.-たぶん.
Así es mejor./Mejor así./Eso está[es] mejor. (承認を表し)それは大変結構だ.
mejor dicho →**dicho**.
mejor o peor どっちみち, 良かれ悪しかれ. *Mejor o peor*, el caso es que ha terminado la traducción. どっち翻訳者を問わず, 彼は翻訳を終えたのだ.
mejor que mejor/tanto[mucho] mejor それだけかえっていい, ますます結構. Elena dice que no puede acompañarnos.-*Mejor que mejor*. エレナは私たちといっしょに行けないと言っている.-それはかえってよかった. Si vienes aquí, *tanto mejor*. 君がここに来てくれるならなおさらいい.
—— 男女 『定冠詞・所有形容詞などの後で』最良の人[もの, こと]. —Es la ~ de las jugadoras. 彼女は選手たちの中で最高の選手だ.

:**mejora** [mexóra] 女 ❶ 改善, 改良, 進歩. —Las prometidas ~s sociales no han llegado. 約束された社会の改善はまだ実現されていない. Hemos hecho algunas ~s en la casa. わが家をいくらか改修した. ~ del suelo 土地改良. El enfermo sigue sin experimentar ~. その病人は回復しないままである. ❷ (競売での)せり値, せり上げ. 関**puja**. ❸ 遺産相続で法定の額以外に相続人に与えられる遺贈分.

mejorable [mexoráβle] 形 改良[改善]できる, 向上しうる.

mejoramiento [mexoramjénto] 男 改良, 改善; 向上; (病状の)回復. —El ~ del enfermo es lento. 病人の回復は遅い. Piden un ~ de los transportes públicos. 公共交通機関の改善が求められている. 類**mejora, mejoría**.

mejorana [mexorána] 女 《植物》マヨナラ. ◆鎮痙(☆☆)剤として用いられる.

:**mejorar** [mexorár] 自 (病状・天気などが)良くなる, 好転する, 回復する. —Mi hija ha mejorado mucho este año. 私の娘は今年非常に健康状態が良くなった. Si el tiempo *mejora*, iremos de excursión. 天候が回復したらハイキングに出かけよう. Las condiciones de vida han mejorado bastante. 生活条件はかなり良くなった.
mejorando lo presente ここにおられる人を別にすると(その場の人に遠慮した表現). Carmen es guapísima, *mejorando lo presente*. ここにいらっしゃる方々を別にすると, カルメンはとてもきれいだ.
—— 他 ❶ を良くする, 改良する, 改善する. —El reposo la ha mejorado mucho. 休息によって彼はずいぶん回復した. ❷ (記録)を更新する, 破る. —El atleta no pudo ~ su récord mundial. その選手は自己の世界記録を更新できなかった. ❸ を凌駕(☆☆)する, しのぐ, …に勝る. —Este método *mejora* el anterior. この方法は以前のものよりすぐれている. Ella *mejora* a su hermana mayor en inteligencia. 彼女は頭の良さでは姉に勝っている. ❹ (競売で値)を競り上げる.
—— se 再 ❶ (病状・天気などが)良くなる. —Que te mejores. どうかお大事に. ❷ (経済状態・地位が)向上する, 好転する. —La situación eco-

nómica *se ha mejorado* mucho. 経済情勢は改善した.

mejoría [mexoría] 女 ❶(病状の)回復, 快方. —El enfermo ha experimentado una leve ~. 病人は少し良くなった. ❷優越.

mejunje [mexúnxe] 男 ❶気持ちの悪い飲み物(化粧品, 薬, 液体). 類 **brebaje**. ❷不正な取引, 詐欺. 類 **chanchullo**.

Mekong [mekón] 固名 (el Río ~) メコン川(東南アジア最大の河川).

melada [meláða] 女 →melado.

melad|o, da [meláðo, ða] 形 蜜色の; 黄金色の. —cabello ~ 金髪. ── 男 ❶糖蜜, シロップ. ❷〖中南米〗サトウキビのシロップ. ❸蜜を塗ったトーストパン.

‡**melancolía** [melaŋkolía] 女 ❶憂鬱(ゅう), 意気消沈, さびしさ. —A la caída de la tarde le invade la ~. 夕暮れになると彼は憂うつな気持ちになる. Sonrió con ~. 彼はものさびしそうに微笑んだ. 類 **nostalgia**, **tristeza**. ❷〖医学〗憂鬱症.

‡**melancólic|o, ca** [melaŋkóliko, ka] 形 ❶憂鬱(ゅう)な, ものさびしげな. —Está ~ desde hace varios días. 彼は数日前からふさぎこんでいる. Sonaba una música lenta y *melancólica*. ゆっくりとしたもの憂げな音楽が流れていた. Miraba ~ al exterior. 彼は憂鬱そうに外を眺めていた. ❷鬱病の. ── 名 ふさぎ込んだ人, 鬱病患者.

Melanesia [melanésja] 固名 メラネシア(南太平洋の地域).

melanesi|o, sia [melanésjo, sja] 形 メラネシア(Melanesia)の. ── 名 メラネシア人. ── 男 メラニシア語.

melanoma [melanóma] 女 〖医学〗黒色腫, メラノーマ.

melar [melár] 形 蜜のように甘い, 蜜の味がする. —caña ~ 砂糖きび.

melaza [meláθa] 女 糖蜜.

Melchor [meltʃór] 固名 〖聖書人名〗メルキオール(キリストを礼拝に来た三博士の一人).

melcocha [melkótʃa] 女 飴(ぁめ)状に加工した蜜; その菓子.

melena¹ [meléna] 女 ❶(肩までほど)垂れ下がった髪. —estar en ~ 髪を垂らしている. La ~ le caía en cascada por los hombros. 垂れ下がった髪が流れるように彼女の肩にかかっていた. ❷ 複 乱れ髪. 類 **greñas**. ❸(ライオンの)たてがみ.
andar a la melena (髪をつかみ合って)けんかする, 言い争う. 類 *andar a la greña*.

melena² [meléna] 女 〖医学〗下血(ゖっ).

Meléndez Valdés [meléndeθ βaldés] 固名 メレンデス・バルデス(フアン Juan ~)(1754-1817, スペインの詩人).

melenud|o, da [melenúðo, ða] 形 長髪の; ぼさぼさ髪の.

melífer|o, ra [melífero, ra] 形 〖詩〗蜜を作る, 蜜のある.

melificación [melifikaθjón] 女 (ミツバチの)蜜作り, 蜜集め.

melificar [melifikár] [1.1] 自 (ミツバチが)蜜を作る[集める].

meli︎**fluo, flua** [melífluo, flua] 形 ❶蜜の(ような). ❷〖比喩〗甘すぎる, 甘美な. —palabras *melifluas* 甘ったるい言葉.

Melilla [melíja] 固名 メリーリャ(スペイン領, アフリカ北西端の自治都市).

melodramático 1267

melillense [melijénse] 形 メリーリャ(Melilla, モロッコ北東部のスペイン領)の. ── 男女 メリーリャの住民[出身者].

melindre [melíndre] 男 ❶蜜のかかった揚げ菓子. ❷糖衣のリング状マジパン. ❸〖主に 複〗《比喩》(言動における)気取り, 過度の上品ぶり. —afectar [hacer, gastar] ~s 気取る, 上品ぶる. 類 **cursilería**, **dengue**, **remilgo**.

melindrear [melindreár] 自 気取る, 上品ぶる.

melindrería [melindrería] 女 →melindre ❸.

melindros|o, sa [melindróso, sa] 形 気取った, 上品ぶった.

melisa [melísa] 女 〖植物〗セイヨウヤマハッカ.

mella [méja] 女 ❶刃こぼれ, (縁の)欠け. ❷(特に歯の)抜けた所, 空所. —Ríe con la boca cerrada para que no se le vea la ~. 彼は歯が抜けているのを見られないように口を閉じて笑う. ❸損害, 損傷. 類 **menoscabo**, **merma**.
hacer mella a [en] ... (1)…に印象づける, 効き目がある, 響く. Tu represión *no ha hecho mella en* el niño. 君の叱責はその子には効果はなかった. (2)損害を与える. La lujosa vida que lleva *ha hecho mella en* sus bienes. 彼は贅沢な生活をしていたので財産を減らしてしまった.

mellad|o, da [mejáðo, ða] 形 ❶刃のこぼれた, 縁の欠けた. ❷(人が)歯の抜けた.

melladura [mejaðúra] 女 →mella.

mellar [mejár] 他 ❶(刃・縁を)欠く. —~ la espada [el plato] 剣の刃[皿の縁]を欠く. ❷《比喩》傷つける, 損なう. —~ la fama [el crédito] 評判[信用]を落とす. 類 **mancillar**, **menoscabar**. ── se ❶刃がこぼれる; 縁が欠ける. ❷(名誉などが)傷つく.

melliz|o, za [mejíθo, θa] 形 双子の. ── 名 双子の1人(=gemelo).

Melo [mélo] 固名 メロ(ウルグアイの都市).

‡**melocotón** [melokotón] 男 ❶モモ(の実), モモの木. —~ en almíbar シロップ漬けの桃. 類 **durazno**.

melocotonar [melokotonár] 男 桃畑.

melocotonero [melokotonéro] 男 〖植物〗モモの木.

melodía [meloðía] 女 ❶〖音楽〗メロディー, 旋律. —Me despertó la alegre y dulce ~ del canto de los canarios. 私はカナリアたちの楽しげな快いさえずりで目を覚ました. ❷快い調べ. ❸歌曲. —El pastor entonó una triste ~ de amor. 羊飼いは悲しい愛の歌を歌った.

melódic|o, ca [melóðiko, ka] 形 ❶メロディーの, 旋律の. ❷旋律の美しい[豊かな](=melodioso).

melodios|o, sa [meloðjóso, sa] 形 旋律の美しい[豊かな], 耳に快い. —Esa locutora tiene una voz *melodiosa*. その女性アナウンサーは美声の持ち主だ. una voz *melodiosa* 美声.

melodrama [meloðráma] 男 ❶メロドラマ, 感傷的な通俗劇. 類 **drama**, **tragedia**. ❷劇曲.

melodramáticamente [meloðramátikaménte] 副 メロドラマ風に, 感傷的で大げさに.

melodramátic|o, ca [meloðramátiko, ka] 形 ❶メロドラマ(風)の, 感傷的で大げさな. —ha-

1268 melodramatizar

blar de un modo ～ 思い入れたっぷりに話す. héroe [efecto] ～ メロドラマのヒーロー[的効果]. ❷ 楽劇の.

melodramatizar [meloðramatiθár] [1.3] 他 メロドラマ風に[書く].

melomanía [melomanía] 女 音楽狂, 過度の音楽愛好.

melómano, na [melómano, na] 形 音楽狂の, 過度に音楽好きな. —— 名 音楽狂, 過度な音楽愛好者.

‡melón [melón] 男 《植物》メロン. —— de agua スイカ.
—— 名《女 は melona》❶ ばか者, 能のない人. 類 **bobo, tonto**. ❷《ユーモア》(髪の短い人の)頭.

melonada [melonáða] 女 ばかなこと, 愚行. 類 **bobada, tontería, torpeza**.

melonar [melonár] 男 メロン畑.

meloncillo [melonθíjo] 男 《動物》マングースの一種.

melonero, ra [melonéro, ra] 名 メロン売り[栽培家].

melopea [melopéa] 女 ❶ 鼻歌. ❷ →melopeya. ❸《話》酔い, 酩酊（^{めい}）. ——coger [agarrar] una ～ 酔っ払う (=borrachera).

melopeya [melopéja] 女 ❶《音楽》作曲法. ❷（詩などの）朗詠, 朗吟.

melosidad [melosiðá(ð)] 女 ❶ 甘さ; 甘ったるさ. ❷ 柔らかさ.

meloso, sa [melóso, sa] 形 ❶ 蜜の(ような), 甘い. ——color ～ 蜂蜜[琥珀（^{こはく}）]色. ❷《比喩》(人・声・性格などが)柔らかい, 優しい. ——voz [persona] melosa 甘美な声[柔和な人]. 類 **blando, dulce, melifluo**.

memada [memáða] 女 ばかな言動. 類 **necedad, tontería**.

membrana [membrána] 女 ❶ (動植物の)膜. ——～ celular 細胞膜. ～ interdigital (水鳥などの)指間の膜, 水かき. ～ mucosa 粘膜. ～ pituitaria 鼻と咽喉の粘膜. ～ timpánica 鼓膜. 類 **película, tela**. ❷ (弾性で丈夫な)薄板.

membranoso, sa [membranóso, sa] 形 膜質の; 膜のような.

membrete [membréte] 男 レターヘッド. ♦便箋（^{びんせん}）上部に印刷した差出人名・住所など.

membrillar [membrijár] 男 マルメロ畑.

membrillero [membrijéro] 男 マルメロの木.

membrillo [membrijo] 男 《植物》マルメロ(の木・実). ——carne [dulce] de ～ マルメロのゼリー.

membrudo, da [membrúðo, ða] 形 筋骨たくましい, がっちりした, 頑強な. 類 **fornido, forzudo, robusto**.

memento [meménto] 男 《宗教》メメント. ♦ミサで「主よ, 覚え賜われ…」と生者と死者のそれぞれに捧げる祈り.

memez [memé0] 女 ❶ 愚かさ, 愚鈍. ❷ 愚かな言動. 類 **bobada, estupidez, tontería**.

memo, ma [mémo, ma] 形 愚かな, 愚鈍な. ——Es tan ～ que todo el mundo lo engaña. 彼はひどく鈍いのでみんなにだまされてしまう. 類 **bobo, necio, tonto**.

memorable [memoráβle] 形 記憶に値する, 記憶に残る, 忘れがたい. ——un suceso [día] ～ 重大な[忘れられない]出来事[日]. 類 **imborrable, inol**vidable.

memorando [memorándo] 男 →memorándum.

memorándum [memorándun] 男 ❶ メモ帳, 備忘録. 類 **memorial**. ❷《外交》覚書. 類 **memoria**.

memorar [memorár] 他《文》を記憶する, 想起する. 類 **recordar, rememorar**.

‡memoria [memórja メモリア] 女 ❶ 記憶力. ——tener buena [mala] ～ 記憶力がよい[悪い]. perder la ～ 記憶を失くす. Al abuelo ya le falta la ～. 祖父の記憶力はもう衰えている. ❷ 記憶, 思い出. ——Guardo buena ～ de mi viaje a Japón. 私は日本への旅のことをよく覚えている. La ～ del accidente aún le atormenta. 事故の思い出はいまでも彼を苦しめる. 類 **recuerdo**. ❸ (事件などの)報告(書). ——Estoy redactando la ～ de los gastos que ha ocasionado el viaje. 私は旅行にかかった出費の報告書を作成しているところです. 類 **informe, lista, relación**. ❹《外交》覚書. ❺ (研究)論文, 研究報告, 学位論文. ——Para obtener la beca, se exige la ～ de un tema de libre elección. 奨学金を得るためには自由に選んだテーマの研究論文が必要とされる. ❻ (個人の記念に慈善団体などに対してなされる)寄贈, 遺贈; 記念財団. ❼ (コンピュータの)記憶装置, メモリー. ——～ compartida シェアード・メモリー. ～ de acceso aleatorio ランダム・アクセス・メモリー. ～ de sólo lectura リードオンリー・メモリー, ROM. ～ expandida 拡張メモリー. ～ insuficiente メモリー不足. ～ volátil [no volátil] 揮発性[不揮発性]メモリー. ❽ 複 (よろしくの)あいさつ, 伝言のあいさつ. ——Dale mis ～s a tu madre. 君のお母さんによろしく伝えてくれ. ❾ 複 回顧録, 自伝. ——Después de la jubilación se dedica a escribir sus ～s. 退職後彼は自分の回顧録の執筆に専念している.

acudir [*venir*] *a la* [su] *memoria* 思い出す. *Acudió a su memoria* el recuerdo de la guerra. 彼に戦争の思い出がよみがえった.

borrar de la memoria を記憶から消す. Aquel amor *borró de su memoria* las penas pasadas. その恋愛は過去の辛い思い出を彼に忘れさせた.

borrar(se) [*caer(se)*] *de la* [su] *memoria* を[が]記憶から消す[消える], 忘れる.

conservar la memoria 覚えている. Mi madre siempre *conserva la memoria* de lo que le digo. 母は私が言うことをいつも覚えている.

de buena [*grata, feliz*] *memoria* よい思い出の.

de mala [*ingrata*] *memoria* 悪い思い出の.

de memoria (1) 暗記して. Aprendió *de memoria* toda la lección. 彼はその課全部を暗記した. Se sabe *de memoria* la lista de los emperadores japoneses. 彼は日本の歴代の天皇名を暗記している. (2) 記憶をたよりに. Perdió el texto del discurso y tuvo que hablar *de memoria*. 彼は講演の原稿を失ったので記憶をたよりに話さねばならなかった.

encomendar a la memoria を暗記する.

en memoria [*a la memoria*] *de* を記念して, を思い出すために. Levantaron un monumento *en memoria de*l fundador. 創設者を記念して記念碑が建てられた.

flaco de memoria ものおぼえが悪い. Mi abuelo es muy *flaco de memoria* y siempre repite las mismas preguntas. 祖父のもの忘れがはげしくていつも同じ質問をくりかえしている.

hacer memoria 思い出そうとする. *Haz memoria*. Seguro que la has visto. 思い出せよ. 確かに君は彼女に会ったことがあるんだから.

irse [pasarse] a ... de la memoria うっかり忘れられる, つい忘れられる. El nombre se *me ha ido de la memoria*. 私はその名前をうっかり忘れてしまった.

manchar [profanar] la memoria de (故人の)ことを)中傷をする, 悪く言う.

perder la memoria de ... …のことを忘れる.

refrescar [renovar] la memoria 記憶をよみがえらせる.

traer a la memoria を思い出させる. Su llamada *me trajo a la memoria* la promesa que le había hecho. 彼からの電話で私は彼にしていた約束を思い出した.

memorial [memorjál] 男 ❶ 請願書, 陳情. — presentar un ~ del proyecto a la autoridad 当局にプロジェクトの申請書を提出する. ❷ メモ帳, 備忘録. 類 **memorándum**. ❸ 公報, 会報.

memorialista [memorjalísta] 男女 (請願書などの)代書業者.

memorión, riona [memorjón, rjóna] 形 《主に軽蔑》記憶魔の, 記憶力の優れた.
— 名 記憶魔, 記憶力抜群の人.
— 《話》記憶力の上. —iQué ~ tiene Jorge! ホルヘの記憶力は大したものだ.

memorioso, sa [memorjóso, sa] 形 《まれ》記憶力の良い. — 名 記憶力の良い人.

memorismo [memorísmo] 男 詰め込み主義, 暗記主義.

memorista [memorísta] 形 ❶ 暗記主義の. ❷ 記憶力の良い.
— 男女 暗記主義の人.

memorístico, ca [memorístiko, ka] 形 (教育や知識などが)暗記主義的の, 暗記によって詰め込まれた. —En clase sigue un método ~ de dudosa eficacia. 授業で彼は効果の疑わしい暗記主義的方法に従っている.

memorización [memoriθaθjón] 女 記憶すること, 暗記.

memorizar [memoriθár] [1.3] 他 を記憶する, 暗記する.

Mena [ména] 固名 メーナ(フアン・デ Juan de ~)(1411-56, スペインの詩人).

mena¹ [ména] 女 鉱石, 原鉱.

mena² [ména] 女 《魚類》(地中海産の)イワシの一種.

mena³ [ména] 女 《海事》錨(いかり)綱の太さ.

ménade [ménaðe] 女 ❶ 《ギリシャ神話》バッカス(Baco)の巫女(みこ), マイナデス. ❷ 怒り狂った女. —estar como [hecha] una ~ (女性が)狂乱している.

menaje [menáxe] 男 ❶ 《集合的に》家具, 調度. —~ de cocina 台所用品. ❷ (学校の)備品, 教具. ❸ 家事.

menchevique [mentʃeβíke] 形 《歴史》メンシェヴィキ〔穏健派〕の.
— 男女 メンシェヴィキ. ♦ロシア語で少数派の意味. 革命時, ロシア社会民主労働党内でボリシェヴィキに対抗した. 反 **bolchevique**.

mendrugo 1269

Menchu [méntʃu] 固名 《女性名》メンチュ(María del Carmen の愛称).

:mención [menθjón] 女 話に出す[言及する]こと, 名を挙げること, 記載. —La sola ~ de la carne cruda le produce náuseas. 生肉と聞くだけで彼は吐き気がする. 類 **alusión, cita, referencia**.

digno de mención 言及[評価]するに値する. No contó nada *digno de mención*. 彼は言うに値することは何も語らなかった.

hacer mención de ... …に言及する. Nunca *ha hecho mención de* su familia. 彼は自分の家族について一度も語ったことがない.

mención honorífica (コンクールなどでの)選外佳作.

*mencionado, da [menθjonáðo, ða] 過分 形 すでに述べた; 前述の, 上述の《通常, 名詞の前に置かれる》. —la *mencionada* fecha 上述の日付. cumplir los ~s requisitos 前述の要件を満たす. arriba [anteriormente] ~ 上述の, 上で述べた〖この場合, 名詞の後に置かれる〗.

:mencionar [menθjonár] 他 …に言及する, 触れる, (人・物の名など)を挙げる. —En la clase el profesor *mencionó* a Cervantes. 授業中に先生はセルバンテスについて述べた. Fue *mencionando* los pueblos que más le habían gustado. 彼はもっとも好きな町の名を挙げて行った. 類 **aludir, citar, nombrar**.

mendacidad [mendaθiðáð] 女 ❶ 《文》うそつきな性質; 虚言癖. ❷ しらじらしい〔厚かましい〕うそ.

mendaz [mendáθ] 形 《文》うそつきの(=mentiroso), 偽りの.
— 男女 うそつき. 類 **embustero, falaz, falso**.

mendeliano, na [mendeljáno, na] 形 メンデル(Mendel, オーストリアの植物学者)の. —leyes *mendelianas* メンデルの法則.

mendelismo [mendelísmo] 男 メンデルの遺伝法則.

mendicante [mendikánte] 形 物乞いをする, 施しを求める. —órdenes ~s 《宗教》托鉢(たくはつ)修道会.
— 男女 乞食, 物乞い; 托鉢修道士.

*mendicidad [mendiθiðáð] 女 ❶ 物乞い, 乞食(こじき)行為; 托鉢. —vivir de [ganarse la vida con] la ~ 物乞いで生活する. erradicar la ~ infantil 小児の物乞い行為を根絶する. ❷ 《集合的に》乞食, 物乞いの人々. —La ~ no existe oficialmente en este barrio, pero la hay. 公的にはこの地域に乞食はいないことになっているが, 実際にはいる.

*mendigar [mendiɣár] [1.2] 他 ❶ (施しを)請う, ねだる, せびる. —Un niño *mendigaba* dinero. 1 人の子どもがお金をねだっていた. ❷ を懇願する, 頼み込む. —*Mendigó* un aplazamiento en el pago del alquiler. 彼は家賃の支払いの延期を懇願した.
— 自 物乞いをする.

:mendigo, ga [mendíɣo, ɣa] 名 こじき, 物乞い. 類 **pordiosero**.

Mendoza [mendóθa] 固名 メンドサ(アルゼンチンの州・州都).

mendrugo [mendrúɣo] 男 ❶ 固くなったパンのかけら. 類 **corrusco**. ❷ 《話》鈍い人. 類 **necio,**

tonto, zoquete.

menear [meneár] 他 ❶ を動かす, 振る. — ~ la cabeza [mano] 頭[手]を振る. El cachorro *meneaba* la cola de alegría. 子犬がうれしそうに尻尾(⌣)を振っていた. El viento *meneaba* las ramas de los árboles. 風は木々の枝を揺さぶっていた. 類 **mover**. ❷《比喩》(店・商売などを)営む, 切り盛りする. ❸《比喩》(事)を処理する, 片付ける. — En Madrid él intentará ~ el asunto de tu traslado. マドリードでは彼が君の引っ越しの件を処理するだろう. 類 **activar, mover**.
Peor es meneallo. 黙っている方がいいよ, 余計なことを言わないことだ.〖meneallo は menearlo の古い書記法〗.
— *se* 自 ❶ 動く, 揺れる. — Dile al niño que se siente y no *se menee* más. 子どもに座ってもう動き回らないように言いなさい. Este tren *se menea* demasiado. この列車は余りにも揺れる. 類 **moverse**. ❷《比喩, 話》〖しばしば命令形で〗急ぐ. — ¡*Menéate*, que no llegamos a tiempo! 間に合わないから急ぎなさい. 類 **apresurarse**. ❸《比喩, 話》何とかして(処理)する. — Si no *te meneas*, no conseguirás nunca resolver este asunto. 君が何とかしないとこの問題をいつまでも解決できないよ.
de (los [las] de) no te menees《比喩, 話》大した, 大変な, すごい. Le dieron una paliza *de las de no te menees*. 彼はひどくたたきのめされた.

menegilda [menexílda] 女《話, まれ》女中, お手伝い.

Menéndez Pelayo [menéndeθ peláȷo] 固名 メネンデス・ペラーヨ(マルセリーノ Marcelino ~)(1856-1912, スペインの文芸評論家・歴史家).

Menéndez Pidal [menéndeθ pidál] 固名 メネンデス・ピダル(ラモン Ramón ~)(1869-1968, スペインの言語学者).

meneo [meneó] 男 ❶(特に急に)動かす[振る, 揺する]こと; 動くこと. — Has dado un ~ a la mesa y se ha vertido el café. 君がテーブルを揺らしたから, コーヒーがこぼれてしまった. ❷《比喩, 話》(激しい)殴打, 叱責. — Si vuelves a faltar a clase, te voy a dar un buen ~. また君が授業に欠席したりしたら, ひどい目にあわせてやるからな. 類 **tunda, vapuleo**.

‡**menester** [menestér] 男 ❶「ser menester +不定詞[+ que 接続法]」必要, 必要性. — Es ~ estudiar más. もっと勉強する必要がある. No es ~ que te levantes tan temprano. 君はそんなに早く起きる必要はない. 類 **necesidad**. ❷ 仕事, 用事. — Se dedica a ~*es* poco limpios de la Bolsa. 彼は汚い相場仕事をやっている. Salió para hacer un ~. 彼は用事一つをするために出かけた. 類 **ocupación, trabajo**. ❸ 複 用便. — hacer ~*es* 用を足す.
haber menester de/haber ... de menester を必要とする. Hay que ayudar a los que *han menester* de ello. 助けを必要としている人は助けてあげなくてはならない. Hay que darle buen consejo al que lo *ha de menester*. それを必要としている人には良い助言をしてあげねばならない.

•**menesteroso, sa** [menesteróso, sa] 形 困窮[窮迫]している, 貧困の, 貧乏な. — Vivía enfrente una *menesterosa* familia cargada de chiquillos hambrientos. 家の向いには飢えた子供たちを抱えた貧困の家族が住んでいた. 類 **necesitado, pobre**. 反 **rico**.
— 名 貧困な人, 困窮している人. — La cantidad de ~*s* sin trabajo aumenta día a día. 仕事のない貧困な人の数が日増しに増えている.

menestra [menéstra] 女 ❶ 野菜と肉[ハム]の煮込みスープ[シチュー]. ❷ 乾燥野菜. — ~*s* de verduras ミックスベジタブル.

menestral, trala [menestrál, trála] 名 職人, 職工; 手工業労働者.

menestralía [menestralía] 女 ❶〖集合的に〗職人, 職工. ❷ 職人[職工]の資格.

menfita [menfíta] 形 メンフィスの(Menfis, 古代エジプトの都市の).
— 男女 メンフィスの人.

mengano, na [meŋgáno, na] 名〖fulano y ~ あるいは ~ y zutano の表現で〗だれそれ, 何の某(⌣). — No me importa un comino lo que digan fulano y ~. どこの誰が何を言おうと私はちっとも構わない.

Meng Tse [mén tsé] 固名 孟子(前 372-289, 中国戦国時代の思想家).

mengua [méŋgwa] 女 ❶ 減少, 縮小, 減退. — Aceptar iría [redundaría] en ~ de mi libertad. 承諾すると私の自由が侵害されることになるだろう. La ~ de sus bienes se debe a su mal hábito derrochador. 彼は浪費癖のため財産を減らしている. ❷ 不足, 欠乏. — Le entrega el salario sin ~. 彼は彼女に給料をそっくり渡す. ❸《比喩》不面目, 信用を落とすこと. — Este escándalo constituye una ~ para ti. このスキャンダルは君にとって信用の失墜になるよ. Eso va en ~ suya. それは彼の信用を落とすことになる. 類 **descrédito, deshonra**.
sin mengua 完全な, 完璧な, 無傷の.
sin mengua de ... を減らさずに[損なうことなく]. Puedes vivir aquí, *sin mengua de* tu independencia. 君は独立したままここで暮らせるよ.

menguado, da [meŋgwáðo, ða] 形 ❶ いくじのない, 臆病な; ばかな. — Para ganar a tu rival, no debes ser ~. お前のライバルに勝つにはびくびくしてたらだめだ. 類 **cobarde, pusilánime**. ❷ 不幸な, みじめな; とるに足りない. — Está contenta aun con su ~ sueldo. 彼女はほんのちょっぴりの給料でも満足している. 類 **desgraciado, mezquino, miserable**.
— 名 臆病者; みじめな人.
— 男〖編物の〗へらし目.

•**menguante** [meŋgwánte] 形 ❶(月が)欠ける, 欠けていく. — cuarto ~ 下弦. La luna ~ iluminaba suavemente el mar. 下弦の月が海を柔らかく照らしていた. 反 **creciente**. ❷ 減少する, 減って行く, 衰える. — El actor estaba preocupado por su ~ fama. その俳優は名声が衰えて行くのを気にしていた. 類 **decreciente**.
— 女 ❶ 下弦(の月). — la ~ de la Luna 下弦の月. ❷ (川の)減水, 渇水. — En el verano, la ~ deja el río casi seco. 夏には渇水によって川はほとんど干上がってしまう. ❸ 引き潮, 干潮. — Los mariscadores aprovechan la ~ para recoger los berberechos. 貝とりの漁師たちはザルガイをとるのに引き潮を利用する. ❹ 減少, 衰退, 低下. — La ~ de las ventas nos arrastró a la ruina. 売り上げの減少により私たちは破滅に追い込まれた.

menguar [meŋguár] [1.4] 自 ❶ 減少する, 縮小する. —Su peso *ha menguado* notablemente. 彼の体重は目に見えて減った. El caudal del río *mengua* en verano. 川の水量は夏湖に減少する. 類 **disminuir**. 反 **crecer**. ❷ 衰える, 弱る, 落ちる. —Su fama *ha menguado* últimamente. 彼の名声は最近地に落ちてしまった. ❸ (月が)欠ける. 反 **crecer**.

—— 他 ❶ を減らす, 少なくする, 縮小させる. —Tantos gastos *han menguado* sus ahorros. あんなに浪費したので彼の貯金は減った. ❷ (編み物で)編み目を減らす, 粗くする. —Para la manga hay que ~ un punto cada tres vueltas. 袖については3列おきに編み目を1つ減らさねばならない.

mengue [méŋge] 男 《話》 ❶ 悪魔 (=diablo). ❷ お化け, 小悪魔 (=duende).

mengüe(-) [meŋgue(-)] 動 menguarの接・現在.

mengüé [meŋgué] 動 menguarの直・完了過去・1単.

menhir [menír] 男 《考古》メンヒル. ♦ 有史前の巨石記念物.

meninge [meníŋxe] 女 《解剖》 (脳脊)髄膜. *estrujarse las meninges* 考える, 思い悩む. 類 **cavilar, pensar**.

meníngeo, a [meníŋxeo, a] 形 (脳脊)髄膜の.

meningítico, ca [meniŋxítiko, ka] 形 《医学》❶ 髄膜[脳膜]炎の. ❷ 髄膜[脳膜]炎にかかった. ❸ 《皮肉, 俗》ばかな, 気の狂った.

meningitis [meniŋxítis] 女 《単複同形》髄膜炎, 脳膜炎.

meningoencefalitis [meniŋgoenθefalítis] 女 《医学》髄膜脳炎.

menino, na [meníno, na] 名 《歴史》(スペイン宮廷で女王・王女・王子に子どもの時から仕えた)小姓; 宮女, 侍女.

menisco [menísko] 男 ❶ メニスカス(凹凸)レンズ. ❷ 《解剖》半月板, 関節間軟骨. ❸ 《物理》メニスカス.

menjunje [meŋxúŋxe] 男 →mejunje.
menjurje [meŋxúrxe] 男 →mejunje.
Meno [méno] 固名 (el ~) マイン川(ドイツの河川).

menopausia [menopáusja] 女 《医学》月経閉止(期), 閉経; 更年期.

menor [menór メノル] 形 [pequeñoの比較級. →mayor] ❶ [+que] …より小さい, より少ない. —En este país el número de hombres es ~ que el de mujeres. この国では男性の数は女性の数よりも少ない. Este mes las ventas han sido ~*es* que las del mes pasado. 今月の売り上げは先月のより少なかった. 反 **mayor. (b) 【定冠詞・所有形容詞+】もっとも小さい, 最小の; ほんの小さな…でさえない. —No cabe la ~ duda. 全く疑う余地はない. No me hace el ~ caso. 彼は私のことを全く気にかけない. No tengo la ~ idea de dónde le he puesto la cartera. 私は財布をどこに置いたのか全く見当もつかない. El ~ examen le pone nerviosísimo. どんな小さなテストでも彼はとても神経質になる. Al ~ temblor ella se echa a llorar. どんな小さな地震でも彼女は泣き出してしまう. ❷ (a) 年下の, 後輩の. —colegio ~ 高校生寮. Este es mi hermano ~. これは私の弟です. Mi hijo es ~ que el suyo. 私の息子はおたくの息子さんより年下だ. ♦ 人については年齢が下であることを表し, 事物については数量など抽象的な小ささを言う. 形のあるものについては más pequeño を用いる. (b) 【定冠詞・所有形容詞+】もっとも年下の, 最年少の. —Soy el ~ de mis hermanos. 私は兄弟の中で一番年下です. ❸ 未成年の. —No debes fumar: eres ~ de edad. 君は未成年なのだからタバコを吸ってはいけません. ❹ 《音楽》短音階の, 短調の. ❺ より下位の. —órdenes ~*es* (カトリック)下級叙階.

—— 名 子供, 年少者, 未成年者 (= ~ de edad). —Esta película no es apta para ~*es*. この映画は未成年者には向かない. tribunal de ~*es* 少年裁判所. 反 **adulto, mayor**.

—— 男 《論理》小前提(三段論法の二番目の命題).

arte menor 《詩学》(8音節以下の)短詩型. verso de *arte menor* 短詩型の詩句.
al por menor (1) 小売りで. comercio *al por menor* 小売り商. (2) 詳しく (→por menor).
menor que 《数学》…より小さい(不等記号<).
por menor (1) 詳しく, 詳細に. Me contó *por menor* todo lo que le había pasado. 彼は自分に起ったことを詳しく私に語ってくれた. (2) 小売りで.

Menorca [menórka] 固名 メノルカ島(スペイン, バレアーレス諸島の島).

menoría [menoría] 女 ❶ 下位にあること. ❷ 未成年 (=menor edad).

menorista [menorista] 形 《中南米》小売りの.

—— 男女 《中南米》小売り商.

menorquín, quina [menorkín, kína] 形 メノルカ島(Menorca, スペインBaleares諸島の一つ)の. —— 名 メノルカ島民; その出身者.

menos [ménos メノス] 副 [poco の比較級] ❶ [+形容詞・副詞(句)][+que] …よりもっと[いっそう]少なく, …より(それほど)…ではなく. —Su novio es ~ simpático *que* ella. 彼女の恋人は彼女ほどは感じがよくない. Ese chico es ~ tonto de lo *que* parecía. その男の子は見かけほど馬鹿ではない. Hoy me he cansado ~. きょう私はそれほど疲れなかった. Deberías hablar ~ deprisa. 君はそんなに早口で話さなければいいのに. 反 **más. ❷ (a) 【動詞の後または前で】もっと少なく, それほど…ではない. —Aquí llueve ~. 当地はそれほど雨が降らない. Habla ~ y escucha más. そんなにしゃべらないでもっと人の話を聞きなさい. (b) 【名詞などの後で】…だけ少なく, さらに少なく. —Este coche ha gastado dos litros ~ de gasolina. この車は2リットルだけガソリン消費が少なかった. ❸ [+de+数量・程度の表現] …以下, …未満, を下回って. —Había en total ~ de cincuenta personas. 合計50人以下の人がいた. En esta carretera hay que ir a ~ de 60 km/h. この道路では時速60キロ未満で走らなければならない. Son ~ de las once. 11時前だ. ♦ *menos de diez*は場合によっては10を含めず, 10未満の意味である. ❹ (a) 【定冠詞・所有形容詞などの後で】最も[一番]少なく, [+de] …の中で最も…でない. —Es la ~ divertida *de* las amigas. 彼女は友達の中でも一番おもしろくない人だ. Eso es lo ~ malo que le podía pasar. それは君に起きる可

1272 menos

能性のあった最悪のことに比べれば少しはましなことだ. (b) 【代名詞＋que で始まる関係節の中で】最も[一番]少なく, 最も…ではない. —Ella es la que ～ culpa tiene. 彼女は一番責任がない.

a menos de … (1) …以下[以内]で. Lo venden *a menos de* tres euros el kilo. それは1キロ3ユーロ以下で売られている. (2) 【＋不定詞】…でないかぎり. *A menos de* estar loco, no lo haría. 気が変になっていない限り彼はそんなことはしないだろう.

a menos que【＋接続法】もし…でなければ, …でない限り. No haré *a menos que* me ayudes. 君が助けてくれない限り私はやらない.

al menos/a lo menos/por lo menos (1) 少なくとも. No estaba enfadada, *al menos* lo que me ha parecido. 少なくとも私が見た限りでは彼女は怒ってはいなかった. *Por lo menos* tiene ocho gatos. 少なくとも彼は8匹のネコを飼っている. (2) せめて, ともかく. Quiero que *al menos* se me escuche. せめて私の言うことを聞いてもらいたい.

aún menos/menos aún なおさら…ではない, それどころではない. Si se entera su padre, *aún menos*. もし彼の父親が知ったら, それどころではすまないぞ.

cada vez menos →cada.

de menos 【名詞＋】不足した, 足りない. Hay tres lápices *de menos*. 鉛筆が3本足りない. Te han vuelto treinta céntimos *de menos*. 君に30セント少なく返金されたのだ.

echar de menos →echar.

en menos (1)【＋de＋数量】…だけ少なく, …以下[以内]で. Hay una diferencia de más de dos millones de beneficios con respecto al año pasado. 去年に比べ200万だけ利益が減っている. Volveré *en menos* de cinco minutos. 私は5分以内に戻ってくる. Tasaron el piso *en menos* de su precio real. そのマンションは実際の価格よりも低く査定された. (2) より少なく. Estimo *en menos* el regalo que la buena voluntad que revela. 私は贈り物よりも示された善意の方を評価する.

en menos de nada《話》たちまち, あっという間に. *En menos de nada* adelgazó diez kilos. たちまち彼は10キロやせた.

hacer (de) menos a … (人)を軽く見る, 軽蔑する. Le hacen *de menos* porque es novato. 彼は新米なので軽く見られている.

hacerse menos へりくだる, 卑下する.

ir a menos 落ちぶれる. Esa familia *ha ido a menos*. その一家は落ちぶれてしまった.

lo de menos 大したものではない[取るに足りない]こと. El precio es *lo de menos*, porque lo que importa es la calidad. 値段は大した問題じゃない, 大事なのは品質だから.

lo menos《話》少なくとも. Habla *lo menos* tres idiomas. 彼は少なくとも3か国語を話せる.

menos mal →mal.

nada menos que … ほかならぬ[まさしく]…, …ものの. Le han regalado *nada menos que* un coche deportivo. 彼に何とスポーツカーを贈られたのだ. La casa cuesta *nada menos que* cien millones. その家の値段は1億もついた.

ni mucho menos とんでもない, それどころではない.

No tengo por qué invitarle, *ni mucho menos*. 何で彼を招待しなければいけないんだ, とんでもないよ.

no menos de … …と同じだけの, …ほど多くの.

no poder menos de … …＝poder.

no ser menos 同類[同等]である.

no ser para menos 無理もない, もっともなことだ. Se enfadó mucho y *no era para menos*. 彼は大変怒ったが, 無理もないことだった.

pero menos《話》それほどでもない. Es un nuevo Cicerón ... *pero menos*. 彼のことはキケロの生まれ変わりみたいと言ったら褒めすぎかな.

poco menos que【de＋数量】…とほとんど同じくらい, …に近く. Está *poco menos que* enfermo. 彼は病人も同然だ. Nos queda *poco menos de* un litro de aceite. 私たちには油が1リットル程度残っている.

por no ser menos 劣らず….

¿Qué menos?（謙遜して）せめてこのくらいは当然だ. ¿Debería enviarle un regalo?-Mujer, *¿qué menos?* あの人に贈り物をしたほうがいいでしょうか.—当然だろう, お前.

qué menos que【＋接続法】せめて…であってもいいのに. Si no podía asistir, *qué menos que* hubiera avisado. 彼は出席できないのなら, せめて知らせてくれてもよかったのに.

venir a menos →venir.

y menos (aún) なおさら…ではない. No quiero que me llame, *y menos que* venga a verme. 私は彼に電話をしてもらいたくないし, まして会いに来てもらいたくない.

── 形【単複同形】❶【＋que】(数量・程度が) …よりもっと[いっそう]少ない. —Quiero ～ sopa. 私にはもっとスープを少なくして. Yo tengo ～ años *que* tú. 私は君よりも年下だ. Ahora tiene ～ fama *que* antes. 今は以前ほど彼は有名ではない. Hay mucha ～ gente *que* ayer. 昨日よりもはるかに人出が少ない. Haremos el ～ ruido posible. 私たちはできるだけ物音を立てないようにしよう. 反 **más**. ❷《数学》【＋数値】マイナスの, 負の. —～ 15 por ciento マイナス15パーセント. ❸《話》もっと悪い[劣った], より大したことではない. —～ privilegiados 恵まれない人々. Es ～ hombre que tú. あれは君よりも下の人間だ.

── 前 ❶ …を除いて, …のほか[以外]は. —Están todos presentes ～ dos. 二人を除いて全員が出席している. Vinieron todos ～ el hijo mayor, que estaba de excursión. 最年長の子は遠足に行っていていなかったが, それ以外は全員来た. Daría cualquier cosa ～ eso. それ以外なら何でも上げよう. No iré ～ si me lo pide ella. 彼女がそれを頼んでくるのでないならば私は行かない.【menos の後は主格人称代名詞を用いる: Todos lo hicieron menos yo. 私以外は全員がそれをやった. また menos の後に前置詞 a を重ねて用いることも: Invitó a todos al cine, menos a mí. 彼は私以外の全員を映画に誘った.】. ❷《数学》…を引いて, マイナス(して). —Once ～ cinco son seis. 11引く5は6. ❸【時刻の表現で】…(分)前. —Son las tres ～ diez. 3時10分前だ.

── 代【複】❶【定冠詞複数＋】少数(の人), 一部. —Los que no están de acuerdo son los ～. 賛成しない人は少数だ. ❷【lo＋】最小(限)のこと. —Es *lo* ～ que se puede pedir. それは望みうる最小限のことだ.

── 男 ❶《数学》マイナス符号, 負符号. ❷ 負

数; 負量, 不足.

sus más y menos →más.

menoscabar [menoskaβár] 他 ❶ (部分的に)を減らす, 小さくする. — *Menoscababa* su herencia malgastándola. 彼は浪費して遺産を減らしていた. 類 **disminuir, mermar**. ❷《比喩》を損なう, 傷つける. Ha dejado de fumar y beber para no ~ su salud. 彼は健康を害さないよう喫煙と飲酒をやめた. La nueva ley *menoscaba* el derecho de los trabajadores. 新法は労働者の権利を侵害している. 類 **afectar, perjudicar**.

— **se** 再 減る, 小さくなる; 損なわれる, 傷つく.

menoscabo [menoskáβo] 男 ❶ 減少, 縮小. ❷《比喩》損害, 損傷. — Su fama sufrió un ~ con ese fracaso. 彼の評判はその失敗で落ちてしまった. El desplome del precio del aceite representa un ~ considerable en las ganancias. オリーブ油の値崩れは, 利益に相当するマイナスをもたらす.

con [*en*] *menoscabo de* ~ を害して. El escándalo va *en menoscabo* de su reputación. スキャンダルが彼の評判を傷つけている.

sin menoscabo 無傷で, 損わずに.

menospreciable [menospreθjáβle] 形 軽蔑すべき, 卑劣な.

menospreciador, dora [menospreθjaðór, ðóra] 形 軽蔑的な, さげすんだ.

menospreciar [menospreθjár] 他 ❶ を軽蔑する, 侮る. — *Menosprecia* todo lo que sea extranjero. 彼は外国のものをすべてさげすむ. ❷ を見くびる, 過小評価する. — No hay que ~ sus amenazas. 彼の脅しを甘く見てはいけない. 類 **desdeñar, despreciar, subestimar**. 反 **apreciar, valorar**.

menospreciativo, va [menospreθjatíβo, βa] 形 軽蔑的な, さげすむような. 類 **despectivo, despreciativo**.

menosprecio [menospréθjo] 男 軽蔑, さげすみ; 過小評価. — Es conocido de todos su ~ de la mujer. 彼の女性蔑視は皆に知られている. 類 **desdén, desprecio**. 反 **aprecio**.

menoxenia [menoxénja] 女《医学》月経不順.

‡**mensaje** [mensáxe] 男 ❶ 伝言, ことづて, メッセージ. — dejar un ~ 伝言を残す. Hay un ~ para ti en la portería. 門番のところに君あての伝言があるよ. 類 **comunicación, recado**. ❷ (ラジオなどによる)通信. — El barco envió un ~ por radio pidiendo auxilio. その船は救助を求めて無線による送信をした. ~ cifrado [en clave] 暗号文. ❸ (大統領などの)教書; (公式な)声明; (国王などの)勅語. — ~ del rey a las Fuerzas Armadas 軍に対しての王の親書. 類 **comunicación**. ❹ (情報)メッセージ; (生物)伝達暗号. — ~ electrónico [de correo electrónico] 電子メール. ❺ (芸術作品の)意図, ねらい.

mensajería [mensaxería] 女 ❶ 運送[配達]業. — ~ marítima 海運業; 郵船会社. ❷ 運送会社. ❸ 宅配便. ❹ 鉄道による高速便.

mensajero, ra [mensaxéro, ra] 形 伝言を送る; 到来を告げる. — paloma *mensajera* 伝書バト.

— 名 使者, 伝令, メッセンジャー. — Las golondrinas son *mensajeras* de la primavera. ツバメは春の使者だ. 類 **heraldo, recadero**.

— 男《生化学》伝達子.

menso, sa [ménso, sa] 形『中南米』知能の低い.

menstruación [menstruaθjón] 女《医学》月経, 生理. 類 **período, regla**.

menstrual [menstruál] 形 月経[生理]の. — dolores ~ es 生理痛.

menstruar [menstruár] [1.6] 自 月経[生理]がある.

menstruo, trua [ménstruo, trua] 形 月経[生理]の. — sangre *menstrua* 経血.

— 男 ❶ 月経, 生理 (= menstruación). ❷《化学》溶媒, 溶剤.

‡**mensual** [mensuál] 形 毎月の, 月1回の; 月刊の. — Te pagarán 500 euros ~ es. 君は毎月500ユーロの支給をうけることになる. sueldo ~ 月給. revista ~ 月刊誌.

— 男『アルゼンチン, ウルグアイ』農業[牧場]労働者.

mensualidad [mensualiðáð] 女 ❶ 月給. ❷ 月々の支払い(金); 月賦(金). — Me debe dos ~ es del alquiler. 彼は私に2カ月の家賃を滞納している.

ménsula [ménsula] 女《建築》コンソール, (装飾的)持ち送り.

mensura [mensúra] 女『中南米』❶ → medida. ❷ 測量.

mensurable [mensuráβle] 形 計量[計測, 計定]可能な.

mensuración [mensuraθjón] 女 計量, 計測, 測定.

mensurar [mensurár] 他 → medir.

menta [ménta] 女 ❶《植物》ハッカ. ❷ ハッカ精; ハッカ酒, ペパーミント (= licor de ~). — caramelo de ~ ハッカあめ.

mentado, da [mentáðo, ða] 形 ❶ 前述の, 上記の. ❷ 有名な, 良く知られた. 類 **célebre, famoso**.

‡**mental** [mentál] 形 ❶ 心の, 精神の; 精神病の. — actividad [edad] ~ 精神活動[年令]. trabajo ~ 頭脳労働. tensión ~ 精神的緊張. enfermo ~ 精神病患者. minusválido [atrasado] ~ 知恵遅れの人. 反 **corporal**. ❷ 暗算の, 頭の中でやる. — cálculo ~ 暗算.

mentalidad [mentaliðáð] 女 (特定の個人・集団・時代に特有な)考え方, 心的傾向, メンタリティー. — ~ exclusiva 排他的な考え方. ~ abierta オープンな[偏見のない]考え方. ~ infantil 子供っぽい考え方. tener una ~ patriarcal 家父長的な考え方を持っている. ~ española スペイン人の物の考え方.

‡**mentalmente** [mentálménte] 副 心[頭]のなかで; 暗算で. — Es ~ atrasado. 彼は精神薄弱だ. Hizo la suma ~. 彼はそらで足し算をした.

mentar [mentár] [4.1] 他 …の名前を挙げる, …に言及する. — Ni lo *mientes*; tu padre no quiere saber nada del viaje. 君の父さんは旅行のことを何も知りたくないんだから. 類 **aludir, citar, mencionar**.

****mente** [ménte メンテ] 女 ❶ 精神, 心, 頭. — ~ abierta [lúcida] 開いた心[明晰な精神]. 反 **cuerpo**. ❷ 知力, 知性. — ~ lógica 論理的な知性. 類 **entendimiento**. ❸ 考え(方); 意図. — Tiene una ~ anticuada. 彼は古い考え方をもっている. 類 **intención, mentali-**

1274 mentecatería

dad.

estar en la mente [***tener en la mente***][＋不定詞]…しようと考える[…するつもりである]. *No tenía en mi mente pasar por China.* 私は中国を通ってくるつもりはなかった. *No estaba en mi mente* hacerle daño alguno. 私は彼に危害を加えるつもりは全くなかった.

irse de la mente 忘れる. *Se me ha ido de la mente* su dirección. 私は彼の住所を忘れてしまった.

traer a la mente 思い出させる. *El mar me trae a la mente* recuerdos de mi niñez. 海は私に子供のころの記憶をよみがえらせる.

tener la mente en blanco 何も思い出せない.

venir a la mente 思いつく, 心に浮かぶ.

mentecatería [mentekatería] 囡 →mentecatez.

mentecatez [mentekatéθ] 囡 愚かさ, 愚鈍; 愚かな言動. 類**necedad**.

mentecato, ta [mentekáto, ta] 形 愚かな, ばかな. ── 名 愚か者, ばか. 類**necio, tonto**.

mentidero [mentidéro] 男《話》(暇人たちの)井戸端会議場.

‡**mentir** [mentír] [7] 自 ❶ 嘘(ｳｿ)をつく. ── *Le han castigado por* ~. 彼は嘘をついたので罰を与えられた. *Mintió* para que no reprendieran a su hermano. 彼は自分のきょうだいが叱られないよう嘘をついた. ❷ 人を欺く, 人を誤らせる. ── *Sus palabras mienten.* 彼の言葉は人を欺くものだ.
── 他 をだます, 欺く, (人)に錯覚させる. ── *Las esperanzas me mintieron.* 期待が私の目をくらませた. *Aquellos indicios* le *mintieron*. あの徴候が彼の判断を誤らせた. *El viento mentía* el aullido de los lobos. 風の音がオオカミの遠ぼえのように聞こえた. 類**aparentar, fingir**.

miente más que habla 大嘘をつく.

¡miento! 間違えた, 元へ. *El próximo sábado te veré, ¡miento!, el próximo domingo te veo.* 今度の土曜に君に会うよ, いや, 間違えた, こんどの日曜だ.

‡‡**mentira** [mentíra メンティラ] 囡 ❶ 嘘(ｳｿ), 虚言; 偽り. ── *decir [contar]* ~*s* 嘘をつく. *¡Eso es* ~*!* 嘘だ. ~ *oficiosa* 方便の嘘. ~ *piadosa* 思いやりの嘘. 類**embuste, falsedad.** 反**verdad.** ❷(爪に出る)白い斑点, 白斑. ❸《話》指の関節を鳴らす音.

aunque parezca mentira 嘘のように思えるかもしれないが, 奇妙に思えるかもしれないが. *Aunque parezca mentira,* nos ha estado engañando. うそのように思えるが, 彼はわれわれをずっと欺いていたんだ.

coger*LE *a … en mentira …の嘘を見破る[暴く].

parecer mentira (1) 嘘のように思える, 信じられない. *Parece mentira* que ella haya cambiado tanto. 彼女があんなに変わったとは嘘みたいだ. (2)(責める気持ちで)嘘のようだ, おかしい. *Parece mentira que te hayas olvidado.* 君が忘れるなんておかしい. *Su madre enferma y él de juerga … parece mentira.* お母さんが病気で彼は遊び回っているなんておかしい.

una mentira como una casa とてつもなうそ.

decir mentira para sacar (la) verdad 知ったかぶりをして本当のことを聞き出す, 鎌(ｶﾏ)をかける.

de mentira 本気ではなく, 冗談半分で.

mentirijillas (de) [mentirixíjas] 副《話》── *Todo lo que le dije iba de mentirijillas.* 彼に言ったことはみんな冗談だったんだ.

jugar de mentirijillas 金を賭けずにゲームをする.

mentirillas (de) [mentiríjas] 副 →mentirijillas (de).

‡**mentiroso, sa** [mentiróso, sa] 形 嘘(ｳｿ)つきの, 人をだます. ── *Es un hombre* ~. 彼は嘘つきな男である. 類**embustero, engañoso**.
── 名 嘘つき. ── *No te fíes de él, que es un* ~. 彼は嘘つきだから, 信用してはいけない.

mentís [mentís] 男《単複同形》否認, 否定; 反駁(ﾊﾞｸ). ── *dar un rotundo* ~ *a* … をきっぱりと否定する.

mentol [mentól] 男《化学》メントール, ハッカ脳.

mentolado, da [mentoládo, ða] 形 メントール入りの. ── *cigarrillo* ~ メントールタバコ.

mentón [mentón] 男 《下》顎(ｱｺﾞ)(＝barbilla).

mentor [mentór] 男 ❶ 助言者, 指揮者. 類**consejera, consultor, guía**. ❷ (昔の)家庭教師.
◆ギリシア神話のオデュッセウス(Odiseo)の親友で息子の教育を任されたメントール Mentor から.

‡**menú** [menú]《＜仏》男《複**menús**》❶ メニュー, 献立表. ── *Camarero, tráiganos el* ~, *por favor.* ボーイさん, メニューをお願いします. 類**carta, lista, minuta**. ❷《情報》メニュー. ~ *de jalar [plegable]* プルダウン・メニュー. ~ *desplegable* ドロップダウン[ポップアップ]・メニュー. ~ *jarárquico* 階層メニュー.

menú del día [de hoy] 本日のおすすめ定食, 日替り定食.

menudamente [menúðaménte] 副 細かく, 詳細に.

menudear [menuðeár] 他 を頻繁に行なう, たびたび繰り返す. ── ~ *visitas a la discoteca* ディスコに頻繁に通う.
── 自 ❶ 頻繁に起こる. ── *En esta temporada menudean las lluvias.* この時期は雨がよく降る. ❷ (どうでもよいことを)詳細に語る.

menudencia [menuðénθia] 囡 ❶ 小さな[細かい]もの. ❷ つまらぬもの, 瑣事(ｻｼﾞ). 類**insignificancia, minucia**. ❸ 周到さ, 正確さ. ❹ 複(豚の)臓物; 腸詰め, ソーセージ.

menudeo [menuðéo] 男 ❶ 頻繁, しばしば起こること. ❷ 小売り(＝venta al por menor). ── *al* ~ 小売りで[の].

menudillo [menuðíjo] 男 ❶ 複(鶏などの)臓物. ❷ (馬の)球節.

‡‡**menudo, da** [menúðo, ða メヌド, ダ] 形 ❶ とても小さな, ほっそりとした. ── *lluvia menuda* こぬか雨. *Ella tiene las piernas ágiles y menudas.* 彼女は軽快でほっそりとした脚をしている. *Lleva un precioso collar de menudas perlas.* 彼女は小粒の真珠のネックレスをしている. 類**pequeño**. ❷ 小柄の. ── *Es una tenista menuda pero de un potente saque.* 彼女は小柄だが強力なサーブをうてるテニス選手だ. *gente menuda* (→GENTE). ❸ 小銭の. ── *Deme el cambio en moneda menuda.* 小銭でおつりを下さい. 類**suelto**. ❹ 取るに足りない, ささいな. ── *Sólo se fija en detalles* ~*s.* 彼は取るに

足りない細部にしか注目しない. 類 **insignificante**.
❺ こまかな, 精密な. ― Hizo una *menuda* relación de lo ocurrido. 彼は出来事のこまかい報告をした. 類 **exacto, minucioso**. ❻《誇張, 軽蔑》すばらしい, ひどい, 何という. ― ¡*Menuda* casa se ha comprado! 彼は何とすばらしい家を買ったんだ. ¡M~ lío has armado! 彼は何てひどい騒ぎを起こしてくれたんだ. ¡M~ sinvergüenza es! あいつは何てひどい恥知らずだ. ❼《意味のない女性単数定冠詞とともに》ひどい, とんでもない. ―¡*Menuda* la has hecho!; ahora avisarán a la policía. お前は何てひどいことをしかったんだ. いまに警察に通報されるから. ❽《たいていの場合女性単数形で》まったく, そのとおり. ―¿*Menuda!* このヨットは彼のもの?-そのとおりだよ.

―― 男複 ❶（鳥や獣の）臓物. 類 **despojos**. ❷ 小銭.

a la menuda [*por menudo*] (1) 詳しく. Me explicó *a la menuda* lo que le había sucedido. 彼は自分に起こったことを詳しく私に説明してくれた. (2) 小売で. Este tipo de mercancía no se vende *por menudo*. この種の商品は小売りでは販売されない.

a menudo たびたび, しばしば. Viaja *a menudo* por Europa. 彼はしばしばヨーロッパを旅行する.

meñique [meɲíke] 形 とても小さな; 小指の. ― dedo ~ 小指. ―― 男 小指.

meollo [meóʝo] 男 ❶《解剖》脳髄; 髄. ❷《比喩》真髄, 核心. ―entrar al ~ de la cuestión 問題の核心に達する. 類 **núcleo, sustancia**. ❸ (パンの)柔らかい中身. ❹ 知能, 知性.

meón, ona [meón, óna] 形《俗》(特に子どもが)よく小便をする, おもらしをする.
―― 男女 ❶ 小便の近い人. ❷ 小さな子ども.

mequetrefe [meketréfe] 男《話》(思慮に欠けた)お節介者, 出しゃばり.

meramente [méramente] 副 ただ(…だけで), 単に(…にすぎない). ―Me preguntó ~ por curiosidad. 彼は単に好奇心だけで私にそれを質問した. 類 **puramente, simplemente, sólo**.

mercachifle [merkatʃífle] 男《軽蔑》❶ 悪徳商人, もうけ主義者. ❷ 行商, 呼び売り(= buhonero).

mercadear [merkaðeár] 自 商売する, 取引をする. 類 **comerciar**.

mercadeo [merkaðéo] 男 ❶ 商売, 売買. ❷《商業》マーケティング.

mercader, dera [merkaðér, ðéra] 名 **商人** (古い時代の商人, 軽蔑的に使われることがある). ― ~ de libros 書籍商. ~ de grueso 卸売商人. «El ~ de Venecia»『ベニスの商人』. 類 **comerciante**.

mercadería [merkaðería] 女 →mercancía.

mercado [merkáðo] 男 ❶ **市場**(いち), 市. ― ~ al por mayor 卸売市場. ~ de pescados [verduras] 魚[青果]市場. El domingo hay ~ en este pueblo. この村では日曜日に市が立つ. Ella hace siempre la compra en el ~ del barrio. 彼女はいつも町内の市場で買物をする. ❷ 市場(じょう), 市況, 販路. ― ~ libre 自由市場. ~ de valores [divisas] 証券[為替]市場. ~ interior [exterior] 国内[外国]市場. precio de ~ 市場価格. ~ de trabajo [laboral] 労働市場. estudio de ~s 市場調査. ~ de cambios 外国為替市場. ~ negro やみ市場. M~ Común ヨーロッパ共同市場(EC のこと. =Comunidad Económica Europea, 略記:CEE ヨーロッパ経済共同体). Este artículo saldrá pronto al ~. この商品はまもなく売り出されるだろう. Tiene sus ojos puestos en el ~ japonés. 彼の目は日本市場に向いている. España puede ser un prometedor ~ para este producto. スペインはこの製品にとって有望な市場でありうる. ❸ 売買, 取引, 市. ― ~ activo 好況, 活況. ~ sostenido 手堅い市況. ~ encalmado 沈滞した市場. ~ alcista [bajista] 高[下落]相場.

:**mercancía** [merkanθía] 女 ❶ **商品, 品物**. ― tren de ~s 貨物列車. 類 **género**. ❷ 商取引.

:**mercante** [merkánte] 形 **海運の, 貿易の, 商業の**; 商人の. ― barco [buque, navío] ~ 商船. marina ~《集合的に》商船団, (一国の)全保有商船. marino ~ (商船に乗る)貿易商人. 類 **comercial, marítimo, mercantil, naviero**.
―― 男 ❶ 商船, 貨物船. ―El alijo llegó a España procedente de Colombia a bordo de un ~ de pabellón brasileño. 密輸品はブラジル船籍の貨物船でコロンビアからスペインに着いた. ❷ 商人. 類 **comerciante, mercader**.

:**mercantil** [merkantíl] 形 **商業の, 商売の**; 金銭ずくの. ― actividad ~ 商業活動. derecho ~ 商法. sociedad ~ 商事会社. espíritu ~ 金もうけ主義. navío ~ 商船. perito ~ 会計士. 類 **comercial**.

mercantilismo [merkantilísmo] 男 ❶ 営利主義, 金もうけ主義. ❷《経済》重商主義.

mercantilista [merkantilísta] 形 ❶ 営利[金もうけ]主義の. ❷ 重商主義の.
―― 男女 ❶ 営利[金もうけ]主義者. ❷ 重商主義者. ❸ 商法の専門家.

mercar [merkár] [1.1] 他 《地方語で》を買う (=comprar).

:**merced** [merθé(ð)] 女 ❶ **恩恵, 好意, 親切**. ― Nos hizo la ~ de enseñarnos la ciudad. 彼は親切にもわれわれに町の案内をしてくれた. Pedía a Dios la ~ de que su hijo pasara el examen. 彼は息子が試験に合格するよう神に加護を祈った. Hágame la ~ de aceptar este regalo. どうかこの贈り物をお受け下さいませ. 類 **beneficio, favor, gracia**. ❷《まれ》感謝《複 でも》. ―*M*~ por ayudarme. 助けて下さりありがとうございます. 類 **gracias**. ❸《大文字で》メルセス会(モーロ人の捕虜になったキリスト教徒を奪回するために 1218 年に聖 Pedro Nolasco によって組織された教団).

a merced de ... のなすがままに. El barco quedó *a merced de* las olas. 船は波のなすがままに揺られた. Estaba *a merced de* los acreedores. 彼は債権者たちの言いなりのままだった.

merced a ... …のおかげで. Lo hemos conseguido *merced a* su ayuda. 私たちは彼のおかげでそれを達成できた. 類 **gracias a**.

vuestra [*vuesa*] *merced* あなた様, 貴殿. ♦16, 17 世紀の黄金世紀のころに敬意をもって同輩や目上の人に対して用いられた二人称の呼称で, のち usted に変化してゆく.

mercedario, ria [merθeðárjo, rja] 形 メルセス会の.
―― 名《カトリック》メルセス会修道士[女]; 複 メルセス会.

1276 Mercedes

Mercedes [merθéðes] 固名 ❶《女性名》メルセデス. ❷ メルセデス(ウルグアイの都市; アルゼンチンの都市).

mercenario, ria [merθenárjo, rja] 形 外国の軍隊に雇われた; 金で雇われた. —soldado ～ 傭兵(ﾍｲ).
── 名 ❶ 傭兵. ❷《まれ》日雇い農作業員; 雇われ労働者.

mercería [merθería] 女 小間物商, 手芸品店.

mercerizar [merθeriθár] [1.3] 他 (綿糸・綿布)をシルケット加工する, 光沢を出させる.

mercero, ra [merθéro, ra] 名 小間物商人, 手芸品販売業者.

Merche [mértʃe] 固名《女性名》メルチェ(Mercedes の愛称).

MERCOSUR [merkosúr] 〔<Mercado Común del Cono Sur〕南部南米共同市場.

mercurial [merkurjál] 形 ❶《ローマ神話》メルクリウスの, マーキュリーの. ❷《天文》水星の. ❸ 水銀の, 水銀を含む.
── 女《植物》ヤマアイ.

mercurio [merkúrjo] 男 ❶《化学》水銀(記号 Hg). —termómetro [barómetro] de ～ 水銀寒暖計[気圧計]. 類**azogue**. ❷《ローマ神話》(M～) メルクリウス, マーキュリー. ◆商業・技術・旅行・雄弁・盗賊などの守護神. ギリシャ神話の Hermes に相当する. ❸《天文》水星.

mercurioso, sa [merkurjóso, sa] 形《化学》1価の水銀を含む. 第1水銀の.

merdoso, sa [merðóso, sa] 形 汚い, 汚物だらけの.

merecedor, dora [mereθeðór, ðóra] 形〔+ de〕…に値する, ふさわしい. — ～ de confianza 信頼できる. Sus esfuerzos son ～es de admiración. 彼の努力は賞賛に値する.

*merecer [mereθér メレセル] [9.1] 他 ❶ …に値する, …の資格がある. —Ese hombre *merece* un castigo severo. その男は厳罰に値する. Ella *merece* todo nuestro respeto. 彼女は本当に私たちの尊敬に値する人だ. ¿Qué opinión le *merece* a usted esta propuesta? この提案について意見はいかがですか. ❷ を獲得する, 手に入れる. —Para ～ ese puesto tendrá que luchar mucho. そのポストを手に入れるためには彼は大いに戦わなければならないだろう.
── 自 真価を発揮する, いい所を見せる. —Los nuevos empleados hacen todo lo posible por ～. 新入社員たちはいい所を見せようとできる限りのことをしている.
estar en edad de merecer 年ごろである, 結婚適齢期である.
merecer bien de ... (人)から感謝されるにふさわしい. *Mereció bien de* su familia. 彼は家族から感謝されるだけのことをした.
merecer la pena →valer la PENA.

merecidamente [mereθiðaménte] 副 当然(の報いとして), しかるべく, 当然に.

*merecido, da [mereθíðo, ða] 過分 形 (受けるのに)ふさわしい, 相応の, 当然の. —cosechar un ～ éxito ふさわしい成功を得る. Todos los empleados disfrutaron de su *merecido* descanso. すべての従業員が自分にふさわしい休暇を楽しんだ. Has recibido un castigo bien ～. 君は当然の罰を受けた. 類**adecuado, apropiado, digno**.
── 男 当然の罰, 相応の報い, ばち. —recibir [llevar, tener] su *merecido* 当然の罰[報い]を受ける. El criminal llevó [recibió] su ～. 犯罪者は当然の罰を受けた. Tengo que darle su ～. 彼に相応の罰を与えてやらなければならない. A cada uno su ～. 因果応報. 類**castigo, pago**.

merecimiento [mereθimjénto] 男 ❶ 値すること. 反**desmerecimiento**. ❷ 功績, 手柄(＝mérito). 反**demérito**.

*merendar [merendár] [4.1] 自 (夕方)間食をする, 軽食を取る, おやつを食べる. —Suelo ～ a las siete. 私は7時に軽食[夕食]を取る習慣だ.
── 他 を軽食[おやつ]として取る. —*Ha merendado* un bocadillo de jamón y fruta. 彼はハムのボカディーリョと果物の間食をした.
── **se** 再《話》❶ (*a*) を打ち負かす, …に大勝する, 圧勝する. —El campeón *se ha merendado* a su rival en tres minutos. チャンピオンは相手を3分で倒した. (*b*) をかち取る, かち得る, 獲得する. —*Se merendó* el apetecido puesto. 彼は欲しがっていたポストを手に入れた.
❷ (仕事などを)片付ける, 済ませる. —*Se merendó* la novela en una noche. 彼はその小説を一晩で読み終わった.
❸ …の義務を果さない, を怠る, サボる. —El alumno *se merendó* dos clases la semana pasada. その生徒は先週2度授業をサボった.

merendero [merendéro] 男 ❶ (観光地などの)休憩所; ピクニック場. ❷ (スペイン南部で郊外の)軽食堂.

merengue [merénge] 男 ❶《料理》メレンゲ. ◆卵白に砂糖を加え泡立てて焼いた菓子. ❷《話》虚弱な人. ❸ べたべたしてうっとうしい人. ❹『中南米』騒動, 騒ぎ. ❺《音楽》メレンゲ. ◆ドミニカの民族舞踊. カリブ海の諸国でも知られる.
── 形 男女 (スペインプロサッカーチームの)レアル・マドリードの選手, ファン, サポーター).

meretriz [meretríθ] 女 売春婦. 類**prostituta, ramera**.

merezca(-) [mereθka(-)] 動 merecer の接・現在.

merezco [meréθko] 動 merecer の直・現在・1単.

mergo [méryo] 男《鳥類》カワウ.

Mérida [mériða] 固名 メリダ(スペインの都市; メキシコの都市; ベネズエラの都市).

meridiana [meriðjána] 女 ❶ 寝椅子, カウチソファー. ❷《まれ》昼寝, 食後の睡眠(＝siesta).

meridiano, na [meriðjáno, na] 形 ❶ 正午の, 午後零時の. —a la (hora) *meridiana* 正午に. ❷ 明白な, 非常にはっきりした; 非常に明るい, まぶしいくらいの. —Esto es una prueba *meridiana*. これは明々白々たる証拠だ. luz *meridiana* まぶしいほどの光. ❸《天文, 地理》子午線の, 経線の. —altura *meridiana* 子午線高度. línea *meridiana* 子午線, 経線.
── 男 ❶《天文, 地理》子午線, 経線. —primer ～ 本初子午線. ❷《天文》(天体の運行における)最高点.

*meridional [meriðjonál] 形 南の. —América ～ 南アメリカ. países ～*es* 南の国々. En la zona ～ del Japón el clima es suave. 日本の南

部は気候がおだやかだ。 類**sureño**. 反**septentrional**.

── 男女 南部(地方)の人.

meriend- [meriénd-] 動 merendarの直・現在, 接・現在, 命令・2単.

‡**merienda** [meriénda] 女 夕方にとる軽い食事, (一般に)軽食。 ──Nos sirvieron la ~ en la terraza. 私たちはテラスで軽食を出してもらった。 *ir de merienda* 野外で[ピクニックで]食事をする, ピクニックに行く.
juntar meriendas 利益を集める.
merienda de negros (何かを分配するときなどの)混乱, 大騒ぎ. El reparto de los beneficios fue una *merienda de negros*. 利益の分配は大騒ぎだった. Cuando terminó la corrida, la plaza era una *merienda de negros*. 闘牛が終わったとき闘牛場は大混乱だった.

merino[1] [meríno] 男 《歴史》(中世スペインの)代官.

merino[2], **na** [meríno, na] 形 メリノ種の(羊) (=oveja *merina*); メリノ羊毛の.
── 男 メリノ羊毛.

‡**mérito** [mérito] 男 ❶ 長所, 利点, 美点. ──Su único ~ consiste en haber estudiado en el extranjero. 彼の唯一の長所は留学したことがあることだ. 反**defecto**, **demérito**, **vicio**. ❷ 価値, 真価. ──Es un cuadro de mucho [poco] ~. それはとても価値のある[あまり価値のない]絵画だ. Lo que ha hecho no tiene ningún ~. 彼がやったことは全く価値がない. Yo no le veo ~ a esa película. 私はその映画には価値を見出さない. 類**valor**. ❸ 功績, 功労. ── ~s de guerra 戦争における功労. ~s académicos 学問業績.
de mérito 優秀な, りっぱな. Es un cuadro *de mérito*. それはりっぱな絵だ.
hacer méritos (para) …しようと[…に値するよう]つとめる, (仕事などで)頑張る. Ascenderás cuando hagas méritos. 君は頑張ったら昇進するよ.

meritorio, ria [meritório, ria] 形 賞賛に値する, りっぱな. ──una acción *meritoria* 立派な行動.
── 名 (まれ)(無給の)職業研修生, 徒弟.

merla [mérla] 女 《鳥類》→mirlo①.

merlo [mérlo] 男 《魚類》クロベラ(=zorzal marino).

merluza [merlúθa] 女 ❶《魚類》メルルーサ(タラの一種). ❷《俗》酔い, 酩酊. ──coger una (buena) ~ (ひどく)酔っぱらう. 類**borrachera**, **embriaguez**.

merluzo, za [merlúθo, θa] 形《話》ばかな, 愚かな. 類**estúpido, tonto**.

merma [mérma] 女 ❶ 減少; 損失. ──Su ~ de visión comenzó a los treinta años. 彼の視力の低下は30歳で始まった. No consiente nada que conlleve ~ de su autoridad paternal. 彼は父親の権威を落とようになることは何も認めない. 類**disminución, reducción**. ❷《商業》(商品の)減価, 損耗.

mermar [mermár] 自 減る, 減少する. ──Parece que su salud va *mermando* por llevar una vida irregular. 彼の健康は不規則な生活で損なわれていくようだ. ── ~se 再 減る, 減少する. ~ en peso 体重が減る.
── 他 ~を減らす, 少なくする. ── ~ la paga [ración] 給料[配給]を減らす. 類**disminuir, reducir**

(se). 反**aumentar**.

mermelada [mermeláða] 女 マーマレード. ── ~ de naranja(s) amarga(s) オレンジマーマレード.

mero[1] [méro] 男 《魚類》メロ, マジェランアイナメ (タラに似た魚, 銀ムツとも).

‡‡**mero**[2], **ra** [méro, ra メロ, ラ] 形 ❶ 単なる, ほんの; 全くの. ──La muerte del niño fue un ~ accidente. 子供が死んだのは全くの事故だ. Es una *mera* cuestión de trámite. それはほんの手続き上の問題にすぎません. una *mera* casualidad 単なる偶然. Lo que te ha dicho es la *mera* verdad. 彼が君に言ったのは全くの事実だ. No te he llamado por el ~ hecho de que no lo sabía. 単にそのことを知らなかったということで君には電話しなかったんだ. 類**mismo, simple, solo**. ❷《中南米》まさにその, ちょうど. ──Está en el ~ centro de la ciudad. それは町のちょうど中心部にある.

merodeador, dora [meroðeaðór, ðóra] 形 ❶ うろつく, 徘徊(はいかい)する. ❷《軍事》略奪する, 荒らし回る. ── 名 ❶ (何かを求めて)うろつく人. ❷《軍事》略奪兵.

merodear [meroðeár] 自 ❶ うろつく, 徘徊(はいかい)する. ──Unos mendigos *merodeaban* por la Plaza Mayor. 数人のこじきがマヨール広場をうろついていた. Lleva dos días *merodeando* por la calle para ver a mi hermana. 彼は私の姉[妹]に会うために2日も通りをさまよっている. 類**vagabundear, vagar**. ❷《軍事》(兵が隊列を離れて)略奪する, 荒らし回る.

merodeo [meroðéo] 男 ❶ うろつくこと, 徘徊(はいかい). ❷《軍事》略奪, 荒らし回り.

merovingio, gia [meroβínxio, xia] 形《歴史》メロビング(王)朝の.
── 男女 メロビング王朝[王家](フランク王国の最初の王朝).

‡‡**mes** [més メス] 男 ❶ 月. ──en el ~ de junio 6月に. el ~ pasado [próximo, que viene] 先[来]月. Saldremos a primeros [mediados, últimos] de ~. 私たちは月の上旬[中旬, 下旬]に出発するつもりです. ❷ 1か月. ──Me han dado dos ~es de vacaciones, contados desde el 15 de junio. 私は6月15日から数えて2か月の休暇をもらった. pagar por meses 月払いにする. Alquila la habitación por meses. 彼は月ぎめで部屋を借りている. ❸ 月給. ──Todavía no me han pagado el ~. 私はまだ今月の給料をもらっていない. 類**mensualidad**. ❹ 月経. ──tener el ~ 月経がある. 類**menstruación**.

al mes [por mes] 1か月につき. Gana dos mil euros *al mes*. 彼は月に2000ユーロかせぐ.
mes civil 暦月(暦の上での1か月).
mes lunar 太陰月(月が地球を1周する期間. 約29日半).
mes solar 太陽月.
meses mayores 臨月.

‡‡**mesa** [mésa メサ] 女 ❶ テーブル; 机. ──He comprado una ~ de pino. 私はマツ材のテーブルを買った. en la ~, sobre la ~ テーブル[机]の上に. Hay un cenicero en la ~ del comedor. 食堂のテーブルの上に灰皿がある. pagar derecho

de ~ テーブルチャージを払う. ~ auxiliar サイドテーブル, 補助テーブル. ~ con tabla de cristal ガラス板付きテーブル. ~ de centro センターテーブル. ~ de noche ナイトテーブル. ~ de ping-pong interior 室内用卓球台. ~ de plancha アイロン台. ~ extensible 伸縮式テーブル. ~ nido ネストテーブル(2段式になっていて入れ子状に収まるテーブル). ~ ovalada 楕円形テーブル. ~ de resina 樹脂用テーブル. ~ plegable [de tijera] 折り畳み式テーブル. ~ camilla 〖樹〗mesas camilla(s)〗, ~ de camilla 足元に火鉢を入れてある丸テーブル. ~ de alas バタフライテーブル(両端が折りたためるようになっている). ~ de estudio 勉強机. ❷ 食卓; 食事, 料理. —Soy un amante de la buena ~. 私は美食を好む. La ~ está lista (dispuesta, preparada, servida]. 食事のしたくができた. No sabe comportarse en la ~. 彼は食卓でのマナーを知らない. ¡A la ~! ご飯ですよ! une de la ~ テーブルワイン. En su casa siempre hay buena ~. 彼の家ではいつもおいしいごちそうにありつける. levantarse de la ~ 食卓を離れる. ~ rodante (お茶などを運ぶ)ワゴン. sentarse a la ~ 食卓につく. servir (a) la ~ 給仕をする. 〖類〗comida. ❸ 台; 盤. —~ de juego (特に賭博の)ゲーム台. ~ de billar ビリヤード台. ~ de operaciones 手術台. ~ de batalla (郵便物などの)仕分け台. ~ de diablo ドルメン. ~ de tenis 卓球台. ❹ 執行部, 事務局, 役員会. —~ electoral 選挙管理委員会. La ~ no aceptó ninguna de las propuestas. 執行部は提案を一つも受け入れなかった. El presidente de la ~ aplazó la sesión. 議長は会議を延期した. ❺『集合的に』テーブル〖食卓〗を囲んでいる人たち. —En la mesa reinaba un ambiente de amistad fingida. 見せかけの友好的な雰囲気が食卓を支配していた. 〖類〗comensal. ❻〖地理〗(a) 台地, 高原. 〖類〗meseta. (b) テーブルマウンテン, 卓状山地(頂上が平坦). ❼ (宝石の)テーブル面(カットした宝石の上部の平滑面). ❽ (上部を水平に刈りそろえた)低木の植え込み. ❾ (階段の)踊り場. 〖類〗descansillo, rellano.

alzar [*levantar*, *quitar*] *la mesa* 食卓を片づける.

a mesa puesta 安楽に, 苦労なく. Después de jubilarse, Diego vive *a mesa puesta* con la familia de su hijo mayor. 退職後ディエゴは長男の家族といっしょに左うちわで暮らしている.

bendecir la mesa 食前の祈りをする.

estar a mesa y mantel 居候している.

la sagrada mesa, *la mesa del Señor* 《カトリック》聖体の秘跡.

mesa de armonía 〖音楽〗(楽器の)共鳴版, (バイオリンなどの)表板(おもていた).

mesa de negociaciones [*mesa negociadora*] 交渉の席. Las delegaciones de los dos países se han sentado en la *mesa de negociaciones*. 両国の代表団は交渉の席についた.

mesa redonda 円卓; 円卓会議. Se ha organizado una *mesa redonda* sobre el [tema del] calentamiento global. 地球温暖化(の問題)に関する円卓会議が開かれた.

mesa revuelta ごちゃまぜ; 混乱, めちゃくちゃ.

mesa y cama 宿泊と食事.

poner la mesa 食事の用意をする, 食卓に食器を並べる.

poner las cartas sobre la mesa 手の内を見せる, 心中を明かす.

tender la mesa 〖中南米〗食卓の用意をする, 食卓に食器を並べる.

tener mesa franca en casa de ... (人)の家で遠慮なくごちそうになる.

tenis de mesa 《スポーツ》卓球. 〖類〗**ping pong**.

mesada [meság̃a] 囡 →**mensualidad**.

mesalina [mesalína] 囡 (社会的地位の高い)放縦な女性.

mesana [mesána] 囡 《船舶》ミズンマスト, 後檣(こうしょう); その帆柱.

mesar [mesár] 他 (髪・ひげ)をかきむしる, 引っ張る.

——**se** 再 (自分の髪・ひげ)をかきむしる, 引っ張る; (髪の毛)を引っ張り合う. —Al oír la noticia, *se mesó* los cabellos. 彼は知らせを聞いて髪の毛をかきむしった.

mescalina [meskalína] 囡 《薬学》メスカリン. ♦メキシコ産のサボテンの一種の花から得られる幻覚剤.

mescolanza [meskolánθa] 囡 《話》→**mezcolanza**.

mesenterio [mesentério] 男 《解剖》腸間膜. 〖類〗**entresijo**, **redaño**.

mesero¹ [meséro] 男 食事と月給をもらって働く徒弟[弟子].

mesero², **ra** [meséro, ra] 名 〖中南米〗ウェーター, ウェートレス.

‡**meseta** [meséta] (<mesa) 囡 ❶ 〖地質〗高原, 台地; (とくにスペイン中央部の広大な台状社地. 平均標高600〜700m)メセタ. —la ~ de Castilla カスティーヤの高原. 〖類〗**altiplanicie**. ❷ (階段の)踊り場. —El anciano se detuvo un momento a descansar en la ~ de la escalera. 老人は階段の踊り場で休みしようとちょっと立ち止まった. 〖類〗**descansillo**, **rellano**.

mesiánico, **ca** [mesiániko, ka] 形 メシア[救世主]の, メシア信仰の.

mesianismo [mesianísmo] 男 メシア信仰, 救世主待望論.

mesilla [mesíʎa] 囡 ❶ 小テーブル. —~ de noche ナイトテーブル. ❷ (階段の)踊り場. ❸ 〖建築〗(窓台や欄干の上部に据える)板石.

mesmerismo [mesmerísmo] 男 メスメリズム, 動物磁気催眠術. ♦ドイツ人医師 F. A. Mesmer の動物磁気説による催眠術.

mesmo, **ma** [mésmo, ma] 形 〖古〗→**mismo**, **ma**.

mesnada [mesnáða] 囡 ❶ (王侯・貴族の)親衛隊. ❷ 《比喩》取り巻き, 一派. 〖類〗**compañía**, **junta**.

Mesoamérica [mesoamérika] 固名 メソアメリカ(メキシコ・中米の古代文明圏).

mesocarpio [mesokárpjo] 男 《植物》中果皮.

mesocracia [mesokráθja] 囡 ❶ 中産階級中心の政治. ❷ 中産階級(=burguesía).

mesolítico, **ca** [mesolítiko, ka] 形 中石器時代の.

—— 男 中石器時代.

mesón¹ [mesón] 男 ❶ (昔の)宿屋, はたご. ❷ 料理屋, 居酒屋.

mesón² [mesón] 男 《物理》中間子.

mesonero, ra [mesonéro, ra] 名 宿屋[料理屋]の主人[女将(${}^{お}_{かみ}$)].

Mesopotamia [mesopotámja] 固名 メソポタミア(西アジア, チグリス・ユーフラテス両河川の流域).

mesopotámico, ca [mesopotámiko, ka] 形 メソポタミアの.
— 名 メソポタミアの住民.

mesotórax [mesotóra(k)s] 男 [単複同形] ❶《解剖》中胸. ❷《動物》(昆虫の)中胸.

mesozoico, ca [mesoθójko, ka] 形《地質》中生代の.

mesta [mésta] 女 ❶ メスタ. ◆スペイン中世の強大な力を有した移動牧羊業者組合(1273-1836). ❷ 複 (川などの)合流(点).

mester [mestér] 男《古》必要(性).
mester de clerecía 教養派文芸. ◆中世(13-14世紀)の聖職者や教養人[有識階級]による俗語で書かれた詩や物語. Gonzalo de Berceo が代表的.
mester de juglaría 遍歴芸人の文芸. ◆中世の吟遊詩人や民衆詩人による「わがシードの歌」などの叙情詩や武勲詩.

mestizaje [mestiθáxe] 男 ❶ 混血. ❷〖集合的に〗混血の人.

mestizar [mestiθár] [**1.3**] 他 (人種)を混血させる.

mestizo, za [mestíθo, θa] 形 ❶ (特にインディオと白人との)メスティーソの. ❷ (動植物が)異種交配の, 雑種の. 類 cruzado, híbrido.
— 名 メスティーソ, 混血の人.

mesura [mesúra] 女 ❶ 節度, 慎重. —Siempre bebe con ~ porque está delicado de salud. 彼は体が弱いのでいつもほどほどに酒を飲む. 類 **comedimiento, moderación, prudencia**. ❷《まれ》荘重, 重々しさ. ❸《まれ》丁重, 丁寧.

mesurado, da [mesuráðo, ða] 形 節度ある, 慎重な. 類 **comedido, moderado, prudente**. 反 **imprudente**.

mesurar [mesurár] 他 を抑える, 控え目にする. —Tienes que ~ las palabras. 言葉を慎まなければいけないよ.
— **se** 再 〖+en を〗抑制する, 控え目にする. —~*se en* las acciones 行動を慎む. 類 **contenerse, moderarse**.

Meta [méta] 固名 ❶ メタ(コロンビアの県). ❷ (el ~) メタ川(オリノコ川の支流, コロンビアとベネズエラの国境を流れる).

meta [méta] 女 ❶ 目標, 目的. —Su ~ es hacerse médico. 彼の目標は医者になることだ. 類 **fin, objetivo**. ❷《スポーツ》ゴール, 決勝点. —El balón pasó rozando la ~. ボールはゴールをかすめていった. alcanzar [llegar a] la ~ ゴールに達する. ganar la ~ 決勝点を取る.
— 男 →guardameta.

met(a)- [met(a)-] 接頭 「後, 中間, 変化」の意. —*meta*física, *metá*fora, *meta*morfosis, *metá*tesis.

metabólico, ca [metaβóliko, ka] 形《生物》(物質)代謝の.

metabolismo [metaβolísmo] 男《生物》(物質)代謝, 新陳代謝. —~ basal 基礎[維持代謝].

metacarpiano, na [metakarpjáno, na] 形《解剖》中手(骨)の, 掌部の.

metacarpo [metakárpo] 男《解剖》中手(骨), 掌部.

metafase [metafáse] 女《生物》(細胞分裂の)中期.

metafísica [metafísika] 女 →metafísico.

metafísico, ca [metafísiko, ka] 形 ❶ 形而上学の. ❷ 抽象的で難解な.
— 名 形而上学者.
— 女 ❶《哲学》形而上学. ❷ (難解な)抽象論.

metáfora [metáfora] 女《修辞》隠喩, 暗喩, メタファー. ◆como による símil (直喩)に対し, これを用いない比喩:直喩の una voluntad como el hierro (鉄のような意志)に対し, una voluntad de hierro (鉄の意志)は隠喩.

metafórico, ca [metafóriko, ka] 形 隠喩の, 比喩的な. —decir algo en sentido ~ 比喩的な意味で言う. Déjate de lenguaje ~ y habla claro. 持って回った言葉使いはやめてはっきり話してくれ.

:**metal** [metál] 男 ❶ 金属. ❷ (金属的な)声の響き, 音色. —Ella canta con una desagradable voz de ~. 彼女は金属の不快な声で歌う. ❸ お金. —Por el vil ~ traicionó a su mejor amigo. 彼はお金のために最良の友を裏切った. 類 **dinero**. ❹ 真鍮(${}^{しん}_{ちゅう}$); 金管楽器. —instrumentos de ~ 金管楽器. ❺《紋章》(紋章に使う)金, 銀.
metal blanco 洋銀.
metal precioso 貴金属.
metal ligero [pesado] 軽[重]金属.
metal no ferroso 非鉄金属.

:**metálico, ca** [metáliko, ka] 形 ❶ 金属(製)の. —armazón *metálica* 金属の枠. reja *metálica* 鉄格子. ❷ (音などが)金属性の, 金属質の. —ruido ~ 金属性の雑音. La voz *metálica* de esa mujer me vuelve loco. その女性の甲高い声を聞いていると気が狂いそうだ. ❸ メダルの, 勲章の. —historia *metálica* 勲章の歴史.
— 男 ❶ 現金. —Prefiero pagar en ~. 私は現金で払うほうがいいです. 類 **dinero**. ❷ (紙幣に対して)硬貨, コイン. 類 **moneda**. 反 **billete**.

metalífero, ra [metalífero, ra] 形 金属を含んだ. —terreno ~ 金属を含有している土地.

metalista [metalísta] 男女 金属加工師.

metalización [metaliθaθjón] 女 金属化; 金属被覆.

metalizar [metaliθár] [**1.3**] 他 ❶《化学》(物体)を金属化させる. ❷ (物体)に金属をかぶせる.
— **se** 再 ❶ 金属化する. ❷《比喩》お金ばかりに執着する, 守銭奴になる.

metaloide [metalójðe] 男《化学》非金属, メタロイド.

metalurgia [metalúrxja] 女 冶金(${}^{や}_{きん}$); 冶金学[術].

metalúrgico, ca [metalúrxiko, ka] 形 冶金(${}^{や}_{きん}$)の; 冶金学[術]の. —industria *metalúrgica* 冶金工業. — 男 冶金工; 冶金学者.

metamórfico, ca [metamórfiko, ka] 形《地質》変成の. —roca *metamórfica* 変成岩.

metamorfismo [metamorfísmo] 男《地質》変成(作用).

metamorfosear [metamorfoseár] 他 (形態・姿)を変える, 変化させる.
— **se** 再 ❶ 姿を変える; 《動物》変態する; 《地質》

1280 metamorfosis

変成する. 類cambiar, transformar.

metamorfosis [metamorfósis] 女《単複同形》❶ 変身, 変貌. ❷ 変化, 変形. —Ha sufrido una completa ~ al perder toda su fortuna. 彼は全財産を失って人がすっかり変わった. ❸《動物》変態. 類cambio, mutación, transformación.

metano [metáno] 男《化学》メタン(ガス).

metaplasmo [metaplásmo] 男 ❶《修辞》語法の文彩. ❷《言語》語音異変〖語における音の添加, 消失, 転位など〗.

metástasis [metástasis] 女《単複同形》《医学》(癌($\overset{がん}{}$)などの)転移.

metatarsiano, na [metatarsiáno, na] 形《解剖》中足(骨)の. —— 男 中足骨.

metate [metáte] 男《中南米》メターテ. ♦カカオやトウモロコシなどをすりつぶす長方形の石臼.

metátesis [metátesis] 女《言語》音位転換 (例: prelado→perlado).

metazoo [metaθóo] 形《動物》後生動物(門)の.
—— 男 ❶《動物》後生動物; 後生動物門.

metedor, dora [meteðór, ðóra] 形 持ち込みの.
—— 名 ❶ 持ち込む人. ❷《まれ》密輸業者.
—— 男 ❶ おしめ. ❷《印刷》組み付け台.

metedura [meteðúra] 女 入れること, 挿入.
metedura de pata《話》失態, へま, どじ. 類desacierto, equivocación, indiscreción.

metempsicosis, metempsícosis [metempsikósis, metempsíkosis] 女《単複同形》輪廻($\overset{りん ね}{}$)(説), 転生. 類transmigración.

meteórico, ca [meteóriko, ka] 形 ❶ 大気(気象)(現象)の. —fenómeno ~ 大気現象. ❷ 流星の; 流星のような, とても速い. —piedra meteórica 隕石($\overset{いんせき}{}$).

meteorismo [meteorísmo] 男《医学》鼓腸. 類flato, flatulencia.

meteorito [meteoríto] 男《天文》隕石($\overset{いんせき}{}$). 類aerolito.

meteorizar [meteoriθár] [1.3] 他《医学》…に鼓腸を起こさせる. —— se 再 ❶《土地の》気象の影響を受ける. ❷《医学》鼓腸を起こす.

meteoro, metéoro [meteóro, metéoro] 男 (雨・風などの)大気(気象)現象.

meteorología [meteoroloxía] 女 気象学.

meteorológico, ca [meteorolóxiko, ka] 形 気象(学)の, 天候の. —informe [parte] ~ 気象通報, 天気予報. observación *meteorológica* 気象観測.

meteorólogo, ga [meteoróloɣo, ɣa] 名 気象学者, 気象官.

**meter [metér メテル] 他 ❶〖+en に〗(a) を入れる, 込める, はめ込む. —Metió las manos en los bolsillos del pantalón. 彼は両手をズボンのポケットに突っ込んだ. Metí las gafas en el cajón. 私はめがねを引き出しにしまった. Metí tres goles en aquel partido. 私はあの試合で3つのゴールを入れた(ハット・トリックを達成した). Mete la moto en el garaje. オートバイを車庫に入れておけ. 反sacar. (b) (人)を巻き込む, 介入させる, 首を突っ込ませる. —Me metió en un tremendo lío. 彼は私をものすごく厄介なことに引っぱり込んだ. (c)〖職・仕事に〗を就かせる, 就職させる. —El padre metió a su hijo en la fábrica de su hermano. 父親は息子を自分の弟の工場に就職させた. ❷〖colocar. 〖+a+不定詞, +de+として〗(無理に)…させる. —Sus padres lo metieron de aprendiz en una carpintería. 両親は彼を工務店に見習いとして送り込んだ. ❷ (a)…を我慢させる, 耐え忍ばせる, 辛抱させる. —Nos metió una conferencia aburridísima. 彼のおかげで私たちはとても退屈な講演を我慢させられた. (b) (恐怖の念など)を引き起こす, 生じさせる. —Metía mucho ruido y despertó a los vecinos. 彼は大変な騒音を立てて, 近所の人の目を覚まさせた. Te ha contado eso para ~te miedo. 彼は君を怖がらせるためにそれを話したのだ. (c) を吹き込む, 信じ込ませる, 押しつける. —¡Vaya cuento que te metieron! 彼らが吹き込んだ話のひどいことといったら. No nos metas más embustes. もうこれ以上私たちにうそをつかないでよ. ¿Quién le habrá metido esa idea en la cabeza? だれがいったい彼の頭にそんな考えを吹き込んだのだろう. ❸ (a) を入金する, 預ける, 預金する. —Ha metido la mitad de su sueldo en el banco. 彼は月給の半分を銀行に預金した. (b) を投資する, …に投資する. —— mucho dinero en su negocio 自分の事業に大金を注ぎ込む. ❹ (衣服)を短くする, 詰める, 縮める. —Ella metió la falda porque le estaba demasiado larga. 彼女はスカートが余りに長かったので短くした. ❺ (平手打ちなどを食らわす, なぐる, ひっぱたく. —Ella le metió una sonora bofetada. 彼女は彼に音を立てて平手打ちを食らわせた. 類pegar. ❻ (道具)を用いる, 使う.

a todo meter《話》大急ぎで, 全力で. Salió de casa para la oficina a todo meter. 彼は大急ぎで会社へ行こうと家を出た.

—— **se** 再 ❶〖+en に〗(a) 入る, 入り込む, 隠れる. —Se metieron en un bar para refugiarse de la lluvia. 彼らは雨を避けてバルにもぐり込んだ. Se le ha metido en la cabeza la idea de que ella no vale para ese trabajo. 彼女はその仕事の役に立たないという考えが彼の頭に入り込んだ. (b) …加わる, 名を連ねる. —Por fin logró ~se en la junta directiva. とうとう彼は重役会に名を連ねるのに成功した. (c) に…に就職する. —— se en un banco 銀行に就職する. (d) …に首を突っ込む, 介入する, 口を出す. —Se metió hasta el cuello en ese turbio negocio. 彼はそのいかがわしい取引きに首までつかった. Haz el favor de no ~te en mis asuntos. どうか私の問題にくちばしを入れないでもらいたい. ❷ …となる:〖+a に〗なる. —Se metió monja. 彼女は修道女になった. —— Quiere ~se a cocinero. 彼は料理人になりたがっている. ❸〖+con に〗けんかを売る, 責める, 困らせる. —No permito que te metas con mi hermana. 妹にちょっかいを出したら許さないぞ. ❹〖+a+不定詞〗(準備もせずに)…に取りかかる, をやり出す. —Se metió a opinar de lo que no sabía. 彼は知りもしないことについて意見を言い出した. ❺ 行ってしまった. —¿Dónde se habrá metido el niño? 子供はどこへ行ってしまったのだろう.

meterse donde le quepa《俗》何でも勝手にする. No me interesa tu dinero, te lo puedes meter donde te quepa. あんたの金なんかあてにしてないよ. どうでも勝手にすればいい.

**meterse donde no le llaman [donde no le

importa.《話》余計なことに首を突っ込む, でしゃばる.

meterse por medio 《話》(争いなどに)介入する, 口ばしを入れる; 邪魔をする.

meticulosidad [metikulosiðá(ð)] 囡 ❶ 細心さ, 綿密さ. ― Su ~ respecto a modales en la mesa resulta insoportable. 彼のテーブルマナーに関するこだわりは鼻持ちならない. Estudia con una ~ impropia de un niño. 彼は子どもらしくない丹念さで勉強する. ❷ 臆病さ, 怖がり.

meticuloso, sa [metikulóso, sa] 形 ❶ [ser +] 細心の, 綿密な; 神経が細かい. ― Para este trabajo hay que ser ~. この仕事には丹念に取り組まねばならない. 類 **escrupuloso, minucioso**. 反 **despreocupado**. ❷ 臆病な, 怖がりの. 類 **medroso**.

metido, da [metíðo, ða] 形 [+en] ❶ …に関わって. ― Anda ~ en asuntos turbios. 彼はいかがわしいことに首を突っ込んでいる. ❷ …がいっぱいの. ― hombre ~ en años 年配の男. chica *metida en* carnes ぽっちゃりした女性.
― 男 ❶ 打撃, 破損. ― Buen ~ le han dado a tu coche. 君の車は相当破損している. 類 **golpe**. ❷ (仕事の)進歩. ― Con un buen ~ a la tesis la terminaré este mes. 博士論文をはかどらせて今月終えるつもりだ. ❸ (衣服の)タック(縫い込み)部分.

estar muy metido con … …と親しい, を信頼している. Cuenta conmigo. *Estoy muy metido con* el director. 私は所長と懇意なので私に任せなさい.

estar muy metido en … …に深く関係して, …で忙しい. Está muy metido en ese tema. 彼はそのテーマに深い関心を寄せている.

metido para adentro [*metido en sí*] 内気な, 遠慮がちな.

metílico, ca [metíliko, ka] 形 《化学》メチル(基)の, メチルを含んだ. ― alcohol ~ メチルアルコール.

metilo [metílo] 男 《化学》メチル(基).

metimiento [metimjénto] 男 ❶ 挿入, 差し入れ. ❷ 《話, まれ》影響力, コネ, つて.

‡**metódico, ca** [metóðiko, ka] 形 ❶ 秩序立った, 組織的な, 体系的な. ― Una investigación seria debe ser *metódica*. まじめな研究は秩序立ったものでなければいけない. 類 **ordenado, sistemático**. 反 **desordenado**. ❷ (人が)きちょうめんな, 周到な, きちんとした. ― Es un hombre muy ~ y no sabe improvisar. 彼は非常に計画的な男だから, 即席で対応することはできない. 類 **meticuloso**.

metodismo [metoðísmo] 男 《宗教》メソジスト派(の教義).

metodista [metoðísta] 形 《宗教》メソジスト派の.
― 男囡 メソジスト教徒.

metodizar [metoðiθár] [1.3] 他 を秩序[組織]立てる, 方式化する.

‡**método** [métoðo] 男 ❶ **方法**, 方式, やり方. ― Puedo enseñarle un ~ para convencerle. 彼を説得する方法を君に教えてあげることができる. Sin ~ no conseguirás escribir una buena tesis. 方法論なしには君は良い博士論文を書くことはできないだろう. ~ deductivo 演繹法. ~ inductivo 帰納法. ~ sintético 総合的方法. ~

metrópoli 1281

analítico 分析的方法. 類 **procedimiento, sistema**. ❷ 教授法; 教本, 教則本. ― Ha avanzado mucho en japonés con el nuevo ~. 彼は新しい教本を使って日本語がとても上達した. El profesor sigue un ~ de enseñanza de cuando era estudiante. その先生は自分が学生だった頃の教授法を続けている.

con método 組織的に, 系統立てて. Procure hablar *con método* porque el tema es muy complicado. 問題が複雑なので系統立てて話すように心がけて下さい.

metodología [metoðoloxía] 囡 ❶ 《哲学》方法論. ❷ (教育の)方法論, 教授法.

metomentodo [metomentóðo] 男囡 《話》でしゃばり, お節介な人. 類 **entrometido**.
― 形 《話》でしゃばりの, お節介な.

metonimia [metonímja] 囡 《修辞》換喩. ♦ 事物をそれと関連の深いもので表現する修辞法. 例: espada「剣」→「剣士」.

metonímico, ca [metonímiko, ka] 形 換喩の, 換喩を用いた.

metraje [metráxe] 男 《映画》フィルムの長さ. ― un corto [largo] ~ 短編[長編]映画.

metralla [metrája] 囡 ❶ 散弾. ❷ (インゴット用の鋳型から飛び出る)鉄片. ❸ 《集合的に》役に立たないもの; 廃棄物.

metrallazo [metrajáθo] 男 ❶ 散弾の発射. ❷ 散弾によるけが[被害].

metralleta [metrajéta] 囡 自動小銃, 軽機関銃.

métrica [métrika] 囡 →métrico.

métrico, ca [métriko, ka] 形 ❶ メートル(法)の. ― sistema ~ メートル法. ❷ 韻律の. ― arte *métrica* 韻律学.
― 囡 韻律学; 詩法.

metrificar [metrifikár] [1.1] 自 韻文を作る; 作詩する.

‡**metro**¹ [métro] 男 ❶ 1メートル(《略》m.). ― Juanito mide un ~ y medio. フアニートの背は1メートル半ある. La oficina está a trescientos ~s de aquí. 事務所はここから300メートルのところにある. Necesito cinco ~s de tela para la cortina. カーテン用に5メートルの布が必要です. ~ cuadrado 平方メートル. Su piso tiene ochenta ~s cuadrados. 彼のマンションは80平方メートルの広さがある. ~ cúbico 立方メートル. La cuerda se vende por ~s. そのロープはメートル単位で売られている. ❷ メートル尺, 巻き尺(= ~ en cinta). ― Dame el ~, que voy a medir la anchura del balcón. 巻き尺をくれ. バルコニーの幅を測るから. ❸ 《詩》韻律, 格調. ― mudar de ~ 韻律を変える.

‡**metro**² [métro] [<metropolitano] 男 地下鉄. ― Voy a la oficina en ~. 私は地下鉄で通勤します. ¿Dónde está la estación de ~ más cercana? 最寄りの地下鉄の駅はどこにありますか? coger [tomar] el ~/subir al ~ 地下鉄に乗る.

metrónomo [metrónomo] 男 《音楽》メトロノーム.

‡**metrópoli** [metrópoli] 囡 ❶ 首都(= capital), 大都市. ― El buen funcionamiento del transporte es esencial en una gran ~. 交通の

便の良さは大都市には不可欠である. París es la ~ de Francia. パリはフランスの首都である. ❷ 〖植民地に対して〗本国. —Antes se traían a la ~ muchos productos desconocidos de las colonias. かつて植民地の未知の産物がたくさん本国にもたらされていた. ❸ 〖宗教〗大司教管区.

:**metropolitano, na** [metropolitáno, na] 形 ❶ 大都市の, 首都の. —Vivo en una ciudad dormitorio dentro del área *metropolitana*. 私は首都圏内のベッドタウンに住んでいる. ❷ 大司教管区の. —catedral *metropolitana* 大司教管区の聖堂.
— 男 ❶ 地下鉄 (=metro). ❷ 大司教.

Mexicali [mexikáli] 固名 メヒカリ (メキシコの都市).

mexicano, na [mexikáno, na] 形 メキシコ(人)の. ◆スペインでは mejicano と表す.
— 男 女 メキシコ人.

México [méxiko] 固名 メキシコ (公式名 Estados Unidos Mexicanos, 首都メキシコシティーCiudad de México). —Golfo de ~ メキシコ湾.

meza(-) [meθa(-)] 動 mecer の接・現在.

mezcal [meθkál] 男 ❶ 〖植物〗リュウゼツランの一種. ❷ メスカル (①のリュウゼツランから造られる蒸留酒).

:**mezcla** [méθkla] 女 ❶ 混ぜること, 混合, 組み合わせ. —Esta ~ de colores es de muy mal gusto. この色の組み合わせは趣味が悪い. Es muy común la ~ de razas en el mundo actual. 現代社会では人種の混交はとても一般的だ. ❷ 混合物, ブレンド. —La niña nació en Japón y habla una ~ graciosa de japonés y español. その女の子は日本で生まれたので, 日本語とスペイン語を妙に混ぜてしゃべる. ~ frutos secos ミックスナッツ. ~ explosiva 爆発性混合物. ❸ 〖建築〗モルタル. ❹ 〖映画, 音楽〗ミキシング. —Su padre trabaja en el cine como técnico de ~s. 彼のお父さんはミキシング技術者として映画製作で働いている.

:**mezclado, da** [meθkláðo, ða] 過分 形 〖+con〗を混ぜた, …の混ざった. —Le hicieron beber un refresco ~ con veneno. 彼は毒の混ざったソフトドリンクを飲まされた.
— 男 混ぜること, 混合. 類 **mezcla**.

mezclador, dora [meθklaðór, ðóra] 男 ❶ 混ぜる人. ❷ 〖放送〗ミキサー, 録音技師.
— 女 ❶ 〖機械〗ミキサー, 混合器. ❷ 〖放送〗ミキシング装置.

:**mezclar** [meθklár メスクラル] 他 ❶ (a) 〖+con と〗を混ぜる, 混合する, 合わせる. —*Mezcla* el vino tinto con gaseosa. 彼は赤ブドウ酒を炭酸水と混ぜ合わせる. ~ diferentes colores en la paleta パレットでさまざまな色を混ぜ合わせる. (b) を(一緒に)集める, 集合させる. —*Mezclaron* estudiantes de distintos países en la misma clase. いろいろな国の学生が同じクラスに集められた. ❷ を散らかす, 乱雑にする, ごたまぜにする. —~ los documentos[las fichas] 書類[カード]をごちゃごちゃにする. ❸ を巻き込む, 引っ張り込む, 巻き添えにする. —Nos intentó ~ en un sucio negocio. 彼は汚い仕事に私たちを巻き込もうとした. ❹ (トランプのカードを)切る, 混ぜる. —~ las cartas カードを切り混ぜる. 類 **barajar**.

—**se** 再 ❶ 混ざる, 混ざり合う. —En esta novela *se mezclan* realidad y ficción. この小説には現実と虚構が入り混じっている. ❷ (a) 混じり込む, 入り込む. —Al rey *le* encanta *~se* entre sus invitados. 国王は招待客の中に混じるのが大好きである. (b) 〖+en に〗介入する, 首を突っ込む, 加わる. —*~se* en una discusión 論争に首を突っ込む. 類 **entrometerse, inmiscuirse**. ❸ 〖+con と〗つき合う, 交際する. —No deberías *~te con* ese tipo de gente. 君はあの手の連中とはつき合わない方がいい.

mezclilla [meθklíʎa] 女 小ぶりの混紡織物.

mezcolanza [meθkolánθa] 女 《軽蔑》ごたまぜ, 寄せ集め. 類 **amasijo**.

mezo [méθo] 動 mecer の直・現在・1 単.

mezquindad [meθkindá(ð)] 女 ❶ けち; さもしさ, 卑しさ. 類 **miseria, ruindad, tacañería**. ❷ けち[卑しい]態度[行為]. ❸ 取るに足らない[つまらない]もの.

mezquino, na [meθkíno, na] 形 ❶ けちな, 吝嗇(りんしょく)家の. —Es un hombre ~ y sin sentimientos. 彼はけちで無感情な男だ. 類 **avaro, tacaño**. ❷ さもしい, 卑しい. 類 **bajo, rastrero, ruin**. ❸ わずかな, 乏しい. —un salario ~ 雀の涙の給料. 類 **escaso, insuficiente**.

mezquita [meθkíta] 女 イスラム教寺院, モスク.

mg. 《略号》=miligramo ミリグラム.

MHz 《略号》=megahercio メガヘルツ.

mi[1] [mí] 男 〖音楽〗ホ音 (ミ).

***mi**[2] [mi ミ; 複 mis] 所有形 〖複 mis〗 〖1人称単数; 話し手のものをさす〗 ❶ 私の. —Ésta es *mi* familia. これが私の家族です 〖前に定冠詞や指示形容詞をつけることはできない. 名詞の後や叙述の場合としては mío が用いられる〗. ❷ 〖呼びかけで〗私の, わが…. —No llores, *mi* cielo [*mi* alma]. 泣かないで, ねえ(おまえ). *mi* capitán (軍隊で)大尉殿.

***mí** [mí ミ] 代 (人称) 〖1人称単数前置詞格; 話し手をさす〗〖前置詞の後で〗私. —Lo hizo para *mí*. 彼はそれを私のためにしました〖con と用いられるときは conmigo となる〗. A *mí* no me gusta la cerveza. 私はビールは好きではない. *para mí (que)* 〖+直説法〗私の考えでは. *Para mí* el plan es perfecto. 私が思うに計画は完全だ. *Para mí que* no dice la verdad. 私が思うには彼は本当のことを言ってない.
por mí 私としては. *Por mí* no problema. 私としては何も問題はない.
(y) a mí qué 〖話〗私には関係ない.

:**mía** [mía] 形 〖所有〗mío の女性単数形.

miaja [miáxa] 女 ❶ (パンの)かけら, くず (=gaja). ❷ わずか, 少し. —No tengo ni una ~ de dinero. 私は全くの文無しだ. Su padre le dejó en herencia una ~ de dinero. 父親は彼に遺産でわずかばかりの金を残した. Sólo le quedan ya unas ~s de la fortuna que heredó. 彼にはもう相続した財産のごくわずかが残っているだけだ.

mialgia [miálxia] 女 〖医学〗筋肉痛, 筋痛症.

:**mías** [mías] 形 〖所有〗mío の女性複数形.

miasma [miásma] 男 〖主複〗 (腐敗物などから発する)毒気, 瘴気(しょうき).

miastenia [miasténia] 女 〖医学〗筋無力症.

miau [miáu] 男 ❶ 《猫の鳴き声》ニャー, ニャーオ. ❷ 《俗》(不信やからかいを表して)おや, まあ, へえー.
—¡*M*~!, qué valiente! まあ, 何て勇ましい.

mica¹ [míka] 女 《鉱物》雲母(うんも).
mica² [míka] 女 ❶ (雌の)オナガザル. ❷《中米》酔い, 酩酊(めいてい) (=borrachera).
micado [mikáðo] 〔<日〕帝(みかど), 天皇.
micción [mikθjón] 女 放尿, 排尿.
micelio [miθéljo] 男 《植物》菌糸体.
Micenas [miθénas] 固名 ミュケーナイ(古代ギリシャの都市).
micetismo [miθetísmo] 男 《医学》キノコ中毒.
michino, na [mitʃíno, na] 名 《話》ネコ.
micho, cha [mítʃo, tʃa] 名 (猫を呼ぶときの擬声語)ニャンニャン.
Michoacán [mitʃoakán] 固名 ミチョアカン(メキシコの県).
mico [míko] 男 ❶《動物》サル; (特に)オナガザル. ❷《比喩, 話》容貌の醜い人. ❸《比喩, 話》好色漢, 助平. ❹ (子供向に言って)いたずら坊主[小僧].
dar el mico 期待を裏切る.
dar [hacer] mico 《話》約束を違える[すっぽかす].
dejar a uno hecho un mico 《話》人に恥をかかせる, 恥じ入らせる.
quedarse hecho un mico 《話》恥をかく, 恥じ入る.
volverse mico (para hacer ...) (同時にいろいろなことをしなければならなくて)あたふたする.
micología [mikoloxía] 女 《植物》菌学.
micoplasmosis [mikoplasmósis] 女 《医学》マイコプラズマ症.
micosis [mikósis] 女 『単複同形』《医学》カビ病, 真菌症.
micra [míkra] 女 ミクロン(100万分の1メートル)(=micrón, micromilímetro).
micro [míkro] 男《話》❶ マイクロフォン (=micrófono). ❷《中南米》(マイクロ)バス.
microbiano, na [mikroβjáno, na] 形 微生物の; 細菌の. —infección *microbiana* 細菌による感染.
microbicida [mikroβiθíða] 女 殺菌剤.
microbio [mikróβjo] 男 微生物, 細菌; 病原菌. 類**microorganismo**.
microbiología [mikroβjoloxía] 女 微生物学, 細菌学.
microbús [mikroβús] 男 マイクロバス.
microcefalia [mikroθefálja] 女 《医学》小頭症.
microcéfalo, la [mikroθéfalo, la] 形 《医学》小頭症の. — 名 小頭症の人.
microchip [mikrotʃí(p)] 〔<英〕マイクロチップ.
microcosmo [mikrokósmo] 男『主に複』❶ 小宇宙, 小世界. ❷《哲学》(宇宙の縮図としての)人間.
microfilm, microfilme [mikrofil(m), mikrofílme] 男 マイクロフィルム.
micrófono [mikrófono] 男 マイクロフォン.
microfotografía [mikrofotoɣrafía] 女 顕微鏡写真. —*electrónica* 電子顕微鏡写真.
micrografía [mikroɣrafía] 女 顕微鏡による対象物の記述[図解].
microhm, microhmio [mikró(m), mikrómjo] 男 《電気》マイクロオーム; 100万分の1オーム(記号 μΩ).
microlentillas [mikrolentíjas] 女複 コンタクトレンズ (=lentes de contacto).

---

miedo 1283

micrométrico, ca [mikrométriko, ka] 形 マイクロメーター[測微計]の.
micrómetro [mikrómetro] 男 マイクロメーター, 測微計.
micrón [mikrón] 男 ミクロン (=micra); 100万分の1メートル(記号 μ).
Micronesia [mikronésja] 固名 ❶ ミクロネシア(太平洋の地域). ❷ ミクロネシア連邦(首都パリキール Palikir).
microondas [mikroóndas] 男『単複同形』電子レンジ.
microorganismo [mikroorɣanísmo] 男 微生物.
microplaqueta [mikroplakéta] 女 =microchip.
microprocesador [mikroproθesaðór] 男 《情報》マイクロプロセッサー.
microscopia [mikroskópja] 女 顕微鏡による検査法.
microscópico, ca [mikroskópiko, ka] 形 ❶ 顕微鏡の[による]. —*vistas* [*observaciones*] *microscópicas* 顕微鏡観察. ❷ (*a*) 顕微鏡でしか見えない. —*partículas microscópicas* 極小粒子. (*b*) 微細な, 微少な. —En la superficie del agua comenzaron a aparecer burbujas *microscópicas*. 水面にごく小さな泡が現れはじめた.
‡**microscopio** [mikroskópjo] 男 顕微鏡. —mirar [examinar] con [por] el ~ 顕微鏡で見る[調べる]. ~ *electrónico* 電子顕微鏡.
microsomía [mikrosomía] 女 《医学》小人症.
microsurco [mikrosúrko] 形 微細溝[マイクログルーブ]の. —男 ❶ LP レコード. ❷ 微細溝, マイクログルーブ.
microtaxi [mikrotáksi] 男 小型タクシー.
microteléfono [mikrotelétono] 男 (電話の)送受話器. 類**auricular**.
mid- [mið-] 動 medir の直・現在/完了過去, 接・現在/過去, 命令・2単, 現在分詞.
mieditis [mjeðítis] 女 『単複同形』《話》→ miedo. —tener [sentir] ~ 怖がる, びくびくする.
‡‡**miedo** [mjéðo ミエド] 男 ❶ 恐れ, 恐怖 〖+a/de/por (…に対する)〗. —~ *a los terremotos* [*a la oscuridad*] 地震[暗闇]に対する恐怖. ~ *de los perros* 犬に対する恐怖. ~ *a fracasar* 失敗しないかという恐れ. ~ *por sus hijos* 自分の子供に対する恐れ. *temblar de* ~ 恐怖で震える. *Duerme sin* ~. 彼は恐れることなく眠っている. *tener [coger, sentir]* ~ 恐れを抱く[感じる]. *pasar* ~ 恐れる. *Reinaba un* ~ *general en la población*. その村全体を恐怖が支配していた. *Pasamos un* ~ *de muerte*. 私たちは死ぬほどの恐怖を味わった. *película de* ~ ホラー映画. ~ *cerval* ひどい恐れ. 類**pavor, terror**. ❷ 懸念, 心配. —tener ~ *de* 〖+不定詞/que+接続法〗 …しないかと心配する, …することを懸念する. *Tengo* ~ *de llegar con retraso*. 遅れて着くのではないかと心配だ. *Tengo* ~ *de que se opongan a mi propuesta*. みんなが私の提案に反対しないかと懸念している. *por* ~ *a* [*de*] *que* 〖+接続法〗を恐れて, …しないように. *Se quedó todo el día en casa por* ~ *a la tormenta*. 嵐になってはいけないので彼は1日中家にいた. *No te lo avisé por* ~

de que te preocuparas. 心配してはいけないと思って君にはそれを知らせなかった. 類**temor**.

***dar* [*meter*] *miedo a* ...** を怖がらせる. *Nos dio mucho miedo al* ver que la pista de aterrizaje estaba cubierta de nieve. 滑走路に雪が一面につもっているのを見たとき私たちはとても怖かった. Las arañas me *dan miedo*. 私はクモが恐い. *No metas miedo al* niño, que después no duerme. その子を恐がらせてはいけないよ, 後で眠らないから.

de miedo 《話》(1) すばらしい, すばらしく. Pasamos unas vacaciones *de miedo* en Canarias. 私たちはカナリア諸島ですばらしい休暇を過ごした. Con ese sombrero estás *de miedo*, mujer. その帽子をかぶるととてもすてきだよ. Tiene un genio *de miedo*. 彼はすごい心配性(性)だ. (2) ひどい. Hace un frío *de miedo*. ひどい寒さだ.

morirse* [*cagarse* 《話》, *ciscarse*] *de miedo ひどく恐れる. Cuando la luz se apagó en el ascensor *nos moríamos de miedo*. エレベーターの中で明りが消えたとき私たちはひどく怖かった.

***tener más miedo que vergüenza* [*que once viejas*]** 恥も外聞もなく怖がる.

miedoso, sa [mjeðóso, sa] 形 ❶ [ser+] 怖がりの, 臆病(ぴぇぉ)な. —Delante de su padre muestra una actitud *miedosa*. 父親の前では彼はおどおどした態度を示す. 類**asustadizo, temeroso**. ❷ [estar+] 怖がっている, 恐れている.

:**miel** [mjél] 女 ❶ **蜂蜜**. —¿Quieres echar un poquito de ~ en tu limonada? 君のレモネードに少し蜂蜜を入れますか？ ~ *de caña* 糖蜜. ~ *virgen* 巣からとれる蜂蜜. ❷ 甘いもの[こと]. —Te puede engañar con la ~ de sus palabras. 彼は甘いことばで君を騙すかもしれないよ. ❸ 喜び, 満足感. —saborear las ~es del triunfo 勝利の喜びを味わう.

dejar a* ... *con la miel en los labios 人の楽しみを途中で取り上げる, 人の楽しみに水をさす.

hacerse de miel 親切にしすぎる.

luna de miel →luna.

miel sobre hojuelas なおさらよい, ますます結構. Si además de no cobrarte nada te dan un regalo, *miel sobre hojuelas*. 無料のうえにプレゼントまでくれるのなら, ますます結構なことだ.

No hay miel sin hiel. 【諺】とげのないバラはない (←ものごとはうまく運ぶとはかぎらない).

No se hizo la miel [No es la miel] para la boca del asno. 【諺】豚に真珠(←蜂蜜はロバの口のために作られたのではない).

mielga[1] [mjélɣa] 女 《植物》ウマゴヤシ.
mielga[2] [mjélɣa] 女 《魚類》アブラツノザメ.
mielga[3] [mjélɣa] 女 《農業》(畑の)畝(ぅ)(=amelga).
mielga[4] [mjélɣa] 女 《農業》干し草用のさすまた[フォーク](=bieldo).
mielitis [mjelítis] 女 《医学》脊髄炎.

:**miembro** [mjémbro] 男 ❶ (団体, 組織などの) 一員, メンバー, 会員. —ser [hacerse] ~ de ... …のメンバーである[になる]. ~ vitalicio [honorífico] 終身[名誉]会員. Es un nuevo ~ del sindicato. 彼は労働組合の新メンバーだ. los miembros de la familia 家族の一人ひとり(構成員). ~ del jurado 審査員の一人. 類**socio**. ❷ 手足, 四肢. —cuatro ~s del hombre 人間の手足.

~s *superiores* [*inferiores*] 上[下]肢. ~ *viril* ペニス, 陰茎(=pene). 類**extremidad**. ❸ 《数学》(等式の)辺. — ~ de una ecuación 等式の一辺. ❹ 《全体の中の)一部; (文などの)一部分, 単位. — ~ de una frase 文の一単位. ❺ [形容詞的に] メンバーの. —*los países* ~s *de las Naciones Unidas* 国際連合の加盟国.

mient- [mjént-] 動 *mentir* の直・現在, 接・現在, 命令・2単.

miente [mjénte] 女 [主に 複]《古》心, 思考(=pensamiento).【現代では次のような成句の中でのみ用いられる】

caer en* 〈las〉 *mientes すぐ思い出す; 気が付く.

¡Ni por mientes! とんでもない, そんなことありえない.

***parar* [*poner*] *mientes en* ...** …に留意する, を考慮する.

traer a las mientes 思い出す; 思い出させる.

venírseLE* [*pasárseLE*] 〈*a* ...〉 *a* [*por*] *las mientes (人)の頭に思い浮かぶ. Sabía su teléfono, pero *no se me pasó por las mientes* avisarle. 私は彼の電話を知っていたが, 彼に連絡することとは思いつかなかった.

**mientras [mjentras ミエントラス] [mientras que となることもある] ❶ 〖時を示す; +直説法〗…している間に. — ~ yo trabajaba, los niños jugaban en el jardín. 私が仕事をしている間, 子供たちは庭で遊んでいた. ❷ 〖未来の時を示す; +接続法〗…している限り[に]. — ~ viva, nunca lo olvidaré. 私の生きている限りは, 決してそれを忘れないだろう. ❸ 〖対比を示す; +直説法〗…の一方で…, …であるけれど…. —Te amo, ~ tú me aborreces. 君は私をひどく嫌っているがそれでも私は君を愛する.

***mientras más* ..., *más* ...** …すればするほど, ますます…になる. *Mientras más* tiene, *más* desea. 彼は持てば持つほどもっと欲しくなる.

mientras tanto その間に, そうこうするうちに. Tú ves la televisión, *mientras tanto* yo dormiré un rato. 君はテレビを見ていろよ, その間に私はしばらく眠るから.

—— 副 その間に. Yo trabajo; tú, *mientras*, te diviertes. 私が働いているというのに, 君は楽しんでいる. 類**en tanto, entre tanto**.

miera [mjéra] 女 ❶ 杜松(ねずしょう)油. ❷ 松やに.(=trementina de pino)

miérc. 〖略号〗=miércoles 水曜日.

miércoles [mjérkoles ミエルコレス] 男 [単複同形] **水曜日. ◆1週間の予定表や時間割りなどに用いる曜日名の略号でL(unes) 月曜日, M(artes) 火曜日などと頭文字を用いるが水曜日は M(iércoles) の M ではなく X で表されることが多い. —El ~ pasaré por tu casa. 水曜日に君の家に寄るよ. Cerramos los ~. 水曜日は閉店します.

miércoles de ceniza 《カトリック》聖灰水曜日, 四旬節(cuaresma)の初日(聖職者によって額に灰の十字架を切ってもらう).

Miércoles Santo 聖水曜日, 聖週間(Semana Santa)中の水曜日.

mierda [mjérða] 女 ❶ 《俗》❶ 糞(ぇ). 類**heces**. ❷ 汚い[不潔な]もの. 類**porquería, suciedad**. ❸ くだらないもの[やつ]; くそ野郎. —Esta novela es una ~. この小説はひどい愚作だ. Es un Don

M~. つまらないやつだ.

¡A la mierda! ふざけるな, まさか.

enviar [mandar] a ... a la mierda (人)をののしる, 罵倒[叱責]する; 追い払う.

estar hecho una mierda ひどく疲れて[意気消沈して]いる.

irse a la mierda (物が)台無しになる, 壊れてしまう.

¡Mierda! (反発して)ちぇっ!, くそっ!

¡Vete [Váyase] a la mierda! とっとと消えろ, 出てけ.

¡(Y) una mierda! ふざけるな, とんでもない, 何言うか.

mies [miés] 囡 [複] mieses ❶ 実った穀物. — Se acerca la época de segar la ~. (麦の)収穫期が近づく. ❷ [複] 穀物畑. — Las *mieses* ya están maduras. 麦畑はもう熟している.

miga [míγa] 囡 ❶ パンの柔らかい中身. ❷ [主に[複]] パンくず; (食べている時にこぼれる)小片, かけら. — Antes de servir el café recogió ~s de la mesa. コーヒーを出す前に彼はテーブルのパンくずを拾い集めた. Cuando yo llegué sólo quedaban las ~s del pastel. 私が来たときにはケーキのかけらが残っているだけだった. [類] **migaja**. ❸ [比喩] 内容, 実質; 本質, 要点. — Este cuento tiene mucha ~. この話には含蓄に富んでいる. ❹ [比喩] 底意, 裏. — un ~ hombre de ~ 下心のある男. La cosa tiene ~. その事には裏がある. ❺ [複] [料理] ミーガス. 細かくちぎったパンを揚げた料理.

hacer buenas [malas] migas con ... ...と仲が良い[悪い]. Ella no *hace buenas migas con* la suegra. 彼女は姑(しゅうとめ)とうまくいっていない.

hacer migas (1) (物)を粉々[めちゃくちゃ]にする. El accidente *hizo migas* el camión. その事故でトラックはめちゃくちゃになった. (2) (人)を打ちのめす, こてんぱんにする; (精神的に)打撃を与える. Si me trasladan este año me *hacen migas*. 今年異動させられたら私はショックだ.

hecho migas 〘話〙(物理的・精神的に)打ちのめされた; 疲れ切った. Estamos todos *hechos migas* después de tanto correr. 私たち皆えらく走ってくたくたになっている.

ni una miga 全く[少しも]...ない. [類] **nada**.

migaja [miγáxa] 囡 ❶ (パンなどの)かけら, 小片, くず. [類] **miga**. ❷ [複] 余り物, 残りくず. — Guardaba las ~s y las daba a los pobres. 彼は余ったものをとっておいて貧しい人たちに与えた. [類] **sobras**. ❸ わずかな量. — Dame una ~ de pan. パンを少し下さい. No tiene ni una ~ de consideración por sus subordinados. 彼は部下たちに対して思いやりのかけらもない.

migar [miγár] [1.2] 他 ❶ (パンなど)を細かくちぎる. ❷ パンなどちぎったものを...に浸す. — ~ (el pan en) la leche ミルクにちぎったパンを浸す.

migración [miγraθjón] 囡 ❶ (人の)移住, 移転. ❷ (鳥・魚などの)季節的移動, 渡り, 回遊. [類] **emigración**.

migraña [miγráɲa] 囡 偏頭痛. [類] **jaqueca**.

migrar [miγrár] 自 移動する, 移住する.

migratorio, ria [miγratórjo, rja] 形 移住[移動]の; 季節間[回遊性]の. — *aves migratorias* 渡り鳥.

Miguel [miγél] 固名 《男性名》ミゲル.

Miguel Ángel Buonarroti [miγél ánxel βwonařóti] 固名 ミケランジェロ・ブオナローティ (1475-1564, イタリアの彫刻家・画家・建築家・詩人).

mihrab [miráβ] 男 ミフラブ. ♦イスラム教寺院において祈りを捧げるメッカの方向を示す壁面のくぼみ.

mijo [míxo] 男 ❶ [植物] キビ(の実). ❷ (スペインの一部の地域で)トウモロコシ.

*mil [míl ミル] 形(数) ❶ 1000の, 1000番目の. — el año dos ~ 紀元2000年. La olimpiada de Barcelona se celebró en el año ~ novecientos noventa y dos. バルセロナのオリンピックは1992年に開催された. Me costó diez ~ euros. それは1万ユーロした. "Las ~ y una noches"『千夜一夜物語』. Tiene más de ~ libros. 彼には1,000冊以上の蔵書がある. ❷ 多数の, (誇張して)無数の. ¿No te lo he dicho ~ veces? 口がすっぱくなるほど君にそう言っただろう?

— 男 1,000. — Invirtieron varios ~es de millones. 彼らは何十億も投資した. ~*es de* ... 何千もの, 多数の. Tiene ahorrados muchos ~*es de* dólares. 彼は何千ドルも貯めている. ~*es de veces* 何度となく, ひんぱんに.

a miles 多く.

a las mil y quinientas とても遅れて, とんでもない時間に. Se puso a trabajar *a las mil y quinientas*. 彼はとんでもなく遅く働き始めた.

miladi [miláði] 〈< 英 my lady〉 囡 奥様, お嬢様. ♦英国の貴婦人に対する敬称.

milagrería [milaγrería] 囡 ❶ 奇跡話. ❷ 奇跡を信じやすいこと.

milagrero, ra [milaγréro, ra] 形 ❶ 奇跡を信じやすい; 奇跡話好む.

*milagro [miláγro ミラグロ] 男 ❶ 奇跡. — los ~s de la virgen 聖母マリアの奇跡. ❷ 驚異, 驚き. — El hombre es un ~ de la naturaleza. 人間は自然の驚異である. [類] **prodigio**. ❸ 奇跡的なこと, 驚くべきこと. — 〘*ser un ~ que*+接続法〙... は奇跡だ. Fue un ~ que no te hayan suspendido. 君が落第しなかったことは驚きだ. Fue un ~ que saliera vivo del bombardeo. 彼が爆撃から生き残ったことはまるで奇跡だった.

contar la vida y milagros (人の)経歴を詳しく語る. *Cuénta*me *tu vida y milagros*. 君のこれまでの人生を詳しく話してくれ.

de milagro 奇跡のように, 奇跡的に. El niño escapó con vida del accidente *de milagro*. その子は交通事故で奇跡的に一命をとりとめた.

hacer milagros 奇跡をおこなう, (困難なのに)なんとかやっていく. Está en el paro y *hace milagros* para sacar adelante a sus tres hijos. 失業中だが彼はどうにかこうにか3人の子供を養っている.

¡milagro! 何て奇妙な! *¡Milagro*, hoy no has llegado tarde! 驚いたよ, 君が今日は遅刻しなかったなんて.

milagro (sería) 〘*que*+接続法〙...すれば不思議だ〘*sería*を使うと接続法過去になる〙. *Milagro sería que* te prestara el dinero. 彼が君にその金を貸してくれるとしたら不思議だ. *Milagro que* te haya dicho que sí. 彼が君に「はい」と答えたとは不思議だ.

vivir de milagro (1) 奇跡的に生きのびる. (2) どうにか食いつなぐ.

1286 milagroso

milagroso, sa [milaɣróso, sa ミラグロソ, サ] 形 ❶ 奇跡的な. —El médico afirma que la curación de mi padre ha sido *milagrosa*. 医者は父の治癒は奇跡的だったと断言する. 驚くべき. —ser ~ que【+接続法】…は驚くべきことだ. Es ~ que hayan vuelto sanos y salvos. 彼らが無事に帰って来たことは驚きだ. 類 **extraordinario, maravilloso**. ❸ 奇跡を行う. —imagen *milagrosa* 霊験あらたかな像. agua *milagrosa* 霊水.

milamores [milamóres] 女《単複同形》《植物》ベニカノコソウ.

Milán [milán] 固名 ミラノ(イタリアの都市).

milanés, nesa [milanés, nésa] 形 ミラノ(Milán)の. — 名 ミラノ市民[の出身者].

milano [miláno] 男 ❶《鳥類》(*a*) トビ. (*b*) オオタカ. ❷《魚類》セミボウボウ.

mildéu, mildíu [mildéu, mildíu] 男 《農業》うどん粉病, 白渋(しろしぶ)病.

milenario, ria [milenárjo, rja] 形 ❶ 1,000年の; 何千年もの. —cultura *milenaria* 太古の文化. ❷《宗教史》千年至福説の.
— 男 ❶ 千年間. ❷ 千年祭.
— 名《宗教史》千年至福説の信者.

milenio [milénjo] 男 1,000 年間; 1,000 年期.

milenrama [milenřáma] 女《植物》ノコギリソウ.

milésimo, ma [milésimo, ma] 形 ❶ 1,000番目の. ❷ 1,000 分の 1 の.
— 男 1,000 分の 1.

milesio, sia [milésjo, sja] 形 ミレトス(Mileto)(イオニアの古代都市)の.
— 名 ミレトス人.

milhojas [milóxas] 女《単複同形》《植物》ノコギリソウ.
— 男《菓子》ミルフィーユ. ♦重ね合わせたパイ皮にクリームなどをはさんだ菓子.

mili [mili] 女《話》兵役(= servicio militar). —estar en la ~ 兵役についている. hacer la ~ 兵役を務める.
tener mucha mili 《比喩, 話》経験が豊かである.

mili- [mili-] 接頭「1000 分の 1」の意. —*mili*metro.

miliar[1] [miljár] 形 ❶ キビ粒(状)の. ❷《医学》粟粒(ぞくりゅう)状の. —tuberculosis ~ 粟粒結核.
— 名《医学》粟粒疹訓.

miliar[2] [miljár] 形《古代ローマの道で》マイルを標示する(柱, 石など).

milibar [milibár] 男《気象》ミリバール(気圧の単位:[略]mb).

milicia [milíθja] 女 ❶ 軍隊, 兵隊. 反 **ejército, tropa**. ❷ 兵役(= servicio militar). 類 **mili**. ❸ 複 義勇軍, 市民軍. —~s populares 人民義勇軍. ❹ 軍事教練. —~s universitarias 学生の兵役.

miliciano, na [milíθjáno, na] 形 軍隊の, 軍人の, 軍事の.
— 名 義勇軍, 民兵. —~ republicano 共和制の義勇軍.

miligramo [miliɣrámo] 男《単位》ミリグラム(1,000 分の 1 グラム: [略]mg).

mililitro [mililítro] 男《単位》ミリリットル(1,000 分の 1 リットル: [略]ml).

milímetro [milímetro] 男《単位》ミリメートル(1,000 分の 1 メートル: [略]mm).

militante [militánte] 形 戦う, 戦闘的な. —iglesia ~ (現世のカトリック教徒全体を指して)戦闘的教会.
— 男女 戦士, 闘士, 活動家. —~ del Partido Socialista 社会党の活動家.

militar[1] [militár] 形 軍の, 軍事の, 軍隊の. —academia ~ 士官学校. arte ~ 戦術, 兵法. código ~ 軍法. disciplina ~ 軍律, 軍紀. gobierno ~ 軍事政権. servicio ~ 兵役. tribunal ~ 軍事法廷. 類 **marcial**. 反 **civil**.
— 男女 軍人. —Los ~es visten de uniforme. 軍人は軍服を身につける. Su abuelo fue un famoso ~. 彼の祖父は有名な軍人だった.

militar[2] [militár] 自 ❶ 入隊する, 兵役につく, 戦列に加わる. —~ en infantería 歩兵隊に入営する. *Militó* en las filas del ejército aliado. 彼は同盟軍の部隊に加わった. ❷ (特定の団体・党派などに)熱心に活動する, 闘争する. —*Milita* en un grupo anarquista. 彼はアナーキスト集団の活動家だ. ❸《まれ》(特定の情況が)働く, 作用する. —Esa prueba *militó* en su contra. その証拠は彼に不利に働いた.

militarada [militaráða] 女 軍事クーデター, 軍人による蜂起.

militarismo [militarísmo] 男 **軍国主義**, 軍人精神. —Recuerda con horror la época de ~ que pasó el país. 彼は経験した軍国時代を恐れをもって思い出す.

militarista [militarísta] 形 軍国主義の.
— 男女 軍国主義者.

militarización [militariθaθjón] 女 軍国[軍隊]化, 武装化.

militarizar [militariθár] [1.3] 他 (を)軍国化する; (人)に軍国精神をたたき込む.

militarote [militaróte] 男《南米》《軽蔑》粗野な(尊大な)軍人.

milla [míja] 女 ❶ マイル(陸上の距離の単位, 約 1,609m). —Vive a unas veinte millas de Nueva York. 彼はニューヨークから約 20 マイルのところに住んでいる. ❷ 海里(海上の距離の単位, 約 1,852m). —~ marina 海里.

millar [mijár] 男 1,000; 複 何千もの. —Varios ~es de personas participaron en la manifestación. 何千もの人がデモに参加した.
a millares いく千となく, いくらでも. Casos parecidos hay *a millares*. 似た例はいくらでもある.

millarada [mijaráða] 女 約 1,000, 1,000 ほど.
a millaradas 無数に(= a millares).

millón [mijón ミヨン] 男 ❶ 100 万. —El coche me costó dos *millones* de yenes. その車は 200 万円した. Invirtieron varios *millones* de euros en el proyecto. 彼らはそのプロジェクトに数百万ユーロ投資した. ♦*millón* は名詞なので mil のように un millón euros とは言えない. de を補って un millón de euros となる. ❷ 多数, たくさん. —Te lo he dicho *millones* de veces. お前には何度となくそう言ったはずだ. ¡Un ~ de gracias! どうもありがとうございます. ❸ 複 多額の金. —La anciana debe de tener *millones*. その老婦人は大金持ちにちがいない.

millonada [miȷoɲáða] 囡 大変な額, すごい大金. —Este diamante cuesta una ~. このダイヤモンドはすごく高い.

:millonario, ria [miȷonárȷo, rȷa] 厖 百万長者の, 大金持ちの. —Se ha casado con una mujer *millonaria*. 彼は百万長者の女性と結婚した.

―― 图 百万長者, 大金持ち. Sueña con hacerse ~. 彼は百万長者になることを夢見る.

millonésimo, ma [miȷonésimo, ma] 厖 ❶ 100万番目の. ❷ 100万分の1の.

―― 男 100万分の1.

milonga [milóŋga] 囡 《音楽》ミロンガ. ◆ラ・プラータ地方のゆったりとした2拍子の民族音楽・舞踊.

milonguero, ra [miloŋɡéro, ra] 图 《南米》ミロンガの歌手[踊り手].

milord [milór] 男〔複 milores〕閣下(英国の貴族に対する敬称). ◆'my Lord' (mi señor) がスペイン語化した形.

milpa [mílpa] 囡〔中米, メキシコ〕トウモロコシ畑 (=maizal).

milpear [milpeár] 值〔中米, メキシコ〕❶ トウモロコシの作付けをする. ❷ トウモロコシ畑を作る[開墾する]. ❸ 〔メキシコ〕(トウモロコシの)芽吹き出す.

milpiés [milpȷés] 男 《虫類》ワラジムシ (=cochinilla).

mimado, da [mimáðo, ða] 厖 (特に子どもが)甘やかされた. —Ese niño está demasiado ~. その子どもは甘やかされ過ぎる.

:mimar[1] [mimár] 他 ❶ を**甘やかす**, 溺愛(できま)する. —Ella *mima* mucho a sus hijos. 彼女は子どもたちを非常に甘やかしている. ❷ (a) をかわいがる. —A este gato no le gusta que lo *mimen*. このネコはかわいがられるのが好きではない. 類**acariciar**. (b) (物)を大切に扱う, 大事にする. —~ la ropa 服を大切にする.

mimar[2] [mimár] 他 をパントマイムで演じる, 身ぶり手ぶりで表現する, …に振り付けする.

mimbre [mímbre] 男/囡 (特にかご製造用の)ヤナギの枝.

mimbrear(se) [mimbreár(se)] 值(再) (ヤナギの枝のように)揺れる, しなう. 類**cimbrear(se)**.

mimbreño, ña [mimbréɲo, ɲa] 厖 ◆ ヤナギの枝のような, しなやかな.

mimbrera [mimbréra] 囡 《植物》ヤナギの木.

mimbreral [mimbreɾál] 男 ヤナギの茂み.

mimeografiar [mimeoɣrafȷár] [1.5]他 を謄写版で刷る.

mimeógrafo [mimeóɣrafo] 男 謄写版印刷機.

mimético, ca [mimétiko, ka] 厖 ❶ 《動物》擬態の. ❷ 模倣の; 真似好きな. 類**imitativo**.

mimetismo [mimetísmo] 男 ❶ 《動物》擬態. ❷ 模倣, 物[人]真似.

mímica [mímika] 囡 身振り, ジェスチャー(による表現術).

mímico, ca [mímiko, ka] 厖 身振り[ジェスチャー]の; パントマイムの. —lenguaje ~ 身振り言語. signos ~s 身振りによるサイン.

mimo [mímo] 男 ❶ 《演劇》パントマイム劇[俳優]. ❷ 甘やかし; 溺愛(できま). —Con tanto ~ están maleducando a su hijo. 彼の息子はとても甘やかされているのでしつけがなっていない. ❸ 甘言, へつらい. —Con ~s ella consigue de su padre todo lo que quiere. うれしがらせるようなことを言って彼女は父親から欲しい物をすべて手に入れる. ❹ 繊細さ; 配慮. —Limpia la cristalería con ~. ガラス器を丹念に洗いなさい.

hacer mimos を愛撫する; 甘やかす.

mimógrafo [mimóɣrafo] 男 マイム劇[パントマイム]作家.

mimosa [mimósa] 囡 《植物》ミモザ. —~ pública [vergonzosa] 《植物》オジギソウ, ネムリソウ.

mimoso, sa [mimóso, sa] 厖 ❶ 甘やかされた, 甘ったれの. 類**delicado, melindroso**. —Esta niña es muy risueña y *mimosa* con todos. この女の子は皆に対してとてもにこやかで甘ったれだ. Se acercó a nosotros un perrito ~ y juguetón. 甘えん坊でよくじゃれる子犬が我々に近づいた. ❷ 甘やかす, 甘い.

:mina [mína] 囡 ❶ 鉱山, 採掘坑. —~ de carbón 炭鉱. ~ de oro [plata] 金[銀]山. Mi padre trabaja en una ~. 私の父は鉱山で働いている. 類**criadero, yacimiento**. ❷ 坑道, 地下道. ❸ 《軍事》地雷, 機雷. —~ submarina 機雷. campo de ~ 地雷[機雷]敷設区域. ❹ (鉛筆の)芯. —~ de lápiz 鉛筆の芯. ❺ 《比喩》(…の)宝庫, 豊富な源. —La abuela es una ~ de saber y da gusto oírla. 祖母は知識の宝庫で彼女の話を聞くのが楽しい. Ese libro es una ~ de información sobre hechicería. あの本は魔術に関する豊富な情報源である. ❻ ぼろい商売, もうけ口.

minador, dora [minaðór, ðóra] 厖 ❶ 坑道掘りの; 採掘[採鉱]の. ❷ 《軍事》地雷[機雷]敷設の.

―― 男 ❶ 鉱山技師. ❷ 〔軍事〕地雷工兵. ❸ 〔海事, 軍事〕機雷敷設艦.

minar [minár] 他 ❶ …に坑道を掘る; を採掘[採鉱]する. ❷ 《軍事》…に地雷[機雷]を敷設する. ❸ 《比喩》を徐々に損なう, 浸食する, 傷つける. —El exceso de trabajo está *minando* su salud. 過労が彼の体を徐々にむしばんでいる.

minarete [minaréte] 男 ミナレット, 光塔 (=alminar). ◆イスラム教寺院の尖塔.

Minas [mínas] 固名 ミナス(ウルグアイの都市).

Mindanao [mindanáo] 固名 ミンダナオ島(フィリピンの島).

:mineral [minerál] 厖 鉱物の, 鉱物を含む. —reino ~ 鉱物界. agua ~ con [sin] gas 炭酸入りの[炭酸なしの]ミネラルウォーター. carbón ~ → carbón.

―― 男 鉱物, 鉱石; 無機物. —~ de hierro 鉄の鉱石.

mineralización [mineraliθaθȷón] 囡 鉱化(作用); 鉱水化.

mineralizar [mineraliθár] [1.3]他 を鉱化させる; (水)を鉱水化する.

―― se 再 鉱化[鉱水化]する.

mineralogía [mineraloxía] 囡 鉱物学.

mineralógico, ca [mineralóxiko, ka] 厖 鉱物学の.

mineralogista [mineraloxísta] 男女 鉱物学者.

minería [minería] 囡 ❶ 鉱業; 採掘, 採鉱. ❷ 〖集合的に〗(一国・一地方の)鉱山; 鉱夫.

minero, ra [minéro, ra] 形 鉱業の, 鉱山の. ― industria *minera* 鉱業. ingeniero ～ 鉱山技師. explotación *minera* 鉱業開発. Esta región tiene una gran riqueza *minera*. この地域は豊かな鉱山資源をもつ. ― 名 鉱山労働者; 鉱山(開発)業者. ～ de carbón 炭鉱労働者.

Ming [mín] 固名 (Dinastía ～)明(1368-1644, 中国を統一した漢民族の王朝).

mingitorio, ria [miŋxitórjo, rja] 形 排尿の. ― 男 (男子用の)小便所.

mingo [míŋgo] 男 (ビリヤードの)的玉(蓬壁).
poner el mingo 秀でる, 抜きん出る; 注目を集める.

miniar [minjár] 他 《絵画》を細密画法で描く.

miniatura [minjatúra] 女 ❶《絵画》細密画(法). ❷ 小型模型, ミニチュア. ❸ 非常に小さなもの. ― Esto es una ～ de despacho. これがオフィスのミニチュアだ. ❹《情報》サムネイル.
en miniatura 小型[ミニチュア]の. casa *en miniatura* 小型模型の家, ミニチュアハウス.

miniaturista [minjaturísta] 男女《絵画》細密画家.

miniaturizar [minjaturiθár] [1.3] 他 を極小化する.

minifalda [minifálda] 女 ミニスカート.

minifundio [minifúndjo] 男 小規模農地(所有). 反**latifundio**.

mínima [mínima] 女 ❶《音楽》二分音符. ❷《気象》最低気温. 反**máxima**.

minimizar [minimiθár] [1.3] 他 を過小評価する, 低く見積もる; 最小(限)にする. 類**achicar**.

mínimo, ma [mínimo, ma] 形 [＜pequeño の絶対最上級] ❶ 最小の, 最低の, 最小限度の. ― Ayer la temperatura *mínima* fue de cinco grados bajo cero. 昨日の最低気温は零下5度だった. salario ～ 最低賃金. Han podido llevar a cabo el proyecto con el ～ esfuerzo. 彼らは最小の努力でその計画を実現することができた. 反**máximo**. ❷ 【否定文で】少しも…ない【定冠詞やmás を伴う】. ―No ha comentado ni lo más ～ sobre el tema. 彼はその問題については何もふれなかった. Han podido llevar a cabo el proyecto sin hacer el más ～ esfuerzo. 彼らは少しの努力もせずにその計画を実現することができた. En su rostro no había la *mínima* expresión de alegría. 彼の顔には喜びの表情がほんの少しも見られなかった. ❸《カトリック》ミニモ会修道士[女]の.
no ... (en) lo más mínimo 全然…ない. *No me importa (en) lo más mínimo*. 私は全然かまいません(気になりません).
― 男 最小, 最低, 最小限度. ―Gana un ～ de dos mil euros al mes. 彼は最低限2000ユーロの月給をかせいでいる.
― 名《カトリック》ミニモ会修道士[女].
al mínimo/a lo mínimo 最小限に. El nivel de agua en el pantano ha llegado *al mínimo*. その沼の水位は最低線に達した.
como mínimo 少なくとも. Tendremos que andar *como mínimo* dos horas para llegar a casa. 私たちは家に帰り着くのに最低2時間は歩かなければならないだろう.

mínimum [mínimum] 男 →**mínimo**.

minino, na [minino, na] 名《話》猫. (=gato, gata)

minio [mínjo] 男 錆(ŝ)止め塗料, 鉛丹.

ministerial [ministérjál] 形 ❶ 省の, 閣僚の. ― comité ～ 省内会議. reunión ～ 閣僚会議. ❷ 政府側の, 政府支持の, 与党の. ― diputado ～ 政府与党議員.

ministerio [ministérjo] 男 ❶ 省, その建物. ― Los aspirantes se examinarán en el M～ de Hacienda. 志望者は財務省において試験にのぞむことになる. M～ de Asuntos Exteriores 外務省. M～ de Ciencia y Tecnología 科学技術省. M～ de Defensa 国防省. M～ de Educación, Cultura y Deporte 教育・文化・スポーツ省. ❷ 大臣の役職, 大臣の任期. ―Ocupó el ～ de Justicia durante tres años. 彼は3年の間法務大臣の職についていた. Durante su ～ aumentaron las huelgas. 彼の大臣任期中にストライキが増えた. ❸ [集合的に] 閣僚, 諸大臣. 類**gabinete**, **gobierno**. ❹ (僧侶や医者などの)職務. ― ～ sacerdotal 聖職, 司祭職. 類**misión**.

ministrable [ministráβle] 形 大臣候補の.

ministro, tra [minístro, tra] 名 ❶ 大臣, 閣僚. ― primer ～ 首相. ～ de sanidad y consumo 保健・消費相. ～ de trabajo y asuntos sociales 労働・社会問題相. ～ de la Presidencia 内閣府担当相. ～ sin cartera 無任所大臣. consejo de ～ 内閣. 類**gabinete**. ❷ 公使. ― ～ plenipotenciario 全権公使. ❸ 司祭, 牧師. ― ～ de Dios [del Señor] 司祭(＝sacerdote).

minoración [minoraθjón] 女 減少; 軽減; 緩和.

minorar [minorár] 他 を減らす; 軽減する; 緩和する. 類**reducir**.

minoría [minoría] 女 ❶ 少数派, 少数勢力. (民族・言語・宗教などでの)少数集団, マイノリティー. ― ～ parlamentaria 議会内少数派, 野党. ～s marginadas 被差別民族. 反**mayoría**. ❷ (～ de edad) 未成年(期).

minoridad [minoriðá(ð)] 女 未成年(期)(＝minoría de edad).

minorista [minorísta] 形《商業》小売りの.
― 男女《商業》小売商人. 類**detallista**. 反**mayorista**. ― 男《宗教》下級聖職者.

minoritario, ria [minoritárjo, rja] 形 少ない方の, 少数派の. ― opinión *minoritaria* 少数意見. partido ～ 少数派. 反**mayoritario**.

mint- [mint-] 動 mentir の直・完了過去, 接・現在/過去, 現在分詞.

minucia [minúθja] 女 ❶ 取るに足りないもの[こと], 瑣事(ʲ). ― preocuparse por ～s つまらないことにこだわる. Con una ～ que le compré a la abuela, se pone tan contenta. 私の買った小物で, 祖母は大満足だ. Comparado con su salario, el mío es una ～. 彼の給与と比べて, 私の方はささやかなものだ. 類**insignificancia**, **menudencia**. ❷ 細目, 詳細. ―con ～ 詳しく, 詳細に. 類**detalle**, **pormenor**.

minuciosidad [minuθjosiðá(ð)] 女 ❶ 綿密さ, 細心. ❷ 詳細, 詳しさ.

minucioso, sa [minuθjóso, sa] 形 ❶ (人が)細心な, きちょうめんな, 念入りな. ―Es un empleado ～ en su trabajo. 彼は自分の仕事に細心な社員だ. 類**detallista**, **meticuloso**. 反**descuidado**. ❷ 詳細な, 徹底した. ―un informe ～ 詳細な報告書. Nos hizo un relato ～ de lo sucedido. 彼は私たちにその出来事の詳細な話をしてくれた.

minué [minué] 男 《音楽》メヌエット. ◆18世紀に広まったフランス起源の緩やかな3拍子の舞踏.

minuendo [minuéndo] 男 《数学》被減数.

minúscula [minúskula] 女 →minúsculo.

‡**minúsculo, la** [minúskulo, la] 形 ❶ とても小さい. —habitación *minúscula* とてもちっちゃな部屋. letra *minúscula* 小文字. Se enfada por detalles ～s. 彼はとても細かいことで腹を立てる. 類 diminuto. 反 mayúsculo.
— 女 小文字. 反 mayúscula.

minuta [minúta] 女 ❶ (弁護士などの)請求書. ❷ 草稿, 下書き. ❸ メモ, 覚え書. ❹ メニュー. 類 menú.

minutar[1] [minutár] 他 (契約書・計画などの)草稿を作成する.

minutar[2] [minutár] 他 (番組や儀式などを)分刻みで編成する.

minutario [minutárjo] 男 (公証人の)控え帳.

‡**minutero** [minutéro] 男 (時計の)長針, 分針. (主に分を測る)時計, タイマー. ◆「短針」は horario, 「秒針」は segundero. —A medida que avanzaba el ～, se hacía más evidente la derrota de nuestro equipo. 時計が進むにつれて, 我々のチームの敗北は明らかになっていった.

minutisa [minutísa] 女 《植物》ビジョナデシコ.

‡‡**minuto, ta** [minúto, ta ミヌト, タ] 形《まれ》細かい, 小さな.
— 男 ❶ 分(ﾌﾝ), 1分. —Son las ocho y veinte y ～s. 8時 20分です. Volveré a llamarte dentro de diez ～s. 10分したまた電話するよ. Sin perder un ～, puso manos a la obra. 彼はただちに仕事に着手した. Se marchó y volvió al ～. 彼は出かけて行って, すぐに戻ってきた. 類 enseguida, rápidamente. ❷ (角度の単位, 1度の60分の)分.

por minutos 次第に, 刻々と. El enfermo mejora *por minutos*. 病人は刻々と良くなっている.

miñona [miɲóna] 女 《印刷》ミニオン(7ポイント活字).

‡‡**mío, mía** [mío, mía ミオ, ミア] 形〖所有〗〖複 míos, mías〗〖1人称単数; yo に対応する〗 ❶〖名詞の後で〗—Don Julián es muy amigo *mío*. フリアンさんは私の親友です〖このような場合の後置形は強調の意味になる. 名詞の前では mi が用いられる〗. ❷〖叙述補語として〗〖~のもの, ~の〗—Mucho gusto. -El gusto es *mío*. はじめまして(どうぞよろしく). -こちらこそどうぞよろしく. ❸〖定冠詞をつけて所有代名詞となる〗私のもの. —Lo *mío* es tu tuyo. 私のものは君のものだ. Lo *mío* a ti no te importa. 私のことは君にはかまわないんだ. ❹〖格式張った呼び掛け〗わが…. —¡Padre mío! 我が父よ.

los míos 私の家族〖仲間, 部下〗.

ser la mía 私にとって好機だ. Esta *es la mía*. 今がチャンスだ, こっちのものだ.

miocardio [mjokárðjo] 男 《解剖》心筋(層). —infarto de ～ 《医学》心筋梗塞(ｺｳｿｸ).

miocarditis [mjokarðítis] 女 《医学》心筋炎.

mioceno, na [mjoθéno, na] 形 《地質》中新世の. — 男 《地質》中新世.

miodistrofia [mjoðistrófja] 女 《医学》筋ジストロフィー.

---

miope [mjópe] 形 ❶ 近視の, 近眼の. 類 cegato. ❷ 近視眼的な, 視野の狭い. —No me extraña que haya fracasado:es un ～ para los negocios. 彼が失敗したというのが私には不思議でない. ビジネスの見通しが乏しいからだ.
— 男女 近視の人.

miopía [mjopía] 女 ❶ 《医学》近視, 近眼. ❷ 近視眼的な[視野の狭い]こと. —Adolece de ～ intelectual. 彼は先見の明に乏しい.

miópico, ca [mjópiko, ka] 形 近視の, 近眼の.

‡**míos** [míos] 形〖所有〗mío の男性複数形.

miositis [mjosítis] 女 《医学》筋肉炎.

miosota [mjosóta] 女 《植物》ワスレナグサ.

miosotis [mjosótis] 男 →miosota.

mira [míra] 女 ❶ (銃などの)照準器, 照星, 照門. ❷《主に複》意図, 目標, 狙い. —sin otra ～ que ayudarle a salir del apuro 彼が窮地から脱するのを助けるつもりだけで. Está ahorrando con la ～ de comprarse una casa nueva. 彼は新築の家を買おうとして貯蓄中である. Ella va con [lleva] la ～ de casarse con un hombre rico. 彼女は玉の輿を狙っている. 類 intención, propósito. ❸ (測量用の)水準測桿(ｶﾝ), 標尺. (= ～ taquimétrica). ❹《複》《海事》船首砲 (=～ de proa).

a la mira y a la maravilla 見事なまでに, 驚くほど立派に.

amplitud de miras 視野の広さ.

andar [*estar, quedar*] *a la mira* 気をつけている, 目を光らせている. Yo *quedo a la mira* de que los niños no molesten. 私は子どもたちが周囲の迷惑にならないように目を離さないでいる.

con miras a … を目的[目標]にして. Estudia derecho *con miras a* hacerse abogado. 彼は弁護士になるために法律を勉強している.

estrechez de miras 視野狭窄.

poner la mira en … …に目標を定める.

mirabel [miraβél] 男 《植物》 ❶ アカザの一種. ❷ ヒマワリ (= girasol, mirasol).

‡**mirada** [miráða] 女 ❶ 見ること, 視線. —Dirigió la ～ hacia la ventana. 彼は窓の方に視線を向けた. La siguió con la ～ hasta que desapareció. 彼は彼女が視界から消えるまで目で追った. 類 vista. ❷ 目つき, 表情. ～ dulce [melancólica, rencorosa, penetrante] やさしい[悲しげな, 怨みのこもった, 鋭い] 目つき. leer en la ～ 表情から読み取る. ❸ ひと目, 一見. ～ de soslayo 横目(でちらっと見ること). 類 ojeada, vistazo. ❹ 見つめること, 注視, 凝視. ～ fija 凝視. ～ perdida うつろな目つき.

apartar la mirada de … …から目をはなす.

clavar [*fijar*] *la mirada en …* …を注視する.

detener [*posar*] *la mirada en …* …に視線を止める.

devorar con la mirada (1) 食い入るように見つめる. (2) 激怒して見る.

echar [*lanzar*] *una mirada a …* をちらっと見る. *Echó una mirada* al periódico mientras desayunaba. 朝食をとっているときに彼は新聞をちらっと眺めた.

levantar la mirada 目を上げる, 見上げる. Oyó la reprensión sin levantar la mirada del suelo. 彼は床から視線を上げずに叱られるのを聞い

た.
resistir [**sostener, aguantar**] **la mirada**（相手を)見つめ返す, にらみ返す.
seguir con la mirada を目で追う.
ser el blanco de las miradas 注目の的になる.

miradero [miraðéro] 男 ❶ 注目の的. ❷ 望楼, 展望 [見晴らし] 台 (=mirador).

mirado, da [miráðo, ða] 過分 形 [ser+] 思いやりのある. —Es muy ～ con sus alumnos. 彼は生徒たちに対してとても理解がある. 類 **considerado, respetuoso**. ❷ [en/ser+] …に注意深い, 慎重な; 念入りの, うるさい. —Es muy mirada en los gastos [la limpieza]. 彼女はお金の使い方がとても慎重だ[大変きれい好きだ]. Debes ser un poco más ～ en lo que dices. 君は自分の発言にもう少し気を付けるべきだ. 類 **cuidadoso, delicado, prudente**. ❸ 良く[悪く]見られた [estar+, bien [mal]+]. —Está mal ～ en la escuela. 彼は学校での評判が悪い. No está bien ～ que acuda al trabajo en mangas de camisa. 彼が上着を着ないで職場に行くのは良く思われていない. 類 **considerado, visto**.
bien mirado よく考えてみると. Bien mirado, no es para enfadarse tanto. よく考えれば, そんなに腹を立てることではない.

mirador [miraðór] 男 ❶ 望楼, 張り出し窓. ❷ 展望台, 見晴らし台.

miraguano [miraɣwáno] 男 《植物》カポックノキ.

miramiento [miramjénto] 男【主に複】❶ 思いやり, 気遣い, 配慮. —actuar sin ～s 傍若無人に行動する. 類 **consideración, respeto**. ❷ 注意, 慎重. —hablar con ～ 慎重に話す. ❸ 遠慮, 気兼ね, ためらい. —tener [andar con] ～s 遠慮する, 気兼ねする. 類 **reparo**.

Miranda [miránda] 固名 ミランダ(ベネズエラの州).

*****mirar** [mirár ミラル] 他 ❶ (a) …に目を向ける, をじっと見る, 見つめる. —Miraba continuamente el reloj. 彼はたえず時計を眺めていた. Me miró fijamente. 彼は私をじっと見つめた. ～se en el espejo 鏡に自分の姿を写してみる. 類 **ver**. (b) を眺める, …に見とれる. —Permanecía absorto mirando el horizonte. 私は水平線を眺めてぼうっとしていた. ❷ (a) …に注意する, を精査する, 検討する. —Me miraron minuciosamente el equipaje en la aduana. 私は税関で荷物を細かく調べられた. (b) を見張る, 監視する. —En esta empresa miran mucho si trabajamos con seriedad. この会社では我々がまじめに働いているかどうかをよく監視している. 類 **valorar**. (c) を熟考する, 熟慮する. —Mira bien lo que vas a decir antes de abrir la boca. 口を開く前に言おうとすることをよく考えろよ. Eres muy egoísta, sólo miras tus intereses. 君は非常に利己主義だ. 自分の利益しか考えていない. 類 **pensar**.
bien mirado/mirándolo bien/si bien se mira よく考えてみると. Bien mirado, él no tiene razón. よく考えてみれば彼の言っていることはまちがっている.
mirar bien [mal] a ... (人)に好意[反感]を持つ.
mira quién habla そんなによく言えるな.
mira si [+直説法] que [+直説法] 本当に…だから…なのだ. Mira si el niño es malo que lo ha expulsado del colegio. その男の子は本当に悪い奴だからこそ退学させられたのだ.
mira que si [+直説法/接続法] もしかすると…かも知れないぞ. ¡Mira que si perdemos ante ese equipo! もしかするとわれわれはあのチームに負けるかも知れないぞ.

— 自 ❶ [+a/hacia/para に, の方に] 目をやる, を見つめる, 凝視する. —Miraba al techo del vagón. 彼は車両の天井に目を向けていた. Miró hacia la plaza. 彼は広場の方に目を向けた. ❷ [+en を] 捜し回る, 調べる, くまなく捜す. —Miré en todos los cajones, pero no lo encontré. ありとあらゆる引出しをくまなく捜したが, それは見つからなかった. ❸ [+a に] 面する, 向いている. —Esta ventana mira a la calle. この窓は通りに面している. 類 **dar**. ❹ [+por のためを] 思う, (…に)有利なように行動する, (を)保護する. —Los padres miran por sus hijos. 両親は子供のためを思うものだ. ❺ [+a を] 目指す, 目的とする. —Ellos sólo miran a su provecho. 彼らは自分の利益しか考えようとしない.

¡mira! (1) わあ, すごい; ほら, ご覧よ. ¡Mira! ¡Qué bonito es este paisaje! うわあ, この景色, なんてきれいなんだ. (2) あきれた. ¡Mira! Hoy dices todo lo contrario que ayer. あきれた, 君はきのう言ったことの正反対を今日言っているよ.

mirar a ver si [+直説法] 問い合わせる, 見つけようとする. Mira a ver si han vuelto ya. 彼らが戻ったかどうか確かめてみなさい.

— **se** 再 ❶ 自分の姿[顔]を見る. A ella le gusta ～se en el espejo. 彼女は自分の姿を鏡で見るのが好きだ. ❷ [+de に] 気をつける, 気を配る. —Se mira de no decir lo que no debe. 彼は言うべきでないことは言わないよう気をつけている. ❸ [+en に] ほれこむ, ほめたたえる. —Ella se mira en sus esculturas. 彼女は彼の彫刻にほれこんでいる. Siempre se mira en sus hijas. 彼はいつも娘たちのことをほめそやしている.

de mírame y no me toques (1) 壊れやすい(←私に触れないで, 見るだけにしなさい). Ese jarrón es de mírame y no me toques. そのつぼはこわれやすい. (2) 虚弱体質の. Mi hija tiene una salud de mírame y no me toques. 私の娘は虚弱体質の持主だ.

se mire como se mire どう見ても, どっちみち. Se mire como se mire, su propuesta no es viable. どう見ても彼の提案は実現性がない.

mirasol [mirasól] 男 《植物》ヒマワリ (=girasol).

miríada [miríaða] 女 《文》無数. —M～s de estrellas titilaban en el cielo. 無数の星が空にきらめいていた.

miriagramo [miriaɣrámo] 男 1万グラム.
miriámetro [mirjámetro] 男 1万メートル.
miriápodo, da [mirjápoðo, ða] 形 《動物》多足類の.
— 男 複 多足類(ムカデ・ヤスデなど).
mirífico, ca [mirífiko, ka] 形 《文》感嘆すべ

き, 驚くべき. 類**admirable, maravilloso**.

mirilla [mirípa] 囡 ❶ (ドアなどの)のぞき穴[窓]. ❷ (カメラの)ファインダー. ❸ (測量器の)視準穴.

miriñaque [miripáke] 囡 《服飾》クリノリン. ♦ スカートをふくらませるために入れた質の固い布の枠.

mirlarse [mirlárse] 再 《話》偉ぶる, 尊大な態度をとる.

mirlo [mírlo] 男 ❶ 《鳥類》クロウタドリ, 九官鳥. ❷ 《話》しかつめらしい[気取った]顔.
ser un mirlo blanco きわめて珍しいもの[人]である.
soltar el mirlo 《話》黙っていたことを話し出す.

Miró [miró] 固名 ❶ ミロ(ガブリエル Gabriel ~) (1879-1930, スペインの小説家). ❷ ミロ(ジョアン Joan ~)(1893-1983, スペインの画家).

mirón, rona [mirón, róna] 形 ❶ 見たがり屋の; 詮索好きな. 類**curioso, fisgón**. ❷ 傍観者の; 野次馬の. ——estar de ~ 傍観している. ir de ~ 野次馬になる. ——名 ❶ 見たがり屋; お節介. ❷ 傍観者; 野次馬.

mirra [mířa] 囡 ミルラ, 没薬(もつやく).

mirto [mírto] 男 《植物》ギンバイカ.(=arrayán).

‡**mis** [mis] 形 《所有》mi の複数形[後に来る名詞が複数の時それに一致する].

‡**misa** [mísa] 囡 ❶ 《カトリック》ミサ, 聖餐(せいさん)式. ——decir ~ ミサをささげる. ir a ~ [oír ~] ミサに行く, ミサにあずかる. cantar ~ (新任の司祭が)初めてミサを行う. ayudar a ~ (侍者の少年が司祭の)ミサを手伝う. Últimamente raras veces van a oír ~. 最近彼らはめったに教会へミサに行くことはない. día de ~ ミサの日. ~ del alba 早朝ミサ. ~ cantada 歌ミサ. ~ de campaña 野外ミサ. ~ de cuerpo presente 死者ミサ, 追悼ミサ. ~ de difuntos 死者ミサ. ~ del gallo (クリスマス・イブの)真夜中のミサ. ~ mayor [solemne] (楽奏がある)荘厳ミサ. ~ negra 黒ミサ, (司祭が黒衣を着る)死者ミサ. ~ rezada (楽奏なし)読誦(どくしょう)ミサ. Están tocando a ~. ミサの鐘を鳴らしている. ♦ misa が無冠詞であることに注意. ❷ 《音楽》ミサ曲.
estar como en misa 静まりかえっている.
no saber de la misa la media [la mitad] 十分わかっていない. No vale la pena preguntárselo, porque *no sabe de la misa la media*. 彼にそのことを聞いてもムダだよ. 何も分かっちゃいないのだから.
va a misa 明白である, 確実である.

misacantano [misakantáno] 男 ❶ 初めてミサを行なう司祭. ❷ ミサを行なえる司祭.

misal [misál] 男 《カトリック》ミサ典書[祈祷(きとう)書].

misantropía [misantropía] 囡 人間嫌い, 厭世(えんせい)的性格.

misantrópico, ca [misantrópiko, ka] 形 人間[社交]嫌いの, 厭世(えんせい)的な.

misántropo, pa [misántropo, pa] 形 人間[社交]嫌いの.
——名 人間[社交]嫌いの人, 厭世家. 類**insociable**. 反**sociable**.

miscelánea [misθelánea] 囡 ❶ (種々雑多な物の)寄せ集め, ごた混ぜ. ——una ~ de colecciones 雑多な収集品. ❷ (文学などの)作品集; 雑文集(= ~ literaria); (新聞の)雑報, 雑録(欄).

misceláneo, a [misθeláneo, a] 形 種々雑多な, いろいろな. 類**mixto**.

miscible [misθíβle] 形 (液体などが)混合可能な.

‡**miserable** [miseráβle] 形 ❶ 不運な, 不幸な. ——Aseguraba que en su ~ vida jamás le había sonreído la suerte. 自分の不運な一生を通じて一度も幸運の女神が微笑むことはなかったと彼は確言した. 類**desdichado, infeliz**. ❷ 悲惨な, みじめな. ——Me entristeció ver el ~ estado en que se encontraba. 彼のみじめな状況を見て私は悲しくなった. 類**abatido, lastimoso**. ❸ 下劣な, 恥ずべき. ——Es un hombre ~ que sólo piensa en su propio provecho. 彼は自分の利益のことしか考えない下劣な男だ. 類**canalla, perverso**. ❹ お粗末な, 少ない. ——Le pagan un ~ sueldo. 彼はお粗末な給料をもらっている. ❺ 貧しい, 貧相な. ——Vivía en una casucha ~. 彼は貧相なあばら家に住んでいた. 類**mísero, pobre**.
¡*miserable de mí!* ああ悲しい.
——男名 ❶ 悪党, 恥ずべき人. ——¡Eres un ~! おまえはろくでなしだ. ❷ けちん坊, 欲ばり. ——Viste pobremente porque es un ~, no porque no tenga dinero. 彼が貧しい身なりをしているのはお金がないからではなくてけちん坊だからだ.

miserere [miserére] 男 ❶ 《カトリック》ミゼレーレ. ♦「主よ我を哀れみたまえ」で始まる聖書の詩編第51. ❷ ミゼレーレの楽曲.
cólico miserere 《医学》腸閉塞(へいそく).

‡**miseria** [misérja] 囡 ❶ みじめさ, 悲惨. ——Es difícil imaginar las ~s de la guerra. 戦争の悲惨さを想像することは難しい. ❷ 貧困. ——caer en la ~ 貧困に落ち入る. vivir [estar] en la ~ 困窮した暮らしをする[状態にいる]. ~ negra ひどい貧困. 類**estrechez, pobreza**. ❸ 不運. ——Ella siempre se queja de sus ~s. 彼女はいつも自分の不運を嘆いている. 類**desgracia, sufrimiento**. ❹ けち, 貪欲. 類**avaricia, mezquindad**. ❺ わずかな収入. ——Mi hermano trabaja por una ~. 兄はけたの金のために働いている.

‡**misericordia** [miserikórðja] 囡 ❶ 慈悲, 同情, 憐み. ——pedir ~ 慈悲を乞う. 類**compasión**. ❷ 聖歌隊席で中腰に座れば寄りたたみイス.

misericordioso, sa [miserikorðjóso, sa] 形 [+con/para/para con] (…に)情深い, 慈悲深い. ——Es *misericordiosa con* los necesitados. 彼女は困っている人たちに情深い.

misero, ra [miséro, ra] 形 ❶ 《話》ミサに足繁く通う, ミサ好きな. ❷ 《話》(司祭が)ミサ以外の収入がない, ミサだけで生計を立てている.

mísero, ra [mísero, ra] 形 →**miserable**.

misérrimo, ma [misérimo, ma] 形 【mísero の絶対最上級】❶ ひどく哀れの, 極貧の. ❷ ひどくけちな.

misia, misiá [mísja, misjá] 囡 【中南米】(呼びかけで)奥様(= mi señora).【mi seá や miseá とも書く】.

misil, mísil [misil, mísil] 男 《軍事》ミサイル, 誘導弾. —— ~ balístico intercontinental 大陸間弾道ミサイル. ~ tierra-aire 地対空ミサイル. ~ de aire 対空ミサイル. ~ de crucero 巡航ミサイル.

‡**misión** [misjón] 囡 ❶ 使命, 任務. ——Fue enviado al Medio Oriente con una ~ espe-

1292　misional

cial. 彼は特別の任務を帯びて中東へ派遣された. Mi madre decía que su ~ en la vida era hacernos felices. 母は自分の人生における役割は私たちを幸せにすることだと言っていた. **類 cometido**. ❷ 天職, 天命. —Cada uno tiene su ~ sobre la Tierra. 人はめいめいこの世で天与の務めをもっているものだ. ❸《宗教》(a)《主に複》伝道, 布教. —Estuvo diez años en las misiones de Japón y al final se quedó allí. 彼は10年間日本で布教したがついにそこに留まってしまった. (b) 伝道所. ❹ 使節団, 代表団. — ~ diplomática 外交使節団. **類 delegación**. ❺ 調査隊, 探検隊. —La universidad envió una ~ científica al seno del Amazonas. その大学はアマゾンの奥地に調査隊を派遣した.

misional [misjonál] 形 (特にキリスト教の)布教の, 伝道の. —La actividad ~ extendió la fe católica por América. 布教活動によりアメリカ大陸にカトリック信仰が広がった.

***misionario, ria** [misjonárjo, rja] 名 ❶《まれ》宣教師, 伝道師(=misionero). ❷《まれ》使節, 使者. **類 mensajero**. ❸ (ある主義の)主導者, 宣伝者.

:**misionero, ra** [misjonéro, ra] 形 伝道の, 宣教の. —Esa congregación religiosa se dedica a las tareas misioneras. その宗教信徒団は伝道の仕事に従事している.
— 名 伝道師, 宣教師. —Ha sido ~ en África. 彼はアフリカで宣教師をしていた.

Misiones [misjónes] 固名 ミシオネス(パラグアイの県; アルゼンチンの県).

Misisipí [misisipí] 固名 (el Río ~) ミシシッピー川(アメリカ合衆国の河川).

misiva [misíβa] 女 手紙, 書状, 書簡. **類 carta**.

mismamente [mísmaménte] 副《話》ちょうど, まさに, ぴったり. **類 cabalmente, precisamente**.

mismidad [mismiðáð] 女《哲学》アイデンティティー.

mismísimo, ma [mismísimo, ma] 形 [mismoの絶対最上級]《話》全く同じの, まさにその, 紛れもない当の. —Si hace falta, se lo digo al ~ presidente. 必要があれば, 当の社長本人に私はそのことを言います. En ese ~ momento llegó él. まさにその時に彼はやって来た.
ser el mismísimo demonio →demonio.

****mismo, ma** [mísmo, ma ミスモ, マ] 形 (不定) ❶ [+名詞] 同じ, 同一の, 同様の.. —Somos del ~ pueblo. 僕達は同じ村の出身です. Ella y tú tenéis la misma estatura. 彼女と君は背の高さが同じだ. ❷ [+que] …と同じ, …と同一[同種, 同様]の. —Ella va a la misma escuela que mi hijo. 彼女は私の息子と同じ学校へ通っている. Me gusta el ~ cantante que a ella. 私は彼女と同じ歌手が好きだ. ❸ [強調] (a) [名詞の前または後] 他ならぬ…, …そのもの. —La misma reina [La reina misma] asistió a la ceremonia. 王妃自身がその催しに出席した. Esa mujer es la bondad misma. その女性は善良そのものだ. (b) [代名詞の後] …自身[自体]. —Yo ~ lo vi. 私自身がそれを見た. Ella misma me lo dijo. 彼女自身が私にそう

言った. Tú ~ puedes presentarte como candidato. 君自身が立候補すればいい. ❹ [名詞・代名詞の後で] (例示的に)…でも. —Ese ~ vale. それでも大丈夫だ.

al mismo tiempo [que] 同時に, …と同時に. Ella es inteligente y modesta al mismo tiempo. 彼女は賢くまた慎み深くもある. Nosotros partimos al mismo tiempo que él. 私たちは彼と同時に出発した.

a sí mismo 自分自身に[を] ¿No te has dado cuenta de que te contradecías a ti mismo? 自分が矛盾しているって気がつかなかったんですか.

el mismo que viste y calza《話》まさしく本人.

estar en las mismas《話》あいかわらずである, 何の進歩もない. Me prometió que no volvería a hacerlo, pero estamos otra vez en las mismas. 彼は私にそれはもうしないと約束したけれど, 私たちはあいかわらずだ.

por sí mismo 自分自身で, 独力で; それ自体で. Quiero terminar este trabajo por mí misma. この仕事を私は独力で完成させたい.

— 代(不定) ❶ (a) [定冠詞+] 同一の人[物], [定冠詞+que] …と同じ人[物] —Ese chino es el ~ que nos encontramos ayer en el tren. その中国人は私たちが昨日列車の中で出会った人物と同じだ. Ya no soy el ~ que antes. もう僕は昔の僕とは違う. (b) [定冠詞+] まさにその人[物] —¿Te refieres a la chica que vimos anoche?-Sí, ¡A la misma! 君は昨夜みた女の子のことを言っているのかい. そうだとも, まさにその子のことだ. ❷ [lo+] 同じ事, 同じもの, 同じ量; [lo+que] …と同じもの, …と同じ量. —Tú siempre estás pensando en lo ~. 君はいつも同じ事を考えている. ¡Qué pesada eres! Todos los días te quejas de lo ~. 君はほんとにしつこいね. 毎日同じことに不平を言っている. ¿Qué toma usted?-Lo ~ que usted. 何になさいますか.-あなたと同じものを. Yo gano lo ~ que mi marido. 私は主人と同じだけ稼いでいます.

dar lo mismo どちらでも同じである, どちらでも構わない. ¿Quieres café o té?-Me da lo mismo. コーヒーと紅茶とどっちがいい.-どっちでもいいよ. Da lo mismo que venga o no, ya no tengo nada que ver con ella. 彼女が来ようが来まいが構わない. もう彼女とは何の関係もない.

dar lo mismo so que arre《話》(2つの間に)大した違いはない, 五十歩百歩.

lo mismo que (1) …と同様に, …と同じように. A ella le gusta mucho bailar, lo mismo que a sus padres. 彼女は両親同様ダンスが大好きだ. (2) [+si+接続法] まるで…のように. Nos divertimos lo mismo que si hubiéramos ido a la fiesta. 私たちはまるでパーティに行ったかのように楽しかった.

lo mismo si [+直説法] **que si** [+直説法] …であろうと…であろうと. El avión despegará lo mismo si nieva que si no nieva. 飛行機は雪が降ろうと降るまいと離陸するだろう.

Lo mismo te [le] digo. (相手の言葉を受けて)そちらこそ[こちらこそ]. ¡Qué lo pases bien!-Lo mismo te digo. 楽しんでね. -そちらこそ. Muchas gracias por todo.-Lo mismo te digo. いろいろとうもありがとう. -こちらこそ.

lo mismo uno que otro いずれも, どちらも.

más de lo mismo うんざりだ. ¿Qué te pareció

el programa?-Aburrido, *más de lo mismo*. 番組を君はどう思った.-退屈で, うんざりしたよ. *o lo que es lo mismo* つまり…だ, すなわち…だ. Son seis o siete hermanos, *o lo que es lo mismo*, una familia numerosa. 彼らは6人か7人の兄弟だ, つまりは大家族ということだ. *por lo mismo* まさにそれ故に, それだてこそ. He oído que allí no se come bien. -*Por lo mismo* no quiero ir. あっちは食事がまずいって聞いたよ. -だから行きたくないんだ.
── 副 【副詞(句)の後】 ❶ まさに. ─ Vivo aquí ~. 私はまさにここに住んでいます. Ahora ~ voy. 今すぐ行きます. ❷ …でも, 例えば…. ─ ¿Dónde quedamos? -En mi casa ~ si te parece bien. どこで会おうか. -よければ私の家でも. 類**incluso**, **por ejemplo**.

misogamia [misoɣámja] 女 結婚嫌い.
misógino, na [misóxino, na] 形 女嫌いの.
── 男 女嫌い(の人).
miss [mís] 女 〔<英〕(美人コンテストの)優勝者, 女王. ─*M*~ España ミス・スペイン.
mistela [mistéla] 女 ❶ ミステラ(アルコールを混合して発酵を抑えたぶどう液). ❷ 蒸留酒に水・砂糖・シナモンを加えて作る飲料.

:**misterio** [mistérjo] 男 ❶ 神秘, 不可思議. ─ El hombre trata de desvelar los ~s de la naturaleza. 人間は自然の神秘を暴こうとする. La causa del accidente sigue siendo un ~. その事故の原因は謎のままである. 類**enigma**. ❷ 秘密. ─ Esa chica siempre anda con ~s. その娘はいつも秘密をかかえている. 類**secreto**. ❸ (キリスト教)奥儀, (複)(古代宗教の)秘儀. ─el ~ de la Trinidad 三位一体の秘儀. 類**arcano**. ❹ (宗教)キリストの生涯の奇跡; ロザリオ玄義. ❺ (中世の)宗教劇, 秘跡劇.

:**misterioso, sa** [misterjóso, sa] 形 神秘的な, 不可思議な, 謎めいた. ─ Ella tiene una mirada *misteriosa*. 彼女は神秘的なまなざしをしている. Sospeché de él porque actuaba de forma *misteriosa*. 彼は謎めいた行動をするので私は彼のことを疑った. 類**enigmático**. 反**claro**.

mística¹ [místika] 女 ❶ (宗教)神秘主義神学, 神秘論. ♦神の存在を個人の霊的体験と瞑(め い)想を通じて捉えられるとする説. ❷ (文学)神秘主義文学. ♦16世紀スペインの文芸思潮の1つ. Fray Luis de Granada, Santa Teresa de Jesús, San Juan de la Cruz などが代表的.

:**misticismo** [mistiθísmo] 男 神秘主義, 神秘教(説).

:**místico, ca**² [místiko, ka] 形 ❶ 秘儀の, 秘儀を使った, 不可解な. ─ Rezaba en actitud ~. 彼は不可解なやり方で祈っていた. ❷ 神秘主義の. ─ literatura *mística* 神秘主義文学. San Juan de la Cruz es un autor ~. サン・フアン・デ・ラ・クルスは神秘主義作家である.
── 名 ❶ 秘儀を授った人. ❷ 神秘主義者.

mistificación [mistifikaθjón] 女 ❶ 歪曲(わ いきょく), ねじ曲げ. ❷ 詐欺, 欺瞞(ぎ まん).

mistificar [mistifikár] [1.1] 他 ❶ を歪曲する, ねじ曲げる. 類**falsear**, **falsificar**. ❷ を欺く, だます. 類**engañar**.

Mistral [mistrál] 固名 ミストラル(ガブリエラ Gabriela ~)(1889-1957, チリの詩人・教育学者).

mistral [mistrál] 男 ミストラル. ♦フランスの地中海沿岸に吹く冷たい北(西)風.

Misuri [misúri] 固名 (el Río ~) ミズーリ川(アメリカ合衆国の河川).

mita [míta] 女 ミタ(インカ帝国の交代制労役).

:***mitad** [mitáð] ミタ 女 ❶ 半分, 2分の1. ─ Ha vendido la ~ del terreno. 彼は土地の半分を売ってしまった. Te queda la ~ del queso. 君に半分チーズが残っているよ. Compré el jersey a ~ de precio. そのセーターを半額で買った. Viajé por Japón en la primera ~ del mes pasado. 私は先月の前半に日本を旅行した. ❷ 真中, 途中. ─Van por la ~ del trabajo. 彼は仕事を半分進めたところだ. La pareja se marchó hacia la ~ del concierto. その二人はコンサートの真中あたりで出て行った. ❸ 妻, 伴侶. ─mi cara ~ わが妻. ❹ (スポーツ)ハーフ, 前[後]半.

a mitad de … …の途中に, …の真中に. *A mitad del* camino nos paramos un rato para descansar. 私たちは途中で休憩のためしばらく止まった.

a mitad de precio 半額で.

cortar [dividir, partir] por la mitad 半分に・真中で切る[分ける].

en mitad de … …の最中に. Se levantó y hizo una pregunta al profesor *en mitad de* la conferencia. 講演の途中で彼は立ち上がって教授に質問した. *En mitad del* viaje se puso enfermo. 彼は旅行の途中で病気になった.

mitad por mitad ちょうど半分で, 真二つに.

mitad y mitad (1) 半分ずつ. ¿Quieres mucha agua en el whisky? -*Mitad y mitad*. ウイスキーには水を多めに入れる?-半々にして. (2) どっちとも言えない, まあまあ. ¿Estás contento con tu traslado? -*Mitad y mitad*. 君は転勤に満足しているの?-どっちともいえない.

partir a … *por la mitad* (人の)計画をダメにする.

por mitades 半分ずつ. Mezcla aceite y vinagre *por mitades*. オイルと酢を半分ずつ混ぜなさい.

── 副 半ば, 半分は. ─Llevaba una falda ~ blanca y ~ negra. 彼女は白と黒が半々のスカートをはいていた.

mítico, ca [mítiko, ka] 形 神話の, 伝説の; 架空の.

mitigación [mitiɣaθjón] 女 緩和, 鎮静, 軽減. ─ ~ de las tensiones internacionales 国際緊張の緩和.

mitigador, dora [mitiɣaðór, ðóra] 形 緩和する; 鎮静させる; 軽減する.
── 名 和らげる[鎮める]もの.

mitigante [mitiɣánte] 形 →mitigador.

mitigar [mitiɣár] [1.2] 他 ❶ (苦痛などを)和らげる, 鎮める; (刑罰などを)軽減する. ─ ~ el dolor [la sed, la pena] 痛みを和らげる[のどの渇きをいやす, 減刑する]. 類**aliviar**, **aplacar**, **calmar**. ❷ (光・暑さ・寒さなどを)和らげる, 抑える. ─ ~ la luz [el calor] 光[暑さ]を和らげる. 類**disminuir**, **moderar**. 反**intensficar**. ~ 再 和らぐ; 鎮まる.

mitin [mítin] 男 (複)*mítines*. 集会, (政治・社会的な)大会. ─En el ~ hablaron destacados dirigentes del partido. その集会では党の主だった指導者たちが話をした. 類**asamblea**.

dar un mitin (1) 集会を開く. (2) 雄弁に話す,

弁舌さわやかに話す.

:**mito** [míto] 男 **❶ 神話**. —~s de los aztecas アステカの神話. **❷** 神話的人物[事物]. —En esta sala se exhiben las fotos de todos los grandes mitos del béisbol. この部屋には野球の神話的人物全ての写真が展示されている. **❸** 伝説, 作り話. —Eso de que habla más de diez idiomas es un ~. 彼が10か国以上のことばを話すというのは作り話だ. 類 **fantasía**.

:**mitología** [mitoloxía] 女 **❶**〖集合的に〗**神話, 神話集**. —~ romana ローマの神話. **❷** 神話学.

mitológico, ca [mitolóxiko, ka] 形 神話学の; 神話的な, 神話(上)の. —Esta es una famosa pintura *mitológica* de Tiziano. これはティツィアーノの有名な神話を描いた絵だ.

mitologista [mitoloxísta] 名 神話学者.

mitólogo, ga [mitóloɣo, ɣa] 名 →mitologista.

mitomanía [mitomanía] 女 虚言癖[症].

mitón [mitón] 男 指先のない手袋.

mitosis [mitósis] 女〖単複同形〗《生物》有糸分裂, 間接核分裂.

mitote [mitóte] 男 **❶**〖メキシコ〗アステカ族の踊りの一種. **❷**〖中南米〗ホームパーティー. **❸**〖中南米〗大げさな[きざな]態度. **❹**〖中南米〗騒ぎ, 騒動.

mitra [mítra] 女 **❶**《カトリック》司教冠, ミトラ. **❷** 司教の位. **❸**《ペルシアの》とんがり帽子.

mitrado, da [mitráðo, ða] 形《カトリック》司教冠をかぶった.
—— 男 高位聖職者(大司教, 司教など).

mitral [mitrál] 形《医学》僧帽弁の.

Mitú [mitú] 固名 ミトゥー(コロンビアの都市).

mixomatosis [miksomatósis] 女〖単複同形〗《獣医》(ウサギの)粘液腫症.

mixtificación [mi(k)stifikaθjón] 女 →mistificación.

mixtificar [mi(k)stifikár] [1.1] 他 →mistificar.

mixtión [mi(k)stjón] 女 **❶** 混合 (=mezcla). **❷**〖紋章〗赤紫色.

:**mixto, ta** [mí(k)sto, ta] 形 **❶ 混合の, 混成の**. —ensalada *mixta* ミックスサラダ. tren ~ (客車と貨車の)混合列車. coro ~ 混成合唱. comisión *mixta* 合同委員会. **❷** 男女混合の. — colegio ~ (de niños y niñas) 共学の小学校. **❸** 混血の, 雑種の, 異種交配の. 類 **mestizo**.
—— 男 **❶** マッチ. 類 **cerilla, fósforo**. **❷** 客車と貨車の混成列車.

mixtura [mi(k)stúra] 女 **❶** 混合(物)(=mezcla). **❷**《薬学》混合薬.

mixturar [mi(k)sturár] 他 を混合する(=mezclar).

mízcalo [míθkalo] 男《植物》ハツタケ.

mm.《略号》=milímetro ミリ(メートル).

mnemotecnia [nemotéknja] 女 記憶術.

mnemotécnica [nemotéknika] 女 →mnemotecnia.

mnemotécnico, ca [nemotékniko, ka] 形 記憶術の; 記憶を助ける.

moaré [moaré] 男 →muaré.

mobiliario [moβiljárjo] 男〖集合的に〗家具(類), 調度品.

moblaje [moβláxe] 男 →mobiliario.

Moca [móka] 固名 モカ(ドミニカの都市).

moca [móka] 男/女 モカコーヒー (café ~).

mocasín [mokasín] 男 モカシン. ♦元は北米インディアンが用いた普通シカ皮のかかとのない底の柔らかい靴.

mocear [moθeár] 自 **❶** 若者らしいことをする; 若気にはやる. **❷** 放蕩生活にふける.

:**mocedad** [moθeðá(ð)] 女 **青年期, 青春期**. —En su ~ fue un tenista de fama. 青年時代彼は有名なテニスプレーヤーだった. 類 **juventud**.

moceril [moθeríl] 形 若者特有の, 若者らしい.

mocerío [moθerío] 男〖集合的に〗若者たち, 青年男女.

mocero [moθéro] 〔<mozo〕形〖男 のみ〗《まれ》女たらしの, 女好きな.

mocetón, tona [moθetón, tóna] 名 体格の良い若者[娘], がっちりした青年.

mochales [motʃáles] 形《無変化》《話》頭がおかしくなった, 正気でない; 夢中になった〔estar+〕. —Antonio está ~ por ella. アントニオは彼女に首ったけだ.

mochila [motʃíla] 女 **❶** リュックサック, ナップザック. 類 **macuto**. **❷**《軍事》背嚢(はいのう). 類 **morral**.

mocho, cha [mótʃo, tʃa] 形 **❶** 先の丸い; 角の欠けた. —cuerno ~ 先の丸くなった角. torre *mocha* 先端の尖っていない塔. **❷**《話》髪を短く刈り上げた.
—— 男 (形の長い道具の)先の丸い太い部分. —~ de la escopeta 銃床.

mochuelo [motʃuélo] 男 **❶**《鳥類》ミミズク, フクロウ. **❷**《比喩, 話》厄介[面倒]な仕事. —cargar (con) el ~ 厄介事を背負い込む. echarLE [sacudirLE, tocarLE] a (+人) el ~ (人)に面倒を押しつける[免れにせる, 面倒が回ってくる].
Cada mochuelo a su olivo.【諺】もう家[自分の持ち場]に帰る時間だ(←ミミズクはそれぞれオリーブの木へ).

moción [moθjón] 女 **❶** (会議・議会での)動議, 発議, 提案. —presentar una ~ de censura contra el actual gobierno 現政府に対する不信任案を提出する. La ~ fue aprobada por mayoría de votos. 動議は過半数を獲得して可決された. **❷** 運動, 移動. **❸** 心の傾き; 同意. **❹**《神学》神の啓示, 霊感.

mocito, ta [moθíto, ta] 〔<mozo〕形 非常に若い.
—— 名 少年, 少女; 若者, 若い女. —Tu hijo ya está hecho un ~. 君の息子はもう立派な若者だ.

:**moco** [móko] 男 **❶**〖主に 複〗**洟水**(はなみず), 洟(はな); 粘液. —Límpiate la nariz, que tiene ~s. 洟水が出ているから, 拭いてやりなさい. limpiarse los ~s 洟をかむ. 類 **mucosidad**. **❷** (ろうそくの)したたり, しずく. **❸** (七面鳥の)とさか, 肉垂. **❹**《冶金》鉱滓(こうさい)金くず, スラグ.

*caérse*LE *a ... el moco*《話》とんまである, ぬけている.

*caérse*LE [*colgarle*] *los mocos* 洟が出る, 洟を垂らす.

llorar a moco tendido《話》わあわあ泣く, 大泣きする.

no ser moco de pavo《話》ばかにできない. Encontrar trabajo en estas circunstancias *no es moco de pavo*. この状況で仕事を見つけることはなまやさしいことではない.

tirarse el moco 《話》うぬぼれる, いばる. *Se tira el moco de que saca buenas notas.* 彼は成績がいいのを鼻にかけている. 類 **fanfarronear, presumir.**

Mocoa [mokóa] 固名 モコア(コロンビアの都市).

mocoso, sa [mokóso, sa] 形 ❶ 鼻水を垂らした; はな垂れ小僧の. — *El niño lleva varios días* ~. その子は何日かはな水を垂らしている. ❷《比喩》青二才の, 小生意気な. — *Tú todavía eres un* ~ *y no debes ver ese programa*. お前はまだ小さすぎるから, その番組を見てはいけない.

—— 名 青二才, はな垂れ小僧. — *Ese* ~ *se merece un cachete*. そのはな垂れ小僧はひっぱたいてやっていい.

Moctezuma [mokteθúma] 固名 (~ II) モクテスマ2世(1466-1520, アステカ王国の王, 1519年エルナン・コルテス Hernán Cortés に敗れた).

‡**moda** [móða] 女 流行, ファッション, モード. — *A mi abuelo no le gustan las* ~*s de hoy*. 祖父は今の流行が好きではない. *Tokio se ha convertido en otro centro de la moda*. 東京は新たなファッションの中心になった. *Siempre viste* ~ *francesa*. 彼女はいつもフランスのファッションを身につけている.

a la moda 流行の, [ir/estar/ponerse+] 流行にのる. bufanda *a la moda* de París パリファッションのマフラー. vestir *a la moda* 流行の服を着る. *Me gusta ir a la moda*. 私は流行にのるのが好きだ.

de moda 流行の. color [canción] *de moda* 流行の色[歌]. traje *de última moda* 最新流行のスーツ.

de modas ファッションの, モードの. revista *de modas* ファッション雑誌. tienda *de modas* ブティック. desfile *de modas* ファッション・ショー.

estar de moda 流行している. *La minifalda está de moda*. ミニスカートが流行している.

pasado [fuera] de moda 流行遅れの, はやらない. *Estos zapatos ya están pasados de moda*. この靴はもう流行遅れだ.

pasarse de moda 流行遅れになる. *Este peinado ya se ha pasado de moda*. この髪型は流行遅れになってしまった.

ponerse de moda 流行する. *La minifalda volverá pronto a ponerse de moda*. ミニスカートはすぐにまた流行するだろう.

seguir la moda 流行を追う. *Los jóvenes tienden a seguir la moda en cualquier lugar del mundo*. 世界のどこでも若者は流行を追う傾向がある.

modal [moðál] 男 ❶ 複 行儀, マナー. — ~*es finos* 上品なマナー. con buenos ~*es* 行儀よく. tener buenos [malos] ~*es* 行儀が良い[悪い]. ❷《文法》法助動詞.

—— 形 ❶ 様式の, 様態の. ❷《文法》叙法の.

‡**modalidad** [moðaliðáð] 女 ❶ 様式, 種類, やり方. — *Es una nueva* ~ *cinematográfica*. それは映画の新しい様式である. *Hay varias* ~*es de ese juego*. そのゲームにはいくつかやり方がある. 類 **clase, forma, modo.** ❷《文法》(叙)法性.

modelado [moðeláðo] 男 ❶《美術》彫塑, 肉付け, 型取り. ❷ 造形. — *el maravilloso* ~ *de la estatua* 彫像の素晴らしい造形.

modelar [moðelár] 他 ❶【+en】…で…を造形する, …の型を取る. — ~ *una figura humana en barro* 粘土で人の像を作る. ❷《比喩》(性格などを)形作る, 形成する. — ~ *el carácter de los alumnos* 生徒たちの個性を伸ばす. *Aquella educación modeló su espíritu*. ああいう教育が彼の精神形成をした.

modelista [moðelísta] 男女 ❶ 模型製作者; 鋳型工. ❷ 服飾デザイナー.

‡**modelo** [moðélo] 男 ❶ 原型, 模型. — *El escultor hace primero el* ~ *en arcilla*. その彫刻家はまず粘土で原型をつくる. ~ *reducido* 縮尺模型. *Tiene un* ~ *de un coche de los años veinte*. 彼は20年代の車の模型をもっている. 類 **arquetipo.** ❷ 手本, 見本. — *Su vida sirvió de* ~ *para los hijos*. 彼の一生が子供たちの手本になった. *Antonio es el* ~ *de empresarios*. アントニオは経営者たちの模範である. *Rellene su instancia siguiendo este* ~. この見本に従って申し込み用紙を記入して下さい. 類 **ejemplo, muestra.** ❸ (服や自動車などの)型, デザイン. — *Si no le gusta este sombrero, le enseñaré otros* ~*s*. この帽子がお気に召されないのでしたら, ほかのデザインのものをお見せいたします. *Ha comprado una lavadora de último* ~. 彼女は最新型の洗濯機を買った. ~ *cliente-servidor* クライアント・サーバー・モデル. ~ *compatible* 互換機. ~ *de tramas de alambres* ワイヤー・フレーム・モデル. 類 **tipo.**

—— 男女 ❶ モデル. — *El fotógrafo siempre toma como* ~ *a sus amantes*. その写真家はいつも愛人をモデルにする. ❷ ファッション・モデル. — *Trabaja de* ~ *en una casa de modas*. 彼女はあるブティックでモデルとして働いている. desfile de ~*s* ファッション・ショー. 類 **maniquí.**

—— 形 模範的な, 典型的な. — *Vicente es un marido* ~. ビセンテは模範的な亭主である.

modem [móðe(m)] [<英 Modular-Demodulator (Modulador-Demodulador)] 男 《情報》モデム.

moderación [moðeraθjón] 女 ❶ 穏健, 中庸, 節度. — beber con ~ ほどほどに酒をたしなむ. ❷ 緩和, 抑制, 軽減.

moderado, da [moðeráðo, ða] 形 ❶ 適度な, 程良い, 控え目な. — correr a velocidad *moderada* スピードを落として走る. buscar un piso con un alquiler ~ 手頃な家賃のマンションを探す. *En esta región el frío en invierno es* ~. この地域では, 冬の寒さは厳しくない. ❷ (政治・思想的に)穏健派の, 中道の. — diputado ~ 穏健派の議員. 類 **disminuir, suavizar.** —— 名 穏健派の人.

moderador, dora [moðeraðór, ðóra] 名 ❶ 司会者, 議事進行役. ❷ 仲裁者, 調停役.

—— 形 調節[調整]する; 仲裁[調停]する.

—— 男 《原子力》モデレーター.

moderar [moðerár] 他 を調節する, 抑制する, 緩和する. — ~ *la velocidad* [*las pasiones*] スピードを落とす[激情を抑える]. 類 **disminuir, suavizar.** —— *se* 再【+en】を自制する, 慎む. — ~*se en* la bebida [las palabras] 飲酒を控える[言葉を慎む].

‡**modernamente** [moðérnamente] 副 ❶ 最

modernidad

近, 近頃, 現代では. —*M*~, se ha ido perdiendo esa tradición. 最近の伝統は失われつつある. 類**actualmente, recientemente**. ❷ 現代的に, 現代風に. —Es una habitación ~ decorada. それは現代風に装飾された部屋である.

modernidad [moðerniðá(ð)] 囡 近代[現代]性; 近代的特質.

modernismo [moðernísmo] 男 ❶ 近代趣味, 当世風; 現代の傾向. ❷《スペイン文学》モデルニスモ. ◆19世紀末から20世紀初頭にかけてイスパノアメリカからスペインに伝播した文学運動. ニカラグアの詩人 Rubén Darío が代表的. ❸《建築, 美術》モダニズム, 近代主義. ❹《宗教》近代主義（ローマカトリックの教養と近代哲学・科学を調和させようとした運動）.

modernista [moðernísta] 形 ❶ 近代[現代]主義の; モダニズムの. ❷《スペイン文学》モデルニスモの.
— 男女 ❶ 近代[現代]主義者; モダニズムの作家[建築家]. ❷《スペイン文学》モデルニスモの作家.

modernización [moðerniθaθjón] 囡 近代化, 現代化.

modernizar [moðerniθár] [1.3] 他 を近代化する, 当世風にする. —~ las instalaciones 設備を近代化する.
— se 再 近代的[当世風]になる.

moderno, na [moðérno, na モデルノ, ナ] 形 ❶ 現代の, 近代の. —historia *moderna* 近・現代史. música *moderna* 現代音楽. La mujer *moderna* trabaja fuera de casa con frecuencia. 現代女性は家の外で働くことが多い. 類actual**. 反**antiguo**. ❷ 現代的な, 最新の. —Brasilia es una ciudad muy *moderna*. ブラジリアはとても現代的な都市である. La abuela creía que el vestido era demasiado ~ para ella. 祖母はそのドレスが自分には現代的すぎると思っていた. 類**nuevo, último**.
a la moderna/a lo moderno 現代ふうに.
— 男 現代人. —Mi abuelo se siente un ~ porque alterna con gente joven. 祖父は若者たちと付き合っているので自分を現代人だと感じている.

:modestia [moðéstja] 囡 謙虚, 控えめ, 質素; (女性の)節度. —La ~ no es una de sus virtudes. 謙虚さは彼の美徳のうちの一つといえない. Ella siempre va vestida con~. 彼女はいつも質素な身なりをしている. Después de jubilarse vive con~. 彼は退職後はつましい生活をしている. Es un gran profesor, pero siempre habla de sí mismo con ~. 彼はえらい先生だが, いつも謙虚に自分のことを語る.

modesto, ta [moðésto, ta モデスト, タ] 形 ❶ 謙虚な, けんそんな. —Es tan ~ que nunca habla de sus éxitos. 彼はとても謙虚なので自分の成功について語ることは全くない. 類humilde**. 反**orgulloso, altivo**. ❷ 控えめな, 高望みしない. —Es un hombre ~ y sin ambición. 彼は控えめで野心がない. 類**sencillo**. ❸ 粗末な, 質素な, つましい. —Viven en una casa *modesta*. 彼らは粗末な家に住んでいる. Tengo un ~ sueldo y no puedo permitirme ese lujo. 私は給料が少いのでそんなぜいたくは許されません. El resultado ha sido ~ para la campaña que han hecho. 彼らが行ったキャンペーンの割には成果はおぼつかった. ❹（異性に対して）節度のある, 慎しみのある. 類**recatado, pudoroso**. 反**provocativo**.

modicidad [moðiθiðá(ð)] 囡 ❶ 安価, 安さ. ❷ 適度, 程よさ.

:módico, ca [móðiko, ka] 形 （金額, 価格, 給料などが）適度な, 手ごろな. —Me vendió su coche por un precio ~. 彼は手ごろな値段で私に車を売ってくれた. Me han prestado dinero a un ~ interés. 私は低金利で借金した. 類**moderado**.

modificación [moðifikaθjón] 囡 ❶ 変更, 修正. —Ese partido apoya la ~ de dos artículos de la Constitución. その政党は憲法の2つの条項の修正を支持している. ❷ 改築, 改修. —En los almacenes han hecho grandes ~*es*. そのデパートでは大がかりな改装を行った. ❸《文法》修飾.

modificador, dora [moðifikaðór, ðóra] 形 修正[変更]する. — 名 修正[変更]する人[もの]. — 男《文法》修飾部.

:modificar [moðifikár] [1.1] 他 ❶ を修正する, 変更する, 変化させる. —Nos vimos obligados a ~ nuestros planes. 私たちは計画を修正せざるを得なかった. ❷《文法》を修飾する, …にかかる. —El adverbio puede ~ a otro adverbio. 副詞は他の副詞を修飾することができる.
— se 再 変化する, 変わる, 修正される. —La ley se *modificó* tras un largo debate. その法案は長い討議の後修正された.

modificativo, va [moðifikatíβo, βa] 形 ❶ 修正[変更]の. ❷《文法》修飾の. ❸ 緩和的な, 加減する.

modifique(-) [moðifike(-)] 動 modificar の接・現在.

modifiqué [moðifiké] 動 modificar の直・完了過去・1単.

modillón [moðijón] 男《建築》軒持ち送り.

modismo [moðísmo] 男《文法》熟語, 慣用句.

modista [moðísta] 男女 婦人服デザイナー, ファッションデザイナー, 仕立屋.

modistilla [moðistíja] 囡 婦人服デザイナーの見習い[助手].

modisto [moðísto] 男 （男性の）婦人服デザイナー.

:modo [móðo] 男 ❶ やり方, 方法, 様式. —Hay varios ~s de explicarlo. それを説明するのにいくつかの方法がある. No me gusta su ~ de hablar/No me gusta el modo en que habla. 私は彼の話し方が嫌いだ. Es demasiado pequeño para reprenderle de ese ~. その子はそんな風にしかるには小さ過ぎる. Puedes viajar de ~ que quieras. 君の好きな方法で旅行すればいいよ. ~ de pensar 考え方. ~ de ser 性格. ~ de empleo 使用方法. 類**forma, manera**（modo のほとんどの用法は **manera** と同じである）. ❷ 複 行儀, 作法, 礼儀. —buenos [malos] ~s 良い作法[悪い行儀]. aprender ~s 行儀作法を学ぶ. Contesta siempre con malos ~s. 彼はいつも不作法な受け答えをする. 類**modales, maneras**. ❸《文法》(叙)法; 様態. —~ indicativo [subjuntivo, imperativo] 直説[接続, 命令]法. adverbio de ~ 様態の副詞. ❹《音楽》音階, 旋法. —

mayor [menor] 長[短]音階. 類**tono**. ❺ モード. 〜 de emulación [de insertar] エミュレーション[挿入]モード. 〜 protegido プロテクト・モード.

al modo de ... …と同じやり方で. Juanito contesta *al modo de* sus hermanos. ファニートは兄たちと同じように答える.

a mi modo de ver 私の考えでは, 私の見るところ.

a modo de ... …のように, …ふうに. Usaba la mano *a modo de* visera. 彼は片手をひさしのように使った. *a modo de* ejemplo 例として.

a su modo 自分のやり方で, 自分なりに. Hazlo *a tu modo*. 君流のやり方でそれをしなさい.

con esos [aquellos] modos (感情をこめて)そんな[あんな]よくないやり方で. No debiste contestarle *con aquellos modos*. 君はあんなふうに彼に答えるべきではなかった.

de cualquier modo (1) どんなことがあっても. Pienso verla *de cualquier modo*. ぼくはどんなことがあっても彼女に会うつもりだ. (2) いずれにせよ (= *de todos modos*). (3) (やり方が)いいかげんに. Siempre hace las cosas *de cualquier modo*. 彼はいつも物事をいいかげんにしてしまう.

de este [ese ...] modo こんな[そんな…]ふうに.

de igual modo →del mismo modo (que).

del mismo [de igual] modo (que) (1) …と同じように. Le castigaron *del mismo modo que* castigaron a los otros. 他の人と同じように彼も罰せられた. (2) 同様に.

de modo [+形容詞] …のように. Habló *de modo* claro(=claramente). 彼ははっきりと話した.

de modo que (1) [+直説法] それゆえ, だから(結果). Hemos acabado, *de modo que* nos vamos. 終ってしまったので, 私たちは帰ります. (2) [+接続法] …するように[様態]. Te lo explico *de modo que* entiendas mejor. もっとよく理解してもらえるように君にそれを説明するよ.

de ningún modo 決して…ない. *De ningún modo* te volveré a llamar. 再び君に電話をするうなことは決してないから.

de otro modo そうでなければ. Tienes que estudiar más; *de otro modo* no aprobarás. もっと勉強しなくてはいけないよ, さもなければ合格しない.

de tal modo que ... とても…なので…(=tanto que). Llovía *de tal modo que* el tren retrasó su salida. 雨が激しかったので列車は発車を遅らせた.

de todos modos とにかく, いずれにせよ. No sé si está; *de todos modos* pasaré por su casa. 彼がいるかどうかわからないが, とにかく家に寄ってみるつもりだ.

de un modo ... (感情をこめて)…のやり方ったら. Me lo dijo *de un modo* ... 彼の言い方といったら.

en cierto modo ある程度. *En cierto modo*, llevaba razón. ある程度彼は正しかった.

en modo alguno = de ningún modo.

ni modo [メキシコ, 中米] 仕方がない, どうしようもない. Si no puedes ir, *ni modo*. 君が行けないとしても, どうしようもない.

¡qué modo de ...! (誇張して)何という…のし方だ! *¡Qué modo de* gritar! 何という叫び方だ.

según mi modo de ver 私の見方によると.

sobre modo とても, きわめて. Me choca *sobre modo* su manera de comer. 彼の食べ方が私にはとても気にさわる.

modorra¹ [moðóřa] 囡 ❶ ひどい眠気, 睡魔. —Si pongo la calefacción alta, me invade [entra] la 〜. 私は暖房を強くすると, 睡魔に襲われる. 類**somnolencia**. ❷《獣医》暈倒(うんとう)病. 類**nebladura**.

modorro, rra² [moðóřo, řa] 形 ❶ 睡魔に襲われた, ひどく眠い. ❷ (果物が)熟しすぎた, 腐りかけた. ❸ 水銀中毒にかかった(鉱夫). ❹《話》[estar +] ぼんやりした, ぼうっとした.

modoso, sa [moðóso, sa] 形 ❶ 行儀の良い, 礼儀正しい. 類**moderado, respetuoso**. ❷ (女性が)淑(しと)やかな, 慎み深い. —Desde que tiene novio formal se ha vuelto muy *modosa*. 彼女はちゃんとした恋人が出来てからとても淑やかになった.

modulación [moðulaθjón] 囡 ❶ (声などの)変化, 抑揚, 高低. —Canta bien pero debe perfeccionar la 〜 de su voz. 彼は上手に歌うが声の調子を磨かねばならない. ❷《音楽》転調. ❸《電気, ラジオ》変調(放送). 〜 de frecuencia 周波数変調(放送), FM. 〜 de código de pulso《情報》パルス符号変調.

modulador, dora [moðulaðór, ðóra] 形 ❶ 変化[抑揚]をつける. ❷《音楽》転調の. ❸《電気, ラジオ》変調の.
—— 男 変調器.

modular¹ [moðulár] 他 ❶ (声・歌などに)抑揚[変化]をつける. —Habló *modulando* suavemente la voz. 彼はそっと声の調子を変えながら話した. ❷《電気, ラジオ》(電流・周波数を)変調する, 変える.
—— 自 ❶《音楽》転調する. ❷《電気, ラジオ》変調する.

modular² [moðulár] 形 モジュールの; 組立ユニット式の.

módulo [móðulo] 男 ❶《建築》モジュール, 基準寸法; 組立ユニット. ❷ (宇宙船の)モジュール. 〜 de mando 司令船. ❸ 型, タイプ. ❹《数学》加群, モジュール. ❺《情報》モジュール(装置やプログラムの各構成要素). 〜 de carga [seguridad] ロード[セキュリティー]モジュール. ❻《音楽》転調(=modulación). ❼ (貨幣・メダルの)直径.

mofa [mófa] 囡 (特に敬うべきものに対する)あざけり, 嘲笑. —hacer 〜 de ... を愚弄(ぐろう)する, からかう. Me molestó que hablara de aquellos extranjeros en tono de 〜. 彼があの外国人たちをばかにするよう話すのが私には不愉快だった. 類**burla, escarnio**.

mofador, dora [mofaðór, ðóra] 形 あざける[からかう]ような, 嘲笑[愚弄]する.
—— 名 あざける[からかう]人.

mofar(se) [mofár(se)] 自再 あざける, からかう, 嘲笑[愚弄]する. —〜*se* de ... をあざける[愚弄]する.

mofeta [moféta] 囡 ❶《動物》スカンク. ❷ (鉱山・地下などの)有毒ガス. ❸《話》小さな屁(へ).

moflete [mofléte] 男《話》ふっくらした[肉付きのよい]頬(ほほ).

mofletudo, da [mofletúðo, ða] 形 頬のふっくらした[肉付きがよい]. 類**carrilludo**.

mogol, gola [moɣól, ɣóla] 形 →mongol.

mogolismo [moɣolísmo] 男 →mongolis-

mogollón

mo.

mogollón [moɣoȷón] 男 ❶ 干渉, お節介, でしゃばり. ❷《話》(無秩序な)大量, 大勢. —un ~ de gente 烏合(ﾕごう)の衆. ❸ 混乱, 紛糾. 類 confusión, lío.

de mogollón《話》(1) ただで, 無料で. colarse *de mogollón* en ... …にただでもぐりこむ. (2) 労せずに, 易々(ﾔｽﾔｽ)と. Tienes que moverte, porque *de mogollón* no vas a encontrar trabajo. 君は頑張らなくてはいけない, 楽しては仕事が見つからないからね.

mogón, gona [moɣón, ɣóna] 形 (牛が)角の欠けた; 角の先が折れた.

mogote [moɣóte] 男 ❶ 小山, 円い丘. ❷ (ピラミッド状の)穀類の刈り束, 堆(ﾀｲ). ❸ (シカの)まだ短い角.

mohair [moér] 〈英〉男 モヘア(アンゴラヤギの毛[織物]).

moharra [moára] 女 槍(ﾔﾘ)の穂.

mohican|o, na [moikáno, na] 形名 モヒカン族の.

mohín [moín] 男 (ふざけての)しかめっ面; 口をとがらすこと. —hacer un ~ de disgusto 不快そうに顔をしかめる. 類 **gesto, mueca**.

mohín|o, na [moíno, na] 形 ❶ [estar+] 悲しげな, 不機嫌になった, ふさぎこんだ. —El niño ha estado todo el día ~ y desganado. その子は一日中不機嫌でやる気がなかった. 類 **disgustado, melancólico, triste**. ❷ 雄馬と雌ロバの間に生まれた, ラバの. ❸ (牛馬が)黒毛の; 鼻面が黒い.

— 男〖鳥類〗オナガドリ [=rabilargo].

moho [móo] 男 ❶ かび. —Este pan huele [sabe] a ~. このパンはかび臭い[かびのような味がする]. ❷ さび. ❸《まれ》(休み明けの)怠け心, 不精.

no (dejar) criar moho (1) 絶えず活動している. (2) すぐに使い果たす.

mohos|o, sa [moóso, sa] 形 ❶ かびの生えた. ❷ さびた. —ponerse ~ かびが生える; さびつく.

Moisés [moisés] 固名《聖書人名》モーセ[モーゼ](ユダヤの建国者).

moisés [moisés] 男〖単複同形〗(運べる)揺りかご.

moja|do, da [moxáðo, ða] 形 ❶ ぬれた, 湿った. ❷《音声》湿音の.

papel mojado →papel.

llover sobre mojado →llover.

mojadura [moxaðúra] 女 ぬらす[ぬれる]こと, 湿ること.

mojama [moxáma] 女 マグロの塩漬け.

*mojar [moxár] 他 ❶ をぬらす, 湿らせる, …に水分を含ませる. —La lluvia me *ha mojado* la ropa. 私は雨で服がぬれた. Para limpiar los cristales es mejor ~los primero. ガラスを拭くにはまずぬらしておくとよい. ❷ (パンその他の固形食料を)(液体の中に)浸す, 漬ける. —*Moja* los churros en el chocolate. チュロスをチョコレートに浸しなさい. ❸《話》(酒を飲んで)を祝う, お祝いする. —Tenemos que ~ tu éxito a lo grande. 私たちは君の成功を盛大に祝って飲まなければならない. ❹《話》…に寝小便をする, お漏らしをする. —El niño aún *moja* la cama. その子はまだ寝小便をする. 類 **orinarse**.

— 自〖+en に〗介入する, 関わる, 参加する. —No quiero ~ *en* ese asunto. 私はその件には関わりたくない.

—**se** 再 ❶ ぬれる, 湿る, 水分を含む. —El cuero no debe ~*se*. 革はぬらしてはいけない. Creo que *nos* vamos a mojar. 私たちはどうも雨に降られそうだ. ❷《話》[+*en*](不法な取引などに)関わる, 関わり合いになる. —Parece que *se ha mojado en* un asunto de drogas. 彼は麻薬事件に関わり合いがあるらしい. ❸《話》はっきりした態度をとる. —Esta vez tendrás que ~*te*. 今度まははっきりした態度をとるべきだろう. ❹《話》寝小便をする.

mojarra [moxára] 女 ❶《魚類》アフリカチヌ(タイ科). ❷《中南米》(幅広の短い)ナイフ.

mojicón [moxikón] 男 ❶ 顔への殴りつけ, パンチ. —pegar [dar, propinar] un ~ a ... …の顔を殴りつける. ❷ スポンジケーキの一種. ❸ (ココアに浸して食べる)薄いロールパン.

mojiganga [moxiɣánga] 女 ❶ (特に動物の姿になる)仮装パーティー. ❷ 笑劇; 茶番劇. ❸《比喩》あざけり, 愚弄(ぐろう).

mojigatería [moxiɣatería] 女 ❶ 偽善, 猫かぶり. ❷ 信心ぶること.

mojigatez [moxiɣatéθ] 女《まれ》→mojigatería.

mojigat|o, ta [moxiɣáto, ta] 形 ❶ 偽善的な, 猫をかぶった. 類 **hipócrita**. ❷ 信心家[道徳家]ぶった. 類 **gazmoño**.

— 名 ❶ 偽善者, 猫かぶり. ❷ 信心家[道徳家]ぶる人.

mojinete [moxinéte] 男 ❶《建築》(屋根の)棟. ❷ (塀の)笠石 (=albardilla).

mojón [moxón] 男 ❶ 境界標, 道標. 類 **moto**. ❷ (雑然とした)山積, 積み重ね. ❸ (一塊の)人糞(ﾋﾞﾝ).

mola¹ [móla] 女 (異教徒の儀式に用いられた)塩を合わせて炒(ｲ)った大麦粉.

mola² [móla] 女 ❶ 円山. ❷《医学》胞状奇胎 (=~ matriz).

molar [molár] 形 ❶ (大)臼歯(きゅうし)の. —diente ~ (大)臼歯. ひき臼(ｳｽ)の. —piedra ~ ひき臼.

— 男 (大)臼歯.

molde [mólde] 男 ❶ 型; 鋳型; (料理用の)流し[抜き]型. —pan de ~ 食パン. ❷ 編み針. ❸《比喩》手本, 模範. ❹《印刷》組み版. —letras de ~ 活字.

(como) de molde/(que) ni de molde 大変具合良く, ぴったり合った. Este trabajo me viene *que ni de molde*. この仕事は私にうってつけだ.

moldeado [moldeáðo] 男 ❶ 型取り, 鋳造. ❷ 型取ってきた物, 鋳物.

moldeador [moldeaðór] 男 ヘアカーラー.

moldear [moldeár] 他 ❶ を型に入れて作る, 鋳造する. 類 **vociar**. ❷ …の形を作る, 造型する. —~ un busto en barro 粘土で胸像を作る. 類 **modelar**. ❸ (性格などを)形づくる, 形成する. —Los dos años que estuvo en el convento *moldearon* su espíritu. 修道院にいた 2 年間が彼の精神形成をした. La experiencia va *moldeando* a los hombres. 経験が人間を形成してゆく. ❹ →moldurar.

Moldova [moldóβa] 固名 モルドバ(公式名は República de Moldova, 首都キシニョフ Chisinau).

moldura [moldúra] 女 (家具・建物などの)刻形(ｺｯｹｲ).

moldurar [moldurár] 他 …に刳形(くりがた)をつける […の装飾を施す].

mole¹ [móle] 形 柔らかい, ふわふわした. 類**blando**, **muelle**.

mole² [móle] 女 巨大なもの; 巨体. ― A lo lejos se divisaba la ～ de El Escorial. 遠くに巨大なエル・エスコリアル宮殿の姿が見えていた. Tropezó y cayó encima de mí con toda su ～. 彼はつまずき巨体がそのまま私の上に倒れこんだ.

mole³ [móle] 男 〖メヒシコ〗〖料理〗モレ. ◆チリトウガラシ・チョコレートなどのソースで七面鳥の肉を煮こんだ料理.

molécula [molékula] 女 〖化学〗分子.

molecular [molekulár] 形 分子の. ─atracción ～ 分子引力. fórmula ～ 分子式. peso ～ 分子量.

moledor, dora [moleðór, ðóra] 形 ❶ 挽(ひ)く[砕く](ための). ❷《話》うるさい, うんざりさせる.
── 名 《話》うるさい[うんざりさせる]人.
── 男 (サトウキビの)圧搾ローラー.

moledura [moleðúra] 女 ❶ 挽(ひ)く[砕く]こと. ❷《まれ》疲れ, 疲労.

‡**moler** [molér] [5.2] 他 ❶ をひく, すりつぶす, 粉にする. ─Si quieres tomar café, tendrás que ～lo. コーヒーを飲みたければ, 豆をひかなければならないよ. ❷《話》(a) を疲れ切らせる, へとへとにさせる, ばてさせる. ─Este sofocante calor *muele* a cualquiera. このむし暑さには誰でも参ってしまう. Al terminar las clases estoy *molido*. 授業が終ると私はへとへとだ. 類**derrengar, fatigar**. (b) をいためつける, ひどい目にあわせる, いじめる. ─Como papá te vea fumando, te va a *moler* a palos. お前がタバコをすっているのをお父さんが見たら, お前を棒で殴るよ. ❸ を悩ませる, 迷惑させる. ─Me *muele* con sus continuas quejas. 彼のたえまない不平にはうんざりする. 類**fastidiar, incordiar**.

‡**molestar** [molestár] 他 ❶ の邪魔をかける, 悩ませる, 邪魔する. ─Me *molesta* mucho el humo del tabaco. 私はタバコの煙が大変迷惑だ. La música me *molesta* para estudiar. 音楽は勉強するのに邪魔だ. Quédate ahí, que no *molestas*. そこにいて, 邪魔にはならないから. ❷ …に軽い痛みを感じさせる. ─El tobillo vuelve a ～me. くるぶしがまたちょっと痛い. ❸ を不愉快にする, の気を悪くさせる, を怒らせる. ─Espero que no te *haya molestado* lo que te he dicho. 私が君に言ったことで気を悪くしないでもらいたい. Le *molestaba* que le llamaron *así* por el apodo. 彼はあだ名で呼ばれて気を悪くしていた.

──**se** 再 ❶ 気を遣う, 心配する;〖+en+不定詞〗わざわざ…してくれる. ─No se *moleste* usted. どうかお構いなく. Le agradezco que *se haya molestado en* venir a buscarme. わざわざ迎えに来てくださって感謝します. ❷〖+por に〗気を悪くする, 腹を立てる.

‡**molestia** [moléstja] 女 ❶ 迷惑, やっかいなこと, 面倒. ─acarrear [causar, ocasionar] ～ 迷惑をかける. Les pedimos perdón por las ～s que les ha causado la demora. 遅れによって皆様におかけしましたご迷惑をわびいたします. Es una ～ tener que pasear al perro todos los días. 毎日犬を散歩させないといけないのはわずらわしい. Si no es (una) ～, avíseme cuando vuelva. もしご面倒でなければ, お帰りになられたときに私にお知らせ下さい. No se preocupe, no es ninguna ～. ご心配なく, 何ともありませんから. 類**fastidio, incomodidad**. ❷ 不快(感), 痛み. ─Tengo ～s en el vientre. 私はお腹に不快感を感じる.

tomarse la molestia de〖＋不定詞〗わざわざ…する. Le agradezco que *se haya tomado la molestia de* venir. わざわざおいで下さいまして感謝申し上げます.

‡**molesto, ta** [molésto, ta] 形 ❶ 迷惑な, 不愉快な, 面倒な. ─El papeleo es siempre muy ～. 書類の手続きはいつもとても面倒なものだ. Los ～s mosquitos no me han dejado dormir tranquilo. うるさい蚊が私をゆっくりと眠らせてくれなかった. Lo ～ es tener que hacer cada día la misma cosa. 面倒なのは毎日同じことをしなければならないことだ. Si no es ～ para usted…. あなたにご迷惑でなければ…. 類**fastidioso, aburrido**. ❷ (人が)やっかいな, いやな. ─Es una persona *molesta*. 彼はいやな人間だ. 類**pesado**. ❸ 不快である, 居心地が悪い. ─Se sentía muy ～ en el pequeño asiento del avión. 彼は飛行機の小さな座席で座りごこちがとても悪かった. 類**fastidiado**. ❹ 腹を立てている, 不機嫌である. ─Está ～ conmigo porque no le he invitado a la fiesta. 彼はパーティーに招待しなかったので私に腹を立てている. 類**ofendido, enfadado**.

molestoso, sa [molestóso, sa] 形 〖中南米〗→**molesto**.

moleta [moléta] [＜**muela**+*-eta*] 女 ❶ 小臼. ❷ ガラス研磨器.

molibdeno [moliβðéno] 男 〖化学〗モリブデン (記号 Mo, 原子番号 42).

molicie [molíθje] 女 ❶《文》柔らかさ, 柔軟さ. ─Echaba de menos la limpieza y ～ de su lecho. 彼は自分の寝床がきれいでふかふかだったのを恋しがっていた. 類**blandura**. ❷ 安楽, 快適. ─vivir en la ～ 安楽な暮らしをする. Cuando pequeños, llevaron una vida de ～ y regalo. 幼少のころ, 彼らはぜいたくな生活を送った.

molido, da [molíðo, ða] 形 ❶ 挽(ひ)いた, 粉になった. ❷ 疲れ果てた. ─Estoy ～ de [por] este duro trabajo. 私はこのきつい仕事に疲労困憊(こんぱい)だ. La caminata me ha dejado ～. えんえんと歩いて私はくたくただ. ❸ 痛めつけられた, 打ちのめされた. ─Me dejaron ～ a puñetazos. 私は散々に殴られた.

molienda [moljénda] 女 ❶ 挽(ひ)くこと, 製粉; (オリーブなどの)圧搾. ❷ 1回に挽く[圧搾する]分量. ❸ 挽く[圧搾]作業の時期. ❹ 厄介, 面倒なこと. ─Esto es una ～. これは厄介なことだ. ❺ ひどい疲れ.

molinera [molinéra] 女 →**molinero**.

molinería [molinería] 女 ❶ 製粉業. ❷〖集合的に〗製粉所.

molinero, ra [molinéro, ra] 形 製粉の. ─industria *molinera* 製粉業.
── 名 粉屋, 製粉業者.
── 女 粉屋の妻.

molinete [molinéte] 男 ❶ 換気扇. ❷ (おもちゃの)風車. ❸ (槍や刀の)風車(頭上でぐるぐる振り回すこと).

molinillo [moliníjo] 男 ❶ (小型の)挽く道具. ─～ de café コーヒーミル. ❷ (ココアなどを溶かすために用いる)撹拌(かくはん)棒. ❸ (おもちゃの)風車.

1300 molino

:**molino** [molíno] 男 ❶ ひき臼(ウス), 製粉機[場], 粉砕機. ~ — de agua [viento] 水[風]車機. ~ harinero 製粉機. ~ arrocero 精米機. ~ de papel 製紙機. ~ de aceite 搾油機. Don Quijote creyó que unos ~s de viento eran unos gigantes. ドン・キホーテは風車が巨人だと信じた. ❷ 退屈な人.

molla [mója] 女 ❶ (脂肪のない)赤身の肉; 果肉. ❷ パンの柔らかい中身. ❸ 〖複〗〘話〙贅(ゼイ)肉.

mollar [mojár] 形 ❶ (果物などが)柔らかい, 殻を割りやすい. —albaricoque ~ 柔らかいアンズ. ❷ 簡単にもうかる, 利益をあげやすい. ❸ だまされやすい(人).

molledo [mojéðo] 男 ❶ (腕・脚(アシ)などの)肉付きのよい部分. ❷ パンの柔らかい中身. 類 **molla**.

molleja [mojéxa] 女 ❶ (鳥類の)砂嚢(ノウ). ❷ (子牛の腺梗塞(コウソク)により)膨らんだ虫垂. ◆食用として珍重される.

mollera [mojéra] 女 ❶ 〖解剖〗頭頂部; (乳児の)ひよめき, 泉門. ❷ 《比喩, 話》知能, 頭. —No le cabía en la ~ que echan horas extras sin cobrar. 彼には彼らが無給で時間外労働をしているなんて理解できなかった. 類 **seso**.

cerrado [duro] de mollera 愚鈍な; 頑固な.

cerrarse la mollera (1) (乳児のひよめき[泉門]が閉じる. (2) 分別がつくようになる.

secar la mollera a ... (人)を狂わせる, おかしくする.

mollete [mojéte] 男 ❶ ロールパン. ❷ (腕の)筋肉. ❸ ふっくらした頬(ホオ).

mollina [mojína] 女 →mollizna.

mollizna [mojíθna] 女 霧雨, こぬか雨 (=llovizna).

molliznar [mojiθnár] 自 〖無主語〗霧雨が降る (=lloviznar).

mollizznear [mojiθneár] 自 →molliznar.

molturación [molturaθjón] 女 →molienda ①.

molturar [molturár] 他 →moler①.

molusco [molúsko] 形 〖動物〗軟体動物の. —— 男 〖動物〗軟体動物; 〖複〗軟体動物類.

momentáneamente [momentáneaménte] 副 ❶ すぐに, 時を置かず. ❷ 瞬間的に. —Estas pastillas le alivian ~ el dolor. この錠剤が一時的に彼の苦痛をいやしてくれる. ❸ 今のところ, さしあたり.

momentáneo, a [momentáneo, a] 形 ❶ 瞬間的な, 一瞬の, 束(ツカ)の間の. —entregarse a los placeres ~s 刹那(セツナ)的な快楽にふける. Se tomó un descanso ~ y siguió estudiando. 彼は束の間の休息を取り, 勉強を続けた. ❷ 一時的な, 暫定の. —arreglo ~ 一時しのぎ. 類 **provisional**.

:**momento** [moménto] 男 ❶ 瞬間, ちょっとした間. —Espere un ~. しばらくお待ちください. Volverá dentro de un ~. 彼はすぐに戻ってくるでしょう. Este motor no puede parar ni un ~. このエンジンは少しの間も止めるわけにはいきません. ~ crucial 決定的瞬間. Hablé con él un ~ ayer. 私は昨日彼と少し話した. 類 **instante, rato**. ❷ とき, 時期; 機会. —Por fin llegó un ~ en que dejamos de escribirnos. 終いにはとうとうお互いに便りも出さなくなった. Desde el ~ en que me llamó, pensé que ya no quería verme. 彼から電話があったときから, 彼はもう私には会いたくないのだと思った. El matrimonio está pasando un mal ~. その夫婦は難しいときである. 〖el ~+de 不定詞 …すべきとき〗Ha llegado el ~ de tomar algunas medidas. 何らかの対策を講ずるときがやってきた. Esperemos el ~ propicio [oportuno] para contestarle. 彼に返事をするのに絶好の時期がくるのを待つことにしよう. Pasados los cincuenta años llegó su ~ en su carrera. 50歳が過ぎたときに彼は仕事での全盛期を迎えた. *tener buenos ~s* 絶頂期を過ぎす. 類 **época, ocasión, oportunidad**. ❸ 〖定冠詞を伴って〗現時点. —Es el futbolista más popular del ~. 彼はいま一番人気のあるサッカー選手だ. en el ~ actual [presente] 現時点で. ❹ 重要性. —Es un problema de poco ~. たいした問題ではない. 類 **importancia**. ❺ 〖物理〗モーメント. —~ de inercia 慣性モーメント. ❻ 〖統計〗積率.

a cada momento ずっと, しょっちゅう. El bebé lloraba *a cada momento*. その赤ん坊はずっと泣いていた.

al momento すぐに, ただちに. Lo acabaré *al momento*. すぐにそれを終えます.

de momento/por el momento 今のところ, 当座は. *De momento*, no puedo hacer otra cosa que esperar. 今のところ待つことしか私にはできません.

de un momento a otro/en cualquier momento 今にも, 今すぐにでも. Te llamará *de un momento a otro*. 今にも彼から君に電話があるだろう.

en buen [mal] momento ちょうどよい [悪い] ときに, よい [悪い] タイミングで. Has venido a pedirme dinero *en buen momento*. 君はタイミングよく金をもらいに私のところに来た.

en cualquier momento →de un momento a otro.

en el mejor momento 一番いいときに.

en el momento menos pensado 全く思いがけないときに. El primer ministro dimitió *en el momento menos pensado*. その首相は全く思いがけないときに辞任した.

en el [un] primer momento 初めは, 最初のうちは.

en este momento 今, ちょうど今.

en estos momentos この時代に, 現代において. *En estos momentos* de recesión conviene ahorrar. この不況の時代には貯蓄をする方がよい.

en todo momento いつでも, 今すぐにでも.

en un momento すばやく. Salió y volvió *en un momento*. 彼は出かけていき, すぐに戻ってきた.

hace un momento ほんの少し前に. Le he visto *hace un momento* en la oficina. 彼ならほんの少し前に事務所で見かけた.

momentos después しばらくしてから.

no tener un momento libre 全然暇がない, とても忙しい.

por momentos 刻々と, 今か今かと. La situación empeoraba *por momentos*. 状況は刻々と悪化していった.

¡un momento! ちょっと待って下さい.

momería [momería] 女 《まれ》おどけ, 道化.

momia [mómja] 女 ❶ ミイラ. ❷ 《比喩》ひどくやせ衰えた人.

momificación [momifikaθjón] 囡 ミイラ化.
momificar [momifikár] [1.1] 他 をミイラにする.
mo*mio, mia** [mómjo, mja] 形 (肉の)脂肪分がなくやせた. —carne *momia* 脂のない肉.
— 男 掘り出し物;楽でもうかる[割りのいい]仕事. 類**ganga**.
mona [móna] 囡 →**mono, na**².
monacal [monakál] 形 修道士[女]の. ～vida ～ 修道生活. 類**monástico**.
monacato [monakáto] 男 ❶ 修道士[女]の身分; 修道院生活. ❷ 修道院制度.
monacillo [monaθíjo] 男 《まれ》→monaguillo.
Mónaco [mónako] 固名 モナコ(ヨーロッパの公国).
monada [monáða] 囡 《話》 ❶ 猿らしい仕草[身振り]. ❷ 甘える仕草, 媚態(びたい). 類**halago, zalamería**. ❸ おとなげないばかげた行為. ❹ (子供の)可愛らしい仕草[行動]. —Al abuelo se le caía la baba viendo las ～*s* que hacía el nieto. 祖父は孫がする可愛い仕草にうっとり見とれていた. ❺ 可愛い[すてきな]もの[人]. —¡Qué ～! 何て可愛いんでしょう. ¡Qué ～ de anillo! 何てすてきな指輪なの. Esa chica es una ～. その娘は可愛い子だ. Tiene una casa que es una ～. 彼はすてきな家を持っている.
mónada [mónaða] 囡 《哲学》(ライプニッツ哲学での)モナド, 単子.
Monagas [monáɣas] 固名 モナガス(ベネズエラの州).
monago [monáɣo] 男 《話》→monaguillo.
monaguillo [monaɣíjo] 男 《カトリック》侍祭, 司祭を手伝う少年.
:**monarca** [monárka] 男 君主, 国王. —Al acto asistieron los reyes, y el ～ pronunció unas palabras. その儀式に国王, 王妃が出席し, 国王が挨拶した.
:**monarquía** [monarkía] 囡 君主制, 君主国; 君主制時代. —～ absoluta 絶対君主制[国]. ～ constitucional 立憲君主制[国]. En ese país se ha instaurado la ～ parlamentaria. その国に議会君主制が樹立された. Derrocada la ～ el pueblo se libró del despotismo. 君主制が打倒されると民衆は専制政治から解放された.
:**monárquico, ca** [monárkiko, ka] 形 君主制の, 君主制支持の. —régimen ～ 君主政体, 王制. 男 囡 君主制支持者. —Los ～*s* fueron derrotados en las elecciones. 君主制支持者は選挙で敗北した.
monarquismo [monarkísmo] 男 君主制主義; 王制(擁護).
:**monasterio** [monastérjo] 男 修道院. —El ～ de El Escorial, construido por Felipe II, está a cincuenta kilómetros al noroeste de Madrid. フェリペ II 世によって建てられたエル・エスコリアル修道院はマドリードから北西 50 キロのところにある.
monástico, ca [monástiko, ka] 形 修道士[女]の; 修道院の. —orden *monástica* 修道会. vida *monástica* 修道[院]生活. 類**monacal**.
monda [mónda] 囡 ❶ 皮をむくこと, 皮 むいた皮. —～ de manzanas リンゴの皮. 類**mondadura**. ❷ 剪定(せんてい), 木の刈り込み; その時期. 類**poda**.

monedero 1301

ser la monda 《話》 (1) (良くも悪くも)すごい, 並外れた. *Es la monda*. それは大したものだ, 素晴らしい; それはひどい, 最悪だ. (2) とても面白い. He leído un cuento que *es la monda*. 私はすごく面白い話を読んだ.
mondadientes [mondaðjéntes] 男 【単複同形】つまようじ.
mondadura [mondaðúra] 囡 →monda①.
mondaoídos [mondaoíðos] 男 【単複同形】耳かき(=mondaorejas).
mondar [mondár] 他 ❶ (果物などの)皮をむく. —～ patatas [almendras] ジャガイモの皮をむく[アーモンドの殻を取る]. 類**pelar**. ❷ (川・溝・井戸など)を浚(さら)う; きれいにする. ❸ を剪定(せんてい)する, 刈り込む(=podar). ❹ (人)の髪を切る. ❺ 《話》(人から特にお金)を巻き上げる. ❻ 《話》(人)をぶんなぐる, ひっぱたく. 類**apalear, azotar**.
— **se** 再 皮がむける, 殻が取れる.
mondarse de risa 【+con】…のことを大笑いする, 爆笑する.
mondo, da [móndo, da] 形 ❶ 丸坊主の; 脱色した. —Le han dejado la cabeza *monda*. 彼は丸坊主にされてしまった. Llegamos a un paraje de *mondas* colinas. 我々は何も生えていない丘陵地に着いた. ❷ 文無しの. —quedarse ～ 一文無しになる. ❸ 正味の, 純然たる, 全くそれだけの. —No tengo más que cien pesetas *mondas*. 私は 100 ペセタ丁度しか持ち合わせがない. Le pagan el sueldo ～. 彼には手取りの給料が支給される.
mondo y lirondo 《話》純粋の, 全くそのままの. Nos dijo la verdad *monda y lironda*. 彼は我々にあるがままの真実を言った. Encontré mi bolso pero *mondo y lirondo*. 私は自分のハンドバッグを見つけたが中身は空っぽだった.
mondongo [mondóŋgo] 男 ❶ (特に豚の)臓物, はらわた. ❷ 《俗》(人間の)内臓. ❸ (豚の)ソーセージ, 腸詰め.
monear [moneár] 自 《話》猿らしい仕草をする; おどけ顔をする.

moneda [monéða モネダ] 囡 ❶ 通貨, 金, 金銭. —La ～ de Méjico es el peso. メキシコの通貨はペソである. ～ contante y sonante 現金. ～ corriente 流通通貨. ～ falsa にせ金. papel ～ 紙幣. 類**pasta**《俗》. ❷ 硬貨, 貨幣. —¿Quiere cambiar este billete en ～*s* de un euro? この紙幣を 1 ユーロ硬貨に換えて下さいませんか. Introduzca una ～ de diez céntimos en la ranura. 10 センティモ・コインを投入口に入れて下さい. acuñar [batir] ～ 貨幣を鋳造する. ～ fraccionaria [divisionaria] 補助貨幣. Se ruega ～ fraccionaria. (切符売り場の掲示などで)約銭のいらないように(小銭をご用意なさるよう)お願いします. ～ de curso legal 法貨. 反**billete**(紙幣).
pagar con [en] la misma moneda …に同じ手口の仕返しをする. Trata muy mal a sus hijos y algún día le *pagarán con la misma moneda*. 彼は子供たちにひどい扱いをしているのでいつの日か仕返しされるだろう.
ser moneda corriente ありふれている, よくあることだ. Los terremotos *son moneda corriente* en esta región. この地方では地震はよく起こる.
monedero [moneðéro] 男 ❶ 小銭入れ, 財布.

1302 monegasco

類 portamonedas. ❷ 貨幣鋳造者. — ~ falso 偽金作り.

monegasco, ca [moneɣásko, ka] 形 モナコ (Mónaco)の. —— 名 モナコ人.

monería [monería] → monada.

monetario, ria [monetárjo, rja] 形 貨幣の, 通貨の; 金銭上の. —Fondo M~ Internacional 国際通貨基金([略]F.M.I [英IMF]). política *monetaria* 通貨政策. sistema ~ 貨幣制度. crisis *monetaria* 通貨危機.
—— 男 ❶ コインの収集. ❷ コインの収集箱[ケース].

monetizar [monetiθár] [**1.3**] 他 ❶ を通貨として流通させる. ❷ (貨幣)を鋳造する.

mongol, gola [moŋgól, góla] 形 モンゴル (Mongolia)の.
—— 名 モンゴル人. —— 男 モンゴル語.

Mongolia [moŋgólja] 固名 モンゴル(首都ウランバートル Ulan Bator).

mongólico, ca [moŋgóliko, ka] 形 ❶ 《医学》ダウン症候群の. —niño ~ ダウン症の子供. ❷ →mongol.
—— 名 《医学》ダウン症候群の患者.

mongolismo [moŋgolísmo] 男 《医学》ダウン症候群, 蒙古[モ].

moni [móni] [<英] 《中南米》《話》お金, 現なま.

Mónica [mónika] 固名 《女性名》モニカ.

monicaco [monikáko] 男 [<*monigote*+ma*caco*] → monigote.

monigote [moniɣóte] 男 ❶ グロテスクな[滑稽な]人形. —~ de nieve 雪だるま. ❷ 下手な[おかしな]絵. ❸ ぼっとしない[人の言いなりになる]人. ❹ (子どもに対して)ちび, 小僧.

monín, nina [monín, nína] 形 可愛らしい, きれいな.

monipodio [monipóðjo] 男 (悪い目的集団の)取り決め, 約束事.

monises [monises] [<英] 男 複 《話》お金.

monismo [monísmo] 男 《哲学》一元論.

monitor, tora [monitór, tóra] 名 ❶ (スポーツなどの)コーチ, 指導員. —~ de tenis テニスのコーチ. **類** instructor. ❷ 助言者, 忠告者.
—— 男 モニターテレビ[装置]; 《情報》モニター, スクリーン. —~ de plasma プラズマ・ディスプレー.

monja [móŋxa] 女 修道女. **類** monje.

‡**monje** [móŋxe] 男 ❶ 修道士, 僧. —Es un ~ benedictino. 彼はベネチクト修道会の修道士だ. **類** religioso, fraile. ❷ 隠者, 隠遁僧. **類** anacoreta. ❸ 《鳥類》ヒガラ.

***monjil** [moŋxíl] 形 ❶ 修道女[尼僧]の(ような). —La vida ~ es austera. 修道女の生活は質素である. ❷ 慎ましすぎる, 堅苦しい; 地味すぎる. —Con el aspecto ~ que tienes, todos piensan que eres muy aburrida. 様子が堅苦しいから皆はあなたがとても退屈な人だと思っている. **類** recatado.
—— 男 (女性の)修道服, 尼僧服. **類** hábito.

‡**mono, na** [móno, na] 名 ❶ 《動物》サル(猿). —~ araña クモザル. ~ aullador ホエザル. ~ capuchino カツラザル, ノドジロオマキザル. **類** simio. ❷ 《話》(*a*) かわいい人(子どもへの呼びかけによく用いられる). —Oye, *mona*, ¿cómo te llamas? ねえ, お嬢ちゃん, お名前は? (*b*) 他人のまねをする人; おどけもの; 身ぶり手ぶりの激しい人. (*c*) がさつな者; 知性の感じられない人. (*d*) 醜い人.

estar de monos (恋人同士などが)仲たがいしている, けんか中である.

el último mono いちばんの下っ端, どうでもいい人. Estoy harto de que me trate como *el último mono*. 私は下っ端扱いされるので嫌気がさしている.

mono de imitación [*repetición*] 他人のまね [猿まね]ばかりする人.

mono sabio (1) 《闘牛》ピカドールの助手. **類** monosabio. (2) (サーカスなどの)芸を仕込まれた猿.

—— 男 ❶ 雄猿. ❷ 《服飾》つなぎの服, 胸当てつきズボン. —~ de trabajo 作業用のつなぎ服. ❸ 《話》(とくに人・動物の)戯画, 漫画, おかしな絵. —El chico no deja de pintar ~s en todo papel que tenga. その男の子は手に入るすべての紙に漫画を描き続けている. ❹ 《話》(中毒になっているものに対する)欲求; 禁断症状. —Tengo (el) ~ del tabaco. 私はタバコが吸いたくてたまらない. Ese drogadicto está con ~. あの麻薬中毒患者には禁断症状が出ている. ❺ (恋人同士などが)ひそかな合図, 目くばせ. —hacerse ~s たがいに合図をかわす. ❻ (トランプの)ジョーカー. **類** comodín. ❼ 《軽蔑》警官, デカ. **類** policía. ❽ 《音響》モノラル. —en ~ モノラルの, モノラルで.

tener monos en la cara (じろじろ見る人に対して)顔に何かついている? ¿Por qué me miras tanto? ¿Es que *tengo monos en la cara*? どうしてそんなに私を見るの? 私の顔に何かついているのか?

—— 女 ❶ 雌猿. ❷ 《話》酔い. —coger [pillar] una ~ 酔っ払う. dormir la ~ 眠って酔いをさます. **類** borrachera, embriaguez.

Aunque la mona se vista de seda, mona se queda. お里が知れる.(←猿が絹を着ても猿のままだ.)

corrido como una mona, hecho una mona 《話》恥ずかしくて顔が真っ赤になった.

estar como una mona 《話》酔っ払っている.

mandar [*enviar*] *a ... a freír monas* 《話》(人)を追い払う.

A freír monas./Vete [*Anda*] *a freír monas*. 《話》あっちへ行ってろ, とっとと帰れ.

—— 形 《話》かわいらしい, きれいな; すてきな. —una chica muy *mona* とてもかわいい女の子. ¡Qué niño tan ~! 何てかわいい男の子だろう. Llevas una camiseta muy *mona*. 君はすてきなTシャツを着ているね. **類** atractivo, bonito, guapo.

¡Qué mono! (1) 何てかわいい[すてきな]の. (2) 《皮肉》何てひどい, いやだあ.

mono- [mono-] 接頭 「単一」の意. —*mono*logo, *mono*polio, *mono*tono.

monoaural [monoauɾál] 形 《音響》モノラルの.

monobásico, ca [monoβásiko, ka] 形 《化学》一塩基の.

monocarril [monokaříl] 形 モノレールの.
—— 男 モノレール.

monocorde [monokórðe] 形 ❶ 《音楽》一弦の. ❷ 一本調子の; 単調な, 変化のない.

monocordio [monokórðjo] 男 《音楽》一弦琴, モノコード.

monocotiledónea [monokotileðónea] 女

→monocotiledóneo.

monocotiledóneo, a [monokotileðóneo, a] 形 《植物》単子葉の.
—— 囡 複 単子葉植物.

monocromo, ma [monokrómo, ma] 形 単色の, 一色の(=monocromático, ca).

monóculo, la [monókulo, la] 形 《まれ》片目の, 単眼の. —— 图 片目の人.
—— 男 ❶ 単眼鏡, 片眼鏡, モノクル. ❷ (片目の)眼帯.

monocultivo [monokultíβo] 男 単作(農法), 単一栽培.

monodia [monóðja] 囡 《音楽》モノディ, 単声歌.

monofásico, ca [monofásiko, ka] 形 《電気》単相[交流]の.

monogamia [monoɣámja] 囡 一夫一婦(制); 一雌一雄. 反**poligamia**.

monógamo, ma [monóɣamo, ma] 形 一夫一婦(制)の; 《動物》一雌一雄の. —— 图 一夫一婦主義者. 反**polígamo**.

monografía [monoɣrafía] 囡 (特有のテーマに限定した)学術[専攻]論文, モノグラフ.

monográfico, ca [monoɣráfiko, ka] 形 モノグラフの; 特殊専門的の. — hacer un análisis ~ de ... …の専門的な分析を行なう. estudio ~ de ... …の専門的研究.

monograma [monoɣráma] 男 モノグラム, 組み合わせ文字. ♦氏名の頭文字などを組み合わせ図案化したもの.

monoico, ca [monóiko, ka] 形 《植物》雌雄同株の; 雌雄異花の.

monolingüe [monolíŋgwe] 形 1言語だけを話す[で書かれた].
—— 男囡 1言語だけを話す人.

monolítico, ca [monolítiko, ka] 形 ❶ 一本石による, モノリス(monolito)の. ❷《比喩》一枚岩的な, 結束の固い. — partido ~ 一枚岩[鉄の団結]の党.

monolito [monolíto] 男 《建築》モノリス. ♦一本石で造られた記念碑.

monologar [monoloɣár] [1.2] 自 独白する, 独り言を言う.

monólogo [monóloɣo] 男 ❶ 独り言(=soliloquio). ❷《演劇》独白劇, 一人芝居.

monomanía [monomanía] 囡 ❶《心理》偏執狂, モノマニア. — ~ de grandezas 誇大妄想狂(=megalomanía). ❷ 一つのことへの執着[熱狂]. — Ella tiene la ~ de la limpieza. 彼女は潔癖症だ. 類**manía, obsesión**.

monomaníaco, ca, monomaniaco, ca [monomaníako, ka, monomanjáko, ka] 形 偏執狂の, 偏執狂的な; ひどく凝り性の.

monomaniático, ca [monomanjátiko, ka] 形 《まれ》→monomaníaco.

monometalismo [monometalísmo] 男 《経済》(通貨の)単本位制.

monomio [monómjo] 男 《数学》単項式.

monomotor [monomotór] 形 《航空》単発(エンジン)の. —— 男 単発機.

monoplano, na [monopláno, na] 形 《航空》単葉機の. —— 男 単葉機.

monoplaza [monopláθa] 形 1人乗りの, 単座の. —— 男 単座機; 1人乗りの乗り物.

monopolio [monopóljo] 男 ❶ 独占(権), 専売(権); 一手販売. — poseer el ~ del tabaco たばこの専売権を持つ. En este país, el Estado tiene el ~ de la enseñanza. この国では, 国家が教育を全面統制している. ❷ 独占企業, 専売公社. ❸ 一人占め, 専有. 類**exclusiva**.

monopolizador, dora [monopoliθaðór, ðóra] 形 独占の, 専売の.
—— 图 独占[専売]者; 一手販売業者.

monopolizar [monopoliθár] [1.3] 他 ❶ を独占する, 専売する. — ~ la venta del petróleo 石油の販売を独占する. ❷ を一人占めする, 専有する. — ~ la atención [las miradas] 注目の的になる. 類**acaparar**.

monorraíl [monořaíl] 形 《無変化》モノレールの. —— 男 モノレール.

monosabio [monosáβjo] 男 《闘牛》ピカドールの助手.

monosilábico, ca [monosiláβiko, ka] 形 ❶《文法》単音節の. ❷《言語》単音節言語の.

monosílabo, ba [monosílaβo, βa] 形 《文法》単音節の. —— 男 単音節語.
contestar [responder] con monosílabos (「はい」と「いいえ」だけの)そっけない返事をする.

monoteísmo [monoteísmo] 男 一神教, 一神論. 反**politeísmo**.

monoteísta [monoteísta] 形 一神教[論]の.
—— 男囡 一神教信者; 一神論者.

monotipia [monotípja] 囡 《印刷》モノタイプ, 自動鋳造植字機.

monotonía [monotonía] 囡 単調さ, 退屈, 一本調子. — Me cansa la ~ del trabajo rutinario. 決まりきった仕事の単調さに私はうんざりだ. La ~ de su oratoria invita al sueño. 彼の演説は単調なので眠くなる.

monótono, na [monótono, na] 形 単調な, 退屈な, 変化のない. — un trabajo ~ 単調な仕事. orador [paisaje] ~ 一本調子の演説者[変化に乏しい風景]. el ~ desfilar de los días 単調な日々の連続.

monovalente [monoβalénte] 形 《化学》一価の.

monóxido [monóksiðo] 男 《化学》一酸化物. — ~ de carbono 一酸化炭素.

*****monseñor** [monseɲór] 男 ❶《カトリック》(高位聖職者に対する敬称)猊下(げいか). — Celebró la Eucaristía el obispo de Girona, ~ Jaime García. 聖体の秘跡を主祭したのはジローナの司教, ハイメ・ガルシーア猊下だった. ❷ (フランスの貴族に対する敬称)殿下, 閣下.

monserga [monsérɣa] 囡 《話》❶ 支離滅裂な話, たわ言. — ¡Basta de ~s! たわ言はもうたくさんだ! ❷ うるさい[迷惑な]要求. — No me vengas con ~s y sigue trabajando. うるさいことを言いに来ないで仕事を続けなさい.
dar la monserga a ~ をいらいらさせる, 困らせる.

*****monstruo** [mónstrwo] 男 ❶ 怪物, 怪獣. — Un ~ de dos cabezas habitaba la cueva. 双頭の怪物が洞穴に住んでいた. ❷ 醜悪な人, 残忍な人. — La chica, que era muy guapa, se casó con un ~ millonario. その美人の娘は醜い大金持ちと結婚した. Ese asesino es un ~. その人殺しは残忍な奴だ. ❸ 超人的な人, 第一人者. — Es un ~ jugando al fútbol. 彼はずば抜けたサッカー

選手形.
── 形 とてもすばらしい, 驚異的な. ―idea [plan, fiesta] ~ すばらしい考え[計画, パーティー].

*monstruosidad [monstruosiðá(ð)] 囡 ❶ 奇怪さ, 醜悪さ. ―una ~ de las ciudades modernas 近代都市の奇怪さ. 類 fealdad. ❷ 極悪非道(な行い). ―Está acusada de cometer ~es con sus hijos. 彼女は子供たちに対して非道を働いたかどで告訴されている. 類 atrocidad, crueldad. ❸ ものすごさ, ひどさ. ―Comer tanto me parece una ~. そんなに食べるなんてひどいことだと私は思う. 類 barbaridad.

:monstruoso, sa [monstruóso, sa] 形 ❶ 奇怪な, ぞっとするような. ―La leyenda dice que seres ~s habitaban el lago. 伝説によると奇怪な生き物がその湖に住んでいたそうだ. ❷ ひどい, 残忍な. ―Matar a un niño es un crimen ~. 子供を殺すことは残酷な犯罪である. Hoy hace un frío ~. 今日はひどく寒い. 類 horrible, abominable. ❸ 巨大な, とても大きい. ―Se ha construido un hotel ~ en este tranquilo pueblo. この静かな村に巨大なホテルが建設された. Pagamos ~s gastos cada mes. 私たちは毎月厖(ぼう)大な諸経費を払っている.

monta [mónta] 囡 ❶ 乗ること. ❷ 合計, 総額. ❸ 価値, 重要性. ―asunto de poca ~ 取るに足らない問題. No creía que se tratara de un negocio de tanta ~. 私はそれがそんなに重要な取り引きだとは思っていなかった. ❹ 馬の交配場所; その時期.

montacargas [montakáryas] 男 〖単複同形〗貨物用エレベーター.

*montado, da [montáðo, ða] 過分 形 ❶ 騎馬の; (馬·自転車などに)乗っている. ―Pasó hace un momento ~ en bicicleta. ついさっき彼が自転車に乗って通りかかった. ~ en un caballo [asno] 馬[ロバ]に乗っている. policía montada 騎馬警官隊. ❷ (装置などが)セットされた, 据えられた; 〖+con〗〜を備えた. ―fábrica ~da con maquinaria moderna 近代的な設備を備えた工場. máquina montada セットしてある機械. ❸ (馬などが)鞍のついた, 乗る準備のできた.
── 男 〖スペイン〗〖料理〗小型のボカディーヨ(サンドイッチの一種). 類 bocadillo.

montador, dora [montaðór, ðóra] 名 ❶ (機械·器具の)組立工. ❷ 《映画》フィルム編集者. ❸ 《演劇》演出家.
── 男 (乗馬用の)踏み台.

montadura [montaðúra] 囡 ❶ 乗ること. ❷ 馬具, 鞍(くら). ❸ (宝石の)台座.

montaje [montáxe] 男 ❶ (機械·器具などの)組立て, 据付け, 設置. ―~ en cadena 流れ作業による組立て. línea [cadena] de ~ 組立ライン. 類 ensamblaje. ❷ 《映画》フィルム編集; 《写真》モンタージュ(=~ fotográfico). ❸ 《演劇》(舞台の)演出, 設定; (作品の)舞台化, 上演. ❹ (宝石の)象眼, はめ込み.

montanera [montanéra] 囡 ❶ (豚の飼料とする)ドングリ[ブナの実]. ❷ その飼料を豚に食べさせる時期.

montanero [montanéro] 男 山[牧草地]の警備員.

**montaña [montáɲa モンタニャ] 囡 ❶ 山, 山脈. ―Kioto es una ciudad rodeada de ~s. 京都は山に囲まれた街である. Prefiero veranear en la ~. 私は山地で避暑をする方がいい. El clima de ~ es fresco. 山間部は涼しい気候である. 類語 monte はふつう montaña より小さく, 1つの峰をもつ.「…山」と言うときには el monte Fuji「富士山」のように monte を使い montaña は用いない. montaña は monte より広がりをもち, 連峰, 山脈の意味でも用いられる. sierra は連峰の意味と山の家があるような高原の意味とで用いられる. 例: Voy a pasar las vacaciones en la sierra.[もしくは en la montaña]. ❷ 《話》山ほどたくさんのもの. ―una ~ de libros [papeles] 山ほどの本[書類]. Tengo una ~ de problemas que solucionar. 私は山積みの未解決問題を抱えている. ❸ 困難, 難問. ―No hagas una ~ de esa estupidez sin importancia. そんな無意味で馬鹿げた問題を起こさないでくれ.
montaña rusa ジェットコースター.

montañés, ñesa [montaɲés, ɲésa] 形 ❶ 山の, 山地(出身)の. ❷ ラ·モンターニャ[サンタンデール]地方の.
── 名 ❶ 山地に住む人; 山地の出身者. ❷ ラ·モンターニャ[サンタンデール]地方の人(=santanderino).

*montañismo [montaɲísmo] 男 《スポーツ》登山, 山登り. ―hacer ~/practicar (el) ~ 登山をする. 類 alpinismo.

:montañoso, sa [montaɲóso, sa] 形 山の, 山の多い. ―región montañosa 山がちな地方. Estoy acostumbrado al clima ~ y no soporto estos días de bochorno. 私は山の気候に慣れているので, ここ数日の蒸し暑さには耐えられない.

montaplatos [montaplátos] 男 〖単複同形〗(料理運搬用の)リフト.

:montar [montár] 自 ❶ (a)〖+en に〗(乗物に)乗る, 乗って行く. ~ en avión 飛行機に乗って行く. ~ en coche ドライブする, 車で行く. ~ en el autobús バスに乗る. ~ en bicicleta 自転車に乗る. La niña montó en la noria. 女の子は観覧車に乗った. (b) 馬に乗る, 乗馬する. ―Ella monta muy bien a [en] caballo. 彼女は乗馬が非常にうまい. Los niños montaban a potro. 子供たちは子馬に乗っていた. ❷ 〖+a に〗(金額が)のぼる, 達する. ―Su deuda monta a un millón de euros. 彼の借金は100万ユーロにのぼっている. ❸ 重要である, 価値がある. ―Su opinión monta poco. 彼の意見はあまり重要ではない.
── 他 ❶ (a)…に乗る. ―~ un alazán 栗毛の馬に乗る. (b)〖+en に〗~を乗せる, 載せる. ~ al niño en un columpio 子供をブランコに乗せる. ❷ (a)~を組み立てる. ~ un televisor テレビを組み立てる. (b) ~ una tienda de campaña テントを張る. (b) (映画·ビデオ)を編集する. ~ una película フィルムを編集する. ❸ (a) (行事)を開催する, 行なう; 上演する. ―El alcalde ha montado un festival cultural en la ciudad. 市長は市の文化祭を催した. ~ una obra teatral 劇を上演する. (b) ~を設置する, 立ち上げる; 準備を整える. ―~ una base militar 軍事基地を設置する. Están montando el piso para casarse. 彼らは結婚のためマンションに家財道具をそろえている. ❹ (a) ~を据え付ける, 設置する. ―Montó una estantería en su despacho. 彼は自分の書斎に本

棚を据え付けた. (b) (宝石などを台)にはめ込む. — El joyero *ha montado* una esmeralda en el anillo. 宝石屋はエメラルドを指輪にはめ込んだ. ❺ (生クリーム・卵の白味)を泡立てる. — la nata 生クリームを泡立てる. ~ la clara 白味を泡立てる. ❻ (雄が)…と交尾する. ❼ (騒ぎなど)を引き起こす. — ~ un escándalo 大騒ぎを引き起こす. ❽ (銃)の撃鉄を起こす.

—se 再 ❶ [+en に]乗る. ❷ (ある事が)引き起こされる.

montárselo 事をうまくやる. *Se lo ha montado bien en su negocio.* 彼はビジネスがうまくいっている.

tanto monta どちらも同じである, どちらでもよい. *Tanto monta, monta tanto Isabel como Fernando.* (カスティーヤの女王)イサベル1世と(アラゴンの王)フェルナンド2世とが同権である. ¿Le pago a usted o a su marido? -*Tanto monta.* あなたに払いますしょうか, 旦那さんに払いましょうか.-どちらでもかまいません.

montaraz [montaráθ] 形〖複 montaraces〗❶ (動物が)野性の, 山育ちの. ❷ (人が)粗野な, 野蛮な; 非社交的な.
— 男 山(農場)の管理人.

montazgo [montáθɣo] 男 《歴史》牧畜の山林通行料.

monte [mónte モンテ] 男 ❶ 山, 山岳. — el ~ Hiei 比叡山. los ~s Pirineos ピレネー山脈. Los jabalíes viven en el ~. イノシシは山岳に住んでいる. 類 **montaña. ❷ 森林 (の樹木). — ~ alto 山林. ~ bajo 灌木地, やぶ. ❸ (トランプ)配り残りの札. ❹ 《中南米》郊外, 田舎.

batir [correr] el monte 狩猟する, 山狩りをする.

echarse [tirarse] al monte (1) 山に逃げこむ, 逃亡する. (2) 過激な手段をとる.

monte de piedad [monte pío](公営)質店.

monte de Venus 《解剖》恥丘.

No todo el monte es orégano. [諺] 人生の全てがうまくいくとは限らない(←山が全部オレガノとは限らない).

Monte Albán [mónte alβán] 固名 モンテ・アルバン(メキシコ, サポテカ文化の古代遺跡).

Monte Blanco [mónte βláŋko] 固名 モンブラン(アルプスの最高峰).

Monte Cervino [mónte θerβíno] 固名 マッターホルン.

montecillo [monteθíjo] 男 小山, 丘.

*****montepío** [montepío] 男 互助基金; 互助基金からの年金; 互助会. — la cuota mensual del ~ 互助会費の月額. cobrar el ~ 互助会の年金を受ける.

montera [montéra] 女 ❶ 布製の帽子; (特に)闘牛士帽, モンテーラ. ❷ 《建築》スカイライト, ガラス天井.

Montería [montería] 固名 モンテリーア(コロンビアの都市).

montería [montería] 女 ❶ (イノシシなどの)大物猟. ❷ 狩猟術(=cinegética).

montero, ra [montéro, ra] 名 《狩猟》勢子(せこ).

Monterrey [monteřéi] 固名 モンテレイ(メキシコの都市).

montés, tesa [montés, tésa] 形 (他種と区別して動物が)野性の, 山育ちの. — cabra ~ シャモ

ア. gato ~ ヤマネコ.

montevideano, na [monteβiðeáno, na] 形 モンテビデオの.
— 名 モンテビデオ市民(の出身者).

Montevideo [monteβiðéo] 固名 モンテビデオ (ウルグアイの首都).

montículo [montíkulo] 男 (自然・人工の)小山, 丘.

montilla [montíja] 女 モンティーリャ(スペインのCórdoba県の同名の町で産するワイン).

monto [mónto] 男 総額, 総計. 類 **importe, monta**.

‡montón [montón] 男 ❶ 山(状のもの), 山積み. — Tenía en la mesa un ~ de cartas. 彼の机の上には手紙が山積みされていた. ❷ 《話》たくさん, 多数の. — Tengo un ~ de cosas que hacer esta noche. 今夜私はやることがたくさんある. Tiene ~es de discos. 彼はたくさんレコードをもっている.

a [de, en] montón 一緒にして, ひっくるめて. *Esta clase, considerada así a montón, es bastante floja.* このクラスは総体として考えるとあまり良くない.

a montones 《話》たくさん, 大量に. *Gana dinero a montones.* 彼はたくさん稼いでいる. *Restaurantes chinos, hay un ~ en Tokio.* 中華料理店なら東京には山のようにある.

del montón 《話》月並みの, ふつうの. un empleado *del montón* とくに目立たない勤め人. *La novela ha tenido mucho éxito, pero a mí me parece del montón.* その小説はとてもヒットしたが, 私には月並みに思える.

salir del montón 抜きん出る, 傑出する.

montonera [montonéra] 女 ❶ 多量, 山積み. ❷ 《南米》騎馬ゲリラ隊.

Montserrat [mon(t)seřá(t)] 固名 モンセラート山(カタルーニャ地方の山).

montuno, na [montúno, na] 形 ❶ 山の, 山地の. ❷ 《中南米》粗野な, 田舎くさい.

montuosidad [montuosiðáð] 女 山の多いこと.

montuoso, sa [montuóso, sa] 形 山の; 山の多い. — región *montuosa* 山岳地域. país ~ 山国.

montura [montúra] 女 ❶ (馬・ロバなどの)乗用の動物. 類 **cabalgadura**. ❷ 馬具一式; 鞍(くら). ❸ (宝石の)台座; (眼鏡の)フレーム; (望遠鏡の)支え. ❹ (機械の)組立て, 据付け.

‡monumental [monumentál] 形 ❶ 記念碑の(ような). — Mañana visitaremos la parte ~ de la ciudad. 明日は町の記念碑的な地区を訪ましょう. la ~ plaza de toros de Las Ventas (マドリードの)ラス・ベンタス記念闘牛場. ❷ 巨大な. — Han construido un estadio de fútbol ~. 巨大なサッカースタジアムが建てられた. 類 **colosal**. ❸ 《話》ものすごい, ひどい. — Cometió un error ~. 彼はひどい間違いを犯した. Te ha contado una mentira ~. 彼は君におそろしい嘘をついたんだ.

‡monumento [monuménto] 男 ❶ 記念碑, 記念塔, 記念像. — Mira, es un ~ a Velázquez. ごらん, ベラスケスの記念像だよ. ❷ (歴史上, 芸術上などの)重要建造物, 遺跡. — La catedral de Santiago de Compostela es un ~ de la arquitectura románica. サンティアゴ・デ・コンポス

テーラの大聖堂はロマネスク建築の重要建造物である. ~s históricos 史跡. ❸ 歴史に残る傑作, 不朽の名作. —Los cuadros de Goya son ~s admirados en todo el mundo. ゴヤの絵画は世界中で賞賛される不朽の名作である. ❹《話》(スタイルのよい)美人. —Tiene una hermana que es un ~. 彼には美人の妹がいる. ❺ (聖木曜日礼拝用に聖体が安置された)仮祭壇.

monzón [monθón] 男 《気象》モンスーン, 季節風.

moña¹ [móɲa] 女 ❶ 女の人形. ❷ (婦人服用の)マネキン.

moña² [móɲa] 女 ❶ リボン[花]の結び飾り. ❷《闘牛》(a) (闘牛士の束髪を留める)黒リボン. (b) (牛の出身牧場を示す)色リボン.

moña³ [móɲa] 女《話》酔い (=borrachera). —coger una ~ 酔っぱらう.

moño [móɲo] 男 ❶ 束ねて巻き上げた髪, アップにした髪, まげ. ❷ リボンの結び飾り. ❸ (鳥の)冠毛.

agarrarse del moño《話》(女同士が)つかみ合いのけんかをする.

estar hasta el moño《話》うんざりしている; これ以上耐えられない.

ponérsele a … en el moño (人が何かを)気まぐれにしたくなる. *Se le ha puesto en el moño* cenar temprano y hay que fastidiarse. 彼は早い夕食を取りたくなったのだが我慢しなくてはならない.

ponerse moños 思い上がる, 高慢になる. *Desde que su marido es jefe se le han puesto unos moños de miedo.* 夫がチーフになってから, 彼女はひどく高慢ちきになった.

moquear [mokeár] 自 洟水(はな)が出る.
moqueo [mokéo] 男 洟水(はな)が出ること.
moquero [mokéro] 男 (洟(はな)かみ用の)ハンカチ.
moqueta [mokéta] 女 (絨毯(じゅう)やタペストリーに用いられる)モケット織.
moquete [mokéte] 男 鼻面へのパンチ[を殴ること].
moquillo [mokíʝo] 男 ❶《獣医》ジステンパー. ❷ 鶏の舌にできる腫(は)れもの.
moquita [mokíta] [<moco+-ita] 女 水洟(はな).

mor [mór] 男〘amor の語頭音消失形〙
por mor de … (原因・理由)…のために (=a causa de). No va *por mor del* qué dirán. 彼は世間のうわさのゆえ行かない.

mora¹ [móra] 女 ❶《植物》クワ(桑)の実. ❷《植物》キイチゴの実.
mora² [móra] 女《法律》(義務履行の)遅延, 遅滞.
morabito [moraβíto] 男 イスラム教の隠者; その住まいの小聖堂.

‡**morada** [moráða] [<morar] 女 ❶《文》住居, 住まい. —Esta cueva fue ~ de lobos. この洞穴はかつて狼の住処(すみか)だった. La última ~. 墓. No tiene ~ fija. 彼は定まった住まいを持っていない. 類 **casa, vivienda**. ❷ 滞在, 逗留. —Durante su ~ en Barcelona, aprendió el catalán. 彼はバルセロナ滞在中にカタルニア語を習った. 類 **estancia**.

allanamiento de morada 家宅侵入(罪).

・**morado, da** [moráðo, ða] 形 ❶ 暗紫色の, 紫(色)の. —Las berenjenas son de color ~. ナスは紫色をしている. 類 **cárdeno, lila, violeta**. ❷ (打撲で)青あざのできた. —El niño traía un ojo ~ y sangre en los labios. その子は片方の目のまわりにあざを作り, 唇からは血を出していた. 類 **acardenalado**.

estar morado《話》酔っぱらっている.
pasarlas moradas《話》ひどい目にあう, 苦しい時を過ごす. *Me quedé sin trabajo y las pasé moradas.* 私は仕事がなくてひどい目にあった.
ponerse morado《話》たらふく飲み食いする. *Me puse morado de paella.* 私はパエーリャをたらふく食った.

—— 男 ❶ 暗紫色, 紫(色). —El ~ resulta de mezclar el rojo intenso y el azul. 暗紫色は濃い赤と青を混ぜるとできる. ❷《話》(打撲による)あざ, 打ち身. 類 **cardenal, moretón**.

‡**morador, dora** [moraðór, ðóra] 名 住人, 居住者. —Los nuevos ~es del palacio han vendido parte de sus jardines. その大邸宅の新しい住人は庭園の一部を売却してしまった. Los ~es de Altamira fueron artistas consumados. アルタミラ洞窟の住人たちは熟達した芸術家であった.

****moral**¹ [morál モラル] 形 ❶ 道徳的な, 倫理的な, 道徳上の. —principios ~es 道徳律. valor ~ 倫理観. Siendo su amigo, tengo la obligación ~ de ayudarle. 友人として, 私は彼を助ける倫理的義務がある. Su conducta no es ~. 彼の行いは道徳的ではない. 反 **amoral**. ❷ 教訓的な. —El maestro nos contó una historia ~. 先生は私たちに教訓的な話をした. 反 **inmoral**. ❸ 精神的な. —Le agradezco su apoyo ~. 私は彼の精神的支えに感謝している. 類 **espiritual**. ❹ 品行方正な, 身持ちのよい. —llevar una vida ~ 品行方正な生活を送る. 反 **indecente**.

—— 女 ❶ 道徳(心), 倫理, モラル, 風紀. —La ~ de algunos políticos está corrompida. 何人かの政治家の道徳心は腐敗している. faltar a la ~ 倫理にもとる. 類 **ética**. ❷ 士気, 覇気. —tener la ~ alta [baja] (=estar alto [bajo] de ~) 士気が高まっている[落ちている]. La ~ del equipo es excelente. チームの士気は最高潮だ. Su consejo me levantó la ~ y seguí luchando. 彼の忠告で僕はやる気がわき, 戦い続けた.

tener la moral por los suelos 意気消沈している.

moral² [morál] 男《植物》クワの木 (=morera). —Se sentó a la sombra de un ~. 彼はクワの木の木陰に腰を下した.

moraleja [moraléxa] 女 (物語や寓話(ぐうわ)などからの)教訓, 寓意. 類 **lección**.

Morales [moráles] 固名 モラーレス(ルイス・デ Luis de ~)(1509–86, スペインの画家).

‡**moralidad** [moraliðáð] 女 ❶ 道徳, 倫理, 道徳性. —La ~ de su conducta no deja lugar a dudas. 彼のふるまいが道徳的なことは疑う余地もない. ❷ 品行, 徳性, 身持ち. —~ en las costumbres 行いにおける品性, 品行方正. 反 **inmoralidad**.

moralista [moralísta] 形 教訓的な; 道徳(主義)の.
—— 男女 ❶ 道徳家, 道学者. ❷ モラリスト, 人間探究家. 類 **ético**.

moralizador, dora [moraliθaðór, ðóra]

教化[徳化]する, 教訓的の, 道徳を説く.
— 名 道徳家, 説教をする人.

moralizar [moraliθár] **[1.3]** 他 を教化する, …に説教する; を道徳的にする. — ~ las costumbres 習慣を公序良俗に従わせる. 類 **sermonear**.
— 自 説教する; 道徳的な反省をする.

morapio [morápio] 男 《俗, 話》赤ワイン(= vino tinto).

morar [morár] 自 《文》[+en に]住む, 居住する. 類 **habitar, residir, vivir**.

Moratín [moratín] 固名 ❶ モラティン(レアンドロ・フェルナンデス・デ Leandro Fernández de ~) (1760-1828, スペインの劇作家). ❷ モラティン(ニコラス・フェルナンデス・デ Nicolás Fernández de ~)(1737-80, スペインの詩人・劇作家).

moratoria [moratória] 女 《法律》支払い猶予(令), モラトリアム.

morbidez [morβiðéθ] 女 (特に女性の体の)柔らかさ, しなやかさ; (芸術的な)繊細さ.

mórbi|do, da [mórβiðo, ða] 形 ❶ (特に女性の体が)柔らかな, しなやかな; (芸術的に)繊細な. 類 **blando, delicado, suave**. 反 **duro**. ❷ 病気にかかった; 病的な, 不健康な.

morbilidad [morβiliðáð] 女 罹病(りびょう)率, 罹患率.

morbo [mórβo] 男 ❶ 病気, 疾病(=enfermedad). — ~ comicial 癲癇(てんかん)(=epilepsia). — ~ gálico 梅毒. — ~ regio 黄疸 (=ictericia). ❷ 不快・残酷・禁じられた[不道徳な]ことの魅力. — tener [producir] ~ 不健全な魅力をかもす.

morbosidad [morβosiðáð] 女 ❶ 病的性質[状態]. ❷ (一定地域の)罹病(りびょう)率, 罹患率. ❸ (不快・残酷などの)不健全な嗜好(しこう).

morbo|so, sa [morβóso, sa] 形 ❶ 病気の, 病気にかかった. ❷ 病気を起こす. —ambiente ~ 健康を害する環境. 類 **insalubre, malsano**. 反 **saludable, sano**. ❸ 病的な, 不健全な. —Siente un placer ~ en matar bichos. 彼は虫を殺すことに病的な快楽を覚える. Su obsesión por la limpieza parece *morbosa*. 彼の潔癖症は, 病的に見える.

morcilla¹ [morθíʎa] 女 ❶ 《料理》モルシーリャ, 豚の血で作ったソーセージ(タマネギ, 米, 松の実, 香辛料などとともに詰める). —La ~ es una ingrediente indispensable en un cocido. モルシーリャはコシード(煮込み料理)に欠かせない材料だ. ❷ (演劇などで)アドリブ, 即興的なせりふ. —(演劇で)アドリブをはさむ. ¡Que te[le] den ~! (軽蔑, 怒りを込めて)くそ食らえ. Mira, no quiero discutir contigo, que te den ~. なあ, お前とは言い争いたくないんだから, 放っておいてくれ. 類 **embuchado**.

morcillo¹ [morθíʎo] 男 《料理》もも肉.

morcillo², lla² [morθíʎo, ʎa] 形 (馬が)赤みを帯びた黒色の.

mordacidad [morðaθiðáð] 女 ❶ 辛辣(しんらつ)さ, 痛烈なこと. —Es un crítico muy temido por la ~ de sus comentarios. 彼は評論の辛辣さゆえに大変恐れられる評論家だ. ❷ 腐食性.

mordaga [morðáɣa] 女 《話》酔い, 酩酊(めいてい)(=borrachera). —coger una ~ 酔っぱらう.

mordaz [morðáθ] 形 〖複〗mordaces ❶ 辛辣(しんらつ)な, 痛烈な. —crítica ~ 手厳しい批評. Pronunció un discurso ~ contra la corrupción política. 彼は政治腐敗に対する痛烈な演説をした. ❷ 舌を刺すように辛い, ヒリヒリする. ❸ 腐食性の.

mordaza [morðáθa] 女 ❶ 猿ぐつわ. —poner una ~ a ... …に猿ぐつわをかませる. ❷ 《技術》(万力の)締め具. ❸ 《海事》制鎖器. ❹ 《獣医》(去勢手術の)鉗子(かんし).

mordazmente [morðáθménte] 副 辛辣に, 痛烈に.

morde|dor, dora [morðeðór, ðóra] 形 ❶ (犬が)かみつく, かむ癖のある. —Perro ladrador, poco ~. 〖諺〗よくほえる犬はあまりかみつかない. ❷ 口の悪い, 毒舌家の.

mordedura [morðeðúra] 女 ❶ かむこと, かみつくこと. ❷ かみ傷.

:morder [morðér] **[5.2]** 他 ❶ をかむ, かじる, …にかみつく. —Un anciano *mordió* una chuleta y se le quebró un diente. 老人がスペアリブをかじっていたところ, 歯が1本欠けた. Un perro *mordió* al niño. 犬が子どもにかみついた. ❷ (*a*)すり減らす, 削り取る, 摩耗させる. —La lima *muerde* el acero. やすりは鋼を削る. Va *mordiendo* poco a poco la fortuna de su padre. 彼は少しずつ父親の財産を食いつぶしている. (*b*)を侵食する, 腐食する. —La lejía *muerde* los colores de la blusa. 漂白剤によってブラウスの色が褪(あ)せる. ❸ 《話》…にキスをする, やさしくかむ. ❹ (機械などが)挟む, 引っ掛ける. —La máquina le *mordió* dos dedos. 彼は機械に2本の指を挟まれた.

estar que muerde ひどく怒っている, かんかんである. No le molestes, que *está que muerde*. 彼のじゃまをするな, かんかんに怒っているから.

mordicar [morðikár] **[1.1]** 他 (舌など)を刺す, ぴりっとさせる. 類 **picar**.

mordiente [morðiénte] 形 ❶ かむ, かみつく. ❷ 辛辣(しんらつ)な. ❸ 腐食性の.
— 男 ❶ (染料を定着させる)媒染剤. ❷ (エッチング用の)腐食剤.

mordiscar [morðiskár] **[1.1]** →mordisquear.

mordisco [morðísko] 男 ❶ かむ[かみつく]こと. —dar [pegar, tirar] un ~/~s en ... …にかみつく. deshacer a ~s かみ砕ける. ❷ かみ傷. ❸ (かみ切られた)一片, ひとかけら. —Tomó un ~ del pastel y lo dejó en el plato. 彼女はひとかけらのケーキを取って皿に残した. 類 **bocado, dentellada, mordedura**. ❹ 《話, 比喩》(取引などから得られる)利益; 取り分. —Se ha llevado un buen ~ de la herencia. 彼は遺産からたんまりせしめた.

*****mordisquear** [morðiskeár] 他 を(くり返し軽く)かむ, (少しずつ)かじる. —Una ardilla *mordisqueaba* una bellota. リスが1匹ドングリをかじっていた.

Morelia [morélia] 固名 モレリーア(メキシコの都市).

Morelos [morélos] 固名 モレロス(メキシコの州).

Morelos y Pavón [morélos i paβón] 固名 モレーロス(イ・パボン)(ホセ José ~)(1765-1815, メキシコの独立運動の指導者).

morena [moréna] 女 →moreno.

morena¹ [moréna] 女 《魚類》ウツボ.

morena² [moréna] 女 《地質》氷堆石(ひょうたいせき), モレーン(=morrena).

‡**moreno, na**³ [moréno, na] 形 ❶ 褐色の, 黒ずんだ, 黒い種類の. — pan ~ 黒パン. azúcar ~ 黒砂糖. ❷ (a) (顔や体の肌が)浅黒い. —Mi hermano es muy ~. 私の兄はとても色黒です. Es ~ de cara. 彼は色黒の顔をしている. (b) (白人で)肌, 髪が)浅黒い. —A ella le gustan los chicos altos y ~s. 彼女は背が高くて髪や肌が浅黒い男性が好きだ. Muchos españoles son ~s. スペイン人で肌が浅黒く, 髪も黒い人は多い. 類**rubio** (肌が白く, 髪が金髪). ❸ 日焼けした(茶色の, 褐色の). —Se ha puesto muy morena después de estar todo el día en la playa. 彼女は一日中海辺にいて真っ黒になってしまった. 類**bronceado, tostado**. ❹ 黒人の.
— 名 ❶ (白人で)肌と髪が黒っぽい人. ❷ 黒人.

morera [moréra] 女 《植物》クワ(桑)(の木).
moreral [moreral] 男 桑畑.
morería [morería] 女 ❶ モーロ人街. ❷ 《歴史》モーロ人の領土[国].
moretón [moretón] 男 《話》青あざ, 打撲傷.
morfema [morféma] 男 《言語》形態素. ◆意味を担う最小の言語単位.
Morfeo [morféo] 固名 《ギリシア神話》モルペウス. ◆夢の神で, 眠りの神ヒュプノスの息子.
en brazos de Morfeo 《文》眠って.
morfina [morfína] 女 《化学》モルヒネ.
morfinismo [morfinísmo] 男 モルヒネ中毒.
morfinómano, na [morfinómano, na] 形 モルヒネ中毒[常用]の.
— 名 モルヒネ中毒患者.
morfología [morfoloxía] 女 ❶ 《生物》形態学. ❷ 《言語》形態論, 語形論.
morfológico, ca [morfolóxiko, ka] 形 ❶ 《生物》形態学の. ❷ 《言語》形態論の, 語形論の.
morganático, ca [morɣanátiko, ka] 形 貴賤(きせん)間の, 身分違いの. —matrimonio ~ (= de la mano izquierda) 貴賤婚.
morgue [mórɣe] 女 (身元不明の)遺体安置所(=depósito de cadáveres).
moribundo, da [moriβúndo, da] 形 〖estar +〗死にかかった, 瀕死(ひんし)の.
— 名 瀕死の人, 危篤の患者.
morigeración [morixeraθión] 女 節制, 節度, 適度. —~ en el tabaco 節煙. El médico me ha recomendado ~ en el tabaco. 医者は私に節煙を勧めた. 類**moderación, templanza**.
morigerado, da [morixeráðo, ða] 形 節制した, 節度のある, 控え目な. —Hasta la muerte conservó sus *morigeradas* costumbres. 亡くなるまで彼は節度ある習慣を保った.
morigerar [morixerár] 他 (欲望・感情などを)抑える, 節制する. —~ los apetitos sexuales 性欲を抑える. 類**moderar, templar**.
morilla [morija] 女 《植物》アミガサタケ(=cagarria).
morillo [morijo] 男 (炉の)まき載せ台.
‡**morir** [morír モリル] [8.2] 自 ❶ 死ぬ, 死亡する, 死去する. —Hace dos años que *murió* mi padre de cáncer. 2年前に私の父は癌(がん)で死んだ. ¡*Muera* el dictador! 独裁者よ, くたばれ. *Ha muerto* en un accidente aéreo. 彼は飛行機事故で死んだ. ~ de viejo 老衰で死ぬ. 類**fallecer, fenecer, perecer**. 反**vivir**. ❷ (a) 終わる, 消滅する; (日が)暮れる. —Hace mucho *murió* esa moda. だいぶ前にその流行は下火になった. Volvió *a* casa cuando *moría* el día. 彼は日暮れ時に家に戻った. (b) (流れなどが)つきる, 終わりとなる. —El Guadiana *muere* en el Atlántico. グアディアーナ河は大西洋に注ぐ. La calle de Hernani *muere* dos bloques más arriba. エルナーニ通りは2ブロック先で終わっている. ❸ (火)消える. —*Moría* la luz del candil. ランプの明りが消えかかっていた. ❹ (植物が)枯れる. ❺ 〖+*de* で〗死ぬくらいである, 死ぬ思いである. —*Muere de* amor por ella. 彼は彼女に死ぬくらい恋いこがれている. ¡*Muera*! くたばれ. ¡*Mueran* los traidores! 裏切者を倒せ.

——*se* 再 ❶ 死ぬ, 死んでしまう〖ただし事故死その他劇的な死・突然死の場合は se はつかない〗. —Mi abuelo *se murió* mientras dormía. 私の祖父は就寝中に逝った. ❷ 〖+*de* で/*por* のために〗死にそうである, 死ぬんばかりである. —*Me muero de* hambre [frío]. 私は空腹[寒さ]のために死にそうだ. ~se *de* risa 笑いころげる. Se muere por lograr el puesto. 彼はその地位を得ようと必死である. *Se morirá de* pena si no le visitas. 君が行ってやらないと彼は悲しみで死にそうだよ. ❸ (火・明りが)消える.

*****morisco, ca** [morísko, ka] 形 モリスコ(国土回復運動(レコンキスタ)の後スペインに残ったモーロ人=moro). —Los ~s fueron expulsados de España en 1609. モリスコたちは1609年にスペインから追放された. —形 モリスコの. —artesanía [cultura, población] *morisca* モリスコの民芸品[文化, 居住区].
morisma [morísma] 女 〔集合的に〕モーロ人; モーロ人の群衆.
a la morisma モーロ人風に.
morisqueta [moriskéta] 女 ❶ 《話, まれ》策略, わな, ぺてん. ❷ しかめ面, 渋面. 類**mohín, mueca, visaje**. ❸ 塩抜きで水たきした米.
morlaco, ca [morláko, ka] 形 とぼけた, ばかを装った.
— 男 ❶ (大型の)闘牛. ❷ 《中南米》(昔の)ペソ銀貨.
mormón, mona [mormón, móna] 形 《宗教》モルモン教の. — 名 《宗教》モルモン教徒.
mormónico, ca [mormóniko, ka] 形 《宗教》モルモン教(徒)の.
mormonismo [mormonísmo] 男 《宗教》モルモン教.
Moro [móro] 固名 モア(トマス Santo Tomás ~ ~)(1478-1535, イギリスの思想家・政治家).
‡**moro, ra** [móro, ra] 形 ❶ 北アフリカ人, モロッコ人(モロッコ Marruecos などアフリカ北部の人, アフリカ北西部のベルベル人およびアラブ人の子孫). —Ultimamente muchos ~s emigran a España. 最近北アフリカからたくさんの人がスペインに移住している. 類**marroquí**. ❷ モーロ人(8～15世紀にスペインを支配したイスラム教徒). —Los ~s vivieron en España entre los siglos VIII y XV. モーロ人は8世紀から15世紀にかけてスペインに住んだ. ❸ イスラム教徒, イスラム教徒の. —Los ~s peregrinan a La Meca una vez en la vida. イスラム教徒は一生に一回メッカに旅する. 類**mahometano, musulmán**. ❹ (額に)白い星のぶちのある馬.

—— 形 ❶ 北アフリカの. —De su viaje nos trajo una preciosa tela *mora*. 彼は美しい北アフリカの布を旅行のおみやげに持って帰ってくれた. ❷ モーロ人の, モーロ様式の. —arquitectura *mora* モーロ様式の建築. ❸ マホメット(教)の, イスラム教の, 洗礼を受けていない. 類**mahometano**. ❹《話》亭主関白な, 男尊女卑の. —Su marido es ~ y no la deja salir sola. 彼女の夫は亭主関白で彼女を1人で外出させてくれない. ❺ (馬が)白い星のぶちのある.

dar a moro muerto gran lanzada 弱っている人にひどい仕打ちをする, 死体に鞭打つ.

haber moros en la costa《話》(誰かがいるので聞かれないように)注意する. Se callaron porque *había moros en la costa*. 人の気配がしたので彼らは話すのをやめた.

haber moros y cristianos《話》もめごとがある, 大騒ぎだ.

moros y cristianos モーロ人とキリスト教徒との戦いを模した踊り.

morocha [morótʃa] 女 →morocho.

morocho, cha [morótʃo, tʃa] 形 ❶『中南米』頑健な, 丈夫な, たくましい. ❷『南米』浅黒い, 褐色の (=moreno). ❸『ベネズエラ』双子の.
—— 男 ❶『植物』アズキモロコシ (=maíz ~). ❷『南米』頑健な人. ❸『ベネズエラ』双子.
—— 女 『ベネズエラ』二連発銃.

Morona-Santiago [moróna-santiáɣo] 固名 モロナ・サンティアゴ (エクアドルの県).

morondanga [morondáŋɡa] 女《話》がらくた [くず]の山.

morondo, da [moróndo, da] 形 ❶ 毛のない, 葉を落とした. 類**mondo**. ❷ 余分な物がついていない.

morosidad [morosiðá(ð)] 女 ❶ 遅い[のろい]こと, 緩慢な, ぐずぐずしていること. 類**lentitud**. ❷ 遅延, 遅れ. 類**demora, tardanza**. ❸『法律』(支払いの)延滞, 滞納. 類**mora**.

moroso, sa [moróso, sa] 形 ❶ (支払いを)延滞している, 滞納した. —deudor ~ 延滞債務者. ❷《文》緩慢な, ゆるやかな. —Se pasaba horas contemplando la *morosa* corriente del río. 彼はゆるやかな川の流れを眺めながら何時間か過ごしていた. 類**lento, tardón**. 反**rápido**.
—— 名 (債務などの)延滞者, 不履行者. —Ese banco tiene un alto porcentaje de ~s. その銀行は高い割合の債務不履行者を抱えている.

morra[1] [móra] 女《まれ》頭のてっぺん, 頭頂部.
andar a la morra《話, まれ》けんかばかりしている.

morra[2] [móra] 女 ❶ (遊戯)(2人で)指で表す数を言い当てる遊び. ❷ (①の遊びでゼロを表す)握りこぶし.

morra[3] [móra] 間《まれ》雄ネコが雌ネコを呼ぶ声.

morrada [moráða] 女 ❶ 頭を打つ[ぶつける]こと; 鉢合わせ. —pegarse [darse] una ~ 鉢合わせになる; 頭をぶつける. ❷ 平手打ち, びんた. 類**bofetada, puñetazo**.

morral [morál] 男 ❶ (馬の首にかける)まぐさ袋. ❷ (猟の)獲物袋, 類**zurrón**. ❸ (食糧などを入れる)ナップザック, 背囊(はいのう). ❹《話》粗野な男, 田舎者. —Tendrá mucho dinero, pero es un despreciable ~. 彼は金持ちかもしれないが, 軽蔑に値するがさつ者だ.

mortal 1309

morralla [morája] 女 ❶ 小魚, 雑魚. 類**boliche**. ❷『集合的に』烏合の衆, 野次馬. 類**chusma**. ❸『集合的に』くず, がらくた(の寄せ集め). —En los últimos días de rebajas ya no queda más que ~. バーゲンの終わりごろの日にはもうくずのような物しか残らない. Toda la ~ del trastero la tiró a la basura. 物置のがらくたは全部, 彼はゴミに捨てた. ❹『メキシコ』小銭.

morrena [moréna] 女『地質』氷堆石, モレーン (=morena).

morrillo [morího] 男 ❶ (牛などの)首の上部の肉付きのいい部分. ❷《話》太首, 猪首(いくび). ❸ 丸い小石 (=canto rodado).

morriña [moríɲa] 女 ❶ 郷愁, ノスタルジー, ホームシック (= ~ de la tierra). —tener [sentir, sufrir de] ~ ホームシックになる. 類**añoranza, nostalgia**. ❷ 悲しみ, 憂い. 類**melancolía, tristeza**. ❸『獣医』(家畜の)水腫(すいしゅ), 浮腫.

morrión [morjón] 男 ❶『歴史, 軍事』モリオン. ♦16・17世紀にスペインの歩兵がかぶった鉄兜(かぶと). ❷《歴史, 軍事》シャコー. ♦前立て付きの円筒形の軍帽.

morro [móro] 男 ❶ (動物の)鼻, 鼻面. 類**hocico**. ❷《俗》(人の, 特に)厚い唇. ❸ (鼻面のように)突き出たもの[前部]. —~ de la pistola ピストルの銃床. ❹ 小山, 円丘. ❺『海事』航海の目印になる, 海岸の大岩, 岬. ❻『航空』(飛行機の)機首; (自動車の)フロント部. —El ~ del coche quedó destrozado en el accidente. 車のフロント部が事故でつぶされてしまった.

beber a morro らっぱ飲みする.

caerse de morros = caer de bruces.

estar de [hacer] morro(s) con ...《話》(人)に腹を立てている.

poner morro(s)/torcer el morro《話》しかめ面をする.

morrocotudo, da [morokotúðo, ða] 形 ❶《話》ものすごい, ひどい, 大変な. —Se ha metido en un lío ~. 彼はえらい面倒に掛かり合っていた. Le dio una bofetada *morrocotuda*. 彼女は彼にひどいぶたれかたをした. ❷『南米』金持ちの.

morrón[1] [morón] 形 大型で先の丸いピーマン (トウガラシ) (=pimiento ~).

morrón[2] [morón] 男《話》殴打, 一撃. 類**golpe, porrazo**.

morronga [moróŋɡa] 女 ❶《話》雌ネコ (=gata). ❷『メキシコ』召使いの女, メード.

morrongo [moróŋɡo] 男 ❶《話》(雄)ネコ (=gato). ❷『メキシコ』召使い, 下男. ❸『メキシコ』葉巻きタバコ.

morrudo, da [morúðo, ða] 形《俗》唇の突き出た, 唇の厚い. 類**bezudo, hocicudo**.

morsa [mórsa] 女『動物』セイウチ.

morse [mórse] 男 モールス信号[符号].

mortadela [mortaðéla] 女『料理』モルタデラ. ♦イタリア産の太いソーセージ.

mortaja[1] [mortáxa] 女 ❶ (埋葬用の)白い布, 経帷子(きょうかたびら). ❷『中南米』タバコ用の巻き紙.

mortaja[2] [mortáxa] 女『技術』柄(ほぞ)穴.

mortal [mortál] 形 ❶ 死すべき, 死ぬ運命にある. —El hombre es un ser ~. 人間は死ぬ運命にある存在である. vida ~ 人の世. 反**inmortal**. ❷ 命にかかわる, 致命的な. —herida ~ 致命傷. vene-

1310 mortalidad

no ~ 猛毒. una dosis ~ 致死量. Matar a una persona es un pecado ~. 人殺しは(地獄行きの)大罪である. ❸ すさまじい, ひどい. —Sentía un odio ~ hacia aquel hombre que le había engañado. 彼は自分をだましたあの男にすさまじい憎悪を感じた. dolor [susto, frío] ~ ひどい痛み[驚き, 寒さ]. ❹ うんざりする, 疲れる. —aburrimiento [trabajo] ~ うんざりする退屈[仕事]. Ha sido un viaje ~. 死ぬほど疲れる旅行だった. Esperamos dos horas ~es. 私たちは死ぬほど退屈して2時間待った.

quedarse mortal ひどく驚く.

restos mortales 遺骸.

── 男女 人間, 人. —Cualquier ~ puede cometer errores. 人は誰でも失敗するものである. 類 **ser, humano**.

:**mortalidad** [mortaliðá(ð)] 女 ❶ 死ぬべき運命, 死を免れないこと. —La ~ es un rasgo inherente del ser humano. 死ぬことは人間本来の特性である. 類 **muerte**. ❷ 死亡率. —Lamentablemente la [el índice de] ~ infantil no disminuye en algunos países subdesarrollados. いくつかの未開発国では残念ながら子供の死亡率は減少しない. 反 **natalidad**.

mortalmente [mortálmente] 副 ❶ 致命的に, 命にかかわるほど. —Resultó ~ herido en un accidente de tráfico. 彼は交通事故で致命傷を負った. ❷ 《話》死ぬほど, ひどく. —odiar a ... ~ を死ぬほど憎む. Me aburro ~ en esta ciudad. 私にはこの町が死ぬほど退屈だ.

mortandad [mortandá(ð)] 女 (疫病・災害・戦争による)大量死, 多数の死亡者. —El sida puede producir [causar] gran ~. エイズにより多数の死者が出るかもしれない.

mortecino, na [morteθíno, na] 形 ❶ 消えかかった, 弱い; 生気のない. —color ~ 沈んだ色. luz *mortecina* 消えてゆく光. 類 **apagado**. ❷ 《まれ》自然死した動物の; その肉の.

hacer la mortecina 《まれ, 話》死んだふりをする.

morterete [morteréte] 男 ❶ 《軍事》(昔の礼砲用の)小型臼砲(きゅうほう). ❷ (楽器用の金属製)乳鉢.

mortero [mortéro] 男 ❶ 乳鉢, すり鉢. ❷ 《建築》モルタル, しっくい. ❸ 《軍事》臼砲(きゅうほう).

mortífero, ra [mortífero, ra] 形 致命的な, 死をもたらす. —arma *mortífera* 凶器, 死の兵器. 類 **letal, mortal**.

mortificación [mortifikaθjón] 女 ❶ 禁欲, 苦行; 《宗教》修行. ❷ 苦悩; 屈辱.

mortificador, dora [mortifikaðor, ðóra] 形 ❶ (修行で)肉体を苦しめる[痛めつける], 苦行の. ❷ 苦悩させる, 悩みの種の. ❸ 屈辱的な, 悔しく思わせる.

mortificante [mortifikánte] 形 →mortificador.

mortificar [mortifikár] [1.1] 他 ❶ (修行で肉体を苦しめる[痛めつける]. ❷ (肉体的・精神的に)(人)を苦しめる, さいなむ. —Los celos le *mortifican*. 嫉妬に彼は苦しんでいる. El dolor me *mortificaba*, pero seguía trabajando. 私は痛みに苦しんでいたが働き続けた. 類 **afligir, atormentar**. ❸ (人)に屈辱を味わせる, 悔しく思わせる. —Estuvo coqueteando con otro sólo para

~me. 彼女は私に屈辱感を味わわせるためだけに他の男に媚を売っていた. 類 **humillar**. ❹ 《医学》(体の一部)を壊疽(えそ)にかからせる.

── **se** 再 ❶ (修行で)苦行する, 禁欲する. ❷ [+ con に] 苦しむ, さいなまれる. —*Se mortificaba* pensando que su marido la engañaba. 彼女は夫にだまされていると思い苦しんでいた.

mortuorio, ria [mortuórjo, rja] 形 死[者]の; 埋葬の. —cámara *mortuoria* 遺体安置所. casa *mortuoria* 不幸のあった[喪中の]家. esquela *mortuoria* 死亡通知. lecho ~ 死の床, 臨終.

── 男 埋葬の準備.

morueco [moruéko] 男 種羊.

moruno, na [morúno, na] 形 モーロ人の.

mosaico, ca[1] [mosáiko, ka] 形 《美術》モザイク(用)の; 寄せ集めの.

── 男 ❶ 《美術》モザイク(画). —~ de madera 寄せ木細工. ❷ 寄せ集め. ❸ 《園芸》モザイク病.

mosaico, ca[2] [mosáiko, ka] 形 《宗教》モーゼの. —la ley *mosaica* モーゼの律法.

mosaísmo [mosaísmo] 男 ❶ モーゼの律法. ❷ ユダヤ文化.

:**mosca** [móska] 女 ❶ ハエ, 蠅, (ハエのように小さな)虫. —Es incapaz de matar a una ~. 彼はハエ一匹殺せない(ほど気が小さい). — ~ doméstica イエバエ. — ~ tse-tsé ツェツェバエ. ❷ (黒くて小さいしみ, 汚れ. ❸ (口の下から唇にかけての)髭. —llevar ~ 口の下に髭をはやす. 類 **bigote** 鼻の下の髭. **barba** 顎髭. ❹ ずうずうしい人, わずらわしい人. —¡Quítate de ahí! ¡Qué ~ eres! 向こうへ行けよ. お前はわずらわしい奴だなあ! 類 **moscón**. ❺ 現金, キャッシュ. —soltar [aflojar] la ~ 《話》(金を払う. Hoy, te toca soltar la ~ a ti. 今日は君が払う番だ. 類 **dinero**. ❻ (釣りの)毛針, 毛鉤. ❼ (ボクシング)フライ級. — peso ~ フライ級.

cazar [papar] moscas 《話》むだなことをする, (ぼかんと)見とれる. Deja de *cazar moscas* y ponte a buscar trabajo en serio. ぼうっとしていないで, まじめに仕事を探し始めなさい.

¡Dime qué mosca te ha picado! どうしてそんなに怒っているのか言ってよ.

estar con la mosca en [detrás de] la oreja/ tener la mosca en [detrás de] la oreja 《話》猜疑心をもつ, 怪しんでいる. Mis colegas no me han dicho la verdad; *estoy con la mosca detrás de la oreja*. 同僚たちは本当のことを言ってくれないが, ぼくはどうもおかしいと思っているんだ.

estar mosca 《話》疑っている, 不機嫌である. *Está mosca* porque todavía no le han mandado dinero. まだお金が送られてこないので彼は疑っている. *Está mosca* porque nadie le hace caso. だれも彼を相手にしないので不機嫌になっている.

mosca [mosquita] muerta 《話》猫をかぶっている人. Parece una *mosca muerta*, pero tiene muy mala idea. あの人は猫をかぶっているけどとても悪いことを考えている.

no oírse (el vuelo de) una mosca とても静かである.

picar a alguien la mosca 不安や疑いを感じ始める.

por si las moscas ひょっとしたら, 万一に備えて. Yo, *por si las moscas*, me quedo. ぼくは万一に備えて残るよ.

moscada[1] [moskáða] 形 〖女性形のみ〗 ─

nuez ～《植物》ナツメグ.

moscada² [moskáða] 囡《話》ハエの大群.

moscarda [moskárða] 囡 ❶《虫類》ニクバエ. ❷『集合的に』ハエ・ハチの卵.

moscardón [moskarðón] 男 ❶《虫類》(a) ウマバエ. (b) アブ. (c) クロスズメバチ (=avispón). (d) アオバエ (=moscón). ❷《特に求愛に関して》しつこい[うるさい]人, 厄介者.

moscareta [moskaréta] 囡《鳥類》ムナフヒタキ.

moscatel [moskatél] 形 ❶ マスカットブドウ (=uva ～)の. ❷ マスカットブドウ園の; マスカットワインの.
—— 男 ❶《植物》マスカットブドウ. ❷ マスカットワイン (=vino ～).

moscón [moskón] 男 ❶《虫類》アオバエ, ニクバエ. ❷《植物》カエデ (=arce). ❸ →moscardón ②.

msconear [moskoneár] 他 (人に)うるさく[しつこく]付きまとって困らせる. 類**importunar**.
—— 自 (無知を装い目的を得るため)強情を張る.

mosconeo [moskonéo] 男 うるさく[しつこく]付きまとうこと.

moscovita [moskoβíta] 形 ❶ モスクワ(Moscú)の. ❷ ロシアの.
—— 男女 ❶ モスクワの人. ❷ ロシア人.

Moscú [moskú] 固名 モスクワ(ロシアの首都).

mosén [mosén] 男 師. 昔のアラゴン王国で聖職者に与えられた敬称.

mosqueado, da [moskeáðo, ða] 形 ❶ 斑点のある, まだらの, ぶちの (=moteado). ❷《話》『estar＋』怒った. 類**enfadado**.

mosquearse [moskeárse] 再《話》❶ (人の言動に)腹を立てる, 怒る, むかっとする. ——No le gaste ninguna broma que *se mosquea* enseguida. 彼はすぐに腹を立てるから何も冗談を言わないように. 類**enfadarse, molestarse, picarse**. ❷ 怪しむ, 疑う. ——En cuanto ve a su novia hablando con otro *se mosquea*. 彼は恋人が他の男と話しているのを見ると, すぐに疑いをもつ.

mosquete [moskéte] 男 マスケット銃. ◆昔の大口径のライフル型歩兵銃.

mosquetería [mosketería] 囡『集合的に』❶ マスケット銃兵隊. ❷ (昔の野外劇場の)最後部の立ち見客.

mosquetero [mosketéro] 男 ❶ マスケット銃兵. ❷ (昔の野外劇場の)最後部の立ち見客.

mosquetón [mosketón] 男 ❶ やや大口径のカービン銃. ❷ (開閉可能な)金輪, 留め輪.

mosquita [moskíta] 囡《鳥類》ズグロムシクイ.
mosquita muerta《話》猫かぶり. *La mosquita muerta* 猫をかぶっては, 虫も殺さない顔をしている.

mosquitera [moskitéra] 囡 →mosquitero.

mosquitero [moskitéro] 男 ❶ 蚊帳(ゕ). ❷ (蚊の侵入を防ぐ)網戸.

:mosquito [moskíto] 男《虫類》カ(蚊). ——Cierra la ventana, que entran ～s y te pican. 蚊が入ってきて刺されるから, 窓を閉めなさい.

mostacera [mostaθéra] 囡 (食卓用の)からし入れ, からし壺(ゕ).

mostacero [mostaθéro] 男 →mostacera.

mostacho [mostátʃo] 男 ❶ 口ひげ (=bigote). ❷《まれ》(顔の, 特に口のまわりの)汚れ. ❸《船舶》バウスプリット[第一斜檣(ときしょう)]支檣索.

mostachón [mostatʃón] 男《菓子》マコロン. ◆アーモンド・砂糖・肉桂などで作る小さなロールパン風の菓子.

mostacilla [mostaθíʎa] 囡 (狩猟用の)散弾.

mostajo [mostáxo] 男 →mostellar.

mostaza [mostáθa] 囡 ❶《植物》カラシナ. ❷ カラシナの種. ❸《料理》からし, マスタード. ❹ → mostacilla.

*subírse*LE *a ... la mostaza a las narices*《話》(人が)腹を立てる, 頭に立つ. 類**enojarse, irritarse**.

mostellar [mosteʎár] 男《植物》ナナカマドの類.

mosto [mósto] 男 ❶ (発酵前の)ブドウの搾り汁[果汁]. ——～ agustín《料理》フルーツケーキの一. ❷ ブドウ酒, ワイン.

:mostrador, dora [mostraðór, ðóra] 形 見せる, 示す. —— 名 見せる人, 示す人.
—— 男 カウンター, 商品陳列台. ——El estudiante pidió unos libros en el ～ de la librería. その学生は書店のカウンターで何冊か本を注文した. 類**barra**.

:mostrar [mostrár] [5.1] 他 ❶ (a) を見せる, 示す. ——Me *mostró* las fotos sacadas en Grecia. 彼は私にギリシャでとった写真を見せてくれた. Su rostro *mostraba* una profunda pena. 彼の顔は深い悲しみを表していた. 類**enseñar, presentar**. (b) を見せつける, 発揮する. ——*Mostró* una gran liberalidad. 彼は大変な気前のよさを示した. ❷ を証明する, 立証する; 説明する. ——Las pruebas *muestran* la inocencia de mi amigo. 証拠は私の友人の無実を証明している. 類**demostrar, manifestar, probar**.
—— se 再 ❶ 姿を見せる[現わす], 現れる. ——La reina *se mostró* a la muchedumbre. 王妃は大衆の前に姿を現わした. ❷ …という態度をとる, …の意を表す. ——*Se mostró* muy cordial con todos. 彼はだれに対しても非常に人当たりのよい態度を示した.

mostrenco, ca [mostréŋko, ka] 形 ❶《法律》所有者不明[不在]の. ——bienes ～s (所有権が国家に帰属する)所有者不在の財産. ❷《話》ホームレスの; 主(ゕ)のない. ❸《話》(時々冗談で)無知な, 愚鈍な. 類**ignorante, torpe, zote**. ❹《話》太った, でぶの.
—— 名 ❶ うすのろ, 間抜け. ❷ 肥満の人, でぶ.

mota [móta] 囡 ❶ (糸・布の)節玉, 毛玉. ❷ 細片, 小粒. ——～ de polvo ちり. Se le ha metido una ～ de carbonilla en el ojo. 彼の眼の中にすすが入ってしまった. ❸ 斑点(はんてん), 丸い模様. —— blusa con ～s blancas 白い水玉模様のブラウス. tela blanca a ～s azules 青い水玉模様の入った白い布. ❹ ささいな欠点. ❺『否定文で』少しも[全然]…(ない). ——No hace (ni) (una) ～ de aire. 風は全く吹いてない. ❻ 小さな丘, 高台.

mote¹ [móte] 男 ❶ あだ名, ニックネーム (=apodo). ——Le pusieron de ～ "el Chato". 彼は「鼻ぺちゃ」というあだ名をつけられた. ❷《まれ》標語, モットー. ❸ (昔の騎士が用いた)標章, 銘.

mote² [móte] 男《中南米》塩ゆでしたトウモロコシ.

moteado, da [moteáðo, ða] 形 斑点(はんてん)のある, 水玉模様のついた.

motear [moteár] 他 …に斑点(はん)[水玉模様]をつける.

motejar [motexár] 他 【+de と】(非難の意味で)(人)に(…と)あだ名をつける. ―Le han motejado de mentiroso. 彼はうそつき呼ばわりされた. 類 **tachar, tildar**.

motel [motél] 〈＜英〉男 モーテル.

motete [motéte] 男 《音楽》モテット, 聖歌.

motilidad [motiliðá(ð)] 女 《生理》(固有)運動性, 運動機能.

motilón, lona [motilón, lóna] 形 ❶《まれ》はげ上がった, 毛の少ない. ❷ モティロネス族(南米先住民)の. ❸《話》無知の, 物を知らない.
――名 ❶ はげ上がった[毛の少ない]人. ❷ モティロネス族. ―― 男 助修士 (=lego, donado).

motín [motín] 男 (通常官憲に対する)暴動, 反乱, 騒乱. ―sofocar un ~ 暴動を鎮圧する. 類 **insurrección, levantamiento, rebelión, sublevación**.

motivación [motiβaθjón] 女 ❶ (行動の)動機づけ, 理由. ―Si el chico no estudia es porque no tiene ~. その子が勉強しないのだとすれば, それはそうする理由が見つからないからだ. No sé cuáles fueron tus *motivaciones* pero te portaste desvergonzadamente. 私には君の動機が何なのかわからないが, 君は破廉恥なまねをした. ❷ 誘因, 刺激.

:**motivar** [motiβár] 他 ❶ を引き起こす, …の動機[原因]となる, 理由[口実]となる. ―La explosión *motivó* que cundiese el pánico. 爆発によってパニックが広がった. 類 **causar, originar**. ❷ …に興味[関心]を抱かせる, 刺激を与える. ―La música no le *motivó* mucho y se dedicó a la pintura. 彼は音楽にはあまり興味がなく, 絵の道に進んだ. 類 **estimular**. ❸ …の動機・理由を説明する. ―~ la sentencia 判決理由を説明する.
――**se** 再 【+con に】興味[関心]を示す. ―El chico *se motivó con* las buenas calificaciones. その男の子はよい成績をとることに関心を示した.

:**motivo** [motíβo] 男 ❶ 動機, 理由, 目的. ―con ese motivo この理由で. ~ de disputa 論争の種. bajo ningún ~ いかなる事情によっても…ない. Eso no puede ser ~ para que te quejes. それが君の不満の理由にはならない. El ~ de mi comunicación fue dar a conocer estos datos nuevos. 私の研究発表の目的はこの新データを知らせることです. Tiene sus ~s para estar enfadado. 彼が怒っているのも無理はない. El ~ de que no le contratasen fue que llegó tarde a la entrevista. 彼が採用されなかった理由は面接に遅刻したことだった. 類 **causa, razón**. ❷ 根拠, 口実. ―No le des ~s para que vuelva a abandonarte. 彼がまた君を捨てるような口実を与えてはいけない. ~s de divorcio 離婚の根拠. por ~s de salud 健康上の理由により. ❸ (音楽・美術・文学などの)モチーフ, 主題. ―No es fácil conocer los ~s verdaderos de esta obra. この作品の真の主題を知ることは容易ではない. Los ~s geométricos de estas paredes son impresionantes. この壁の幾何学的モチーフには感動する. ~ ornamental [decorativo] 装飾で繰返し用いられる模様. 類 **leitmotiv, tema**.

con motivo de ... …のために, …の時に臨んで. Los discípulos decidieron publicar un libro con motivo de la jubilación del profesor. 弟子たちは教授の退官記念に本を出版することを決めた.

moto[1] [móto] 女 〈＜motocicleta〉 オートバイ, 単車. ―montar en ~ オートバイに乗る. ~ acuático [de agua] 水上バイク.

moto[2] [móto] 男 道標, 境界標[石] (=mojón).

motobomba [motoβómba] 女 モーターポンプ, 自動給水機.

motocarro [motokář̞o] 男 オート三輪; 三輪トラック.

motocicleta [motoθikléta] 女 オートバイ, 単車. ―~ con sidecar サイドカー付きバイク.

motociclismo [motoθiklísmo] 男 《スポーツ》オートバイレース[競技].

motociclista [motoθiklísta] 男女 ❶ オートバイ乗り, ライダー. ❷《スポーツ》オートバイレーサー.

motociclo [motoθíklo] 男 自動二輪車(の総称).

motocultivo [motokultíβo] 男 機械化農業.

motocultor [motokultór] 男 手押し式耕耘機.

motón [motón] 男 《海事》滑車.

motonave [motonáβe] 女 (ディーゼルエンジン付きの)モーターボート.

motonería [motonería] 女 《海事》[集合的に]滑車.

motoneurona [motoneuróna] 男 運動神経.

motoniveladora [motoniβelaðóra] 女 ブルドーザー, 地ならし機.

:**motor, tora**[1] [motór, tóra] 形《女性形は motriz もある》❶ (生理)運動する, 運動を起こさせる. ―músculos [nervios] ~es 運動筋[神経]. ❷ 推進する. ―El presidente es la fuerza *motora* de nuestra empresa. 社長がわが社の原動力である.
――男 ❶ (機械)エンジン, モーター, 発動機, 内燃機関. ―poner el ~ en marcha エンジンを始動させる. Este ~, al arrancarlo, produce un ruido extaño. このエンジンをかけるときに変な雑音を出す. ~ de combustión interna [de explosión] 内燃機関. ~ de reacción [a chorro] ジェットエンジン. ~ diesel ディーゼルエンジン. ~ de arranque (内燃機関の)起動装置, スターター. ~ de búsqueda (情報)検索[サーチ]エンジン. ~ eléctrico モーター, 電動機. ~ fuera de [por] borda 船外発動機. ~ hidráulico 水力発動機. ~ rotativo ロータリーエンジン. ❷ 推進するもの, 原動力.

motora[2] [motóra] 女 モーターボート.

motorismo [motorísmo] 男 《スポーツ》オートレース; (特に)オートバイレース.

motorista [motorísta] 男女 ❶ 車の運転手, ドライバー. ❷ オートバイ乗り, ライダー. ❸《スポーツ》オートレーサー.
――男 《話》オートバイ警官 (=~ de policía).

motorización [motoriθaθjón] 女 ❶ 自動車化, モータリゼーション. ❷ 動力化, 機械化.

motorizado, da [motoriðáðo, ða] 形 動力化[機械化]された. ―división *motorizada*《軍事》機械化師団.

motorizar [motoriθár] [1.3] 他 (軍隊・産業など)を動力化[機械化]する.

―― se 再 《話》(人の)自動車を持つ.

motriz [motríθ] 形 《女性形のみ》原動の, 発動の(=motora). —fuerza ~ 原動力. causa ~ 動因.

mouse [máus] [＜英] 男 《情報》マウス.

movedizo, za [moβeðíθo, θa] 形 ❶ 動きやすい; 可動の. —arenas movedizas 流砂. **類 movible**. ❷ 安定していない. ❸ 揺れ続けている, よく揺れる. —El arrozal era un ~ mar de espigas. 水田はいつも揺れている稲穂の海であった. ❹ (人が)むら気な, 移り気の. **類 inconstante, voluble**. ❺ (情況が)不安定な, 変わりやすい. **類 inseguro**.

✱✱mover [moβér モベル] [5.2] 他 ❶ (a) を動かす, 移す, 移動させる. —Se necesitan cuatro personas para ~ esta mesa. このテーブルを動かすには4人の人手が必要だ. (b) を回す, (機械)を動かす, 作動(ｻﾄﾞｳ)させる. —La electricidad mueve el tren. 電力が列車を動かしている. を振る, 揺らす, かき回す. ~ ~ la mano 手を振る. El viento mueve las hojas de los árboles. 風が木の葉を揺らしている. ~ el café con una cucharilla コーヒーをスプーンでかき混ぜる. ❷ (a) 【+a不定詞】(…するように)を駆る, 促す, 誘う. —La situación política la movió a exiliarse. 彼女は政情のために亡命をした. (b) 【+a】(ある感情へと)(人)を誘う. —Aquellas trágicas escenas movían a la gente a compasión. あの悲劇的な光景は人に同情を誘った. ❹ を促す, 駆り立てる, 急がせる. —Un influyente amigo movió el asunto. 影響力のある友人が事件をあおった. ❺ (チェス)(駒)を動かす. ~ ~ fichas 駒を動かす.

―― 自 (植物の)芽が出る, 芽生える.

―― se 再 ❶ 動く, 移る, 移動する. —No te muevas de aquí. ここから動くなよ. ❷ 急ぐ. —Si no te mueves, vas a perder el tren. 急がないと, 君は列車に乗り遅れるよ. ❸ 運動する, 画策する. —Para conseguir un buen puesto, tendrás que moverte mucho. いいポストを獲得するには君は大いに運動をせねばならないだろう. ❹ うまくやって行く.

movible [moβíβle] 形 ❶ 動かせる, 可動の. **類 móvil**. ❷ (人が)むら気な, 移り気の. **類 movedizo, variable, voluble**. ❸ 《天文》 移動してゆく, 可動性の.

fiesta movible →fiesta.

movida [moβíða] 女 →movido.

✱movido, da [moβíðo, ða] 過分 形 ❶ 動かされた, 感動させられた. ❷ (写真)ぼやけた, ぶれた. —La foto ha salido movida. その写真はぶれている. ❸ (人が)活発な, 元気な. —Es un niño muy ~. とても活発な男の子だ. **類 animado, inquieto**. ❹ 活気がある. —La fiesta fue muy movida. そのパーティーは活気があった. ❺ あわただしい, ばたばたした. —Ayer pasamos un día muy ~. 昨日私たちはとてもあわただしい一日を過ごした. **類 agitado, animado**.

―― 女 ❶《話》騒ぎ, 混乱. —Ayer comenzó la movida electoral. 昨日から選挙騒ぎが始まった. **類 confusión, lío**. ❷ 活気, にぎわい. —En estas playas hay mucha movida en verano. この辺りの海岸は夏にはとても活気がある. Hemos estado de movida todo el fin de semana. 私たちは週末中ずっとあわただしかった. **類 animación,**

marcha.

✱móvil [móβil] 形 ❶ 動く, 移動する. —tabique ~ 移動式間仕切り. teléfono ~ 携帯電話. Esta afeitadora tiene la cuchilla ~. このシェーバーの刃は首振り式です. **類 movible**. **反 fijo, inmóvil**. ❷ 不安定な. —Trae otra silla, que ésa está ~. その椅子は不安定だから, 別のを持って来て. **類 inestable**.

―― 男 ❶ 動機, 理由. —Todavía no se sabe el ~ de este asesinato. この殺人事件の動機についてはまだ分かっていない. **類 motivo, razón, causa**. ❷《芸術》モビール. —En el escritorio tienes un ~ en forma de paloma. 君のデスクには鳩のモビールがある. ❸ 印紙. —timbre ~ 収入印紙. ❹《物理》動体. —Han visto un ~ circular que atravesó el cielo a toda velocidad. 空中を全速で横切っていく円形の飛行物体が目撃された. ❺ 携帯電話.

movilidad [moβiliðá(ð)] 女 ❶ 可動性, 移動性. ❷ むら気, 移り気; 不安定さ.

movilización [moβiliθaθjón] 女 《軍事など》動員. ~ ~ general 総動員. Ese partido tiene un gran poder de ~ de sus afiliados. その政党は党員たちを動員する大きな力を有している.

movilizar [moβiliθár] [1.3] 他 ❶《軍事》(軍隊など)を動員する; 徴用する. ~ ~ gran número de reservistas 大勢の予備役を召集する. El sindicato ha amenazado con ~ a todos sus afiliados. 組合はすべての組合員たちを動員するぞと脅しをかけた. **類 reclutar, reunir**. ❷ を運用[活用]する. ~ ~ las ganancias de la empresa 企業の利潤を運用する.

―― se 再 ❶《軍事》動員される; 活動を始める, 動き出す. ❷ を運用[活用]する.

✱movimiento [moβimjénto] 男 ❶ 動き, 運動. —Desde la ventana del hotel se veía el ~ de los barcos. ホテルの窓から船の動きが見えた. Los ~s de la tortuga son muy lentos. 亀の動きはとてもゆっくりしている. ~ ~ acelerado 加速運動. ~ continuo [perpetuo] 永久運動. ~ de rotación 回転運動. ~ ondulatorio 波動. ~ retardado 減速運動. ~ sísmico 地震活動. ~ vibratorio 振動運動. ❷ 動作, 身ぶり. —Supe que no quería ir por el ~ de su cabeza. 私は彼の頭の動かし方で行きたくないなと分かった. **類 gesto**. ❸ (人・交通など)流れ, 出入り, 混雑. —Como hoy es sábado hay demasiado ~ en estas calles. 今日は土曜だからこの通りは人出が多い. **類 actividad**. ❹ (相場・物価などの)変動, 変化; (預金額の)動き, 変動. —Esta semana ha habido mucho ~ en la bolsa. 今週は相場に大きな変動があった. ~ ~ de capital 資本移動. ~ de una cuenta corriente 普通預金額の動き. ~ (de) población 人口変動. ❺ (感情などの)激発, 爆発; 動き. —Tuvo un ~ de ira. 彼は怒りを爆発させた. ❻《芸術, 思想, 社会, 政治》運動, (時代の)潮流. —El postmodernismo es un ~ filosófico propio de la postguerra. ポストモダンは戦後に特徴的な哲学の潮流である. ~ ~ obrero 労働運動. ~ sindicalista 労働組合運動. ~ socialista 社会主義運動. ~ por derechos humanos 人権運動. **類 corriente, tendencia**. ❼ 反乱, 暴動. —~ militar 軍

1314 moxte

の反乱. ~ revolucionario 革命運動. [類]**rebelión**. ❽〖音楽〗テンポ; 楽章. —**Esta sinfonía tiene cuatro ~s**. この交響曲は4楽章からなる. ❾〖文学〗物語の進行, 展開. ❿〖絵画〗動的効果(線や陰影の効果).

estar en movimiento 動いている. **El satélite artificial *está* siempre *en movimiento*.** その人工衛星はいつも運動を続けている.

poner en movimiento 始動させる. **La caravana, parada casi una hora, se *puso* por fin *en movimiento*.** ほとんど1時間も止まったままであった渋滞はようやく動き始めた.

¡moxte! [mó(k)ste] [間] →**ioxte!**

moyuelo [moɟuélo] [男] (細かい)麩(ふすま).

mozalbete [moθalβéte] [男] ❶ 若者, 少年. [類] **muchacho, mozuelo**. ❷〖軽蔑〗若僧, 若いの.

Mozambique [moθambíke] [固名] モザンビーク(首都マプートMaputo).

mozárabe [moθáraβe] [形] 〖歴史〗モサラベの. —**arte ~** モサラベ芸術.
—— [男女] モサラベ.〖レコンキスタの時代にイスラム教徒の治世下でキリスト教の信仰を保持した住民〗.
—— [男] モサラベ方言.

:mozo, za [móθo, θa] [名] ❶ 若者, 青年, 少年, 少女. —**En este pueblo ya no quedan ~s**. この村にはもう若者は残っていない. **buen(a) ~(a)** りっぱなふうさいの(容姿が良くはつらつとした)若者. **Su hijo se ha hecho un buen ~**. 彼の息子はハンサムな若者になった. [類] **muchacho(muchacha)**. ❷ 独身の若者, 未婚者. [類] **soltero(soltera)**.
—— [男] ❶ ウエイター, 給仕. —**Un mozo nos trajo las bebidas.** ウエイターが飲み物を運んできた. **¡Mozo!, la cuenta, por favor.** ボーイさん, お勘定をお願いします. **~ de café** 喫茶店のウエイター. **~ de comedor** ウエイター, 給仕. [類] **camarero**. ❷ 下働き, 使用人, 下男. —**Un ~ nos hizo los encargos.** 下働きの人がいろいろ私たちの用事をしてくれた. **~ de almacén** 倉庫番. **~ de carga** 荷運び. **~ de cordel [de cuerda, de esquina]** ポーター. **~ de estación** ポーター, 赤帽. **~ de estoque** (闘牛の)太刀持ち, 闘牛士の助手. **~ de hotel** ボーイ. **~ de labranza** 農家の下働き. **~ de mulas** (雌の)ロバ番. [類] **criado**. ❸ 徴兵, 召集兵. [類] **quinto**. ❹ 支え, 突っ張り. [類] **tentemozo**.
—— [女] お手伝い, 女中. [類] **criada**.
—— [形] ❶ 若い. —**Mi padre viajó por todo el mundo en sus años ~s**. 父は若かりしころ世界中を旅した. **Tiene una hija moza**. 彼には若い娘が一人いる. [類] **joven, muchacho**. ❷ 独身の, 未婚の. —**¿Sabes que ella todavía está *moza*?** 彼女がまだ独身だって知ってる?

mozuelo, la [moθuélo, la] [名] 若者, 青年; 小娘. [類] **chico, muchacho**.

MRTA 〖頭字〗〖<Movimiento Revolucionario Túpac Amaru〗[男] 〖ペルー〗トゥパク・アマル革命運動(ゲリラ組織).

muaré [muaré] [男] (布の)波紋織, モアレ.

mucamo, ma [mukámo, ma] [名] 〖南米〗使用人, 召使い; 女中, 家政婦.

muceta [muθéta] [女] ❶〖カトリック〗モゼタ. ◆教皇など高位聖職者が着用するフード付きの短いケープ. ❷ 大学の式服.

muchachada [mutʃatʃáða] [女] ❶ 子どもっぽい行為, 悪ふざけ, 腕白. ❷〖集合的に〗子どもたち, 子どもの集団.

muchachería [mutʃatʃería] [女] ❶ →**muchachada**. ❷ 騒がしい大勢の子どもたち.

muchachil [mutʃatʃíl] [形] 子どもの.

muchacho, cha [mutʃátʃo, tʃa ムチャチョ, チャ] [名] ❶ 男の子, 女の子, 少年, 娘. —Me presentaron a un ~ muy majo**. 私はすてきな男の子を紹介してもらった. **Mi hermano se ha casado con una *muchacha* del pueblo**. 弟は田舎の娘と結婚した. **De ~, aprendía a tocar el violín**. 子供の頃には私はバイオリンを習っていた. [類] **chico, niño**. ❷ 若者, 青年. —**Se casó cuando todavía era ~**. 彼はまだ若いときに結婚した. [類] **joven**. ❸ 下働き(の者). —**Ahora el ~ le llevará a casa los encargos**. ご注文の品は若い者がこれからご自宅までお持ちいたします.
—— [女] お手伝い, 女中. [類] **criada, sirvienta**.

:muchedumbre [mutʃeðúmbre] [女] ❶ 群衆, 大勢の人. —**Había una ~ en la playa**. 浜辺は人で一杯だった. [類] **multitud, avalancha**. ❷ 多数, 群れ. —**Una ~ de langostas invadió los arrozales**. イナゴの大群が田んぼを襲撃した.

:muchísimo, ma [mutʃísimo, ma] [〖mucho の絶対級〗形] とてもたくさんの, 非常に多くの. —**Muchísimas gracias por su llamada**. お電話くださってとても感謝いたします.
—— [副] とても. —**Me gustó ~ tu regalo**. あなたのプレゼントとても気に入った.

mucho, cha [mútʃo, tʃa ムチョ, チャ] [形] **(a) [単] たくさんの. —**Tiene ~ alimento**. それはとても栄養がある. **En España se bebe ~ vino**. スペインではワインをたくさん飲む. **Los alumnos no le tienen ~ respeto**. 生徒たちはあまり彼を尊敬していない. **Había *mucha* gente**. そこにはたくさんの人がいた. **Sucedió hace ~ tiempo**. それが起こったのはずっと昔のことだった. **Tengo *mucha* hambre**. とても空腹です. **Madrid es una ciudad con *mucha* vida nocturna**. マドリードは夜遊びに事欠かない. **(b)** [複] 多くの, たくさんの. —**¿Recibiste ~s regalos?** プレゼントをたくさんもらいましたか. **Sus *muchos* problemas lo sumieron en una gran depresión**. 彼が抱えている多くの問題が彼を鬱にさせた. **M~s niños pasan hambre**. 多くの子供たちが飢えている. **Seis hijos ya son ~s**. 子供6人というのは多い. **Somos ~s**. 我々は人数が多い. ❷ [副] 〖程度〗大変な; すばらしい. —**Ésta es *mucha* comida para el niño**. これは子供にとっては大変な量の食事だ. **M~ ejercicio puede ser contraproducente**. 練習のしすぎは逆効果だ. **Hoy día hay ~ sinvergüenza por ahí**. このごろは与太者が多数うろついている. **Es *mucha* mujer para un hombre tan mediocre**. そんな平凡な男にとって彼女はすぎた女だ.
—— [代] ❶ 多くのもの[人]. —**No me creo ~ de lo que ha dicho**. 彼の言ったことの多くを私は信じない. **Tengo ~ que hacer**. 私はすることがたくさんある. **Desearía que me ayudaras cinco minutos, si no es ~ pedir**. 差し支えなければ5分程度手伝いをお願いしたいのですが. **~s creen que ...** …と信じている人が少なくない. ❷ (時間に関して)長時間. —**Hace ~ que no vamos al cine**. 我々はも

ずいぶん映画へ行っていない. ¿Falta ～ para que llegue el tren? 汽車が着くのにまだかなりかかりますか. ¿Tuviste que esperar ～? 長く待たなければならなかったのですか.

── 副 ❶ 多く; 非常に, 大変. ―Me gustó ～. 私はとても気に入った. No salen ～. 彼らはあまり外出しない. Mis padres me ayudaron ～. 両親は私をとても助けてくれた. Esto preocupa, y ～, a los profesores. 先生たちにとっては大きな関心事だ. Trabaja ～. 彼は非常に熱心に働く. ¿Llueve ～? 雨はひどく降っていますか. Aún tardará ～ en llegar. まだ彼はなかなか来ないだろう. Después de ～ discutir consiguieron llegar a un acuerdo. 彼らは長い議論の後に意見の一致を見た. M～ hablar, pero él no hace nada. いろいろ言うが彼は何もしない. ¿Estás preocupado? −M～. ご心配ですか. -はい, とても. ¿Te gusta? −Sí, ～. お好きですか. -はい, とても. ❷【+比較級】ずっと, はるかに. ―Ahora el coche funciona ～ mejor. こんどは車の調子がずっとよくなった. Ayer hizo ～ más calor que hoy. 昨日は今日よりはるかに暑かった. Él es ～ mayor que yo. 彼は私よりずっと年上だ. El enfermo está ～ peor que la semana pasada. 病人は容態が先週よりずっと悪くなった. Yo había estado allí ～ antes. 私はははるか昔にそこへ行ったことがあった. M～ después nos vimos de nuevo en Madrid. ずっと後になって私たちはマドリードで再会した.

como mucho 多くても, せいぜい. *Como mucho* es un año mayor que yo. 彼はせいぜい私よりもひとつ年上ぐらいだ.

con mucho はるかに, ずっと, 楽々と. Es, *con mucho*, el más inteligente de la clase. 彼は飛び抜けてクラスの中で一番頭がいい.

en mucho はるかに, 大幅に.

muy mucho 《話》【mucho の強調】Importa *muy mucho* que no digas nada a nadie. 君が誰にも何も言わないのは絶対重要だ.

ni con mucho とても…どころではない. Los beneficios no fueron *ni con mucho* los esperados. 利益を期待するなんて, とてもそれどころではなかった.

ni mucho menos それどころではない, 全く正反対だ. No me ha convencido, *ni mucho menos*. 私が納得してないなんて, 全く逆だ.

ni mucho ni poco [*ni poco ni mucho*] いささかも(…ない).

por mucho que【+接続法】たとえどんなに…であろうとも. *Por mucho que* grites, nadie nos va a oir. おまえがどんなに叫ぼうとも誰にも聞えない.

mucilaginoso, sa [muθilaxinóso, sa] 形 粘液質の; べたべたした.

mucílago [muθílaɣo] 男【植物性】粘液, 粘質物.

mucosa [mukósa] 女 →mucoso.

mucosidad [mukosiðá(ð)] 女 粘液; (特に)鼻汁.

mucoso, sa [mukóso, sa] 形 ❶ 粘液の; 鼻汁のような. ❷ 粘膜の. ―membrana *mucosa* 粘膜.

── 女 粘膜(=membrana *mucosa*). ―～s nasales 鼻の粘膜.

muda [múða] 女 ❶ (羽毛などの)生え変わり; 脱皮. ❷ 替えの下着(一組). ―Te he metido tres ～s en la maleta. 3 組の替え下着をスーツケースに

入れておいたよ. ❸ 思春期の声変わり. ―estar de ～ 声変わり中である.

‡**mudanza** [muðánθa] 女 ❶ 引っ越し, 転居. ―Hemos comprado una casa nueva y haremos la ～ el domingo. 私たちは新しい家を買い, この日曜日に転居します. Estamos de ～. 私たちは引っ越し中です. camión de ～s 引っ越しトラック. ❷ 変化, 移り変わり. ―Me ha sorprendido esta nueva ～ de parecer. この新たな見解の変化に私は驚かされた. ～ de su genio 性格の変化. 類 **cambio**. ❸【ダンス】フィギュア, 一旋回. ❹【音楽】(音の)推移, シフト. ❺ (鳥の)羽変わり.

***mudar** [muðár ムダル] 他 ❶ (外見・状態など)を変える, 取り替える. ―Van a ～ la casa. 彼らは家を引っ越ぼうとしている. ～ los pañales del bebé 赤ん坊のおむつを替える. Los pájaros *mudan* las plumas cada año. 鳥は毎年羽が生え変わる. Los sufrimientos *mudaron* el carácter de mi padre. 苦しみが私の父の性格を変えた. ❷【+en に】を変える. ―～ la tristeza en alegría 悲しみを喜びに変える.

── 自【+de が】変える. ―～ de color 顔色を変える. ～ de casa 引っ越しをする. ～ de idea 考えを変える. ～ de costumbre 習慣を変える. ～ de voz 声変わりする.

──**se** 再 ❶ 引っ越しをする, 移転する. ―Mañana *nos mudamos* a una nueva casa. 明日私たちは新しい家に引っ越す. ❷ 着替える. ―Se mudó de camisa para ir a trabajar. 彼は働きに出かけるためシャツを取り替えた. ❸【+en に】変る.

mudéjar [muðéxar] 形 ❶ ムデハルの. ❷《建築》ムデハル様式の.

── 男女 ムデハル(人). ♦中世スペインでキリスト教徒により再征服された土地に改宗せずその支配に服しとどまったイスラム教徒.

mudez [muðéθ] 女 ❶ 口のきけないこと, 唖(あ). ❷ 無言, 沈黙.

***mudo, da** [múðo, ða ムド, ダ] 形 ❶ 口がきけない, おしの. ―El niño era ～ de nacimiento. その子は生まれつき口がきけなかった. ❷ 静かな, 黙っている, 無言の. ―Permaneció ～ delante de los padres de su novia. 彼はフィアンセの両親の前で口をきけなかった. película *muda* サイレント映画. 類 **callado, silencioso**. ❸ 物が言えない, 唖(あ)然とした. ―Se quedó ～ de asombro. 彼はびっくりして何も言えなかった. ❹【言語】黙音の. ―letra *muda* 黙字(スペイン語のhのように発音しない文字). mapa ～ 白地図.

mudo como un muerto [*como una tumba*] 押し黙った(←死人や墓のように無口の).

── 名 口のきけない人, 唖(あ)の人.

***mueblaje** [mueβláxe] 男【集合的に】家具(類), 調度. ―Al cambiar de vivienda, decidí renovar mi antiguo ～. 引っ越しに際して, 私は古い家具類を一新することに決めた. 類 **mobiliario, moblaje**.

****mueble** [muéβle ムエブレ] 男 家具, 調度, たんす. ―Compramos varios ～s para la nueva casa. 新居のためにいくつか家具を買った. un apartamento con ～s 家具つきアパート. ～ bar カクテルキャビネット, サイドボード. ～ cama 折り畳みベッド. tienda de ～s 家具

1316 mueblería

店 (=mueblería).
—— 形 (財産で)動かせる. — bienes ~s 個人の財産, 動産. 反 **inmueble**.

mueblería [mueβlería] 女 ❶ 家具店. ❷ 家具工場.

mueblista [mueβlísta] 形 家具製造[販売]の.
—— 男女 ❶ 家具製造業者, 指物師. ❷ 家具販売業者.

‡**mueca** [muéka] 女 ❶ しかめつら, 顔をゆがめること. — hacer una ~ de asombro [dolor, rabia, contrariedad] 驚き[痛み, 怒り, 不快感]で顔をゆがめる. ❷ 顔の表情, 顔つき. — Su cara tiene una ~ de burla. 彼の顔はばかにした顔つきになっている. Me hizo ~s para que no dijese nada. 彼は私に何も言うなというような顔つきをした. 類 **gesto**.

muel- [muél-] 動 moler の直・現在, 接・現在, 命令・2単.

‡‡**muela** [muéla ムエラ] 女 ❶ 臼歯, 奥歯, 歯. — A mi hijo se le ha picado una ~. 息子の奥歯が一本虫歯になった. Tengo dolor de ~s. 歯が痛い. ~ cordal [del juicio] 親知らず, 知歯. Me está saliendo la ~ del juicio. 私は親知らずが出てきた. 類 **molar**. ❷ 石臼. — La harina se hace machacando el trigo con la ~. 小麦粉は小麦を石臼で挽(ひ)いてつくる. ❸ 回転砥石(といし).

muellaje [muejáxe] 男 《海事》入港税, 桟橋使用料.

‡**muelle**¹ [mueje] 形 ❶ 柔らかい, 安楽な. — un ~ sofá ふわっとしたソファー. 類 **blando**. ❷ 気楽な, 気ままな. — Gracias a la herencia de su padre, pudo llevar una vida muelle. 父親の遺産のおかげで, 彼は気楽な生活を送った. 類 **cómodo**.

muelle² [mueje] 男 ❶ 波止場, 埠頭, ドック, 桟橋. — El barco está atracado en el muelle del fondo. その船は一番奥の桟橋に着岸している. ❷ 突堤, 防波堤, (川)土手. 類 **malecón**. ❸ 《鉄道》貨物列車用プラットフォーム. ❹ ばね, スプリング. — ~ real (時計の)ぜんまい. Este colchón lleva ~s en su interior. このマットレスは中にスプリングが入っている. 類 **resorte**.

flojo de muelles 《話》便意・尿意を我慢できない.

muer- [muér-] 動 morir の直・現在, 接・現在, 命令・2単.

muerd- [muérd-] 動 morder の直・現在, 接・現在, 命令・2単.

muermo [muérmo] 男 ❶ 《獣医》鼻疽(そ). ◆ 馬・ロバの伝染病. ❷ 《比喩》退屈; 眠気. — ¡Venga, sacúdete ese ~ y vamos a divertirnos! さあ, そんな眠気は振り払って楽しもう! No sé cómo te gusta ese ~ de película. 私は君がどうしてそんな眠くなるような映画が好きなのかわからない.

‡**muerte** [muérte ムエルテ] 女 ❶ 死, 死亡, 死んだ状態. — Mi abuelo trabajó hasta el momento de su ~. 祖父は死ぬ瞬間まで働いた. ~ digna 尊厳死. ~ repentina 急死. ~ violenta 暴力による死, 変死. condenar a ~ 死刑を宣告する. 類 **fallecimiento, defunción**. ❷ 殺人, 人殺し. — Fue acusado de dos atracos y una ~. 彼は強盗2件及び殺人1件のかどで告発された. 類 **homicidio**. ❸ 破局, 消滅. — Temo que esta separación tan larga sea la ~ de nuestro amor. こんなに長く離れていると私たちの愛は破局を迎えるのではないかと心配だ. 類 **aniquilamiento, destrucción** ❹ (la M~) 死神(大鎌をもち骸骨の姿をしている). — la *M*~ le estaba esperando a los pies de su lecho. 死に神が彼の寝床の足元で待っていた.

a muerte (1) 死を賭けて, 死ぬまで, 必死で. luchar *a muerte* 必死で戦う, 死闘を繰り広げる. (2) 猛烈に, ひどく, 情け容赦なく. aborrecer [odiar] *a muerte* 蛇蝎(だかつ)のごとく嫌う[憎んでも憎み足りない].

a vida o muerte 生死にかかわる, 重大な. El médico decidió operarlo *a vida o muerte*. 医者は生死にかかわる大手術をする決心をした.

dar muerte a ... を殺す. Le golpearon hasta *darle muerte*. 彼は殴られたあげくに殺された. 類 **matar**.

de mala muerte 《軽蔑》つまらない, 下等な. un sueldo *de mala muerte* わずかな給料. un cargo *de mala muerte* たいしたことのない役職.

de muerte ひどい, すごい. Al oírlo se llevó un susto *de muerte*. それを聞くと彼はひどく驚いた.

encontrar la muerte 死ぬ. *Encontró la muerte* en la carretera. 彼は運転中に死んだ.

estar a la muerte [*a dos pasos de la muerte, a las puertas de la muerte, entre la vida y la muerte*] 死にかけている.

hasta la muerte 死ぬまで, 最後まで.

luchar [*debatirse*] *con la muerte* 死に瀕している, 断末魔の苦しみを味わっている.

morir de muerte natural 寿命で死ぬ, 自然死を遂げる. Mi abuelo *murió de muerte natural* a los 90 años. 祖父は90歳で天寿を全うした.

muerte civil 《法律》市民権喪失, 私権剥奪.

muerte dulce 苦痛なしの死.

ser [*dar*] *una muerte* いやなこと, 迷惑なこと. *Es una muerte* tener que escuchar sus rollos todas las noches. 毎晩彼のつまらない話を聞かなくてはいけないのはつらい.

volver de la muerte a la vida 重病から命拾いする.

Muerto [muérto] 固名 (Mar ~) 死海(ヨルダンとイスラエルの国境の塩湖).

muerto [muérto] 動 morir の過去分詞.

‡‡**muerto, ta** [muérto, ta ムエルト, タ] 過分 (< morir) 形 ❶ (*a*) 死んだ, 死んでいる[*estar*+]. — Han encontrado en la playa un hombre ~. 死んだ男が海岸で見つかった. De repente cayó *muerta*. 突然彼女は倒れて死んだ[息絶えた]. La familia le dio por ~. 家族は彼が死んだものと考えた. 類 **difunto, finado, perecido**. 反 **vivo**. (*b*) 生命のない. — La piedra es una materia *muerta*. 石は無機物である. 類 **inerte**. (*c*) 《文》殺された, (誰かの)殺した. — Fue *muerta* de un tiro en la sien. 彼女はこめかみを撃たれて死んだ. 〖文章語では morir の代わりに受動形 ser muerto を多く用いる. また matar の代わりに morir を他動詞的に用いることがある:He muerto una liebre. 私はウサギを殺した. 〗 (*d*) (植物が)枯れた, しおれた. — Al volver encontré las plantas *muertas* por falta de riego. 帰ったら水不足で植物が枯れていた. 類 **marchitado, seco**. ❷ (*a*)「+de で] 死にそうな[*estar*+]. — Estoy *muerta* de hambre [miedo].

私は空腹で〔恐ろしくて〕死にそうだ. (*b*)《話》(死ぬほど)疲れた, 疲れ切った〖*estar*＋〗. —*Trasnochar me deja* ~. 私は徹夜したので疲れ切っていた. *Iba muerta de cansancio*. 彼女は疲れ切っていた. (*c*)《話》〖＋*por*＋〗(死ぬほどに)ほれる〖*estar*＋〗. —*Está* ~ *por ella*. 彼は死ぬほど彼女に恋いこがれている. ❸ (言語・思想・習慣などが廃れた, 死滅した, 利かなくなる. —*lengua muerta* 死語. *letra muerta*(効力のなくなった)死文. 【類】*acabado, inactivo, terminado*. ❹ (*a*) 死んだような, 生気のない, 活気を失った〖*estar/ser*＋〗. —*aguas muertas* たまり水. *cal muerta* 消石灰. *Es una carretera sin tránsito, casi muerta*. それは交通のとだえた死んだような道路だ. 【類】*apagado*. (*b*)(色などが)さえない, (音が)反響しない〖*estar/ser*＋〗. —*Pintó la pared de un rojo muy* ~. 彼はその壁を非常にくすんだ赤で塗った.

ángulo muerto →*ángulo*.

horas muertas →*hora*.

más muerto que vivo《話》(恐怖や苦しみで)生きた心地がしないさま. *Esa película de terror me ha dejado más muerto que vivo*. そのホラー映画を見て私はものすごく怖くなった.

medio muerto〖*estar/quedarse*＋〗(1)死にそうになる. *He estudiado tanto hoy que estoy medio muerta*. きょうは大いに勉強したので疲れて死にそうだ. (2)半殺しになる. *Le dejaron medio muerto de la paliza que le dieron*. 彼は棒で殴られて半殺しの目にあった.

Muerto el perro se acabó la rabia. 【諺】原因が消えれば万事解決(←犬が死ねば狂犬病もなくなる).

muerto de risa →*risa*.

ni muerto ni vivo(探している人が)全然見つからない, 影も形もない. *Aunque le han buscado, no aparece ni muerto ni vivo*. 彼を捜したけれども, 全然姿を現さない.

no tener dónde caerse muerto 非常に貧乏である.

—— 名 死者, 死人, 故人. —*No sabemos la voluntad de los* ~. 私たちには故人の意志は分からない. *No hablan los* ~*s*. 死人に口なし. *Esta semana ha habido veinte* ~*s en accidentes de tráfico*. 今週は交通事故で20人の犠牲者が出た. 【類】*difunto, fallecido, finado*. 【反】*vivo*.

—— 男 ❶ 【複】死んだ家族〖仲間〗. —*Honremos a nuestros* ~*s*. 今は亡くなった私たちの家族に敬意を表しましょう. ❷ (人の)死体, 遺体. 【類】*cadáver, cuerpo*. ❸ (ブリッジなどのカード遊びで)ダミー(自分では競技しない人). ❹《話》いやな仕事; いやな〖つまらない〗奴.

callarse como un muerto 完全に沈黙する, 秘密を固く守る. *Cuando le pregunté si había sido él, se calló como un muerto*. 私が彼なのかどうか問いただすと, 彼は全く黙り込んだ.

cargar con〖*echar*〗*el muerto a*〖＋人〗《話》(1) …のせいにする, …に責任をなすりつける. *No lo hice yo, pero me echaron a mí el muerto*. 私がそれをしたのではないのに, 私のせいにされてしまった. (2) …にいやな〖厄介な〗仕事を押しつける. *Me cargaron con el muerto de terminar el dichoso informe*. 私はあのいまいましい報告書を仕上げるという厄介な仕事を押しつけられた.

doblar〖*tocar*〗*a muerto* 弔いの鐘が鳴る.

El muerto al hoyo y el vivo al bollo. 【諺】

死者はすぐ忘れられる, 死んだ人よりも生きている人の生活が大事(←葬式が済めば生きている人は日常に戻る).

hacer el muerto《話》仰向けで水に浮かぶ. *Los niños hacían el muerto en la piscina poniendo los brazos en cruz*. 子供たちは腕を交叉させてプールに体を浮かべた.

hacerse el muerto《話》死んだふりをする. *Cuando le dispararon se hizo el muerto*. 彼は撃たれたとき, 死んだふりをした.

levantar un muerto 賭け金をごまかして取る.

por tus〖*mis/sus*〗*muertos*《話》絶対に, 誓って. *Te juro por mis muertos que no he sido yo*. 誓って言うけれどそれは私ではなかった.

quedarse como un muerto 固く口を閉ざす, 何も答えようとしない.

¡Tus muertos!《俗》(ののしって)ばか野郎.

un muerto de hambre《話》極貧の人, 食うや食わずの人. *Se ha casado con un muerto de hambre*. 彼女は食うにも事欠くような男と結婚した.

muesca [muéska] 囡 ❶《木工》柄穴(ﾎｿｱﾅ); (端の)切り込み, 引き目. ❷ (牛などの所有者を示す)耳印.

muestr- [muéstr-] 動 *mostrar* の直・現在, 接・現在, 命令・2 単.

:**muestra** [muéstra] 囡 ❶ 見本, サンプル. —*En la farmacia me dieron una* ~ *de la nueva medicina para el estómago*. 薬局で新しい胃薬のサンプルをもらった. *El camarero nos dio a probar una* ~ *de vino*. ウエイターは私たちにワインの味見をさせてくれた. *La enfermera analizó las* ~*s de sangre del paciente*. 看護婦は患者の血液のサンプルを分析した. ❷ 展示, 陳列, 展覧会. —*feria de* ~*s* 見本市. *Mañana se abre al público la* ~ *internacional de aparatos electrónicos*. 明日電子機器の国際見本市が開幕する. *En la* ~ *se recogen todas las obras del artista*. 展覧会はこの芸術家の全作品が集められる. 【類】*exposición, feria*. ❸ モデル, 模範, 手本. —*Aprendí a dibujar repitiendo las* ~*s que me hacía mi madre*. 私は母が示した手本をまねて絵を描くことを学んだ. *piso de* ~ (マンションの)モデル・ルーム. 【類】*modelo*. ❹ (店の)看板. —*Había una muñeca a la puerta como* ~ *para indicar que era una juguetería*. おもちゃ屋をさす看板として戸口に人形が置いてあった. ❺ (統計の)標本, サンプル. —*Nuestros resultados se basan en una* ~ *de diez mil personas*. 我々の統計は1万人からのサンプルに基づいている. ❻ (何かの)少量. —*Échame muy poco coñac, sólo una* ~. コニャックを少しだけ注いで, ほんの味見ていど. ❼ 兆候, しるし, 証拠. —*Daba* ~*s de alegría* [*cansancio*]. 彼は喜び[疲れ]を見せていた. *Le hicimos un regalo como* ~ *de agradecimiento*. 感謝のしるしに私たちは彼に贈り物をした. *Aquel modo seco de contestar no es más que una* ~ *de su mala educación*. あのような無愛想な答え方は彼の不作法のほんの一端を示すものだ. 【類】*indicio, señal*.

botón de muestra →*botón*.

muestrario [muestrárjo] 男 【集合的に】見本集[帳]. —~ *de colores* [*telas*] 色[生地]見本. 【類】*catálogo, repertorio*.

muestreo [muestréo] 男 《統計》見本[標本]抽出(法), サンプリング.

muev- [muéβ-] 動 mover の直・現在, 接・現在, 命令・2 単.

mufla [múfla] 女 《冶金》マッフル炉. ◆一定に熱を集中させる炉の中の小型炉.

mugido [muxíðo] 男 ❶ 牛の鳴き声. —La vaca dio un ~ y me asusté. 牛が鳴き声をあげて私は驚いた. ❷ (海・風などの)うなり; (人の)怒号; うめき声. —A lo lejos se oía el ~ de las olas al chocar contra las rocas. 遠くで波が岩を打つ音が聞こえていた. 類 **bramido**.

mugir [muxír] [3.6] 自 ❶ (牛が)モーと鳴く. ❷ (風などが)うなる. ❸ (人が)怒号する; うめく. —El enfermo *mugía* de dolor. 病人は苦痛にうめいていた. 類 **bramar**.

mugre [múɣre] 女 (特に絹・衣服などの)油汚れ; 垢, 類 **grasa, pringue, suciedad**.

mugriento, ta [muɣriénto, ta] 形 垢(ホニ)だらけの, 汚れきった.

mugrón [muɣrón] 男 ❶ 《園芸》(ブドウなどの)取り木の枝. ❷ (植物の)新芽, 若枝.

muguete¹ [muɣéte] 男 《医学》鵞口瘡(ホニウ).
muguete² [muɣéte] 男 《植物》スズラン.

****mujer** [muxér ムヘル] 女 ❶ 女, 女性. —Las ~*es* tienen los mismos derechos que los hombres. 女性は男性と同じ権利をもっている. — la de la limpieza 清掃係の女性 (señora de la limpieza という方がていねい). 反 **hombre**. ❷ 妻. —Soy soltero, no tengo ni ~ ni hijos. ぼくは独身で, 妻も子供もありません. Quiero que conozcas a mi ~. 君に妻を紹介したい. mi futura ~ ぼくのお嫁さんになる人. 類 **esposa** (公式な状況で. ただし中南米では **esposa** の方がふつう). 反 **esposo, marido**. ❸ 一人前の女性, 大人の女. —Isabel ha cumplido los trece años y ya es una ~. イサベルは13歳になったからもう一人前の女性です.

de mujer a mujer 率直に, まじめに, 対等な立場で.

mujer de mal vivir [de la calle, de (mala) vida, perdida, pública] 売春婦. 類 **prostituta**.

mujer de su casa 家事の好きな[上手な]女性, 専業主婦.

mujer fácil 尻軽女. Es una *mujer fácil*: se acuesta con todos. 彼女は尻軽女で誰とでも寝る. 類 **mujerzuela**.

mujer fatal 妖婦, 男を惑わす女性.

mujer objeto 性的対象としての女性.

ser mujer すでに初潮を迎えている.

ser muy mujer とても女性らしい.

tomar mujer (男性が)結婚する, 妻を迎える.

tomar por mujer を妻にする, めとる.

— 間 (女性に呼びかけて)ねえ, お前. —*i M*~, no te pongas así! ねえ, そんなに怒らないでよ! (女性に向かって, 驚き)ええッ. —¿Sabes? Me caso dentro de una semana. –*iM*~! ねえ, 私1週間したら結婚するの. -ええッ!

mujercilla [muxerθíʎa] 女 ❶ 小さな女. ❷ つまらない[役立たずの]女. ❸ (まれ)売春婦.

mujerero [muxeréro] 形 《男 のみ》《中南米》女好きな. 類 **mujeriego**.

mujeriego, ga [muxeriéɣo, ɣa] 形 ❶ 女好きな, 好色の. 類 **libertino**. 反 **misógino**. ❷ 女らしい, 女性特有の.

— 男 ❶ 女たらし, 好色家. ❷ 『集合的に』大勢の女たち.

a la mujeriega [a mujeriegas] (女性が鞍(ト)に)横乗りして.

***mujeril** [muxeríl] 形 女(女性)の, 女性的な, 女らしい《時には軽蔑的》. —Ella se atavió con prendas ~*es* para el carnaval. 彼女はカーニバルのために女っぽい衣装を身を飾った.

mujerío [muxerío] 男 『集合的に』大勢の女たち.

mujerona [muxeróna] 女 ❶ 大女, 恰幅のいい女. ❷ (立派な)年配の婦人.

mujerzuela [muxerθuéla] 女 ❶ くだらない女. ❷ 売春婦 (= prostituta).

mújol [múxol] 男 《魚類》ボラ.

mula [múla] 女 ❶ 雌のラバ. —~ *de paso* 乗用のラバ. ❷ 《話, 比喩》頑固な[頑固者]. —testarudo como una ~ ひどく頑固な. ❸ 《話, 比喩》丈夫[頑健]な人. ❹ 《話》《コスタリカ》酔い (= borrachera). ❺ 《メキシコ》売れない商品; ろくでなし.

en la mula de San Francisco 歩いて, 徒歩で (= a pie).

hacer la mula 《話》サボる, 怠ける.

*írse*LE *a la mula* 口をすべらす, 言いすぎてしまう (= írsele a ... la lengua).

Mulacén [mulaθén] 固名 (Pico de ~) ムラセン山(スペインの高峰).

mulada [muláða] 女 ラバの群れ.

muladar [mulaðár] 男 ❶ ごみ捨て場, 掃きだめ. ❷ 《比喩》汚い場所; 不健全な場所.

muladí [mulaðí] 形 《歴史》ムラディーの.

— 男女 ムラディー. ◆スペインのレコンキスタの時代にイスラム教に改宗したキリスト教徒.

mular [mulár] 形 ❶ ラバの. —ganado ~『集合的に』ラバ. ❷ 《魚類》—paz ~ ネズミイルカ.

mulato, ta [muláto, ta] 形 ❶ ムラートの, 黒人と白人の混血の. ❷ (皮膚などが同類より)浅黒い, 色黒の.

— 名 ムラート. ◆黒人と白人の混血児.
— 男 《中南米》(暗色の)銀鉱石.

mulero, ra [muléro, ra] 形 ラバの.
— 男 ラバ引き.

muleta [muléta] 女 ❶ 松葉杖(ゴ). —Tiene que andar con ~*s*. 彼女は松葉杖をついて歩かねばならない. ❷ 《主に 複》《比喩》支え. ❸ 《闘牛》ムレータ (闘牛士が用いる赤い布をつけた棒). —pasar de ~ al toro ムレータで牛をあしらう.

muletilla [muletíʎa] 女 ❶ 《闘牛》ムレータ. ❷ 《服飾》棒状のボタン, トッグル. ❸ 撞木杖(ム;), T形柄のステッキ; T字形の竿(ミホ). ❹ 口ぐせ, 不必要に繰り返される文句.

muletón [muletón] 男 《織物》メルトン.

mullida [muʎíða] 女 → mullido.

mullido, da [muʎíðo, ða] 形 ふんわりした, 柔かい. —colchón ~ ふわふわのマットレス.
— 男 (布団・椅子などの)詰め物.
— 女 (家畜用の)寝わら.

***mullir** [muʎír] [3.9] 他 ❶ (ふとんなど)を柔らかくする, ふくらます. —~ un colchón 敷きぶとんをふくらます. ❷ (畑の土)をすき返す, ほぐす. —~ las viñas ブドウ畑をすき返す.

mulo [múlo] 男 ❶ 《動物》(雄)ラバ. ◆雄ロバと雌

ウマとの混血種. ❷《話, 比喩》(人に対して)畜生; ばか; 頑固者. ❸ 丈夫[頑健]な人.
estar hecho un mulo 非常に丈夫[頑健]である.
trabajar como un mulo あくせく働く.
ser un mulo de carga (人が)一番の重労働を担当する.

:**multa** [múlta] 囡 ❶ 罰金, 科料. —imponer [poner, echar] una ~ a … …に罰金を科する. Me pusieron una multa por aparcar donde no debía. 私は駐車違反で罰金を科された. 類 **sanción**. ❷ (交通違反の)チケット, 切符. —El policía pidió al conductor que firmara la ~. 警察官は運転者に交通違反チケットにサインするように求めた.

multar [multár] 他 (人に)罰金を科する. —~ a … en [con] cinco mil pesetas (人に)5千ペセタの罰金を科する.

multi- [multi-] 接頭 「多, 多様性」の意. —*multi*color, *multi*millonario, *multi*nacional.

multicanal [multikanál] 形《テレビ》多重チャネルの.

multicolor [multikolór] 形 多色の, 多彩の.

multicopista [multikopísta] 囡 複写機, コピー機.

multiculturalismo [multikulturalísmo] 男 多文化主義.

multiforme [multifórme] 形 多形の, いろいろな形の, 多様な.

multilateral [multilaterál] 形 多面的な, 多角的な;《政治》多国間の. —llegar a un acuerdo ~ 多国間の合意に達する. negociaciones ~es 多国間交渉.

multimedia [multimédia] 男《単複同形》マルチメディア.

multimillonario, ria [multimijonárjo, rja] 形 億万長者[大富豪]の. — 名 億万長者, 大富豪.

:**múltiple** [múltiple] 形 ❶ 多重の, 複式の, 多くの要素[部分]から成る. —eco ~ 多重反響. error ~ 複合ミス. personalidad ~ 多重人格. Tuvo una fractura ~. 彼は複雑骨折をした. 類 **complejo, diverso, vario**. 反 **simple**. ❷ 複《主に名詞の前で》多種多様な, さまざまの, 多数の. —De joven tuvo ~s pretendientes. 若いとき彼女には多数の求婚者がいた. Hay opiniones ~s sobre cómo resolver el problema. その問題をどう解決するかについてはさまざまな意見がある. 類 **mucho, numeroso, vario**.

multiplicable [multiplikáβle] 形 増加させられる;《数学》乗ずることのできる.

:**multiplicación** [multiplikaθjón] 囡 ❶ 急増, 倍加, 増加. —En los últimos años se ha producido una ~ de conflictos laborales. 近年, 労働争議が急増してきた. 類 **aumento**. ❷ 増殖, 繁殖. —Cada insecto tiene sus enemigos naturales que contribuyen a limitar su ~. それぞれの昆虫には天敵がいて, 繁殖を抑えるのに役立っている. 類 **generación, proliferación, reproducción**. ❸《数学》乗法, 掛け算.

multiplicado, da [multiplikáðo, ða] 形 増加[倍加]した. — directa *multiplicada*《技術》オーバードライブ[増速駆動]装置.

multiplicador, dora [multiplikaðór, ðóra] 形 ❶ 増加[倍加]させる. ❷ 乗法の, 掛け算の. — 男《数学》乗数.

multiplicando [multiplikándo] 男《数学》被乗数.

:**multiplicar** [multiplikár] [1.1] 他 ❶ を増やす, 増加させる; 繁殖させる. —~ los beneficios 利潤を増やす. La crisis económica *ha multiplicado* el índice de paro. 経済危機によって失業率が増加した. ❷《数学》[+por] を(数)に掛ける. —~ nueve *por* seis 9に6を掛ける.
— **se** 再 ❶ 増える, 増加する; 繁殖する. —Últimamente *se han multiplicado* las ventas. 最近売上げが増加した. Las ratas *se multiplican* con facilidad. ネズミは簡単に増殖する. ❷ 沢山の事を一時にやる, 懸命に努力する. —Mi madre *se multiplicaba* durante el día con tantos hijos. 私の母はたくさんの子どもをかかえて一日中身を粉にして働いていた.

multiplicidad [multipliθiðáð] 囡 多数; 多様[多重](性); 複合性. —Es admirable la ~ de funciones de esta máquina. この機械の機能の豊かさは素晴らしい.

multiplique(-) [multiplíke(-)] 動 multiplicarの接・現在.

multipliqué [multipliké] 動 multiplicarの直・完了過去・1単.

múltiplo, pla [múltiplo, pla] 形《数学》倍数の.
— 男《数学》倍数. —mínimo común ~ 最小公倍数.

multiprocesador [multiproθesaðór] 男《情報》並列処理.

multisecular [multisekulár] 形 何世紀も経た; 非常に古い.

multitarea [multitaréa] 囡《情報》マルチタスク.

:**multitud** [multitúð] 囡 ❶ 群集; 大衆. —La ~ aplaudió el discurso del presidente. 群集は大統領の演説に喝采した. 類 **gentío, masas, muchedumbre, público**. ❷ 多数. —Había ~ de turistas en la Plaza Mayor. マヨール広場には無数の観光客がいた.

multitudinario, ria [multituðinárjo, rja] 形 ❶ 多数の; 多くから成る. ❷ 群衆の, 大衆の. —organizar una manifestación *multitudinaria* 大衆のデモを組織する.

multiusario [multjusárjo] 男《情報》マルチユーザー.

mundanal [mundanál] 形《文》世俗の, 俗世間の. —Fui a vivir a una pequeña isla para huir del ~ ruido. 私は世俗の喧騒から逃れるために小さな島に移住した. Le gusta frecuentar ambientes ~es y frívolos. 彼は俗っぽくて軽薄な雰囲気のところに足繁く通うのが好きだ.

mundanalidad [mundanaliðáð] 囡《まれ》→mundanería.

mundanería [mundanería] 囡 ❶ 世俗的なこと, 俗っぽさ. ❷ 世俗的な行為.

***mundano, na** [mundáno, na] 形 ❶ 世俗的な, 俗世間の, この世の. —placeres ~s 俗世間の快楽 Hasta ahora sólo ha buscado el amor ~. 今まで彼は世俗的な恋のみを求めてきた. 類 **mundanal**. ❷ 社交界の, 上流社会の; 社交好きの. —Le encantaba asistir a fiestas *mundanas* en que hubiese artistas y toreros. 彼は芸

1320 mundial

術家や闘牛士が出るような社交界のパーティーに出席するのが大好きだった.
mujer mundana 《まれ》売春婦.
—— 男女 世俗的な人; 社交界の名士.

:mundial [mundiál] 形 (全)世界の, 世界的な. —Organización M〜 de la Salud 世界保健機構. Campeonato M〜 de judo 柔道世界選手権. Nació el día que terminó la segunda guerra 〜. 彼は第2次世界大戦の終った日に生まれた. 類 **universal**.
—— 男 世界選手権(大会), ワールドカップ. —Los equipos ya empiezan a prepararse para el 〜 de fútbol. 各チームはすでにサッカー世界選手権の準備を始めている.

mundillo [mundíʎo] 男 ❶ (ある特定の)世界, …界. —el 〜 periodístico [teatral] 新聞[演劇]界. 類 **mundo**. ❷ (レース編み用の円筒形の編み台, クッション). ❸《植物》スイカズラ科の低木. ❹ 物干し掛け.

mundo [múndo ムンド] 男 ❶ (a) 世界; 天地. —el Antiguo [Viejo] 〜 旧世界(ヨーロッパ, アジア, アフリカ). el Nuevo 〜 新世界(アメリカ). en [por] el 〜 entero で. correr [recorrer, rodar por, ver] 〜 [mucho 〜, medio 〜] 世界を巡る, 世の中を見て回る; さまざまな見聞を得る. dar la vuelta al 〜 世界一周をする. el 〜 hispánico スペイン語圏. el 〜 islámico イスラム世界. mapa del 〜 世界地図. 類 **tierra, universo. (b) 地球; 地球儀. 類 **globo, tierra**. (c) 宇宙. 類 **universo**. ❷ (a) 世の中, 現世. —este 〜 この世. dejar este 〜/irse [salir] de este 〜 この世を去る, 死ぬ. en este 〜 de Dios/en este bajo 〜 この世で. ¡Qué pequeño es el 〜! 世の中は狭い! (b) 社会; (俗)世間, 俗界. —este pícaro 〜 この浮き世, 娑婆(しゃば). salir al 〜 実社会に出る. dejar el 〜 出家する, 修道院にはいる. 類 **sociedad**. (c) (特定の)社会, …界; 社交界. —el 〜 de los negocios 実業界. el 〜 del deporte スポーツ界. el gran 〜 上流社会. ❸ 莫大[広大]なもの. —Entre Buenos Aires y Tokio hay un 〜 de distancia. ブエノスアイレスと東京の間には遥かな距離がある. ❹ 大型トランク. 類 **baúl, maleta**. ❺《植物》スイカズラ科の低木; テマリカンボク, オオデマリなど.

Anda [Está] el mundo al revés. それは非常識だ, 世の中めちゃくちゃだ.
arreglar el mundo 《話》政治や公共に関する話をする.
caerse (a …) el mundo (encima)/hundirse (a …) el mundo/venirse (a …) el mundo encima (人が)破滅する,《比喩》この世が終わってしまう. aunque *se hunda el mundo* たとえこの世が終わっても. Cuando murió mi padre, yo era un niño y *se me cayó el mundo encima*. 父が死んだとき私はまだ子供だったのでこの世の終わりが来たように絶望してしまった.
comerse [tragarse] el mundo 《話》大成功する, 一旗あげる. Yo tenía unas ganas enormes de *comerme el mundo*. 私は一旗あげたい気持でいっぱいだった.
como vino al mundo/como su madre le trajo al mundo 素っ裸で, 生まれたままの姿で.
correr [ver] mundo 外国旅行する. Siempre le ha gustado *correr mundo*. 彼は以前からずっと外国旅行が好きだ.
dar un mundo por … …のためなら何でもする. Yo *daría un mundo por* verla en persona. 彼女本人に直接会うためなら私はどんな犠牲もいとわないだろう.
de mundo 経験豊富な, 世慣れた, 俗物の. Florencio es un hombre *de mundo*. フロレンシオは世慣れた男だ.
desde que el mundo es mundo 天地開闢(かいびゃく)以来. El odio nunca ha dejado de existir *desde que el mundo es mundo*. はるかな昔から憎しみは存在しなかったことがない.
echar [traer] al mundo 産む. Su madre lo *echó al mundo* en 1960. 彼の母は1960年に彼を産んだ. 類 **parir**.
echarse al mundo 身を落とす, 売春婦になる, 自堕落な生活に陥る.
El mundo es un pañuelo. 世の中は狭い(思いがけない人に出会ったときなどに言う).
el fin del mundo 地の果て, とんでもなく遠い所. Voy a buscarla, aunque tenga que ir hasta *el fin del mundo*. 私は彼女を捜しに行く, たとえ地の果てまで行かなければならなくても.
el otro mundo あの世, 死後の世界. irse *al otro mundo* あの世へ行く, 死ぬ. mandar [enviar] *al otro mundo* あの世へ送る, 殺す.
en todo el mundo, en el mundo entero 世界中で. Gaudí es famoso *en todo el mundo* por su arquitectura original. ガウディはその独特な建築物のため世界中で有名である.
entrar en el mundo 社交界にデビューする.
Está [Anda] el mundo revuelto. いさかい[争い・戦争]が絶えない.
estar todavía en el mundo de los vivos まだ生きている.
este mundo y el otro 《皮肉》大げさなこと, とんでもないこと; あることないこと. prometer *este mundo y el otro* 途方もない約束をする.
hacer(se) un mundo de … …を大げさに考える[言う], を重視する[される].
hay un mundo entre … …の間には大きな違いがある.
irse al otro mundo 《話》あの世へ行く, 死ぬ.
lejos del mundo 俗世間から離れて, 浮世離れして. Gabriel vive *lejos del mundo*, como un monje. ガブリエルはまるで修道士のように俗世間から離れた暮らしをしている.
mandar [enviar] al otro mundo 《話》あの世へ送る, 殺す.
medio mundo (1) 大勢の人々. *Medio mundo* vino al concierto. 大勢の人たちがコンサートに来た. (2) 広い範囲. He recorrido *medio mundo*. 私はいろいろな土地を渡り歩いてきた.
ni por todo el oro del mundo/por nada del [en el] mundo 《話》『否定の強調』どんなことがあっても(…ない). *Por nada del mundo* viviría en esa ciudad. どんなことがあっても私はその市には住まない. Sus hijos no quieren hacer la mili *ni por todo el oro del mundo*. 彼の息子たちは何が何でも兵役につきたがらない.
no ser de este mundo 世間から超越した; とても人が良い, 神様のような.
no ser (nada) del otro mundo, no ser cosa del otro mundo 《話》大したものではない, 普通

[並み]である. Esa cantante tan famosa *no es nada del otro mundo*. その歌手はとても有名だがそれほど大したことはない.
ponerse el mundo por montera 《話》世間の言うことを気にせずに暮らす.
por esos mundos de Dios 《時に軽蔑》あちらこちらに[で]; いろんな所に[で].
reírse del mundo 世間の目を気にしない. Él siempre ha vivido a su aire, *riéndose del mundo*. 彼は常に世間を気にせず気ままに生きてきた.
ser de mundo/tener (mucho, suficiente) mundo 世間慣れている.
tener poco mundo 世慣れていない, 人生経験が浅い.
todo el mundo (1) みんな, 全員; 世間の人たち【文法的には単数扱い】. *Todo el mundo* lo sabe. みんながそれを知っている. (2) 世界中, 全世界. El sida está difundido en *todo el mundo*. エイズは全世界に広まっている.
un mundo たくさん; 大勢. valer *un mundo* 値打ちがある, 貴重だ. Había *un mundo* en el estadio. スタジアムには大勢の人々がいた.
venir al mundo 生まれる.
vivir en el otro mundo とても遠く[へんぴな所に]住んでいる.
vivir en otro mundo 《話》浮き世離れしている.

mundología [mundoloxía] 囡 《話, 皮肉》世知, 処世術.

mundonuevo [mundonuéβo] 男 コズモラマの箱. ◆世界各地の風景などをのぞき眼鏡を使って写実的に見せる展示台.

‡**munición** [muniθión] 囡 ❶ 弾薬. 〜 *de fogueo* 空包. 〜 *menuda* 散弾. quedarse sin 〜*es* 弾薬が尽きる. 〜 《主に複》軍需品, 軍からの支給物. 〜 *de boca* 糧食. 類 **pertrecho**.
de munición 軍が支給する, 官給の. botas *de munición* 官給の軍靴. ropas *de munición* 軍服.

municionera [muniθionéra] 囡 《南米》弾入れ (＝perdigonera).

‡**municipal** [muniθipál] 形 市町村の, 地方自治体の, 市(町・村)営の, 市政の, 町政の. —guardia 〜 市警察. régimen 〜 市町村制度. impuestos 〜*es* 市[町・村]民税. elecciones 〜*es* 地方選挙.
—— 男女 市警察官. —Los 〜*es* dirigen el tráfico de las calles. 市警察官は街の交通を整理している. 類 **urbano**.

municipalidad [muniθipaliðá(ð)] 囡 ❶ (行政組織としての)(地方)自治体, 市町村. ❷ 市役所, 市役場.

municipalizar [muniθipaliθár] 【1.3】他 を市[町, 村]営化する.

munícipe [muníθipe] 男女 (地方)自治体[市町村]の住民.

‡**municipio** [muniθípio] 男 ❶ (地方自治体としての)**市[町, 村]**, 市(町, 村)の区域. —El 〜 de Toledo es poco extenso. トレード市はあまり広くない. 類 **municipalidad, pueblo**. ❷ 【集合的に】市民, 町民, 村民. —El 〜 acudirá mañana a las urnas. 市民たちは明日投票に行くだろう. 類 **pueblo**. ❸ 市[町, 村]議会; 市[町, 村]当局, 市[町, 村]役所. —Los socialistas tienen mayoría en el 〜. 市議会では社会党が多数を占めている. 類 **ayuntamiento, municipalidad**.

munificencia [munifiθénθia] 囡 気前よさ, 寛大さ. 類 **largueza, liberalidad**.

munífico, ca [munífiko, ka] 形 気前のよい, 出し惜しみしない, 寛大な. 類 **generoso**.

muniqués, quesa [munikés, késa] 形 ミュンヘン(Munich)の.
—— 名 ミュンヘン市民[の出身者].

‡**muñeca** [muɲéka] 囡 ❶ **手首**. —Sufrió una grave lesión en la 〜 izquierda. 彼は左手首に大けがを負った. ❷ (女の)**人形**. —Las niñas están jugando con sus 〜*s*. 女の子たちは人形で遊んでいる. 〜 *rusa* マトリョーシカ(ロシアの入れ子式の人形). ❸ 《話, 比喩》(お人形のような)かわい子ちゃん, (かわいが頭の弱い)女の子. —No me gusta que me llamen 〜. 私はかわい子ちゃんと呼ばれるのが好きじゃない. ❹ (塗布用の)たんぽ, (綿などを丸めて布でくるんだ)ぼんしん. —barnizar las sillas a 〜 たんぽでうすにニスを塗る. ❺ 《話》《南米》コネ, 有力者との縁故. —tener 〜 コネがある. 類 **enchufe**.

‡**muñeco** [muɲéko] 男 ❶ (男の)**人形**. —〜 *de nieve* 雪だるま. 〜 *de trapo* 縫いぐるみの人形. ❷ 《話, 比喩》他人の言いなりになる人, あやつり人形, 傀儡(かいらい). —Quique es el 〜 de su jefe. キーケは上司の言いなりだ. ❸ 《話, 比喩, 軽蔑》かっこをつけた男, めかしこんだ男.
un muñeco del pim pam pun 他人の言いなりになる人, 自分の意思のない人.

muñeira [muɲéira] 囡 【舞踊, 音楽】ムニェイラ. ◆スペイン Galicia 地方の民俗舞踊(曲).

muñequera [muɲekéra] 囡 ❶ 手首用のサポーター. ❷ 腕時計のバンド.

muñequilla [muɲekíja] (＜muñeca) 囡 ❶ (ワニスなど塗布用の)たんぽ, タンポン. ❷ 【チリ】トウモロコシの若い穂.

muñidor [muɲiðór] 男 ❶ (教団などの)世話人. ❷ (選挙などの)裏工作人, 陰謀家.

muñir [muɲír]【3.10】他 ❶ (会合などに人々を)呼び集める, 召集する. ❷ 裏工作する, 巧妙に仕組む.

muñón [muɲón] 男 ❶ (切断された手足の)付け根部分. ❷ 【解剖】(肩の)三角筋. ❸ (大砲の)砲耳.

muráis [muráis] 動 morir の接・現在・2複.

murajes [muráxes] 男 【単複同形】【植物】ルリハコベ.

‡**mural** [murál] 形 壁(面)の, 壁に描いた, 壁に掛けた[貼った]. —pintura 〜 壁画. mapa 〜 壁掛け地図. decoración 〜 壁面装飾. periódico 〜 壁新聞. Un gran letrero 〜 reclama precaución al conducir. 壁の大きなポスターが運転への注意を呼びかけている.
—— 男 ❶ 壁画, 天井画. —Un 〜 gigantesco representa la historia del pueblo azteca. 巨大な壁画はアステカ民族の歴史を表している. ❷ 壁新聞, (壁に貼った)掲示. —La fuente de la noticia era un 〜 de Pekín. ニュース・ソースは北京の壁新聞だった.

muralla [murája] 囡 **城壁**, (大きな)塀(へい), 防壁. —La ciudad de Ávila está rodeada de 〜*s*. アビラの町は城壁に囲まれている. la Gran *M*〜 (de China) 万里の長城. 類 **muro**.

muramos [murámos] 動 morir の接・現在・1

murar 1322

複.

murar [murár] 他 (地所など)を壁[塀]で囲う, …に城壁をめぐらす.

Murcia [múrθia] 固名 ムルシア(スペインの県・県都・自治州).

murciélago [murθiélaɣo] 男 〖動物〗コウモリ.

murena [muréna] 女 〖魚類〗ウツボ.

murga [múrɣa] 女 ❶ 流しの音楽隊. 類 **charanga**. ❷ 厄介, 面倒. —Es una ～ tener que estudiar después de la una. 1時以降に勉強せねばならないのはうんざりだ. 類 **fastidio, molestia**. *dar la murga a ...* (人)を困らせる. 類 **fastidiar, molestar**.

murguista [murɣísta] 男女 流しの音楽隊の一員.

múrice [múriθe] 男 ❶〖貝類〗アクキガイ, ホネガイ. ❷〖詩〗紫がかった赤.

murie- [murjé-] morir の直・完了過去, 接・過去, 現在分詞.

Murillo [muríʎo] 固名 ムリーリョ(バルトロメー・エステバン Bartolomé Esteban ～)(1617-82, スペインの画家).

murió [murjó] 動 morir の直・完了過去・3単.

murmullo [murmúʎo] 男 (波や葉などの)サラサラいう音, さざめき; かすかな人声, つぶやき. —～ del arroyo 小川のせせらぎ. ～ del viento en el pinar 松林の中の風のそよぎ. ～ de las hojas movidas por el viento 風に揺らめく葉擦れの音.

murmuración [murmuraθjón] 女 うわさ話, 陰口, 中傷.

murmurador, dora [murmuraðór, ðóra] 形 ❶ うわさ話をする, 陰口をたたく. —una mujer *murmuradora* ゴシップ好きな女. ❷ ざわめく, つぶやく, さざめく. ❸ さざめく.
— 名 ゴシップ[陰口]屋, 中傷家.

‡**murmurar** [murmurár] 自 ❶ つぶやく, ぶつぶつ言う, ささやく. —Salió del cuarto *murmurando*. 彼はぶつぶつ言いながら部屋を出た. ❷〖+de の〗悪口を言う, 陰口を叩く. —En cuanto se marchó Carmen, empezaron a ～ *de* ella. カルメンが立ち去るとすぐ, 彼らは彼女の悪口を言い始めた.

❸ (水の流れ・木の葉・風などが)さらさら[かさこそ・そよそよ]と音を立てる. —El viento *murmuraba* entre las hojas. 風が木の葉をざわめかせていた.
— 他 をつぶやく, ぶつぶつ言う, ぼそぼそと唱える. —～ una oración 祈りの文句を唱える. ¿Qué estás *murmurando*? 君は何をぶつぶつ文句を言っているのだ.
— se 再 (…という)うわさが流れる. —*Se murmura* que el presidente va a dimitir. 社長が辞任するというもっぱらのうわさだ.

‡**muro** [múro] 男 ❶ 塀(ﾍい), 壁, 壁面. —～ de contención 擁壁(壁や盛り土の側面が崩れ落ちるのを防ぐために築く壁). ～ de defensa 堤防. ～ de revestimiento 土塀. ～ de separación 隔離の壁(イスラエルが設置した). el M～ de Berlín ベルリンの壁. el M～ de las Lamentaciones [los Lamentos] (エルサレムの)嘆きの壁. Un alto ～ rodea la casa. 高い塀がその家を囲んでいる. 類 **pared, tapia**. ❷〖比喩〗壁, 障壁, 障害. —～ del sonido/～ sónico (航空)音の障壁, 音速の壁(速度が音速に近づくと急激に増大する空気抵抗など, 超音速飛行の障害); 〖比喩〗音の壁(ロック音楽などの音量が大きく重圧感のあるサウンド). Su timidez es un ～ difícil de pasar. 彼の臆病さが越えがたい壁になっている. 類 **estorbo, impedimento, obstáculo**. ❸〖主に 複〗城壁. —los ～s de un castillo 城の城壁. 類 **muralla**.

murria¹ [múria] 女 〖話〗憂鬱(ゆううつ), 意気消沈, 悲しさ. —tener ～ 気が滅入っている.

murria² [múria] 女 (昔のにんにく・酢・塩から造られた)化膿止め消毒薬.

murrio, rria [múrjo, ria] 形 〖話〗憂鬱(ゆううつ)な, 意気消沈した; 悲しい.

mus [mús] 男 ムス(スペインのトランプゲームの一種).
No hay mus. おあいにくさま.

musaraña [musarápa] 女 ❶〖動物〗トガリネズミ. ❷ 小動物, 虫の類. ❸〖話〗目のかすみ, くもり.
mirar a las musarañas 〖話〗あらぬ方を見ている, ぼんやりしている.
pensar en las musarañas 〖話〗ぼんやりしている.

muscular [muskulár] 形 筋肉の. —agotamiento ～ 筋肉疲労. dolor ～ 筋肉痛. fibra ～ 筋繊維.

musculatura [muskulatúra] 女 ❶〖集合的に〗筋肉(組織). ❷ 筋力, 筋肉の発達. —tener mucha [poca] ～ 骨肉たくましい[の乏しい].

‡**músculo** [múskulo] 男 ❶〖解剖〗筋肉, 筋. —～ abductor 外転筋. ～ cardíaco 心筋. ～ dorsal 背筋. ～ involuntario 不随意筋. ～ glúteo 臀筋. ～ liso 平滑筋. ～ recto 大腿直筋. ～ recto mayor del abdomen 腹直筋. ～ voluntario 随意筋. ～ sartorio [de sastre] 縫工筋. ❷〖主に 複〗筋力, 腕力. —hacer ～s/desarrollar [reforzar] los ～s〖話〗筋肉をつける(鍛える). hombre de ～ 腕力のある男. tener ～s 腕力がある. 類 **musculatura**. ❸ 複 筋肉組織. 類 **musculatura**.

musculoso, sa [muskulóso, sa] 形 ❶ 筋(肉)組織の, 筋肉から成る. —órgano ～ 筋肉質の器官. ❷ 筋骨たくましい. —hombre ～ 筋肉隆々の男.

muselina [muselína] 女 (生地の)綿モスリン.

‡**museo** [muséo] 男 美術館; 博物館, 展示館. —～ de arqueología 考古学博物館. ～ de arte moderno 現代美術館. ～ de cera [traje] ろう人形[服飾]館. M～ del Prado プラド美術館. ～ de reliquias 聖遺物館. La casa de los marqueses es un ～. 侯爵夫妻の家はまるで美術館[博物館]だ. ciudad ～ 美術館[博物館]のような都市, 文化遺産のたくさんある都市.
de museo (1) 博物館的な, 展示したいような, 素晴らしく美しい. Tiene una novia *de museo*. 彼には素晴らしい美人の恋人がいる. (2) 博物館行きの, 時代遅れの. Pronto su teoría será una pieza *de museo*. 彼の理論はじきに時代遅れになるだろう.

muserola [museróla] 女 (馬具の)鼻革, 鼻勒(ろく). 類 **sobarba**.

musgaño [musɣáɲo] 男 〖動物〗トガリネズミ.

musgo [músɣo] 男 ❶〖植物〗コケ(苔). —piedra cubierta de ～ 苔むした石. ～ marino サンゴモ. ❷ 複 コケ類.

musgoso, sa [musɣóso, sa] 形 コケの, コケの

生えた, コケで覆われた.

música [músika ムシカ] 女 ❶ 音楽. — ~ clásica クラシック音楽, 古典音楽. ~ contemporánea [moderna] 現代音楽. ~ disco ディスコ音楽. ~ de fondo [ambiental] バックグラウンド・ミュージック, BGM. ~ de cámara [instrumental 器楽(曲). ~ ligera 軽音楽, イージーリスニング. caja de ~ オルゴール. ~ sacra [religiosa] 宗教音楽. ciclo de conciertos dedicados a la ~ sacra de Mozart モーツァルトの宗教音楽の連続演奏会. Pon un poco de ~. ちょっと音楽をかけて. ❷ 曲, 楽曲. — ~ y letra 曲と歌詞, 作詞作曲. poner ~ a un poema [a una letra] 詩に曲をつける. ~ llana グレゴリオ聖歌. 類composición, pieza**. ❸ 楽譜. — leer ~ 楽譜を読む. papel de ~ 五線紙. 類**partitura**. ~ del regimiento 軍楽隊, バンド. 類**partitura**. ~ del regimiento 軍楽隊. ❺ 《話, 皮肉》たわ言；愚痴, 繰り言. — Déjate de ~s y a trabajar. くだらない話はやめて働くんだ. No estoy para ~s. 私はたわ言[愚痴]は聞きたくない. Siempre la misma ~. いつも同じ話ばかりだ. venir con ~s でたらめを言う. 類**disparate, queja**. ❻ 《話, 皮肉》騒音. 類**ruido**.

con la música a otra parte 《話》とっとと[立ち去る]. Venga, niño, *con la música a otra parte*, que estás estorbando. さあ君, さっさとあっちへ行ってくれ, じゃまだから.

dar música a un sordo 《話》人を説得しようと無駄な努力をする(←耳の聞こえない人に音楽を与える).

mandar a ... con la música a otra parte 《話》(人)をさっさと追い払う.

música celestial (1) 《話》わけのわからない話, 誰も聞き入れない言葉. Todas tus promesas me suenan a *música celestial*. 君の約束はみんな空(ホ)手形に聞こえる. (2) 《話》耳に心地よい言葉[音]. Aquellos aplausos me sonaron a *música celestial*. あの拍手は私には天上の音楽のように快く聞こえた.

música ratonera 《話, 軽蔑》下手な演奏.

Ni que tuviera música, ¿Tiene música? 《話》(値段が高すぎることに抗議して)音楽つきでもないのに. ¿Tanto te ha costado? *Ni que tuviera música*. そんなに高かったの? 音楽つきでもないのに.

no entender la música 《話》(聞きたくないことを)わからないふりをする.

‡**musical** [musikál] 形 ❶ **音楽の**, 音楽に関する；音楽が分かる. — comedia ~ ミュージカル. instrumento ~ 楽器. Su afición ~ le viene de familia. 彼の音楽好きは家族から始まっている. ❷ 音楽的な, 聞いて気持ちのよい. — Tiene una voz muy ~. 彼は非常に音楽的な声をしている. ❸ 音楽が上手な. — 男 ミュージカル(映画). — Me encantan los ~es norteamericanos. 私はアメリカのミュージカルが大好きだ.

musicalidad [musikaliðáð] 女 音楽性, 音楽的なこと.

‡**músico, ca** [músiko, ka] 名 **音楽家**. — grupo de ~s 音楽家集団；バンド. Para ser un gran ~, se necesitan cualidades innatas. 偉大な音楽家になるには生まれつきの資質が必要だ. — 形 音楽の；音楽的な；音楽を伴う. — instrumento ~ 楽器. 類**musical**.

musicógrafo, fa [musikóɣrafo, fa] 名 音楽評論家.

musicología [musikoloxía] 女 音楽学(研究), 音楽理論.

musicólogo, ga [musikóloɣo, ɣa] 名 音楽学研究者, 音楽の専門家.

musiquero, ra [musikéro, ra] 形 音楽の. — Nos conocimos en un cafetín ~. 私たちはある音楽喫茶で知り合った. — 男 楽譜棚.

musitar [musitár] 他 ささやく, つぶやく. — ~ (+事) al oído (de ...) (…の)耳元で何かをささやく. ~ una oración お祈りの文句をつぶやく. 類**susurrar**.

muslime [muslíme] 形 名 →musulmán.

muslímico, ca [muslímiko, ka] 形 イスラム教徒の.

muslo [múslo] 男 ❶《解剖》もも, 大腿(ミミ). ❷ 《動物の》もも(肉). — ~ de pollo 鶏のもも.

musmón [musmón] 男 《動物》ムフロン. ◆コルシカ島などに生息する野性の羊.

mustango [mustáŋgo] 男 《動物》ムスタング. ◆米国南西部に生息する小形の野生馬.

mustela [mustéla] 女 ❶《魚類》小形のサメの一種. ❷《動物》イタチ(=comadreja).

mustio, tia [mústjo, tja] 形 ❶【estar+】(草花が)しおれた, しぼんだ. 類**ajado, marchito**. ❷【estar+】(人が)憂うつそうな, ふさぎこんだ. 類**melancólico, murrio, triste**.

‡**musulmán, mana** [musulmán, mána] 形 イスラム教(徒)の, イスラム文化の. — religión *musulmana* イスラム教. La novela está ambientada en la España *musulmana*. その小説はイスラム時代のスペインに時代が設定されている. 類**mahometano, muslime**.
— 名 イスラム教徒. — Los *musulmanes* no pueden tomar carne de cerdo. イスラム教徒は豚肉を食べることができない.

mutabilidad [mutaβiliðáð] 女 変わりやすさ, 不安定；移り気, 気まぐれ.

mutable [mutáβle] 形 変わりやすい, 不安定な；移り気な, 気まぐれな. — ¡Qué tiempo tan ~! 何て変わりやすい天気だろう.

mutación [mutaθjón] 女 ❶ 変化. — En esta región apenas si hay *mutaciones* de temperatura durante el año. この地方では年間を通してほとんど気温の変化がない. — の演劇で舞台装置の転換. ❷《生物》突然変異.

mutante [mutánte] 男 《生物》突然変異体.

mutilación [mutilaθjón] 女 ❶ (手足などの)切断. — ~ genital (アフリカの)女性に対する割礼. 類**amputación, corte**. ❷ (テキストなどの)削除, カット；毀損(ホル), 破損.

mutilado, da [mutiláðo, ða] 形 ❶ 手足を失った[切断された], 身体障害の. ❷ (テキストなどが)削除[カット]された；毀損(ホル)された.
— 名 手足を失った人, 身体障害者. — ~ de guerra 傷痍(ハル)軍人.

mutilar [mutilár] 他 ❶ (人の手足など)を切断する. — La sierra mecánica le *mutiló* el brazo derecho. 機械のこぎりで彼は右手を切断された. ❷ (テキストなど)を削除[カット]する；(芸術品など)を毀損(ホル)[破損]する. — Teme que la censura *mutile* su novela. 彼は検閲が自分の小説をカットしてくるのを恐れている. Unos gamberros *mutilaron*

la cabeza a la estatua del pintor. 数人のちんぴらたちが画家の彫像の頭を破損してしまった.
—**se** 再 手足を失う. —*Se mutiló* las dos piernas en el accidente. 彼は事故で両足をなくしてしまった.

mutis [mútis] 男 《演劇》退場(の指示).
hacer mutis (1) 《話》黙る. (2) 《演劇》退場する. (3) 立ち去る. *Hizo mutis* sin que nos diéramos cuenta de ello. 彼は私たちが気づかないうちにその場から姿を消した.
¡Mutis! 黙れ, しっ.

mutismo [mutísmo] 男 押し黙り, 沈黙, 無言.
—Se ha encerrado en un ~ absoluto y no sabemos qué le pasa. 彼は完全な沈黙を守ったので, 我々はどうしたのかわからない. 類**silencio**.

mutua [mútua] 女 →**mutuo**.

:**mutualidad** [mutualiðá(ð)] 女 ❶ 共済組合, 互助会. —La ~ de mineros ayudó a la familia del accidentado. 炭鉱労働者の共済組合が事故に合った者の家族を援助した. 類**mutua**. ❷ 相互関係; 相互依存, 相互扶助. 類**correlación, interdependencia, reciprocidad**.

mutualismo [mutualísmo] 男 ❶ 相互扶助[共済]制度. ❷ 《生物》相利共生.

mutualista [mutualísta] 形 ❶ 相互扶助[共済]の. ❷ 共済組合[互助会]の.
— 男女 ❶ 相互扶助主義の人. ❷ 共済組合[互助会]員.

mutuamente [mútuaménte] 副 相互に, 互いに.

:**mutuo, tua** [mútuo, tua] 形 **相互の, 互いの**. —Rompieron el ~ acuerdo. 彼らは相互の合意を破棄した. Se tenían un odio ~. 彼らは互いに反目し合っていた. 類**recíproco**.
— 女 共済組合, 互助会. —*mutua* médica 医療共済組合. 類**mutualidad**.

****muy** [múi ムイ] 副 ❶ 〖形容詞・副詞・前置詞句の前で〗(*a*) **非常に, 大変, とても**. —Tu amigo es ~ alto. 君の友達はとても背が高い. Eso es ~ español. それはとてもスペイン的だ. Vive ~ lejos. 彼は大変遠くに住んでいる. Estoy ~ satisfecho. 私はとても満足している. Los coches pasaban ~ de prisa. 車は非常に速く通り過ぎて行った. Es ~ de sentir. それは非常に残念なことだ. Llegamos a Toledo ~ de noche. 私たちは夜遅くなってトレードに着いた. ~ o bastante de acuerdo (アンケートで)非常にまたはかなり賛成. (*b*) 〖否定文で〗あまり[たいして]…ではない. —No está ~ cansada. 彼女はあまり疲れていない. ♦**mucho**と同義であるが, 単独で動詞を修飾することはなく, 形容詞・副詞またはそれに相当する前置詞句の前でのみ用いる. ただし, 比較級と antes, después の前では mucho が用いられる: mucho peor, mucho más alto, mucho antes. また, mayor の場合は意味により使い分ける: mucho mayor もっとずっと大きい, muy mayor 非常に年上の. ❷ 〖形容詞的に用いられた名詞・代名詞の前で〗大変[非常に]…(な・らしい). —Es ~ hombre. 彼は本当の男だ. La realidad es ~ otra. 真実はまったく別だ.

el[*la, los, las*] *muy* 〖+形容詞〗〖軽蔑的に〗あの(大変な)…のやつ. *El muy tonto* se lo creyó. あの大ばかはそう思いこんだのだ.

muy señor mío [*señores míos*] (手紙文で)拝啓.

ser muy de ... 《話》非常に…らしい. *Es muy de* Marta eso de llegar tarde. 遅刻してくるなんていかにもマルタらしい.

MV 《略号》 =megavoltio メガボルト.
mV 《略号》 =milivoltio ミリボルト.
MW 《略号》 =megavatio メガワット.

Myanmar [mjammár] 固名 ミャンマー(首都ヤンゴン Yangon).

N, n

N, n [éne] 囡 ❶ スペイン語アルファベットの第14文字. ❷ 『大文字で未知か不定の固有名詞を表す』某…, …なにがし. —el señor *N* 某氏. ❸ 『数学』不定整数.

N¹ 〔頭字〕(＜carretera nacional) 『スペイン』国道.

N² 〔頭字〕(＜noviembre) 11月. —20-N 11月20日 (1975年フランコ没).

N. 《略号》＝Norte 北.

N. A. 《略号》＝Norteamérica 北米.

naba [náβa] 囡 『植物』カブ(アブラナ科).

nabab [naβáβ] ❶ 『歴史』(イスラム王朝時代のインドの)太守, ナーブブ. ❷ 大富豪.

nabina [naβína] 囡 (搾油・鳥の餌(ﾅﾉ)用の)カブの種子.

:nabo [náβo] 男 ❶ 『植物』(食用の)カブ(蕪); カブの根(食用部分). ~ gallego セイヨウアブラナ. ~ japonés ダイコン(大根). Cada cosa en su tiempo y los ~s en Adviento. 『諺』何事にも潮時がある(←おのおのの物事はそれにふさわしい時に, そしてカブは待降節に). ❷ 『建築』(らせん階段などの)軸柱. ❸ 『海事』マスト. 類**palo**. ❹ 『俗』ペニス. 類**pene**.

nácar [nákar] 男 (真珠貝などの)真珠質.

nacarado, da [nakaráðo, ða] 形 ❶ 真珠色の, 真珠のような. ❷ 螺鈿(ﾗﾃﾞﾝ)を散りばめた.

nacáreo, a [nakáreo, a] 形 →nacarino, na.

nacarino, na [nakaríno, na] 形 真珠層の(ような).

nacela [naθéla] 囡 『建築』大えぐり. ♦円柱の台石の凹面刳型(ｸﾘｶﾞﾀ).

nacencia [naθénθia] 囡 ❶ 『医学』腫物(はれもの), できもの. 類**nacida**. ❷ 出生, 誕生(＝nacimiento).

:nacer [naθér] [9.1] 自 ❶ 生まれる, 誕生する. —Cervantes *nació* en Alcalá de Henares en 1547. セルバンテスは アルカラ・デ・エナーレスで1547年に生まれた. *Nació* para pianista. 彼は生まれつきピアニストだ. Las serpientes *nacen* rompiendo el cascarón. 蛇は殻を破って生まれる. ❷ (a) (植物が)芽を出す, 芽生える, 生える. —Ya ha *nacido* la cebada. もう大麦が芽を出した. (b) (葉が)出る, (花が)咲く, (実が)なる. —Al plátano le han *nacido* nuevas hojas. プラタナスに新しい芽が出た. ❸ (毛・羽などが)生える; (いぼなどが)できる. —Le *nacen* pelos en la barba. 彼ははおにひげが生えている. Le ha *nacido* una verruga en el cuello. 彼の首にいぼができた. ❹ (思想・感情などが)生まれる, 発生する, 生じる. —El budismo *nace* en la India. 仏教はインドで誕生する. La xenofobia *nace* de los nacionalismos radicales. 外国人嫌いは過激な民族主義から生じる. ❺ 発する, 源を発する. —Este arroyo *nace* en un manantial. この小川の水源は1つの泉だ. ❻ (天体等が)出る, 昇る. —El sol *nace* por el Este. 太陽は東から昇る. 類**salir**. ❼ 『+a の』活動を始める. —*Nació* a la literatura en Lima. 彼はリマで作家活動を開始した.

— **se** 再 (自然に)芽が出る, 発芽する. —*Se han nacido* las patatas que habías comprado. 君が買っておいたジャガイモが芽を出した.

volver a nacer 九死に一生を得る, 命拾いをする, 生き返る.

:nacido, da [naθíðo, ða] 過分 形 生まれた, …に生まれついた; 生まれながらの. —bien ~ 高貴な生まれの; 育ちのよい, しつけのよい. Ningún bien ~ trata así a sus padres. 育ちのよい者なら両親にそんな態度を取ったりしない. mal ~ 卑しい生まれの; 育ちの悪い, しつけの悪い. la Señora de González, *nacida* Díaz ゴンサレス夫人, 旧姓[本姓]ディアス. Sin duda es un joven ~ para la pintura. 間違いなく彼は画家の天性を持った若者だ.

— 名 生まれた人. —recién ~ 新生児. los ~s entre 1971 y 1980 1971年から1980年までに生まれた人たち. Todos los ~s tienen que morir. 人は誰でも死なねばならない.

naciente [naθiénte] 形 ❶ 生まれかかった, 現れ始めた. —amor ~ 芽生えの恋. A los pocos días ya tenía un ~ desinterés por el trabajo. ほんの数日で彼は仕事に対する無関心を示していた. sol ~ 朝日. ❷ 『化学』発生期の.

— 男 東(＝Oriente, Este). 反**poniente**.

:nacimiento [naθimiénto] 男 ❶ 誕生, 出生(数). —acta [partida] de ~ 出生証明書. fecha de ~ 生年月日. lugar de ~ 出生地. Ha disminuido el número de ~s. 出生数が減少した. ❷ 生まれ, 出自, 家柄. —Nicolás es de noble [humilde] ~. ニコラスは高貴な[貧しい]生まれだ. ❸ (a) 始まり, 出現. —Aquel encuentro fue el ~ de una nueva amistad. あの出会いが新しい親交の始まりだった. ~ del pelo 髪の生え際. ~ del pecho 胸元. (b) 源; 水源(＝~ de agua). 類**comienzo, origen**. ❹ ベレン. ♦馬小屋でのキリスト降誕の場面を模した人形飾り. 類**belén**.

auto de nacimiento 『演劇』中世のキリスト降誕劇.

dar nacimiento a … を生む, 引き起こす; …のもととなる. Aquel movimiento popular *dio nacimiento* a un nuevo partido político. あの民衆運動が新しい政党のもとになった.

de nacimiento 《時に軽蔑》生まれつきの. ciego *de nacimiento* 生まれつきの盲人. tacaño *de nacimiento* 生まれつきのけちん坊.

:nación [naθión ナシオン] 囡 ❶ 国家, 国. —(la Organización de) las

Naciones Unidas 国際連合(略称 ONU). la Liga de las *Naciones* 国際連盟. Muchas *naciones* africanas se independizaron en el Siglo XX (veinte). アフリカの多くの国家が20世紀に独立した。人っ子一人の集まりとしての)民族。-japonesa 日本国民。~ judía ユダヤ民族。~ catalana〖集合的に〗カタルーニャ人。類 **pueblo**.

de nación 〘話〙生まれつき;(まれ)生まれつきの. Es francés [madrileño] *de nación*. 彼はフランス生まれ[マドリード生まれ]である. sordo *de nación* 生まれつきの聾者(ろうしゃ).

:**nacional** [naθjonál] 形 ❶ 国民の, 国民的な; 民族の. —fiesta ~ 国民の休日. guerra de liberación ~ 民族解放戦争. La renta ~ per cápita ha aumentado. 一人当たりの国民所得は増加した. 類 **patrio**. ❷ 国家の, 国の, 国立の. —bandera ~ 国旗. carretera ~ 国道. Biblioteca N~ 国立図書館. parque ~ 国立公園. El proyecto de unificación europea quiere acabar con las fronteras ~*es*. ヨーロッパ統合計画は国境をなくそうとしている. 国産の. —producto ~ bruto 国内総生産. La producción ~ de trigo es muy elevada. 小麦の国内生産は非常に伸びた. A esa terminal del aeropuerto llegan los vuelos ~*es*. その空港ターミナルには国内便が到着する. ❹ 全国的な, 全国の. —congreso ~ 全国大会. concurso ~ 全国コンクール. ❺ (スペイン内戦時の)国民戦線[フランコ]派の. —zona ~ 国民戦線支配地域.

—— 男女 (ある国の)国民. —~*es* españoles スペイン国民.

—— 男 複 国民(戦線)軍(内戦期のフランコ軍). —Los ~*es* entraron en Madrid en 1939. 国民戦線軍は1939年にマドリードに進攻した.

*nacionalidad [naθjonaliðáð] 女 ❶ 国籍. —Ronaldo tiene ~ argentina. ロナルドはアルゼンチン国籍を持っている. adquirir [obtener] la ~ japonesa 日本国籍を取得する. de ~ desconocida 国籍不明の. doble ~ 二重国籍. ❷ 国民であること; 国民意識, 国民性. —Está considerado como uno de los forjadores de la vasca. 彼はバスク国民意識の形成者の一人と考えられている. ❸ 〘スペイン〙自治州. 類 **autonomía, comunidad (autónoma)**. ❹ (国家を形成していない)民族. —~ kurda クルド民族. 類 **nación**.

*nacionalismo [naθjonalísmo] 男 ナショナリズム, 国家主義; 民族主義.

:**nacionalista** [naθjonalísta] 形 国家主義(者)の; 民族主義(者)の. —corriente ~ 国家主義的風潮. el Partido N~ Vasco バスク民族党(略称 PNV).

—— 男女 ナショナリスト, 国家主義者; 民族主義者. —Los ~*s* ganarán las próximas elecciones. 次の選挙では国家主義者たちが勝つだろう. 類 **exclusivista**.

nacionalización [naθjonaliθaθjón] 女 ❶ 帰化. ❷ 国有化, 国営化.

nacionalizar [naθjonaliθár] 【1.3】他 ❶ (人)を帰化させる. —Desea ~ a sus hijos en Estados Unidos. 彼は子どもたちを米国籍にしたがっている. 類 **naturalizar**. ❷ を国有[国営]化する. —~ la industria petrolera 石油産業を国営化する.

——*se* 再 ❶ 帰化する. —~*se* japonés [en Japón] 日本に帰化する. 日本国籍を取得する. ❷ 国有[国営]化される.

nacionalsindicalismo [naθjonalsindikalísmo] 男 《スペイン史, 政治》国家主義的サンディカリズム. ♦スペインの Falange 党の唱導した労働組合主義.

nacionalsindicalista [naθjonalsindikalísta] 形 《スペイン史, 政治》国家主義的サンディカリズムの.

—— 男女 《スペイン史, 政治》国家主義的サンディカリスト.

nacionalsocialismo [naθjonalsoθjalísmo] 男 《政治》(特にヒットラーの)国家[国民]社会主義. 類 **nazismo**.

nacionalsocialista [naθjonalsoθjalísta] 形 《政治》国家[国民]社会主義の.

—— 男女 《政治》国家[国民]社会主義者. 類 **nazi**.

****nada** [náða ナダ] 代(不定)〖無変化〗❶ 〖物事を否定する; algo の否定形〗何も(…ない). —No oigo ~. 私は何も聞こえない. ❷ 〖動詞の前にあると動詞を否定する no は不要〗何の…もない. —N~ de eso pasa, en realidad. 実のところ, そんな事は何も起こらない. ❸ 〖+形容詞〗…なのは何もない. —No tiene ~ bueno. それには何もよいところがない. ❹ 〖肯定文で〗わずか, 少し. —Ha estado aquí hace ~. 彼はほんの少し前までこにいた. Con ~ se contenta. 彼はわずかなもので満足する.

—— 副 ❶ 少しも…ない, 何も[全然]…ない. —Eso no me sorprende ~. それには私は少しも驚かない. No ha llovido ~ en todo el verano. 夏の間ずっと少しも雨が降らなかった. No se llevan ~ bien. 彼らは全然仲がよくない. ~ o poco de acuerdo (アンケートで)全然または ほとんど賛成できない. ❷ (返答として)全然, まったくだめ. —No, no, ~, tú te quedas en casa. いや絶対にだめ, お前は家に残るんだよ.

—— 女 無, 虚無. —Dios creó el mundo de la ~. 神は無から世界を創り給うた.

a cada nada 〖中南米, 話〗絶えず, 常に.

ahí es [casi] nada (発言内容の重要性・特異性を強調する表現)大したものだ, 大変なことだ. La han nombrado directora general. *Ahí es nada*. 彼女は総支配人に任命された. 大したもんだ. *Ahí es nada* pasarse tres días sin dormir. 3日も寝ずに過ごすなんて大変だ.

como si nada (1) 何でもないように, やすやすと. Se tomó dos botellas de vino *como si nada*. 彼はやすやすとワインを2本飲み干した. (2) (主に y の後で)何の効果もなく, 問題にならずに. Le dieron la trágica noticia y se quedó *como si nada*. 悲劇的な知らせを受けたのに彼はまるで動じなかった. Le tengo dicho que no vuelva tarde. ¡Pues *como si nada*! 彼には遅く戻るなと言ってあるので, まるで効果はないわ!

de nada (1) (礼を言われたときの返事)どういたしまして. Gracias.-*De nada*. ありがとう.-どういたしまして. (2) 取るに足りない, 価値のない, つまらない. Por ese sueldo *de nada* yo no trabajaré. そんな給料では私は働きません. Ha publicado un librito *de nada*. 彼はつまらない本を出版した.

dentro de nada すぐに, じきに. Volveré *dentro*

de nada. じきに戻ります。

estar en nada que 〘+接続法〙もう少しで…である。*Estuvo en nada que* le atropellara el tren. 彼はもうちょっとで電車にひかれるところだった。

nada como [***mejor que***] ... …ほどいいものはない。*Nada como* el pueblo para pasar las vacaciones. 休暇を過ごすには田舎ほどよいところはない。

nada de 〘+形容詞/名詞/不定詞〙(1) まったく…でない, 少しも…でない。No hay *nada de* particular en eso. それは全然変ではない。Lo que dijo no tiene *nada de* importancia. 彼の言ったことは少しも重要ではない。No quiso *nada de* beber. 彼は何も飲みながらなかった。(2) …はだめ, …は止めて。¡*Nada de* tonterías!. ばかなことは言うな。

nada de eso/de eso nada (否定の強調)それはとんでもない。Anda, invítame a una copa. –*De eso nada.* さあ, 一杯おごってくれよ。-とんでもない。¿Prefieres que me marche? –No, *nada de eso.* 私がいなくなる方がいいの。-いいや, そんなじゃないよ。

nada más (1) …だけ。Tengo dos euros *nada más.* 私は2ユーロしか持っていない。¿Algo más? –*Nada más.* 他に何か?-いいえ, これだけです。Es un sinvergüenza y *nada más.* 彼は単に恥知らずなだけだ。(2) 〘+不定詞/過去分詞〙…するとすぐに。*Nada más* llegar, le daré el recado. 着きしだいすぐにそのことを彼に伝えよう。*Nada más* terminada la reunión, se marchó. 会議が終わるとすぐに彼は立ち去った。

nada más que ... …のほかに何も。No tengo *nada más que* unos cuantos euros. 私は数ユーロしか持ち合わせがない。

nada menos (***que*** ...) (1) 〘強調〙まさしく…, ほかでもない…。El rey, *nada menos*, inauguró la exposición. ほかでもない国王が展覧会の開会式を行なった。(2) 〘強調〙…もの。Participaron *nada menos que* 500 personas. 500人もの参加者があった。

ni nada (1) 〘強調〙(否定文の後で)全然…でない。(2) 〘反語的に〙とても。No estás guapo *ni nada* con ese traje. そのスーツが君にとても似合っているよ。

no ser nada 何でもない, 大したことがない, 取るに足りない。Esa operación *no es nada,* te curarás en seguida. その手術は何でもない, 君はすぐに直るよ。Él *no es nada* en el mundo de la medicina. 彼は医学の世界では大したことない。

no tener nada que ver [***hacer***] →tener.

para nada (1) 〘no に伴って〙少しも…ない。Eso no sirve *para nada.* それは何の役にもたたない。(2) 無駄。Tanto esfuerzo y, al final, *para nada.* あれだけ努力したのに, 結局は無駄だった。(3) 《話》全然。¿Estás preocupado? –*Para nada.* 心配してるの。-全然。

por nada (1) 理由なく, なんでもないことで。Mi novia llora *por nada.* 僕の恋人はなんでもないことで泣いてしまう。(2) どうしても…しない, 決して…しない。Llevo razón y no cederé *por nada.* 私が正しいのだから決して譲歩しない。

pues nada (1) 〘じゃ〙それでは; とにかく。*Pues nada,* que te vaya bien y hasta la vista. それじゃあ, お元気で。また会いましょう。(2) よろしい。*Pues nada*; lo dejamos para otro día. いいですよ, 後日までそのままにしておきましょう。

nadador, dora [naðaðór, ðóra] 形 泳ぎの, 泳ぐ。

—— 名 泳ぐ人; (特に)競泳選手。—Mi sobrina es una estupenda *nadadora.* 私の姪は素晴らしい競泳選手だ。

＊**nadar** [naðár ナダル] 自 ❶ 泳ぐ, 水泳をする。—Mi mujer no sabe ~. 私の妻は泳げない。*Nadaron* una hora en el mar. 彼らは海で1時間泳いだ。❷ 浮かぶ, ただよう, つかる。—Nos sirvieron unas patatas que *nadaban* en aceite. 私たちは油につかっているような揚げたジャガイモを出された。❸ 〘+en を〙たくさん抱え込む, (…が)あふれている。—Por aquellos años ella *nadaba* en la felicidad. あの時代彼女はしあわせに満ちあふれていた。❹ (衣服が)だぶだぶである, ぶかぶかである, 大き過ぎる。—El niño *nada* en sus nuevos pantalones. その子には新しいズボンがだぶだぶだ。

nadar entre dos aguas 二股膏薬(こうやく)を張る, どっちつかずの態度をとる。No nades *entre dos aguas*, debes contestar que sí o no. どっちつかずの態度をとるなよ, イエスかノーかはっきり言うべきだ。

nadar y guardar la ropa 安全策を講じてうまくやりとげる。No te preocupes por él, que sabe *nadar y guardar la ropa.* 彼のことは心配するな, きっとうまくやりとげるから。

nadería [naðería] 女 つまらないこと, くだらないこと。—discutir por ~s どうでもいいことで言い争う。[類] **bagatela, fruslería, tontería**.

＊**nadie** [náðje ナディエ] 代(不定) 〘無変化〙❶ 〘人を否定する〙alguien の否定形 誰も(…ない)。—No hay ~ en casa. 家には誰もいない。No se veía *a* ~. 誰も見えなかった。[類] **ninguno**. ❷ 〘動詞の前にあると動詞を否定する〙誰も…ない。—N~ estaba en casa a esa hora. 誰もその時間に家にいなかった。❸ (*a*) つまらない者, 取るに足りない人。—No es más que un don ~. 彼は大した人でない。(*b*) …の資格がない人。—Él aquí no es ~ para mandarme esto. 彼はここで私にこれを命令する資格はない。❹ (反語的に)誰か。—¿Quién sabe ~ lo que ella me ha hecho sufrir? 彼女がどんなに僕を苦しめたか誰が知っているか(誰も知らないだろう)。

casi nadie ほとんど誰も…ない。No había *casi nadie* en la plaza. 広場にはほとんど誰もいなかった。

como nadie 誰よりも上手く[上手に]。Prepara la paella *como nadie.* 彼女は誰よりも上手くパエーリャを作る。

nadie que 〘+接続法〙…のような人は誰も…ない。*Nadie que* lo conozca bien puede hablar mal de él. 彼のことをよく知っている人は誰も彼のことを悪く言わない。

nadir [naðír] 男 〘天文〙天底。[反] **cenit**.

nado [náðo] 副 〘次の成句で〙

a nado 泳いで(=nadando).

NAFTA [náfta] (<英 North America Free Trade Agreement (Tratado de Libre Comercio de América del Norte, TLCAN)〙男 北米自由貿易協定。

nafta [náfta] 女 ❶〘化学〙ナフサ。❷〘中南米〙ガソリン。

naftalina [naftalína] 女 〘化学〙ナフタリン。

nahua [náɣwa] 形 男女 ナワ族[人](の), ナワ[ナワトル]語(の)。

1328 náhuatl

náhuatl [náuatl] 形男 ナワトル語(の), ナワ語(の).

nailon [náilon] 男 《繊維》ナイロン.

:**naipe** [náipe] 男 (トランプ・タロットなどの)カード; 【主に複】1組のトランプ(主にスペイン式のもの). ◆スペイン式トランプは oro 金貨, copa 杯, espada 剣, basto こん棒 の4種のマークから成る. —una baraja de ~s españolas 1組のスペイン式トランプ. barajar los ~s トランプを切る. pasar los ~s トランプを配る. jugar a los ~s トランプをする. peinar los ~s トランプを(2山に分け,1枚ずつ交互に食い込ませるようにして)切る. 類 **baraja, carta**.
cambiar el naipe 《話》話題を変える.
castillo de naipes 机上の空論. hacer [levantar] *castillos de naipes* 机上の空論を弄(ｲｼﾞ)する.
tener buen [mal] naipe 運が良い[悪い]; 運がついている[いない].

naja[1] [náxa] 女 《動物》コブラの一種.

naja[2] [náxa] 女 《次の成句で》
salir de naja(s) 《俗》すたこら逃げる, ずらかる.

najarse [naxárse] 再 《俗》ずらかる.

nalga [nálγa] 女 ❶【主に複】尻(ｼﾘ)(の片方), 臀部(ﾃﾞﾝ). 類 **asentaderas, posaderas, trasero**.

nalgada [nalγáða] 女 ❶【廃】豚の腿(ﾓﾓ)肉. ❷ 尻(ｼﾘ)もち. ❸ 尻をたたくこと.

nalgatorio [nalγatórjo] 男 《話》尻(ｼﾘ), 臀部(ﾃﾞﾝ).

Namibia [namíβja] 固名 ナミビア(首都ウィントフック Windhoek).

nana [nána] 女 ❶ 子守歌. ❷《話》おばあちゃん. ❸ おくるみ. ❹【中米,メキシコ】乳母, 子守女(= nodriza, niñera).
el año de la nana [nanita] 《話》大昔, 遠い昔. Cuenta chistes d*el año de la nana*. 彼は大昔の笑い話をしてくれる.
más viejo que la nana 《話》非常に古い. Esa canción es *más vieja que la nana*. その歌はものすごく古い.

¡nanay! [nanáj] 間 《話》とんでもない, だめだ.

Nanjing [nanjín] 固名 南京[ナンチン](中国の都市).

nanociencia [nanoθjénθja] 女 ナノ科学.

nanquín [nankín] 男 南京(ﾅﾝｷﾝ)木綿.

nao [náo] 女《文》船 (=nave).

napa [nápa] 女 ナパ革(羊・子ヤギの皮). —cazadora (chaqueta) ~ ナパ革ブルゾン[ジャケット]. ~ grabada 模様入りナパ革.

napalm [napálm, napáln] 《<英》男 《化学》ナパーム. —bomba de ~ ナパーム弾.

napias [nápjas] 女複《話》(特に大きな)鼻 (= narices).

Napo [nápo] 固名 ❶ ナポ(エクアドルの県). ❷ (el ~) ナポ川(エクアドルとペルーを流れるアマゾン川の支流).

Napoleón [napoleóm] 固名 (~ I)ナポレオン1世(1769-1821, フランスの皇帝, 在位 1804-14).

napoleón [napoleón] 男 (5フランないし19レアレスの)ナポレオン銀貨.

napoleónico, ca [napoleóniko, ka] 形 ナポレオン(時代)の. —guerras *napoleónicas* ナポレオン戦争.

Nápoles [nápoles] 固名 ナポリ(イタリアの都市).

napolita*no, na* [napolitáno, na] 形 ナポリ(Nápoles)の.
— 名 ナポリ市民[の出身者].

:**naranja** [naránxa] 女 オレンジ. —~ dulce アマダイダイ. ~ mandarina [tangerina] マンダリン(ミカンの類). ~ nável ネーブル.
— 男 ❶ オレンジ色. —~ claro 明るいオレンジ色. ❷ (交通信号の)黄色. 類 **ámbar**.
— 形《無変化》オレンジ色の. —unas camisetas ~ 何枚かのオレンジ色のTシャツ.
media naranja (1)《話》(良き)伴侶, ベターハーフ. Antonio está de viaje con su *media naranja*. アントニオは愛妻と旅行中だ. (2) 半球形のドーム.
¡Naranjas (de la China)!《話》とんでもない, 冗談じゃない.

naranjada[1] [naranxáða] 女 《飲料》オレンジエード.

naranjado, da[2] [naranxáðo, ða] 形 オレンジ色の (=anaranjado).

***naranjal** [naranxál] 男 オレンジ畑, オレンジ園. —En Valencia hay muchos ~*es*. バレンシアにはオレンジ畑がたくさんある.

naranjero, ra [naranxéro, ra] 形 ❶ オレンジの. ❷ (管の)内径が8-10センチ[オレンジ大]の.
— 名 オレンジ栽培者[売り].
— 男 (昔の)らっぱ銃.

:**naranjo** [naránxo] 男 オレンジの木. —Bajo el ~, el suelo estaba cubierto de sus frutos caídos. そのオレンジの木の下の地面は果実に覆われていた.

narcisismo [narθisísmo] 男 自己偏愛[陶酔], ナルシシズム.

narcisista [narθisísta] 形 自己偏愛[陶酔]の, ナルシシスト的な.
— 男女 自己偏愛[陶酔]者, ナルシシスト.

Narciso [narθíso] 固名 《ギリシャ神話》ナルキッソス, ナルシス. ◆水面に映った自己の姿に魅了され, おぼれて水仙の花に化したという美青年.

narciso [narθiso] 男 ❶《植物》スイセン(の花). ❷《比喩》ナルシシスト.

narcolepsia [narkolépsja] 女 《医学》睡眠発作, ナルコレプシー.

narcosis [narkósis] 女《単複同形》《医学》麻酔状態, 《麻薬による》昏睡状態.

narcótico, ca [narkótiko, ka] 形 麻酔(性)の. 類 **estupefaciente**.
— 男 麻酔薬[剤]; 麻薬. 類 **droga**.

narcotismo [narkotísmo] 男 ❶ →narcosis. ❷《医学》麻酔作用.

narcotizar [narkotiθár] [1.3] 他 …に麻酔をかける; …に麻薬を打つ.

nardo [nárðo] 男 《植物》カンショウ(甘松), ナルド.

narguile [narγíle] 男 水煙管(ｷｾﾙ).

narigón, gona [nariγón, γóna] 形 →narigudo.
— (<nariz)男 ❶ 大鼻. ❷ 鼻飾り用にあけた穴. ❸ (buey などにつける)鼻輪.

narigudo, da [nariγúðo, ða] 形 《話》鼻の大きい. — 名 鼻の大きい人.

narigueta [nariγéta] 形 →narigudo.
— (<nariz)男 小さい鼻.

Nariño [naríɲo] 固名 ナリニョ(コロンビアの県).

***nariz** [naríθ ナリス] 女 【複 narices】 ❶【主に複】鼻; 鼻孔. —~ aguileña [aquilina] わし鼻. ~ chata 低い鼻. ~ griega [perfilada] ギリシャ鼻, 鼻筋の通った鼻. ~ respingada [respingona, remangada] 上を向いた鼻. meterse el dedo en la ~ 鼻をほじる. sangrar [echar sangre] por las *narices* 鼻血を出す. sonarse las *narices* (音を立てて)鼻をかむ. tener la ~ tapada [taponada] 鼻が詰まっている. ❷ 鼻先, 目の前. ―en [delante de] las *narices*/en la punta de la ~ 鼻先に, 目の前に. He buscado las gafas por toda la casa y las tenía delante de las *narices*. 私は家じゅう眼鏡をさがしたが実は目の前にあった. ❸ 嗅覚, (比喩)勘, 直感. ―tener buena ~/tener largas *narices*/tener *narices* de perro perdiguero 鼻が利く, 勘が鋭い. 類 **olfato**. ❹ 船首;(飛行機の)機首. 類 **proa**. ❺ (道具などの)先端, 突き出た部分. (*a*) (船首の)水切り. (*b*) (管の)先; 噴射口, ノズル. (*c*) (橋脚の)水よけ. (*d*) (折り目などの盛り上がり. ❻ (ブドウ酒の)香り, 芳香, ブーケ. 類 **aroma, fragancia**. ❼ 《話》好奇心. 類 **curiosidad**. ❽ 複 《話》勇気, 気力. ―Tú no tienes *narices* suficientes para hacer eso. 君にはそれをするだけの勇気がない. 類 **coraje, valor**.

asomar las narices (1) 《話》(人が)顔を出す, 現われる. Durante la reunión, el jefe *asomó las narices* un par de veces. 会議中, 上司は2, 3回顔を出した. (2) 《話》【+en】を詮索する, かぎまわる.

caerse de narices (1) 《話》(人が)うつぶせに倒れる, つんのめる. (2) 《話》(飛行機などが)急降下する, まっさかさまに落ちる.

darLE **en la nariz a** ... 《話》(人に)…の予感がする; …なのではないかという気がする. *Me da en la nariz que nos intentan engañar*. どうも彼らが私たちをだまそうとしている気がする.

darLE **en las narices a** ... 《話》(人に)恥をかかせる, (人の)面目をつぶす, 鼻を明かす. Me dijo eso para *darme en las narices*. 彼は私に恥をかかせようとしてそう言ったのだ. 類 **desairar, fastidiar**.

dar(se) de narices (1) 《話》(人が)うつぶせに倒れる, つんのめる. (2) 《話》【+con/contra】…にばったり出会う; 顔をぶつける.

darse de narices en ... 《話》(困難・障害などに)ぶつかる.

dejar a ... con un palmo de narices 《話》(人)との約束を破る, (人)をあざむく.

de las narices 《話》いやな, いまいましい. Ese chico es un cursi *de las narices*. あいつはいやな気取り屋だ.

de (tres pares de) narices 《話》すごい, すばらしい. He cogido un catarro *de tres pares de narices*. 私はひどい風邪をひいてしまった.

en SUS (*mismas, propias*) **narices** 《話》すぐ目の前で. Miguel tuvo el descaro de insultarme *en mis narices*. ミゲルはずうずうしくも私の目の前で私を侮辱した.

estar hasta las narices 《話》【+de に】うんざり[あきあき]している. ¡Estoy hasta las narices de tus sermones! 君のお説教にはうんざりだ!

hablar con [por] la nariz [las narices] 鼻声で話す.

hacerLE **narices a** ... 《話》(人)をいじめる, 虐待する.

hacer lo que LE **sale de [por] las narices a** ... 《話》(人)が好きなことをする, 気の向いたことをする.

hinchárseLE **las narices a** ... 《話》(人が)かっとする, 頭に血が上る. ¡Ya se *me están hinchando las narices*! もう頭に来た!

meter las narices [las nariz] en ... 《話》…に首をつっこむ, …のことを詮索する. Raquel es una curiosa y siempre anda *metiendo las narices en todas partes*. ラケルは好奇心旺盛でいつもそこらじゅうのことに首をつっこんでいる.

¡**narices**! 《俗》とんでもない!, まさか!, くだらない!

¡(**ni** ...) **ni narices!** 《俗》(…なんて)とんでもない!, 冗談じゃない! ¿No tienes calor? ¬*Ni calor ni narices*! 「暑くない?」「暑いなんてとんでもない! 凍えそうだよ!」

no haber [tener] más narices 《話》他に方法がない, しかたがない. Para aprobar el examen *no hay más narices que estudiar*. 試験に合格するためには勉強するよりしかたがない.

no saber dónde tiene las narices 《話》何もわかっていない; 間抜けである.

no ver más allá de SUS **narices** 《話》目先のことしか考えない, 思慮が浅い.

pasarLE **... a ... por las narices** =restregarLE ... a ... por las narices

por narices 《話》強引に, むりやり; やむを得ず. Tuvimos que ir *por narices*. 私たちはどうしても行かざるを得なかった.

¡**qué narices!, ¡qué ... ni qué narices!** =¡(ni ...) ni narices!

restregarLE [**refregar**LE, **refrotar**LE] **... a ... por las narices** 《話》…のことで(人に)恥をかかせる[うらやましがらせる]; (人に)…のことを当てこする. Ellos siempre *me restriegan por las narices que sus hijos son muy inteligentes*. 彼らはいつも自分の子供たちがとても頭が良いことを引合いに出して私に自慢する.

romperLE **las narices a** ... 《話》(人)をぶんなぐる, (人)の鼻をへし折る. Como vuelvas a hacerlo *te rompo las narices*. もう一度やったらぶんなぐるぞ.

salirLE **a ... de las narices** 《話》(人)が…したい気持になる. No vuelvo a casa porque *no me sale de las narices*. 家には帰らない, 帰りたくないから.

tener a ... agarrado por las narices 《話》(人)を完全に手なずけている, 牛耳っている.

tener a ... montado en las narices 《話》(人)に我慢がならない. Al vecino de arriba lo *tengo montado en las narices*. 私は上の階の人に我慢がならない.

tener [mandar] narices 《話》(主に悪い意味で)驚いた, あきれたものだ, 腹立たしい. *Tiene narices que sigas cometiendo el mismo error*. 君が同じ間違いを繰り返すのには腹が立つ.

tocarLE **a ... las narices** 《話》(人)の癪(しゃく)にさわる, (人)をいらいらさせる. 類 **fastidiar, molestar**.

tocarse las narices 《話, 軽蔑》サボる, なまける.

narizotas [nariθóta] [< *nariz*] 女 複 大きな鼻. ― 男女 《単複同形》 大きな鼻の人.

nación [naθraθión] 女 ❶ 語り, ナレーション; 叙述. ―hacer una ~ detallada de lo ocurrido その出来事について詳細に述べる. Su ~ no corresponde con la realidad. 彼の言うことは真実に合わない. 類 **discurso, relación**. ❷ 物語,

narrador

説話. 類**cuento, novela, relación**. ❸《会話文 coloquio に対する》地の文.

narrador, dora [nařaðór, ðóra] 形 物語りの; 叙述の.
── 图 ❶ 語り手, ナレーター. ❷《文学》物語作家, 小説家.

:**narrar** [nařár] 他 を**物語る, 語る, 叙述する**. ─ ~ una vieja leyenda popular 古い民間伝承を物語る. Nos *narró* las aventuras de su viaje. 彼は私たちに旅行中の冒険を語ってくれた. 類**contar, relatar**.

narrativa [nařatíβa] 女 →narrativo.

***narrativo, va** [nařatíβo, βa] 形 物語の, 物語体の; 叙述の. ─ poema ~ 叙事詩.
── 女 ❶《集合的に》物語, 小説, 説話. ─ Esta novela es un buen testimonio de la *narrativa* francesa actual. この小説は現在のフランス物語文学のよい証明である. ❷ 語り口, 話術, 叙述力. ─ tener gran ~ 話術に長じる. La *narrativa* de este novelista tiene mucha imaginación y es sólida. この小説家の語り口は非常に想像力があり, しっかりしている.

narria [nářia] 女 (重量物運搬用の)引きずり道具[板・布など]. 類**rastra**.

nártex [nárte(k)s] 男《単複同形》《建築》拝廊, ナルテックス.

narval [narβál] 男《動物》イッカク(一角). ♦北極海に住む前歯が長くのびた角を持つ歯クジラの一種.

nasa [nása] 女 ❶ 魚を捕るためのかご, 梁(やな). ❷ 魚籠(びく).

nasal [nasál] 形 ❶ 鼻の. ─ fosas ~*es* 鼻腔(くう). hemorragia ~ 鼻血. ❷ 鼻にかかった;《音声》鼻音の. ─ consonante ~ ([m][n][ɲ]などの)鼻子音. pronunciación ~ 鼻にかかる発音.
── 女《音声》鼻音 (=sonido ~).

nasalidad [nasaliðá(ð)] 女 声にかかること;《音声》鼻音性.

nasalización [nasaliθaθjón] 女《音声》鼻音化.

nasalizar [nasaliθár] [1.3] 他《音声》を鼻音化する.

nata [náta] 女 ❶ 生クリーム, 乳脂. ─ ~ batida《料理》ホイップクリーム. 類**crema**. ❷ (液体の表面にできる)薄い膜; 乳皮. ─ En la leche caliente se ha formado ~. ホットミルクに膜が張った. ❸ 最良の部分, 精華; えり抜き. ─ la (flor y) ~ de la sociedad 名士たち; 上流社会. 類**crema**. ❹《中米》《冶金》鉱滓(こうさい), スラグ.

natación [nataθjón] 女 水泳, 泳ぎ. ─ practicar la ~ 水泳をする; 泳ぐ練習をする. ~ a braza 平泳ぎ. ~ sincronizada シンクロナイズド・スイミング.

natal [natál] 形 ❶ 出生の, 誕生の. ❷ 出生地の, 生まれ故郷の. ─ ciudad [pueblo] ~ 生まれた町[村]. mi país ~ 私の故国.

Natalia [natália] 固名《女性名》ナタリア.

natalicio, cia [nataliθjo, θja] 形 誕生日の. ─ fecha [fiesta] *natalicia* 誕生日[誕生パーティ].
── 男 誕生(日); 誕生祭. ─ celebrar el ~ de ... …の誕生を祝う. 類**aniversario, cumpleaños**.

natalidad [nataliðá(ð)] 女 出生率 (=tasa [índice] de ~). ─ control de ~ 産児制限, 受胎調節. 反**mortalidad**.

natatorio, ria [natatórjo, rja] 形 水泳に関する; 水泳用の. ─ aleta *natatoria* (潜水用の)フリッパー, 足ひれ. artículos ~s 水泳用品. vejiga *natatoria*(魚の)浮き袋.

natillas [natíjas] 女複 カスタード. ♦牛乳・卵に砂糖・香料を加えて煮詰めた菓子.

Natividad [natiβiðá(ð)] 固名《女性名》ナティビダー.

natividad [natiβiðá(ð)] 女 ❶ (特にキリストの)降誕 (=nacimiento);《聖母マリア・洗礼者ヨハネの》生誕. ❷ (N~)→**Navidad**.

:**nativo, va** [natíβo, βa] 形 ❶ 出生地の, 生れた土地[国]の, 故郷の. ─ país ~ 生まれた国, 生国. lengua *nativa*. ─ Nos habló de las tradiciones de su Galicia *nativa*. 彼は生まれ故郷のガリシアの伝統について私たちに語った. 類**natal**. ❷ その土地[国]に生まれた[育った], 現地出身の. ─ Se busca un profesor ~ para dar clase de checo. チェコ語を教えてくれる現地出身の先生を探している. 類**natural**. ❸ (鉱物などの)自然(状態)の, 自然のままの, 天然の. ─ plata *nativa* 天然の銀. ❹ (性質などが)生まれつきの, 生来の. 類**innato**.
── 图 (ある土地の)生まれの人, (ある地域の)住民, 現地の人. ─ He visto el reportaje sobre los ~s de la selva amazónica. 私はアマゾンのジャングルに住む住民のドキュメンタリー番組を見た. 類**indígena, natural, oriundo**.

nato, ta [náto, ta] 形 ❶ 生まれながらの, 生来の. ─ un poeta ~ 天性の詩人. ❷ (役職につくことが)自動的に決まっている. ─ El ministro de Educación es el presidente ~ de esa asociación. 教育相は自動的にその協会の会長となる.

natura [natúra] 女《文》本質, 自然 (=naturaleza). ─ pecado contra ~ (男色などの)性的倒錯.

****natural** [naturál ナトゥラル] 形 ❶ *(a)* **自然の, 天然の**, 自然界の. ─ ciencias ~*es* 自然科学. ley ~ 自然法. recursos ~*es* 天然資源. gas ~ 天然ガス. historia ~ 博物学. día ~ 一日 (日の出から日没まで). La lluvia y la nieve son fenómenos ~*es*. 雨や雪は自然現象である. 反**artificial, sobrenatural**. *(b)* 自然発生の, 自然に起きる. ─ muerte ~ 自然死. parpadeo ~ 無意識のまばたき. 類**espontáneo, instintivo**. ❷ 自然のままの, 加工しない, 生(き)の. ─ zumo ~ 天然ジュース. Esta mermelada es ~. このマーマレードは自然のものだ. Me gusta la fruta ~ y no la que viene en conserva. 私は生の果物が好きで, 缶詰に入っているのは好きではない. 類**puro**. ❸ (成り行きが)自然の, 当然の, 無理もない. ─ Este calor no es ~ ahora. この暑さは今の時期普通ではない. 類**lógico, normal, razonable**. ❹ (態度が)自然な, 率直な, 気取らない (estar/ser+). ─ Actuó de forma ~, sin alterarse. 彼はうろたえることもなく, 非常に率直にふるまった. Has salido muy ~ en esta foto. 君はこの写真にとても自然な感じで写っている. 類**espontáneo, franco, sincero**. ❺〖+en に〗本質的な, 固有の, 生まれつきの, 先天的な. ─ La bondad es algo ~ *en* ella. 親切なのは彼女の天性的なものだ. La dureza y la frialdad son ~*es* *en* el cristal. 固さと冷たさはガラスの本質だ. **類 connatural, inherente, propio**. ❻ 自然な感じの, 実物そっくりの. —Estas flores de tela son muy ~*es*. この布製の造花はとても自然な感じだ. ❼〖+*de* 〇〗生まれの. —Es ~ *de Sevilla*. 彼はセビーリャの出身だ. ❽《音楽》(シャープもフラットもつかない)本位の, ナチュラルの. ❾ 非嫡出の. —*hijo* ~ 非嫡出子, 私生児.

de tamaño natural 原寸[実物]大の. Colocaron en el parque una estatua *de tamaño natural* del poeta. その詩人の原寸大の像が公園に建てられた.

¡Es natural! もちろんだ, 当然だ.

ser lo más natural del mundo 至極当然だ, 当然すぎるほど当然だ. *Es lo más natural del mundo* que ella no quiera ir con vosotros. 彼女が君たちと一緒に行きたがらないのは当然すぎるほど当然だ.

ser natural que〖+接続法〗当然である, 当たり前である. *Es natural que* venga a visitarte si estás enfermo. お前が病気なら彼がお前の見舞いに来るのは当然のことだ.

── 男女 (ある土地の)生まれの人, 住民. —El fallecido era ~ *de Oviedo*. 故人はオビエド出身だった. **類 nativo**.

── 男 ❶ (人の)性質, 天性, 本性. —Aquí la gente es de buen [mal] ~. ここでは人の性質は善良だ[悪い]. Tiene un ~ bondadoso y tranquilo. 彼は人がよく落ち着いた性格だ. **類 carácter, genio, índole, instinto, naturaleza, temperamento**. ❷ (闘牛)パセ・ナトゥラル(剣を使わずに左手で行うやり過ごし).

al natural (1) 自然のままで, 素顔で. Se presentó *al natural*, sin maquillaje. 彼女は化粧しないで素顔で現れた. (2) (食品が)自然の, 無添加の, 混ぜ物のない. ginebra *al natural* 生(ﾅﾏ)のままのジン. Haré la salsa con estos tomates *al natural*. 私はこれらの生トマトでソースを作ろう.

del natural ありのままに, 写実的に. El artista no copia *del natural* sino que lo interpreta. 芸術家はありのままに写すのではなくて, それを解釈するのだ.

naturaleza [naturaléθa ナトゥラレサ]
女 ❶ **自然**; 自然界; 自然現象. —Me gusta estar en contacto con la ~. 私は自然に触れているのが好きだ. La tala de esos bosques es un atentado contra la ~. それらの森の伐採は自然の摂理に反する所業だ. en plena ~ 自然の真っただ中で. ciencias de la ~ 自然科学. dejar obrar a la ~ 自然の力にまかせる. la Madre N~ 母なる自然. las leyes de la ~ 自然の法則. vuelta a la ~ 自然への回帰. ❷ (*a*) 本性, 本質. —~ *divina* 神性. ~ *humana* 人間性, 人類. segunda ~ 第二の天性(身についた習慣・習性など). Soy optimista por ~. 私はもともと楽観主義者だ. Los niños son crueles por ~. 子供というのは本来残酷なものだ. Los médicos desconocen la ~ de esta enfermedad. 医師たちにはこの病気の正体が分からない. **類 esencia**. (*b*) 性質, 体質. —hombre de ~ robusta [enfermiza] 頑強な[病気がちな]体質の男. objetos de diferente ~ 性質の異なる品物. **類 carácter, característica, propiedad**. (*c*) 種(ｼｭ), 種類. —Yo no había visto árboles de tal ~. 私はそんな種類の木を見たことがなかった. **類 clase**,

naufragar 1331

especie, género. ❸ 帰化; (帰化した人の)国籍. —carta de ~ 帰化承認状. alcanzar la ~ [adquirir carta de ~] del país その国の国籍を取得する. **類 nacionalidad, naturalización**. ❹ 生まれ, 出自. —Laura es francesa de ~. ラウラはフランス生まれだ. **類 nacimiento**. ❺ (特に女性の)生殖機能, 生殖器. —romper la ~ 初潮を迎える.

forzar la naturaleza 無理をする.

naturaleza muerta《美術》静物画. **類 bodegón**.

pagar tributo a la naturaleza 死ぬ. **類 morir(se)**.

‡**naturalidad** [naturalidá(ð)] 女 **自然さ**; 率直さ; 当然さ. —El nerviosismo le impidió hablar con ~. 彼はあがってしまって自然に話すことができなかった. Me encanta la ~ de tu comportamiento. 私は君の振る舞いのさりげなさに心ひかれる. Oyó la trágica noticia con la mayor ~. 彼はその悲しい知らせをきわめて冷静に聞いた. Aquí te roban con toda ~. ここでは盗みは日常茶飯事だ. **類 espontaneidad, franqueza, normalidad**.

naturalismo [naturalísmo] 男 (主に文学や美術の)自然主義. **類 realismo**.

naturalista [naturalísta] 形 自然主義の. —la novela ~ 自然主義小説.

── 男女 ❶ 自然主義者. ❷ 博物学者, 自然誌研究家; 自然科学者.

naturalización [naturaliθaθjón] 女 ❶ (外国人への)市民権の付与; 帰化. ❷ (動植物の)移植, 馴化. ❸ (外国の言語・習慣などの)移入; 定着.

naturalizar [naturaliθár] [1.3] 他 ❶ (外国人)を帰化させる, …に市民権を与える. ❷ (動植物)を移植する, 馴化(ｼﾞｭﾝｶ)させる. **類 aclimatar**. ❸ (外国の言語・習慣など)を移入する; 定着させる. —~ *vocablos* [*costumbres*] 語[習慣]を取り入れる.

── **se** 再 ❶〖+地名形容詞〗…に帰化する. —*Se ha naturalizado* española. 彼女はスペインに帰化した. ❷ (動植物が)馴化(ｼﾞｭﾝｶ)する. ❸ (外国の言語などが)定着する.

‡**naturalmente** [naturálménte] 副 ❶ 当然(のことだが), もちろん. —Yo, ~, no estoy de acuerdo. 私はもちろん賛成しない. ¿Lo pintaste tú? –N~. 君がそれを描いたの. –もちろんさ. ❷ 生まれつき, 生来. —El hombre es un ser ~ *sociable*. 人間は生来社交的な存在だ. ❸ (態度などが)自然に, 飾らずに, 普段のように. —Actuó ~ *como si no hubiera pasado nada*. 彼はまるで何事も起きなかったみたいに行動した. ❹ (人手を加えず)自然に, 天然に, ひとりでに.

naturismo [naturísmo] 男 ❶ 自然生活運動; 自然療法. ❷ 裸体主義, ヌーディズム(=nudismo).

naturista [naturísta] 形 ❶ 自然生活運動[自然療法]の. ❷ 裸体主義の(=nudista).

── 男女 ❶ 自然生活運動家, 自然療法主義者. ❷ 裸体主義者, ヌーディスト.

***naufragar** [nauɸraɣár] [1.2] 自 ❶ (船が)難破する; (人が海で)遭難する. —El Titanic *naufragó* en el Atlántico Norte en 1912. タイタニック号は1912年に北大西洋で遭難した. *Nau-*

1332 naufragio

fragamos en el Mar del Japón. 我々は日本海で遭難した. ❷ 失敗する, 挫折する. —La empresa *naufragó* debido a la falta de fondos. 会社は資金不足のため破綻した.

‡**naufragio** [nauf̃ráxjo] 男 ❶ 難破, 難船; 海難事故. —Las víctimas del ~ son más de cincuenta. その海難事故の犠牲者は 50 人を超えている. ❷ 失敗, 挫折(ざせつ); 破産. —Será difícil evitar el ~ de la empresa. 倒産を回避するのは難しいだろう. 類 **desastre, desgracia, fracaso**.

‡**náufrago, ga** [náuf̃raɣo, ɣa] 形 難破した, 難航した, 海で遭難した. —buque *náufrago* 難破船.
— 名 難破した人, 海での遭難者; 漂流者.
— 男 《魚類》サメ(鮫). 類 **tiburón**.

Nauru [náuru] 固名 ナウル(首都ナウル Nauru).

náusea [náusea] 女 《主に複》❶ 吐き気, むかつき. —dar ~ a ... …に吐き気を催させる. tener [sentir] ~s 吐き気がする. 類 **arcada, basca**. ❷ 嫌悪[不快](感), 嫌気. —Esa película me da ~s. その映画を見ると私は気持ち悪くなる. 類 **repugnancia**.

nauseabundo, da [nauseaβúndo, da] 形 吐き気を催させる, むかつくような; ひどく不快な. —olor ~ むかつくような悪臭. 類 **asqueroso, repugnante**.

nauta [náuta] 男 《文》船乗り, 船員(= navegante).

náutica [náutika] 女 航海術, 操船術. 類 **marina**.

náutico, ca [náutiko, ka] 形 ❶ 航海の, 航海に関する. ❷ 海上の, 水上の. —club ~ ヨットクラブ. deportes ~s 水上スポーツ.
carta náutica → carta.
rosa náutica → rosa.

nautilo [náutilo] 男 《動物》オウムガイ.

‡**navaja** [naβáxa] 女 ❶ (折りたたみ式の)ナイフ; 小刀; かみそり. —~ de afeitar/~ barbera かみそり. —cabritera 皮はぎナイフ. ~ automática [de botón, de muelle, de resorte] 飛び出しナイフ. ~ suiza [multiusos] アーミーナイフ, 万能ナイフ. 類 **cuchillo**. ❷ 《貝類》マテガイ. ❸ 《比喩》毒舌, 悪口. ❹ (イノシシなどの)牙(きば) 類 **colmillo**. ❺ (昆虫の)毒針. 類 **aguijón**.

navajada [naβaxáða] 女 ❶ ナイフでの切りつけ[一刺し]. ❷ ナイフによる傷.

navajazo [naβaxáθo] 男 → navajada.

‡**naval** [naβál] 形 ❶ 船舶の, 艦船の, 航海の. —ingeniero ~ 造船技師. industria ~ 造船業. ❷ 海軍の. —combate ~ 海戦. escuela ~ 海軍兵学校. base ~ 海軍基地.

Navarra [naβár̃a] 固名 ナバラ(スペインの地方・自治州).

navarro, rra [naβár̃o, r̃a] 形 ナバラ(Navarra)の.
— 名 ナバラ人.

‡**nave** [náβe] 女 ❶ 船(特に大型のもの), 船舶. —~ nodriza 母船. 類 **barco, buque, navío**. ❷ 宇宙船(= ~ espacial, ~ del espacio). 類 **astronave**. ❸ (教会・聖堂の)身廊, 外陣. —~ principal [central] 身廊. ~ lateral 側廊. ~ de crucero 翼廊. ❹ (工場・倉庫などの)建物. —dos ~s industriales 2 棟の工場.
la Nave de san Pedro カトリック教会.
quemar las naves 背水の陣をしく.

navecilla [naβeθíja] 女 ❶ 舟型の香炉. ❷ 小舟.

navegabilidad [naβeɣaβiliðá(ð)] 女 ❶ (海洋・河川の)航行可能性. ❷ (船舶・飛行機の)耐航性[耐空性], 航行能力.

navegable [naβeɣáβle] 形 ❶ (海洋・河川の)航行可能な. ❷ 耐航性[耐空性]を備えた.

‡**navegación** [naβeɣaθjón] 女 ❶ 航海; 航空; 航行. —~ marítima 航海. ~ aérea 航空(航法); 空中飛行. abierto a la ~ 航行自由の. línea de ~ 航路. ~ de altura 遠洋航海. ~ de cabotaje [costera] 沿岸航海. ~ fluvial 河川航行. ~ submarina 潜航. sistema de ~ para automóvil カーナビゲーションシステム. ~ a vela 帆船航海. ~ por el espacio 宇宙飛行. carta de ~ 海図. ❷ 航海[航空]術, 航海[航空]学, 航法. ❸ 船旅.

navegador, dora [naβeɣaðór, ðóra] 形 航行[航海]中の.
— 名 ❶ 航行[航海]者, 航海士; 航空士.

*‡**navegante** [naβeɣánte] 男女 ❶ 航海者, 船乗り. —Los portugueses y los españoles fueron grandes ~s. ポルトガル人とスペイン人は偉大な航海者だった. 類 **marinero, navegador**. ❷ 航海士, 航空士, (自動車レースの)ナビゲーター. —La tripulación del avión estaba formada por el piloto, el copiloto y el ~. その飛行機の乗組員は操縦士と副操縦士, 航空士で構成されていた. ❸ (インターネットの)ネット・サーファー. —Han publicado un libro dedicado a los ~s de redes informáticas. インターネットのサーファー向けの本が出版された. ❹ (車の)ナビゲーター.
— 形 航海する, 航行する, 船乗りの.

‡**navegar** [naβeɣár] [1.2] 自 ❶ (a) 航海する, 船旅をする. —~ por el Mediterráneo 地中海を航海する. (b) (船が)航行する. —El barco *navegaba* a alta velocidad. 船は高速で航行していた. ❷ 飛行する. —en una nave espacial 宇宙船で飛行する. ❸ (船・飛行機を)操縦する. —Voy a aprender a ~. 私は(船・飛行機の)操縦を習おう. ❹ 《情報》インターネットを見て回る, ネットサーフィンをする.
— 他 を航海する. —~ los mares 航海する.

naveta [naβéta] 女 ❶ 小舟. ❷ (教会の)舟型の香炉. ❸ (机の)引き出し. 類 **gaveta**.

‡**navidad** [naβiðá(ð)] 女 ❶ (通常 N~)クリスマス, キリスト降誕祭; 《主に複》クリスマスシーズン(12 月 24 日ごろから 1 月 6 日まで). —Pascua de N~ キリスト降誕祭. en N~(es)/por N~(es) クリスマス(のシーズン)に. ¡Feliz N~!/¡Felices ~es! メリークリスマス! árbol de N~ クリスマスツリー. tarjeta de N~ クリスマスカード. vacaciones de N~ クリスマス休暇. paga de N~ クリスマス手当, 年末のボーナス. Voy a pasar las N~es en Mallorca. クリスマスシーズンはマヨルカ島で過ごすつもりだ. ❷ 《宗教》キリストの降誕. ❸ 複 年齢 —Tengo ya muchas ~es. 私はもうずいぶん年を取っている. 類 **año, edad**.

*‡**navideño, ña** [naβiðéɲo, ɲa] 形 クリスマス(用)の. —fiestas *navideñas* クリスマス祝日. Salió a comprar los regalos ~s. 彼はクリスマスの贈り物を買いに出かけた.

naviero, ra [naβiéro, ra] 形 船舶の, 航海の. ― compañía [empresa] *naviera* 海運会社.
― 名 ❶ 船主, 船舶所有者. ❷ (商船への)食糧調達業者.

:**navío** [naβío] 男 **(大型の)船**, 船舶; 軍艦. ~ de guerra 軍艦. ~ de carga 貨物船. ~ mercante 商船. capitán de ~ 船長; 〘軍事〙海軍大佐. alférez de ~ 〘軍事〙海軍中尉. 類 **barco, buque, embarcación, nave**.
N~ *Argos* 〘天文〙アルゴ座.

náyade [nájaðe] 女 《ギリシア神話》ナーイアス. ♦ 川・泉・湖に住む水の精.

Nayarit [najari(t)] 固名 ナヤリ(メキシコの州).

nazareno, na [naθaréno, na] 形 ❶ ナザレ(Nazaret)の. ❷ ナザレ人[教徒]の.
― 名 ❶ ナザレ人; イエス・キリスト (=El N~). ❷ ナザレ教徒. ♦紀元 1-4 世紀のユダヤ系初期キリスト教徒. ❸ 聖週間の行列でフード付きの長衣をまとった人.
estar hecho un nazareno 不幸で悲嘆にくれている.

Nazaret [naθaré(t)] 固名 ナザレ(イスラエル北部, キリスト教の聖地).

Nazca [náθka] 固名 ナスカ(ペルーの都市).

nazca(-) [naθka(-)] 動 nacer の接・現在.

nazco [náθko] 動 nacer の直・現在・1 単.

nazi [náθi] 形 ナチスの, 国家社会主義ドイツ労働者党の.
― 男女 ナチ[国家社会主義ドイツ労働者党の]党員; ナチス支持者.

nazismo [naθísmo] 男 ナチズム, (ドイツ)国家社会主義.

nazista [naθísta] 男女 ナチスト.

N. B.《略号》=ラテン *nota bene* 注意せよ, 註.

NE《略号》=nordeste 北東.

neblí [neβlí] 男 〘鳥類〙ハヤブサ(の一種).

:**neblina** [neβlína] 女 ❶ 霞み, もや; (薄い)霧. ― La ciudad amaneció envuelta en una ~. 町はもやに包まれて夜が明けた. ~ de humo de tabaco タバコの煙でかすんだ空気. 類 **niebla**. ❷ 〘比喩〙視界[理解]を妨げるもの, (視界・理解力などの)曇り. ― Aquel rostro fue poco a poco difuminándose en la ~ del recuerdo. あの顔は記憶のもやの中で次第にぼやけて行った.

neblinoso, sa [neβlinóso, sa] 形 霧のたちこめた, かすみのかかった. ― Era un día frío y ~. 寒く霧深い日であった.

Nebrija [neβríxa] 固名 ネブリーハ(エリオ・アントニオ・デ Elio Antonio de ~)(1441 頃-1522, スペインの人文学者).

nebulosa [neβulósa] 女 〘天文〙星雲. ~ de Orión オリオン星雲.

nebulosidad [neβulosiðá(ð)] 女 ❶ 霧[もや]が立ちこめること, 曇り, 曇天. ❷ あいまいさ, 不明瞭. ❸ 薄暗さ, 陰. 類 **sombra**.

nebuloso, sa [neβulóso, sa] 形 ❶ 霧[もや]が立ちこめた, 曇った, 曇天の. ~ bosque ~ 霧深い森. cielo ~ 曇り空. 類 **brumoso, nublado**. 反 **despejado**. ❷ あいまいな, 不明瞭な. ― una conclusión *nebulosa* はっきりしない結論. Sólo tengo una idea *nebulosa* del asunto. 私はその件についてぼんやりした見当しかつかない. Nunca olvidaré aquellos ojos ~s, sin vida. 私はあの生気のない, くもったような目を決して忘れないだろう. 類 **borroso, confuso**. 反 **claro**. ❸ 薄暗い, 陰のあ

necesidad 1333

る.

necear [neθeár] 自 ❶《まれ》ばかなことを言う; ばかまねをする. ❷《まれ》ばかなほど強情を張る.

necedad [neθeðá(ð)] 女 ❶ ばか, 愚かさ. ― Fue una ~ despedirle. 彼を解雇したのは愚かであった. ❷ ばかな言動. ― decir ~*es* [soltar una ~] ばかなことを言う. hacer una ~ ばかまねをする.

necesariamente [neθesárjaménte] 副 ❶ どうしても, 是が非でも; 必ず, 必然的に. ― Tengo que hacerlo ~. どうしても私はそれをしなくてはならない. ❷ 〘否定文中で〙必ずしも(…でない). ― No tienes que ir ~ ahora. 君は必ずしも今行かなくてもよい.

:*:**necesario, ria** [neθesárjo, rja ネセサリオ, リア] 形 ❶ 〘+a/para にとって〙必要な, なくてはならない. ― El aire es ~ *para* la vida. 空気は生命にとって必要なものだ. No tengo el dinero ~ *para* viajar. 私は旅行するのに必要な金を持っていない. Si es ~, compraré un traje nuevo. もし必要なら私は新しい服を買おう. Lleva lo ~ *para* pasar la noche. 一夜を過ごすのに必要なものを持って行きなさい. 類 **esencial, imprescindible, indispensable**. 反 **innecesario**. ❷ 必然的な, 避けられない, 当然の. ― La muerte es el fin ~ del hombre. 死は人間の必然的な結末である. 類 **ineludible, inevitable**.
hacer necesario 必要とする, 要する. El estado del enfermo *hizo necesaria* una transfusión de sangre. 病人の状態は輸血を要する.
ser necesario 〘+不定詞 /que+接続法〙…する必要がある, …しなければならない. Para triunfar *es necesario* arriesgarse. 勝つためには危険を冒すことも必要だた. *Es necesario que* no digas nada a nadie. 君はだれにも何も言わないようにする必要がある. No *es necesario que* vengas si no tienes tiempo. 時間がないなら君は来る必要はない.

neceser [neθesér] 男 (小物用の)道具箱, ケース. ― ~ de costura [tocador] 裁縫[化粧]箱. 類 **estuche**.

:*:**necesidad** [neθesiðá(ð) ネセシダ] 女 ❶ 必要性. ― en caso de ~ 必要な場合には. Los alimentos son artículos de primera ~. 食料は必要不可欠な物である. No tienes ~ de hacerlo. 君がそれをする必要はない. No hay ~ de que trabajes tanto. 君がそんなに働く必要はない. La ~ aguza el ingenio. 〘諺〙必要は発明の母(←必要は創意を研ぎ澄ます). La ~ carece de ley. 〘諺〙背に腹は代えられぬ(←必要に法律はない). 類 **menester**. ❷ 必要な物[事]. ― ~*es* básicas 最低必需品. Hoy en día el teléfono móvil es una ~. 今日では携帯電話は必需品だ. cumplir [cubrir, llenar, satisfacer] sus ~*es* 必要を満たす; 生活している. ❸ (*a*) 窮乏, 困窮; 貧困. ― quedar en la mayor ~ ひどく困窮する, 日々の糧にも事欠く. 類 **apuro, pobreza**. (*b*) 飢え, 飢餓. ― morir de ~ 餓死する. Estuve dos días sin comer y me caía de ~. 私は二日間何も食べておらず腹が減って倒れそうだった. 類 **hambre**. (*c*) 苦境, 難局; 苦労. ― pasar ~*es* 苦労して生活する, 辛酸をなめる. Puedes contar conmigo en cualquier ~.

困ったときには私を当てにしていいよ．Él sólo se acuerda de mí en la ~. 彼は困ったときだけ私のことを思い出す．類**apuro, dificultad**．❹ 必然(性), 不可避性；当然の事．—~ lógica 論理的必然．類**inevitabilidad**．❺〖主に複〗《婉曲》用便, 用たし；排泄(出)．— hacer sus ~es 用をたす, トイレに行く．類**excreción**．

en caso de necesidad やむを得ない場合は．Se permite, *en caso de necesidad*, faltar a clase. やむを得ない場合は授業の欠席が認められる．

hacer de la necesidad virtud 嫌なことでも必要ならば進んでする[受け入れる]．

mortal de necesidad (病気・けがなどが)致命的な．El sida es realmente una enfermedad terrible, incurable y *mortal de necesidad*. エイズは本当に恐ろしい, 不治の, 死に至る病気である．

obedecer a la necesidad〖+de の〗状況に応じる．La formación de profesores de lengua extranjera *obedece a la necesidad de*l país. 外国語教師の養成はその国の状況に応じる．

por necesidad (1) 必要に迫られて, やむなく；貧困のせいでしかたなく. (sea) por gusto o *por necesidad* 好むと好まざるとにかかわらず. (2) 必然的に. Las guerras son, *por necesidad*, crueles. 戦争は必然的に残忍なものだ．

・**necesitado, da** [neθesitáðo, ða]〖過分〗〖estar+〗❶〖+de を〗必要としている．— Diego está muy ~ *de* dinero. ディエゴはお金にとても困っている．❷ 貧乏な, 困窮している．— familia *necesitada* 貧困家庭．類**menesteroso, miserable, pobre**．
—— 名 困窮者, 貧乏人．

＊**necesitar** [neθesitár ネセシタル] 他 を必要とする；〖+不定詞〗(…する)必要がある．— *Necesito* una nueva maleta. 私は新しいスーツケースが必要だ．*Necesito* rellenar este documento. 私はこの書類に記入しなければならない．
—— 自〖+de を〗必要とする．— *Necesitaban de* nuestro cariño. 彼らは私たちの愛情を必要としていた．
——**se** 再 必要とされる, 入用である．— *Se necesita* una mecanógrafa. 女性タイピスト1名募集中．

se necesita (1)〖+不定詞〗(…である)に違いない．*Se necesita* ser tonto para no entender una cosa tan simple. そんな簡単な事が分からないとは君は相当なばか者だ．(2) そんなばかな, うそだ, まさか．Me han dicho que lo han arrestado. −¡*Se necesita*! 彼が逮捕されたそうだ. −そんなばかな．

：**necio, cia** [néθjo, θja] 形 愚かな, 無知な, ばかげた．— Después de varias decisiones *necias*, por fin encontré el buen camino. いくつもの愚かしい決定をした後に私はとうとうよい方法を見つけた．No seas *necia* y aprovecha esa oportunidad. 無分別にならないでその機会を利用しなさい．類**ignorante, imbécil, tonto**．
—— 名 愚か者, 無知な人, ばか者．— Eres un ~ porque te has dejado engañar. 君はだまされっぱなしなんだから愚か者だ．

necrófago, ga [nekrófaɣo, ɣa] 形 死肉[腐肉]を食べる, 食屍(じき)の．

necrofilia [nekrofilja] 女 死体性愛, 屍姦(しかん)．

necrología [nekroloxía] 女 (新聞などの)死亡記事, 死亡欄；故人略歴．

necrológico, ca [nekrolóxiko, ka] 形 死亡記事の；故人略歴の．— artículo ~ 死亡記事．

necromancia, necromancía [nekrománθja, nekromanθía] 女 ❶ 降霊術, 口寄せ．❷ 黒魔術．類**nigromancia**．

necrópolis [nekrópolis] 女〖単複同形〗❶ (古代の)墳墓．❷《文》巨大な墓地．

necrosis [nekrósis] 女〖単複同形〗《医学》壊死(し), 壊疽(そ)．

néctar [néktar] 男 ❶《ギリシャ神話》ネクタル, ♦神々が飲むむ甘い酒．❷ 美酒；おいしい飲物．❸《植物》(花の)蜜(みつ)．

neerlandés, desa [neerlandés, désa] 形 オランダ[ネーデルランド]の．
—— 名 オランダ人(=holandés)．
—— 男 オランダ語．

nefando, da [nefándo, da] 形 忌わしい, 憎むべき．— crimen ~ 忌わしい犯罪．pecado ~ 男色(=sodomía)．類**abominable, execrable**．

nefario, ria [nefárjo, rja] 形《まれ》凶悪な；堕落した．

nefasto, ta [nefásto, ta] 形 ❶ 不吉な, 不幸[災い]をもたらす．— aviso ~ 不吉な知らせ．Aquél fue un viaje ~. あれは忌まわしい旅行だった．類**aciago, funesto**．❷ 非常に悪い, 有害な．— ejercer una influencia *nefasta* sobre … …に悪影響を及ぼす．

nefrítico, ca [nefrítiko, ka] 形《医学》腎炎の；腎臓の．— cólico ~ 腎炎性疝痛(せんつう)．類**renal**．

nefritis [nefrítis] 女〖単複同形〗《医学》腎炎．

nefrólogo, ga [nefróloɣo, ɣa] 名 腎臓専門医．

negable [neɣáβle] 形 否定[否認, 拒否]できる, 打ち消し可能な．

negación [neɣaθjón] 女 ❶ 否定, 否認, 打ち消し；拒否, 拒絶．— La ~ del testimonio retrasó el proceso. 証拠の否認は起訴を遅らせた．類**negativa**．❷《文法》否定．— adverbio de ~ 否定の副詞．反**afirmación**．❸ 反対のもの．— Este niño es la ~ del deporte. この子どもはお世辞にもスポーツができると言えない．

negado, da [neɣáðo, ða] 形 ❶〖ser+, para/de に〗能力のない, 適性のない．— Es una persona *negada* para la física. 彼は物理に弱い人．類**incapaz, inepto**．❷ 否定[拒否]される．
—— 名 無能者, 役立たず．— Es una *negada* para la costura. 彼女は針仕事に向いていない．

＊**negar** [neɣár ネガル] [4.4] 他 ❶ を否定する, 否認する．— *Negó* los rumores de que estaba embarazada. 彼女は妊娠しているとのうわさを否定した．*Niega* haber estado presente. 彼は出席していた事を否定している．El presidente *negaba* la existencia de armas nucleares en su país. 大統領は自国における核兵器の存在を否定していた．❷ (*a*) を拒絶する, 拒否する, 断わる．— Le han *negado* la entrada en el país. 彼は入国を拒否された．Le *negué* la mano. 彼との握手を断わった．~ una invitación 招待を断わる．を認めない．— El dictador le *negó* la libertad de expresión al pueblo. 独裁者は国民に表現の自由を禁止した. ❸ …と絶交する, 縁を切る. — ~ a su propio hijo 息子との縁を切る.

—**se** 再［＋a を］拒む, 拒絶する；…したがらない. —*Se niega a comer ni beber.* 彼は飲食を絶っている.

negarse a sí mismo 自らの欲望を抑える, 自分の意見を述べるのを控える. *Sabe negarse a sí mismo en todo.* 彼はすべてにおいて自己を抑制することができる.

:**negativa** [neɣatíβa] 囡 ❶ 否定(の返事), 拒否, 辞退. —*recibir [obtener] una* ~ 拒絶される, 断られる. *contestar con una* ~ ノーと答える, 断る. ~ *rotunda [absoluta]* きっぱりとした拒絶. ~ *categórica* 《法律》妨訴抗弁. *El presidente expresó su disgusto por la* ~ *de los obreros a aceptar las nuevas condiciones laborales.* 労働者たちが新しい労働条件の受諾を拒否したことに対して社長は不快感を表明した. 類**denegación, negación, rechazo**.

negativamente [neɣatíβaménte] 副 ❶ 否定的に, 拒否して. —*Me contestaron* ~. 彼らは私に否定の答えをしてきた. ❷ 消極的に. —*Actúan* ~. 彼らの行動は消極的だ.

:**negativo, va** [neɣatíβo, βa] 形 ❶ 否定の, 否認の, 拒絶の. —*Ya se lo pregunté y su respuesta fue negativa.* 私はもう彼にそれを聞いたが, 返事は不賛成だった. *Las oraciones negativas suelen poseer un adverbio de negación.* 否定文は否定の副詞を持つのが普通である. 反**afirmativo, positivo**. ❷ 否定的な, 不利な, マイナスの. —*La novela ha recibido críticas negativas.* その小説は否定的な批評をこうむった. *Los efectos de la helada sobre la cosecha han sido muy* ~s. 霜が収穫に及ぼした結果は非常によくないものだった. 類**dañino, desfavorable, perjudicial**. 反**favorable, positivo**. ❸ 消極的な, 悲観的な, (態度・思考が)前向きでない. —*No seas* ~, *que todo saldrá bien.* 悲観するな, 万事うまく行くはずだから. 反**favorable, positivo**. ❹ (*a*)《数学》負の, マイナスの. —*Los números* ~s *llevan delante el signo menos.* 負数にはその前にマイナス記号を付ける. 反**positivo**. (*b*)《電気》陰(極)の, 負の. —*La corriente eléctrica va del polo positivo al* ~. 電気は陽極から陰極に流れる. (*c*)《医学》(検査結果が)陰性の. —*Las pruebas dieron resultados negativos.* 検査結果は陰性だった. ❺《写真》陰画の, ネガの. —*prueba negativa* ネガ, 陰画. 反**positivo**.

— 男 ❶ 《写真》陰画, 原板. —*Me pidió los* ~s *de las fotos para hacer copias.* 焼き増しするために彼女は写真のネガを求められた. ❷《スポーツ》失点(＝punto ~).

negligé [neɣlijé]〔<仏〕男 (女性用の)部屋着, 化粧着.

negligencia [neɣlixénθja] 囡 怠慢, 不注意；だらしなさ, 無頓着. —*Es una* ~ *no contestar pronto a las cartas.* すぐに手紙に返事を書かないのは怠慢だ. *El accidente se debió a la* ~ *del conductor.* 事故は運転手の不注意によるものだった. 類**abandono, descuido, indolencia**. 反**diligencia**.

negligente [neɣlixénte] 形〔＋en/para に〕怠慢[不注意]な；だらしのない, 無頓着な. —*tomar una postura* ~ *en* *el cumplimiento de su deber.* 彼は怠けて義務を果たさない. *Este niño es muy* ~ *para sus estudios.* この子どもは勉強に全く身が入らない. 類**descuidado, despreocupado**. 反**diligente**.

— 男女 怠慢[不注意]な人；だらしない[無頓着な]人.

negociable [neɣoθjáβle] 形 ❶ 取り引きできる；(手形・証券などが)受渡し[譲渡]できる. —*valores* ~s 譲渡可能な証券. ❷ 交渉の余地ある.

:**negociación** [neɣoθjaθjón] 囡 ❶ 交渉, 協議, 商談. —*en* ~ 交渉中の[で]. *entablar* ~*es* 交渉に入る. *poder [capacidad] de* ~ 交渉力. ~ *colectiva* 団体交渉. ~ *diplomática* 外交交渉. 類**negocio, trato**. ❷ 取り引き, 売買；(手形・証券などの)譲渡. —~ *de acciones* 株の売買. 類**comercio, compraventa, transacción**.

***negociado, da** [neɣoθjáðo, ða] 過分 男 ❶ (会社などの)部, 局, 課. —*jefe de* ~ 部長, 局長, 課長. 類**sección**. ❷《南米》違法な商売, やみ取り引き. —*El* ~ *de la carne fue puesto al descubierto.* 食肉の不正取引が暴露された. ❸《チリ》店舗, 商店. 類**almacén, tienda**.

negociador, dora [neɣoθjaðor, ðora] 形 交渉[取引]の.

— 名 ❶ 交渉者, 協議者. ❷ 手形[株式]譲渡人.

***negociante** [neɣoθjánte] 男女 ❶ 商人；ビジネスマン；実業家. —~ *al por mayor* 卸売商. ~ *al por menor* 小売商. ~ *en [de] maderas* 木材業者. 類**comerciante, mercante**. ❷《比喩, 軽蔑》計算高い人, 守銭奴. —*No te fíes de ese abogado porque es un* ~. あの弁護士は信用するな, 計算高いやつだから. ❸〔しばしば buen [buena]＋〕やり手, 商売上手.

— 形 ❶ 商売をしている. 類**comercial, mercantil**. ❷《比喩, 軽蔑》計算高い, 利益ばかり追求する. 類**avaro, mercantil**.

negociar [neɣoθjár] 自 ❶〔＋con/en を〕取引[売買]する, 商う. —~ *en verduras* 野菜を商う. 類**comerciar, tratar**. ❷ 交渉する, 協議する. —~ *con el enemigo* 敵と交渉する.

— 他 ❶ ~を交渉[協定]する, 取り決める. —~ *un tratado de comercio [paz]* 通商[平和]条約の交渉をする. ❷ (手形・証券)を譲渡する. —~ *una letra de cambio* 為替手形を譲渡する.

negocio [neɣóθjo ネゴシオ] 男 ❶ 事業, 商売, 取引. —*Lleva [Tiene] un* ~ *de jardinería.* 彼は園芸の商売をしている. *hombre de* ~s 実業家；ビジネスマン. *poner un* ~ *de vinos* ワインの商売を始める. *tener* ~s *propios* 自営業を営んでいる. *dedicarse al* ~ *de zapatería* 製靴業に従事する. 類**comercio, empresa, transacción**. ❷ 業務, ビジネス, 職務. —*viaje de* ~s 出張, 業務の旅行. *ir [salir] de* ~s 商用で出かける. *comida [almuerzo] de* ~s ビジネスランチ. ~ *electrónico* e-ビジネス. 類**oficio, trabajo**. ❸ 用件, 問題, 関心事. —¿*En qué* ~ *andas metido ahora?*《皮肉》いったい何の用事にかかわっているんだ？ *Eso no es* ~ *mío.* それは私の知ったことではない. 類**asunto, cuestión**. ❹ 支社, 支店, 営業所. —*montar un* ~ *en el centro* 中心街に支店を出す. 類**oficina, sucursal**. ❺ (特に有利な)取り引き；もうけ, 利益.

― Es un ~ comprar esa casa. その家を買うのは有利だ. ¡Bonito [Menudo] ~ ha hecho vendiendo el piso! 彼はそのマンションを売って大もうけをした(皮肉で「大損をした」という意味になることもある). 類 **beneficio, ganancia, provecho.** ❺《中南米》商店. 類 **comercio, tienda.** ❼《中南米》事実. 類 **hecho, realidad, verdad.**

hacer negocio 大もうけする. Julio *hizo negocio* alquilando su chalet. フリオは別荘を貸して大金をもうけた.

hacer SU ***negocio/ir a*** SU ***negocio*** 自分の利益ばかり追い求める, 私利私欲に走る. Él *hacía su negocio* y lo demás le traía sin cuidado. 彼は自分の利益のみを追っていて, その他のことはどうでも良かった.

hacer un buen [mal] negocio 有利な[不利な]取り引きをする; うまい[まずい]ことをする. *Hice un buen negocio* comprando las tierras. 私はその土地を買ってよかった. *Hiciste un mal negocio* cuando te casaste con ella. 君が彼女と結婚したのは失敗だった.

¡Mal negocio!《話》それはひどい!, それは割に合わないよ! Han surgido complicaciones renales.― *¡Mal negocio!* 腎臓の合併症が出てしまったよ.―それは大変だ!

negocio redondo もうけ話; うまい商売.

negocioso, sa [neɣoθjóso, sa] 形《まれ》商売熱心な.

negra [néɣra] 囡 →negro.

negrada [neɣráða] 囡【中南米】❶ 黒人(奴隷)の集団. ❷ 黒人特有の言動.

negrear [neɣreár] 圓 黒くなる, 黒ずむ; 暗くなる. ― *Negreaba* la noche cuando llegamos a Sevilla. 私たちがセビーリャに着いたときは, 夜のとばりが降りようとしていた. ❷ 黒く見える.

negrería [neɣrería] 囡【中南米】(特にペルーの)大農園の)黒人(奴隷)の集団.

negrero, ra [neɣréro, ra] 形 ❶《歴史》黒人奴隷売買の. ― *barco* ~ 奴隷船. ❷ 人使いの荒い; 無慈悲な.
― 男 ❶《歴史》黒人奴隷商人. ❷ 人使いの荒い上司; 無慈悲[冷酷]な人.

negrilla¹ [neɣríja] 囡 ❶《動物》(背の黒い)アナゴの一種. ❷《植物》(オリーブなどに付く)カビの一種.

negrilla² [neɣríja] 囡 →negrita.

negrita [neɣríta] 囡《印刷》ボールド体, 肉太活字(=letra ~). ― ~ *en cursiva* ボールドイタリック体.

negrito, ta [neɣríto, ta] 图 小さな黒人, 黒人の子ども.
― 男《キューバ》(カナリアに似た)黒い鳥.

Negro [néɣro] 固名 ❶(Mar ~) 黒海. ❷(el ~) ネグロ川(ウルグアイ川の支流).

**negro, gra [néɣro, ɣra ネグロ, グラ]
形 ❶ 黒い, 真っ黒の. ― *ojos* ~*s* 黒い目. *cerveza negra* 黒ビール. *cinturón* ~ 黒帯. *tabaco* ~ 黒タバコ. *pan* ~ 黒パン. *color* ~ 黒色. Su pelo es ~ como el carbón. 彼の髪は炭のように真っ黒だ. Cada vez que va a la playa vuelve *negra*. 彼女は浜辺に行くたびに肌が黒くなって戻ってくる. 反 **blanco.** ❷ 黒人の. ― *música negra* 黒人音楽. *espiritual* ~ 黒人霊歌. Es una de las cantantes *negras* más conocidas. 彼女は最も有名な黒人女性歌手の一人である. 類 **moreno.** ❸《話》(汚れて)真っ黒の, どす黒い, 汚れた[estar+]. ― Lávate las manos, que las tienes *negras*. 手を洗いなさい, 真っ黒だから. 類 **sucio.** ❹ 暗い, 真っ暗な, 暗黒の. ― Habrá tormenta porque el cielo se está poniendo ~. 空が真っ暗になってきたから, 嵐が来そうだ. 類 **deslucido, oscuro, oscurecido.** ❺ (見通し, 将来が)暗い, 不運な, 不吉な. ― Hoy está de un humor ~. 今日彼は機嫌が悪い. Su futuro lo veo muy ~. 彼の将来は非常に暗いと思う. Tiene una suerte *negra*. 彼は運が悪い. Ha llevado siempre una vida *negra*. 彼は常に悲惨な人生を送ってきた. 類 **desgraciado, sombrío, triste.** ❻《話》[+con に] 腹を立てた, むかっとした, いらだった[estar+]. ― Estoy *negra con* mi nuevo trabajo. 私は今度の新しい仕事にむかついている. 類 **enfadado, furioso, molesto.** ❼ 闇(取引)の, 裏の, 地下の, 裏の. ― *mercado* ~ 闇市場. *economía negra* 地下経済. ❽ (小説・映画などの)犯罪ものの, ハードタッチの, 残酷な. ― *novela negra* 犯罪小説.

negro como el azabache まっ黒な, 漆黒の.

oveja negra →oveja.

pasarlas negras 大変な目にあう, 大変苦労する. *Las paso negras* para educar a los hijos. 子供たちを教育するのに大変苦労している.

poner negro a ... を悩ませる, 困らせる, 怒らせる. *Me pone negro* que no me escuches. お前が話を聞いてくれないから腹が立つ.

ponerse negro (1) 黒くなる, 日焼けする. (2) 腹を立てる, 不機嫌になる. *Se pone negro* en cuanto mencionan a su suegra. 彼は義母の話になったとたんに機嫌が悪くなる. (3) 困難になる, (実現が)危うくなる. *Se está poniendo negro* encontrar trabajo. 仕事を見つけるのが困難になりつつある.

punto negro →punto.

verse negro [vérselas negras] para[+不定詞] ... するのに大変苦労する. *Me las he visto negras para* acabar la traducción en el plazo acordado. 私は約束した期限に翻訳を終わらせるため大変苦労した.

― 图 ❶ 黒人. ― Los ~*s* del Caribe fueron trasladados de África. カリブの黒人たちはアフリカから移された. ❷ 代作者, ゴーストライター, 下請け作者. ― Los escritores de folletines del siglo XIX tenían muchos ~*s*. 19世紀の通俗作家は多くのゴーストライターを抱えていた.

trabajar como un negro 懸命に働く, 働きづめになる. *Trabaja como un negro* para sacar adelante a su familia. 彼は家族を養うため懸命に働いている.

― 男 ❶ 黒, 黒色; 暗黒. ― El ~ te sienta bien. 黒は君に似合っている. ❷ 黒い服装. ― La viuda iba de ~. その未亡人は黒い服装をしていた.

en negro (写真・テレビなどが)白黒の, モノクロの.

negro de humo (1) 油煙. (2) カーボンブラック(工業用の炭素粉末).

negro de (la) uña (1) 爪あか. (2) ほんのわずか. Faltó el *negro de* una *uña* para que lo atropellara el coche. 間一髪のところで車は彼をひきそうになった.

― 囡 ❶《音楽》4分音符. ― Una *negra* equi-

vale a dos corcheas. 4分音符は2つの8分音符に相当する. ❷ 〘(チェスの)黒の駒(持ち手). ❸ 〖中南米〗〖印刷〗ボールド体. → **negrita**.
tener la negra 運が悪い, (運が)ついていない. Últimamente *tengo la negra*. 最近私は運が悪い.

negroide [neɣróiðe] 形 黒色人種の, ネグロイドの. — 男女 ネグロイド.

negror [neɣrór] 男《まれ》→negrura.

:**negrura** [neɣrúra] 女 黒さ; 暗さ, 暗黒. —La ~ de su piel no justifica que le discriminen. 皮膚の黒さは彼らが差別される正当な理由にはならない. La luz de los faros aumentaba la ~ alrededor. 灯台の明かりが周りの暗さを際立たせていた. 類 **oscuridad**. 反 **blancura**.

negruzco, ca [neɣrúθko, ka] 形 黒っぽい, 黒ずんだ.

negué [neɣé] 動 negarの直・完了過去・1単.

neguilla [neɣíʝa] 女〖植物〗ムギセンノウ[ムギナデシコ](の種子).

negus [néɣus] 男〖単複同形〗エチオピア(旧アビシニア)の皇帝.

Neiva [néiβa] 固名 ネイバ(コロンビアの都市).

nemoroso, sa [nemoróso, sa] 形《詩》森の, 森におおわれた. —Añoraba la quietud de los parajes ~s en los que discurrió su infancia. 彼は幼年期を過ごした森林地帯の静けさを懐かしんでいた.

nemotecnia [nemotéknja] 女 記憶術.

nemotécnica [nemoteknika] 女 →nemotécnico.

nemotécnico, ca [nemotékniko, ka] 形 記憶術の.
— 女 記憶術(=nemotecnia).

:**nene, na** [néne, na] 名 ❶《話》赤ん坊; 赤ちゃん. —Silencio, que el *nene* está durmiendo. 静かにして, 赤ちゃんが眠ってるから. 類 **niño**. ❷《話, 愛》ぼく, あたし〖動詞は3人称単数〗. —¿Dónde has estado?-La *nena* no te lo quiere decir. どこに行ってたの?-あたし言いたくない. 類 **servidor, yo**. ❸《話》〖呼びかけ. 主に女性に使う〗ねえ, 君, おまえ. —Hola, *nena*. ¿Cómo te encuentras hoy? やあ, 君, 今日は元気かい?

nenúfar [nenúfar] 男〖植物〗スイレン.

neo¹ [néo] 男〖化学〗ネオン(=neón).

neo² [néo] 〈<neocatólico〗形 ネオカトリック(主義)の.
— 男女 ネオカトリック主義者.

neocelandés, desa [neoθelandés, désa] 形 ニュージーランド(Nueva Zelanda)の.
— 名 ニュージーランド人.

neoclasicismo [neoklasiθísmo] 男《文学, 美術》新古典主義. —El ~ surge como reacción al barroco. 新古典主義はバロックに対する反動として現れる. ♦18世紀後半のヨーロッパに支配的な思潮で, 古典主義の復興を目指した.

neoclásico, ca [neoklásiko, ka] 形《文学, 美術》新古典主義の.
— 名《文学, 美術》新古典主義者.

neocórtex [neokórte(k)s] 男〖解剖〗(大脳の)新皮質.

neofascismo [neofasθísmo] 男《政治》ネオファシズム.

neófito, ta [neófito, ta] 名 ❶《宗教》新しい改宗者[信徒]. ❷ 新会員, 新規加入者.

neolatino, na [neolatíno, na]形《言語》ラテン語系の, ロマンス語の. —idioma ~ ロマンス語.

neolítico, ca [neolítiko, ka] 形《考古》新石器時代の.
— 男《考古》新石器時代.

neologismo [neoloxísmo] 男 新(造)語, 新しい語義.

neón [neón] 男《化学》ネオン. —anuncio de ~ ネオンの広告.

neoplasma [neoplásma] 男《医学》新生物, 腫瘍(ﾕﾖｳ).

neoplatónico, ca [neoplatóniko, ka] 形 新プラトン主義の.
— 名 新プラトン主義者.

neoplatonismo [neoplatonísmo] 男 新プラトン主義.

neorrealismo [neořealísmo] 男《文学, 映画》ネオリアリズム, 新写実主義.

neoyorquino, na [neojorkíno, na] 形 ニューヨーク(Nueva York)の.
— 名 ニューヨーク市民[の出身者].

neozelandés, desa [neoθelandés, désa] 形 →neocelandés.

neozoico, ca [neoθóiko, ka] 形《地質》新生代の. — 男《地質》新生代.

Nepal [nepál] 固名 ネパール(首都カトマンズ Katmandú).

nepalés, lesa [nepalés, lésa] 形 ネパール(Nepal)の. — 名 ネパール人.

neperiano, na [neperjáno, na] 形《数学》(イギリスの数学者)ネービアの. —tablillas *neperianas* ネービアの対数表.

nepotismo [nepotísmo] 男 (役職などへの)縁故者の登用, 縁者びいき.

Neptuno [neptúno] 固名《ローマ神話》ネプトゥヌス[ネプチューン](海の神).

nequáquam [nekuákuan] 副《戯, 話》決して(…ない).

nereida [neréiða] 女 ❶《ギリシャ神話》海の精, ネレイス. ❷《動物》ゴカイ.

Nerón [nerón] 固名 ネロ(37-68, ローマ皇帝, 在位54-68).

Neruda [nerúða] 固名 ネルーダ(パブロ Pablo ~)(1904-73, チリの詩人・外交官, 1971年ノーベル文学賞受賞).

nervadura [nerβaðúra] 女 ❶《建築》リブ, (円天井などの)肋(ｱﾊﾞﾗ)材. ❷《植物》葉脈.《虫類》翅(ﾊﾈ)脈.

:**nervio** [nérβjo] 男 ❶《解剖》神経; 神経組織. —Le dormiré el ~ de la muela. 奥歯に神経麻酔をかけましょう. sacar [quitar, matar] el ~ 神経を抜く. ~ autónomo 自律神経. ~ ciático 座骨神経. ~ óptico 視神経. ~ vago [neumogástrico] 迷走神経. ❷ 複 興奮(状態), いらいらした状態; 神経過敏. —agotar [fatigarse] los ~s 神経をすり減らす. ataque de los ~s 神経の発作. calmar [tranquilizar] los ~s 神経を鎮める. Está enfermo de los ~s. 彼は神経を病んでいる. guerra de ~s 神経戦. ❸ 元気, 活力, バイタリティー. —Tiene ~. 彼は元気がある. con mucho ~ 元気よく. 類 **ánimo, energía, fuerza, vigor, vitalidad**. ❹ 資力;《比喩》原動力. —~ de la guerra 軍資金, 軍備;《比喩》活力源. ❺ 腱(ｹﾝ); (食肉の)筋(ｽｼﾞ). 類 **tendón**. ❻《植物》葉

脈; (虫類) 翅脈(しみゃく). ❼《建築》リブ. ◆柱から柱へアーチ状に架け渡して, 屋根の荷重を柱に伝える部材. ❽ (本・ノートなどの)背とじ糸.

atacar [alterar, crispar] a ... los nervios/poner a ... los nervios de punta (人)を怒らせる, いらいらさせる; (人)の神経を逆なでする. El ruido de la construcción *me pone los nervios de punta*. 工事の騒音が私をいらつかせる.

estar con los nervios de punta/tener los nervios de punta いらいらしている, 落ち着かない.

estar de los nervios 精神[神経]を病んでいる; 神経質になっている. *Está de los nervios* porque tiene que entregar hoy este trabajo. 今日レポートを提出しなければならないので彼は神経質になっている.

nervios de acero 豪胆さ. Esta operación requiere serenidad y *nervios de acero*. この手術には冷静さと豪胆さが必要だ.

perder los nervios 冷静さを失う, 感情的になる.

ser (un) puro nervio とても神経質である, 全く落ち着きがない.

*__nerviosidad__ [nerβjosiðá(ð)] 囡 神経質(な状態), 緊張; いらだち. —Nuria sonrió tratando de ocultar la nerviosidad. ヌリアは緊張を隠そうとしながら微笑んだ. 類 **nerviosismo**.

nerviosismo [nerβjosísmo] 男 いらいらした[神経質な]状態, 神経過敏; あがること. —Después de unos momentos de ~ recobró la calma. いらだちのわずかな時を経て, 彼は平静を取り戻した.

:**nervioso, sa** [nerβjóso, sa] 形 ❶ (人・行為が)神経質な, 興奮しやすい, 情緒不安定の[ser+]. —No me atrevo a contárselo porque es muy ~. 彼は非常に神経質だから, 私はあえてそれを話そうとは思わない. 類 **impaciente, inquieto**. 反 **sereno, tranquilo**. ❷ 神経過敏な, いらいらした, 落ち着きのない[estar+]. —Está *nerviosa* porque mañana tiene una entrevista de trabajo. 彼女は明日就職の面接があるのでそわそわしている. 類 **agitado, inquieto, irritado**. 反 **tranquilo**. ❸《解剖》神経(繊維)の;《医学》神経性の, 神経症の. —tejido ~ 神経組織. depresión *nerviosa* 神経衰弱. Las neuronas forman parte del sistema ~. ニューロンは神経系の一部を構成している.

poner nervioso a ... (人)をいらだたせる, いらいらさせる. No me *pongas nerviosa*. いらいらさせないでよ.

ponerse nervioso いらだつ, 興奮する. Tranquilízate, y no *te pongas nerviosa* por estas tonterías. 落ち着け, こんなばかげたことにいらだつな.

nervosidad [nerβosiðá(ð)] 囡 ❶ 神経作用. ❷ (金属の)柔軟性. ❸《比喩》(理論・議論の)説得力, 有効性.

nervudo, da [nerβúðo, ða] 形 ❶ (人の)血管や筋が浮き出た, 筋ばった. ❷ 強健な, 頑丈な. 類 **fuerte, robusto**.

nervura [nerβúra] 囡 (本の)背とじ帯.

nesga [nésɣa] 囡《服飾》(服に幅を持たせるための)三角布, まち, ゴア.

nesgado, da [nesɣáðo, ða] 形《服飾》❶ (服に)まち[ゴア]を入れた. ❷ (布地を)斜めに[バイアスに]裁った.

nesgar [nesɣár] [1.2] 他《服飾》❶ (衣服)にまち[ゴア]を入れる. ❷ (布地を)斜めに[バイアスに]裁つ.

netamente [nétaménte] 副 ❶ はっきりと; 純粋に. ❷ 正味に.

neto, ta [néto, ta] 形 ❶ はっきりした; 純粋な. —Según nos acercábamos, veíamos cada vez más ~ el perfil del castillo. 私たちが近づくにつれて, 城の輪郭がますますくっきりと見えてきた. Tengo un recuerdo ~ de lo que pasó. 私は起こったことをありのまま記憶している. 類 **claro, puro**. 反 **borroso**. ❷ 正味の. —beneficio ~ 純益. peso ~ 正味重量. precio ~ 正価. sueldo ~ 手取りの給料. 類 **exacto, limpio**. 反 **bruto**.

—— 男《建築》(柱の)台座, 柱脚.

neumático, ca [neumátiko, ka] 形 (圧搾)空気の, 気体の. —bomba *neumática* 真空ポンプ. colchón ~ エアーマット. martillo ~ 空気ハンマー.

—— 男 タイヤ. —~ de recambio [repuesto] スペアタイヤ. Se ha pinchado el ~ de la bicicleta y tengo que cambiarlo. 自転車のタイヤがパンクしてしまったので, 私は交換せねばならない.

neumatosis [neumatósis] 囡《医学》気腫.

neumoconiosis [neumokonjósis] 囡《医学》塵肺症.

neumología [neumoloxiá] 囡 呼吸器病学.

neumonía [neumonía] 囡 《医学》肺炎(= pulmonía).

neumotórax [neumotóra(k)s] 男《医学》気胸. —~ artificial《医学》人口気胸.

Neuquén [neukén] 固名 ネウケン(アルゼンチンの都市).

neuralgia [neurálxia] 囡《医学》神経痛. —~ facial [ciática]《医学》顔面[座骨]神経痛.

neurastenia [neurasténja] 囡 ❶《医学》神経衰弱, ノイローゼ. ❷ 憂鬱(²).

neurasténico, ca [neurasténiko, ka] 形 神経衰弱[ノイローゼ]の. —La melancolía puede ser un síntoma ~. ふさぎ込みは神経衰弱の徴候になりうる. —— 名 ノイローゼ患者.

neuritis [neurítis] 囡[単複同形]《医学》神経炎.

neurocirugía [neuroθiruxía] 囡 神経外科.

neuroesqueleto [neuroeskeléto] 男 (神経組織を保護する)内骨格.

neurología [neuroloxía] 囡 神経(病)学.

neurólogo, ga [neuróloɣo, ɣa] 名 神経科医, 神経(病)学者.

neurona [neuróna] 囡《解剖》ニューロン, ノイロン(神経単位).

neurópata [neurópata] 男女 神経病患者.

neuropatía [neuropatía] 囡《医学》神経病.

neuróptero, ra [neuróptero, ra] 形《虫類》脈翅(みゃくし)類の.

—— 男 複《虫類》脈翅類.

neurosis [neurósis] 囡[単複同形]《医学》神経症, ノイローゼ.

neurótico, ca [neurótiko, ka] 形《医学》神経症[ノイローゼ]の. —Desde que murió su hijo tiene un comportamiento ~. 彼は息子が亡くなってからノイローゼ症状を示している.

—— 名 ❶《医学》神経症[ノイローゼ]患者. ❷《話》ノイローゼ傾向の人; 神経を高ぶらせやすい人.

neutral [neutrál] 形 ❶ 中立の, いずれにも与し

ない; 中立国の. —**país [estado] ～** 中立国. per- manecer [mantenerse] ～ 中立を守る. tomar una actitud ～ 中立的な態度をとる. 類**impar- cial.** 反**parcial. ❷** 《自動車》(ギヤが)ニュートラル の. —**punto** ～ ニュートラルギヤ.

neutralidad [neu̯tɾaliðá(ð)] 囡 ❶ 中立(の状態), 中立的態度. —～ armada 武装中立. Nuestro país mantuvo [guardó] la ～ en el conflicto. 我々の国はその紛争で中立を守った. La ～ del árbitro está fuera de toda duda. 審判の中立性は全く疑問の余地ない. ❷《化学》中性.

neutralismo [neu̯tɾalísmo] 男 《政治》(特に国際紛争における)中立主義(の).

neutralista [neu̯tɾalísta] 形 中立主義の.
— 男女 中立主義者.

neutralización [neu̯tɾaliθaθjón] 囡 ❶ 中立化. —La Unión Europea favorece la ～ de la zona. 欧州連合(EU)は地域の中立化を助ける. ❷ (力などの)相殺, 無効化. ❸《化学, 言語》中和. —La ～ de los ácidos se consigue con una base. 酸の中和は塩基で得られる.

neutralizar [neu̯tɾaliθáɾ] [**1.3**] 他 ❶ を中立化する. —La Unión Europea trata de ～ la zona. 欧州連合(EU)は地域を中立化しようと努める. ❷ (力など)を弱める, 相殺[無効化]する. —～ el dolor con una medicina 薬で痛みを和らげる. Le administraron un antídoto para ～ el veneno. 彼は解毒剤を投与された. Nuestro equipo *neutralizó* muy bien el ataque del adversario. 我々のチームは敵の攻撃を非常にうまくかわした. 類**anular, contener.** ❸《化学, 言語》を中和する. —～ un ácido 酸を中和する. ❹ (自転車レースで)(タイム)を無効にする, カウントしない.

— **se** 再 ❶ 中立になる. —Durante aquella guerra ese país *se neutralizó*. あの戦時中その国は中立だった. ❷ 弱められる, 相殺[無効化]される. ❸《化学, 言語》中和する. —Los ácidos *se neutralizan* con las bases. 酸は塩基で中和する.

‡**neutro, tra** [néu̯tɾo, tɾa] 形 ❶ (*a*)《化学・物理・電気》中性の. —*alcohol* ～ 中性アルコール. Un champú ～ carece de propiedades ácidas y básicas. 中性シャンプーは酸性と塩基性の特性がない. Un átomo en equilibrio tiene carga *neutra*. 平衡状態にある原子は中性の電荷を持っている. (*b*)《文法》中性の. —El artículo "lo" de "lo bueno" es ～. lo bueno の冠詞 lo は中性である. (*c*)《生物》無性の, 生殖器官のない. —*abeja neutra* 無性のミツバチ. ❷ 中間的な, どっちつかずの. —Esta fruta tiene un sabor ～, ni dulce ni amargo. この果物は甘くも苦くもないどっちつかずの味だ. 類**ambiguo, impreciso, indeterminado, definido.** ❸ (色が)くすんだ, はっきりしない, 灰色の. —Siempre lleva chaquetas de tonos ～s, grises o beiges. 彼はいつも灰色かベージュのくすんだ色の上着を着ている. ❹ 感情を表に出さない, 無表情の, そっけない. —Nos transmitió la noticia de la muerte de su hijo con voz *neutra* impersonal. 彼は自分の息子が死んだという知らせを感情のない無個性的な声で私たちに告げた. El viejo nos miró con ojos ～s. 老人は無表情な目で私たちを眺めた. 類**indiferente, inexpresivo, frío.** ❺ 中立の. —Las Naciones Unidas tomaron una postura *neutra* en el con-

flicto. 国連はその紛争で中立の立場をとった. 類**imparcial, neutral.** ❻ 無党派の. —En las últimas elecciones ha aumentado el voto ～. 最近の選挙では無党派票が増えている.

— 男《文法》中性. —En español hay restos del ～ en algunas formas pronominales. スペイン語ではいくつかの代名詞形式に中性の名残がある.

neutrón [neu̯tɾón] 男 《物理》中性子, ニュートロン. —*bomba de neutrones* 中性子爆弾.

nevada [neβáða] 囡 降雪, 積雪. —Anoche cayó una copiosa [fuerte] ～. 昨夜大雪が降った. En esta región son poco frecuentes las ～s. この地方ではあまり雪は降らない.

nevadilla [neβaðíʝa] 囡 《植物》ミチヤナギ.

nevad*o*, *da* [neβáðo, ða] 形 ❶ 雪に覆われた, 雪の積もった. —La cumbre de esa montaña permanece *nevada* durante todo el año. その山の頂は一年中雪に覆われたままだ. Las calles amanecieron *nevadas*. 夜が明けると通りは一面の銀世界だった. ❷《文》雪のように白い. —Aún es joven pero ya tiene los cabellos ～s. 彼はまだ若いがもう髪は白い. ❸《中南米》万年雪をいただいた.
— 男《中南米》万年雪の山.

‡**nevar** [neβáɾ] [**4.1**] 自《無主語》雪が降る. —En Madrid *nieva* dos o tres veces al año. マドリードでは年に2回か3回雪が降る.
— 他 を白くする. —El tiempo y los sufrimientos *nevaron* su pelo. 年月と苦労のため彼の髪は白くなった.

nevasca [neβáska] 囡 ❶ 吹雪. ❷ 降雪(＝nevada).

nevatilla [neβatíʝa] 囡 《鳥類》セキレイ.

nevazo [neβáθo] 男 大雪.

nevazón [neβaθón] 男 《南米》強風を伴った大雪.

nevera [neβéɾa] 囡 ❶ 冷蔵庫(＝frigorífico, refrigerador); 氷室, アイスボックス. ＝ isotérmica クーラーボックス. ❷《比喩》非常に寒い場所. —Esta casa es una ～. この家は冷蔵庫のように寒い.

nevero [neβéɾo] 男 雪渓, (万年雪の)雪原.

nevisca [neβíska] 囡 小雪.

neviscar [neβiskáɾ] [**1.1**] 自 《非人称動詞》小雪がちらつく. —Cuando llegamos a Soria, estaba *neviscando*. 私たちがソリアに着いたら, 小雪が舞っていた.

nevo [néβo] 男 《医学》母斑.

nevos*o*, *sa* [neβóso, sa] 形 ❶ 雪の多い. —Hemos tenido un invierno ～. 雪の多い冬だった. ❷ 雪の降りそうな.

nexo [nékso] 男 ❶ つながり, 結びつき, 関係, 関連. —*establecer un* ～ *entre los dos fenómenos* 2つの現象を関連させる. Su afición a la pintura era el ～ que les unía. 絵の好きなことが彼らを結びつけるきずなであった. 類**lazo, unión, vínculo.** ❷《文法》連結辞[語]; 《情報》ハイパーリンク.

‡‡**ni** [ni ニ] 接 《否定された2つの語や文を結ぶ》 …も…ない. —Él no quiere hacerlo, *ni* ella. 彼はそれをしたくないし, 彼女だってそうだ. Nunca faltes a tu deber *ni* hables mal de los

1340 Niágara

demás. 決して義務を怠ってはいけないし，他人の悪口を言ってもいけない. ¿Acaso te he ofendido *ni* te he molestado alguna vez? 今までに一度でも私が君を怒らせたり，迷惑をかけたりしたことがあっただろうか(ないはずだ).

ni ... ni ... …も…もない. *Ni* tú *ni* yo podemos salir ahora. 君も僕も今出かけられない. *Ni* lo sé *ni* quiero saber lo. 私はそれを知らないし，知りたくもない. *Ni* Pepe *ni* Antonio ni Luis están de acuerdo. ペペもアントニオもルイスも同意していない〖動詞の前にあるときは否定の no は付けない〗.

sin ... ni ... …も…もなく. Él condujo el coche toda la noche *sin* beber *ni* comer. 彼は飲まず食わずで一晩中運転した.

── 副 〖強調を示す〗…さえも…ない. ── No quiero *ni* verlo. 私はそれを見たくもない. Con nadie quiso hablar, *ni* con sus padres. 彼は誰とも，両親とさえも話したがらなかった. Eso no te lo crees *ni* tú. そんなことは君だって信じないだろう. No llevo *ni* un céntimo. 私は一銭も持ってない. Aquí no hace calor *ni* en pleno verano. ここは真夏でも暑くない.

¡Ni hablar! とんでもない.

ni que ... …なんてとんでもない. ¡*Ni que* fuese tonto! 私はばかではないのだ!

ni siquiera ... …さえも…ない. No quedó *ni siquiera* una persona. 後にはひとりも残らなかった.

Niágara [njáɣara] 固名 (Cataratas de ～) ナイアガラの滝.

niara [njára] 女 (穀物保存用の)積みわら.

Nicaragua [nikaráɣwa] 固名 ❶ ニカラグア(公式名 República de Nicaragua, 首都マナグア Managua). ❷ (Lago de ～) ニカラグア湖.

‡**nicaragüense** [nikaraɣwénse] 形 ニカラグア (Nicaragua) の, ニカラグア風の. ── La capital ～ es Managua. ニカラグアの首都はマナグアである. 類 **nicaragüense**.

── 男女 ニカラグア人, ニカラグア出身の人. Los ～s hablan español. ニカラグア人はスペイン語を話す.

nicaragüeño, ña [nikaraɣwéɲo, ɲa] 形 → nicaragüense.

nicho [nítʃo] 男 ❶ 壁龕(へきがん), ニッチ. ◆彫刻や花びんなどを置くための壁のくぼみ. ❷ (棺や骨壺を納める)壁穴. ❸ 《生物》 (存続に必要な条件を満たす)生息地(環境). ── ecológico del león ライオンの生態的環境.

Nicolás [nikolás] 固名 (男性名)ニコラス.

nicotina [nikotína] 女 《化学》 ニコチン.

Nicoya [nikója] 固名 (Golfo de ～) ニコヤ湾(コスタリカの湾).

nictálope [niktálope] 形 昼盲症の; 昼盲症の, 鳥目の.

── 男女 昼盲症の人; 夜盲症の人.

nictalopía [niktalopía] 女 《医学》 昼盲症; 夜盲症.

nidación [niðaθjón] 女 《医学》 着床. ◆受精卵が子宮粘膜に着く事.

nidada [niðáða] 女 (巣の中の)一腹の卵[ひな].

nidal [niðál] 男 ❶ (ニワトリなどの)産卵場; (産卵のための)巣. 類 **nido, ponedero**. ❷ 抱き卵. ❸ 行きつけの場所; 隠し場所.

nidificación [niðifikaθjón] 女 営巣.

nidificar [niðifikár] [1.1] 自 (鳥が)巣造りをする.

‡**nido** [níðo] 男 ❶ 巣. ─ ～ de golondrinas ツバメの巣. ～ de ratones ネズミの巣. En los ～s de antaño, no hay pájaros hogaño. 〖諺〗 過ぎたことはしかたがない(←去年の巣に今年は鳥はいない). No hallar ～s donde se piensa hallar pájaros. 〖諺〗 とんでもなく当てが外れる(←鳥が見つかると思われる場所には巣は見つからない). ❷ (*a*) 住居. ─ En ese piso tuvieron los abuelos su ～ de amor. 祖父母はそのアパートで愛の巣を営んだ. Tiene ya treinta años pero aún sigue en el ～. 彼はもう30歳なのにまだ実家に住んでいる. salir del ～ 家を出る. 類 **casa, hogar**. (*b*) 巣窟(そうくつ). ── ～ de víboras 悪(党)の巣窟. El sofá es un ～ de polvo. ソファーにはほこりがたまりやすい. La isla es un ～ de contrabandistas. その島は密輸業者のたまり場である. 類 **guarida, madriguera**. (*c*) 隠し場所. ─ ～ de ametralladoras 《軍事》 機関銃座. Por casualidad descubrí dónde tiene en el ～ de las joyas. 私は彼女が宝石をどこに隠しているかを偶然発見した. (*d*) 《情報》 ネスト. 類 **escondrijo**. ❸ (ものごとの)源; 温床. ── ～ de discordias 不和の源. ～ de problemas sociales y económicos 社会経済問題の温床. ❹ (飼育されている鶏などの)産卵場所, 産卵用のかご. 類 **nidal, ponedero**. ❺ (病院の)新生児室.

caerse del [de un] nido/parecer que se ha caído del nido 純真すぎる, うぶ〖世間知らず〗である, 世慣れていない. ¿Te crees que me *he caído del nido*? 私がそんなにうぶだとでも思っているのか?

cama (de) nido (入れ子状に収納できる)引き出し式ベッド.

mesa (de) nido (入れ子状に収納できる)ネストテーブル.

nido de abejas (1) 《服飾》 スモッキング(等間隔のひだを刺繍(ししゅう)で留めひだ飾り). (2) 《技術》 蜂の巣形放熱器; 蜂の巣形コイル. ◆「蜂の巣」は panal.

‡**niebla** [njéβla] 女 ❶ 《気象》 霧, もや, かすみ. ── Una densa [espesa, intensa] ～ cubría el valle. 濃霧が谷を覆っていた. meona 霧雨. Hay ～. 霧がかかっている. banco de ～ 霧堤(きりてい)(遠くの海上に層状にかかる濃霧). 類 **bruma, neblina**. ❷ 混沌(こんとん), 曖昧(あいまい), 不明瞭. ── Su vida está rodeada de [sumida en la] ～. 彼の人生は謎に包まれている. 類 **ambigüedad, caos, confusión, oscuridad, vaguedad**. ❸ 《植物》 黒穂病. 類 **tizón**. ❹ 《医学》 角膜片雲; (角膜や尿などの軽微な)濁り. ❺ 《化学》 (液体・気体の中に混じった液体の)微粒子. 類 **partícula**.

nieg- [njéɣ-] 動 negar の直・現在, 接・現在, 命令・2単.

niel [njél] 男 ニエロ[黒金]象眼細工.

nielado [njeláðo] 男 ニエロ[黒金]象眼細工(を施すこと[施したもの]).

nielar [njelár] 他 …にニエロ象眼細工を施す.

***nieto, ta** [njéto, ta ニエト, タ] 名 ❶ 孫. ─ Julia tiene dos ～s y cuatro *nietas*. フリアには男の孫が 2 人に女の孫が 4 人いる. ～ segundo 曾孫(そうそん), 4代目 (= biznieto). Todos los ～s se reunieron para celebrar el cumpleaños del abuelo. おじいさんの誕

生日を祝うために孫が全員集まった. ❷ 子孫.

niev- [niéβ-] 動 nevar の直・現在, 接・現在, 命令・2 単.

nieve [niéβe ニエベ] 女 ❶ (*a*)《気象》雪. —agua ～ みぞれ. agua de ～ 雪解け水. restos de ～ 残雪. ～ carbónica ドライアイス. bola de ～ 雪球, 雪つぶて. copo de ～ 雪片. muñeco de ～ 雪だるま. cañón de ～ 降雪機. Esta noche ha caído bastante ～. 昨夜かなり雪が降った. Hay mucha ～. 雪がたくさん積もっている. No hay suficiente ～ para esquiar. スキーができるほど雪が積もってはいない. (*b*)〖主に複〗降雪. —primeras ～s 初雪. tiempo de ～s 降雪期. ～s eternas [perpetuas] 万年雪. Año de ～s, año de bienes.《諺》雪の年は豊作の年. 類nevada**. ❷《文》雪のような白さ, 雪のように白いもの; 白髪. —La ～ de su pelo le da un aspecto de anciano. 髪の白さのせいで彼は老けて見える. 類**blancura**, **cana**. ❸〖中南米〗シャーベット. 類**sorbete**. ❹〖比喩〗(テレビなどの)画面のちらつき. ❺〖俗, 隠〗コカイン. 類**cocaína**.
a punto de nieve《料理》固練りの. clara (batida) *a punto de nieve* 固く(八分立て程度に)泡立てた卵白.
avecilla [*pajarita*] *de las nieves*《鳥類》セキレイ.
flor de nieve《植物》エーデルワイス.

NIF [nif] [<Número de Identificación Fiscal] 男 〖スペイン〗納税者番号.

Níger [níxer] 固名 ニジェール(首都ニアメ Niamey).

Nigeria [nixérja] 固名 ナイジェリア(首都アブジャ).

nigeriano, na [nixerjáno, na] 形 ❶ ナイジェリア (Nigeria) の. ❷ ニジェール (Níger) の.
— 名 ❶ ナイジェリア人. ❷ ニジェール人.

night-club [nái(t)klu(β)] [<英] 男〖複〗night-clubs, night-clubes〗ナイトクラブ.

nigromancia, nigromancía [niɣromán-θja, niɣromanθía] 女 ❶ 降霊術による占い(= necromancia). ❷ 黒魔術.

nigromante [niɣrománte] 男女 ❶ 降霊術師. ❷ 黒魔術師.

nigromántico, ca [niɣromántiko, ka] 形 ❶ 降霊術の. ❷ 黒魔術の.
— 名 → nigromante.

nigua [níɣwa] 女《虫類》スナノミ.

niguérrimo, ma [niɣérrimo, ma] 〖negro の絶対最上級〗形 とても黒い, 漆黒の.

nihilismo [niilísmo] 男 虚無主義, ニヒリズム.
nihilista [niilísta] 形 虚無主義[ニヒリズム]の.
— 男女 虚無主義者, ニヒリスト.

Nilo [nílo] 固名 (el ～) ナイル川(エジプトの河川).
nilón [nilón] 男 ナイロン (= nailon).
nimbar [nimbár] 他 (聖人像の頭など)を光輪[後光]で包む.
nimbo [nímbo] 男 ❶ 光輪, 後光. ❷ (月などにかかる層)雨雲, 乱雲. ❸《気象》雨雲, 乱雲.
nimboestrato [nimboestráto] 男《気象》乱層雲.
nimiedad [nimjeðá(ð)] 女 ❶ ささいなこと, 重要でないこと. —Han reñido por una ～. 彼らはつまらないことでけんかした. 類**insignificancia**, **pequeñez**. ❷ 冗長, 過剰.
nimio, a [nímjo, a] 形 ❶ ささいな, 重要でない.

---

niña¹ 1341

—Estuvieron discutiendo detalles ～s del asunto. 彼らは事の枝葉末節を議論していた. 類**insignificante**. ❷ 冗長な, 過剰な. 類**exagerado**, **excesivo**. ❸ 細心な, 綿密な. —Nos hizo un ～ relato de lo ocurrido. 彼は出来事の詳細な話を私たちにしてくれた. 類**minucioso**, **prolijo**.

ninfa [nímfa] 女 ❶《ギリシャ神話》ニンフ, 妖精, 精霊. ❷ 美少女, 乙女; 春婦, 娼婦. ❸《虫類》(不完全変態をする昆虫の)幼虫, 蛹(さなぎ). ❹《解剖》小陰唇.
ninfa Egeria (1)《ローマ神話》エゲリア. ◆ディアナの森の泉の女神. ヌマ・ポンピリウス王の妻でよき相談役だったとされる. (2) 女性の助言者[相談役].

ninfea [nimféa] 女《植物》スイレン (= nenúfar).

ninfómana [nimfómana] 女 色情狂[ニンフォマニア]の女性.

ninfomanía [nimfomanía] 女《医学》(女性の)色情狂, ニンフォマニア.

ningunear [niŋɡuneár] 他 (人を)無視する; 軽んずる, 蔑む. 類**hacer caso omiso de**, **menospreciar**.

*ninguno, na [niŋɡúno, na ニングノ, ナ] 形(不定)〖複〗 ningunos, nas〗〖男性単数名詞の前では ningún〗. ❶〖人や物を否定する; alguno の否定形〗どの[何の, どんな]…も(ない). —No hay *ninguna* bahía tan hermosa como la de Río de Janeiro. リオデジャネイロほど美しい入り江はない. ❷〖動詞の前にあるとき動詞を否定する no は不要〗どの[何の, どんな]…も(…ない). —*Ningún* alumno lo sabía. どの生徒もそれを知らなかった. ❸〖否定の強調〗全然…でない, 全く…でない. —No le trates así, que ya no es *ningún* niño. 彼をそんなふうに扱わないで. もう子供ではないのだから. No fue *ninguna* sorpresa que le suspendieran. 彼が落第させられたのは全然驚きではなかった.
— 代(不定)〖その意味から複数形の使用はまれ〗 ❶〖人や物を否定する; alguno の否定形〗誰も(…ない), 何も(…ない). —No ha venido *ninguno* de mis amigos. 私の友人の誰も来なかった. ¿Tienes hambre? —*Ninguna*. お腹すいた? —全然(すいてない). 類語 **ninguno** は全体を考えて, そのうちの「誰も(…ない)」「何も(…ない)」という意味; **nadie**, **nada** は単に「誰も(…ない)」「何も(…ない)」を示す. ❷〖動詞の前におくと動詞を否定する no は不要〗誰も…, 何も…ない. —*Ninguno* de mis compañeros supo contestar a la pregunta. 私のクラスメートの誰も質問に答えられなかった. *Ninguna* de las chicas que me presentaron me gustó. 私に紹介してくれたどの女の子も気に入らなかった.

ninot [ninó(t)] [<カタルーニャ] 男〖複〗ninots〗(バレンシアの火祭りの)大きな張子の人形. 類**falla**.

niña¹ [nípa] 女 ❶ 少女, 女の子. →niño, ña². ❷ 瞳(ひとみ). 類**pupila**.
como a [*más que a*] *las niñas de* SUS *ojos* 目の中に入れても痛くないほど. Sus padres la cuidaban *como a las niñas de sus ojos*. 両親は彼女を目の中に入れても痛くないほどかわいがっていた.
ser las niñas de SUS *ojos* 目の中に入れても痛くないほどかわいい. Dolores *es* para su padre *las niñas de sus ojos*. ドローレスは父親にとって目の中に入れても痛くないほどかわいい子だ.

niñada [niɲáða] 女 →niñería.

niñato¹ [niɲáto] 〔<ラテン〕男 （懐胎したまま殺された牝牛の母胎内の）牛の胎児.

niñato², **ta** [niɲato, ta] 形 〔軽蔑〕青二才の, 嘴が黄色い; （若者が）生意気な, 思い上がった.
—— 名 〔軽蔑〕青二才, ひよっこ, 若造; 生意気な若者.

niñear [niɲeár] 自 子供じみたことをする.

niñera [niɲéra] 女 子守の女性, ベビーシッター.

niñería [niɲería] 女 ❶ 子供っぽい振る舞い[行為]. —No hagas más ~s y vete a la cama. もうおふざけはやめて寝なさい. ❷ 大人げない言動. ❸ ささいな[どうでもよい]こと. —llorar por ~ ささいなことで泣く. 類 **insignificancia, nimiedad**.

niñero, ra [niɲéro, ra] 形〔ser+〕子供好きな. —Mi padre nunca fue muy ~. 私の父は決して子供好きではなかった.
—— 名 子守り, ベビーシッター. —Hoy estoy de ~. 今日私はベビーシッターをしている.

‡**niñez** [niɲéθ] 女 ❶ 少年[少女]時代, 子どものころ, 幼年期. —El pintor vivió una ~ muy desgraciada. その画家はとても不幸な少年時代を過ごした. Pasé mi ~ en casa de mis abuelos. 私は幼年期を祖父母の家で過ごした. Yo tengo inolvidables recuerdos de mi ~. 私には子どものころの忘れ難い思い出がある. volver a la ~ 子どもに返る, もろくする. 類 **infancia**. ❷《比喩》初期, 揺籃(ようらん)期. —El proyecto aún se encuentra en su ~. 計画はまだ初期段階にある. 類 **comienzo, principio**. ❸《主に 複》子どもっぽいこと, 子どもじみた行い[話]. —No digas niñeces, por favor. 子どもみたいなことを言わないでくれ. 類 **niñería, puerilidad**.

‡***niño, ña**² [níɲo, ɲa ニーニョ, ニャ] 名 ❶ 子ども, 児童; 幼児. —de ~ 子どもの頃に. Somos amigos desde ~. 私たちは子どもからの友だちだ. Laura es una niña muy simpática. ラウラはとても感じの良い女の子だ. ~ de la calle ストリートチルドレン. ~ prodigio 神童. ~ mimado 甘えん坊, 甘やかされた子ども. ~ superdotado 天才児. 類 **chico, nene**. ❷ （親から見た）子. —Tengo tres ~s, dos hijas y un hijo. 私には子どもが3人いる. 女の子が2人と男の子が1人だ. Ellos no tienen ~s. 彼らには子どもがいない. 類 **hijo**. ❸ 赤ん坊. —Isabel va a tener un ~. イサベルに赤ちゃんが生まれる. ~ de pecho [de pañales, de teta] 乳飲み子, 乳児. dar la luz a un ~ [a una niña] 子供を産む. ~ probeta 試験管ベビー. ~ burbuja（免疫力がないため）無菌室隔離されている幼児. 類 **bebé**. ❹ (a) 若者, 若い人. ~ zangolotino [bitongo]《話》幼稚な青年, 子どもっぽい若者. Debes cuidarte más, que ya no eres un ~. もう子どもじゃないんだから, もっと体に気をつけないといけないよ. (b) 若造, 青二才; 子どものような[幼稚な]人. —Mi marido tiene 30 años, y es un ~. 彼女の夫は30歳にもなるのに, まるで子どもだ. Vamos, no sea ~ y dígame su nombre. さあ, 子どものような真似をしないで貴方の名前を教えてくれ. ❺（子ども・若者への呼びかけ）君, お前［親愛の情をこめる場合にも, 注意したり非難したりする場合にも用いられる］. —Por favor, ~, ¿sabes dónde está la estación? ねえ君, 駅はどこか知っているかい？ Niña, deja ya de ver la tele, y vete a dormir. さあ, もうテレビを見るのはやめて寝なさい. ❻〔中南米〕（尊敬の呼びかけ）お坊ちゃま, お嬢さま.

el Niño (1) 幼子イエス（=el Niño Jesús）. (2)《気象》エルニーニョ現象. ◆ペルー沖でクリスマスごろから始まる海水温度の異常上昇現象. 全世界の気象に影響を及ぼす.

comerse los niños crudos（伝説上の食人鬼などの怪物が）子どもを取って食ってしまう.《比喩》ひどい[残忍な]ことをする. No se asuste tanto, que no me como los niños crudos. そんなに驚かなくてもいいですよ. 取って食べたりしませんから.

El niño de la bola 地球を表わす球を持った幼子イエスの像.

estar como un niño con zapatos nuevos《話》大喜びしている, 有頂天になっている. Jaime está como un niño con zapatos nuevos con su nueva moto. ハイメは新しいバイクに大喜びしている.

la Niña《気象》ラニーニャ現象. ◆エルニーニョ現象の逆で, ペルー沖の海水温度が異常に低下する現象. やはり広範囲な気象変化をひき起こす.

niña bonita（くじびきなどで）15（の数）.

niño bonito/niña bonita (1)〔軽蔑〕きざな若者, きぬぼれ屋; 金持ちのお坊ちゃま[お嬢様]. La discoteca estaba llena de niños bonitos. ディスコはかっこうをつけた若者たちでいっぱいだった. (2) 寵児(ちょうじ), 秘蔵っ子; 特別にかわいがられている人. Tú siempre sacas buenas notas porque eres la niña bonita del profesor. 君の成績がいつも良いのは, 君が先生のお気に入りだからだ.

niño gótico〔軽蔑〕きざな若者, 気取り屋.

niño [niña] bien/niño [niña] pera〔話, 軽蔑〕いい家の坊ちゃん[お嬢様].

¡Qué ... ni qué niño muerto!《話》…だなんてとんでもない！ …などということがあるもんか. Has tenido mucha suerte. -¡Qué suerte ni qué niño muerto! 家は運が良かったね. -とんでもない, 何が運がいいものか！

—— 形 幼い; 幼稚な. —Luis es aún muy ~ para salir solo. ルイスはまだ一人で出かけるには小さすぎる. ¡No seas ~! 子どもみたいなことはやめなさい！ 類 **infantil, pequeño, pueril**.

niobio [nióβjo] 男〔化学〕ニオブ, ニオビウム.

nipón, pona [nipón, póna]《文》→japonés.

níquel [níkel] 男 ❶〔化学〕ニッケル. ❷〔中南米〕ニッケル硬貨.

niquelado, da [nikeláðo, ða] 形 ニッケルめっきを施した. —— 男 ニッケルめっき.

niqueladura [nikelaðúra] 女 →niquelado.

niquelar [nikelár] 他 …にニッケルめっきを施す.

níscalo [nískalo] 男〔植物〕（食用キノコの）チチタケ, ハツタケ. 類 **mízcalo**.

níspero [níspero] 男 ❶〔植物〕セイヨウカリン, ビワ（=~ del Japón）. ❷ セイヨウカリン[ビワ]の実.

níspola [níspola] 女 セイヨウカリン[ビワ]の実.

nitidez [nitiðéθ] 女 ❶ 澄みきっていること, 清澄. —Este lago es famoso por la ~ de sus aguas. この湖はその水の透明度が高いことで有名だ. 類 **claridad, transparencia**. ❷ 明瞭; 鮮明. —A lo lejos se veía con ~ el perfil del monte Fuji. 遠くに富士山の姿がくっきり見えていた. 類 **claridad, precisión**.

nítido, da [nítiðo, ða] 形 ❶ 澄みきった, 清澄な. —El agua del lago estaba *nítida*. 湖の水は透き通っていた. 類**claro, terso, transparente**. ❷ 明確な. —Presentó una visión *nítida* del tema. 彼は主題の明確なビジョンを提示した. Sigo conservando de ella una imagen *nítida*. 私は彼女についてのはっきりしたイメージを保ち続けている. ❸ 公明正大な, 疑いの余地のない. —El candidato tiene un historial ~. その候補者には申し分のない経歴がある.

nitral [nitrál] 男 《鉱業》硝石層.

nitrato [nitráto] 男 《化学》硝酸塩, 硝酸エステル. —~ de potasio 硝酸カリウム. ~ de plata 硝酸銀. ~ de sodio 硝酸ナトリウム. ~ de Chile 《鉱業》チリ硝石.

nitrera [nitréra] 女 『チリ』→nitral.

nítrico, ca [nítriko, ka] 形 《化学》窒素の, 窒素を含む. —ácido ~ 硝酸.

nitrito [nitríto] 男 《化学》亜硝酸塩.

nitro [nítro] 男 《化学》硝石, 硝酸カリウム (=salitre).

nitrobenceno [nitroβenθéno] 男 《化学》ニトロベンゼン.

nitrocelulosa [nitroθelulósa] 女 《化学》ニトロセルロース, 硝酸繊維素.

nitrogenado, da [nitroxenáðo, ða] 形 《化学》窒素含有の. —abono ~ 窒素肥料.

nitrógeno [nitróxeno] 男 《化学》窒素.

nitroglicerina [nitroɣliθerína] 女 《化学》ニトログリセリン.

nitroso, sa [nitróso, sa] 形 ❶ 硝石(のような). ❷ 《化学》(3価の)窒素含有の.

nivación [niβaθjón] 女 《地質》雪食.

‡**nivel** [niβél] 男 ❶ 水準, レベル, 程度. —al mismo ~ 同じ高さで; 同等に, 同程度に. ~ de vida 生活水準. ~ económico 経済水準. Teresa tiene un buen ~ de francés. テレーサはフランス語の能力が高い. 類**grado**. ❷ 高さ, 高度; 水位. —curva [línea] de ~ 《地学》等高線. La Ciudad de México está a 2.240 metros sobre el ~ del mar. メキシコ・シティーは海抜2,240メートルの高さにある. 類**altura**. ❸ 水平; 水平面. —El calentamiento del planeta podría hacer subir el ~ de los océanos en un metro. 地球の温暖化が海面を1メートル上昇させるかも知れない. 類**horizontalidad, plano**. ❹ 《技術》水準器, 水平器. —~ de burbuja [de aire] 水泡水準器.

a nivel (1) …レベルの[で], …級の, …規模の[で]. *a nivel* internacional [global, mundial] 国際的[地球的, 世界的]レベルの[で]. reunión *a nivel* de ministros 閣僚級会談. establecer relaciones diplomáticas *a nivel* de embajador 大使級の外交関係を樹立する. (2) 同じ高さに[で]; 水平に[で]. Hay que pegar todos los carteles *a nivel*. ポスターを全部同じ高さに貼らなければならない. La mesa no está *a nivel*. テーブルが水平に置かれていない. 類**horizontal**.

de (mucho) nivel 高水準の, レベルの高い; 高級な. hotel *de mucho nivel* 高級ホテル.

estar al nivel de … (1) …と同じ高さに[で]. La entrada *está al nivel* de la calle. 入口は道路と同じ高さにある. (2) …と同レベルの, …に匹敵する. Esta universidad *está al nivel* de las mejores universidades del mundo. この大学は世界で

no 1343

最高レベルの大学に匹敵する.

paso a nivel (鉄道の)踏切.

nivelación [niβelaθjón] 女 ❶ 平らにすること, 水平化. —~ de un terreno 地ならし. ❷ 平準[平等, 平均]化. —~ de los salarios 給与の平均化. ❸ 水準測量.

nivelador, dora [niβelaðór, ðóra] 形 ❶ 平らにする, ならす. ❷ 平準[平等, 平均]化する. — 男 ❶ 高低をならす機具, 地ならし機. ❷ 水準測量技師. — 女 ブルドーザー.

niveladora [niβelaðóra] 女 →nivelador.

nivelar [niβelár] 他 ❶ 平らにする, ならす. —~ un terreno 地ならし[整地]する. Después pasa la apisonadora y *nivela* el asfalto. 後でロードローラーを通し, アスファルトをならしている. ❷ を均等[平等]にする. —~ la balanza comercial 貿易収支のバランスをとる. *Nivela* el espejo con los apliques, por favor. 鏡をウォールランプの高さに合わせておくれ, お願いだから. Tienes que *nivelar* las mesas, la del centro sobresale. 君はテーブルの高さをそろえなければいけないよ, 中央のが飛び出ているから. ❸ を水準測量する.

—**se** ❶ 水平になる, ならされる. ❷ 平均化する, 同水準になる. —Los derechos de la mujer *se han nivelado* con los del hombre. 女性の権利は男性と対等になった. *Se ha nivelado* la balanza de pagos. 国際収支は均衡化した. Las diferencias sociales han comenzado a ~*se*. 社会的差異がなくなり始めた.

níveo, a [níβeo, a] 形 《文》雪の; 雪のような, 雪のように白い. —unos dientes [cabellos] ~s 雪のごとく白い歯[髪].

Niza [níθa] 固名 ニース(フランスの都市).

NN, nn 《頭字》(<ningún nombre) ❶ (墓標の)無縁者. ❷ 『南米』軍事政権下の行方不明者.

NNE 《略号》=nornordeste 北北東.

NNO 《略号》=nornoroeste 北北西.

NO 《略号》=noroeste 北西.

‡**no** [nó ノ] 副 (*a*) いいえ. —¿Has leído el periódico de hoy?-*No*. 今日の新聞を読んだ?-いや. (*b*) いやだ, だめだ; まさか. —Anda, vete a dormir.-*No*. さあ, 寝なさい.-いやだ. Ayer te vi en la estación.-*¡No!* きのう君を駅で見かけたよ.-まさか! (*c*) 〖否定疑問・否定命令に対する否定の返答〗はい. —¿Hoy no viene Emilio?-*No*, no viene. 今日エミリオは来ないの?-はい, 来ません. 反**sí**. ❷ 〖付加疑問〗…でしょう? —Mamá, puedo ir el domingo de excursión, ¿*no*? ママ, 日曜日にハイキングに行っていいでしょう? ❸ 〖否定の文・節の代用〗違う, …しない. —Creo que *no*. 私は違うと思う. Julio es madrileño, pero Jorge *no*. フリオはマドリード生まれだが, ホルへはそうではない. Antes bebía mucho, ahora *no* tanto. 以前はたくさん飲んだものだが, 今はそれほど飲まない. ❹ 〖直後の語を否定〗…(し)ない; ではない. —*No* somos estudiantes. 私たちは学生ではありません. Hoy *no* tengo trabajo. 今日は私は仕事がない. Aún *no* ha vuelto. 彼はまだ帰って来ていない. ¿*No* confías en mí? 君は私を信頼しないのか? *No* puede llover. 雨が降るわけがない. Puede *no* llover. 雨が降らないかもしれない. Puede que *no* esté ahora en casa. 彼は今家にいないかもしれない. Los profesores *no* siempre dicen la ver-

dad. 先生がいつも本当のことを言うとは限らない. *No* todos los españoles saben bailar flamenco. スペイン人が全員フラメンコを踊れるというわけではない.『nada, nunca などの否定語が動詞よりも後にある場合,動詞の前に no を置く必要がある』*No* ha venido nadie. 誰も来ていない. Yo *no* sé nada. 私は何も知らない. *No* he estado nunca en España. 私は一度もスペインに行ったことがない. *No* aprobó ninguno. 一人も合格しなかった. ❺『名詞・形容詞の前について』非…, 不…. —firmar un pacto de *no* agresión 不可侵条約を結ぶ. los países *no* alineados 非同盟諸国. objeto volante *no* identificado 未確認飛行物体 (UFO). la *no* violencia y la desobediencia 非暴力と不服従. ❻『虚辞として.論理的には肯定』 (*a*)『比較の対象を表わす que の後で』—Es mejor tomar algo en casa que *no* salir con este tiempo. こんな天気のときに出かけるよりも家で何か食べるほうがいい. Ella lo podrá hacer mejor que *no* yo. 彼女のほうが私よりもうまくそれができるだろう. (*b*)『「…するまでは」,「…する前に」という意味の時の副詞節の中で』—*No* puedes salir hasta que yo *no* lo diga. 私がそう言うまでは君は外に出てはいけない. (*c*)『感嘆文の強調』—¡Cuál *no* sería su sorpresa! 彼の驚きはいかばかりだったでしょう! (*d*)『比較の対象が que で始まる節であるとき,que の連続を避けて』—Prefiero que llueva que *no* que haga tanto calor. こんなに暑いのなら雨が降るほうがましだと私は思う. (*e*)『危惧を表わす動詞の後で,que または de que の代わりに』—Temíamos *no* le fuera a pasar algo. 私たちは彼に何か起きるのではないかと恐れていた.

A que no (…) (1) まさか,そんなはずがない;とんでもない. Terminé el trabajo la semana pasada. —¡A que no! あの仕事を先週終わらせたよ. —そんなはずがないわよ. —そんなはずがないわ. (2) …するわけがない. *A que no* sabes lo que me contaron ayer. 昨日僕が何を聞かされたか君は知っているわけがない. (3) まさか…しないだろうね. ¿*A que no* te atreves a saltar esa valla? 君はその柵を跳び越せやしないだろう.

¡Cómo no! もちろん,いいですとも. ¿Quiere firmar aquí?-*¡Cómo no!* ここにサインしていただけますか?-いいですとも.

decir que no 否定する,拒絶[反対]する;ノーと言う『*decir no* は誤り』. Me *dijeron que no*. 私は断られた. No *digo que no*. 私は違うとは言っていない.

en la de no『チリ』さもないと,そうでなければ.

estar de que no 反対[拒絶,否定]ばかりしている.

No a la guerra. 戦争反対.

no bien … …するとすぐに,…するやいなや. *No bien* subí en el tren, se cerraron las puertas. 私が列車に乗るとすぐに下アが閉まった.

no creer [*pensar*] *que* …『creer, pensar は接続法,que のあとは直説法』…と思われないように. Compraré algún regalo, *no crean que* soy un tacaño. けちん坊だと思われないように何かプレゼントを買おう.

no decir que …『decir は接続法,que のあとは直説法』…と言われないように. Trabajábamos mucho, *no dijeran que* no teníamos ganas. やる気がないと言われないように私たちは懸命に働いた.

no es que …『+接続法』…というわけではない. *No es que* no me guste leer.Sólo es que no tengo tiempo. 私は読書が嫌いというわけではない. 単に時間がないのだ.

No, gracias. いいえ,結構です. ¿Quieres otro vaso de vino?-*No, gracias*. ワインをもう1杯いかが?-いえ,結構です.

No hay de [*por*] *qué.* (お礼に対する返事)どういたしまして.

No hay para [*por*] *qué* … …する理由がない. Si no vas a cambiar de opinión, ya *no hay para qué* seguirte hablando. 君が考えを変えないつもりなら,もうこれ以上君に話す理由はない.

no más (*a*) …だけ. Me quedan cinco euros *no más*. 私にはもう5ユーロしか残っていない. (*b*) …はもうたくさんだ. *No más* discusiones, vamos en autobús. 言いあらそいはもうやめろ,バスの中だぞ.

no sea que …『+接続法』…しないように. Voy a apuntarlo, *no sea que* se me olvide. 忘れないようにメモしておこう.

no sin … 少なからぬ…を伴って. Llevaron a cabo este proyecto *no sin* dificultades. 彼らはかなり苦労しながらこの計画を実行した.

no … sino (*que*) … …ではなく『sino のあとに動詞の定型を含む節が続くときは通常 sino que … となる』. *No* lo hice yo *sino* tú. これは私ではなく君がやったんだ. *No* te lo ordeno *sino que* te lo pido. 私は君に命令しているのではなく頼んでいるんだ.

no sólo … sino también (*que*) … …だけではなく…も『sino のあとに動詞の定型を含む節が続くときは通常 sino también que … となる』. Alfonso *no sólo* habla inglés *sino también* francés. アルフォンソは英語だけでなくフランス語も話せる. *No sólo* me reprocharon *sino también que* me insultaron. 私は非難だけでなく侮辱もされた.

no ya … …だけでなく,…のみならず. Su teoría está equivocada en el sentido *no ya* ético sino incluso económico. 彼の理論は倫理的にだけでなく経済学的にもまちがっている.

¿Por qué no? なぜ違う[だめな,いやな]の?;いいじゃないか.

¡Que no!『強い否定』絶対に違う,とんでもない,だめだってば.

¡Y (*no*) *que no …!* …でないなんてとんでもない!,まったく…だ! ¡*Y que no* hace calor hoy! まったく今日は暑い!

—男『複』*noes*〕否定の答え,拒絶;反対. —contestar con un *no*. 否定の返事をする. La ley ha sido aprobada con 188 síes y 37 *noes*. 法案は賛成188反対37で可決された.

n°, No., n.°, N.°《略号》=**número** 番号.

nobiliario, ria [noβiljárjo, rja] 形 貴族の. —título ~ 貴族の称号,爵位. casa *nobiliaria* 貴族の館. —男 貴族名鑑.

nobilísimo, ma [noβilísimo, ma] 形〔noble の絶対最上級〕きわめて高貴な[けだかい].

*noble [nóβle ノブレ] 形〔絶対最上級 **nobilísimo**〕❶ 高貴な,高尚な,気品のある. —Es un hombre de corazón [espíritu] ~. 彼は精神の気高い男だ. actitud ~ 高潔な態度. ademanes ~s 堂々とした振る舞い. 類 **elegante, honroso, refinado, sublime**. 反 **innoble, mezquino, ruin, vil**. ❷ 貴族の. —~ de cuna [nacimiento]/~ por su linaje 貴族の出である. de familia [linaje, sangre] ~ 貴族の家

系の. 類**aristocrático**. 反**humilde**. ❸ 貴重な, 高級な; (金属が)貴の. —madera ~ 高級材. metales ~s 貴金属. 類**precioso, valioso**. ❹《化学》不活性の, (ガスが)希の. —gas ~ 不活性ガス, 希ガス.

—— 男女 貴族. —recibir el título de ~ 貴族になる, 貴族の称号を持つ. El rey le nombró ~. 国王は彼に貴族の称号を授けた.

noble bruto 馬. 類**caballo**.

:**nobleza** [noβléθa] 女 ❶ 貴族の身分;〔集合的に〕貴族, 貴族階級. ♦爵位 (títulos de nobleza) は, 高位のものから順に duque 公爵, marqués 侯爵, conde 伯爵, vizconde 子爵, barón 男爵. —tener los títulos de ~ 爵位を持っている, 貴族の家柄である. ❷ 気品, 高潔さ; 威厳. —actuar con ~ 潔くふるまう. mostrar ~ 威厳を示す. 類**dignidad, elegancia**.

Nobleza obliga. 身分の高い者は気高く振舞うべきである, ノブレッス・オブリージュ.

noblote, **ta** [noβlóte, ta] [＜noble]形 (親しみをこめ)気品があって気さくな, 気取らない. —Es un chico ~ y muy simpático. 彼は気さくでとても感じのいい青年だ.

nocedal [noθeðál] 男 →nogueral.

****noche** [nótʃe ノチェ] 女 ❶ 夜, 晩, 夜間. —a la ~ 日暮れ時に;〔南米〕夜に (=por la noche). de ~ 夜に; 夜明の. Ya era de ~ cuando llegué a casa. 私が帰宅したときはすでに夜だった. Ellos trabajan de ~. 彼らは夜働く. traje [vestido] de ~ 夜会服, イブニング・ドレス. función de ~ (劇などの)夜の部. buenas ~s 今晩は. en la ~ 〔中南米〕夜に. ayer —— 昨晩 (=anoche). ayer [hoy, mañana] por la ~ 昨日 [今日, 明日]の夜. Son las diez de la ~. いまは夜の10時です. esta ~ 今夜; 昨晩. Voy a acostarme pronto esta ~. 今夜は早く寝るつもりだ. ¿Has dormido bien esta ~? ゆうべはよく眠れた? día y ~/de día y de ~ 昼も夜も, 昼夜兼行で. toda la ~ 一晩中. media ~ 真夜中, 夜12時(ごろ). a boca de ~ 宵の口に. al caer la ~ 夕暮れ時に. al cerrar [ya entrada] la ~ すっかり夜が更けて. hacerse de ~〔3人称単数のみ〕夜になる, 日が暮れる (=anochecer). en las altas horas de la ~ 夜遅くに. hasta muy entrada la ~ 夜更けまで. ~ de estreno (劇などの)初日. ❷ 闇, 暗闇, 夜陰. —Me asusta la ~. 私は暗闇が怖い. 類**o**b**scuridad, tiniebla**. ❸《文, 比喩》憂鬱(%), 悲しみ, つらさ. —Sólo este niño alegra mis ~s. この子だけが私の悲しみをいやしてくれる. 類**aflicción, amargura, dolor, melancolía, tristeza, pena, pesadumbre**.

a buenas noches 真っ暗闇の中で[に].

A la noche, chichirimoche, y a la mañana, chichirinada.【諺】朝令暮改(←夜にはチチリモーチェ, 朝にはチチリナーダと全然違うことを言う).

Buenas noches. (あいさつ)今晩は; おやすみなさい. *dar las buenas noches* おやすみのあいさつを言う.

dama de noche《植物》ヤコウカ(夜香花).

de la noche a la mañana 一夜にして; あっという間に. *De la noche a la mañana* decidió dejar su trabajo. 彼はまたたく間に仕事をやめることを決めた.

De noche todos los gatos son pardos.【諺】夜目遠目笠のうち(←夜になるとすべてのネコがヒョウに見える). ♦夜などよく見えないときには, 実際以上に

noctámbulo 1345

美しく[立派に]見えるということ.

dondiego de noche《植物》オシロイバナ.

hacer de la noche día 昼夜逆転の生活をする.

hacer noche en … …で一夜を明かす; …に一泊する. *Hicimos noche en* un hotel de Cuenca. 私たちはクエンカのホテルに泊まった.

Las mil y una noches《文学》『千夜一夜物語』.

Noche Buena クリスマス・イブ. 類**Nochebuena**.

noche cerrada (1) 闇夜. (2) 夜遅く.

noche de bodas/noche nupcial 新婚初夜.

noche de los tiempos 大昔.

noche de perros 天気の悪い夜; つらい夜.

noche en blanco [*en claro, en vela*]/*noche toledana* 眠れない夜. Hemos pasado la *noche en blanco* porque hacía mucho calor.

Noche Triste〔歴史〕悲しみの夜. ♦1520年6月30日, エルナン・コルテス (Hernán Cortés) 軍がアステカ (Azteca) 軍の蜂起によりテノチティトラン (Tenochitítlan, 現メキシコ・シティー)を脱出し, 多くの兵を失った夜.

Noche Vieja 大みそかの夜. 類**Nochevieja**.

noche y día/de noche y de día いつでも, 四六時中.

pasar buena noche/pasar bien la noche 夜ぐっすり眠る.

pasar mala noche/pasar mal la noche 良く眠れない.

ser (*como*) *la noche y el día* (昼と夜のように)全く違っている, 対照的である. Su hermana y ella son la *noche y el día*. 彼女の姉と彼女は月とスッポンほども違う.

:**nochebuena** [notʃeβuéna] 女 (主に N~)クリスマス・イブ, クリスマス前日 (12月24日). —el día de N~ クリスマス・イブの日. Quiero pasar la N~ en mi casa. 私は自宅でクリスマス・イブを過ごしたい.

nocherniego, ga [notʃerniéɣo, ɣa] 形 夜出歩き回る.

Nochevieja [notʃeβiéxa] 女 大晦日(髭饕).

:**noción** [noθjón] 女 ❶ 概念, 観念, 考え. —Aquel profesor nos enseñó la ~ del bien y del mal. あの先生が私たちに善と悪の観念を教えてくれた. 類**concepto, idea**. ❷〔主に複〕基礎知識, 初歩の知識, 心得. —Laura tiene algunas *nociones* de francés ラウラはいくらかフランス語を知っている. 類**conocimientos**.

nocividad [noθiβiðað(ð)] 女 有害[有毒]性. —La ~ del tabaco está fuera de toda duda. タバコの有害性は少しの疑問の余地がない.

nocivo, va [noθíβo, βa] 形〔ser+〕有害[有毒]な. —gas ~ 有毒ガス. ~ para [a] la salud 健康に悪い. Esos insectos son ~s para las plantas. その昆虫は植物に有害だ. un ambiente ~ para la educación de los niños 子供たちの教育に有害な環境. 類**dañino, malo, perjudicial**. 反**beneficioso, favorable**.

noctambulismo [noktambulísmo] 男 夜出歩くこと, 夜遊び.

noctámbulo, la [noktámbulo, la] 形 ❶ 夜出歩く, 夜遊びをする. 類**trasnochador**. ❷《動

物)夜行性の.
── 名 夜出歩く[夜遊びをする]人.

noctívago, ga [noktíβaγo, γa] 形 →noctámbulo.

nocturnidad [nokturniðá(ð)] 女 ❶ 夜であること, 夜間; 夜行性. ─Aprovecha la ~ para pasear tranquilo por el parque. 彼は落ち着いて公園を散歩するのに夜を利用する. ❷ (法律) 夜間なされた犯罪に対する刑の加重情状.

‡**nocturno, na** [noktúrno, na] 形 ❶ 夜の, 夜間の. ─clases nocturnas 夜間クラス, 夜間授業. club ~ ナイトクラブ. curso ~ 夜間講座, 夜学. fiesta nocturna 夜会. partido ~ ナイトゲーム, ナイター. sesión nocturna (演劇, ショーなどの)夜の部. tarifa nocturna 夜間料金. tren ~ 夜行列車. vida nocturna ナイトライフ, 夜遊び. vuelo ~ (飛行機の)夜行便, 夜間飛行. 反**matinal, matutino**. ❷ (動物) 夜行性の;(植物) (花が)夜開く. ─animal ~ 夜行性動物. ❸ (文)物悲しげな. ─Me llamó la atención la nocturna tristeza de su rostro. 彼の表情の物悲しげな陰気が私の注意を引いた. 類**melancólico, triste**.
── 男 ❶ (音楽) ノクターン, 夜想曲. ❷ (カトリック)晩課(ばんか), 夜課. ❸ (文) 夜. 類**noche**.

nodal [noðál] 形 ❶ (天文) 交点の. ─punto ~ 交点. ❷ (物理) 波節の. ❸ (医学) 結節の.

nodo[1] [nóðo] 男 ❶ (天文) 交点. ❷ (物理) 波節. ❸ (医学) 結節の. ❹ (情報) ノード.

nodo[2] [nóðo] 男 (スペインの Noticiario y Documentales の略語)ニュース映画.

nodoso, sa [noðóso, sa] 形 (医学) 結節性の.

nodriza [noðríθa] 女 ❶ 乳母, 乳母. ❷ **ama**. ─[形容詞的に] 補給[給油]用の(船, 飛行機の). ─avión ~ 空中給油機. buque [barco] ~ 母船, 給油船. ❸ (自動車の給油装置.

nodular [noðulár] 形 ❶ (地質) ノジュール[団塊]の. ❷ (医学) 小結節の. ❸ (植物) 根粒の.

nódulo [nóðulo] 男 ❶ (地質) ノジュール, 団塊. ❷ (医学) 小結節. ❸ (植物) 根粒.

Noé [noé] 固名 (聖書人名)ノア(ヘブライの族長).

nogal [noγál] 男 (植物) クルミ(の木); クルミ材, ウォルナット. ─mesa de ~ クルミ材のテーブル. 類**nuez**.

nogalina [noγalína] 女 クルミの殻を元にした染料.

noguera [noγéra] 女 →nogal.

nogueral [noγerál] 男 クルミの林.

nómada [nómaða] 形 遊牧(民)の; 放浪[流浪]の. ─pueblo [tribu] ~ 遊牧民. vida ~ 遊牧生活; 放浪生活. 類**errante**. 反**sedentario**.
── 両名 遊牧民; 放浪者, 居所の定まらない人.

nomadismo [nomaðísmo] 男 遊牧(生活); 放浪生活.

nombradía [nombraðía] 女 名声, 高名, 有名. ─Ese científico gozó de una ~ internacional. その科学者は大変な国際的名声を博した. 類**celebridad, fama, renombre**.

nombrado, da [nombráðo, ða] 過分 形 ❶ 指名された, 任命された; 名を呼ばれた. ❷ [ser +] 有名な, 名高い. ─Su madre es una nombrada actriz. 彼の母親は有名な女優だ. 類**célebre, famoso, renombrado**.

‡**nombramiento** [nombramjénto] 男 ❶ 任命, 指名. ─~ de delegados 代表者の任命. anunciar ~ del nuevo embajador 新しい大使の任命を発表する. 類**designación, nominación**. ❷ 辞令, 任命書.

‡**nombrar** [nombrár] 他 ❶ …の名前を呼ぶ, 名前を言及する. ─Sé quién ha sido, pero no voy a ~lo ahora. 彼がだれであるかは知っているのだが, 今は名前を言わないつもりだ. En su libro nombra a varios botánicos. 彼は著書の中で数人の植物学者の名を挙げている. ❷ 指名する, 任命する, 選任する. ─Le han nombrado director general. 彼は総支配人に指名された.

****nombre** [nómbre ノンブレ] 男 ❶ 名, 名前, 名称. ─~ y apellido(s) 姓名, 氏名. ¿Cuál es su ~?-Mi ~ es Pablo Moreno. お名前は?-私の名前はパブロ・モレーノです. Escriba su ~ completo, por favor. フルネームをお書きください. poner [dar] un ~ a …に名前をつける. Tienes que poner un ~ a tu perro. 君の犬に名前をつけなきゃいけないよ. poner de [por] ~ (親などが子供に)名前をつける. Le pusieron de ~ Angélica. 彼女はアンヘリカと名づけられた. ~ artístico 芸名. ~ civil [legal] (戸籍・出生簿に記載された)本名, 正式名. ~ comercial 商号, 社名. ~ compuesto 複合名 (Ana María や Juan Ramón など). ~ de familia 名字, 姓. ~ postizo 仮名, 別名. ~ de directorio (情報)ディレクトリ名. ~ de pila 洗礼名. ~ de pluma ペンネーム. ~ de religión 修道名. ~ de usuario (通信)ユーザー・ネーム. ~ de uniforme de recurso (情報)ユニフォーム・リソース・ネーム. por el ~ de 名前で, 名指しで. en el ~ del Padre y del Hijo y del Espíritu Santo 父と子と聖霊の御名によりて(十字を切るときに唱える). ❷ 名声, 高名. ─hacerse un ~ 名を上げる. Julio se ha hecho un ~ en la empresa. フリオは会社の中で名を上げた. Tenía cierto [un gran] ~ como pintor. 彼は画家としてある程度[非常に]有名だった. El buen ~ de la familia está en juego. 一家の評判がかかっている. 類**fama, prestigio**. ❸ (文法) 名詞 (=~ sustantivo). ─~ abstracto [concreto] 抽象[具象]名詞. ~ ambiguo 両性名詞(男 女 両方で使われる名詞. mar, azúcar など). ~ epiceno 通性名詞(男女, 雄雌に同じ語形を使う名詞. foca, milano など). ~ gentilicio 地名・国名・民族名の名詞 (azteca, celta, español など). ~ hipocorístico 名前の愛称形 (Lola (正式には Dolores), Paco(Francisco), Maite(María Teresa) など). ~ animado [inanimado] 有生[無生]名詞. ~ colectivo 集合名詞. ~ común [propio] 普通[固有]名詞. ~ contable ~ numerable 可算名詞. ~ no contable/~ no numerable 不可算名詞. 類**sustantivo**.

a nombre de … …という名前で, …の名義で. Tenemos reservada una mesa *a nombre de* Rodríguez. ロドリゲスという名前でテーブルを予約してあります. Quisiera reservar una habitación.-¿*A nombre de* quién? 部屋をひとつ予約したいのですが.-お名前は?

caer en el nombre de … …の名前を(急に)思い出す.

dar su *nombre* (1) 名を名乗る. *Déme su nombre, por favor.* お名前をおっしゃってください. (2) [+a (人)を] 自分の子として認知する, 養子にする.

de nombre (1) 名目上の, 名ばかりの. emperador *de nombre* 名ばかりの皇帝. (2) …という名の. una chica *de nombre* Francisca/una chica, Francisca *de nombre* フランシスカという名の少女. (3) 有名な, 著名な. abogado *de nombre* 著名な弁護士. vino *de nombre* 有名なワイン. (4) 名前で. La conozco sólo *de nombre*. 私は彼女の名前だけ知っている.

¡en (el) nombre de Dios! 〔通常, 否定命令の前で〕お願いだから! *¡En nombre de Dios*, no hagas eso! お願いだからそんなことしないで!

en nombre de ... …の名において[かけて]; …を代表して, …の代理で. *en nombre de* la ley 法の名において. El ministro de Hacienda pronunció un discurso *en nombre del* gobierno. 財務大臣は政府を代表して演説した. Les doy las gracias *en nombre del* presidente. 社長になり代わりお礼を申し上げます.

llamar [decir] las cosas por su nombre 率直に言う, 遠慮なく言う, 歯に衣を着せずに言う.

mal nombre あだ名. Éste es Antonio Parra, el Zapatones por *mal nombre*. この人はアントニオ・パーラさん, あだ名はエル・サパトーネスです. 類 **apodo**.

no tener nombre お話にならない, ひどすぎる. Lo que has hecho *no tiene nombre*. 君のしたことは言いようもないほどひどい.

sin nombre (1) 無名の, 名もない; 取るに足りない. (2) 名づけようのない, 形容しがたい, 何とも言いようのない.

nomenclador [nomeŋklaðór] 男 →nomenclátor.

nomenclátor [nomeŋklátor] 男 (特に市町村名や人名の)一覧表, リスト; (専門分野の)用語集.

nomenclatura [nomeŋklatúra] 女 専門用語集. ~ química [médica] 化学[医学]用語集.

nomeolvides [nomeolβíðes] 〈 <no+me+olvides〉男/女〔単複同形〕(植物)ワスレナグサ(=miosota).

nómina [nómina] 女 ❶ 月給, 給料. —Me van a subir la ~. 私は昇給されるだろう. 類 **paga, sueldo**. ❷ 賃金台帳(=~ de salarios); 従業員名簿. —Colaboro con la empresa pero no estoy en ~. 私はこの会社に協力して働いているが, 正社員になっていない. cobrar la ~ 給与を受け取る. estar en ~ 正規な職員の身分である. ❸ 給与明細書. ❹ 名簿, 一覧表. ~ de candidatos a la presidencia 大統領候補者の名簿. ~ de nuevos alumnos 新入生たちの名簿.

nominación [nominaθjón] 女 指名, 任命, ノミネート(=nombramiento). —Ha recibido la ~ para los premios Goya como mejor actriz. 彼女は最優秀女優としてゴヤ賞にノミネートされた.

***nominal** [nominál] 形 ❶ 名目上の, 額面の; 名ばかりの. —capital ~ (経済)名目[公称]資本. sueldo ~ 名目賃金. valor ~ 額面価格. jefe ~ 名ばかりの上司. ❷ 名前の. —lista [relación] ~ 名簿. votación [voto] ~ 記名投票. ❸ (文法)名詞の, 名詞の. —predicado ~ 名詞的述語. sintagma ~ 名詞句. 類 **sustantivo**.

nominalismo [nominalísmo] 男 (哲学)唯名論, 名目論.

nominalista [nominalísta] 形 (哲学)唯名論の, 名目論の. — 男女 (哲学)唯名論[名目論]者.

nominalización [nominaliθaθjón] 女 (言語)名詞化.

nominalizar [nominaliθár] [1.3] 他 (言語)を名詞化する.

nominar [nominár] 他 ❶ を指名する. —Le han nominado presidente honorífico del partido. 彼は党の名誉総裁に指名された. 類 **nombrar**. ❷ (賞に)ノミネートする. —La película ha sido *nominada* para el Óscar. その映画はオスカー賞にノミネートされた. 類 **proponer**. ❸ 命名する. 類 **denominar**.

nominativo, va [nominatíβo, βa] 形 ❶ (文法)主格の. ❷ (商業)(小切手・株券などが)記名式の. —valor [título] ~ 記名証券.
— 男 (文法)主格(=caso ~).

nomo [nómo] 男 (神話)(地中の宝を守る)地の精, ノーム; (庭の置物にする)ノームの像. 類 **gnomo**.

non [nón] 形 奇数の(=impar). —El cinco es un número ~. 5は奇数だ. 反 **par**.
— 男 ❶ 奇数. —Siga usted todo derecho por la acera de los ~es. 奇数番の歩道をずっと真っ直ぐ行ってください. ❷ 覆(話)(特に返事として)拒否, 拒絶. —Dice que ~es, que no nos ayuda. 彼はきっぱり拒否している. 私たちを助けてはくれないよ.

de non (1) (対のものが)片方だけの. un zapato [guante] *de non* 片方だけの靴[手袋]. (2) (ペアの)相手がいない. En los bailes siempre hay chicos que están *de non*. ダンスパーティーではいつもあぶれる男の子たちがいる. Ella no vino porque se había quedado *de non*. 彼女は連れ合いがいなく亡くなっていたので来なかった.

jugar a pares y nones (賭博)丁半を争う.

nona [nóna] 女 (古代ローマ)一日を人為的に4分割した日没までの最後の時間帯, (カトリック)9時課(の祈り).

nonada [nonáða] 女 ささいなこと, 取るに足りないこと. —No te preocupes por esas ~s. つまらないことを気にかけるな. 類 **menudencia, nadería**.

nonagenario, ria [nonaxenárjo, rja] 形 90歳代の. — 名 90歳代の人.

nonagésimo, ma [nonaxésimo, ma] 形(数) ❶ 90番目の. ❷ 90分の1の.
— 男 ❶ 90番目の(人・物). ❷ 90分の1.

nonato, ta [nonáto, ta] 形 ❶ 帝王切開で生まれた; 母親の死後に生まれた. ❷ 《比喩》存在しない, まだ生じていない.

noningentésimo, ma [noniŋxentésimo, ma] 形(数) ❶ 900番目の. ❷ 900分の1の.
— 男 ❶ 900番目のもの. ❷ 900分の1.

nonio [nónjo] 男 (工具)副尺(ふくしゃく), バーニャ(=vernier).

nono, na [nóno, na] 形 →noveno.

nónuplo, pla [nónuplo, pla] 形 9倍の.
— 男 9倍(=número ~).

nopal [nopál] 男 (植物)ノパルサボテン.

noquear [nokeár] 〈 <英 knock out〉他 (ボクシング)をノックアウトする.

norabuena [noraβuéna] 女 祝詞, お祝いのことば(=enhorabuena). —Me dio la ~ y se marchó. 彼は私に祝福のことばをかけて立ち去った.

—— 圏 おめでとう!, よかったね! —— 副 折よく.

noramala [noramála] 副 折悪しく (=enhoramala). —N~ se me ocurrió invitarle. まずい時に私は彼を招くことを思いついた.

noray [norái] 男 《海事》係柱.

:**nordeste, noreste** [norðéste, noréste] 男 ❶ (しばしば N~) 北東 (《略》NE). ❷ 北東部; 北東の風. —el ~ de la península 半島の北東部.

nórdico, ca [nórðiko, ka] 形 ❶ 北欧の, スカンジナビアの. —países ~s 北欧諸国. ❷ 《スキー》ノルディック (種目) の. ❸ 北 (から) の.
—— 名 北欧[スカンジナビア]人. —— 男 北欧語.

nordista [norðísta] 形 男女 (米南北戦争の) 北軍側 (の).

noreste [noréste] 男 →nordeste.

noria [nórja] 女 ❶ (馬が引く) 水くみ水車. ❷ (水車型の) 観覧車.

:**norma** [nórma] 女 ❶ 規範, 基準. —~ lingüística 言葉遣いの規範. seguir las ~s 規範に従う. El coche ha sido fabricado según las ~s europeas. その車はヨーロッパの基準に従って製造された. Esta fábrica no cumple las ~s higiénicas legales. この工場は法律で定められた衛生基準を満たしていない. Cada uno tiene sus propias ~s de conducta. 一人一人が自分の行動基準を持っている. 類**regla**. ❷ 規則, 規定, 原則. —cumplir las ~s de circulación 交通法規を守る. Tengo por ~ hacer footing cada mañana. 私は毎朝ジョギングすることに決めている. 類**principio, regla, reglamento**. ❸ 《工業》規格, 標準; 方式. —~ industrial 工業基準. ~s de seguridad 安全基準. Mi televisor está previsto para la recepción de emisiones con la ~ PAL. 私のテレビ受像機はPAL方式の放送の受像に対応している. 類**modelo, sistema**.

:**normal** [normál] 形 ❶ 普通の; 正常な; 通常の. —Lleva una vida ~. 彼は普通の生活を送っている. El enfermo tiene una temperatura ~. その病人の体温は平熱である. ¿Cómo estás?- N~. 元気かい?-まあまあだね.(「あまり元気でない」という意味合いを含む場合が多い.) fuera de [más de/superior a] lo ~ 水準以上[以下]に. Es ~ en este caso es mandar un regalo. こういう場合普通はプレゼントを送るものだ. Es ~ que esté enfadada contigo. 彼女が君に腹を立てているのも無理はない. distribución ~ 《統計》正規分布. 類 **común, corriente, natural, ordinario, regular, usual**. 反 **anormal, subnormal**. ❷ 《幾何》垂直の. —línea ~ 法線, 垂線. plano ~ 法平面. 類 **perpendicular, vertical**. ❸ 《化学》(塩との)正の; (溶液が)1規定の; (脂肪族炭化水素が)直鎖状に連結した炭素原子を持つ.
—— 女 師範学校, 小学校教員養成大学 (=escuela ~. 現在は Escuela de Formación del Profesorado de Enseñanza Primaria と呼ばれ, 大学の一部となっている).

:**normalidad** [normaliðá(ð)] 女 ❶ 正常 (な状態), 常態. —con ~ 正常に. La ~ ha vuelto al país. 国内が再び平穏になった. ❷ 《化学》(溶液の) 規定度.

normalista [normalísta] 男女 ❶ 師範学校 [教員養成大学]の学生. ❷ 《中米》師範学校卒業の教師.

normalización [normaliθaθjón] 女 ❶ 正常化. ❷ 標準化, 規格化.

normalizar [normaliθár] [1.3] 他 ❶ を正常化する. —~ las relaciones diplomáticas 外交関係を正常化する. ~ la situación económica 経済状況を正常化する. ❷ を標準化[規格化]する. —~ una lengua 標準語を定める.
—— se 再 正常化する, 正常に戻る. —La situación política tardará tiempo en ~se. 政治情勢が正常化するには時間がかかるだろう. Ya se ha normalizado el servicio de autobuses. バスの運行はもう通常に戻った.

Normandía [normandía] 固名 ノルマンディー (フランスの地方).

normando, da [normándo, da] 形 ❶ ノルマンディー (Normandía) の. ❷ 《歴史》ノルマン人の.
—— 名 ❶ ノルマンディーの人. ❷ 《歴史》ノルマン人. ◆9世紀にヨーロッパの各地を侵略した北欧のゲルマン民族.
—— 男 (フランスの) ノルマンディー方言.

normativa [normatíβa] 女 →normativo.

normativo, va [normatíβo, βa] 形 規範的な, 規則に従った. —gramática normativa 規範文法.
—— 女 規範; 規則.

nornordeste [nornorðéste] 男 北北東 (の風).
nornoroeste [nornoroéste] 男 北北西 (の風).
noroeste [noroéste] 形 北西の.
—— 男 ❶ 北西 (略記:NO). ❷ 北西の風.

nortada [nortáða] 男 (吹き continuing) 北風.

*:**norte** [nórte ノルテ] 男 ❶ 北, 北部, 北方. —África del N~ 北アフリカ. Corea del N~ 北朝鮮(朝鮮民主主義人民共和国 República Democrática Popular de Corea の略称). el Polo N~ 北極. latitud ~ 北緯. Honduras está al ~ de Nicaragua. ホンジュラスはニカラグアの北にある. En el ~ de España llueve mucho. スペインの北部は雨が多い. barrio del ~ de Barcelona バルセロナの北部地区. fachada ~ del edificio 建物の北側正面. ~ magnético 北磁極. ~ de brújula 磁北. 類 **septentrión**. ❷ 《気象》北風 (=viento norte, viento de(l) norte). —Cuando sopla el norte hace frío. 北風が吹くときは寒い. ❸ 目標; 指針, 道しるべ. —perder el ~ 目標を失う; 道に迷う. Nuestro ~ es la supresión del déficit. 我々の目標は赤字の解消である. 類 **aspiración, meta, objetivo**. ❹ 《天文》北極星.

Norteamérica [norteamérika] 固名 北アメリカ[北米], アメリカ合衆国.

:**norteamericano, na** [norteamerikáno, na] 形 ❶ アメリカ合衆国の, 米国の. —He visto una película norteamericana. 私はアメリカ映画を1本見た. 類 **estadounidense**. ❷ 北アメリカの, 北米の. —México es un país ~. メキシコは北米の国である.
—— 名 ❶ アメリカ (合衆国) 人, 米国人. 類 **estadounidense**. ❷ 北アメリカの人, 北米人.

nortear [norteár] 自 ❶ 《海事》北に針路を取る. ❷ 北風になる.

Norte de Santander [nórte ðe santandér] 固名 ノルテ・デ・サンタンデール (コロンビアの県).

norteño, ña [nortéɲo, ɲa] 形 (特にスペインないしヨーロッパの) 北部 (地方) の.

―― 名 北部(地方)の人.

nórtico, ca [nórtiko, ka] 形 →nórdico.

Noruega [noruéɣa] 固名 ノルウェー(首都オスロ Oslo).

norue**go, ga** [noruéɣo, ɣa] 形 ノルウェー(Noruega)の.
―― 名 ノルウェー人.
―― 男 ノルウェー語.

norue**ste** [noruéste] 形 →noroeste.

norvietnamita [norβietnamíta] 形 (旧)北ベトナムの, (ベトナム統一前の)ベトナム民主共和国の.
―― 男女 (旧)北ベトナムの人, (ベトナム統一前の)ベトナム民主共和国の人.

✼✼nos [nos ノス] 代(人称)『1人称複数与格・対格; 話し手を含めた複数の人をさす』❶ 【直接補語として】私たちを. ― Ellos *nos* visitan con frecuencia. 彼らはよく私たちを訪問します. ❷ 【間接補語として】私たちに. ― Mi tío Jorge *nos* escribió una carta. ホルヘおじさんは私たちに手紙を書いてよこした. ❸ 【再帰代名詞として】私たち自身に[を]. ― *Nos* escribimos. 私たちは文通している. Ella y yo *nos* queremos mucho. 彼女と私はとても愛し合っている[再帰動詞の肯定命令では nos の前の s がなくなる: Vámonos. 行きましょう]. ❹ 【主格・前置詞格】国王・教皇など身分の高い話し手が yo の代わりに用いる. 動詞は1人称複数形となる】余(が, は). ❺ 【主格・前置詞格】《古》我々(が, は).

✼nosotras [nosótras] 代(人称)『**nosotros** の女性形』私たち(が, は)『全員が女性のときにだけ用いられる』.

✼✼nosotros [nosótros ノソトロス] 代(人称)『女性 nosotras』『1人称複数主格・前置詞格; 話し手を含めた複数の人をさす. 与格・対格 nos』❶ 【主語として】私たちが[は], 我々が[は]. ― *Nosotros* somos estudiantes universitarios. 私たちは大学生です『主語の代名詞は表示しないのが普通. わざわざそれを示すときは強調や対比の意味がある: Somos estudiantes universitarios』. ❷ 【叙述補語として】…は私たち(だ). ― Los participantes somos *nosotros* mismos. 参加者はわれわれ自身です【このような場合, 動詞は叙述の補語に一致する. Somos *nosotros*. それは我々です』. ❸ 【前置詞的用法で用いる】. ― Sin *nosotros*, este niño no podría vivir. 私たちがいなければこの子は生きていけないだろう. ❹ 【話し手, 書き手が1人であっても yo の代わりに用いられるときがある. 謙遜の複数】私, 筆者.
entre nosotros ここだけの話だが, これは秘密にしておいてほしいのだが.

nostalgia [nostálxia] 女 郷愁, 望郷の念, ホームシック. ― sentir [tener] ~ de [por] ... を懐かしむ. Le invadía un profundo sentimiento de ~ al recordar su pueblo. 彼はふるさとを思い出して深い望郷の念にとらわれていた. 類 **añoranza, morriña**.

nostálgico, ca [nostálxiko, ka] 形 郷愁の[を誘う]; 郷愁にふけった, ホームシックにかかった. ― Aquellos ~s poemas lo transportaban a su juventud. そうした郷愁を誘う詩は彼を青春時代へといざなった. Está ~ de su país. 彼は自分の国を懐かしがっている.

✼✼nota [nóta ノタ] 女 ❶ メモ, 覚え書き, 控え. ― Tomó ~s de la entrevista. 彼はインタビューのメモを取った. Le he dejado una

notable 1349

~ sobre la mesa. 私はテーブルの上に彼へのメモを残しておいた. 類 **apunte**. ❷ 注, 注釈, 注解. ― ~ al margen [marginal] 傍注. ~ al pie de (la) página 脚注. 類 **comentario, glosa**. ❸ (*a*) (学校などの)成績, 評点; 複 成績表. ― sacar buenas [malas] ~s 良い[悪い]点を取る. dar una buena ~ 良い点を与える. poner las ~s del examen 試験の点を採点する. Las faltas de ortografía bajan ~. 誤字脱字は減点します. 類 **calificación**. (*b*) (学校などの)良い成績. ― Yo no aspiro a ~; me conformo con aprobar. 私は良い成績は狙っていない, 合格さえすればいい. ❹ 文書, 通達. ― ~ diplomática 外交文書, 通牒(ちょう). ~ de prensa 新聞発表, プレスリリース. ~ oficial 公式発表, ~ oficiosa 非公式な発表. ❺ 勘定書き, 伝票. ― Tráigame la ~, por favor. 勘定書きを持ってきてください. 類 **cuenta, factura**. ❻ 様子, 雰囲気; 語調. ― una ~ de elegancia 優雅な雰囲気. Ese profesor siempre pone una ~ de humor en sus clases. その先生は授業のときいつもユーモラスな調子で話す. 類 **carácter, toque**. ❼ 《音楽》音符(= ~ musical); 音(ホ). ― ~ negra 4分音符. ❽ 短い手紙, (新聞などの)短い記事.

dar la nota 《話》目立つ, 人目を引く. Paula *daba la nota* en la fiesta con su enorme sombrero. パウラは巨大な帽子のせいでパーティー会場で目立っていた.

de mala nota 評判の悪い; 下品な. sitios *de mala nota* いかがわしい場所.

de nota 《文》有名な, 評判の. un joven actor *de nota* 評判の若手俳優.

exagerar [forzar] la nota 《話》誇張する.

ir para [por] nota 良い点数[成績]を取るためにがんばる. Esta asignatura me gusta y *voy por nota*. この科目は好きなので私は良い点数を取ろうとがんばっている.

Nota Bene 〈ラテン(書き言葉)で〉注意せよ『略』N.B.).

nota discordante (1) 和音から外れた(調子はずれの)音. (2) 調和を乱す物. Esa torre alta es una *nota discordante* en el paisaje. その高いタワーはまわりの風景と調和していない.

nota dominante (1) 《音楽》(音階の)第5音, 属音. (2) 目立った特徴; 主調, 基調. La diversidad de culturas constituye la *nota dominante* de la sociedad norteamericana. 文化の多様性がアメリカ社会の基本的特徴を成している.

tomar (buena) nota de ... …に気をつけている, (よく)心得ている.

✼notabilidad [notaβiliðá(ð)] 女 著名, 高名. ― un novelista de gran ~ 高名な作家. Su ~ ha traspasado las fronteras. 彼の名声は国の外まで広まっている.

notabilísimo, ma [notaβilísimo, ma] 形 『**notable** の絶対最上級』とりわけ顕著な; きわめて高名.

✼notable [notáβle] 形 『絶対最上級 notabilísimo』❶ (*a*) 著しい, 顕著な, 注目に値する. ― un ~ aumento de la temperatura 温度の著しい上昇. alcanzar ~s éxitos 目覚ましい成果を収める. una obra ~ 特筆すべき作品. 類 **destacado, marcado, visible**. (*b*) かなりの, 目立つ. ― una

1350 notablemente

~ diferencia かなりの違い. El tren llegó con un retraso ~. 列車はかなり遅れて到着した. ❷ 著名な, 有名な. —un cirujano ~ 著名な外科医. 類**célebre, famoso, ilustre**.

— 男女 《主に 複》有名人, 著名人, 名士. — En la fiesta tuve la oportunidad de conocer a los ~s de la ciudad. パーティーで私は市の名士たちと知り合う機会を得た.

— 男 良(評点で優の下, 可の上). —Saqué un ~ en Matemáticas. 私は数学で良を取った.

:**notablemente** [notaβleménte] 副 著しく, 顕著に, 目立って. —La industria de nuestro país se ha desarrollado ~ en los últimos años. わが国の産業は近年目に見えて発展してきた. 類**marcadamente, visiblemente**.

notación [notaθjón] 女 ❶ (科学の)記号体系, 記号表記(法). — ~ binaria 2 進法. ~ matemática (数学)記数法. ~ química 化学記号. ~ polaca [polaca inversa] 《情報》ポーランド[逆ポーランド]記法. ❷ 《音楽》記譜法(= musical).

notar [notár ノタル] 他 ❶ (a) …に気付く, を感ずる, 経験する. —Noté un poco de comezón en las espaldas. 私は背中に少しかゆみを覚えた. No notó que se habíamos marchado. 彼は私たちがいなくなっていたのに気づかなかった. 類**sentir**. (b) を察知する, 看取する, 観察する. —Noté que ocurría algo anormal en la casa. 私は家に何か異常なことが起きているのを察知した. ❷ …と見てとる, 分かる, …という気がする. —Todos la notaban nerviosa. 皆は彼女がいらいらしていると分かっていた.

hacer notar を指摘する, 注意する. Nos hicieron notar que era gente muy puntillosa. 彼らは私たちにその人たちが非常にやかましい連中だと指摘した.

hacerse notar 目立つ, 抜きん出る. Su afán por *hacerse notar* es un poco ridículo. 彼の目立とうとする熱意は少しばかりこっけいだ.

— **se** 再 ❶ 自分を…と感じる. —*Me noto* deprimido. 私は自分で落ち込んでいると感じる. 【+a に】感じとれる, 見てとれる. —Ya *se le nota* el embarazo. もう彼女には妊娠しているのが見てとれる.

notaría [notaría] 女 ❶ 公証人の職務. —Ejerce la ~ desde hace un año. 彼は 1 年前から公証人の業務についている. 類**notariado**. ❷ 公証人の事務所.

notariado, da [notarjáðo, ða] 形 公正証書にした. —Los documentos deben estar ~s. 書類は公正証書になっていなければならない.

— 男 ❶ 公証人の職務. ❷ 公証人会.

notarial [notarjál] 形 公証人(作成)の. — acta ~ 公正証書. Sin la firma ~, el documento carece de validez. 公証人の署名がなければ, 証書は有効性を欠く.

:**notario, ria** [notárjo, rja] 名 ❶ 公証人. — sorteo hecho ante ~ 公証人立会いの抽選. pasante de ~ 公証人見習い. en presencia del ~ 公証人立会いのもとで. ❷ 目撃証人. —Su jefe se presentó como ~ del suceso. 彼の上司が事件の目撃証人として出頭した. 類**testigo**. ❸ 《話》書記, 秘書. 類**escribano, secretario**.

notario de diligencias 執行官.

:**noticia** [notíθja] 女 ❶ ニュース; 複 ニュース番組. —ver ~s en la televisión テレビのニュースを見る. ~ bomba 《話》ビッグ・ニュース. Los periódicos ya han dado esa ~. 新聞各紙はすでにそのニュースを伝えた. estar atrasado [retrasado] de ~s 世情に疎(い). 類**noticiario**. ❷ 知らせ, 通知. —He recibido una buena ~. 私は良い知らせを受け取った. Las malas ~s llegan las primeras. 〔諺〕便りのないのは良い便り(←悪い知らせが最初に届く). 類**información**. ❸ 消息; 行方. —No tenemos ~s suyas. 私たちには彼の消息がわからない. 類**comunicación, nueva**. ❹ 知識, 学識, 見識. —¿Tienes ~s de los últimos acontecimientos en Medio Oriente? 中東での最近のできごとについて何か知っている? No tenemos la menor ~ de su paradero. 私たちは彼の居所が全然わからない. 類**conocimiento, noción**. ❺ 〖ser+〗ニュースになるようなこと[人]; 大物. —¡Este es una ~! これは事件だ, 大変なことだ. Ese joven pianista pronto será ~. その若いピアニストはじきに大物になるだろう.

noticiar [notiθjár] 他 を通知[通達]する. 類**informar, notificar**.

noticiario [notiθjárjo] 男 ❶ (テレビ・ラジオの)ニュース(番組). — ~ deportivo スポーツニュース. 類**noticias, telediario**. ❷ ニュース映画. ❸ 《新聞》ニュース欄.

noticiero, ra [notiθjéro, ra] 形 ニュースの, 情報の. —Este es un programa de variedades y también ~. これはバラエティーで, またニュース番組でもある.

— 名 報道記者, レポーター.

— 男 《中南米》ニュース映画[番組]. 類**noticiario**.

noticioso, sa [notiθjóso, sa] 形 《まれ》〖+de を〗知って. —N~ de que usted estaba enfermo, he venido a visitarle. あなたが病気なのを知って, お見舞いに来ました.

— 男 《中南米》ニュース番組.

notificación [notifikaθjón] 女 ❶ 通知, 通告, 告知. 類**aviso**. ❷ 通知[通告, 告知]書.

*notificar [notifikár] [1.1] 他 ❶ を(正式に)通告する, 通知する. —La compañía le *notificó* el despido. 会社は彼に解雇を通告した. ❷ を知らせる, 告げる. —He recibido una tarjeta en la que me *notifica* su casamiento. 私は彼の結婚を通知する葉書を受け取った. 類**avisar, comunicar**.

notoriamente [notorjaménte] 副 明白に, 歴然と. —Es una crítica ~ injusta. それは明らかに不当な批判だ.

*notoriedad [notorjeðá(ð)] 女 ❶ 有名(であること), 著名, 名声. —alcanzar ~ 名声を得る. una médico de reconocida ~ 評判の高い女医. 類**fama, prestigio**. ❷ 明白さ. —La ~ de las pruebas demuestra la culpabilidad del acusado. 明白な証拠が被告人の有罪を立証している. 類**claridad**. ❸ 周知(の事実). —Él tiene una amante de pública ~. 彼には誰もが知る愛人がいる.

:**notorio, ria** [notórjo, rja] 形 ❶ 周知の; 有名な, よく知られた. —García Lorca es un ~ poeta. ガルシア・ロルカは有名な詩人だ. Su dimisión fue *notoria* antes de anunciarse. 彼の解雇は発

表される前から知れ渡っていた. 類**conocido, famoso**. ❷ 明白な, 明らかな. —El peligro del calentamiento global es ya ~. 地球温暖化の危険性はもはや明らかだ. un error ~ 明らかな間違い. 類**evidente**.

nov.《略号》=noviembre 11月.

nov*ador, dora* [noβaðór, ðóra] 形《文》革新的な, 改革的な. ── 名 革新者, 改革者.

novatada [noβatáða] 女 ❶ 新入り[新入生, 新兵]に対するからかい, いじめ. —Nos dieron [hicieron] una graciosa e inofensiva ~. 私たちはおかしくて罪のない新入りのからかいをされた. En el cuartel han prohibido las ~s. 兵舎では新兵いじめが禁止された. ❷ 経験不足による困難[障害, トラブル]. —pagar la ~ 初心者のへま[失敗]をやる.

nov*ato, ta* [noβáto, ta] 形 ❶ 新入りの. —empleado ~ 新入社員. ❷ 初心者の, 未経験の. —Es un conductor ~ pero seguro. 彼は駆け出しだが信頼できる運転手だ.
── 名 ❶ 新入り, 新入生. ❷ 初心者, 新米.

novecientos, tas [noβeθjéntos, tas] 形〔数〕 ❶ 900の, 900個の, 900人の. —novecientas personas 900人. ❷〔序数的に〕900番目の. —el año mil novecientos noventa 1990年.
── 男 900 (の数字).

‡**novedad** [noβeðá(ð)] 女 ❶ 新しいこと[もの], ニュース. —~es de la semana 今週のできごと. ¿Hay alguna ~? 何か変わったことがある？ 類**noticia**. ❷ 新しさ, 斬新(ぜ)さ, 新奇さ. —No veo ~ ninguna en las ideas expuestas. 発表されたアイデアの中に私は何も新しさを感じない. Siempre ha sido muy aficionado a las ~es. 彼はいつも大変新しもの好きだった. 類**originalidad**. ❸ 複 新製品, 新作; 最新流行の品. —En la feria se exponen las últimas ~es en ordenadores. 見本市にパソコンの最新商品が展示されている. ❹ 変化. —No hay ~ en el estado de su salud. 彼の健康状態は相変わらずだ. No habrá ninguna ~ en el tiempo previsto para este fin de semana. 今週末には天気の変化は全くないと予想される. 類**cambio, variación**. ❺ 不慮の事態. —La operación ha terminado sin mayor ~. 手術は特に問題もなく終わった.
sin novedad 特に変わりなく, 異常なく; 変化なく. El avión aterrizó *sin novedad*. 飛行機は無事着陸した.《*Sin novedad* en el frente》『西部戦線異状なし』. ◆ドイツの小説家エーリッヒ・マリア・レマルク (Erich Maria Remarque, 1898～1970) の小説, およびそれを原作とする映画の題名.

nov*edoso, sa* [noβeðóso, sa] 形 真新しい, 新奇な.

novel [noβél] 形 新人の, 経験のない. —un escritor ~ 駆け出しの作家.

‡**novela** [noβéla] 女 ❶《文学》小説, (特に)長編小説;〔集合的に〕(ジャンルとしての)小説. ~ - caballeresca, ~ de caballerías 騎士道小説. ◆16世紀スペインで流行した, 超人的な騎士の武勇談が語られる小説. ~ contemporánea 現代小説. ~ corta 短編小説. ~ de ciencia-ficción SF小説. ~ de aventuras 冒険小説. ~ de tesis 傾向小説. ◆19世紀末, 20世紀初頭スペインの小説で, 登場人物が特定の思想内容を伝える形式を持つ. ~ epistolar 書簡体小説. ◆18世紀スペインで特に流行. ~ morisca モーロ小説. ◆16世紀スペインの, モーロ人とキリスト教徒のロマンスを描く小説. ~ pastoril 牧人小説. ◆16世紀スペインで流行した, 洗練された牧人の愛の悩みを語る小説. ~ picaresca ピカレスク小説, 悪者小説. ◆16, 17世紀スペインで流行した, 悪者を主人公として社会を風刺する小説. ~ policiaca [negra] 推理小説, 探偵小説. ~ por entregas 連載小説. ~ radiofónica 連続ラジオドラマ. ~ rosa 恋愛小説. 類**cuento, historia**. ❷《比喩》虚構, 嘘, 作り話. —No me cuentes esas ~s, que sé muy bien lo que pasó. そんな作り話はやめてくれ, 何があったのか私はよく知っているんだから. 類**ficción, historia**.

nov*elador, dora* [noβelaðór, ðóra] 名 → novelista.

novelar [noβelár] 他 を小説化する. ── 自 小説を書く.

novelería [noβelería] 女 ❶ 夢想, 妄想, 虚構. —La ~ de esta niña me tiene preocupada. この女の子の妄想が私には気がかりだ. ❷ 小説好き. 新しもの好き. —Ella es muy aficionada a las ~s. 彼女はとてもゴシップ好きだ. 類**chisme, habladuría**.

nov*elero, ra* [noβeléro, ra] 形 ❶ 夢想家の, 空想的な. ❷ 小説好きな. ❸ 新しもの好きな. ❹ 噂話[ゴシップ]好きな.
── 名 ❶ 夢想家, 空想好きな人. ❷ 小説好きな人. ❸ 新しもの好きな人. ❹ 噂話[ゴシップ]好きな人.

‡**nov***elesco, ca* [noβelésko, ka] 形 ❶《文学》小説の. ~ género ~ (ジャンルとしての)小説. personaje ~ 小説の登場人物. ❷ 小説のような; 現実離れした, 奇想天外な. —llevar una vida *novelesca* 小説のような生活[波乱万丈の人生]を送る. Esta niña tiene una imaginación *novelesca*. この女の子は奇想天外な想像力を持っている. 類**fantástico**.

‡**novelista** [noβelísta] 男女 小説家. —El ~ ha sido galardonado con el Premio Cervantes. その小説家はセルバンテス賞を受賞した. 類**autor, escritora**.

novelística [noβelístika] 女 ❶ 小説文学. —La ~ hispanoamericana del siglo XX es muy importante. 20世紀の中南米の小説文学は非常に重要である. ❷ 小説作法; 小説研究[論].

nov*elístico, ca* [noβelístiko, ka] 形 小説の; フィクションの. —En el ensayo analiza el estilo ~ del autor. そのエッセーで彼はその作者の小説の文体を分析している.

novelón [noβelón] 男 (通常出来の悪い)波瀾万丈の長編小説, 大河小説.

novelucha [noβelútʃa] 女 (軽蔑的に)三文小説.

novena¹ [noβéna] 女 ❶〔カトリック〕9日間の祈り. —andar ~s 9日間の祈りに通う. ❷ 9日間の祈りの祈祷(きとう)書. ❸ 9日間の供養.

∗**noveno, na**² [noβéno, na] 形〔数〕❶ 9番目の, 第9の. —el capítulo ~ 第9章. la *novena* sinfonía de Beethoven ベートーベンの第九交響曲. ❷ 9分の1の. —una *novena* parte 9分の1.
── 男 9分の1. —Dos ~s del presupuesto son para transportes. 予算の9分の2は交通費である.

noventa

noventa [noβénta ノベンタ] 形(数) ❶ 90 の, 90 個の, 90 人の. — N~ de los invitados no acudieron a la fiesta. 招待されたうちの 90 人はパーティーに来なかった. Logró reunir ~ euros. 彼は 90 ユーロ集めることができた. ❷ 〖序数的で〗90 番目の.
—— 男 90 (の数字). — los años [la década de los] ~ 90 年代, (特に)1990 年代. los ~ 90 歳代. el capítulo ~ y dos 第 92 章.

noventavo, va [noβentáβo, βa] 形 ❶ 90 番目の (=nonagésimo). ❷ 90 分の 1 の.
—— 男 90 分の 1.

noventón, tona [noβentón, tóna] 形 90 歳代の (=nonagenario).
—— 名 90 歳代の人.

noviazgo [noβiáθɣo] 男 ❶ 婚約期間. —Óscar y Marta han tenido un ~ de un año. オスカルとマルタには 1 年の婚約期間があった. ❷ 婚約者の関係, 恋人関係; 婚約.

noviciado [noβiθiáðo] 男 ❶《カトリック》修練期間. ❷《カトリック》〖集合的に〗修練者. ❸《カトリック》修練院. ❹ 見習いの身分[期間]. 類 **aprendizaje**.

novicio, cia [noβíθio, θia] 形 〖+en に〗未熟な, 経験のない, 新米の.
—— 名 ❶《カトリック》修練者, 修練士, 修練女. ❷ 初心者, 未経験者, 新米. 類 **novato, principiante**. ❸《比喩》非常に控えめで慎重な人.

noviembre [noβiémbre] 男 11 月. —La caída del Muro de Berlín fue en ~ de 1989. ベルリンの壁が崩壊したのは 1989 年の 11 月のことだった.

novilla [noβíja] 女 (2・3 歳の)若い雌牛.

novillada [noβijáða] 女 ❶〖集合的に〗若牛. ❷ 若牛の闘牛.

novillero [noβijéro] 男 ❶ 若牛を相手にする見習い闘牛士. ❷ 若牛の世話係. ❸《話》さぼり屋, よくずる休みする人.

novillo [noβíjo] 男 ❶ (2・3 歳の)若い雄牛. ❷《話》妻を寝取られた夫. ❸ 複 →novillada.
hacer novillos 《話》さぼる, ずる休みをする. Lo han castigado por *hacer novillos*. 彼はずる休みをしたので罰を受けた.

novilunio [noβilúnio] 男 新月 (=luna nueva).

novio, via [nóβio, βia ノビオ, ビア] 名 ❶ (a) 恋人. —Antonio e Isabel se hicieron ~s en enero. アントニオとイサベルは 1 月に恋人同士になった. Se casó con su novia de siempre. 彼はずっと前からの恋人と結婚した. 類 **amante, querido**. (b) 婚約者, フィアンセ. —Manolo y Marta son ~s formales. マノーロとマルタは正式な婚約者だ. 類 **pretendiente, prometido**. ❷ 花婿, 花嫁. —los ~s 新郎新婦; 新婚夫婦. ¡Vivan los ~s! 新郎新婦ばんざい!, ご結婚おめでとう! traje [vestido] de *novia* 花嫁衣装, ウェディングドレス. viaje de ~s 新婚旅行. ❸〖主に 複〗《話》(ある物を)欲しがっている人, 手に入れたいと思っている人. —Ese puesto tiene muchos ~s. その地位に就きたがっている人は大勢いる.
pedir la novia (男が)結婚を申し込む.
quedarse [dejar] compuesta [compuesto] y sin novio [novia] 《話》結婚を目前にして相手に捨てられる; 《比喩》土壇場になって準備が無駄になる.

novísimo, ma [noβísimo, ma] 形 〖**nuevo** の絶対最上級〗非常に新しい, 最新の.
—— 男 複 《宗教》四終. ♦ 人間が死後経ることになる 4 段階: 死 (muerte), 最後の審判 (juicio), 地獄 (infierno), 天国 (gloria). 類 **postrimería**.

novocaína [noβokaína] 女 《化学》ノボカイン (特に歯科の局部麻酔剤).

nubada [nuβáða] 女 →nubarrada.

nubarrada [nuβařáða] 女 ❶ (局地的な)にわか雨, 通り雨. ❷ 多数, たくさん. —una ~ de ... 多くの….

nubarrado, da [nuβařáðo, ða] 形 (布地に)雲紋のある.

nubarrón [nuβařón] 男 ❶ 黒い大雲. ❷《比喩》暗雲, 悪い予兆. —Un ~ amenaza las negociaciones para la paz. 和平交渉に暗雲がたちこめている.

nube [núβe ヌベ] 女 ❶ 雲. —~ de lluvia 雨雲. ~ de tormenta あらし雲. El cielo está despejado sin una ~. 空は雲ひとつない晴天である. mar de ~s 雲海. Cielo despejado con algunas ~s en Extremaduras y Andalucía. エクストレマドゥーラとアンダルシアでは晴れで少し雲が出るでしょう. ❷ 雲状のもの(砂ぼこり, 虫や人の大群など). —levantar una ~ de polvo 土煙を上げる. ~ de humo もうもうたる煙. ~ de langostas イナゴの大群. ~ química 爆発による化学物質の煙. Una ~ de reporteros rodeó a la actriz. 雲霞(うんか)のごとくレポーターたちがその女優を取り囲んだ. ❸《比喩》曇り, かすみ; (宝石などの)濁り. —tener una ~ en el ojo 目がかすんでいる. 類 **mancha**. ❹《比喩》陰り, 憂い, 暗い影. —Durante unos segundos, una ~ de tristeza cubrió su rostro. わずかの間, 彼の顔に寂しい影がさした. 類 **sombra**.
andar en [por] las nubes/estar en las nubes 《話》ぼんやりしている, うわの空である. Ramón siempre *anda por las nubes* y no se entera de nada. ラモンはいつもぼんやりしていて何もわからない.
bajar de las nubes (夢から)現実の世界に戻る.
caer de las nubes びっくり仰天する; (夢から)現実の世界に戻る.
como caído de las nubes 突然; 思いがけず.
descargar la nube (1) 雨[ひょう・あられ]が降る; 嵐になる. (2) 激怒する.
ir a las nubes 高値になる.
levantar [subir] ... hasta las nubes/poner ... en [por] las nubes 《話》…をほめちぎる. El jefe de sección puso a la nueva secretaria por las nubes. 課長は新しい秘書をほめちぎった.
nube de verano (1) 夕立ち, 夕立ち雲. (2) 一時的な怒り. Ese enfado no es más que una *nube de verano*. その怒りは一時的なものに過ぎない. (夕立ちのように)一時的である, 長続きしない.
pasar como una nube de verano (夕立ちのように)一時的である, 長続きしない.
por las nubes (1) ひどく高価な, 金額がとても高い. La carne está *por las nubes*. 肉の値段がとても高くなっている. (2) 怒り心頭に発した. Cuando le conté lo sucedido, se puso *por las nubes*. 私が彼に起こったことを話すと, 彼は激怒した.

vivir en las nubes 夢想にふけっている, 現実離れ[浮世離れ]している.

núbil [núβil] 形 結婚適齢期の, 婚期の. —una hija 〜 年ごろの娘. 類**casadero**.

nubilidad [nuβiliðáð] 女 結婚適齢期, 婚期.

****nublado, da** [nuβláðo, ða ヌブラド, ダ] 過分 形 曇った. —El cielo está 〜. 空が曇っている. una mañana *nublada* 曇った朝. 類**nuboso**.

—— 男 ❶ 曇り空, 曇天; 暗雲. —No voy a salir porque hay unos 〜*s* amenazadores en el cielo. 空に雨になりそうな暗雲があるので出かけないことにする. 類**nube, nubosidad**. ❷ 嵐, どしゃ降り. —Un 〜 nos impidió subir a la montaña. 嵐のせいで私たちは山に登れなかった. 類**tempestad, tormenta**. ❸ 《比喩》(*a*) 暗い影, 不安な兆し, 危険. (*b*) 不機嫌, 怒り.

descargar el nublado (1) どしゃ降りになる. (2) 怒りが爆発する.

levantarse el nublado 空が晴れる.

pasar el nublado (1) 空が晴れる. (2) 怒りが治まる, 危険(不安)が去る. Espero a que se le *pase el nublado* para pedirle un favor. 頼みたいことがあるので私は彼の怒りが治まるのを待っている.

*temer más que a un nublado / tener*LE *más miedo que a un nublado* ひどく恐れる.

‡**nublar** [nuβlár] 他 ❶ (雲が空を)曇らせる, (雲が太陽・月の光を)遮る. —Las nubes aparecieron de repente y *nublaron* el cielo. 雲が突然現れ空を暗くした. ❷ …の視界を曇らせる, 見えなくする. —Las lágrimas le *nublaron* la vista. 涙のために彼の視界は曇った. ❸ (理性など)をかき乱す, 陰らせる; (幸福などに)暗い影を落す. —La ira le *nubló* la razón. 怒りのために彼の理性はかき乱された. La pena *nubló* su rostro. 悲しみが彼の顔を曇らせた.

——**se** 再 ❶ (空が)曇る. —El cielo *se ha nublado* de repente. 一天ににわかにかき曇った. ❷ (目の前が)暗くなる, 曇る. —La alegría de la fiesta *se nubló* con la trágica noticia. パーティーの喜びはその悲劇的な知らせによって陰ってしまった. ❸ (精神的に)混乱する, 台なしになる. —Su fama *se nubló* con la sospecha de corrupción. 汚職の疑いで彼の名声は地に落ちた.

nubloso, sa [nuβlóso, sa] 形 ❶ →nublado. ❷ 陰鬱(ﾂ)の, 暗然とした.

nubosidad [nuβosiðáð] 女 曇り空, 曇天.

nuboso, sa [nuβóso, sa] 形 曇り空の, 曇天の. —El día estaba 〜. その日は曇っていた. El cielo ha amanecido 〜. 空は曇天で朝を迎えた.

‡**nuca** [núka] 女 うなじ, 首筋, えり首. —Estaba acostado con las manos cruzadas bajo la 〜 a manera de almohada. 彼は首の後ろで手を組んでそれを枕にして寝転んでいた. 類**cerviz**.

‡**nuclear** [nukleár] 形 ❶ 《物理》核の, 原子核の; 原子力の. —amenaza 〜 核の脅威. armas 〜es 核兵器. energía 〜 核エネルギー, 原子力. física 〜 原子物理学. fisión 〜 核分裂. fusión 〜 核融合. guerra 〜 核戦争. invierno 〜 核の冬. planta [central] 〜 原子力発電所. prueba 〜 核実験. reacción 〜 核反応. reactor 〜 原子炉. zona no 〜 非核地帯. ❷《生物》核の, 細胞核の. —membrana 〜 核膜.

—— 女 原子力発電所 (=central 〜).

‡**núcleo** [núkleo] 男 ❶ 核, 中核; 中心. —El 〜 más importante de su empresa está en Alemania. 彼の会社の最も重要な中核はドイツにある. El 〜 cultural de esa época era Roma. その時代の文化の中心はローマだった. 類**centro, foco**. ❷ 居住地; (人口の)中心地. —〜 de población 人口集中地域. 〜 de miseria 貧困地帯. 〜 urbano 都市の中心地. ❸《物理》核, 原子核. —〜 atómico 原子核. ❹《生物》核, 細胞核. —〜 celular, 〜 de la célula 細胞核. ❺ (人々の小規模な)集団. —〜 de resistencia 抵抗勢力. 〜 de escritores 文壇. 類**grupo**. ❻ (果物の)核, 種. 類**hueso, semilla**. ❼《天文》(天体の)中心部分; (地球の)内核, (彗星の)核. ❽《言語》核. ❾ (コイルの)鉄心; (原子炉の)炉心.

nucleolo [nukleólo] 男《生物》核小体, (仁).

nucturia [nuktúria] 女《医学》夜尿症.

nudillo [nuðíʎo] 男 ❶ 〖主に 複〗指関節. —Deja ya de golpear la mesa con los 〜*s*. もうげんこつでテーブルをたたくのをやめなさい. ❷ 木のくさび.

nudismo [nuðísmo] 男 裸体主義, ヌーディズム.

nudista [nuðísta] 形 裸体主義の(ヌーディストの). —Cerca del pueblo hay una playa *nudista*. 村の近くにヌーディスト海岸がある. 類**desnudismo**.

—— 男女 裸体主義者, ヌーディスト.

nudo[1] [núðo] 男 ❶ 結び目, 結び. —hacer [deshacer] un 〜 結び目を作る[解く]. —corredizo 引き結び. No sabe hacerse el 〜 de la corbata. 彼はネクタイの結び目の作り方を知らない. Se te ha desatado el 〜 del cordón de un zapato. 靴ひもの結び目がほどけている. ❷《比喩》縁, 絆(ﾎﾞｽ), つながり. —Existía entre los tres un fuerte 〜 de amistad. 3 人の間には友情の強い絆があった. Los celos están deshaciendo el 〜 de ese matrimonio. 嫉妬がその夫婦の絆を損なっている. ❸ (木材や板などの)節, こぶ. —Esta tabla tiene muchos 〜*s*. この板は節が多い. ❹ 合流点, 交差点. —Esta ciudad fue un importante 〜 de comunicaciones. この町は交通の要衝であった. 〜 de montañas [autopistas, ferrocarril] 山脈の交わる所[高速道路・鉄道のジャンクション]. ❺ 要点, 核心. —El 〜 de la cuestión es que carecemos de fondos. 問題の核心は我々には資金が不足しているということだ. Me gustó el planteamiento y 〜 de la novela, pero no su desenlace. 私は小説のプロットとクライマックスは気に入ったが, その結末に気に入らなかった. ❻《海事》ノット. —El barco navega a veinte 〜*s* por hora. 船は時速 20 ノットで航行する. ❼《医学》結節.

hacerse [*atravesarse*] *un nudo en la garganta a* ... (人)の喉が詰まる. Fue una escena tan emocionante que *se me hizo un nudo en la garganta*. あまりに感動的な場面だったので, 私は胸が詰まってしまった.

nudo de tejedor 固結び.

nudo gordiano 《ギリシャ伝説》ゴルディアスの結び目; 難問, 至難のこと.

nudo marinero 本[こま]結び

nudo[2], **da** [núðo, ða] 形 ❶ 裸の. —*nuda* propiedad《法律》虚有権. 〜 propietario《法律》虚有権者. ❷ →desnudo.

1354 nudosidad

nudosidad [nuðosiðá(ð)] 女 ❶ 節くれだち. ❷《医学》結節.

nudoso, sa [nuðóso, sa] 形 ❶ 節の多い, 節だらけの. —una madera *nudosa* 節の多い材木. unos dedos ~s 節だらけの指. ❷《医学》結節の.

‡**nuera** [nuéra] 女 息子の妻, 嫁(=hija política). ◆娘の夫, 娘婿は yerno. —Mi ~ es una mujer encantadora. うちの(息子の)嫁は素敵な人だ.

nuestra [nuestra] 形(所有) nuestro の女性単数形.

nuestras [nuestras] 形(所有) nuestro の女性複数形.

‡****nuestro, tra** [nuestro, tra ヌエストロ, トラ] 形(所有)〖nuestros, nuestras〗〖1人称複数; nosotros, nosotras に対応する〗 ❶〖名詞の前で; 無強勢語〗私たちの, 我々の. —Ésta es *nuestra* escuela. これは私たちの学校です. Conoce a ~s padres. 彼は私の両親と知り合いである.〖前に定冠詞や指示形容詞をつけることはできない〗 ❷〖名詞の後で; 強勢語〗私たちの, 我々の. —el país ~ 我々の国.〖このような場合の後置形は対比的な強い意味になる〗Unos amigos ~s nos avisaron. 何人かの我々の友だちが知らせてくれた. ❸〖叙述補語として〗私たち[我々]のもの. —La victoria es *nuestra*. 勝利は我々のものだ. ❹〖定冠詞をつけて所有代名詞となる〗私たち[我々]のもの[こと]. —Su casa es grande, pero la *nuestra* es pequeña. 彼の家は大きいが私たちのは小さい. ❺〖話し手, 書き手が1人であっても mi の代わりに用いられることがある. 謙遜の複数〗私の, 筆者の.

la nuestra 我々の好機. Llegó, por fin, *la nuestra*. とうとう我々にチャンスが来たぞ.

lo nuestro 私たちのこと[もの]; 私たちの得意なこと. Tenemos que hablar de *lo nuestro*. 私たちは自分のことを話さなければいけない.

los nuestros 私たちの家族[仲間, 部下].

nuestros [nuestros] 形(所有) nuestro の男性複数形.

nueva¹ [nuéβa] 女 【主に 複】《古》知らせ, ニュース(=noticia). —Del frente llegaban contradictorias ~s. 前線から相矛盾する知らせが届いていた. 類 **información, noticia**.

coger de nuevas a ... (人)に思いがけないニュースが飛び込む. La noticia de su divorcio me *cogió de nuevas*. 彼の離婚のニュースは私には寝耳に水だった.

hacerse de nuevas 知らなかったふりをする. No *te hagas de nuevas*, seguro que tu novio te lo ha contado. しらばっくれないでくれ, 君の恋人から話を聞いているはずだ.

la Buena Nueva 《宗教》福音書.

Nueva Caledonia [nuéβa kaleðónja] 固名 ニューカレドニア(オーストラリア東方の島).

Nueva Castilla [nuéβa kastija] 固名 《中南米史》ヌエバ・カスティーリャ(スペイン統治時代のペルー).

Nueva Delhi [nuéβa ðéli] 固名 ニューデリー(インドの首都).

Nueva España [nuéβa espána] 固名 《中南米史》ヌエバ・エスパーニャ(スペイン統治時代のメキシコ).

Nueva Esparta [nuéβa espárta] 固名 ヌエバ・エスパルタ(ベネズエラの州).

Nueva Granada [nuéβa ɣranáða] 固名 《中南米史》ヌエバ・グラナダ(スペイン統治時代の現在のコロンビアを中心にした南米北部を占める副王領).

Nueva Guinea [nuéβa ɣinéa] 固名 ニューギニア(オーストラリアの北方の島).

‡**nuevamente** [nueβaménte] 副 再び, もう一度. —Estaremos ~ con ustedes el próximo lunes. 来週の月曜にまたお目にかかりましょう. Ha sido ~ suspendido. 彼はふたたび落第した. *N*~ te han estafado. また君はだまされた.

Nueva Orleans [nuéβa orléans] 固名 ニューオーリンズ(アメリカ合衆国の都市).

Nueva York [nuéβa jór(k)] 固名 ニューヨーク(アメリカ合衆国の州・都市).

Nueva Zelanda [nuéβa θelánda] 固名 ニュージーランド(首都ウェリントン Wellington).

****nueve** [nuéβe ヌエベ] 形(数) ❶ 9つの, 9人の. —En esta clase hay ~ alumnos. このクラスには9人の生徒がいる. Ha partido el pastel en ~ trozos. 彼はケーキを9切れに分けた. Son las ~ de la mañana. 朝の9時です. el capítulo ~ 第9章. el ~ de julio 7月9日. ❷〖序数的に〗9番目の.
—— 男 9; 9の数字. —Marque el ~ para hablar con la recepción. フロントとお話になるには9をダイヤルしてください.

****nuevo, va**² [nuéβo, βa ヌエボ, バ] 形 〖絶対最上級《文》novísimo,《話》nuevísimo〗 ❶〖ser+, 名詞+〗新しい. —arroz ~ 新米. palabras *nuevas* 新語. Se ha comprado una casa *nueva*. 彼は新築の家を買った. Lo ~ no es necesariamente lo mejor. 新しいものが最も良いとは限らない. 類 **moderno**. 反 **antiguo, viejo**. ❷〖ser+, +名詞〗今度の, 新たな; 目新しい. —Ésta es mi *nueva* dirección. これが私の新住所です. ¿Qué hay de ~? 何か変わったことがありますか. 近ごろどうですか〖純粋な疑問ではなく, 単なるあいさつとしても用いられる〗. Acaba de empezar el ~ trimestre. 新学期が始まったばかり. No hay nada ~ bajo el sol. 太陽の下, 新しいことは何もない(新約聖書, 伝道の書 1:9). ❸〖ser+〗新人の, 新米の;〖+en に〗不慣れな. —~s estudiantes 新入生. Soy ~ en este trabajo. 私はこの仕事には不慣れだ. ❹〖estar+〗(物が)新品(同様)の; (人が)疲れが取れた, 生き返ったような. —Compré este coche hace tres años pero todavía está ~. この車は3年前に買ったのだが, まだ新品同様だ. Me siento (como) ~. 私はすっきりした[生き返ったような]気分だ.
—— 名 新人, 新入り, 新参者.

año nuevo →año.

*coger*LE (*pillar*LE) *de nuevo* ...の不意を突く. La noticia *me cogió de nuevo*. その知らせに私は不意を突かれた.

cristiano nuevo →cristiano.

de nuevo 再び, もう一度. Joaquín cogió *de nuevo* el libro que estaba en la mesa. ホアキンは机の上にあった本を再び取り上げた. Vamos a intentar *de nuevo*. もう一度やってみましょう. 類 **otra vez**. (2) 新品の. Lourdes está vestida de

nuevo. ルシアは新調した服を着ている.
Día de Año Nuevo 元日.
el Nuevo Mundo 新世界(アメリカ).
luna nueva 新月.
Nuevo Testamento 《聖書》新約聖書.

Nuevo León [nu̯éβo león] 固名 ヌエボ・レオン(メキシコの州).

Nuevo México [nu̯éβo méxiko] 固名 ニューメキシコ(合衆国の州, 州都 Santa Fe).

:**nuez** [nu̯éθ] 女 [複] nueces ❶《植物》クルミ; (一般に)堅果, ナッツ. ― cascar *nueces* くるみ[ナッツ]を割る. cascarón de ～ クルミの殻. 《話, 比喩》小さくて壊れそうなボート. ～ moscada《植物, 料理》ナツメグ. ～ vómica《植物》マチン(馬銭). Mucho ruido y pocas *nueces*. Es más el ruido que las *nueces*. 【諺】大山鳴動してネズミ一匹(←大きな音でクルミは少しだけ. 音のほうがクルミより多い). ❷《解剖》のどぼとけ(＝～ de Adán). ❸ クルミ大の量. ― añadir una ～ de mantequilla クルミ大の量のバターを加える. ❹《音楽》(弦楽器の)ナット, 上駒.
*apretar*LE *a ... la* ～ (人)を扼殺(ᴾ)する.
*rebanar*LE *a ... la* ～ (人)の喉をかき切る.

nugget [nuɣ̞ét(t)] [＜英] 男《料理》ナゲット. ― ～*s* de pollo チキンナゲット.

nulidad [nulið̞áð̞] 女 ❶《法律》無効. ― Va a pedir la ～ matrimonial. 彼は婚姻の無効を請求するだろう. ❷ 無能; 無能力者. ― Es una ～ para el deporte. 彼はスポーツがからきしだめだ.

nulo, la [núlo, la] 形 ❶《法律》無効の. ― El contrato es ～. 契約は無効だ. voto ～ 無効票. combate ～《スポーツ》無効試合, ノーコンテスト. El árbitro declaró ～ el combate. 審判はその試合を無効と判定した. ❷ 無能な, 役立たずの. ― Soy ～ para las matemáticas. 私は数学がまるでだめです. 類**inepto**. ❸ 存在しない. ― Su sentido del deber es prácticamente ～. 彼の義務感はないも同然だ.

núm.《略》＝número 番号.

Numancia [numánθi̯a] 固名 ヌマンシア(スペイン中北部・現在のソリア Soria 県にあった古代の町, 小スキピオが攻略).

numantino, na [numantíno, na] 形 ❶ ヌマンシア (Numancia) の. ❷ 勇敢な, 決然たる. ― Nuestro equipo mantuvo una defensa *numantina*. 我々のチームは鉄壁のディフェンスを保った. ♦かつて Soria 近郊のこの町の住民がローマの侵攻に対して果敢に抵抗したことから.
── 名 ヌマンシア人.

numen [númen] 男 ❶《芸術的な》インスピレーション, 霊感. ― ～ poético [creador] 詩的[創造的]な霊感. ❷《キリスト教でない》異教の神.

numeración [numeraθi̯ón] 女 ❶ 数え上げ; 番号打ち. ― Me enseñó a hacer la ～ de las páginas con el ordenador. 彼はコンピューターでページ番号の打ち方を教えてくれた. ❷ 記数法. ― ～ arábiga [romana] アラビア[ローマ]数字による記数法. ❸《数学》計算法. ― ～ decimal 十進法. ❹ 番号, 番地.

numerador [numeraðó̞r] 男 ❶ 番号印字機, ナンバリング. ❷《数学》(分数の)分子. 反**denominador**.

numeral [numerál] 形 ❶ 数の, 数を表す. ― letras ～*es* 数を表す文字. sistema ～ 数体系. ❷《文法》数詞の.
── 男《文法》数詞.

numerar [numerár] 他 ❶ ～を(番号順に)数える. ❷ ～に番号を打つ. ― páginas sin ～ 番号のついていないページ.

numerario, ria [numerári̯o, ri̯a] 形 正規に雇用された, 正社員の; 専任の. ― profesor [no] ～ 専任[非常勤]教員.
── 男 正貨; 現金. 類**efectivo, metálico**.

numérico, ca [numériko, ka] 形 数の, 数的な. ― cálculo ～ 数計算. valor ～ 数値.

*****número** [número ヌメロ] 男 ❶ (*a*) 数, 数量値, 数値. ― ～ de votos 投票数. un ～ crecido [reducido] de alumnos 多数の[少数の]生徒たち. No se sabe el ～ exacto. 正確な数値は不明である. en gran ～ 多数の, 多数で. ～ cardinal (序数に対して)基数. ～ complejo 複素数. ～ decimal 小数. ～ entero 整数. ～ fraccionario [quebrado] 分数. ～ imaginario 虚数. ～ impar 奇数. ～ irracional 無理数. ～ mixto 帯分数. ～ ordinal (基数に対して)序数. ～ par 偶数. ～ primo 素数. ～ racional 有理数. ～ real 実数. ～ binario [octal, decimal] 2[8, 10] 進数. 類**cantidad, cifra, numeral**. (*b*) 番号; 番地; 順番. ♦No., núm. などと略記される. ― ～ atómico《化学》原子番号. ～ premiado 当選番号 ¿Cuál es el ～ de teléfono de José? ホセの電話番号は何番ですか? Se ha equivocado de ～. 番号をお間違えですよ. el edificio ～ dos 2号館. ～ de acceso《通信》アクセス番号. ～ de matrícula 登録番号, (車の)プレートナンバー. ～ de puerto《通信》ポート番号. (*c*)《文法》数(ʌ̩). ― ～ singular 単数. ～ plural 複数. concordancia en género y ～ 性·数の一致. (*d*) 数字. ― ～ arábigo アラビア数字. ～ romano ローマ数字. 類**cifra**. ❷ (新聞·雑誌などの)号. ― ～ atrasado バックナンバー. ～ extraordinario 特別号. último ～ 最新号. ～ de octubre 10月号. ❸ (靴·手袋などの)サイズ. ― ¿Qué ～ [de zapatos] calza usted? あなたの靴のサイズはいくつですか? 類**talla**. ❹ (*a*)《興行の)出し物, 演目, 曲目. ― El próximo ～ es de magia. 次の出し物は奇術だ. ～ cómico 喜劇. ～ de circo 曲芸. 類**actuación, programa**. (*b*) 得意な演目, おはこ, 十八番. ― hacer su ～ おはこを演じる. ❺ 等級, 部類. ― Dalí figura en el ～ de los artistas más dotados. ダリは最も天才的な芸術家の部類に入る. 類**categoría, clase**. ❻ (くじの)券. ― Tengo dos ～*s* para el sorteo del sábado. 私は土曜日に抽選のあるくじの券を2枚持っている. 類**billete, boleto**. ❼《スペイン》(la Guardia Civil (治安警備隊)の)平隊員.

de número 正規の, 正式の. miembro *de número* 正会員.

en números redondos 概数で, およそ. Este ordenador me costó 198.300 (ciento noventa y ocho mil trescientos) yenes, o sea 200.000 (doscientos mil) yenes *en números redondos*. このパソコンは19万8,300円, つまりだいたい20万円だ.

hacer [*dar, montar*] *un* [*el*] *número* [*numerito*]《話, 軽蔑》突飛な行動をする, 目立つことをする. Jaime y Nacho se pusieron a insultarse en plena calle, y *montaron el numerito*. ハイメ

1356 numerosidad

とナーチョは道はたで口げんかを始め，人目をひいた．

hacer [echar] números 金の計算をする．*Estoy haciendo números, a ver si puedo ir de vacaciones a Italia.* 私はイタリアにバカンスに行けるかどうか，お金を計算しているところだ．

hacer número 人数を増やす，頭数をそろえる．*Ellos están aquí sólo para hacer número.* 彼らはただ頭数をそろえるだけのためにここに来ている．

Libro de los Números 《聖書》(旧約聖書の)民数記．

números rojos 赤字．*Mi empresa está en números rojos.* 私の会社は赤字だ．

número uno ナンバーワン，第一人者．*La doctora Prieto es una número uno en anatomía* プリエト博士は解剖学の第一人者だ．

sin número 無数の，数え切れないほどの．*Nos sirvieron bebidas sin número en la fiesta.* パーティーで私たちは数え切れないほどいろいろな飲み物を出された．

tomar el número cambiado 勘違いする．*Me estás tomando a mí al número cambiado.* 君は僕のことを勘違いしている．

un buen número 多数，かなりの数[量]．*En esta tienda se venden un buen número de productos importados.* この店では多数の輸入品が売られている．

*numerosidad [numerosiðáð] 囡 《まれ》多数．— *Esta novela tiene ～ de diálogos.* この小説には多数の対話文がある．類 **cantidad**.

:**numeroso, sa** [numeróso, sa] 厖 多数からなる；多数の．— *familia numerosa* 大家族．*Un grupo ― de personas protestaba airado.* 大人数のグループが怒って抗議していた．*He recibido numerosas cartas.* 私は多くの手紙を受け取った．

numismática [numismátika] 囡 →numismático.

numismático, ca [numismátiko, ka] 厖 古銭学の；貨幣(硬貨)の．
—— 男 古銭学者；貨幣・メダル研究家．
—— 囡 古銭学；貨幣・メダル研究．

nunca [núŋka ヌンカ] 副 ❶ 決して…でない，一度も…ない，かつて…したことがない．[動詞の前に置く時は no は不要．動詞の後に置く時は動詞の前に no が必要．] — *casi ～* ほとんど一度も…ない，めったに…ない．*No he estado en Barcelona. /N～ he estado en Barcelona.* 私はバルセロナに一度も行ったことがない．*No volveré a verla ～. /N～ volveré a verla.* 私は二度と彼女に会わないぞ．類 **jamás. ❷ (a) 〖反語的な疑問文の中で〗かつて，いったい今までに．— *¿Has oído ～ semejante disparate?* こんなバカな話を聞いたことがあるかね？ (b) 〖疑わしさを表わす間接疑問文・従属節の中で〗果たして(…するかどうか)．— *No sabemos si ～ llegará a tiempo.* 彼が時間通り着くかどうか私たちにはわかったものではない．*Dudo que me llame ～.* 彼が電話してくるかどうか私は疑っている．(c) 〖強い否定〗とんでもない．— *Deberías pedirle perdón.-¡N～!* 「彼にあやまったほうがいいんじゃないの．」「だれが！」

como nunca 今までになく．*Los dos estaban felices como nunca.* 二人はかつてなく幸せだった．

¡Hasta nunca! 永遠にさようなら，もう二度と会うことはない．

más ... que nunca かつてないほど…，今までになく….*Hoy Violeta está más elegante que nunca.* 今日ビオレータは今までにないほど着飾っている．

nunca jamás [nunca の強調] 決して…ない，一度も…ない．*Nunca jamás permitiré que nadie entre aquí.* 誰一人としてここに入ってくることを絶対に許さんぞ．

nunca más もう二度と…ない．*No quiero volver nunca más allí.* もうあそこには二度と行きたくない．

nunciatura [nunθjatúra] 囡 ❶ 教皇施設の職務(地位，任期，公邸)．❷ (スペインの)教皇庁控訴院．

nuncio [núnθjo] 男 ❶ 使節，使者．— *～ apostólico* 《カトリック》教皇使節．類 **legado**. ❷ 《文》前兆，兆し．— *El viento sur suele ser en esta región ～ de lluvia.* 南風はこの地方では雨の前兆になるのが常だ．類 **anuncio, augurio, síntoma**.

nupcial [nupθjál] 厖 婚礼の，結婚(式)の．— *anillo ～* 結婚指輪．*banquete ～* 結婚披露宴．*marcha ～* 結婚行進曲．

nupcialidad [nupθjaliðáð] 囡 (ある特定の場所や時期の)婚姻率．

nupcias [núpθjas] 囡複 《文》結婚(式)．— *casarse [estar casado] en segundas ～ (con ...)* …と再婚する[している]．類 **casamiento, esponsales, matrimonio**.

Nuria [núrja] 固 ❶ 〖女性名〗ヌリア．❷ ヌリア(スペイン，ソリア市郊外の遺跡)．

nurse [núrs(e)] 〖＜英〗囡 子守りの女性，ベビーシッター(＝niñera).

nutación [nutaθjón] 囡 《天文》章動．◆主に月の引力で生じる地球の自転軸の周期的な変化．

nutria [nútrja] 囡 《動物》カワウソ．

nutria marina ラッコ．

nutricio, cia [nutríθjo, θja] 厖 ❶ 《文》→ nutritivo. ❷ 養育[扶養]する．— *padre ～* 育ての父，養父．

***nutrición** [nutriθjón] 囡 栄養摂取；栄養(作用)．— *nutrición.* 栄養学．— *conseguir una ～ equilibrada* バランスの良い栄養を取る．*perturbación de la ～* 栄養障害．*mala ～* 栄養不良．*～ insuficiente* 栄養不十分．類 **alimentación**.

nutricionista [nutriθjonísta] 共 栄養学者．

***nutrido, da** [nutríðo, ða] 過分 厖 ❶ 栄養[食物]を与えられた，栄養(状態)の良い．— *Este niño está bien [mal] ～.* この子は栄養状態が良い[悪い]．❷ 豊富な，多い．〖＋de の〗豊富な．— *un grupo de gente ～* 多人数のグループ．*nutrida asistencia* 大勢の出席．*aplauso ～* 盛大な拍手．*tesis nutrida de datos* データの豊富な論文．類 **abundante, numeroso**.

nutrimento [nutriménto] 男 栄養(物)；食物．

:**nutrir** [nutrír] 他 ❶ …に栄養[養分，食物]を与える，を養う．— *La madre nutre al bebé con su leche.* 母親が赤ん坊に授乳する．*La tierra nutre a las plantas.* 大地が植物を育てる．類 **alimentar**. ❷ を活気づける，かきたてる，助長する．— *Los nietos nutren a la abuela de cariño.* 孫たちはおばあさんの愛情をかき立てる．*Su optimismo nutre la moral de todos.* 彼の楽観主義が皆の士気を高めている．❸ を満たす，供給する．— *Cuatro ríos nutren el lago.* 4本の川が湖を潤している．*El manantial nutre al pueblo de agua potable.* その

泉が村に飲料水を供給している. 類 **abastecer, proveer.**
—**se** 再 ❶ 〖+de（養分など）を〗摂取する. — Las células *se nutren de*l alimento que lleva la sangre. 細胞は血液が運んでくる養分を摂取する. ❷〖de で〗活気づく, 助長される. —La ciencia *se nutre de* científicos jóvenes. 科学は若い科学者によって活性化する. El amor *se nutre* con la presencia física. 愛は実物が目の前にいれば活気づく. ❸〖de から〗供給を受ける. —La guerrilla *se nutría de* campesinos. ゲリラは農民によって養われていた.

‡**nutritivo, va** [nutritíβo, βa] 形 栄養になる, 栄養豊富な; 栄養の. —alimento muy [poco] ~ 栄養価の高い[低い]食物. Éste es un plato de gran valor ~. これは栄養価が高い料理だ. 類 **alimenticio, alimentoso, nutricio, suculento.**
nylon [náilon, najlón, nilón]〔＜英〕男 →nailon.

Ñ, ñ

Ñ, ñ [éɲe] 女 スペイン語アルファベットの第15文字.
ña [ɲá]〔＜señora〕女〖中南米〗《話》奥さん, おかみさん（→ño）.
ñacurutú [ɲakurutú] 男〖中南米〗《鳥類》アメリカワシミミズク.
ñala [ɲála] 男《動物》アンテロープの一種.
ñame [ɲáme] 男《植物》ヤマイモ.
ñam ñam [ɲán ɲán] 男（幼児語で）ごはん.
—間 (i~!)ぱくぱく, むしゃむしゃ.
ñandú [ɲandú] 男《鳥類》(南米産の)レア, アメリカダチョウ.
ñango, ga [ɲáŋgo, ga] 形〖中南米〗❶ 恰好の悪い, 見すぼらしい. ❷ 弱い.
ñaña [ɲáɲa] 女〖南米〗❶ 姉. ❷ 子守り女, 乳母.
ñapa [ɲápa] 女〖中南米〗おまけ; チップ.
ñaque [ɲáke] 男〖集合的に〗くず, がらくた.
ñato, ta [ɲáto, ta] 形〖中南米〗❶ 鼻の低い, 鼻ぺちゃの (=chato). ❷ 醜い.
Ñeembucú [ɲe(e)mbukú] 固名 ニェエンブク(パラグアイの県).
ñeque [ɲéke] 形〖中南米〗強い, 精力的な.
—男 力強さ, 活力.

ñiquiñaque [ɲikiɲáke] 男《話》役立たずのもの[人].
ño [ɲó]〔＜señor〕男〖中南米〗《話》だんな(様) (→ña).
ñoclo [ɲóklo] 男《料理》ニョックロ. ♦マコロン風の焼き菓子.
ñoco, ca [ɲóko, ka] 形〖中米〗(指を)欠いた; 片腕の, 腕のない.
ñoñería [ɲoɲería] 女 ❶ 面白みのないこと, つまらない言動. ❷ 取り澄ました言動.
ñoñez [ɲoɲéθ] 女 ❶ →ñoñería. ❷ 小心で無能なこと; 面白みのなさ; 取り澄まし.
ñoño, ña [ɲóɲo, ɲa] 形 ❶ (人が)小心で無能な. ❷ (物事が)中身のない, 面白みのない. 類 **soso.** ❸ 気取り屋の, 取り澄ました. 類 **cursi, remilgado.**
ñoqui [ɲóki] 男 ニョッキ(ジャガイモと小麦粉を混ぜた団子をゆでた食品).
ñorbo [ɲórβo] 男〖中南米〗《植物》トケイソウ.
ñu [ɲú] 男 ヌー. ♦アフリカ産の大型レイヨウ.
Ñuble [ɲúβle] 固名 ニュブレ(チリの県).
ñudo [ɲúðo] 男 →nudo.
ñudoso, sa [ɲuðóso, sa] 形 →nudoso.

O, o

O, o [6] 囡 スペイン語アルファベットの第 16 文字. *no saber hacer la o con un canuto* 《話》非常に無知である. 簡単なことすらできない.

*o [オ] 接 ❶【選択】…または…, …か…. —¿Qué quiere usted, café *o* té? コーヒーとお茶のどちらがよろしいですか? Lo hará de grado *o* por fuerza. 彼はそれをいやおうなくやるだろう. ❷【換言】…すなわち…, …つまり…. —lingüística *o* ciencia del lenguaje 言語学, すなわち言語の科学. 類**o sea**. ❸【2 つのどちらでもない場合】…か…, …ないし…. —Cada día leo cinco *o* seis páginas. 私は毎日 5・6 ページずつ読んでいます. ❹【接続法＋o no＋接続法; 譲歩】…であると～であるまいと. —Pueda *o* no pueda, tiene que venir. 可能であろうと不可能であろうと彼は来なくてはならないのだ. ❺【命令文の後で】そうしないと, そうでなければ. —Date prisa, *o* llegarás tarde. 急ぎなさい, そうしないと遅れますよ.

【語法】o や ho で始まる語の前では u となる: sie-te *u* ocho7 か 8. mujer *u* hombre 女性か男性. 数字をつなぐときは ó と書く: *15 ó 16*.

o ... o ... 【2 つのうち, どちらか一方だけであることを強調する】…か…か. *O* te callas *o* te marchas. 黙るか出て行くかどっちかにしろ.

o sea …, すなわち…, つまり….

o- [o-] 接頭「反対」の意. —*o*posición.

O.《略号》=oeste 西.

OACI [oáθi]〔<Organización de la Aviación Civil Internacional〕囡 国際民間航空機関(英 ICAO).

Oaxaca [oaxáka] 固名 オアハカ(メキシコの州・州都).

ob- [oβ-] 接頭「反対」の意. —*ob*stáculo.

obcecación [oβθekaθjón] 囡 ❶ 分別を失うこと; 頑迷. ❷ 目がくらむこと, 眩惑. —La ～ que tiene con ese proyecto le impide ver la realidad. その計画に対し目がくらんで彼には現実が見えていない. 類**ofuscación**.

obcecadamente [oβθekáðaménte] 副 無分別に; 頑迷に.

obcecado, da [oβθekáðo, ða] 形 無分別[頑迷]になった. —Está ～ y no ve ningún defecto en su novia. 彼は理性を失って恋人の欠点が全く見えない.

obcecar [oβθekár] [1.1] 他 無分別にする, 目をくらませる. —La ira *obcecó* mi juicio. 怒りが私の分別を狂わせた. Los nervios le *obcecaron* y no supo contestar a las preguntas. 彼はすっかりあがってしまい質問に答えられなかった. 類**cegar, ofuscar**.

—**se** 再 【＋con/en/por に】無分別になる, 目がくらむ; 頑迷になる. —*Se obcecaba con* que padecía una grave enfermedad. 彼は重病にかかっていると言って聞かなかった. ～*se por* el dinero 金に目がくらむ. *Se obceca con* su idea y no hay modo de convencerle. 彼は自分の考えに凝り固まっていて, 説得のしようがない.

ob. cit.《略号》=obra citada 前掲[引用]書に.

obedecedor, dora [oβeðeθeðór, ðóra] 形 従順な, 素直な. 類**obediente**.

*obedecer [oβeðeθér オベデセル] [9.1] 他 …に従う, 服従する, をこ従い守する. —*Obedece* a tus padres. 君の両親の言うことをきけ. ～ las órdenes del jefe 上司の命令に従う.

— 自 ❶【＋a の】思いどおりになる, (…に)反応する. —Las piernas no me *obedecían* porque las tenía dormidas. 両足がしびれていたので私の思い通りに動かなかった. El enfermo no *obedecía al* tratamiento. 患者にはその治療が効かなかった. ❷【＋a に】原因がある, (…の)結果である. —Su enfermedad *obedece a* una mala alimentación. 彼の病気は栄養不良によるものだ.

obedezca(-) [oβeðeθka(-)] 動 obedecer の接・現在.

obedezco [oβeðéθko] 動 obedecer の直・現在・1 単.

*obediencia [oβeðjénθja] 囡 ❶ 服従, 従属, 従うこと. —～ ciega 盲従, 盲目的に従うこと. prestar ～ 従う, 服従する. faltar a la ～ 逆らう, 背く. ❷ 従順, 従順さ. —Marta presumía de la ～ de su hijo. マルタは息子がよく言うことを聞く子なのを自慢していた. ❸【宗教】(神, 権威, 上位の者などに対する)服従; 従順. 反**desobediencia**.

*obediente [oβeðjénte] 形 従順な, 服従する. —Es un niño ～ y educado. あれは聞き分けのよいきちんとした子だ. En todo momento su comportamiento fue ～ y delicado. 彼のふるまいは終始従順で, 気遣いの感じられるものであった. perro ～ よく言うことをきく犬. 反**desobediente**.

obelisco [oβelísko] 男 ❶（古代エジプトなどの）オベリスク, 方尖塔[柱]. ❷【印刷】短剣標, ダガー(†).

obenque [oβéŋke] 男【海事】シュラウド(マストの先から両舷側に張る支え綱).

obertura [oβertúra] 囡【音楽】序曲.

obesidad [oβesiðá(ð)] 囡 肥満.

obeso, sa [oβéso, sa] 形 肥満の, 太りすぎの.
— 名 太りすぎの人, でぶ.

óbice [óβiθe] 男【文】【主に否定文で】不都合, 障害, 妨げ. —La lluvia no es ～ para que celebremos la inauguración. 雨が降ってもわれわれが開業式を催す妨げにはならない.

*obispado [oβispáðo] 男 ❶【宗教】司教職, 司教の職務; 司教の身分; 司教の権威. —Ejerció el ～ durante quince años. 彼は 15 年間司教を務

めていた. 類**episcopado**. ❷ 司教区, 司教の管轄区域. ❸ 司教館, 司教の職務が行われる建物.

***obispal** [oβispál] 形 司教の. 類**episcopal**.

:**obispo** [oβíspo] 男 ❶ 《カトリック》**司教**(僧位の一つで, 大司教 (arzobispo) と司祭 (sacerdote) の中間). ❷ 《宗教》《ギリシア正教の》主教; プロテスタントの監督. ❸ 《魚類》エイの一種. ❹ モルシーヤ (morcilla, サラミソーセージに似た腸詰め)の一種. ◆牛・豚の血を用いるので真っ黒な色をしている.

óbito [óβito] 男 《文》死亡.

obituario [oβituário] 男 ❶ (教会の)過去帳, 物故者名簿. ❷ (新聞・雑誌などの)死亡記事, 死亡広告.

:**objeción** [oβxeθjón] 女 異議, 反論, 反対意見, 異論; 不服; 非難. —No tengo ninguna ~ a tu propuesta. 君の提案に特に異存はないよ. Presentó [Hizo, Puso] *objeciones* al proyecto de ley. 彼は法案に対して異議を唱えた.

objeción de conciencia (1) (良心的, 意図的に)兵役を拒否すること, 徴兵忌避. La *objeción de conciencia* es un derecho reconocido en la Constitución Española. 良心的徴兵拒否権はスペイン国憲法で認められている. (2) 良心, モラルなどの理由で(何らかの義務や仕事を)しないこと, 良心的拒否. El médico no practica abortos por razones de *objeción de conciencia*. その医者は人道的見地から中絶を伴わない.

objetante [oβxetánte] 形 反対[反論]する, 異議を唱える.

—— 名 反対者, 異議を唱える人.

objetar [oβxetár] 他 …に反論する, 反対する, 異論を唱える. —No hay nada que ~. 異論はない.

—— 自 良心的兵役忌避をする.

objetivar [oβxetiβár] 他 客観化する, 客観的に見る.

objetividad [oβxetiβiðáð] 女 客観性; 公平さ.

:**objetivo, va** [oβxetíβo, βa] 形 ❶ **客観的な**; 公平な; 偏見のない. —la realidad *objetiva* 客観的事実. síntoma ~ 客観的症状(外から観察できる症状, 病状). examen ~ [prueba *objetiva*] 客観式テスト(選択問題, ○×問題など). Me parece una opinión *objetiva*. 偏りのない意見だと思います. 反**subjetivo**. ❷ 目的の; 対象の. ❸ 《言語》目的語の.

—— 男 ❶ 目的; 目標, ねらい; 的. —conseguir [lograr] el ~ perseguido 目標を達成する. seguir [perseguir] un ~ 目標を追い求める. El ~ de mi estancia es aprender el idioma. 私の滞在の目的は語学の習得です. ❷ 《光学》対物レンズ; (カメラの)レンズ. —— ~ zoom ズームレンズ. ~ gran angular [de ángulo extendido] 広角レンズ. ❸ 《軍事》標的, 攻撃目標. —El ~ era la base militar. 攻撃の目標は軍事基地であった.

****objeto** [oβxéto オブヘト] 男 ❶ 物, 物体. ——~s de arte 美術工芸品. ~s de valor 貴重品. ~s perdidos 遺失物. ~ personal [~s de uso person1al] 私物. Tenía en la mano un ~ que relucía. 彼は手に何か光る物を持っていた. ❷ 対象, 対象物. —el ~ de una investigación 研究対象. Los manifestantes fueron ~ de agresiones por parte de algunos policías. デモ隊は警官からの攻撃対象となった. ❸ 《文》目的, 目標. —El ~ de nuestro viaje es hacer turismo. 私たちの旅行の目的は観光です. 類**finalidad**, motivo. ❹ 《哲学》客体, 対象. ❺ 《言語》目的語, 補語. ——~ directo [indirecto] 直接[間接]目的語. 反**sujeto** ❻ 《情報》オブジェクト.

con [*a*] *tal objeto* このために, こういう目的で.
con (*el*) *objeto de* …/*al objeto de* …[＋不定詞, *que*＋接続法] …のために, …の目的で. Lo hizo *con objeto de* llamar la atención. 彼は気を引くためにそうしたのだ.
¿Con qué objeto? 何のために?
hacer objeto (*de* …) (…の)対象にする, (…の)的にする. Me *hacen objeto* de duras críticas. 私は厳しい批判にさらされている.
tener objeto (疑問店, 否定文で)意味がある, 役に立つ. No *tiene objeto* protestar ahora. 今さら抗議したって無駄だ.
tener … por objeto を目的とする.

objetor, tora [oβxetór, tóra] 名 反対者, 異議を唱える人. ——~ de ciencia 良心的兵役忌避者.

oblación [oβlaθjón] 女 《宗教》(神への)奉献, 奉納.

oblata [oβláta] 女 《カトリック》奉献物(パンとぶどう酒).

oblato, ta [oβláto, ta] 名 《カトリック》奉献[献身]修道会士.

oblea [oβléa] 女 ❶ 《カトリック》聖餅(⌢), ホスチア. ❷ ウエハース. ❸ オブラート. ❹ 《電子工学》ウェーハ.

oblicuidad [oβlikwiðáð] 女 傾斜, 傾斜角[度].

oblicuo, cua [oβlíkwo, kwa] 形 ❶ 斜めの, 傾いた. —ángulo ~ 斜角. línea *oblicua* 斜線. músculo ~ 斜筋. 類**inclinado**. ❷ 《言語》斜格の. —caso ~ 斜格.

—— 男 《解剖》斜筋.

****obligación** [oβliɣaθjón オブリガシオン] 女 ❶ (法律上, 契約上の)**義務**; 責務; 責任. —Tu ~ ahora es estudiar. 今お前のすべきことは勉強だ. cumplir con [faltar a] sus *obligaciones* 自分の務めを果たす[怠る]. verse en [tener] la ~ de … …する義務がある. Tenemos la ~ de respetar las normas de circulación. 我々には交通規則を遵守する義務がある. por ~ 義務として, 義務的に. 類**deber**. ❷ 圏 扶養義務. —Usted, como padre de familia, tiene unas *obligaciones*. あなたは一家の主人として家族を養う義務があるのだ. ❸ 《商業》債務, 負債, 債券. —*obligaciones* estatales [del estado] 国債. ~ solidaria 連帯債務. emitir [lanzar] *obligaciones* 債券を発行する. ❹ 義理, 恩義.

obligacionista [oβliɣaθjonísta] 男女 《商業》債権者; 債券所有者.

***obligado, da** [oβliɣáðo, ða] 過分 形 ❶ 義務づけられた, 義務的な, 強制的な. —estar [verse] ~ a … (人が)…の義務を負っている. …せざるをえない. Me vi ~ a cancelar el viaje. 私は旅行をキャンセルしなければならなくなった. Estas normas son de ~ cumplimiento. これらの規則は必ず守らなければならないことになっています. La asistencia no es *obligada*. 出席は任意です. Visita *obliga*-

1360 obligar

da para todo turista que acude a Granada es la Alhambra. グラナダを訪れる者は必ずアルハンブラ宮殿へ行ってみるべきだ. ❷ 恩義を受けた. —Le estoy muy ~. 大変感謝しております.

— 名 〖歴史〗(町村に一定の品物を供給する)商人, 物売り. —el ~ de la carne 肉屋.

— 男 〖音楽〗オブリガート.

**obligar [oβliɣár オブリガル] [1.2] 他 ❶ 〖+a+不定詞/que+接続法〗(…することを)…に余儀なくさせる, 義務づける, 強制する. —Mi trabajo me *obliga a salir* de casa a las seis de la mañana. 私の仕事の関係上朝の6時に家を出ねばならない. Los padres le *obligan a que acabe* los deberes antes de salir a jugar. 両親は彼が遊びに出かける前に宿題を済ませる. ❷ (法規などが)強制力を持つ, 適用される, 有効である. —Esta ley sólo *obliga* a los mayores de veinte años. この法律は20歳以上の大人にのみ適用される. ❸ (ある事)を無理やり行う. —Tuve que ~ la puerta para entrar. 私は中へ入るのにドアをこじ開けねばならなかった.

— se 再 〖+a〗(…する)義務がある, 義務を負う. —*Te obligaste a* cumplir las condiciones estipuladas. 君though束した条件を履行するべきだった. *Me he obligado a* seguir una dieta. 私は規定食をとらなければならない.

obligatoriedad [oβliɣatorjeðá(ð)] 女 強制; 義務的であること.

⁑obligatorio, ria [oβliɣatórjo, rja] 形 義務的な, 強制的な. —enseñanza [escolaridad] *obligatoria* 義務教育. Es ~ vacunarse contra la viruela. 水ぼうそうの予防接種が義務うけられている. ejercicios ~*s* 《スポーツ》(体操競技の)規定問題, 規定演技.

obligue(-) [oβliɣe(-)] 動 obligar の接・現在.

obligué [oβliɣé] 動 obligar の直・完了過去・1単.

obliteración [oβliteraθjón] 女 〖医学〗閉塞; 遮断.

obliterar [oβliterár] 他 〖医学〗を閉塞[遮断]する.

oblongo, ga [oβlóŋgo, ga] 形 細長い; 縦長の, 長円形の. 類 alargado.

obnubilación [oβnuβilaθjón] 女 ❶ 眩惑; 目のくらみ. ❷ 《比喩》一時的な気の迷い, 理性の混乱. 類 ofuscación, ofuscamiento.

oboe [oβóe] 男 オーボエ, オーボエ奏者.

óbolo [óβolo] 男 ❶ オボロス(古代ギリシャの貨幣単位:6分の1ドラクマ(dracma)). ❷ (a) オボロス(古代ギリシャの重量単位). (b) 〖薬学〗オボロス(薬の計量単位:約0.72g)(=2分の1エスクルプロ(escrúpulo)). ❸ わずかながらの寄付〖pequeño (小さい)と共によく用いる〗. —dar su ~ 貧者の一灯を捧げる.

**obra [óβra オブラ] 女 ❶ 作品, 著作; 作品群. —Tiene todas las ~*s* de García Lorca. 彼はガルシア・ロルカの著作は全部持っている. Esa ~ se atribuye a Velázquez. この作品はベラスケスのものとされている. ~ de arte 美術作品, 芸術品. ~ de teatro [teatral, dramática] 劇作品, 戯曲. ~*s* completas 全集. ~ literaria 文学作品. ~ maestra 傑作, 代表作. Su últi-

ma escultura constituye una gran ~. その人の最新の彫刻作品は大作である. ❷ 工事, (建設などの)事業; 工事現場; 改築, 改装, 改修. —Estamos haciendo (de) ~*s* en el comedor. うちでは食堂のリフォームをしているところです. ~ pública 公共事業, 公共土木工事. Ministerio de O~*s* Públicas [obras]. Una valla de madera protegía la ~. 工事現場は周囲を木の柵で囲まれていた. Peligro [Atención]:~*s*. 〖表示〗工事中につき注意. La calle está cortada por ~*s*. 工事中で通りが行き止まりになっている. ❸ 仕事, 作業, 労働; 成果, 業績. —mano de ~ 労働力. ~ de manos 手仕事, 細工, 手作り. ¡Manos a la ~! さあ, 仕事にかかろう. ~ de romanos [moros, chinos] 大事業, 難事業. La ~ de ese científico perdurará. その科学者の研究成果は永続的なものだ. ❹ (a) 活動, 行為. —~ de caridad [misericordia, beneficencia] 慈善事業, 慈善行為. Hay que juzgarle por sus ~*s*. どういう行いをしたかによってその人を判断すべきである. ~ social 社会事業. ~ pía 慈善団体, 宗教財団. (b) 仕事, 働き. —Estos agujeros son ~ de los ratones. この穴はネズミの仕業だ. ❺ 加工物, 細工物; 建造物; (木造に対して)石造り. —~ exterior (城の)外壁. Una tapia de ~ cercaba el convento. 修道院は石塀に囲まれていた.

de obra (1) 行動で, 行為で; 実際に. maltratar [ofender] *de obra* 暴力を働く, 暴力で虐待する. (2) 言葉で; 頭の中で; 手を出さずに. (3) →en o-bras.

en [de] obras 工事[建築, 改修]中の.

la obra de El Escorial 永い年月のかかる事業.

obra hidráulica 水利工事.

obra muerta 《船舶》乾舷(かんげん)(船体上部の乾いた部分).

Obras son amores, que no buenas razones. 言葉よりも行動が大事だ(←愛情は理屈ではなく行為である)

obra viva 《船舶》喫水部(船体下部の水中にある部分).

poner en [por] obra … を実行に移す, …に着手する. Inmediatamente *puso por obra* su idea. 彼は自分の考えを直ちに実行に移した.

poner mano a la obra 仕事に取りかかる.

por obra de … …の行為によって.

por obra y gracia de … …のおかげで, のせいで.

por obra y gracia de el Espíritu Santo 神様のおかげで, 奇跡的に, ひとりでに, 自然に. Tuvimos que cancelar el viaje *por obra y gracia de* la huelga de transportes. 交通関係のストのせいで私たちは旅行をキャンセルするはめになった.

obrador, dora [oβraðór, ðóra] 形 作業・行為をする.

— 名 作業・行為をする人[物].

— 男 作業場, 仕事場. —~ de plancha [modista, confitería] アイロンがけ場[ファッションデザイン事務所, 菓子製造場].

obraje [oβráxe] 男 ❶ 製作, 製造. ❷ 工場, 作業場. —~ de seda 絹織物工場. ❸ 〖ボリビア, ラ・プラタ〗抜採場, 製材所. ❹ 〖メキシコ〗豚肉屋. ❺ 〖中南米〗(植民地時代, インディオに強制労働させていた)工場.

⁑obrar [oβrár] 自 《文》行動する, 振舞う. —*Obra* en conciencia. 良心に従って行動しなさい. No *obraste* bien en ese momento. その時君の

とった行動は良くなかった. ❷《文》(効き目が)現れる, 効く. —Ya *ha obrado* el medicamento. もう薬が効いてきた. ❸ 工事をする, 施工する. —Tienen el permiso para ~. 彼らは施工許可をもらっている. ❹ 排便する, 脱糞する. —Debido al estreñimiento *obra* con dificultad. 便秘のために彼は排便が困難だ. 類 **cagar, defecar**.

obrar en poder [en manos] de ...《文》(人)の手元[手中]にある. Su testamento *obra en mi poder*. 彼の遺言状は私の手元にある.

—— 他 ❶ を加工する, 細工する. —El carpintero *obra* la madera con arte. 大工は木材を上手に細工する. 類 **trabajar**. ❷ を建てる, 建設する. —~ un gimnasio 体育館を建設する. ❸ (ある効果)をもたらす, 引き起こす, 生む. —La fe *obra* milagros. 信仰は奇跡を生む.

Obregón [oβreɣón] 固名 オブレゴン(アルバロÁlvaro ~)(1880-1928, メキシコの政治家・軍人).

obrerismo [oβrerísmo] 男 労働運動, またはその主義主張.

***obrero, ra** [oβréro, ra オブレロ, ラ] 名 ❶ 労働者, 工員, 職人. —~ especialista 専門職人. ~ estacional [temporal] 季節労働者. ~ industrial 工場労働者. Es ~ de la construcción. 彼は建設作業員だ. ❷《虫類》ハタラキバチ(働き蜂); ハタラキアリ(働き蟻).

—— 形 労働の, 労働者の. —clase *obrera* 労働者階級. gente *obrera* 労働者. movimiento ~ 労働運動. sindicato ~ 労働組合. Partido Socialista O~ Español(=PSOE) スペイン社会労働党.

obscenidad [oβsθenidáð] 女 ❶ みだら; わいせつ. ❷ みだら・わいせつな行為[言葉], わいせつ物.

obsceno, na [oβsθéno, na] 形 みだらな, わいせつな. —acto ~ わいせつ行為. fotografía *obscena* エロ写真. 類 **lascivo, pornográfico**.

obscuramente [oβskurámente] →oscuramente.

obscurantismo [oβskurantísmo] →oscurantismo.

obscurantista [oβskurantísta] →oscurantista.

obscurecer [oβskureθér] →oscurecer.

obscurecimiento [oβskureθimjénto] →oscurecimiento.

obscuridad [oβskuridáð] →oscuridad.

obscuro, ra [oβskúro, ra] →oscuro.

obseder [oβseðér] 他《まれ》(観念・妄想などで)…につきまとう, 強迫する. →obsesionar.

‡**obsequiar** [oβsekjár] 他 ❶〖+con を〗…に贈る, 贈呈する. —Me *obsequiaron con* una preciosa camisa. 彼らは私にすてきなシャツを贈ってくれた. 類 **regalar**. ❷ (人)をもてなす, 歓待する. —*Obsequiaron* a los atletas con una magnífica cena. 選手たちはすばらしい夕食会で歓待された.

‡**obsequio** [oβsékjo] 男 ❶《文》贈り物, 贈呈品. —Esta pluma es un ~ de la compañía. このペンは会社の粗品だ. ❷ 贈答, 贈呈; 心遣い, 歓待. —Le hicimos ~ de un ramo de flores. 私たちは彼に花束を贈呈した.

en obsequio a [de] ... (人)に敬意を表して; を配慮して; …への贈り物として(=en atención a ..., en homenaje a ...).

hacer a〖+人〗*el obsequio de* ...《まれ》親切にも…する(=hacer el favor de ...).

obsequiosamente [oβsekjósamente] 副 親切に, 手厚く, いそいそと.

obsequiosidad [oβsekjosiðáð] 女 親切ぶり, 手厚いもてなし, へつらい.

obsequioso, sa [oβsekjóso, sa] 形〖+para/con/para con に〗❶ 親切な, 手厚くもてなす, ほどこし好きの. —Es muy ~ *para con* los extranjeros. 彼は外人にはやたら親切だ. 類 **amable, dadivoso**. ❷《皮肉》こびへつらった.

observable [oβserβáβle] 形 ❶ 観察可能な, 目立った. ❷ 遵(ジュン)守可能な.

***observación** [oβserβaθjón] 女 ❶ 観察; 注視. —Este niño tiene una gran capacidad de ~. この子はすぐれた観察眼の持ち主だ. Se encuentra en el hospital sometido a ~. 彼は病院で経過観察中だ. ❷ 所見, 批評; 意見, 発言. —No hay ~ especial que hacer. 所見なし. ❸《文》規則等を守ること, 遵(ジュン)守. —~ de la ley 法の遵守.

***observado, da** [oβserβáðo, ða] 過分 観察された; 指摘された; 批評された.

***observador, dora** [oβserβaðór, ðóra] 形 ❶ 観察の, 観察する, 観察役の. —Se ocultaba de la mirada *observadora* de los demás. 彼は周囲の注目を避けていた. ❷ 観察力のある. —Jorge es muy ~ y recuerda muchos detalles de lo que ve. ホルヘはとても観察力があってどんな細かいことも覚えている.

—— 名 ❶ 観察者. —Este escritor es un ~ nato. この作家は天性の観察力を持つ人物である. ❷ (会議などの)オブザーバー. —Asiste al congreso como ~. 会議にオブザーバーとして出席している.

***observancia** [oβserβánθja] 女 ❶ 規則等を守ること, 遵(ジュン)守. —la ~ de las normas sociales 社会的規範の遵守. ❷ 法, 規則, 規律; (社会や組織の)習慣. —las ~s judaicas ユダヤ教の戒律. 類 **acatamiento, observación**.

observante [oβserβánte] 形 ❶ 規則を守る. ❷《カトリック》厳粛派教団(聖フランシスコ会など)の.

—— 男女 ❶ 規則を守る人. ❷ 厳粛派教団の僧.

‡**observar** [oβserβár オブセルバル] 他 ❶ (a)を観察する, 観測する. —Me gusta ~ las estrellas con el telescopio. 私は望遠鏡で星を観測するのが好きだ. (b)を検査する, 調べる. —El médico *observa* los síntomas de la enfermedad. 医師が病気の兆候がないか調べる. ❷ …に気付く, 注目する, を考慮する. —*Habrás observado* lo guapa que se ha puesto. 君は彼女がどんなに美しくなったか気付いただろう. 類 **advertir, reparar**. ❸ …と指摘する, 評する, 意見を述べる. —En este pueblo, *observó* mi mujer, no se ven niños en la calle. この町では通りに子どもの姿が見えないと妻は言った. ❹ (法規などを)遵(ジュン)守する, 守る. —Es una ley y hay que ~la. それは法律なのだから守らなければならない.

***observatorio** [oβserβatórjo] 男 (a) 観測所. —Esta laguna es un buen ~ de aves emigrantes. この沼地は渡り鳥の観察にいい場所

だ。(b) 観察のための施設・場所; 天文台; 気象台. —~ astronómico 天文台, 天体観測所. —~ meteorológico 気象台.

obsesión [oβsesjón] 囡 **強迫観念**, 固定観念; 妄想; 固執, 執念. —La muerte constituye para él una continua ~. 彼は絶えず死の恐怖に苛(さいな)まれている。Tiene ~ por la limpieza. 彼は何でも清潔でないと気がすまない。

obsesionado, da [oβsesjonáðo, ða] 過分 (妄想などに)取りつかれた, 強迫観念を持った. —Está ~ por la fama [el dinero]. 彼は名声ばかり気にしている[金の亡者だ]。

obsesionante [oβsesjonánte] 形 強迫観念としてとりつく, 妄想を招く.

obsesionar [oβsesjonár] 他 (観念・妄想などが)…につきまとう, …を強迫する, …の心にとりつく. —Me *obsesionan* tus palabras. 君の言った言葉が頭から離れない。

—se [+con/por を] 強迫観念として抱く, (…で)悩まされる. —Me *obsesiono por* el error que cometí ayer. 私は昨日犯した過ちの事が気になってしょうがない。

obsesivamente [oβsesíβaménte] 副 強迫的に, 妄想的に.

obsesivo, va [oβsesíβo, βa] 形 ❶ 強迫の, 妄想の. —idea *obsesiva* 強迫観念. neurosis *obsesiva*《心理, 医学》強迫神経症. ❷ 妄想に陥りやすい.
— 名 妄想的な人, 妄想に陥りやすい人.

obseso, sa [oβséso, sa] 形 強迫観念・妄想にとりつかれた人. —un ~ sexual 性的妄想家.
— 形 強迫観念・妄想にとりつかれた.

obsidiana [oβsiðjána] 囡 黒曜石.

obsoleto, ta [oβsoléto, ta] 形 古くさい, すたれた. 類**antiguo, desusado.** 反**actual, moderno.**

obstaculizar [oβstakuliθár] [1.3] 他 を妨害する, …の支障になる. —Su autosuficiencia *obstaculiza* el progreso. 彼の自己満足が進歩を邪魔している。

:obstáculo [oβstákulo] 男 ❶ 障害物, 邪魔になる物. —Este armario es un ~ en el pasillo. このたんすは廊下にあると邪魔だ。 ❷ 障害, 困難, 妨げ. —Su vida ha sido un camino erizado de ~s. 彼は障害の多い人生を送ってきた。 poner ~s 妨害する, 邪魔する. superar [vencer] los ~s 障害を克服する, 困難を乗り越える。 ❸《スポーツ》(陸上, 馬術などの)障害競技, 障害物レース; (競技で使われる)障害物. —carrera de ~s 障害物競走. 5.000 metros ~s 5千メートル障害.

:obstante [oβstánte] 副 ❶ [no+] しかしながら. —El padre no estaba de acuerdo, *no* ~, le dejó salir. 父親は賛成はしていなかったが、それでも彼が出かけるのを許した. ❷ [no+] …にもかかわらず. —esto [ello] *no* ~ これ[それ]にもかかわらず. *No* ~ la oposición de mi familia decidí estudiar filosofía. 家族は反対しているが、それでも私は哲学を専攻しようと決めた. Siguió estudiando *no* ~ lo cansado que estaba. 彼はとても疲れていたが勉強を続けた.

obstar [oβstár] 自《3人称単数・否定文のみで+para (まれに a) の》 妨げになる. —Eso no *obstó para* que los dos mantuviesen la relación. その事は2人が関係を持ち続ける上で妨げにはならなかった. 類**dificultar, estorbar, impedir.**

obstetricia [oβstetríθja] 囡 産婦人科(医学). 類**tocología.**

obstétrico, ca [oβstétriko, ka] 形 ❶ 産科医学の. ❷ 議事妨害の. — 名 議事妨害者.

obstinación [oβstinaθjón] 囡 執念, 執拗, 粘り強さ; 頑固, 頑迷. —Marta defendió su propuesta con ~. マルタは頑(かたく)なに自分の提案を主張し続けた. 類**terquedad.**

obstinado, da [oβstináðo, ða] 形 執拗な, 粘り強い, しぶとい; 頑固な, 頑迷な. —Esta chica es *obstinada* y consigue lo que se propone. この女の子は粘り強く, 決心したことをやりとげる子です. No seas ~ y haz caso de lo que te digo. そんなに頑固にならないで、私の言うことを聞きなさい. 類**perseverante, tenaz, terco.**

:obstinarse [oβstinárse] 再《+en に》 執着する, 意地[強情]を張る. —Se *obstinó en* viajar a Irak. 彼はイラクに旅行に行くと言い張った. Se *obstinó en* que debía hacerlo sin ayuda de nadie. 彼はだれの助けも借りずにそれをやらなければならないと言い張った.

obstrucción [oβstrukθjón] 囡 ❶ 妨害, (通路などの)遮断, 詰まること. —El accidente causó la ~ de la carretera. 事故のためハイウェーが不通となった. ❷ 議事妨害. ❸《医学》(器官の)閉塞, 便秘. 類**cierre.** ❹《スポーツ》妨害プレー(及びその種の反則).

obstruccionismo [oβstrukθjonísmo] 男 議事妨害.

obstruccionista [oβstrukθjonísta] 男女 議事妨害者.

obstructor, tora [oβstruktór, tóra] 形 妨害する, さまたげになる.
— 名 妨害者, 邪魔者.

obstruir [oβstruír] 他 ❶ (a) を遮断する, さえぎる. — la llegada de la luz con la persiana ブラインドで光をさえぎる. Un árbol caído *obstruye* la carretera. 倒れた木が道をふさいでいる.《目的語にa語は通過点を表わす場合, 通過しようとするものを表わす場合がある》. 類**atascar, cortar.** (b) を詰まらせる, ふさぐ. —~ la chimenea 煙突を詰まらせる. 類**atascar, tapar.** ❷ (行動などを)妨害する, 阻む. —Su altivez *obstruye* que progrese. 尊大さが彼の進歩を邪魔している. 類**dificultar, estorbar, impedir.**

obtemperar [oβtemperár] 他 …に従う, 同意する. —~ la ley 法に従う.

obtén [oβtén] 動 obtener の命令・2単.

obtención [oβtenθjón] 囡 入手, 獲得; 取得; 達成. —Ese atleta sólo piensa en la ~ de la medalla de oro. その選手は金メダルを取ることを考えている. Cada vez es más difícil la ~ de un empleo fijo. 定職につくことがますます難しくなっている.

obtendr- [oβtendr-] 動 obtener の未来, 過去未来.

:obtener [oβtenér オブテネル] [10.8] 他 ❶ を獲得する, 得る, 手に入れる. —Juan Ramón Jiménez *obtuvo* el premio Nobel de la Literatura en 1956. フアン・ラモン・ヒメネスは1956年にノーベル文学賞を獲得した. —~ el permiso 許可を得る. 類**conseguir.** ❷《+de から》を作り出す, 取り出す, 抽出する. —~ azúcar *de* las cañas サトウキビから砂糖を作る.

Este país *obtiene* muchas divisas *de*l turismo. この国は観光によって多くの外貨を得ている.
— **se** 再 〖＋de から〗得られる, 作られる, 取り出される. —Los plásticos *se obtienen de*l petróleo. プラスチックは石油から作られる.

obtenga(-) [oβteŋga(-)] 動 obtener の接・現在.

obtengo [oβtéŋgo] 動 obtener の直・現在・1単.

obtien- [oβtjén-] 動 obtener の直・現在.

obturación [oβturaθjón] 囡 ❶ 閉塞,(穴や管などを)ふさぐこと. ❷《歯科》充填.

obtura*dor, dora* [oβturaðór, ðóra] 形 閉塞の, ふさぐ, 充填の.
—— 男 詰め物, 留め具,(カメラの)シャッター.

obturar [oβturár] 他 をふさぐ; 閉塞する,…に詰め物をする. —Esta válvula *obtura* el paso del gas. このバルブがガスを止めている. 類 **cerrar, taponar**.

obtusángulo, la [oβtusáŋgulo, la] 形 鈍角の. —triángulo ～ 鈍角三角形.

obtuso, sa [oβtúso, sa] 形 ❶ 先の丸い, とがっていない. —tijeras de punta *obtusa* 先の丸いはさみ. 類 **romo**. 反 **agudo**. ❷ 鈍角の. —ángulo ～ 鈍角. ❸《比喩》鈍い, 頭の回転が遅い. —Es ～ y no se enterará. やつは鈍いから気づかないだろう. 類 **torpe**. 反 **agudo, listo**.

obtuv- [oβtuβ-] 動 obtener の直・完了過去, 接・過去.

obús [oβús] 男 ❶《軍事》曲射砲. ❷《軍事》曲射砲の砲弾. ❸ タイヤの空気バルブの閉め具.

obvención [o(β)benθjón] 囡 〖主に複〗別途給与, 手当て金.

obviar [o(β)βjár] 他 ❶ (困難・不便)を避ける, しりぞける. —～ un obstáculo 障害を避ける. 類 **eludir, evitar, rehuir**. 反 **aceptar**. ❷ 妨害する. 類 **impedir, oponerse**.

obvio, via [ó(β)βjo, βja] 形 明白な, 一目瞭然の. —Es ～ que dices una mentira. お前の嘘は明々白々だ. 類 **claro, evidente, manifiesto**.

OC〖頭字〗[＜onda corta] 短波(英SW).

oca[1] [óka] 囡 ❶《鳥類》ガチョウ. 類 **ánsar, ganso**. ❷ (*a*) すごろく遊び (= juego de la ～). (*b*) すごろくの一コマ. ❸《俗》〖定冠詞つきで〗ひどい事, とほうもない事. —¡Será *la* ～, si lo volvemos a hacer! またそんな事したらおしまいだぞ.

oca[2] [óka]〖＜ケチュア語〗囡《植物》カタバミの一種(南米産の塊茎植物), その塊茎. ♦塊茎は澱粉質で, 南米の一部では食用にされる.

ocarina [okarína]〖＜伊〗囡《楽器》オカリナ.

ocasión [okasjón] 囡 ❶ 場面, 状況, 場合, 時, 機. —En aquella ～ yo me encontraba en Barcelona. あの時私はバルセロナにいました. En más de una ～ viajamos juntos. 私たちは共に旅をしたことが一度ならずある. Nos veremos en otra ～. またいずれお会いしましょう. ❷ チャンス, 機会, 好機. —Hay que aprovechar las *ocasiones*. チャンスは生かすべきだ. El asesino vio la ～ y se escapó. その殺人犯は隙(ﾋﾟ)を見て逃げ出した. 類 **oportunidad**. ❸ 値下げ(したもの), 特売品; 中古の; —¡*O*～! 値下げ, セール(表示). librería [librero] de ～ 古本屋. exposición de coches de ～ 中古車フェア. Esa casa es una ～, no la deje. その家は買い得ですから見逃しなく. ❹ 理由, 原因; 口実; 動機. —Ella nunca me ha dado ～ de queja. 彼女は私に決して文句を言う隙を与えない. 類 **motivo**. ❺ 危険, 危機;《カトリック》罪を犯す危険.

A la ocasión la pintan calva. 〖諺〗好機逸すべからず, チャンスを逃すな.

con ocasión de … …の機会に, …の機会を利用して; …のとき(折)に. Visité Nagano *con ocasión de los Juegos Olímpicos de invierno*. 私は冬季五輪のときに長野を訪れた.

dejar escapar [desperdiciar] la ocasión 機会を逃す, チャンスを失う.

de ocasión (1) 特売の(で); 中古の. Lo he comprado *de ocasión*. 私はそれをバーゲン価格で買った. (2) 偶然の, たまたまの; 臨時の; その場限りの. El poco civismo de algunos turistas *de ocasión* es un problema. 一時的にやってくる観光客のモラルのなさが問題になっている.

en ocasiones 時折り, 時々. Generalmente es un chico sensato, pero *en ocasiones* desbarra. いつもは慎重な子なのにときとして馬鹿をやることがある.

las grandes ocasiones フォーマルな場面, 晴れの場. Se compró un traje para *las grandes ocasiones*. 彼はいざというときのためにスーツを1着買っておいた.

ocasionado, da [okasjonáðo, ða] 形 ❶ わずらわしい, 苛々させる, 不和をもたらす. 類 **molesto, provocativo**. ❷《まれ》無防備な, 危険にさらされた. ❸《古》欠陥のある, 肉体的が不備をもった. 類 **defectuoso, imperfecto**.

ocasional [okasjonál] 形 ❶ 偶然の, たまたまの. —un encuentro ～ 偶然の出会い, 奇遇. 類 **accidental**. ❷ 臨時の; その場限りの. —Lo conocí en uno de los ～*es* viajes que hice a Londres. 彼とはたまたまロンドンへ旅行した際に知り合ったのだ. Pronunció un discurso ～. その場しのぎの演説で済ませた. trabajo ～ 臨時の仕事.

ocasionalmente [okasjonálménte] 副 偶然, 偶然的に; 臨時に. —*O*～ te vi pasear con otra. あなたがよその女と歩いているのを偶然見た.

ocasionar [okasjonár] 他 を引き起こす, …の原因となる. —Una pulmonía le *ocasionó* la muerte. 肺炎が彼の死を招いた. Un rayo *ocasionó* el incendio. 落雷が火事を引き起こした.

ocaso [okáso] 男 ❶《文》日没, 落日, 日暮れ時, 黄昏(ﾀｿｶﾞﾚ);《天文》(一般に天体が)沈むこと. —Los muros del castillo brillaban con el resol del ～. 城壁は黄昏時の照り映えに輝いていた. 反 **orto**. ❷《文》衰退, 衰え, 凋落(ﾁｮｳﾗｸ), 末期. —el ～ del reino moro de Granada グラナダのイスラム王国の終焉. el ～ de la vida 人生の末期に, 最晩年に. 類 **decadencia, declive**.

occidental [okθiðentál] 形 ❶ 西の, 西方の, 西部の. —La temperatura bajará en la parte ～ del país. 西部では気温が低くなるでしょう. ❷ 西洋の, 西欧の, 西側(諸国)の. —el mundo ～ 西洋世界, 西側世界. países ～*es* 西欧諸国, 西側諸国. civilización ～ 西欧文明. 反 **oriental**.
—— 男女 西洋人, 西欧人.

occidentalizar [okθiðentaliθár] [1.3] 他 を西欧化する.

occidente [okθiðénte] 男 ❶ (主に O～)西, 西方, 西部. —El barco navegaba rumbo a ～.

船は一路西を目指していた．el Imperio Romano de O～ 西ローマ帝国．**類 oeste, poniente.** **反 oriente.** ❷ (O～)西洋, 西欧, 西側(諸国). —A mediados del siglo XIX era indiscutible la superioridad militar de O～. 19世紀中頃は間違いなく西洋が軍事的優位にあった．

occipital [okθipitál] 形 〖解剖〗後頭(部)の. —cóndilo ～ 後頭顆(ゕ). hueso ～ 後頭骨. lóbulo ～ 後頭葉. ángulo ～ 後頭角(後頭骨と脊椎がなす関節のすき間部分からそれぞれ頭頂と眼窩(ゕ)下縁とに向けて引いた2本の直線が作る角).

— 男 後頭(部), 後頭骨.

occipucio [okθipúθjo] 男 〖解剖〗後頭(部).

occiso, sa [okθíso, sa] 形 惨殺された．

— 名 惨殺された人. —cadáver del ～ 惨殺死体.

OCDE 〖頭字〗(<Organización para la Cooperación y el Desarrollo Económico)女 経済協力開発機構(英 OECD).

Oceanía [oθeanía] 固名 オセアニア．

oceánico, ca [oθeániko, ka] 形 ❶ 大洋の, 大海の, 海洋性の; 大西洋の. —ruta *oceánica* 遠洋航路. clima ～ 海洋性気候. ❷ オセアニア (Oceanía)の. ❸ 《比喩》莫大(ばく)な, 広大な, 無限の.

océano, oceano [oθéano, oθeáno] 男 ❶ 大洋, 大海, 海. —el O～ atlántico 大西洋. el O～ Glacial Ártico [Antártico] 北極[南極]海. el O～ Pacífico 太平洋. el O～ Índico インド洋. El ～ cubre más del 70% de la superficie terrestre. 海は地球の表面の7割以上を占めている. ❷ 《比喩》莫大, 広大, 無限. —Nos encontramos con un ～ de dificultades. 私達には問題が山のようにある. **類 montón.**

oceanografía [oθeanoɣrafía] 女 海洋学.

oceanográfico, ca [oθeanoɣráfiko, ka] 形 海洋学の.

ocelo [oθélo] 男 ❶ 〖動物〗(昆虫の)単眼. ❷ (羽や皮膚上の)斑紋.

ocelote [oθelóte] 男 〖動物〗(中南米産の)オオヤマネコ.

ochavado, da [otʃaβáðo, ða] 形 (一定比の長辺と短辺が交互につらなり, 八つの角が全て等しい)八角形の.

ochavo [otʃáβo] 男 ❶ 2マラベディ (2 maravedís)銅貨(16世紀から19世紀半ばにかけて鋳造されていた). ❷ [un+]〖否定的文脈で〗お金. —No me queda [No tengo] ni *un* ～. 私は一文無しだ. sin *un* ～ 一銭も持たずに. ❸ 八角形(＝ochavado)の建物・場所(八角堂, 八角広場など).
❹《古》8番目の, 8分の1.
—, *va* 形《古》8番目の, 8分の1の.

ochenta [otʃénta オチェンタ] 形(数) ❶ 80の. ❷ 〖序数的に〗80番目の. —el capítulo ～ 第80章.
los (años) ochenta (1) 80年代, (特に)1980年代. (2) 80歳, 80歳台. Ya ha cumplido *ochenta* años. 彼はもう80歳になる.

— 男 80(の数字).

ochentavo, va [otʃentáβo, βa] 形 80分の1の. —(数) 形 **類 octogésimo.**

ochentón, tona [otʃentón, tóna] 形 (年令が)80代の.

— 名 80代の人. **類 octogenario.**

ocho [ótʃo オチョ] 形(数) ❶ 8の. —Se marchó hace ～ días. 彼は1週間前に行ってしまった. Llegaré a las ～ de la mañana. 私は朝の8時に着く(予定です). ❷ 〖序数的に〗8番目の. —Me senté en la fila ～. 私は8列目に座った.

— 男 ❶ 8(の数字). ❷ 〖中南米〗(舞踊)(タンゴで)男性は動かず女性だけが8の字を描くようなステップをすること.
dar [*ser*] *igual* [*lo mismo*] *ocho que ochenta* 《話》重要でない, どうでもよい.
ser más chulo que un ocho 《話》ひどく生意気である.

ochocientos, tas [otʃoθjéntos, tas] 形(数) ❶ 800の. ❷ 〖序数的に〗800番目の.

— 男 ❶ 800(の数字). ❷ 1800年代, 19世紀.

ocio [óθjo] 男 ❶ 休み, 休暇, ひま. —¿A qué se dedicas en tus ratos de ～? 暇な時には何をして過ごしますか? **類 asueto, descanso.** ❷ 無職, ぶらぶらした状態. —Así en el ～ estás perdiendo lo que tienes. そうやってぶらぶらしてると身につけたものも失っていくんだよ. ❸ 〖主に複〗余暇活動, レジャー, ひまつぶし. —guía del ～ レジャー案内.

ociosamente [oθjosaménte] 副 ❶ 仕事をせずに, ぶらぶらして. ❷ 無益に, 無駄に.

ociosidad [oθjosiðá(ð)] 女 ❶ なまけている[ひまにしている]状態. —La ～ es madre de todos los vicios. 〖諺〗小人閑居して不善をなす(←無為は悪徳のもと). ❷ 〖主に複〗余暇活動. ❸ 〖主に複〗無益な[無駄な]言動.

ocioso, sa [oθjóso, sa] 形 ❶ (*a*) 何もしない, 暇な, 無為の. —Estuvo *ociosa* toda la tarde. 彼女は午後一杯何もせずにいた. Los autobuses están ～*s*. バスは空になっている. (*b*) 〖まれ〗使われていない, 稼動していない. ❷ 怠惰な. **類 holgazán, perezoso.** ❸ 無駄な, 不必要な, 余分な. —Esta *ociosa* discusión no nos aclara nada. こんな意味のない議論をしたって何も見えてきやしない. Es ～ que continúes insistiendo. お前が言い張ったところでどうにもならないよ. **類 fútil, inútil.**

— 名 怠け者, 怠惰な人. —Los ～*s* no tienen sitio en nuestra empresa. 我々の会社にはぐうたらの居場所はない.

ocluir [oklwír] [11.1] 他 ❶ を閉塞させる, 詰まらせる. —La arena *ha ocluido* la vía del agua. 砂が水流をせきとめた. Los párpados *se ocluye-ron*. まぶたが開かなくなった. **類 cerrar, obstruir, tapar. 反 abrir, destapar.** ❷ 〖医学〗(管などを)閉じる, ふさぐ.

oclusión [oklusjón] 女 ❶ 閉塞, 詰まり. —～ del tubo de drenaje 排水管の詰まり. ～ intestinal 腸閉塞. **類 cierre, obstrucción.** ❷ 〖言語〗(閉鎖音を発する際の)閉鎖.

oclusivo, va [oklusíβo, βa] 形 ❶ 閉塞をもたらす. —objetos ～*s* en los conductos 管内の閉塞物. ❷ 〖言語〗(調音が)閉鎖の. —consonantes *oclusivas* 閉鎖子音. **類 explosivo.**

ocre [ókre] 〔<仏<ギリシャ〕男 ❶ 〖鉱物〗黄土, 黄鉄鉱, オーカー. —～ calcinado [quemado] 黄土を焼いて赤褐色にしたもの. ～ negro アンバー. ～ rojo ベンガラ, 赤鉄鉱. **類 almagre, hematites.**
❷ 黄褐色の土. ❸ [color ～] 黄土色, 黄褐色, からし色. —una chaqueta de *color* ～ からし色

のジャケット〖しばしば de color を省いて形容詞的にも用いられる〗. una camiseta 〜 からし色のTシャツ. **類語** 黄色がかった褐色に広く適用され, 以下の色名と重複ないし隣接する. **crudo**（クリーム色）, **beige**（ベージュ）, **hueso**, **marfil**（アイボリー色）, **paja**（ワラ色）, **barquillo**（ビスケット色）, **ante**（バフ）, **caqui**（カーキ色）, **tostado**（タン）, **siena**（キツネ色）, **ámbar**（コハク色）, **habana**, **tabaco claro**（タバコ色）, **terroso**（土色）, など.

oct.《略号》=octubre 10 月.

octa- [okta-] 接頭 「8」の意. —octaedro, octágono.

octaedro [oktaéðɾo] 男 八面体.

octagonal [oktaɣonál] 形 八角形の(→octogonal).

octágono, na [oktáɣono, na] 形 八角形の(→octógono).
— 形 八角形の(→octógono).

octano [oktáno] 男 オクタン(ガソリンの純度を示す単位). —gasolina de altos 〜s ハイオクタン・ガソリン.

octava [oktáβa] 女 →octavo.

octaviano, na [oktaβjáno, na] 形《歴史》オクタビアヌス(後のローマ皇帝アウグストゥス Octavio César Augusto)の. —paz octaviana 太平無事.

octavilla [oktaβiʝa] 女 ❶《印刷》八つ折り(全紙16 ページ取り)サイズの紙・判. ❷《政治・社会的な》宣伝ビラ. ❸ 8 行詩. ❹ 8 弦ギター. ❺《歴史》8 分の1 税(ワイン, 油, 酢1アスンブレ (azumbre ≒ 2 リットル)につき半クアルティーヨ (cuartillo) 課税された].

octavín [oktaβín] 男《楽器》ピッコロ. **類 flautín**.

Octavio [oktáβjo] 固名《男性名》オクタビオ.

‡**octavo, va** [oktáβo, βa オクタボ, バ] 形(数) ❶ 8 番目の, 第 8 の. —el 〜 piso 8 階(スペインなどでは9 階). el siglo 〜 8 世紀. ❷ 8 分の 1 の. —siete 〜s（コート等が）七分丈の, 普通より短めの. tres octavas partes 8 分の3 (を占める部分).
— 男 ❶ 8 分の 1; 《印刷》8 つ折り版. —〜s de final《スポーツ》ベスト16 (の試合), 8 強を決める試合. A cada uno nos corresponde un 〜 de las ganancias. 我々の取り分は各々儲(ﾓｳ)けの 8 分の 1 ずつだ.
— 女 ❶《カトリック》祝祭日の後の 8 日間(8 日目), 祝祭週間(の最終日). —la octava de Pascua イースター(復活祭)週間. ❷《詩学》8 行詩, 特に 1 行 11 音節で 1 行おきに韻を踏み, かつ最後の 2 行が同じ押韻になる形の 8 行詩 (octava real [rima]). ❸《音楽》1 オクターブ. —bajar el tono una octava 音程を 1 オクターブ下げる. octava alta [baja] 上の[下の]オクターブ.

octeto [oktéto] 男 ❶ 8 重奏[唱], 8 重奏[唱]団. ❷《コンピュータ》8 ビットからなるバイト.

octigentésimo, ma [oktixentésimo, ma] 形(数) 800 分の 1 の. — 男 800 分の 1.

octo- [okto-] 接頭 (→octa-). —octosílabo.

octogenario, ria [oktoxenáɾjo, ɾja] 形 (年令が)80 代の, 80 才ぐらいの. —Mi abuelo murió ya 〜. 祖父は齢(ﾖﾜｲ)80 にして亡くなった. **類 ochentón**.
— 名 80 代の人, 80 才ぐらいの人.

octogésimo, ma [oktoxésimo, ma] 形(数) ❶ 80 番目の, 第 80 の. ❷ 80 分の 1. **類 ochentavo**.

octogonal [oktoɣonál] 形 8 角形の.

octógono, na [októɣono, na] 形 8 角形の.
— 男 8 角形.

octosílabo, ba [oktosílaβo, βa] 形 (語・詩句が)8 音節からなる.
— 男 8 音節の語, 8 音節の詩行.

‡**octubre** [oktúβɾe オクトゥブレ] 男 10 月. —el mes de 〜 10 月. el 12 de 〜 10 月12 日(に). Piensa venir en 〜. 10 月に来るつもりでいる.

ocular [okuláɾ] 形 眼の, 視覚による. —inspección 〜 眼による検証. testigo 〜 目撃者. enfermedad 〜 目の病気.
— 男 接眼鏡, 接眼レンズ.

oculista [okulísta] 男女 形 眼科医, 眼科の. **類 oftalmólogo**.

ocultación [okultaθjón] 女 ❶ 隠すこと, 隠蔽(ﾍｲ), 隠匿(ﾄｸ), 隠れること. —〜 de los sentimientos 感情を隠すこと. Está siendo investigado por presunta 〜 de bienes. 彼は財産隠匿の容疑で取り調べを受けている. ❷《天文》掩蔽(ｴﾝﾍﾟｲ), 星食.

ocultamente [okultaménte] 副 隠れて, ひそかに. **類 escondidamente**.

‡**ocultar** [okultáɾ オクルタル] 他 ❶ を隠す, 隠匿(ﾄｸ)する. —Los ladrones ocultaron los objetos robados en una cueva. 泥棒たちは盗品をある洞窟(ｸﾂ)の中に隠した. El bosque oculta el río. 森が川をおおい隠している. **類 esconder**. ❷ 秘密にする, 黙秘する, 黙っている. —〜 un secreto 秘密を打明けない.
—**se** 再 隠れる, 身[姿]を隠す. —El niño se ocultó en el trastero. 子どもは物置に隠れた. No se me oculta la difícil situación en que se encuentran. 彼らの置かれている困難な状況は私には隠れようもなく明らかだ.

ocultismo [okultísmo] 男 神秘学, オカルティズム, 心霊研究.

ocultista [okultísta] 形 神秘学の, オカルトの, 心霊研究の.
— 男女 神秘学者, オカルト信奉[心霊研究]者.

‡**oculto, ta** [okúlto, ta オクルト, タ] 形 ❶ 隠れた, 隠された, 見えない, 知られていない. —amor 〜 秘められた恋. El asesino no estaba 〜 en la casa de su amante. 殺人犯は愛人の家に潜伏していた. La montaña quedaba oculta por las nubes. 山は雲に隠れていた. de 〜 お忍びで, 身分を隠して. en 〜 公表せずに, 秘密裏に. ❷ 秘密の, 謎の. —ciencias ocultas（錬金術, 占星術などの)秘術, 神秘学. puerta [cámara] oculta 秘密の扉[部屋]. ♦日本語の「オカルト」と対応しているが, 意味は相当に違う.

‡**ocupación** [okupaθjón オクパシオン] 女 ❶ 仕事, 職, 活動. —No ha podido venir debido a sus muchas ocupaciones. 仕事がたくさんあって来られなかった. Mi primera 〜 fue de camarero en un bar. 私が最初に就いた職業はバルのボーイだった. ❷ 利用, 使用. —El hotel registró un 〜 del 100% en el mes de agosto. そのホテルは 8 月に稼働率 100%を記録した. ❸ 占拠, 占領; (土地, 家屋などの)占有. —〜 de un nuevo piso 新しい居所への入居. La 〜 de la universidad por los estudiantes duró un mes. 学生による大学の占拠は

1か月間続いた. ❹《軍事》占領, 進駐. —la ～ de Francia por los alemanes ドイツ軍のフランス占領. ejército de ～ 占領軍. 類**invasión**.

***ocupado, da** [okupáðo, ða] 形 ❶ 忙しい, 手がふさがっている. —¿Estás ～? 今忙しい? Espera un momento que tengo las manos *ocupadas*. 今手が空いてないからちょっと待ってね. ❷ ふさがっている, 使用中の;(トイレなどの表示で)使用中,(ノックに答えて)入ってますよ. —Este asiento está ～. この席はふさがっている. 反**libre**. ❸ 占領[占拠]された.

—— 图 就業者.

ocupante [okupánte] 形 場を占める, 占拠[占有]する, 占領する. —tropas ～s 占領部隊.

—— 男女 ❶ 場を占める人, 現住者, 占拠者, 占領者. —Los ～s de esta vivienda son extranjeros. ここの住人は外国人だ. El ～ del asiento de delante se desmayó. 前の席の人が失神した. ❷ 乗客, 乗員. —En el accidente murieron todos los ～s del vehículo. 事故で車両の乗客全員が死亡した.

***ocupar** [okupár オクパル] 他 ❶ (*a*) (場所)を**占める**, 占有する. —La estantería *ocupa* toda la pared. 本棚が壁全体をおおっている. Un amigo mío *ocupa* el piso de abajo. 1人の友人が下の階に住みついた. (*b*) を占拠する, 占領する, …に入り込む. —Los terroristas han *ocupado* el teatro. テロリストたちは劇場を占拠した. El ejército *ocupó* toda la región. 軍隊はその一帯全部を占領した. (*c*) (場所)を用いる, 占有する. —El secretario general *ocupa* un despacho extenso y cómodo. 事務局長は広くて使い心地の良い執務室を用いている. Esa sala no pueden usarla porque está *ocupada*. その部屋はふさがっているから彼らは使用できない. ❷ (ある職・ポスト)に就く. —～ el puesto de juez 判事のポストに就く. ❸ (*a*) (時間)をとる, かけさせる, 拘束する. —La limpieza de la casa me *ocupa* dos o tres horas. 私は家の掃除に2〜3時間かかる. (*b*) 『+en に』(時間)をかける, とられる, 費やす. —¿*En* qué *ocupas* tu tiempo libre? 君は暇な時間を何に使っているの. ❹ を雇用する, 雇う. —La empresa constructora *ocupa* a unos mil obreros. その建設会社は約千名の労働者を雇っている. ❺《司法》を押収する, 没収する. —La policía *ocupó* a los traficantes cincuenta kilos de droga. 警察は密売人から50キロの麻薬を押収した. 類**confiscar**.

—— se 再 『+de/en』(*a*) (…に)専念する, 携わる. —*Me ocuparé de* la limpieza de la casa. 家の掃除は私に任しといて. (*b*) (…の)面倒を見る, 世話をする. —Ella *se ocupa de* la abuela los días que no viene la asistenta. 介護士が来ない日は彼女がおばあさんの面倒を見る. ❷ 『+de に』かかわる, (…について)扱う[述べる]. —El artículo *se ocupa de* la actualidad de Bolivia. この記事はボリビアの現況について述べる.

‡**ocurrencia** [okuɾénθja] 女 ❶ (*a*) (突然の)思いつき, ひらめき. —El niño tuvo la ～ de abrir el cajón y allí estaba la cartera que buscábamos. その子は引き出しを開けようと思いついた. するとそこに私たちの探していた財布があったのだ. (*b*) 機知, ユーモア; 途方もない考え, 突飛な思いつき. —Trató de animarme con sus ～s. 彼は面白いことを言って私を元気づけようとした. ¿Pintar el comedor de negro? ¡Qué ～s tienes! 食堂の壁を黒にするだって？またとんでもないことを思いついたもんだね. 類**genialidad, salida**. ❷ 出来事, 起こる(生じる, 出現する)こと.

ocurrente [okuɾénte] 形 気のきいた, 機知(ウイット)に富んだ. —Tiene una mujer la mar de ～. 彼には大変気のきく妻がいる. una broma ～ ウィットに富んだジョーク. 類**chistoso, gracioso, ingenioso**.

‡**ocurrido, da** [okuɾíðo, ða] 過分 形 ❶ 起こった, 生じた. —Olvida lo ～ ayer. 昨日のことは忘れろ. ❷《中南米》機知に富んだ, ユーモアのある.

***ocurrir** [okuɾíɾ オクリル] 自 ❶ 起こる, 起きる, 発生する, 生じる(3人称単数形で用いられることが多い). —El accidente *ocurrió* en la carretera de La Coruña. その事故はラ・コルーニャ街道で起きた. Lo que te voy a contar *ocurrió* en realidad. これから私が君に話すことは現実に起こったことだ. ¿Le *ocurre* a usted algo? どうしましたか. ❷ 『+a に』思い浮かぶ, 思いつく. 類**acaecer, acontecer, suceder**.

—— se 再 『+a に』思い浮かぶ, 思いつく. —*Se le ocurrió* una idea maliciosa. よこしまな考えが彼の脳裏に浮かんだ. ¡Cómo *se te ocurre* salir con el tiempo que hace! こんな天気の日に君が外出する気を起こすなんて.

oda [óða] 女 頌(しょう)詩, 頌歌, オード(人や物を称(たた)える叙情詩で, 重厚な調子を持つ). —Ha compuesto una ～ a la Tierra Madre. 彼は母なる大地への頌歌を作った.

odalisca [oðalíska] 女 (＜仏 odalisque＜トルコ語 ódah liq (内縁の妻))《歴史》オダリスク(オスマントルコ皇帝の女部屋(ハレム)の女奴隷), ハレムの女.

ODECA [oðéka] 女 (＜Organización de Estados Centroamericanos) 女 中米機構(英 OCAS).

odeón [oðeón] 男 古代ギリシャの音楽堂

***odiar** [oðjáɾ オディアル] 他 を憎む, 憎悪(ぞうお)する, 嫌う. —Yo la quiero, pero ella me *odia*. 私は彼女を愛しているが, 彼女は私を憎んでいる. *Odio* levantarme temprano. 私は早起きが苦手だ. Mi abuelo *odia* las películas violentas. 私の祖父はバイオレンス映画が嫌いだ. 類**abominar, aborrecer, detestar**. 反**amar, querer**.

‡**odio** [óðjo] 男 憎しみ, 憎悪; 嫌悪. —Mantenían una extraña relación de amor y ～. 彼らは奇妙な愛憎関係にあった. por ～ a … を憎む[嫌う]あまり. sentir ～ por … を憎む, 嫌う. No podía disimular el ～ que sentía por la vecina. 彼は近所に住むその女に対する嫌悪感を隠しきれずにいた. tener [cobrar, tomar] ～ a … を憎む, 嫌う. Este niño tiene verdadero ～ al estudio. この子は本当に勉強が嫌でしょうがないのだ. 類**aborrecimiento, antipatía, aversión, repugnancia, tirria**. 反**amor, simpatía**.

odio mortal (相手の死を望むほどの)心底からの憎しみ, 恨み, (誇張的に)大変嫌いよう.

odiosidad [oðjosiðá(ð)] 女 憎らしさ, うっとうしさ, そうりゅう.

odioso, sa [oðjóso, sa] 形 ❶ 憎らしい, 嫌気をさそう, ひどい, ろくでもない. —Es ～ cómo tratan aquí a los ancianos. ここでの年配者に対する態度はひどいものだ. Hizo un día 〜: lluvia, viento y frío. 雨, 風, 寒さと, ろくでもない一日だった. **abominable, aborrecible, detestable, repugnante.**

❷ 不愛想な, 人をはねつける, 反感をかう. —Es un hombre 〜, que siempre está borracho y peleándose. 彼は人当たりの悪い男で, いつも酒に酔ってはけんかばかりしている. 類**antipático, desagradable, repelente.** 反**agradable, simpático.**

❸《法学》法の精神に反する.

hacerse odioso 嫌われる, 反感をかう.

O'Donnell [oðonél] 固名 オドンネル(レオポルド Leopoldo 〜)(1809-67, スペインの軍人・政治家).

odontología [oðontoloxía] 女 歯科学.

odontólogo, ga [oðontóloɣo, ɣa] 名 歯科医. 類**dentista.**

odorante [oðoránte] 形 臭いを発する. 類**oloroso.** 反**desodorante.**

odorífero, ra, odorífico, ca [oðorífero, ra, oðorífiko, ka] 形《まれ》香気のある, 香りのよい. —hierbas *odoríferas [odoríficas]* 香りのよいハーブ. 類**aromático.**

odre [óðre] 男 ❶ (主に酒や油を保存する, 羊の)皮袋. ❷《比喩, まれ》酔っぱらい, 大酒飲み.

estar como un odre ひどく酔っ払っている.

OEA《頭字》(＜Organización de Estados Americanos)女 米州機構(英 OAS).

oeste [oéste オエステ] 男 西, 西方, 西部. —al 〜 西の方へ(に). España limita al O〜 con Portugal. スペインは西側でポルトガルと国境を接している. 類occidente, poniente.**

❷ 西風 (=viento (del) 〜).

❸ (O〜)《米国の》西部. —película del O〜 西部劇(映画).

—— 形 西の. —El ala 〜 del edificio está de reformas. 建物の西翼は改修工事中です. Vivo en la zona 〜 de la ciudad. 私は町の西の地域に住んでいます.

ofendedor, dora [ofendeðór, ðóra] 形 侵害する, 攻撃的な, 屈辱的な.

—— 名 侵害者, 侮辱者.

**ofender [ofendér オフェンデル] 他 ❶ を侮辱する, (精神的に)傷つける. —Perdóname en algo te *he ofendido*. 何かのことで君を傷つけてしまったのなら許してもらいたい. El diputado *ha ofendido* al primer ministro con sus palabras. その議員は首相を侮辱する発言をした. を困らせる, …に不快感を与える. —Tu mala conducta *ofende* a tu familia. 君の乱行に家族は困っているぞ. 〜 los oídos 耳障りである. 〜 a la vista 目障りである. 〜 el sentido común 常識に反する.

—— *se* 再《+por で》気分を害する, 侮辱を被る, 怒る. —*Se ofendió* cuando le dije que era demasiado creída. 私が彼女にあまりに自信過剰だと言ったら彼女は気分を害した. *Se ofende por nada*.

ofendido, da [ofendíðo, ða] 形 侵害された, 侮辱された. —Yo hablaba en general, pero él se dio por 〜. 私は一般的な話をしていたのだが, 彼は侮辱されたように受け取った.

—— 名 被害者, 侮辱[中傷]を被る人. 反**ofen-**

office   1367

sor.

:ofensa [ofénsa] 女 侮辱, 侮蔑; 汚辱, 恥; 気分を害する物や事柄. —〜 a Dios 神への冒瀆(と). Esos chistes son una 〜 al buen gusto. それは悪趣味な冗談だ. 〜 a la dignidad 尊厳を傷つけること. No lo tomes como 〜 que sólo ha sido una broma. 悪くとらないでくれよ, ただの冗談なんだから.

ofensiva [ofensíβa] 女 →ofensivo.

*ofensivo, va [ofensíβo, βa] 形 ❶ 侮辱するような; 不快な. —declaración *ofensiva* 感情を傷つけるような物言い. Pidió que se retiraran aquellos carteles 〜s. 彼は中傷的な内容の表示が全て撤回されるよう求めた. ❷ 攻撃の. —arma *ofensiva* 攻撃用兵器. capacidad *ofensiva* 攻撃力. 反**defensivo.**

—— 女 ❶《軍事》攻撃. —Las tropas emprendieron la *ofensiva*. 軍は攻撃を開始した. ❷ 攻勢, 攻撃的な行動. —La oposición ha decidido pasar a la *ofensiva*. 反対派は攻撃に転じる決定を下した. El equipo local desplegó una brillante *ofensiva* durante todo el partido. その試合でホームチームは終始素晴らしい攻撃を展開した.

*ofensor, sora [ofensór, sóra] 形 ❶ 侮辱するような; 不快な. —palabras *ofensoras* 侮辱的な言葉, 誹謗(ロ゙)中傷の言葉. ❷ 攻撃の. —ejército 〜 攻撃軍. —— 名 ❶ 侮辱する人, 無礼者. ❷ 攻撃者.

oferente [oferénte] 形 提供する, 売り込みする, 供給する.

—— 男女 提供者, 供給者, 売り込み人.

:oferta [oférta] 女 ❶ 提供, 供給; 提出, 提示. —Este periódico trae muchas 〜s de empleo. この新聞には求人情報がたくさん載っている. Ha aumentado la 〜 de coches en el mercado nacional. 国内市場では自動車の供給台数が増加している. ❷《商業》(商品・サービスなどの)提供, 供給; 入札, 付け値, オファー; 供給品, 供給物. —Cuando la 〜 aumenta, los precios bajan. 供給量(商品数)が増えれば価格は下がる. La 〜 turística de esta primavera es muy atractiva. この春の観光ツアープランはなかなか魅力的だ. 反**demanda.** ❸ バーゲン, 特売; 特別価格; 値引き商品. —de [en] 〜 バーゲン中の, 特売の. En esta planta están las 〜s. バーゲン品はこのフロアにある. ❹ 申し出; プロポーズ; 約束; 贈り物. —El médico recibió la 〜 de matrimonio de una distinguida señora. その医者はさる高名な婦人から結婚の申し込みを受けた. Recibió una 〜 de la empresa para emplearlo. その会社から雇用のオファーがあった. 類**proposición.**

ofertar [ofertár] 他【中南米】を提供する. —La empresa patrocinadora *ha ofertado* cincuenta mil euros por el evento. スポンサー企業はイベントに五万ユーロの提供を申し出た. ❷ を値引きして売る. ❸《商業》を入札する. ❹【中南米】を贈与する. 類**regalar.** ❺【中南米】を捧げる. 類**ofrendar.**

ofertorio [ofertórjo] 男《カトリック》❶ 聖餐奉献(ミサで, 聖パンとワインを捧げる事). ❷ 聖餐奉献の祈り.

office [ófis] (＜仏, 英)男 配膳室, パントリー. ♦

ofis, ófis とも書く.

offset [ófse(t)] 男 《印刷》オフセット印刷. —sistema ~ オフセット・システム.

‡**oficial** [ofiθjál] 形 ❶ 公式の, 公的な. —acto ~ 公式行事. documento ~ 公文書. Boletín O~ (del Estado) 官報. lengua ~ 公用語. ❷ (機関などが)国公立の, 公の. —centro ~ de enseñanza 国公立の教育機関. escuela ~ de idiomas 国公立の語学学校. organismo ~ 公的機関. web [página] ~ オフィシャルホームページ. 類**público**. 反**privado**. ❸ 公の, 公式の, 正式の. —Su divorcio no es ~ todavía. 彼はまだ正式に離婚したわけではない. Los resultados de las oposiciones no son ~es todavía. 採用試験の結果はまだ発表されていない. 類**formal**.

— 男 ❶《軍事》士官, 尉官, 将校 (jefe (佐官) と suboficial (下士官)の中間). —~ general 曹長; 師団長, 中将, 大将. ~ retirado 退役将校. ❷ 役人, 官吏 (jefe (高官)と auxiliar (補佐官, 次官)の中間). —~ de Sanidad 衛生官吏, 検疫官. ❸ 公務員, 職員, 局員. —~ mayor 事務局長. Su marido es ~ de secretaría. 彼女の夫は書記局(事務局, 秘書室)の局員をしている. ❹ 警部補. ❺ [女性形 oficiala] 職人 (maestro (親方)と aprendiz (徒弟, 見習い)の中間), 工員; 事務員.

oficiala [ofiθjála] 女 女子職員, 女子役人, 女子事務員.

oficialidad [ofiθjaliðá(ð)] 女 ❶ 公式であること, 公的性格, 公共性. ❷ 将校団.

oficializar [ofiθjaliθár] [**1.3**] 他 を公式化する, 公認する. —Han oficializado la reunión anual de los periodistas. 年恒の記者集会が公のものとして認定された.

‡**oficialmente** [ofiθjálménte] 副 ❶ 公式に, 公的に; 正式に; 公務上. —Aún no me lo han comunicado ~. まだそれについては私に正式の通知がない. ❷ 表向きは, 世間的には. —O~ estaba en Madrid. 私は表向きはマドリードにいることになっていた. 類**realmente**.

oficiante [ofiθjánte] 形 男女 ミサを司式する(人).

oficiar [ofiθjár] 他 ❶ [自動詞的にも用いる] (ミサなど)を司式する. —Hoy ha oficiado el sacerdote más anciano. 今日は最年長の司祭がミサをとり行った. 類**celebrar, conmemorar**. ❷ を公式に通告する. —Me han oficiado la imposición de una multa. 私は罰金徴収を公式通告された.

— 自 [+de の] 役を務める. —Oficié de juez en el concurso de oratoria. 私は弁論大会で審判の役を務めた. ~ de conciliador 仲裁役をとる. 類**encargarse**.

‡**oficina** [ofiθína オフィシナ] 女 ❶ オフィス, 事務所, 会社; 職場; 執務室, 局, 研究室. —Trabaja de secretaria en una ~. 彼女はある会社で秘書として働いている. ~ de colocación [empleo] 職業安定所, 職業斡旋(紹介)所. ~ de correos 郵便局. ~ de información 案内所, インフォメーションオフィス. ~ de patentes y marcas 特許商標局. ~ de turismo 観光案内所. horas [horario] de ~ 営業時間; 執務[勤務]時間. ir a la ~ 出勤する, 仕事[会社]に行く. ~ pública 官公庁. ~ comercial 商社. ❷《古》工房, 工場, 仕事場. ❸《まれ》調剤室, 薬局(=~ de farmacia).

oficinal [ofiθinál] 形 《薬学》❶ (植物の)薬用の. ❷ 調剤済みの.

oficinesco, ca [ofiθinésko, ka] 形 《軽蔑》事務的な, お役所的な.

***oficinista** [ofiθinísta] 男女 事務員, 会社員; 事務官.

****oficio** [ofíθjo オフィシオ] 男 ❶ 職, 仕事, 職務, 任務. —~ de maestro [novelista] 教職[文筆業]. Tiene como ~ la carpintería./Tiene el ~ de carpintero. 彼は大工の仕事をしている[大工を本職としている]. ❷ 手仕事; 肉体労働; (仕事などの)技術・能力. —aprender un ~ 仕事を覚える. tener mucho ~ 熟練している, 腕がよい. ❸ 役目, 役割, 機能. —El ~ de esas columnas es sujetar el techo. それらの柱は天井を支える役目を果している. 類**función, papel**. ❹ (公的な)文書, 通達. —Recibí un ~ del juzgado para que presentara la documentación. 私は資料を提出するようにとの裁判所からの通知を受け取った. ❺ [主に 宗](カトリック) 聖務, 聖務日課 (=~ divino); 典礼, 礼拝式, (特に聖週間中の)ミサ. ~ de difuntos 死者のための祭式, 葬儀, 追悼ミサ. ~s de Semana Santa 聖週間中のミサ. Santo O~《歴史》異端審問所. ❻《古, まれ》オフィス, 事務所; 研究室, 書斎.

buenos oficios 調停, 仲介, 斡旋. Conseguí el empleo gracias a los buenos oficios de un amigo. 私は友達の紹介で仕事を得ることができた. 類**gestión, mediación**.

de oficio (1) (弁護士などが)国選の, 裁判所の判断(指名)による. abogado de oficio 国選弁護人. turno de oficio 国選弁護人の輪番制. (2) 公の, 国費[公費]で(の). Ya se lo han comunicado de oficio. そのことはもう公式に伝えてある.

ser del oficio《話, 婉曲》売春をしている.

sin (no tener) oficio ni beneficio《話, 軽蔑》無職で[ある], 定職を持たない.

oficiosamente [ofiθjósaménte] 副 ❶ (情報などに関して)非公式に, 半官的に. ❷ 手まめに, おせっかいに.

oficiosidad [ofiθjosiðá(ð)] 女 ❶ (情報などの)非公式性, 半官性. ❷ 手まめ. ❸ 世話好き, (余計な)おせっかい.

***oficioso, sa** [ofiθjóso, sa] 形 ❶ 非公式の, 半官の; 未公認の. —Lo supe de fuente oficiosa. 私は非公式の筋からそれを知った. Los resultados ~s de las elecciones dan como vencedor al partido del gobierno. 未公認ではあるが選挙結果は与党の勝利だ. 反**oficial**. ❷ 世話焼きの, お節介な(人). —La intervención oficiosa de la suegra es inevitable. 姑がお節介にも首を突っ込んでくるのは避けられない. Me atendió un empleado muy ~. ひどく世話好きの職員が面倒をみてくれた. ❸ (新聞などが)政府系の, 特定の機関・団体の. ❹ (嘘などが)利益を得ようとする, 有利さを求めての.

ofidio, dia [ofíðjo] 形 《動物》蛇類の.
— 男 《動物》蛇, 蛇類.

ofimática [ofimátika] 女 OA, OA 機器.

****ofrecer** [ofreθér オフレセル] [**9.1**] 他 ❶ (a)を提供する, 申し出る.

ayuda a los damnificados 被害者に援助を申し出る. Nos *ofrecieron* una cena espléndida. 私たちはすばらしい夕食を出された. (**b**) (パーティーなど)を催す, 開催する. —Los Valera *ofrecieron* anoche una fiesta por el cumpleaños de su hijo. バレーラ夫妻は息子の誕生日を祝って昨夜パーティーを催した. (**c**) を勧める, 提案する, ～と持ち掛ける. —Me *ofreció* un puesto de dependiente en la tienda. 彼は私に店員の職を勧めた. (**d**) を差し出す, 差し伸べる. —La dama me *ofreció* la mano para que se la besara. 貴婦人は私が手に接吻するよう手を差し伸べた. ❷ (**a**) (報償などを)約束する, …の出費を余儀なくされる. —～ cien mil euros como rescate 身代金として10万ユーロの支払いを約束する. (**b**) …の値段を付ける. —¿Cuánto le *ofreces* por el piso? 君はマンションにいくらの売値を付けたの. ❸ (様相)を呈する, 見せる, 示す. —El proyecto *ofrece* serias dificultades. 計画は甚だ困難な様相を呈している. La chica *ofrecía* un aspecto desolador. 少女は痛々しい様子を見せていた. ❹ (キリスト教)を(神・聖人に)奉献する, 捧げる. —～ una misa por el alma del difunto 故人の霊にミサを捧げる. 類**consagrar**.
——**se** 再 ❶ 〖+a+不定詞〗(…することを)自ら申し出る, 買って出る. —*Se ofrecieron a* ayudarnos en la mudanza. 彼らは引っ越しの際我々を手伝うと申し出てくれた. ❷ (光景などが)展開する, 広がる, くり広げられる. —Desde la cumbre *se nos ofreció* una maravillosa vista panorámica. 頂上からわれわれの眼前に一大パノラマが広がった. ❸ 起こる, 生じる. —Estaba preparada para cualquier eventualidad que pudiera ～*se*. 彼女は生じ得るいかなる事態にも用意ができていた.

***ofrecérse*LE *a* ...** (人)に必要とされる, 望まれる. ¿Qué *se le ofrece*? 何かお手伝いしましょうか, 何か差し上げましょうか.

*****ofrecido**, **da** [ofreθíðo, ða] 過分 提供された(物), 捧げられた(物); 呈示された(物).

*****ofrecimiento** [ofreθimiénto] 男 提供, 提出; 申し出; 奉献, 奉納, 捧げ物. —Rechazaron mi ～ de colaboración. 私は協力を申し出たが断られた.

ofrenda [ofrénda] 女 ❶ 〘カトリック〙 (**a**) 神や聖母への捧持物; ミサで捧げるパン, ワインその他の物. —Han traído numerosas ～*s* a la Virgen. 多くの捧げ物が聖母の所へ持って来られた. (**b**) 埋葬時の教会への献納物. (**c**) 初ミサを行う窮乏司祭への施し. 類**donación**, **presente**. ❷ 献身. —hacer ～ de su vida a la ciencia 学問に命を捧げる. ❸ 贈り物. —～ de flores a la señora 婦人への花の贈り物. 類**regalo**.

ofrendar [ofrendár] 他 ❶ を捧げる, 奉納する. —～ velas a la Virgen 聖母にろうそくの燈明を捧げる. 類**donar**. ❷ を犠牲にする. —～ la vida por la justicia 正義のために命を投げうつ. 類**sacrificar**. ——自 〖+a/por〗献身する.

ofrezca(-) [ofréθka(-)] 動 ofrecer の接・現在.

ofrezco [ofréθko] 動 ofrecer の直・現在・1 単.

oftalmía [oftalmía] 女 〘医学〙眼炎.

oftálmico, **ca** [oftálmiko, ka] 形 〘医学〙眼の, 眼科の, 眼炎の. —nervio ～ 視神経. operación *oftálmica* 眼科手術.

oftalmología [oftalmoloxía] 女 〘医学〙眼科医学.

oftalmológico, **ca** [oftalmolóxiko, ka] 形 〘医学〙眼科の.

oftalmólogo, **ga** [oftalmóloɣo, ɣa] 名 眼科医. 類**oculista**.

ofuscación [ofuskaθión] 女 ❶ 目がくらむこと, 眩惑, 目まい. ❷ 〘比喩〙(感情により)目がくらむこと; 理性の乱れ.

ofuscamiento [ofuskamiénto] 男 →**ofuscación**.

ofuscar [ofuskár] [1.1] 他 ❶ …の目をくらませる. —Los faros de un coche me *ofuscaron* y tuve que detenerme. 一台の車のライトに目がくらんで, 私は一時停車しなくてはならなかった. 類**cegar**, **deslumbrar**. ❷ 〘比喩〙(人)の理性を失わせる. —La rabia la *ofuscaba* y dijo muchas barbaridades. 彼女は激怒し心を乱し, 乱暴な言葉をたくさん吐いた. 類**obcecar**.
——**se** 再 ❶ 目がくらむ. —Al salir de la casa *se ofuscó* con el sol. 彼女は家から出ると太陽の光に目がくらんだ. ❷ 心を乱す, 理性を失う. —*Se ofuscó* con la idea de que tenía cáncer y perdió hasta el apetito. 彼は自分が癌にかかっていると考えると気持ちが混乱し, 食欲さえ失せてしまった.

ogro, **ogresa** [óɣro, oɣrésa] 名 ❶ (民話・伝説の)食人鬼. ❷ 残忍な人, 悪どい人. ❸ 非常に醜い人.

**oh [ó ó] 間 ❶ (驚き, 感嘆, 恐れ, 痛み, 喜びなどを表す)ああ, まあ; おや. —*¡Oh*, qué alegría! まあ, うれしい. *¡Oh*, qué maravilla! おお, 何と素晴らしい. ❷ (肯定・否定・呼びかけの強調)ああ, まあ; おお. —¿Vendrás a la fiesta? *-Oh*, sí; por supuesto. パーティーには来ますか. -ええ, もちろんですとも. *¡Oh*, tú! おお汝よ[ああ, あなた]. *¡Oh*, no! Me he olvidado de comprar la carne. あらいやだ, お肉を買うのを忘れていたわ.

O'Higgins [oxíxins] 固名 ❶ オヒギンス(チリの県). ❷ オヒギンス(ベルナルド Bernardo ～)(1778-1842, チリの独立運動指導者).

ohm [óm] 男 →**ohmio**.

ohmio [ómio] 男 〘電気〙オーム(電気抵抗の単位, Ω).

oíble [oíβle] 形 聞こえる, 聞きとれる. —Hable de forma más ～, que no me entero de lo que dice. 何を言っているか分からないので, もっとよく聞こえるように話して下さい.

oíd [oíð] 動 oír の命令・2 複.

oída [oíða] 女 聞くこと. —conocer [saber] de [por] ～*s* 聞いて知っている. Sólo conocía de ～*s* el accidente. 事故の事は話で聞いて知っているだけだった. —Sólo le conozco de ～*s*. 彼のことは名前を知っているだけ.

oído[1] [oíðo] 動 oír の過去分詞.

**oído[2] [oíðo オイド] 男 ❶ 聴覚, 聴力, 耳. —agradable al ～ 耳に快い. El abuelo tiene problemas de ～, pero no está sordo. 祖父は耳が遠いが, 聞こえない訳ではない. ❷ 耳, 聴覚器官, 三半規管. —～ exterior 外耳. ～ medio 中耳. ～ interno 内耳. Me duelen los ～*s*. 私は耳が痛い. Para dormir se pone siempre tapones en los ～*s*. 寝るときはいつも耳栓をしている. ❸ 音感(=～ musical, ～ para la música). —María tiene buen ～ (para la

oidor

música). マリーアは音感がいい. ❹ (発破を仕掛ける)穴, 導火線孔; (銃の)火門. ❺ (人の話を)聞くこと, 耳を傾けること, 注意. 類 **atención**.

***aguzar*[*abrir, aplicar*] *el oído*[*los oídos*]** 耳を澄ます, 耳をそばだてる, 聞き耳を立てる.

al oído (1) 小声で, 耳元で; こっそりと. hablar [contar, decir] *al oído* 耳打ちする, 耳元でささやく. Si te da vergüenza, dímelo *al oído*. 恥ずかしかったら, 耳元でこっそり言ってくれればいいよ. (2) (耳で)聞いただけで. Estos datos sólo están tomados *al oído*. この情報は人から聞いたものにすぎない.

cerrar los oídos a … …に耳を貸さない, 耳をふさぐ. Cerró *los oídos* a mis súplicas. 彼は私の懇願には耳を貸さなかった.

dar*[*prestar*] *oído*(*s*) *a … …に耳を貸す, 注意を払う; を信用する. No debes *prestar oídos* a esos chismes. そんな噂口を気にしてはいけないよ.

de oído (1) (楽器などの演奏を)人に習わずに, 耳で覚えて. aprender *de oído* 聞いただけで覚えてしまう. tocar el piano *de oído* 聞き覚えでピアノを弾く. (2) 話に聞いただけで(の). Sólo lo conocía *de oído*. 彼はそれを聞いて知っているだけだった.

duro*[*tardo*] *de oído 耳の遠い; 音感の悪い.

entrar a*[＋人] *por un oído y salir a*[＋人] *por el otro 注意を払わない, 意に介さない, 馬耳東風である. Los consejos que le dan, *por un oído le entran y por el otro le salen*. 皆の忠告を彼は気にも留めない.

***hacer oídos sordos*[*de mercader*]** 注意を払わない, 気に留めない. Los vecinos del pueblo *hicieron oídos de mercader* a las advertencias. 町の住民は警告に耳を貸そうとしなかった.

***llegar a oídos de*[＋人]** …の耳に入る, 聞こえてくる. La noticia de su arresto aún no *ha llegado a oídos de* los hijos. 彼が逮捕されたという知らせはまだ子供たちの耳には届いていない.

machacar los oídos くどくどと繰り返す, 耳にたこが出来るほど言う.

¡Oído al parche*[*a la caja*]*! 『話』(注意を喚起して)人の話を聞け.

pegarse al oído (曲などが)覚えやすい, 耳なじみがよい.

***regalar el oído*[*los oídos*]** お世辞を言う, うれしがらせる, へつらう. A ella siempre le ha encantado que le *regalen los oídos*. 彼女はいつもお世辞を言われて喜んでいる.

ser todo oídos 『話』熱心に耳を傾ける, 全身を耳にする. Cuéntamelo, *soy toda oídos*. さあ話してごらん, 聞いているから.『todo は無変化でも主語に性数一致してもよい』.

silbar*LE [*sonar*LE, *zumbar*LE] *los oídos (陰で)噂される; 批判されていることに気づく); (人に悪く言われて)耳が痛い. Dejad ya de criticar a Luis, que *le deben estar sonando los oídos*. ルイスをもう責めないでやろう, 彼も耳が痛いはずだ.

tener un oído enfrente del otro 音痴である.

oidor, dora [oiðór, ðóra] 形 聞く.
— 名 聞き手, 聴者. ⇨ **oyente**.
— 男 〖歴史〗(昔の)聴訴官, 裁判官.

OIEA 〖頭字〗(＜Organismo Internacional para la Energía Atómica)男 国際原子力機関(英 AIEA).

oiga(-) [óiɣa(-)] 動 oír の接・現在.
oigo [óiɣo] 動 oír の直・現在・1 単.
oil [óil] 男 オイル語.
oímos [oímos] 動 oír の直・現在・1 複.

**oír [oír オイル] [10.2] 他 ❶ を聞く, 耳にする, …が聞こえる. —¿ Has oído ya la noticia? 君はもうそのニュース聞いたかい. ¿Me oyes?—Sí, te oigo muy bien. 私の言っていることが聞こえるかい.—ええ, よく聞こえるよ. Oigo cantar a María. 私はマリーアの歌うのが聞こえる. ❷ (*a*) …に耳を貸す, (他人の話)を気にする, 承知する. —Deberías ～ lo que *te* dicen tus padres. 君はご両親が言っていることに耳を傾けるべきだろう. 類語 oir は単に「聞く」, escuchar は「注意して聞く, 傾聴する」. (*b*) (他人の頼み事)を聞き入れる, 聞き届ける, …に応じる. —El asesino no *oyó* las súplicas de la víctima. 殺人犯は犠牲者の嘆願を聞き入れなかった. ❸ 〖司法〗(申し立て)を聞く, 聴聞する. —El juez *oyó* las alegaciones del fiscal y del abogado. 判事は検察側と弁護側の申し立てを聞いた. ❹ 聴講する. — ～ teología 神学を聴講する.

como lo*(*que*) *oyes 聞いてのとおり(本当)だ. ¿Seguro que se encuentra mal?—*Como lo oyes*. 本当に彼は病気なのか.—聞いてのとおりだ.

como quien oye llover 何を言おうと耳をかさずに. Yo se lo avisé, pero él, *como quien oye llover*. 私は彼に何度かそれを注意したが, 馬耳東風だ.

¿lo*[*me*] *oyes? (念を押して)わかるかい, いいね.

No hay peor sordo que el que no quiere oír. 〖諺〗話を聞かない人には何を言ってもむだだ(←耳をかそうとしない者より悪い聾者(??)はいない).

¡Oiga! (1) 〖複数の相手には oigan〗(呼び掛けて)もしもし, ねえ, ちょっと. *¡Oiga!* Se le ha caído una moneda. もしもし, コインを１つ落しましたよ. *¡Oiga*, no empuje, yo también bajo! ちょっと, 押さないでくださいよ, 私も降りるんだから. (2) 〖スペイン〗(電話で掛ける方が)もしもし.

Oír, ver y callar, es la conducta del sabio. 〖諺〗聞く, 見る, されど, もの言わぬは賢者のおこない.

¡oye! (呼び掛けて)おい, ちょっと, ねえ, フアン. Oye, Juan, te llamo esta noche. あのね, フアン, 今夜電話するよ. *¡Oye*, qué elegante viene hoy! おい, 彼女は今日何と上品なんだ.

oís [oís] 動 oír の直・現在・2 複.
oíste [oíste] 動 oír の直・完了過去・2 単.
oísteis [oísteis] 動 oír の直・完了過去・2 複.
OIT 〖頭字〗(＜Organización Internacional del Trabajo)女 国際労働機関(英 ILO).

*ojal [oxál] 男 ❶ ボタン穴, ボタンホール. —Lleva un clavel en el ～ de la solapa. 襟の飾りボタン穴にカーネーションを挿している. ❷ 裂け目, 割れ目; 穴. —～ de salida del remo (ボートなどの)オールを通す穴.

**ojalá [oxalá オハラ] 間 …しますように, …だといいのだが〖＋(que)＋接続法〗.
—¡O～ fuera una mujer! 女だったらよかったのに. ¡O～ que haga buen tiempo! 天気がよいといいのだが. ¡O～ hubieras venido! 君も来られればよかったのに. すごく楽しかったんだよ. Es posible que se cancele el viaje.—¡O～! 旅行がキャンセルになるかもね.—だといいけど.

*ojeada [oxeáða] 囡 一見, ひと目. —Dio [Echó] una ~ a la plaza, pero no vio a su amigo. 彼は広場をちらっと見たが, 友人の姿は見えなかった. 類 mirada, vistazo.

ojeador, dora [oxeaðór, ðóra] 图 勢子(狩りで獲物を追いたてる人).

ojear[1] [oxeár] 他 ❶ (獲物を)追いたてる, 駆り出す. 類 ahuyentar. ❷ を脅して追い払う.

ojear[2] [oxeár] 他 ❶ …に目を通す, 見渡す; をじっくり見て調べる. —Ojeó el taller a ver si el trabajo marchaba bien. 仕事がちゃんと進んでいるかどうかを見るために作業場を見渡した. ❷ を目で呪う[呪う目で見る].

ojeo [oxéo] 男 狩り立て. —echar un ~ 狩り立てをする.

ojera [oxéra] 囡 〖主に 複〗 ❶ 目の下の隈(くま). —tener ~s 目の下に隈ができている. ❷ 《医学》眼盃, 洗眼盤 (=lavaojos).

ojeriza [oxeríθa] 囡 恨み, 反感, 悪意のある態度. —El niño le ha tomado ~ al nuevo profesor. その子は新しい先生に反感を抱いた. Sé que me tiene ~ y no sé la razon. 彼が私を良く思っていないのは分かっているが, 理由は分からない. 類 antipatía, enojo.

ojeroso, sa [oxeróso, sa] 形 目の下に隈(くま)のある. —Hoy se ha levantado con cara ojerosa. 彼は今日起きた時に目の下に隈ができていた. estar ~ 目の下に隈が出来ている.

ojerudo, da [oxerúðo, ða] 形 目の下に隈(くま)のある.
—— 图 目の下に隈のある人. 類語 ojeroso は隈の出来た状態を言う. ojerudo は元々隈のあるような顔つきを指す.

ojete [oxéte] 男 ❶ 《服飾》鳩目穴, アイレット (金属の輪で縁を補強したひも通し穴や飾り穴). ❷ 《隠》尻の穴.

ojinegro, gra [oxinéɣro, ɣra] 形 黒目の.

ojituerto, ta [oxituérto, ta] 形 《まれ》斜視の, やぶにらみの. 類 bisojo, bizco.

ojiva [oxíβa] 〖<仏〗囡 ❶ 尖頂迫(せりもち), 尖頂アーチ, オジーヴ. ❷ 《ミサイルなどの》弾頭, 先の形.

ojival [oxiβál] 形 尖頂迫(せりもち)形式の, 尖頂アーチのついた. —arco ~ 尖頂アーチ. ventana ~ 尖頂形の窓(主にゴシック建築に関して言う).

**ojo [óxo オホ] 男 ❶ 目, 眼球; 視力. —Era un chico alto, con el cabello y los ~s negros. 彼は背が高く, 黒い髪で黒い目をした子だった. Con el ~ izquierdo apenas ve. 左目はほとんど見えない. Para creerlo, tengo que verlo con mis propios ~s. この目で見なければ信じられない. ~ compuesto (昆虫などの)複眼. ❷ 目つき; 視線. —Me miró con ~s tristes. 彼は悲しげなまなざしで私を見た. alzar [levantar] los ~s al cielo 視線を上げる, 天を仰ぐ. clavar los ~s en ... をじっと見つめる, …に目が釘付けになる. bajar los ~s 目を伏せる, 下を向く. El joven tenía los ~s fijos en ella. その青年は彼女から目が離せなかった. ❸ (a) 注意, 用心, 警戒. —Ten mucho ~ al cruzar la calle. 道を渡るときはよく気をつけるんだよ. ¡O-! この[注目]! (b) 〖間投詞的に〗気をつけろ. ¡O-! con ... ! ¡O~ con los rateros! スリにご用心. ¡O~ con lo que dices! 言葉に気をつけなさい. ¡O~, que aquí hay un charco de agua! ここに水たまりがあるから気をつけな. 類 atención, cuidado. ❹ (特殊な)能力, 才能, 鑑識眼 (=~ clínico). —Tiene buen ~ para los negocios [tratar con los alumnos]. 彼は商売に[生徒の扱いに]長けている. 類 perspicacia, sagacidad. ❺ (主に道具類の)穴, 目. —el ~ de una aguja 針穴. el ~ de una cerradura 鍵穴. ~ de buey (船の)舷窓, 採光窓, 円窓. ~ del culo 《俗, 卑》尻の穴. ❻ (食物の中に出来る)穴, 気泡. los ~s del queso [bizcocho] チーズ[スポンジケーキ]の穴. ❼ 斑点, 円い模様. —los ~s del pavo real 孔雀の尾羽の模様. ❽ (平地にある)泉; 湧水(ゆうすい)地 (=~ de agua). ❾ 《建築》橋げたと橋げたの間, 径間. ❿ (水と油などを合わせた時に出来る)泡, 脂の輪. ⓫ (ジャガイモの)芽, 新芽. ⓬ (洗濯物に)石鹸をつけること. ⓭ 《印刷》(活字の)字面, 印刷面; b, p などの穴の部分.

a (los) ojos de ... (人)によれば, …の目から見ると, …の見解では.

a ojo (de buen cubero) 《話》大ざっぱに, 大体の見当で, 目分量で. Calcula el peso de los ingredientes a ojo. 彼は材料の重さを目分量で計る.

a ojos cerrados/a cierra ojos/con los ojos cerrados よく考えずに, 盲目的に, 目をつぶって; 躊躇(ちゅうちょ)なく, 信頼しきって. Si me invita María voy con los ojos cerrados. マリアが呼んでくれるなら即行くよ. Solicité su ayuda y me la dio a ojos cerrados. 私が援助を願い出たら, 迷わず助けてくれた.

a ojos vistas 〖強調〗明らかに, はっきりと. El niño fue adelgazando a ojos vistas. その子は目に見えてやせ衰えていった.

abrir el ojo [los ojos] (1) 《話》用心する, (油断なく)見張る. Para que no te engañen, es mejor que abras bien los ojos. 人にだまされないように, よく目を光らせておくことだよ. (2) 《話》(迷いなどから)目を覚ます, (誤りなどに)気づく, 開眼する. Aquel viaje le sirvió para abrir los ojos al problema de la discriminación. その旅行で彼は差別問題について意識するようになった.

abrir los ojos 《文》生まれる. Quería volver para morir en el pueblo que le vio abrir los ojos. 彼は生まれた町へ戻って一生を終えたかった.

aguarse los ojos/arrasarse los ojos [resarse los ojos de [en] agua [lágrimas]] 目に涙を浮かべる, 涙を一杯ためる.

aguzar los ojos 目を光らせる, 注意して見る.

alegrarse [bailar] los ojos a ... (人)の目に喜びの色が浮かぶ. Cuando le dije a la abuela que venías se le alegraron los ojos. おばあ様にお前が来ると言ったらうれしそうにしていた.

andar [estar, ir] con ojo [con cien ojos] 《話》注意する, 用心する. Ándate con ojo que este barrio es muy peligroso. この地域はとても危険な所だから気をつけて歩きなさいよ.

avivar el ojo [los ojos] 警戒する, 用心する.

cerrar los ojos (a ..., ante ...) (1) 死ぬ. (2) 眠る, 眠りに落ちる. Cuando pude cerrar los ojos ya estaba amaneciendo. やっと眠りについたときはもう夜が明けかけていた. (3) (…に)目をつぶる, 黙認する; 見ようとしない. Aunque estaba mal de dinero, cerré los ojos y compré el coche. 金銭的に苦しかったのだが, それには目をつぶってその車を買った. Ante la evidencia de la corrupción prefirió cerrar los ojos. 彼は明らかな違反

ojo

に対して目をつぶろうとした.

coger entre ojos 《話》(人を)嫌う, 反感を抱く.

comer con los ojos 料理を目で楽しむ; (美味しそうなので)自分の皿にたくさんとりすぎてしまう; 外見にまどわされる.

comerse [devorar, tragarse] con los ojos (a ...) 《話》を物欲しげに[ほれぼれと, 憎々しげに]見つめる. *Ella se lo está comiendo con los ojos.* 彼女は穴のあくほどそれを見つめている.

como los ojos de la cara 大事に, 大切に, 目に入れても痛くないほどに.

con buenos [malos] ojos 好意をもって[怒って, 反感を持って].

con los ojos bajos 目を伏せて, うつむいて.

con los ojos como platos 目を丸くして.

con los ojos fuera de las órbitas 《話》(驚き, 恐怖などに)目を見開いて.

costar [salir por, valer] un ojo [los ojos] de la cara 《話》目の玉が飛び出るほど高い.

cuatro ojos 《話, 軽蔑》眼鏡をかけた人, 四つ眼.

Cuatro ojos ven más que dos./Más ven cuatro ojos que dos. 《諺》三人寄れば文殊の知恵(←一人より二人の目で見るほうがよく見える).

dar en los ojos (1)明白である. (2)[+con](人を)怒らせる, 悩ます.

dar un ojo de la cara por ... 《話》[主に過去未来形で]どうしても...したい[...が欲しい]. *Daría un ojo de la cara por tener una casa de campo en Mallorca.* 何としてもマヨルカに別荘を持ちたい.

delante de los ojos de ... (人)の見ている前で, ...のいる所で. *Le pegó un puñetazo delante de mis ojos.* 私の目の前で彼を殴った.

¡Dichosos los ojos (que te [le, os, les] ven)! 《話》(人に会った時に)久しぶりですね, 会えてうれしいよ.

¿[¡] Dónde llevas [tienes] los ojos[?]/¿No tienes ojos en la cara? どこに目がついているんだ, 何を見ているんだ.

donde pone el ojo, pone la bala 《話》(狩りなどで)狙いが正確である, 狙った獲物は必ずしとめる.

dormir con los ojos abiertos [con un ojo abierto] (como las liebres) 《話》警戒している, 用心深い, 気を抜かない.

echar el ojo (a ...) 《話》...に目をつける, を見張る; を物欲しげに見る.

echar [poner] los ojos encima 《話》(人を)見かける, 会う.

echar un ojo (a ...) 《話》(1)(見張るために)をちらちらと見る, 時々見る. *Dejo al niño en la cuna. Échale un ojo de vez en cuando.* 赤ん坊をゆりかごに寝かせておくから, 時々見てやって. (2)ざっと見る, 目を通す. *Antes de irte, echa un ojo a los documentos.* 行く前に資料にざっと目を通しておいてくれたまえ.

El ojo del amo engorda al caballo. 《諺》馬を肥やすには飼い主の世話が一番(利害や関心を持つ者が責任も持たなければならないことのたとえ).

en los ojos de [+人] ...の見ている前で, ...のいる所で.

entrar [meterse] por el ojo (derecho) [por los ojos] a ... (外観から)(人)に気に入られる, (人)の目をひく. *Los dos vestidos eran bonitos, pero éste me entró por los ojos.* ドレスは両方とも素敵だけれど, 私はこっちの方が気に入った. *Esta tarta se mete por el ojo.* このケーキはいかにもおいしそうだ. *Se ve que la nueva secretaria le ha entrado por el ojo derecho al director.* 今度の秘書は部長に気に入られたようだ.

en un abrir y cerrar [en un volver] de ojos 《話》瞬く間に, あっという間に.

hasta los ojos 《話》(事件, 問題などに)どっぷりかって, はまりこんで, (借金で)首が回らずに; 飽き飽きして. *En aquellos tiempos estábamos entrampados hasta los ojos.* 当時私たちは借金で身動きがとれずにいた.

irse los ojos por [tras, detrás de] ... 《話》(人)を物欲しげに見る, 渇望する. *Se le van los ojos tras las chicas guapas.* 彼はかわいい女の子を見るとどうしてもそっちに目が行ってしまう.

llenar el ojo a ... 《話》(人)に気に入る, 好ましい. *Rosa era una chica limpia que a la abuela Ana le llenaba el ojo.* ロサは清楚な女の子で祖母のアナに気に入られいた.

mal de ojo →mal.

Más ven cuatro ojos que dos. →Cuatro ojos ven más que dos.

meter ... por los ojos a ... 《話》(人)にしつこくすすめる, ...の利点を述べ立てる, をうまく売りつける.

meterse por el ojo de una aguja 抜け目のない, はしっこい, 頭の切れる, 目端の利く.

mirar con ojos de ... ...の目[見方]で見る. *Ella lo mira con ojos de madre.* 彼女は母親のような目で彼を見ている.

mirar con otros ojos 見方を変える, 違った目で見る, 見直す. *Desde que le presenté el proyecto al jefe, me mira con otros ojos.* 上司にその企画を提出したら, 彼の私を見る目が変わった.

mirarse en los ojos de [+人] を深く愛する. *Andrés se miraba en tus ojos.* アンドレスは君のことがとても好きだった.

mirar [ver] con buenos [malos] ojos/mirar de mal ojo 《話》好意的に[悪意を持って]見る.

No es nada lo del ojo. 問題ではない, 大した事はない.

No lo verán tus ojos. (可能性を強く打ち消す表現)そんなことありえない, 考えられない.

no quitar ojo a ... [los ojos de ...] 《話》...から目を離さない, をじっと見つめている. *El niño no quitaba los ojos del pastel.* その子はケーキから目を離そうとしなかった.

no saber dónde tiene los ojos 鈍い, 間抜けな; 右も左も分からない, 全くの初心者である.

no tener ojos en la cara 《話》目が節穴同然である, 状況が見えていない. *¿Cómo has comprado una corbata tan fea? ¿No tienes ojos en la cara?* 何だってこんな変なネクタイを買ったんだ, 目がおかしいんじゃないのか?

no [sin] pegar [cerrar] [un] ojo [los ojos] 《話》一睡もしない[せずに], まんじりともしない[せずに]. *No he pegado ojo en toda la noche.* 私は一晩中眠れなかった.

no tener ojos más que para ... ...のことしか見えない, ...にかかりきりである. *No tenía ojos más que para ella.* 彼女のことしか見えていなかった.

no ver más que por los ojos de [+人] (...に)夢中である, 恋焦がれている. *La acababa de co-*

nocer y *no veía más que por sus ojos.* 彼女と出会ったばかりでもう心を奪われてしまっていた.

ojo a la funeral [*virulé*] 《話》(殴られて)周りが青あざになっている目.

¡Ojo al parche! 《俗》気をつけろ, 注意しなさい.

ojo avizor 《話》見張って, 注意して. *Hay que estar ojo avizor para que nadie intente colarse.* 誰も忍び込まないように見張っていないといけない.

ojo clínico [*médico*] (1) 《話》鑑識眼, 慧眼; 〖ときに皮肉〗(医師の)診察力, (医師による)適性. *tener ojo clínico para …* …に目端が利く. *Su tía tenía buen ojo clínico como pediatra.* 彼の叔母は優れた小児科医だ. (2) 洞察力, 適切なものを見極める力, 炯眼(炊). *Puedes fiarte de él porque tiene un ojo clínico y rara vez se equivoca.* 彼なら判断力があってめったに間違いは犯さないから, 君は頼りにしていて大丈夫だよ.

ojo de boticario 《古》薬局で特に大事なもの, 劇薬などを納めておく場所.

ojo de buey 丸窓, 丸型の採光窓.

ojo de gallo [*pollo*] うおのめ, たこ; 赤ワインの橙色がかった褐色, またその色のワイン.

ojo de gato 〖鉱物〗猫目石, キャッツアイ.

ojo de halcón 〖鉱物〗灰青色のクォーツ(石英)の一種.

ojo del huracán [*ciclón*] (1) 台風の目. (2) (議論, 紛争などの)中心, 渦中.

ojo de perdiz (1) 〖織物〗大小のひし形を組み合わせた模様. (2) 〖闘牛〗目の周りが赤い肉色をした牛.

ojo de pez 〖光学, 写真〗魚眼レンズ.

ojo de tigre 〖鉱物〗虎目石, タイガーズアイ.

ojo mágico 《まれ》〖電気〗マジックアイ(ラジオ受信機にある, 周波数校正の同調を示すランプ).

ojo [*ojito*] **derecho de …** 〖主に ser+〗《話》…のお気に入り; …の片腕. *El hijo menor es el ojito derecho del padre.* 末息子は父親のお気に入りだ.

Ojo por ojo, diente por diente. 目には目を, 歯には歯を.

ojos de carnero [*cordero*] **degollado** 《話》悲しげなまなざし, 哀れっぽい目つき(=*ojos tristes*).

Ojos que no ven, corazón que no siente. 〖諺〗よその不幸は心が痛まないもの(←目で見なければ心に感じない).

ojos saltones [*de besugo*] 《話》目の出っ張った, ぎょろ目の.

parecerse en el blanco de los ojos 似ても似つかない, 全く共通点がない.

pasar los ojos por [*a*] **…** …にざっと目を通す.

poner … delante de los ojos de [*a*+人] (人に)…をはっきり分からせる, 明確に示す, 納得させる.

poner los ojos [*el ojo*] **en …** …に目をつける, を選び取る, を狙う; に好意を持つ. *Arturo ha puesto los ojos en Laura y acabará saliendo con ella.* アルトゥーロはラウラに目をつけている, いずれデートするようになるだろう.

poner los ojos en blanco 白目をむく.

poner los ojos en blanco delante de …/ poner los ojos de bolilla ante … …に目がない, をほめそやす, …に感心する.

por SUS lindos ojos たやすく, 何もせずに; ただで.

revolver los ojos (怒って)目をむく, 目をぎょろつかせる.

sacarLE los ojos (人から)搾(煎)り取る, (人に)大金を出させる.

sacarse los ojos (互いに)激しく争う, 激しいけんかをする.

salirLE a [*por*] **los ojos** (感情などが)(人の)顔に出る, 表情に現れる. *Te sale a los ojos que estás mintiendo.* お前が嘘をついていることは目を見れば分かるよ.

salir por [*costar*] **un ojo de la cara** 《話》目の玉が飛び出るほど高い.

saltar a [*dar en*] **los ojos** (=*saltar a la vista*) 明白である, 一目瞭然である, 火を見るより明らかである. *Salta a los ojos* que actuó con toda buena voluntad. 全くの善意からの行動だったことは誰の目にも明らかだ.

saltarse los ojos a … (人が)物欲しそうにする, 物欲しげに見る.

saltar un ojo [*los ojos*] **a …** (…の)目玉を引っこ抜く, 失明させる, 目を傷つける.

ser todo ojos 《話》目を皿のようにする, 非常に注意深く見る.

tener entre ojos [*sobre ojo*] 嫌悪する, 憎んでいる.

tener los ojos en … をじっと見つめる.

tener los ojos puestos en … …が欲しい, …に目をつけている.

tener los ojos vendados/tener una venda en los ojos 客観的に見られない, 判断力を失っている.

tener mal de ojo 不吉な目をしている.

torcer los ojos 目をそむける, 目をそらす, 横目で見る.

traer … entre ojos (人)から目を離さない, (人)を警戒する.

ver con los mismos ojos 見解が一致する.

volver los ojos a … (1) …に関心を持つ; を頼る, …に助けを求める. *no tener a quien* [*a donde*] *volver los ojos* 頼れる相手がいない. (2) 振り向く; 視線を転じる.

Ojos del Salado [óxos ðel saláðo] 固名 オホス・デル・サラード山(チリとアルゼンチン国境の高峰).

ojota [oxóta] 女 〖南米〗(草や皮で作った, インディオ風の)ぞうり.

Ojotsk [oxótsk] 固名 (Mar ~) オホーツク海.

ojuelo [oxuélo] (<*ojo*) 男 ❶〖主に複〗《まれ》愛嬌のある目. ❷ 複《まれ》めがね.

okey (<英 OK) 間 オーケー, わかった.

:ola [óla] 女 ❶ (主に大きな)波, 波浪; うねり. — *levantarse* ~*s* 波立つ. *romper* [*quebrar, estallar*] *las* ~*s* 波が砕ける. ❷ (*a*) 〖気象〗波. — ~ *de calor* [*frío*] 熱波[寒波]. (*b*) 殺到, 高まり. — ~ *de gente* 人の波. *Una* ~ *de crímenes azota la ciudad.* 町を犯罪の嵐が襲う. (*c*) (運動・傾向などの)波及, 流行, 流行. ~ *de gripe* 風邪の流行. ~ *inflacionista* [*de inflación*] インフレの波, インフレ傾向.

hacer la ola (サッカースタジアムなどで観客が次々に立って)ウェーブをする, ウェーブが起こる.

nueva ola (文学・芸術などの)新しい波, 新しい運動; ヌーベルバーグ.

ola verde (車の流れをスムーズにするため)信号の点灯時間が調節されること.

:ole, olé [óle, olé] 間 (闘牛・舞踊などの掛け声)いいぞ, よし; それ行け, しっかり; ばんざい〖¡~ ya!, ¡~ ahí!, ¡~ con ~! などの形でも用いる〗.

de(l) ole/de ole con ole 並外れた, 途方もない.
— 男 アンダルシアの舞踊(舞曲)の一種.

oleada¹ [oleáða] [＜ola] 囡 ❶ 大波. ❷ 波のうねり, 波の打ち寄せ. —La intensa ～ impidió que el velero se acercara a la costa. 激しい波で帆船の接岸が阻まれた. ❸《比喩》(人などが)大量に押し寄せること. —Una ～ de gente inundó a la plaza. 人々がどっと広場に押し寄せていった.

oleada² [oleáða] [＜óleo] 囡 オリーブ油の大量収穫.

oleaginoso, sa [oleaxinóso, sa] 形 油脂性の. —plantas *oleaginosas* 油脂性植物(オリーブ, ひまわりなど). productos ～*s* 油脂製品. 類**aceitoso, oleoso**.

oleaje [oleáxe] 男 (水面上の)波立ち. —El fuerte ～ obligó a cancelar la regata. 波立ちが激しいため, レガッタの中止を余儀なくされた.

oleícola [oleíkola] 形 油脂性植物農業の, 植物油工業の. —producción ～ 植物油生産量(スペインでは主にオリーブ(油)に関して).

oleicultor, tora [oleikultór, tóra] 形 油脂植物農業を行う, 植物油工業を行う. —compañía *oleicultora* 植物油会社.
— 名 油脂植物農業・植物油工業従事者.

oleicultura [oleikultúra] 囡 油脂植物農業・栽培, 植物油工業.

óleo [oléo] 男 ❶ 油, オリーブ油. ❷ 油彩, 油絵の具. —pintar al ～ 油彩で描く. ❸《カトリック》(臨終の)聖油, 聖香油, 聖塗ること. —el [los] Santo(s) Óleo(s) 聖油, 終油式.

oleoducto [oleoðúkto] 男 (石油などの)パイプ, 送油管.

oleografía [oleoɣrafía] 囡 油彩画の複製.

oleoso, sa [oleóso, sa] 形 油性の. 類**aceitoso, oleaginoso**.

oler [olér オレル] [5.10] 他 ❶ …のにおいをかぐ. —Ella *huele* ～ el perfume antes de comprarlo. 彼女は香水を買う前にそれをかぐ. 類olfatear**. ❷ を(しつこく)かぎ回る, 詮索する. —Ha venido a ～ lo que estamos haciendo. 彼は私たちがしていることをかぎつけようとやってきた. ❸《秘密など》のかぎつける, 感づく, 察知する. —Ya *olía* que estaban tramando algo. 私は彼らが何か企んでいると感づいていた.
— 自 ❶ [＋a の] においがする. —La rosa *huele* muy bien. バラはとても良いにおいがする. *Hueles a* sudor. 君は汗臭いぞ. ❷ [＋a の] 感じがする, …くさい. —Ese señor me *huele a* ratero. あの人はスリくさいぞ. Aquella invitación le *olía a* soborno. その招待は彼には買収の感じがした.

no oler bien/oler mal 胡散(うさん)臭い, 怪しい, 不審である. Hay algo en ese negocio que me *huele mal*. あの取引には何か胡散臭いところがある.

oler a chamusquina →chamusquina.

oler (saber) a cuerno quemado/oler a tigre 不快な[嫌な]感じがする, 怪しい. En aquella casa *huele a tigre*. あの家は何か怪しい.

—**se** 再 疑う, …ではないかと思う. —Me *huelo* que sus relaciones no marchan bien. 私は彼らの関係がうまく行っていないのではないかと思う.

olfatear [olfateár] 他《自動詞的にも》❶ …のにおいをかぐ, (動物が)くんくんかぐ, 獲物をにおいで追う. —Tiene la pésima costumbre de ～*lo todo antes de comerlo*. 彼は食べ物を食べる前にくんくん嗅ぐ悪い癖がある. El perro se pasó todo el día *olfateando*. 犬は一日中鼻をくんくん鳴らしていた. 類**oler, ventear**. ❷《比喩》を詮索する, かぎ回る. —Siempre está *olfateando* en la vida de sus colegas. 彼はいつも同僚達の私生活をかぎ回っている. 類**curiosear, fisgar**. ❸《比喩》を疑う, …に感ぐる, をかぎつける. — Ya me *olfateaba* que algo marchaba mal. 何かがうまく行っていないことを私はすでに感づいていた. 類**oler, recelar, sospechar**.

olfateo [olfatéo] 男 ❶ においをかぐこと, くんくんかぎ回ること. ❷《比喩》詮索してかぎ回ること.

olfativo, va [olfatíβo, βa] 形 嗅覚の. —nervio ～ 嗅覚神経.

olfato [olfáto] 男 ❶ 嗅覚. ❷《比喩》嗅覚, 察知能力, かぎ分け. —Tiene un agudo ～ para los negocios. 彼は商売にかけては鼻のきくやつだ. 類**instinto, perspicacia**.

olfatorio, ria [olfatório, ria] 形 嗅覚の. —órgano ～ 嗅覚器.

olíbano [olíβano] 男 乳香(カンラン科ニュウコウ属の木の樹脂から取る芳香剤). 類**incienso**.

oliente [oliénte] 形 においを発する《現代では主に bien*oliente*, mal*oliente* などの合成語で用いる》.

oligarca [oliɣárka] 男女 寡頭(かとう)政治の執政者, 少数支配団体のメンバー.

oligárquico, ca [oliɣárkiko, ka] 形 寡頭(かとう)政治の, 少数支配の.

oligoceno, na [oliɣoθéno, na] 形《地学》漸新世の, 漸新系の.

oligofrenia [oliɣofrénia] 囡《医学》精神薄弱, 精神発達遅滞.

Olimpia [olímpia] 固名 オリンピア(ギリシャ南部の古代遺跡都市, オリンピックの発祥地).

olimpiada, olimpíada, olimpíade [olimpiáða, olimpíaða, olimpíaðe] 囡 ❶ オリンピック競技会, オリンピック競技. ❷ (古代ギリシャの)オリンピック競技の間隔の4年間《*olimpíade* は古い形》.

olímpico, ca [olímpiko, ka] 形 ❶ オリンポ(Olimpo)の. ❷ オリンピア(Olimpia, 古代ギリシャの町)の. ❸ オリンピック競技の. —juegos ～*s* オリンピック大会. villa *olímpica* オリンピック村. la antorcha *olímpica* オリンピック聖火. Comité *Olímpico Internacional* 国際オリンピック委員会 (C.O.I. (英 I.O.C.)). ❹《比喩》尊大な, 横柄な. —gesto de ～ desdén 尊大にさげすむ態度. 類**altanero, despectivo**.

olimpismo [olimpísmo] 男 オリンピック精神.

Olimpo [olímpo] 固名 オリンポ(パラグアイの県).

oliscar [oliskár] [1.1] 他 ❶ (においを)軽くかぐ, くんくんかぐ. —Tiene la costumbre de ～ la comida antes de tomársela. 彼は食べ物を食べる前にくんくんにおいをかぐ癖がある. ❷《比喩》を詮索する, かぎ回る. 類**curiosear, husmear**.
— 自 (腐敗物が)においを発する.

olisquear [oliskeár] →oliscar.

oliva [olíβa] 囡 ❶《植物》オリーブの実. —aceite de ～ オリーブ油. 類**aceituna**. ❷《植物》オリーブの木. 類**olivo**. ❸《鳥類》フクロウ. 類**lechuza**. ❹《比喩, まれ》平和.

oliváceo, a [olißáθeo, a] 形 オリーブ・グリーンの.

olivar¹ [oliβár] 男 オリーブ畑, オリーブ園.
olivar² [oliβár] 他 〖農業〗(木)の下枝を払う.
olivarero, ra [oliβaréro, ra] 形 オリーブ農業の, オリーブ油産業の. —región *olivarera* オリーブ農業地帯. cosecha *olivarera* オリーブの収穫. 類 **oleícola**.
—— オリーブ農業・オリーブ油産業従事者. 類 **oleicultor**.
olivícola [oliβíkola] 形 オリーブ農業の. 類 **oleícola**, **olivarero**.
olivicultor, tora [oliβikultór, tóra] 形 名 オリーブ農業従事者(の). 類 **oleicultor**.
olivicultura [oliβikultúra] 女 オリーブ農業. 類 **oleicultura**.
:olivo [olíβo] 男 ❶〖植物〗オリーブの木; オリーブ材. —Se sentó a descansar a la sombra de un ~. 彼は一休みしようとオリーブの木陰に腰を下ろした. una estantería de ~ オリーブ材の書棚. Monte de los *Olivos*〖聖書〗オリーブ山(キリスト受難の場).
tomar [*coger*] *el olivo* (闘牛士が)防柵の中に逃げ込む; 逃げる, 退散する.
olla [ója] 女 ❶ 鍋, 深鍋. —~ exprés [a presión] 圧力鍋. poner la ~ al fuego 鍋を火にかける. ❷ 煮込み料理, 煮物, シチュー. —~ podrida (肉, 豆類, 野菜, 腸詰めなどを入れた)具だくさんの煮物.
estar a la olla de ... (人)の家に居候する.
olla de grillos〖話〗騒々しい場所.
ollar¹ [oʝár] 男 馬の鼻穴.
ollar² [oʝár] 男 〖鉱物〗—piedra ~ 蛇紋石の一種(器, つぼの材料になる).
ollería [oʝería] 女 ❶ 鍋屋. ❷〖集合的に〗鍋類.
ollero [oʝéro] 男 かめ, つぼ作りの陶工.
olmeda [olméða] 女 ニレ林, ニレ並木.
olmedo [olméðo] 男 =olmeda.
:olmo [ólmo] 男 〖植物〗ニレ(楡), ニレの木; ニレ類. —La corteza del ~ tiene propiedades medicinales. 楡の樹皮には薬効がある.
pedir peras al olmo →peras.
ológrafo [ológrafo] (hológrafo とも書く)男 自筆の遺言状.
——, **fa** 形 〖まれ〗自筆の, 自署の. 類 **autógrafo**.
**olor [olór オロル] 男 におい, 香り. —La sopa desprendía un buen ~. スープのいい匂いがしていた. En el cuarto había un fuerte ~ a naftalina. 部屋はひどく防虫剤臭かった. Esa flor no tiene ~. この花は香りがしない.
al olor de ... …にひかれて, つられて, 誘われて. Los parientes acudieron *al olor del* dinero. 金につられて親戚が集まって来た.
dar a ... *el olor de* ... (人に)…の疑いを抱かせる, (人が)…ではないかと疑う.
de olor 香りのついた. agua [loción, hierbas] *de olor* オーデコロン[ローション, 香草]. 類 **aromático**, **perfumado**.
en olor de ... …の雰囲気[気配]の中で.
en olor de multitud(*es*) 群集の歓呼のうちに, 観衆の喝采(ホ)を受けて. El equipo fue recibido *en olor de multitudes*. チームは観衆の喝采に迎えられた.
en olor de santidad 聖人の誉れのうちに, 高徳の名声とともに. Murió *en olor de santidad*. 彼は名声のうちに世を去った.

olor a chamusquina きな臭いこと, 悪いことが起こりそうな気配.
oloroso, sa [olorós̺o, sa] 形 香気を発する. —asa *olorosa* ベンゾイン樹脂(=asa dulce). junco ~ ラクダグサ. perifollo ~ セルフィユ(セリ科植物)の一種(香草としてドレッシング等に用いる). uña *olorosa* インド洋産アクキ貝の蓋(た)(焼くと芳香を発し, 薬用とされた). 類 **aromático**, **fragante**, **perfumado**. ❺ ~ オロローソ(シェリー酒の一種で, 香りが強く, 色は濃いめ).
OLP〖頭字〗(<Organización para la Liberación de Palestina) 女 パレスチナ解放機構(英PLO).
:olvidadizo, za [olβiðaðíθo, θa] 形 忘れっぽい, 忘れやすい; 恩知らずの. —Últimamente la abuela está muy *olvidadiza*. おばあさんは最近物忘れがひどくなった. hacerse el ~ 忘れたふりをする.
·olvidado, da [olβiðáðo, ða] 過分 形 ❶ 忘れた; 忘れられた, 見捨てられた. ❷ 忘れっぽい; 恩知らずの.
*olvidar [olβiðár オルビダル] 他 ❶ を忘れる, 思い出せない, 失念する. —Nunca os *olvidaré*. 私は君たちのことを決して忘れない. *Olvidé* tu dirección. 私は君の住所を忘れた. ❷〖+不定詞〗をし忘れる, うっかりして(…を)しない. —He *olvidado* comprar el periódico en el quiosco. 私はうっかりキオスクで新聞を買い忘れた. *Olvidé* decirte que no me esperaras. 私は君に待たなくてもよいと言い忘れた. ❸ を置き忘れる. —*Olvidé* la cartera en el taxi. 私はかばんをタクシーの中に置き忘れた. ❹ …に愛着[関心]を失う, 愛想を尽かす. —Ya *he olvidado* a aquella chica que tanto quería. 私はあれほど愛していたあの娘にもう愛想が尽きた. ❺ を(意図的に)忘れる, を考えない, 許す. —*Olvida* sus ofensas y perdónale. 彼の侮辱は忘れて許してやりなさい.
——**se** 再 ❶ (*a*)〖+*de*〗を忘れる, 忘れてしまう, 思い出せない. —*Se ha olvidado* del día de mi cumpleaños. 彼は私の誕生日を忘れた. (*b*)〖+*a*が〗うっかり忘れる〖忘れられる対象が文法上の主語〗. —*Se me olvidó* llevar conmigo el paraguas al salir de casa. 私は家を出る時傘を持って行くのを忘れた. 〖「私は君の名前を忘れた」をスペイン語で表現すると, He olvidado tu nombre. /Se me ha olvidado tu nombre (君の名前が私に忘れられた). /Me he olvidado de tu nombre. の三つの言い方があるが, このうちよく用いられるのは後二者である〗. ❷〖+*de*+不定詞〗…し忘れる. —*Me he olvidado de* despertarte. 私はうっかり君を起こすのを忘れてしまった. ❸〖+*de*に〗愛着[関心]を失う, 愛想を尽かす. —Nunca *me olvidaré de* mis amigos. 私は友人たちのことを決して忘れない. ❹〖+*de*〗を考えない, 許す. —Ella *se olvidó de* todos los agravios recibidos. 彼女は受けたすべての侮辱を許した.
**olvido [olβíðo オルビド] 男 ❶ 忘れること, 忘却. —El nombre del actor cayó en el ~. その俳優の名は忘れられていった. ~ de sí mismo 無私の心, 私心を捨てること. dar [echar] en el [al] ~ 忘れる, 忘れ去る. enterrar [hundir, sepultar] en el ~ きれいさっぱり忘れる, 努めて忘れる. Enterró en el ~ la trai-

ción de su mujer. 彼は妻の不貞を水に流した. estar [yacer] en el ～ 忘れられている. Ha rescatado del ～ antiguos bailes y canciones. 彼は忘れられていた昔の踊りや歌を思い出した. relegar al ～ (わざと)忘れる, 葬り去る. ❷ うっかりすること, 不注意, 失念; 手抜かり, 油断. —No te perdono el ～ de mi cumpleaños. 私の誕生日を忘れるなんて許せない. ❸ 愛想をつかすこと, 興味を失うこと. —El ～ de su proyecto se debe a que tiene otras cosas más interesantes que hacer. その企画に対する興味が失せたのは他に面白いことがあるからだ. 類 忘れた事柄(もの, 内容).

OM〔頭字〕(<onda media) 女 中波(英MW).

ombligo [omblíɣo] 男 ❶《解剖》へそ, へその緒. ❷ 中心, 拠点(＝cordón umbilical). —Hablan como si su país fuese el ～ del mundo. 彼らはまるで自分の国が世界の中心であるかのように言う. ❸ ～ de Venus. (*a*)《植物》イワレンゲ, 高咲きレンゲ. (*b*) ボタン, 宝飾に使われる貝殻の一種(片面が白くなめらか, 片面は赤くざらざらしたもの)(＝～ marino).

*arrugárse*LE [*encogérse*LE] *el ombligo* (間接目的相当の人が)おじけつく. *Se me encojó el ombligo* de ver el nivel de mis rivales. ライバルのレベルを見ておじけついてしまった.

OMC《頭字》(<Organización Mundial de Comercio) 女 世界貿易機関(英WTO).

omega [oméɣa] 女 ❶ オメガ(ギリシア文字の最後の文字: Ω, ω). ❷《比喩》物事の最後. —alfa y ～ 始めと終わり. ❸《物理》オーム(ohmio, 電気抵抗単位)の記号(Ω). ❹《物理》オメガ(角振動数(ω, 振動数の2π倍)).

omento [oménto] 男《解剖》腸間膜. 類 **mesenterio**.

ominoso, sa [ominóso, sa] 形 ❶ 極悪の, 憎むべき, ぞっとする. —El asesinato de ese niño ha sido un crimen ～. その子供殺しは極悪な犯罪であった. 類 **abominable**. ❷ 不吉な.

OMI[ómi]《Organización Marítima Internacional》女 国際海事機関(英IMO).

omisión [omisjón] 女 ❶ 省略, 脱落, 記載漏れ. —La ～ de su nombre en la lista de invitados fue intencionada. 招待客リストへの彼の名前の記載漏れは意図的なものであった. La ～ de una palabra en la frase cambió totalmente su sentido. 文の1語を抜かしただけで全く意味が変わってしまった. Se han encontrado algunas *omisiones* en el texto impreso. 印刷転記にいくつかの抜けが見つかった. ❷ 手ぬかり, やり漏らし, 見過ごし, 遺漏. ❸ 職務怠慢, なおざり.

omiso, sa [omíso, sa] 形〔omitirの過去分詞不規則形〕❶《次に挙げる成句でのみ》無視された. ❷《まれ》怠慢な, 手抜きの.

hacer caso omiso de ... を無視する.

omitir [omitír] 他 ❶ を省く, せずにおく. —*Omití* el repaso de la lección anterior. 私は前の課の復習は飛ばした. *Omitieron* recoger las herramientas que usaron. 彼らは使った工具を片付けなかった. 類 **dejar (de), eliminar, quitar, suprimir**. ❷ を書かずに[言わずに]おく, 明記し忘れる. —*Omitiré* los detalles. 詳細については触れない. *Han omitido* mi número de teléfono en la lista. リストから私の電話番号が抜けてしまった. 類

eliminar, olvidar.

OMM〔頭字〕(<Organización Meteorológica Mundial) 女 世界気象機関(英WMO).

omni- [omni-] 接頭「全…, 総…」の意. —*omni*potencia, *omni*presencia, *omní*voro.

ómnibus [ómniβus] 男〔単複同形〕❶ 乗り合いバス ❷《主に複合名詞中で》各駅停車の電車(tren～).

omnímodamente [omnímoðaménte] 副 全面的に.

omnímodo, da [omnímoðo, ða] 形 全てを包括する, 全面的・絶対的な. —poder ～ 絶対的権力. 類 **absoluto, total**.

omnipotencia [omnipoténθja] 女 全能, 絶対的力.

omnipotente [omnipoténte] 形 ❶ 全能の, 絶対的な. —Dios ～ 全能の神. La ciencia no es ～. 科学は絶対ではない. ❷ 大きな支配力[影響力]のある. —Estos pueblos estuvieron mucho tiempo a merced de ～s caciques. これらの村は長いこと有力な地主たちの意のままに支配されていた.

omnipresencia [omnipresénθja] 女 遍在(性). 類 **ubicuidad**.

omnipresente [omniprezénte] 形 ❶ 遍在する, 普見の. —Dios ～ 遍(あまね)くします神. 類 **ubicuo**. ❷《俗》どこにでも顔を出す, 神出鬼没の.

omnisapiente [omnisapjénte] 形〔serの補語でのみ〕全知の. 類 **omnisciente, omniscio**.

omnisciencia [omnisθjénθja] 女 全知, 博学.

omnisciente [omnisθjénte] 形 全知の, 博学の. 類 **omnisapiente**.

omniscio [omnísθjo] 形 →omnisciente.

ómnium [ómnjun] 男〔単複同形〕❶ 総合商社. ❷ 総合自転車レース.

omnívoro, ra [omníβoro, ra] 形 雑食動物の. — 名 雑食動物.

omoplato, omóplato [omopláto, omóplato] 男《解剖》肩胛(けんこう)骨.

OMPI [ómpi] (<Organización Mundial de la Propiedad Intelectual) 女 世界知的所有権機関(英WIPO).

OMS《頭字》(<Organización Mundial de Salud) 女 世界保健機関(英WHO).

onagra [onáɣra] 女《植物》メマツヨイグサ.

onagro [onáɣro] 男 ❶ オナジャー(アフリカ, 西南アジア産の野生ロバ). ❷《古代の》大型投石器.

onanismo [onanísmo] 男 自慰, オナニー. 類 **masturbación**.

ONCE [ónθe] (<Organización Nacional de Ciegos Españoles) 女 スペイン全国盲人協会.

*once [ónθe オンセ] 形(数) ❶ 11の. —Son las ～. 11時だ. Saldremos a las ～ de la mañana. 私たちは11時に出掛ける予定です. ❷《序数的に》11番目の. —el capítulo ～ 第11章. el siglo ～ [XI] 11世紀. el 11-M 3.11事件(2004年のマドリードの列車テロ事件). el 11-S 9.11事件(2001年の米国の同時テロ事件). —男 ❶ 11(の数字). ❷《スポーツ》(特にサッカーの)イレブン, 11人一組のチーム. —El entrenador desvelará hoy el ～ inicial. 監督は今日スタメンを発表するだろう. ❸《話》[las+]〔午前11時頃にとる〕軽食, おやつ;《中南米》(午後の)軽食, おやつ. —Ya es hora de tomar las ～. 何か一口つまむ時間だ.

estar a las once 《話》ひどく曲がった位置にある, 傾いている; 偏っている.

onceavo, va [onθeáβo, βa] 形 11分の1. 類 **onzavo**.

oncen|o, na [onθéno, na] 形 11番目の. 類 **undécimo**.

oncología [oŋkoloxía] 女 《医学》腫瘍学.

oncólogo, ga [oŋkóloɣo, ɣa] 名 《医学》腫瘍学者.

:onda [ónda] 女 ❶ 波, うねり, 波紋. —*Tiraba piedras al lago para ver las ～s que se formaban.* 彼は石を投げては湖面に立つ波を見ていた. *las ～s del mar* 《文》海面の波. ❷ 波形(波状)のもの; (髪の)ウェーブ; (布・衣裳などの)フリル. —*Su novia tiene el pelo negro y lleno de ～s.* 彼の恋人は黒くウェーブのかかった髪をしている. *La servilleta tiene bordados en ～s.* そのナプキンは波型の縁取りがしてある. ❸ 《物理》(音・光・電気などの)波, 波動; 周波数. *～ corta* 短波. *～ de choque* 衝撃波. *～ de luz* 光の波動. *～ electromagnética* 電磁波. *～ expansiva* (膨張性の)波動; 爆風. *～ larga* 長波. *～ media [normal]* 中波. *～(s) radioeléctrica(s) [hertziana(s)]* (放送の)電波, ヘルツ波. *～ sísmica* 地震波. *～ sonora* 音波. *～(s) ultrasónica(s) [ultrasonora(s)]* 超音波. *longitud de ～* 波長. *No se coge la ～ de Radio Madrid en este pueblo.* この町ではラジオ・マドリーが受信できない. ❹ 《話》風潮, 雰囲気; 流行, スタイル. —*Las discotecas en la ～ están siempre llenas.* 流行のディスコはいつも満杯だ.

captar [coger] (la) onda 《話》(話などが)わかる, 意を汲む. —*No cogió la onda, creyó que hablábamos en broma.* 彼には真意が伝わっていなかった, 我々が冗談で言っているものと思っていたのだ.

coger (la) onda de … 《話》…に順応する, 慣れ合う.

estar en [fuera de] la onda (1) 《話》流行に遅れていない[いる], 最近の傾向についていっている[いない]. *No le hables de ese tema porque está fuera de onda.* 彼は時代遅れだからそんな話をしても無駄だよ. (2) 《話》何の話かわかっている[いない], 話についていっている[いない]. *Explícame, que no estoy en la onda.* 話が分からないから説明してよ.

estar en la misma onda 《話》(意見・趣味などが)合う, 一致する. *Al lado vive un matrimonio que está en la misma onda que nosotros.* 隣には私たちと同じ趣味の夫婦が住んでいる.

llegar(le) la onda a … 《話》(…の)(状況などを)把握できる, 様子がわかる; 情報が得られる. *En este pueblo no me entero de nada; no me llega la onda.* この町では何もわからない, 何も情報が入ってこないんだ.

ondeante [ondeánte] 形 《まれ》❶ 波打つ, うねる, 波形の. ❷ (旗などが)翻っている.

ondear [ondeár] 自 ❶ (a) 波打つ, 波立つ, うねる. —*El agua del lago ondea agitada por el viento.* 湖の水が風にあおられて波立っている. (b) 波形(状)である. —*Los pliegues de su falda ondean.* 彼女のスカートのひだは波形になっている. ❷ 風などで揺れる. —*En el balcón del Ayuntamiento ondeaba la bandera.* 市役所のバルコニーの旗が風で揺らめいていた.

— 他 を波打たせる, 波形にする. 類 **ondular, rizar**. — **se** 再 ❶ 体をくねらせる. 類 **columpiarse, contonearse**. ❷ 《強意》風で揺れる.

ondina [ondína] 女 (北欧神話の)水の精女, ウンディーネ.

ondulación [ondulaθjón] 女 ❶ 波打つこと, うねり, 波形にすること, アンジュレーション. —*ligeras ondulaciones de la llanura* 平原のゆるやかなうねり. *El ventilador provoca la ～ de la cortina.* 扇風機の風でカーテンが揺れている. ❷ 髪のウェーブ. *～ permanente* パーマネントウェーブ (= permanente). ❸ *～ rizo* 《物理》最大張力波. ❹ *～ periódica* 《物理》定周期波動.

ondulado, da [onduláðo, ða] 形 波打った, ウェーブのかかった. —*melena ondulada* ウェーブのかかった垂れ髪. *línea ondulada* 波線. 類 **ondulante**.

— 男 周期的な振動.

ondulante [ondulánte] 形 ゆったり波打つ, リズミカルに動く, 起伏のある, 蛇行する. —*camino ～* 起伏のある道. *Tiene unos andares ～s.* 彼の歩きはふらふらしている. 類 **ondeante, ondoso**.

ondular [ondulár] 他 …に波形をつける. —*～ el pelo* 髪にウェーブをかける. 類 **ondear, rizar**.

— 自 ❶ 波打つ, うねる, リズミカルに動く, 蛇行する. —*Una serpiente de agua ondulaba en el estanque.* 水蛇が池の中をくねくねと泳いでいた. *Pasado el pueblo la carretera comenzaba a ～.* 村を通り過ぎたところから, 道が曲がりくねり始めていた. 類 **ondear**. ❷ 《物理》直流を交流に変換する.

ondulatori|o, ria [ondulatórjo, rja] 形 ❶ 波動の, 波動力学の. —*movimiento ～* 波動運動. ❷ 波打つ, 波状の. 類 **ondulante**.

oneros|o, sa [oneróso, sa] 形 ❶ 負担になる, 高くつく. —*El mantenimiento de la familia tan numerosa resulta muy ～.* これだけ人数の多い家族を養うのはとても高くつく. 類 **costoso, gravoso**. ❷ わずらわしい, 厄介な. —*entrevistas onerosas* めんどうな会見. 類 **molesto, pesado**. ❸ 《法律》負担付きの, 有償の. —*contrato (a título) ～* 有償契約.

ONG 《頭字》(< *Organización No Gubernamental*) 女 非政府組織(英NGO).

ónice [óniθe] 男 縞めのう. 類 **ónix**.

oníric|o, ca [oníriko, ka] 形 夢の. —*análisis de símbolos ～s* 夢象徴の分析.

ónix [óni(k)s] 男 →**ónice**.

ONO 《略号》= *oestenoroeste* 西北西.

onomástica [onomástika] 女 →**onomástico**.

onomástic|o, ca [onomástiko, ka] 形 ❶ 人名の, 固有名詞の. —*índice ～* 人名[固有名詞]索引. ❷ 《カトリック》洗礼名の. —*día ～* 霊名の祝日(自分の命名の元になった守護聖人の祝日).

— 女 ❶ 《言語》固有名詞学(人名や地名の起源・歴史の研究). ❷ 霊名の祝日.

onomatopeya [onomatopéja] 女 擬音(語), 擬声(語).

onomatopéyic|o, ca [onomatopéjiko, ka] 形 擬音(語)の, 擬声(語)の.

ontogenia [ontoxénja] 女 《生物》個体発生 (系統発生は **filogenia**).

ontología [ontoloxía] 囡 《哲学》存在論.

ontológico, ca [ontolóxiko, ka] 厖 《哲学》存在論的な.

ONU [ónu] 〔< Organización de las Naciones Unidas〕囡 国際連合, 国連(英 UN).

onubense [onuβénse] 厖 ウエルバ (Huelva: スペイン・アンダルシーア地方の県, 県都)の.
— 男女 ウエルバ出身者, ウエルバ県民・市民. (Huelva の旧称 Onube から派生. Huelva からの派生形 huelveño, ña もある).

ONUDI [onúði] 〔< Organización de las Naciones Unidas para el Desarrollo Industrial〕囡 国連工業開発機関(英 UNIDO).

onza[1] [ónθa] 囡 ❶ オンス, オンサ(重量単位:約30g). ◆開や分野によって差がある:スペイン式オンサは 1/16 リーブラ (libra) ≒28.76g, ヤード・ポンド法の常用オンスは 16 分の 1 ポンド (libra) ≒28.35 g, トロイオンス(金衡)は 12 分の 1 ポンド ≒31.103 g. ~ libra. (a) オンサ(古代ローマの通貨単位: 12 分の 1 アス (as) に相当). — media ~ 昔の 2 分の 1 オンサ貨幣. (b) 昔の様々な通貨の 12 分の 1 を表わす単位としても使われる. ❷ 昔の(英米の液量単位:英 20 分の 1 パイント ≒28.4cc, 米 16 分の 1 パイント ≒29.6cc). ❸ 8 つに区切られた半リーブラサイズの板チョコの 1 区切り.
cinto de onzas 昔の金貨携帯用腹まき.
más vale onza que libra 量より質(←リーブラよりオンサの方がまし).
onza de oro 昔の 320 レアル金貨(重量が約 1 オンサだった).
por onzas 《比喩》ほんのわずかだけ.

onza[2] [ónθa] 囡 《動物》(南アジアやアフリカの砂漠地帯に棲む)ユキヒョウの一種. — ~ real 〖メキシコ〗アメリカヒョウ.

onzavo, va [onθáβo, βa] 厖 名 ❶ 11 分の 1 (の). 類 **onceavo**. ❷ 《まれ》11 番目の. 類 **onceno, undécimo**.

oosfera [oosféra] 囡 《植物》(コケ・シダ類の)卵球.

OPA [ópa] 〔< Oferta Pública de Adquisición〕囡 (株式の)公開買い付け(英 TOB).

opa [ópa] 男女 《南米》ばかな(人). 類 **bobo**.
— 間 ❶《南米》やあ!(あいさつ). ❷ よっこらしょ (物を持ち上げる時などに発する声). 類 **aúpa**. ❸ 〖アルゼンチン〗 (a) 〈くそっ!(怒り・痛憤). (b) いやだ! (ちょっかいを出す人に対して).

*****opacidad** [opaθiða(ð)] 囡 《雅》不透明; 暗さ; 不明瞭. — La ~ del cristal impedía el paso de la luz. ガラスが曇っていて光が入ってこなかった. Sus pupilas tenían una turbia ~, como si padeciera cataratas. その瞳は輝きを失って濁っており, まるで白内障を患っている人のようであった.

‡**opaco, ca** [opáko, ka] 厖 ❶ 光を通さない; 不透明な; 不透過性の.《時に+a》— cristal ~ 曇りガラス. La madera es opaca a la luz. 木は光を通さない. 反 **diáfano, transparente**. ❷ (色などが)暗い, 輝きのない. — color ~ くすんだ色. luz opaca 鈍い光. 類 **oscuro**. ❸《雅》明目立たない, さえない. — hombre [persona] ~ [opaca] ぱっとしない人, これといって取柄のない人. ❹《まれ》(金銭が)出所の不明な, 黒い. — dinero ~ ブラックマネー. ❺《文》陰気な, 暗い, 悲しい. — ojos ~s 悲しげな目つき. voz opaca ぼそぼそとした声, 陰鬱な(´ﾂ)な声. 類 **sombrío, triste**.

opalescente [opalesθénte] 厖 オパールのような光沢のある, 乳白色で虹色に変化する. 類 **iridiscente, multicolor, opalino**.

opalesciencia [opalesθiénθia] 囡 オパールの光沢, 乳白色で虹色に変化する輝き具合.

opalina [opalína] 囡 → **opalino**.

opalino, na [opalíno, na] 厖 ❶ オパールの. — verde ~ オパール・グリーン. ❷ オパール色の(青みがかかった上品, 乳白色の輝きを放つ).
— 囡 乳白色ガラス.

‡**ópalo** [ópalo] 男 《鉱物》オパール, 蛋白(%)石; オパール色 (=color ~). — ~ lechoso 白オパール, 乳白色のオパール. — ~ noble ノーブルオパール(特に宝石として用いられる色の鮮やかなオパール).

opción [opθión] 囡 ❶ 選択, 随意, 選択の自由・余地. — No tenemos otra ~. 他に選択の余地がない. 類 **alternativa, posibilidad, selección**. ❷ (就任・昇進の)権利. — Para tener ~ a ese puesto hay que ser doctorado. そのポストに就くには博士の資格が必要である. ❸ 付随的特典. — La entrada da ~ a una consumición. 入場者には 1 ドリンク・サービス付き. ❹《法律》(契約・売買の)オプション, 選択権. ❺《情報》オプション.

opcional [opθionál] 厖 任意の, 随意の, 自由選択の, 選択可能な, オプション.

op. cit. 《略号》 = opere citato (en la obra citada) 前掲[引用]書中に.

OPEP [opép] 〔< Organización de Países Exportadores de Petróleo〕囡 石油輸出国機構(英 OPEC).

‡**ópera** [ópera] 囡 ❶ オペラ, 歌劇. — ~ bufa 喜歌劇. Es un experto en ~. 彼はオペラの専門家だ. ❷ オペラ劇場, 歌劇場. — Esta noche vamos a la ~. 今晩私たちはオペラ劇場へ行きます.
ópera prima 処女作.

operable [operáβle] 厖 ❶ 操作可能な, 運営可能な, 扱い可能な. ❷ 手術可能な.

‡**operación** [operaθión] 囡 ❶ 活動; 作業, 操作. — *operaciones de rescate* 救助活動. — ~ de salida 帰省・行楽による車のラッシュ. ~ retorno U ターンラッシュ. El jefe de obra dirigió la ~ del derribo del edificio. 工事責任者はそのビルの解体作業を指揮した. ❷ 働き, 作用; 効用. — ~ automática オートメーション. *operaciones del alma* 精神の働き. ❸《医学》手術. — ~ quirúrgica 外科手術. ❹《数学》演算. — *las cuatro operaciones* básicas 四則演算(加減乗除). ~ booleana [lógica] ブール [論理] 演算. ❺ (経済) 商業取引, 売買. — ~ de bolsa [bursátil] 株取引. — ~ comercial [mercantil] 商取引. ~ inmobiliaria 不動産取引. ❻ (軍・警察などの)戦略, 作戦行動. ❼ (計画的な)犯罪, 犯罪行為. — Preparaban una ~ contra un banco importante. ある大手銀行の強盗計画が立てられていた.
operación aritmética [*matemática*] 四則演算, 加減乗除, 演算.
operación bélica [*militar*] 軍事行為, 武力戦略.
operación cesárea 帝王切開.
teatro de operaciones → **teatro**.

operacional [operaθionál] 厖 戦術上の, 操作上の.

operador, dora [operaðór, ðóra] 厖 操作す

る, 手術する, 作用する.

── 名 ❶ 操作員, 技師, オペレーター. ~~ financiero (犯罪組織の)財務担当者. ❷ 執刀医. ❸ 電話交換手, オペレーター. ❹ 《映画》撮影技師, 映写技師. ❺ 伝令, 統轄者.

── 男 ❶ 《数学, 情報》演算子, 作用素. ❷ 《生化》オペレーター, 作動遺伝子 [=gen ~].

operante [operánte] 形 ❶ 働いている, 操業中の, 作用している. ―gracia ~ (本人の意思ではなく)神による善行への導き. ❷ 効果的な, 有効な. ―ingredientes ~s 有効成分.

:**operar** [operár] 他 ❶ …に**手術を施す**, を手術する. ―Me han operado de la vesícula biliar. 私は胆のうの手術を受けた. ❷ をもたらす, 現出する, 引き起こす. ―La internet está operando grandes cambios en la sociedad. インターネットは社会に大きな変化をもたらしている.

── 自 ❶ 【+en/sobre に】作用する, 効果を現わす. ―El medicamento ha operado ya sobre el enfermo. 薬が病人にもうきいてきた. ❷ 《数学》演算をする, 計算する. ―~ con números naturales 自然数を使って計算する. ❸ 行動する, 活動する, 働く. ―Nuestros vendedores operan en la parte sur del país. 我が社の販売員は国内の南部で活躍している. ❹ 【+con と】商取引をする. ―Nuestra empresa sólo opera con bancos del país. 我が社は国内の銀行とのみ商取引をしている. ❺ 操業する, 作業する. ―Los barcos pesqueros operan en aguas del cantábrico. 漁船団はカンタブリア海域で操業している. ❻ 《軍事》軍事[作戦]行動をとる. ―La flota regresó al puerto después de ~ en el norte del Pacifico. 艦隊は北太平洋で軍事行動をとったあと港へ戻った. ❼ 悪事を働く. ―La mafia opera en el barrio viejo de la ciudad. マフィアは旧市街で悪事を働いている.

── se 再 ❶ 起こる, 生じる. ―Se ha operado un notable cambio en su conducta. 彼のおこないに目立った変化が生じた. ❷ 手術を受ける. ―Me he operado del corazón. 私は心臓手術を受けた.

operario, ria [operárjo, rja] 名 ❶ 職工, 工員. 類 **obrero**. ❷ 《まれ》(いくつかの宗教における)聴罪師.

operativo, va [operatíβo, βa] 形 効果的な, 有効な. ―medidas operativas 有効手段. 類 **eficaz, operante**.

operatorio, ria [operatórjo, rja] 形 ❶ 手術の, 手術後の. ―proceso ~ 術後経過. choque ~ 術後ショック [postoperatorio (術後の)という複合語としてもよく用いられる]. ❷ 手術可能な.

opérculo [opérkulo] 男 ❶ 《植物》蓋(ふた)《蘚類の胞子のう》のふた, 蘚蓋. ❷ 巻き貝の蓋(ふた), (魚)のえら蓋.

opereta [operéta] 〔＜伊〕女 《音楽》オペレッタ, 小オペラ, 軽歌劇.

operístico, ca [operístiko, ka] 形 オペラの, オペラ同好の.

opimo, ma [opímo, ma] 形 豊富な, 大量の, 多産な. ―~s frutos 多産な成果 cosecha opima 豊かな収穫[「豊かさ」「成果」などを意味する名詞しか修飾しない]. 類 **abundante, fértil, rico**.

opinable [opináβle] 形 様々な意見を呼ぶ, 議論の余地のある, 意見の分かれる. ―Esa es materia ~. それは意見の分かれる問題だ. 類 **discutible**.

oponer 1379

:**opinar** [opinár オピナル] 自 【+de/sobre について】❶ 意見を述べる. ―Los periodistas quieren que el alcalde opine sobre el asunto. 新聞記者たちは市長がその件につき見解を述べることを望んでいる. ❷ 意見[考え]を持つ. ―Quisiera saber qué opinas sobre este asunto. 私は君がこの件についてどんな意見を持っているのか知りたいものだ.

── 他 【+que+直説法】…という意見である, …と考える. ―Opino que lo mejor es esperar. 私は最善のは待つことだという意見だ.

:**opinión** [opinjón オピニオン] 女 ❶ 意見, 見解, 考え. ―Mi ~ es que no debemos hacerlo. 私の意見ではそれはすべきでない. ¿Qué ~ tiene Ud.? あなたのご意見はいかがでしょうか. ¿Quién te ha pedido ~ a ti? 誰が意見を言えといった? ❷ 【主に buena [mala]+】評判, 評価. ―Esa chica no goza de muy buena ~ en este barrio. その女の子はこの界隈(かいわい)ではあまりよく言われていない.

en opinión de … …の意見によれば, …の考えでは. Su última novela, *en opinión de* algunos críticos, es bastante mediocre. その最新作の小説はある評論家らに言わせれば極めて平凡なものである.

opinión pública 世評, 世論. La noticia ha causado gran revuelo entre la *opinión pública*. そのニュースは世間に大きな波紋を呼んだ.

opio [ópjo] 男 ❶ 阿片. ❷ 《比喩》うっとりさせるもの. ―dar el ~ a ... (人)をうっとりさせる.

opíparamente [opíparaménte] 副 おいしい物をたくさん(食べる).

opíparo, ra [opíparo, ra] 形 (食事・料理が)良い, 量が多くておいしい. ―Nos sirvieron una opípara cena. 私たちはたいそうな夕食をふるまってもらった.

opón [opón] 動 oponer の命令・2 単.

opondr- [opondr-] 動 oponer の未来,過去未来.

oponente [oponénte] 形 意見の対立する, 対戦する.

── 男女 対立者, 対戦者. 類 **competidor, contrincante, rival**. 反 **partidario**.

:**oponer** [oponér] [10.7] 他 【+a/contra に対して】を対抗させる, 対置する. ―El detenido no opuso resistencia a la policía. 逮捕者は警察に抵抗しなかった. No opuso ningún reparo a tu participación. 彼は君の参加に異議を差し挟まなかった. ~ defensas a [contra] la riada 増水に対し防護策を講じる.

── se 再 ❶ 【+a】(a)(…と)対立する, 反対である. ―Tu intolerancia se opone a su generosidad. 君の偏狭さと彼の寛容さは正反対だ. La felicidad se opone a la desgracia. 幸福とは不幸と裏腹である. (b)(…に)反対する, 反対論を唱える. ―Los ciudadanos se han opuesto a la construcción de un incinerador. 市民は焼却炉の建設に反対した. Se opone a que lo trasladen. 彼は彼らがそれを移すことに反対だ. ❷ と向かい合う. ―Dos estatuas se oponen a la entrada del jardín. 2 つの彫像が庭園の入口で向かい合っている. En la sala un cuadro se opone a una estatua. そ

の部屋では1幅の絵画が1つの彫像と向かい合っている.

oponga(-) [oponǵa(-)] 動 oponer の接・現在.
opongo [opóngo] 動 oponer の直・現在・1単.
oponible [oponíβle] 形 『+a に』反対出来る, 対抗し得る. —No es un argumento ～ a la política actual. それは現行の政策に対立できる議論ではない.
Oporto [opórto] 固名 オポルト(ポルトガルの都市, ポートワインの産地).
oporto [opórto] 〔<ポルトガル〕男 オポルト・ワイン, ポートワイン. ♦ポルトガル北部 Duero 川流域で生産されるワインで, その輸出港のある町名 Oporto からこの名がついた.
‡**oportunamente** [oportúnamente] 副 タイミングよく, 折よく; 適切に, 都合よく; うまく, 臨機応変に. —Su aviso llegó ～. いい時に知らせてくれた.
****oportunidad** [oportuniðá(ð) オポルトゥニダ(ド)] 女 ❶ 折りよいこと, 時宜を得ていること. —La ～ de la venta de la empresa ha evitado tener que declarar la quiebra. ちょうどよい時に売却されたのでその企業は破産宣告をせずに済んだ. ❷ 好機, 機会, チャンス; 場合, 回, 度. —Te visitaré en la primera ～ que tenga. 都合がつき次第君のところにお邪魔するよ. En ese país no existe igualdad de ～es de empleo. その国には雇用の機会均等というものは存在しない. Su ayuda, como en tantas otras ～es, fue desinteresada. 彼の助力はこれまでの場合と同様, 私利私欲とは無縁だった. 類**ocasión**, **vez**. ❸ 〖主に 複〗安売り, バーゲン, 値引き. —sección de ～es バーゲン会場, 安売りコーナー.
oportunismo [oportunísmo] 男 臨機応変, ご都合主義, 便法主義, 日和見主義.
oportunista [oportunísta] 男女 ご都合主義者, 日和見主義者.
—— 形 ご都合主義の, 日和見主義の.
‡**oportun|o, na** [oportúno, na] 形 ❶ タイミングのよい, 時宜を得た, 折りよい. —¡Qué poco ～ has sido al entrar en ese momento! そんなときに入っていったなんて君も間が悪かったね. La oportuna llegada de los bomberos fue nuestra salvación. ちょうどよい時に消防士が来てくれて私たちは助かった. Tus consejos fueron muy ～s. ちょうどよい時に忠告をしてくれたね. ❷ 適当な, 適切な, 好都合の, ふさわしい. —Me parece ～ llamarle ahora mismo. 今すぐ電話するのがいいと思いますが. No disponían de los ～s comprobantes. ちゃんと証明できるものを彼らは用意していなかった. ❸ 気の利いた, 機知に富んだ, 当意即妙の. —Ha estado muy oportuna con esa respuesta. 彼女は実にうまい受け答えをした.
‡**oposición** [oposiθjón] 女 ❶ 反対, 抵抗; 対立, 反感, 不快感. —Manifestó su ～ al proyecto. 彼はその企画に反対の立場をとった. La ～ de sus opiniones políticas es evidente. 彼らの政治的意見は明らかに対立している. Aceptó la propuesta sin mostrar ～. 彼は反対する様子もなくその申し出を承知した. La ～ popular a la política económica del gobierno es cada vez mayor. 政府の経済政策に対し国民の反感は強ま

る一方だ. ❷ 〖政治〗反対派; 野党. —La ～ votó en contra del proyecto de ley. 野党はその法案に反対票を投じた. ❸ 〖主に 複〗採用試験, 就職試験. —Me hizo oposiciones a notario. 彼は公証人の試験を受けた. concurso [de, por] ～ 選抜試験. ❹ 〖天文〗衝(しょう)(外惑星が地球をはさんで太陽の反対側に位置すること); 〖占星〗オポジション(惑星同士が180度向かい側に位置すること).
oposicionista [oposiθjonísta] 男女 反対派[勢力]の人, 野党員.
—— 形 反対派[勢力]の, 野党の.
opositar [opositár] 自 『+a に』(地位・役職の)採用選抜試験を受ける 〖自動詞としても〗. — (a) una plaza del ministerio de educación y ciencias 文部科学省の採用試験を受ける. Voy a ～ para ser profesor de instituto. 私は中等学校の教員採用試験を受けるつもりだ.
oposit|or, tora [opositór, tóra] 男女 ❶ 採用選抜試験の受験者. ❷ 反対者, 対抗者.
opoterapia [opoterápja] 女 臓器療法.
‡**opresión** [opresjón] 女 ❶ 〖政治〗弾圧, 抑圧, 圧制, 締め付け, 迫害. —～ política 政治的抑圧. El orden público no puede ser el resultado de una ～. 治安は圧力の産物であってはならない. Los partidos progresistas luchaban contra la ～ del régimen. 進歩派的政権の圧制に抵抗していた. 類**represión**. ❷ 圧迫, 圧迫感. —Sintió una ～ en el pecho y lo llevaron al hospital. 彼は胸が苦しいと訴えて病院にかつぎこまれた. 類**presión**.
opresión de pecho 息苦しさ.
opresiv|o, va [opresíβo, βa] 形 圧迫の, 制圧的な, 抑圧的な. —El régimen ～ del dictador duró treinta años. 独裁者の抑圧的体制が30年間続いた. Es una ley opresiva de los derechos humanos. それは人権を踏みにじる法律だ.
opres|or, sora [opresór, sóra] 形 圧迫の, 抑圧的な, 抑圧する. —Sentí como un peso ～ en el corazón y me asusté. 私は心にのしかかる重圧のようなものを感じて怖じ気づいてしまった. gobierno ～ 圧政を敷く政府.
—— 名 制圧者, 抑圧的な支配者. —El pueblo se levantó contra los ～es. 国民は制圧者に対して立ち上がった.
oprimir [oprimír] 他 ❶ 圧迫する, 抑えつける. —～ el botón ボタンを押す. El cinturón me *oprime* el vientre. ベルトが私のお腹を圧迫している. 類**apretar**, **ceñir**, **sujetar**. 反**aflojar**. ❷ を圧制[制圧]する. —Esta ley *oprime* el derecho de los trabajadores. この法は労働者の権利を抑圧するものだ. El gobierno *oprimía* a la gente con elevados impuestos. 政府は重税で人々を圧迫していた. 類**subyugar**, **tiranizar**. 反**libertar**. ❸ (精神的に)を抑圧する, 嫌がらせる; (感情的に)胸をしめつける, 苦しめる. —La emoción me *oprimía* el corazón y no pude pronunciar palabra. 私は感動で胸がつまり, 言葉を発することが出来なかった.
oprobiar [oproβjár] 他 …の名誉・信用を傷つける, を恥かしめる, …の顔に泥を塗る. 類**afrentar**, **agraviar**, **desacreditar**, **humillar**.
oprobio [opróβjo] 男 ❶ 恥, 汚名, 不名誉, 不祥事. —Consideraba que aquel casamiento era un ～ para la familia. 彼はあの結婚は家名を

汚すものだと考えていた. 類**afrenta, agravio, deshonor, deshonra, humillación, ignominia**. ❷ 無礼.

oprobiosamente [oproβjósaménte] 副 無礼にも, 人に恥をかかせるような仕方で.

oprobioso, sa [oproβjóso, sa] 形 ❶ 不名誉な, 恥ずべき. 類**deshonroso, humillante**. ❷ 無礼な.

:**optar** [optár] 自 ❶〚＋por を／entre から〛選ぶ, 選択する. —*Opté por* no responder a sus insultos. 私は彼の侮辱に対応しないことにした. Pudo ～ *entre* muchas opciones. 彼は多くの選択肢の中から選ぶことができた. ❷〚＋a を〛得ようとする, 志望する. —Dos aspirantes *optaron* al puesto. 2人の志望者がその地位を希望した. 類**aspirar**.

optativo, va [optatíβo, βa] 形 ❶ 自由選択の, 随意の. —asignaturas *optativas* 選択科目. 類**opcional**. 反**obligatorio**. ❷《文法》願望を表す. —modo ～ 希求法(ギリシア語文法などの, 願望・必要性を表わす叙法). 類**desiderativo**.

óptica [óptika] 女 →**óptico**.

óptico, ca [óptiko, ka] 形 ❶ 光学の. —fibra *óptica* 光ファイバー. rayo ～ 光線. aparato ～ 光学機器. ❷ 目の, 視覚の. —ángulo ～ 視角. nervio ～ 視神経.

── 名 レンズ技師, めがね屋.

── 女 ❶ 光学. ❷ レンズ光学, レンズ・めがね関係の技術. ❸《集合的に》光学機器類. ❹ めがね屋[店]. ❺《比喩》視点・観点.

optimismo [optimísmo] 男 楽観主義, 楽天的なこと;《哲学》楽観論, 最善観. —Mantuvo el ～ hasta el final. 彼は最後まで楽観視していた. Ella siempre ha enfrentado la vida con ～. 彼女はいつも人生を楽天的にとらえてきた. 反**pesimismo**.

optimista [optimísta] 形 楽天的な, 楽観主義[論]の. —El médico está muy ～ con los resultados. 医者は結果について極めて楽観している. Es una persona de carácter ～. 彼は楽天的な性格の人だ. Creo que es una suposición demasiado ～. その予測は楽観的すぎると思います.

── 男女 楽天家, 楽観主義者. 反**pesimista**.

optimización, optimación [optimiθaθjón, optimaθjón] 女《通信》最適化.

óptimo, ma [óptimo, ma] 形『bueno の絶対最上級』この上なく良い, 最高の. 類**buenísimo, inmejorable**. 反**pésimo**.

:**opuesto, ta** [opuésto, ta] 過分〔<oponer〕形 ❶ 反対の, 相反する, 対立する. —opiniones *opuestas* 反対意見, 対立意見. palabra *opuesta* 反語, 反対語. Se mostró ～ a la firma del tratado. 彼は条約の批准に反対の立場を取った. Tienen gustos ～s. 彼らの好みは正反対だ. Él está en el bando ～. 彼は反対派だ. ❷ 反対側の, 対面の, 向い側の. —Su casa está en la orilla *opuesta*. 彼の家は対岸にある. Correos está en la acera *opuesta*. 郵便局は通りの反対側にある. ❸《植物》対生の(葉などが同じ節に一対つく). —hojas *opuestas* 対生葉.

opugnar [opuγnár] 他 ❶《教養語, まれ》…に反駁(ぱく)する;猛反駁する, を非難・攻撃する. —Una minoría *opugnó* nuestra propuesta. 我々の提案に少数の人から猛反対をくらった. 類**impugnar, refutar**. ❷《教養語, まれ》を強襲する. —～ una plaza 要塞を強襲する. 類**asaltar, atacar**.

opulencia [opulénθja] 女 ❶ 豊富, 豊満. —Ella tiene los ojos negros y una ～ de formas. 彼女は目が黒く豊満な体型をしている. 類**abundancia**. 反**escasez, penuria**. ❷ 裕福, 豊かさ. —vivir en la ～ 裕福に暮らす. 類**caudal, riqueza**.

opulento, ta [opulénto, ta] 形 ❶ 豊かな, 豊富な, 豊満な. —una *opulenta* cosecha 豊かな収穫. pechos ～s 豊満な胸. 類**abundante, exuberante, rico**. 反**escaso, pobre**. ❷ 裕福な. —una vida *opulenta* 裕福な生活. 類**rico**. 反**mísero, pobre**.

opus- [opus-] 動 oponer の直・完了過去, 接・過去.

opúsculo [opúskulo] 男 小冊子, 小著, 小作品. 類**folleto, librito**.

oquedad [okeðá(ð)] 女 ❶ 空洞, くぼみ穴. —El pájaro ha hecho su nido en una ～ del muro. 鳥が壁のくぼみに巣を作った. Hay una ～ en la muela. 歯に虫食いが出来ている. 類**hueco**. ❷《比喩》空虚, むなしさ.

oquedal [okeðál] 男 大木だけの山(草などがはえていない).

oración [oraθjón オラシオン] 女 ❶ 祈り, 祈禱(とう); 祈りの言葉, 祈禱文. —Cada día dedica una hora a la ～. 彼は毎日1時間を祈りに捧げている. Antes de acostarse reza sus *oraciones*. 彼は寝る前にお祈りをしている. ❷《カトリック》晩のお告げ(アンジェラス)の鐘, 晩鐘;《軍事》日暮れ時に鳴らされるラッパ(＝toque de ～). ❸《文》演説, 式辞. —pronunciar una ～ fúnebre [inaugural] 弔辞[就任演説]を述べる. 類discurso**. ❹《文法》文. —～ compuesta [compleja] 複文. ～ principal 主文, 主節. ～ simple 単文. ～ subordinada 従属文, 従属節. parte de la ～ 品詞.

oración dominical 主の祈り(＝padrenuestro).

romper las oraciones 話に割って入る, 話の腰を折る.

oracional [oraθjonál] 形《文法》文の, 文の形をした.

── 男 祈禱書

oráculo [orákulo] 男 ❶ 神のお告げ, 神託. ❷ 神殿, 神託のための聖画・偶像. ❸《しばしば皮肉》大先生, その道の権威. —～ del campo《植物》カミツレ(＝manzanilla).

:**orador, dora** [oraðór, ðóra] 名 ❶ 演説者, 弁者, 講演者. —El ～ fue muy aplaudido. 弁士は大変な拍手喝采を受けた. ❷ 演説の上手な人, 雄弁家. —Ese diputado es un gran ～. その代議士は非常に演説がうまい. ❸ 説教師, 伝道師(＝～ sagrado).

:**oral** [orál] 形 ❶ 口頭の. —examen ～ 口頭試問, 口述試験. literatura ～ 口承文学. tradición ～ 口頭伝承, 言い伝え, 口伝(でん). ❷ 口の, 経口の. —～ anticonceptivo ～ 経口避妊薬. cirugía ～ 口腔外科. por vía ～ 経口で, 口から. ❸《音声》(鼻音 nasal に対して)口音の.

Orán [orán] 固名 オラン(アルジェリアの都市).

orangután [oraŋgután] 〔<インドネシア語 orang hutan〕男 ❶ オランウータン. ❷《比喩》毛深い人,

醜い人.

orante [oránte] [<orar] 形 名 祈り姿の(人).

‡orar [orár] 自 ❶ [+por のために] [神などに]祈る, 祈願する, 祈りを捧げる. —Las monjas *oran por* los difuntos. 修道女たちは死者のために祈っている. ❷ 演説する.

orate [oráte] 男女 ❶ 狂人. ❷ 軽薄者.

oratoria[1] [oratória] 女 ❶ 雄弁術. ❷ 談話, 説教, 演説, 頌詞(しょうし)などの文学ジャンル.

oratorio, ria[2] [oratório, ria] 形 雄弁の, 演説調の. —estilo ～ 演説調の文体.
— 男 ❶ 祈念所, 神棚. ❷ (O～)(カトリック) オラトリオ会(1564 年イタリアの聖 Felipe Neri が創設した在俗司祭の会). ❸ 聖譚歌, 聖譚曲, オラトリオ.

*****orbe** [órβe] 男 ❶《雅》世界, 地球. —en todo el ～ 世界中で, 全世界に. 類 **mundo**. ❷《雅》天球; 地球; 天体; 球. —～ terrestre 地球. 類 **universo**. ❸《魚類》ハリセンボン.

orbicular [orβikulár] 形 ❶ 球形の, 丸い. ❷《解剖》輪筋の. — 男《解剖》輪筋.

órbita [órβita] 女 ❶ (*a*)《天文》(惑星・衛星の)軌道. —El satélite artificial describe una ～ alrededor de la Tierra. 人工衛星は地球を周回する軌道を描いている. (*b*)《物理》(粒子の)軌道, (原子核のまわりの電子の)軌道. ❷ 域, (活動・影響の)範囲. —Ese político tiene una amplia ～ de influencia. その政治家の影響力は大きい. Tus preguntas entran en la ～ de la ciencia. 君の質問は科学の域に入っている. ❸《解剖》眼窩(がんか)(= cuenca ocular). —Estaba aterrorizado, los ojos fuera de las ～s. 彼はぞっとして目が飛びだしそうだった.
estar en órbita 時流に乗っている; 情報[現状]について行っている.

orbital [orβitál] 形 ❶ 軌道の. —trayectoria ～ de un satélite [astro] 衛星[天体]の軌跡. ❷《解剖》眼窩の. —hueco ～ 眼窩の空洞.
— 男《物理》軌道関数(電子や分子の運動状態に関する関数).

orca [órka] 女《動物》シャチ.

Orcadas [orkáðas] 固名 (Islas ～) オークニ諸島(イギリス, スコットランドの諸島).

órdago [órðaɣo] [<バスク] 男 ムス(mus トランプゲームの一種)で, 有り金を全て賭けること.
de órdago《話》すごい, すばらしい. Se ha comprado un piso *de órdago*. 彼はえらく豪勢なマンションを買った. un escándalo *de órdago* えらい騒ぎ. una chica *de órdago* すごくいい女.

ordalía [orðalía] [<ラテン] 女『一般に ～s』(歴史) 中世の神明裁判, 試罪法. ◆探湯(くかたち)に似たり, 古代チュートン民族の裁判法に由来. 奇酷な肉体的苦痛に耐えさせ, その間に神の裁定が下されるというもの.

**orden [órðen オルデン] 男[複 órdenes] ❶ 順番, 順序. —En la confección de la lista no se ha observado ～ particular alguno. そのリストは順不同で作成されていた. por ～ alfabético [cronológico, de edad] アルファベット[年代, 年令]順に. ～ de palabras 語順. por su ～ 順を追って, 順々に. ❷ 秩序, 正常な状態; 整理. —Él siempre ha sido partidario del ～ establecido. 彼は常に既成秩序を支

持する側だった. ～ natural [de la naturaleza] 自然の理法. ～ público 治安. Trató de poner ～ en sus ideas. 彼は考えを整理しようとした. A ver si pones un poco *de* ～ en tu habitación. お前, 少しは部屋を片付けたらどうなの. ❸ 種類, タイプ, 様式; 等級. —Es un atleta de primer ～. 彼は一流の部類に属す選手だ. Todos sus juguetes son pistolas, tanques y cosas de ese ～. 彼の持っている玩具と言えばピストルやら戦車やら, タンクなどのものばかりだ. 類 **categoría, clase**. ❹ 分野, 領域, 範囲(はんい). —El país mejora en todos los *órdenes*, incluso en lo económico. その国は経済も含めてあらゆる面で立ち直っている. Han lanzado contra él acusaciones de todo ～. あらゆる非難が彼に浴びせられた. 類 **ámbito, modalidad, tipo**. ❺《軍事》隊形. —～ abierto [disperso] 散開隊形. ～ cerrado 密集隊形. ～ de batalla [combate] 戦闘隊形. ❻《生物》(動植物の分類上の)目(もく)[類[綱] clase と科 familia の間). —El tigre es un animal de la clase de los mamíferos, del ～ de los carnívoros y de la familia de los félidos. トラは哺乳類食肉科の動物である. ❼《建築》古典建築の各様式. —～ dórico [corintio, jónico] ドーリア[コリント, イオニア]様式. ❽《数学》順序, 次数. —ecuación de primer ～ 一次方程式. ❾《歴史》階級, 身分. —Fue una época de lucha entre los dos *órdenes*, el patricio y el plebeyo. それは貴族と平民という 2 階級間の闘争の時代である. 類 **estamento**. ❿《カトリック》叙階(七秘跡の第六)(= ～ sacerdotal [sagrado, del sacerdocio]). ⓫ 列, 行列.
del orden de ... おおよそ…, …くらい; …の単位で. Se esperan pérdidas *del orden de* mil millones de euros. 数十億ユーロの損失が見込まれる. Se puede conocer con una precisión asombrosa *-del orden de* micrómetros- el tamaño de las células. 細胞の大きさは驚くほど正確に, 千分の 1 ミリ単位まで, 知ることが出来る.
de orden 保守的な, 規律正しい, 厳格な. Es un hombre *de orden*. 彼は規則に忠実な[体制的な]人だ.
de otro orden 他の種類の.
de todo orden あらゆる種類の.
en orden きちんと, 整然と, 順序良く. Deja los libros *en orden*. 本をきちんと並べておきなさい. Tienes que poner *en orden* tu habitación. 部屋を整頓しなければいけません.
en orden a ...《文》…のために, …の目的で; …に関して. Lo importante *en orden a* solucionar el problema es reconocer que existe. 問題を解決するに際して重要なことは, その問題の存在を認識することである. Necesitas más información *en orden a* determinar el culpable. 誰のせいなのかを決めるには, 君にはもっと情報が必要だ.
en otro orden de cosas 話は変わって, 一方.
llamar al orden 規律を守らせる, 態度を正させる, 叱責(しっせき)する; 静粛を求める. El profesor nos *ha llamado al orden* por llegar tarde. 先生は私たちの遅刻を叱りました.
orden del día 審議事項, 議事日程.
por orden de ... …の順番で. Los niños se pusieron *por orden de* estatura. 子供たちは背の順に並んだ.
por (su) orden 順序どおりに; 整然と. Los auto-

buses se iban llenando *por orden*. バスの座席は順序良く埋まっていった. Cuenta lo que sucedió *por su orden*. 彼は出来事を順を追って話す.
sin orden ni concierto 雑然と, 乱れた, でたらめに. Han decorado la casa *sin orden ni concierto*. その家の装飾はまるで統一感のないものになってしまった. Estaba muy nervioso y hablaba *sin orden ni concierto*. 彼は緊張のあまり話が支離滅裂になっていた.

── 女 ❶ 命令, 指令; 《法学》令状, 命令. ─Es una ～ y hay que obedecerla. 命令なのだから従わなければならない. El general dio la ～ de atacar. 司令官は攻撃命令を下した. ～ de detención [arresto] 逮捕令状. ～ del día《軍事》日々命令, 上官が兵士に日々与える通達. ～ judicial [ministerial] 司法令状[省令]. *por Real O～*) 国王の命により. ～ (*a*) *religiosa*. ～～ *de los carmelitas* [*dominicos*] カルメル[ドミニコ]修道会. (*b*) 騎士団 (＝～ *militar* [*de caballería*]). ─ la ～ *de Santiago* サンティアゴ騎士団. ◆イスラム教徒との戦(ﾀﾀｶｲ)や巡礼者への援助などを行った宗教・軍事目的を持つ団体. 現代では称号として用いられる. ❸《商業》注文, 指図; 注文書. ─ ～ *de compra* [*de pago*] 買い注文, 注文書. ❹《公的な勲章, 賞; 勲等. ─ ～ *civil* [*militar*] 文官[軍人]の勲位. ～ *de Carlos III* カルロス三世勲章. ❺【主に 複】《宗教》《聖職者の》階級, 位 (＝*orden sagrada, órdenes sagradas*). ─*órdenes mayores* [*menores*] 上級[下級]叙階[聖品]. ❻《コンピュータ, 情報工学》指令. ❼《ウルグアイ》《組合, 団体などの》ビラ, チラシ.

¡A la orden! [*A su orden, A sus órdenes*] かしこまりました, 承知しました, 了解;《軍隊》では), 上官殿.
a las órdenes de ... ...の指示に従って, の命令どおりに; ...に従う用意が出来て. Me tienes siempre *a tus órdenes*. 君の言うことにはいつも従うつもりだ.
a su orden [*a sus órdenes*] 仰せの通りに, 《あなたの》指図のままに; 何なりとご用命ください;《メキシコ》どういたしまして.
dar órdenes 命令をする 類 **mandar, ordenar**.
de [*por*] *orden de* ... の命により, 指示で.
estar a la orden del día 日常茶飯事である, 頻繁に起こる. Los robos a ancianos *están a la orden del día* en esta zona. この地域はお年寄りをねらった窃盗犯罪が多い.
por orden de ... ...の命令で.

‡**ordenación** [orðenaθjón] 女 ❶ 配置, 配列, 順序立て, 並べること, 並べ替え. ─Los libros siguen una ～ *alfabética*. 本はアルファベット順に並んでいる. Mañana haré la ～ *de las fichas*. 明日カードの順番を整理しよう. ～ *por burbuja*《情報》バブル・ソート. ～ *rápida*《情報》クイック・ソート. ❷ 整備, 開発. ─plan de ～ *del territorio* 国土(開発)計画. ～ *de los recursos* 資源開発(計画). ～ *del suelo* 市街地の土地使用に関する法律上の諸規範; 用途地域. ～ *rural* 地域整備(開発). ～ *forestal* [*de montes*] 山林経営学, 営林学 (＝*dasocracia*). ❸《宗教》(司祭になる際の)叙任(式), 叙階(式). ─El Papa presidió la ～ *de cincuenta sacerdotes*. ローマ法王が50人の司祭の叙任式をとり行った. ❹《美術》(絵画などの)構図, 構成. ❺《建築》間取り, 設計. ❻

ordenar 1383

(官庁の)会計局, 支払命令を出す部局 (＝～ *de pagos*). ❼ 命令, 依頼. 類 **mandato, orden, precepto**.

ordenada [orðenáða] 女 →ordenado.
ordenadamente [orðenáðaménte] 副 整然と, 秩序立てて.

‡**ordenad**o, da [orðenáðo, ða] 過分 形 ❶ (人が)きちんとした, きちょうめんな. ─Mi mujer es una persona muy *ordenada*. 彼の奥さんはとてもきちんとしている. ❷ 整理された, 順序正しい, 秩序ある. ─Siempre tiene la habitación *ordenada*. 彼はいつも部屋をきちんと片付けている. ❸ 差し向けられた. ❹《宗教》叙階された, 叙階を受けた.

── 名 叙階された人, 叙階を受けた聖職者.
── 女 《幾何》縦座標, y座標. 反 **abscisa**.

ordenador, dora [orðenaðór, ðóra] 形 秩序を与える, 整理する, 命令[指揮]する. ─*criterio* ～ 秩序ある判断力. Tiene un hermano muy ～. 彼の兄はとても命令調だ. やたらに物事を仕切りたがる.

── 名 長, 主任, 指揮者, 整理者. ─ ～ *de pagos* 会計局長.
── 男 コンピューター. ─ ～ *analógico* アナログ・コンピューター. ～ *de bolsillo* ポケット・コンピューター. ～ *de mesa* [*desktop*] デスクトップ. ～ *de red* ネットワーク・コンピューター. ～ *digital* デジタル・コンピューター. ～ *híbrido* ハイブリッド・コンピューター. ～ *personal* パーソナル・コンピューター. ～ *portátil* ノートブック. 類 **calculadora, computadora**.

ordenamiento [orðenamjénto] 男 ❶ 法令(集), 条例, 勅令, 布告. ─ ～ *real* (*de Alcalá*) アルカラの法令集 (14世紀にアルカラ・デ・エナーレス Alcalá de Henares の王宮で布告された法令集). 類 **ley, ordenanza, pragmática**. ❷《まれ》秩序立て, 整理, 指令. 類 **ordenación**.

ordenancista [orðenanθísta] 形 男女 法や規則にうるさい(人).

ordenando [orðenándo] 男 《カトリック》叙階志願者.

ordenanza [orðenánθa] 女 ❶【主に複】法令, 勅令, 条例, 軍規. ─～s *municipales* [*fiscales*] 市条例[税務法規]. 類 **reglamento**. ❷ 命令, 指示. ❸《美術, 建築》構成, 配置, 間取り. 類 **ordenación**. ❹《古》騎兵中隊.
── 男 ❶《軍事》伝令, 当番兵, 従卒. ❷ (官庁・会社などの)使い走り, 下級職員. 類 **subalterno**.

****ordenar** [orðenár オルデナル] 他 ❶ を整理する, 片付ける; (順序立てて)配列する;《情報》ソートする. ─He dedicado la tarde a ～ *mi cuarto*. 私は部屋を片付けるのに午後の時間をあてた. ～ *las fichas por materias* 項目ごとにカードを順序良く並べる. 反 **desordenar**. ❷【＋*a* に】を命令する, 命じる, 指令する. ─Mi padre me *ordenó* que volviese a casa cuanto antes. 私の父親は私にできるだけ早く家に戻るよう命じた. ❸【＋*a* に】(ある方向・目的)に向ける, 差し向ける. ─Desde entonces *ordené* todos mis esfuerzos *a difundir nuestra causa*. その時以降私は自分たちの主張を広めることにすべての努力を傾注した. ❹《カトリック》を叙階する. ─El obispo *ha ordenado* a diez nuevos sa-

1384 ordeñador

cerdotes. 司教は新たに10人の司祭を叙階した. **──se** 再 《カトリック》叙階される. ── *Se ordenó de sacerdote a los cincuenta años.* 彼は50歳で司祭に叙階された.

ordeno y mando 命令には絶対服従. *Desde que llegó la nueva jefa, todo es ordeno y mando.* こんどの上司が着任してからというもの, すべて命令に絶対服従である.

ordeñador, dora [orðeɲaðór, ðóra] 形 乳しぼりをする, 搾[しぼ]り乳の. ── *máquina ordeñadora* 搾乳器.

── 男 搾乳者.
── 女 搾乳器.

ordeñadora [orðeɲaðóra] 女 →ordeñador.

ordeñar [orðeɲár] 他 ❶ …の乳をしぼる. ── *la vaca* 牛の乳をしぼる. ❷ (主に木の枝などから, 乳しぼりのような手つきで)付いている物をしごき落とす. ── *los olivos* オリーブの木から実をしごき取る. ❸ 《比喩》利用しつくす, しぼり取る. ─*Ordeña a sus empleados, pero les paga un buen salario.* 彼は従業員をこき使っているが, 給料の払いも良い.

ordeño [orðéɲo] 男 乳しぼり, しごき落とすこと. *a ordeño* 乳しぼりのような手つきで. *coger la aceituna a ordeño* オリーブの実を枝からしごき取る.

órdiga [órðiɣa] 間 《俗》しばしば *Anda la* ~]まあっ! ええっ!?(驚き, 意外性). ─*¡Anda la* ~! *¡Me han robado la cartera!* ああっ! 財布をすられてしまった!

ordinal [orðinál] 形 順序を示す, 序数の. ── *adjetivos numerales* ~*es* 序数形容詞 (primero, segundo, など).
── 男 序数(=número ~).

ordinariamente [orðinárjaménte] 副 ❶ 通常は, 普通は, 一般に. ❷ 粗野に, 不作法に.

ordinariez [orðinarjéθ] 女 [複 ordinarieces] ❶ (品質などが)粗野でありふれていること. ❷ ぶしつけ(粗野さ), 不作法, 下品. ─ *decir ordinarieces* ぶしつけな事を言う. *Está hablando con la boca llena. ¡Qué* ~! 食べ物を口に入れたまま話すなんて, 行儀の悪い!

ordinario, ria [orðinárjo, rja オルディナリオ, リア]

形 ❶ 普通の, 通常の. ─*Esos son trámites* ~*s*. それが通常の経路[手続き, 処理]だ. *En mi país, el 25 de diciembre es un día* ~ *de trabajo.* 私の国では12月25日は普通に仕事のある日です. ❷ 平凡な; 上等でない, 質素な, 粗末な. ─*Esa vajilla es muy ordinaria.* どこにでもあるようなテーブルウェアだ. ❸ (速達, 書留などでない)普通郵便. ─*Envió la carta por correo* ~. 彼はその手紙を普通郵便で送った. ❹ 《法律》~ *juez* 第一審の判事. ❺ 下品な, 教養の低い, 粗野な. ─*modales* ~*s* マナー[行儀]の悪さ. *gestos* ~*s* 下品な身振り. ❻ 《カトリック》教区司教.

de ordinario 普通は, 日常的に; しばしば. *Se ha portado educadamente, como de ordinario.* 彼はいつもどおりに行儀よく振る舞った. *De ordinario, cenamos fuera los fines de semana.* 私たちは週末の夜は普通外食している. 類 **habitualmente**.

── 名 ❶ 下品な人, がさつな人, 粗野な人. ─*Habla así porque es una ordinaria.* 彼女がそういう話し方をするのは教養のない女だからだ. ❷ 《まれ》配達人, メッセンジャー; 使い走り.

oréada, oréade [oréaða, oréaðe] 女 《ギリシャ神話》森や山の妖精, オレイアス.

orear [oreár] 他 を(かび・臭い取りや乾燥の目的で)空気にさらす, 外気に当てる. ── ~ *las mantas* 毛布を風に当てる. ~ *los jamones* ハムを空気にさらす.

──se 再 ❶ 外の空気に当たって気分転換する. ─*Voy a salir a* ~*me un poco.* ちょっと外の空気に当たって来る. ❷ 風[外気]にさらされる. ─*Abrió todas las ventanas para que se oreara la casa.* 彼は家の空気を入れ換えるために全ての窓を開けた.

orégano [oréɣano] 男 《植物》花ハッカ, オレガノ.

ser todo el monte orégano 【注意: 忠告の意の否定文で】全てがいもうまく行く. *Porque hayas triunfado esta vez, no creas que todo el monte es orégano.* 今回勝てたからといって, いつもそううまく行くと思うな.

oreja [oréxa オレハ]

女 ❶ 耳; 耳朶[じ]. ─*Lávate bien las* ~*s*. 耳をよく洗いなさい. *pabellón de la* ~ 外耳, 耳殻. *taparse las* ~*s* 耳を覆う, 耳をふさぐ. ❷ 耳状の部分, 左右に張り出した部分; 取っ手. ─*sillón de* ~*s* (背もたれの左右に張り出した部分のある)椅子, ウィングチェアー. *botas de* ~*s* (甲の部分にフラップのある)靴, ブーツ. ❸ 《話》聴覚; 聞くこと, 注意. ─*Los alumnos te escuchaban con media* ~. 生徒達はろくに彼の話を聞いていなかった. *Tengo buena* ~ *y lo oigo todo.* 私は耳がよくて何でも聞こえるんだ. ❹ 《まれ》(帽子の)耳あて, 耳覆い. ❺ 《話》(女性の)胸. ❻ 《キューバ, 中米》警察; (警察側への)たれこみ屋, 密告者. ❼ 《アルゼンチン》《話, 軽蔑》おべっか使い, へつらう人, ごまをする人, 腰ぎんちゃく.

agachar [bajar] las orejas 《話》(口論, 反駁などに)屈する, 負ける, 折れる. *Ante los reproches de su mujer, el marido agachó las orejas.* 妻の非難の言葉を聞いて夫はすごすごと引き下がった.

aguzar las orejas (1) (馬などの乗用の動物が)耳を立てる. (2) (人が)耳を傾ける, 耳をそば立てて聞く. *Aguza las orejas y anota todo lo que diga.* 彼は耳を傾け, 一言一句もらさずに書きとめている.

apearse [salir] por las orejas 《話》(1) へまをする, やりそこねる; 見当違いの事をする. (2) (馬などの乗用の動物から)落ちる.

calentar las orejas 《話》叱る, 罰する, お灸をすえる; (人を)うんざりさせる. *Como se entere tu padre de que fumas, te va a calentar las orejas.* お前が煙草を吸ってるなんて父さんが知ったら, こっぴどく叱られるだろうよ.

con las orejas gachas [caídas] 《話》うなだれて, しょんぼりして; 恥じ入って. *Tras el fracaso volvió a casa con las orejas gachas.* 彼はそれが失敗に終わり肩を落として家へ帰って行った.

de dos orejas (ワインが)濃厚で美味しい.

de oreja a oreja 《話》口が裂けそうなくらい大きい; 口を左右一杯にひろげて. *Nos dirigió una sonrisa de oreja a oreja.* 彼は私達に向かって満面の笑みを浮かべて見せた.

descubrir [asomar, enseñar] la oreja 《話》本性を出す, 本心を(うっかり)見せる, 尻尾を出す;

姿をあらわす, 顔をのぞかせる.

estar con [tener] la mosca [la pulga] detrás de la oreja 疑ってかかる, 用心している; 落ち着かない.

estar de oreja 〖中南米〗心配する.

hacer orejas de mercader 聞こえないふりをする.

hasta las orejas 〘話〙ーー杯に, 完全に. Está metido en ese asunto *hasta las orejas*. 彼はその件にどっぷり浸かっていた. El niño vino de barro *hasta las orejas*. その子はすっかり泥だらけでやって来た.

mojar la oreja 〘話〙挑む, 立ち向かう; 挑発する, けしかける; しのぐ, 上回る. A mí nadie me *moja la oreja*. 俺にはかなう奴なんかいやしない.

oreja de abad (1)《料理》クレープの一種. (2)《植物》ベンケイソウ科ウンビリクス属の1種(荷葉弁慶, 玉盃).

oreja de asno 《植物》チャワンタケ(キノコ類)の一種.

oreja de burro (本などの)ページの隅の折れ.

oreja de cardo 《植物》エリンギ(地中海地方原産のヒラタケ属のキノコ).

oreja de fraile [monje] 《植物》カンアオイ(寒葵).

oreja de gato 《植物》ノボリリュウタケ(キノコ類)の一種.

oreja de liebre (1)《植物》シノグロッサム, シナワスレナグサ(支那勿忘草). (2) →*oreja de asno*.

oreja de monje 《植物》=*oreja de abad* (2).

oreja de monte 《植物》ユキノシタの一種.

oreja de negro 《植物》ティンボ(南米原産のマメ科の落葉樹).

oreja de oso 《植物》アウリクラ, オーリキュラ(黄色いサクラソウの一種).

oreja de ratón マウスイヤー・ホークウィード(ヤナギタンポポの類縁種).

oreja gigante 《植物》アカンサス(ハアザミ)の一種.

oreja marina [de mar] 《貝類》アワビ.

orejas de burro 耳の両横で手をひらひらさせる仕草(侮辱を表す).

orejas de soplillo 大きい(張り出した)耳.

parar [hacer] la oreja 〖アルゼンチン〗→*aguzar las orejas*.

planchar [apachurrar, aplastar, trampear] la oreja 〘話〙寝る, 眠る. Me voy a *planchar la oreja* un rato. 少し寝ることにするよ.

poner las orejas coloradas 〘話〙責める, とがめる; 恥をかかせる.

salírsele por las orejas …にふんだんにある, あふれている, 満ちている.

ser un orejas 〘話, 軽蔑〙耳が大きい[張り出している].

tirar de la oreja a Jorge 〘話, まれ〙(カードゲームなどで)賭ける.

tirar de las orejas 〘話〙(祝福の仕草として)人の耳を引っ張る; 叱る, とがめる, 責める. Los demás hermanos le *tiraron de las orejas* porque era el día de su cumpleaños. 誕生日だったので兄弟たちは皆彼の耳を引っ張って祝ってやった. Si no dejas de hacer travesuras, te voy a *tirar de las orejas*. いたずらをやめないと, おしおきします.

ver las orejas al lobo 〘話〙(危険・困難などに)気づく. Hasta que Jaime no empeoró la situación económica, no le *vio las orejas al lobo*.

organigrama 1385

ハイメは金銭的に苦しくなって初めて事の重大さに気がついた.

vérsele a ... la oreja (人)が馬脚をあらわす, 正体がばれる(=*descubrir la oreja*).

orejera [orexéra] 囡 ❶(帽子やかぶとの)耳おおい, 耳あて, イアマフ. ❷(鋤の)撥土(はつど)板, 鋤へら. ❸ インディオの耳飾り. ❹ 馬の防塵用面懸(おもがい). ❺(椅子の背もたれの)ヘッドレスト. 類**oreja**.

tener [llevar] orejeras 《比喩》耳をふさいでいる, 人の話を聞かない.

orejón [orexón] 〔<oreja〕男 ❶ 大きな耳, 耳の大きな人. ❷ 耳を引っぱること. ❸ 桃やアプリコットの乾燥果実. ❹《歴史》インカ帝国の貴族. ❺ インディオの耳飾り. ❻ オレホン人(中南米各地での先住民につけられた名称). ❼ 要塞側壁の突起部分(壁を延長した時に出来る). ❽〖中米, コロンビア〗粗野な[田舎くさい]人. ❾〖コロンビア〗ボゴタの平原の住民名.

orejudo, da [orexúðo, ða] 形 耳の大きな.
—— 男《動物》耳の大きいコウモリの一種.

orensano, na [orensáno, na] 形名 オレンセ(Orense: ガリシア地方の町)の, オレンセ人. 類**auriense**.

Orense [orénse] 固名 オレンセ(スペインの都市).

oreo [oréo] 男 ❶ 空気にさらして乾かすこと, 換気. ❷ そよ風, 微風.

orfanato [orfanáto] 男 孤児院.

orfandad [orfandáð] 囡 ❶ 孤児であること, 孤児生活. ❷ 孤児年金, 孤児教養資金. ❸《比喩》見捨てられた状態. 類**desamparo**.

orfebre [orféβre] 〔<仏<ラテン〕男 貴金属細工師. 類**platero, orífice**.

orfebrería [orfeβrería] 囡 貴金属工芸, 金銀細工.

orfelinato [orfelináto] 〔<仏〕男 →*orfanato*.

orfeón [orfeón] 男 (伴奏なしの)合唱団. 類**coral, coro**.

orfeonista [orfeonísta] 男女 合唱団員.

órfico, ca [órfiko, ka] 形 オルフェウス(Orfeo)の.

organdi [orɣandí] 男〘覆 **organdís, organdíes**〙《織物》オーガンジー, オーガンディー(綿またはポリエステルの布地を薄く透けるが硬い手触りに仕上げたもの).

organice(-) [orɣaniθe(-)] 動 **organizar** の接・現在.

organicé [orɣaniθé] 動 **organizar** の直・完了過去・1単.

‡**orgánico, ca** [orɣániko, ka] 形 ❶《生物》生きている, 生物の; 有機体の. —*ser* ~ 生物, 生き物. abono ~ 有機肥料. química *orgánica* 有機化学. 反**inorgánico**. ❷ 器官の, 《医学》器質性の. —*lesión orgánica* 器質的損傷. 反**funcional**. ❸ 組織的な, 有機的な, 調和の取れた. —*estructura orgánica* 有機的構造. democracia *orgánica* 組合的性格の(普通選挙を行わない民主制). ley *orgánica* (国家などの)基本法, 構成法. arquitectura *orgánica* 建物と周囲の景観, 建築資材などの調和を総合的に考える建築. ❹ オルガンの.

organigrama [orɣaniɣráma] 男 ❶(会社な

どの)構成図, 組織図. ❷ 仕組[手順]の略図, フローチャート.

organillero [orɣaniʝéro] 男 手回しオルガン弾き.

organillo [orɣaníʝo] 男 《楽器》手回しオルガン.

‡**organismo** [orɣanísmo] 男 ❶《生物》生物, 生き物; 有機体. ― unicelular 単細胞生物. ❷《生物》《集合的に》器官, 臓器; 人体 (= ～ humano). ―Fumar es nocivo para el ～. 喫煙は身体に有害である. ❸ 機関, 団体, 組織. ―～ internacional 国際機関. ～ sindical 労働組合. ～ de gobierno [del Estado] 政府[国家]の機関.

organista [orɣanísta] 男女 オルガン奏者.

‡**organización** [orɣaniθaθjón] 女 ❶ 組織化, 編成, 構成. ―La ～ del congreso fue excelente. その会議の企画は素晴らしいものだった. ―Necesitas poner más ～ en tu trabajo. 君は仕事をもっと整理してやる必要がある. ❷ 組織, 団体; 機構. ―～ benéfica [política] 慈善[政治]団体. O～ de las Naciones Unidas 国連(《略》ONU). O～ del Tratado del Atlántico Norte 北大西洋条約機構(《略》OTAN), NATO. O～ Mundial de la Salud 世界保健機構(《略》OMS), WHO. ❸《生物》(諸器官の)構成, 配列; 有機体. ―La ～ del ser humano es muy compleja. 人間の身体のつくりは非常に複雑である. ❹ 整備, 補充. ―Se está llevando a cabo una nueva ～ del material de los archivos. 資料室の資料の新たな整備が進められている. 類**arreglo, disposición, orden**.

‡**organizado, da** [orɣaniθáðo, ða] 過分 形 ❶ 組織化された, 系統だった. ―Deberías trabajar de un modo más ～. もう少し組織的に仕事を進めた方がいいのではないか. concurso de oratoria ～ por … …主催のスピーチコンテスト. ❷ (人が)企画(編成)能力のある; てきぱきとした. ―Se exige personalidad organizada. 企画力のある人材が求められている. Él siempre ha sido un hombre ～. 彼は常に組織力のある人間だった. delincuencia organizada 組織的犯罪. ❸ 有機体の, 器官を備えた.

‡**organizador, dora** [orɣaniθaðór, ðóra] 名 ❶ 主催者, 組織者; オーガナイザー; (労働組合などの)オルグ(運動などの組織者). ―～ de bodas 結婚式プロデューサー. ❷ 収納庫(棚, 箱), 整理ケース. ―～ de golf ゴルフセット入れ. ～ electrónico 電子手帳.
―形 ❶ 組織する, 編成の, 組織的な. ―país ～ 開催国, 主催国. comité ～ del campeonato 選手権大会の実行委員会. ―Tiene talento ～. 企画(企画)力がある.
―男《生物》形成体(胚の一部で周囲の胚域の分化を促す働きをする).

‡**organizar** [orɣaniθár] [1.3] 他 ❶ を組織する, 編成する; 設立する. ―Las Naciones Unidas han organizado una fuerza mantenedora de la paz. 国際連合は平和維持軍を編成した. Hay que ～ a todos los países asiáticos para evitar la contaminación del aire. 大気汚染を回避するためにアジア諸国をすべて糾合しなければならない. El profesor organizó a los alumnos en tres grupos. 先生は生徒たちを３つのグループにまとめた. ❷ (催しなど)を準備する, 企画する, 開催する. ―～ una fiesta パーティーを開催する. Organicé un viaje a Sudamérica. 私は南米旅行を企画した. 類**planear**. ❸ を整理する, 整頓(%)する. ―～ el despacho 書斎を整頓する. ❹ を引き起こす. ―Los diputados de la oposición organizaron un enorme alboroto en el Congreso. 野党議員たちは議会で大騒ぎを引き起こした.
―**se** 再 ❶ 組織を作る, 組織化される. ―Los trabajadores del ramo textil se organizaron en un sindicato. 繊維部門の労働者たちは組合を組織した. ❷ 規則正しい生活をする; 仕事を手ぎわよく片付ける. ―Si te organizaras, tendrías tiempo para más cosas. 君が規律正しい生活をしていれば, もっと多くのことをする時間ができるのに. ❸ (不意に)起きる, 生じる. ―Se organizó una pelea en la plaza. 広場でけんかが始まった.

‡**órgano** [órɣano] 男 ❶《生物》器官, 臓器. ―～s del aparato digestivo 消化器官. ～s genitales 生殖器官. transplante [donación] de ～s 臓器移植[提供]. ❷ 部局, 機関. ―～s de gobierno de la universidad 大学の経営機関. ～ administrativo 行政機関, 行政部. ～ consultivo 諮問機関. ❸《音楽》オルガン. ―～ electrónico 電子オルガン. ～ de manubrio 手回しオルガン (= organillo). ～ hammond ハモンドオルガン. ～ de boca 《メキシコ》ハーモニカ (= armónica). ❹ (機械の一部をなす)装置. ―～ de transmisión 伝動装置. ～ motor 駆動装置. ❺ (政党などの)機関紙.

Órganos [órɣanos] 固名 (Sierra de los ～) オルガノス山脈(キューバの山脈).

orgasmo [orɣásmo] 男 性的絶頂, オルガスムス. ―llegar al ～ オルガスムスに達する.

orgía [orxía] 女 ❶ 狂宴, 乱痴気騒ぎ, どんちゃん騒ぎ. 類**bacanal, francachela, juerga**. ❷ 放蕩・欲望に身を任せた状態. 類**desenfreno**. ❸《俗》乱交パーティー.

orgiástico, ca [orxiástiko, ka] 形 狂宴の, 乱痴気騒ぎの, 放蕩の.

‡**orgullo** [orɣúʝo] 男 ❶ 誇り; 自尊心, 自負. ―El hijo mayor era el ～ de su familia. 長男はその家族の自慢の種だった. Tenemos [Sentimos] ～ de vivir en este pueblo [por nuestros hijos]. 私たちはこの町に住んでいることを[私たちの子供を]誇りに思っている. La catedral es el ～ de la ciudad. その大聖堂は市の誇りだ. Nunca debes perder tu ～. お前は決してプライドを失ってはいけない. 類**pundonor**. ❷ 思い上がり, 傲慢(ぼ). ―No soporto el ～ de ese hombre. その男の高慢ちきなのには我慢ならない. 類**soberbia**. 反**humildad**.

‡**orgulloso, sa** [orɣuʝóso, sa] 形 ❶ 誇り高い, 自慢にしている. ―Es tan ～ que se cree imprescindible. 彼はプライドが高く自分を最重要人物だと思っている. Estoy ～ del resultado de mis gestiones. 私は自分の仕事の結果を誇りに思う. Me siento muy ～ de ti, hijo. 息子よ, お前を実に誇りに思うぞ. sentirse [estar] ～ de … を誇りに思う. ❷ 傲慢(ぼ)な, 尊大な. ―Su ～ carácter resulta antipático. あの高慢ちきな性格は感じが悪い. Nos dirigió una mirada orgullosa. 彼はばったような目つきで我々を見た.

‡**orientación** [orjentaθjón] 女 ❶ 案内; 指導,

ガイダンス, オリエンテーション. —Dame una ~ y voy a buscarte. 指示を与えてくれれば, 迎えに行くよ. Trabaja en el Centro de O~ Familiar. 家庭指導センターに勤めている. Asiste a un curso de ~ profesional. 彼は就職ガイダンスに出席している. 類**instrucción** ❷ 方向(性); 傾向. —una empresa de ~ exportadora 輸出業を専業としている企業. un partido de ~ comunista 共産主義系の政党. ❸ 方向感覚; 地理感覚 (=sentido de la orientación). —Las palomas mensajeras tienen un excelente sentido de la ~. 伝書鳩はすぐれた方向感覚を持っている. ❹ 方角, 方位, 方向. —La ~ de la fachada del templo es a occidente. 寺院の正面は西を向いている. ❺ 方向今, 方向決定. —La ~ de la antena no es adecuada. アンテナの方向が適当でない.

*orientado, da [orjentáðo, ða] 過分 形 ❶ ~の方を向いた, 方向づけられた. —una casa orientada al sur 南向きの家. ~ a objetos《情報》オブジェクト指向の. ❷ 指導を受けた.

:oriental [orjentál] 形 ❶ 東の. —hemisferio ~ 東半球. la costa ~ 東海岸, 東部沿岸. El pueblo está situado en la ladera ~. その町は東側の斜面にある. 反**occidental**. ❷ オリエントの, 近東の; 東洋の, 東洋的な. — filosofía ~ 東洋哲学. lenguas ~es 東洋の諸言語. iglesia ~ 東方教会. ❸《南米》ウルグアイの. —— 男女 ❶ 東洋人. ❷《南米》ウルグアイ人 (=uruguayo).

orientalista [orjentalísta] 男女 ❶ 東洋趣味の人. ❷ 東洋学者.

:orientar [orjentár] 他 ❶【+a/hacia に】(ある方向に)を向ける, …の向きを定める. —Orientaron la antena hacia el este. 彼らはアンテナを東へ向けた. ❷ …に方向[位置]を教える, 道案内する. —Nos orientó un chico del pueblo. 村の子どもが私たちに道案内をしてくれた. ¿Podría ~me sobre algunos sitios célebres e históricos de esta ciudad? この市の名所旧跡をいくつか私に教えてくださいますか. ❸【+hacia へ】を導く, 指導する, 向かわせる. —Orientó su investigación hacia la lexicografía. 彼は研究の方向を辞書研究に向けた. El profesor orienta a los alumnos en sus estudios. 先生は生徒の勉強の指導をする. ❹《海事》(風向きに合わせて帆)を調整する.
—— se 再 ❶ 方向[位置]がわかる. —Me oriento mal y me perdí. 私は方向感覚が悪いので道に迷った. ❷【+hacia へ】(a)(ある方向)に向く. —Aquí todas las casas se orientan hacia el sur. ここではすべての家は南向きだ. (b)向かう, 向かって行く; 向けられる. —Nuestra política exterior se orienta hacia los países del Sudeste de Asia. わが国の外交政策は東南アジアを指向している.

Oriente [orjénte] 固名 オリエンテ (キューバの旧県名).

oriente [orjénte オリエンテ] 男 ❶ 東, 東部. —el Imperio Romano de O~ 東ローマ帝国. El barco puso rumbo a ~. 船は東へ進路をとった. 類este, levante**. 反**occidente**. ❷ (O~)オリエント, 近東; 東洋. —Extremo [Lejano] O~ 極東 (中国, 日本など). —Medio ~ 中東. —Próximo [Cercano O~] 近東. ❸ 東風. ❹ (フリーメーソン秘密結社の)支部. —Gran O~ Español スペインのフリーメーソン本部. ❺ (真珠の)光沢.

orificación [orifikaθjón] 女 (虫歯への)金の充填.
orificar [orifikár] [1.1] 他 (虫歯の穴に)金を詰める.
orífice [orífiθe] 男 金細工師.
orificio [orifíθjo] 男 ❶ 穴, 口, (器官などの)開口部. —~ de tornillo ねじ穴. ~ de escape 排気口. ~ auditivo externo 外耳道. los ~s de la nariz 鼻の穴. Los ladrones hicieron un ~ en la puerta. 泥棒たちがドアに穴を開けた. 類**abertura**, **agujero**(**orificio**は, ある機能のために本来備わっていたり, 人工的に作られた穴を指す.) ❷《俗》肛門. 類**agujero, ano**. ❸《俗》ヴァギナ. 類**agujero, vagina**.

oriflama [orifláma] 女 ❶ (風にはためいている)旗, 幟旗, 標旗. ❷《歴史》聖ディオニウス修道院の旗 (フランス国王軍が軍旗として使っていた, 赤地に金の刺繍のある旗).

origen [oríxen オリヘン] 男《複》orígenes) ❶ 起源, 始まり, 源, 由来;《情報》ソース. —~ de la vida 生命の起源. El ~ de estas creencias se remonta a la prehistoria. こうした信仰の起源は先史時代にまでさかのぼる. Nadie sabe el ~ de esa canción. その歌の由来は誰も知らない. ❷ 発端, 起こり, 始まり; 原因, 理由. —Un incidente de fronteras fue el ~ de la guerra. ある国境紛争がその戦争のきっかけとなった. ~ de una enfermedad 病気の原因. ❸出自, 出所, 出身. —~ de ~ humilde 貧しい家の出の, 身分の低い. denominación de ~ 原産地呼称. lugar de ~ 出身地, 生地, 原産地. tabaco de ~ cubano キューバ産のたばこ. Su padre es de ~ japonés. 彼の父親は日本の出だ. ❹ 初めの頃, 当初, 初期. —En sus orígenes, filosofía era lo mismo que ciencia. 初めは, 哲学は科学と同義のものであった. ❺《数学》(座標の)原点.

dar origen a … を引き起こす, …のもと[原因, きっかけ]になる. Su comportamiento *ha dado origen a* comentarios desagradables. 彼はその態度のせいで中傷を受ける羽目になった.

de origen もとの, オリジナルの, 原作の. El camión tenía un fallo *de origen*. そのトラックには初めから欠陥があった. Es mexicana *de origen*. 彼女はメキシコ生まれだ. puertas instaladas *de origen* 作り付けの扉. Leyó la poesía en el idioma *de origen*. 彼は原語でその詩を読んだ.

tener su origen en … …に起因する, 由来する.

:original [orixinál] 形 ❶ 起源の, 本来の; 出自の; 当初の. —el pecado ~ 《宗教》原罪. La idea ~ era hacer un parque, pero han hecho un campo de fútbol. 当初は公園を作る考えであったが, サッカー場になってしまった. ser ~ del Sudeste de Asia 東南アジア出身[原産]である. ❷ 独創的な, 風変わりな, 特異な. —Su padre es un hombre muy ~. 彼の父親はとてもユニークな人だ. Es una diseñadora muy ~. 彼女は極めて独創的なデザイナーだ. Preparó una fiesta ~. 彼は変わった趣向のパーティーを計画した. ❸ 本物の, もとの, 元の. —Esta película se emite en versión ~. この映画はオリジナルバージョン[原語版]で放映される. Ésta es una copia del cuadro ~. これは原画の模写だ.

1388 originalidad

—— 男 原稿, 手稿, 原文, 原画; 原本; モデル, 実物. —Este retrato es idéntico al ～. この肖像画は実物そっくりだ. No sirve la fotocopia del pasaporte, tiene que ser el ～. パスポートのコピーは認められません. 写真でなければなりません. ～ (manuscrito) de un escritor ある作家の直筆原稿. el ～ de una estatua 像のモデル.

—— 男女 再 風変わりな人, 変わり者, 奇人. —Es un ～. 彼は変わった人だ.

:**originalidad** [orixinaliðá(ð)] 女 ❶ オリジナリティー, 独創性, 新鮮味. —la ～ de su manera de comportarse 彼の振る舞いの独創的なところ. La ～ de esta novela es casi nula. この小説の独創性はほとんど皆無だ. ❷ 風変わりなこと, 奇抜さ, 奇行. —Siempre ha sido un chico amigo de ～es. 彼はいつも変わったことをするのが好きな少年であった.

originalmente [orixinálmente] 副 ❶ 独創的に, 独自の仕方で. ❷ 元来, 本来.

:**originar** [orixinár] 他 を引き起こす, もたらす, …の原因となる. —Una colilla mal apagada originó el incendio forestal. 消しそこないの吸殻が山火事を引き起こした.

—— se 再 起こる, 生じる. —La riña se originó por una cosa trivial. けんかはくだらない事から起こった.

***originario, ria** [orixinárjo, rja] 形 ❶ 起源となる, 最初の. —La iglesia conserva su forma originaria. その教会は(建設時の)原形を保っている. causa originaria de una enfermedad 病気のそもそもの原因. La traducción es un poco distinta del texto ～. 翻訳は原作とは少し違っている. ❷ 出自の, 生まれの, 発祥の. —Es ～ de un país asiático. 彼はアジアのある国の出身である. ¿Sabes de dónde es ～ el café? コーヒーの原産地はどこだか知ってる? 類 original.

:**orilla**¹ [orija] 女 ❶ 端, 縁, へり. —la ～ del río [del mar] 川岸, 川辺[海岸, 海辺]. el ～ del papel [de la servilleta] 紙[ナプキン]の縁, 端. En la ～ de la calle había algo caído. 道端に何か落ちていた. Se sentó en la ～ de la cama. ベッドの縁に腰を下ろした. 類 borde. ❷ 沿岸, 海岸(地帯·地域). —La barca se acercó lentamente a la ～. 小舟はゆっくりと岸に近づいた. ❸ 『前置詞的に』『話』…のそばに, …の脇に. —Se detuvo ～ un árbol. 彼は一本の木のそばで立ち止まった. ❹ 園 『中南米』郊外, 町外れ, 場末 (=arrabales).

a [*en*] *la orilla de* … …の端(縁)に; …の岸辺(沿岸)に; …の近く[そば, 脇]に. Los niños jugaban *a la orilla del* lago. 子供たちは湖のほとりで遊んでいた. estar *a la orilla de* la muerte 死にかけている.

de orilla 【中南米】取るに足りない, つまらない.
la otra orilla 《文》あの世, 彼岸; 別世界.
orilla de … 《話》…のそば[脇, 隣]に, …のすぐ近くに.
salir a la orilla 苦境を脱する.
ser de orilla 【北米】気が変わりやすい.

***orilla**² [orija] 女 そよ風, 涼風. ❷ 『アンダルシーア』天候, 気候. —¡Vaya ～ que tenemos! 全く, この天気ときたら.

orillar [orijár] 他 ❶ (布地·衣類を)縁飾り, 縁かがり[トリミング]する. —La costurera orilló el bajo de la falda. 洋裁師はスカートのすそをトリミングした. ❷ (問題などを)片づける, 解決する. —Primero tienes que ～ tus cosas. まず君自身の問題を片づけなきゃ. 類 arreglar, resolver, solucionar. ❸ (困難を)避けて通る. —Ha tenido que ～ muchas dificultades hasta conseguirlo. 彼はそれを成し遂げるまでに多くの困難をすり抜けなければならなかった. 類 evitar, sortear. ❹ …の縁に沿って歩く. ❺ 『中南米·メキシコ』(人)を追いつめる, (人·行動)を駆り立てる.

—— se 再 ❶ 岸にたどり付く. ❷ 『中南米·コロンビア·メキシコ』脇にそれる[よる].

orillo [orijo] 男 『織物』耳(布地の両端がほつれないように織りつける部分). 類 orilla¹.

orín¹ [orín] 男 ❶ 赤錆. ❷ 錆色, ラスト.
orín² [orín] 男 尿 (=orina).

:**orina** [orína] 女 尿, 小便, 小水. —análisis de ～ 尿検査. expeler [expulsar] ～ 排尿する (=orinar).

orinal [orinál] 男 ❶ 尿器, 便器. ❷ 《隠》ヘルメット.

orinal del cielo 《話》雨の多い地域.

orinar [orinár] 自 小便をする. 類 mear.
—— 他 を排尿時に出す. — ～ sangre 血尿を出す.
—— se 再 『自動詞的に』小便をもらす. — ～se en la cama 寝小便をする.

Orinoco [orinóko] 固名 (el Río ～) オリノーコ川(ベネズエラを流れる河川).

oriundo, da [orjúndo, da] 形 『+de』(人間·動植物が)…産の, …出身の. —Una especie animal oriunda de España スペイン産の動物種. Aunque es ～ de Valencia, ha vivido siempre en Madrid. 彼はバレンシアの出身だが, ずっとマドリードに住み続けてきた. 類 originario, procedente.

—— 男 スペイン人選手と同条件を持つ外人サッカー選手(外国籍でも両親がスペイン人の場合, この扱いを受ける).

Orizaba [oriθáβa] 固名 ❶ オリサーバ(メキシコの都市). ❷ (Pico de ～) オリサーバ火山(メキシコの山).

orla [órla] 女 ❶ 縁飾り, (衣類·布製品の)房飾り, フリンジ, (印刷物の)縁飾り図案·輪郭罫. 類 adorno, filete, ornamento. ❷ 《紋章》紋章の縁どり, オール. ❸ 卒業記念写真の入った額. ❹ (染色)絵際(捺染模様の各々の縁).

orladura [orlaðúra] 女 『集合的に』縁飾り(類).

Orlando [orlándo] 固名 《男性名》オルランド.

orlar [orlár] 他 ❶ …にフリンジ[フリンジ, 飾り図案]をつける. — ～ el retrato del autor 著者の肖像に縁飾り図案をつける. Orlaron la puerta con galones. ドアにモールで縁飾りがつけられた. ❷ 《紋章》《紋章》にオールをつける. ❸ (ある物が)を囲み飾る. —Unas guirnaldas orlan el altar. 花飾りが祭壇を縁どっている.

ornamentación [ornamentaθjón] 女 装飾, 飾りつけ. — ～ de cerámica 陶磁器の装飾. Nos sirvieron café en una sala de exagerada ～. 大げさに飾りつけられた広間でコーヒーをごちそうになった.

ornamental [ornamentál] 形 飾りの, 装飾用の. —elementos ～es 装飾の要素. friso ～ (壁の)帯状装飾(建築用語としては, 構造上の機能を持

たず，純粋な美的要素としての装飾について言う)．

ornamentar [ornamentár] 他 …に装飾を施す．— *Ornamentó* su habitación con fotografías de sus artistas favoritos. お気に入りのタレントの写真で部屋を飾りたてた． 類 adornar, decorar, ornar.

ornamento [ornaménto] 男 ❶ 装飾，装飾具[部品]．類 adorno. ❷ 《比喩》美徳，長所，魅力． ❸ ~s sagrados [litúrgicos, de iglesia]《カトリック》典礼用祭服，典礼用祭壇装飾．

ornar [ornár] 他 …に飾りをつけ，を飾りたてる．— *Orna* su escritura con exceso de metáforas. 彼は隠喩をやたらに使って文章を飾りたてる．Para mi gusto, la casa está demasiado *ornada*. 私の好みからすると，家は飾り立て過ぎだ．類 adornar, decorar, ornamentar.

ornato [ornáto] 男 ❶ (集合的)装飾(類)．— El ~ nos revela que la obra es del siglo XV. 作品が15世紀のものであることが，装飾から分かる． ❷《比喩》飾りたてること．~ del lenguaje 言葉の飾りたて．

ornitología [ornitoloxía] 女 鳥類学．

ornitológico, ca [ornitolóxiko, ka] 形 鳥類学の，鳥類の．

ornitólogo, ga [ornitóloɣo, ɣa] 名 鳥類学者．

ornitorrinco [ornitoříŋko] 男 《動物》カモノハシ．

＊oro [óro オロ] 男 ❶ 金，黄金．— chapado de ~ 金めっきの．lingote de ~ 金の延べ棒．moneda de ~ 金貨．~ batido 金箔．pendientes de ~ 金のイヤリング． ❷ 金で出来た物；金に類する[似た]物；金メダル(=medalla de ~)；貴金属．— un botín de joyas y ~ 宝石や金などの戦利品．ganar [conseguir] el ~ 金メダルを獲得する．Le robaron todo el ~ que llevaba encima. 彼は身につけていた金目のものを残らず盗まれた． ❸ 金色．— El torero llevaba un traje de grana y ~. 闘牛士は金とえんじの衣装をつけていた．Este año se lleva mucho el ~. 今年は金色のものが多い． ❹《古》金貨；《文》金銭；富．— Su familia tiene mucho ~. 彼の家族は金持ちである． ❺ (スペイン式トランプの)金，金貨の札(一般のトランプのダイヤに相当)；金貨のエース(A)の札．— ¿Ha salido ya el tres de ~s? 金の3(のカード)はもう出た?

a precio [peso] de oro《話》大変高価な，非常に高値の，大切には．

como oro en paño《話》とても大切に，大事に，注意深く．

como un [los chorros del] oro《話》とても清潔な，ぴかぴかの．Tiene siempre la casa *como un oro*. いつも家中ぴかぴかにしてある．

de oro (a) 大変よい，極めて優れた，黄金の．un futbolista con una pierna *de oro* 黄金の足をもつサッカー選手．Tiene un corazón *de oro*. 素晴らしい心の持ち主だ．(b)《文》(髪)が金色の，金髪の (=dorado)．Tiene unos cabellos *de oro*. 彼(女)は金髪である．

botón de oro → botón.

edad de oro 黄金時代，最盛期．

el oro y el moro《話》とてつもない(額・量の)もの．pedir *el oro y el moro* 法外な要求をする．

hacerse de oro《話》金持ちになる．Con ese restaurante *se ha hecho de oro*. 彼はそのレストランの経営で財をなした．

ley [regla] de oro 黄金の法則．

libro de oro 芳名帳，紳士録．

oro del que cagó el moro《卑》値打ちのないもの，つまらないもの，ろくでもないもの．

No es oro todo lo que reluce.【諺】光るもの必ずしも金ならず．

pico de oro → pico.

poner de oro y azul a …を侮辱する，ののしる；叱責する．

oro blanco 白金．

oro molido (1) 金粉．(2)《話》素晴らしい[貴重な]人(物)．

oro negro 石油．

oro puro 純金．

Siglo de Oro 黄金世紀(16-17世紀のスペイン文学・美術史上の最盛期)．

toisón de oro → toisón.

valer su peso en oro [*valer tanto oro como pesa*] 大変値打ちがある，貴重である，素晴らしい．

—— 形 金色の．— Llevaba una falda de color oro. 彼女は金色のスカートをはいていた．

orogénesis [oroxénesis] 女《地学》造山運動．

orogenia [oroxénja] 女《地学》造山運動学．

orografía [oroɣrafía] 女《地学》山岳学，山地地形(学)，山岳誌．

orográfico, ca [oroɣráfiko, ka] 形 山岳学の，山地地形の，山岳に関する．

orondo, da [oróndo, da] 形 ❶ (容器類について)胴がふくらんだ，底太りの．— El frasco es ~, y lleva más de lo que parece. 小びんは底が太いので，意外に多く入っている． ❷ 太った．— Ha vuelto de Hawai ~ y tostado. 彼はハワイから太って日焼けして帰って来た．類 gordo, grueso. ❸ 自己満足にひたった，満足げな．— Dijo muchas pidieces pero se quedó tan ~. 彼は馬鹿げた事をたくさん言っていたが，満足げだった．類 ufano. ❹ ふっくらした．類 esponjoso, hinchado.

oropel [oropél] 男 ❶ (金に似せた)真鍮箔． ❷《比喩》高級品のまがい物．— Si te fijas, verás que sólo lleva ~. よく見れば表面だけぺっくろった物だということが分かる． ❸《比喩》虚栄，虚飾．

gustar mucho oropel 見栄をはる，ひけらかす．

oropéndola [oropéndola] 女《鳥類》コウライウグイス，オオツリスドリ．

oroya [orója] 女 (谷間や川の)渡しかご．

Orozco [oróθko] 固名 オロスコ(ホセ・クレメンテ José Clemente ~)(1883-1949，メキシコの画家)．

orozuz [oroθúθ] 男〔複 orozuces〕《植物》カンゾウ(甘草)．類 regaliz.

‡orquesta [orkésta] 女 ❶《音楽》オーケストラ，楽団，バンド；楽団員．— ~ de cámara 室内オーケストラ，室内楽(管弦)楽団．~ de jazz ジャズバンド．~ sinfónica 交響楽団，シンフォニーオーケストラ． ❷ (劇場・ホールの)オーケストラピット，オーケストラボックス． ❸ (古代ギリシャ・ローマの劇場の)ステージ前の半円形の部分．

hombre orquesta → hombre.

orquestación [orkestaθjón] 女 ❶《音楽》管弦楽編曲，オーケストレーション． ❷ (企画などの)とりまとめ能力．

orquestal [orkestál] 形 管弦楽の. —conjunto ~ 管弦楽団.

orquestar [orkestár] 他 ❶ を管弦楽に編曲する. 類**instrumentar**. ❷ を大々的に宣伝する.

orquídea [orkídea] 女 →orquídeo.

orquídeo, a [orkídeo, a] 形 《植物》ラン(蘭)科の.
— 女 ラン科の植物.

orquitis [orkítis] 女 《医学》睾丸炎.

ortega [ortéɣa] 女 《鳥類》サケイ(沙鶏). ◆ニワトリの一種で, スペインでは肉食用として一般化している. 類**churra**.

Ortega y Gasset [ortéɣa i gasé(t)] 固名 オルテガ・イ・ガセー(ホセ José ~)(1883-1955, スペインの哲学者・文明評論家).

ortiga [ortíɣa] 女 《植物》イラクサ(刺草). ~ de mar クラゲ. ~ muerta オドリコ草.

orto [órto] 男 ❶ 日の出, 天体の出. ❷ 《天文》東, 日の出方向. 反**ocaso**.

ortodoxia [ortoðóksja] 女 ❶ 正統(性), 正統派的信奉. ❷ 《宗教》(カトリックの)正統信仰. 反**heterodoxia**.

ortodoxo, xa [ortoðókso, ksa] 形 ❶ 正統派の, 正統派信奉の. —No creo que sea lo más práctico una solución *ortodoxa*. 正統慣行に基づく解決策が最も現実的だとは思えない. opinión *ortodoxa* 正統派の意見. ❷ カトリック正統信仰の. —escritor *ortodoxo* カトリック正統派の作家. doctrina *ortodoxa* 正統派の教理. 類**dogmático**. 反**heterodoxo**. ❸ ギリシャ正教の. —la iglesia *ortodoxa* ギリシャ正教会.
— 名 ギリシャ正教徒.

ortogénesis [ortoxénesis] 女 《生物》定向進化.

ortogonal [ortoɣonál] 形 《数学, 幾何》直交する, 直交面の. —matriz ~ 直交行列. proyección ~ 正投影.

ortogonio [ortoɣónjo] 形 —triángulo ~ 直角三角形.

ortografía [ortoɣrafía] 女 ❶ 正字法, 語の正しいつづり. —falta de ~ スペルミス. manual de ~ 綴り字教本. ❷ 《幾何》正面図[立面図], 立面図.

ortografiar [ortoɣrafjár] 他 を正字法に従って書く[正しく綴り字で書く].

ortográfico, ca [ortoɣráfiko, ka] 形 正字法の, 綴り字上の. —acento ~ アクセント記号. regla *ortográfica* 正字法の規則.

ortopedia [ortopéðja] 女 整形術, 整形外科.

ortopédico, ca [ortopéðiko, ka] 形 整形外科の. —aparatos ~s 整形器具. operación *otropédica* 整形手術.
— 名 整形外科医 (=ortopedista).

ortopedista [ortopeðísta] 男女 整形外科医.

ortóptero, ra [ortóptero, ra] 形 《虫類》直翅(し)類のバッタ, コオロギなど).
— 男複 直翅類.

oruga [orúɣa] 女 ❶ 《虫類》毛虫・芋虫・青虫の類. —~ de seda カイコ. ❷ (*a*) ヤマガラシ. (*b*) ヤマガラシ入りのソース. ❸ 《機械》キャタピラ, 無限軌道.

orujo [orúxo] 男 (果実類の)しぼりかす(特にオリーブやぶどうの).

Oruro [orúro] 固名 オルーロ(ボリビアの都市).

orza[1] [órθa] 女 (保存食用の)かめ, つぼ.

orza[2] [órθa] 女 ❶ 《海事》船首を風上に向けること, 詰め開きし, ラフィング. ❷ 《造船》垂下竜骨, センターボード.
a orza 副 (1) 船首を風上に向けて. (2) 《比喩》傾いて, よじれて.

orzaga [orθáɣa] 女 《植物》ハマアカザ.

orzar [orθár] [1.3] 自 《海事》船首を風上に向ける, 詰め開きする, ラフする.

orzuelo[1] [orθwélo] 男 《医学》麦粒腫, ものもらい.

orzuelo[2] [orθwélo] 男 (猛獣や鳥を捕える)わな.

***os** [os オス] (代)(人称)【2 人称複数与格・対格; 話し相手を含めた複数の人をさす】 ❶ 【直接補語として】君[おまえ, あなた]たちを. —*Os* llevo en coche hasta la estación. 君たちを車に乗せてあげるよ. ❷ 【間接補語として】君[おまえ, あなた]たちに. —*Os* compraré los regalos mañana. 君たちに明日プレゼントを買ってあげよう. *Os* invito a una cerveza. 君たちにビールを1杯おごってやろう. ❸ 【再帰代名詞として】—¿*Os* levantáis temprano mañana? 君たちは明日早く起きるかい?

【語法】再帰動詞の肯定命令では os の前の d がなくなる: Levanta*os*. 君たち起きなさい. ただし, 次は例外: *Idos*. お前たち, 行きなさい.

❹ 《古》汝を(に), 汝らを(に).

osa [ósa] 女 ❶ 雌熊. ❷ (O~)《天文》(星座の)熊. —Mayor [Menor] 大[小]熊座. ¡La *osa*! なんとまあ!(怒りや驚き).

osadamente [osáðaménte] 副 大胆に, 無謀に(も). 類**atrevidamente**.

osadía [osaðía] 女 ❶ 大胆さ, 無謀, 命知らず. —El muchacho, con gran ~, se enfrentó a aquel matón. 少年は大胆不敵にもあの乱暴者に立ち向かった. 類**atrevimiento, audacia**. ❷ 横柄, ずうずうしさ. —No ha estudiado nada y tiene la ~ de quejarse de la nota. 彼は全く勉強していなかったくせに, ずうずうしくも成績に不満を持っている. 類**descaro, insolencia**.

osado, da [osáðo, ða] 形 ❶ 大胆[無謀]な. —Hay que ser muy ~ para viajar por ese país ahora. 今その国を旅行するのは勇気がいる. ❷ 恥知らずな, ずうずうしい.

osamenta [osaménta] 女 骨格, 骨組. 類**esqueleto**.

osar [osár] 自 [+不定詞] 大胆にも…する, あえて…する. —Temblando de miedo, no *osaba* mirar al policía. 彼はこわごわで警官の方をあえて見ることができなかった. 類**arriesgarse a, atreverse a, aventurarse a**.

osario [osárjo] 男 ❶ 納骨堂, 無縁墓所. ❷ 昔の異教徒埋葬場.

Óscar [óskar] 固名 《男性名》オスカル.

OSCE 〈頭字〉 (< Organización para la Seguridad y Cooperación en Europa) 女 欧州安全保障協力機構.

oscense [osθénse] 形 オスカ(Osca, 現在の Huesca)の.
— 男女 ウエスカ人.

oscilación [osθilaθjón] 女 ❶ 振動, 揺らめき, 震え, ぐらつき. —La ~ del barco provocó mareos entre los pasajeros. 船の揺れのせいで乗客

達が船酔いを起こした. 類 **balanceo, temblor, vibración.** ❷ 変動, ゆれ, ばらつき. —～ de la temperatura 気温の変動. 類 **fluctuación.** ❸ (心の)動揺, ぐらつき, ためらい. 類 **titubeo, vacilación.**

oscilador [osθilaðór] 男 《電気》発振器, 《物理》振動子.

oscilante [osθilánte] 形 振動する, 揺れ動く, 変動する, ぐらつく. 類 **fluctuante, vacilante.**

oscilar [osθilár] 自 ❶ 振動する, ゆらめく, ぐらつく. —Ten cuidado, que el andamio *oscila*. 気をつけて, 足場がぐらついてるから. La lámpara *oscilaba* con el viento. ランプの火が風でゆらめいていた. 類 **balancearse, moverse.** ❷ 変動する, 揺れる. —La temperatura mínima *oscila* aquí entre cinco y diez grados. ここでの最低気温は5度～10度の間で変動している. 類 **fluctuar, vacilar, variar.** ❸ 気持ちがぐらつく. —Sus sentimientos *oscilan* entre una desbordada alegría y una gran tristeza. 彼の感情は溢れる喜びと大きな悲しみとの間で揺れている. 類 **titubear, vacilar.**

oscilatorio, ria [osθilatórjo, rja] 形 振動の, 振動性の. —movimiento ～ 振動運動.

osciloscopio [osθiloskópjo] 男 《電気》オシロスコープ. ♦陰極線管を用いた電気量の波形観察装置.

ósculo [óskulo] 男 ❶ 《詩》接吻 (=beso). —～ de paz (カトリックのミサ中の)平和の接吻. 類 **beso.** ❷ 《動物》(海綿などの)大孔.

***oscuramente** [oskúraménte] 副 目立たずに, ひっそりと, ひそかに, 陰で. —Expuso el tema tan ～ que no entendimos nada. 彼は話題の提示の し方がひどくあいまいだったので私たちには何も理解できなかった. Los dos crímenes parecen estar ～ relacionados. 2つの犯罪は陰で関わりを持っているようだ. Ahora se comienza a apreciar la labor que ～ realizó. 彼が人知れずやった仕事が今評価され始めている. 類 **calladamente.**

oscurantismo [oskurantísmo] 男 反啓蒙主義.

oscurantista [oskurantísta] 形 反啓蒙主義の. —prensa ～ 反啓蒙的なジャーナリズム.

— 男女 反啓蒙主義者.

oscurecer [oskureθér] [9.1] 他 (=obscurecer) ❶ を暗くする. —La madre *oscureció* la habitación para que el niño se durmiera. 母親は子供が眠れるように部屋を暗くした. 類 **ensombrecer, entenebrecer.** 反 **iluminar.** ❷ 《比喩》を目立たなくする. —La abundancia de citas *obscureció* la exposición del tema. 引用が多すぎて主題が分からなかった. Con su talento *oscurecía* a todos los demás. 彼の才能のせいで他の者はみんな影が薄かった. 類 **ensombrecer.** ❸ 《比喩》を混乱させる, 惑わす. —La envidia *obscurece* la mente. 嫉妬は理性を曇らせる. 類 **confundir, ofuscar.** ❹ 《比喩》を不安にさせる. ❺ 《美術》…に陰影を施す. —*Oscureció* el fondo para que resaltara la figura. 人物像を際立たせるために背景に陰を施した.

—**se** 再 ❶ 暗くなる. —El cielo *se oscureció* y comenzó a descargar la tormenta. 空が暗くなり, 土砂降りの嵐となった. ❷ 曇る. 類 **nublarse.** ❸ なくなる, 見えなくなる.

— 自 〖3人称単数のみ〗 日が暮れる. —Volveré a casa antes de que *oscurezca*. 暗くなる前に家に帰ってくるよ. 類 **anochecer, atardecer.**

oscurecimiento [oskureθimjénto] 男 暗くなること, 日が暮れること, かげること, (視界が)暗むこと. —El ～ del cielo presagia tormenta. 空が暗くなるのは嵐の前兆だ. Aquel escándalo fue causa de ～ de su brillante carrera. あのスキャンダルのせいで, 彼の輝かしい経歴が曇ってしまった.

****oscuridad** [oskuriðá(ð)] 女 ❶ 暗いこと, 暗さ; 暗がり, 闇. —El niño tiene miedo a la ～. 子供は暗い所を怖がるものだ. Era una noche de total ～. 真っ暗な夜だった. Salió del bar y se perdió en la ～. 彼はバルを出て暗闇の中へと姿を消した. ❷ 不明瞭; あいまいさ; 難解さ. —Explicó el asunto con cierta ～. 彼はその件を幾分あいまいに説明した. La ～ envuelve las razones de su desaparición. その失踪の理由は謎に包まれている. ❸ 目立たないこと; 無名. —La famosa actriz pasó los últimos años de su vida en la ～. その有名な女優は晩年は人知れずひっそりと暮らした. ❹ 無知, 蒙昧(もうまい); 無教養. 反 **claridad**

****oscuro, ra** [oskúro, ra オスクロ, ラ] 形 ❶ 暗い. —Las habitaciones que dan al patio son *oscuras*. 中庭に面した部屋は暗い. Estos callejones están siempre *oscuros*. この辺の路地はいつも薄暗い. cámara *oscura* 暗室. ❷ (*a*) (日が暮れてきて)暗い. —Era [Estaba] ya ～ cuando llegamos a Madrid. 私たちがマドリードに着いたときはもう暗くなっていた. (*b*) (曇っていて)暗い. —El cielo [día] se ha puesto muy ～ y puede que llueva. (空が)真っ暗になってきた, 雨が降りそうだ. Llegó un día frío y ～ de diciembre. 12月の寒いどんよりと曇った日に彼はやって来た. 反 **despejado.** ❸ (色が)暗い, 黒っぽい. —piel *oscura* 浅黒い肌. traje ～ 黒っぽい服; ダークスーツ. gafas *oscuras* 黒っぽいサングラス. Llevaba un traje gris [azul] ～. 彼はチャコールグレー[紺]のスーツを着ていた. ❹ 不明瞭な, あいまいな; 分かりにくい; 疑わしい. —Se expresó con un lenguaje ～. 彼は難解な言葉で表現した. Hay varios puntos ～*s* en este asunto. この件にはいくつかはっきりしない点がある. Había en ese hombre algo ～. その男にはどこか胡散(うさん)臭い所があった. ❺ (見通しが)暗い, 希望のない. —El porvenir se presenta ～. 将来は暗いようだ. las edades *oscuras* 暗い時代. ❻ 無名の, 知られてない; 身分の低い, 卑しい. —Su ascendencia era *oscura*. 彼は身分の低い家柄の出だった. El asesino resultó ser un ～ funcionario. 殺人犯は名もない公務員であったことがわかった. suceso ～ 人目につかない出来事.

a oscuras (*a*) 暗い所に, 暗闇で (=sin luz). Se fue la luz y nos quedamos *a oscuras*. 明りが消えて私達の周りは真っ暗になってしまった. (*b*) 《話》何も知らされずに, さっぱりわからずに. Estoy *a oscuras* en este tema. 私はこの話題には全くついていけない.

— 男 《演劇》暗転; 《美術》陰影.

óseo, a [óseo, a] 形 骨の, 骨のような. —fractura *ósea* 骨折. esqueleto ～ 骨格. médula *ósea*. 骨髄. 類 **huesoso.**

osera [oséra] [<oso] 女 熊の住むほら穴.

osezno [oséθno] 男 子熊.

O

osificación [osifikaθjón] 囡 骨化, 化骨作用.
osificarse [osifikárse] [1.1] 再 骨化する, 骨になる.
Oslo [óslo] 固名 オスロ(ノルウェーの首都).
osmanlí [osmanlí] 形 オスマン・トルコの.
—— 男女 オスマン・トルコ人.
osmio [ósmjo] 男 《化学》オスミウム(金属元素, 元素記号 Os).
osmosis, ósmosis [osmósis, ósmosis] 囡 〖単複同形〗❶《化学, 物理》浸透. ❷《比喩》密接な相互作用・相互浸透.
osmótico, ca [osmótiko, ka] 形 《化学, 物理》浸透の, 浸透性の. —presión *osmótica* 浸透圧.
OSO《略号》=oessudoeste 西南西.
:**oso, sa** [óso, sa] 名 ❶《動物》クマ(熊). —bezudo ナマケグマ, ミツグマ. ~ blanco [polar, marítimo] 白クマ, 北極グマ. ~ común [pardo] ヒグマ. ~ de felpa 縫いぐるみのクマ. ~ hormiguero オオアリクイ. ~ lavador アライグマ. ~ marino オットセイ, キタオットセイ. ~ marsupial コアラ(=koala). ~ negro 黒クマ. ~ panda パンダ(=panda). ❷《話》熊のような男; 毛深い男; 力の強い男. ❸《まれ》女を口説きまわる男.
abrazo del oso 力強い抱擁; (レスリングの)ベアハッグ.
¡Anda la osa!《話》(驚きの表現)おやおや, こいつは驚いた, 何とまあ.
hacer el oso《話》馬鹿なことをする, 笑いものになる; ふざける. Deja de *hacer el oso*; te están mirando. 馬鹿やってるんじゃありません, 人が見てますよ.
Osorno [osórno] 固名 オソルノ(チリの都市; チリの火山).
ossobuco, osso buco [osoβúko] 〈＜伊〉《料理》オッソブーコ. ◆子牛のすね肉を蒸し煮にしたイタリア料理.
ostealgia [osteálxja] 囡《医学》(激しい)骨痛.
osteíctio [osteíktjo] 男《魚類》硬骨魚類.
osteína [osteína] 囡《生化》骨質.
ostensible [ostensíβle] 形 ❶明白な, すぐにはっきりと分かる, あからさまな. —Me miró con ~ desprecio. 彼女はあからさまに軽蔑する目つきで私を見た. hacer ~ ... をあらわにする, はっきりと示す. 類 **manifiesto, patente, visible**. ❷誇示し得る, 見せびらかし得る.
ostensiblemente [ostensíβlemént̪e] 副 これ見よがしに, あからさまに; 明白に, 顕著に. 類 **claramente, visiblemente**.
ostensivo, va [ostensíβo, βa] 形 〖＋de を〗誇示する, あからさまに示す. —un tono ~ *de* irritación いら立ちをはっきりと示す語調. Lleva una *ostensiva* vida de lujo. 彼はぜいたくな暮らしぶりをひけらかしている.
***ostentación** [ostentaθjón] 囡 見せびらかすこと, 誇示; 見栄を張ること, 虚飾; 衒(ゲン)い. —Ha decorado el piso con sencillez porque detesta la ~. 彼(女)はマンションの部屋をとてもシンプルにしていた, 飾り立てるのが嫌だったので. Le gusta hacer ~ de su riqueza. 彼は富をひけらかすのが好きだ. La boda fue muy sencilla, sin ~ alguna. 結婚式は何の気取りもない, ごくささやかなものだった.
ostentador, dora [ostentaðór, ðóra] 形 《まれ》見栄を張りの, 見せびらかしたがる.
—— 名 見栄をはる[見せびらかしたがる]人.
:**ostentar** [ostentár] 他《文》❶ (*a*) を見せびらかす, 誇示する. —Ella *ostenta* sus lujosas joyas. 彼女は自分の豪華な宝石を見せびらかす. 類 **exhibir**. (*b*) を見せる, 示す. —Todos los asistentes *ostentaban* un brazalete de luto. 出席者は全員喪章を付けていた. 類 **lucir**. ❷ (肩書・権利など)を保持[保有]する. —*Ostenta* el título de conde. 彼は伯爵の称号を有している.
ostentativo, va [ostentatíβo, βa] 形 ❶誇示的な, あからさまな. ❷見せびらかしたがる.
ostentoso, sa [ostentóso, sa] 形 ❶豪華な, きらびやかな, 派手な, 華美な. —Vive en un céntrico y ~ piso. 都心の豪勢なマンションに住んでいる.
❷誇示するような, これ見よがしの, あからさまな, 露骨な. —Habló de él con un ~ desprecio. あからさまに侮蔑をこめて彼のことを話した.
osteoartritis [osteoartrítis] 囡〖単複同形〗《医学》骨関節炎.
osteocito [osteoθíto] 男《解剖》骨細胞.
osteogénesis [osteoxénesis] 囡〖単複同形〗《生理》骨生成, 骨形成.
osteolito [osteolíto] 男 化石骨.
osteología [osteoloxía] 囡《医学》骨学・骨病理(学).
osteomielitis [osteomjelítis] 囡〖単複同形〗骨髄炎.
osteópata [osteópata] 男女 整骨療法家.
osteopatía [osteopatía] 囡 整骨療法.
osteoporosis [osteoporósis] 囡〖単複同形〗《医学》骨粗鬆症.
osteosarcoma [osteosarkóma] 男《医学》骨肉腫.
osteosíntesis [osteosíntesis] 囡〖単複同形〗《医学》骨接合.
osteosis [osteósis] 囡《医学》骨組織形成.
ostial [ostjál] 男 ❶港口. 類 **boca**. ❷真珠採取場; 真珠母貝.
ostiario [ostjárjo] 男《カトリック》守門(門番役の最下級聖職者).
ostión [ostjón] 男《貝類》大型のカキ(牡蠣), イタボガキ(=ostrón).
:**ostra** [óstra] 囡《貝類》カキ(牡蠣). —~ perlera [perlífera] 真珠貝.
aburrirse como una ostra《話》ひどく退屈する, 飽き飽きする.
¡Ostras!《話》(驚き・不快・怒りなどを表わす)わっ; まあ; なんてこった. *¡O~!* No esperaba verte aquí. うわっ, 君にここで会うとは思わなかったよ. No me gusta el plan que has hecho. -¡O~, pues hazlo tú! 君の立てた計画は気に食わんな. -何だよ, じゃあ自分でやれよ.
ostracismo [ostraθísmo] 男 ❶公職追放, 社会的抹殺. —Sus compañeros de partido le han condenado al ~. 党員たちが彼を糾弾して公職追放に追いやった. ❷《歴史》オストラシズム(陶片追放; 古代ギリシャで, 陶器の破片等を用いた秘密投票により, 危険人物を追放したもの).
ostral [ostrál] 男 カキ(牡蠣)[真珠]の養殖場.
ostrero, ra [ostréro, ra] 形《貝類》カキ(牡蠣)の.
—— 名 カキ養殖業者.
—— 男 カキ養殖場.

ostrícola [ostríkola] 形 カキ養殖の.

ostricultura [ostrikultúra] 女 カキ養殖業.

ostrogodo, da [ostroɣóðo, ða] 形 東ゴート(人)の. —pueblo ～ 東ゴート族.
—— 名 東ゴート人. ◆東ゲルマンの部族, イタリアに王国 [493-555] を建てた.

ostrón [ostrón] 男 《貝類》大ガキ(牡蠣).

osuno, na [osúno, na] 形 熊の, 熊のような.

OTAN [ótan] 〔＜ Organización del Tratado del Atlántico Norte〕女 北大西洋条約機構 (NATO).

otario, ria [otárjo, rja] 形 《アルゼンチン, ウルグアイ》間抜けな, (特に金銭的な面で)だまされやすい.

OTASE [otáse] 〔＜ Organización del Tratado del Sudeste Asiático〕女 東南アジア条約機構(英SEATO).

otear [oteár] 他 ❶ を見渡す, 見おろす. —Paramos en el mirador para ～ toda la ciudad. 私たちは街全体を見渡すために展望台で立ち止まった. 類 **divisar**. ❷ を見つめる, 見張る, 調べる. —Se queda oteando la salida. 彼は出口をじっと見張っている. 類 **escudriñar, registrar**. ❸ 《比喩》(何かを求めて)を見つめる; 探る. —～ el futuro buscando más posibilidades さらなる可能性を求めて将来を見つめる.

otero [otéro] 男 (平野上に突き出た)丘, 小山.

otitis [otítis] 女《単複同形》《医学》耳炎. —～ externa 外耳炎. ～ media 中耳炎. ～ interna 内耳炎.

otolaringología [otolarinɡoloxía] 女 《医学》耳鼻咽喉科学 (= otorrinolaringología).

otología [otoloxía] 女 《医学》耳科学.

otomana [otomána] 女 → otomano.

otomano, na [otománo, na] 形 オスマン・トルコ帝国の, トルコ(人)の. —— 名 トルコ人. —— 男 トルコ式長椅子, 寝椅子. 類 **cama turca**.

otoñada [otoɲáða] 女 ❶ 秋, 秋の間. ❷ 秋の牧草. —Ha llovido poco en septiembre y no habrá buena ～. 9月は雨が少なかったので, 秋の牧草の育ちは良くないだろう.

otoñal [otoɲál] 形 ❶ 秋の, 秋らしい. ❷ 《比喩》晩年の. —amor ～ 晩年の恋.

otoñar [otoɲár] 自 ❶ 秋を過ごす. ❷ (植物が)秋に芽ぶく. —El anciano matrimonio otoña en el Sur del país. その老夫婦は国の南部で秋を過ごしている.
——**se** 再 (土地が)秋雨で適度に潤う.

***otoño** [otóɲo オトニョ] 男 ❶ 秋. —Nos casaremos en ～. 私たちは秋に結婚します. ❷《文》壮年期, 初老の時期. —No lo conocí ya en el ～ de su vida [sus días]. 彼と知り合ったのは彼がいい年になってからのことだった.

:**otorgamiento** [otorɣamjénto] 男 ❶ 授与, 譲渡. —el ～ de licencias 免許の授与. 類 **concesión**. ❷ 許諾, 許可, 同意. ❸ 証書, 契約書;《法学》証書の作成.

•**otorgante** [otorɣánte] 形 授与する, 譲渡する; 授与する人の.
—— 男女 授与する人, 譲渡者.

:**otorgar** [otorɣár] [1.2] 他 【+aに】(a)《文》(許可・援助など)を与える, 供与する, 許諾する. —Le otorgaron el permiso que había pedido. 彼は申請していた許可が与えられた. 類 **conceder**. (b)(賞など)を授与する. —Le otorgaron el premio Nobel. 彼にノーベル賞が授与された. ❷《司法》(公証人の前で文書)を作成する, 取り決める. —Otorgó testamento a favor de su único hijo. 彼は1人息子に有利な遺言状を作成した. ❸(法律)を公布する, 発布する. —～ una ley 法律を発布する.

Quien calla otorga.【諺】沈黙は承諾のしるし.

otorrea [otoréa] 女 《医学》耳漏(ろう), 耳だれ.

otorrinolaringología [otoriᵭinolarinɡoloxía] 女《医学》耳鼻咽喉科学 (= otolaringología).

otorrinolaringólogo, ga [otoriᵭinolarinɡóloɣo, ɣa] 名 耳鼻咽喉科医.

***otro, otra** [ótro, ótra オトロ, オトラ] 形(不定)【複 otros, otras】
❶ (a) ほかの, 別の. —¿Qué otra cosa compró usted? あなたはほかに何を買いましたか. Vamos a ～ restaurante. 別のレストランに行きましょう. (b)【+que ...】…とは異なる別の. —No ha hecho otra cosa en su vida que trabajar. 彼は人生で仕事以外のことは何もしなかった. (c)【ser+muy +】《文》ほかの, 別の. —Mis intenciones eran muy otras. 私の意図はまったく別のところにあった. ❷ もう一人の, もう一方の. —Es mi otra hija. 彼女はわたしのもう一人の娘です. No es aquí, es en la otra puerta. ここではありません, もう一方のドアです. ❸ 反対の; 向こうの. —Nosotros íbamos en otra dirección. われわれは逆の方向を歩いていました. Correos está en el ～ extremo de la calle. 郵便局は通りを反対に行った突き当たりにあります. ❹ さらに別の, 次の. —¿Quieres otra cerveza? ビールをもう一杯どうですか. ¿Hay alguna otra pregunta? 何かほかに質問がありますか. A la otra semana vino a verme. 翌週彼は私に会いに来た. ❺ 【día, semana, mes, año などの前で】(a)【定冠詞つきで】以前の…. —El ～ día te presté el libro. 先日ぼくは君に本を貸した. Hablamos de ti la otra tarde. 私たちは先日の午後君のことをうわさした. (b)【冠詞がないとき】いつか将来の. —O～ día seguiremos esta conversación. また別の日にこの話の続きをしましょう. ❻ 第二の. —Le consideramos como ～ don Quijote. 私達は彼を第二のドン・キホーテだと思います. ❼ (以前とは)変わった, 別人のような. —Hoy te encuentro ～. 今日の君は別人のようだ.

alguna que otra vez 時々, たまに.

de otro modo [otra manera] (1) 別の方法で. Quiero hacerlo de otro modo. それを別の方法でやってみたい. (2) さもなければ, そうでなければ. De otro modo, tendrás que tomar algunas medidas. さもなければ君は何らかの対策を取らなければならないだろう.

el otro mundo あの世, 来世. ¿Querrías casarte con él también en el otro mundo? あなたはあの世でも彼と結婚したいですか.

en otra época [otro tiempo] かつて, 以前. Vivía aquí solo en otra época. 彼は以前ひとりでここに住んでいた.

entre otras [cosas] とりわけ, なかでも.

Ésa [Ésta] es otra. それは困ったことだ.

esto y lo otro あれやこれや.

no ser otro que ... …にほかならない, まさに…である. El que la denunció no fue otro que su marido. 彼女を告発したのは他でもない彼女の夫

だった.

hasta otra →hasta.

¡*Otra*! (1) もう一度(してください), アンコール! (2) (驚き・抗議の意味で)またか! ¡*Otra*! Que hoy no puedo. またかい! 今日はダメだって言ってるじゃないか.

otro tanto 同数の, 同量の.

otro que tal (baila) (1) 似たようなもの. Ella es muy tacaña pero su marido es *otro que tal baila*. 彼女はすごいケチだけどご主人も似たようなものだ. (2)〖話〗またまた, 困ったもんだ. Mírala, *otra que tal baila*, no para de fumar y está en la zona de no fumadores. 彼女を見てよ, またよ! タバコを吸いながら禁煙ゾーンにいるんだから.

otra vez →vez.

— 代(不定) ❶ ほかの物[人], 別の物[人]. —No hay *otro* como él. 彼のような人は他にいない. Yo no estoy dispuesto a ir, que vaya ~. 私は行く準備ができていないから, 他の人に行ってもらいたいのだけれど. Esta tienda es muy cara, vamos a *otra*. この店はとても高い. 他の店に行こうよ. Los ~s aún no ha vuelto. 他の人たちはまだ帰って来ていない.

❷〖uno と対応して〗もう一方の人[物]. —Aquí hay dos billetes, uno de ida y ~ de vuelta. ここに 2 枚の切符がある. 一枚は行きでもう一枚は帰りの切符だ. Toma un caramelo para ti y ~ para tu hermano. 君はキャンディーを 1 つ, 弟さんも 1 つとりなさい.

otrora [otróra] 副《文, 古》以前, かつて. —De esa ciudad, ~ capital de un reino, sólo quedan ruinas. かつて王国の首都だったその町には今は遺跡しか残っていない.

otrosí [otrosí] 副〖法律〗更に, そのうえ.
— 男〖法律〗追加の訴え[請求].

Ottawa [otáwa] 固名 オタワ(カナダの首都).

OUA《頭字》[< Organización para la Unidad Africana] 女 アフリカ統一機構(英 OAU).

ova [óβa] 女 ❶〖植物〗アオサ, アオノリ. ❷〖建築〗卵形装飾(= ovo).

*****ovación** [oβaθjón] 女 拍手喝采, 熱烈な歓迎. —El público acogió al pianista con una calurosa ~. 聴衆はピアニストに盛大な拍手を送った.

ovacionar [oβaθjonár] 他 …に拍手喝采を送る. —Todos espectadores *ovacionaron* al equipo vencedor. 観客達は皆, 勝利チームに拍手喝采を送った. 類 **aclamar, aplaudir**.

oval [oβál] 形 卵形の, 楕円形の. —hojas ~*es* 長円形の葉. corona ~ (古代ローマの凱旋式で用いたギンバイカ(銀梅花)の冠. 類 **aovado, ovalado, oviforme, ovoide, ovoideo**.
— 女 = corona oval.

ovala*do*, *da* [oβaláðo, ða] 形 (主に輪郭に関して)卵形の, 楕円形の. —cara *ovalada* 卵形の顔. moldura *ovalada*〖建築〗卵形刳形による, アボロ・モールディング. 類 **aovado, oval, oviforme, ovoide, ovoideo**.

ovalar [oβalár] 他《まれ》を卵形[楕円形]にする.

óvalo [óβalo] 男 卵形, 楕円形; その形状の物.

ovar [oβár] 自 産卵する. 類 **aovar**.

ovári*co*, *ca* [oβáriko, ka] 形〖生物〗卵巣の, 子房の. —vesícula *ovárica* 卵嚢(のう).

ovario [oβárjo] 男 ❶〖解剖〗卵巣. ❷〖植物〗子房. ❸〖建築〗卵形彫刻をほどこした刳形(くりがた).

*****oveja** [oβéxa] 女 ❶ (一般に)羊; 雌の羊. —Las ~s balan. 羊はメーメーと鳴く. un rebaño de ~s 羊の群れ. ser manso como una ~ 羊のようにおとなしい. 類語 **carnero** 雄の羊. **cordero** 子羊. **borrego** 1・2 歳の子羊.

encomendar las ovejas al lobo 狼に羊をゆだねる(危険と知りながら財産などを他人の手にゆだねる).

Cada oveja con su pareja. 〖諺〗類は友を呼ぶ(←羊にはそれぞれ仲間がいる).

oveja descarriada 迷える子羊.

Oveja que bala, bocado que pierde. 〖諺〗不注意は怪我のもと(←羊は鳴いて, 口にくわえた餌をくす).

oveja negra (1)〖話〗厄介者, のけ者. (2)〖南米〗〖動物〗リャマ (llama).

ovejera [oβexéra] 女 →ovejero.

ovejer*o*, *ra* [oβexéro, ra] 形 羊飼いの. —perro ~ 牧羊犬. — 名 羊飼い.
— 女〖メキシコ〗羊小屋.

ovejun*o*, *na* [oβexúno, na] 形 羊の, 羊のような. —ganado ~ (家畜として飼われている)羊.

overbooking [oβerβúkin] 〈英〉男 オーバーブッキング, 定員以上に予約を受けつけること.

over*o*, *ra* [oβéro, ra] 形 毛の色が赤白混じりの, 桃色の(動物・特に馬に関して).

ovetense [oβeténse] 形 オビエド (Oviedo) の.
— 男女 オビエドの人.

óvid*o*, *da* [óβiðo, ða] 形〖動物〗ヒツジ類の.
— 男〖で総称的に〗ヒツジ類.

oviducto [oβiðúkto] 男〖解剖〗卵管, 輸卵管.

Oviedo [oβjéðo] 固名 オビエド(スペインの県・県都).

oviforme [oβifórme] 形 卵形の, 楕円形の.

ovillar [oβijár] 他 (糸)を巻いて糸玉にする. —una máquina para ~ la lana 羊毛を毛玉にする機械.
—se 再 (手足を縮めて)体を丸くする, うずくまる. —El niño *se ovilló* en el sofá porque tenía frío. 子供は寒かったのでソファの上でうずくまった.

ovillejo [oβijéxo] [< ovillo の縮小辞形] 男 ❶ 糸玉, 毛玉. ❷ 3 対の連押韻と redondilla と呼ばれる 4 行詩から組み合わされた 10 行詩. —decir de ~ 2 人で即興の歌合わせをする(相手の最後の行と同じ韻で始まる詩を吟じ返す, という形を繰り返すもの).

ovillo [oβíjo] 男 ❶ 糸玉, 毛玉. —~ de lana 毛糸玉. ❷〖比喩〗もつれ, 混乱. ❸〖比喩〗雑然とした山積み, まるめた塊. —Hizo un ~ con los pantalones y los metió en la lavadora. 彼はズボンをいっきにまるめて洗濯機に放り込んだ. ❹〖隠〗(泥棒などの)衣類包み.

hacerse [estar hecho] un ovillo (1) (寒さ・痛み・恐怖などで)身を縮める. La encontré *hecha un ovillo*. 彼女が恐怖で身を縮めているのが分かった. (2) どぎまぎする, 頭が混乱する.

Por el hilo se saca el ovillo. 〖諺〗一事が万事.

ovin*o*, *na* [oβíno, na] 形 羊の, 羊のような. —ganado ~〖集合的に〗(家畜として飼っている)羊.
— 男 羊.

ovípar*o*, *ra* [oβíparo, ra] 形〖動物〗卵生の (→ovovivíparo, vivíparo).

oviscapto [oβiskápto] 男〖解剖〗産卵管.

ovni, OVNI [óβni] [< objeto volante [vola-

ovoide [oβóiðe] 形 卵形の, 楕円形の. 類 **aovado, oval, ovalado, oviforme, ovoideo**.
── 男 ❶ 卵形, 楕円形(の物). ❷ 炭などの卵形の塊.

ovoideo, a [oβoiðéo, a] 形 卵形の, 楕円形の. 類 **aovado, oval, ovalado, ovoide, oviforme**.

óvolo [óβolo] 男 ❶《建築》オボロ; まんじゅう剖形(ざいけい). ❷《建築》卵と矢の彫刻をほどこした飾り追縁(ついえん).

ovovivíparo, ra [oβoβiβíparo, ra] 形《動物》卵胎生の(→ovíparo, vivíparo).

ovulación [oβulaθjón] 女《生理》排卵.

ovular [oβulár] 形 ❶《動物》卵子の. ── conducto ~ 卵管. ❷《植物》胚珠の. ── aparato ~ 胚珠.

óvulo [óβulo] 男 ❶《動物》卵子. ❷《植物》胚珠. ❸《建築》(a) オボロ; まんじゅう剖形(ざいけい) (=óvolo), (b) 卵形装飾.

oxálico, ca [oksáliko, ka] 形《化学》蓚酸(しゅうさん)の. ── ácido ~ 蓚酸.

oxear [okseár] 〔< 間投詞 ox〕他 (鳥などを), しっ!と追い払う.

Oxford [ó(k)sfor(ð)] 固名 オックスフォード(イギリスの都市).

oxhídrico, ca [oksíðriko, ka] 形《化学》酸水素の. ── soplete ~ 酸水素トーチ[バーナー].

oxiacetilénico, ca [oksjaθetiléniko, ka] 形《化学》酸素アセチレンの. ── soplete ~ 酸素アセチレントーチ[バーナー].

oxidable [oksiðáβle] 形《化学》酸化しやすい, さびやすい. 反 **inoxidable**.

oxidación [oksiðaθjón] 女 ❶《化学》酸化. ❷ さびること.

oxidado, da [oksiðáðo, ða] 形 ❶《化学》酸化した. ❷ さびた. ❸《比喩》(知識などが)鈍った, 使いものにならない.

oxidante [oksiðánte] 形 ❶《化学》酸化性の, 酸化させる. ❷ さびさせる.
── 男 酸化剤, オキシダント.

oxidar [oksiðár] 他 ❶《化学》酸化させる. ❷ をさびさせる. ── La humedad *oxidó* las partes metálicas. 湿気のせいで金属部品がさびた. ❸《比喩, 話》を鈍らせる, 使い物にならなくする. ── La falta de ejercicios *ha oxidado* los músculos de mis piernas. 運動不足のせいで脚の筋肉が弱ってしまった.
──**se** 再 ❶ 酸化する, さびる. ── La reja del jardín *se ha oxidado*. 庭の鉄柵が錆びてしまった. ❷《話》鈍る. ── Hay que hacer ejercicios para que no *se oxiden* las articulaciones. 関節が鈍くならないように運動をする必要がある.

óxido [óksiðo] 男 ❶《化学》酸化物. ── ~ de carbono 酸化炭素. ~ de hierro 酸化鉄. ❷ (金属の)錆び.

oxigenación [oksixenaθjón] 女 ❶《化学》酸化処理, 酸素との結合. ❷ 外の空気を吸うこと.

oxigenado, da [oksixenáðo, ða] 形 ❶《化学》酸素を含む. ── agua *oxigenada* 過酸化水素水, オキシドール. ❷ オキシドールで脱色した. ── pelo ~ 脱色した髪.

oxigenar [oksixenár] 他《化学》を酸素と結合させる, を酸化処理する.
──**se** 再 ❶ 酸素と結合する, 酸化する. ❷ 外の空気を吸う. ── Salió del atestado bar para ~*se* un poco. 少し外の空気を吸うために満員のバルを出た. Mañana voy a la sierra porque necesito ~*me*. 新鮮な空気を吸う必要があるので明日山へ行くつもりだ. 類 **airearse**. ❸ (オキシドールなどで)髪を脱色する.

oxígeno [oksíxeno] 男 ❶《化学》酸素. ❷《話》新鮮な空気. ── respirar ~ 新鮮な空気を吸う.

oxiuro [oksjúro] 男《動物》蟯虫(ぎょうちゅう).

oye [óje] 動 *oír* の直・現在・3 単, 命令・2 単.

oyen [ójen] 動 *oír* の直・現在・3 複.

oyendo [ojéndo] 動 *oír* の現在分詞.

oyente [ojénte] [*oír* の分詞形] 形 聞く. ── alumno ~ 聴講生.
── 男女 聞く人, 聴講者[生]; 複 聴衆, (ラジオの)聴取者. ── Iba de ~ a las clases de inglés. 私は英語の授業に聴講生として出ていた. La mayoría de los ~*s* de este programa son mujeres. この番組の聴取者の大部分が女性だ.

oyera(-) [ojéra(-)] 動 *oír* の接・過去.

oyeron [ojéron] 動 *oír* の直・完了過去・3 複.

oyes [ójes] 動 *oír* の直・現在・2 単.

oyese(-) [ojése(-)] 動 *oír* の接・過去.

oyó [ojó] 動 *oír* の直・完了過去・3 単.

ozonización [oθoniθaθjón] 女《化学》オゾン処理, (酸素の)オゾン化.

ozonizar [oθoniθár] [1.3] 他《化学》をオゾン処理する, (酸素を)オゾン化する.

ozono [oθóno] 男《化学》オゾン. ── capa de ~ オゾン層. agujero de ~ オゾンホール.

ozonosfera [oθonosféra] 女 オゾン層.

P, p

P, p [pé] 囡 スペイン語アルファベット第17文字. 両唇無声閉鎖音を表わす. ps＋母音, pn＋母音の時, p の発音は消えるか, かなり弱まる. (例: psicología[(p)sikoloxía], pneumotórax[(p)neumotóraks]).

P 《略号》❶《化学》リン (＝fósforo＜ ギリシャ). ❷《物理》ポアズ (＝poise; 粘度の単位). ❸ 駐車場, (標識)駐車可. ❹ (a)《車標》パレンシア (＝Palencia; スペイン・パレンシア). (b)《車標》ポルトガル (＝Portugal; ポルトガル). ❺ 重量 (＝peso). ❻《音楽》ピアノ (「弱く」を表わす記号).

P/. 《略号》❶ ＝plaza 広場.

p. 《略号》❶ 神父, 師 (＝padre). ❷ 教皇 (＝papa). ❸ ページ (＝página).

Pa 《略号》❶《化学》プロトアクチニウム (＝protactinio). ❷《物理》パスカル (＝pascal; 圧力・応力の単位).

p. a. 《略号》《化学》原子量 (＝peso atómico).

*__pabellón__ [paβeʎón] 男 ❶ 同一敷地内の建物群のひとつ. (a) (博覧会などの)パビリオン, 展示場, 館. ―~ de España en la Feria de Muestras 見本市会場のスペイン館. (b) (病院, 兵舎などの) **別棟**, 別館; (屋内外の)あずまや, 小屋. ―Internaron al enfermo en el ~ de infecciosos. 病人は隔離病棟に入院させられた. Hay un pequeño ~ al fondo del jardín. 庭の突き当たりに小さな離れがある. ―~ de caza 狩猟小屋. ❷ (円錐形の)大型テント; (ベッド, 王座などを覆う)天蓋. 類 **tienda**. ❸ (国や団体の)旗; 船籍, 国籍. ―izar el ~ nacional 国旗を掲揚する. un barco de panameño パナマ船籍の船. El ~ cubre la mercancía. (法律)船旗は積載物を保護する (国際法で戦時下の中立国の船舶は航行の安全が確保される);《比喩》人の威光を笠に着る. 類 **bandera**. ❹ ラッパ状に広がったもの;《音楽》(吹奏楽器の)朝顔;《解剖》外耳; (軍事)叉銃(複数の銃を銃口を上にして束ねたもの). ―~ de la oreja [auditivo] 外耳.

pabilo [paβílo] 男 ❶ ろうそく・ランプの芯. 類 **mecha, torcida**. ❷ 芯の燃えている部分, 黒く焦げた部分.

pábilo [páβilo] 男 《まれ》＝pabilo.

Pablo [páβlo] 固名 《男性名》パブロ.

pábulo [páβulo] 男 ❶ 食糧. ❷ 餌. ❸《比喩》材料, ネタ, もとになるもの. ―Su conducta es el ~ de todos estos rumores. 彼の振る舞い方がこれら全ての噂のもとだ. ❹《比喩》心の糧.
dar pábulo a 助長する, 誘発する. Su mutismo da pábulo a toda clase de interpretaciones. 彼が沈黙を通すのが, あらゆる解釈が生み出されてしまう.

Paca [páka] 固名 《女性名》パカ (Francisca の愛称).

paca¹ [páka] 囡 (綿・羊毛などの)包み, 梱(こり).

paca² [páka] 囡《動物》パカ(テンジクネズミに似た, 中南米産の齧歯(げっし)動物).

pacana, pacán [pakána, pakán] 囡《植物》ペカン(クルミに似た木).

pacanero [pakanéro] 男 ＝pacana.

pacano [pakáno] 男 ＝pacana.

pacatería [pakatería] 囡 おどおどした様子, 恥ずかしがり.

pacato, ta [pakáto, ta] 形 ❶ おどおどした, 控え目な, 猫かぶりの. ―Es un buen chico, pero un poco ~. 彼はいい青年だが, 少々おどおどしている. ❷ 神経質な, 細心すぎる, 気にしすぎる.

pacense [paθénse] 形 ❶ バダホス (Badajoz; スペイン, Extremadura 地方)の. ❷ ベージャ (Beja; ポルトガル)の.
――男女 ❶ バダホス住民, バダホス出身者. ❷ ベージャ住民, ベージャ出身者.

paceño, ña [paθeáɲo, ɲa] 形 ラパス (＝La Paz (ボリビアの首都))の.
――名 ラパス住民, ラパス出身者.

‡**pacer** [paθér] [9.1] 自 (家畜が)草を食べる, 草を食(は)む. ―Las vacas pacen en la dehesa. 牛たちは牧場で草を食んでいる.
――他 (家畜に)草を食わせる.

pachá [patʃá] 男 パシャ(昔のトルコ帝国の知事・司令官). (bajá に相当するフランス語源の形).
vivir como un ~ 派手な[豪勢な]生活をする.

pachamama [patʃamáma] 囡《南米》母なる大地, パチャママ(インカの大地母神).

pachamanca [patʃamáŋka] 囡《ペルー》❶《料理》(焼石で焼いてチリソースで味つけした)焼肉, バーベキュー. ❷ バーベキュー・パーティー, (屋外の)宴会. ❸《比喩》大騒ぎ, 騒動.

pachanga [patʃáŋga] 囡 ❶《話》宴会, どんちゃん騒ぎ. 類 **baile, diversión, fiesta**. ❷《中南米, キューバ》パチャンガ(軽快なダンス音楽).

pachón, chona [patʃón, tʃóna] 形 ❶ バセット犬の. ―perro ~ バセット犬. raza pachona バセット系犬種. ❷《比喩》のろまな, のんびりした. ―Es muy ~ y no se inmuta por nada. 彼はのんきなやつで, 何があっても動揺しない. 類 **calmoso**. ❸《中南米》毛深い, 毛むくじゃらの.
――名 ❶《動物》バセット犬 (＝perro ~). ❷《比喩》のろまな人, 愚鈍な人.

pachorra [patʃóra] 囡《話》のろま, 悠長. ―El dependiente atienda con tanta ~ que pone nervioso. 店員の応対があまりにのろくていらいらさせられる. 類 **cachaza, flema**.

pachorrudo, da [patʃorúðo, ða] 形《まれ》のろまな, 愚鈍な. 類 **flemático**.

Pachuca [patʃúka] 固名 パチューカ(メキシコの都市).

pachucho, cha [patʃútʃo, tʃa] 形 ❶ (果物・野菜が)熟しすぎた. ―Los tomates están un poco ~s. トマトは少し熟しすぎている. ❷《比喩》(人が)盛りの過ぎた, 衰えた. —Mi abuelo está algo ~. 祖父は少し衰えている. ❸ 意気消沈した, ふさぎ込んだ. —Lleva una semana *pachucha*. 彼は一週間もふさぎ込んでいる.

pachulí [pat∫ulí] 男 〖植物〗パチョリ(東インド諸島産の, 香水の原料となるシソ科植物);パチョリから取った香水.

:paciencia [paθiénθia] 女 ❶ 忍耐(力), 根気, 我慢, 辛抱(強さ). —perder la ~ 堪忍袋の緒が切れる. Tiene mucha ~ para todo. 彼はすべてにとても忍耐強い. Soportó la desgracia con santa ~ [con ~ y resignación]. 彼は辛抱強く逆境に耐えた. Deberías tener más ~ con tu suegra. お姑(しゅうとめ)さんに対してはもっと辛抱強くなるべきだろうに. ❷ 遅いこと, 悠長. —Siempre hace las cosas con ~. 彼はいつも悠長に事を運ぶ.
acabar con la paciencia de …/acabarse [consumir, gastar] la paciencia a … (人)の堪忍袋の緒が切れる. La descortesía del camarero *acabó con mi paciencia*. ボーイの態度の悪さに私の堪忍袋の緒が切れた. No sigas dando la lata porque *se me acabará la paciencia*. もう面倒をかけてくれるな. 私も堪忍袋の緒が切れるよ.
armarse [cargarse, revestirse] de paciencia 忍耐強く構える, じっと辛抱する.
Con paciencia se gana el cielo.《諺》待てば海路の日和あり; 急いてはことを仕損じる(←忍耐なれば天をも征服する).
¡Paciencia! 我慢しろ, 辛抱が肝心.
Paciencia y barajar. 我慢が肝心. ¿Qué piensas hacer ahora?-Ya veré. De momento, *paciencia y barajar*. ところでお前はどうするつもりだ?-さあ, 今のところは我慢が肝心だ.
probar [tentar] la paciencia de [a] … 限界まで我慢する. No protestes más, que me estás *tentando la paciencia*. これ以上さからうな. 私はもう我慢の限界だ.

:paciente [paθiénte] 形 ❶ 忍耐強い, 我慢強い, 辛抱強い; 根気のある. —Tienes que ser más ~. 君はもっと辛抱強くなくてはならない. Ha estado muy ~ con esos revoltosos niños. 彼はそのいたずらっ子たちに対してとても辛抱強かった. La tesis es fruto de un riguroso y ~ estudio. 論文は厳密で忍耐強い研究の賜物である. ❷ 受難の. —Cristo ~ 受難のキリスト. ❸《言語》受身の. —sujeto ~ 受身文の主語. 類**pasivo**.
—— 男女 患者, (医者からみた)病人. —~ transplantado 内臓移植患者. El médico ausculta el pecho del ~. 医者は患者の胸を聴診する.
—— 男《言語》被動作主, 受身文の主語.

pacientemente [paθiéntemente] 副 忍耐強く, 根気よく.

pacienzudo, da [paθienθúðo, ða] 形 とても忍耐[我慢]強い.

pacificación [paθifikaθjón] 女 ❶ 平定, 鎮圧. ❷ 和解, 和睦, 調停, 和平. —firmar la ~ 和睦の調印をする. ❸ 鎮静, 平穏. —Expulsada la mafia se logró la ~ del barrio. 暴力団が追放されて, その区域に平穏がもたらされた.

pacificador, dora [paθifikaðór, ðóra] 形 ❶ 平定する, 鎮圧する. ❷ 和解・和睦させる, 仲裁する.
—— 名 ❶ 仲裁者, 調停者. ❷ 平定者, 鎮圧者.

pacificar [paθifikár] [1.1] 他 ❶ を平定する, 鎮圧する. ❷ を和解[和睦]させる. —La misión enviada por la ONU intenta ~ a los contendientes. 国連からの派遣団が係争者達を和解させようと試みる. ❸ をなだめる, 鎮める.
—— 自 和平工作[交渉]をする.
——**se** 再 静まる, おさまる. —*Se ha pacificado* el viento. 風がやんだ. Pasados unos minutos *se pacificaron* los ánimos. 数分経って気持ちがおさまった. 類**calmarse, tranquilizarse**.

:pacífico, ca [paθifiko, ka] 形 ❶ 平和な, 平時の. —una época *pacífica* 平和な時代. la utilización *pacífica* de la energía atómica 原子力の平和利用. 反**belicoso**. ❷ 平和を愛する, 穏やかな, 静かな. —un hombre ~ 穏やかな人. El mar está ~. 海は静かだ. 類**apacible, sosegado, tranquilo**. 反**agresivo, violento**.
—— 固名男 (el P~) 太平洋(=el Océano Pacífico).

pacifismo [paθifísmo] 男 平和主義, 不戦主義. 反**belicismo**.

pacifista [paθifísta] 形 平和主義の, 不戦主義の, 反戦の. —campaña ~ 反戦キャンペーン.
—— 男女 平和主義者, 不戦主義者, 反戦主義者.

Paco [páko] 固名《男性名》パコ(Francisco の愛称).

paco [páko] 男 ❶《動物》アルパカ. ❷《魚類》パク(アルゼンチン産の淡水魚). ❸《歴史》(アフリカ戦争(1914-1921)の)ゲリラ兵. ❹《中南米》(*a*)《南米》赤褐色, 鉄錆色. (*b*)《南米》(鉄分の混じった)銀鉱石. (*c*)《ボリビア, チリ, エクアドル》制服警官, 巡査. (*d*)《ペルー》口内炎. (*e*)《ペルー》《俗》パック入りの麻薬. (*f*) バカ (=paca).

pacotilla [pakotíʎa] 女 船に無税で持ち込める手荷物.
de pacotilla 安っぽい, 三流の. Lleva una pulsera *de pacotilla*. 彼女は安っぽいブレスレットをしている. un intelectual *de pacotilla* B級インテリ.
hacer su *pacotilla* 儲ける, 得をする. *Hizo su pacotilla* jugando a la Bolsa. 彼は株をやって儲けた.

pacotillero [pakotiʎéro] 男 ❶ 安物雑貨商人. ❷《中南米》行商人. 類**buhonero**.

pactar [paktár] 他 を締結する, 結ぶ, …で合意する(主に対立し合っているものに関して言う). —~ una tregua con el enemigo 敵と休戦協定を結ぶ. El gobierno y la oposición *han pactado* no subir los impuestos. 政府と野党は税金を引き上げないことで合意した. 類**acordar, convenir**.
—— 自〖+con と〗協定を結ぶ, …に対して融和策を取る. —El ejército se opone a ~ *con* la guerrilla. 軍部はゲリラ勢力に対して融和策を取ることに反対している.

:pacto [pákto] 男 協定, 条約; 契約, 約束. —~ de caballeros 紳士協定. —~ de no agresión 不可侵条約. P~ de Familia 〖歴史〗家族協定(1733-88, 同じブルボン王朝の仏西間で1733年, 1743年, 1761年の3度にわたり結ばれた協定). ~ social 労使間協定. hacer [romper] un ~ 協定を結ぶ[破棄する]. 類**acuerdo, convenio, trato**.

:padecer [paðeθér] [9.1] 他 ❶ (*a*) (苦痛・苦難などに)苦しむ, 悩む. —*Padece* fuertes dolores

1398 padecimiento

de estómago. 彼は激しい胃痛に悩んでいる. El ganado *padecía* sed. 家畜は渇きに苦しんでいた. Allí los niños *padecen* una hambre crónica. そこでは子どもたちは慢性的な飢餓に苦しんでいる. 類 sufrir. (b) (病気)にかかる, を患う. —~ una colitis benigna 軽い腸炎にかかる. ❷ (a) (精神的・肉体的苦痛)に耐える, を耐え忍ぶ. —Le *padecí* como profesor durante dos años. 私は彼のことを2年間先生として耐えた. 類 aguantar, soportar, sufrir. (b) (被害)を被る, 経験する. —*Padeció* persecución por sus ideas políticas. 彼は政治思想のために迫害を受けた. Esa zona *padece* frecuentes terremotos. その一帯は頻繁に地震に見舞われる. ~ engaño だまされる.

— 自 ❶〖+ de を〗病(やまい)む, 患(わずら)う. —Hace tiempo que *padezco* del estómago. だいぶ前から私は胃を病んでいる. ❷〖+con/de/por に〗悩む, 苦しむ. —Hace mucho que ella *padece por* las infidelidades de su marido. だいぶ前から彼女は夫の浮気に悩んでいる. *Pedeció* mucho en la guerra. 彼は戦争で非常に苦しんだ. ❸〖+en について〗傷つく, 被害を受ける. —Ella *padece en* su amor propio. 彼女の自尊心は傷ついている. ❹ 損傷する. —No acelere demasiado, que *padece* el motor. あまり加速するな, エンジンが壊れるぞ.

*padecimiento [paðeθimjénto] 男 ❶ 苦しみ, 苦痛. —Ella siempre ha soportado con alegría todos los ~s. 彼女はどんな苦しみも明るく耐えている. ❷ 病気, 疾患. —Tiene un ~ del estómago. 彼は胃を病んでいる. 類 enfermedad.

padezca(-) [paðeθka(-)] 動 padecer の接・現在.

padezco [paðeθko] 動 padecer の直・現在・1単.

padrastro [paðrástro] 男 ❶ 継父, まま父. ❷《皮肉》ろくでなしの父親. ❸ 指のささくれ. ❹ 障害(物). ❺《軍隊》見晴しのきく高地・高台. 類 dominación.

padrazo [paðráθo] 男 子供に甘い[優しい]父親, 〖+con 〖形容詞的に〗〗(父親が子供に対して)甘い. —Él es un ~ *con* sus hijos. 彼は子供にとても甘い[優しい]父親だ.

*padre [páðre パドレ] 男 ❶ 父, 父親;《比喩》(生みの)親. —~ de familia 家長, 世帯主. ~ nutricio 義父. ~ político 義父; 舅(しゅうと). ~ putativo 推定上の父. Soy ~ de dos hijos. 私は二人の子の父親だ. Este caballo es el ~ de aquellos potros. この馬があの仔馬たちの父親だ. Cual es el ~, tal es el hijo. 〖諺〗蛙の子は蛙(←この父にして, この子あり). 類 papá. ❷ 親, 両親. —Sigo recibiendo ayuda económica a mis ~s. 私はまだ両親から経済的援助を受けている. A este pobre niño se le han muerto los ~s. 可愛そうにこの子の両親は亡くなってしまった. ❸《宗教》神父; (敬称としての)…神父さん(略)P.). —~ de almas 聖職者. ~ espiritual 司牧者. ~ Santo [Santo P~] ローマ法王. Beatísimo P~ ローマ法王. P~ de la Iglesia (キリスト教初期の教会の)教父. Me enseñó español un ~. 私は一人の神父にスペイン語を教わった. El ~ Gonzaga es el párroco de este pueblo. ゴンサガ神父はこの町の教区司祭だ. ❹《宗教》(父なる)神. —P~ Eterno [Dios P~] 父なる神. ~ nuestro 主の祈り. ❺ 創始者, 開祖; …の父. ~ de la patria 建国の父; (肉を込めて)国会議員. Isaac Newton fue el ~ de la física moderna. アイザック・ニュートンは近代物理学の創始者だ. 類 creador, iniciador. ❻ 祖先, 先祖. — Adán y Eva fueron nuestros primeros ~s. アダムとエバは人類の祖先だ. 類 antepasado, ascendiente.

cada uno [cual] de su padre y de su madre《話》不揃いの, ばらばらの, ちぐはぐな. Los platos que has puesto para los invitados son *cada uno de su padre y de su madre*. お前が客に並べた食器は不揃いだ.

de padre y muy señor mío《話》大変な; 特別な. Los hermanos tuvieron una pelea *de padre y muy señor mío*. 兄弟は大喧嘩をした. Nos sirvieron un desayuno *de padre y muy señor mío*. 特別豪華な朝食を出してくれた.

ni su padre《話》誰も…ない. Juanito es un muchacho raro que no le comprende *ni su padre*. フアニートは変わった子で, 誰も彼を理解できない. Él ya no se fía *ni de su padre*. もう彼は誰も信じない.

no tener padre ni madre ni perro [perrito] que LE *ladre* 天涯孤独である.

¡Su [mi] padre!《話》〖不快な驚きを表す〗いやだなあ, まいったなあ. La policía te está buscando. -¡Mi padre! 警察がお前を探しているぞ.-まいったなあ, 頭にくるよ.

su [tu] padre《話》〖何かを強く拒否するときに, 反語的な肯定文で〗誰が. Antonio dice que si le puedes prestar 500 euros. -¡Qué se los preste *su padre*! アントニオは君に500ユーロ貸してもらえると言っているよ.-とんでもない, 誰が貸してやるものか. ¡Que lo haga *su padre*! 勝手にしやがれ.

¡Su [tu] padre!《話》〖怒りやののしりを表わす〗こんちくしょう.

— 形《俗》すごい, 大変な. —darse [pegarse] la vida ~ 豪勢な暮らしをする, 気楽に遊び暮らす. Entraron dos borrachos en el bar y armaron el escándalo ~. ふたりの酔っ払いがバーに入って大騒ぎした.

padrear [paðreár] 〖<padre〗自 ❶ (動物が)種つけする. ❷《比喩》(若い男が)性的に奔放な生活を送る. ❸ 父親似に似る. 反 madrear.

padrenuestro, padre nuestro [paðrenuéstro, páðrenuéstro] 男《カトリック》主の祈り, パーテル・ノステル(ラテン語 PATER NOSTER). —rezar un ~ 主の祈りを捧げる.

padrinazgo [paðrináθɣo] 男 ❶《カトリック》代父(padrino)の役をつとめること. 類 apadrinamiento, madrinazgo. ❷《比喩》保護, 庇護, 支援. 類 apoyo, mecenazgo, protección.

‡**padrino** [paðríno] 男 ❶ 教父, 代父, 名付け親 〖洗礼に立会い, 名付けた子供の保証人となる〗. —Quien [El que] no tiene ~, no se bautiza. 〖諺〗縁故なしには何もできない(←教父のいない者は洗礼を受けられない). 類 compadre. 反 madrina. ❷ 養父母, 代父母. ❸ (結婚式での新婦の)付添い人; (決闘での)介添え人, 立会い人. ❹ 後援者, 庇護者, パトロン; 〖集〗庇護を受けている環境. —Tiene buenos ~s. 彼にはよいコネがある. 類 protector, velador.

padrón [paðrón] 男 ❶ 町村の住民簿. —inscribirse en el ～ 住民簿に(自分の名を)登録する. ❷範型, 手本. ❸ 標柱. ❹ 悪評, 不名誉. ❺ 子供に甘い父親 (＝padrazo).

*paella [paéja] 囡 《料理》パエーリャ(魚介類, 肉, 野菜などの具を入れ, サフランで香り付けして炊き込んだバレンシア地方の米料理), パエーリャ鍋. ～ mixta 肉と魚介類の両方が入ったパエーリャ.

pág. 《略号》 ＝página ページ.

*paga [páɣa] 囡 ❶ 賃金, 給料. ― cobrar la ～ 賃金を受け取る. día de ～ 給料日. ～ extraordinaria 特別手当, ボーナス. 類 sueldo. ❷ 《まれ》支払い; (罪や過ちの)償い, 報い, 罰. 類 pago. ❸ こづかい. ― Mi padre me da cuarenta euros de ～. 父はおこづかいに 40 ユーロくれる.

pagable [paɣáβle] 形 ❶ 支払い可能な. ❷ (主に気持の表現に関して)『＋con で』償いきれる, 報いることのできる. ― Sus amabilidades no son ～s con palabras. あなたの好意には言葉だけでは感謝し切れない.

*pagadero, ra [paɣaðéro, ra] 形 支払うべき, 支払われる; 支払い可能な, あまり高くない. ～ a plazos [en efectivo] 分割[現金]払いの. letra pagadera al portador [a la vista] 持参人ニ一覧払い手形. préstamo a tres años 3 年ローンで返済する借金.

pagado, da [paɣáðo, ða] 過分 ❶ 支払い済みの. ～ por adelantado 前払いされた. ❷ 金で雇われた. ❸ 報われた. ❹ 思い上った. ～ de sí mismo [misma] 自己満足している. 類 ufano.

pagador, dora [paɣaðór, ðóra] 形 支払いをする. ― 名 ❶ 払う人. ― No es muy buen ～. 彼は金の払いがあまり良くない. ❷ 支払い人, (給料, 年金の支払い係, 会計係. ❸ 為替手形の支払人.

pagaduría [paɣaðuría] 囡 支払い所, 会計課, 出納係.

paganini [paɣaníni] 男 《隠》他人の分まで払わされる人, 勘定を持たされる人. ― No quiero salir con vosotros, que siempre soy el ～. 君らとは出かけたくないよ, いつも僕が払わされるんだから. 類 pagano.

paganismo [paɣanísmo] 男 異教信仰, (キリスト教から見た場合に)偶像崇拝.

pagano, na [paɣáno, na] 形 (ユダヤ教, キリスト教以外の)異教の, 無信仰の. 類 gentil. 反 creyente.

― 名 ❶ 異教徒. ❷ 《話》他人の分まで払わされる人, 他人の罪をかぶる人. ― Vamos a tomar una cerveza, pero hoy el ～ eres tú. ビールを飲みに行こう. ただし今日は君のおごりだ.

**pagar [paɣár パガル] [1.2] 他 ❶ (a) (金)を支払う, 払う, ～の代金を払う. ― Pagué diez euros por la entrada. 私は入場料として 10 ユーロ払った. Juan pagó el traje con tarjeta de crédito. フアンはスーツ代をクレジット・カードで支払った. Carmen ha pagado una cena a sus amigos. カルメンは彼女の友人に夕食代を払ってやった. Un tío mío me pagó los estudios. 伯父の 1 人が私の学費を払ってくれた. (b) (借金)を返済する. ― Aún estoy pagando la deuda. 私はまだ借金を払い続けている. ❷ (a) を償う, あがなう, 弁償する. ― El delincuente paga su delito con cadena perpétua. その犯罪者は罪を終身刑で償っている. 類 expirar. (b) (愛情,

pago¹ 1399

恩恵)に報いる, 応える. ― Un favor tan grande no se lo podré ～ en la vida. それほど大きな好意に対して私は彼に一生かかっても報いることはできないだろう. ❸ …の報いを受ける, 罰が当る. ― Algún día pagarás tu desatino. いずれ君には無分別の罰が当るだろう. Pagarás el comer tanto con una enfermedad. 君はそんなに食べ過ぎると病気の報いを受けるだろう.

pagar justos por pecadores 無実の人が罪人の罪を背負う. El profesor castigó a todos los alumnos pagando justos por pecadores. 先生は罪のない者まで含めて全部の生徒に罰を与えた.

pagarla(s) (todas juntas) あとでまとめて罰を受ける. Me las pagarás. 後でつけを払わせてやるから.

pagar los platos (vidrios) rotos 無実の罪を着せられる. Ella no tuvo la culpa y pagó los platos rotos. 彼女には責任がないのに無実の罪を着せられた.

― 自 金を払う, 支払いをする. ― En esta empresa pagan mal. この会社は給料が悪い.

― se 再 『＋de/con を』自慢する, 得意に思う. ― Se paga de ser inteligente. 彼は頭が良いことを自慢している. 類 ufanarse.

pagaré [paɣaré] 男 約束手形. ～ a la orden 裏書き約束手形.

pagaré del tesoro 国債.

pagel [paxél] 男 《魚類》ニシキダイ (＝breca).

**página [páxina パヒナ] 囡 ❶ (一般的に)本や手紙などの)ページ; ページの内容(の略)pág., (略 págs.) ― pasar las ～s ページをめくる. Este libro tiene 380 ～s. この本は 380 ページだ. Abran el libro de texto por la ～ cincuenta. テキストの 50 ページを開けて下さい. Sólo lee las ～s de deportes. 彼はスポーツ欄しか読まない. ～s amarillas イエロー・ページ(電話帳の職業欄). ～ en blanco 空白ページ. 類 hoja, plana.

❷ 《比喩》(歴史や人生の)出来事, 一時期. ― Esa guerra fue una triste ～ en la historia de nuestro país. その戦争はわが国の歴史に悲しい 1 ページを加えた. ❸ 《コンピュータ》ページ; (メモリーの)ページ. ― ～ web ウェブ[ホーム]・ページ. ～ de Internet [～ principal] ホーム・ページ.

paginación [paxinaθjón] 囡 ページ付け, ページ数.

paginar [paxinár] 他 …にページ数をつける.

*pago¹ [páɣo] 男 支払い, 払い込み, 納入; 支払い金(額). ― ～ al contado [en metálico] 現金払い. ～ a cuenta つけ払い, 掛け払い. ～ a plazos 分割払い. ～ en especie 物納, 現物支給. ～ (por) adelantado [anticipado] 前払い(の). hacer [efectuar] un ～ 支払いする. día de ～ 支払日. ❷ 報い, 報酬; 代償; 罰. ― ¿Este es el ～ que das a mis favores? これが私の好意に対するお返しかい? 類 recompensa.

carta de pago →carta.

de pago 有料の. colegio de pago 私立学校. 反 gratuito.

en pago de … …の代わりに, お返しに, 仕返しに. Le di un ramo de flores en pago de su amabilidad. 彼の親切な行為のお返しに私は花束を贈った.

papel de pagos al Estado →papel.

—, ga 形 〖＋estar〗支払済みの. —Ya está Ud. ~. 支払いは済んでいます.

pago[2] [páɣo] 男 ❶（オリーブ・ブドウなどの）畑, 農園, 地所. ❷（小さな）村, 集落. 類**aldea**. ❸ 複 地方, 田舎；住みなれた所.

pagoda [paɣóða] 女 ❶〘建築〙仏教建築の塔, 仏教の聖堂. ❷ 仏塔・聖堂に祭られている仏像.

pagro [páɣro] 男〘魚類〙マダイ（＝pagel）.

pague(-) [paɣe(-)] 動 pagar の接・現在.

pagué [paɣé] 動 pagar の直・完了過去・1 単.

paguro [paɣúro] 男〘動物〙ヤドカリ.

paila [pájla] 女 ❶（金属製の）平なべ, 金おけ. ❷〖中南米〗フライパン（＝sartén）. ❸〖ニカラグア〗（サトウキビの収穫に用いる）刃の広いナイフ.

paipái, paipay, paipai [pajpái, pájpai] 男（主にヤシの葉で作られた）へら形のうちわ.

pairar [pajrár] 自〘海事〙帆を張ったまま漂泊する.

pairo [pájro] 男〖estar al＋〗〘海事〙船が帆を張ったまま漂泊している.

estar [quedarse] al pairo 優柔不断である, 他人［状況］まかせである. No sabemos si se va a declarar la huelga, de momento *estamos al pairo*. ストライキ宣言をするかどうか分からない. 今のところ流れにまかせるしかない.

país [país パイス] 男 ❶（一般的に）国, 国家；国土, 地方. —~~es de habla inglesa 英語圏の国々. Este ~ todavía está en vías de desarrollo. この国はまだ発展途上にある. A la conferencia asistieron unos cien *~es*. 会議には約100の国々が参加した. 類**nación**. ❷ 祖国, 故国；故郷. —~ natal 生まれた国［故郷］. producto del ~. 国の国産品. vino del ~ 国産ワイン. ❸ 国民. —El ~ se sublevó contra el dictador. 国民は独裁者に反旗を翻した. ❹《まれ》風景画. 類**paisaje**. ❺（扇の）地紙, 地布.

paisaje [pajsáxe] 男 ❶ 景色, 風景, 眺望, 眺め. —Desde el balcón se contempla un ~ maravilloso. バルコニーから素晴らしい景色が見える. 類**vista**. ❷ 風景画. —Me encantan los ~s impresionistas. 私は印象派の風景画が大好きだ. 類**país**. ❸（主に図柄の描かれた）扇の地紙［布］.

paisajismo [pajsaxísmo] 男 造園術［法］.

*****paisajista** [pajsaxísta] 形 ❶ 風景画の. ❷ 造園術［法］の. —— 男女 風景画家；造園家, 庭師.

paisajístico, ca [pajsaxístiko, ka] 形 風景の. —belleza *paisajística* 風景美.

paisana [pajsána] 女 郷土の音楽や踊り.

paisano, na [pajsáno, na] 形 ❶ 同郷の. —Ayer me encontré con un joven ~ mío en la fiesta. 昨日パーティーで同郷の若者と出会った. ❷ いなかの. ❸（軍人に対して）民間の.

—— 名 ❶ 同郷人. —Vivo aquí con unos *~s* míos. 私は同郷人達と一緒にここに住んでいる. 類**compatriota**. ❷ いなか人. 類**aldeano, campesino**. ❸（軍人に対して）民間人. —En el atentado murió un capitán y dos *~s*. テロで隊長と2人の民間人が死んだ. 類**civil**.

de paisano（軍人や聖職者が）私服で（いる）. El policía vestía *de paisano* cuando lo asesinaron. その警官は殺害された時私服姿だった.

*****Países Bajos** [países báxos] 固名 男 オランダ. 類**Holanda**.

*****País Vasco** [país básko] 固名 男 バスク地方（スペイン北部の自治州）.

‡paja [páxa] 女 ❶〘集合的に〙わら, 麦わら；(1本の) わら. —sombrero de ~ 麦わら帽子. hombre de ~ わら人形；傀儡（かいらい）, ダミー. color ~ 麦わら色（薄い黄色）. dormir sobre ~ わらの上で眠る. —~ わらでできたくじを引く. ❷ ストロー. —sorber el jugo de naranja con una ~ オレンジジュースをストローで飲む. ❸ 不要なもの, つまらないもの［こと］；意味のない話, むだ話, 駄弁. —Todo lo que nos ha dicho es ~. 彼がわたしたちに言ったことはすべてナンセンスだ. Eso no importa una ~. そんなものは何の値打ちもない［くずだ］. ❹《俗》マスターベーション, 自慰. —hacerse una ~ マスターベーションをする. ❺〖中米〗蛇口.

a humo de pajas →humo.

en quítame allá esas pajas あっという間に, 一瞬のうちに.

limpio de polvo y paja →polvo.

no dormirse en las pajas 好機を待ち構える.

por un quítame allá esas pajas つまらない［ささいな］ことが原因で. Suele enfadarse *por un quítame allá esas pajas*. 彼はよくつまらないことで腹を立てる.

Ver la paja en el ojo ajeno y no ver la viga en el propio.〘諺〙他人の小さな欠点には気づくが自分の大きな欠点には気づかない（←他人の目にあるわらを見て自分の目の梁が見えない）.

pajar [paxár] 男 わら小屋, わら置場.

pájara [páxara] 女 ❶ 小鳥. ❷《まれ》雌のウズラ（＝perdiz）. ❸ 凧, 紙飛行機, 折り紙の鳥. ❹ 抜け目ない女, 尻軽な女. ❺〘隠〙売春婦. ❻ スタミナ切れ, 急にへこたれること（特に自転車競技で, 急に勢いが落ちることを言う）. —Antes de llegar a la meta le entró una ~. 彼はゴールに着く前にスタミナが切れてしまった.

pájara pinta 負けると罰の課せられるゲーム.

pajarear [paxareár] 自 ❶ 鳥を捕る. ❷《比喩》放浪する, ぶらぶらする.

pajarera [paxaréra] 女 鳥小屋, 鳥舎.

pajarería [paxarería] 女 ❶ 鳥の大群. ❷ ペットショップ.

pajarero, ra [paxaréro, ra] 形 ❶ 鳥の, 鳥に関する. ❷ 冗談好きの, 悪ふざけをする(人). ❸（色彩, 装飾などが）派手な. ❹〖南米〗(馬が)気の立った. ❺〖ベネズエラ〗おせっかいな.

—— 名 ❶ 鳥猟家, 鳥商人, 鳥のブリーダー. ❷（畑の鳥を追い払う）鳥追い人.

pajarilla [paxaríʎa] 女 ❶〘植物〙オダマキ（＝aguileña）. ❷〘主に豚の〙脾臓. 類**bazo**. ❸〖アラゴン〗穀物庫に巣食う蛾の一種（＝palomilla）.

abrasárse [caerse, asarse] las pajarillas 大変な暑さである.

alegrárse LE a ... las pajarillas（人）が大喜びする.

hacer temblar la pajarilla a ...（人）を怖がらせる.

pajarita [paxaríta] 女 ❶ 折り紙の鳥・鳥形の物（＝~ de papel）. ❷ 蝶ネクタイ（＝corbata de ~）. —En la boda de su hija llevaba ~. 彼は娘の結婚式で蝶ネクタイをしていた. ❸ —cuello de ~ ウィング・カラー（正装用の取り付け用のえり, ま

たはそれと似た形のシャツのえり).

pajarita de las nieves 〖鳥類〗ハクセキレイ (= aguzanieves).

pajarito [paxaríto] 男 ❶〔< *pájaro*〕小鳥. ❷ 小柄な人. ❸〖隠〗(主に子供の)陰茎.

comer como un pajarito 非常に少食である.

quedarse [*morirse*] *como un pajarito* (1) 安らかに眠る. (2) 寒さでかじかむ.

**pájaro [páxaro パハロ] 男 ❶ 鳥, 小鳥. ~ *bobo* [*niño*] ペンギン. ~ *carpintero* キツツキ. ~ *mosca* ハチドリ. *perspectiva a vista de* ~ 鳥瞰図. 類 *pájaro* は小さい鳥, *ave* は猛禽類なども含む大型の鳥. ❷ 人, やつ; ずる賢い人, 狡猾な人. ~ ~ *de cuenta* 油断のならない人. ~ *gordo* 重要人物, 大物. Cuidado con él, que es un buen ~. 彼はずる賢いやつだから注意しなさい. ¿Qué buscará este ~ por aquí? こいつはこんな所で何を探しているのだろう.

El pájaro voló. チャンスを逃してしまった, 機を逸した.

Más vale pájaro en mano que ciento volando. 〖諺〗明日の百より今日の五十〔=手の中の1羽の鳥は飛んでいる100羽より価値がある〕.

matar dos pájaros de un tiro 〖諺〗一石二鳥である(←1発で2羽の鳥を殺す).

tener la cabeza a [*llena de*] *pájaros* 頭がおかしい, はしゃぎすぎる, ぼんやりしている, うっかりしている.

pajarota, pajarotada [paxaróta, paxarotáða] 女 デマ, 流言. 類 *bulo*.

pajarraco, ca [paxařáko, ka] 名 ❶ 鳥(主に大きな鳥を軽蔑的に呼ぶ言い方). ❷〖話〗要注意人物, ならず者. —María sale con un chico que es un ~. マリアはならず者の男とつき合っている.

paje [páxe] 男 ❶ 付き人, 見習い, 給仕. (*a*) 封建時代の近習〔ǩ〕. (*b*) 司祭ろうきの僧侶. (*c*) 見習い水夫. ❷ 鏡台; ドレッサー. ❸ 裾挟み(長いスカートの裾を引きずらないために着ける, 挟みのついたベルト).

paje de armas [*de lanza*] 武器持ち担当の近習.

paje de cámara 寝室の給仕.

paje de escoba [*de embarcación*] 見習い水夫.

paje de guión 〖軍隊〗旗手.

pajel [paxél] 男 〖魚類〗ニシキダイ, ヨーロッパマダイ (= *pagel*).

pajizo, za [paxíθo, θa] 形 ❶ わらの, わら製の, わらで覆われた. —*tejado* ~ わらぶき屋根. ❷ わら色の. —*Tiene un pelo* ~. 彼女はわら色のような金髪をしている. ❸〖比喩〗きゃしゃな.

pajolero, ra [paxoléro, ra] 形〖話〗❶ (人が)腹立たしい, うっとうしい, わずらわしい. —*No seas* ~ *y déjeme descansar un rato.* わずらわしくしないで少し休ませてくれ. ❷ うんざりする. —*una pajolera vida* うんざりする生活.

pajón [paxón] 男 ❶ (穀物の)刈り株. ❷〖南米〗〖植物〗アフリカハネガヤの一種.

pajoso, sa [paxóso, sa] 形 ❶ (穀物の)わらの多い. ❷ わらのような, わら色の. 類 *pajizo*.

pajuela [paxuéla] 女 ❶ (硫黄を塗った麦わらや綿製の)導火線・焚き付け. ❷〖ボリビア, コロンビア, チリ〗つま楊枝〔ǣǰ〕.

pakistaní [pakistaní] 形 パキスタン(人)の. —— 男女 パキスタン人.

pala [pála] 女 ❶ シャベル, スコップ. — ~ *mecánica* パワーショベル. ~ *cargadora* ショベルカー, 採掘機. ~ *topadora* 〖アルゼンチン〗ブルドーザー. ❷ へら形の道具. (*a*) しゃもじ, フライ返し, ケーキサーバー. (*b*) (卓球のラケット, (クローケーの)バット. (*c*) (洗濯用)たたき棒. (*d*) (皮なめし用)肉そぎナイフ. (*e*) (魚料理などで使う)料理用切り分けナイフ. ❸ へら状・刃形の部分. (*a*) (プロペラ・スクリュー・オールの)羽. (*b*) 鍬の刃. (*c*) スキーの先端部分. (*d*) 蝶番の板金部. (*e*) (靴の)甲革. (*f*) (締めたネクタイの)前垂れ. (*g*) 門歯の平らな部分. (*h*) ウチワボタンの葉柄. ❹ (指輪などで宝石をはめる)座. ❺ (軍服の)肩章, 房飾りをつける肩当て. ❻ 仔馬の門歯. ❼ (シャベル・オールなどの)ひとかき. 類 *pala-da*. ❽〖船舶〗フライイング・ジブ (= *foque volante*). ❾〖比喩〗ずる賢こさ, 巧妙さ.

pala matamoscas 蠅たたき.

higuera de pala 〖植物〗ウチワサボテン (= *higuera chumba*).

a punta (*de*) *pala* 大量に. En primavera vienen turistas *a punta pala*. 春になると観光客がどっと押し寄せる.

corta pala へまな人, 要領の悪い人.

meter la pala うまくごまかす, 欺く.

tener (*la*) *buena pala* (球技で)巧みなプレーをする.

la pala y el azadón 肉体労働.

meter SU *media pala* 手を貸す.

**palabra [paláβra パラブラ] 女 ❶ ことば. (*a*) 語, 単語. —¿*Qué quiere decir esta* ~? この単語はどんな意味ですか? *No sé* [*entiendo*] (*ni una*) ~. 私は一言もわからない. *El estudiante escribió una redacción de unas mil* ~*s*. その学生は約1000語から成る作文を書いた. ~ *por* ~ 一語ずつ, 逐語的に. ~ *fea* [*fuerte, gorda, gruesa, malsonante*] 汚い言葉, 卑語. ~ *funcional* (*vacía*) 〖文法〗機能語. ~ *clave* キーワード. ~ *de paso* パスワード. ~ *reservada* 〖情報〗予約語. 類 *vocablo, voz*. (*b*) 〖主に 複〗(言ったり, 書かれた)ことば. —*No tengo* ~*s para consolarle a Ud*. なんと慰めてよいことばもありません. *Juan dijo unas* ~*s de despedida*. フアンは別れのことばを述べた. *Es un hombre de pocas* ~*s*. 彼は口数が少ない男だ. *buenas* ~*s* 実行を伴わない甘言. *citar* ~ *de Cervantes* セルバンテスのことばを引用する. *pronunciar* ~*s de felicitación* 祝辞を述べる. (*c*) 話すこと, 発言; 発言権. —*Él estaba tan enfadado conmigo que no me dirigió la* ~. 彼は私にとても腹を立てていて口をきいてくれなかった. *Reunidos todos, el presidente cogió la* ~. 全員が集まると議長が話し始めた. *a la primera* ~ 話し始めるとすぐに. *dar* [*conceder*] *la* ~ …に発言を許す, 発言権を与える. *libertad de* ~ (*s*) 言論〔発言〕の自由. *no soltar* [*dejar escapar*] ~ 発言を控える. *pedir la* ~ 発言の許可を求める. *quitar la*(*s*) ~(*s*) *de la boca a* 発言の途中で割り込む, 人より先に言ってしまう. *tener la* ~ (会議などで)…が話す番である. (*d*) 表現力, 言語能力, 雄弁. —*Tiene el don de la* ~. 彼は弁が立つ. *Es un hombre de* ~ *concisa*. 彼はものごとを簡潔に表現する人だ. 類 *elocuencia*. (*e*) 複 むだ口, 空虚なことば, 口先. —*Él nos promete muchas cosas, pero siempre no son más que* ~*s*. 彼

は多くのことを約束するがいつも口先だけだ. ahorrar ~s 口先の約束をしない. gastar ~s (en vano) むだ口をきく. (f) 厳しい表現, 攻撃的なことば, 侮辱の言葉, のしり. —Todos le maltrataron de ~. みんなが彼を罵った. ~s mayores 重大な結果を及ぼす言葉; 侮辱, 人を傷つけることば. (g)《カトリック》ことば, 祈り. —~ de Dios [divina] 福音書. las siete ~s (十字架の上でキリストが発した)7つの言葉. P~ キリスト. ❷ 約束. —[No] Tiene ~. 彼は約束を守る[簡単に破る]. Te doy mi ~. 私は君に約束する. bajo [sobre] la ~ de …との口約束だけで. cumplir su ~ 約束を果たす. faltar a la [su] ~ 約束を破る. guardar [mantener] la ~ 約束を守る. ~ de matrimonio [de casamiento] 結婚の約束, 夫婦の契り. 類 promesa.

A buen entendedor pocas palabras bastan. 『諺』賢者には一言にして足る(←よく理解できる人には少しの言葉で足りる).

agarrar [coger] la palabra a … …の言質をとる.

a medias palabras 不十分な言い方で.

A palabras necias, oídos sordos. 『諺』愚かな言葉には聞く耳をもたない.

bajo palabra 仮の. libre *bajo palabra* 仮釈放中の. libertad *bajo palabra* 仮釈放; (捕虜の)宣誓釈放.

beber(se) las palabras de … …の言うことを注意して聞く.

comerse las palabras 発音[語尾]がはっきりしない; (あわてて)話や文章をはしょる.

decir la última palabra 最終決定を下す.

dejar con la palabra en la boca …の話を最後まで聞かずに立ち去る. Me *dejó con la palabra en la boca* y se fue enojado. 彼は私の話を最後まで聞かずに怒って立ち去った.

de palabra (1) 口頭で. Todo lo acordamos *de palabra*, sin tener ningún contrato por escrito. 我々は書面にしたためた契約書を取り交わさずに口頭ですべてを取り決めた. (2) 口先だけで. Él los promete todo sólo *de palabra*, pero nunca lo cumple de hecho. 彼はなんでも口先だけで約束するがいつも実際にやったためしがない.

empeñarla [su] palabra 固く約束する; 誓う.

en cuatro [dos, pocas] palabras とても簡潔に, あっさりと.

en otras palabras 言いかえれば.

en una palabra ひとことで言えば, 要約すると.

estar colgado [pendiente] de las palabras de … …の言うことに熱心に耳を傾ける. Todo el auditorio *estaba colgado de las palabras* del conferenciante. すべての聴衆が講師の話に真剣に耳を傾けていた.

llevar la palabra 代表して話す.

medir las [sus] palabras (言葉を選んで)慎重に[丁重に]話す.

ni (media) palabra まったく(知らない, わからない).

no perder palabra なんでも知っている, 地獄耳である.

¡Palabra (de honor)! 誓います; 約束します.

palabras mayores [buenas] 重大な結果を及ぼす言葉; 侮辱, 人を傷つけることば.

¡Santa palabra!《皮肉》(人に言われたことに対して)うれしいね.

tomar la palabra (1) (会議などで)話始める. (2) 人の言質(^{げんち})をとる.

trabarse [enzarzarse] de palabras ののしり合う.

palabrear [palaβreár] 自 ❶ おしゃべりする, 噂話をする. 類 **charlar, comentar**. ❷《南米》口約束する. 類 **apalabrar**. ❸《中南米》契約を結ぶ, 婚約する. ❹《中南米》悪口を言う. 類 **injuriar**.

palabreja [palaβréxa] 囡〈< palabra の縮小辞形〉《軽蔑》こむずかしい言葉, 意味不明な言葉, 奇妙な言葉.

palabreo [palaβréo] 男 むだ口, 多弁. 類 **labia, locuacidad, palabrería**. 反 **taciturnidad**.

palabrería [palaβrería] 囡 むだ口, 多弁(= palabreo). —No te fíes de lo que dice que todo es pura ~. 彼の言うことは全くのむだ口なのだから耳を貸すな.

palabrerío [palaβrerío] 男 むだ口をたたくこと(= palabrería).

palabrero, ra [palaβréro, ra] 形 むだ口の多い, 口先だけの.
— 名 むだ口をたたく人, 口先だけの人.

palabrita [palaβríta] 囡 ❶ (palabra の縮小辞形). ❷ 裏のある話, 含みのある言葉. —Cuando venga a verme le diré cuatro ~s. 彼が訪ねて来たらひとこと言わせてもらうさ.

palabrota [palaβróta] 囡 悪態, 雑言. —decir [soltar] ~s. 悪態をつく(= palabra grosera [ofensiva]).

palacete [palaθéte]〈< palacio〉男 (宮殿に似せたつくりの)別荘.

palaciego, ga [palaθjéɣo, ɣa] 形 宮廷の, 王宮の. —costumbres *palaciegas* 宮廷の生活習慣. intrigas *palaciegas* 宮廷内の陰謀.
— 名 宮人, 廷臣. 類 **cortesano, palatino**.

＊palacio [paláθjo] パラシオ 男 ❶ 宮殿, 大邸宅, 豪邸. —~ real 王宮. Nuestro presidente vive en una casa que es un ~. 我々の社長は大邸宅に住んでいる. ❷ (公共の建物の名称に使われて)庁舎, 役所, 官邸, 館. —~ de Bellas Artes 美術館. ~ de Comunicaciones 郵便電話局. ~ de Justicia 裁判所[庁舎]. ~ de La Moncloa モンクローア官邸(スペインの首相官邸). ~ municipal 市庁舎. ~ de Deportes 体育館. ~ de Congresos 国会議事堂. ~ de Exposiciones 展示館. ~ de Miraflores ミラフローレス官邸(ベネズエラの大統領官邸). ~ episcopal [arzobispal] 司教[大司教]館. Las cosas de ~ van despacio. お役所仕事はのろい.

Palacio Valdés [paláθjo βaldés] 固名 パラシオ・バルデス(アルマンド Armando ~)(1831-1906, スペインの小説家).

palada [paláða] 囡 ❶ シャベルのひとかき, シャベルを使った動作. —una ~ de arena シャベル1杯分の砂. ❷ オールのひと漕ぎ, オールで水をかくこと. ❸ スクリューの1回転.

paladar [palaðár] 男 ❶《医学》口蓋. —velo del ~ 軟口蓋. ❷ 味覚. —tener un ~ fino [basto] 舌が肥えている[味覚が粗野である]. ❸《比喩》好み, 審美眼. —No tienes ~ para la pintura gótica. 君はゴシック絵画を見る眼がない.

paladear [palaðeár] 他 ❶ をじっくり味わう. —Los ojos cerrados, *paladeaba* el caviar. 彼は

目を閉じてキャビアをじっくり味わっていた. 類**saborear**. ❷《比喩》を味わう, 鑑賞する. ― *Paladeó cada página de aquel libro.* 彼はその本の1ページ1ページをじっくり読み味わった. ❸《乳児に蜜ロウ》を吸わせる. ❹《比喩》を夢中にさせる.
―― 自 (乳児が)乳を求める仕草をする.

paladeo [palaðéo] 男 味わうこと.

paladial [palaðjál] 形 口蓋の, 口蓋音の. 類 **palatal**.

paladín [palaðín] 男 ❶ (昔の)勇士, 戦士. ❷《比喩》擁護者. ―~ *de la libertad* 自由の擁護者. ~ *de la justicia* 正義の守り神.

paladinamente [palaðínaménte] 副 公然と, 明白に, 隠さずに.

paladino, na [palaðíno, na] 形 公然の, 明白な, 遠慮・隠しだてのない. ― *demostración paladina* 率直な表現. *una verdad paladina* 明白な真実. 類 **diáfano**.

paladio [palaðjo] 男《化学》パラジウム(元素記号 Pd).

paladión [palaðjón] 男 ❶ トロイ(Troya)の守護像. ❷ 守護神, 保障.

palafito [palafíto] 男 (湖や沼の)水上家屋.

palafrén [palafrén] 男 ❶ 乗用馬(貴婦人用の, あるいは王の行進用の馬で, 軍用馬と区別する). ❷ 下僕用の馬.

palafrenero [palafrenéro] 男 馬丁, 馬の飼育係.

palanca [palánka] 女 ❶ てこ, レバー. ―~ *de cambio*《航空》操縦桿. ~ *de mando del timón*《造船》(船の)舵取りレバー. ❷ 天秤棒, かつぎ棒. 類 **pértiga**. ❸《造船》クリューガーネット. ❹ (丸太と土で作った)孤屋. ❺《スポーツ》(水泳の飛込み台. ― *salto de* ~ 高飛び込み競技. 類 **trampolín**. ❻《比喩》コネ, つて. ― *tener una buena* ~ いいつてがある. *con* ~《中米》後ろ盾のある. 類 **enchufe**. ❼【コロンビア, メキシコ, ベネズエラ】(舟を操る)竿.

palangana [palangána] 女 ❶ 洗面器. ❷【中南米】多弁家, 知ったかぶりする人. ❸【チリ】小麦をより分けるための木の道具.

palanganear [palanganeár] 自【中米】《話》虚勢をはる, ほらを吹く. 類 **fanfarronear**.

palanganero [palanganéro] 男 ❶ 洗面器台. ❷《隠》売春宿の掃除・ベッドメーキング係.

palangre [palángre] 男《漁業》はえなわ.

palangrero [palangréro] 男 ❶《漁業》はえなわ漁船. ❷ はえなわ漁の漁師.

palanquear [palankeár] 他 ❶【中南米】をてこで動かす. ❷【コロンビア, メキシコ, ベネズエラ】(舟を操る)竿を操る.

palanquera [palankéra] 女 木の柵.

palanqueta [palankéta] 女 ❶ 小型のてこ, バール. ❷ (ドアなどをこじ開ける)棒, かんぬき. ❸【チリ, メキシコ】(重量あげの)バーベル.

palastro [palástro] 男《主に錠前の)板金.

palatal [palatál] 形 硬口蓋の, 硬口蓋音の. ― *consonantes* ~*es* 硬口蓋子音.

palatalizar [palataliθár] **[1.3]** 他《言語》口蓋化する, 硬口蓋音化する.

palatino, na [palatíno, na] 形 ❶ 口蓋の. ― *bóveda palatina* 口蓋. 類 **palatal**. ❷ 王宮の, 宮廷の, 宮中職の. 類 **cortesano**. ❸《歴史》(神聖ローマ帝国・フランス・ポーランドの)高官の.

―― 男 ❶ 宮中の高官. ❷《歴史》(神聖ローマ帝国・フランス・ポーランドの)宮中の高官.

Palau [pálaw] 固名 (Islas ~) パラオ(パラウ)諸島.

‡**palco** [pálko] 男 (劇場などの)ボックス席, ます席. ― ~ *principal* 2階のボックス席. ~ *de platea* 1階のボックス席. ~ *de proscenio* 舞台の両脇にあるボックス席. ~ *escénico* 舞台.

palear [paleár] 他 ❶ をシャベルで運ぶ. ❷ (穀物)を吹き分ける. 類 **aventar**.

Palenque [palénke] 固名 パレンケ(メキシコの都市遺跡).

palenque [palénke] 男 ❶ 木柵, 矢来(ﾔﾗｲ). 類 **estacada**. ❷ 木柵で包まれた催事場・競技場, 儀式用の囲い地. 類 **estacado, palestra, recinto**. ❸【アルゼンチン, ボリビア, パラグアイ, ウルグアイ】家畜をつないでおく杭. ❹《中南米》《比喩》騒々しい場所.

palentino, na [palentíno, na] 形 パレンシア(Palencia: スペイン北西部の県, その県都)の.
―― 名 パレンシアの人.

paleo [paléo] 男 ❶ シャベルですくうこと. ❷ 穀物のふるい分け.

paleografía [paleoɣrafía] 女 古文書学, 古文献学.

paleógrafo, fa [paleóɣrafo, fa] 名 古文献学者.

paleolítico, ca [paleolítiko, ka] 形 旧石器時代の.
―― 男 旧石器時代の遺跡, その出土品.

paleólogo, ga [paleóloɣo, ɣa] 名 古代語に精通した人, 古代語学者.

paleontología [paleontoloxía] 女 化石学, 古生物学.

paleozoico, ca [paleoθóiko, ka] 形《地質》古生代の.
―― 男 古生代.

Palermo [palérmo] 固名 パレルモ(シチリア島の都市).

Palestina [palestína] 固名 パレスチナ(南西アジアの地方).

palestino, na [palestíno, na] 形 パレスチナ(Palestina)の.
―― 名 パレスチナ人.

palestra [paléstra] 女 ❶ 古代の競技場・闘技場. ❷《文》競争・論争の場. ❸《詩》競争, 闘技. *salir a la palestra* 論戦に加わる.

paleta [paléta] 女 ❶ 小型スコップ・へら状の道具. (*a*) フライ返し, 切り分けナイフ, ケーキナイフ, 杓子(ﾋｼｬｸ). 類 **espátula, espumadera, rasera**. (*b*) ナイフ状のこと. ―~ *de albañil* [*de lengua de vaca*] 左官ごて. 類 **espátula, palustre**. (*c*) 火かき棒. 類 **badila**. (*d*)《スポーツ》(卓球・クリケットの)ラケット. (*e*) (炭・ゴミ用の)スコップ. 類 **cogedor**. ❷ (スクリュー・水車・換気扇などの)羽. ❸《絵画》(絵の具の)パレット. ❹《比喩》配色, 色づかい. ―~ *de Goya* ゴヤの色づかい. ❺《解剖》肩胛骨(= omóplato). ❻《闘牛》角の先. ❼《中米》棒つきキャンディー. ❽《情報》タブ. ―~ *de color* カラー・パレット.
cabe de [*a*] *paleta* 願ってもないチャンス.
de paleta 折よく, 都合よく.
en dos paletas《話》手短に, すばやく.

1404 paletada[1]

media paleta 見習い期間を中途でやめた左官職人.

paletada[1] [paletáða] 囡 ❶ へら・シャベルですくうこと, こてでなでること. ❷ へら・シャベルのひとかき分の量, こてのひとぬり. —Necesitas tres ~s de cemento. シャベル3杯分のセメントが必要だ. 類 **palada**. ❸《比喩, 話》へま, しくじり.
a paletadas 大量の[に].

paletada[2] [paletáða] [< paleto] 囡 粗野な[田舎っぽい]振舞い.

paletazo [paletáθo] 男 ❶ スクリューのひとかき. ❷《闘牛》角による一撃. 類 **varetazo**.

paletear [paleteár] 自 ❶ オールを空漕ぎする, でたらめに漕ぐ. ❷《スクリューが》空転する. ❸『アルゼンチン』馬の背中をぽんとたたく. ❹『チリ』職をさがす.

paletero, ra [paletéro, ra] 形 ❶『メキシコ, ニカラグア』棒つきキャンディー売り.
— 男 ❶《隠》(現場の前に立って目撃を防ぐ)泥棒の助っ人. ❷《狩猟》2才のダマジカ. ❸『エクアドル』《医》結核(菌).

paletilla [paletíʎa] [< paleta] 囡 ❶ 肩甲骨. 類 **escápula, omóplato**. ❷《解剖》剣状突起. ❸《動物の》肩肉. ❹ 柄つきのろうそく立て. 類 **palmatoria**. ❺《比喩》不運, つらい思い.
***caerse*LE *la paletilla a* ...** (人が)ひどい目に遭う.
***levantar*LE *la paletilla a* ...** (人を)ひどい目に遭わせる, つらい思いをさせる.
***poner*LE *la paletilla en* SU *lugar a* ...** (人を)ひどく叱る.
encarnación de paletilla つやのない肌色.

paletó [paletó] [< 仏] 男 (フロックコートに似た)オーバーの一種.

paleto, ta [paléto, ta] 形《軽蔑》田舎臭い, 無教養な, 無骨な, あかぬけない. —Es una chica guapa, pero siempre lleva vestidos de ~s. 彼女は美人だがいつも田舎くさい[あかぬけない]服装をしている. 類 **pueblerino**.
— 名 ❶ 田舎の人, 無教養な[粗野な]人. ❷《動物》ダマシカ (= gamo).

paletón [paletón] 男 (鍵の)かかり(鍵の刻みの入っている細長い差し込み部分).

paliación [paljaθjón] 囡 ❶ (苦痛などの)緩和, 一時抑え. ❷ 弁解してかばうこと, 取り繕い.

paliar [paljár] 他 ❶ (苦痛などを)緩和する, 一時的に抑える. —~ el dolor 痛みを抑える. Esa carta *ha paliado* su preocupación. その手紙は彼の心配をやわらげてくれた. ❷ (作用を)緩和する, 抑える. —~ el efecto del ácido 酸の作用を弱める. ❸ を弁解してかばう. —~ un detestable comportamiento 忌むべき行動の弁解をする.

paliativo, va [paljatíβo, βa] 形《医学》一時抑えの. —remedios ~s 一時抑制手段. tomar medidas *paliativas* 一時しのぎの手段を取る, 取り繕いのため.
— 男 ❶《医学》緩和剤. ❷ 言いのがれ, 弁解の手段. —Ese crimen merece un castigo sin ~s. その犯罪は情状酌量の余地もなく罰に価する.

palidecer [paliðeθér] [9.1] 自 ❶《顔が》青ざめる, 血の気を失う. —Al oír la noticia del accidente, *palideció* y se desmayó. 彼は事故の知らせを聞いて青ざめて目まいを起こした. ❷ 輝きを失う,《比喩》色あせる, くすむ. —En las noches de la luna llena, las estrellas *palidecen*. 満月の夜には星はかすんでしまう. Cuando yo la conocí, su fama como actriz *palidecía*. 私が彼女を知った時には, その女優としての名声はかげり始めていた.

:**palidez** [paliðéθ] 囡《顔や肌が》青ざめていること, 蒼白; (光や色の)薄さ. —La ~ de su cara delataba la profunda indignación que sentía. 彼の顔は怒りで青ざめていた.

:**pálido, da** [páliðo] 形 ❶《顔色が》青白い, 青ざめた, 蒼白({[そうはく]})な. —Tenía la cara *pálida* de anemia. 彼は貧血で青白い顔をしていた. Se asustó tanto que se puso ~. 彼は驚きのあまり顔面蒼白になった. ❷《色の》薄い, 淡い; (光の)弱い —vestido de color rosa ~ 淡いピンクのドレス. La luz *pálida* alumbra una figura. 薄明かりが人影を映し出していた. ❸《名詞の前につく》精彩[生彩]のない, 冴えない, 色あせた. —Esta obra tiene un ~ reflejo de la realidad. この作品の現実描写は精彩がない. Su presencia es *pálida* al lado de la de su hermano. 兄に比べると彼の存在ははっとしなかった.

paliducho, cha [paliðútʃo, tʃa] [< pálido] 形 やや青ざめた, 顔色の悪い(人).

palillero [paliʎéro] 男 ❶ つま楊枝({[ようじ]})職人. ❷ つま楊枝立て. ❸ ペン軸.

palillo [palíʎo] [< palo] 男 ❶ 小さな棒. ❷ 小さな棒状の道具. (a) 楊枝({[ようじ]})(= ~ de dientes). 類 **mondadientes**. (b)《太鼓の》ばち(= ~ de tambor). (c) 編み棒, レース編み用の糸巻き. (d)《彫刻》彫塑ぐら. (e) 複《食事用の》箸({[はし]}). (f)《闘牛》ムレータ (muleta: 闘牛士が使う赤布)の支え棒. (g)《闘牛》バンデリリャ (= banderilla: 牛の肩に突き刺す銛). (h)《音楽》(フラメンコ歌手の)リズム取り棒. (i)『アンダルシーア, 中米』ペン軸. (j) 複 チャポー (chapó: ビリヤードに似たゲーム)でテーブル上に置くピン. (k)《植物》タバコの葉の葉脈, ブドウの房の軸. ❹ 複『アンダルシーア』カスタネット (= castañuela). ❺《話, 比喩》やせた人. —estar hecho un ~ とてもやせている. ❻《話, 比喩》おしゃべり, むだ話. 類 **palique**. ❼《話, 比喩》初歩, 基礎. ❽《話, 比喩》重要でない事, 余計な事.
como palillo de barquillero (de suplicaciones)《話》席の温まる間もないほど.
el palillo de la gaita《話, 皮肉》中心人物. Quiere ser siempre ~. 彼はいつも中心にいたがる.

palillo de barquillero (de suplicaciones) 巻きせんべい売りの当たり本数を決めるための細い板状の道具.
tabaco de palillo 粉タバコ.
tocar todos los palillos《話》あの手この手を尽くす.

palimpsesto [palimpsésto] 男 ❶ 一度消して書き直した跡のある, 羊皮紙の古文書. ❷ 書き直しの出来る羊皮紙.

palíndromo, ma [palíndromo, ma] 形 回文の. 男 回文. 例:Dábale arroz a la zorra el abad. 修道院長は雌狐に米をやっていた.

palingenesia [paliŋxenésja] 囡 ❶ 再生, 転生. ❷《生物》原形発生.

palinodia [palinóðja] 囡 発言の撤回. —cantar la ~ 前言を取り消す, 間違いを認める.

palio [páljo] 男 ❶ 天蓋(教皇や聖像などの行列

で用いる，4本以上の棒でささげる布製の天蓋. ❷ パリウム(古代ギリシャ・ローマの上衣). ❸《カトリック》パリウム(司教の礼装用の肩衣). ❹ マント，外套. ❺ Y字型の紋章. 類 pela. ❻ 勝者に与えられる絹の旗. ❼《動物》(軟体動物の)外套膜.

recibir bajo (*con*) *palio* (人を)ささげ天蓋で迎える，熱烈歓迎する.

palique [palíke] 男 むだ話，おしゃべり. —No le des ~ a la abuela. おばあちゃんにむだ話をしちゃいけません. 類 **comadreo**.

tener mucho palique よくしゃべる.

palisandro [palisándro] 男《植物》ブラジル紫檀(たん)，ブラジル紫檀材.

palitoque [palitóke] 男 = palitroque.

palitroque [palitróke] 男 ❶ 小さな棒，棒きれ. ❷《闘牛》バンデリリャ(=banderilla). ❸ (文字を書く)一筆. ❹《チリ》スキットル，丸柱戯(ボーリングに似た棒倒しゲーム)，スキットルのレーン.

paliza [palíθa] 女 ❶ なぐりつけ，めった打ち. —Le dieron [pegaron] una ~. 彼はめった打ちにされた. 類 **tunda, zurra**. ❷《話》重労働. —La mudanza fue una ~. 引っ越しは大変だった. 類 **tunda**. ❸《話, 比喩》負かす事, 批判. —Le dimos [pegamos] una ~ al equipo rival. 我々は敵チームをこてんぱんにやっつけた. ¡Menuda ~ ha dado ese crítico a la película! その批評家はまたひどくその映画をこき下ろしたものだ. ❹《口》煩わしい人.

dar la paliza くだをまく，くどくど言う.

darse la paliza (恋人どうしが)いちゃつき合う.

ser un [una] paliza (人が)うっとうしい，わずらわしい. Todo el mundo lo rehuye porque *es un paliza*. 彼はうっとうしいので，皆彼を避けている.

palizada [paliθáða] 女 ❶ 防護柵. (*a*) 川の柵状の護岸柵，防水堰(ぜき). (*b*)《軍事》防護柵，砦柵. 類 **empalizada**. ❷ 柵や矢来で囲まれた場所. 類 **cercado**. ❸《紋章》矢来形の図形. ❹《エクアドル, コロンビア》(川の)流木. ❺《コロンビア》(魚・野菜・米の)煮込み. ❻《ペルー》にぎやかな集まり.

pallador [pajaðór] 男 即興詩人, 即興の歌競べの参加者(=payador).

pallar [pajár] 男『アルゼンチン, チリ, ペルー』インゲン豆.

‡**palma** [pálma] 女 ❶ 手のひら，掌(たなごころ). —La anciana me leyó la ~ de la mano. 老婆は私の手相を見た. Se ha desgastado la ~ de mi guante. 私の手袋はすり切れてしまった. ❷ 複 拍手(喝采); 手拍子. —Me dolían las manos de tanto dar ~s. 私は拍手をしすぎて手が痛かった. batir [tocar] ~s al compás de la guitarra ギターに合わせて手拍子を打つ. ❸ ヤシ; シュロの葉(勝利・成功・栄誉の象徴). ~ ~ datilera ナツメヤシ, ~ indiana ココヤシ. El tejado de la cabaña está hecho de ~. 小屋の屋根はシュロでふいてある. ❹《比喩》勝利, 栄冠, 栄誉. —Nadie creía que el equipo consiguiera la ~. 誰もチームが栄冠を勝ち得るとは思っていなかった.

andar en palmas 拍手喝采を受ける，みんなから賞賛される.

como la palma de la mano (1) 平らな. La cumbre de la montaña era lisa *como la palma de la mano*. 山頂はまっ平らだった. Hoy el mar está *como la palma de la mano*. 今日の海は鏡のように静かだ. (2) 十分に, よく. Conozco Madrid *como la palma de la mano*. 私はマドリードをよく知っている.

llevarse la palma 【しばしば侮蔑的に】抜きん出る, 秀でる. Tú siempre *te llevas la palma* diciendo estupideces. おまえはいつも馬鹿なことを言うのが得意なんだから.

llevar [*tener, traer*] *en palmas* (人を)丁重に扱う, かわいがる. Siempre *llevamos* al cliente *en palmas*. いつも私たちはお客さんを丁重に扱っている. Ella siempre *ha llevado* a sus hijos *en palmas*. 彼女はいつも自分の息子たちをかわいがっている.

palmada [palmáða] 女 ❶ 掌でぽんとたたくこと. —Le dio unas ~s en el hombro para tranquilizarla. 彼は彼女をなだめようと, 肩をぽんぽんとたたいた. ❷ 両手をたたき合わせること(拍手, 手拍子, 人を呼ぶ合図).

darse una palmada en la frente (何かを思い出そうとして)額をぴしゃっと打つ.

Palma de Mallorca [pálma ðe majórka] 固名 パルマ・デ・マヨルカ(スペインバレアーレス諸島の都市).

palmadilla [palmaðíja] 女 手をたたいて一組の男女を呼び入れる遊びの踊り

palmadita [palmaðíta] 女 軽くたたくこと.

palmar[1] [palmár] 自 ❶《話》(主に+la)死ぬ. —No la *palmó* de milagro. 彼は奇跡的に一命をとりとめた. ❷《隠》ゲームで負ける.

palmar[2] [palmár] 形 ❶ ヤシ製の, シュロ製の. ❷ 手のひらの, 蹄の. —músculo ~《解剖》手掌筋. ❸ 一掌尺 (palmo) の. ❹ 明らかな, 自明な. 類 **claro, palmario, patente**.

—— 男 ❶ ヤシ林, シュロ林. 類 **palmeral**. ❷ 梳綿(もぬ)機.

ser mas viejo que un palmar とても古い, とても高齢である.

palmarés [palmarés] 男 ❶ (スポーツ競技の)入賞者リスト, 実績, 戦績. ❷ 経歴, 履歴. —El candidato elegido tiene un estupendo ~. 当選した候補者はすばらしい経歴の持ち主だ.

palmariamente [palmárjaménte] 副 明らかに.

palmario, ria [palmárjo, rja] 形 明白な, 自明な. 類 **claro, manifiesto, patente**.

Palmas [pálmas] 固名 →Las Palmas.

palmatoria [palmatórja] 女 ❶ (罰として生徒の手をたたく)木のへら. 類 **palmeta**. ❷ (主に皿形の)ろうそく立て. 類 **paletilla**.

palmeado, da [palmeáðo, ða] 過分 形 ❶ シュロの葉形の, 手のひら形の. ❷《植物》(葉・根・茎が)掌状の. —hoja *palmeada* 掌状葉. ❸《動物》水かきのある. —pata *palmeada* 水かきのある足.

palmear [palmeár] 自 ❶ 舟を手綱で引きながら進む. ❷《まれ》平手で打つ, 手を鳴らす.

—— 他 ❶《印刷》(組み版)を平らにならす. ❷ (岸の綱や杭を)手で引き寄せながら (船)を進ませる. ❸《隠》を鞭で打つ. ❹《スポーツ》バスケットボールで, ボールを手のひらで押すようにシュートする.

—— se 再 船を手綱で引きながら進む.

palmera [palméra] 女 ❶《植物》ヤシ, シュロ(の木・葉). ~ ~ enana フェニックス, シンノーヤシ. ~ datilera ナツメヤシ. ❷ パーム・ケーキ.

palmeral [palmerál] 男 ヤシ林, シュロ林.

palmero, ra [palméro, ra] 名 ❶ ヤシ[シュロ]

1406 palmesano

園主. ❷ 聖地パレスチナへの巡礼者. ❸ サンタ・クルス・デ・ラ・パルマ (Santa Cruz de la Palma (スペイン Canarias 諸島)) の人. ❹ (フラメンコの)手拍子をする人. ❺ 〖アルゼンチン，エクアドル，メキシコ〗ヤシの木.
—— 形 サンタ・クルス・デ・ラ・パルマの.

palmesano, na [palmesáno, na] 形 パルマ・デ・マヨルカ (Palma de Mallorca) の.
—— 名 パルマ・デ・マヨルカの人.

palmeta [palméta] 女 ❶ (罰として生徒の手を打つ)木のへら. 類 **palmatoria**. ❷ 木のへらで手を打つこと. 類 **palmetazo**.

palmetazo [palmetáðo] 男 ❶ 木のへら (palmeta) で手を打つこと. ❷《比喩》叱責，平手打ち.

palmiche [palmítʃe] 男 ❶《植物》ダイオウヤシ，またはその実. ❷ アブラヤシ. ❸ チャボトウジュロの実.

palmípeda [palmípeða] 女 → palmípedo.

palmípedo, da [palmípeðo, ða] 形《鳥類》水かきのある. — aves *palmípedas* 水かきのある鳥.
—— 女《鳥類》[複 で総称的に] 水鳥，水かきのある鳥，游禽類.

palmista [palmísta] 男女《中米》手相見.

palmito [palmíto] 男 ❶《植物》チャボトウジュロ. ❷ チャボトウジュロの芽(食用). ❸《話》女性の(美しい)顔. — Esa chica tiene un buen ~. その女の子はとても美しい顔をしている.

palmo [pálmo] 男 掌尺(長さの単位. 約21cm).
con un palmo de lengua [lengua fuera] へとへとになって，息を切らして.
crecer a palmos 急成長する.
dejar con un palmo de narices a ...《話》(人の)期待を裏切る.
no adelantar [ganar] un palmo de terreno 進歩[進展]がない.
palmo a palmo (1) ゆっくりと，少しずつ. Avanzábamos a través de las dunas *palmo a palmo*. 私たちは砂丘を通って，少しずつ進んで行った. (2) 隅々まで. La policía registró la casa *palmo a palmo*. 警察は家の中を隅々まで調べた.
quedar [quedarse] con un palmo de narices 運に見放される時，期待を裏切られる.
un palmo de tierra 猫の額ほどの土地.

palmotear [palmoteár] 自 手をたたく，拍手する. — *Palmoteó* de alegría. 彼は喜んで手をたたいた.

palmoteo [palmotéo] 男 ❶ 手をたたくこと，拍手. ❷ 罰として生徒の手を打つこと. 類 **palmeta**.

ːpalo [pálo] 男 ❶ 棒，棒切れ，柄，(棒状の)木材.
— ~ *de escoba* ほうきの柄. ~ *de tienda* テントの柱. *cuchara y tenedor de* ~ 木製のスプーンとフォーク. Cogió un ~ y me atacó. 彼は棒を手にとって私に襲いかかってきた. ❷ 棒で打つこと. — Me dieron un ~. 私は棒で殴られた. ¡Deja ya! Si no, te voy a matar a ~s. もうやめろ，さもないと棒で殴り殺すぞ. 類 **bastonazo**. ❸《船舶》帆柱. — ~ *mayor* メインマスト. *velero de tres ~s* 3本マストの帆船. 類 **mástil**. ❹ 木，木材，茎. — ~ *de hule* ゴムの木, ~ *de rosa* 紫檀(たん). ❺ 非難，中傷. — Los opositores dieron un ~ al político por sus escándalos. 反対派は彼のスキャンダルを理由にその政治家を中傷した. La obra recibió un buen ~ de la crítica. その作品は激しい批判を浴びた. ❻《スポーツ》(サッカーの)ゴールポスト, (ゴルフの)クラブ, (ホッケーの)スティック, (野球の)バット. — ~ *de portería* ゴールポスト. ~ *de golf* ゴルフの棒棍棒カード. ❼《スペイン語》(トランプの)棍棒カード. 他に oro 金貨，copa 杯，espada 剣のカードがある. 類 **basto**. ❽ (bやpなどの文字の)縦線，縦の棒.
andar a palos 仲の悪い，喧嘩好きな. Los hermanos siempre *andan a palos*. 兄弟はいつも喧嘩ばかりしている.
a palo seco それだけで，そのままで; そっけなく，あっさりと. Siempre bebe alcohol *a palo seco*. 彼はいつも何も食べずに酒だけを飲む. Me saludó *a palo seco* y se marchó. 彼は私にそっけなく挨拶をして出て行った.
Cada palo aguante su vela. 各自がそれぞれの義務や結果に責任を持つ必要がある.
dar palos de ciego 相手構わず殴る; 考えずに行動する. En la pelea me cogió un horror y *di palos de ciego*. 喧嘩のとき私は怖くて相手構わず殴ってしまった. Me arrepiento que *haya dado palos de ciego* sin juzgar las circunstancias. 私は状況をよくわきまえず軽率な行動をしたことを反省している.
De tal palo, tal astilla.《諺》蛙の子は蛙(←そんな木からはそんな木屑).
echar a palos たたき出す，放り出す. El camarero *echó a palos* al borracho. ウエイターは酔っ払いをたたき出した.
moler [doblar] a palos 打ちのめす，たたきのめす. Los bandoleros *molieron a palos* al pobre viajero. 山賊たちはその哀れな旅人を散々に打ちのめした.

Paloma [palóma] 固名《女性名》パローマ.

ːpaloma [palóma] 女 ❶《鳥類》ハト. ~ *mensajera* 伝書バト. ~ *bravia [silvestre]* 野バト. ❷ おとなしい人，心の優しい人; 穏健派，ハト派. — Ella es una ~, incapaz de hacer daño a nadie. 彼女は心の優しい人で誰も傷つけない.

palomar[1] [palomár] 男 鳩舎, ハト小屋. — *alborotar el* ~《話》大騒ぎを起こす.

palomar[2] [palomár] 形 (麻糸が)細く縒られた.

palometa [palométa] 女 ❶《魚類》コバンアジ. ❷ 蝶ナット. ❸ ポップコーン.

palomilla [palomíʎa] 女 ❶《虫類》蛾，小さな蛾; 蛾の幼虫. ❷ 蝶ナット. ❸ 棚受け，軸受け. ❹ 馬の前臀部. ❺《植物》カラクサケマン (= fumaria). ❻《植物》アルカンナ (= onoquiles). ❼《複》白波. ❽《caballo で形容詞的に》特に毛の白い(馬). ❾《中南米》(a)〖チリ, ホンジュラス, メキシコ, パナマ〗大衆; よた者の集団. (b)〖ペルー〗街をうろつく少年，ストリートギャング.

palomilla de tintes《植物》アルカンナ.

palomina [palomína] 女 ❶ ハトの糞. ❷《植物》カラクサケマン (= onoquiles).

palomino [palomíno] 男 ❶ 子鳩. ❷《まれ》服に付いたハトの糞. ❸《中南米》白馬.

palomita [palomíta] 女 ❶ ポップコーン. ❷ アニス酒の水割り. ❸《スポーツ》(サッカーの)ゴールキーパーの全身横跳びセーブ. ❹《中南米》愛する女性に対する呼び方.

cuello de palomita《服飾》ウイング・カラー.

palomo [palómo] 男 ❶《鳥類》雄バト. ❷ モリバト (= paloma torcaz). ❸《話》間抜け. ❹ 宣伝家，裏工作家.

hueso de palomo《解剖》尾骨.

Juan Palomo 他人の干渉を嫌う人. *Juan palomo, yo me lo guiso, yo me lo como.* 自分のことは自分でする(他人に干渉させない人を指して言う).

palomo de arcilla クレー(クレー射撃の的).

palotada [palotáða] 囡 ばちで打つこと. — dar ~ ばちで打つ.

no dar palotada (1) (仕事などで)進展が無い. (2) 的はずれである.

palote [palóte] 男 ❶ (たいこなどの)ばち. ❷ (習字の練習のために書く)棒.

ni palote 全く, 何も(…ない).

palpable [palpáβle] 形 ❶ 手で触れられる, 触知可能な. — Tiene un bulto ~ en el cuello. 彼は首に触って分かるような腫れものができている. 類 **tangible**. ❷ 明白な. — necesidad ~ 疑いようのない必要性. Era ~ la tensión que había en la familia. その家族内に緊張関係があるのは明らかだった. 類 **claro, manifiesto, patente**.

palpablemente [palpáβleménte] 副 はっきりと, 目に見えて, 明らかに. — La situación política ha mejorado ~. 政治情勢は目に見えて良くなった.

palpación [palpaθjón] 囡 ❶ 手で触れること, 触知(=palpamiento). ❷ (医学) 触診.

palpadura [palpaðúra] 囡 手で触れること, 触知.

palpamiento [palpamjénto] 男 手で触れること, 触知.

palpar [palpár] 他 ❶ 手で触れる; (医学) 触診する. — Debes acertar qué es, sólo *palpándolo*. 手で触っただけでそれが何に当てて下さい. El médico le *palpó* el estómago. 医者は彼の腹部を触診した. ❷ 手探りする. — En la oscuridad fui *palpando* la pared. 暗い中私は壁を手探りしながら進んだ. ❸《比喩》痛感する, 思い知られる. — *Palpa* las consecuencias de su infidelidad. 自分の不実の結果を思い知らされている.

— se 再 感じとれる. — Se *palpa* cierta hostilidad. ある種の敵意が感じられる.

palpebral [palpeβrál] 形 《解剖》眼瞼(がんけん)の, まぶたの.

palpitación [palpitaθjón] 囡 ❶ (心臓の)鼓動, 心拍. — número de *palpitaciones* 心拍数. 類 **latido**. ❷ 動悸; (医学) 心悸(しんき)亢進. La subida de las escaleras le provoca *palpitaciones*. 彼は階段を上がると動悸がする. ❸ (体の部分の)震え, ぴくぴくする動き.

palpitante [palpitánte] 形 ❶ 動悸(どう)がする, どきどきする, ぴくぴくする. — Esperaba el resultado con ~ corazón. 胸をどきどきさせながら結果を待っていた. El pez todavía está ~. 魚はまだぴくぴくしている. ❷ 重大な, 焦点になっている, ホットな. — asunto de ~ actualidad 火急の用件. Es el tema de interés ~. それは大いに関心のあるテーマだ.

palpitar [palpitár] 自 ❶ (心臓が)鼓動する. — El médico comprueba si aún *palpita* el corazón del moribundo. 医者は危篤の人の心臓がまだ動いているかどうか確認している. ❷ (心臓が)どきどきする, 動悸(どうき)がする. — Cada vez que me pongo nervioso, siento ~ el corazón. 私はあがるたびに心臓がどきどきするのを感じる. 類 **latir**. ❸ (体の一部が)震える, ぴくぴくする. — El músculo del muslo derecho me empieza a ~. 私の右の太腿の筋肉がぴくぴくし始める. ❹ (感情が)ほ ばしり出る, わき出る, 現れる. — En sus palabras *palpitaba* el rencor. 彼の言葉の中には恨みの気持ちがありありと出ていた.

pampear 1407

pálpito [pálpito] 男 〖南米〗予感, 胸騒ぎ. — Me ha dado el ~ de que algo malo le ha pasado. 彼に何か悪いことがあったという胸騒ぎがした. 類 **corazonada, presentimiento**.

palpo [pálpo] 男 《虫類》触角.

palta [pálta] 囡 《植物》〖南米〗アボカド(の実).

palto [pálto] 男 《植物》〖南米〗アボカド(の木).

palúdico, ca [palúðiko, ka] 形 ❶ 湖沼の, 湿地の. 類 **palustre, pantanoso**. ❷ 《医学》マラリアの, マラリアにかかった. — fiebres *palúdicas* マラリア.

— 名 マラリア患者.

paludismo [paluðísmo] 男 《医学》マラリア. 類 **malaria**.

palurdo, da [palúrðo, ða] 形 田舎者の, 粗野な. 類 **cateto, paleto**.

— 名 田舎者.

palustre¹ [palústre] 形 湖沼の, 湿地の. — zona ~ 湿地帯. vegetación ~ 湿地帯の植生.

palustre² [palústre] 男 左官ごて.

pamela [paméla] 囡 (女性用の, つばの広い)麦わら帽子.

pamema [pamémá] 囡 ❶ くだらないこと, たわ言, 空騒ぎ, ばかげたこと. — No andes preocupado por ~s. ばかげたことを心配するんじゃない. 類 **pamplina, ridiculez**. ❷ 心にもないお世辞. — No me vengas con ~s y dime la verdad. お世辞はやめて本当の事を言ってくれ. ❸ (反感・不安などの)大仰なわざとらしい身ぶり; 上品ぶった態度. — Ella no paraba de hacer ~s aunque deseaba comerse el pastel. 彼女はケーキをたいらげてしまいたいくせに, 上品ぶったしぐさを続けていた. 類 **melindre, remilgo**.

pampa [pámpa] 囡 ❶ パンパ(アルゼンチンの樹木の少ない大草原). ❷〖チリ〗郊外, 広々とした場所. ❸〖チリ〗硝石埋蔵地. ❹〖南米〗頭の白い牛馬.

a la pampa 〖南米〗屋外で.

en pampa 〖チリ, グアテマラ〗(1) 屋外で, (2) がっかりして. quedar en *pampa* がっかりする.

estar en sus pampas 〖南米〗くつろいでいる.

— 男女 パンパに住むインディオ.

— 男 パンパのインディオの言語.

— 形 ❶ パンパの, パンパ出身の. — indio ~ パンパのインディオ. ❷〖南米〗(牛馬が)白頭の. ❸〖南米〗不正な. — negocio ~ 不正な取引. ❹〖ボリビア〗弱々しい.

a lo pampa 〖アルゼンチン〗パンパ・インディオの習慣に従って.

pámpana [pámpana] 囡 ブドウの葉.

tocar [zurrar] la pampana a ... (人)を(罰として)たたく.

pámpano [pámpano] 男 ❶ 《植物》(*a*) ブドウの芽. (*b*) ブドウのつる・まきひげ. (*c*) ブドウの葉(=pámpana). ❷ 《魚類》サバル(地中海産の魚).

pampanoso, sa [pampanóso, sa] 形 《植物》芽や葉やひげを多くつけた.

pampeano, na [pampeáno, na] 形 〖南米〗(人に関して)パンパ(pampa)の.

— 名 パンパの住民. 類 **pampero**.

pampear [pampeár] 自 〖南米〗パンパ(pam-

1408 pampero

pa)を旅する.

pampero, ra [pampéro, ra] 名 パンパの住民. ── 男 パンパの風(アンデス山脈から吹き降ろす強い西風). ── 形 パンパ出身の, パンパ特有の.

pampino, na [pampíno, na] 形《チリ, ペルー》❶ パンパ出身の. ❷ 硝石採掘地で働く(人).

pampirolada [pampiroláða] 女 ❶ パンにニンニクをすり潰して水で溶いたソース. ❷ ばかげた言動, くだらないこと. 類 **majadería**.

pamplina [pamplína] 女 ❶《植物》(a)ナデシコ科の植物. ── de agua ヤナギハコベ科の植物. (b)(イベリア半島の)シキ科の植物. ❷《話》ばかげたこと, くだらないこと. ─Déjate de ~s y hablemos seriamente. ふざけた話はやめてまじめに話そう. ❸《話》心にもないお世辞. ─No me vengas con ~s. おべっかはよしてくれ. ❹ (反感などの)大仰な[わざとらしい]身振り; 上品ぶった態度. 類 **pamema, remilgo**.

pamplinada [pampliná ða] 女《まれ》ばかげたこと, くだらないこと. ─iBasta ya de ~s! そんなくだらないこと[話]はもういい! 類 **bobada, tontería**.

pamplinero, ra [pamplinéro, ra] 形 心にもないお世辞を言う, 大仰に騒ぎ立てる.

pamplinoso, sa [pamplinóso, sa] 形 = pamplinero.

Pamplona [pamplóna] 固名 パンプローナ(スペインの都市).

pamplonés, nesa [pamplonés, nésa] 形 パンプローナ (Pamplona) の. ─la fiesta pamplonesa パンプローナの祭り.
── 名 パンプローナ住民, パンプローナ出身者.

pamplonica [pamploníka] 形 パンプローナ (Pamplona) の.
── 男女 パンプローナ住民, パンプローナ出身者.

pamporcino [pamporθíno] 男《植物》シクラメン. 類 **ciclamen**.

PAN [pán] [< Partido de Acción Nacional] 男《メキシコ》国民行動党.

*pan [pán パン] 男 ❶ パン. ─Dame un pedazo [trozo] de ~. パンを一切れください. comprar dos ~es パンを2つ買う. ~ ácimo [ázimo] 酵母の入っていないパン. ~ candeal 上質の小麦で作った白いパン. ~ de Viena 小型のロールパン. ~ inglés[de molde] 食パン. ~ negro (moreno) 黒パン. ~ rallado (フライ用の)パン粉. ~ パン状のもの, パンに似たもの. ── de azúcar 円錐形の氷砂糖. ~ de higos (アーモンドをはさんだ)乾しいちじく. ~ de jabón 固形石鹸. ❸ 食べ物, 食糧; 生活の糧. ─ganarse el ~ con el sudor de su frente 額に汗して生活のために働く. ❹ 小麦. ─Este año ha sido abundante en ~. 今年は小麦が豊作だ. campos de llevar ~ 小麦畑. 類 **trigo**. ❺ (金・銀その他の金属の)箔. ── de oro 金箔. ❻《カトリック》(ミサで用いるウエハースのような)パン. ── bendito 御聖パン, 祝別されたパン; ありがたいもの. ~ de los ángeles [de vida, del cielo, de los fuertes, eucarístico] 聖体拝領, 聖餐式. ❼《植物》── y quesillo ペンペングサ.

Al pan, pan y al vino, vino. 率直に[はっきりと]言うべきだ.

a pan y agua (罰として)パンと水だけの.

comer el pan de ... (家族や従業員に)養ってもらう. *Mi hermano menor comía el pan de mis tíos cuando estábamos en un apuro.* 私たちが困窮していたとき弟はおじ夫婦に養われていた.

Con pan y vino se anda el camino. 【諺】腹が減っては戦ができぬ(←パンとワインがあれば道を歩ける).

Con su pan se lo coma. 本人が何とかすべきだ, 私の知ったことではない.

Contigo pan y cebolla. 【諺】手鍋提げても(←愛情があればパンと玉ネギで十分だ).

Dame pan y dime [llámame] tonto [perro]. 【諺】名を捨てて実をとる(←パンをくれ, そうして私を馬鹿[犬]と呼んでくれ).

el pan (nuestro) de cada día 日常茶飯事. *En esta carretera los accidentes son el pan nuestro de cada día.* この道路では事故は日常茶飯事だ.

hacer un pan como unas hostias 大失敗をする.

Pan con pan, comida de tontos. 【諺】似たようなものだけでは面白みに欠ける(←パンのおかずにパンではばか者の食事だ).

Quien da pan a perro ajeno, pierde pan y pierde perro. 【諺】他人への余計な親切はかえって仇となる(←よその犬にパンを与える者は, パンを失い, 犬も失う).

ser bueno como el pan [como un pedazo de pan, más bueno que el pan] とてもいい人である, お人よしである.

ser pan comido たやすい, 朝飯前である. *Atraparlo es pan comido.* 彼を騙するは易い.

pan-, panto- [pan-, panto-] 接頭「全, 総, 汎(はん)」の意. ─*panamericano, panorama, pantógrafo*.

panacea [panaθéa] 女 ❶ 万能薬. ─*Estas pastillas no son una ~, pero te aliviarán el dolor.* この錠剤は万能薬ではないが痛みはやわらげてくれる. ~ universal (錬金術師の)万能の霊薬. ❷《比喩》万能の解決策. ─*Este partido cree tener la ~ contra el problema del paro.* この政党は失業問題に対する万能薬を有している気でいる.

panadera [panaðéra] 女 殴りつけること. ─pegar una ~ 殴りつける.

panadería [panaðería] 女 ❶ パン屋, 製パン所, パン焼き場. ❷ 製パン業.

panadero, ra [panaðéro, ra] 名 ❶ パン屋(人), パン職人. ❷ スペイン風のタップダンス.

panadizo [panaðíθo] 男 ❶《医学》瘭疽(ひょうそ). ❷《獣医》家畜の臉(まぶた)を伴う関節炎の一種. ❸《話, 比喩》顔色の悪い, 虚弱な人.

panafricanismo [panafrikanísmo] 男 汎アフリカ主義, 全アフリカ主義.

panal [panál] 男 ❶ (ハチの)巣板. ❷ ハチの巣状のもの. ❸ カルメラ菓子.

Panamá [panamá] 固名 パナマ(公式名 República de Panamá, 首都パナマ (Ciudad de) Panamá).

panamá [panamá] 男 パナマ帽.

panameño, ña [panaméɲo, ɲa] 形 名 パナマ(人)の; パナマ人.

panamericanismo [panamerikanísmo] 男 汎アメリカ主義, 全アメリカ主義.

panamericano, na [panamerikáno, na] 形 ❶ 全米的な, 南北両アメリカの. ─juegos ~s 全米選手権. Carretera *Panamericana* パンアメリ

カン・ハイウェイ. ❷ 汎アメリカ主義の.
—— 图 汎アメリカ主義者.

panarizo [panaríθo] 男 《医学》瘭疽(ひょうそ). 類 **panadizo**.

pancarta [paŋkárta] 女 ❶ 〔デモなどの〕プラカード, ポスター, 垂れ幕. ❷ 羊紙皮の写本. ❸ 《情報》バナー.

Pancho [pántʃo] 固名《男性名》パンチョ(Francisco の愛称).

pancho, cha [pántʃo, tʃa] 形 ❶ 平静な, 冷静な, 落ち着いた. ——Íbamos a perder el tren, pero él tan ~. 私たちは電車に遅れそうだったが, 彼は悠然とかまえていた. Sus hijos ya se casaron y ella se ha quedado tan *pancha*. 子供達も結婚してしまい彼女は落ち着いた暮らしをしている. 類 **inalterable, tranquilo**. ❷ 〖チリ〗こげ茶色の. ❸ 〖コロンビア・ベネズエラ〗平らな.

Pancho Villa [pántʃo vija] 固名 パンチョ・ビージャ(1877-1923, メキシコ革命の指導者).

pancista [panθísta] 形 迎合的な, 日和見(ひよりみ)的な. —— político ~ 日和見的な政治家.
—— 图 迎合主義者, 日和見的な人.

páncreas [páŋkreas] 男〖単複同形〗《解剖》膵臓.

pancreático, ca [paŋkreátiko, ka] 形 《解剖》膵臓の. —jugo ~ 膵液.

pancreatitis [paŋkreatítis] 女〖単複同形〗《医学》膵炎.

pancromático, ca [paŋkromátiko, ka] 形 《写真》全整色性の, パンクロの. — película *pancromática* パンクロフィルム.

panda[1] [pánda] 男 《動物》パンダ (=oso panda). — ~ gigante ジャイアントパンダ. ~ menor レッサーパンダ.

panda[2] [pánda] 女 ❶ 回廊. ❷ 遊び仲間のグループ. —Manaña voy de excursión con la ~. 私は明日遊び仲間たちとハイキングに行く. 類 **pandilla**. ❸ 〔悪者・暴力者の〕集団, 徒党. — una ~ de gamberros 暴力者の集団. 類 **banda**.

pandear [pandeár] 自 〖しばしば再帰動詞にもなる〗〔梁(はり)や壁が〕反る, たわむ. —Los estantes *se han pandeado* con el peso de los libros. 棚板が本の重みでたわんでいる. 類 **combarse**.

pandectas [pandéktas] 女複 ❶ 《法律》法典, 法令集. ❷ 《歴史》ユスティニアヌスの『ローマ法大全』(6世紀にユスティニアヌス帝が編集された民法典, 全50巻). ❸ 《商業》取引先勘定帳.

pandemia [pandémja] 女 《医学》世界的な・全域的な流行病. 類 **epidemia**.

pandemónium [pandemónjum] 男 ❶ 伏魔殿, 万魔殿(地獄の都と考えられている場所), 悪魔の巣窟. ❷ 《比喩》騒がしい〔混乱した〕場所〔状態〕. —Sonaron unos paros y la sala se convirtió en un ~. 銃声が何発か響き, 広間は大混乱となった.

pandeo [pandéo] 男 〔梁や壁の〕反り, たわみ.

pandereta [panderéta] 女 《楽器》タンバリン. *la España de pandereta* 観光向きのスペイン. *zumbar la pandereta a* … 《話》打ちのめす, 殴りつける.

panderete [panderéte] 男 ❶ 《建築》小口積みれんがの仕切り壁 (=tabique de panderete). ❷ 《楽器》タンバリン.

panderetear [panderetár] 自 タンバリンをた

pangermanismo 1409

たく.

pandero [pandéro] 男 ❶ 《楽器》大型のタンバリン. ❷ 凧. ❸ 《話》よくしゃべるばか者. ❹ 《俗》尻.

en buenas manos está el pandero 物事が最も適した人にまかされている.

pandilla [pandíja] 女 ❶ 遊び仲間のグループ. —Hoy he quedado con la ~ para ir al cine. 今日私は遊び仲間たちと映画に行く約束をしている. 類 **panda**[2]. ❷ 徒党. —una ~ de gamberros 徒党を組んだ暴力者たち.

pando, da [pándo, da] 形 ❶ 〔柱, 梁(はり), 壁などが〕反った, たわんだ. ❷ 〔川が〕流れの緩やかな. ❸ 〔人が〕悠長な, のんびりした. ❹ 〔皿が〕浅い, 深皿ではない. —— 男 盆地.

pandorga [pandórɣa] 女 ❶ 〖ムルシア〗サンボンバ(楽器の一種, =zambomba). ❷ 《まれ》〔形容詞的に〕太った女性. — mujer ~ 太った女性. ❸ 凧. ❹ 〔昔のゲームの一種で使われた〕回転人形, またはそのゲーム. ❺ 〖コロンビア〗迷惑. ❻ 〖メキシコ〗悪ふざけ.

panecillo [paneθíjo] [<pan] 男 小さなパン(ロールパン, ボカディーヨ用の小さなパンなど).

venderse como panecillos 飛ぶように売れる.

panegírico, ca [panexíriko, ka] 形 称賛の. — palabras *panegíricas* 称賛の言葉. 類 **laudatorio**. —— 男 賛辞, 賞詞. 類 **elogio, loa**.

panegirizar [panexiriθár] [1.3] 他 を称賛する, ほめたえる.

panel [panél] 男 ❶ パネル, 羽目板, 鏡板, 仕切り板. — ~ solar ソーラーパネル, 太陽電池. ❷ 板状の装置, 電光掲示板. — ~ de control コントロール〔制御〕パネル. ~ de mandos コントロール・パネル, 操作盤. ❸ 《美術》画板. ❹ 《服飾》パネル(ドレスやスカートに別布で付ける縦長の飾り). ❺ 〔公開討論会などの〕出席者(の一団), 調査委員団. — ~ de expertos 専門家の調査団. ❻ 陪審員名簿.

panera [panéra] 女 ❶ パンかご. ❷ パン置き場.

paneslavismo [paneslaβísmo] 男 汎スラブ主義.

panfilismo [pamfilísmo] 男 お人よしなこと.

pánfilo, la [pámfilo, la] 形 ❶ 間抜けな, だまされやすい. 類 **panoli, pazguato**. ❷ 悠長な, ぼうっとした, 手際の悪い. 類 **calmoso, lento, parado**.

—— 图 だまされやすい人, お人よし.
—— 男 《遊戯》「パンフィロ」と言ってマッチの火を消す遊び方.

panfletario, ria [pamfletárjo, rja] 形 ❶ 小冊子(主に主張・批判を目的とする)の. ❷ 批判的〔扇動的〕な. — discurso ~ 批判的〔扇動的〕な演説. propaganda *panfletaria* 扇動的なプロパガンダ. ❸ 《中南米》〔文章が〕攻撃的な, 中傷の.

panfletista [pamfletísta] 男女 ❶ 小冊子(主に主張・批判を目的とする)の著者. ❷ 中傷的文書の著者.

panfleto [pamfléto] 男 ❶ (主に政治的・思想的主張・問題提起・批判を目的とした)小冊子. ❷ 中傷文書, 怪文書. —Ese artículo me parece un ~ contra el gobierno. その記事は政府に対する中傷記事のように思える.

pangermanismo [paŋxermanísmo] 男 汎

ゲルマン主義, 全ドイツ主義.

pangolín [pangolín] 男 《動物》センザンコウ.

paniaguado, da [panjaɣuáðo, ða] 名 《軽蔑》お気に入りの人, 側近. — Le han ascendido porque es un ~ del presidente. 彼が昇進できたのは社長のお気に入りだからだ.

—— 男 住み込みの召使い.

pánico, ca [pániko, ka] 形 パニック的な, 恐怖でふるえ上がらせる, 狼狽させる.

—— 男 (主に集団的な)恐怖, 恐慌, パニック. —Le tiene ~ al avión. 彼は飛行機に乗るのを怖がっている. Me dan ~s las serpientes. 私は蛇を見るとパニックになる. Al descarrilar, el tren, cundió el ~ entre los pasajeros. 列車が脱線すると, 乗客の間にパニックが広がった.

paniego, ga [panjéɣo, ɣa] 形 ❶ (土地に関して)小麦生産の. —zona *paniega* 小麦生産地帯. ❷ パン好きの (=panero).

panificable [panifikáβle] 形 パンに加工出来る. —harina ~ パンに出来る粉.

panificación [panifikaθjón] 女 小麦粉をパンに加工すること.

panificar [panifikár] [1.1] 他 (小麦粉を)パンにする.

panislamismo [panislamísmo] 男 汎イスラム主義.

panizo [paníθo] 男 ❶ 《植物》アワ. ❷ 《チリ》鉱脈, 鉱床. ❸ 《チリ》金うる, もうけ仕事. ❹ 《まれ》トウモロコシ.

panocha [panótʃa] 女 ❶ (トウモロコシ, ヒエ, キビの)穂. 類 **mazorca**. ❷ 《俗》お金 (=dinero). ❸ 《俗》金髪の人 (=pelirrojo). ❹ 《メキシコ》黒砂糖, 黒糖キャンディー. ❺ 《コロンビア, コスタリカ, チリ》トウモロコシのパンケーキ.

panocho, cha [panótʃo, tʃa] 形 ムルシア(Murcia)地方の灌漑農業地帯の.

—— 名 ムルシア農業地帯の人.

—— 男 ムルシア農業地帯の方言.

panoja [panóxa] 女 ❶ (トウモロコシ, ヒエ, キビの)穂 (=panocha). 類 **mazorca**. ❷ 《植物》円錐花序. ❸ 小魚の串揚げ(数匹の小魚を尾の部分でつないで揚げたもの).

panoli [panóli] 形 《話》ばかな, まぬけな. 類 **bobo, tonto**.

—— 男女 まぬけな人.

panolis [panólis] 形[単複同形] =panoli.

panoplia [panóplja] 女 ❶ 甲冑(かっちゅう)のひとそろい. ❷ 《集合的に》武具コレクション, その展示物. ❸ (主に楯形で, 剣などを掛けておく)武具飾り. ❹ 武器学, 武具研究.

:**panorama** [panoráma] 男 ❶ 全景, 眺望, パノラマ. —Desde la terraza se divisa un magnífico ~ de la ciudad. 窓から町のすばらしい全景が見える. ❷ (問題などの)展望, 概観. —El ~ político del país preocupa a los inversores extranjeros. その国の政治的展望は外国人投資家に不安を与えている. El libro se titula "P~ de la literatura española moderna". 本のタイトルは「現代スペイン文学展望」だ.

panorámica [panorámika] 女 →panorámico.

panorámico, ca [panorámiko, ka] 形 パノラマのような, 全景的な, 概括的な. —vista *panorámica* 全景. pantalla *panorámica* パノラマ用スクリーン.

—— 女 《映像》パノラミックショット.

panqué [paŋké] 男 [<英 pancake] 《中米》パンケーキ.

panqueque [paŋkéke] 男 《南米》=panqué.

pantagruélico, ca [pantaɣruéliko, ka] 形 (料理に関して)過剰な, 大盤振舞の. —festín ~ 大盤振舞の大宴会. ♦フランスの作家ラブレー(Rabelais)の作品に登場する巨人パンタグリュエルに由来する.

pantaleta [pantaléta] 女 《中南米》[主に複] 《服飾》パンティー, ショーツ, ズロース.

:**pantalla** [pantaʎa] 女 ❶ (映画などの)スクリーン; 《比喩》映画(界). —En el cine prefiero sentarme lejos de la ~. 映画館では私はスクリーンから離れて座るのが好きだ. Su última novela será llevada a la ~. 彼の最新作は映画化される. pequeña ~ テレビ. ❷ (テレビ, コンピュータの)画面, ディスプレイ装置, モニター. ~ chica テレビ (= pequeña ~). ~ de cristal líquido [de plasma] 液晶[プラズマ]ディスプレー. ~ inicial スタートアップ・スクリーン. ~ plana フラット[平面]型ディスプレー. ~ táctil タッチパネル[スクリーン]. ❸ (ランプの)笠, ランプシェード. —La ~ de esta lámpara es de tela. このランプシェードは布製だ. ❹ (光, 熱, 風, 視界などの)仕切り, ついたて; 遮蔽物, シールド. ~ acústica 消音壁[板]. ~ protectora 防護壁[板]. hacer ~ con la mano 手で光をさえぎる. Quítate del medio, que haces ~ y no me llega el aire. そこをどいてくれ, 君がふさいでいるからいい空気が私に届かない. 類 **mampara**. ❺ 隠れみの, ダミー. —Esta empresa les sirve de ~ para evadir impuestos. この会社は彼らが脱税するためのダミーなのだ. 類 **tapadera**. ❻ 《中南米》うちわ, 扇子.

pantalón [pantalón パンタロン] 男 ❶ [主に複]《服飾》ズボン, スラックス; (女性用)ショーツ. —falda ~ キュロットスカート. ~ chino チノ・パンツ. ~ pana コーデュロイ・ズボン. ~ tejano ジーパン. ~ tejano boot-cut [elástico, recto] ブーツカット (ストレッチ, ストレート)ジーパン. *pantalones* vaqueros ジーンズ. Se quitó la falda que llevaba y se puso *pantalones* [un ~]. 彼女は身に付けていたスカートを脱いでズボンにはきかえた. ❷ 複(女に対して)男, 男性. —Esa chica ve unos *pantalones* y pierde la cabeza. その女の子は男を見ると理性が働かなくなる. 反 **faldas.

bajarse los pantalones いやいや譲歩する, 不本意ながら屈服する. Como se veía muy apurado, *se bajó los pantalones* y aceptó un trabajo que aborrecía. 彼はとても金に困っていたので, しかたなくいやな仕事を引き受けた.

llevar los pantalones bien puestos 精力的に振舞う.

llevar [ponerse] los pantalones (家庭の)実権を握る; かかあ天下である. En casa quien *lleva los pantalones* es mi mujer. 我が家では妻が実権を握っている.

pantalonero, ra [pantalonéro, ra] 名 ズボン仕立職人.

pantanal [pantanál] 男 沼地, 湿地帯.

pantano [pantáno] 男 ❶ 沼, 湿地. 類 **ciénaga**. ❷ 貯水池, ダム. 類 **embalse**. ❸ 《比喩》泥沼, 窮地.

pantanoso, sa [pantanóso, sa] 形 ❶ 沼の多い, 湿地の. —región *pantanosa* 湿地帯. ❷《比喩》困難に満ちた.

panteísmo [panteísmo] 男 《哲学》汎神論.

panteísta [panteísta] 形 汎神論的な.
—— 男女 汎神論者.

*****panteón** [panteón] 男 ❶ パンテオン(ギリシャ・ローマの万神殿). ❷ 霊廟, 墓所. ～ de los reyes 王家の墓所. ～ familiar 家族用墓所. ❸『アンダルシーア, 南米』墓地. ❹『チリ』鉱石.

pantera [pantéra] 女 ❶《動物》ヒョウ;『ベネズエラ』ジャガー, オセロット. ❷『キューバ, プエルトリコ』詐欺師. ❸『メキシコ』ずぶとい人, はったり屋.

mandar a parir panteras 《俗》(怒り・軽蔑などで)人を拒絶する.

¡Vete a parir panteras! 《俗》くそくらえ! お前なんて知らないよ!

panties [pántis] 男《中南米》《服飾》パンティーストッキング.

pantógrafo [pantóɣrafo] 男 ❶ 縮図器, パントグラフ. ❷ (電車の)パンタグラフ.

pantomima [pantomíma] 女 ❶ パントマイム, 無言劇. ❷《比喩》見せかけ. —Su sonrisa fue una ～. 彼女の笑みは見せかけのものだった.

pantomimo [pantomímo] 男 パントマイム役者.

pantoque [pantóke] 男《造船》船底外板, ビルジ. —agua de ～ 船底のあか.

pantorrilla [pantoříja] 女 ❶《解剖》ふくらはぎ. ❷《まれ》太った脚. ❸『エクアドル, ペルー』ずうずうしさ.

acariciar la pantorrilla a ... 『ペルー』(人)にこびへつらう.

pantorrillera [pantoříjéra] 女『チリ』乗馬ズボンのふくらはぎ部の当て布.

pantorrilludo, da [pantoříjúðo, ða] 形 ❶ ふくらはぎ(脚)の太い. ❷『エクアドル, ペルー』ずうずうしい.

pantufla [pantúfla] 女 スリッパ, 上履き.

pantuflo [pantúflo] 男 = pantufla.

panza [pánθa] 女 ❶《解剖》(特に大きく張り出した)腹, 太鼓腹. —echar ～ 腹が出ている. 類 **abdomen**, **barriga**. ❷ (容器類などの)胴の膨み. ❸《解剖》(反芻動物の)第一胃. ❹ どんより曇った空.

panza de burra [*de oveja*] (1) (昔の大学の羊皮紙製の)学位授与証. (2) どんより曇った空.

panza de burro (登山) (山)のオーバーハング.

panza de gloria 落ち着いた人.

panza mojada 〖メキシコ, 北米〗(川を渡ってアメリカ合衆国に入る)不法入国メキシコ人.

panzada [panθáða] 女 ❶ 腹を打つこと. —El chico se dio una tremenda ～ al tirarse al agua. その男の子は水に飛び込んだ時腹をひどく打った. ❷ 満腹. —Nos dimos una ～ de pasteles. 私たちはケーキをたらふく食べた. 類 **atracón, hartazgo**. ❸ 大量, 大いに(何かを)すること. —darse una ～ de andar [estudiar, reír] 大いに歩いた[勉強した, 笑った].

panzazo [panθáθo] 男 ❶ 腹を打つこと (= panzada). ❷ 満腹.

panzón, zona [panθón, θóna] 形 腹の出た. —Estás ～ porque no haces ningún ejercicio. 君, 全然運動しないから腹が出てきたね.
—— 男 ❶ ふくれた腹, 太鼓腹. ❷ 大いに〔さんざん〕すること. —Me he dado un ～ de reír con sus chistes. 彼の冗談でいやと言うほど笑った. 類 **panzada**.

panzudo, da [panθúðo, ða] 形 ❶ 腹の出た(人). —Su madre está *panzuda*. 彼の母は腹が出ている. 類 **barrigudo, panzón**. ❷ (家具, 器具に関して)中央部の膨んだ. —una jarra *panzuda* 真ん中のふくれたピッチャー(水差し).

pañal [paɲál] 男 ❶ おむつ. ——extraseco 吸水性おむつ. ❷ 産着. ❸ 複 生まれ, 家系. —— de humildes [buenos] ～es 貧しい[良い]家の出の. ❹ 複《比喩》幼少期, 揺籃期, 初期. ❺ ワイシャツのすそ.

estar en pañales (1) 未熟である, 知識がない. Estoy en pañales de informática. 私は情報科学については全くうとい. (2) 初期段階にある. El proyecto *está* aún *en pañales*. 計画はまだ初期段階だ.

dejar en pañales a ... (人)をおいてけぼりにする.

de pañales (子供が)とても小さい. un niño *de pañales* まだとても小さな子供.

no haber salido de pañales 未熟である.

pañería [paɲería] 女 服地店, 毛織物店.

pañero, ra [paɲéro, ra] 形 服地の, 毛織物の. —industria *pañera* 毛織物産業.
—— 名 毛織物業者, 服地商.

pañete [paɲéte] 男 ❶ 粗布, 薄手の荒い毛織物. ❷ 腰布. (**a**)キリスト像の腰布. (**b**) 漁師などの腰巻き. ❸『コロンビア』複 壁のプラスター仕上げ. ❹『チリ』馬の鞍の下布.

pañito [paɲíto] 男 テーブルクロス, 家具にかぶせる飾り布.

⁑paño [páɲo] 男 ❶ 布(切れ); 布巾, 雑巾, タオル. —— de cocina 布巾. ～ de mesa テーブルクロス. secarse la cara con el ～ de cocina ハンドタオルで顔を拭く. limpiar los cristales con el ～ 布でガラスを拭く. ❷ ウールの生地, 毛織物. —traje de ～ ウールのスーツ. ❸ 縫い合わせるもの. —Esta corbata tiene dos ～s. このネクタイは 2 枚の布をはいでいる. puerta de cuatro ～s 4 枚扉. ❹ 壁掛け, タペストリー. ❺ 壁面. ❻ (ガラス・鏡などの)汚れ, 曇り. ❼ (肌の)しみ. ❽『絵画・彫刻に描かれる服などの』ゆったりとしたひだ, ドレープ.

conocer el paño (人や事情を)よく知っている, 精通している.

El buen paño en el arca se vende. 〖諺〗良いものは宣伝する必要がない(←良い布地は箱に入ったまま売れる).

en paños menores 下着姿で; 事情を知らずに.

haber paño (de) que cortar 多くの検討するすべき点がある.

paño de lágrimas 慰め役, 相談相手.

paños calientes 《話》一時しのぎの対策, 効果のない方策. No me vengas con paños calientes. 一時しのぎばかり言わないでくれ.

ser del mismo paño que …と代わり映えしない, 同じ穴のむじなである.

pañol [paɲól] 男《造船》船倉. —— de municiones 弾薬庫. ～ del carbón 貯炭庫. ～ de víveres 食料庫.

pañoleta [paɲoléta] 女 ❶《服飾》フィシュー(女性用の三角形の肩掛け). ❷ 闘牛士用のネクタイ.

pañolón [paɲolón] 男 大きな絹のショール. — ~ de Manila 刺繍(ぢゅ)の入った絹のショール.

＊pañuelo [paɲuélo パニュエロ] 男 ❶ ハンカチ. — ~ de bolsillo ハンカチ. — ~ de papel ティッシュペーパー. sonarse con un ~ ハンカチで鼻をかむ. ❷ スカーフ, ショール; ネッカチーフ. — ~ plisado プリーツ入りスカーフ. Se cubrió la cabeza con un ~. 彼女は頭にスカーフを被った. llevar un ~ al cuello 首にネッカチーフを巻いている.
Este [El] mundo es un ~.（思いがけない人に出くわす）世間は狭い.

＊papa¹ [pápa] 男 ❶【カトリック】ローマ法王, 教皇. —el P~ Juan Pablo II ローマ法王フアン・パブロ[ヨハネ・パウロ]II世. ❷《話》お父さん, お父ちゃん. 類 **padre, papá**.
ser más papista que el papa →papista.

papa² [pápa] 女[集] ❶[複] どろどろしたもの. 類 **gacha**. ❷[複] 流動食, かゆ. 類 **papilla**. ❸ ｛まれ｝食べ物. ❹ デマ, ばかげた噂. 類 **paparrucha**.
ni papa《話》[saber, entender などとの組合わせで] 全く（知らない, 理解出来ない, 等）. *No entendí ni papa de lo que me dijo.* 彼の言ったことは全く理解出来なかった.

papa³ [pápa] 女 ❶【スペイン南部, 中南米】ジャガイモ(→patata). ❷【アルゼンチン】殴打, 一撃. ❸【キューバ】割のいい仕事. ❹【メキシコ】うそ, 作り話. ❺[複] 塊状の鉱床. 【チリ】塊状の鉱床.

:**papá** [papá] 男《話》お父さん, パパ; [複] パパとママ, 両親. 類 **padre**. —P~ Noel サンタクロース. ~ grande【アメリカ】おじいちゃん. 類 **abuelo**.

papable [papáβle] 形 ❶【カトリック】（枢機卿が）教皇候補としてふさわしい. ❷《比喩》採用候補の.

papada [papáða] 女 ❶ 二重あご. —Te está saliendo ~. 君, 二重あごになってきたね. ❷ （牛の）のど袋. —la ~ del toro [vaca] 牛ののど袋.

papadilla [papaðíja] 女 動物ののど袋.

papado [papáðo] 男 教皇の位, 教皇庁, 教皇権, 教皇の在位期間. 類 **pontificado**.

papafigo [papafíɣo] 男【鳥類】アケボノイノコ類の鳥; ズクロムシクイ属の鳥. ❷【海事】（ミズンスルを除く）メインスル（メイン・マストの帆だけで航行する時に使う帆）.

:**papagayo** [papaɣájo] 男 ❶《鳥類》オウム. 類 **loro**. ❷ ｛俗, 比喩｝おしゃべりな人, 他人の話を受け売りする人. —Me pone nervioso porque habla como un ~. 彼のべつまくなしにしゃべりをするので私はいらいらする. Repetía las lecciones como un ~. 彼は祈祷文を意味も分からず繰り返していた.

papal [papál] 形【カトリック】教皇の. —decretos ~es 教皇令. vestiduras ~es 教皇の衣服.

papalina [papalína] 女 ❶ 耳あて付き帽子. ❷ （昔の女性用の）ボンネット. 類 **cofia**. ❸《俗》酔っ払うこと, 飲んで騒ぐこと.

papalmente [papálménte] 副 教皇として, 教皇の権限に基づいて.

papamoscas [papamóskas] 男[単複同形] ❶《鳥類》ヒタキ科の小鳥. ❷《話》お人よし, ぼんやりした人. 類 **papanatas**.

papanatas [papanátas] 男[単複同形]《話》お人よし, ぼんやりした人, だまされやすい人, 野次馬. —Ese amigo tuyo es un ~ que se cree todo lo que le dicen. あの君の友達は人の言うことを何でも信じるだまされやすい人だね.

papanatería [papanatería] 女 お人よしぶり, うすのろさ, 野次馬根性.

papanatismo [papanatísmo] 男 お人よし, うすのろさ, 野次馬根性.

papandujo, ja [papandúxo, xa] 形《話》熟しすぎた, 熟れすぎて柔らかくなった.

papar [papár] 他 ❶ ~ を噛まずに飲みこむ. —No tiene dientes y sólo puede ~ alimentos muy blandos. 彼は歯がないのでとても柔らかい食べ物を噛まずに飲み込むことしかできない. ❷ （流動食を）食べる.
papar moscas《話》ぼうっとしている.
—**se** 再《話, まれ》[＋直接目的語] を大量に食べる.
¡Pápate ésa!《話》ざまあみろ, いい気味だ.

paparrucha [paparútʃa] 女《話》デマ, ばかげた噂, くだらない話. 類 **majadería**.

paparruchada [paparutʃáða] 女 ＝paparrucha.

papaverina [papaβerína] 女《化学》パパベリン（アヘンに含まれるアルカロイド）.

papaya [papája] 女 ❶《植物》パパイヤ(実). ❷【キューバ, プエルトリコ, ベネズエラ】《卑》女性器. ❸【ペルー】たやすいこと.

papayo [papájo] 男《植物》パパイヤ(の木).

＊**papel** [papél パペル] 男 ❶ 紙. (a) 紙. —caja de ~ 紙の箱. una hoja de ~ 一枚の紙. envolver los platos en ~ de periódico 皿を新聞紙に包む. ~ biblia (辞書などで使われる) インディア紙, 辞典カーボン用紙. ~ carbón カーボン用紙. ~ cebolla オニオンスキン紙(しわのある半透明の薄紙). ~ charol 光沢紙. ~ crepé [crépe] (造花用の) クレープペーパー. ~ cuadriculado (milimetrado) 方眼紙, グラフ用紙. ~ cuché (イラストなどで用いられる) 表面がコーティングされた紙. ~ de arroz ライスペーパー (料理で用いられる上質な薄紙). ~ de barba (公文書用の端を裁断していない紙. ~ de calco (de calcar, vegetal) トレーシングペーパー. ~ de cera パラフィン紙. ~ (de) cocina キッチンペーパー. ~ de embalaje [embalar, de envolver] 包装紙. ~ de estraza (包装用の) 厚手で漂白されていない紙. ~ de goma 裏に糊のついた紙. ~ de seda (包装用の) 薄葉紙. ~ guarro (水彩画用の) 丈夫でざらざらした紙. ~ higiénico [sanitario] トイレットペーパー. ~ secante 吸い取り紙. ~ sulfurizado 硫酸紙(半透明で耐水・耐脂性のある紙). (b) 紙切れ; 紙くず. —tomar notas en un ~ 紙切れにメモをする. tirar ~es a la basura 紙くずをゴミ箱に捨てる. (c)【主に複】(書かれた・印刷された)紙, 文書; (証明書などの)書類. —Sobre la mesa se encuentran muchos ~es. 机の上には書類がたくさんある. Me ha dejado los ~es del nuevo proyecto en casa. 私は新プロジェクトの書類を家に忘れてきてしまった. Tiene sus ~es en regla. 彼は正規の証明書を持っている. 類 **documento, impreso**. (d) 紙状のもの. — ~ celo セロハンテープ. ~ de aluminio アルミ箔[ホイル]. ~ de plata (de estaño) 銀紙. ~ de esmeril [de lija, de vidrio] 紙やすり. ❷ 役. (a) 《演劇》役, 配役. —hacer [representar] el ~ del protagonista 主人公の役を演じる. En esta función tiene un ~ muy difícil. 今度の公演で彼はとても難しい役についている. ~ principal [secundario] 主[脇]役. **(b)** 役割, 役目. —En la reunión hizo [desempeñó] el ~ de presidente. 彼は会議で議長の役を務めた. El mayor cumplió con sus hermanos el ~ de padre. Una sábana blanca hizo el ~ de pantalla. 白いシーツがスクリーンの役を果たした. ❸ 複 新聞. —salir en los ~*es* 新聞に載る. 類 *diario*, *periódico*, *prensa*. ❹ 紙幣. ~ *moneda* 紙幣. Déme 50 euros en ~ y 5 en metálico. 50 ユーロは紙幣で, 5 ユーロは硬貨でください. 類 *billete*. ❺ 《商業》有価証券; 手形. —Hoy en la bolsa ha bajado mucho el precio del ~. 今日の株式市場では株価が大きく下がった. ~ del Estado 国債. ~ de pagos (al Estado) 印紙. ~ sellado (timbrado) 印紙を貼った公式書類.

embadurnar [*embarrar, emborronar, manchar*] *papel* 無意味なことを書きなぐる, 落書きする.

hacer buen [*mal*] *papel* (1) うまく[下手に]やる, 立派に務めを果たす[果たさない] No te preocupes, que tu hijo *hará buen papel* en su concierto. 心配ないよ, 君の息子はコンサートできっとうまくやるから. (2) 有用[無用]である, 役に立つ[立たない]. Este ordenador, aunque lo uso por mucho tiempo, *hace* todavía muy *buen papel*. このコンピュータは長いこと使っているが, まだまだ使える.

hacer el papel 《話》人前で装う, 繕う.

hacer su papel 役目を果たす, 役に立つ. El anciano *hace su papel* en la fábrica. その老人はまだ工場で勤めを果たしている. Estas herramientas me *hicieron su papel*. これらの工具は役に立った.

papel mojado (1) 役に立たない書類, 無効な書類, 反故(ほご). Los documentos sin fecha ni firma son *papel mojado*. 日付と署名のない書類は反故同然だ. (2) 守られない約束, 空約束. Sus palabras son *papel mojado*. 彼の約束は絵空事だ.

perder los papeles 《話》(興奮などで)取り乱す, 調子を落とす.

sobre el papel 紙の上では, 理論[統計]上は.

papelear [papeleár] 自 ❶ 書類を(探しながら)ひっかき回す. ❷ 《話》いい気になってひけらかす, 見せびらかす. —*Papelea* para demostrarme que domina el francés. 彼はフランス語をマスターしていることをひけらかしている.

papeleo [papeléo] 男 ❶ 書類をかき回すこと. ❷ 書類上の手続き. —Miguel anda de ~ con el divorcio. ミゲルは離婚手続きをかけずり回っている. ❸ 関連書類(一式). —He reunido todo el ~ para construir la casa. 私は家を建てるための関連書類を全て集めた.

papelera [papeléra] 女 ❶ 紙くず入れ, くずかご; 《コンピュータ》ごみ箱. ❷ 書類置場, 書類整理棚, 書き物机. ❸ 製紙工場. ❹ 書類があふれかえっていること.

papelería [papelería] 女 ❶ 文房具店, 紙屋. ❷ (集合的に)書類, 書類の山.

papelero, ra [papeléro, ra] 形 ❶ 製紙業の, 紙を扱う. —industria *papelera* 製紙工業. ❷ 《話》みえっ張りの, 目立ちたがる. 類 *farolero*.
—— 名 ❶ 製紙業者, 紙商人, 文房具屋. ❷ 《メ

キシコ》新聞売り. ❸ 《ラ・プラタ》こっけいな人, へまな人.

***papeleta** [papeléta] 女 ❶ 紙片, 票, 券; 用紙; 投票用紙. —~ de empeño 質札. ~ de examen 試験の採点表, 問題用紙. ~ de rifa くじ引き[福引]券. ~ de votación 投票用紙, 候補者名簿. ❷ 通知, 証書. —~ de citación 召還状. ❸《比喩, 俗》面倒, 厄介なこと. —A mí me tocó la ~ de mediar en el conflicto entre los hermanos. 兄弟げんかの仲裁をして私は面倒に巻き込まれた. Menuda ~ con el hijo drogadicto. 息子が麻薬患者だなんて, 面倒なことになったものだ. ❹ (お菓子などを入れる)円錐形の紙袋. 類 *cucurucho*.

papelillo [papelíʎo] [<*papel*] 男 ❶ 紙きれ. ❷ 包薬紙. ❸ 紙巻きタバコ (=*cigarrillo*).

papelito [papelíto] [<*papel*] 男 紙きれ, カード, 用紙.

papelón, lona [papelón, lóna] 形 《まれ》みえっぱりな, これ見よがしな. 類 *papelero*.
—— 名 《まれ》みえっぱりな人, 目立ちたがり屋.
—— 男 ❶ 無用なもの, 古紙. —Puedes tirar ese ~, el contrato no se va a firmar. 契約は結ばないので, その書類は捨ててもいいよ. ❷ 厚紙, ボール紙. ❸ 損な役割. ❹ 【中南米】固形砂糖.

hacer el papelón はげた行動[発言]をする.

papelote [papelóte] [<*papel*] 男 ❶ 《軽蔑》役立たずの書類, どうでもよい文書. ❷ (再生紙の材料にする)古紙.

papelucho [papelútʃo] 男 紙くず, どうでもよい文書. 類 *papelote*.

papera [papéra] 女 《医学》❶ 甲状腺腫. 類 *bocio*. ❷ 【主に複】流行性耳下腺炎, おたふく風邪. —Ha estado tres días en cama con ~s. 彼はおたふく風邪で 3 日間寝込んでいた. ❸ 【主に複】腺炎, 瘰癧(るいれき). 類 *escrófula*. ❹ 腫れを伴う馬の伝染病.

papero, ra [papéro, ra] 形 ❶ 【中南米】ジャガイモの. ❷ 【メキシコ】うそつきの.
—— 名 【中南米】ジャガイモ栽培者, ジャガイモ農家, ジャガイモ売り.
—— 男 パンがゆ, パンがゆ鍋.

papila [papíla] 女 ❶ 《解剖》乳頭, 粘膜状の小突起. —~s gustativas 味蕾. ~ lacrimal 涙腺. ~ óptica 眼神経突起. ❷ 《植物》突起毛, 乳頭毛.

papilionácea [papilionáθea] 女 →*papilionáceo*.

papilionáceo, a [papilionáθeo, a] 形 《植物》蝶形の, 蝶形花冠の, マメ科の.
—— 女 マメ科の植物.

papilla [papíʎa] 女 ❶ パンがゆ, 離乳食. —~ de frutas [cereales] フルーツ離乳食[シリアル離乳食]. ❷ X 線造影剤(バリウム). ❸ 粉々の[くたくたの]物・状態.

dar papilla a ... (人)をだます.

echar [*arrojar*] *la primera papilla* 《話》激しいはき気を催す.

hecho papilla 《話》(1) (人)がぐったりしている, 疲れ切っている. La preparación del examen me ha dejado *hecho papilla*. 試験勉強のせいで私はもうぐったりだ. (2) (車などが)がたが来ている, ぐ

1414 papillote

しゃぐしゃになっている. En el accidente la moto quedó *hecha papilla*. 事故でバイクがぐしゃぐしゃになった.

hacer papilla 《話》粉々[ぐちゃぐちゃ]にする. Como te vea fumando, ¡Te *hago papilla*! タバコを吸っているところを見つけしだいボコボコにしてやるからな!

papillote [papijóte] 男 (髪の)カールペーパー, カールペーパーで束ねた髪.

a la papillote 《料理》紙包み焼きの. carne *a la papillote* 紙で包んで焼いた肉.

pápira [pápira] 女《隠》財布.

papiro [papíro] 男 ❶《植物》パピルス. ❷ パピルス紙, パピルス紙の古文書.

pápiro [pápiro] 男《隠》❶ (高額の)紙幣. ❷ 複 現金.

tener afán de pápiros 《隠》金に飢えている.

papirotada [papirotáða] 女 ❶ 指でぴしっと打つこと. ❷《中南米》ばかげたこと.

papirotazo [papirotáθo] 男 打つこと. —dar un ~ 指でぴしっと打つ.

papirote [papiróte] 男 ❶ (主に頭を)手で打つこと. ❷《中南米》ばか者.

papisa [papísa] 女 女教皇. —la ~ Juana 女教皇フアナ(伝説上の人物).

papismo [papísmo] 男 ❶《カトリック》教皇制, 教皇第一主義. ❷ (プロテスタント側から見た)カトリック教.

papista [papísta] 形 ❶《カトリック》教皇制の, 教皇主義の. ❷ (プロテスタント側から見た)カトリックの.

ser más papista que el papa 当事者以上の関心を持つ.

—— 男女 ❶《カトリック》教皇礼賛者. ❷ (プロテスタント側から見た)カトリック教徒.

—— 男 カトリック語.

papo [pápo] 男 ❶ (牛などの)のど袋(=papada). ❷ (鳥の)肉垂れ(=buche). ❸ (鳥の)嗉囊(そのう). ❹ 甲状腺. ❺ 猛禽類の一回分のえさ. ❻ 愚純, もたつくこと. 類 **calma, pachorra**. ❼ (昔の衣類の)切り込みからはみ出たプリーツ. ❽《俗》女性器.

papú, papúa [papú, papúa] 形 パプア(Papuasia)の.

—— 男女 パプア人.

—— 男 パプア語.

Papuasia y nueva Guinea [papuásia i nuéβa ɣinéa] 固名 パプア・ニューギニア(首都ポートモレスビー Port Moresby).

papudo [papúðo] 形 (鳥などが)餌袋のある, 餌袋のふくらんだ.

paquear [pakeár] 自 他 を狙撃する.

paquebote [pakeβóte] 男 連絡船, 定期船(=paquebot).

paquete [pakéte パケテ] 男 ❶ 小包, 包み. —postal 郵便小包. hacer un ~ con los libros 本を梱包する. 類 **envoltorio, lío**. ❷ 一束, 一まとめ, 一箱; パッケージ;《情報》パケット. —un ~ de cigarrillos タバコ一箱. un ~ de galletas クッキーワンパック[一箱]. Los folios los vendemos en ~. 用紙はパッケージ入りで売っています. un ~ informático 1 (情報)パケット. un ~ de medidas económicas (関係する一連の)経済政策. un ~ de acciones 一連の行為. ❸《比喩, 俗》めかし込んだ男, 伊達男, ダンディー. —El otro día ibas hecho un ~. この間はずいぶんめかしこんでいたじゃないか. ❹《話》(オートバイなどの)同乗者. —ir de ~ 二人乗りをする. ❺ (スポーツなどの)へたな人. ❻《スポーツ》(自転車競技の)選手の一団. ❼《印刷》組み版. ❽《俗》(ズボンなどの)男性の性器の膨らみ. ❾《アメリカ》厄介, 面倒.

meter un paquete a …《話》叱る, 罰する, 罰金を課する. Le metieron un ~ por exceso de velocidad. 彼はスピードの出し過ぎで罰せられた. 類 **castigar, multar, sancionar**.

paquetear [paketeár] 自《南米》めかし込む, (女性が)色気をふりまく.

paquetería [paketería] 女 ❶ 一箱[一包み, 一袋]単位の取引. ❷ (ばら売りに対して)箱売り[包み売り, 袋売り]. 反 **granel**. ❸《南米》装身具, めかし込み, 派手な首飾り.

paquidermo, ma [pakiðérmo, ma] 形《動物》厚皮動物の.

—— 男 厚皮動物(象, サイなど).

Paquistán [pakistán] 固名 パキスタン(首都イスラマバード Islamabad).

paquistaní [pakistaní] 形 [複 paquistaníes] パキスタンの. ♦ pakistaní とも書く.

—— 男女 パキスタン人.

Paquita [pakíta] 固名《女性名》パキータ(Francisca の愛称).

Paquito [pakíto] 固名《男性名》パキート(Francisco の愛称).

par [pár パル] 男 ❶ (同種のもの・人)2つ; ふたり. —Deme un ~ de manzanas. リンゴを2つください. Un ~ de ancianos charlaba a la entrada de la iglesia. ふたりの老人が教会の入口でおしゃべりをしていた. ❷ 一対, (2つのものからなる)一組. —un ~ de zapatos 靴一足. tres ~es de guantes 手袋3つ. He perdido uno de los guantes del ~. 私は手袋の片方を失くした. 類 **pareja. ❸ 二, 三, いくつか. —Pasaré un ~ de días en este pueblo. この町に二, 三日滞在しよう. ❹《主に否定文で》同等, 対等. —El jardín es de una belleza sin ~. その庭は比類ない美しさである. La estupidez de ese hombre no tiene ~. その人の馬鹿さかげんには比べる物がない. ❺《数学》偶数. 反 **impar, non**. ❻《スポーツ》(ゴルフの)パー, 規準打数. —Finalizó los primeros nueve hoyos con tres bajo ~ 36. 彼はパー36の最初の9ホールを3アンダーパーで終えた.

—— 形 ❶《数学》偶数の. —El cuatro y seis son números ~es. 4と6とは偶数である. ❷ (主に身体の器官について) 対の; 同じ, 等しい. —Los riñones son órganos ~es como los ojos. 腎臓は目と同じく左右対称の器官である.

—— 女 ❶《経済》《為替》平価, 額面価格. ❷《解剖》胎盤.

a la par [*al par, a par*] 同時に, 一緒に; 更に, 加えて. Dos corredores llegaron *a la par*. ふたりの選手が同時にゴールした. Estudia y *a la par* oye la radio. 彼はラジオを聞きながら勉強する. Su mujer es bonita e inteligente *a la par*. 彼の奥さんは才色兼備だ. Estudió en París *a la par* que yo. 彼は私と一緒にパリで勉強した. 類 **a la vez, juntamente**.

a [la] par de … …の側に, …と一緒に. En la foto está *a par de* mí. 写真の中で彼は私の側にい

る.

a pares 2つずつ. Se comía las uvas *a pares*. 彼はブドウを2つぶつ食べていた.

de par en par (窓や戸が)開け放たれている. No abras las ventanas *de par en par*, que hace frío. 寒いから窓をそんなに大きく開けるな.

ir a la par 同等である, とんとんでいく.

jugar [echar] a pares y nones 丁半を当てる (手の中のものが偶数か奇数かを当てる).

**para [para パラ] 前 ❶『目的, 用途, 適性』…のために[の], …用の. — No tengo dinero ~ comprar libros. 私は本を買う金がない. Estudia ~ (ser) médico. 彼は医者になるために勉強している. Francamente te digo que no entiendo de ropa ~ mujeres. 率直に言うと僕は女性の服のことはよくわからないのです. Me han nombrado ~ delegado del sindicato. 私は組合の代表委員に指名された. ❷『利益』…のために. — Deja esta silla ~ Dorotea. その席はドロテーアに譲ってあげなさい. El ejercicio es bueno ~ la salud. 体操は健康によい. ❸『観点』…にとっては. — No hay en el mundo ~ mí nadie mejor que tú. この世の中に私にとって君ほど良い人はいない. ❹『基準』…にしては, …の割には. — Sabe mucho ~ sus pocos años. 彼は若いものをよく知っている. P~ ser un profesional juega bastante mal. プロにしては彼は下手すぎる. ❺『適合, 程度』…(する)くらいに, …(する)ほどに. — No tengo bastante dinero ~ comprarlo. 私はそれを買うのに十分なお金は持っていない. No llores, que no es ~ tanto. 泣かないで, それほどのことじゃないんだから. No es ~ enfadarse. それは怒るほどのことじゃない. ❻『目的地, 方向』…へ, …に向けて. — Un billete ~ Valencia, por favor. バレンシア行きの切符を1枚お願いします. ¡Anda ~ adentro! 中へお入り. Hay dos cartas ~ ti. 君あてに2通の手紙が来ているよ. ❼『結果』…して(の結果)…. — Salió brevemente el sol ~ volver a ocultarse entre las nubes. ほんのしばらく太陽が出たが, また雲の間に隠れてしまった. ❽『予定, 期限』…に, …までに; …(する)まで. — P~ entonces ya estaremos casados. その頃には私たちはもう結婚しているでしょう. Quedan tres días ~ la Navidad. クリスマスまでには3日ある. Faltan dos kilómetros ~ llegar. あと2キロで到着する. Va ~ tres años que ella se divorció. 彼女が離婚してから3年になろうとしている. ❾『期間』…の間. — Me han prestado los apuntes ~ una semana. 彼らは私に一週間の間ノートを貸してくれた.

para con ... …にとって, …に対して. Es muy amable *para con* los niños. 彼は子供達にとても優しい.

para mí [*ti, sí, nosotros, vosotros*] 心の中で, 声を出さずに. Se decía *para sí* que eso era falso. 彼は心の中でそれは嘘だとつぶやいた.

para 【+不定詞】/ ***para que*** 【+接続法】…するために. Date prisa *para* no llegar tarde. 遅れないように急ぎでしょうね. Se marchó *para* no volver más. 彼は二度と戻るまいと出て行った. ¿Puedes subir un poco las persianas *para que* entre más luz? 光を入れたいので少しブラインドを上げてくれますか.

¿para qué? 何のために…するのですか. ¿P~ qué madrugar tanto? 何でそんなに早起きするの.

¿*Para qué* te hace falta el dinero? 何のために君はお金が必要なのですか?

para siempre → siempre.

para- [para-] 接頭「近接; 逆, 不正; 保護」の意. — *paradoja, parásito, paracaídas, parachoques, paraguas*.

parabién [paraβién] 男 《主に複 parabienes》祝辞, お祝いの言葉. — recibir *parabienes* 祝辞を受ける. Sus amigos le dieron toda clase de *parabienes* por el premio. 彼は受賞に関して友人達からありとあらゆる祝いの言葉を受けた. 類 **enhorabuena, felicitación**.

parábola [paráβola] 女 ❶ (道徳的・教訓的な)たとえ話, 寓話. ❷ 《数学》放物線.

parabólica [paraβólika] 女 → palabólica.

parabólico, ca [paraβóliko, ka] 形 ❶ 寓話的な, 寓意のある. ❷ 放物線の, 放物線状の. — antena *parabólica* パラボラアンテナ. curva *parabólica* 放物線. — 女 パラボラアンテナ.

parabrisas [paraβrísas] 男 『単複同形』(乗物の)風防, フロントガラス. 類 **guardabrisas**.

paraca [paráka] 女 《チリ, ペルー》(太平洋からの)強い海風.

paracaídas [parakaíðas] 男 『単複同形』パラシュート, 落下傘. — lanzamiento [salto] en ~ パラシュートによる投下. tirarse [lanzarse] en ~ パラシュートで降下する.

paracaidismo [parakaiðísmo] 男 パラシュート降下術, スカイダイビング.

paracaidista [parakaiðísta] 形 パラシュート降下の. — tropas ~s 空挺部隊. — 男女 スカイダイバー, 落下傘兵.

parachispas [paratʃíspas] 男 『単複同形』(暖炉などの)火の粉よけ, 火花よけ.

parachoques [paratʃókes] 男 『単複同形』緩衝装置, バンパー.

*parada [paráða] 女 ❶ とまる[止める]こと, 停止, 休止; 停車. — El coche hizo una ~ en seco. 車が急停車した. El tren sale después de una ~ de cinco minutos. 汽車は5分停車した後に出発する. El guardameta hizo una ~ fenomenal. ゴールキーパーは見事にシュートを止めた. 類 **alto, detención**. ❷ (バスなどの)停留所; (タクシーの)乗り場. — ~ del autobús バス停. ~ de taxis タクシー乗り場. ~ discrecional (バスの)随時停留所. Yo me bajo en la siguiente ~. 私は次の停留所で降ります. ❸ (軍隊・車などの)パレード; 《軍事》閲兵(式)(= paradas militares). 類 **desfile**.

paradera [paraðéra] 女 水車の水流調節閘.

paradero [paraðéro] 男 ❶ 行き先, 宿泊先, 居場所. — Ignoran el ~ de los secuestadores. 誘拐犯達の居場所は分かっていない. ❷ 結果, 結末. ❸ 《南米》停車場, 停留所.

paradigma [paraðíɣma] 男 ❶ 範例. ❷ 《言語》範列, 語形変化系列. ❸ パラダイム, 理論的枠組.

paradisíaco, ca, paradisiaco, ca [paraðisíako, ka, paraðisiáko, ka] 形 楽園の, 天国の(ような). — un lugar ~ 至上の喜び[極楽].

parado, da [paráðo, ða] 過分 形 ❶ 停止した, 動かない, じっとした. — El reloj está ~. 時計が止まっている. 類 **detenido, estacionado, inmóvil**. ❷ (工場などが)休業中の, 操業停止中の. — La

1416 paradoja

cervecería está parada. ビール工場は操業を中止している. ❸ 失業中の. [類]**desempleado**. ❹ 怠惰な, のろい, 鈍い; 決断の鈍い. —No seas tan ~ y aligera el trabajo. そんなにもたつかないでさくさく仕事しろ. ❺ No se casará nunca porque es muy ~. 彼は決断が鈍いので一生結婚しないだろう. ❺ 面くらった, 呆然とした. —Aquella inesperada respuesta me dejó ~. あの以外な答えに私はあ然とした. [類]**desconcertado**. ❻《中南米》つっ立った. ❼《チリ, プエルトリコ》高慢・尊大な, 見栄っぱりな. ❽《紋章》(ライオンが)四つ足を踏ん張った.

caer parado《中南米》うまく立ち回る.
dejar a … parado (1)(人)を呆然とさせる. La noticia de su muerte me *dejó parado*. 訃報に私は呆然とした. (2)《北米》野球で見送り三振させる, すっぽかす.
estar [quedar] bien [mal] parado (1) ついている[運が悪い]. (2)《中南米》(社会的に)恵まれている[不遇である].
quedarse parado 面くらう, 呆然とする, 戸惑う.
salida parada《スポーツ》スタンディングスタート.
salir bien [mal] parado うまくいく[失敗に終わる], ついている[いない]. Intentó engañarme, pero *salió mal parado*. 彼は私をだまそうとしたがうまく行かなかった.
— 名 失業者.
— 男《メキシコ》外見, 風貌.

:**paradoja** [paraðóxa] 女 ❶ 逆説, パラドックス. ❷ 矛盾, 矛盾した言説[事柄]. —Se da la ~ de que ese país tan rico viva en la pobreza. そんなに豊かな国の国民が貧困にあえいでいるとは矛盾している.

paradójico, ca [paraðóxiko, ka] 形 逆説的な, 矛盾した, (人が)詭弁(%)的な. —Resulta ~ que los más pobres sean los que más paguen al fisco. 最も貧しい人達が最も多く国庫に払っているというのは矛盾している. Su comportamiento es ~ con sus creencias. 彼の行動は彼の信念と矛盾している. [類]**contradictorio**.

parador [paraðór] 男 ❶ 旅館, 宿屋(=mesón). ❷ 国営ホテル, パラドール(=parador nacional de turismo). ♦ 王侯貴族の屋敷や修道院などを改造した, スペイン独自の国営最高級ホテル.

paraestatal [paraestatál] 形 半官半民の. —empresa ~ 公団, 公社.

parafina [parafína] 女《化学》パラフィン.

parafrasear [parafraseár] 他 を別語で言い替える, 意訳する, 敷衍(%)して解釈する, もじる.

paráfrasis [paráfrasis] 女《単複同形》《言語》言い替え, パラフレーズ, 意訳, 注解, 敷衍.

paragoge [paraɣóxe] 女《文法》語尾音添加(語尾に無意味な音・音節を付加すること: 例 feliz → felice, film → filme).

paragolpes [paraɣólpes] 男《単複同形》《南米》緩衝装置, バンパー(=parachoques).

parágrafo [paráɣrafo] 男 パラグラフ. [類]**párrafo**.

Paraguarí [paraɣuarí] 固名 パラグアリー(パラグアイの都市).

:**paraguas** [paráɣuas] 男《単複同形》傘, 雨傘;《比喩》守るもの[人]. —~ plegable 折りたたみ傘. abrir [cerrar] el ~ 傘を開く[閉じる]. Ya nos cuenta con el ~ de la Banca. 銀行側が守ってくれることで話がついている.

Paraguay [paraɣuáj] 固名 ❶ パラグアイ(公式名 República del Paraguay, 首都 Asunción). ❷ (el Río ~) パラグアイ川(南アメリカ中央部を流れる河川).

paraguaya [paraɣuája] 女 →paraguayo.

:**paraguayo, ya** [paraɣuájo, ja] 形 パラグアイ(人)の. — 名 パラグアイ人. — 女 (植物)ツバイモモ, ネクタリン.

***paragüero, ra** [paraɣuéro, ra] 名 傘売り, 傘職人[直し].
— 男 傘立て.

:**paraíso** [paraíso] 男 ❶《宗教》天国. [類]**cielo, gloria**. [反]**infierno**. ❷ 楽園, 桃源郷, パラダイス. —~ terrenal 地上の楽園. Ese barrio fue el ~ de los narcotraficantes. その地区は麻薬密売人の天国だった. ❸《演劇》天井桟敷(%). [類]**gallinero**.

paraje [paráxe] 男 ❶ 場所, 土地, 地域; 人里離れた場所. —un ~ solitario 人里離れた地. El hotel se levanta en un ~ de ensueño. ホテルは理想的な場所にそびえ立っている. ❷《比喩》状況. ❸《海事》水域.

paral [parál] 男 ❶ 足場の支え木, 腕木. ❷《メキシコ》建物の支柱. ❸ (船を進水させるための)滑り木.

***paralela** [paraléla] 女 ❶ 平行線. —trazar una ~ a otra línea 他の線に平行線を引く. ❷ 複《スポーツ》(体操の)平行棒(=barras paralelas). —~s asimétricas 段違い平行棒.

paralelamente [paralélamente] 副 平行して, 並列的に, 同時進行的に.

paralelepípedo [paralelepípeðo] 男《幾何》平行六面体.

paralelismo [paralelísmo] 男 ❶ 平行性, 並行性, 相関性, 平行関係. —Existe un cierto ~ entre los argumentos de las dos novelas. 2つの小説のプロットにはある種の並行性がある. El ~ de las dos líneas no es perfecto. その2本の直線は完全には平行ではない. ❷《哲学》心身並行論. ❸《修辞》対句法, 並行体.

:**paralelo, la** [paralélo, la] 形 ❶ 〔+a/con と〕平行な; 並列した. —Esta calle corre [es] *paralela* a la Gran Vía. この通りはグランビア通りと平行している. ❷ 対応した, 相関した; 類似した. —La deflación y la depresión económica son fenómenos ~s. デフレと景気後退は相関する現象である. Los dos hermanos llevaron vidas *paralelas*. 二人の兄弟は良く似た人生を歩んだ. [類]**correspondiente, semejante**.
— 男 ❶ 比較, 対照. —establecer un ~ entre dos hechos 二つの事実を比較対照する. No hay ~ posible entre las dos novelas. その二つの小説を比較することはできない. [類]**comparación, parangón**. ❷《地理》緯線.
en paralelo 平行[並列]の[に]. montar pilas *en paralelo* 電池を並列につなぐ.

paralelogramo [paraleloɣrámo] 男《幾何》平行四辺形.

paralís [paralís] 男《単複同形》→parálisis.

***parálisis** [parálisis] 女《単複同形》❶ 麻痺, 不随. —~ motora [facial] 運動[顔面神経]麻痺. El anciano sufre ~ de los miembros inferiores. その老人は下肢が麻痺している. [類]**pa-**

ralización, perlesía. ❷《比喩》麻痺状態, 停滞. — El país vive una situación de ~ económica. その国の経済は麻痺している.

parálisis infantil 小児麻痺. 類 **poliomielitis**.

paralítico, ca [palalítiko, ka] 形 《医学》麻痺した, 不随の.
— 名 麻痺患者, 半身不随患者.

paralización [paraliθaθjón] 女 麻痺, 停滞, 機能停止. —~ del transporte 交通手段の麻痺. 類 **detención, suspensión**. 反 **movilización**.

paralizador, dora [paraliθaðór, ðóra] 形 麻痺させる, しびれさせる, 機能停止をもたらす.
— 名 麻痺させる人.

‡**paralizar** [paraliθár] [1.3] 他 ❶ を麻痺(まひ)させる, しびれさせる. —La enfermedad le *paralizó* la mano derecha. その病気のために彼の右手は麻痺した. 類 **inmovilizar**. ❷ を動かなくさせる, 止める, 停滞させる. —La huelga *paralizó* la fábrica. ストライキのため工場は止まった. El miedo la *paralizó* y no pudo escapar. 恐怖のために彼女は身がすくんで, 逃げそこねた. La inundación *ha paralizado* las obras. 洪水のために工事が止まった.
—**se** 再 ❶ 麻痺する, しびれる. —Tuvo un accidente y *se le paralizó* la parte inferior del cuerpo. 彼は事故に遭って下半身が麻痺した. ❷ 動かなくなる, 止まる, 停滞する. —El tráfico *se paralizó* por completo debido al sismo. 地震のために交通が完全に麻痺状態となった.

paralogismo [paraloxísmo] 男《論理》偽推理, 論過, 誤謬推理.

paramédico [paraméðiko] 男女 救急救命士.

paramento [paraménto] 男 ❶ 飾り布, かけ布. ❷ 装飾用馬衣. ❸《建築》壁面, 壁の仕上げ面, (建築用みの) 切り石の表面. ❹《カトリック》聖職者用式服, 祭壇飾り (=~s sacerdotales).

paramera [paraméra] 女 ❶ 荒れ地, 不毛地帯. ❷《ベネズエラ》高山病.

parámetro [parámetro] 男 ❶《数学, 物理》媒介変数, 助変数, パラメーター. ❷《統計》特性値. ❸ 限定要素, 因子. ❹《情報》引数, パラメータ.

paramilitar [paramilitár] 形 軍隊のような, 準軍事的な, 軍隊なみの. —*disciplina* ~ 軍隊なみの規律. *uniforme* ~ 軍隊のような制服. *grupo* ~ 準軍隊組織, 武装集団.

paramnesia [paramnésja] 女《医学》記憶錯誤.

páramo [páramo] 男 ❶ (主に高地の) 荒れ地, 不毛地. ❷ 霧雨. ❸《ボリビア, コロンビア, エクアドル》小雨 (=llovizna). ❹《ベネズエラ》高山地帯.

Paraná [paraná] 固名 ❶ パラナ (アルゼンチンの都市). ❷ (el Río ~) パラナ川 (南アメリカ南東部を流れる河川).

parangón [paraŋɡón] 男 ❶ 類似, 類例. —*sin* ~ 比類なき. *Su valor no admite* ~. その価値は何事とも比較できないほどだ. ❷ 対比, 対照, 比較.

parangonable [paraŋɡonáβle] 形〔+con と〕対比できる, 比べものになる.

parangonar [paraŋɡonár] 他 ❶〔+con と〕を対比[対照]させる (=comparar). ❷《印刷》(1行中に異なるサイズの活字を) 組む.

paraninfo [paranímfo] 男 ❶ (大学等の) 講堂. ❷ (昔の大学の) 開講式演者, 始業式の講演者. ❸ 婚礼の付添人. ❹ 幸福の使者.

paranoia [paranója] 女《医学》偏執症, 妄想症, パラノイア.

paranoico, ca [paranójko, ka] 形 偏執的な, 偏執症の, 妄想症の. —*presentar síntomas* ~s 偏執的な兆候を呈する.
— 名 偏執症の人, パラノイア患者.

parapetar [parapetár] 他 を (物陰に) 隠させる. —Oyó disparos y *parapetó* a los niños tras unos coches. 彼は銃声を聞いて, 子供たちを車の陰に隠れさせて守った.
—**se** 再 ❶ 物陰に隠れる, 防御する. —~se con un escudo 楯で身を守る. ~se del ataque detrás de las murallas 城壁の陰に隠れて攻撃から身を守る. ❷《軍事》城壁に身を隠す. ❸《比喩》言い逃れをする, 口実を設ける. —Mi hermana (se) *parapeta* tras cualquier excusa para no ayudar en casa. 妹は家の手伝いをしないためにどんな口実でもでっち上げる. 類 **escudarse**.

parapeto [parapéto] 男 ❶ 手すり, 欄干, ガードレール. 類 **barandilla, pretil**. ❷《軍事》胸壁, バリケード, 防御壁; (通行を阻むために作った) バリケード. —Los estudiantes formaron un ~ con los pupitres. 学生達は教卓を使ってバリケードを作った.

paraplejía, paraplejia [parapléxía, parapléxja] 女《医学》下半身不随.

parapléjico, ca [parapléxiko, ka] 形 下半身不随の.
— 名 下半身不随患者.

‡**parar** [parár パラル] 自 ❶ (*a*) 止まる, 立止まる, 動きを止める. —El expreso no *para* en esta estación. 急行列車はこの駅には止まらない. *Pare aquí, por favor*. すみません, ここで車を止めてください. *Al llegar a Burgos la nieve había parado*. ブルゴスに着くと雪は止んでいた. (*b*)〔+de+不定詞〕(…するのを) 止める. —No *ha parado de* llover en toda la noche. 雨は一晩中止まなかった. *Me ha parado de salir sangre*. 私は出血が止った. ❷ 終点に着く, 終点は…である, …止まりである. —Este tren *para* en Oviedo. この列車はオビエド止まりである. ❸ (*a*)〔+a/en の〕手に落ちる, 所有物となる. —La casa *paró* en manos de su sobrino. その家は甥の手に渡った. (*b*)〔+en に〕なる, 落ち着く, 行き着く. —No se sabe *en qué pararán* las negociaciones. 交渉がどこに落ち着くのかわからない. ❹〔+en に〕泊まる, 宿泊する, 滞在する. —*Paro en* casa de un amigo. 私は友だちの家に泊っている. *Su padre apenas paraba en* casa. 彼の父親はほとんど家に留まっていなかった. 類 **habitar, hospedarse**. ❺ ストライキをする.

¡dónde iremos a parar! こりゃ驚いた, こりゃ参ったな, どうしたものか. *¡Dónde iremos a parar con el gobierno que tenemos!* わが国の政府はどうなることやら.

¡dónde va a parar! 他とは比べものにならない, 図抜けている. *En este restaurante se come mejor, ¿verdad?-¡Huy, dónde va a parar!* このレストランの料理は最高じゃありませんか.-うーむ, 他にはないね.

ir [venir] a parar a ... ...に落ち着く, (動いて行って)...で止まる; ...のものになる. El balón *fue a parar a* un estanque. ボールは転がって行って池に落ちて止まった. La herencia *vino a parar a* sus manos. 遺産は彼の手に渡った.

ir [venir] a parar en (最後は)...にたどり着く, なる, 終る. No sabemos *en qué va a parar* esto. これが結局どうなるのか我々には分からない. Juan *vino a parar*, después de tantos años de vagabundeo, *en* profesor. フアンは何年もの遍歴のあげのはてに教師に落ち着いた.

no parar 休まない; ひっきりなしだ. Hoy *no he parado* en todo el día. 今日私は1日中働きづめだ.

no parar en ...にじっとしていない. Este niño *no para en* casa un minuto. 子どもは一瞬たりとも家にじっとしていない.

parar mal 失敗する, 駄目になる. Si sigues así, seguro que *pararás mal*. もしこのままだと, 君はたぶん失敗する.

sin parar 休みなく, 絶えず. Estudia *sin parar*. 彼は絶え間なく勉強している.

y pare usted de contar 《話》それだけだ. Tiene una casa en el pueblo, algunos ahorros, *y pare usted de contar*. 彼は村に家があり, いくらか貯金があるが, それだけのことだ.

── 他 ❶ を止める, 立止まらせる, 阻止する. ─ *Pare* el coche en esa plaza. その場所に車を止めなさい. El médico no podía ~ la hemorragia. 医者は出血を止めることができなかった. 《スポーツ》(*a*)（サッカーでシュートを）止める, 受け止める. ─ El portero *paró* el balón con las manos. ゴールキーパーはボールを両手で止めた. (*b*)（フェンシングで相手の突きを）受け止める, 防ぐ. ~~ una estocada 突きを受け止める. ❷ 《狩猟》(猟犬が獲物を)教える, 見つける. ─ Hoy el lebrel *ha parado* tres piezas. 今日ハウンドが3匹の獲物の居場所を教えてくれた. ❹ 《闘牛》(牛の突進を)止める. ~~ el toro 牛を止める. ❺ 《中南米》立たせる, 起こす.

── se 再 ❶ (*a*) 止まる, 立止まる; 留まる. ─ El reloj *se ha parado*. 時計が止まった. No *te pares* en detalles sin importancia. 重要ではない細かいことにはこだわるな. (*b*)『+*a*+不定詞』立ち止まって...する, じっくりと...する. ─ Antes de actuar, *párate* a pensar bien lo que vas a hacer. 君は行動に移る前に立止まってこれからしようとすることをよく考えなさい. ❷ 《中南米》立つ, 起きる. ❸ 《中南米》ストライキをする, ストを打つ. ❹ 《闘牛》(闘牛士が両足を動かさずにじっと)静止する.

pararrayos [pararájos] 〈＜parar+rayos〉 男《単複同形》避雷針.

paraselene [paraseléne] 女 《天文》幻月(月光が雲に反映して出来る光の輪, 月の暈).

parasicología, parapsicología [parasikoloxía] 女 超心理学(超能力や心霊現象などを扱う心理学の分野).

parasicólogo, ga, parapsicólogo, ga [parasikóloɣo, ɣa] 男女 超心理学者.

parasimpático, ca [parasimpátiko, ka] 形 副交感神経の.

parasitario, ria [parasitárjo, rja] 形 寄生性の, 寄生虫[性]の, 寄生虫による. ── enfermedad *parasitaria* 寄生虫病.

parasiticida [parasitiθíða] 形 寄生虫[体]を駆除する.
── 男 寄生虫[体]駆除剤, 虫くだし.

parasítico, ca [parasítiko, ka] 形 =parasitario.

parasitismo [parasitísmo] 男 寄生, 寄生生活, 居候.

parásito, ta [parásito, ta] 形『+de に』寄生する, 寄生性の, 居候の. ── insecto ~ 寄生虫. volcán ~ 寄生火山, 側火山.
── 男 ❶ 寄生虫, 寄生体. ❷ 居候, 穀つぶし. ── ~ de la sociedad 社会の寄生虫, 穀つぶし. ❸ 《電》(ラジオ・テレビの)空電, 電波障害, 雑音, ノイズ. ── No has orientado bien la antena y se ven muchos ~s en la pantalla. アンテナの向きが悪いので画面がノイズだらけだ.

parasitología [parasitoloxía] 女 寄生虫学, 寄生体学.

parasol [parasól] 〈＜para+sol〉男 ❶ 日傘, (ビーチ)パラソル. 類 **quitasol, sombrilla**. ❷ サンバイザー, 日よけ. ❸《植物》散形花序. 類 **umbela**. ❹《写真》レンズフード.

parata [paráta] 女 段々畑.

paratífico, ca [paratífiko, ka] 形 《医学》パラチフスの.

paratifoidea [paratifojðéa] 形 《医学》パラチフスの. ── fiebre ~ パラチフス.
── 女 パラチフス.

paratopes [paratópes] 男《単複同形》《中南米》(鉄道車両の)緩衝器, バンパー.

parcamente [párkaménte] 副 つましく, 質素に, 控え目に.

parcela [parθéla] 女 ❶ 土地の一区画, 区分地. ── Me he comprado una ~ para hacer un chalet. 私は一軒家を建てるための土地(の一区画)を買った. ❷ 小片, 少量. ── ~s del saber 少ない知識. ── de poder 権力の一部分.

・**parcelación** [parθelaθjón] 女 (土地の)区分, 細分化; 分譲.

parcelar [parθelár] 他 (土地を)区分けする. ── ~ una finca 地所を区分けする.

parcelario, ria [parθelárjo, rja] 形 (土地が)区分された, 区画整理した. ── concentración *parcelaria* 小土地の整理統合.

parche [pártʃe] 男 ❶ 継ぎ当て, 当て布. ── Se me ha pinchado una rueda de la bici y le voy a poner un ~. 自転車のタイヤがパンクしたので継ぎ当てしておこう. El mendigo llevaba la chaqueta llena de ~s. 乞食はつぎはぎだらけの上着を着ていた. ❷ 膏薬, パップ. ❸ (絵画などの)へたな加筆, 不細工な修正. ── Quita ese cuadro de ahí que es un ~. そこの不細工な絵を取り去ってしまえ. ❹ 太鼓の皮; 太鼓. ❺ 応急処置, 一時凌ぎ. ── Las medidas que propone no son más que ~s. 彼の提案する措置は一時しのぎでしかない. ❻《闘牛》牛の額に付けるリボン飾り. ❼《医学》パッチテスト用の小片.

¡Oído al ~! 《話》気をつけろ.

pegar un parche a ... (人から)お金をだまし取る.

parchís [partʃís] 男 すごろくの一種.

：**parcial** [parθjál] 形 ❶ 部分的な, 一部分の, 局部的な; 不完全な. ── Queda prohibida la reproducción total o ~ de esta obra. この作品の全体もしくは部分的複製は禁止されています. La

victoria sólo ha sido ~. 勝利は完全なものではなかった. 類**incompleto**. 反**completo, total**. ❷ 不公平な, 偏った, えこひいきをする. —árbitro ~ えこひいきをする審判. juicio ~. 類**arbitrario, injusto**. ❸ 党派的な, 派閥的な. ❹ (試験について)中間の. —Mañana tenemos dos exámenes ~es. 明日は中間試験がふたつある. ❺ (選挙について)補欠の. —Este año se ha celebrado tres elecciones ~es. 今年は補欠選挙が3回あった.
— 男 中間試験. —Ha aprobado todos los ~es. 彼は中間試験をすべてパスした. — 男女 一味の者, 同志, 党員. 類**partidario**.

*parcialidad [parθialiðá(ð)] 女 ❶ 部分的なこと, 局部性; 不完全さ. ❷ 不公平, 偏見, えこひいき. —El conferenciante trató el tema de la guerra civil con una inusitada ~. 講演者は内乱というテーマを異常な偏見を持って扱った. 類**desigualdad, inclinación, injusticia, preferencia, prejuicio**. ❸ 徒党, 党派, 一味. 類**bando, partido**.

*parcialmente [parθialménte] 副 ❶ 部分的に, 局部的に; 不完全に. ❷ 不公平に, えこひいきして.

parco, ca [párko, ka] 形 〖en+〗 ❶ (…の)少ない, わずかな —Mi abuelo era ~ en palabras. 祖父は口数の少ない人だった. Es ~ con la comida. 彼は少食だ. ❷ (…が)控え目な, 質素な. — ~ en el gasto 倹約な. ❸ 乏しい, 不十分な. —Con su ~ salario apenas pueden sobrevivir. 彼らの薄給ではまともに暮らして行けない.

parcómetro [parkómetro] 男 パーキングメーター (=parquímetro).

pardear [parðeár] 〔<pardo〕自 褐色がかって見える, (褐色の物が)目立って見える. —En la llanura *pardean* los campos. 平原が褐色がかった畑が見える.

pardela [parðéla] 女 《鳥類》ミズナギドリ.

pard*illo, lla* [parðíʝo, ʝa] 形 ❶ 田舎の. ❷ 純真すぎる, 世間知らずの.
— 名 ❶ 田舎者. 類**palurdo**. ❷ 純真すぎる[世間知らずな]人. —Te han engañado porque eres un ~. お前は世間知らずだからだまされたんだよ. 類**primo, tonto**.
— 男 《鳥類》ムネアカヒワ.

‡pardo, da [párðo, ða] 形 ❶ 褐色の, 茶色の. —tierras *pardas* 赤土. oso ~ ヒグマ. ❷ (天気・空が)どんよりとした, 暗い. —Unas nubes *pardas* cubrían las montañas. 黒雲が山々を覆っていた.
— 男 《動物》ヒョウ(豹). 類**leopardo**.
— 名 〖中南米〗ムラート(白人と黒人の混血の人). 類**mulato**.

Pardo Bazán [párðo baθán] 固名 パルド・バサン(エミリア Emilia ~)(1852–1921, スペインの小説家).

pardusco, ca [parðúsko, ka] 〔<pardo〕形 褐色がかった, 茶色っぽい.

parear [pareár] 他 ❶ (2つの物を)対にする, 組み合わせる. ❷ (2つの物を)対比する. ❸ (動物を)つがいにする. ❹ 〖闘牛〗(牛に)2本のバンデリーリャ(banderilla)を突き刺す. 類**banderillear**.

*parecer [pareθér] パレセル 〖9.1〗 自 ❶ 〖+que+直説法・まれに接続法〗〖無主語〗…であるよう[する]に思われる, …であるらしい, …のようだ. —*Parece* que han salido de viaje. どうやら彼らは旅行に出かけたようだ. *Parece* que va a llover. 雨が降りそうだ. Me *parece* que no debemos ir. 私たちが行くべきではないと私には思える. ❷ (人・物事が)…のように思われる[見える], …であるらしい, …のようだ. —Esta novela *parece* interesante. この小説はおもしろそうだ. El examen no le *pareció* fácil. 試験はやさしいとは思えなかった. Ella *parece* más jóven de lo que es. 彼女は実際より若く見える. Es mucho más inteligente de lo que *parece*. 彼女は見かけよりはずっと利口だ. Hazlo como mejor te *parezca*. 一番良いと君が思うとおりにそれをやりなさい. *Parece* estar enfadada. 彼女は怒っているみたいだ.

a lo que [según] *parece* 見たところ.

¿le [te] parece (bien) que 〖+接続法〗? …しませんか? ¿Te *parece* que vayamos en taxi? タクシーで行かないか.

¿no le [te] parece? そう思いませんか, そうじゃないですか.

parecer bien 良さそうだ. Me *parece bien* que no venga. 私は彼が来ない方がいいと思う.

¿qué le [te] parece si 〖+直説法〗? …するのはどうでしょうか. ¿Qué te *parece si* nos vemos mañana? 明日会うことにしたらどうだろう.

si le [te] parece (bien) もしよろしければ〖勧誘〗. *Si te parece*, salimos de excursión mañana. もし君さえよければ, 明日遠足に出掛けよう.

— **se** 再 〖+a に〗似る, そっくりである. —*Me parezco a* mi hermano. 私は兄にそっくりだ. ¿*Me parezco a* ti? 私は君に似てるかい. Mi madre y yo *nos parecemos* mucho. 母と私は非常に似ている. En esta ciudad todas las casas *se parecen*. この町では家々はすべて似たり寄ったりだ.

— 男 ❶ 意見, 見解, 考え. —A ver, ¿cuál es tu ~? さて, 君の意見はどうかね. A mi ~, has actuado correctamente. 私の考えでは君は正しく行動したと思う. 類**dictamen, opinión**. ❷ 外見, 見た目, 容貌. —Es una chica de buen ~. 彼女は見目麗しい娘さんだ. 類**presencia**.

al parecer 一見したところ. *Al parecer*, no se encuentra mal. 一見したところ, 彼は病気ではないみたいだ.

‡parecido, da [pareθíðo, ða] 形 〖+a に, +en/de が〗似ている. —Esa falda es *parecida a* la mía. そのスカートは私のに似ている. En mi país hay una costumbre *parecida*. 私の国にも似た習慣がある. Él es muy ~ *a* su abuelo en los ojos. 彼は祖父と目がとてもよく似ている. 類**semejante, similar**. ❷ 〖bien/mal+〗容姿[顔]が良い[悪い]. —una muchacha bien *parecida* 顔立ちの良い少女. — 男 似ていること, 類似; 似ている点. —El ~ entre las obras es asombroso. 作品間の類似は驚く程だ. Tiene un ~ extraordinario con su madre. 彼女は母親にとても良く似ている.

*pared [paréð] パレ 女 ❶ 壁. —Pintaron las ~es de blanco. 壁は白く塗られた. ~ divisoria [medianera] 《建築》境界壁. ~ maestra 《建築》主壁. las ~es de una caja 箱の内側の壁面. Las ~es oyen. 〖諺〗壁に耳あり. 類**muro, tabique, tapia**. ❷ 壁面. —La ~ del esófago está inflamada. 食道の壁面が炎症を起こしている. Escalaron la montaña por la ~ norte. 彼らは山の北壁を登った. ❸ 塀,

paredaño

垣根;障壁. —La muchedumbre formaba una ～ para que no entraran los policías. 警察官たちが入らないよう群集が人垣を作っていた. ❹《スポーツ》(サッカーの)壁パス. —El delantero central hizo la ～ con el defensa lateral. センターフォワードがサイドバックに壁パスを通した.

arrimarse a las paredes《話》酔っ払っている.
a tienta paredes →a TIENTAS.
como si hablara a la [*una*] *pared* 馬耳東風で(←壁と話しているかのように).
darse contra [*por*] *las paredes* 無駄なこと[努力]をする. Es tan terco que intentar convencerle es *darse contra las paredes*. 彼はとても頑固だから説得しようなんて無駄な努力だ.
darse contra una pared →subirse por las paredes.
entre cuatro paredes 引きこもって. Se ha pasado dos semanas *entre cuatro paredes* para terminar la tesis. 彼は論文を仕上げるために2週間部屋に閉じこもった.
pared por [*en*] *medio* 隣り合って,壁を隔てて. Vivimos *pared por medio*, pero nunca nos hemos saludado. 私たちは隣り合って住んでいるが一度も挨拶したことがない.
pegado a la pared 恥じ入った,当惑した. Lo dejó *pegado a la pared*. 彼に大恥をかかせた. 類 **avergonzado, confuso**.
*poner*LE *contra la pared* を窮地に立たせる. Si me obligas a elegir, *me pones contra la pared*. 君は選べと言うが,困ったなあ.
subirse por las paredes《俗》怒り狂う,かんかんに怒る. Al ver que su amigo había faltado a su palabra, *se subía por las paredes*. 友人が約束を破った事を知って彼は怒り狂った.

paredaño, ña [pareðáɲo, pa] 形[+de と](部屋などが)壁一つを隔てた,壁で仕切られて隣接した. —P～ de la farmacia está el estanco. 薬屋と壁一つ隔てて隣合わせにタバコ屋がある.

paredón [pareðón] [<pared] 男 ❶ 大壁,防御壁,擁壁. ❷《廃墟の》残壁. ❸ 銃殺刑場の壁. ¡Al paredón! 銃殺刑に処す!
llevar al paredón a ... (人を)銃殺する.

‡**pareja** [paréxa] 女 ❶ 一対,(人やものの)ペア;(男女の)カップル,(動物の)つがい;2頭(立て). —una ～ de amigos ふたりの友どうし. una ～ de palomas ひとつがいの鳩. ～ de hecho 事実上の[内縁関係の]夫婦. en ～s 2人1組になって,男女のペアで. Aquellos jóvenes hacen muy buena ～. あの若者たちはとてもいいカップルだ. Este zapato no forma ～ con este otro. この靴は揃っていない. Una ～ de caballos tiran del carro. 2頭の馬が馬車を引いている. dos ～s de ocho y reyes 8とキングのツーペア. 類 **par**.

❷ (ペアの)片方,相棒. —Está buscando la ～ del calcetín. 彼はもう片方の靴下を探している. Nadie quiere ser su ～ de baile. 誰も彼と踊りたがらない.

❸ 2人1組の警官. —una ～ de la Guardia Civil 2人組の治安警備隊員.
correr parejas (1) 並行して起こる,共存する. Su inteligencia y su antipatía *corren parejas*. 彼は頭がいいが嫌な奴だ. La riqueza no siempre *corre parejas* con la felicidad. お金があれば幸福とは限らない. (2) 似ている. Estos dos empleados *corren parejas* en inutilidad. このふたりの従業員は役に立たない点では良く似ている.
por parejas 2つ[2人]ずつ. Pasen *por parejas*, por favor. 2人ずつお入り下さい.

‡**parejo, ja** [paréxo, xa] 形 ❶ 似ている,同じような. —Lleva un vestido ～ al mío. 彼女は私と同じようなドレスを着ている. Teníamos problemas ～s. 私たちは似た問題を抱えていた. 類 **igual, parecido, semejante, similar**. ❷ 均一な,むらのない. —La pintura no ha quedado *pareja*. ペンキが均一に塗られていない. 類 **liso, llano, uniforme**. ❸《中南米》平らな,平坦な.
—— 副《中南米》同時に,一緒に.

parénquima [paréŋkima] 男《生物》(動物の)実質組織,(動・植物の)柔組織.

parentela [parentéla] 女《集合的に》親族,親類. —A la boda asistió toda la ～. 結婚式には親族全員が出席した.

parentesco [parentésko] 男 ❶ 血縁関係,親戚関係. —Nos parecemos pero no tenemos ningún ～. 私達は顔は似ているが血のつながりはない. ～ político 婚姻関係. ❷《比喩》関連性,類似点,同類. —El ～ entre las dos obras es indudable. 2つの作品の関連性は疑いようがない.
contraer parentesco (養子,義兄弟などの)関係を結ぶ.
parentesco espiritual《カトリック》名づけ親との関係,洗礼の儀式における,司祭と名づけ親の関係.
parentesco lingüístico 言語の同族関係[同系性].

‡**paréntesis** [paréntesis] 男《単複同形》❶ (丸)括弧. —～ cuadrado 角括弧. escribir [encerrar, poner] la palabra entre ～ 単語を括弧の中に入れて書く.
❷《比喩》中断,休息. —Hicieron un ～ para tomar café y continuaron la reunión. 彼らはコーヒーを飲むために一時中断した後会議を続けた. 類 **descanso, interrupción**.
❸《文法》挿入句[文].
abrir [*cerrar*] *el paréntesis* (1) 括弧を開く[閉じる]. (2) 中断する. Cerramos *el paréntesis* y continuamos la discusión. 一度中断した後議論を続けます.
poner entre paréntesis 疑う. Esa declaración hay que *ponerla entre paréntesis*, no me parece creíble. その声明は疑う必要がある. 私にはどうしても信じられない.
sea dicho entre paréntesis, ... ついでに言えば,ちなみに.

pareo[1] [paréo] 男 (2つの物を)対にすること,組み合わせ,(鳥を)つがいにすること.

pareo[2] [paréo] 男 パレオ,ポリネシアの腰巻き風スカート,腰巻型のビーチウェア.

paresa [parésa] 女 重臣婦人,大貴族婦人.

parestesia [parestésia] 女《医学》知覚異常.

parezca(-) [pareθka(·)] 動 parecer の接・現在.

parezco [paréθko] 動 parecer の直・現在・1単.

pargo [páɾɣo] 男《魚類》ヨーロッパマダイ.

parhelia [parélia] 女《天文》幻日(日光が雲に反射して太陽の像がいくつも見える現象).

parhelio [parélio] 男 =parhelia.

parhilera [pariléra] 囡 《建築》棟木. 類 **hilera**.

paria [párja] 男女 ❶ ハリジャン(インドの最下層民). ❷ 賤民, 被差別階級の人. ❸ 浮浪者, はぐれ者. — Los enfermos de cierta especie de enfermedades están considerados en este país como ~s. ある種の病気の患者はこの国でははぐれ者のように思われている.

parida [paríða] 形 《女性形のみ》分娩をした, お産をした. —— 囡 ❶ 分娩直後の女性. ❷ むだ口; 意味のない行動.
que salga la parida 1人が列からはみ出すまで押し合いをする子供の遊び.

paridad [pariðáð] 囡 ❶ 同質, 同等, 同格. 類 **afinidad, semejanza**. 反 **diferencia**. ❷ (基準値を基にした)比較, (他国通貨との)平価. —~ de cambio 為替平価. — del yen respecto al dólar 円の対ドル平価. ❸ 《物理, 情報科学》偶奇性, パリティー.

parienta [parjénta] 囡 ❶ 親戚・身内の女性 (→pariente). ❷ 《話》妻.

:**pariente, ta** [parjénte, ta] 名 親戚, 親類. — ~ cercano [lejano] 近い[遠い]親戚. medio ~ de Juan. あの老婦人はファンの親戚だ. Ella y yo somos ~s. 彼女と私は親戚だ.
—— 形 親戚の; (話)類似した, 似た.
—— 囡 《話》女房, 妻. — Mi *parienta* no quiere que yo fume. 女房は私がタバコを吸うのを好まない. 類 **esposa, mujer**. —— 男 《話》夫, 亭主.

parietal [parjetál] 形 ❶ 壁の, 頭頂骨の, 頭頂部の. — hueso ~ 頭頂骨. —— 男 頭頂骨.

parietaria [parjetárja] 囡 《植物》ヒカゲミズ (イラクサ科の雑草).

parihuela [pariwéla] 囡 《[単] または [複]》❶ 担架. ❷ 移動用の小型ベッド.

paripé [paripé] 男 変装.
hacer el paripé ごまかす, 振りをする, 取り繕う. No se preocupa por mí, pero *hace el paripé*. 彼は私のことを気にもしてないくせに親切ぶっている. No sabe nada pero *hace el paripé*. 彼は何も知らないのに分かった振りをしている.
dar el paripé だます.

parir [parír] 他 ❶ (動物が子)を産む; 《話》《医学》(人)が産む, 出産する. — La perra *ha parido* seis preciosos cachorros. 雌犬が6匹のかわいい子犬を産んだ. ❷ (案)を編み出す, 作り出す. — un proyecto económico. 経済計画を作り出す. 類 **idear**.
parirla 《話》取り返しのつかない過ちを犯す. ¡Caramba! La has parido otra vez. おやおや, 君はまた間違いを仕出かしたね.
—— 自 (主に動物が)子を産む, 出産する. — La gata *ha parido* esta noche. そのネコは今夜お産をした.
poner a parir 《話》をぼろくそに言う, …の悪口を言う, をこき下ろす. En la reunión te *han puesto a parir*. 会議では君はひどくこき下ろされた.
ponerse a parir 《話》気分がとても悪くなる. La carne me sentó mal y *me puse a parir*. 肉にあたって私は気分がとても悪くなった.

París [parís] 固名 パリ(フランスの首都).

parisién [parisjén] 形 《単数形のみ》パリ(París)の, パリっ子らしい. — una chica muy ~ いかにもパリっ子らしい女の子
—— 男女 パリの人, パリっ子.

parisiense [parisjénse] 形 パリ(París)の, パリ市民の.
—— 男女 パリ市民(出身者), パリっ子.

parisino, na [parisíno, na] 形 パリ(París)の, パリ風の, パリらしい.

paritario, ria [paritárjo, rja] 形 双方同数の代表者からなる, 労使同数の. — un comité ~ (労使の)合同委員会. comisión *paritaria* de padres, alumnos y profesores 父母・学生・教師の会 (PTA).

parka [párka] 囡 《服飾》パーカ.

parking [párkin] 〔<英〕男 駐車場 (=aparcamiento).

parla [párla] 囡 ❶ 多弁, 饒(じょう)舌. —¡Tan pequeño y hay que ver la ~ que tiene! (子供が)小さいのによくしゃべること! 類 **labia**. ❷ おしゃべり, 雑談, むだ話. 類 **charla, charloteo**.

parlador, dora [parlaðór, ðóra] 形 おしゃべりな, 口数の多い, 多くを物語る. — ojos ~es 口ほどに物を言う目.

parlamentar [parlamentár] 自 ❶ 交渉する, 談判する, 協議する. — El abogado de la familia *parlamentará* con los secuestradores. 家族の弁護士が誘拐犯と交渉する予定だ. ❷ 話す, 対話する. — Las vecinas *han estado parlamentando* toda la mañana. 近所の婦人たちは午前中ずっとおしゃべりしていた. 類 **dialogar**.

:**parlamentario, ria** [parlamentárjo, rja] 形 議会の, 国会の; 議会制の. — sistema ~ 議会制度. democracia [monarquía] *parlamentaria* 議会制民主主義[君主国]. —— 名 国会議員; 休戦交渉使節, 軍使.

parlamentarismo [parlamentarísmo] 男 ❶ 議会政治, 議会制. ❷ 議会主義.

parlamento [parlaménto] 男 ❶ 議会, 国会; 国会議事堂. —~ autonómico 自治州議会. P~ foral de Navarra ナバラ州議会. ❷ (特に休戦などについての紛争解決のための)会談, 交渉. ❸ 演説. 類 **discurso**. ❹ 《演劇》長ぜりふ, 長広舌.

parlanchín, china [parlantʃín, tʃína] 形 《話》おしゃべりな, むだ話の多い. 反 **callado**. —— 名 おしゃべりな人.

parlante [parlánte] 形 ❶ 《紋章》家名を表わす. — arma ~ 家名の記された紋章. ❷ 言葉を発する, 発声の. — Esa máquina de tabaco es ~. そのタバコ販売機は声を発する. muñeco ~ 言葉を話す人形.

parlar [parlár] 自 ❶ 雑談する, おしゃべりする. — Se han pasado la mañana *parla* que *parla*. 彼らはとりとめもないおしゃべりを延々として午前中を過ごした. ❷ (オウムなどが)話す.

parlero, ra [parléro, ra] 形 ❶ おしゃべりな, うわさ好きな. 類 **charlatán, chismoso**. ❷ (小鳥などが)よくさえずる. ❸ (川の水などが)さらさらと音を立てる. — fuente *parlera* さらさらと湧き出る泉. ❹ 表現力・表情に富む — ojos ~s 表情豊かな目.

parlotear [parloteár] 自 《話》ぺちゃくちゃしゃべる, 無駄話をする. — Dejen de ~ y trabajen. 無駄話はやめて仕事して下さい.

parloteo [parlotéo] 男 無駄話, おしゃべり. 類 **cháchara**.

Parma [párma] 固名 パルマ(イタリアの都市).

parmesano, na [parmesáno, na] 形 パルマ

1422 parnasianismo

(Parma: イタリア北部の), パルマ風の. —queso ～ パルメザンチーズ.
── 名 パルマの住民・出身者.
── 男 パルメザンチーズ (=queso ～).

parnasianismo [parnasjanísmo] 男 【文学】高踏派 (19世紀後半フランスの詩の一派).

parnasiano, na [parnasjáno, na] 形 高踏派 (フランス詩の一派) の.
── 名 高踏派の詩人.

Parnaso [parnáso] 固名 パルナソス山 (ギリシャの山).

parné [parné] 男 ❶ 〔隠〕金, 現金 (=dinero). —Me he quedado sin ～. 私は無一文になってしまった. ❷ 財産.

paro¹ [páro] 男 ❶ 失業, 失業状態. —～ involuntario 失業. tomar medidas contra el ～ 失業対策を行う. ～ forzoso 失業 (状態). ～ encubierto 不完全失業. ～ estacional 季節による失業. Mi padre está en el ～. 父は失業中である. 類**desempleo, desocupación**. ❷ 失業保険 (給付金). —Ha ido a cobrar el ～. 彼は失業保険をもらいに行った. ❸ ストライキ, 操業停止. —～ laboral ストライキ. realizar un ～ de veinticuatro horas 24 時間ストライキを行う. 類**huelga**. ❹ 止める [止まる] こと, 停止. —～ cardíaco 心臓停止. 類**detención, suspensión**. ❺ ロックアウト, 工場閉鎖.

*****paro**² [páro] 男 〔鳥類〕シジュウカラ.

parodia [paróðja] 女 ❶ もじり, ちゃかし, パロディー. ❷ こっけいな物真似, 茶化し.

parodiar [paroðjár] 他 ❶ (作品を) もじる, パロディー化する. ❷ 茶化して真似る.

parodista [paroðísta] 男女 パロディー作者.

parola [paróla] 女 ❶ 多弁, 口達者. 類**labia**. ❷ 〔話〕長話, むだ話. ❸ 〔アルゼンチン〕〔話〕言葉.
── 男 〔アルゼンチン〕〔話〕ほら吹き.

parón [parón] 男 急停止, (馬の) 立往生.

paronimia [paronímja] 女 〔言語〕類音性, 語音類似.

paronomasia [paronomásja] 女 ❶ 〔言語〕音類似. ❷ 〔言語〕(強勢母音のみが異なる) 類音関係 (例: pico/poco). ❸ 〔言語的に〕類音語. ❹ 〔修辞〕語呂合わせ, 掛け言葉.

parótida [parótiða] 女 ❶ 〔解剖〕耳下腺. ❷ 〔医学〕腹 耳下腺炎 (=parotiditis).

parotiditis [parotiðítis] 女〔単複同形〕【医学】耳下腺炎.

paroxismo [paroksísmo] 男 ❶ 〔医学〕(病気の) 発作, 悪化, 極期. ❷ 〔感情の〕発作, 激すること, 絶頂. —Los celos de Juan llegaron al ～. フアンの嫉妬は絶頂に達した. alcanzar el ～ (感動・感情の) 極みに達する.

paroxítono, na [paroksítono, na] 形 〔言語〕(単語が) 後ろから 2 番目の音節にアクセントがかかる. —palabra *paroxítona* 後ろから 2 番目の音節にアクセントのかかる. 類**grave**.
── 男 後ろから 2 番目にアクセントのかかる語.

parpadear [parpaðeár] 自 ❶ まばたきする. 類**pestañear**. ❷ (光が) ちらくら, (星が) ちらちらと光る. —Cuando llegamos a Madrid *parpadeaban* las primeras estrellas. 私達がマドリードに着いた時, 一番星がまたたいていた. 類**titilar**.

parpadeo [parpaðéo] 男 ❶ まばたき, またたき. —Me indicó que no dijera nada con un ligero ～. 彼は軽くまばたきして, 何も言わぬように私に合図した. ❷ 光の明滅, ちらつき. —El ～ del fluorescente me impedía estudiar con tranquilidad. 蛍光灯がちらつくせいで落ち着いて勉強出来なかった.

párpado [párpaðo] 男 まぶた, 眼瞼 (がん).

parpar [parpár] 自 (カモ, アヒルなどが) ガアガアと鳴く.

*****parque** [párke パルケ] 男 ❶ 公園, 遊園地. —～ acuático 水上公園. ～ de atracciones (乗り物などがある) 遊園地. ～ infantil 児童公園. ～ nacional 国立公園. ～ natural 自然公園. ～ temático テーマパーク. ～ zoológico 動物園. 類**jardín**. ❷ 置き場, 集結所; 軍用地. —～ de coches [de estacionamiento] 駐車場. ～ de bomberos 消防署. ～ de artillería 砲廠 (ほうしょう). 類**almacén, depósito**. ❸ (工場・研究施設などの集まった) 地区, 工業団地. —～ tecnológico 科学・技術革新都市. ❹ (車両などの) 保有台数. —el ～ móvil [automovilístico, de automóviles] 自動車保有台数. ❺ ベビーサークル (ヨチヨチ歩きの幼児が中へ入って遊ぶ).

parqué [parké] 〔← 仏〕 男 ❶ 寄せ木張りの床. —Está puliendo el ～ del recibidor. 彼は受付の木のフローリングの床にワックスをかけている. ❷ 株式取引所の立会所.

parqueadero [parkeaðéro] 男 〔コロンビア, 北米〕駐車場 (=aparcamiento).

parquear [parkeár] 他 〔中南米〕(車を) 駐車する (=aparcar, estacionar).

parquedad [parkeðá(ð)] 女 ❶ 節約, 倹約, 質素, 控え目. —Mi abuelo come y bebe con ～. 祖父は飲み食いを節約している. ❷ 欠乏, 少なめ. —La ～ de su palabra es un impedimento en el trabajo. 彼の言葉が足りないせいで仕事に支障をきたしている. 類**sobriedad**.

parqueo [parkéo] 男 〔中南米〕駐車, 駐車場, 〔北米〕駐車場.

parquet [parké(t)] =parqué.

parquímetro [parkímetro] 男 パーキングメーター.

parr. 《略号》= párrafo 段落.

parra [pára] 女 ❶ (ブドウ棚の) ブドウの木・つる. ❷ 〔中南米〕《植物》カズラの一種. ❸ (蜜を注ぐ) 陶器のつぼ.

parra virgen 《植物》ノブドウ.

subirse a la parra (1) 頭に来る, かっとなる. 類**enfadarse, enfurecerse**. (2) 偉ぶる. 類**enorgullecerse**. (3) 立場をわきまえない態度 [言動] を取る. No *te subas a la parra*, que aún no eres jefe. まだ課長じゃないのだから余計な心配 [口出し] はするな.

parrafada [parafáða] 女 ❶ 打ち解けた会話, じっくり話し合うこと. —echar una ～ 腹を割って話す. Mañana vienes a mi casa, y tenderemos una ～ tranquilos. 明日私の家に来てくれ, それで落ち着いてじっくり話そう. ❷ 長ったらしい話. —El rector nos echó la ～ de costumbre. 学長は例によって長々と話をした.

:párrafo [párafo] 男 ❶ パラグラフ, 段落, 節. —hacer ～ aparte 段落を改める. 類**parágrafo**. ❷ 語句, 表現. —Describió la belleza de la naturaleza con ～s brillantes. 彼は素晴らしい

表現で自然の美を記述した. 類**discurso**. ❸《印刷》パラグラフ記号(§).

echar un párrafo con 《話》(人と)おしゃべりをする

párrafo aparte 《話》話は変わる,ところで. Bueno, *párrafo aparte* y a otro asunto. ところで別の件だが.

parral [parál] 男 ❶ ブドウ棚, ブドウ畑. ❷《集合的に》ブドウ棚のブドウつる. ❸ 徒長したブドウの木・つる. ❹ 陶器のつぼ.

parranda [parǻnda] 女 ❶《話》(集団で)あちこち騒ぎ歩くこと, 遊びに繰り出すこと. —andar de ~ 騒ぎ歩く. ir(se) de ~ 遊びに繰り出す. 類 *fiesta, holgorio*. ❷ (夜の街頭で歌い演奏する)楽団. ❸ 気ばらし. —de ~ 気ばらしに. ❹《コロンビア, メキシコ, チリ》多量. —una ~ de ... 大量の….

parrandear [parandeár] 自 はしゃぎまわる, 遊びまわる.

parrandeo [parandéo] 男 騒ぎ歩くこと, 遊びまわること, どんちゃん騒ぎ.

parricida [pariθíða] 男女 親殺し, 近親者殺し人犯.

parricidio [pariθíðjo] 男 親殺し, 近親者殺人罪.

parrilla [paríja] 女 ❶ 焼き網, グリル. —bistec a la ~ 網焼きステーキ. carne a la ~ 網焼き肉. pescado a la ~ 魚の網焼き. ~ eléctrica 電気グリル. ❷ グリル・ルーム, グリル・レストラン. 類 *asador*. ❸ レストラン. ❹ (炉などの)火格子, 火床. ❺ (自動車レースの)スタート位置 (= ~ de salida).

parrillada [parijáða] 女 (魚や肉の)網焼き料理, バーベキュー. —~ de carne [mariscos] 肉[魚介類]のバーベキュー.

‡**párroco** [páRoko] 男 《カトリック》教区司祭 (= cura ~), 教区の主任司祭.

‡**parroquia** [paRókja] 女 ❶《カトリック》(小)教区; 教区教会;『集合的に』教区の信者. ❷《比喩》『集合的に』顧客, 常連客, 得意先. —una carnicería con mucha ~ 客の多い精肉店. 類 *clientela*.

‡**parroquial** [paRokjál] 形 《カトリック》教区の. —iglesia [casa] ~ 教区教会.

parroquiano, na [paRokjáno, na] 形 ❶《カトリック》教区に所属する, 教区民の. ❷ 常客の, 得意客の.
—名 ❶《カトリック》教区民, 教区の信徒. 類 *feligrés*. ❷ 客, 常客, 得意客.

parsimonia [parsimónja] 女 ❶ ゆったり(のんびり)していること. —El profesor habla con una ~ irritante. その先生はいらいらするほどのんびりと話す. 類 *cachaza, tranquilidad*. ❷ 倹約, 質素. 反 *despilfarro*. ❸ 落ちつき, 冷静さ. —Es un asunto delicado, y debes actuar con ~. デリケートな問題なので冷静に取り組むように. 類 *calma*.

parsimonioso, sa [parsimonjóso, sa] 形 ❶ 質素な, むだ使いをしない, 控えめの. 類 *ahorrativo*. ❷ ゆったり(のんびり)した. 類 *cachazudo, calmoso*.

‡‡**parte** [párte パルテ] 女 ❶ 部分, 一部. —una ~ de ... …の一部. Una buena ~ del electorado votó en blanco. 選挙人の大部分は白票を投じた. Una ~ de la iglesia está en ruinas. 教会の一部は廃墟になっている. ❷ 場所, 地域. —¿De qué ~ de Colombia es usted? コロンビアのどの地域の御出身ですか? en alguna ~ どこかに. en ninguna ~ どこでも…ない. en otra ~ 別のところに. Lo encontrarás en cualquier ~. それはどこでも見つかるだろう. ❸《数学》分数, 約数. —una tercera ~ 3分の1. tres décimas ~s 10分の3. cinco dieciseisteavas ~s 17分の5. ❹ 部, 部門. —un libro que consta de cinco ~s 5部からなる論文. ❺ 役目, 務め. —Haré su ~. あなたの分をやりましょう. ❻ 側, 方. —~s interesadas 当事者. tercera ~ 第三者. ~ demandante 原告側. La contratante señalará la fecha del inicio de las obras. 請負業者側から工事の開始日を知らせてくるだろう. ❼《家系の》…方. —tío por ~ de padre 父方のおじ. primo por ~ de madre 母方のいとこ. ❽《演劇》役. —hacer bien su ~ …の役を上手に演じる. 類 *papel*. ❾《音楽》歌のパート. ❿《婉曲》(主に男性の)陰部, 恥部. —~s naturales [pudientes, pudendas] 陰部.

a partes iguales 等しく, 平等に.

de parte a parte 端から端まで, 一貫して. He recorrido el país *de parte a parte*. 私はその国を隅々まで歩きまわった.

de parte de ... …から. Saludos *de parte de* Juan. フアンからよろしくとのことです. ¿*De parte de* quién?—Soy Diana. (電話で)どちらさまですか?—ディアナです.

de su parte …から. Dale esta carta *de mi parte*. 私からといって彼にこの手紙を渡してください. Dé usted muchos recuerdos a sus padres, *de mi parte*. 御両親に私からくれぐれもよろしくお伝えください.

en gran parte ほとんど, 大部分は.

en parte 部分的には, 一部は. Le ayudo *en parte*. 部分的には手伝います. Estoy acuerdo *en parte*. 私は一部は賛成だ. *En parte* por falta de dinero y *en parte* por falta de tiempo no viajo este verano. 一つには金がないし, 一つには時間もないので私は今年の夏は旅行に行かない.

en todas partes どこでも. Los hombres están *en todas partes* 男なんてどこにでもいる.

formar parte de ... …の一部を構成する, …の一員となる. Portugal *forma parte de* la Unión Europea. ポルトガルはヨーロッパ連合の一部を構成する.

hacer [*poner*] *de su parte* 努力する. Haré *de mi parte* todo lo que pueda. 私はできるだけの努力をしよう.

la mayor parte de ... …の大部分. *La mayor parte de* los estudiantes son de Estados Unidos. 学生のほとんどがアメリカ人である.

llevar la mejor [*peor*] *parte* 優勢[劣勢]である.

no ir a ninguna parte 大したことはない.

no llevar a ninguna parte 何の役にも立たない.

no parar en ninguna parte 居所[職]が定まらない; 落ち着きがない.

no tener parte en ... …と関わりがない.

ponerse de su parte …の味方に付く. Se puso *de nuestra parte*. 彼は私たちの味方に付いた.

por otra parte もう一方で, 他方では, その上.

por partes 少しずつ, 1つずつ. Un momento, vayamos *por partes*. ちょっと待って, 少しずつやろ

うよ.
salva sea la parte 《婉曲》お尻.
tomar parte en ... …に参加する, …に関与する.
tomar parte en una ONG NGOに参加する.
── 他 ❶ 報告, 通知, 報道. ─dar ~ a [+人] de ... …について(人)に報告する. ~ de boda 結婚通知. ~ facultativo 症状報告. ~ de guerra 戦況報告. ~ meteorológico 気象情報, 気象通報. 類 **boletín, informe, reporte**. ❷ 公文書, 公電. ❸ 声明, 声明文.

partear [parteár] 他 (目的語の女性の)お産の介添えをする.

parteluz [pertelúθ] 男 [複 **parteluces**](建築)(窓の)縦仕切り, 中方(なかほう)立て.

partenaire, partener [partenér] 〔< 仏〕男女 (ゲームなどの)相手, パートナー, 相棒, (劇・映画などの)相手役.

partenogénesis [partenoxénesis] 女 [単複同形] (生物)単為生殖.

partenueces [partenyéθes] 男 [単複同形] くるみ割り.

partero, ra [partéro, ra] 名 助産婦(師), 産婆(ばあ).

parterre [partéře] 男 ❶ 花壇, 庭園. ❷ (劇場の)一階正面席.

partición [partiθjón] 女 ❶ 分配, 分与. ~ de herencia 遺産分与. 類 **división, repartición**. ❷ 区画, 区分. ❸ (数学)除法. ❹ (論理)分割法. ❺ (情報)領域区画, パーティション. ❻ (紋章)(楯形紋章の)一区画.

‡**participación** [partiθipaθjón] 女 ❶ 参加, 関与, (スポーツ)出場, エントリー. ─No es segura su ~ en la manifestación. 彼がデモに参加するかどうかわからない. Es innegable su ~ en el atentado. 彼がテロに関与していることは否定できない. Hubo una gran ~ en el torneo. トーナメントには多くのエントリーがあった. 類 **intervención**. ❷ (商業)出資, 投資; 利益分配. ─Tiene *participaciones* en unas explotaciones petroleras. 彼は石油採掘事業に投資している. ~ en los beneficios (労使間の)利益分配(制). ❸ 連絡, 通知, 案内状. ─Ayer nos llegó la ~ de su boda. 昨日彼の結婚式の案内状が届いた. ❹ 宝くじの分券 (10枚綴り同一番号の一枚).

∗**participante** [partiθipánte] 男女 参加者, 関係者; 出場者. ─Los ~s en el Concurso de Oratoria llegan a cincuenta. 弁論大会への参加者は50人に達している. ── 形 参加する, 関係する; 出場する. ─jugadores [equipos] ~s en el torneo トーナメントの出場選手[チーム].

∗**participar** [partiθipár パルティシパル] 自 ❶ [+en に] (a) 参加する, 加わる, 関与する. ─El país no *participó en* la Olimpiada. その国はオリンピックに参加しなかった. *Participa en* la dirección del club. 彼はクラブの運営にかかわっている. (b) 出資する, 投資する; (利益などの)配分にあずかる. ─Los empleados *participan en* los beneficios de la empresa. 社員たちは会社の利益配分にあずかっている. ❷ [+de を] 共にする, 共有する. ─Yo *participo de* la misma opinión que tú. 私は君と同意見だ. 類 **compartir**.

── 他 を知らせる, 通知する. ─Le *participamos* que hemos abierto una sucursal en su ciudad. 当社は御地に支店を開設したことをお知らせいたします. 類 **comunicar, informar**.

partícipe [partíθipe] 形 [+en/de の] 関係者である, 当事者である, …に参与している. ─Me siento ~ *de [en]* esa labor. 私もその仕事にかかわっているつもりだ. Fue de los ~s en el gran proyecto. 彼はその大きなプロジェクトの関係者[参加者, 共同事業者]の一人だった.
hacer partícipe a [+人] ***de*** ... (人)に…を知らせる, (人)と…を共有する, 分かち合う. Le *hizo partícipe de* su intriga. 彼に自分の謀略のことを教えた. Quiere *hacer partícipe de* su alegría a todos sus amigos. 彼は友達みんなと喜びを分かち合いたがっている.
── 男女 ❶ 参加者, 関係者, 当事者. 類 **participante**. ❷ 受益者, 利害関係にある.

participial [partiθipiál] 形 (文法)分詞の.

participio [partiθípjo] 男 ❶ (文法)分詞. ─ ~ pasado 過去分詞. ♦participioは基本的に過去分詞を指す. 現在分詞は gerundio. ❷ (古)参加者, 関係者.

partícula [partíkula] 女 ❶ 粒, 小片. ─Se me ha metido en el ojo una ~ de polvo. 小さなほこりが目に入った. ❷ (物理)粒子, 微粒子. ─ ~ radiactiva 放射性粒子. ~ alfa アルファ粒子. ~ beta ベータ粒子. ~ elemental 素粒子. ❸ (文法) (a) (前置詞・接続詞・副詞などの)不変化詞, 小辞, 機能語. ─ ~ adversativa 背反詞 (pero, sino など). (b) 接辞. ─ ~ prepositiva 接頭辞.

∗**particular** [partikulár パルティクラル] 形 ❶ [+a/de に] 固有の, 特有な, 独特の. ─En el cuadro se puede apreciar el estilo ~ *de* este pintor. この絵には画家独特のスタイルが見られる. Son sus costumbres ─*es de* estas tribus. それがこの部族特有の習慣だ. Este café tiene un aroma ~. このコーヒーには独特の香りがある. ❷ 特別な, 変わった, 通常とは違った. ─¿Qué hay de nuevo?─(No hay) nada de ~. 何か変わったことある?─別に何もないよ. Tiene un carácter muy ~. 彼はとても変わった性格だ. 類 **especial, peculiar**. ❸ 個人的な, 私的な. ─clase [profesor] ~ 個人授業[教師], 特別授業[教師]. correspondencia ~ 私信. La fiesta será ~. パーティーは私的なものだろう. Todos los hoteles estaban completos y me alojé en una casa ~. どこのホテルも満室だったので(宿泊客を泊める)個人の家に泊まった. El ministro se encuentra en Japón en viaje ~. 大臣は私的な旅行で日本にいる. 反 **oficial**. ❹ 個々の, 個別の; 具体的な. ─En este caso ~ no estoy de acuerdo con él. この件について私は彼の言うことに賛成できない. 類 **concreto, determinado**. 反 **general**.
en particular (1) 特に, とりわけ. Habló de la pintura del siglo XVI y, *en particular*, de Velázquez. 彼は16世紀の絵画, 特にベラスケスについて語った. (2) 親密に, 密かに. Deseo hablar contigo *en particular*. 君とふたりだけで話したいのだ.
sin otro [***sin nada de***] ***particular*** (手紙の結語)まずは用件[要用]のみ. *Sin otro particular*, me despido de usted muy atentamente. まず

は要用のみで、失礼いたします.
— 形女 私人, 一個人. — El alcalde asistió a la conferencia como un 〜. 市長は私人として講演会に出席した. Aquí no se permite entrar a los 〜es. 関係者以外入れません.
— 形 件, 問題. — No tengo nada que decir sobre este 〜. 私はこの件については何も言いたくない.

particularidad [partikulariðá(ð)] 女 ❶ 特殊性, 独自性; 特徴, 個性. — Esta enfermedad presenta la 〜 de que es difícil de curar. この病気は治癒が難しいという特殊性がある. Cada persona tiene su 〜. 人はそれぞれに特徴がある. 類 **originalidad, peculiaridad, singularidad**. ❷ 詳細, 細部. — Nos explicó el problema sin entrar en 〜es. 彼は細部には触れずに問題を私たちに説明した. 類 **detalle, pormenor**.

particularismo [partikularísmo] 男 ❶ 排他主義, 自己中心主義. 類 **individualismo**. ❷ 《言語》(地域的・社会集団的に)独自の表現, 独自の語彙使用.

particularizar [partikulariθár] [**1.3**] 他 ❶ を特徴づける, 〜の特徴である. — El fuerte rojo es lo que *particulariza* su cuadro. 強烈な赤が彼の絵を特徴づけている. 類 **caracterizar, singularizar**. ❷ を詳述する. — En el informe del viaje *particulariza* los gastos. 彼は出張の報告書に出費を細かく記している. 類 **concretar, precisar**. ❸ をひいきする, 特別扱いする. ❹ …個人について触れる, …個人を問題化する.
— 自 [+en]…個人について触れる, …個人を問題化する. — La responsabilidad es de todos, así que no *particularices*. 責任はみんなにあるのだから, だれか一人のせいにするな. 類 **personalizar**.
— **se** 代 ❶ 特徴づけられる, 目立つ, 際立つ. — Su crítica *se particulariza* por su agudeza. 彼の批評は鋭さで際立っている. ❷ [+con を]ひいきする, 特別扱いする, …と懇意にしている.

particularmente [partikulárménte] 副 特に, とりわけ; 個別に, 個々の良さを. — A mí, 〜, me parece que lleva razón. 特に私には, 彼の言うことが正しく思えます. 類 **especialmente**.

partida¹ [partíða] 女 ❶ 出発. — el punto de 〜 出発点, 起点. Se ha cambiado la hora de 〜. 出発時間が変更になった. 類 **marcha, salida**. ❷ ひと試合, 1ゲーム, 1勝負. — jugar [echar] una 〜 de poker ポーカーで1勝負する. Jugué al ajedrez con él pero no gané ni una 〜. 彼とチェスをしたが一度も勝てなかった. 類 **juego, jugada**. ❸ 一団, 一隊, 一行. — Una 〜 de bandidos atacó el pueblo. 盗賊の一団が村を襲った. Una 〜 de amigos fue al baile. 友人同志の一行がダンスへ行った. 類 **cuadrilla, grupo, pandilla**. ❹ 証明書, 記録簿. — 〜 de nacimiento 出生証明書. 〜 de bautismo 洗礼証明書. 〜 de matrimonio 結婚証明書. 〜 de defunción 死亡証明書. ❺ 《商業》項目, 記帳; 勘定科目, 項目. — 〜 doble [simple] 複式[単式]簿記. Esa cantidad debe incluirse en la 〜 de gastos de transporte. それらの経費は送料の項目に記入すべきだ. ❻ 《商業》1回分の積送品, 1回分の委託販売品. — La 〜 de muebles llegará mañana. 家具の積荷が明日到着する. ❼ やり口, 手口. — No esperaba que me jugara esa mala 〜. 彼が私にそんな汚い手を使うとは思っていなかった.

andar [correr] las siete partidas いろいろな所を歩き回る.
ganar la partida (人から何かを)勝ち取る.
Las Siete Partidas (アルフォンソ10世(1221-1284)の編纂した)七部法典.

partidario, ria [partiðárjo, rja] 形 【+de を】支持する, (…に)味方する. — Es 〜 de la eutanasia. 彼は安楽死に賛成だ. Ella es más *partidaria de* la cocina tradicional que de la nueva cocina. 彼女は新しい料理より伝統料理が気に入っている.
— 名 ❶ 支持者, 信奉者, 味方. ❷ セクト主義者, えこひいきをする人. 類 **partidista**.

partidismo [partiðísmo] 男 ❶ 偏愛, えこひいき. — El 〜 de esa decisión es evidente. その決定のえこひいきぶりは明白だ. ❷ 愛党心, 党派心, 党利党略.

partidista [partiðísta] 形 ❶ 党派心の強い, 党利的な. ❷ 偏愛的な, えこひいきの. — Es un árbitro 〜. あいつはえこひいきをする審判だ. 類 **parcial**.
— 形女 ❶ 党派心の強い人, 党利主義者. ❷ 偏愛者, えこひいきする人.

:partido¹ [partíðo] 男 ❶ 党, 党派, 政党, 陣営. — 〜 del gobierno [gobernante] 与党. — 〜 de la oposición 野党. — bisagra 主導権を握っている政党. régimen de 〜 único 一党独裁制. ❷ 試合, ゲーム. — jugar un 〜 de tenis テニスの試合をする. En la semifinal, el equipo español empató en el 〜 de ida, pero ganó en el de vuelta. 準決勝でスペインチームはアウェーゲームでは引き分けたが, ホームゲームでは勝った. ❸ チーム. — Tendrán que enfrentarse a un fuerte 〜. こんどは強いチームと当たるだろう. 類 **equipo**. ❹ 地区, 地域, 管轄区; 診療区域. — 〜 judicial 裁判所の管轄区域, 司法区. cabeza de 〜 司法区の裁判所所在地. ❺ (政略的な)縁組, 結婚相手. — Mi amigo busca un buen 〜 para su hija. 友人は娘の良縁を探している.

formar partido 党派を作る. *Formaron partido* para reivindicar el derecho de huelga. 彼らはストライキ権を要求してグループを結成した.
sacar partido 【+de から】利益を得る, 利用する; 良いところを引き出す. Apenas *sacaron partido* del negocio que emprendieron juntos. 彼らの共同事業にはほとんど利益が得られなかった. Es imposible *sacar partido* de este joven. この若者から良いところを引き出すのは不可能だ. 類 **provecho**.
tener partido 支持される, 賛同者を得る; (異性に)もてる. Él siempre *tiene partido* entre las chicas. 彼はいつも女性にもてる.
tomar partido (1)【+de を】決定する, する決心をする. Por fin *tomó partido* por el retiro. ついに彼は引退する決心をした. (2)【+por の】味方につく. Mis compañeros *tomaron partido* por los opositores. 仲間たちは反対の側についた.

:partido², da² [partíðo, ða] 過分 形 ❶ 分けられた, 二分された; 割れた, 折れた. — Lleva el pelo 〜 en el centro. 彼は真中から二つに分けられた髪をしていた. árbol 〜 por un rayo 雷で折れた木. mango 〜 割れた柄. ❷ (紋章)上下に二分された. ❸ 気前のよい. — Es muy 〜 con los necesitados. 彼は困っている人たちには大変気前が

良い. 類 generoso.

partidor, dora [partiðór, ðóra] 名 分ける人, 割る人, 分配者.
―― 男 ❶ 割る道具. ~ de nueces クルミ割り器. (a) くしの(髪を分けるのに使う)細長い柄. (b) 分水閘. ❷《数学》除数. 類 divisor.
―― 形 分ける, 割る, 分配する.

***partir** [partír パルティル] 自［+de から］ ❶ 出発する, 発(ﾀ)つ. ― *Partimos de Madrid para Barcelona.* 私たちはバルセーナに向けてマドリードを出発する. *Mañana partimos hacia Venezuela.* 明日私たちはベネズエラに向けて出発する. 類 salir. ❷（考えなどが）出る, 発する,（…に）起因する. ― *Tu fracaso parte de tu indecisión.* 君の失敗は君の優柔不断に起因している. *La idea partió de sus alumnos.* その考えは彼の生徒から出たものだ. *Parto de la idea de que nadie lo sabe.* 私はだれもそれを知らないという前提に基づいている. *Partía de un supuesto falso.* 彼はまちがった前提から出発していた.
a partir de … (1) …以来, 以降. *A partir de aquel día no he vuelto a verla.* あの日以来私は二度と彼女に会っていない. 類 desde. (2) …に基づいて. *A partir de esa teoría, el científico elaboró una estupenda teoría.* その考えに基づいて科学者は素晴らしい理論を築き上げた.
El que [Quien] parte y reparte se queda con la mejor parte.〖諺〗分ける人が一番良いところを取る.
―― 他 ❶ (a) 割る, 分割する. ~ leña 薪を割る. *Párteme un trozo de pan.* 私にパンを1かけらちぎってくれ. ~ una nuez クルミを割る. ~ la sandía en dos スイカを2つに割る. (b) 砕く,（ガラス)を割る, 壊す. ― *La piedra dio en el cristal y lo partió.* 石は窓ガラスに当たり, それを割った. (c)（枝などを)折る. ~ una rama 枝を折る. ❷ 分け与える,〖+entre の間で〗分配する; 分かち合う. ― *Vamos a ~ el dinero entre los amigos.* 友達の間で金を分配しよう. *Vamos a ~ el trabajo para terminar antes.* 早く終らせるために仕事を分け合おう. ❸《話》台無しにする, …に損害を与える. ― *Si ahora te echas para atrás, me partes por la mitad.* もし君が今尻込みすれば私は半分損をすることになるよ. ❹（心)を引き裂く, 打ちのめす. ― *Me partió el alma verle en aquel estado.* 彼があんな状態になったのを見て, 私は心が張り裂けそうだった.
―**se** ❶ 大笑いする, 爆笑する. ― *Con sus chistes nos partimos de risa.* 彼の冗談で私たちは笑い転げた. 類 troncharse. ❷ 割れる, 裂ける, 壊れる. ― *La piñata se partió en dos.* くす玉が二つに割れた. *Me he partido una pierna esquiando.* 私はスキーをしていて足を骨折した.

partitivo, va [partitíβo, βa] 形 ❶ 分割できる, 分ける. ❷《文法》(a) 部分を表わす. ― *partícula partitiva* 部分詞. (b) 分数の. ― *los numerales* ~s 分数詞.
―― 男《文法》部分詞(部分量を表わす前置詞 de など), 分数詞(tercio, cuarto, octavo など).

partitura [partitúra]〖<伊〗女《音楽》楽譜, 総譜, スコア.

parto¹, ta [párto, ta] 形 パルティア (Partia; 紀元前3世紀のペルシャ系遊牧民の国)の.
―― 名 パルティア人.
la flecha del parto 捨てぜりふ(パルティア人が退却しながら矢を射たことに由来).

***parto²** [párto]〖<parir〗男 ❶ 出産, 分娩. ― ~ *sin dolor* 無痛分娩. ~ *prematuro* 早産. *Su mujer está de* ~. 彼の奥さんに分娩が始まっている. *Ha tenido un buen* [~ *difícil*]. 彼女は安産[難産]だった. 類 alumbramiento.
el parto de los montes 期待はずれに終わる, 大山鳴動してネズミ一匹. *Para el tiempo y dinero que ha gastado en ella, su nueva película es el parto de los montes.* 彼の今度の映画は金と時間をたくさん使った割には期待はずれだ.

parturienta [parturiénta] 形〖女性形のみ〗分娩中の, お産直後の. ―― 女 産婦.

parva [párβa] 女 ❶（脱穀の直前または直後で)脱穀場に広げた穀物. ❷《比喩》大量. ❸〖まれ, 隠〗食事. ❹〖まれ〗断食日の少量の食事. ❺〖集合的に〗子供達の集団, 大ぜいの子供達.
salirse de la parva《話》あきらめる, 目標から外れる.

parvedad [parβeðá(ð)] 女 ❶ 少量, 僅少. ― *Es un restaurante barato, pero sirven una* ~ *de comida.* 安いレストランなのだが量も少ない. 類 escasez, exigüidad, poquedad. ❷（断食日に取る)少量の朝食. 類 parva.

parvo, va [párβo, βa] 形 ❶ 少量の, わずかな. ― ~s *resultados* 乏しい成果. 類 escaso. ❷《文》小さな. 類 pequeño.

parvulario [parβulário] 男 ❶ 幼稚園, 保育園. 類 guardería. ❷〖集合的に〗幼稚園児.

párvulo, la [párβulo, la] 形 ❶ 幼い, 無邪気な, 幼児の. ❷ 世間知らずの, うぶな. 類 cándido.
―― 名 幼児. ― *colegio* [*escuela*] *de* ~ 幼児学校, 幼児園. *No puede tener responsabilidad porque aún es un* ~. この子はまだ幼児なので責任は取れない.

pasa¹ [pása] 女 ❶ レーズン, 干しブドウ (=uva pasa), 干しプルーン (=ciruela pasa). ― ~ *de Corinto* カレンズ(小粒の種なしレーズン). ― ~ *gorrona* 大粒の種なしレーズン. ― ~ *de Esmirna* 種なしレーズン. ❷（黒人の)縮れ毛の房. ❸《まれ》干しブドウで作った昔の装身具.
estar hecho una pasa/quedarse como una pasa《比喩, 話》やせ細ってしわだらけである.

pasa² [pása] 女《海事》水路. ❷（渡り鳥の)航路, コース. ❸《スポーツ》(球技での)パス.

pasa³ [pása] 形 女 →paso¹.

pasable [pasáβle] 形 ❶ まあまあの, がまんできる, 悪くはない, 中程度の. ― *un* ~ *vivir* まずまずの生活. *El resultado sólo es* ~. 結果はそこそこ程度だ. *La tortilla está* ~. オムレツの味はまあまあだ. 類 aceptable, mediano, pasadero. ❷《中南米》(川・浅瀬などを)歩いて渡れる. ❸《アルゼンチン》売り物になる, さばける.

pasacalle [pasakáxe] 男《音楽》❶ テンポの速い行進曲. ❷ パッサカリア(スペイン起源の三拍子の舞曲; バロック音楽の一形式).

***pasada** [pasáða] 女 ❶ 通過, 通行, 通り過ぎること. *Te daré una* ~ *por la cafetería a ver si está allí.* 喫茶店の中をさっと通り抜けて, 彼がいるかどうか見て来るよ. (a)（航空機の)上空通過, 一航過. ― *La avioneta realizó dos* ~s *sobre la plaza.* 軽飛行機が広場の上空を2まわりした. (b)《闘牛》（ムレータ (muleta) やマントを使って)牛をや

り過ごすこと. ❷《作業などの一回の》動作, 一工程. —dar dos ~s de jabón a la ropa 服を二度洗いする. dar una ~ de pintura a la puerta ドアにペンキをひと塗りする. El baño necesita otra ~. 風呂はもうひと拭きする必要がある. (a) アイロンがけ. (b)《仕事中などいそぎ》目を通すこと. (c)《織物》《織機の》糸を通す一工程. ❸ (a)《主に [復]》仮り縫い, かがり縫い. (b) 縫い目, 編み目, ステッチ. ❹ 通路. ❺《ゲームの》勝負, 一番. ❻ 生活手当て. ❼ (a)《人に対する》仕打ち, こらしめ. —La vida le ha hecho muchas malas ~s. 彼は人生においてひどい目にばかり遭ってきた. (b)《中米》叱責, 批難. (c)《コロンビア》恥かしめ. ❽ 行き過ぎ, やり過ぎ, 並はずれ.

dar pasada 大目に見る. Esta vez *daré pasada* a su conducta. 今回は彼の行動も大目に見てやろう.

dar pasada a …《話》《人》をとがめる, 叱責する.

de pasada (1) ついでに, ちなみに. Ya que sales, *de pasada* recoge la niña en la guardería. 出かけるんだったらついでに幼稚園に子供をむかえに行ってくれ. (2) ざっと, 軽く. Visitamos el pueblo *de pasada*. 私達は村をざっと見てまわった.

mala pasada ひどい仕打ち.

pasadera [pasaðéra] 囡 ❶《浅瀬などの》飛び石, 踏み石, 渡し板. ❷『海事』縒り縄. ❸『チリ』政党の鞍替え. ❹『メキシコ』避け口.

pasadero, ra [pasaðéro, ra] 囮 ❶ まあまあの, がまんできる —un dolor ~ がまんできる程度の痛み. 類 aceptable, pasable. ❷《古》一時的な, 長続きしない. ❸《まれ》通れる, 渡れる —Es un camino montañoso, pero ~. 山道だが通れないことはない. 男 ❶ →pasadera①. ❷『メキシコ』よく踏む場所.

pasadizo [pasaðíθo] 男 ❶ 通路, 通り道, 廊下. 類 corredor. ❷ 裏道, 路地. —Este ~ conduce a la Plaza Mayor. この裏道を通れば中央広場に出る. 類 pasaje.

***pasado, da** [pasáðo, ða パサド, ダ] 囮 ❶ 過去の, 過ぎ去った, 前の. —el año [mes] ~ 去年[先月]. la semana *pasada* 先週. el domingo ~ 先週の日曜日. — mañana あさって. Lo ~, ~. 過去は過去だ, 過ぎたことは気にするな. En los cinco ~s años no lo he visto. この5年間彼に会っていない. el ~ (día) cuatro de mayo 去る5月4日に. ❷《食べ物が》傷んだ, 腐りかけた, 《果物が》熟しすぎた, 熟れすぎている. —El pescado ya está ~. この魚は腐りかけている. Me gustan las peras *pasadas*. 私は熟れすぎた洋ナシを食べるのが好きだ. (a)《衣類が》使い古した, 擦り切れた. —He llevado esta chaqueta durante muchos años y está *pasada*. 私は上着は長年着ているので擦り切れている. (b) 流行遅れになった. —Este vestido está ~ de moda. このドレスは流行おくれだ. ❹《料理》《肉に》火の通った; 《卵を》茹でた. —huevo ~ por agua 半熟卵. ❺《文法》過去の. — tiempos ~s 過去時制.

— 男 ❶ 過去, 昔; 過去のこと. —Este pueblo tenía más animación en el ~. 昔はこの町にはもっと活気があった. Me gustaría conocer tu ~. 君の過去がどんなだったかを知りたいものだ. ❷[復] 祖先, 先祖. 類 antepasados. ❸《文法》過去時制, 過去形.

pasador, dora [pasaðór, ðóra] 囮 通過する,

pasaporte 1427

通りぬける.
— 名 密航人.
— 男 ❶ 濾し器, 茶漉し, フィルター. 類 colador. ❷ 差し錠, かんぬき. — de seguridad セイフティーロック. — de resbalón スライドロック. (a) イスパニア錠. (b) ドアロックの舌, ピン. ❸ ピン, クリップ状の装身具. (a)《大き目の》ヘアピン, 髪留め用クリップ, バレッタ. (b)《シャツの》カラーピン. (c) ネクタイピン. (d) ハットピン. (e) カフスボタン. ❹ 留め金, ホック. 類 cerrojo, pestillo. ❺《蝶番の》心棒. ❻ ひも通し針,《海事》網通し針, マリンスパイク. ❼《弩の》矢. ❽『ベルー』靴ひも.

pasadura [pasaðúra] 囡 ❶ 通過, 通行. ❷ 子供のしつけ.

pasaje [pasáxe] 男 ❶ (a)《乗り物の》切符, 乗車券. —sacar ~s de avión 飛行機の切符を買う. 類 billete, boleto. (b) 運賃. —En el ~ va incluido un seguro de vida. この運賃には保険料も含まれている. ❷《集合的で》《船・飛行機の》乗客. —El ~ del avión está embarcando. 乗客は飛行機に搭乗中だ. ❸ 路地, 横丁, 通り道. —Llegaremos antes si pasamos por este ~. この路地を通った方が近い. ❹《文学や音楽作品の》一節. —Nos leyó algunos ~s de su novela. 彼は自分の小説の一節をいくつか私たちに読んでくれた. ❺ 通行, 通過; 通行料. 類 paso, travesía.

:**pasajero, ra** [pasaxéro, ra] 名 乗客, 旅客. —Todos los ~s ya están a bordo. 乗客全員がすでに乗船している. 類 viajero.
— 形 ❶ 一時的な, つかの間の, はかない. — amor ~ はかない恋. Es un fenómeno ~. それは一時的な現象だ. 類 fugaz, transitorio. 反 duradero. ❷ 人通りの多い, にぎやかな. —calle *pasajera* にぎやかな通り. ❸ 渡りの. —ave *pasajera* 渡り鳥.

pasamanería [pasamanería] 囡 飾りひも, 飾りひも製造業, 飾りひも工場[販売店].

pasamano [pasamáno] 男 ❶ 飾りひも, モール. —El mantel está ribeteado con ~ dorado. 祭壇布は金の飾りで縁取られている. 類 pasamanería. ❷《階段などの》手すり. — de barco ガングウェイ, 《船側うたいの》通路. ❸『チリ, アルゼンチン』《乗物の》吊り皮. ❹『チリ』チップ, 心づけ.

pasamanos [pasamános] 男『単複同形』= pasamano.

pasamontañas [pasamontáɲas] 男『単複同形』防寒帽.

pasante [pasánte] 形 ❶ 通行する, 通過する. 類 pasajero, viajante. ❷《紋章》《動物が》パッサントの, 歩行態の.
— 男女 ❶ 見習い, 助手. — de abogado 法律事務所の助手, 書生. ~ de médico 助医. ❷《まれ》教授補佐, 助手. ❸《カトリック》司祭補佐, 助司祭. 類 asistente, auxiliar, ayudante.

pasantía [pasantía] 囡 (特に医者や弁護士の) 見習い[実習生, 補佐]の身分, 見習い期間, 実習期間, インターン.

pasapasa [pasapása] 男 手品, 奇術. 類 prestidigitación.

:**pasaporte** [pasapórte] 男 ❶ パスポート, 旅券;《比喩》《あることへの》保証. —control de ~s パスポート検査. expedición de un ~ パスポートの発行. Tengo ~ para salir y entrar cuando

1428 pasapurés

quiera. 私はいつでも好きな時に出入りすることができる. ❷《軍事》外出[外泊]証明書.

dar pasaporte a ... を解雇する, 追い出す;《俗》殺す. Cuando comprendió que el chico era un sinvergüenza *le dío pasaporte.* その若者が恥知らずな奴と分かって彼はその若者を解雇した.

pasapurés [pasapurés] 男【単複同形】裏ごし器.

pasar [pasár パサル] 他 ❶ (a)を通す, 通過させる, 移す. —Vamos a ~ la mesa del comedor a la cocina. 私たちは食堂のテーブルを台所に移すつもりだ. 類 **trasladar. (b)を入れる, 入らせる, 通す. —Me pasaron al recibidor. 私は応接間に通された. (c)（穴などに）通す, 入れる. —~ el hilo por el ojo de la aguja 針の穴に糸を通す. ❷ (a)を渡る, 横切る, 横断する. —~ un río [una calle] 川[通り]を渡る. (b)を越える, 通過する, (スイレ)のえる. —Pasé los Pirineos de Francia a España. 私はフランスからスペインへとピレネー山脈を越えた. Si no llevas visado, no te dejarán ~ la frontera. 君がビザを持っていなければ, 国境を越えることは許されないだろう. 類 **atravesar.** ❸ (時)を過ごす. —La familia *pasa* las vacaciones en Marbella. 一家はマルベーリャでヴァカンスを過ごす. ❹ (a)を手渡す, 届ける, 送る. —¿Le *has pasado* el documento a José? 君はホセに書類を渡したか. ¿Quieres ~me la sal, por favor? 君, どうか私に塩を取ってくれる. No te olvides de ~le el recado. 彼に伝言を伝えるのを忘れないでくれ. (b)を譲渡する, 移譲する, 移管する. —En su testamento le *había pasado* todos sus bienes a un sobrino. 彼は遺言状で全財産を1人の甥に譲渡していた. ❺ (風邪などに)うつす. —Le *he pasado* mi gripe. 私は彼に風邪をうつしてしまった. ❻ (a)（本のページ）を繰る, (スライドなど)を(次のに)送る. —~ las hojas del libro 本のページを繰る. ~ diapositivas スライドを(次のに)送る. (b)(出欠)をとる. —~ (la) lista 出欠をとる, 点呼をとる. (c)を(ざっと)読む, …に目を通す. —*He pasado* varios libros, pero no he encontrado la información que buscaba. 私は数冊の本に目を通したが, 探していた情報は見当たらなかった. ❼ (手)でなでる, (ブラシ・くしなど)をかける. —Le *pasé* al niño la mano por la mejilla. 私はその子どものほおに手をやった. ~ el peine por el pelo 頭髪にくしを入れる. ~ el cepillo [la aspiradora] ブラシ[掃除機]をかける. ❽ を飲み込む. —Aún tiene dificultad para ~ la comida. 彼はまだ食物を飲み込むのに困難がある. 類 **tragar.** ❾ (a) …に勝る, …より優れている. —En inteligencia ella *pasaba* a su hermana. 頭の良さにかけては彼女は姉よりも優れていた. 類 **aventajar, sobrepasar.** (b)を(競走で)抜く. —~ a otros corredores 他の走者を抜く. (c)を見落す, 抜かす, とばす. —Al dar los números, me *han pasado.* 番号札をもらう際に私は抜かされた. (d) …に合格する. —Estoy seguro de que *pasará* el examen. 私は彼が試験に受かるだろうと確信している. 類 **aprobar.** ❿ を密輸出[密輸入]する. —Intentaron ~ cocaína por la frontera. 彼らは国境を越えてコカインを密輸入しようとした. ⓫ …に苦しむ, 悩む, を経験する. —Aún no *he pasado* el sarampión. 私はまだはしかにかかったことがない. ⓬ …に耐える, しのぐ, を我慢

する. —No *paso* su comportamiento porque me parece insultante. 私は彼の行動が人をばかにしているように思えるので我慢できない. Carmen *pasó* mucho miedo. カルメンは多くの恐怖に耐えた. ⓭ (a)をこす, 濾過(ろか)する, ふるいにかける. —~ el zumo por un colador ジュースをこし器でこす. ~ la harina por el tamiz 小麦粉をふるいにかける. 類 **colar.** (b) …に浸透する, しみ通る. —La grasa *pasa* el papel. 油は紙にしみ通る. El frío *pasa* los huesos. 寒さが骨にまでしみ入る. ⓮ (映画)を上映する, 放映する. —Este cine *pasa* una película del oeste. この映画館は西部劇を上映している. Hoy *pasan* por televisión un reportaje sobre Córdoba. 今日テレビでコルドバについてのドキュメンタリーが放映される. ⓯ 《スポーツ》(ボール)をパスする. —El defensa *pasó* el balón al portero. ディフェンダーはボールをゴールキーパーにパスした.

pasar las de Caín ひどく苦労する. *Pasó las de Caín* con su padre tan bebedor. 彼は飲んべえの父親にさんざん手を焼いた.

pasarlo bien 快適に過ごす. ¡Que *lo pases bien*! 【別れの挨拶】楽しんできて下さい, ごきげんよう. *Lo pasamos* muy *bien* en la fiesta. 私たちはパーティーでとても楽しい時を過ごした.

—— 自 ❶ (a)【+a に】移る, 移動する, 行く. —*Paso* de Sevilla a Granada una vez a la semana. 私は週に1回セビーリャからグラナダへ行く. *Pasemos a* otra cosa. 別の話に移ろう. (b)【+por を】通る, 経由する, (…に)立ち寄る. —Este tren no *pasa* por Málaga. この列車はマラガを通らない. Si tiene tiempo, *pase por* mi casa. もしお暇でしたら, 私のところにお立ち寄りください. (c)【+a+不定詞】(…へと)移行する, 移る, 次に…する. —Después de la reunión *pasamos a* cenar. 会議の後, 私たちは夕食へと移行した. (d)【+a+不定詞】(…し)始める. —*Pasé a* explicar las razones de mi decisión. 私は決定の理由を説明し始めた. ❷ (a)【+por を】越える, 通過する. —~ *por* la frontera [por un río] 国境[川]を越える. (b)【+de を】超える, 超過する. —Las víctimas mortales del accidente *pasan de* ciento. 事故の死者は100人を超えている. ❸ (a)(時が)過ぎる, 流れる, 経過する. —Han *pasado* quince años desde que nos conocimos. 私たちが知り合って以来15年が経過した. Cuando (se) *pase* el invierno, iremos de viaje. 冬が終わったら私たちは旅行に行こう. (b)(ある事が)過ぎ去る, 消え去る, 終る. —Su enfado *pasará* pronto. 彼の怒りはすぐおさまるだろう. ❹ 起こる, 生じる. —¿Qué te *pasa*? 君, どうしたの. ¿Qué *ha pasado*? 何があったの. ❺ 入る. —Por favor, *pase* usted adentro. どうぞ中へお入りください. ❻ (うわさなどが)伝わる. —La noticia *pasó* de un pueblo a otro. そのニュースは村から村へと伝わった. ❼ 【+a に】なる, 変わる. —*Pasó de* la riqueza *a* la más absoluta pobreza. 彼は金持から極度の貧乏になった. ❽ 《ゲーム》パスする, 棄権する, 勝負を降りる. —Yo *paso.* 私はパスだ. ❾ (a) 暮らしていく, 何とかやる. —¿Cómo está tu madre?-Va *pasando*. 君のお母さんはお元気. -まあまあだ. Yo no podría ~ con ese sueldo. 私がその給料ではとても暮らしていけないだろう. Bien podemos ~ sin televisión. 私たちはテレビがなくても暮らせる. (b)使える, 持つ, 長持ちする. —Esta chaqueta aún puede ～ este invierno. この上着はまだ今年の冬は持つだろう. ❿《+por として》通っている，(…と)見なされる. ― Ella *pasa por* inteligente. 彼女は聡明な人として通っている. ⓫ (病気が)うつる，伝染する. ― La gripe *pasó* de unos a otros. インフルエンザが人から人へとうつった. 類 **contagiarse, pegarse.** ⓬《+por》耐え忍ぶ，乗り切る. ― La familia *ha pasado por* muchas calamidades. その家族は多くの災難を耐え忍んできた. ⓭《+de に》関心がない，立入らない. ― Yo *paso de* política. 私は政治に関心がない.

lo que pasa es que 実を言うと，つまりは. *Lo que pasa es que* a ella no le gustó. 実のところ私が彼女の気に入らなかったということだ.

¡No pasarán! 奴らを通すな(スペイン内戦の際共和国軍の合い言葉).

pasar de largo →largo.

pasar por alto (1) …に触れない，を述べない. *Paso por alto* algunos detalles sin importancia. 私は重要性のないいくつかの細かい点は触れないでおく. (2) 見過ごす，忘れる. ¡Ah, se me *pasaba por alto!* Esta noche vuelvo tarde. ああ，すっかり忘れていた. 今夜は帰りが遅くなる.

pasar por encima (de) (障害)を乗り越える，踏み越えて行く. Ascendió en la empresa *pasando por encima de* todos sin respetar a nadie. 彼は誰をも一顧だにせずあらゆる人を踏み台にして会社で出世した.

pase lo que pase 何が起ころうとも，いずれにせよ. No te dejaré sola *pase lo que pase.* 何が起ころうとも君をひとりぼっちにしておかないよ.

¿Qué pasa contigo?《俗》(1)《挨拶の文句》やあ, 元気かい. (2)《相手をとがめて》いったいどういうわけだ. *¿Qué pasa contigo*, tío? 君どうしたの.

―**se** 再 ❶ (時)を過ごす. ― Me *pasé* la tarde durmiendo. 私は昼寝をして午後を過ごした. ❷《+por に》立ち寄る. ― Un día de éstos *me paso por* tu casa. 近いうちに君の家に立ち寄るよ. ❸ 過ぎ去る, 終る, 消え去る. ― Por fin *se pasó* el mal tiempo. とうとう悪天候は終った. ❹《+de》(a) (を)越える, 踏み越える. ― Cuidado con no *pasarte de* la raya. 線をはみ出さないように気をつけろよ. (b)《(…の)度が過ぎる, 余りに…であり過ぎる. ― Mi tío *se pasa de* bueno. 私の叔父さんは余りに善人であり過ぎる. ❺《+a へ》移る, くら替えする, 寝返る. ― El diputado *se ha pasado a* un partido derechista. その代議士はある右派政党にくら替えした. ❻《+a が》忘れる, 記憶から消え失せる. ― Perdona, *se me pasó* la cita. ごめん, 私は会う約束を忘れてしまった《忘れる対象が文法上の主語》. ❼ 熟れ過ぎる, 変質する, 傷む. ― Los kakis *se han pasado* y ya no se pueden comer. 柿は熟れ過ぎてもう食べられない. ❽ (容器が)漏る, しみ出す. ― *~se* un cántaro 水がめが漏る. 類 **rezumar.** ❾ (ねじなどが)ゆるむ. ― La cuerda del reloj *se pasa.* 時計のゼンマイがゆるんだ.

pasarela [pasaréla] 女 ❶ 歩道橋, 渡り板. ❷ (機械室, 橋などの高架状の)作業通路. ❸《海事》(船の)タラップ. ― ～ telescópica 伸縮型タラップ. ❹ キャットウォーク, (ファッションショーなどの)張り出しステージ. ❺《通信》ゲートウェイ.

pasatiempo [pasatjémpo] 男 ❶ 気晴らし, 趣味・娯楽, 楽しみ. ― por ～ 気晴らしに, 楽しみで. Se dedica a la jardinería por ～. 彼女は趣味でガーデニングをやっている. ❷ (新聞・雑誌などの)パズ

ル欄.

Pasco [pásko] 固名 パスコ(ペルーの県).

Pascua [páskwa] 固名 (Islas de ～) イースター島(チリ領の島).

‡**pascua** [páskwa] 女 ❶《宗教》**復活祭**, イースター(キリストの復活を祝う祭日. 春分後の最初の満月の次の日曜日). ― P～ de Resurrección [florida] 復活祭. ❷ クリスマス, 降誕祭, クリスマスの期間, クリスマス休暇 (12 月 24 日のクリスマスイブから 1 月 6 日の主の公現の祝日までの期間). ― P～ de Navidad クリスマス. dar [felicitar] las ～s クリスマスのお祝いを言う. ¡Felices P～s y próspero Año Nuevo! クリスマスおめでとう, そしてよいお年を. ❸《宗教》公現の祝日 (1 月 6 日); 聖霊降臨祭(復活祭後の 7 日目の日曜日); 過越しの祭(出エジプトを記念するユダヤ教の祝日).

cara de pascua(s)《話》うれしそうな顔, 満足した顔.

de pascuas a ramos《話》ごく稀に, ほとんど…しない. Nos vemos *de pascuas a ramos.* 私たちはほとんど会っていない.

estar como unas pascuas とても嬉しそうである, 上機嫌である.

hacer la pascua a …《話》(人)を困らせる, うんざりさせる. Si ahora te echas atrás, *me haces la pascua.* 今になってお前に尻込みされると困るんだ.

y santas pascuas それで終わりだ[決まった]. Dile que estás muy ocupado *y santas pascuas.* とても忙しいと彼に言いなさい, それで終わりだ.

Pascual [paskwál] 固名《男性名》パスクアル.

pascual [paskwál] 形 ❶ 復活祭の, クリスマスの. ― cumplimiento ～ 復活祭の義務(復活祭の頃に果たすべき懺悔や聖体拝領など). comunión ～ 復活祭の聖体拝領. ❷ (ユダヤ教の)過越し祭りの. ― cordero ～ 過越しの小羊.

pase [páse] 男 ❶ 通過, 通行. ❷ 移動, 移籍. ― No me han autorizado el ～ a otro departamento. 私は他学科への移籍を認可されなかった. ❸ 許可, 許可証, 鑑札, 認証状. 類 **licencia, permiso.** ❹ 入場券, 乗車券, 通行許可証, 優待パス. 類 **salvoconducto.** ❺ わり引券で見せるショー. ― ～ de modelos ファッションショー. 類 **desfile.** ❻ (映画の)上映, (演劇などの)上演. ― el último ～ 最終上映[上演]. ❼《スポーツ》(a) パス, (b)《フェンシング》フェイント, 類 **finta.** (c) (上位després 級への)進出. ― Si gana hoy el tenista consigue el ～ a los octavos de final. 今日勝てばそのテニス選手はベスト 8 へと進出を果たす. ❽《闘牛》パセ(闘牛士が動かずに牛をやり過ごすこと). ❾ (催眠術師, 手品師の)手の動き, 手さばき. ❿《中南米》パスポート. 類 **pasaporte.**

dar el pase (人)を解雇する, 追い出す.

darse el pase《隠》コカインをやる.

tener un pase《話》余り良くない, どうにか我慢できる; 酔いつぶれている.

paseante [paseánte] 形 通りを行く, 散歩する, ぶらつく.

―男女 ❶ 散歩・散策する人. ❷ ひま人. ― ～ en corte のらくら者, ぶらぶらしている人. 類 **desocupado.**

‡**pasear** [paseár] 自 ❶ 散歩する, 散策する, ぶらつく. ― *Pasean* por el parque todas las tardes. 彼らは毎日午後公園を散歩する. ❷ (馬・乗

物などに乗って)歩き回る，一回りする，ドライブする．—~ en coche ドライブする．~ en bicicleta サイクリングする．~ a caballo 馬で一回りする． ❸ (馬が)並足で歩く．

—— 他 ❶ を散歩させる．—La niñera *paseaba* al niño por el jardín. ベビーシッターは子供に庭を散歩させていた．~ al perro 犬を散歩させる． ❷ を連れて回る，連れ歩く，見せびらかす．—*Pasea* orgullosa a su guapo novio. 彼女はハンサムな恋人を誇らしげに連れて回っている．

—— se 再 ❶ 散歩する，歩き回る；ドライブする．〘+por に〙(ある考えが)思い浮かぶ．—La idea de suicidarse *se paseaba* siempre *por* su cabeza. 自殺するという考えが常に彼の頭をよぎっていた． ❸ 〘+por に〙かじる，…の上辺をなぞる．—*Se paseó por* la física sin profundizar en ella. 彼は物理学をかじったが，それを深く掘り下げることはなかった． ❹ ぶらつく，(あちこち)ふらふらする．—*Se pasea* en el trabajo y apenas da golpe. 彼は仕事はいつもぶらぶらしていてほとんど怠けている． 類 **holgar, vagnear**.

paseíllo [paseíʝo]〘<paseo〙男 《闘牛》入場行進.

paseo ** [paséo パセオ] 男 ❶ **散歩，一回り；**〘中南米〙**パレード.** —~ en coche ドライブ．~ de vigilancia 巡回．~ cívico 〘中南米〙市民パレード．dar un ~ 散歩する．ir [salir] de ~ 散歩しに出かける． ❷ **散歩道，遊歩道.** —~ marítimo 海岸通り．*P*~ del Prado (マドリードの)プラド大通り．類 **avenida, calle.** ❸ 歩いて行ける距離，短い距離．—De mi casa a la estación no hay más que un ~. 私の家から駅まではほんの少しの距離だ． ❹ 闘牛の入場行進．類 **paseíllo**.

¡Vete [Váyase] a paseo! 出て行け，とっとと失せろ.

mandar [echar, enviar] a ... a paseo 《話》(人)を追い出す，係わらない．Como mi novio era un bebedor, *lo mandé a paseo*. 私の恋人は酒飲みなので，追い出した．Se puso a trabajar y *envió a paseo* la universidad. 彼は仕事を始めて大学には来なくなった．

pasicorto, ta [pasikórto, ta] 形 小股で歩く，ちょこちょこと歩く．

pasillo [pasíʝo] 男 ❶ **廊下，通路.** —pasar por el ~ 廊下を通る．una butaca de ~ (劇場の)通路側の席．un ~ entre los rosales バラ園の通路．類 **corredor.** ❷ 〘南米〙軽快な舞踏音楽の一種．

pasión * [pasjón] 女 ❶ **情熱，激情.** —Hazlo con más ~. もっと情熱をもってそれをやれ．Debes dominar tus *pasiones*. 君は激情を抑えねばならない．類 **arrebato, vehemencia.** ❷ (人に対する)強い愛情，恋心，情欲；熱愛する人．—Sentía una verdadera ~ por ella. 私は彼女に本当の愛情を感じていた．Quiere a su mujer con ~. 彼は妻をひたむきに愛している．El nieto recién nacido se ha convertido en la ~ de su vida. 生まれたばかりの孫が彼の人生における愛情の対象となった．類 **locura.** ❸ (物事に)熱中(すること)，熱狂；熱中する物事．—Tiene ~ por el fútbol [por los dulces]. 彼はサッカーに熱中している[甘いものが大好きだ]．類 **entusiasmo.** ❹ 《宗教》キリスト受難；キリスト受難をテーマにした作品．—La *P*~ según San Mateo (バッハ作曲の)マタイ受難曲.

pasional * [pasjonál] 形 ❶ 情欲の，恋愛の．—crimen ~ 痴情犯罪． ❷ 情熱的な，衝動的な．類 **apasionado, impulsivo.**

pasionaria [pasjonárja] 女 《植物》トケイソウ(時計草).

pasito [pasíto]〘<paso〙男 小さな一歩．
—— 副 ゆっくりと，そっと，小声で．—Abrió la puerta ~ para no despertar al niño. 子供が目を覚まさないように，そっとドアを開けた．hablar ~ ひそひそ話す．

pasitrote [pasitróte] 男 (馬などの)小走り．

pasiva¹ [pasíβa] 女 《文法》受動態．

pasividad [pasiβiðá(ð)] 女 受動性，不活発，受け身的な態度，消極性．類 **apatía, indiferencia.**

pasivo, va² [pasíβo, βa] 形 ❶ **受身の，消極的な；**何もしない．—actitud *pasiva* 消極的な態度．derechos *pasivos* 《法律》不文法．fumador ~ (自分では吸わないのに喫煙者からの害を受ける)受動喫煙者．en situación *pasiva* 休職中の．Permanecían ~s ante esas arbitrariedades. 彼らはその横暴なふるまいに何もしないでいた．反 **activo.** ❷ (年金などの)受給の．—haberes (derechos) ~s 年金，恩給．clases *pasivas* 年金受給(生活)者． ❸ 《文法》受動(態)の．
—— 男 《商業》負債，債務．—tener un ~ muy alto とても高額の負債を負う．

pasmado, da [pasmáðo, ða] 過分 形 ❶ 驚いた，呆然とした．—Me dejó ~ su estupidez. 彼の愚行にはあきれ果てた．Estoy ~ de su talento. 彼の才能には驚いた．類 **atónito.** ❷ ぼうっとした．—No te quedes ~ y trabaja. ぼうっとしないで仕事しろ． ❸ 凍えた，霜枯れた． ❹ 〘中南米〙化膿した，はれた，むくんだ，生気のない． ❺ 〘メキシコ〙愚鈍な，面白みのない． ❻ 〘プエルトリコ〙怠惰な．

pasmar [pasmár] 他 ❶ を驚かせる，茫然とさせる．—Me *pasmó* su egoísmo. 彼のわがままぶりには唖然とした．La chica *pasmaba* a todos por su belleza. みんなその女の子の美しさにはっとさせられたものだ．類 **admirar, asombrar, maravillar.** ❷ を凍えさせる，ぞくっとさせる．—Corría un aire de norte que *pasmaba*. 凍てつくような北風が吹いていた．類 **aterir.** ❸ (霜が植物を)枯らす，霜枯れさせる．—La helada *pasmó* las flores. 霜で花が枯れた． ❹ をうっとりさせる，ぼうっとさせる．類 **enajenar.** ❺ 《まれ》を気絶させる．類 **desmayar.**
—— se 再 ❶ 〘+de に〙驚く，ぎょっとする，茫然とする．—Me he *pasmado* de cómo has progresado. 君の進歩ぶりには驚いた． ❷ 凍える，かじかむ，悪寒がする，風邪をひく．—~ de frío 寒さでかじかむ． ❸ (植物が)霜枯れる． ❹ 《美術》(絵の色が)艶を失う，色あせる． ❺ 気絶する． ❻ 〘南米〙(*a*) 腫れる，むくむ．(*b*) くたびれる，やせ衰える，病気になる．(*c*) 〘メキシコ，プエルトリコ〙(果実が)ひからびる． ❼ 《医学》破傷風にかかる．

pasmarota [pasmaróta] 女 《話》 ❶ (驚きの)大げさな身ぶり． ❷ 痙攣(けいれん)したような身ぶり．

pasmarotada [pasmarotáða] 女 = pasmarota.

pasmarote [pasmaróte] 男 間抜け，役立たず，ぼやぼやした人．—quedarse como un ~/estar hecho un ~ 気が抜けたようにきょとんとしている．類 **atontado, embobado.**

pasmo [pásmo] 男 ❶ 驚き, 仰天, 驚くべきもの[こと]. ― Su inesperada respuesta me produjo un ～. 彼の予想外の答えには驚かされた. 類 **asombro, aturdimiento.** ❷ 風邪, 悪寒, 風邪による発熱. ❸《医学》破傷風. 類 **tétanos.** ❹『中南米』熱病, 炎症.

pasmoso, sa [pasmóso, sa] 形 驚くべき, 唖然とさせるような, ショッキングな, とてつもない. ― Tiene una *pasmosa* capacidad de trabajo. 彼は驚くほど仕事が出来る. 類 **asombroso.**

paso¹, sa [páso, sa] 形 (果物を)干した, 乾燥させた. ― uvas *pasas* 干しブドウ, レーズン. ciruela *pasa* 干しプラム.
― 女 干しブドウ. → pasa¹.

paso² [páso パソ] 男 ❶ 通ること. (a) 通行, 通過; 経過, 推移. ― ～ del ecuador (船の)赤道通過, そのときのお祭り; 学期の半分が過ぎたお祝い. Prohibido el ～. 通行禁止. Contemplaban el ～ de la procesión. 彼らは行列の通過するのを見つめていた. Se olvida todo con el ～ del tiempo. 時間が経つにつれてすべてを忘れてしまう. ¡P～, que tenemos prisa! 急いでいるんだ, 通してくれ. (b) 通行権, 通行許可書; 通行料. ― ～ franco [libre] 通行無料, 通行自由. (c) (鳥の)渡り. ― ave de ～ 渡り鳥. ❷ 通る場所, 通り道. (a) 通路, 通り道. ― ～ a nivel 踏切, 平面交差. ～ de [para] peatones 歩行者専用通路. ～ (de) cebra 横断歩道. ～ subterráneo 地下道. ～ elevado 高架道路, 陸橋. abrir ～ 道を開ける. ceder el ～ 道を譲る; (道路で)いったん停止をする. cerrar [cortar] el ～ 通路をふさぐ, …の行くてをさえぎる. (b) 峠. ― ～ de montaña 山の峠. 類 **puerto. (c) (特定の地名とともに)海峡. ―P～ de Calais ドーバー海峡 (= Estrecho de Dover). P～ Estrecho ジブラルタル海峡航路. 類 **estrecho.** ❸ 歩行. (a) 歩み, 1歩. ― dar unos ～s 2·3歩進む. adelantar [retroceder] un ～ 1歩前進[後退]する. ― a ～ 1歩ずつ, ゆっくり. ¡Un al frente! (軍隊)1歩前へ(進め). (b) 歩幅; 《比喩》短い距離. ― a grandes ～s [a ～ largo, a ～s agigantados] 大股で, 大急ぎで. El cuarto es pequeño, tiene sólo cinco ～s de ancho y ocho de largo. 部屋はとても狭い. 幅は5歩, 奥行きは8歩しかない. La estación está a dos [cuatro] ～s de mi casa. 駅はとても近くにある. (c) 歩調, 足取り, 歩くスピード; (ダンスの)ステップ. ― a buen ～ 早足で, 急いで. a ～ de tortuga (カメのように)とてもゆっくり. a ～ ligero 軽やかな足取りで, 急いで. acelerar [apretar, avivar] el ～ 歩くスピードを速める. andar a ～ de carga 早足で行く. con ～s sigilosos 忍び足で. llevar el ～ 歩調を合わせる. marcar el ～ 歩調をとって歩く; 足踏みする. ～ de dos (バレーの)パ·ド·ドゥ. ～ doble《音楽》パソドブレ. (d) 足音; 足跡. ― Se oyeron ～s en el corredor. 廊下に足音が聞こえた. El ladrón dejó sus ～s en el lodazal. 泥棒はぬかるみに足跡を残していった. 類 **pisada.** ❹ 展開, 進歩, 発展. ― La reforma ha dado un gran ～ adelante [atrás]. 改革は1歩大きく前進[後退]した. Cuéntanos ～ por ～ lo que ocurrió. 起こった事を一つずつ話してくれ. ❺《主に複》手続き, 処置. ― Dimos los ～s necesarios para aumentar las ventas. 我々は売上を伸ばすのに必要な手は打った. ¡Cuántos ～s hay que dar para conseguir el certificado! 証明書を取るにはなんて多くの手続きが必要なんだ. ❻ 難局, 苦境, 危機. ― Un amigo mío me sacó de aquel difícil ～. 友人の1人が私をあの危機から救ってくれた. Esa inversión nos ayudará a salir del ～. その投資のおかげで苦境を脱することができるだろう. ❼《宗教》キリスト受難祭のエピソード, その彫像; キリスト受難像の行列. ❽《演劇》寸劇, 小劇. ❾《服飾》縫い目, ステッチ. ❿ ネジのピッチ. ⓫ (電話の)1通話. ⓬《バスケットボールなどの)トラベリング. ⓭《コンピュータ》(フォルダの階層構造を示す)パス(英語 path).

abrirse paso 道を切り開く; 人に認められる. *Se abrió paso* entre la multitud. 彼は人ごみを押分けて通った. A pesar de que no tenía estudios, logró *abrirse paso* en la vida. 彼は人生における成功をものにした. Su proyecto *se abrió paso* al fin. 彼の計画はついに認められた.

a cada paso 頻繁に. Me encuentro con él *a cada paso*. 私は彼に頻繁に出くわした.

a ese [este] paso そんな[このような]調子では. *A ese paso*, nunca aprobarás. そんな調子ではとても合格しないぞ.

al paso (1) ついでに, 通りがかりに; 同時に. Voy a recogerte, ya que me cae *al paso*. ついでだから迎えに行ってあげよう. *Al paso* que vas a la panadería, echa esta carta. パン屋へ行くならついでにこの手紙を出してくれ. (2)《馬術》並足.

andar en malos pasos ふしだらな生活をする.

dar el primer paso [los primeros pasos] 始める, 動き出す; デビューする. Tú debes *dar los primeros pasos* para reconciliarte con él. 彼と仲直りするためにはお前が動き出さねばならない.

dar paso a ... (1) 道をあける. El policía *dio paso* a los vehículos. 警官は車が通れるように道をあけた. (2) 状況をつくりだす. El acuerdo a que se llegó *dio paso* al fin de las hostilidades. 締結された協定によって敵対関係が終結する状況ができた.

dar un paso en falso [un mal paso] つまずく, 《比喩》へまをする. *Dio un paso en falso*, y se fracturó el tobillo. 彼はつまずいて足首を折った. Ese hombre se arruinó por haber *dado un mal paso*. その男は事業につまずいて破産した.

de paso (1) ついでに, 行きがかりに. Dicho sea *de paso*. ちなみに. Yo puedo llevarte en mi coche; me coge [pilla] *de paso*. 途中だから車で送ってあげるよ. (2) 一時的に, ちょっと. Estoy *de paso* en esta ciudad y no permaneceré muchos días. 私はこの町にはちょっと寄っただけで何日もいません.

salir al paso (1) 人の行く手をさえぎる, 行く手に立ちはだかる. Al salir del portal, un acreedor le *salió al paso*. 玄関を出たところで借金取りが彼を待ち構えていた. Nos *salieron al paso* muchas dificultades. 多くの困難が我々の行く手をはばんだ. (2) 否定する, 打ち消す. Ante aquella acusación, ella le *salió al paso* demostrando que era falsa. その容疑に対して彼女はそれがうそだと立証して彼に容疑を否定した.

seguir los paso (1) 監視する, 見張る, 追跡する. Él sabía que la policía le *seguía los pasos*. 彼は警察が見張っていることを知っていた. (2) まねをする, 例にならう. El hijo menor *siguió los pasos*

de su padre, y se hizo médico. 下の息子は父の例にならって医者になった.
volver sobre sus pasos (1) もと来た道を引き返す. (2) 決心や態度を改める. Decidió *volver sobre sus pasos* y continuar los estudios. 彼は態度を改めて勉強を続ける決心をした.

pasoso, sa [pasóso, sa] 形 〖中南米〗 ❶ 〖コロンビア, チリ, グアテマラ, ペルー, ベネズエラ〗吸水性の, 濾過性の. ❷ 〖チリ, メキシコ〗(手足が)汗ばんだ, 汗まみれの. ❸ 〖エクアドル〗(病気が)伝染性の.

pasquín [paskín] 男 (公共の場所に貼られた, 権力・権威を風刺・揶揄した)びら, 落書き, 風刺文.

:pasta [pásta] 女 ❶ 〖料理〗小麦粉などを練って作ったもの. (a) クッキー, パイ, ケーキ. ― merendar café y ～s コーヒーとクッキーでおやつを取る. (b) (マカロニなどの)パスタ. ― sopa de ～ パスタ入りスープ. ～ fresca 生パスタ. (c) (パイなどの)生地, 種. ❷ ペースト状のもの, 練り製品. ～ de hígado レバーペースト. ～ dentífrica [de dientes] 練り歯磨き. ～ de pegar 接着剤. ～ de papel (製紙用)パルプ. ❸ 〖話〗お金. ― Yo no llevo ～. 私はお金を持ちあわせていない. 類 **dinero**. ❹ 〖出版〗革やクロスの装丁. ― media ～ [de ～ holandesa] 背紙が革製の装丁. ❺ 才能, 資質. ― Tiene ～ para todo. 彼は万能選手だ.

aflojar [*soltar*] *la pasta* 〖話〗(払うべきものを)支払う. Hoy te toca a ti *aflojar la pasta*. 今日はお前が払う番だ.

buena [*mala*] *pasta* 温厚な[悪い]性格. tener *buena pasta* 温厚な性格である. Es hombre de *buena pasta* 彼は人柄の良い人物だ.

pastaflora [pastaflóra] 女 ❶ スポンジケーキ. ❷ 〖話〗現金.
ser de pastaflora 人がよい, お人よしである, (幼児が)おとなしい.

pastaje [pastáxe] 男 〖中南米〗 ❶ 共同放牧地. ❷ 放牧料. 類 **pasturaje**.

pastal [pastál] 男 〖中南米〗牧草地. 類 **pastizal**.

pastar [pastár] 他 (家畜に)牧草を食わせる. 類 **apacentar, pastorear**.
―― 自 (家畜が)牧草を食む.

Pastaza [pastáθa] 固名 パスターサ(エクアドルの県).

pastel [pastél] 男 ❶ ケーキ, パイ. ―～ de chocolate チョコレートケーキ. ～ de manzana アップルパイ. ～ de carne ミートパイ. ❷ 〖美術〗パステル, パステルカラー, パステル画(=pintura al pastel). ―azul ～ パステルブルー. dibujar [pintar] al ～ パステル画を描く. ❸ 〖話〗いかさま, ぺてん, 裏取引. ―Parece que el ministro está metido en el ～. 大臣は裏取引に関わっているようだ. 類 **chanchullo, fullería**. ❹ ごまかし, 上っ面だけの仕事. 類 **chapucería**. ❺ 〖比喩〗背が低く太った人. ❻ 〖軍事〗不規則形の堡(*). ❼ 〖印刷〗(a) (インク過多による)印字の乱れ. (b) 活字の乱れた組版. (c) 廃品になった活字. ❽ 〖話〗(子供のうんち, 不快なもの.
descubrirse el pastel いかさま[不正]がかぎつけられる.

pastelear [pasteleár] 自 ❶ 〖話〗妥協する. 類 **contemporizar**. ❷ 裏取引する. 類 **maquinar, urdir**.

pasteleo [pasteléo] 男 妥協, 裏取引.

pastelería [pastelería] 女 ❶ ケーキ屋, ケーキ工場, ケーキ製造業. ❷ (集合的に)ケーキ類.

pastelero, ra [pasteléro, ra] 名 ❶ ケーキ屋, ケーキ職人. ❷ 〖比喩〗日和見主義者.

pastelillo [pastelíjo] 男 小さなケーキ, 小さなパイ.

pastelista [pastelísta] 男女 パステル画家.

pasterización, pasteurización [pasteriθaθjón, pasteuriθaθjón] 女 低温殺菌法, パスチャライズ, 原料を62-65℃で加熱する殺菌法, 発明者パスツール(Pasteur, 仏の化学者)の名に由来する).

pasterizado, da, pasteurizado, da [pasteriθáðo, ða, pasteuriθáðo, ða] 形 低温殺菌された. ― leche *pasterizada* 低温殺菌牛乳.

pasterizar, pasteurizar [pasteriθár, pasteuriθár] 他 〖1.3〗(飲み物を)低温殺菌する. ―～ la leche 牛乳を低温殺菌する.

pastiche [pastítʃe] 〈＜仏＜伊〉男 ❶ 〖文学, 芸術〗の模作, 模倣の寄せ集めによる作品. ❷ 〖比喩〗寄せ集め, 無意味に色々盛り込んだ物. ❸ 〖音楽〗パスティッチョ(オペラなどの, 複数作品のメドレー).

pastilla [pastíja] 女 ❶ 〖医学〗錠剤, トローチ. ―tomar una ～ para calmar el dolor 痛み止めの錠剤を飲む. Me han recetado unas ～s para dormir. 睡眠薬を処方してもらった. ～ de éxtasis [синтетического合成麻薬]の錠剤. 類 **tableta**. ❷ 小さな四角い塊. ～ de café con leche ミルクコーヒーキャンディー. ～ de chocolate 板チョコの1片. ～ de jabón 化粧石鹸 1個.
a toda pastilla 〖話〗全速力で, フル回転で.

pastinaca [pastináka] 女 ❶ 〖植物〗アメリカボウフウ, パースニップ(セリ科の植物). ❷ 〖魚類〗アカエイ.

pastizal [pastiθál] 男 牧草地.

Pasto [pásto] 固名 パスト(コロンビアの都市).

pasto [pásto] 男 ❶ 放牧, 牧草地, 放牧地. ―～ comunal 共同放牧場. derecho de ～ 放牧権. 類 **pastura**. ❸ 牧草, まぐさ, 飼料. ―～ seco 乾燥飼料. ～ humano 活動源, 糧, 支え. ― ～ espiritual 信者の教導. ～ de la caldera ボイラーの動力源. ❺ 〖比喩〗餌食, 犠牲. ―ser ～ del fuego [de las llamas, del incendio] 炎に包まれる. Su divorcio ha sido ～ de la murmuración de todo el vecindario. 彼らの離婚は近所じゅうの格好の噂の種となった. ❻ 鳥の一回分の餌. ❼ 〖中南米〗芝生, 草.

a (*todo*) *pasto* 〖話〗(飲食・浪費に関して)たっぷりと, 湯水のごとく, むやみに, 無制限に. Gasta dinero *a todo pasto*. 彼はお金を使いまくっている. Nos sirvieron bebidas *a* (*todo*) *pasto*. 湯水のごとく飲み物が給された.

dar pasto a …のもととなる.

de pasto いつもの, 常食の. vino *de pasto* テーブルワイン.

:pastor, tora [pastór, tóra] 名 羊飼い. ―el Buen P～ よき牧者(キリストのこと). perro ～ 牧羊犬. ～ alemán ドイツシェパード犬.
―― 男 〖宗教〗(プロテスタントの)牧師; (カトリックの)司教, 司祭. ―el ～ sumo [universal] 教皇. 類 **cura, prelado, sacerdote**.

pastora [pastóra] 女 ❶ 羊飼いの女. ❷ 〖北米〗粗野な女, 田舎娘.

:pastoral [pastorál] 形 ❶ 牧歌的な, 田園生活の; 羊飼いの, 牧人の. ―poeta ～ 牧歌詩人

obra ～ 牧歌的な作品. 類**bucólico, pastoril**. ❷ (プロテスタントの)牧師; (カトリックの)司教の, 司祭の. —carta ～ 司教書. visita ～ 司教の信者訪問.
—— 安 《文学》牧歌, 田園詩;《音楽》パストラル, 田園曲.

pastorear [pastoreár] 他 ❶ (家畜)を飼育[放牧]する, (家畜)に草を食べさせる. 類**apacentar, pacer, pastar**. ❷ (聖職者が信者)を導く, 善導する. ❸ 『中米, アルゼンチン, ウルグアイ』*(a)* を詮索する, かぎ回る. *(b)* を待ち伏せする. ❹ 『中米』を甘やかす, ちやほやする. ❺ 『アルゼンチン, ウルグアイ』(女性)を口説く, (女性)に言い寄る.
—— 自 ❶ (家畜)が草を食む. 類**pacer, pastar**. ❷ 『ベネズエラ』ひどい目にあう, 一杯くわされる.

pastorela [pastoréla] 安 ❶ 牧人歌. ❷ 《文学》(南仏プロヴァンスやスペイン・ガリシア地方の)叙情詩, 田園詩. ❸ 『メキシコ, 北米』キリスト生誕劇.

pastoreo [pastoréo] 男 家畜に草を食べさせること, 放牧. —vivir del ～ 放牧をやって暮らす[生計を立てる].

***pastoril** [pastoríl] 形 羊飼いの, 牧人の; 牧歌的な. —novela ～ 牧人小説. vida ～ 牧人生活.

pastosidad [pastosiðá(ð)] 安 ❶ 柔らかさ, 練り状. ❷ べとつき; ねばつき. ❸ 《美術》厚塗り.

pastoso, sa [pastóso, sa] 形 ❶ 柔かい, 練り状の. —barro ～ 柔かい粘土. 類**blando, viscoso**. ❷ ねばつく. —tener la boca [lengua] *pastosa* 口のなかがねばねばする. El puré me ha quedado ～. ピューレが(口の中で)ねばついている. ❸ (声が)滑らかな, 鋭くない. —voz *pastosa* 滑らかな声. ❹ 《美術》厚塗りの. ❺ 『コロンビア』怠惰な, のんびりした. ❻ 『アルゼンチン, チリ』草の生えた.

pastura [pastúra] 安 ❶ 牧草地, 放牧場. ❷ 牧草, まぐさ, (牛に与える一回分の)餌.

pata¹ [páta] 安 雌のかも, 雌のアヒル.

:**pata**² [páta] 安 ❶ 脚, 足. *(a)* (動物の)脚, 肢, 足. —～s delanteras [traseras] 前[後]足. El perro tiene herida en una ～. 犬は片足に怪我をしている. *(b)* 《話》(人間の)脚, 足. —andar [ir] a la ～ coja けんけんしながら歩く[行く]. Tiene unas ～s muy cortas. 彼女の脚は短い. 類**pierna, pie**. *(c)* (家具などの)脚. —Esta mesa tiene una ～ estropeada. このテーブルの脚は1本壊れている.

a cuatro patas 四つんばいになって. El niño anda ya *a cuatro patas*. 赤ちゃんはもう四つんばいになって歩く.

a la pata llana [*a pata llana*] 《話》気取らずに, ざっくばらんに. El presidente se comporta con los empleados *a la pata llana*. 社長は社員とざっくばらんに付き合う.

a pata [*patita*] 歩いて. ir [venir] *a pata* 歩いて行く[来る]. 類**a pie**.

echar las patas por alto 怒りをあらわにする, かっとなる.

estirar la pata 《話》くたばる, 死ぬ.

mala pata (1) 《話》不運. ¡Qué *mala pata*! Hemos perdido el tren por un minuto. なんてついてないんだ. 1分違いで列車に乗り遅れた. (2) つまらなさ, タイミングの悪さ. Tiene muy *mala pata* contando chistes. 彼が言う笑い話はとてもつまらない.

meter la pata へまをする, ドジを踏む. Ten cuidado con lo que dices, no vayas a *meter la pata*. 自分で言っていることに気を付けて, ドジを踏むなよ.

patas arriba (1) 仰向けにひっくり返って. El gato duerme *patas arriba*. 猫は仰向けにひっくり返って寝ている. (2) 散らかった, 乱雑な. Los niños han dejado el salón *patas arriba*. 子供たちが居間を散らかした.

patas de gallo 目じりのしわ, カラスの足跡. Aunque aún es muy joven ya tiene *patas de gallo*. 彼女はまだ若いのにもう目じりにしわがある.

poner a ... de patas [de patitas] en la calle (人)を追い出す, 解雇する.

patache [patátʃe] 男 ❶ 『アルゼンチン』(荷役用の)平底船. ❷ 『エクアドル, ペルー』食料, (麦と肉の)スープ.

patacón [patakón] 男 ❶ (昔の)銀貨, 小額銅貨. ❷ 『コロンビア』バナナチップス. ❸ 『チリ』あざ.

patada [patáða] 安 ❶ 踏みつけること. —dar una ～ a la puerta ドアをけとばす. dar una ～ en el suelo 地団太を踏む. largar una ～ en el trasero 尻をけとばす. dar una ～ a la pelota ボールをけとばす. 類**coz, puntapié**. ❷《比喩》手荒な扱い, 足蹴, 追い出し. ❸《まれ》歩み, 足跡. ❹《比喩》《主に 複》手間, 手数. —Me ha costado muchas ～s conseguirlo. それを達成するにはずいぶん手間がかかった. dar ～s para ... ...のために手間をかける. ❺『北米』(銃砲類の)反動. ❻『北米』酒酔い. ❼『中南米』《話》不誠実, 忘恩.

a patadas (1) たくさん. Hay hormigas *a patadas*. アリがうじゃうじゃいる. (2) 手荒に. tratar *a patadas* a los obreros 人夫達をこき使う. Lo echaron *a patadas*. 彼はつまみ出された. (3) 大ざっぱに, 急いで.

dar cien patadas (*en el estómago* [*en la barriga*]) *a ...* 《話》(人)に不快な思いをさせる.

dar una [*la*] *patada a ...* 《話》(人)を解雇する.

en dos patadas 難なく, あっという間に.

sentar [*caer*] *una patada como los cojones* [*huevos*] *a ...* (1) (人)を困らせる. (2) (飲食物が)人に害になる.

patagón, gona [pataɣón, ɣóna] 形 パタゴニア (Patagonia) の.
—— 名 パタゴニア地方の人.

Patagonia [pataɣónja] 固名 パタゴニア(アルゼンチン, チリにまたがる地域).

patagónico, ca [pataɣóniko, ka] 形 パタゴニア (Patagonia) の.

patalear [pataleár] 自 ❶ 地団太を踏む, 足をばたつかせる. ❷《比喩》くやしがる.

pataleo [pataléo] 男 ❶ 地団太を踏むこと, 足をばたつかせること. ❷ くやしがること.

el derecho al [*de*] *pataleo* くやしがるだけで為す術がないこと. Sólo les queda *el derecho al pataleo*. 彼らはただくやしがるだけだ.

pataleta [pataléta] 安 ❶ 痙攣(次), 引きつけ. ❷《話》癇癪(次), むかっ腹. —Le dió una ～. 彼は癇癪を起こした. agarrar una ～ むかっ腹を立てる.

patán [patán] 形 粗野な, 田舎くさい, 無作法な, 野蛮な. —Te has portado como un ～. 君の振るまいは無作法だったよ. 類**paleto, palurdo, rústico**.
—— 男 粗暴者, 田舎者, 野蛮人.

patarata

patarata [patatáta] 囡 ❶ 大げさな表情[身振り], ばか丁寧. ❷ ばかげたこと. — Se gasta el dinero en ~s. 彼はくだらないことにお金を使っている.

‡patata [patáta] 囡 ジャガイモ. — ~ temprana 新じゃが. ~ para freír フライ用ジャガイモ. ~s fritas フライドポテト; ポテトチップス. ~s fritas lisas ポテトチップス. puré de ~s マッシュポテト. ~ dulce サツマイモ. 類**batata**.
ni patata 《話》全く…でない. No sé *ni patata* de alemán. 私はドイツ語は全く分からない.
patata caliente 《話》(やらねばならない)難しく, やっかいな事.

patatal [patatál] 男 ジャガイモ畑.

patatar [patatár] 男 ジャガイモ畑(=patatal).

patatero, ra [patatéro, ra] 形 ❶ ジャガイモの. —cosecha *patatera* ジャガイモの収穫. ❷ ジャガイモ好きの. ❸《軍》(将校が)兵卒からなりあがった. ❹《話》粗末な, 出来の悪い.
── 名 ❶ ジャガイモ栽培者, ジャガイモ売り. ❷ ジャガイモ好きの人. ❸《隠》(士官学校を出ていない)たたき上げの将校.

patatús [patatús] 男《単複同形》《話》失神, 卒倒. —Del susto, le dio un ~. 彼は驚きのあまり卒倒した.

pateadura [pateaðúra] 囡 ❶ 踏みつけること, けること. ❷《話, 比喩》叱りつけること, こてんぱんに言い負かすこと. ❸ 怒りで足をばたつかせること, 足踏みによる抗議.

pateamiento [pateamjénto] →pateadura.

patear [pateár] 他 ❶ を踏みつける, 蹴りつける. — La niña se puso histérica y comenzó a ~ la puerta. その女の子はヒステリックになってドアを蹴りつけ始めた. ❷ (怒り・抗議を表わして)足で踏みならす. — La obra de teatro era aburrida y el público *pateaba* el suelo. 演劇作品はつまらなかったので, 観客は足で床を踏みならしていた. ❸《ベネズエラ》を罵倒する. ❹《チリ, ラ・プラタ》(食べ物が)人に消化不良を起こさせる.
── 自 ❶ 怒りで足をばたつかせる, 足を踏みならして抗議する. —El niño *patea* porque no le dejan ver la tele. テレビを見せてもらえないので子供は足をばたつかせてぐずっている. ❷《話》(何かを求めて)駆け回る, 奔走する. ❸《中南米》(a)(動物が)蹴る. (b)(銃が反動で)はね返る. ❹《チリ, ラ・プラタ》遠出する. ❺《中南米》(アルコールの酔いが)回る. ❻《スポーツ》キックする, (ラグビーで)パントする.
── se 再 《何かを求めて》奔走する.

patena [paténa] 囡 ❶《カトリック》聖体皿, パテナ. ❷ (宗教的な像を彫った)メダル, 銘板.
limpio como [*más limpio que*] *una patena*《比喩》きわめて清潔な.

patentado, da [patentáðo, ða] 形 特許権を取得した. —marca *patentada* 登録商標.
── 名 専売特許権所有者.

patentar [patentár] 他 ❶ (発明などに)特許を与える. — ~ su invento 彼の発明に特許を与える. ❷ …の特許を取得(登録)する.

‡patente [paténte] 形 明らかな, 明白な; 証明された. —Le recibieron con ~s muestras de simpatía. 彼らは親しみを満面に浮かべて彼を迎えた. El fracaso hizo ~ la falta de organización. 失敗が組織の欠点を明らかにしている. 類 claro, evidente. 反 latente. ❷《商業, 法律》許可された; 特許権のある.
── 囡 ❶ 特許(権), 特許証. —derechos de ~ 特許権使用料. ~ de invención 新案特許. ❷ 許可(証); 証明書. —~ de navegación 船籍証明書. ~ de corso 私掠(りゃく)免許状; 特権. ❸ 評判, 名声. —Tiene ~ de trabajador muy diligente. 彼はとても働き者という評判だ. ❹《南米》(車両の)ナンバープレート. 類 **matrícula**.

patentizar [patentiθár] 他 を明白にする, 明示する, 表明する. 類 **manifestar, mostrar**.

pateo [patéo] 男 踏みつけること, 足を踏みならすこと. 類 **pataleo, pateadura**.

patera [patéra] 囡 手こぎボート.

paterfamilias [paterfamílias] 男 《単複同形》(古代ローマの)家父, 家長.

paternal [paternál] 形 父親の, 父親的な, 父親としての. —amor ~ 父性愛. con aire ~ 父親ぶって. autoridad ~ 父権. 類 **paterno**. 反 **maternal**.

paternalismo [paternalísmo] 男 ❶ 家父長主義, 父親ぶった態度. ❷ 温情主義.

paternalista [paternalísta] [**1.3**] 形 ❶ 家父長主義的な, 父親ぶった. —actitud ~ 父親ぶった態度. ❷ 温情主義的な.

paternalmente [paternálménte] 副 父親らしく, 父親ぶって; 温情的に.

*‡**paternidad** [paterniðáð] 囡 ❶ 父親であること, 父権, 父性; 父子関係. ❷《文学》原作者であること. —Se desconoce ~ de esta obra. この作品が誰の作であるか分からない. 類 **autoría**.

‡paterno, na [patérno, na] 形 父親の, 父親としての; 父方の. —autoridad *paterna* 父権. línea *paterna* 父方の家系. abuelos ~s 父方の祖父母.

paternóster [paternóster] 男《単複同形》❶《カトリック》主祷文, パーテル・ノステル. 類 **padrenuestro**. ❷《比喩》固い大きな結び目.

‡patético, ca [patétiko, ka] 形 悲痛な, 悲愴な, 痛々しい. —Su *patética* súplica no fue atendida. 彼らの悲痛な訴えは受け入れられなかった.

patetismo [patetísmo] 男 悲痛, 悲壮感. —crudo ~ 生々しい修羅場. escena de gran ~ 愁嘆場.

patiabierto, ta [patiaβjérto, ta] 形《話》がにまたの.

patibulario, ria [patiβulárjo, rja] 形 ❶ 絞首台の. —horca *patibularia* 絞首台. ❷ 凶悪な, 恐ろしい, 身の毛のよだつ. —aspecto ~ 凶悪な顔つき. drama ~ 身の毛のよだつ惨劇.

patíbulo [patíβulo] 男 絞首台, 処刑台. —carne de ~ 極悪人. 類 **cadalso, horca**.

paticojo, ja [patikóxo, xa] 形《話》足の不自由な, びっこの.
── 名《話》足の不自由な人. 類 **cojitranco, cojo**.

patidifuso, sa [patiðifúso, sa] 形《話》たまげた, 面くらった. —Me quedé ~ al oírlo. 私はそれを聞いてぶったまげた. La noticia me dejó ~. その知らせは私を仰天させた. 類 **boquiabierto, patitieso**.

patiestevado, da [patjesteβáðo, ða] 形 O脚の.
── 名 O脚の人.

patihendido, da [patjendíðo, ða] 形 (哺乳

類が)偶蹄の,蹄が二つに割れた.

patilla [patíja] 囡 ❶ 付属的な物・部品,はみ出している部分.(a) もみあげ,頬ひげ,(女性の頬の)毛.(b) めがねのつる(=～ de gafas).(c) 〖木工・建築〗資材のほぞ,止め具.(d) 〖チリ,ボリビア〗取り木の枝,つまらない物. ❷ 〖アルゼンチン〗ベンチ. ❸ 〖コロンビア,ベネズエラ〗すいか. ❹ 〖音楽〗(古楽器ビウェラ vihuela の)左手の位置.

patilludo, da [patiȝúðo, ða] 形 もみあげの濃くて長い.

patín¹ [patín] 男 ❶ スケート靴. ～ de hielo [de cuchillo] アイススケート靴. ～ de ruedas ローラースケート靴. ❷ (子供の遊び用の)スクーター. 類 **patineta**. ❸ 水上バイク. ❹ (そりなどの)滑り材,スケートの刃. ～ de cola (飛行機の)尾そり. ❺ 〖機械〗すべり座,ブレーキパッド. ❻ カタマラン型のヨット(=～ de vela);ペダルボード(=～ de pedal).

patín² [patín] 男 〖鳥類〗アホウドリ. 類 **albatros**.

patín³ [patín] 男 patio の縮小辞形.

pátina [pátina] 囡 ❶ (ブロンズなどの)緑青. ❷ (古い油絵などの)色のくすみ;古色,錆. —dar ～ a ... …に錆効果を施す. ～ del tiempo 年月を経て生じる古色・風化・くすみ.

patinadero [patinaðéro] 男 スケート場,スケートリンク.

patinador, dora [patinaðór, ðóra] 名 スケートをする人,スケーター,スケート選手.

‡**patinaje** [patináxe] 男 ❶ スケート(をすること). ～ sobre hielo アイススケート. ～ sobre ruedas ローラースケート. ～ artístico フィギュアスケート. ～ de velocidad スピードスケート. ❷ (車の)スリップ.

‡**patinar** [patinár] 自 ❶ スケートをする. —¿Qué os parece si vamos a ～ esta tarde? 君たち今日の午後スケートに行くというのはどうだね. ～ sobre hielo [ruedas] アイススケート[ローラースケート]をする. ❷ 足を滑らせる;(車などが)滑る,スリップする. —La nieve estaba helada y el coche *patinó*. 雪が凍っていて車はスリップした. ❸ 間違う. —Si crees que vas a poder cambiar a ese hombre, *patinas*. 君があの男を変えられるとでも思っているなら間違いだ. 類 **equivocarse**.

patinazo [patináθo] 男 ❶ (車の)スリップ,横滑り;(人が)足をすべらせること. —Di un ～ en la bañera. 私は浴槽内で足をすべらせた. ❷ しくじり,へま. 類 **planchazo**.

patineta [patinéta] 囡 (片足で地面を蹴って進む)スクーター. 類 **patinete**.

patinete [patinéte] 男 〖遊具〗(片足で地面を蹴って進む)スクーター;キックボード.

patinillo [patinijo] 男 patio の縮小辞形.

‡**patio** [pátjo] 男 ❶ 中庭,(スペイン風家屋の)パティオ. ～ de armas 練兵場. ～ de luces 明り取りのための吹き抜け. ～ de escuela [de recreo] 校庭. ～ de recreo 遊園地. ❷ (劇場・映画館の)1階席. ～ de butacas 1階席.
¡*Cómo está el patio!* 《話》なんとひどい状態だ.

patita [patíta] 囡 pata の縮小辞形. —poner a ... de ～s en la calle (人)を追い出す,解雇する.

patitieso, sa [patitjéso, sa] 形 ❶ 脚が硬直した,すくんだ. —Hacía tanto frío que me quedé ～. 私はあまりの寒さに足がすくんだ. ❷ たげた,面くらった. —Me dejó ～ cuando dijo aquella barbaridad. 私は彼の無茶苦茶な発言を聞いてたまげた. 類 **patidifuso**. ❸ つんと澄ました. ❹ 体が硬直した. —El tremendo golpe le dejó ～. とてつもないショックに彼は体をこわばらせた.

patito [patíto] 男 pato の縮小辞形. —los dos ～s (宝くじなどの)「22番」.

patituerto, ta [patitwérto, ta] 形 ❶ 脚の曲がった. ❷ 曲がった,歪んだ.

patizambo, ba [patiθámbo, ba] 形 X脚の,膝内反の.

pato, ta [páto, ta] 名 〖鳥類〗鴨,アヒル. ～ real [silvestre] 野鴨,マガモ. ～ de flojel ケワタガモ. 類 **ánade**.
—— 男 ❶ 間抜けな[どじな]人,薄のろ. —Se me dan muy mal las manualidades porque soy un ～. 私はどじなので手作業が苦手だ. mujer ～ 〖形容詞的に〗間抜けな女. ❷ 退屈なこと,退屈な時. ❸ (ビスケー湾の)カニの一種. 類 **masera**. ❹ 〖中南米〗便器,湾の. ❺ 〖コロンビア〗無賃乗車客,おしかけ客,無切符入場者,密航者. ❻ 〖エクアドル〗詐欺の被害者,だまされやすい人. ❼ 〖アルゼンチン〗無一文. —estar [ser un] ～ 無一文になる[である].

hecho un pato ずぶぬれの. No se llevó el paraguas y llegó *hecho un pato*. 彼は傘を持たずに,ずぶぬれになって到着した.

la edad de pato 《話》未熟な時期.

pagar el pato 《話》尻ぬぐいをさせられる,ぬれぎぬを着せられる.

salga pato o gallareta 〖中南米〗どうなろうとも.

ser el pato de la boda [fiesta] 〖中南米〗(1) 支払いを押しつけられる. (2) 笑いものにされる,へまな役割を演じる.

patochada [patotʃáða] 囡 でたらめ,ばかなこと. —decir ～s ばかなことを言う. hacer ～s どじを踏む,へまをする.

patogenia [patoxénja] 囡 〖医学〗発病学,病原論.

patógeno, na [patóxeno, na] 形 〖医学〗病原の,発病させる. —gérmenes ～s 病原菌.

patojo, ja [patóxo, xa] 形 よちよち歩きの,左右にふらついて歩く.
—— 名 ❶ 〖中米,コロンビア〗子供,恋人. ❷ 〖中米,コロンビア〗街の不良. ❸ 〖ベネズエラ,エクアドル〗足の不自由な人.

patología [patoloxía] 囡 〖医学〗病理学.

patológico, ca [patolóxiko, ka] 形 ❶ 〖医学〗病理の,病理学上の. —anatomía *patológica* 病理解剖学. ❷ 病的な. —manía *patológica* 病的な習癖.

patólogo, ga [patóloɣo, ɣa] 名 病理学者.

patoso, sa [patóso, sa] 形 《話》❶ (動きが)鈍い,もたついた(人). ❷ (人を面白がらせようとするが)つまらない(人).

patraña [patráɲa] 囡 作り話,でっち上げ,ほら話.

‡**patria** [pátrja] 囡 ❶ 祖国,本国. —la madre ～ 母国,本国. ～ celestial 天国. servir a la ～ 国のために働く. ❷ 生まれ故郷,出生地. —la ～ chica 生まれ故郷.

patria potestad 《法律》父権,親権.

patriarca [patrjárka] 男 ❶ 〖聖書〗(旧約のイ

1436 patriarcado

スラエル民族の)族長, 祖. **ー～** Abraham 太祖アブラハム. ❷ (*a*) 《カトリック》総大司教. (*b*) 《ギリシャ正教会》の総主教. ❸《宗教》開祖, 教祖. ❹ 家父長, 族長, 長老.

patriarcado [patriarkáðo] 男 ❶ (*a*)《カトリック》総大司教区, 総大司教の職. (*b*) 《ギリシャ正教会》の総主教区, 総司教職. ❷ 家父長制.

patriarcal [patriarkál] 形 総大司教(区)の, 総大司教(区)の, 家父長制の.
— 女 総大司教[総主教]の教会, 大司教[総主教]区.

Patricia [patríθia] 固名《女性名》パトリシア.

patriciado [patriθiáðo] 男 (特に古代ローマの貴族に関して)貴族の地位,《集合的に》貴族(階級).

Patricio [patríθjo] 固名《男性名》パトリシオ.

patricio, cia [patríθjo, θja] 形 ❶ (古代ローマの)貴族の. ❷ 貴族階級の.
— 名 ❶ (古代ローマの)貴族, パトリキ. ❷ (貴族階級出の)有力者, 有力市民.

‡**patrimonial** [patrimonjál] 形 世襲(財産)の, 先祖伝来の.

‡**patrimonio** [patrimónjo] 男 **世襲財産**, 財産; 歴史的遺産. —～ real 王室財産. ～ forestal del Estado 国有林. P～ de la Humanidad [～ de humanidad] 世界遺産. ～ nacional 国有財産. ～ histórico-artístico 国宝. 類 **herencia**, **sucesión**.

patrio, tria [pátrio, tria] 形 ❶ 自国の, 祖国の, 故郷の. —amor ～ 愛国心. *patria* chica 祖国. suelo ～ 生まれ故郷. ❷《まれ》父の, 父権としての. —*patria* potestad 父権, 親権.

patriota [patrióta] 形 愛国的な, 愛国者の.
— 男女 愛国者, 愛国の士.
— 女《中米》バナナ.

patriotería [patriotería] 女 狂信的な愛国主義(→patriotismo).

patriotero, ra [patriotéro, ra] 形 狂信的愛国主義の.
— 名 狂信的愛国主義者.

‡**patriótico, ca** [patriótiko, ka] 形 **愛国の**, 愛国心からの.

‡**patriotismo** [patriotísmo] 男 愛国心, 祖国愛.

patrocinador, dora [patroθinaðór, ðóra] 形 後援する, スポンサーとなる.
— 名 後援者, スポンサー.

patrocinar [patroθinár] 他 ❶ を後援[賛助]する, …のスポンサーとなる. —～ la exposición 展覧会のスポンサーになる. ❷ (番組)を提供する.

patrocinio [patroθínjo] 男 後援, 賛助. — bajo el ～ de … …の後援による.

Patrocinio de Nuestra Señora [*San José*] 《カトリック》聖母マリア[聖ヨゼフ]の御加護.

‡**patrón, trona** [patrón, róna] 名 ❶ **主人, 親方, 雇い主, 持ち主**. —*patrona* de pensión (下)宿の女将. Trabajó mucho tiempo para el mismo ～. 彼は長い間同じ主人に仕えていた. 類 **amo, dueño, patrono**. ❷ 《宗教》守護[保護]聖人. —santo ～ 守護聖人. El 15 de agosto es la festividad de la Virgen de los Reyes, *patrona* de Sevilla. 8月15日はセビーリャの守護聖人である, ビルヘン・デ・ロス・レイェスのお祭りだ. San José es el ～ de los carpinteros. サン・ホセは大工たちの守護聖人だ. 類 **patrono**. ❸ 後援者, パトロン.

— 男 ❶ 型, 原形; モデル; 型紙. —Ese administrativo ha quedado obsoleto. その経営モデルは古くさい. hacer el ～ de un vestido ドレスの型紙を作る. ❷ (度量衡の原基, 原器; (貨幣の)本位制. —el quilo ～ キログラム原器. el oro ～ 金本位制. ❸ (小型船舶の)船長. —～ de un pesquero 漁船の船長. Donde hay ～ no manda marinero. 《諺》ボスには逆らえない (←船長がいれば水夫は口を出せない). ❹ (樹木の)添木; (接木の)台木.

cortados por el mismo patrón そっくりな, 瓜二つの. Padre e hijo parecen *cortados por el mismo patrón*. 父と息子はそっくりだ.

patrona [patróna] 女 ❶ (女の)後援者, 支持者, パトロン. ❷ 《カトリック》(女の)守護[保護]聖人. ❸ 女主人, 女将. ❹ (女の)奴隷所有者.

patronal [patronál] 形 ❶ 雇用者の, 経営者側の. —sindicato ～ 雇用者連合. cierre ～ ブロックアウト. ❷ 守護聖人の. —fiesta ～ 守護聖人の祝日.
— 女《集合的》経営者団体. —～ bancaria 銀行家協会.

‡**patronato** [patronáto] 男 ❶ 後援, 賛助, スポンサー. —bajo el ～ de … …のもとに. ❷ (文化的・慈善的)協会, 財団; その理事会, 役員会. —～ deportivo スポーツ振興協会. ❸《集合的に》経営者, 経営者団体, 雇用者連合.

patronazgo [patronáθɣo] 男 後援, 支援, 賛助, 助成団体. —bajo el ～ de … …の後援による.

patronear [patroneár] 他 …(船)の船長を務める, …(船)を操船して指揮する. —*Patroneaba* este barco. 彼はこの船の船長をしていた.

patronímico, ca [patronímiko, ka] 形 父(祖先)の名に由来する.
— 男 父(祖先)の名にちなむ姓・名, 父称(= nombre patronímico) (例: Gonzalo → González, Rodrigo→Rodríguez など).

‡**patrono, na** [patróno, na] 名 ❶ **主人**; 雇用主, 経営者; 上司, 上役. —Los trabajadores están descontentos con el ～. 労働者は経営者のやり方に満足していない. ❷《宗教》守護[保護]聖人. —Hoy es la fiesta del santo ～ del pueblo. 今日は町の守護聖人のお祭りだ. ❸ 後援者, パトロン. 類 **patrón**.
— 女《軍事》旗艦に次ぐ艦.

patrulla [patrúja] 女 ❶ 巡視, 巡回, パトロール. —coche ～ パトロールカー. estar de ～ パトロール中である. ❷ 巡視隊, 警備隊; ～ costera 沿岸警備隊. ❸ 隊 (特定の目的のために編成された)一団. —～ de rescate 救助隊. Los vecinos organizaron ～s contra los vendedores de droga. 住民たちは麻薬の売人に対する自警団を編成した.

patrullar [patrujár] 他 を巡回[巡視]パトロール]する. —～ la ciudad 市内を巡回する.
— 自 巡回[巡視], パトロールする.

patrullera [patrujéra] 女 →patrullero.

patrullero, ra [patrujéro, ra] 形 巡視(パトロール, 哨戒)の. —avión ～ 哨戒機. lancha *patrullera* 哨戒艇.
— 男 巡視・哨戒用の乗り物. (a) 巡視艇, 哨戒艇. (b) 哨戒機, 偵察機. (c) パトロールカー.

―― 囡 巡視艇, 沿岸警備艇.

patudo[1] [patúðo] 男 【魚類】メバチマグロ.

patudo[2] [patúðo] 男 【ペルー】(el ~) 悪魔.

patulea [patuléa] 囡 ❶ 【話】【集合的に】さわがしい子供達, 腕白たち. ❷ 規律の乱れた兵士. ❸ ならず者の集団. 類 chusma.

patullar [patuʎár] 他 〈ぬ〉を踏みならす, を踏みつける.
―― 自 ❶ 足を踏みならす. ❷ 【話】あちこち歩き回る, 忙しくしている; 無駄に骨を折る. ❸ 【話, まれ】おしゃべりする.

paúl [paúl] 形 【カトリック】ヴィンセンシオ会の, ラザリスト会の.
―― 男 ❶ ヴィンセンシオ会, ラザリスト会. ❷ 湿地帯, 湿原.

paular[1] [paulár] 自 【話】話す. ―常に maular と対にして〉Ni *paula* ni maula. うんともすんとも言わない. sin ~ ni maular 一言もしゃべらずに.

paular[2] [paulár] 男 ❶ 沼地, 湿地帯. ❷ ぬかるみ.

paulatinamente [paulatinaménte] 副 ゆっくりと, 少しずつ.

paulatino, na [paulatíno, na] 形 ゆっくりした, 漸進的な, 少しずつの. ―cambio ~ 徐々に進む変化. de manera *paulatina* 徐々に, 少しずつ. 類 gradual, lento.

paulina [paulína] 囡 ❶ 【カトリック】(教皇による)破門状, 破門の教書. ❷ 【比喩, まれ】叱責, 激しい叱りつけ. ❸ 【比喩, まれ】匿名の非難状(非難の投書).

pauperismo [pauperísmo] 男 (社会の)貧困状態, 貧民層の存在.

pauperización [pauperiθaθjón] 囡 貧困化. ―~ de la clase obrera 労働[勤労]者階級の貧困化.

pauperizar [pauperiθár] [1.3] 他 を貧困化させる. ―La política económica de la dictadura *pauperizó* el país. 独裁政権の経済政策が国を貧困化させた. 類 empobrecer.

paupérrimo, ma [paupérrimo, ma] 形 〈pobreの絶対最上級〉【文】極貧の.

:**pausa** [páusa] 囡 ❶ 休止, 中止, 中断; 【音楽】休止(符). ―Él estuvo cinco horas sin hacer ~. 彼は休みなしに5時間働いた. La clase continuará tras un ~ de diez minutos. 十分休憩したら授業が始まります. 類 alto, detención, interrupción, parada. ❷ 遅いこと, のろさ. ―El niño come siempre con ~. その子はいつも食事がのろい. 類 lentitud.
a pausas 途切れ途切れに, 断続的に. Como había corrido mucho, habló *a pausas*. ずっと走ってきた後なので彼は途切れ途切れに話した.

***pausado, da** [pausáðo, ða] 形 ゆっくりとした, のんびりした; 落ち着いた. ―tener un hablar ~ ゆっくりとした話し方をする. Es una persona *pausada*. 彼は慌てない人だ. 類 lento, reposado.

pauta [páuta] 囡 ❶ 規準, 模範, 手本, 指針. ―dar [marcar] la ~ 模範を示す. El comportamiento de mi padre me ha servido de ~ en la vida. 父の姿勢が私にとって人生の模範となっている. 類 dechado, modelo, regla. ❷ 罫線. ❸ 下敷き用罫線, 罫入り下敷き. 類 falsilla. ❹ 定規, ものさし. 類 regla. ❺ 【音楽】五線紙. 類 pentagrama.

pautado, da [pautáðo, ða] 形 ❶ 罫(%)入りの. ―papel ~ 罫紙. ❷ 【比喩】きちんとした, 規則正しい. ―vida *pautada* 規則正しい生活.
―― 男 【音楽】五線紙. 類 pentagrama.

pautar [pautár] 他 ❶ 〈紙に〉罫線[五線]を引く. ―~ un papel 紙に罫線を入れる. ❷ …に規範[指針]を与える.

pava [páβa] 囡 ❶ 【鳥類】雌のシチメンチョウ(七面鳥)(→ pavo). ❷ 【話】面白みのない女, 間抜けな女(→ pavo). ❸ ふいご. ❹ 【南米】(マテ茶用の)湯沸かし, ティーポット. ❺ 【南米北部, プエルトリコ】(つばの広い)麦わら帽子. ❻ 【コスタリカ, コロンビア】垂れた前髪. ❼ 【チリ, メキシコ】寝室用便器, しびん. ❽ 【ボリビア, チリ, ペルー】悪ふざけ, 冷やかし. ❾ 【エクアドル, パナマ】タバコの吸いさし.
pelar la pava (恋人同志が)愛を語り合う, (男が女を)口説く.
hacer la pava a ... (人を)からかう, かつぐ.

pavada [paβáða] 囡 ❶ 七面鳥の群れ. ❷ ばかげたこと, くだらないこと. 類 desatino, sosería, tontería. ❸ (「かごめかごめ」のように)輪を作って行う子供の遊び.

pavana [paβána] 囡 〈< 伊〉❶ 【音楽, 舞踊】パヴァーヌ(16世紀イタリアで生まれた舞踏・舞曲の一種). ―《P~》para una infanta difunta》『亡き王女のためのパヴァーヌ』(ラベル Ravel 作). ❷ 女性ケープの一種.

pavero, ra [paβéro, ra] 〈< pavo〉形 気取った, 見栄っ張りの, 自惚れた. 類 presumido, vanidoso.
―― 名 ❶ 七面鳥飼育業者. ❷ 気取り屋, 見栄っ張り, 自惚れ屋. ❸ 冗談好きの人.
―― 男 (スペイン Andalucía 地方の)つばの広い帽子.

pavés [paβés] 男 【複 paveses】❶ (中世の兵士の)大楯. ❷ (田舎の)敷石舗装. ❸ 【建築】シースルーの壁や天井を作るためのガラス.
alzar [levantar] a ... sobre el pavés (人を)高い地位につける, まつり上げる.

pavesa [paβésa] 囡 (紙, わらなどの)燃えかす, 灰, 火の粉. 類 chispa.
estar hecho una pavesa ものすごく弱い[もろい].

pavía [paβía] 囡 【植物】モモの一種.

pavimentación [paβimentaθjón] 囡 (道などの)舗装(工事), (石やタイルによる)床張り.

pavimentar [paβimentár] 他 を舗装する, …に床張りを施す. ―calle *pavimentada* 舗装道路. ~ el suelo con baldosas 床をタイル張りにする. 類 adoquinar, asfaltar, embaldosar, enlosar, solar.

pavimento [paβiménto] 男 ❶ 舗装, 床張り. 類 adoquinado, asfaltado, enlosado, solado. ❷ 舗装材料, 床材.

pavipollo [paβipóʎo] 男 ❶ 七面鳥のひな. ❷ 【話】薄のろ, 間抜け(= pavisoso).

pavisoso, sa [paβisóso, sa] 形 間抜けな. 類 bobo, soso, tonto.
―― 名 間抜け, うすのろ.

pavitonto, ta [paβitónto, ta] 形 《まれ》愚かな, 間抜けな.

:**pavo** [páβo] 男 ❶ 【鳥類】シチメンチョウ(七面鳥); 雄のシチメンチョウ. ❷ 【俗】つまらない男, 退屈な男. ❸ 【話】5ペセタ. 類 duro.

pavón

comer el pavo (ダンスに)誰からも誘われない，壁の花になる. ¡Pobrecita! Le tocó *comerse el pavo* durante toda la fiesta. かわいそうな女の子だ. パーティーの間中ずっと壁の花だった.

edad del pavo 《話》思春期.

pavo real 《鳥類》孔雀; 雄の孔雀.

subírsele a ... el pavo (恥ずかしさなどで)顔が真っ赤になる. Cuando su novio le dijo que estaba muy guapa, *se le subió el pavo*. 彼女の恋人が彼女にとてもきれいだと言ったら彼女は顔を真っ赤にした.

pavón [paβón] 男 ❶ 《鳥類》クジャク(＝pavo real). ❷ 《虫類》クジャクチョウ. ❸ 《冶金》(鋼鉄の腐食防止のための)青い酸化被膜. ❹ (P∼)《天文》孔雀座.

pavonar [paβonár] 他 《冶金》(鋼鉄に)青焼法を施す(腐食防止のため，表面を焼いて青みがかった酸化被膜を形成する).

pavonear [paβoneár] 自 ❶ 気取って歩く，自慢げに歩く. ❷ 《まれ》人をだます，人に期待させておいて欺く.
— **se** 再 ❶ 気取って歩く，自慢げにする. ❷ [＋de］見せびらかす，ひけらかす. — *Se pavonea de una novia muy rica*. 彼はお金持ちの恋人を自慢している. 類 **alardear, presumir**.

pavoneo [paβonéo] 男 ひけらかし，自慢げな態度.

:pavor [paβór] 男 **恐怖**，パニック. — tener ∼ a los perros 犬をとても怖がる. pasar un momento de ∼ 一瞬パニック状態になる. 類 **espanto, miedo, pánico, temor, terror**.

pavorosamente [paβorósaménte] 副 恐ろしいことに，ぞっとさせるほどに.

pavoroso, sa [paβoróso, sa] 形 恐ろしい，ぞっとするような. — escena *pavorosa* 怖いシーン.

payada [pajáða] 女 《チリ,ラ·プラタ》パヤーダ，ガウチョの吟遊詩人(payador)の即興歌. — ∼ de contrapunto (2 人の吟遊詩人による)パヤーダの歌競べ.

payador [pajaðór] 男 《チリ,ラ·プラタ》ガウチョの吟遊詩人.

payar [pajár] 自 《チリ,ラ·プラタ》即興で歌う.

payasada [pajasáða] 女 ❶ 道化，道化芝居，道化師の演技. ❷ おどけ，悪ふざけ. — hacer ∼s おどける. decir ∼ ふざけた事を言う.

payasear [pajaseár] 自 《南米》おどける.

payaso, sa [pajáso, sa] 名 ❶ おどけ者，愉快な人. — hacer el ∼ おどけて見せる. ❷ 悪ふざけ者，不まじめな人.
— 男 (サーカスの)道化師，ピエロ，クラウン.

payés, yesa [pajés, jésa] [＜カタルーニャ］名 スペイン Cataluña 地方·Baleares 諸島の農民. — *payeses de remensa* 中世カタルーニャ地方の農奴.

payo, ya [pájo, ja] 形 ❶ 田舎の，野暮な，お人好しの. ❷ (ジプシーから見て)ジプシーでない. ❸ 《アルゼンチン》白子の，髪が亜麻色の. ❹ 《メキシコ》(服装が)けばけばしい.

Paysandú [pajsandú] 固名 パイサンドゥー(ウルグアイの都市).

Paz [páθ] 固名 ❶ パス(オクタビオ Octavio ∼)(1914-98，メキシコの詩人·評論家，1990 年ノーベル文学賞受賞). ❷ →La Paz.

*paz [páθ バス] 《複》 paces] 女 ❶ **平和**. — Todos desean que tengamos ∼ para siempre. 全ての人たちが永久に平和であることを望んでいる. Tras dos años de guerra llegó la ∼. 2 年間の戦争の後，彼らはやっと平和を手にした. ❷ **平穏，平静; 安らぎ**. — Necesito recobrar la ∼ del espíritu. 私は精神の安定を回復する必要がある. adorar la ∼ del campo 田舎の静けさを楽しむ. 類 **calma, quietud, reposo, sosiego, tranquilidad**. ❸ **講和，講和条約; 和解，仲直り**. — Se ha firmado la ∼ [un tratado de ∼] entre las dos naciones en guerra. 戦争中の 2 国間で講和条約が締結された. Hizo las *paces* con su adversario. 彼は喧嘩相手と仲直りした. 類 **acuerdo**. ❹ 《宗教》(ミサでの)平和[親睦]の接吻; それに使われる聖像. — dar la ∼ (ミサで)平和の接吻をする.

A la paz de Dios. (挨拶のことば)こんにちは; さようなら.

dejar en paz そっとしておく，放っておく. ¡Vete y *déjame en paz*! 私に構わないで出て行け! Haz el favor de *dejar en paz* la televisión. テレビはそのままにしておいてくれ. El ruido de las obras no me *deja en paz*. 工事の音がひどくうるさい.

descansar [*reposar*] *en paz* [*en la paz de Dios*] 安らかに永眠する, 死ぬ.

estar [*quedar*] *en paz* [*a* su *paz*] (1) 平和である[になる]. Afortunadamente *estamos en paz* desde hace mucho tiempo. 幸いなことに永いこと平和である. (2) 貸し借りなしである[になる]; (ゲームなどで)勝ちも負けもしない，引き分けである[になる]. Le he pagado la deuda y ahora ya *estamos en paz*. 彼に借金を返したのでもう彼との間には貸し借りはない.

no dar paz a la lengua しゃべり続ける.

que en paz descanse (故人を言及するときに冥福を願って)今は亡き(《略》q. e. p. d.) Tu marido, *que en paz descanse*, fue siempre muy amable conmigo. 君の亡くなったご主人はいつもとても私に良くしてくれた.

¡Vaya [*Vete*] *en paz* [*con la paz de Dios*]! とっとと失せろ.

Y aquí paz y después gloria [¡Y en paz!] 《話》これで決まりだ，これで上. Toma lo tuyo y yo me quedo con lo mío, *y aquí paz y después gloria*. 君は君の分を取れ，私は自分の分を取る. これで決まりだ.

— 固名 (La Paz) ラパス(南米ボリビアの首都).

pazguatería [paθɣuatería] 女 ❶ 愚直，(人が)単純なこと. ❷ 猫かぶり，いい子ぶること.

pazguato, ta [paθɣuáto, ta] 形 ❶ 愚直な，単純な，だまされやすい. ❷ 上品ぶった，清純なふりをした，猫かぶりの.
— 名 ❶ 愚直[単純]な人，だまされやすい人. 類 **papanatas**. ❷ 猫かぶりの人，いい子ぶった人.

pazo [páθo] 男 (スペイン Galicia 地方の)田園の屋敷.

PB. 《略号》＝Planta Baja 1 階.

pc 《頭字》[＜英 personal computer] 男 パソコン.

pche, pchs [ps(t)] 間 ❶ ふんっ，ちえっ. ❷ おいおい，ちょっと.

PD. 《略号》＝posdata 追伸.

PDA 《頭字》[＜英 personal digital assistant] 男 《情報》携帯情報端末.

pe [pé] 囡 アルファベットのPの文字, Pの音.
de pe a pa [saber, decir, contar などと共には] はじめから終りまで. Me lo contó *de pe a pa*. 彼は一部始終を me に話してくれた.

peaje [peáxe] 男 ❶ 通行料, (交通施設の)使用料. —carretera [autopista] de ~ 有料道路. ❷ (道路などの)料金所.

peal [peál] 男 ❶ くつ下の足の部分. ❷ (足の部分のない)ストラップ式くつ下; レッグウォーマー. ❸ (イネ科の草で編んだ)鳥かご用の敷物. ❹ 『南米・サンタンデール』投げ縄, (動物の足を縛るための)ロープ, 狩猟用のわな. ❺ 《まれ》役立たずの人.

pealar [pealár] 他 『南米』(動物)を投げ縄で捕える.

peana [peána] 囡 ❶ (像などの)台座. ❷ (祭壇前の)壇. ❸ (窓の)下枠.
Por la peana se adora [se besa] al santo. [諺] 将を射んとすればまず馬を射よ.

peatón, tona [peatón, tóna] 图 ❶ 歩行者, 通行人. —paso de *peatones* 横断歩道. isla de *peatones* 広い通りに設けられた歩行者用安全地帯. 類 **caminante, transeúnte, viandante**. ❷ 郵便配達人.

pebeta [peβéta] 囡 『ラ・プラタ』《話》女の子; 背の低い女 (=niña).

pebete [paβéte] 男 ❶ 香, 線香. ❷ 導火線. ❸ 《話, 皮肉》悪臭のするもの. ❹ 『ラ・プラタ』(*a*) 男の子; 背の低い人. (*b*) パンの一種. ❺ 『ベネズエラ』上質のタバコ.

pebetero [peβetéro] 男 香炉.

peca [péka] 囡 そばかす, しみ. —un chico de la ~ 顔にそばかすがある男の子.

pecadillo [pekaðíjo] [<pecado] 男 軽犯罪, 微罪.

‡**pecado** [pekáðo] 男 ❶ (道徳・宗教上の)罪; 過ち. —~ capital [mortal, grave] 大罪. ~ venial 小罪. ~ original 原罪. los siete ~s capitales 7つの大罪 (avaricia 貪欲, envidia ねたみ, gula 大食, pereza 怠慢, ira 憤怒, lujuria 色欲, soberbia 傲慢). cometer [confesar] un ~ 罪を犯す[告白する]. Paga sus ~s en la cárcel. 彼は自分の罪を償うために監獄に入っている. vivir [morir] en ~ 罪を背負って生きる[死ぬ]. En el ~ lleva la penitencia. 人は罪を犯せば必ず償いの苦しみを味わうことになる. 類語 **pecado** は道徳・宗教上の罪, 法律上の罪は **crimen**. ❷ 《話》罪があたるようなこと, もったいないこと. —Es un ~ dejar comida en el plato. 皿に料理を残すなんて罰があたる. 類 **barbaridad, falta**. ❸ 悪魔. 類 **demonio**.
de mis pecados (人に対する苛立ちを表して) このどうしようもない…ったら Hijita *de mis pecados*, déjate de tonterías. この子ったら, ばかなことは止めなさい.
de pecado 《話》とても良い. Este pastel está *de pecado*. このケーキはとてもおいしい.
por mis pecados 私のせいで.

pecador, dora [pekaðór, ðóra] 形 罪を犯す, 罪深い.
— 图 (道徳・宗教上の)罪人.
— 囡 売春婦, 不倫する女.
pecador [pecadora] de mí 私としたことが.

pecadora [pekaðóra] 囡 →pecador.

pecaminoso, sa [pekaminóso, sa] 形 ❶ 罪深い, (性的に)不純な, 不道徳な. ❷ 罪人の, 罪の, 罪のある. —No considero ~ su comportamiento. 彼の行動に罪はないと思う.

‡**pecar** [pekár] [1.1] 自 ❶ [+contra に対して/de の] (宗教上の)罪を犯す. —*Has pecado contra* la ley de Dios. 君は神の掟に背いて罪を犯した.
❷ 過ち[間違い]を犯す, 正道を踏み外す; 義務を果さない. —Si en algo *he pecado*, lo siento. もし何か私が過ちを犯していたのだとしたら申し訳ない. 類 **transgredir**.
❸ [+de+形容詞] (…で)あり過ぎる, (…の)度が過ぎる. —*Peca de* exigente. 彼はあまりに口うるさい.
pecar por defecto やり足りない, 標準に達しない. *Pecaron por defecto* en las previsiones. 彼らの予測は控えめ[少なめ]だった.

pécari, pecarí [pékari, pekarí] 男 《動物》ペッカリー, ヘソイノシシ(アメリカ大陸に生息).

peccata minuta [pekáta minúta] 〔<ラテン〕囡 軽い罪, ちょっとした過ち.

pecera [peθéra] 囡 (魚を飼う)水槽, 金魚鉢.

pechada [petʃáða] 囡 『中南米』❶ 胸や肩による押し, 押しのけ. ❷ (騎手が馬の胸を押して)押すこと, 押しによる家畜の追い立て. ❸ 『アルゼンチン, チリ』《話》(お金の)ねだり, たかり. 類 **sablazo**.

pechar [petʃár] 他 ❶ (税金・罰金)を払う. 類 **tributar**. ❷ 『中南米』(胸や肩で)押す, 押しのける. ❸ 『中南米』(騎手が馬の胸で牛などを)押して, 追い立てる. ❹ 『アルゼンチン, チリ』(お金を)ねだる, せびる. 類 **estafar, sablear**.
— 自 ❶ 《話, まれ》[+con を] 負う, 引き受ける, (…の)責任を取る. —*Pecha con* la deshonra de la familia. 家の不名誉の責任をかぶる. Ahora tienes que ~ *con* lo que has hecho. したことの責任は取ってもらうよ. ❷ 『アルゼンチン, チリ』人にたかって生きる.

pechblenda, pecblenda [pekβlénda] 囡 《鉱物》瀝青ウラン鉱, ピッチブレンド.

pechera[1] [petʃéra] 囡 ❶ 衣類の胸部, 胸当て. (*a*) (ワイシャツの)胸立て. (*b*) 飾り胸当て. (*c*) (婦人服の)胸のかた飾り. ❷ (馬の)胴当て, 頸帯, 胸懸(統). ❸ 『チリ』職人用のエプロン, 前かけ. ❹ 《話》女性の胸, 乳房. —Esa chica tiene una buena ~. その女の子は胸が大きい.

pechero[1] [petʃéro] 男 よだれかけ, 前かけ, (衣類の)胸当て.

pechero, ra[2] [petʃéro, ra] 形 ❶ 納税義務のある, (人が)課税対象の. ❷ 平民の, 庶民の, 一般市民の (=plebeyo). 反 **noble**.
— 图 ❶ 納税者, 課税対象者. ❷ 平民, 庶民, 一般市民.

pechina [petʃína] 囡 ❶ 《建築》(円屋根などの基底部にある)穹隅, ペンディフ. ❷ 貝殻. ❸ (巡礼者の)ホタテガイの貝殻 (スペイン Santiago de Compostela から巡礼者が持ち帰る習慣があった) (=venera).

pecho[1] [pétʃo] 男 (昔の)税金, 税. 類 **tributo**.

‡‡**pecho**[2] [pétʃo ペチョ] 男 ❶ 胸, 胸部. —Sintió un agudo dolor en el ~. 彼は胸に鋭い痛みを感じた. La muchacha aprieta un gatito contra el ~. 少女は仔猫を胸に抱きかかえている. ❷ 肺, 呼吸器. —Me han recetado un jarabe para el ~. 私は肺病のための飲み薬を処方してもらった. ❸ 乳房, バスト. —

pechuga

La niña ya empieza a tener ~. 少女の胸はもう膨らみ始めている。類 **mama, seno, teta**. ❹ 心, 胸中. — No le cabía el orgullo en el ~. 彼は自慢話をせずにはいられなかった。Guardaré lo que acabas de confesarme en mi ~. 君が今打ち明けてくれたことは私の胸の内に秘めておくよ。類 **corazón**. ❺ 勇気, 元気. — Hay que tener ~ para emprender ese negocio. 元気を出してその仕事に取りかかろう。類 **esfuerzo, valor**. ❻ 傾斜, 坂道. 類 **repecho**.

abrir el pecho a ... …に胸の内を打ち明ける。
A lo hecho, pecho. 済んだことを悔やむな(←やったことには胸を張れ)。
a pecho descubierto (1) 包み隠さず, 率直に. Deseo que me hables sin rodeos, *a pecho descubierto*. 遠回しに言わずに腹を割って[素直に]私に話して欲しい。(2) 武器を持たず, 丸腰で Los soldados lucharon *a pecho descubierto*. 兵士たちは武器を持たずに戦った。
dar el pecho (1) 責任を取る, 問題に立ち向かう. Si fracasas yo *daré el pecho* por ti. 失敗したら私がお前の責任を取る。(2) お乳をあげる。La madre *da el pecho* a su hijita. 母親は幼い娘にお乳をあげる。
de pechos 胸で何かにもたれかかって. Estaba *de pechos* en la ventana. 彼は窓辺に胸を寄せていた。
echarse entre pecho y espalda 《話》(誇張して)食べる; 飲む. *Se echaron entre pecho y espalda* dos botellas de whisky. 彼らはウィスキーを2本も飲んでしまった。
partirse el pecho por ... …に心を砕く, …のため一生懸命である。Los padres *se partieron el pecho por* sacar adelante a su hijo. 両親は息子を立派に育てるために一生懸命であった。
sacar (*el*) *pecho* (1) 胸をはる。(2) …の味方をする。
tomar el pecho お乳を飲む。
tomar(*se*) *el pecho* 真面目に受け止める, 気にする。Te lo he dicho en broma, no (*te*) *lo tomes tan a pecho*. 冗談で言ったのだからそんなに気にしないでくれ。

pechuga [petʃúɣa] 囡 ❶ (鶏などの)胸肉. — ~ de pollo 若鶏のささみ。~ de pavo 七面鳥の胸肉のハム. ❷ 《話》(女性の, 特に衣類からはみ出して見える)胸, 乳房. ❸ 傾斜, 斜面. ❹ 《南米》度胸, 大胆, 厚かましさ. ❺ 《中米》迷惑, 不快.

pecio [péθio] 男 ❶ 難破船の漂流物, 浮き荷. ❷ 漂着物の取得権.

peciolo, pecíolo [peθjólo, peθíolo] 男 《植物》葉柄.

pécora [pékora] 囡 ❶ 《動物》ヒツジ. ❷ 売春婦 (= prostituta).
mala pécora 性悪者(特に, 性悪女).

pecoso, sa [pekóso, sa] 形 《< peca》そばかすのある, そばかすだらけの. — cara *pecosa* そばかすだらけの顔. Él es pelirrojo y ~. 彼は赤毛でそばかすのある顔をしている。
— 名 そばかす顔の人.

pectina [pektína] 囡 《化学》ペクチン.

pectoral [pektorál] 形 ❶ 胸の, 胸部の. — cavidad ~. 胸腔(ｷｮｳｺｳ). músculos ~es 胸筋. aleta ~ (魚の)胸びれ. ❷ 咳止めの. — jarabe ~ 咳止めシロップ。pastilla ~ 咳止めドロップ.
— 男 ❶ 《カトリック》(高位聖職者の)胸掛け十字架. ❷ 咳止め剤. ❸ 《ユダヤ大司祭の》胸飾り.

pecuario, ria [pekuárjo, rja] 形 家畜の, 家畜飼育の. — industria *pecuaria* 牧畜業. 類 **ganadero**.

peculado [pekuláðo] 男 《法学》横領, 着服, 公金使いこみ.

:**peculiar** [pekuljár] 形 **独特の**, 特有な, 特殊な. — Hablaba con ese ~ acento de los sevillanos. 彼はセビーリャの人独特の訛りで話していた。

***peculiaridad** [pekuljariðá(ð)] 囡 独自性, 特殊性; 特徴. — La ~ de su carácter es evidente. 彼の性格が変わっているのは明らかだ。

peculio [pekúljo] 男 ❶ (個人的)持ち金, 自分の金, 貯蓄. — Lo pagué de mi ~. 私は自腹を切った。❷ (古代ローマ時代で言う)個人財産.

pecunia [pekúnja] 囡 《話》お金. 類 **dinero**.

pecuniario, ria [pekunjárjo, rja] 形 お金の, 金銭による. — Siempre tiene problemas ~s. 彼はいつもお金の問題を抱えている。interés ~ 金銭上の利害.

:**pedagogía** [peðaɣoxía] 囡 ❶ 教育学. — Juan estudia ~. ファンは教育学を学んでいる。❷ 教育法. — Ese profesor tiene una excelente ~. その先生の教育法はすぐれている。類 **educación**.

:**pedagógico, ca** [peðaɣóxiko, ka] 形 **教育学の**, 教育法の, 教育的な.

***pedagogo, ga** [peðaɣóɣo, ɣa] 名 ❶ 教育者; 先生. 類 **educador** ❷ 養育係り, 家庭教師. 類 **ayo**.

pedal [peðál] 男 ❶ ペダル. — ~ de acelerador [de embrague, de freno] アクセル[クラッチ, ブレーキ]・ペダル. dar al ~ / pisar el ~ ペダルを踏む. darle con fuerza a los ~es de la bicicleta 自転車のペダルを強く踏み込む. ❷ 《音楽》(鍵盤楽器の)足鍵盤. — ~ fuerte ダンパー[ラウド]ペダル. ~ dulce [piano, suave] ソフトペダル, (足鍵盤による)保続音. ❸ 《話》酒酔い. — llevar un ~ 酔っ払っている. Agarró un ~ de coñac. 彼はブランデーをぐいっと飲んだ。

pedalear [peðaleár] 自 ペダルを踏む, (ペダルを踏んで)自転車を漕ぐ.

pedaleo [peðaléo] 男 ペダルを踏むこと, ペダルを踏んで自転車を漕ぐこと.

pedáneo, a [peðáneo, a] 形 村落の, 村落を管轄とする. — juez ~ (村・集落の軽犯罪を扱う)治安判事.
— 名 (村・集落の)地方行政官.

pedante [peðánte] 形 (人に関して)衒(ｹﾞﾝ)学的な, 識者ぶった, 知ったかぶりをする. — Me molesta su ~ forma de hablar. 彼の識者ぶった話し方が気に入らない.
— 男女 ❶ 識者ぶる人, 知ったかぶりをする人. ❷ (昔の)家庭教師.

pedantería [peðantería] 囡 識者ぶること, 学者ぶった物言い, 衒(ｹﾞﾝ)学趣味. — Fue una ~ decir todos los premios que había recibio. 受賞した賞を全てあげつらうとは偉い人ぶった態度だった.

pedantesco, ca [peðantésko, ka] 形 識者ぶった, 学者ぶった, 衒(ｹﾞﾝ)学的な. — hablar en un tono ~ 識者ぶった調子で話す.

*****pedazo** [peðáθo ペダソ] 男 小片, かけら, 断片. — Dame un ~ de tarta.

ケーキを一切れください. Desde la ventana sólo se veía un ~ de cielo. 窓からほんの少し空が見えた. [類]porción, trozo.

caerse a pedazos (1) 古くて今にも壊れそうである. Tienen que desalojar la casa porque *se cae a pedazos*. 家が古くて今にも壊れそうなので立ち退く必要がある. (2)疲れ果てる, くたくたに疲れる. Cuando llegué a casa *me caía a pedazos*. 家に戻った時には疲れ果てていた.

estar hecho pedazos (1) 《話》疲れ果てている. Me voy a la cama, que *estoy hecho pedazos*. 私はくたくたなので, 寝るよ. (2)《話》(人が精神的に)とても傷ついている. A mi hija le ha dejado el novio y *está hecha pedazos*. かわいそうに娘は恋人にふられてひどく傷ついている.

hacer pedazos (1)(物を)粉々にする, ずたずたにする. *Hizo pedazos* la bicicleta. 彼は自転車を粉々に壊してしまった. (2)(人を精神的に)打ちのめす, 傷つける. La crítica que ha recibido la novela le ha dejado *hecho pedazos*. 彼の小説が受けた批評は彼を打ちのめした.

hacerse pedazos (1)(物が)粉々に壊れる. Se cayó el vaso al suelo y *se hizo pedazos*. コップが私の手から落ちて床で粉々になった. (2)(人が何かに)打ち込む, 一生懸命である. La madre *se ha hecho pedazos* cuidando a su hijo enfermo. 母親は病気の息子を一生懸命に看病した.

pedazo de alcornoque [**de animal, de bruto**] 《話》ばか, まぬけ.

pedazo de carne 《話》鈍感な人, 鈍い奴. Es un *pedazo de carne*; nunca se da cuenta de que nos estamos burlando de él. 私たちがばかにしていることに気づかないなんてあいつは鈍い奴だ.

pedazo de mi alma, de mi corazón, de mis entrañas (主に母親が自分の子供に対して呼びかける)お前. ¿Qué me dices, *pedazo de mi alma*? お前ったら, 何てこと言うんだい.

pedazo de pan 《話》(1)お人よし. Ese chico es un *pedazo de pan*. その子は大人よしだ. (2)生活に必要な最小限のもの. El sueldo de su marido no les alcanza ni para un *pedazo de pan*. 彼女の夫の給料は最低限の生活費にも満たなかった.

saltar hecho (en) pedazos 粉々に飛び散る.

pederasta [peðerásta] 男 ❶ 少年愛趣味の男, 鶏姦趣味の男. ❷ 男色者, ホモ.

pederastia [peðerástja] 女 ❶ 少年愛, 鶏姦. ❷ 男色. [類]sodomía.

pedernal [peðernál] 男 ❶《化学》シリカ, 二酸化ケイ素. [類]sílex. ❷ 火打ち石, 燧石(ホッムタ), フリント. ❸《como el [un]+》《比喩》非常に固いもの. —un corazón como el [un] ~ 頑固[冷酷]な心, 鉄の心臓. duro como el [un] ~ 岩のように硬い.

pederse [peðérse] [1.1] 再《俗》おならをする, 放屁する.

pedestal [peðestál] 男 ❶《建築, 美術》(柱・彫像などの)台座, 柱脚. ❷《比喩》支え, 足がかり, 土台. —La televisión le sirvió de ~ para la fama. テレビが彼の名声の足がかりとなった.

estar [*poner, tener*] *en un pedestal a* ... (人)を心から尊敬する, 精神的支柱とする.

pedestre [peðéstre] 形 ❶ 徒歩の. —carrera ~ 競歩. ❷ 平凡な, ありふれた, 平易な. —lenguaje ~ 平易な言葉. [類]ordinario.

pedestrismo [peðestrísmo] 男 (総称的に)歩

きや走りの競技.

pedestrista [peðestrísta] 名 歩きや走りの競技の選手.

pediatra, pedíatra [peðjátra, peðíatra] 男女 小児科医.

pediatría [peðjatría] 女《医学》小児科.

pedicular [peðikulár] 形 シラミの, シラミのわいた.

pedículo [peðíkulo] 男 ❶ (生物器官の)柄, 茎. (a)《植物》(葉, 花, 果実の)柄. ❷《解剖》(器官を支える)柄. ❸《医学》(腫瘍などの)柄, 茎. [類]pedúnculo.

pediculosis [peðikulósis] 女《単複同形》シラミ寄生症. — ~ pubis 毛ジラミ症.

pedicuro, ra [peðikúro, ra] 名 (うおのめ, たこなどの)足治療師(=collista).

— 女 足治療(術).

pedida [peðíða] 女 プロポーズ, 求婚.

*****pedido** [peðíðo] 男 ❶ 注文, 注文品. —Hice un ~ directamente a la fábrica. 工場に直接注文した. anular el ~ 注文を取り消す. servir el ~ 注文に応じる. entregar el ~ 注文品を渡す. ❷ 要請, 依頼. —Los libros han sido enviados a ~ de la biblioteca. 図書館からの依頼で書籍をお送りいたしました. [類]petición.

—, **da** 過形 →pedir. 注文した, 頼んだ. —un favor no ~ いらぬおせっかい.

pedigrí [peðiɣrí] [<英 pedigree] 男 (動物の)血統, 血統書, 血統表.

pedigüeño, ña [peðiɣwéɲo, ɲa] 形 しつこくねだる, 執拗な, 執拗な. —Los niños suelen ser ~s. 子供達はともするとしつこくねだるものだ.

— 名 ねだり屋, しつこい人.

pediluvio [peðilúβjo] 男 《主に複》足湯, 脚浴治療.

pedimento [peðiménto] 男 ❶ 要求, 請求. [類]petición. ❷《法律》訴訟, 起訴(状), 請願(書).

*****pedir** [peðír ペディル] [6.1] 他 ❶ を頼む, 願う, 請い願う. —Quisiera ~te un favor. 君にひとつお願いがあるんだが. Te *pido* que me perdones. 私を許してくれるよう君にお願する. ❷ (金・物)をねだる, 請う. —Un mendigo *pide* limosna a la puerta de la iglesia. 1 人の物乞いが教会の入口で施しを求めている. Le he *pedido* un libro como regalo. 私は彼にある本をプレゼントしてくれるよう頼んだ. ❸ (ある金額を)請求する, …の値をつける. —Me *pedían* cien euros por la corbata. 私はネクタイの代金として 100 ユーロ請求された. ❹ を必要とする, 要求する. —El eucalipto *pide* mucha agua. ユーカリは多量の水分を必要とする. ❺ を注文する. —*Pidió* una jarra de cerveza. 彼はジョッキ 1 杯のビールを注文した. *Pídeme* un café con leche, que voy un momento al servicio. 私にカフェオレを頼んでおいて, ちょっとトイレに行ってくるから. ❻《司法》(判事に差し止め・収用などを)訴える, 要求する. —El demandante *pide* la expropiación de la finca del demandado. 原告は被告の別荘の収用を要求している.

pedir disculpas →disculpa.
pedir hora a ... por ... →hora.
pedir la mano de ... →mano.

— 自 ❶ 物乞いをする．❷《トランプ》(親に)札を要求する．

pedo [péðo] 男《俗》❶ 屁，おなら．—echar(se) [soltar, tirar(se)] un ~ おならをする．❷《話》酔い，酩酊．— estar ~ 酔っ払っている[らりっている]．Lleva un ~ que puede ni moverse. 彼は泥酔していて動くこともできない．類**borrachera, embriaguez.** ❸《比喩》破裂．— dar ~ 破裂する．❹《比喩》無駄なもの．— al ~ 〖ラ・プラタ，ボリビア〗無駄に，無益に．enviar a ... al ~ (人を)追っ払う．❺《北米》けんか，騒ぎ．

pedo de lobo《植物》ホコリタケ科のキノコ．
por pedo〖アルゼンチン〗《俗》思いがけなく，偶然．
¡Puro pedo!〖北米〗まさか，そんなはずな．

pedorrera [peðoř̌éra] 女 ❶《俗》おならの連発．
pedorrero, ra [peðoř̌éro, ra] 形《俗》おならをよくする．
— 名《俗》おならをよくする人．

pedrada [peðráða] 女 ❶ 石投げ，石による一撃．— Mataron la serpiente a ~s. 石をぶつけて蛇を殺した．pegar una ~ a ... (人)に石をぶつける．❷《比喩》中傷，悪口雑言．— lanzar a ... una ~ (人)に中傷を投げかける．Lo que le dijiste le sentó como una ~. 君の言った事は彼にとって侮辱となったのだよ．類**alfilerazo, puntada.** ❸ (a)(昔の女性が頭の片側につけた)結び飾り．(b)(昔の兵士の帽子を支える)リボン飾り．

venir como pedrada en ojo de boticario《話》(物事が渡りに船のように起こる．

pedrea [peðréa] 女 ❶ 石の投げ合い，石合戦．❷ 雹(ひょう)が降ること．類**granizo.** ❸ 宝くじの小額当選金．

pedregal [peðreɣál] 男 石で覆われた土地，石ころだらけの土地(= pedriscal).

pedregoso, sa [peðreɣóso, sa] 形 ❶ 石の多い．— campo ~ 石の多い原野．El camino estaba muy ~. 道は石ころだらけだった．❷《医学》結石症を思った．
— 名《まれ》結石症の人．

pedrisco [peðrísko] 男 ❶ あられ，ひょう；あられの大降り．❷〖集合的に〗小石，砂利．

pedriza [peðríθa] 女 → pedrizo.

pedrizo, za [peðríθo, θa] 形《まれ》石の多い，石だらけの．— tierra *pedriza* 石の多い土地．類**pedregoso.**
— 女 ❶《まれ》石の多い場所，石・砂利を敷いた場所．類**pedregal.** ❷ 石壁，石垣．

Pedro [péðro] 〖男性名〗ペドロ．❷ (~ I el cruel) ペドロ1世残酷王(1334–69, カスティーリャ・レオン王，在位 1350–69).

pedrusco [peðrúsko] 男 ❶ 未加工の石，原石．❷ 大きい荒い石．

pedúnculo [peðúŋkulo] 男 ❶《植物》(花，葉，果実の)柄，梗．❷《解剖》(脳の)脚．❸《動物》(クラゲや甲殻類の)柄，肉茎．

peer(se) [peér(se)] 自《通常再で》《俗》おならをする(= pederse).

pega¹ [péɣa] 女 ❶ 接着，貼り付け(= pegadura).❷ 接着剤(= pegamento).❸《話》困難，障害．— poner ~s a ... (人)の邪魔をする，難くせをつける．類**obstáculo, reparo.** ❹《話》難題，意地悪な質問．❺《話》殴打，殴りつけ．❻《魚類》コバンザメ．類**rémora.** ❼ 発破薬の点火．❽

〖キューバ，チリ〗仕事，労働．❾〖キューバ〗鳥もち．❿〖チリ〗最盛期，(病気の)感染期．— estar en la ~ 男[女]盛りである，(人が)盛んな年頃である．

de pega 偽物の，偽造の．— billete *de pega* 偽札．documento *de pega* 偽造文書．

estar de pega 運が悪い，ついてない．

pega² [péɣa] 女《鳥》カササギ．

pegada¹ [peɣáða] 女 ❶《スポーツ》(テニスなどの)打撃，打法，ストローク；(ボクシングなどの)パンチ．❷〖アルゼンチン〗うそ，ごまかし．❸〖アルゼンチン〗幸運．

pegadizo, za [peɣaðíθo, θa] 形 ❶ ねばねばした，べとつく．— Tengo las manos *pegadizas*. 手がべとべとする．❷ 伝染性の，移りやすい．— risa *pegadiza* つられ笑い．類**contagioso.** ❸ (メロディーなどが)覚えやすい，耳に残る．— música *pegadiza* 覚えやすい音楽．❹〖北米〗居候の，たかり屋の(= gorrón).❺ 偽の，取り外しも可能な．類**postizo.**
— 名 居候，たかり屋，腰ぎんちゃく．

*pegado, da*² [peɣáðo] 過分 形 ❶ くっついた，貼り付いた；すぐそばに．— Los sellos están ~s en el sobre. この封筒には切手が貼ってある．Ha pasado toda la tarde ~ a la televisión. 午後ずっとテレビにかじりついていた．La niña siempre anda *pegada* a su madre. その女の子はいつも母親にまとわりついている．*Pegada* a la fábrica está su casa. 彼の家は工場のすぐそばにある．❷《話》茫然とした，当惑した，我を忘れた．— Viendo "Las meninas" estuve un rato ~. (ベラスケスの描いた)「官女たち」という絵を見て私はしばし茫然とした．Al oir la trágica noticia se quedó ~. その悲しい知らせを聞いて彼は言葉を失った．❸《話》弱い，苦手だ，からきしだめだ．— Estoy ~ en matemáticas. 私は数学が弱い．

— 男《まれ》貼り薬，膏薬，ハップ．類**emplasto.**

pegadura [peɣaðúra] 女 ❶ 付着，接着，貼着．❷ 継ぎ目，接合面[点]，貼り合わせ目．❸〖コロンビア，エクアドル〗からかい．

pegajosidad [peɣaxosiðá(ð)] 女 ❶ 粘着性，付着性，粘度．類**viscosidad.** ❷ 伝染性．❸《話》甘ったれ，しつこくつきまとうこと．

pegajoso, sa [peɣaxóso, sa] 形 ❶ ねばねばする，べとつく，粘着性の．— Tengo las manos *pegajosas*. 手がべとべとしている．La miel es *pegajosa*. ハチミツはべとべとしている．類**pegadizo.** ❷《医学》伝染性の．— enfermedad *pegajosa* 伝染病．❸《話》(人が)甘ったれの，べたべたしちゃつく；しつこくつきまとう．

pegamento [peɣaménto] 男 糊，接着剤．

pegar [peɣár ペガル] [1.2] 他 ❶ (a)(...)を張る，張り付ける，くっつける．— Prohibido ~ carteles. 張り紙禁止．Pegué las fotos en el álbum. 私は写真をアルバムに張り付けた．Pega el sillón a la pared. いすを壁にくっつけておきなさい．(b)《情報》をペーストする，貼り付ける．❷ を縫い付ける，結び付ける．— ~ los botones a la chaqueta 上着のボタンを縫い付ける．❸ を近づける，触れ合わす．— No *pegues* el imán al disquete. フロッピー・ディスクに磁石を近づけるな．❹ (a)(敢然とある行為)を行う，(声)を荒らげる．— ~ gritos [voces] 大声を出す．~ un salto 飛び上がる．(b)(ショック・不快感など)を与える．~ ~ un golpe en la mesa テーブルを叩く．~ un tiro 発砲する．❺ (a)(病気を)...に感染させる，うつす．

—Le *pegué* la gripe a mi mujer. 私は妻にインフルエンザをうつした. 類**contagiar**. (**b**) (を悪習などに)染める, かぶれさせる, …にうつす. —Le *has pegado* el mal hábito de fumar a tu mujer. 君は奥さんに喫煙の悪習をうつした. ❻ を殴る, たたく, (打撃)を食らわす. —Si te ríes de mí, te *pego*. もし君がぼくのことを笑ったら, ぼくは一発食らわすよ. —Le *pegó* un bofetón. 君は彼に平手打ちを食らわした. 類**arrear, atizar**. ❼ (火)をつける, 点火する. —~ fuego a la paja わらに火をつける.

—— 自 ❶ 『+con と』接する, 隣り合う, 隣接する, …の近くにある. —Mi casa *pega con* una peluquería. 我が家の隣りは床屋だ. El sofá *pega en* la pared. ソファーは壁にくっついてある. ❷ 『+con と』しっくりする, ぴったりする, …に似合う. —Esa corbata *pega* bien *con* el traje. そのネクタイは上着にぴったりだ. ❸ (光)が当たる, 照る, (太陽)が 照りつける. —La luz *pega* contra el cristal y me deslumbra. 光が窓ガラスに反射して私はまぶしい. En invierno no *pega* el sol en mi balcón. 冬はわが家のバルコニーに日光が当たらない. ❹ 《話》流行している, はやっている. —Esa moda vuelve a ~ este verano. この夏このファッションがまたはやるだろう. ❺ 『(*a*) 『+con/contra/en に』ぶつかる, つまずく, (…に)衝突する. —El coche salió de la calzada y *pegó contra* la pared de una casa. 車は車道を飛び出し, 家の壁にぶつかった. El balón *pegó en* el larguero. ボールはクロスバーに当たった. 類**chocar**. (**b**) 『+sobre に』打つ, たたく. —~ con el bolígrafo *sobre* la mesa ボールペンでテーブルをたたく. ❻ (火が)つく, 点火する. —Ha pegado el fuego. 火がついた. ❼ 《話》『+con と』韻を踏む. —'Pesado' *pega con* 'pasado'. pesado は pasado と韻を踏む. ❽ くっつく. —Estas tiritas no *pegan* bien. この絆創膏(ばんそうこう)はよく付かない.

dale que te pego 《話》言いつけに従うどころか, 他の事には見向きもせず. Le dijimos que descansase, pero ella, *dale que te pego*, no se acostó hasta que terminó el programa. 我々は彼女に休めと言ったが, 彼女は言いつけに従うどころか, 番組が終わるまで寝なかった.

pegar fuerte 《話》大成功を収める. El chico viene *pegando fuerte* y será un gran futbolista. その若者は大成功を収めて, 偉大なサッカー選手になるだろう.

*pegar*LE *fuerte* 《話》(仕事・趣味など)に熱中する, 熱心してる. Este verano *le he pegado fuerte a* los libros. この夏彼は読書に熱中した.

——se 再 ❶ 『+a に』(*a*) 張り付く, くっつく, こびり付く. —La camisa *se pegaba al* cuerpo con el sudor. シャツが汗で身体にまとわりついていた. (**b**) まつわりつく, つきまとう; 押しかける. —*Se pegó a* mí durante toda la fiesta. 彼はパーティーのあいだ中私につきまとった. ❷ 焦げつく, お焦げができる. —La paella *se ha pegado*. パエーリャが焦げついた. ❸ すぐ覚えられる, 覚えやすい. —Es una canción que *se pega* con facilidad. それは簡単に覚えられる歌だ. ❹ (病気などが)うつる, (病気)に感染する. —Se me *ha pegado* la gripe. 私はインフルエンザがうつった. —Se le *ha pegado* el acento andaluz. 彼はアンダルシーアなまりがうつった. ❺ 『+a に』凝る, 傾倒する. ❻ 殴り合う, けんかする. —Dos chicos *se pegaban* en la plaza. 2人の少年が広場で殴り合いをしていた.

pegárseLa 《話》(1) をだます, からかう. ¿No te das cuenta de que *te la están pegando*? 君は彼らにだまされていることに気が付かないのか. (2) 落ちる, ぶつかる, 事故に遭う. *Se la pegó* con la bicicleta en una curva. 彼は自転車に乗っていてカーブで事故に遭った.

pegatina [peɣatína] 女 ワッペン, ステッカー, (糊つきの)シール.

pego [péɣo] 男 ❶ (トランプの2枚重ねによる)ごまかし. ❷ 《話》ぺてん. —dar el ~ 見た目をごまかす. La pulsera no es de oro, pero da el ~. ブレスレットは金製ではないが, 一見そう見える.

pegote [peɣóte] 男 ❶ 膏薬, 絆創膏. ❷ 継ぎはぎ, 目茶苦茶な継ぎ当て, 出来損ない. —El final de esta novela es un ~. この小説の結末は最悪の出来だ. ❸ 煮すぎた料理, べとべと[どろどろ]した料理, ごてごてした料理. —Estos espaguetis están hechos un ~. このスパゲッティは(茹(ゆ)ですぎて)ごてごてだ. ❹ 《話》食べたがり, (食事時の)おしかけ客. 類**plasta**.

pegotear [peɣoteár] 自 《話》食事時をねらって押しかける. 類**gorrear**.

pegue(-) [péɣe(-)] 動 pegar の接・現在.

pegué [peɣé] 動 pegar の直・完了過去・1単.

***peinada**¹ [peináða] 女 髪をとかすこと. 類**peinadura**.

***peinado, da**² [peináðo, ða] 過分 形 ❶ 櫛(くし)で梳(と)いた, 髪をとかした. —Ella está bien *peinada*. 彼女は髪をきれいに整えてある. lana *peinada* 梳毛(そもう)した[紡ぐ前に毛のもつれを整えた]ウール. ❷ 《比喩》めかし込んだ.

—— 男 ❶ ヘアースタイル, 髪形. —¡Qué guapa estás con ese ~! その髪形とても似合っているよ. Lleva un ~ muy original. とても斬新なヘアースタイルをしている. ❷ くまなく探すこと. —La policía procedió al ~ del monte en busca del criminal. 警察は犯人を探して山中をくまなく捜査した.

peinador, dora [peinaðór, ðóra] 形 髪をとかす[梳(と)く].

—— 名 美容師, 理容師, ヘアスタイリスト.

—— 男 整髪用ケープ. ❷ 『南米』鏡台.

—— 女 『繊維』梳毛(そもう)機.

peinadora [peinaðóra] 女 →peinador.

peinadura [peinaðúra] 女 ❶ 髪をとかす[梳(と)く]こと, (髪の)ブラッシング. ❷ 複 (ブラッシングによる)抜け毛.

‡**peinar** [peinár] 他 ❶ (*a*) (髪)をくしけずる, くしでとかす, …に櫛(くし)を入れる. —~ a la niña 女の子の髪をくしけずる. (**b**) …の整髪をする, 髪を整える. —La *peinaron* muy bien en la peluquería. 彼女は美容院でとてもすくに髪をセットしてもらった. (**c**) (動物・織物の毛)を梳(と)く, 調える, 洗う. —~ al perro 犬の毛を調える. —~ la lana 羊毛を洗う. ❷ を(くまなく)調べる, 渉猟する. —La policía *peinó* la zona buscando al ladrón. 警察は泥棒を探してその一帯を調べた. ❸ ~をする.

——se 再 自分の髪をとかす; 調髪する. —Después de ducharse, ella *se peinó* el cabello. シャワーを浴びた後彼女は髪を櫛(くし)でとかした.

peinazo [peináθo] 男 (窓・戸などの)横木.

‡**peine** [péine] 男 ❶ 櫛(くし). ❷ (羊毛などの)梳(と)き櫛. ❸ 『機械』櫛形バイト, チェーサー. ❹ 弾倉,

クリップ.

saber [enterarse] de lo que vale un peine 《話》(脅し文句で)今に見ていろ, どうなるか知らないぞ. Como papá te vea fumando, te vas a *enterar de lo que vale un peine*. タバコを吸っているのをお父さんに見られたらどうなるか知らないぞ.

Ya apareció el peine. 《話》(事実や犯人が分かった時のことば)やっぱりそうか, なんだよ前々か.

peineta [peinéta] 囡 **❶** 飾り櫛. — ～ de teja mantilla (スペイン風のショールを支えるための飾り櫛. **❷** (馬の敷物つきの)鞍の後部座席.

p. ej. 《略号》=por ejemplo 例えば.

peje [péxe] 男 **❶** 魚. — ～ ángel カスザメ科の魚. ～ araña トゲシマ. ～ buey 【メキシコ】海牛. ～ diablo カサゴ. **❷** 《比喩, 軽蔑》ずる賢い男, 無節操な男. — 形 【メキシコ】愚かな.

pejepalo [pexepálo] 男 ボウダラ(棒鱈)の燻製.

pejesapo [pexesápo] 男 【魚類】アンコウ.

pejiguera [pexiɣéra] 囡 **❶** やっかい, 煩わしいこと. — Es una ～ tener que salir con el calor que hace. この暑さの中出かけなければならないなんて, うっとうしい. 類 **fastidio, lata**. **❷** 【植物】(hierba ～) ハルタデ.

Pekín [pekín] 固名 ペキン[北京](Beijing, 中国[中華人民共和国]の首都).

pela [péla] 囡 **❶** 皮をむく[はぐ]こと. **❷** 《話》ペセタ (=peseta). **❸** 【中南米】ぶつこと. 類 **azotaina, paliza**. **❹** 【メキシコ】大変な仕事, 骨折り.

pelada [peláða] 囡 **❶** 毛を刈った羊[ヤギ]. **❷** 【南米】散髪. **❸** 【チリ, ラ・プラタ】坊主頭, スキンヘッド, はげ頭. **❹** 【コロンビア, エクアドル, グアテマラ, パナマ, ベネズエラ】へま. **❺** 【キューバ, チリ, エクアドル】(la ～) 死. **❻** 【メキシコ】(la ～) 真実. **❼** カンデラブロ(サボテンの一種)の実.

peladar, peladal [pelaðár, pelaðál] 男 【アルゼンチン, メキシコ】荒地, 荒野.

peladera [pelaðéra] 囡 **❶** 【医学】脱毛症; 若はげ, 毛の薄いこと. **❷** 【中米】陰口, うわさ, ゴシップ. **❸** 【中米】荒野. 類 **peladar**.

peladilla [pelaðíʎa] 囡 **❶** (糖衣でくるんだ)アーモンド菓子. **❷** 小さな丸石, 石ころ. **❸** 《話》弾丸.

pelado, da [peláðo, ða] 形 **❶** 毛のない, 毛を刈った. — cabeza *pelada* はげ頭, 坊主頭. **❷** 皮をむいた[はいだ]. **❸** むき出しの, (地面などが)草木のない. — montaña *pelada* はげ山. **❹** (樹木などが)葉の落ちた, 枝を払った. **❺** 他に何もない. — Vivo con mi sueldo ～. 私の給料だけで生活している. **❻** 端数のない, きっかりの. — dos mil pesetas *peladas* 2000 ペセタきっかり. **❼** (石などが肉)の取れた, 丸くなった. **❽** (文体が)飾りのない, 簡素な. **❾** 《話》無一文の. — Con la compra del piso, me he quedado ～. 私はアパートを買って無一文になってしまった. **❿** 【中米】《話》厚かましい, 恥知らずな.

— 男 **❶** 伐採地. **❷** 散髪. **❸** 皮の擦りむけた部分. **❹** 【メキシコ】《話》げすなやつ. **❺** 【ボリビア, コロンビア, パナマ】《話》子供, 赤ん坊.

— 名 《話》貧乏人, 地位も何もない人.

peladura [pelaðúra] 囡 皮をむくこと; むいた皮, 皮くず. 類 **monda, mondadura**.

pelafustán, tana [pelafustán, tána] 名 無精者, 役立たず, ろくでなし.

pelagatos [pelaɣátos] 男 〖単複同形〗 (社会的に)価値のない人, (社会の)底辺の人. 類 **pelanas**.

pelágico, ca [peláxiko, ka] 形 **❶** 海の. — corriente *pelágica* 海流. **❷** 【生物】外[遠]洋の, 漂泳性の. — fauna *pelágica* 漂泳性動物群. 反 **litoral**. **❸** 【地質】深海堆積の.

pelagra [peláɣra] 囡 【医学】ペラグラ(ニコチン酸欠乏による病気. 日光による皮膚紅斑, 口内炎, 下痢, 無気力などの症状を示す).

pelaje [peláxe] 男 **❶** 【動物】の毛, 毛並み. **❷** 多毛, 長くもじゃもじゃの毛. 類 **pelambre, pelambrera**. **❸** 《話》軽蔑》外見, 特徴, 部類. — No me gusta la gente de ese ～. あの手の人種は好かない. 類 **ralea, traza**.

pelambre [pelámbre] 囡 **❶** 〖集合的に〗刈り取った[抜いた]毛. **❷** (特定部位の)体毛. **❸** はげ, 脱毛状態. **❹** 【チリ】ジップ, 非難・中傷. **❺** 多毛, 長くもじゃもじゃの毛. 類 **pelambrera**.

pelambrera [pelambréra] 囡 **❶** 長髪, 長くぼうぼうの毛, 多毛. **❷** はげ, 脱毛した部分. 類 **alopecia**.

pelanas [pelánas] 男 〖単複同形〗つまらない人, 取るに足らない人. 類 **pelagatos**.

pelandusca [pelandúska] 囡 売春婦. 類 **prostituta, ramera**.

pelar [pelár] 他 **❶** …の髪を切る, (頭)を刈る. — Le *pelaron* al cero. 彼は丸坊主に頭を刈られた. **❷** …の羽毛をむしる, (動物の皮)をはぐ. — ～ un pollo ニワトリの羽をむしる. ～ un conejo ウサギの皮をはぐ. **❸** (木・果物などの皮)をむく, はぐ. — ¿Me quieres ～ la manzana, por favor? どうかリンゴの皮をむいてくれないか. 類 **mondar**. **❹** 《話》…から身ぐるみはぐ, 一文無しにする. — *Peló* en las cartas a todos los que jugaban con él. 彼はカードゲームでいっしょに試合をした全員から金をまき上げた. 類 **desplumar**. **❺** 《話》を酷評する, こきおろす, …をくそみそに言う. — En la reunión la *pelaron* por envidia. 集まりで彼女は嫉妬から悪口を言われた. 類 **criticar, despellejar**.

duro de pelar 《話》やりにくい, 扱いにくい. Es una persona *dura de pelar*. 彼は扱いにくい奴だ.

que pela 度外れた, とっぴょうしもない(寒さ・暑さ). Hace un calor *que pela*. とっぴょうしもない暑さだ.

— **se** 再 **❶** 髪を短く刈る. — Parece que te *has pelado*, ¿eh?. 君, 髪を短く切ったようだね. **❷** (病気・事故などのために)毛[羽毛]が抜ける. — Debido a la quimioterapia al enfermo se le *peló* la cabeza. 化学療法のため患者は頭の毛が抜けた. Las gallinas *se pelan*. メンドリの羽が抜ける. **❸** (日焼けなどで)皮がむける. — *Se le ha pelado* la espalda. 彼は背中の皮がむけた.

pelarse de frío 《話》寒くて鳥肌が立つ. He encendido la calefacción porque *me pelaba de frío*. 私はとても寒かったので暖房をつけた.

pelárselas 《話》(1) 懸命に[大急ぎで]する, しゃにむにやってのける. Grita que *se las pela*. 彼は必死になって叫んでいる. (2) 〖＋por＋名〗熱望する. *Se las pela por figurar*. 彼はしきりに目立とうとしている.

pelásgico, ca [pelásxiko, ka] 形 ペラスギ人[語]の.

Pelayo [peláxo] 固名 ペラーヨ (?-737, アストゥリアス王, 在位 718-737).

peldaño [peldáno] 男 (階段・はしごの)ステップ. 類 **escalón**.

pelea [peléa] 囡 **❶** 争い, 戦い, けんか, 口論. —

buscar ～ けんかを買う. estar de ～ けんかをしている. ❷ (競技の)格闘. — ～ de gallos 闘鶏(試合). gallo de ～ 闘鶏用, シャモ; 〘北米〙ボクシング. 《比喩》敢闘, 奮闘.

peleador, dora [peleaðór, ðóra] 形 けんか好きの, 好戦的な, 闘いの. — gallo ～ 闘鶏用, シャモ.
— 名 争い好きの人.

:**pelear** [peleár] 自 ❶ けんかする, 戦う, 争う. — De repente empezaron a ～. 突然彼らはけんかを始めた. ～ hasta la muerte 死ぬまで戦う. 類 **combatir, contender, luchar**. ❷ 口論する, 言い争う. ❸ 奮闘[苦闘]する, 苦労する. — Peleó mucho para poder educar a sus hijos. 彼は息子たちを教育しようと非常に奮闘した.
— **se** 再 けんかする, 仲たがいする, 敵対する. — Estaban borrachos y se pelearon. 彼らは酔っ払っていてけんかをした. — ～ con sus hermanos por la herencia. 彼は遺産をめぐって兄弟たちと争った.

pelechar [peletʃár] 自 ❶ (動物などが)毛[羽]が生え変わる, 毛[羽]が生える. ❷ 《比喩》運が開ける. ❸ 体力回復する, (病人が)快方に向う. ❹ 〘プエルトリコ, ベネズエラ〙昇進する.

pelele [peléle] 男 ❶ (謝肉祭の)人形, わら人形. ❷ 《比喩》いいように操られる人, 手先. ❸ (子供用の)寝巻きの一種.

pelendengue [pelendéŋge] 男 安物の装飾, 趣味の悪い装飾, くどい装飾. 類 **perendengue**.

peleón, ona [peleón, óna] 形 けんかっぱやい, けんか好きの.
— 名 けんかっぱやい人, 悶着を起こす人.
— 女 けんか, 口論, なぐり合い.
— 男 安ぶどう酒 (= vino ～).

peleona [peleóna] 女 → peleón.

peletería[1] [peletería] 女 ❶ 毛皮品販売業, 皮革加工業, 毛皮店, 皮革製品店. ❷ 〘集合的に〙毛皮類, 皮革製品. ❸ 〘キューバ〙靴店 (= zapatería).

peletero, ra[2] [peletéro, ra] 形 毛皮の, 皮革加工の. — industria peletera 毛皮加工業.
— 名 毛皮商, 皮革加工業者, 皮革販売業者.

peliagudo, da [peljaɣúðo, ða] 形 ❶ (動物が)長く細い毛の. ❷ 《話》解決困難な. — La situación es peliaguda. 状況は込み入っている. trabajo ～ 込み入った仕事. 類 **complicado**.

pelicano[1], **na** [pelikáno, na] 形 白髪の, 白毛まじりの.

pelicano[2], **pelícano** [pelikáno, pelíkano] 男 ❶ 《鳥類》ペリカン. ❷ 歯科用の鉗子(かんし). ❸ 複 《植物》オダマキ (= aguileña).

pelicorto, ta [pelikórto, ta] 形 〔< pelo + corto〕短髪の, ショートカットヘアの.

:**película** [pelíkula] 女 ❶ 映画. — ～ de animación アニメ映画. ～ fantástica ファンタジー映画. ver una ～ 映画を見る. hacer una ～ 映画を製作する; 映画に出演する. rodar una ～ 映画を撮影する. ¿Sabes qué ～ ponen [dan] en el cine Príncipe? プリンシペ劇場ではどんな映画をやってるか知ってるかい？ ❷ (映画などの)フィルム. — revelar una ～ フィルムを現像する. ～ en color [en blanco y negro] カラー[白黒]フィルム. 語 **película** は個々の作品としての映画, **cine** は総称または芸術のジャンルとしての映画. ❸ 薄膜, 薄皮. allá películas 勝手にしろ. Si te empeñas, allá películas どうしても言い張るなら勝手にしろ.

de película 《話》すばらしい, すごい; すばらしく. Tiene un coche de película. 彼はすごい車を持っている. Bailaron de película. 彼らはすごく踊りがうまかった.

peliculero, ra [pelikuléro, ra] 形 ❶ (人が)映画業界の. ❷ 映画好きの. ❸ 《話, 比喩》(人が)現実離れした, 夢想的な.
— 名 ❶ 映画人, 映画関係者. ❷ 映画ファン. ❸ 夢想家, 現実離れした人.

peligrar [peliɣrár] 自 ❶ 危険にさらされている. — Si continúa la sequía, peligra la cosecha de aceituna. 干ばつが続けばオリーブの収穫が危ない. hacer ～ 脅かす. La caída del consumo hace peligrar la economía del país. 消費の停滞が国内経済を脅かしている. ❷ 〘de + 不定詞〙…する危険がある, 危うく…しそうである. — El coche peligró de salir de aquella cerrada curva. 車がその急カーブから外れ出しそうだった.

peligro [pelíɣro ペリグロ] 男 危険, 危機; 危険物; 脅威. — El enfermo ya está fuera de ～. 病人は危機を脱した. Corremos ～ aquí. ここは危険だ. poner en ～ su vida para …するために身を危険にさらす. Su negocio corre (el) ～ de fracasar. 彼の事業は失敗の危機にある. Hay ～ de que perdamos la vida. 我々の命を落とす危険がある. El terrorismo es un ～ en el mundo entero. テロは全世界にとっての脅威である. ¡P～! Caída de objetos. 危険, 落下物注意. 類 **amenaza, riesgo.

peligrosidad [peliɣrosiðáð] 女 危険性, 危うい[危ぶまれる]こと.

:**peligroso, sa** [peliɣróso, sa] 形 **危険な**, 危ない; (人について)危害を加えそうな. — prueba peligrosa 危険な試み. curva peligrosa 危険なカーブ. Es ～ andar solo por estas calles. この通りを一人で歩くのは危険だ. Es un ～ delincuente. そいつは危険な犯罪者だ.

pelilargo, ga [peliláryo, ya] 形〔< pelo + largo〕長髪の, ロングヘアの.

pelillo [pelijo]〔< pelo〕男 ❶ 短い髪[毛], うぶ毛. ❷ 《話》ちょっとした嫌なこと, つまらないこと. — echar ～s a la mar 《話》仲直りする和解する. Venga, echemos ～s a la mar y colaboremos. まあ, いやな事は水に流して協力しましょう. no pararse [reparar] en ～s 《話》細かいことにとらわれない.

pelinegro, gra [peliné ɣro, ɣra]〔< pelo + negro〕形 黒髪の, 黒毛の.
— 名 黒髪の人.

pelirrojo, ja [pelirróxo, xa]〔< pelo + rojo〕形 赤毛の, 赤い髪の.
— 名 赤毛の(赤い髪の)人.

pelirrubio, bia [pelirrúβjo, βja] 形 金髪[ブロンドヘアー]の.
— 名 金髪[ブロンドヘアー]の人. 類 **rubio**.

pelitre [pelítre] 男 《植物》除虫菊.

pella [péja] 女 ❶ 丸い塊, 小球. — ～ de mantequilla バターの塊. 類 **amasijo, masa, pelota**. ❷ (未加工の)ラード. ❸ (未加工の)金属塊. ❹ (ケーキ飾りの)メレンゲ, クリーム. ❺ 《植物》(カリフラワーなどの)若芽, (キャベツなどの)結球. ❻ 《軍事》丸い発火弾の一種. ❼ 《話》(借金や取られた金の)金額.

hacer pellas 《隠, 学生》学校をサボる.

pelleja [peĵéxa] 囡 ❶ 獣皮, 毛皮. 類**pellejo**. ❷《俗》娼婦, 淫乱な女. ❸《比喩, 話》命. ❹《俗, まれ》財布.

dar [dejar, perder] la pelleja 死ぬ. *Estuvo a punto de dejar la pelleja en el accidente.* 彼は事故で虫の息だった.

salvar la pelleja 命びろいする.

pellejería [peĵexería] 囡 ❶ (a) 皮なめし工場, 皮革店. (b) 製革業. ❷『集合的に』なめし皮, 皮革. ❸『アルゼンチン, チリ』困難, 苦境. 類**peletería**.

pellejero, ra [peĵexéro, ra] 名 皮なめし職人, 皮革商人.

pellejo [peĵéxo] 男 ❶（動物の）皮, 表皮. 類**pelleja**. ❷（人間の）皮膚. *—no tener más que el* —《比喩, 話》骨と皮だけである, がりがりにやせている. *no caber en el* —《比喩, 話》丸々太っている, 満足し切っている. ❸（果物などの）皮, 外皮. ❹ 革製の酒袋. 類**odre**. ❺《話》飲んだくれ, 酔っ払い.

dar [dejar, perder, soltar] el pellejo《話》死ぬ.

estar [hallarse] en el pellejo de ...《話》(人)の立場に立つ, (人)と同じ境遇に置かれる. *Si tú estuvieras en mi pellejo, no hablarías así.* もし僕の立場に立てば君もそんな言い方はしないだろう.

jugarse el pellejo《話》命を投げ出す, 身を呈す る. *Se jugó el pellejo para salvar a su amigo.* 彼は友人を救うために命を投げ出した.

mudar el pellejo 生活[習慣]を変える.

no caber en el pellejo《話》大満足である. *No cabe en el pellejo con su primer nieto.* 彼は初孫ができて大満足である.

no tener más que un pellejo《話》骨と皮だけである.

pagar con el pellejo《話》命をひきかえにする.

quedarse en el pellejo《話》ひどく痩せる.

quitar el pellejo a ...《話》(人)の陰口を言う. *Los vecinos le quitan el pellejo porque tiene dos hijos y no está casada.* 彼女は子供が二人いるのに結婚していないので, 近所の人たちから陰口を言われている.

salvar el pellejo《話》命びろいする. *Por puro milagro salvó el pellejo en el accidente.* 全くの奇跡によって, 彼は事故で命拾いした.

pellejudo, da [peĵexúðo, ða] 形 皮膚のたるんだ.

pellica [peĵíka] 囡 ❶ 毛皮のベッドカバー. ❷ 革のコート; （羊飼いの）革のコート. 類**pellico, zamarra**. ❸ なめし革の小片.

entregar la pellica《話》死ぬ.

pellico [peĵíko] 男 （羊飼いの）革のコート. 類**pellica, zamarra**.

pelliza [peĵíθa] 囡 ❶ 毛皮のコート; 毛皮で縁取りしたコート. 類**pellico, zamarra**. ❷《軍事》ドルマン, (軽騎兵の)ケープふうのジャケット.

pellizcar [peĵiθkár] [1.1] 他 ❶ (人)をつねる, つまむ. *—Pellizcó cariñosamente la mejilla de la niña.* 彼は女の子の頬を愛情こめてつまんだ. ❷ をつまみ取る. ❸《話》をつまみ食いする.

— se 再 ❶（自分の体を）つねる, つまむ. ❷（自分の体の一部を）はさむ. *—Se pellizcó un dedo al cerrar la puerta.* 彼はドアを閉めようとして指をはさんだ.

pellizco [peĵíθko] 男 ❶ つねる[つまむ]こと. *—dar [tirar] un ~ a ...*（人）をつねる. ❷ つねって出来たあざ. ❸ つまみ取ること; 一つまみ(の量), 少量. *— Echa un ~ de sal en la ensalada.* サラダに塩をひとつまみふりかけなさい. ❹《隠》ヘロイン[コカイン]を寝ながら摂取すること.

pellizco de monja (1) きつくつねること. (2) 砂糖をまぶした揚げ菓子.

un buen pellizco 大金.

pelma [pélma] 形 ❶《話》うっとうしい, しつこい. 類**fastidioso, pelmazo, pesado**. ❷ のろまな, もたついた.

— — 男女 ❶ うっとうしい人, わずらわしい人. ❷ のろま, もたついた人.

— — 男 こってりとした食べ物.

pelmazo, za [pelmáθo, θa] 形 ❶《話》うっとうしい, しつこい. ❷ のろまな, もたついた.

— — 名 ❶ うっとうしい人, しつこい人. ❷ のろま, もたついた人. 類**fastidioso, pelma, pesado**.

***pelo** [pélo ペロ] 男 ❶ 毛. (a) 髪の毛, 頭髪, 毛髪. *—Ella tiene el ~ rubio [rizado].* 彼女の髪は金髪だ[カールしている]. *Él se cortó el ~ en la peluquería.* 彼は理髪店で髪を切ってもらった. 類**cabello**. (b) （人の）体毛. *—~ fino ~ ~ ~ de la axila* 腋毛. *Tiene mucho ~.* 彼は毛深い. 類**vello**. (c) （動物の）毛, 毛並み, 毛色; （鳥の）羽毛. *—Mi gato tiene el ~ corto.* 私の猫は短毛だ. *Estos caballos son del mismo ~ ~.* これらの馬は同じ毛色をしている. (d) （植物の茎や葉の）毛; （布や紙などの）けば; 糸状の繊維. *—el ~ del melocotón* 桃の表皮にある毛. *Este jersey suelta mucho(s) ~(s).* このセーターは毛羽がたくさん出ている. ❷《俗》僅か, 少し. *— No tiene (ni) un ~ de tonto.* あいつは決してばかではない. *Faltó un ~ para que perdiéramos la vida.* ほんの少しで私たちは命を落とすところであった. *Los dos coches no chocaron por un ~ [por los ~s].* かろうじて 2 台の車は衝突を免れた. ❸ (ガラス, 宝石などの)きず, ひび, しみ. ❹《医学》乳腺炎.

a contra pelo →a CONTRAPELO.

agarrarse [asirse] a [de] un pelo《話》わらにでもすがろうとする, どんな機会も利用する.

al pelo (1) 都合よく, ちょうどよい時に. *Estas vacaciones me vienen al pelo.* ちょうどよい時に休暇がやってきた. (2) 毛並みに沿って.

a pelo (1) 頭に何もかぶらずに, 無帽で. *ir a la playa a pelo* 帽子をかぶらずに海岸へ行く. (2)（馬に）鞍をつけずに. *Me gusta montar a pelo.* 私は裸馬に乗るのが好きだ. (3)《話》ちょうどよい時に, 都合よく. (4)《話》素っ裸で.

buscar el pelo al hueco《話》喧嘩を売る, 言いがかりをつける.

caérse a ... el pelo《話》叱られる, 罰せられる. *Como se entere papá de que bebes, se te puede caer el pelo.* お前が酒を飲むことをお父さんが知ったら叱られるぞ.

colgado de un pelo とても不確かな. *Su puesto está colgado de un pelo.* 彼の地位はとても不安定だ.

con pelos y señales 詳細に, こと細かに. *contar con pelos y señales* こと細かに話をする.

cortar un pelo en el aire (1)（刃物が）よく切れ

る, 鋭利である. (2)《比喩》(人が)抜け目が無い, 頭が切れる. Cuidado con ése, que *corta un pelo en el aire*. そいつは抜け目が無い奴だから気をつけろ.

dar para el pelo 《話》(脅し文句で)ひどい目にあわせる.

de medio [poco] pelo 《話》普通の, ありきたりの, 大したことのない. Tiene un novio *de medio pelo*. 彼女の恋人は普通の男だ. Aunque es millonario, vive en una casa *de medio pelo*. 彼は大金持ちだけど大したことのない家に住んでいる.

de pelo en pecho 勇敢な. Es un hombre *de pelo en pecho*. 彼は勇敢な男だ.

echar a la mar すべてを水に流す, 仲直りする. *Echaron a la mar* y rehicieron su relación. すべてを水に流して関係を回復した.

estar hasta (la punta de) los pelos de ... …にうんざりしている, 閉口している. *Estamos hasta los pelos* de sus impertinencias. 私たちは彼の生意気な振る舞いにうんざりしている. *Estoy hasta la punta de los pelos* de este travieso niño. このいたずらっ子に私は閉口している.

lucir buen pelo すこぶる元気である.

lucir el pelo a ... (事柄が)ある状態で続く. Mimaron demasiado al hijo, y así *le luce el pelo* ahora. 彼らは息子を溺愛しすぎたので, 息子は今でも相変わらず甘ったれている.

no tener pelos en la lengua 《話》歯に衣を着せずに言う, 言いたい放題を言う. Le dije que era un estafador porque yo *no tengo pelos en la lengua*. 私はいつも歯に衣を着せずに言うから, 彼に詐欺師だと言ってやった.

no tocar un pelo de la ropa a ... 《話》(主に脅かしの文句として)指1本触れさせない, 少しも傷つけない. Él jura que a ella *no le ha tocado ni un pelo de la ropa*. 彼は彼女に指1本触れなかったと誓っている.

no vérsele el pelo a ... 《話》(いるべきところに)姿を現さない, 全く見かけない. Hace una semana que *no se le ve el pelo* por la universidad. この1週間彼を大学で見かけない.

pelo de la dehesa 《話》粗野, 田舎者らしさ. Lleva mucho tiempo en la capital, pero todavía no se le ha quitado [soltado] *el pelo de la dehesa*. 首都に住んで永いこと経つのに, まだ彼の田舎くささが抜けない.

poner(se) los pelos de punta 身の毛がよだつ, 震え上がる. Al sentir el terremoto *se me pusieron los pelos de punta*. 地震を感じた時私は身の毛がよだった.

sin venir a pelo 時をわきまえないで. Se enfadó *sin venir a pelo*. 彼は腹を立てるべき時でないのに怒った.

soltarse el pelo (1)(結っていた)髪を解く. (2)《比喩》遠慮なく行動する[物を言う], 無分別な言動をする. Era una mujer tímida, pero desde que vive sola se ha *soltado el pelo*. 彼女は内気な女性だったが一人暮らしをして大胆に行動するようになった.

tener pelos 難しい問題である, 厄介である. Estos asuntos *tienen pelos*. これらの問題は厄介である.

tirarse de los pelos 《話》(失望や後悔で)髪をかきむしる.

tomar el pelo からかう, ばかにする. No me *tomes más el pelo*. 私をもうこれ以上からかわないで[ばかにしないで]くれ.

pelotazo 1447

pelón, lona [pelón, lóna] 形 ❶ 髪を短く刈った. —Pidió al peluquero que pelo dejara ~. 彼は床屋に髪を短く切ってくれるように頼んだ. ❷ はげの, 髪の薄い. ❸《話, 比喩》無一文の. ❹《エクアドル》毛深い, 長髪の.
— 名 ❶ 髪を短く刈った人, はげ頭の人, 髪の薄い人. ❷《話》無一文, 貧乏人. ❸《南米》子供, 幼児.
— 男 ❶ (a)《アルゼンチン》ネクタリン, アブラモモ(油桃). (b)《アルゼンチン, ボリビア》干し桃. ❷《グアテマラ, メキシコ》(el ~)死, 死亡. ❸《ベネズエラ》しくじり, 誤り. ❹《コロンビア, チリ》皮はぎ, 皮むき.

pelona [pelóna] 女 ❶《医学》脱毛(症). ❷《話》(la ~)死, 死亡.

Peloponeso [peloponéso] 固名 ペロポネソス(ギリシャの半島).

peloso, sa [pelóso, sa] 形 毛のはえた, 毛の多い.

:pelota [pelóta] 女 ❶ ボール, 球, 玉. —~ de tenis テニスのボール. tirar la ~ ボールを投げる. 類 **balón, bola**. ❷ 球技; ハイアライ(バスク地方のスカッシュに似た球技). —jugar a la ~ 球技をする; ハイアライをする. hacer ~s de nieve 雪合戦をする. ❸《話》頭. —Me duele la ~ de tanto estudiar. 勉強しすぎて私は頭が痛い. ❹ 園《俗》睾丸. 類 **testículos**.

dejar en pelotas [pelota viva] 《俗》(1) 人から金や物を全て奪う, 人を丸裸にする. Tres golfos *dejaron en pelotas* a un viajero. 三人のならずものが一人の旅行者から金品を全て巻き上げた. (2) 釈明できないようにする, 追い詰める.

devolver [rechazar, volver] la pelota 同じ理屈で言い返す, 同じ論理で論駁する; きっちり仕返しをする, 借りを返す. Ella *devolvió [rechazó, volvió] la pelota* a su marido con sus mismas razones. 彼女は夫の理屈をそのまま彼に言い返した.

echarse [pasarse, tirarse] la pelota 責任や罪をたらい回しにする, 責任や罪を人になすりつける.

en pelotas [en pelota picada] 《俗》素っ裸で, 丸裸で. Salió del cuarto de baño *en pelotas*. 彼は素っ裸で風呂場から出てきた.

estar hasta las pelotas 《俗》すっかり飽きている, うんざりしている.

estar la pelota en el tejado 未決定のままでる; 予断を許さない. Ha pasado un año desde que comenzamos las negociaciones, pero todavía *la pelota está en el tejado*. 私たちが交渉を開始してから一年になるが, まだ埒(らち)が明かない.

hacer la pelota 《話》ゴマをする, おべっかを使う.

hacerse una pelota (1) (寒さ, 恐怖, 苦痛などで)縮こまる. Tenía mucho frío y *se hizo una pelota* en el sofá. 彼はとても寒くてソファーで縮まった. (2) 頭が混乱する, 訳が分からなくなる. Estaba muy nervioso y *se hizo una pelota* en el examen. 彼はあがってしまって, 試験では訳が分からなくなった.

tocarse las pelotas 《俗》なまける, のらくらする.
— 男女《俗》おべっかを使う人, ごますり. —Ese tío es un ~. そいつはごますりだ. 類 **pelotillero**.

pelotari [pelotári] 男女 ペロタ(pelota)の選手.

pelotazo [pelotáθo] 男 ❶ ボールをぶつけること.

1448 pelotear

—dar un ～ ボールをぶつける. de un ～ ボールの一撃で. ❷《隠》(酒・麻薬による)酩酊. ❸【北米】ずる賢さ, 抜けめなさ. ❹《隠》麻薬による酩酊(惢).

pelotear [peloteár] 自 ❶ ボール打ち[蹴り, 当て]の練習をする. —El entrenamiento de hoy consistió en ～. 今日のトレーニングはボール打ち[蹴り・当て]の練習だった. ❷【＋con を】投げる, 放る. —Dejad de ～ con la manzana. リンゴを放り投げるのはやめなさい. ❸《比喩》けんかする, 言い争う. —Comenzaron a hablar de política y terminaron peloteando. 彼らは政治の話を始めて, 結局けんかになった.
—— 他 (帳簿など)を照合する.
——se 再 (責任・問題)を転嫁する, なすりつけ合う. —Se pelotearon el problema de un departamento a otro. 問題を他の部署へとなすりつけ合った.

peloteo [pelotéo] 男 ❶《スポーツ》(球技での)打ち合い, ラリー; (ウォーミングアップのための)打ち合い. ❷《比喩》(文書などの)交換. ❸《話》へつらい. —Con tanto ～ no me extraña que le hayan ascendido. あれだけごへつらってたんだから, 彼が昇進したのも不思議じゃない.

pelotera[1] [pelotéra] 女《話》口論. —armar [montar] una ～ けんかをふっかける, 騒動を起こす. 類 discusión, pelea, riña.

pelotero, ra[2] [pelotéro, ra] 名【中南米】サッカー選手, 野球選手.
—— 男 ボール入れ(スポーツ用品).

pelotilla [pelotíʎa] [＜pelota] 女 ❶ 小球. —hacer ～s《話》鼻くそをほじり出して丸める. ❷ おべっか, へつらい. ❸《比喩》へつらう人, へつらう人.
hacer la pelotilla a ... ...にへつらう.

pelotillero, ra [pelotiʎéro, ra] 形《話》こびへつらう.
—— 名 おべっかつかい, こびる人, ごますり.

pelotón [pelotón] [＜pelota] 男 ❶ 大きなボール, 毛玉, 糸のもつれ. ❷《比喩》群衆, 人の塊. —Se formó un ～ de niños a la salida del colegio. 学校の玄関に子供たちの集団ができた. ❸《軍事》小隊, 分隊. —～ de ejecución 銃殺隊. ❹《スポーツ》(特に自転車の)レース競技で, 一塊になって走る選手の一団.

peltre [péltre] 男 白鑞(ﾛｳ), ピューター(亜鉛, 鉛, 錫の合金).

peluca [pelúka] 女 ❶ かつら, ヘアピース. 類 bisoñé, peluquín, postizo. ❷《話》かつらをつけた人, かつらの料理をする人. ❸《話》小言, 叱責. 類 bronca. ❹【北米】《話》髪の毛.

peluche [pelútʃe] [＜仏] 男 《繊維》フラシ天, 毛長ビロード, プラッシュ. —oso de ～ ぬいぐるみの熊.

pelucón, cona[1] [pelukón, kóna] 形 ❶ 長髪の, もじゃもじゃ頭の. ❷《チリ》保守派[党]の. ❸【エクアドル】上流階級の.
—— 男 ❶《チリ》保守党員, 保守派の人. ❷《エクアドル》上流階級の人, 重要人物.

pelucona[2] [pelukóna] 女 金貨(特に, カルロス IV 世までのブルボン家の王の胸像が彫られたもの).

peludo, da [pelúdo, ða] 形 毛の多い, 毛のふさふさした, 毛むくじゃらの, (動物が)長毛の. —Antonio es muy ～. アントニオはとても毛深い. una alfombra peluda ふさふさしたじゅうたん. 類 fel-

pudo.
—— 男 ❶ (フラシ天製の)丸ござ. ❷【アルゼンチン, ウルグアイ】アルマジロの一種. ❸《隠》新兵.
agarrarse un peludo 【アルゼンチン, エクアドル】酔っ払う.

peluquería [pelukería] 女 ❶ 理髪[容]店, 床屋, 美容院 [de señoras (de caballeros 美容院[理髪店]). ～ unisex 男女両用の理髪店・美容院. ❷ 理髪業, 美容業.

peluquero, ra [pelukéro, ra] 名 ❶ 理容師, 美容師. ❷ かつら製作業者. ❸【北米】賭けにいつも勝つ人.

peluquín [pelukín] 男 ❶ 部分かつら, ヘアピース. ❷ (18世紀頃の)紳士用かつら.
ni hablar del peluquín《話》とんでもない, ふざけるな. No pienso invitarlo a la fiesta, *ni hablar del peluquín*. あいつをパーティーに招待するつもりはない, 冗談じゃないぜ!

pelusa [pelúsa] 女 ❶ 細い毛, 産毛, にこ毛, (*a*) 産毛, にこ毛, (*b*) (植物の)綿毛 —la ～ de la piel del melocotón 桃の皮の綿毛. (*c*) (布)の毛羽. —soltar ～ 毛羽立てる. ❷ 綿ぼこり. ❸《比喩》(子供同士の)ねたみ, やきもち. —sentir [tener] ～ やきもちを焼く. Tiene ～ de su hermana pequeña. 彼は小さな妹にやきもちを焼いている. ❹【メキシコ, 北米】《話》《集合的に》下層民.

pélvico, ca, pelviano, na [pélβiko, ka, pelβiáno, na] 形《解剖》骨盤の. —hueso ～ 骨盤.

pelvis [pélβis] 女《単複同形》《解剖》骨盤. —～ renal 腎盂(ｳ).

Pemex [pémeks] [＜Petróleos Mexicanos] 男 メキシコ国営石油会社.

pen- [pen-] 接頭「ほとんど」の意. →*península, penumbra, penúltimo.*

pena [péna ペナ] 女 ❶ 苦悩, 悲嘆, (深い)悲しみ; 残念. —Su hijo no le ha dado más que ～s. 彼の息子は彼に苦しみしか与えて来なかった. Tengo [Siento] profunda ～ por la muerte de mi amigo. 私は友人の死を深く悲しんでいる. Me da mucha ～ que él esté gravemente enfermo. 私は彼が重病なのをとても悲しく思っている. Da ～ tirar tanta comida a la basura. そんなにたくさんの料理を捨ててしまうなんてもったいない. Es una ～ [¡Qué ～] que no puedas venir conmigo. 君が私と一緒に来られないのが残念だ. Le suspendieron en los exámenes de ingreso. -¡Qué ～!. 彼は入学試験に落ちてしまった.-それはかわいそうに. Pasaba los días bebiendo para ahogar las ～s. 彼は苦痛を紛らわすために毎日酒を飲んで過ごしていた. 類 dolor, lástima, pesar, tristeza. ❷ 苦労, 骨折り, 困難. —Con muchas ～s y esfuerzos consiguió su objetivo. 多くの苦労と努力で彼は目的を達成した. Pasamos muchas ～s durante la guerra. 戦争中は大変だった. Puedes ponerme un fax y te ahorras la ～ de venir. 私にファックスを送ってくれてもいいよ. そうすれば来る手間が省ける. 類 trabajo. ❸ 罰, 刑罰. —～ capital [de muerte, de la vida] 死刑. ～ pecuniaria 罰金(刑). ～s blandas 刑罰の軽さ. ～s eternas《宗教》(地獄に落ちるという)永遠の罰. Pusieron [Impusieron] al criminal la ～ de cadena perpetua. その犯罪者は終身刑に処せられた. El tribunal condenó al acusado a una ～ de tres años de cárcel. 法廷は被告に懲役3年の刑を言い渡した. [類]castigo**. ❹《話》(肉体的)苦痛, 痛み. —Tengo una ~ en la rodilla izquierda. 左膝がいたい. [類]**sufrimiento**. ❺[中南米]恥じらい, 内気, 小心.

a duras penas 苦労して, やっと, かろうじて. *A duras penas logré terminar la traducción*. 私は苦労して翻訳を終えることができた.

alma en pena →alma.

bajo pena de 〔違反すれば〕…の罰を受けるという条件で. *Se prohíbe aparcar coches bajo pena de multa*. 駐車禁止. 違反者は罰金.

conmutación de pena →conmutación.

de pena 《話》とてもひどく. *Esa actriz lo hizo de pena*. その女優の演技はとてもひどかった.

merecer la pena →valer la pena.

sin pena ni gloria 平凡に, 無難に, 可もなく不可もなく. *Ella pasó por la universidad sin pena ni gloria*. 彼女は平凡に大学生活を過ごした.

so pena de (1)→bajo pena de. (2) もし…でなければ. *Este plan no tendrá éxito so pena de que haya colaboración de todos*. 全員の協力がなければこの計画は成功はおぼつかない.

valer la pena する価値がある, 苦労に値する. *Este plato es muy rico; vale la pena probarlo*. この料理はとてもおいしいから食べてみる価値はある. *No vale la pena (de) invitarle: está en la cama con gripe*. 彼を招待することはない, 風邪をひいて寝込んでいるから. *Tengo que estudiar mucho para ser abogado. -¡Vale la pena!* 弁護士になるために私はたくさん勉強しなくてはなりません. -でもその価値はありますよ.

penable [penáβle] 形 罰すべき, 処罰に値する.

penacho [penátʃo] 男 ❶(鳥の)とさか, 冠毛. ❷(帽子などの)羽飾り; 羽飾りふうのもの. ❸《比喩, 話》おごり, 見栄.

penada¹ [penáða] 女 (昔のスペインの)口の細い瓶.

penado, da² [penáðo, ða] 過分 形 ❶有罪の, 刑を受ける. ❷悲しい, 辛い. —una vida *penada* 辛い人生. [類]**penoso**. ❸困難な, 骨の折れる. —Hay que subir esta *penada* cuesta. この大変な坂を登らなくてはならない. [類]**dificultoso, trabajoso**.

—— 名 囚人, 服役者.

penal [penál] 形 刑法(上)の, 刑事の, 刑法犯罪の. —derecho ~ 刑法. código ~ 刑法典. acción ~ 刑事訴訟.

—— 男 ❶刑務所. [類]**cárcel, presidio**. ❷《スポーツ》ペナルティー, ペナルティーキック.

penalice(-) [penaliθe(-)] 動 penalizar の接・現在.

penalicé [penaliθé] 動 penalizar の直・完了過去・1単.

penalidad [penaliðá(ð)] 女 ❶苦労, 苦痛, 辛いこと. —pasar [padecer] ~es 苦労を重ねる[辛い思いをする]. Su vida ha estado llena de ~es. 彼の人生は苦労に満ちたものだった. [類]**sufrimiento**. ❷《法学》刑罰, 処罰, 罰金.

penalista [penalísta] 形 刑法専門の.

—— 男女 刑法学者, 刑事専門の弁護士.

penalización [penaliθaθjón] 女 ❶処罰, 刑. ❷制裁, (反則に科せられる)ペナルティー.

penalizar [penaliθár] [1.3] 他 ❶罰する, 処罰する, …に刑を科する. ❷《スポーツ》…にペナルティーを科する.

penalti, penalty [penálti] 男 《スポーツ》ペナルティー, 反則, ペナルティーキック. —señalar [pitar] ~ ペナルティーのホイッスルを鳴らす. tirar un ~ ペナルティーキックをする. marcar un gol de ~ ペナルティゴールを決める.

casarse de penalti 《話》妊娠して[させて]仕方なく結婚する.

penar [penár] 他 ❶罰する, …に刑を科する. —El juez lo *penó* con cinco años de cárcel. 判事は彼に5年の禁固刑を言いわたした. [類]**castigar, condenar, sancionar**. ❷ (苦悩を)味わう. [類]**padecer, sufrir**.

—— 自 ❶苦悩を味わう, 心を痛める. — ~ de amores 恋に苦しむ. Su hijo menor le hizo ~ mucho tiempo. 彼は下の子には長いこと心を痛めてきた. ❷〔+con〕(…の事を)心配する, (…の事が)気がかりである. —*Penó* mucho *con* su mujer enferma. 彼は病気の妻をひどく心配した. ❸〔+por を〕切望する, (…が)欲しくてたまらない. —Hace años que *pena por* un coche deportivo. 彼は何年も前からスポーツカーを欲しがっている.

penates [penátes] 男 複 《宗教》ペナテス(古代ローマの, 家ごとの守護神).

penca [péŋka] 女 ❶(サボテン等の)肉質の葉. ❷(葉野菜類の)主脈, 筋の部分. ❸(刑用の)革製の鞭. [類]**látigo**. ❹[南米]ヤシの葉. ❺[キューバ]刃. ❻[メキシコ]刃. ❼[ベネズエラ](馬・ロバ等)の尾の心部. ❽[南米]酔い. —agarrar una ~ 酔っ払う. ❾ 複 taba (お手玉遊びに使う距骨の)突起部分.

hacerse de pencas 《話》無関心を装う, 聞こえないふりをする, 簡単に同意しない.

penca de ... 《話》[コロンビア]立派な, 見栄えのよい. *penca de hombre* 恰幅のよい人. *penca de casa* 豪邸.

a la pura penca [アルゼンチン]裸同然で.

penco [péŋko] 男 ❶やせ馬, 駄馬, 老馬. [類]**jamelgo**. ❷《軽蔑》間抜け, うすのろ, 役立たず. ❸[メキシコ, ニカラグア]馬.

un penco de hombre [コロンビア]立派な男.

pendejada [pendexáða] 女 [南米] ❶ばかげた言動. —A ver si dejas ya de hacer [decir] ~s. いいかげんばかげたことばかりを[言う]するのはよしてくれないか? [類]**imbecilidad, tontería**. ❷臆病な[卑劣な]言動, 責任逃れ.

pendejear [pendexeár] 自 [コロンビア, メキシコ] ばかげたことを[言う], 卑怯なふるまいをする, 責任逃れをする.

pendejo, ja [pendéxo, xa] 形 ❶[中米, メキシコ, ベネズエラ]ばかげた, 阿呆な, 臆病な, 無責任な. ❷[コロンビア, ペルー]抜け目ない, ずる賢い. [類]**astuto**.

—— 名 ❶《軽蔑》臆病者, 卑怯者. [類]**gallina**. ❷《話》よく遊び歩く人. ❸[ラ・プラタ]若僧.

—— 男 陰毛.

hacer pendejo a ... [北米](人を)かつぐ.

hacerse pendejo [エクアドル, コロンビア, メキシコ, 北米]知らないふりをする, 無関心を装う.

pendencia [pendénθja] 女 ❶けんか, いさかい. —armar una ~ けんかを始める, いさかいを起こす. [類]**camorra, pelea, reyerta, riña**. ❷訴訟中の

状態, 訴訟係属. ❸《古》未解決, 未決定.

pendenciero, ra [penden θjéro, ra] 形 けんか好きの, けんかっ早い.
— 名 けんかっ早い人.

‡**pender** [pendér] 自 ❶［+de から］ぶら下がる, 吊り下がる, 垂れる. — Una lujosa araña *pende del* techo. 豪華なシャンデリアが天井からぶら下がっている. 類 **colgar**. ❷（訴訟などが）係争中である, 未解決である. — Ese juicio aún *pende* de sentencia. その裁判はまだ判決待ちである. ❸［+sobre の上に］重くのしかかる, 重圧をかける. — La amenaza de muerte *pende sobre* los secuestrados. 死の脅威が拉致(らち)された人々の上にのしかかっている.

‡**pendiente** [pendjénte] 形 ❶ 未解決の, 懸案の; 未払いの. —asuntos [asignaturas] ~s 案事項[未履修科目]. Tu solicitud todavía está ~ de aprobación. 君の申請はまだ採択されるかどうか決まっていない. Tengo ~ la cuenta del sastre. 私は洋服屋に借金がある. ❷ 注意を払った, 気にかけた. — Toda la mañana he estado ~ de sus noticias. 午前中ずっと私は彼からの電話を待っていた. Todos estaban ~s de las palabras del conferenciante. みんなは講演者のことばを注意を払って聴いていた. ❸ 垂れ下がり, ぶら下がった. —una lámpara ~ del techo 天井から垂れ下がった電灯. Llevaba una bolsa ~ del brazo. 彼女はハンドバッグを腕にかけていた. 類語 **pendiente** は場所が示される時に用いられ, 示されないときは **colgante** を使う. 例: una lámpara colgante ぶらさがった電灯. ❹ 傾いた, 傾斜した. —una calle ~ 坂道.
— 男 イヤリング, ピアス,（耳や鼻などにつける）飾り. — Lleva ~s de oro. 彼女は金のイヤリングを付けている.
— 女 ❶ 坂, 坂道. —subir una pronunciada [suave] ~ 急坂[緩い坂]を登る. 類 **cuesta**. ❷ 傾斜(度), 勾配;〔建築〕屋根の勾配. —una carretera del [con] una ~ del cinco por ciento 勾配5パーセントの道路. 類 **declive**.

péndola¹ [péndola] 女 ❶（時計の振り子）振り子時計. 類 **péndulo**. ❷〔建築〕対束(つか), クイーンズポスト(屋根組みを支える垂直の対の柱). ❸〔土木〕(釣り橋などを支える)つり材.

péndola² [péndola] 女 羽ペン.

pendolear [pendoleár] 自 ❶《南米》よく書き物をする;《アルゼンチン》うまい字を書く. ❷《メキシコ》苦難を乗り切る. ❸《メキシコ》人をうまく使う, 人をうまくまとめる.

pendolista [pendolísta] 男女《まれ》❶ 字のきれいな人. — Tiene letra de ~. 彼は字がきれいだ. ❷ 清書類書き. 類 **memorialista**.

pendolón [pendolón] 男〔建築〕真束(しんづか), キングポスト(小屋組みの中央にある垂直の束).

pendón, dona [pendón, dóna] 名 ❶ 生活が不規則な[乱れた]人, ふしだらな人, 身持ちの悪い人. — Se divorció porque su marido era un ~. 彼女は夫の身持ちが悪かったので離婚した.
— 男 ❶ 標旗; 軍旗, 隊旗, 槍旗(やりばた). ❷（木の幹から出た）新芽. ❸《比喩, まれ》背が高くだらしない感じの人(特に女性). ❹ 複 ラバの手綱.
— 女《話》売春婦.

pendonear [pendoneár] 自 ❶ 遊び歩く, ほっつき歩く. 類 **callejear, pindonguear**. ❷（女が）身を持ち崩す.

pendoneo [pendonéo] 男 遊び歩くこと, ほっつき歩くこと. — Se pasa todos los días de ~. 彼は毎日ぶらぶら遊び歩いている.

pendular [pendulár] 形 振り子の. —movimiento ~ 振り子運動.

péndulo, la [péndulo, la] 形《まれ》ぶら下った. 類 **colgante, pendiente**.
— 男 振り子. 類 **péndola**.

pene [péne] 男〔解剖〕ペニス, 陰茎.

peneque [penéke] 形 ❶ 泥酔した. —estar [ir] ~ 泥酔している, ponerse ~ 酔っ払う. 類 **borracho**. ❷《アンダルシア》ふらふらした, よろめいた. —estar [ir] ~ ふらついている.

penetrabilidad [penetraβiliðá(ð)] 女 入り込めること, 浸透性, 浸透[透過]性(浸透される側について言う). —~ de la tierra 土の浸水性.

penetrable [penetráβle] 形 ❶ 入り込める, 貫通性[浸透性, 透過性]のある. 反 **impenetrable**. ❷ 理解可能な, 解りやすい. —Defendió su teoría con argumentos ~s. 彼は解りやすい論拠でもって彼の理論を弁護した.

***penetración** [penetraθjón] 女 ❶ 浸透(すること); 侵入, 侵略; 貫通. —~ de aguas en la pared 壁の雨漏り. ~ de la frontera 国境侵犯. ~ de una bala 弾の貫通. ❷ 理解(力); 洞察力, 見抜く力, 眼識. —problema de difícil ~ 理解が困難な問題. Mi amigo tiene una gran capacidad de ~. 私の友人はとても鋭い洞察力がある. 類 **agudeza, perspicacia, sagacidad**.

penetrador, dora [penetraðór, ðóra] 形 (知性・感性が)鋭い, 洞察力のある.

‡**penetrante** [penetránte] 形 ❶ 刺すような, 貫き通すような. — Hace un frío ~. 身にしみる寒さだ. Sentí un dolor ~ en el vientre. 私はお腹に刺すような痛みを感じた. Era un hombre de mirada ~. 彼は目つきの鋭い男だった. 類 **alto, subido**. ❷ 鋭い, 辛辣(しんらつ)な; 洞察力のある. —un análisis ~ 鋭い分析. una persona ~ 洞察力のある人.

‡**penetrar** [penetrár] 他 ❶ …に入り込む, 侵入する; しみ込む. — La lluvia *penetró* las paredes de la casa. 雨水が家の壁にしみ込んだ. Los rayos ultravioletas *penetran* la piel. 紫外線は肌に浸透する. ❷ を突刺す, 貫く, …に食い込む. — Hacía un frío que *penetraba* los huesos. 骨身にしみるように寒かった. ❸ …に痛みを与える, を傷つける. —Una profunda pena *penetró* su corazón. 深い悲しみが彼の心を貫いた. ❹ を見抜く, 見破る, 洞察する. —*Penetró* lo que tramaba su marido. 彼女は夫がたくらんでいることを見抜いた. ❺ …にペニスを挿入する.
— 自［+en］(…に)入り込む, 侵入する; 突き刺さる. —El ladrón *penetró en* la casa por una ventana. 泥棒は窓からその家に侵入した. La bala *penetró en* el muslo. 弾丸は太腿を貫通した. ❷（…に）しみ込む, 浸透する, しみ通る. —El aceite *penetró en* el papel. 油が紙にしみ込んだ. El clavo *penetra en* la madera. 釘が材木に突き刺さる. ❸（を）見抜く, 見破る, 洞察する. —La madre *penetró en* las intenciones de su hijo. 母親は息子の意図を見抜いた.
— se 再 ［+de を］十二分に理解する. —Debes *penetrarte* bien *de* la estructura gramati-

cal de la lengua. 君は言語の文法構造を深く洞察しなければならない。類 **imbuirse**.

penibético, ca [peniβétiko, ka] 形 ペニベティコ山系(スペイン南部)の.

penicilina [peniθilína] 女 【薬学】ペニシリン.

‡**península** [península] 女 **半島**. —la P~ Ibérica 〖地名〗イベリア半島. P~ de Yucatán 〖地名〗ユカタン半島(メキシコ).

‡**peninsular** [peninsulár] 形男女 ❶ 半島の(人). ❷ (特に)イベリア半島の(人); (カナリア諸島など本島以外のスペインの領土・住民に対して)本土の(人); (アメリカ大陸旧植民地生まれの criollos に対して)スペイン本国の人.

penique [peníke] 男 ペニー(英国の貨幣単位).

penitencia [peniténθja] 女 ❶ 《宗教》悔悛(しゅん), 悔い改め(ること); 告解の秘跡 (=sacramento de la ~). ❷ (贖罪のための)罰, 苦行; (贖罪のための聴罪司祭が告解者に課す)償い. —cumplir la ~ 罪を償う. hacer ~ 罪を償う, 苦行する. poner[imponer] una ~ 人を罰する, (罪人に)苦行を科する. Rezó un rosario como ~. 罪滅ぼしのためにロザリオの祈りを唱えた. ❸ ひどいこと, 嫌なこと. —¡Menuda ~ tener que aguantar a mi suegra! 姑(しゅうとめ)の仕打ちに耐えねばならないなんてひどいよ.

penitenciado, da [penitenθjáðo, ða] 形 ❶ 宗教裁判によって処罰された. ❷ 〖中南米〗刑を受けた.
—— 名 ❶ 宗教裁判で処罰された人. ❷ 〖中南米〗囚人, 服役囚.

penitencial [penitenθjál] 形 悔悛の, 贖罪の; 《カトリック》告解の.
—— 男 《聖書》悔悛詩編(旧約聖書の詩編 6, 32, 38, 51, 101, 130, 143).

penitenciar [penitenθjár] 他 《キリスト教》を罰する, …に贖罪の苦行を科する.

penitenciaria, penitenciaría [penitenθjária, penitenθjaría] 女 ❶ 刑務所, 教護院. 類 **cárcel, penal**. ❷ 《カトリック》(教皇庁の)内教院. ❸ 《カトリック》聴罪司祭の職務.

penitenciario, ria [penitenθjárjo, ria] 形 ❶ 悔悟[悔悛]の, 悔い改めた. ❷ 刑務所の, 懲罰の. —régimen ~ 刑務所制度. reglamento ~ 刑務所の管理規則.
—— 男 《カトリック》聴罪司祭.

penitente [peniténte] 形 ❶ 悔悟[悔悛]の, 悔い改めた. ❷ 〖エクアドル〗愚かな.
—— 男女 ❶ 悔悟者. ❷ 《キリスト教》悔悟者, 告解者; (悔悟のための)行列参列者. —El confesor absolvió al ~. 聴罪師は告解者に許しを与えた. Uno de los ~s se flagelaba la espalda. 悔悟の行列参加者の一人が背中を鞭打たれていた. ❸ 〖アルゼンチン, チリ〗岩山の頂.

penol [penól] 男 《海事》桁端, ヤーダム.

‡**penoso, sa** [penóso, sa] 形 ❶ つらい, 苦難の, 骨の折れる. —Me han dado un trabajo bastante ~. 私はかなり骨の折れる仕事を与えられた. Es ~ decirle la verdad. 彼に本当のことを言うのはつらい. 類 **trabajoso**. ❷ 痛ましい, 悲惨な. —No puedo olvidar aquella penosa experiencia. 私はあの悲痛な経験を忘れられない. ❸ つらい思いをした. —Con cara penosa me pidió perdón. 沈痛な面持ちで彼は私に許しを求めた. ❹ 嘆かわしい, 悲惨な. —La plaza está en un estado ~. 広場は嘆かわしい状態にある. Vive en una pe-

pensar 1451

nosa situación. 彼はみじめな境遇で暮らしている. 類 **lamentable**.

‡**pensado, da** [pensáðo, ða] 過分 形 ❶ 考えられた. —un servicio ~ para gente mayor 年配者向けに考案されたサービス. Todo esto está muy bien ~. これはすべてとてもよく考案されている. ❷ 考えている. —No sea mal ~ (= malpensado). ひねくれて考えないでください. bien ~ 〖しばしば皮肉〗お人よしの.
el día [en el momento] menos pensado 思いがけない時に, 不意に. Esta casa se viene abajo el día menos pensado. この家は不意に倒壊してしまうだろう.
tener pensado 〖+不定詞〗…しようと決めている. El año que viene tengo pensado hacer un viaje a España. 私は来年スペイン旅行をするつもりだ.

‡**pensador, dora** [pensaðór, ðóra] 名 考える人, 思想家. —Es un gran ~ contemporáneo. 彼は現代の大思想家だ.
—— 形 考える, 思索する; 思慮深い. —Los hombres son animales ~es. 人間は考える動物である.

‡**pensamiento** [pensamjénto ペンサミエント] 男 ❶ 考えること, 思考(力), 考慮; 考え, 意見. —El ~ distingue al hombre del animal. 人間と動物の違いは考えることにある. Eso lo llevo [tengo] en el ~ desde hace mucho tiempo. 私はそれを以前からずっと考え続けている. Le acudió [vino] una idea al ~. ある考えが彼の頭に浮かんだ. Nunca me ha pasado por el ~ volver a casarme. 私が再婚するなんて考えてもみなかった. Intentaré adivinar [leer] sus ~s. 私は彼の考えを見抜いてやるつもりだ. ❷ 意図, 意向, 意思. —Entonces yo tenía ~ de comenzar un nuevo negocio. 当時私は新しい商売を始めるつもりだった. Mi ~ es retirarme cuanto antes. 私の意思はできるだけ早く引退することだ. Deja esos malos ~s. 悪い考えを抱くのはやめなさい. 類 **deseo, intención**.
❸ 思想, 思潮. —En este país no existe la libertad de ~. この国には思想の自由がない. Estudio el ~ francés del siglo XVIII. 私は 18世紀のフランス思想を勉強している.
❹ 箴言(しんげん), 金言, 格言. —Leo un libro de ~s hindúes. 私はヒンズー教の箴言の本を読んだ. 類 **máxima, proverbio, sentencia**.
❺ 《植物》パンジー, 三色(さんしき)すみれ.
como el pensamiento あっというまに, たちまち. Terminaron su trabajo como el pensamiento. 彼らはあっというまに仕事を片づけてしまった.
en un pensamiento 簡潔に, 手短に. Por falta de tiempo tuve que explicarlo en un pensamiento. 時間がなかったので私はそのことをごく手短に説明せねばならなかった.
ni por pensamiento 夢にも(思わない). Ni por pensamiento había llegado a creer que me tocara la lotería. 宝くじに当たるなんて夢にも思わなかった.

pensante [pensánte] 形 考える, 思索する.

‡**pensar** [pensár ペンサル] [4.1] 他 ❶ (a) …と考える, 思う. —Pienso que no llevas razón. 君の言い分は正しくないと

1452 pensativo

私は思う. *Pensaba* que ella nos acompañaría. 私は彼女がわれわれといっしょに来るものと思っていた. ¿Qué *piensas* de él? 彼について君はどう思う. (b) を考える. —*Piensa* bien lo que te ha dicho tu amigo. 君の友人が君に言ったことをよく考えてみろ. Lo *pensaré* y mañana te daré tu respuesta. それを考えてみて明日君に返事しよう. ❷ 〖＋不定詞〗しようと思う, …するつもりである. —*Pienso* viajar en agosto. 私は8月に旅行するつもりだ. ❸ を考えつく, 思いつく. —Ya he *pensado* cómo solucionar el problema. 私は問題をいかに解決すべきかもう思いついた. Él fue quien *pensó* el atraco. 強盗を思いついたのは彼だ.

cuando menos lo [se] piense 思いがけない時に. *Cuando menos lo pienses*, volverá, seguro. 君が思ってもみない時にたぶん彼は戻って来るだろう.

¡Ni pensarlo!/¡Ni lo pienses! とんでもない, 論外だ. ¿Que te preste dinero? *¡Ni pensarlo!* 金を貸してくれだって？ とんでもない.

pensándolo bien よく考えてみると.

sin pensar(lo) よく考えずに, うっかり, 思わず. Te insulté *sin pensar*. うっかり君を侮辱してしまった. 類 *de improviso*, *inesperadamente*.

—— 自 ❶ 考える, 思考する. —El nerviosismo le impedía ～ con claridad. 彼の神経の緊張が彼の明確な思考を妨げていた. ❷ 〖＋en〗（人・物のことを）考える, (…に)思いを致す, (を)ねらう. —*Pienso* en mi difunto padre. 私は今は亡き父のことを考える. Sólo *piensa* en divertirse. 彼は楽しむことしか考えない. ❸ 〖＋en のことを〗熟考する, 熟慮する, 検討する. —*Pensaré* despacio *en* tu propuesta. 私は君の提案をゆっくり考えてみよう.

pensar mal 悪くとる, 悪意に解釈する, 邪推する. *Piensa mal* de todo. 彼は何でも悪くとる. *Piensa mal y acertarás*. 〘諺〙悪く考えておけば間違いはない.

—— se 再 よく考える, 熟慮する.

pensárselo mucho よく考える, 熟慮する. Se lo piensa mucho antes de tormar una decisión. 彼は判断を下す前によくぎえる.

pensativo, va [pensatíβo, βa] 形 考え込んだ, もの思いにふけった. —Al oír el sermón se quedó ～. 彼は説教を聞いて考え込んだ. Caminaba ～ por el parque. 彼はもの思いにふけりながら公園を歩いた.

pensión [pensjón] 女 ❶ 年金, 恩給, 扶助料. —— *de retiro [de jubilación]* 恩給, 退職年金. ～ *vitalicia* 終身年金. ～ *de invalidez* 障害年金. ～ *de orfandad* 孤児年金. ～ *de viudedad* 寡婦年金. Hoy mi abuelo va al banco a cobrar la ～. 今日祖父は銀行に年金を受取りに行く. Pasa a su ex-mujer mil euros de ～ alimenticia al mes. 彼は離婚した妻に毎月千ユーロの扶養手当を渡している. ❷ 安ホテル, 宿(ゃど); 寄宿舎. —*alojarse* en una ～ ペンションに宿泊する. ❸ 食事付宿泊; 宿泊代, 下宿代. —— *completa* 3食付きの宿泊. *media* ～ 朝と昼又は夜の食事付宿泊, 昼の給食付き授業. *pagar* la ～ 宿泊代を支払う. ❹ 奨学金, 助成金. —*estudiar* con una ～ 奨学金をもらって勉強する.

pensionado, da [pensjonáðo, ða] 形 ❶ 年金[扶養手当]を受給している, 奨学金を支給される. ❷ 年金と一緒に贈られる. —*condecoración pensionada* 年金勲章.
—— 名 年金[扶養手当]受給者, 奨学生.
—— 男 寄宿舎, 寄宿学校.

pensionar [pensjonár] 他 ❶ …に年金[扶養手当]を支給する, 奨学金を支給する. —La universidad la ha *pensionado* para que estudie en Inglaterra. 大学は彼女にイギリスに留学するための奨学金を支給した. ❷ （家）に地代[家賃]をかける.

pensionista [pensjonísta] 男女 ❶ 年金受給者, 年金生活者, 奨学生. ❷ 下宿人. ❸ 寄宿生. —*medio* ～ 学校で給食を受ける寄宿生. 類 *internado*.

penta- [penta-] 接頭 「5」の意. —*pentágono*, *pentasílabo*, *pentacordio*.

pentaedro [pentaéðro] 男 《幾何》五面体.

pentagonal [pentaɣonál] 形 五角形の.

pentágono [pentáɣono] 男 ❶ 《幾何》五角形. ❷ (P～) 米国国防総省, ペンタゴン.

pentagrama, pentágrama [pentaɣráma, pentáɣrama] 男 《音楽》五線譜.

Pentateuco [pentatéuko] 男 《聖書》モーセ五書. ◆旧約の最初の5書(創世記 *Génesis*, 出エジプト記 *Éxodo*, レビ記 *Levítico*, 民数記 *Números*, 申命記 *Deuteronomio*).

pentatlón, pentathlon [pentatlón] 男 《スポーツ》五種競技, ペンタスロン. ◆古代オリンピックの幅跳び, 競走, 格闘, 円盤投げ, 槍投げ. 近代五種 (～ *moderno*)の馬術, フェンシング, ピストル, 水泳, クロスカントリー. 現代陸上五種競技: (男子)200m走, 1500m走, 槍投げ, 円盤投げ, 幅跳び; (女子)800[200]m走, 100m障害走, 高跳び, 幅跳び, 砲丸投げ.

Pentecostés [pentekostés] 男 ❶ (カトリック) 聖霊降臨の大祝日 (= *domingo [pascua] de* ～). ◆キリストの復活から50日目の祝日. ❷ (宗教) (ユダヤ教で)過越(すぎこし)の祭から数えた50日目の祝日.

penúltima [penúltima] 女 《言語》第二尾音節 (= *sílaba* ～, 語の末尾から数えて2つ目の音節).

***penúltimo, ma** [penúltimo, ma] 形 終わりから2番目の. —Este equipo ocupa el ～ lugar en la liga. このチームはリーグで最下位から2番目にいる. Yo me bajo en la *penúltima* parada. 私は終点から2番目の停留所で降りる.
—— 名 終わりから2番目(の人・もの).

penumbra [penúmbra] 女 ❶ 薄暗がり, ほの暗さ. —No podía verle bien la cara porque estaba en ～. 彼は薄暗い所にいたので私は彼の顔がよく見えなかった. ❷ 《天文》(日食や月食の)半影(部); (太陽の黒点の)半影.

penuria [penúrja] 女 不足, 欠乏; 逼迫. —— *económica* 経済的な逼迫. ～ *de tiempo* 時間不足. Vivieron muchos años en la ～. 彼らは長年にわたって逼迫(ひっぱく)した生活をした. 類 *escasez*, *estrechez*.

peña [péɲa] 女 ❶ 岩, 岩石; 岩山. ❷ 同好会, 愛好会, サークル仲間. —— *deportiva [ciclista]* スポーツ[自転車競技]同好会. Mañana vamos de excursión toda la ～. 明日は仲間の皆が遠足に行く.

peñascal [peɲaskál] 男 岩の多い土地, 岩石地帯.

peñasco [peɲásko] 男 ❶ 大岩, 岩壁, 岩山. ❷《解剖》(側頭骨の)錐体, 岩骨. ❸《貝類》アクキガイ科の巻き貝. ❹《丈夫で長持ちする》絹地の一種.

peñascoso, sa [peɲaskóso, sa] 形 岩の多い, 岩だらけの.

péñola [péɲola] 女 羽ペン.

peñón [peɲón] 男 大岩, 岩山. — el P～ de Gibraltar ジブラルタルの岩山.

:peón [peón] 男 [複 peones] ❶《単純作業の》労働者, 作業員; 下働き, 見習い. — caminero 道路工夫. ～ de albañil 左官見習い. ❷《大農園で働く》農夫, 小作人. ❸《将棋の歩に相当するチェスの》駒(ぶい)(チェッカーなどの駒(ぶい). ❹ 独楽(ご). ❺《古》歩兵. 類 **trompo**.

peonada [peonáða] 女 ❶ 日雇い農業労働者などの1日の仕事量. ❷ 耕地面積の単位(約3.8アール). ❸《集合的に》日雇い労働者, 人夫;《古》《集合的に》兵隊. 類 **peonaje**.

peonaje [peonáxe] 男 ❶《集合的に》(工事などの)日雇い労働者, 人夫. 類 **peonada**. ❷《軍事》《集合的に》歩兵; 歩兵隊.

peonar [peonár] 自《アルゼンチン》日雇い労働者として働く, 人夫仕事をする.

peonia, peonía[1] [peónia, peonía] 女 ❶《植物》シャクヤク. — ～ arbónea ボタン. ❷《中南米》《植物》トウアズキ, キンキマメ.

peonía[2] [peonía] 女 ❶《歴史》(征服後兵士に与えられた)分与地. ❷《アラゴン》労働者の1日の仕事量.《中南米》1日の耕作量. 類 **peonada**.

peonza [peónθa] 女 ❶ (革ひもを使って回す)こま. — bailar la ～ こまを回す. 類 **peón**.
bailar como una peonza 軽やかに踊る.
ir a peonza 《話》徒歩で行く.
ser una peonza せわしく動き回る(人である).

***peor** [peór ペオル] 形《malo, mala の比較級》❶ より悪い[＋que/de], さらに悪い, より劣った. — Mi reloj es ～ que el tuyo. 私の時計は君のよりも品質が悪い. Estos productos son mucho ～es que aquéllos. これらの製品はあれらよりずっと質が劣っている. ❷《定冠詞/所有形容詞＋エル＋de の中で》最も悪い, 最悪の, 最低の. — Es el ～ jugador del equipo. 彼はチームで一番下手な選手だ. Lo ～ es que no tengo nada de dinero. 最悪なのは私が一文無しであることだ. Hay que estar preparados para lo peor. 最悪の事態に備えていなければならない. 反 **mejor**.
de mal en peor →**mal**
en el peor de los casos 最悪の場合には. *En el peor de los casos* lo perderemos todo. 下手をすれば我々はすべてを失うことになろう.
mejor o peor →**mejor**
peor que peor (行為・言動が)事態をより悪くする. Sigues mintiendo, *peor que peor*. うそをつき続けていると, さらにひどいことになる.
ponerse en lo peor 最悪の事態を想定する.
tanto peor (＝*mucho peor*) ずっと悪い. Si llueve malo, pero si hay tormenta, *tanto peor*. 雨が降ればまずしい, 嵐だったならさらひどい.

——— 副《mal の比較級》より悪く[＋que/de], さらに悪く; よりひどく; 最悪に, 最低に. —Canto ～ que ella. 私は彼女より歌が下手だ. El enfermo está cada vez ～. 病人の容態はだんだん悪くなっている. 反 **mejor**.
ir a peor 悪化する, 悪くなる. La inseguridad ciudadana *va a peor*. 都会の治安は悪化の一途をたどっている. 類 **empeorar**.

peoría [peoría] 女 より悪いこと, 悪化, 劣化, 低下.

Pepa [pépa] 固名《女性名》ペパ(Josefa の愛称).

Pepe [pépe] 固名《男性名》ペペ(José の愛称).

pepinazo [pepináðo] 男 ❶《爆弾などの》爆発, 破裂. ❷《サッカーの》弾丸シュート.

pepinillo [pepiniʎo] [＜pepino] 男 キュウリのピクルス.

:pepino [pepíno] 男 キュウリ, 胡瓜;《比喩》熟していないまずいメロン.
(*no*) *importarle un pepino* 《話》少しも気にしない, ちっともかまわない. (*No*) *le importa un pepino lo que digan de él*. 彼は人から何を言われても少しも気にしない. *Me importa un pepino que me ayudes o no*. 君が手伝ってくれても, くれなくてもどちらでもいい.
no valer un pepino 《話》少しの値打ちもない, 何の役にもたたない.

Pepita [pepíta] 固名《女性名》ペピータ(Josefina の愛称).

pepita [pepíta] 女 ❶ (ナシ, ブドウ, メロン等の)種. *pepita* は果肉の多い果実の小粒の種. 桃, オリーブ等の核状の大粒の種は hueso. メロン, スイカ, ヒマワリ等の涙滴形の種は特に pipa とも言う. ❷ (天然土中の)金属の粒(砂金など). ❸《獣医》家禽(きん)の舌に腫瘍のできる病気. 類 **moquillo**. ❹《中南米》カカオの実. ❺《俗》陰核, クリトリス.

Pepito [pepíto] 固名《男性名》ペピート(José の愛称).

pepito [pepíto] 男 ❶ 火であぶった肉[腸詰め]. ❷ 焼いた肉を挟んだサンドイッチ. 類 **bocadillo**. ❸ クリームパン. ❹《コロンビア, ベネズエラ, パナマ》しゃれ者, 伊達男.

pepitoria [pepitória] 女 ❶《料理》フリカッセ(肉のホワイトソース煮込み). —gallina en ～ 鶏のフリカッセ. ❷ごちゃ混ぜ. 類 **batiburrillo**.

peplo [péplo] 男《服飾》ペプロス(古代ギリシャの女性用外衣. 長方形の布を肩から垂らして体に巻き, 肩をピンで留めたもの). ❷ペプラム, バスク(ブラウス, ジャケット等のウエストより下のスカート状の裾部分).

pepona [pepóna] 女 ❶ (厚紙製の大きな)人形. ❷ 赤ら顔の太った女性. —Esta mujer está hecha una ～. この女の人は赤ら顔でぶくぶくしている.

pepsina [pepsína] 女《化学》ペプシン.

péptico, ca [péptiko, ka] 形 消化の. —enzima *péptica* 消化酵素.

peptona [peptóna] 女《化学》ペプトン.

peque [péke] 男《話》子供, ちびっ子.

:pequeñez [pekeɲéθ] 女 [複pequeñeces] ❶ 小さいこと; 少ないこと, 僅かなこと. —Me impresionó ～ de sus ojos. 彼の目が小さいのが印象的だった. 反 **grandeza**. ❷ 幼いこと, 幼少; 幼年期. —La ～ de las víctimas compadeció a todos. 皆は犠牲者が幼いことに胸を痛めた. 類 **infancia, niñez**. ❸ 取るに足りないこと, つまらないこと. —Él no repara [se para] en *pequeñeces*. 彼はささいなことにこだわらない. Se molestó por una ～. 彼はつまらない事で悩んだ. 類 **insignificancia, menudencia**. ❹ 度量の狭さ, けちくさいこと; 卑し

さ, 卑劣. —Me fastidia la ～ de su carácter. 彼の性格の卑しさにはうんざりだ. 反**generosidad**.

pequeño, ña [pekéɲo, ɲa ペケニョ, ニャ] 形 ❶ 小さな. —una muñeca *pequeña* 小さな人形. Necesito un coche ～. 私には小型車が必要だ. Este piso se nos ha quedado ～. このマンションは私たちには手狭になった. 類【中南米】**chiquito**. 反**grande**. ❷(身長・背丈が)低い, 小柄の. —Mi hijo está ～ para su edad. 私の息子は年齢のわりに背が伸びていない. Es una jugadora bastante *pequeña*. 彼女はかなり小柄な選手だ. 類**bajo**. ❸ (数量的に)少ない, わずかな; 小規模の. —la *pequeña* y mediana empresa 中小企業. La apertura del hipermercado perjudicará a los *pequeños* comerciantes. 大型スーパーの開店で小さな商店主たちは損害を受けるだろう. Mi sueldo es ～. 私の給料はささやかなものだ. una *pequeña* cantidad de sal 少量の塩. ❹ 大したことない, 取るに足りない, ちょっとだけの. —Tengo un problema ～ pero muy molesto. 私はささいだが非常に面倒な問題を抱えている. Ayer nos hizo una *pequeña* visita. 昨日彼は私たちをちょっと訪ねてきた. ❺ 年少の, 幼い. —Hay muchos niños ～s en el parque. 公園には大勢幼い子どもたちがいる. Cuando eras ～, ¿qué te gustaba hacer? 小さかったころ, 君は何をするのが好きだったかい?

—— 名 子ども, 年少者;【定冠詞＋】最年少の子, 末っ子. —Marta es la *pequeña* de mi familia. マルタは私の家族の中で一番年下だ. Los *pequeños* se divertían jugando en el parque. 子どもたちは公園での遊びを楽しんでいた.

de pequeño 子どものころ. *De pequeño* era un niño muy tímido. 小さいころ, 彼はとても内気な子だった.

… en pequeño 小型の…, 縮小版の…. Mi casa es igual pero *en pequeño*. 私の家は同じだが, 小型だ.

pequeñuelo, la [pekeɲ u élo, la] 〔＜ pequeño〕形 ＝pequeñín, pequeñajo.
—— 名 小さな子供(＝pequeñín, pequeñajo). —¡Los ～s a la calle a jugar! さあ, 子供達は外に出て遊びなさい!

pequinés, nesa [pekinés, nésa] 形 ペキン(北京)の. —comida *pequinesa* 北京料理.
—— 名 ペキン住民(出身者).
—— 男 ❶【言語】北京語, 北京官話. ❷ ペキニーズ犬(＝perro ～).

per- [per-] 接頭 ❶「完全に」の意. —*per*donar, *per*fección. ❷「偽」の意. —*per*jurar. ❸「強調」の意. —*per*seguir. ❹〔pre- の異形〕—*per*judicar, *per*juicio.

pera¹ [péra] 女 ❶ 洋ナシ(梨). —～ de agua 果肉が豊かで果汁の多い梨の種類. ～ blanquilla 白梨.
❷ 洋ナシの形をしたもの(電球, ボタン式スイッチ; 香水噴霧器のゴム製の部分, スポイト式浣腸器など).
❸ (あごの先端部の)やぎひげ.

hacerse una pera 《俗》マスターベーションをする.
partir peras con … 《話》仲違いをする, けんかする. *Partió peras con* su amigo por una pequeñez. 些細なことで彼は友人と仲違いした.
pedir peras al olmo 《話》不可能なことを望む, ないものねだりをする. Esperar que ese tacaño te preste dinero es *pedir peras al olmo*. あんなけちな男に金を貸してくれることを望むなんて, 絶対に無理だ.
poner las peras a cuarto 《話》厳しく叱る, 問い詰める. Si vuelvo tarde a casa, mi padre me *pone las peras a cuarto*. もし家に遅く帰ったら父にこっぴどく叱られる.
ser la pera 《話》すごい; ひどい. Juan tiene un coche que *es la pera*. フアンはすごい車を持っている. Podrías haber avisado que no venías: *eres la pera*. 来ないことを知らせてくれてもよかったのに, お前はひどい奴だ.
ser una pera en dulce 《話》とても良い, 評価の高い. Antonio sale con una chica que *es una pera en dulce*. アントニオはすばらしい女性と付き合ってる.

pera² [péra] 形 《話》おしゃれな, 上品ぶった, 高級そうな. —Unos niños ～ tomaban una copa en ese bar de lujo. 何人かの気取った若者がその高級バーで酒を飲んでいた. 類**relamido**.

peral [perál] 男 洋ナシ(梨)の木.

peraleda [peraléða] 女 ナシ園.

peraltado, da [peraltáðo, ða] 形 ❶【建築】(アーチの)迫(せ)り出しを施された, 迫高のある. —arco ～ 迫高のあるアーチ. ❷【土木】(道路・鉄道のカーブが)バンクした. —curva *peraltada* バンク式カーブ.

peraltar [peraltár] 他 ❶【建築】(アーチに)迫(せ)り出しを施す, 迫高をつける. ❷【土木】(道路・鉄道カーブに)片勾配をつける, をバンクさせる.

peralte [perálte] 男 ❶《建築》(アーチの)迫(せ)り出し, スプリンガー(アーチ最下部の迫石(せきざい)); 迫高(迫出しの高さ). ❷《土木》(道路・鉄道カーブの)片勾配, バンキング.

perborato [perβoráto] 男【化学】過ホウ酸塩. —～ sódico 過ホウ酸ナトリウム.

perca [pérka] 女【魚類】スズキ科の淡水魚(食用).

percalina [perkalína] 女 (裏地・下着生地に用いる)綿布, パーカリーン.

percance [perkánθe] 男 ❶ 不慮の出来事, 障害, 支障. —Sólo tuvimos pequeños ～s en el viaje. 旅行中には大したトラブルがなく済んだ. 類**contratiempo, incidente**. ❷ 余分についてくること. —los ～s del oficio 仕事上のわずらわしさ (＝gajes del oficio).

percatarse [perkatárse] 再〔＋de に〕気づく, 気がつく. —No *me percaté del* error que había cometido. 私は犯していた誤りに気づかなかった. 類**advertir, notar**.

percebe [perθéβe] 男 ❶【貝類】ペルセベス, エボシガイ. ❷《話》ばか者. —Sólo un ～ como él puede hacer esa tontería. そんなばかな事ができるのは彼だけだ.

percepción [perθepθjón] 女 ❶ 知覚, 認知, 感知. —órganos de la ～ 知覚器官. ❷ 思考, 理解, 認識. —Tiene una ～ equivocada de la realidad. 彼は誤った現実認識をしている. 類**idea**. ❸ (年金, 給料などの)受給, 受給, 領収; 徴収. —～ del subsidio de paro 失業手当の受給.

percepción extrasensorial 《心理》感覚外知覚(予知, テレパシー, 透視などの, 五感によらない知

覚, E.S.P.).

perceptible [perθeptíβle] 形 ❶ 知覚[感知, 認識, 識別]可能な. —Era un sonido apenas ~. やっと聞き取れる程度の音だった. ❷ 受け取るべき, 領収[徴収, 受給]出来る, 支払われるべき. —El subsidio es ~ a partir del próximo año. 補助手当は来年から受給される. La empresa me debe quince horas extras ~s. 会社は私に15時間分の時間外給を払わなくてはならない. 類 **cobrable**.

perceptivo, va [perθeptíβo, βa] 形 知覚する, 知覚能力のある. —facultades *perceptivas* 知覚能力. —El oído es el sentido ~ de los sonidos. 聴覚は音を知覚する感覚である.

perceptor, tora [perθeptór, tóra] 形 ❶ 知覚する, 識別能力のある. ❷ (税などを)受け取る. —oficina *perceptora* de impuestos 税金支払所. —— 男女 ❶ 知覚者, 識別能力のある人, 千里眼. ❷ 受け取り人, 集金人, 徴収官. —El ~ tiene que firmar el recibo. 受取人は領収書に署名しなくてはならない.

percha[1] [pértʃa] 女 ❶ ハンガー, 洋服[帽子]掛け, 道具掛け. —~ de herramientas 工具掛け. Cuelga el abrigo en la ~ de la entrada. 玄関のハンガーにコートをかけて下さい. 類 **colgador, perchero**. ❷ 支え棒. (a)《造船》帆桁用材. (b)《建築》梁用材. ❸《鳥の止まり木. ❹《布の》毛羽立て. ❺《鳥を捕獲する》罠, 投げ縄. ❻《話》(主に下半身の)体型, すらりとした脚. —tener (buena) ~ 脚がすらりとしている. ❼《中南米》おしゃれ, おしゃれ着. (a)《コロンビア, エクアドル》おしゃれ, 派手. (b)《コロンビア》おろしたての服. (c)《キューバ》ジャケット. (d)《ドミニカ共和国》スーツ, ドレス. ❽《チリ》重なり. ❾《メキシコ》群衆.

percha[2] [pértʃa] 女《魚類》スズキ科の淡水魚(食用).

perchero [pertʃéro] 男 ハンガー掛け, 〖集合的に〗洋服[帽子]掛け.

percherón, rona [pertʃerón, róna] 形《動物》ペルシュロンの. —raza *percherona* ペルシュロン種.
—— 名《動物》ペルシュロン(重輓馬(じゅうばんば)の一種; ウマ科の動物).

✱percibir [perθiβír] 他 ❶ を**知覚する**, 感知する, 感じる. —~ los sonidos [los colores] 音[色彩]を知覚する. *Percibí* cierto desprecio en sus palabras. 私は彼の言葉の中にある種のさげすみを感じとった. ❷ を理解する, 認識する, 承知する. —No *percibió* la gravedad del mensaje recibido. 彼は受け取った伝言の重大性が分からなかった. 類 **comprender, conocer**. ❸ (金など)を受取る, 受領する. —*Percibe* una pensión que le permite vivir desahogadamente. 彼はゆとりをもって暮らせるような年金を受け取っている. 類 **cobrar**.

perclorato [perkloráto] 男《化学》過塩素酸塩.

percusión [perkusjón] 女 打つこと, たたくこと. (a)《医学》打診. (b)《音楽》打楽器の演奏; パーカッション. —instrumento de ~ 打楽器. (c)《軍事》(雷管などの)撃発. (d) 叩くこと, 打撃.

percusor, sora [perkusór, sóra] 形 叩く, 打つ. —— 名 ❶ 打つ人, 叩く人, 人を殴る人. ❷ 打楽器奏者. —— 男 打撃を与える器具[部品]. (a)(銃などの)撃鉄, 撃針. (b)(機械部品の)槌, ハンマー.

---

percutir [perkutír] 他 ❶ を打つ, たたく, 殴る. ❷《医学》(身体の一部)をたたいて診察する[打診する]. —~ el pecho del enfermo 患者の胸を打診する.

percutor [perkutór] 男 打撃を与える器具[部品]. (a) (銃などの)撃鉄, 撃針. (b) (機械部品の)槌, ハンマー. 類 **percusor**.

perdedor, dora [perðeðór, ðóra] 形 失う[失った], 損をする[した], 敗者の, 失敗する[した]. —parte *perdedora* 負けた[損をした]側, 敗者側.
—— 男女 失う[失った]人, 損失者, 敗者. —buen [mal] ~ 潔い[未練がましい]敗者.

✱perder [perðér ペルデル] [4.2] 他 ❶ (a) (物事を)**失う**, **無くす**. —He *perdido* la cartera. 私は財布を失った. *Perdió* el cargo que tenía. 彼は持っていた地位を失った. Ese político *ha perdido* toda credibilidad. その政治家はあらゆる信用を失った. (b) (ある能力を)失う. —*Perdió* la vista a causa de una enfermedad. ある病気がもとで彼は視力を失った. *Ha perdido* la vida en un accidente de tráfico. ある交通事故で彼は命を落とした. (ある気持ち・感覚などを)失う. —~ el apetito 食欲を失う. *He perdido* la ilusión por el trabajo. 私は仕事に対する希望を失った. *He perdido* la esperanza de ver con vida a mi hermana. 私は生きて妹に会うという望みを失った. *Perdió* el respeto a su padre. 彼は父への敬意を失った. El niño *ha perdido* la vergüenza a la gente. 子供は人見知りをしなくなった. Desde que se fue a Barcelona, *perdí* el contacto. 彼がバルセロナへと去って以降私は彼と音信不通だ. El avión *ha perdido* la comunicación con la torre de control. 飛行機は管制塔との交信を絶った. (d) (人)を失う, 見失う. —*Ha perdido* a su padre en un accidente. 彼は事故で父親を亡くした. *Perdí* a mi hijo en la plaza. 私は広場で息子とはぐれた. (e) …だけ体重[重量]を減らす, 減量する. —Haciendo ejercicio ella *ha perdido* 7 kilos. 彼女は運動をして体重を7キロ減らした. (f) を漏らす. —Este depósito *pierde* aceite. このタンクからは油が漏れている. ❷ を無駄にする, 無為にする, 浪費する. —*Perdí* mucho tiempo y dinero en esa empresa. 私はその事業で多くの時間と資金を費した. No *pierdas* el tiempo en estupideces. ばかなことをして時間を無駄にするな. ❸ (機会)を逸する, 逃がす. —El delantero *perdió* una estupenda ocasión de gol en el partido final. その ストライカーは決勝戦で絶好のゴール・チャンスを逸した. ❹ …に乗り遅れる, 乗りそこなう. —Si no te das prisa, vas a ~ el tren. 急がないと君は列車に乗り遅れるよ. ❺ (人)を破滅させる, (人・物)を損う, 駄目にする. —Su afición a la bebida le *pierde*. 彼の酒好きが体を駄目にしている. ❻ (試合・戦いなどに)負ける, 敗れる. —Nuestro equipo *ha perdido* el partido semifinal por cero a dos. われわれのチームは準決勝で0対2で負けた.

—— 自 ❶ 漏れる, 漏る. —No uses este termo, que *pierde*. この魔法瓶を使うなよ, 漏れるから. ❷ 負ける, 敗れる. —El partido del gobierno *perdió* en las elecciones generales. 与党は総選挙で敗れた. ❸ (品質が)落ちる. —Esta mercancía *ha perdido* mucho. この商品の品質はぐっと落ち

perdición

た． ❹ 悪くなる，悪化する．―Las clases de ese profesor *han perdido* bastante. その先生の持っているクラスはかなりできが悪くなった． Era muy guapa, pero *ha perdido* mucho con los años. 彼女は大変美人だったのに，年をとるとともに随分容色が衰えた． ❺（色が）落ちる，褪（あ）せる．―Esta blusa *ha perdido* mucho al lavarla. このブラウスは洗濯したらずいぶん色落ちした．

── se 再 ❶ 無くなる，消える，見えなくなる．― *Se me ha perdido* la bufanda. 私はマフラーを無くした．El coche *se perdió* en la lejanía. 車ははるかかなたに見えなくなった． ❷ 道に迷う，迷子になる．― Los niños *se perdieron* en el bosque. 子どもたちは森の中で道に迷った． ❸ 言葉に詰まる，途方に暮れる，立ち往生する．― *Se perdió* cuando vio llegar a su padre. 彼は父親が来たのを見て言葉に詰まった． Cuando encuentra algún problema, *se pierde*. 彼は何か問題にぶつかると途方に暮れてしまう． ❹ 堕落する，破滅する．― Tomás *se perdió* con esos malos amigos. トマスはその悪友たちとつき合って身を持ち崩した．≒ **descarriarse**. ❺ 駄目になる，台無しになる．―Con la pertinaz sequía, *se perdió* la cosecha de maíz. 長期の早魃（かんばつ）でトウモロコシの収穫が駄目になった．

no haberseLE perdido nada （人が）…に行く[関わる]理由がない．*No se me ha perdido nada* en esta reunión. この集会に私が出ている理由は何もない．

¡piérdete! さっさと消えろ．*¡Piérdete!* No me molestes más. さっさと出て行け．これ以上私に迷惑をかけるな．

perdición [perðiθjón] (< perder) 女 ❶ （身の）破滅; 放蕩; 破滅の原因．―Aquel novio la llevó a la ～. あの恋人が彼女を破滅へと導いた． ir a su ～ 破滅する． antro de ～ 堕落の果窟． Las drogas fueron su ～. 麻薬が彼の破滅の原因となった．≒ **ruina**. ❷ 〖宗教〗永罰． ❸ 失うこと，損失; 大損害．≒ **desastre, pérdida**.

:**pérdida**[1] [pérðiða] 女 ❶ 失うこと，紛失，喪失; 亡くすこと，（人の）死．―～ de la memoria [de la vista] 記憶喪失[失明]. ～ de sangre 失血. No se ha dado cuenta de la ～ de la cartera. 彼は財布をなくしたことに気づかなかった． Ella sufrió mucho con la ～ de su esposo. 彼女は夫の死をひどく悲しんだ． ❷ 無駄（遣い），浪費．―Es una ～ de dinero comprar una casa tan vieja. そんな古い家を買うなんて金の無駄遣いだ． Consultar con mi mujer no es más que una ～ de tiempo. 女房に相談するなんて時間の浪費すぎない． ❸ 〖しばしば 複〗損失，損害，被害; 〖軍隊〗死傷者（数）．―～s y ganancias 損益. Las ～s causadas por el terremoto han sido enormes. 地震の被害は甚大だった． ❹ 〖複〗漏れ，漏出．―Esta tubería tiene una ～ de agua. この管は水が漏れる．Si hay una ～ de gas, sonará una alarma. ガス漏れがあると警報が鳴ります．≒ **escape**. ❺ 〖複〗〖医学〗子宮出血． ❻ 売春婦，娼婦 (= prostituta).

no tener pérdida 見つけやすい，簡単に見つかる．El hotel está en un edificio de cristal muy alto y *no tiene pérdida*. ホテルはガラスばりのとても高い建物だからすぐに分かります．

perdidamente [perðiðaménte] 副 〖enamorado, enamorarse との組み合わせで〗ぞっこん，心底，すっかりと．―estar ～ enamorado de ... …に心底惚（ほ）れ込んでいる． enamorarse ～ de ... …にすっかり惚れ込んでしまう．

perdidizo, za [perðiðíθo, θa] 形 （物が）なくなったように装った; （人が）こっそり抜け出した．
hacer perdidizo （物を）隠す．
hacerse el perdidizo （人が）こっそり抜け出す．
hacerse perdidizo （ゲーム・試合などで）わざと負ける．

***perdido, da**[2] [perðíðo, ða] 過分 形 ❶ 失った，なくした，紛失した．―objeto ～ 遺失物． ❷ （道に）迷った; 行方不明の．―anciana *perdida* 道に迷った老婆．❸ 隔絶した．―Nació en una aldea *perdida* en los Pirineos. 彼はピレネー山脈の孤立した寒村で生まれた． ❹ 〖話〗〖強調〗どうしようもない，あまりにもひどい．―No entiendes nada, eres tonto ～. お前は何もわかっていない，救いようのないばかだ． Está histérica *perdida*. 彼女はひどいヒステリーになっている． ❺ 堕落した，身を持ち崩した; 絶望的な．―Ese joven es un caso ～. その若者は更正の見込みがない． ❻〖＋por に〗夢中になった，熱を上げた．―Marcos está ～ por Carmen. マルコスはカルメンに首ったけだ． Está ～ por el fútbol. 彼はサッカーに夢中だ．

a fondo perdido →fondo.
bala perdida →bala.
cosa perdida →cosa.
de perdidos al río 〖話〗→río.
fondo perdido →fondo.
ponerse perdido 〖話〗非常に汚れる．Ese niño *se ha puesto perdido* jugando con el barro. その子は泥遊びをしてすっかり汚い姿になった．

── 名 ❶ 堕落した人，放蕩（者）者，やくざ者．
── 男 〖印刷〗余り丁．

perdidoso, sa [perðiðóso, sa] 形 ❶ 負けやすい，負けを認めやすい，❷ 〖まれ〗失う[失った]，損をする[した]，敗者の，失敗する[した]．≒ **perdedor**.

perdigar [perðiɣár] 〚1.2〛他 ❶ （ウズラを）火であぶる，表面を軽く焼く．❷ （油やバターを使って表面に焦げ目がつくように肉などを）焼く．❸ 〖話〗準備する，整える．

perdigón[1] [perðiɣón] 男 ❶ シャコ[ヤマウズラ] (perdiz) の雛; 囮（おとり）用のシャコ[ヤマウズラ]. ❷ 散弾．

perdigón[2], **gona** [perðiɣón, ɣóna] 〚< perder〛 ❶ （ゲームの）敗者． ❷ 浪費家の若者．

perdigonada [perðiɣonáða] 〚< perdigón[1]〛女 ❶ 散弾の発射． ❷ 散弾による傷[痕]．

perdiguera [perðiɣéra] 女 →perdiguero.
perdiguero, ra [perðiɣéro, ra] 〚< perdigón[1]〛形 シャコ猟の．～ *perro* （シャコ猟の）猟犬，セッター犬．
── 名 （猟師から獲物を買う）商人．
── 女 （昔の猟師が用いた）シャコを入れる袋．

perdimiento [perðimjénto] 〚< perder〛男 紛失，損失，損害，損傷，失敗，敗北．≒ **perdición, pérdida**.

perdis, perdís [pérðis, perðís] 男〖単複同形〗〖話〗道楽者，放蕩者．

***perdiz** [perðíθ] 〖複〗**perdices** 女 〖鳥類〗ヤマウズラ，イワシャコ．

:**perdón** [perðón] 男 許すこと，許し，容赦; 〖カトリック〗贖宥（しょくゆう），免罪．―Le pedí ～ por haber llegado tan tarde. 私はとても遅れて到着した

ことを彼に謝った. Si te arrepientes, obtendrás su 〜. お前が反省すれば彼は許してくれるだろう. Has insultado a tu madre y no tienes 〜 (de Dios). お前は母親を侮辱したのだからどのような弁解もできない. No hay falta sin 〜. [諺]どんな過ちも許される.

con perdón (de los presentes) (悪い言葉や表現を使う時に)こう申しては失礼ですが. *Con perdón*, tu amiga me parece una idiota. こんなこと言っては悪いが, 君のガールフレンドはばかみたいだ.

¡Perdón! (1) [間] すみません, 許して下さい. *¡P〜!* No he hecho los deberes. すみません, 宿題をやって来ませんでした. (2) 何とおっしゃいましたか, もう一度言って下さい. *¡P〜!* No le oigo bien. 何と言われたのですか, よく聞こえませんでした.

perdonable [perðonáβle] [< perdonar] 形 許せる, 容赦できる. — El error que ha cometido no es 〜. 彼の犯した過ちは許せるものではない. [反]**imperdonable**.

perdonador, dora [perðonaðór, ðóra] [< perdonar] 形 許す, (罪に対して)寛大な.
— 名 許す人.

perdonar [perðonár ペルドナル] 他 ❶ (他人の過失を)許す**, 黙殺する. — Me pidió que le *perdonara*. 彼は私に許してくれるよう頼んだ. *Perdóna*me. -Estás *perdonado*. ご免ね. -何でもないよ. *Perdone*, le he pisado sin querer. ご免なさい, うっかりあなたの足を踏んでしまいました. [類]**disculpar**. ❷ (義務・借金などを)免除する. — Te *perdono* que hagas la limpieza de la casa. 君は家の掃除をしなくてもいいよ. Te *perdono* los cien euros que me debes. 君が私から借りている100ユーロは払わなくていい. Le *perdonaron* la deuda. 彼らは彼に借金を免除した. ❸ [主に否定文で]無しで済ます, (機会などを)見逃す. — No *perdona* ocasión de lucirse. 彼は成功する機会を逃さない. No *perdona* medio de conseguir lo que desea. 彼は望んでいるものを手に入れるためには手段を選ばない. [類]**perder**.

— 自 [主に否定文で]寛大である, 見逃す, 見落としをする. — Los años no *perdonan*. 年は争えない. Ese árbitro no *perdona*. そのレフェリーは判定が厳しい.

perdonavidas [perðonaβíðas] 男 [単複同形]《話》強がりな人, 空威張りする人. [類]**bravucón**.

perdulario, ria [perðulárjo, rja] [< perder] 形 ❶ だらしのない, 無頓着な. — aspecto 〜 だらしのない風貌. ❷ 不道徳な, 堕落した.
— 名 ❶ 身なりのだらしない人. ❷ 放蕩(ほうとう)者, 道楽者, 不良.

perdurabilidad [perðuraβiliðá(ð)] [< perdurable < perdurar] 女 永続性, 不変性, 持続性; 耐久性. — la 〜 de una costumbre 習慣が変わらずにあること.

***perdurable** [perðuráβle] 形 ❶ 永続[永久]的な, 永遠の — amor 〜 永遠の愛. Es cristiano y cree en la vida 〜. 彼はキリスト教徒で永遠の生命を信じている. [類]**eterno**. ❷ 耐久性のある, 長持ちする. — Los romanos levantaban construcciones 〜s. ローマ人たちは大昔の伝統が継続していた建築を建てていた. [類]**perpetuo**.

***perdurar** [perðurár] 自 **存続する**, 永続する, 持続する. — En el pueblo *perdura* una tradición antiquísima. その村には大昔の伝統が継続してい

る. Mi amor hacia ella aún *perdura*. 私の彼女への愛は今なお続いている. [類]**persistir**.

perecedero, ra [pereθeðéro, ra] [< perecer] 形 ❶ 一時的な, つかの間の, 長もちしない. — alimentos 〜s 長もちしない食品. [類]**efímero, temporal**. ❷ やがてなくなる, いずれ死ぬ. — vida *perecedera* はかない命. [類]**mortal**.

***perecer** [pereθér 9.1] 自 ❶ (事故などで)**死亡する**, 死ぬ, 急死する. — Cien personas *perecieron* en el atentado. 百人がテロ事件で死亡した. [類]**fallecer, morir**. ❷ 破滅する, 消滅する. ❸ 無抵抗である, 手も足も出ない. — *Pereció* ante los encantos de aquella mujer. 彼はあの女性の魅力にはかなわなかった.

— **se** 再 ❶ [+de で]死にそうである. — 〜*se* de hambre 空腹で死にそうである. ❷ [+por+不定詞]死に物狂いで…する, …しようと躍起になる. — *Se perece por* la vida en una gran ciudad. 彼は大都会で生活しようと躍起になっている.

perecimiento [pereθimjénto] [< perecer] 男 ❶ 消失, 消滅. ❷ 事故死, 不慮の死, 非業の死. ❸ 堕落. ❹ 困窮; 切望.

Pereda [peréða] 固名 ペレダ(ホセ・マリーア・デ・ホセ・マリーア・デ 〜)(1833-1906, スペインの作家).

peregrinación [pereɣrinaθjón] 女 ❶ (宗教)巡礼(の旅), 聖地詣で. — hacer una [ir en] 〜 a Jerusalén エルサレムへ巡礼に行く. [類]**peregrinaje**. ❷ (主に知らない土地への)長旅, 遍歴, 流浪の旅. ❸《話》(手続きのために)いろいろな部署を回ること.

peregrinaje [pereɣrináxe] 男 = peregrinación.

peregrinamente [pereɣrinaménte] 副 ❶ 異様に, 奇妙に. ❷ 入念に, 細心の注意を払って.

***peregrinar** [pereɣrinár] 自 ❶ [+a へ] 巡礼に行く. — 〜 a Santiago サンティアーゴ・デ・コンポステーラへ巡礼に行く. ❷ [+por 〜] (ある目的のために)かけずり回る, 奔走する. — Tuve que 〜 *por* varias oficinas para conseguir el certificado. 私はその証明書を手に入れるためいくつもの役所をかけずり回った. ❸ 外国旅行をする, 遍歴する. — Blasco Ibáñez *peregrinó* por todo el mundo. ブラスコ・イバーニェスは世界中を旅行して回った. [類]**recorrer, viajar**.

peregrinidad [pereɣriniðá(ð)] 女 奇妙さ, 風変わり, 希有(けう).

***peregrino, na** [pereɣríno, na] 形 ❶ 巡礼(者)の. ❷ (見知らぬ土地を)歩き回る; 諸国漫遊の. ❸ (鳥が)渡りの. — La golondrina es un ave *peregrina* ツバメは渡り鳥だ. [類]**migratorio**. ❹《軽蔑》奇異な; 筋の通らない. — A este chico se le ocurren ideas *peregrinas*. この子からは突拍子もない考えが出てくる. [類]**disparatado, raro**. ❺《文》(通常, 美に関して)並外れた, 希(まれ)な. — Es una señorita de *peregrina* belleza. 彼女はまれに見る美しいお嬢さんだ. [類]**extraordinario**.

— 名 ❶ 巡礼者, 聖地参拝者. — 〜 compostelano サンティアーゴ巡礼者. Muchos 〜s van a Santiago de Compostela. 多くの巡礼者がサンティアーゴ・デ・コンポステーラへ行く.

Pereira [peréjra] 固名 ペレイラ(コロンビアの都市).

perejil [perexíl] 男 ❶《植物》パセリ. ❷《主に複》(服装や髪の)飾りたて, 過度の飾りつけ. ❸ 複 (誇示のための)兼任の肩書. ❹ 隠 マリファナ. *poner a ... como hoja de perejil* (人)をこきおろす, ひどく非難する.

perendengue [perendéŋge] 男 ❶ 耳飾り, イヤリング, ピアス. 類 **arete, pendiente**. ❷ (女性用の)安物のアクセサリー. ❸ (昔のスペインの)4 マラベディ硬貨(→maravedí). ❹ 複《俗》睾丸; 肝っ玉, 度胸. —tener ~s 度胸がある. ❺《俗》問題, 厄介事.

:**perenne** [perénne] 形 ❶ 永遠の, 永続的な; 絶え間ない. —verdad ~ 永遠の真理. Me admira su ~ buen humor. 彼がいつも上機嫌なのには驚かされる. ❷《植物》多年生の, 宿根性の; 常緑の. —árbol de hojas ~s 常緑樹.

perennemente [perénnemènte] 副 ❶ 永久に, 永遠に. ❷ 常に, 絶えず, 不断に.

perennidad [perenniðáð] 女 ❶ 永久, 永遠. ❷ 持続性, 恒常性. 類 **perpetuidad**. 反 **caducidad**.

perentoriamente [perentórjaménte] 副 ❶ 緊急に, 差し迫って. ❷ 最終的[決定的]に, 最終段階として; 有無を言わさず.

perentoriedad [perentorjeðáð]〔<perentorio〕女 ❶ 緊急, 切迫. 類 **urgencia**. ❷ 最終的[決定的]なこと, 最終段階. —~ de un plazo para pagar la deuda 借金返済期限の最終段階.

perentorio, ria [perentórjo, rja] 形 ❶ 緊急の, 切迫した, 先延ばしできない. —necesidad *perentoria* 緊急の必要性. 類 **apremiante, inaplazable, urgente**. ❷ 終局的な, 決定的な, 最終段階の. —orden *perentoria* 最後通達. fallo ~ 最終判決. tono ~ きっぱりとした口調. 類 **concluyente, decisivo, definitivo**. ❸ 最終期間の, これで最後の. —plazo ~ 最終期間. 類 **improrrogable**.

perestroika [perestrójka]〔<露〕女《政治》ペレストロイカ.

****pereza** [pereθa ペレサ] 女 ❶ 怠惰, 不精, ものぐさ. —Después de comer, siento una gran ~. 食事の後, 私はとてもだるく感じる. Tengo ~ [Me da ~] salir ahora de paseo. 今から散歩に行くのがとても面倒くさい. Sacudió la ~ y se puso a trabajar. 怠惰な気持ちを払いのけて, 彼は仕事に就いた. 類 **galbana, vagancia**. ❷ のろさ, 緩慢; 鈍さ, 鈍感. —La secretaria hace el trabajo con mucha ~. その女性秘書は仕事がのろい.

perezca(-) [pereθka(-)] 動 perecer の接・現在.

perezco [peréθko] 動 perecer の直・現在・1単.

Pérez de Ayala [péreθ ðe ajála] 固名 ペレス・デ・アヤーラ(ラモン Ramón ~)(1881-1962, スペインの作家・詩人・批評家).

Pérez Galdós [péreθ galdós] 固名 ペレス・ガルドス(ベニート Benito ~)(1843-1920, スペインの作家・劇作家).

perezosamente [pereθósaménte] 副 ❶ 怠惰に, ものぐさに, のらりくらりと. ❷ のろのろと, ぐずぐずと.

****perezoso, sa** [pereθóso, sa ペレソソ, サ]〔<pereza〕形 ❶ 怠惰な, ものぐさな; 寝起きの悪い. —Es un chico inteligente pero ~. 彼は頭のいい子だが怠け者だ. No seas ~ y prepárate para salir. ぐずぐずしないで出かける用意をしなさい. 類 **holgazán, vago**. 反 **diligente**. ❷ のろい, 緩慢な. —andar con paso ~ もたもたした調子で歩く.
—— 名 怠け者, ものぐさ; 寝起きの悪い人.
—— 男《動物》ナマケモノ.

:**perfección** [perfekθjón] 女 ❶ 完全(さ), 完璧. —Ellos saben bailar el tango a la ~. 彼らはタンゴを完璧に踊れる. Siempre aspira a la ~ en su trabajo. 彼はいつも完璧な仕事を目指している. ❷ 完璧な物[事], 完全な物[事]; 優れた物[点]. —Esta obra literaria es una ~ [no es ninguna ~]. この文学作品は完璧だ[全くひどいものだ].

:**perfeccionamiento** [perfekθjonamjénto] 男 **完成すること, 仕上げ**; 改良, 改善, 向上. —Trabajan en el ~ de un nuevo modelo de camión. 彼らは新型のトラックを完成させる仕事をしている. Sabe español, pero asiste a un curso de ~. 彼はスペイン語がわかるが, 上級クラスの授業に出ている.

:**perfeccionar** [perfekθjonár] 他 **を完成させる, 完璧なものとする**; 改良する. —La trama de la novela es interesante, pero debe ~ el estilo. その小説の筋立てはおもしろいが, 文体は改善すべきだ. Tienes que ~ tu español. 君はスペイン語に磨きをかけなければならない.

—— **se** 再〔＋en において〕完全なものになる; 完成する. —Va a una academia para ~*se en* diseño. 彼はデザインをマスターするためにある学校に通っている.

perfeccionismo [perfekθjonísmo] 男 完璧[完全]主義.

perfeccionista [perfekθjonísta] 形 完璧[完全]主義(者)の. —Él es muy ~ en su trabajo. 彼は仕事に関しては完璧主義(者)だ.
—— 男女 完璧[完全]主義者.

:**perfectamente** [perféktaménte] 副 ❶ 完全に, 完璧に, 申し分なく. —Lo ha dibujado ~. 彼はそれを完璧に描いた. Lo he entendido ~. 私はそれを完全に理解した. ❷ 全く問題なく. —En esta sala caben ~ cien personas. この部屋には優に100人が入れる. ❸ 完璧な(申し分ない)状態に; 元気で. —Ya estoy ~. もう私は完調だ. ❹〔間投詞的に〕(相手に同意して)いいよ, 了解; そのとおり. —Bueno, te espero a las ocho.–P~. じゃあ, 8時に待ってるよ.–いいとも.

perfectibilidad [perfektiβiliðáð]〔<perfectible<perfecto〕女 完成[完璧化, 改善]の余地.

perfectible [perfektíβle] 形 完成[完璧化, 改善]の余地のある. —Deberías revisar tu tesis porque es ~. 君の論文は改善の余地があるので再考すべきだと. 類 **mejorable**.

****perfecto, ta** [perfékto, ta ペルフェクト, タ] 形 ❶ **完全な, 完璧な, 申し分ない**. —No hay crimen ~. 完全犯罪はない. Ha hecho una traducción *perfecta*. 彼は完璧な翻訳をした. Nadie es ~. 誰も完全無欠ではない. ❷〔＋para に〕最適な, うってつけの. —Éste es un lugar ~ *para* descansar. ここは休憩するのにもってこいの場所だ. ❸ 非常に良い(申

し分ない)状態の; 無傷の. —El paquete llegó en ~ estado. 小包は無傷で届いた. ❹『[+名詞][強調] 全くの, きわめて...の. —Es un ~ imbécil [sinvergüenza] 彼は全くのばか者[恥知らず]だ. ❺《文法》完了(時制)の. —tiempo ~ 完了時制. pretérito ~ 現在完了. ❻ →perfectamente④.

pérfida [pérfiða] 囡 →pérfido.
perfidia [perfíðja] [<pérfido] 囡 背信, 裏切り, 不実, 不貞. 類 **deslealtad, infidelidad, traición.** 反 **fidelidad, lealtad.**
pérfido, da [pérfiðo, ða] 形 背信の, 裏切りの, 不実な, 不貞の. —conducta pérfida 背信[裏切り]の, 不実, 不貞行為. 類 **desleal, infiel, traidor.** 反 **fiel, leal.**
—— 囡 背信[裏切り], 不実, 不貞行為.

‡**perfil** [perfíl] 男 ❶ 輪郭, 外形, 姿形. —dibujar el ~ de un templo 寺院の外形を描く. A lo lejos se veían nítidamente los ~es de las islas. 遠くに島の輪郭がくっきりと見えた. 類 **contorno, silueta.** ❷ 横顔, プロフィール. —Su ~ se parece mucho al de su padre. 彼の横顔は父親にそっくりだ. ~ psicológico 心理的特徴. ❸ 圈 (人物・作品などの)特徴. —Es un hombre de complicados ~es. 彼は複雑な特徴を持った男だ. Esta obra muestra ~es neoclásicos. この作品は新古典主義的な特徴をみている. 類 **características, rasgos.** ❹ 細い筆跡, 繊細な筆遣い. —La carta está escrita con letras de ~ nervioso. 手紙は神経質そうな筆遣いで書かれていた. ❺ 断面(図), 側面図, 縦断面図. —~ del piso principal del edificio 建物の1階の側面図. ❻《情報》プロファイル.
de perfil 横から, 側面から. Le contemplaba el rostro *de perfil*. 私は彼女の顔を横からじっと見つめていた. Me fotografié *de perfil*. 彼は私の横顔を写した.

perfilado, da [perfiláðo, ða] 過分 形 ❶ 面長の. —rostro ~ 面長の顔. ❷ (鼻が)形の整った. —Tiene una nariz muy *perfilada*. 彼女は鼻筋がとてもきれいに整っている. ❸ 上出来の, 首尾の良い. —El proyecto está ~. 計画は首尾よく進んでいる. ❹ 流線形の. ❺ 特有の.

perfilar [perfilár] 他 ❶ ...の輪郭[外形]を描く; ...の横顔[側面図]を描く. —*Perfiló* el dibujo con un bolígrafo azul. 彼は青のボールペンで図面の輪郭を形取った. 類 **delinear.** ❷ を仕上げる, を磨き上げる, を推敲する. —*Perfiló* el texto antes de presentarlo al editor. 彼は編集者に渡す前に文章をよく練った. 類 **perfeccionar, retocar.** ❸ を形作る, を性格づける. ❹ を流線形にする.
—*se* 再 ❶ 横顔[側面]を見せる, 横向きになる. ❷ (建物などが)輪郭[外形]が見える. —El castillo *se perfilaba* en la lejanía. 遠くに城の外形が見えていた. ❸ 具体的に見えて来る. —Se *perfilan* dos posibilidades. 2つの可能性が見えて来た. ❹ 性質を示す, 素質を示す. —Ese joven *se perfila* como ganador del torneo de golf. その若者はゴルフトーナメントの優勝者らしくなっている. ❺ 念入りに化粧する. ❻『中南米』やせ細る, スリムになる. ❼『コロンビア』生気がなくなる, 血の気が引く. ❽『闘牛』(マタドールが)とどめを刺す体勢に入る. ❾『アルゼンチン』《スポーツ》(敵陣に切り込んで)シュートする.

perfoliada [perfoljáða] 囡 →perfoliado.
perfoliado, da [perfoljáðo, ða] 形 《植物》貫性の.
—— 囡 《植物》セリ科ミシマサイコ属の植物.
perfoliata [perfoljáta] 囡 =perfoliada.
perforación [perforaθjón] [<perforar] 囡 穴をあけること. (*a*) 穴あけ, パンチ, 打ち抜き, ミシン目入れ. (*b*) 掘削, ボーリング. (*c*) 抜粋. (*d*)《医学》穿(セン)孔. —~ de estómago 胃穿孔.
perforado, da [perforáðo, ða] 過分 形 穴のあいた, パンチ[ミシン目]を入れた, 掘削した, 貫通した;《医学》穿(セン)孔性の. —úlcera *perforada* 穿孔性胃潰瘍.
—— 男 (紙の)ミシン目.

perforador, dora [perforaðór, ðóra] 形 穴あけの, 穿(セン)孔用の; 掘削用の. —máquina *perforadora*. 穿孔機; 掘削[削岩]機, ドリル.
—— 囡 キーパンチャー.
—— 男 穿孔機; 掘削[削岩]機, ドリル.
perforadora [perforaðóra] 囡 →perforador.

‡**perforar** [perforár] 他 ❶ ...に穴を開ける, をくり抜く, 貫通する. —~ la montaña para construir un túnel トンネルを作るため山を掘削する. ~ el terreno 地面に穴を掘る. La bala *perforó* el brazo. 弾丸は腕を貫通した. 類 **agujerear, horadar, taladrar.** ❷ ...にミシン目[パンチ]を入れる.
—*se* 再 (内臓壁に)穿(セン)孔が生じる. —Se le *perforó* el estómago y tuvieron que operarle urgentemente.. 彼は胃壁に穴が開いて緊急に手術をしなければならなかった.

performance [perfórmans, performánθ] [<英 performance] 囡 ❶ パフォーマンス, 演技, 所作; 上演, 上映. ❷ 性能, 生産性. ❸ 運用, (機械の)運転.

perfumado, da [perfumáðo, ða] 過分 形 香水をつけた, 芳しい.
perfumador, dora [perfumaðór, ðóra] 形 香水を調合する.
—— 囡 調香師.
—— 男 ❶ 香炉. ❷ 香水スプレー.

perfumar [perfumár] 他 ...に芳香を漂わす, を香りで満たす; ...に香り[香水]をつける. —*Ha perfumado* el salón con incienso. 彼は香をたいて広間に香りを漂わせた. Las rosas *perfuman* el jardín. バラの香りが庭園を漂っている.
—— 自 芳香を放つ, 香る. —El azahar *perfuma* intensamente. オレンジの花は強い芳香を放つ. 類 **oler.**
—*se* 再 (身体に)香水をつける. —Después de bañarse, ella *se perfumó*. 入浴した後, 彼女は香水をつけた.

‡**perfume** [perfúme] 男 ❶ 香水, 香, 香料. —Ella casi nunca se pone ~. 彼女はほとんど香水をつけない. Este ~ huele a jazmín. この香水はジャスミンの香りがする. 類 **esencia, bálsamo.** ❷ (よい)香り, 芳香. —el ~ de los claveles カーネーションの香り. 類 **aroma, fragancia.** ❸ よい思い出. —Esta bolsa tiene el ~ del viaje. このバッグを見るとあの旅の思い出がよみがえる. 類 **evocación.**
¡Qué perfume!《皮肉》なんて酷い臭いだ.

perfumería [perfumería] 囡 香水店, 化粧品

店; 香水製造(所); [集合的に]香水類.

perfumero, ra [perfuméro, ra]〔＜perfume〕图 香水売り, 香水職人, 調香師 (＝perfumista).

·perfumista [perfumísta] 男女 香水製造[販売]者, 調香師.

perfusión [perfusjón] 囡 ❶ 塗布. 類 baño, untura. ❷《医学》灌流, 局所灌流.

pergamino [perɣamíno] 男 ❶ 羊皮紙. 類 vitela. ❷《羊皮紙の》文書; 証明書. ❸ 〔比喩〕貴族の称号. ― familia de ~s 貴族の家系. 類 título.

pergeñar [perxeɲár] 他 ❶《計画・案》を大まかに準備する, …の概要・構想を描く. ~~ un proyecto 計画の概要を練る. 類 bosquejar, esbozar, trazar. ❷《文章》を下書きする. ❸《話》を調整[修理]する.

pergeño [perxéɲo] 男 ❶ 外見, 見かけ. 類 aspecto. ❷ 概略, 概要, 素描; 構想, 青写真. 類 traza.

pérgola [pérɣola] 囡 ❶ パーゴラ, つる棚, 日陰棚. ~~ de madera 木製のつる棚. ❷ 屋上庭園.

peri- [peri-] 接頭 「周囲, 近接」の意. ― perífrasis, perihelio, perímetro.

perianto [perjánto] 男《植物》花被, 花蓋(がい).

pericardio [perikárðjo] 男《解剖》心膜, 心囊(のう).

pericarditis [perikarðítis] 囡 [単複同形]《医学》心膜炎, 心囊(のう)炎.

pericarpio [perikárpjo] 男《植物》果皮.

pericia [periθja]〔＜perito〕囡 ❶《技能の》熟練[熟達], 腕が良いこと; 経験豊富. ― Su ~ como piloto evitó el accidente. 彼のパイロットとしての経験の豊富さにより事故が避けられた. 類 destreza, habilidad, maestría. ❷ 造詣の深さ, 豊かな見識.

pericial [periθjál] 形 専門家による. ― juicio ~ 専門家の鑑定. prueba [tasación] ~ 専門家による試験[評価].

― 男女 税関の係官.

periclitar [periklitár]〔＜peligro〕自 ❶ 危機に瀕する, 危険にさらされる. 類 peligrar. ❷ 衰退する, 落ち込む. 類 declinar.

Perico [períko] 固名《男性名》ペリーコ (Pedro の愛称).

perico [períko] 男 ❶《鳥類》インコ. ❷《前髪用の》ヘアピース. 類 peluca. ❸《寝室用の》便器, しびん. 類 bacín. ❹ 大きな扇. 類 pericón. ❺ 大きなアスパラガス. ❻《船舶》《帆船のミズンスル, ミズンマスト. ❼《スペイン・トランプの》こん棒の馬 (＝ caballo de bastos). 類 pericón. ❽ [コロンビア] ミルク入りコーヒー (＝café cortado). ❾ コロンビア, ベネズエラ タマネギ入りのスクランブルエッグ. ❿《隠》コカイン (＝cocaína).

como perico por su casa《話》全く自由に, なれなしく. Entra y sale de la casa de los vecinos *como perico por su casa*. 彼は近所の人の家になれなしく出入りしている.

perico de [el de] los palotes 某人, (誰でも良い)誰か. Puedes quejarte a *perico de el de los palotes*. 誰にでもいくから不平をぶちまけりゃいいさ.

perico entre ellas 女性にまとわりつく男.

pericón, cona [perikón, kóna] 形 万能の, 様々な役割をこなす, (馬・ラバが)馬車の(曳(ひ))き位置の)どの位置もこなす.

― 名 万能なもの, 様々な役割をこなせる人[物]; 馬車の(曳(ひ))き位置の)どの位置もこなす馬[ラバ].

― 男 ❶《昔の女性の》大きな扇. ❷《スペイン・トランプで万能札となる》こん棒の馬 (caballo de bastos) のカード. 類 perico. ❸《音楽》ペリコン(アルゼンチン, ウルグアイの》音楽[舞踊].

periferia [periférja] 囡 ❶ 郊外, 近郊. ― En la ~ hay poblados de chabolas. 郊外にはバラックの集落がある. ❷ 周囲, 周辺. ❸《数学》円周. 類 circunferencia.

periférico, ca [periférico, ka] 形 ❶ 郊外の, 近郊の. ― Vive en un barrio ~ de la ciudad. 彼は市の郊外の地区に住んでいる. ❷ 周囲の, 周辺の.

― 男〔主に 複〕《コンピュータ》周辺装置.

perifollo [perifóʎo] 男 ❶《植物》セルフィユ(サラダ, ソースの薬味に使用される). ❷〔複〕《話, 比喩》ごてごてした着飾り, 悪趣味な着飾り.

perifrasear [perifraseár] 自 遠回しに言う, くどくど言う.

perífrasis [perífrasis] 囡 [単複同形] ❶《文法》迂言(うげん)句. ◆動詞と不定詞・現在分詞・過去分詞とが結び付いて表現を形成すること(例:Puede ir. 行くことが出来る, Sigue comiendo. 食べ続ける, Lo tiene preparado. 準備してある). ❷《修辞》迂言法 (1 つの語を複数の語で言い換えること. 例:el país del sol naciente (日の出ずる国)＝Japón (日本)). 類 circunlocución. ❸ 婉曲表現, 遠回しに言うこと.

perifrástico, ca [perifrástiko, ka] 形 迂言(うげん)法の, 遠回しな, まわりくどい.

perigeo [perixéo] 男《天文》近地点(月・人工衛星等の軌道上で地球に最も近い点). 反 apogeo.

perihelio [perijéljo] 男《天文》近日点.

perilla [períʎa]〔＜pera〕囡 ❶ 西洋梨形の飾り[部品]; (電灯などの)西洋梨形のスイッチ. ❷ やぎひげ. ― La ~ que se ha dejado Antonio le sienta muy bien. アントニオがひげ残しにしたやぎひげは彼にとてもよく似合っている. ❸ 鞍頭. ❹ 葉巻の吸い口. ❺ 電球. ❻ 耳たぶ.

venir de perilla(s) 都合が良い, うってつけである, 願ったりかなったりである. Los diez mil euros que me tocaron en la lotería me *vinieron de perilla*. 宝くじで当たった 1 万ユーロはまさに願ったりかなったりだった.

perillán, llana [periʎán, ʎána] 形 悪賢い, いたずらな.

― 名 いたずらっ子, 悪賢い子. 類 pícaro, pillo.

perímetro [perímetro] 男 周囲, 周辺. ― medir el ~ torácico 胸囲を測る.

perineo [perinéo] 男《解剖》会陰(えいん).

perinola [perinóla] 囡 ❶《指で回す》小さなこま. ❷ 梨形の飾り. ❸《形容詞的な仕方で》小柄で快活な女性. ― una chica ~ 小柄で快活な女の子.

periodicidad [perjoðiθiðá(ð)]〔＜periódico〕囡 定期性, 周期性.

**periódico, ca [perjóðiko, ka ペリオディコ, カ] 形 ❶ 定期的な, 周期的な. ― Hay servicios ~s de autobuses para Madrid. マドリード行きの定期運行の

バス便がある. Me hago una revisión *periódica* del estómago. 私は胃の定期検診を受ける. cometa ~ 《天文》周期彗星. ❷ (出版物が)定期刊行の. —Esta revista no es una publicación *periódica*. この雑誌は定期刊行でない. ❸《数学》循環の; 周期の. —fracción *periódica* 循環小数. función *periódica* 周期関数. ❹《化学》周期の. —tabla *periódica* (元素の)周期表.

—— 男 ❶ 新聞; 日刊紙. —Me gusta leer el ~. 私は新聞を読むのが好きだ. 類 **diario, prensa**. ❷ (週刊などの)定期刊行物.

periódico mural 『南米』壁新聞.

periodicucho [perjoðikútʃo] 男 《軽蔑》三流紙, 俗悪な新聞.

*****periodismo** [perjoðísmo] 男 ジャーナリズム, 報道関係(業界). —~ amarillo 誇大報道.

*****periodista** [perjoðísta] 男女 ジャーナリスト, 報道関係者, 新聞(雑誌)記者.

*****periodístico, ca** [perjoðístiko, ka] 形 新聞[雑誌]記者の; ジャーナリスティックな. —El suceso fue tema de un artículo ~. その事件は新聞種になった. estilo [lenguaje] ~ ジャーナリスティックな文体[ことば遣い].

:**período, periodo** [períoðo, perjóðo] 男 ❶ 期間, 時期, 時代. —~ de aprendizaje 修行期間. ~ de prueba 見習い期間. ~ de celo 発情期. ~ neolítico 新石器時代. ~ álgido (病などの)峠. ~ transitorio 過渡期. Quiere olvidar aquel ~ de su vida. 彼はあの頃の生活を忘れたいと思っている. 類 **época, etapa**. ❷《数学》循環小数の周期. —~ de la Tierra 地球の公転周期. 類 **ciclo**. ❸《医学》月経(期), 生理(期間). —Mi esposa tiene [está con] el ~. 妻は生理中だ. Llevo un retraso en el ~. 私は生理が遅れている. 類 **menstruación**. ❹《地質学》(地球の年代を表す)紀. —~ jurásico ジュラ紀.(約2億年前から1億4千万年前までの時代) ❺《文法》意味的に関連した一連の節; 《音楽》楽段, 大楽節.

periodontal [perjoðontál] 形 歯周の. —enfermedad ~ 歯周病.

periodontitis [perjoðontítis] 女 《医学》歯周炎.

periostio [perjóstjo] 男 《解剖》骨膜.

peripatética [peripatétika] 女 →peripatético.

peripatético, ca [peripatétiko, ka] 形 ❶《哲学》逍遥学派の, アリストテレス(Aristóteles)派の. 類 **aristotélico**. ❷ こっけいな, 奇抜な. —El comentario que hizo me pareció ~. 彼の批評は私には奇抜に思えた. 類 **grotesco**.

—— 名 逍遥学派の人, アリストテレス派の人.

—— 女 《俗》街娼.

peripecia [peripéθja] 女 ❶ (劇や物語の)急転回, どんでん返し. —La novela narra las ~s de un detective privado. その小説はとある私立探偵のどんでん返しの物語である. ❷ 予期せぬ出来事, ハプニング; 波瀾. —vida llena de ~ 波瀾に満ちた人生. En el viaje nos ocurrieron ~s increíbles. 私達の旅行中, 信じられないハプニングが起こった. 類 **incidente, lance**.

periplo [períplo] 男 (長期・広範囲の)一周[周遊]旅行; (昔の)世界一周航海, 世界一周旅行[航海]記. —En verano haremos un ~ por el Mediterráneo. 夏に私達は地中海一周旅行をするつもりだ. Están organizando un ~ por Andalucía y Extremadura. 彼らはアンダルシーア地方とエクストレマドゥーラ地方の一周旅行を計画中だ.

peripuesto, ta [peripuésto, ta] 形 めかし込んだ, 着飾った. —¿A dónde vas tan ~ [*peripuesta*]? そんなにめかし込んでどこへ行くの? 類 **emperifollado**.

periquete [perikéte] 男 《話》(en un ~) あっという間に. —Me arreglo en un ~ y salimos. すぐに身じたくするので出かけましょう.

periquito [perikíto] [<perico] 男 《鳥類》小型インコ.

periscopio [periskópjo] 男 潜望鏡, (地下壕などで使う)展望鏡.

peristáltico, ca [peristáltiko, ka] 形 《医学》(消化管が)蠕動(ぜんどう)する.

peristilo [peristílo] 男 《建築》列柱, 列柱式の回廊, 列柱のある中庭.

peritación [peritaθjón] 女 専門家による鑑定, 鑑識; 鑑定書. 類 **peritaje**.

peritaje [peritáxe] 男 ❶ 専門家による鑑定[査定], 鑑識, 鑑定[査定]書, 鑑定報告書. —Comenzaremos la obra en cuanto llegue el ~ que hemos encargado. 依頼した査定書が届き次第工事を始めよう. ~ caligráfico 筆跡鑑定. 類 **peritación**. ❷ (昔の)技手(=perito)の資格; 技手養成課程. —~ industrial [mercantil] 工科[商科]コース.

:**perito, ta** [períto, ta] 形 ❶ 専門家, 熟練者, 達人. —Es un ~ en el cultivo de manzanas. 彼はリンゴ栽培の達人だ. 類 **competente, conocedor, entendidos, experto**. ❷ 技師, 有資格者. —~ aeronáutico 航空技師. ~ calígrafo 筆跡鑑定士. ~ mercantil 会計士. ~ tasador (車などの)査定専門家. 類 **ingeniero, técnico**.

—— 形 [+en の] 専門の, (…に)精通した, 熟達した.

peritoneo [peritonéo] 男 《解剖》腹膜.

peritonitis [peritonítis] 女 [単複同形] 腹膜炎.

perjudicado, da [perxuðikáðo, ða] [過分] 形 ❶ 損害[被害]を受けた, 害された, 損なわれた. ❷ (手形などが)不備な, 不完全な.

—— 名 被害者, 損害[損失]を被る人. —Los ~s serán indemnizados. 被害者は賠償を受けるだろう. 類 **víctima**.

:**perjudicar** [perxuðikár] [1.1] 他 を損なう, …に損害を与える, 悪影響を及ぼす. —Beber demasiado *perjudica* la salud. 過度の飲酒は健康を損なう. Su mala gestión *perjudicó* la empresa. 彼のまずい経営によって会社は損害を被った. 類 **dañar**. 反 **beneficiar**.

——**se** 再 損害を被る, 損をする, 悪影響を被る. —Trabajando tanto *te perjudicas* a ti mismo. そんなに働いて君は自分自身の健康を損なっている.

perjudicial [perxuðiθjál] 形 [+a/para に] 害を与える, …にとって有害な; 不利な. —El estrés es ~ *para* la salud. ストレスは健康に良くない. 類 **pernicioso**.

perjudicialmente [perxuðiθjálménte] 副 悪い形で.

:**perjuicio** [perxuíθjo] 男 損害, 害; 損失, 不

利益. — Las inundaciones han causado grandes ~s a la agricultura. 洪水は農業に大損害を与えた. Ese artículo ha causado un grave ~ a mi reputación. その記事は私の評判をおおいに傷つけた. 類**daño, detrimento, menoscabo, quebranto**.

en perjuicio de ... …の不利益になるように, を害するように. Fumar demasiado redunda *en perjuicio de* tu salud. タバコの吸いすぎは体に悪いよ. Él nunca hará nada *en perjuicio mío*. 彼は私の不利になるようなことは決してしないよ.

sin perjuicio de [不定詞又は que+接続法をともなって] …は別として. Voy a dejar de fumar *sin perjuicio de* seguir bebiendo. 酒は飲み続けるがタバコは止めよう.

perjurio [perxúrjo] 男 偽りの誓い, 背誓;《法学》偽証罪. —cometer ~ 偽証罪を犯す[誓いにそむく]. Acusan de ~ al Presidente. 首相は偽証罪で告訴されている.

perjuro, ra [perxúro, ra] 形 偽誓の, 誓い[約束]を破る. —testigo ~ 偽証[誓]者.
— 名 偽証[誓]者, 誓い[約束]を破る人.

‡**perla** [pérla] 女 ❶ 真珠, 真珠色. —Ella llevaba un collar de ~s naturales [cultivadas, artificiales]. 彼女は天然[養殖, 人造]真珠のネックレスをしていた. una ~ de rocío 真珠のように輝く露のしずく. ❷《比喩》大切な人[物], 選りすぐられた人[物], 宝. —El famoso futbolista es la ~ del pueblo. その有名なサッカー選手はこの村の宝だ. ❸（皮肉をこめて）気取った人, うぬぼれ屋. ❹ 小さな丸薬.

de perlas とてもよく, 素晴らしく; おあつらえ向きに. Me parece *de perlas* el plan. 計画は素晴らしいと思うよ. Este trabajo me viene [cae] *de perlas*. この仕事は私にぴったりだ.

perlacha [perlátʃa] 女〔隠〕窓.

perlado, da [perláðo, ða]〔<perla〕形 ❶ 真珠のような形の, 真珠色の. —Ha pintado la pared de un color azul ~. 彼は壁を水色[薄青色]で塗った. cebada *perlada*（小球状の）精白した小麦. ❷ 真珠で一杯に飾られた. —vestido con escote ~ 襟ぐり一杯に真珠飾りを施したドレス. ❸《比喩》水滴などで一杯の. —frente *perlada* de sudor 玉のような汗をかいた額.

perleche [perlétʃe] 男 口角炎.

perlería [perlería]〔<perla〕女〔集合的に〕真珠, 真珠の装飾品.

perlesía [perlesía] 女 ❶《医学》麻痺. ❷（震えを伴う）筋肉の衰え.

perlífero, ra [perlífero, ra] 形 真珠を生み出す. —ostra *perlífera* 真珠貝.

‡**permanecer** [permaneθér] [9.1] 自 ❶〔+形容詞／過去分詞〕…のままである[いる]. —*Permaneció* inmóvil durante toda la reunión. 会議の間中彼はじっと身じろぎしなかった. ❷〔+en に〕とどまる; 滞在する. —*Permaneció en* el pueblo toda la vida. 彼は生涯村にとどまった. *Permaneceré* dos semanas en Madrid. 私はマドリードに2週間滞在する. 類**quedarse**.

＊**permanencia** [permanénθja] 女 ❶ 留まること, 滞在, 逗留. —Se retiró tras diez años de ~ en el cargo de presidente del club. 彼はクラブの会長に10年留まった後引退した. Ocurrió un gran terremoto durante su ~ en México. 彼がメキシコ滞在中に大きな地震が起きた. 類**estancia**. ❷ 不変[恒久](性), 永続(性), 恒久(性). —Es admirable la ~ de las leyes de la naturaleza. 自然の法則の不変性は驚嘆に値する. ❸（授業時間以外の）教師の業務（時間）.

‡**permanente** [permanénte] 形 永続[永久]的な, 不変の, 持続的な. —diente ~ 永久歯. visado ~ 永住ビザ. dolor ~ 慢性的な痛み. ❷ 常設の, 常置の. —miembro ~ 常任委員. comisión [comité, junta] ~ 常任委員会.
— 女 （髪の）パーマネント. —No le gusta hacerse la ~. 彼女はパーマをかけるのがきらいだ.

permanentemente [permanénteménte] 副 恒常的に, 恒久的に, 常時. —Está ~ alegre. 彼はいつも機嫌が良い. 類**constantemente**.

permanezca(-) [permaneθka(-)] 動 permanecer の接・現在.

permanezco [permanéθko] 動 permanecer の直・現在・1単.

permanganato [permaŋganáto] 男《化学》過マンガン酸塩.

permeabilidad [permeaβiliðáð] 女 ❶ 浸透[透過]性, 吸水性. 類**impermeabilidad**. ❷《物理》導磁性. ❸《比喩》浸透性,（思想・習慣面での）受容性, 影響されやすさ.

permeable [permeáβle] 形 ❶ 浸透[透過]性の,〔+a を〕よく通す. —El terreno está formado por rocas calizas, que son ~s y dejan que el agua se filtre. 土地は浸透性があって水を通しやすい石灰質の岩でできている. material ~ al aceite 油を通す素材. 類**penetrable**. 反**impermeable**. ❷《物理》導磁性の. ❸《比喩》〔+a を〕受け入れやすい,（…に）影響されやすい. —Esta sociedad no es ~ a las influencias extranjeras. この社会には外国からの影響が浸透しにくい.

permisible [permisíβle]〔<permitir〕形 ❶ 許せる, 許容できる, 容認可能な. —Su actitud no es ~. 彼の態度は許されるものではない. ❷ 寛大な. El padre es muy ~ con sus hijos. その父親は子供達に対してとても寛大だ.

permisión [permisjón] 女 ❶ 許可[認可], 許可[認可]証. —Le dio a su hija su ~ para dormir fuera de casa. 彼は娘に外泊許可を与えた. 類**autorización, permiso**. ❷《修辞》譲歩, 譲歩説法説法(相手の主張を認めたふりをする論法). 類**concesión**.

permisivo, va [permisíβo, βa] 形 ❶ 容認する, 黙認する. —La ley es *permisiva* con ese tipo de delito. 法律はこの種の犯罪を黙認している. ❷ 寛大な. —padre ~ 寛大な父親. 類**tolerante**. ❸《まれ》《文法, 修辞》譲歩の. —conjunción *permisiva* 譲歩の接続詞. 類**concesivo**.

‡**permiso** [permíso] 男 ❶ 許し, 許可（証）, 認可（証）, 免許（状）. —~ de conducir 運転免許. pedir ~ 許可を求める. Con ~ [su ~, su ~ de Ud.], voy un momento al lavabo. ちょっと失礼してトイレに行ってきます. El padre no dio ~ a su hija para que viajara sola al extranjero. 父親は娘に一人で外国旅行をするのを許さなかった. Tengo ~ de [para] salir. 私は外出を許可されている. 類**autorización**. ❷（軍隊などでの）休暇, 賜暇. —El soldado está de ~. その兵隊は今休暇中だ. Mi hijo viene con una semana de ~. 息

子は一週間の休暇で戻って来る. 類**vacaciones**. ❸ 《経済》公差(鋳造硬貨の重さや純度の公認誤差). ❹ 《情報》パーミッション. ―~ denegado パーミッション拒否.

permitir [permitír ペルミティル] 他 ❶ を許す, 許可する. ―La madre no *permite* que su hija vuelva tarde a casa. 母親は娘が遅く帰宅することを許さない. El médico no le *permitió* beber. 医者は彼に飲酒を許さなかった. *Permíta*me que le presente a un amigo. あなたに友だちを1人紹介させてください. No está *permitido* fumar en la oficina. 会社で喫煙することは許されていない. ❷ を容認[黙認]する, 放任する. ―El dictador *permitió* toda clase de abusos contra los derechos humanos. 独裁者はあらゆる種類の人権侵害を容認した. ❸ を可能にする. ―La escasez de nieve no *permite* abrir la estación de esquí. 雪不足のためスキー場が開業できない. 類**posibilitar**.

――**se** 再 〖+不定詞〗勝手ながら…する, あえて…する, …させていただく. ―*Me permito* decirle que aquí no se puede aparcar. 失礼ながら申し上げますけれども, ここは駐車できないことになっております. *Me permito* la libertad de acompañarle hasta su casa. 勝手ながらお宅までお送りさせていただきます. ❷ をほしいままにする, …して顧みない. ―~*se* el lujo de tener tres coches 車を3台もつというぜいたくをほしいままにする. ❸ 許される, 可能である.

permuta [permúta] 囡 ❶ (物と物の)交換, 取り換え. ❷ (人の)交代, 入れ換え, 配置換え.

* **permutación** [permutaθjón] 囡 ❶ 交換, 取り替え, 交代, 置換. 類**cambio**, **permuta**. ❷ 《数学》順列.

permutar [permutár] 他 ❶ を交換する, 取り換える. ―*Permutó* su moto por un coche. 彼はバイクを車と交換した. ❷ (職務などの)交代をする. ❸ (順番)を入れ換える, 並べかえる. ―~ la intervención de los cantantes 歌手の出演順を入れ換える. ❹ 《言語, 数学》置換[代入]する.

pernada [pernáða] 囡 蹴る[蹴飛ばす]こと. *derecho de pernada* 《歴史》領主の初夜権.

pernear [perneár] 〔<pierna〕自 足をばたつかせる. ―El niño lloraba y *perneaba* pero la madre no le hacía caso. 子供は泣いて足をばたつかせていたが母親は取り合わないでいた. 類**patalear**, **patear**. ❷ 地団太を踏む, じれったい思いをする. ❸ 奔走する, 駆け回る. ❹ 〖アンダルシーア〗祭りで雌豚をまとめ売りする.

pernera [pernéra] 〔<pierna〕囡 《服飾》ズボンの脚の部分.

perniabierto, ta [pernjaβjérto, ta] 〔<pierna+abierto〕形 両足を開いた, 開脚した; がに股の.

pernicioso, sa [perniθjóso, sa] 形 有害な, 害をもたらす; (病気が)悪性の. ―insecto ~ 害虫. fiebre *perniciosa* 悪性の熱. 類**perjudicial**.

pernil [perníl] 〔<pierna〕男 ❶ (動物の)腿, (主に豚の)脚一本そのままの肉. ❷ 《服飾》ズボンの脚の部分. 類**pernera**.

pernio [pérnjo] 男 蝶番(ちょうつがい).

perniquebrar [pernikeβrár] [4.1]〔<pierna+quebrar〕他 …の脚を折る.

――**se** 再 (自分の)脚を骨折する. ―Jugando al fútbol *se perniquebró*. 彼はサッカーをしていて脚を折った.

perno [pérno] 男 ボルト. 類**tornillo**.

pernoctar [pernoktár] 〔<per+noct-(=noche)〕自 外泊する, 宿泊する. ―*Pernoctaron* en un hotel de dos estrellas. 彼らは2つ星のホテルに泊まった.

pero¹ [péro] 男 《植物》 ❶ (洋梨形の)リンゴ(の木・実). ❷ 〖アルゼンチン, ボリビア〗ナシの木.

* **pero**² [péro] 接 〖逆接〗しかし…, …であるが…, でも…. ―Este traje es bonito, ~ no me gusta. この服はきれいだけれど, 私は気に入らない. No me apetece, ~ iré. 私は気が進まないが, 行こう. Es guapo, ~ no mucho. 彼はハンサムだが, 非常にというほどでない. El dinero te hará rico, ~ no feliz. 金があれば君は豊かになれるが, 幸せになれるというわけではない. ❷ 《話》〖強調〗…だというのに. ―P~ te dije que lo hicieras cuanto antes. 君にそれをなるべく早くするようにと言っておいたのに. 《話》〖強調〗それにしても, 何とも, いやまったく. ―¡P~ qué chica más guapa! それにしてもなんて美しい女の子だろう! ¡P~ qué hermoso paisaje! まったく何て美しい景色だろう. P~, ¿adónde vas a estas horas? ―体こんな時間にどこへ行くつもりだ.

――男 難点, 欠点. ―Esa obra no tiene ~. その作品には欠点がない. ❷ 反対, 異議, 異存, 「しかし」という言葉. ―No hay ~ que valga. 「しかし」などと言ってはいけない.

pero que muy 〖+形容詞/副詞〗何とも…(だ). Es una chica *pero que muy* guapa. 彼女は何とも美人の女の子だろう.

poner peros a … …に難癖をつける.

sin un pero 完璧な, 完全な.

perogrullada [peroɣruʎáða] 囡 《話》(言っても意味のない)分かりきったこと. ―Lo que ha dicho es una ~. 彼の言ったことは分かり切った無意味なことだ.

perogrullesco, ca [peroɣruʎésko, ka] 形 《話》分かりきった, 当たり前の.

perol [peról] 男 ❶ 丸底の鍋. 類**cazo**. ❷ 〖キューバ〗片手鍋. 類**cacerola**. ❸ 〖チリ, メキシコ〗(足付きの)鉄鍋. ❹ 〖ベネズエラ〗台所用品. ❺ 〖ベネズエラ〗《比喩》がらくた, 不要物.

Perón [perón] 固名 ペロン(フアン・ドミンゴ Juan Domingo ~)(1895-1974, アルゼンチンの政治家・大統領).

peroné [peroné] 男 《解剖》腓(ひ)骨.

peroración [peroraθjón] 囡 ❶ 演説, 退屈な弁舌. ❷ 演説のしめくくり. ❸ 懇願.

perorar [perorár] 自 ❶ 演説する. ―*Peroró* sobre el tema sin mucha convicción. 彼は大して確信もなくその問題について演説をぶった. 類**discursear**. ❷ 退屈な弁舌をぶつ. ❸ 懇願する.

perorata [peroráta] 囡 《軽蔑》退屈な演説[説教], (激情的な)大演説. ―echar [soltar] una ~ 退屈な演説を延々とする.

peróxido [peróksiðo] 男 《化学》過酸化物. ―~ (de) hidrógeno 過酸化水素.

perpendicular [perpendikulár] 形 〖+a と〗直交する, 垂直に接する. ―Mi calle es ~ [está en dirección ~] a la carretera. 私の家のある通りは自動車道と直交している.

――囡 垂線. ―trazar una ~ 垂線をひく.

perpendicularidad [perpendikulariðá(ð)] 囡 垂直, 直角.

perpendicularmente [perpendikulárménte] 剾 直角に, 垂直に, 直交して.

perpetración [perpetraθjón] 囡 犯行, 犯罪を犯すこと.

perpetrar [perpetrár] 他 （犯罪）を犯す. —～ un asesinato 殺人を犯す. 類 **cometer, consumar**.

perpetua[1] [perpétu̯a] 囡 《植物》ムギワラギク (= ～ amarilla). —～ de las nieves ミヤマウスユキソウ, エーデルワイス. —～ encarnada 千日紅.

perpetuación [perpetu̯aθjón] 囡 永久化, 永久保存, 永続. —La ～ de algunas especies está en verdadero peligro. いくつかの動物種の存続は本当に危機に瀕している. Es incomprensible la ～ de una situación tan absurda. こんなばかげた状況がいつまでも続いているなんて理解しがたい.

perpetuar [perpetu̯ár] [1.6] 他 を永遠のものにする, 永久化する, 不朽[不滅]にする. —Esta novela perpetuó su fama. この小説は彼の名声を不滅のものにした.

—**se** 再 永久に生き続ける, 古くから存続している. —Su familia *se perpetúa* desde la Edad Media. 彼の家系は中世から続いている. La envidia *se perpetuó* en su corazón. 彼の心の中には常に羨望(蒈)があり続けた.

perpetuidad [perpetu̯iðá(ð)] 囡 永続性, 永遠; 不滅. —a ～ 永遠に. 類 **eternidad, perdurabilidad**.

perpe*tuo*, *tua*[2] [perpétu̯o, tu̯a] 形 ❶ 永久の, 永続的な, いつまでも続く. — paz *perpetua* 恒久平和. Están en una situación de odio ～ 彼らはいつまでも憎しみの消えない状況にある. En la cima de esa montaña hay nieves *perpetuas*. その山の頂上には万年雪がある. 類 **duradero, eterno, permanente**. ❷ 終身の. — un puesto [cargo] — 終身職. condenar (a uno) a cadena *perpetua* を終身刑に処する. 類 **vitalicio**.

perpiaño [perpjáno] 形 《男性形のみ》肋材(リブ)で支えた. — arco ～ リブアーチ.

— 男 《建築》（石積みの）突き抜け石, つなぎ石.

perplejamente [perpléxaménte] 剾 途方にくれて, 恐る恐る.

‡**perplejidad** [perplexiðá(ð)] 囡 当惑, 困惑, 紛糾. — Al encontrarse conmigo, me miró con cierta ～. 彼は私に出くわすと, 少し当惑した様子で私を見た. 類 **asombro**.

‡**perplejo, ja** [perpléxo, xa] 形 困惑[当惑]した, 途方にくれた. — Esa noticia me ha dejado ～. そのニュースに私は当惑した. Estoy ～: ¿se lo digo o no? 彼にそれを言うか言わぬか私は途方にくれている. 類 **confuso, desconcertado**.

perquirir [perkirír] [4.7] 他 を念入りに調査[探索]する. 類 **averiguar, indagar, investigar**.

*‡**perra** [péřa ペラ] 囡 ❶ 雌犬. ❷ （お）金, 小銭, スペインの昔の銅貨. —～ chica 昔の 5 センチモ銅貨. ～ gorda [grande] 昔の 10 センチモ銅貨. estar sin [no tener] una ～ 一文なしである. Tiene ahorradas muchas ～s en el banco. 彼は銀行にお金をたくさん預けている. ❸ (子供の)泣きわめき, 駄々をこねること, かんしゃく. El niño ha cogido una ～ porque quería ver la tele. その子はテレビが見たくて泣きわめいた. 類 **berrinche, rabieta**. ❹ (…したいという)強い欲望, ものほしさ. —Mi mujer está con [tiene] la ～ de un anillo de diamante. 私の妻はダイヤの指輪が欲しくて仕方がない. Tiene [Se ha cogido] una ～ con comprarse una moto. 彼はバイクを買いたくてたまらない. 類 **manía**. ❺ 《話》だらけ, 怠惰. — coger una ～ dárselas. 類 **pereza**. ❻ 《話》酒酔い. 類 **borrachera, embriaguez**. ❼ 《チリ》古帽子. ❽ 《チリ》(水・酒を入れる)革袋.

dos [*tres, cuatro*] *perras* 少しの金, 二束三文. He vendido la moto *por cuatro perras*. 私はオートバイを二束三文で売った.

¡*Para ti la perra gorda!* (口論を放棄して)あんたの言う通りだ, 勝手にしろ. No quiero seguir hablando del tema. *¡Para ti la perra gorda!* このテーマについてはもう話したくない. 勝手にしろ.

perrada [peřáða] 囡 ❶ 犬の群れ. ❷ 《話》べてん, いんちき, 汚いやり方 (= perrería).

perrera [peřéra] [< perro] 囡 ❶ 犬舎. ❷ 《俗, 比喩》少年鑑別所. ❸ 野犬捕獲車, (列車の)犬用車両. ❹ 《隠, 比喩》パトカー. ❺ 《話》割の悪い仕事. ❻ 《男性冠詞＋》金払いの悪い人. ❼ 《話》(子供の)かんしゃく, 泣きわめき. 類 **perra, rabieta**. ❽ (何かをしたい)強い欲求. —La ～ de irse a jugar a la calle le duró toda la mañana. 彼は外へ遊びに行きたくて午前中ずっとずうずうしていた. ❾ 《キューバ, ベネズエラ》けんか, いざこざ.

perrería [peřería] [< perro] 囡 ❶ 犬の群れ. 類 **perrada**. ❷ 《集合的に》ならず者, 不良の集団. 類 **banda**. ❸ 《話》いんちき, 汚い手, だますこと. — Le han hecho una ～. 彼は汚い手にひっかかった. 類 **cochinada, perrada**. ❹ 罵言, 口汚い非難. — decir ～s de ... (人)を口汚くののしる.

perrero, ra [peřéro, ra] 形 愛犬家の, 犬の世話をする.

— 名 ❶ 愛犬家. ❷ 野犬捕獲人. ❸ 猟犬の世話係. ❹ 《主に男》(教会の)犬追い出し係.

perrilla [peříʎa] [< perro] 囡 《話》5 センチモ貨; 《比喩》現金. — no tener una ～ 無一文である. ❷ 《メキシコ, 北米》《医学》物もらい.

perrillo [peří ʎo] [< perro] 男 ❶ 小犬, 子犬. ❷ 撃鉄. ❸ くつの一種.

perrito [peříto] [< perro] 男 —～ caliente ホットドッグ.

***perro** [péřo ペロ] 男 ❶ 犬, 雄犬. —～ callejero 野良犬, 迷い犬. ～ faldero (小型の)愛玩犬; 人を喜ばす者. ～ pastor 牧羊犬. ～ policía 警察犬, 捜査犬. ～ (de) asistencia 介助犬. Tengo que sacar a pasear a mi ～. 犬を散歩にでかけてやらなければならない. ❷ 《俗》卑しい男, いやな奴(侮蔑的に異教徒に対して使うことがある). —¡Qué ～ eres! ¡Pegar a tu propia madre! 自分の母親を殴るなんて, お前はなんて卑劣な奴なんだ. 類 **despreciable, malvado, miserable**. ❸ (忠実な部下や使用人に対して)人; 番犬. —Tu secretaria es un ～ fiel. 君の秘書は忠実な女性だ.

a espeta perros 不意に, 突然に; あわてて. Salió de casa *a espeta perros* y se olvidó la cartera. 彼はあわてて家を出てカバンを忘れた.

¡*A otro perro con ese hueso!* そんなことはごめんだ, 他へ回してくれ.

A perro flaco todo son pulgas. 【諺】泣き面に蜂(←やせ犬の全身蚤だらけ).

atar los perros con longaniza 贅沢三昧をする. Ha heredado una gran fortuna de su padre y ahora *ata los perros con longaniza*. 彼は父親の莫大な財産を継いで, 今は贅沢三昧をしている.

cara de perro →cara.

como (*el*) *perro y* (*el*) *gato* 犬と猫のように(とても仲が悪い). Son hermanos pero se llevan [andan] *como el perro y el gato*. 彼らは兄弟だが犬猿の仲だ.

de perros とてもひどい, とても悪い, 最低の. Hoy hace un tiempo *de perros*. 今日はひどい天気だ. Pasó unas vacaciones *de perros*. 彼は最悪の休暇を過ごした. Hoy está con un humor *de perros*. 今日彼はとても機嫌が悪い.

echar a perros 無駄に過ごす, 無駄遣いする. Está *echando a perros* la herencia. 彼は遺産を食いつぶしている.

el perro de hortelano (*que ni come ni deja comer*) (自分でも食べず人にも食べさせようとしないほどの)けちで意地悪な人.

morir como un perro 野垂れ死にをする, 惨めな死に方をする.

Muerto el perro, se acabó la rabia. 【諺】原因がなくなれば悪いことも終わる(←問題の犬が死ねば怒りも収まる).

Perro ladrador, poco mordedor. 【諺】大言壮語する人は怖くない(←吠える犬は噛まない).

perro marino 【魚類】小型のサメ.

perro [*perrito*] *caliente* ホットドッグ.

perro viejo 経験豊かでしたたかな人, 抜け目のない人, 古だぬき.

tratar como a un perro (犬のように人を)冷酷に扱う, 虐待する. En la cárcel lo *trataron como a un perro*. 刑務所で彼はひどい扱いを受けた.

perro, rra [péřo, řa] 形 《俗》ひどい, 最悪の, 不運な. —una vida *perra* ついてない人生, 惨めな生活. llevar una vida *perra* 惨めな生活をする. pasar un año ~ ひどい一年を過ごす. ¡Qué *perra* suerte hemos tenido! 俺達はなんてついてないんだ! En aquel tren sin calefacción pasé una noche *perra*. その列車には暖房が付いていず, 私は最悪の夜を過ごした. 類**desdichado**.

perroquete [peřokéte] 男 《船舶》トゲルンマスト(トップマストの上につけるマスト).

perruna [peřúna] 女 →perruno.

perrun|o, na [peřúno, na] [<perro] 形 ❶ 犬の. —enfermedades *perrunas* 犬の病気. ❷《軽蔑》犬のような. —obediencia *perruna* 犬のような従順さ. una mirada *perruna* 犬のような目つき.
— 女 ❶ 犬用のビスケット(=pan de perro). ❷ 菓子の一種(=torta perruna).

‡**persa** [pérsa] 形 ペルシャ(Persia)の; ペルシャ人の. —alfombra ~ ペルシャ絨毯(ｼﾞｭｳﾀﾝ). gato ~ ペルシャ猫.
— 男女 ペルシャ人.
— 男 ペルシャ語.

‡**persecución** [persekuθjón] 女 ❶ 追跡, 追撃, 捜査; 《スポーツ》(自転車競技の)追い抜きレース. —La policía corría en ~ del criminal. 警察は犯人を追跡している. Esta película tiene maravillosas escenas de ~ de coches. この映画には素晴らしいカーチェイスのシーンがある. ❷ 追求, 探究; 法的追求, 糾弾. —~ de la verdad 真理の探究. ~ del narcotráfico 麻薬取引の追求. ~ de los delitos de terrorismo テロの糾弾.
❸ 迫害. —~ política 政治的迫害. Los cristianos sufrieron ~ religiosa en la Época Romana. キリスト教徒達はローマ時代に宗教的迫害を受けた.

persecutorio, ria [persekutórjo, rja] [<perseguir] 形 ❶ 追跡する, 追求する. ❷ 迫害の. —manía *persecutoria* 被害妄想.

perseguidor, dora [perseɣiðór, ðóra] 形 ❶ 追跡する, 追求する. ❷ 迫害する.
— 男女 ❶ 追跡者. ❷ 糾弾者. ❸《スポーツ》(自転車の追い越しレースの選手).
— 女 《ペルー》《話》二日酔い. 類**resaca**.

perseguidora [perseɣiðóra] 女 →perseguidor.

perseguimiento [perseɣimjénto] 男 ❶ 追跡, 追求. —en ~ de ... を追って[求めて]. ❷ 迫害.

‡**perseguir** [perseɣír] [6.3] 他 ❶ (*a*) を追う, 追いかける, 追跡する. —El perro *persiguió* a una liebre. 犬がウサギを追いかけた. La policía *persigue* al atracador. 警察は強盗を追跡している. (*b*) (女性)を追い回す, つけ回す, …に言い寄る. —Un chico la *persigue* a cualquier parte que va. 1人の若者が彼女の行くところどこにでも追いかけてくる. (*c*) …につきまとう, まつわりつく, ついて回る. —La mala suerte le *ha perseguido* siempre. 不運がいつも彼について回った. ❷ を追い求める, 追求する, ねらう. —*Persigue* una plaza de funcionario. 彼はある公務員の職をねらっている. ~ un objetivo 目標を追い求める. 類**pretender, procurar**. ❸ を迫害する. —~ a los cristianos キリスト教徒を迫害する. ❹ 《司法》を起訴する, 訴追する. —~ el delito 犯罪を起訴する. 類**proceder**.

perseverancia [perseβeránθja] 女 ❶ 辛抱強さ, 粘り強さ, 執拗さ. —~ en el trabajo 仕事での粘り強さ. Con ~ conseguirás lo que te propones. 辛抱強く頑張れば君の意図することを達成できるよ. 類**constancia**. 反**inconstancia**. ❷ (物事の)持続, 長引くこと. —La ~ de la fiebre nos tenía alarmados. 熱がなかなか引かなかったので私達は不安だった.

perseverancia final 《カトリック》臨終時の聖寵の保持.

perseverante [perseβeránte] 形 辛抱強い, 粘り強い, 屈しない. —Sin un ~ entrenamiento no conseguirás tu objetivo. 粘り強く訓練しないと君の目的は達成出来ないだろう. En esa compañía buscan personas dinámicas y ~s. その会社では活発で根気のある人を求めている. 類**tenaz**. 反**inconstante**.

perseverantemente [perseβerántemέnte] 副 辛抱強く, 根気よく, かたくなに.

perseverar [perseβerár] 自 ❶ 辛抱強く[根気よく]頑張り通す. —Sus convicciones le ayudaron a ~ en su esfuerzo. 彼の確信が彼の辛抱強い努力を支えていた. ❷ しつこく続く, あり続ける. —Si el fuerte dolor *persevera*, habría que pensar en hospitalizarle. 強い痛みがしつこく続くようなら彼を入院させることを考えなくてはならないだろう.

Persia [pérsja] 固名 ペルシャ.

persiana [persjána] 女 ❶ ブラインド, すだれ; 鎧戸. —subir [bajar] la ~ ブラインドを上げる[下ろす]. ❷ 絹のプリント生地.

enrollarse como una persiana 《比喩》とめどもなく話す.

persiana veneciana ベネチアンブラインド.

pérsico, ca [pérsiko, ka] 形 ペルシャの.
— 男 《植物》モモ(の実・木).

persig- [persiɣ-] 動 perseguir の直・現在/完了過去, 接・現在/過去, 命令・2単, 現在分詞.

persignar [persiɣnár] 《<signo》他 …に十字を切る, …の額に十字を切る. —La madre *persigna* a su hijo. 母親が子供の額に十字を切る.
— se 再 ❶ 十字を切る; 十字を切って驚愕する. ❷ (商売人が)その日の初売上げを達成する.

*persistencia [persisténθja] 女 ❶ 執拗さ, 頑固さ, 固執すること. —Nos fastidió su ~ en justificarse a sí mismo. 彼が執拗に自己弁護をするので私たちは不愉快になった. 類 **insistencia, perseverancia.** ❷ 持続(性). —Es alarmante la ~ de la subida de los precios. 物価上昇が持続するのは憂慮すべきことだ. Estuvo lloviendo con ~ todo el día. 一日中雨がたえまなく降っていた.

*persistente [persisténte] [<persistir+-ente] 形 ❶ 頑固な, 執拗な, 固執する. —Tengo una fiebre ~. 私の熱はなかなか下がらない. Hay que ser ~ para conseguir algo. 何かを得るためには粘り強くなければならない. 類 **tenaz.** ❷ 持続性の, 非常に長続きの. —una lluvia ~ いつまでも止まない雨. ❸ (植物》(葉について)常緑の. —En el bosque hay muchos árboles de hojas ~s. 森にはたくさん常緑樹がある.

*persistir [persistír] 自 ❶ [+en に]こだわる, 固執する. —Persiste en su idea de dimitir. 彼は辞職するという考えに固執している. 類 **perseverar.** ❷ 持続[存続]する, 残存する. —Persiste el peligro de desprendimientos de tierra. 地すべりの危険がまだ残っている. 類 **continuar.**

persona [persóna ペルソナ] 女 ❶ (一般的に)人, 人間; 人, 人格(者). —~ de cuidado ならずもの, ろくでなし. ~ de calidad [de categoría] 名士, 高官. ~ de confianza 信頼[信用]のおける人. ~ de historia 過去のある人. ~ grata [no grata] (外交上)好ましい[好ましくない]人物. ~ jurídica [social]《法律》法人. ~ física 個人. tercera ~ 第三者. En mi coche caben seis ~s. 私の車には6人乗れる. No es mala ~ pero un poco presumida. 彼女は悪い人間ではないが, 少しうぬぼれが強い. Tu padre es muy buena ~. 君のお父さんは人格者[信分かりがいい人]だ. ❷《文法》人称, 人称形. —"Come" es una tercera ~ singular del verbo comer. "come" は動詞 comer の3人称単数形である. ❸《神学》(三位一体の)位(父 el Padre, 子 el Hijo, 精霊 el Espíritu Santo のそれぞれを指す).

de persona a persona 一対一で, 本人どうしで, 個人的に. Sobre ese asunto hablaremos *de persona a persona*. その件については当人どうしで話し合いましょう. 類 **personalmente.**

en persona (1) 自ら, 本人が. Deseo entregárselo yo *en persona*. 私みずからが彼にそれを渡したい. Nuestro jefe *en persona* va a resolver ese problema. その問題は課長自ら解決することでしょう. (2) 個人的に, じかに, 実際に. Dígaselo a él *en persona*, y no a su secretario. 彼の秘書でなく彼に直接そのことを言って下さい.

por persona 一人につき, 一人あたま. Recibimos mil euros *por persona*. 私たちは一人につき千ユーロずつ受け取った.

*personaje [personáxe] 男 ❶ 重要人物, 名士, 要人. —~ influyente 有力者. Nuestro jefe es un ~. 私たちの上司はひとかどの人物だ. Su tío es un ~ del mundo económico. 彼の叔父は経済界の大物だ. ❷ (小説や劇などの)登場人物. —~ principal 主人公. ~ digital《情報》デジタルキャラクター. Todos los ~s de este drama están muy bien caracterizados. このドラマの登場人物たちはそれぞれ個性を持っている.

*personal [personál] 形 ❶ 個人の, 個人的な; 個性的な. —efectos ~es 身の回り品. gastos ~es 個人的な出費. Necesito sus datos *personales*. 私には彼の個人のデータが必要だ. ordenador ~ パソコン. Aprende técnicas de defensa ~. 彼女は護身術を学んでいる. Dimitió del cargo por razones [motivos] ~es. 彼は一身上の都合で職を辞した. Hay que tener en cuenta la situación ~. 個人的な事情を考慮に入れなければならない. Esto es para mi uso ~. これは私の個人用だ. Su estilo de vida es muy ~. 彼のライフスタイルはとても個性的だ. ❷ 本人の, (人を介さず)直接の. —hacer una visita ~ 直接訪問する. Recibió una carta ~ del ministro. 彼は大臣から親展の手紙を受けとった. ❸《文法》人称の. —pronombre ~ 人称代名詞.
— 男 ❶《集合的》人員, 従業員, スタッフ. —~ docente 教員, 教授陣. ~ de tierra (航空会社などの)地上勤務員. ~ administrativo [sanitario] 行政職[保健所]員. ❷ 人事. —cambio de ~ 人事異動. sección [departamento] de ~ 人事課[部]. ❸《集合的》話人々. —En el bar hay demasiado ~. バルは人が多すぎる. 類 **gente.** ❹ 話, 戯 (直接人の集団に話しかけて)みんな. —¿Qué va a tomar el ~? みんな, 何を食べる[飲む]かい?
— 女《バスケットボール》パーソナルファウル (=falta personal).

personalice(-) [personaliθe(-)] 動 personalizar の接・現在.

personalicé [personaliθé] 動 personalizar の直・完了過去・1単.

*personalidad [personaliðá(ð)] 女 ❶ 個性, 性格. —un actor con ~ 個性的な俳優. Juan tiene ~. フアンは個性的だ. El pintor tiene mucha ~ [una ~ fuerte]. その画家は個性が強い. 類語 **personalidad** は人の特徴, **carácter, originalidad** は人と物の特徴. ❷ 人格, 人物, 人間性. —Estos documentos acreditan su ~. これらの書類が彼の人格を保証している. formar [desarrollar] la ~ 人格形成. ~ jurídica 法人. ~ múltiple 多重人格. ❸ 有名人, 名士, 大物. —culto a la ~ 個人崇拝. Acudieron al concierto de gala muchas ~es del mundo cultural. 特別演奏会には多くの著名な文化人たちがやって来た.

類**personaje**.

personalismo [personalísmo] 男 ❶ 〖哲学〗人格主義. ❷ 個人攻撃. ❸ 身びいき, えこひいき. —Una de las razones de su destitución fue su ～. 彼の解任の理由の一つはその身びいきであった.

personalizar [personaliθár] [1.3]〔<persona〕他 ❶ を人格化する, 擬人化する. ❷ …について個人名を挙げて言う; (個人)を名差して言及する; を個人攻撃する, を身びいきする. ❸ 個人用に特殊化する, 個人用に対応させる;〘情報〙カスタマイズする. —Nuestra empresa *personaliza* la construcción de su vivienda. 我が社では顧客一人一人に対応した住宅建築をやっている. Ese centro imparte una educación *personalizada*. その学校では個人教育を行っている. ❹〖文法〗(動詞)を人称化する (anochecer などの非人称動詞を人称動詞として使う).
— 自 個人攻撃をする, 個人名を挙げる, 身びいきをする. —Hizo un análisis de la situación sin ～. 彼は身びいきせずに状況の分析を行った.

‡**personalmente** [personálménte] 副 ❶ 個人的に, 自ら, 自分で. —Conozco a esa actriz ～. 私はその女優を個人的に知っている. Antes de elegir la escuela, visítala ～ primero. 学校を選ぶ前に一度自分でそこに行ってみなさい. ❷ 〖文修飾〗個人的には, 私としては. —*P*～ estoy contento con el resultado del examen. 私個人としては試験の結果に満足している. ❸ 個人向きに, 個人用に. —Este medicamento se le ha recetado ～ a Ud. この薬はあなた個人用に処方されています.

personarse [personárse] 再 ❶ 出向く, 駆けつける. —Los periodistas *se personaron* en el lugar del accidente. 記者達が事故現場に駆けつけた. ❷ (裁判に)出頭する. —～ en el proceso 訴訟に出頭する. ❸ 会合する, 会談する.

personería [personería]〔<persona〕女 ❶ 代理権, 代行権; 代行業務. ❷ 〖法学〗法人格.

personificación [personifikaθjón]〔<personificar<persona〕女 ❶ 擬人化, 人格化. ❷ 権化, 化身, 表象, 具現化. —La anciana que aparece en esta novela era la ～ del saber. この小説に登場する老女は知恵の象徴である. La anciana era la ～ misma de la serenidad. その老女はまさしく平静を絵に描いたような人だった. ❸ 〖修辞〗擬人法. 類**prosopopeya**. ❹ 個人への言及, 個人攻撃.

personificar [personifikár] [1.1]〔<persona〕他 ❶ を擬人化［人格化］する. —Cupido *personifica* el amor. キューピットは愛を擬人化したものである. を体現する, …の権化［代表, 象徴］である. —Este partido *personifica* la derecha retrógrada. この政党は反動右翼の権化だ. ❸〖～ en (人に)〗…の意味を込める, 具現化させる. —El pintor *personificó en* la dama la sabiduría. 画家はその婦人の絵で知を具現化した.

‡**perspectiva** [perspektíβa] 女 ❶ 眺め, 眺望, 見晴らし. —Se divisa una ～ magnífica desde la cumbre de la montaña. 山頂からの眺めは素晴らしい. El mirador ofrece una ～ grandiosa. 展望台からの眺めは雄大だ. ❷ 見通し, 見込み, 展望. —La situación económica no ofrece buenas ～s. 景気の見通しは暗い. Las ～s de su negocio parecen favorables. 彼の商売の見通しは良好だ. ❸ 視野, 視点, 観点. —Este suceso es significativo desde una ～ política. この事件は政治的観点からみると特別な意味がある. Aún nos falta ～ para valorar esta obra literaria. この文学作品の価値はまだわからない. ❹〖美術〗遠近画法, 透視画(法). —～ aérea 空気遠近法. ～ a vista de pájaro 鳥瞰(ちょうかん)図.

perspicacia [perspikáθja] 女 眼力, 洞察力. —Analizó el problema con una gran ～. 彼は大変な洞察力をもってその問題を分析した. 類**agudeza**.

perspicacidad [perspikaθiðá(ð)] 女 眼力, 洞察力 (=perspicacia).

perspicaz [perspikáθ] 形 〖複 perspicaces〗❶ (目, 視力が)良い, 遠くまで見通す. —Tiene una vista ～. 彼は良い視力を持っている. ❷ 眼力のある, 洞察力のある, 鋭い. —Es un detective ～. 彼は洞察力のある探偵だ. Me dio un consejo ～. 彼は私に鋭い忠告を与えた. Tiene una inteligencia ～. 彼は鋭い知性の持ち主だ. 類**agudo**, **sagaz**.

perspicuidad [perspikuiðá(ð)] 女 ❶ 簡潔明瞭, 分かりやすさ. ❷ 透明. 類**transparencia**.

perspicuo, cua [perspíkuo, kua] 形 ❶ 簡潔明瞭に話す, 分かりやすく話す. —Es un profesor ～. 彼は分かりやすく話してくれる先生だ. estilo ～ 簡潔明瞭な文体. ❷ 透明な, 澄んだ. 類**transparente**.

persuasión [persu̯aθjón] 女 ❶ 説得, 説き伏せること. —Ese político tiene una gran capacidad de ～. その政治家は大変な説得能力がある. ❷ 納得. 類**convencimiento**.

persuadir [persu̯aðír] 他 を説得する. (*a*) 説得する, 納得させる. —Me *persuadió* con sólidos argumentos. 彼はしっかりした論拠で私を納得させた. (*b*)〖de que+直説法〗(…であると)説得する, 納得させる. —Me *persuadieron de que* era mejor esperar un poco más. 私はもう少し待った方がいいと説得された. (*c*)〖a+不定詞, para que+接続法〗(…するように)説得する. —Le *persuadí para que* se quedara. 私は彼にとどまるよう説得した. Le *persuadí a* dejar de beber. 私は彼に飲酒をやめるように説得した.
— **se** 再 納得する, 了承する, 確信する. —La policía *se persuadió* de que él era el autor del robo. 警察は彼が盗みの犯人だということを納得してくれた.

persuasible [persu̯asíβle] 形 (人が)説得可能な, 納得させられる.

persuasiva [persu̯asíβa]〔<persuadir〕女 説得力.

persuasivo, va [persu̯asíβo, βa]〔<persuadir〕形 説得力のある. —una explicación *persuasiva* 説得力のある説明. un argumento ～ 説得力のある論法. 類**convincente**.

persuasor, sora [persu̯asór, sóra]〔<persuadir〕形 説得力のある (=persuasivo).
— 名 説得者.

‡‡**pertenecer** [perteneθér ペルテネセル] [9.1] 自〖+a〗❶ (*a*) (…に)属する, (…の)所有(物)である. —Este bar *pertenece a* Andrés. このバルはアンドレスの所有である. Estas tumbas *pertenecen al* neolítico. こ

pertenceciente

れらの墓は新石器時代のものだ. (b) (…)に所属する, (…)の構成員である. —~ a un partido político ある政党に所属する. ❷ (…の)義務に[役目・権限]である. —Esta decisión *pertenece* al alcalde. この決定は市長の権限だ. (…)の一部を構成する, (…から)由来する. —Estos versos *pertenecen* a Bécquer. これらの詩句の出典はベケルである.

:**perteneciente** [perteneθiénte] 〔<pertenecer+-iente〕形 【+a に】属する, (…の)所有の. —Es la parte ~ *a* mi padre. 私の父の所有部分だ. —Un asunto ~ *al* ayuntamiento. それは市役所に関わる事柄だ.

***pertenencia** [pertenénθja] 女 ❶ 所有(すること), 所持, 所有, 所有権. —El chalé es de mi ~. 別荘は私の所有物だ. Es dudosa su ~ al sindicato. 彼が労働組合に所属しているかどうか疑わしい. ❷ 複 所有物, 所持品; 財産, 資産. —Cuidado con tus ~s. 持ち物に気をつけなさい. Cuando el hijo se fue de casa, se llevó todas sus ~s. 息子が家出をした時, 全財産すべてを持ち去った. ❸ 付属物; (建物などの)別館, 建て増した部分; 属領. —Vendió el hotel con sus ~s. 彼は別館も含めて彼のホテルを売却した.

pertenezca(-) [perteneθka(-)] 動 pertenecer の接・現在.

pertenezco [pertenéθko] 動 pertenecer の直・現在・1 単.

pértica [pértika] 女 ペルティカ(土地を測る長さの単位, 約 2.571m).

pértiga [pértiɣa] 女 竿, ポール. —salto de [con] ~ 〈スポーツ〉棒高跳び.

pértigo [pértiɣo] 男 (馬車の)梶棒, 轅(ながえ).

pertiguero [pertiɣéro] 〔<pértiga〕男 〈カトリック〉(銀の)錫杖棒持者.

pertinacia [pertináθja] 女 ❶ しつこさ, 強情, 執拗, 頑固. ❷ 《比喩》しつこさ, 頑強. —La ~ del dolor me quita el ánimo. 痛みがしつこくて活力がでない. La ~ de su postura me parece estúpida. 彼の態度の執拗さは私にはばかげて見える. 類 **insistencia, persistencia**.

pertinaz [pertináθ] 形〔複 **pertinaces**〕❶ しつこい, 強情[執拗, 頑固]な, 意地を張った. —una actitud ~ 強情[執拗, 頑固, かたくな]な態度. No seas tan ~. そんなに意地を張るな. ❷ しつこい, 仲々緩和しない. —un dolor ~ しつこい痛み. Tenemos la sequía más ~ desde hace cincuenta años. 私達はこの 50 年来でもっともしつこい旱魃(かんばつ)に見舞われている.

pertinencia [pertinénθja]〔<pertinente〕女 ❶ 適切さ, 妥当性. ❷ 関連性. ❸ 〈言語〉関与性.

pertinente [pertinénte] 形 ❶ 当を得た, 適切な, 妥当な. —atención ~ 適切な配慮. Su intervención fue muy ~. 彼は全くタイミングよく介入してきた. 類 **adecuado, conveniente, indicado, oportuno**. ❷ 【a +に】関連のある. —Hay que considerar todo lo ~ *a* este asunto. 本件に関連する全ての事を考慮しなくてはならない. 類 **concerniente, correspondiente, perteneciente, referente**. ❸ 〈言語〉関与的な(言語的に意味のある区別に関わっていること). —La diferencia entre "r" y "l" no es ~ en japonés. r

と l の区別は日本語で関与的ではない.

pertinentemente [pertinéntemènte] 副 適切に.

pertrechar [pertretʃár] 〔<pertrecho〕他【+con/de を】❶ 〈軍事〉(軍需品, 食糧などを)…に補給[供給]する. —Algunas empresas han *pertrechado* de armas a la guerrilla. いくつかの企業がゲリラ軍に武器を供給した. ❷ …のために調達する, 集める.

——se 再 【+con/de】(必要なものを)調達する, 集める. —Nos *pertrechamos* de comida para una semana. 私達は一週間分の食糧を調達した. Tengo que *pertrecharme* de datos para la investigación. 研究のためのデータを集めなくてはならない. 類 **abastecerse, proveerse**.

pertrechos [pertrétʃos] 男 複 ❶ 〈軍事〉軍需品, 器具, 用具. —~ de pesca 釣り用具. ~ de escritura 筆記用具. 類 **útiles**.

***perturbación** [perturβaθjón] 女 ❶ 動揺, 混乱, 変動; 妨害. —~ atmosférica 気圧の変化, 嵐. —~ del orden público 騒乱, 治安紊乱. ~ mental 精神錯乱. La huelga general ha producido una ~ de la vida social. ゼネストは社会不安を引き起こした. 類 **alteración, desorden, trastorno**. 反 **tranquilidad**. ❷ (精神・肉体などの)不調; 心配, 狼狽.

perturbado, da [perturβáðo, ða] 過分 形 変調をきたした, 動転した, 狼狽した; 錯乱した. —El asesinato tenía *perturbadas* las facultades mentales. 殺人犯は精神能力に錯乱をきたしていた. —— 男女 精神錯乱者.

***perturbador, dora** [perturβaðór, ðóra] 形 (特に治安を)乱す, 混乱させる, 攪(かく)乱する; 妨害する.

—— 名 秩序を乱す者, 攪乱者; 妨害者.

—— 男 〈軍事〉レーダー攪乱装置.

:**perturbar** [perturβár] 他 ❶ …をかき乱す, 混乱させる, 攪(かく)乱する. —~ el orden público 治安をかき乱す. 類 **alterar**. ❷ (人を)取り乱させる, 落ち着かなくさせる; 困惑させる. —El ruido de la calle le *perturba* y no le deja trabajar. 通りの騒音に悩まされて, 彼は仕事ができない. 類 **intranquilizar**. ❸ …の理性を失わせる, を錯乱させる. —Aquellos desgraciados amores la *perturbaron* por completo. あの失恋のため彼女は完全に錯乱してしまった.

——se 再 ❶ 混乱する, 取り乱す. —Se *perturbó* y no pudo responder. 彼は動揺して返事ができなかった. ❷ 錯乱する, 気が狂う, 正気を失う. —Tras la muerte de su mujer, *se perturbó*. 妻の死後彼は頭がおかしくなった. 類 **trastornarse**.

Perú [perú] 固名 ペルー(公式名 República del Perú, 首都リマ Lima).

peruanismo [peɾwanísmo] 男 〈言語〉ペルー語法(ペルー独特の言葉の使い方, 語彙); ペルー訛り.

:**peruano, na** [peɾwáno, na] 形 ペルー(Perú)の; ペルー人の. —— 名 ペルー人.

perulero [peɾuléɾo]〔<perol〕男 ❶ 陶器の壺. ❷ なべ職人.

perversidad [perβersiðá(ð)] 女 ❶ 邪悪, 凶悪. ❷ 邪心, 悪意. —con ~ 邪心[悪意]をもって. 類 **malicia**.

perversión [perβersjón]〔<pervertir〕女 ❶ 悪徳, 極道, 非行. 類 **maldad**. ❷ 堕落, 退廃.

——— de las costumbres 習慣の退廃[堕落]. 類 **corrupción, depravación**. ❸ 〈文書などの〉歪曲, 改竄; 悪用, 逆用. ❹ 倒錯. ——— sexual 性的倒錯.

perverso, sa [perβérso, sa] 形 ❶ 邪悪[凶悪]な, 極悪非道の. —un hombre ~ 凶悪な[極悪非道の]男. 類 **depravado, malvado**. ❷ 邪心に満ちた, 悪意のある. —mirada *perversa* 邪心に満ちた眼差し. sentimiento ~ 悪意のある感情.

pervertido, da [perβertíðo, ða] 過分 形 ❶ 堕落した, 退廃した. 類 **corrompido, degenerado**. ❷ 〈医学, 心理〉倒錯した.
——— 名 倒錯者.

pervertimiento [perβertimjénto] 男 ＝perversión.

pervertir [perβertír] [7] 他 ❶ を堕落させる, 退廃させる. —— a los jóvenes 若者を堕落させる. ❷ 〈秩序〉を乱す. —— を毒する, 乱す, 駄目にする. —Ciertos mensajes televisivos *pervierten* el lenguaje. ある種のテレビ・コマーシャルが言葉を乱している. ❹ 〈文書〉を改竄(ざん)する, 歪曲する; 悪用[逆用]する.
——**se** 再 堕落する, 悪に染まる. —Se pervirtió durante el servicio militar. 彼は兵役期間中に悪癖を身につけた. 類 **depravarse**.

pervinca [perβínka] 女 〖植物〗ツルニチニチソウ.

pesa [pésa] 女 ❶ 分銅, 重り; 〈振り子などの〉重り, カウンターウェイト; 〈測量の〉下げ振り. ~s y medidas 度量衡. ❷ 〖主に複〗〈スポーツ〉亜鈴, バーベル, ダンベル. —levantamiento de ~s 重量挙げ. ❸ 〖コロンビア, ベネズエラ〗肉屋, 精肉店.

pesabebés [pesaβeβés] 男〖単複同形〗〈乳幼児用の〉体重計.

pesacartas [pesakártas] 男〖単複同形〗封書秤.

pesada [pesáða] 女 ❶ 計量. —efectuar ~s de líquidos 液体の重さを量る. ❷ 一回に計[量]量.

pesadamente [pesáðamente] 副 ❶ 重そうに, ずっしりと. —Traía una gran mochila y la dejó ~ en el suelo. 彼女は大きなリュックをもっていてそれをどさっと床に置いた. Apagó la luz y se dejó caer ~ sobre el sofá. 彼女は灯りを消して, ソファーの上にずしんと倒れ込んだ. ❷ のろのろと, のしのしと. ❸ しつこく, くどくどと. ❹ いやいやながら, 渋々. ❺ 由々しく, 深刻に, ひどく.

*__pesadez__ [pesaðéθ] 女 ❶ 重苦しさ, 〈頭や胃などの〉重さ, 〈動作などの〉不活発さ, 〈天気のうっとうしさ〉. —Siento ~ de cabeza [en los ojos]. 私は頭が重い[目が霞む]. La ~ que me produce este calor húmedo me impide dormir bien. この蒸し暑さによる気分の重苦しさで私はよく眠れない. 類 **gravedad**. 反 **ligereza**. ❷ 面倒なこと[人], 煩わしいこと[人]; 退屈. —Es una ~ tener que consultar el diccionario tantas veces. 辞書を何度も引かねばならないなんて面倒だ. ¡Qué ~ de tío! なんて面倒な奴なんだ. Estar todo el día en casa es una ~. 一日中家に居るなんて退屈だ. 類 **aburrimiento, fastidio, lata, tostón**. ❸ 重いこと, 重さ. —¡Es increíble la ~ de esta caja! この箱の重いことといったら信じられない. 類 **peso**.

*__pesadilla__ [pesaðíʎa] 女 ❶ 悪夢, 恐ろしい夢. —Estos días tengo ~s. 最近恐ろしい夢を見る. Era una escena de ~. それは悪夢のような光景だった. 類 **delirio, alucinación**. ❷ とても心配なこと, 恐ろしいこと, いやなこと. La enfermedad de su madre es una ~ para él. 母親の病気が彼にとって心配の種だった. Es una ~ hacer este odioso trabajo. こんな仕事をするなんて嫌なことだ. 類 **suplicio, zozobra**.

*__pesado, da__ [pesáðo, ða ペサド, ダ] 過分 形 ❶ 重い. —Han traído un paquete muy ~. 彼らは非常に重い小包を持って来た. Caminaba arrastrando una *pesada* maleta. 彼(女)は重たいスーツケースを引きずって歩いていた. industria *pesada* 重工業. Fue campeón de pesos ~s. 彼はヘビー級のチャンピオンだった. 反 **ligero**. ❷ 〈特に繰り返したり, 長すぎて〉しつこい, くどい. —No te pongas tan ~. あまりしつこくしないでくれ. ¡Qué ~ eres! Te he dicho que no y es que no. 何してつこいんだ! だめったらだめって言っただろ. ❸ 退屈な, うんざりする. —Esta novela es muy *pesada*. この小説はとても退屈だ. 類 **aburrido**. ❹ 迷惑な, やっかいな, いやな. —Me gastaron una broma *pesada*. 私はたちの悪いいたずらをされた. 類 **enfadoso, molesto**. ❺ 〈食べ物が〉消化しにくい, しつこい. —No estoy acostumbrado a una comida tan *pesada*. 私はあまり重たい食事に慣れていない. ❻ 〈動作が〉のろい, にぶい, 鈍重な. —Mi padre está muy ~ últimamente. 父は最近非常に動きが鈍くなっている. 類 **lento, tardo**. ❼ 〈天気が悪くて〉重苦しい, うっとうしい. —Hoy el día está pesante ~. 今日はかなりうっとうしい天気です. 類 **bochornoso**. ❽ 〈目・頭・胃が〉重い. —Tengo los ojos ~s. 私は目がはれぼったい. 類 **cargado**. ❾ 〈材料や装飾が〉重たい, 詰め過ぎる. —La decoración del salón me parece *pesada*. 広間の装飾が私には重苦しく見える. ❿ 〈眠りが〉深い. —Tengo un sueño ~. 私は眠りが深い. 類 **profundo**. ⓫ 〈化学〉比重の大きい, 重…. —aceite ~ 重油. agua *pesada* 重水.
——— 名 しつこい(くどい)人[物]; 迷惑な人[物].

pesador, dora [pesaðór, ðóra] 形 重さを量る, 計量機用の. —aparatos ~es 計量機器.
——— 名 ❶ 計量係. ❷ 〖コロンビア, ベネズエラ〗肉商人, 肉屋. ——— 女 計量器具[機器].

pesadora [pesaðóra] 女 →pesador.

*__pesadumbre__ [pesaðúmbre] 女 苦悩, 悲嘆; 苦しみ[悲しみ]の種. —No llores, ¿a qué viene esa ~? 泣かないで, 何がそんなに悲しいんだい. Sobre esa familia cayeron toda clase de ~s. その一家はあらゆる不幸をしょいこんでいる. 類 **abatimiento, pena, tristeza**.

pesaje [pesáxe] 男 計量; 〈スポーツ〉体重計測. —el ~ de los boxeadores ボクサーの体重計測.

pesalicores [pesalikóres] 男〖単複同形〗❶ アルコール度計, アルコール度浮き秤. ❷ 気量計.

*__pésame__ [pésame] 男 お悔み, 弔意, 弔詞. —Reciba Ud. mi más sentido [sincero] ~. 心よりお悔み申しあげます. Le di el ~ por la muerte de su esposo. 私は彼女にご主人が亡くなったことへのお悔みを述べた. 類 **condolencia**.

pesantez [pesantéθ] 男 重力, 引力. 類 **gravedad, peso**.

*__pesar__ [pesár ペサル] 自 ❶ 重さが…である, 目方[体重]が…だけある. —Mi mu-

1470 pesario

jer *pesa* sólo 42 kilos. 私の妻は体重が 42 キロしかない. ❷ 重い, 重たい, 重量がある. —Esta maleta *pesa* mucho. このスーツケースは非常に重い. ❸ 重くのしかかる, 重荷となる; 影響を及ぼす. —Esa responsabilidad le *pesa* demasiado. その責任が彼にはあまりにも重荷となっている. Ese ministro *pesa* mucho en el gobierno. その大臣は政治に大きな影響力を持っている. ❹〘+a にとって〙残念に思われる, 悔やまれる, 癪にさわる. —Me *pesa* haberla dejado sola. 私は彼女を独りぼっちにしてしまったのが悔やまれる. [類]**lamentar**.

mal que LE *pese a* たとえ…が望まなくても. Saldré del pueblo *mal que les pese* a mis padres. たとえ両親に反対されても私は村を出よう.

pese a …にもかかわらず. *Pese a* su enfermedad vino a despedirme. 彼は病気にもかかわらず私を見送りに来てくれた.

pese a quien pese 何が何でも, 万難を排して. *Pese a quien pese* llevaré a cabo mi objetivo. 何が何でも私の目標を実現するつもりだ.

—— 他 ❶ …の重さを量る, 重さを見る. —¿Me *pesa* este melón, por favor? すみません, このメロンを計ってくれませんか. ❷ 検討する, 吟味する, 思案する. —Antes de hablar deberías ~ tus palabras. 話をする前に君は言葉をよく吟味した方がいい. Hay que ~ cuidadosamente las ventajas y desventajas de la propuesta. 提案の利点と欠点は注意深く比較検討すべきである.

—*se* 自 自分の体重を計る. —Voy a ~*me*. 体重を計ってみよう.

—— 男 ❶ 悲しみ, 心痛. —Tiene un gran ~ por la muerte de su padre. 彼は父の死をひどく悼んでいる. con gran ~ 断腸の思いで. ❷ 後悔, 悔恨. —Sintió un gran ~ por no haberte invitado. 彼は君を招待しなかったことを大いに後悔した. [類]**arrepentimiento, remordimiento**.

a pesar de ... (1) …にもかかわらず. *a pesar de* la dificultad económica 経済的困難にも拘わらず. (2) (人)の意に反して. Se marchó *a pesar de* la familia. 彼は家族をさしおいてフランスへ行ってしまった.

a pesar de (todos) los pesares 万難を排して, 何がなんでも. *A pesar de todos los pesares*, la siguió amando hasta la muerte. 彼はどんな苦労にもめげず死ぬまで彼女を愛し続けた.

a pesar suyo (人)の意に反して. Tuvo que seguir estudiando *a pesar suyo*. 彼は意に反して勉強を続けなくてはならなかった. Lo haré *a pesar tuyo*. 君が反対しても私はそれをやろう.

pesario [pesárjo] 男〘医学〙❶〘避妊用〙ペッサリー; (子宮後屈症矯正用)ペッサリー. ❷ 膣座薬.

pesaroso, sa [pesaróso, sa] 形〘+de/por〙後悔して, 悔やんでいる. —Estoy ~ *de* [*por*] lo que le dije. 私は彼に対して言った発言を後悔している. [類]**arrepentido**. ❷ 悲しんでいる, 悲しげな. —rostro ~ 悲痛な顔. [類]**apenado, apesadumbrado, entristecido**.

⁑**pesca** [péska] 女 ❶ 釣り, 漁; 漁業, 漁法. —~ con caña [con red] 竿釣り[網漁]. ~ costera 沿岸漁業. ~ a arrastre 底引き網漁. ~ de altura [de bajura] 遠洋[近海]漁業. Aquellos barcos están de ~. あの船団は漁の最中である. Ayer fui de ~ al río. 昨日私は川へ釣りに行った. ❷〘集合的に〙漁獲(高), 釣りの獲物. —Hoy la ~ ha sido mala. 今日は魚があまり捕れなかった. En aquellos días había buena ~. 昔は大漁だった.

y toda la pesca 《話》その他もろもろ(の人). Le robaron la cartera *y toda la pesca*. 彼は財布と他にもいろいろ盗まれた. Asistieron a la fiesta el presidente *y toda la pesca*. パーティーには社長をはじめその他もろもろの人が参加した.

pescada [peskáða] 女 ❶〘魚類〙メルルーサ (= merluza). ❷ (メルルーサの)干もの; 干魚.

pescadería [peskaðería] 〘<pescado<pescar〙女 魚屋, (スーパー等の)鮮魚コーナー.

pescadero, ra [peskaðéro, ra] 名 魚屋, 鮮魚販売業者.

pescadilla [peskaðíʎa] 〘<pescada〙女 メルラン, メルルーサの幼魚.

Es la pescadilla que se muerde la cola. これでは堂々巡りだ.

⁑**pescado** [peskáðo ペスカド] 男 (食用の)魚, 魚肉. —~ azul [blanco] 赤身の[白身の]魚. Aquí se come mucho ~. ここでは魚をたくさん食べる. [類語]**pescado** は食用の魚で集合的に使われる, **pez** は水中に生きている魚で数えられる名詞.

*ahumárse*LE *a una persona el pescado* ひどく怒る.

no ser ni carne ni pescado →carne.

pescador, dora [peskaðór, ðóra] 形 釣り[漁]をする, 釣り[漁]用の. —población *pescadora*〘集合的に〙漁民.

—— 名 釣り人, 漁師. —— 男〘魚類〙アンコウ. —— 女〘服飾〙胸をひもでとめるシャツ, セーラーブラウス.

pescadora [peskaðóra] 女 →pescador.

pescante [peskánte] 男 ❶ (*a*)(馬車などの)御者台. (*b*)〘まれ〙車の運転席. ❷ 作り付けの棚(ハンガー). ❸ (演劇)舞台の吊り, 迫り上げ[下げ]. ❹〘海事〙ダビット, (ボートを吊る)鈎柱; アンカーダビット; ジブ・ブーム. ❺ クレーンの腕.

⁑**pescar** [peskár] [1.1] 他 ❶ (魚)をとる, 漁獲する. —El barco salió a ~ sardinas. 漁船はイワシをとりに出港した. ❷ を釣る, 釣り上げる. —~ truchas マスを釣る. —~ cangrejos カニをとる. ~ una ballena クジラをとる. ❸《話》捕まえる, 捕える. —La policía *pescó* al criminal en el metro. 警察は地下鉄で犯人を捕まえた. [類]**atrapar**. ❹ (病気)にかかる. —Hacía mucho frío y *pescó* un resfriado. とても寒かったので彼はかぜを引いた. [類]**pillar**. ❺《話》うまく手に入れる, 獲得する. —*Ha pescado* a un novio muy guapo. 彼女はとてもハンサムな恋人をつかまえた. [類]**cazar**. ❻ を素早く理解する, 会得する, 飲み込む. —No *pesca* ningún chiste. 彼女はジョークが一つも分からない. ❼ を見つける, 目撃する. —Una tarde la *pescaron* saliendo con su amante. ある日の午後彼女は愛人とデートしているところを人に見られた. *Pescaron* al ladrón entrando por la ventana. 彼らは泥棒が窓から入ってくるのをみつけた. [類]**sorprender**.

—— 自 釣りに行く. —El domingo pasado fui a pescar. 先週の日曜日, 私は釣りにでかけた.

no saber lo que se pesca 《話》事情が全くわかっていない.

pescar al río revuelto 漁夫の利を得る, 混乱に

乗じて利益を得る.
pescar al vuelo あっという間に理解する.

pescozada [peskoθáða] 囡 (首や頭を)殴ること. 類**cachete, pescozón**.

pescozón [peskoθón] [<pescuezo]男 (首や頭を)殴ること. —Le propiné un 〜. 彼の首根っこに一発食らわしてやった. 類**cachete, pescozada**.

pescozudo, da [peskoθúðo, ða]形 首の太い.

pescuezo [peskwéθo] 男 ❶ (動物の)首. —La gallina tenía el 〜 desplumado. 雌鳥の首は毛をむしりとってあった. ❷ 《話》(人間の)首, 首根っこ, 首筋. 類**cogote**. ❸ 高慢, 虚栄. —Es muy altanero y siempre va sacando el 〜. 彼は高慢な男で, いつも得意げにしている.

andar al pescuezo 《話》けんかばかりしている.

apretar [estirar] el pescuezo a ... 《話》(人)を絞め殺す.

torcer el pescuezo 《話》死ぬ.

torcer [retorcer] el pescuezo a ... 《話》(人)を絞め殺す.

pesebre [peséβre] 男 ❶ 飼い葉[まぐさ]桶, (家畜の)えさ入れ. ❷ 家畜小屋, 畜舎. 類**caballeriza, cuadra, establo**. ❸ (クリスマスに飾る, キリスト生誕の場面を表した)馬小屋と人形の小舞台模型(=belén, nacimiento).

conocer el pesebre 《話》食べ物にありつける場所を知っている.

pesebrera [peseβréra]囡 ❶ (家畜小屋に備え付けの)飼い葉[まぐさ]桶, 飼い葉[まぐさ]桶の列. ❷ 〖チリ, メキシコ〗→pesebre❸. 類**belén, pesebre**❸.

pesero [peséro] [<peso]男 ❶ 〖中南米〗肉屋, 畜殺人. ❷ 〖メキシコ〗乗合タクシー. ◆運賃1ペソに由来.

****peseta** [peséta ペセタ]囡 ❶ ペセタ(以前のスペインの貨幣単位, 〖略〗pta(s).). —Ahora estoy sin una peseta [no tengo ni una peseta]. 私は今一文無しである. ❷ 複 お金, 財産. —Ese tío mío tiene muchas pesetas. その私のおじは金をたくさん持っている.

cambiar la peseta 《話》(船酔いや酒酔いで)吐く, もどす.

mirar la peseta 《話》財布の紐が固い, しまりやである.

pesetera [peseséra]囡 →pesetero.

pesetero, ra [peseséro, ra] [<peseta]形 ❶ 《話, 軽蔑》けちな, 金にうるさい, 守銭奴の. —Es tan 〜 que entra en una cafetería por no gastar. 彼はとてもけちな奴で, 喫茶店に入っても何も注文しない. Desde que se casó está cada vez más 〜. 彼は結婚してからどんどん金に執着するようになっている. 類**avaro, tacaño**. ❷ 値段が1ペセタの. ❸ 〖西インド, 南米〗たかり屋の. ❹ 〖グアテマラ, メキシコ〗しがない, 稼ぎの少ない. ❺ 〖キューバ〗珍しい.

—— 名 《話, 軽蔑》けち, 守銭奴.

—— 名 《俗》安売春婦.

pésimamente [pésimaménte] 副 どうしようもないほどひどく. —La carta está 〜 escrita. その手紙は全く書き方がなっていない.

pesimismo [pesimísmo] 男 悲観論, 悲観主義; 厭世(ﾊ)主義. —¡No incurras en 〜s baratos! ¡Todo irá bien! 安っぽい悲観的な考えになるな. 全てうまくいくさ.

pesimista [pesimísta] 形 悲観[厭世]的な, 悲観[厭世]主義の; くよくよした, 弱気な, 落ち込んだ. —carácter [idea] 〜 悲観的な性格[考え]. No seas tan 〜, ya verás como todo sale bien. そう悲観的になるな, そのうち全てうまくいくさ. Ella está muy 〜 últimamente. 彼女は最近落ち込んでいる. 反**optimista**.

—— 男女 ペシミスト, 悲観主義者, 厭世家.

pésimo, ma [pésimo, ma] 形 [malo の絶対最上級] 最悪の, ひどく悪い, 最低の. —tener un gusto 〜 para la ropa 服の趣味がひどすぎる. Millones de niños viven en *pésimas* condiciones. 何百万人もの子どもたちが最悪の状況で暮らしている. 類**fatal**. 反**óptimo**.

****peso** [péso ペソ] 男 ❶ 重さ, (a) 重さ, 重量; 目方, 体重. 〜 atómico 原子量. 〜 bruto 総重量(風袋込みの重さ). 〜 corrido 量のおまけ. 〜 específico 比重. 〜 muerto (車両の)自重. 〜 neto 中身だけの重さ. El 〜 de este paquete es de cuatro kilos. この小包の重さは4キロある. Esta bolsa tiene tres quilos de 〜. この袋は重さが3キロある. Si ponemos más libros, esta tabla ya no sostiene el 〜. 本をもっと積むとこの板はもう重さに耐えられない. Se venden frutas al 〜. 果物は目方で売っている. Mi 〜 es de setenta y tres quilos. 私の体重は73キロだ. (b) 重いもの, 重り; 《スポーツ》砲丸, (重量挙げの)バーベル. —lanzamiento de 〜 砲丸投げ. levantamiento de 〜 重量挙げ. El médico me aconsejó que no cargara con 〜. 私は医者に重いものを持たないよう忠告された. 類**pesa**. (c) 《スポーツ》体重による階級, 重量制. 〜 〜 gallo バンタム級. 〜 ligero ライト級. 〜 medio ミドル級. 〜 mosca フライ級. 〜 pesado ヘビー級. 〜 pluma フェザー級. 〜 semimedio [welter] ウェルター級. (d) 《物理》重力. ❷ 重要さ, 重要性; 影響力, 権威. —Eso no tiene ningún 〜. そんなことは全く重要でない. Manifestó una opinión de mucho 〜. 彼はとても重要な意見を述べた. Juan tiene mucho 〜 en nuestro grupo. フアンは私たちのグループでとても影響力がある. Mi tío es un hombre de 〜 en el pueblo. 叔父さんは町の有力者だ. Tiene razones de 〜 para dejar el trabajo. 彼が仕事を辞めたのにはもっともな訳がある. ❸ 重圧. (a) 重圧, 重荷, 負担; 心配. —sentir el 〜 de la responsabilidad 責任の重さを感じる. Como no tenemos padres, mi hermano lleva todo el 〜 de la familia. 両親がいないので兄が家族の負担を全ている. No puede llevar el 〜 de tantas obligaciones. 彼はやらねばならないことがたくさんあり, その負担に耐えられない. 類**agobio**. (b) 心配, 不安. —El porvenir de su hijo es un 〜 para ella. 息子の将来が彼女の不安の種だ. 類**inquietud**. (c) (身体の)重苦しさ, だるさ. —Siento 〜 en todo el cuerpo a causa del resfriado. 私は風邪で身体中がだるい. ❹ ペソ(メキシコ, チリ, フィリピンなどの貨幣単位). ❺ 秤(ﾊｶﾘ). —〜 baño 浴室用体重計. 〜 de cocina キッチン用秤. 類**balanza**.

a peso de oro [plata] 高い値段で. Consiguió la casa *a peso de oro*. 彼は高い値段でその家を買った.

caer(se) de [por] su (propio) peso 明白である,

1472 pespuntar

確かである.
en peso (1) 高々と. Levantó una gran piedra *en peso*. 彼は大きな石を高々と持ち上げた. (2) すっかり, まるごと, 全部. El barrio *en peso* participó en la manifestación. 街中の人がデモに参加した.
hacer caer el peso de la justicia 罪人を罰する.
quitar a ... [quitarse] un peso de encima 不安が解消する, 安堵する.
valer su peso en oro とても高価である.
pespuntar [pespuntár] 他 …に返し縫いを施す.
pespunte [pespúnte] 男 返し縫い, バックステッチ. — *medio* ~ 半返し縫い.
pespuntear [pespunteár] 他 ❶ =pespuntar. ❷ (ギターをかき鳴らす.
pesque(-) [peske(-)] 動 *pescar* の接·現在.
pesqué [peské] 動 *pescar* の直·完了過去·1単.
pesquera [peskéra] 女 →*pesquero*.
‡**pesquería** [peskería] 女 ❶ 漁業, 水産業; 魚つり. ❷ 漁場, 釣り場.
pesquero, ra [peskéro, ra] [<*pesca*] 形 漁業の, 漁(釣り)の. — *buque* ~ 漁船. *industria pesquera* 漁業, 水産業. *puerto* ~ 漁港.
—— 男 漁船, 釣り船.
—— 女 ❶ 漁場, 釣り場. ❷ 漁獲, 魚釣り.
pesquis [péskis] [<*pesquerir*] 男 《話》賢さ, (頭の)鋭さ, 明敏, 洞察力. — Él tiene poco ~. 彼は頭が鈍い. 類 **agudeza, cacumen, ingenio, perspicacia**.
‡**pesquisa** [peskísa] 女 ❶ 調査, 取り調べ; 捜査. — Hicimos ~s para aclarar las causas del accidente. 私たちは事故の原因を調査した. La policía inició las ~s para descubrir al autor del atentado. 警察はテロの犯人捜査を開始した. 類 **indagación, investigación**. ❷ [エクアドル, ラ·プラタ] 秘密捜査官, 探偵.
—— 男女 [エクアドル, ラ·プラタ] 秘密捜査官, 探偵.
pesquisador, dora [peskisaðór, ðóra] [<*pesquisar*<*pesquisa*] 男女 [エクアドル, ラ·プラタ] 秘密捜査官, 探偵.
pesquisar [peskisár] [<*pesquisa*] 他 《まれ》を捜査[調査]する, 家宅捜索する. 類 **indagar**.
‡**pestaña** [pestáɲa] 女 ❶ まつげ. — Ana tiene unas ~s largas. アナは長いまつげをしている. Se está pintando las ~s. 彼女はアイラインをひいている. ❷ (帯状の)縁(ふち), ふち; 突起したもの. — ~ *de una falda* スカートの裾飾り[縫ってある折り返し]. ~ *de un libro* 本の耳. ~ *de las ruedas del ferrocarril* 鉄道車両の外側の突起部, フランジ. ❸ 複 (植物の葉などの)細毛. — ~ *vibrátil* 繊毛(ょう). ❹ (情報) タブ.
no mover pestaña まばたき一つしないで注目している. Mientras yo hacía el juego de manos, los niños *no movían pestaña*. 私が手品をしている間, 子供たちはまばたき一つせずに見ていた.
no pegar pestaña 一睡もできない. *No pego pestaña* estas noches. この二三日私は一睡もできない.
quemarse las pestañas 目を使う仕事をたくさんする, 夜中まで勉強[仕事]する. Me quemé las pes*tañas* para aprobar el examen. 試験に合格するために私は夜中まで勉強した.

pestañear [pestaɲeár] [<*pestaña*] 自 まばたきする. — Estaba nervioso y *pestañeaba* mucho. 彼は緊張してやたら目をぱちぱちさせていた.
sin pestañear (1) じっと集中して. Le escuchaba *sin pestañear*. 彼の話にじっと耳を傾けていた. (2) 動じることなく, 平然と. El niño aceptó el castigo *sin pestañear*. その子はまばたきひとつせず罰を受け入れた. (3) すかさず, 迷わず. Al vernos, nos cerró la puerta *sin pestañear*. 私達を見るやすかさず戸を閉めた.
pestañeo [pestaɲéo] [<*pestañear*<*pestaña*] 男 まばたき. 類 **parpadeo**.
pestañí [pestaɲí] 女 《俗》警察.
peste [péste] 女 ❶ [医学] ペスト. — ~ *aviar* 家禽ペスト(ニューカッスル病). — *bubónica* [bovina, equina, porcina] 腺ペスト, — *negra* 黒死病. ❷ 悪疫, 伝染病. 類 **pestilencia**. ❸ 悪臭. — Las letrinas echaban una ~ insoportable. 仮設便所からたまらない悪臭が放たれていた. 類 **hedor, pestilencia**. ❹ 〈比喩〉(不快な生物などの)大群, 異常発生; やたらに大量であること. — *una* ~ *de cucarachas* ゴキブリの大群[異常発生]. Aquí los ratones son una ~. ここではネズミが異常に多い. ❺ 〈比喩〉(la ~) 厄介事(者), うっとうしい事[物, 人]. — Estos críos son *la* ~. この子達は手を焼く. ❻ 〈比喩〉害悪, 混乱; 腐敗, 退廃. — La huelga del metro es una ~. 地下鉄のストには困ってしまう. El consumo de la droga es una ~. 麻薬の消費は退廃である. ❼ 複 〈比喩〉悪口, 呪いの言葉. ❽ (*a*) [コロンビア, ペルー] インフルエンザ. (*b*) [チリ] 天然痘.
echar [decir, hablar] pestes de ... …の悪口[不平]を言う, (人を)こきおろす. Ella siempre *echa pestes de* la suegra. 彼女は姑(ゆ)の悪口[不平]ばかり言っている. *Decía pestes de* la universidad pero no llevaba razón. 彼は大学をこきおろしていたが, 理にかなっていなかった.
echar pestes [北米] ゴタゴタを起こす.
huir de ... como de la peste をひどく忌み嫌う.
¡Mala peste se lo lleve! 《話》ちくしょう, たばれ.
peste amarilla 〈隠〉(バルセロナ Barcelona の)タクシー運転手(車体の黄色の塗装から).
peste blanca 結核(=*tuberculosis*).
pesticida [pestiθíða] [<*peste*] 形 害虫駆除の, 除草の.
—— 男 殺虫剤, 殺鼠剤, 除草剤, 駆除剤.
pestífero, ra [pestífero, ra] [<*peste*] 形 ❶ ペストの; 伝染性の. ❷ 有害な, 危険な. — Éste es un barrio ~. ここは危険な地区だ. Aquellas *pestíferas* lecturas lo transformaron. あれらの有害図書は彼をゆがめてしまった. ❸ 悪臭のする. ❹ 厄介な, うっとうしい. —— 名 ペスト患者.
pestilencia [pestilénθja] [<*peste*] 女 ❶ 悪疫, 伝染病(=*peste*②). ❷ 悪臭, 異臭. — La ~ de aquel cuarto era inaguantable. あの部屋の異臭は耐えがたかった.
pestilencial [pestilenθjál] =*pestífero*.
pestilencioso, sa [pestilenθjóso, sa] [<*peste*] 形 ❶ ペストの, 悪疫の, 伝染病の. ❷ 悪臭を放つ. — Ha pasado ya el ~ camión de la basura. いやな臭いのするごみ運搬車はもう通り過ぎたよ. 類 **pestilente**.

pestilente [pestilénte]〔＜peste〕形 ❶ ペスト源の, 疫病をもたらす. ❷ 悪臭を放つ. —La carne podrida despedía un olor ~. 腐った肉が異臭を放っていた. 類 **pestilencioso**.

pestillo [pestíʎo] 男 掛け金, かんぬき, スライド錠, ドアロックの舌. —~ de golpe ばね式の錠前.

pestiño [pestíɲo] 男 (蜂蜜をつけた細い円い菓子) (=prestiño).

pestorejazo [pestorexáθo] 男 うなじを叩くこと.

pestorejo [pestoréxo] 男 《まれ》襟首, うなじ. 類 **cogote, nuca**.

pestorejón [pestorexón] 男 =pestorejazo.

pesuña [pesúɲa]〔＜pes(pie)＋uña〕女 ❶ 蹄, 蹄のある足 (=pezuña). ❷ 《中南米》足の汚れ[におい].

pesuño [pesúɲo] 男 (動物の爪のついた)指.

petaca [petáka] 女 ❶ タバコ入れ, シガレットケース; 葉巻き入れ; 刻みタバコ入れ. 類 **tabaquera**. ❷ トランク[バスケット類]. (a) 馬用の運搬バッグ(馬の両側につける). (b) 小枝細工のバスケット, 洗濯かご. (c) 《中南米》《革製の》トランク, 道具箱, 衣装箱. (d) 《メキシコ》スーツケース; 手荷物. (e) 《北米》(車の)トランク. ❸ 《隠》(銃の)弾倉. 類 **cargador**. ❹ 《中米》《比喩》猫背, 背の瘤. ❺ 《メキシコ, 西インド》《比喩》大きな尻, 豊満な胸. ❻ 《中南米》《比喩》怠け者. ❼ 《中南米》《比喩》ずんぐりした人.

echarse con las petacas《中米, コロンビア, ベネズエラ, メキシコ》怠ける, 気力をなくす, しりごみする.

hacer la petaca a ...《話》(シーツに細工をして)(人)がベッドに入れないようにいたずらする.

— 形《単複同形》❶《中南米》怠惰な, のろまな, 愚鈍な. ❷《プエルトリコ》粗野な, がさつな.

:**pétalo** [pétalo] 男 《植物》花びら, 花弁.

petanca [petáŋka] 女 ペタンク(金属球を転がして標的にどれだけ近いかを競うゲーム).

petar¹ [petár] 自《主に否定文で》《話》(人)の気をそそる. —No me peta salir hoy. 今日は出かける気にならない. 類 **apetecer, gustar**.

petar² [petár] 他 ❶《隠》(麻薬タバコ)に火をつける. ❷《隠》(計画など)をぶち壊す, 台無しにする. ❸ (ロッカー類)をこじ開ける. ❹《ガリシア》(床)をコツコツ鳴らす, (ドア)をノックする.

— 自 ❶《隠》(計画などが)ぶち壊し[台無し]になる. ❷《ガリシア》床を鳴らす, ドアを鳴らす.

petardear [petarðeár]〔＜petardo〕他 ❶ (爆竹)を鳴らす. ❷ 《軍事》(城門・城壁など)を爆破する. ❸ (人)から金をだまし取る. —Me han petardeado. 私は金をだまし取られた. 類 **engañar, estafar**.

— 自 (車などが)バックファイアを起こす.

—**se** 再 《隠》《＋de を》告げ口する, 密告する. —Ese tío se ha petardeado de nuestro plan. あいつが我々の計画を密告したんだ. 類 **chivarse**.

petardero [petarðéro]〔＜petardo〕男 ❶《軍事》爆破手. ❷ たかり屋, ぺてん師, 詐欺師. 類 **petardista**.

petardista [petarðísta]〔＜petardo〕形 いつも借りてばかりいる, たかり屋の; ぺてん師の, 詐欺師の.

— 名 たかり屋, ぺてん師, 詐欺師. 類 **estafador, sablista, tramposo**.

— 男 《メキシコ》悪徳政治家.

petardo, da [petárðo, ða]〔＜仏 pétard〕形 うっとうしい, しつこい; 飽き飽きさせる. —¡Vaya chica *petarda*! うっとうしい女だ. Este programa es muy ~. この番組はつまらなくてうっとうしい.

— 男 ❶ 爆竹, かんしゃく玉. —tirar ~s 爆竹を放す[鳴らす]. ❷ (城門・城壁破壊用の)爆薬[爆破装置]. ❸ 雷管. —~ de señales 信号用雷管, 信号弾. ❹ つまらないもの[人], 取るに足りないもの; 無能な人. —Ese profesor es un auténtico ~. あの教員は本当につまらないやつだ. ¡Vaya ~ de libro! なんてつまらない本だ. ❺ 醜い[不細工な]人. —Tiene una novia que es un ~. 彼の恋人は本当に不細工だ. ❻《話》ぺてん, 詐欺; (支払・返済の)ごまかし[踏み倒し]. —Me ha pegado un ~. 彼は私をぺてんにかけた[私から金をだまし取った]. Me dejó un ~ de mil pesetas. 彼は私からの借金[私への支払い]1000 ペセタを踏み倒した. ❼《俗》麻薬たばこ. ❽《メキシコ》失敗, 挫折.

petate [petáte] 男 ❶ ござ, むしろ, 《中南米》(しゅろ製の)寝ござ. ❷ 旅行の荷物; (兵士・船員・囚人の)携帯用に丸く巻いた私物. ❸《俗》ぺてん師, 詐欺師. 類 **estafador, petardista, sablista**. ❹《俗》くだらないやつ, 役立たず, ろくでなし.

liar el petate (1)《俗》荷物をまとめる, 立ち去る準備をする. (2)《比喩》死ぬ (=morir).

dejar a ... en un petate《中南米》(人)を無一文にする, (人)からすっかりかんに巻き上げる.

doblar el petate《メキシコ, 中米》《比喩》死ぬ.

petatearse [petateárse]〔＜petate〕再 《メキシコ, 中米》❶ 死ぬ. ❷ マリファナを吸う.

petenera [petenéra] 女 (フラメンコの)ペテネーラ(スペイン, アンダルシーア Andalucía 地方の民謡).

salir(se) por peteneras とんちんかんな事をする[言う], 的外れな事を言う. No te salgas por *peteneras*, que estamos hablando en serio. まじめに話しているのだからおかしな事を言うんじゃない.

:**petición** [petiθjón] 女 ❶ 要求, 要請; 嘆願; 申請. —Hicimos una ~ de mejoramiento de las condiciones laborales. 私たちは労働条件の改善を要求した. Dirigieron una ~ de indulto al Gobierno. 彼らは政府に恩赦を嘆願した. ~ de mano 求婚. ~ de interrupción 《情報》割り込み要求. 類 **demanda, pedido, ruego, solicitud, súplica**. ❷ 申請書, 請願書, 陳情書. —Presentamos la ~ de divorcio a la autoridad competente. 私たちは離婚届けを主務官庁に提出した.

a petición de ... ...の求め[要望, 申請]に応じて. Se expedirán certificados *a petición de* los interesados. 当事者の申請に応じて証明書が発行される. Ahora escucharán Uds. una pieza de los Beatles *a petición de* Joaquín Moreno, de Lérida. ではレリダのホアキン・モレノさんのリクエストによるビートルズの曲をお聞き下さい.

peticionar [petiθjonár]〔＜petición〕他 《中南米》を申請[要請, 請願]する, を訴える. 類 **pedir, reclamar, suplicar**.

peticionario, ria [petiθjonárjo, rja]〔＜petición〕形 申請[要請, 請願]をする.

— 名 申請者, 請願者, 陳情者. 類 **solicitante**.

petifoque [petifóke] 男 《海事》フライング・ジブ (船首最前方の三角帆).

petigrís [petiɣrís] 男 《動物》(シベリア産の)銀リス; 銀リスの毛皮.

petillo [petíʎo]〔＜peto〕男 《服飾》(婦人用の)

三角形の胸飾り.

petime̱tre, tra [petimétre, tra] 名 《軽蔑》しゃれ者, めかし屋, ちゃらちゃらと着飾った若者. 類 **presumido**.

petirrojo [petir̃óxo] [＜peto+rojo] 男 《鳥類》ヨーロッパコマドリ.

petitorio, ria [petitórjo, rja] [＜pedir] 形 要請[請願, 申請]の. —mesa *petitoria* 募金台. — 男 《話》しつこい要請[請願]. ❷ (*a*) (薬局の)常備医薬品リスト. (*b*) 要品リスト.

petizo, za, petiso, sa [petíθo, θa, petíso, sa] 形 《南米》(人の)背の低い. —— 名 背の低い人. 男 背の低い馬.

peto [péto] [＜pecho] 男 ❶ 胸当て. (*a*) 《服飾》胸当て, 胸飾り, サロペット; エプロンの胸当て, 前掛け, よだれ掛け. —pantalones con ~ オーバーオール型のズボン. ~ de trabajo 胸当て付作業ズボン. (*b*) (甲冑, フェンシング胴衣の)胸当て, (野球のキャッチャーの)プロテクター. ❷《闘牛》ペト(ピカドール picador の馬に付ける主に革製の防具). ❸ カメの腹甲. ❹《キューバ》《魚類》カマスサワラ.

Petra [pétra] 固名《女性名》ペトラ.

petral [petrál] 男 (馬の)胸繫(むながい).

petrarquismo [petrarkísmo] [＜Petrarca] 男 ペトラルカ的な作風, ペトラルカ調.

petrarquista [petrarkísta] [＜Petrarca] 形 ペトラルカの作風の, ペトラルカ調の. —poeta ~ ペトラルカ風の詩人. —— 男女 ペトラルカ風の詩人, ペトラルカ崇拝者.

petrel [petrél] 男 《鳥類》ウミツバメ, シロハラミズナギドリ.

pétreo, a [pétreo, a] [＜piedra] 形 ❶ 石の, 石でできた. —una torre *pétrea* e imponente 石でできた威圧感のある塔. ❷ 石の多い, 石ころだらけの. —Arabia *Pétrea* 石のアラビア(アラビア半島の砂漠地帯). 類 **pedregoso**. ❸《比喩》石のような, 堅い, 強固な; 冷たく固まった. —No conseguí ablandar su ~ corazón. 彼の堅く閉ざされた心をやわらげることはできなかった. Aquella *pétrea* mirada me impresionó. あの石のような視線が印象的だった.

petrificación [petrifikaθjón] [＜petrificar ＜piedra] 女 石化, 石化物.

petrificar [petrifikár] [1.1] [＜piedra] 他 ❶ を石化する[させる]. —Encontramos erizos de mar que en el tiempo *había petrificado*. 時間と共に石化してしまったウニを見つけた. ❷ を石のように硬くする, 硬直させる. ❸《比喩》を(驚きなどで)身動き出来なくする, 茫然とさせる. —Los disparos nos *petrificaron*. 銃声を聞いて私達は身体がかたまってしまった.

—se 再 ❶ 石化する. ❷ 石のように硬くなる, 硬直する. ❸ (驚きなどで)身動き出来なくなる, 茫然とする.

petrodólar [petroðólar] 男《経済》オイルダラー.

petroglifo [petroɣlífo] 男 (有史以前に特徴的な)岩面への陰刻[彫刻]. 類 **grabado**.

petrografía [petroɣrafía] [＜piedra+grafía] 女 岩石分類学, 記載岩石学.

‡**petróleo** [petróleo] 男 石油. —~ crudo 原油. pozo de ~ 油井. refinería de ~ 精油所. yacimiento de ~ 油田.

petrolera [petroléra] 女 →petrolero.

*****petrolero, ra** [petroléro, ra] 形 石油の, 石油に関する. —una empresa *petrolera* 石油会社. productos ~s 石油製品.
—— 男 石油タンカー.
—— 名 石油精製[販売]業者.
—— 女 石油精製[販売]会社.

petrolífero, ra [petrolífero, ra] 形 石油を産する, 含油の. —región *petrolífera* 石油地帯. yacimiento ~ 油田.

plataforma petrolífera →plataforma.

petrología [petroloxía] [＜piedra+-logía] 女 岩石学.

petroquímica [petrokímika] [＜piedra+química] 女 石油化学.

petroquímico, ca [petrokímiko, ka] [＜piedra+químico] 形 石油化学(工業)の. —complejo ~ 石油化学コンビナート. industria *petroquímica* 石油化学工業. productos ~s 石油化学製品.

petulancia [petulánθja] [＜petulante] 女 ❶ 横柄, 無礼, 傲慢, 恥知らず. 類 **descaro, insolencia, osadía**. ❷ 思い上がり, うぬぼれ. 類 **presunción, engreimiento**.

petulante [petulánte] 形 ❶ 横柄な, 無礼な, 傲慢な, 厚顔無恥な. 類 **insolente, osado**. ❷ 思い上った, 自惚れた. 類 **engreído, presumido, presuntuoso**.

petunia [petúnja] 女 《植物》ペチュニア, ツクバネアサガオ. ♦南米, メキシコ, 北米南部が分布.

peyorativo, va [pejoratíβo, βa] 形《文法》(言葉の意味の)軽蔑的な. —sentido ~ 軽蔑的な意味. Me molestó el tono ~ de sus palabras. 彼の言葉の軽蔑的な口調が耳ざわりだった.

peyote [pejóte] [＜ナワトル語 peyotl] 男 ❶《植物》ペヨーテ, ウバタマ(メキシコ, 米国南西部産のサボテンの一種). ❷ ペヨーテ(ウバタマから採った幻覚剤).

pez¹ [péθ] 女 ❶ ピッチ(コールタールや松やにから作られる飴状の物質); タール. —~ blanca [de Borgoña] 空気にさらされた松やに. ~ elástica アスファルトに似た鉱物の一種. —~ griega《化学》ロジン, コロホニウム(=colofonia). ~ naval ピッチと牛脂などを混ぜたもの. ~ negra 不純な松やにを蒸留してできる黒いピッチ. ~ 胎便(生まれたばかりの赤ん坊の便).

‡**pez²** [péθ ペス] 男 [複 peces] ❶ 魚. —~ espada [emperador] メカジキ. ~ volante [volador] トビウオ. En este río viven muchos *peces*. この川にはたくさんの魚がいる. *peces* de colores 金魚. ◆ **pez** は生きている魚, **pescado** は主に食用のために捕獲された魚. ❷《比喩, 話》[形容詞を伴って] …の人, …なやつ. —Esta vieja es un buen ~. この婆さんはずる賢いこい女だ. Su hijo es un ~ de cuidado en el barrio. 彼の息子は街のならず者だ. ❸《比喩, 話》獲物, (苦労して)手に入れたもの. —¡Qué duro ha sido convencerle! Pero, ¡ya ha caído el ~! 彼を説得するのは大変だったが, 獲物は手に入れた[やり遂げた].

como pez en el agua 水を得た魚のように, 生き生きとして. Ella es muy abierta, y en España se encuentra *como pez en el agua*. 彼女はあけっぴろげな性格なのでスペインでは水を得た魚のようだ.

el pez grande se come al chico 大きな魚が小

魚を食べてしまう, 弱肉強食.

estar [*ir*] *pez en* ... 《話》(ある教科が)まったくできない. *Está pez en* química. 彼は化学がまったくだめだ.

pez gordo 《話》大物, 重要人物. Hoy visita nuestro pueblo un *pez gordo* del mundo político. 政界の大物が今日町にやって来る.

picar del pez 《話》獲物が罠にかかる, 餌(蚶)に食いつく.

reírse de los peces de colores 《話》結果など気にしない, 《無防備な人に対する忠告として用いることもある》. Si no estudias te van a suspender.–*Me río yo de los peces de colores*. 勉強しないと試験に落ちるよ. –私にはどうでもいいことだ. *Ríete de los peces de colores*, pero tu novia puede también estar saliendo con otro. どうでもいいと思っているのだろうが, お前の恋人は別の男とデートしているかもしれないよ.

salga pez o salga rana 《話》吉と出るか凶と出るか, 結果がどうなろうとも.

ser más frío que la picha de un pez 《話》(人が)無感動である, 計算高い.

pezón [peθón] 男 ❶ 〖植物〗(葉・花・実などの)柄, 軸. 類 pedículo, pedúnculo. ❷ 乳首, 乳頭. 類 botón, mama, mamelón. ❸ (円錐状・乳首状の)突起, 先端部; (レモンなどの)突起; (製紙用材木の)先端. ❹ 〖機械〗ハブ, ニップル. ～ *de engrase* グリースニップル. ❺ (馬車の)くびきを固定する棒. ❻ 岬. 類 cabo.

pezonera [peθonéra] [< pezón] 女 ❶ 〖機械〗(車軸の)輪止めピン, ハブキャップ. ❷ (授乳用の)乳首キャップ. ❸ 〖アルゼンチン〗哺乳ビン.

pezpita [peθpíta] 女 〖鳥類〗セキレイ.

pezuña [peθúɲa] 女 ❶ 蹄(牛・羊などの分鐓蹄). ♦馬の蹄は casco. ❷ 〖メキシコ, ペルー〗足の垢. ❸ 《俗, 軽蔑, またはユーモアを込めて》(人間の)足. —¡Quita de ahí tus ～s! 足をどけろ.

meter la pezuña へまをする, 石を踏む.

pi [pí] 女 ❶ ピー, パイ(Π, π)(ギリシャ文字の第16字). ❷ 〖数学〗パイ, 円周率.

piada [pjáða] 女 ❶ (鳥のピヨピヨという)鳴き声. —Sentado en un banco del parque, oía las ～*s* de los gorriones. 公園のベンチに座って, 私はスズメがぴよぴよ鳴くのを聞いていた. ❷ 〖比喩〗他人を真似た表現.

*piadosamente [pjaðósaménte] 副 ❶ 情け深く, 慈悲深く. —Me mintieron ～. 私は思いやりのうそをつかれた. ❷ 敬虔に, 信心深く. —Las monjas siguieron rezando ～. 修道女たちは信心深く祈り続けた.

‡**piadoso, sa** [pjaðóso, sa] 形 ❶ 情け深い, 慈悲深い. —Nuestro profesor es bastante ～ en los exámenes. 私たちの先生は試験でかなり情けをかけてくれる. *mentira piadosa* (方便としての)思いやりのうそ. Nunca olvidaré aquella *piadosa* sonrisa. 私はあの優しい微笑を決して忘れないだろう. 類 compasivo, misericordioso. 反 despiadado. ❷ 敬虔な, 信心深い. —Mi abuela fue una mujer muy *piadosa*. 私の祖母は非常に敬虔なクリスチャンだった. 類 devoto, pío. 反 ateo, impío.

piafar [pjafár] 自 (いら立った馬が)地面を前脚で蹴る.

pial¹ [pjál] 男 〖中南米〗投げ縄. 類 peal.

pial² [pjál] 形 軟膜[柔膜]の.

pica 1475

piamadre, piamáter [pjamáðre, pjamáter] 女 〖解剖〗軟膜, 柔膜.

píamente [pjaménte] [< pío] 副 敬虔に, つつしみ深く, 殊勝に.

piamontés, tesa [pjamontés, tésa] 形 ピアモンテ (Piamonte) の, ピアモンテ方言の.
—— 名 ピアモンテ住民[出身者].
—— 男 ピアモンテ方言.

pian, pian [pjámpján] 副 《話》だんだん, 少しずつ.

pian, piano [pjámpjáno] 副 = pian, pian.

pianísimo [pjanísimo] [<伊] 副 〖音楽〗ピアニシモ, きわめて弱く.

pianista [pjanísta] 男女 ❶ ピアニスト. ❷ ピアノ製作者, ピアノ職人, ピアノ商人.

*piano [pjáno] 男 ピアノ. ～ *de cola* グランドピアノ. ～ *de manubrio* 手回しオルガン. ～ *electrónico* 電子ピアノ[オルガン]. ～ *vertical* [*recto*] アップライトピアノ. María toca el ～. マリアはピアノを弾いている.
—— 副 〖音楽〗ピアノで, 弱音[声]で. —Tienes que cantar ～ esta parte. この部分は弱く歌う必要がある.

pianoforte [pjanofórte] [<伊 pianoforte < piano (弱い) + forte (強い)] 男 〖楽器〗ピアノ(= piano).

pianola [pjanóla] 女 ピアノラ, 自動ピアノ.

piante [pjánte] [< piar] 男女 こごと屋, ぶつぶつ文句を言う人.

piar [pjár] [1.5] 自 ❶ (小鳥・ひな鳥が)ぴよぴよ鳴く. —Se quedó dormido oyendo el ～ de los pájaros. 小鳥の鳴き声を聞いているうちに彼は眠ってしまった. ❷ 《話》話す, 口をはさむ. —No *pió* durante las dos horas que estuvo aquí. 彼はここにいた2時間の間ひとことも話さなかった. ❸ [+ *por*] せがむ. —*Piaba por* volver a su pueblo. 彼は故郷の町へ帰りたいとせがんでいた. 類 anhelar. ❹ 不平を言う, ぶつぶつ言う. —No *píes* más que para eso te pagan. そのためにお金をもらっているのだから それ以上文句を言うな. ❺ 《隠》密告する.
—— 他 《隠》を密告する.

piarlas 《話》不平を言う, 文句をつける. Te tratan injustamente porque no *las pías*. お前は文句一つ言わないから不当な扱いをされてるぞ.

piara [pjára] 女 ❶ 豚の群れ, 〖まれ〗(馬[羊]の)群れ. 類 manada. ❷ 〖軽蔑〗(人の)集団, 群れ. —Una ～ de niños subió al tren y ya no pude seguir durmiendo. 子供達の群れが電車に乗り込んできて, 私はもう眠っていられなくなった.

piastra [pjástra] 女 ❶ ピアストル(エジプト, レバノン, スーダン, シリアの補助通貨単位). ❷ (16世紀イタリアの)ピアストル硬貨. ❸ 《隠》ペセタ(スペインの旧通貨単位).

PIB 〖頭字〗[< Producto Interno [Interior] Bruto) 国内総生産(英 GDP).

pibe, ba [píβe, βa] 名 〖南米〗子供.

pica [píka] 女 ❶ 槍, 〖闘牛〗ピカドール(picador)の槍. ❷ 剣先状のハンマー類. (*a*) 石工のハンマー. (*b*) つるはし. ❸ 槍兵. ❹ 〖トランプ〗スペード. ❺ 《鳥類》カササギ. ❻ 〖医学〗異食症. ❼ 長さの単位(14フィート(約3.89メートル)). ❽ 《隠》軍曹, 改札係. ❾ 《隠》トリル(tril, 賭けカー

1476 picacera

ドゲームによる欺偽の一種)の共犯者(見張り役). ❿《隠》(麻薬の)注射跡. ⓫ [コロンビア,エクアドル,ペルー] ゴム樹液の採取. ⓬ [コロンビア,ボリビア] 恨み,憎しみ. 類 **pique**. ⓭ [チリ] いら立ち,もどかしさ. ⓮ [コロンビア,エクアドル,グアテマラ,ベネズエラ] 森の小道,細道. 類 **picada**.

pasar por las picas 困難にぶつかる,困難を通り抜ける.

poner una pica en Flandes 困難な事をやってのける.

picacera [pikaθéra]〔< pica〕囡 [チリ,ペルー] 恨みつらみ,憎しみ.

picacho [pikátʃo]〔< pico〕男 尖峰,尖った山頂. 類 **cima, pico**.

picada [pikáða] 囡 ❶ 刺す〔つつく〕こと. —Sintió la ~ de una pulga. 彼はノミに刺されるのを感じた. 類 **picadura, picotazo**. ❷ 刺し傷[跡],つついて出来た穴[傷]. ❸ [南米] 森の小道,細道. 類 **pica**. ❹ [ボリビア,ラ・プラタ] 瀬,浅瀬. ❺ [チリ] 不機嫌,怒り. ❻ [ペルー] (家畜の)炭疽病.

picadero [pikaðéro]〔< picar〕男 ❶ 乗馬学校,馬術練習場,馬場. ❷ (造船) 竜骨盤木. ❸ (木工用の)固定台. ❹ 発情期のシカが掘る穴. ❺《隠》密会場所,ラブホテル;売春宿. ❻《隠》(麻薬注射のための)隠れ場. ❼ [コロンビア] 食肉処理場.

picadillo [pikaðíʎo]〔< picar〕男 ❶ (肉・野菜などを)細かく刻んだ料理;薬味;みじん切り. —Sobre la ensalada puso un ~ de jamón. 彼女はサラダの上にハムを刻んだものを添えた. ~ de cebolla タマネギのみじん切り. ❷ ひき肉のベーコン,野菜,鶏卵をいためて煮込んだ料理. ❸ (ソーセージ,腸詰め用の)豚のひき肉. ❹ [北米] 紙吹雪.

estar [venir] de picadillo 《話》腹を立てている,むくれている. *Venía de picadillo porque había reñido con la novia.* 彼は恋人とけんかしたので,腹を立てていた.

estar hecho picadillo 《話》へとへとに疲れている;(精神的に)まいっている.

hacer picadillo a ...《話》[しばしば脅し文句で](人)をひどくやっつける. *Como vuelvas a mentirme te hago picadillo.* 今度うそをついたらこてんぱんにしてやるからな.

picado[1] [pikáðo] 過分 男 ❶ 刺す〔つつく〕こと;細かく刻むこと. ❷ 穴あけ,パンチング. (a) (装飾用の)穴あけ. (b) (切符の)ハサミ入れ,パンチング. ❸ (a) (飛行機・鳥の)急降下. —descender [bajar] en ~ 急降下する. (b) 《比喩》急激な低下. —La venta de electrodomésticos han bajado en ~. 家電の売り上げが急に落ち込んだ. ❹ (エンジンの)ノッキング. ❺ 〔音楽〕 スタッカート,断音. ❻ 〔映画・テレビ〕 ハイアングル,俯瞰(ふかん).

picado[2], **da** [pikáðo, ða] 形 ❶ (針などに)刺された,咬(か)まれた. ❷ 虫食いのある. —diente ~ 虫歯. abrigo ~ de polilla 虫食い穴のあるコート. ❸ 細かい穴の,(装飾用に)穴あけした. —zapatos ~s 飾り穴模様のついた靴. hoja de puntos ~s ミシン目の入った紙. ❹ 細かく刻んだ,挽いた. —carne *picada* 挽き肉. cebolla *picada* タマネギのみじん切り. tabaco ~ 刻みタバコ. 類 **picado**. ❺ あばただらけの. —cara *picada* de viruelas 天然痘であばただらけになった顔. ❻ 腐った,劣化して酸っぱくなった. —vino ~ 酸っぱくなったワイン. ❼ 荒れた;むっとした,腹を立てた. —mar ~ 荒れた海. Están ~s contigo. 彼らは君に腹を立てている. ❽ [メキシコ] (刃物で)傷つけられた. ❾ [中南米]《話》ほろ酔い気分の; [メキシコ] (酒や遊びに)溺れた. ❿ [北米] 食欲をそそられた.

en pelota(s) picada(s)《話》素っ裸で.

nota picada〔音楽〕スタッカート記号.

picador, dora [pikaðór] 名 ❶ 〔闘牛〕ピカドール (banderillero, matador に先立って馬上から牛の肩を槍で刺す役). ❷ (馬の)調教師,訓練師. ❸ (つるはしを使う)切羽作業員,鉱夫,坑夫. ❹ 肉切り包丁.

——囡 ひき肉機,チョッパー,細かく刻み機械〔道具〕.

——形 刺す. —Esta mosca es muy *picadora*. この蝿はよく刺すやつだ.

picadura [pikaðúra] 囡 ❶ 刺すこと,刺し傷. —Se hizo una ~ en un dedo al coger el cuchillo. ナイフを取ろうとして指に刺してしまった. 類 **pinchazo**. ❷ (虫などが)刺すこと,咬(か)むこと; (虫などの)刺し傷,咬み傷. —La ~ de esa serpiente puede causar la muerte. その蛇に咬まれると死に至る場合がある. Tiene los brazos llenos de ~s de mosquitos. 彼の両腕は蚊の刺し跡だらけだ. 類 **picada, punzada**. ❸ (鳥が)つつくこと,ついばむこと. ❹ 虫食い,虫食い穴. ❺ (金属などの錆による)穴,腐食. ❻ 虫歯. —tener una ~ en un diente [una muela] 虫歯が1本ある. 類 **caries**. ❼ (装飾用の)穴あけ,パンチング. 類 **picado**. ❽ 刻みタバコ (= tabaco de ~).

picafigo [pikafíɣo] 男 《鳥類》ニシコウライウグイス.

picaflor [pikaflór] 男 ❶《鳥類》ハチドリ. 類 **colibrí**. ❷ [中南米] 女たらし,浮気な男.

picajón, jona [pikaxón, xóna] 形《話》短気な,怒りっぽい.

picajoso, sa [pikaxóso, sa] 形《話》気難しい,神経過敏な,怒りっぽい. 類 **quisquilloso**.

picamaderos [pikamaðéros] 男 〔単複同形〕《鳥類》キツツキ.

picana [pikána] 囡 ❶ [南米] (牛追いの)突き棒. ❷ [チリ,ラ・プラタ] 牛の尻肉. ❸ 高電圧の棒による拷問.

picanear [pikaneár]〔< picana < picar〕他 [アルゼンチン,ウルグアイ,チリ] ❶ (牛を)棒で突く,棒で突いて追いたてる. ❷ (人を)野次って苛立たせる. ❸ を高電圧の棒で拷問する.

picante [pikánte]〔< picar〕形 ❶ (味が)刺すような,(ぴりっと)辛い,辛味[薬味]の効いた. —sabor ~ 辛味. salsa ~ ぴりっと辛いソース. pimentón ~ 唐辛子. (b) 酸っぱい. —vino ~ 酸っぱいワイン. ❷ 辛辣な,痛烈な. —un comentario ~ 辛らつな批評. 類 **malintencionado**. ❸《話》いやらしい,(冗談っぽく)性やタブーに触れた. —historia [chiste] ~ 猥談めいた話[冗談]. ❹ [チリ] 服装の趣味の悪い.

——男 ❶ 辛味,刺すような味;酸じょう;こしょう. —Le gusta mucho el ~. 彼は辛い味が好きだ. 類 **pimienta**. ❷ 痛烈さ,辛辣さ. ❸ [メキシコ,北米] (a) 辛味の効いた料理. (b) チリソース. ❹《話》くつ下.

picantería [pikantería] 囡 [南米] 辛い料理の飲食店.

picapedrero [pikapeðréro] 男 石工.

picapica, pica-pica [pikapíka] 囡 ❶ [南米]《植物》スロアネア(ホルトノキ科の植物). ❷ (ス

ロアネアから取れる)催痒(さい)物質. —polvo de 〜 催痒粉末. ❸《隠》〔乗り物の〕検札係.

picapleitos [pikapléitos] 〔<picar+pleito〕 男女《単複同》《話, 軽蔑》訴訟屋, 訴訟好きの人; へぼ弁護士. 類 **leguleyo**.

picaporte [pikapórte] 〔<picar+puerta〕男 ❶ (ドアの)たたき金, ノッカー. 類 **aldaba, llamador**. ❷ (ドア・窓等の)掛け金, 掛け金式の錠; (自動ロックドアの)ラッチボルト.

***picar** [pikár ピカル] [1.1] 他 ❶ (a) (鳥が(くちばしで)ついばむ, つつく; (虫等がその口先・針で)突く, 刺す, 咬(か)む. —Las gallinas *pican* los granos de trigo. ニワトリが小麦の粒をついばんでいる. Me ha *picado* un mosquito en la oreja. 私は蚊に耳たぶを刺された. Le ha *picado* una abeja en la mano. 彼は蜂に手を刺された. (b) をつまむ, つつく; (食欲がなくて食物を)つつくだけにする. —〜 uvas ブドウを一粒ずつつまむ. Vamos a 〜 algo antes de comer. 食事の前に何かつまもう. ❷ (魚が釣針のえさに)食いつく. ❸ (a) …に穴を開ける. —La polilla ha *picado* la ropa. 服を虫に食われた. (b) (切符)にはさみを入れる, を切る. —〜 un billete 切符にはさみを入れる. 類 **perforar**. (c) (紙など)にミシン目を入れる. (食物)を細かく切る, みじん切りにする; 刻む; (肉)を挽く. —*Picó* unas cebollas para hacer hamburguesas. 彼はハンバーグを作るために玉葱をみじん切りにした. — medio kilo de carne de vaca 半キロの牛肉を挽く. *Pica* un poco de hielo. 氷を少し砕いてくれ. ❺ (情報)(テクスト・データ)を打込む. ❻ (闘牛で牛を)突く. —El picador *pica* al toro. ピカドルは牛を槍で突く. (b) (馬に)拍車をかける. —*Picó* al caballo y salió a galope. 彼は馬に拍車をかけるとギャロップで走り出した. 類 **espolear**. ❼ (a) をそそのかす, 扇動する, 刺激する. — la curiosidad 好奇心を刺激する. Lo que ella le dijo le *picó* el amor propio. 彼女の言った言葉は彼の自尊心を刺激した. (b) をヒリヒリさせる; をチクチクさせる. —El tabasco *pica* la lengua. タバスコ・ソースは舌にぴりっとくる. No quiere ponerse ese jersey porque dice que le *pica*. 彼はチクチクするからと言ってそのセーターを着たがらない. (c) 《話》を不快にする, 怒らす. —Goza *picando* a los demás con sus bromas. 彼は冗談を言って他人を怒らせては楽しんでいる. 類 **enfadar, pinchar**. ❽ (a) を腐食する. —El óxido ha *picado* el metal. 酸が金属を腐食した. (b) を虫歯にする. —El azúcar *pica* los dientes. 糖分は虫歯を作る. (c) を摩耗させる, すり減らす. ❾ (バスケットボールで)(ボール)をバウンド・パスする. —〜 el balón をバウンド・パスする. ❿ (ビリヤードで)(球)をマッセで突く (キューを立てて突く). ⓫ (石)を砕く. —*Pican* la piedra para convertirla en arena. 彼らは石を砕いて砂に変えている. ⓬ 《音楽》を スタッカートで演奏する.

—— 自 ❶ [+en を] (つるはしその他先端のとがった物で)突く, 掘る. ❷ (a) [+de を] 間食にとる, つまむ. —Un niño *picó* de unos calamares fritos. 子供はイカ・フライをつまんだ. *Pica* de este racimo de uvas. このブドウをつまみなさい. (b) 《話》首を突っ込む, 手を出す, …のうわべだけをやる. (c) (エサなどに) 食いつく. —Hoy no ha *picado* ningún pez. きょうは一匹もかからなかった. ❸ (a) チクチクする, ヒリヒリする. —Esta camisa *pica*. このシャツはチクチクする. Me *pica* el pecho.

私は胸のあたりがかゆい. (b) ピリ辛である. —Esta sopa *pica*. このスープは辛い. ❹ (太陽が)ジリジリと照りつける. —En verano, el sol *pica* mucho en Madrid. 夏にはマドリードの太陽は焼けつくようだ. ¡Cómo *pica* el sol! 何て日射しが強いんだろう. ❺ (飛行機が)機首を下げる, 急降下する. ❻ だまされる, わなにかかる, 落とし穴にはまる. —¡Has *picado*! Es una broma, mañana no hay examen. 引っかかったね. 冗談だよ. あしたテストなんかないよ. ❼ [+en] ほとんど…である, (…)に近い. —Su actitud *pica* en la frescura. 彼の態度はほとんど無礼に近い. 類 **rayar**. ❽ スタッカート・ピッツィカートで演奏する.

——se 再 ❶ 興奮する, 腹を立てる. —Se *picó* porque te reíste. 君が笑ったから彼は怒ったんだぞ. *Se ha picado* porque no le hemos invitado. 私達が彼を招待しなかったので, 彼は機嫌を悪くした. 類 **molestarse**. ❷ (a) (布に)穴が開く. —Estos calcetines *se han picado* de tanto usarlos. この靴下は使い過ぎて穴が開いた. (b) (布が)虫食いになる. —Este abrigo *se ha picado*. このコートは虫に食われた. 類 **apolillarse**. ❸ (自分の体に)(針などを)刺す. —*Se ha picado* el dedo con una espina. 彼は指に刺(とげ)を刺してしまった. ❹ (飲食物が)いたむ, 腐る; 虫歯になる; (ワインが)すっぱくなる. —*Se me ha picado* una muela. 私の奥歯が1本虫歯になった. No dejes abierta la botella, que *se pica* el vino. 瓶を開けておくな, ワインが酸っぱくなるから. ❺ (水面に)波が立つ. —El mar está muy *picado*. 海はとても荒れている. ❻ (表面が)ひび割れる; はげ落ちる. —〜se la campana 鐘にひびが入る. El hierro de la verja *se ha picado*. 柵の金属部分がはげ落ちた. ❼ [+de] (…であると)うぬぼれる. —*Se pica* de muy trabajador. 彼は大変な働き者であるような顔をしている. ❽ 気に入る, 欲しがる. —Después de probar el jerez, *se picó* y no soltaba la botella. 彼はシェリー酒を試した後, すっかり気に入って瓶を離さなかった. ❾ 《俗》(自分で)麻薬を打つ. —No deberías 〜te. La heroína mata. 麻薬を打つんじゃないよ. ヘロインはとても危険なんだから.

pícaramente [píkaraménte] 副 ❶ 狡猾に, 抜け目なく, ずる賢く. ❷ いたずらっぽく.

picarazado, da [pikaraθáðo, ða] 〔<pica〕 形《キューバ, プエルトリコ, ベネズエラ》あばただらけの.

picardear [pikarðeár] 他 …に悪さを教える. —No *picardees* a los niños. 子供達に悪い事を教えるな.

—— 自 ❶ 悪さ(いたずら)をする. ❷ 悪態をつく.

——se 再 悪さを覚える, 悪い道に足を踏み入れる.

picardía [pikarðía] 女 ❶ 悪さ, 悪意; いたずら, 悪ふざけ. —tener mucha 〜 悪賢い, 腕白だ. no tener 〜 悪意がない. 類 **burla, malicia, travesura**. ❷ 悪賢さ; 偽装; ぺてん. —Lo he dicho con 〜. (相手の反応を見るために)わざと言ってみた. hacer una 〜 a … (人)をぺてんにかける. 類 **astucia, disimulo**. ❸ 品のなさ, 卑猥; 猥談, 品のない冗談. ❹ 悪態, 無礼な言動. ❺ ならず者の集団.

picaresca[1] [pikaréska] 女 ❶ ならず者[悪,

ごろつき]の集団. 類**pandilla**. ❷ ならず者の人生, 不良生活. ❸ ピカレスク小説, 悪漢小説 (=novela ~). ♦ ならず者の主人公が自伝ふうにエピソードを語って行く形式の小説.

picaresco, ca² [pikarésko, ka] 形 ❶ 悪者の, ならず者の. —novela *picaresca* ピカレスク小説, 悪漢小説. ❷ いたずらっぽい, 茶目っ気のある. —una mirada *picaresca* いたずらなまなざし.

pícaro, ra [píkaro, ra] 形 ❶ たちの悪い, 悪賢い, ならず者の. —Es muy *pícara* y no trabaja cuando no la ven. 彼女はずる賢くて, 見られていないと仕事をさぼる. 類**astuto, ladino, pillo**. ❷ 悪意のある, 辛らつな. —palabras *pícaras* とげのある言葉. un chiste ~ 辛らつな冗談. 類**malicioso, picante**. ❸ いたずらな, 腕白な, お茶目な. —una actitud muy *pícara* いたずらな態度. 類**pillo, tuno**. ❹ いまいましい. —¡Este ~ mundo! このいまいましい世の中! 類**endemoniado, malicioso**.

—— 名 ❶ 悪党, ならず者; ピカロ(ピカレスク小説の主人公). 類**golfo, granuja**. ❷ 悪賢い人, 抜け目ない人. ❸ 恥知らず, ろくでなし. ❹〖親しみを込めて〗いたずらっ子.

A pícaro, pícaro y medio. 上には上がある.
pícaro de cocina 見習いコック, 皿洗い. 類**pinche**.

picarón, rona [pikarón, róna] [<*pícaro*] 形〖話〗いたずらな, 腕白な; 抜け目のない; 冗談のきいた (=picaresco).
—— 名 いたずらっ子; (親しみを込めて)悪い奴, 抜け目のない奴. —— 男 〖ペルー〗(サツマイモとカボチャで作った)揚げ菓子.

picarraza [pikaráθa] 女《鳥類》カササギ (=urraca).

Picasso [pikáso] 固名 ピカソ(パブロ Pablo ~) (1881-1973, スペインの画家).

picatoste [pikatóste] 男 トースト・揚げパンの小片. —sopa con ~s クルトン入りのスープ.

picaza [pikáθa] 女《鳥類》カササギ (=urraca). —~ chillona [manchada] モズ (=alcaudón). ~ marina ミヤコドリ (=ostrero).

picazo¹ [pikáθo] 男 ❶ (尖った物で)つっつくこと, 刺すこと; つつき傷, 刺し傷. ❷ (鳥が)ついばむこと, (虫などが)刺す[咬(ᵏ)む]こと; つついた跡, 刺し跡[傷], 咬み跡[傷]. 類**picotazo**.

picazo² [pikáθo] 男 [<*picaza*] 男 白黒ぶち模様の馬・ロバ(カササギ picaza との類似による).

picazón [pikaθón] [<*picar*] 女 ❶ むずがゆさ, 搔痒(ᵏˡʰ)感. —Estos calcetines me producen ~. この靴下はチクチクする. 類**comezón, picor, prurito**. ❷〖比喩〗いら立ち, そわそわする感じ; 不快, 不機嫌. —Sentía ~ por haberla castigado. 彼女を罰したことで私は落ち着かないへやな感じを感じていた. 類**desazón, disgusto, inquietud**.

picea [piθéa] 女《植物》エゾマツ, トウヒ.
picha¹ [pítʃa] 女〖俗〗ペニス.
picha² [pítʃa] 女〖メキシコ〗毛布; 情婦.
picha³ [pítʃa] [<マヤ] 男〖メキシコ〗(鳥類)オオクロムクドリモドキ (=zanate). —hacerse la ~ un lío 〖俗〗頭が混乱する. ser un ~ brava 〖俗〗(男が)女好きである. ser un ~ de oro (父親が)美しい娘がいる.

pichanga [pitʃáŋga] 女 ❶ 発酵し

きっていないワイン. ❷〖コロンビア〗ほうき. ❸〖チリ〗草サッカー.

pichel [pitʃél] [<仏] 男 (ふたのついた金属製の)ジョッキ.

pichi¹ [pítʃi] [<マプーチェ] 男〖チリ〗《植物》ナス科の薬用植物(利尿剤として用いられる).

pichi² [pítʃi] 男〖服飾〗ジャンパースカート.

pichilingo, ga [pitʃilíŋgo, ga] 名〖メキシコ〗子供, 幼児.

pichin [pitʃín] →pidgin.

Pichincha [pitʃíntʃa] 固名 ピチンチャ(エクアドルの県).

pichincha [pitʃíntʃa] 女〖ラ・プラタ, ボリビア〗掘り出し物; 値引き; おいしい商売.

pichón, chona [pitʃón, tʃóna] 形 ❶〖中南米〗未熟な, 経験の浅い. ❷〖キューバ〗おどおどした, 小心の.
—— 名 ❶〖話〗(異性に対して)かわいい人, いとしい人. —Ven acá, ~ [*pichona*]. こっちへ来て, 素敵な人[かわいちゃん]. ❷〖中南米〗未熟者, 新米.
—— 男 ❶ (a) 子バト. (b)〖中南米〗鳥の雛. ❷〖北米〗〖俗〗陰ތ.
—— 女 雌バト.

pichona [pitʃóna] 女 →pichón.

pichonear [pitʃoneár] 他 ❶〖アルゼンチン, メキシコ〗をぺてんにかける, …からだまし取る. ❷〖アルゼンチン, ウルグアイ〗(若い女性)をだます, とりこにする. ❸〖エクアドル, パナマ〗を殺す. ❹〖エクアドル, パナマ〗を借りる. ❺〖チリ〗を刺す[突く].

pichula [pitʃúla] 女〖チリ, ペルー〗〖俗〗ペニス.

pichulear [pitʃuleár] 自 ❶〖アルゼンチン, ウルグアイ〗〖話〗細々と[けちけちと]商売をする, ❷〖チリ〗人をからかう. ❸〖コスタリカ〗臨時の仕事を転々とする.

Picio [píθjo] 男〖次の成句で〗
más feo [tonto] que Picio (人が)ひどく醜い[馬鹿な].

pick-up, pick up [piká(p), pikú(p)] [<英 pick-up] 男 ❶ (レコードプレーヤーの)ピックアップ. 類**fonocaptor**. ❷ 〖picú〗とも発音, picú とも書く〗(1950 年代に流行したポータブル式の)レコードプレーヤー. 類**tocadiscos**. ❸ (自動車)ワゴン, ライトバン; 小型トラック. 類**camioneta, furgoneta**.

picnic [píkni(k)] [<英] 男 ❶ 複 ピクニック. —ir de ~s ピクニックに行く. ❷ 野外で食べる弁当.

pícnico, ca [píkniko, ka] 形 (手足が短く)肥満体の. —— 名 肥満の人.

pico** [píko ピコ] 男 ❶ (鳥の)くちばし; (昆虫などの)細長い口. ❷ 突き出たもの, 角; 端, (スカートなどの)裾. —sombrero de tres ~s 三角帽子. Me di con la pierna en el ~ de la mesa. 私は脚をテーブルの角にぶつけた. Se limpió las comisuras de los labios con un ~ del pañuelo. 彼女はハンカチの角で口元を拭いた. 類**extremo, punta**. ❸ (容器などの)注ぎ口, 口. —el ~ de la cafetera コーヒーポットの(注ぎ)口. beber agua a ~ de jarro 水をらっぱ飲みで飲む. ❹ 山の頂, 峰; 頂のとがった山. —Hoy se ven claramente los ~s de Guadarrama. 今日はグワダラマ山脈の山の頂がはっきり見える. 類**cima, cumbre**. ❺ 端数, 少量, 少し. —Son las dos y ~. 2 時少し過ぎです. Esto vale trescientos pesos y ~. この値段は 300 ペソとちょっとです. Son mil cincuenta pesos. Déme los mil y quédese con el ～. 1050ペソです. 千ペソだけでいいです. 端数は取っておいてください. ❻ 大金, かなりの額. —La compra del terreno me costó un (buen) ～. 土地の買収は高くついた. La reforma de la casa le salió por un ～. 家の改築は彼にとって高くついた. ❼《話》(しゃべるための)口; おしゃべり, 饒(ぜょう)舌. —callar [cerrar] el ～ 黙る, 口をつぐむ. perderse por el ～ 口が禍して身を滅ぼす. No se lo digas a Juan, que tiene mucho ～. フアンにはそのことを言うな, 彼は口が軽いから. No creía que mi hijo tuviera tan buen ～. 私は息子がそんなに弁舌がうまいとは思っていなかった. ❽ つるはし, ピッケル. ❾《鳥類》キツツキ. ❿《中南米》《話》キッス.

andar [ir(se)] de picos pardos どんちゃん騒ぎをする, 浮かれ騒ぐ. Juan *anda de picos pardos* con unos amigos. ファンは友だちとどんちゃん騒ぎをする.

cortado a pico 垂直な, 切り立った. precipicio *cortado a pico* 切り立ったがけ.

*dar*LE *al pico*《話》よく話す, 冗舌になる.

darse el pico《俗》キスをする. Los enamorados se miraron un rato y luego *se dieron el pico*. 恋人たちはしばらく見つめ合った後キスをした.

de pico《話》口先だけの. Lo que ha dicho es sólo *de pico*. 彼が言ったことはほんの口先だけだ.

hincar el pico《話》くたばる, 死ぬ; やられる, 屈服する.

pico de oro《話》話のうまい人, 口達者; うまい話, 上手な説明. El chico es *un pico de oro*, y fácilmente conquista a las chicas. そいつは口がうまいので簡単に女の子を口説く. El conferenciante tenía *pico de oro*. 講演者は話がうまかった.

picón, cona [pikón, kóna]《<pico》形 ❶《馬などが》出っ歯の. ❷ 怒りっぽい, 短気な. 類**picajón, picajoso**. ❸《チーズが》臭いのきつい. ❹『コロンビア, プエルトリコ』小なまいきな, こましゃくれた. ❺『プエルトリコ』人を小馬鹿にした, 人を食ったような. ❻『メキシコ』ほろ酔いの.
— 男 ❶《火때用の小さな》木炭. ❷《魚類》トゲウオ. ❸ 冷やかし, からかい. 類**burla**. ❹ 粉末. ❺《隠, まれ》シラミ. ❻『コロンビア』うわさ話; 告げ口屋, うわさしてまわる人.

dar picones a ...『メキシコ』(人)に嫉妬させる.

mojo picón《玉ネギ, ニンニク, パセリ, トウガラシで作った, カナリアス諸島独特の》ソースの一種.

picor [pikór] 男 ❶ むずがゆさ, 搔痒(ょぅ)感. —Siento un ～ en la garganta. のどがむずむずする. 類**comezón, picazón, prurito**. ❷ 舌がひりひりすること.

Picos de Europa [píkos ðe európa] 固名 ピコス・デ・エウロパ(スペイン北部のカンタブリアからアストゥリアスにかけての険しい連峰).

picoso, sa [pikóso, sa] 形 ❶ あばたらけの. ❷『メキシコ』辛い. 類**picante**. ❸『メキシコ』快活な; 痛烈な. 類**mordaz, vivaracho**.

picota [pikóta]《<picar》女 ❶《罪人の》さらし台. ❷ 尖塔, 尖峰. ❸ とがった棒を投げて倒し合う子供の遊び. ❹《造船》ポンプ柄の支え. ❺ ビガロー種のサクランボ. ❻《俗》鼻. ❼《隠》静脈注射麻薬の常習者.

estar en la picota きわどい[由々しい]状態にある.

poner en la picota きわどい[由々しい]状態に置く. Ese artículo *pone en la picota* al primer ministro. その記事は首相をきわどい立場に追い込んでいる.

picotada [pikotáða] 女 =picotazo.

picotazo [pikotáθo] 男 ❶《くちばしで》つつくこと;《虫などが》刺すこと. —No molestes al gallo que te dará un ～. 鶏にちょっかいを出すんじゃない, 突っつかれるよ. El ～ de la avispa le produjo una inflamación. 彼は蜂に刺されて炎症を起こした. ❷ つついた跡; 刺し傷. 類**picadura**.

picotear [pikoteár] 他 ❶ をくちばしでつつく. —Los pájaros *han picoteado* las manzanas. 小鳥たちがリンゴの実をつついた. ❷ を少量ずつ食べる, つまみ食いする. —Mientras veía la película *picoteaba* las palomitas. 彼は映画を見ている間ポップコーンをつまんでいた. 類**picar**.
— 自 ❶ くちばしでつつく. ❷《馬が》首を上下に振る. ❸ 色々な物を少量ずつ食べる. 類**picar**. ❹《話》おしゃべりする. —Las dos vecinas se han pasado la mañana *picoteando* de sus cosas. 近所の2人の女性たちは, あれこれ身の回りのことをおしゃべりして午前中を過ごした. 類**charlar**.
—**se** 再《女性が》言い争う, 口論する.

picoteo [pikotéo] 男 ❶ くちばしでつつくこと. ❷ 少しずつ食べること, つまみ食い.

picotería [pikotería] 女《話》無駄に[無神経に]ぺらぺら話すこと; 話したくてうずうずすること. 類**charlatanería, habladuría, verborrea**.

picotero, ra [pikotéro, ra] 形 おしゃべりな, 無駄口の多い. 類**charlatán, parlanchín**. 反**discreto**.

picotón [pikotón] 男『アルゼンチン, チリ, エクアドル』くちばしでつつくこと,《虫などが》刺すこと; つついた跡, 刺し傷. 類**picotada, picotazo**.

pícrico, ca [píkriko, ka] 形『化学』ピクリン酸の. —ácido ～ ピクリン酸.

picto, ta [píkto, ta] 形 ピクト人(中世スコットランドのケルト系民族)の. — 名 ピクト人.

pictografía [piktoɣrafía] 女 絵文字; 絵文字による表記.

pictograma [piktoɣráma] 男 絵文字, 象形文字. 類**ideograma**.

pictórico, ca [piktóriko, ka] 形 ❶ 絵の, 絵画の. —habilidad *pictórica* 絵の才能. obra *pictórica* 絵画作品. técnica *pictórica* 絵画技法. motivo ～ 絵のモチーフ. ❷ 絵になる. —paisaje ～ 絵になる風景.

picudo, da [pikúðo, ða] 形 ❶ 先のとがった. —sombrero ～ とんがり帽子. nariz *picuda* とがった鼻. ❷ 注ぎ口のある. —cazuela *picuda* 注ぎ口のあるフライパン. ❸ 鼻面(ろ)のつき出た; くちばしの長い. ❹《話》おしゃべりな. ❺『キューバ』きざな, 気取った. 類**cursi**. ❻『メキシコ』ずる賢い; やり手の. ❼『メキシコ』影響力のある. — 男 焼き串.

pid- [pið-] 動 pedir の直・現在, 接・現在, 命令・2単, 現在分詞.

pidgin [pijin, pitʃin]《<英》男《言語》混成言語, ピジン(特にピジン英語(英語と中国語, 英語とメラネシア土着語との混成言語など)).

pidiera(-) [piðiéra(-)] 動 pedir の接・過去.

pidieron [piðiéron] 動 pedir の直・完了過去・3複.

pidiese(-) [piðiése(-)] 動 pedir の接・過去.

pidió [piðió] 動 pedir の直・完了過去・3単.

pídola [pídola] 女 馬跳び. —saltar a ~ 馬跳びをする.

pidón, dona [pidón, dóna] 〔＜pedir〕形 ねだり屋の, しつこくせがむ. —iEres un niño ～! おねだりばかりする子だね! 類**pedigüeño**.

＊＊pie 〔pié ピエ〕男 ❶ 足. (a)〔人間や動物のはだしの〕足,〔履き物をはいた〕足. —~ plano 偏平足. las huellas de los *pies* del ciervo 鹿の足跡. Límpiate los *pies* antes de entrar. 入る前に足をきれいにしなさい. (b) 歩行, 歩み, 足取り. —La muchacha es ligera [lenta] de *pies*. その少女は足が速い[遅い]. El viejo tiene buenos *pies*. その老人は足が速い. Andaba con *pies* pesados. 彼は重い足取りで歩いていた. (c) 足もと. —Se sentó a los *pies* de la cama 彼はベッドの足もとに座った. El caballero se echó a los *pies* del rey. 騎士は王の足もとにひれ伏した. (d) 靴下の足を覆う部分. —Estos calcetines tienen un agujero en el talón del ~. この靴下は踵(かかと)に穴があいている. 類語 **pie** はくるぶしから下の部分, **pierna** は脚全体, **pata** は主に動物や家具などの足や脚. 靴下の場合は, くるぶしから下は **pie**, それより上は **caña**. ❷ 物の下の部分. (a)〔山の〕麓(ふもと), 山すそ, 〔階段の〕下,〔木の〕根元. —Se veía un castillo al ~ de la colina. 丘の麓に城が見えた. Cayó rodando hasta el ~ de la escalera. 彼は階段の下まで転げ落ちた. Nos sentamos al ~ de un árbol. 私たちは木の根元に座った. (b)〔家具や器物の〕台, 支え, 脚;〔建物や柱の〕基部. —~ de una mesa テーブルの脚. ~ de la estatua 銅像の台座. ~ de la iglesia 教会の入口の階段の下. ~ del parasol ビーチパラソルの脚. ❸ 末尾, 最後;〔書物の〕最後の部分〔署名や日付が書かれる〕, ページの下の余白. —poner las notas a ~ de página ページの下に注をつける. Puso la firma y sello en el ~ del documento. 彼は書類の最後に署名捺印した. 反 **cabeza, cabecera**. ❹〔長さの単位〕フィート. —Esta mesa tiene tres *pies* de largo. このテーブルの長さは3フィートだ. ❺〔写真・図版の〕説明文, キャプション. ❻ 状態, 状況. —El país está en ~ de guerra. 国は戦時態勢に入っている. Ambas partes discutieron en ~ de igualdad. 双方とも対等に話し合った. ❼〔植物の〕幹, 茎; 1本, 1株. —plantar cinco *pies* de azaleas アザレアを5株植える. ❽ 根拠, 口実; きっかけ,〔演劇〕(他の役者に渡す)きっかけのせりふ, キュー. —Sus palabras dieron ~ a algunos comentarios despectivos. 彼の発言はのしり合うきっかけをつくった. Quise hablarle de tu asunto, pero no me dio ~. 私は彼に君の件を話したかったが, そのきっかけがなかった. 類 **oportunidad**. ❾〔詩〕詩脚(詩の1行を構成する単位). ❿〔ワインなどの〕おり, 沈殿物;〔ブドウやオリーブの〕搾(しぼ)りかす.

a cuatro pies 四つんばいになって. andar *a cuatro pies* 四つんばいで歩く.

a los pies de … a SUS *pies* …の意のままに(特に男性が女性に対して敬意を表すことば). (Estoy) *a los pies de* usted, señora. 奥様, 何なりとお命じ下さい.

al pie de … (1) 約, ほぼ. (2) 近くに, 傍に. El hotel está *al pie de*l lago. ホテルは湖の近くにある.

al pie de la letra 文字どおり, 一字一句, 正確に. Cuéntame *al pie de la letra* lo que te ha dicho. 彼が君に言ったことを残らず話してくれ. Hice *al pie de la letra* lo que decía el manual. 私は説明書に書いてあるとおりやった.

andar [ir] con pie(s) de plomo《話》慎重に行動する, 用心深く行う. Hay que *andar con pies de plomo*. 問題は複雑なので慎重に行動する必要がある.

a pie 歩いて. ¿Vamos *a pie* o en taxi? 歩いて行くかい, それともタクシーで行くかい.

a pie enjuto 足を濡らさずに; 犠牲をはらわないで, たやすく. Triunfó *a pie enjuto* en su negocio. 彼はわけなく事業に成功した.

a pie firme (1) じっと動かずに. Aguantó *a pie firme* durante dos horas. 彼は2時間じっと動かずにいた. (2) 忍耐強く, 執拗に. Continuó trabajando *a pie firme* durante toda la noche. 彼は辛抱強く夜通し仕事を続けた.

a pie llano (1) 段差のない, 平らな. En este hotel todas las habitaciones están *a pie llano*. このホテルではすべての部屋が同じ階にある. De mi habitación al comedor se va *a pie llano*. 私の部屋から食堂へは階段を上り降りせずに行ける. (2) 何の障害もなく, たやすく. Pudo cruzar la verja *a pie llano*. 彼はたやすく鉄柵を越えた.

a pie(s) juntillas (1) 足をそろえて. Saltó *a pie juntillas*. 彼は両足をそろえて跳んだ. (2) なにも疑わずに. Creyó *a pie juntillas* que le habías dicho la verdad. 彼は君が本当のことを言ってくれたとすっかり信じこんでいた.

arrastrar los pies (1) 足をひきずって歩く. (2) 年をとっている.

arrastrarse a los pies de …《話》…に対してへり下る.

asentar el pie [los pies] 慎重に行動する. A la hora de firmar el contrato, *asienta el pie*. 契約を交わす時は慎重にやれ.

atar de pies y manos《話》(人を)動けなくする, (人の)自由を奪う. Ese cargo te va *a atar de pies y manos*. そんな地位に就くと君の自由はなくなる. Estuve un rato *atado de pies y manos*. 私は少しの間手足をしばられて身動きできなかった.

besar los pies a … …の意のままに(特に男性が女性に対して敬意を表すことば). *Beso a usted los pies*. 何なりとご命じ下さい.

buscar tres [cinco] pies al gato《話》不必要に問題を複雑にする, わざわざ面倒なことをする. Él te ha hablado sinceramente, no le *busques tres pies al gato*. 君に率直に話したのだから事を複雑にするな.

caer de pie(s)《話》運良く困難を無事に切り抜ける. Este chico *ha caído de pie*; es el único que ha salido ileso del terrible accidente. その少年は, あんなひどい事故でも無傷だったし, 運が良い.

cojear del mismo pie《話》(人と)同じ欠点を持つ. Marido y mujer *cojean del mismo pie*, son unos pedantes. 夫も妻もインテリぶって悪いところが良く似ている. El hijo *cojea del mismo pie* que su padre. 息子は父親と同じ欠点を持っている.

con buen pie 好調なすべりだしで, 出だし良く. Nuestro nuevo negocio ha comenzado *con buen pie*. 我々の新しい事業はすべりだしが好調だ. Mi equipo favorito comienza esta temporada *con buen pie*. わたしの好きなチームは今シーズン

出だしが好調に.
con (el) pie derecho 好調なすべりだしで, 出だし良く.
con (el) pie izquierdo 不調なすべりだしで, 出だし悪く. Hoy me he levantado *con el pie izquierdo*, porque todo me sale mal. 今日は朝からついてない. すべて悪いことばかりだ.
con los pies 《話》ひどく, でたらめに. Este niño dibuja *con los pies*. この子は画がへたくそだ. Esa mujer piensa *con los pies*. その女はでたらめなことを考える.
con los pies (por) delante 《話》[sacar/llevar/salir+] 殺して, 死んで. Si quieren echarme de aquí, tendrán que sacarme *con los pies delante*. もし彼らが私をここから追い出したいなら殺してからだ. Si me hubiera quedado allí, yo habría salido *con los pies delante*. あのままそこにいたら死んでいただろう.
con mal pie 不調なすべりだしで, 出だし悪く. Empezó las vacaciones *con mal pie* y las terminó fatal. 彼の休暇は出だしから良くなく, 最後は最悪だった.
con un pie en ... まさに…しようとしている. estar *con un pie en* el estribo まさに立ち去ろうとしている; 死にかけている. estar *con un pie en* el hoyo とても年をとっている, 棺桶に片足を突っ込んでいる. estar *con un pie en* el aire 不安定な状態である.
de a pie 歩兵. soldados *de a pie* 歩兵.
de pie(s) 立って; 寝ないで. ponerse *de pie* 立ち上がる. tenerse *de pie* 足でしっかり立っている. no tenerse *de pie* 疲れて立っていられない, 眠たい. Estuve *de pie* dos horas. 私は2時間立っていた. Puso *de pie* las sillas que se habían caído al suelo. 彼は床に倒れた椅子を立てた. Llevo *de pie* desde las tres de la madrugada. 私は午前3時から起きている.
de pies a cabeza すっかり, 完全に. Estoy mojado *de pies a cabeza*. 私は全身ずぶぬれだ. Ella es una dama *de pies a cabeza*. 彼女は完璧な貴婦人だ.
echar los pies por alto 《話》激怒する. Echó *los pies por alto* por una tontería. 彼はあるばけたことにひどく腹を立てた.
echar pie atrás 《話》前言を取り消す.
echar pie a tierra (馬や車から)降りる. ¡Pie a tierra! 《軍隊》下馬!
echarse a los pies de ... 人の足元にすがって頼む.
en pie (1) 立って; 寝ないで. (2) 未解決のままで; 効力を失わずに. La decisión quedó *en pie*. 決定は持ち越された.
estar al pie del cañón 義務に忠実である. Nuestro jefe *está* siempre *al pie del cañón* para resolver cualquier imprevisto que surja. 我々の課長は不測の事態を解決するためにいつも忠実に仕事をしている.
estar con un pie en el otro barrio 《話》死にそうである.
hacer pie (水中で)足がそこにつく, 足が届く. No nades donde no *hagas pie*, hijo. 足が届かないところでは泳いではいけない.
írsele los pie 足を滑らす; 《比喩》軽率なことをする. Como la calzada estaba mojada, *se le fueron los pies* al niño y se cayó. 歩道の石畳が濡れていたのでその子は足を滑らせて転んでしまった.

pie 1481

irse por pies 慌てて逃げる, 一目散に逃げる. Al oír la alarma antirrobo, el ladrón *se fue por pies*. 非常ベルを聞くと泥棒は慌てて逃げ出した.
levantarse con el pie izquierdo 朝起きて左足からベッドを降りる(その日の運が悪いことを意味する).
nacer de pie(s) 幸運な星の下に生まれる, 運がよい.
no dar pie con bola 《話》何をやっても失敗する, へまばかりする. No sé qué me pasa hoy, pero no *doy pie con bola*. 今日何が起こるか知らないが, 私はいつもへまばかりしている.
no poder tenerse en pie [de pie] 疲れ切っている, くたくたである.
no poner los pies en ... 《話》…に行かない, 足を向けない. Jamás pondré *los pies en* esa casa. 私はその家には二度と行かない.
no poner los pies en el suelo 《話》大急ぎで歩く.
no tener ni pies ni cabeza 《話》でたらめである, 支離滅裂である. Lo que dice él *no tiene ni pies ni cabeza*. 彼の言っていることはでたらめだ.
no tenerse de pie はかばいない, 信じられない. Lo que ha contado *no se tiene de pie*. 彼が言ったことはばかげている.
parar los pies 《話》(何かを言ったりしたりしないように)抑える, 引き止める. Hay que *pararle los pies* al niño, si no, terminará dominándonos. その子の行動は面倒を引き起こすだろうから抑えねばならない.
perder pie (水中で)足が底につかない.
pie ante pie 歩いて.
pie de atleta 《医学の》(足の)水虫.
pie de banco 的外れな言動. Dio unas razones de *pie de banco*. 彼は馬鹿なことを言った.
pie de imprenta 書物の奥付け.
pie de rey 《工学》ノギス.
pie tras otro 歩いて.
Pies, para qué os quiero. 《話》逃げるが勝ち, さっさと逃げ出そう(逃げる決心をしたときのことば).
poner los pies en el suelo 《話》起床する.
poner pies en polvorosa 《話》あわてて逃げる, さっと雲隠れする.
poner pies en pared 《話》夢中になる, 我を忘れる.
ponerse en pie [de pie] 立つ, 立ち上がる.
por su pie 《話》自分の足で, 歩いて.
saber de qué pie cojea (人の)欠点をよく知っている, 弱点をよく知っている. Déjate de explicaciones, que ya *sabemos de qué pie cojeas*. お前の欠点を私たちはよく知っているのだから弁解はやめろ.
sacar los pies de las alforjas 《話》突然大胆になる.
sacar los pies del plato 《話》突然大胆になる. Mi hermano era tímido, pero ya está *sacando los pies del plato*. 弟は気が弱かったが, 最近急に大胆になってきた.
ser pies y manos de ... (人の)良き協力者である, 片腕[右腕]である.
sin pies ni cabeza でたらめの, 支離滅裂な.
vestirse por los pies 男である(強調表現).
volver pie atrás 後退する, 後戻りする; 前言を取り消す.

piececito [pieθeθíto] 〔<pie〕男 小さな足;《幼》あんよ.

Piedad [pieðá(ð)] 固名《女性名》ピエダー.

‡**piedad** [pieðá(ð)] 女 ❶ 哀れみ, 同情, 慈愛. — Tuve ~ de [Sentí ~ por] ese pobre hombre. そのかわいそうな男に同情した. Esos niños hambrientos nos han dado [nos han movido a] ~. おなかを空かした子供たちの姿が我々に哀れみを覚えさせた. ¡Por ~, no me delate a la policía! お願いですから警察には知らせないで下さい. 類 **caridad, compasión, misericordia**. ❷《宗教》信心(深さ), 敬虔さ; (人, 特に親に対する)愛情. —Era un hombre de acendrada ~ cristiana. 彼は敬虔なキリスト教徒だった. ~ filial 親に対する子供の愛. 類 **devoción, veneración**. ❸《宗教, 美術》ピエタ(キリストの遺体を抱いた聖母マリアの絵や彫刻).

‡**piedra** [pjéðra ピエドラ] 女 ❶ 石, 岩石, 小石; 石材, 切石. — ~ angular 隅石, 礎石《比喩》基礎. ~ de afilar [de amolar, afiladora] 砥石. ~ de cal 石灰岩. ~ de chispa [pedernal] 火打ち石. ~ de mechero ライターの着火石. ~ de molino (風車や水車の)ひき臼, 臼石. ~ falsa 人造宝石. ~ fina ジュエストーン, 準宝石. ~ fundamental《建築》礎石;《比喩》基盤. ~ miliar 里程標, マイル標石. ~ pómez 軽石. ~ preciosa 宝石. La torre de la iglesia es de ~. 教会の塔は石で出来ている. Los niños tiraban ~s a los gorriones. 子供たちはスズメに小石を投げて遊んでいた. ❷《比喩》(石のように)冷たいもの; 硬いもの(またこれらのたとえに使われる). — un corazón de ~ 冷たい心. No hay más que pan duro como una ~. 石のように硬いパンしかない. Los músculos de ese atleta son de ~. その陸上競技の選手の筋肉は石のように硬い. ❸《集合的に》あられ, ひょう. —Empezó a caer ~. あられ[ひょう]が降り始めた. La ~ destruyó la cosecha de trigo. ひょうが小麦の収穫をだめにした. 類 **granizo**. ❹《医学》結石.

ablandar las piedras 石のように冷たい心の持主でさえ悲しくさせる, どんな人にも哀れみを感じさせる. Su llanto era tan doloroso que *ablandaba las piedras*. 彼女の嘆きはとても痛々しくて, 同情しない人はいなかった.

a tiro de piedra 石を投げて届く近い距離に, 目と鼻の先の距離に. La estación de metro está *a tiro de piedra*. 地下鉄の駅は目と鼻の先にある.

cerrar a piedra y lodo 堅く閉じる, しっかり閉める. Cuando sale de viaje, *cierra* las ventanas *a piedra y lodo*. 旅行に出かけるとき彼は窓をしっかり閉める.

dejar [quedarse] de piedra ひどく驚かす[驚く], 仰天させる[びっくり仰天する]. El terremoto nos *dejó de piedra*. その地震は私たちをとても驚かせた. Al oír la noticia *me quedé de piedra*. その知らせを聞いて私はびっくり仰天した.

edad de (la) piedra →edad.

hasta las piedras みんな, 全員.

menos da una piedra 無いよりはまし. El dinero que me ha prestado es poco para lo que necesito, pero *menos da una piedra*. 彼が私に貸してくれたお金は十分ではないが, 無いよりはましです.

no dejar piedra por mover 全力を尽くす, あらゆる手段を講じる. *No dejó piedra por mover* hasta pagar las deudas. 彼は借金の返済に八方手を尽くした.

no dejar [quedar] piedra sobre piedra 完全に破壊する[破壊される]. El bombardeo fue tan intenso que *no dejó piedra sobre piedra* en el pueblo. 爆撃はとても激しかったので町を徹底的に破壊した. Después del terremoto *no quedaba piedra sobre piedra* en el pueblo. 地震の後, 町は完全に破壊されていた.

piedra de escándalo うわさの種, さわぎのもと. La infidelidad matrimonial ya no es *piedra de escándalo* en nuestra sociedad. 不倫は今の社会ではうわさの種にもならない.

piedra de toque 試金石, 真価を試すもの. La capacidad profesional es la *piedra de toque* para ascender en la compañía. 職能が昇進するための試金石となる.

piedra filosofal 賢者の石(錬金術師が捜していた金銀を人工的に作り出す力のある物質).

poner la primera piedra 事業を始める;《建築》礎石を置く. Mi abuelo *puso la primera piedra* abriendo esta tienda. 私の祖父がこの店を創業した.

tirar la piedra y esconder la mano 素知らぬ顔で人を傷つける, 陰に回って人を攻撃する. No te fíes de él porque es de los que *tiran la piedra y esconden la mano*. 彼は平気で人を傷つけるような奴だから彼を信用するな.

piejo [pjéxo] 男《俗》《虫類》シラミ (=piojo).

‡**piel** [piél ピエル] 女 ❶ 皮, 皮膚, 肌. — ~ de gallina 鳥肌. ~ roja《比喩》アメリカインディアン. La muchacha tiene la ~ blanca [fina]. その少女の肌は白い[すべすべしている]. ponerse [tener] la ~ de gallina 鳥肌が立つ[立っている]. 類 **tez**. ❷ 革, なめし革, 革製品. — artículos de ~ 皮革製品. unos zapatos de ~ de becerro 子牛の革の靴. un bolso de ~ de cocodrilo ワニ革のハンドバッグ. una chaqueta de ~ de ante スエードの上着. 類語 **piel** は薄いしなやかなめし革, **cuero** は比較的厚くごわごわしたなめし革. ❸ (複数でも用いられる)毛皮, 毛皮製品. — un abrigo de ~es 毛皮のコート. una boa de ~ de visón ミンクのボア. ❹ (果物などの)皮. —Le gusta comer el melocotón con ~. 彼は桃を皮ごと食べるのが好きだ. 類語 **piel** はリンゴなどの薄い皮, **cáscara** はクルミなどの硬い殻.

a flor de piel →flor.

dar [dejar] la piel 《話》…のために何でもする, …のためなら死んでもよい. *Daría la piel* por ayudar a sus padres. 彼は自分の両親のためなら何でもする.

dejarse [jugarse] la piel 《話》一所懸命になる, (何かに)命を懸ける. *Nos dejamos la piel* en el partido para ganar la copa. 優勝するために我々は試合に全力を注いだ. Se juega la piel en su nuevo negocio. 彼は新しい事業に命を懸けている.

pagar con [perder] la piel 命を落とす.

quitar [sacar] la piel a tiras 《話》(人に対して)不平を言う, 悪口を言う.

salvar la piel 命を救う.

ser (de) la piel del diablo [del demonio, de Barrabás, de Satanás] 《話》(子どもが)とてもいたずらである, 腕白である. Esos niños *son la piel del diablo*, y hay que estar siempre vigilándolos. その子たちはとてもいたずらなのでいつも見張っている必要がある.

tener [ponerse] la piel de gallina 鳥肌が立っている[立つ].

piélago [piélaɣo] 男 ❶ (a)《文》海, 海原 (= mar). (b) 沖合, 遠洋. ❷《文》空間, 余白. ❸ 多量, たくさん. —un ～ de dudas 数えきれない程の疑問点. A diario nos vemos inundados por un ～ de información. 日々私達は膨大な量の情報にうずもれている.

piens- [piéns-] 動 pensar の直・現在, 接・現在, 命令・2単.

pienso[1] [piénso] 男《古》思考, 思想, 考え. 類 **pensamiento**.

¡ni por pienso!《話》絶対に(…ない), 何があっても(…ない). Intenté convencerlo, pero *ni por pienso*. 私は彼を説得しようと試みたが, どうしても無理だった.

pienso[2] [piénso] 男 ❶ (家畜の)飼料, 飼い葉, まぐさ. —～ compuesto 配合飼料. ❷《話》食べ物, 腹の足し.

pierd- [piérð-] 動 perder の直・現在, 接・現在, 命令・2単.

pierna [piérna ピエルナ] 女 ❶ 脚; 足; 下肢(厳密には膝からくるぶしまでの部分を指すが, 腿の付け根からくるぶし, または腿の付け根から下を指すこともある). —～ artificial 義足. ～s en arco O脚. cruzar las ～s 脚を組む. Mi abuelo tiene las ～s fuertes. 祖父は足が達者だ. Ella está sentada con las ～s cruzadas. 彼女は脚を組んで座っている. El agua del río nos llegaba a la media ～. 川の水は私たちの脛(すね)まであった. 類 **pie**. ❷ (料理用の)腿肉, 脚肉. —Voy a tomar una ～ de pollo [cordero] asada. 私は鶏[子ひつじ]の腿肉のソテーを食べる.

a pierna suelta [tendida]《話》安心して, ゆったりと. Solucionado ese asunto ya podrá dormir *a pierna suelta*. その問題が解決して, これで彼も枕を高くして眠れるだろう.

estirar [extender] las piernas《話》(長く座った後で)散歩する; (緊張の後で)気分転換をする. Llevaba tres horas estudiando y ha salido a *estirar las piernas*. 彼は3時間勉強した後散歩に出かけた. Voy a dar una vuelta por la playa para *estirar las piernas*. 気分転換に私は浜辺を一回りしてくる. 類 **pasear**.

estirar la perna《話》死ぬ.

hacer piernas 歩く.

piernicorto, ta [pjernikórto, ta] 形 脚の短い.

piernilargo, ga [pjernilárɣo, ɣa] 形 脚の長い.

pierrot [pjeř̌ó(t)] [<仏] 男 ピエロ, 道化師. 類 **payaso**.

pietismo [pjetísmo] 男《宗教》敬虔主義, 敬虔派 (17世紀ドイツのルター派教会から起った運動).

pietista [pjetísta] 形《宗教》敬虔主義[派]の. — 男女《宗教》敬虔主義者.

pieza [pjéθa ピエサ] 女 ❶ (断面, 部分, 単位としての)1つ, 1個, 1点; (紙や布の)1巻き, 1反. —una vajilla de cien ～s 100点から成る食器セット. un traje de tres ～s 三つ揃えのスーツ. Ella lleva un dos ～s. 彼女はツーピースを着ている[ビキニを身につけている]. Compré dos kilos de uvas y tres ～s de manzana. 私はブドウを2キロとリンゴを3個買った. Aquí se vende la fruta por ～s o por kilos. ここでは果物を1ずつでもキロ売りでも売っている. Con esta ～ de algodón haré dos delantales. この綿の布地でエプロンを2枚作ろう. ❷ 部品, パーツ. —～ de recambio 交換部品, スペア. Se ha roto una ～ de la televisión. テレビの部品が壊れた. ❸ 当て布, 継ぎ. —Mi madre ha puesto una ～ al agujero de mi pantalón. 母は私のズボンの破れ穴に継ぎを当ててくれた. Lleva una ～ en la chaqueta. 彼の上着には当て布がしてある. ❹ (建物の構成要素としての)部屋, 室. —Este piso tiene cinco ～s. このマンションには5部屋あります. Ésta es la ～ más amplia de toda la casa. これが家中で一番大きな部屋です. 類 **cuarto**, **habitación**. ❺ (狩りや漁の)獲物. —Hoy hemos cazado una buena ～. 今日は良い獲物があった. El mar estaba agitado y no conseguí más que tres ～s. 海が荒れて3匹しか獲れなかった. ❻ (主に一幕ものの)戯曲, 小品;《音楽》曲. —En el Teatro Príncipe se da una ～ de Calderón. プリンシペ劇場ではカルデロンの小品が上演されている. Bailamos juntos tres ～s. 私たちは一緒に3曲踊った. ❼ 硬貨, 貨幣. —Me pagó dos mil pesos en ～s sueltas. 彼は私に2,000ペソを小銭で支払った. He encontrado una ～ de veinte céntimos en la acera. 道で20センチモ硬貨を拾った. 類 **moneda**. ❽ (チェスなどの)駒, 石. —una ～ de ajedrez [de las damas] チェス[チェッカー]の駒. ❾ (漠然と)もの, 物, 品. —～ de museo 美術品. ～ de artillería《軍事》大砲, 重火器. ～ oratoria 演説, スピーチ. Me regalaron una ～ de oro de mucho valor. 私はとても高価な金製品を贈りものにもらった. 類 **objeto**. ❿《俗》やつ, 人. —¡Buena ～ estás hecho! おまえもたいした悪党だ. ¡Menuda ～ está hecho su marido! 彼女の亭主はたいしたやつだ.

de una pieza《話》ひどく驚いた, あ然とした, びっくり仰天した. La noticia de la muerte de su novio la dejó *de una pieza*. 恋人が死んだという知らせは彼女をあ然とさせた. Cuando me encontré con mi padre en aquel sitio, me quedé *de una pieza*. あんな所で親父に出くわしたときはびっくりしたよ.

piezómetro [pjeθómetro] 男《物理》ピエゾメーター(圧縮率を測る装置).

pífano [pífano] 男《楽器》(高音の)横笛, ファイフ. — 男女《音楽》ファイフ奏者.

pifia [pífja] 女 ❶《話, 比喩》ばかな間違い, 大失敗, へま. —hacer [cometer] una ～ へまをする. 類 **descuido**, **error**. ❷ (ビリヤードの)突き損ない.

pifiar [pifjár] 自 ❶《話, 比喩》失敗する. ❷ (ビリヤードで)玉を突き損ねる.

pigmentación [piɣmentaθjón] 女《生物》色素形成.

pigmentar [piɣmentár] 他 …に着色する. — 再《生物》色素を形成する.

pigmentario, ria [piɣmentárjo, rja] 形《生物》色素の.

pigmento [piɣménto] 男 ❶ 顔料. ❷《生物》色素.

pigmeo, a [piɣméo, a] 形 ❶《ギリシャ神話》ピュグマイオイの, 小人族の. ❷ きわめて小さい;《話》ちびの. 類 **enano**.
— 名 ❶《ギリシャ神話》ピュグマイオイ, 小人族. コウノトリと戦って滅びた小人族. ❷《話, 軽蔑》ちび. ❸ ピグミー(族). ♦ 男子の平均身長が特に低い人種の総称.

pignoración [piɣnoraθjón] 女 抵当[質]に入れること, 質入.

pignorar [piɣnorár] 他 を質に入れる, 抵当に入れる. 類 **empeñar**.

pigre [píɣre] 形 緩慢な, 鈍い, 怠惰な, だらしない, 不注意な. 類 **tardo, negligente, desidioso**.

pigricia [piɣríθja] 女 ❶ 怠慢, 怠惰, 不注意. 類 **pereza, ociosidad, negligencia, descuido**. ❷《南米》わずかな量; ささいなこと.

pija [píxa] 女《俗》ペニス. (= pene)

pijama [pixáma] 男《服飾》パジャマ, 寝巻き.

pije [píxe] 形《南米》気取った, きざな, お高くとまった. 類 **cursi**.
— 男《南米》きざな人, 気取った人.

pijo, ja [píxo, xa] 形《俗, 軽蔑》上級階級気取りの, 上品ぶった.
— 名《俗, 軽蔑》つまらないこと, 無意味なもの.
— 男《俗》ペニス (= pene).

pijotada [pixotáða] 女 ❶《俗》ささいなこと[もの], 取るに足りないこと[もの]; ばかげたこと[もの]. ❷ 煩わしいこと[もの], 面倒.

pijotería [pixotería] 女 ❶ ばかげたこと. 類 **chorrada, pijada**. ❷ めんどう, やっかい.

pijotero, ra [pixotéro, ra] 形《俗, 軽蔑》煩わしい, 不愉快な. — Es una persona *pijotera*, pesada y desagradable. 煩わしくてしつこくて, 不愉快なやつだ. 類 **pesado, molesto**.

‡**pila**[1] [píla] 女 ❶《乾》電池, 蓄電池, バッテリー. — ~ atómica 原子炉 (= reactor nuclear); ~ eléctrica 電池. ~ recargable 充電池. ~ seca 乾電池. cambiar las ~s a la radio ラジオの電池を交換する. 類 **batería**. ❷ 積重ね,《物の》山;《話》たくさん, 多量[数]. — una ~ de papeles 書類の山. Hoy tengo una ~ de trabajo. 今日は仕事がはじめる. Ha venido una ~ de gente. 人が大勢やって来た. Tiene una ~ de años. 彼はかなり年をとっている. 類 **montón**.

‡**pila**[2] [píla] 女 ❶ (洗面台や流し台の)水槽, シンク; (噴水などの)水盤, 水鉢. ❷《宗教》(教会の入り口内部にある)聖水盤 (洗礼用の聖水を入れた)洗礼盤. — ~ de agua bendita 聖水盤. ~ bautismal 洗礼盤. nombre de ~ 洗礼名.
sacar de pila (洗礼式の)代父[母]になる. Don Vicente *sacará de pila* a mi hijo Juan. ドン・ビセンテが息子のフアンの代父になってくれる.

•**Pilar** [pilár] 固名 ❶ ピラールの聖母. ♦ Nuestra Señora del Pilar. スペイン, サラゴサの聖堂内の柱上に祭られる聖母, 祝日は10月12日. ❷《女性名》ピラール. ❸ ピラール(パラグアイの都市).

•**pilar** [pilár] 男 ❶《建築》柱, 支柱; 橋脚. — Cuatro ~*es* sostienen la bóveda. ドームは4本の角柱によって支えられている. 類 **columna** (円柱, **pilar** は主に角柱, **poste** 棒状の柱). ❷《比喩》支えとなる人・物, 大黒柱, 重鎮. — La madre es el ~ de esa familia. 母親がその家族の大黒柱だ. La solidaridad es el ~ de la comunidad. 団結が社会の支えだ. ❸ 柱状のもの, 記念塔, 道標, 標石. ❹ (噴水などの)水盤. 類 **pila, pilón**.

pilastra [pilástra] 女《建築》(壁の一部を張り出した)柱形, 片蓋(がき)柱.

pilcha [pílt∫a] 女 [<アラウコ] 男 ❶《南米》衣類; 古着, 襤褸(ぼろ). ❷《アルゼンチン》一張羅, 晴れ着; 恋人, 愛人.

Pilcomayo [pilkomájo] 固名 (el Río ~) ピルコマーヨ川(パラグアイ川の支流).

píldora [píldora] 女 ❶ 錠剤, 丸薬. — tomar una ~ 丸薬を飲む. ❷《話》ピル, 経口避妊薬. (= ~ anticonceptiva) — tomar la ~ ピルを飲む. ❸《話》悪い知らせ.
dorar la píldora → dorar.
tragarse la píldora《比喩》嘘を信じ込む.

pileta [piléta] 女 ❶《宗教》(小さな)聖水盤. ❷ (台所の)流し. ❸《ラ・プラタ》プール. ❹ (家畜の)水飲み場.

Pili [pili] 固名《女性名》ピリ (Pilar の愛称).

pilífero, ra [pilífero, ra] 形《生物》毛のある; 多毛の.

pillada [piʎáða] [< pillo] 女 ❶ いたずら, 悪さ, 悪ふざけ. ❷ ペてん, 詐欺, 悪事.

pillaje [piʎáxe] 男《軍事》掠奪, ぶんどり. — lanzarse [entregarse] al ~ 略奪を働く. 類 **robo, saqueo**.

pillar [piʎár] 他 ❶《話》を捕える, 取り押さえる. ❷《話》を手に入れる, 捕まえる. ❸《話》(車が)ひく. ❹ 挟む. — La puerta automática le *pilló* los dedos. 彼は自動車ドアに指を挟まれた. ❺ (病気)にかかる. ❻ …の不意を突く. — El terremoto me *pilló* en metro. 地下鉄に乗っている時地震があった. ❼ (よくない事などをしている人を)見出す, 取り押さえる. — Le *pillaron* durmiendo en el trabajo. 彼は仕事中に居眠りをしているところを見つかってしまった. ❽《話》を手に入れる, 見つける. ❾《まれ》を略奪する, ぶんどる.
— 自 位置する, ある. — La universidad me pilla muy lejos. 私の大学はとても遠い.
— se 再 (指などを)はさむ.
corre que te pillo《遊戯》鬼ごっこ.
pillar en bragas → braga.

pillastre [piʎástre] [< pillo]男女 ❶《話》ごろつき, 悪党. ❷《愛情を込めて》いたずら者, いたずらっ子, 腕白. 類 **pillo**.

pillear [piʎeár] 自《話》❶ いたずらばかりする, 悪さばかりする. ❷ 無頼な[やくざな]生活を送る.

pillería [piʎería] 女 ❶ ペてん, 詐欺(ぎ). ❷ いたずら. — hacer ~s いたずらをする. ❸ (集合的に)ごろつき, 悪党連中.

pillín, llina [piʎín, ʎína] 形《話》(愛情を込めて)いたずらな, ずる賢い.
— 名《話》(愛情を込めて)いたずらっ子.

pillo [píʎo] [< アラウコ] 男《鳥類》トキ科の鳥の一種.

pillo[2]**, lla** [píʎo, ʎa] [< pillar]形《話》❶ 行儀の悪い, 腕白な. ❷ ずる賢い, 狡猾な, 抜け目がない. 類 **sagaz, astuto**.
— 名《話》❶ 行儀の悪い子, 腕白坊主. ❷ 狡猾な人, ペてん師; ならず者, ごろつき, 悪党. 類 **granuja**.
A pillo, pillo y medio.《諺》上には上がいる.

pilluelo, la [piʎuélo, la] [< pillo]形 行儀の悪い, いたずらな, 腕白な.
— 名 行儀の悪い子, いたずらっ子, 腕白.

pilón[1] [pilón] 男 ❶ (家畜の)水飲み場. ❷ (噴水の)水盤. ❸ 臼(ʼ¹), 粉砕機, すり鉢. ❹ 大量, (物の)山. 類 **montón**

beber del pilón 《話》うわさ話を受け売りで言いふらす.

pilón[2] [pilón] 男 ❶ 《建築》塔門, 塔, 記念門柱, 石柱. ❷ (円錐形の)砂糖塊.

pilonga [pilóŋga] 女 →pilongo.

pilongo, ga [pilóŋgo, ga] [<pila]形 ❶ 同じ教会で洗礼を受けた; (特定の教会の洗礼者が)特別な恩恵を受けている. ❷ (体格が)ひょろ長い, やせた. ❸ (栗が保存のために)干された.
── 女 (保存用の)干し栗.

castaña pilonga (保存用の)干し栗.

píloro [píloro] 男 《解剖》(胃の)幽門.

piloso, sa [pilóso, sa] 形 (軟)毛の多い(=peludo).

pilotaje [pilotáxe] 男 ❶ 《海事》水先案内. ❷《航空》航空機などの操縦(術). ❸《集合的に》《建築》杭, パイル.

pilotar [pilotár] 他 ❶ 《海事》(船の)水先案内をする. ❷ (航空機・車・バイク・気球などを)操縦する. ~ un avión 飛行機を操縦する. ❸ (車を)運転する.

pilote [pilóte] 男 杭, パイル.

pilotear[1] [piloteár] 他 →pilotar.

pilotear[2] [piloteár] 他 《土木, 建築》基礎杭[パイル]を打つ.

‡**piloto** [pilóto] 男女 ❶ (航空機の)パイロット, 操縦士; (車やモーターバイクの)レーサー. ~ automático オート・パイロット. ~ de fórmula uno フォーミュラワンのレーサー. ~ de línea 定期航空路のパイロット. ~ de prueba テストパイロット. ~ de stock モトクロス・ライダー. ❷《海事》水先案内人; 航海士, (商船の)2等航海士. ~ ── de altura 外洋航海員. ~ práctico 港湾水先案内人.
── 男 (ガス器具の)口火; 表示灯, パイロットランプ; (車の)テールランプ. ── el ~ de los frenos [del aceite] (車の)ブレーキ[オイル]ランプ. ── 形 【性・数無変化】試験的な, 実験的な; 模範の. ── piso ~ モデルルーム. planta ~ 実験プラント.

piltrafa [piltráfa] 女 ❶ 《話》筋ばかりの肉. ❷ 《話》役に立たないもの[人], くず, スクラップ.

pimentero [pimentéro] 男 ❶ 《植物》コショウ(胡椒)の木. ❷ コショウ入れ.

pimentón [pimentón] 男 《料理》パプリカ.

‡**pimienta** [pimjénta] 女 《料理》コショウ(の実), 胡椒, ペッパー. ~ blanca [negra] ホワイト[ブラック]ペッパー. ~ molida [en grano] 粉にひいた[粒のままの]コショウ.

comer pimienta 《話》怒る, 腹を立てる.

ser como una pimienta もの分かりがいい; 仕事が早い.

‡**pimiento** [pimjénto] 男 《植物》ピーマン; トウガラシ; シシトウガラシ, パプリカ. ~ morrón 甘トウガラシ, ピーマン. ~ rojo 赤ピーマン.

importar un pimiento a ... 《話》少しも構わない, 意に介さない, 何の関心も持たない. *Me importa un pimiento que me tomen el pelo.* からかわれても私は少しも構わない. *Le importan un pimiento los problemas sociales.* 彼は社会問題など全く意に介さない.

no valer un pimiento 《話》何の価値もない.

pimpante [pimpánte] [<仏]形 しゃれた, 粋で優雅な; 派手な. 類 **rozagante, garboso**.

pimpinela [pimpinéla] 女 《植物》(バラ科)ワレモコウ(吾亦紅)の一種.

pimplar [pimplár] 他 《話》をがぶ飲みする. 類 **beber, trincar**.
── se 再 《+de を》がぶ飲みする.

pimpollo [pimpóʎo] 男 ❶ 《植物》若枝, 若木, 新芽, 若芽. ❷ バラのつぼみ. ❸《話》若々しい人, はつらつとした青年, 美少女, 美少年.

ir hecho un pimpollo. とても上品できちんとした身なりをしている.

pinacoteca [pinakotéka] 女 美術館, 画廊.

pináculo [pinákulo] 男 ❶ 小尖塔(ﾀ¹). ❷ 頂上, 頂点. ── en el ~ de la gloria 栄光の頂点で.

pinado, da [pináðo, ða] 形 《植物》(葉が)羽状の, 複葉の.

pinar [pinár] 男 松林.

Pinar del Río [pinár ðel río] 固名 ピナル・デル・リオ(キューバの都市).

pinaza [pináθa] 女 《歴史, 海事》小型帆船.

pincel [pinθél] 男 ❶ 絵筆, 絵の具ばけ. ❷ 画法, 筆致, タッチ. ❸ 絵を描く人[人工手].

pincelada [pinθeláða] 女 《美術》(絵筆による)一筆, 一はけ; 筆使い, タッチ. ── dar una ~ 一筆入れる. dar la última ~ [las últimas ~s] 最後の一筆を入れる, (作品・小説などの)最後の仕上げをする.

pinchadura [pintʃaðúra] 女 ❶ 刺すこと, 突くこと; 刺すような痛み. ❷ 刺した[突いた]跡; 刺し傷; パンク.

‡**pinchar** [pintʃár] 他 ❶ (a) を突き刺す, 突く. ── *Le pincharon con una navaja.* 彼はナイフで刺された. ~ *el globo con una aguja* 針で風船を突く. (b) (フォークでサラダなど)をつつく. ~ *la ensalada* サラダを(フォークで)つつく. ~ *una aceituna con un palillo* 串(ʼ¹)でオリーブの実をつつく. ❷ を押さえる, 止める, 動かなくする. ── *las hojas con una grapa* ホチキスで紙を止める. ❸ …に注射する. ── *El practicante pincha al niño en el brazo.* 医療士が子供の腕に注射する. 類 **inyectar**. ❹ を怒らせる, 刺激する, 興奮させる. ── *No pinches a tu hermana, que se pone histérica.* 君のお姉さんを興奮させないで. ヒステリックになるから. 類 **picar**. ❺ (a) を励ます, 元気づける, 激励する. (b)《話》を誘う, そそのかす. ── *Mi padre me pincha para que me vaya de casa y me coloque.* 父は私に家を出て職をみつけるように盛んに言う. ❻《話》(ディスコなどで)(レコード)をかける. ── ~ *un disco* レコードをかける. ❼ (電話)を盗聴する. ── ~ *un teléfono* 電話を盗聴する. ❽ (コンピュータ)クリックする.
── 自 ❶ パンクする. ── *Pinchamos en la autopista.* 我々の車はハイウエイでパンクした. ❷《話》 (a) 失敗する, しくじる. ── *Pinché en el examen.* 私は試験に失敗した. (b)《話》負ける, 敗れる. ── *El partido conservador ha pinchado en su feudo tradicional.* 保守党は伝統的な地盤で一敗地にまみれた. 類 **fracasar**.
── se 再 ❶ (体にとげなどを)刺す. ── *Al coger una rosa me pinché en el dedo con una espina.* バラを手に取った時, 私はとげで指を刺した. ❷《隠》麻薬を打つ. 類 **chutarse**.

ni pinchar ni cortar 影響力が皆無である, 全く役立たずである. *Yo aquí ni pincho ni corto.* 私は

ここでは全く力がない.

pinchazo [pintʃáθo] 男 ❶ 刺す[突く]こと; 刺し[突き]傷; 《俗》注射(の跡); ちくちくした痛み. ― Mientras cosía, me di un ~ en el índice con la aguja. 私は縫い物をしていて人差し指を針で刺してしまった. Tenía varios ~s en un brazo. 彼の腕には注射の跡がいくつかある. Me dieron unos ~s en el costado. 私のわき腹がちくちく痛んだ. 類 **punzada**. ❷(タイヤなどの)パンク. ― Tuvimos un ~ mientras dábamos una vuelta en el coche. 私たちがドライブをしていたときタイヤがパンクした. El ~ desinfló el balón. ボールがパンクして萎んでしまった. ❸ とげのある言葉, 傷つける言葉. ❹(電話の)盗聴.

pinche [píntʃe] 男女 皿洗い, 台所下働き, 見習いコック. ― trabajar de ~ 皿洗いの仕事をする.
― 形 《中南米》《俗》ろくでもない, 下品な; けちな. 類 **ruin**.

pinchito [pintʃíto] 男 《料理》焼き串.

pincho¹ [píntʃo] 男 ❶《植物》とげ, いばら. ― los ~s de una alambrada [un erizo. un rosal] 有刺鉄線[ハリネズミ・バラ]のとげ, はり. ❷《料理》焼き串; 複 串焼き料理. 類 **pinchito**. ❸ おつまみ, 小皿料理. ❹〖ラ・プラタ〗(婦人帽の)留めピン.

pincho², **cha** [píntʃo, tʃa] 形 《話》おめかししした, 身なりを整えた.

pinciano, **na** [pinθjáno, na] 形 (スペイン北西部)バリャドリードValladolidの.
― 名 バリャドリードの人. 類 **vallisoletano**.

pindonga [pindóŋga] 女 《話》ふらふらと出歩く女.

pindonguear [pindoŋgeár] 自 《話》ふらふらと出歩く. 類 **callejear**.

pineal [pineál] 形 《解剖》松果体の.
cuerpo pineal 松果体.
glándula pineal 松果腺.

pineda [pinéða] 女 松林. 類 **pinar**.

pingajo [piŋgáxo] 男 ❶《話》(垂れ下がった)ぼろ切れ, 切れ端. ❷ 身体の弱っている人, 疲れ果てている人; ぼろぼろになったもの.

pingo [píŋgo] 男 ❶《話》ぼろ切れ, 切れ端. 類 **harapo, pingajo**. ❷《話》安物の衣服. ❸ 身持ちの悪い人, 下品な人; ずうずうしい人. ❹〖南米〗馬. ❺《中南米》《話》いたずらっ子.
poner a ... como un pingo《比喩》非難する, 侮辱する.

pingonear [piŋgoneár] 自 《話》そこらを出歩く.

ping-pong [pímpon, píŋpon] [<英] 男 ピンポン, 卓球(=tenis de mesa). ― jugar al ~ ピンポンをする.

pingüe [píŋgwe] 形 ❶ 脂肪質の, 太った. 類 **craso, gordo, mantecoso**. ❷ 豊富な, 大量の, 莫大な. ― ~s beneficios 莫大な利益. 類 **abundante, copioso, fértil**.

pingüino [piŋgwíno] [<仏] 男 ❶《鳥類》ウミガラスの類. 類 **alca**. ❷《鳥類》ペンギン.

pinitos [pinítos] [次の成句で]
hacer pinitos 《話, 幼》よちよち歩きをする; 第一歩を踏み出す.

pinnípedo, **da** [pinnípeðo, ða] 形 《動物》ひれ脚類の. ― 男《動物》ひれ脚類の動物; 複《動物》(アシカ・アザラシなどの)ひれ脚類.

pino¹ [píno] 男 《植物》松(の木), 松材. ― ~ alerce カラマツ. ~ albar ヨーロッパ赤松. ~ rodeno カイガンショウ(地中海沿岸原産の松).
en el quinto pino 《話》辺鄙(へんぴ)な所に, はるか遠い所に. No me visita casi nadie, porque vivo *en el quinto pino*. 私は辺鄙な所に住んでいるので, ほとんど誰も訪ねて来ない.
hacer el pino 《話》逆立ちをする.
hacer pinos よちよち歩きをする. 類 **hacer pinitos**.

pino², **na** 形 ❶(傾斜の)急勾配の; 垂直の, 直立した. ― La escalera de este edificio es muy *pina*. この建物の階段はとても急だ. Vives en una calle muy *pina*. 君はとても急勾配の通りに住んでいる. *en pino* 立って, ころばずに.

pinocha¹ [pinótʃa] 女 《植物》松葉.

pinocha² [pinótʃa] [<panocha] 女 〖アルゼンチン〗トウモロコシなどの穂. 類 **mazorca, panoja**.

pinsapo [pinsápo] 男 《植物》(スペイン南部ロンダ原産の)モミの一種, スペインモミ. 類 **abeto**.

pinta [pínta] 女 ❶ 斑点, 水玉. ― corbata azul de ~s rojas 赤い水玉の青いネクタイ. ❷ 外観, 外見. ― Esa paella tiene buena ~. そのパエリャはおいしそうだ. No te debes presentar en la fiesta con esa ~. その恰好ではパーティーには行かれないよ. Supe que era tu hijo por la ~. 顔が似ているから君の息子さんだとわかったよ. Ana tiene ~ de estar enferma. アナは病気のように見える. ❸ (トランプの)隅にある組札のマーク. ❹《南米》(家畜の)毛の色, 毛並み. ❺《まれ》滴, したたり, 一滴.
― 男女《話》ろくでなし, ごろつき. 類 **desaprensivo, sinvergüenza**.

pintada¹ [pintáða] 女 ❶ 落書き. ❷《鳥類》ホロホロチョウ(南アフリカ原産).

***pintado, da**² [pintáðo, ða] 過分 形 ❶ 色を塗った, 彩色を施した; ペンキを塗った. ― una casa *pintada* de blanco 白く塗られた家. *papel* ~ 壁紙. Vamos a poner en este salón papel ~. この客間に壁紙を貼ろう. Recién ~. ペンキ塗りたて. ❷ (動物などの)斑点のある, まだらの. ― un caballo ~ ぶちの馬. judía *pintada* ぶちインゲンマメ. 類 **pinto**. ❸ 非常に良く似た, そっくりの. ― Elena es *pintada* a su madre. エレーナは母親の生き写しだ. 類 **clavado**.
el más pintado 《話》(いかに優れた)誰でも. Esto le pasaría *al más pintado*. これはどんな人にも起こるだろう.
que ni pintado [主に *estar/quedar/venir* +] 《話》(…に)うってつけの, ぴったりの. Esta camisa te está *que ni pintada*. このシャツは君にとてもよく似合っている. Ese bolígrafo viene *que ni pintado* para tomar notas. そのボールペンはメモを取るのに最適だ.
no poder ver [+人/物] *ni pintado* 《話》(誰か/何か)を顔も見たくないほど徹底的に嫌う.

pintamonas [pintamónas] 男女 ❶《話, 軽蔑》へたくそな絵かき. ❷ ただの人, (目立ちたがってはいるが)取るに足りない.

***pintar** [pintár] 他 ❶ (絵を)描く. ― ~ un autorretrato 自画像を描く. ~ un árbol 木の絵を描く. Velázquez *pintó* "Las Meninas". ベラスケスは「女官達」を描いた. ❷ …にペンキ・塗料を塗る. ― *Pinté* el techo y las paredes de mi habitación de color beige[béis]. 私は私の部屋の天井と壁をベー

ジュ色に塗った. ❸ 描写する, 叙述する, 記述する. —*Pintó* el asunto bastante complicado. 彼はそのテーマをかなり難解に表現した. *Pintó* el país muy acogedor, pero la realidad es muy distinta. 彼はその国を大変居心地のよいところのように描写したが, 実際はそうではない. 類**describir**. ❹ …の顔に化粧を施す, …にメーキャップをする. —La maquilladora *pinta* a la actriz. メーキャップ係が女優にメーキャップをしている. 類**maquillar**. ❺ (記号)をつける, 書く. — el acento アクセントを打つ. ❻ 〖料理〗…に飾りつけをする.
— 自 ❶ 書ける, インキが出る. —Este bolígrafo ya no *pinta*. このボールペンはもう書けない. ❷ 〖ふつう否定文で〗重要である, 値打がある. *No pinta* nada en la empresa. 彼は会社で全く当てにされていない. ¿Qué *pintas* tú aquí? Rápido, a casa. 君何なんかお呼びでない. 早く家に帰れ. 類**importar, significar, valer**. ❸ 〖トランプ〗切り札は…である. —En esta partida *pintan* copas. こんどのゲームでは聖杯が切り札だ. ◆oro ダイヤ, copa ハート(聖杯), trébol クラブ, espada スペード. ❹ うれる, 熟す, 色づく. —Las uvas han empezado a ~. ブドウが熟し始めた. ❺ 見えてくる, 現われる. —El asunto empezaba ya a ~ mal. その件は早くも不吉な様相を見せ始めていた.
—se 再 化粧をする. —La chica *se pintó* antes de salir de casa. その若い女性は家を出る前に化粧をした.
pintárselas solo うまくやる, 上手にやる. Jesús *se la pinta solo* para entretener a los niños. ヘススは子どもをあやすのがうまい.

pintarrajar [pintařaxár] 他 《話》(色)を塗りたくる.
pintarrajear [pintařaxeár] 他 ❶《話》(色)を塗りたくる. ❷ (下手な絵を)描く.
—se ❶《話》(色)を塗りたくる. ❷ 厚化粧する.
pintarrajo [pintařáxo] 男《話》下手くそな絵.
pintarroja [pintařóxa] 女 〖魚類〗トラザメ. 類**lija**.
pintear [pinteár] 自 〖単人称動詞〗霧雨が降る. 類**lloviznar**.
pintiparado, da [pintipaáðo, ða] 形《話》❶〖+para〗…にぴったりの, 適切な. ❷〖+a〗…によく似た, そっくりの. 類**parecido, semejante**.
que ni pintiparado 全くおあつらえむきの, うってつけの.
pintiparar [pintipaár] 他《話》〖+con〗(…と)比べる(=comparar).
—se 再《話》〖3人称で〗比べられる.
pinto, ta [pínto, ta] 形 ぶちの, まだらの, 斑点の.
‡**pintor, tora** [pintór, tóra] 名 ❶ 画家, 絵かき. ❷ ペンキ屋, 塗装工.
pintor de brocha gorda ペンキ屋; へぼ絵描き.
pintoresco, ca [pintorésko, ka] 形 ❶ 奇抜な, 個性豊かな, 独創的な. —Ese humorista posee un lenguaje muy ~. そのコメディアンはとても変わった話し方をする. ❷ 絵になる, 画趣に富む. —¡Qué paisaje tan ~! なんて絵になる(きれいな)風景だろう! ❸ 奇妙な, おかしな, こっけいな. —un ~ suceso おかしな事件. Tiene un ~ modo de pensar. 彼は変な考え方をする. 類**chocante, curioso**.
pintorrear [pintořeár] 他《話》…に塗料をごてごてと塗る, 〖+de に〗を塗りたくる.

---

piñón² 1487

‡**pintura** [pintúra] 女 ❶ 絵, 画, 絵画; 画法. —historia de la ~ española スペイン絵画史. ~ a la acuarela 水彩画(法). ~ a la aguada グワッシュ(顔料にアラビアゴムと水を混ぜ, 油絵の具のように不透明な色の水彩絵の具)による画(法). ~ al fresco [al óleo, al temple] フレスコ画[油絵, テンペラ画]. ~ al pastel パステル画. ~ rupestre 洞窟壁画. 類**cuadro**. ❷ ペンキ, 絵の具, 塗料; 塗装. —Cuidado con la ~.《掲示》ペンキに注意. Él tiene mucha experiencia en la ~ de interiores. 彼は室内塗装の経験が豊富だ. ❸ (言葉による)描写, 叙述, 説明. —Me hizo una ~ realista de lo que había experimentado hacía pocos días. 彼は数日前に経験したことをリアルに語ってくれた.
no poder ver ni en pintura《俗》(人)の顔も見たくない, (人やもの)をひどく嫌う. *No puedo ver a ese sinvergüenza ni en pintura*. あんな(恥知らずな)やつの顔も見たくない. *No puedo ver* la zanahoria *ni en pintura*. ニンジンなんて大嫌いだ.
pinturero, ra [pinturéro, ra] 形《話》うぬぼれた, 気取り屋の.
— 名《話》気取り屋.
pinza [pínθa] 女 ❶《主に複》〖工具〗やっとこ, ペンチ; 釘抜き, 毛抜き, ピンス, クランプ. — ~ del pelo ヘア・アイロン. ❷《複》鉗子(かんし), ピンセット. —coger un sello con ~s ピンセットで切手を取る. ❸ 洗濯ばさみ. ❹《紙をはさむ》クリップ, バインダークリップ, ベルト〖ポケット〗クリップ. ❺ 角砂糖ばさみ, (スパゲッティ用などの)トング. ❻〖服飾〗(洋裁の)ダーツ. ❼〖動物〗(エビ・カニなどの)はさみ.
coger con pinzas《話》腫れ物にさわるように扱う.
sacar con pinzas (情報などを)引き出す, 聞き出す, 何とかして言わせる.
pinzón [pinθón] 男 ❶〖鳥類〗スズメ目アトリ科の鳥. ❷〖海事〗ポンプの柄. 類**guimbalete, palanca**.
‡**piña** [pína] 女 ❶〖植物〗パイナップル. 類**ananás**. ❷〖植物〗松かさ, 松ぼっくり; 松かさの形をしたもの. ❸《話》(同じ目的を持つ)集団, 徒党; 群れ, 塊. —Si los empleados formamos una ~, ganaremos. もし私たち従業員が一致団結すれば勝てる. Tras la victoria del equipo, los hinchas se abrazaban formando una ~. チームが勝った後, サポーターたちは集団で抱き合っていた. ❹《話》殴打; 衝突. —Como sigas molestando te vas a llevar una ~. もしこれ以上面倒をかけるなら殴るからな. El taxi se dio una ~ contra el semáforo. そのタクシーは信号機に衝突した.
piñata [pipáta] 女 (菓子を入れた)くす玉. ◆子供たちが目隠しをして, 天井からつるしたくす玉を割る. 伝統的にはクリスマスの時期に, 最近では誕生日にも行なう.
piñón¹ [pipón] 男 ❶ 松の実. ❷ (群の最後尾につき, 馬方を乗せるよば. ❸〖植物〗ナンヨウアブラギリ(南洋油桐)(熱帯アメリカ原産の小高木). ❹ (銃の)撃鉄. ❺ (鳥の)翼の先端の骨.
comer piñones en … …でクリスマスイヴを過ごす.
estar … *a partir un piñón con* …《話》…と非常に親密である.
piñón² [pipón] 〖<仏〗男 ❶〖機械〗小歯車, ピニオン(大小2つの歯車のうち小さい方). ❷ (特に自転車の)鎖歯車. — ~ fijo 固定後輪. ~ libre フリー

ホイール. ❷ (タカの翼の下の)羽毛.

ser de piñón fijo 頑固である, 強情である, 頭が固い.

piñonate [piɲonáte]〔<カタルーニャ〕男 《料理》(松の実を使った)ヌガーの一種; (松の実をかたどった)お菓子.

piñoneo [piɲonéo] 男 (銃の)撃鉄を起こすときの音, 歯車の音.

piñonero, ra [piɲonéro, ra] 形 《植物》松の実のなる. —*pino* ~ 食用の実のなる松.

pío, a [pío, a] 形 ❶ 信心深い, 敬虔(な). 類 *beato, piadoso*. ❷ 情け深い, 慈悲あふれる. —*obra pía* 慈善事業. 類 *compasivo*.

piocha [pjótʃa] 女 《中南米》つるはし.

piojo [pjóxo] 男 《昆虫》シラミ. —*tener* ~*s* シラミがたかる. ~ *de mar* 《動物》(鯨などで寄生する)フジツボ.

como piojos en costura ぎゅうぎゅう詰めで.
piojo resucitado 成り上がり者, 成金.

piojoso, sa [pjoxóso, sa] 形 ❶ シラミだらけの. ❷ 汚らしい. 類 *harapiento, sucio*. ❸ 下品な, さもしい. 類 *mezquino, miserable*.

piola [pjóla] 女 縄, 紐. 類 *cordel, cuerda*.

piolet [pjolé(t)] 男 《スポーツ》(登山用の)ピッケル.

piolín [pjolín] 男 《中南米》細ひも.

pión[1] [pjón] 男 《物理》(素粒子のひとつ)パイオン, パイ(π)中間子.

pión[2], **piona** [pjón, pjóna]〔<piar〕形 ぴよぴよとよく鳴く; ぶつぶつ言う.
—— 名 ぴよぴよとよく鳴く鳥; (不平・泣き言などの)ぶつぶつ言ってばかりいる人.

pionero, ra [pjonéro, ra] 名 開拓者, 先駆者, パイオニア.

piorrea [pjořéa] 女 《医学》歯槽膿漏(のうろう).

piotórax [pjotórа(k)s] 男 《医学》膿胸.

:**pipa** [pípa] 女 ❶ (刻みタバコ用の)パイプ; (タバコの)1服. —*Mi abuelo fumaba* ~. 私の祖父はパイプを吸っていた. *Después de comer se fuma una* ~. 食事の後は一服する. ⇒ 紙巻きタバコ用パイプは **boquilla**. ❷ (食用)ヒマワリの種; (メロン, スイカなどの)種. —~*s aguasa* 塩漬けのひまわりの種. *Andaba comiendo* ~ (*de girasol*). 彼はヒマワリの種を食べながら歩いていた. 類 **pepita, simiente**. ❸ (オリーブ油やワインなどを貯蔵する)木樽; 樽1杯の量.

pasárselo pipa 《話》楽しく過ごす. *En aquella fiesta nos lo pasamos pipa*. あのパーティーはとても楽しかった.

pipería [pipería]〔<pipa〕女 〖集合的に〗大樽.

pipermín [pipermín]〔<英 peppermint〕男 《料理》ペパーミントリキュール.

pipeta [pipéta] 女 ❶ 《化学》ピペット. ❷ 《話》(赤ん坊が)口にくわえた親指.

pipí [pipí] 男 ❶ 《話》おしっこ. —*hacer* ~ おしっこをする. ❷ 《話》(子供の)おちんちん.

pipiar [pipjár] 自 (雛鳥が)ぴよぴよと鳴く. 類 *piar*.

pipiolo, la [pipjólo, la] 名 ❶ 新米, 初心者. ❷ 《チリ》《歴史, 政治》自由主義者, 自由党員.

pipirigallo [pipiriɣáʎo] 男 《植物》(牧草として利用される)マメ科の多年草の一種.

pipudo, da [pipúðo, ða] 形 《話》すばらしい, 見事な. 類 **magnífico**.

pique [píke] 男 ❶ (a) 敵対心, 敵意, ねたみ. 類 *disgusto, enfado*. (b) 不和, 対立, あつれき. 類 *desavenencia, roce*. (c) 競争心, 負けじ魂. —*tener* ~ *con* ... を怒っている, …に敵対している. 類 *competencia*, *rivalidad*. ❷ 《昆虫》ノミ.

a pique de ... …する間際で.
echar a pique 沈没させる, 失敗させる.
irse a pique (1) 失敗する, 破産する. (2) 《海事》(船が)沈没する.

pique(-) [píke(-)] 動 *picar* の接・現在.

piqué[1] [piké] 動 *picar* の直・完了過去・1単.

piqué[2] [piké] 男 《服飾》うね織り, ピケ.

piquera [pikéra] 女 ❶ 蜂の巣の入り口. ❷ 樽の栓口.

piquero [pikéro] 男 《歴史, 軍事》槍兵(そうへい).

piqueta [pikéta] 女 ❶ つるはし, ピッケル. ❷ 《スポーツ》(登山用の)ピッケル.

piquete [pikéte] 男 ❶ (a) 刺すこと, 突くこと, 刺し傷, 突き傷. (b) (衣類などにできた)かぎ裂き, 穴. ❷ 棒, 杭, 支杭. ❸ 小さな穴. ❹ 《軍事》小隊, 分隊. ❺ (ストライキなどの)ピケ. —— *de huelga* ストライキのピケ.

pira [píra] 女 ❶ 火葬用の薪(まき). —— *funeraria* 火葬. ❷ たき火, かがり火 (= *hoguera*).

irse de pira (1) 《話》授業をさぼる. (2) ばか騒ぎをする. (= *irse de juerga*)

piragua [piráɣwa] 女 《中南米》丸木舟, カヌー.

piragüismo [piraɣwísmo] 男 《スポーツ》カヌー競技.

piragüista [piraɣwísta] 男女 《スポーツ》カヌー選手.

piramidal [piramiðál] 形 ❶ ピラミッドのような, ピラミッド型の. ❷ 巨大な. ❸ 《解剖》角錐状の. —*hueso* ~ 三稜骨. *músculo* ~ 錐体筋.

pirámide [pirámiðe] 女 ❶ ピラミッド; ピラミッド〔角錐〕状のもの. —~*s de Egipto* [*Keops*] エジプト〔クフ王〕のピラミッド. ~*s de edades* [*de población*] 各年齢層毎の人工を示したグラフ. ❷ 《数学》角錐(かくすい).

piraña [piráɲa] 女 《魚類》ピラニア(南米産).

pirar [pirár] 自 《話》さぼる, …に行かない (= *no asistir*).
——**se** 再 逃げ出す, 立ち去る. 類 *marcharse*.
pirárselas = *pirarse*.

:**pirata** [piráta] 男女 海賊; (交通機関の)乗っ取り犯; 著作権[特許権]侵害者, 剽窃者. —~ *del Mar Caribe* カリブ海の海賊. ~ *aéreo* ハイジャック犯. ~ *de patente* パテント侵害者. ~ *informático* ハッカー.
—— 形 海賊の; 非合法の. —*barcos* ~*s* 海賊船. *disco* ~ 海賊版ディスク. *emisora* ~ 海賊放送局. *edición* ~ 海賊出版. 類 *ilegal*.

piratear [pirateár] 自 ❶ 《海事》海賊行為をする. ❷ 著作権を侵害する.

piratería [piratería] 女 ❶ 海賊行為. ❷ (一般に)略奪, 盗み. ❸ 商品偽造, 偽者作り.

pirca [pírka]〔<ケチュア〕女 《南米》(接合剤を用いていない)石壁, 空積みの壁.

:**pirenaico, ca** [pirenáiko, ka] 形 ピレネー山脈(los Pirineos)の. —*cordillera* [*zona*] *pirenaica* ピレネー山脈[地帯].
—— 名 ピレネー山脈の住民.

pirético, ca [pirétiko, ka] 形 《医学》発熱した.

pírex [píre(k)s] 男 (サッカーの)最高得点者.

pirexia [piréksja] 女 《医学》熱, 熱病. 類 **fiebre**.

pirineo, a [pirinéo, a] 形 ピレネー山脈の, ピレネー地方の. 類 **pirenaico**.
(*la cordillera de*) *los Pirineos* ピレネー山脈. ◆スペインとフランスの国境をなす山脈.

piripi [piripi] 形 《話》ほろ酔いの, 一杯機嫌の. 類 **borracho**.
estar piripi ほろ酔い機嫌である.

pirita [piríta] 女 《鉱物》(各種金属の)硫化鉱.

pirograbado [piroɣraβáðo] 男 《美術》焼き絵.

pirolisis, pirólisis [pirolísis, pirólisis] 女 『単複同形』《化学》熱分解.

piropear [piropeár] 他 (男性が女性に)お世辞を言う, 冷やかす.

piropo [pirópo] 男 (主に街頭で女性に言う)ほめ言葉, お世辞, 冷やかし. — *Paseaban por la calle echando* [*diciendo*] ~*s a las chicas*. 彼らは通りで若い女性を冷やかしながら街を歩いていた. 類 **requiebro**.

pirosfera [pirosféra] 女 《地学》(地球の核を構成するとされる)溶岩.

pirosis [pirósis] 女 《医学》胸やけ.

pirotecnia [pirotéknja] 女 花火製造技術.

pirotécnico, ca [pirotékniko, ka] 形 花火製造技術の. — 名 花火製造業者, 花火師.

piroxena [pirokséna] 女 →pyrex.

pirrarse [piřárse] 再 《俗》『+por』…にうつつを抜かす.

pírrica [píříka] 女 →pírrico.

pírrico, ca [píříko, ka] 形 ❶ (古代ギリシャのエペイロスの王)ピュロス Pirro (前319-272)のような; 犠牲の大きい, 割に合わない. ❷ (古代ギリシャの)戦いの舞(な)の.
victoria pírrica ピュロスの勝利(多大な犠牲を払って得た勝利, 割に合わない勝利). ◆アスクルムの戦い(前279)で多大な犠牲を払ってローマ軍を破ったが利益は小さかったことから. — 女 (古代ギリシャの)戦いの舞(な), ピュリケーの踊り.

pirueta [pjruéta] 女 ❶ (ダンスの)つま先旋回. — *hacer* ~*s* 旋回する. ❷ (馬が後肢で立って する)回転. ❸ とんぼりはねたりすること; とんぼ返り. 類 **cabriola**. ❹ うまい口実, 逃げ口上.

piruetear [pjrueteár] 自 ❶ つま先で回る; 《バレエ》ピルエットする. ❷ 《馬術》ピルエットする, 後肢で立って急旋回する. ❸ 飛び跳ねる, とんぼ返りをする.

pirulí [pirulí] 男 棒つきキャンデー, ペロペロキャンディー.

pirulo, la [pirúlo, la] 形 《南米》ちっぽけな子供. — 男 ❶ (指で回す)小さな独楽. 類 **perinola**. ❷ (流し飲み用の)素焼きの水入れ. 類 **botijo**.

pis [pís] 男 《話》おしっこ (=orina). — *hacer*(*se*) *pis* おしっこをする.

Pisa [písa] 固名 ピサ(イタリアの都市).

pisa [písa] 女 ❶ 踏むこと, 踏みつけること. ❷ ぶどう[オリーブ]の圧搾の一回分.

pisada [pisága] 女 ❶ 足音; 踏むこと, 歩くこと, 歩み; (ブドウを搾(*しぼ*)るための)足踏み. ❷ 足跡.
seguir las pisadas de [*a*] … 《比喩》をまねる, にならう.

pisapapeles [pisapapéles] 男 『単複同形』文鎮(*ちん*), 紙押え.

:pisar [pisár] 他 ❶ を踏む, 踏んづける. — *En el metro pisé a una señorita sin querer*. 地下鉄の中で私はうっかり女性の足を踏みつけた. ~ *la uva* (ワイン造りのために)ブドウを踏みつける. *Pisa el freno al llegar a una curva*. カーブにさしかかったらブレーキを踏め. *El hombre pisó por primera vez la luna en 1969*. 人類は1969年に初めて月面を踏んだ.
❷ 〖否定文の中で〗…に足を踏み入れる, 姿を現わす. — *Hace cuatro años que no piso Madrid*. 4年前から私はマドリードの土を踏んでいない. *Ese hombre no volverá a* ~ *mi casa*. その男は二度とわが家の敷居をまたがないだろう.
❸ …に先んじる, を踏みにじる, 抜き去る. — *Si no haces nada, te pisará el puesto al que aspiras*. もし君が何もしないと, 君の欲しがっているポストを彼に先取りされるぞ.
❹ を虐待する, 軽蔑する, ないがしろにする. — *Pisa a sus empleados y no les reconoce el trabajo que hacen*. 彼は従業員をないがしろにしていて, 彼らの仕事に感謝しない. 類 **humillar, menospreciar**.
❺ 《音楽》(弦)をつま弾く, かき鳴らす, (ピアノの鍵盤)を叩く. — ~ *las cuerdas del arpa* ハープの弦をかき鳴らす. ❻ を重ねる, の上に乗せる. — *Las alfombras están mal colocadas porque una pisa a la otra*. じゅうたんの敷き方が悪い, 一方が他方の上に重なっているから. ❼ …に違反する, を破る, 踏みにじる. ❽ (鳥の雄が雌)と交尾する. 類 **cubrir**.
— 自 ❶ 歩く, 足を踏み出す. ❷ 上に乗っている, 上にある.
pisar fuerte 自信満々である, 勢いがある.

pisaverde [pisaβérðe] 男 《話》しゃれ者, めかし屋. 類 **lechuguino**.

pisca [píska] 女 →pizca.

piscicultor, tora [pisθikultór, tóra] 名 養殖業者.

piscicultura [pisθikultúra] 女 養魚(法), 水産養殖.

piscifactoría [pisθifaktoría] 女 養魚場, 養殖場.

pisciforme [pisθifórme] 形 魚の形をした.

piscina [pisθína] 女 ❶ プール. — ~ *cubierta* 室内プール. ❷ 養魚池.

Piscis [písis] 男 ❶ 《天文》魚座. ❷ 《占星》双魚宮.

piscívoro, ra [pisθíβoro, ra] 形 魚食性の.
— 名 魚食動物.

pisco [písko] 男 《南米》《飲物》ピスコ酒.

piscolabis [piskoláβis] 男 『単複同形』《話》軽食, 間食. — *tomar un* ~ 軽食をとる. 類 **tentempié**.

:piso [píso ピソ] 男 ❶ (建物や乗り物の)階. — *autocar de dos* ~*s* 2階建の観光バス. ~ *bajo* [*principal*] 1階. *Trabajo en el primer* [*segundo*] ~ *de este edificio*. 私はこのビルの2階[3階]で働いている. *Su casa tiene tres* ~*s*. 彼の家は3階建だ. 類 **planta**. ❷ (集合住宅の1戸分)マンション, アパート, フラット. — ~ *compartido* [*de inserción*] 共同で借りている[居候している]アパート. *Yo vivo en un* ~ *del*

1490 pisón

centro y mis padres en una casa de las afueras. 私は市の中心にあるマンションに住んでいるが、両親は郊外の一戸建ての家に住んでいる. Hemos alquilado un ~ de cuatro habitaciones con cocina, comedor y baño. 私たちは風呂付きの4DKのマンションを借りた. 類**apartamento**. ❸ 床, 床張り; 地面, 路面. ― El ~ de la sala es de mármol. 居間の床は大理石だ. Esta calle no tiene buen ~. この通りの地面は平らではない. 類**pavimento, suelo**. ❹ 靴底. ― El ~ de estos zapatos es de goma. この靴の底はゴムだ. ❺ 段. ― un sándwich de dos ~s 2段重ねのサンドイッチ. ~ geológico 地層. una tarta de tres ~s 3層のケーキ. 類**capa**.

pisón [pisón] 男 大槌(つち)(土地をならす).

pisotear [pisoteár] 他 ❶ を踏みつける, 踏みにじる. ― El niño pisoteó los juguetes en un ataque de rabia. その子は, かっとなっておもちゃを踏みつけた. 類**pisar**. ❷ を不当に扱う, 踏躙する. ― ~ la dignidad humana 人の尊厳を踏みにじる. 類**humillar, maltratar**. ❸ (法律や規則など)を無視する, 侵す. ― ~ las normas mínimas de convivencia 共同生活のための最低限の約束事を破る. 類**desobedecer, infringir**.

pisoteo [pisotéo] 男 ❶ 踏みつけること, 踏みつぶすこと. ❷ 踏みにじること.

pisotón [pisotón] 男 《話》足を踏むこと, 踏みつぶすこと. ― dar [pegar] un ~ 足を踏む.

pispar, pispear, pispiar [pispár, pispeár, pispiár] [1.5] 他 《南米》を詮索する, かぎ回る.

pispireta [pispiréta] 形 → pizpereta.

pista [písta] 女 ❶ (人・動物の)跡, (動物の)臭い(狩りなどで獲物を追う手がかりとなる); 形跡, 手がかり; ヒント. ❷ 《航空》滑走路. ― ~ de aterrizaje 着陸用滑走路. ~ de rodaje (飛行場の)誘導路. ❸ 《スポーツ》(a) (陸上競技の)トラック. ― correr por la ~ トラックを走る. (b) ~ de esquí スキー場, ゲレンデ. ~ de hielo スケートリンク. ~ de tenis テニスコート. ❹ 《自動車》高速道路. ❺ (サーカスの)リング. ❻ (ダンス)ホール, フロア. ― ~ de baile ダンスホール, (ディスコなどの)ダンスフロア. ❼ (森の中などに切り開かれた)道. ― ~ forestal けもの道. ❽ 《音響》録音帯, トラック.

pistachero [pistatʃéro] 男 《植物》ピスタチオ. 類**alfóncigo**.

pistacho [pistátʃo] 男 《植物》ピスタチオ.

pistilo [pistílo] 男 《植物》めしべ.

pisto [písto] 男 ❶ 《料理》ピスト(野菜の煮込み料理) ― ~ manchego ラ・マンチャ風ピスト. ❷ 《話》ごたまぜ. ❸ 【中南米】酒. ❹ 【中米】 (= dinero).

darse pisto ひけらかす, 自慢する. *Se da mucho pisto con su nueva moto*. 彼は新しいバイクをとても自慢している. 類**presumir**.

‡**pistola** [pistóla] 女 ❶ ピストル, 拳銃. ― ~ automática 自動拳銃. descargar [disparar] una ~ 拳銃を撃つ. 類**revólver**. ❷ (塗料などの)吹き付け器, スプレー(ガン), 噴霧器. ― ~ rociadora スプレーガン. Pintó la pared a ~. 彼は壁をスプレーで塗装した.

pistolera [pistoléra] 女 ホルスター(ピストルの革ケース).

pistolero, ra [pistoléro, ra] 名 ピストル強盗, 殺し屋.

pistoletazo [pistoletáθo] 男 ピストルの発射.

pistón [pistón] 男 ❶ 《機械》ピストン. ❷ 《音楽》(管楽器の)ピストン, バルブ, 音栓. ❸ (銃の)雷管.

pistonudo, da [pistonúðo, ða] 形 《話》すごい, とてもよい.

pita¹ [píta] 女 (不満・非難の)口笛, 野次.

pita² [píta] 女 ガラス玉.

pita³ [píta] 女 《植物》リュウゼツラン; その繊維.

pitada [pitáða] 女 ❶ (非難の)口笛. ― dar una ~ 非難の口笛を吹く. ❷ 呼び子の音.

Pitágoras [pitáɣoras] 固名 ピタゴラス(前590頃-480頃, ギリシャの数学者・哲学者).

pitagórico, ca [pitaɣóriko, ka] 形 ピタゴラス(学派)の.

pitanza [pitánθa] 女 ❶ (困窮者への)食物の分与, 配給. ❷ 《話》毎日の食物.

pitar [pitár] 自 ❶ 笛を吹く. ❷ 口笛を吹く(不満を表す). ― El público pitó al equipo visitante. 観衆は相手チームにブーイングの口笛を浴びせた. 類**abuchear, silbar**. ❸ 《自動車》クラクションを鳴らす. ❹ 《話, 比喩》牛耳る, 影響力がある. ❺ 《話》うまく行く (= marchar bien). ― Este negocio no *pita*. この取引はうまく行かない. ❻ ブーンという音がする; 耳鳴りがする.
―― 他 ❶ …に口笛を吹いて野次る. ❷ …に笛を吹く, 笛で合図をする. ― El árbitro pitó penalti. 審判はPKを指示した. ❸ (試合の)審判をする. 類**arbitrar**.

irse [marcharse, salir] pitando 急いで出て行く.

pitido [pitíðo] 男 [< pito] 呼び子笛, 汽笛, 警笛の音; 呼び子のような音(鳴き声). ― dar un ~ 笛を鳴らす. 類**silbido**.

pitillera [pitiʎéra] 女 タバコ入れ, シガレットケース. 類**petaca**.

pitillo [pitíʎo] 男 《話》(紙巻き)タバコ. ― fumar [echar] un ~ タバコを吸う.

pítima [pítima] 女 [< epítema] ❶ 《医学》(胸部への)湿布. 類**emplasto**. ❷ 《話》酩酊, 酔い. 類**borrachera**.

pitiminí [pitiminí] 男 《植物》小型のバラ, イバラ.

pitio, tia [pítjo, tja] 形 ❶ 《ギリシャ神話》アポロンApolo の. ◆デルフォイの大蛇ピュトン Pitón を退治したことから. ❷ (古代ギリシャの)デルフォイ Delfos の, (デルフォイの古名)ピュティア Pitio の.
juegos pitios 古代ギリシャのデルフォイでアポロンを祭った 4 年ごとに開催された競技祭.

pito¹ [píto] 男 ❶ 警笛, クラクション, ホイッスル, 呼び子; 《海事》汽笛. ― tocar el ~ 笛を吹く. ❷ 甲高い声, 鋭い音. ❸ カスタネットの(音); 指をパチンと鳴らすこと(音). (= castañeta). ❹ 《話》タバコ. ❺ 《俗》マリファナのタバコ. ❻ 《俗》ペニス.

cuando pitos flautas [flautos], cuando flautas [flautos] pitos 《話》物事が期待値の逆の結果になることから.

entre pitos y flautas 《話》いろいろ事情があって.

no importar a ... un pito 《話》(人)にとってどうでもよい.

no valer un pito 《話》何の価値もない.

pitos flautos 乱痴気騒ぎ:(男女間の)お遊び.

por pitos o por flautas 何かの理由があって, さる事情で.

tomar … por el pito del sereno (人)のことを重視しない, 気にも留めない.

pito² [píto] 男 《鳥類》キツツキ.

pitón¹ [pitón] 男 《動物》ニシキヘビ.

pitón² [pitón] 男 ❶ (牛の)角(の)先. ❷《スポーツ》(登山用の)ハーケン. ❸ (水差しの)注ぎ口. ❹ 若枝, 若芽. ❺〖中南米〗(水を引く)ホースの先, ノズル. ❻《俗》(女性の)乳房.

pitonisa [pitonísa] 女 ❶ (古代ギリシャでアポロン Apolo の神託を伝えた)デルフォイ Delfos の巫女. 類 *sacerdotisa*. ❷ 女占い師, 女預言者. — la ~ de Endor (旧約聖書の)エンドルの女占い師.

pitorrearse [pitor̄eárse] 再《話》〖+de〗をばかにする, 笑いものにする. 類 *mofarse*.

pitorreo [pitor̄éo] 男《話》冗談, ジョーク. — tomar … a ~ を冗談ととる. 類 *mofa*.

pitorro [pitór̄o] 男 (器の)飲み口, 注ぎ口. — beber por el ~ 飲み口から飲む.

pitpit [pitpí(t)] 男 《鳥類》タヒバリ(田雲雀).

pituita [pituíta] 女 《医学》粘液, (特に)鼻汁. 類 *humor, moco*.

pituitario, ria [pituitárjo, rja] 形 ❶《解剖》下垂体(性)の. ❷《解剖》(鼻)粘液の. — *membrana pituitaria* 鼻粘液膜.

pituso, sa [pitúso, sa] 形《話》愛らしい, かわいい. — 名《話》子供, 幼児.

Piura [pjúra] 固名 ピウラ(ペルーの都市).

pívot, pivot [piβo(t), piβó(t)] 男 (バスケットボールの)ポストプレーヤー, (サッカーの)ボランチ.

pivote [piβóte] [<仏] 男 ❶《機械》軸頭, 旋回軸, ピボット. ❷《スポーツ》中央でプレーする選手, 中堅の選手, (サッカーの)ボランチ. (= pivot)

píxel [píksel] 男 《情報》ピクセル, 画素.

piyama [pijáma] 男 → pijama.

pizarra [piθár̄a] 女 ❶ 黒板. — escribir en la ~ 黒板に書く. ❷ 石板, スレート. — tejado de ~s スレートの屋根. ❸《鉱物》粘板岩.

pizarral [piθar̄ál] 男 スレートの石切り場.

pizarreño, ña [piθar̄éɲo, ɲa] 形 スレート[粘板岩]の(ような), 石版の(ような).

pizarrín [piθar̄ín] 男 石筆.

Pizarro [piθár̄o] 固名 ピサロ(フランシスコ Francisco ~)(1475?-1541, スペインのインカ帝国征服者).

pizarrón [piθar̄ón] 男 ❶〖中南米〗黒板. ❷《スポーツ》スコアボード.

pizarroso, sa [piθar̄óso, sa] 形 スレート質の, スレートの.

pizca [píθka] 女《話》ひとつまみ, ひとかけら, 少量.

ni pizca《話》少しも…でない. (= nada)

pizpereta, pizpireta [piθperéta, piθpiréta] 形 (女性が)若くて快活な, ぴちぴちしている.

pizza [pítsa, píθa] 女 《料理》ピザ, ピッツァ.

pizzicato [pitsikáto, piθikáto] [<伊] 男 《音楽》ピチカート(奏法), ピッチカート(指で弦をはじく奏法).

pl.《略号》❶ = plaza 広場. ❷ = plazo 期限. ❸ = plural 複数.

‡**placa** [pláka] 女 ❶ (種々の材質の)板, 板状のもの. ボード. — ~ metálica [de metal] 金属板. — ~ vitrocerámica セラミック・ヒーター. La superficie de la cajita lleva una ~ de marquetería. 小箱の表面は寄せ木細工の板で出来ている. — ~ de captura de vídeo ビデオ・キャプチャー・ボード. ~ madre マザー・ボード. 類 *lámina, plancha*. ❷ 文字や図柄の書かれた板. (*a*) 表示板, 飾り額, 標識板. — ~ conmemorativa 記念プレート. — ~ de la circulación 交通標識. 類 *letrero, señal*. (*b*) (車の)ナンバープレート. — ~ de matrícula ナンバープレート. El coche llevaba la ~ de Barcelona. その車はバルセロナのナンバーを付けていた. 類 *matrícula*. (*c*) 表札, 名札. — El arquitecto ha cambiado la ~ de su oficina. その建築家はオフィスの表札を変えた. ❸ 勲章, メダル, バッジ, 記章. — la ~ de Isabel la Católica イサベル・ラ・カトリカ勲章. El policía sacó su ~ antes de pedirme la documentación. 警官は私に身分証明書を見せるよう言う前に彼のバッチを取り出した. 類 *insignia, medalla*. ❹ (写真)感光板, 乾板, レントゲン写真. ❺《地質》プレート.

placa dental《医学》歯石.

placaje [plakáxe] 男 《スポーツ》(ラグビーなどの)タックル. — hacer un ~ タックルをする.

pláceme [pláθeme] 男 祝辞. — dar el ~ 祝辞を述べる. estar de ~ 満足している. 類 *enhorabuena*.

placenta [plaθénta] 女 ❶《医学》胎盤. ❷《植物》胎座.

placentero, ra [plaθentéro, ra] 形 楽しい, 気持ちのよい, 愉快な. — El viaje ha sido ~. 楽しい旅行. 楽しい旅だった. 類 *agradable, grato*.

‡**placer**¹ [plaθér プラセル] 男 ❶ 喜び, 嬉しさ, 満足. — Encuentro un gran ~ en oír música. 私は音楽を聴くのがとても楽しい. Es un verdadero ~ para mí poder acompañarles. あなたがたのお供ができることを私はほんとうに嬉しく思っております. Me causaría un gran ~ si tuviera la bondad de invitarme. ご招待にあずかれればとても嬉しく思います. Le ayudaré con sumo placer. 喜んでお手伝いをさせていただきます. 類 *deleite, delicia, goce*. ❷ 楽しいこと, 快楽, 娯楽. — ~es de esta vida この世の快楽. viaje de ~ 行楽, 観光旅行. Antonio vive entregado a los ~es. アントニオは快楽にふけって暮らしている. ~es carnales [sexuales] 性的快楽. 類 *diversión, entretenimiento*.

a placer 好きなだけ, 思う存分に, 気兼ねなく; 適度に. Puedes ver la televisión *a placer*. 好きなだけテレビを見ていいよ. Puse la temperatura de la habitación *a placer*. 私は部屋を適度な温度にした.

placer² [plaθér] 男 ❶ 砂州, 浅瀬; 砂丘. ❷ (金などを採る)鉱床, 砂鉱床.

‡**placer**³ [plaθér] [9.1] 自 (人に)気に入る, 喜ばしい, 好きである. — No debes hacer sólo lo que te *plazca*. 君の好きなことだけをやっていいわけではない. Me *place* pasear a la orilla del mar. 私は海辺を散歩するのが好きだ. Me *place* mucho que se encuentre bien. あなたのお体の調子がよいことを大変うれしく思います. 類 *agradar*.

que me place はい喜んで; 喜ばしいことだ. ¿No le importa acompañarme? -*Que me place*. ご一緒していただけませんか? はい, 喜んで. Ya estoy completamente curado. -*¡Que me place!* 私はもうすっかり回復しました. -それは喜ばしいことです.

con mucho gusto.

placero, ra [plaθéro, ra] 〔<plaza〕形 ❶ 広場の, 市場の. ❷ 露天商の. ❸ (広場を)ぶらぶらしている.
— 名 ❶ 露天商. ❷ (広場を)ぶらぶらしている人, ひま人.

plácet [pláθe(t)] 〔<ラテン〕男 承認, 信認; (外国の外交官などに対する)信認[状], アグレマン. 類 **aprobación**.

placidez [plaθiðéθ] 女 穏やかさ, 静けさ.

Plácido [pláθiðo] 固名 《男性名》ブラシド.

‡**plácido, da** [pláθiðo, ða] 形 ❶ 穏やかな, 平静な, 落ち着いた. —María tiene un carácter ~. マリアは温和な性格だ. El mar está hoy muy ~. 海は今日はとても静かだ. 類 **apacible, sereno, sosegado, tranquilo**. 反 **agitado, nervioso**. ❷ 快い, 心地よい, 楽しい. —Anoche tuve un sueño ~. 昨夜私は楽しい夢を見た. 類 **agradable, placentero**. 反 **desagradable**.

plácito [pláθito] 男 意見, 見解. 類 **parecer, dictamen, sentido**.

plafón [plafón] 男 《建築》軒蛇腹の下側; 天井灯.

plaga¹ [pláγa] 女 ❶ 災害, 災厄, 災禍. —las diez ~s de Egipto 〔聖書〕エジプトの十災害. Las guerras civiles son una ~ en ese país. たび重なる内戦は, その国では災害のようなものである. 類 **calamidad, daño**. ❷ 苦難, 苦労, 苦悩. 類 **infortunio, trabajo, pesar, contratiempo**. ❸ 有害なもの[好ましくないもの]の過剰[過多]. —~ de erratas 多すぎる誤植. Una ~ de turistas invade estas playas en verano. 夏になると観光客の群れが, この辺りの砂浜に押し寄せる. 類 **abundancia, copia**. ❹ (農作物を襲う)害虫[疫病]. —Una ~ de filoxera arruinó las vides. アブラムシにやられたブドウはだめになってしまった. ❺ 《まれ》腫瘍, 傷.

plaga² [pláγa] 女 ❶ 緯度線. ❷ 緯度線にはさまれた地域.

plagar [plaγár] 〔1.2〕他 〔+de で〕をいっぱいにする. —traducción *plagada* de errores 間違いだらけの翻訳.
—**se** 再 〔+de で〕いっぱいになる.

plagiar [plaxiár] 他 ❶ (他人の文章・説などを)盗む, 盗作する, 剽窃(ひょうせつ)する. ❷ 〖中南米〗(人を)さらう, 誘拐する.

plagiario, ria [plaxiário, ria] 形 剽窃(ひょうせつ)の, 盗作の.
— 名 ❶ 剽窃者, 盗作者. ❷ 〖中南米〗誘拐犯.

plagio [pláxio] 男 盗作, 剽窃(ひょうせつ). —hacer un ~ 盗作する.

‡**plan** [plán プラン] 男 ❶ 計画, 案, プラン; 意図; 予定. —~ de estudios カリキュラム, 研究計画. — ~ quinquenal de desarrollo económico 経済発展 5 か年計画. P~ Nacional sobre Drogas 全国麻薬撲滅運動. hacer ~*es* para el fin de semana 週末の計画を立てる. poner un ~ en práctica 計画を実行に移す. seguir un ~ de ataque para aumentar las ventas 販売促進のための作戦を展開する. La situación nos obliga a cambiar de ~. 状況が変わって計画を変更する必要に迫られている. Él tenía el ~ de viajar solo a París. 彼は一人でパリへ旅行するつもりだった. Mi ~ para la vejez es vivir en un pueblo tranquilo. 私の老後のプランは静かな村で暮らすことだ. ❷ 《話》デート, 男女関係, 情事; その相手, 愛人. —Éste ha venido a la fiesta para buscar un ~. こいつは女の子を引っかけるためにパーティーに来てるんだ. 類 **ligue**. ❸ 〖医学〗治療, 療法; 食餌(しょくじ)療法. —En el hospital le sometieron a un ~ riguroso. 病院で彼は厳しい療法をとられた.

a todo plan 《俗》派手に, 豪勢に, 贅沢に. Celebraron la boda *a todo plan*. 彼らは結婚式を豪勢に挙げた.

en plan 〔+形容詞または de+名詞・不定詞〕…として, …の態度で; …のつもりで, の用意をして. Me lo contó *en plan* serio. 彼はまじめな態度で私にそのことを話した. No me hables *en plan* de broma. ふざけ半分で言うなよ. Estaba *en plan* de marcharse. 彼は立ち去るつもりでいた.

no ser plan 都合が悪い, 相応しくない; 愉快でない. *No es plan* que nos presentemos en la casa sin avisarles. 彼らに知らせずに私たちが家に行くのはよくない. *No es plan* que yo me quede solo en casa. 私一人家にいるなんて面白くない.

plana¹ [plána] 女 ❶ ページ, 紙面. —a toda ~ 一面全部に. primera ~ (新聞の)第一面. ❷ 平野, 平原. 類 **llanura**. ❸ 《印刷》ページ組み.

cerrar la plana を結論づける, しめくくる, 終わらせる.

corregir [enmendar] la plana (誤りや失敗)に気づかせる, を注意する, 指摘する.

plana² [plána] 女 《技術》(左官などの)こて, ならしごて.

plana mayor 《軍事》将校団, 幕僚.

‡**plancha** [plántʃa] 女 ❶ アイロン, こて; アイロンがけ; 〖集合的に〗アイロンをかける[かけた]衣類. —Tengo la ~ estropeada. アイロンが壊れている. Este pañuelo necesita una ~. このハンカチはアイロンをかけたほうがいい. Tengo mucha ~ todos los días. 毎日アイロンがけの衣類がたくさんある. ❷ (おもに金属の)板, (料理用の)鉄板, (船の)渡し板, タラップ. —La puerta está recubierta de ~s de acero. この扉は鋼鉄板で覆われている. sardinas [carne] a la ~ 鉄板焼きのいわし[肉]. 類 **chapa, hoja, lámina, placa, tabla**. ❸ 《話》大失敗, へま, どじ. —Menuda ~ me tiré; le pregunté si era su padre el que iba con ella y era su marido. 彼女と一緒にいた男性をお父さんかと尋ねたら夫だったなんて, とんだへまをやってしまった. ❹ 《印刷》版. ❺ 《スポーツ》身体を水平に保つこと; (体操の)腕立て伏せ; (水泳の)浮き身; (サッカーで)足の裏を見せて相手を蹴る反則. —realizar cinco ~s 腕立て伏せを 5 回やる. hacer la ~ unos minutos 水中で何分か浮く. Fue explusado por entrar en ~ a un delantero. 彼はフォワードに自分の足裏を見せるキックをして退場させられた.

planchada [plantʃáða] 女 →planchado.

‡**planchado, da** [plantʃáðo, ða] 過分 形 ❶ アイロンのかかった, プレスした. —Huele a ropa recién *planchada*. アイロンがけしたばかりの服のにおいがする. ❷ (不意の事態に)仰天した, 途方にくれた. —quedarse ~ 驚いて固まってしまう. Esa noticia me dejó ~. そのニュースに私は呆然となった. ❸ 〖メキシコ〗《俗》殴られた, 棒で叩かれた. ❹ 〖メキ

コ》《俗》待ちぼうけを食わされた.

dejar planchado 《話》驚かせる. La noticia de su muerte me *dejó planchado*. 彼の死の知らせに私は驚いた.

— 男 ❶ アイロンがけ, プレス. — central de ～ スチームアイロン置き台. Estos pantalones necesitan un ～. このスラックスはプレスが必要だ. ❷ アイロンかけした[する]衣類.

— 女 ❶ 浮き桟橋. ❷ 【中南米】アイロンがけ, プレス. ❸ 【中南米】ヘま, どじ.

planchador, dora [planʧaðór, ðóra] 名 アイロンをかける人.

— 男 アイロン部屋.

— 女 プレッサー.

‡planchar [planʧár] 他 ❶ (*a*) …にアイロンをかける. — una camisa ワイシャツにアイロンをかける. ～ el pelo ヘア・アイロンをかける. (*b*) …のしわを取って伸ばす, プレスする. ～ la ropa en seco 衣服にドライ・アイロンをかける. ～ las hojas de rosal バラの押し葉を作る. ❷ ～ をぺちゃんこにする. — La rueda del camión pasó por encima de la lata y la dejó *planchada*. トラックの車輪にひかれて缶がぺちゃんこになった. ❸ を途方に暮れさせる, 絶望させる. — Cuando me dijeron que había muerto, me quedé *planchado*. 私は彼が亡くなったと言われて, 途方に暮れた.

planchazo [planʧáθo] 男 《話》大失敗, ヘま. — darse [llevarse, tirarse] un ～ ヘまをする. 類 **desacierto, error.**

plancton [plán(k)ton] 男 《動物》プランクトン, 浮遊生物.

planeador [planeaðór] 男 《航空》グライダー, 滑空機.

planeadora [planeaðóra] 女 ❶ 《機械》平削盤, 鉋盤, プレーナー. ❷ 《船舶》モーターボート.

‡planear [planeár] 他 を計画する, …のプランを立てる, 企画する. — Estoy *planeando* un viaje por Chile para el mes que viene. 私は来月チリ旅行を計画しています. *Planean* irse de vacaciones a Canarias. 彼らはカナリア諸島に避暑に出かけようと計画している.

— 自 ❶ (鳥が)羽ばたかずに飛ぶ. — Un águila *planea* en el cielo. ワシが空を羽ばたかずに飛んでいる. ❷ (飛行機が)エンジンをかけずに飛行する, 滑空する. — El avión *planeaba*. 飛行機は滑空していた.

‡planeta [planéta] 男 惑星. — nuestro ～ 地球. el ～ Tierra 地球. ～s del sistema solar 太陽系の惑星. ～ inferior [interior] 内惑星(太陽系の惑星で地球より軌道が小さいもの). ～ superior [exterior] 外惑星.

planetario, ria [planetárjo, rja] 形 惑星の, 惑星のような. — sistema ～ 太陽系惑星.

— 男 プラネタリウム.

planetarium [planetárjun] 男 プラネタリウム. — visitar el ～ プラネタリウムに行く.

planicie [planíθje] 女 《地理》平野, 平原.

planificación [planifikaθjón] 女 計画, 立案. — ～ familiar 家族計画.

planificador, dora [planifikaðór, ðóra] 形 立案[計画]する.

— 名 立案[計画]者, プランナー.

planificar [planifikár] [**1.1**] 他 …の計画を立てる, を立案する.

planilla [planíʎa] 女 ❶ 【中南米】名簿, 目録,

planta 1493

台帳, 帳簿. 類 **nómina.** ❷ 【中南米】(公的機関に提出する)申請書, 記入用紙; 請求書, 明細書. 類 **formulario.** ❸ 【中南米】(乗り物の)回数券.

planimetría [planimetría] 女 面積測定.

planímetro [planímetro] 男 面積計, プラニメーター.

planisferio [planisférjo] 男 平面天球[地球]図; 星座早見図, 星座表. 類 **mapa, plano.**

planning [plánin] 男 [<英] 《複 plannings》(特に経済的・社会的な)計画, 立案. 類 **planificación.**

‡plano, na [pláno, na] 形 平らな, 水平な, 滑らかな, 平べったい. — El terreno es ～. その土地は平ら[平坦]だ. superficie *plana* 滑らかな表面. pie ～ 偏平足. 類 **llano, liso.**

— 男 ❶ 平面図, (建物などの)見取り図, (機械などの)設計図; (街路などの)地図, 案内図. — dibujar un ～ 図面を描く. Se ha levantado [trazado] el ～ de su propia casa. 彼は家の設計図を自分で引いた. Dimos una vuelta siguiendo el plano de la ciudad. 私たちは市街地図を見ながら一回りした. ❷ 平面, 面. — ～ inclinado 斜面. ～ horizontal 水平面. ❸ 高さ, レベル; (社会の)階級. — En el escaparate los artículos están puestos en distintos ～s. ショーウインドウの中では商品が別々の高さ[段]に並べられている. Su marido es de un ～ social superior. 彼女の夫は彼女より上の階級の出である. 類 **nivel.** ❹ 面, 相, 観点; 分野. — Este proyecto no es viable desde el ～ financiero. この計画は財政的な面で実現性がない. Se abordó el problema desde diversos ～s. その問題に関してはいろいろな観点から取り組みがなされた. 類 **aspecto.** ❺ 《絵画, 演劇》景; 《映画, 写真》ショット, シュート(連続した一場面). — primer ～ 前景; クローズアップ. segundo ～ 後景. ～ de fondo 背景, 遠景. ～ general [largo, de conjunto] ロングショット. Mi novia es la chica que aparece en el primer ～. 私の恋人はクローズアップ写真に写っている女性だ. ❻ 《飛行機》の翼. — ～ de cola 尾翼.

de plano (1) はっきりと, 完全に. Me equivoqué *de plano* en ese asunto. 私はあの件については明らかな間違いを犯した. Rechazó *de plano* nuestra propuesta. 彼は我々の提案をきっぱりと断った. El criminal confesó *de plano*. 犯人はすべてを自白した. (2) 真っ直ぐに, 正面から. El sol da *de plano* en mi habitación a esta hora. この時間は太陽の光が私の部屋をいっぱいに照らす. (3) 平らな面で; 平らに. Me dio *de plano* con la mano [una regla]. 彼は私に平手打ちをくわせた[定規でひっぱたいた]. Iba completamente borracho y cayó *de plano* al suelo. 彼は泥酔して床に大の字になって倒れた.

‡planta [plánta] 女 ❶ 植物 (*a*) 植物, 草木. — ～ acuática 水生植物. ～ medicinal 薬用植物. ～ parásita 寄生植物. ～ trapadora つる植物. 類 **vegetal.** (*b*) 植木, 鉢植え, 苗. — regar las ～s del jardín 庭の植物に水をやる. El salón está lleno de ～s. 居間は鉢植えの植物でいっぱいだった. ❷ 階, 階層. — edificio de cinco ～s 5階建ての建物. Ella vive en ～ baja. 彼女は1階に住んでいる. 類 **piso.** ❸ (建物の)平面図, 間取り

図. — Aquí tiene Ud. la ～ de su nueva casa. これがあなたの新居の間取り図です． ❹ プラント(工場の建物，機械，設備一式)，工場. ～ de energía eléctrica 発電所. ～ de tratamiento químico 化学処理プラント. Nuestra empresa construirá una ～ en Andalucía. 我が社はアンダルシアに工場を建設することになっている． ❺ 足の裏(ダンスなどの)スタンス, 足の位置[構え]. — No me hagas cosquillas en la ～ del pie. 足の裏をくすぐらないでくれ. ❻《話》容姿，スタイル，体格. — María apareció en la fiesta acompañada de un chico con muy buena ～. マリアはとてもかっこいい男の子にエスコートされてパーティーに現れた. Su novia tiene una magnífica ～. 彼の恋人はすばらしい体格だ. ❼ 人員，職員; 職務分担. ❽ 計画，企画, 案.

de (nueva) planta 基礎から新しく. Mi casa ya está muy vieja y tenemos que construirla *de nueva planta*. 我が家はとても古くて新築する必要がある.

echar plantas 威張りちらす, 空威張りする. Mi jefe siempre anda *echando plantas*. 私の上司はいつも威張ってばかりいる.

plantación [plantaθión] 囡 ❶《農業》(植物の)植え付け，植物栽培;〔集合的に〕(1か所の)作物, 栽培植物. ❷《農業》大農園, プランテーション. ～ de tabaco タバコのプランテーション.

plantado, da [plantádo, ða] 形 ❶ (bien ～) かっこうのよい, スタイルのよい. ❷ 植えられた. — campos ～s de trigo 小麦の植わっている畑. ❸ 立ったままの.

dejar a ... plantado《話》…との約束をすっぽかす，待ちぼうけさせる, 見捨てる.

plantador [plantaðór] 男《農業》植え付け機, 穴掘り具.

‡**plantar** [plantár] 他 ❶ 植える，植樹する, (…の種子)をまく. — ～ ciruelos プラムの木を植える. ～ claveles en el jardín 庭にカーネーションを植える. — ～ cerezos en la ribera 川岸に桜を植える. ❷〖+de〗…の木を(土地)に植える. — ～ una colina *de* pinos 松を丘に植える. ❸ を据え付ける, 建てる. — *Plantaron* una cruz en la cima del monte. 彼らは山の頂上に十字架を建てた. ❹《話》を置く. — Como tiraba la ceniza al suelo, su mujer *plantó* un cenicero en la mesa. 彼が灰を床に落とすので妻はテーブルに灰皿を置いた. ❺《話》(会合の約束)をすっぽかす, 破る; (女が男)をふる. — Le *ha plantado* su novia. 彼は恋人にふられた. ❻《話》(*a*) をなぐる, たたく; (殴打)を食らわす. — Le *plantaron* una bofetada en la mejilla. 彼はほっぺたに1発food5った. 類 asestar. (*b*) (意見・考え)をさらけ出す, ぶつける. — Le *planté* en la cara todo lo que pensaba de él. 私は彼について考えていることをすべてぶちまけた. ❼《話》を放り出す, 放り込む. — Estaba borracho y le *plantaron* en la calle. 彼は酔っぱらっていたので通りへ引きずり出された. *Plantó* a su padre en un asilo. 彼は父親を老人ホームに押し込んだ. 類 colocar, echar. ❽ (*a*)(キス)をする, 与える. — Me *plantó* dos besos. 彼は私に2回キスをした. (*b*) (ののしりの言葉など)を投げつける, 発する. — Le *plantó* gritos e insultos. 彼はその男をどなりつけ, ののしった. 類 largar, soltar.

— **se** 再 ❶ (*a*)動かずにいる, 陣取る, 立ちはだかる. — *Se plantó* en la esquina y no se movió en dos horas. 彼は角に陣取って, 2時間も動かなかった. (*b*) 直立不動になる, 足をそろえて立つ. — El soldado *se plantó* ante el capitán. その兵士は隊長の前で気をつけの姿勢を取った. 類 cuadrarse. ❷〖+en〗…と決心する, 固執する. — *Se plantó en* que llevaba razón y no hubo modo de convencerle. 彼は自分の言っていることが正しいと決めこんでいて説得する術がなかった. ❸ (トランプ)手持ちのカード以上に欲しがらない. — Me planto. 私, これ以上カードは要りません. ❹〖+en〗…に素早く到着する, さっと行く. — *Se plantó* en Sevilla en tres horas. 彼はほんの3時間でセビーヤに着いた. ❺ さからう, 抵抗する, 駄々をこねる. — Ella quería trasladarse de casa, pero el marido *se plantó* y dijo que ni hablar. 彼女は引っ越しをしたかったが, 夫は反対して話もしたくないと言った. 類 negarse. ❻ 身につける, 着る.

plante [plánte] 男 抗議, 反抗, 口答え.

dar plante a ...《話》…に待ちぼうけを食わせる, (約束)をすっぽかす.

***planteado, da** [planteáðo, ða] 過分 形 ❶ 提起[提出]された. — Este problema está mal ～. この問題は出し方が間違っている. ❷ 計画された. ❸ 設置[制定]された.

planteamiento [planteamiénto] 男 ❶ 提案, 提起, 企画. — hacer un ～ 提起する. ❷ 創始, 創設.

‡**plantear** [planteár] 他 ❶ (*a*) (テーマ・問題)を提起する, 出す. — Cuando le *plantean* un problema lo resuelve inmediatamente. 彼は問題を提起されるとそれをすぐに解決する. El profesor *plantea* los problemas muy bien. 先生は問題の出し方がとてもうまい. (*b*) (考え・解決策)を出す, 提案する. — *Plantearon* varios cambios en la organización. いくつかの改組が提案された. En el Consejo de Ministros *plantearon* la reforma fiscal. 閣議で財政改革が提案された. ❷ (用件・問題)を示す, 持ちかける, 知らせる. ❸ を引き起こす. — La discrepancia de opiniones entre ellos nos *planteó* muchas dificultades. 彼らの間の意見の不一致がたいへん難しい事態を招いた.

— **se** 再 …しようと思う, …するつもりである. — Me *planteo* cambiar de piso. 私はマンションを変えようと思う. El gobierno *se plantea* una subida del IVA. 政府は消費税の値上げを目論んでいる.

‡**plantel** [plantél] 男 ❶ 苗床, 苗木畑. ❷ 養成所, 訓練所, 教育施設. 類 **criadero, vivero**.

planteo [plantéo] 男 → planteamiento.

***plantificar** [plantifikár] [1.1] 他 ❶ (制度・組織などを)設立する. ❷《話》(打撃・侮辱などを)与える, (キス)をする. — Le *plantifiqué* una bofetada. 私は彼をぴしゃりと打った. Me *plantificó* dos besos. 彼女は私に二度口づけをした. ❸《話》〖+*en*〗を…に(強制的に)置く, 閉じ込める. — El padre *plantificó* a su hijo *en* el sótano. 父親は子供を地下室に閉じ込めた.

— **se** 再〖+*en*〗すぐ到着する. — En cinco minutos me *plantifico en* la estación. 私は5分で駅に着きます. ❷《話》(不適切[奇妙]な衣服)を着る. — *Se plantificó* una camisa sin planchar y salió corriendo. 彼はアイロンのかかっていないシャツを着ると大急ぎで出かけた.

plantígrado, da [plantíɣraðo, ða] 形 《動物》蹠行(しょこう)する(クマなどのように足の裏を地につけて歩く). ― 男 蹠行動物.

***plantilla** [plantíja] 女 ❶ 原型, 型紙, ひな型; ステンシル(金属板などに模様や文字を切り抜いた印刷の原型). ―El niño utiliza ～s de plástico para dibujar animales. その子はプラスチックの型紙を使って動物の絵を描いている. ❷ (*a*)(集合的に)(企業などの)**人員**, 社員; (スポーツチームの)メンバー. ―Debido a la depresión económica tenemos que reducir la ～ de nuestra fábrica. 景気が悪くなったので我々の工場も人員の削減をせねばならない. Dos nuevos jugadores formarán parte de la ～ de fútbol. ふたりの新人がサッカーのメンバーに加わるだろう. (*b*) 正社員. ―En esta empresa soy de ～. この会社で私は正社員だ. Dentro de poco Juan estará en ～. しばらくするとフアンは正社員になるだろう. ❸ (靴の)敷き革, 中敷き; 靴底; (靴下, ストッキングの底部を補修する)当て布. ―Si te están grandes los zapatos, ponte ～s. もし靴が大きめなら敷き革を入れなさい. ～ ortopédica 足の形を矯正するために靴に入れる敷革. 類**suela**. ❹ 《情報》テンプレート.

plantío, a [plantío, a] 形 ❶ 《農業》(土地が)植え付け可能の. ❷ 植物が植えてある.
― 男 ❶ (植物を)植えること. ❷ 《農業》畑, 栽培場.

plantista [plantísta] 男 ❶ (特に苗を育てる)植木職人〔庭師〕. 類**jardinero**. ❷ 虚勢を張る人.

plantón [plantón] 男 ❶ 《農業》苗木, さし木.
dar un plantón a ... 《話》…に待ちぼうけさせる; (約束を)すっぽかす.
estar〔quedarse〕de〔en〕plantón じっと立ち続ける, 長い間待つ.

plañidera [plaɲiðéra] 女 泣き女(葬儀に雇われる).

plañidero, ra [plaɲiðéro, ra] 形 悲しげな, 悲痛な. ―voz *plañidera* 悲痛な声.

plañido [plaɲíðo] 男 嘆き, 悲しみ, 泣き叫ぶこと.

plañir [plaɲír] **[3.10]** 他 《まれ》を嘆く, 声を上げて泣く, 悼む.
― 自 《まれ》嘆く, 声を上げて泣く.

plaqué [plaké]〔＜仏〕男 金〔銀〕めっき, 金〔銀〕側. 類**chapa**, **chapado**.

plaqueta [plakéta] 女 ❶ 《解剖》血小板. ❷ 《建築》化粧タイル.

plasma [plásma] 男 ❶ 《生物》原形質. ❷ 《鉱物》(半透明の)緑玉髄. ❸ 《解剖》血漿(けっしょう), プラズマ. ❹ 《物理》プラズマ.

plasmar [plasmár] 他 ～を形作る, 作り上げる, 造形する.
― *se* 再 〖＋en〗…となって具体化する.

plasta [plásta] 女 ❶ (*a*) どろどろしたもの, 粥状のもの. (*b*) 押しつぶされたもの. ―La tarta estaba hecha una ～. ケーキはつぶれてしまっていた. ❷ (家畜の)糞. ❸ 《話》やっかいな人; 退屈な人. 類**pelma**. ❹ 失敗作, 不完全なもの.
― 形 やっかいな; 退屈な. 類**aburrido**, **pesado**.

plástica [plástika] 女 《美術》造形美術, 彫刻, 彫塑(ちょうそ).

plasticidad [plastiθiðáð] 女 ❶ 可塑(かそ)性, 造形力. ❷ 柔軟さ, 適応力.

***plástico, ca** [plástiko, ka] 形 ❶ 造形〔術〕の, 造形的な. ―artes *plásticas* (絵画・彫刻などの)造形芸術. ❷ 可塑的な, 柔軟な. ―La arcilla es *plástica*. 粘土は思うような形にできる. 類**flexible**. ❸ 《医学》形成の. ―cirugía *plástica* 形成外科(手術). cirujano ～ 形成外科医. ❹ (言葉使いや文体が)生き生きとした, 表現力豊かな. ―Esta novela tiene un estilo muy ～. この小説の文体は非常に精彩がある. ❺ プラスチック(製)の, 合成樹脂の. ―fibra *plástica* 合成樹脂繊維.
― 男 ❶ プラスチック, 合成樹脂. ―bolsa de ～ ポリ袋, ビニール袋. vaso〔plato〕de ～ プラスチックのコップ〔皿〕. ❷ プラスチック爆弾(bomba de ～).

plastificación [plastifikaθjón] 女 ❶ 可塑化, 柔軟化. ❷ プラスチック加工, ラミネート加工. 類**plastificado**.

plastificado, da [plastifikáðo, ða] 形 ❶ 可塑化された, 柔軟化された. ❷ プラスティック〔合成樹脂〕加工を施した.
― 男 ❶ 可塑化, 柔軟化. ❷ プラスチック加工, ラミネート加工.

plastrón [plastrón]〔＜仏〕男 ❶ (鎧の)胸当て, 胸甲; (フェンシングの)胸当て. 類**peto**. ❷ 《服飾》飾り胸当て, 胸飾り. 類**pechera**. ❸ 《服飾》幅広のネクタイ. 類**corbata**. ❹ 《動物》(カメの)腹甲.

:**Plata** [pláta] 固名 (La ～) ラ・プラタ. ―el Río de La ～ ラ・プラタ川(南米大陸南部の川). La ～ ラ・プラタ市(アルゼンチンの Buenos Aires 州の州都).

****plata** [pláta プラタ] 女 ❶ 銀; 〔集合的に〕銀製品, 銀食器. ―de color ～ 銀色の. pulsera de ～ 銀のブレスレット. ― alemana 洋銀(銅, ニッケル, 亜鉛の合金で銀白色の光沢がある). ～ de ley 純銀, 法定含有量を持つ銀. ～ labrada 銀製品, 銀細工. Hoy me voy a dedicar a limpiar la ～. 今日は銀の食器を磨くことにする. ❷ 銀貨; (特に中南米で)お金, 富, 財産. ―pagar en ～ 銀貨で払う. Tiene mucha ～. 彼は金持ちだ. Me he quedado sin ～. 私は一文無しになった. ❸ 《スポーツ》銀メダル (＝medalla de ～).

como una plata 光輝いた; 清潔で美しい. Dejó el coche *como una plata*. 彼は車をピカピカにした.

hablar en plata 率直〔単刀直入〕に言う; 簡潔〔手短〕に言う. *Hablando en plata*, no quiero trabajar contigo más. 率直に言って, これ以上お前と一緒に働くのはいやだ. Lo que pasa, *en plata*, es que nuestra empresa ha quebrado. 手短に言うと, つまり, 我々の会社は破産したのだ.

manos〔manitas〕de plata 器用な人, 有能な人. Deja que lo haga él, que es *un manitas de plata*. 有能な人だから, 彼に任せなさい.

ser plata 価値がある, 有益である.

plataforma [platafórma] 女 ❶ (乗り物の)乗降口, (プラットホーム), (バスの)乗降段, デッキ, 台. ―esperar el tren en la ～ プラットホームで列車を待つ. ❷ 《比喩》足場, 手段, きっかけ. ❸ 演壇, 教壇, 講壇, 台. ❹ 発射台, 砲座. ❺ 《地理》高地, 台地. ❻ 《建築》壇, バルコニー. ❼ 《政治》政綱, 綱領. ―P～ Basta Ya (スペインのテロ反対運動). ❽ 《コンピュータ》プラットフォーム.

plataforma continental 大陸棚.
plataforma espacial 宇宙ステーション.

platal

plataforma móvil 動く歩道.
plataforma petrolífera (海底油田の)掘削[探査]装置.

platal [platál] 男 大金, 財産. 類 **dineral**.

platanal, platanar [platanál, platanár] 男 バナナ園.

platanera [platanéra] 女 →platanero.

platanero, ra [platanéro, ra] 形 ❶ バナナの. 類 **bananero**. ❷《中米》(バナナをなぎ倒すほど風が)強い. —viento ～ 強風.
　——男 バナナ農家[商].
　——男《植物》バナナの木. 類 **plátano, banano**.
　——女 バナナ農園. 類 **platanar**.

plátano [plátano] 男《植物》❶ バナナ, バナナの木. 類 中南米では **banana** が多く用いられる. ❷ プラタナス, スズカケの木.

platea [platéa] 女《演劇》平土間席, 1階前方の席.

plateado, da [pleteádo, ða] 形 ❶ 銀色の. ❷ 銀めっきした.

platear [plateár] 他 …に銀めっきする, 銀をかぶせる.

platense [platénse] 形 ❶ ラ・プラタ(Plata)川の. ❷ ラ・プラタ(Plata)市の.
　——男女 ❶ ラ・プラタ川流域の住民. ❷ ラ・プラタ市の人.

plateresco, ca [platerésko, ka] 形《建築》プラテレスコ風の, プラテレスコ様式の. ♦16世紀スペインの建築様式で, 銀器類のような入念な装飾が特色.

platería [platería] 女 ❶ 銀細工. ❷ 銀細工店[工場].

platero, ra [platéro, ra] 形 (ロバが)銀色の, 銀白色の.
　——名 ❶ 銀細工師. ❷ 銀細工商人.

plática [plátika] 女 ❶ 会話, 対話, おしゃべり;《通信》チャット. —tener una ～ con … …としゃべりをする. estar de ～ おしゃべりをしている. 類 **conversación, charla**. ❷《宗教》(短い)説教. —dar una ～ 説教をする.

platicar [platikár] [1.1] 自《メキシコ》会話する, おしゃべりする. ——他 を討議する, 話し合う.

platija [platíxa] 女《魚類》ツノガレイ, アカガレイ.

platillo [platíjo] 男 ❶ (カップの)受け皿, ソーサー; (天秤の)受け皿. ❷ 小皿. ❸ 複《音楽》シンバル. —tocar los ～s シンバルを演奏する. ❹ うわさの種, 話題.
a bombo y platillo →bombo.
platillo volante [volador] 空飛ぶ円盤. (=ovni)

platina [platína] 女 ❶ 作業台. ❷ (顕微鏡の)載物台. ❸《印刷》(印刷機の)圧盤. ❹ (レコードプレーヤーの)ターンテーブル.

platinado [platináðo] 男 白金[プラチナ]めっき.

platinar [platinár] 他 …に白金をかぶせる.

platino [platíno] 男《鉱物, 化学》白金, プラチナ(元素記号 Pt, 原子番号 78).

platirrino, na [platíríno, na] [<plato + rino] 形《動物》広鼻猿類の.
　——男 複《動物》(クモザルやホエザルなどの)広鼻猿類.

***plato** [pláto プラト] 男 ❶ 皿, 銘々皿. —～ llano 平皿. ～ hondo 深皿. ～ sopero スープ皿. El cocinero puso bistec y patatas fritas en los ～s. コックは皿にステーキとフライドポテトを盛りつけた. ❷ 料理, 料理の1品. —primer ～ (前菜の前の)最初の料理. ～ combinado 盛り合わせ定食. Yo quiero comer un ～ de pescado. 私は魚料理がたべたい. Mi mujer prepara [hace] ～s exquisitos. 女房はとてもおいしい料理を作る. En la cena nos sirvieron tres ～s y postre. 夕食では3品の料理とデザートが出された. 類 **comida, guiso**. ❸ 食事; 扶養. —En mi casa, nunca te faltará cama y ～. 我が家では寝床と食事には不自由させないよ. ❹ 皿状のもの; (天秤の)皿; (クレー射撃の)標的, かわらけ. —el ～ de embrague クラッチ盤. tiro al ～ クレー射撃.

comer en el [un] mismo plato 同じ釜の飯を食う, とても仲がいい. ¡Oye, que tú y yo nunca hemos comido en el mismo plato! 君と私はこれまでうまくいっていたことが一度でもあったか(なれなれしくするなよ).

no haber roto [quebrado] un plato en su vida 一度も過ちを犯したことがない. Es increíble lo que ha hecho. Y parecía que *no había roto un plato en su vida*. 彼のしたことが信じられない, 虫も殺さぬように見えたのに.

pagar los platos rotos 責任を取らされる, 罪をかぶる. El fallo fue de los dos, pero yo tuve que *pagar los platos rotos*. 失敗はふたりの責任なのに私が責任をとらされた.

plato fuerte (1) メインディッシュ. Hoy, de *plato fuerte* tenemos paella. 今日のメインディッシュにはパエーリャを用意しています. (2)《話》(催物などの)目玉, トピック. El *plato fuerte* del simposio será la conferencia del Primer Ministro. シンポジウムの目玉は首相の講演だろう.

ser plato del gusto de … …の好みである. Este tipo de muchacho no *es plato de mi gusto*. こんな男の子私の好みじゃないわ.

ser plato de segunda mesa のけ者にされる, 無視される.

plató [plató] [<仏] 男《映画》映画のセット.

Platón [platón] 固名 プラトン(前427-347, ギリシャの哲学者).

platónicamente [platónikaménte] 副 純精神的に, 観念的に; 理想的に, プラトニックに.

***platónico, ca** [platóniko, ka] 形 ❶ プラトン(Platón)の, プラトン哲学[学派]の. —filósofo ～ プラトン学派の哲学者. ❷ (特に恋愛関係で)純精神的な, 無欲の, 観念的な. —amor ～ プラトニックラブ. ❸ 観念論的な; 理想主義的な. 類 **idealista**.

platonismo [platonísmo] 男 ❶《哲学》プラトン哲学[学派]. ❷ 純精神的な恋愛.

platudo, da [platúðo, ða] [<plata] 形《中南米》金持ちな, 裕福な.
　——名《中南米》金持ち. 類 **adinerado, rico**.

plausibilidad [plausiβiliðá(ð)] 女 ❶ 賞賛に値すること. ❷ もっともらしさ, 納得[容認]できること.

plausible [plausíβle] 形 ❶ ほめるに足りる, 立派な, 感心な. 類 **loable**. ❷ もっともらしい, まことしやかな. —teoría ～ もっともらしい説. 類 **admisible, recomendable**.

playa [plája プラヤ] 囡 ❶ 浜, 海岸, 磯; 海水浴場. —Este verano no hemos ido a la ～. 今年の夏は海[海水浴]には行かなかった. En la Costa Brava hay muchas y preciosas ～s. コスタブラバには美しい海岸がたくさんある. ❷ 『中南米』平らな場所, スペース. —～ de estacionamiento 駐車場. ～ de maniobra 操車場.

play-back [pléiβa(k)] 〈英〉男 録音[録画]したものの再生, プレーバック, アテレコ.

playboy [pléiβoi] 〈英〉男 プレーボーイ, 遊び上手で粋な男性. 類 **donjuán**.

playera [plajéra] 囡 →playero.

playero, ra [plajéro, ra] 形 海辺の, 海辺用の. —sandalias ～s ビーチサンダル.
—— 名 ❶ (海辺から来る)魚売り. ❷ 『南米』港湾労働者. 類 **peón**.
—— 囡 ❶ (ビーチサンダル, ゴム草履. ❷ 『中米』Tシャツ. ❸ 『音楽』(アンダルシーア民謡の一種)ブラジェーラ.

plaza [pláθa プラサ] 囡 ❶ 広場; (何かが催される)場所. —El Ayuntamiento está en la P～ Mayor. 市役所は中央広場にあります. ～ de toros 闘牛場. ～ de armas 練兵場. ❷ (食料品や日用品)市場(ʻ²); (食料品などの)日々の買い物. —～ de abastos 卸売市場. Compro las verduras en la ～ porque es más barato. 野菜の方が安いので私は市場で買います. Hago la ～ los lunes y viernes. 私は月曜と金曜は市場で買い物をする. 類 **mercado. ❸ 市場(ʻ²) —Tenemos una sucursal en esa ～. 我が社はあなたの市に支店があります. ❹ 席, 座席; スペース; 収容定員. —aparcamiento de cien ～s 100台収容可能な駐車場. Este autocar es de sesenta ～s. この観光バスは 60 人乗りだ. Aquí tienes una ～ libre. ここに空いた席があるよ. Esta conferencia es de ～ limitadas. この講演会は定員制になっている. ❺ 職, ポスト, 仕事. —Mi amigo ha sacado una ～ de director de personal. 友人は人事部長のポストに就いた. Hay que cubrir varias ～s en la sección de ventas. 営業部のいくつかのポストを埋めねばならない. Me han dado una ～ de contable. 私は経理係の仕事をもらった. 類 **cargo, empleo, puesto**. ❻ 砦, 城塞都市. 類 **ciudadela, fortaleza**.

hacer plaza (1) 小売りする. (2) 場所を空ける. *Hagan plaza para que pase el camión*. トラックが通れるよう道を空けてください.

sacar a la plaza を公にする, 公開する. *Los periódicos han sacado el escándalo político a la plaza*. 新聞はその政治スキャンダルを公にした.

sentar plaza 志願して入隊する.

plazca(-) [plaθka(-)] 動 placer の接・現在.

plazco [pláθko] 動 placer の直・現在 1 単.

‡plazo [pláθo] 男 ❶ 期限, 期間. —a corto [largo] ～ 短[長]期間で[の]. depósito a ～ fijo 定期預金. El ～ para presentar la solicitud es de una semana. 申込書の提出期限まで 1 週間だ. Nos han dado un ～ de dos meses para pagar las deudas. 我々の借金の返済までに 2 ヵ月の期間をくれた. Es necesario terminar la traducción en el ～ de una semana. 1 週間以内に翻訳を終える必要がある. ¿Cuándo vence [se cierra, se cumple] el ～ de pago? 支払いの期日はいつまでですか. No vendemos a ～ うちでは

---

pleita 1497

掛け売り[信用取り引き]はしません. 類 **término**. ❷ (分割払いの一回分の)支払. —pagar en veinte ～s 20 回払いで支払う. He comprado un coche a ～s. 私は車を分割払いで購入した. Todavía me quedan cinco ～s para terminar de pagar el frigorífico. 冷蔵庫のローンがまだ 5 回残っている.

plazoleta [plaθoléta] 囡 小広場.

plazuela [plaθuéla] 囡 小広場.

pleamar [pleamár] 囡 《海事》満ち潮, 高潮, 高潮時. 反 **bajamar**.

plebe [pléβe] 囡 ❶ 庶民, 一般大衆. ❷《話, 軽蔑》下層民. ❸ 〖歴史〗(古代ローマの)平民.

plebeyez [pleβejéθ] 囡 ❶ 平民[庶民]らしさ. ❷ 粗野, 卑劣. 類 **villanía**.

*plebeyo, ya [pleβéjo, ja] 形 ❶ 平民の, 庶民の; 下層民の. —Es de una familia *plebeya*. 彼は下層の家の出だ. ❷ 《軽蔑》卑俗な, 粗野な. —Tiene unos modales ～s. 彼はマナーが悪い. 類 **grosero, vulgar**.
—— 名 平民. —El príncipe contrajo matrimonio con una *plebeya*. 王子は平民の娘と結婚した.

plebiscitario, ria [pleβisθitárjo, rja] 形 《政治》国民[住民]投票の.

plebiscito [pleβisθíto] 男 《政治》国民[住民]投票. —someter a ～ 国民投票にかける.

plectro [pléktro] 男 ❶ 《音楽》(はしゃみ, ピック, 義甲(弦楽器演奏用のつめ). ❷ (詩の)着想, インスピレーション.

plegable [pleγáβle] 形 折り畳める. —paraguas ～ 折り畳み傘. mesa ～ 折り畳み式テーブル.

plegadera [pleγaδéra] 囡 ❶ ペーパーナイフ. 類 **cortapapeles, abrecartas**. ❷ (製本用の)折りべら.

plegadizo, za [pleγaδíθo, θa] 形 折り畳みできる. 類 **plegable**.

plegado, da [pleγáδo, δa] 形 折り畳んだ, 襞[プリーツ]のある.
—— 男 ❶ 折り畳むこと, 襞[プリーツ]をつけること. ❷ 折り目, 襞, プリーツ.

plegador, dora [pleγaδór, δóra] 形 折り畳みできる.
—— 男 (製本用の)折りべら.
—— 囡 〖印刷〗折り畳み機.

plegadora [pleγaδóra] 囡 →plegador.

plegadura [pleγaδúra] 囡 ❶ 折り畳むこと. ❷ 襞, プリーツ. 類 **plegado**.

plegamiento [pleγamjénto] 男 ❶ 〖地質〗褶曲. ♦地層が地殻変動で波状に曲がること. ❷ 折り畳むこと, 折れ曲がること. 類 **anticlinal, sinclinal**.

plegar [pleγár] [4.4] 他 (紙・布・傘などを)折り畳む, 折り重ねる, (端などを)折り曲げる. —～ un papel 紙を折る. ～ una tela 布に折り目をつける.
—— se 再 〖+a〗…に屈服する.

plegaria [pleγárja] 囡 〖宗教〗祈り, 祈祷(ᵗᵇᵒ) (=oración). —rezar una ～ 祈祷をする.

pleistoceno, na [pleistoθéno, na] 形 《地質》更新世の.
—— 男 《地質》更新世, 洪積世. ♦約 180 万年前から 1 万年前までの氷河時代.

pleita [pléita] 囡 (エスパルトの)編みひも.

pleiteador, dora [pleiteaðór, ðóra] 形 ❶ 訴訟を起こす. —— 名 訴訟の好きな人.

pleitear [pleiteár] 自［＋con/contra］…に訴訟を起こす.

pleitesía [pleitesía] 女 敬意, 尊敬. —rendir ～ al rey 国王に敬意を示す.

pleitista [pleitísta] 形 訴訟好きな. —— 男女 訴訟好きな人.

‡**pleito** [pléito] 男 ❶《法律》訴訟. ～ civil [criminal] 民事[刑事]訴訟. ganar [perder] el ～ 勝訴[敗訴]する. entablar ～ contra el Gobierno 国に対して訴訟を起こす. Le pusimos ～ por incumplimiento del contrato. 我々は彼を契約不履行で訴えた. ❷ けんか, 紛争; 反目, 確執. —Como no me devuelve el dinero prestado, tenemos un ～. 彼が貸した金を返してくれないのでもめている. Hace mucho tiempo que mantenemos un ～ con el vecino. 我が家と隣の家は長い間反目している. 類**litigio**.

plenamar [plenamár] 男 →pleamar.

plenamente [plénaménte] 副 ❶ 完全に, 全く, 十分に. —Estamos ～ convencidos. 私たちは全面的に納得している. 類**completamente**.

plenario, ria [plenárjo, rja] 形 ❶ 完全な, 絶対的な. —indulgencia *plenaria* 全贖宥(しょくゆう). ❷ 全員の, 全体の. —reunión *plenaria* 総会.

plenilunio [pleniljúnjo] 男 満月(時)(=luna llena).

plenipotencia [plenipoténθja] 女 全権.

plenipotenciario, ria [plenipotenθjárjo, rja] 形 全権を有する. —embajador ～ 全権大使. —— 名 全権大使, 全権委員.

‡**plenitud** [plenitú(ð)] 女 ❶ 絶頂, 全盛, 最盛期. —Está en la ～ de sus facultades físicas [de la vida]. 彼は肉体的[人生]の絶頂期にいる. ❷ 完全; 十分; 充実. —Con esta película el director consiguió la ～ de su fama. その監督はこの映画で完全な名声を手にした. La ～ del inmenso estadio era impresionante. 巨大なスタジアムの完成された姿が印象的だった. 類**apogeo, cenit, culminación**.

‡**pleno, na** [pléno, na プレノ, ナ] 形 ❶《名詞に前置して》(強調的に)…のただ中, まさに…, 最高(潮)の. —en ～ verano [invierno]. 今は真夏[真冬]だ. en *plena* oscuridad 真っ暗闇に. Recibí un golpe en *plena* cara. 私は顔をまともに殴られた. Ocurrió a plena luz del día. それは白昼に起きた. ❷ 十分な, 完全な. —～ empleo 完全雇用. ～s poderes 全権. Gozas de su *plena* confianza. 君は彼の全幅の信頼を得ている. Llegamos a un acuerdo ～. 私たちは完全な合意に至った. 類**entero**. ❸ いっぱいの, 満ちた. —Llevan una vida *plena* de felicidad. 彼らは幸せいっぱいの生活をしている. 類**completo, lleno**.

—— 男 ❶ 総会, 全体会議; 本会議. —Hoy se celebra el ～ del senado. 今日上院の本会議が開催れる. ❷（くじの）完全的中. —tener [acertar] un ～ en la quiniela トトカルチョで完全的中を果たす.

de pleno 完全に. La luz me da *de pleno* en la cara. 光が私の顔にまともに当たる.

en pleno 全体で; 全員で. Va a venir su familia *en pleno*. 彼の家族全員が来るだろう.

pleonasmo [pleonásmo] 男 《修辞》冗言法, 冗長, 重複語.

pleonástico, ca [pleonástiko, ka] 形 《修辞》冗言法の, 冗長な, 重複語の.

plepa [plépa] 女 《話》欠点[持病]の多い人[動物, もの].

plesiosauro, plesiosaurio [plesjosáuro, plesjosáurjo] 男 〔＜ギリシャ〕《古生物》首長竜, 長頸竜, プレシオサウルス. ◆中生代の海生爬虫類.

pletina [pletína] 女 ❶ 小さくて薄い金属片. ❷《音響》（プレーヤーの）ターンテーブル; (録音再生装置の)デッキ. —～ cassette カセットデッキ.

plétora [plétora] 女 ❶《医学》多血(症). ❷ 過多, 過度, 過剰.

pletórico, ca [pletóriko, ka] 形 ❶［＋de］…で一杯の, …が多い. —～ *de* fuerza 力があまっている. ❷《医学》多血症の.

pleura [pléura] 女 《解剖》胸膜.

pleural [pleurál] 形 《解剖》胸膜の.

pleuresía [pleuresía] 女 《医学》胸膜炎.

pleurítico, ca [pleurítiko, ka] 形 《医学》胸膜炎の, 胸膜炎性の.

—— 名 《医学》胸膜炎[肋膜炎]患者.

pleuritis [pleurítis] 女 ［単複同形］《医学》胸膜炎, 肋膜炎.

plexiglás [pleksiɣlás] 男 《商標》プレキシガラス(合成樹脂の強化ガラス, 飛行機の窓などに用いられる).

plexo [plékso] 男 《解剖》(神経・血管・繊維などの)叢(そう). —～ solar 腹腔神経叢.

pléyade [pléjaðe] 女 ❶（P～s)《ギリシャ神話》プレアデス, プレイアデス. ◆ゼウスに追われて星となった, アトラスの7人の娘. ❷（P～s)《天文》(牡牛座にある)プレアデス星団, 昴. ❸ スバル派, 七星派, プレイヤード. ◆フランス16世紀のロンサールを盟主とする7人の詩人の総称. ❹《集合的に》《文》(特に文筆に)優れた人物の集団.

plica [plíka] 女 ❶（指定期日まで開封できない）封緘文書. ❷《医学》紛髪症.

plieg- [pljeɣ-] 動 plegar の直・現在, 接・現在, 命令・2単.

‡**pliego** [pljéɣo] 男 ❶（折った)紙; 1枚の紙, 書類. —～ *de* cargos《法律》告訴箇条. ～ *de* descargos《法律》弁護側の証拠. ～ *de* condiciones (契約書などの)条件項目, 説明書. ❷ 封書; 封緘(ふうかん)文書;《軍事》封緘命令. ❸《製本》丁合(ちょうあい)する, 折り丁. —～ *de* cordel (安い)折り本.

‡**pliegue** [pljéɣe] 男 ❶（紙や布の)折り目, しわ. —Se sentó sobre el cartel y se le hicieron varios ～s. 彼がポスターの上に座ったのでしわができてしまった. ❷ ひだ, プリーツ. —Lleva una falda con ～s. 彼女はプリーツスカートをはいている. ❸《地質》褶曲(しゅうきょく).

Plinio [plínjo] 固名 プリニウス(23–79, ローマの博物学者).

plinto [plínto] 男 ❶《建築》柱礎, 台座. ❷《スポーツ》飛箱.

plioceno, na [pljoθéno, na] 〔＜ギリシャ〕形 《地質》鮮新世の.

—— 男 《地質》鮮新世. ◆約530万年前から180万年前まで.

plisado, da [plisáðo, ða] 形 折り畳んだ, 襞[プリーツ]をつけた.

—— 男 ❶ 折り畳むこと、襞[プリーツ]をつけること. ❷ 襞, プリーツ. 類**plegado**.

plisar [plisár] 他《服飾》…に折り目[ひだ]をつける. —— una falda スカートにひだをつける.

plomada [plomáða] 囡 ❶ 下げ振り線. ❷ (網などの)おもり. ❸《海事》測鉛線.

plomazo [plomáθo] 男 ❶ 散弾による銃撃[傷]. 類**perdigonada**. ❷《軽蔑》うんざりさせるもの[人]. —¡Qué plomazo de tío! ¿Cuándo acabará de hablar? まったくいやつだなあ！いつまで話し続けるつもりだろう. 類**plasta**.

¡Qué ~! もううんざりだ, 退屈だ!

plombagina [plombaxína] 囡《鉱物》石墨, 黒鉛.

plomería [plomería] 囡 ❶ 水道工事, 配管工事. ❷ 鉛板の屋根ぶき. ❸ 鉛加工工場.

plomero [ploméro] 男 ❶ 配管工. ❷ 鉛職人.

plomífero, ra [plomífero, ra] 形 ❶ 鉛の, 鉛を含む. ❷《話》うんざりする, 退屈な.
—— 名《話》うんざりする人, 退屈な人.

plomizo [plomíθo, θa] 形 鉛を含んだ; 鉛色の; 鉛のような. —cielo 鉛色の空. un día ~ 重苦しい日.

‡**plomo** [plómo] 男 ❶《鉱物》鉛(元素記号 Pb, 原子番号 82). —soldaditos de ~ 鉛の兵隊. tubo de ~ 鉛管. ❷ (釣り糸などの)おもり, おもし;(水深測定用の)測鉛. —Se fundieron los ~s. ヒューズが切れた. 類**fusible**. ❸ (鉛の)弾丸. ❺《比喩》退屈な人[もの], うんざりする人[もの]. —La clase del profesor Jiménez es un ~. ヒメネス教授の授業は退屈だ. Anda, no seas ~ y déjame estudiar. もういいかげんに勉強させてくれ.

andar con pies de plomo《話》用心する, 慎重に行動する. Tenemos que andar con pies de plomo para que no se entere nadie. 誰にも見つからないように用心しねばならぬ.

a plomo 垂直に.

caer a plomo《話》どさっと落ちる, どっと倒れる. Estaba agotado y cayó a plomo en la cama. 彼は疲れ果ててベッドにどさっと倒れ込んだ.

‡**pluma** [plúma プルマ] 囡 ❶ 羽, 羽毛;《比喩》軽いもの, 身軽な人. —almohada de ~s 羽毛ふとん. ~ viva (寝具にしつかう)生きた鳥から抜いた羽. peso ~ (ボクシングの)フェザー級. Su sombrero tiene dos ~s de adorno. 彼の帽子には2本の羽飾りが付いている. Este abrigo es una ~, no pesa nada. このオーバーは羽のように軽くて, 少しも重くない. Este chico es una ~, se mueve con mucha agilidad. この少年は羽のように身が軽く, とてもすばしこく動く. ❷ ペン, ペン先, 羽ペン. —— estilográfica 万年筆. tomar la ~ ペン(筆)をとる, 書き始める. dibujar a ~ ペン画を描く. ❸ 文体, 書体. —Ha escrito la novela con una ~ fresca y actual. 彼はその小説を現代的で生き生きとした文体で書いた. 類**estilo**. ❹ 文筆活動. —Mi amigo vive de la ~ [se gana la vida con la ~]. 私の友達は文筆で身を立てている. ❺ 作家. —Fue la mejor ~ del siglo diecinueve. 彼は19世紀最高の作家だった. 類**escritor**. ❻《話》(男の)女っぽさ.

al correr de la [a vuela] pluma すらすらと, 筆にまかせて. Escribió ese ensayo al correr de la pluma. 彼は筆にまかせてその随筆を書いた.

dejar correr la pluma 思いつくままを書く, 筆にまかせて書く.

tener pluma 女性っぽい. No disimula la pluma que tiene. 彼は持ちまえの女性っぽさを隠さない.

plumada [plumáða] 囡 →plumado.

plumado, da [plumáðo, ða] 形 羽のある, 羽の生えた.
—— 男 ❶ 簡単な文章(を書くこと), 一筆. 類**plumazo**. ❷ (一筆書きによる)装飾文字.

plumafuente [plumafuénte] 囡《中南米》万年筆. 類**estilográfica**.

plumaje [plumáxe] 男 (全体として)羽毛; 羽飾り; 羽衣.

plumazo [plumáθo] 男《次の成句で》

de un plumazo あっという間に, 急に, いっぺんに.《主に resolver, suprimir と》

plumazón [plumaθón] 囡 ❶〖集合的に〗(一羽の鳥の)羽毛. ❷〖集合的に〗羽飾り. 類**plumaje**.

plumbagina [plumbaxína] 囡《鉱物》黒鉛, 石墨, グラファイト. 類**plombagina, grafito**.

plúmbeo, a [plúmbeo, a] 形 ❶ 鉛の.《話, 比喩》退屈な, いやな, 重苦しい.

plúmbico, ca [plúmbiko, ka] 形《化学》鉛の, 鉛を含んだ.

plumeado [pluméaðo] 男《美術》(細い線による)けば[陰影].

plumear [pluméar] 他 ❶《美術》…に細かい線をつける, 影をつける. ❷ を羽ペンで書く.

plumero [pluméro] 男 ❶ 羽のはたき, 羽ぼうき, 毛ばたき. —desempolvar con el ~ 羽ぼうきでほこりをはたく. pasar el ~ por un mueble 家具に毛ばたきをかける. ❷ ペンケース, 筆箱. ❸ 羽飾り(=penacho).

verse a ... el plumero《話, 比喩》…の意図・考えがわかる.

plumier [plumjér] [<仏]男 筆箱, 筆入れ. 類**plumero**.

plumífero, ra [plumífero, ra] 形《詩》羽のある.
—— 男女《話》〖こっけいに〗物書き, 新聞記者.

plumilla [plumíja] 囡 ❶ 小さな羽. ❷ ペン先. ❸《植物》幼芽.

plumín [plumín] 男 ペン先.

plumista [plumísta] 男女 ❶ 筆記者, (特に司法的分野の)書記(官). 類**escribano**. ❷ 羽細工職人[商].

plumón [plumón] 男 ❶ 鳥の綿毛, ダウン. ❷ 羽布団, 羽クッション. ❸ フェルトペン. ❹〖スペイン〗まくら.

plumoso, sa [plumóso, sa] 形 羽で覆われた, 羽毛の多い, 羽のような.

plúmula [plúmula] 囡《植物》幼芽. 類**brote, renuevo, yema**.

‡**plural** [plurál] 形 ❶《文法》複数(形)の(〖略〗pl). —'Lápices' es la forma ~ de 'lápiz'. 'lápices' は 'lápiz' (鉛筆)の複数形である. 反**singular**. ❷ 多様な. —Vivimos en una sociedad ~, que admite diferencias ideológicas. 私たちは多様性に富んだ社会に生きていて, そこではイデオロギーの違いが認められている. 類**múltiple**.

—— 男《文法》複数(形). —Esta palabra se usa siempre en ~. この語はいつも複数形で使われ

1500 pluralidad

る.

plural de modestia 《文法》謙譲の1人称複数形.

plural mayestático 《文法》威厳の1人称複数形. ◆国王や教皇が公的な場で自分を指すのに1人称複数形を使う表現法→Nos, el rey ... 国王の予は.

pluralidad [pluraliðá(ð)] 囡 ❶ 複数, 多数, 大多数. 類 **multitud**. ❷《文法》複数[性].

pluralismo [pluralísmo] 男 多元論, 多元性.

pluralizar [pluraliθár] [1.3] 他 ❶《文法》を複数(形)にする. ❷ を一般化する. —Te habrá ocurrido a ti, Por favor no *pluralices*. 君自身のみに起こったことだろう, 頼むから一般論で言うのはやめてくれ. 類 **generalizar**.

pluricelular [pluriθelulár] 形 《生物》多細胞の.

pluridisciplinar [pluriðisθiplinár] 形 多領域の.

pluriempleo [plurjempléo] 男 兼任, 兼業. —practicar el ~ 兼業する.

plurilingüe [plurilíŋgwe] 形 多言語の, 多言語による. 類 **poligloto**.

plurivalencia [pluriβalénθja] 囡 価値[効用]の多面性.

plus [plús] 男 [複 pluses] ボーナス, 特別賞与, 特別手当. 類 **gratificación**, **sobresueldo**.

pluscuamperfecto [pluskwamperfékto] 男《文法》過去完了, 大過去(haber の不完了過去に過去分詞をつけた形).

—, **ta** 形 《文法》過去完了の, 大過去の. —pretérito ~ 過去完了.

plusmarca [plusmárka] 囡 《スポーツ》新記録. —batir una ~ 新記録を樹立する.

plusmarquista [plusmarkísta] 男女 《スポーツ》記録保持者.

plusvalía [plusβalía] 囡 ❶ 値上げ, 価格の上昇, 高騰. ❷《商業》剰余価値. ❸ キャピタルゲイン(不動産等の資産価値の上昇による利益).

Plutarco [plutárko] 固名 プルタルコス(46?-120?, ローマ帝政時代のギリシア系の著作家).

plutocracia [plutokráθja] 囡 ❶《政治》金権政治[支配, 主義]. ❷ 富豪階級, 財閥.

plutócrata [plutókrata] 男女 ❶《政治》金権政治主義者. ❷ 富豪階級, 財閥.

plutocrático, ca [plutokrátiko, ka] 形 ❶《政治》金権政治[支配, 主義]の. ❷ 富豪階級の, 財閥の.

plutonio [plutónjo] 男 《化学》プルトニウム(放射性元素, 元素記号 Pu, 原子番号 94).

pluvalista [pluβalísta] 形 多元論の, 多元性の.

pluvial [pluβjál] 形《気象》雨の, 雨の多い, 多雨の. —precipitaciones ~es 降雨. aguas ~es 雨水, 雨水.

pluvímetro [pluβímetro] 男 雨量計. → pluviómetro.

pluviómetro [pluβjómetro] 男《気象》雨量計.

pluvioso, sa [pluβjóso, sa] 形 雨の多い(= lluvioso).

PM《略号》[< Policía Militar] 憲兵.

p.m.《頭字》[< ラテン post meridiem (después

del mediodía)〕 午後.

PMA《頭字》[< Programa Mundial de Alimentos] 男 世界食糧計画 (英 WFP).

PNB《頭字》[< Producto Nacional Bruto] 男 国内総生産(英 GNP).

Pnom Pen [nóm pén] 固名 プノンペン(カンボジアの首都).

PNUD《頭字》[< Programa de las Naciones Unidas para el Desarrollo] 男 国連開発計画(英 UNDP).

PNV《頭字》[< Partido Nacionalista Vasco] 男 バスク民族党.

P°.《略号》= Paseo 遊歩道.

poblacho [poβlátʃo] 男《話, 軽蔑》寒村, 貧しい村.

:**población** [poβlaθjón] 囡 ❶ 市, 町, 村. —Chinchón es una ~ famosa donde se fabrica el mejor anís. チンチョンは最も良いアニス酒を生産することで有名な町だ. 類 →**pueblo**. ❷ (a) 住民, 居住者. —La mayoría de la ~ protesta contra las medidas tomadas por el Ayuntamiento. 大部分の住民が市役所のとった処置に反対している. (b) 人口. ~ activa 労働人口. 類 **habitantes**. ❸ 村や町を建設すること, 植民, 入植.

poblada¹ [poβláða] 囡《南米》❶ 群集, (特に)暴徒. 類 **multitud**, **gentío**, **turba**, **populacho**. ❷ 暴動, 蜂起, 反乱. 類 **motín**, **tumulto**, **asonada**.

:**poblado, da**² [poβláðo, ða] 過分 ❶〔+ de〕(人や動物)が住んでいる; (植物)が生えている. —la zona más *poblada* de la ciudad その都市の最も人口が密集した地域. un bosque ~ de pinos 松の茂る森. ❷〔+ de〕…の多い, …でいっぱいの. —una habitación *poblada* de libros antiguos 古い本だらけの部屋. ❸ (ひげが)濃い. —Tiene una barba *poblada*. 彼はひげもじゃだ.

—— 男 ❶ 集落, 村落. —En el ~ no había teléfono. その集落には電話がなかった. 類 **aldea**, **caserío**. ❷ (粗末な, あるいは仮設の)住宅地域. —instalar un ~ de chabolas para los inmigrantes 移民のためにバラック小屋の仮設住宅地区を設ける.

poblador, dora [poβlaðor, ðora] 形 住んでいる.

—— 名 ❶ 住民, 居住者. 類 **habitante**. ❷ 入植者, 開拓者. ❸《チリ》イスラム街の住民.

:**poblar** [poβlár] [5.1] 他 ❶ (a) を住まわせる, 居住させる, 植民する. —~ una isla desierta 無人島に人を居住させる. (b)〔+ de〕(植物)を(土地)に植える, (動物)を(土地)に住まわせる. —~ un monte de pinos 山に松を植える. ~ un río de peces 川に魚を放つ. ~ una colmena de abejas 巣箱にミツバチを入れる. ❷ …に住む, 居住する. —Más de cinco mil millones de personas *pueblan* nuestro planeta. 50億以上の人が我々の星に住んでいる. Aún no sabemos si se podrá *poblar* el Marte. 火星に人が住むことができるかまだ我々にはわからない. ❸ を満たす, 一杯にする. —El cielo estaba *poblado* de estrellas. 空は満天の星であった. ❹ …に集落を作る. —Los colonizadores *poblaron* aquellas tierras agrestes. 開拓者たちはあの荒れ地に集落を作った.

—— **se** 再〔+ de で〕一杯になる, あふれんばかりになる, 満員になる. —Esta ciudad está *poblada* de iglesias. この町は教会だらけだ. El jardín *se pobló de* hierbas en poco tiempo. 庭はあっという間に雑草だらけになった.

pobo [póβo] 男 【植物】ハコヤナギ(ポプラの一種).

*pobre [póβre ポブレ] 形 【絶対最上級】《文》paupérrimo,《話》pobrísimo] ❶ 貧しい, 貧乏な. — El anciano murió ～. その老人は貧しく亡くなった. un barrio poblado de familias ～s 貧しい家族たちが住む地域. ser más ～ que las ratas ひどく貧しい, 極貧である. 反 rico. ❷ 貧相な, みすぼらしい. — La casa tenía un aspecto ～. その家は貧相な外観だった. Lleva un traje bastante ～. 彼はかなりみすぼらしい服を着ている. ❸【+en/de】～に乏しい, 恵まれない, 不足した. — un país ～ *en* recursos naturales 自然資源に乏しい国. Es ～ *de* talento para la pintura. 彼には絵をかく才能がない. 類 escaso. 反 rico. ❹ (土地・畑が)やせた. — una parcela ～ やせた土地の区画. ❺【名詞に前置して】哀れな, 気の毒な, 不幸な. — El ～ niño se ha perdido. 気の毒にその子は迷子になった. ¡P～ Marta! Otra vez la han suspendido. 気の毒なマルタ! 彼女はまた落第してしまった. 類 desgraciado, infeliz.

――男女 ❶ 貧しい人, 貧乏人. — Los ～s sufren en la actual sociedad consumista. 貧しい人々は現代の消費社会において苦しんでいる. 類 indigente, necesitado. 反 rico. ❷ 乞食, 物乞い. — Dos ～s pedían limosna a la puerta de la catedral. カテドラルの出入口で2人の乞食が施しをもらっていた. 類 mendigo. ❸ 哀れな人, 気の毒な人, 不幸な人. — El pobre no tiene ni un céntimo. 可哀そうにその男は一銭も持っていない.

hacer(se) el pobre 貧乏なふりをする, けちな振舞いをする.

¡Pobre! 可哀そうに! 気の毒に! Ha muerto mi padre. *-¡Pobre!* 父が亡くなりました. -お気の毒に!
¡pobre de mí!（嘆きの表現）ああ情けない! ¡Ay, *pobre de mí* que me he quedado sin trabajo! ああ, ついてない, 私は失業してしまった!
pobre de solemnidad 極貧[赤貧]の人.
¡pobre de ti/él ...!《話》【脅し】…したら承知しない[後悔する]ぞ! ¡*Pobres de vosotros* como me mintáis! うそをついたらひどいことになるぞ! ¡*Pobre del que* no lo haga! そうしない人は大変なことになるぞ!
pobre diablo →diablo.
pobre hombre →hombre.
pobres de espíritu【聖書】心貧しき者.

pobrería [poβrería] 女 →pobretería.
pobreta [poβréta] 女 →pobrete.
pobrete, ta [poβréte, ta] 形 ❶ 不幸な, 哀れな, かわいそうな. 類 desdichado, infeliz. ❷《話, 戯》間抜けは, 愚鈍な.
――男女 ❶ 不幸な人, 哀れな人, かわいそうな人. ❷《話, 戯》間抜け, とんま, おばかさん.
――女 娼婦, 売春婦.
pobretear [poβreteár] 自 貧乏な[不幸な]人のように振舞う.
pobretería [poβrетería] 女 ❶【集合的に】貧乏人; 乞食. 類 pobre. ❷ 貧窮, 貧乏; お金を切りつめること.
pobretón, tona [poβretón, tóna] 形 →pobre.《軽蔑》貧しい; 哀れな.
――男女《軽蔑》貧しい人; 哀れな人.

:pobreza [poβréθa] 女 ❶ 貧困, 貧乏, 貧しさ; 卑しさ. — vivir en la ～ 貧しい生活をする. *P～ no es vileza.*【諺】貧乏は恥ずべきことではない. ❷ 欠乏, 不足, 乏しさ; 貧弱さ. — ～ de espíritu 心の貧しさ, 気の弱さ. ～ de fondos 資金不足. La ～ de la cosecha de arroz les preocupa. 米の収穫が乏しいことを彼らは心配している. ❸ (土地などの)不毛. ❹（謙遜して）財産. — Nosotros estamos dispuestos a compartir con usted nuestra ～. 私たちは私たちの財産をあなたと分かち合うつもりです.

pocero [poθéro] 男 ❶ 井戸掘り人. ❷ 下水道清掃人.
pocha [pótʃa] 女 →pocho.
pocho, cha [pótʃo, tʃa] 形 ❶ 色あせた; (顔が)青白い. — *Estás muy ～.* 君, 顔色がひどく悪いよ. 類 descolorido, pálido. ❷ (特に果物が)腐った, 腐りかけた. — una manzana *pocha* 腐りかけのリンゴ. 類 estropeado, podrido. ❸ 元気がない; 体調が悪い. — Estos días anda algo ～. 彼は最近少し元気がない. 類 triste, decaído.
――名【メキシコ】《軽蔑》(英語が不十分な)メキシコ系アメリカ人; (アメリカ文化に染まった)メキシコ人. 類 chicano.
――女 早生の白インゲンマメ. 類 judía.

pocholo, la [potʃólo, la] 形《話》かわいい, 素敵な. — *¡Qué sombrero más ～ llevas!* 素敵な帽子ね! 類 bonito, gracioso.
pocilga [poθílɣa] 女 ❶ 豚小屋. ❷《話》汚い場所.

*poco, ca [póko, ka ポコ, カ] 形（不定）【比較級→menos】❶【数・量】（否定的に）わずかな, きわめて少ない. — *Tiene ～ dinero.* 彼はほとんどお金を持っていない. Hoy hay *poca* gente en la plaza. 今日は広場にほとんど人がいない. Tengo ～s amigos. 私はほとんど友達がいない. Son *pocas* las posibilidades. 可能性はきわめて少ない. Lleva muy ～ tiempo en Madrid. 彼女はマドリードに来て間がない. 反 mucho. ❷【程度】小さい, 小さな. — Lo que ha conseguido es *poca* cosa. 彼が手にいれたものは小さなことだ. ❸【unos＋】（肯定的に）いくらかの, いくらかの. — Se oyeron unos ～s aplausos y también silbidos. いくらかの拍手とともに野次も聞こえた. ❹【no＋】少なからぬ, かなり多くの. — No *pocas* personas protestan contra el proyecto. 少なからぬ人がその計画に反対している.

No es poco. 大したことだ, 大変なことだ. Dominar tres lenguas a la vez *no es poco.* 3つの言語を一度にマスターするのは大変なことだ.
por si fuera poco かてて加えて, さらにその上に. Ha perdido el trabajo y, *por si fuera poco*, se le ha marchado su mujer. 彼は職を失いその上女房にも逃げられた.
por poco que sea たとえどんなにわずかでも.

――代（不定）【強勢】（否定的に）わずかな人[物・事]; わずかな時間. — Supongo que *pocos* lo pensarán así. そのように考える人は少ないと思います. Ya nos queda *poco* por hacer. 私たちがやらねばならないことはもうほとんどない. Queda *poco* para terminarse el plazo. 期限切れまでにもうほとんど時間がない. Hace *poco* que llegó. 彼はちょっと前に着いた. ¿Cuánto tiempo llevas aquí?-Muy *poco*. あなたにここに来てどのくらい経つの．-ほんのちょっとだけ．

a poco ほんの少したって，じきに．Salió y *a poco* volvió. 彼女は外出してまじきに戻ってきた．

a poco de 〘+不定詞〙…してからすぐ後に．*A poco de* marcharse ella, la llamó su marido. 彼女が出て行ってからすぐ後に夫から電話があった．

a [por, con] poco que 〘+接続法〙もう少し…すれば，…しさえすれば．*A poco que* te esfuerces, lo conseguirás. もうちょっと頑張れば，それは手に入るよ．¡Alto! Con poco que te muevas, pisarás la mina. 止まれ！ ちょっとでも動けば地雷を踏むぞ．

como hay pocos 〘強調〙またといないほどの…．Raúl es un jugador *como hay pocos*. ラウルはまたといないほどの名選手だ．

de a poco 〘中南米〙だんだん，少しずつ．

dentro de poco まもなく，もうすぐ，近いうちに．*Dentro de poco* empiezan las clases. まもなく授業が始まる．

de poco (más o menos) 取るに足りない，つまらない．Es una cuestión *de poco*. それは取るに足りない問題だ．

estar en poco que 〘+接続法，+de+不定詞〙〘接続法の場合主に過去形〙…するばかりだった，ほとんど…するところだった．*En poco* estuvo que se pelearan. 彼らはほとんど喧嘩せんばかりであった．Estuvo *en poco de* desmayarse. 彼女はほとんど失神するところだった．

hace poco 少し前．*Hace poco* que partieron para Barcelona. 彼らはちょっと前にバルセロナに向けて出発した．Ella sale con un chico extranjero desde *hace poco*. 彼女は少し前から外国人と付き合っている．

poco a poco 少しずつ，だんだんと．*Poco a poco* los alumnos aprenden a hablar español. 少しずつ生徒たちはスペイン語を話し始める．

por poco (1) 〘+現在形〙もう少しで…するところだった．Tropecé y *por poco* me caigo. 私はつまずいてもう少しで倒れるところだった．(2) ささいなことで，ちょっとしたことで．No me gusta aquel profesor porque se enfada *por poco*. あの先生は好きじゃない，ちょっとしたことで怒るから．

ser para poco ひ弱である，体力がない；ぱっとしない．

tener …en poco …を重要視しない，…を軽んずる．Aquí todos *te tienen en poco*. ここではみんながあなたのことを軽くみている．

un poco (肯定的に)少し．Hola, ¿qué tal?-Pues, estoy *un poco* cansada. やあ元気かい．-うね，少し疲れてるわ．¿Hablas español?-Sí, pero sólo *un poco*. 君はスペイン語が話せますか．-ええ，でもほんの少しです．Tú, *un poco* más a la derecha, por favor. 君，もう少し右に寄って．Habla *un poco* más bajo. もう少し小さい声で話してくれ．

un poco de 〘+不可算名詞〙(形容詞として肯定的に)少しの．Necesito *un poco de* tiempo para conseguirlo. それを手に入れるにはちょっと時間がいる．Tienes que tener *un poco de* paciencia. 君は少し我慢する必要がある〘不可算名詞が女性名詞のとき una poca de の形を取っている場合があるが，これは誤用〙．¿Me echas *un poco* más de vino, por favor? もう少しワインをいただけますか．

— 副 〘比較級 →menos〙(否定的に)ほとんど…ない，少ししか…しない；わずかに…．—Aunque le dieron el primer premio, estaba ~ alegre. 彼は一等賞をもらったがあまり嬉しがらなかった．Has comido muy ~. 君はほんの少ししか食べていない．Se tarda muy ~ de aquí a la estación. ここから駅まではほんの数分ほとんど時間がかからない．Llegó ~ antes [después] de las diez. 彼は10時ちょっと前[後]に着いた．

como poco 少なくとも Tengo que trabajar, *como poco*, ocho horas al día. 私は1日に少なくとも8時間働かなければならない．

… o poco menos …や何か．Es mejor ponerte el sombrero, si no, coges una insolación *o poco menos*. 帽子をかぶった方がいいよ，そうしないと日射病や何かにかかるから．

poco más o menos 大体，ほぼ．

poda [póða] 囡《農業》剪定(%)すること；剪定の時期．— hacer una ~ 剪定する．

podadera [poðaðéra] 囡〘主に圏〙剪定ばさみ．

podad*or, dora* [poðaðór, ðóra] 圏 剪定の，剪定用の．

— 图 剪定する人．

podagra [poðáɣra] 囡《医学》(特に足部の)痛風．

‡**podar** [poðár] 他 (不要な木の枝を)刈込む，剪定(%)する．—El jardinero *poda* los árboles del parque. 庭師が公園の木々を剪定している．

podéis [poðéis] 動 poder の直・現在・2複．

podenco, ca [poðéŋko, ka] 圏 ❶ (犬が)猟の．❷《動物》スパニエル種の．

— 图 ❶ 猟犬．❷《動物》スパニエル犬．

‡‡**poder** [poðér ポデル] 〖5.12〗他 ❶ (a)…することができる，…できる．—Siento no ~ acompañarle. お伴できなくて残念です．Sabe cantar muy bien, pero ahora no *puede* porque está afónico. 彼は歌がとてもうまいのだが，今声が出ないので歌えない．No *puedo* dejar a mis hijos solos. 私は子供達だけにして置いておくことはできない．¿*Podría* venir la semana que viene? 来週来られますか．Haré por él cuanto *pueda*. 私は彼のためにできるだけのことをしよう．Compra toda la fruta que *puedas*. できる限りの果物を買ってきてくれ．Soy mayor de edad y *puedo* hacer lo que quiera. 私はもう大人だから何でも自分のしたいことができる．(b) …してもよい，…してよろしい．—¿Se *puede*? (ドアをノックして)入っても良いですか．*Puede* usted pasar. あなたは入ってもよろしいです．¿*Puedo* dejar la maleta aquí? ここにスーツケースを置いてもいいですか．*Podrías* hablar un poco más bajo. もう少し小さい声で話してもらえるといいのだが．*Podrías* haberme avisado. 私に知らせてくれたらよかったのに．❷ …かもしれない；〖否定文で〗…のはずがない．—*Puede* que llueva mañana. 明日雨が降るかもしれない〘無主語文で，puede のあとに ser が略されている．ser が略されない場合もある〙．*Puede* estallar una revolución. 革命が起こるかもしれない．*Puede* haber (que haya) salido. 彼はもう出かけたかもしれない．Eso no *puede* ser verdad. それが本当であるはずがない．No *puede* ser que lo hayan suspendido. 彼が落第したわけがない．No *puede* haber ido muy lejos. 彼がまだそんなに遠くまで行っているはずがない．❸〖疑問文で〗…してくれますか，…して頂けますか．—¿*Puede* usted cerrar la puerta? ドアを閉めて

頂けますか. ¿*Puedes* pasarme la sal? 塩を取ってくれるかい. ❹〖人〗に勝てる. —Tú *puedes* a Andrés. 君ならアンドレスに勝てるよ〖*puede* to ganar a のあとに考えると考えると分かりやすい〗.

— 自 ❶ 有力である, 有能である. ❷〖+con〗(*a*)〖多く否定文で〗うまく扱う, 処理する. —No *puedo con* una maleta tan pesada. 私にはこんな重いスーツケースは無理だ. (*b*)〖+no〗…に我慢できない, 耐え難い. —Es tan insoportable que *no puedo con* él. 彼はとても嫌な奴なので私は彼に我慢できない. *No puedo con* los bichos. 私は虫が大の苦手だ. *No puedo con* su estupidez. 彼のばかさ加減には我慢ならない. *No podía con*sigo mismo. 彼は自分自身を持て余していた〖いらだっていた〗.

a [hasta] más no poder これ以上はできないくらい, 最大限. Teresa es buena *a más no poder*. テレサはこれ以上望めないほどいい人だ. Comió *a más no poder*. 彼は腹一杯になるまで食べた.

de poder 〖+不定詞〗もし…できるなら. *De poder venir*, iríamos a cenar. もし来られたら一緒に夕食を食べに行けるのだが.

Muy bien poder 〖+不定詞〗十分…する[…である]可能性がある.

no poder más これ以上はできない. Llevo seis horas empollando, ya *no puedo más*. 6時間前から私は猛勉強してきたので, これ以上はできない.

no poder menos que [de]…せざるをえない. *No pude menos de* invitarla al baile. 私は彼女をダンス・パーティーに招かざるをえなかった.

no poder parar 抑えることができない. Tengo un dolor de vientre que *no puedo parar*. 私は腹痛が治まらない.

no poderse tener (疲れなどで)ぐったりしている, 立っていられないほどである. Hoy estoy que *no me puedo tener*. きょう私はぼろぼろに疲れている.

no poder tragar 《話》(人)が気に食わない.

— 男 ❶ 勢力, 支配力, 影響力. —Es una persona con mucho ~. 彼は影響力の大きな人物だ. ❷ 権力, 政権, 政府. —Cuando subió al ~, llevó a cabo importantes reformas. 彼は政権を握った時, いくつかの重要な改革を行なった. estar en [ocupar] el ~ 権力[政権]を握っている. ❸ (*a*) 能力, 力, 力量. —Me encanta el ~ de creación de los artistas. 私は芸術家達の創造力に感嘆の他ない. ~ militar 軍事力. ~adquisitivo 購買力. ❸ 効能, 効力. —Es notable el ~ de este medicamento. この薬の効力は目覚しい. ❹ 権限, 代理権, 代表権. —Le he dado ~es para cuando yo me encuentre en el extranjero. 彼は私に私が外国に行っている時の代表権を与えた. Él tenía amplios ~es para hacer y deshacer. 彼は思いのままに物事を動かせる幅広い権限を持っていた. ~ absoluto 絶対権. ~ legislativo 立法権. ~ ejecutivo 行政権. ~ judicial 司法権. otorgar plenos ~es para 全権[全特典]を与える. ~es públicos 公的権力. 第四 ~ 言論界, 新聞界. ❺ 所有, 所有権. —Tiene en su ~ un millón de euros. 彼は100万ユーロを自分の手に握っている.

de poder a poder 対等に. Los dos científicos se enfrentaron *de poder a poder*. 二人の科学者は対等に渡り合った.

en poder de … …の所有に, 手中に, 手に. El castillo cayó *en poder del* enemigo. 城は敵の手に落ちた. Los documentos están en su ~. 書類は彼の手にある.

por poder(es) 代理で.

poderdante [poðerðánte] 男女 《法律》委任者, 委託者, 代理者.

poderhabiente [poðeraβjénte] 男女 《法律》受託者, 代理人, 代表者.

*poderosamente [poðerosaménte] 副 強力に, 力強く; 非常に. —El ambiente influye ~ en la formación del carácter. 環境は性格の形成に強い影響を及ぼす. 類**fuertemente, intensamente**.

‡poderoso, sa [poðeróso, sa] 形 ❶ 権力のある, 有力な; 富裕で影響力のある. —un país ~ 強国. una *poderosa* familia 権勢ある一族. ❷ 強力な, 力強い. —No estoy acostumbrado a este sol ~. 私はこんな強い日差しに慣れていない. ❸ (物が)効力のある, 効果的な. —un ~ detergente よく落ちる洗剤. medicina *poderosa* contra la gripe よく効く風邪薬. 類**eficaz**. ❹ 確固たる, しっかりした. —Tengo ~s motivos para rechazar la propuesta. 私には提案を拒むきちんとした理由がある.

— 名 権力者, 有力者. —rebelarse contra los ~s 権力者に歯向かう.

podio [póðjo] 男 壇, 表彰台. —subir al ~ de los vencedores 表彰台に登る.

podómetro [poðómetro] 男 万歩計, 歩数計.

podón [poðón] 男 大型の剪定ばさみ. 類**podadera**.

podr- [poðr-] 動 poder の未来, 過去未来.

podre [póðre] 女 ❶《医学》膿(え), 膿汁(のうじゅう). ❷ 堕落, 腐敗.

podredumbre [poðreðúmbre] 女 ❶ 腐っていること[物, 部分]. ❷ 堕落, 腐敗. 類**corrupción, corruptela**. ❸ 膿(え). ❹ 悲しみ.

podridero [poðriðéro] 男 ❶ 堆肥場, ごみ捨て場. 類**pudridero**. ❷(遺体の一時的な)安置所.

podrido [poðríðo] 動 pudrir の過去分詞.

podrido, da [poðríðo, ða] 形 腐った, 腐敗した. —fruta *podrida* 腐った果物. oler a ~ 腐った臭いがする.

estar podrido de … …があり余るほどある, 腐るほどある.

podrir [poðrír] 他 →pudrir.

poema [poéma] 男 ❶ (*a*) (一編の)詩; (特に)叙事詩. —He aprendido de memoria un ~ de García Lorca. 私はガルシア・ロルカの詩をひとつ暗記した. El "Cantar de Mio Cid" es un ~ (épico) español. 「我がシドの歌」はスペインの叙事詩である. (*b*) 詩的な作品, 詩趣のある散文. —~ en prosa 散文詩. ~ sinfónico 交響詩. ❷ めったにないおかしなこと. —Verlo imitar a su padre es todo un ~. 彼が父親のまねをするのを見るのはとてもおかしことだ.

poemario [poemárjo] 男 詩集, 歌集.

poemático, ca [poemátiko, ka] 形 詩の; 詩的な.

‡poesía [poesía] 女 ❶ (*a*)(作品としての)詩. —~ bucólica 田園詩. ~ dramática 劇詩. ~ épica 叙事詩. ~ lírica 叙情詩. Estoy leyendo las ~s de Góngora. 私はゴンゴラ詩を読んでいる. (*b*)(文学ジャンルや文学活動としての)詩, 韻文;

poeta

(特に)叙情詩. —~ española contemporánea スペイン現代詩. ❷ 詩趣, 詩的感興. —Este paisaje está lleno de ~. この風景はとても詩趣に満ちている.

‡**poeta** [poéta] 男 (男性の)**詩人**; 詩的才能のある人, 詩人肌の人.

poetastro, tra [poetástro, tra] 名 《話, 軽蔑》へぼ詩人, 三流詩人.

poética [poétika] 女 →poético.

‡**poético, ca** [poétiko, ka] 形 ❶ **詩の**, 詩的の. —lenguaje [talento] ~ 詩的言語[才能]. ❷ **詩的のような**, 詩情豊かな. —paisaje ~ 詩情あふれる風景. 反 **prosaico**. ❸ 詩学の, 詩法の, 詩論の. —— 女 ❶ 詩学, 詩法, 詩論. ❷ 作詩法.

***poetisa** [poetísa] 女 女流詩人.

poetizar [poetiθár] [1.3] 他 を詩に作る, 詩的に(表現)する, 詩化する.

pogrom [poɣrón] 男 →pogromo.

pogromo [poɣrómo] 男 (組織的・計画的な)小民族虐殺, (特に)ユダヤ人虐殺.

póker [póker] [<英] 男 《ゲーム》(トランプの)ポーカー. —jugar al ~ ポーカーをする.

‡**polaco, ca** [poláko, ka] 形 ポーランド(Polonia)の; ポーランド人[語]の. —— 名 ❶ ポーランド人. ❷ 《話, 軽蔑》カタルーニャ人. —— 男 ❶ ポーランド語. ❷ 《話, 軽蔑》カタルーニャ語.

polaina [poláina] 女 《服飾》きゃはん, すねあて.

polar [polár] 形 《地理》(地球の)極地の, 極地に近い. —círculo ~ 極圏. oso ~ 《動物》シロクマ(白熊). casquete ~ 極冠.

polaridad [polariðá(ð)] 女 ❶ 両極性. ❷ 《物理》極性.

polarímetro [polarímetro] [<polaridad + metro] 男 《物理》偏光計, 旋光計.

polariscopio [polariskópio] 男 《物理》偏光器.

polarización [polariθaθjón] 女 ❶ 分極化, 極性を生じること. ❷ 《物理》分極, 偏り.

polarizar [polariθár] [1.3] 他 ❶ [+en] を (…に)集中させる. 類 **concentrar**. ❷ 《物理》…に極性を与える, 分極化する. ❸ (光)を偏光させる. —se 再 ❶ 極性を与える, 偏光する. ❷ 集中する. 類 **concentrarse**.

polca [pólka] 女 《音楽》ポルカ(2拍子の舞踊, 曲). —bailar la ~ ポルカを踊る.

pólder [pólder] [<オランダ] 男 ❶ オランダの干拓地, ポルダー. ❷ (海辺の)干拓地.

polea [poléa] 女 《機械》ベルト車, せみ, 滑車. —subir con ~ を滑車で上げる.

***polémica** [polémika] 女 (主に書かれたものによる)**論争**, 論戦. —Hay una gran ~ sobre la reforma de la Constitución. 憲法改正の論議が盛んだ. Sus declaraciones avivaron la ~. 彼の声明が論戦を激しくした. 類 **controversia, discusión, disputa**.

***polémico, ca** [polémiko, ka] 形 ❶ 論争の, 争点の; 論争を引起こす. —actitud *polémica* 物議をかもす態度. tema ~ 論点. ❷ 議論好きな. —una personalidad *polémica* 議論好きな人.

***polemista** [polemísta] 男女 論争者, 論客; 議論を好む人.

polemizar [polemiθár] [1.3] 自 論争する, 論議する.

polen [pólen] 男 《植物》花粉.

poleo [poléo] 男 《植物》ハッカ.

polfagia [polfáxja] 女 《医学》多食(症).

poli [póli] 男女 《スペイン》《話》警官, おまわり(=policía). —— 女 《スペイン》《話》警察.

poli- [poli-] 接頭 「多数」の意. —*polícromo, poligamia, polígono, politeísmo*.

poliandria [poliándria] 女 一妻多夫.

policharro [politʃáro] 男 (メキシコの)騎馬警官.

***policía** [poliθía ポリシア] 女 **警察**, 警察力. —~ antidisturbios 治安警察. ~ científica 科学警察, (警察の)鑑識部門. ~ de tráfico 交通警察. ~ urbana (municipal) 市警察. ~ local 町村警察. ~ montada 騎馬警察. ~ judicial 司法警察, (警察の)刑事部門. ~ secreta 私服警察. llamar a la ~ 警察を呼ぶ. 類 **agente, guardia**.

—— 男女 **警察官**, 警官. —~ militar 憲兵. Ayer me pidió la documentación un ~ [una mujer ~]. 昨日一人の警官[婦人警官]に尋問された.

policiaco, ca [poliθjáko, ka] 形 ❶ 警察の, 警官の. —investigación *policiaca* 警察の捜査. ❷ 探偵の. —novela *policiaca* 探偵小説.

policíaco, ca [poliθíako, ka] 形 →policiaco.

policial [poliθjál] 形 警察の. →policiaco. —— 男 《中南米》警官.

policlínica [poliklínika] 女 総合診療所, 総合病院.

policromar [polikromár] 他 多色彩色[装飾]する.

policromía [polikromía] 女 多色.

polícromo, ma, policromo, ma [políkromo, ma, polikrómo, ma] 形 多色の, 多彩な. 類 **multicolor**.

policultivo [polikultíβo] 男 《農業》多種栽培, 多角農業.

polideportivo [polideportíβo] 男 総合体育館.

poliédrico, ca [poljéðriko, ka] 形 《数学》多面体の.

poliedro, dra [poljéðro, ðra] 形 《数学》多面体の. —— 男 《数学》多面体.

poliéster [poljéster] 男 《化学》ポリエステル.

polietileno [poljetiléno] 男 《化学》ポリエチレン.

polifacético, ca [polifaθétiko, ka] 形 多方面の, 多才の, 多芸な. —hombre ~ 多芸な人.

polifásico, ca [polifásiko, ka] 形 [<poli + fase] 多相の, 《物理, 電気》多相の.

polifonía [polifonía] 女 《音楽》多音, 多声音楽, ポリフォニー.

polifónico, ca [polifóniko, ka] 形 《音楽》多音の, 多声音楽の, ポリフォニーの.

polígala [políɣala] 女 《植物》ヒメハギ. ♦根が薬用. 女性の乳の出がよくなると信じられた.

poligamia [poliɣámja] 女 ❶ 複婚, (特に)一夫多妻. ❷ 《植物》雌雄混株.

polígamo, ma [políɣamo, ma] 形 ❶ 一夫多妻の. ❷ 《植物》雌雄混株の.
—— 名 一夫多妻婚者.

polígloto, ta, poligloto, ta [políɣloto, ta, poliɣlóto, ta] 形 数か国語で書いた, 数か国

語を話す[書く]. ── 名 数か国語に通じた人.
poligonal [poliɣonál] 形 《数学》多角形の.
polígono, na [políɣono, na] 形 《数学》多角形の.
── 男 ❶《数学》多角形. ❷《都市計画の》地区, 地域, 特定用途地区. ─~ industrial 産業地区. ~ de tiro 射撃訓練場.
polígrafo, fa [políɣrafo, fa] 名 多分野の著述家.
polilla [políja] 女 ❶《虫類》ガ(蛾), イガ(衣蛾), シミ(紙魚), ガの幼虫. ❷ 蝕(ﾑｼ)むもの.
polimerización [polimeriθaθjón] 女 《化学》重合.
polimerizar [polimeriθár] [1.3] 他 《化学》を重合する.
polímero, ra [polímero, ra] 形 《化学》重合の, 重合による. ── 男《化学》重合体, ポリマー.
polimorfismo [polimorfísmo] 男《生物》多形(現象), 多形性.
polimorfo, fa [polimórfo, fa] 形 多様な形[性質, 様式]を持つ, 多形の.
Polinesia [polinésja] 固名 ポリネシア(太平洋の地域).
polinesio, sia [polinésjo, sja] 形 ポリネシア(Polinesia)(人)の. ── 名 ポリネシア人.
polinización [poliniθaθjón] 女 《農業, 植物》授粉[受粉](作用).
polinizar [poliniθár] [1.3] 他 《農業, 植物》…に授粉する, 受粉させる.
polinomio [polinómjo] 男 《数学》多項式.
polinosis [polinósis] 女『単複同形』《医学》花粉症.
polio [póljo] 女 →poliomielitis.
poliomielitis [poljomjelítis] 女 《医学》ポリオ, 小児麻痺, 灰白髄炎.
polipasto [polipásto] 男 →polispasto.
pólipo [pólipo] 男 ❶《動物》ポリプ(刺胞動物のうち着生生活を行なうもの. イソギンチャク, ヒドラなど). ❷《医学》ポリープ, 茸腫(ｼﾞｮｳｼｭ).
polisacárido [polisakáriðo] 男 《化学》多糖, 複 多糖類.
polisílabo, ba** [polisílaβo, βa] 形 多音節の. ── 男 多音節語.
polisón [polisón] 男 《服飾》バッスル(スカートの後ろをふくらませる腰当て).
polispasto [polispásto] 男《機械》複滑車(による起重機), ホイスト. 類 **polipasto**.
polista [polísta] 男女《スポーツ》ポロ競技者.
politécnica [politéknika] 女 →politécnico.
politécnico, ca [politékniko, ka] 形 諸工芸の, 科学技術の, 理工科の. ─universidad politécnica 工科大学.
── 男 工学校, 工科大学.
── 女 工科大学(=universidad politécnica).
politeísmo [politeísmo] 男 《宗教》多神論[教], 多神崇拝.
politeísta [politeísta] 形 《宗教》多神教の.
── 男女《宗教》多神教信者, 多神論者.
:**política** [polítika] 女 ❶ **政治**, 政治活動, 政治学. ─Tiene mucho interés en la ~. 彼は政治にとても関心がある. Se dedica a la ~. 彼は政治に係わっている. Mi especialidad es ~ la internacional. 私の専攻は国際政治学だ. ❷ 政策, 政見; (会社などの)経営方針. ─~ interior [exte-

polla 1505

rior] 内政[外交]. Los empresarios han criticado la ~ económica del gobierno. 多くの企業家が政府の経済政策を批判している. La nueva ~ de nuestra empresa es aumentar la producción. 私たちの会社の新しい経営方針は生産性向上である. ❸ (物事をうまく処理する)やり方, 策略, 駆け引き; 社交性. ─¡Cuidado! Es un hombre de mucha ~. 気を付けろ. 彼は大変な策略家だ. No creo que sea una buena ~ desentenderse de los problemas. 問題に顔をそむけるのは良いやり方とは思わない. ❹ 礼儀, 丁寧.
*****políticamente** [polítikaménte] 副 政治的に; 政治面で. ─Este problema hay que resolverlo ~. この問題は政治的に解決しなければならない. Deberías haber actuado más ~. 君はもっと上手に行動すべきだったろうね.
politicastro, tra [politikástro, tra] 名 《軽蔑》政治屋, 三流政治家.
:**político, ca** [polítiko, ka] 形 ❶ **政治の**, 政治的な. ─actividad política 政治活動. actualidad política 政治の現状. partido ~ 政党. reforma política 政治改革. El incidente fronterizo se convirtió en un problema ~. 国境の事件は政治問題化した. Es un especialista en derecho ~. 彼は政治法の専門家だ. ❷ やり手の, 駆け引き上手な; 得策の. ─Es muy ~ para los negocios. 彼はきわめて商売上手だ. Esta medida no es muy política. この処置はあまり得策ではない. 類 **diplomático, hábil**. ❸ 《家族関係で》義理の, 義…. ─hija política 息子の妻(義理の娘), 嫁. madre política 義母, 姑(ｼｭｳﾄﾒ). hermano ~ 義理の兄弟, 義兄[弟].

── 男 政治家. ─Se ha casado con un conocido ~. 彼女は有名な政治家と結婚した. 類 **estadista, gobernante**.
politicón, cona [politikón, kóna] 形 ❶ 仰々しい, ばか丁寧な. ❷ 政治好きな.
── 名 ❶ 仰々しい人, ばか丁寧な人. ❷ 政治好き.
politiquear [politikeár] 自 《話, 軽蔑》政治をやる.
politiqueo [politikéo] 男 《話, 軽蔑》政治談義, 政治をやること.
politiquería [politikería] 女 →politiqueo.
politizar [politiθár] [1.3] 他 …に政治色を与える. ─se 再 政治化する.
polivalente [poliβalénte] 形 ❶ 多方面に役立つ; 多目的の. ❷《化学》多価の. ❸《医学》多効性の.
polivinilo [poliβinílo] 男 《化学》ポリビニル, 重合ビニル.
póliza [póliθa] 女 ❶ 保険証券[証書], 株取引などの証明書. ─~ de seguro 保険証書. ❷ 納税印紙, 証紙.
polizón [poliθón] [<仏] 男 ❶ 怠け者, 放浪者. 類 **bagabundo**. ─viajar de ~ 密航する.
❷ 密航者.
polizonte [poliθónte] 男《話, 軽蔑》警官, おまわり.
polla [pója] 女 ❶《鳥類》(雌の)ひな鶏, 若い雌鶏(ﾒﾝﾄﾞﾘ). ❷《話》若い娘, 小娘. ❸ 賭け金. ❹〖スペイン〗《俗》ペニス. (=pene)
ni pollas [en vinagre]《俗》全然…ない, まるっ

きり…でない.
polla de agua 〘鳥類〙バン(鷭).
tener la polla lisa 《俗》運がいい.
pollada [pojáða] 囡 一かえりのひな.
pollastre [pojástre] 男《話》❶ 成鳥になりつつある若鶏. ❷ 大人ぶった子ども, 若造. 類 **pollastro, jovenzuelo**.
pollastro, tra [pojástro, tra] 名 →pollastre.
pollear [pojeár] 自《話》色気づく.
pollera [pojéra] 囡 ❶ 〘南米〙〘服飾〙スカート(=falda). — llevar ~ スカートをはいている. ❷ 鶏小屋, 鶏舎; 鶏かご. ❸ 幼児用歩行器.
¡Y una pollera! 《俗》とんでもない.
pollería [pojería] 囡 鶏肉店.
pollero, ra [pojéro, ra] 名 鶏肉屋.
pollino, na [pojíno, na] 名 ❶ (特に, 飼いならされていない若い)ロバ. 類 **asno, borrico**. ❷ ばか, まぬけ; 粗野な人. 類 **simple, ignorante, rudo**.
pollito, ta [pojíto, ta] 名 ❶ ひな鳥, ひよこ. 類 **polluelo**. ❷ 《話》子ども, ちびっこ.
****pollo** [pójo ポヨ] 男 ❶ ひな鶏, 若鶏; 鶏肉. ~ asado ローストチキン. ~ empanado [nuggets] チキンカツ[ナゲット]. ❷ (一般に)鳥のひな, ひよこ. — sacar ~s ひなをかえす. ❸《比喩, 話》若者; 青二才. — Su novio es un ~ del pueblo vecino. 彼女の恋人は隣町の若者だ. ~ pera きざな格好の若者. ❹《話》つば, たん. 類 **escupitajo, gargajo**.
polluelo, la [pojuélo, la] 名 →pollito.
***polo**[¹] [pólo] 男 ❶ (地球の)極, 極地. — ~ ártico [boreal, norte] 北極. ~ antártico [austral, sur] 南極. ❷ 〘電気, 物理〙電極, 磁極. — ~ positivo プラス極, 陽極, 正極. ~ negativo マイナス極, 陰極, 負極. ❸ 対極, 正反対, 極端. — Tu opinión es el ~ opuesto de la nuestra. 君の意見は私たちと正反対だ. Los dos hermanos son ~s opuestos. そのふたりの兄弟の性格は正反対だ. ❹ (関心・注目の)的, 焦点, 中心. — La actriz fue el ~ de atención en la fiesta. その女優はパーティーでの注目の的だった. El ~ del debate fue la contaminación ambiental. 議論の焦点は環境汚染の問題だった. ❺ 棒付き(アイス)キャンデー, 棒付きアイスクリーム. — ~ helado アイスバー. ❻ 地域, 地帯. — ~ de desarrollo (industrial) (産業)開発地域.
de polo a polo (1) 端から端まで. (2) 極端かけ離れた.
polo[²] [pólo] 男 ❶ 〘スポーツ〙ポロ(4人1組で木製の球を馬上から打ち合いゴールに入れる競技). — ~ acuático 水球, ウォーターポロ. ❷ 〘服飾〙ポロシャツ.
polo[³] [pólo] 男 ポロ(アンダルシアの民謡).
pololear [pololeár] 他 ❶ 〘中南米〙邪魔する, 困らせる; (異性に)言い寄る, 誘惑する. 類 **molestar, importunar**. ❷ 〘南米〙(異性を)くどく, 誘惑する. 類 **galantear, requebrar**.
— 自 〘南米〙いちゃいちゃする.
polonés, nesa [polonés, nésa] 形 《まれ》ポーランド(人)の(=polaco).
— 名 《まれ》ポーランド人.
Polonia [polónja] 固名 ポーランド(首都ワルシャワ Varsovia).

polonio [polónjo] 男 〘化学〙ポロニウム(放射性元素, 元素記号 Po, 原子番号 84).
poltrón, trona[¹] [poltrón, tróna] 形 《話》怠けぐせの. 類 **holgazán**.
— 名 《話》怠け者.
poltrona[²] [poltróna] 囡 安楽椅子.
poltronear [poltroneár] 自 《話》怠ける, 怠惰な生活をする. 類 **haraganear**.
poltronería [poltronería] 囡 怠惰, 無精, 無気力. 類 **flojedad, haraganería, pereza**.
polución [poluθjón] 囡 ❶ 〘医学〙遺精, 夢精. ❷ 汚染(=contaminación).
poluto, ta [polúto, ta] 形 汚れた, 汚い, 不浄な. 類 **sucio, manchado**.
polvareda [polβaréða] 囡 ❶ (舞い上がった)ほこり, ちり; 土煙, 砂ぼこり. — levantar una ~ 土煙を上げる. ❷《比喩》大変な噂, 大騒ぎ.
polvera [polβéra] 囡 コンパクト, パウダーケース.
polvillo [polβíjo] 男 ❶ →polvo. ❷ 〘中南米〙〘植物〙胴枯れ病, べと露菌病.
***polvo** [pólβo] 男 ❶ ほこり, ちり; 土(砂)ぼこり. — levantar ~ ほこりを立てる. limpiar el ~ de los muebles 家具のほこりを払う. quitar el ~ a los pantalones ズボンのほこりを落とす. El coche levantaba una nube de ~. 車が砂ぼこりを巻き上げて走っていた. ~ tóxico 有毒塵(²). ❷ 粉, 粉末, 微粒子. — ~ de pimienta コショウの粉末. leche en ~ 粉ミルク. café en ~ インスタントコーヒー. oro en ~ 金粉, 砂金. ❸ 《複》化粧用パウダー, 粉おしろい; 粉薬. — ~s de talco タルカムパウダー. ~s de la Madre Celestina 魔法の薬; 媚(⁸)薬. ~s de tocador 粉おしろい. ~s dentífricos [de dientes] 歯磨き粉. Se puso ~s y se pintó las cejas y los labios. 彼女は化粧用パウダーをつけ, 眉墨と口紅をつけた. El médico me recetó unos ~s. 医者は私に粉薬の処方箋を出してくれた. ❹ 1つまみ(の量), 少量. — Después de ponerle verduras al caldo, échale un ~ de sal. スープに野菜を入れたら塩を一つまみ加えなさい. ❺ 《卑》性交. — echar [pegar, tirar] un ~ セックスをする. 類 **joder**.
dejar [estar] hecho polvo 打ちのめす[される]; 疲労困憊(⁴)させる[する]. La noticia de su muerte me *dejó hecho polvo*. 彼女が死んだという知らせが私を打ちのめした. Hoy he trabajado ocho horas seguidas y estoy *hecho polvo*. 今日私は8時間働き通しで, くたくたに疲れている.
hacer morder el polvo 《話》(戦いや議論で相手)をやっつける, 打ちのめす. El campeón de pesos pluma *hizo morder el polvo* al contrincante. フェザー級チャンピオンは挑戦者をやっつけた. Tus argumentos *hicieron morder el polvo* a aquel sabiondo. 君は議論であの知ったかぶりをした奴を打ちのめした.
hacer polvo 《話》(1)を(精神的に)打ちのめす, ひどく落胆させる; をとても動揺させる. La muerte de su esposo le *hizo polvo*. 夫の死は彼女を打ちのめした. Si ahora te echas para atrás me *hace polvo*. もし君に約束を破られると私はとても困る. (2)を粉々にする, 粉砕する; を完全に壊す; …に損害を与える. El florero se cayó al suelo y se *hizo polvo*. 花瓶は床に落ちて粉々になった. *Ha hecho polvo* las cartas. 彼はその手紙をびりびりに破いた. Con el terremoto mi casa quedó *hecha polvo*. 地震で私の家はぶっ壊れた. Estos za-

patos me *hacen polvo* los tobillos. この靴をはくと足首が痛い.

limpio de polvo y paja 《話》(1) 正味の, 他の費用を含まない. Mi sueldo *limpio de polvo y paja* es de mil quinientos euros al mes. 私の手取り給料は月1,500ユーロです. (2) 労せず手に入れた.

sacudir el polvo 《話》(1) をぶん殴る. ¡Cállate! Si no, te voy a *sacudir el polvo*. 黙れ 黙らなければぶん殴るぞ. (2) 厳しく反論する. A aquel pedante le *sacudieron* bien *el polvo* en el debate. あのえせ学者はディベートで厳しい反論を受けた.

▸**pólvora** [pólβora] 囡 ❶ 火薬. —almacén de ～ 火薬[弾薬]庫. explotar la ～ 火薬が爆発する. ❷《集合的に》花火. —Se disparó mucha ～ en la fiesta. 祭りではたくさんの花火が打ち上げられた.

como un reguero de pólvora あっという間に. La epidemia [El rumor] se propagó *como un reguero de pólvora*. その伝染病[うわさ]はあっという間に広がった.

gastar la pólvora en salvas 無駄な努力をする, 無駄骨を折る. Discutir sobre un problema que no tiene solución es *gastar la pólvora en salvas*. 解決策のない問題について議論するなんては無駄なことだ.

no haber inventado la pólvora 新しいことを言わない[しない], 陳腐なことしか言わない; 利口でない. No dijo nada nuevo, pero creía que *había inventado la pólvora*. 彼は実際には新しいことを何も言わなかったが, 言ったと思っていた. Desea confiar el negocio a un hombre que *no ha inventado la pólvora*. 彼は利口でないひとりの男に商売を任せたがっている.

ser una pólvora 機敏である, 素早い. Acabó el trabajo en un solo día, porque *es una pólvora*. 彼はその仕事を一日で片づけてしまった. てきぱきとした奴だ.

tirar con pólvora ajena 他人の金で遊ぶ. Viaja en primera clase porque *tira con pólvora ajena*. 彼は人の金で遊んでいるので旅行はファーストクラスで行う.

polvorear [polβoreár] 他《＋conに》(粉)をまぶす[まく, 振りかける].

＊**polvoriento, ta** [polβoriénto, ta] 形 ほこりっぽい, ほこりだらけの. —una caja *polvorienta* ほこりをかぶった箱. El coche está ～ y deberías lavarlo. その車はもうほこりまみれだから君は洗うべきだろう. La habitación era *polvorienta* y oscura. 部屋はほこりっぽく暗かった.

polvorilla [polβorília] 男女《話》怒りっぽい人.

polvorín [polβorín] 男 ❶ 火薬庫, 弾薬庫. ❷ 火薬, 黒色火薬. ❸《比喩》火薬庫, 危険な地域.

polvorista [polβorísta] 男女 花火職人; 火器の技術者.

polvorón [polβorón] 男《料理》ポルボロン(小麦粉, ラードなどで作るクッキー, 口の中ですぐ崩れる). —comer un ～ ポルボロンを食べる.

polvoroso, sa [polβoróso, sa] 形《中南米》ほこりっぽい.

poner pies en polvorosa 《話, 比喩》逃げる.

poma [póma] 囡 ❶ 香水入れ. ❷《まれ》《植物》リンゴ.

pomada [pomáða] 囡 ❶ 化粧用クリーム. —darse una ～ クリームをつける. ❷《医学》軟膏.

pomar [pomár] 男《農業》リンゴ畑.

pomelo [pomélo] 男《植物》グレープフルーツ(の木).

pómez [pómeθ] 囡[複 pómeces] 軽石. (= piedra pómez)

pomo [pómo] 男 ❶ (ドアの)ノブ, 握り. ❷ (剣の)つか頭. ❸ (香水の)ガラスびん, フラスコ. ❹《植物》ナシ状果(リンゴ, ナシなど).

pompa [pómpa] 囡 ❶ 泡, あぶく. —～s de jabón せっけんの泡. ❷ 華やかさ, 華麗, 壮観. 類 **esplendor, fausto.** ❸ 見せびらかし, 誇示, 見栄. —hacer ～ de ... を見せびらかす. ❹ (壮麗な)行列, 仮装行列. ❺《まれ》《海事》吸水器, 揚水器, ポンプ(= bomba). ❻ (衣服などが)風・空気をはらんでできるふくらみ.

pompas fúnebres (1) 葬儀屋. (2) 葬式.

Pompeya [pompéja] 固名 ポンペイ(イタリアの観光地).

pompeyano, na [pompejáno, na] 形 ポンペイ(Pompeya)の. —— 名 ポンペイの人.

Pompeyo [pompéjo] 固名 ポンペイウス(グナエウス Cneo ～)(前106-48, ローマ共和制末期の政治家・将軍).

pomposamente [pomposaménte] 副 ❶ 盛大に, 華やかに. ❷ (文体や口調などが)仰々しく, 気取って.

pomposidad [pomposiðáð] 囡 ❶ 豪華, 華やかさ. ❷ 仰々しさ, もったいぶること.

pomposo, sa [pompóso, sa] 形 ❶ 華やかな, きらびやかな, 豪華な. —ceremonia *pomposa* 豪華な儀式. ❷ 大言壮語の, 仰々しい, もったいぶった. —saludo ～ 仰々しい挨拶.

pómulo [pómulo] 男《解剖》ほお骨, 頬(ﾎﾎ)骨; 頬骨の部分. —～s salientes 高いほお骨.

pon [pón] 動 poner の命令・2 単.

ponchada¹ [pontʃáða] [< ponche] 数人分のパンチ[ポンチ]の量.

ponchada² [pontʃáða] [< poncho] 囡 ❶《南米》《古》ポンチョ一着に包める量. ❷《南米》大量. —una ～ de ... 大量の….

ponchada³ [pontʃáða] 囡《中米》パンク.

ponche [póntʃe] 男《飲物》パンチ, ポンチ. —tomar un ～ パンチを飲む.

ponchera [pontʃéra] 囡《料理》パンチボール.

poncho [póntʃo] 男 ❶《服飾》《中南米》ポンチョ(南米住民の一種の外套(ｶﾞｲﾄｳ)). —llevar el ～ ポンチョを着ている. ❷《軍事》軍人用外套.

arrastrar el poncho 《南米》けんかをふっかける.

ponderable [ponderáβle] 形 ❶ 重さを量れる; 重みがある. ❷ 賞賛に値する. 類 **elogiable.**

ponderación [ponderaθjón] 囡 ❶ 賞賛. ❷ 熟考, 思案, 吟味, 慎重. ❸ つり合い, バランス.

ponderado, da [ponderáðo, ða] 形 慎重な, 用心深い, 分別のある. 類 **equilibrado, mesurado.**

ponderar [ponderár] 他 ❶ を賞賛する, ほめやす(= alabar). ❷ をじっくり考える, 熟考する, 慎重に検討する. —～ los pros y los contras 損得を慎重に検討する. ❸ をはかりにかける, …の重さを量る. ❹ を釣り合わせる.

ponderativo, va [ponderatíβo, βa] 形 ❶ 賞賛の. ❷ 過度の, 大げさな.

1508 pondr-

pondr-[pondr-] 動 poner の未来, 過去未来.
ponedero, ra[poneðéro, ra] 形 産卵する, 産卵期の. — 男 ❶ (鶏の)巣. ❷ 産卵場.
ponedor, dora[poneðór, ðóra] 名 ❶ (馬が)後ろ足で立つよう訓練されている. ❷ (鶏などが)卵を産むようになった, よく卵を産む.
—— 男 (競売の)入札者. 類 **postor, licitador**.

*__ponencia__ [ponénθja] 女 ❶ (会議や学会などでの)発表, 報告. — En el congreso de ecología presentó [tuvo] una ~ sobre la contaminación de la atmósfera. 彼は環境学会で大気汚染についての発表をした. ❷ 報告者の役職; 調査報告委員会; (法律)裁定委員(会).

ponente[ponénte] 男女 発表者, 報告者.

poner[ponér ポネル][10.7]他 ❶ (a)【+en に】を置く, 載せる. — La abuela *ha puesto* un florero *en* la mesa. 祖母は花瓶をテーブルの上に置いた. ¿Dónde habré *puesto* mi reloj? 私, 時計どこに置いたんだろう. (b)【+a/en に】を入れる, しまう, 振りかける. — *Ponía* las naranjas que cogía *en* una cesta. 彼女は収穫したオレンジをかごに入れていた. Ana *puso* el queso *en* la nevera. アナはチーズを冷蔵庫にしまった. ~ leche *en* el café コーヒーにミルクを入れる. El cocinero *puso* pimienta *en* la carne. 料理人は肉にこしょうを振りかけた. *Pon* más aceite *a* la ensalada. 君, サラダにもっとオリーブ油をかけなさい. (c)【+en に】(人)を入れる. — El padre *puso* a su hijo *en* un Colegio Mayor. 父親は息子を大学寮に入れた. (d)【+a に】をかける, 当てる, さらす. — *Puse* la ropa *al* sol. 私は衣服を日光に当てた. La madre *puso* la sartén *al* fuego. 母親はフライパンを火にかけた. (e)【+en に】を塗る, つける. — La enfermera le *pone* ungüento *en* el absceso. 看護師[女]は彼のできものに膏薬を塗る. (f)【+en に】を注ぐ, 傾注する, 注入する. — Pili *puso* todo su esfuerzo *en* la preparación del baile. ピーリはダンス・パーティーの準備に全力を傾注した. Juan *puso* todo su afán *en* acabar pronto la carrera. フアンは大学の課程をすぐに終えることに全力を注いだ. ❷【+a に】をつける, 着せる. — Le *puso* el vestido verde *a* la niña. 彼は女の子に緑の服を着せた. ❸ (a)【+形容詞】を…にする. — Voy a ~ más alta la radio. ラジオの音量をもっと大きくしよう. Este medicamento la *ha puesto* mejor. この薬のおかげで彼女は良くなった. ~ colorado を赤面させる. (b)【+副詞(句)】を…にする. — Jesús *puso* de manifiesto su desacuerdo. ヘススは彼の反対意見を明らかにした. *Pusieron* en duda la justicia de nuestra decisión. 彼らは我々の決断の正しさに疑念を抱いた. ~ de buen [mal] humor 機嫌をよく[悪く]させる. ~ en un aprieto 困らせる. ~ en un peligro 危険にさらす. (c)【+de に】をする. — Sus padres la *pusieron* de criada en una casa. 彼女の両親は彼女をある家の使用人にした. ❹ (a) (テレビ・ラジオ)をつける. — *Pongo* la tele para ver el noticiario. 私はニュースを見るためにテレビをつける. (b) を準備する. — Diga a los camareros que *pongan* la mesa. ボーイさんにテーブルをセットするように言って下さい. (c) (目覚まし時計)を(ある時刻に)セットする, 合わせる. — *Pon* el despertador a las seis, o llegarás tarde. 君, 目覚まし時計を6時にセットしなさい, さもないと遅刻するよ. ❺ (バルなどお客に)を給仕する, 出す. —¿Qué le *pongo*, señor? お客さん, 何を差し上げましょうか. *Póngame* una caña. ビールを1杯ください. ❻ (a) を書く. — Puedes ~ lo que quieras. 好きなこと何でも書いていい. (b) …と書く. — *Ponlo* de tu invención. それは君の発明だと書きなさい. ~ (メール)で送信する, 打つ, (電話)をかける. — Mi padre me *ha puesto* un giro postal. 私の父は私に郵便為替を寄越した. ~ un telegrama 電報を打つ. ~ una conferencia 長距離電話をかける. ❼ (a) …と(人)に名をつける. —¿Qué nombre *pusieron* a la niña?—Le *pusieron* Mercedes. 女の子に何という名前を付けたかーメルセデスと付けました. (b)【+de と】を呼ぶ, 呼ばわりする. — Le *pusieron de* ladrón. 彼はどろぼう呼ばわりされた. ❽ を上映する, 上演する. — En aquel cine *ponen* una película japonesa. あの映画劇場では日本映画を上映している. En el teatro Eslava *ponen* Don Juan Tenorio. エスラーバ劇場ではドン・フアン・テノーリオを上演している. ❾ を開設する, 設立する, 設置する. — Ana *ha puesto* una perfumería. アナは化粧品店を開設した. ❿ (a) と仮定する, 考えてみる. — *Pongamos* que no encontramos habitaciones libres, ¿qué hacemos? 空き部屋が見つからないとしたらどうする. *Pongamos* que sucedió así. 事実はこのようだったと仮定してみよう. 類 **conjeturar, suponer. ⓫ 示す, 見せる;【+como】…とみなす. ⓬【+por/como】…として提示する, 利用する. — Mi padre me *puso* mala cara cuando se lo dije. 私の父は私がそれを言ったら嫌な顔をした. ~ *por* medianero [intercesor] 仲介者としてたてる. ⓭【+con】(電話)で…とつなぐ. —¿Quiere usted ~me *con* la señorita Pilar? ピラールさんにつないでいただけますか. ⓮ を決める, つける. — Eso depende del precio que vayas a ~. それは君がつける値段しだいだ. ⓯ (刑則・罰金)を課する. — El policía le *puso* una multa. 警官は彼に罰金を課した. ⓰ (a) (金)を賭ける. — *Puse* cien euros al diez. 私は10の数字に 100 ユーロを賭けた. (b) (金)を出す, 拠出する. —¿Cuánto *pones* para el regalo de Mari Carmen? マリ・カルメンへのプレゼントに君はいくら出す. Tú *pondrás* el dinero y yo el trabajo. 君は金を出し, 僕は働くから. 類 **contribuir**. ⓱ (体重)を増やす, …が太る. ⓲ (鳥が卵)を産む. — ~ huevos 卵を産む.

poner a parir〚話〛こきおろす, 非難する, 締め上げる.

poner en claro 明らかにする, はっきりさせる.

—— **se** 再 ❶ を着る, 身に着ける, かぶる. — ~*se* el traje スーツを着る. — ~*se* los zapatos 靴をはく. ~*se* los guantes 手袋をはめる. ~*se* el sombrero 帽子をかぶる. ~*se* las gafas 眼鏡をかける. 反 **quitarse**. ❷【+a に】出る, 身を置く, 位置する. —¿Está Gonzalo?—Sí, ahora *se pone*. (電話で)ゴンサーロ君いますか.—はい, ただ今. ~*se* al teléfono 電話に出る. Se *puso* al lado de la ventana. 彼は窓のそばに身を置いた. ❸【+形容詞など】…となる. — Al oír la noticia, *se puso* pálida. その知らせを聞いて彼女は顔面蒼白になった. Le ha dado tanta vergüenza que *se ha puesto* colorado. 彼は恥ずかしさのあまり顔が紅潮した. ~*se* bien 元気になる. ❹【+a+不定詞】…し始める. — Me *puse a* estudiar a las doce de la

noche. 私は夜の12時に勉強を始めた. *Se pusieron a* gritar. 彼らはわめき始めた. *Se puso a* llover. 雨が降り出した. ❺ (日が)沈む. —En esta época del año *se pone* el sol a las cinco y media. この時期には日は5時半に沈む. ❻ いる, 着く, 降り立つ. —A las cinco *me habré puesto* en Córdoba. 私は5時にはコルドバに着いているだろう. *Se puso* en Madrid en una hora. 彼は1時間でマドリードに着いた. ❼ 〖+con に〗取りかかる, 手をつける. —En cuanto volvió a casa, *se puso con* la cena. 彼は家に帰るや否や, 夕食の準備に取りかかった. *Se pone con* el ordenador y lo olvida todo. 彼はコンピューターに向かうと全てを忘れる. ❽〖話〗…と言う. —Y *se puso*: «Dime la verdad.» そこで彼は言った, 「本当の事を言ってくれよ」と. ❾〖+de〗…にまみれる, …だらけになる. —~*se de* barro [tinta] 泥[インキ]まみれになる. 類 **llenarse, ensuciarse**. ❿〖+en〗…の値段が…に達する. —La casa *se puso en* un millón de euros. その家は100万ユーロにまでなった.
ponerse al corriente de … →*corriente*.
ponerse a bien con … (人)と和解する.
ponérsele en la cabeza a … (考えなどが)(人)の頭にとりつく, (人)が確信する.

poney [póni]〖<英 pony〗男〖複 poneys〗ポニー(小型の馬の総称). 類 **poni**.

Ponferrada [pomferáða] 固名 ポンフェラーダ(スペインの都市).

ponga(-) [poŋɡa(-)] 動 poner の接・現在.

pongo [póŋɡo] 動 poner の直・現在・1単.

poniente [pon̯jénte] 男 ❶ 西方, 西(=oeste). 反 **naciente**. ❷〖気象〗西風.

pontaje [pontáxe] 男 橋の通行税.

pontazgo [pontáθɡo] 男 →**pontaje**.

pontear [ponteár]〖<puente〗他 橋を架ける, 橋を渡す, …に架橋する.

Pontevedra [ponteβéðra] 固名 ポンテベドラ(スペインの都市).

pontevedrés, dresa [ponteβeðrés, ðrésa] 形 ポンテベドラ (Pontevedra) の.
— 名 ポンテベドラの人.

pontificado [pontifikáðo] 男〖宗教〗教皇[大司教]の職[位, 任期].

pontifical [pontifikál] 形 ❶ 司教の, 大司教の. ❷ 法王[教皇]の.
— 男 ❶〖宗教〗司教定式書, 司教式目. ❷〖複〗(司教の)祭服記章.

pontificar [pontifikár] [1.1] 自 ❶〖宗教〗教皇[大司教]がミサを行なう. ❷〖比喩〗ご託宣を垂れる, 偉そうにしゃべる.

‡**pontífice** [pontífiθe] 男 ❶〖宗教〗ローマ教皇, 法王. —El Sumo *P*~ ローマ教皇. ❷ 司教, 大司教(などの高位聖職者). ❸〖歴史〗(古代ローマの)大神官.

‡**pontificio, cia** [pontifíθjo, θja] 形 ローマ教皇の; (大)司教の; 高位聖職者の.

pontón [pontón] 男 ❶〖海事〗はしけ, ポンツーン(自航力のない箱船). —~ *flotante* いかだ. ❷ (倉庫などに利用されている)廃船. ❸〖海事〗舟橋, 浮橋(=puente de pontones).

ponzoña [ponθóɲa] 女 ❶ 毒液, 毒, 毒物. 類 **veneno**. ❷〖比喩〗害毒, 弊害, 有害なもの.

ponzoñoso, sa [ponθoɲóso, sa] 形 ❶ 有毒な, 有害な. —sustancia *ponzoñosa* 有害物質. ❷ 悪意のある.

popa [pópa] 女〖海事〗船尾, とも. 反 **proa**.
viento en popa 追い風を受けて; 順風で.

popar [popár] 他 ❶ を軽蔑する. 類 **despreciar**. ❷ を愛撫する, かわいがる. 類 **acariciar**. ❸ を甘やかす, ちやほやする; …に媚びる, へつらう. 類 **mimar, halagar**.

Popayán [popaján] 固名 ポパヤン(コロンビアの都市).

pope [pópe] 男〖宗教〗(ギリシャ正教の)総主教.

popelín [popelín] 男〖服飾〗ポプリン(布地).

popelina [popelína]〖<仏〗女〖服飾〗畝(ﾏﾞ)織の布地, ポプリン. 類 **popelín**.

poplíteo, a [poplíteo, a] 形〖解剖〗膝窩(じっか)の, ひかがみの.

Popocatépetl [popokatépetl] 固名 ポポカテペトル山(メキシコの火山).

popote [popóte] 男 ❶〖メキシコ〗〖植物〗ポポーテ(メキシコ産の禾本(かほん)科の植物). ❷〖メキシコ〗わら, ストロー(=paja).

populachería [populatʃería] 女〖軽蔑〗大衆の人気, 俗受け(=popularidad).

populachero, ra [populatʃéro, ra] 形〖軽蔑〗大衆の, 庶民的な, 大衆受けする, 低俗の, 卑俗な(=popular). —gustos ~*s* 通俗的な趣味.

populacho [populátʃo] 男〖軽蔑〗下層民, 大衆, やじ馬連, 烏合(うごう)の衆(=pueblo).

‡**popular** [populár] 形 ❶ 人民の, 国民の. —democracia ~ 人民民主主義の. frente ~ 人民戦線. soberanía ~ 人民主権, 主権在民. ❷ 民衆の, 庶民の; 大衆的な, 通俗的な. —clase ~ 庶民階級. lenguaje ~ 俗語(的)な言葉遣い). música (canción) ~ ポピュラー音楽(流行歌; 民謡]. tradiciones ~*es* 民間伝承. Viven en un barrio ~ de las afueras de la ciudad. 彼らは市の郊外の下町に住んでいる. 反 **culto**. ❸ 人気のある, ポピュラーの. —El fútbol es muy ~ en España. サッカーはスペインではとても人気がある. Linda es una chica muy ~ en el colegio. リンダは学校では大変人気者の女の子だ. ❹ (庶民的の)廉価版[の], 求めやすい. —Este espectáculo tiene precios ~*s*. この興行は庶民価格である. lanzar una edición ~ de las obras de Ortega y Gasset オルテガ・イ・ガセーの廉価版を売り出す. ❺〖スペイン〗〖政治〗国民党の. —un parlamentario ~ 国民党の国会議員.
— 男女〖スペイン〗〖政治〗国民党員.

‡**popularidad** [populariðá(ð)] 女 人気, 評判; 流行; 通俗性. —Este profesor tiene mucha ~ entre los estudiantes. この先生は学生たちにとても人気がある. 類 **fama**. 反 **impopularidad**.

popularización [populariθaθjón] 女 大衆化, 通俗化. —~ de los ordenadores personales パソコンの普及.

‡**popularizar** [populariθár] [1.3] 他 ❶ (人)を有名にする, 名高くする, …の名声を広める. ❷ (物)をポピュラーにする, 大衆化する, 大衆のものにする. —Con sus conferencias quiso ~ la música clásica. 彼は講演をしてクラシック音楽を大衆化しようとした.
—**se** 再 有名になる, ポピュラーになる, 普及する. —'Carmen' *se popularizó* después de la muerte de Bizet. 「カルメン」はビゼーの死後有名になった. El fútbol *se ha popularizado* en este

país. サッカーはこの国で普及した.

popularmente [populárménte] 副 ❶ 一般に. ❷ 一般向けに. ❸ 騒がしく.

populista [populísta] 形 《政治》人民主義の, 人民派の, 人民党の. ― 男女 《政治》人民主義者, 人民派の人, 人民党員.

populoso, sa [populóso, sa] 形 人口の多い, 人口稠(ちゅう)密な. ― barrio ～ 人口の多い地区.

popurrí [popurí] 男 ❶《音楽》メドレー, 接続曲, ポプリ. ❷《比喩》寄せ集め, 雑多.

poquedad [pokeðá(ð)] 女 ❶ 臆病, 小心. 類 apocamiento, timidez. ❷ 少数, 少量, 乏しいこと, 不足. ❸ つまらないこと, くだらないもの.

póquer [póker] 男 →póker.

poquísimo, ma [pokísimo, ma] 形 poco の絶対最上級.

***poquito, ta** [pokíto, ta] [<poco] 形 ほんの少しの, ちょっとだけの. ― Tengo muy ～ tiempo. 私はほんのわずかしか時間がない.

― 副 ほんの少し, ちょっとだけ. ― Salimos de casa ～ después de las nueve. 私たちは9時ちょっと過ぎに家を出た. ¿No puede hablar un ～ más alto? もうちょっと大声で話していただけませんか. ― 男 ほんの少しのもの, ちょっとだけのもの. ― echar un ～ de azúcar al café コーヒーにほんの少し砂糖を入れる.

a poquitos ほんの少し; 少しずつ. Este jamón hay que comerlo *a poquitos*. このハムは少しずつ味わわなければならない.

poquito a poco 非常にゆっくりと, 徐々に. El enfermo mejora *poquito a poco*. 病人は徐々に回復している.

****por** [por ポル] 前

I 【手段, 方法, 基準】…によって.
II 【動機, 原因, 根拠】…のために.
III 【代理, 交換, 代価】…と, …として, …の代りに.
IV 【関連】…に関しては.
V 【配分】…につき.
VI 【時, 場所】…に, で.

I 【手段, 方法, 基準】…によって. ❶【手段, 方法】…で. ― Le mandaron el paquete *por* correo. 彼に郵便でその小包を送った. La conocí *por* el sombrero. 私は帽子で彼女だとわかった. ❷【行為者】…による, …によって〖過去分詞や受動文とともに用いられる〗. ― La carta fue escrita *por* María. その手紙はマリアによって書かれた. La gente, atraída *por* el escaparate, dificultó la circulación. ショーウインドーに引きつけられていた人々が通行の邪魔になった. Esta obra está hecha *por* él mismo. この作品は彼自身によって作成されたものだ. Lo he sabido *por* mi suegra. 私はそれを姑から聞いた. 類語 **de** は, 動詞によって示された行為が精神的な性質のものの場合に使われる. また acompañar, preceder, rodear, seguir などの位置関係を示すもののときは de を用いることが多い. Era envidiada *de* todos. 彼女は皆にうらやましがられた. Sufría mucho trabajo para hacerse entender *de* sus discípulos. 彼は自分の教え子達に理解されようと大変に苦労していた. La madre está rodeada *de* sus hijos. 母親は子供達に囲まれている. ❸【基準】…によって, 従って. ― colocar *por* orden alfabético アルファベット順に配置する. ordenar *por* tamaños 大きさによって配列する. Se marchó *por* propia voluntad. 彼は自分の意思で出て行った.

II 【動機, 原因, 根拠】❶【動機】…のために. ― Se levantó temprano *por* no llegar tarde. 彼は遅刻しないように早起きした. 類語 **para** は「目的, 目標, 利益」など行為の外部的な到達点を示す. Iré a España *para* aprender el idioma. 私はことばを学ぶためにスペインへ行くつもりだ（目的）. Iré a España *por* hablar al Sr. López. 私はロペス氏に話ができればと思ってスペインへ行く（動機）.〖両者の区別が明らかでない場合も多い〗. ❷【原因】…のために. ― Suspendieron la fiesta *por* el mal tiempo. 天候が悪いのでお祭りは中止となった. ❸【理由・根拠】(*a*)…のために. ― Le han dado un premio *por* su buena conducta. 彼女は善行により表彰された. Le han castigado *por* haber mentido. 彼は嘘をついたので罰を受けた. Cerrado *por* vacaciones. 休暇のため休業〖休館〗. ¿*Por*?〖話〗なぜ?〖強勢をかける〗. (*b*)〖先行する動詞と同じ動詞を従えて〗…のために…. ― Eso es hablar *por* hablar. それは議論のための議論だ. El niño lloraba *por* llorar. その子は泣きに泣いていた. ❹【判断】…によれば, …したところ. ― *Por* lo visto no quiere hacerlo. 見たところ彼はそれをしたくなさそうだ. ❺【希求】…を求めて, 探して. ― Voy *por* mi traje, que ya estará listo. 服がもうできているでしょうから, 取りに行ってきます. ❻【利益, 恩恵】…のために. ― José Martí ofreció su vida *por* la libertad de Cuba. ホセ・マルティはキューバの解放のために命を捧げた. ❼【未遂】まだ…していない, …すべき. ― Quedan veinte páginas *por* leer. まだ読むところが20ページ残っている. La carta está *por* escribir. 手紙はまだ書いていない. ❽【賛成, 味方, 選択】…に賛成〖味方, 選択〗, …に賛成して. ― Me inclino *por* el tren. 私は汽車で行くことに賛成だ. Todos están *por* él. 皆は彼の味方だ. ❾【感情の対象】…に対して. ― No siente amor *por* los niños. 彼は子供達に愛情を感じない. Gracias *por* haber aceptado nuestra invitación. 私たちの招待に応じていただいてありがとうございます. ❿【誓い】…にかけて. ― Te lo pido *por* Dios. どうかそれをお願いするよ.

III 【代理, 交換, 代価】❶【代理】…の代理として. ― He venido *por* mi hermano. 兄に代わって私が来ました. 類 **en lugar de**. ❷【交換】…と引き換えに. ― Ha cambiado el viejo coche *por* uno nuevo. 彼は古い車を新しいのと取り替えた. ❸【代価】…の値で. ― He comprado este libro *por* la mitad de su precio. 私はこの本を半額で買った. Hemos perdido *por* tres a dos. 私たちは3対2で負けた. ❹【資格, 判断】…として. ― admitir *por* válido 有効と認める. dar *por* hecho 成立したものとする. designar *por* representante 代表者として指名する. Le tenían *por* tonto pero no lo era. 彼は馬鹿と思われていたが, そうではなかった.

IV 【関連, 制限】…に関しては. ― *Por* mí, puede marcharse cuando quiera. 私のことでしたらかまわないで いつでも 好きなときに行って結構です. Vamos a despedirnos de usted *por* ahora. ただ今のところは, これで失礼させていただきます.

V 【配分】❶ …につき. ― Le pagan a 6 euros

por hora. 彼には1時間につき6ユーロ支給される. a una velocidad de 80 kilómetros *por* hora 時速80キロで. ❷ …ずつ, …ごとに. —examinar caso *por* caso 一つずつの場合について調べる. Ella se va mejorando día *por* día. 彼女は日に日に快方に向かっている. ❸【かけ算】…かける…. —Seis *por* dos, doce. 6 かける 2 は 12. cinco *por* un medio 5 かける 1/2【割り算は dividido *por*】. Ⅵ【時, 場所】❶【時間的広がり】…に. —Tengo dos clases *por* la tarde. 私は午後に2つ授業がある. Volveré *por* Navidad. クリスマスの頃には戻ってくる. ❷ (*a*)【空間的広がり】…(あたり)で, を. —Pienso viajar *por* el extranjero. 私は外国を旅行するつもりだ. Las llaves deben estar *por* ahí. 鍵はその辺にあるはずだ. (*b*)【通過点】…を通って. —Voy a Madrid *por* Toledo. 私はトレードを通ってマドリードへ行く. Perdóneme, pero ¿*por* dónde se va a la biblioteca? すみませんが, どの道を通れば図書館へ行けますでしょうか. Ella pasó el hilo *por* el ojo de una aguja. 彼女は針の穴に糸を通した. 類**a través de**. ❸【期間】…の間. —Se quedará aquí *por* cinco días. 彼はここに5日間滞在するだろう. ❹【距離】…の間. —Siga todo derecho *por* cien metros hasta llegar a la fuente. 噴水の所に着くまでまっすぐ100メートル行ってください. ❺【時間的な広がりのなかの一点】…に. —Suele venir *por* la tarde. 彼は普通午後に来る. ❻【空間的な広がりの中の一点】…に, …で. —Están haciendo urbanizaciones *por* aquí cerca. この近くで宅地の造成をしている.

a por … 【話】…を求めて, 探して. Ve *a por* tabaco. おまえ, タバコを買って来ておくれ.

dar por …【不定詞】→dar.

… por cien [*ciento*] …パーセント. incremento del 6 *por ciento* con respecto a 1982 1982年度分に対して6パーセントの増加.

por entre … …の間を通って, …を通して. Se abrió paso a codazos *por entre* la gente que llenaba la plaza. 彼は広場を埋める人たちの間をかき分けて進んだ.

por eso (1) そのために. No te preocupes *por eso*. そのことで心配するな. (2) だから. Es amable conmigo. *Por eso* me gusta. 彼は私に親切だ. だから私は彼が好きです.

por qué なぜ【疑問文】¿*Por qué* te fuiste? なぜ君は行ってしまったの. No acierto a explicarme *por qué* la quiere tanto. 彼がなぜあれほど彼女を愛しているのか私にはよく納得できない.

por que【+接続法】《まれ》…するために. Se lo dije *por que* viniera antes. もっと早く来てもらうために私は彼にそれを言った.

por (*mucho* [*más*]) *que*【+名・形・副 +】 (1)【+接続法】どんなに…しても. *Por mucho que* insistas, no le convencerás. 君がどんなに主張しても彼を納得させられないだろう. *Por difícil que* sea, lo haré. それがどんなに難しくても私はやるつもりだ. (2)【+直説法】…ではあるが. *Por mucho* dinero *que* tiene, no lo comprará. 彼は金をたくさん持っているが, それを買わないだろう.

por si (*acaso*) … もしや…と思って. Voy a cambiarme de vestido *por si acaso* me sacan unas fotos. 写真を撮られるかもしれませんので私は服を着替えて来ます.

si no fuera por … …がいないならば. *Si no fuera*

por mi familia, no volvería a mi tierra. 私は家族がいなければ国へ帰らないだろう.

porcelana [porθeláṇa] 囡 ❶ 磁器. —taza de ～ 磁器の茶碗. ❷ 青みを帯びた白.

porcentaje [porθeṇtáxe] 男 百分率, 百分比, 率, パーセンテージ.

porcentual [porθeṇtuál] 形 百分率の, パーセンテージの. —cálculo ～ 百分率計算.

porche [pórtʃe] 男 ❶【建築】張り出し玄関, 車寄せ, 入口, ポーチ. ❷【建築】拱廊(きょうろう), 列拱(れっきょう), アーケード.

porcino, na [porθíno, na] 形 豚の.
— 男 子豚.

‡**porción** [porθjóṇ] 囡 ❶ 部分, 一部. —vender en porciones バラ【切り】売りをする. Me tomé una ～ de tarta. 私はケーキだけを食べた. Me dio tres *porciones* de chocolate. 彼は私に板チョコの3片をくれた. 類**trozo**. ❷ 取り分, 分け前; 割り当て. —Exigió su ～ de lo robado. 彼は盗品の分け前を要求した. Se dividieron el dinero en *porciones*. 彼らはその金をそれぞれの取り分に分けた. Ya he terminado mi ～ de trabajo. 私は割り当てられた自分の仕事を終えた. ❸ 数, 量; 多量, 多数. —En la caja quedaba una ～ reducida de caramelos. 箱の中にはわずかばかりのキャラメルしかなかった. En el bar se reunía una ～ de jóvenes. スタジアムには多くの若者たちが集まっていた.

porcuno, na [porkúno, na] 形 豚の.

pordiosear [porðjoseár] [＜por Dios] 自 ❶ 施しを求める, 物乞いをする. 類**mendigar**. ❷ 哀願する, 懇願する.

pordiosero, ra [porðjoséro, ra] [＜por Dios] 形 物乞いをする, 乞食(こじき)の.
— 名 物乞い, 乞食. 類**mendigo**.

hierba de los pordioseros【植物】クレマチス, テッセン(鉄線); センニンソウ(千日草). 類**clemátide**.

porfía [porfía] 囡 ❶ 頑固, 固執, しつこさ. ❷ 議論, 論争.

a porfía 競争して.

porfiado, da [porfjáðo, ða] 形 固執する, 不屈の, 頑固な. —un vendedor ～ ねばり強いセールスマン.
— 名 固執する人, 頑固な人, ねばり強い人. 類**terco**.

porfiar [porfjár] [1.5] 自 ❶【+en+不定詞】(…しようと)懸命になる. ❷【+con, +por】と(…を)競う, 張り合う. ❸【+en】に(…に)固執する, 主張する. ❹ ねだる, せがむ. ❺ しつこく議論する. —*Porfiaron* sobre quién debía ser el primero en hablar. 誰が一番最初に話すべきかについてさんざんもめた.

pórfido [pórfiðo] 男 《鉱物》斑岩(はんがん).

‡**pormenor** [pormenór] 男 ❶【主に複】詳細, 細部, 細かい点. —Aún no se conocen los ～*es* del accidente. まだ事故の詳細が分からない. 類**particularidad**. ❷ ささいなこと. —Basta de ～*es*, dime la conclusión. つまらないことはもういい, 結論を言ってくれ.

pormenorizar [pormenoriθár] [1.3] 他 を詳述する.

pornografía [pornoɣrafía] 囡 ポルノ, 春画,

淫шую; 好色[エロ]文学.
pornográfico, ca [pornoɣráfiko, ka] 形 ポルノの, 春画の; 好色[エロ]文学の. — película *pornográfica* ポルノ映画.
poro [póro] 男 〖生物〗孔, 気穴, 気孔.
porongo [poróŋgo] 男 〔＜ケチュア〕 ❶《植物》(南米の)ひょうたんの一種. 類 **poro, calabaza**. ❷【南米】ひょうたん型の容器; マテ茶用の容器. → mate.
pororó [pororó] 男 〔＜グアラニ〕【南米】ポップコーン. 類 **rosetas, palomita**.
porosidad [porosiðá(ð)] 女 多孔性.
poroso, sa [poróso, sa] 形 ❶ 穴の多い, 多孔質の. ❷《生物》気孔のある.
poroto [poróto] 男【南米】《植物》マメ, インゲンマメ.
porque [porke ポルケ] 接 ❶〖原因, 理由；＋直説法〗なぜならば…, …だから. — No puede ir, ～ está enfermo. 彼は行けない, なぜなら病気だから. ¿Por qué no comes? – P～ no tengo apetito. なぜ食べないの.-だって食欲がないんだもの. ❷〖否定文で原因・理由を示す；＋接続法〗…だからといって…なのではない. — No he aceptado el puesto ～ reciba más sueldo. 私は給料が高いからといってそのポストを引き受けたわけではない. ❸〖目的〗…するために. — Espérame en casa ～ te dé el recado. 君に伝言があるから家で待っていてくれ〖この場合は por que と離して書くが普通である〗. 類 **para que.
porqué [porké] 男〖＋de〗理由, わけ, 動機. — explicar el ～ 理由を説明する. 類 **causa, razón, motivo**.
porquería [porkería] 女《話》❶ 不潔物, 汚物, ごみ. 類 **basura, suciedad**. ❷ がらくた, 安物, つまらないもの. ❸ くだらないもの, つまらないもの. ❹ 卑劣なやり口, 汚い手. 類 **grosería**. ❺ 駄菓子, 安っぽい食べ物.
porqueriza [porkeríθa] 女 豚小屋.
porquerizo, za [porkeríθo, θa] 名 ＝ porquero.
porquero, ra [porkéro, ra] 名 養豚業者, 豚飼い.
porra [póra] 女 ❶ 棍(え)棒, 警棒. ❷ げんのう, 大ハンマー. ❸《料理》ポラ(太くて短い揚げパン, フリッター). ❹《まれ, 話》〖ゲームで〗びり(＝el último). ❺《まれ》自慢, うぬぼれ. ❻ (～s)〖間投詞的に〗《俗》くそくらえ, いいかげんにしろ〖怒り・不快を表わす〗. — Tú tienes la culpa, ¡～! 馬鹿野郎, てめえのせいだ.
guardia de la porra 《話》交通警官.
mandar a ... a la porra …を追い払う.
¡Vete a la porra! 《俗》くそくらえ, 何言ってるんだ.
porrada [poráða] 女 ❶《話》山積み, 多量. ❷ 棍(え)棒で殴ること.
porrazo [poráθo] 男 ❶ 棍(え)棒で殴ること. 棍棒で殴る. — dar un ～ ❷ 衝突, 一撃.
de golpe y porrazo 突然に, あっという間に.
porrería [porería] 女 ❶《話》ばかげたこと, おろかなこと. 類 **necedad, tontería**. ❷《話》重苦しいこと, 面倒なこと; 遅いこと. 類 **pesadez, tardanza**.
porreta [poréta] 〔＜puerro〕 女 ❶《植物》(ポロネギ, ニンニク, タマネギなどの)葉. ❷《植物》(穀類の)芽.
en porreta(s) 《話》丸裸で[に].
porrillo [poríʎo] 男
a porrillo 《話》多く, たくさん.
porro [póro] 男 ❶《植物》西洋ネギ, ポロネギ (＝puerro). ❷《まれ, 俗》だらしのない男, だめな男. ❸ 麻薬(ハッシシュ, マリファナ, コカインなど). — echarse un ～ 麻薬をやる. ❹《話》勉強しない学生.
porrón [porón] 男 ❶ 陶器の水差し. ❷ (ワイン用)ガラス瓶.
porrudo, da [poŕúðo, ða] 形 ❶ (先太りに)くれた. ❷《話》ばかな. ❸《方》強情な. 類 **obstinado, testarudo**.
— 男《方》羊飼いの杖.
porta [pórta] 女 ❶《造船》舷窓(きゅう); 《軍事》砲門. 類 **mandilete**. ❷《解剖》門脈.
— 形《女性形のみ》《解剖》門脈の. — vena ～ 門静脈.
portaaviones [portaaβjónes] 男〖単複同形〗航空母艦, 空母.
portabandera [portaβandéra] 女 (旗竿(ざお)を持té選ぶための肩かけのベルト.
portacartas [portakártas] 男〖単複同形〗書類入れ, 郵便かばん. 類 **cartera, valija**.
*portada [portáða] 女 ❶《建築》(装飾のある)正面, ファサード, 玄関. — ～ de la catedral 大聖堂の正面. 類 **fachada**. ❷ (本の)扉; (新聞の)第1面. ❸ (雑誌の)表紙.
portado, da [portáðo, ða] 過分〔＜ portarse〕形 *bien[mal]* ～ を前に伴って〗身なりのよい[悪い], 品行のよい[悪い].
*portador, dora [portaðór, ðóra] 形 ❶〖＋de〗…を運ぶ, 担う; 持参する. ❷〖＋de〗…を保菌する, キャリアの. — una persona *portadora* del [virus del] sida エイズ[ウイルス]感染者.
— 名 ❶ 運搬人; 配達人, 使者. — El ～ de esta carta que te escribo es un íntimo amigo mío. 君に書いているこの手紙の使いの者は, 僕の親友だ. ❷ 所持者; 《商業》持参人. — ～ de títulos 証券の持ち主. pagadero al ～ 持参人払いの. ❸《医学》保菌者, キャリアー.
al portador 《商業》持参人払いの. ¿Me hace el cheque *al portador*? 持参人払い小切手を作ってもらえますか.
portaequipaje [portaekipáxe] 男 ❶ (自動車の)トランク. 類 **maletero, portamaletas**. ❷ (自動車の屋根上の)ルーフラック. 類 **baca**.
portaestandarte [portaestandárte] 男《軍事》旗手.
portafolio [portafóljo] 男 書類かばん, ブリーフケース, ポートフォリオ.
portafusil [portafusíl] 男〖複 portafusiles〗(銃を吊(つ)るための肩かけの)ベルト.
portahelicópteros [portaelikópteros] 男 ヘリ空母.
*portal [portál] 男 ❶《建築》玄関, 玄関ホール; ポーチ(正面入り口に張り出した屋根付きアーチ). 類 **entrada, zaguán**. ❷《建築》アーケード(通りや広場にある屋根付きの街路拱廊(きょうろう)). 類 **soportal**. ❸ 都市の入り口, 城門.
portalada [portaláða] 女 (中庭に通じる)大門, 表門.
portalámpara [portalámpara] 男《電気》ソ

ケット.

portalápiz [portalápiθ]男〖複portalápices〗(鉛筆の)キャップ.

portalibros [portalíβros]男〖単複同形〗(本やノートを持ち運ぶための)ブックバンド.

portaligas [portalíɣas]男〖単複同形〗《服飾》(女性が用いる)靴下どめ用のベルト, ガーターベルト. 類**liguero**.

portalón [portalón]男 ❶ (古い宮殿等の)大門, 表門. ❷ 《造船》舷門(げんもん).

portamaletas [portamalétas]男〖単複同形〗(自動車の)トランク; 荷物棚. 類**maletero**, **portaequipaje**.

portamantas [portamántas]男〖単複同形〗毛布など旅行用手荷物を括(くく)るバンド.

portaminas [portamínas]男〖単複同形〗シャープペンシル. 類**lapicero**.

portamonedas [portamonéðas]男〖単複同形〗財布, 小銭入れ. 類**monedero**.

portante [portánte]男 (馬術》側対歩, アンブル, (馬などが)片側の前足と後足を同時に上げて歩くこと.

tomar [coger] el portante 《話》その場を急いで立ち去る. Al ver que venía con mucha enfadada, el niño *tomó el portante*. 母親が怒って近づいてくるのを見て, その子は大急ぎで逃げだした.

portantillo [portantíʎo]男 (ロバなどが)短い歩幅で軽快に歩くこと. ―El asno avanzaba a ~ por el camino. ロバは小走りで道を進んでいた. 類**pasitrote**.

portañuela [portaɲuéla]女 《服飾》ズボンの前開き部分にかぶさる布片.

portaobjeto [portaoβxéto]男〖複 portaobjetos〗(顕微鏡の)スライドガラス.

portaplacas [portaplákas]男〖単複同形〗《写真》乾板ホルダー(乾板を取り付ける遮光器).

portaplumas [portaplúmas]男〖単複同形〗ペン軸.

:**portar** [portár]他 ❶ 持つ, 携える, 持参する. ―Los manifestantes *portaban* pancartas. デモ隊はプラカードを持っていた. ❷ (猟犬が獲物を)持って来る.

―**se** 再 ❶ 振舞う, 行動する. ―*Se portó* como un hombre. 彼は1人前の男らしく振る舞った. Tus hijos *se han portado* muy bien. 君の息子たちはとてもお行儀がよかったよ. Te *portaste* con frialdad. 君の態度は冷たかったね. 類**comportarse**. ❷ 期待に応える, 希望に添う. ―*Se portó* y aprobó el examen. 彼は期待に応えて試験に合格した. El equipo *se portó* y pasó a las semifinales. チームは健闘して準決勝に進んだ.

portarrollos [portaróʎos]男〖単複同形〗トイレットペーパー・ホルダー.

portátil [portátil]形 携帯用の. ―teléfono ~ 携帯用電話. 類**transportable**.

portaviandas [portaβjándas]男〖単複同形〗弁当箱.(食べ物を持ち運ぶための)重ね式密閉容器. 類**fiambrera (de cacerolas superpuestas)**.

portaviones [portaβjónes]男〖単複同形〗→**portaaviones**.

portavoz [portaβóθ]男〖複 portavoces〗❶ スポークスマン, 代弁者, 代表者. ―~ de los padres afectados 被害者父母の会代表. ~ parlamentario (各政党の)議員会長. El ~ del go-

bierno dio una rueda de prensa. 政府のスポークスマンが記者会見を行った. ❷ (政党の)機関紙. 類**órgano**.

portazgo [portáθɣo]男 通行料金; 料金所.

portazguero [portaθɣéro]男 通行料金の徴収係.

portazo [portáθo] 〖<puerta+-azo〗男 ドアがばたんと閉まること, ドアが勢いよく閉まる音. ―Oyó un tremendo ~ en el piso de arriba. 彼は上階で激しくドアが閉まる音を聞いた.

dar a ... un portazo (人)を締め出す, (人)の面前でドアをばたんと閉める.

dar un portazo ドアをばたんと閉める(しばしば怒りや不快を表わす). Estaba enfadado y salió *dando un portazo*. 彼は怒ってドアをたたきつけて出て行った.

:**porte** [pórte]男 ❶ 運搬, 輸送. 類**acarreo**, **transporte**. ❷ 運搬費, 運賃; 郵便料金. ―franco de ~ 運賃[郵便料金無料(の). ~ debido 運賃着[後払い)の). ~ pagado 運賃[郵便料金]前払いの). ❸ (人の)風采, 身なり; 振舞い, 品行; (物の)外観. ―un hombre de ~ elegante エレガントな身なりの人. Tiene un ~ distinguido. 彼は上品な人だ. un edificio de ~ majestuoso 堂々とした建物. ❹ (船舶, 建物, 車両などの)大きさ, 容積. ―un barco de gran ~ 大きな船. ❺ 種類, タイプ. ―No soy especialista en negocios de ese ~. 私はそのような商売の専門ではない.

porteador, dora [porteaðór, ðóra]形 荷物を運ぶ.

― 名 ポーター, 運送屋.

portear[1] [porteár]他 (料金を取って)運搬する, 運送する.

― **se** 再 (渡り鳥などが)移動する.

portear[2] [porteár]自 ❶ (ドアや窓などが)ばたんと閉まる. ❷ 《中南米》出て行く.

portento [porténto]男 驚異, 驚嘆すべき行い, 人物, 物. ―Esta niña es un ~ tocando el piano. この娘はピアノを弾かせれば天才だ. Él es un ~ de inteligencia. 彼は驚異的に頭がいい. 類**asombro**, **maravilla**, **milagro**, **prodigio**.

:**portentoso, sa** [portentóso, sa]形 驚異的な, 並外れた, 非凡な. ―tener una fuerza [inteligencia] *portentosa* 怪力持ちだ[非凡な知能を有する]. 類**prodigioso**.

porteño, ña [portéɲo, ɲa] 〖<puerto+-eño〗形 (アルゼンチンの)ブエノスアイレスの.

― 名 ブエノスアイレス(生まれ)の人. ♦Buenos Aires の旧称 Puerto de Santa María de los Buenos Aires に由来する. Buenos Aires の他にも, いくつかの港「市」町について同様に用いられる (Cádiz 地方の Puerto de Santa María, Colombia の Puerto Carreño, Chile の Valparaíso など). 類**bonaerense**.

porteo [portéo]男 運搬, 輸送.

portera [portéra]女 →**portero**.

:**portería** [portería]女 ❶ 守衛室, 管理人室, 門番詰め所; 守衛[管理人]の仕事. ❷ 《スポーツ》(サッカーなどの)ゴール. 類**meta**.

:**portero, ra** [portéro, ra]男 ❶ 門番, 守衛; (アパートなどの)管理人. ―~ de un hotel ホテルのドアマン. ~ automático/electrónico オートロッ

ク式ドア(インターフォンで交信し，建物の内部から鍵を開ける方式のドア). ❷《スポーツ》(サッカーなどの)ゴールキーパー. 類**guardameta**.

portezuela [porteθuéla] 〔<puerta+-uela〕囡 ❶ 小扉. (乗物の)ドア. ❷《服飾》ポケットやファスナーの蓋(ふた).

pórtico [pórtiko] 男《建築》❶ ポルティコ, 柱廊玄関. ❷ (中庭やファサードを囲む)回廊, 柱廊. — Los días de lluvia pasea por el ~ de la plaza. 彼は雨の日には広場の回廊を散歩する. ◆円柱かアーチに支えられた屋根を持つ；建物の一部分. 玄関や廊下として用いられる. 類**atrio, porche, soportal**.

portilla [portíja] 囡 ❶《造船》舷窓(げんそう). ❷ 農地の出入口.

portillo [portíjo] 男 ❶ (壁面中の)抜け穴，通り道. ❷ (大きな扉に設けられた)くぐり戸, 小窓；裏口. 類**postigo**. ❸ 〖比喩〗突破口；急所；(良いことや悪いことが起こる元になる)きっかけ, 引き金. — Habrá que buscar el ~ de la crisis económica actual. 現在の経済危機を打開する糸口を捜さねばならないだろう. ❹ 山あいの狭路. ❺ (土壌などの)欠け, 割れ目. ❻ 用水路の取水口.

portón [portón] 〔<puerta+-ón〕男 ❶ 大扉. ❷ (玄関ホールと家内部とを分ける)内扉.

portorriqueño, ña [portoři̯kéɲo, ɲa] 形 プエルトリコの.
— 名 プエルトリコ(生まれ)の人. 類**borinqueño**.

Portoviejo [portoβjéxo] 固名 ポルトビエホ(エクアドルの都市).

portuario, ria [portu̯ário, ria] 〔<puerto+-ario〕形 港の. — trabajador ~ 港湾労働者.

Portugal [portuɣál] 固名 ポルトガル(首都リスボン Lisboa).

portugués, guesa [portuɣés, ɣésa] 形 ポルトガル(Portugal)の；ポルトガル人[語]の. — vino ~ ポルトガルワイン. 類**lusitano, luso**.
— 名 ポルトガル人. — 男 ポルトガル語.

Portuguesa [portuɣésa] 固名 ポルトゥゲーサ(ベネズエラの州).

portuguesismo [portuɣesísmo] 男 ポルトガル語からの借用語[表現]. 類**lusitanismo**.

*porvenir [borβenír ポルベニル] 男 将来，未来；将来性，前途. — en el [lo] ~ 今後は，将来は. Éste es un joven con [sin] ~. こいつは将来性のある[ない]若者だ. Su hijo tiene el ~ asegurado. 彼の息子は将来が保障されている. Nadie sabe lo que depara el ~. 将来のことは誰もわからない. 類**futuro**.

pos [pós] 副〖次の成句で〗.
en pos de ... ...の後に，...に続いて，を求めて. En aquellos días los jóvenes iban *en pos de* la libertad. 当時若者は自由を追い求めていた. El perrillo va *en pos de*l niño. 子犬はその子の後をついて回っている.

pos- [pos-] 接頭 →post-.

*posada [posáða] 囡 ❶ 宿屋，旅館，はたご；(賄い付き)下宿屋. — En este pueblo no hay más que una ~. この町には宿屋が一軒しかない. 類**fonda**. ❷ 宿泊，泊まる(泊める)こと；宿泊料. — ~ franca 無料宿泊. Un desconocido nos pidió ~. 1人の見知らぬ人が私たちに宿を求めた. Dimos ~ a un joven viajero. 私たちは1人の若い旅行者に宿を提供した. 類**hospedaje**.

Posadas [posáðas] 固名 ポサダス(アルゼンチンの都市).

posaderas [posaðéras] 囡複 尻. 類**culo, nalgas, trasero**.

posadero, ra [posaðéro, ra] 名 宿屋[旅館, 下宿屋]の主人. 類**mesonero**.
— 囡 ❶ カヤなどで編んだスツール. ❷《解剖》直腸先端部. 類**sieso**.

*posar [posár] 自 ❶ (画家・カメラの前で)ポーズをする. — La modelo *posó* para el pintor. モデル嬢は画家のためにポーズをとった. ❷ 休む, 休息する. ❸ 泊る, 宿泊する. 類**parar**.
— 他 ❶ をそっと置く，静止させる. — *Posé* la mano en su hombro. 私は彼の肩に手を置いた. ❷ (休息をとるために荷物を)下ろす. — El alpinista *posó* la mochila encima de una roca. 登山家は岩の上にリュック・サックを下ろした. ❸〖+en に〗(目・視線)をやる，を見つめる. — *Posé* la mirada *en* Mari Carmen. 私はマリ・カルメンに目をやった.
— **se** 再〖+en〗 ❶ (鳥などが)(...に)止まる；(飛行機が)着陸する. — La paloma *se posó en* una rama. 鳩が木の枝に止まった. El avión *se ha posado* suavemente *en* pista después de aterrizar. 飛行機は着陸したあと滑走路に静かに停止した. ❷ (...に)沈む，沈殿する. — El azúcar *se posó en* el fondo de la taza. 砂糖がカップの底にたまった. 類**asentarse**. ❸ (...に)(ほこりが)降りかかる，たまる, 積もる.

poscomunión [poskomunjón] 囡《カトリック》聖体拝領後の祈り.

*posdata [posðáta] 囡 (手紙の)追伸，二伸(〖略〗P. D.).

pose [póse, póuz]《<仏》囡 ❶ ポーズ, 姿勢, 構え. — María tiene en la foto una ~ muy coqueta. 写真の中でマリアはとてもセクシーなポーズをとっている. 類**actitud, postura**. ❷ 態度，気取り. — Conmigo adoptó una ~ de humildad. 彼は私に卑屈な態度をとった. La simpatía que te demuestra es pura ~. 彼が君に示す好意は見せかけにすぎない. 類**afectación**. ❸《写真》露出. 類**exposición**.

poseedor, dora [poseeðór, ðóra] 形 所有する.
— 名 所有者. — ~*es* de acciones 株式所有者. el ~ de un récord 記録保持者. El ~ del número 1200 que pase a recoger el premio. 1200番の札をお持ちの方は賞金を取りにおいで下さい.

*poseer [poseér ポセエル] [2.6] 他 ❶ を所有する，所持する. — Jesús *posee* un bar en la calle de Bravo Murillo. ヘススはブラーボ・ムリーリョ通りにバルを一軒持っている. ❷ を持つ，有する. — Gonzalo *posee* una inteligencia extraordinaria. ゴンサーロは並外れた知能の持主だ. ❸ ...と性的関係を持つ. — ~ a una mujer 女性と性的関係を持つ.
— **se** 再 自己を抑制する, 節制する, ブレーキが利く.

poseí- [poseí-] 動 poseer の直・完了過去, 過去分詞.

*poseído, da [poseíðo, ða] 過分 形〔<poseer〕❶〖estar+〗〖+de/por〗(感情などに)支配された, とりつかれた. — Está ~ *por* los celos. 彼は嫉

妬に心を奪われている. Está ～ del afán de dinero. 彼は守銭奴だ. ❷ 悪魔つきの, 悪霊に取りつかれた. —Dicen que esa niña está *poseída* por el demonio. あの女の子は悪魔つきだという話だ. ❸ 〖＋de〗…にうぬぼれた, 自負した. —Está *poseída de* su belleza. 彼女は自分の美貌を鼻にかけている.

— 名 (悪霊などに)取りつかれた人. —chillar como un ～ 悪魔つきのようにわめき散らす. 類 **poseso**.

‡**posesión** [posesjón] 囡 ❶ 所有, 保持; 占有. —La ～ de la mansión es de la madre. その邸宅の所有者は母親だ. El gurú afirma estar en ～ de la verdad absoluta. 導師は自分が絶対的な真実を所有していると言う. La hacienda está en ～ de mi hermano menor. 農場は弟が所有している. Los dos políticos disputan la ～ del mando del partido. その二人の政治家が党の主導権を争っている. ❷ 所有物, 財産, 所有地. —Tiene extensas *posesiones* en la provincia. 彼は田舎に広い土地を持っている. 類 **propiedad**. ❸ 複 属国, 領土. —Antes España tenía *posesiones* en África. かつてスペインはアフリカに領土を持っていた. 類 **colonia**. ❹ (何かに)取りつかれること. —Creía que era víctima de la ～ del diablo. 彼は悪魔に取りつかれた犠牲者だと思っていた.

dar posesión (任務などを)譲り渡す; 任命する. El presidente *dio posesión* de sus respectivos cargos a los nuevos jefes de departamento. 社長は新任の部長たちにそれぞれの職を任命した.

tomar posesión de ... (地位, 役職, 財産などを)(正式に)手に入れる, 獲得する. Enrique *tomó posesión de* su cargo de presidente del club. エンリケはクラブの理事長の地位を手にした[に就任した]. Ha tomado *posesión de*l piso heredado. 彼は遺産としてマンションを手に入れることができた.

posesionar [posesjonár] 他 〖＋de〗…に(物)を譲り渡す, …に…の所有権を渡す. —Un tío suyo le *ha posesionado de* una casa de campo. おじの一人が彼に別荘を残してくれた.

—**se** 再 〖＋de を〗取得する, 手に入れる; 横取りする. —Parece como si *se hubiera posesionado de* mi coche. 彼は僕の車を自分のものかのようにしている.

***posesivo, va** [posesíβo, βa] 形 ❶ 《文法》所有の, 所有を表す. — adjetivo ～ 所有形容詞. pronombre ～ 所有代名詞. ❷ 独占欲の強い, 支配的な. —El único defecto de mi novia es su carácter ～. 私の恋人の唯一の欠点は独占欲の強い性格だ.

— 男 《文法》所有詞.

poseso, sa [poséso, sa] 過分 〔＜poseer〕形 (悪魔などに)取りつかれた. —Gritaba como si fuera un tipo ～. 彼は取りつかれたように叫んでいた.

— 名 (悪魔などに)取りつかれた人. 類 **endemoniado, endiablado, poseído**.

posesorio, ria [posesórjo, rja] 形 《法律》占有の. —juicio ～ 占有裁判.

poseyendo [posejéndo] 動 poseer の現在分詞.

poseyera(-) [posejera(-)] 動 poseer の直・完了過去, 接・過去.

poseyeron [posejéron] 動 poseer の直・完了過去・3複.

poseyó [posejó] 動 poseer の直・完了過去・3単.

posfecha [posfétʃa] 囡 (小切手などの)先日付, 実際より後の日付.

posfechar [posfetʃár] 他 (小切手などに)実際より後の日付を記す.

posguerra [posɣéra] 囡 戦後. 類 **preguerra**.

posibilidad [posiβiliðá(ð)] 囡 可能性, 見込み; 可能なこと. —Este joven tiene muchas ～*es* de llegar a ser un gran deportista. この若者は偉大なスポーツ選手になれる可能性がたくさんある. Hay ～ de que se suspenda la reunión. 会議は中止になるかもしれない. No nos queda ～ alguna de éxito. 我々に成功の見込みは全く無い.

posibilitar [posiβilitár] 他 を可能にする. —El puente *posibilitó* la comunicación entre los dos pueblos. その橋のおかげで2つの村は行き来できるようになった. La muerte del dictador *posibilitó* la venida de la democracia. 独裁者が死んで民主主義がやっと訪れた. 類 **facilitar, permitir**.

＊**posible** [posíβle ポシブレ] 形 ❶ 可能な, できうる. —buscar una solución ～ 可能な解決法を探し求める. Si es ～, dime la verdad. できるなら本当のことを言って. No es ～ terminar este trabajo para mañana. 明日までにこの仕事を片付けるのは無理だ. Me es ～ volver en el día. 私は日帰りできる. Se ha hecho ～ que el hombre viaje a la luna. 人間が月旅行できるようになった. ❷ 起こりうる, ありうる, …かもしれない 〖＋que＋接続法〗. —Hay que tener cuidado para prevenir un ～ accidente. 起こりうる事故防止のために注意しなければならない. Es ～ que llueva mañana. 明日は雨になるかもしれない. 類 **probable**. ❸ できるだけの, できうる限りの. —Quiero visitar todos los países ～*s*. 私はできるだけ多くの国を訪れたい.

a [*de*] *ser posible* できるならば. *A ser posible*, ven a recogerme a la estación. できれば駅に迎えに来てちょうだい.

dentro de [*en*] *lo posible* 可能な限り, できるだけ. *Dentro de lo posible* hay que evitar darle disgustos. できる限り彼に不快な思いをさせないようにしなければいけない.

es posible (肯定も否定もしない返事で)多分. ¿Va a llover pronto?—*Es posible*. もうすぐ雨が降るだろうか？—多分ね.

¿es posible?/no es posible (驚き・不信)まさか, ありえない, 無理だ. Me ha tocado el premio gordo.—¿*Es posible*? 一等賞が当たったよ.—まさか. Dicen que ha logrado pasar el examen.—*No es posible*. 彼は試験をパスできたそうだ.—ありえないよ.

hacer (*todo*) *lo posible*/《話》*hacer los posibles* 〖＋para/por〗…ようにできるだけのことをする, 全力をつくす. Haremos *lo posible* por salvarle la vida. 彼の命を救うために我々は最善をつくそう.

— 男 複 財産, 資力, 経済力. —Dispone de ～*s* para montar un nuevo negocio. 彼には新

たなビジネスを始めるのに必要な資金がある.

posiblemente [posiβleménte] 副 多分, おそらく. —P~ llueva esta tarde. 今日の午後雨が降るかもしれない. 類 **probablemente**.

posición [posiθjón ポシシオン] 女 ❶ 位置, (人や物の所在する)場所. —Indicó en el plano la ~ de la iglesia que íbamos a visitar. 彼は私たちがこれから訪ねる教会の場所を地図で示してくれた. No es buena la ~ del cuadro. 絵の位置が良くない. ❷ (a)(人の置かれた)状況, 立場. —Mi ~ económica no es muy buena. 私の経済状態が あまり良くない. En estas elecciones nuestro partido está en ~ muy favorable. 今度の選挙では我が党は有利な立場にある. Lo siento, pero no estoy en ~ de poder ayudarle. 申し訳ないが私はあなたを援助してあげられる立場ではありません. Tomó ~ a favor de la eutanasia. 彼は安楽死について賛成の立場をとった. 類 **condición, situación**. (b) (物の置かれた)状態. —Este florero está en una poco estable. この花瓶は安定が良くない. Ponga el respaldo del asiento en ~ original. 椅子の背を元の位置に戻してください. ❸ 姿勢, 構え, ポーズ. —en ~ de firmes 気を付けの姿勢で. Me fotografiaron en distintas posiciones. 私はいろいろなポーズで写真を撮ってもらった. No puedo aguantar más en esta ~. これ以上この姿勢ではいられない. 類 **postura**. ❹ 地位, 身分; よい境遇. —~ social 社会的地位, 身分. crearse una ~ 出世する. Su ~ en la empresa no es muy elevada. 彼の会社での地位はそれほど高くない. ❺ (ものに対する)態度, 見解, 見方. —Mi ~ respecto a la política es de todos conocida. 私の政治に対する見解は皆が知っている. Ha mantenido su ~ en contra de los demás. 彼は他人とは違った立場を維持してきた. 類 **actitud, postura**. ❻ 順位, 位置. —Este príncipe ocupa la segunda ~ en el derecho de sucesión. この王子の王位継承権は第2位である. Ahora el equipo está en cuarta ~ de la liga. 今チームはリーグの第4位にいる. ❼《スポーツ》ポジション, 守備位置. —Juega en la ~ de delantero. 彼はフォワードをしている. ❽《軍事》陣, 陣地, 態勢. —Los soldados defendieron valerosos la ~. 兵士達は勇敢に陣地を守った.

positivado [positiβáðo] 男《写真》焼き付け.

positivamente [positiβaménte] 副 ❶ プラスに, 有益に. —Podemos evaluar este trabajo ~. 我々はこの仕事をプラスに評価できる. ❷ 肯定的に. —responder [votar] ~ 肯定的な返事をする[賛成投票する]. ❸ 確実に, 明確に. —Sé que eso es verdad. 私はそれが本当のことだとはっきりわかっている.

positivismo [positiβísmo] 男《哲学》実証主義, 実証哲学 (19世紀前半にフランスの哲学者コント(Comte)が提唱した事実の客観的認識を重視した哲学); 実利主義, 現実主義.

positivista [positiβísta] 形 ❶《哲学》実証主義の, 実証主義的な. —filosofía ~ 実証主義哲学. ❷ 実利主義の, 現実主義の. —Tiene un espíritu ~. 彼は実利主義の精神の持ち主だ. —— 男女 ❶《哲学》実証主義者. ❷ 実利主義者, 現実主義者.

positivo, va [positíβo, βa] 形 ❶ 確実な, 明確な. —El enfermo va experimentando una mejoría positiva. 病人は目に見えて快方に向かっている. Sabemos de forma positiva que lo hizo él. 彼がそうしたことは我々には明々白々だ. ❷ 肯定的な, 肯定の. —Me dio una respuesta positiva. 彼は私に肯定的な答えをくれた. 反 **negativo**. ❸ 有益な, 実用的な, 役に立つ. —Su colaboración será muy positiva para este proyecto. 彼の協力はこの計画にとって大いにプラスとなるだろう. Piensa también en los aspectos ~s de las medidas tomadas. 彼は講じた措置のプラス面も考えている. 類 **beneficioso, favorable**. ❹ (人が)積極的な, 前向きな. —Es más ~ yo. 彼は私よりもプラス思考だ. 類 **optimista, práctico**. 反 **negativo, pesimista**. ❺ 実証的な, 事実[経験]に基づいた. —la ciencia positiva 実証科学. ❻《法律》実定の. —ley positiva 実定法. ❼《数学》正の, プラスの. —número ~ 正数. Nuestra balanza comercial da un saldo ~ de 500 millones de euros. 我々の貿易収支は5億ユーロの黒字になる. ❽《物理, 電気》陽の, 正の. —el polo ~ de una pila 電池の陽極. ❾《医学》陽性の. —el análisis de embarazo dio ~. 妊娠検査は陽性反応を示した. El ciclista dio ~ en el control antidoping. その自転車競技選手はドーピング検査で陽性だった. reacción positiva 陽性反応. ❿《文法》(形容詞・副詞が)原級の. —adjetivo ~ 原級形容詞. grado ~ 原級.
—— 男 ❶《写真》陽画, ポジ. 反 **negativo**. ❷《スポーツ》アウェーでの勝利や引き分けで加算される得点.

pósito [pósito] 男 ❶ (凶作時に貸し付けを行なう)公営穀物倉庫; 穀物の貸し付けを行う制度. ❷ 協同組合. —~ de pescadores 漁業協同組合.

positón, positrón [positón, positrón] 男《物理》陽電子.

posma [pósma] 形《話》のろまな, うんざりさせる. —Es un chico ~ y tremendamente tímido. あいつはのろまで恐ろしく気が小さい奴だよ.
—— 男女《話》のろまな(人), ぐず. —Es un ~; me pongo nerviosa cuando salgo con él. あの人はぐずだからデートするといらいらするの.
—— 女《まれ》《話》のろまさ, のろのろしていること. 類 **flema, pesadez**.

poso [póso] 男 ❶ 沈殿物, おり. —Este aceite deja ~ en la botella. この油はビンにおりがたまる. 類 **sedimento**. ❷《比喩》心の傷跡, しこり. —Aquella traición dejó un ~ de amargura en su alma. あの裏切りは彼の心に苦いしこりを残した. 類 **huella**. ❸ 休息. 類 **descanso, reposo**.

posología [posoloxía] 女《医学》薬量学; 投薬方法.

pospondr- [pospondr-] 動 **posponer** の未来, 過去未来.

posponer [pospoṇér][**10.7**] 他 ❶〖+a〗を…の後に置く. —el sujeto al verbo 主語を動詞の後に置く. 反 **anteponer**. ❷〖+a〗を…の下位に置く. —Pospone la familia al trabajo. 彼は家庭より仕事を重んじる. 類 **postergar**. 反 **anteponer**. ❸ 延期する. —Han pospuesto el viaje para marzo. 旅行は3月まで延期された.

posposición [pospósiθjón] 女 ❶ 後に置くこと. ❷ 下位に置くこと. ❸ 延期. ❹《文法》後置; 後置詞.

pospos- [pospus-] 動 *posponer* の直·完了過去, 接·過去.
post- [post-] 〔接頭〕「後」の意〔*post-* のtはあとに子音で始まる語がある時は発音されない〕. — *post*balance, *post*data, *post*guerra, *post*natal.

posta [pósta] 囡 ❶ 駅伝, 駅馬〖集合的に〗. — caballo de ~ 駅馬. silla de ~ 駅馬車. ❷ 宿場. ❸ 宿場間の距離. ❹ 散弾 (*perdigón* より大粒のもの). ❺《建築》波形, 渦巻形の装飾. ❻《まれ》賭金.
a posta/aposta《話》わざと. *Lo ha hecho a posta.* 彼はわざとそうしたんだ.
irse por la posta《話》《比喩》(病人などが)死にそうである.
por la posta 大急ぎで.

:postal [postál] 形 郵便の, 郵便による. — *código* ~ 郵便番号. *de tamaño* ~ はがき大の. *giro* ~ 郵便為替. *paquete* ~ 郵便小包. *servicio* ~ 郵便業務. *distrito* ~ 郵便区.
— 囡 郵便はがき(= *tarjeta* ~), 絵はがき. — *enviar [recibir] una* ~ 絵はがきを送る[受け取る].

postdata [pos(t)ðáta] 囡 → posdata.
postdiluviano, na [pos(t)ðiluβjáno, na] 形 ノアの洪水以降の.

poste [póste] 男 ❶ 柱, 支柱, 標柱. — ~ *eléctrico* 電柱. ~ *indicador* 道路標識. ❷《話》《比喩》柱, 棒. — *Tú ahí, quieto como un* ~*, hasta que yo vuelva.* 僕が戻るまでそこでじっとしていて. *Anda más tieso que un* ~*.* 彼は棒みたいにこちこちになっている. ❸《スポーツ》ゴールポスト. ❹ (罰として)立たされること.
dar poste a ...《話》(待ち合わせで)(人)を待たせる. *No tolero que me den poste.* 僕は待たされるのは我慢できない.
oler el poste《話》危険を察知する.
ser un poste《話》(1) うすのろである. (2) 耳が遠い.

postema [postéma] 囡 ❶《医学》膿瘍(のうよう), 化膿(かのう)性の腫れもの. ❷《話》のろま, 厄介者. 類 **posma**.

postergación [posterɣaθjón] 囡 ❶ 軽視, 後回し. — *Yo no toleraría la* ~ *que ella sufre del marido.* 彼女が夫から受けているようなないがしろな扱いは私だったら我慢できないだろう. ❷ 遅延, 延期.

postergar [posterɣár] [1.2] 他 ❶ 軽視する, 後回しにする. — *No estoy dispuesto a* ~ *mi familia por el trabajo.* 私は仕事のために家庭をおろそかにするつもりはない. 類 **posponer**. ❷ 延期する, 遅らせる. — *Se puede* ~ *el asunto hasta mañana.* 明日までその件を延期してもよい. 類 **aplazar, diferir**.

posteridad [posteriðá(ð)] 囡 ❶ 子孫; 後世(の人々). — *Los errores de la revolución los juzgará la* ~*.* 革命の過ちは後の人々が判断するだろう. ❷ 未来. — *En la* ~ *ya nada será como ahora.* 将来はもう何もかもが今と同じではなくなるだろう. ❸ 死後の名声.

posterior [posterjór ポステリオル] 形 ❶ (時間的·順序的)〖+a〗…より後の, 次の. — *Mi partida fue* ~ *a la de él.* 私の出発は彼より遅れた. 反 **anterior. ❷ (位置·場所などが)〖+a〗…より後ろの, 後部の. — *sentarse en el asiento* ~ *del coche* 車の後部座席に座る. *Me duele la parte* ~ *de la cabeza.* 私は後頭部が痛い. ❸《音声》後舌の. — *una vocal* ~ 後舌母音. 反 **anterior**.

posteriori [posterjóri]〔<ラテン〕〖前に a を伴って〗経験的に, 後天的に, 帰納的に. 反 **a priori**.

·posterioridad [posterjoriðá(ð)] 囡 (時間的に)後であること. — *con* ~ (*a*) (より)後で[に].

posteriormente [posterjórménte] 副 後に, 後で. 類 **después**.

postescolar [posteskolár] 形 学校[大学]卒業後の.

postglacial [pos(t)ɣlaθjál] 形《地質》氷河期後の.

postgraduado, da [pos(t)ɣraðuáðo, ða] 形 大学卒業後の, 大学院の.
— 图 大学院学生, 研究科生.

postguerra [pos(t)ɣéřa] 囡 → **posguerra**.

postigo [postíɣo] 男 ❶ (大きな扉に設けられた) くぐり戸, 小窓. 類 **portillo**. ❷ 雨戸, よろい戸. ❸ 裏門, 小門.

postila, postilla[1] [postíja] 囡 → **apostilla**.

postilla[2] [postíja] 囡《医学》かさぶた.

postillón [postijón] 男 駅馬車の騎乗御者; 駅馬を先導する騎手.

postilloso, sa [postijóso, sa] 形 かさぶたのできた.

postimpresionismo [postimpresjonísmo] 男《美術》後期印象派.

postimpresionista [postimpresjonísta] 形 後期印象派の.
— 男女 後期印象派の画家.

postín [postín] 男《話》❶ 豪華, はで, 粋. — *Su novia es de una familia de mucho* ~*.* 彼の恋人はすごい金持ちの家の出だ. 類 **elegancia, lujo**. ❷ 気取り, 見せびらかし. 類 **boato, presunción**.
darse [gastar] postín 気取る, うぬぼれる. *Se da mucho postín de que es el hijo del alcalde.* 彼は村長の息子だといっていばっている.
de (todo) postín 豪華な, 豪勢な. *Ha comprado un piso de todo postín.* 彼は豪華マンションを買った.

postinear [postineár] 自《話》気取る, うぬぼれる. 類 **presumir**.

postinero, ra [postinéro, ra] 形《話》❶ 気取った, うぬぼれた. 類 **presumido**. ❷ (服などが)しゃれた, 豪華な, きざな.

postiza [postíθa] 囡 → **postizo**.

postizo, za [postíθo, θa] 形 ❶ 人工の, 偽の, 取り外しの. — *amabilidad postiza* 見せかけの好意. *cuello* ~ 付け襟. *diente* ~ 入れ歯, 義歯. *nombre* ~ 偽名. *pierna postiza* 義足. ❷ わざとらしい, 調和しない. — *Ese sofá resulta* ~*.* そのソファはしっくりしない.
— 男 ヘアピース, 入れ毛.
— 囡 ❶《楽器》小型カスタネット. ❷《海事》(ガレー船で用いられた)乾舷.

postmeridiano, na [postmeriðjáno, na] 形 午後の.
— 男《天文》(天体が)子午線より西にあること.

postnatal [postnatál] 形 出生後の. 反 **prena-**

tal.

postoperatorio, ria [postoperatório, ria] 形 手術後の.
── 男 手術後.

postor [postór] 男 (競売，入札の)競り手，入札者. ― mayor [mejor] ~ 最高入札者. 類**licitador**.

postración [postraθjón] 女 ❶ 衰弱，消耗. ❷ 平伏，ひざまずいて拝むこと.

postrado, da [postráðo, ða] 過分 [< postrarse] 形 ❶ 倒れた, 打ちのめされた. 類**abatido, derribado**. ❷ 衰弱した, 打ちひしがれた. ― Permaneció varios días ~ en el lecho. 彼は数日ぐったりとして寝ついてしまった. 類**debilitado, desfallecido**.

postrar [postrár] 他 (肉体的, 精神的に)打ちのめす; 衰弱させる. ― La gripe le *postró* una semana en la cama. かぜで彼は一週間寝こんだ. Aquella desgracia le *postró* y perdió las ganas de vivir. あの不幸なできごとは彼を打ちのめし, 生きようとする力を奪ってしまった.
── se 再 ❶ [+a/ante] …の前にひざまずく, ひれ伏す. ― El hijo *se postró a* los pies del padre y le pidió perdón. 子は父親の足元にひざまずいて許しを願った. ❷ 打ちのめされる; 衰弱する.

postre [póstre] 男 デザート. ― ¿Qué tienen de ~? デザートには何がありますか？ De ~ tomaré fruta. デザートには果物を食べます.

a la [al] postre 結局, 最後には. *A la postre*, nos quedamos sin tren para volver. 遂に帰る電車が無くなってしまった.

a los postres 《比喩》すべてが終わったころに, 遅すぎて.

para postre さらに(悪いことに). Perdí el último tren y, *para postre*, no tenía suficiente dinero para tomar un taxi. 私は最終電車に乗り遅れてしまったのに, さらに悪いことにタクシーに乗るお金を持ち合わせていなかった.

postremo, ma [postrémo, ma] 形 →postrero.

postrer [postrér] 形〖postrero の語尾消失形〗→postrero.

*postrero, ra [postréro, ra] 形〖男性単数名詞の前で postrer となる〗《文》最後の, 最終の. ― el día ~ de la función 公演の最終日. Su *postrera* voluntad fue que lo incineraran. 彼の最後の意向は火葬にしてもらうことだった. 類**final, último**. 反**primero**. ── 名 最後のもの.

postrimer [postrimér] 形〖postrimero の語尾消失形〗→postrimero.

postrimería [postrimería] 女 ❶ 覆 末期; 晩年. ― en las ~s del siglo pasado 前世紀末期に. ❷《神学》四終(死, 審判, 地獄, 天国), 人間の最終段階. 類**novísimo**.

postrimero, ra [postriméro, ra] 形〖男性単数名詞の前で postrimer となる〗《文》→postrero.

postulación [postulaθjón] 女 ❶ 募金, 寄付金集め. ❷ 請願, 要請. ❸《カトリック》列副列聖請願選出.

*postulado [postuláðo] 男 ❶ 仮定, 先決要件. ❷《数学》公準.

postulante, ta [postulánte, ta] 名[女 postulante または postulanta] ❶ 募金を集める人. ❷ 請願者, 志願者. ❸《カトリック》聖職志願者.

postular [postulár] 自 街頭募金をする, 寄付金を集める. ― *Postulan* para los damnificados en el terremoto. 地震の被災者のために街頭募金をしている.
── 他 ❶ ~を要請する, 請願する. ― ~ la reforma de la educación 教育改革を要求する. ❷ ~を志願する. ❸《カトリック》列副列聖請願選出に推挙する.

póstumo, ma [póstumo, ma] 形 (父の)死後生じた; (母の)死後生まれた; (著者の)死後出版された. ― fama *póstuma* 死後の名声. hijo ~ (父の)死後生まれた息子. obra *póstuma* 死後出版された作品.

*postura [postúra] 女 ❶ 姿勢, 格好. ― La chica se sentó en una ~ provocativa. 少女は挑発するような格好で座った. Yo te indicaré la ~ que debes hacer en la foto. 写真に写るときのポーズをおしえてあげよう. 類**colocación, pose**. ❷ 態度, 立場, 見解. ― Mantiene una ~ inflexible en relación al aborto. 彼は人工中絶に関してかたくなな態度をとっている. Mi ~ sobre este problema es neutra. この問題に関する私の立場[見解]は中立である. 類**actitud, posición**. ❸《商業》入札価格, (競りの)付け値. ― La subasta del cuadro empezó con una primera ~ de mil euros. その絵の競売は最初の付け値が1,000ユーロから始まった. 類**puja**. ❹ 賭金. 類**puesta**. ❺ (鳥が)卵をあたためること; (鳥の)卵.

postura del sol 日没, 日の入り.

posventa, postventa [pos(t)bénta] 形 販売後の.

servicio posventa アフターサービス.

potabilidad [potaβiliðá(ð)] 女 飲用適性, 飲用水として使えること.

potable [potáβle] 形 ❶ 飲用の, 飲むことのできる. ― agua ~ 飲料水. ❷《話》《比喩》まずまずの, 悪くない. ― Su segunda novela es ~, pero no tiene la altura de la primera. 彼の2番目の小説も悪くはないが, 最初の程ではない. 類**aceptable**.

potaje [potáxe] 男 ❶ ポタージュ; 豆, 野菜のシチュー. ❷ 干し豆. ❸《まれ》混合酒, 混合飲料. ❹《まれ》ごたまぜ, がらくた.

potasa [potása] 女《化学》カリ化合物. ― ~ cáustica 苛性カリ.

potásico, ca [potásiko, ka] 形《化学》カリの, カリを含む. ― agua *potásica* カリ水.

potasio [potásjo] 男《化学》カリウム(記号 K).

pote [póte] 男 ❶ かめ, 壺(?), 鉢; (円筒形の)土器, 陶器. 類**tarro**. ❷ (3本の柄と足がついた)鉄なべ. ❸《方》煮込み料理. ❹《話》べそかき顔. 類**puchero**.

a pote 《話》たっぷりと, たくさん.

darse pote 《話》気取る, 偉そうにふるまう. Se da mucho *pote* con eso de que es amiga de la condesa. 彼女は伯爵夫人の友人だといって随分気取っている. 類**presumir**.

*potencia [poténθja] 女 ❶ 力. (a) (何かができる)力, 能力. ― ~ sexual. 性的能力. ~s del alma (判断力, 記憶力, 意志の力で構成される)精神の力. ~ visual [auditiva]. 視力[聴力]. Es necesario mejorar la ~ muscular. 筋力を増強する必要がある. (b) (機械などの性能)馬力, 出力, エネルギー; 《物理》(単位時間内に行われる)仕

事率. — ~ eléctrica 電力. ~ hidráulica 水力. Este tractor tiene mucha ~. このトラクターは馬力がとても高い. El vatio es una unidad de ~. ワットは仕事率の単位である. (c) (支配する力)権力, (政治, 軍隊などの)力. —La ~ de la monarquía decayó con la aparición de la burguesía. 王制の(支配)力はブルジョアの出現とともに衰退した. Este país tiene una gran ~ militar. この国には強大な軍事力がある. ❷ 力のあるもの. (a) 強国, 大国. —Estados Unidos es la primera ~ mundial. 合衆国は世界第一の大国である. Este país es una ~ económica. この国は経済大国である. (b) 支配者, 権力者, 実力者. —~s infernales 地獄の支配者たち(悪魔, 鬼など). ❸《数学》累乗, 冪(べき). —elevar tres a la segunda ~ 3を2乗する. Dos (elevado) a la tercera ~ son ocho. 2の3乗は8.

en potencia 潜在的な(に), 可能性のある. Este niño es un compositor *en potencia*. この子は未来の大作曲家だ.

potenciación [potenθiaθión] 囡 ❶ 強化, 増強. —~ de la industria 産業の強化. ❷《数学》累乗法.

potencial [potenθiál] 厖 ❶ **潜在的な**, 可能性のある. —Entre los telespectadores hay muchos consumidores ~es. テレビ視聴者の中には多くの潜在的な消費者がいる. ❷ (物理)動力の, 仕事率の. —energía ~ ポテンシャルエネルギー. ❸《文法》可能法の(= 直説法過去未来形の).
— 圐 ❶ 潜在力, 能力, 可能性. —Esta nación tiene un gran ~ militar [económico, humano]. この国家は強大な軍事[経済, 人材]力を擁する. ❷ (物理, 電気)ポテンシャル, 電位. — ~ eléctrico 電位. diferencia de ~ 電位差. ❸《文法》可能法(= 直説法過去未来形). 類 **condicional**.

potencialidad [potenθialiðáð] 囡 潜在能力, 可能性.

potenciar [potenθiár] 他 を強化する, 可能にする, 促進する. —~ el turismo 観光を促進する.

potentado [potentáðo] 圐 ❶ 実力者, 有力者. ❷ 君主, 領主. 類 **poderoso, pudiente**.

‡**potente** [poténte] 厖 ❶ **強力な**, 力のある. —un ~ imán eléctrico 強力な電磁石. un ordenador muy ~ 非常に高性能なコンピューター. ❷ **権力[勢力]のある**, 強大な. —una nación ~ 強大な国家. 類 **poderoso**. ❸ 並外れて大きい, ばかでかい. —un ~ grito えらく大きな叫び声. dar un ~ golpe a la puerta para abrirla ドアを開けるのにひどく叩きつける. ❹ (男性が)性的能力のある. 反 **impotente**.

poterna [potérna] 囡 脇門, 通用門.

‡**potestad** [potestáð] 囡 権限, 支配力, 権力. — ~ paternal [patria ~] 《法》親権. El director general tiene ~ para despedir a los empleados. 社長は社員を解雇する権限を持つ. El rector tiene ~ sobre los estudiantes. 学長は学生に対する支配権を有している. 類 **autoridad, dominio, jurisdicción, poder**.

potestativo, va [potestatíβo, βa] 厖 ❶ 任意の, 随意の. —asignatura *potestativa* 選択科目. 類 **facultativo, voluntario**. ❷《法律》契約当事者の一方の意志による. —condición *potestativa* 随意条件.

potingue [potíŋge] 圐《話》(まずい)飲み薬, 飲み物; 化粧品, 化粧クリーム. 類 **brebaje, mejunje**.

Potosí [potosí] 固名 ポトシ(ボリビアの都市).

potosí [potosí] 圐 巨額の富, 財産. —Esa mujer vale [es] un ~. その女性はまたとない貴重な人材だ. ◆銀を産出するボリビアの山の名前から富の代名詞として用いられるようになる.

potra [pótra] 囡 ❶ 雌の子馬. ❷《話》《比喩》ヘルニア. —Me canta la ~. ヘルニアの患部が痛む. 類 **hernia**.

tener potra 《話》ついている, 幸運である. *Has tenido* mucha *potra*. 君はついていたよ.

potrada [potráða] 囡 子馬の群れ.

potranco, ca [potráŋko, ka] 图 (3才未満の)子馬.

potrero [potréro] 圐 ❶ 子馬の飼育者. ❷ 放牧場, 家畜飼育場. ❸ 〖南米〗(子供が遊び場にする)空き地.

potrijo [potríxo] 圐 ❶ (3才未満の)子馬. ❷ 〖南米〗(細長い)ジョッキ. ❸《方》痩馬(るば).

potro [pótro] 圐 ❶ (4才半位までの)子馬. ❷ 〖スポーツ〗(体操用の)跳馬. ❸ (中世の)拷問台. ❹ (家畜を動かないよう固定する)枠. ❺ 苦しみや不快を与えるもの.

potroso, sa [potróso, sa] 厖 ❶ ヘルニアにかかった. ❷《話》, まれ)幸運な. 類 **afortunado, dichoso**.
— 图 ❶ ヘルニア患者. ❷《話》幸運な人.

poyo [pójo] 圐 (入口の壁際や窓下に置かれた石などの)ベンチ, 台.

poza [póθa] 囡 ❶ 水たまり; (川の)よどみ, 淵(ふち). ❷ (亜麻, 大麻などを浸す)水槽.

pozal [poθál] 圐 ❶ バケツ, 手桶(ておけ). ❷ 井桁(いげた), 井筒. ❸ (油, 酒などを入れる埋めこみ式の)かめ.

pozanco [poθáŋko] 圐 (川の水が引いた時河原に残る)水たまり.

‡**pozo** [póθo] 圐 ❶ **井戸**. — ~ artesiano 掘り抜き井戸. perforar un ~ 井戸を掘る. sacar agua del ~ 井戸から水を汲み上げる. ❷ 縦穴, (鉱山などの)竪坑; 川の深み. — ~ de lobo 落とし穴. ~ de mina 鉱山の立坑. ~ de petróleo [petrolífero] 油井(ゆせい). ~ negro 汚物[汚水]だめ. ❸《比喩》(知識, 徳などの)泉, 宝庫. — ~ de sabiduría 知恵の泉, 博学の人. Mi abuelo es un ~ de ciencia [sabiduría]. 祖父は博学な人だ. Ese hombre es un ~ de maldad. その人は極めて悪人だ.

caer en un pozo 忘れられる. Cinco años después de la muerte, su fama ya *había caído en un pozo*. 彼が死んで5年後には彼の名声はすっかり忘れられてしまった.

pozo sin fondo 《比喩》とどまるところを知らないもの, 際限のないもの. Su codicia es un *pozo sin fondo*. 彼の欲深さはとどまるところを知らない. Mis dos hijos son un *pozo sin fondo*: todas las semanas me piden dinero. うちのふたりの息子は金食い虫だ. 毎週私に金をせびる.

PP.《略号》=Partido Popular 圐 〖スペイン〗国民党.

P. P.《略号》❶ =por poder 代理で. ❷ = porte pagado 郵税別納.

p. pdo.《略号》=próximo pasado 先月の, 直

1520 práctica

前の.

práctica [práktika] 囡 ❶ 実行, 実践, 実施; 業務. —llevar una teoría a la ~ 理論を実践する. poner un plan en ~ 計画を実行に移す. La ~ del deporte ayuda a mantener salud. スポーツをすることは健康に良い. Se dedica a la ~ de la medicina. 彼は医療を行っている. ❷ 練習, 訓練; 演習, 実習. —aprender con la ~ 練習で会得する. Hoy tenemos ~ en la fábrica. 今日は工場での実習がある. Todavía estamos en el período de ~. まだ我々は訓練期間中だ. 類 **ejercicio**. ❸ 経験, 習熟. —Él tiene mucha ~ en este trabajo. 彼はこの仕事に豊富な経験がある. La ~ hace maestro. 〖諺〗経験を積んで一人前になる. 類 **experiencia**. ❹ 習慣, 慣行, 慣用. —La circuncisión es una ~ judía. 割礼はユダヤ人の習慣である. ~s funerarias [religiosas] 埋葬の習慣[宗教的慣行]. 類 **costumbre, hábito, uso**.

en la práctica 実際には, 現実には. Teóricamente es fácil, pero *en la práctica* costará mucho. 理論的にはやさしいが, 実際は骨が折れそうだ.

practicable [praktikáβle] 形 ❶ 実行できる, 実現可能な. —plan ~ 実行可能な計画. ❷ (道などが)通行できる. 類 **transitable**. ❸ (窓やドアが)開閉できる.

practicaje [praktikáxe] 男 水先案内業; 水先案内料金. 類 **pilotaje**.

prácticamente [práktikaménte] 副 ❶ 実際的に, 実用的に. —Nos enseñó la asignatura ~. 彼は私達にその課目を実践的に教えてくれた. 反 **teóricamente**. ❷ 事実上, ほとんど. —P~ no sabe nada de inglés. 彼は実際のところ全く英語ができない. 類 **realmente**.

practicante [praktikánte] 男女 〖囡 practicanta または practicante〗 ❶ (医師, 薬剤師の)助手; 看護士. ❷ 実践する人; 〈宗教〉教義[掟(ホヤッ)]を守る人. —Esta montaña no presenta problemas para los ~s del alpinismo. この山を登るのは登山家にとって何の問題もない.
— 形 実践する; 〈宗教〉教義[掟(ホヤッ)]を守る. —Es católico ~. 彼はカトリック教の実践者である.

practicar [praktikár] [1.1] 他 ❶ (をくり返し)練習する, する, 行う; 学習する. —~ el judo 柔道をやる. ~ el español スペイン語を学習する. *Practica* mucho el tenis. 彼はテニスをたくさん練習している. 類 **entrenar, ensayar**. ❷ …の実習をする. —*Practicó* la medicina en un hospital antes de abrir su consulta. 彼は診療にたずさわる前に病院で医学の臨床実習をした. ❸ 実行する, 実施する. —El médico forense *practicó* la autopsia. 法医学者は死体解剖を実施した. ❹ (信仰)を行いで示す, 態度で示す, 実践する. —*Practica* el senderismo. 彼はセンデロ・ルミノソ(ペルーの反政府組織)の一員である. Es budista, pero no *practica* su religión. 彼は仏教徒だが, 信仰を実践しているわけではない. ❺ (穴)を開ける. —El preso intentó fugarse *practicando* un agujero en el suelo. 受刑囚は床(ポ)に穴を開けて脱獄しようとした.

práctico, ca [práktiko, ka] 形 ❶ 実用的な, 実践的な; 役に立つ, 便利な. —No tiene conocimientos ~s del idioma. 彼にはことばの実用的な知識がない. un coche pequeño pero muy ~ 小型だがとても乗りやすい車. ❷ 実際的な, 現実的な. —Esos estudios no tienen utilidad *práctica*. そうした研究は現実の役に立たない. Son gente *práctica*. 彼らは実際的な人たちだ. tomar una actitud *práctica* 現実的な態度をとる. 類 **pragmático**. ❸ 実習的な, 実地の. —clases *prácticas* de informática 情報処理の演習. 反 **teórico**. ❹ 〖+en〗…に精通した, 熟練の. —No estoy muy ~ en el manejo de esta máquina. 私はこの機械の操作にあまり慣れていない.
— 男 ❶ 〈海事〉水先案内人, パイロット. ❷ 〈海事〉水先案内船, パイロット船.

practique(-) [praktike(-)] 動 practicar の接・現在.

practiqué [praktiké] 動 practicar の直・完了過去・1単.

pradeño, ña [praðéɲo, ɲa] 形 牧草地の, 牧場の.

pradera [praðéra] 囡 大牧場, 牧草地; 大草原.

pradería [praðería] 囡 〖集合的に〗牧草地, 草原.

prado [práðo] 男 ❶ 牧草地, 牧場. ❷ 散歩道, 遊歩道.

Praga [práɣa] 固名 プラハ(チェコの首都).

pragmática [praɣmátika] 囡 →pragmático.

pragmático, ca [praɣmátiko, ka] 形 ❶ 〈哲学〉プラグマティズムの, 実用主義の. ❷ 実際的な, 実用的な. 類 **práctico**. ❸ 〈法律〉現行法を解釈する.
— 名 ❶ 実用主義者; 実際的な人. ❷ 〈法律〉現行法を解釈する法律家.
— 囡 ❶ 〈歴史〉勅令, 君子による命令. ❷ 〈言語〉語用論. ◆記号とその使用者との関係を研究する記号論の一分野.

pragmatismo [praɣmatísmo] 男 〈哲学〉プラグマティズム, 実用主義. ◆観念の価値を, 行動に移した結果の有効性によって判断しようとする考え方.

pragmatista [praɣmatísta] 形 〈哲学〉プラグマティズムの, 実用主義者の.
— 男女 〈哲学〉実用主義者.

pralinés [pralinés] 〔<仏〕男 プラリーネ, チョコレートボンボン.

PRD 〖頭字〗〔<Partido Revolucionario Democrático〕男 〖メキシコ〗民主革命党.

pre- [pre-] 接頭 「前, 先」の意. —*pre*decir, *pre*ferencia, *pre*historia, *pre*suponer.

preámbulo [preámbulo] 男 ❶ 前書, 序文; 前置き. 類 **introducción, prefacio, proemio, prólogo**. ❷ 回りくどい言い方, 余談. —No gastes [emplees, uses] tantos ~s, y dímelo de una vez. そんな持って回った言い方はやめていっぺんに言ってしまえよ. Hablemos sin ~s. 前置きは抜きでいきましょう. 類 **rodeo**.

prebenda [preβénda] 囡 ❶ 〈カトリック〉聖職禄(ホ), 聖職者(聖堂参事会員など)が受ける給与. ❷ 〖話〗割のいい仕事, 楽な仕事. ❸ 持参金; 奨学金.

prebendado [preβendáðo] 男 禄(ホ)を給付されている聖職者.

preboste [preβóste] 男 会長, 隊長, 団長. — capitán 〜 憲兵隊長.

precalentamiento [prekalentamjénto] 男 ❶《スポーツ》ウォーミングアップ. ❷ 余熱.

precalentar [prekalentár] 【4.1】他 を予熱する, あらかじめ熱する.

precampaña [prekampáɲa] 女 前哨戦. — 〜 electoral 選挙の事前運動[前哨戦].

precario, ria [prekárjo, rja] 形 ❶ 不安定な, 心もとない. — Dada su *precaria* salud, ha renunciado al cargo. 彼は体調不良で職を辞した. Es arriesgado invertir en ese país, dada la *precaria* situación económica. 経済的に不安定な状況を考えるとその国に投資するのは危険だ. 類 **inestable, inseguro**. ❷《法律》所有者の寛容さで仮に占有している. — bienes 〜s 仮の占有財産.

de precario 一時的な, 暫定的な. Como está *de precario* en la dirección, no puede actuar enérgicamente. 彼は一時的に運営を任されているだけなので思いきって行動できない.

en precario 一時的に, 暫定的に.

precaución [prekauθjón] 女 用心, 警戒; 予防措置. — tomar *precauciones* 用心する, 警戒する. manejar la máquina con 〜 注意して機械を動かす. sacar una fotocopia por 〜 念のためコピーをとる.

precautorio, ria [prekautórjo, rja] 形 予防の, 危険防止の, 念のための. — medidas *precautorias* 予防手段.

precaver [prekaβér] 他 を予防する, (危険など)に備える. 類 **prevenir**.
— **se** 再【＋contra/de に対して】用心する, 備える. — Lléva el paraguas y el impermeable para *precaverte de* la lluvia. 雨に備えて傘とレインコートを持っていきなさい. Hay que 〜*se contra* el SIDA. エイズの感染予防策を講じなければならない.

precavidamente [prekaβiðaménte] 副 慎重に, 用心深く.

precavido, da [prekaβíðo, ða] 過分 形 用心深い, 慎重な. — Si no andas 〜, te puedes meter en un buen lío. 用心していないと面倒なことに巻き込まれるよ. 類 **cauto, prudente, sagaz**.

precedencia [preθeðénθja] 女 ❶ 先行, (順番や時間に)先になること. — Daremos 〜 a los asuntos de puro trámite. 単なる手続き上の問題を先にすませましょう. 類 **prioridad**. ❷ 優先(権), 優越性, 上位. — Aquí tienen 〜 las palabras del alcalde sobre las leyes. ここでは法律より村長の発言が優先される. Si no hay asientos para todos, los ancianos tienen 〜. 全員分の席がないのならお年寄りが優先です. 類 **preferencia, primacía, superioridad**.

:precedente [preθeðénte] 形【＋a】…より先の, 前の, 先行する. — El número de accidentes de tráfico en 1998 disminuyó con respecto al año 〜. 1998 年は交通事故の件数が前年を下回った. Hago ejercicio en la hora 〜 *a la* comida. 私は食事(昼食)の前の時間に運動をする. 類 **anterior**. 反 **siguiente**.
— 男 先例, 前例. — Ese caso servirá de 〜. そのケースが先例になるだろう. Es un caso sin 〜. それは前例のないケースだ. Hay 〜es que conviene tener en cuenta. 考慮に入れるのが適当な前例がある.

sentar (un) precedente 先例を作る. El fallo del tribunal *sienta un precedente*. 裁判所の判決が判例を作る.

sin que sirva de precedente 今回だけは特別に. Hoy te presto 10 euros, pero sólo esta vez y *sin que sirva de precedente*. 今日は君に 10 ユーロ貸すけど, 今回だけの特別だよ.

:preceder [preθeðér] 他【＋a】❶ …に先行する, …の先を行く. — El joven corredor *precedía a* todos los demás. 若い走者が先頭を走っていた. Su cumpleaños *precede* al mío. 彼の誕生日は私のより早い. ❷ …より重要である, 上に立つ. — Los heridos graves *preceden* a los leves. 重傷者が軽傷者より先に.

preceptista [preθeptísta] 形 教訓的な; 戒律[規則]に忠実な.
— 男女 教訓家; 戒律[規則]に忠実な人.

preceptiva [preθeptíβa] 女 →preceptivo.

preceptivo, va [preθeptíβo, βa] 形 義務的な, 強制的な. — Estas normas no tienen carácter 〜. これらの規定は義務的な性格を持たない. Has suspendido dos asignaturas *preceptivas*. 彼は必修科目を 2 つ落とした.
— 女 【集合的に】規定, 規則. — *preceptiva* literaria 文学上の規定.

:precepto [preθépto] 男 ❶ 命令, 指令. — los 〜s legales 法令. 類 **disposición, mandato, orden**. ❷ (宗教の)戒律, 掟; (道徳上の)教え, 戒め. — día [fiesta] de 〜 ミサに行かねばならない日. cumplir con el 〜 教会の掟に従う. ❸ 規則, ルール. — 〜s del juego ゲームのルール. 類 **instrucción, norma, regla**.

preceptor, tora [preθeptór, tóra] 名 ❶ 教師. ❷ (住み込みの)家庭教師.

preceptorado [preθeptoráðo] 男 家庭教師の地位[仕事].

preceptuar [preθeptuár] 【1.6】他 を規定する, (規則など)を定める.

preces [préθes] 女複 ❶《カトリック》祈り, 祈祷文(ぶん). 類 **oración**. ❷《まれ》願いごと, 嘆願. 類 **ruegos, súplicas**.

precesión [preθesjón] 女 ❶ ほのめかし, はっきり言わないこと. 類 **reticencia**. ❷《天文》歳差運動(〜 de los equinoccios ともいう).

preciado, da [preθjáðo, ða] 過分〔＜preciarse〕形 ❶ 貴重な, 大切な. — La salud es el don más 〜 que tenemos. 健康は我々に与えられた最も価値のある恵みである. 類 **precioso, valioso**. ❷ うぬぼれた, 気取った. — Está demasiado 〜 de su inteligencia. 彼は自分の頭の良さに自信を持ちすぎている. 類 **jactancioso, presumido**.

preciar [preθjár] 他 を評価する, 尊重する. 類 **apreciar**. 反 **despreciar**.
— **se** 再【＋de】を自慢する, …で得意になる. — *Me precio de* tener un amigo tan valiente. こんな勇敢な友人を持って私は誇らしく思う. *Se precia de* inteligente y atractivo. 彼は頭がよくて魅力的だと自負している. 類 **jactarse, presumir, vanagloriarse**.

precinta [preθínta] 女 ❶ (タバコの箱や織物に用いられる)税関の検査済み印. ❷ (箱の角を補強する)革片. ❸《海事》船舶の接合部に被せる補強部

分; ロープに巻きつける帆布.

precintado, da [preθintáðo, ða] 過分 形 封印した, 検印を押した.
— 男 封印すること, 封印.

precintar [preθintár] 他 ❶ を封印する, …に検印を押す. ❷ (箱などの角)を補強する; (箱など)に帯をかける.

precinto [preθínto] 男 封印すること, 封印, 検印; (箱, トランクなどにかける)帯, テープ.

＊precio [préθjo プレシオ] 男 ❶ (a) 値段, 価格, 料金, 代金. — ～ de venta al público 小売り価格(《略》P.V.P). a ～ de coste 原価で. Me parece un ～ moderado. 手頃な値段だと思う. Compré este coche a bajo ～. 私はこの車を安く買った. No podemos bajar los ～s de estos artículos porque son ～s fijos. これらの商品には定価がついているので, 値段をまけることはできません. (b) ～ 物価. —subir [bajar] los ～s 物価が上がる[下がる]. índice de ～s al consumo [al por mayor] 消費者[卸し売り]物価指数. ❷ 代償, 犠牲. —La libertad [El éxito] tiene un ～. 自由[成功]には代償がつきものだ. Cien muertos son un ～ demasiado elevado. 100人の死者とは犠牲が大きすぎる. ❸ 価値, 値打ち, 評価. —Es hombre de gran ～. 彼はとても重要[大切]な男だ. Esta sortija tiene mucho ～ para mí. この指輪は私にとって大切なものだ. ❹ 報奨金, 懸賞金. —Han puesto ～ a la cabeza de este homicida. この殺人犯の首に賞金が懸けられた.
al precio de … …の代償を払って, を犠牲にして. Consiguió el puesto que deseaba, pero *al precio de* su independencia. 彼は望んでいた地位を得たが, その自立性を犠牲にした.
a cualquier precio どのような犠牲を払っても, 何としても. Cumpliré mi promesa *a cualquier precio*. 何としてでも私の約束は守る.
no tener precio (値段が付けられないほど)価値がある, 貴重である, 大切である. Tu ayuda, en estas circunstancias, *no tiene precio*. 今の状況では君の助けはとても貴重だ.

preciosidad [preθjosiðá(ð)] 女 ❶ すばらしさ, 美しさ, 貴重さ. —La ～ del vestido que lucía llamó la atención de todos. 彼女がまとっていたドレスの美しさは皆の注目を集めた. ❷ 美しい[すばらしい]人, 物; 大切な人[女性, 子供]. —Este collar es una ～. このネックレスは本当に美しい. ¡Qué ～ de niño! 何てかわいい子なんだろう! ❸ (文体などの)気取っていること.

preciosismo [preθjosísmo] 男 ❶ 《文学》プレシオジテ. ◆17世紀フランスの文化的傾向で極端な洗練, 細部へのこだわりといった特徴を持つ. ❷ (文体などの)気取り, 飾りすぎ.

preciosista [preθjosísta] 形 ❶ プレシオジテの[に傾倒する]. ❷ (文体などが)凝り性の, 気取った.
— 男女 プレシオジテの傾向を持つ作家; 気取り屋, 凝り性の人.

:precioso, sa [preθjóso, sa] 形 ❶ 貴重な, 高価な, 値打ちのある. —piedra *preciosa* 貴石, 宝石. metal — 貴金属. La salud es un don ～. 健康とは貴重なものだ. Estás perdiendo un tiempo ～. 君は貴重な時間を失っているのだ. 類 **valioso**. ❷ 美しい, すばらしい, かわいい. —*preciosa* vis-

ta すばらしい眺め. vestido ～ きれいなドレス. Su hija es una chica *preciosa*. 彼の娘はかわいい子だ. 類 **bonito, guapo, hermoso**. ❸ (言葉遣いなどが)気取った.
— 名 (主に呼びかけで)かわいい人. —No llores, *preciosa*, que ya viene tu mamá. ねえ, 泣かないで, すぐママが来るから.

preciosura [preθjosúra] 女 《中南米》《話》美しいもの[人]; 大切なもの[人]. 類 **preciosidad**.

precipicio [preθipíθjo] 男 ❶ がけ, 絶壁; 深淵(じん). 類 **abismo, despeñadero**. ❷ 危機, 危険に直面していること. —Aquel incidente nos puso al borde del ～. あの事件で私達はもう少しで危うくなるところだった. ❸ 破滅, 転落. —Si no dejas la droga, vas directo al ～. 麻薬をやめないと, まっすぐ地獄行きだ.

precipitación [preθipitaθjón] 女 ❶ 大急ぎ, 大あわて. —Obró con ～ y ahora paga las consecuencias. あせって行動したので今になって報いを受けている. ❷ 《気象》降水; 降水量. ❸ 《化学》沈殿; 沈殿物.

precipitadamente [preθipitáðaménte] 副 大あわてで, 大急ぎで; 無分別に.

precipitadero [preθipitaðéro] 男 《まれ》がけ, 絶壁. 類 **precipicio**.

precipitado, da [preθipitáðo, ða] 過分 形 (＜ precipitarse) 形 大急ぎの, 大あわての; 性急な. —Entró de forma tan *precipitada* que chocó con uno que salía. 彼はあわてて入っていって出てくる人とぶつかった. Nunca deben tomarse decisiones *precipitadas*. 決して決断を急いではいけない. 類 **apresurado, atropellado**.
— 男 《化学》沈殿物. 類 **sedimento**.

:precipitar [preθipitár] 他 ❶ を(高い所から)ほうり投げる, 落とす; 転落させる. —Lo *precipitaron* desde un acantilado. 彼は断崖から突き落とされた. ～ al país en la ruina 国を荒廃させる. 類 **arrojar**. ❷ を促す, 急がせる. —La dimisión del primer ministro *precipitó* las elecciones. 首相の辞職が選挙を早めた. El consumo de droga *precipitó* su muerte. 麻薬によって彼の死は早まった. 類 **acelerar, adelantar**. ❸ 《化学》の混合から不溶解物を出す, を沈殿させる.
— 自 《化学》不溶解物が出る, 沈殿する.
— se 再 ❶ 身を投げる, 落ちる. —La chica *se precipitó* desde la terraza. 娘は屋上から身を投げた. ❷ (a) 慌てる, せく. —No *te precipites* al tomar una decisión. 慌てて選択を誤るなよ. (b) 殺到する, 突入する, 飛びかかる. —La gente *se precipitó* hacia las salidas del metro. 人々は地下鉄の出口へと殺到した. ❸ (事件が予想より)早まる, 間を置かず起こる. —Los acontecimientos *se precipitaron* a partir de su muerte. 彼が亡くなって以来事件は矢継ぎ早に起こった. ❹ 軽率な行為をする, 軽率な発言をする. —*Se precipitó* a anunciar el acuerdo antes de que fuera firmado. 彼は調印が行なわれる前に軽率にも合意したことを発表してしまった.

precipitoso, sa [preθipitóso, sa] 形 ❶ 《まれ》切られた, 転落しやすい. ❷ 大急ぎの, 大あわての. 類 **atropellado, precipitado**.

:precisamente [preθisaménte] 副 ❶ まさに, まさしく, ちょうど. —Gracias por tu llamada. P～ iba yo a llamarte ahora. 電話をどうもありがとう. ちょうど今私から電話しようとしていたところだっ

たから．Esto es ~ lo que yo buscaba. これこそまさしく私が探していたものだ．Las obligaciones de cada empleado están ~ definidas. 各従業員の務めは明確に規定されている．類 **justamente**. ❷ 正確に，きっかりと．— Se presentó ~ a esa hora. 彼はきっかりその時刻に姿を現した．❸ 〖間投詞的に〗まさにその通りだ．

‡**precisar** [preθisár] 他 ❶ を**必要とする**，要する．— Esa familia *precisa* nuestra ayuda. その家族は私達の助けを必要としている．❷ を**明確にする**，煮詰める．— *Precisó* cuáles eran sus intenciones. 彼はどういう意図を持っているかを明らかにした．Explicó el accidente pero no *precisó* detalles. 彼は事故の説明をしたが細部は明らかにしなかった．類 **detallar**, **especificar**. ❸ を強制する，強いる，余儀なくさせる．— Le *precisó* a que dijera la verdad. 彼はその男に本当のことを言うように強制した．類 **forzar**, **obligar**.

— 自 ❶ 〖+de を〗**必要とする**．— No *preciso* de vuestro dinero. 私は君達のお金は必要ではない．Este proyecto *precisa* de vuestra ayuda. このプロジェクトには君たちの助力が必要だ．❷ 詳細を明らかにする．— Explicó el caso, pero no *precisó*. 彼はその事件を説明したが細部は明らかにしなかった．

‡**precisión** [preθisjón] 女 ❶ **正確**(さ)，的確(さ)；精密(さ)．— aparato de ~ 精密機器〔装置〕．explicar con ~ 正確に説明する．La ~ de este reloj es asombroso. この時計の正確さは驚く程だ．Del accidente tengo un recuerdo de gran ~. 事故については，私はとてもはっきり覚えている．類 **claridad**, **exactitud**. ❷ 必要(性)．— No tengo ~ de ese dinero por ahora. 今のところその金は必要でない．Tengo de salir esta tarde. 私は午後外出しなければならない．類 **exigencia**, **necesidad**, **requisito**.

＊**preciso, sa** [preθíso, sa プレシソ，サ] 形 ❶ **正確な**，精確な，明確な．— Hizo una descripción *precisa* del accidente. 彼は事故の様子をきわめて正確に説明した．Recibí instrucciones *precisas* para desempeñar mi cometido. 私は自分の職務を果すのに明確な指示を受けた．反 **impreciso**, **inexacto**. ❷ **的確な**，明解な．— Siempre que habla utiliza la expresión *precisa*. 彼は話す時にはいつも的確な表現を使う．una historia escrita en un estilo ~ 簡潔な文体で書かれた物語．❸ **必要な**，不可欠な．— Es ~ terminar hoy la traducción. 今日翻訳を仕上げなければならない．Es ~ que me digas la verdad. 君が本当のことを言ってくれなければいけない．類 **indispensable**, **necesario**. ❹ (時間的に)まさにその，きっかりの．— Me llamaron en el ~ instante en que yo iba a salir. ちょうど出がけに電話があった．

precitado, da [preθitáðo, ða] 形 前述の，前記の．

preclaro, ra [prekláro, ra] 形 著名な，傑出した．— Entre sus antepasados, figura un ~ hombre de ciencia. 彼の先祖には有名な科学者が1人いる．類 **ilustre**, **insigne**.

precocidad [prekoθiðá(ð)] 〔< precoz〕女 ❶ (子供の成長における)早熟．❷ (植物などの)早生．❸ 時期が早いこと．

precocinado, da [prekoθináðo, ða] 形 調理済みの．

predeterminación 1523

precognición [prekoɣniθjón] 女 《雅》予見，予知．

precolombino, na [prekolombíno, na] 形 先コロンブス期の，コロンブスのアメリカ大陸到着(1492年)以前の．

preconcebido, da [prekonθeβíðo, ða] 過分 形 あらかじめ考えられた，前もって計画された．— idea *preconcebida* 先入観，偏見．Siguieron el plan ~ y no tuvieron problemas. 彼らは前もって立てられた計画に従ったので何の問題も起こらなかった．

preconcebir [prekonθeβír] 〖6.1〗他 をあらかじめ考える，前もって計画する．

preconización [prekoniθaθjón] 女 ❶ 推奨，提唱；助言．類 **recomendación**. ❷ 《カトリック》(司教任命に関する)教皇告示．

precoz [prekóθ] 形〔複 precoces〕 ❶ (子供の発達において)早熟な．— Dado su ~ desarrollo intelectual, tiene pocos amigos de su edad. その子供は知能の発達が早いので同年代の友だちはほとんどない．❷ (植物，果物などが)早生の，はしりの．— una variedad de uva ~ ブドウの早生種．❸ 時期が早い．— nieves *precoces* (例年より)早い降雪．

precursor, sora [prekursór, sóra] 形〖+de〗…の前触れ(前兆，先駆け)となる．— Por diciembre empecé a sentir los síntomas ~es de la enfermedad. 私は12月頃に病気の前駆症状を感じ始めた．

— 名 前触れ；先駆者．

＊**predecesor, sora** [preðeθesór, sóra] 名 ❶ 前任者；先輩．— El Sr.Rodríguez fue mi ~ en la jefatura de policía. ロドリゲス氏が私の前任の警察所長だった．類 **antecesor**. ❷ 《まれ》祖先，先祖，先代．— Ésta es una tradición que viene de nuestros ~es. これは先祖代々の伝統である．類 **antecesor**, **antepasado**.

predecir [preðeθír] 〖10.11〗他 を予言する，予告する，予報する．— Ha sucedido tal como te lo *predije*. 君に予告した通りになったよ．類 **adivinar**.

predestinación [preðestinaθjón] 女 ❶ 前もって定まっていること；宿命．❷ 《神学》予定説．♦ 人間が救われるか否かは神が初めから定めているという説．

predestinado, da [preðestináðo, ða] 過分 形 ❶〖+a/para〗…するように運命づけられた，…の宿命を負った，…用に予定された．— Tiene una cuenta en el banco *predestinada* para su vejez. 彼は老後のための口座を銀行に持っている．Con ese método estás ~ a no aprender nunca. そんなやり方ではいつまでたっても何も身につかないぞ．Con su inteligencia está ~ el éxito. 彼の頭のよさだったら成功は約束されたようなものだ．❷ 《神学》救済を約束された．

— 名 ❶ 《神学》救済を約束された人．

— 男 《話》妻に裏切られた夫．類 **cornudo**.

predestinar [preðestinár] 他 ❶〖+a/para〗を…するよう(ように)運命づける；を…に予定する．— Todo lo que ahorraron lo *habían predestinado a* comprar una casa. 貯えは皆家の購入資金に当てられることが決まっていた．❷ 《神学》(神が)…の運命を初めから定める．

predeterminación [preðeterminaθjón] 女

先決, 前もっての決定. —Actuó con ～. 彼は前もって決めてあった通りに行動した.

predeterminar [preðeterminár] 他 を前もって決める, あらかじめ決めておく.

predí [preðí] 動 predecir の命令・2 単.

predial [preðiál] (< predio)形 土地(特に農地)の, 地所の. —servidumbre ～ 地役権.

predic- [preðiθ-] 動 predecir の直・現在, 現在分詞.

prédica [préðika] 女 ❶ 説教, 講話. 類 **plática, sermón**. ❷ 圏 お説教, 熱弁. —No vas a convencer a nadie con sus ～s. あなたのお説教では誰も説得できませんよ. 類 **perorata**.

predicable [preðikáβle] 形 ❶ 説教で取りあげることができる. ❷ 属性として断定することができる.
—— 男 《論理》賓位[客位]語. ◆アリストテレスの論理学では, ある物について述べることができる 5 つの根本的な種類(類, 種, 差, 特性, 偶有性)の 1 つ.

***predicación** [preðikaθjón] 女 《宗教》説教(すること); 布教, 伝道.

predicaderas [preðikaðéras] 女圏 説教術, 説教の才.

predicado [preðikáðo] 男 《文法》(主語[主部]に対する)述部[述語]. —～ nominal 名詞的述部(繋辞動詞と名詞[形容詞]から成る述部). ～ verbal 動詞的述部(繋辞動詞以外の動詞から成る述部).

predicador, dora [preðikaðór, ðóra] 形 説教する.
—— 名 説教師.
—— 男《虫類》カマキリ.

predicamento [preðikaménto] 男 ❶ 名声, 威信, 影響力. —El viejo líder sindical ha perdido ～ sobre los obreros. 旧組合委員長は労働者への影響力を失った. 類 **fama, influencia, prestigio**. ❷《論理》範疇(はんちゅう)(関係, 量, 質など の最も基本的な類概念). 類 **categoría**. ❸《中南米》境遇, 苦境.

:**predicar** [preðikár] [1.1] 他 ❶ (a) …について説教をする. —～ el Evangelio 福音書について説教する. (b) を説く, 訴える. —～ el ahorro de agua 節水を訴える. 類 **recomendar**. (c) を教えさとす. —Le predican por su avaricia. 彼は自分の欲深さをさとされている. 類 **amonestar**. ❷ を明らかにする, 公表する. ❸ (ある宗教)を宣伝する, 宣教する, 布教する. —～ el cristianismo キリスト教を宣伝する. ❹《論理, 文法》(主語について)陳述する, 叙述する, 述べる. —En la oración el sujeto es predicado por el predicado. 文において主部は述部によって叙述される.
—— 自 ❶ 説教をする; 説諭する, いさめる. —El sacerdote subió al púlpito a ～. 司祭は説教をすべく説教壇に上った. Hay que ～ con el ejemplo. 説教するには手本を示さなければならない. ❷《論理, 文法》陳述する, 叙述する, 述べる. —El predicado *predica* del sujeto. 述部は主部について述べる. ❸〖+contra を〗批判する, 非難する. —El sacerdote *predicó contra* la injusticia social. 司祭は世の中が不正であることを非難した.

predicativo, va [preðikatíβo, βa] 形《文法》述部[述語]の, 叙述の. —adjetivo ～ 叙述形容詞〖繋辞動詞を介して名詞を修飾する形容詞(→adjetivo atributivo)〗. complemento ～ 叙述補語. ❷ 断定する. —oración *predicativa* 断定文(＝oración aseverativa).

predicción [preðikθjón] 〔< predecir〕女 予言, 予報. —～ del tiempo 天気予報. ～ de saltos 《情報》分岐予測. Según todas las *predicciones*, la inflación aumentará este año. どの予報でも今年インフレが進むと言っている. 類 **adivinación, pronóstico, vaticinio**.

predicho [preðítʃo] 動 predecir の過去分詞.

predicho, cha [preðítʃo, tʃa] 〔< predecir〕形 ❶ 前述の. ❷ 予言[予報]された.

predij- [preðix-] 動 predecir の直・完了過去, 接・過去.

:**predilección** [preðilekθjón] 女 特別に好むこと, ひいき, 偏愛. —Tiene ～ por el fútbol. 彼はサッカーが特に好きだ. Ese profesor siente una especial ～ por Maribel. その先生はマリベルをひいきにしている. 類 **preferencia**.

:**predilecto, ta** [preðilékto, ta] 形 特に好きな, お気に入りの, ひいきの. —Mi color ～ es el blanco. 私の特に好きな色は白だ. El menor ha sido siempre su hijo ～. 末っ子がいつも彼のお気に入りの息子であった. 類 **favorito, preferido**.

predio [préðjo] 男 地所, 不動産. —～ rústico 農地. ～ urbano 宅地. 類 **finca, heredad**.

predique(-) [preðíke(-)] 動 predicar の接・現在.

prediqué [preðiké] 動 predicar の直・完了過去・1 単.

predir- [preðir-] 動 predecir の未来, 過去未来.

predisponer [preðisponér] [10.7] 他 〖+a に〗(人)を傾かせる, 仕向ける; を(病気など)にかかりやすくする. —Su debilidad congénita le *predispone a* coger un resfriado. 彼は生来体が弱くてかぜをひきやすい. 類 **inclinar, inducir**.

predisponer contra [en contra de] … …に予め…への反感を抱かせる. Ese tipo de información insidiosa *predispone* a la gente *contra* el gobierno. その種の裏情報は人々に反政府感情を植えつける.

predisponer en [a] favor de … …に予め…への好意を抱かせる. Su aspecto atractivo y cariñoso *predispone* a todos *en su favor*. 彼の魅力的で優しそうな容貌は皆に好意を抱かせる.
—— se 再 〖+a〗(…する)傾向を持つ.

predisposición [preðisposiθjón] 女 傾向; (病気などの)かかりやすさ; 素質. —Desde pequeño tuvo una especial ～ para la música. 彼には小さい時から音楽の特別な素質があった. Tiene una inexplicable ～ contra los extranjeros. 彼は外国人にわけのわからない偏見を持っている. 類 **inclinación, propensión**.

predispuesto, ta [preðispuésto, ta] 過分 〔< predisponer〕形 ❶ 〖ser+, +a/hacia〗…の傾向がある; (病気など)にかかりやすい. —Es ～ a la depresión. 彼は落ちこみやすい. ❷ 〖estar+, +a/hacia〗…に好感を持った. 〖+contra〗…に反感を持った. —No quiero decir que todos estén ～s contra ti. 皆が君に反感を持っているわけではない.

predispus- [preðispus-] 動 predisponer の直・完了過去, 接・過去.

predominación, predominancia [preðominaθjón, preðominánθja] 女 優越, 卓越,

predominante [preðominánte] 形 優勢な, 支配的な. —En este país el vehículo ~ es la bicicleta. この国では自転車が主たる乗り物である. El inglés es la lengua ~ en las conferencias internacionales. 英語は国際会議における支配的な言語である.

predominar [preðominár] 自[＋sobre] ❶ (質,量などに)…に優る, 優勢である, 支配的である. —Numéricamente las mujeres *predominan sobre* los varones. 数の上では女性が男性に優っている. En la sociedad actual *predominan* las ideas conservadoras. 現代社会では保守的な考えが優勢である. 類**exceder, imperar, preponderar**. ❷ …より高さがある. —Esta casa *predomina sobre* [a] aquella otra. この家はあの家を見下ろしている.

⁑predominio [preðomínjo] 男 優位, 優勢, 優越; 支配. —El partido seguía con ~ del equipo rival. 試合は相手チームが優勢のうちに進んでいた. El meteorólogo anunció un ~ de las altas presiones. 気象予報官は高気圧が支配していると言った.

preeminencia [preeminénθja] 女 優越, 優位; 特権. —En su familia siempre ha dado ~ a los buenos modales. 彼の家庭では常に行儀の良さに重きを置いてきた. 類**privilegio, superioridad, ventaja**.

preeminente [preeminénte] 形 上位の, 卓越した, 傑出した. —Su familia siempre ha gozado de una situación ~ en el pueblo. 彼の家族は常に村で優遇されてきた. Ocupa un cargo ~ en la compañía. 彼は会社で要職にある. 類**alto, destacado, elevado, superior**.

preempción [preempθjón] 女 《経済》先買(権).

preexistencia [preeksisténθja] 女 ❶ 前に存在したこと. —La ~ de un profundo rencor explica lo sucedido. 以前から恨みが存在していたからこのような事件が起きたのだ. ❷ 《哲学》先在, 肉体を持つ前の霊魂の存在.

preexistente [preeksisténte] 形 前に存在した. —Han encontrado restos de un poblado ~. 昔の集落の跡が発見された.

preexistir [preeksistír] 自 以前から存在する, 生まれる前に存在する.

prefabricado, da [prefaβrikáðo, ða] 過分 形 《建築》プレハブの, 組立て式の. —barracas *prefabricadas* プレハブ式の小屋. viviendas *prefabricadas* プレハブ式住宅.

prefabricar [prefaβrikár] [1.1] 他 ❶ (建築物など)をプレハブ方式で組み立てる. ❷ (建築物の一部分など)をあらかじめ量産する.

prefacio [prefáθjo] 男 ❶ (文書,演説などの)序,序文,前置き. 類**introducción, preámbulo, proemio, prólogo, epígrafe. epílogo**. ❷ 《カトリック》(ミサの主要部に先立つ)序唱.

prefecto [prefékto] 男 ❶ 監査官, 監督. —~ de estudios 学監. ❷ 《カトリック》教会組織, 修道会などの長. ❸ (フランスの)省庁長官. ❹ 《歴史》古代ローマの長官.

prefectura [prefektúra] 女 監督[長官](=prefecto)の職務, 地位; 管轄区域.

⁑preferencia [preferénθja] 女 ❶ (他より)好むこと, 好むもの[人]; ひいき, 偏愛. —Tiene ~ por el vino rosado. 彼はロゼワインが好みだ. El padre muestra ~ por el hijo mayor. 父は長男をえこひいきする. Mi mujer conoce muy bien mis ~s. 妻は私の好みをよく知っている. 類**inclinación, predilección**. ❷ 優先(権). —Este trabajo tiene ~ sobre los otros. この仕事は他のよりも優先される. Los minusválidos tienen ~ de asiento. 身障者には座席に座る優先権がある. En el próximo cruce, tú tienes ~. 次の交差点で君の方に優先権がある. 類**primacía, prioridad**. ❸ 指定席, 特別席. —asiento de ~ 優先席. ❹ 《経済》(貿易上の)特恵.

de preferencia どちらかといえば, むしろ, 優先的に. Para esas becas eligen *de preferencia* a posgraduados. その奨学金では大学院生が優先的に選ばれる.

⁑preferente [preferénte] 形 ❶ 優位の, 優遇された, より良い. —clase ~ 《航空・鉄道》ビジネスクラス; 一等車. El hijo mayor gozaba de un trato ~. 長男は特別待遇を受けていた. ocupar un lugar ~ en la mesa テーブルの上席につく. ❷ 優先的な, 優先の; 《商業》特恵の. —El gobierno dedica una atención ~ a los asuntos económicos. 政府は経済問題に優先的な配慮をする. acción ~ 優先株. tarifa ~ 特恵関税.

preferentemente [preferéntemente] 副 ❶ 好んで, むしろ; 優先的に. —Los niños pequeños ~ ocupaban los asientos delanteros. 幼児が優先的に前部座席にすわっていた. 類**de preferencia**. ❷ 主に. —En este país se produce ~ azúcar. この国では主として砂糖が生産される. 類**principalmente**.

⁑preferible [preferíβle] 形 [＋a] …より好ましい, 望ましい. —Es ~ ir en metro, porque llegaremos antes. 早く着けるから地下鉄で行くのがいい. Es ~ estar solo a mal acompañado. 悪い連れよりも一人でいる方がました. Es ~ que ya no nos veamos. もうあなたとは会わない方がいい.

preferiblemente [preferíβleménte] 副 好んで, むしろ. —Viaja ~ en avión. 彼はどちらかといえば飛行機で旅行する. 類**preferentemente**.

⁑preferido, da [preferíðo, ða] 過分 形 好みの, お気に入りの. —El helado es mi postre ~. アイスクリームは私の好きなデザートだ.

—— 名 お気に入りの人. —Es el ~ de su madre. 彼は母親のお気に入りだ.

⁂preferir [preferír ブレフェリル] [7] 他 ❶ [＋a] …より…を好む, 選ぶ. —*Prefiero* el otoño *a* la primavera. 私は春より秋の方が好きだ. ¿Qué *prefiere* usted, café o té? あなたはコーヒーと紅茶とではどちらがお好きですか. Dice que *prefiere* morir *a* casarse con ese hombre. 彼女はその男と結婚するくらいなら死んだ方がましだと言っている. ❷ を好む, 望ましいと考える. —Yo *preferiría* que vinieras tú. 私としては君に来てほしい. Él te *prefiere* a ti. 彼は他の人ではなく君が気に入っているんだ. La madre siempre *ha preferido* al hijo menor. 母親はずっと末っ子がお気に入りだった.

prefier- [prefjér-] 動 preferirの直・現在, 接・現在, 命令・2単.

prefiguración [prefiɣuraθjón] 女 予想, 予示.

prefigurar [prefiɣurár] 他 を予想する, 前もって描写[説明]する.
— **se** 再 前もって思い描く.

prefijar [prefixár] 他 ❶ をあらかじめ決める. — Ha telefoneado para anular la cita que *habían prefijado* días antes. 彼は数日前に決めてあった約束をキャンセルするために電話をした. ❷《文法》…に接頭辞をつける.
— **se** 再 あらかじめ決まった.

prefijo, ja [prefíxo, xa] 過分〔<prejijar〕形 あらかじめ決まった.
— 男 ❶《文法》接尾辞(接尾辞は sufijo). ❷(電話の)市外局番; 地域, 国などを表わすコード.

prefir- [prefir-] 動 preferir の直・完了過去, 接・現在/過去, 現在分詞.

prefloración [prefloraθjón] 女《植物》花芽層(つぼみの中で花芽が折りたたまれている状態).

pregón [preɣón] 男 ❶ 物売りの呼び声, 売り声. ❷(役人が町中で行う)お触れ; 告示, 公示. ❸(式典などの)開会宣言, 開会の辞.

‡**pregonar** [preɣonár] 他 ❶ *(a)*を(大声で)売り歩く, ふれ売りをする, 告げる. — El buhonero *pregonaba* por el pueblo su mercancía. 行商人は商品を売るために町中をふれ歩いていた. *(b)*(おふれを)ふれ歩く, ふれ回る. — En otro tiempo, el pregonero del ayuntamiento *pregonaba* los bandos del alcalde. 昔は役場の職員が市長のおふれをふれ回っていた. ❷(秘密)を公けにする, ばらす, 明かす. — A pesar de sus promesas, *pregonó* nuestro secreto. 彼は約束にも関わらず私達の秘密をばらした. ❸ を(公然と)ほめる, 褒めそやす.

pregonero, ra [preɣonéro, ra] 形 言い触らす, 口が軽い; (商品の)呼びこみをする; 公告する.
— 名 ❶ 口が軽い人, 言い触らす人. ❷ 呼びこみ商人. ❸ お触れを伝える役人.
dar un cuarto al pregonero →cuarto.

preguerra [preɣéřa] 女 戦前. — *en la* ~ 戦前では. 反 posguerra.

‡**pregunta** [preɣúnta] 女 ❶ 質問, 問い. — ~ capciosa 人をひっかける質問. ~ indiscreta ぶしつけな質問. Hice una ~ al profesor. 私は先生に質問した. No podemos contestar [responder] a esa ~. その質問には答えられません. Los periodistas estrechaban a ~s al primer ministro. 記者たちは首相を質問攻めにしていた. 反 respuesta. ❷ (試験の)問題. — No supe responder a la tercera ~. 私は第 3 問目には答えられなかった. 類 cuestión. ❸ 質問状.
andar [estar, quedar] a la cuarta [última] pregunta《俗》一文無しである. Con mucho gusto te invitaría a cenar, pero *ando a la cuarta pregunta*. 君を夕食に招待したいのはやまやまなんだが, すかんぴんなんだ.

preguntador, dora [preɣuntaðór, ðóra] 形 質問する; 質問したがりの.
— 名 質問者; 質問したがりの人.

‡*preguntar [preɣuntár プレグンタル] 他〔+*a*+(人)を〕(人)に尋ねる, 質問する, 聞く. — Me *preguntó* la hora [la edad]. 彼は私に時間[年齢]を尋ねた. Me *preguntó* cuándo irás a visitarle. 君がいつ訪ねてくるのかって彼に聞かれたよ. Nos *preguntó* si sabíamos español. 彼は私たちにスペイン語が話せるかと尋ねた. 類 interrogar. 反 contestar.

— 自 質問する; 〔+*por*〕(人のことを)尋ねる, (人を)訪ねていく. — Me *preguntó* sobre los toros. 彼は私に闘牛について尋ねた. Desde que te marchaste, mucha gente me *pregunta por* ti. 君が去ってからというもの多くの人々が君のことを私に尋ねる. Han ido a ~ *por el* médico. 彼らは医者を呼びに行った.
— **se** 再 自問する, 疑う. — Me *pregunto* dónde habré dejado mis gafas. 私はどこに眼鏡を置いたんだろう.

preguntón, tona [preɣuntón, tóna] 形《話》しつこく質問する, 詮(禿)索好きな.
— 名 詮索好きな人, 何でも聞きたがる人.

prehistoria [preistória] 女 ❶ 先史時代. ❷ 先史学. ❸ (ある現象, 時期などの)前段階, 初期段階.

prehistórico, ca [preistóriko, ka] 形 ❶ 先史時代の, 有史以前の. ❷《比喩》時代遅れの, 古い. — Tiene una forma de pensar *prehistórica*. 彼は考え方が古い. 類 anticuado, viejo.

prejubilación [prexuβilaθjón] 女 早期退職.

‡**prejuicio** [prexuíθjo] 男 偏見, 先入観; 予断, 早まった判断. — ~*s* raciales 人種的偏見. tener ~*s* contra …に対して偏見を持つ.

prejuzgar [prexuθɣár] 他 [1.2] (十分な観察や考えなしに)判断する, 予断する. — Investiga antes y no *prejuzgues* a la ligera. まずよく調べなさい. 簡単に判断を下すものじゃないよ.

prelacía [prelaθía] 女《カトリック》高位聖職者(=prelado)の地位, 職務.

prelación [prelaθjón] 女 優位, 優先(権). — orden de ~ 優先順位. ~ del bien común sobre el particular 公共の利益の私的利益に対する優先性. Este tema tiene ~ sobre los otros. このテーマは他のより優先される. 類 preferencia, prioridad.

‡**prelado** [preláðo] 男 高位聖職者(大司教, 司教, 大修道院長など). — ~ doméstico 教皇の侍従.

prelatura [prelatúra] 女《カトリック》高位聖職者(=prelado)の地位, 職務, 管轄区域.

preliminar [preliminár] 形 前置の, 準備の; 序となる. — negociación ~ 予備交渉. palabras ~*es* 前置き. 類 fundamental, inicial, preparatorio.
— 男 ❶ 準備, 前置き; 序文. 類 introducción, preparación. ❷〖主に複〗予備交渉, 講和条約の草案. — Se reunieron para estudiar los ~*es* que servirían de fundamento al tratado de paz. 彼らは講和条約の草案となる諸条項を検討するために集まった.

preludiar [preluðjár] 他 …の前触れとなる, 始まりを告げる. — los vientos que *preludian* la primavera 春の到来を告げる風.
— 自 他《音楽》音合わせをする, (合奏や合唱を始める前に)調子を合わせる. — ~ unos compases antes de empezar a ejecutar 曲の演奏を始める前に何小節か音合わせをする.

preludio [preluðjo] 男 ❶ 序, 始まり, 前触れ. — Una pequeña discusión fue el ~ de su enemistad actual. 彼らが今抱いている憎しみの起こりはつまらない言い争いだった. ❷《音楽》音合わせ, (演奏前の)音[声]の調整. ❸《音楽》前奏曲, プレリュード.

premarital [premarítal] 形 結婚前の, 婚前の.

prematuramente [prematúraménte] 副 早すぎる時期に, 早まって. —Se casó ~. 彼の結婚は早すぎた.

prematuro, ra [prematúro, ra] 形 早すぎる, 時期尚早の, 未熟の; 未熟児の. —tomar una decisión *prematura* 早まった決定をする. muerte *prematura* 早死に. vejez *prematura* 早い老け込み. niño ~ 未熟児. Quizá sea ~ decírtelo. それを君に言うのはまだ早いだろう. 類 **precoz, temprano**. 反 **maduro**.
— 名 未熟児.

premeditación [premeðitaθjón] 女 ❶ 事前に熟慮すること, 計画をきちんと立てておくこと. —Preparó su plan con ~. 彼は熟慮の上計画を立てた. ❷《法律》予謀. —muerte con agravante de ~ y alevosía 謀殺.

premeditadamente [premeðitaðaménte] 副 計画的に, 故意に.

premeditado, da [premeðitáðo, ða] 過分 形 ❶ 事前に熟慮された, 計画的な. —El incidente sólo ha precipitado una dimisión ya *premeditada*. その事件は既に予定されていた辞任の時期を早めただけであった. ❷《法律》予謀された, 故意の. —crimen ~ 予謀罪, 計画的犯罪.

premeditar [premeðitár] 他 ❶ 事前に熟慮する, …の計画を練る. —*Premeditó* la estrategia a seguir cuidadosamente. 彼はどういう作戦で行くかを入念に計画を練った. No deja nada a la improvisación; todo lo *premedita* detalladamente. 彼は何事もその場しのぎにせず入念に計画を立てる. ❷《法律》予謀する.

premiado, da [premjáðo, ða] 過分 形 受賞[入賞]した, 当選した. —La prensa conocía de antemano la novela *premiada*. 報道機関には受賞作が予めわかっていた. Ha perdido el número ~. 彼は当選したくじを失くしてしまった.
— 名 受賞[入賞]者; 当選者.

‡**premiar** [premjár] 他 ❶ を表彰する;〖+con〗…に…のほうびを与える, 報いる. —~ *con* una medalla メダルを授与する. Le han *premiado con* diez mil euros. 彼は1万ユーロの賞金を授与された. *Premiaron* el trabajo de César *con* dos meses de vacaciones pagadas. 2か月の有給休暇でもってセサルの労苦は報われた. 類 **galardonar, remunerar**.

‡**premio** [prémjo] 男 ❶ 賞, 賞品, 賞金; 褒美(ほうび). —~ de consolación 選外佳作. ~ extraordinario 特別賞. ~ gordo 1等賞. ~ Cervantes セルバンテス文学賞. *P*~ de Príncipe de Asturias スペイン皇太子賞(スペインの文化賞). Ha ganado [conseguido, obtenido] el *N*~ Nobel de Física. 彼はノーベル物理学賞を獲った. En la competición le dieron [adjudicaron, concedieron] el primer ~. 彼はその競技会で一等賞をもらった. Su contribución a la sociedad merece un ~. 彼の社会に対する貢献は褒美に値する. Me ha tocado un ~ en la lotería de Navidad. 私にはクリスマス宝くじがあたった. Una lesión le impedirá participar en el Gran *P*~ de Mónaco. 怪我が彼のモナコグランプリ出場を危うくするだろう. 反 **castigo**. ❷ 受賞者. —España ha tenido muchos ~s Nobel de Literatura. スペインにはこれまでノーベル文学賞の受賞者がたくさんいる. ❸《商業》プレミアム, 割り増し金.

premiosidad [premjosiðá(ð)] 女 ❶ 話し方や表現の仕方における不器用さ, 下手さ. —Se expresa con ~, y los alumnos se duermen en clase. 彼は話し方が下手なので, 生徒達は授業中寝てしまう. ❷ 緊急. ❸ 厄介. ❹《まれ》窮屈.

premioso, sa [premjóso, sa] 形 ❶(話し方や文体が)たどたどしい, 不器用な, ぎこちない. —Es muy inteligente pero terriblemente ~ cuando habla. 彼は大変頭がいいのだが話し始めるとひどくしようもなく下手である. Si su estilo fuera menos ~, tendría más lectores. もし彼の文体がもっと滑らかなものだったら読者が増えるだろうに. ❷ のろまな, ぐずな. 類 **torpe**. ❸ 緊急の. —Recibió la orden *premiosa* de partir inmediatamente. すぐ出発せよとの緊急の命令を受けた. 類 **urgente**. ❹ 厳しい; 大変な, 厄介な. —trabajo ~ きつい仕事. 類 **estricto, molesto**. ❺《まれ》(服などが)窮屈な. 類 **apretado**.

premisa [premísa] 女 ❶《論理》前提. ❷ 複(判断の根拠となる)仮定, 条件. —Establecidas [Sentadas] estas ~s, podemos pasar a discutir el asunto. 諸条件が整ったところで, 問題の討議にかかりましょう. Su argumento cojea en una de las ~s. 彼の論理は前提条件の一つに欠陥がある. 類 **base, supuesto**. ❸ 徴候.

premolar [premolár] 〖<muela〗男《解剖》前[小]臼歯(きゅうし).
— 形 前[小]臼歯の. —diente ~ 前[小]臼歯.

premonición [premoniθjón] 女 ❶ 予感, 胸騒ぎ. —Me confesó que había tenido una ~ de su muerte. 彼は死の予感を感じたと私に告白した. 類 **presagio, presentimiento**. ❷《医学》(病気や発作の)前兆, 前駆症状.

premonitorio, ria [premonitórjo, rja] 形 ❶《医学》前駆的. —La falta de apetito fue el primer síntoma ~ del cáncer de estómago. 食欲の減少が胃ガンの最初の前駆症状だった. ❷ 予告する, 予感の. —Anoche me atemorizó el sueño ~ de un terrible accidente. 昨夜, 恐しい事故が起きる夢を見てぞっとした.

premura [premúra] 女 ❶ 切迫, 緊急. —Dice que te presentes con ~ en el despacho del presidente. すぐに校長室に行くようにという命令だ. 類 **apremio, prisa, urgencia**. ❷(時間や場所の)不足. —Por ~ de espacio, publicaremos su artículo en el próximo número. 紙面の都合上あなたの記事は次号に回します. La ~ de tiempo me impidió preparar mejor el examen. 時間が足りなくて試験の準備がよくできなかった. 類 **apremio, escasez**.

prenatal [prenatál] 形 出産前の, 出生前の. —infección ~ 胎内感染. 類 **antenatal**.

‡**prenda** [prénda] 女 ❶ 衣類, 布類; はきもの. —~ de cama シーツやベッドカバーなど. ~ de mesa テーブルクロスなど. ~ masculina [femenina] 男性[女性]用衣料品. ~s interiores 下着. ❷ 担保品, 保証(物件). —Dejé un reloj de oro en ~. 私は金時計を担保に入れた. 類 **aval**. ❸ (愛情や友情などの)印, 証(あかし). —Te regalo este collar en ~ de mi amor. 私の愛の証としてこのネックレスをあげる. 類 **testimonio**. ❹ (人の)良い性質, 長所. —Éste es un muchacho de muchas

~s. この子はいところがたくさんある子供だ. ❺ (特に子供に対する親愛の呼びかけ)いい子, かわいい人. —Vente conmigo, ~. お前, こっちにおいで. ❻ (ゲームなどの)罰(金).

no doler prendas (1) 義務に忠実である. A la hora de trabajar *no le duelen prendas*. 彼は仕事の時間を良く守る. (2) 費用や労力を惜しまない. Cuando se propone conseguir algo *no le duelen prendas*. 彼は何かを得ようと考えるときはなんでもする. (3) 潔く自分の非を[相手の正しいことを]認める. Si me demuestras que no llevo razón, rectificaré: a mí *no me duelen prendas*. もし私が間違っていることを君が示してくれるなら直そう. 私は自分の誤りを認めるのはやぶさかでない.

no soltar prenda (関わり合いにならないように)口を閉ざす, 口を割らない. Estoy seguro de que él lo sabe, pero *no soltará prenda*. 確かに彼はそのことを知っていると思うが, しゃべらないだろう.

prendador, dora [prendaðór, ðóra] 形 《まれ》担保[抵当]に取る, 差し押さえる; 心を奪う.
—— 名 担保[抵当]に取る人, 差し押さえる人; 心を奪う人.

prendar [prendár] 他 ❶ を魅了する, …の心を捕える『しばしば過去分詞の形で用いられる』. —Regresó *prendado* del Japón. 彼はすっかり日本の虜となって戻ってきた. El joven *prendó* a todos, con su brillante discurso. その若者はすばらしい演説で皆を魅了した. ❷ を担保[抵当]に取る.
——se 再 『+de に』夢中になる, 心を奪われる. —El muchacho *se ha prendado* de la profesora. 青年はその女性教師に夢中になった. 類 **enamorarse**.

prendedero [prendeðéro] 男 ❶ 留め金, ブローチ, ピン. ❷ 持ち手, 鍋つかみ. ❸ 髪留め, リボン.

prendedor [prendeðór] 男 留め金, ブローチ, ピン, クリップ. 類 **prendedero**.
——, **dora** 名 捕える人.
—— 形 捕える.

:**prender** [prendér] [2.2] 他 ❶ (a)をつかむ, 握りしめる. —Mi mujer *prendió* fuertemente mi brazo. 私の妻は私の腕を強く握りしめた. 類 **asir**. (b) 『+en に』を留める, 固定する, 挿す. —~ un calendario *en* la pared con una chincheta 鋲(ぴょう)でもってカレンダーを壁に留める. —~ un broche *en* la blusa [un clavel *en* la solapa] ブラウスにブローチをつける[えりにカーネーションを挿す]. ❷ を拘留する, 収監する, 捕らえる. —Dos policías *prendieron* al ladrón en el aeropuerto. 2人の警官が空港で泥棒を拘留した. ❸ (火など)をつける, 点火する. —~ la luz 明かりをつける. Un pirómano *prendió* fuego a la casa. 放火魔がその家に火をつけた. 類 **encender**. ❹ (オスがメス)に交尾する. 類 **cubrir, fecundar**.
—— 自 ❶ (火が)つく, 点火する. —La leña no *prendió* porque estaba mojada. 薪はぬれていたので火がつかなかった. ❷ 受け入れられる, もてはやされる. —Sus ideas revolucionarias *prendieron* entre la juventud. 彼の革命的な思想は若者に人気を得た. ❸ (植物が)根を下ろす, 根づく. —Los geranios que planté no *han prendido*. 私が植えたゼラニウムは根づかなかった. 類 **arraigar, enraizar**.
——se 再 ❶ 燃える, 燃え尽きる. —*Se le prendieron* los pantalones en la estufa. ストーブの火で彼のズボンが燃えた. ❷ 引っかかる; (自分の身に)…を留める. ——se la pañoleta con un alfiler スカーフをピンで留める. ❸ 着飾る, めかし込む. —Ella *se prendió* con esmero para la fiesta. 彼女はパーティに行くのに念入りにおしゃれした. 類 **ataviarse, engalanarse**.

prendería [prendería] 女 古着屋, 古道具屋.

prendero, ra [prendéro, ra] 名 古着[古道具]商.

prendido, da [prendíðo, ða] 過分 形 ❶ 捕われた; 心を奪われた. —En cuanto la vi, quedé ~ de su encanto. 彼女を見た途端, 僕はその魅力にとりつかれてしまった. ❷ 留められた; からまった. —Encontraron un trozo de la camisa *prendida* en la alambrada. 鉄条網に引っかかったシャツの一片が見つかった.
—— 男 ❶ (髪や服につける婦人の)飾り; ブローチ. —~ de flores [plumas] 花[羽根]飾り. ❷ レースの型紙.

prendimiento [prendimjénto] 男 ❶ 捕えること, 捕縛, 逮捕. 類 **captura**. ❷《宗教》キリストの捕縛, その絵, 像. ❸ (植物の)根付き. ❹ 着火. —Una colilla provocó el ~ del fuego. 1本の吸いがらが火事を引き起こしてしまった.

prenombre [prenómbre] 男 洗礼名, 第一名. ♦フランス語 prénom, 英語 forename などの翻訳. スペイン語では通常 nombre (de pila).

:**prensa** [prénsa] 女 ❶ (一般的に)**新聞**, 雑誌, 出版物. —~ amarilla 扇情的な記事を掲載している新聞. ~ del corazón ゴシップ記事を掲載している新聞. ~ diaria 日刊紙. leer la ~ 新聞を読む. Me he enterado del accidente por la ~. 私は新聞を通じてその事故を知った. 類 **periódico**. ❷《集合的に》(新聞)記者, 報道陣; 報道業界. —agencia de ~ 通信社. libertad de ~ 報道の自由. rueda [conferencia] de ~ 記者会見. Esa actriz se siente acosada por la ~. その女優は記者たちに質問攻めにあっていると感じている. ❸ 印刷; 印刷機; 印刷所. —sudar la ~ 印刷機がフル回転する. Su nuevo libro está [se ha metido] en ~. 彼の新しい本は今印刷中だ. 類 **imprenta**. ❹ 圧搾機, 圧縮機, プレス機. —~ de uva ブドウ圧搾機. ~ hidráulica 水圧[油圧]式プレス.

tener buena [mala] prensa 評判がいい[悪い], 好評を博す[悪評を受ける]. El nuevo jefe *tiene mala prensa*. 新しい部長は評判が悪い. Ese restaurante *tiene buena prensa*. そのレストランは評判がいい.

prensado, da [prensáðo, ða] 過分 形 圧縮された, 圧搾された, プレスされた.
—— 男 ❶ 圧縮, 圧搾, プレス加工. ❷ (生地の)つや出し, 光沢. 類 **calandrado**.

prensador, dora [prensaðór, ðóra] 形 圧縮する, 圧搾する, プレスする.
—— 男 《機械》圧搾機, プレス機.
—— 名 プレス工.

prensaestopas [prensaestópas] 男《単複同形》《機械》パッキング押さえ, グランド(液体, 気体の漏れを防ぐパッキングを押さえる可動盤).

prensar [prensár] 他 ❶ を圧縮する, 圧搾する, プレスする. —~ la aceituna [la uva] オリーブ[ブドウ]の実を搾る. ❷《話》《比喩》(狭いところに)を

押しこむ.

prensil [prensíl] 形 《動物》(足, 尾などの)物をつかむのに適した. —cola — (サルの)巻き尾. trompa — (ゾウの)巻き鼻.

prensor, sora [prensór, sóra] 形 ❶《鳥類》対指its的.
── 名《鳥類》対指its的もの.
── 女 複《prender》捕える, 留める.
── 女 複《鳥類》対指its類(足の指が2本ずつ前後に向きあっている鳥の類, オウム, インコなど).

prensora [prensóra] 女 →prensor.

preñado, da [preɲáðo, ða] 過分 ❶ (女性や動物の雌が)妊娠した, 子を孕(はら)んだ. —Esa vaca está *preñada*. その雌牛は妊娠している. 類 **embarazada**. ❷《比喩》〖+de〗を内に含んだ, …で一杯の. —Ella me miró con los ojos —*s* de lágrimas. 彼女は目に涙をためて私を見た. Ha llevado una vida *preñada* de sufrimientos. 彼は苦しみばかりの人生を送ってきた. 類 **cargado, lleno**. ❸ (壁などが)たわんだ.
── 男 妊娠期間. ❷ 胎児.

preñar [preɲár] 他《俗》❶ を受胎させる, 妊娠させる. 類 **embarazar, empreñar, fecundar**. ❷《まれ》〖+de〗を…で一杯にする. 類 **henchir, llenar**.

preñez [preɲéθ] 女 複 preñeces 受胎, 妊娠; 妊娠期間.

preocupación [preokupaθjón プレオクパシオン] 女 ❶ 心配(事), 気がかり(なこと), 苦労(の種); 最大の関心事. Tiene una gran — por el futuro negocio. 彼はこれからの商売をとても心配している. Es una chica llena de *preocupaciones*. 彼女は気苦労の多い少女だ. ❷ 先入観, 偏見. 類 **aprensión, escrúpulo, prejuicio**.

preocupado, da [preokupáðo, ða] 過分 形 ❶〖estar+, +con/de/por〗心配した, 気がかりな; 気を取られた. —Estoy muy — por ella. 私は彼女のことがとても気がかりだ. Es un hombre *preocupado* por la conservación del medio ambiente. 彼は環境保護に執心している人物である. ❷ 気のきく; 心配性の. —Es una chica cariñosa, alegre, *preocupada*. 彼女は優しく, 陽気で, 気がきく女の子だ.

preocupar [preokupár プレオクパル] 他 ❶ (人)を心配させる, 気がかりにさせる, 懸念させる. —Me *preocupa* la salud de tu madre. 私はお母さんの健康が気がかりだ. Nos *preocupa* la paz mundial. 我々は世界の平和が心配だ. ❷ …に興味を抱かせる, 関心を持たせる, 重大である. —A ella le *preocupa* mucho su imagen. 彼女にとって自分のイメージを保つのが大事である. Le *preocupa* ser simpático y caer bien a los demás. 彼は感じをよくして他人に気に入られるよう気を使っている.
── se 再〖+de/por〗(…のこと)を心配する, (…に)気を使う, 気配りをする. —No *te preocupes* por mí. 私のことは心配してくれるな. No *te preocupes* de lo que no te importa. 自分に関係ないことを心配するのはやめなさい.

preolímpico, ca [preolímpiko, ka] 形 オリンピック予選の; オリンピック前年の.

preparación [preparaθjón] 女 ❶ 準備, 用意; 予習. —Ya ha comenzado la — para las fiestas. もう彼はお祭りの準備を始めた. Dedica sólo una hora a la — de las clases. 彼は授業の予習に1時間しかさかない. ❷ 学識, 知識. —Tiene una buena — en informática. 彼は情報科学について学識がある. Para este trabajo le falta —. 彼にはこの仕事についての知識が欠けている. ❸ (料理の)調整(法); (薬品の)調合, 調剤. ❹ (顕微鏡の)組織標本, プレパラート.

preparado, da [preparáðo, ða] 過分 形 ❶〖+para〗…に準備ができた, 用意ができた〖estar+〗. —Ya está *preparada* la mesa. もう食卓の準備ができている. Estoy — para salir. 私は出かける支度ができている. ❷〖+para〗(ある仕事に)準備を整えた; 技能を修得した. —No está — para ese trabajo. 彼はその仕事をする技能がない. ❸ (食べ物などが)調理済みの. —No deberías tomar tanta comida *preparada*. 君はあまり出来合いの食品を食べるべきではないだろうに.
── 男 調合薬.

preparador, dora [preparaðór, ðóra] 名 ❶ 準備する人; 助手. ❷《スポーツ》トレーナー, コーチ (=preparador físico). 類 **entrenador**.

preparar [preparár プレパラル] 他 ❶ (a) …の支度をする, 準備をする, 用意をする. —Mañana salgo de viaje y estoy *preparando* el equipaje. 明日私は旅行に出かけるので今は荷物の用意をしている. — la cena 夕食の支度をする. — una habitación para los huéspedes 客用に部屋を準備する. — bien el examen 抜かりなく試験に備える. *Prepárame* un café. 私に一杯コーヒーを入れてよ. (b) (人)に支度をさせる, 準備させる, 用意させる. —La madre está *preparando* a los niños para salir de paseo. 母親は子供達に散歩に出かける支度をさせている. ❷ (人)を教える, 教育する; しつける, 訓練する. —Un profesor particular le *prepara* en matemáticas para el examen. 家庭教師の先生が試験に備えて彼に数学を教えている. — perros para la detección de droga 麻薬の探知のために犬を訓練する. 類 **enseñar, adiestrar**. ❸ (…の)偽装工作をする. ❹ …に心を決めさせる, 心の準備をさせる. —Antes de decírselo hay que —lo. 彼にそれを言う前に心の準備をさせなければならない. ❺ (薬など)を調合する.
── se 再 ❶ 支度をする, 準備をする, 用意をする. ——se para el examen de ingreso 入学試験の受験準備をする. Un momento, *me preparo* en cinco minutos. ちょっと待って. 5分で支度するから. ❷ (事件が)起こりそうな気配がする, のにおいがする. —Mañana no voy a la Universidad porque *se prepara* una huelga estudiantil. 学生ストライキの気配が濃厚なので明日私は大学に行かない. *Se prepara* un invierno frío. 寒い冬になりそうである. 類 **avecinarse**.

preparativo, va [preparatíβo, βa] 形 準備の, 予備の. 類 **preparatorio**.
── 男 複 準備, 用意. —Está haciendo los —s para la cena [boda]. 彼女は今夕食[結婚式]の準備をしているところです.

preparatorio, ria [preparatórjo, rja] 形 準備の, 予備的な. —ejercicios —s 準備運動. estudio — 予備調査. 類 **preparativo**.
── 男 予備的学習; 大学準備コース, 予科.
── 女《中米》高等学校.

preponderancia [preponderánθja] 女 ❶

1530 preponderante

《比喩》優勢, 優位, 支配. —El jefe de Estado tiene ~ sobre el jefe de gobierno. 国家元首が政府首長より優先権を持つ. 類**predominio, superioridad**. ❷ 他より重いこと.

preponderante [preponderánte] 形 支配的な, 優勢な. —voto ~ キャスティングボート.

preponderar [preponderár] 自〘+a/sobre〙 ❶ …に優る, 優位に立つ, 支配的である. —El interés público *prepondera* siempre al particular. 公共の利益は常に個人の利益に優先する. En esta región *prepondera* las lluvias. この地方では雨が多い. En ese partido *prepondera* la facción izquierdista. その政党は左派が支配的である. En esa familia *prepondera* la opinión de la mujer *sobre* la del marido. その家庭では妻の意見が夫の意見より強い. 類**predominar, prevalecer**. ❷《まれ》(重さにおいて)優る.

‡**preposición** [preposiθjón] 女〘文法〙前置詞.

‡**preposicional** [preposiθjonál] 形〘文法〙前置詞の, 前置詞的な; 前置詞を伴う. —frase [locución] ~ 前置詞句. pronombre personal ~ 前置詞格人称代名詞. régimen ~ 前置詞の支配. 類**prepositivo**

prepositivo, va [prepositíβo, βa] 形〘文法〙前置詞の; 前置の. —locución *prepositiva* 前置詞相当語句 (en pos de など). partícula *prepositiva* 接頭辞.

prepotencia [prepoténθja] 女 ❶ 優勢, 権力. 類**dominio, superioridad**. ❷ 権力の誇示[乱用].

prepotente [prepoténte] 形 最も[非常に]権力のある, 優勢な; 権力を誇示する.

prepucio [prepúθjo] 男〘解剖〙(陰茎の)包皮.

prerrafaelismo [prerafaelísmo] 男〘美術〙ラファエル前派の写実主義. ♦Rafael de Urbino 以前の写実主義を見直す運動. 19世紀後半, 英国の画家による.

prerrogativa [preroɣatíβa] 女 ❶ 特権, 特典. —~ de inmunidad parlamentaria 議員特権. 類**privilegio, ventaja**. ❷ 大権, 権力者に与えられた特別の権限. —las ~s de corona 国王大権.

‡**presa** [présa] 女 ❶ 獲物, 捕獲物; 餌食(ﾅﾓ), 犠牲. —El león perseguía a su ~. ライオンは獲物を追跡していた. Cientos de soldados fueron ~ del enemigo. 何百人もの兵士が敵の捕虜になった. ❷ 捕らえること, つかむこと. —Al ver al policía fue ~ del terror. 警官を見ると彼は恐怖のとりこになった. Las llamas hicieron ~ en el techo. 炎が天井に燃え移った. ❸ ダム; 貯水池. 類**embalse**. ❹ 川の堰壁, 用水路.
perro de presa 猟犬.

presagiar [presaxjár] 他 …の前兆を示す; を予告する. —Esas nubes *presagian* tormenta. その雲は嵐の前兆だ. La recesión y el paro *presagian* tiempos difíciles para el país. 景気後退と失業は国が困難な時代に入る前兆である. 類**adivinar, predecir, profetizar, pronosticar**.

presagio [presáxjo] 男 ❶ 前兆, 前触れ. —La tregua firmada es un buen ~ de que se va a terminar la guerra. 停戦協定が結ばれたのは戦争が終わるよい徴候だ. Su cambio de actitud es un mal ~. 彼の態度が変わったのは悪い徴候だ. 類**augurio, indicio, señal, síntoma**. ❷ 予感; 予言. 類**predicción, premonición**.

presagioso, sa [presaxjóso, sa] 形 前兆となる, 予言する.

presbiacusia [presβjakúsja] 女〘医学〙老人性難聴.

presbicia [presβíθja] 女〘医学〙老眼. —Mi padre está afectado [padece] de ~. 私の父は老眼である.

présbita, présbite [présβita, présβite] 形 老眼の.
—— 男女 老眼の人.

presbiterado, presbiterato [presβiteráðo, presβiteráto] 男〘宗教〙司祭職; 長老職. 類**sacerdocio**.

presbiterianismo [presβiterjanísmo] 男〘宗教〙長老派主義. ♦プロテスタントの一派. 信徒の代表(長老)が牧師と共に教会の運営にあたる.

presbiteriano, na [presβiterjáno, na] 形 長老派の, 長老派主義の.
—— 名 長老派教徒.

presbiterio [presβitérjo] 男〘宗教〙❶ 聖堂内陣の司祭席. ❷ (教区の)司祭団. ❸ (長老派の)長老会, 中会.

presbítero [presβítero] 男〘宗教〙司祭; 長老. 類**sacerdote**.

presciencia [presθjénθja] 女 ❶ 予知, 先見. ❷〘神学〙神の予知(神がこの世のできごとを全て予知していること).

presciente [presθjénte] 形 予知する, 先見の明ある.

prescindible [presθindíβle] 形 なしで済ませられる, 省略できる, 無視できる. —Vamos a saltar lo ~. 省けるところは省きましょう. 反**imprescindible**.

‡**prescindir** [presθindír] 自〘+de〙❶ 無視する, 黙殺する. —*Prescinde* de su opinión. 彼の意見は無視しなさい. *Prescinde* de los datos poco importantes. 君, あまり重要でないデータは無視しなさい. Han *prescindido* de mí, pero no me importa. 私はメンバーから外されたが, そんなことは気にしていない. 類**descartar**. ❷ 頼りにしない, …なしで済ませる. —No puede ~ *del* coche. 彼は車なしでは生きられない. Yo puedo ~ *del* teléfono móvil. 私は携帯電話を手離してもやっていける.

prescribir [preskriβír] 他〘3.3〙〘過分〙prescrito〛❶ を規定する, 指示する. —He actuado según *prescriben* las ordenanzas. 私は決まり通りに行動したのだ. 類**disponer, indicar, mandar**. ❷〘医〙(薬や療法)を処方する. —El médico le *ha prescrito* un jarabe. 医者は彼にシロップを処方した. 類**recetar**. ❸〘法律〙を時効にする; を(時効によって)取得する[消滅させる].
—— 自〘法律〙時効にかかる, (一定期間の後, 権利, 義務などが)消滅する. —La reclusión mayor *prescribe* a los treinta años. 最高懲役刑は30年で時効になる.

prescripción [preskripθjón] 女 ❶ 規定, 指示. ❷〘医療〙処方, 処方箋(ﾋ). —~ facultativa 処方箋(ﾋ). ❸〘法律〙時効. —invocar la ~ 時効を援用する.

prescriptible [preskriptíβle] 形 ❶〘法律〙時効にかかる, 時効になる. —derechos ~s 時効の対象となる権利. ❷ 規定を受ける, 規定する.

prescrito, ta [preskríto, ta] 過分 〘< prescribir]》[形] ❶ 規定された, 指示を受けた. ❷《法律》時効の成立した. —un delito ~ 時効の成立した犯罪.

preselección [preselekθjón] [女]《スポーツ》シード; 予備選考.

preseleccionar [preselekθjonár] [他]《スポーツ》をシードする.

‡**presencia** [présénθja] [女] ❶ (ある場所に)居ること, 存在; 立会い; 出席. —hacer acto de ~ 出席[参列]する. Se ha detectado su ~ de un brote de cólera. コレラの発生がみられた. El alcalde nos honró con su ~. 市長にご出席いただいた. [類]**asistencia, comparecencia, existencia**. [反]**ausencia, inexistencia**. ❷ 面前, 人前. —El trágico accidente ocurrió en ~ de los espectadores. その悲惨な事故は観客の面前で起こった. No te portes así en mi ~. 私の前ではそんな態度をとるな. La ceremonia se celebró en ~ del rey. 式典は王の御前でとり行われた. ❸ (人の) 外見, 容姿, 風采. —Un hombre de ~ aristocrática 貴族のような風格の男. Su novia tiene buena ~. 彼の恋人はとてもきれいだ. [類]**apariencia, aspecto, figura, talle**.

presencia de ánimo 平静, 冷静, 沈着. Me impresionó su *presencia de ánimo* en aquellos momentos. あんな困難に直面していた時に彼が冷静であったことが私には印象的だった.

‡**presenciar** [prensenθjár] [他] を目撃する, 自分の目で見る; …に居合わせる. —Presenció el atraco del banco. 彼は銀行強盗を目撃した. ~ un partido de béisbol 野球の試合を観戦する.

presentable [presentáβle] [形] 人前に出せる[出られる], 見苦しくない. —Este vestido está todavía ~. この服はまだ着られる. Su última novela no es ~. 彼の今度の小説はお勧めできない. Con tantas tachaduras esta tesis no está ~. こんなに消し跡ばかりではこの論文は提出できない. Con esa barba de varios días no estás ~. そんなに何日もひげをそらないでみっともないわよ. [反]**impresentable**.

‡**presentación** [presentaθjón] [女] ❶ 紹介, 披露. —carta de ~ 紹介状. No necesitamos ninguna ~, pues todos nos conocíamos. 我々は皆知り合いだったので, 紹介の必要などなかった. ❷ 提示, 提出. —El guardia me exigió la ~ del carnet de conducir. 警官は私に運転免許書の提示を求めた. ❸ (物の)外見, 見かけ. —En Japón se da especial importancia a la ~ de los platos. 日本では料理の見た目の美しさが重要視される. ❹ 展示, 陳列; 発表(会), プレゼンテーション. ~ ~ de los nuevos modelos de automóviles 新車展示(発表)会. ❺ 現れること, 出現. ~ ~ en sociedad (若い女性の)社交界へのデビュー. ~ ~ de un programa de televisión テレビ番組への初出演. ❻《医学》胎位. ~ ~ de nalgas 逆子. ❼ (P~ de la Virgen)《宗教》聖母マリアの奉献祭(11月 21日).

·**presentado, da** [presentáðo, ða] [過分] [形] ❶ 提出[提示]された, 紹介された. —artículo ~ [obra *presentada*] al concurso 応募原稿[作品]. ❷《カトリック》(神学者が)教授職待ちの.
—[男] (聖職禄つきの)高位の要職に推挙された聖職者.

bien presentado きちんとした, 体裁[見栄え]の よい; (特に牡牛が)立派な.

presentador, dora [presentaðór, ðóra] [名] ❶ (テレビ, ラジオなどの)司会者. ❷ 紹介する人, 提示する人, プレゼンター.
— [形] 紹介する, 提示する.

presentante [presentánte] [形] 紹介する, 提示する. [類]**presentador**.

‡*‡**presentar** [presentár プレセンタル] [他] ❶ を示す, を提出する. —El problema *presenta* difícil solución. その問題は解決が難しいことを示している. ~ una tesis doctoral ドクター論文を提出する. La casa *presenta* mejor aspecto que antes. その家は以前より見栄えがする. El enfermo *presenta* hoy una notable mejoría. 病人はきょうずいぶん回復した様子を見せている. ~ excusas 言い訳をする. ~ respetos 敬意を表する. ~ batalla 戦う, 戦争をする. ~ pruebas 証拠を提出する. ~ una denuncia 告訴する. ~ una instancia 請願書を提出する. ❷ を(人に)紹介する. —Hoy *presento* a mi novia a mis padres. 今日私は婚約者(女)を両親に紹介する. ❸ を公表する, 発表する. La diseñadora está orgullosa de las creaciones que acaba de ~. そのデザイナー(女)は発表したばかりの創作を誇りに思っている. ❹ を上演する, 上映する; (番組)の進行役をする, (ラジオ・テレビでニュース)を読む. —A las ocho *presentarán* la última novela del autor. 8時にその作家の最新のドラマが放映される. Para ~ el programa contó con un famoso actor. その番組の進行役をさせるのに彼は有名な俳優に白羽の矢を立てた. ❺ を差し出す, 提供する. —Me *presentó* la mano para que se la estrechara. 彼は握手を求めて私に手を差し出した. Nos *presentaron* una bandeja de pasteles. 彼らは私達にケーキをのせたお盆を差し出した. [類]**ofrecer, dar**. ❻ を推薦する. —El partido le *presenta* como candidato a la alcaldía. 党は市長候補者として彼を推薦している.

— **se** [再] ❶【+a】…に立候補する. —~*se* como candidato *a* presidente 大統領選に候補として出馬する. ❷【+a】…に姿を現わす, 出頭する; (競争試験)を受ける. —No *se presentó* al partido porque se encontraba mal. 彼は病気のため試合に出場しなかった. ~*se al* examen para contable público 公認会計士の試験を受ける. *Se presentó* ante el jefe para pedir disculpas. 彼は許しを求めるために上司の前に現れた. ❸ (不意に・突然)現れる. —No está bien ~*se* en casa de los demás sin previo aviso. 予告なしに他人の家を訪れるのは良くない. ❹ 立ち現われる, 生じる, 起こる. —Si *se presenta* otra oportunidad la aprovecharé. もし再びチャンスが訪れたらそれを逃さないぞ. ❺ (*a*) 自己紹介する. —Permítanme que *me presente*. 自己紹介させて下さい. *Se presentó* como cuñada del embajador. 彼女は大使の義姉であると名乗った. (*b*) 自ら申し出る. —Ella *se presentó* para colaborar en la limpieza del parque. 彼女は公園の清掃に協力すると申し出た.

‡*‡**presente** [presénte プレセンテ] [形] ❶ 居る, 居合わせている, 出席している[estar+]. —Todos los premiados estuvieron ~*s* en la ceremonia. 受賞者は全員式に参列した. Estaba ~ yo cuando ocurrió el

1532 presentimiento

accidente. 事故の発生時,私は現場に居合わせた. personas ～s 出席者. ¡P～! (点呼に対する返事)はい! Marta García.-¡P～!. マルタ・ガルシーア.-はい. [反]**ausente**. ❷ 現在の,今の,目下の. —Nos preocupan mucho los acontecimientos ～s. 今起きている出来事は我々には大いに気がかりだ. En las ～s circunstancias hay que obrar con prudencia. 現状においては慎重に行動せねばならない. [類]**actual**. ❸ (書類に関して)[名詞の前] この,当の. —la ～ carta 本状. en el ～ escrito 本書類において.

— [男女] 出席者. —No todos los ～s están de acuerdo. 出席者全員が賛成しているわけではない.

— [男] ❶ 現在,今. —Es importante vivir el ～. 今を生きることが重要だ. —～ de 《文法》現在(時制), 現在形. —～ de indicativo [subjuntivo] 直説法[接続法]現在. —～ histórico 歴史的現在. ❸《文》贈り物, プレゼント. —No aceptarán ～s. 彼らは贈り物を受け取らないだろう. [類]**regalo**.

— [女] (la ～) (公用文などでの)本状, この手紙. —Por la ～ se le comunica que queda admitido en el club. 本状をもってあなたのクラブ入会が認められましたことをお知らせいたします. El portador de la ～ es un íntimo amigo mío. 本状の持参人は私の親友だ. Espero que al recibo de la ～ te encuentres bien. この手紙を受け取るとき君が元気でありますように.

al presente 今は, 目下のところ. *Al presente* no hay plazas vacantes. 今のところ欠員のポストはない.

... aquí presente (その場にいる人を指して)こちらの…. La señorita *aquí presente* es la nueva secretaria. こちらのお嬢さんが新任の秘書です.

hacer presente a ... を(人に)知らせる, 思い出させる. Os *hago presente* que estoy en contra de esa propuesta. 私がその提案に反対なのを君たちに知らせておくよ.

hasta el presente 現在まで, 今まで.

mejorando lo presente 《話》(聞き手に配慮して第三者をほめる表現)こちらの方は言うに及ばず. Su mujer es muy guapa, *mejorando lo presente*. あなたは言うに及ばず, 彼の奥さんもとても美人だ.

por el presente 今のところ.

tener presente を覚えておく, 気に留める; …が心に残る. Aunque mi padre murió hace muchos años, siempre lo *tengo presente* en mi corazón. 私の父は何年も前に亡くなったが, いつも心の中にその姿がある. *Ten presente* lo que te digo, ¿eh? 言いつけることを忘れないでおくんだぞ, いいな?

presentimiento [presentimjénto] [男] 予感, 虫の知らせ, 胸騒ぎ; 予想. —Tengo el ～ de que nos ha engañado. 彼が私たちを騙しているような予感がする. Por desgracia mis ～s se han cumplido. 不幸にして私の予感が当たった. [類]**corazonada, premonición**.

presentir [presentír] [7] [他] を予感する, 予知する. —*Presiento* que esta tarde va a haber tormenta. 今日の午後嵐がありそうな気がする. ¡Si pudiéramos ～ los terremotos! もし我々が地震を予知できたらなあ. *Presiento* que vamos a tener problemas. 問題が生じそうな気がする. [類]

presagiar.

preservación [preserβaθjón] [女] 保護, 予防. —Con esta sequía es difícil la ～ de los cultivos. この日照りでは作物を保護するのはむずかしい.

preservar [preserβár] [他] ❶ [再] としても用いられる][＋contra/de から] を守る, 保護する; 予防する. —Esta sombrilla te *preservará del* sol. この日がさがあれば日焼けしませんよ. Las mantas *preservan contra* el frío. 毛布は寒さを防ぐ. [類]**proteger, resguardar**. ❷《中南米》(〈英 preserve)を保存する.

preservativo, va [preserβatíβo, βa] [形] 保護する, 予防する. —Está tomando unos medicamentos ～s de una posible infección. 彼は感染症を予防する薬を飲んでいる.

— [男] ❶ 避妊具, コンドーム. ❷ 予防法[薬].

presidario [presiðárjo] [男] →presidiario.

‡**presidencia** [presiðénθja] [女] ❶ **大統領[社長, 学長]の職[任期, 事務所]**; 議長[会長, 委員長]などの地位[職, 任期]. —la ～ del gobierno 大統領府, 首相官邸. Fue elegido para la ～ del país [de la junta]. 彼は大統領[議長]に選ばれた. Durante su ～ ha mejorado la situación económica. 経済は彼の大統領在任中に好転した. ❷ (会議などの)主宰, 司会. —ocupar la ～ 議長席を務める, 司会をする.

presidencial [presiðenθjál] [形] 大統領[総裁, 議長]の; 大統領府の. —atribuciones ～es 大統領権限. silla ～ 大統領の椅子(地位). elecciones ～es 大統領選挙.

presidencialismo [presiðenθjalísmo] [形] 大統領制.

presidenta [presiðénta] [女] ❶ presidente の女性形. ❷ 大統領夫人.

‡**presidente** [presiðénte プレシデンテ] [男女] ❶ (スペインなどの)**首相**, (合衆国などの)**大統領**. —～ autonómico (スペインの)自治州首相. ～ del gobierno [consejo de ministros] 首相. ～ del gobierno en funciones (スペインの)暫定首相. ～ de Estados Unidos [de la república] 合衆国[共和国]大統領. ～ dimisionario [saliente] 辞意を表明した[辞職予定の]大統領. ❷ (企業の)**社長**, 会長; (銀行の)頭取. —～ de una empresa 社長[会長]. ❸ (会議などの)議長, 座長; 委員長; 理事長. —～ del congreso (大会の)議長. ～ de la Cámara de Diputados 下院議長. ～ de un consejo 委員長, 理事長. ～ de una mesa electoral 選挙管理委員長. ❹ 裁判長; (大学の)学長, 総長. —～ de un tribunal 裁判長. ❺ 修道院長代行.

Presidente Hayes [presiðénte ájes] [固名] プレシデンテ・アジェス(パラグアイの州).

presidiario, ria [presiðjárjo, rja] [名] 服役囚, 懲役囚. [類]**penado, recluso**.

presidio [presíðjo] [男] ❶ 刑務所, 監獄, 拘置所. —A Juan le han echado [metido] en ～. フアンは刑務所に入れられた. [類]**cárcel, penal, prisión**. ❷ [集合的で] 囚人. ❸ 懲役, 徒刑. —Está condenada a seis años de ～. 彼は6年の懲役に処せられた. ❹《軍事》駐屯軍; 駐屯地, 要塞. ❺《比喩》《まれ》保護.

presidio mayor [menor] 長期[短期]懲役刑.

‡**presidir** [presiðír] [他] ❶ …の長を務める, 司会

を務める, をリードする. ―~ la sesión plenaria 総会の司会を務める. ~ un tribunal 裁判長を務める. ~ una junta 委員会の司会をする. Su padre *preside* la empresa. 彼の父親は会社の社長である. ❷ を支配する, 独占する. ―La solemnidad *presidía* la ceremonia. その儀式には荘厳さが支配していた. La amabilidad *preside* todos sus actos. 親切が彼の全ての行動の原点である. El retrato de su madre *presidía* el salón. 母親の肖像が居間のいちばん重要な場所にあった. Es una organización en que la beneficencia lo *preside* todo. それは慈善が全てに先んじる団体である. 類 **predominar**.

presient- [presient-] 動 presentir の直・現在, 接・現在, 命令・2 単.

presilla [presíja] 女 《服飾》 ❶ (ボタンなどを通す)ループ; ベルト通し. ❷ ボタンホールステッチ, ボタン穴かがり.

presint- [presint-] 動 presentir の直・完了過去, 接・現在/過去, 現在分詞.

presintonía [presintonía] 女 (ラジオなどの)選局プリセット.

‡**presión** [presjón] 女 ❶ 圧力, 圧迫; 押すこと, 押し付けること. ―~ arterial [sanguínea] 血圧. aguantar la ~ del agua 水圧に耐える. grupo de ~ 圧力団体. Para cerrar esa puerta tienes que hacer [ejercer] ~. そのドアを閉めるには強く押さねばならぬ. ❷ 《比喩》(精神的)圧力; 強制, 強要; 影響力. ―La ~ de los empleados le hizo dimitir. 社員の圧力で彼は辞職に追いこまれた. Confesó bajo ~. 彼は強要されて自白した. ❸ 気圧, 大気圧. ―baja [alta] ~ (atmosférica) 低[高]気圧.

a presión 圧力をかけて, 圧縮して. El gas está *a presión* en la botella. ガスは圧縮されてボンベに入っている.

presionar [presjonár] 他 ❶ …に圧力をかける, を圧迫する. ―Le *presionaron* para que votara a favor. 彼に賛成票を投じるように圧力をかけられた. ❷ を押す. ―~ el timbre 呼び鈴を押す. 類 **apretar**.

preso [préso] 動 prender の過去分詞.

preso, sa [préso, sa] 過分 [< prender] 形 ❶ 拘束された, 自由を奪われた. ―Tuvo a la niña *presa* durante dos años en una pequeña habitación. 彼はその少女を 2 年間小さな部屋に閉じ込めた. ❷ 服役中の, 収監された. ―Está ~ desde hace medio año. 彼は半年間前から刑務所に入っている. ❸ (感情などに)とらえられた; とりつかれた. ―Permanecimos en silencio, ~s de un miedo tremendo. 私たちはひどい恐怖にとりつかれ, 黙りこくっていた. Ante tal infamia, fue *presa* de la ira. そのような卑劣な行為を前にして, 彼女は激しい怒りにとらわれていた.

― 名 囚人; 捕虜. ―En esta cárcel hay muchos ~s políticos. この刑務所には多くの政治犯がいる. 類 **prisionero, recluso**.

pressing [présin] 〈英〉男 《スポーツ》(相手方に対する)プレッシャー.

‡**prestación** [prestaθjón] 女 ❶ 奉仕, 援助; (企業, 組織, 機械などの品質の保証, サービスの提供. ―~ personal (市町村の課す)夫役(ぶやく). Este nuevo automóvil ofrece muy buenas *prestaciones*. この新車はとても高性能です. ❷ 給付; 給付金, 手当て. ―*prestaciones* sociales 社会保障給付(費). recibir [solicitar] una ~ 給付金を受ける[申請する].

prestación de juramento 《法律》(裁判所などでの)宣誓.

*‡**prestado, da** [prestáðo, ða] 過分 形 貸した; 借りた. ―Mañana le devolveré el dinero ~. 明日借りたお金を彼に返そう. Ayer pedí [tomé] ~s tres libros en la biblioteca. 昨日私は図書館で本を 3 冊借りた. Le di ~s tres discos compactos. 私は彼に 3 枚 CD を貸した. Le agradecemos sinceramente los servicios ~s. 私たちは心よりお世話いただきましたことを感謝申し上げます.

de prestado (1) 借りて, 借り物で. Esta moto no es mía, la uso *de prestado*. このオートバイは私のでなく, 借りて使っている. (2) (職などが)一時的な, 不安定な. Vive *de prestado* desde hace dos años. 彼は 2 年前から定職がない.

prestador, dora [prestaðór, ðóra] 形 貸す. ― 名 貸し手, 貸し主.

prestamente [préstaménte] 副 すぐに, 直ちに, すみやかに. 類 **prontamente**.

prestamista [prestamísta] 男女 ❶ 金貸し, 高利貸し; 質屋. ❷ 手配師.

‡**préstamo** [préstamo] 男 ❶ 貸し付け(金), 貸与(物), ローン; 借用, 貸借; 借款; 《言語学》借用語. ―pedir [solicitar] un ~ al banco 銀行にローンを申し込む. devolver el ~ 借金を返済する.

prestancia [prestánθja] 女 ❶ 卓越, 上質, 優れていること. ―Si considera la ~ de la tela, verá que no es tan cara. 生地の質の良さを考えて下されば決してそんなに高い買いものではないのがおわかりになると思います. 類 **calidad, excelencia, superioridad**. ❷ 気品, 風格. ―Ella camina con gran ~. 彼女は大変優美な歩き方をする. 類 **distinción, elegancia**.

*‡**prestar** [prestár プレスタル] 他 ❶ を貸す. ―Carmen me ha *prestado* sus apuntes. カルメンは私に彼女のノートを貸してくれた. ¿Me *prestas* diez euros? 10 ユーロ貸してくれる? ❷ (援助・協力などを)与える, 伝える. ―Las inversiones *prestaron* un gran impulso al desarrollo económico. 投資が経済的発展に一大推進力を与えた. ~ mucha atención a las palabras del profesor 先生の言うことにじっと耳を傾ける. Su presencia *prestó* animación a la fiesta. 彼がいることでパーティーは活気づいた. ❸ (声優が)(声の)吹き替えをする. ―~ su voz al protagonista de la película 映画の主人公の声の吹き替えをする. ❹ 《中南米》借りる.

― 自 ❶ 役立つ, 有用である. ―Este bolígrafo no *presta*. このボールペンは役に立たない. ❷ 伸びる, 大きくなる. ―Las botas *prestarán* con el uso. ブーツははいていると大きくなる.

―*se* 再 【+a】 ❶ 進んで…する, 自ら…する, …と申し出る. ―Nadie *se prestó a* ayudarnos. だれ一人として我々を助けようと申し出てはくれなかった. ❷ …の機会を与える, 余地を与える, すきを与える. ―Su conducta *se presta a* malentendidos. 彼の行動は誤解の余地を与える. ❸ …に同意する, を承諾する. ―~*se a* trabajar por la noche 夜間労働に同意する.

prestatario, ria [prestatárjo, rja] 名 借り

手, 債務者.

preste [préste] 男 《カトリック》(歌ミサを司る)司祭. —P~ Juan プレスター・ジョン(中世に Abisinia に強大なキリスト教王国を建設したと言われる伝説上の聖職者).

presteza [prestéθa] 囡 迅速, 機敏. —con ~ 迅速に, 直ちに. 類**diligencia, prontitud**.

prestidigitación [prestiðixitaθjón] 囡 手品, 奇術.

prestidigitador, dora [prestiðixitaðór, ðóra] 名 手品師, 奇術師.

prestigiado, da [prestixjáðo, ða] 過分 形 威信のある, 高名な.

prestigiar [prestixjár] 他 …の名を高める, …に威信を与える. —El eminente profesorado *prestigia* la universidad. 優れた教授陣がその大学の名を高いものにしている.

‡**prestigio** [prestíxjo] 男 ❶ 名声, 威信, 権威; 信望. —Este artista goza de gran ~. この芸術家は名声を欲しいままにしている. El jefe tiene mucho ~ entre sus subordinados. 課長は部下の間で信望が厚い. Su última novela le ha dado un gran ~ en el mundo literario. こんどの小説で彼は文学界の権威を手にした. 類**crédito**. ❷《まれ》魔力; 呪文; ごまかし, 策略.

prestigioso, sa [prestixjóso, sa] 形 高名な, 評判の良い, 信望のある. —una marca *prestigiosa* 権威のあるブランド. un ~ médico 高名な医者.

presto, ta [présto, ta] 形 ❶ 用意のできた [*estar*+]. —Cuando me llamó mi madre, ya estaba ~ para salir. 母が電話してきた時, もう僕はでかける用意ができていた. 類**dispuesto, listo, preparado**. ❷ 迅速な, 素早い [*ser*+]. —Es ~ en cumplir las órdenes. 彼はすぐに命じられたことを実行する. 類**diligente, pronto**. ❸《音楽》プレストの, きわめて速い(演奏の).

—— 副 ❶ 即座に, すぐに, 素早く. —Conteste ~. 至急返事を下さい. 類**enseguida, pronto**. ❷《音楽》プレストで, きわめて速く.

—— 男《音楽》プレストの曲.

de presto すぐに, 直ちに. 類**prontamente**.

presumible [presumíβle] 形《しばしば que+接続法が続く》推定できる, ありそうな. —Dado lo poco que ha estudiado era ~ que lo suspendieran. 彼の勉強量の少なさからして落第させられたのももっともだった. 類**posible, probable**.

presumido, da [presumíðo, ða] 過分 形 ❶ うぬぼれた, 思い上がった. 類**fatuo**. ❷ きざな, おしゃれな. —Es una mujer muy *presumida*, y emplea mucho tiempo en acicalarse. 彼女はとてもおしゃれで身づくろいに長時間かける.

—— 名 うぬぼれ屋, 気取り屋.

‡**presumir** [presumír] 他 …と推測する, 臆測する, 推定する. —Ella *presume* que su marido está enamorado de otra. 彼女は夫が別の女性に恋していると疑っている. Es de ~ que ... …と推測される, おそらく…である. 類**sospechar, suponer**.

—— 自 ❶ [+de] …であるとうぬぼれる, を自慢する, 誇りに思う. —Ella *presume de* inteligente. 彼女は自分が頭がよいとうぬぼれている. 類**alardear, vanagloriarse**. ❷ おしゃれをする, めかしをする.

***presunción** [presunθjón] 囡 ❶ 推定, 推測, 憶測. —~ legal《法律》法律上の推定(反証がない限り真実とする推定.事実のいかんにかかわらず規則によって真実とする推定). Lo que dices tú es sólo una ~ tuya. 君が言っていることは単なる憶測にすぎない. 類**conjetura, sospecha, suposición**. ❷ うぬぼれ, 思い上がり; 虚栄(心); 気取り. —Es un hombre de mucha ~. 彼はとてもうぬぼれの強い男だ. 類**jactancia, orgullo, petulancia, vanidad**.

presunto, ta [presúnto, ta] 形《しばしば名詞の前に置かれる》❶ 推定上の, 推定上の. —el ~ heredero 推定相続人. Han arrestado al ~ asesino de la niña. 少女殺人の容疑者が逮捕された. Está en prisión por *presunta* colaboración con la banda terrorista. 彼はテロ集団への協力容疑で拘留されている. ❷ 自称の, …と名乗る. —Consultó con el ~ experto en medicina china. 彼は漢方薬の専門家と名乗る人に相談した. 類**supuesto**.

presuntuosidad [presuntuosiðá(ð)] 囡 うぬぼれ, 虚栄, 見栄.

‡**presuntuoso, sa** [presuntuóso, sa] 形 ❶ うぬぼれた, 思い上がった, 高慢な. —Es un hombre inteligente pero ~. 彼は頭はいいがうぬぼれ屋だ. Me desagradó su *presuntuosa* actitud. 私には彼の高慢ちきな態度が不愉快だった. ❷ とても豪華な, 飾り立てた. —Ha construido una casa muy *presuntuosa*. 彼はこれ見よがしの豪邸を建てた.

—— 名 うぬぼれ屋, 思い上がった人, 高慢ちき. —Es un ~, no le podemos aguantar. 彼は傲慢で鼻持ちならない. 類**presumido, vanidoso**.

presupondr- [presupondr-] 動 presuponer の未来, 過去未来.

presuponer [presuponér] [10.7] 過分 presupuesto] 他 ❶ を前提とする, 想定する. —La realización de este plan *presupone* la subvención del gobierno. この計画が実行されるには政府の補助金を受けることが前提になっている. 類**suponer**. ❷ (予算)を見積もる. 類**presupuestar**.

presuposición [presuposiθjón] 囡 前提(条件), 想定.

presupuestar [presupuestár] 他【+en】を…と見積もる; …の予算を立てる. —Hemos presupuestado la construcción de la casa *en* siete millones de pesetas. 私達は家の建築費用を700万ペセタと見積もった.

***presupuestario, ria** [presupuestárjo, rja] [<presupuesto+-ario] 形 (主に国家の)予算の, 見積もりの. —Hay que tomar las adecuadas medidas *presupuestarias*. 適切な予算措置を講じなければならない. debate [comité] ~ 予算審議[委員会].

presupuestívoro, ra [presup u estíβoro, ra] 名《中南米》《俗》役人, 税金泥棒.

‡**presupuesto** [presupuésto] 男 ❶ 予算(案); 見積もり(書); 運営費. ~~ familiar 家計. hacer un ~ 予算を立てる, 見積もりをする. Han sido aprobados los ~s generales del Estado para el año próximo. 来年度の国の一般会計予算が採択された. Para instalar la calefacción hemos pedido ~. 暖房設備の見積もりを頼んだ. ❷ 理由, 動機, 口実. 類**motivo, pretexto**. ❸ 想定, 予測.

—, ta 過分〔< presuponer〕形 仮定された，前提とされた．— Su teoría no se sostiene, porque parte de una base *presupuesta* falsa. 誤った仮説に基づいているので彼の理論は成立されない．— Pagaremos a recibo del pedido, ~ que no haya inconveniente de su parte. もしそちらに不都合がなければ注文した品物を受け取った時に支払います．

presupus- [presupus-] 動 presuponer の直・完了過去, 接・過去.

presuroso, sa [presuróso, sa] 形 急いでいる，素早い，至急の．—con paso ~ 早足で．Partió ~ para Europa. 彼はヨーロッパに向けてあわただしく出発した．Lo vi pasar ~ delante de mi casa. 彼が急いで私の家の前を通り過ぎるのを見た. 類 **apresurado, ligero, rápido**.

pretal [pretál] 男 (馬につける)胸懸(絵). → petral.

pretencioso, sa [pretenθjóso, sa] 形 〈<仏〉うぬぼれた, 気取った, 見えを張った; (外観が)派手な. — Lleva siempre unos trajes muy ~s. 彼はいつもけばけばしい服を着ている. Habla de manera tan *pretenciosa*, que se hace antipático a todos. 彼は高慢なしゃべり方をするので皆に反感を買っている. 類 **presuntuoso**.

‡‡pretender [pretendér プレテンデル] 他 ❶ (*a*) …しようと志す，を企てる，ねらう. — Él *pretendía* engañarme. 彼はだまそうとしていた. *Pretende* comprarse ese coche tan caro. 彼はその高い車を買うつもりだ. No ha *pretendido* hacer daño a nadie. 彼はだれかに危害を加えようと企んだことはない. (*b*) を高望みする，得ようとベストを尽くす. — Varios candidatos *pretenden* ese puesto. 数人の候補者がそのポストを望んでいた. ❷ …のふりをする，…と見せかける，を装う. — Ella *pretende* estar estudiando, pero se dedica a leer tebeos. 彼女は勉強しているふりをしているが, 実は漫画を読んでいる. 類 **simular**. ❸ (男性が女性)をくどく, つけ回す, …に言い寄る. — José *pretende* a Carmen. ホセはカルメンに言い寄っている. 類 **cortejar**. ❹ …と主張する, 言い張る. — *Pretende* haber visto un platillo volante. 彼は空飛ぶ円盤を見たと言い張っている.

pretendido, da [pretendído, ða] 過分 形 『しばしば名詞の前に置かれる』 自称の; 偽りの. — el ~ conde 自称伯爵. el ~ novelista 自称小説家. su *pretendida* generosidad 彼の見せかけだけの寛大さ. 類 **presunto, simulado, supuesto**.

‡pretendiente, ta [pretendjénte, ta] 名 〔+a〕…の志願者, 志望者; 候補者; 応募者. — el ~ al puesto vacante 空いているポストの応募者. Son pocos los ~s a ese cargo. その仕事の応募者は少ない. 類 **aspirante, solicitante**.

— 男 ❶ (女性に対する)求婚者, 求愛者. — Cuando era joven tuvo muchos ~s. 若い頃彼女には求婚する者が多かった. ❷ 王位継承権請求者. — ~ al trono 王位請求者.

— 形 要求する, 主張する, 切望する; 〔+a〕を志望[志願]する, …に応募する. — En mi clase cinco son ~s a entrar en el servicio diplomático. 私のクラスでは 5 人が外交官職に就くことを希望している.

pretensado, da [pretensáðo, ða] 〔<tenso〕過分 形 《工学》予め圧縮応力を加えられた. — hormigón ~ プレストレスト・コンクリート, PS コン
クリート.

‡pretensión [pretensjón] 女 ❶ 望み，要求，主張. — Su ~ es meterse en el mundo político. 彼の望みは政界に入ることだ. 類 **propósito**. ❷ 野心, 欲. — Ella tiene *pretensiones* desmedidas para sus hijos. 彼女は子供たちに過大な望みを抱いている. Él tiene pocas *pretensiones* y vive muy feliz. 彼は欲[野心]はないがとても幸せな生活を送っている. ❸ 権利, 請求権; 資格. — Renunció a toda ~ sobre la herencia. 彼はすべての遺産相続権を放棄した. ❹ うぬぼれ, 自負; 見栄, 虚栄. — Es un hombre sin *pretensiones*. 彼は控えめな[もったいぶらない]人だ.

pretensioso, sa [pretensjóso, sa] 形 『中南米』→ pretencioso.

preterición [preteriθjón] 女 ❶ 脱落, 見過ごし, 漏れ. ❷ 《修辞》暗示的看過法(問題になっていることを具体的に言及せず暗示によって表す修辞法). ❸ 《法律》相続人の脱漏.

preterir [preterír] [7] 〔不定詞と過分のみ用いられる〕他 ❶ を抜かす, 省く, 見過ごす. ❷ 《法律》 (法定相続人)を相続人の記載から外す.

pretérito [pretérito] 男 《文法》過去時制, 過去形. — ~ imperfecto 不完了過去[線過去](形). — indefinido 不定過去[完了過去, 点過去](形). — perfecto 現在完了(形). — pluscuamperfecto 過去完了[大過去](形).

—, ta 形 過去の. — días ~s 過去の日々. recuerdos ~s 過去の思い出. 類 **pasado**.

preternatural [preternaturál] 形 超自然的な; 不可思議な; 異常な. 類 **sobrenatural**.

pretextar [prete(k)stár] 他 を口実にする, …と言い訳する. — *Pretextó* una gripe para no ir a trabajar. 彼は風邪を口実にして仕事に行かなかった.

‡pretexto [preté(k)sto] 男 口実, 言い訳, 弁解. — Faltó a clase a [bajo, con, so] ~ de enfermedad. 彼は病気を口実に授業を欠席した. Dio la avería de su coche como ~ para su retraso. 彼は車の故障を遅刻の言い訳にした. Si no quieres ir, busca cualquier ~. もし行きたくなければ何か口実を見つければいい. 類 **disculpa, excusa**.

pretil [pretíl] 男 ❶ (転落防止用の)らんかん, 手すり, ガードレール. 類 **antepecho, barandilla, guardalado**. ❷ (手すり, 柵などがついた)道.

pretina [pretína] 女 ❶ 《服飾》ベルト. ❷ ウェスト, 胴回り. ❸ バンド, 帯.

meter [*poner*] *a uno en pretina* 《話》(人)に言うことを聞かせる, (人)を道理に従わせる.

pretor [pretór] 男 《歴史》(古代ローマの)法務官, プラエトル(司法担当の執政官. 後には, 高級行政官, 地方の総督にもなる).

pretorianismo [pretorjanísmo] 男 軍部の台頭, 軍部の政治介入.

pretoriano, na [pretorjáno, na] 形 《歴史》 ❶ (古代ローマの)法務官 (=pretor) の. ❷ (古代ローマ皇帝の)親衛隊の, 近衛(ごの)師団の.

— 男 《歴史》(古代ローマ皇帝の)近衛兵.

pretorio, ria [pretórjo, rja] 形 《歴史》(古代ローマの)法務官の.

— 男 (古代ローマで法務官が裁きや居住に用いた)官邸.

pretura [pretúra] 女 《歴史》(古代ローマの)法

務官の職務、地位.

preuniversitario, ria [preu̯niβersitárjo, rja] 形 大学予備課程の.
—— 男 大学予備課程の[略]preu, COU の前身).
—— 图 大学予備課程の学生.

prevaldr- [preβaldr-] 動 prevaler の未来, 過去未来.

:**prevalecer** [preβaleθér] [9.1] 自 ❶ 抜きん出る, 秀でる, すぐれる. — El cariño *prevaleció* por encima de todos los obstáculos. 愛情がありとあらゆる障害にまさった. Él *prevalece* entre sus compañeros. 彼は仲間の中で抜きん出ている. La paz *prevalecerá* sobre la guerra. 平和が戦争に打ち勝つだろう. ❷ 長く続く, 存続する, 根を張る. — La idea de que la raza blanca era superior a otras razas *prevaleció* durante mucho tiempo. 白人は他の人種にまさるという考えが長い間流布していた. Esa tradición *prevalecerá*. その伝統は長く続くだろう. ❸ (植物が根を張って)成育する. — En México *prevalecen* los magueyes. メキシコではリュウゼツランが生えている.

prevaleciente [preβaleθjénte] 形 優勢な, 主な, 支配的な. — La indiferencia sigue siendo la actitud política ～ en el país. この国では相変わらず政治的無関心が幅をきかせている.

prevaler [preβalér] [10.5] 自 → prevalecer.
—— se 再 [＋de を] 利用する, …につけ込む. —Se *prevalió de* sus amistades para conseguir la plaza. 彼は友情を利用して, 地位を手に入れた. 類 **aprovecharse, servirse, valerse**.

prevalga(-) [preβálɣa(-)] 動 prevaler の接・現在.

prevalgo [preβálɣo] 動 prevaler の直・現在・1単.

prevaricación [preβarikaθjón] 女 背任, 不正, 汚職. — delito de ～ 背任罪.

prevaricar [preβarikár] [1.1] 自 ❶ 背任行為をする, 不正を働く. ❷ たわ言を言う, 錯乱する. 類 **desvariar**.

prevé(-) [preβé(-)] 動 prever の直・現在, 命・2単.

prevea(-) [preβea(-)] 動 prever の接・現在.

preveía(-) [preβeía(-)] 動 prever の直・不完了過去.

:**prevención** [preβenθjón] 女 ❶ 予防(策), 防止; 用心, 警戒. —～ de las enfermedades contagiosas 伝染病の予防. ～ de peligros laborales 労働災害予防. en ～ de を警戒して. Es necesario tomar *prevenciones* para evitar accidentes de tráfico. 交通事故を防止するための方策を取る必要がある. No esperaban el ataque del enemigo y se hallaban sin ninguna ～. 敵の攻撃を予想していなかったので彼らはまったく無防備であった. ❷ 用意, 準備; 予備. — agua de ～ 予備の水. Hemos tomado todas las *prevenciones* para evitar disturbios. 騒乱を回避するための準備は万全だ. 類 **previsión**. ❸ 偏見, 先入観; 毛嫌い. —Tiene cierta ～ contra los extranjeros. 彼は外国人に何がしかの偏見を抱いている. Probó el sashimi no sin cierta ～. 彼はいささかの先入観を持ってさしみを食べてみた. 類 **prejuicio**. ❹ 《まれ》(留置所のある)警察署; (法律)予防拘禁. ❺ (軍事)衛兵(詰め)所.

prevendr- [preβendr-] 動 prevenir の未来, 過去未来.

prevenido, da [preβeníðo, ða] 過分 形 ❶ [estar＋]準備のできた, 警戒した; 用心深い[ser＋]. —Están ～s para un posible terremoto. 彼らは来るべき地震に備えおさえている. 類 **apercibido, preparado**. ❷ 満杯の, 装備された. — depósito ～ de armas 武器を詰めた倉庫. 類 **abundante, lleno, provisto**.
Hombre prevenido vale por dos. 【諺】備えある人は二人分役に立つ.

:**prevenir** [preβenír] [10.9] 他 ❶ を予防する, 防ぐ, …に備える. — Este medicamento *previene* la infección. この薬は感染症の予防薬である. Para ～ esa enfermedad, lo mejor es vacunarse. その病気を防ぐには予防注射がいちばんである. 類 **evitar, precaver**. ❷ を予知する, 予測する. — *Previnieron* que habría atascos, por eso vine en metro. 交通渋滞が予測されたので私は地下鉄でやって来た. ❸ を準備する, 支度する, 用意する. —*Previne* todo lo necesario para la fiesta. 私はパーティーに必要なものをすべて用意した.
—— 自 ❶ [＋contra を]予防する, 防ぐ. — Este medicamento *previene contra* los ataques cardíacos. この薬は心臓系の予防薬である. ❷ [＋de を]知らせる, (…と)警告する. —Nos *previnieron del* peligro que corríamos. 彼らは私達に私達が冒している危険を警告してくれた. Te *prevengo* de que es un caradura. 私は彼が厚かましい奴だと君に警告しておくよ. ❸ [＋(en) contra (de)/a favor de] (人)についてあらかじめ悪い/良い印象を与える[吹き込む]. — Su aspecto me *previno en contra de* él. 彼の外見は私に彼についての悪い印象を与えた. Su modo de hablar nos *previno a favor de* ella. 彼女の話しぶりは我々に彼女について好印象を与えた.
—— se 再 ❶ [＋contra/para の]用心をする, 準備をする, 用意する. — El alpinista *se previno contra* el frío. 登山家は寒さに対する準備をした. Todos *se previnieron para* la fiesta. 皆パーティーの準備をした. ❷ [＋contra に]敵対する. — Carlos *se ha prevenido contra* Pedro. カルロスはペドロに敵対した.

preventivo, va [preβentíβo, βa] 形 予防の, 防止する. — inyección *preventiva* 予防注射. medicina *preventiva* 予防医学. Hay que tomar algunas medidas *preventivas* contra los desastres naturales. 自然災害に対して何らかの予防策を取らねばならない.

preventorio [preβentórjo] 男 (結核などの)療養所. —～ infantil (感染の可能性のある子供の)収容所.

:**prever** [preβér] [16]〖アクセントに注意: 直・現 prevés, prevé, prevéis, prevén; 直・完過 preví, previó; 命・単 prevé〗他 ❶ を予見する, 予知する. —Dicen que tiene poderes para ～ el futuro. 彼は未来を予見する能力を持つと言われている. Ya *preveía* yo lo que iba a suceder. 何が起こるか私にはわかっていた. Los sismólogos *habían previsto* el terremoto. 地震学者はその地震を予見していた. ❷ …に対して事前に準備万端整える, 事前に…の対策を立てる, 準備おさおさ怠りない.

previamente [preβjaménte] 副 前もって, 予め.

previn- [preβin-] 動 prevenir の直・完了過去, 接・過去.

previo, via [préβio, βia] 形 ❶ 事前の, 前もっての, あらかじめの;【+a】…に先立っての. — No tengo ningún conocimiento ~ sobre este asunto. 私はこの問題について何の予備知識もない. Para salir de viaje me hace falta un ~ consentimiento médico. 旅行に出るのに私は前もって医師の承認が必要だ. Era muy tenso el ambiente ~ *a* la reunión. 会議に先立っての雰囲気はとても張り詰めていた. ❷《名詞の前で前置詞的に》…の後に. — Se entregará el billete, ~ pago del pasaje. 切符は旅費の支払い後に渡される.
— 男《映画, テレビ》プレーバック.

previsible [preβisíβle] 形 予測できる, 予知できる, 起こりそうな. — Era ~ que le suspendieran. 彼が落第しそうなのはわかっていた.

previsión [preβisjón] 女 ❶ 予測, 予想, 先の見通し; 予報. — ~ del futuro 将来の見通し. ~ del tiempo 天気予報. No entraba en mis *previsiones* que ellos llegaran hoy. 彼らが今日到着するなんて私は予想していなかった. ❷ 用心, 用意, 予防. — en ~ de …に備えて. ~ social 社会保障. Una de sus cualidades es la ~. 彼の特徴のひとつは用心深いことだ.

previsivo, va [preβisíβo, βa] 形《中南米》→previsor.

previsor, sora [preβisór, sóra] 形 先見の明ある, 用意周到な〖ser+〗. — Es extraño que un hombre tan ~ como él no confirmara el vuelo. 彼ほど準備のいい男が出発便の確認をしなかったなんて不思議だ. 類**prudente**. 反**imprevisor**.
— 名 先見の明ある人, 用意周到な人.

previsto [preβísto] 動 prever の過去分詞.

previsto, ta [preβísto, ta] 過分 (<prever) 形 ❶ 予見(予想)された; 当然の. — Si hace el tiempo ~, vamos a pasear en coche. 予報どおりの天気なら, ドライブに出かけよう. Teníamos ~ su fracaso. 彼の失敗は私たちには分かりきっていた. 反**imprevisto**. ❷ 事前に準備した, 前もって予定した. — No te preocupes que está todo ~. すべてお膳立てができているから心配はないです. Nos reunimos a la hora y en el lugar ~s. 私たちは予定の時間と場所に集合した. Todo salió como estaba ~. すべて予定通りに運んだ.

prez [preθ] 男/女〖複 preces〗栄光, 名誉. — Ese héroe de la guerra representa honra [gloria] y ~ para el pueblo. その, 戦時の英雄は国民にとって誉れと栄光を表している.

PRI [prí] 〖<Partido Revolucionario Institucional〗男《メキシコ》制度的革命党.

prieto, ta [prjéto, ta] 形 ❶ きつい, 詰まった. — un siglo ~ de historia 歴史の事件に満ちた1世紀. Llevaba la falda demasiado *prieta*, y saltaron los botones. 彼女は余りにきついスカートをはいていてボタンが取れてしまった. Es una mujer morena y de carnes *prietas*. 彼女は浅黒い肌と引き締まった体を持つ女性である. 類**ajustado, apretado, ceñido**. ❷ 黒っぽい, 暗い色の. 類**negruzco, oscuro**. ❸ けちな, 卑しい. 類**mísero, tacaño**.

***prima** [príma] 女 ❶ 女のいとこ, 従姉妹(→primo). ❷《商業》プレミアム, 報奨金, 特別手当, 割増金. — ~ de rendimiento (生産性に対する)報奨金. Los jugadores recibirán una ~ si ganan el campeonato. もし優勝したら選手には特別手当が出るだろう. ❸ 保険料. — Pago una ~ anual de seguro de la casa muy baja. 私は家の保険の年払い額を大変低く抑えている. ❹《カトリック》(聖務日課の)一時課, 早朝の祈り. ❺《音楽》第一弦. ❻《軍事》(午後8時から11時までの)夜間歩哨の当番. ❼《鳥類》雌タカ.

primacía [primaθía] 女 ❶ 首位, 卓越; 優先(権). — Este problema tiene ~ entre todos los demás. この問題がもっとも先決を要する. Las ambulancias tienen la ~ sobre los otros vehículos. 救急車は他の車に優先する. Esta empresa ostenta la ~ en el campo de los videojuegos. テレビゲームの分野ではこの会社がもっとも高いシェアを誇っている. 類**prioridad, superioridad, supremacía**. ❷《カトリック》首座大司教の地位, 権限; 教皇首位権.

primada [primáða] 女《話》ばかなこと, 間抜けなこと. — No hagas la ~ de comprarlo a ese precio. その値で買うようなばかなまねはするなよ.

primado [primáðo] 男《カトリック》首座大司教. ❷ →primacía.

—, da 形 首座大司教の. — Silla *primada* 首座大司教の椅子(地位).

primal, mala [primál, mála] 形 (羊, ヤギが)満1才の, 一年子の.
— 名 満1才の子羊, 子ヤギ.
— 男 (麻れ)絹の組みひも.

primar [primár] 自〖+sobre〗…より上に立つ, …に優る. — En la sociedad actual prima lo material *sobre* lo espiritual. 現代社会においては精神的価値より物質的価値が優先する.
— 他 …に報奨金を与える. — El director ha decidido ~ el rendimiento. 所長は作業能率の高い者に報奨金を出すことに決めた.

primaria [primárja] 女 →primario.

***primario, ria** [primárjo, rja] 形 ❶ 最初の, 第一の; 初歩の, 初等の. — Mi hija va a la escuela *primaria*. 私の娘は小学校に通っている. Este libro te ayudará a adquirir los conocimientos ~s de derecho. この本は君が法律の初歩的な知識を得る手助けになってくれるだろう. ❷ 主要な, 基本的な; 必要不可欠な; (色が)原色の. — No todos tienen cubiertas sus necesidades *primarias*. 皆が自分の生活必需品を満たしているわけではない. El rojo, el amarillo y el azul son los colores ~s. 赤, 黄, 青は三原色だ. ❸ 原始的な, 原初的な. — Hay que controlar los instintos ~s. 野性的本能をコントロールしなければならない. Ha utilizado una técnica *primaria*. 彼は原始的な技術を利用した. 類**primitivo**. ❹ (人が)無作法な, 無教養な. — No esperaba de él un comportamiento tan ~. 私は彼にそんな無作法な振る舞いを予想していなかった. ❺ (人の)衝動的な, 無思慮な. — No seas tan ~, tienes que pensar bien las cosas antes de decirlas. そんな軽はずみにならないで, 物事を言う前によく考えなくてはだめだよ. ❻《地質》第一紀の.
— 男《電気》(変圧器などの)一次コイル.
— 女 ❶ 初等教育 (=enseñanza primaria); 小学校. ❷ 予備選挙 (=elecciones prima-

primate [primáte] 男 ❶ 第一人者, 名士, 著名人. 類**prócer**. ❷《動物》霊長類の動物; 複 霊長類.
── 形《動物》霊長類の.

primavera [primaβéra プリマベラ] 女 ❶ 春. — Estamos en la ~. 今は春だ. ❷ 盛期; 青春期, 人生の春. — Está en la ~ de la vida [de su carrera]. 彼は人生の春を迎えている. 類**flor, plenitud**. ❸《若い人の》年, 年齢. — Su hija tiene 18 ~s. 彼の娘は花の18歳だ. 類**año**. ❹《植物》サクラソウ(桜草), プリムラ.
── 形 男女 お人よしの(の), まぬけ(な). — Te han engañado porque eres un ~. 人に騙されたのはお前がお人よしだからだ.

primaveral [primaβerál] 形 春(のような); 春らしい. — Hoy hace un tiempo ~. 今日は春めいた陽気だ. Me interesa la moda ~. 私は春のファッションに興味がある.

primazgo [primáθɣo] 男 ❶ いとこ関係. ❷《まれ》《カトリック》首座大司教の地位[権限]. 類 **primacía, primado**.

primer [primér] 形 『primeroの語尾消失形』→primero.

primera [priméra] 女 →primero.

primeramente [priméramènte] (<primero+-mente) 副 ❶ 最初は, 初めは, 初めに. — P~, todo marchó de maravilla. 初めは全てが素晴らしい具合に進んだ. 類**al principio**. ❷《比較の含みで他よりも》第一に, まず. — P~ hay que resolver el otro problema. まずは別の問題を解決せねばならない. ❸《順序・理由などが》最初に, 何よりも先に. — No compres esa casa; ~, porque está lejos de tu oficina, y, en segundo lugar, porque es carísima. 君はその家を買ってはいけない, まず第一に君の会社から遠いし, 第二にえらく高いからだ.

primeriza [primeríθa] 女 →primerizo.

primerizo, za [primeríθo, θa] 形 ❶ 初心者の, 新人の, かけ出しの. 類**novato, novicio, principiante**. 類**primípara**.
── 名 初心者, 新人.
── 女 初産婦.

primero, ra [priméro, ra プリメロ, ラ]『単独男性名詞につく時は primer』形 ❶ 最初の, 第一の. — Abran el libro por la página *primera*. 第1ページを開くように. Ese fue mi *primer* amor. それが私の初恋だった. Vive en el *primer* piso. 彼は2階に住んでいる. dar los ~s auxilios a ... (人に)応急手当をする. el *primer* ministro 首相. la *primera* fila 最前列. las *primeras* nieves de la temporada 初雪. por *primera* vez 初めて. Es la *primera* vez que voy a España. 私がスペインへ行くのは初めてだ. en los ~s años noventa 1990年代初頭に. Juan Carlos ~ (I) フアン・カルロス一世『王の…世はローマ数字で綴る』. Siempre viaja en *primera* clase. 彼はいつも一等で旅行する. ❷ 最高の, 最上の, 第一級の, 一流の. — *primer* bailarín (バレエの)プリンシパル. *primera* bailarina (バレエの)プリマ. Tomamos un vino de *primera* calidad. 私たちは極上のワインを飲む. Es el *primer* actor de la compañía. 彼は劇団で最高の役者だ. ❸ 最重要な; 基本的な, 根本的な. — Lo ~ es ser sincero. 一番大切なのは誠実であることだ. En ese país escasean hasta los artículos de *primera* necesidad. その国では必需品さえ不足している. Es un asunto de *primera* importancia. それは最重要案件だ.

── 名 ❶『+de』…で最初(の人), 一番; 首席. — Ese joven es el ~ de la cola. その若者が列の先頭だ. ¿Quién llegará el ~? 誰がトップで来るだろか. Es el ~ de la clase. 彼がクラスの首席だ. ❷ 前者. — De estas dos opciones prefiero la *primera*. 私はこの2つの選択肢のうち前者を選ぶ.

── 男 ❶《月の》一日(ついたち)『二日以降は基数詞』. — Hoy es el ~ de mayo. 今日は5月1日だ. ❷『後続する男性名詞の省略表現』. — Estudian ~ (=*primer* curso). 彼らは1年生だ. ¿Qué van a tomar de ~(=*primer* plato)? (前菜に続く)最初の料理で何を召し上がりますか.

── 女『後続する女性名詞の省略表現』(a)《機械》(自動車など変速装置の)第一速, ローー(=*primera* velocidad). — meter ~ ローに入れる. (b) (乗物の)一等車[席, 室](=*primera* clase). — Nos gusta viajar en ~. 私たちは一等で旅行するのが好きだ. ¿Tienen billetes de ~? 一等の切符がありますか. Cómprame una ~. 一等の切符を買ってくれまいか.

── 副 ❶ 最初に, 初めに, 第一に; 一番[一位]に. — P~ tengo que terminar estos deberes. 何より先私はこの宿題を片付けなければならない. El gobernador ~ leyó el discurso y a continuación descubrió la estatua conmemorativa. 知事はまず演説をし, 続いて記念彫像の除幕をした. Estáis vosotros ~, luego nos toca a nosotros. 君たちが先で, それから私たちの順番だ. 類**primeramente, en primer lugar**. ❷『時間的』前に, 先に. — Llegarás ~ que yo. 君は私より先に着くだろう. 類**antes**. ❸『+que』…よりむしろ. — P~ estar solo que con malas compañías. 悪い仲間よりむしろ一人でいる方がいい. P~ morir que vivir sin libertad. 自由のない生活よりは死んだ方がましだ. 類**antes, mejor, preferentemente**.

a la primera 一度で, 一回目で. Lo acerté *a la primera*. 私は一度でそれを当てた.

a la(s) primera(s) de cambio《話》訳もなくいきなり. Dejó el trabajo *a la(s) primera(s) de cambio*. 彼は訳もなく急に仕事をやめてしまった.

a primeros 『+de』《週・月・年》の初めに. *a primeros* de semana [mes, año]. 週[月, 年]初めに.

de buenas a primeras《話》突然, いきなり, はっきりした訳もなく. *De buenas a primeras* mi hija se puso a llorar. 私の娘は突然泣き出した.

de primera《話》非常に良い, 一流の, 極上の. Ha sido un partido *de primera*. それは最高の試合だった. En esta fábrica trabajan *de primera*. この工場は一流の仕事をしている. El whisky me sienta *de primera*. ウイスキーが私には最高に合う.

lo primero es lo primero それが最優先だ[何よりも大事だ]. Ahora voy a descansar un rato y luego trabajaré, *lo primero es lo primero*. 今はしばらく休憩してそれから動こう, そうするのが一番だ.

no ser el primero(弁解などで)だれでも. *No soy*

el primero que se equivoca. 僕だけが間違っているわけじゃない.

ser el primero en 〖＋不定詞〗〖強調〗人に先んじて[決然と]…する人である. *Fue el primero en alertar [que alertó] del peligro del contagio.* 彼がだれよりも先に感染の危険を警告した人物だった.

venir de primera 〖強調〗(人に)好都合である, 良い結果になる. *Aquellos cien euros me vinieron de primera.* あの 100 ユーロで私は助かった.

primicia [primíθja] 女 ❶ 初物, 初生り. ❷《比喩》初めて世に出る成果, 情報, 作品など. —*La noticia la dio el canal 8 como ~ de última hora.* そのニュースは 8 チャンネルがスクープとして報じた. ❸ (教会に税として奉じた)収穫物や動物.

primigenio, nia [primixénjo, nja] 形 当初の, もとの, 根源の. 類 **originario, primitivo**.

primípara [primípara] 形 《女性形のみ》初産の.
— 女 初産婦.

— **primitivamente** [primitíβaménte] 副 ❶ 初期には, 元々は. —*Este país tuvo ~ un régimen matriarcal.* この国は元来母系家族制だった. ❷ 原始的に, 素朴に. —*La gente de esa región todavía vive ~.* その地方の人々はまだ原始的な暮らしをしている.

primitivismo [primitiβísmo] 男 ❶ 原始的であること. ❷ 〖哲学, 美術〗プリミティビズム, 原始主義(文明以前, 又はルネサンス以前の文化を尊重する芸術思潮). ❸ 粗野, がさつさ, 無作法. 類 **rudeza, tosquedad**.

‡**primitivo, va** [primitíβo, βa] 形 ❶ 原始(時代)の, 原始人の. —*el hombre ~ de la Península Ibérica* イベリア半島の原始人. *sociedad [vida, religión] primitiva* 原始社会[生活, 宗教]. *tiempos ~s* 原始時代. 反 **contemporáneo, moderno**. ❷ 原始的な, 未発達な, 素朴な, 未開の. —*En esa región aún viven tribus primitivas.* その地域にはまだ未開部族が住んでいる. *Los primeros científicos utilizaban unos aparatos muy ~s.* 初期の科学者たちは非常に原始的な装置を使用していた. 類 **elemental, rudimentario**. 反 **adelantado, culto**. ❸ (人の)粗野な, がさつな. —*Has tenido un comportamiento ~.* 君はマナーが悪かったよ. 類 **grosero, tosco**. ❹ 〖文法〗(派生語に対する)基語の. —*palabra primitiva* 基語, 元の語. ❺ 《美術》(特に)ルネサンス以前の.
— 名 ❶ 原始人; 未開人. ❷《美術》ルネサンス以前の芸術家; その作品.
— 女 → *lotería primitiva*.

‡**primo, ma** [prímo, ma プリモ, マ] 名 ❶ いとこ, 従兄弟(従姉妹は prima). —*~ hermano [carnal]* 本当のいとこ. *~ segundo* またいとこ. ❷《俗》お人よし, まぬけ. —*Es tan ~ que se lo cree todo.* 彼は何でも信じてしまうようなまぬけだ.

hacer el primo すぐ騙(だま)される. *¿No te das cuenta de que estás haciendo el primo?* お前はいつも騙されていることに気が付かないの?

ser primo hermano [carnal] とてもよく似ている. *No son iguales, pero son primos hermanos.* 同じではないが, とてもよく似ている.
— 形 ❶ 第一の, 最初の; 原料の. —*materia*

prima 原料, 素材. ❷ 《数学》素数の. —*número ~* 素数.

Primo de Rivera [prímo ðe ríβéra] 固名 プリモ・デ・リベーラ(ミゲル Miguel ~)(1870–1930, スペインの軍人・政治家).

primogénito, ta [primoxénito, ta] 形 長子の, (兄弟姉妹の中で)一番上の.
— 名 長子, 長男[女].

primogenitura [primoxenitúra] 女 長子であること; 長子の権利; 《法律》長男子単独相続制[権].

primor [primór] 男 ❶ 精巧, 繊細, 緻密, 細心. —*El bordado estaba hecho con gran ~.* 刺繍(ししゅう)は大変見事にできていた. 類 **delicadeza, destreza, esmero, habilidad, maestría**. ❷ 巧妙(な)作品, 美しいもの. —*Mi madre hace ~es con la aguja.* 私の母は針仕事ですばらしい作品を作る. *Sus hijos son un ~.* 彼の子供達は大変かわいい. *Lleva un ~ de blusa.* 彼女はとても素敵なブラウスを着ている.

que es un primor すばらしく, 見事に; ものすごく. *Toca el violín que es un primor.* 彼はバイオリンが大変上手だ. *Nevaba que era un primor.* すごい雪が降っていた.

‡**primordial** [primorðjál] 形 何より重要な, 最優先の, 第一の. —*El objetivo ~ de esta reunión es hallar una solución al conflicto.* この会議の第一の目的は紛争に解決策を見出すことだ. *Antes de comenzar el partido, es ~ hacer un poco de ejercicio.* 試合が始まる前に少し運動することが何より大事だ. 類 **esencial, fundamental, principal**.

primorosamente [primorósaménte] 副 巧みに, 見事に, 美しく. —*Borda ~.* 彼女はすばらしい刺繍(ししゅう)をする.

primoroso, sa [primoróso, sa] 形 ❶ 巧みな, 熟練した. —*~ cocinero* 腕のいい料理人. 類 **diestro**. ❷ 見事な, 美しい, 繊細な. —*labios ~s* 美しい唇. 類 **delicado, exquisito, fino**.

prímula [prímula] 女 《植物》サクラソウ, プリムラ. 類 **primavera**.

princeps [prínθeps] 〈ラテン〉形 《無変化》第一の, 最初の. —*~ edición* 初版(= *edición príncipe*).

‡**princesa** [prinθésa プリンセサ] 女 ❶ 王女; 内親王. ❷ 皇太子妃, 妃殿下; 親王妃. 類 **príncipe**.

principado [prinθipáðo] 男 ❶ 君主[大公]の地位, 権限. ❷ 大公に治められる領地, 公国. —*El ~ de Liechtenstein* リヒテンシュタイン公国. ❸ 複 《宗教》権(ごん)天使(天使の 9 隊のうち 7 番目).

‡**principal** [prinθipál] 形 ❶ 最も重要な; 主要な, 主な. —*Lo ~ es ganar el próximo partido.* 一番大切なのは次の試合に勝つことだ. *El ~ motivo de mi llamada es pedirte perdón.* 私が電話をした最大の理由は君に許しを求めることだ. *Ésta es la puerta ~.* ここが正面玄関[入り口]です. 類 **fundamental, primordial**. ❷《文法》主文[主節]の. —*oración ~* 主文. ❸《まれ》(建物の)中二階の.
— 男 ❶ 《まれ》(建物の)中二階. ❷ 店主, 工場長, (組織の)長. ❸《経済》元金, 元手.

principalmente

‡principalmente [prinθipálménte] 副 ❶ 主として, 主に; 基本的に. —El problema de esa chica es ~ psicológico. その女の子の問題は主として心理的なものだ. 類**fundamentalmente**. ❷ 第一に, 何よりも, とりわけ. —Todos son bonitos, pero ~ el menor. みんな可愛いが, 特に一番年下の子が可愛い. 類**primeramente**.

*príncipe [prínθipe プリンシペ] 男 ❶ 王子, 皇太子, 親王. ~ azul [encantado] 夢の王子様, (女性にとっての)理想の男性. ~ consorte 女王の夫君. ~ de la sangre (フランスの)王族. ~ de Asturias スペイン皇太子(スペインの王位継承者の称号). ~ de Gales 英国皇太子; 〖服飾〗チェック柄の布地. ~ heredero 皇太子, 第1王位継承権を持する王子. ~ de las tinieblas サタン, 魔王(＝闇の王子). 類語スペインでは一般に, 王位継承権を持つ王子は **príncipe**, 王女は **princesa**, 王位継承権を持たない王子は **infante**, 王女は **infanta** と呼ぶ. ❷ (小国の)君主, 大公; 王侯, 王族. —P~ de Mónaco モナコ大公. vivir como un ~ 王のように贅沢に暮らす. ❸ 第一人者, 大御所. —A Cervantes se le conoce como el ~ de los ingenios. 人はセルバンテスを才人の中の第一人者として認めている.
—— 形 初版の. —edición ~ 初版版の.

principesco, ca [prinθipésko, ka] 形 王侯にふさわしい, 王侯のような; 豪勢な. —Su dinero le permite vivir con un lujo ~. 彼は金に任せて王侯のような豪勢な暮らしをしている. Nos dieron un banquete ~. 僕たちはものすごいごちそうを与った.

principianta [prinθipiánta] 女 principiante の女性形.

principiante [prinθipiánte] 形 初心者の, 初学者の, 習い始めの. —No parece un conductor ~: maneja estupendamente. 彼は初心者には思えないよ. すばらしい運転だ.
—— 男女 女 principianta もある 初心者, 初学者, 見習い. —Tiene a su cargo la clase de ~s. 彼は初心者のクラスを担当している.

‡principiar [prinθipiár] 他 を始める, 開始する. —Han principiado la construcción de la biblioteca. 図書館の建設が開始された. 類**comenzar**.
—— 自 始まる, 開始する. —Principió a nevar. 雪が降り始めた. La primavera suele ~ en marzo. 春は3月に始まるのが常だ. El libro principia con una cita de Cervantes. その本はセルバンテスの引用から始まる. 類**comenzar, empezar**.

*principio [prinθípio プリンシピオ] 男 ❶ 始まり, 開始. (**a**) 始め. —del [desde el] ~ al [hasta el] fin 最初から最後まで, 徹頭徹尾. Empieza el cuento por el ~. 彼は物語を最初から話し始める. El ~ de la película es bastante difuso. この映画の始めの部分はかなり冗漫だ. P~s quieren las cosas. 〖諺〗まずは始めることが肝心. 類**comienzo, iniciación**. 反**fin**. (**b**) 〘主に 複〙基本, 基礎(知識), 初歩. —Ahora estudiamos los ~s de la economía. 現在私たちは経済学の基礎を勉強している. Sólo tengo algunos ~s de la lengua china. 私は中国語の基礎(知識)しか知らない. 類**funda-** **mentos**. (**c**) 起源, 源, 発端, 原因. —Los celos fueron el ~ de su divorcio. 彼らの離婚の発端は嫉妬にあった. 類**causa, origen**. 反**resultado**. ❷ 基本的な法則. (**a**) 原理, 原則; 法則. —~ de Arquímedes アルキメデスの原理. ~s de la economía capitalista 資本主義経済の諸原理. (**b**) 〘主に 複〙主義, 主義, 方針. —Le conozco muy bien y sé que no cederá sus ~s. 私は彼をよく知っているが, 彼は主義を曲げないだろう. Mis ~s me impiden aceptar ese puesto. そんな役職を引き受けることは私の信条が許さない. Tengo por ~ ser puntual. 私は時間を守るのを主義[信条]としている. (**c**) 〘複〙節操, しつけ. —una persona de [con] ~s しつけの良い人, 礼儀正しい人. Me desagradan los hombres que no tienen ~s 私は節操がない人は嫌いだ. ❸ (物質の)成分, 要素. —La nicotina es uno de los ~s perjudiciales del tabaco. ニコチンはタバコの有害な成分のひとつだ. ❹ 〘料理〙アントレ(スープの後に出される魚や肉などの本料理の最初の皿).

al principio/a los principios 最初は[に], 始めは[に]. *Al principio parecía una novela interesante*. 最初は面白い小説に思えた. *Al principio de la reunión nos saludó el presidente*. 集会の始めに会長が挨拶をした.

a principios de … …の始めに, …の初旬に. *a principios de año [abril]* 年の始めに[4月初旬に].

dar principio a … を始める, 開始する. *Cuando llegué, el profesor había dado principio al examen*. 私が出席した時には先生は試験を開始していた.

desde un principio 最初から. *Desde un principio comprendí que el plan no era viable*. 私は最初からその計画は実現しないと分かった.

en principio 原則的には, 大体において. *En principio me parece una buena idea, pero tenemos que discutirla*. 私には大体良い考えだと思われるが, 議論する必要がある.

en un principio 最初は[に], 始めは[に].

pringar [pringár] 他 ❶ を(油脂などで)汚す, べとべとにする. —*Estás pringando todo el suelo de la cocina*. あなた台所中の床に油はねを飛ばしているわよ. ❷ (パンなど)を(脂や汁に)浸す. —Le gusta ~ pan en la salsa. 彼はパンをソースにつけるのが好きだ. 類**untar**. ❸ 〘話〙を傷つける. ❹ 〘話〙…の名誉を汚す. ❺ 〘話〙を巻きこむ. —No tuve intención de ~le en el asunto. この件に彼を巻きこむつもりはなかった. 類**comprometer**. ❻ 〘中南米〙…にはねをかける.

pringarla (1) 〘話〙しくじる, 参る, やられる. ¡*La pringamos*! しくじった! (2) 〘俗〙死ぬ, くたばる. *La ha pringado*. 奴はくたばっちまった.

—— 自 ❶ 〘話〙(汚ない仕事に)介入する, 手を出す. —*Su padre pringa en todo*. 彼の父親は何にでも首を突込む. ❷ 〘話〙着服する, うまい汁を吸う. ❸ 〘話〙人より大変な仕事をする. —*Siempre me toca ~ con lo más difícil*. いつもいちばん大変な仕事は僕に回ってくる. ❹ 〘話〙やられる, 参る(= pringarla). —*Hemos pringado*. やられた. ❺ 〘中南米〙霧雨が降る.

—— **se** 再 ❶ 〘＋con/de で〙汚れる. —*El niño se pringó todo de [con] aceite*. 子供は油で体中べとべとになった. 類**ensuciarse, mancharse, untarse**. ❷ →自❶. ❸ →自❷.

pringoso, sa [priŋgóso, sa] 形 (脂などで)汚れた, べとべとした. — boca *pringosa* de caramelos あめでべとべとの口. El mantel estaba sucio y ~. テーブルクロスは汚れてべとべとしていた.

pringue [príŋge] 男/女 ❶ (焼いた肉などから出る)脂. 類**grasa**. ❷ 脂[油]のしみ, 汚れ. 類**grasa**, **porquería**, **suciedad**. ❸ 〖話·比喩〗嫌なこと, 面倒くさいこと. ❹ 〖中南米〗泥はね.

prior, priora [prjór, prjóra] 名 〖カトリック〗(小)修道院長; (ベネディクト会の)副院長; (ドミニコ会の)管区長. — 🈩 〖歴史〗騎士団長. ❷ 教区司祭. — 🈔 〖歴史〗商務長官.

priorato [prjoráto] 男 ❶《カトリック》修道院長(=prior)の地位, 職務, 管轄区域; (ベネディクト会の)修道院. ❷ タラゴナ県プリオラート産のワイン.

priori [prjóri] 〖<ラテン〗〖次の成句で〗
a priori 先験的に, 先天的に, 演繹的に. Los juicios *a priori* son peligrosos. 先験的判断は危険である. 反**a posteriori**.

prioridad [prjoriðá(ð)] 女 ❶ 優先(権), 優位, プライオリティー. — Este departamento tiene ~ sobre aquél. この部門の方があちらより優先される. Hoy sólo podremos tratar los asuntos de mayor ~. きょうは最も差し迫った問題しか扱えないだろう. Los automóviles que giran a la izquierda tienen ~ de paso. 左折車の通行が優先する. 類**preeminencia, preferencia, primacía, superioridad**. ❷ (時間的, 空間的)先行. 類**anterioridad, precedencia**.

prioritario, ria [prjoritárjo, rja] 形 優先的な, より重要な. — Esto es un tema de carácter ~. これは最重要課題の一つである. Uno de los objetivos ~s de mi viaje es promocionar el turismo. 私の出張の主要な目的の一つは観光事業の推進です.

＊＊prisa [prísa プリサ] 女 急ぐこと, 迅速や;〖比喩〗繁忙. — No me puedo entretener, voy con [llevo] mucha ~. ぐずぐずしてはいられない. 急いで出かけるよ. Si haces el trabajo con ~s te saldrá mal. 急いで仕事をするとうまくいかないよ. Termina pronto que hay ~. 急いでいるので早く終えなさい. 類**apremio**. 反**lentitud**.

a prisa 急いで. → *de prisa*.
a toda prisa 大急ぎで, 全速力で; 慌てて(= muy de prisa).
correr prisa (物事が)急を要する, 急いでする必要がある. Estos documentos *corren prisa*. これらの書類は急を要する.
dar [*meter*] *prisa* (人が何かをするのを)急がせる, せかす. No le gusta que *le den* [*metan*] *prisa*. 彼はせかされるのが嫌いだ.
darse prisa 急ぐ. *Date prisa*, que ya es muy tarde. もう遅いので急げ.
de prisa 急いで. ¡*De prisa*! 急げ! Me fui *de prisa* para llegar a tiempo. 私は時間に間に合うように急いで出かけた. ¡No comas tan *de prisa*! そんなに急いで食べるな.
de prisa y corriendo 大急ぎで, 大慌てで.
tener [*llevar*] *prisa* 急いでいる. Luego hablaremos; ahora *tengo* [*llevo*] *prisa*. 今は急いでいるので後で話しましょう. ¿Por qué *tienes* [*llevas*] tanta *prisa*? なぜそんなに急いでいるんだ.
vivir de prisa 健康をそこなってまで働く, がむしゃらに働く.

---

privado 1541

priscilianismo [prisθiljanísmo] 男 《宗教》プリスキリアノ (Prisciliano)主義.

＊prisión [prisjón] 女 ❶ 刑務所, 拘置所, 監獄, 牢獄. — Pagó su delito en la ~. 彼は犯した罪を刑務所で償った. El asesino pasará 20 años en la ~. その殺人犯は20年を刑務所で過ごすだろう. 類**cárcel, penal, presidio**. ❷ 禁固(刑), 投獄, 拘置, 監禁. — ~ *mayor* 6年以上12年以下の禁固刑. — ~ *menor* 6か月以上6年以下の禁固刑. — ~ *preventiva* (刑が確定する前の)未決拘留. El juez condenó al autor del robo a dos años de ~. 裁判官はその窃盗(š₂)犯に2年の禁固刑を言い渡した. 類**encarcelamiento**. ❸ 〖比喩〗牢獄のような場所; 束縛. — la ~ del amor 愛の牢獄. Los dos años que trabajó en esa compañía fueron una ~ para él. その会社に勤めていた2年間は彼にとっては牢獄に居るようだった.
reducir a … a prisión (人を)刑務所に入れる.

＊prisionero, ra [prisjonéro, ra] 名 囚人, 捕虜;〖比喩〗自由を奪われた人[動物], 虜(ë₂). — Durante un combate fueron hechos ~s. 戦闘中彼らは捕虜となった. Es ~ de sus ilusiones. 彼は幻想の虜だ. 類**esclavo**.

prisma [prísma] 男 ❶ 《幾何》角柱. — ~ *triangular* [*cuadrangular, pentagonal*] 三[四, 五]角柱. ❷ 《光学》プリズム. ❸ 《鉱物》(結晶体の)柱(ë₂). ❹ 〖比喩〗観点, 視点.

prismático, ca [prismátiko, ka] 形 ❶ 《数学》角柱形の, 柱体の. ❷ プリズムの, プリズム分光の. — *colores* ~*s* プリズムで分解された七色. *anteojo* ~ プリズム望遠鏡.
— 男 複 (プリズム)双眼鏡 (=gemelos prismáticos).

prístino, na [prístino, na] 形 原初の, 元の. — El pañuelo mantenía su *prístina* blancura. そのハンカチは元の白さを保っていた. Después de su restauración, el cuadro ha recuperado su ~ colorido. 補修された後, 絵は元の色合いを取り戻した. 類**original, primigenio, primitivo**.

privación [priβaθjón] 女 ❶ 剥奪(뛰ɂ), 喪失; 節制. — ~ *de la vista* 視力の喪失. ~ *voluntaria de placeres mundanos* 世俗の楽しみの節制. La ~ *de la libertad* es la pena más dura. 自由を奪われることは最もつらい苦しみである. ❷ 欠乏, 窮乏. — Después de la guerra pasamos [sufrimos] muchas *privaciones*. 戦後, 我々はひどい窮乏を経験した. 類**carencia, falta**.
La privación es causa del apetito. 〖諺〗空腹にまずいものなし(←窮乏が食欲の源).

privadamente [priβáðaménte] 副 私的に, 非公式に, 内々に.

＊privado, da [priβáðo, ða] 過分 形 ❶ 私的な, 個人の, プライベートな; 私有の. — *asuntos* ~*s* 私事. *bienes* ~*s* [*propiedad privada*] 私有財産. *documento* ~ 私的文書. No te metas en mi vida *privada*. 私の私生活に口出ししないでくれ. 反**público**. ❷ 内密の, 内々の; 非公式な. — *club* ~ 秘密クラブ. *asistir a una reunión privada* 内々の会議に出席する. ❸ 私立の, 私営の, 民間の. — *detective* ~ 私立探偵. Está ingresado en una clínica *privada*. 彼は私立病院に入院している. *empresa* [*compañía*] *privada* 私企業[民間会社]. *enseñanza* [*universidad*]

privanza

privada 私学教育[私立大学]. Hay que fomentar más miniciativa *privada*. もっと民間活力を育成しなければならない. 反**público**. ❹ [＋*de*]…のない, 失った. —A causa del accidente quedó ～ de la vista. 事故のために彼は失明してしまった.
—— 男 寵(ちょう)臣; 側近. —Godoy, ～ de Carlos IV カルロス4世の寵臣のゴドイ (=valido).

en privado 私的に; 内々に. Me gustaría hablarle *en privado*. 内々でお話したいのですが.

privanza [priβánθa] 女 (君主などの)寵(ちょう)愛, 引き立て; (歴史)寵臣政治. —durante la ～ del Duque de Lerma レルマ公爵が王の寵臣であった時. La ～ es un fenómeno característico de los Austrias menores. 寵臣政治は後期ハプスブルク王朝時代に特徴的な現象である.

privar [priβár] 他 ❶ [＋*de*] (人)から奪う, 略奪する; (人に)失わせる. —El gobierno *privó* al pueblo de la libertad de expresión. 政府は国民から表現の自由を奪った『この場合の a は分離の与格と呼ばれ, 「から」の意味であり, de を「を」と訳す』. La emoción fue tan fuerte que, por unos segundos, le *privó* del habla. 彼はあまりに感動したので, ちょっとの間口もきけなかった. Lo han *privado de* un merecido ascenso. 彼は当然与えられるべき出世が与えられなかった. ❷ [＋*de*]…に禁じる, 禁止する. —El médico le *ha privado de* comer cosas dulces. 医者は彼に甘いものを食べることを禁じた. ❸ 気絶させる, 気を失わせる.
—— 自 ❶ (*a*) [＋*a* 人が]…が大好きである, (人に)大いに気に入る. —Le *priva* el flan. 彼はプリンが大好きだ. A José le *priva* esta clase de dulces. ホセはこの種のお菓子が好きだ. 類**complacer**. (*b*) [＋*con* 人に]気に入られる, 寵(ちょう)がる. —～ *con* el profesor 先生に気に入られる. ❷ 流行している, はやる. —Ahora *privan* los viajes a lugares exóticos. 今はエキゾチックな場所に旅行するのがはやっている. ❸ 《話》酒を飲む. —Esta chica *priva* increíblemente. この娘は信じられないほど酒を飲む.
——*se* 再 ❶ [＋*de*] (自発的に)やめる, 控える, 節制する. —Me *he privado de* beber y *de* fumar. 私は酒・タバコをやめた. 類**abstenerse**. ❷ [＋*por*] (…が)大好きである, (…に)目がない. —Me *privo por* el flan. 私はプリンに目がない. ❸ 気を失う, 気絶する. —Al oír la triste noticia, ella *se privó*. その悲報を聞くや否や, 彼女は卒倒した.

privativo, va [priβatíβo, βa] 形 ❶ 固有な, 専有的な, 特有な. —Esa planta es *privativa* del Brasil. その植物はブラジルでのみ見られる. Convocar elecciones generales es una facultad *privativa* del primer ministro. 総選挙を求めるのは首相の特権である. 類**exclusivo, peculiar, propio**. ❷ 奪う, 断つ. ❸ 《文法》(接頭辞)欠性の, 欠如を表わす. —prefijo ～ 欠性接頭辞. ❹ 《言語》欠如的. —oposición *privativa* 欠如的対立 (ある弁別特徴の有無によって区別される対立).

privilegiado, da [priβilexiáðo, ða] 過分 形 ❶ 特権を与えられた, 特典的な. —clase social *privilegiada* 特権階級. ❷ 才能に恵まれた, 非常に優秀な. —Tiene una memoria *privilegiada*. 彼は素晴らしい記憶力を持っている. Vive en un lugar ～. 彼は自然に恵まれた土地に住んでいる.
—— 名 ❶ 特権を与えられた人. —Los ～*s* no pagaban impuestos. 特権階級は税金を払っていなかった. ❷ 才能に恵まれた人. —En física es un ～. 物理にかけては彼は天才だ.

privilegiar [priβilexiár] 他 …に特権を与える.

***privilegio** [priβiléxio] 男 **特権**, 特典, 恩恵; 特権の認可証. —dar [conceder, otorgar] un ～ (人に)特権を与える. gozar [disfrutar de] un ～ 特権を持つ. Es un ～ para mí poder saludarle. あなたにご挨拶できることは私にとって特別なことです.

pro [pró] 男/女 利益, 益; 賛成(論). 類**provecho**.

buena pro 《古》(1) (食事をする人に)どうぞごゆっくり (=buen provecho). (2) 契約書の結句.

el pro y el contra/los pros y los contras 利点と欠点, 損益; 賛否. Hemos de sopesar [examinar] *los pros y los contras* antes de tomar una determinación. 決定を下す前には, その利害得失を考慮して[よく調べて]おかねばならない.

en pro de … …のために. Trabajamos *en pro de* los derechos humanos. 我々は人権を守るために働いている.

en pro y en contra 賛成と反対の. No está ni *en pro ni en contra*. 彼は賛成側でも反対側でもない.

hombre de pro 高潔な人, りっぱな人.
—— 前 …のための[に], …に賛成して. —campaña ～ paz [damnificados] 平和[被災者]のためのキャンペーン.

pro- [pro-] 接頭 ❶ 「代理」の意. —procónsul, pronombre. ❷ 「前に, 先に」の意. —proceder, prólogo. ❸ 「前で, 正面で」の意. —prohibir, proteger. ❹ 「公然」の意. —proclamar, propagar.

proa [próa] 女 船首, 舳先(へさき); (飛行機の)機首. —mascarón de ～ 船首像. viento en [de] ～ 逆風, 向かい風. 反**popa**.

poner (la) proa (1) 《海事》[＋*a* [hacia] 場所] (場所)へ向かう. 類**dirigirse**. (2) 《比喩》ねらいを定める, 目標に向かって走り出す. Si *ha puesto la proa* a ese negocio, sobran todos los consejos. その仕事を始めたというのなら, 何を言ってもしょうがない. (3) 《比喩》[＋*a*] …に立ち向かう, 反対する.

***probabilidad** [proβaβiliðá(ð)] 女 ❶ 見込み, 可能性, 公算. —Hay ～ de que se suspendan las negociaciones. 交渉は決裂するかもしれない. Él tiene muchas [pocas] ～*es* de ser elegido. 彼が選ばれる公算は高い[可能性は薄い]. 類**posibilidad**. ❷ 《数学》確率, 《哲学》蓋(がい)然性. —teoría de ～*es* 確率論. cálculo de ～*es* 確率の計算.

probabilismo [proβaβilísmo] 男 《哲学》蓋(がい)然論 (絶対確実な知識はありえないから, 蓋然的な解決で満足しなければならないとする懐疑論の主張); 《神学》蓋然説.

****probable** [proβáβle プロバブレ] 形 ❶ [＋*que*+接続法] 起こりそうな, ありそうな, 可能性の高い. —Es ～ que llueva mañana. 明日は雨が多分降るだろう. Es muy ～ que mi equipo pierda el partido. わがチームは敗色濃厚だ. Es poco ～ que vengan a la fiesta. 彼らはパーティーに来そうにない. Lo más ～ es que no haya ningún premiado. 誰も当選者が

出ない公算が最も高い. 類**posible**. 反**improbable**. ❷ 証明[立証]できる. — Esa hipótesis no es ~ en absoluto. その仮説はどうしても証明できない. 類**demostrable**.

‡**probablemente** [proβáβleménte] 副 〖文副詞〗〖時に+接続法〗おそらく, たぶん. —*P*~ aprobará el examen de ingreso. おそらく彼は入学試験に合格するだろう. *P*~ ese diccionario sea el mejor. たぶんその辞書が一番良いだろう. Si me hubieran dejado, lo hubiera hecho un poco mejor, ~. もし私にやらせてくれたなら, たぶんもう少しうまくできただろうに.

probación [proβaθjón] 女 証明, 試用;《カトリック》修練期(修道会に入る前の試練期間). 類**prueba**.

*****probado, da** [proβáðo, ða] 過分 形 ❶ 証明された, 立証済みの; 明白な, 確実な〖estar+〗. — Su inocencia está *probada*. 彼の潔白は証明済みだ. Es un producto de *probada* calidad. それは品質の確かな製品だ. ❷〖法律〗(判決で)事実認定された; 証明[立証]された.

probador, dora [proβaðór, ðóra] 形 試す; 証拠となる.
—— 男 ❶ 試着室. —¿Quiere pasar al ~? 試着室を利用されますか. ❷〖中南米〗マネキン人形.
—— 名 試す人; 試験機器.

probanza [proβánθa] 女〖司法〗立証, 証明, 証拠.

*****probar** [proβár プロバル] [5.1] 他 ❶ を試す, 試用する, テストする. — *Pruébale* los zapatos. 彼に靴をはかせてごらんなさい. ❷ を試食する, 試飲する, 毒味する. —*Prueba* la sopa antes de servírsela a los invitados. お客に出す前にスープを試飲してごらん. ❸ を証明する, 実証する. —Galileo *probó* que la tierra gira alrededor del sol. ガリレオは地球が太陽のまわりを回っていることを証明した. Clara *ha probado* su amabilidad. クラーラは彼女の親切さを立証した. Ella pudo ~ su inocencia. 彼女は自分の無実を証明することができた. 類**demostrar**. ❹ を食べる, 口にする; 飲む. —No he querido ~ bocado en todo el día. 彼は1日中何も口にしたくなかった〖主に否定文で用いられる〗.
—— 自〖+a+不定詞〗を試みる, 試しに…する. —Antes de comprar la estufa, *prueba* a ver si funciona. ストーブを買う前にちゃんとつくか試してごらん. *Probé* a abrir la ventana pero no pude. 私は窓を開けようとしたができなかった.

probar bien [*mal*] 合う[合わない], 気に入る[入らない], 好き[嫌い]である.

——*se* 再 ❶ を試着する, 身につけてみる. —~*se* el traje スーツを試着する.

probatoria [proβatórja] 女 →probatorio.

probatorio, ria [proβatórjo, rja] 形 証拠となる, 証明する. —documentos ~*s* del crimen 犯罪を立証する文書.
—— 女〖司法〗証拠提出の期限.

probeta [proβéta] 女 ❶ 試験管. —bebé ~ 試験管ベビー. ❷ (現像, 実用中の)バット, トレイ. ❸ 水銀圧力計. ❹ 爆ましょう弾.

probidad [proβiðá(ð)] 女 正直, 誠実, 高潔. 類**honradez**.

*****problema** [proβléma プロブレマ] 男 ❶ 問題, 課題, 難題. —~*s* sociales 社会問題. presentar [poner] un ~ (人に)問題を出す. resolver [solucionar] un ~ 問題を解く[解決する]. plantear un problema 問題を提起する. enfrentarse con un problema 問題に直面する. Yo no tengo ~ en ir a recibirle. 彼を迎えに行くことについては私には問題がない. 類**inconveniente, obstáculo**. ❷ 悩み, 心配. —Ese hijo sólo me ha dado ~*s*. その息子は私にとって悩みの種にすぎなかった. 類**disgusto, pena, preocupación**.

problemática [proβlemátika] 女 →problemático.

‡**problemático, ca** [proβlemátiko, ka] 形 ❶ 問題のある, 問題を起こしそうな. —Siempre ha habido niños ~*s*. 常に問題児は存在してきた. Se han discutido los aspectos más ~*s* del acuerdo. 協定の一番問題になる点が論議された. 類**conflictivo**. ❷ 疑わしい, 不確かな. —Nuestro futuro se presenta ~. 我々の未来は見通し困難だ. La eutanasia es una cuestión *problemática*. 安楽死はすっきりしない問題だ. 類**dudoso, incierto**.
—— 女 〖集合的に〗(諸)問題. —Este documento trata de la ~ de los estudios de medicina. この文書は医学研究の諸問題を論じている.

probo, ba [próβo, βa] 形 正直な, 誠実な. 類**honesto, honrado, íntegro, recto**.

probóscide [proβósθiðe] 女 (動物)(象などの)発達した鼻口部;(昆虫の)吻(ふん).

procacidad [prokaθiðá(ð)] 女 ❶ 横柄[無礼, 厚顔]な言動, 態度. 類**descaro, desfachatez, desvergüenza, insolencia**. ❷ 下品[卑猥(ひわい)]な言動. 類**indecencia**.

procaz [prokáθ] 形〖複 procaces〗❶ 横柄な, 無礼な, 厚かましい. 類**descarado, desvergonzado, insolente**. ❷ 下品な, 卑猥(ひわい)な. 類**grosero, indecente**.

‡**procedencia** [proθeðénθja] 女 ❶ 起源, 出身; 素性. —No es ~ española [aragonesa]. 彼はスペイン[アラゴン]の出身だ. Se desconoce la ~ de esa bacteria. そのバクテリアの素性は良く分からない. 類**origen**. ❷ (船舶, 航空機, 汽車の)出発地, 出航地, 始発駅;(手紙などの)発送地. —tren con ~ de Bilbao ビルバオ発の列車. ❸〖法律〗(提訴・請願などの)根拠, 正当性. —No admitieron la ~ de nuestra reclamación. 我々の要求が正当とは認められなかった.

‡**procedente** [proθeðénte] 形 ❶〖+de〗…に由来する; 出身の. —Esta palabra es ~ del japonés. この語は日本語に由来する. Nos sirvieron una carne riquísima ~ de Argentina. 私たちはアルゼンチン産のとてもおいしい肉を出してもらった. ❷〖+de〗…から出ている, …発. —El avión ~ de Barcelona llegará dentro de diez minutos. バルセロナ発の飛行機は10分後に着くでしょう. ❸ (道徳的・法的に)妥当な, 理由のある, 適切な. —demanda [recurso] ~ 筋の通った提訴[控訴]. Me parece una decisión ~. 私にはそれは妥当な決定である. No me parece ~ llamarle a estas horas. こんな時間に彼に電話するのはよいとは思えない. 反**improcedente**.

‡**proceder** [proθeðér] 自 ❶ 行動する, 振舞う. —El hombre no debe ~ siempre como le

procedimiento

venga en gana. 人間というものは常に勝手に振舞っていいわけではない。❷ 適当である，望ましい，ふさわしい．— No *procede* que hagas hincapié en tu opinión. 君が自分の意見にこだわるのは良くないことだ．Ha empezado el concierto y *procede* guardar silencio. コンサートが始まったので静かにしている方がいい．Lo que *procede* es su expulsión. 望ましいのは彼の追放である．❸〖+de〗(a) …から[に]由来する，出る．— El castellano *procede del* latín. カスティーリャ語はラテン語に由来する．Este tren *procede de* Barcelona. この列車はバルセローナ始発である．(b) …の出身である，…生れである．— Julio *procede de* Sevilla. フリオはセビーリャの出身である．(c) …から出ている．— Los ingresos de la iglesia *proceden de* la contribución de los feligreses. 教会の収入は信者からの喜捨から出ている．❹〖+a〗を開始する，…にとりかかる，移行する．— Después de la reunión, *procedieron a* la elección del presidente del club. 集会のあとクラブの部長選出に移った．*Procedieron al* embargo de la mercancía. 商品差し押さえの手続きが取られた．❺《司法》〖+contra〗を相手どって訴訟を起こす．— *Procedieron contra* ellos. 彼らを相手どって訴訟を起こした．

── 態度，行動，ふるまい．— No comprendo el motivo de su ～. 彼の行動の動機が理解できない．Es un hombre de recto ～. 彼は公正にふるまう男だ．類**actitud, comportamiento**.

:**procedimiento** [proθeðimjénto] 男 ❶ 手順，方法，処理．— ～s en línea 《コンピュータ》オンライン処理．～ inductivo [deductivo] 帰納法[演繹(^{えき})法]．Me enseñó el mejor ～ para convencerle. 彼を説得する最も良い方法を私は教わった．❷《法律》訴訟手続き．— ～ civil [penal] 民事[刑事]訴訟．類**trámite**.

proceloso, sa [proθelóso, sa] 形《文》大しけの，嵐の．— ～ río 大荒れの川．El barco era un juguete de aquella mar *procelosa*. 船はあの大しけの海でおもちゃのように波にもてあそばれた．類**borrascoso, tormentoso**.

prócer [próθer] 形 高貴な，偉大な；堂々とした，そびえ立つ．— Un anciano dormitaba a la sombra de unos ～*es* cipreses. 高くそびえる糸杉の木陰で一人の老人がうつらうつらしていた．類**alto, elevado, eminente, majestuoso**.

── 男女 貴人，偉人；著名人．— Los ～*es* de la ciudad encabezaban la procesión. 町のお偉方が行列の先頭を進んだ．

:**procesado, da** [proθesáðo, ða] 過分 形 ❶《法律》告訴(起訴)された；被告の．❷《コンピューター》処理された．

── 名《法律》被告(人)，告訴(起訴)された人．— Los ～*s* se sentaron en el banquillo. 被告人たちは被告人席に腰を下ろした．

procesador [proθesaðór] 男《情報》処理装置，プロセッサー．— ～ de palabras [textos] ワード・プロセッサー，ワープロ．

procesal [proθesál] 形《司法》訴訟の．— derecho ～ 訴訟法．costas ～*es* 訴訟費用．

procesamiento [proθesamjénto] 男 ❶《司法》起訴，告訴．— dictar auto de ～ contra ... …に対する起訴状を提出する．❷ 加工，処理；《情報》処理．— ～ de datos データ処理．～ de palabras ワードプロセッシング．～ distribuido 分散処理．～ en paralelo 並列処理．～ por lotes バッチ処理．

procesar [proθesár] 他 ❶〖+por で〗を告訴[起訴，訴追]する．— Le han *procesado por* estafa. 彼は詐欺罪で訴えられた．類**encausar, enjuiciar**.❷《情報》を処理する．— ～ un texto ワープロで書く．

:**procesión** [proθesjón] 女 ❶（主に宗教的な）行列，行進．(人や動物の)列．— ～ del Corpus 聖体行列．～ de hormigas アリの行列．En Semana Santa se celebran muchas *procesiones*. セマナ・サンタには多くの行列が出る．類**desfile, fila, hilera, marcha**.❷ 連続，移り変わり．— ～ de los días [las estaciones] 日々[季節]の移り変わり．

andar [ir] la procesión por dentro 内心穏やかでない，内心は恐ろしく思う．Aguantó sus amenazas, aunque *andaba la procesión por dentro*. 内心はどうしようがなかったが私は彼の脅かしに耐えた．No parecía muy afectada, pero *la procesión iba por dentro*. 彼女はショックを受けたようには思えなかったが，それでも内心穏やかではなかった．

No se puede repicar y estar en la procesión.『諺』行列に参加して行列の開始の鐘を鳴らすことはできない(→一度にいろいろなことはできない).

procesional [proθesjonál] 形 列になった，行列の．

procesionaria [proθesjonárja] 女《虫類》行列毛虫．

:**proceso** [proθéso] 男 ❶ 過程，進行，推移．— Ese país ha iniciado un ～ hacia la desintegración. その国は崩壊に向かって進み始めた．Su enfermedad sigue un ～ normal. 彼の病状は安定している．類**evolución**.❷ 方法，手順，処理，工程．— ～ lineal [de datos, de transacciones]《情報》オンライン[データ，トランザクション]処理．unidad central de ～《コンピュータ》中央演算装置(CPU). No puedo comprender el ～ mental que le ha llevado a esa conclusión. 彼がそんな結論に達した考え方が私には理解できない．Es el encargado de controlar el ～ de fabricación. 彼は生産工程をコントロールする担当者だ．❸ 期間，時間．— La obra terminará en el ～ de una semana. その工事は一週間で終わるだろう．類**intervalo**.❹《法律》訴訟，訴訟手続き(=～ judicial). — Han abierto un ～ contra el Ministro de Hacienda. 大蔵大臣は起訴された．— ～ civil 民事訴訟．～ penal 刑事訴訟．❺《解剖》突起，隆起．

proclama [prokláma] 女 ❶（権力者が下の者へ行なう政治的，又は軍事的)演説，訓示，声明．類**alocución**.❷ 公告，告示；複《カトリック》婚姻[叙任]公示．— correr las ～*s* 婚姻公示をする．類**amonestación**.

proclamación [proklamaθjón] 女 ❶ 宣言，布告，公布．— ～ de una ley 法律の発布．類**declaración**.❷ 就任式，即位式．— Cientos de informadores cubren la ～ del nuevo rey. 何百人ものレポーターが新国王の即位式を報道している．❸《まれ》(公けの場での)賞賛，喝采(^{さい})．

:**proclamar** [proklamár] 他 ❶ を発表する，公表する．— *Proclamó* que dejaba el cargo porque había sido presionado. 彼は圧力をかけられ

たのでその仕事から降りると宣言した． ❷ …(の発足)を宣言する． ～～ la república [el estado de emergencia] 共和国[緊急事態]を宣言する． ❸ を明らかにする，物語る． ―Las canas *proclaman* su edad. 白髪が彼の年齢を物語っている． ❹ 授与する． ―Le *proclamaron* Premio Nobel de la Literatura. ノーベル文学賞が彼に授与された． 類 **conferir**. ❺ …と(人)を宣する，…に(人)を任じる． ―La *proclamaron* rectora de la Universidad. 彼女は大学の学長に任じられた． ❻ 歓呼する． ―Los aficionados *proclamaban* el nombre de los vencedores. サポーター達は勝者を称えてその名を叫んでいた．

― se 再 …と引受ける，…と自ら宣言する． ―El Real Madrid *se proclamó* campeón de liga. レアル・マドリードはリーグ・チャンピオンとなった． El general *se proclamó* jefe de Estado. 将軍は自ら国家元首となった．

proclítico, ca [proklítiko, ka] 形〖言語〗後接の． ◆アクセントのない単音節語が次の語と一語のように発音されることを後接 proclisis という． 定冠詞，所有詞前置形，単音節の前置詞などがあてはまる． →enclítico.

proclive [proklíβe] 形〖+a〗…する(悪い)傾向のある，しがちな． ―Es un niño endeble, ～ a las enfermedades. その子は虚弱で病気がちである． 類 **inclinado, propenso**.

proclividad [prokliβiðað] 女 (悪い方への)傾向，性癖． ―La ～ hacia la ambigüedad es común en los políticos. 物事をあいまいにする傾向は政治家に共通している．

procomún [prokomún] 男 公益(電話，水道，ガス，電気など)．

procomunal [prokomunál] 男 →procomún.

procónsul [prokónsul] 男〖歴史〗(古代ローマの)属州の総督．

procreación [prokreaθjón] 女 生殖，出産．

procreador, dora [prokreaðór, ðóra] 形 生殖力のある，産み出す．

―― 名 産む親，親．

procrear [prokreár] 他 (子)を作る[産む]． 類 **engendrar, reproducirse**.

procura [prokúra] 女 ❶ 代理(権)，委任(権)． 類 **procuración**. ❷ 代理人の職務[事務所]． 類 **procuraduría**. ❸ 熱心，精励． 類 **procuración**. ❹〖中南米〗探索；獲得． 類 **busca**.

procuración [prokuraθjón] 女 ❶ 代理(権)，委任(権)． ―por ～ 代理人による，代理の． ❷ 代理人の職務；事務所． ❸〖まれ〗熱心，精励． ❹ 司教上納金．

procurador, dora [prokuraðór, ðóra] 名 ❶〖法律〗代理人；(主に訴訟手続きを担当する)弁護士． ❷ 検事，検察官． ― ～ general 検事総長． ❸〖宗教〗(修道士会の)財務担当司祭，会計係． ❹〖歴史〗(古代ローマで)行政長官，執政官，総督． ❺ ―(P～) en [a, de] Cortes 国会議員，代議士；〖歴史〗国会に派遣された各都市の代議員．

procurador de pobres 〖話〗おせっかいやき，他人事に首をつっこむ人．

procuraduría [prokuraðuría] 女 代理人[検事，管財人]の職務[事務所]．

procurar [prokurár プロクラル] 他 ❶〖+不定詞/que+接続法〗…しようと努める，努力する，一所懸命になる． ―*Procuró* conservar su salud. 彼は自分の健康を保つように努めた． *Procuré que* no me vieran. 私は人に見られぬよう努めた． 類 **intentar**. ❷ を手に入れる，獲得する，得る；与える． ―Le *procuré* vivienda y trabajo. 私は彼に住居と仕事をあてがった． 類 **suministrar**. ❸ 代理人の職務を果す．

―― se 再 を手に入れる． ―Se *ha procurado* un coche para ir a la oficina. 彼はオフィスへ乗って行く車を手に入れた．

prodigalidad [proðiɣaliðað] 女 ❶ 浪費癖，放蕩(≋)；気前の良さ． ❷ 豊富．

pródigamente [próðiɣamente] 副 惜しげなく，むやみに；豊富に．

prodigar [proðiɣár] [1.2] 他 を惜しまず与える，(むやみに)ばらまく；を浪費する． ― ～ elogios 賛辞を惜しまない，やたらにほめる． ―Durante nuestra estancia en Tokio nos *prodigó* toda clase de atenciones. 私達が東京に滞在している間彼は私達にどんな配慮も惜しまなかった． 類 **derrochar, despilfarrar, disipar, malgastar**.

―― se 再 ❶〖+en〗に力を尽くす． ―La enfermera *se prodigó en* cuidados con los pequeños enfermos. 看護士(女)は小さい病人達を献身的に世話した． ❷ 目立ちたがる，自分を誇示する．

‡**prodigio** [proðíxjo] 男 ❶ 不思議(な物事)，驚異；奇跡． ―Fue un ～ que saliera ileso del accidente. 事故にあって無傷でいられるなんて不思議だった． Dice que la curación de su hijo es un ～ realizado por ese santo. 彼の息子の病気が治ったのはその聖人の行った奇跡だと彼は言っている． 類 **milagro, portento**. ❷ 非凡な人，天才，奇才． ―niño ～ 天才児，神童． Es un ～ dibujando caricaturas. 彼は漫画を描かせたら天才だ． Esta chica es un ～ de delicadeza. この少女は驚くほど優しい． 類 **portento**.

prodigiosidad [proðixjosiðað] 女 非凡性，驚異的なこと．

‡**prodigioso, sa** [proðixjóso, sa] 形 ❶ 驚異的な，奇跡的な，不思議な． ―Tiene una memoria *prodigiosa*. 彼女は驚異的な記憶力の持ち主だ． Su curación ha sido *prodigiosa*, porque estaba desahuciado. 不治の宣告をされていたから，彼の治癒は奇跡的だった． 類 **extraordinario**. ❷〖話〗驚くべき，素晴らしい；天才的な． ―Es un ～ pianista. 彼は天才的なピアニストだ． la *prodigiosa* belleza del cuadro その絵の驚嘆すべき美しさ．

pródigo, ga [próðiɣo, ɣa] 形 ❶ 浪費家の，無駄遣いする． ―el Hijo P～ 〖聖書〗放蕩(≋)息子． 類 **derrochador, despilfarrador, malgastador**. ❷〖+de/en〗に惜しまない；〖+con〗(人に対して)気前が良い． ―Es ～ de su tiempo. 彼は時間を惜しまない． Hay que ser ～ *con* los demás. 他人には気前よくしなければならない． 類 **generoso**. ❸ 豊富な，たっぷりある． ―Este desierto fue un día *pródiga* naturaleza. この砂漠はかつては自然豊かな土地だった． 類 **generoso**.

❹ 浪費家．

‡**producción** [proðukθjón] 女 ❶ 生産，製造，産出． ― ～ en serie [en masa] 大量生産. coste [costo] de ～ 生産コスト. Esta fábrica se dedica a la ～ de maquinaria agrícola. この工場で

は農業機械の生産を行っている。❷ 生産物, 製品; 生産高, 生産量. ― Nuestra ～ goza de un gran prestigio en el mercado. わが社の製品は市場で良い評価を受けている. La ～ de cereales ha disminuido. 穀物の生産量が減った. Viene aumentando la ～ industrial de este país. この国の工業生産高は増加してきている. 類 **producto**. ❸ (映画などの)製作; (映画などの)作品, テレビ[ラジオ]番組. ― ～ de películas de animados アニメーションフィルムの製作. La película exhibida es una ～ japonesa. 公開された映画は日本の作品だ. ～ literaria 文学作品. Esta ～ televisiva tiene categoría. このテレビ番組はとても優れている.

producente [proðuθénte] 形 製造する, 生産する.

‡producir [proðuθír プロドゥシル] [9.3] 他 ❶ (a) を生産する. ― Esta fábrica produce autobuses. この工場はバスを生産している. (b) を生育させる, 育む, 生長させる. ― Murcia produce muchas verduras y frutas. ムルシアでは多くの野菜や果物が栽培されている. (c) (実)を実らせる. ― El manzano produce manzanas. そのリンゴの木には実がなる. ❷ を引き起こす, 生じる. ― Conducía bebido y produjo un accidente de tráfico. 彼は酒を飲んで運転していて交通事故を起こした. Un terremoto puede ～ daños irreparables. 地震は取り返しのつかない損害を招く可能性がある. 類 **ocasionar, provocar**. ❸ を創作する, 製作する. ― Picasso produjo muchas obras maestras. ピカソは多くの傑作を生んだ. ❹ (テレビ・ラジオの番組や映画)を制作する. ― ～ un programa de televisión テレビ番組を制作する. ❺ を生む, もたらす. ― Mis ahorros me han producido pocos intereses. 私の預金の利子は少ししかなかった. Su comportamiento me produjo una gran tristeza. 彼の行動は私をとても悲しませた. Su política produjo notables cambios en la sociedad. 彼の政策は社会に明らかな変化をもたらした. ❻ 《司法》(証拠書類)を提出する.

―― se 再 ❶ 生じる, 起こる. ― Se produjo un largo silencio. 長い沈黙が生じた. El atraco se produjo la semana pasada. 強盗は先週起こった. ❷ 意見を口頭で述べる.

productividad [proðuktiβiðáð] 女 生産性, 生産力. ― aumentar la ～ 生産性を高める. La ～ ha crecido en un 7%. 生産性が7% 上昇した. La escasa ～ de la tierra los obligó a emigrar. 土地の生産性が低いので彼らは移住せざるを得なかった. 類 **rendimiento**.

‡productivo, va [proðuktíβo, βa] 形 ❶ 生産的な, 生産力のある. ― Esta tierra es poco productiva. この土地はあまり肥沃でない. Los conejos son muy ～s. ウサギは非常に多産だ. Esta discusión no es muy productiva. この議論はあまり生産的でない. 反 **improductivo**. ❷ 生産の, 生産に関する. ― La agricultura es una importante actividad productiva. 農業は重要な生産活動である. fuerzas productivas 生産(諸)力. Es enorme la capacidad productiva de esta fábrica. この工場の生産能力は巨大だ. ❸ 《経済》利益の多い, 有利な. ― Nuestra inversión resultará bastante productiva. 我々の投資はかなりの利益をもたらしてくれるだろう. Esto no es un negocio ～. これはもうかる取引ではない. 類 **provechoso, útil**.

‡producto [proðúkto] 男 ❶ 産物, 製品, 作品; 《比喩》(行為などの結果としての)産物. ― ～s agrícolas 農産物. ― químico 化学物質[製品]. ～ primario 第一次産品. ～ derivado [elaborado] 副産物. ～ de belleza [de tocador] 化粧品. ～s de marca ブランド品. ～s estancados 専売品. Los hijos son ～ del amor. 子供は愛の産物だ. ❷ 生産(高), 売上高[額]. ― ～ bruto [neto] 総売上高[純利益]. ～ de las ventas de este mes 今月の売上高. ～ interno [interior] bruto 国内総生産. ～ nacional bruto 国民総生産, GNP (略 PNB). ～ per cápita 国民一人当たりの年間生産高. ❸ 収入, 利益. ― Con esa tienda está sacando un buen ～. その店で彼は良い利益を上げている. ❹ 《数学》積. ― Doce es el ～ de multiplicar tres por cuatro. 12 は 3 と 4 の積である.

‡productor, tora [proðuktór, tóra] 名 ❶ 生産者, 製造者, 製作者; 労働者. ― ～ de cereales 穀物生産者. venta directa del ～ al consumidor 生産者直販, 産地直送販売. Compro las verduras directamente al ～. 私は野菜を直接生産者から買っている. conflicto entre los ～es y los empresarios 労使紛争. ❷ (映画, 演劇などの)制作(製作)者, プロデューサー.

―― 形 生産する, 生産の. ― regiones productoras de aceituna オリーブの産地. capacidad productora 生産能力. Trabajo en una planta productora de automóvil. 私は自動車生産工場で働いている.

produj- [proðux-] 動 producir の直・完了過去, 接・過去.

produzca(-) [proðuθka(-)] 動 producir の接・現在.

produzco [proðúθko] 動 producir の直・現在・1 単.

proemio [proémjo] 男 前置き, 序文. 類 **prefacio, prólogo**. 反 **epílogo**.

proeza [proéθa] 女 偉業, 手柄, 英雄的行為 [しばしば誇張や皮肉のニュアンスを伴う]. 類 **hazaña**.

profanación [profanaθjón] 女 冒涜, 不敬. ― ～ de tumbas [santos lugares] 墓[聖地] を荒らすこと. 類 **sacrilegio**.

profanador, dora [profanaðór, ðóra] 形 冒涜する, 神聖を汚す, 不敬の.

―― 名 冒涜者.

profanar [profanár] 他 (聖地, 神聖なもの)を汚す, 冒涜する. 類 **desacreditar, deshonrar**.

profanar la memoria [el recuerdo] de ... (故人)の思い出を汚す.

profano, na [profáno, na] 形 ❶ (聖に対して)俗の, 俗的な. ― el arte ～ (宗教芸術に対して)世俗芸術. 類 **laico, secular**. ❷ 不敬の, 神聖を汚す. 類 **impío, irreverente**. ❸ 《+en》...に疎い, 門外漢の. ― Soy ～ en informática. 私は情報科学のことはよく知らない. 類 **inexperto, lego**. ❹ (服装や行為が)下品な, 不道徳な. 類 **deshonesto, inmodesto**. ❺ 放埓な, 放縦な. 類 **libertino**.

── 图 ❶ 門外漢, 素人. ❷ 俗人.

profecía [profeθía] 囡 ❶《宗教》預言, 神託. —las ~s de Daniel ダニエルの預言. ❷ 予言, 予知. 類 **predicción, vaticinio.**

proferir [proferír] [7] 他（声や音）を発する[投げつける, 吐く, 浴びせる]. — ~ gritos de terror 恐怖の叫び声を上げる. *Profirió* un suspiro de desesperación. 彼は絶望のため息を漏らした. 類 **articular, emitir, pronunciar.**

:**profesar** [profesár] 他 ❶（ある仕事）を職業とする, 営む; に携わる; を教授する. — ~ la medicina 医学に携わる. ~ griego clásico en la universidad 大学で古典ギリシャ語を教える. ❷（ある好み・感情・信念）を感じる, 抱く. — ~ odio 憎しみを抱く. *Profesa* un gran respeto a su padre. 彼は父親に多大の敬意を抱いている. ❸（ある宗教・教義・考え）を信奉する, に入信する, 加担する. — ~ el cristianismo キリスト教を信仰する. ~ una doctrina 教義を信奉する.

── 自 《カトリック》[+en] …に修道誓願を立てる. — ~ *en* la orden franciscana フランシスコ会に修道誓願を立てる.

*:**profesión** [profesión] プロフェシオン 囡 ❶ 職業, 専門職. — ~ liberal 自由業. ¿Qué ~ tiene Ud.?–De ~, carpintero. ご職業はなんですか?–職業は大工です. Mi hermano es abogado de ~, pero a veces trabaja de entrenador de tenis. 兄の職業は弁護士だが時々テニスのコーチもしている. 類 **empleo, oficio.** ❷（宗教・信条などの）表明, 告白, 誓願(式). —hacer ~ de 信仰の告白[宣言]をする. *hacer profesión* de 自慢する. 類 **ufanarse de.**

*:**profesional** [profesionál] プロフェショナル 形 ❶ 職業の, 職業に関する. —Realiza una excelente actividad ~. 彼は素晴らしい仕事振りだ. formación ~ 職業教育(訓練). enfermedad ~ 職業病. secreto ~ 職業上の秘密. ❷ 本職の, プロの. — ~ militar ~ 職業軍人. tenista ~ プロテニスの選手. 反 **aficionado, amateur.** ❸（仕事が）プロ的な, 有能な. —Es una diseñadora muy ~. 彼女は非常に優れたデザイナーだ. Es poco ~ que vengas tarde al trabajo. 君が仕事に遅刻して来るのはプロらしくない.

── 男女 ❶ 本職(の人), 専門家, プロ. —Es un ~ en derecho civil. 彼は民法の専門家だ. ❷《スポーツ》プロ選手. —Su sueño es llegar a ser un boxeador ~. 彼の夢はプロのボクサーになることだ. ❸ 常習者[犯]. —Es un ~ del crimen [de la mentira]. 彼は犯罪[うそつき]常習者だ.

── 囡《婉曲》商売女, 売春婦.

profesionalidad [profesionaliðá(ð)] 囡 職業意識, プロ性.

*profesionalismo** [profesionalísmo] 男 職業意識, プロ精神. 反 **amateurismo.**

profesionalización [profesionaliθaθjón] 囡 職業化, プロ化.

profesionalmente [profesionálménte] 副 職業上, 専門的に.

profeso, sa [proféso, sa] 形《カトリック》誓願を立てた.

── 图 修道立願者(修道会において清貧, 貞潔, 従順の誓願を立てた者).

ex profeso わざと. Lo dijo *ex profeso* para fastidiarla. 彼は嫌がらせのためにわざと言った.

profundidad 1547

*:**profesor, sora** [profesór, sóra プロフェソル, ソラ] 图 ❶（一般に）教師; 教員, 先生;（大学）教授, 講師. — ~ de química 化学の教師. ~ de violín バイオリンの先生. ~ adjunto 準教授. ~ titular 正教員[教授]. ~ numerario (no numerario) 専任[非常勤]教員[講師]. ~ honorario 名誉教授. ~ auxiliar 助手. ~ agregado 助教授. ~ asociado 臨時教員[講師]. ~ visitante 客員教授. 類 **catedrático, educador, instructor, maestro.** ❷（呼称・敬称として）…先生(【略】prof.). —Buenos días, ~ Solana. ソラナ先生, こんにちは. Hoy no tenemos la clase de la *profesora* Muñoz. 今日はムニョス先生の授業は休講だ.

profesora [profesóra] 囡 →profesor.

profesorado [profesoráðo] 男 ❶ 教職, 教職. —ejercer el ~ 教職についている. pretender el ~ 教職を志望する. ❷《集合的に》教授陣, 教師団. —El ~ de esta escuela es muy competente. この学校の教員は大変有能である.

profesoral [profesorál] 形 教師の, 教職の; 教師らしい. —trabajo ~ 教師の仕事.

profeta [proféta] 男（未来を予測する）予言者,（神託を伝える）預言者. —Nadie es ~ en su tierra.《諺》預言者, 故郷に入れられず(←有名人も故郷では普通の人).

profético, ca [profétiko, ka] 形 預[予]言の, 預[予]言者の, 預[予]言的な. —libros ~s 預言書.

profetisa [profetísa] 囡 女の預[予]言者.

profetiza*dor, dora* [profetiθaðór, ðóra] 形 預[予]言する, 預[予]言の.

── 图 預[予]言者.

profetizar [profetiθár] [1.3] 他 自（を）預[予]言する. 類 **predecir, vaticinar.**

profier- [profjér-] 動 proferir の直・現在, 接・現在, 命令・2単.

profiláctico, ca [profiláktiko, ka]《医学》形 予防の,（感染を）予防する. —medicamento ~ 予防薬. 類 **preservativo.**

── 囡 予防法, 予防医学.

profilaxis [profiláksis] 囡《単複同形》《医学》予防, 予防法.

profir- [profir-] 動 proferir の直・完了過去, 接・現在/過去, 現在分詞.

prófugo, ga [prófuɣo, ɣa] 形（当局から）逃亡した, 逃亡中の. —esclavo ~ 脱走奴隷. soldado ~ 脱走兵. 類 **fugitivo.**

── 图 逃亡者;《軍事》徴兵忌避者. —declarar ~ a … (人)を徴兵忌避者と宣告する. 類 **desertor, fugitivo, tránsfuga.**

*:**profundamente** [profundaménte] 副 深く; 心底から. — ~ excavar ~ la tierra 地面を深く掘る. dormir ~ 熟睡する. Lamentamos ~ lo ocurrido ayer. 我々は昨日起きたことを深く悲しんでいる. Es una superstición ~ arraigada en esta zona. それはこの地域に深く根づいた迷信だ.

:**profundidad** [profundiðá(ð)] 囡 ❶ 深さ. (a) 深さ, 深度. —Tiene tres metros de ~. この湖の深さは3mだ. Este pantano tiene poca ~. この沼は浅い. Vamos a examinar el asunto con más ~. その件をもっと掘り下げて検討しましょう. ~ de campo《写真》被写界深

度.(**b**)(知識,感情などの)深さ,奥底.— El llanto revelaba la ～ de su pena. 嘆き悲しむ様は彼の苦しみの深さを物語っていた. Todos admiramos la ～ de sus conocimientos. 私たちは彼の知識の深さにみな感心した. 類**hondura**.(**c**)複深い,深部.— Estos peces viven en las ～*es* del mar. これらの魚は深海に生息している. 類**hondo**. ❷ 奥行き.— Necesito saber la ～ del armario. タンスの奥行きがどのくらいか知る必要がある. ❸ 複複雑さ,込み入ったこと.— Si quieres que te entiendan, no te metas en ～*es*. もし彼らに君を理解して欲しいのなら込み入ったことに首を突っ込むな.

***profundizar** [profundiðár] [**1.3**] 自 〖+*en* を〗深く究める,をとことん極める,深く追究する.— ～ *en* un tema [una hipótesis] テーマ[仮説]を深く究める.

—— 他 を深くする,深める.— ～ un pozo 井戸を深くする.

****profundo, da** [profúndo, da プロフンド,ダ] 形 ❶ 深い; 奥深い,奥行きのある.— Este lago es muy ～. この湖はとても深い. Estos peces viven en aguas *profundas*. これらの魚は深い海域に生息する. El río es poco ～ en esta parte. 川はこのあたりでは浅い. Tiene una herida *profunda* en la pierna. 彼は脚に深い傷を負っている. ¡Qué cueva tan *profunda*! 何て奥深い洞窟なのだろう. Esos árboles tienen raíces *profundas*. その木々は根が深い. Necesitamos un armario grande y ～. 私たちには大きくて奥行きのあるたんすが必要だ. ❷ 〔比喩〕深い,心底からの.— sentir una *profunda* tristeza 深い悲しみを感じる. Tengo el sueño ～. 私は眠りが深い. Quiero expresarle mi ～ agradecimiento por todas sus atenciones.〔文〕いろいろお心遣いを賜り心より感謝の意を表したく存じます. Tiene unos ～*s* y bellos ojos. 彼女は深みのある美しい目をしている. Me admiró su ～ conocimiento de España. 私は彼のスペインに関する深い学識に驚嘆した. Hizo una *profunda* reverencia. 彼は深々と一礼した. En las calles reinaba la más *profunda* obscuridad. 通りには漆黒の闇が支配していた. ❸〔程度が〕甚だしい,非常に強い[大きい].— Siento un dolor ～ en el brazo derecho. 私は右腕に激痛を感じている. Hay *profundas* diferencias entre los dos. 両者の間にはっきりした違いがある. ❹〔思想・人が〕深遠な,奥深い; 深層の.— un pensamiento ～ 深遠な思想. Es un filósofo muy ～. 彼は非常に奥深くて難解な哲学者だ. estructura [psicología] *profunda* 深層構造[心理学]. Ha realizado un ～ estudio del tema. 彼はそのテーマに関して深遠な研究を行った. ❺〔音・声が〕重厚な,深みのある.— hablar con voz *profunda* 響きの重々しい声で話す. 副 深く; 心底から.

—— 男 〖まれ〗深み,奥,底.— El pozo mide 15 metros de ～. その井戸は15メートルの深さがある.

profusamente [profusaménte] 副 たっぷりと, 過剰に.

profusión [profusjón] 女 多量,豊富; 過多.— Tiene una gran ～ de ideas. 彼はものすごくたくさんのアイディアを持っている. Habla con ～ de refranes. 彼は諺をちりばめて話をする. 類**abundancia**.

profuso, sa [profúso, sa] 形 多量の,おびただしい; 多すぎる.— Me dio *profusas* muestras de amistad y cariño. 彼は私に十分すぎる程の友情と愛情を示した. El libro está sembrado de *profusas* y fastidiosas citas en inglés. その本はうんざりするほどたくさんの英語の引用だらけだ.

progenie [proxénje] 女 ❶〖集合的に〗子孫; 息子[娘]達. 類**descendiente**. ❷ 家柄,家系,血筋. 類**casta, familia, linaje**.

progenitor, tora [proxenitór, tóra] 名 ❶ (直系の)先祖. 類**antepasado**. ❷ 複〔話〕親.— Ahí vienen tus ～*es*. あそこに君の御両親がいらしたよ. 類**padres**.

progenitura [proxenitúra] 女 ❶ 子孫; 家系. 類**progenie**. ❷〖まれ〗長子の身分[権利]. 類**primogenitura**.

progeria [proxérja] 女〔医学〕早老症.

prognatismo [proɣnatísmo] 男《人類》突顎(*とつがく*)(症);《医学》上顎前突症.

prognato, ta [proɣnáto, ta] 形 顎(*あご*)の突き出た,突顎(*とつがく*)の.

—— 名 顎の突き出た人.

****programa** [proɣráma プログラマ] 男 ❶ (ラジオ,テレビなどの)番組, 番組表;(映,音楽会などの)プログラム, 演目.— ¿Hay algún ～ interesante en la televisión esta noche? 今晩テレビで面白い番組がありますか. El ～ del concierto incluye obras de Mozart y Schubert. コンサートの演目にはモーツァルトとシューベルトが入っている. ～ continuo 《映画》(入れ替えなしの)連続上映. ❷ 予定, スケジュール, 計画.— Vamos a hacer el ～ de la reunión. 会議の予定を立てましょう. ¿Qué ～ tienes para las vacaciones de verano? 夏休みの予定は? Antonia marca un ～ en la lavadora y la pone en marcha. アントニアは洗濯機のプログラムをセットし始動させた. 類**plan, programación**. ❸ (政党の)綱領,公約.— ～ político 政策綱領.— electoral 選挙公約, マニフェスト. ❹ 授業計画(表), カリキュラム; シラバス.— ～ de estudios 学習カリキュラム. ～ de la asignatura de la filosofía 哲学のシラバス. ❺《コンピュータ》プログラム, ソフト.— ～ fuente ソースプログラム. ～ gráfico グラフィックソフト. ～ instalador ドライバ. ～*s* de dominio público [de libre distribución, gratuitos] フリーウェア. ～*s* grupos グループウェア.

programación [proɣramaθjón] 女 ❶ 立案, 編成.— ～ de televisión [radio] テレビ[ラジオ]の番組編成. Dada la perfecta ～ del viaje, todo resultó a pedir de boca. 旅行は非常によく計画されていたので全て思った通りにいった. ❷《コンピュータ》プログラミング.— lenguaje de ～ プログラム言語. ～ orientada a objetos オブジェクト指向プログラミング. ～ de instalación セットアップ.

programador, dora [proɣramaðór, ðóra] 名 番組編成者;《情報》プログラマー.

—— 男 (家電の)予約装置; タイマー機能付き園芸用給水機.

programar [proɣramár] 他 ❶ (番組など)を編成する,(計画など)を立案する.— El profesorado se ha reunido para ～ el nuevo curso. 教師達は新しいカリキュラムを編成するために集まった.

Este año hay que ~ las vacaciones con más tiempo. 今年はもっと時間をかけて休暇の計画を立てなければ. Este canal *ha programado* un ciclo sobre el Museo del Prado. この局はプラド美術館についての特集を組んだ. ❷《コンピュータ》…のプログラムを作成する, をプログラムする.

progresar [proɣresár] 圓 ❶ *(a)* **進歩する, 向上する.** ―Ella *ha progresado* en su estudio del español. 彼女はスペイン語が上達した. ~ en matemáticas 数学ができるようになる. La enferma *progresa* de forma favorable. 病人は快方に向かっている. *(b)*(社会が)発展する, 発達する. ―Ese país *ha progresado* mucho en los últimos veinte años. その国は最近20年間に目覚ましく発展した. ❷ **前進する.** ―Los soldados *progresaban* con dificultad. 兵士たちは苦労しながら前進していた. 類 **avanzar**.

progresión [proɣresión] 囡 ❶ **進行, 進展.** ―~ armónica《音楽》和声の反復進行. Los movimientos ecologistas van en ~ lenta pero constante. 環境保護運動はゆっくりだが確実に進行中である. ❷《数学》数列, 級数. ~ aritmética. 等差数列. ~ geométrica 等比数列.

progresista [proɣresísta] 圏 **進歩[革新]主義の, 進歩派の; 進歩主義政党の.** ―partido ~ 進歩的政党. Sus ideas ~s chocaban en aquel ambiente conservador. 彼の進歩的な考え方はその保守的雰囲気の中で浮き上がっていた.
―― 男女 **進歩[革新]主義者.**

progresivamente [proɣresíβaménte] 副 **前進的に, 進歩的に; 漸進[累進]的に.** ―El enfermo viene mejorando ~. 病人はだんだん快方に向かってきている.

progresivo, va [proɣresíβo, βa] 圏 ❶ **前進的な, 進歩的な.** ―política [sociedad] *progresiva*. 進歩的な政策[社会]. 類 **progresista**. ❷ **進行性の; 漸進的な, 累進的な.** ―Padece una enfermedad *progresiva*. 彼は進行性の病気を患っている. Nos preocupa el aumento ~ de los precios. 物価が徐々に上がっていることが我々は気がかりだ. imposición *progresiva* 累進課税. 類 **gradual, paulatino**. ❸《文法》進行(形)の, 進行を表す.

progreso [proɣréso プログレソ] 男 ❶ **進歩, 発展, 向上.** ―Ese muchacho ha hecho ~s grandes en sus estudios. その子は勉強がとてもよく出来るようになってきた. Es notable el ~ de la tecnología. 科学技術の進歩には目覚しいものがある. Su tío ha contribuido mucho al ~ de su pueblo. 彼の叔父は町の発展に大いに貢献してきた. El enfermo hace lentos ~s. 病人はゆっくりと良くなっている. 類 **adelanto**. ❷ **進行, 進展.** ―La situación ha cambiado con el ~ del tiempo. 時間の経過と共に状況が変わってきた. Dos unidades del ejército iniciaron su lento ~ hacia las posiciones enemigas. 2つの部隊が敵の陣地へゆっくりと進軍し始めた.

prohib- [proíβ-] 動 prohibir の直・現在, 接・現在, 命令・2単.

*****prohibición** [proiβiθión] 囡 **禁止, 禁止令, 禁制.** ―levantar la ~ de …の禁止(令)を解く, を解禁する. ~ de fumar 禁煙.

prohibicionismo [proiβiθionísmo] 男《歴史》禁酒法, 酒類醸造販売禁止令(1920-33, 米国で施行).

prohibicionista [proiβiθionísta] 圏 **禁酒主義の.**
―― 男女 **禁酒主義者.**

‡prohibir [proiβír] [3.11] 他 **を禁止する, 禁じる.** ―Se *prohíbe* fumar.《掲示》禁煙. El médico me *ha prohibido* el tabaco y el café. 医者は私に対しタバコとコーヒーを禁じた. El cartel *prohíbe* la entrada. 立て札に進入禁止と書いてある. Me *prohibieron* que hablara con ella. 私は彼女と話をするのを禁じられた.

prohibitivo, va [proiβitíβo, βa] 圏 ❶(価格などが)**手の届かない, 寄りつけない.** ―La carne está a un precio ~ para mi bolsillo. 肉は私のポケットマネーではとても手が出せないほど値が上がっている. Los pisos están cada vez más ~s. マンションはますます高騰している. ❷ **禁止の.** ―sistema ~ 禁止体制.

prohibitorio, ria [proiβitórjo, rja] 圏 → prohibitivo②.

prohijamiento [proixamjénto] 男 ❶ **養子縁組.** ❷ (他人の意見の)取りこみ.

prohijar [proixár] [1.7] 他 ❶ **を養子にする.** 類 **adoptar, ahijar.** ❷《比喩》(他人の意見や理論)**を取りこむ.** ―No son ideas originales; las *ha prohijado*. それは自分の考えではない. 受け売りをしているだけだ.

prohombre [proómbre] 男 **大物, 名士;**(ギルドの)**親方.** 類 **magnate, prócer.**

prójima [próxima] 囡 ❶《話》**あばずれ, 売女(ばいた); 売春婦.** 類 **fulana.** ❷《話》**女房, 家内.**

‡prójimo, ma [próximo, ma] 图 ❶ **他人; 隣人, 同胞.** ―No tiene consideración alguna con su ~. 彼には他人を思いやる気持ちが全くない. Ama al ~ como a ti mismo.《聖書》汝自身を愛するがごとく汝の隣人を愛せ(マタイ伝 19:19). 類 **los demás, semejante.**
❷《軽蔑》**あいつ, やつ.** ―Ya no puedo tolerar a ese ~. もうあいつには我慢がならない. Ésa es una *prójima* de cuidado. あの女には要注意だ. 類 **individuo, sujeto, tipo.**
―― 囡《話》**女房, かみさん;**《俗》**いかがわしい女.** 類 **prostituta.**

prolapso [prolápso] 男《医学》(子宮, 直腸などの)**脱出症.** ―~ anal 脱肛. ~ uterino 子宮脱.

prole [próle] 囡『集合的に』**子孫; 息子[娘]達.** ―Es padre de numerosa ~. 彼は子だくさんだ. 類 **descendencia, hijos, progenie.**

prolegómenos [proleɣómenos] 男『主に複』**序論, 緒論, 序説.** 類 **prefacio, prólogo.**

proletariado [proletarjáðo] 男 **プロレタリアート, 無産階級, 労働者階級.** 反 **burguesía.**

proletario, ria [proletárjo, rja] 圏 **プロレタリアの, 無産階級の, 労働者階級の.** ―revolución *proletaria* プロレタリア革命. 反 **burgués.**
―― 图 ❶ **プロレタリア, 無産者, 賃金労働者.** ❷《歴史》古代ローマの最下層民.

proliferación [proliferaθión] 囡 ❶《生物》(細胞分裂などによる)**増殖.** ―~ de bacterias en un foco infeccioso 感染巣におけるバクテリアの増殖. ❷ **急増, 拡大.** ―~ de armas nucleares

核兵器の拡散.

proliferar [proliferár] 自 増殖する, 繁殖する; 急増する. —Los robos *proliferan* por todas partes en la ciudad. 盗みが町中至るところで横行している. 類 **multiplicarse**.

prolífico, ca [prolifiko, ka] 形 ❶ 多産の, 殖力の強い. —Las cucarachas son muy *prolíficas*. ゴキブリは大変繁殖力が旺盛だ. 類 **fecundo**. ❷ 多作の. —un escritor ~ 多作作家.

prolijidad [prolixiðá(ð)] 女 冗長, 長たらしいこと, くどさ.

prolijo, ja [prolíxo, xa] 形 ❶ 長たらしい, 冗漫な; くどい. —Pronunció un aburrido y ~ discurso. 彼は長たらしくて退屈な演説をした. ❷ **difuso, dilatado, extenso**. ❷ 詳細な, 入念な. —una descripción *prolija* 緻密な描写. 類 **cuidadoso, esmerado, minucioso**. ❸ うんざりする, 退屈な. —Para no ser ~, omito los detalles. 煩わしくならないように詳細は省略します. 類 **molesto, pesado**.

prologar [proloɣár] [1,2] 他 …の序文を書く. —*Prologó* su libro al ministro de Educación. 文部大臣が彼の本の序文を書いた.

‡**prólogo** [próloɣo] 男 ❶ 序文, 序言, 序詩, プロローグ. —El mismo autor ha escrito el ~ de la novela. 作者自らが小説の序文を書いた. 類 **introducción, preámbulo, prefacio, proemio**. 反 **epílogo**. ❷ 発端, 幕開け, 前触れ. —El festival tuvo el interesante ~ del desfile de máscaras. フェスティバルの幕開けにおもしろい仮面行列があった.

prologuista [proloɣísta] 男女 序文執筆者.

‡**prolongación** [prolonɣaθjón] 女 ❶ (空間的, 時間的)延長, 伸長; 延期. —la ~ de la sesión [del contrato] 会議[契約]の延長. Se llevan a cabo obras para la ~ del metro. 地下鉄の延長工事が行われている. ❷ 延長部分, 拡大部分. —El alcalde inauguró la ~ de la autopista 市長がハイウェの延長線の開通式を行った.

‡**prolongado, da** [prolonɣáðo, ða] 過分 形 延長された, 長くなった; 細長く伸びた. —una carretera *prolongada* 延長道路. La factura llegó en un sobre ~. 請求書は縦長の封筒で届いた. 類 **alargado**.

prolongamiento [prolonɣamjénto] 男 → prolongación.

‡**prolongar** [prolonɣár プロロンガル] [1,2] 他 ❶ を(距離的に)長くする, 延長する. —*Prolongaron* la pista para que los jumbos pudieran despegar y aterrizar. ジャンボ機が離着陸できるように滑走路が延長された. ❷ を(時間的に)延長する, 延ばす, 長引かせる. —Pienso ~ mi estancia en México. 私はメキシコ滞在を延長するつもりだ. 類 **alargar**.

—— **se** 再 長引く, 長く続く, 伸びる, 延びる. —La fiesta *se prolongó* hasta las cinco de la madrugada. パーティーは明け方の5時まで続いた. Esta senda *se prolonga* hasta la orilla del río. この小道は河岸まで伸びている. El plazo de inscripción *se ha prolongado* una semana. 申し込み期限が一週間延びた.

promediar [promeðjár] 他 ❶ を(大体)半分に分ける. —*Promedia* el trigo de los sacos y será más fácil cargarlos en el burro. 小麦の袋を二つに分けてごらん. ロバの背に積みやすくなるよ. ❷ …の平均を出す, 平均を取る. —~ las notas de tres profesores 3人の教師の得点を平均する.

—— 自 ❶ (ある期間が)半分に達する. —antes de ~ el mes de agosto 8月半ばまでに. ❷ 〖+entre〗(…の間の)仲裁に入る.

promedio [promédjo] 男 ❶ 平均, 平均値. —calcular el ~ mensual de las importaciones de granos 穀類の月間平均輸入量を出す. El ~ de sus ingresos es de 300.000 yenes. 彼の収入の平均は30万円である. ❷ 中間点. *en* [*como*] *promedio* 平均して. Falta a clase, *como promedio*, cinco días al mes. 彼は平均して月に5日授業を休んでいる.

promesa [promésa] 女 ❶ 約束, 誓い; 契約; 《宗教》誓願. —~ de matrimonio 婚約. hacer una ~ 約束する. cumplir [incumplir] una ~ 約束を守る[守らない]. faltar a [romper] una ~ 約束を破る. Mi hijo me hizo la ~ de estudiar mucho. 息子はよく勉強すると私に約束した. ❷ (前途・将来の)見込み, 有望さ, 期待. —Este jugador es la ~ de nuestro equipo. この選手は我がチームの期待の星だ. Las lluvias de abril son una ~ de buena cosecha. 4月の雨はよい収穫を期待させる.

prometedor, dora [prometeðór, ðóra] 形 見込みのある, 有望な. —un joven pianista ~ 前途有望な若いピアニスト. El futuro de la economía se presenta poco ~. 経済の状態は先行きは余り明るいように見えない. Posee *prometedoras* cualidades para la pintura. 彼は絵画に先行き楽しみな才能を持っている.

prometeo [prometéo] 男 《化学》プロメチウム(記号Pm, 原子番号61, 原子量145).

‡**prometer** [prometér プロメテル] 他 ❶ を[と]約束する, 確約する; 誓約する. —Me *prometió* ser más puntual en adelante. 彼はこれからもっと時間を守ると約束した. *Prometo* visitarte mañana. あす君を訪ねると約束するよ. No *prometas* lo que no puedas cumplir. 実行できないことを約束してはいけない. ❷ …と確言する, はっきり言う. —*Prometo* que yo le vi en la discoteca. 確かに僕は彼をディスコで見たんだ. ❸ …の見込みがある, 可能性が大である. —Las ventas de su nueva novela *prometen* ser buenas. 彼のこんどの小説の売行きは良さそうだ. La película *promete* ser interesante. その映画はどうもおもしろそうだ. Ese nuevo refresco de uva *promete*. その新製品のグレープ飲料は期待が持てる. ❹ (神に)…を捧げることを誓う, …に忠誠を誓う. —~ su vida a Dios 神に自分の生命を捧げることを誓う. ~ su cargo 自分の任務に忠実であることを誓う.

—— 自 ❶ 有望である, 有望である, 将来性がある. —Esta chica *promete*. Será una gran violinista. この娘さんは有望だ. 将来大ヴァイオリニストになるだろう. Su restaurante *promete* mucho. 彼のレストランはとても有望だ. Ese nuevo refresco de uva *promete*. その新製品のグレープ飲料は期待が持てる.

—— **se** 再 ❶ 婚約する. ~Elena y Diego *se han prometido* últimamente. エレーナとディエゴは最近婚約した. ❷ と[を]予測する, 期待する. ❸ 自分に誓う. —Ella *se prometió* no volver a dirigirle la palabra. 彼女は二度と彼に話しかけまいと決

めた.

prometérselas felices バラ色の期待を寄せる, 取らぬ狸の皮算用をする, 高望みをする. Se acaba de colocar en una casa comercial y ya *se las promete felices*. 彼は商社に就職したばかりなのにもう大望を抱いている.

prometida [prometíða] 女 →prometido.

***prometido, da** [prometíðo, ða] 過分 形 約束した. —Aquí tienes el regalo ~. これが約束のプレゼントだよ.
—— 名 婚約者, フィアンセ. —Su ~ tiene ya cuarenta años. 彼女のフィアンセはもう40歳だ.

prominencia [prominénθja] 女 ❶ 突出, 突起, 隆起; 高台. —La ~ de su nariz era objeto de muchas bromas. 彼の大きな鼻はからかいの元であった. 類 elevación. ❷《比喩》傑出, 卓越. —Es indiscutible su ~ en ese terreno. その分野において彼が飛び抜けているのは疑いの余地もない.

prominente [prominénte] 形 ❶ 突き出た, 出っ張った. —barbilla [frente] ~ 突き出た顎(きた)[額]. 類 elevado, saliente. ❷ 卓越した, 傑出した, 際立った. —un ~ sociólogo 著名な社会学者. 類 destacado, ilustre, sobresaliente.

promiscuidad [promiskujðáð] 女 ❶ ごたまぜ, (無差別な)混合; (男女間の)乱交 (mezcla より軽蔑的). —~ de sexos 男女入り混じっていること; 乱交. 類 ambigüedad.

promiscuo, cua [promískwo, kwa] 形 ❶ ごたまぜの, 雑多な『しばしば軽蔑的』. —un público ~ 種々雑多な人々. 類 mezclado, revuelto. ❷ 曖昧(きまい)な, 無差別の. 類 ambiguo. ❸ 性的に乱れた, 乱交の. —relaciones *promiscuas* 乱れた性関係.

promisión [promisjón] 女《聖書》約束『主に次の表現で用いられる』. —Tierra de P~《旧約聖書》約束の地(神がアブラハムとその子孫に与えると約束したカナンのこと);《比喩》豊かな肥えた土地.

promisorio, ria [promisórjo, rja] 形 約束する, 約束を含む. —juramento ~ 誓約.

promoción [promoθjón] 女 ❶ 促進, 振興, 奨励. —Han gastado muchos millones en la ~ del nuevo producto. 新製品の販売促進のために何百万も使った. ❷ 昇進, 進級. —Se da por segura su ~ a director gerente. 彼の専務取締役への昇進は確実視されている. ❸ 同級, 同期. —Él y yo somos de la misma ~. 彼と私は同期生である. ❹《スポーツ》(上位リーグへの昇格を決める)入れ替え戦.

promocionar [promoθjonár] 他 ❶ (商品の)販売を促進する, (事業や活動など)推進する. —No escatiman gastos en publicidad para la empresa. 事業推進のためには宣伝費を惜しまない. ❷〖+a〗(力添えして)(人)を…に昇進させる. —Tiene esperanzas de que le *promocionen a* director de personal. 彼は人事部長に抜擢(ばってき)されるのを期待している.
——se 再 ❶〖+a に〗昇進する. ❷(販売や事業が)進む. —Los artículos de excelente calidad *se promocionan* solos. 質のいいものは放っておいても売れていく.

promontorio [promontórjo] 男 ❶ 丘, 高台. —Desde aquel ~ se divisa el pueblo. あの丘からは村が一望できる. ❷ 岬. ❸《比喩》積み上げた山. —Tiene un ~ de libros en el suelo del despacho. 彼の書斎の床には本の山ができている.

pronosticar 1551

promotor, tora [promotór, tóra] 形 促進する, 推進する, 奨励する. —Un cigarrillo mal apagado fue el agente ~ del incendio. ちゃんと消えていない吸い殻が出火要因だった.
—— 名 促進者[物], 発起人; 扇動者; 興業主, プロモーター. —~ de ventas 宣伝販売員. La policía ha arrestado a los ~es de la manifestación ilegal. 警察は不法デモの首謀者を逮捕した. Hay que tener un buen ~ para triunfar en el mundo del cine. 映画界で成功するためにはいいプロモーターを持つことが必要である.

promotor de la fe《カトリック》列聖調査検事.

promovedor, dora [promoβeðór, ðóra] → promotor.

***promover** [promoβér] [5.2] 他 ❶ を促進する, 強化する, 奨励する. —~ una campaña contra las drogas 麻薬撲滅のキャンペーンを張る. Los vecinos *promovieron* la construcción de una nueva guardería. 住民は保育園の新設を促した. 類 fomentar. ❷ を引き起こす, 生じる. —El descontento *promovió* la huelga. 不満がストライキを引き起こした. ❸〖+a〗…に…を昇進させる, 昇任させる, 進級させる. —Un profesor auxiliar *fue promovido a* numerario. 助教授が一人正教授に昇任した. ❹ (行政上の措置・訴訟手続)をとる, 開始する. 類 promocionar.

promuev- [promwéβ-] 動 promover の直・現在, 接・現在, 命令・2単.

promulgación [promulɣaθjón] 女 公布, 発布, 公表. —la ~ de una ley 法律の発布.

promulgador, dora [promulɣaðór, ðóra] 形 公布する, 発布する; 公表する.
—— 名 公布者, 発表者.

***promulgar** [promulɣár] [1.2] 他 ❶ (法令)を発布する, 公布する. —~ un nuevo decreto 新たな法令を発布する. ~ una ley 法律を公布する. ❷ を発表する, 公表する, 宣言する. —Han *promulgado* la renuncia del rey al trono. 王の退位が発表された.

pronación [pronaθjón] 女《生理》回内, 内転 (手首を回転させる前腕の運動).

prono, na [próno, na] 形《文》❶ …の傾向のある, …しがちな. ❷ うつぶせの. —decúbito ~ 伏臥(ふくが)位.

***pronombre** [pronómbre] 男《文法》代名詞. —~ demostrativo 指示代名詞. ~ indefinido 不定代名詞. ~ interrogativo 疑問代名詞. ~ personal 人称代名詞. ~ posesivo 所有代名詞. ~ reflexivo 再帰代名詞. ~ relativo 関係代名詞.

pronominal [pronominál] 形《文法》代名詞の, 代名詞的な. —función ~ 代名詞の機能. verbo ~ 代名動詞(再帰代名詞を伴って用いられる動詞の総称).

pronosticación [pronostikaθjón] 女 予測, 予想, 予報.

pronosticador, dora [pronostikaðór, ðóra] 形 予測する, 予想する, 予報する.
—— 名 予測する人; 天気予報官; (競馬などの)予想屋.

***pronosticar** [pronostikár] [1.1] 他 を予測する, 予想する, 予報する. —*Pronostican* lluvias para este fin de semana. 今週末は雨という予報

だ。 Te *pronostico* que acabarás mal si tratas con él. 僕の予想じゃ彼とつきあうとひどいことになるよ。El doctor le *pronosticó* cirrosis hepática si seguía bebiendo. 医者は彼に飲み続けたら肝硬変になると警告を下した。

pronóstico [pronóstiko] 男 ❶ 予測, 予言, 予報; 兆候. — ~ del tiempo 天気予報. Contra todo ~ resultó elegido. 全ての予想に反して彼は当選した. 類 **augurio, predicción, vaticinio**. ❷《医学》予後(病気の経過についての見通し). — de ~ leve [grave] (予後診断が)軽症[重症]の. Hay varios heridos con ~ reservado. 予断を許さない状況にあるけが人が何人かいる.

prontamente [próntaménte] 副 すぐに, すばやく, 急いで.

prontitud [prontitú(ð)] 女 ❶ すばやさ, 迅速. — En esta oficina se atiende al público con ~. この事務所は客の応対がすばやい. Me sorprendió la ~ de su respuesta. 彼の返答の早さには驚かされた. 類 **celeridad, diligencia, presteza, rapidez**. ❷ 鋭敏, 利発. 類 **viveza**.

:**pronto, ta** [prónto, ta] 形 ❶ すばやい, 速やかな, 即座の. — No hay que esperar una *pronta* respuesta. 即答を期待してはいけない. La realización del ansiado viaje será una *pronta* realidad. 待望の旅行に出かけることがもうすぐ実現するだろう. 類 **instantáneo, precipitado**. ❷ 用意[準備]のできた [estar+]. — El desfile ya está ~ a salir. パレードはもう準備できている. Siempre está ~ para la diversión. いつでも彼は楽しむ気になっている. 類 **dispuesto, listo**. ❸ (人が)俊敏[明敏]な. — Es una mujer *pronta* de ingenio. 彼女はひらめきの早い女性だ.

— 副 ❶ すぐに, まもなく, ただちに. — Consiguió trabajo ~. 彼はすぐ就職できた. Salieron a dar un paseo pero volvieron ~. 彼らは散歩に出かけたがじきに戻ってきた. ¡P~!, échame una mano. 早く, 手を貸してくれ. 類 **enseguida, rápidamente**. ❷ (予定・予想より)早く. — El calor ha llegado ~ este año. 暑さが今年は早くやってきた. Pienso salir mañana un poco ~. 私は明日少し早く出かけようと思う. 類 **temprano**. ❸ (時間帯・時期などが)早く, 早い時間に. — Hoy me he levantado ~ para estudiar mucho. 今日私はたくさん勉強するために早起きした. Todavía es ~ para esquiar. スキーにはまだ早い. No te vayas; todavía es ~. 帰らないでくれ, まだ早いんだから. 類 **tarde**.

— 男 ❶《話》(感情の)突発, 激発, 衝動. — Le dio el ~ y se largó. 彼は態度を急変し立ち去った. A veces tiene unos ~s de histeria. 彼女は時々ヒステリーを爆発させる. 類 **arranque, arrebato**. ❷《話》(急性の)発作. — Le dio un ~ y se quedó sin habla. 彼は発作に襲われ, ことばが出なくなった.

al pronto (1) 最初は. *Al pronto*, te confundí con otra persona. はじめは, 君を別人と取り違えてしまった. (2) ちょっと見ると, 一見. *Al pronto* parece un buen jugador. 一見彼は良い選手に思える.

de pronto 突然, いきなり, 不意に. Parecía tranquilo pero *de pronto* se puso a chillar. 彼はおとなしそうだったが, 突然きついい言いはじめた.

hasta pronto【別れ際のあいさつ】ではまた, また後で.

lo más pronto posible できるだけ早く. Quiero terminar este trabajo *lo más pronto posible*. 私はできるだけ早くこの仕事をかたづけたい.

más pronto o más tarde 遅かれ早かれ. *Más pronto o más tarde* se arrepentirá. 遅かれ早かれ彼は後悔するだろう.

por de pronto/por lo pronto 今のところ, さしあたり. *Por de pronto* se está portando de maravilla 今のところ彼の行儀はすばらしい. *Por lo pronto* descansa y mañana ya hablaremos. とりあえず休んでくれ, 明日になったら話をしよう.

tan pronto como ...【未来の時の表現では+接続法】...するとすぐ. *Tan pronto como* llegue a la estación, te llamaré. 駅に着いたらすぐ君に電話しよう. Le dieron la triste noticia *tan pronto como* se levantó. 彼は起きるやいなや悲しい知らせを受け取った.

tan pronto ... como ... ...するかと思えばすぐ...する. *Tan pronto* grita, *como* calla. 彼はわめくかと思えばすぐ黙っている.

prontuario [prontuárjo] 男 手引き書, 便覧, マニュアル; 概要. — ~ de fórmulas químicas 化学式便覧. 類 **compendio, manual**.

:**pronunciación** [pronunθjaθjón] 女 ❶ 発音; 発音法. — ~ figurada 発音表示. Tiene mala ~. 彼の発音は悪い. ❷《法》宣告. — ~ de la sentencia 判決の申し渡し.

*pronunciado, da [pronunθjáðo, ða] 過分 形 ❶ 発音された, 述べられた. ❷ 際立った, 顕著な, 目に付きやすい. — Después de la curva hay una pendiente *pronunciada*. カーブの後に急な坂がある.

pronunciamiento [pronunθjamjénto] 男 ❶ 反乱, 武力蜂起, クーデター. 類 **levantamiento, rebelión, sublevación**. ❷《法律》(裁判官によって申し渡される個々の)判決文, 宣告文.

* **pronunciar** [pronunθjár プロヌンシアル] 他 ❶ を発音する, (言葉)を発する. — Me es difícil ~ la erre. 私にとってエルレ(ふるえ音)を発音するのは難しい. No *pronunció* palabra en todo el día. 彼は一日中一言も発しなかった. ❷ (演説・説教・講演)をする, ぶつ. — ~ el discurso de clausura 閉会の演説をする. ❸《司法》(判決)を下す, 述べる. — El Tribunal Supremo aún no ha *pronunciado* su veredicto. 最高裁はまだ判決を下していない. ❹ を目立たせる, 際立たせる. — Esa blusa tan ajustada le *pronuncia* mucho el pecho. そのあまりにぴったりしたブラウスは彼女の胸をうんと際立たせている. 類 **acentuar, resaltar**.

— **se** 再 ❶ 態度をはっきりさせる, 旗色を鮮明にする. — El gobernador se ha *pronunciado* en contra de la política del gobierno central. 知事は中央政府の政策に反対の態度をはっきりさせた. ❷ あらわになる, 露骨になる, 目立つ. — Cada día *se va pronunciando* más su vientre. 彼のお腹は日増しに出てきた. ❸ (軍人が政府に対し)反乱を起こす, 反乱宣言をする. —Franco *se pronunció* en Tenerife en 1936. フランコは1936年にテネリーフェ島で反乱を起こした. 類 **rebelarse**.

propagación [propaɣaθjón] 女 ❶ 伝播, 普及, 拡大. — la ~ de la fe 布教. El fuerte viento contribuyó a la ~ de las llamas. 風が

強くて火の回りが速かった. ❷ 繁殖, 増殖.

propagad*or*, *dora* [propaɣaðór, ðóra] 形 普及の; 宣伝する, 広める.
— 名 普及者, 宣伝家. — ~ de ideas subversivas 反体制的考えを広める人.

propaganda [propaɣánda] 女 ❶ (商品などの)**宣伝**, 広告; 宣伝ビラ, 宣伝ポスター. — ~ televisiva de un artículo 商品のテレビ宣伝. Mi buzón rebosaba de ~. 私の郵便受けは宣伝のビラで一杯だった. 類 **publicidad**. ❷ (主義, 思想などの)宣伝; 宣伝活動;《まれ》(宗教の)布教. — Ha comenzado el período de ~ electoral. 選挙の宣伝活動の期間が始まった.

hacer propaganda de 宣伝する;(人や物を)襲(おそ)めやす. *hacer propaganda de* nuevos productos por televisión 新製品をテレビで宣伝する. Los críticos *hicieron* una buena *propaganda de* la actriz [*de la obra*]. 批評家たちはその新人女優[その作品]を絶賛した.

*propagandista [propaɣandísta] 男女 (主義や政党などの)宣伝者, 普及者;(宗教)伝道者, 宣教[布教]者. — 形 宣伝の, 普及する; 伝道の, 布教する.

propagandístico, *ca* [propaɣandístiko, ka] 形 宣伝の; 布教の. — Nadie duda de las intenciones *propagandísticas* de sus declaraciones. 彼らの声明が宣伝効果をねらったものだったことを疑う者はいない.

*propagar [propaɣár] [1.2] 他 ❶ (*a*) を広める, 普及させる, 流布(るふ)させる. — La radio y la televisión *propagaron* la noticia. ラジオとテレビがそのニュースを伝えた. El fuerte viento *propagó* el fuego. 強い風で火は燃え広がった. 類 **dilatar, extender**. (*b*) を蔓延(まんえん)させる, はびこらせる. — La falta de higiene *propaga* las epidemias. 衛生の欠如が伝染病を蔓延させる. ❷ を増やす, 増加させる, 増殖させる.

— *se* 再 ❶ (*a*) 広まる, 普及する. — La noticia *se propagó* por todo el país. そのニュースは国中に広まった. (*b*) 蔓延する, はびこる, 流行する. — Hay peligro de que *se propague* la epidemia. その伝染病が流行する恐れがある. (*c*) (火が)燃え広がる, 延焼する. — El fuego *se propagó* a las casas vecinas. 火は近隣の家々に燃え広がった. ❷ 増える, 増加する, 増殖する.

propalad*or*, *dora* [propalaðór, ðóra] 形 (秘密などを)漏らす, 暴露する; 触れ歩く. — Es una portera chismosa, *propaladora* de rumores. その管理人はおしゃべりで, 人の噂を触れ歩いている.
— 名 (秘密などを)漏らす人, 触れ歩く人.

propalar [propalár] 他 (秘密などを)漏らす, 暴露する; を触れ歩く. — La prensa *propaló* la noticia de los amores de la princesa. 新聞は王女の恋愛事件をすっぱ抜いた. 類 **divulgar**.

propano [propáno] 男《化学》プロパン(ガス).

proparoxítono, *na* [proparoksítono, na] 形《文法》後ろから3番目の音節にアクセントのある. 類 **esdrújulo**.

propasarse [propasárse] 再 ❶ [+*con*] (しばしば男性が女性に対して行きすぎた態度を取り, 礼を欠く. — *Con* ella, nadie ha conseguido ~. 彼女にはどの男も無礼なことはできなかった. ❷ [+*con*/*en*] ...に対して [...において] 度を越す. — *No te propases en* el vino que después te duele el estómago. あまり飲むと後で胃が痛くなるからワインを飲みすぎるな よ. 類 **excederse, extralimitarse**.

propender [propendér] 自【+*a*】...の傾向がある, ...しがちである. — *Propende a* la melancolía. 彼は落ちこみやすい. *Propende a* exagerar todo. 彼は何でもオーバーに言う癖がある. 類 **inclinarse, tender**.

propensión [propensjón] 女【+*a*】...への傾向, 性癖; 嗜好(しこう). — Este niño tiene ~ a la tristeza [*a estreñirse*]. この子はふさぎこむ傾向がある[便秘しやすい]. 類 **inclinación, predisposición, tendencia**.

propens*o*, *sa* [propénso, sa] 過分〔<propender〕形【+*a*】...しがちな, ...の傾向がある. — Es muy ~ a entusiasmarse con todo. 彼は何でもすぐ夢中になりやすい.

propergol [properɣól] 男《化学》(ロケット用の)推進燃料.

propi [própi] 女《話》→**propina**.

*propiamente [própjaménte] 副 ❶ 正確には, 本来的には. — El jamón serrano ~ dicho no es nada salado. 生ハムは本来全然塩気がない. ❷【文副詞】厳密に言えば, 正確には. — P~ [hablando], ese animal no es un caballo, sino un mulo. 厳密に言えば, その動物は馬ではなくラバだ. 類 **exactamente, precisamente**. ❸ 正に, まさしく. — Hizo ~ lo contrario de lo que le dije. 彼は私が言った正に反対のことをした.

propiciación [propiθjaθjón] 女 ❶ なだめること, 和らげること. ❷《宗教》(神の怒りをなだめる)犠牲, 供え物, 祈り.

propiciar [propiθjár] 他 ❶ を容易にする, 引き起こす. — La ambigüedad del gobierno *propicia* las conjeturas. 政府のはっきりしない態度はいろいろな憶測を呼ぶ. La revaluación de la moneda *propiciará* las importaciones. 通貨の切り上げは輸入を促進するだろう. ❷ をなだめる, 和らげる.

— *se* 再 (人の気持ちなどを)自分に引きつける, を得る. — Le hacía continuos regalos para ~*se* la voluntad de la chica. 彼はあの娘の好意を得るためにプレゼントを贈り続けていた.

propiciatori*o*, *ria* [propiθjatórjo, rja] 形 なだめる(ための), 和解の;《宗教》贖(あがな)いの. — víctima *propiciatoria* para calmar la ira de los dioses 神々の怒りを鎮める生贄(いけにえ).

*propici*o*, *cia* [propíθjo, θja] 形 ❶【+*a*/*para*】...に好都合な, 適した. — Este tiempo es ~ para dar un paseo. この天気は散歩日和だ. Hay que crear un ambiente ~ para el estudio. 勉強しやすい雰囲気づくりをしなければならない. Esperamos el momento ~ para decírselo. 私たちは彼にそれを言うのにふさわしい時を待っている. El clima no es ~ para el cultivo del trigo. 気候は小麦の栽培に適していない. ❷ (人が)...しやすい, ...の傾向がある. — Es *propicia* al vértigo. 彼女はめまいを起こしやすい. ❸【+*a*】...に好意的な, 親切な. — Se mostró ~ a nuestras peticiones. 彼はすぐ私たちの願いを受け入れてくれた.

*propiedad [propjeðá(ð)] 女 ❶ 所有権; 所有, 所有する[される]こと. — ~ horizontal (集合住宅などの)共同保有権. ~ industrial (特許権などの)工業所有権. ~ intelectual 知的所有権. ~ literaria 著作権, 版権. nuda —《法律》虚有権. de ~ privada 私有の. Vive en una casa de su ~. 彼は自分が所有する家に住んでいる. Este edificio es de ~ de un banco. この建物の所有権はある銀行だ. No tenemos ~ de este terreno, sino solamente el usufructo. この土地に関して我々は所有権は持っていませんが, 借地権のみ持っています. **pertenencia, posesión**. ❷《土地や建物などの》**所有物**, 所有地, 持ち家; 財産. —propiedad inmobiliaria 不動産. Su ~ llega a unas cien hectáreas. 彼の所有地はおよそ100ヘクタールに及ぶ. Tiene varias ~es en el centro. 彼は市街地に土地や建物をいくつか持っている. Heredó todas las ~es de su madre. 彼は母親の全財産を相続した. **bienes, hacienda**. ❸ 特性, 特質, 属性;《情報》プロパティ. —La elasticidad es una de las ~es de esa fibra. 伸縮性がこの繊維の特性のひとつだ. Esta planta tiene ~es medicinales. この植物には薬用性がある. **atributo, carácter, peculiaridad**. ❹《言葉使い の》的確さ, 正確さ. —Le falta a ~ de los vocablos. 彼には言葉使いの的確性が欠けている. Ella siempre habla con ~. 彼女は言葉を的確に使いながら話す. ❺ 本物と酷似していること, 本物らしさ, そっくりなこと. —Es maravillosa la ~ del retrato. 肖像画は驚くほど本物に近い. El equipo de música no reproduce con ~ los agudos. そのミュージシャングループは高音部をオリジナル通り演奏していない. **fidelidad**.

en propiedad (1) 所有物として. Antes de morir, mi tío me dejó *en propiedad* su chalet. 叔父は死ぬ前に彼の別荘を私の名義にしてくれた. (2) 正規の, 専任の. Tiene la cátedra *en propiedad*. 彼は正教授だ.

propietaria [propietárja] 囡 →propietario.

ᛍpropietario, ria [propietárjo, rja プロピエタリオ, リア] 圏 [+*de*]《特に不動産を》**所有する**, 所有者の. —la empresa *propietaria* de los terrenos その土地を所有する企業. el titular ~ *de*l puesto その職の正規の肩書きを持つ人.
— 图 ❶ **所有者**, 持ち主; 経営者. —~ de una tienda [un bazar, un camping, un perro] 商店主[雑貨店主, キャンピング経営者, 犬の飼い主]. Es ~ de varias tiendas. 彼は何軒かの店の所有者である. **dueño**. ❷ 地主, 家主. **arrendatario**. ❸《ある地位を》正規に占める人. —~ de una cátedra 教授職にある人. **interino**. ❹《まれ》物欲に捕われた聖職者.

propileo [propiléo] 男《建築》古代ギリシャの神殿の柱廊玄関.

:**propina** [propína] 囡 ❶ **チップ**, 心づけ, 祝儀. —Dimos una buena ~ al camarero. 私たちはボーイにチップを十分払った. En la cuenta ya va incluida la ~. 勘定書きにはサービス料も含まれている. ❷ お駄賃, お小遣い. —Como os portéis mal, os quedáis sin ~. 行儀が悪かったら, お前達にはお小遣いなしだ. ❸ アンコール. —La Orquesta Municipal dio al final tres ~s. 市民オーケストラは最後にアンコールを3曲演奏した.

de propina その上, さらに; おまけに. Ése es estúpido y, *de propina*, pesado. そいつは間抜けで, おまけにしつこいやつだ.

propinar [propinár] 他 ❶ …にチップを与える. —~ al portero 門番にチップを渡す. ❷《話》《不快なもの》与える, 食らわせる. —~ una paliza 散々なぐりつける. ~ una serie de consejos くどくどと忠告を聞かせる. Este niño sólo me *ha propinado* disgustos hasta ahora. この子には今まで嫌な思いしかさせられたことがない. **administrar, dar**. ❸《まれ》《飲み物, 薬》を飲ませる.

propincuidad [propiŋkwiðá(ð)] 囡 近いこと, 近接. **proximidad**.

propincuo, cua [propíŋkwo, kwa] 圏 近い. —esperanza *propincua* 手の届きそうな望み. **cercano, próximo**.

ᛍ*propio, pia* [própjo, pja プロピオ, ピア] 圏 ❶ **自分自身の**, 自分の. —Viven en un piso ~. 彼らは自己所有のマンションに住んでいる. Tuve que hacerlo en defensa ~. 私は自己防衛でそうしなければならなかった. ❷《名詞の前で強調》…**自身**, …自体. —Lo vi con mis ~s ojos. 私はこの目でそれを見た. No se lo perdonaría ni a mi ~ hijo. それは私自身の息子でも許さないだろう. Debe venir aquí el ~ interesado. 当事者本人がここに来なければならない. Lo insultó en su *propia* cara. 彼女は他ならぬ彼の面前で侮辱した. **mismo**. ❸ (*a*) 固有の, 特有の, 本来の. —Razonar es ~ del hombre. 論理的思考は人間の属性である. Las heladas son *propias* de esta temporada. 霜はこの季節特有のものだ. en el ~ sentido de la palabra 語のその本来の意味において. Esa reacción es *propia* de su edad. その反応は彼の年代特有のものだ. (*b*)《文法》固有の. —nombre ~ 固有名詞. **figurado**. ❹《人工的な》**自然の**, 生まれ持った. —pelo ~ 地毛. dentadura *propia* 自分の歯. **natural**. **postizo**. ❺ [+*de/para*] …に適した, ふさわしい. —Esta camisa no es *propia para* ir a la fiesta. このシャツはパーティー向きでない. Enviar un regalo es lo ~ en estos casos. プレゼントを贈るのがこうした場合にはふさわしい. **adecuado, apropiado**. ❻《像・姿が》よく似た, 良く撮れた, 良く描かれた. —En esta foto estáis [habéis salido] muy propios. この写真はとても君たちに似ている[写っている]. ❼ 同じの. —Si no me haces caso, te pasará lo ~. 私を無視するなら, お前も同じになるぞ.
— 團《しばしば戯》使いの者, メッセンジャーボーイ. —Voy a mandarte el paquete con un ~. 小包を使いの者に送らせるよ. **mensajero**.
— 副《中米》(Con permiso に対する応答) ご遠慮なく, どうぞ, 構いませんよ.

amor propio →amor.

de propio《まれ》=expresamente. Vino *de propio* para verte. 彼は君にわざわざ会いに来た. **expresamente, intencionadamente**.

propón [propón] 動 proponer の命令・2 単.

propondr- [propondr-] 動 proponer の未来, 過去未来.

ᛍproponer [proponér プロポネル] [**10.7**] 他 ❶ と[を]**提案する**, 提議する. —*Propuso* un nuevo proyecto. 彼は新しいプロジェクトを提案した. Te *propongo* que vayamos mañana de excursión. 君に提案だがあした遠足に行かないか. 推(®)け. ❷ 推薦する. —Me lo *propusieron* para director de ventas. 彼らは私に販売部長として私を推薦した. **reco-**

mendar. ❸ (問題)を出す, 提起する. —El profesor *propuso* ejercicios de química a los estudiantes. 先生は学生達に化学の練習問題を出した. 類 **plantear**.

—se 再 〖＋不定詞〗を目論(もくろ)む, 目指す, 志す. —*Me propongo* ser abogado. 私は弁護士志望である. *Me propongo* visitarla con más frecuencia. 私はもっと頻繁に彼女を訪れようと思う. 類 **pretender**.

proponga(-) [propoṅga(-)] 動 proponer の接・現在.

propongo [propóṅgo] 動 proponer の直・現在・1単.

‡**proporción** [proporθjón] 女 ❶ (大きさの)釣り合い, 均整, バランス. —El tamaño de la habitación no guarda ～ con el de los muebles. 部屋の広さに対して家具の大きさが不釣り合いだ. No hay ～ entre lo largo y lo ancho. 縦と横のバランスが悪い. El Partenón es un magnífico ejemplo de equilibradas *proporciones*. パルテノン神殿は均整がとれた建物のすばらしい例である. 類 **armonía, relación, simetría**. 反 **desproporción**. ❷ 比率, 割合;《数学》比, 比例(式). —～ directa [inversa] 《数学》正[反]比例. ～ aritmética [geométrica] 《数学》等差[等比]比例. en una ～ de tres a uno 3対1の割合で. La ～ de nacimientos supera a la de muertes. 死亡に対する出生の比率が大きい. ❸ 複 (主に大きな)規模, 大きさ; (事の)重大さ, 重要性. —un barco de *proporciones* gigantescas 大型船. El combate ha adquirido grandes *proporciones*. 戦闘は激しさを増していった. Dadas las *proporciones* del asunto, es necesario tomar medidas prudentes. 事が重要だけに慎重な対応をとる必要がある. 類 **dimensión, tamaño**. ❹ 機会, チャンス, 時期. —Si encuentras una ～ escríbele. 機会があったら彼に手紙を書いて下さい. Ha tenido una buena ～, pero no he querido casarse. チャンスはあったが彼は結婚したくなかった. 類 **ocasión, oportunidad, posibilidad**.

* **proporcionado, da** [proporθjonáðo, ða] 過分 形 ❶ 均整の取れた, プロポーションの良い. —Tiene el cuerpo bien ～. 彼は体よく均整の取れた体をしている. ❷ 〖＋a〗…に釣り合いの取れた, 相応な, ふさわしい. —Tengo un sueldo ～ al trabajo que hago. 私はしている仕事に見合った給料を得ている.

proporcional [proporθjonál] 形 ❶〖＋a〗…に比例した, …と釣り合った, 比例の. —reparto ～ 比例配分. sistema de representación ～ 比例代表制. Las gratificaciones son ～es a los sueldos. ボーナスは給与に応じて配分される. ❷《数学》比例の. —expresión ～ 比例式. ❸《文法》倍数の (doble, triple など).

proporcionalidad [proporθjonaliðá(ð)] 女 比例(していること), 釣り合い(のとれていること). —En este caso, el castigo no guarda ～ con la culpa. この件では罪にふさわしい罰が与えられていない.

proporcionalmente [proporθjonálménte] 副〖＋a〗…に比例して, 応じて. —repartir la ganancia ～ a la contribución de cada uno 各々の出資金に応じて利益を配分する.

proporcionar [proporθjonár] 他 ❶ を与える, 用立てる, 融通する. —Le *proporcionaron* un terreno para que construyera la casa. 彼は家を建てるように土地をもらった. Le han *proporcionado* un trabajo en la oficina. 彼は会社で仕事を与えられた. 類 **facilitar, proveer**. ❷ を引き起こす, 生じさせる. —Su visita nos *proporcionó* una gran alegría. 彼の訪問は私達に大きな喜びをもたらした. El invierno me *proporciona* siempre una cierta melancolía. 私は冬になるといつもある種の憂うつを感じる. 類 **producir**. ❸ を割り当てる, 割り振る; 配列する. —El lexicógrafo *proporciona* las palabras en orden alfabético. 辞書編集者は単語をアルファベット順に配列している. ❹ …の均衡を取らせる; 〖＋a〗…に釣り合わせる. —Ese país tiene que ～ los bienes espirituales y materiales. その国は精神的なものと物質的なものの均衡を取らねばならない. Tienes que ～ tus gastos *a* tus ingresos. 君は支出を収入に合わせなくてはいけない. 類 **equilibrar**.

—se 再 ❶ 手に入れる, 調達する. —*Proporciónate* algún descanso, te veo cansado. 君, 少し休みなさい, 疲れているよ. ❷ 与えられる, 生じる. ❸ 釣り合う.

‡**proposición** [proposiθjón] 女 ❶ 提案, 提議; 申し出. —aceptar [rechazar] una ～ 申し出を受け入れる[拒否する]. Su ～ no fue acogida en la reunión. 彼の提案は会議では受け入れられなかった. Por fin Juan ha hecho a María una ～ de matrimonio. ついにフアンはマリアにプロポーズした. La chica aseguraba que el vecino le había hecho *proposiciones* deshonestas. 少女は隣りの男が彼女にいやらしいことばをかけたと断言していた. 類 **oferta, ofrecimiento, propuesta**. ❷《論理学, 数学》命題, 定理. 類 **afirmación, enunciado**. ❸《文法》節. 類 **oración**.

‡**propósito** [propósito] プロポシト 男 ❶ 意図, 意志. —Tengo el ～ de mudarme. 私は引越しするつもりだ. No sabemos cuál es el ～ de su conducta. 私たちには彼の行動の意図がわからない. buenos ～s 善意; 誠意. No me fío de sus buenos ～s. 私は彼の善意が信用できない. 類 **intención**. ❷ 目的. —Mi ～ es hacerme famoso. 私の目的は有名になることだ. 類 **fin, objetivo**. ❸ 事柄, 件. —Su pregunta no tenía nada que ver con el ～ que nos ocupaba. 彼の質問は我々が係わっている件とは全く関係がなかった. 類 **asunto, materia**.

a propósito (1) 目的にかなった, 適した, 都合の良い, 時宜を得た. No tengo herramientas *a propósito* para reparar esta máquina. 私はこの機械を修理するための適当な工具を持っていない. El coñac nos viene muy *a propósito* para la fiesta. そのブランデーは私たちのパーティーにとてもふさわしい. Quiero decirle la verdad, pero no es el momento *a propósito*. 私は彼に本当のことを言いたいが, 今は時機が悪い. 類 **adecuado**. (2) わざと, 故意に. No lo hice *a propósito* sino por fuerza mayor. わざとやったわけではありません, 不可抗力です. (3) ところで, そればそうと. Voy al cine esta noche con mi marido. *A propósito*, ¿cómo está tu esposo? 私は今夜夫と映画へ行きます. ところで, あなたのご主人はお元気?

a propósito de … …に関して, について. No me dijo nada *a propósito de* sus negocios. 彼は事

業については何も言わなかった。Y *a propósito de* coches, ¿has sacado ya el carné de conducir? 車と言えば、もう運転免許証をとったの?

de propósito 意図して、わざわざ、目的があって。Le llamé por teléfono *de propósito* para cerciorarme de que estaba en casa. 彼が家にいることを確認するために私はわざわざ電話した。 類**a propósito**.

fuera de propósito 的外れの、場違いの、時機を逸した。Su pregunta estuvo *fuera de propósito*. 彼の質問は的外れだった。

:propuesta [propuésta] 女 ❶ 提案; 申し出; 計画。— No aceptó mi 〜 de ir al cine. 彼は映画へ行こうという私の提案を受け入れなかった。María rechazó su 〜 de matrimonio. マリアは彼のプロポーズを拒んだ。 ❷ (議会などでの)提議、建議(書)。— La junta directiva desestimó la 〜. 重役会はその提議を否決した。a 〜 del Ayuntamiento 市議会の提案で。 ❸ (役職などの)推薦; 指名、任命。— La 〜 de nombres para el cargo se anunciará mañana. その役目に任命される者の名前は明日公表される。

propuesto [propuésto] 動 proponer の過去分詞.

・propuesto, ta [propuésto, ta] 過分 [< proponer] 形 ❶ 提案[提議]された。— El problema 〜 es de difícil solución. 提起された問題は解決が難しい。 ❷ (人が)推薦された.

propugnar [propuɣnár] 他 (意見や態度など)を支持する、擁護する。— 〜 una teoría ある理論を支持する。 類**amparar, defender**.

propulsar [propulsár] 他 ❶ を推進する、促進する; を育成する。— 〜 el comercio exterior 貿易を促進する。Han encontrado un nuevo sistema para 〜 los cohetes. ロケットを推進する新しい装置が開発された。 類**impeler, impulsar**. ❷ 《まれ》を拒絶する。 類**rechazar, repulsar**.

propulsión [propulsjón] 女 推進、前進。— 〜 a chorro 〜 a [por] reacción ジェット推進。 〜 a cohete ロケット推進。 類**impulsión, impulso**.

propulsor, sora [propulsór, sóra] 形 推進する、促進する; 推進の。— fuerza *propulsora* 推進力、 aparato 〜 推進装置.

―― 名 推進者、促進者。— Fue un gran 〜 de la agricultura en nuestro país. 彼は我が国の農業の偉大な推進者であった.

―― 男 《航空、海事》推進機関、推進体、推進剤.

propus- [propus-] 動 proponer の直・完了過去、接・過去.

prorrata [proráta] 女 割り当て、持ち分、分け前.

a prorrata 持ち分に応じて、案分して。No olviden que hoy pagamos *a prorrata*. 今日は割り勘で払うということを忘れないでくれよ.

prorratear [proreár] 他 を案分する、割り当てる。— *Prorratearemos* los gastos. 経費は割り勘にしよう.

prorrateo [proreó] 男 比例配分、割り当て.

a prorrateo 〜a prorrata.

prórroga [prórroɣa] 女 ❶ 延長、延期; (刑の執行や徴兵などの)猶予。— dar 〜 para préstamos 借金の支払いを延期する。 類**aplazamiento, extensión**. ❷ 《スポーツ》延長戦、延長時間。— Metieron tres goles en la 〜. 延長戦で3点を入れた.

prorrogable [proroɣáβle] 形 延長[延期、猶予]できる。— El plazo de admisión de solicitudes no es 〜. 申し込みの受けつけ期限は延長できません.

prorrogación [proroɣaθjón] 女 → prórroga①.

prorrogar [proroɣár] [1.2] 他 ❶ を延長する、引き延ばす。— Decidieron 〜 las negociaciones una semana. 交渉を1週間延長することに決定した。La admisión de instancias *se prorrogó* dos días. 請願書の受け付けが2日間延長された。 類**alargar, prolongar**. ❷ を延期する、猶予する。— La reunión no se puede 〜 más. 会合をこれ以上延期することはできない。 類**aplazar, diferir, retardar**.

prorrumpir [prorumpír] 自 ❶ [+en] 突然…し始める。— Nada más decírselo, *prorrumpió en* sollozos. 彼女はそう言うが早いかどっと泣きくずれた。En cuanto terminó de hablar, el público *prorrumpió en* un atronador aplauso. 彼が話し終えると聴衆から割れんばかりの拍手が起こった。 ❷ 湧き起こる。— Conocido el contenido de la nueva ley de prensa, *prorrumpieron* las críticas. 新しい出版法の内容が明らかになるや否や批判が噴出した.

:prosa [prósa] 女 ❶ 散文、散文体(の文章)、poema en 〜 散文詩。 反**verso**. ❷ 《話》無駄話、つまらないおしゃべり。— Menos 〜 y vayamos al grano, que tengo prisa. 私は急いでいるので、無駄口は控えて早速本題に入ろう。 ❸ 平凡さ、月並。— 〜 de la vida 人生の味気なさ。Es una profesión muy atractiva, pero también tiene su 〜. それはとても魅力的な職業だが、やはりつまらない所もある.

prosador, dora [prosaðór, ðóra] 名 ❶ 《話、軽蔑》おしゃべりな(人)。 ❷ 《文学》散文作家.

prosaico, ca [prosáiko, ka] 形 ❶ 散文的な、おもしろみのない、単調な。— Ha dejado la compañía por considerar 〜 el trabajo que hacía. 彼はやっている仕事がおもしろみがないと考えて会社をやめた。Se queja de que lleva una vida *prosaica* y sin estímulo. 彼女は日が単調で刺激がないとこぼしている。 ❷ 《文学》散文体の.

prosaísmo [prosaísmo] 男 散文調; 単調、平板.

prosapia [prosápja] 女 (高貴な)血筋、家柄。 類**alcurnia, linaje**.

proscenio [prosθénjo] 男 《演劇》プロセニアム(アーチ)、舞台前面の額縁状の部分.

proscribir [proskriβír] [3.3] 他 《過去分詞不規則 proscripto、または proscrito》 ❶ を(国外)に追放する。— *Proscribieron* a los cabecillas de la rebelión. 反乱の首謀者達を国外に追放した。 類**desterrar, exiliar, expulsar**. ❷ (慣習や物の使用など)を禁止する。— En aquella época el gobierno *proscribió* las bebidas alcohólicas. その時代、政府は酒類を飲むのを禁じた。 類**prohibir**.

proscripción [proskripθjón] 女 ❶ (国外)追放。 ❷ 禁止.

proscrito, ta [proskríto, ta] 過分 形 [<

proscribir〕 **❶** 追放された. —militares ~s 追放された軍人. 類**desterrado**. **❷** 禁じられた. —costumbre *proscrita* 禁じられた習慣. 類**prohibido**.
—— 名 追放された人.

prosecución [prosekuθjón] 女 継続; 追求. ~ de un ideal 理想の追求. La ~ de la historia hizo que los niños guardaran silencio. お話を続けてほしくて子供たちは口をつぐんでいた.

:**proseguir** [proseɣír] **[6.3]** を続ける, 続行する, 推進する.
—— 自 **❶** 続く, 継続する. —*Proseguirá* la huelga. ストは続くだろう. En el pueblo todo *prosigue* igual. 村では全てが変わりなく続いている. Perdone la interrupción. *Prosiga* usted. 中断してすみません. 続けて下さい. 類**continuar, seguir**. **❷** 〖+con〗を続ける, 続行する;〖+現在分詞〗…し続ける. —A pesar del mal tiempo, *prosiguieron con* las obras. 悪い天気にも関わらず, 彼らは工事を続けた. *Prosiguió* contándonos sus aventuras hasta muy tarde. 彼は遅くまで冒険談を我々に語り続けた.

proselitismo [proselitísmo] 男 (熱心な)加入勧誘, 転向〔改宗〕の説得.

proselitista [proselitísta] 形 (熱心に)加入〔転向, 改宗〕を勧める.
—— 男女 加入〔転向, 改宗〕勧誘者.

prosélito [prosélito] 男 転向者, 改宗者, 新会員. —ganar nuevos ~s para la causa その主義の新しい信奉者を得る. 類**adepto, converso**.

prosénquima [prosénkima] 男 《植物, 動物》繊維細胞組織, 紡錘(ﾎﾞｳｽｲ)組織.

prosificar [prosifikár] **[1.1]** 他 を散文にする.

prosig- [prosiɣ-] 動 proseguir の直・完了過去, 接・現在/過去, 現在分詞.

prosista [prosísta] 男女 散文作家.

prosodia [prosóðja] 女 **❶**《文法》正しい発音やアクセント. 類**ortología**. **❷**《詩学》韻律論, 作詞法. 類**métrica**. **❸**《言語》韻律素; 韻律素論 (発話における分節音以外の音声的特徴を扱う音韻論の一分野).

prosopopeya [prosopopéja] 女 **❶**《修辞》擬人法, 活喩(ｶﾂﾕ)法. 類**personificación**. **❷**《話》もったいぶった話し方や態度. —Gasta mucha ~. 彼はひどくもったいぶった話し方をする.

prospección [prospekθjón] 女 **❶**《鉱物》探鉱試掘, (地下資源の)調査. ~ por satélite 衛星を用いた探鉱. ~ petrolífera [de petróleo] 石油の試掘. **❷** (市場等の)調査. ~ de mercados 市場調査. ~ de tendencias de opinión pública 世論の動向調査.

prospectiva [prospektíβa] 女 →prospectivo.

prospectivo, va [prospektíβo, βa] 形 見込みのある, 未来の, 将来の.
—— 女 未来学.

prospecto [prospékto] 男 **❶** (宣伝用の)チラシ. **❷** (薬品や商品の)使用説明書.

prospector [prospektór] 男 探鉱者, 試掘者, 調査者.

prósperamente [prósperaménte] 副 繁栄して, 順調に.

:**prosperar** [prosperár] 自 **❶** 栄える, 繁栄する, 繁昌する. —Sus negocios *han prosperado* como nunca. 彼の商売は今までになく繁昌した. **❷** 成功する, 奏功する. —Han *prosperado* sus propuestas de paz. 停戦しようという彼の提案は受け入れられた. Su idea no llegó a ~. 彼の案は認められなかった.
—— 他 を繁栄させる, …に繁栄を与える. —Dios [La suerte] te *prospere*. 神のお恵み〔幸運〕があなたにありますように.

:**prosperidad** [prosperiðá(ð)] 女 繁栄, 隆盛; 成功; 幸運. —El turismo ha proporcionado ~ a la zona. 観光がその地域に繁栄をもたらした. Te deseo ~ en tu nuevo negocio. 君の新しい事業の成功を祈っている. Le deseo muchas ~es en el nuevo año. 新年に幸多きことをお祈りしております. 類**bienestar, dicha, éxito**.

prospermia [prospérmja] 女《医学》早漏症.

:**próspero, ra** [próspero, ra] 形 **❶** (経済的に)繁栄(繁昌)している, 豊かな. —Mi padre tiene un negocio ~. 私の父は商売繁盛している. Cuando yo lo conocí era un ~ empresario. 私が彼と知り合った時は彼は順風満帆の実業家だった. 類**floreciente**. **❷** 順調な, 幸運な. —Les deseo un ~ año nuevo. 幸多き新年を迎えられますように. 類**feliz, propicio**.

próstata [prósta] 女《解剖》前立腺.

prosternarse [prosternárse] 再 ひれ伏す, ひざまずく. —Se *prosternó* a sus pies y le pidió perdón. 彼の足元にひざまずいて, 許しを請うた. 類 **arrodillarse, postrarse**.

prostíbulo [prostíβulo] 男 売春宿.

prostitución [prostituθjón] 女 **❶** 売春. —Vivía de la ~. 彼女は体を売って暮らしていた. **❷**《比喩》腐敗, 堕落. —La ~ de la clase política clama al cielo. 政治家たちの腐敗は世も末の状況だ.

prostituir [prostituír] **[11.1]** 他 **❶** …に売春させる. —Ha huido de casa porque su malvado padre quería ~la. 彼女は鬼のような父親が売春を迫るので, 家から逃げ出した. **❷** (自分の利益などのために名誉や才能を)売る, 悪用する. —*Prostituyó* su inteligencia para hacerse famoso. 彼は有名になるために知性を売った. *Ha prostituido* su cargo aceptando los sobornos. 彼は賄賂(ﾜｲﾛ)を受け取ることで自分の職務を汚した. 類 **degradar, envilecer**.
—— se 再 売春をする, 身を売る.

prostituta [prostitúta] 女 売春婦, 娼婦. 類**puta, ramera**.

:**protagonista** [protaɣonísta] 男女 **❶** (物語や映画などの)主人公, 主役. 類**héroe** (男性), **heroína** (女性). 反**antagonista**. **❷** (事件などの)中心人物, 主役.

protagonizar [protaɣoniθár] **[1.3]** 他 …に主演する, …の主役を演じる. — ~ una película 映画に主演する. Este producto *protagoniza* el éxito de este año. 今年の成功はこの企画のおかげだ.

prótasis [prótasis] 女《単複同形》**❶** (演劇の)導入部, 前提部, 序幕. **❷**《文法》(条件文の)前提節, 条件節. 反**apódosis**.

:**protección** [protekθjón] 女 保護, 防護, 庇護; 保護する物. — ~ de la naturaleza 自然保護. ~ civil 市民の保護. ~ de copia コピー・プロ

テクト. Entró en casa para que le diéramos ~. 彼は私たちに保護してもらうために家に入って来た.

proteccionismo [protekθjonísmo] 男 《経済》保護貿易主義[政策]. 反**librecambismo**.

proteccionista [protekθjonísta] 形 《経済》保護貿易主義の, 保護貿易の. —tarifa ~ 保護関税.
—— 男女 保護貿易主義者.

protector, tora [protektór, tóra] 形 ❶ 保護する, 保護用の. —color ~ 保護色. Sociedad *Protectora* de Animales 動物愛護協会. El niño se refugió en los brazos ~*es* de su madre. その子は母親の腕の中に逃げ込んだ. ❷《比喩》尊大な. —un tono ~ 横柄な口調.
—— 名 [女 protectora または protectriz] 保護者, 擁護者, 後援者, パトロン. —~ de la tradición 伝統擁護者. 類**defensor, padrino, patrocinador**.
—— 男 保護物;《スポーツ》防具, プロテクター, (ボクシングの)マウスピース. —~ de pantalla スクリーン・セーバー.

protectorado [protektoráðo] 男 保護国, 保護領; (一国家が他国を)保護下に置く制度[状態]. —España ejerció su ~ sobre Marruecos hasta 1956. スペインは 1956 年までモロッコを保護領とした.

protectriz [protektríθ] 女 →protector.

proteger [protexér プロテヘル] [2.5] 他 ❶〖+de/contra〗を…から保護する, かくまう, 守る;(情報)プロテクトする. —~ a los animales 動物を愛護する. ~ la naturaleza 自然を守る. La vacuna te *protegerá* de la gripe. 予防注射をすればインフルエンザにかからないでしょう. El casco te *protegerá* de los golpes. ヘルメットが君を衝撃から守ってくれるだろう. ~ los productos nacionales 国産品を守る. ~ los intereses del país 国の利益を守る. 類**amparar, preservar**. ❷ を支える, 支援する, 助ける. —No *protejas* a Diego, que no se lo merece. 君, ディエゴの肩を持つな, 彼はそれに値しないのだから.
——**se** 再 身を守る. —Se puso el abrigo para ~*se* del frío. 彼は寒さから身を守るためにオーバーを着た.

protegido, da [protexíðo, ða] 過分 形 保護された. —país ~ 被保護国. industria *protegida* 保護産業. especie *protegida* 保護種.
—— 名 お気に入り; 被保護者. 類**ahijado, favorito**.

proteico, ca [protéjko, ka] 形 ❶ 変幻自在の, (形や考えを)次々に変える. —temperamento ~ 変わり身の早い性格. ❷《化学》蛋白質の (=**proteínico**).

proteido [protéjðo] 男 《化学》→proteína.

proteína [proteína] 女 《化学》蛋白質.

protej- [protex-] 動 proteger の接·現在.

protejo [protéxo] 動 proteger の直·現在·1 単.

protervidad [proterβiðá(ð)] 女 《まれ》邪悪さ, 悪辣(ぁくらっ)さ. 類**maldad, perversidad**.

protervo, va [protérβo, βa] 形 邪悪な, 悪辣(ぁくらっ)な. 類**malvado, perverso**.

prótesis [prótesis] 女〖単複同形〗❶《医学》義歯(義眼, 義手, 義足など); 義歯などを装着すること, 補綴(ほてっ). —~ dental 義歯. ❷《言語》語頭音追加(例: ラテン語 spiritum: >スペイン語 espíritu).

:**protesta** [protésta] 女 ❶ 抗議, 異議(申し立て); 抗議文書, 抗議行動(集会). —Aceptó sin una ~ el insólito castigo que le impusieron. 彼は課せられた過大な罰を抗議もせずに受け入れた. Los vecinos organizaron una ~ por la falta de seguridad en las calles. 住民たちは街が安全でないことに対して抗議行動を起こした. Los obreros entregaron una ~ colectiva al Gobierno. 労働者たちは政府に集団抗議文書を提出した. ❷ (信念, 主義などの)主張; (態度, 行動などを)とり続けること. —Hizo ~s de su inocencia [de lealtad al rey]. 自分の無実を主張した[王への忠誠を通した].

protestación [protestaθjón] 女 ❶ 抗議, 異議. ❷ 言明, 宣誓. —~ de amistad 友情の誓い. ~ de la fe 信仰告白.

:**protestante** [protestánte] 形 ❶《キリスト教》プロテスタントの, 新教の. —religión ~ 新教, プロテスタンティズム. iglesia ~ プロテスタント教会. ❷ (特に政治や公の場で)抗議の, 異議申し立ての.
—— 男女 ❶《キリスト教》プロテスタント, 新教徒. ❷ (特に政治や公の場での)抗議者, 異議申し立てする人.

***protestantismo** [protestantísmo] 男 新教, プロテスタンティズム.

:**protestar** [protestár] 自〖+contra/de/por〗❶ (…に対して)抗議する, 抗弁する, 反対の言動をとる. —~ *contra* la política del gobierno 政府の政策に対して抗議する. ~ contra la injusticia 不正に抗議する. ❷ (…に)不平を言う, 文句を言う, (…について)こぼす. —Deja de ~ y haz lo que te han mandado. 不平を言わずに言われたことをしなさい. ❸〖+de〗を主張する, 申し立てる. —Protesto de mi honor. 私は自分の名誉を主張する.
—— 他 ❶ (手形などの支払い·引き受け)を拒否する, (手形)の拒絶証書を作成する. —El banco me *ha protestado* una letra de cambio que ya había pagado. 銀行はすでに支払ってあった為替手形の引き受けを私に対して拒否した. ❷ (信仰などを)宣言する.

protesto [protésto] 男 ❶《商業》(約束手形などの)拒絶(証書). —~ por falta de pago [aceptación] 支払い[引き受け]拒絶証書. ❷ →**protesta**.

proto- [proto-] 接頭 「第一の, 主な; 原始の」の意. —*proto*mártir, *proto*tipo, *proto*zoo.

protocolario, ria [protokolárjo, rja] 形 儀礼的な; 形式に則った, 正式の. —felicitación *protocolaria* 儀礼的な祝辞. visita *protocolaria* 表敬訪問. 類**formulario**.

protocolizar [protokoliθár] [1.3] 他 を議定書[証書]に記録する, …の議定書[証書]を作る. —Hizo ~ el testamento ante notario. 公証人立ち会いで遺言書を作らせた.

protocolo [protokólo] 男 ❶ 儀礼, 儀典; 作法, エチケット. —El ~ exige traje de etiqueta para asistir a esta recepción. この歓迎会に参加するには儀礼上正装が要求される. 類**ceremonial, etiqueta**. ❷ 公証証書などの原本. ❸《外交》議定書. ❹《情報》通信規約, プロトコル. —

~ de comunicaciones 通信プロトコル. ~ de control de transmisión/~ internet ネットワーク間プロトコル(TCP/IP). ~ de transferencia de ficheros/archivos ファイル転送プロトコル(FTP).

de protocolo 儀礼上要求される, 礼儀に適った. *Es de protocolo* que le felicites el Año Nuevo. 彼に新年の挨拶をしておくのがしきたりだよ.

protohistoria [protoistória] 囡 原史(先史時代と有史時代的間).

protomártir [protomártir] 男 最初の殉教者(特に, キリストの弟子 San Esteban を指す).

protón [protón] 男 《物理》陽子, プロトン.

protonotario [protonotárjo] 男 ❶《歴史》首席書記. ❷《カトリック》教皇秘書, 使徒座書記官(=~ apostólico).

protoplasma [protoplásma] 男 《生物》原形質.

protórax [protóra(k)s] 男 《虫類》第一胸節, 前胸.

prototipo [prototípo] 男 ❶ 原型, プロトタイプ, モデル; (自動車などの)試作品. — fabricar un ~ de coche 試作車を製造する. 類 **arquetipo, modelo, patrón**. ❷ 典型, 模範. — Es el ~ del japonés tímido. 彼は恥ずかしがりの日本人の典型だ. 類 **ejemplar, modelo**.

protóxido [protóksiðo] 男 《化学》第一酸化物.

protozoario, protozoo [protoθoárjo, protoθóo] 男 《生物》原生動物, 原虫.

protráctil [protráktil] 形 《動物》(舌が)伸長性の. — Los camaleones utilizan su lengua ~ para cazar insectos. カメレオンは長い舌を伸ばして虫を捕る.

protuberancia [protuβeránθja] 囡 ❶ 隆起, 突起, こぶ. 類 **abultamiento, bulto, prominencia, saliente**. ❷《天文》紅炎, プロミネンス.

protuberante [protuβeránte] 形 隆起した, 突出した.

:**provecho** [proβétʃo] 男 ❶ 利益, 利潤, もうけ; ためになること. — *de* ~ 有益な, 役に立つ. *en* ~ *de* ... …のために, …に有利に. *en* ~ *propio* 自身のために. *hombre de* ~ 社会の)役に立つ人. *Sacó mucho* ~ *de ese negocio*. 彼はその商売で多くの利益を得た. *Su ayuda no me fue de ningún* ~. 彼の助けは私にとって何のためにもならなかった. 類 **beneficio, fruto, ganancia, utilidad**. ❷ すぐれた効果; 進歩, 向上. — *Se entrenó con tanto* ~ *que ganó el campeonato*. 彼は効果的な練習をして優勝を獲得した. ❸ (飲食物の)栄養, 滋養. — *Toma esta sopa, que te hará mucho* ~. このスープを飲みなさい, 栄養になるから. *¡Buen provecho!* (食事をしている人に対する挨拶)ごゆっくり召し上がれ.

sacar provecho de ... (1) …から利益を得る. *De este trabajo no podremos sacar provecho*. この仕事では利益は得られないだろう. (2) を有効に利用する. *Sacó el máximo provecho de las oportunidades que se le presentaron*. 彼は与えられた機会を最大限に利用した. (3) 効果をあげる. *Apenas saco provecho de las clases*. 私にはその授業の効果はほとんどない.

provechosamente [proβetʃósaménte] 有利に, 有益に; 都合よく.

:**provechoso, sa** [proβetʃóso, sa] 形 ❶ 有益な, 役に立つ. — *Sus consejos serán muy* ~*s para mí*. 彼の助言は私にとって大いに力になってくれるだろう. *El estudio del japonés te será* ~ *para el futuro*. 日本語の勉強は君の将来に役立つだろう. ❷ 利益が多い, もうかる. — *Este negocio no es muy* ~. この商売はあまりもうからない. 類 **beneficioso, útil**.

provecto, ta [proβékto, ta] 形 円熟した, 年を経た. — *un caballero de edad provecta* 年輩の紳士. 類 **antiguo, maduro**.

proveedor, dora [proβeeðór, ðóra] 名 ❶ 供給者, (軍隊などへの)納入業者, (商品を供給する)店. — ~ *a domicilio* 配達人, 御用聞き. ~*es de la Real Casa* 王室御用達. *Consulte a su* ~ *habitual*. 行きつけのお店にお申しつけください. 類 **abastecedor, suministrador**. ❷ 《通信》プロバイダー. — ~ *de servicios internet* インターネット・サービス・プロバイダー.

:**proveer** [proβeér] [2.3] 他 ❶ 〖+de を〗(人)に与える, 供給する, 準備する. — *Proveyeron a los necesitados de ropa y víveres*. 困窮者に衣服と食糧が配られた. ~ *de libros la biblioteca* 図書館に本を納める. *Esa empresa provee de armamento al ejército*. その会社は軍に武器を納入している. 類 **abastecer, suministrar, surtir**. ❷ 〖+con〗(人)を(ある職務に)就かせる, 配置する. — ~ *una vacante* 欠員となっている席を補充する. *Esa empresa se dedica a* ~ *empleos*. その会社は職の提供を専門としている. ❸ 《司法》を裁決する, に判決を下す. — *El juez ha proveído la denuncia presentada por el demandante*. 裁判官は原告によってなされた告発に判決を下した.

——*se* 再 〖+de を〗支度する, 準備する, 調える. — *Nos proveímos de todo lo necesario para el viaje*. 我々は旅行に必要なものをすべて調えた. *Aún falta* ~*nos de bebidas para la fiesta*. パーティーのための飲みものをまだ用意する必要がある.

Dios proveerá. 神が決めてくれるだろう, 神におまかせしよう.

proveí(-) [proβeí(-)] 動 *proveer* の直・完了過去.

provén [proβén] 動 *provenir* の命令・2 単.

provendr- [proβendr-] 動 *provenir* の未来, 過去未来.

provenga(-) [proβeŋga(-)] 動 *provenir* の接・現在.

provengo [proβéŋgo] 動 *provenir* の直・現在 1 単.

proveniente [proβenjénte] 形 〖+de〗…から来る, …に発する, 由来する. — *El tren* ~ *de Granada hará su entrada por la vía número cinco*. グラナダ発の列車は 5 番線に入ります.

:**provenir** [proβenír] [10.9] 自 〖+de〗…から由来する, 派生する, に起源を有する. — *Este viento tan frío proviene del norte*. こんなに冷たい風は北から吹いてくる風だ. *La discordia proviene de un malentendido*. 不仲はある誤解に発している. *El ruido proviene del piso de arriba*. その物音は上の階から聞こえる.

Provenza [proβénθa] 固名 プロヴァンス(フランスの地方; 古代ローマの州).

provenzal [proβenθál] 形 プロヴァンス(Provenza)の.

— 男女 プロヴァンスの人.
— 男 プロヴァンス語.

proverbial [proβerβiál] 形 ❶ 諺(ことわざ)の, 格言風の. —Durante la Edad Media se escribieron muchas obras de contenido ～. 中世には格言的内容の多くの作品が書かれた. frase ～ 諺, 格言, 金言. ❷ 周知の, よく知られた. —Nos trató con su ～ delicadeza. 彼はそのおじさん特有のやさしさで私たちをもてなしてくれた. Su cinismo es ～. 彼の世をすねた態度は有名だ.

proverbio [proβérβjo] 男 ❶ 諺(ことわざ), 格言. 類 **adagio, aforismo, dicho, máxima, refrán, sentencia**. ❷ 複 (旧約聖書の)箴(しん)言.

provey- [proβej-] 動 proveer の直・完了過去, 接・過去, 現在分詞.

próvidamente [próβiðaménte] 副 用意周到に, 用心深く.

providencia [proβiðénθja] 〔＜proveer〕女 ❶ [主に 複] 処置, 対策; 配慮, 用心. —Tomaron todas las ～s para que no fracasara el nuevo proyecto. 新しい計画が失敗しないよう, あらゆる配慮がなされた. ❷ (a) 摂理, 神意. (b) (P～) 神. —la Divina P～ 神. ❸ 《司法》裁判官命令[勧告].

providencial [proβiðenθjál] 形 ❶ (神の)摂理の, 神意の. ❷ (災厄を免れて)非常に幸運な, 願ってもない. —Una gripe ～ evitó que tomara el avión siniestrado. 彼は願ってもない流感のおかげで事故機への搭乗を免れた.

providencialmente [proβiðenθjálménte] 副 ❶ 神の摂理によって. ❷ 運よく, 折しよく.

providenciar [proβiðenθjár] 他 ❶ …に(処置, 方策)を講じる, 整える. 類 **disponer**. ❷ 《法律》を裁定する.

providente [proβiðénte] 形 ❶ 慎重な, 用心深い. 類 **cuidadoso, precavido, prudente**. ❷ 用意周到な, よく準備した. 類 **diligente, prevenido**.

próvido, da [próβiðo, ða] 形 ❶ →providente②. ❷ 《まれ》恵み深い; 好都合な. —los ～s dioses 恵み深い神々. 類 **benévolo, propicio**.

proviene- [proβjéne-] 動 provenir の直・現在.

provin- [proβin-] 動 provenir の直・完了過去, 接・過去, 現在分詞.

provincia [proβínθja] 女 ❶ 県, 州. —capital de ～ 県都, 県庁所在地. la ～ de Zaragoza サラゴサ県. ❷ [主に 複] (首都・大都市に対する)地方, 田舎. —Él es de ～s. 彼は地方の出身だ. La compañía de teatro está de gira por ～s. 劇団は地方公演のツアー中だ. ❸ 《カトリック》修道院の管区 (＝～ eclesiástica). ❹ 《歴史》古代ローマの属州.

provincial [proβinθjál] 形 県[州]の; 地方の. —administración [industria] ～. 地方行政[産業]. campeonato ～ de tenis テニスの地方選手権.

diputación provincial →diputación.
Audiencia Provincial →audiencia.

— 男女 《カトリック》教会[修道会]管区長.

provincialismo [proβinθjalísmo] 男 ❶ お国なまり, 地方特有の言い回し. 類 **dialectalismo**. ❷ 出身地への(排他的)愛着. ❸ (中央に対して)地方第一主義.

provincianismo [proβinθjanísmo] 男 田舎臭さ, 田舎気質.

provinciano, na [proβinθjáno, na] 形 ❶ 地方の, 田舎の. —Prefiere la vida provinciana. 彼は田舎暮らしのほうが好きだ. Subieron al tren unas mujeres de aspecto ～. 数人の田舎風の女性が乗車した. ❷ 《軽蔑》田舎くさい, 野暮っぽい. —Viste de una manera *provinciana*. 彼は田舎くさい服装をする. ❸ (態度などが)偏狭な, 閉鎖的な. —Ella estaba mal vista en aquella sociedad *provinciana*. 彼女はあんな狭い田舎社会で悪く見られていた. ❹ (人が)都会慣れしていない. ❺ (人が)田舎暮らしの.

— 名 地方の人; 田舎者; 野暮ったい人.

provisión [proβisjón] 〔＜proveer〕女 ❶ 用意すること, 準備, 貯え. —Haz ～ de tu energía, que pronto la necesitarás. 精力を貯えておけよ, すぐに必要となるから. ～ de fondos (小切手や手形の)準備金. ❷ [主に 複] 貯蔵品, 貯蔵食品. —*provisiones* de víveres 貯蔵食糧. ❸ 対策, 処置. —Tomó las *provisiones* necesarias. 彼は必要な対策を講じた. 類 **providencia**.

provisional [proβisjonál] 形 仮の, 一時的な, 臨時の. —Hemos llegado a un arreglo ～. 我々は一時的な合意に達した. El contrato que tengo es sólo ～. 私の持っている契約書は仮のものにすぎない. libertad ～ 保釈. presupuesto ～ 暫定予算.

provisionalidad [proβisjonaliðá(ð)] 女 暫定性, 一時的であること.

provisionalmente [proβisjonálménte] 副 一時的に, 仮に, 臨時に, ひとまず.

provisor, sora [proβisór, sóra] 名 →proveedor.

— 男 《カトリック》司教代理.
— 女 《カトリック》女子修道院の食料品管理係.

provisorio, ria [proβisórjo, rja] 形 《中南米》→provisional.

provisto [proβísto] 動 proveer の過去分詞.

provisto, ta [proβísto, ta] 過分 (＜proveer) 形 〔＋de〕を備えた. —Estaban ～s *de* alimentos para una semana. 彼らは1週間分の食糧を準備していた.

provocación [proβokaθjón] 女 挑発, 扇動, 怒らせる[怒る]こと.

provocador, dora [proβokaðór, ðóra] 形 刺激的な, 挑発的な, 怒らせる. —gesto ～ 挑発的な仕草.
— 名 挑発者, 扇動者.

provocar [proβokár プロボカル] [1.1] 他 ❶ を引き起こす, 生じさせる. —Sus frívolas palabras *provocaron* un gran alboroto. 彼の不注意な発言が大騒動を引き起こした. La nieve, al derretirse, *provocó* inundaciones. 雪解けの際に洪水が起こった. 類 **causar, producir**. ❷ (人)を挑発する, 扇動する, 刺激する. —Me *provocó* tantas veces que terminé por enfadarme. 彼は私を何度も挑発したのでついに私は彼に腹を立てた. El líder *ha provocado* a los obreros a la huelga. リーダーは労働者たちをストライキへとそそのかした. 類 **inducir**. ❸ 性欲を刺激する. —Con esa blusa tan ajustada que lleva nos *provoca*. 彼女のあまりに体にぴった

りしたブラウスは我々には挑発的だ。❹ 〖中南米〗(人)の気持ちをそそる。— Me *provoca* un café. コーヒーが飲みたい気分だ。類**apetecer**.

*provocativo, va [proβokatíβo, βa] 形 ❶ 挑発的な, 挑戦的な。— una mirada [actitud] *provocativa* 挑戦的な眼差し[態度]。類**insinuante**. ❷ 〖コロンビア, ベネズエラ〗煽情的な, 蠱惑(こわく)的な。— una falda *provocativa* 色っぽいスカート。類**apetecible**.

proxeneta [proksenéta] 男女 売春仲介業, ぽん引き。類**alcahuete**.

proxenetismo [proksenetísmo] 男 売春の幹旋(あっせん)。

próximamente [próksimaménte] 副 すぐに, まもなく。— ~ en esta sala《映画》近日上映。El primer ministro de este país visitará ~ nuestro país. この国の首相がまもなく我が国を訪問するだろう。

‡proximidad [proksimiðá(ð)] 女 ❶ 近いこと, 近接。A la ~ del examen, se ha puesto nervioso. 試験が近づくにつれて彼は落ち着かなくなった。類**cercanía**. ❷《主に複》近所, 近郊。— Su casa está en las ~*es* de Madrid. 彼の家はマドリッドの近郊にある。類**afueras, inmediaciones**.

próximo, ma [próksimo, ma ブロクシモ, マ] 形 ❶ (*a*)《空間的に》— Yo me bajo en la *próxima* estación. 私は次の駅で降ります。El ~ jueves vamos al cine. 我々は今週の木曜[今度の木曜]に映画に行く。el mes [año] ~ 来週[来年]。類siguiente**. (*b*)〖代名詞的に〗— El asunto del viaje lo dejamos para la *próxima*. 旅行の件は次回に回そう。Tome la *próxima* a la derecha. 次の通りを右に曲がって下さい。Nos bajamos en la *próxima*. 我々は次の駅で降ります。❷〖estar+〗(*a*)《時間的に》近い。— La fecha de la boda ya está *próxima*. 結婚式の日が近づいている。El verano está ~. もうすぐ夏だ。El diccionario se publicará en fecha *próxima*. 辞書は近いうちに出版される。(*b*)〖+a+不定詞〗今にも…しようとしている。— Estaba ~ *a* morir. 彼は死にかけていた。Ya estaba ~ *a* casarse. 彼はもう結婚しようとしていた。類**cercano**. (*c*)〖+a〗《空間的に》近い。— un hotel ~ *a* la playa 海岸に近いホテル。

‡proyección [projekθjón] 女 ❶ 投射, 映写, 上映。— ~ de una sombra sobre el suelo un 地面に影が映っていること。máquina de ~ 映写機。tiempo de ~ de la película 映画の上映時間。❷ 放射, 放出; 噴出, 噴射。— ~ de un volcán 火山の噴出物。❸ 普及, 伝播; 影響。— Su última novela ha alcanzado una gran ~. 彼の最近の小説はよく売れている。~ internacional 国際的な普及していること。類**relieve**. ❹《数》射影, 投影(法);《地図》投影(図)。— ~ ortogonal《数》正射影;《地図》正射図法;《製図》直交投影。— ~ oblicua《地図》斜軸図法。— ~ cónica《地図》円錐図法。

‡proyectar [projektár] 他 ❶ を発射する, 投射する, 向ける, 当てる。— El foco *proyectaba* luz sobre el conferenciante. スポットライトは講演者に光を当てていた。Los árboles *proyectan* sus largas sombras en la avenida. 木々はその長い影を大通りに投げかける。❷ (*a*) を計画する, 考案する。— Ha proyectado un viaje de dos semanas por toda España. 彼はスペイン全土2週間の旅を計画した。類**idear, concebir, trazar**. (*b*) を設計する, の図を引く。— ~ un edificio そのビルを設計する。❸ (*a*)《映画》を上映する。— En aquel cine *proyectan* 'West Side Story'. あの映画館では「ウエスト・サイド・ストーリー」を上映している。(*b*)《スクリーンにある映像》を映写する, 映す。— ~ diapositivas en una pantalla スクリーンにスライドを映す。❹《数学, 物理》を射影する。— ~ los puntos de un cuerpo sobre un plano ある立体の諸点を平面上に射影する。❺〖+en に〗を反映させる, 映し出す, 発散させる。— Durante la dictadura, la gente *proyectaba* su descontento *en* los partidos de fútbol. 独裁時代には人々はその不満をサッカーの試合で発散していた。

— **se** 再《影・シルエット》映る。— Sobre la pared *se proyectaba* la silueta baja y gorda de mi padre. 私の父親の背の低い, 太ったシルエットが壁に映っていた。

proyectil [projektíl] 男《軍事》弾丸, ミサイルなどの)発射物。— ~ teledirigido 誘導弾。— ~ de iluminación 照明弾。

proyectista [projektísta] 男女 立案者, 計画者, 設計者。

‡proyecto [projékto] 男 ❶ 計画, 企画, 構想, プロジェクト。— tener el ~ de〖+不定詞〗…する計画である。No sé qué ~s él abriga para el porvenir. 彼は将来に対してどんな計画を抱いているのか知らない。Tenemos en ~ un viaje a Francia [viajar a Francia]. 私たちはフランス旅行を計画している。Eso no está más que en ~ todavía. それはまだ計画の段階にすぎない。❷ 案, 草案, 草稿。— ~ de ley 法案。Han presentado el primer ~ del nuevo diccionario. 新しい辞書の最初の案が示された。❸ (全体的の)設計(図)。— ~ para la construcción de la nueva fábrica 新しい工場の設計(図)。

proyector [projektór] 男 ❶ 映写機, プロジェクター。❷ 投光器, サーチライト。❸ スポットライト。

‡prudencia [pruðénθja] 女 ❶ 慎重, 用心深さ, 分別; 節度。— hablar con ~ 慎重に話す。Ten ~ con la moto para evitar un accidente. 事故を起こさないようにオートバイには慎重に乗りなさい。類**cautela, discreción, mesura, moderación, precaución, sensatez**. 反**indiscreción**. ❷《宗教》賢明(カトリックの枢要徳の一つで, 他に justicia 正義, fortaleza 勇気, templanza 節制がある)。

prudencial [pruðenθjál] 形 分別のある, よく考えた;(量が)適当な, 多すぎない。— una cantidad ~ de azúcar 砂糖の適量。cálculo ~ 概算。Hay que esperar un tiempo ~ antes de volver a insistir. もう一回主張する前に適当な間を置かなくてはいけない。

prudenciarse [pruðenθjárse] 再〖中南米〗分別のある行動をする, 気持ちを抑える。

‡prudente [pruðénte] 形 慎重な, 用心深い。— Nos mantuvimos a una ~ distancia. 私たちは用心して十分な間隔をとった。Sería ~ no decir nada por el momento. 今は何も言わない方が賢明だろう。Sea ~ conduciendo. 運転に注意してください。Consideró ~ no revelar detalles del asunto. 彼はその問題に関して詳細を明らかにしな

い方が賢明だと考えた. con ～ optimismo 用心しながらも楽観的に. Es una mujer ～. 彼女は分別ある女性だ. Lo más ～ en estos casos es no precipitarse. こういう問題に関して一番賢明な方策は急がないことだ.

prueb- [pruéβ-] 動 probar の直・現在, 接・現在, 命令・2 単.

prueba [pruéβa プルエバ] 女 ❶ **証拠, 証明, 立証;《比喩》しるし. ～ de indicios 状況証拠. ～ material 物的証拠. ～ absoluta 確証. ～ en contra 反証. ～ incriminatoria 起訴できる証拠. Han ofrecido ～ que demuestran que estaba de viaje. 彼が旅行中であることを示す証拠が提出された. Han dado ～s de su inocencia. 彼らは自分の無実を証明した. Eso es una ～ de que él es inteligente. それが彼の頭の良い証拠だ. En ～ de nuestra amistad te regalo esta medalla. 友情の証(あかし)として君にこのメダルをあげる. Los empleados están dando ～s de descontento. 社員は不満の色を表している. 類 **argumento, demostración, razón, testimonio**. ❷ **試すこと, 試験**, テスト; 実験. ～ teórica [práctica] 学科[実技]試験. ～ nuclear 核実験. ～ de inteligencia 知能テスト. ～ 〘情報〙ベータ・テスト. piloto de ～ テストパイロット. Me hicieron una ～ de español antes de contratarme. 私は採用される前にスペイン語のテストをされた. Nuestro nuevo producto ha sido sometido a toda clase de ～. 我が社の新製品はあらゆるテストにかけられた. ～ de aptitud 適性検査. 類 **control, ensayo, examen, test**. ❸ **試用**; 試食; 試着. — período de ～ 試用期間. sala de ～ 試着室. Voy a hacer una ～ con este vino. このワインを試しに飲んでみよう. Le dejamos esta máquina una semana a ～. この機械を試しに1週間置いていきます. ❹《比喩》**試練, 苦難**. — Ha pasado duras ～s en la vida. 彼は人生の苦しい試練に耐えてきた. 類 **dificultad, penalidad**. ❺《スポーツ》種目, 1試合. — ～ preliminar 予選. ～s mixtas (スキーの)複合競技. tomar parte en la ～ de cien metros lisos 100メートル競争に出る. 類 **competición**. ❻《数学》検算. — hacer la ～ de una suma 足し算の検算をする. ❼《印刷》【主に複】試し刷り, 校正刷り. 〘ゲラ〙刷り. — ～s de imprenta 校正〘ゲラ〙刷り. primera ～ 初校. corregir ～ 校正する. ❽《写真》焼き付け, プリント. — ～ negativa ネガ, 陰画. — ～ positiva ポジ, 陽画. ❾《医学》検査, テスト. 〘(検査や分析用の)サンプル, 見本. 類 **muestra**. ⓫《中南米》男 アクロバット, 曲芸; 手品.

a prueba de ... …に耐えられる, を防ぐ. *a prueba de agua* 耐水性の, 防水の. *a prueba de* bombas とても頑丈な(爆弾に耐えられる). *a prueba de* fuego 耐火性の. *casa construida a prueba de* terremotos 耐震構造の家屋.

a toda prueba 何ものにも屈しない. Tiene una salud *a toda prueba*. 彼はいたって丈夫だ.

estar a prueba 臨時雇いである, 見習い期間中である. Estoy a prueba en la tienda y tal vez me contraten. 私はその店で臨時に雇われているが, たぶん正式に雇ってくれるだろう.

prurigo [pruríɣo] 男 《医学》痒疹(ようしん).

prurito [pruríto] 男 ❶ かゆみ. 類 **comezón, picazón, picor**. ❷ 切望, (何かを)せずにはいられない気持ち. — Nunca acabarás tu trabajo con ese ～ de exactitud. その完全主義じゃいつまでも仕事は終らないよ. 類 **anhelo, manía**.

Prusia [prúsja] 固名 プロシア. ♦1701年～1918年, 旧ドイツ帝国の中心となった一王国.

prusiano, na [prusjáno, na] 形 《歴史》プロシア[プロイセン](Prusia)の.
— 男 プロシア[プロイセン]人.

prúsico, ca [prúsiko, ka] 形 《化学》青酸の, シアン化水素の. — ácido ～ 青酸.

P. S. 《略号》= post scriptum 追伸.

pseudo [séudo] 〔＜ギリシャ〕接頭 偽の. →seudo.

psi [psi] 女 プシー[プサイ], Ψ, φ(ギリシャ語アルファベットの第23字).

psicastenia [sikasténia] 女 《医学》精神衰弱.

psicoanálisis [sikoanálisis] 男〘単複同形〙精神分析(学).

psicoanalista [sikoanalísta] 男女 精神分析学者, 精神分析医.

psicoanalizar [sikoanaliθár] [1.3] 他 …の精神分析をする, を精神分析で治療する.

psicodélico, ca [sikoðéliko, ka] 形 サイケデリックな, サイケ調の. — música *psicodélica* サイケ調の音楽.

psicofísica [sikofísika] 女 精神物理学.

:psicología [sikoloxía] 女 ❶ **心理学**. — ～ analítica 分析心理学. ～ clínica 臨床心理学. ～ experimental 実験心理学. ～ criminal 犯罪心理学. ～ infantil 児童心理学. ～ profunda 深層心理学. ～ social 社会心理学. ❷(個人や集団の)**心理(状態)**; (他人の)心理を把握する能力[才能]. — ～ de masas 群集心理. Esa forma de comportarse demuestra su ～ de mujer. そんな風に振舞うのは彼女の女性心理の表れだ. 類 **temperamento**.

:psicológico, ca [psikolóxiko, ka] 形 心理の, 心理的の, 心理学の. — guerra *psicológica* 心理戦.

:psicólogo, ga [sikóloɣo, ɣa] 名 **心理学者**, 心理療法士; 心理洞察家.
— 形 心理の洞察力が鋭い, 心理に通じた.

psicometría [sikometría] 女 《心理》精神測定法, 計量心理学.

psiconeurosis [sikoneurósis] 女〘単複同形〙《医学》精神神経症.

psicópata [sikópata] 男女 《医学》精神病質者, サイコパス.

psicopatía [sikopatía] 女 《医学》精神病質(精神病態と正常の中間状態, または性格異常); 性的異常.

psicopático, ca [sikopátiko, ka] 形 《医学》精神病質の.

psicopatología [sikopatoloxía] 女 《医学》精神病理学.

psicopedagogo, ga [sikopeðaɣoɣo, ɣa] 名 心理教育家.

psicosis [sikósis] 女〘単複同形〙❶《医学》精神病. — ～ maniaco depresiva 躁鬱(そううつ)病. ❷(個人, 集団の)強迫観念, 精神不安.

psicosomático, ca [sikosomátiko, ka] 形 心身の, 身体と精神の両方に関係する. — medici-

psicosomática 心身医学. enfermedad *psicosomática* 心身症.

psicoterapia [sikoterápja] 囡 《医学》心理療法, 精神療法.

psique, psiquis [síke, síkis] 〔<ギリシャ〕囡 ❶《心理, 哲学》魂, 精神, 心, プシュケー. ❷《ギリシャ神話》(P~) プシュケー(エロスに愛された美少女).

psiquiatra [sikjátra] 男女 《医学》精神科医.
psiquiatría [sikjatría] 囡 《医学》精神医学.
psiquiátrico, ca [sikjátriko, ka] 形 《医学》精神医学の, 精神科の. — prueba *psiquiátrica* 精神鑑定. sanatorio [hospital] ~ 精神病院.

psíquico, ca [síkiko, ka] 形 精神的, 心的な. — un trauma ~ 心理的外傷. 類**anímico, espiritual, mental**.

psitacosis [sitakósis] 囡〖単複同形〗《医学》オウム病.

PSOE [pesóe, sóe]〔< Partido Socialista Obrero Español〕男 スペイン社会労働党.

psoriasis [sorjásis] 囡〖単複同形〗《医学》乾癬(せん).

pteridofita [teriðofíta] 囡 《植物》シダ植物.
pterodáctilo [teroðáktilo] 男 《古生物》翼竜.

ptomaína [tomaína] 囡 《化学》プトマイン, 屍毒(どく).

púa [púa] 囡 ❶ とげ, (ハリネズミなどの)針, 針状のもの. 類**alambre, espina, pincho**. ❷ 櫛(くし)の歯, ニンニクの歯. 類**diente**. ❸《玩具》コマの軸. ❹《農業》接ぎ穂. ❺《音楽》《弦楽器の》爪, ピック. 類**plectro**. ❻《比喩》悩みの種, 心配事. 類**espina**. ❼《比喩》狡賢(ずるがしこ)い人. — Antonio es una buena ~. アントニオは相当抜け目ない奴だ. saber cuántas ~s tiene un peine《話》(仕事などを)よく知っていて抜かりがない. sacar la ~ al trompo《話》物事の根底や原因を調べる.

púber [púβer] 形 思春期の, 年頃の. — la edad ~ 思春期. 類**adolescente**.
— 男女 思春期の少年[少女].

púbero, ra [púβero, ra] 形名 →púber.
pubertad [puβertá(ð)] 囡 思春期, 青春期. 類**adolescencia**.

pubescencia [puβesθénθja] 囡 ❶《まれ》→pubertad. ❷《植物》軟毛で覆われていること.
pubescente [puβesθénte] 形 ❶ 思春期の, 年頃の. ❷《植物》軟毛のある. 類**velloso**.

pubiano, na [puβjáno, na] 形 《解剖》恥丘の; 恥骨の.

púbico, ca [púβiko, ka] 形 《解剖》恥丘の, 陰部の; 恥骨の. — zona *púbica* 陰部.

pubis [púβis] 男 《解剖》恥丘, 陰部; 恥骨.

publicable [puβlikáβle] 形 公表できる, 出版できる.

publicación [puβlikaθjón] 囡 ❶ 公表, 発表; (法令などの)公布. — Espera impaciente la ~ de las encuestas electorales. 彼は選挙についての世論調査の結果を知りたくてたまらないでいる. ~ de una ley 法令の公布. ❷ 出版, 刊行, 発行. — fecha de ~ de la novela 小説の発行年月日. ❸ 出版物, 刊行物. — nuevas *publicaciones* de la editorial X X 出版社の新刊書. ~ electrónica 電子出版.

publicano [puβlikáno] 男 《歴史》(古代ローマの)収税吏.

publicar [puβlikár ププリカル] [1.1] ❶ (新聞・書物等を)出版する, 発刊する, 発行する. — La editorial *ha publicado* un buen diccionario español-japonés. その出版社は立派な西和辞典を出版した. El autor *ha publicado* ya diez novelas. 著者はすでに10冊の小説を出版した. ❷ (ニュースを)広める, 広く知らせる, 周知させる. — Los periódicos *publican* los resultados de las elecciones. 新聞は選挙結果を伝える. ❸ を発表する, 公表する. — No estaba autorizado para ~ el resultado de las negociaciones. 彼は交渉の結果を公表する権利を与えられていなかった. ❹ をばらす, 暴露する, 暴(あば)く. — El periodista *publicó* un secreto importante del gobierno. 新聞記者は政府の重要な機密をばらした. 類**revelar**.

publicidad [puβliθiðá(ð)] 囡 ❶ 広告, 宣伝, コマーシャル. — hacer ~ de los nuevos productos 新製品の宣伝をする. La televisión es un estupendo medio de ~. テレビはすばらしい広告媒体だ. A la vuelta del viaje me encontré el buzón lleno de ~. 旅行から戻ったら郵便受けは広告ビラで一杯だった. ❷ 知れ渡ること, 周知; 公表; 広報. — La policía no ha querido dar ~ al asunto. 警察は事件の真相を人々に知らせたがらなかった. Su reputación ha sido perjudicada por la ~ que se ha dado al escándalo. スキャンダルが公表されて彼の評判は傷ついた. 類**divulgación**.

publicista [puβliθísta] 男女 ❶ ジャーナリスト, 時事解説者. ❷ 公法学者. ❸〖中南米〗広告代理業者. 類**publicitario**.

publicitario, ria [puβliθitárjo, rja] 形 広告の, 宣伝の. — campaña *publicitaria* 宣伝キャンペーン. empresa *publicitaria* 広告会社.
— 名 広告代理業者.

público, ca [púβliko, ka] 形 ❶ 公の, 公共の; 公有の. — Esa mujer es un peligro ~ conduciendo. 彼女はハンドルを握ると公共の脅威だ. casa *pública* 売春宿. enseñanza *pública* 公国民教育. escuela *pública* 公立学校. higiene *pública* 公衆衛生. mujer *pública* 娼婦. obra *pública* 公共事業. opinión *pública* 世論. orden ~ 治安. teléfono ~ 公衆電話. ❷ 公開の, 一般のための; 公然の. — Aún no ha hecho *pública* la fecha. 彼はまだ日時を公表しなかった. ❸ 公務の, 官公の. — déficit ~ 財政赤字. empresa *pública* 公営企業. hombre ~ 公人, 政府の要人. poderes ~s 公官庁, 公的機関.

— 男 ❶ 観客, 聴衆, 公衆; 〖スポーツ〗観客. — Asistió muy poco ~ al concierto. そのコンサートには聴衆がほとんど来なかった. Se concentró gran cantidad de ~ en el estadio. スタジアムには大群衆が集まった. película apta para todos los ~s [para todo ~] 一般向け映画. ❷ 公衆, 大衆. — Horario de atención al ~. (官庁の)始業時間; (銀行の)営業時間. La exposición ya está al ~. 展示は一般に公開されている. el ~ en general 一般大衆. ❸ 読者. — Cada novelista tiene su ~. それぞれの小説家にはそれぞれの読者がいる. una revista para un ~ muy especializado 極めて特殊な読者層を対象にした雑誌. un libro de historia escrito para el gran ~ 素人

向けに書かれた歴史の本.

publique(-) [puβlíke(-)] 動 publicar の接・現在.

publiqué [puβliké] 動 publicar の直・完了過去・1単.

puchera [put∫éra] 女 《まれ》シチュー, 煮込み. 類 olla.

pucherazo [put∫eráθo] 男 ❶《話》不正選挙, 票の水増し. — dar ~ 選挙を不正操作する. ❷ (鍋による)殴打.

puchero [put∫éro] 男 ❶ 土鍋, 煮込み鍋. ❷ 煮込み料理, シチュー. 類 olla. ❸《話》(最低限の)毎日の食べ物, 普段の食事. — No gana ni para ni ~. 彼は日々の食い扶持(ぶち)ほども稼げない. Véngase y comemos el ~. どうぞお越しください. お食事でもしましょう. ❹《話》泣きべそ顔. — hacer ~s 泣き出しそうになる, べそをかく. ~ de enfermo (病人用の)スープ, おもゆ. volcar el ~《話》選挙を不正操作する.

puches [pút∫es] 男複 穀物がゆ, オートミール. 類 gachas.

puchito, ta [put∫íto, ta] [<pucho] 名『中南米』子供, 末っ子.

pucho [pút∫o] 男 ❶『中南米』タバコの吸いさし, 吸い殻. 類 colilla. ❷ 残り, くず; 少量. — Necesito un ~ de azúcar. ちょっとだけ砂糖がいる. ❸ 末っ子.
no valer un pucho まったく何の価値もない.

pudding [púðin, puðín] [<英] →budín.

pude [púðe] 動 poder の直・完了過去・1単.

pudelar [puðelár] 他『冶金』(溶鉄)をパドルする, 攪錬(かくれん)する.

pudendo, da [puðéndo, da] 形 恥部の, 陰部の. — partes *pudendas* 恥部, 陰部.
— 男 陰茎, ペニス. 類 pene.

pudibundez [puðiβundéθ] 女 恥ずかしがってみせること, お上品ぶること.

pudibundo, da [puðiβúndo, da] 形 恥ずかしがった, 上品ぶった. 類 mojigato, pudoroso.

pudicicia [puðiθíθja] 女 慎み, 貞節.

púdico, ca [púðiko, ka] 形 慎みのある, 恥を知っている. 類 casto, honesto, pudoroso.

pudiendo [puðjéndo] 動 poder の現在分詞.

pudiente [puðjénte] 形 権力のある; 金持ちの. 類 influyente, poderoso, rico.
— 男女 有力者; 金持ち.

pudiera(-) [puðjéra(-)] 動 poder の接・過去.

pudieron [puðjéron] 動 poder の直・完了過去・3複.

pudiese(-) [puðjése(-)] 動 poder の接・過去.

pudimos [puðímos] 動 poder の直・完了過去・1複.

pudín [puðín] [<英 pudding] 男 →budín.

pudiste [puðíste] 動 poder の直・完了過去・2単.

pudisteis [puðísteis] 動 poder の直・完了過去・2複.

pudo [púðo] 動 poder の直・完了過去・3単.

:pudor [puðór] 男 ❶ 恥, 恥じらい, (性的)羞恥(しゅうち)心. — sin ~ 恥知らずな, 猥褻(わいせつ)な. atentado contra el ~ 強制猥褻行為[罪]. No siente ~ hablando de cosas tan íntimas. 私生活についていろいろ話しても彼は恥ずかしさを感じな

い. 類 embarazo, timidez, vergüenza. ❷ 慎み, 節度, 品位. — Tradicionalmente, el ~ constituía una cualidad esencial en la mujer. 伝統的には, 慎みは女性の基本的特性であった. 類 decoro, modestia, recato.

pudoroso, sa [puðoróso, sa] 形 ❶ 慎み深い, 控えめな; 貞淑な. — No consiente ponerse más que ~s vestidos. 彼女は控え目服の着用しか認めない. 類 casto, honesto, recatado. ❷ 上品ぶった, 取り澄ました. 類 mojigato, pudibundo.

pudrición [puðriθjón] 女 腐敗, 腐敗物. 類 putrefacción.

pudridero [puðriðéro] 男 ❶ ごみため, ごみ捨て場. 類 basurero, vertedero. ❷ (遺体の)仮安置所.

pudrimiento [puðrimjénto] 男 腐敗, 腐敗物. 類 corrupción, pudrición, putrefacción.

:pudrir [puðrír] [過分 podrido] 他 ❶ を腐らせる, 腐敗させる. — El calor *pudre* carne. 暑さで肉が腐る. ❷ 堕落させる, 堕落させる. — La sed de honor y el dinero *han podrido* su corazón. 名誉欲とお金とが彼の心を堕落させた. ❸ を困らせる, 悩ませる, 不愉快にさせる. — Me *pudre* que no se cumpla lo prometido. 約束していたことが実行されないで私はうんざりだ.
— 自 葬られている, 死んでいる, あの世の人となる.
— **se** 再 ❶ 腐る, 腐敗する. — Esta sandía se *ha podrido*. このスイカは腐ってしまった. ❷《比喩》腐敗する, 堕落する. ❸《+de に》いらいらする, うんざりする. — Me *he podrido de* esperarte. 待ちは君を待ちくたびれた. *Se pudre* por dentro *de* envidia. 彼は内心ねたみでたまらない気分だ. 類 consumirse.
así (ojalá) te pudras くそくらえ, くたばってしまえ. No te perdonaré nunca, *así te pudras*. お前を絶対に許さんぞ, くそくらえ.

puebl- [puéβl-] 動 poblar の直・現在, 接・現在, 命令・2単.

pueblada [pueβláða] 女『中南米』暴動, 騒乱. 類 motín, tumulto.

Puebla de Zaragoza [puéβla ðe θaraɣóθa] 固名 プエブラ(・デ・サラゴーサ)(メキシコの州・首都).

pueblerino, na [pueβleríno, na] 形 ❶ 村[田舎]の, 村[田舎]出身の, 村[田舎]特有の. — costumbre *pueblerina* 村の風習. 類 aldeano, lugareño. ❷《軽蔑》田舎者の. 類 paleto, provinciano.
— 名 村人, 田舎の人; 田舎者.

pueblero, ra [pueβléro, ra] 名『中南米』(田舎に対して)町の人. 反 campesino.

:pueblo [puéβlo] プエブロ 男 ❶ 村, 町. 類語 población は人の住む地域を一般的に示し, 市・町・村を含む. ciudad は人口が多く, 政治的・文化的な施設を有し, 行政上, 他の町村を管轄している市. pueblo は比較的小規模な población で自治を有する町である. villa は特に歴史的な伝統や重要性を持った町. aldea は人口が少なく, 行政上, 他の町村に従属している村や村落. lugar は población と同じく一般的に市・町・村を意味する場合の他に, aldea と villa の中間規模の村をも意味する. ❷ 国民, 民族; 国. — el ~ español スペイン国民[民族]. el ~ elegido 選ばれた民(ユダヤ民族の別称). 類 nación. ❸ 民衆, 庶民; 人民, 臣民. — La democracia se basa en la soberanía del ~. 民主主義は主権在民に基礎を置いている.

pueda(-) [pueða(-)] 動 poder の接・現在.
puede [puéðe] 動 poder の直・現在・3 単.
pueden [puéðen] 動 poder の直・現在・3 複.
puedes [puéðes] 動 poder の直・現在・2 単.
puedo [puéðo] 動 poder の直・現在・1 単.

***puente** [puénte プエンテ] 男 ❶ ~ colgante つり橋. ~ de barcas 舟橋, 浮き橋. ~ giratorio 旋回[旋開]橋. ~ levadizo 跳ね橋. ~ para peatones 歩道橋. ~ transbordador 運搬橋. cruzar [pasar] el río por el ~ 橋を通って川を渡る. ❷ 飛び石連休の休みでない休日につなげた連休. —hacer ~ 休日の間の日を休日にする. ❸《比喩》橋渡し, 仲介(者). —Ese político sirvió de ~ entre los dos empresarios. その政治家があたかも起業家の仲介役となった. ❹《造船》(a) ブリッジ, 船橋(船の甲板上の高い位置にあり, 航行中様々な指揮をとるところ), 艦橋. (b) 甲板, デッキ. ❺《電気》ブリッジ (回路をつなぐこと[もの]), 電橋; ショート. —hacer un ~ 点火装置をショートさせる. ❻《弦楽器》の柱(ぢ), 駒(ミ). ❼《歯の》ブリッジ, 架工(ミ)歯. ❽《眼鏡の》ブリッジ; レスリングのブリッジ. ❾《足の》土踏まず; 鼻梁(ミョぅ).

cabeza de puente《軍事》橋頭堡.

hacer [tender] un puente de plata (人に)絶好の機会を与える. Si no asistes al consejo, *haces [tiendes] un puente de plata* a tus opositores para que tomen la iniciativa en la compañía. もし君が重役会に出席しないと君の反対派が会社の主導権を握る絶好の機会を与えてしまう.

puente aéreo《航空》シャトル便;《緊急時の》ピストン空輸.

tender un puente (人と)仲直りしようと努める. Le he llamado para *tender un puente* y olvidar la discusión. 意見の対立を忘れて仲直りしようと私は彼に電話をした.

puercamente [puerkaménte] 副 汚らしく, 下品に, 下劣に.

‡**puerco, ca** [puérko, ka] 形 ❶ 汚らしい, 不潔な. —No seas ~ y lávate las manos antes de comer. 不潔にしたらだめよ, 食事の前には手を洗いなさい. 類**cochino, guarro, marrano, sucio.** ❷ 粗野な, 下品な, 卑劣な. 類**cochino, grosero, marrano.**

—— 名 ❶《動物》ブタ(豚). — ~ de mar ネズミイルカ. ~ espín ヤマアラシ. ~ jabalí [montés, salvaje] イノシシ. 類**cerdo.** ❷《比喩, 話》汚らしい人, 卑劣な人, 打算的な人. 類**indecente, inmoral, miserable.**

echar margaritas a los puercos【諺】豚に真珠.

puericia [puerίθia] 女 少年[少女]期 (7歳から14歳くらい).

puericultor, tora [puerikultór, tóra] 名 保父[保母], 育児専門家.

puericultura [puerikultúra] 女 育児法, 育児学.

‡**pueril** [pueríl] 形 ❶ 幼児の; 子供っぽい, 幼稚な. —Se comporta de una manera muy ~. 彼はとても子供っぽい真似をする. ¡Qué excusa tan ~! なんて子供みたいな言い訳なんだ. 類**infantil.** ❷ ナイーブな, 純真な, 騙されやすい. 類**ingenuo.**

***puerilidad** [puerilíðað] 女 ❶ 子供っぽさ, 幼稚さ; 子供っぽい言動[考え]. ❷ くだらないこと, 枝葉末節.

puerperal [puerperál] 形《医学》産褥(ぢく)期の, 産後の. —período ~ 産褥期. fiebre ~ 産褥熱.

puerperio [puerpério] 男《医学》産褥(ぢく)期; 産後. 類**sobreparto.**

puerro [puéɾo] 男《植物》ポロネギ, リーク, 西洋ネギ.

***puerta** [puérta プエルタ] 女 ❶ 門, 出入り口, 戸口;《中世都市の》城門. — ~ cochera (車や馬車の通れる)大門, 正門. ~ accesoria [de servicio] 通用門. ~ de una cueva 洞窟の入り口. ~ principal 正門, 正面玄関. ~ trasera 裏口, 裏門. Llaman a la ~. 誰かが入り口に来ている. ❷ (a) ドア, 戸, 扉. — ~ corredera 引き戸. ~ falsa [excusada] 隠し扉. ~ giratoria 回転ドア. ~ vidriera ガラス扉. coche de dos ~s ツードアカー. escuchar detrás de la(s) ~(s) 盗み聞きする, 立ち聞きする. En el pasillo había una ~ sin ~. 通路にはドアのない入口があった. Cuando una ~ se cierra, cien se abren.【諺】捨てる神あれば, 拾う神あり(←ひとつのドアが閉じるときは百のドアが開く). (b) 《比喩》部屋; 家, 建物. —Vive en el piso segundo ~ B. 彼は3階のB号室に住んでいる. Mi novia vive en la ~ de enfrente. 私の恋人は向かいの家に住んでいる. ❸ 門戸, 間口, 可能性. —P~s Abiertas (公的施設などの)一般公開. de ~s abiertas 門戸開放(主義)の. Esta decisión va a abrir [cerrar] la ~ a una solución del problema. この決定は問題の解決へ向けての道を開く[閉ざす]だろう. Su parentesco con el gerente fue una ~ para que le contrataran. 支配人と親戚関係にあることが彼が雇ってもらうための頼みの綱だった. ❹《スポーツ》(サッカーなどの)ゴール. 類**portería.** ❺《主に 複》(市に入るための)通行料; 関税. ❻《スポーツ》(スキーの)旗門. ❼《コンピュータ》ポート, ゲート. — ~ de impresora プリンタポート.

a las puertas 差し迫って, 間近に控えて. Tienen la boda *a las puertas*. 彼らは結婚式を間近に控えている. Con los exámenes *a las puertas* no puedo dedicar tiempo a divertirme. 試験が間近に控えているので私は遊ぶために時間を割くことができない.

a las puertas de … …の瀬戸際に, 今にも…するばかりに. Los dos países están *a las puertas de* una guerra. 両国は戦争の瀬戸際にある. El enfermo está *a las puertas de* la muerte. 病人は瀕死の状態である.

a puerta cerrada 非公開で, 秘密裏に. El juicio se celebró *a puerta cerrada*. 裁判は非公開で行われた. Las negociaciones se llevaron a cabo *a puerta cerrada*. 交渉は秘密裏に行われた.

cerrarse todas las puertas 冷たくあしらわれる, 無視される. Al quedar arruinado, *se le cerraron todas las puertas*. 破産した時彼は人びとから冷たくあしらわれた.

coger [agarrar] la puerta 急に出て行く, 立ち去る. Enfadado, *cogió la puerta* y se marchó. 彼は腹を立てて急に出て行ってしまった. Si no es-

Puerta del Sol

tás de acuerdo, ya puedes *coger la puerta*. 私の言うことに納得ができなければ出て行ってもかまわないよ.

dar con la puerta en las narices [***en la cara, en el hocico***] 門前払いする, 要求をにべもなく断る. *Cuando íbamos a entrar nos dio con la puerta en las narices*. 入ろうとした時私たちは門前払いにされた. *Le pedí prestado dinero y me dio con la puerta en la cara*. 彼に借金を頼んだがあっさり断られた.

(de) puerta a puerta 戸口から戸口へ, ドアツードアの.

de puerta en puerta 一軒一軒.

de puertas (para) adentro 内々に, 秘密に. *Lo que hemos hablado, que quede de puertas para adentro*. 私たちが話し合ったことは内密にして欲しい.

de puertas (para) afuera 人前では, 公の場では.

echar las puertas abajo 戸口で大声で呼んでドアを壊すほど強くたたく. *¡Enseguida te abro, vas a echar las puertas abajo!* 今開けるよ. そんなに強くたたくとドアが壊れてしまう.

en puertas de ... → a las puertas de ....

enseñar la puerta [de la calle] を追い出す; 解雇する. *Si sigues llegando tarde te van a enseñar la puerta*. 遅刻を続けていると首にされるぞ.

entrársele por las puertas 思いがけないことが起こる. *Se le ha entrado la fortuna por las puertas*. 思いがけず彼は幸運[大金]を手にした.

franquear las puertas 歓待する, もてなす. *Un tío le franqueó las puertas*. 彼のおじさんが彼を歓待してくれた.

ir de puerta en puerta 物乞いをして回る, いろいろな人にものを頼む. *Fuimos de puerta en puerta pidiendo ayuda para los damnificados*. 私たちはいろいろな人に被災者への援助を頼んでみた.

llamar a la(s) puerta(s) de ... (人)の助けを求める. *Dice que desprecia a su padre, pero ya llamará a sus puertas*. 彼は自分の父親を当てにしていないと言うが, すぐに親に助けを求めることになるだろう.

poner en la puerta (de la calle) → enseñar la puerta.

por la puerta falsa 隠れて, こっそりと. *Ha entrado en el país por la puerta falsa*. 彼は密入国した.

por la puerta grande 闘牛場のメインゲートから;《比喻》堂々と, 意気揚揚と. *El torero salió por la puerta grande de la plaza de Linares*. 闘牛士はリナレス闘牛場のメインゲートから堂々と入場した. *Su gestión fue impecable en la empresa, y cuando se marchó salió por la puerta grande*. 彼の経営手腕は非の打ちどころがなかったので, 辞めた時は堂々と出て行った.

(querer) poner puertas al campo 欲望を無理に抑える. *No se pueden poner puertas al campo en un amor apasionado*. 激しい恋に落ちると欲望を抑えきれなくなる.

tomar la puerta → coger la puerta.

Puerta del Sol [puérta ðel sól] 固名 プエルタ・デル・ソル(スペイン, マドリードの広場).

puertaventana [puertaβentána] 女 (窓の)内扉, (窓用の)雨戸. 類 **contraventana, postigo**.

**puerto [puérto プエルト] 男 ❶ 港, 港湾(地区). ~ *de arribada* [*escala*] 寄航港. ~ *de amarre* [*matrícula*] 船籍港. ~ *deportivo* リゾートの港, ヨットハーバー. ~ *fluvial* [*marítimo*] 河港[海港]. ~ *franco* [*libre*] (輸出入とも関税の不要な自由港; 関税が免除される地域). ~ *naval* [*militar*] 軍港. *El barco sale de* ~ *el veinte de marzo*. 船は5月20日に出港する. *Veíamos entrar a* ~ *los barcos*. 私たちは船が入港するのを見ていた. ❷《比喩》避難場所, 隠れ家; 庇護者, 頼れる人. ~ *de salvación* 避難所. *Su padre era siempre* ~ *cuando se encontraba apurado*. 彼の父はいつも彼が困ったときに頼れる人だった. ❸ 港町. ― *Málaga es* ~ *de mar*. マラガは港町だ. ❹ 峠. ― *pasar por* [*cruzar*, *atravesar*] *el* ~ *de Pajares* パハレス峠を越える.

arribar [***llegar***] ***a buen puerto*** 困難を克服して目的を達する[成就する]. *Aquel proyecto llegó a buen puerto*. あの計画は遂に達成された.

naufragar en el puerto 成功を前にしてつまずく.

puerto de arrebatacapas 吹きさらし; 盗賊の巣.

puerto seco〖歴史〗国境の税関.

tomar puerto 入港する.

Puerto Ayacucho [puérto ajakútʃo] 固名 プエルト・アヤクーチョ(ベネズエラの都市).

Puerto Aysén [puérto aisén] 固名 プエルト・アイセン(チリの都市).

Puerto Carreño [puérto kařéɲo] 固名 プエルト・カレーニョ(コロンビアの都市).

Puerto de Santa María [puérto ðe santa maría] 固名 プエルト・デ・サンタマリーア(スペイン, カディス県の町).

Puerto Montt [puérto món(t)] 固名 プエルト・モント(チリの都市).

Puerto Príncipe [puérto prínθipe] 固名 ポルトープランス(ハイチの首都).

Puerto Rico [puérto říko] 固名 プエルトリコ(西インド諸島の島, アメリカ合衆国領, 首都サンファン San Juan).

puertorriqueño, ña [puertořikéɲo, ɲa] 名 プエルトリコ人.

**pues [pues プエス] 接 ❶〖原因, 理由〗なぜならば…, …だから. ― *Ponte el abrigo*, ~ *afuera hace mucho frío*. コートを着なさい, 外はとても寒いから. *¿Estás libre mañana por la tarde?* ― *No*, ~ *salgo con Conchita*. 君, 明日の午後ひまかい? ― いや, コンチータとデートなんでね. ❷〖条件〗…ならば. ― *Si* ~ *quieres comprarte un coche, tendrás que ahorrar mucho dinero*. 君は車を買いたいならたくさん貯金をしなければね. ❸〖結果〗そうならば, それなら, それでは. ― *De acuerdo, así* ~, *dentro de dos o tres días, te avisaré*. よろしい, それでは2・3日したら君に連絡するよ. *¿No quieres oír mis consejos?*, ~ *algún día te arrepentirás*. 私の忠告を聞きたくないんだね. それだといつか後悔することになるよ. ❹〖言いよどんで〗そうですね, ええ, まあ. ― *¿Qué vamos a hacer?* ― *P~*, *nada*. *Esperar*. どうしましょうか? ― そうですねえ, 待つだけですね. *¿Tú crees que vendrá?*

−P~ … no lo sé. 君は彼が来ると思うかい.-うーん, わからない. ❺【疑問詞的に】どうして, なぜ. —Mañana no voy a clase.-¿P~? 明日私は授業に出ない.-どうして? **por qué.** 【文頭で後の文を強調】まったく…だ. —P~ como te iba diciendo. 君に言ったとおりなんだ. P~ no faltaba más. もちろんですとも. いや結構です. ❼【肯定の副詞的に】もちろん, そうなんだ. —¿Conque ya lo sabías?-P~. じゃもうそれを知ったんだね.-もちろん.

***puesta**¹ [pu̯ésta] [poner(se)]国 ある状態に〉置かれる]こと, 実施, 始動；上演. ~ en escena (演劇作品の)上演, 演出. ~ de largo (女性の)社交界へのデビュー. ~ en antena (テレビによる)放映, (ラジオによる)放送. ~ en órbita de un satélite 衛星の軌道への打ち上げ. ~ a punto (エンジンなどの)調整. Me ha costado mucho trabajo la ~ en marcha del motor [del nuevo negocio]. エンジンの始動[新しい商売の開始]にはとても骨が折れた. ❷ (太陽, 月の)沈むこと, 入り. —contemplar la ~ de(l) sol 日の沈む光景を眺める. ❸ (a) 産卵. —Esta gallina está en la ~. この雌鳥は今卵を産んでいるところだ. (b) (雌鳥1羽についての)産卵[量]. (c) 産卵期. ❹ (トランプなどの)掛け金. —Cuando jugamos la ~s son fuertes. 我々のゲームでは掛け金が高い. ❺ (スポーツ)(レスリングの)フォール(= ~ de espaldas). ❻ (商業)(競売での)競り合い.

puestero [pu̯estéro] 男 [中南米] ❶ 露天商, 売店の売り子. ❷ (農場の中の)家畜世話人.

****puesto**¹ [pu̯ésto プエスト] 男 ❶ (物や人の)占める)場所, 位置；部署, 持ち場. —~ de mando 司令部[室]. ~ de socorro 救護所. Devuelve las herramientas a su ~. 工具を元の場所に戻しておけ. Que cada uno ocupe su ~! それぞれ位置につくように. estar en [mantener, guardar] su ~ 自分の立場[分]をよくわきまえている. **類 espacio, lugar, posición, sitio.** ❷ 席, 座席. —Me cedió su ~ un joven en el autobús. バスの中で一人の若者が私に席を譲ってくれた. En la sala de reuniones cada profesor tiene su ~ fijo. 会議室ではそれぞれの先生の席が決まっている. **類 asiento, lugar, sitio.** ❸ 職, 仕事；地位, 役職. —~ de trabajo 働き口. He solicitado un ~ de chófer. 私は運転手の仕事に応募した. Mi tío ocupa un ~ directivo en esta empresa. 叔父はこの会社で重役をしている. **類 cargo, colocación, empleo, ocupación, plaza.** ❹ 順位, 位置. —Quedó en el primer ~ en la carrera de cien metros lisos. 彼は100m競争で一位になった. ❺ 売店, スタンド；屋台(店), 露店. —Compré una revista en un ~ de periódicos de la plaza. 私は広場の新聞スタンドで雑誌を一冊買った. Tiene un ~ de carne en el mercado. 彼は市場で肉屋をやっている. ❻ (警備隊などの)詰め所, 駐屯地. —~ de la guardia civil 警察官詰め所. ~ de socorro 救護所. ~ de control 検問所. ~ fronterizo 国境検問所. ❼ (狩猟などの)待ち伏せ場所, 隠れ場所.

puesto², **ta**² [過分][<poner]形 ❶ 置かれた, 置いた；用意された. —un retrato de hombre con la mano puesta al pecho 胸に手を当てた男の肖像画. La mesa ya está *puesta*. 食事の用意ができた.

❷ 身につけた；[bien [mal] とともに] 身なりの良い[悪い]. —un hombre con el sombrero ~ 帽子をかぶった男. La señora llevaba [tenía] una mantilla *puesta* en la cabeza. 夫人は頭からショールをかぶっていた. Se presentó un caballero muy bien ~. とても身なりの立派な紳士が現れた. **類 arreglado, peripuesto.**

❸ 上品に飾られた, 趣味の良い装飾的. —Tenéis un piso muy ~. 君たちのマンションの中はとても趣味が良い.

❹【+en】(話)物知りの, …に大変詳しい. —Tu amigo parecía muy ~ *en* gastronomía. 君の友人はとても食通のようだった.

con lo puesto 着のみ着のまま. Tuvieron que salir del país *con lo puesto*. 彼らは着のみ着のままで国を出て行かねばならなかった.

puesto de mando 司令部, 指揮所.

puesto que (1) 【理由, 原因の接続詞句】…であるから, …だから. —*Puesto que* no te gusta bailar, no te invito a la fiesta. 君はダンスが好きではないから, パーティーには誘わないよ. No vendrá, *puesto que* está de viaje. 彼は旅行中だから, 来ないだろう. (2) 【条件の接続詞句】もし…なら. —*Puesto que* tú ya no lo necesitas, déjamelo. 君に必要がないなら私にくれよ.

puf [púf] [<仏]男 (クッション式の)スツール.

¡puf! [púf] 間 (不快さを示す)ふん, うっ, ふうっ.

púgil [púxil] 男 ❶ 《文》(スポーツ)ボクサー. **類 boxeador.** ❷ (歴史)(古代ローマの)拳闘家.

pugilato [puxiláto] 男 ❶ 《文》(スポーツ)ボクシング, 拳闘. **類 boxeo.** ❷ 《文》格闘, けんか；(激しい)口論.

pugilista [puxilísta] 男 [中南米] 格闘技の選手, ボクサー.

pugilístico, ca [puxilístiko, ka] 形 拳闘の, ボクシングの.

***pugna** [púɣna] 女 戦い；紛争, 対立；けんか. —Estamos en ~ con el empresario por cuestiones salariales. 我々は雇い主と賃金の問題で対立している. **類 batalla, conflicto, contienda, hostilidad, lucha, oposición, pelea.**

pugnacidad [puɣnaθiðá(ð)] 女 《文》好戦性, 攻撃性.

***pugnar** [puɣnár] 自 ❶ 戦う, 争う. —Los dos amigos *pugnan* por el mismo puesto. 友人同士が同じポストを巡って争っている. **類 batallar, contender, luchar.** ❷【+por/para+不定詞】執拗(しつよう)に…する, 頑強に…する, …するのに躍起になる. —José *pugnaba por* abrirse camino en la vida. ホセは人生の道を切り開くのに躍起になっていた. *Pugnaba por* contener la risa. 彼は必死になって笑いをこらえていた. **類 porfiar.**

pugnaz [puɣnáθ] 形 《文》好戦的な, 攻撃的な. **類 agresivo, belicoso.**

Puig [puíɣ] 固名 プイグ(マヌエル Manuel ~)(1933-90, アルゼンチンの作家).

puja¹ [púxa] 女 ❶ 奮闘, 闘争, 努力. —Su vida este año ha sido una continua ~ por conseguir el puesto. 彼のこの一年はその地位を得るための絶えまない苦闘の連続だった.

sacar de la puja a …(話) (1) (人)に先んじる, (人)より上手(うわて)である. Antonia es lista, pero Juana *le saca de la puja*. アントニアは賢いが, フアナの方が上だ. (2) (人)を窮地から救う.

puja² [púxa] 女 (商業) ❶ 競り上げ. ❷ 入札

価格. —La ～ va ya por cien mil euros. 付け値はもう 10 万ユーロあたりまで来ている.

pujador, dora [puxaðór, ðóra] 名 《競売の》競り手, 入札者.

pujamen [puxámen] 男 《海事》帆の下辺部.

pujante [puxánte] 形 勢いのある, 活気がある. —Es un negocio ～. その商売は繁盛している. 類 **vigoroso**.

pujanza [puxánθa] 女 勢い, 勢力, 活力. —El árbol brota con mucha ～. その木は勢いよく新しい芽を出している. Esa industria ha comenzado a tomar ～. その産業は活気が出てきたところだ. 類 **brío, vigor**.

pujar¹ [puxár] 自 ❶ [＋para/por＋不定詞] …しようとする, 一所懸命になる, 何とか…しようとする. —Ha pujado mucho para abrirse camino en la vida. 彼は人生を切り開こうと必死に努力した. Las lágrimas pujaban por salir. もう少しで涙が出そうだった. 類 **luchar**. ❷ ためらう, 言いよどむ. ❸《話》泣きそうになる. ❹ 力を入れる, いきむ.

pujar² [puxár] 自 《商業》競り上げる,《競売で》高い値をつける.
— 他 《商業》の値を競り上げる. 類 **licitar**.

pujo [púxo] 男 ❶《医学》渋り腹,《排便[排尿]を促がす》強い便[尿]意. ❷《主に複》(a) 自負, 気取り. —Es un asalariado con ～s de gran señor. 彼は大人物を気取った一介のサラリーマンだ. 類 **conato, intento, pretensión**. (b) 熱望, 志. —Cuando joven tenía ～s de ser escritor. 若いとき彼は作家になりたがっていた. 類 **aspiración**. ❸ 衝動. —En el momento más serio de la ceremonia sintió un ～ incontrolable de reírse. 式のもっとも厳粛な瞬間に笑いたくてたまらなくなった.
a pujos《話》ようやくのことで.

pulcramente [púlkraménte] 副 きちんとして, きれいに, 清潔に.

pulcritud [pulkritú(ð)] 女 ❶ 身ぎれい, 清潔, きちんとしていること. —Le gusta vestir con ～. 彼はきちんとした身なりを好む. ❷ 細心, 入念.

pulcro, cra [púlkro, kra] 形 ❶ きちんとした, 清潔な. —Mantiene su habitación muy pulcra. 彼はいつも自分の部屋をきちんと片づけている. 類 **aseado, limpio**. ❷ 入念な, ていねいに仕上げた. —Su escritura es muy pulcra. 彼の字は大変ていねいだ.

‡**pulga** [púlɣa] 女 ❶《虫類》ノミ(蚤). — ～ acuática [de agua] ミジンコ. Me ha picado una ～. 私はノミにかまれた. A perro flaco todo son ～s.［諺］泣きっ面に蜂(←やせた犬のからだにノミがたかる). ❷《玩具》小さな独楽(こま). ❸《話》小さなサンドイッチ.
buscarLE **las pulgas** を挑発する, わざと怒らせる. No le busques las pulgas y déjale en paz. 彼にちょっかいを出すな, そっとしといてやれ.
malas pulgas《話》怒りっぽい人, 気難しい人. Era un tipo bajo, delgado y malas pulgas. そいつはチビで痩せていて気難しい奴だった.
sacudirse las pulgas《話》責任逃れをする, 頼りにならない. Siempre se sacude las pulgas cuando hay problemas. 彼は問題があるといつも責任逃れをする.
tener malas pulgas《話》気難しい, 怒りっぽい. Mi abuelo tiene muy malas pulgas. 祖父はとても気難しい.

pulgada [pulɣáða] 女 インチ(長さの単位, 英語圏では 2.54cm, スペインでは約 2.3cm). —un televisor (con pantalla) de veintinueve ～s 29 インチのテレビ.

pulgar [pulɣár] 男 親指(＝dedo ～).
por sus pulgares《話》自分の手で.

pulgarada [pulɣaráða] 女 ❶《親指での》弾き飛ばし. —disparar la canica de una ～ ビー玉をはじく. ❷ ひとつまみ. —una ～ de rapé 嗅ぎタバコひとつまみ. 類 **pellizco, pizca**. ❸ →pulgada.

pulgón [pulɣón] 男《虫類》油虫, アリマキ.

pulgoso, sa [pulɣóso, sa] 形 ノミだらけの, ノミのたかった.

pulguillas [pulɣíʎas] 男女《単複同形》《話》怒りっぽい人. —Es un ～; no sabe aceptar una broma. 奴は気が短いよ. 冗談もわからないんだから.

pulidamente [pulíðaménte] 副 入念に, 洗練されて, ていねいに.

pulidez [puliðéθ] 女 《複 pulideces》❶ 磨かれていること, 光沢, 美しさ. —La ～ de los muebles me llamó la atención. 磨き込まれた家具が私の目を引いた. ❷ 手入れが行き届いていること, 入念. —La ～ de su trabajo es increíble. 彼の仕事の丁寧さは信じられないほどだ. 類 **pulcritud**. ❸ 洗練, 優美; 凝りすぎ. 類 **delicadeza, refinamiento**.

pulido, da [pulíðo, ða] 過分 形 ❶ 磨き上げられた, 光沢のある. —mueble ～ ぴかぴかの家具. ❷ 十分に手をかけた; きれいに仕上がった. —uñas largas y pulidas 手入れの行き届いた長い爪. un trabajo ～ 丁寧に仕上げた仕事. 類 **primoroso, pulcro**. ❸ 洗練された; 凝り過ぎの. —una manera pulida de hablar 優雅な話し方. 類 **refinado**.
— 男 磨くこと, つや出し.

pulidor, dora [pulíðór, ðóra] 形 磨く, つやを出す. —arena pulidora 磨き砂.
— 男 つや出し用薬剤, 研磨器.
— 女 つや出し用機械.

pulidora [pulíðóra] 女 →pulidor.

pulimentar [pulimentár] 他 …のつやを出す, を磨き上げる. 類 **alisar, pulir**.

pulimento [puliménto] 男 つや出し, 手入れ, 研磨; つや出し剤.

pulir [pulír] 他 ❶ を(こすり)磨く, …のつやを出す. — ～ un cristal ガラスを磨き上げる. 類 **alisar, bruñir, pulimentar**. ❷《教養, 技術, 文章などに》磨きをかける; …の仕上げをする; を洗練させる. — ～ el idioma その言語をマスターする. — ～ el arte 技術に磨きをかける. Quieren que la niña estudie en un buen colegio para que la pulan. 彼らは娘に品位を身につけさせるために良い学校で学ばせようとしている. 類 **perfeccionar, refinar**.
— **se** 再 ❶ 磨きがかかる, 上品になる, 身ぎれいにする. ❷《話》を浪費する. —En medio año se pulió la herencia. 半年で遺産を使い果たした. 類 **derrochar**.

pulla [púʎa] 女 ❶ 皮肉, 当てこすり. —echar [tirar] ～s a ... (人)に当てこすりを言う. ❷ 卑猥(ひわい)なことば.

‡**pulmón** [pulmón] 男 ❶《解剖》肺, 肺臓. — ～ de acero [artificial] 鉄の肺, 人工呼吸器. respi-

rar a pleno ~ 深呼吸する. ❷《比喩》(a) 声量. —gritar con todas las fuerzas de los *pulmones* 大声で叫ぶ. ¡Qué *pulmones* tiene! なんて声が大きいんだ! (b) 持久力. —Tiene ~ *pulmones* para hacer un kilómetro a nado. 彼は持久力があって1キロほど泳ぐ. ❸ (酸素を作り出す)緑地帯. ❹ ~《詩》— ~ marino クラゲ.

pulmon*ado, da* [pulmonáðo, ða] 形《動物》有肺類の.
— 男複 有肺類(ナメクジ, カタツムリなど).

pulmonar [pulmonár] 形 肺の. —tuberculosis ~ 肺結核.

pulmonía [pulmonía] 女《医学》肺炎. — ~ asiática アジア肺炎, SARS. padecer [sufrir] de ~ 肺炎にかかっている. coger una ~ 肺炎にかかる. 類 **neumonía**.

pulóver [pulóβer] [<英 pullover] 男《服飾》プルオーバー(頭からかぶって着る服, 特にセーター).

pulpa [púlpa] 女 ❶ (a) (モモやメロンのような柔らかい)果肉. (b) (骨や筋のない柔らかい)肉. (a) 《解剖》髄, 髄質. — ~ dentaria 歯髄. (b) 《植物》(茎の)髄. ❷《食品》(サトウキビなどの)搾りかす. ❸ (製紙原料の)パルプ(= ~ de madera).

pulpejo [pulpéxo] 男 (体の中で)肉が盛り上がっている小部分(耳たぶ, 親指の付け根, 指の腹など).

pulpería [pulpería] 女『中南米』食料雑貨店.

pulpero [pulpéro] 男『中南米』食料雑貨店主.

púlpito [púlpito] 男 ❶ (教会の)説教壇. ❷ 説教師の職.

‡**pulpo** [púlpo] 男《動物》タコ(蛸). 荷を固定するフック付きロープ[紐(ひ)];《話》痴漢, 通り魔.
*poner*LE *como un pulpo* (人を)ひどく殴る.

pulp*oso, sa* [pulpóso, sa] 形 多肉質の, 柔らかい, パルプ状の.

pulque [púlke] 男 プルケ(リュウゼツランから作るメキシコの酒).

pulquería [pulkería] 女『中南米』(プルケや軽食を出す)居酒屋, 酒屋.

pulquérri*mo, ma* [pulkérrimo, ma] 形《絶対最上級<pulcro》《文》大変きちんとした, 非常に美しく整えられた.

pulsación [pulsaθjón] 女 ❶ 脈動, 脈を打って流れること. ❷ 脈拍, 鼓動. —Tengo ochenta *pulsaciones* por minuto. 私の脈拍は毎分80だ. ❸ (ピアノやタイプライターなどの)タッチ, キー一打ちすること; (弦の)一弾き. —Esa mecanógrafa consigue doscientas *pulsaciones* por minuto. そのタイピストは毎分200のストロークで打つことができる.

pulsador [pulsaðór] 男 (押しボタン式の)スイッチ, ブザー. —apretar el [dar al] ~ ブザーを押す. 類 **botón, interruptor**.

pulsar [pulsár] 他 ❶ (ボタン, キーなどを)指先で叩く[たたく], クリックする; (弦楽器や鍵盤楽器を)弾く. — ~ el timbre ベルを鳴らす. — ~ las teclas キーを打つ. 類 **golpear, tañer, tocar**. ❷ (人の)脈をとる. ❸ (意見や動向を)探る. —Antes de darle la respuesta tendré que el parecer de mis socios. 彼に返答する前に同僚たちの意見を打診しておかなければならないだろう. 類 **tantear**.
— 自 脈打つ, 鼓動する.

pulsátil [pulsátil] 形 脈打つ, 鼓動する. —un dolor ~ ずきずきとする痛み.

pulsear [pulseár] 自 腕相撲をする.

pulsera [pulséra] 女 ❶ 腕輪, ブレスレット; (腕用の)バンド. —reloj de ~ 腕時計. — ~ de pedida 婚約腕輪. 類 **brazalete, manilla**. ❷ 足輪, アンクレット. ❸《話, 比喩》幼児の手首[足首]のくびれ, たるみ.

‡**pulso** [púlso] 男 ❶ 脈, 脈拍, 鼓動; (手首の)脈所. — ~ irregular [arritmico, capricante, caprizante] 不整脈, — ~ sentado (normal) 整脈, 平脈. El doctor tomó el ~ al enfermo. 医者は病人の脈をとった. ❷ (手先の)器用さ, (技術の)確かさ. —Tiene buen ~. 彼は手先が器用だ. ❸ 慎重さ, 用心深さ. —Es un asunto delicado y debemos tratarlo con mucho ~. それはデリケートな問題だから, 我々はとても慎重に扱わねばならない. 類 **cuidado, discreción**. ❹ 手首(の力); 腕相撲. —Eché un ~ con mi hermano. 私は弟と腕相撲をとった. ❺ 挑戦, 対立, 拮抗. —Los obreros continúan su ~ con el patrono. 労働者と使用者側の対立はまだ続いている. ❻ (電気)パルス.
a pulso (1) 手先で, 手[腕]の力だけで. dibujo *a pulso* (道具を使わないで)手だけで描いた画. Transportó el armario *a pulso*. 彼は腕の力だけでその戸棚を運んだ. (2) 自分の力で, 独力で; (女の)自分のせいで. Se ganó el puesto *a pulso*. 彼は自分の力で地位を築いた. Te has ganado el castigo *a pulso*, hijo. 罰を受けたのは自分のせいだよ.
tomar el pulso a ... (1) 脈を取る. (2) (人の)考えを打診する. 脈があるかどうか調べる. Antes de presentar el plan, es necesario *tomar el pulso* al jefe. その計画を発表する前に上司の考えを打診する必要がある. (3) (物の)性質を見極める. Ha salido a *tomar el pulso* al nuevo coche. 彼は新車の特徴を調べるためにドライブに出かけた.

pululación [pululaθjón] 女《文》繁殖, 大量発生; 増殖;《比喩》群れ集まり.

‡**pulular** [pululár] 自 ❶ 群がる, 群れる, 寄り集まる. —Por ese barrio *pululan* gamberros. その地区にはチンピラがうようよしている. 類 **abundar**. ❷ 繁殖する, はびこる, 増える. —En la dehesa *pululaban* moscas. 牧場ではハエがはびこっていた.

pulverizable [pulβeriθáβle] [<polvo] 形 粉末[霧状]にできる.

pulverización [pulβeriθaθjón] 女 ❶ 粉末化, 粉砕. ❷ 噴霧, 霧状化, 吹き付け.

pulveriz*ador, dora* [pulβeriθaðór, ðóra] 形 粉末化する, 霧状化する.
— 男 スプレー, 噴霧器, 霧吹き, アトマイザー. — ~ nasal 鼻孔噴入器. — ~ a presión 加圧式噴霧器.

pulverizar [pulβeriθár] [**1.3**] 他 ❶ ~を粉々にする, 砕く. — ~ una roca 岩を砕く. ❷ (液体)を噴霧する, 吹き付ける. —*Pulveriza* insecticida por el jardín. 庭に殺虫剤を撒いてちょうだい. ❸《比喩》~を粉砕する, 打ち破る. — ~ una argumentación 論破する. Nuestra aviación *pulverizó* al enemigo. 我々の空軍が敵を打ち破った. 類 **destrozar, destruir**.

pulverulen*to, ta* [pulβeruléntо, ta] 形 ❶ 粉末状の. —un medicamento ~ 粉薬. ❷ 粉だらけの, ほこりだらけの. 類 **polvoriento**.

‡**pum!** [pún] 擬 バン!, パン!, ドン!(銃声, 衝撃, 破

裂音》. —Resbaló y ～, se cayó. 彼は足を滑らせてドタン, 転んでしまった.

ni pum《話》全然…ない. Yo no entiendo *ni pum*. 私はさっぱりわかりません.

puma [púma] 女《動物》ピューマ.

¡pumba! [púmba] 間《話》バタン!, ドスン!, ガン!《落下, 転倒, 衝撃音》. —De repente, i～!, le atizó una patada. 彼は突然ガツンと一発蹴られた.

pumita [pumíta] 女 軽石. 類**piedra pómez**.

puna [púna] 女《中南米》❶《アンデス山脈一帯の》寒冷な荒れ地. 類**páramo**. ❷ 高山病. 類**soroche**.

punción [punθjón] 女 ❶《医学》穿刺(せんし). ❷ 刺し傷, 類**punzada**.

puncionar [punθjonár] 他《医学》(人)に穿刺(せんし)する, 針を刺す.

pundonor [pundonór] [＜punto＋de＋honor] 男 自負心, 面目, 誇り. —Su ～ social le impedía relacionarse con ellos. 彼の社会的自負心が彼らと付き合うのを許さなかった. 類**dignidad, honor, orgullo**.

pundonoroso, sa [pundonoróso, sa] 形 自負心のある, 面目を重んじる.

pungente [puŋxénte] 形《文, まれ》刺すような, 鋭い. 類**punzante**.

pungir [puŋxír] [3.6] 他 ❶ を刺す. 類**pinchar, punzar**. ❷《比喩》を(精神的に)傷つける, を苦しめる.

punible [puníβle] 形 処罰に値する, 罰せられるべき. —acción ～ 罰せられるべき行為.

punición [puniθjón] 女 処罰, 刑罰. 類**castigo**.

púnico, ca [púniko, ka] 形《歴史》カルタゴ[ポエニ]の, カルタゴ[ポエニ]人の. —Guerras *Púnicas* ポエニ戦争(ローマ対カルタゴ, B.C.3～2世紀). 類**cartaginés**.

fe púnica →fe.

—— 名 カルタゴ人, ポエニ人.

—— 男 カルタゴ語, ポエニ語.

punitivo, va [punitíβo, βa] 形 処罰の, 刑罰の. —justicia *punitiva* 処罰, 刑罰.

Puno [púno] 固名 プノ(ペルーの県・県都).

‡punta [púnta] 女 ❶ 先, 先端; 尖ったもの[部分]. — del pie つま先. arco de ～ 三角に尖った(槍の穂先の形をした)アーチ. ～s de los pelos 毛先. Se ha roto la ～ del lápiz. 鉛筆の先が折れた. Se clavó la ～ de la navaja en el dedo. ナイフの先が指に刺さった. El niño se ha pegado con la ～ de la mesa. 子供はテーブルの角にぶつかった. ❷《物を掛けるための》小さな釘(くぎ). — ～ de París 5寸釘. Clavó una ～ en el fondo del armario. 彼は戸棚の奥にくぎを打った. 類**clavo**. ❸ 岬, 砂嘴(さし). —la P～ de Tarifa タリファ岬. ❹《特に精神的なものについて》少し, 少量. —Ése tiene una ～ de loco. そいつは少し頭がおかしい. Mi hijo tiene sus ～s de músico. 息子には音楽の才能がある. Echa una ～ de sal a la sopa. スープに少し塩を入れなさい. ❺《タバコの》吸殻. ❻《人の集団》かなりの量. —Todos son una ～ de idiotas. どいつもこいつもバカばかりだ. Necesito una ～ de alfileres. かなりの量のピンが必要だ. ❼《大きな群れから離れた》家畜の小さい群れ. ❽《鹿の》枝角; 《闘牛の》角. ❾《ブドウ酒などの》酸味. ❿《美術》針, 鉄筆. — ～ seca ドライポイント用鉄筆. ⓫ 縁飾りのレース. ⓬《舞踊》トウダンス, つま先で踊ること. —bailar de [en] ～s トウダンスを踊る.

a punta de ...《銃や刃物》を突き付けて. El ladrón lo obligó a salir *a punta de pistola*. 強盗はピストルを突き付けて彼を出て行かせた.

a punta de lanza とても厳格に, きっちりと. Lleva a todos sus hijos *a punta de lanza*. 彼は自分の息子たちをとても厳しく育てている. Lleva todas las cosas *a punta de lanza*. 彼はすべてのことにきちんとしている.

a punta (de) pala たくさん, 大量に. En la estación había gente *a punta pala*. 駅には人が大勢いた.

acabar [terminar] en punta 中途半端に終わり, 尻切れとんぼになる. El plan *acabó en punta*. 計画は頓挫した.

de punta (1) つま先で. andar *de punta* つま先で歩く. (2) 最先端の. tecnología *[de] punta* 先端技術. (3)《話》興奮した. Tiene exámenes y está con los nervios *de punta*. 彼は試験があるので神経が興奮している. (4) 敵対した, 険悪な状態の. Sólo son dos hermano y están *de punta*. 彼らは兄弟がふたりしかいないのに仲が悪い.

de punta a cabo 端から端まで, 初めから終わりまで. Estás equivocado *de punta a cabo*. 君は完全に間違っている.

de punta a punta 端から端まで, 初めから終わりまで. Atravesé el barrio *de punta a punta*. 私はその地区を端から端まで歩いた.

de punta en blanco 着飾って, めかし込んで; 甲冑(かっちゅう)を身をかためて. El matrimonio se presentó en la fiesta *de punta en blanco*. その夫婦はめかし込んでパーティーに現れた.

estar hasta la punta de los pelos de ... …にうんざりしている, 閉口している. Estamos hasta la punta de los pelos de ese asunto. 我々はこの件にはうんざりしている.

horas punta ラッシュアワー. A las *horas punta* es difícil encontrar taxi. ラッシュアワーにはタクシーを見つけるのが難しい.

por la otra punta《話》とんでもない. ¿Que somos parecidos a los franceses?–*Por la otra punta*. 私たちがフランス人に似ていると言うのかい?–とんでもない.

sacar punta a ... (1) 先を尖らせる. *sacar punta al lápiz* 鉛筆を削る. (2) 悪くとる, 曲解する, あら探しをする. Me tiene antipatía y siempre *saca punta a* lo que digo. 彼は私に反感を抱いていて, いつも私の言うことを悪くとる. (3) 使い古す, 酷使する; 乱用する.

tener ... en la punta de la lengua (1) 口を滑らしそうになる, 喉まで出かかっている. ¿Y le dijiste que era un estúpido?–No, pero lo *tuve en la punta de la lengua*. それで彼のことをバカな奴だと言ったのかい?–いや, でも喉まで出かかっていた. (2) 思い出せそうで思い出せない. No consigo recordar su nombre, pero lo *tengo en la punta de la lengua*. 私はその人の名を思い出せそうで思い出せなかった.

velocidad punta 最高速度.

Punta Arenas [púnta arénas] 固名 プンタアレナス(チリの州・州都).

puntada [puntáða] 女 ❶ 縫い目, 針目, ステッチ. —coser a ~s largas [cortas] 荒い[細かい]目で縫う. Te doy unas ~s en el descosido y no se notará. ほころびたところを少し縫ってあげましょう. そしたら目立たなくなりますよ. ❷《話》当てこすり, ほのめかし. —Deja de soltar [pegar, tirar] ~s y habla claro que nadie se va a molestar. 当てこすりばかり言っていないではっきり話しなさいよ. 誰も気を悪くしたりしないよ. 類 **alusión, indirecta, insinuación**. ❸ 激痛, 差しこみ. 類 **punzada**.

no dar puntada (1)《話》何もしない, 手を出さない. ¿Cómo puedes criticarnos si tú *no das puntada*? 自分は何もやらないでおいてどうして私たちを批判できるの. Ella *no da puntada* sin dedal. 彼女は見返りなしでは骨折り仕事をしない(←指ぬきなしでは縫い物をしない). (2) 見当はずれのことを言う.

Punta del Este [púnta ðel éste] 固名 プンタ・デル・エステ(ウルグアイの都市).

puntal [puntál] 男 ❶ つっかい棒, 支柱. 類 **apoyo, sostén**. ❷《比喩》支えとなる人[もの], よりどころ. —El hijo menor es el ~ de su vejez. 末息子が彼の老後の支えだ. 類 **refrigerio, tentempié**. ❸《中南米》軽食, おやつ. 類 **refrigerio, tentempié**. ❹《海事》船の(船底から上甲板までの)高さ.

puntapié [puntapié] 男 ❶ 蹴飛ばし. —Me dio [pegó] un ~ en la espinilla. 私は彼に向こうずねを蹴られた.

a puntapiés 乱暴に, 不当に. Me echaron a la calle *a puntapiés*. 私は外に放り出された. 類 **desconsideradamente**.

mandar a ... a puntapiés (人)を思うままに動かす.

Puntarenas [puntarénas] 固名 プンタレナス(コスタリカの県・県都).

puntazo [puntáðo] 男 ❶ 突き(傷), 刺し(傷). ❷《闘牛》(角による)突き(傷)(cornada より軽いものをいう). ❸《比喩》当てこすり, 皮肉. —Aprovecha cualquier ocasión para tirar un ~ a la suegra. 彼女は機会をつかまえては義母に嫌味を言っている. 類 **indirecta, pulla**.

punteado [puntéaðo] 男 ❶ 点線;《美術》点描. —grabado ~ 点刻法. ❷《音楽》つま弾き.

puntear [puntéar] 他 ❶ …に点を打つ;《美術》を点描する. ❷ …に印をつける, をチェックする. —~ el balance 収支を照合する. ❸《音楽》つま弾く. —~ la guitarra ギターをつま弾く, かき鳴らす. ❹《中南米》(a) を率いる. (b) を鋤(*)い*)起こす.

puntel [puntél] 男《工業》(ガラス処理に用いる)鉄筒.

punteo [puntéo] 男 ❶《音楽》つま弾き. ❷《商業》チェック, 照合.

puntera [puntéra] 女 ❶ (靴, 靴下の)つま先部分; つま革, (靴の先端の)補強部分. —Está zurciendo la ~ de los calcetines. 今靴下のつま先を繕っているところだ. Lleva unos zapatos blancos con ~ negra. 彼女はつま先部分が黒い白靴をはいている. ❷《話》蹴飛ばし. 類 **puntapié**. ❸ 鉛筆キャップ.

puntería [puntería] 女 ❶ ねらい, 照準. —dirigir la ~ a [hacia] … にねらいをつける. enmendar [rectificar] la ~ 照準を合わせ直す. ❷ 射撃の技量, 射撃術. —disparar con mucha ~ 正確に射撃をする. tener buena [mala] ~ 射撃が上手[下手]である.

afinar la puntería (1) 注意深くねらいを定める. (2)《比喩》細心の注意をもって事に当たる.

puntero, ra [puntéro, ra] 形 ❶ 抜きんでた, トップの. —La informática es una ciencia *puntera*. 情報科学は先端を行く学問である. Es una empresa *puntera* en el sector. それはその分野でトップを行く企業だ. ❷ 射撃の正確な.

── 名 抜きんでた人; 首位に立つ者[人, チーム].

── 男 ❶ 指示棒, 教鞭(ﾍﾝ). ❷ のみ, たがね; 刻印器. ❸ 時計の針. ❹《コンピュータ》カーソル. — ~ del ratón マウス・ポインタ.

puntiagudo, da [puntjaɣúðo, ða] 形 先のとがった.

puntilla [puntíja] 女 ❶ (縁飾り用の)レース. ❷ (闘牛で牛にとどめを刺す)短剣.

dar la puntilla a (闘牛で牛に)とどめを刺す; … に致命的な打撃を与える. La inflación galopante *ha dado la puntilla* a la economía. 急速に進むインフレが経済に致命的な打撃を与えた.

de puntillas つま先立ちで. andar *de puntillas* つま先で歩く, 忍び足で歩く. ponerse [estar] *de puntillas* つま先で立つ[立っている].

puntillazo [puntiʎáðo] 男 ❶ 蹴飛ばし. 類 **puntapié**. ❷《闘牛》(puntilla による)とどめの一撃.

puntillero [puntiʎéro] 男《闘牛》(puntilla でとどめを刺す)闘牛士. 類 **cachetero**.

puntillismo [puntiʎísmo] 男《美術》点描画法.

puntillo [puntíʎo] 男 ❶ (つまらないことに対する)体面, 面目. —Aunque sabe que tengo razón, no cede por ~. 私の方が正しいことはわかっているくせに, 体面を気にして譲らない. ❷ 些細なこと, 枝葉末節. ❸《音楽》付点.

puntilloso, sa [puntiʎóso, sa] 形 気難しい, 口やかましい; 神経過敏な. 類 **quisquilloso, susceptible**.

****punto** [púnto プント] 男 ❶ 点. (a) 点. —Desde la cumbre el pueblo se veía como un conjunto de ~s luminosos. 山の頂から見ると町は光の点の連なりのように見えた. Tres líneas de ~s multicolores forman el cuadro. 絵には極彩色の点から成る3本の線が描かれている. (b)《言語》(i や j の上の)点; (句読点の)ピリオド. (c)《記号》点. — ~ decimal 小数点. ~ final (句読点の)ピリオド. ~s suspensivos 圏 省略符号. ~ y aparte 改行せよ. ~ y coma セミコロン「;」. ~ y seguido ピリオドを打って改行しない. ❷ (a) 時点, 瞬間. —En ese ~ de la conversación yo me dormí. 会話の途中のその時点で私は眠ってしまった. La popularidad del gobierno ha alcanzado su ~ más bajo. 政府の人気は底をついた. 類 **momento**. (b) 場所,地点. —Tenía la mirada fija en un ~ lejano del horizonte. 彼女は地平線上の遠い一点に視線を凝(ﾖ)らした. Han encontrado un local en un ~ céntrico de la ciudad. 彼らはその市の中心部に地所を探している. en el ~ en que la carretera se divide 道路の分岐点に. el ~ donde ocurrió el accidente 事故が起こった現場. ~ de acceso《通信》アクセス・ポイント. ~ de comprobación チェック・ポイント. ~ de partida [arranque] 出発点;《比喩》論理の出発点. ~ de interrupción 《情報》区切り点, ブレークポイント. ~ de referencia 参照箇所. ~ de reunión 集合場所[地点]. ~ de venta 販売店[小売店]. ❸ 点, 程度; 段階. —Hasta cierto ~ llevaba razón. 彼はある点までは正しかった. Es atento hasta tal ~ que puede llegar a resultar pesado. 彼はしつこいくらいに親切だ. ~ álgido [culminante] 頂点, 最高潮. ~ crítico 臨界点. ~ de congelación 氷点. ~ de ebullición 沸点. ~ de fuga 物の見えなくなる最後の点,（透視画法の）消尽点. ~ de fusión 融点. ~ de inflexión 変曲点. ~ de no retorno 引き返せない点, 後に引けない段階. 【類】grado. ❹ 問題点, 論点. —En ese ~ estoy de acuerdo contigo. その点で私はあなたに賛成だ. los ~s a tratar en la reunión de hoy 今日の会議の議題. Hay algunos ~s de coincidencia entre las dos propuestas. この二つの提案にはいくつかの共通点がある. ~ ciego 盲点. ~ débil [flaco] 弱点. 【類】aspecto, asunto. ❺ 方位. —~s cardinales 基本方位, 東西南北. ❻ (a)《裁縫》縫い目, 編み目, ステッチ. —chaqueta de ~ ニットのジャケット. (b)《外科》縫合. —~ de sutura 縫合, 縫合. Le tuvieron que poner ~s. 彼女は幾針か縫ってもらわなければならなかった. (c)（編み物, 針仕事で）縫うこと. —Se me ha escapado un ~. 私は一針すき落とした（一針かがり落とした）. artículos de ~ ニットウェア. hacer ~ 編む. ~ atrás 返し針. ~ cadena チェーンステッチ, 鎖線, 鎖編み. ~ cruzado[de escapulario] 矢筈模様(杉綾模様), ヘリンボーン. ~ の縫い方. ~ (de) cruz クロスステッチ, 十字縫い, 千鳥掛け. ~ del derecho プレーンステッチ. ~ del revés 金銀の飾り縁をつけた縫い方. ~ de media[jersey] メリヤス編み. ~ elástico うね模様. ~ Santa Clara ガーター編み(平編みの表目と裏目を交互に配置). ~ sombra シャドーステッチ. ❼（スポーツ, 遊び）ポイント, 点,《教育》(試験などの)点. —Venció por ~s. 彼は判定勝ちした. Tiene dos ~s de ventaja sobre su rival. 相手チームに2点の差がある. Pierdes dos ~s por cada falta de ortografía. スペリングミスを一つするたびに2点を引きます. ~ de penalty ペナルティーによる得点. 【類】unidad. (b)《経済》(相場の単位)ポイント, 点. ❽ 少量. —Es una chica amable, con un ~ de pegajosa. 彼女は少しつこいが優しい少女だ. 【類】pizca, poco. ❾《数学》乗の記号 (2·3=2×3)《音楽》スタッカート記号; 音の高さ, ピッチ. ⓫《医学》心臓の鋭い痛み.

a buen punto ちょうどいい時に; 間に合って. Han llegado *a buen punto* para la cena. 彼らは夕食に間に合うように着いた.
a este punto その点で; そこで.
al punto すぐに, ただちに. *Al punto* le aviso. すぐ彼に知らせます.
a punto (1) →a buen punto. (2) 用意のできた. Todo está *a punto* para la boda. 結婚式の準備が全て整った.
a punto de 『＋不定詞』まさに…するところ. El tren está *a punto de* salir. 汽車はまさに出発するところだ. Estaba *a punto de* llorar. 彼女は泣き出しそうだった.
a punto de caramelo 《話》機が熟した. Yo no lo encuentro viejo, para mí está *a punto de caramelo*. 彼は年寄りには見えない. 私にはむしろ円熟しているように思える. La situación está *a punto de caramelo* para otro golpe militar. 次の軍事クーデターが起りそうな状況である.
a punto fijo 確かに, 正確に. *A punto fijo* que no viene. きっと彼は来ない. No lo sé *a punto fijo*. 私はその事を正確にはわからない.
a punto largo 不作法に, 無礼に.
bajar de punto 低下[減少]する.
calzar muchos [pocos] puntos 利口である[ない], 役に立つ[立たない].
con puntos y comas《話》詳細に, 微に入り細に入り. Nos relató lo ocurrido *con puntos y comas*. 彼は私たちに起こったことを詳細に語ってくれた.
dar el punto a ... …を最高の状態に仕上げる.
dar en el punto 的中させる.
de todo punto 絶対に, まったく. Es *de todo punto* imposible que haya sido él. それが彼だったなんて絶対にありえない.
en buen [mal] punto 折りよく[わるく], 好都合に[不都合に].
en punto (1) ちょうど, きっかり. Son las cinco *en punto*. ちょうど5時だ. (2) 折よく. Hoy llega *en punto*. 今日彼が来る.
en punto de caramelo 準備が整った. Todo está *en punto de caramelo* para la boda. 結婚式の準備がすっかり整った.
en su punto ちょうど良い状態である. La paella está *en su punto*. パエーリャは食べ頃だ.
ganar puntos 評判をとる, 点を上げる.
mirar en puntos 入念に点検[修理]する.
no perder punto 入念に行なう.
no poder pasar por otro punto 避けられない.
perder (muchos) puntos 評判を落とす.
poner en a punto チューンアップする, 最高の状態にする.
poner en punto 完全な状態にする; 正当に評価する.
poner los puntos a [en] ... …に狙いをつける, 的を絞る.
poner punto final a ... …に終止符を打つ.
punto de apoyo 支え; 根拠. El tronco del árbol sirvió de *punto de apoyo*. 木の幹が支えの役を果した. Su mujer fue el *punto de apoyo* en aquellos difíciles momentos. あの困難な時代彼の妻が彼の支えになっていた.
punto de contacto 接点, 類似点. Esa ideología tiene muchos *puntos de contacto* con el existencialismo. その思想は実存主義と多くの接点がある.
punto de vista 観点, 視点. desde un *punto de vista* técnico 技術的観点から見れば. Desearía conocer su *punto de vista* sobre este asunto. 私はこの件についてのあなたの見解を知りたいものです.
punto en boca《話》秘密を守る, 黙っている. Diga lo que diga, tú *punto en boca*. 彼が何と言おうとお前は黙っていろ.
punto muerto (1)《自動車》(ギアの)ニュートラル. (2) 行き詰まり. las negociaciones han llegado a un *punto muerto*. 交渉は行き詰った.
punto negro (1) (道路の)危険箇所. (2) 問題

点; 危険性. En su gestión no encontraron ningún *punto negro*. 彼の処理には問題が見つからなかった.

punto neurálgico (1) 中心;《解剖》神経中枢. un accidente en uno de los *puntos neurálgicos* de la ciudad. 市の中心部で起った事故. (2) 重要かつ扱いにくい問題. uno de los *puntos neurálgicos* de la cuestión 問題の重要でデリケートな部分.

punto por punto 詳細に. Vamos a analizar el problema *punto por punto*. 問題を詳しく分析しよう.

sin faltar punto ni coma →con puntos y comas.

subir de punto (議論などが)熱くなる, 感情が高まる.

y punto 《話》(議論などで)これで終りだ, 他にもう何もない. Harás lo que yo te diga *y punto*. 私の言うことをすればいいんだ(他には何もない). He dicho que no *y punto*. だめと言ったらだめなんだ, これで終りだ.

puntocom [puntokón] 男《情報》ドットコム.
puntuable [puntuáβle] 形 計算に入る, 評価される. —una prueba ～ para el campeonato 選手権の得点にカウントされる試合.
‡**puntuación** [puntuaθjón] 女 ❶ 句読点(を付けること), 句読法. —signos de ～ 句読[符]. ❷ (試験やスポーツなどの)得点, 点数; (試験の)成績, 評価. —sacar una buena ～ [～ alta] en el examen 試験で良い成績[高い点数]をとる.
puntual [puntuál] 形《男女同形》❶ 時間どおりの, 時間厳守の; 几帳面な, (任務に)忠実な. —Es un hombre ～. 時間に正確な[几帳面な]男だ. ❷ 正確な, 精密な. —de manera ～ 厳密に, きちんと. Piden explicación ～ del presupuesto 2005. 2005年予算の正確な説明が要求される. ❸ 都合の良い, 適当な. —tema ～ 適切なテーマ. ❹ 点(のような).
puntualidad [puntualiðá(ð)] 女 時間を守ること, きちょうめん; 正確さ. —¡Qué falta de ～! なんてルーズなんでしょ! Él ha cumplido con ～ lo pactado. 彼は約束した内容をきちんと果たした. 類 **exactitud, precisión**.
‡**puntualizar** [puntualiθár] [1.3] 他 ❶ …と明確にする, 明らかにする, はっきりさせる. —El testigo *puntualizó* que el acusado estuvo en el bar hasta la una, no hasta las doce y media. 証人は被告が12時半までではなく, 1時までバルにいたと証言した. ～ el día y la hora de llegada 到着日と時刻をはっきりさせる. ❷ 詳述する, 細かく説明する, 詳細に述べる. —El presidente *puntualizó* las declaraciones de su portavoz dos horas más tarde. 大統領はスポークスマンの発表を2時間後に詳しく説明した.
‡**puntualmente** [puntuálménte] 副 時間厳守して, 時間にきちょうめんに, 正確に. —Siempre llega ～ a clase. 彼女はいつも時間どおりに授業にくる. 類 **con exactitud, con puntualidad**.
puntuar [puntuár] [1.6] 他 ❶ …に句読点を打つ. ❷ を採点する, 評価する.
— 自 ❶ (試合結果などが)算定に入る, 得点となる. —Esta carrera no *puntúa* para los Juegos Olímpicos. このレースはオリンピックに出場するための記録としては参考にされない. ❷ 採点する, 評価する. —Este profesor tiene fama de ～ alto. こ

の教師は高い得点を与えるという噂である.
puntura [puntúra] 女 ❶ 刺し傷, 刺し跡. ❷《印刷》(印刷機の)紙押さえ用つめ.
punzada [punθáða] 女 ❶ 突き刺し, 刺し傷. —¡Cuidado al cortar las rosas, que puedes darte una ～ en el dedo! バラを切るとき気をつけてね, 指に刺(と)が刺さるかもしれないよ. 類 **pinchazo**. ❷《比喩》(刺すような)鋭い痛み. —Tengo ～s en el corazón y estoy preocupado. 心臓がきりきり痛むんで心配なんだ. ❸《比喩》心のうずき, 苦悶. —Cuando ve a su mujer hablando con otro, siente ～s de celos. 彼は妻が他の男と話しているのを見ると嫉妬(と)の念にさいなまれる.
punzante [punθánte] 形 ❶ 刺すような, 鋭い. —un arma ～ 鋭い刃物. un dolor ～ 鋭い痛み. ❷ 痛烈な, 辛辣(ら)な. —palabras ～s 刺(と)のある言葉. 類 **mordaz**.
punzar [punθár] [1.3] 他 ❶ を刺す, 突く, …に穴を開ける. 類 **pinchar**. ❷ …に痛みを与える, を苦しめる. —La traición de su amigo le *punza* el corazón. 彼は友人に裏切られて苦しんでいる.
— 自 (刺すように)痛む, うずく, ずきずきする.
— se 再 痛む, うずく.
punzó [punθó] 形《中南米》鮮紅色の.
punzón [punθón] 男 ❶《技術, 機械》千枚通し, きり. ❷ 彫刻刀, のみ. ❸ (コインなどの)刻印器, 型押し器.
puñada [puɲáða] 女《話》げんこつ[こぶし]での殴打, パンチ. —dar a ... de ～s …にパンチを浴びせる. 類 **puñetazo**.
‡**puñado** [puɲáðo] 男 一握りの, 一つかみの; 少量の, 少数の. —Di a la niña un ～ de caramelos. 私はその女の子に一握りの飴を与えた. A la conferencia sólo asistió un ～ de gente. 講演会には僅かな人しか出席しなかった.
a puñados たくさん, 多量に. Con ese negocio ganó dinero *a puñados*. 彼はその商売で大金を得た.
‡**puñal** [puɲál] 男 短剣, 短刀, 匕首(ぃく). —Me amenazó con un ～. 彼は短刀で私を脅した.
poner el puñal en el pecho a ... (人)を脅迫する, (人)に無理強いをする. Me *pusieron un puñal en el pecho*: o aceptaba el traslado o me despedían. 彼らはおとなしく立ち退くか, たたき出されるかどちらかと言って私を脅した.
puñalada [puɲaláða] 女 ❶ (短刀などで)刺す[突く]こと, 刺し[突き]傷. —dar una ～ a ... (人)を刺す. ❷《比喩》衝撃, 打撃. —La noticia de que tenía el SIDA fue una ～ para mí. 彼がエイズに冒されているという知らせを受けて私は大きなショックをうけた.
coser a puñaladas a ... 《話》めった突きにする.
puñalada de misericordia とどめの一撃.
puñalada trapera 裏切り.
ser a puñaladas de pícaro《話》[否定文, または疑問文で]差し迫っている, 急いでいる.
puñeta [puɲéta] 女 ❶ (長衣 toga の)縁取りをした袖口. ❷《話》ばかげた[くだらない]こと[もの]. —¡Con lo ocupado que estoy me vienes con ～s! まったくこの忙しいときにくだらないこと言い出すのね! 類 **pejiguera, tontería**. ❸ 自慰.
de la puñeta《話》しょうもない, いまいましい. Ahí viene el vecino *de la puñeta*. あそこに近所の馬

鹿野郎が来たよ.
en la quinta puñeta 《話》とんでもなく遠くに.
hacer a … la puñeta 《話》(人)を困らせる, (人)を不快にさせる. Llega tarde sólo para *hacerme la puñeta*. 奴が遅刻してくるのは俺を困らせるためだけなのだ.
mandar [enviar] a … a hacer puñetas (人)を追い払う, (人)に冷たくする.
¡Puñeta(s)! 《卑》くそっ!, 畜生!.
¡Qué [Ni qué] puñetas! 《卑》(前言を強調して)絶対そうだぜ! [そうなんか!] Si él no me saluda, yo tampoco.*¡Qué puñetas!* もしあいつが俺に挨拶しないんだったら, 俺だってしないぞ. するもんか!
Vete a hacer puñetas! 《卑》消え失せろ!

puñetazo [puɲetáðo] 男 げんこつの殴打, パンチ. —Le dieron un tremendo ～ y perdió el sentido. 彼はすさまじい一発を受けて意識を失った. Le derribó de un solo ～. 彼はただ一発のパンチで倒れた.

puñetero, ra [puɲetéro, ra] 形 《話》嫌な, 最低の, いまいましい. —vida *puñetera* みじめな生活. Este ～ hijo ha vuelto a engañarme. このクソ野郎また俺をだましやがった. El ～ dinero fue la causa de su enemistad. あのいまいましい金が彼の憎悪のもとだ.

***puño** [púpo] プニョ] 男 ❶ 握りこぶし, げんこつ. —Levantaban los ～s en señal de protesta. 抵抗の証として彼らはこぶしを挙げていた. Me amenazó con el ～. 彼はげんこつを振りかざして私を脅した. ❷ 握り, 柄(²), 取っ手. —el ～ del paraguas 傘の握り. el ～ de la espada 刀の柄. el ～ del martillo ハンマーの取っ手. 類 **empuñadura, mango**. ❸ 袖口, カフス; 袖口の飾り. —Esta camisa tiene adornos en los ～s. このシャツの袖口には飾りがある. 類 **puñeta**. ❹ ひと握り, ひとつかみ. —Cogió un ～ de arena. 彼はひと握りの砂をつかんだ. 類 **puñado**. ❺ (ドアなどの)ノブ, 握り. 類 **pomo**. ❻ 強さ; 体力, 気力. —hombre de ～s 強い男. lavar la ropa a fuerza de ～s 洗濯物をごしごし洗う. Consiguió el éxtio con [por] sus ～s. 彼は自分の力で成功を手にした. ❼《話》小さなもの. —Se construyó un ～ de casa. 彼はちっぽけな家を立てた.

a puño cerrado こぶしを握りしめて.
creer a puño cerrado を(…と)確信する.
apretar los puños 大いに努力する, 懸命に頑張る. Habrá que *apretar los puños* para ganar ese partido. 彼らに勝つために大いに頑張らねばならない.
comerse los puños 《話》ひもじい思いをする. Cuando el niño vuelve del colegio *se come los puños*. その子は学校から帰るといつもお腹をすかしている.
como puños とても大きい. Me dijeron mentiras *como puños*. 彼らは私に大うそ[真っ赤なうそ]をついた.
como un [el] puño (1) (物や空間について)小さい, 狭い. La casa tiene un jardín *como un puño*. その家には小さな庭がある. (2) (抽象的なことについて)明らかな, 確固とした. Es una verdad *como un puño*. それは明らかな真実である[それは火を見るより明らかなことだ].

de (su) puño y letra [de propio puño] 自筆の[で], 直筆の[で]. Estas cartas son *de puño y letra* de Gracián. これらはグラシアンの自筆の手紙だ. Escribió el testamento *de su puño y letra*. 彼は遺言を直筆で書いた.
estar con el corazón en un puño →**corazón**.
tener [meter] a … en un puño (人)を意のままにする, 牛耳る. Su esposa *le tiene en un puño*. 奥さんは彼を意のままに操っている.

pupa [púpa] 女 ❶(口の周りの)発疹, 吹き出物; かさぶた. ❷《幼》傷, 痛いところ. —Abuelita, me he hecho ～ en el dedo. おばあちゃん, 指に怪我しちゃったよ. ❸《虫類》蛹(ミミミ).
hacer pupa a … (人)に痛い思いをさせる, (人)を傷つける.

pupila [pupíla] 女 ❶《解剖》瞳, 瞳孔. 類 **niña**. ❷ 洞察力, 鋭敏さ. —Esa mujer tiene mucha ～ para los negocios. その女性は商売の才覚がある. 類 **ingenio, perspicacia, sagacidad**. ❸ 売春婦. 類 **prostituta**.

pupilaje [pupiláxe] 男 ❶ 保護下にあること, 被後見. ❷ 駐車場の使用権[使用料]. ❸《まれ》下宿屋; 下宿代.

pupilar [pupilár] 形 ❶ 被後見(人)の, 未成年(者)の. ❷《解剖》瞳孔の.

pupilo, la [pupílo, la] 名 ❶ (保護下にある)孤児;《法律》被後見人. ❷ 下宿生, 寮生. ❸《スポーツ》コーチの指導下にある選手.
a pupilo (まかないつきで)下宿して. Está *a pupilo* en casa de un amigo de su padre. 彼は父親の友人の家に下宿している.
casa de pupilos 下宿, 寮.
medio pupilo 昼食を学内で取る通学生.

pupitre [pupítre] 男 ❶(天板が手前に傾いている)机, 学校机. ❷ コンソール, 制御盤. ❸(酒蔵の)ビン立て.

pupo [púpo] 男【中南米】へそ. 類 **ombligo**.

puquío [pukío] 男【中南米】泉; 水源.

***puramente** [púramente] 副 純粋に, 単に, まったく. —Lo hizo ～ por caridad. 彼はただかわいそうに思ったからそれをしたのだ. Lo que ha dicho es, *pura y simplemente*, una estupidez. 彼が言ったことはまったくバカげたことだ.

puré [puré] 男《料理》ピューレ, 裏ごしポタージュ. —～ de tomates トマトピューレ. ～ de patatas マッシュポテト, ジャガイモのピューレ.
estar hecho puré 《話》くたくたである. Al terminar los exámenes *estaba hecho puré*. 試験が終わったとき私はくたくただった.

pureza [puréθa] 女 ❶ 純粋(さ), 清浄, 純潔; 処女性. —～ de sangre 純血, 家柄の正統性. ～ del lenguaje (方言の混ざらない)ことば使いの正しさ[純正さ] Le atrajo la ～ de la muchacha. 彼は少女の純粋さに引かれた. En este pueblo, la ～ de las aguas y del aire son inseparables. この村の水と空気のきれいなことはどこにも負けない.

purga [púrɣa] 女 ❶《医学》下剤. —dar [tomar] una ～ 下剤を与える[飲む]. ❷ 追放, 粛清, パージ. —hacer una ～ 粛清を行う. ❸《産業》廃棄物.

purgación [purɣaθión] 女 ❶《医学》下剤をかけること, 通じをつけること. ❷ 複《話》淋病(ミミミ). —Tiene *purgaciones*. 彼は淋病にかかっている. 類 **blenorragia**. ❸ 月経, 生理.

purgador, dora [purɣaðór, ðóra] 形 浄化

する, (不純物を)除去する.

purgamiento [purɣamjénto] 男 ❶ 浄化, 除去. ❷ 下剤をかけること.

purgante [purɣánte] 形 ❶ 下剤の, 便通をよくする. ❷ 浄化する.
── 男 下剤, 通じ薬.

*__purgar__ [purɣár] [1.2] 他 ❶ (a) を清める, 浄化する, …の不純物を取り除く. —Purgan los caracoles con agua y vinagre. 彼らは水と酢でエスカルゴを洗う. ~ un manzano リンゴの木を摘実する. (b) を除去する, 一掃する, 取り除く. ~~ el aire de los radiadores ラジエーターのエア抜きをする. ❷ (罪)を償う, あがなう. —El acusado purgará sus faltas con cuatro años de prisión. 被告はその過ちを4年間の禁固刑で償うものとなる. 類__expiar__. ❸ に浣腸(かんちょう)をする, 下剤をかける. —Antes de operar al enfermo, el médico le ha purgado. 患者に手術を施す前に医者が彼に浣腸をした. ❹ を精練する, 洗練する. ~ un proyecto 計画をより完全なものにする. 類__acrisolar, purificar__.
── 自 不純物を出す, 異物を排出する. —La llaga purga bien. 傷口からよく膿(うみ)が出ている.
── se 再 ❶ (自分で)浣腸をする, 下剤をのむ. ❷ …から不純物が排出される; [+de から] 逃れる. —La herida se purgó en dos días. 傷口は2日で膿が出た.

purgativo, va [purɣatíβo, βa] 形 → purgante.

purgatorio [purɣatórjo] 男 (しばしば P~) ❶ 《カトリック》煉獄(れんごく). ❷ 《比喩》試練(の場), 苦難. —Con su primer marido pasó un ~. 彼女は最初の夫ではつらい経験をした.

puridad [puriðá(ð)] 女 ❶ 《文, まれ》純粋, 純潔. 類__pureza__. ❷ 内密, 秘密. 類__reserva, sigilo__.
__en puridad__ 率直に, はっきりと. 類__claramente__.

purificación [purifikaθjón] 女 ❶ 浄化, 純化. ❷ (a) 《宗教》お清め. (b) 《カトリック》(P~) 聖母マリアの清めの祝日(2月2日).

purificador, dora [purifikaðór, ðóra] 形 浄化する. —sistema ~ de aguas 浄水装置, 浄水器.
── 男 浄化装置, 清浄器. —~ de aguas 浄水器.

*__purificar__ [purifikár] [1.1] 他 ❶ を清浄にする, 清める, 純化する. —La lluvia ha purificado el aire. 雨が空気を清めた. ~ el agua 水を浄化する. 類__depurar, purgar__. ❷ (心)を清くする, 浄化する. —~ el alma 魂を浄化する. ❸ を洗練する, 磨き上げる. —~ una tesis antes de presentarla 論文を提出する前に推敲(すいこう)する. 類__depurar__. ❹ (金属)を精錬する.
── se 再 清浄になる, きれいになる, すっきりする.

purismo [purísmo] 男 (言語, 芸術などにおける)純粋主義(正統的方法や規範を極端に重んじる立場[態度]).

purista [purísta] 形 純粋[純正]主義の.
── 男女 純粋[純正]主義者.

puritanismo [puritanísmo] 男 《宗教》ピューリタニズム; 厳格[厳粛]主義.

puritano, na [puritáno, na] 形 《宗教》清教徒の, ピューリタニズムの; 厳格[厳正]主義の. —Revolución Puritana《歴史》清教徒革命.
── 名 清教徒, ピューリタン.

purulento 1575

*__puro__[1]__, ra__ [púro, ra プロ, ラ] 形 ❶ (a) 純粋な, 混じり物のない. —Se expresa en un japonés muy ~. 彼は混じり気の全くない日本語で自分の考えを述べた. Es un traje de pura lana. それは純毛のスーツだ. ~ zumo de uva 生グレープジュース. un collar de oro ~ 純金のネックレス. ❷ 汚れのない, 清潔な. —El agua de la fuente era pura y cristalina. 泉の水は清潔で澄んでいた. el aire ~ del campo 田舎のきれいな空気. ❸ 純心な, 無邪気な. —Sentía por ella un amor ~. 彼は彼女に純心な愛を感じていた. unos ojos ~s 邪心のない目. un chico ~ 無邪気な少年. 類__casto, incente__. ❹ 純粋な. (a) 純血の. —un caballo de raza pura [de pura sangre] 純血種の馬. (b) 混じりけのない. —matemática pura 理論数学. filosofía pura 純粋哲学. ❺《名詞の前で》単なる, まったくの. —Te he contado la pura verdad. 正真正銘の真実を私は君に話したんだ. Acertó por pura casualidad. 彼女はまったく偶然にそれをした. Fue pura coincidencia. それはまったくの偶然の一致だ. Esta carne es ~ nervio. この肉はスジばかりだ. Esa atleta es ~ músculo. その女性アスリートは全身に筋肉だ. Lo hizo por ~ capricho. 彼(女)は出来心だからだった. en invierno 冬の最中に. 類__mero, simple__. ❻ 《中南米》《話》…だけ. —En esa fábrica trabajan puras mujeres. その工場には女だけしか働いていない. A ese bar van ~s viejos. そのバーに行くのは老人だけだ. Son puras imaginaciones suyas. それは彼の空想に過ぎない. 類__sólo__.
__de puro__ とても~なので. Temblaba de puro miedo. あまり恐ろしくて彼は震えていた. No podía moverse de puro cansancio. 彼は疲れすぎて動けなかった.

*__puro__[2] [púro プロ] 副 ❶《中南米》《話》単に. ❷《コロンビア》《話》ちょうど. —Lo mataron al borde de la carretera. 彼らが彼を殺したのは道路のすぐ脇だった. 類__justo__.

*__puro__[3] [púro プロ] 男 ❶ 葉巻. 類__cigarro__. ❷《話》罰, 制裁. —Le han metido un buen ~ por lo que ha hecho. 彼は自分がしたことで制裁を受けた.

púrpura [púrpura] 女 ❶ 赤紫色, 紫がかった深紅色. 類__morado, violado__. ❷ 紫衣; (紫衣を着る)高位高官. —~ cardenalicia 枢機卿の地位. ❸《貝類》アクキガイなど染料となる貝類; 貝類を原料とする染料. ❹《医学》紫斑病, 紫斑.

purpurado [purpuráðo] 男 《カトリック》枢機卿. 類__cardenal__.

purpurar [purpurár] 他 ❶ を赤紫に染める. ❷ …に紫衣を着せる.

purpurear [purpureár] 自 赤紫色の姿を現す, 赤紫がかる.

purpúreo, a [purpúreo, a] 形 ❶ 赤紫色の, 紫色の. —color ~ 赤紫色. ❷ 帝位の, 高官の.

purpurina [purpurína] 女 ❶《化学》プルプリン(赤色染料). ❷《美術》青銅[洋銀]粉末(金粉[銀粉]として油やニスに混ぜる).

purpurino, na [purpuríno, na] 形 → purpúreo.

purulencia [purulénθja] 女 《医学》化膿(かのう).

purulento, ta [purulénto, ta] 形 《医学》化

膿した，化膿性の．—herida purulenta 膿(のう)を持った傷，化膿した傷．

pus [pús] 男 〖医学〗膿(のう)．

Pusan [púsan] 固名 釜山[プサン](大韓民国の都市)．

puse [púse] 動 poner の直・完了過去・1単．

pusiera(-) [pusiéra(-)] 動 poner の接・過去．

pusieron [pusiéron] 動 poner の直・完了過去・3複．

pusiese(-) [pusiése(-)] 動 poner の接・過去．

pusilánime [pusilánime] 形 弱気の，意気地のない．—Es demasiado ~ para fundar una nueva empresa. 彼は新しい事業を始めるのには臆病すぎる. 類**cobarde, tímido**.
—— 男女 意気地のない人，小心者．

pusilanimidad [pusilanimiðá(ð)] 女 弱気，臆病． 類**cobardía**

pusimos [pusímos] 動 poner の直・完了過去・1複．

pusiste [pusíste] 動 poner の直・完了過去・2単．

pusisteis [pusísteis] 動 poner の直・完了過去・2複．

puso [púso] 動 poner の直・完了過去・3単．

pústula [pústula] 女 〖医学〗膿疱(のうほう)．

pustuloso, sa [pustulóso, sa] 形 〖医学〗膿疱(のうほう)性の，膿疱のできた．—grano ~ 膿疱性のできもの．cara pustulosa. 膿疱だらけの顔．

puta [púta] 女 ❶ 《卑》売春婦． 類**prostituta, ramera**. ❷ 《卑》売女(ばいた)，淫売(いんばい)，尻軽女(女性をののしるときや，語調を強めるときに用いられる)．—¡Hijo de ~! 《卑》クソ野郎!, ブタ野郎!

putada [putáða] 女 《卑》汚い手口，卑怯な行為．—Si ahora te echas para atrás nos haces una ~. 今になってやっぱり止めるなんていったら，汚いぞ．¡Qué ~ haberse ido sin avisarnos! 俺達に何も言わずに行っちまうとはなんてひどいんだ! 類**cabronada**.

putativo, va [putatíβo, βa] 形 (主に血縁関係について)推定上の，一般にはそうだと思われている．—padre ~ 推定上の父．Es hijo ~ de un famoso cantante. 彼はある有名な歌手の息子ということになっている．

putear [puteár] 自《卑》❶ よく女遊びをする，しばしば売春婦のもとへ通う．❷ 売春をする．
—— 他《卑》❶ を困らせる，…に嫌な思いをさせる，をひどい目にあわす．—El jefe siempre me está puteando. ボスにはいつもひどい目にあわされている． 類**fastidiar, perjudicar**. ❷ 〖中南米〗…に下品なことを言う，をののしる． 類**injuriar**.

puto, ta [púto, ta] 形 《卑》❶『名詞の前で語気を強める．』—No tengo la puta idea de por qué está enfadado. 俺にはいつが何で怒っているかさっぱりわからん．Me pusieron en la puta calle. 俺は路頭に放り出された． ❷ いまいましい，くそったれの．—No creía que eras tan ~. お前がそんな最低の奴とは思わなかった． ❸ 売春する，ふしだらな．—Tenía fama de mujer puta. 彼女は誰とでも寝るという噂だった．

de puta madre 《卑》すごい，すばらしい，最高の．Lo hemos pasado *de puta madre*. 最高に楽しかったよ．
—— 男 男娼．

putrefacción [putrefakθión] 女 腐敗，腐乱; 腐敗物． 類**corrupción, podredumbre**.

putrefacto, ta [putrefákto, ta] 形 腐った，腐敗した． 類**corrompido, podrido**.

putrescente [putresθénte] 形 腐りかかった，腐った．

putrescible [putresθíβle] 形 腐りやすい，腐敗しやすい．

putridez [putriðéθ] 女 腐敗，腐りやすさ．

pútrido, da [pútriðo, ða] 形 腐った，腐敗した． 類**corrompido, podrido**.

Putumayo [putumájo] 固名 ❶ プトゥマーヨ(コロンビアの州)． ❷ (el ~) プトゥマーヨ川(アマゾン川の支流)．

puya [púja] 女 ❶ (闘牛の牛に用いる)槍(やり)の先端部，(家畜の用いる)突き棒の先端部．❷ 〖比喩〗当てこすり，皮肉．—El profesor me echó [tiró] una ~ por faltar a clase. 先生は授業を休んだことで私に嫌味を言った． 類**indirecta**.

puyazo [pujáθo] [<puya] 男 〖闘牛〗(槍(やり)による)突き(傷)．

Puyo [pújo] 固名 プヨ(エクアドルの都市)．

puzolana [puθolána] 女 〖土木, 岩石〗ポゾラン(火山灰などのセメント材料)．

Pyong Yang [pioŋ ián] 固名 ピョンヤン[平壤](北朝鮮[朝鮮民主主義人民共和国]の首都)．

pyrex [pájre(k)s] 男 《商標》パイレックス(耐熱ガラス食器)．

Q, q

Q, q [kú] 囡 スペイン語アルファベットの第18文字.

Qatar [katár] 圖名 カタール(首都ドーハ Doha).

q.b.s.m.《略号》= que besa su mano (通信文で)敬手.

q.e.p.d.《略号》= que en paz descanse 安らかに眠れ(墓碑の銘文).

q.e.s.m.《略号》= que estrecha su mano (通信文で)敬具.

***que**¹ [ke ケ] 囲(関係)〖無変化; 無強勢語〗〖先行詞は人・物・事で関係節の主語・直接目的語・間接目的語・状況補語などとして用いられる〗 ❶〖制限用法〗(a)〖＋直説法〗…する…, …する…. — La chica *que* está hablando con José es mi prima. ホセと話している女の子は私の従姉妹です. ¿De quién es la moto *que* está allí? あそこにあるバイクは誰のですか. ¿Cómo se llama la muchacha *que* te saludó anoche? 昨夜君に挨拶した女の子は何ていう名前かい〖先行詞が特定の人を示し関係節の直接目的語である場合に前置詞 a はつかない〗. ¿Qué tal la película *que* viste ayer? 昨日見た映画はどうだったかい. (b)〖＋接続法〗…する…, …するような…. — Estamos buscando un español *que* sepa bien japonés. 私たちは日本語がよくできるスペイン人を探しています. Aquí no hay nada *que* me guste. ここには私の気に入るようなものは何もない. ¿Hay alguien *que* quiera acompañarme? 私と一緒に行きたい人はいますか. Dile algo *que* le anime. 彼を元気づけるようなことを何か言ってやれ〖関係節に接続法が用いられるのは先行詞が不定あるいは否定されている場合である〗. (c)〖＋不定詞〗…すべき…. — Hoy tenemos muchas cosas *que* hacer. 今日私たちはすべきことがたくさんある. ¿Tiene usted algo *que* declarar? 何か申告すべきものをお持ちですか. ❷〖説明用法, 主に＋直説法〗そしてそれ〖その人〗は…, しかしそれ〖その人〗は…, ところでそれ〖その人〗は…なのだが〖なので〗. — Los niños *que* estaban en el patio echaron a correr. 中庭にいた子どもたちは走りだした. Este coche, *que* me costó mucho, no corre bien. この車は随分値がしたが走りがよくない. ❸〖前置詞 (a・con・de・en のみ)＋, 制限用法のみで先行詞は主に物・事〗el que, quien〗…する…, …するような…. — ¿Qué tal resultó el asunto de *que* me hablaste el otro día? この間話してくれた件はどうなった? La mujer donó al museo la pluma con *que* el marido había escrito todas sus novelas. 彼女は夫が作品を執筆した際に使った万年筆をその博物館に寄贈した. Ya no existe la casa en *que* nacimos. もう私たちが生まれた家は存在していない. Mi hijo nació el año en *que* murió Picasso. 私の息子はピカソが死んだ年に生まれた. El día *que* llegué a Tokio diluviaba. 私が東京に着いた日は大雨だった. Dime a la hora *que* tengo que despertarte. 私が君を起こさなければならない時間を教えてくれ〖先行詞が時の状況補語の場合, 前置詞は省略されることが多い〗. ❹〖制限用法〗…は…だから, …であるからこそ. — Tú *que* eres muy amigo suyo, ¿no podrías pedirle ese favor? 君は彼の親友なんだからそれを頼んでみたらどうかな.

—***el que, la que*** 囲(関係)〖覆 男 los que, 囡 las que, 囲→lo que〗〖先行詞は人・物, 先行詞の性・数により定冠詞が変化する〗 ❶〖制限用法, 前置詞＋のみ(ただし sin, tras や三音節以上の前置詞, 複合前置詞の場合は el cual が一般的. →el cual)〗…である…, …なのだが…. — Es una profesora a *la que* respetamos todos. 彼女は私たちみんなが尊敬する先生だ. No es esa la persona a *la que* me refiero. 私が言っているのはその人のことではない. El señor con *el que* ella está hablando es un famoso médico. 彼女が話をしている紳士は有名な医者だ. Todas las ciudades por *las que* pasa el tren son muy pequeñas. その電車が通る町はどれもとても小さい. Esa es la razón por *la que* no fui a la fiesta. それがパーティーに行かなかった理由だ. Aquella torre, desde *la que* se ve toda la ciudad, es del siglo XV. そこから町全体が見渡せるあの塔は15世紀のものだ.〖制限用法では前置詞なしでは用いられない. すなわち, 関係節の主語となる先行詞や直接目的語となる物の先行詞とともに用いられることはない〗. ❷〖説明用法, ＋直説法〗そしてそれ〖その人〗は…, ところでそれ〖その人〗は…なのだが〖なので〗. — Escribí a Carmen, *la que* está ahora en Tokio estudiando. 私はカルメンに手紙を書いたが, それは現在東京に留学中のカルメンだ.〖説明用法では前置詞なしでも用いられる. すなわち, 関係節の主語となる先行詞や直接目的語となる物の先行詞とも用いられる. このときコンマに続くが, この用法は単なる説明用法というより同格関係節のことが多い〗. ❸〖独立用法〗(a)〖＋直説法〗…である人, …する人. — *El que* [quien] a hierro mata, a hierro muere.〖諺〗因果応報(←刃で殺す者は刃で死ぬ). De las cuatro chicas, *la que* lleva gafas es mi novia. その4人の女の子のうちメガネをかけたのが僕の恋人だ.〖el que が特定の先行詞を持たない場合は quien と置換可能. el que が特定の先行詞を想定している場合は quien との置換は不可〗. (b)〖＋接続法〗…である(ような), …する(ような)人. — *Los que* te lo hayan dicho, te engañan. おまえにそのようなことを言った連中はおまえをだましているのだ. *La que* te haga feliz, te hará infeliz a la vez. 君を幸せにする女性は同時に君を不幸にもするだろう. (c)〖強調構文で〗…である[する]のは…である. — Fue él *el que* me lo contó. 私にそれを語ったのは彼だった.

—***lo que*** 囲(関係)〖田 無変化, 無強勢語〗〖先

行詞は事ครも또는明示されない物】❶【前文の内容全体が先行詞の場合．説明用法の】そしてそれは，そしてそのこと．— Él desoyó los consejos de su madre, *lo que* le ocasionó muchos disgustos. 彼は母親の忠告を聞き入れなかった．それで彼女は大変怒った．Llegué tarde, por *lo que no* pude verte. 僕は到着が遅れた．だから(そのことによって)君に会えなかった．❷【独立用法】…すること．— Perdón, pero no entiendo *lo que* quieres decir. ごめんなさい．でもあなたの言いたいことが分からないの．No te preocupes. Aquí puedes decir *lo que* quieras. 心配しないで．ここでは言いたいことがいえるよ．Eso es precisamente *lo que* quise decir. それこそまさに私の言いたいことだった．❸【lo+形容詞・副詞+que，強調構文】…であるか，…であること．— No sabes *lo* cansada *que* estoy. 私がどんなに疲れているかあなたは分からない．Nos sorprendió *lo viejos que* parecían ellos. 彼らがあんまり老けて見えたのに私たちは驚いた．No sabes *lo que* te aprecio. 僕がどんなに評価しているか君は分かっていない．No quiere a su madre, con *lo buena que* es. 彼は母親がどんなに善人であるとしても愛していない．Se parece a su padre en *lo feo que* es. 彼は醜男(ぶおとこ)であるところが父親と似ている．Se parece *mucho* la estupidez *que* hay). ❹【接続法+lo que+接続法，譲歩】たとえ…であろうと．— Digan *lo que* digan, iremos a la montaña. 彼らが何といおうと私たちは山に行く．*lo que es* … …に関しては，…ということなら．*Lo que es* estudiar, sí estudié mucho. 勉強ということなら，ええずいぶん勉強しましたよ．*más [menos]* 【+形容詞/副詞】*de lo que* …であるよりもっと…だ【…であるほど…でない】．Ella es *más* guapa *de lo que* yo imaginaba. 彼女は僕が想像していた以上に美人だ．

que² [ke ケ] 腰 ❶【名詞節を導く】(a)【+直説法】(…する)こと，(…する)ということ．— Creo *que* tienes razón. 君の言うことはもっともだと思う．Dijo *que* vendría hoy. 彼は今日来ると言っていた．¿Sabes *que* hoy tenemos un examen? 君は今日試験があることを知っているかい．(b)【+接続法；意志・疑惑・可能性・感情・評価判断などを示す述語に支配される】(…する)ということ，(…する)ようにと，(…する)とは．— Quiero *que* me digas la verdad. 僕に本当のことを言ってもらいたい．Le dije *que* me esperara a las diez. 私は彼に10時に待つようにと言った．Dudo *que* esté en casa. 私は彼が家にいるのではないかと思う．Le agradeceré *que* me contesten a vuelta de correo. 御社から返信をいただければうれしく存じます．❷【前置詞+que+直説法/接続法】(a)【述語の補足】(…する)こと，(…する)ように．— Estoy seguro de *que* se casarán. 私は彼らが結婚するのは確かだと思う．Tengo miedo de *que* se enfade. 彼が怒っているのではないかと心配だ．Esperamos a *que* sea de día. 私たちは明るくなるまで待つ．(b)【de の後で；名詞の修飾】…という…．— Me da la impresión de *que* ha entrado alguien en casa. だれかが家に入ったという感じがする．El hecho de *que* no haya venido no significa indiferencia. 彼が来なかったということは無関心を意味しない．❸【+接続法】(a)【間接命令】…させるように．— *Que* pase el siguiente. 次の人を通しなさい．(b)【願望】どうか…するように，…すればいいのに．— ¡*Que* seas feliz! 彼が幸せであればいいんだが．(c)【命令の口調】(…しろ)と言っているんだ．— *Que* calles, te digo. 黙れと言ってるんだ．❹【比較の対象】(a)…より．— Es más alto *que* Elena. 彼はエレナよりも背が高い．Te quiero más *que* a nadie. 私は君を何よりも愛している．(b)…と(同じ)．— Pienso lo mismo *que* tú. 私は君と同じく考えた．(c)【否定の後で】…しか(ない)．— No hay otro remedio *que* estudiar. 勉強するしかない．❺【理由；命令形の後などで】…だから，…なので．— Habla más alto, *que* no te oigo bien. もっと大声で話してくれ，よく聞こえないから．No quiero estudiar, *que* estoy cansado. 勉強はしたくない，疲れているから．❻【結果；tan, tanto の後などで】…なので．— Trabajó *tanto que* cayó enfermo. 彼は働きすぎて病気になった．❼【さまざまの接続詞に相当する用法】(a)【逆接】そうでなければ．— Date prisa, *que* llegamos tarde. 急げ，そうしないと私たちは遅刻するよ．(b)【仮定】…ならば．— *Que* ese día no puedes, avísanos. その日がだめなら私たちに知らせてくれ．(c)【目的；+接続法】…するように．— Abre el balcón, *que* entre aire. バルコニーの戸を開けなさい，風が入るように．Ve a *que* te vea el oculista. 目医者に診てもらってきなさい．(d)【限界；+接続法】…する限り．— *Que* yo sepa, aún es soltera. 私の知る限り，彼女は独身だ．(e)【程度】…するほど．— La sopa está *que* arde. スープはやけどするほど熱い．Es tan feo *que* asusta. 彼はびっくりするほど醜男(ぶおとこ)だ．(f)【様態】…のように．— El niño corre *que* vuela. 男の子は飛ぶように早く走った．(g)【譲歩；+接続法】…であろうと(なかろうと)．— Quiera *que* no, tendrá que hacerlo. 好むと好まざるとにかかわらず彼はそれをしなくてはならないだろう．(h)【+no】…ではなくて．— Son terroristas, *que no* héroes. 彼らは英雄ではなくてテロリストだ．❽【強調を込めた断定・繰り返し】…ということだ，…なのだ．— Es preciso *que* tú me ayudes. 君の手助けが必要だ．— ah, いいとも．¿Cómo has dicho?— *Que* no. 君は何て言ったの．— だめと言ったんだ．*Que* dice *que* está muy ocupado y *que* no puede atenderte. 彼は非常に忙しいから君の面倒は見られないと言ってるよ．❾【驚き・不信を示す反問】…だなんて，…だと．— ¿*Que* viene el jefe? え，ボスが来るんだって？Bueno, tú me dirás.—*Que* te diga, ¿qué? さて，用件を言ってくれないか．— 言えって，何を？¿*Que* querías? ¿*Que* le abofeteara delante de todos? 何をしてもらいたいって？みんなの前で彼を殴れと言うのかい．❿【que の前後に同じ語を繰り返して強調する】…し…する．— Corre *que* corre. 彼は走りに走る．⓫【間接疑問】— Me preguntaron *que* si era francés. 私はフランス人ではないかと聞かれた．

【語法】que は他の語と接続詞相当句を作る：a que, a fin de que, antes (de) que, así que, bien que, con tal que, dado que, de manera que, de modo que, después (de) que, en caso (de) que, en tanto que, entre tanto que, luego que, mal que, mientras que, para que, por más que, puesto que, siempre que, sino que, supuesto que, ya que.

a la que 【+直説法】【話】…すると，…のときに．*A la que* me descuido un momento, el niño se va a la calle. 私が油断していると子どもは通りに出ていってしまう.

es que 実は…ということだ, …なのだ. No puedo ir, *es que* mi madre está enferma. 私は行けない, 実は母が病気なのだ.

***qué** [ké ケ] 代(疑問)【無変化】【物・事柄に関して】 ❶【直接疑問文で】 (a) 何, どんなもの, どんなこと. —¿*Qué* es esto? これは何ですか. ¿*Qué* es María?-Es abogada. マリア(の職業)は何ですか.-弁護士です. ¿*Qué* estudias en la universidad?-Estudio Medicina. 君は大学で何を勉強しているの?-医学を勉強しています. ¿*Qué* te pasa?-Nada. どうしたの?-別に. ¿A *qué* se dedica usted?-Soy profesor. ご職業は何ですか.-教師です. ¿De *qué* se trata? 何の話ですか. ¿En *qué* piensas tú? あなた何を考えているの? Dime, ¿para *qué* sirve este chisme? ねえ, このがらくた何の役に立つの?【¿*qué* es …? と¿cúal es …? の相違については→**cuál**】(b)【相手の話の名詞部分が聞き取れなかったとき, 定冠詞+】何. —¿Te interesa la semiología?-¿La *qué*?-La semiología. 君は記号学に関心があるかい?-何にだって?-記号学だよ. (c)【反語として】何で. —¿Que si estoy contento? ¡Voy a estar contento! 満足してるかだと? 私が満足してるわけがないだろう. ❷【間接疑問文で】(a) 何, どんなもの, どんなこと. —No sé *qué* debo hacer. 私は何をすべきかわからない. ¿Sabe usted *qué* quiere decir esta palabra? この単語が何を意味するかご存じですか. (b)【+不定詞】何を…すべきか. —No sabía *qué* contestar. 私は何と答えてよいのかわからなかった.

a mí [ti] qué 私[君]には関係ない.

no sé qué →**saber**.

¿Por qué …? なぜ(…か), どうして(…か). ¿*Por qué* vas tan temprano? 君はなぜそんなに早く出かけるのか. ¿*Por qué* no vinisteis ayer? 君たちはどうして昨日来なかったの? ¿Sabes? *Por qué* no me presenté al examen.-¿*Por qué*? 知ってるかい? 昨日私は試験受けなかったんだ.-どうして?【口語では por qué の qué が省略されることがある】.

¿Por qué no …? (1)【主語は聞き手, 直説法現在形で依頼の表現】…してくれますか, …してくれませんか. ¿*Por qué* no se lo dices tú? それは君が彼に伝えてくれないかい? (2)【主語は話し手を含む複数, 直説法現在形で勧誘】…しましょうよ, …しませんか. ¡Qué calor! ¿*Por qué* no tomamos algo? 何て暑いんだろう! 何か飲まないかい?

¡qué de …! なんと多くの…だろう, なんとたくさんの…だろう. ¡*Qué de* gente[coches]! なんとたくさんの人[車]だろう!

¡Qué sé yo [Yo qué sé]! →**saber**.

¿Qué tal …? →**tal**.

¡Qué va! →**ir**.

¿Y [eso] qué? それがどうしたのか, それが何だというのか. Vale, vale, tú eres muy inteligente … —¿*Y eso qué*? わかった, わかった, 君は本当に頭がいいよ…–それでどうしたこと?

y qué sé yo →**saber**.

── 形(疑問)【強勢; 無変化】❶【直接疑問文で】(a) 何の…, 何という…, どんな…. ¿*Qué* día de la semana es hoy? 今日は何曜日ですか. ¿*Qué* número calza usted? あなたの靴のサイズはいくつですか. (b) どの…. —¿*Qué* coche te gusta más, éste o aquél? どっちの車が好きですか. こっちのですか, あっちのですか. (c)【cuánto の代わりに】どれだけの…. —Oye, ¿*qué* dinero llevas? ねえ, お金いくら持ってるの? ❷【間接疑問文で】何の…, 何という…, どんな…. —Sabes *qué* película ponen mañana? 明日何の映画をやるか知ってる? Me gustaría saber con *qué* gente va. 私は彼がどのような人とつきあっているか知りたいものだ. ❸【+名詞+más [tan]+形容詞, 感嘆文】何という…, 何と…ん…. ¡*Qué* libro más [tan] interesante! なんとおもしろい本だろう. ¡*Qué* alegría verte! 君に会えて何てうれしいことだろう.

── 副 ❶【+形容詞・副詞, 感嘆文】何と…. ¡*Qué* rico está! 何ておいしんだ! ¡*Qué* bien baila ella! 何て上手に踊るんだ, 彼女は! ❷【cuánto の代用として】【話】どれだけ. —¿*Qué* mides?-Uno setenta. 君身長はどのくらい?-1メートル70センチ. ¿*Qué* te costó esa moto? そのバイクいくらしたの?【cuánto の代わりに *qué* が用いられるのは主に動詞が度量衡を示す場合である】.

quebracho [keβrátʃo] 男【植物】ケブラチョ. ♦ 南米産ウルシ科とキョウチクトウ科の堅い木, 木材の他医療用や皮なめしなどに使用.

quebrada [keβráða] 女 狭い山道; 峡谷, 谷間.

quebradero [keβraðéro] 男 割る物[者], 砕く物[者]【通常, 次の成句で用いられる】.

quebradero de cabeza 心配ごと, 悩み[頭痛]の種.

***quebradizo, za** [keβraðíθo, θa] 形〈<**quebrado**>形❶ 壊れやすい, 割れやすい, もろい. —El cristal es un material duro pero 〜. ガラスは堅い素材だが, 割れやすい. 類**frágil**. 反**fuerte, resistente**. ❷ (体が)弱い, 病弱な, 病弱な. —De pequeño tuvo una salud *quebradiza*. 彼は小さいときから体が虚弱だった. 類**delicado, enfermizo**. ❸ (声が)か細い, 弱々しい; 震え声の. —Me habló lloroso, con voz *quebradiza*. 彼は涙ぐみながら弱々しい声で私に話した. ❹ 意志[性格]が弱い, 動揺しやすい. —Este chico tiene una moral muy *quebradiza*. この子は精神面が非常にもろい.

***quebrado, da** [keβráðo, ða] 過分 形 ❶ 割れた, 壊れた; (骨が)折れた. ❷ (土地が)起伏の激しい, でこぼこした, 険しい. —El camino era 〜 y dificultaba la ascensión. 道は険しく, 登るのは難儀だった. 類**desigual, escabroso, tortuoso**. 反**llano, uniforme**. ❸ (線が)ジグザグの, 折れ曲がった. —Dibujó una línea *quebrada* en el encerado. 彼は黒板に折れ曲がった線を描いた. 類**torcido**. ❹ (a) 破産した. —comerciante 〜 破産した商人. (b)《方, 話》一文無しの. —Gasté mucho dinero en las vacaciones y ahora estoy 〜. 私は休み中にたくさんお金を使って今は一文無しだ. ❺ 分数の. —número 〜 分数. 類**fraccionario**. ❻ 顔色が悪い[さえない]. —Había enflaquecido mucho y tenía el color 〜. 彼は非常にやせてしまい, 顔色が悪かった. ❼【南米】【話】(科目などが)不合格の, (試験などが)合格するのが難しい. —asignatura *quebrada* 落とした科目.

── 名 ❶ 分数. 類**fracción**. ❷《医学》ヘルニア, 脱出. ❸ 破産.

── 名 破産者, 支払い不能者.

quebradura [keβraðúra] 女 ❶ (a) 裂け目, 割れ目, 亀裂. (b) 峡谷. ❷《医学》ヘルニア.

quebraja [keβráxa] 囡 裂け目, 割れ目.

*__quebrantado, da__ [keβrantáðo, ða] 〔過分〕形 ❶ 侵害された, 害した; 弱まった. —Tiene la salud muy *quebrantada* por la bebida. 彼は飲酒によって大変健康を害している. ❷ 疲れ, 苦痛がある. —La caída del caballo me ha dejado todo el cuerpo ~. 私は馬から落ちて全身が痛い.

quebrantador, dora [keβrantaðór, ðóra] 形 ❶ 砕く, 破壊する. ❷ 法を破る. ❸ 効力を弱める.

quebrantahuesos [keβrantawésos] 〔< quebrantar+-huesos〕男《単複同形》❶《鳥類》ヒゲワシ. ❷南ヨーロッパに生息する猛禽類の鳥, 大型で鷲(ゎし)に似ている. ❷ ずうずうしい人.

quebrantamiento [keβrantamjénto] 男 ❶ 破ること, 砕くこと; 脱獄; (法を)犯すこと. ❷ 激しい疲労.

‡**quebrantar** [keβrantár] 他 ❶ (a) を砕く, 壊し, 粉々にする. —*Quebrantó* la ventana de un puñetazo. 彼はげんこつで窓ガラスを割った. 類 **quebrar, romper**. (b) をこじ開ける. —~ el candado de la puerta ドアの南京錠をこじ開ける. ~ la prisión 牢(ろう)を破る. (c) をつぶし, 細かくする. —~ ajos en el mortero 鉢でニンニクをつぶす. (d) …にひびを入らせる. —El fuerte viento *quebrantó* las ramas del cerezo. 強い風で桜の枝が折れた. 類 **cascar**. ❷ (法に)違反する, (約束)を破る, (義務)を果さない. —~ un contrato 契約違反をする. ~ la ley 法律を破る. 類 **transgredir, violar**. ❸ を悪化させる, 失わせる; 弱める, 脆くする. —~ la moral ファイトを失わせる. El glaciar *ha quebrantado* las rocas. 氷河によって岩は脆くなった. El calor estival *quebrantó* la poca salud del enfermo. 夏の暑さが病人の病いを悪化させた.

—**se** 再 悪化する, 弱まる, 無くなる. —Su salud *se ha quebrantado* con tanto trabajo. 彼の健康は過労のため損なわれた.

quebranto [keβránto] 男 ❶ 損失, 損害; 破砕. —un fuerte ~ económico 経済的大損害. ❷ 消耗, 衰弱; 激しい疲労. ❸ (a) 気落ち, 落胆; 悲しみ. (b) 哀れみ, 同情.

‡**quebrar** [keβrár] 〔4.1〕他 ❶ を壊す, 台無しにする, 割る. —El chico *quebró* la puerta de una patada. 若者はドアを蹴破った. 類 **partir, quebrantar, rajar**. ❷ を折る, 曲げる. —~ la cintura 腰を曲げる. ❸ を中止させる, 断念させる, 妨害する. —Aquel fracaso *quebró* todos sus sueños. あの失敗は彼の夢をすべてつぶしてしまった. 類 **frustrar**. ❹ を弱める, 減少させる, 衰弱させる. —La enfermedad le *va quebrando* el color de la cara. 病気で彼の顔色はだんだん悪くなっていく.

—自 ❶ 《商業》破産する, 倒産する, 不成立に終わる. —La empresa *quebró* dos años después. 会社はその2年後に倒産した. 類 **hundirse**. 〔+con〕…と絶交する, 仲違いする. —*Quebró con* él por problemas de dinero. 彼はその男と金銭問題で絶交した. 類 **romper**.

—**se** 再 ❶ 砕ける, 壊れる, 割れる. —*Se ha quebrado* el cristal de la ventana. 窓ガラスが割れた. ❷ (自分の体の一部)を折る, 骨折する. —El anciano *se quebró* el tobillo al caerse en la calle. 老人は通りでころんで足首を骨折した. ❸ (土地・山脈に)途切れる. ❹ ヘルニヤになる.

queche [kétʃe] 〔<英 ketch〕男《船舶》ケッチ (北ヨーロッパ地方の2本マストの帆船).

quechua [kétʃua] 形 ケチュア族(ペルー, ボリビアの原住民族)の; ケチュア語の. 類 **quichua**.
—— 男女 ケチュア人.
—— 男 ケチュア語.

queda [kéða] 囡 (町などで)帰宅時刻を告げる鐘の音, その鐘を突くこと, その鐘.
toque de queda queda の鐘を突くこと, その音.

quedada [keðáða] 囡 ❶ とどまること; 滞在. ❷ 風が和らぐこと. ❸ (あまり遠くに飛ばないような, ボールの)軽打. ❹ 《メキシコ, ニカラグア, ドミニカ》(婚期を逸した)未婚の女, オールド・ミス.

*‡**quedar** [keðár ケダル] 自 ❶ 残る, 残っている, ある. —Me *quedaron* cien mil euros en el banco. 私には10万ユーロの預金が銀行に残っている. *Quedan* dos semanas para la Navidad. クリスマスまで2週間ある. Aún *queda* mucho por hacer. まだやることがたくさん残っている. *Quedan* todavía ocho kilómetros para Madrid. マドリードまではまだ8キロある. ❷ …となる, …になる. —*Quedó* cojo debido a un accidente. 彼は交通事故で片足が不自由になった. La carta *ha quedado* sin contestar. 手紙は返事を出さないままになった. *Quedó* herido de gravedad en el atentado. 彼はそのテロで大怪我をした. Los pantalones *han quedado* como nuevos. ズボンは新品のようになった. *Queda* usted invitado a la fiesta. あなたをパーティーにご招待します. ❸〔+con〕(特定の方法で)(人)と会うことにする, 会う約束をする. —¿Qué te parece si *quedamos* mañana a las cuatro? 明日4時に会うというのはどうかね. ¿Dónde *quedamos*? どこで会おうか. *He quedado* con mi mujer para ir al teatro. 私は観劇に出かけるために妻と待ち合わせた. ❹〔+en〕…に終わる, 終了する. —Allí *quedó* la sesión y toda la gente se marchó. 会議はそこで終わり人々は皆去っていった. Todo su esfuerzo *quedó en* nada. あらゆる努力は無に帰した. 類 **acabar, cesar, terminar**. ❺ ある, 位置する. —Correos *queda* al final de esta calle. 郵便局はこの通りの突き当たりにある. La oficina *queda* por el barrio de Chamberí. 事務所はチャンベリ地区にある. 類 **caer, encontrarse, estar**. ❻ (服などが)似合う, 映える. —Ese vestido te *queda* muy bien. そのドレスは君にとてもよく似合うよ. ❼〔+bien/mal〕(いい・悪い印象を)与える. —Si no la invitas, *quedamos* muy mal con ella. もし君が彼女を招待しなかったら, 私たちは彼女に対してとても気まずいことになる. ❽〔+en〕…ということで(意見が)一致する, 合意に達する, …に決する. —Bien, *quedamos en* que tú me llamas mañana. よし, 君が明日1晩に電話をすればね, それでいいね. ❾〔+por+不定詞〕まだ…していない. —Todavía *quedan* algunos deberes *por* acabar. まだ宿題がいくつか終わっていない. ❿〔+por/como+名詞・形容詞〕…として通っている, …として評価される. —~ *por* embustero 大嘘つきの評判を持つ. *Quedó* como cobarde. 彼は臆病者で通っていた.

—**se** 再 ❶〔+en〕…にいる, 居残る, 滞在する. —Me *quedaré en* Madrid todo el mes de agosto. 私は8月1か月間丸々マドリードに留まるだろう. *Se quedó* a dormir *en* mi casa. 彼は私の家に泊まった. 類 **permanecer**. ❷ (状態)になる.

—~se callado 黙り込む. Me quedé sin trabajo. 私は職を失った. Se quedó muerto antes de llegar al hospital. 彼は病院に着く前に死んでしまった. Se quedó pensando. 彼は考え込んだ. ❸ (物)を自分のものにする, 手元に置く. —Quédatela y me la devuelves mañana. 君がそれを持っておいてくれ. 明日返してくれたらいいから.

¿En qué quedamos? どうする, どう決める? ¿Vienes o no?, ¿en qué quedamos? さあ, 来るの, 来ないの, どうするの.

quedar a deber 借りにしておく. Me quedó a deber diez euros. 彼は10ユーロを私へのつけにした.

quedarse a oscuras 真っ暗になる; 何も知らないでいる; 何かを失う.

quedar(se) atrás →atrás.

quedarse con ... (1)(物)を自分のものにする. Me quedaré con este bolso. 私, このハンドバッグを買います. Quédese con la vuelta. お釣りはいりませんよ. (2)(人)をだます, ぺてんにかける. Esta vez no te quedas conmigo. 今度はだまされないぞ. Se quedó con María. 彼はマリアをだました. (3) …を記憶する.

quedarse en blanco →blanco.

quedarse en el sitio 即死する. Fue atropellado por un coche y se quedó en el sitio. 彼は車に轢かれて即死した.

quedarse en tierra 乗りそこなう. Llegué tarde al aeropuerto y me quedé en tierra. 私は空港に遅れて着いたので飛行機に乗りそこねた.

quedarse frío [helado] (1)強い印象を受ける, 凍りつく. Oyendo la noticia me quedé frío. そのニュースを聞いて私は凍りついた. (2)凍える. En el autobús no había calefacción y me quedé helado. バスには暖房が入っていなかったので私は凍えた.

quedarse tieso 死ぬ.

que no quede por ... …に関しては異存はない, 賛成だ. Por nosotros que no quede. 私たちに関しては異存はない. Por dinero que no quede. お金のことは問題ない.

quedito [keðíto] 副 小声で.
quedo [kéðo] 副 小声で.
—, **da** 形 (声や音などが)静かな.
*__quehacer__ [keaθér] 男 〖主に複〗務め, 仕事, 用事. —Tengo tantos ~es que estoy agobiado [ahogado]. やらねばならない仕事が沢山あって, 私は疲れ果てている. los ~es domésticos [de casa] 家事. 類faena, tarea.

agobiado [ahogado] de quehaceres 仕事をしょい込みすぎた.
dar quehacer 仕事を与える.

queja [kéxa] 女 ❶ (a) 不平, 苦情, クレーム. (b) 複 不満の種. —Tengo muchas ~s de él. 私には彼にはたっぷり文句がある. ❷ 訴訟. ❸ 嘆き[苦しみ](の声). —Durante los días que le duró el dolor, sus ~s se oían desde la calle. 彼[彼女]の痛みが続いた日々の間, 彼[彼女]の苦しみ声が道路からでも聞こえた.

dar quejas de ... …について不満を言う.
formar queja de ... …に不満を持つ.

quejarse [kexárse ケハルセ] 再 ❶〖+ de〗…について不平を言う, こぼす, 嘆く. —Se queja de que los vecinos hacen mucho ruido. 彼は隣人がひどい騒音をたて

quemado 1581

とこぼしている. A pesar del calor que hacía, ella no se quejó. 暑かったのに, 彼女は愚痴ひとつこぼさなかった. ~se de un fuerte dolor en la cabeza 強い頭痛を訴える. Este niño se queja por nada. この子は何でもないことで文句を言う. Se quejaba mientras le curaban la herida. 彼はけがを治療してもらっている間痛がっていた. ❷〖+ a〗…に訴え出る, 告訴する. —Se quejó a las autoridades por violación del derecho a la intimidad. 彼はプライバシーの侵害を当局に訴え出た. 類querellarse.

quejarse de vicio 根拠のない不平をこぼす. No le hagas caso a Raquel, porque siempre se queja de vicio. ラケルはいつも訳なく不平を言うから彼女の言うことは無視しなさい.

quejica [kexíka] 〖<queja+-ica〗形 不平ばかり言う.
—— 男女 不平家.
quejicoso, sa [kexikóso, sa] 形 愚痴っぽい.
quejido [kexíðo] 男 ❶ (苦痛, 悲しみの)うめき声. ❷ 不平, 愚痴, 嘆き.
dar quejidos (苦しみ, 悩み, 不満で)うなる, うめく; 泣き言を言う, 愚痴をこぼす.

quejigo [kexíɣo] 男 《植物》カシワの1種. ♦スペインで広く見られる樹木で, 幹は大きく樹冠は小さい. 実はどんぐりに似て, 豚の飼料として使われる.

quejón, jona [kexón, xóna] 形 愚痴っぽい, 不平家の.
quejoso, sa [kexóso, sa] 形 ❶〖+de に〗不満[恨み]を持った. —La maestra está muy quejosa de ti. 先生は君に大変腹を立てている. ❷ (口調, 声音が)不平がましい.
quejumbre [kexúmbre] 女 (特に長々とした)愚痴, 不平; 嘆き声.
*__quejumbroso, sa__ [kexumbróso, sa] 〖<quejumbre〗形 ❶(声・調子などが)哀れっぽい, 悲しげな, 嘆くような. —El anciano pedía limosna con voz quejumbrosa. その老人は哀れな口調で施しを求めた. 類lastimero. ❷ 愚痴っぽい, 泣き言ばかり言う, 不平たらたらの. —Es un enfermo aprensivo y ~. 彼は心配性で愚痴ばかり言っている病人だ. 類quejica.
—— 名 愚痴っぽい人, 泣き言ばかり言う人.

queloide [kelóiðe] 男 《医学》ケロイド.
*__quema__ [kéma] 女 ❶ 燃やすこと, 燃えること; 火事. —En la ~ del archivo se han perdido todos los documentos. 資料館の火事ですべての文書類が焼失した. ❷ 火刑, 火あぶり. —Las brujas solían ser condenadas a la ~. 魔女は火あぶりの刑に処せられるのが常であった. ❸〖話〗蔵払い, 在庫一掃セール.

huir de la quema 危険から逃れる, 窮地を避ける.

quemadero [kemaðéro] 男 ごみ焼き場; (昔の)火刑場.
quemado, da [kemáðo, ða] 形 ❶ (a) 焼けた, 焦げた. —Frente a nosotros se extendían hectáreas de bosque ~. 私たちの目前に何ヘクタールもの焼けた森が広がっていた. (b) 日に焼けた; やけどした. ❷ 腹を立てた. —Está muy ~ con lo que habéis hecho. 彼は君たちの仕打ちにとても怒っている. ❸ 人望を失った. —Está completamente ~; tendrá que retirarse de la políti-

ca. 彼は完全に人望を失った. 政治から手を引かなければならないだろう.

— 男 ❶ (a) 焼いた[焦げた]もの. —Huele a ~. 焦げ臭い. (b) 焼くこと, 焼ける[焦げる]こと. ❷ 山火事の跡.

quemador, dora [kemaðór, ðóra] 形 焼く, 燃やす(ための).
— 名 燃やす人; 放火者. 類 **incendiario**.
— 男 燃焼装置, バーナー. — ~ de gas ガスバーナー.

*__quemadura__ [kemaðúra] 女 ❶ (主に火による)やけど(の跡). —Me hice una ~ en los dedos. 私は指にやけどをした. El sol le produjo graves ~s en la espalda. 彼の背中にはひどい日焼けの跡が残っている. 類 **escaldadura**.(熱湯などによる)やけど. ❷《植物》(麦などの)黒穂病; 植物の霜枯れ.

__quemar__ [kemár ケマル] 他 ❶ (a) を焼く, 燃却する, 燃やす. —Quemó los documentos comprometedores. 彼は問題になりそうな書類を燃やした. No quemes esos papeles. それらの手紙を焼くなよ. Hace ejercicio para ~ grasa. 彼は体脂肪を燃やすために運動をしている. (b) を焦がす. —Has quemado el asado. 君, 焼き肉を焦がしてるぞ. Quemó la almohada con un cigarrillo. 彼はタバコで枕に焼け焦げを作った. (c) を日焼けさせる; やけどさせる. —El agua hirviendo le quemó la piel de las manos. 彼は煮えたぎるお湯で手をやけどした. El sol le quemó el rostro mientras esquiaba. 彼はスキーをしていて顔が日焼けした. ❷ を焼くような思いをさせる, ヒリヒリさせる, 刺激する. —El aguardiente me quema la garganta. アグアルディエンテ(蒸留酒)を飲んでのどが辛くなった. ❸ (酷暑または酷寒が植物)を枯らす, 枯死させる. —El calor y la sequía han quemado casi todas las plantas. 暑さと旱魃(かんばつ)のためにほとんどすべての植物が枯れた. ❹《話》(a) を困らせる, 悩ませる, 怒らせる. —Este hombre me quema con su ironía. この男は皮肉を言って私を怒らせる. 類 **irritar, molestar. (b) を疲れさせる, 消耗させる. —Esos diez años en el poder lo han quemado mucho. 権力の座にあったその10年で彼はすっかり評判を落とした. ❺ (金)を浪費する, 無駄遣いする, 蕩尽(とうじん)する. —Quemó su fortuna en el juego. 彼は賭博(とばく)をして散財した. 類 **derrochar, malgastar**. ❻ を傷める. —A veces los quitamanchas queman la ropa. 時にしみ取りは服を傷める. ❼ を腐食する. —El ácido es tan fuerte que quema la ropa. その酸は大変強いので衣服を腐食する.

— 自 ❶ 熱い. —No puedo tomar el café porque quema todavía. コーヒーがまだ熱いので飲めない. No lo cojas, que quema. 触らないで, 熱いから. Hoy quema mucho el sol. きょうは日差しが焼けつくよ. ❷ ピリリと辛い. —Este pimiento quema mucho. このトウガラシはとても辛い.

— se 再 ❶ (a) 焼ける, 燃え上がる, 炎上する. —Se quemó totalmente la planta de neumáticos. タイヤ工場は全焼した. El motor del coche se ha quemado. 車のエンジンが焼けついた. (b) やけどする, 火傷を負う; 日焼けする. —No te acerques a la hoguera, que te quemas. 君, たき火に近づくな, やけどするよ. (c) 暑がる. —Nunca va a la playa en verano porque se quema. 彼は暑がりなので夏に決して海に行かない. (d) 焦げる. —Se me quemó la tortilla. 私はオムレツを焦がした. ❷ 枯れる, 枯死する. —Se han quemado las plantas con la sequía. 旱魃(かんばつ)で植物が枯れてしまった. ❸ 腹を立てる, いらだつ; 消耗する. —El padre se quema al oír los gritos de los niños. 父親は子どもたちの叫び声を聞いてうんざりする. La actriz se quemó saliendo tanto en televisión. その女優はテレビに出すぎて評判を落とした. ❹ (クイズなどで)もう少しで捜し物を見つけそうである, 正解に近づいている. —¡Que te quemas! 近くで, 正解までもう一頑張りだ. ❺ [+por+名]…に身を焦がす, 恋い焦がれる; 感激する. —Se quema de envidia al ver tu éxito. 彼は君の成功を見てうらやましさで気が狂いそうになっている.

quemarropa [kemarrópa] [次の成句で] *a quemarropa* 副 (1) (銃などを)至近距離から. (2) 思いがけなく, だしぬけに.

quemazón [kemaθón] 女 ❶ 焼けるような暑さ. ❷ 燃焼, 焼却. ❸ かゆみ; 焼けるような[刺すような]痛み. 類 **ardor, comezón, picor**. ❹《まれ》辛辣(しんらつ)な言葉, 悪意のある言葉. ❺ 立腹, 不きげん; 恨み. ❻ (特に在庫一掃の)大安売り.

quena [kéna] 女《南米》《楽器》ケーナ. ♦インディオの用いる竹笛の一種.

quepa(-) [képa(-)] 動 caber の接・現在.

quepis [képis] 〔<仏〕男《単複同形》ひさしのついた帽子, 軍帽, 制帽.

quepo [képo] 動 caber の直・現在・1単.

queque [kéke] 〔<英 cake〕男 ❶《南米》パンケーキ. ❷《中米》パン(一種の菓子パン, 通常甘みを持つ); ケーキ.

queratina [keratína] 女《生化》ケラチン. ♦硬たんぱく質の一種. 爪・毛髪などの主成分.

queratitis [keratítis] 女《単複同形》《医学》角膜炎.

queratosis [keratósis] 女《単複同形》《医学》角化症.

querella [keréja] 女 ❶ 論争, 口論. 類 **discordia, riña**. ❷《司法》訴訟, 告訴, 提訴. — presentar ~ contra … …に対して訴訟を起こす. ❸ 不平, 不満.

querellante [kerejánte] 形《司法》提訴する; 訴訟を提起できる.
— 男女 原告, 起訴人.

querellarse [kerejárse] 再 ❶《司法》[+contra/de]を告訴する; …に対して訴訟を起こす. ❷ 不平を言う.

querelloso, sa [kerejóso, sa] 形 ❶ ぐちっぽい, あわれっぽい. ❷《司法》提訴する.

querencia [kerénθja] 女 ❶ (a) (特に生まれ育った土地への)愛着, 未練; ホームシック. —La ~ hacia su tierra era tan fuerte que cayó en una profunda depresión. 彼は郷里への愛着があまりにも深く, すっかりふさぎ込んでしまった. (b)《動物》帰巣本能. ❷ 古巣. ❸《闘牛》ケレンシア. ♦闘牛場内で, 牛が自分のなわばりだと思いこんでいる場所, また, そこにいたがる癖.

querendón, dona [kerendón, dóna] 形《中南米》❶ やさしい, 情愛の深い. ❷ お気に入りの.
— 名 恋人, お気に入りの人.

**__querer__ [kerér ケレル] [4.8] 他 ❶ (a) (物)がほしい, を望む;〔+不定詞〕…したい, したく思う;〔que+接続法〕…してほしい

と思う. —*Quiero* cerveza. 私はビールが欲しい. *Quiero* ir al médico esta tarde. 私は今日の午後医者に行くつもりだ. *Quiere* acompañarte hasta tu casa. 彼は君の家まで君に付き添っていきたいでいる. *Quisiera* que me dijeses la verdad. (できることなら)私に本当のことを言ってはしいものだ(婉曲な表現). Haz como quieras. 好きにしない. Lo hice *queriendo*. 私は故意にそうしたのだ. Puede usted venir, si *quiere*. よろしかったらいらして下さい. ¿Cómo *quiere* los huevos?-Revueltos, por favor. 卵はどうなさいますか.-スクランブルでお願いします. *Quiero* por el cuadro mil euros. 彼はその絵に対して1000ユーロを求めている. (b) …するつもりである, と決めている. 決心している. —*Quiere* dejar de fumar. 彼はタバコをやめようと思っている. (c) …を必要とする, 要求する; がぴったりだ, 似合う. —Este salón *quiere* una bonita alfombra. この部屋にはきれいなじゅうたんが必要だ. Estos rosales *quieren* más agua. これらのバラの木はもっと水をやらなくてはいけない. 類 requerir. ❷ (人)を愛する, が好きである. —Yo te *quiero* a ti, no a ella. 私は彼女でなくて君が好きなのだ. ❸ (a)〔＋不定詞〕〔疑問文の形でものを頼む〕…してくれますか. —¿*Quiere* usted hacerme un favor? 私のお願い事をきいてくださいますか. —¿*Quieres* callarte ya? いいかげんに黙ってくれない? Despiértame a las siete, ¿*quieres*? 7時に起こしてちょうだいね, いいかな. (b)〔相手を誘う〕…しませんか. —¿*Quieres* venir a mi casa? 私の家に来ませんか. ¿*Quiere* usted un café? コーヒーはいかがですか. (c)〔＋que＋接続法〕(申し出る)…しましょうか. —¿*Quieres* que te ayude? 手を貸しましょうか? ❹ もう少しで…しそうである. —Parece que *quiere* nevar. 雪が降りそうだ. ❺《トランプ》賭金のつり上げに応じる.

como quien no quiera la cosa 何気ない風で, 何食わぬ顔をして.

como quiera お好きなように.

como quiera que (1)〔＋接続法〕どんなに…でも. No sé si tuvo o no motivo para enfadarse pero, *como quiera que sea*, no es para que le pidan disculpas. 彼が腹を立てる理由があるかどうかは知らないが, いずれにしても, 許しを乞うことではないからには. *Como quiera que* no me hicieron caso, yo tampoco se lo hice a ellos. 彼らが私を無視したので, 私も彼らを無視した.

cuando quiera いつでも(好きなときに).

donde quiera →dondequiera.

lo que quieras なんでも(好きなものを); 好きなだけたくさん. ¿Puedo tomar un coñac?-*Lo que quieras*. コニャックいただいてもいいですか.-お好きなだけどうぞ.

por lo que más quieras お願いだから.

¿*Qué más quieres?* それで十分じゃないか.

(que) *quieras que no* 否応なしに. *Quieras que no*, tendrás que hacerlo. 君が望もうと望まいとそれをしなくてはならないだろう.

¡*Qué quieres que le haga* [*que le hagamos*]! どうしろというんだ, しかたないじゃないか. ¡*Qué quieres que le haga!*-Así es la vida. どうしたらいいというんだ!-人生よ.

querer como a las niñas de los ojos 目に入れても痛くないほどかわいがる. El padre *quiere* a su hija pequeña *como a las niñas de sus ojos*. 父親は彼の幼い娘を目に入れても痛くないほどかわいがる.

querer decir (1)を意味する. ¿Qué *quiere* decir eso? それはどういう意味ですか. (2)…と言いたい, 言いたがる. *Quiero decir* que preferiría morir a ser tratado tan mal. そんなに虐待されるのなら死んだ方がましだと私は言いたい.

Querer es poder《諺》意志のあるところに道はある.

¡*que si quieres!* えー, じれったいな; やってもむだだった; うんざりだな. Se lo he repetido cien veces, pero él, ¡*que si quieres!* 彼に何度も繰り返して言ったのに, 全然聞いてくれないんだよ.

sin querer 思わず, ふと. Lo dije *sin querer* y me arrepentí de ello en seguida. 私は思わずそう言ったが, すぐにそれを後悔した. Perdone, ha sido *sin querer*. ごめんなさい, 悪気があったわけじゃないんです.

——男 ❶ 愛, 愛情; 恋. -tener ~ a … …に愛情[好意]をいだく. penas del ~ 恋の苦しみ. Las cosas del ~ no tienen lógica. 色恋沙汰に理屈はない. ❷ 意志, やる気.

Querétaro [kerétaro] 固名 ケレタロ(メキシコの州・州都).

****querido, da** [kerído, ða ケリド, ダ] 過分 形 ❶ 愛された, 望まれた. —Es muy ~ por todos sus subordinados. 彼は部下全員から愛されている. 彼は好きな. (b) (手紙の冒頭で)拝啓, 親愛なる. —Mi ~ amigo. 親愛なる友. *Querida* Merche. 拝啓メルチェ様.

——名 ❶ (恋人や家族などの間で用いられる愛称) お前, あなた. —Por favor, ~, ¿me abres la puerta? ねえあなた. ドアを開けてくださらない. ❷ 愛人, 情人. —buscarse [echarse] una *querida* [un ~] 愛人をもつ.

querindango, ga, querindongo, ga [keríndángo, ga, keríndóngo, ga] 名《話, 軽蔑》恋人.

quermes [kérmes] 男《単複同形》❶ (虫類)エンジムシ. ◆半翅目(ｶｲｶﾞﾗﾑｼ科)の微小な昆虫で, メキシコなどに分布. これを熱湯で殺し, それで粉末にしたものを染料とする. ❷ その染料, えんじ.

querosén, queroseno, querosín [kerosén, keroséno, kerosín] 男 灯油, ケロシン.

querr- [keř-] 動 querer の未来, 過去未来.

querube, querubín [kerúβe, keruβín] 男 ❶《聖書》天使ケルビム(知識のつかさどる天使). ❷ 天使のようにかわいい人(特に子供).

quesadilla [kesaðíja] 女 ❶ チーズと練り粉でできたケーキの一種(謝肉祭用に作られる). ❷ シロップ・果物の砂糖煮などを詰めた菓子の一種.

quesera [keséra] 女 ❶ チーズ皿. ◆チーズを保存しておくための皿で, 釣り鐘型のガラスのふたがついている. ❷ チーズ工場.

quesería [kesería] 女 ❶ チーズ店; チーズ工場. ❷ チーズ作りに適した時期.

quesero, ra [keséro, ra] 形 ❶ チーズの. —Esta provincia tiene una importante producción *quesera*. この県ではチーズをたくさん生産している. ❷ チーズのような. ❸ チーズ好きの.

——名 チーズ作りの職人; チーズ商人.

***queso** [késo] 男 チーズ. —~ azul 青かびチーズ.

~ barra 棒型チーズ. ~ Camambert カマンベールチーズ. ~ de bola (=de Holanda) オランダチーズ(丸い形で外皮を赤く塗ったチーズ). ~ de Burgos (ブルゴス産の)羊乳のチーズ. ~ de cabra ヤギのチーズ. ~ de Cabrales (アストゥリアス地方 Cabrales 産の)ブルーチーズ. ~ (de) crema クリームチーズ. ~ (de) Villalón (バヤドリー県 Villalón 産の)羊乳のチーズ. ~ Emmental エメンタールチーズ. ~ en lonchas スライスチーズ. ~ fresco フレッシュチーズ. ~ gallego ガリシアチーズ(牛乳と羊乳のチーズ). ~ gouda curado 熟成ゴーダチーズ. ~ de oveja ヒツジのチーズ. ~ Roquefort ロックフォールチーズ. ~ semi curado 半熟成チーズ. ~ tierno ソフトチーズ. ~ manchego ラ・マンチャ・チーズ(羊のチーズ). ~ rallado おろしチーズ, 粉チーズ.

dársel**a con queso a** ... (人)をだます, あざむく.
medio queso アイロン台.
queso de cerdo 〔料理〕豚の頭肉のゼリー寄せ.

quetzal [ketsál] [<ナワトル]男 **❶** ケツァル(グアテマラの通貨単位). **❷** 〔鳥類〕キヌバネドリ.

quevedesco, ca [keβeðésko, ka] 形 ケベードの; ケベード風の(風刺・皮肉が)痛烈な. ◆スペイン人作家ケベード (Francisco de Quevedo y Villegas, 1580-1645) は風刺・人生否定の精神で知られる.

Quevedo [keβéðo] 固名 ケベード(フランシスコ・デ Francisco de ~) (1580-1645, スペインの政治家・小説家・詩人).

quevedos [keβéðos] 男複 鼻めがね. ◆作家ケベードが肖像画の中でかけている鼻めがねに由来する.

Quezaltenango [keθalteMángo] 固名 ケサルテナンゴ (グアテマラの都市).

quia, quiá [kiá] 間〔話〕とんでもない, まさか; ばかばかしい.

Quibdó [kibðó] 固名 キブドー(コロンビアの都市).
quichua [kítʃua] 形男女男 →quechua.
quicial [kiθiál] 男 〔蝶番(ちょうつがい)を取り付ける〕縦框(かまち). 類quicio.

quicio [kíθio] 男 **❶** 〔蝶番を取り付ける〕縦框(かまち). **❷** 開いたドアと壁の間のすき間. **❸** 常態; 常軌. —estar fuera de ~ 常軌を逸している, はめをはずしている. **sacar de quicio** (1)〔物事〕を誇張する, …の姿を歪める. (2)(人をいらいら[激怒]させる. Su lentitud en el trabajo me *saca de quicio*. 彼の仕事の遅さに私は我慢ならない.

quid [kí(ð)] [<ラテン]男 要点, 肝心な点.
dar en el quid 適切なことを言う[する], 正鵠(せいこく)を射る.

quídam [kíðan] [<ラテン]男《軽蔑》 **❶** 誰かさん, なんのなにがし. **❷** 取るに足らない人.

quiebr- [kiéβr-] 動 quebrar の直・現在, 接・現在, 命令・2単.

*****quiebra** [kiéβra] 女 **❶** 崩壊, 破綻; 失敗, 失墜. —la ~ de su matrimonio 彼らの結婚生活の崩壊. la ~ del sistema educativo tradicional 伝統的教育システムの破綻. Nuestro plan no tiene ~. 我々の計画に失敗はありえない. **❷** 〔商業〕破産, 倒産. —La empresa se declaró en ~. その企業は破産宣告を行った. 類**bancarrota**. **❸** 割れ目, 裂け目, 亀裂, ひび. 類**grieta**, **fractura**.

******quien** [kien キエン] 代(関係) 複 quienes, 無強勢語]〔先行詞は人のみ〕 **❶**〔制限用法〕(a)〔+直説法, 口語では先行詞が関係節の主語として用いられることはない〕…である…, …する…. —Todavía no ha venido el chico a ~ quieres ver. あなたが会いたがっている男の子はまだ来ていない. La señorita de ~ os hablé ayer es la hija del jefe. 昨日君たちに話したお嬢さんは上司の娘さんだ. Es un amigo en ~ tengo mucha confianza. 彼は私がおおいに信頼している友人です. Las chicas con ~es te encontraste en casa de Juan estén aquí de vacaciones. 君がフアンの家で会った女の子たちは休暇でここに来ているんだよ. (b)〔+不定詞〕…すべき. —Tiene una familia a ~ mantener. 彼には養わなければならない家族がある. **❷**〔説明用法, +直説法〕《文》そしてその人は…, しかしその人は…, ところでその人は…なのだが, その人は…なので. —De repente entró Juan, ~ acababa de volver de Francia. 突然フアンが入ってきたのだが, 彼はフランスから戻ったばかりだった. Vi ayer a tu hermano, ~ me dijo que estabas enfermo. 昨日あなたの弟に会って, あなたが病気だと言われた〔説明用法では先行詞が関係節の主語として用いられる. その際の先行詞は固有名詞などのような特定の人を指すのが一般的〕. Te voy a presentar a un profesor, a ~ respeto muchísimo. 君に一人の先生を紹介しよう. その先生を私は非常に尊敬してるんだ. **❸**〔独立用法, +直説法〕…である人, …する人. —Hay ~ dice que aprender un idioma es fácil, pero yo lo dudo. 言語を学ぶのは簡単だと言う人もいるが私は疑問に思う. Q~es lo conocen lo aprecian mucho. 彼のことを知っている人はみんな彼のことを高くかっている. A ~ madruga Dios le ayuda.〔諺〕早起きは三文の得(←早起きする人を神は助ける). **❹**〔独立用法, +接続法〕…であるような人, …するような人. —En esta clase no hay ~ diga tal cosa. このクラスにそんなことを言うような人はいない. Que levante la mano ~ lo sepa. それを知っている方は手をあげてください. **❺**〔強調構文で〕…である[する]のは…である. —Él fue ~ me hizo ese favor. 私にその親切を申し出てくれたのは彼でした. A ~ le gusta ella es un chico de otra clase. 彼女のことが気に入っているのは別のクラスの男の子だ. **❻**〔接続法+quien+接続法〕誰が…しようとも. —Sea ~ sea, no aceptará tal trabajo. 誰であれそんな仕事は引き受けないだろう. Venga ~ venga, lo haremos. 誰が来ようが私たちはそれをやる.

A quien corresponda (手紙で)関係各位.
como quien ... まるで…のように. Se comportó *como quien* no sabía nada. 彼はいつも何も知らないかのように振る舞った.
como quien dice いわば.
como quien no quiere la cosa こっそりと, そしらぬ顔で; さりげなく. Miraba a la chica *como quien no quiere la cosa*. 彼はこっそりとその女の子を見ていた. *Como quien no quiere la cosa*, planteó la espinosa cuestión. さりげなく彼はやっかいな問題を提起した.
... *como quien oye llover*《話》馬耳東風に…. No me hizo ningún caso, *como quien oye llover*. 彼は馬耳東風に私のことをまったく気に留めなかった.
no ser quien [*quién*] *para*〔+不定詞〕…には適していない, …の資格がない. Ella *no es quien para* regañarme porque ha cometido el mis-

mo error que yo. 彼女に私を叱る資格はない、だって私と同じ間違いを犯したのだから．
Quien más, quien menos… 誰でも多かれ少かれ…だ. *Quien más, quien menos* tiene sus secretos. 誰でも何かしら秘密を持っている．

*quién [kjén キエン] 代(疑問)〖複 quiénes〗〖人について用いられる〗❶〖直接疑問文で〗(a) 誰，どなた．—¿Q～ fue el inventor de la radio? ラジオの発明者は誰ですか．¿A ～ estás buscando?–Estoy buscando a Carmen. 誰を探しているの?–カルメンを探してるんです．¿Con ～es estabas cuando te llamé? 電話したとき誰といっしょだったんですか．(b)〖de+〗誰の．—¿De ～ es aquella bicicleta? –Es mía. あの自転車は誰のですか．–僕のです．❷〖間接疑問文で〗(a) 誰，どなた．—¿Sabes ～ es aquel señor? あの男性が誰か知っていますか．(b)〖+不定詞〗誰を〔誰に〕…すべきか．— No sabía a ～ dirigirse. 彼は誰に話すべきか分からなかった．Todavía no hemos decidido a ～es invitar. 私たちは誰々を招待すべきか決めかねている．❸〖+接続法過去・過去完了，願望文〗私が…だったらなあ．— ¡Q～ pudiera volar como un pájaro! 鳥のように飛べたらなあ! ¡Q～ tuviera tu edad! 君くらいの年齢だったらなあ!

¿Con quién?《話》(電話を受けた人の表現)どちら様ですか．

¿De parte de quién?（電話を受けた人の表現)どちら様ですか．

Dime con quién andas y te diré quién eres.〖諺〗付き合っている人を見ればその人が分かる，類は友を呼ぶ(←一緒に歩いている人をいいなさい．そうすればあなたが誰かを言いましょう)．

no ser quién para〖+不定詞〗…する資格〔権限〕がない．Yo *no soy quién para* decidirlo. 私にはそれを決定する権限がありません．

quién más quién menos 人は多かれ少なかれ．*Quién más quién menos*, todo el mundo tiene defectos. 人によって多い少ないはあるが，誰しも欠点を持っている．

quién sabe さあ，どうだか分からない．*Quién sabe si Juan vendrá con nosotros*. フアンが私たちと一緒に来るかは，さあどうでしょうね．

:quienquiera [kjenkjéra] 代(不定)〖複 quienesquiera〗〖主に+que+接続法〗〖任意の人・物を示す〗…する誰でも，…するどんな人でも．— Q～ que lo vea, no dará crédito a sus ojos. それを見た人は誰もが自分の目を疑うことだろう．Q～ que haya sido, recibirá su castigo. 誰であろうと罰を受けることになるだろう．〖複数形の使用はまれ〗．

quier(-) [kjér(-)] 動 querer の直・現在，接・現在，命令・2単．

quietismo [kjetísmo] 男 ❶ 静寂主義．♦17世紀末に起こった宗教的神秘主義．欲望を捨て，冥想を通して神に献身することを説く思想．❷ 無活動，無気力，怠惰．類**inacción, inercia, quietud**.

quietista [kjetísta] 形 静寂主義の．
— 男女 静寂主義者．

*quieto, ta [kjéto, ta キエト, タ] 形 ❶ 動かない，じっとした．— No puede hablar con las manos *quietas*. 彼が話すときはかならず手を動かしている．¡Estate ～! じっとしていなさい．/行儀よくしなさい．Si no te estás ～, no puede calzarte los zapatos. 行儀よくしてい

ないと，靴をはかせてあげられないよ．¡Q～! 動かないで；(犬に)おすわり，(馬に)どうどう．Tú ahí, ～ como un poste [una estatua]. お前はそこでじっとしておけ．¡Deja ～ a tu hermanito! お前の弟にかまうな．¡Todos ～s, o disparo! 皆静かにしろ．さもないと撃つぞ．類**inmóvil**. ❷ (性格や状態が)穏やかな，落ち着いた；おとなしい．— Es un hombre ～. 彼は穏やかな人だ．Llevaba una vida *quieta*. 彼は落ち着いた生活を送っていた．類**sosegado, tranquilo**.

:quietud [kjetú(ð)] 女 ❶ 動かないこと，不動．— Permaneció en absoluta ～ mientras sonaba el teléfono. 電話が鳴っている間彼は完全に不動のままであった．❷ 静止；静けさ，落ち着き．— El silbido del tren rompió la ～ de la noche. 列車の汽笛が夜の静けさを破った．類**calma, descanso, reposo, sosiego**.

quijada [kixáða] 女《解剖》顎骨(がく)，あご．

quijera [kixéra] 女 ❶(馬具の)頬(ほお)革(くつわや鼻革をつなぐ)．❷ 昔の石弓の補強金具．❸ (箱を作るとき板の縁(ふち)に作る)はめこみ．

quijotada [kixotáða] 女 ドン・キホーテ的なこと〔行ない〕；空想的〔熱狂的〕なこと．

*quijote¹ [kixóte] 男 ❶ (Q～) ドン・キホーテ．♦セルバンテス(Miguel de Cervantes Saavedra)の書いた小説 El Ingenioso Hidalgo Don Quijote de la Mancha 前編1605年，後編1615年の主人公の略称，その作品の略称．—¿Has leído el Q～? 君はドン・キホーテを読んだことがあるかい．❷ ドン・キホーテのような人，正義感からよくお節介をやく人，非現実的理想主義者．類**altruista, idealista**.

quijote² [kixóte] 男 ❶ (よろいの)もも当て．❷ (馬の)尻．

quijotería [kixotería] 女 ドン・キホーテ的な性格，ドン・キホーテじみたこと．類**quijotada**.

quijotesco, ca [kixotésko, ka] 形 ドン・キホーテ的な；気どった；向こう見ずな．— Se ha embarcado en un proyecto ～ del que saldrá malparado. 彼は無謀なプロジェクトに関わってしまったが，きっと痛手をこうむるだろう．Era un viejo alto y escuálido, de aire ～. 彼は背が高くやせこけた，ドン・キホーテ的な風貌(ぼう)の人だった．

quijotismo [kixotísmo] 男 ドン・キホーテ的精神；過剰な正義感；気どり，もったいぶり；向こう見ずな気持ち．

quilatar [kilatár] 他 ❶ (宝石の)カラット数を量る，(貴金属などの)重量を量る．❷ (宝石を)鑑定する，(金属を)試金する．

quilate [kiláte] 男 ❶ カラット(宝石の重量単位．1カラットは 0.2 グラム)．❷ カラット(純金含有率の単位．純金を24カラットとする)．—(oro de) 22 quilates 22 金．

quilla [kíja] 女 ❶(船の)竜骨．— colocar la ～ de un buque (船の建造の第一歩として)竜骨をすえる．dar de (la) ～ (修繕や掃除のために船を)横倒しにする．❷(鳥の)竜骨突起．

quilo¹ [kílo] 男 キログラム(quilogramo)の略 (kilo とも綴る)．♦キロメートルは略さずに必ず quilómetro または kilómetro と言う．

quilo² [kílo] 男《生理》乳糜(び)．♦通常消化管壁のリンパ管内に見られる，乳白色になったリンパ液．

sudar el quilo ひどく働く，大骨を折る．

quilo-, quili- [kilo-, kili-] 接頭 =kilo-, kili-.

quilogramo [kiloɣrámo] 男 キログラム. ◆kilogramo とも綴る.

quilombo [kilómbo] 男 ❶〖ベネズエラ,コロンビア,エクアドル〗掘っ建て小屋; へんぴな場所. ❷〖南米〗売春宿. ❸〖南米〗けんか; 騒ぎ.

quilómetro [kilómetro] 男 →kilómetro.

quilovatio [kiloβátjo] 男 →kilovatio.

‡**quimera** [kiméra] 女 ❶〖ギリシャ神話〗キメーラ(頭はライオン, 胴体はやぎ, 尾は竜で, 火を吐く怪獣). ❷ 空想, 妄想, とてつもない考え. —Déjate de acariciar ~s y baja a la realidad. 空想にふけるのはやめて現実的になりなさい. Le parecía una ~ conseguir ese puesto. その地位を手に入れることは彼にはほとうもないことに思えた. vivir de ~s 夢想にふけって暮らす. 類**ilusión, fantasía**. ❸ (根拠のない)不安, 懸念. —Tiene la ~ de que su mujer le es infiel. 彼は妻が自分に不実でないかと取り越し苦労をしている. 類**aprensión**. ❹ けんか, 言い争い. —Siempre anda buscando ~s. 彼はいつもけんかの種をさがしている. 類**pendencia, riña**.

quimérico, ca [kimériko, ka] 形 空想的な; ばかげた, 実現できそうもない. —En estas circunstancias, sería ~ cambiar de empleo. この状況では転職するのは現実的でなかろう.

quimerista [kimerísta] 形 ❶ 空想家の. ❷ けんか好きな.
—— 男女 ❶ 空想家. ❷ けんか好き.

‡**química**¹ [kímika] 女 ❶ 化学. —~ orgánica 有機化学. ~ biológica 生化学. ~ inorgánica [mineral] 無機化学. ~ analítica 分析化学. ❷ 添加物を多く含んだ食品.

‡**químico, ca**² [kímiko, ka] 形 化学の, 化学的の. —industria *química* 化学工業. productos ~s 化学製品. reacción *química* 化学反応. compuesto ~ 化合物. ingeniero ~ 化学技師.
—— 名 化学者.

quimioterapia [kimjoterápja] 女〖医学〗化学療法.

quimo [kímo] 男《生理》糜汁(びじゅう)(胃液と混じって粥(かゆ)状になった食物).

quimono [kimóno] [<日] 男 《日本の》着物.

quina [kína] 女 ❶〖植物〗キナノキ(南米原産アカネ科の植物). ❷ キナ皮(キナノキの皮で, キニーネの原料). ❸ キナ(キナ皮から作った煎じ薬, 強壮剤).
más malo que la quina〖話〗とても嫌な.
tragar quina 苦しみを(外面に表さずに)耐え忍ぶ.

quinado, da [kináðo, ða] 形 (飲み物に)キナ入りの. —vino ~ キナ入りの薬用ブドウ酒.

quincalla [kiŋkája] 女 安物の装身具[金物]; 小間物.

quincallería [kiŋkajería] 女 ❶〖集合的に〗金物類; 安物の装身具類; 小間物. ❷ 金物[小間物]商店.

quincallero, ra [kiŋkajéro, ra] 名 ❶ 金物[小間物]屋の主人, 金物[小間物]商. ❷ 金物細工師.

‡**quince** [kínθe キンセ] 形(数) ❶ 15の. —Se tarda unos ~ minutos. 約15分要する. ❷ 2週間の. —Te devuelvo el libro en ~ días. 2週間のうちにその本を君に返すよ.〖スペインでは1週間をocho días, 2週間をquince díasと数える〗❸〖序数的に〗15番目の. —el día ~ de marzo 3月15日. el siglo XV 15世紀. Luis XV ルイ15世. 類**decimoquinto**.
—— 男 15 (の数字).
dar quince y raya a uno 人より巧みである, 人に勝っている.

quinceañero, ra [kinθeaɲéro, ra] 形 10代の, ティーンエージャーの.
—— 名 ティーンエージャー; 15歳前後の人.

quinceavo, va [kinθeáβo, βa] 形(数) 15分の1(の).

***quincena**¹ [kinθéna] 女 ❶ 2週間, 半月, 15日間. —el balance de la segunda ~ del mes pasado 先月後半期の収支決算. ❷ 半月分の給料; 15日間の拘留;《音楽》2オクターブ (15度の音程).

***quincenal** [kinθenál] [<quincena] 形 ❶ 2週間に1回の, 隔週(発行)の, 半月刊[月2回刊行]の; 15日ごとの. —revista ~ 半月刊誌. Los pagos son ~es. 支払は2週間ごとである. 類**bisemanal**. ❷ 15日間の, 2週間の, 半月の; 15日間[2週間]続く. —La empresa organiza cursillos ~es de reciclaje para sus empleados. その企業は従業員向けに2週間の再教育研修を予定している.

quinceno, na² [kinθéno, na] 形 第15の.
—— 女 15日間. —Las elecciones serán en la segunda *quincena* de octubre. 選挙は10月の後半に行われるだろう.

quincha [kíntʃa] 女〖中南米〗❶ (麦わらの壁や天井を支える)イグサの網. ❷ よしずと泥で作った壁.

quinchar [kintʃár] 他 (壁など)をよしずで作る. →quincha.

quincuagenario, ria [kiŋkwaxenárjo, rja] 形 ❶ 50歳前後の; 50歳代の. 類**cincuentón**. ❷ 50をひとまとめにした; 50個から成る. —coro ~ 50人の合唱団.
—— 名 50歳(代)の人.

quincuagésimo, ma [kiŋkwaxésimo, ma] 形(数) ❶ 50番目の. ❷ 50等分の.
—— 男 50分の1.

quindécimo, ma [kindéθimo, ma] 形 15番目の; 15等分の.

quingentésimo, ma [kiŋxentésimo, ma] 形(数) 500番目の; 500等分の.
—— 男 500分の1.

‡**quiniela** [kinjéla] 女 ❶ キニエラ, サッカー(や競馬など)の公営賭博, トトカルチョ. —jugar a las ~s キニエラをする. ❷ キニエラの用紙. —rellenar la ~ キニエラの用紙を埋める.

quinielista [kinjelísta] 男女 サッカー賭博(とばく)(→quiniela)に賭(か)ける人.

***quinientos, tas** [kinjéntos, tas] 形(数) ❶ 500の. —La prueba más de *quinientas* personas en el auditorio. 講堂には500人以上の人がいた. ❷〖序数的に〗500番目の. —año ~ 西暦500年. 類**quingentésimo**.
—— 男 500 (の数字).

quinina [kinína] 女《化学》キニーネ(マラリヤの薬や解熱剤として用いられる).

quino [kíno] 男 ❶《植物》キナノキ. ❷ キナ皮(=quina).

quinoa [kínoa] 囡 《植物》キノア. ◆アカザ科の一年草. メキシコやアンデス高原地帯で食用に栽培される.

quínola [kínola] 囡 ❶ トランプで, 同種の札が4枚そろうこと. ❷ 複 同種の札を4枚そろえた者が勝つ, トランプ・ゲームの一種. ❸ 奇妙なもの[こと].
estar de quínolas いろんな色が混じっている; いろんな色の混じった服装をする.

quinona [kinóna] 囡 《化学》キノン. ◆ある種の芳香族化合物の総称. 黄色または赤色の結晶で染料合成の中間体に用いられる.

quinqué [kiŋké] 男 〔複 quinqués〕 ❶ 石油ランプ. ❷ 《話》明敏さ, 抜け目のなさ. 類 **maña, picardía, vista**.
tener mucho quinqué 《話》事の真相[実状]を知っている.

quinquenal [kiŋkenál] 厖〔男女同形〕5年間の; 5年ごとの. — plan 〜 5か年計画.

*__quinquenio__ [kiŋkénjo] 男 5年間; 5年勤続毎に与えられる特別手当. — Los precios han aumentado mucho durante el último 〜. この5年間に消費者物価はとても上昇した.

quinqui [kíŋki] ❶ キンキ族の人. ◆カスティーリャ地方, エブロ川流域, エクストレマドゥーラ地方に住む系統不明の民族. ❷ (通例徒党を組む)悪党, 盗賊.

quinta [kínta] 囡 ❶《軍事》(a) 徴兵をきめる抽選. (b) (新年度に兵籍に入る新規の徴兵同年兵. — entrar en 〜s 兵役につく. librarse de 〜s 退役する. Es de la 〜 del treinta. 彼は30年兵だ. 類 **reemplazo**. ❷ (いなかにある)別荘. — Pasaré el verano en mi 〜 de Guadarrama. 夏はグワダラマの別荘で過ごすつもりです. ❸《音楽》第5度音程.

quintacolumnista [kintakolumnísta] 男女 第五列 (la quinta columna) の活動家〈.

quintaesencia [kintaesénθja] 〔<quinta+esencia〕囡 ❶ 真髄, 精髄. — Se consideran las catedrales de León, Burgos y Toledo como la — del gótico español. レオン, ブルゴス, トレードの大聖堂はスペイン・ゴシックの精髄と見なされている. ❷ 典型(的な例). — Esa anciana japonesa es la 〜 de la cortesía. その年配の日本女性は礼儀正しさの典型だ.

*__quintal__ [kintál] 男 キンタル(昔の重量単位, 地方によって差があり, カスティーリャ地方では46kgに相当). — métrico 100kg. Pesa un 〜.《話, 比喩》とても重い.

quintana [kintána] 囡 ❶ 別荘(→quinta). ❷ 古代ローマ軍の野営で, 糧食を売っていた場所.

Quintanar de la Orden [kintanár ðe la órðen] 固名 キンタナル・デ・ラ・オルデン(スペインの都市).

Quintana Roo [kintána řó(o)] 固名 キンタナロー(メキシコの州).

quintar [kintár] 他 ❶ (a) (軍務などに, 人を)召集する, 徴兵する. — A mi hijo lo *quintan* el próximo año. 私の息子が来年徴兵される. (b) (兵役で, 人の)派遣地をくじで決める. ❷ (人や物の集まりから)くじ引きで5個[5人]ごとに1個[1人]ずつ取る.

quintería [kintería] 囡 農園.

quintero, ra [kintéro, ra] 名 ❶ (農園で働き, その手間賃で生活する)小作人; (一般に)農夫.

quinteto [kintéto] 男 ❶《音楽》五重奏(曲), クインテット. — 〜 para cuerdas 弦楽五重奏曲. ❷《韻律》(各行9音節以上の)五行詩[連].

quintilla [kintíja] 囡 《韻律》(各行8音節の)五行詩[連].

quintillizo, za [kintijíθos, θas] 厖 五つ子の. — 名 複 五つ子.

Quintín (San) [kintín] 固名 男 〔次の成句で〕*armarse la de San Quintín* 大げんかをする(サン・カンタンの戦い (la batalla de San Quitín, 1557年)の名に由来する).

*__quinto, ta__ [kínto, ta キント, タ] 厖〔数〕❶ 5番目の. — Nuestros asientos están en la fila *quinta*. 私たちの席は5列目です. al 〜 año [mes, día] 5年[5か月, 5日]経って. a la *quinta* semana. 5週間経って. en 〜 lugar 第5番目に. *quinta columna* 第五列, 第五部隊 (→columna). *quinta esencia* 精髄, 真髄, 本質, 典型 (→quintaesencia). *quinta* del 〜 の. ❷ 5分の1の. — De entrada tuve que pagar la *quinta* parte del precio. 私は手付金として価格の5分の1を支払わねばならなかった.

— 男 ❶ 5分の1 (=la *quinta* parte). ❷《軍隊》新兵, 徴兵; 新米. ❸ (ビールの)小瓶. — Póngame un 〜. ビールの小瓶をください.
— (列挙するときに)5番目に.

quintuplicar [kintuplikár] 他 を5倍にする.
— se 再 5倍になる.

quintu*plo, pla* [kíntuplo, pla] 厖 5倍の.
— 男 5倍. — Treinta es el 〜 de seis. 30は6の5倍である.

quinua [kínwa] 囡 《植物》キノア(→quínoa).

quinzavo, va [kinθáβo, βa] 厖 15等分の.
— 男 15分の1.

quiñón [kiɲón] 男 (共同所有物, 共同事業などで)各人の分担[受け持ち]部分; (農業で)各人に割り当てられた土地.

*__quiosco__ [kjósko] 男 ❶ キオスク, 売店(駅, 街路, 公園などにあり, 新聞, 雑誌, 飲み物, タバコ, 花などを販売する). — Tomamos una cerveza en un 〜 de bebidas. 飲み物の売店でビールを飲もう. 〜 de periódicos 新聞・雑誌類の売店. 類 **caseta, puesto**. ❷ あずまや, キオスク風の簡易建築. — 〜 de (la) música 野外音楽堂. 〜 de necesidad《まれ》公衆便所.

quiosquero, ra [kjoskéro, ra] 名 売店の人, 店主.

quiquiriquí [kikirikí] 男 コケコッコー(おんどりの鳴き声).

quirófano [kirófano] 男 手術室.

quiromancia, quiromancía [kirománθja, kiromanθía] 囡 手相占い.

quiromántico, ca [kiromántiko, ka] 厖 手相の, 手相に関する.
— 名 手相見, 手相占い師.

quiróptero, ra [kiróptero, ra] 厖 《動物》翼手(よくしゅ)類の, コウモリ類の.
— 男 複 翼手類, コウモリ類.

quirquincho [kirkíntʃo] 男 《動物》キルキンチョ(小型のアルマジロの一種で, 甲羅はチャランゴの材料).

quirúrgico, ca [kirúrxiko, ka] 厖 外科の.

quise [kíse] 動 querer の直・完了過去・1単.

quisicosa [kisikósa] 囡 《話》なぞなぞ; 難問. —

Me tienes hasta la coronilla con tus ~s. 君のなぞなぞにはうんざりさせられるよ.

quisiera(-) [kisiéra(-)] 動 querer の接・過去.

quisieron [kisiéron] 動 querer の直・完了過去・3複.

quisimos [kisímos] 動 querer の直・完了過去・1複.

quisiste [kisíste] 動 querer の直・完了過去・2単.

quisisteis [kisísteis] 動 querer の直・完了過去・2複.

quiso [kíso] 動 querer の直・完了過去・3単.

quisque [kíske] 〔<ラテン〕代 (不定)〖次の成句で〗
cada quisque めいめい, それぞれ, 一人一人.
todo quisque みんな, 全員.

quisquilla [kiskíja] 女 ❶ ささいな[つまらない]こと. —¡Déjate de ~s! ささいなことでとやかく言う[騒ぎ立てる]な. ❷《動物》エビ(=camarón).

quisquilloso, sa [kiskijóso, sa] 形 ❶ (人が)細かい, ささいなことにこだわる. —Es una *quisquillosa* y a todo pone pegas. 彼女は細かい人であらゆることのあら探しをする. 類 **meticuloso, puntilloso**. ❷ (人が)怒りっぽい, 気難しい. ❸ (人が)気の小さい, すぐくよくよする.

quiste [kíste] 男 《医学》嚢(のう)胞. ◆病気で動物組織内に生じた袋状の空洞. 通常内部に液体がたまる.

quístico, ca [kístiko, ka] 形 《医学》嚢(のう)胞状の.

quita [kíta] 女 (債務者が行う)借金の免除[割引き].
de quita y pon 取りはずし可能な, 取りつけ取りはずし自在の. Los asientos estaban cubiertos con una funda de *quit y pon*. 座席には取りはずし式のカバーがかかっていた.

quitaesmalte [kitaesmálte] 〔<quitar+esmalte〕男 マニキュア落とし.

quitaipón [kitaipón] 〔<quitar+y+poner〕男 〖次の成句で〗
de quitaipón 取りはずし可能な. →de QUITA y pon.

quitamanchas [kitamántʃas] 〔<quitar+mancha〕男女〖単複同形〗《まれ》洗濯屋の人. 類 **lavandero, tintorero**.
— 男 染(し)み抜き(剤).

quitanieves [kitaniéβes] 〔<quitar+nieve〕男〖ときに女〗〖単複同形〗除雪機; 除雪車.

quitapenas [kitapénas] 男〖単複同形〗《話》リキュール, アルコール飲料.

quitapesares [kitapesáres] 〔<quitar+pesar〕男〖単複同形〗慰め, 気休め; 気晴らし. 類 **alivio, consuelo**.

quitapiedras [kitapjéðras] 〔<quitar+piedra〕男〖単複同形〗《鉄道》(機関車または電車の前に取り付けて障害物を除くための)排障器.

quitapón [kitapón] 〔<quitar+poner〕男 馬・ろばなどの額(ひたい)の房(ふさ)のついた飾り.
de quitapón 取りはずし可能. →de QUITA y pon.

quitar [kitár キタル] 他 ❶ を取り除く, 撤去する, 外す, 取り去る. —~ la cáscara a una naranja オレンジの皮をむく. *Quitó* los zapatos al niño. 彼は子供の靴を脱がせた. No le *quitaba* los ojos de encima a ella. 彼は彼女から視線を外さなかった. *Quitó* el cuadro de la pared. 彼は壁から絵を外した. *Quita* los platos de la mesa. テーブルから皿を片付けなさい. *Quitaron* todas las líneas del tranvía. 市電の全路線が撤去された. 反 **poner. ❷ を消す, 消失する. —El limón *quita* la sed. レモンはのどのかわきをいやす. ❸〖+a〗(人)から…を奪う, 盗む, 取る. —Me *quitaron* la cartera. 私は札入れを取られた. 類 **hurtar, robar**. ❹ を禁止する, はばむ. —El médico le *quitó* el café y el tabaco porque tenía alta la tensión arterial. 医者は彼が高血圧なのでコーヒーとタバコを禁止した. El niño me *quitó* el ir de compras. 子供のせいで私は買物に行けなかった. 類 **estorbar, prohibir, vedar**. ❺ を免除する, 免れさせる, 妨げる. —El profesor le *quitó* al alumno el castigo. 先生は生徒に罰を与えるのをやめた. Lo cortés no *quita* lo valiente. 丁重であることは勇敢であることを妨げない. 類 **impedir, obstar**. ❻ を撤廃する. 類 **derogar**.

—**se** 再 ❶ 脱ぐ; 取り去られる. —~*se* la gabardina コートを脱ぐ. ~*se* la bufanda マフラーをとる. ~*se* los zapatos 靴を脱ぐ. *Me quité* el abrigo porque tenía calor. 暑かったので私はオーバーを脱いだ. *Se me ha quitado* el dolor de cabeza. 私は頭痛が直った. ❷〖+de〗やめる. —*Se ha quitado del* tabaco y ahora le molesta el olor del humo. 彼はタバコをやめて今では煙の臭いも嫌になった. ❸〖+de から〗どく, 立ち去る. —*Quítate de* ahí. そこをどいてくれ.

¡*quita (allá)*! 《話》よせよ, やめろ. ¡*Quita*, no me digas que Carmen es tu novia! よせよ, カルメンがお前の恋人だなんておれに言わないでくれ. ¡*Quita*!, yo no como eso. やめてくれ, 僕はそれを食べないんだ.

quitando ... を除いて, 例外として. *Quitando* a tres miembros, todos están de acuerdo. 3 人を除いて, みんなが賛成してくれている.

quitar de la cabeza 断念する, あきらめる. *Quítate* eso de la cabeza. そんな考えは捨ててしまえ.

quitar de las manos 争って買い求める, 引っ張りだこである.

quitar(se) de delante [*encima*] 厄介者(物)から逃れる, 追い払う. Ya *me he quitado* tres exámenes *de encima*. やっと試験が3つ終わった. No hay modo de *quitarse* a ese pesado *de encima*. あのうっとうしい奴からどうしても逃れられない.

quitarse de en medio 場所を外す; いなくなる. Si queréis hablar solos, *me quito de en medio*. もし君たち2人で話し合いたいのなら, 私は席を外すよ.

sin quitar ni poner 手加減せずに, 忠実に, 脚色せずに. Esto es todo lo que me dijo, te lo he contado *sin quitar ni poner* nada. これが彼が私に言った全部だ, ありのままに君に伝えたからね.

quitasol [kitasól] 〔<quitar+sol〕男 日傘; ビーチパラソル. 類 **parasol, sombrilla**.

quite [kíte] 男 ❶ (a) 取り除くこと. (b) 妨害. ❷ (闘牛)キーテ(闘牛士に牛が襲いかかるのを, 他の闘牛士かカパーを使って防ぎ, 牛を遠ざけること). ❸ (フェンシングなどで, 相手の剣先の)受け流し, かわし.

estar al quite [*a los quites*] (人の)保護に立つ準備をしておく. Tú *está al quite* por si viene con la pandilla. 彼が仲間を連れてきたときのために守る準備をしておけ.

ir [*salir*] *al quite* 助けに馳せ着ける.

no tener quite 致し方ない, やむを得ない, 避けられない.

quiteño, ña [kitéɲo, ɲa] 形 キト (Quito, エクアドルの首都)の.
—— 名 キトの人.

quitina [kitína] 女 《生化》キチン. ♦甲殻類・昆虫類などの外骨格に含まれる, 多糖質の一種.

quitinoso, sa [kitinóso, sa] 形 《生化》キチンを含む, キチン性の, キチンに関する.

Quito [kíto] 固名 キト(エクアドルの首都).

quitrín [kitrín] 男 『南米, アンティーヤス諸島, グアテマラ』二輪の二人乗り幌(ほろ)馬車.

quizá(s) [kiθá(s) キサ(ス)] 副 たぶん, おそらく, ことによると. —¿Hará frío mañana?-Q～. 明日は寒くなるかな.-たぶん. (a**)『+直説法(確信の度合いが大きい)』—Q～ está enfermo. 彼はおそらく病気だ. Q～ vendrá la señora. きっとその婦人は来るだろう. Q～ ella le ha contado lo que ocurrió. おそらく彼女は彼に起こったことを話しただろう. (**b**)『+接続法(確信の度合いが小さい)』—Q～ esté enfermo. 彼はことによると病気だ. Q～ venga la señora. たぶんその婦人は来るだろう. Q～ se haya ido de viaje. ひょっとしたら彼は旅行にでかけたんだ. (**c**)『動詞の後に来るときは直説法』—Iré, ～, mañana. ぼくはおそらく明日行くよ. 類語 **tal vez, acaso, posiblemente** は quizá 同様, 確信の多少により直説法か接続法をとる. **a lo mejor** は口語でよく用いられるが, 必ず直説法を従える.

quorum, quórum [kụórun] 〔＜ラテン〕男 〖複〗quorums, quórums [kórun(s)]〗(選挙・議決の成立に必要な)定数, 定足数. —No se efectuó la votación por falta de ～. 定足数に達しないため投票は行われなかった.

R, r

R, r [éɾe, éɾe] 女 スペイン語アルファベットの第19文字.

rabada [r̄aβáða] 女 (牛, 羊などの)後脚と臀(でん)部の肉(食用).

rabadán [r̄aβaðán] 男 牧羊者[羊飼い]の頭(かしら).

rabadilla [r̄aβaðíja] 女 ❶《解剖》尾骶(てい)骨. ❷ (食用牛の)しり肉. ❸ (鳥の)尾筒(びとう)(尾の付け根の丸くふくれた部分).

rabanal [r̄aβanál] 男 大根畑, かぶ畑.

rabanar [r̄aβanár] 他 ❶ を切って細長い切れに分ける. ❷ を真っ二つにする, ばっさり切る. — De un tajo *rebanó* la caña de bambú. 彼は一刀のもとに竹を切った.

rabanero, ra [r̄aβanéro, ra] 形 ❶《話》(特に女が)あつかましい, 粗野な. — Parece muy fina, pero en realidad es una auténtica *rabanera*. 彼女は繊細に見えるが実際にはがさつそのものだ. 類 **desvergonzado, ordinario**. ❷ (服が)すその短い. — 名 大根商人, 青物商.

rábano [r̄áβano] 男《植物》ハツカダイコン. — ~ *encarnado* アカダイコン. ~ *picante* ワサビダイコン.
(no) me importa un rábano/no se me da un rábano 私にはどうでもいいことだ.
tomar el rábano por las hojas すっかり勘違いする.
¡(y) un rábano! くだらん!, とんでもない! Préstame cien euros. -¡*Un rábano*! 100 ユーロ貸してくれ. -冗談じゃない!

Rabat [r̄aβá(t)] 固名 ラバト(モロッコの首都).

rabear [r̄aβeár] 自 ❶ (犬が)尾を振る. ❷《海事》(船が)船尾を振る.

rabel [r̄aβél] 男 ❶《楽器》ラベール. ◆中世の牧夫が奏した, 3弦の弦楽器. 弓で演奏し, 音程は非常に高い. ❷ (特に子供の)お尻.

rabí [r̄aβí] [<ヘブライ] 男《宗教》ラビ, 先生(ユダヤ教の教師や律法学者. 通例, 尊称として用いる).

⁺rabia [r̄áβja] 女 ❶ 怒り, 激怒, いらだち. — ¡Qué ~ no poder vernos el domingo! 日曜日に会えないなんていやになる. Me da ~ que siempre se meta conmigo. 彼がいつも私に干渉するのは腹立たしい. 類 **enfado, furia, ira**. ❷ 嫌悪, 反感. — cogerLE [tomar, tener] ~ a ... を嫌悪する, 反感をもつ. Me ha suspendido el profesor porque me tiene ~. 先生のぼくを嫌がっているから不合格にした. ❸《医学》狂犬病, 恐水病.
Muerto el perro, se acabó la rabia.《諺》災いを絶つにはもとを断たねばならない(←犬が死んだら狂犬病も絶滅した).
con rabia とても, ひどく.
Rabia, rabieta, rabiña. そー, そー, もっと怒れ, もっと怒れ.

⁺rabiar [r̄aβjár] 自 ❶〔+contra〕…に対して激怒する, 怒髪天を突く, かんかんに怒る. — Déjale solo, que está *rabiando*. 彼をほうっておきな, カンカンに怒っているから. Juan *rabia contra* el jefe porque le obliga a trabajar demasiado. フアンは上司が彼をこき使うので上司にひどく腹を立てている. 類 **enojarse, irritarse**. ❷〔+de〕(激痛)を感じる, …に苦しむ. — El herido *rabia de* dolor. けが人は激痛にさいなまれている. ❸ 恐水病[狂犬病]にかかる. ❹〔+por〕を強く希望する, 熱望する. — *Rabia por* irse de vacaciones. 彼は休暇中に遊びに行きたくてうずうずしている. *Rabia por* ese puesto. 彼はその職をのどから手が出るほどほしがっている. 類 **morirse**. ❺ 度を越している. — Este guiso pica que *rabia*. この料理はびっくりするほど辛い. *Rabia* de estúpido. 彼は恐ろしく愚かだ. 類 **pasarse**.
a rabiar 強く, 激しく. El público aplaudió *a rabiar*. 観衆は激しく拍手をした.
el tiempo del rey que rabió →tiempo.
estar a rabiar (二人は)犬猿の仲である. Su suegra y ella *están a rabiar*. 彼女は姑(しゅうとめ)と犬猿の仲である.
hacer rabiar 激怒させる. Le encanta *hacerme rabiar*. 彼は私を怒らせるのが大好きだ.

rabiatar [r̄aβjatár] 〔<rabo+atar〕他 (動物)の尾をしばる.

rabicorto, ta [r̄aβikórto, ta] 〔<rabo+corto〕形 (動物などが)尾の短い; (人が)短か過ぎる服を着た. 反 **rabilargo**.

rabieta [r̄aβjéta] 〔<rabia〕女 (一時的, 激発的な)立腹, かんしゃく. — coger una ~ 激怒する. Cuando se le pase la ~, llamará. 彼のかんしゃくがおさまれば電話してくるだろう. 類 **berrinche**.

rabietas [r̄aβjétas] 男女〔単複同形〕怒りっぽい[気難しい]人.

rabihorcado [r̄aβjorkáðo] 〔< rabo + horcar〕男《鳥類》メスグログンカンドリ.

rabilargo, ga [r̄aβilárɣo, ɣa] 〔<rabo+largo〕形 (鳥, 動物などが)尾が長い; (人が)その長い服を着た. 反 **rabicorto**.
— 男《鳥類》オナガ(スズメ目の鳥).

rabillo [r̄aβíjo] 男 ❶ (鳥・動物の, 小さな)尾; (葉・花・実の)柄; (尾のような)細い部分. ❷《植物》ドクムギ(イネ科の一年草で有毒). ❸ (人の)目の端.
mirar con el rabillo del ojo/mirar de rabillo del ojo (1) 横目で見る; 流し目を送る. (2) 警戒[不信・憎しみ]の目で見る.

rabínico, ca [r̄aβíniko, ka] 形《宗教》ラビの(→rabí, rabino).

rabino [r̄aβíno] 男《宗教》ラビ(ユダヤ教の教師や律法学者). →rabí.

rabión [r̄aβjón] 男 急流, 早瀬. 類 **rápido**.

rabiosamente [r̄aβjósaménte] 副 激怒して, 猛烈に. — Golpeó ~ a su hijo. 彼は激怒して息

子をなぐった. Me duele ~ el estómago. 私は胃が猛烈に痛い.

‡**rabioso, sa** [r̄aβióso, sa] 形 ❶ 激怒した. — Estaba ~ porque no le habían invitado. 彼は誘ってもらえなかったので激怒していた. Pateaba, ~, las espinillas de su hermano. 激怒して, 彼は兄弟のむこうずねを蹴っている. ~ de ira 怒り狂っている. 類**colérico, furioso**. ❷ (苦痛が)激しい, (願望が)強烈な. — Tengo un ~ dolor de estómago. 私はとても胃が痛い. Siente deseos ~s de divorciarse. 彼は切実に離婚したいと思っている. 類**excesivo, vehemente, violento**. ❸ 狂犬病にかかった. — perro ~ 狂犬病にかかった犬.

rabisalsera [r̄aβisalséra] 形《女性形のみ》(女が)奔放な; あつかましい.

‡**rabo** [r̄áβo] 男 ❶ (動物の)尾, しっぽ; 尾状のもの. — ~ del gato 猫の尾,《料理》テール. 類**cola**. ❷《植物》葉柄, 茎, 軸. — ~ del ojo 目尻(→rabillo).

con el rabo entre las piernas しっぽを巻いて, しょげて, うちひしがれて. Se marchó *con el rabo entre las piernas*. 彼はしっぽを巻いて帰っていった.

de cabo a rabo 始めから終わりまで, 全部. (→ cabo).

faltar [quedar, estar] el rabo por desollar まだ難関が残っている, 肝心なことが待ちかまえている.

rabón, bona [r̄aβón, βóna] 形 ❶ (動物が)尾の短い; 尾がない, 切り尾の. ❷《中南米》短い; 小さい.

rabosear [r̄aβoseár] 他 ❶ (物)をけがす, 傷つける, だいなしにする. ❷ (物)を撫(な)でる; こうきまわる.

rabotada [r̄aβotáða] 女 乱暴な[粗野な]言葉. — contestar con ~s 粗野な口答えをする. soltar ~s ひどい事を言う.

rabudo, da [r̄aβúðo, ða] 形 (動物の)尾の長い[大きい].

racanear [r̄akaneár] 自 ❶ なまける; (仮病などを使って)さぼる. — A clase se viene a estudiar, no a ~. 授業には勉強に来るのであって, なまけに来るのではない. ❷《話》けちる, 出し惜しみする. — No andes *racaneando* e invítame a una copa. けちけちしないで一杯おごってくれ.

rácano, na [r̄ákano, na] 形 ❶ けちな. — No seas ~ y convídame. けちけちしないでおごってくれよ. 類**tacaño**. ❷ 怠け者の, 無精者.
—— 男女 ❶ けちん坊. ❷ 怠け者, 無精者.

racha [r̄átʃa] 女 ❶ (*a*) (短時間の)突風, 一陣の風. — Una ~ empujó el barco hacia la escollera. 突風が船を海岸の波よけの方に押し流した. 類**ráfaga**. (*b*) (賭け事などの)チャンス, 一時的な幸運. — buena ~ 幸運, 好機. mala ~ (一時的な)不運, 悪い巡り合わせ. a ~s 時々思い出したように(始めるなど). Aprovecha la ~. チャンスを生かすな. ❷ (同種類の物[事]の)続き, 一連の物[事]. — Continúa la ~ de atracos a pisos en el barrio. 近所のアパートに連続強盗が続いている. ❸ (木材の)かけら, 木っ端(ぱ).

racheado, da [r̄atʃeáðo, ða] 形 (風が)断続的に強く吹く.

‡**racial** [r̄aθiál] [<raza]形 人種(上)の, 民族の. — problemas ~s 人種問題. discriminación [prejuicio] ~ 人種差別[人種的偏見]. orgullo ~ 民族の誇り.

‡**racimo** [r̄aθímo] 男 ❶ (ブドウなどの)房; 房状のもの, 束, ひとかたまり. — un ~ de uvas ひと房のブドウ. un ~ de llaves 鍵の束. ❷《植物》総状花序(ふじのような花の咲き方をするもの), 花房.

raciocinación [r̄aθioθinaθión] 女 (厳密な)推論.

raciocinar [r̄aθioθinár] 自 (論理的に)考える, 推論する.

raciocinio [r̄aθioθínio] 男 ❶ 推理力; 理性. — Los animales carecen de ~. 動物には理性がない. ❷ 推論, 推理, 論証(すること). — Sus ~s son lentos pero acertados. 彼の推論は時間がかかるが的を射ている. 類**razonamiento**.

‡**ración** [r̄aθión] 女 ❶ (1人分の)割り当て量, 配給(量). — Tú ya te has tomado tu ~ de sandía. 君はもうスイカの割り当て分を取ったんだよ. Cuando termines tu ~ de estudio hoy, podrás ver la tele. お前は今日の勉強を終えたらテレビを見てもいいよ. ❷ (料理など)1人前, 1盛, 1皿. — Póngame una cerveza y una ~ de jamón serrano. ビールと生ハム1人前ください. *raciones de bacalao* タラの切り身. ❸《軍事》(兵の)1日分の糧食.

a media ración 不十分に, 乏しく.

a ración ひかえめに, わずかずつ.

ración de hambre ひかえめで食わずの薄給.

racionabilidad [r̄aθionaβiliðáð] 女 理性; 判断力.

‡**racional** [r̄aθionál] 形 ❶ (人, 行動などが)理性的な, 理性のある, 道理をわきまえた. — ser ~ 理性的存在, 人間. El hombre es un animal ~. 人間は理性的な動物である. 反**irracional**. ❷ (言動, 思想などが)合理的な, 理性に基づいた. — método ~ 合理的な方法. No has actuado de forma ~. 君は道理に合った行動をしなかった. 類**lógico, razonable**. ❸ 推論の, 理論的な, 論理的な. — capacidad de pensamiento ~ 論理的思考能力. ❹《数学》有理の. — número ~ 有理数. 反**irracional**.
—— 男女 理性あるもの, 人間.

racionalidad [r̄aθionaliðáð] 女 合理性, 純理性. — actuar [comportarse] con ~ 合理的に行動する.

racionalismo [r̄aθionalísmo] 男 ❶ 理性主義, 理性論, 合理論. ❷《哲学》合理主義. ◆近世ヨーロッパの理性中心の認識論・哲学説. デカルト・スピノザ・ライプニッツなどの大陸合理論が代表的. 反**empirismo**.

racionalista [r̄aθionalísta] 形 ❶ 合理主義の. ❷ 理性論[合理]論の.
—— 男女 ❶ 合理主義者. ❷ 理性論者.

racionalización [r̄aθionaliθaθión] 女 合理化. — ~ industrial 産業合理化. ~ de la producción 生産の合理化.

racionalizar [r̄aθionaliθár] [1.3] 他 を合理化する. — ~ la producción 生産を合理化する. ~ el estudio 勉強のしかたを合理的にする. ~ sus emociones 感情をコントロールする.

‡**racionamiento** [r̄aθionamiénto] 男 配給, 配給制度.

racionar [r̄aθionár] 他 ❶ (軍隊などに, 一定配給量)を配給する, 割り当てる. ❷ (食料, 衣料, 燃料など)を配給制にする. — Si sigue la sequía habrá que ~ el agua. 旱魃(かんばつ)が続いたら水を配給制にしなければならないだろう.

racionista [raθjonísta] 男女 ❶ 被配給者; 給費生, 年金受給者. ❷ (劇, 映画などの)端役(ばく).

racismo [raθísmo] [<raza] 男 人種差別主義[政策].

racista [raθísta] 形 人種差別主義[政策]の.
—— 男女 人種差別主義者.

rada [ráða] 女 《海事》(船が風を避けるため停泊できる)入江, 停泊地.

‡**radar, rádar** [raðár, ráðar] [<英]男 レーダー, 電波探知機. —pantalla [red] de ～ レーダー網.

radiación [raðjaθjón] 女 ❶《物理》(*a*) (光, 熱などの)放射, 放射能. — ～ cósmica 宇宙放射. ～ nuclear 核放射線. ～ solar 太陽放射. ～ térmica 放熱. (*b*) 放射物, 放射エネルギー, 放射線. ❷ 抹消, 削除.

radiactividad [raðjaktiβiðá(ð)] 女 《物理》放射性.

radiactivo, va [raðjaktíβo, βa] 形 放射性の, 放射能のある. —desechos ～s 放射性廃棄物. lluvia *radiactiva* 放射能雨. material ～ 放射性物質.

radiado, da [raðjáðo, ða] 形 ❶ (*a*) 放射状[形]の, 射出した. —Esta red de carreteras es *radiada*. この道路網は放射形である. (*b*) 《生物》放射相称の. —Las estrellas de mar son animales ～s. ヒトデは放射相称動物である. (*c*) 《植物》が周辺花を持つ. ❷ ラジオで放送された. —entrevista *radiada* ラジオ・インタビュー.

radiador [raðjaðór] 男 ❶ (自動車などの)ラジエーター, 冷却器. ❷ 放熱器, 輻射(ふく)暖房器. — ～ de aceite [cuarzo, halógeno] オイル式[石炭, ハロゲン]ヒーター.

radial [raðjál] 形 ❶《数学》半径の. ❷ 放射状の, 幅(ふく)射状の. —neumático ～ ラジアルタイヤ. ❸ ラジオ(放送)の.

‡**radiante** [raðjánte] 形 ❶ 光(熱)を放つ, 《理学》輻射(ふく)の, 放射される. —energía ～ 放射エネルギー. calor ～ 輻射熱. fuente ～ de energía [calor, ondas, electromagnéticas] エネルギー[熱, 電波, 電磁波]放射源. punto ～ 光点, 光体. ❷ 輝く, さん然とした. —Era una ～ mañana de primavera. 春の輝かしい朝のことでした. ❸ うれしそうな, にこやかな. —El niño sonreía ～. その子はうれしそうに微笑んでいた. Su rostro mostraba una alegría ～. 彼の顔は輝くような喜びを見せていた.

radiar [raðjár] 他 ❶ (光, 熱など)を放射する. ❷ ラジオで放送する. ❸《医学》(患部)に治療のためX線を照射する. ❹《中南米》を削除する.
—— 輝き出す, 光を放つ.

radicación [raðikaθjón] 女 ❶ 根づくこと;[+en]…への定住. ❷《数学》開法.

radical [raðikál] [<raíz] 形 ❶ 根本的な, 基本的な. —reformas ～es 根本的改革. medidas ～es 根本的対策. 類 **básico**. ❷ 急進的な, 急進主義の; 過激(派)の. —partido ～ 急進主義政党. Su actitud ～ no conduce a nada. 彼の過激な態度では何にもならない. ❸《植物》根の, 根生の. —yema ～ 芽. hoja ～ 根菜.
—— 男女 急進主義者; 過激派. —El atentado fue perpetrado por un grupo de ～es. そのテロ行為は過激派の一味によってなされた.

—— 男 ❶《文法》語根. ◆語から屈折語尾などを除いた部分. cantar の cant- や amado, amable, amante に共通の ama- など. ❷《数学》根号, ルート(√). ❸《化学》基.

*radicalismo [raðikalísmo] 男 (政治的な)急進主義, 過激論.

radicalizar [raðikaliθár] [1.3] 他 を急進的[過激]にする.
—se 再 過激になる, 先鋭化する.

‡**radicalmente** [raðikálménte] 副 ❶ 根本的に, 徹底的に, 根底から. —La situación de la mujer ha cambiado ～ en este país después de la guerra. この国で女性の状況は戦後根本的に変化した. ❷ 過激に, 急進的に. —El oponente defendió ～ su postura. 相手側は自分の立場を過激なほど擁護した.

radicar [raðikár] [1.1] [<raíz] 自 [+en] ❶ (*a*) …に根づく, 定住する. (*b*) (ある場所)にある. —La escritura de la casa *radica en* la notaría de Pérez. 家の証書はペレス公証人事務所にある. (*c*) (問題などが)…に存する, 基づく. —La clave de su fracaso *radica en* su incapacidad profesional. 彼の失敗の決定因は彼の仕事の上の無能である. 類 **consistir, estar, estribar**. ❷ …に本拠を置く.
—se 再 [+en]…に根づく.

radícula [raðíkula] 女《植物》幼根, 胚根(成長して主根になる).

‡**radio** [ráðjo ラディオ] 男 ❶ 半径; 範囲. — ～ de acción 行動半径, 勢力(活動)範囲. ❷ (車輪の)幅(ふく), スポーク. ❸《解剖》橈骨(とう)(前腕の2骨の1つ). ❹《化学》ラジウム(放射性金属元素). ❺ 無線電報. 類 **radiograma**.

—— 女 ❶ ラジオ放送(radiodifusión の略形), 無線通信. —Supe la noticia por la ～. 私はラジオでそのニュースを知った. ❷ ラジオ(受信機). — Esta ～ no funciona. このラジオは故障している. Mi hijo estudia escuchando la ～. 息子はラジオを聞きながらいつも勉強する. — ～ de bolsillo [despertador, de reloj, de sobremesa] ポケット[目覚まし付き, 時計付き, 卓上]ラジオ.

radio macuto《話》根拠のない噂(うわ).

radio- [raðjo-] 接頭「放射, 無線, ラジオ」の意. —*radio*difusión, *radio*grafía, *radio*telegrafía.

radioactividad [raðjoaktiβiðá(ð)] 女《物理》放射能.

radioaficionado, da [raðjoafiθjonáðo, ða] 名 アマチュア無線家, ハム.

radioastronomía [raðjoastronomía] 女 電波天文学. ◆光の波長より長い電磁波を捕えて宇宙について研究する天文学の一部門.

radiobiología [raðjoβjoloxía] 女 放射線生物学. ◆放射能が生体に与える影響を研究する学問.

radiocarbono [raðjokarβóno] 男 放射性炭素.

radiocasete [raðjokaséte] 男 ラジカセ.

radiodiagnóstico [raðjoðjaɣnóstiko] 男《医学》X線診断.

radiodifundir [raðjoðifundír] 他 (ニュース, 音楽などを)ラジオで放送する.

radiodifusión [raðjoðifusjón] 女 放送; ラジオ放送.

radiodifusor, sora [r̄aðioðifusór, sóra] 形 ラジオ放送の, ラジオ放送する.
── 男 ラジオ放送局; 送信器.

radiodifusora [r̄aðioðifusóra] 女 〖中南米〗ラジオ放送局; 送信器.

radioemisora [r̄aðioemisóra] 女 ラジオ放送局; 送信器.

radioescucha [r̄aðioeskútʃa] 男女 ラジオの聴取者, リスナー.

radiofaro [r̄aðiofáro] 男 《通信》ラジオビーコン, 無線標識局.

radiofonía [r̄aðiofonía] 女 ラジオ(放送); 無線電信[電話].

radiofónico, ca [r̄aðiofóniko, ka] 形 ラジオ(放送)の; 無線電話による. ── novela *radiofónica* ラジオ小説.

radiofrecuencia [r̄aðiofrekuénθia] 女 《通信》無線周波数(10 キロヘルツから 300 ギガヘルツの間).

radiogoniómetro [r̄aðioɣoniómetro] 男 ラジオコンパス, 無線方位測定器.

radiografía [r̄aðioɣrafía] 女 《医学》レントゲン撮影; レントゲン写真. ── En la ~ se observa que tiene una fractura de menisco. レントゲン写真で半月板が折れているのが分かる.

radiografiar [r̄aðioɣrafiár] 他 ❶ 《医学》(患部など)をレントゲン撮影する. ❷ 無線で送信する.

radiográfico, ca [r̄aðioɣráfiko, ka] 形 レントゲン撮影の[による]. ── Le hicieron un examen ~ del brazo. 彼は腕のレントゲン撮影を受けた.

radiograma [r̄aðioɣráma] 男 《通信》無線通信(文).

radioisótopo [r̄aðioisótopo] 男 《物理》放射性同位元素, 放射性同位体, ラジオアイソトープ. ◆通例人工的に造られ, 物理学・生物学の研究や治療などに用いる.

radiología [r̄aðioloxía] 女 《医学》❶ 放射線(医)学. ── sección de *R* ~ 放射線科. ❷ レントゲン写真の撮影[判読].

radiólogo, ga [r̄aðióloɣo, ɣa] 名 レントゲン科医; レントゲン撮影技師.

radionovela [r̄aðionoβéla] 女 ラジオドラマ.

radiorreceptor [r̄aðior̄eθeptór] 男 無線電信)の受信器, レシーバー. ── ~ de contrastación (ラジオ, テレビなどの)モニター, 監視装置.

radioscopia [r̄aðioskópia] 女 《医学》放射線[X 線, レントゲン]透視(法), レントゲン診察(法).

radiosonda [r̄aðiosónda] 女 《気象》ラジオゾンデ. ◆気球に小型の自動観測器をとりつけた上層気象観測装置. 観測結果を無線で発信し, 地上で受信する.

radiotaxi [r̄aðiotáksi] 男 無線タクシー.

radiotelefonía [r̄aðiotelefonía] 女 無線電話.

radioteléfono [r̄aðiotelefono] 男 無線電話(機).

radiotelegrafía [r̄aðioteleɣrafía] 女 無線通信[電信].

radiotelegrafiar [r̄aðioteleɣrafiár] 他 《通信文》を無線で打電する.

radiotelegrafista [r̄aðioteleɣrafísta] 男女 無線電信技師.

radiotelegrama [r̄aðioteleɣráma] 男 無線電報.

raigambre 1593

radiotelescopio [r̄aðioteleskópio] 男 《天文》電波望遠鏡. ◆天体が発する電波を, 多くは放射面形をした面に反射させて集め, その焦点の受信装置に集める装置.

radioterapéutico, ca [r̄aðioterapéutiko, ka] 形 《医学》放射線療法の.

radioterapia [r̄aðioterápia] 女 《医学》放射線療法(X 線または放射性物質を用いる治療法).

radioterápico, ca [r̄aðioterápiko, ka] 形 →*radioterapéutico*.

radiotransmisor [r̄aðiotransmisór] 男 無線送信器.

radioyente [r̄aðioʝénte] 男女 ラジオ聴取者, リスナー.

RAE [r̄áe] 〖<Real Academia Española〗男 スペイン王立学士院.

raedera [r̄aeðéra] 女 ❶ こする[削る, はがす]道具[器具]. ❷ (左官が使う)ならしごて.

raedura [r̄aeðúra] 女 ❶ 削ること; こする[こすってなめらかにする]こと; 地ならし. ❷ [主に 複] 削りかす. 類 *raspadura*. ❸ すり傷.

raer [r̄aér] **10.1**] ただし直・現 rayo; 接・現 raya(-) の活用形もある] 他 ❶ (*a*) を削り[こすり]落とす, こげ取る. ── ~ la pintura pegada al suelo 床に付着したペンキを削り取る. 類 *raspar*. (*b*) を(平らに)ならす. ❷ をすりむく, こすって痛める. ❸ (衣服など)の端をほつれさす. ❹ を根絶する. 類 *extirpar*.

Rafa [r̄áfa] 固名 《男性名》ラファ(Rafael の愛称).

Rafael [r̄afaél] 固名 《男性名》ラファエル.

Rafael Sancio [r̄afaél sánθio] 固名 ラファエロ (サンティ)(1483-1520, イタリアの画家・彫刻家・建築家).

ráfaga [r̄áfaɣa] 女 ❶ (*a*) (風・光などが)突然・瞬間的に起こること. ── una ~ de luz 閃光(せんこう). (*b*) 突風, 一陣の強風. ── Una ~ de viento le arrebató el paraguas. 一陣の風に彼は傘を飛ばされた. (*c*) (光の)きらめき, (雷雲の)ひらめき. ❷ 一斉射撃; (自動小銃などの)連射. ❸ 雲片, 雲塊.

rafia [r̄áfia] 女 《植物》ラフィア椰子(ヤシ). ◆熱帯アフリカやマダガスカル島に生える中形のヤシ. 葉の繊維で園芸用の紐(ひも), 帽子, 敷物などを作る.

raglán [r̄aɣlán] 形 《服飾》ラグラン型の(そで). ── prendas de manga ~ ラグランそでの衣類. ◆えりぐりからそで下にかけて長く斜めに切替線のはいったそで. 英国の将軍 Raglan 卿(1788-1855) の名にちなむ.
── 男 ラグラン(型外套).

ragú [r̄aɣú] 〖<仏〗男 ❶ 肉の煮込み; シチュー. ❷ 〖アルゼンチン〗ひどい空腹.

raid [r̄ai(ð)] 〖<英〗男 ❶ (軍隊・警察などの)急襲, 襲撃. ❷ 企て, 努力; 企画. ❸ 持久[耐久]力テスト. ── ~ aéreo 長距離飛行.

raído, da [r̄aíðo, ða] [<raer] 形 ❶ (*a*) (衣服が)すり切れた, 端のほつれた; ぼろの. ── El niño no quería llevar aquel abrigo tan ~. その男の子はあのぼろぼろになったコートを着たがらなかった. (*b*) (人が)みすぼらしい. ❷ 〖まれ〗恥知らずの, 卑劣な. 類 *desvergonzado*.

raiga(-) [r̄aiɣa(-)] 動 raer の接・現在.

raigambre [r̄aiɣámbre] 女 ❶ 《植物》張った根, 根の集まり. ❷ (人の)前歴, 素性. ❸ (ある土

地への)定着;伝統. —Es una familia de fuerte ~ local. その家族はその土地の旧家だ. una institución de ~ medieval 中世から続いている団体.

raigo [ráiɣo] 動 raer の直・現在・1単.

raigón [raiɣón] 男 ❶ (木の)太い根;切り株. ❷〖解剖〗歯根(こん).

rail, raíl [ráil, raíl] [<英 rail] 男 (鉄道の)レール. 類 **carril**.

Raimundo [raimúndo] 固名 《男性名》ライムンド.

raíz [raíθ ライス] [複 raíces] 女 ❶《植物》根,根もと. ❷ 原因,起源. —la ~ del mal 悪の根源. La ~ del fracaso está en su indiscreción. 失敗の原因は彼の無分別にある. 類 **origen, principio. ❸《文法》語根. 類 **radical**. ❹《数学》根. —~ cuadrada [cúbica] 平方[立方]根. extraer la ~ cúbica de 25,301 25,301 の立方根を求める.

a raíz de ... …のすぐ後に, …の結果. *A raíz de su jubilación se fue a vivir al extranjero.* 定年後すぐ彼は外国へ行って暮らした. *A raíz de aquel malentendido no ha vuelto a venir a casa.* あのときの誤解の結果彼は二度と家へ帰って来ていない.

arrancar [cortar] de raíz 根こそぎにする, 根絶する.

de raíz すっかり, 完全に. *Después del accidente, cambió de raíz su modo de conducir.* 事故の後彼は運転のしかたをすっかり変えた.

echar raíces 根をおろす, 定着する. *Ella se fue a Europa y echó raíces allí.* 彼女はヨーロッパへ行き, 根をおろした.

tener raíces しっかりと根をおろし, 定着している. *Ya tiene raíces en Japón y aquí vivirá hasta su muerte.* 彼はもう日本にしっかりと根を下ろしていて, 死ぬまで当地で暮らすだろう.

raja [ráxa] 女 ❶ 割れ目, 裂け目;ひび. —El último terremoto ha abierto una ~ en la pared. この前の地震で壁にひびが入った. 類 **fisura, grieta, hendidura**. ❷ (a)(パン・チーズ・果物などの)一切れ. —Córtame una ~ de melón [sandía]. 私にメロン[スイカ]を一切れ切ってくれ. Me gusta tomar el té con una ~ de limón. 私は紅茶にレモンを一切れ入れて飲むのが好きだ. (b)(木・ガラスなどの)かけら;木っ端(ぱ).

hacer rajas 分ける, 分配する.

hacerse rajas ずたずたになる.

sacar raja《話》分け前にありつく;(特に不正な)利益をあげる. *Colabora contigo porque piensa sacar raja.* 彼が君と手を組んでいるのは, 割り前をもらおうと思っているからだ.

rajá [raxá] [<サンスクリット] [複] 男 (インドや東インド諸島の)王, 首長.

vivir como un rajá 王侯貴族のような暮らしをする.

rajada [raxáða] 女《メキシコ》臆病(なこと), 卑怯(な行為). 類 **cobardía**.

rajado, da [raxáðo, ða] 過分 形 ❶ 割れた, 裂けた. —Al volver a casa, encontramos ~ el cristal de una ventana. 私たちが家に帰ったら, 窓ガラスが一枚割れていた. ❷《話》臆病な. ❸〖アンダルシーア〗気前のいい, 気さくな. ❹〖中南米〗酔った. ❺〖中南米〗一流の.

— 名《話》臆病者. —Tuve que amenazarle con decir que era un ~ para que no se volviera atrás. 彼がしり込みしないように, 私は臆病者だと脅さなければならなかった.

rajadura [raxaðúra] 女 細長い切れ目, 割れ目. 類 **grieta, hendidura, raja**.

rajar [raxár] 他 (a) ~を割る, 裂く. —Un viento huracanado *ha rajado* los cristales de todas las ventanas. 突風で窓ガラスが全部割れてしまった. (b) ~を縦に切る[裂く]. 類 **hender, partir**. (c) (果物などを)小さく切る, 薄く切る. —*Rajaron* la sandía y se la comieron. 彼らはすいかを切って食べた. (d) (斧などで木材などを)ぶち切る [割る]. ❷ …にひびを入れる. —El agua estaba muy caliente y *rajó* el vaso. お湯がとても熱かったのでコップにひびが入ってしまった. ❸《俗》(人の)悪口を言う;刃物で刺す. ❹〖中南米〗(人の)悪口を言う;(人)をけなす, やっつける. ❺〖中南米〗(人)を負かす;(人)をいらいらさせる. ❻〖中南米〗(労働者)を首にする.

— 自 ❶《話》べちゃくちゃしゃべる. —Se pasa el día *rajando* con las vecinas. 彼女は一日中近所の女たちとおしゃべりしている. ❷《話》自慢する, ほらを吹く.

— **se** 再 ❶ 割れる, 裂ける;ひびが入る. ❷〖+de〗(事業・契約などから)手を引く, 〖+de〗(約束を)破る. —Dijo que firmaría la protesta pero *se ha rajado*. 彼は抗議文に署名すると言っていたのに, 約束を破った. ¡Me rajé! もうたくさんだ, もうやめた. ❸ 尻込みする, あとずさりする. ❹〖中南米〗飛び出す, 急いで逃げる. —salir *rajándose* 全速力で出て行く. ❺〖プエルトリコ〗酔っぱらう. ❻〖中南米〗〖+con〗を惜しげもなく与える.

rajatabla [raxatáβla] 副《次の成句で》

a rajatabla 断固として, どんなことがあっても. *En su casa se cumplen las órdenes del padre a rajatabla.* 彼の家では父親の命令がその通りに実行される. *pagar a rajatabla*〖中南米〗期限どおりに支払う.

rajón, jona [raxón, xóna] 形 ❶〖中米〗からいばりする, 誇示的な;晴れがましい. ❷〖レオン〗赤色の.

— 男〖中南米〗裂け目, 破れ (→raja).

rajonada [raxonáða] 女〖中米〗虚勢, からいばり.

ralea [raléa] 女 ❶《軽蔑》(人の, 主に悪い)性質, 気質;家柄;(人間の)格. —de baja ~ 悪質な, どしまな;家柄の低い. *Estas tabernas son frecuentadas por gente de baja ~.* これらの居酒屋にはたちの悪い連中が出入りしている. *Va siempre con amigos de su (misma) ~.* 彼はいつも自分と似たような連中と一緒にいる. 類 **calaña, clase, estofa**. ❷ (動植物の)品種, 血統;種類. —de mala ~. Es un manzano de mala ~. それは質の悪いリンゴの木だ. 類 **calidad, clase, especie**. ❸ おとり.

ralear [raleár] 自 (厚さ・濃さが)薄くなる;まばらになる.

ralentí [ralentí] [<仏] 男 ❶〖映画〗スローモーション. —al ~ スローモーションで. *Esta secuencia la rodaremos al ~.* このシークエンスはスローモーションで撮ろう. ❷《自動車》ニュートラル;(クラッチを切った)低速運転, アイドリング. —*Dejó el coche parado con el motor al ~.* 彼はギアをニュートラルにしたまま車を停めておいた. ❸《比喩》無気力.

—No me extraña que no haya terminado la traducción: trabaja al ～. 彼の翻訳ができ上がっていないのも無理はない. 無気力に仕事をしているから.

rallado, da [r̄ajáðo, ða] 過分 形 (おろし金(がね)などで)すりおろした. —pan ～ パン粉. queso ～ 粉チーズ.

rallador [r̄ajaðór] 男 おろし金(がね)(料理用具). →rallar.

ralladura [r̄ajaðúra] 女 ❶〘主に 複〙すりおろしたもの. —～s de queso 粉チーズ. ❷ すりおろし跡(すりおろした後にできる溝や筋). ❸ 細い溝, 筋(すじ).

rallar [r̄ajár] 他 ❶ (食べ物)をすりおろす. ❷ (人)をいらいらさせる, (人)に不快な感じを与える. 類 **fastidiar, molestar**.

rallo [r̄ájo] 男 ❶ おろし金(がね)(料理用具). ❷ やすり.

rally, rallye [r̄áli] 〔<英 rally〕男 ラリー(自動車の)諸種の長距離レース.

ralo, la [r̄álo, la] 形 ❶ (髪・ひげなどが)薄い, まばらな. ❷ (衣服が)ゆるい編み方の. ❸ (森林が)開けた, 広々とした.

RAM [r̄an]《頭字》〔<英 random-access memory〕男《情報》ラム, RAM.

*⁑***rama** [r̄áma ラマ] 女 ❶ (木の)**枝**. ❷ (家系の)分枝, 分家; 分派. —Es de la misma familia, pero de diferente ～. 彼は同じ一族だが分家の出身である. ❸ 分野, 部門. —La estética es una ～ de la filosofía. 美学は哲学の1部門である. ❹ 支線, 支脈. ❺ 支店.

andarse* [*irse*] *por las ramas 本題に入らない, 話の本筋から外れる; もって回った言い方をする. Vamos al grano y no *nos vayamos por las ramas*. もって回ったことは言わずに本題に入ろう.

en rama 未加工の, 生の. algodón *en rama* 原綿.

plantar de rama さし木する.

ramada [r̄amáða] 女 ❶ 枝(の茂み); 〘集合的に〙木の葉. ❷〘中南米〙小屋, あばら屋, (木の枝を組んで作った)掛け小屋.

ramadán [r̄amaðán] 〔<アラビア〕男《イスラム教》ラマダーン. ♦イスラム暦(太陰暦)の第9月. イスラム教徒の断食が行われる月.

ramaje [r̄amáxe] 男〘集合的に〙木の枝[葉].

ramal [r̄amál] 男 ❶ (綱の)撚(よ)り糸, 綱; (馬などの)端綱(はづな). —Los ～es de esta cuerda están muy bien trenzados. この綱の撚り糸はとてもしっかりと編んである. ❷ 支流; 支脈; (鉄道・自動車道などの)支線. —El accidente ocurrió cuando el coche iba a dejar la nacional 20 para tomar un ～. その事故は, 車が国道20号線から支線へ出ようとした時に起こった. ❸《建築》(一つの踊り場を挟んだそれぞれの)一続きの階段.

ramalazo [r̄amaláθo] 男 ❶ (*a*) むち[綱]で打つこと, 殴打. (*b*) むち跡, みみずばれ; 打ち身. ❷ 突風; 打ちつける雨. 類 **ráfaga**. ❸ 刺すような痛み. ❹ (感情の)激発; 激発的な悲しみ. —De vez en cuando le dan ～s de locura. 時おり発作的な狂気が彼を襲う. 類 **acceso, ataque**.

tener ramalazo《軽蔑》(男が)女っぽい.

rambla [r̄ámbla] 女 ❶ (*a*) 水流; 水路. (*b*) 水量の少ない川の河床. ❷〘カタルーニャ, バレンシア, バレアレス諸島〙大通り; 並木道.

Ramblas [r̄ámblas] 固名 (las ～) ランブラス通り(スペイン, バルセローナの中央通り).

rameado, da [r̄ameáðo, ða] 形 (紙・布などが)枝や花の模様の(ついた). —Ha comprado una tela *rameada* para hacerse una blusa. 彼女は自分のブラウスを作るために花柄の布地を買った.

ramera [r̄améra] 女 売春婦. 類 **prostituta, puta**.

*__ramificación__ [r̄amifikaθi̯ón] 女 ❶ **枝分かれ**, 分枝. —Los nervios tienen *ramificaciones* por todo el cuerpo. 神経は体中に枝分かれしている. ❷ 成り行き, 結果. ❸ 下位区分.

ramificarse [r̄amifikárse] [1.1] 再 枝分かれする, 分岐[分派]する, 〘＋en〙…に分かれる. —Esta religión *se ramificó en* distintas sectas. この宗教はいくつかの異なる宗派に分かれた.

*__ramillete__ [r̄amijéte] 男 ❶ (小さな)花束, ブーケ; コサージュ. —Mi novio me regaló un ～ de rosas. 私の恋人はバラの花束を私にくれた. ❷ (美しいものや優れたものの)集まり; 撰集. —～ de máximas 格言集. Viven rodeados de un ～ de excelentes muebles. 彼らは素晴らしい家具に囲まれて生活している. ❸ きれいに盛られたお菓子. ❹ 食卓の中央に置く飾り.

ramilletero, ra [r̄amijetéro, ra] 名 花売り; 花束屋; 生け花師.

—— 男 花鉢; (祭壇の装飾にする)造花の鉢.

Ramiro [r̄amíro] 固名《男性名》ラミーロ.

ramita [r̄amíta] 女 小枝.

*__ramo__ [r̄ámo] 男 ❶ **小枝**, 枝, 切り枝. —～ de cerezo 桜の切り枝. ～ de olivo オリーブの小枝(平和の象徴). 類 **rama**. ❷ 花束, ブーケ, 束. —～ de flores 花束. El ～ que lleva la novia es un regalo de la abuela. 花嫁がもっているブーケは祖母からのプレゼントである. ❸ 部門, 分野; 業種. —～ del saber 学問の分野. Trabaja en el ～ del turismo. 彼は観光部門で働いている. ❹ (病気の)徴候, 予兆. —～ de gota 痛風の徴候. Tiene ～s de locura. 彼は精神異常の徴候を見せている.

ramojo [r̄amóxo] 男〘集合的に〙切り落とした木の枝; 柴(しば), そだ.

Ramón [r̄amón] 固名《男性名》ラモン.

ramón [r̄amón] 男 ❶ (雪の季節・乾期などに家畜に飼料として与える)小枝. ❷ (剪定(せんてい)などで)切り落とした木の枝の集まり.

ramonear [r̄amoneár] 他 ❶ (木)の枝を落とす, (木)を剪定(せんてい)する; (枝)を切る. ❷ (動物が, 木の枝や葉)を食べる.

—— 自 ❶ 剪定する. ❷ (動物が)木の枝や葉を食べる.

ramoneo [r̄amonéo] 男 (木の)枝を払うこと; 枝を払う時期.

Ramón y Cajal [r̄amón i kaxál] 固名 ラモン・イ・カハル(サンティアゴ Santiago ～)(1852–1934, スペインの組織学者, 1906年ノーベル医学生理学賞受賞).

ramoso, sa [r̄amóso, sa] 形 (植物が)枝の多い; 枝葉の茂った.

rampa[1] [r̄ámpa] 女 坂, 斜面; (階段を用いずに高さの違う場所を結ぶ)スロープ. —～ de lanzamiento (ミサイル・ロケットなどの)発射台.

rampa[2] [r̄ámpa] 女 (筋肉の)こむらがえり. —Mientras se bañaba en el mar, le dio una ～

R

y casi se ahoga. 海水浴中に彼はこむらがえりが起こり，危うくおぼれそうになった．類 **calambre**.

rampante [rampánte] 形 《紋章》(武器などの紋章に描かれた動物が，前足を広げ，爪を見せるなど)襲撃姿勢の．

ramplón, plona [rampón, plóna] 形 ❶ (人，行為などが)粗野な，品のない；不作法な．—modales *ramplones* 不作法．類 **chabacano, ordinario, vulgar**. ❷ (物が)粗悪の，粗悪な．
—— 男 (靴底・蹄(ひづめ)などの)すべり止めの鉄具．

ramplonería [ramploneríа] 女 粗野・粗悪であること；粗悪な物，粗野な言葉[行為]．類 **chabacanería, ordinariez**.

‡**rana** [rána] 女 ❶ 《動物》カエル．~~ toro 食用ガエル．~ de zarzal アマガエル．~ marina [pescadora] あんこう．❷ 《遊戯》カエルの形をした人形の口にコインを投げ入れるゲーム．

cuando la(s) rana(s) críe(n) [tenga(n)] pelo(s) 万が一にも起こりえない．(←カエルに毛が生えたら)．

hombre rana 潜水夫．

no ser rana …に巧みである，精通している．

salir rana 裏切る，失望させる．Le votamos creyendo que defendería nuestra causa, pero nos *ha salido rana*. 彼がわれわれの大義を守ってくれるだろうと信じて投票したが，がっかりさせられた．

Rancagua [raŋkáɣwa] 固名 ランカグア(チリの都市)．

rancajo [raŋkáxo] 男 (刺さった)とげ．類 **espina**.

ranchear [rantʃeár] 他 《キューバ，メキシコ，プエルトリコ》を略奪する，(家・町などを)荒らす．
—— 自 《中南米》❶ 村落[部落]を作る．❷ 野営する．
—se 再 部落を作って定住する．

ranchera [rantʃéra] 女 → **ranchero, ra**.

ranchería [rantʃería] 女 ❶ 小村落，小部落．❷ 《ペルー》(地所内の)農夫の宿舎．

ranchero, ra [rantʃéro, ra] 名 ❶ (a)(農場の)料理係；番人．(b) 農場監督．(c) 農場労働者，農夫．❷ 村落の住人．
—— 女 《メキシコ，ペルー，ベネズエラ》民謡の一種．

rancho [rántʃo] 男 ❶ (a) (大勢の兵士，捕虜などのために大量に作る)食事，給食．(b) 《軽蔑》まずいしし．(c) 《集合的に》給食を一緒に食べる人々；会食者たち．❷ (a) あばら屋，(わらぶきの)小屋．(b) 集落．~ de gitanos ロマの居住地．❸ 《中南米》大農場，牧場．❹ 水夫[水兵]の宿泊室．

alborotar el rancho 《比喩，話》無節操になる，騒ぎを起こす．No me gusta salir con él porque siempre termina *alborotando el rancho*. 彼と出かけるのは好きでない，いつも最後には大騒ぎになるから．

asentar el rancho (休憩・食事のために)泊る；休憩する．

hacer el rancho 《比喩，話》食事を取る．

hacer [formar] rancho aparte 《比喩，話》他の人々から離れる，別行動を取る．Hicieron *rancho aparte* durante todo el viaje y los demás se molestaron. 彼らは旅行のあいだじゅう別行動を取ったので，他の人々はそれが気に入らなかった．

hacer rancho 場所をあける；場所を切り開く．

rancidez, ranciedad [ranθiðéθ, ranθjeðá(ð)] 女 ❶ (a) 古さ，古いこと．—Está muy orgulloso de la *rancidez* de su apellido. 彼は自分の名字の古さをとても誇っている．(b) かび臭さ，古臭いこと，時代遅れ．(c) 円熟性，古さゆえの味わい．❷ (食品が)古いこと；(古くなっての)酸味；芳醇(ほうじゅん)さ．—Si fríes el jamón, no notarás su ~. 炒めればそのハムの古さがわからなくなるだろう．

‡**rancio, cia** [ránθjo, θja] 形 ❶ (食べ物が)古くなって変な味[臭い]がする，新鮮さを失った．—Este jamón está ~. このハムは古くて変な味がする．❷ (ワインと酒類が)芳醇な，年代ものの．—vino ~ 年代もののワイン．❸ 古臭い，古くさい．—vestido ~ 古めかしい洋服．類 **anticuado**. ❹ (伝統や血筋が)古い，古来の．—Es de una familia de *rancia* estirpe. 彼は古い家柄出身だ．—— 男 古さ，古めかしさ．

randa¹ [ránda] 女 レース飾り．

randa² [ránda] 男 こそどろ，すり．

randera [randéra] 女 レース編みの女性職人．

rangífero [raŋxífero] 男 《動物》トナカイ．**reno, rengífero**.

‡**rango** [ráŋɡo] 男 ❶ (特に上層)階級，地位，身分．—Es de una familia de alto [mucho] ~. 彼は上流階級の家柄である．conservar [mantener] su ~ 自分の地位を守る．Tiene ~ de capitán. 彼は指揮官の地位にある．❷ 《中南米》贅沢，豪華．

ránidos [ránidos] 男 複 無尾の両棲類(カエルなど)．

ranilla [ranílja] 女 《動物》蹄叉(ていさ)．◆馬類の蹄底の中央にある弾性・角質の三角形の物質のかたまり．

ranúnculo [ranúŋkulo] 男 《植物》キンポウゲ属の植物(キンポウゲ，ウマノアシガタなど)．

ranura [ranúra] 女 (木材・石などにあけた)小さく細長い穴(溝，裂け目)；(自動販売機・公衆電話などの)料金投入口，スロット．~ de expansión 《情報》拡張スロット．

rapacería [rapaθería] 女 子供っぽい行い；いたずら．

rapacidad [rapaθiðá(ð)] 女 強欲，貪欲(どんよく)；盗癖．

rapador [rapaðór] 男 《話》床屋，理髪師．類 **barbero, peluquero**.

rapadura [rapaðúra] 女 ❶ (a) そること；ひげそり；剃髪(ていはつ)．(b) 坊主刈り．❷ 《中南米》黒砂糖；自家製の砂糖菓子．

rapamiento [rapamjénto] 男 そること；ひげそり(→**rapadura**①)．

rapapolvo [rapapólβo] 男 叱責．—echarLE [darLE] un ~ (人)を叱りつける．Le han echado [dado] un ~ por fumar. 彼はたばこを吸ったせいで叱られている．類 **bronca, regañina, reprimenda**.

rapar [rapár] 他 ❶ (a) (人)のひげをそる．類 **afeitar, rasurar**. (b) (人)を坊主頭にする．❷ 《比喩，話》を盗む，強奪する．類 **hurtar**.
—se 再 ひげをそる，坊主頭になる．

rapaz¹ [rapáθ] 形 (複 **rapaces**) ❶ 盗癖の(ある)．—Al salir de la cárcel volvieron a aflorar sus instintos *rapaces*. 監獄から出ると彼の窃盗本能が再び現れた．❷ 《鳥類》捕食性の．—ave ~ 猛禽(もうきん)．

── 囡 〖鳥類〗猛禽(類). —Algunas *rapaces* están en peligro de extinción. 猛禽類のうちのあるものは絶滅の危機に瀕(?)している. ~ diurna [nocturna] 日中[夜間]に捕食する猛禽.

ra*paz*², ***paza*** [r̄apáθ, páθa] 名〖''複'' rapaces〗子供, 少年少女. —Unos *rapaces* se bañaban desnudos en el río. 数人の子供たちが裸で川で泳いでいた.

rapazu*e*lo, ***la*** [r̄apaθuélo, la] 〔< rapaz〕名 子供, 小わっぱ.

rape [r̄ápe] 男 ❶ 急いで[ざっと]ひげをそること; 雑な散髪. ❷〖魚類〗アンコウ. 類 **pejesapo**.
al rape 根元から, きれいに(ひげ・髪などを)そる. —Como castigo le cortaron el pelo *al rape*. 罰として彼は丸坊主にされた.

rapé [r̄apé] 男 嗅(?)ぎタバコ (= tabaco rapé).

‡**rápidamente** [r̄ápiðamén̄te] 副 速く, すばやく. —El tiempo pasa ~. 時は速く過ぎていく.

‡**rapidez** [r̄apiðéθ] 囡 速さ, 敏捷さ. —Reaccionó con ~ y evitó el accidente. 彼は機敏に反応して事故を免れた. Habla con una ~ espantosa. 彼は驚くほど早口で話す.

rápido, da [r̄ápiðo, ða ラピド, ダ] 形 ❶ 速い, 急な. —Con pasos ~s se dirigió a la salida. 彼は速い足どりで出口に向かった. El problema requiere una *rápida* solución. この問題は迅速な解決が必要である. ❷ 素早い, てっとり早い. —Me tomo un baño ~ y salimos. 私はすぐに一風呂あびるからそれから出かけよう. Ha hecho un viaje ~ por Andalucía. 彼はアンダルシーアをさっと旅行してきた. 類 **pronto, veloz. 反 **lento**. ❸ (列車が)急行の. —tren ~ 急行列車(→expreso).
── 男 ❶ 急行列車. ❷ 團 急流, 早瀬. —los ~s del río その川の流れの急なところ.
── 副 急いで, 速く. —¡Venga! ¡R~! さあ, 急いで. Termina ~, que estoy esperando. 待っているから急いで終わってよ.

rapiña [r̄apíɲa] 囡 (暴力による)盗み, 強奪, 略奪.
ave de rapiña 〖鳥類〗猛禽(?).

rapiñar [r̄apiɲár] 他 ❶ (物を力ずくで)奪う, 強奪する. 類 **hurtar**. ❷ (価値の低い物をこっそりと)盗む.

raposa [r̄apósa] 囡 ❶ 〖動物〗キツネ, 雌ギツネ. —Cada ~ guarde su cola.〖諺〗自分のことは自分で責任を持て(←おのおののキツネが自分のしっぽを守れ). 類 **zorra**. ❷〖話〗ずる賢いやつ.

raposear [r̄aposeár] 自 策略を巡らす, ずるさをする.

raposera [r̄aposéra] 囡 キツネの穴. **zorrera**.

raposería [r̄aposería] 囡 ずる賢いこと; ずる賢いやり方(→raposear).

raposo [r̄apóso] 男 ❶〖動物〗雄ギツネ. —~ ferrero 北極ギツネ. ~ de mar〖魚類〗オナガザメ. 類 **zorro**. ❷〖話〗ずる賢い人. 類 **raposa, zorro**. ❸〖エクアドル, プエルトリコ〗いたずらっ子, 腕白小僧.

rapsoda [r̄apsóða] 男 ❶ ギリシャ叙事詩の吟遊詩人. ❷ (一般に)叙事詩人, 叙事詩を朗読[暗唱]する人.

rapsodia [r̄apsóðja] 囡 ❶〖音楽〗狂詩曲, ラプソディー. ❷ (古代ギリシャの)叙事詩, 史詩. (特にホメーロスの)吟誦(?)詩の一節. ❸ 様々な作者の章句を継ぎ合わせた詩文.

rapsódico, ca [r̄apsóðiko, ka] 形 狂詩曲(ふう)の, ラプソディーの.

raptar [r̄aptár] 他 ❶ を誘拐する, かどわかす. 類 **secuestrar**. ❷ (特に女性)を強奪する.

rapto [r̄ápto] 男 ❶ 誘拐, かどわかし. 類 **secuestro**. ❷ 強奪. ❸ 衝動; 急激な発作. —Mató a su mujer en un ~ de celos. 彼は激発的な嫉妬(?)の念に駆られて妻を殺した. 類 **arranque, arrebato, impulso**. ❹ 有頂天, 狂喜. 類 **arrobamiento, éxtasis**.

raptor, tora [r̄aptór, tóra] 名 誘拐者, 誘拐犯.

raque [r̄áke] 男 ❶ (売るために浜で難破船などからの)漂流物を拾うこと. —andar [ir] al ~ 漂流物を拾う. ❷〖キューバ〗安い買い物, 掘り出し物.

raquear [r̄akeár] 自 ❶ 難破船の漂流物を拾う[拾いに行く]. ❷〖キューバ〗盗み[強盗]を働く.

raqueta [r̄akéta] 囡 ❶ (テニス, 卓球などの)ラケット. —~ de tenis テニス・ラケット. ~ de nieve かんじき. ❷〖植物〗カキネラシ. 類 **jaramago**. ❸ (賭博(?)場で)賭(?)け金を集める棒.

raquídeo, a [r̄akíðeo, a]〖解剖〗脊(?)柱の[に関する]. —conducto (bulbo) ~ 延髄.

raquis [r̄ákis] 男〖単複同形〗❶〖解剖〗脊(?)柱. 類 **espinazo**. ❷〖植物〗花軸, 葉軸. 類 **raspa**. (*b*)〖鳥類〗羽軸.

raquítico, ca [r̄akítiko, ka] 形 ❶ (*a*)〖医学〗くる病の(にかかった). (*b*) (木などが)成長の止まった, 発育不全の. ❷ 小さな, 不十分な, 貧弱な. —A la criada le pagaban un sueldo ~. その女中にはわずかな給料しかもらっていなかった. 類 **exiguo, mezquino**.
── 名 くる病患者.

raquitismo [r̄akitísmo] 男〖医学〗くる病.

raramente [r̄áramén̄te] 副 ❶ めったに…しない; まれに, 珍しく. —Fuma ~. 彼はめったにたばこを吸わない. ❷ 奇妙に, 変なふうに. —Le gusta ir ~ vestido. 彼は妙な服装をするのが好きだ.

rarefacción [r̄arefakθjón] 囡 希薄にする[なる]こと, 希薄化.

rareza [r̄aréθa] 囡 ❶ (*a*) まれであること, 珍しさ; 希少価値. —Tiene libros que valen mucho por su ~. 彼は希少価値の高い本を持っている. (*b*) (空気などの)希薄さ. ❷ (*a*) まれな出来事; まれな[珍しい]物[事]. —En el rastro es ya difícil encontrar ~s. のみの市で珍しい物を見つけるのは今や難しい. (*b*) (人の)奇行, 奇習. —Aparte de sus ~s es un buen chico. 変な癖を除けば, 彼はいい青年だ.

raridad [r̄ariðá(ð)] 囡 まれであること; まれな事[もの]. 類 **rareza**.

rarificar [r̄arifikár] [1.1] 他 (気体などを)希薄にする.

rarífico, ca [r̄arífiko, ka] 形〖チリ〗(人が)奇妙な, 風変わりな.

raro, ra [r̄áro, ra ラロ, ラ] 形 ❶ まれな, めったにない. —Las nevadas son *raras* en esta región. この地方で雪が降るのはまれなことだ. Lo veo *rara* vez. 彼にはめったに会わない. Es muy ~ que se enfade. 彼が腹を立てるなんてめったにない. 類 **escaso. ❷ 珍しい, 奇妙な. —Es un libro ~. それは珍本だ. ¡Qué ~! 何ておかしなことだ. ser ~ que〖+接続法〗…とは珍

しいことだ. Es ～ que haga frío aquí. 当地が寒くなるのは珍しいことだ. ¡Qué ～ que no esté en casa! 彼が家にいないとは妙だ. 類**extraño**. ❸ 変な, 変わり者の. —Hace un tiempo ～ esta primavera. 今年の春は変な天気だ. Estás muy ～ estos días. 君はこの頃とても変だよ. ❹ (ガスが)希薄な. —— 图 変人, 変わり者.

ras [řás] 男 ❶ 平らなこと；同じ高さであること. —Llenó el vaso hasta el ～ y se derramó al cogerlo. コップになみなみと注いだので持った時にこぼれてしまった.

a [al] ras de [con] ... …と同じ高さの[で], 同一平面の[で]；…とすれすれの[に]. Mi balcón está a ras del tejado vecino. 私の家のバルコニーは隣の屋根と同じ高さだ.

a ras de tierra (1) 地面すれすれの[に]. volar a ras de tierra 地面すれすれに飛ぶ. (2)《比喩》低俗な. Defiende unos intereses mezquinos, a ras de tierra. 彼は下劣"の"な稼ぎを続けている.

ras con [en] ras 同じ高さに, 同水準に. Su ventana está ras con ras de la tapia. 彼の部屋の窓は塀と同じ高さである.

rasa [řása] 女 ❶ (布の)織り目が疎になった部分(通常縦糸どうしの間があいて横糸が見える状態になったもの). ❷ (広々とした)高地, 高原.

rasante [řasánte] 形 (地面などに)すれすれの. —tiro ～《軍事》水平射撃. vuelo ～ 地面すれすれの低空飛行.
—— 女 (道, 地面などの)勾配(%), 傾斜(度). —cambio de ～ (坂道で)勾配の変化(している場所).

rasar [řasár] 他 ❶ (計量のため升などに入れた穀粒・粉などの表面を平らにならす；平均化する, すり切る《升・入れ物などを直接目的語とする》. —No salió la cuenta de la cebada porque no habían rasado bien las medidas. 升の表面がきっちりとならしてなかったので, その麦は値段がつけられなかった. 類**allanar, arrasar**. ❷ をかすめて飛ぶ[通る]. —La bala pasó rasando la pared. 弾丸は壁をかすめて飛んだ. ❸ をとりこわす, 壊滅させる. —La lava rasó el pueblo. 溶岩は町を全滅させた. 類**arrasar**.
—— se 再 (空が)晴れ渡る.

rasca [řáska] 女《中南米》酔い. 類**borrachera, embriaguez**.

rascacielos [řaskaθjélos] 男《単複同形》 超高層ビル, 摩天楼.

rascadera [řaskaðéra] 女 ❶ 掻いたり, こそげたり, こすり取ったりするための道具；やすり, ペンキを落とすところ. 類**rascador**. ❷ 馬ぐし.

rascado, da [řaskáðo, ða] 過分 形 ❶《中米》怒りっぽい；頭のおかしな. ❷《南米》《話》酔っぱらった.

rascador [řaskaðór] 男 ❶ 掻(か)いたり, こすりするための道具；やすり, おろし金(%). 類**rascadera**. ❷ 飾りヘアピン.

rascadura [řaskaðúra] 女 ひっかいたり, こそげたりすること；その跡；こそげ落としたごみ.

rascar [řaskár] [1.1] 他 ❶ を掻(か)く, ひっかく. —El niño no paraba de ～se la cabeza. その男の子は頭を掻いてばかりいた. 類**arañar**. ❷ (a)をこすり[こそげ]落とす. —— ～ las manchas de pintura del suelo 床のペンキをこすって落とす. (b)をこすりてきれいにする. —— ～ el banco para quitarle la pintura ベンチをこすってペンキを落とす. 類**raspar, restregar**. ❸ (ギターなどを)下手に弾く, かき鳴らす.

llevar [tener] qué rascar 容易に解決し得ない災難を被っている.

—— se 再 ❶ 体を掻く. —Si te rascas te va a picar más. 掻くと余計にかゆくなるよ. ❷《中南米》酔う. 類**emborracharse**.

A quien le pique que se rasque. 《諺》その言葉に思い当たるなら自分の事と思うがよい(←虫に刺された人は勝手に掻くがよい).

rascarse el bolsillo 持ち金を全部使ってしまう.

rascatripas [řaskatrípas] [<rascar+tripa] 男女《単複同形》(弦楽器, 特にバイオリンの)へたな演奏家.

rascón, cona [řaskón, kóna] 形 (味が)ぴりっとくる；辛い, すっぱい.
—— 男《鳥類》クイナ.

rasera [řaséra] 女 =rasero②.

rasero [řaséro] 男 ❶ 斗掻(と)き, 枡(ま)◆で穀類を量るとき, 枡の縁なみに平らにならす短い棒, または板. ❷ フライ返し(フライ用の穴あきしゃもじ).

medir por [con] el mismo rasero/medir por un rasero 平等に[わけ隔てなく]扱う.

rasete [řaséte] 男 下等な繻子(%), 綿繻子.

rasgado, da [řasɣáðo, ða] 過分 形 ❶ 裂けた, 破れた, ほころびた. —De esta sábana rasgada haremos trapos. この破れたシーツで雑巾を作ろう. ❷ (目が)切れ長の, 細くて切れ上がった. —ojos ～s 切れ長の目. ❸ (口, 窓などが)横長の, 幅広の. —Al fondo de la sala, una ventana rasgada dejaba ver el mar. 部屋の奥の幅の広い窓からは海が見えた.
—— 男 ❶ 裂け目, 破れ(目), かぎ裂き. 類**rasgón**. ❷ 引き裂くこと. —Este pantalón vaquero es muy resistente al ～. このジーンズは非常に破れにくい.

rasgadura [řasɣaðúra] 女 ❶ 裂くこと. ❷ 裂けた箇所, 鉤(%)裂き, ほころび. —Llevaba unos pantalones viejos y llenos de ～s. 彼は古くて鉤裂きだらけのズボンをはいていた. 類**rasgón**.

‡**rasgar** [řasɣár] [1.2] 他 ❶ を引き裂く, 破る. —Rasgó la carta sin leerla. 彼は手紙を読まずに破りすてた. ❷ を奏でる, 爪弾(?)く, かき鳴らす. —Mientras él rasgaba la guitarra, ella cantaba. 彼がギターを爪弾き, 彼女が歌った. 類**rasguear**.

—— se 再 裂ける, 破れる. —Se le rasgó la camisa al enganchársela en un clavo. 彼のシャツは釘に引っかかって裂けた.

‡**rasgo** [řásɣo] 男 ❶ 性格, 特徴. ❷ 複 容貌, 顔だち. —Tiene una cara de ～s duros y angulosos. 彼は厳しくて四角ばった顔だちをしている. 類**facción**. ❸ 字画, (筆の)線；字体. —Su escritura, de ～s firmes y enérgicos, es difícil de imitar. しっかりとしてエネルギッシュな字体の彼の書き方はまねしにくい. ❹ 手柄, 偉業, (りっぱな)働き. —Todos han encontrado emocionante y heroico su ～. みんなが彼の偉業を感動的な英雄的だと思った. ❺《言語》特徴, 素性, —～ distintivo [diferencial, pertinente] 示差的特徴, 弁別素性. ◆ある音素を他の音素から区別するのに役立つ成分. 逆に音素は示差的特徴の束から成るとされる.

a grandes rasgos 大まかに, 概略的に. Voy a

exponer, *a grandes rasgos*, lo ocurrido. 私が大ざっぱに起こったことを述べましょう.

rasgón [r̄asγón] 男 (布・紙などの)裂け目,切れ目,鉤(ホミ)裂き. — Te has hecho un ～ en la chaqueta. 君の上着に鉤裂きができている. 類 **desgarrón, jirón, rasgadura**.

rasgueado [r̄asγeáðo] 男 (ギターなどの)かき鳴らし. 類 **rasgueo**.

rasguear [r̄asγeár] 他 ❶ (ギターなど)をかき鳴らす. ❷ (文字)を書く.
—— 自 ペンで飾り文字を書く.

rasgueo [r̄asγéo] 男 (ギターなどを)かき鳴らすこと,またその音.

rasguñar [r̄asγuɲár] 他 ❶ を掻く,ひっかく. 類 **arañar, rascar**. ❷ を素描する,スケッチする. 類 **esbozar, tantear**.

rasguño [r̄asγúɲo] 男 ❶ ひっかいた跡,ひっかき傷. 類 **arañazo, lesión, uñada**. ❷ 素描,スケッチ.

rasilla [r̄asíʎa] 女 ❶ タイル(床,壁張り用; 装飾用). ❷ サージ,セル(服地の一種).

‡**raso, sa** [r̄áso, sa] 形 ❶ 平らな,平坦な. — Unas ondulantes colinas rompían la monotonía de aquel inmenso campo ～. いくつかの波立つ丘のあの広大で平らな野の単調さを破っていた. 類 **liso, llano**. ❷ なめらかな,すべすべした. — Era una mujer de cara *rasa*. 彼女はなめらかな顔だちの女性だった. 類 **liso**. ❸ 晴れわたった,澄みきった. — El cielo amaneció ～ y limpio aquel día. その日の夜明けはきれいに澄みわたっていた. 類 **despejado**. ❹ すり切り一杯の. — Échale una cucharada *rasa* de azúcar. それにスプーンすり切り一杯の砂糖を入れなさい. ❺ (地面)すれすれの,低い. — *vuelo* ～ 地面すれすれの飛行. ❻ ひらの,肩書きのない. — *soldado* ～ 一兵卒. ❼ (椅子の)背もたれのない.
—— 男 ❶ サテン,繻子(ピッ)(絹などで織った光沢のあるすべすべした布地). ❷ 平地,広々とした土地.
al raso 戸外で,野外で. Los viajeros pasaron la noche *al raso*. その旅人たちは野外で夜を過ごした.

raspa [r̄áspa] 女 ❶ (魚の)骨. 類 **espinazo**. ❷ 《植物》(穀物の)芒(ヌ)(実の外殻にある針のような毛). 類 **arista**. ❸ 《植物》(ブドウなどの)花柄,花梗(ホデ); 穂軸. 類 **eje**. ❹ 《比喩》怒りっぽい(ふしつけな)人(特に女性). — Respondió, hecha una ～, que no volvería a pisar la tienda. 彼女はかんかんにおこって,二度とこの店には来ないさと答えた.

raspado [r̄aspáðo] 男 けずり取ること,こそぎ落とし;《医学》(特に子宮内膜の)掻爬(ホデ). — El ～ de las pieles ya no lo hacemos a mano. 皮膚を削る作業は今は手ではやらない.

raspador [r̄aspaðór] 男 やすり,おろし金(ホ),(ペンキを落とす)こて,字けずりナイフ,スクレーパー.

raspadura [r̄aspaðúra] 女 ❶ こそぎ落とす[削り取る]こと. — Se notaba claramente la ～ de la firma. 署名を削って消してあるのが明らかだった. 類 **raspado**. ❷ こそぎ落とした[削り取った]跡. — El suelo estaba lleno de ～s de pintura. 床はペンキを削り取った跡でいっぱいだった. ❸ 《主に複》削りかす.

raspante [r̄aspánte] 形 (酒などが)舌にぴりっとくる.

raspar [r̄aspár] 他 ❶ をこすってきれいに[なめらか]にする,…にやすり[かんな]をかける. — Está raspan-*do* unas tablas para hacer un banco. 彼はベンチを作るために何枚かの板にやすり[かんな]をかけている. 類 **alisar, limar, raer, rasar**. ❷ をこそげ[こすり]落とす. — ～ el esmalte de las uñas マニキュアを落とす. ❸ をかすめて通る. — El balón *raspando* el larguero. ボールはゴールのクロスバーをかすって飛んだ. ❹ (書かれたもの)をかき消す. ❺ をすりむく;…にひっかき傷をつける. ❻ をかすめ取る. 類 **hurtar**. ❼ 《比喩》(酒などが舌に)ぴりっとくる; 辛い,すっぱい. — Este vino *raspa* la boca. このワインは舌にぴりっとくる.
—— 自 (酒などが)ぴりっとくる; (衣服などが)ちくちくする. — Esta camiseta *raspa*. このTシャツはちくちくする. Sus manos *raspan*. 彼の手はごわごわしている.

raspear [r̄aspeár] 自 (ペンなどが)ひっかかる,がりがりいう.

raspilla [r̄aspíʎa] 女 《植物》ワスレナグサ. 類 **nomeolvides**.

raspón [r̄aspón] 男 ❶ 擦(*)り傷,かすり傷. ❷ 『中南米』麦わら帽子.

rasposo, sa [r̄aspóso, sa] 形 ❶ ざらざらした,(きめの)粗い,(触ると)ちくちくする. — El abuelo tiene las manos *rasposas*. おじいさんの手はざらざらしている. 類 **áspero**. ❷ (舌に)ぴりっとくる; すっぱい. — Este vino está ～. このワインは舌にぴりっとくる. ❸ 『アルゼンチン,ウルグアイ』(a) (服が)ぼろぼろの,つぎはぎだらけの; ぼろ服を着た(人). — *traje* ～ ぼろぼろの服. Va todo ～. 彼は全身つぎはぎだらけの格好をしている. (b) けちな. 類 **cicatero, mezquino, roñoso, tacaño**.

rasqueta [r̄askéta] 女 ❶ (表面を削る[ならす]ための,通常鉄製の)こて. ❷ 『中南米』馬櫛(ミポ). 類 **almohaza**.

rasquetear [r̄asketeár] 他 『中南米』(馬)にブラシをかける.

rastacuero [r̄astakwéro] 男 《軽蔑》成り上がり者,成金. 類 **advenedizo, vividor**.

rastra [r̄ástra] 女 ❶ まぐわ,レーキ,ハロー(土を砕いてならしたりする農具,トラクターなどで引く). 類 **grada**. ❷ (a) (荷物などを運ぶ)手押し車; 引き車,台車. 類 **carro, narria**. (b) 引きずって,押して[運ぶ]重い物. ❸ トロール網,底引き網. ❹ (玉ねぎ・木の実・果実などの)組み房,束房. 類 **ristra**. ❺ 跡; (人,獣,車などの)通った跡,わだち,足跡. 類 **huella, rastro**.
a la rastra/a rastras (1) 引きずって. No traigas la silla *a la rastra*. いすを引きずって持って来るな. (2) 無理やりに; いやいやながら,しぶしぶ. Trae al niño, aunque sea *a rastras*. 無理にでもその子を連れて来てくれ.
andar [ir] a rastras つらい思いをする. Siempre he ido *a rastras* en los estudios. 私は勉強でいつもつらい思いをしてきた.

rastreador, dora [r̄astreaðór, ðóra] 形 追跡する(ための). — *perro* ～ 猟犬.

rastrear [r̄astreár] 他 ❶ (人,動物など)の跡をつける,を追跡する. — Los cazadores *rastreaban* el jabalí. 狩人たちはイノシシを追跡していた. La fe es cosa que se puede ～ hasta hallarla. 信仰は見出せるまで追い求めて行けるものだ. ❷ を引きずる,引きずって行く. ❸ (網などで水底)を探る,さらう. ❹ (a) (トロール網で,魚)を取る. (b) (トロー

網)を引く. ❺(情報)トレースする.
— 自 ❶ 低く飛び, 地面をかすめて飛ぶ. ❷ 調査する; 問い合わせる. —La policía *rastrea* por el barrio preguntando sobre el niño secuestrado. 警察は誘拐された少年についてその地区の人たちに聞き込み捜査をしている. ❸《農業》熊手(くま)[まぐわ]を使う. ❹《漁業》トロール網で魚を取る.

rastreo [r̄astréo] 男 ❶ (物を捜して)水底をさらうこと. ❷《漁業》トロール漁業, 底引き網漁業. ❸ 追跡, 捜索.

rastrero, ra [r̄astréro, ra] 形 ❶ (動物・虫などが)はう, はって進む. —perro ~ 逃亡者追跡用の犬. ❷ 低く[地面すれすれに]飛ぶ. ❸《比喩》(人, 行為が)卑しい, 下劣な, あさましい. —objetivo ~ 卑しい目的. 類 abyecto, indigno, mezquino, vil. ❹ (植物が)つるになる; はい広がる. —tallo ~ はい広がった茎.
— 男 食肉工場労働者.

rastrillada [r̄astrijáða] 女 ❶ 熊手(くま)・レーキで一掻(か)きの量. ❷《中南米》(人・動物などの)通った跡, 足跡; (踏みならした)小道.

rastrillador, dora [r̄astrijaðór, ðóra] 名 熊手(くま)[レーキ]で草を集める人; 麻を扱(こ)く人.
— 女《農業》ヘイレーキ(帯状に集草する機械).

rastrillaje [r̄astrijáxe] 男 ❶ 熊手(くま)で掻(か)くこと[掻き集めること]. ❷ 麻を扱(こ)くこと.

rastrillar [r̄astrijár] 他 ❶ (畑, 地面などを)熊手(くま)で, レーキで掻(か)く. ❷ (公園, 庭などを)熊手ではいて草を取る[きれいにする]. —~ el césped del jardín 公園の芝を刈る. ❸ (麻, 亜麻布から)麻くずを取り去る, を扱(こ)く.

rastrillo [r̄astríjo] 男 ❶ 熊手(くま), レーキ. ❷ ~ cromado クロムメッキ熊手. ❷ 熊手のように爪のたくさん出た道具, (麻, 亜麻の)すきぐし, 麦扱(こ)き機. ❸ (城門, 要塞(さい)などの入り口の)落とし格子. ❹ ワード(かぎ穴に違うキーが回転しないよう障害物として設けた錠の中の曲がった突起).

‡**rastro** [r̄ástro] 男 ❶《農業》くま手, まぐわ. ❷ 跡, 形跡, 痕跡. —Los perros siguieron el ~ del asesino hasta el río. 犬たちは殺人犯を川まで追跡した. perder el ~ (手がかりを)見失う. El padre desapareció un día sin dejar ~. 父親はある日形跡を残さずに消えてしまった. 類 huella, pista. ❸ 畜殺場. 類 matadero. ❹ (El R~)(マドリードの)のみの市.
ni rastro 何も…ない. No ha quedado *ni rastro* de la comida. 食事はすっかりなくなっている.

rastrojera [r̄astroxéra] 女 ❶ 麦などを刈り取られた田畑. ❷ 家畜が刈り株を食べる時期.

rastrojo [r̄astróxo] 男 ❶ (麦などの)刈り株. ❷ 刈り跡, 収穫後あたらしく種をまく前の田畑. —estar en ~ 作物をまいていない.

rasura, rasuración [r̄asúra, r̄asuraθjón] 女 ひげをそること.

rasurador [r̄asuraðór] 男 電気ひげそり機, シェーバー.

rasurar [r̄asurár] 他 (ひげを)そる, (人)のひげをそる. —El barbero me hizo un corte mientras me *rasuraba*. 床屋は私のひげをそっていて切り傷をつけてしまった. 類 afeitar.
—se 再 (自分の)ひげをそる. —Llevo tres días sin ~*me*. 私は3日間ひげをそっていない. 類 afeitarse.

rata¹ [r̄áta] 女《動物》ネズミ, 大ネズミ. —~ de agua 川ネズミ. ~ de alcantarilla/~ noruega [parda, trajinera] ドブネズミ. ~ de campo 野ネズミ. ~ de trigo ハムスター.
hacer[*se*] *la rata* 〖アルゼンチン〗《話》授業をサボる.
más pobre que la [*una*] *rata*/*más pobre que las ratas* 《話》ひどく貧乏な.
No había ni una rata. 《話》人っ子ひとりいなかった.
No mataría ni a una rata. 《話》彼(女)は虫も殺さない人だ.
No se salvó ni una rata. 一人も免れなかった.
— 男 ❶ すり; 空き巣ねらい. —~ de hotel ホテルの泥棒. En esta estación merodean los ~*s*. この駅にはすりが徘徊(はいかい)している. 類 caco, ratero. ❷《俗》けちん坊. 類 tacaño.

rata² [r̄áta] 女 ❶ 割当て, 割り前. ❷『コロンビア, パナマ』率, 割合.
rata parte 比例して.
rata por cantidad 案分(あん)して(物品や金銭などを, 基準となる数量(例えば出資額)に比例して割りふること).

ratafía [r̄atafía] 〔<仏〕女 ラタフィア, 果実酒.
♦砕いた果実や果実の種子などで風味をつけたリキュールの一種.

rataplán [r̄ataplán] 男 ドンドン(たいこの擬音).

ratear [r̄ateár] 他 ❶ を巧妙に盗む. 類 despojar, hurtar. ❷ 比例[案分]して割り当てる[減らす]. 類 distribuir, escotar, prorratear.
— 自 地面をはって進む.

ratería [r̄atería] 女 ❶ (ささいな, つまらない)盗み, くすねること. 類 latrocinio, robo. ❷ (商取り引きでの)卑しさ, さもしさ. 類 mezquindad, ruindad, vileza. ❸ 盗品. —esconder las ~*s* 盗品を隠す.

raterismo [r̄aterísmo] 男 ささいな[取るに足りない]盗み.

ratero, ra [r̄atéro, ra] 形 ❶ さもしい, 卑屈な. 類 bajo, despreciable. ❷ 物を盗む; 泥棒のような. 類 rastrero. ❸ 低く飛ぶ; 地面をはう(ような). 類 rastrero.
— 名 コソ泥, すり. 類 caco, carterista, ladrón, rata.

raticida [r̄atiθíða] 男 殺鼠(さっそ)剤, 猫いらず.

ratificación [r̄atifikaθjón] 女 批准, 裁可; 批准書.

ratificar [r̄atifikár] [1.1] 他 を批准[裁可]する, 追認する. —El tribunal de La Haya *ratificó* la sentencia. ハーグの裁判所はその判決を裁可した.
—se 再 ❶ 批准される. ❷ [+en を] 追認する, 依然として有効であると宣言する. —Me *ratifico en* lo que dije ayer: no firmaré el acuerdo. 私はその協定にサインしないと昨日言ったが, 今でもそれに変わりはない.

Ratisbona [r̄atisβóna] 固名 女 レーゲンスブルク (Regensburg). ♦西ドイツ南東部, Bavaria 州中部の都市. 1809年ナポレオンの攻撃を受け大損害をこうむった.

‡**rato** [r̄áto] 男 (おもに短い)時間, しばらくの間. —~ *s libres* [*de ocio*] 暇な時間, 余暇. No quedaremos aquí un ~ más. 私たちはもう少しここにいます. Pasé largo ~ esperándole. 私は彼を待ちながら長時間過ごした. Me voy un ~ de paseo. ちょっと散歩に出かけてくる. 類 momento, tiempo.

a cada rato 絶えず、ひっきりなしに. *A cada rato viene a pedirme que le preste dinero.* 彼はひっきりなしに私に金を貸してくれと頼みに来る.

al (poco) rato 少し後に、すぐ後で. *Murió al poco rato de ingresar en el hospital.* 彼は入院してすぐに亡くなった.

a ratos 時々,たまに. *Me visitaba a ratos.* 彼は時々私を訪ねて来た. (2)(繰り返し使って)ある時は…またある時は…. *A ratos se pone alegre y a ratos triste.* 彼は陽気になったかと思うとすぐまたふさぎこむ.

a ratos perdidos 暇な時に,手の空いた時に. *Solía cuidar su jardín a ratos perdidos.* 彼は暇な時によく庭の手入れをしたものだった.

de rato en rato 時々,たまに.

¡Hasta otro rato! (別れの挨拶)ではまた,また会いましょう.

para rato (主に hay や tener, ir などの現在形と用いられて)まだ時間がかかる. *Hay (Tenemos) para rato hasta que comience la sesión.* 会議が始まるまでまだ時間がかかる. *Si María se está bañándose, va para rato.* マリアがシャワーを浴びているならまだ時間がかかる.

pasar el rato (1) 時間を過ごす,暇つぶしをする. *Voy a leer una novela para pasar el rato.* 私は小説でも読んで暇つぶしをしよう. (2)(主に否定文で)何もしない時間をつぶす. *No hace más que pasar el rato en la oficina.* あいつは会社で何もしないで時間をつぶしている.

un buen rato (1) 長い時間,しばらく. *Charlamos un buen rato.* 私たちは長い間おしゃべりをした. (2) 楽しい思い,愉快な時間. *Pasé un buen rato en su compañía.* (別れの挨拶)あなたとご一緒できて楽しく過ごせました.

un mal rato 嫌な思い,不愉快な時間,心配で落ち着かない時間. *No te lleves un mal rato por algo que no merece la pena.* ění 足らない事を考えてよくよするな. *Pasó un mal rato cuando se dio cuenta de que había perdido el pasaporte.* 彼はパスポートを失くしたことに気づいて嫌な気持ちになった.

un rato (1) 少しの時間, ちょっとの間. *Quiero hablar contigo un rato.* 君と少し話がしたい. (2)《話》とても,すごく. *Me gustó un rato Andalucía.* 私はアンダルシーアがとても気に入った. *Estas pinturas son un rato bonitas.* これらの絵はとてもきれいだ.

ratón [ratón ラトン] 男 ❶(動物)ハツカネズミ. —~ de biblioteca [archivo]《比喩》本の虫,勉強家. 類 **rata**. ❷(コンピュータ)マウス. —~ óptico 光学式マウス. ~ para bus バス・マウス.

oreja de ratón →oreja.

ratona [ratóna] 女 ネズミ(ratón)の雌.

ratonar [ratonár] 他 (ネズミが)かじる. 類 **morder, roer**.

—**se** 再 (ネコが)ネズミを食べ過ぎて病気になる.

ratoncito [ratonθíto] 男 小ネズミ.

ratonera[1] [ratonéra] 女 ❶(*a*) ネズミ捕り(器). (*b*) わな. —caer en la ~《話,比喩》わなにかかる,だまされる. ❷ ネズミの穴,ネズミの巣窟 (そうくつ). 類 **madriguera**.

ratonero, ra[2], **ratonesco, ca, ratonil** [ratonéro, ra, ratonésko, ka, ratoníl] 形 ネズミの(ような). —águila *ratonera*《鳥類》ノスリ(シ

タカ目の鳥).

música ratonera (猫の)ギャーギャー鳴く[騒ぐ]声.

rauco, ca [ráuko, ka] 形《詩》(声が)しわがれた. 類 **ronco**.

raudal [rauðál] 男 ❶ 急流,奔流,激流. ❷《比喩》氾濫(はんらん),殺到,大量. —*es de luz* 光の洪水.

a raudales 大量に,ふんだんに. *La cerveza corrió a raudales en la boda.* 結婚式ではビールがたっぷりとあった.

un raudal de … たくさんの,大量の. *Tenemos un raudal de proyectos.* 我々には計画がどっさりとある.

raudo, da [ráuðo, ða] 形《詩》速い,速やかな. 類 **precipitado, rápido, veloz**.

Raúl [raúl] 固名《男性名》ラウル.

Rawson [ráuson] 固名 ラウソン(アルゼンチンの都市).

raya(-) [ʀája(-)] 動 raer の接・現在.

raya[1] [ʀája] 女《魚類》エイ.

raya[2] [ʀája] 女 ❶ 線,筋,罫線. —*Debajo de tu nombre echa una* ~. 君の名前の下に線を引きなさい. ~ *de puntos* 点線. *leer las* ~*s de la mano* 手相を見る. 類 **línea. ❷ 頭髪の分け目. —*Se hace la* ~ *a la izquierda.* 彼は左分けにしている. ❸ 限界; (国や県などの)境界(線). —*Esta vez has pasado la* ~ *de la ley y te pueden llevar a juicio.* こんどは法の枠をこえたので君は裁判に訴えられるかもしれない. 類 **límite**. ❹(記号)ダッシュ(「—」; 会話文の文頭やカッコの代わりに用いられる). —*dos* ~*s* 等号「=」. *punto y* ~ ピリオドを打ってダッシュを続ける. 類 **guión**. ❺ 縞模様,ストライプ. —*tela de* ~*s* ストライプの生地. 類 **lista**.

a rayas 縞模様の,ストライプの. *traje a rayas* ストライプのジャケット.

dar quince y raya a … (en …) …に(…の点で)優っている,秀(ひい)でる.

pasar(se) de (la) raya 限界を超える,行き過ぎる. *Tu comportamiento ha pasado de la raya.* 君のふるまいは度が過ぎているよ. *¡No te pases de la raya!* 度を超さないようにせよ.

poner [tener] a raya 抑える,抑制する. *El maestro tiene a raya a los alumnos revoltosos.* 先生はいたずらな生徒たちを抑えている.

rayadillo [ʀajaðíjo] 男 縞(しま)模様の木綿.

rayado, da [ʀajáðo, ða] 形 ❶ 罫(けい)の引いてる;縞(しま)模様の. —*papel* ~ 罫紙. *tela rayada* 縞模様の布地. ❷ ひっかき傷のついた. —*El disco está* ~. そのレコードには傷がついている.

— 男 ❶《単数形で集合的に》罫,罫線;縞模様. —*El* ~ *es muy desigual.* 罫線にとてもむらがある. ❷ 罫線を引くこと. —*Ha hecho el* ~ *del papel sin regla.* 彼は定規なしで紙に罫線を引いた.

rayano, na [ʀajáno, na] 形 ❶ [+con]…に隣接した;…との境にある. —*Su finca es rayana con la mía.* 彼の地所は私の地所に隣接している. ❷《比喩》[+en] ほとんど…と言ってよい, もう少しで…の. —*Tomó una actitud rayana en lo ridículo.* 彼はほとんど滑稽 (こっけい)なほどの態度を取った.

*rayar [ʀajár] 他 ❶ …に線を引く. —~ *un*

papel con el bolígrafo 紙にボールペンで線を引く. ❷ …に引っ掻き傷をつける. —El niño está *rayando* la pared con un palo. 子供は棒で壁に引っ掻き傷をつけている. 類**arañar, rascar, raspar**. ❸ を[線を]引いて]消す. —El escritor *ha rayado* la parte que no le gusta. 作家は気に入らない部分を消した. 類**tachar**.
— 自 [＋con] …と接している, 隣接する. —La provincia de Ávila *raya* con la de Segovia. アビラ県はセゴビヤ県と隣り合わせである. 類**lindar**. ❷ [＋en] …に近づく, …と似たり寄ったりだ. —Su actitud *raya en* lo ridículo. 彼の行動はバカな行為に近い. ❸ (夜が)明ける. —Estuvo estudiando hasta que *rayó* la mañana. 彼は夜が明けるまで勉強した. ◆3の用法の時, 主語は mañana のほか, alba, día, luz のことが多い. ❹ 際立つ, 抜きん出る. —Su inteligencia *raya* a gran altura en la clase. 彼の頭の良さはクラスで抜きん出ている.
—**se** 再 ❶ 傷がつく. —*Se ha rayado* el cristal [el disco]. ガラス[CD]に傷がついた. ❷〖南米〗正気を失う.

rayera(-) [rajéra(-)] 動 raer の接・過去.
rayero [rajéro] 男〖中南米〗競馬の審判員.
rayese(-) [rajése(-)] 動 raer の接・過去.
rayo¹ [rájo] 動 raer の直・現在・1単.
＊**rayo**² [rájo ラヨ] 男 ❶ 光線. —Tiene una piel muy sensible a los ～s del sol. 彼は太陽光線にとても敏感な肌をしている. Un ～ de luz entraba por la rendija de la ventana. 一条の光が窓のすき間からさし込んでいた. ❷〖物理〗放射線, 輻射[幅射]線. —～s cósmicos 宇宙線. ～s equis (X) X線. ～s gamma ガンマ線. ～s infrarrojos 赤外線. ～s ultravioletas 紫外線. ～s láser レーザー光線. ❸ 電光, いなびかり. ❹ 敏捷な人, 活発な人. —Este chico es un ～ calculando. この子は計算が素速い. ❺ 突然の不幸, 禍い. —Aquel accidente fue un ～ que abatió a la familia. その事故は家族を打ちのめす突然の不幸だった. ❻ (車輪の)スポーク.
echar rayos [**estar que echa rayos**] 激怒する. *Está que echa rayos* porque le han engañado. 彼はだまされて頭に来ている.
¡**Mal rayo te** [**le**] **parta**! (ののしりの表現)ちくしょうめ!, くたばりやがれ!
rayo de luz ひらめき.

rayó [rajó] 動 raer の直・完了過去・3単.
rayuela [rajuéla] 女 ❶ 短い線. ❷ (a) 石蹴げ[投げ銭]遊び. ◆石や硬貨を投げて, 地面に引いた線に最も近く投げた者が勝つ遊び. (b) 石けり遊び.

＊**raza** [ráθa ラサ] 女 ❶ 人種, 民族; (動物の)種族. —～ negra [blanca, amarilla] 黒色[白, 黄色]人種. ～ aria アーリア人種. ❷ 血筋, 家系. 類**casta, linaje**.
de raza 純血種の, 血統のよい. perro *de raza* 血統書つきの犬. caballo *de raza* サラブレッド.

＊**razón** [raθón ラソン] 女 ❶ 理由, 原因; 動機. —～ de ser 存在理由. aducir [exponer] la ～ ばかげたわけ[理屈]を述べる. Esta es la ～ por la que he tardado en llegar. これが私の遅くなった理由だ. No hay ～ que justifique su comportamiento. 彼の行動を正当化する理由はない. Dejó la compañía sin darnos ninguna ～. 彼は我々に何の訳(㉗)も話さずに会社を辞めた. No hay ～ que valga. 弁明の余地はない. 類**causa, motivo**. ❷ 道理, 根拠; 正当性. —Tienes ～. Debemos tener más paciencia. 君の言うとおりだ. 私たちはもっと我慢をしなくてはならない. Ellos tienen ～ en enfadarse. 彼らが怒るのも無理はない. Lo que me has dicho está muy puesto en ～. 君の言ったことはしごくもっともなことだ. Según lo que se ha aclarado hasta ahora, la ～ está de su parte. これまで明らかになったことによると, 彼の方が正しい. Con (mucha) ～ fracasó en los exámenes: no había estudiado nada. 彼が試験に落ちたのは当然だ. 何にも勉強しなかったのだから. ❸ 理性, 思慮分別, 判断力; 正気. —perder la ～ 理性[分別]をなくす, 気がふれる. Se turbó tanto que la ～ ya no podía dominar las emociones. 彼はひどく動揺してもはや理性が感情を抑えることはできなかった. He querido a Ana desde que empecé a tener uso de ～. 私は物心がついたころからアナを愛していた. 類**inteligencia**. ❹ 伝言, ことづて; 知らせ, 情報. —Voy a mandarle ～ de que venga en seguida. すぐ来るように彼にことづてをしよう. En este pueblo no me dan ～ de mi hermano. この町では弟の消息は無い. Cerrado por vacaciones. R～: Alcalá 300. 休暇につき休業. お問い合わせはアルカラ 300 まで. 類**información, mensaje, recado**. ❺ 比率, 割合〖数学〗比; 比例. —～ aritmética 算術比. ～ geométrica 幾何比. en ～ directa [inversa] a …に正比例[反比例]して. El viaje nos sale a ～ de trescientos euros por barba. 旅行はひとり当たり 300 ユーロかかる. Repartieron el dinero a ～ de 4 a 6. 彼らはその金を 4 対 6 の割合で分けた.

asistirle la razón (人)の方が正しい, (人)の言う方がもっともだ. ¡Tú,cállate! *Le asiste la razón a Juan*. お前は黙れ! ファンの方が正しい.
atender a razones (主に否定文で)聞き分けがいい, 道理が分かる. Tiene la cabeza muy dura y nunca *atiende a razones*. 彼は石頭だから人の言うことを全く聞かない.
cargarse de razón (決心するに足る)十分な根拠を持つ, (事を行うための)正当な理由を見つける. Antes de aceptar el trabajo, debo *cargarme de razón*. その仕事を受ける前に私はよく考えてみなくてはならない.
darle la razón (人)が正しいことを認める, (人の意見)に同意する. Sí, sí, te *doy la razón*. わかった, わかった, 君の方が正しいよ. Tuvo que *darle la razón* a su mujer para que se callara. 彼は妻を黙らせるために彼女の意見に従わねばならなかった.
entrar en razón 納得する, 道理を聞き分ける. Discutimos mucho tiempo y por fin *entró en razón*. 私たちは長時間議論して, ついに彼は納得した.
meter a … [*hacer*LE *entrar*] *en razón* (人)を論(㉘)す, (人)を納得させる. La han mimado demasiado, y ahora no consiguen *meterla en razón*. 彼女は甘やかされて育ったので今では言うことを聞かない.
ponerse en razón 納得する, 妥協する.
razón de Estado 国家的見地, 超法規的観点.
razón social 商号, 社名. La *razón social* Editorial Esperanza エスペランサ出版社.

razonable [raθonáβle] 形 ❶ 理性的な, 道理をわきまえた. — persona 〜 分別のある人. Sé 〜 y perdónale. 理性的になって彼を許してやれよ. ❷ 理にかなった, 筋の通った. — En este caso su decisión es 〜. この場合彼の決定は理にかなっている. ❸ 適当な, (値段が)手ごろな. — Este coche tiene un precio 〜. この車は手ごろな値段だ.

razonado, da [raθonáðo, ða] 形 ❶ 理論的な, よく考えられた. — una decisión *razonada* よく考えた上での決定. ❷ 詳細な, 細目にわたる. — cuenta *razonada* 勘定の明細書. análisis 〜 詳細な分析.

razonador, dora [raθonaðór, ðóra] 形 (人が)理屈ずきな, 理屈っぽい.
—— 名 理屈っぽい人.

‡razonamiento [raθonamjénto] 男 ❶ 推論, 推理, 思考. ❷ 論証, 論拠. — No me convencen sus 〜s. 私は彼の論拠に納得できない.

‡razonar [raθonár] 自 考えをまとめる, **論理立てて考える**; (論理的に)考えを述べる. — Mucha gente habla sin sentido porque no sabe 〜. 多くの者は論理立てて考えることができないのでわけのわからない話をする.
—— 他 (頭を使って)…について考えをまとめる, 考究する, 意見を述べる. — En el examen oral, el estudiante se tomó un tiempo para 〜 su respuesta. 口述試験で, 学生は答を考え出すのに手間取った.

razzia [ráθja] 〈＜伊〉 略奪や破壊のための敵地への侵入. 類 **algarada, correría, pillaje, saqueo**.

re [ré] 男 《音楽》ニ音(レ).

re- [re-] 接頭 ❶「反復, 再」の意. — *re*cobrar, *re*forma, *re*hacer. ❷「反対, 反作用」の意. — *re*acción. ❸「後退」の意. — *re*tirar. ❹「強調」の意. — *re*afirmar, *re*forzar, *re*bién, *re*bueno.

reabastecer [reaβasteθér] [**9.1**] 他 …に燃料[食料]を補給する. — 〜 el coche de gasolina 車にガソリンを補給する.

reabrir [reaβrír] 他 を再び開く, 再開する.

reabsorber [reaβsorβér] 他 を再吸収する.

‡reacción [reakθjón] 女 ❶ 反応, 反動, 反発. — El proyecto de ley ha provocado una 〜 en los militares. その法案は軍部の反発を引きおこした. Yo no contaba con aquella 〜 suya. 私は彼のあのような反応は予想していなかった. 反 **acción**. ❷《化学, 医学》反応, 副作用;《物理》反作用. — La inyección no le ha producido 〜. ワクチンの反応は彼にはみられなかった. 〜 en cadena 連鎖反応. 〜 química 化学反応. 〜 nuclear 核反応. avión a [de] 〜 ジェット機. propulsión por 〜 ジェット推進. ❸ (政治)反動, 保守. — La 〜 se opuso a la reforma del código penal. 保守勢力は刑法の改正に反対した.

‡reaccionar [reakθjonár]〈＜acción〉自 ❶ 反応する, 対応する, 対処する. — Ante cualquier dificultad *reacciona* inmediatamente. どんな困難に対しても即座に対処する. ❷ (健康状態などが)好転する, 回復する. — El enfermo ha *reaccionado* con el tratamiento. 病人はその治療を受けて快方に向かった. Tras la crisis, la industria textil ha comenzado a 〜. 危機を乗り越えて繊維業界は好転し始めた. ❸ 化学反応を起こす, (化学的に)反応する. — Si le echas ácido sulfúrico al cobre, éste *reacciona* y se transforma en sulfato cúprico. もし君が銅に硫酸をかけると, 銅は化学反応を起こして硫酸銅ができる. ❹ 反撃する, 反撃を加える. — La artillería *reaccionó* ante el ataque enemigo. 砲兵隊は敵襲に対して反撃を加えた. ❺【+ante/contra】…に反応する. — Toda la ciudad *reaccionó contra* la orden del alcalde. 全ての市民が市長の命令に反発した. ❻《物理》反作用を及ぼす.

reaccionario, ria [reakθjonárjo, rja] 形 反動的な, 反動主義の.
—— 名 反動主義者.

reacio, cia [reáθjo, θja] 形 ❶ 頑固な, 強情な. 類 **obstinado**. ❷【+a+名詞/不定詞】…に反対の, 気が進まない, …したがらない. — Se muestra 〜 a colaborar. 彼は協力したくない様子だ. 類 **remolón, renuente**.

reacondicionar [reakondiθjonár] 他 (機械など)を修理調整する.

reactancia [reaktánθja] 女 ❶《電気》リアクタンス(交流回路におけるインピーダンスの虚数部分). ❷《音響》音響リアクタンス(音響インピーダンスの虚数部分).

reactivación [reaktiβaθjón] 女 ❶ (景気などの)回復, 立ち直り. ❷ 再活性化.

reactivar [reaktiβár] 他 を再び活動させる, 再活性化する; さらに活発にする.

reactivo, va [reaktíβo, βa] 形 ❶ 反応を示す, 反応をひき起こす. ❷ 反作用の, 反動の.
—— 男《化学》試薬, 試剤.

‡reactor [reaktór] 男 ❶《航空》ジェット機; ジェットエンジン. ❷ 原子炉. — 〜 nuclear [atómico] 原子炉. 〜 generador [reproductor] 増殖型原子炉.

readaptación [reaðaptaθjón] 女 ❶ 再適応, 再順応. — A pesar de tantos años en el convento, su 〜 a la sociedad ha sido rápida. 長年にわたる修道院生活にもかかわらず, 彼の社会への再適応は早かった. ❷ 再訓練. — profesional 職業再訓練. ❸ (病人の)リハビリテーション.

readaptar [reaðaptár] 他 (人)を再び順応[適応]させる; (人)を再び採用する.
—— **se** 再【+a】…に再順応する. — Se ha *readaptado* sin problemas *a* la vida del pueblo. 彼は問題なくその村の生活に再び溶け込んだ.

readmisión [reaðmisjón] 女 (主に人を)再び受け入れること; 再雇用.

readmitir [reaðmitír] 他 (主に人)を再び受け入れる; 再雇用する.

reafirmar [reafirmár] 他 を再び肯定[保証, 断言]する, を再確認する. 類 **confirmar, ratificar, reiterar**.

reagrupación [reaɣrupaθjón] 女 再編成; 集めなおし.

reagrupar [reaɣrupár] 他 を再編成する; を再び集める.
—— **se** 再 再び集まる.

reajustar [reaxustár] 他 ❶ を再調整[再調節]する. — el horario de trenes 列車の時刻表を組み直す. 類 **reorganizar**. ❷ (値段・料金・給料・税金などを)改定[値上げ, 値下げ]する.

reajuste [reaxúste] 男 ❶ 再調整, 再整理, 再調節. ❷ (料金・給料・税金などの)改定. ❸ (人員の)入れ替え; (内閣などの)改造.

real¹

*real¹ [r̃eál レアル] 形 **現実の**, 本物の, 実在の. —mundo ~ 現実の生活. personaje ~ 実在の人物. Esa película está basada en hechos ~s. その映画は実際の出来事をもとにしている. 類 existente, verdadero. 反 falso.

*real² [r̃eál レアル] 形 ❶ **王の**, 王家の, 王立の. —palacio ~ 王宮. familia [casa] ~ 王家. patrimonio ~ 王室財産. ❷ りっぱな, すばらしい. —Es una ~ señora. 彼女はりっぱなご婦人である.
— 男 ❶ (スペインの古い貨幣)レアル (=25 céntimos). ❷《軍事》本陣, 陣地, 野営地.
alzar el real [los reales] 出陣する, 野営をたたんで出発する.
asentar [sentar] el real [los reales] (1)《軍事》野営を張る. (2)(ある場所に)落ち着く, 定着する. Por fin, parece que van a *sentar el real* en Osaka. 最終的に, 彼らは大阪に居を定めるようだ.
no tener un real 一銭もない, びた一文もない.
no valer un real 一文の値打ちもない. Esta pintura *no vale un real*. この絵は一文の値打ちもない.
por cuatro reales 二束三文で.

realce [r̃eálθe] 男 ❶《美術》浮き彫り, レリーフ, 浮き彫り作品[細工]. —bordar a [de] ~ 浮き上げに刺繡(ししゅう)する. labrar de ~ 浮き彫りに細工する. ❷ 輝き, きらめき; 壮麗. —La asistencia de numerosos artistas dio ~ a la fiesta. 大勢の芸術家たちの出席がそのパーティーに華を添えていた. ❸《絵画》光の当たった部分. 類 brillo, esplendor, importancia.
poner ... de realce を強調する; …に注目させる. 類 destacar, realzar.

realengo, ga [r̃ealéŋgo, ga] 形 ❶ 国王の, 王室の; 国有の. 類 real. ❷ 持ち主のない;《メキシコ, ニカラグア》飼い主のいない. ❸《コロンビア, プエルトリコ, ベネズエラ》怠け者の, 怠惰な.

realeza [r̃ealéθa] 女 ❶ 国王であること; 王位; 王権. ❷ 王としての[王のような]尊厳; 高貴. 類 magnificencia. ❸ 王族の(全体).

realice(-) [r̃ealíθe(-)] 動 realizar の直・接・現在.

realicé [r̃ealiθé] 動 realizar の直・完了過去・1単.

*realidad [r̃ealiðá(ð)] 女 ❶ **現実**; 実際. —Hay que hacer frente a la ~. 現実に立ち向かわねばならない. La ~ es que es un hombre poco honrado. 実際は彼は誠実さのほとんどない男だ. ~ artificial 人工現実感. ~ virtual 仮想現実. ❷ 真実. —La ~ de su teoría está confirmada. 彼の理論の真実性は確証されている.
en realidad 実は, 本当は, 実際には. Parece muy joven, pero, *en realidad*, tiene más de cincuenta años. 彼はとても若く見えるが, 実際には 50 歳をこえている. 類 efectivamente.
tomar realidad 現実となる, 現実性をおびる.

*realismo¹ [r̃ealísmo] 男 ❶ **現実主義**;《哲学》実在論. 反 idealismo. ❷《芸術》写実主義, リアリズム. —El ~ literario nació como una reacción contra el romanticismo. 文芸上の写実主義はロマン主義への反動として生まれた.
realismo mágico 魔術的リアリズム.

realismo² [r̃ealísmo] 男 王党主義, 王政主義.

*realista¹ [r̃ealísta] 形 ❶ **現実主義の**. —Es una persona demasiado ~. 彼はあまりにも現実主義的な人だ. ❷ 写実主義の, リアリズムの;《哲学》実在論の.
— 男女 ❶ 現実主義者; 写実主義の作者[画家]; 実在論者. ❷ 実用主義者, 現実順応主義者.

realista² [r̃ealísta] 形 王政[王党]主義の.
— 男女 王政[王党]主義者.

realizable [r̃ealiθáβle] 形 ❶ (計画・目標などが)実行[達成]可能な, 現実的な. —Te has embarcado en un proyecto que no parece ~. 君は実行できるとは思えないような企画に乗りだした. ❷ (財産・所有物が)換金可能な.

‡realización [r̃ealiθaθjón] 女 ❶ 実現, 現実化, 実行. —La ~ del proyecto llevará varios años. その計画の実現には数年かかるだろう. ❷ 成果, 作品. —Ahora empieza a apreciarse sus *realizaciones* en el campo de la medicina. 現在医学界における彼の成果が評価され始めている. ❸ (映画, テレビの)製作, 演出. —Un famoso director español se encarga de la ~ de la película. ある有名な監督がその映画の制作を担当している. ❹ 現金化, 換金.

‡realizado, da [r̃ealiθáðo, ða] 過分 形 ❶ 実現[実行]した, (目標を)達成した. —Me siento plenamente ~ con mi actual trabajo. 私は今の仕事に心からの充実感を感じている. ❷ (映画など を)制作した, 監督した. —Premiaron la obra *realizada* por un director desconocido. 無名の監督によって制作されたその作品が受賞した.

realizador, dora [r̃ealiθaðór, ðóra] 形 実行する. —empresa *realizadora* 請負(うけおい)企業.
— 名 (映画, テレビなどの)プロデューサー, 製作者.

*realizar [r̃ealiθár レアリサル] [1.3] 他 ❶ **を行なう, 実行する**. —Ha realizado un gran trabajo en el extranjero. 彼は外国で大仕事をした. 類 hacer. ❷ (計画・夢を)実現する. —Realizó el sueño de ver las pirámides de Egipto. 彼はピラミッドを見るという夢を実現した. ~ un proyecto [una idea] 計画[考え]を実行に移す. ❸ (映画・テレビ番組)の制作を指導する, 監督する. —El famoso director *realizó* una excelente película. その有名な監督はとても素晴らしい映画を作った. ❹ を換金する, 現金化する; 売りさばく.
— **se** 再 ❶ 実現する. —Sus planes jamás llegaron a ~*se*. 彼の計画は決して実現されることはなかった. Sus pronósticos *se realizaron*. 彼の予測は現実化した. ❷ 自己の能力をフルに発揮する, (目標を達成して自分の活動に)満足を覚える, 達成感を覚える. —En su nuevo trabajo consiguió ~*se*. 彼はこんどの仕事に達成感を覚えた.

‡realmente [r̃eálménte] 副 **本当に**, 真に; 実は, 実際は. —Dime lo que piensas ~. 君が本当に考えていることを言ってくれ. R~ sólo está bromeando. 実は彼は冗談を言っているだけなんだ. 類 efectivamente.

realquilar [r̃ealkilár] 他 ❶ を転貸する, 又貸しする. —Han realquilado la casa a unos extranjeros. 彼らはその家を外国人たちに又貸しした. ❷ を再び賃貸[賃借り]する.

‡realzar [r̃ealθár] [1.3] 他 ❶ **を際立たせる, 傑出させる, 実物以上に立派に見せる**. —Su simpatía *realza* su belleza. 彼女の感じのよさは美しさを引き立てている. Esos nuevos sujetadores *real*-

zan el busto. 今度の新作のブラジャーはバストを強調する. La presencia del ministro *realzó* el brillo de la ceremonia. 大臣が出席したことで式典は見映えのするものになった. ❷ を揚げる, 持ち上げる. —Usa no sé qué producto para ~ el cabello. 彼女は髪を持ち上げるために何かわからない製品を使っている. ❸《写真, 絵画》…の一部を明るくして目立たせる.

‡**reanimar** [r̄eanimár] 〔＜ánimo〕 他 ❶ (人)に**元気・活力を取戻させる**. —Un poco de agua fresca le *reanimará*. 冷たい水を少し飲めば彼は元気になるだろう. Sus cariñosas palabras consiguieron ~ al enfermo. 彼の優しい言葉が病人を元気づけるのに成功した. 類**confortar**. ❷ (呼吸・心臓の動き・意識)を取戻させる, 息を吹き返させる. —Intentaron ~ al nadador haciéndole la respiración artificial. 彼らはおぼれかけた人に人工呼吸をほどこして心臓の機能を回復させようとした.

—**se** 再 元気・活力を取戻す, 元気づく. —Si descansas un rato *te reanimarás*. ちょっと休めば元気が出るよ. El mercado de valores *se reanimó* con el resultado de las elecciones. 証券市場は選挙の結果によって活気づいた.

reanudación [r̄eanuðaθjón] 女 ❶ 再開, やり直し. —~ de las conversaciones para la paz en la región その地域の平和交渉の再開. ❷ 続行. ❸ (契約などの)更新.

‡**reanudar** [r̄eanuðár] 他 を**再開させる**, 復活させる, 継続させる. —*Reanudamos* la marcha después de descansar un rato. 我々はしばらく休んだ後, 再び歩き始めた. 類**proseguir, renovar**. 反**suspender**.

—**se** 再 再開する, 復活する, 継続する. —Las clases *se reanudarán* el próximo mes de octubre. 授業は来たる10月に再開するだろう.

reaparecer [r̄eaparebér] [9.1] 自 再び現われる; (芸能人, 政治家などが)カムバックする.

reaparición [r̄eaparibjón] 女 再出現; (現象, 事件などの)再発; (芸能人, 政治家などの)カムバック.

reapertura [r̄eapertúra] 女 再開.

rearmar [r̄earmár] 他 (国, 軍隊)に再軍備[再武装]させる.

—**se** 再 (国, 軍隊)が再軍備[再武装]する.

rearme [r̄eárme] 男 再軍備, 再武装. —El ~ del país rompe el equilibrio de fuerzas en la zona. その国の再軍備はその地域の力の均衡を崩している.

reasegurar [r̄easeɣurár] 他 …に再保険をかける(保険業者が危険を結局小さはは分散させる).

reaseguro [r̄easeɣúro] 男 再保険; 再保証.

reasumir [r̄easumír] 他 ❶ (職務, 責任など)を再び引き受ける. ❷ を要約する. 類**resumir**.

reasunción [r̄easunθjón] 女 再び取る[引き受ける]こと; 回収.

reata [r̄eáta] 女 ❶ (馬などを1列に並べてつなぐための)ロープ[ひも]. ❷ (主に荷物を運ぶ)馬[ロバ]の列. ❸ (馬車を引く2頭の馬より前に立つ)3頭目の馬.

de [*en*] *reata* 1列になって, 次々に続いて(＝formando reata).

reatar [r̄eatár] 他 ❶ を再びはしる; をより強くしばりつける. ❷ (馬・ロバなどを)1列につなぐ.

reavivar [r̄eaβiβár] 他 ❶ を再び活気づける,

再びかきたてる, 再び励ます. 類**reanimar**. ❷ を元気づける; をあおる, かき立てる. —~ una pena 悲しみをあおる. 類**animar, vivificar**. 反**apagar**.

rebaba [r̄eβáβa] 女 (鋳(い)物などの)ばり; (粗い)削り[彫り]あと.

‡**rebaja** [r̄eβáxa] 女 ❶ (*a*) 割り引き, 値引き. —~ de precios 大売り出し, バーゲンセール. Le haré una pequeña ~. 少し値引きしてさし上げます. vender con ~ 割り引きして売る. 類**descuento**. (*b*) 割り引き額. ❷ 低下, 低減. —~ de impuestos 減税.

rebajas [*grandes rebajas*] 大売り出し, バーゲンセール, 特売.

rebajado, da [r̄eβaxáðo, ða] 過分 形 ❶ (値段が)安くなった. —El precio está ~. 値引きしてあります. ❷ 下がった, 低くなった. ❸《比喩》恥をかいた, 自尊心の傷ついた. ❹《建築》(アーチが)三中心の, 扁円(へん)の. ❺ (色などが)弱まった, 和らいだ.
—男 兵役を免除された人.

rebajamiento [r̄eβaxamjénto] 男 ❶ 低下, 下がること; 沈下. ❷《比喩》屈辱, 不面目; 消沈.

rebajar [r̄eβaxár] 他 ❶ (値段)を下げる, 値下げする. —No podemos ~le nada. お客様, 値引きは全くできません. Regateamos un poco y nos *rebajaron* el precio. 私達が少し交渉したら値段を下げてくれた. 類**descontar**. ❷ をもっと低くする, 掘る, 掘り下げる. —Los obreros *rebajaron* el terreno para construir una carretera. 労働者は道路を作るために地面を掘り下げた. ❸ を薄める, 地味にする, …のつや消しをする. —Es mejor ~ un poco el color de la pared. 壁の色を少し抑えた方がいい. ~ el vino tinto con un poco de gaseosa 赤ワインを少しの炭酸水で薄める. ❹ …の価値を落とす, を卑屈にさせる. —Lo *han rebajado* de categoría en la empresa. 彼は会社で降格させられた. Piensa que el trabajo de barrendero le *rebaja*. 彼は掃除夫の仕事は自分の価値を下げると思っている. Con aquellos insultos me *rebajó* a los ojos de mis amigos. 彼は友人の目の前で私にあの侮辱的な言葉を吐いて恥をかかせた. Ya le *rebajarán* los humos cuando empiece a trabajar. 仕事を始めたら彼の鼻っ柱もへし折られるだろう. 類**humillar**. ❺《＋*de*》(とくに軍隊で, ある任務から人)を免除させる, 外す. —~ *de* guardia 当直から外す. ❻《建築》を扁円アーチ形にする.

—**se** 再 ❶ 低くなる, 下がる. ❷ 腰を低くする, 卑屈になる. —Mi orgullo me impide ~*me* ante él. 彼の前で卑屈になることは私のプライドが許さない.

rebajo [r̄eβáxo] 男 (縁, へりの)切り取り; 切り取られた[厚さを薄くした]部分; (板などを互いにはめ込んでつなぐための)みぞ.

rebalsa [r̄eβálsa] 女 ❶ 水たまり, (液体の)たまり, よどみ. ❷ 体の一部にたまった体液.

rebalsar [r̄eβalsár] 自 ❶ (水などが)よどむ, 淀を作る. ❷ (たまっていた水が)あふれ出る.

—他 (水など)をよどませる, せき止める.

—**se** 再 (水などが)よどむ, 淀を作る; せき止められる.

rebanada [r̄eβanáða] 女 (おもにパンの)細長い一切れ. —cortar en ~s を切って細長い切れに分ける.

1606　rebañadera

rebañadera [reβaɲaðéra] 囡 (井戸に落ちた物を取り出すための)さぐり具, さぐり鉤(ぎ).

rebañadura [reβaɲaðúra] 囡 ❶ 〖主に複〗(その場にくっついた)残り物, 食べ残し. 類 **arre-bañadura**. ❷ 残さず取りつくす［食べつくす］こと.

rebañar [reβaɲár] 他 ❶ (a)(を場所・容器などから)すっかり取りつくす, 残さず取る. ― ～ el arroz de la sartén フライパンからごはんを全部取る. (b) (食べ物を)残さずたいらげる. 類 **arrebañar**. ❷ (容器などを)空っぽに［きれいに］する. ―Al niño le gusta ～ el plato con pan. その男の子は皿をパンでふき取って食べるのが好きだ. Los ladrones *rebañaron* todas las cosas de valor que había en el piso. 泥棒たちはそのアパートにあった貴重品を根こそぎ盗んで行った.

‡**rebaño** [reβáɲo] 男 ❶ 羊の群, (獣の)群. ―～ de ovejas 羊の群. ❷ 〖集合的に〗(カトリックの)信徒, 会衆. ❸ 〖比喩〗付和雷同的な［自主性のない］人々の集団.

rebasar [reβasár] 他 ❶ (液体が, 容器から)あふれ出る. ❷ を越える, 上回る；…より多い. ―Mi abuelo *rebasa* los ochenta. 私の祖父は 80 歳を越している. ❸ 〖海事〗を避けて通る, 迂回(うかい)する. ❹ (場所を)立去る；(人)のもとを去る. ―Al amanecer *rebasamos* el puerto de la Mora. 私たちは夜明けとともにモーラ峠を後(あと)にした.

rebatible [reβatíβle] 形 論駁［論駁(ろんばく)］できる.

rebatimiento [reβatimjénto] 男 論駁(ろんばく), 論破；反駁の議論.

rebatiña [reβatíɲa] 囡 奪い合い, 争奪［通例, 以下の成句で］. 類 **arrebatiña**.
　andar a la rebatiña (1)〖＋de〗…の奪い合いをする. (2)〖比喩〗激論を戦わせる.
　echar ... a la rebatiña を投げて奪い合いをさせる. ―Les *echó* monedas *a la rebatiña*. 彼は彼らにコインを投げて取り合いをさせた.

rebatir [reβatír] [3] 他 ❶ (理論など)を論駁する, …に反駁(はんばく)する. 類 **confutar, contradecir, impugnar, refutar**. ❷ …に反撃する；を退ける. ―～ el empuje del enemigo 敵の進攻に反撃する. Es una propuesta tentadora, difícil de ～. それは魅力ある提案だ, 退けにくい. 類 **oponerse, rechazar**. ❸ を激しく打つ［たたく］.

rebato [reβáto] 男 ❶ (太鼓・鐘などの)警報音を鳴らすこと；警報, 非常召集. ―llamar [tocar] a ～ 警報器を鳴らす. ❷ 〖軍事〗強襲, 不意打ち.
　de rebato 〖話〗不意に, 突然.

rebautizar [reβautiθár] 他 〖宗教〗(人)に再洗礼を施す.
　― **se** 再 再洗礼を受ける.

rebeca [reβéka] 囡 〖服飾〗カーディガン.

rebeco [reβéko] 男 〖動物〗シャモア, スイス［アルプス］カモシカ. 類 **gamuza**.

rebelarse [reβelárse] 再 ❶ 〖＋contra〗(権威などに)反抗する, 従わない. 類 **insubordinarse**. ❷ 〖＋contra〗(に対して)反乱を起こす, 謀反する. 類 **levantarse, sublevarse**.

‡**rebelde** [reβélde] 形 ❶ 反乱した, 反抗的な. ―ejército [soldado] ～ 反乱軍［兵］. ❷ (人や動物が)手に負えない, 御しがたい；がんこな. ―No saben qué hacer con un hijo tan ～. 彼らは手に負えない息子をもてあましている. 類 **indócil, indómito**. ❸ 制圧［抑圧］するのが難しい. ―una enferme-dad ～ 治りにくい病気. pasiones ～s 抑えがたい感情. ❹ 〖法律〗(法廷へ)欠席した.
　― 名 ❶ 反乱者. ❷ (法廷への)欠席者.

‡**rebeldía** [reβeldía] 囡 ❶ 反抗(心), 反抗(心). ―El pueblo entero se levantó en ～ contra el alcalde. 村の住民全員が村長に反抗して立ち上がった. ❷ (裁判への)欠席. ―Ha sido juzgado en ～. 彼は欠席裁判された.
　en rebeldía 出廷を拒否している.

‡**rebelión** [reβeljón] 囡 反乱, 反逆, むほん. ―～ militar 軍部の反乱.『La ～ de las masas』『大衆の反逆』(Ortega y Gasset 著 1930年).

rebelón, lona [reβelón, lóna] 形 (馬などが)進もうとしない, 御し難い.

rebenque [reβéŋke] 男 (昔の徒刑船で使った)むち；〖中南米〗むち打ち.

rebenquear [reβeŋkeár] 他 〖中南米〗をむちで打つ.

rebién [reβjén] 副 《話》(bien の強め)とても良く［上手に］, すばらしく, 申し分なく.

reblandecer [reβlandeθér] [9.1]〖＜blando〗他 を柔らかくする, 軟化させる. ―La lluvia *ha reblandecido* la tierra. 雨で地面が柔らかくなった. 類 **ablandar**. 反 **endurecer**.
　― **se** 再 柔らかくなる, ふやける.

reblandecimiento [reβlandeθimjénto] 男 柔らかくなる［こと］, 軟化；〖医学〗軟化. ―～ cerebral 脳軟化症.

rebobinado [reβoβináðo] 男 ❶ (フィルム・テープなどの)巻きもどし. ❷ (糸巻きの糸の)交換.

rebobinar [reβoβinár] 他 ❶ (フィルム・テープなど)を反対に巻く, 巻きもどす. ❷ (糸巻きの糸)を取り換える.

rebollu|do, da [reβoʝúðo, ða] 形 (人や体つきが)ずんぐりした, がっちりした；たくましい.

reborde [reβórðe] 男 外縁, 縁の突出部, へりにそって突出した部分. ―Resbaló y se golpeó con el ～ del aparador. 彼はすべって食器戸棚の出っぱりにぶつかった.

rebosadero [reβosaðéro] 男 (あふれた水を流す)排水管, 排水口, (ダムなどの)水はけ口.

rebosante [reβosánte] 形 〖＋de〗…でいっぱいの, あふれそうな(容器など). ―Me sirvieron una jarra ～ de cerveza. あふれんばかりのビールのジョッキを持って来てくれた. ❷ 〖比喩〗〖＋de〗…に満ちた, …が過剰な. ―El padre, ～ de orgullo, abrazó a su hijo. 父親は誇りに満ちて, 息子を抱擁した. estar ～ de energía エネルギーに満ち満ちている.

*****rebosar** [reβosár] 自 ❶ (a)〖＋de〗(液体が容器の縁)からこぼれる, あふれる. ―El vino *rebosa del* vaso. ワインがグラスからあふれる. (b) (容器に入りきらない液体が)あふれる. ―El pilón de la fuente *rebosó* y la plazoleta quedó inundada. 噴水の水盤があふれて, 小広場が水びたしになった. ❷ 〖＋de〗…でいっぱいである, …に満ちている. ―El estadio *rebosaba* de hinchas. スタジアムはサポーターでいっぱいだった. La plaza *rebosa* de gente toda la noche durante las fiestas. 広場は祭の期間一晩中人であふれんばかりである. Los González *rebosan* de dinero. ゴンサーレス一家は大金持である. ～ de alegría [de energía] 喜び［活力］にあふれる.
　― 他 をあり余るほど持つ. ―La familia *rebosa* dinero. その一家は大金持だ. El chico *rebosa*

salud. 若者は健康そのものでピンピンしている.
　──se 再 (容器が)あふれる, 一杯になる. ─La olla se rebosó cuando puse las patatas. ジャガイモを入れると鍋(⅔)があふれた.

rebotar [r̃eβotár] 自 ❶ (ボールなどが)はずむ, はね返る, 何度もはずむ. ─Los niños se entretenían haciendo ~ una pelota contra la pared. 子供たちはボールを壁にはね返らせて遊んでいた. ❷ ぶつかる. ─Al caer, el granizo rebotaba en el asfalto. 雹(°³)が降ってアスファルトに当たっていた.
　── 他 ❶ をはね返す; を撃退する. 類 **rechazar**. ❷ (とがった物)の先端を曲げる. ─ ~ un clavo 釘(⅘)の先を曲げる. ❸ (物)の色や質を変える. ❹ (人)の気を動転させる. 類 **conturbar**, **sofocar**.
　──se 再 ❶ (物)が変色[変質]する. ❷ 気が動転する.

rebote [r̃eβóte] 男 はずむこと, バウンド; はね返り, 反発.
　de rebote はね返って, はずんで; 結果として, 間接的に. El balón le dio *de rebote* en la cara. ボールがはね返って彼の顔に当たった. Su fracaso, *de rebote*, nos perjudica. 彼らの失敗は結果的に私たちに不利になる. 類 **de rechazo, de resultas**.

reboteador, dora [r̃eβoteaðór, ðóra] 名 (バスケットボール)リバウンドの.

rebotica [r̃eβotíka] 女 薬局の控え部屋, 店の奥の部屋. 類 **trastienda**.

rebozado, da [r̃eβoθáðo, ða] 形 ❶ 覆われた, 隠れた(顔など). ─Llevaba la cara rebozada y no supe quién era. 彼女は顔を隠していたので私には誰だかわからなかった. ❷ 衣をつけてフライにした(肉など).

rebozar [r̃eβoθár] [1.3] 他 ❶ (覆面・マントなどで)顔や首を覆う, 覆いをする. ─Hacía frío y rebozó su cara con el manto. 寒かったので彼はマントで顔を覆った. ❷ (肉・魚など)に衣をつける, 衣をつけてフライにする.
　──se 再 顔を隠す.

rebozo [r̃eβóθo] 男 ❶ (顔を覆う)ベール, マスク. 類 **mantilla**. ❷ 顔を隠すこと. ❸ 偽装. 類 **simulación**. ❹ 口実. 類 **pretexto**.
　de rebozo こっそりと, 秘密に. 類 **secretamente**.
　sin rebozo はっきりと, 口を隠さず, さっくばらんに. Expresó lo que pensaba *sin rebozo*. 彼女は考えていることをはっきり口にした. 類 **abiertamente**, **francamente**, **sin rodeos**.

rebrotar [r̃eβrotár] [<brote] 自 (植物, 種子が)芽を出す, 再び芽を出す. 類 **retoñar**.

rebrote [r̃eβróte] 男 ❶ 新芽. 類 **retoño**. ❷ (植物の)芽を出すこと. ❸ (病気の)再発. ─Se ha detectado un ~ de viruela en el pueblo. 町に再び天然痘が発生していることがわかった.

rebufar [r̃eβufár] 自 ❶ (牛などが)激しくうなる, 何度もうなる. ❷ (銃などが)反動する.

rebufo [r̃eβúfo] 男 (銃の発射のときの)はね返り, 反動.

rebujar [r̃eβuxár] 他 ❶ をしっかりとくるむ. ─El padre rebujó bien al niño para que no pasara frío en la litera. 父親は男の子が寝床で寒くないように彼にしっかり布団をかけた. 類 **arrebujar**. ❷ をくしゃくしゃに丸める; をこんがらかせる. ─Rebujó su ropa y la metió en una bolsa de viaje. 彼女は服を丸めて旅行かばんに詰めた. 類 **arrebujar**.

　──se 再 (コートの襟を立てたり, 布団をかぶったりして)よく身をくるむ. ─Se rebujó con las mantas tratando de entrar en calor. 彼は暖まろうとして毛布に身をくるんだ.

rebujo [r̃eβúxo] 男 ❶ (顔を隠すための)布, 立て襟. ❷ ぞんざいに作った包み. ─Hizo un ~ con la ropa y la metió en la maleta. 彼はその服をざっと包んでスーツケースにつめた. ❸ もつれた糸[髪の毛].

rebullicio [r̃eβuʝíθjo] 男 騒動, 大騒ぎ, 混乱. 類 **bullicio, jaleo**.

rebullir [r̃eβuʝír] [3.9] 自 (じっとしていた人・動物などが)動き出す, うごめく. ─El niño rebulló en la cama, pero siguió durmiendo. 男の子はベッドで身動きしたが, 眠り続けた.
　──se 再 =rebullir.

rebusca [r̃eβúska] 女 ❶ 捜索, 追究; 調査. 類 **búsqueda**. ❷ (a) 収穫後の残り物(特にオリーブ・ブドウ・小麦の). (b) 収穫後, 畑に残った物を自由に取ることが認められた期間. ❸ くず, 廃物. 類 **desecho, desperdicio**.

rebuscado, da [r̃eβuskáðo, ða] 形 (言葉・文体などが)凝った, きざな, わざとらしい. ─estilo ~ 気取った文体. Le gusta hablar con palabras altisonantes y rebuscadas. 彼はもったいぶったわざとらしい言葉で話すのが好きだ.

rebuscamiento [r̃eβuskamjénto] 男 ❶ (a) 気取り, きざ(な態度[言葉]), 持ってまわった言い方. (b) 堅苦しさ, 堅苦しい態度[言葉]. ❷ 捜索, 追究; 調査. 類 **rebusca**.

‡**rebuscar** [r̃eβuskár] [1.1] 他 ❶ を(入念に)探し求める, ていねいに探す. ─Rebuscando entre los papeles, encontré el certificado. 書類の山をガサゴソ探し回って私は証明書を見つけた ¿Qué estás rebuscando en ese cajón? その引き出しで何を探しているの. ~ restos de comida en los montones de basura ゴミの山から残飯をあさる. ❷ をひっかき回す, 引っ繰り返す. ─He rebuscado por todo el piso pero no encuentro el dinero. 私はマンション中をひっかき回したが, そのお金は見つからない. ❸ (収穫のあとの取り残しの実)を拾う, 拾い集める, あさる. ─ ~ aceitunas [racimillos de uva] オリーブ[ブドウ]の実を拾い集める.

rebuznador, dora [r̃eβuθnaðór, ðóra] 形 よく[しきりに, やたらに]鳴く(ロバ).

rebuznar [r̃eβuθnár] 自 (ロバが)鳴く.

rebuzno [r̃eβúθno] 男 ロバの鳴き声. ─dar ~s (ロバが)鳴き声をあげる.

recabar [r̃ekaβár] [<cabo] 他 ❶ 〖+con/de〗を(人)に(懇願の末に)手に入れる. ─ ~ ayuda [fondos] 援助[資金]を獲得する. 類 **alcanzar**, **conseguir, lograr, obtener**. ❷ 〖+con/de (人に)〗をくれると頼む, 請う; (権利・注目など)を要求する. 類 **reclamar, solicitar**.

‡**recadero, ra** [r̃ekaðéro, ra] 名 使いの者, メッセンジャー; 使い走り; 配達人. ─enviar el paquete por ~ 小包を使いの者を使って届ける.

‡**recado** [r̃ekáðo] 男 ❶ 伝言, メッセージ. ─Tengo que darte un ~ de parte del jefe. 課長から君に伝言がある. ¿Quiere dejarle algún ~? 彼に何かメッセージはありますか. Le he enviado un ~ de que venga mañana. 彼に明日来るように伝言しておいた. 類 **mensaje**. ❷ 使い(走り), 届

recaer

け物. —Le mandé a un ～. 彼を使いに出した. chico de los ～s 使い走りの少年, メッセンジャーボーイ. Han traído un ～ para usted. あなたへの届け物があります. ❸ 用事; 買い物. —Ha salido a hacer unos ～s. 彼はいくつかの用足しに出かけた. ❹ (よろしくとの)あいさつ, 伝言. —Dale ～s [un ～] de mi parte a tu novia. 君の恋人によろしく伝えて. 類**recuerdos, saludos**. ❺ 用具. —～ de escribir 筆記用具.

coger [**tomar**] **recado** 伝言を受ける, メッセージを聞く. Si me llaman, *coge el recado*. 私に電話があったら, 伝言を聞いておいて.

recaer [r̃ekaér] [**10.1**] 圁 ❶ [＋en] (a) (…に)再び落ちる. (b) (邪道・悪癖などに)再び陥る, 再び堕落する; 以前の(悪い)状態にもどる. —Después de aquel fracaso *recayó en* la bebida. あの失敗以来, 彼は再び酒におぼれてしまった. ❷ [＋en] (病人が)病気をぶり返す. —El niño *ha recaído en* la gripe. その男の子はまた風邪(ｶﾞｾ)をぶり返した. ❸ [＋en/sobre] (…の)ものとなる; (…の)身に掛かってくる, (…に)ふりかかる. —La responsabilidad del negocio *recayó sobre* el hijo mayor. その仕事の責任は長男にのしかかってきた. ❹ [＋a] (建物の一部が)…に面している. —El balcón *recae* al jardín. バルコニーは庭に面している.

recaí- [r̃ekaí-] 動 *recaer*の直・完了過去, 過去分詞.

recaída [r̃ekaíða] 囡 ❶ (悪習・過ちなどの)再発, 再犯; (昔の悪習への)逆戻り. —Aquel vaso de vino le costó una ～. あの一杯の酒で彼は昔の悪習にまた陥ってしまった. ❷ (病気の)再発. —Si te enfrías puedes tener una ～. 体を冷やすと病気がぶり返すかも知れないよ.

recaiga(-) [r̃ekaíɣa(-)] 動 *recaer*の接・現在.

recaigo [r̃ekáíɣo] 動 *recaer*の直・現在・1単.

recalada [r̃ekaláða] 囡 (船の)陸地接近, 陸地初認.

recalar [r̃ekalár] 他 を(液体・水に)すっかり浸す, つける; をびしょぬれにする. —La lluvia *ha recalado* la madera. 雨で材木がびしょぬれになった. 類**empapar, penetrar**.

— 圁 ❶ (船が)陸[港]を見つける[認める]; 陸[港]に近づく, 《海事》(風, 潮が)船に近づく. ❷ 潜水する. ❸ 《中南米》行きつく, 到着する. ❹ 《比喩》(人が)転がり込む, 突然現われる.

—**se** 再 びしょぬれになる. —La madera de la puerta *se había recalado* y no cerraba bien. ドアの木材がびしょぬれになっていてよく閉まらなかった.

recalcar [r̃ekalkár] [**1.1**] 他 ❶ (語や音節)を強調して発音する[言う]; を強調する, 言い張る. —Me lo dijo *recalcando* las palabras. 彼はそのことを一言ずつうかんで含めるように私に言った. No olvides de ～le la importancia de este asunto. この事柄の重要性を忘れずに彼女に力説してくれ. ❷ を押さえつける, 締めつける. ❸ を(容器などに)無理に押し込む.

— 圁 (船が)さらに傾く.

—**se** 再 自分の言葉を楽しむ[味わう]ように話す[繰り返す].

recalcitrante [r̃ekalθitránte] 形 強情な, しつこい, 手に負えない. 類**obstinado, pertinaz, reincidente, terco**.

recalcitrar [r̃ekalθitrár] 圁 ❶ 後ろへ下がる, 後退する. ❷ 強情を張る, 意固地になる.

recalentamiento [r̃ekaléntamjénto] 男 ❶ 過熱, オーバーヒート. —～ del motor モーターのオーバーヒート. ❷ 再加熱, 温め直し. —～ de la economía 経済の再活性化.

***recalentar** [r̃ekalentár] [**4.1**] [＜*caliente*] 他 ❶ を再び温める, 温め過ぎる. —No me gusta la sopa *recalentada*. 私は温め直したスープは嫌いだ. ❷ を過熱させる, 熱し過ぎる. —El calor que hacía y la larga cuesta *recalentaron* el motor. 当時の暑さとともても長い上り坂のためにエンジンが過熱した.

—**se** 再 ❶ 温まり過ぎる. —La radio lleva funcionando muchas horas y *se ha recalentado*. ラジオが長い時間つけっ放しだったので過熱した. ❷ (暑さのために)傷む, 腐る; 実を結ばない. —Este año *se han recalentado* las aceitunas. 今年はオリーブの実が暑さのために腐った.

recalmón [r̃ekalmón] 男 《海事》(急激な)なぎ.

recalzar [r̃ekalθár] [**1.3**] 他 ❶ (植物)の根もとに盛り土をする. ❷ (すでにでき上がっている建物)の土台を補強する.

recalzo [r̃ekálθo] 男 ❶ (植物・建物などの)土台の補強. ❷ (車輪の大輪(おおわ)).

recamado [r̃ekamáðo] 男 (刺繍(ｼｭｳ)の)浮き上げ, 浮き出し.

recamar [r̃ekamár] 他 (衣服など)に浮き上げの刺繍(ｼｭｳ)をする(特に金糸, 銀糸で).

recámara [r̃ekámara] 囡 ❶ (a) 次の間, 奥の部屋. (b) 衣装部屋, 衣類・宝石などを保管する部屋. ❷ (銃の)薬室. ❸ (炭鉱などの)発破穴(ｹﾂ). 類**hornillo**. ❹ 遠慮; (言葉・行動の)慎重さ, 用心. —actuar [obrar] con ～ 慎重に振る舞う. 類**cautela, reserva**. ❺ 下心; 陰険さ. —Juan tiene mucha ～. フアンには大いに下心がある. ❻ 《中南米》寝室. 類**alcoba**.

recambiar [r̃ekambjár] 他 ❶ (部品など)を交換する. ❷ を再び換える. ❸ 《商業》再び手形を振り出す.

recambio [r̃ekámbjo] 男 ❶ 予備の部品, 交換用部品; (万年筆の)スペア・インク, (ボールペンの)替芯. —～ desechable 使い捨てスペア部品. piezas de ～ 交換用部品. rueda de ～ スペア・タイヤ. De ese modelo ya no encontrará ～s. その型はもう交換用部品がないだろう. ❷ (部品などの)交換(をすること). —El ～ duró una hora y pasamos un frío horrible. 部品交換に1時間かかり, 私たちはひどく寒い思いをした.

recancamusa [r̃ekaŋkamúsa] 囡 《話》偽り, だまし, いんちき. 類**cancamusa, engaño**.

recancanilla [r̃ekaŋkaníja] 囡 (子供が遊びでする)片足をひきずった歩き方.

con recancanilla(s) 《比喩, 話》一語一語強調して(話す).

recantón [r̃ekantón] 男 (車輌の通行を禁止するための)石杭(ｸﾞｲ), 車よけ. 類**guardacantón**.

recapacitar [r̃ekapaθitár] 圁 [＋sobre] (…について)よく考える, 熟考[熟慮]する. —El accidente le ha servido para ～ *sobre* su conducta. その事故は彼が自分の行ないについて考えるきっかけとなった. 類**meditar, pensar, reflexionar**.

— 他 をよく考えてみる, …について熟考する. —Pidió una hora para ～ su decisión. 彼女は決心をするのに1時間考えさせて欲しいと言った.

recapitulación [r̃ekapitulaθjón] 囡 ❶ 要旨の繰り返し, 要約, 概括. — Su ~ de lo ocurrido fue larga y prolija. その出来事についての彼の要約は長くて冗漫だった. 類**resumen, síntesis**. ❷《生物》発生反復.

recapitular [r̃ekapitulár] 他 …の要点を繰り返す, を要約する; を概観する. 類**resumir, sintetizar**.

Recaredo [r̃ekaréðo] 固名 レカレード(516-601, 西ゴート王国の国王, 在位 586-601).

recarga [r̃ekárɣa] 囡 ❶ 詰め替え; 人員の入れ替え. ❷ (弾薬などの)再装填(てん); 充電. ❸ 再課税.

recargado, da [r̃ekarɣáðo, ða] 形 ❶ 荷を積み過ぎた,〖+de〗(…の)多過ぎる. —La sala está *recargada* de muebles. その広間は家具が多過ぎる. ❷ ごてごてと飾り立てた. —estilo ~ 凝(こ)り過ぎた文体.

recargar [r̃ekarɣár] [1.2] 他 ❶ …に荷を積み直す; を再充電する, 再充填(てん)する. — ~ las pilas 電池を再充電する. ~ la pipa パイプに再びタバコを詰める. ~ la pistola ピストルに弾丸を込め直す. ❷ (a) …に荷を積み過ぎる, 弾丸を込め過ぎる, を充電し過ぎる. —Le han puesto una multa por ~ el camión. 彼はトラックに荷を積み過ぎたために罰金を科された. (b)〖+de〗(…)を入れ過ぎる, つけ過ぎる. —He *recargado* el baúl de ropa. 私はトランクに服を詰め過ぎてしまった. をごてごてと飾る. —Ha *recargado* el comedor de cuadros y figurillas. 彼女は食堂を絵や小さな像で飾り立てた. ❹ …に負担[重圧]をかける, をしぼる. —El profesor nos *recarga* de deberes. 先生は私たちにたっぷり宿題を出す. ❺(税額など)を増額する. ❻(刑期)を延ばす.
—**se** 再 ❶〖+de を〗たくさん背負う[抱える, 身につける]. — ~*se* de joyas 宝石でごてごてと身を飾る. ❷ 熱がさらに上がる(=recargarse de fiebre).

recargo [r̃ekárɣo] 男 ❶ 新たな積み荷, 新たな負担. ❷ (税額などの)増額; 超過料金. ❸ 刑期[兵役]の延長; 刑罰の加重. ❹ 補充, 充填(てん). ❺ 積み過ぎ, 詰め過ぎ. ❻ 発熱.

recatado, da [r̃ekatáðo, ða] 形 ❶ 思慮分別のある, 慎重な, 用心深い. 類**cauto, circunspecto, discreto, precavido, prudente**. ❷ 遠慮がちな, 打ち解けない, 内気な. 類**reservado**. ❸(特に女性が)慎み深い, しとやかな. —Tiene una mujer *recatada* y hacendosa. 彼の妻は慎み深く働き者だ. 類**decoroso, honesto, modesto**.

recatar[1] [r̃ekatár] 他 を調べなおす, 再び試食[試飲]する.

recatar[2] [r̃ekatár] 他 を隠す, 包み隠す, 秘密にする. 類**encubrir, esconder, ocultar**.
—**se** 再 ❶〖+de +不定詞〗注意深く…する, …するのを躊躇(ちゅうちょ)する. ❷ 慎重に[用心深く]行動する. —No *os habéis recatado* y todo el mundo lo sabe. 君たちが慎重に行動しなかったので皆にそれがバレている.

sin recatarse 率直に; 公然と, あからさまに. 類**abiertamente**.

recato [r̃ekáto] 男 ❶ 謙虚さ, 慎み, (特に女性の)しとやかさ. —El ~ en la mujer ya no se aprecia tanto como antes. 女性のしとやかさは今では以前ほど高く評価されない. 類**honestidad, modestia**. ❷ 慎重さ, 用心. —guardar ~ 慎重に振る舞う. 類**cautela, reserva**.

sin recato 率直に, あからさまに, 包み隠さず. Confesó, *sin recato*, que odia a su mujer. 彼は自分の妻を嫌っていることを隠さずにうちあけた.

recauchutado [r̃ekautʃutáðo] 男(＜caucho)(古タイヤの)再生. ♦すり減ったタイヤに溝の付いたゴムを付け直すこと.

recauchutar [r̃ekautʃutár] 他 (自動車などの)古タイヤを再生する.

recaudación [r̃ekauðaθjón] 囡 ❶ 徴収(金額), 集金(額), 募金(額). — ~ de impuestos 税金の徴収. La ~ de este colegio ha ascendido a un millón de pesetas. この学校の納入金は100万ペセタに値上がりした. 類**cobro**. ❷ 領収金額, 受領額; 収入. ❸ 税務署. —Este impuesto se paga en la ~. この税は税務署で支払うものとする.

recaudador, dora [r̃ekauðaðór, ðóra] 形 徴税の; 集金の.
— 名 収税吏.

recaudar [r̃ekauðár] 他 ❶ (税金など)を徴収する, 集金する; (寄付金)を集める, 募る. —Con el nuevo impuesto al consumo, hacienda *recaudará* billones. 新しい消費税によって, 国庫には何兆もの金が入るだろう. *Recaudan* fondos para construir un asilo de ancianos. 老人ホームを建てるための資金を募っている. 類**cobrar, percibir**. ❷ (貸した金)を回収する.

recaudo [r̃ekáuðo] 男 ❶ 集金, 収税. ❷ 用心; 保護, 管理. ❸ 保証金.

estar a (buen) recaudo しっかりと保管[保護]されている.

poner a (buen) recaudo をしっかりと保管[保護]する.

recay- [r̃ekaj-] 動 recaer の直·完了過去, 接·過去, 現在分詞.

recazo [r̃ekáθo] 男 ❶ (刀剣の)鍔(つば). ❷ (ナイフの)背, (小刀の)峰(刃のない側の縁).

rece(-) [r̃eθe(-)] 動 rezar の接·現在.

recé [r̃eθé] 動 rezar の直·完了過去·1単.

‡**recelar** [r̃eθelár] 自〖+de を〗疑う, 信用しない, …とあぶる. —Los estudiantes *recelan de* ese profesor. 学生はその教師を信用していない.
— 他 を疑う, 信用しない, …とあぶる. —*Recelo* que me vuelve a engañar. 彼がまた私をだますのではないかと私は疑っている. ♦従属動詞が直説法をとることに注意.

‡**recelo** [r̃eθélo] 男 疑い, 疑念, 不信. —Yo era un desconocido y me miraban con ~. 私はよそ者だったので, 人々に疑わしげな目で見られていた. 類**desconfianza**.

‡**receloso, sa** [r̃eθelóso, sa] 形 疑い深い, 怪しむ. —Es un hombre tímido y ~. 彼は気が小さくて疑い深い男だ. Me dirigió una *recelosa* mirada. 彼は私に疑わしげな目を向けた.

recensión [r̃eθensjón] 囡 ❶ (新聞などに載る)書評, 批評. ❷ (文芸作品などの)校訂(版).

recental [r̃eθentál] 形 (子牛·羊などが)哺乳(ほにゅう)の, まだ乳離れしていない.
— 男 乳離れしない獣の子.

recentísimo, ma [r̃eθentísimo, ma] 形〖reciente の絶対最上級〗最近の, 最新の, 真新しい.

‡**recepción** [r̃eθepθjón] 囡 ❶ 受け取り, 受領.

1610 recepcionista

— Acusamos ～ de su atenta carta. 貴状拝受いたしました. ❷ 受け入れ, 入会. —En el próximo boletín daremos noticia de la ～ de nuevos miembros en el club. クラブへの新入会員のニュースは次号の会報でいたします. ❸ 接見; 歓迎会, レセプション. —El pueblo tributó una entusiasta ～ al torero. 国民はその闘牛士を大歓迎した. ❹ 受付, (ホテルの)フロント. —Dejaré mi recado en la ～. フロントに伝言しておきます. Avisa a la ～ para que me llamen un taxi. タクシーを呼んでもらうようにフロントに電話して. ❺《法律》(証人)喚問, 尋問.

recepcionista [r̄eθepθjonísta] 男女 (会社・病院・ホテルなどの)受付係, フロント係.

receptáculo [r̄eθeptákulo] 男 ❶ 容器, 入れ物; 置き場. ❷《植物》花托(や), 花床(花柄の上端にあって, 花弁・めしべなどをつける部分).

receptividad [r̄eθeptiβiðá(ð)] 女 ❶ 感受性, 受容力. —La ～ de estos chicos es extraordinaria. この子供たちの感受性はすばらしい. ❷《医学》(ある種の病気に)感染しやすい体質.

receptivo, va [r̄eθeptíβo, βa] 形 (人が)感受性の強い, 理解が早い, 敏感な. —Yo tenía unos alumnos ～s, ansiosos de aprender. 私は飲みこみが早く, 学習意欲のある生徒たちを受け持っていた.

receptor, tora [r̄eθeptór, tóra] 形 受け取る, 受け入れる; 受信する. —aparato ～ 受信機. La prensa ha dado a conocer los nombres de los policías ～es del soborno. 新聞は賄賂(ホ)を受け取った警察官の名前を発表した.
— 男 受け取る人, 受領者. —～ de hígado 肝臓移植を受けた人. ❷ (テレビ・ラジオの)受信機, (電話の)受話器. —～ de control モニター・テレビ.

recesión [r̄eθesjón] 女 《経済》景気後退, 不景気. —La industria naviera atraviesa un período de profunda ～. 海運業は深刻な不景気の時期を過ごしている.

recesivo, va [r̄eθesíβo, βa] 形 ❶《遺伝》劣性の, 潜性の. ❷《経済》(景気が)後退傾向の.

receso [r̄eθéso] 男 ❶ 不景気. ❷《中南米》休憩(時間), 休会, 休暇. —entrar en ～ 休憩[休会, 休校]する. ❸ 分離, 離脱.

‡**receta** [r̄eθéta] 女 ❶ (薬の)処方箋. —Si no trae la ～ no puedo venderle la medicina. 処方箋をお持ちでないならあなたに薬はお売りできません. ❷ (料理の)調理法, レシピ. —Tengo varias ～s para la paella. 私はパエリャのレシピをいくつか持っている. ❸ 秘訣, (適切な)方法. —La mejor ～ para adelgazar es comer menos. やせるのに最高の秘訣は食事の量を減らすことです. 類 **fórmula**.

‡**recetar** [r̄eθetár] 他 (薬)を処方する. —El médico me *recetó* unos antibióticos. 医者は私に抗生物質を処方した.

recetario [r̄eθetárjo] 男 ❶ (a) 処方, 処方箋(ホ), 処方薬. (b) 薬局方(薬剤の種類・用法などを書いた本). ❷ 作り方[レシピ](の本). —～ de cocina 調理法の本.

rechace(-) [r̄etʃaθe(-)] 動 rechazar の接・現在.

rechacé [r̄etʃaθé] 動 rechazar の直・完了過去・1単.

rechazamiento [r̄etʃaθamjénto] 男 ❶ 拒絶, 拒否; 却下. ❷ 撃退, はね返し.

‡**rechazar** [r̄etʃaθár] [1.3] 他 ❶ を**拒否する, 拒絶する**, ～ を拒否する 要求を拒否する. ～ una tentación 誘惑を退ける. Nuestra religión *rechaza* la violencia. 我々の宗教は暴力を拒否する. El director *rechazó* la propuesta. 局長は提案を拒絶した. La editorial *rechazó* su novela. 出版社は彼の小説をつっ返した. ❷《医学》…に拒絶反応を示す. —*Rechazó* el riñón que le habían injertado. 彼の体は移植された腎臓に拒絶反応を示した. ❸ をはじく, はね返す;《サッカー》(キーパーがボール)をパンチングする, クリアする. —El larguero *rechazó* el balón. ゴールのクロスバーがボールをはじいた. El chaleco *ha rechazado* las balas. 防弾チョッキが銃弾をはじいた. El guardameta logró ～ el balón con los puños. ゴールキーパーは握りこぶしでボールをパンチングするのに成功した. ❹ を退ける, 撃退する. —La artillería *rechazó* el ataque del enemigo. 砲兵隊が敵襲を撃退した.

‡**rechazo** [r̄etʃáθo] 男 ❶ **拒絶**, 拒否. —No esperaba el ～ de los hijos de su segunda mujer. 彼は二人目の妻を子供たちに拒否されるとは思わなかった. Su ～ de la oferta me parece absurdo. 彼が申し出を拒絶したのは馬鹿げているように思える. ❷ はね返り, 反発. 発 **rebote**.
de rechazo (1) はね返って. El balón chocó contra la pared y *de rechazo* rompió el cristal del coche. そのボールは壁に当たり, はね返って車のガラスを割った. (2) 間接的に. Estamos sufriendo *de rechazo* las consecuencias de la guerra del Golfo. われわれは湾岸戦争の影響を間接的にうけている.

rechifla [r̄etʃífla] 女 ❶ 嘲(チョウ)笑, あざけり, 愚弄(グ). 類 **burla, mofa**. ❷ あざけりの言葉[行為]; ひやかしの口笛, 野次(や).

rechiflar [r̄etʃiflár] 他 をからかう, ばかにして口笛を吹く. 類 **abuchear**.
—**se** 再 [＋de を] からかう, あざける, ばかにする. 類 **burlarse, mofarse, ridiculizar**.

rechín [r̄etʃín] 男《コロンビア》焦げついた料理. —oler a ～ 焦げくさい.

rechinador, dora [r̄etʃinaðór, ðóra] 形 きしむ, きーきー[ぎーぎー]音をたてる.

rechinamiento [r̄etʃinamjénto] 男 (ドア, 機械などの)きしる音, きしむ音; 歯ぎしりの音.

rechinar [r̄etʃinár] 自 ❶ (ドアなどが)きしむ, きーきー[ぎーぎー]音をたてる. (歯が)きしる. —La ventana *rechina* al abrirse. その窓は開くときギーッと鳴る. Le *rechinaban* los dientes de frío [dolor, ira]. 彼は寒さ[痛み, 怒り]で歯ぎしりしていた. 類 **chirriar, crujir**. ❷《比喩, 話》激怒する. 類 **rabiar**.

rechinido, rechino [r̄etʃiníðo, r̄etʃíno] 男 = rechinamiento.

rechistar [r̄etʃistár] 自 ささやく; かすかな音をたてる. —obedecer sin ～ 黙って従う. 類 **chistar**.

rechoncho, cha [r̄etʃóntʃo, tʃa] 形 《話》(人, 動物が)ずんぐりした, 太った. 類 **gordo, grueso, rollizo**. 反 **esbelto**.

recial [r̄eθjál] 男 急流, 早瀬, 激流.

reciamente [r̄éθjaménte] 副 強く, ひどく, 激しく; 大声で. 類 **fuertemente**.

recibí [r̄eθiβí] 男 「私は受け取りました」の意の

ら] 領収書;「領収済み」のサイン. —poner el ～ a [en] una factura 送り状に領収済みのサインをする.

recibido, da [r̃eθiβíðo, ða] 過分 形 ❶ 受け取った; 受け入れた; 受諾した. ❷ 迎え入れられた, 歓迎された. ❸ 一般に認められた[受け入れられた], 普通である. —La imagen *recibida* de ese país hasta hace algunos años era la pobreza. 数年前までのその国についての一般的なイメージは貧困であった.

recibidor, dora [r̃eθiβiðór, ðóra] 形 受け取る, 受領する.
—— 名 受け取り人. 類 receptor.
—— 男 玄関ホール; 待合室, 応接間. 類 antesala, vestíbulo.

*recibimiento [r̃eθiβimjénto] 男 ❶ 歓迎, 歓待, 応接. —Le hicieron [dispensaron] un buen ～. 彼はとても歓迎された. 類 acogida, bienvenida. ❷ 玄関ホール, 応接間; 待合室, 控えの間. 類 antesala, recibidor, vestíbulo. ❸ 受け取ること, 受領, 受理.

recibir [r̃eθiβír レシビル] 他 ❶ (a)を受ける, 受け取る, もらう. —Mi padre *recibe* muchas cartas. 私の父親には手紙が沢山来る. — un correo electrónico 電子メールを受け取る. Ella *recibió* agradecida mi regalo. 彼女は私のプレゼントを感謝して受け取った. (b)(賞)を贈られる, 授与される, 授かる. —Vicente Soto *recibió* el premio Nadal en 1966. ビセンテ・ソートはナダル賞を1966年に受けた. (c)(金額)を受領する, 領収する. —Enrique *recibió* cincuenta mil euros como premio. エンリーケは賞金として5万ユーロを受け取った. (d)を受諾する. —*Recibo* su propuesta gustosamente. 私はあなたのご提案を喜んでお受けします. 類 aceptar, admitir. (e)(殴打・弾丸)を受ける, 被る. —El chico ha *recibido* una bofetada. 若者は1発ぶん殴られた. El pájaro *recibió* un tiro y cayó al suelo. 鳥は鉄砲に当たって地面に落下した. ❷ (a)を受け入れる, 認める. —El aeropuerto internacional *recibe* algunos vuelos nacionales. 国際空港でも国内便を多少受け入れる. Los vecinos *recibieron* mal la propuesta del alcalde. 住民たちは村長の提案を受け入れがたかった. (b)(食物)を受け付ける. (c)(海・大河が支流)を受け入れる, …に(支流)が流れ込む. —El Mediterráneo *recibe* muchos ríos. 地中海には多くの河川が流れ込んでいる. ❸ (a)を出迎える. —Voy al aeropuerto a ～ a un amigo. 私は友人を空港へ迎えに行く. (b)を迎え入れる. —Pedro *recibió* a Merche por esposa. ペドロはメルチェを妻として迎え入れた. (c)を歓迎する, 歓待する. —Todos los niños del colegio salieron a ～ a la nueva directora. 小学校の生徒は全員新任の女性校長を歓迎しに出た. 類 acoger. (d)(客)を応接する, 応対する. —El marqués *recibe* a los visitantes sólo los martes de cuarto a siete. 侯爵は火曜日午後4時から7時までしか訪客に応待しない. (e)(医者が患者)を診療する, 診察する. —El médico no *recibe* a los pacientes los miércoles. その医者は水曜休診である. ❹ (通信)を受け付ける, キャッチする. —Esa emisora *se recibe* bien aquí. その放送局はここでは受信状態がよい. ❺ (建築)を固定する, 止める, 受け止める. ❻ を迎え撃つ. —Los soldados *recibieron* el ataque de los enemigos con

valentía. 兵士たちは勇敢に敵の攻撃を迎え撃った. ❼ (闘牛)(闘牛士が止めを刺そうく牛)を待ち構える. —El torero mató *recibiendo*, de una manera muy clásica. 闘牛士は牛を待ち構えていて, 非常に古典的な止めの刺し方をした.
—— 自 客を迎える, 客に対応する. —El doctor no *recibe* los sábados. 先生は土曜日は患者を受け付けません.
—— se 再 【南米】【+de の】学位を得る. 類 titularse.

*recibo [r̃eθíβo] 男 ❶ 受け取り, 受け入れ; 受理. —acusar ～ de … を受け取った旨知らせる. Espero que al ～ de mi carta te encuentres bien. 私の手紙を受け取った時点で君が元気であることを望んでいます. ❷ 領収書, 受領書, レシート. 類 comprobante, resguardo.
estar de recibo 【人が主語】(客を迎える)準備が整っている. Hasta dentro de media hora no *estaré de recibo*. 30分たつまで私はまだ用意ができていないでしょう.
ser [estar] de recibo 【物が主語】受け入れてもよい, 受け取ってもいい状態の. Este coche no *es de recibo*: tiene demasiados fallos. この車は受け取れない. 欠陥が多すぎる.

reciclaje [r̃eθikláxe] 男 ❶ リサイクル, 再循環. ❷ 再教育, 再訓練.

reciclar [r̃eθiklár] 他 ❶ リサイクル[循環利用]する, 再生利用[再生加工]する. —～ los ordenadores コンピューターをリサイクルする. ❷ 再教育[再訓練]する.

recidiva [r̃eθiðíβa] 女 (病気の)再発, ぶり返し.

reciedumbre [r̃eθjeðúmbre] 女 強いこと, 力強さ; たくましさ. —La ～ de su voz contrastaba con su débil figura. 彼の声の力強さは彼の弱々しい体つきと対照的だった. Me admira la ～ de su fe. 彼女の信仰の強さに私は驚嘆している. 類 fortaleza, fuerza. 反 debilidad.

*recién [r̃eθjén] [< recientemente] 副 ❶ [+ 過分] …したばかりの. —vestido ～ comprado 買いたての洋服. coche ～ estrenado 乗りはじめたばかりの車. niño ～ nacido 生まれたばかりの赤ん坊. los ～ casados 新婚夫婦. estar ～ llegado [hecho] 着いた [できた]ばかりである. ❷ 【中南米】たったいま, いましがた. —R～ hemos llegado. わたしたちはいましがた着いたばかりだ. ～ ahora たったいま, いましがた. ～ aquí まさにここで. 類 recientemente.

reciente [r̃eθjénte レシエンテ] 形 ❶ 最近の, 近ごろの. —un suceso [una noticia] ～ 最近のできごと[最新のニュース]. El cadáver presentaba heridas ～s. 死体は真新しい傷を見せていた. ❷ 新鮮な, できたての. —queso [pan] ～ 新鮮なチーズ[できたてのパン].

recientemente [r̃eθjéntemènte] 副 最近, この前, 少し前に. —R～ han celebrado sus bodas de plata. 最近彼らは銀婚式を祝った. La casa había sido pintada ～. その家は少し前に塗り替えられていた. 類 recién, últimamente.

*recinto [r̃eθínto] 男 構内, 境内; 囲い地. —Bailaban y cantaban en el ～ de la feria. お祭の会場では踊ったり歌ったりしていた. Pasamos la noche en un ～ oscuro y maloliente de la comisaría. われわれは警察署の暗くて臭い内部で

一晩過ごした. ~ ferial 見本市会場.

‡**recio, cia** [r̃éθio, θia] 形 ❶ 強い, たくましい. —Es un chico de ~ carácter. 彼はたくましい性格の少年だ. Es un hombre de complexión *recia*. 彼はがっちりした体格の男だ. 類**fuerte, vigoroso.** 反**débil.** ❷ 太い, 厚い; 頑丈な. —cuerda *recia* 太いロープ. ❸ はげしい, 厳しい. —*recia* negociación はげしい交渉. un ~ invierno 厳しい冬. 類**rígido, riguroso.** ❹ (声が)大きい, 高い. —A medianoche se oyeron ~s golpes en la puerta. 夜中にドアをたたく大きな音が聞えた.
— 副 ❶ はげしく, 強く. —Me pegó ~. 私は強くぶたれた. ❷ 大声で. —hablar ~ 大声で話す. *de recio* 激しく, 強く.

récipe [r̃éθipe] [<ラテン] 男 ❶《話》処方, 処方箋(ｾﾝ). 類**receta.** ❷ 叱責(ｼｯｾｷ), 小言. ❸《比喩, 話》不快感, 不満. 類**desazón, disgusto.**

recipiendario, ria [r̃eθipiendário, ria] 名 (会議・学会などの, 協議会で正式に承認された)新入会員.

recipiente [r̃eθipiénte] 男 ❶ 容器, 入れ物, うつわ. 類**receptáculo, vasija, vaso.** ❷《機械》つり鐘形のガラス器(実験機械や陳列品などの保護のためにかぶせる).
— 形 受け取る.
— 男女 受け取り人.

reciprocación [r̃eθiprokaθión] 女 ❶ 応酬; お返し, 報い. ❷ 交換, やり取り.

recíprocamente [r̃eθíprokaménte] 副 相互に, たがいに. 類**mutuamente.**

reciprocar [r̃eθiprokár] [1.1] 他 ❶ (物事を)対応させる. ❷ (相手の行為に)(同様の行為で)報いる, こたえる, お返しをする.
— se 再 ❶ 対応する. ❷ (相手の行為に同様の行為で)報いる, こたえる, お返しをする.

reciprocidad [r̃eθiproθiðá(ð)] 女 ❶ 相互性, 相互作用. ❷ 報い, お返し, 仕返し. —En ~ a tu visita, te invito a cenar. 君が来てくれたお返しに, 夕食をごちそうしよう. ❸《経済》(通商などの)互恵(主義).

‡**recíproco, ca** [r̃eθíproko, ka] 形 ❶ 相互の, 交互の. —Mantienen una dependencia *recíproca*. 彼らは相互依存している. Se prestaban una ayuda *recíproca*. 彼らは相互扶助していた. Los dos se demostraban *recíproca* confianza. 二人は互いに信頼感をもち合っていた. verbo ~《文法》相互動詞. 類**mutuo.** ❷ 逆の, 相反する. —Los dos teoremas son ~s. それら二つの法則は相反する. 類**inverso.**
a la recíproca 反対に, 逆に, 逆もまた同様に. Yo cuidaba de sus hijos cuando ella salía y *a la recíproca*. 彼女が出かけるときは私が子供の面倒を見たし, また同じようにうちの子の面倒も見てもらった.
estar a la recíproca (人にしてもらったことに対して)お返しをする用意がある.

recitación [r̃eθitaθión] 女 (詩などの)暗唱; 朗読, 吟唱.

recital [r̃eθitál] 男 ❶ (公開での, 詩などの)朗読(会), 暗唱. —~ de poesía 詩の朗読会. ❷ リサイタル, 独唱会, 独奏会. —dar un ~ de piano ピアノリサイタルを開く.

recitar [r̃eθitár] 他 (詩, 文学作品の一節などを)暗唱する, (聴衆の前で詩などを)吟唱する.

recitativo, va [r̃eθitatíβo, βa] 形《音楽》叙唱(調)の, レチタティーボの.
— 男 叙唱(部), レチタティーボ.

‡**reclamación** [r̃eklamaθión] 女 ❶ 要求, 請求. —~ de pago de una deuda 負債の支払い要求. ❷ 異議申し立て; 苦情, クレーム. —formular [hacer] una ~ 異議[苦情]を申し立てる. libro de *reclamaciones* (ホテルなどに備えてある)苦情申し立て帳. El servicio hay que mejorarlo: hoy hemos atendido diez *reclamaciones*. サービスを改善すべきだ. 今日も10件の苦情に対処したのだから.

‡**reclamar** [r̃eklamár] 他 ❶ *(a)* を要求する, 請求する. —*Reclamó* el pago de la deuda a su amigo. 彼は友人に借金の支払いを要求した. Los consumidores *reclaman* sus derechos ante un tribunal. 消費者達は権利を主張して裁判に訴えている. *(b)* を必要とする. —Te *reclama* la universidad. 君は大学に必要とされている. El problema *reclama* nuestra investigación. その問題は我々の調査が必要だ. Te *reclaman* en la portería. 管理人室で君に用事があるそうだ. 類**requerir.** ❷《司法》を召喚する, …の出頭を要求する. —El tribunal *reclama* tu presencia. 裁判所は君の出頭を要求している. ❸ (おとりを使って鳥)を呼ぶ, おびき寄せる.
— 自 [+*contra*] …に反対する, 異議を申し立てる, 苦情を言う; …に対して上訴する. —*He reclamado contra* la fallo del tribunal. 私は裁判所の判決に対して上訴した. Le vendieron un frigorífico defectuoso y ha ido a ~. 彼は欠陥のある冷蔵庫を売りつけられたので苦情を言いに行った. *Reclamaremos* ante los tribunales. 裁判に訴えよう.

reclame [r̃ekláme] 女《アルゼンチン, ウルグアイで》男 も《中南米》宣伝, 広告. —mercadería de ~ 目玉商品, 特売品.

‡**reclamo** [r̃eklámo] 男 ❶ *(a)*(鳥を呼ぶための)その声; おとりの笛, 鳥笛, その音. —caza al ~ おとり笛による猟. *(b)* (同類を呼ぶ)鳥の鳴き声. ❷ 誘惑するもの, さそい材. —acudir al ~ さそいかけに応じる. ❸ 広告, 宣伝. キャッチフレーズ. —~ publicitario 広告, 宣伝文句. ❹《法律》異議, 不服申し立て;《商業》クレーム, 苦情.

reclinación [r̃eklinaθión] 女 寄り掛かること, 寄せかけること, 傾くこと.

‡**reclinar** [r̃eklinár] 他 をもたせかける, 寄せかける, 寄りかからせる. —~ una silla contra la pared 椅子を壁に立てかける. Ella *reclinó* la frente sobre [en] mi hombro. 彼女は額を私の肩に押しつけた. 類**recostar.**
— se 再 もたれかかる, 寄りかかる. —El niño *se reclinó* sobre mi hombro. その子は私の肩にもたれかかった. ~*se* sobre el sillón ひじかけ椅子の背にもたれる.

reclinatorio [r̃eklinatórjo] 男 ❶ 祈祷(ｷﾄｳ)台. ♦教会で, 祈祷中ひざまずくための信者用のいす. ❷ ひじ掛け. ❸ 長いす.

recluir [r̃ekluír] [11.1] 他 を閉じ込める, 監禁する. —La *recluyeron* en un convento y no volvió a salir de allí. 彼女は修道院に押し込められ, 二度と出て来なかった. 類**encarcelar, encerrar, internar.**

—se 再 閉じこもる，世間から遠ざかる．— *Se ha recluido* en su casa de campo y prohibido cualquier visita. 彼は別荘に閉じこもって一切の訪問を禁じた．

reclusión [r̄eklusjón] 女 ❶ 監禁(する[される]こと)，投獄，入獄．— Ha sido condenado a ~ perpetua. 彼は終身禁固(刑)を宣告された． 類 **prisión**. ❷ 隠遁(ᅰ)，閑居． 類 **aislamiento, encierro**. ❸ 刑務所，監獄，拘置所． ❹ 隠退の地，隠れ家．

recluso, sa [r̄eklúso, sa] 過分 [<recluir] 形 ❶ 監禁された，捕われた． ❷ 隠遁した，閑居した．
—— 名 ❶ 囚人． 類 **preso**. ❷ 隠遁した人．

‡recluta [r̄eklúta] 男女 徴集兵，志願兵；新兵，補充兵．— El Estado Mayor del Ejército decidió aumentar el número de ~s. 参謀本部は兵の増員を決めた．Los veteranos se rieron de los ~s. 古参兵たちは新兵たちを嘲笑した．
—— 女 徴兵；募集，人を集めること．— caja de ~ 徴兵事務所．

reclutamiento [r̄eklutamjénto] 男 ❶ 徴兵，新兵募集． ❷《集合的に》(ある年度の)徴集兵，補充兵． 類 **quinta, reemplazo**. ❸ (一般的に)募集．— ~ de personal スタッフ募集．

reclutar [r̄eklutár] 他 (新兵，労働者などを)募集する．— ~ obreros para las obras de la autopista 高速道路の工事のために労働者を募(ᵘᵍ)る．Se reclutaron voluntarios para la legión. 部隊への志願兵が募集された．

‡recobrar [r̄ekoßrár] 他 を取り戻す，回復する．— Ha recobrado la salud. 彼は健康を回復した．El país *recobró* la paz después de una larga guerra. その国は長い戦争のあと平和を取り戻した．Consiguió ~ las joyas que le habían robado. 彼女は盗まれた宝石を取り戻した． 類 **recuperar**.
——se 再 ❶ (a) (健康が)回復する．— Me alegro infinito de que usted *se haya recobrado* por completo. 私はあなたが全快したことをこの上なく喜んでおります． 類 **recuperarse, reponerse, restablecerse**. (b)《+de》(意識を失った状態・失神)から我に帰る，意識を取り戻す．— Tardó cinco minutos en ~se del desmayo. 彼は失神から我に帰るのに5分かかった． ❷《+de》(損失)を取り戻す；…から立ち直る．— Aún no *me he recobrado del* susto. 私はまだ恐怖から回復していない．La empresa ha logrado ~se de las pérdidas del año anterior. 会社は前年の損失を取り戻した． 類 **resarcirse**.

recobro [r̄ekóßro] 男 ❶ 取り戻す[される]こと，回収． ❷ (病気などからの)回復，(気持ちの)立ち直り． 類 **recuperación**. ❸ 埋め合わせ，償い．

recocer [r̄ekoθér] [5.9] 他 ❶ (a) を煮返す，再び煮る；を暖めなおす．(b) を煮過ぎる． ❷《冶金》を焼きなめす，焼きもどす．
——se 再 《比喩》(怒り・羨(ᵗ)望などで)悩む，じりじりする，さいなまれる．— ~se de celos 嫉妬(ᵗ)に悩まされる．Está *recocido* porque le han suspendido. 彼は落第させられたことを根に持っている． 類 **atormentarse, concomerse, consumirse**.

recochineo [r̄ekotʃinéo] 男 (迷惑・不快な行為にさらに伴った)冗談，ひやかし，あざけり．— Me hace pagar, y encima con ~. あいつは私に支払わせる，それも私をばかにしながら．¡Qué ~! (皮肉)りゃあいいや，こいつは傑作だ． 類 **burla, guasa**.

recocina [r̄ekoθína] 女 (台所に接する)皿洗い場；台所の隣にあって，料理の補助的な作業を行なう部屋．

recodar [r̄ekoðár] 自 ❶ (道，川などが)曲がる． ❷ 肘(ᵘ)をつく．
——se 再 肘をつく．— ~se en la mesa テーブルに肘をつく

recodo [r̄ekóðo] 男 ❶ (川・道などの)曲がり目，曲り角．— Nos bañamos en un ~ del río. 私たちは川の曲り目で水浴をした[する]． ❷ (出っ張った)かど，すみ．

recogedor, dora [r̄ekoxeðór, ðóra] 男 ちり取り，かき集める道具，くま手． 類 **cogedor**.
—— 名 集める人；(収穫物を)刈り取る人，取り入れる人．

‡‡recoger [r̄ekoxér レコヘル] [2.5] 他 ❶ (a) を拾う，拾い上げる．— *Recoge* las monedas que se te han caído al suelo. 地面に落ちたコインを拾いなさい．En la acera *recogí* un billete de cinco euros. 私は歩道で5ユーロの札を拾った．(b) を引き取る，取り出す，取り込む．— Fui a ~ un paquete a la central de correos. 私は中央郵便局へ小包を引き取りに行った．~ las cartas del buzón 郵便受けから手紙を取り出す．~ la ropa 洗濯物を取り込む． ❷ (a) を集める．— *Recogimos* firmas para presentar una petición al Ayuntamiento. 我々は市役所に請願をするために署名を集めた．Todas las noches pasan a ~ la basura. ゴミの収集車は毎晩来る．~ sellos de correos 切手を収集する．~ datos データを集める．(b) (湿気などを)吸い取る，(水)を集める．— Esa pared *recoge* humedad. その壁は湿気を吸い取る．Este lago *recoge* el agua de varios ríos. この湖には何筋かの川が流れ込んでいる． ❸ を迎えに行く．— Voy a ~te a las seis. 私は6時に君を迎えに行くよ． 類 **buscar**. ❹ (a) を摘む，収穫する．— ~ aceitunas オリーブの実を収穫する．(b) (成果)を享受する，活用する．— Con el tiempo *recogerás* el fruto de tus trabajos. 時が来れば君も自分の労苦の成果を手に入れるだろう． 類 **cosechar**. ❺ を引き取って面倒を見る，優遇する．— A la muerte de sus padres le *recogieron* sus abuelos maternos. 両親が死んだ後，その子は母方の祖父母に引き取られた．Le *recogieron* en un asilo de ancianos. 彼は老人ホームに入れられた． ❻ を片付ける，しまう；折りたたむ．— Cuando acabes, *recoge* tus juguetes. 遊び終わったら，おもちゃをしまいなさい．~ el mantel テーブルクロスを折りたたむ．*Recogió* las cortinas para que entrara luz. 彼女は光が入るようにカーテンを束ねた． ❼ を考慮する，採用する，取り上げる．— Aunque no comparte las ideas del profesor, las *ha recogido* en su tesis. 彼は指導教官の考えに賛成していなかったが，自分の論文の中にそれを取り入れた． ❽ を回収する．— La casa editorial tuvo que ~ la edición del mercado. その出版社はその出版物を市場から回収せねばならなかった． ❾ を詰める，たくし上げる，…の寸法を合わせる．— Ella *recogió* su falda cinco centímetros. 彼女はスカートの丈を5センチ詰めた．Se *recogió* los pantalones para cruzar el río. 彼は川を渡るためにズボンのすそをたくし上げた． ❿《闘牛》(闘牛士の方へ牛)を向ける．

1614 recogida[1]

— **se** 再 ❶ 寝る, 就寝する. —Mis abuelos *se recogen* a las nueve. 私の祖父母は9時には寝てしまう. ❷ 引きこもる, 隠棲(い)する, 隠れ住む. —El filósofo *se recogió* en una choza a orillas del lago. 哲学者は湖岸の掘っ建て小屋に隠れ住んだ. ❸ (自分の髪の毛)を束ねる, 結わえる. —Ella *se recogió* el pelo en una trenza. 彼女は髪を三つ編みに結わえた

*recogida[1] [r̃ekoxíða] 囡 ❶ 収集, 回収, 集めること. —~ de basuras ごみの回収. 《情報》ガーベッジ・コレクション. ~ de pruebas 証拠収集. La ~ del correo se efectúa tres veces al día en este buzón. このポストの郵便の収集は日に3回行われている. ~ selectiva ごみの分別回収. ❷ 《農業》収穫, 取り入れ. —Este año hemos hecho una buena ~ de peras. 今年は梨がたくさん取れた. ❸ (更生して)修道院に入った女性.

*recogido, da[2] [r̃ekoxíðo, ða] 過分 (拾い)集めた; 受け入れた; 収めた.

— 形 ❶ 隠遁した, 引きこもった [ser/estar+]. —Desde que murió su marido, lleva una vida muy *recogida*. 夫が死んでから, 彼女は非常に引きこもった生活を送っている. Me dio la impresión de que estaba muy ~ en sí mismo. 彼は自分の殻にこもっているという印象を私は受けた. 類 **retirado**. ❷ (場所が)閑静な, 落ち着いた. —El restaurante se encuentra en un lugar muy ~. レストランは非常に閑静な場所にある. ❸ こぢんまりした, 広がらない. —Llevaba un sombrero de alas *recogidas*. 彼女は幅の狭い帽子をかぶっていた. 類 **reducido**. ❹ (短く)詰めた, (服などを)たくし上げた; 束ねた. —Con el pelo ~ estás más guapa. 髪を結うと君はますます美人に見える. ❺ (動物の胴の)短い. —caballo ~ 胴の短い馬. ❻ (牛の両方の角が)狭まった. —toro ~ de cuerna recogida 両角の幅が狭い雄牛.

— 男 (服のあげ, タック; (髪の)アップ. —Ella lleva un ~ de pelo muy bonito. 彼女はとても美しく髪を結っている.

*recogimiento [r̃ekoximjénto] 男 ❶ 集中, 没頭, 熱中. —rezar con mucho ~ 一心不乱に祈る. ❷ 隠遁(いん), 引き籠もること. —El ~ en el que vive le permite escribir muchas horas. 彼は隠遁生活を送っているのでものを書く時間がたくさんある.

recoja(-) [r̃ekoxa(-)] 動 recoger の接・現在.
recojo [r̃ekóxo] 動 recoger の直・現在・1単.
recolección [r̃ekolekθjón] 囡 ❶ 収穫, 刈り入れ. —~ de la aceituna [del trigo] オリーブ[小麦]の収穫. 類 **cosecha, recogida**. ❷ 収穫期. —Durante la ~ trabaja toda la familia. 収穫期の間は家族全員が働く. ❸ 集金, 取り立て. ❹ 要約, 概要. 類 **compendio, recopilación, resumen**. ❺ 《カトリック》宗教的な思索, 黙想; (思索にふけるための)隠遁(いん). ❻ 修道院.
recolectar [r̃ekolektár] 他 ❶ (作物)を収穫する, 取り入れる. ❷ を集める, 収集する, 集合させる. 類 **juntar, recoger**.
recolector, tora [r̃ekolektór, tóra] 形 (作物などを)収穫する(人, 国など). —país ~ de trigo 小麦の産出国.

— 男 ❶ 収穫する人. ❷ 《まれ》集金人, 収税官.
recoleto, ta [r̃ekoléto, ta] 形 ❶ (場所が)静かな, 閑静な, 平穏な. —Vive en un pequeño pueblo ~. 彼女は静かな小村に住んでいる. ❷ (人が)静かな, 内向的な, 口数の少ない. ❸ (人が)地味な, 質素な. ❹ 修道の(僧), 隠遁の.

— 名 ❶ 修道士[女]. ❷ もの静かな人; 質素な人, 仙人.

recolocación [r̃ekolokaθjón] 囡 再就職.
*recomendable [r̃ekomendáβle] 形 勧められる, 推薦できる; はめられる. —Es una persona poco ~. 彼はあまり感心できない人物だ. No es ~ que viajes sola por el extranjero. 君が女1人で外国を旅行するのは感心しない.
*recomendación [r̃ekomendaθjón] 囡 ❶ 推薦, 推奨, 推挙; 推薦状. —carta de ~ 推薦状, 紹介状. Le han dado el puesto porque tenía muchas *recomendaciones*. 彼には多くの推薦者[後ろ楯になる人]がいたので仕事をもらえた. ❷ 勧め, 勧告, 忠告. —Acepté el cargo por ~ de mis amigos. 私は友人たちの勧めでその役を引き受けた. No hizo caso de mi ~. 彼は私の忠告を聞かなかった.

recomendación del alma 臨終の祈り.

*recomendar [r̃ekomendár レコメンダル] [4.1] 他 ❶ を推薦する, 推奨する; 委ねる. —Un amigo me *recomendó* este hotel. 友人の1人が私にこのホテルを紹介してくれた. Si necesitas una secretaria, te *recomiendo* a esta chica. もし君が秘書を必要としているのならこの子がいいと思う. 類 **aconsejar**. ❷ …と忠告する, アドヴァイスする. —Te *recomiendo* que no le digas nada a ella. 君に忠告しておくが, 彼女には何も言わない方がいいぞ. 類 **aconsejar**. ❸ (言動が…の良さを際立たせる. —Su brillante expediente le *recomienda*. 輝かしい履歴書が彼の素晴らしさを示している.
recomendatorio, ria [r̃ekomendatórjo, rja] 形 推薦の, 紹介の; 勧告の.
recomenzar [r̃ekomenθár] [4.5] 他 を再び始める.

— 自 再び始まる.

recomerse [r̃ekomérse] [2] 再 《+de》(嫉妬(しっ), 怒り, 軽蔑などで)いらいらする, 心を奪われる. —*Se recome de* envidia viendo que su vecina va a comprar una casa de campo. 近所の人が別荘を買おうとしているのを見て彼女は嫉妬に駆られている. 類 **concomerse**.
recomiend- [r̃ekomjénd-] 動 recomendar の直・現在, 接・現在, 命令・2単.
*recompensa [r̃ekompénsa] 囡 償い, 報い, 報酬. —Ha realizado un trabajo digno de ~. 彼は償いに値する仕事を行った. El traidor recibió diez mil euros como ~ a sus servicios. その裏切り者は自分の仕事の報酬として1万ユーロ受け取った.
*recompensar [r̃ekompensár] 他 ❶ …に報奨金を出す, 報いる, を褒賞する. —Mi padre me *recompensó* con un ordenador por mis buenas notas. 父は私の好成績にパソコンで報いてくれた. Sus esfuerzos se vieron finalmente *recompensados*. 彼の努力はついに報われた. 類 **galardonar**. ❷ …に弁償する, を償う. —El ayuntamiento *recompensará* a los damnificados. 役所は被災者に補償金を支払うだろう. 類 **compensar**.
recomponer [r̃ekomponér] [10.7] 他 《tú に

対する肯定命令形 recompón】 ❶ を修繕[修理]する, 直す. 類 **arreglar, reparar**. ❷ (人や物)を飾り立てる, 盛装する.
— **se** 再 盛装する, 着飾る.
reconcentración [r̃ekonθentraθjón] 囡 (特に精神の)集中, 専念, 専心.
reconcentramiento [r̃ekonθentramjénto] 男 =reconcentración.
*reconcentrar [r̃ekonθentrár] 他 ❶ (*a*) を一点に集める. (*b*) (感情)を募らせる, 集中させる. — Al morir el marido, ella *reconcentró* su amor en los hijos. 夫が死んで, 彼女は愛情の全てを子供たちに注いだ. 類 **centrar**. ❷ (感情)を押し隠す, 内に秘める, 偽る. ❸ を濃縮する.
— **se** 再 ❶ 【+en】…に集中する, 専心する. — La población *se reconcentra en* las grandes ciudades del interior. 人口は内陸部の大都市に集中している. *Se reconcentró en* la traducción de la novela. 彼はその小説の翻訳に専心した. 類 **concentrarse**. ❷ (感情が)募(つの)る, 高ぶる. — Sus celos *se fueron reconcentrando* poco a poco. 彼の嫉妬(しっと)心は少しずつ募って行った.
reconciliable [r̃ekonθiljáβle] 形 和解[調停]可能な, 調和し得る.
reconciliación [r̃ekonθiljaθjón] 囡 和解(すること), 調停. — Su ~ no duró mucho; a los pocos días volvieron a las peleas de siempre. 彼らの和解は長続きしなかった. 数日後にはまたいつものけんかに逆もどりしてしまった.
reconciliador, dora [r̃ekonθiljaðór, ðóra] 形 和解させる(ような), 調停的な.
— 名 調停者.
*reconciliar [r̃ekonθiljár] 他 を仲直りさせる, 和解させる. — El profesor consiguió ~ a los dos niños. 先生は2人の子供を仲直りさせた.
— **se** 再 仲直りする, 和解する. — El matrimonio disputa con frecuencia, pero *se reconcilia* inmediatamente. 夫婦はしばしば口論するが, すぐ仲直りする. José jamás *se reconcilió* con su mujer. ホセは決して妻と和解することはなかった.
reconcomer [r̃ekoŋkomér] 他 =recomer.
reconcomerse [r̃ekoŋkomérse] [2] 再 【+de】 (嫉妬(しっと), 怒りなどで)悩む, 心を奪われる. — *Se reconcome* de celos. 彼は嫉妬にさいなまれている. 類 **concomerse, recocerse, recomerse**.
reconcomio [r̃ekoŋkómjo] 男 ❶ 恨み, 悪意. 類 **rencor**. ❷ 切望, あこがれ, 渇望. 類 **deseo**. ❸ 悔恨, 自責の念, 苦悶. — sentir un ~ intolerable 耐え難い苦悶に悩む. 類 **remordimiento**. ❹ 疑念, 疑い.
*recóndito, ta [r̃ekóndito, ta] 形 (奥深く)隠された, ひそかな, 人目につかない. — Su casa está en un lugar ~ del bosque. 彼の家は森の奥深く隠れた場所にある. Nadie conocía sus más *recónditas* penas. 誰も彼のもっとも奥深い苦悩を知らなかった. 類 **escondido, oculto, secreto**.
en lo más recóndito de 【+名詞】 …の奥深く, …の奥底に. — He guardado el secreto *en lo más recóndito de* mi corazón. 私はその秘密を心の奥深くにしまい込んだ.
reconfortante [r̃ekomfortánte] 形 ❶ 慰めになる, 元気づける; 安心させる. ❷ 《薬学》強壮効果のある.
— 男 《薬学》強壮剤.
reconfortar [r̃ekomfortár] 他 ❶ を慰める,

---

reconocimiento 1615

励ます, 元気づける. — Me *reconforta* saber que puedo contar contigo. 君に頼りにできると知って, 私は心強い. 類 **confortar**. ❷ 《薬学》を強壮にする.

‡reconocer [r̃ekonoθér レコノセル] [9.1] 他 ❶ (*a*) を同一人[物]と認める, 同一視する, 同一とみなす; 見分ける. — Estaba muy delgado y tardé unos segundos en ~lo. 彼はとてもやせていて, 彼だとわかるのに数秒かかった. La *reconocí* por la voz. 声で彼女だとわかった. (*b*) (サインなど)を正当と認める, チェックする. — una firma サインのチェックをする. (*c*) を認める. — La gente *reconoció* la nobleza de mis actos. 人々は私の行為の気高さを認めてくれた. Ana no quiso ~ su falta. アナは自分の過失を認めたがらなかった. *Reconoce* que es muy miedoso. 彼は自分がとても怖がりだとわかっている. *Reconozco* que tienes razón. 私は君が正しいことは認める. 類 **admitir**. ❷ を承認する, 認証する. — España *ha reconocido* el nuevo Estado. スペインは新国家を承認した. ❸ 《司法》を認知する. — Juan *ha reconocido* al hijo que tuvo fuera de su matrimonio. フアンは婚外にできた息子を認知した. Lo *reconoció* por hermano. 彼はその人を兄弟と認めた. ❹ (*a*) を検査する, 精査する, 点検する. — El capitán *reconoció* el terreno antes de instalar el campamento militar. 隊長は兵営を設定する前に地形を点検した. (*b*) (医者が患者)を診察する. — El médico *reconoció* a los pacientes. 医者は患者を診察した. 類 **examinar**. ❺ …に感謝する, 謝意を表す. — Le he *reconocido* sus atenciones regalándole una caja de Rioja. 私は彼にラ・リオハ産のワインを1ケース贈って彼の心遣いに謝意を表した. *Reconozco* el favor que me haces. 君の好意には感謝している. 類 **agradecer**.

— **se** 再 ❶ 自分を…と認める, 自認する. — Ella *se reconoció* autora del crimen. 彼女は自分を犯人と認めた. 類 **confesarse**. ❷ 【+en】…の中に自分の姿を見出す. — El abuelo *se reconoce en* su nieto. 祖父は孫の中に自分と似たところを見出した. ❸ 判別される, 識別できる. — Sólo en esas situaciones *se reconoce* a los verdaderos amigos. そういった状況でのみ真の友がわかる. El buen vino *se reconoce* por el color. いいワインは色でわかる.

reconocible [r̃ekonoθíβle] 形 見分けがつく; それと分かる(ほどの); 見覚えがある. — Con aquella larga barba no era ~. あの長いひげのせいで彼だということがわからなかった.

reconocidamente [r̃ekonoθiðaménte] 副 ❶ 感謝して. ❷ 明らかに, 疑う余地なく.

‡reconocido, da [r̃ekonoθíðo, ða] 過分 形 ❶ 認められた, 認知された. — hijo ~ 認知された子. Han formado un gobierno no ~ aún por las grandes potencias. 彼らはまだ強大国によって承認されていない政府をつくった. ❷ 明らかな, 定評のある. — Esta es una modelo de *reconocida* fama. この人は定評のあるモデルです. ❸ 感謝している. — Acepto su invitación y muy ~. あなたのご招待を大いに感謝してお受けいたします. 類 **agradecido**.

‡reconocimiento [r̃ekonoθimjénto] 男 ❶ 識

reconozca(-)

別, 見分けること. ~~ de patrones [de voz] パターン[音声]認識. ❷ 認知, 承認. ~~ del nuevo régimen 新政権の承認. ~ de un hijo natural 私生児の認知. ~ de la firma [deuda] 署名[債務]の認知. ❸ 検査, 調査. ~~avión [vuelo] de ~ 偵察機[飛行]. ~ médico 健康診断. El equipaje fue sometido a un detenido ~. 荷物は念入りな検査にかけられた. ❹ 感謝(の気持ち). —No sé cómo expresar mi ~. 私は謝意をどう表現していいかわからない. en ~ de [a] …に感謝して. [類]**gratitud**.

reconozca(-) [r̃ekonoθka(-)] 動 reconocer の接・現在.

reconozco [r̃ekonóθko] 動 reconocer の直・現在・1 単.

:**reconquista** [r̃ekoŋkísta] 女 ❶ 再征服, 取り返すこと, 奪回. ❷ (R~)《歴史》国土回復運動, レコンキスタ. ♦ 711 年よりスペインを征服していたイスラム教徒からキリスト教徒が国土を奪回する戦い. 1492 年のグラナダ攻略で終結.

reconquistar [r̃ekoŋkistár] 他 (失った国土・愛情・名誉などを)取り戻す; を再征服[奪回]する. [類]**recobrar, recuperar**.

reconsiderar [r̃ekonsiðerár] 他 を考え直す, 考え直してくださるようお願いします.

reconstitución [r̃ekonstituθjón] 女 再構成, 再編成; 再建.

*****reconstituir** [r̃ekonstituír] [11.1] 他 ❶ を再建する, 立て直す, 再確立する. —Están intentando ~ la empresa. 彼らは会社を立て直そうと努力している. ❷ を復元する, 元に戻す. —El testigo *reconstituyó* la escena ante el juez. 証人は裁判官の前でそのシーンを再現して見せた. ❸ 《医学》(器官)を再生させる, 回復させる. —Estos medicamentos sirven para ~ los tejidos. これらの薬は組織を再生させるのに役立つ. Aquella rica y caliente sopa nos *reconstituyó*. あの熱くておいしいスープのおかげで私達は生き返った.

── se 再 ❶ 復興する. —El país se *reconstituyó* después de la guerra gracias a los esfuerzos del pueblo. 戦後, 国は国民の努力のおかげで復興した. ❷ 《医学》再生する, 元に戻る. —~se los tejidos musculares 筋肉組織が元に戻る.

*****reconstituyente** [r̃ekonstitujénte] 男 強壮剤[薬], 健康増進剤, 元気回復の薬. —Está tomando un ~ porque se encuentra muy débil. 彼は体が非常に弱いので強壮剤を飲んでいる.

── 形 (健康・元気を)回復させる, (身体などを)強壮にする. —tónico ~ 強壮剤.

*****reconstrucción** [r̃ekonstrukθjón] 女 再建, 改造, 復興, 復元.

:**reconstruir** [r̃ekonstruír] [11.1] 他 ❶ (歴史的建造物を)再建する, 建て直す, 作り直す. —Los obreros *reconstruyeron* la parte derruida del castillo. 職人たちは城の崩壊した部分を建て直した. Volvió a su país para intentar ~ su vida. 彼は人生をやり直すために国に戻った. [類]**reedificar**. ❷ (壊れた物・断片などを)修復する, 再構成する. —Piensan ~ el convento para hacer un parador nacional. 彼らは修道院を国営ホテルにするために修復しようと考えている. ❸ を再現する. —Los testigos *reconstruyeron* los hechos. 証人たちは事実を再現してみせた.

recontar [r̃ekontár] [5.1] 他 ❶ を数え直す, 注意深く数える. —~ los votos 票の数をよく数える. Cuenta y *recuenta* los días que faltan para volver. 彼女はあと何日で帰れるか何度も数えている. ❷ を再び物語る, 話し直す.

recontento, ta [r̃ekonténto, ta] 形 大変満足した; (まれ)大喜びした.

── 男 大満悦.

reconvención [r̃ekombenθjón] 女 ❶ 非難, 叱責(ぱく), 小言. [類]**censura, regañina, reprensión, reprimenda**. ❷ 譴責(けんせき), 罪をきせること. ❸《司法》(特に訴訟で, 被告の原告に対する)反訴.

reconvenir [r̃ekombenír] [10.9] [tú に対する肯定命令形 reconvén] 他 ❶ を非難[叱責(ぱく)]する, …に罪をきせる, …のせいにする. ❷ 譴責する. —Volvió a casa borracho y su padre le *reconvino* severamente. 彼は酔って家に帰り, 父親にひどく叱られた. [類]**censurar, regañar, reprender, reprochar**. ❷《司法》…に反訴する.

reconversión [r̃ekombersjón] 女 ❶ (特に経済上の)再編成, 再転換; (産業の)再組織. —~ industrial 産業構造の再編成. ❷ 再訓練. —~ profesional 職業再訓練.

reconvertir [r̃ekombertír] [7] 他 ❶ [+en] を…に変える, 組み替える, 再編する. ❷ (人)を再訓練する. ❸ (産業などを)再転換する.

recopilación [r̃ekopilaθjón] 女 ❶ 要約(する こと・した物), 梗(こう)概, レジュメ. [類]**compendio, resumen, sumario**. ❷ 編集した物, 編纂(さん)物. —Este libro es una ~ de poemas publicados en su juventud. この本は彼が若い頃に出版された詩を集めたものだ. [類]**compilación, suma**. ❸ 法典, 法規集. —~ de (las) leyes 法規集, 法集成. ❹ 収集. —~ de datos データ収集.

recopilador, dora [r̃ekopilaðor, ðora] 名 編集[編纂(さん)]者.

recopilar [r̃ekopilár] 他 ❶ (資料・文献などを)集める, 収集する; 編纂する. —Está *recopilando* material para su tesis doctoral. 彼は博士論文のための資料を集めている. [類]**coleccionar, compilar, reunir**. ❷ を要約する. ❸ (法律などを)法典に編む, (規則などを)成文化する.

récord, record [r̃ékor(ð)] [＜英 record] 男 [複]récords, records [r̃ékors] (スポーツ競技などの)記録. —batir un ~ 記録を破る. en un tiempo ~ 記録的なタイムで. establecer un ~ mundial 世界記録を樹立する. Este año alcanzaremos un ~ de venta. 我々は今年, 販売記録を打ち立てるだろう.

recordable [r̃ekorðáβle] 形 ❶ 忘れられない, 記憶に残る. ❷ 記憶すべき.

recordación [r̃ekorðaθjón] 女 ❶ 覚えていること, 記憶. [類]**memoria**. ❷ 思い出, 追憶. —el profesor de feliz ~ なつかしい先生. el accidente de triste ~ 思い出すだに悲しい事故.

***recordar** [r̃ekorðár レコルダル] [5.1] 他 ❶ を思い出す, 想起する; 覚えている. —*Recordaba* los años pasados en Japón con nostalgia. 彼は日本で過ごした年月を懐かしく思い出していた. No *recuerdo* su dirección. 私は彼の住所を覚えていない. Nos hemos visto en casa de María, ¿me *recuerdas*? 僕ら

ちマリアの家で会ったよ. 僕のこと覚えてる? 類 **acordarse de**. ❷ を(人に)思い出させる, 忘れないようにさせる, 思い知らせる. — Te *recuerdo* que mañana tienes que salir de casa a las seis. 明朝6時に君は家を出ねばならないことを忘れるなよ. Tus palabras *me han recordado* lo importante que es la sinceridad. 君の言葉は真面目さがいかに大切かを私に思い知らせてくれた. Paco me *recuerda* a un payaso de circo. パーコは私にサーカスの道化師みたいだ(←パーコは私にサーカスの道化師を思い出させる). ❸ 注意を呼びかける, 警告する. — Los paquetes de cigarrillos *recuerdan* que el tabaco puede producir cáncer. タバコのケースにはタバコが癌(%)を誘発する可能性があると警告している. ❹ 『中南米』(レコード)に吹き込む, 録音する.
—— 自 『中南米』目を覚ます.

si mal no recuerdo/si no recuerdo mal 私の記憶違いでなければ.

recordativo, va [r̃ekorðatíβo, βa] 形 ❶ 追憶の, 思い出の. ❷ 思い出させる. — *carta recordativa* 催促の手紙, 督促状.
—— 男 思い出させる物; 催促(の手紙), 督促状.

recordatorio, ria [r̃ekorðatórjo, rja] 形 注意を喚起する(ための).
—— 男 ❶ (人, 出来事の)思い出となるもの, 記念品, 形見. ❷ 『聖体拝領・結婚・逝去などの記念のため, 日付や名前かがはいった』記念カード, 記念スタンプ. ❸ お知らせ, 注意(の喚起). 類 **advertencia, aviso, comunicación**.

recordman [r̃ékor(ð)man] [<フランス製英語] 〖複〗 recordmans[r̃ékor(ð)mans]〗 男 (スポーツ競技の)記録保持者, チャンピオン, 優秀選手. 類 **plusmarquista**.

‡**recorrer** [r̃ekor̃ér] 他 ❶ (*a*) を歩く, 巡る, 踏破する. — *Recorrió* treinta kilómetros a pie en un día. 彼は1日で30キロを徒歩で踏破した. (*b*) を歩き回る. — *He recorrido* varias tiendas de comestibles buscando azafrán. 私はサフランを捜し求めていろいろな食料品店を歩き回った. *Recorrió* todo el país en bicicleta. 彼は自転車で全国を走破した. ❷ …にさっと目を通す. — Mientras desayuno, *recorro* el periódico. 朝食をとる間に私は新聞にさっと目を通す. 類 **repasar**. ❸ 『印刷』(行の長さ)を調整する, (字)を次行に送る.

‡**recorrido** [r̃ekor̃íðo] 男 ❶ 旅程, 旅行, 踏破. — Haremos un ～ por Andalucía. 私たちはアンダルシアを旅行します. El ～ de hoy será muy largo. 今日の旅程は長くなります. Hoy haremos un breve ～ de lo estudiado hasta ahora. 今日はいままで勉強したことを簡単に復習します. 類 **itinerario, trayecto**. ❷ 進路, 行程, ルート. — ～ del autobús バスの経路. ～ de la manifestación デモの進路. ❸ 巡回路; 《スポーツ》ラウンド, 一巡. ❹ 『機械』(ピストンなどの)一行程, 一動作. ❺ こまかい叱責, 小言. — Dale un ～, que últimamente se porta muy mal. このごろ彼は行儀がよくないので小言を言ってやりなさい. 類 **reprensión**.

recortable [r̃ekortáβle] 形 (紙などが)切ることのできる.
—— 男 切り絵細工用に絵の描いてある紙, 切り抜き絵.

recortado, da [r̃ekortáðo, ða] 過分 形 ❶ 切り取られた, 切られた. ❷ (植物の葉, 海岸線などが)縁にぎざぎざのある, (のこぎりの歯のように)鋭くとがった. — hojas *recortadas* 鋸歯(%)状の葉. ❸ 『中南米』ずんぐりした. — fusil de cañón ～ 銃身の短い銃.
—— 男 ❶ 切り絵, 切り抜き細工. ❷ 『中南米』銃身の短いライフル.

recortador [r̃ekortaðór] 男 ❶ (闘牛の)角切り人, ❷ 芝刈り機.

recortadura [r̃ekortaðúra] 女 ❶ 切る[切り抜く, 切り刻む]こと. 類 **recorte**. ❷ 複 切りくず. 複 **recortes**.

‡**recortar** [r̃ekortár] 他 ❶ を切り取る, 切り離す. —¿Quiere ～me el flequillo? 前髪をカットしてください. ❷ を切り抜く. —～ un artículo del periódico 新聞記事を切り抜く. *Recortó* flores en cartulinas de colores. 彼女は色画用紙に花の形を切り抜いた. ❸ を減らす, 少なくする, 小さくする. —Tengo que ～ gastos porque he cambiado de trabajo. 私は転職したので出費を抑えねばならない. 類 **reducir**. ❹ 《美術》…の輪郭を描く.
—— *se* 再 (…の輪郭が)くっきりと浮き上がる. — Las montañas *se recortaban* en el cielo. 山並みが空を背景にくっきり浮かび上がっていた. 類 **dibujarse**.

recortasetos [r̃ekortasétos] 男 複 生け垣剪定機.

recorte [r̃ekórte] 男 ❶ 切り取ること, 切断, 裁断; (植物などの)刈り込み; 《情報》クリッピング. — Está haciendo ～s de animales. 彼は動物の絵を切り抜いている. ❷ 《経済》切り詰め, 削減. — El ～ del presupuesto perjudica a nuestro departamento. 予算の削減は我々の部にとっては痛手だ. ❸ 〖主に複〗切り取ったもの, 切れ端, 切りくず, (裁縫の)裁ちくず. —～s de periódico 新聞の切り抜き. álbum de ～s スクラップブック. Este libro está hecho de ～s. この本はほかの本の内容の寄せ集めだ(独創性がない). ❹ (子供の)切り絵; 切り抜き細工. ❺ 《闘牛》牛の角から身をかわすこと.

recoser [r̃ekosér] 他 ❶ (特に, ほどいた物を)縫いなおす, 二度縫いする. ❷ を(ざっと)繕う, かがる; …に継ぎを当てる. 類 **zurcir**.

recosido [r̃ekosíðo] 男 ❶ 二度縫い; 繕い, かがり. ❷ 継ぎぎれ, あて布.

recostado, da [r̃ekostáðo, ða] 形 〖+en〗…にもたれ掛かった. —Estaba *recostada en* el sofá. 彼女はソファーにもたれていた. R～ *en* el pasamanos, esperaba. 彼は手すりにもたれて待っていた.

recostar [r̃ekostár] [5.1] 他 ❶ 〖+en/sobre に〗をもたれさせる; を立てかける. —*Recostó* la cabeza *sobre* mi hombro. 彼は私の肩に頭をもたれ掛けた. 類 **apoyar**. ❷ を曲げる, 折り曲げる. 類 **inclinar, reclinar**.
—— *se* 再 ❶ 〖+en/sobre に〗もたれ掛かる, 頼る. —*Se recostó en* el sofá e intentó dormir. 彼はソファーにもたれて眠ろうと努めた. ❷ (体・またはその一部を)後ろにそらせる. ❸ 横になる; しばらく休む.

recova [r̃ekóβa] 女 ❶ (*a*) 家禽(%)や卵の商売[仕入れ]. (*b*) 鳥や卵の市場. ❷ 石やセメントでできた雨よけ. ❸ 猟犬の群れ.

recoveco

recoveco [r̃ekoβéko] 男 ❶ (道路・川・廊下などの)曲がり角, カーブ. ❷ (部屋などの)隅, かど; 奥まった[引っ込んだ]場所. —Me llevó a conocer los ~s de Shinjuku. 彼は私を連れて新宿の穴場を教えてくれた. ❸ (気分・元気の)衰退, 減退. — ~s del alma [del corazón] 意気消沈. ❹ 〘主に複〙はっきりしない[持って回った]話し方[態度]. — sin ~s 率直な[に], 包み隠しのない. ❺ 〘複〙(物事の)表裏, 迂余(³)曲折. —Éste es un asunto con muchos ~s. これは込み入った仕事[問題]だ.

recreación [r̃ekreaθjón] 女 ❶ 娯楽, レクリエーション; 休養, 気晴らし. 類diversión, recreo. ❷ 再創造.

‡**recrear** [r̃ekreár] 他 ❶ を楽しませる, 喜ばせる. —Sabe ~ a la gente contando chistes. 彼は笑い話を連発して人々を楽しませるのがうまい. 類alegrar, deleitar, divertir. ❷ を再生する, 再創造する, 再現する. —El escritor recrea en la novela el ambiente de una ciudad renacentista. その作家は小説の中でルネッサンス期の雰囲気を持つ町を再現している.
— se 再 楽しむ. —Me recreo yendo de pesca. 私は釣りに行って楽しむ. Se recrea con las películas de detectives. 彼は探偵物の映画を見て気晴らしをする. 類divertirse, gozar.

recreativo, va [r̃ekreatíβo, βa] 形 ❶ 娯楽の, レクリエーションの; 保養の. —sociedad recreativa レクリエーションの会. ❷ 愉快な, 面白い. —trabajo ~ 楽しい仕事.

recrecer [r̃ekreθér] [9.1] 他 大きくする, 増大する. 類acrecentar, aumentar.
— 自 ❶ (川などが)増水する; 増加する, ふえる. 類aumentar. ❷ 再び起こる[現われる].
— se 再 元気づく, 元気を取り戻す. 類reanimarse.

recrecimiento [r̃ekreθimjénto] 男 ❶ (a) 増加, 増大, 成長. (b) (川などの)増水. ❷ 新たな熱意.

‡**recreo** [r̃ekréo] 男 ❶ 娯楽, 楽しみ, 気晴らし. —La lectura es mi único ~. 読書が私の唯一の娯楽だ. casa de ~ 別荘. sala de ~ 遊戯室. viaje de ~ 遊覧旅行. El hermoso jardín es un ~ para la vista. その美しい庭園は目の保養になる. ❷ (学校の)休憩時間. —Hoy, durante el ~, hemos jugado al fútbol. 今日休憩時間にぼくたちはサッカーをした.

recría [r̃ekría] 女 飼育, 養殖.

recriar [r̃ekrjár] [1.5] 他 ❶ (動物を)育てる, 飼う, 飼育する. ❷ (動物に)餌(ᵉ)[栄養]をやって太らせる[大きくする, 元気にする].

*recriminación [r̃ekriminaθjón] 女 非難(のことば), とがめ(立て); 〘法律〙抗斥. —Recibió duras recriminaciones de su jefe. 彼は上司から激しく非難された. 類reproche.

recriminar [r̃ekriminár] 他 ❶ (人)を非難する. —Día y noche me recriminan por no haber actuado a tiempo. 間に合うように行動しなかったことで, 私は昼も夜も非難されている. 類censurar, reprender. ❷ …に抗弁する, 非難し返す.

recrudecer [r̃ekruðeθér] [9.1] 自 ❶ (a) 再び増加[上昇, 激化]する. (b) 盛りかえす, ぶり返す, 再発する. —Recrudeció el odio que se profesaban. 彼らが互いに抱いていた憎しみが再び湧き上がった. ❷ 悪くなる, 低下する.
— 他 ❶ を再発させる. —El último incidente ha recrudecido la tensión racial. 今度の事件で人種間の緊張が再び高まっている. ❷ を悪化させる.
— se 再 再発する. —Pasado el invierno se recrudecieron las hostilidades. 冬が過ぎると, また戦闘状態になった. En los últimos días se ha recrudecido el calor. この数日間, 暑さがぶり返している.

recrudecimiento [r̃ekruðeθimjénto] 男 ❶ (病気・寒さなどの)悪化, 激化. ❷ 増加, 増大. ❸ 再発, ぶり返し. — ~ de un mal 病気の再発. — ~ de las hostilidades 戦闘再開.

recrudescencia [r̃ekruðesθénθja] 女 ＝recrudecimiento.

recrudescente [r̃ekruðesθénte] 形 再び激化[悪化]する, 再発[再燃]した.

recta¹ [r̃ékta] 女 直線. —trazar una ~ 直線を引く(→recto).

rectal [r̃ektál] 形 〘解剖〙直腸 (intestino recto) の. —por vía ~ 直腸を通して.

rectamente [r̃éktamente] 副 ❶ まっすぐ, 直線的に. ❷ (道徳的に)正しく, 公正に; 賢く. ❸ 正確に, 誤りなく, 正しく.

*rectangular [r̃ektaŋgulár] 形 ❶ 長方形の, 矩(ᵏ)形の; 四角い. —La sala es ~. その部屋は長方形をしている. ❷ 直角の, (図形が)直角を持つ. —triángulo ~ 直角三角形.

‡**rectángulo, la** [r̃ektáŋgulo, la] 形 〘幾何〙直角の. —triángulo ~ 直角三角形.
— 男 長方形.

rectificable [r̃ektifikáβle] 形 修正[矯正, 改正, 調整]可能な. —fácilmente ~ 簡単に修正できる.

rectificación [r̃ektifikaθjón] 女 ❶ 訂正, 改正, 修正; 矯正. 類corrección. ❷ 〘電気〙整流.

rectificador, dora [r̃ektifikaðor, ðóra] 形 修正[矯正]する.
— 名 矯正する人, 修正[改正]者.
— 男 ❶ 〘電気〙整流器; 整流素子. ❷ 〘化学〙精留器[塔].
— 女 研磨機.

rectificadora [r̃ektifikaðóra] 女 →rectificador.

‡**rectificar** [r̃ektifikár] [1.1] 他 ❶ …の誤りを正す, 直す, 訂正する. —La radio rectificó la noticia diez minutos más tarde. ラジオは10分後にそのニュースの誤りを正した. ❷ (意見・言動)を改める; 修正する. —El diputado ha rectificado sus declaraciones. 代議士は発言を修正した. El chico no rectificó su conducta. 若者は彼の行動を改めなかった. ~ los desperfectos de un cuadro 絵の破損部分を修正する. 類enmendar. ❸ …に反対する, 反対意見を述べる. —Pidió la palabra para ~ lo dicho por otro de los participantes en la mesa redonda. 彼は円卓会議の参加者の1人の発言に反論するために発言の許可を求めた. 類contradecir, refutar. ❹ をまっすぐにする, 直立させる, 正す. — ~ una carretera 道路をまっすぐにする. ❺ 〘電気〙を整流する. — ~ la corriente 整流する. ❻ 〘力学〙(金属のゆがみ・歪)を修正する, 修繕する, 調整する. — ~ el motor del coche 車のエンジンを修繕する. ❼

《幾何》(曲線の長さに等しい長さの直線)を求める. ❽《化学》を精留する.

—— se 再 言動を悔い改める, 前言を訂正する. — El orador *se rectificó* al darse cuenta de su equivocación. 弁士は彼の言い誤りに気づいて前言を訂正した.

rectilíneo, a [r̃ektilíneo, a] 形 ❶ (*a*) 直線の; 直線的に動く. (*b*) 直線から成る, 直線に囲まれた. ❷ (人が)真面目(まじめ)過ぎる, 謹厳実直な. — Ha tenido un comportamiento impropio de su carácter. 彼は謹厳実直な性格にふさわしからぬ振る舞いをした.

*__rectitud__ [r̃ektitú(ð)] 女 ❶ まっすぐなこと, 一直線. ❷ 正しさ, 正直, 公正さ. — Siempre se comporta con ~. 彼はいつも正しく振る舞う. Muchos dudan de la ~ de ese abogado. その弁護士の公正さについては多くの人が疑っている. 類 **equidad, honestidad**.

‡**recto, ta**² [r̃ékto, ta] 形 ❶ まっすぐな, 直線の, 垂直な. — línea *recta* 直線. ángulo ~ 直角. un camino ~ まっすぐの道. El niño fue ~ hacia la juguetería. その子はまっすぐにおもちゃ屋の方へ行った. Anda con la espalda *recta*. 彼は背筋をのばして歩く. Pon el respaldo ~. (椅子の)背もたれをまっすぐに立てなさい. ❷ 正しい, 公平な; 正直な, 高潔な. — juez ~ 公正な裁判官. Es un profesor ~ al calificar. 彼は成績評価については公平な教師である. Es un hombre bueno y ~. 彼は善良で正直な男だ. 類 **justo, severo; honrado, íntegro**. ❸ (意味が)本来の, 文字通りの. — El sentido ~ de la palabra no es ése. そのことばの本来の意味はそうではない. 反 **figurado, traslaticio**.

—— 副 まっすぐに (= derecho). — Siga esta calle todo ~. この道をずっとまっすぐに行ってください. escribir ~ まっすぐに書く. 類 **rectamente**.

—— 男 ❶《解剖》直腸. ❷ (開いた本の)右ページ. 反 **verso**. —— 女 直線.

‡**rector, tora** [r̃ektór, tóra] 形 主要な, 指導的な, 支配的な. — idea *rectora* 主要な考え. principio ~ 指導原理. fuerza *rectora* 推進力.

—— 名 ❶ 指導者, 長. — Adolfo Suárez fue el ~ de la política española durante la transición. アドルフォ・スワレスは移行期のスペインの政治の指導者だった. ❷ (大学の)学長, (宗教学校の)校長. — ~ de la Universidad Autónoma 自治大学の学長. 類 教区司祭. **párroco**.

rectorado [r̃ektoráðo] 男 ❶ (大学の)学長[総長]であること, 学長職. ❷ 学長の任期. ❸ 学長室.

rectoral [r̃ektorál] 形 学長[総長]の. — sala ~ 学長室.

—— 女 住職[主任司祭]の家.

rectoría [r̃ektoría] 女 ❶ (*a*) 学長の家, 学長事務所. (*b*) 学長の職[権限]. 類 **rectorado**. ❷《カトリック》主任司祭の家, 司祭館.

recua [r̃ékua] 女 ❶ (隊を成して移動する馬, ラバなどの群れ(特に昔の運送業者が連れていたもの). 類 **reata**. ❷ (人, 動物の)1団, 群れ. 類 **tropa**. ❸《話, 比喩》連続したもの; 次々に起こる一連の事柄. — una ~ de problemas 一連の問題点, つきない問題.

recuadrar [r̃ekuaðrár] 他 ❶ を枠にはめる, 縁どる; …に枠を付ける; (絵などを)額に入れる. 類 **enmarcar**. ❷ を四角にする, 四角に区切る. 類 **cuadrar**. ❸ (紙などに)方眼[碁盤目]を引く. 類 **cuadrar, cuadricular**.

recuadro [r̃ekuáðro] 男 ❶ (*a*) (壁などの)四角に区切り. (*b*) 枠, 額縁. — ~ del mirador 出窓の枠. ❷ (*a*) (新聞などの)囲み記事. (*b*) (強調のための)四角い囲み.

recubrimiento [r̃ekuβrimiénto] 男 ❶ 重ね塗り, 上塗り, コーティング. 類 **revestimiento**. ❷ 上塗り剤; 被膜. — ~ anticorrosivo さび止め[防錆(ぼうせい)]剤.

recubrir [r̃ekuβrír] [3.1] 他 ❶ を覆う, 包む, 包み隠す. — Una capa de polvo *recubría* el suelo. 積もった塵(ちり)が地面を覆い隠していた. ❷『+con/de』を…で覆う, …の表面を覆う, を…の表面にすき間なく塗る. — Han *recubierto* el tubo *con* una capa anticorrosiva. 彼らはチューブをさび止めの膜で覆った. ❸ (建物の)屋根を修復する. 類 **retejar**.

recuelo [r̃ekuélo] 男 ❶ (漂白用の)強い灰汁(あく). ❷ 二番煎(せん)じの(薄い)コーヒー. (= café de recuelo)

recuent- [r̃ekuént-] 動 recontar の直・現在, 接・現在, 命令・2 単.

recuento [r̃ekuénto] 男 ❶ 勘定, (全部の)数え上げ. — Cerrados los colegios electorales, se procedió el ~ de votos. 投票所が閉まり, 票の勘定[開票]が行なわれた. ❷ 財産目録; 在庫目録. — hacer el ~ de las existencias 在庫目録を作る. 類 **inventario**. ❸ (倉庫などの)内容検査. 類 **arqueo**. ❹ 数え直し.

recuerd- [r̃ekuérð-] 動 recordar の直・現在, 接・現在, 命令・2 単.

‡‡**recuerdo** [r̃ekuérðo レクエルド] 男 ❶ 思い出, 回想, 記憶. — Sólo conserva un confuso ~ de su madre. 彼は母親のぼんやりとした思い出をもっているにすぎない. Esta foto me trae a la memoria gratos ~s de mi estancia en Japón. この写真を見ていると日本にいた頃の楽しい思い出がよみがえる. contar los ~s 思い出話をする. Guardo un feliz ~ de mi vida de estudiante. 私は学生時代を楽しく思い出す. Me llevo un buen ~ de España. 私はスペインのことをよく覚えている. 類 **memoria**. ❷ 記念(品), 思い出の品, 形見. — Este pendiente es un ~ de mi abuela. このペンダントは祖母の形見だ. ❸ 土産品. — He comprado esto como ~ de mi viaje a España. 私はスペイン旅行の土産としてこれを買った. ~s de Toledo トレドの土産. ❹ 複 よろしくというあいさつ. — ¡Adiós! R~s a tu mujer. さようなら. 奥さんによろしく. Cuando la veas dale ~s de mi parte. 彼女に会ったら私からよろしくと伝えておいて. Os manda muchos ~s para todos. 彼がみんなによろしく言っていたよ. 類 **saludo**.

recuest- [r̃ekuést-] 動 recostar の直・現在, 接・現在, 命令・2 単.

recuesto [r̃ekuésto] 男 坂, 斜面; 傾斜, 勾(こう)配. 類 **cuesta, pendiente, vertiente**.

reculada [r̃ekuláða] 女 ❶ 後退, (自動車などの)バック; 退却. ❷ 譲歩, 要求[主張]の取り下げ. ❸ (銃の)反動.

recular [r̃ekulár] 自 ❶ (*a*) (乗り物・人・動物などが)後退する, バックする. — Una ráfaga de viento le hizo ～ varios metros. 一陣の風が吹いてきて彼は何メートルかあとずさりしてしまった. (**b**) (軍隊などが)退却する. 類 **retroceder**. ❷《話, 比喩》譲歩する, 要求[主張]を引っこめる. —No es hombre que *recule* ante un pequeño problema. 彼は少しぐらい問題があるからといって引きさがるような男ではない. 類 **ceder, cejar, flaquear**.

recuperable [r̃ekuperáβle] 形 取り戻せる; 回復[回収]可能な.

recuperación [r̃ekuperaθjón] 女 ❶ (病気などからの)回復, (身体障害者などの)リハビリ; 意識[落ち着きなど]を取り戻すこと; (気持ちの)立ち直り. —El médico prevé una rápida ～. すぐに回復するだろうと医者は予想している. ❷ (損失, 損害の)回収, 復旧; 取り戻す[される]こと. ～ de cadáveres 遺体の収容. En dos días se llevó a cabo la ～ del territorio perdido. 二日間で失地の回復がなされた. En verano se hará la ～ de las clases perdidas. 休講になった授業の補講が夏に行なわれる予定である.

recuperador, dora [r̃ekuperaðór, ðóra] 形 取り戻す, 回復する; 回収する.
—— 名 取り戻す人; 回収者.
—— 男 (機械)復熱装置, 回収熱交換器.

recuperar [r̃ekuperár] 他 ❶ (失なった物, 健康などを取り戻す)を回復[回収]する. ～ la cartera robada 盗まれた財布を取り返す. ～ el aliento 元気を取り戻す. ～ el conocimiento 意識を回復する. ～ la energía 活力を取り戻す. ～ la salud 健康を回復する. ～ la vista 視力を回復する. *Ha recuperado* su tono frívolo y humorístico. 彼は持ち前の軽い滑稽(ﾉ)な調子を取り戻した. 類 **recobrar**. ❷ (損失などを)回収する, 償う. ～ las clases perdidas (休講になった授業の)補講を行なう. ～ el tiempo perdido 遅れを取り戻す. ❸ (工業)(廃物)を再生利用する; を再利用のために回収する. 類 **rescatar**.
—— **se** 再 (病気のあとが)回復する, 元気になる; 気分が良くなる. —Tarda en ～*se* de la pulmonía. 彼女が肺炎から回復するには時間がかかる. Aún no *se ha recuperado* del susto. 彼女はまだ驚きから醒(ﾅ)めていない. No logra ～*se* de la pérdida de su hijo. 彼女は息子の死から立ち直ることができない.

recuperativo, va [r̃ekuperatíβo, βa] 形 回復(のための).

recurrente [r̃ekur̃énte] 形 回帰性の; 周期的に繰り返す, 循環的な. —fiebre ～ 回帰熱. serie ～ 循環数列.
—— 男女 (法律)上訴人.

:**recurrir** [r̃ekur̃ír] [＜correr] 自 【＋a】 ❶ (**a**) (他人の助力・好意)に訴える, を当てにする. —Tuvo que ～ *a* un amigo para salir de aquel apuro. 彼はその苦境を脱出するのに友人の助力を求めなければならなかった. ❶ (普通でないもの)を用いる, に頼る. —*Recurre a* calmantes para poder conciliar el sueño. 彼は眠りにつくのに鎮静剤に頼っている. *Recurren a* la violencia para imponer sus creencias. 彼らは自分達の信条を押しつけるのに暴力を用いる. ❷ (病気が)ぶり返す, 再び悪化する. —Hay que curar la gripe por completo, pues es posible que *recurra*. 風邪は完治させねばならない, ぶり返すかもしれないから. ❸ 〖contra/de〗を不服として上告する.
—— 他 《司法》…に不服の申し立てをする, 上訴(告)する, 控訴する. ～ la sentencia 判決に不服の申し立てをする. ～ un decreto ante el Tribunal Constitucional 憲法裁判所に政令の審査を申し立てる.

recurso [r̃ekúrso] 男 ❶ 手段, 方法. —No hay otro [más] ～ que esperar. 待つ以外に方法がない. como [en] último ～ 最後の手段として. 類 **retroceder**. ❷ (**a**) (複)資源, 資力. —～s económicos 資金, 資力. ～s naturales 天然資源. ～s hidráulicos 水力資源. ～s humanos 人的資源. ～s forestales 森林資源. ～s petrolíferos 石油資源. ～s energéticos エネルギー資源. La familia está sin ～s. その家族には資力がない. No desistiré hasta agotar todos los ～s. 資力を使い果たすまで私は断念するつもりはない. (**b**) (情報)リソース. —～ del sistema システム・リソース. ～s externos アウトソーシング. ❸ (法律)上訴, 上告. —～ de apelación 控訴. ～ de casación 破棄申し立て.

recusación [r̃ekusaθjón] 女 ❶ 拒否, 拒絶. ❷ (司法)(裁判官などの)忌避.

recusante [r̃ekusánte] 形 頑(ｶﾞﾝ)強に拒絶する; 従順でない, 反抗的な.
—— 男女 ❶ 抵抗者, 拒否者, 反抗的な人. ❷ (司法)忌避者.

recusar [r̃ekusár] 他 ❶ を拒絶[拒否]する. 類 **negar, rehusar**. ❷ (司法)(裁判官・陪審員を)不適任として)忌避する.

:**red** [r̃é(ð)] 女 ❶ 網, ネット; 網製品. —～ de alambre 金網. ～ de araña クモの巣 (=telaraña). ～ barredera トロール網, 底引き網. ～ de tenis テニスのネット. ～ de pesca 漁網. En el tren puso el equipaje en la ～. 汽車に乗って彼は荷物を網棚に置いた. Llevaba el pelo recogido en una ～. 彼女はヘヤーネットをかぶっていた. 類 **malla**. ❷ 網状の組織, …網, ネット(ワーク); (店舗などの)チェーン. —～ de emisoras 放送網. ～ de espionaje スパイ(諜報)網. ～ de información 情報網. ～ de sucursales 支店網. ～ ferroviaria 鉄道網. ～ de ventas 販売網. ～ de área amplia [local] ワイド[ローカル]エリア・ネットワーク. ～ de computadoras コンピュータ・ネットワーク. ～ local ローカル・ネットワーク. Él dirige una ～ de restaurantes en esta región. 彼はこの地方でレストランのチェーンを経営している. 類 **cadena, organización**. ❸ わな, 計略; 誘惑. —caer en la ～ わなにはまる. Tendimos una ～ a los enemigos. 我々は敵にわなをしかけた. 類 **trampa**.

aprisionar a … en sus redes を虜にする, 丸め込む. Ella intentó *aprisionarlo en las redes* de sus encantos. 彼女は彼を自分の美しさの虜にしようとした.

echar [*tender*] *las redes* (1) 漁網を仕掛ける, 網を打つ. (2) 準備する, 対策を立てる.

:**redacción** [r̃eðakθjón] 女 ❶ 書くこと, 文章作成の起草. —La ～ del decreto ha llevado varios meses. その法令の起草には何か月もかかった. No sabe cómo empezar la ～ de la carta. 彼は手紙の書き始め方を知らない. ❷ 作文. —Tenemos que presentar una ～ sobre Goya. 私たちはゴヤについての作文を提出しなければいけない. ❸ (**a**) 編集. —～ de una revista 雑誌の編集.

(b)〖集合的に〗編集者; 編集部〔室〕.

redactar [r̃eðaktár] 他 ❶ を文章化する, 書き上げる, 作文する. — ~ una conferencia講演を文章化する. ❷ を編集する. — ~ las noticias deportivas スポーツ・ニュースを編集する. ~ un diccionario 辞典を編集する.
— 自 文章を書く.

redactor, tora [r̃eðaktór, tóra] 名 ❶ (a) 編集者; 校訂者. — ~ (en) jefe 編集長. (b) (新聞, 雑誌の)主筆. ❷ (a) 書き手, 筆記者. — ~ de textos publicitarios コピーライター. (b) 作家, 文筆家.

redada [r̃eðáða] 女 ❶ 網を投げること. ❷ (a) 一網にかかった[一度に捕えられた]魚・動物など, 獲物. (b) 《比喩, 話》一網打尽にされた人たち(特に犯罪者). — Cogieron una ~ de ladrones. 泥棒たちが一斉に捕まった. ❸ 《比喩, 話》(警察の)手入れ, 一斉検挙. — La policía ha realizado una ~ para limpiar el barrio de delincuentes. 警察はその地区から犯罪者を一掃するために手入れを行なった.

redaño [r̃eðáɲo] 男 ❶〖解剖〗腸間膜. ♦2枚の腹膜が合わさって腸を包んでいる膜. ❷《比喩》 複 勇気, 度胸; 元気. 類 **brío, fuerza, valor**.

redargüir [r̃eðarɣwír] [11.1]〖ただし, アクセントのかかった í の前で u を ü とつづる〗他 (他人の意見, 議論に)反論する; (議論, 行為を)非難する, 論難する, 無効だと主張する.

redecir [r̃eðeθír] [10.11] 他 (同じ事を)何度も[しつこく]言う, 言い張る. — No tienes excusa: te lo dije y te lo redije. 君は弁解できない. あれほど私は君に念を押しておいたのだから.

rededor [r̃eðeðór] 男 周辺, あたり〖通例, 次の成句で〗.
al [**en**] **rededor** (**de** ...) (…の)周囲に, まわりに. 類 **alrededor**.

redención [r̃eðenθjón] 女 ❶ (a) (身の代金などによる)身請け, 救出. (b)《カトリック》(キリストの犠牲による)人間の罪のあがない, 贖罪(ｼｮｸｻﾞｲ). ❷〖法律〗買い戻し, (抵当物件の)請け出し, 質請け.

redentor, tora [r̃eðentór, tóra] 形 ❶ 買い戻す, 買い戻しの[請け出しの]. ❷ 贖罪(ｼｮｸｻﾞｲ)の.
— 名 買い戻す人; 質受け人, 身請け人.
El Redentor 救世主イエス・キリスト.
meterse a redentor 出しゃばって仲裁[調停]役を買って出る. Eso te pasa por *meterte a redentor*. 出しゃばるから君はそういう目にあうのだ.

redescuento [r̃eðeskwénto] 男《商業》再割引.

redicho, cha [r̃eðítʃo, tʃa] 過分〈 redecir〉形 ❶ 話し方が気取った, きざな; 大げさな; 学者ぶった. 類 **pedante**. ❷ (a) (話が)繰り返された, たびたびの. (b) (特に格言などが)陳腐な, 言い古された.

¡rediez! [r̃eðjéθ] 間 おやまあ!, なんとまあ!

redil [r̃eðíl] 男 (家畜を入れておく)囲い場, 羊小屋.

redimible [r̃eðimíβle] 形 ❶ 買い戻し[質受け]できる; 取り戻せる. ❷ 救済できる; 償い得る.

*****redimir** [r̃eðimír] 他 ❶〖+de〗…から(人)を免れさす, 自由にする, **解放する**. — Esa familia redimió a los huérfanos de la pobreza. その家族は孤児達を貧困から解放した. ❷ を(金を払って)救い出す, 救出する, 請け戻す. — ~ a los esclavos 奴隷を解放する[請け戻す]. 類 **libertar, manumitir**.

❸《経済》〖+de〗を(質・抵当)から請け戻す, 買い戻す. — ~ la casa de la hipoteca 抵当から家を買い戻す. ❹ (苦しみ・痛みなど)を終わらせる. — Redimió el dolor del muslo con unos masajes. 彼はマッサージで腿(もも)の痛みを取った. ❺《カトリック》を救済する. — Jesucristo redimió con su muerte a los hombres. キリストは自らの死で人間を救済した.

— se 再 ❶〖+de〗を免れる, …から自由の身となる. — ~se de l cautiverio pagando una elevada suma 大金を払って捕虜の状態から自由の身となる. Se redimió de sus deudas trabajando mucho. 彼はたくさん働いて借金から解放された. ❷ 逆境に打ち勝つ, 逆境を克服する, 立ち直る.

redingote [r̃eðiŋɡóte] 〈仏<英 riding coat〉男 ❶〖服飾〗(昔の)乗馬用コート, フロックコート. ❷〖服飾〗(胴をしぼった)女性用コート.

rédito [r̃éðito] 男 利子. —a ~ 利子付きで. — ~s de los ~s 複利. 類 **interés, renta**. ❷ 利益. 類 **beneficio, ganancia, rendimiento**.

redituar [r̃eðitwár] [1.6] 他 (利子・利益などを)生む, もたらす. 類 **rendir, rentar**.

redivivo, va [r̃eðiβíβo, βa] 形 ❶ 生き返った, 復活した. 類 **aparecido, resucitado**. ❷《比喩》(故人に)そっくりの, 生き写しの. — Sus andares son los de su padre ~. 彼の歩き方は彼の父親に生き写しだ.

redoblado, da [r̃eðoβláðo, ða] 過分 形 ❶ 増強[増大, 補強]された. ❷ (人が)がっちりした体格の, たくましい. 類 **robusto**.

redoblante [r̃eðoβláte] 男〖音楽〗❶ 中太鼓, テナー・ドラム(オーケストラや軍楽隊で用いる, 胴部が長く, 響(ひび)線のない太鼓). ❷ 中太鼓奏者, テナー・ドラム奏者.

redoblar [r̃eðoβlár] 他 ❶ を倍加[激増]する; 強化する. — ~ la atención より一層注意する. ~ el esfuezo 以前に倍する努力をする. ~ la guardia 警戒を強める. ❷ を折り曲げる, 折りたたむ; を二重にする. — ~ el borde de una tela 布地の端を折り曲げる. ❸ (話などを)繰り返す, 繰り返して言う. ❹ (打ち込んだ釘の先端を)打ち曲げて[つぶして]固定させる. — ~ el borde de un clavo 釘の頭を打ち曲げる.
— 自 太鼓を連打[ローリング]する.

redoble [r̃eðóβle] 男 ❶ 倍加, 増大, 強化. ❷ 繰り返し. ❸ 太鼓の連打, ドラム・ローリング.

redoblón [r̃eðoβlón] 男 ❶ リベット(先端をつぶして固定する鋲(ビョウ)). ❷ 丸瓦(ガワラ).

redoma [r̃eðóma] 女 (実験用の)フラスコ. 類 **frasco, garrafa**.

redomado, da [r̃eðomáðo, ða] 形 ❶ ずるい, 狡猾(ｺｳｶﾂ)な. — A ese ~ tramposo le van a dar algún día su merecido. あのずる賢いいかさま師はいつか仕返しされるだろう. 類 **astuto, cauteloso, sagaz, taimado**. 反 **ingenuo**. ❷ (性格の悪い人を表す名詞に付いて)全くの, 徹底的な. — pillo [granuja] ~ 根っからのいたずら者[不良].

redomón, mona [r̃eðomón, móna] 形 ❶〖南米〗(馬が)良く調教されていない, 不馴れな. ❷〖チリ, メキシコ〗(人が)不馴れな, 未熟な. ❸〖メキシコ〗田舎の, 田舎風の.

redonda [r̃eðónda] 女 → redondo.

redondamente [r̃eðóndaménte] 副 ❶ 丸く;

輪[車座]になって. ❷ 無条件に, 絶対的に; 明確に. 類 **categóricamente, claramente**.

redondear [r̄eðondeár] 他 ❶ を丸くする, 円形[状]にする. ❷ (数)を丸める, (特に端数を切り捨てて)概数にする. —Te lo compro si *redondeas* el precio en un millón. 君が値段を100万に負けてくれたらそれを買おう. ❸ (衣服の裾(を)や丈(信))をそろえる. —... los bajos 裾をそろえる. ❹ (仕事など)を完全に終える, 満足の行くしかたで終える; …の負債を完済する. —Con un coñac *redondearemos* la comida. 食事の仕上げにコニャックを飲もう. ❺ を増やす, 広げる. —Hace trabajos particulares para ~ el presupuesto. 彼女は家計の足しに内職をしている.

— **se** 再 ❶ 丸くなる. ❷ 財産を得る, 裕福になる. —*Se ha redondeado* en la bolsa especulando con acciones. 彼は株の投機をしてひと財産作った. ❸ 借金などを完済する.

redondel [r̄eðondél] 男 ❶ 丸, 円, 丸い物. 類 **círculo, circunferencia**. ❷ (闘牛の)闘技場. 類 **arena, ruedo**. ❸ (衣服の)ケープ.

redondez [r̄eðondéθ] 女 ❶ 丸さ, 丸み, 円形. ❷ 弧. ❸ 球面. —en toda la ~ de la tierra 世界中に[で].

redondilla [r̄eðondíʎa] 女 ❶ 8音節の四行詩 (abbaと脚韻を踏む). ❷ 丸みを帯びた字体.
— 形 (文字が)丸みのある. —letra ~ 丸みを帯びた文字.

⁑redond*o, da* [r̄eðóndo, da レドンド, ダ] 形 ❶ 丸い, 円形の, 球形の. —mesa *redonda* 円卓. Las patas de la silla son *redondas*. その椅子の脚は丸い. ❷ 完全な, 完ぺきな, 申し分のない. —Todo le ha salido ~. すべてが彼にとってうまくいった. Ha sido un triunfo ~. それは完ぺきな勝利だった. Aquella inversión fue un negocio ~. その投資は申し分のない取引きだった. 類 **claro, completo, perfecto**. ❸ 端数のない, 端数を切り捨てた. —Lo dejamos en diez mil yenes ~s. それをきっちり1万円でさし上げます. Han sido veinte euros en números ~s. それは20ユーロきっかりだった. ❹ 明確な, きっぱりとした. —Su respuesta fue un "no" ~. 彼の答えはきっぱりとした「否」であった.
— 男 丸いもの, 円形のもの.
— 女 ❶ (広い)地域, 一帯; 周囲. —Es el labrador más rico de la *redonda*. 彼はその一帯で一番金持ちの農夫だ. ❷ 牧草地. ❸ 《活字》ローマン体. —letra *redonda* ローマン体の文字. ❹ 《音楽》全音符. 類 **semibreve**. ❺ 《海事》帆.

a la redonda 周囲に[で], 一帯に[で]. No se veía un árbol en muchos kilómetros *a la redonda*. 周囲何キロメートルにもわたって一本の木も見えなかった. Los gritos se oían a una milla *a la redonda*. 叫び声は1マイル先まで聞こえた. 類 **alrededor**.

caerse (en) redondo ばったりと倒れる, 突然くずれ落ちる. Paseando tranquilamente, el anciano *se cayó redondo*. その老人はゆっくりと散歩をしている途中ばったりと倒れた.

en redondo (1) ぐるっと1周, 円を描いて. El avión dio una vuelta *en redondo*. その飛行機は円を描いて1度旋回した. (2) きっぱりと. Se negó *en redondo* a colaborar. 彼は協力することをきっぱり断った.

redopelo [r̄eðopélo] 男 ❶ 《話》けんか, 口論, 大騒ぎ. ❷ 《次の成句で》.
a [al] redopelo 逆に; 逆なでに.
traer a redopelo a ... …にひどい仕打ちをする, …の気持ちを踏みにじる.

redrojo [r̄eðróxo] 男 ❶ 実りの遅い果実; しぼんだ果実; 摘み残されたブドウの房; 遅咲きの花. ❷ 《まれ》発育不良の[ひよわな]子供; 《軽蔑》ちび.

⁑reducción [r̄eðukθjón] 女 ❶ 縮小, 減少, 削減. —~ de los gastos 経費の削減. ~ de personal 人員の削減. La recesión económica nos ha exigido una ~ de gastos. 景気の後退により経費の節約を余儀無くされた. ❷ 平定, 制圧, 鎮圧. —Por fin se logró la ~ de los sublevados. ついに反乱者が鎮圧された. ❸ 《歴史》レドゥクシオン(植民地時代にインディオへの布教を目的に新大陸に聖職者たちが建設した村落). ❹ 《数学》約分, 換算. ❺ 《化学》還元法. 《論理学》還元. —~ al absurdo 背理法. ❻ 《医学》整復(法).

reducible [r̄eðuθíβle] 形 ❶ [+a/en] …に縮小[変形]できる, 減らせる, 下げられる. ❷ 《数学》約分できる; 変換できる. ❸ 《化学》還元できる. ❹ 《医学》骨折・脱臼などが整復できる.

⁑reducid*o, da* [r̄eðuθíðo, ða] 過分 形 ❶ 縮小された, 削減された. —El presupuesto ha quedado ~ casi a la mitad. 予算はほぼ半分に削減された. Haga unas copias de tamaño ~. 縮小サイズのコピーを何枚かとって下さい. ❷ 限られた, 少い, 小さい. —Tiene un sueldo muy ~. 彼はとても少ない給料をもらっている. Viven en una casa *reducida*. 彼らは小さい家に住んでいる. precio ~ 廉価. tarifa *reducida* 低価格. 類 **escaso, limitado, pequeño**. 反 **amplio, grande**.

⁑reducir [r̄eðuθír] [9.3] 他 ❶ を減らす, 弱める, 下げる; 小さくする. —~ el volumen de una radio ラジオのボリュームを下げる. ~ los gastos en un cincuenta por ciento 50% 出費を抑える. ~ una fotografía 写真を縮小する. 類 **disminuir**. 反 **ampliar**. ❷ [+a/en] …に(物)を変形させる; …に仕向ける. El terremoto *redujo* la ciudad *a* ruinas. 地震が都市を廃墟に変えた. ❸ [+a] …の状態に追いやる, 説得する. —Le *redujeron* a que saliera del país. 彼は出国するように説得された. *Redujimos* a los rebeldes *a* obediencia. 我々は反乱者を服従させた. ❹ を短くする, 短縮する, 簡略化する. —Nos han dado sólo un cuarto de hora. Hay que ~ el programa. 我々は15分しかもらえなかった. 番組を短縮せねばならない. *Redujo* la extensa conferencia para publicarla en el periódico. 彼は長い講演内容を新聞に発表するために要約した. ❺ を(命令・指示に)従わせる, 服従させる; を鎮圧する. —El ejército ha *reducido* la rebelión. 軍隊は反乱を鎮圧した. ❻ 《数学》(*a*) (方程式)を最も簡単な形で表す, 通分する, 約分する. —~ quebrados a un común denominador 分数を通分する. (*b*) (ある数値)を別の単位で表す, 換算する. —~ metros a milímetros メートルをミリメートルに換算する. ❼ を減速させる, 減衰させる, (車)のギア・チェンジをする. ❽ 《医学》を整復する, 接骨する. ❾ 《物理学》を液化する, 気化する; 固体化する. ❿ 《化学》を還元する. ⓫ 《化学》(原子・イオン)に電子を帯びさせる.

—— 自 《自動車》ギアを落とす.

—— se 再 ❶ [+a] …に帰する, 最終的に…になる. —La casa *se redujo a* cenizas. 家は灰塵(はい)に帰した. Todo *se redujo a* una simple discusión. 全ては結局単純な口論に行きついた. Los principios fundamentales de esta ley *se reducen a* dos. この法律の基本原則は2つにまとめられる. ❷ [+a+不定詞] …するに止める, …だけにする. —*Redúcete a* asistir y no hagas ningún comentario. 出席するだけにして, 何もコメント口に出すなよ. ❸ [+en] を節約する. —Tienes que ~*te en* tus gastos. 君は出費を切り詰めなくてはいけないよ. ❹ 液化する, 気化する; 固体化する.

reductible [r̃eðuktíβle] 形 = reducible.

reduj- [r̃eðux-] 動 reducir の直・完了過去, 接・過去.

reduje [r̃eðúxe] 他 reducir の直説法完了過去1人称単数形.

redundancia [r̃eðundánθia] 女 ❶ 余分, 過多. 類 **abundancia, demasía, exceso, sobra**. ❷ (不要な)繰り返し, 重複, 冗語 ("subir arriba" 「上に昇る」など). 類 **reiteración, superfluidad**. ❸ 《コンピュータ》冗長(度).

redundante [r̃eðundánte] 形 余分の, 多過ぎる; 重複した.

redundar [r̃eðundár] 自 ❶ (*a*) [+en] (場所・容器などが)…に満ちている, …でいっぱいである, …にあふれている. —Este libro *redunda en* citas. この本は引用だらけだ. (*b*) (特に液体が, 容器から)あふれる. ❷ [+en] (結果として誰かの利益または不利益)になる. —~ *en* beneficio [perjuicio] del pueblo general 大衆にとって有利[不利]となる.

reduplicación [r̃eðuplikaθión] 女 ❶ 倍加, 激増; 強化. —El atentado se perpetuó a pesar de la ~ de la vigilancia. 警戒を強めたにもかかわらず, テロ行為はいつまでも続いた. ❷ 《文法》畳音; 畳語. ❸ 反復.

reduplicado, da [r̃eðuplikáðo, ða] 形 ❶ 倍加[強化]された, 激増した. ❷ 《文法》畳音された.

reduplicar [r̃eðuplikár] [1.1] 他 ❶ を二重にする, 倍加[倍増]する. 類 **doblar, redoblar**. ❷ を強化する, 強烈にする. —Hemos de ~ los esfuerzos para conseguirlo. それを達成するために私たちは一層の努力をしなければならない.

reduzca(-) [r̃eðúθka(-)] 動 reducir の接・現在.

reduzco [r̃eðúθko] 動 reducir の直・現在・1単.

reedición [r̃eeðiθión] 女 再版, 重版, 復刻版; 再刊, 復刻.

reedificación [r̃eeðifikaθión] 女 ❶ 再建, 建て直し. 類 **reconstrucción**. ❷ 復興; 失ったものの挽回(ばん).

reedificar [r̃eeðifikár] [1.1] 他 ❶ を再建する, 建て直す. 類 **reconstruir, rehacer**. ❷ を復興する; を挽回(ばん)する.

reeditar [r̃eeðitár] 他 ❶ を増刷する, 再版[重版]する. 類 **reimprimir**. ❷ (絶版の本)を再刊する.

reeducación [r̃eeðukaθión] 女 ❶ 再教育, 再訓練. ❷ (病後の社会復帰のための)リハビリテーション, 機能回復訓練.

reeducar [r̃eeðukár] [1.1] 他 ❶ を再教育[再訓練]する. ❷ (身体障害者などに)機能回復訓練を施す, リハビリテーションを行う; (麻痺(ひ)した・または弱った身体器官)を再訓練する.

reelección [r̃eelekθión] 女 ❶ 再選, 再当選. ❷ 再選挙.

reelecto, ta [r̃eelékto, ta] 過分 (< reelegir) 〖この過去分詞形は形容詞用法にのみ用いられ, 複合時制を作る時は規則的な reelegido を用いる〗. —el presidente ~ del comité 再選された委員長. Le han *reelegido* presidente del comité. 彼が委員長に再選された.

—— 名 再選者.

reelegir [r̃eelexír] [6.2] 他 〖複合時制を作るときは 過分 reelegido, 形容詞用法では reelecto, ta〗 を再選する, 改選する.

reelegible [r̃eelixíβle] 形 再選しうる.

reembarcar [r̃eembarkár] [1.1] 他 (人)を再び乗船させる; (人・荷物)を再び乗せる, 再び積み込む; 積み替える.

—— se 再 再乗船する, (乗り物)に再び乗る.

reembarque [r̃eembárke] 男 積み替え.

reembolsable [r̃eembolsáβle] 形 払い戻し[償還]可能な, 払い戻すべき.

reembolsar [r̃eembolsár] 他 (費用・借金など)を払い戻す, 返済する; (債券など)を償還する. —Aún no me *han reembolsado* la cantidad que dejé en depósito. 私は預金したお金をまだ払い戻してもらっていない. 類 **devolver**.

—— 再 払い戻しを受ける. 類 **cobrar, recuperar**.

reembolso [r̃eembólso] 男 払い戻し(金), 返済(金); 償還(金).

a [*contra*] *reembolso* 代金着払いで.

reemplazable [r̃eemplaθáβle] 形 交換[交替]可能な.

reemplazante [r̃eemplaθánte] 男女 代理人, 身代わり; 補欠; 後任.

reemplazar [r̃eemplaθár] [1.3] 他 ❶ を取り替える, 交換する; [+con/por] を…と交替させる. —~ las pilas 電池を交換する. Me *reemplazaron por* Isabel en ese trabajo. 彼らは私の代わりにイサベルにその仕事をさせた. 類 **cambiar, suplir, sustituir**. ❷ (*a*) …に取って代わる, …の後を継ぐ. —El hijo mayor lo *ha reemplazado* en el cargo. 彼に代わって長男がその職に就いた. (*b*) …の代わり[代理]をする. —Descansa hoy que yo te *reemplazo*. 私が代わってあげるから今日は休みなさい.

reemplazo [r̃eemplaθo] 男 ❶ 取り換え(る[られる]こと), 置き換え, 交替. 類 **cambio, relevo, sustitución**. ❷ 《軍事》(*a*) (毎年の)新規徴兵. 類 **leva, quinta, reclutamiento**. (*b*) (まれ)補充兵.

de reemplazo 《軍事》(兵隊などが)予備役の, 待命中の.

reencarnación [r̃eeŋkarnaθión] 女 ❶ 生まれ変わること; (霊魂の)再受肉; 霊魂再来説. ❷ (ある人の)生まれ変わり, 化身, 再来.

reencarnar(se) [r̃eeŋkarnár(se)] 自(再) 生まれ変わる, (霊魂が)再び受肉する.

reencuadernar [r̃eeŋkuaðernár] 他 (本)を再び装丁する, 製本し直す.

reencuentro [r̃eeŋkuéntro] 男 ❶ 衝突. 類 **choque**. ❷ 《軍事》(小部隊の)小競り合い. ❸

reenganchar [r̃eeŋgantʃár] 他 《軍事》を(兵役終了時・終了後に)再入隊させる; (報奨金を出して)再召集する.
— se 再 再入隊する.
reenganche [r̃eeŋgántʃe] 男 《軍事》(兵の)再入隊, 再召集; 再入隊報奨金.
reensayo [r̃eensájo] 男 ❶ (機械などの)再試運転. ❷ (劇・音楽などの)再リハーサル.
reenviar [r̃eembjár] [1.5] 他 ❶ (郵便物など)を返送する, 送り返す. ❷ (郵便物など)を…に転送する〖+a〗.
reenvidar [r̃eembiðár] 他 (ゲームなどで, 賭(ゕ)け金)を増やす, さらに賭ける.
reenvite [r̃eembíte] 男 (ゲームなどで)賭(ゕ)け金を増やすこと, さらに賭けること.
reestrenar [r̃eestrenár] 他 (劇・映画など)を再上演[再上映]する.
reestreno [r̃eestréno] 男 (劇・映画などの)再上演, 再上映, リバイバル.
de reestreno (映画館が)再上映専門の.
reestructuración [r̃eestruktuɾaθjón] 女 ❶ 再組織, 再編成. ❷ (財政などの)再建. — ~ de la agricultura 農業の建て直し.
reestructurar [r̃eestruktuɾár] 他 ❶ を再編成[再構成]する, 組織し直す. ❷ (財政などの)を再建する.
reexaminación [r̃eeksaminaθjón] 女 再試験; 再検査, 再検討.
reexaminar [r̃eeksaminár] 他 を再試験する, 再検査[再検討]する.
reexpedir [r̃ee(k)speðír] [6.1] 他 (郵便物など)を転送する, 返送する. 類 **reenviar**.
reexportar [r̃ee(k)spoɾtáɾ] 他 を再輸出する.
Ref. a, Ref. 《略号》=referente a …に関して, の件.
refacción [r̃efakθjón] 女 ❶ 軽い食事. ❷ 修理, 修復. ❸ (商品の)おまけ. ❹ 《中南米》(農場などの)維持費, 経営費.
refajo [r̃efáxo] 男 《服飾》(昔の厚地の)ペチコート, アンダースカート; スカート.
refección [r̃efekθjón] 女 =refacción①, ②.
refectorio [r̃efektóɾjo] 男 (修道院・寄宿舎などの)食堂.

‡**referencia** [r̃efeɾénθja] 女 ❶ 言及; 関連(う け), 関係. —El primer ministro hizo ~ al estado de la economía. 首相は経済状況について言及した. Con ~ a su carta del cuatro del corriente …今月 4 日付けの貴書翰(ﾊﾟ)に関しましては…. ❷ 報告, 情報, 説明. —Comprobó en el ordenador la ~ que yo había dado. 彼は人が提供した情報をコンピュータで確認した. 類 **relato**. ❸ 参考, 参考文献, 出典. —No encuentro en esta página la explicación a que alude tu ~. 私は参考文献が示唆している説明をこのページに見つけることができない. ❹ 複 (身元や能力などの)保証書, 照会. —No piden ~s para trabajar en esa tienda. 君があの店で働くのには身元保証書が要求されない. Yo sólo lo conozco por tus ~s. 私は彼のことは君からの紹介によって知っているだけよ. 類 **informe**.

‡**referéndum, referendo** [r̃eféréndun, r̃eferéndo] 〖複referéndums〗 男 国民投票, 一般投票, レファレンダム. —convocar ~ 国民投票を実施する. someter a ~ 国民投票にかける.

‡**referente** [r̃efeɾénte] 形 〖+a〗…に関する. —Dio una conferencia ~ al estado actual de la política. 彼は政治の現状に関する講演を行った. — 男 《言語》指示物(ある語の意味が実際に指示するもの, 意味や語と対立する).

referible [r̃efeɾíβle] 形 〖+a〗…に帰する[関係づける・属するものとする]ことができる.

*‡**referido, da** [r̃efeɾíðo, ða] 過分 形 言及した, 参照した; 前述の.
— 男 《言語》指示対象.

‡*****referir** [r̃efeɾír レフェリル] [7] 他 ❶ を語る, 述べる, 説明する. —Refirió su aventura con todo detalle. 彼は自分の冒険を一部始終物語った. ❷〖+a〗を…に位置づける, 結びつける. —Refirieron el acontecimiento al mes de julio de 1936. 彼らはその出来事を1936 年 7 月に位置づけた. Ese historiador refiere el comienzo de la revolución al malestar social. その歴史学者は革命のきっかけを社会不安に関連づけている. ❸ を(読者に)参照させる. —Esta nota refiere al capítulo cuarto del libro. この注は同書の第 4 章に関するものである.
— **se** 再 〖+a〗 ❶ …のことを言う, を指す, …に言及する, 触れる. —No se refiere a mí, sino a ti. 彼は私のことを言っているのではなく, 君のことを言っているのだ. A ese problema se refiere el último capítulo. 最終章が扱っているのはその問題だ. Son unos episodios que se refieren a la Guerra Civil. それらは市民戦争に言及したエピソードだ. 類 **aludir, tratar**. ❷ …に関係する. —Es muy austero en lo que se refiere a comida. 彼は食べ物に関してはとても質素だ. 類 **afectar, concernir**.

refier- [r̃efjéɾ-] 動 referir の直・現在, 接・現在, 命令・2 単.

refilón [r̃efilón] 男 〖次の成句で〗
de refilón (1) ちらっと(見る), 軽くかすめて. Lo vi de refilón cuando salía. 彼は外を出る時に彼がちらっと見えた. La navaja le cortó de refilón. 彼はナイフでちょっとした切り傷を負った. (2) 斜めに, はすに. Le dio de refilón en la cara. 陽(ﾟ)が斜めに顔を照らしている. mirar a … de refilón (人)を横目で見る, 疑い[非難]の目で見る.

refinación [r̃efinaθjón] 女 ❶ 精練, 精製; 純化. ❷ 洗練; 優雅.

*‡**refinado, da** [r̃efináðo, ða] 過分 形 ❶ 洗練された, 上品な, あかぬけした. —estilo ~ 洗練された文体. Parece un hombre ~. 彼は品のいい男のように思える. Cenamos en uno de los restaurantes más ~s de la ciudad. 私たちは市内でも有数の高級レストランで夕食をした. 類 **distinguido, exquisito, fino**. 反 **basto, burdo, tosco**. ❷ 精製した, 精錬した. —azúcar ~ 精糖. Los aceites ~s han perdido parte de su sabor original. オリーブ精油は元の味わいの一部を失っている. ❸ 《時に皮肉》手の込んだ, 巧妙極まる. —Se inventa burlas refinadas. 彼は手の込んだ冗談を考える.
— 男 ❶ 精製, 精練. —Trabaja en una empresa dedicada al ~ del petróleo. 彼は石油精製の企業で働いている. ❷ 精製品. —~ petrolífero 石油精製品.

refinadura [r̃efinaðúɾa] 女 精製, 精練.

refinamiento [r̄efinamiénto] ❶ 洗練(されていること); 上品(さ), 優雅(さ). ❷ 入念, 配慮, 細心. 類**esmero**. ❸ 精巧な品装置, 設備. —El piso está equipado con todos los ~s modernos. そのマンションにはあらゆる最新設備が整っている. ❹ 念の入ったもの, …の極み. —Trataron a los prisioneros con cruel ~. 囚人たちはこの上なく残酷な扱いを受けた. ❺ 残忍, 無慈悲. 類**ensañamiento**.

‡**refinar** [r̄efinár] 〔<fino〕 他 ❶ を洗練する, 上品にする, …に磨きをかける. —La chica *refinó* sus modales. 娘は行儀を良くした. ❷ を精製する, 精錬する, …の不純物を除く. —En esta fábrica *refinan* azúcar. この工場では砂糖を精製している. ~ petróleo 石油を精製する. 類**acrisolar, depurar, purificar**.
— **se** 再 ❶ 上品になる, 洗練される, 行儀がよくなる. —El chico *se ha refinado* mucho en ese colegio. 子供はその学校でとても行儀がよくなった. 類**educarse, pulirse**. ❷ 精製される.

refinería [r̄efinería] 女 (石油・砂糖などの)精製所; 精錬所.

refino, na [r̄efíno, na] 形 上質の, 最高級の; 精製した, 高純度の.
— 男 (石油・金属などの)精製.

refir- [r̄efir-] 動 **referir** の直・完了過去, 接・現在/過去, 現在分詞.

reflectante [r̄eflektánte] 形 反射の, 反射する. 類**reflector**.

reflectar [r̄eflektár] 他 《物理》(光・熱など)を反射する, (音)を反響する.
— 自 《物理》(光・熱などが)反射する, (音が)反響する.

reflector, tora [r̄eflektór, tóra] 形 《物理》反射の, 反射する. —la superficie *reflectora* 反射面.
— 男 ❶ 反射器; 反射鏡; 反射望遠鏡. ❷ 映写機, プロジェクター. 類**proyector**. ❸ スポットライト. ❹ サーチライト.

‡**reflejar** [r̄eflexár] 他 ❶ を反射させる. —El cristal *refleja* la luz del sol. ガラスが陽光を反射している.
❷ を反映させる, 映し出す, 露(ﾛ)にする. —El lago *refleja* las montañas. 湖は山並みを映し出している. Las palabras y acciones *reflejan* el carácter. 人の言動には性格が反映するものだ.
❸ を表す, 表現する. —Su expresión *refleja* preocupación. 彼の表情は不安を表わしている. La novela *refleja* el ambiente medieval. その小説は中世の雰囲気を映し出している. 類**revelar**.
— **se** 再 ❶ 反射する. —La luz de la luna *se refleja* en el estanque. 月光が池に反射している.
❷ 映る, 反映する. —Las casas *se reflejan* en el río. 家並みが川面に映っている. La insatisfacción *se refleja* en su rostro. 不満がありありと顔面に出ている.

‡**reflejo, ja** [r̄efléxo, xa] 形 ❶ 反射した; 反映した. —onda *refleja* 反射波. La luz *refleja* de la piscina la iluminaba. プールの反射した光が彼女を照らしだしていた. 類**reflejado**. ❷ 反射的な, 反射性の. —Al oír el disparo, me tapé los oídos en un movimiento ~. 発射音を聞くと, 私は反射的に耳をおおった. 類**automático, espontáneo, instintivo**. ❸ 《文法》再帰の. — oración pasiva *refleja* 再帰受動文. ❹ (痛みな

どが)患部とは違う部分に現れる. —El dolor de los dientes inferiores parece que sólo es ~. 下の前歯が痛いのは単に別の歯の炎症の飛び火である.
— 男 ❶ 反射光, きらめき. —El ~ del sol le cegó. 太陽の反射で彼は目がくらんだ. 類**destello**. ❷ (鏡などに写った)像, 映像, 影. —Observó el ~ de su rostro en el agua clara del río. 彼は川の澄んだ水に写した自分の顔を眺めた. 類**imagen**. ❸ 反映, 現れ. —Esas palabras son ~ de su ideología. そういう言葉は彼のイデオロギーの反映である. ❹ 反射作用, 反射運動. — ~ condicionado 条件反射. Apartar la mano del fuego es un ~. 手を火から引っこめるのは反射運動である. ❺ 複 反射神経, 運動神経. —Para conducir bien hay que tener buenos ~s. 上手な運転をするには良い反射神経が必要だ. ❻ 複 (髪の)メッシュ染め液. —El peluquero le puso ~s dorados. 美容師は彼女の髪を金色のメッシュに染めた.

‡**reflexión** [r̄efleksjón] 女 ❶ よく考えること, 熟考, 反省, 感想. —sin ~ よく考えずに. Esto me sirve de ~. これは反省の材料になる. ❷ 反射, 反映, 反射光. — ~ de la luz 光の反射現象. ❸ 映ったもの, 映像, (水などに映った)影; 生き写し. ❹ 意見, 忠告, 助言, アドバイス. —Mi profesor me hizo una ~ muy oportuna. 先生は私に大変適切なアドバイスをしてくれた. ❺ 《言語》再帰動詞の機能.

‡**reflexionar** [r̄efleksjonár] 自 [+sobre] …について省察する, 熟考する. —Ante aquella dificultad *reflexionó* seriamente. あの困難を前にして彼は真剣に考えた. *Reflexiona* sobre el asunto antes de tomar una decisión. その件についてよく考えなさい. 類**cavilar, filosofar, meditar**.

reflexivamente [r̄efleksíβaménte] 副 ❶ 熟考して, 反省的に; 思慮深く. ❷ 《文法》再帰的に; 再帰形で.

‡**reflexivo, va** [r̄efleksíβo, βa] 形 ❶ 《文法》再帰の. — pronombre ~ 再帰代名詞. verbo ~ 再帰動詞. ❷ 反省する, 熟考する, 思慮深い, 慎重な. ❸ 反射する.

reflorecer [r̄efloreθér] [9.1] 自 ❶ (花が)返り咲く. ❷ (一度衰えた物・人などが)隆盛を取り戻す, 返り咲く.

refluir [r̄efluír] [11.1] 自 ❶ 逆流する. ❷ [+en] (結果的に)…になる. 類**redundar, resultar**.

reflujo [r̄eflúxo] 男 引き潮.

refocilación [r̄efoθilaθjón] 女 大喜び, 大変な楽しみ; 下品な[粗野な, 不健康な]楽しみ.

refocilar [r̄efoθilár] 他 ❶ を下品に[粗野に]楽しませる. —*Refocilaba* a las vecinas contando chistes groseros. 彼は下品な笑い話をしては近所の女たちを楽しませていた. ❷ を元気付ける, 面白がらせる; を元気づける. 類**alegrar, recrear**.
— 自 《中南米》(稲妻が)光る.
— **se** 再 愉快に過ごす, (特に下品に)楽しむ. —Los soldados *se refocilaban* atormentando a los prisioneros. 兵士たちは捕虜を痛めつけて楽しんでいた.

refocilo [r̄efoθílo] 男 ❶ =refocilación. ❷ 《中南米》雷光, 稲妻.

reforma

:reforma [r̄efórma] 囡 ❶ 改革, 改善. — educativa 教育改革. Los obreros han agitado la opinión pública en favor de ~s sociales. 労働者は社会変革を求めて世論をかき立てた. ❷ 改装, 改築, リフォーム. — Van a cerrar la tienda por ~s. 改装のため店が閉まるでしょう. ❸ (la R~)〖歴史〗宗教改革(16世紀のヨーロッパで起こった宗教上の変革運動).

reformación [r̄eformaθjón] 囡 改正, 改革, 改善, 改良.

reformado, da [r̄eformáðo, ða] 圏 改革[改善]された; 変更[修正]された. — calendario ~ グレゴリオ暦. religión reformada《宗教》新教, プロテスタンティズム.
— 图《宗教》新教徒, プロテスタント.

*__reformador, dora__ [r̄eformaðór, ðóra] 图 改革者, 改革運動家, 改善者. — Lutero fue un ~ religioso. ルターは宗教の改革者である.
— 圏 改革[改善, 改良]の; 改革派の. — El comité no quiso tomar en consideración sus ideas reformadoras. 委員会は彼の改革的な構想を取り上げようとはしなかった.

:reformar [r̄eformár] 他 ❶ を改革する, 修正する, 改変する. — El matrimonio piensa ~ la casa. 夫婦は家を改修することを考えている. ~ la Constitución 憲法を改正する. ~ los estatutos de una empresa 会社の規約を改正する. 類 **modificar**. ❷ (人)を矯正[教化]する, 改めさせる. — El psicólogo ha logrado ~ el carácter de mi hijo. 心理学者は私の息子の性格を変えるのに成功した. Intenta ~ tus hábitos. 習慣を改めるよう努力してみなさい.
—se 再 ❶ (習慣・行動が)改まる, 変わる. — Se ha reformado tanto que parece otra persona. 彼は人格が大幅変わったので別人のようである. ❷ 改修される, 改正される.

reformatorio, ria [r̄eformatórjo, rja] 圏 ❶ 改良(改革)の(ための). ❷ 感化[矯正]の(ための).
— 男 少年院(= ~ de menores).

reformista [r̄eformísta] 圏 改革派の.
— 男女 改革家, 改革論者.

reforzado, da [r̄eforθáðo, ða] 圏 強化[補強]された; 増強された. — cristal ~ 強化ガラス. puerta reforzada 強化扉. cerradura reforzada 補強された錠前.

reforzador [r̄eforθaðór] 男 ❶《写真》補力液. ❷《電気》昇圧器.

:reforzar [r̄eforθár] [5.5]《<fuerza》他 ❶ を強化する, 強力にする. — El nuevo presidente ha reforzado los fundamentos económicos de la empresa. こんどの社長は会社の経済的土台を強化した. Las autoridades reforzaron la guardia del Palacio Real. 当局は王宮の警備を強化した. Reforzaron las puertas con placas de hierro. 金属板でドアが補強された. 類 **fortalecer**. ❷《写真》(ネガ)を補力する, …の明暗度を強める.
—se 再 強化される, 強くなる. — El equipo ha reforzado con la incorporación de Cardona. チームはカルドナの加入で強くなった.

refracción [r̄efrakθjón] 囡《物理》屈折(作用). — ángulo de ~ 屈折角. índice de ~ 屈折率. doble ~ 複屈折.

refractar [r̄efraktár] 他 を屈折させる.

refractario, ria [r̄efraktárjo, rja] 圏 ❶ (a) 耐熱性の, 耐火性の. — ladrillo ~ 耐火れんが. material ~ 耐熱材. vestiduras refractarias 耐火服. (b)〖+a〗(…に)抵抗力[耐性]がある; (病気に)かかりにくい. — Es ~ a la gripe: lleva años sin cogerla. 彼は風邪を引きにくい人だ. もう何年も引いていない. 類 **resistente**. ❷ (a) 強情な, 頑固な. (b)〖+a〗(習慣, 計画, 社会の変化, 意見などに)反抗する, 反対の. — Es ~ a cualquier cambio en la empresa. 彼は社内のいかなる変化にも反対している. (c)〖+a〗を受けつけない, (…)に不向きな. — Es refractaria a los deportes. 彼女はスポーツに向いていない.
— 男 耐火材.

refractivo, va [r̄efraktíβo, βa] 圏《物理》❶ 屈折の, 屈折による. ❷ 屈折力を有する.

refractor [r̄efraktór] 男 屈折望遠鏡.

:refrán [r̄efrán] 男 ことわざ(諺). — Como dice el ~: "Sobre gustos no hay nada escrito". よく言うでしょ,「たで食う虫も好きずき」って.

refranero [r̄efranéro] 男 ことわざ集.

refregamiento [r̄efreɣamjénto] 男 こすること, 摩擦. 類 **refregón, rascadura**.

refregar [r̄efreɣár] [4.4] 他 ❶ をこする, 摩擦する, 磨く. ❷《比喩, 話》(特に面と向かって, 人)を非難する, しつこくののしる;(人)にいやなことをし続けさせる.

refregón [r̄efreɣón] 男 ❶《話》こすること, 摩擦. 類 **refregamiento**. ❷《海事》突風. 類 **ráfaga**.

refreír [r̄efreír] [6.6] 他 ❶ を再び油で揚げる, 揚げ直す. ❷ を油で揚げ過ぎる.

refrenamiento [r̄efrenamjénto] 男 抑制, 制御; 自制.

refrenar [r̄efrenár] 他 ❶ を抑制する, 制御する;(感情などを)抑える. — ~ la depreciación del euro ユーロの下落を抑制する. Refrena tus nervios que el accidente carece de importancia. 気を落ち着けろ, 大した事故ではないのだから. ❷ (馬)を手綱で御する.
—se 再 自制する,(感情などを)控え目にする. — No pudo ~se y soltó una tremenda carcajada. 彼はこらえきれずに大笑いした.

refrendar [r̄efrendár] 他 ❶ (a) (旅券)を査証する, …に裏書きする. (b) (小切手, 書類などに)副署[連署]する. ❷ …の真正を証明する, を認証する. 類 **autorizar, confirmar, legalizar**. ❸ (意見など)に賛成する, を支持する. — En el plebiscito, el 80% del pueblo refrendó la Constitución. 国民投票では国民の80パーセントが憲法を支持した.

refrendario, ria [r̄efrendárjo, rja] 图 副署者; 査証人.

refrendo [r̄efréndo] 男 ❶ ビザ, 査証. 類 **visado**. ❷ 副署, 副署すること. ❸ 是認, 賛成, 支持. — La nueva Constitución será sometida a ~ popular. 新憲法は国民投票に付されることになる.

refrescante [r̄efreskánte] 圏 気持ちのいい, さわやかな, 爽(サワ)快にさせる. — bebida ~ 清涼飲料. brisa ~ さわやかな風.

:refrescar [r̄efreskár] [1.1] 他 ❶ を冷やす, 冷却する. — Abrió las ventanas para ~ la habitación. 部屋が涼しくなるように彼は窓を開けた. ❷

(感情・記憶)をよみがえらせる, 新たにする. ~Tendrás que ~le la memoria para que te pague. 君にお金を返すように彼に思い出させないとだめだよ. Al volver a visitar Madrid, tuve que ~ mis conocimientos de español. 私はマドリードを再訪するに当たってスペイン語の知識を思い出さなばならなかった.

── 自 ❶ (温度が)下がる. —Ha refrescado la noche. 夜になって気温が下がった. Ya empieza a ~ por las tardes. そろそろ夕方は涼しくなってきている. ❷ 冷たいものを飲む, 体を冷やす. —Han entrado en el bar a ~. 彼らは冷たいものを飲みにバーへ入った. ❸ 元気になる, 気分が爽快になる. —Vamos a descansar un rato para ~. さあ, 少し休んで元気を取り戻そう.

── se 再 ❶ 冷える, 涼しくなる. —Con el aire acondicionado se ha refrescado la habitación. 冷房で部屋は涼しくなった. Pusieron la sandía en el río para que se refrescara. 彼らはスイカが冷えるように川の水につけた. ❷ 体を冷やす, 冷たい物を飲む, 涼む. —Con una horchata te refrescarás. オルチャータを一杯飲めば涼しくなるよ. Ha ido a darse un baño para ~se. 彼は涼を取るために水浴びをしに行った. ❸ 元気を取り戻す, 元気になる. —Los alpinistas descansaron para ~se. 登山家たちは元気を取り戻すために休息をとった.

:**refresco** [frésko] 男 ❶ **清涼飲料水**, ソフトドリンク. —Quiero tomar un ~ de naranja. 冷たいオレンジジュースがほしい. ❷ (軽い)飲食物.
de refresco 《比喩》新しい, 増援の, 加勢の.

refresquería [freskería] 女 【中南米】(駅などの)食堂, 売店.

refriega [friéɣa] 女 ❶ 小競り合い, (あまり大きくない)乱闘. ❷ いさかい, 口論.

***refrigeración** [frixeraθjón] 女 ❶ 冷却, 冷蔵, 冷房. —motor con ~ por aire [agua] 空[水]冷エンジン. Los plátanos se conservan en ~ hasta que maduran. バナナは熟すまで冷蔵される. Es excesiva la ~ en el tren. 電車の冷房は効きすぎだ. ❷ 冷房装置, 冷却装置. —En estas oficinas no hay ~. このオフィスには冷房装置が無い.

refrigerado, da [frixeráðo, ða] 形 ❶ 冷えた; 冷やした. —El pescado ~ se puede conservar varios días. 冷やした魚は何日も取っておける. ❷ 冷房装置つきの(部屋など). —El restaurante no estaba ~ y nos asfixiábamos. そのレストランには冷房がなく, 私たちは息が詰まりそうだった. 類 climatizado.

:**refrigerador, dora** [frixeraðór, ðóra] 形 冷蔵(用)の, 冷却(用)の.
── 男 ❶ 冷蔵庫 (=nevera, frigorífico). —En el ~ no hay casi nada de comida. 冷蔵庫にはほとんど食料が残っていない. Manténgase en el ~. 要冷蔵. ❷ (機械)冷却装置.
── 女 【中南米】冷蔵庫.

refrigeradora [frixeraðóra] 女 →refrigerador.

refrigerante [frixeránte] 形 冷却する.
── 男 ❶ 冷却剤. ❷ 冷却(用容)器; 凝縮器.

***refrigerar** [frixerár] 他 を(機械を用いて人工的に)冷やす, **冷却する**, 冷蔵する. —Un aparato de aire acondicionado *refrigera* la sala. 空調は部屋を冷房している. 類 refrescar.

── se 再 ❶ (部屋・家が)冷える. ❷ 元気を取戻す.

refrigerio [frixérjo] 男 ❶ (主に食間の, 元気回復のための)軽食, 間食. —A las cinco nos sirvieron un ~. 5時になると私たちに間食を出してくれた. 類 **merienda**. ❷ 落ち着き, 安心, 安らぎ. —Tus palabras fueron para mí un ~. 君の言葉は私を安心させてくれた.

refringente [frinxénte] 形 屈折する, 屈折性の. 類 **refractivo**.

refrito, ta [frito, ta] 過分 [<refreír] 形 ❶ 炒(ﾀ)めた. ❷ (油で)揚げ直した; 揚げ過ぎた.
── 男 ❶ 炒(ﾀ)め物. —~ de cebolla, ajo y tomate タマネギとニンニクとトマトの炒め物. ❷ (文学作品などの)作り直し, 焼き直し.

:**refuerzo** [fwérθo] 男 ❶ 補強(材), 強化. —~ de bambú [植物用の]竹の支柱. Consolidaron los muros de la iglesia con ~s exteriores. 教会の壁は外側の補強材で補強された. ❷ 複 《軍事》増援, 加勢; 援軍, 増援隊. —La población sitiada esperaba ansiosamente la llegada de ~. 包囲された町は援軍の到着を今か今かと待っていた. ❸《服飾》へりかがり; 当て布(衣服の縁かがり).

refugiado, da [fuxjáðo, ða] 過分 形 亡命した, 避難した.
── 名 亡命者, 避難民, 難民. —~ político 政治亡命者. campo de ~ 難民キャンプ.

:**refugiar** [fuxjár] 他 をかくまう, 隠す, 保護する. —*Refugió* en su casa a unos ladrones perseguidos por la policía. 彼は警察に追われていた泥棒数人を家にかくまった.
── se 再 助力・保護・慰めを求める, **避難する**, 亡命する;〖+de〗を避ける. —Se *refugió* en México durante treinta años. 彼は30年間メキシコに亡命した. ~*se* de la lluvia bajo los soportales de la plaza 広場のアーケードで雨をよける. Muchas personas *se refugiaban* en los sótanos de las casas durante los bombardeos. 空爆の間, 多くの人が家の地下室に避難していた.

:**refugio** [fúxjo] 男 ❶ **避難, 保護**; 避難所, 逃げ場, 隠れ場所. —dar ~ a un fugitivo 逃亡者をかくまう. ❷ 頼みとなる物[人], 頼み, 心の支え. —En aquellos días tan penosos, la amistad de Rafael fue un ~ para mí. つらかったあの当時, ラファエルの友情は私にとって心の支えだった. ❸ 隠れ家, アジト.
refugio atómico [*nuclear*] 核シェルター.

refulgencia [fulxénθja] 女 輝き, 光彩.

refulgente [fulxénte] 形 輝く, (きらきら)光る.

refulgir [fulxír] [3.6] 自 輝く, 光る, きらめく. 類 **brillar, relucir, resplandecer**.

refundición [fundiθjón] 女 ❶ 鋳(ﾁ)直し. ❷ 改作(物), 翻案(物), 脚色(作品). ❸ 統合, 併合.

refundidor, dora [fundiðór, ðóra] 名 脚色者, 翻案者, 改訂者.

refundir [fundír] 他 ❶ (金属)を鋳直す. ❷《比喩》(文学作品など)を脚色する, 改作する; を書き直す. —*Refunde* su primera comedia para adaptarla a los nuevos tiempos. 新しい時代に合わせて, 自分の最初の喜劇を書き直している. ❸

1628 refunfuñar

《比喩》を統合する, 併合する. ― ~ varias empresas en una いくつかの会社をひとつに併合する. 類**comprender, incluir**. ❹〖中米〗紛失する, 置き忘れる. 類**extraviar, perder**.

refunfuñar [r̄efumfuɲár] 自 (低い, 聞き取りにくい声で)不平[愚痴]を言う, ぶつぶつ言う. 類**gruñir, rezongar**.

refunfuño [r̄efumfúɲo] 男 不平, 不満の声, 愚痴.

refunfuñón, ñona [r̄efumfuɲón, ɲóna] 形 気むずかしい, 不機嫌な, 不平家の.
―― 名 ぶつぶつ不平を言う人, 不平家.

refutable [r̄efutáβle] 形 反論[論駁(ばく)]しうる, 論破可能な. ― Su teoría es fácilmente ~. 彼の理論は簡単に論破できる.

refutación [r̄efutaθjón] 女 反論, 論駁(ばく), 論破. 類**objeción, rebatimiento**.

refutar [r̄efutár] 他 を論破する; …に反駁(ばく)する. ― ~ una teoría con hechos [razones] 事実を引いて[理由をつけて]ある理論を論破する. Con argumentos irrebatibles *refutó* mi teoría. 彼女は論破できない論法で私の理論を反駁した.

regadera [r̄eɣaðéra] 女 ❶ じょうろ; スプリンクラー. ❷ 灌漑(がい)用水路. ❸〖中南米〗シャワー. 類**ducha**.
estar como una regadera 《比喩, 話》気が違っている.

regadío, a [r̄eɣaðío, a] 形 灌漑(がい)できる(土地が).
―― 男 灌漑; 灌漑地. ― cultivo de ~ 灌漑農業. tierra de ~ 灌漑地.

regadizo, za [r̄eɣaðíθo, θa] 形 灌漑(がい)できる(土地が).

regador, dora [r̄eɣaðór, ðóra] 名 散水する人; 灌漑(がい)する人.
―― 男 〖中南米〗じょうろ.

regadura [r̄eɣaðúra] 女 ❶ 灌漑(がい). ❷ 散水, 水まき.

regala [r̄eɣála] 女 《船舶》船縁(ぶち), 舷縁(げん), ガンネル.

regaladamente [r̄eɣaláðamente] 副 ❶ 快適に, 心地よく, 安楽に. ❷ ぜいたくに, 優雅に.

regalado, da [r̄eɣaláðo, ða] 過分 贈られた, もらった. ― A caballo ~ no hay que mirarle el diente. 〖諺〗もらい物に文句を言うな〈←もらった馬の歯を見てはいけない〉. No lo quieren ni ~. そんな物はただでもらってもいやだ. Me vendió el coche a un precio ~. 彼は車をただ同然で私に売ってくれた.
―― 形 ❶ 安楽な, 気楽な; 安逸な. ― Ella disfrutaba en su casa de una existencia *regalada* y feliz. 彼女は幸せで気楽な生活を自分の家で享受していた. 類**agradable, cómodo, placentero**. ❷ 極端に安い, 大安売りの. ― Esta blusa estaba *regalada*. このブラウスはばかに安かった. 類**barato**. ❸ 美味な, 柔らかい. ― Estas pechugas son tiernas y *regaladas*. このささみはたいへんてうまい. 類**delicado, exquisito, tierno**.

regalar [r̄eɣalár] 他 ❶ を贈る, プレゼントする. ― Me *regaló* un reloj de pulsera por mi cumpleaños. 彼は私の誕生日を祝って腕時計をプレゼントしてくれた. 類**obsequiar**. ❷ を喜ばせる, 楽しませる; もてなす, 歓待する. ― Nos *regalaron* con una divertida fiesta. 彼らは楽しいパーティーで我々を楽しませてくれた. Le *regalaba* los oídos con palabras amorosas. 彼は愛の言葉を彼女の耳にささやいていた. 類**agradar, deleitar, halagar**. ❸ を安売りする. ― En esta tienda *regalan* bolsos. この店ではハンドバッグを安売りしている.
―― *se* 再 喜ぶ, 楽しむ. ― La chica *se regalaba* con la lectura de obras de arte. 少女は芸術作品を読んで楽しんでいた. Me gusta ~*me* con un buen vaso de whisky. 私はウイスキーを一杯やるのが好きだ.

regalía [r̄eɣalía] 女 ❶〖歴史〗王の特権; (一般に, 官職や身分などによる)特権; 特典. ❷ 圏 特別手当て, 臨時手当て. ❸〖中南米〗贈り物.
derecho de regalía タバコ輸入税.
tabaco de regalía 最高級タバコ.

regalismo [r̄eɣalísmo] 男 (国王の教会支配を認める)帝王教権主義.

regaliz [r̄eɣalíθ] 男 ❶〖植物〗カンゾウ(マメ科の多年草). 類**orozuz**. ❷ カンゾウの根; そのエキス (薬用, 甘味料).

regaliza [r̄eɣalíθa] 女 →regaliz.

**regalo [r̄eɣálo レガロ] 男 ❶ 贈り物, プレゼント, おまけ, 土産. ― cumpleaños 誕生日のプレゼント. hacer un ~ a ... …に贈り物をする. Muchas gracias por el bonito ~ de Navidad. すばらしいクリスマスの贈り物ありがとうございました. Esto (es) de ~. これはサービスします(= 無料です). Compró muchos ~*s* en su viaje. 彼は旅行でみやげ物をたくさん買った. ❷ 楽しみ, 心地よいこと[もの], 安楽, 快適. ❸ ごちそう, 珍味.

regalón, lona [r̄eɣalón, lóna] 形《話》❶ 甘やかされた, (性格などが)柔弱な. ❷ (生活などが)安楽な, ぜいたくざんまいの. ― Siempre ha llevado una vida *regalona*. 彼は常にぜいたくな暮らしを送ってきた.
―― 名 甘やかされた人, ぜいたく好きの人.

regañadientes [r̄eɣaɲaðjéntes] 〖次の成句で〗
a regañadientes いやいやながら, しぶしぶ.

regañado, da [r̄eɣaɲáðo, ða] 形 [+con] (…と)不和の, 争っている. ― Está ~ *con* su novia. 彼は恋人と仲たがいしている.
boca regañada 口唇裂, 三つ口.
ojo regañado (奇形で)完全に閉じない目.

:regañar [r̄eɣaɲár] 他 …に注意を喚起する, を叱る. ― El profesor *regañó* al alumno por llegar tarde a la escuela. 先生は生徒が学校に遅刻したので彼を叱った. 類**increpar, recriminar, reñir, reprender**.
―― 自 ❶ 言い争う, 口論する, 口げんかをする. ― Los vecinos de arriba están de nuevo *regañando*. 上の階の住人がまた言い争いをしている. ❷ [+con と] 絶交する, 縁を切る. ― El chico ha *regañado con* su padre. 青年は父親と親子の縁を切った. ❸ 腹を立てる, 怒る, 文句を言う. ― Deja ya de ~ y vete a dormir. ぶつぶつ言うのはもうやめていいかげんに寝なさい. 類**gruñir**.

regañina [r̄eɣaɲína] 女 ❶ 叱りつけ, 叱責(しっせき), 小言. 類**reprensión, reprimenda**. ❷ けんか, 口論.

regaño [r̄eɣáɲo] 男 ❶ 叱責(しっせき), 叱りつけ. 類**reprensión**. ❷ (*a*) 不平, 不満の声. (*b*) しかめっつら, しぶい顔.

regañón, ñona [r̃eɣaɲón, ɲóna] 形《話》怒りっぽい, 不平家の, 気難しい. —viejo ~ うるさい年寄り.

viento regañón 北西の風.

— 名 不平家, 気難し屋.

:regar [r̃eɣár] [4.4] 他 ❶ …に水をやる, 灌漑(ホムム)する, 散水する. —Acuérdate de ~ las plantas todos los días. 毎日植物に水をやるのを忘れるなよ. Los barrenderos *riegan* las calles. 掃除人たちは道路に散水している. ❷ (河または運河が, ある土地)を横切る, 縦断する; うるおす. —El Pisuerga *riega* Valladolid. ピスエルガ河はバヤドリー市を貫流している. ❸ …に血液を送る. —Numerosos vasos sanguíneos *riegan* el cerebro. 数多くの血管が脳に血液を送っている. ❹ を…にばらまく, まき散らす. —Ha regado las lentejas por la cocina. 彼女は台所にレンズ豆をばらまいてしまった. 類 **derramar, esparcir**. ❺【+con】食べ物を(液体に)浸す, (飲み物)と一緒に食べる. —*Regó* el bizcocho con licor. 彼はビスケットをリキュールに浸した. *Regamos* la carne con un excelente Rioja. 良いリオハワインと一緒に肉を食べよう.

regata¹ [r̃eɣáta]〔<伊〕女 ボート[ヨット]レース, レガッタ.

regata² [r̃eɣáta] 女 灌漑(ホムム)用水溝.

regate [r̃eɣáte] 男 ❶ 身を(ひょいと)かわすこと. —hacer [dar] un ~ 身をかわす. ❷《スポーツ》ドリブル. ❸《話》言い抜け, ごまかし.

:regatear [r̃eɣateár] 他 ❶ を値切る, …の値下げ交渉をする. —~ el precio 定価を値切る. ❷ を惜しむ, けちる『主に否定文で用いられる』. —No *regateó* esfuerzos para ayudarme. 彼は努力を惜しまず私を助けてくれた. ❸《サッカー》…に対して体をかわす, フェイントをする.

— 自 ❶ 値切る. —Aquí no existe la costumbre de ~. ここでは値切るという習慣がない. ❷ ボートレースをする.

regateo [r̃eɣatéo] 男 ❶ 値切ること; 値引き. ❷《スポーツ》ドリブル. ❸ 身をかわすこと. ❹《話》言い抜け, ごまかし.

regato [r̃eɣáto] 男 ❶ ごく小さな小川. 類 **arroyuelo**. ❷ 水たまり. 類 **remanso**.

regatón, tona [r̃eɣatón, tóna] 形 値切ってばかりいる, 値切るのが好きな.

— 名 値切ってばかりいる人.

— 男 (ステッキ, 傘などの)石突き.

regazo [r̃eɣáθo] 男 ❶ ひざ(座ったときの腰からひざがしらまでの部分); (座ったときの)スカートのひざのくぼみ. —La madre tenía al niño en su ~. 母親は子供をひざに乗せていた. ❷《比喩》避難所; 安らぎの場.

regencia [r̃exénθja] 女 ❶ 摂政政治; 摂政職; 摂政期間. ❷ 統治.

estilo Regencia（家具などの)摂政[レジャンス]様式.

*****regeneración** [r̃exeneraθjón] 女 再生, 復活; 更生, 改心. —un centro para la ~ de jóvenes alcohólicos アルコール依存症の若者の更正施設. A su edad es difícil la ~ de la epidermis. 彼の歳では皮膚の再生は難しい. 反 **degeneración**.

regeneracionismo [r̃exeneraθjonísmo] 男《歴史》(19世紀末スペイン)再興運動.

regenerador, dora [r̃exeneraðór, ðóra] 形 再生力のある; 更生の, 改心させる.

— 名 ❶ 再生する人; 更生者.

*****regenerar** [r̃exenerár] 他 ❶ を再生させる, 復活させる;《工学》再生処理[利用]する. —Esta crema *regenera* el cutis. この塗り薬は皮膚を再生させる. ~ el papel usado 用済みの紙を再生させる. 類 **reciclar**. ❷ を更生させる, 悔い改めさせる. —Las atenciones de la familia le *han regenerado*. 家族の慈愛で彼は更生した. En el colegio *regeneraron* el mal comportamiento del niño. 学校でその子供の問題のある行動は矯正された.

— **se** 再 ❶ 再生する, 復活する. —El estómago *se regenera* con facilidad. 胃は簡単に再生する. ❷ 更生する, 悔い改める. —Desde que tiene novia formal, *se ha regenerado*. ちゃんとした恋人を持ってから彼は生まれ変わった.

regentar [r̃exentár] 他 ❶ (職務)を臨時に[代理として]果たす; (役職, 地位)を臨時に[代理として]占める. ❷ を運営[経営]する, 統率する.

regente [r̃exénte]〔時に女性形 regenta〕形 ❶ 支配[統治]する, 管理する. —normas ~s 支配原理. ❷ 摂政の(地位にある). —reina ~ 摂政王妃.

— 男女 ❶ 摂政. ❷ (雇われている)支配人; 主任.

reggae [r̃éɣe] 男《音楽》レゲエ.

regiamente [r̃éxjaménte] 副 王者のように, 堂々と; 豪華に.

regicida [r̃exiθíða] 形 国王殺しの, 弑逆(しぃぎゃく)の, 大逆の.

— 男女 国王暗殺者.

regicidio [r̃exiθíðjo] 男 国王殺害, 弑逆(しぃぎゃく)(罪), 大逆(罪).

regidor, dora [r̃exiðór, ðóra] 形 治める, 支配する; 経営する.

— 名 ❶ 統治者, 支配者. ❷ 市会議員. ❸《演劇》舞台監督;《映画》助監督.

régimen [r̃éximen] 男〔複 regímenes〕. ❶《政治》制度, 統治[管理]様式, 政体, 体制, 支配. —antiguo ~ 旧体制, アンシャンレジーム. ~ capitalista 資本主義体制. ~ castrista カストロ政権. ~ comunista 共産党政権. ~ dictatorial 独裁体制. ~ monárquico [republicano] 君主[共和]制. ❷ 方法, 方式, 様式. —~ de vida 生活様式. El ~ de lluvias ha cambiado en los últimos años. ここ数年雨の降り方が変わっている. Se aloja en un hotel en ~ de pensión completa. 彼は3食付きのホテルに滞在している. ❸《医学》(食事・運動などの規制による)摂生, 食餌(しぃぇぃ)療法, ダイエット. —Está a ~ porque se está pasando algo de peso. 彼は太りすぎているのでダイエット中です. ❹《文法》(前置詞などの)支配. ❺《技術》(エンジンの)回転速度.

régimen económico《経済》貿易収支から見た一国の経済状況.

régimen hidrográfico《土木》季節ごとの川の水量の状況.

regimentar [r̃eximentár] [4.1] 他《軍事》(兵士の集団)を連隊に編成[編入]する.

:regimiento [r̃eximjénto] 男 ❶《軍事》連隊. —~ de infantería 歩兵連隊. ❷ 運営, 管理, 支配.

1630 regio

regio, gia [réxio, xia] 形 ❶ 帝王の. ❷ 豪華な, 壮麗な, 立派な. —Tiene una *regia* casa de campo. 彼は豪華な別荘を持っている. 類 **magnífico, suntuoso**. ❸《南米》《話》すごい, すばらしい.

región [rexjón レヒオン] 女 ❶ 地方, 地域, 地区, 地帯, 行政区域, 管区. — andina アンデス地方. ~ montañosa 山岳地方. En la ~ de Kanto lloverá de forma dispersa, pero no hará frío. 関東地方は所により雨ですが暖かいでしょう. ❷ 領域, 区, 大気の層. ❸《解剖》(体の)部位, 局部. —~ inguinal 鼠径部. ❹ (中央・首都に対して)地方, 田舎.
región aérea（航空）航空管区.
región militar（軍事）軍管区.

regional [rexjonál] 形 ❶ 地方的な, 地域的な, 地方の, 郷土の. —acento ~ 地方の訛り. Es periodista deportivo en un periódico ~. 彼は地元の新聞のスポーツ記者です. ❷ 地域の, 地帯の. —desarrollo ~ 地域の発達.

regionalismo [rexjonalísmo] 男 ❶ (a) 地方(分権)主義. (b) 郷土愛. ❷ その地方特有の言葉[言い回し].

regionalista [rexjonalísta] 形 地方(分権)主義の.
——男女 地方(分権)主義者.

regir [rexír] [6.2] 他 ❶ を支配する, 指揮する, 統治する. —El primer ministro *rige* el país con acierto. 首相は国をうまく治めている. El presidente *rige* la empresa con firmeza. 社長は堅実に会社を取り仕切っている. El ansia de poder *rige* su conducta. 権力欲が彼の行動を支配している. 類 **dirigir, guiar**. ❷《文法》を要求する, 必要とする. —La frase preposicional *rige* término. 前置詞句は目的語を必要とする. Ese verbo *rige* preposición. その動詞は前置詞を取る.
—— 自 ❶ (機械が)正常に働く, 正常に機能する, 狂っていない. —El reloj de la torre no *rige* desde hace una semana. 塔の時計は1週間前から狂っている. ❷ 頭脳明晰(ﾒｲｾｷ)である, ぼけていない. —Tiene ya noventa años pero su cabeza *rige* muy bien. 彼はもう90才だが, 頭はとてもしっかりしている. ❸ 有効である, 効力がある. —Esa ley no *rige* desde hace dos años. その法律は2年前から効力がない.

registrado, da [rexistráðo, ða] 過分 形 登録[登記]した, 登録[登記]済みの, 記録された. —marca *registrada* 登録商標.

registrador, dora [rexistraðór, ðóra] 形 記録する. —caja *registradora* 金銭登録器, レジスター.
—— 名 ❶ 登記係, 登録係. —~ de la propiedad 不動産登記士. ❷ 検査官, 監督者.
—— 男 記録装置; 録音機.
—— 女 金銭登録器, レジスター.

registradora [rexistraðóra] 女 →registrador.

registrar [rexistrár] 他 ❶ を検査する, 捜索する, 点検する. —No me *registraron* la maleta en la aduana. 私は税関でスーツケースを点検されなかった. El policía *registraba* a un sospechoso. 警官が容疑者を調べていた. —~ una casa 家宅捜索をする. ❷ (a) を記録する, 指し示す. —El termómetro *registra* una temperatura de 40 grados. 寒暖計は気温40°を示している. (b) を捉える, キャッチする. —Mi cámara fotográfica *registró* ese momento. 私のカメラはその瞬間をキャッチした. (c) 記帳する, 数え上げる. —*Registran* cuidadosamente las entradas y salidas de visitantes. 彼らは来訪者の出入りを細かく記帳している. 類 **contabilizar, enumerar**. ❸ を登録する, 登記する. —~ una marca 商標を登録する. Han ido al ayuntamiento a *al* hijo en el libro de familia. 彼らは息子を家族手帳に登録しに役所へ行った. 類 **inscribir**. ❹《中南米》を書留にする. 類《スペイン》**certificar**. ❺ を含める, 載せる. —Este diccionario *registra* incluso las palabrotas. この辞書は卑語まで載せている. ❻ を録音する, 録画する. —~ la voz [una conversación] 声[会話]を録音する. 類 **grabar**.
¡A mí que me registren!《話》(無実を訴えて)好きなだけ調べてくれ, 私のせいでない.
—— 再 ❶ 自分の名前を登録する;（ホテルに）チェック・インする. —*Se registró* para tomar parte en la competición. 彼は試合に参加するための申し込みをした. —*se* en un hotel ホテルにチェック・インする. 類 **inscribirse**. ❷ 記録される, 見られる. —*Se han registrado* intensas lluvias. 豪雨が記録された. 類 **producirse, suceder**.

registro [rexístro] 男 ❶ 登録簿, 登記簿, 台帳; 登記所, 記録保存所. —Su nombre no figuraba en el ~ del hotel. 彼の名前は宿帳に記載されてなかった. ~ civil 戸籍簿[役場]. ~ de actos de última voluntad 遺言証書登記所. ~ de la propiedad 不動産登記簿[登記所]. ~ de la propiedad industrial 特許権登録簿, 特許庁. ~ de la propiedad intelectual 著作権登録簿. ~ de patentes y marcas 特許登録簿, 特許庁. ~ mercantil 商業登録[登記]簿. ~ parroquial 教会区戸籍簿(教会に保存されている, 教区の信者の出生, 婚姻, 埋葬などに関する記録). ❷ 登録, 登記; 記録. —El ~ de los congresistas se hace aquí. 大会の参加者登録はここで行われます. Se efectuó el ~ de todos los datos. 全てのデータが記録された. ~ de sonido 録音. ~ de marcas 商標登録. ❸ 検査, 調査; 捜査. —En la aduana me hicieron el ~ de las maletas. 税関で私はスーツケースの検査をされた. La policía presentó la orden de ~. 警察は捜査令状を見せた. ❹ (地中や壁に埋め込まれたもののための)検査孔[窓]. —Los ~s del gas están en el sótano. ガスの検査孔は地下室にある. ❺（音楽）音域;（ピアノの）ペダル,（オルガンの）ストップ, 音栓. —Este cantante tiene un ~ amplio. この歌手は音域が広い. ~ grave [agudo] 低い[高い]音域. ❻ (本の)しおり. ❼ (時計の)調節つまみ. ❽《コンピュータ》(マイクロプロセッサ内にある, 演算などに用いる)記憶素子, レジスタ, レコード. —~ de usuario ユーザー登録. ❾《言語》言語使用域. —~ coloquial 口語体.

tocar muchos[todos los] registros いろいろ手を尽くす, あらゆる手段に訴える. Para ganar las elecciones él *tocó todos los registros*. 彼は選挙に勝つためにあらゆる手段に訴えた.

regla [réɣla レグラ] 女 ❶ 定規, ものさし. —trazar una línea con una ~ 定規を使って線を引く. tomar las medidas de la caja con una ~ 定規を使って箱の寸法を計る.

❷ 規則, 規定, ルール. —No sé bien las ~s de este juego. 私はこのゲームのルールをよく知りません. Hay que obedecer las ~s de la circulación. 交通法規を守らねばならない. Hay ~ sin excepción.《格言》例外のない規則はない. ❸ 習慣, 習わし, 決まり. —En mi casa es ~ rezar antes de comer. わが家では食事の前にお祈りをする決まりだ. ❹ 手本, 模範. —responder a una ~ 手本に従う. ❺ 指示, 指図; マニュアル. —manejar la máquina según las ~s 使用書に従って機械を操作する. ❻ 法則; 公式. —de tres三数法(比例の外項の積は内項の積に等しいという法則). las cuatro ~s 四則(加減乗除). ❼ 生理, 月経. —Este mes no tengo la ~. 今月はまだ生理がない. 類menstruación, período. ❽ (修道会の)会則, 宗規. ❾《情報》ルーラー.

en regla 規定どおりに, 整って, きちんとした. *Las solicitudes están escritas en regla*. 申請書は規定どおりに書かれている. *Ya no hay problema. Todo está en regla*. すべてがきちんと揃っているので問題はない.

poner en regla 整理する, 片づける. *Antes de morir puso toda su fortuna en regla*. 彼は死ぬ前に財産をきちんと整理した.

por regla general ふつう, 一般的に. *Por regla general tomo vino tinto en la cena*. ふつう夕食には私は赤ワインを飲む.

salirse de la regla やり過ぎる, 行き過ぎである. *¡No le digas tal cosa! ¡Eso ya se sale de la regla!* そんなこと彼に言うな. それはやり過ぎだよ.

reglado, da [r̄eɣláðo, ða] 形 ❶ (紙が)罫線の引いてある. —papel ~ 罫紙. ❷ 節度(慎み)のある. ❸ 統制された.

reglaje [r̄eɣláxe] 男 ❶ (機械)調整, 調節. —~ de frenos ブレーキ調整. ❷《軍事》(照準の)修正.

‡**reglamentación** [r̄eɣlamentaθjón] 女 規制, 統制;《集合的に》規則.

reglamentar [r̄eɣlamentár] 他 を規制[統制]する; …のための規則を設ける. 類ordenar, reglar, regular.

reglamentario, ria [r̄eɣlamentárjo, rja] 形 規定の, 正規の, 正式の. —hora reglamentaria 規定の時刻, 閉店, 閉館 ‖ 制服.

‡**reglamento** [r̄eɣlaménto] 男《集合的に》規則, ルール; 内規. —~ del fútbol サッカーのルール. *Debes cumplir las normas que marca el ~.* 君は規則の定めた基準を守るべきだ. *El ~ de las escuelas japonesas es conservador para los criterios europeos.* ヨーロッパ人の標準からすると日本の校則は保守的だ. ❷ 取り締まり, 規則; 条令.

reglar [r̄eɣlár] 他 ❶ を統制[規制]する, 取り締まる ❷ (紙に)罫(½)線を引く, …に定規で線を引く. ❸ (行為)を統制する, 自粛する.
— **se** 再 ❶《+aに》準拠する, 則(²²)る. ❷《+por に》支配される, 囚(½)われる. —*~se por lo conocido* 知るところにとらわれる.

regleta [r̄eɣléta] 女 (印刷)インテル(行間を整えるための金属製の詰め物).

regletear [r̄eɣleteár] 他 (印刷)(文章)の行間を整える[あける], …の行間にインテルを詰める.

regocijado, da [r̄eɣoθixáðo, ða] 過分 形 (人が)大喜びの, うれしがっている.

‡**regocijar** [r̄eɣoθixár] 他 を喜ばせる, 嬉しがら

---

reguero 1631

せる, 楽しませる. —*La regocijaba observar cómo crecía su hija.* 娘の成育ぶりを見て彼女は喜んでいた. 類alegrar.
— **se** 再 喜ぶ, 嬉しがる, 楽しむ. —*Al enterarse de la noticia, se regocijaron infinito.* そのニュースを知るや, 彼らはこの上なく喜んだ. *Los niños se regocijaban jugando en la playa.* 子どもたちは浜辺で遊んで大喜びした. 類alegrar.

‡**regocijo** [r̄eɣoθíxo] 男 歓喜, 大喜び. —*El éxito de su hijo causó gran ~ en la familia.* 息子の成功で家族は大喜びだった. 類júbilo.

regodearse [r̄eɣoðeárse] 再 ❶ 《+con/en +現在分詞》(しばしば悪趣味なことや他人の不幸などで)喜ぶ, 楽しむ. 類complacerse, regocijarse. ❷《話》冗談を言う.

regodeo [r̄eɣoðéo] 男 (しばしば悪趣味な)喜び, 楽しみ.

regoldar [r̄eɣoldár] [5.7] 自《話》げっぷをする, おくびを出す. 類eructar.

regoldo [r̄eɣóldo] 男《植物》野生のクリ.

regordete, ta [r̄eɣorðéte, ta] 形《話》(人などが)まるまると太った, ずんぐりした. —dedos cortos y ~s 太くて短い指.

regrabadora [r̄eɣraβaðóra] 女 (DVD-R, CD-R の)ドライブ, エンコーダー.

*‡**regresar** [r̄eɣresár レグレサル] 自 『主に中南米』帰る, 戻る. —*Creo que ya habrá regresado a casa.* 私は彼がもう家に戻ったろうと思う. *Ayer regresaron del viaje.* 昨日彼らは旅行から戻った. 類volver.
— 他『中南米』を返す, 戻す. —~ la plata お金を返す.
— **se** 再『中南米』帰る, 戻る.

regresión [r̄eɣresjón] 女 ❶ あと戻り, 逆行; 復帰. 類regreso, retorno, vuelta. ❷ 退歩, 衰退; 下落. —*Se observa una ~ del turismo.* 観光客の減少が見られる. 類retroceso. ❸《生物》退化. ❹《心理》退行(精神的に未発達な状態に戻ること).

regresivo, va [r̄eɣresíβo, βa] 形 逆行[退行]する, 後ろへの. —marcha *regresiva* 後退, バック. movimiento ~ 逆行, 後退.

‡**regreso** [r̄eɣréso] 男 帰り, 帰ってくる[戻る]こと, 帰途, 帰宅, 帰りの道. —*estar de ~* 帰っている, 帰宅する. *Todo el país celebró su ~ sano y salvo.* 国を挙げて彼の無事生還を祝った. *Me sorprendió un chaparrón de ~ a casa.* 家に帰る途中雨にあった.

regue(-) [r̄eɣe(-)] 動 regar の接・現在.

regué [r̄eɣé] 動 regar の直・完了過去・1 単.

regüeld- [r̄eɣwéld-] 動 regoldar の直・現在, 接・現在, 命令・2 単.

regüeldo [r̄eɣwéldo] 男 げっぷ, おくび. 類eructo.

reguera [r̄eɣéra] 女 (灌漑(然)用の)水路.

reguero [r̄eɣéro] 男 ❶ (こぼれた水などの, 一筋の)跡; 一筋. —*De la herida corre un ~ de sangre.* 傷口から一筋の血が流れている. ❷ (灌漑(然)用の)水路. 類reguera.

como un reguero de pólvora あっという間に. *La noticia del alzamiento se difundió por el país como un reguero de pólvora.* 反乱の知らせはまたたく間に国中に広まった.

1632 regulación

regulación [r̃eɣulaθjón] 囡 統制; 調節; コントロール. ~ de empleo 雇用調整. ~ de nacimientos 産児制限. ~ de precios 物価統制.

regula*dor*, *dora* [r̃eɣulaðór, ðóra] 圏 調節［調整］する, 調節用の.
—— 男 ❶《機械》調節器, レギュレーター. —~ cardiaco [cardíaco] (心臓の)ペースメーカー. ❷ 調節つまみ. —~ de volumen (ラジオなどの)ボリュームつまみ.

regular [r̃eɣulár レグラル] 圏 ❶ 規則的な, きちんとした, 定期的な. —un vuelo ~ entre París y Madrid パリ-マドリード間定期航空便. Tiene el pulso ~. 彼は規則的な脈をしている. Llevan una vida ~. 彼らは規則正しい生活を送っている. 反irregular**. ❷ 正規の, 正しい. —La gestión seguirá los cauces ~*es*. 手続きは正規の経路をたどって進められるだろう. Son unos ingresos obtenidos de forma absolutamente ~. それは完全に正規に得られた収入だ. ejército ~ 正規軍. ❸ (*a*)『名詞に前置も可』普通の, 尋常の(ふつう), 目立たない. —Su hijo es un alumno ~ en la clase. あなたのご子息は教室では目立たない生徒です. Mi casa tiene un tamaño ~, ni muy grande ni muy pequeña. 私の家は普通の大きさで, あまり大きくも小さくもない. (*b*)『ser にも estar にも後続可. 名詞に前置も可』つまらない, 凡庸(ぼんよう)な, 陳腐(ちんぷ)な. —Este vino es ~. このワインは可もなく不可もなしだ. Es un futbolista ~. 彼は平凡なサッカー選手だ. Es una novela de calidad ~. それはまあまあ程度の小説だ. (*c*) (アンケートの回答などで)どちらとも言えない, よくも悪くもない. ❹《カトリック》修道会に属する. —clero ~ 修道司祭. ❺《幾何》(辺の長さが)等しい, 等辺の; 等角の. —polígono ~ 正多角形. ❻《文法》規則的な. —verbos ~*es* 規則動詞.

por lo regular 普通に, 一般に. *Por lo regular* doy quince clases a la semana. 普通は私は週に15の授業をしている.

—— 副 可もなく不可もなく, まあまあで; あまりよくなく. —¿Qué tal estás?-R~. 元気かい. -あまりよくないね.

—— 他 ❶ を定める, 規定する, 規制する. —~ la actividad comercial 商業活動を規制する. Los semáforos *regulan* el tráfico automáticamente. 信号は交通を自動的に規制している. ❷ (機械)を調節する, 調整する. —~ el calor 温度を調節する. El pantano permitirá ~ el caudal de agua del río. 貯水池は川の水量を調整することになるだろう.

—— 男 ❶《歴史》~ 先住民部隊. ❷《軍隊》圈 セウタ・メリーリャ駐屯スペイン歩兵部隊.

regularice(-) [r̃eɣulariθe(-)] 動 regularizar の接・現在.

regularicé [r̃eɣulariθé] 動 regularizar の直・完了過去・1単.

*regularidad [r̃eɣulariðá(ð)] 囡 ❶ 規則正しさ, 定期的なこと; きちょうめんさ. —con ~ 規則正しく. Viene aquí con bastante ~. 彼はかなり規則正しくここにやって来る. ❷ 一定なこと, 均整, 調和. ❸ 正規, 正式.

regularización [r̃eɣulariθaθjón] 囡 規則正しくすること; 正常化; 調整.

regularizar [r̃eɣulariθár] [1.3] 他 を正規のものにする; を規則正しくする; を調整する. 類**normalizar, ordenar, regular**.

regularmente [r̃eɣulárménte] 副 ❶ 規則的に, 定期的に. ❷ 良くも悪くもなく, まずまずで. 類**medianamente**. ❸ 通例, 一般に, 大概. —R~ me levanto a las seis. 普通私は6時に起きる. 類**comúnmente, ordinariamente**.

régulo [r̃éɣulo] 男 ❶ 小国の王. ❷ (R~)《天文》レグルス(獅子座のα). ❸《冶金》鈹(は); マット. ♦硫化鉱石の製錬の際に分離される硫化金属. ❹《神話》バシリスク (ひとにらみまたはひと息で人を殺す伝説上の動物). 類**basilisco**.

regurgitación [r̃eɣurxitaθjón] 囡 ❶ (食べた物の)吐き戻し, 嘔吐(おうと). ❷ 逆流.

regurgitar [r̃eɣurxitár] 圓 (食べた物を)吐き戻す. 類**vomitar**.

regusto [r̃eɣústo] 男 後味; 余韻. —Esta película deja un ~ depresivo. この映画は重苦しい後味を残す.

rehabilitación [r̃eaβilitaθjón] 囡 ❶ (病人などの)社会復帰, リハビリテーション; 更生. ❷ 復権, 復職; 名誉[信用]回復.

*rehabilitar [r̃eaβilitár] 他 ❶ を(元の状態に)復帰させる, 復権[復職]させる. —Se demostró que era inocente y lo *rehabilitaron* en su cargo. 彼は無罪であると証明されたので, 職務に復帰することになった. ❷ を社会復帰させる, リハビリさせる, 回復させる. —Con este programa pretendemos ~ pronto a los pacientes. このプログラムにより私たちは患者をすぐに社会復帰させようと思っている. ~ la memoria del afectado 被害者の記憶を回復させる. ❸ を改修する, 修復する, 復興する. —Han *rehabilitado* muchos edificios del casco antiguo de la ciudad. 町の旧市街地の多くの建物が改修された.

—— *se* 再 ❶ 『+de から』回復する, 元気を取戻す. —Tardó sólo una semana en ~*se de* su lesión. 彼は負傷から回復するのにわずか1週間しかかからなかった. ❷ 社会復帰する, 復権[復職]する.

:rehacer [r̃eaθér] [10.10] 他 ❶ (*a*) をもう一度する, やり直す, 書き直す. —Decidí ~ la carta entera. 私は手紙を全文書き直すことに決めた. ~ una falda スカートを仕立て直す. (*b*) を立て直す, 修理する, …に手を加える. —La muerte de su padre fue un golpe demasiado fuerte y no pudo ~ su vida. 父親の死は余りにもショックが大きかったので, 彼は生活を立て直すことができなかった. ❷ を取り戻す, 回復させる. —~ la salud 健康を取り戻す. ❸ (情報)をアンデリートする.

—— *se* 再 ❶ 元気[力]を取り戻す, 復活する. —Mi hija *se rehízo* enseguida de su enfermedad. 私の娘はすぐに病気から回復した. ❷ 落ち着きを取り戻す, 精神的に立ち直る. —Parece que ya *se ha rehecho* de la muerte de su madre. 彼は母親の死からも精神的に立ち直ったようだ.

*rehecho, cha [r̃eétʃo, tʃa] 過分 (<rehacer) 作り直した; 回復した, 立ち直った.
—— 圏 (体つきが)ずんぐりした, がっしりした.

rehén [r̃eén] 男 [複 rehenes] ❶ 人質. —soltar a los *rehenes* 人質を解放する. ❷ 抵当 (物件), かた. 類**fianza, prenda, seguro**.

rehenchir [r̃eentʃír] [6.1] 他 『+con/de』(物を詰めて, ふとんなどを)膨らませる. —~ un colchón *con* lana クッションに羊毛を詰める. ~ un balón *con aire* ボールを空気で膨らませる。

rehilandera [r̃eilandéra] 囡 (おもちゃの)風車. 類 **molinete**.

rehilar [r̃eilár] [1.7] 圓 ❶ 震える，揺れる. ❷ (矢などが)うなりをたてる.

rehilete [r̃eiléte] 男 ❶ 投げ矢，ダーツの矢. 類 **flecha**. ❷ (スポーツ)(バドミントンなどの)羽根，シャトル. 類 **volante**. ❸ 羽根つき遊び. 類《話》あてこすり，あてつけ. 類 **pulla**.

rehogar [r̃eoɣár] [1.2] 他《料理》を蒸し焼き[ソテー]する.

rehuir [r̃ewír] [11.1] 他 を避ける，逃れる；…に近寄らないようにする. —Salió del cuarto *rehuyendo* mi mirada. 彼は私の視線を避けながら部屋を出た. 類 **apartar**, **eludir**, **esquivar**, **evitar**.

rehús- [r̃eús-] 動 rehusar の直・現在, 接・現在, 命令・2 単.

‡**rehusar** [r̃eusár] [1.8] 他 を拒絶する，拒否する，断わる. —Me vi obligado a ~ la invitación. 私は招待を断らざるを得なかった. La llamé, pero *rehusó* ponerse al teléfono. 私は彼女に電話したが，彼女は電話に出るのを拒んだ. 類 **denegar**, **negar**, **rechazar**.

rehuy- [r̃euj-] 動 rehuir の直・完了過去, 接・現在/過去, 現在分詞.

rehúy- [r̃eúj-] 動 rehuir の直・現在, 接・現在, 命令・2 単.

reí- [r̃ei-] 動 reír の直・完了過去, 命令・2 複, 過去分詞.

reidor, dora [r̃eiðór, ðóra] 形 ❶ (人が)陽気な，愉快な，よく笑う. 類 **alegre**, **risueño**. ❷ (顔，目などが)笑っている. 類 **riente**, **risueño**.

Reikiavik [r̃eikiaβí(k)] 固名 レイキャビク(アイスランドの首都).

reimpresión [r̃eimpresjón] 囡 再版(本), 増刷.

reimprimir [r̃eimprimír] 他 を増刷[再版]する.

‡**reina** [r̃éina] 囡 ❶ 女王，女帝. —la ~ Isabel イサベル女王. Su Majestad la R~ de ~ Sofía ソフィア王妃(スペイン国王フアン・カルロス 1 世 Juan Carlos I(Primero)の王妃). ❸《比喩》女王のような[人物]，花形，最高のもの. ❹《虫類》女王蜂. ❺ (トランプの)クイーン; (チェスの)クイーン. —— 間《話》おまえ，ねえ.

reina claudia《植物》グリーンゲージ(西洋スモモの一種).

reina de los prados《植物》メードスイート，セイヨウナツユキソウ.

‡**reinado** [r̃eináðo] 男 ❶ 治世, 『+de』…の代, 時代. —En el ~ de los Reyes Católicos, Cristóbal Colón descubrió América. カトリック両王の代にコロンブスがアメリカ大陸を発見した. ❷ 君臨，統治，支配. —Su ~ en el mundo del béisbol tocó a su fin. 彼の野球界での支配も終焉を迎えた.

‡**reinante** [r̃einánte] 形 ❶ 治める，君臨する. —soberano ~ 君臨する王. ❷ 優勢な，はびこる. —inmoralidad ~ はびこる不道徳.

‡**reinar** [r̃einár] [6.6] 圓 ❶ 君臨する，支配する. —El rey *reina*, pero no gobierna. 国王は君臨するが，統治しない. ❷ 支配的である, 優勢である. —En la actualidad *reina* la democracia en casi todo el mundo. 現在は民主主義がほとんど全世界で支配的である. *Reinaba* un completo silencio en el salón. ホールは完全な静寂が支配していた.

reincidencia [r̃einθiðénθja] 囡 再犯.

reincidente [r̃einθiðénte] 形 再犯の; 常習犯の.
—— 男女 再犯者; 常習犯.

reincidir [r̃einθiðír] 圓『+en』(同じ犯罪など を)再び犯す，(過ちなどに)再び陥る. —~ *en* un delito 再犯する.

reincorporar [r̃einkorporár] 他 ❶ を再び合体させる；を再合併[再編入]する. ❷ (人を)(職場・勤務に)復帰させる.
—se 再『+a』…に再合併[再編入]する; (職場・勤務に)復帰する.

reineta [r̃einéta] 囡《植物》レネット(フランス産食用青リンゴ).

reingresar [r̃eiŋɡresár] 圓『+en』…に復帰[再加入]する. —~ *en* la asociación 再入会する.

reingreso [r̃eiŋɡréso] 男 (組織などへの)再加入，復帰.

reiniciar [r̃einiθjár] 他《情報》リセットする.

‡**reino** [r̃éino レイノ] 男 ❶ 王国. —~ de Castilla カスティーリャ王国. R~ de Dinamarca デンマーク王国. R~ de Unido 連合王国, イギリス. La sumisión del ~ de Granada en 1492 significó el fin de la Reconquista. 1492 年のグラナダ王国降伏は国土回復運動の終結を意味した. ❷ …界(自然を 3 つに分けたもの). —~ animal 動物界. ~ mineral 鉱物界. ~ vegetal 植物界. ❸ 分野, 世界, 領域. —Esto es el ~ del terror. これは恐怖の世界だ. ❹《キリスト教の》神の国(=reino de los cielos).

Reino Unido [r̃éino uníðo] 固名 英国, イギリス (=Inglaterra; 首都ロンドン Londres).

reinstalar [r̃einstalár] 他 を再び取り付ける, 再設置する; (人を)復職[復帰]させる.

reintegrable [r̃einteɣráβle] 形 ❶ 復帰[復職]可能な. ❷ 払い戻し可能な.

reintegración [r̃einteɣraθjón] 囡 ❶ 復帰, 復職. ❷ 払い戻し, 還付; 返済.

‡**reintegrar** [r̃einteɣrár] 他 ❶ を返済する, 払い戻す. —Tuvo que ~ una parte del sueldo. 彼は給料の一部を返納しなければならなかった. ❷ を復職させる，再加入させる. —La empresa va a ~ a los empleados despedidos. 会社は解雇した従業員を復職させるだろう. ❸ …に印紙を貼る. —Hay que ~ el documento después de sellado. 書類を封印した印紙を貼らねばならない.
—se 再 ❶『+a』に』復帰する, 社会復帰する. —Al salir del hospital *se reintegró* rápidamente *a* la vida diaria. 退院すると彼は速やかに日常生活に復帰した. ❷ 取り戻す, 払い戻しを受ける.

reintegro [r̃einteɣro] 男 ❶ 払い戻し; 返済; (宝くじの)払い戻し, 残念賞. 類 **devolución**, **pago**, **reintegración**. ❷ 復帰, 復職. ❸ 収入印紙, 収入印紙の金額. 類 **póliza**.

‡**reír** [r̃eír レイル] [6.6] 圓 (嬉しくて)笑う. —Se echó a ~. 彼は急に笑い出した【「笑う」は reírse で表わされることが多い】.

Al freír será el reír./Quien ríe el último, ríe mejor. 【諺】早まって喜ぶな(←笑うのはフライ

を揚げてから/最後に笑う者が一番よく笑う).

reír a mandíbula batiente 大笑いする,高笑いする.

reír con risa de conejo/reír de dientes afuera 作り笑いをする.

reír para SU capote[coleto, sayo]/reír para SUS adentros/reír a solas こっそり陰で笑う.

── *se* 再 ❶ 笑う.── Esta niña *se ríe* por cualquier cosa. この女の子はどんなことでも笑う. ❷《+de を》あざ笑う,嘲笑する,からかう.── No te *rías de* los defectos ajenos. 他人の欠点をあざ笑うものではない. *Se ríe de* mí, pero me trae sin cuidado. 彼は私のことをあざ笑うが,私にとってはたいしたことではない.

reírse de los peces de colores (1) 気にならない. *Me río de los peces de colores*. 私は気にしていない. (2) うわべだけ見て油断する.

reiteración [r̄ejteraθjón] 囡 繰り返し,反復; 繰り言. 類 **repetición**.

reiteradamente [r̄ejteráðaménte] 副 繰り返して,たびたび,何度も.

reiterado, da [r̄ejteráðo, ða] 形 繰り返される,反復の.
reiterados veces 何度も,たびたび.

‡**reiterar** [r̄ejterár] 他 を繰り返す,反復する,もう1度する[言う].── Le *reiteramos* nuestra gratitud por el favor que nos ha hecho. 私たちはあなたがかけてくださった恩義に対して改めて謝意を申し上げます. 類 **repetir**.

── *se* 再 ❶《+en に》固執する,を曲げない.── *Nos reiteramos en* nuestro compromiso. 私たちは約束を守り続ける. ❷ 繰り返す.

reiterativo, va [r̄ejteratíβo, βa] 形 ❶ 繰り返しの,反復の(多い);くどい.❷《文法》反復相の.── verbo ~ 反復の動詞.

reivindicación [r̄ejβindikaθjón] 囡 ❶《権利》の要求,主張.── *reivindicaciones* salariales 賃金に関する要求. ❷《権利,信用,名声などの》回復,復権.

reivindicar [r̄ejβindikár] [1.1] 他 ❶《権利など》を要求する;を(当然の権利として)要求する,主張する.── ~ la seguridad en los lugares de trabajo 職場の安全を要求する. 類 **demandar, exigir, reclamar**. ❷《権利,信用,名声など》を取り戻す,回復する. 類 **recuperar, vindicar**. ❸《テロなどの》犯行声明を出す.

reivindicativo, va, reivindicatorio, ria [r̄ejβindikatíβo, βa, r̄ejβindikatórjo, rja] 形 ❶ 要求の.── plataforma *reivindicativa*(労働組合の)要求事項.tabla *reivindicativa* 権利要求一覧表. ❷ 回復する,取り戻す(ための).

‡**reja**¹ [r̄éxa] 囡 鉄格子,鉄柵;《情報》グリッド.── La ~ de las ventanas de muchas casas del Sur de España protege a la vez que decora la vivienda. 南スペインの多くの家に見られる窓の鉄格子は住まいを飾る一方で保護の役目もしている.
estar entre rejas《話,比喩》牢に入っている.
meter aguja y sacar reja → aguja.

reja² [r̄éxa] 囡《農業》すき先,すき刃;耕作.

rejado [r̄exáðo] 男 鉄格子,格子窓;鉄柵.類 **enrejado, verja**.

rejalgar [r̄exalɣár] 男《鉱物》鶏冠石(砒素(ひ)の硫化鉱物).

*‡**rejilla** [r̄exíʝa] 囡 ❶ 格子;格子窓,ざんす室の小窓.── Antes de abrir, mira siempre por la ~ de la puerta. ドアを開ける前に彼はいつもドアの小窓を覗く. ❷《藤や柳などの》枝編み細工.── silla con asiento de ~ 枝編み細工の椅子. ❸《電車やバスの》網棚. ❹《金属製の》火鉢,足温器.(オーブンなどの金網製の)火置き. ❺《機械,電気》グリル;制御格子.── ~ de radiador ラジエーターグリル.

rejo [r̄éxo] 男 ❶《鉄などの》先のとがった物[道具];長くぎ,太針. ❷《虫類》(ハチなどの)針. ❸《植物》幼根,胚根(はいこん). ❹《比喩》(肉体的な)強さ,たくましさ. ❺《中南米》鞭(むち). ❻《南米》搾乳;〖集合的に〗乳牛.

rejón [r̄exón] 男 ❶《家畜を追い立てるための先のとがった》突き棒. ❷《闘牛》手槍(やり)(馬上から牛を突く長さ150センチの木の). ❸ 短刀. ❹ 独楽(こま)の軸.

rejoneador [r̄exoneaðór] 男《闘牛》レホネアドール(騎馬闘牛士).

rejonear [r̄exoneár] 他《闘牛》(牛)を馬上から手槍(やり)で突く.
── 自《闘牛》(牛)を馬上から手槍(やり)で突く.

rejoneo [r̄exonéo] 男《闘牛》馬上から手槍(やり)で牛を突く技.

*‡**rejuvenecer** [r̄exuβeneθér] [9.1]《<joven》他 ❶ を若返らせる.── La incorporación de los nuevos jugadores *ha rejuvenecido* al equipo. 新しい選手たちの加入によってチームは若返った. El director *ha rejuvenecido* la plantilla de la empresa. 経営者は社のスタッフの若返りを行った. ❷ を一新する,刷新する,近代化する.── ~ el sistema educativo 教育制度を近代化する. 類 **modernizar**.
── 自 若返る.── Ella *ha rejuvenecido* con el cambio de peinado. 彼女は髪形を変えたので若返った.
── *se* 再 若返る.── El anciano *se rejuveneció* desde que empezó a practicar la natación. 老人は水泳をやり始めてから若返った.

rejuvenecimiento [r̄exuβeneθimjénto] 男 若返り.

‡**relación** [r̄elaθjón レラシオン] 囡 ❶ 関係,関連.── Se dice que hay ~ entre el tabaco y el cáncer de pulmón. 喫煙と肺癌には関係があると言われている. Este crimen está en ~ con el anterior. この犯罪は前のものと関係がある. ❷〖主に複〗交際,交流,付き合い.── *relaciones* amorosas 恋愛関係. *relaciones* de parentesco 血縁[親族]関係. *relaciones* diplomáticas 外交関係. *relaciones* formales(結婚を前提とした)正式な付き合い. *relaciones* ilícitas 不倫な関係. No tengo ninguna ~ con mi vecino. 私は隣の人とは全く付き合いがない. Juan está en buenas [malas] *relaciones* con Antonio. フアンはアントニオと仲がいい[悪い]. Rompieron las *relaciones* comerciales. 彼らは取引関係を絶った. ❸ 圏 知人,縁故者;コネ.── Tenemos buenas *relaciones* en este banco. この銀行には良いコネがある. ❹ 圏 恋愛関係,愛人関係,肉体関係.── Mi amigo tiene [está en] *relaciones* con la hija de su jefe. 私の友だちは

上司の娘といい仲になっている. ❺ 話すこと, 言及; 報告(書). —Nos hizo ~ de las dificultades que había sufrido para tener éxito. 彼は成功するまでの苦労話を私たちにしてくれた. Presenté una ~ detallada del accidente a la policía. 私は事故の詳細な報告書を警察に提出した. ❻ リスト, 一覧表, 目録. —Han facilitado una ~ de los equipos. チームのリストが発表された. ❼ 比率, 割合. —El número de mujeres supera al de hombres en una ~ de seis a cuatro. 女性の数は男性よりも 6 対 4 の割合で多い. Los gastos no guardan ~ alguna con los ingresos. 支出と収入とが全く釣り合っていない. 類 razón.

con relación a ... (1) …に関して. *Con relación a* este asunto no tengo nada que decir. この件に関しては何も言うことはありません. (2) …と比較して, 比べて. Este año tenemos poca lluvia *con relación a*l año pasado. 去年と比べると今年は雨が少ない.

en relación con ... →con relación a ...

ponerse en relación con ... …と連絡をとる. Quiere *ponerse en relación con* un hijo suyo que se fue hace unos meses. 彼は数か月前に家出した息子と連絡をとりたいと思っている.

relaciones públicas 宣伝活動, ピーアール.

*relacionado, da [r̃elaθjonáðo, ða] 過分 形 ❶ 〖+con〗…と関係のある, 関連した, …に関する. —Tengo que contarte algo ~ *con* tu marido. 私はあなたの御主人についてあることを話さなければならない. ❷ 〖+con〗(人)と関係がある, 縁故関係にある. —Está bien ~. 彼は人脈が広い〔縁故が多い〕.

‡relacionar [r̃elaθjonár] 他 ❶ 〖+con と〗を関係づける, 関連づける. —*Relacioné* su silencio *con* su culpabilidad. 私は彼の沈黙を有罪と結びつけて考えた. ❷ 《文》報告する, 陳述する, 説明する. —*Relacionó* detalladamente todo lo que ocurrió en esa noche. 彼はその夜起こったことすべてを詳しく説明した. ❸ …の一覧表を作る, 表〔リスト〕にする. —*Relaciona*, por favor, todos los pedidos de la última semana. すまないけど先週の注文を全部表にまとめてくれないか.

— se 再 〖+con と〗付き合う, 交際する. —Se encierra en casa y no *se relaciona con* nadie. 彼は家に閉じこもってだれとも付き合わない.

relajación [r̃elaxaθjón] 女 ❶ 緩み, 弛緩, リラックス. —~ de los músculos 筋肉の弛緩. ❷ 緩み, たるみ; 締まりのなさ. —~ de la moral pública 公衆道徳の堕落. ❸ 緩和, 軽減. —~ de las tensiones internacionales 国際緊張の緩和. ❹ 〖医学〗ヘルニア.

relajado, da [r̃elaxáðo, ða] 過分 形 ❶ リラックスした, 緩んだ, 弛緩した. ❷ たるんだ; 放らつな, 身持ちの悪い. ❸ 〖医学〗(臓器が)ヘルニアにかかった.

relajamiento [r̃elaxamjénto] 男 = relajación. —~ de la autoridad 権威の低下.

relajante [r̃elaxánte] 形 弛緩させる(ための), 緊張を解く(ための). —tónico ~ 精神安定剤. Él encuentra ~ el baño de agua caliente. 彼は熱い風呂に入ると心が安まると感じている.

— 男 下剤, 通じ薬.

‡relajar [r̃elaxár] 他 ❶ を緩ませる, 弛(ゆる)ませる. —~ una cuerda 綱〔紐(ひも)〕を弛ませる. ❷ を和らげる, リラックスさせる. —El ejercicio físico la *relajó*. 体操で彼女はリラックスした. Las bromas *relajaron* la tensión. 冗談によって緊張が解けた. ❸ (規則など)を緩和する, 軽減する, 弱める. —La bajada de impuestos *relajó* la presión fiscal. 減税によって税の重圧は緩和された. ❹ 〖南米〗(飲食物が人)に甘ったらい.

— se 再 ❶ *(a)* リラックスする, 余分な力を抜く. —No te pongas nervioso y *relájate*. イライラしないでリラックスしろよ. *(b)* (緊張が)解ける, なごむ. —La tensión de los primeros momentos *se relajó* con el paso del tiempo. 初期の緊張は時の経過とともに解けた. ❷ 悪習に染まる, 堕落する. —Desde que vive lejos de la familia, *se ha relajado*. 家族から遠く離れて暮らすようになってから彼は自堕落になってしまった.

relajo [r̃eláxo] 男 〖中南米〗❶ 堕落, 腐敗(した行為); 放蕩(ほうとう). ❷ 大騒ぎ, どんちゃん騒ぎ. ❸ *(a)* 悪ふざけ, 粗野な冗談. *(b)* 嘲笑(ちょうしょう), あざけり.

relamer [r̃elamér] 他 をなめ回す.

— se 再 ❶ *(a)* 唇をなめる; (動物が)自分の体をなめる. *(b)* 舌なめずりをする; 舌鼓を打つ. ❷ 満足げにする, 悦に入る. —*Se relame* de gusto pensando en el viaje. 彼は旅行のことを考えていて悦に入っている. ❸ 〖+de〗(を)自慢する.

relamido, da [r̃elamíðo, ða] 過分 形 ❶ 気取った, とりすました, きざな. 類 afectado. ❷ 〖中南米〗恥知らずな.

‡relámpago [r̃elámpaɣo] 男 ❶ 〖気象〗稲妻, 稲光, 雷. —Un instante después del ~, se oyó el estruendo del trueno. 稲妻が光ってすぐ雷鳴がとどろいた. Como un ~, una feliz idea le cruzó por la mente. 名案がぱっと彼の心に浮かんできた. ❷ フラッシュ, 閃光(せんこう), きらめき.

— 形 稲妻のような, 非常に早い〔短い〕, 電撃の. —viaje ~ 非常に短い旅行. guerra ~ 電撃戦.

cierre relámpago →cierre.

relampagueante [r̃elampaɣeánte] 形 ぴかっと〔きらりと〕光る, きらめく.

‡relampaguear [r̃elampaɣeár] 自 ❶ 〖無主語で〗稲光がする, 稲妻が光る. —*Relampagueaba* en la lejanía. 遠くで稲光がしていた. ❷ 閃光(せんこう)を放つ, きらめく, 点滅する. —La luz del faro *relampaguea* con regularidad. 灯台の明かりが規則的に光っている. Sus ojos *relampagueaban* de cólera. 彼の目は怒りでぎらついていた.

relampagueo [r̃elampaɣéo] 男 稲妻が光ること; 閃光(せんこう), きらめき.

relance [r̃elánθe] 男 ❶ 偶然の出来事. ❷ (賭(か)け事などで)2 回目の (2 回続けての)チャンス.

de relance 偶然に, 思いがけず. 類 casualmente.

relapso, sa [r̃elápso, sa] 形 ❶ 再犯の. ❷ 〖宗教〗再び異端に帰依した.

— 男 ❶ 再犯者. ❷ 〖宗教〗再び異端に帰依した人, 再転宗者.

‡relatar [r̃elatár] 他 ❶ を語る, 物語る, 述べる. —Me gusta ~ a los niños cuentos infantiles. 私は子供たちに童話を物語るのが好きだ. 類 contar, relacionar. ❷ 〖法律〗を陳述する.

‡relativamente [r̃elatíβaménte] 副 相対的に, 比較的に. —En Japón hay ~ pocas diferencias de clases sociales. 日本の社会には社会的

な階級差が比較的少ない. 反**absolutamente**.

relatividad [r̄elatiβiðá(ð)] 囡 ❶ 相対性, 関連性; 依存性. ❷《物理》相対性理論. —teoría de la ~ 相対性理論.

relativismo [r̄elatiβísmo] 男 《哲学》相対論, 相対主義.

relativista [r̄elatiβísta] 形 《哲学》相対論の, 相対主義の.
—— 男女 相対論者, 相対主義者.

‡**relativo, va** [r̄elatíβo, βa] 形 ❶ **相対的な**, 比較的, 比較した上での. 反**absoluto**. ❷ 【+a】…に関係のある. —El ordenador saca en un instante toda la información *relativa a* la universidad. コンピューターが一瞬のうちにその大学についての全情報を引き出す. La gravedad *relativa* del hierro es de 7.86. 鉄の比重は 7.86 である. ❸ (*a*) ある程度の, まずまずの, 大したことのない. —enfermedad de *relativa* importancia 少し気をつけた方がよい病気. (*b*) 議論の余地がある, 問題がある. —Tu opinión es muy *relativa*. 君の意見はとても問題がある. 類**discutible**. ❹《文法》関係を示す, 関係…. —pronombre ~ 関係代名詞.
—— 男《文法》関係詞.
en lo relativo a … …に関しては.

‡**relato** [r̄eláto] 男 ❶ 物語, 話. —Me aburrí con el prolijo ~ de sus viajes. 彼の冗漫な旅行の報告にはうんざりした. 類**exposición**. ❷《文学作品としての》語り, 物語, 話; 叙述. ❸ 報告(書) (=informe).

relator, tora [r̄elatór, tóra] 图 ❶ 語り手, ナレーター, 物語る人. 類**narrador**. ❷《会議の》報告者. ❸《司法》(裁判の)告発者(法的資格のある).

relatoría [r̄elatoría] 囡 告発者の職[その事務室].

relax [r̄elá(k)s] 男《単複同形》リラックス.

relé [r̄elé] 男《<仏》《電気》継電器, リレー.

releer [r̄eleér] [2.6] 他 を読み直す, 再び読む.

relegación [r̄eleɣaθjón] 囡 追放, 格下げ, 左遷.

relegar [r̄eleɣár] [1.2] 他 ❶ 【+a に】を追いやる, 追放する. —~ *al olvido* 忘れ去る, 忘却にゆだねる. 類**desterrar**. ❷ を落とす, 格下げする, 左遷する.

relente [r̄elénte] 男 夜霧, 夜の湿り気; 夜の冷気.

relevación [r̄eleβaθjón] 囡 ❶ (人員の)交代. ❷ (義務などの)免除.

relevador [r̄eleβaðór] 男《電気》継電器, リレー. 類**relé**.

relevante [r̄eleβánte] 形 ❶ 目立つ, 顕著な; 傑出した. 類**excelente, eximio, sobresaliente**. ❷ 重要な, 意義のある. 類**importante, significativo**. ❸《言語》関与的な.

relevar [r̄eleβár] 他 ❶ …に《義務などを》免除する, を《義務, 責任などから》解放する【+de】. —~ *de una obligación* 義務を免除する. Le *relevaron* de hacer guardia. 彼は見張りの任を解かれた. 類**eximir, liberar**. ❷ (見張り役を)交代する. —~ *la guardia* 見張りを交代する. 類**cambiar, reemplazar, sustituir**. ❸ を際立たせる, 浮き彫りにする. 類**acentuar, intensificar, resaltar**.
—*se* 再 交代する. —Madre e hija *se relevaban* en el cuidado del padre moribundo. 母と娘は交代で瀕死の父の世話をしていた.

relevo [r̄eléβo] 男 ❶ (軍隊などの)交代(すること); 交代人員. 類**cambio, reemplazo, sustitución**. ❷《スポーツ》リレー. —carrera de ~*s* リレー競争. ~ *estilos* (水泳の)メドレー・リレー. —por etapas《情報》フレーム・リレー.

relicario [r̄elikárjo] 男 ❶《聖者の遺骨, 遺品などを納めた》聖堂, 納骨殿; 聖体容器. ❷ (装身具の)ロケット.

‡**relieve** [r̄eljéβe] 男 ❶ 浮き彫り, レリーフ, 盛り上げ; 浮彫り細工. —mapa en ~ 立体地図. alto ~ 高浮き彫り. medio ~ 半肉(浮き)彫り. bajo ~ 浅浮き彫り. ❷ 目立つこと, 傑出, 卓越, 重要性. —Es un investigador de gran ~. 彼は傑出した研究者だ. ❸ (土地の)起伏; 地形. —El mar de la costa africana está lleno de ~*s* de coral. アフリカの沿岸にはさんご礁がたくさんある. ❹《まれ》残り物, 残飯 (=restos).
poner de [en] relieve《比喩》強調する. *Puso de relieve* la puntualidad. 彼は時間厳守を強調した.

‡**religión** [r̄elixjón レリヒオン] 囡 ❶《宗教》**宗教**, 宗派, …教; 信仰, 信仰生活, 修道院生活. —El sintoísmo es la ~ tradicional de Japón. 神道は日本の伝統的な宗教である. ~ católica カトリシズム[カトリック]. ~ natural 自然宗教. ❷ (信仰のような)大切なもの, 信条.
entrar en religión 修道院に入る.

religiosa [r̄elixjósa] 囡 →*religioso*.

religiosamente [r̄elixjosaménte] 副 ❶ 宗教的に, 信心深く. ❷《比喩》きちょうめんに, 綿密に. —pagar ~ *las deudas* 負債をちゃんと返す.

religiosidad [r̄elixjosiðáð] 囡 ❶ 宗教心, 信仰心, 信心深さ. —Fue una mujer de una ~ ejemplar. 彼女は模範的に信心深い女性だった. ❷《比喩》きちょうめんさ. —con toda ~ 実にきちょうめんに.

‡**religioso, sa** [r̄elixjóso, sa] 形 ❶《宗教》宗教の, 宗教上の, 世俗的でない; 信心深い, 信仰のあつい, 敬虔(けん)な. —fe *religiosa* 信仰心. vida *religiosa* 宗教生活. profesión *religiosa* 立願. Es muy ~. Va todos los domingos a la iglesia. 彼は非常に信心深い. 日曜日はいつも教会へ行く. ❷《比喩》良心的な, 厳正な. —silencio ~ 厳(おごそ)かな静けさ. Todos escuchaban con *religiosa* atención. みんな厳粛に耳を傾けていた.
—— 图 宗教家, 宗教に従事する者, 聖職者, 修道士[女].

relimpio, pia [r̄elímpjo, pja] 形《話》実に清潔な, こざっぱりした, 真新しい.

relinchar [r̄elintʃár] 自 (馬が)いななく.

relincho [r̄elíntʃo] 男 ❶ (馬の)いななき. —dar ~*s* (馬が)いななく. ❷ 歓声.

relinga [r̄elíŋga] 囡《海事》(帆の)縁索(ざく), ボルトロープ(帆の縁を丈夫にするためにつける綱).

reliquia [r̄elíkja] 囡 ❶ 遺物, 遺品, 残存物. ❷《カトリック》(聖人, 殉教者などの)聖骨, 聖遺物. ❸ 記念品, 形見. ❹ (病気などの)後遺症. 類**secuela**.

rellano [r̄eʎáno] 男 ❶ (階段の)踊り場. 類**descansillo**. ❷ (坂道の途中にある)平らな所.

rellenar [r̃ejenár] 他 ❶ を満たす，いっぱいにする．—~ un vaso コップを満たす．❷ (からになったもの)を再び満たす；詰め替える，補充する；《航空》(燃料)を補給する．❸ …に詰め物をする．—~ un pollo 鶏に具を詰める．~ una almohada 枕に綿などを詰める．❹ (用紙)に書き込む，記入する．—~ un formulario 用紙に書き込む．❺ (人)を満腹にさせる．—Me *habéis rellenado.* 君たちのおかげで満腹だ．

—**se** 再 ❶ 満たされる，いっぱいになる．❷ 満腹する．

relleno, na [r̃ejéno, na] 形 ❶ いっぱいになった，満たされた．❷ (食べ物が)詰め物のはいった．—pimientos ~s ピーマンのひき肉詰め．

—— 男 ❶ 詰めること，満たすこと，充填(じゅうてん)．❷ (料理の)詰め物；(建築などの)充填剤．❸ (会話などの)付け足し；(記事などの)埋め草，余談．—de ~ 付け足しの．

***reloj** [r̃eló(x)レロ] 男 時計；《情報》クロック．—~ de arena 砂時計．~ de bolsillo 懐中時計．~ despertador 目覚まし時計．~ digital デジタル時計．~ de sol 日時計．~ de pared 柱時計．~ de pulsera 腕時計. adelantarse el ~ 時計が進む. atrasarse el ~ 時計が遅れる. pararse el ~ 時計が止まる. Por mi ~ son exactamente las seis. 私の時計ではちょうど6時です. En la quietud del cuarto se oía el tic-tac del ~. 静かな部屋で時計のかちかち言うのが聞こえた. Estoy trabajando contra ~ para acabar ese trabajo. その仕事を終えるのに時計とにらめっこやっている.

contra reloj 《スポーツ》タイムトライアル. carrera *contra reloj* タイムトライアルレース.

ser como un reloj 《比喻》時間にきちょうめんである，時間厳守である．

relojería [r̃eloxería] 女 ❶ 時計店；時計工場．❷ 時計製造業．—mecanismo de ~ 時計じかけ. bomba (con mecanismo) de ~ 時限爆弾．

relojero, ra [r̃eloxéro, ra] 名 時計職人；時計商．

—— 女 時計ケース；時計を載せる台．

reluciente [r̃eluθiénte] 形 ❶ 輝く，(きらきら)光る；色鮮やかな. 類**brillante, resplandeciente.** ❷ (人が)太っていて血色の良い，健康そうな．

***relucir** [r̃eluθír] [9.2] 自 ❶ 光り輝く，きらきらと光る．—El diamante *relucía* al sol. ダイヤモンドは陽光に光り輝いていた．❷ 秀でている，優れている，抜きん出ている．—Su inteligencia *reluce* en la clase. 彼の頭の良さはクラスの中で図抜けている. El jarrón de porcelana china *relucía* entre los demás objetos. 中国製磁器のつぼは他の物品の中でもひときわ目立っていた. 類**destacar.**

No es oro todo lo que reluce.【諺】光るものすべてが金ではない．

sacar a relucir 《話》不意にばらす，暴露する. No *saques a relucir* mis antiguos errores por favor. 私の昔の間違いをばらすようなことはしないでくれ．

salir a relucir 《話》明るみに出る，表面化する．

reluctante [r̃eluktánte] 形 気が進まない，しぶしぶの，いやいやながらの．類**opuesto, reacio, remiso.**

relumbrante [r̃elumbránte] 形 きらきら輝く，まばゆいばかりの，燦然(さんぜん)たる．—una ~ belleza まばゆいばかりの美しさ．

relumbrar [r̃elumbrár] 自 ❶ 輝く，光る，照り輝く．類**brillar, relucir, resplandecer.** ❷ 際立つ，異彩を放つ，秀でる．

relumbrón [r̃elumbrón] 男 ❶ 閃(せん)光，きらめき．類**destello.** ❷ けばけばしさ；虚飾．—de ~ 見かけ倒しの；見せびらかしの．

reluzca(-) [r̃elúθka(-)] 動 relucir の接・現在．

reluzco [r̃elúθko] 動 relucir の直・現在・1 単．

remachado [r̃emat∫áðo] 男 リベット[ボルト]で留めること．

remachador, dora [r̃emat∫aðór] 名 リベット打ち工．

—— 女 リベット打ち機．

remachar [r̃emat∫ár] 他 ❶ をリベット[ボルト]で留める．❷ (打ち込んだ釘の頭など)を打ち曲げて[たたきつぶして]固定する．❸ をしっかりと言う，力説する．類**insistir, recalcar.**

remache [r̃emát∫e] 男 ❶ リベット；ボルト；《服飾》鋲．❷ リベット[ボルト]で留めること．❸ (釘の頭などを)打ち曲げて[たたきつぶして]固定すること．

remador, dora [r̃emaðór, ðóra] 名 こぐ人，こぎ手(=remero).

remadura [r̃emaðúra] 女 (ボートなどを)こぐこと．

remallar [r̃emajár] 他 (網)を繕う，補強する．

remanente [r̃emanénte] 形 ❶ 残っている，残り物の. 類**sobrante.** ❷ 《物理》残留磁気の．

—— 男 ❶ 残り(物)，残余. 類**residuo.** ❷ 残高；残金．

remangar [r̃emaŋgár] [1.2] 他 (袖(そで)，裾(すそ))をたくし上げる，まくりあげる，折り返す．—con la camisa *remangada* ワイシャツの腕をまくって．

—**se** 再 ❶ (自分の衣服の袖，裾)をたくし上げる，まくり上げる，折り返す．—*Se remangó* los pantalones y entró en el río. 彼はズボンの裾をたくし上げて川に入った．❷ 《話》強く決意する．

remansarse [r̃emansárse] 再 (水の流れが)淀(よど)む，水たまりになる．

remanso [r̃emánso] 男 ❶ (*a*) 水たまり．(*b*) 川などの淀(よど)み．❷ のろさ，緩慢，不活発．

un remanso de paz 安らぎの場．

remar [r̃emár] 自 ❶ 船[ボート]をこぐ，かいを操る．類**bogar.** ❷ 苦労する，苦闘する．

remarcable [r̃emarkáβle] 形 注目に値する，注意すべき；特に優れた. 類**notable, señalado, sobresaliente.**

remarcar [r̃emarkár] [1.1] 他 ❶ を指摘する，…に特に注目させる．❷ …に再び印をつける，印をつけ直す．

rematadamente [r̃ematáðaménte] 副 ❶ 全く，すっかり，完全に．❷ ひどく，絶望的に．

rematado, da [r̃ematáðo, ða] 形 ❶ (愚かさ，狂気などが)救いようのない，全くの．—loco ~ 完全な狂人. ❷ 《司法》(被告が)有罪を宣告された．❸ (子供が)いたずらな．—pícaro ~ いたずらっ子．

rematador, dora [r̃emataðór, ðóra] 形 ゴールを決める．

—— 名 ❶ (サッカーなど)得点者．❷ 〖中南米〗競買人．

rematante [r̃ematánte] 男女 (競売の)最高額入札者，落札者．

***rematar** [r̃ematár] 他 ❶ (*a*) …に止めを刺す；

駄目を押す,追い討ちをかける.　――～ al caballo herido 傷ついた馬に止めを刺す.Deprimido como está por la muerte de su madre, esta mala noticia le *rematará*. 彼は母親の死で打ちひしがれているので,この悪いニュースは彼に追い討ちをかけるだろう.（*b*）を終える,完結させる,しめくくる.　―― Tengo que ～ el trabajo en el plazo previsto. 私は予定の期限までに仕事を終えねばならない. 類**acabar, concluir**. ❷〖裁縫で縫い目・玉結び〗を作る.　―― ～ la costura 返し縫いをする. ❸ を費消する,使い果たす,使い切る,食べ[飲み]尽くす.　―― En pocos días los alpinistas *remataron* las provisiones. 数日間で登山家たちは食糧を食べ尽くした. ❹〖スポーツ〗（シュート・スマッシュ・スパイク）を決める.　―― ～ la pelota ボールをスマッシュ[スパイク]する. ❺（競売で）をせり落す;競売にかける. ❻（残った商品）を安売りする.

── 自〖＋en ～〗❶（形が…で）終わる.　―― La muralla *remataba en* puntas. 城壁は先端がぎざぎざになっていた. ❷〖スポーツ〗ゴールする,スマッシュ[スパイク]を決める.　―― ～ de cabeza ヘディングシュートを決める.

remate [r̃emáte] 男 ❶ 終わり;完了,仕上げ. ―dar ～ a ... を終わりにする,完了する. Como ～ del congreso hicieron una visita a Toledo. 会議の仕上げとして彼らはトレードを見学した. 類**conclusión, fin**. ❷ 端,先端,末端.　―― Las cortinas llevan un ～ de encaje. カーテンの下部がレースになっている. 類**término**. ❸〖建築〗（建物上部の）装飾,尖頂. ❹（競売で）落札. ❺〖中南米〗競売. ❻（サッカーなどの）シュート. ～ de cabeza ヘディングシュート.

de remate（愚かさ,狂気などが）救いようのない,全くの. Ese amigo tuyo es tonto *de remate*. 君のその友だちは救いがたいばかだ.

para remate その上に,かてて加えて. Llegué a medianoche, no había taxis, y *para remate* me robaron la cartera. 私は夜中に到着し,タクシーもなく,おまけに財布を盗まれてしまった.

por remate 最後に,終わりに.

rematista [r̃ematísta] 男女〖中南米〗競売人.

rembolsar [r̃embolsár] 他 ＝reembolsar.

rembolso [r̃embólso] 男 ＝reembolso.

remedar [r̃emeðár] 他 ❶ をまねる,模倣する. 類**imitar**. ❷（人）の物まねをする,…のまねをしかけらう[人を笑わせる]. 類**parodiar**.

remediable [r̃emeðjáβle] 形 治療できる;救済[矯正]可能な.

‡**remediar** [r̃emeðjár] 他 ❶ …に対処する,を解決する,打開する.　―― Sólo él puede ～ esta difícil situación. 彼だけがこの難局を乗り切ることができる. ❷ を回避する,避ける.　―― Si puedes ～lo, no prometas nada. もし君がそれを回避できるのなら,何も約束するな. 類**eludir, evitar**. ❸ を救済する,援助する.　―― Mi padre *remediará* nuestras necesidades económicas solo durante un tiempo. 一定期間だけなら父が我々の経済的窮地を救ってくれるだろう.

no poder remediar《話》を避けられない,思わず…してしまう.

‡**remedio** [r̃eméðjo] レメディオ 男 ❶（救済）方法,手段,（解決）策.　―― El gobierno debe buscar algún ～ para mejorar la situación económica. 政府はこの経済状況を改善するために何らかの解決策を探さねばならない. Recurrió a la justicia como último ～. 彼は最後の手段として裁判に訴えた. Esto tiene fácil ～. これは解決が簡単だ. ～ heroico 荒療法,思い切った手段. ❷ 治療;療法,薬.　―― Esto es un buen ～ contra el dolor de cabeza. これは頭痛によく効く治療法だ. ～ casero 民間療法,簡易治療. 類**medicamento, medicina**. ❸ 救い,助け,慰め.　―― Su carta me ha servido mucho de ～. 彼の手紙はとても私の救いになった. En vano busca ～ en su aflicción. 彼は自分の苦しみの慰めを探しているが無駄である. 類**ayuda, consuelo**. ❹ 矯正,修正;償い,補償.　―― Tienes que poner ～ al hábito de emborracharte tanto. 君はそんなに酔っぱらう癖を直さねばならない. 類**corrección, enmienda**. ❺〖司法〗控訴,上告. ❻（貨幣の）公差.

A grandes males, grandes remedios. 【諺】重病には荒療治が必要だ.

El remedio es peor que la efermedad. 【諺】病気よりも治療の方が危い（講じた策の方がかえって害になる）.

ni para un remedio 全く…ない. En verano aquí no se encuentra hotel *ni para un remedio*. 夏はここ当地ではホテルは全く見つからない.

no haber [tener] más [otro] remedio que …の他に方法がない,…せざるをえない. *No había más remedio que castigarle*. 彼を罰する以外に手はなかった. *No tenemos más remedio que* ir. 私たちは行かざるをえない.

No hay remedio. しかたがない,処置なしだ.

no tener remedio どうしようもない,手がつけられない. Esta chica *no tiene remedio*. この娘は救いようがない. Esta regresión económica *no tiene remedio*. この不景気は処置なしだ.

poner remedio a ... を終わらせる,決着をつける. Hay que *poner remedio a* la penosa situación en que vivimos. 私たちの置かれている辛い状況に決着をつけないといけない.

¿Qué remedio me queda? どうしようもない,仕方がない.

sin remedio どうしようもない,やむをえない. Es un despistado *sin remedio*. 彼はどうしようもないうっかり者だ.

Remedios [r̃eméðjos] 固名《女性名》レメディオス.

remedo [r̃eméðo] 男 ❶ まね,模倣（すること）. ❷（不完全な,またはふざけた）模倣,パロディー.

remembranza [r̃emembránθa] 女 記憶;回想,追憶. 類**memoria, recuerdo**.

rememoración [r̃ememoraθjón] 女 回想,思い出;記憶.

rememorar [r̃ememorár] 他 を思い出す. 類**recordar**.

remendado, da [r̃emendáðo, ða] 過分 形 ❶（衣類などが）継ぎの当たった,繕っている. ❷（動物が）ぶちの,まだらの.

‡**remendar** [r̃emendár] [4.1] 他 ❶ …につぎを当てる,当て布[パッチ]を縫い付ける;を繕う.　―― Mi abuela *remendaba* muy bien los calcetines. 祖母は靴下を繕うのがとてもうまかった. ～ unos pantalones ズボンにつぎを当てる. 類**zurcir**. ❷ を補う,付け足す,加える.

remendón, dona [r̃emendón, dóna] 形 (洋服屋, 靴屋が)修理専門の, 繕い職の. — zapatero ～ 靴修理職人.
—— 名 靴修理職人; 仕立て直し職人.

remera [r̃eméra] 女 〖鳥類〗風切り羽.

remero, ra [r̃eméro, ra] 名 (船, ボートの)こぎ手, 漕手(ぎ).

***remesa** [r̃emésa] 女 ❶ (商品などの)発送, 〖商業〗船積み; 発送品, 送金(額). — destinatario de ～ 送金先[受取人]. Hicimos una ～ de muestras al cliente. 顧客に見本を発送した. 類**envío, partida**.

remesar [r̃emesár] 他 ❶ (商品)を輸送する, 発送する. ❷ (金銭)を送る, 送金する.

remeter [r̃emetér] 他 ❶ (外に出た物)を元どおりに入れる, 元に戻す. ❷ 押し込む, 詰め込む. — ～ la sábana [la manta] シーツ[毛布]の端を(ベッドメーキングのために布団の下に)折り込む.

remiend- [r̃emiénd-] 動 remendar の直・現在, 接・現在, 命令・2単.

remiendo [r̃emiéndo] 男 ❶ 繕い, 修繕; 修理. — Te va a costar más el ～ que comprar un reloj nuevo. 新しい時計を買うよりも修理するほうが高くつくよ. 類**arreglo, compostura**. ❷ 修繕した箇所; 継ぎ, 当て布. — echar un ～ a … …に継ぎを当てる. 類**costura, parche**. ❸ 修正, 訂正. ❹ (一時的な)補充, 間に合わせ. ❺ (動物の)ぶち, まだら模様.

a remiendos 1度に少しずつ, 切れ切れに.

No hay mejor remiendo que el del mismo paño. 〖諺〗自分のことは自分でするのが一番だ(←同じ布で継ぎを当てる以上に良い継ぎはない).

ser remiendo del mismo [*de otro*] *paño* 同じ[別の]ことである.

remilgado, da [r̃emilɣáðo, ða] 形 ❶ 気取った, きざな. 類**afectado**. ❷ 上品ぶった; うるさい, 礼儀作法に気を遣い過ぎる. 類**melindroso**.

remilgarse [r̃emilɣárse] [1.2] 再 ❶ 気取る, 上品ぶる, きざな[芝居がかった]態度を取る. ❷ 気難しくする, うるさくする.

remilgo [r̃emílɣo] 男 ❶ 気取った[きざな]態度. 類**melindre**. ❷ 好みのやかましさ, こうるささ.

hacer [*andar con*] *remilgos* (1) 気取る, お上品ぶる. (2) 好みにうるさい態度を取る.

remilgoso, sa [r̃emilɣóso, sa] 形 〖中南米〗 =remilg*ado, da*.

reminiscencia [r̃eminisθénθja] 女 ❶ 追憶, 回想, 思い出. 類**memoria, recuerdo**. ❷ (文学, 芸術作品などの中で)古い時代の影響[なごり].

remirado, da [r̃emiráðo, ða] 形 ❶ 注意深い, 用心深い, 慎重な. 類**cauto, circunspecto, escrupuloso, prudente**. ❷ 気取った, きざな. 類**melindroso, mojigato**. ❸ 好みのうるさい, 気難しい. 類**remilgado**.

remirar [r̃emirár] 他 ❶ を再び見る, 見直す. ❷ を繰り返し[何度も]見る; をよく見る. ❸ をよく調べる, 調査[精査・点検]する.
—— se 再 〖+en〗(…に)とても気を配る. ❷ 〖+en〗(…に)非常に骨を折る.

remisible [r̃emisíβle] 形 許せる, 容赦[免除]できる.

remisión [r̃emisjón] 女 ❶ 発送; 配送, 配達. 類**envío, expedición, remesa**. ❷ (a) 赦免 (=～ de los pecados). 類**absolución, perdón**. (b) 刑期の短縮, 減刑 (=～ de una pena). ❸ (病気, 苦痛などの)鎮静, 減衰, 和らぎ. —～ de la hinchazón 腫れの和らぎ. 類**atenuación, mitigación**. ❹ 参照, 参考; (他の箇所を参照せよという)注意書き. — texto lleno de *remisiones* 注だらけの本文. 類**referencia**. ❺ 延期, あと回し.

sin remisión 必ず, 間違いなく.

remisi*vo, va* [r̃emisíβo, βa] 形 ❶ 参照(用)の. ❷ 容赦の, 免除の; 減刑の.

remiso, sa [r̃emíso, sa] 形 ❶ 気が進まない, いやいやながらの. — Se muestra ～ a cooperar. 彼は協力するのに気が進まない様子だ. 類**reacio, reluctante**. 反**voluntario**. ❷ 怠慢な, だらけた.

no ser remiso en … 喜んで[快く]…する.

remisor, sora [r̃emisór, sóra] 名 〖中南米〗差出人, 発信人, 送り主. 類**remitente**.

remite [r̃emíte] 男 (郵便物の)差出人の住所氏名(しばしば Rte. または R. と略記).

***remitente** [r̃emiténte] 男女 差出人, 送り主, 発信人(略 Rte.). — No se sabe quién es el ～ de esta carta. この手紙の差出人が分からない. 反**destinatario**.
—— 男 差出人住所氏名(欄). 類**remite**.
—— 形 送り主側の, 発送[発信]する. — La empresa ～ pagará los portes. 送料は送り主側の会社が払う.

***remitido** [r̃emitíðo] 男 (新聞に載せる有料の)広告(記事).

****remitir** [r̃emitír レミティル] 〖<meter〗 他 ❶ を発送する, 送る, 送付する. — Adjunto les *remitimos* un catálogo de nuestros productos. 当社の製品カタログを同封し御送付いたします. *Remite*: Juan Mendoza. 送り主:フアン・メンドーサ. ❷ を委(ﾕ)ねる, 任せる. — Juan *remitió* el juicio final a sus superiores. フアンは最終的な判断を上司に委ねた. ❸ 〖司法〗を赦免する, 免罪する. — Las autoridades le *remitieron* la condena mediante un indulto. 当局は彼の刑を特赦によって免除した. ❹ を参照させる.
—— 自 ❶ 和らぐ, 治まる, 弱まる. — La tormenta *remitirá* pronto. 嵐はすぐに治まるだろう. La fiebre *remitirá* dentro de una hora. 熱は1時間後には下がるだろう. 類**ceder**. ❷ 〖+a を〗引用する. — El investigador *remite a* otros trabajos suyos. その研究者は自分の他の論文を引用している.
—— se 再 〖+a に〗❶ ゆだねる, 任せる, 従う. — Me *remitiré* a la decisión de mi superior. 私は上司の決定に任せることにする. ❷ を参照する. — Para más detalle *remítase a* la página 24. 詳細については 24 ページを参照のこと.

remo [r̃émo] 男 ❶ (ボートなどの)オール, 櫂(ﾍ). ❷ 苦労, 骨折り. ❸ (スポーツとしての)漕艇(ﾀﾞ). ❹ 〖主に複〗(人間の)手足, 四肢(ﾋ); (動物の)脚; (鳥類の)翼.

a [*al*] *remo* (1) 漕(ﾆ)いで. (2) 苦労して, 骨を折って. *a* [*al*] *remo y sin sueldo* 無駄骨を折って.

a remo y vela 急いで, すみやかに.

meter el remo 余計なことに首をつっこむ, おせっかいをする.

remoción [r̃emoθjón] 〖<remover(se)〗女 ❶ 移動, 移転, 転居. ❷ 除去, 撤去, 片付け. ❸ 解

1640 remodelación

任, 免職. ❹ (人員の)入れ替え.

remodelación [r̃emoðelaθjón] 女 改築, 改造.

remojar [r̃emoxár] 他 ❶ を(水などに)浸す, つける, ぬらす[＋en]. — Hay que ～ la ropa *en* agua sin jabón antes de lavarla. 服を洗濯する前に石けんを入れない水につけなければならない. ❷ (食事中にパンなど)を(ミルクなどに)浸す, ちょっとつける[＋en]. — Le gusta ～ el pan *en* la leche. 彼はパンをミルクに浸して食べるのが好きだ. ❸《話》を祝って乾杯する[飲む].

—— **se** 再 (水などに)浸る, つかる; ぬれる, ずぶぬれになる.

remojo [r̃emóxo] 男 (水などに)浸すこと, つけること; ずぶぬれ.

a [*en*] *remojo* 水の中に[で], 水につかって; ずぶぬれになって. tener la ropa *en remojo* 服がびしょぬれになる. poner *a remojo* las judías インゲンマメを水につける.

echar ... a [*en*] *remojo* をそのままにして[放って]おく; …の時機の熟すのを待つ.

remojón [r̃emoxón] 男 ❶《話》(突然の大雨などによる)ずぶぬれ; どしゃ降り. —¡Buen ～ te has dado! 君, ずいぶんびしょぬれだね! 類 **mojadura**. ❷ (料理)(ミルクなどに)浸したパン切れ.

remolacha [r̃emolátʃa] 女 ❶〖植物〗ビート; サトウダイコン(砂糖大根), テンサイ(甜菜). ～ *azucarera* サトウダイコン, テンサイ. ～ *forrajera* フダンソウ(家畜の飼料用). ❷ ビートの根(食用).

remolcador [r̃emolkaðór] 男 ❶ 引き船, タグボート. ❷ レッカー車, 牽引(ﾎﾟﾝ)車.

:remolcar [r̃emolkár] **[1.1]** 他 ❶ を曳航(ｴｲｺｳ)する, 牽引(ｹﾝｲﾝ)する. — Un barco *remolcó* a la barca hasta el puerto. ある船が小舟を港まで曳航した. La grúa *remolcó* el coche averiado hasta el taller. レッカー車は故障車を修理工場まで牽引した. ❷ 無理強いする, 誘い込む. —Tuvimos que ～ a Tomás para que nos acompañara. 私たちはトマスが一緒に来るよう無理強いしなければならなかった. 類 **convencer, forzar**.

remoler [r̃emolér] **[5.2]** 他 ❶ を砕く, ひく, ひきつぶす. ❷〖中南米〗を悩ます, うるさがらせる, 困らせる.

—— 自 〖中南米〗《話》楽しく[派手に]過ごす.

remolienda [r̃emoljénda] 女〖中南米〗飲みや歌みの大騒ぎ, ばか騒ぎ. 類 **jarana, juerga**.

remolinar(se) [r̃emolinár(se)] 自 再 ❶ (水流, 風などが)渦を巻く; (ほこり, 煙などが)渦となって立ちのぼる. ❷ 人が群がる.

remolinear(se) [r̃emolineár(se)] 自 再 ＝ remolinar(se).

remolino [r̃emolíno] 男 ❶ (水流, 風, 煙, ほこりなどの)渦巻き. ～ *de aire* つむじ風, 竜巻. ～ *de polvo* 舞い上がるほこり. ❷ (つむじの近くの頭髪の, つむじとは別の)逆立ち毛. ❸ 群集, 人だかり; ぞろぞろ動き回る人々. ❹ 動揺, 混乱.

remolón, lona [r̃emolón, lóna] 形 (人が)怠惰な, 不精な. 類 **gandul, holgazán, indolente, perezoso, remiso**. 反 **diligente**.

—— 男 (イノシシの)上あごの牙(ｷﾊﾞ).

—— 名 怠惰な[不精な]人, なまけ者. —hacerse el ～ 怠ける.

remolonear [r̃emoloneár] 自 怠ける, サボる,

おこたる.

*remolque [r̃emólke] 男 ❶ (ロープなどで)引く[引かれる]こと, 牽引(ｹﾝｲﾝ), (船舶)曳航(ｴｲｺｳ). — Un barco pequeño daba ～ al vapor averiado. 小さな船が故障した汽船を曳航していた. ❷ 引き綱, 牽引ロープ, (船舶)曳航索. ❸ トレーラー, 付随車. —camión con ～ トレーラー.

a remolque (1) 引いて[引かれて], 牽引して[されて]. Llevaron mi coche averiado *a remolque* de un camión. 彼らは私の故障した車をトラックで引いて行ってくれた. (2) 人に引きずられて, 人に強要されて, いやいや. Es tan tímido que hace todas las cosas *a remolque* de otros. 彼は臆病で, 何でも人の言いなりになる. Si estudias *a remolque* no conseguirás nada. いやいや勉強しても何にも得られないよ.

remonta [r̃emónta] 女 ❶ (靴底の)修理. ❷ (馬の鞍(ｸﾗ)の)詰め物(をすること). ❸ (乗馬ズボンの補強のための)革当て. ❹《軍事》(*a*) 各隊に割り当てられる馬. (*b*) 新馬の補充; 補充された馬. (*c*) 厩舎(ｷｭｳｼｬ), うまや.

:remontar [r̃emontár] 他 ❶ (山・坂)を登る. —Con esta bicicleta es fácil ～ una cuesta. この自転車なら坂を登るのは簡単だ. ❷ (川)をさかのぼる. —El salmón *remonta* los ríos para desovar. サケは産卵するために川をさかのぼる. ❸ を(空高く)上げる. —El niño no pudo ～ la cometa porque no había viento. 子どもは風がなくてたこを揚げられなかった. ～ el vuelo (鳥・飛行機が)高く飛ぶ, 舞い上がる. ❹ を克服する, 乗り越える. — *Remonté* el bache en que me encontraba. 私は身を置いていた苦境から脱出した. 類 **superar**. ❺ (地位・ランク)を上げる. —*Remontó* posiciones en la empresa. 彼は会社の中で地位を上げた.

—— **se** 再 ❶ (*a*) 舞い上がる, 空高く飛ぶ. —El águila *se remonta* en busca de una presa. ワシは獲物を探して空高く舞い上がる. (*b*) (社会的地位が)上がる, 頭角を表わす. ❷ [＋a に] (過去に)さかのぼる. — El acueducto de Segovia *se remonta* al siglo I después de Jesucristo. セゴビヤの水道橋は紀元1世紀にさかのぼる. El historiador *se ha remontado* hasta la Edad Media. 歴史家は中世までさかのぼって行った. ❸ [＋a に] (金額)が昇る, 達する. —Las pérdidas de la empresa *se remontan a* diez millones de euros. 会社の損失額は1千万ユーロに達する. ❹ [＋a に] (精神的に)回帰する, 立ち返る. —El filósofo *se ha remontado* a las bases teóricas de la escolástica. 哲学者はスコラ哲学の理論的基盤に立ち返った.

remoquete [r̃emokéte] 男 ❶ あだ名, ニックネーム. —poner un ～ a ... …にあだ名をつける. 類 **apodo**. ❷ げんこつ(でなぐること). 類 **puñada, puñetazo**. ❸ 皮肉, あてこすり, あてつけ. 類 **indirecta, pulla**. ❹ 異性に言い寄ること, 口説き, 求愛. 類 **galanteo**.

rémora [r̃émora] 女 ❶〖魚類〗コバンザメ. ❷ 障害, じゃまになる物[人, 事]. 類 **estorbo, lastre, obstáculo**.

remorder [r̃emorðér] **[5.2]** 他 ❶ (人)に後悔させる, 自責の念を与える; (人)を悩ます. —Me *remuerde* haberme portado tan duro con él. 彼にあんなに厳しくしたことを私は後悔している. ¿No te *remuerde* la conciencia? 君は良心の呵責(ｶｼｬｸ)を

を感じないのか？ ❷ を再びかむ，懸命にかむ．
——**se** 再 ❶ 後悔する，自責の念に苦しむ．❷ いらだつ，じれる，気をもむ．

***remordimiento** [r̃emorðimjénto] 男 良心の呵責(かしゃく)，自責の念；（ひどい）後悔，悔恨．——~s de conciencia 良心の呵責．Tengo [Siento] ~s por lo mal que le he tratado. 私は彼に対して行ったひどい仕打ちをひどく後悔している．

remotamente [r̃emótaménte] 副 ぼんやりと，漠然と，あいまいに．——Me acuerdo ~ de mi abuelo. 私は祖父のことを何となく覚えている．Entonces sólo pensaba ~ en ser pintor. 当時私は画家になることを漠然と考えているだけだった．
ni remotamente 全く，全然（…ない）．No estoy de acuerdo *ni remotamente*. 私は絶対に賛成できない．

‡**remoto, ta** [r̃emóto, ta] 形 ❶（時間・空間的に）遠い，離れた．——en una época *remota* 古い時代に．control ~ リモートコントロール．Esto sucedió en un país ~. これは遠い国で起こったことだ．類**antiguo, distante, lejano**．❷ ありそうにない，ばくぜんとした．——No existe ni la más *remota* posibilidad de que salga elegido. 彼が選出される可能性はほんの少しもない．類**improbable**．

‡**remover** [r̃emoβér] [5.2] 他 ❶（液体）を振ってまぜ合わす，かき混ぜる．——*Remueve* bien la vinagreta antes de echarla a la ensalada. サラダにかける前にフレンチ・ドレッシングをよく振りなさい．❷ を移動する，移し変える，動かす．——Han removido los muebles del cuarto y ahora parece distinto. 彼らは部屋の家具を移動させたので，今は見違えるようだ．❸ をむし返す，掘り返す．——Es amigo de ~ temas pasados de moda. 彼は流行遅れの話題をむし返すのが好きだ．❹ を排除する，取り除く．——El nuevo jefe *ha removido* a los antiguos miembros de su departamento. こんどの部長は彼の部の古くからのメンバーを追い出した．❺ を解任する．
——自〔＋**en**を〕詮索する，捜査する．——Los inspectores *removieron en* su negocio y encontraron fraude. 検査官たちは彼の事業を捜査し，詐欺を見つけ出した．
——**se** 再（落ち着きなく）動き回る，身動きする，じっとしていない．——*Se removía* en la cama y deliraba. 彼はベッドの上で寝返りを打ってはうわごとを言っていた．

remozamiento [r̃emoθamjénto] 男 ❶ 新装，模様替え；新しくする[なる]こと．❷ 若返り．

remozar [r̃emoθár] [1.3] 他 ❶（外観，衣服などを）新しくする，一新[刷新]する．——Hace unos años *remozaron* la fachada del Ayuntamiento. 数年前に市役所の正面の外観が新しくなった．❷ 若返らせる．
——**se** 再 ❶ 新しくなる，一新する．❷ 若返る，若くみえる．

remplazar [r̃emplaθár] [1.3] 他 ＝reemplazar．

remplazo [r̃empláθo] 男 ＝reemplazo．

rempujar [r̃empuxár] 他《話》押す，押しつける，押しやる．類**empujar**．

rempujón [r̃empuxón] 男《話》一押し，一突き．類**empujón**．

remuev- [r̃emueβ-] 動 remover の直・現在，接・現在，命令・2単．

***remuneración** [r̃emuneraθjón] 女 報酬，報償，代償．——Recibirás semanalmente tu ~ por el trabajo. 君は仕事の報酬を毎週受け取ることだろう．

remunerador, dora [r̃emuneraðór, ðóra] 形 ❶（物事が）割りに合う，十分報酬のある，埋め合わせになる．——una profesión *remuneradora* 割りに合う職業．❷ 有利な，もうかる．

***remunerar** [r̃emunerár] 他 ❶（人）に報酬を与える，謝礼をする，償いをする．——Tenemos que ~le bien por el estupendo trabajo que ha hecho. 私たちは彼のしてくれたすばらしい仕事に対して十分お礼をしなければならない．*Remuneraremos* a quien encuentre el perro. 犬を見つけてくれた人には謝礼をいたします．類**gratificar**．❷ 儲かる，見返りがある．——Van a cerrar la tienda porque les *remunera* poco. 彼らははとんど収益が上がらないので，店じまいするだろう．

remunerativo, va [r̃emuneratíβo, βa] 形（仕事などが）割りに合う，金になる，もうかる．

renacentista [r̃enaθentísta] 形 ルネサンスの，ルネサンス時代[様式]の，ルネサンスに関する．
——男女 ❶ ルネサンス活動家（文学者，芸術家など）．❷ ルネサンス研究家．

‡**renacer** [r̃enaθér] [9.1] 自 ❶（a）再び生まれる，再生する．——Es católico y cree que tras la muerte, las personas *renacerán*. 彼はカトリック教徒で，死後人は復活すると信じている．（b）（花が）再び咲く，（植物が）再び生える．❷ 元気を取り戻す，よみがえる，息を吹き返す．——Superé la depresión y sentí que *renacía*. 私は抑鬱(ぬつ)状態を克服して生き返った心地がした．

renaciente [r̃enaθjénte] 形 再生中の；復活[復興]しつつある．

‡**renacimiento** [r̃enaθimjénto] 男 ❶（el R~）《歴史》ルネサンス，文芸復興．❷ 再生，復活，復活．
——形 ルネサンス[様式]の，文芸復興[期]の．

renacuajo [r̃enakwáxo] 男 ❶《動物》オタマジャクシ．❷《話》ちび（の人，子供）．

renal [r̃enál] 形《解剖》腎臓(じんぞう)の．——cólico ~ 腎(じん)疝痛．insuficiencia ~ 腎(じん)不全．litiasis ~ 腎臓結石．glomérulo ~ 腎糸球体．類**nefrítico**．

renano, na [r̃enáno, na] 形 ライン川（el Rin）の；ライン地方の．
——名 ライン地方の人．

renazca(-) [r̃enaθka(-)] 動 renacer の接・現在．

renazco [r̃enáθko] 動 renacer の直・現在・1単．

rencilla [r̃enθíʎa] 女（主に複）口げんか，口論；いさかい．——No quiero intervenir en vuestras ~s. 君たちの口論にかかわりたくない．類**discordia, disensión, riña**．

rencilloso, sa [r̃enθiʎóso, sa] 形 けんか好きな；すぐけんかする，短気な．

renco, ca [r̃éŋko, ka] 形 足の不自由な．類**cojo**．
——名 足の不自由な人．

‡**rencor** [r̃eŋkór] 男 恨み，憤(いきどお)り，敵意．——No le guardo ningún ~. 私は彼に恨みを抱いていない．Siente ~ contra ella por haber pedido el divorcio. 離婚を求められたため彼は彼女に憤りを感じている．類**hostilidad, odio, resentimiento**．

rencoroso, sa [reŋkoróso, sa] 形 ❶ 〖主に ser＋〗(性格的に)恨みっぽい. 類 **vengativo**. ❷ 〖主に estar＋〗恨み[憎悪]を抱いた, 恨んでいる. 類 **rencilloso, resentido**.

rendición [rendiθjón] 女 ❶ 降服; 引き渡し. —～ incondicional 無条件降服. 類 **capitulación, entrega**. ❷ 利益; 収益. —～ de cuentas 収支(報告書). 類 **rendimiento**.

rendidamente [rendíðaménte] 副 ❶ 素直に, おとなしく; 早速に. ❷ ぐったりして.

*__rendido, da__ [rendíðo, ða] 過分 形 ❶ 〖＋de〗…にまいっている, 首ったけの; 従順な〖estar＋〗. — No puede disimular que está ～ de amor. 彼は恋のとりこになっていることを隠すことができない. Es un ～ admirador de esa actriz. 彼はその女優にぞっこんの崇拝者だ. 類 **obediente, obsequioso, sumiso**. ❷ 疲れ切った, 疲れ果てた〖estar＋〗. — Estoy ～ de tanto subir y bajar. 私はあんなに上ったり下りたりしたので疲れ切っている. La excursión me ha dejado ～. ハイキングで私は疲れ切ってしまった. 類 **agotado, cansado, fatigado**. ❸ 降伏した, 屈服した.

rendija [rendíxa] 女 (細長い)すき間, 割れ目, 亀裂. — Por las ～s de las persianas se cuela un hilito de claridad. ブラインドのすき間から一筋の光が差し込んでいる. 類 **abertura, grieta, raja**.

rendimiento [rendimjénto] 男 ❶ 効率, 性能; 生産性(高). —～ de un motor エンジンの効率. Estas tierras tienen un ～ alto. この土地の生産性は高い. Esta máquina es de gran ～. この機械は効率がよい. Ha bajado mucho el ～ de los trabajadores. 労働者たちの生産性がだいぶ低下した. 類 **producto, productividad**. ❷ 《商業》収益・利回り. 類 **ganancia**. ❸ 服従, 屈服; こびへつらい. — Es insoportable su total ～ a la voluntad del jefe. 彼が上司に全面的に服従するのはがまんならない. 類 **rendición, sumisión**. ❹ 《文》ご機嫌とり, へつらい. — Durante nuestra estancia fuimos objeto de continuos ～s y deferencias. 滞在中私たちはずっとご機嫌よりとおもねりの的であった. ❺ 疲れ, 疲労, 疲弊. — Al volver a casa sintió un profundo ～. 帰宅すると彼は激しい疲れを感じた. 類 **cansancio, fatiga**.

:**rendir** [rendír] [6.1] 他 ❶ 降伏させる, 屈服させる, 打ち負かす. — Los soldados rindieron la plaza enemiga tras varios días de combate a muerte. 兵士たちは数日間の死闘ののち要塞を攻め落とした. El sueño me rindió anoche. 昨夜私は睡魔に負けてしまった, 寝入った. ❷ を引き渡す. — Fausto rindió su alma al demonio. ファウストは魂を悪魔に引き渡した. 類 **entregar**. ❸ を疲れ切らせる, ぐったりさせる. — El trabajo de hoy me ha rendido. 今日の仕事で私は疲れ切ってしまった. 類 **cansar, fatigar**. ❹ (a) (信仰など)を捧げる, 示す, 表わす. — Los discípulos rinden homenaje a su maestro. 弟子たちは恩師に敬意を表する. Los creyentes rinden culto a Dios. 信者たちは神に信仰を捧げる. (b) …に(銃・剣・旗で)敬礼する. — Los soldados rinden al rey las armas. 兵士たちは王に対し捧げ銃(つつ)をする. ❺ …に言うことをきかせる, を意のままにする, 服従させる. — La rindió con halagadoras promesas. 彼はべらべらしい約束で彼女を意のままにした. ❻ (効率・実利)を生む, 生じる, 上げる. — Este negocio no rinde lo que esperábamos. この取引は私たちが期待していたほどの利益を上げてくれない. El capital rendía buenos intereses. 資本は十分な利潤を産んでいた. ❼ …の説明・報告を行う, 提出する. — ～ informe 報告する. ～ cuentas 説明を行う, 計算書を提出する. ❽ (巡航・周遊などを)終える. —～ viaje 旅を終える.

—— 自 成果[利益]を上げる, 効率が良い, 儲かる. — El negocio ha dejado de ～. その事業は利益が上がらなくなった. Este empleado no rinde. この社員は働きが悪い.

—— se 再 ❶ 〖＋de で〗疲れ切る, ぐったりする. — Se rindió de tanto trabajar. そんなに働いたので彼は疲れ切った. ❷ 〖＋a に〗身を任せる, 委(まか)る, ふける. — Él se rindió a la pereza. 彼は怠惰に身を任せた. ❸ 〖＋a に〗降伏する, 屈伏する. — El tenista se rindió ante la superioridad de su contrincante. そのテニス選手は対戦相手のうまさの前に屈した. Ella se ha rendido a la evidencia. 彼女は事実を前にして屈服した.

renegado, da [reneɣáðo, ða] 過分 形 ❶ (キリスト教からイスラム教へ)改宗した, 背教の; 変節[脱党]した. ❷ 怒りっぽい, ぶつぶつと不平ばかり言う.

—— 名 ❶ (キリスト教からイスラム教への)改宗者, 背教者; 脱党者; 変節漢. ❷ 怒りっぽい人, 不平屋.

—— 男 《トランプ》3人でするトランプゲームの一種. 類 **tresillo**.

:**renegar** [reneɣár] [4.4] 自 ❶ 〖＋de を〗 (a) (思想・信仰を)捨る, 放棄する; (政党などから)脱退する. —～ del catolicismo カトリックを棄教する. Ha renegado de su partido. 彼は所属政党を脱退した. (b) 嫌う; 義絶する, (…との)縁を切る. — Renegó de su hijo al saber que era un criminal. 彼は息子が犯人だと分かったときに絶縁した. ❷ 〖＋de について〗不平を鳴らす, ぶつぶつ文句を言う. — Reniega del calor que hace hoy. 彼は今日の暑さに不平を言っている. Siempre trabaja renegando. 彼はいつもぶつくさ言いながら働く. ❸ ののしる, のろう.

—— 他 を強く否定する. — Niega y reniega que haya participado en el atentado. 彼はテロ事件に加担したことをあくまで否定している.

renegón, gona [reneɣón, ɣóna] 形 《話》気難しい, ぶつぶつと不平ばかり言う.

—— 名 《話》気難し屋, 不平屋.

renegrido, da [reneɣríðo, ða] 形 真っ黒な; 黒ずんだ; 黒く汚れた. 類 **ennegrecido**.

RENFE, Renfe [rénfe] 〔＜Red Nacional de Ferrocarriles Españoles〕 女 スペイン国営鉄道.

rengífero [reŋxífero] 男 《動物》トナカイ. 類 **rangífero, reno**.

:**renglón** [reŋglón] 男 ❶ (文章の)行. — Me salté dos renglones y tuve que escribirlo todo de nuevo. 私は2行抜かしたので, 改めて全部書き直さねばならなかった. ❷ 支出項目, 費目. — Los gastos del coche son un ～ importante. 車の経費は重要な支出項目になっている. En mi casa es muy costoso el ～ del alquiler. 我が家では家賃の出費が高くなっている. ❸ 複 便り, 文章. — Te envío estos renglones para decirte que he llegado bien. ちゃんと着いたことをお伝えするために一筆書き送ります. poner unos ren-

glones a ... …に便りをする.
a renglón seguido (それなのに)すぐに, とつぜん. Parecía contenta, y *a renglón seguido* se echó a llorar. 彼女は満足そうに見えていたのに, とつぜん泣き出した.
entre renglones それとなく, 言外に. leer *entre renglones* 行間の意味を読みとる. dejar *entre renglones* なおざりにする.

renglonadura [ṝenglonaðúra] 囡 『集合的に』罫(ケイ)線. 類**rayado**.

renguear [ṝengeár] 自 ❶〖中南米〗足をひきずる, 不自由な足で歩く. 類**renquear**. ❷〖中南米〗(男性が)女性を追い回す, 女性に言い寄る.

renguera [ṝengéra] 囡 〖中南米〗足をひきずること; 足が不自由であること.

renieg- [ṝeniéγ-] 動 renegar の直・現在, 接・現在, 命令・2 単.

reniego [ṝeniéγo] 男 ❶ 呪(ノロ)うこと, 呪い(の言葉); 神への冒涜(トク)の言葉. 類**blasfemia, maldición**. ❷ 罵(ノノシ)り(の言葉), 悪口雑言. 類**execración, taco**. ❸ 不平, 文句. 類**queja**.

reno [ṝéno] 男 〖動物〗トナカイ.

renombrado, da [ṝenombráðo, ða] 圈 有名な, 名高い. —profesor 〜 高名な教授. 類**célebre, famoso**.

*__renombre__ [ṝenómbre] 男 名声, 有名, 高名; 評判. —abogado de 〜 評判の高い弁護士. El 〜 de que se goza se debe a su última obra. 最新作で彼は有名になった. 類**fama, prestigio, reputación**.

renovable [ṝenoβáβle] 圈 更新できる. —El contrato es automáticamente 〜. その契約は自動的に更新される.

renovación [ṝenoβaθjón] 囡 ❶ 新しくする[なる]こと; 更新, (手形などの)書き換え. — 〜 del pasaporte パスポートの更新. 〜 de la suscripción 定期購読の継続. ❷ 修復, 修繕. ❸ 改装, 新装. ❹ 再編成, 再組織.

*__renovador, dora__ [ṝenoβaðór, ðóra] 圈 新しくする, 刷新[革新, 更新]する. —Fue admirable su labor *renovadora* en el campo de la educación. 彼の教育分野における革新的な業績は賞賛に値するものだった.

—— 名 刷新する人, 改革者. —Fue uno de los grandes 〜 del teatro de la posguerra. 彼は戦後演劇の偉大な改革者だった.

*__renovar__ [ṝenoβár] [5.1] (<nuevo) 他 ❶ を再生させる, よみがえらせる; 刷新する. —El descanso *renueva* el ánimo de los jugadores. 休憩によって選手たちの元気がよみがえる. Pérez Galdós *renovó* la novela de su época. ペレス・ガルドスは彼の時代の小説を一新した. ❷ を再開する, 再び始める. —*Renovó* su estudio después de dos años de inactividad. 彼は2年間の活動休止の後研究を再開した. 類**reanudar**. ❸ を入れ替える, 取り替える. —Aprovecharon el traslado de casa para 〜 los muebles. 彼らは引越しの機会を利用して家具を入れ替えた. ❹ を繰り返す, やり直す, 新たに行う. —*Renuevo* a usted mis respetos. 私は改めてあなたに敬意を表します. ❺ を更新する. — 〜 el contrato [el pasaporte, el carnet de conducir] 契約[旅券・運転免許証]を更新する. ❻ を修理する, 修繕する. —*Renovaron* la iglesia y ahora parece otra. 教会が改修されて, 今はまるで別の教会のようだ.

renunciación 1643

—**se** 再 新しくなる; 再開[更新]される; 繰り返される. —Cada vez que pienso en su vuelta *se renueva* mi alegría. 彼が帰ってくることを考えるたびに私は喜びを新たにする.

renquear [ṝenkeár] 自 ❶ 足をひきずって歩く. 類**cojear**. ❷ (苦労しながら)どうにかやっていく; 難儀する. —Andaba *renqueando* con su artrosis. 彼は関節炎で苦労していた. ❸ 欠陥がある, 完全でない. —Nuestras relaciones *renquean*. 私たちの関係にはひびが入っている. 類**fallar**. ❹《話》躊躇(チュウチョ)する, ためらう. 類**vacilar**.

*__renta__ [ṝénta] 囡 ❶ 金利所得, 年金. — 〜 anual 年収. Puede vivir con la 〜 anual que percibe del dinero que tiene en el banco. 彼は銀行に預けてある金から受け取る金利所得で暮らせる. vivir de sus 〜s 自分の収入で暮らす. — 〜 vitalicia 終身年金. 類**beneficio**. ❷ 所得, 収入. —impuesto sobre la 〜 所得税. 〜 per cápita 1人当たり収入. 〜 bruta 総所得. 〜 nacional 国民総所得. 〜 pública 国家歳入. ❸ 国債, 公債. 類**deuda pública**. ❹ 賃貸料, 家賃, 地代. — 〜 de la casa 家賃. 類**alquiler**.

rentabilidad [ṝentaβiliðá(ð)] 囡 有利性, 収益性; 有益さ.

rentabilizar [ṝentaβiliθár] [1.3] 他 収益をあげる, 元をとる.

rentable [ṝentáβle] 圈 ❶ もうかる, 有利な. —un negocio 〜 もうかる仕事. 類**beneficioso, productivo, remunerador**. ❷ ためになる, 有益な. 類**provechoso**.

rentado, da [ṝentáðo, ða] 過形 収入[所得]のある.

rentar [ṝentár] 他 ❶ (利益)をもたらす. —La tienda le *renta* lo suficiente para vivir con holgura. その店は彼が余裕を持って暮らして行けるほどの利益を挙げている. 類**redituar, rendir**. ❷ 〖中南米〗を賃貸する. 類**alquilar**.

rentero, ra [ṝentéro, ra] 名 ❶ 小作人. 類**colono**. ❷ 公債の競買かに入れ札者.

rentista [ṝentísta] 男 ❶ 公債[社債]所有者. ❷ 働かずに生きて行ける人, 金利生活者, 年金生活者.

rentístico, ca [ṝentístiko, ka] 圈 財政の, 財務の. —reforma *rentística* 財政改革. sistema 〜 財政システム.

renuencia [ṝenwénθja] 囡 ❶ 気が進まないこと, いやがること. 類**repugnancia, resistencia**. ❷ 扱いにくさ, 処理しにくさ.

renuente [ṝenwénte] 圈 ❶ (人が)気が進まない, いやいやながらの, しぶしぶの. 類**reacio, remiso**. ❷ (物事が)扱いにくい, 厄介な.

renuev- [ṝenwéβ-] 動 renovar の直・現在, 接・現在, 命令・2 単.

renuevo [ṝenwéβo] 男 ❶〖植物〗芽, 新芽; 若枝. —echar 〜s 芽を出す. 類**retoño, tallo, vástago**. ❷ 更新; 再開, 復活. 類**renovación**.

renuncia [ṝenúnθja] 囡 ❶ (権利などの)放棄(の言明), 棄権; 断念. — 〜 de los derechos 権利の放棄. 類**abandono, abdicación, dejación, desistimiento**. ❷〖法律〗棄権証書. ❸ 辞職, 辞任; 辞表. 類**dimisión**.

*__renunciación__ [ṝenunθjaθjón] 囡 放棄, 断念, あきらめ; 自己犠牲. 類**renuncia, renuncia-**

miento.

renunciamiento [r̃enunθjamjénto] 男 （自己犠牲を伴う，権利などの）放棄，自己犠牲. 類 **renuncia**.

renunciante [r̃enunθjánte] 形 （権利などを）放棄する，棄権する；辞職［辞任］する.
── 男女 放棄者，棄権者；辞職者.

renunciar [r̃enunθjár] 自 ❶ 『+a を』あきらめる，放棄する，断念する. ― Pedro *renunció* a la herencia a favor de su hermano. ペドロは弟のため遺産を放棄した. ～ *al* mundo 現世を捨てる. ❷『+a を』(*a*)（職務を）辞める. ― El presidente *renunció a* presentarse a las siguientes elecciones. 大統領は次の選挙に出馬することを断念した. ～ *a* un puesto 辞職する. (*b*)（嗜好品などを）やめる，断つ. ― He conseguido ～ *al* tabaco después de haberlo intentado muchas veces. 私はたびたび試みた末にとうとうタバコをやめることができた. ❸『+a を』（申し出などを）断る，受け付けない. ― *Renuncia a* cualquier ayuda que quieran prestarle. 彼は差し伸べられようとするいかなる支援も断る. ❹（トランプ）（出す札がないため）パスする，別の組の札を出す.

── **se** 再 （宗教的理由で）禁欲する，自己を捨てる.

renuncio [r̃enúnθjo] 男 ❶ うそ，ごまかし. ― coger a+(人)+en ～ （人の）うそを見破る. 類 **embuste, mentira**. ❷（トランプ）リボーク（場札または親の出した札と別種の札を出すこと）.

reñidamente [r̃eɲiðaménte] 副 ひどく，激しく（争う，口論するなど）.

reñidero [r̃eɲiðéro] 男 闘鶏場（＝～ de gallos）.

•**reñido, da** [r̃eɲíðo, ða] 過分 形 ❶『+con』…とけんか［仲違い］している，仲が悪い，不和な（*estar*＋）. ― *Está reñida con* su novio. 彼女は恋人とけんかしている［不仲になっている］. 類 **disgustado, enojado, hostil**. ❷（競争などが）伯仲した，接戦の，白熱した（*ser*/*estar*＋）. ― La final *ha sido muy reñida*. 決勝戦は大変な接戦だった. Después de un ～ combate, el aspirante ganó por puntos. 伯仲した戦いの末に挑戦者が判定で勝った. 類 **duro, encarnizado, enconado**. ❸ 両立しない，相反する，反対の（*estar*＋）. ― La pobreza no *está reñida* con la limpieza. 貧しさと清潔さは両立しないわけではない. 類 **incompatible, opuesto**.

reñidor, dora [r̃eɲiðór, ðóra] 形 怒りっぽい；けんか早い.
── 名 怒りっぽい人；けんか早い人.

＊**reñir** [r̃eɲír レニル] [6.5] 自 ❶ けんかする，争う. ― Los dos niños son amigos, pero están siempre *riñendo*. 2 人の子供は仲が良いのにいつもけんかしている. ❷『+con と』仲違いをする，けんか別れする. ― *He reñido* definitivamente *con* mi novia. 私は恋人ときっぱり別れた. 類 **enemistarse**.

── 他 ❶ を叱る，叱責する. ― El padre *riñó* a su hijo por haber hecho aquellas travesuras. 父親は息子があのようないたずらをしたので彼を叱った. 類 **regañar, reprender**. ❷『batalla, desafío, pelea などを目的語として』いがみ合う，争う. ― El niño *ha reñido* una batalla familiar para conseguir que le compren un balón de fútbol. 子供はサッカーボールを 1 つ買ってもらうために家庭内で一悶着(ﾓﾝﾁｬｸ)を起こした.

‡**reo¹, a** [r̃éo, a] 男 罪人，犯人，容疑者；（司法）被告人. ― ～ de Estado 政治犯，反逆者. ～ de muerte [de alta traición] 死刑囚. 類 **convicto, culpado**. ── 形 罪がある，罪を犯した.

reo² [r̃éo] 男 《魚類》ブラウントラウト（サケ科ニジマス属）.

reóforo [r̃eóforo] 男 《電気》電線，導線.

reojo [r̃eóxo] 男 『次の成句で』
de reojo〖主に mirar と共に〗横目で(見る)；憎しみの［疑いの］目で(見る). Me miraba *de reojo* con ansiedad. 彼は不安げに私を横目で見ていた.

reorganización [r̃eoryaniθaθjón] 女 再編制，再組織. ― ～ ministerial [del gabinete] 内閣改造.

reorganizar [r̃eoryaniθár] [1.3] 他 （組織などを）再編制［再組織］する，改組する.

reóstato [r̃eóstato] 男 《電気》レオスタット，可変抵抗器.

repanchigarse [r̃epantʃiɣárse] [1.2] 再 ゆったりと［だらりと］腰かける. ― *Se repanchigó* en un sillón. 彼は肘(ﾋｼﾞ)掛け椅子に深々と腰かけた.

repanocha [r̃epanótʃa] 女 『定冠詞 la を伴って』すごい事［物］；とんでもない［ひどい］事［物］. ― Se ha comprado una casa que es *la* ～. 彼はすごい家を買った.

repantigarse [r̃epantiɣárse] [1.2] 再 ＝repanchigarse.

reparable [r̃eparáβle] 形 ❶ 修繕［修理］できる；取り返しのつく. ― daño ～ 修復可能な損傷；取り返せる損害. ❷ 注目に値する.

‡**reparación** [r̃eparaθjón] 女 ❶ 修理，修繕. ― Este tractor necesita ～. このトラクターは修理が必要だ. taller de *reparaciones* de bicicletas 自転車修理工場. El ascensor está en ～. エレベーターは修理中. ❷ 補い，補償，賠償. ― No cesó hasta conseguir ～ del daño causado a su reputación. 自分の名声を傷つけられたことに対する補償を手にするまで彼はやめなかった.

reparador, dora [r̃eparaðór, ðóra] 形 ❶ (*a*) 活気づける，元気を回復させる，気持ちのいい. ― baño ～ 疲れをいやす入浴. sueño ～ 爽(ｻﾜ)快な眠り. (*b*) 強壮用の，滋養になる. ― alimento ～ 滋養食. medicina *reparadora* 強壮剤. ❷ 埋め合わせの，償いの，賠償の. ❸ （人が）他人のあら捜しをする，揚げ足取りの.
── 名 ❶ 修理工. ❷ 揚げ足取り屋.

‡**reparar** [r̃eparár レパラル] 他 ❶ を修理する，修繕する，直す. ― He llevado el coche a que lo *reparen*. 私は修理してもらうため車を持って行った. 類 **arreglar**. ❷ (*a*) を償う，補償する，…の埋め合わせをする. ― Nunca podré ～ el daño que le hice. 私は彼に与えた損害を決して償うことができないだろう. (*b*) を訂正する，修正する. ❸ …に力を取り戻させる，を元気づける，活気づける. ― Durmieron un rato para ～ sus fuerzas. 彼らは力を取り戻すためにしばらく眠った.
── 自 ❶『+en に』気づく，注目する，注意する. ― No *reparé en* lo que me decía. 私は彼の言うことに注意を払わなかった. 類 **percatarse**. ❷『+en を』熟考する，熟慮する. ― Antes de llevar a cabo tu proyecto, *repara en* los posibles obstáculos. 君の計画を実行に移す前にあり得る障

をよく考えておきなさい. 類**ponderar**.

reparativo, va [r̄eparatíβo, βa] 形 ❶ 修理[修繕]の; 修理に使う. ❷ 償いの, 賠償の.

***reparo** [r̄epáro] 男 ❶ 異議, 反対, 不服; 難癖. —Él pone ~s a todo lo que yo hago. 彼は私のすることすべてに異議を唱える[難癖をつける]. 類 **pega**. ❷ 躊躇, ためらい, 遠慮, 気おくれ. —Usted actúe como crea conveniente, sin ~. あなたは遠慮なくいいと思うことをやって下さい. Tengo ~ en decirle la verdad. 彼に真実を告げるのは気がひける. Me da ~ preguntarle la edad que tiene. 彼に年齢を尋ねるのは気がひける. ❸ (フェンシングで相手の剣先を)受け流すこと, かわすこと;《比喩》防御, 防衛. ❹《医学》強壮剤, 栄養剤[食品].

reparón, rona [r̄epar̄ón, róna] 形 (人が)他人のあら捜しをする, 揚げ足取りの. 類 **chinchorrero, criticón, fisgón**.

——— 名 あら捜し屋, 揚げ足取り屋. 類 **reparador**.

repartición [r̄epartiθjón] 女 ❶ 分配, 分与. ❷ 分割, 区分.

***repartido, da** [r̄epartíðo, ða] 過分 形 分配[配分]した.

repartidor, dora [r̄epartiðór, ðóra] 名 配達人, 配布係. — ~ de periódicos 新聞配達. 類 **partidor**.

——— 男 (灌漑(かんがい)用水の)分水所.

——— 形 配達する, 配給[配布]する.

repartimiento [r̄epartimjénto] 男 ❶ 分配;(仕事などの)割り当て, 分担. ❷ 課税, 賦課. ❸《歴史》レパルティミエント(中南米でヨーロッパ人入植者がインディオを強制労働に徴発する制度).

****repartir** [r̄epartír レパルティル] 〔< parte〕 他 ❶ を配る, 分配する; 配達する. —Repartió los dulces entre los niños. 彼は子供たちにお菓子を配った. — ~ las cartas certificadas a domicilio 住所へ書留を配達する. — ~ justicia 賞罰を公平にする. ❷ を配置する. —Ella repartió floreros por todos los cuartos. 彼女はすべての部屋に花瓶を置いた. ❸ を(均等に)配分する, 取り分ける. —El pastelero repartió el chocolate por todo el pastel. 菓子職人はすべてのケーキにチョコレートを塗り付けた. El redactor jefe repartió la información recogida en tres artículos. 編集者は集めた情報を3つの記事に分けた. ❹ (仕事・役割など)を振り分ける, 割り当てる. —El director de cine se encarga de ~ los papeles. 映画監督は配役を担当する. ❺ (殴打)を加える, 見舞う. —El joven repartió bofetones a diestro y siniestro. 若者は手当たり次第殴りつけた.

——— se 再 ❶ を分け合う, 分かち合う. —~se el botín 戦利品を分け合う. ❷ 分担する. **repartición**. ❷ 散らばる. —Los futbolistas se repartieron por el campo. サッカーの選手たちはグランド中に散らばった.

***reparto** [r̄epárto] 男 ❶ 割当て, 分担, 分配;分割. —Se realizó el ~ de los beneficios entre los socios. 利益の分配は出資者間で行われた. No es justo el ~ del trabajo. 仕事の分担が公平ではない. ~ del terreno 土地の分割. ❷ 配達, 配送; 伝達. —Se hace el ~ del correo dos veces al día. 郵便配達は日に2回ある. Ahí viene el coche de ~ de la leche. 牛乳配達の車がやって来た. ~ a domicilio 宅配. ~ de alimentos 食糧配給. ❸《演劇》配役, キャスティング. — Esta película cuenta con un brillante ~. この映画はオールスターキャストだ. Esa actriz no figura en el ~. その女優はキャスティング(リスト)に入っていない.

:**repasar** [r̄epasár] 他 ❶ を見直す, 調べ直す, 点検する. —El camarero repasó las copas de vino antes de ponerlas en las mesas. ウェイターはワイングラスをテーブルに並べる前に点検した. ~ una carta 手紙を見直す. El alumno repasa el examen antes de entregarlo. 生徒は答案を提出する前に見直す. ❷ を復習する. — ~ las lecciones del día 授業を復習する. ❸ をざっと読む, …に目を通す. —Repasa el periódico mientras desayuna. 彼は朝食をとりながら新聞に目を通す. ❹ (着物の破れ)を縫い直す, 繕う. — ~ los botones de la chaqueta 上着のボタンをつけ直す. ❺ をざっと掃除する, 清掃する. —Ella suele ~ la habitación antes de salir. 彼女は出掛ける前に部屋をざっと掃除するならわしだ. ❻ (雑巾・アイロンなど)をかける. — ~ el trapo [la plancha] 雑巾[アイロン]をかける.

——— 自 再び通る. —Pasa y repasa por delante de su casa, pero no se atreve a entrar. 彼は彼女の家の前を何度も通るが, 中に入る勇気は出ない.

repasata [r̄epasáta] 女《話》叱責(しっせき), 叱(しか)りつけ. 類 **reprimenda**.

repaso [r̄epáso] 男 ❶ 復習. —Hagamos un ~ de la lección. 授業の復習をしましょう. ❷ (機械などの)検査, チェック, 点検. — ~ general 総点検, オーバーホール. ~ médico メディカルチェック. último ~ 最終チェック. 類 **examen, inspección, revisión**. ❸ (衣類などの)繕い. ❹ 叱(しか)りつけ. —Cuando vuelvas, papá te va a dar un ~. お前が帰ってきたらお父さんに叱ってもらうよ. 類 **repasata**.

dar un repaso a ... (1) を復習する; …にざっと目を通す, を読み返す. (2) を点検[チェック]する. (3) を繕う, 縫い直す. (4) (人)よりも(知識, 技能の面で)優れていることを見せる. Durante la clase, uno de los alumnos *dio un repaso* al profesor. 授業中に生徒の一人が先生よりも自分のほうがよく知っていることをたっぷり見せつけた. (5) (人)の悪口を言う.

repatriación [r̄epatrjaθjón] 女 本国送還;本国帰還, 帰国.

repatriado, da [r̄epatrjáðo, ða] 過分 形 本国に送還された, 帰還した.

——— 名 帰還者, 帰国者.

repatriar [r̄epatrjár] [1.5] 他 (人)を本国へ送還する.

——— se 再 本国へ帰還する, 帰国する.

repechar [r̄epetʃár] 自 (急斜面)を登る.

repecho [r̄epétʃo] 男 (短くて)急な坂; 急勾配(こうばい), 急斜面.

a repecho 坂の上へ, 上方に向かって.

repelar [r̄epelár] 他 ❶ …の毛を完全に刈る, 丸坊主にする;〔+a+人〕(人)の髪を引っぱる. ❷ を減らす, 削減する. — ~ los gastos en relaciones públicas 広報活動費を削る. 類 **cercenar, disminuir, quitar**. ❸ (草など)の先端を切る. ❹ (馬)に短い距離を走らせる.

1646 repelente

repelente [r̄epelénte] 形 ❶ 嫌悪を催させる，不快な，反感を抱かせる．— espectáculo ~ 不快な見世物．類 **repugnante, repulsivo**. ❷ (害虫などを)よせつけない; (水などを)はじく．— producto ~ de mosquitos 蚊よけ．❸ (若者，子供が)秀才ぶった，知ったかぶりの．

repeler [r̄epelér] 他 ❶ を拒絶する; を撃退する，追い返す．— Blandiendo una espada, *repelió* a los atracadores. 彼は刀を振り上げて強盗たちを追い払った．Cuando intenté consolarle me *repelió*. 彼を慰めようとしたら彼は私を拒んだ．類 **rechazar, recusar, rehusar**. ❷ (意見，提案など)を拒否[否認，却下]する．— Es una opinión sin fundamento, fácil de ~. それは根拠のない意見であり，簡単に拒絶できる．❸ (熱，弾丸，水など)を反射する，はね返す，通さない．— Esta tela *repele* el agua. この布地は水をはじく．❹ (人)を不快にする，いやにならせる．— Me *repele* su orgullo [su forma de comer]. 私は彼の傲慢さ[彼の食べ方]が嫌いだ．類 **asquear, disgustar, repugnar**.
—se 再 仲が悪い，性が合わない．

repellar [r̄epeʎár] 他 〖建築〗(壁などに)しっくい[プラスター]を塗る．

repelo [r̄epélo] 男 ❶ 逆毛; (爪の周りの皮の)ささくれ，(布地の)毛羽立ち; (木の)とげ，ささくれ．❸〘話〙小ぜり合い，(ちょっとした)いさかい．❹〘話〙嫌悪，反感．

repelón [r̄epelón] 男 ❶ 髪の毛を引っぱること．❷ (ストッキングなどの)ほつれ，伝線．❸ 一つまみ(の量)，少量．❹ (馬の，短距離の)疾走．
a repelones いやいやながら; 何回か間を置きながら; どうにか．
de repelón あっさりと; ざっと，軽く．
más viejo que el repelón とても古い; とても年を取っている．

repelús [r̄epelús] 男 (漠然とした)恐怖，拒絶感．— Me da ~ viajar en avión. 飛行機に乗るのは何となく怖い．類 **repeluzno, repugnancia**.

repeluzno [r̄epelúθno] 男 ❶ 身震い，おののき．— Me dio un ~ al montarme en la noria. 私は観覧車に乗ってみてぞっとした．類 **escalofrío**. ❷ 嫌悪; 恐怖．

repensar [r̄epensár] [4.1] 他 を再考する; を熟考する，よく考えてみる．類 **meditar, reflexionar**.
pensar y repensar よくよく考える，沈思黙考する．

repente [r̄epénte レペンテ] 男 ❶ 突発的な動作，衝動．— un ~ de celos [ira] 突然の嫉妬[怒り]，突然かっとなること．Normalmente es muy callado, pero de vez en cuando le da un ~ y no para de hablar. 彼はいつもは大人しいのだが時々はげしくしゃべりをやめなくなる．類 **arrebato. ❷ 突然浮かぶ考え，予感．— Me dio el ~ de que él estaba enamorado de mi mujer. 彼が私の妻に恋しているのではないかという予感が突然浮かんだ．類 **presentimiento**.
de repente 突然に．Estábamos charlando a gusto y *de repente* se marchó. 私たちは気持ちよくおしゃべりをしていたが，彼は突然帰って行った．

repentinamente [r̄epentínaménte] 副 突然，不意に，にわかに．類 **repente**.

repentino, na [r̄epentíno, na] 形 突然の，急の，不意の．— un cambio ~ de tiempo 天候の急変．muerte *repentina* 急病．類 **brusco, impensado, imprevisto, inesperado, súbito**. 反 **deliberado, preparado**.

repentizar [r̄epentiθár] [1.3] 自 ❶ (音楽・詩などを)即興する，即興演奏する．類 **improvisar**. ❷ (音楽)初見で演奏する[歌う]．

*repercusión [r̄eperkusjón] 女 反響，余波; (間接的な)影響．— Sus declaraciones han tenido grandes *repercusiones* en el mundo financiero. 彼の発言は金融業界に大きな反響を呼んだ．La ~ de la guerra agravó la situación económica. 戦争の余波で経済が悪化した．

repercutir [r̄eperkutír] 自 ❶ (音が)反響する，反射する，鳴り響く．— El estampido de la explosión *repercutió* por el valle. 爆発音は谷間に響き渡った．類 **resonar**. ❷ 跳ね返る，類 **rebotar**. ❸〖+en〗(…に)影響を与える，反映する．— La subida del crudo *repercutirá en* la economía. 原油の値上がりが経済に影響を与えるだろう．類 **tra(n)scender**.
— 他 ❶ (音)を反響する，鳴り響かせる．❷〖医学〗(膿など)を散らす．❸〖コロンビア〗(人)に反論する．
—se 再 (音が)反響する．類 **reverberar**.

*repertorio [r̄epertórjo] 男 ❶ 目録，リスト，一覧表．— ~ de aduanas 税関物品別課税表．類 **índice, registro**. ❷ 集められたもの，ひとそろい．— Tengo un buen ~ de recetas de la cocina española. 私はスペイン料理のレシピをかなり集めています．❸〖演劇，音楽〗(出演者が常に用意している得意な演題，上演目録，曲目，レパートリー．— Esta compañía de teatro siempre tiene un estupendo ~. この劇団はいつもすばらしい演題を用意している．Te cuento este chiste para que lo añadas a tu ~. 君のレパートリーに入れられるようにこのジョークを話してあげよう．

repesar [r̄epesár] 他 …の重さを再び量る[量りなおす]．

repesca [r̄epéska] 女〘話〙(本試験不合格者のための)再試験〖examen de repesca とも言う〗．

repescar [r̄epeskár] [1.1] 他 本試験不合格者を再試験する，救済する．

repeso [r̄epéso] 男 ❶ 重さを量りなおすこと，再計量．❷ 再計量するための場所．
de repeso 〘話〙全力で，力いっぱい．

*repetición [r̄epetiθjón] 女 ❶ 繰り返し，反復．— Pronunció un discurso lleno de *repeticiones*. 彼は繰り返しばかりの演説をした．類 **reiteración**. ❷〘修辞〗反復法．❸〘美術〗(作者自身による)複製．類 **réplica**.
de repetición 連発式の．fusil *de repetición* 連発銃．reloj *de repetición* (15分[30分])ごとに鐘を打つ(時計)時計．

*repetidamente [r̄epetíðaménte] 副 繰り返して，何度も，たびたび．— Ese fenómeno se ha observado ~ en esta zona. その現象はこの地域で繰り返し観測されている．

*repetido, da [r̄epetíðo, ða] 過分 形 ❶ 繰り返された，たび重なる．— en *repetidas* ocasiones 何度も，再三．❷ 重複した．— Este libro lo tengo ~. この本と同じものを私はもう1冊持っている．
repetidas veces 繰り返し，何度も．Una enfermedad le hizo faltar a clase *repetidas veces*.

病気のため彼は何度も授業を欠席した.

repetid*or*, *dora* [repetiðór, ðóra] 形 繰り返す, 反復の. — alumno ～ 留年生.
—— 男 ❶ 留年生. ❷ (a) 家庭教師. (b) (昔の大学の)補習教師, 復習講師.
—— 男 ❶《通信》(テレビ・ラジオの)中継器. ❷《通信》(電信用の)増幅器; 中継器.

✱✱repetir [repetír レペティル] [6.1] 他 を繰り返す, 繰り返し言う, リピートする; まねる. — Nunca *repito* el mismo fallo. 私は同じ失敗を2度と繰り返さない. ¿Podría usted ～ su pregunta? ご質問もう1度言っていただけるでしょうか. Te *repito* que yo no sabía nada. 君に繰り返し言うが, 私は何も知らなかったのだ. Los niños *repiten* lo que dicen los mayores. 子供たちは大人が言うことをまねする. ～ curso 留年する. 類 **reiterar**. repetir の方が口語的. reiterar には repetir の自動詞用法がない. ❷ (落第して)…を再復習する. — Como no ha estudiado nada, tiene que ～ todas las asignaturas. 彼は全く勉強しなかったので, すべての科目を再履修しなければならない. ❸ (料理・飲み物)をお代わりする. — ～ ensaladilla ポテトサラダをお代わりする〔repetir de ... となることもある〕.

—— 自 ❶ 留年する, 落第する. — Siete alumnos *repiten*. 7人の生徒が留年する. ❷ (料理・飲み物の)後味が残る. — Todavía me *repiten* los garbanzos. 私はエジプト豆の味がまだ舌の上に残っている. ❸ (料理の)お代わりをする. — ¿Quiere usted ～?-Claro que sí. あなたもお代わりなさいますか.-もちろんです. ❹ 再び起こる, 再発する. — Temía que le *repitiese* el ataque. 私は彼の発作がまた起こるのではないかと心配していた.
—— se 再 (ある考えを)繰り返し主張する. — El investigador *se repite* en todos sus artículos. その研究者はすべての論文で自説を主張し続けている. ❷ 繰り返される. — Los atracos *se repiten* en este barrio todos los días. 強盗が毎日のようにこの区域で繰り返されている.

repicar [repikár] [1.1] 他 ❶ (祭や慶事で, 鐘)を打ち鳴らし, 連打する. ❷ を細かく切り刻む.
—— 自 (鐘, 太鼓が)鳴り響く.
—— se 再 〖+de を〗自慢する.

repintar [repintár] 他 ❶ を塗り変える, …に色を塗り直す. ❷ …に雑に塗る, 色を塗りたくる.
—— se 再 厚化粧する.

repipi [repípi] 形 (話) (特に子供が)ませた, 大人びた[気取った]口をきく. 類 **redicho, sabidillo**.
—— 男女《話》ませた子供, 気取った人.

repiquete [repikéte] 男 ❶ (鐘や太鼓のにぎやかな音. ❷ (人や軍隊の)衝突, 小競[ぜ]り合い.

repiquetear [repiketeár] 他 (鐘・太鼓など)を連打[乱打]する, かんかん[とんとん]と鳴らす. 類 **redoblar, repicar, sonar**.
—— 自 (鐘・太鼓などが)鳴り響く, 続けさまに鳴る; (雨などが)音をたてて打ちつけられる; (機械などが)がたがた[かたかた]音をたてる. — El granizo *repiqueteaba* en los cristales de la ventana. ひょうが窓ガラスに打ちつけられていた.
—— se 再 〚話〛口論[口げんか]する.

repiqueteo [repiketéo] 男 (鐘・太鼓などの)乱打, 乱打音; かんかん[とんとん・かたかた]いう音.

repisa [repísa] 女 ❶ (壁などから突き出た)棚, 棚板. — ～ de chimenea マントルピース. ～ de ventana 窓の下枠. 類 **anaquel**. ❷《建築》持ち送り. ◆壁や柱から水平に突き出して, 梁[は]・床・棚などを支える三角形状の補強材. 類 **ménsula**.

repit- [repit-] 動 repetir の直・現在/完了過去, 接・現在/過去, 命令・2単, 現在分詞.

replantar [replantár] 他 ❶ (植物)を植えかえる, 移植する. ❷ (畑など)に(以前と違う物を)植える〖+de〗. — ～ *de* berenjenas el huerto 菜園に(新たに)ナスを植える.

replantear [replanteár] 他 ❶ (計画・提案など)を(練り直して)再提案[再提出]する. ❷《建築》(建物)の見取り図を地面に移し描く.

repleción [repleθjón] 女 ❶ 充満, 充実. ❷ 満腹状態, 飽食.

replegable [repleɣáβle] 形 ❶ 折りたたみ式の. — ～ paraguas ～ 折りたたみ傘. ❷《航空》(車輪が)格納式の.

replegar [repleɣár] [4.4] 他 ❶ を折りたたむ, 折り重ねる. ❷《軍事》(軍隊など)を(整然と)撤退[退却]させる.
—— se 再 《軍事》(整然と)撤退[退却]する. 類 **retroceder**.

✱repleto, ta [repléto, ta] 形 ❶〖+de〗…で満ちあふれた, ひしめき合った, ぎっしり詰まった〖estar+〗. — Esta maleta *está repleta*. このスーツケースはぎっしり詰まっている. La plaza *está repleta de gente*. 広場は人でいっぱいだ. 類 **atestado, colmado, lleno**. 反 **vacío**. ❷ 満腹した, 腹いっぱいの〖estar+〗. — *Estoy* ～ y no puedo comer más. 腹いっぱいでもう食べられない. 類 **ahíto, atiborrado, harto**. ❸ まるまる太った, 肥満した. 類 **gordo, rechoncho**.

✱réplica [répliká] 女 ❶ 反駁(ばく), 答弁. — Dejaremos treinta minutos para las ～s. 答弁のために30分とることにしましょう. ¡No quiero ～s! 口答えはひかえ[つつし]なさい！ 類 **contestación**. ❷ (a) 《美術》複製, 模写, レプリカ. (b)《情報》ミラーリング; レプリケーション. ❸《法律》(被告答弁に対する)原告の第二の訴答.

✱replicar [replikár] [1.1] 他 …に反論をする, 言い返す, 口答えする. — *Repliqué* inmediatamente que no era culpa mía. 私はそれは自分の責任ではないとすぐさま答えた. 類 **responder**.
—— 自 反対する, 反論する, 口答えする. — Obedece sin ～. 反対しないで服従しろ.

replicón, cona [replikón, kóna] 形 口答えばかりする, 生意気な, 議論好きな. 類 **respondón**.
—— 名 口答えばかりする人, 生意気なやつ, 議論好き.

replieg- [repljeɣ-] 動 replegar の直・現在, 接・現在, 命令・2単.

repliegue [repljéɣe] 男 ❶ しわ, ひだ; 折り目. — ～ de los párpados まぶたのしわ. ❷ (土地の)起伏. ❸ 折りたたむこと. ❹《軍事》撤退, 退却. 類 **retirada**.

repoblación [repoβlaθjón] 女 ❶ 再入植; 再植民. ❷ (植物を)(再)植えること, (再)植林; 植えられた植物群. — ～ forestal 植林.

✱repoblar [repoβlár] [5.1] 他 ❶ (ある地域に)再入植する. — ～ los pueblos abandonados 無人化した村々に再入植する. ❷ …に(再)植林する.

repollo [repójo] 男 ❶ キャベツ. 類 **col**. ❷ (キャベツなどの)玉菜の結球.

repollud*o*, *da* [repojúðo, ða] 形 ❶ (植物が)

1648 repondr-

結球性の, 結球状の. ❷《話》(人などが)ずんぐりした. 類 **rechoncho**.

repondr- [repondr-] 動 reponer の未来, 過去未来.

:reponer [řepoṅér] [**10.7**] 他 ❶ (*a*) を補充する, (同じ種類の物)を返す. —A medida que los libros se van vendiendo, los *reponen* en las estanterías. 本が売れるにつれて彼らは本棚に本を補充する. Compró unos vasos nuevos para los que había roto. 彼は割ったコップの弁償するため新しいコップを買った. (*b*) を元に戻す, 復帰させる, 復職させる. —Descansaron un rato para *reponer* fuerzas. 彼らは活力を取り戻すためしばらく休んだ. Le han repuesto en su cargo. 彼は元の職に復帰した. ❷ を再上演[再上映・再放送]する, 再演する. —Van a ~ «Evita». 「エビータ」が再演されることになっている. ❸ …と言い返す, 反論する. —Cuando acabé, *repuso* inmediatamente que no estaba de acuerdo conmigo. 私が言い終わったとたん, 彼は私に賛成できないと言い返した.

—**se** 再 ❶ (病気から)回復する. —Me he *repuesto* gracias al medicamento. 薬のおかげで私は回復した. ❷ (苦痛・ショックから)立ち直る, 平静になる, 落ち着きを取り戻す. —Todavía me estoy *reponiendo* del susto. 私はショックからまだ立ち直りつつあるところだ.

reportaje [reportáxe] 男 ルポルタージュ, 報道記事[番組]; ドキュメンタリー番組[映画]. —~ gráfico 写真入り報道記事, カメラルポ.

reportamiento [reportamjénto] 男 抑制; 自制, 慎み.

reportar [reportár] 他 ❶ (感情・怒りなど)を抑える, 鎮める. —~ su indignación 怒りを抑える. 類 **contener, moderar, refrenar**. ❷ (利益・不利益などを)もたらす. —Este trabajo me ha *reportado* grandes beneficios. この仕事は私に大いに利益になった. 類 **proporcionar**. ❸ を持って行く[来る], 取って来る. 類 **llevar, traer**. ❹ (印刷)(原図など)を(石版に)転写する. ❺【中南米】報告[報道]する, 伝える. 類 **informar, notificar**.

—**se** 再 ❶ 自制する; 静まる, 落ち着く. —No grites y *repórtate*, que te van a oír los vecinos. どならないで落ち着けよ, 近所の人たちに聞えてしまうぞ. 類 **calmarse, moderarse**. ❷【中南米】出頭する. 類 **presentarse**.

reporte [repórte] 男 報道, 報道記事; 報告. 類 **informe, noticia**.

repórter [repórter] [＜英 reporter] 男女 取材記者, 通信員, レポーター. 類 **reportero**.

reporteril [reporteríl] 形 記者の, 通信員の, レポーターの.

reporterismo [reporterísmo] 男 記者[通信員]の職[仕事].

reportero, ra [repórtero, ra] 名 記者, 通信員, レポーター. —~ de la sección de economía 経済部の記者. ~ gráfico 報道カメラマン, 写真ジャーナリスト.

reposadamente [reposáðaménte] 副 静かに, 落ち着いて; 急がずに.

*reposado, da [reposáðo, ða] 過分 形 ❶ 落ち着いた, 穏やかな, ゆったりとした [estar＋]. —El mar *está* ~. 海は穏やかだ. Me gustaría tener un trabajo más ~. もっと落ち着いた仕事をしたいものだ. Es un chico muy ~. 彼は非常に落ち着いた少年だ. 類 **quieto, sosegado, tranquilo**. 反 **agitado**. ❷ 休息した, 疲れのとれた [estar＋]. 反 **descansado**.

reposapiés [reposapjés] 男 [単複同形] (オートバイの)足載せ台, ステップ.

:reposar [reposár] 自 ❶ 休む, 休息[休憩]する; 静養する. —Es preciso ~ cada dos horas. 2時間ごとに休息する必要がある. El médico me aconseja que *repose* unos días. 医者は私に何日か静養することを勧める. ❷ 横になる, 昼寝をする, 仮眠をとる. —Como ya llevamos muchas horas trabajando, vamos a ~ un rato. もう長時間働いているからしばし仮眠をとろう. ❸ 埋葬されている, との眠りについている. —Aquí *reposa* don Carlos Ojeda. カルロス・オヘーダ氏ここに眠る. 類 **yacer**. ❹ (ワイン・パン生地などが)寝かせてある, (煮込んだ物が)火を止めた後)れる. —Este vino lleva quince años *reposando* en la bodega. このワインは15年間酒倉の中で寝かせてある. ❺ (おりが沈殿して液体が)澄む. —El arroz está duro porque no lo has dejado ~. 君が米をむらさなかったから固い.

他 をもたせかける. —Puedes ~ la cabeza sobre mi hombro si estás fatigado. もし君が疲れているなら私の肩に頭をもたせかけてもいいよ. *reposar la comida* 食後の休息をとる.

—**se** 再 ❶ (おりが沈殿して液体が)澄む. ❷ (ワインなどが)寝かせてある, (煮込んだ物が)れる.

*reposición [reposiθjón] 女 ❶ 元に戻す[戻す]こと, 復活, 再生; (健康の)回復. ❷ (劇や映画などの)再上演[映], リバイバル. ❸ 取り替える(こと), 交換. ❹ 補充, 補給. ❺ 返答, 抗弁.

repositorio [repositórjo] 男 貯蔵所, 倉庫. 類 **almacén**.

*reposo [repóso] 男 ❶ 休み, 休息, 静養. —Después de trabajar tanto necesitas unos días de ~. こんなに働いた後には君は数日の休養が必要だ. El médico le ha recomendado hacer ~. 医者は彼に静養することをすすめた. ~ absoluto 絶対安静. 類 **descanso**. ❷ 安息, 安心, 安らぎ. —No turbes su ~ y déjalo en paz. 彼の心を乱すようなことはやめて, そっとしておいてやれ. Recemos una oración por el ~ eterno de su alma. 彼の魂の永遠の安らぎのためにお祈りをしよう. 類 **sosiego, tranquilidad**. ❸ 休止, 停止, 静止. —Las máquinas estaban en ~ aquel día. あの日は機械類が停止していた.

repostar [repostár] 他 (燃料・食糧など)を補給する, 補充する. —~ combustible [gasolina] 燃料[ガソリン]を補給する.

—自 燃料を補給する, 給油する.

—**se** 再 ＝repostar 自.

repostería [reposteɾía] 女 ❶ 菓子店, ケーキ屋, 菓子製造所. 類 **confitería, dulcería, pastelería**. ❷ 菓子製造業; ケーキ作り. ❸ 食料品置き場.

*repostero, ra [repostéɾo, ra] 名 ケーキを作る人, 菓子職人, 菓子販売店主.

— 男 紋章の入った壁掛けの布; 【南米】食料貯蔵室.

repregunta [repreɣúnta] 女《司法》反対尋問.

repreguntar [repreɣuntár] 他《司法》(法廷の証人)に反対尋問を行なう.

reprender [replendér] 他 を叱る, とがめる, いましめる. —*Reprendió* al niño, porque se había portado mal. 彼は子供の行儀が悪かったので叱った. 類**amonestar, regañar, reñir.** 反**alabar, elogiar, encomiar.**

reprensible [replensíβle] 形 とがめるべき, 非難すべきの, いましめるべき.

reprensión [replensjón] 女 叱責(しっせき), 懲戒; 非難.

represa [repésa] 女 ❶ (a) (水などを)せき止めること. (b) ダム, 貯水池. 類**embalse, estanque, presa.** ❷ (感情などの)抑制.

represalia [represálja] 女 〔主に複〕報復, 仕返し, 復讐(ふくしゅう). —como ~ por ... …への報復として. Se negó a avisar a la policía por temor a las ~s. 彼は報復を恐れて警察に連絡しなかった. tomar ~s contra ... …に対して報復措置を取る. 類**venganza.**

represar [represár] 他 ❶ をせき止める. —~ una corriente 流れをせき止める. 類**embalsar, estancar.** ❷ (感情など)を抑える. 類**contener, detener, reprimir.**

representable [representáβle] 形 ❶ (劇などが)上演可能な. ❷ 表現し得る. ❸ 代表し得る.

‡**representación** [representaθjón] 女 ❶ 表すこと[もの]. (a) 表現, 描写, 表示. —Este cuadro es una ~ de la ira del pintor contra la sociedad. この絵は画家の社会に対する怒りを表現したものだ. Los alfabetos son la ~ de los sonidos, mientras los caracteres chinos son la de los significados. アルファベットは音声を表示したものだが, 漢字は意味を表示したものである. ~ gráfica グラフィック・ディスプレイ. (b) 〔演劇〕上演, 公演, 演出, 演奏. —Esta obra ha tenido tanto éxito que han dado muchas *representaciones*. この作品はとても好評で何度も上演されてきた. Fue fenomenal la ~ del actor. その俳優の演技はとても素晴らしかった. 類**función.** (c) 肖像, 彫像; 表象, 象徴. —En la capilla hay una ~ de Santa Teresa. この礼拝室にはサンタテレサの肖像がある. (d) 申立て, 陳情, 嘆願. ❷ 代表, 代理, ~(権); (集合的に)代表団. —~ proporcional 比例代表制. Tenemos [Ostentamos] la ~ de nuestra organización. 我々は組織の代表の地位にある. Asistió a la reunión en ~ de la clase [del profesor]. 彼はクラスの代表として[先生の代理で]会議に出席した. Dio un discurso por ~. 彼は代理で演説した. Una ~ diplomática de España visita hoy el Ministerio de Asuntos Exteriores. スペインの外交代表団が今日外務省を訪問する. ❸ (人の)影響力, 権威. —Mi tío es hombre de ~ en su pueblo. 伯父は村の重要人物だ.

*****representado, da** [representáðo, ða] 過分 形 表現した; 代表した.

‡**representante** [representánte] 形 **代表(者)の, 代理(人)の.**

—— 男女 ❶ 代理人, 代表者; 販売代理人; (プロ選手の)交渉代理人. —El Quijote es ~ de la literatura clásica española. ドン・キホーテはスペイン古典文学の代表作である. Hoy nos visita el ~ de una empresa japonesa de calzado. 今日日本の履物会社の代理人が当社を訪れる. Habló con el rector como ~ de los alumnos. 彼は学生の代表として学長と話し合った. ~ de los afectados 被害者代表. ~ diplomático 外交代表(者). ❷ (まれ)俳優, 女優.

*representar [representár] レプレセンタル] 他 ❶ を表わす, 表象する, 象徴する. —La paloma blanca *representa* la paz. 白い鳩は平和の象徴だ. El signo «¥» *representa* el yen. ¥の記号は円を表わす. 類**simbolizar.** ❷ (絵などが)を描いている, 描写する. —Este cuadro *representa* la rendición de Breda. この絵はブレダ開城を描いている. 類**reproducir.** ❸ を叙述する, 言い表わす, 説明する. —No encuentro palabras adecuadas para ~ lo guapa que es. 私には彼女の美しさを述べるのに適当な表現が見当たらない. ❹ 〔演劇〕(劇など)を上演する. —La compañía *representa* «Yerma», de García Lorca. 劇団はガルシーア・ロルカの『イェルマ』を上演する. 類**actuar.** ❺ (ある役・役割)を演じる, ~に扮する. —Jorge *representa* el papel de payaso. ホルへは道化師の役割を演じる. 類**encarnar, interpretar.** ❻ を代表する. —El embajador *representará* al gobierno. 大使が政府を代表します. ❼ (公式に人・団体)の代理を務める, を代行する. —El presidente se encuentra indispuesto, y el vicepresidente lo *representará* en la junta. 社長が気分がすぐれず, 会議では副社長が代行します. ❽ (ある年齢)に見える. —Tu abuelo no *representa* más de 70 años. 君の祖父は70歳以上には見えない. José *representa* la edad que tiene. ホセは年相応に見える. ❾ 〔+ para〕を意味する, …の意味を持つ, 重要である. —Este cuadro *representó* mucho *para* Goya. この絵はゴヤにとって多くの意味を持った. Tu visita *representó* una gran alegría *para* mí. 君の訪問は私には大変な喜びだった. Esta obra *representa* muchas horas de trabajo. この作品には何時間もの苦心が窺われる. 類**significar.** ❿ …の典型である. —Góngora *representa* al escritor barroco. ゴンゴラはバロック詩人の典型だ. ⓫ を思い出させる; 想像する, 思い描く.

—— se 再 想像する, 思い描く; 想像される, (人)の脳裏に浮かぶ. —No puedo *representármelo* vestido con traje y corbata. 私は彼のスーツネクタイ姿が想像できない.

‡**representativo, va** [representatíβo, βa] 形 ❶ 代表的な, 象徴的な, 典型的な. —Es una obra *representativa* del autor. それはその作家の代表作だ. Es un pueblo ~ de Andalucía. それはアンダルシーアの典型的な村である. 類**característico.** ❷ 代表する, 代理の. —Han abierto una oficina *representativa* en Madrid. マドリードに代理事務所が開業された. cargo ~ 代理職. régimen ~ 代議制. democracia *representativa* 代表制(間接)民主主義. Ese país no tiene un gobierno ~. その国は代表する政府をもたない.

represión [represjón] 女 ❶ 抑圧, 弾圧; 抑制. 類**contención, detención.** ❷ 〔心理〕抑圧.

represivo, va [represíβo, βa] 形 抑圧的な, 弾圧的な. —La censura impuesta por el gobierno se considera *represiva*. 政府が課している検閲は弾圧的と見なされている.

reprimenda [repriménda] 女 叱責(しっせき), 非難. —¡Menuda ~ te van a dar! 君はうんと叱(しか)

1650 reprimir

られるよ! 類**reprensión**.

:**reprimir** [řeprimír] 他 ❶ (感情・衝動など)を**抑制する**, 抑える, こらえる. — ～ un bostezo [las ganas de bostezar] あくびをこらえる. No pudo ～ su ira y le dio una bofetada. 彼は怒りをこらえることができなくて, 彼に平手打ちを食らわした. 類 **contener**. ❷ を鎮圧する, 制圧する; 抑圧する. — ～ con dureza la manifestación デモを厳しく鎮圧する. ❸ 《心理》を抑圧する. 類**dominar, refrenar**.

—**se** 再 自分を抑える, 自制する;〖＋de＋不定詞〗(…するのを)我慢する, こらえる. — *Se reprimía de* hablar. 彼は話したいのを我慢していた.

reprise [řeprís]〔＜仏〕女 ❶ 再上演, 再上映, リバイバル. — película de ～ リバイバル映画. ❷ (エンジンの)加速, 加速性能.

reprobable [řeproβáβle] 形 (行為が)非難されるべき, ふらちな. —Él encontraba ～ mi conducta. 彼は私の行いをけしからんと思っていた. 類 **censurable, condenable, reprensible, vituperable**.

reprobación [řeproβaθjón] 女 ❶ 非難, 叱責(しっせき). 類**censura, crítica, represión**. ❷《宗教》劫罰(ごうばつ); 神の罰, 神に見捨てられること.

reprobado, da [řeproβáðo, ða] 過分 形 ❶ 不合格[落第]になった. ❷ 非難された. ❸《宗教》神に見捨てられた(人). 類**réprobo**.

reprobador, dora [řeproβaðór, ðóra] 形 (人が)非難[叱責]する; 不合格にする.
— 名 非難[叱責]する人; 不合格にする人.

reprobar [řeproβár] [5.1] 他 ❶ (人・行為)を非難する, とがめる. —No te *repruebo* por haberlo hecho, pero yo no lo hubiera hecho. 私は君がそうしたからと言って非難はしないけれど, 私だったらそうはしなかっただろう. 類**censurar, condenar, reprochar, vituperar**. 反**alabar, elogiar, loar**. ❷ を容認しない; を不合格にする.

reprobatorio, ria [řeproβatórjo, rja] 形 非難的の; 非難する.

réprobo, ba [řéproβo, βa] 形《宗教》神に見捨てられた(人).
— 名 《宗教》神に見捨てられた人, 地獄に落ちる人.

reprochable [řeprotʃáβle] 形 非難されるべき, とがめられるべき; 非難され得る. —No hay nada de ～ en su comportamiento. 彼の行為には何らとがめられるべき部分はない. 類**censurable, reprobable**.

:**reprochar** [řeprotʃár] 他 を非難する, 責める, とがめる. — Le *reproché* su falta de educación. 私は彼の不作法をとがめた. 類**censurar, recriminar**.

:**reproche** [řeprótʃe] 男 ❶ **非難**, 叱責, とがめ. — Me dirigió una mirada de ～. 彼は私を非難の目で見た. ❷ とがめることば. —Sus ～s son siempre muy duros y después se arrepiente. 彼が私を非難する言葉はいつも辛辣なのだが後で後悔している.

:**reproducción** [řeproðukθjón] 女 ❶ 再生, 再現. —La ～ de la imagen abrió un nuevo camino a la ciencia. 画像の再生が科学に新たな道を開いた. ❷ (主に文学や芸術作品の)模写, 複製, 模造. — una ～ de un cuadro de Picasso ピカソの絵の複製. derechos de ～ 著作権, 版権. Queda prohibida la ～. 複製を禁ずる. 類**copia, imitación**. ❸《生物》生殖(作用). — sexual [asexual] 有性[無性]生殖. Los roedores son animales de rápida ～. 齧歯(げっし)目の動物は生殖が早い動物である. — ❹ 再生産.

:**reproducir** [řeproðuθír]【9.3】他 ❶ を再現する; (音・映像など)を再生する. — ～ sonidos [cintas de vídeo] 音声[ビデオテープ]を再生する. La película *reproduce* el ambiente de la Edad Media. その映画は中世の雰囲気を再現している. ❷ (言葉)を繰り返す, もう一度言う. — Quiero que me *reproduzcas* sus palabras exactas. 君に彼の言葉をそっくりそのまま繰り返して欲しい. 類 **repetir**. ❸ (絵・写真・文章など)を模写する, まねる; 複製する, 複製する. —Los copistas *reproducían* los manuscritos. 写字生は写本を書き写していた. Un pintor japonés *reproducía* un cuadro de Velázquez en el Museo del Prado. 1人の日本人画家がプラド美術館でベラスケスの絵を模写していた. 類**copiar, duplicar, imitar**.

—**se** 再 ❶ 再び起こる, 再発する, 再現される. — Ayer *se reprodujeron* los disturbios estudiantiles. 昨日学生騒動が再び起こった. ❷ 子孫を残す, 繁殖する. — Todos los animales procuran ～se. 動物はすべて子孫を残そうと努める. 類 **multiplicarse**.

reproductor, tora [řeproðuktór, tóra] 形 ❶ (a)《解剖》生殖の. (b) (動物が)種畜用の. ❷ 再生の, 複写の. —máquina *reproductora* 複写機.
— 男 再生用機器. — ～ DVD DVDドライブ.

reproduj- [řeproðux-] 動 reproducir の直・完了過去, 接・過去.

reproduzca(-) [řeproðuθka(-)] 動 reproducir の接・現在.

reproduzco [řeproðúθko] 動 reproducir の直・現在・1単.

repropio, pia [řeprópjo, pja] 形 (馬などが)人に従わない, 強情な.

reps [réps] 男 畝(うね)織り布(室内装飾用).

reptar [řeptár] 自 (這(は)う, 腹ばいで進む. 類 **arrastrarse**.

***reptil, réptil** [řeptíl, řéptil] 男 《動物》爬虫(はちゅう)類. — 形 《動物》爬虫類の.

＊**república** [řepúβlika レプブリカ] 女 ❶ **共和国**, 共和政体. —La *R*～ Dominicana ドミニカ共和国. *R*～ Argentina アルゼンチン共和国. la primera [segunda] ～ española スペイン第1[第2]共和制. ❷ 国家, 自治体. ❸ 公益, 公共.

república de las letras [*literaria*]〖集合的に〗文壇の人々.

republicanismo [řepuβlikanísmo] 男 共和制, 共和政体; 共和主義.

:**republicano, na** [řepuβlikáno, na] 形 共和国の, 共和主義の, 共和党の. — constitución *republicana* 共和国憲法. partido ～ 共和党.
— 名 共和主義者[支持者], 共和党員. —Las últimas elecciones dieron el triunfo a los ～s. 最近の選挙で共和党が勝利した.

repudiación [řepuðjaθjón] 女 ❶ 拒否, 拒絶; 絶縁. 類**renuncio, repudio**. ❷《法律》(権力などの)放棄.

repudiar [řepuðjár] 他 ❶ を拒絶[拒否]する,

(道徳的に)否認する. — ~ la violencia 暴力を否定する. 類**condenar, negar, rechazar**. ❷ (合法的に)妻を離縁する. 類**divorciar**. ❸ 『法律』(権利など)を放棄する. — ~ la herencia 相続権を放棄する.

repudio [repúðjo] 男 ❶ (合法的な)妻の離縁. 類**divorcio**. ❷ 拒絶, 拒否. 類**rechazo**.

repudrir [repuðrír] 〖過分 repodrido〗他 ❶ を(すっかり)腐らせる. 類**podrir, pudrir**. ❷ 《比喩》をむしばむ, 痛めつける. 類**corroer, roer**.
— se 再 ❶ 腐る, 腐りはてる. ❷ 《比喩》いらだつ, (悩みで)身を焦がす. — Si algo te está mordiendo el alma, calla y *repúdrete* por dentro. 心が何かにさいなまれているなら, 黙って心の中で悩みなさい.

‡**repuesto, ta** [repwésto] 過分〖<reponer〗形 ❶ 元に戻った, 復帰した; (健康などが)回復した. — Mi abuela ya está *repuesta* de su pulmonía. 祖母は肺炎がもう直った.
❷ 取り替られ[えられた], 交換した[された]. — Las pilas acaban de ser *repuestas*. 電池は交換したばかりである.
—— 男 ❶ 備蓄, 貯え, 貯蔵. — Tenemos un buen ~ de agua y víveres. 我々にはかなりの水と食糧の貯えがある. 類**provisión**. ❷ 交換部品, 予備の部品. — Trabaja en una tienda de ~s de automóviles. 彼は自動車の部品販売店で働いている. 類**recambio**.
de repuesto 予備の, 代わりの; 非常用の. una rueda de repuesto スペアタイヤ. Llévate unos calcetines de repuesto. 予備の靴下を持って行きなさい. 類**de reserva**.

repugnancia [repuɣnánθja] 女 ❶〖+a/hacia/por〗(…への)嫌悪(感), いやけ; 不快感. — tener ~ a ... /sentir ~ por ... を嫌がる. Los racistas me dan ~. 私は人種差別する人々がいやだ. 類**asco, aversión, repulsión**. ❷ 気がすすまないこと. — con ~ いやいやながら, 不承不承. 類**renuncia, resistencia**. ❸ 矛盾, 不一致. — ~ entre dos sentencias 2つの判決の間の不一致. 類**contradicción, incompatibilidad**.

‡**repugnante** [repuɣnánte] 形 **不快感を与える**, 鼻持ちならない. — La basura despedía un olor ~. そのごみは不快な臭いを出していた. Nunca podré olvidar aquel ~ suceso. 私はそのいまわしい出来事を決して忘れることができないだろう. 類**repelente, repulsivo**.

‡**repugnar** [repuɣnár] 自〖+a〗(人)に嫌悪[不快感]を催させる, とても嫌いである. — Me *repugna* el tocino. 私は豚の脂身が大嫌いだ. Me *repugnan* las personas que no se callan nunca. 私は静かにしていられない人々が大嫌いだ. Me *repugna* recordar mis pasados fallos. 私は自分の過去の失敗を思い出すのが嫌だ. 類**asquear**. 反 **agradar**.
—— 他 を嫌う, 嫌悪する; はねつける. — *Repugno* la falsedad. 私はうそが嫌いだ. 類**odiar, repeler**.
—— se 再 対立する, 矛盾する, 相反する. — El bien y el mal *se repugnan*. 善と悪とはお互い反発し合う. 類**contradecirse, oponerse**.

repujado [repuxáðo] 男 ❶ (ハンマー・型押しなどによる)打ち出し細工, エンボス加工; レプーセ法, 裏打ち法. ❷ 打ち出し細工の作品.

repujar [repuxár] 他 (金属板・皮革などに浮き彫り細工を施す, 浮き出し模様をつける(ハンマー・型押しなどで).

repulgado, da [repulɣáðo, ða] 過分 形 気どった, きざな, 見えを張った.

repulgar [repulɣár] 〖1.2〗他 ❶ (服飾)(服などに)へり[ふち]をつける, へり[ふち]縫いをする. ❷ (ケーキなど)にふち飾りをつける.

repulgo [repúlɣo] 男 ❶ (服飾)ヘム(裁ち端がほつれないように始末した折り返し部分), へり[ふち]縫い. ❷ (ケーキなどの)ふち飾り.

repulido, da [repulíðo, ða] 過分 形 ❶ めかし込んだ, 着飾った. 類**acicalado, peripuesto**. ❷ 磨きのかかった, 仕上げの手の加わった. 類**retocado**.

repulir [repulír] 他 ❶ をよく磨く, 再び磨く. ❷ …に磨きをかける; を完璧にしようとする. ❸ (人や物)を小ぎれいにする, …におめかしする. 類**acicalar**.
—— se 再 おめかしする, 着飾る.

repullo [repúʎo] 男 ❶ (驚き・恐れで)びくっと[ぎょっと, はっと]すること. — dar un ~ びくっとする. 類**sobresalto**. ❷ ダーツの矢.

repulsa [repúlsa] 女 ❶ 断わり, 拒絶; 却下. 類**rechazo, repulsión**. ❷ 非難; 叱責(しっせき). — echar una ~ a (人)を非難[叱責]する. sufrir una ~ 非難を受ける. 類**censura, reprimenda**.

repulsar [repulsár] 他 ❶ (意図・要求などを)拒絶[拒否]する. 類**denegar, rechazar, repeler**. ❷ (人・行為)を非難する, 糾弾する. 類**condenar**.

‡**repulsión** [repulsjón] 女 ❶ 憎悪, 嫌悪(けんお), 反感, 嫌気(いやけ). — Siente una viva ~ hacia toda clase de reptiles. 彼はどんな種類の爬虫類にも嫌悪感を感じる. 類**aversión, repugnancia**. ❷ 撃退, 反撃; 断わり, 拒絶. — La artillería jugó un papel vital en la ~ del ataque enemigo. 大砲が敵の攻撃への反撃で重要な役割を果たした. 類**repulsa**. ❸ 《物理》反発作用, 斥力.

repulsivo, va [repulsíβo, βa] 形 いやな, むかつくような, 気持ちの悪い. 類**desagradable, repelente**.

repunta [repúnta] 女 ❶ 《地理》岬. ❷ 前兆, きざし, 徴候. 類**indicio**. ❸ 立腹, 不機嫌. ❹ 小さなけんか, 口論.

repuntar [repuntár] 自 《海事》潮が差し[引き]始める.
—— se 再 ❶ (ブドウ酒が)酸っぱくなり始める. ❷ (人が)不機嫌になる; いさかいを起こす.

repunte [repúnte] 男 《海事》潮の差し[引き]始め.

repus- [repus-] 動 reponer の直・完了過去, 接・過去.

‡**reputación** [reputaθjón] 女 評判, 名声, 好評. — Goza de excelente ~ en el barrio. 彼の町内での評判はすばらしい. Tiene buena [mala] ~. 彼は評判がいい[悪い]. perder la ~ 名声を失う. 類**fama**.

‡**reputado, da** [reputáðo, ða] 過分 形 評判の高い, 高名な『名詞の前は後』. — Su padre es un ~ artista. 彼の父は高名な芸術家だ. 類**famoso**.
bien [**mal**] **reputado** 評判が良い[悪い].

‡**reputar** [reputár] 他〖+como/de/por と〗を評価する, 見なす, 考える. — La *reputaban* de

[*por*] inteligente. 彼女は頭がいいと思われていた. No lo *reputo de* entendido en economía. 私は彼が経済学に造詣が深いとは思わない. Los críticos *reputan* el cuadro *como* obra maestra. 批評家たちはその絵を傑作とみなしている. 類**considerar, estimar**.

requebrar [r̃ekeβrár] [4.1] 他 ❶ (女性)の機嫌を取る, …に言い寄る, 求愛する. 類**adular, cortejar, galantear, piropear**. ❷ (人)にお世辞を言う, おべっかを使う. 類**adular, lisonjear**. ❸ (さらに)細かく砕く, 粉々に砕く. 類**quebrar, trocear**.

requemado, da [r̃ekemáðo, ða] 過分 形 ❶ 焦げた, 黒焦げになった; 陽焼けした. ❷ (人が)怒りを秘めた, 恨みを抱いた.

requemar [r̃ekemár] 他 ❶ (料理など)を焦がす, 焼き過ぎる. — el arroz (米飯)のお焦げを作る. 類**tostar**. ❷ (飲食物が口の中)をひりひりさせる. — Aquel aguardiente me *requemó* la garganta. 私はあの焼酎で喉(˚)がひりひりした. 類**escocer, picar, resquemar**. ❸ (日光などが植物)を枯らす, ひからびさせる.

— **se** 再 ❶ 焦げる. ❷ (口の中が)やけどする. ❸ (植物)がひからびる, (陽に当たり過ぎて)枯れる. ❹ ひそかに憎しみを抱く. 類**concomerse**.

requeridor, dora [r̃ekeriðór, ðóra] 形 要求する, 依頼する. — 名 ❶ 要求する人, 依頼人. ❷《司法》召喚者; 勧告者.

requeriente [r̃ekerjénte] 形 男女 →requeridor.

requerimiento [r̃ekerimjénto] 男 ❶ (*a*) 願い, 頼み. — De nada valieron súplicas y ~s. 懇願も哀願も全く役に立たなかった. (*b*) 要求, 請求. 類**demanda**. ❷《司法》(裁判所への)出頭命令(書), 召喚状.

:**requerir** [r̃ekerír] [7] 他 ❶ を必要とする. — Tomar esa decisión *requiere* mucha valentía. その決断を下すには大変な勇気がいる. Este edificio *requiere* reformas. この建物は改修工事が必要だ. La anciana *requiere* los cuidados de una enfermera. その老婦人は看護婦の看護が必要だ. 類**necesitar, precisar**. ❷ を要求する, 求める;《法律》(当局などが)要請する, 命じる. — *Requirió* nuestro socorro y se lo prestamos. 彼は助けを求めたので, 我々は彼を助けた. El tribunal *ha requerido* la presencia del acusado. 裁判所は被告の出頭を命じた. El chico la *requirió* en matrimonio. その男の子は彼女に求婚した. 類**exigir, pedir, solicitar**. ❸ を説得する, …の考えを変えさせる. — Me *requirió* con respeto y cariño para que aceptara su propuesta. 彼は敬意と愛情をこめて私が彼の提案を受け入れるよう説得した.

requerir de amores 求愛する. Pepe *requirió de amores* a todas las chicas del pueblo en vano. ペペは村の娘たちすべてに求愛したが徒労に終わった.

requesón [r̃ekesón] 男 コテージチーズ(凝乳に酸味を加えた).

requeté [r̃eketé] 男《歴史》カルロス党の義勇軍[義勇兵]. ♦カルリスタ戦争(1833-1839)の際に組織され, 王統派についた義勇軍. スペイン内戦ではフランコ派についた.

requetebién [r̃eketeβjén] 副《話》すごく良く, 素晴らしく. — Me parece ~. すごく良いと私は思う. 類**muy bien**.

requiebro [r̃ekjéβro] 男 (女性への)お世辞, へつらいの言葉. — decir ~s a ... (人)におべっかを使う, 言い寄る. 類**lisonja, piropo**.

réquiem [r̃ékjen] 男 (<ラテン)《カトリック》レクイエム, 死者のためのミサ(曲).

requier- [r̃ekjér-] requerir の直・現在, 接・現在, 命令・2 単.

requilorios [r̃ekilórjos] 男複 ❶ 過度に形式ばった(回りくどい)ものの言い方. — hablar con ~s 過度に形式ばったしゃべり方をする. 類**rodeo**. ❷ 余分な飾り.

requir- [r̃ekir-] 動 requerir の直・完了過去, 接・現在/過去, 現在分詞.

requirente [r̃ekirénte] 形 要望する; 要求[請求]する.
— 男女 ❶ 要望者; 要求者. ❷《法律》(裁判所への)召喚者.

requisa [r̃ekísa] 女 ❶ 検査; 監査, 視察. — Periódicamente se pasa ~ al armamento de la tropa. 定期的に軍隊の装備の点検が行われる. 類**inspección, revisión**. ❷ (軍隊による, 食糧や馬などの)徴用, 徴発. 類**requisición**.

requisar [r̃ekisár] 他 を徴用する, 徴発する. — No había en el pueblo un pedazo de pan: las tropas rebeldes, en su huida, lo *habían requisado* todo. その町には一切れのパンもなかった. 反乱軍が逃走するときに何もかも徴発して行ってしまったのだ. 類**confiscar, decomisar**.

requisición [r̃ekisiθjón] 女 徴用, 徴発. 類**comiso, requisa**.

:**requisito** [r̃ekisíto] 男 必要条件, 要件; 資格. — llenar (cumplir) los ~s 必要条件を満たす. Tiene todos los ~s para este cargo [ser feliz]. 彼はこの職務に必要な条件はすべて備えている[幸せになるために必要な条件はすべて持っている]. Para ser profesor en ese centro es ~ indispensable tener el doctorado. そのセンターで教師になるためには博士号が必要条件である.

requisitoria [r̃ekisitórja] 女《司法》請求, (主として裁判官が発する, 裁判所への)出頭命令.

res [r̃és] 女 ❶ 四足獣(家畜も野生の動物も指す). — ~ lanar 羊. ~ vacuna 牛. ❷ (動物の)一頭. — doscientas ~es de ganado lanar 羊200頭. ❸【中南米】牛. ~ carne de ~ 牛肉.

resabiado, da [r̃esaβjáðo, ða] 過分 形 ❶ 悪い癖(悪知恵)のついた, ずる賢い. ❷ (馬や闘牛用の牛などが)癖の悪い, かん強くて扱いにくい.

resabiarse [r̃esaβjárse] 再 ❶ 悪い癖[習慣]を身につける. ❷ 不機嫌になる.

resabido, da [r̃esaβíðo, ða] 形 ❶ 知ったかぶりの, 物知りぶる; 見えを張った. 類**presumido**. ❷ よく知られている. — Lo tengo sabido y ~. その事なら百も承知だ.

resabio [r̃esáβjo] 男 ❶ いやな後味. — Esta bebida tiene un ~ ácido. この飲み物は酸っぱい後味が残る. ❷ (昔からの)悪い癖. — Le quedan ~s de cuando estuvo enfermo. 彼には病気だったころの悪い癖が残っている.

resaca [r̃esáka] 女 ❶【海事】引き波. ❷《話》二日酔い. — Tengo ~. 私は二日酔いだ. ❸《商業》戻り替為手形.

resalado, da [resaláðo, ða] 形 (話し方、身振りなどが)気の利いた; 魅力的な. —un chico muy ~ 愛嬌(きょう)のある男の子.

resalir [resalír] [**10.6**] 自 〖建築〗(壁の一部などが)突き出る、張り出している. 類**resaltar, sobresalir**.

:**resaltar** [resaltár] 自 ❶ 目立つ、際立つ、抜きん出る. —Este niño *resalta* por su inteligencia. この男の子は頭のよさからクラスで群を抜いている. 類**descollar, distinguirse, sobresalir**. ❷ 張り出す、出っ張る、飛び出る. —Dos balcones *resaltan* de la fachada del palacio. 2つのバルコニーが宮殿の正面から張り出している. ❸ 弾(はず)む、はね上がる.

hacer resaltar を際立たせる、引き立たせる、強調する.

— 他 を際立たせる、強調する. —El vestido negro *resalta* la blancura de tu piel. 黒い服を着ると君の肌の白さが引き立つ. En su discurso *resaltó* la importancia de proteger la naturaleza. 彼は演説で自然保護の重要性を強調した. 類**destacar, subrayar**.

resalte [resálte] 男 〖建築〗出っ張り、突出部.

resalto [resálto] 男 ❶ 突起(部分)、出っ張り; 突き出ていること. 類**resalte, saliente**. ❷ はね返り; はね上がり.

resalvo [resálβo] 男 (摘まずに残しておく)新芽、若木.

resarcimiento [resarθimjénto] 男 ❶ 補償(する[される]こと); 賠償(する[される]こと). 類**compensación, devolución**. ❷ 賠償[補償]金; 払い戻し. 類**reembolso**.

:**resarcir** [resarθír] 他 [**3.5**] 〖+de を〗(人)に賠償する、弁償する、補償する. —La empresa le *ha resarcido de* daños y perjuicios. 会社は彼に損害を賠償した. 類**compensar, indemnizar, reparar**.

— **se** 再 〖+de の〗償いをする、埋め合わせをする、取り戻す、雪辱をする. —El boxeador *se resarció de* su derrota anterior noqueando a su rival esta vez. ボクサーは今回は相手をノックアウトして以前の敗北の雪辱を果たした. Necesito unas buenas vacaciones para —*me de* tanto trabajo. こんなに働いた埋め合わせに十分休暇が必要だ. 類**desquitarse**.

resbalada [resβaláða] 女 〖中南米〗滑ること、滑走、スリップ. 類**resbalón**.

resbaladero, ra [resβalaðéro, ra] 形 滑りやすい. 類**escurridizo, resbaladizo**.
— 男 滑りやすい所.

resbaladizo, za [resβalaðíθo, θa] 形 ❶ (物の表面・場所が)すべりやすい、つるつる[ぬるぬる]した. —Los peces son ~s. 魚は(表面が)ぬるぬるしている. Con la helada de anoche la carretera está *resbaladiza*. 昨夜の凍結のせいで道路がすべりやすくなっている. 類**escurridizo, resbaladero**. ❷ (問題などが)慎重さを要する、扱いの難しい. —El tema religioso es muy ~. 宗教の話題はとても微妙だ.

resbalamiento [resβalamjénto] 男 滑ること、滑って転ぶこと. 類**resbalón**.

:**resbalar** [resβalár] 自 ❶ 滑る、スリップする; 滑り落ちる、転がり落ちる. — al pisar una cáscara de plátano バナナの皮を踏んで滑る. Las lágrimas le *resbalaban* por las mejillas. 涙が彼の頬(ほお)を伝って落ちていた. Las gotas de agua *resbalaban* por el cristal de la ventana. 雨の滴が窓ガラスを伝って落ちていた. ❷ (床などが)滑りやすい. —La carretera *resbala* mucho porque está helada. 自動車道は凍り付いているのでスリップしやすい. ❸ 過ちを犯す、へまを仕出かす. —*Resbaló* la tercera pregunta de la prueba y suspendió. 彼は試験の第3問で間違い、単位を落とした. ❹ 〖+a〗(話)(人)の関心を引かない、(人)にとってどうでもいい. —Sus sarcasmos me *resbalan*. 彼のあてこすりは私にはどうでもいい. Dice que la política le *resbala*. 彼は政治には興味がないと言っている.

— **se** 再 滑る、滑り落ちる; 足を滑らす. —*Se resbaló* bajando las escaleras. 彼は階段を降りる時、足を滑らした.

resbalón [resβalón] 男 ❶ (わざと、または誤って)滑ること、滑走、スリップ. ❷ 勘違い、ケアレスミス. 類**desliz, error, indiscreción**.

dar [*pegar*] *un resbalón* つまずく、滑って転ぶ.

resbaloso, sa [resβalóso, sa] 形 滑りやすい. 類**resbaladizo**.

*:**rescatar** [reskatár] 他 ❶ 〖+de から〗(危険・災難・悲惨などから)(人)を救い出す、救出する. — ~ a los náufragos *del* barco hundido 沈没船から遭難者を救出する. ~ *de* la pobreza [*de* la desesperación] 貧しさ[絶望]から救う. Un bombero *rescató* a la niña *del* incendio. 1人の消防士が火事から女児を救い出した. 類**salvar**. ❷ (身代金・力で人質などを)救出する、取り戻す、身請けする. — ~ a los rehenes [al secuestrado] 人質[誘拐された人]を救出する. 類**liberar, salvar**. ❸ (盗まれた物などを)取り返す、奪回する; (忘れられた事・失われた事を)取り戻す、よみがえらせる. — ~ el coche robado [el tiempo perdido] 盗まれた車[失われた時]を取り戻す. ~ viejas costumbres 古い習慣をよみがえらせる. ~ su juventud 若さを回復する、青春時代に戻る. ~ una hipoteca 抵当を請け戻す. Intentaron ~ los años que habían pasados separados. 彼らは離れ離れになって過ごした年月を取り戻そうとした. 類**recobrar, recuperar**.

rescate [reskáte] 男 ❶ (*a*) 救助、救出、救援. —operaciones de ~ 救出作戦. acudir al ~ de (人)の救出に向かう. R~ de Montaña de la Guardia Civil 治安警察、山岳救助隊. (*b*) (捕虜などの)釈放、身受け. 類**liberación, redención**. (*c*) (失ったものを)取り戻すこと、奪還. 類**recobro**. ❷ 身の代金、賠償金. —exigir [imponer] ~ por (人)の身の代金を要求する. La familia niega que haya recibido petición alguna de ~. 家族は身の代金の要求など全く受けていないと言っている.

rescaza [reskáθa] 女 〖魚類〗フサカサゴの一種.

rescindir [resθindír] 他 (契約などを)取り消す、無効にする、破棄する. —*Rescindiré* todos los contratos que tengo firmados con las empresas. 私がそれらの企業に対してサインした契約を全部破棄してしまおう. 類**anular, invalidar**.

rescisión [resθisjón] 女 (契約などの)取り消し、破棄、解約.

rescoldo [reskóldo] 男 ❶ (炎が落ちた後の)残り火、埋(うず)み火. —El fuego no está apagado del todo; todavía queda un ～. 火は完全に消えていない, まだ残り火が残っている. ❷《比喩》(消えきらずに残っている)心配・疑念・怒りなどいろいろの気持ち. —La he querido, pero después de todo esto, ya no queda apenas ni el ～. 私は彼女が好きだった, でも今度の事があって, 今ではその気持ちの名残りすらほとんどない. 類 **escrúpulo, recelo, resentimiento**.

rescontrar [r̃eskontrár] [5.1] 他 《商業》を相殺(誘)する, 埋め合わせる.

rescripto [r̃eskrípto] 男 ❶《歴史》(請願などに対する, 君主の)回答書, 返書. ❷《カトリック》(ローマ教皇の)答書.

resecar¹ [r̃esekár] [1.1] 他《医学》を切除する, 摘出する.

resecar² [r̃esekár] [1.1] 他 をからからに乾燥させる, 干からびさせる.

—— se 再 からからに乾燥する, 干上がる. —Con este calor se me reseca la garganta. この暑さで私は喉(鯰)がからからだ.

resección [r̃esekθjón] 女《医学》切除(術), 摘出(術).

reseco, ca [r̃eséko, ka] 形 ❶ からからに乾燥した, 干からびた. ❷ やせこけた. 類 **delgado, enjuto, flaco**.

—— 男 ❶ 木の乾燥した部分, 枯れ枝. ❷ 蜂の巣の中で蜜のついていない部分. ❸ 強い不快な味.

reseda [r̃eséða] 女《植物》モクセイソウ(木犀草. 香りのよい小さな緑白色の花が房状につく).

resentido, da [r̃esentíðo, ða] 過分 形 ❶〖+estar〗 を恨んでいる,（…に）憤慨した, 怒っている〖+con/contra+人〗〖+de+事柄〗〖+de que+接続法〗. —Está ～ con su padre porque dice que no le quiere. 彼は, 愛していないと父に言われたので, 父を恨んでいる. ❷〖+ser〗ひがみっぽい, 怒りっぽい. —Cuando volvió del extranjero era un hombre ～. 外国から帰って来た時, 彼はひがみっぽい男だった. ❸〖+estar〗ぐらついている. —Desde el último terremoto, la casa está resentida y es un peligro. 先日の地震以来, 家にがたが来ていて危険だ.

—— 名 ❶ 怒りっぽい人, ひがみっぽい人. —Es una resentida. 彼女はひがみっぽい人だ. ❷ 恨んでいる人, 怒っている人.

resentimiento [r̃esentimjénto] 男 恨み, 遺恨. —Se separaron sin guardarse ～. 彼らは恨みっこなしで別れた. 類 **rencor, resquemor**.

resentirse [r̃esentírse] [7] 再 ❶ がたが来る, 弱ってくる; 壊れかけている. —Muchos edificios se resintieron con el último terremoto. 先日の地震でがたが来た建物がたくさんある. ❷〖+de〗(過去の病気やけがなどの影響が残って)痛む, 痛みを感じる. —El brazo aún se resiente de aquel accidente. あの事故で痛めた腕がまだ痛む. ❸〖+de/por/con〗(を, …のせいで)怒る, 恨む, 不快に思う. —Se resintieron de que no les hubieran invitado. 彼らは招待されなかったことに腹を立てた. 類 **ofenderse**.

‡**reseña** [r̃eséɲa] 女 ❶ 記述, (特徴)描写, 叙述. —El diario sólo presenta una ～ del accidente. その新聞は事件の場面一面を述べているだけだ. 類 **descripción, detalle**. ❷《文芸》評論, 書評. —Lo único que lee del periódico son las ～s de los partidos de béisbol. 彼が新聞で読む唯一の記事は野球の試合の論評だけだ. 類 **crítica, recensión**. ❸ 概要, 要約. —Por la ～ que he leído, entiendo más o menos el objeto de su artículo. 私は要約を読んだので, 彼の論文の目的は大体理解しています. ❹《まれ》《軍事》閲兵.

‡**reseñar** [r̃eseɲár] 他 ❶ …の書評をする, 評論をする, を評する. ❷ を要約する, 簡潔な文章にまとめる. —El periódico reseña la noticia del secuestro. 新聞は誘拐のニュースを要約している. Lo has reseñado todo tan bien que todos te hemos entendido perfectamente. 君はすべてをとても上手に要約してくれたので, 我々は皆君の言いたいことを完全に理解した. ❸（人・動物）の特徴を記述する; 図[書面]で説明する. —～ al atracador con todo lujo de detalles 強盗の特徴をこと細かに描く. Mi padre me ha hecho un plano y ha reseñado el camino para el aeropuerto. 父は私に地図を書いて空港への道を教えてくれた.

‡**reserva** [r̃esérβa] 女 ❶ 予約, 指定; 指定券. —～s hoteleras ホテルの予約係. Hicimos la ～ de habitaciones en el Hotel Plaza. 私たちはプラサホテルに部屋を予約した. Mostré al revisor el billete y la ～ de asiento. 私は車掌に切符と指定席券を見せた. 類 **reservación**. ❷ 蓄え, 予備(品);《経済》準備金, 保有(高); (石油などの)埋蔵量. —víveres de ～ 保存食, 非常食. ～s de petróleo 石油の埋蔵量. ～ de divisas [de oro] 外貨準備高[金保有高]. ～ total embalsada ダム総貯水量. Tenemos una buena ～ de agua y comida para casos de emergencia. 私たちにはいざというときのための水と食料の蓄えが十分にある. 類 **depósito, provisión**. ❸ 差し控えること. (a) 遠慮, 控えめ, 慎み. —Siempre habla con mucha ～. 彼はいつもても遠慮がちに[慎重に]話す. Dice siempre lo que piensa, sin ～s. 彼はいつも思ったことを遠慮なしに[ずけずけ]言う. 類 **discreción, prudencia**. (b) 慎重, 用心, よそよそしさ. —Hay que tomar esa propuesta con mucha ～. そんな提案には用心して乗らねばならない. En la reunión me acogieron con ciertas ～s. その会合では あまり歓迎されなかった. (c) 秘密, 内密. —Son unos documentos de absoluta ～. それは極秘書類だ. 類 **sigilo**. ❹ 留保, 保留, 条件, 制限. —Aceptaron mi solicitud, pero con ～s. 私の要求は受け入れられたが, 条件付きだった. Les prometimos asistencia económica sin ～s. 我々は彼らに無条件で財政支援することを約束した. 類 **condición, restricción**. ❺《軍隊》予備部隊[艦隊], 予備役, 予備兵. —tropas de ～ 予備軍. Terminada la guerra ellos pasaron [los mandaron] a la ～. 戦争が終了して, 彼らは予備役に回された. ❻ 居留地, 指定保留地; 禁漁[禁猟]区. —～ de indios インディアンの指定保留地. ～ nacional 国立公園.

a reserva de〖que+接続法〗…という条件なら; …でなければ. Se acepta la propuesta, a reserva de un informe detallado. 詳しい報告書付きなら提案は受け入れる. Yo le acompañaré a Ud., a reserva de que tenga inconveniente. 差し支えなければ私がお供いたします.

—— 男女《スポーツ》補欠選手, 控え選手. —Figura como ～ del defensa central. 彼はセンターバックの控え選手としてメンバーに入っている. 類

suplente. ── 男 3年以上寝かせたワインや酒.

reservación [r̄eserβaθjón] 囡 ❶ 取って置くこと, 蓄え. ❷ (権利などの)保留; 条件, 制限. ❸ 予約. 類 reserva.

reservadamente [r̄eserβáðaménte] 副 遠慮がちに, 控えめに, 内密に. 類 con reserva.

:**reservado, da** [r̄eserβáðo, ða] 過分 形 ❶ 予約した, 予約済みの, 貸し切りの『estar+』. ── R~. 《掲示》予約席, 予約済み. Tengo reservadas dos habitaciones en el hotel. 私はそのホテルに 2 部屋予約してある. ❷ 取っておいた, 保留した; 予備の. ── Todos los derechos ~s. 著作権所有. Esta vajilla está reservada para los días de fiesta. この食器は祝日のために取ってある. ❸ 無口な, (性格などが)控えめな, 内気な『ser/estar+』. ── No habla de su trabajo porque es muy ~. 彼は非常に無口なので仕事については話さない. 類 callado, cauteloso, discreto. ❹ 内密の, 秘密の. ── Estos informes de los técnicos son ~s. この専門家の報告書は秘密扱いである. 類 confidencial, secreto.

fondos reservados →fondo.

pronóstico reservado →pronóstico②.

── 男 (レストラン・車両などの)個室, 貸し切り室, 予約席. ── Nos pusieron en el ~ de un restaurante. 私たちはあるレストランの個室に通された.

:**reservar** [r̄eserβár] 他 ❶ を予約する. ── Mi mujer y yo *hemos reservado* una habitación doble en el Hotel Salamanca. 私たち夫婦はサラマンカ·ホテルにツイン·ルームを予約した. ❷ をとっておく, 貯えておく; (一部)を残しておく. ── *Reserva* toda tu energía para cuando haya necesidad. 有事の際のために君の全エネルギーをとっておきなさい. *Reserva* algo de dinero para el fin de semana. 週末のためにお金を少しとっておきなさい. Voy a ~ la pechuga del pollo para la niña. 女の子のためにひな鳥の胸肉を切り分けてとっておこう. ❸ を留保する, 控える, 差し控える. ── *Reservo* mi opinión, porque se trata de una cosa muy delicada. 自分の意見を言うのを差し控えます, 大変微妙な問題なので.

── se 再 ❶ を自制する, 差し控える, 留保する. ── Me *reservo* el juicio acerca de ese caso, pues no tiene nada que ver conmigo. 私はその事件についての判断を差し控えます, 私とは無関係なので. ❷ 満を持する, じっと機会を待つ. ── Ella *se reservava* para otro torneo más importante. 彼女は別のもっと重要なトーナメントのために満を持している. Comió poco al mediodía y *se reservó* para la cena. 彼は昼はあまり食べないで, 夕食に備えてお腹を空かしていた.

reservista [r̄eserβísta] 男女 《軍事》予備兵.

reservón, vona [r̄eserβón, βóna] 形 《話》遠慮がちな, 打ち解けない, 口数の少ない.

:**resfriado, da** [r̄esfrjáðo, ða] 形 風邪を引いた. ── Estoy muy ~. 私はひどく風邪を引いている. 類 acatarrado, constipado.

── 男 風邪. ── coger [agarrar, pescar, pillar] un ~ 風邪を引く. cocer [cocerse, curarse] el ~ 風邪が治る. 類 catarro, enfriamiento, gripe.

resfriar [r̄esfrjár] [1.5] 他 ❶ を冷やす, 冷たくする, 涼しくする. ── ~ la sopa ligeramente スープを少しさます. Metieron las sandías en el agua del río para ~las. 彼らはスイカを冷やすために川の水に入れた. 類 enfriar. ❷ (情熱·関係など)をさます, 冷やす. ❸ 風邪をひかせる. ── Los cambios bruscos de temperatura me *resfrían* siempre. 私は急激な気温の変化でいつも風邪を引く.

── se 再 ❶ 風邪を引く. ── Parece que *me he resfriado*. どうやら私は風邪を引いたようだ. 類 acatarrarse, constiparse. ❷ (情熱·関係などが)さめる, 冷える, 冷たくなる. ── Su pasión por el fútbol *se resfrió*. 彼のサッカー熱がさめた. 類 entibiarse.

── 自 (気候が)寒くなる, 冷える. ── Ponte el abrigo, que esta noche va a ~. オーバーを着なさい, 今夜は寒くなるから. 類 refrescar.

resfrío [r̄esfrío] 男 ❶ 風邪. 類 catarro, gripe, resfriado. ❷ 冷却. 類 enfriamiento.

***resguardar** [r̄esɣwarðár] 他 『+de から』(とくに悪天候から)を守る, 保護する; 防御する. ── El pastor *resguardó* el ganado en una cueva. 羊飼いは羊たちを洞窟の中にかくまった. Este abrigo me *resguarda del* frío. このオーバーは私を寒さから守ってくれる. 類 acoger, refugiar.

── 自 『+de から』守る, を防ぐ, 防御する. ── El pinar *resguarda del* viento que viene del mar. 松林は海から来る風を防いでくれる.

── se 再 『+de から』身を守る, を防ぐ. ── Los soldados *se resguardaron de* los ataques del enemigo metiéndose en un fortín. 兵士たちはトーチカに立て籠って敵の攻撃から身を守った. *Se resguardaron de* la lluvia bajo los soportales. 彼らはアーケードの下に雨宿りした.

***resguardo** [r̄esɣwárðo] 男 ❶ 保護(するもの), 防御; 保証. ── Permaneció bajo el ~ de la cueva hasta que pasó la tormenta. 彼は嵐が通り過ぎるまで洞窟に身を潜めていた. La lluvia arreciaba y buscaron un ~. 雨が激しかったので彼らは避難場所を探した. ❷ 《商業》受領書, 預かり証. ── No encuentro el ~ de la compra. 買い物の領収書が見当たらない. 類 recibo. ❸ 《商業》保証, 担保(物件), 保証金.

:**residencia** [r̄esiðénθja] 囡 ❶ 居住, 在住, 駐在; 居住地. ── solicitar el permiso de ~ a la jefatura de policía 警察署に居住許可を申請する. Tuvo [Fijó] su ~ en un pueblo cerca de la capital. 彼は首都の近郊にある町に居を定めた. ❷ 住居, 住まい; (主に立派な)家, 邸宅. ── Su ~ está en la calle de Alcalá. 彼の住まいはアルカラ通りにある. Me gustaría vivir en una magnífica ~. 素晴らしい大邸宅に住んでみたいものだ. 類 domicilio, vivienda. ❸ 長期滞在用ホテル. ── Si pasas aquí unas semanas, te recomiendo que te alojes en una ~. Será más económico que en un hotel. もし数週間過ごすなら君はレシデンシアに泊まる方がいい. ホテルより経済的だ. 類 hostal, hotel, pensión. ❹ 寮, 宿舎; 住宅, 社宅, 官舎. ── ~ de estudiantes 学生寮. ~ de profesores 教員宿舎. ❺ 養護施設, ホーム. ── ~ de ancianos 老人ホーム. ~ de huérfanos 孤児院.

***residencial** [r̄esiðenθjál] 形 (主に高級)住宅用[住宅向き]の, 居住用の. ── zona [barrio] ~ 高級住宅地.

── 男 《南米》宿泊所, 安宿. ── Nos hospedamos en una ~ del centro. 私たちは都心の安宿に泊った.

residenciar [r̄esiðenθjár] 他 《司法》(裁判官など)を弾劾する; (人)の弁明を求める, 責任を問う.

residente [r̄esiðénte] 形 ❶ [+en] (…に)居住する; 長期滞在する, 駐在する, 常駐の. —japoneses ~s en París パリ在住の日本人. ministro ~ 弁理公使. ❷ 住み込みの. —médico ~ (病院住み込みの)研修医.
— 男女 居住者; 長期滞在者; 駐在員.

:residir [r̄esiðír] 自 [+en に] ❶ 居住する, 住む, 在住する. —Muchos japoneses *residen en* España. 多くの日本人がスペインに在住している. 類**habitar, vivir**. ❷ (問題などが)…にある, 存在する. —El problema *reside en* la falta de dinero. 問題はお金がないというところにある. La única dificultad *reside en* su terquedad. 唯一の障害は彼の頑固さにある. ❸ (権利・責任などが)…にある, 属する. —En una democracia, la soberanía *reside en* el pueblo. 民主主義国家では主権は国民にある. El poder legislativo *reside en* las Cortes. 立法権は国会にある. 類**estribar**.

residual [r̄esiðuál] 形 残りの; 残留した, 残りかすの. —aguas ~es 下水, 汚水.

∗residuo [r̄esiðuo] 男 ❶ [複] 残りかす, 残留物; 廃棄物; 《化学》残滓(ざん). —~s radioactivos 放射線廃棄物. Dejaron la mesa llena de ~s de la comida. テーブルには食べ残しが散乱していた. 類**desperdicios, restos**. ❷ 残り(物), 残余. —Quedaba un ~ de harina y pudimos hacer pan para cuatro personas. 4人分のパンを作るだけの小麦が残っていた. 類**resto, sobrante**. ❸ 《数学》(引き算の)差, 残り; (割り算の)剰余, 余り.

resient- [r̄esjent-] 動 resentir の直・現在, 接・現在, 命令・2単.

:resignación [r̄esiɣnaθjón] 女 ❶ 辞職, 辞任. —Ayer presentó su ~. 昨日彼は辞表を提出した. ❷ あきらめ, 忍従. —Sufrió la desdicha con ~. 彼はその不幸をあきらめて耐え忍んだ. 類**conformidad, paciencia**.

resignadamente [r̄esiɣnáðamente] 副 あきらめて, 観念して; あきらめたように (con resignación).

resignado, da [r̄esiɣnáðo, ða] 過分 形 ❶ (a) あきらめた. (b) [+a] を甘受する気になった. —Flora está *resignada* a esa solución irremediable. フローラはやむを得ずその解決策を受け入れる気になっている. ❷ 辞任した, 辞職した.

resignar [r̄esiɣnár] 他 ❶ [+en に] (指揮権・権力・任務などを)引き渡す, ゆだねる, 任せる. —Debido a la enfermedad, *resignó* su cargo en el vicepresidente. 彼は病気のため職務を副社長に引き渡した. ❷ (仕事・職などを)辞める, 辞職する. ❸ (希望・権利などを)捨てる, 放棄する.
— se 再 ❶ [+con を] 甘受する, 忍従する, あきらめる. —Ella *se resignaba* con su pobreza. 彼女は自分の貧乏を耐え忍んでいた. Si no apruebas el examen de ingreso, tendrás que ~*te* y trabajar. 君は入学試験に落ちたら, あきらめて働かなければならないだろう. —*se* a morir 死を覚悟する. 類**conformarse**. 反**rebelarse**. ❷ [+a+不定詞] あきらめて…する. —Como no tenía dinero, *se resignó a* no hacer el viaje. 彼はお金がなかったので, あきらめて旅行はしないことにした.

resina [r̄esína] 女 やに, 松やに, 樹脂. —~ sintética 合成樹脂.

resinar [r̄esinár] 他 (木)から樹脂[やに]を採る. —~ un pino 松やにを採る.

resinero, ra [r̄esinéro, ra] 形 樹脂の; 樹脂性の; 樹脂の多い.
— 名 樹脂採集人.

resinoso, sa [r̄esinóso, sa] 形 樹脂の; 樹脂状の.

Resistencia [r̄esisténθja] 固名 レシステンシア (アルゼンチンの都市).

:resistencia [r̄esisténθja] 女 ❶ 抵抗, 反抗; 妨害. —~ pasiva (サボタージュなどの)消極的抵抗. El pueblo opuso [ofreció] una gran ~ a los invasores. 民衆は侵略者に激しく抵抗した. Venció la ~ de los oponentes y tomó posesión de la presidencia de la compañía. 彼は反対する者たちの抵抗を押し切って社長に就任した. 類**obstrucción, oposición, renuencia**. ❷ 抵抗力, 耐久性, 持久力. —El anciano todavía muestra ~ a la fatiga. その老人にはまだスタミナがある. ❸ 《物理》抵抗, 強度; 《電気》抵抗, 抵抗器. —~ del metal 金属の強度. estuche de mucha ~ とても頑丈なケース. ❹ 地下抵抗運動, レジスタンス. ♦とくに第二次大戦中ナチス・ドイツ占領下に展開されたフランスを中心としたヨーロッパ各地の地下抵抗運動.

:resistente [r̄esisténte] [＜resistir] 形 ❶ [+a] …に対して**抵抗力[耐性]のある**, …に耐える[強い]. —~ al calor 耐熱性の. bacteria ~ 耐性菌. Este reloj es ~ *al* agua. この時計は耐水性だ. 類**fuerte, refractario, sólido**. ❷ 耐久性のある, 丈夫な. ❸ 抵抗する, 反抗する. ❹ 疲れを知らない, 持久力[スタミナ]のある; 持続する. —atleta ~ 持久力のある陸上選手. ❺ 《植物》耐寒性の.
— 男女 《歴史》レジスタンス(抵抗運動)の闘士.

resistible [r̄esistíβle] 形 抵抗[反抗]できる, 耐えられる.

:resistir [r̄esistír] 他 ❶ (力・重圧など)に耐える, 持ちこたえる. —El dique pudo ~ la riada. 堤防は増水に耐えることができた. Está muy débil y no *resistirá* la enfermedad. 彼は大変体力が弱っているので, 病気に耐えられないだろう. La madera no podía ~ tanto peso y se partió. 板はそんな重さに耐え切れずに割れた. ~ el calor 熱に強い, 耐熱性がある. No *resisto* el frío. 私は寒さに弱い. ❷ を耐え忍ぶ, 我慢する, こらえる; 抵抗する. —~ el impulso de [+不定詞] …したい衝動をこらえる. ~ la fatiga 疲れを我慢する. No pude ~ la tentación de besarla. 私は彼女にキスしたいという誘惑に逆らえなかった. No *resisto* a las personas egoístas. 私はエゴイストには我慢できない. *Resistí* las ganas de darle una bofetada. 私は彼に平手打ちを食らわしたいのをこらえた. 類**aguantar**.
— 自 ❶ 耐える, 持ちこたえる, まだ使える. —Este reloj *resiste* todavía. この時計はまだもつ. Ese edificio ya no *resistirá* mucho en pie. その建物はもうあまり持たないだろう. ❷ 耐え忍ぶ, 我慢する, こらえる; 抵抗する. —~ al ataque del enemigo 敵の攻撃を食い止める. No puede ~ a la tentación de beber. 彼は酒の誘惑には勝てない.
— se 再 ❶ 抵抗する, 反抗する; 我慢する, こらえる. —~*se al* invasor 侵略者に抵抗する. Si te apetece un helado, no *te resistas*. もし君がアイ

スクリームが欲しいのなら，我慢するなよ． ❷[＋a＋不定詞](…することに)抵抗する； (…することを)拒む． —El delincuente *se resistió a* ser detenido. 犯人は逮捕されることに抵抗した． Me *resisto a* creer lo que me dices. 君の言うことはどうしても信じられない． No hay mujer que *se le resista*. 彼の魅力にはどんな女も参ってしまう． ❸《話》[＋a](人)をてこずらせる，厄介である，難しい． —Este problema *se me resiste*. この問題は私には解決困難だ． La lengua inglesa *se le resiste*. 英語は彼には難しい．

resma [r̃ésma] 囡 連(紙の枚数単位；＝20manos＝500枚)．

resmilla [r̃esmíja] 囡 (便箋(びんせん)の)100枚．

resobad|o, da [r̃esoβáðo, ða] 形 ❶ (語句・表現・思想などが)ありふれた，使い古された，陳腐な． ❷ (パンなどが)よくこねられた． **類manido, trillado**.

resobrin|o, na [r̃esoβríno, na] 名 ❶ いとこの子． ❷ 甥(おい)，姪(めい)の子．

resol [r̃esól] 男 (太陽の)反射光，反射熱，照り返し． —Sólo con el ～ ya se pone morena. 照り返しの光だけで彼女はもう日焼けしている．

resollar [r̃esoʝár] [5.1] 自 ❶ 呼吸する；荒い呼吸をする，ぜいぜい息をする． —Llegó al quinto piso *resollando*. 彼女ははあはあ言いながら6階に着いた． **類jadear, respirar**. ❷《話》(音信不通だった人が)消息を伝える． —Desde hace meses no *resuella*. 何か月も彼から音沙汰(さた)がない． ❸《比喩，話》ほっとする，一息つく． —Ya se marcharon los clientes: por fin puedo ～. お客様たちが帰られた．やっと一息つける． ❹《話》[否定形で]口をきく． —sin ～ 一言も口をきかずに，黙って． No *resuelles* y trabaja. 黙って働け． **類hablar**.

resoluble [r̃esolúβle] 形 ❶ 溶ける，溶けうる． ❷ 解決しうる，解答しうる．

‡resolución [r̃esoluθjón] 囡 ❶ 決定，決意；決議(案)． —tomar una ～ 決定する． ～ judicial 法的な裁定． aprobar una ～ 決議案を承認する． Todas las *resoluciones* se toman por mayoría de votos. あらゆる決議は多数決で採択される． **類decisión, determinación**. ❷ 解決(力)． —la ～ de un problema 問題の解決． Cada día parece más lejana la ～ del conflicto. 紛争の解決は日々遠くなるばかりだ． **類solución**. ❸ 決断力． —Es un hombre de gran ～. 彼は決断力のある男だ． En situaciones como ésta hay que actuar con ～. このような状況では決断力をもって行動しなければならない． ❹ 解像度．

en resolución 要約すると．

resolutiv|o, va [r̃esolutíβo, βa] 形 ❶ (問題などの)解決に役立つ． ❷《医学》(腫瘍(しゅよう)・炎症を)消散させる． ❸ 分解[溶解]させる(分析(用)の)．
—— 男《医学》消散剤，溶解剤．

resolut|o, ta [r̃esolúto, ta] 形 ❶ 断固とした，決然とした． **類decidido, resuelto**. ❷ 解けた，解決された． **類resuelto**. ❸ 要約した． **類conciso, resumido**. ❹ 仕事の速い，てきぱきした(人) **類expeditivo**.

resolutori|o, ria [r̃esolutórjo, rja] 形 解決に役立つ，解消する能力がある． — cláusula [condición] *resolutoria* 解除条項[条件].

‡‡resolver [r̃esolβér レソルベル] [5.11] 他 ❶ (問題を)**解決する**，解明する，解く． —～ un ecuación 方程式を解く．～ un asunto 事件を解決する． No pudo ～ el proble-

resorte 1657

ma de geometría. 彼は幾何の問題を解くことができなかった． *Resolvieron* el conflicto hablando. 彼らは係争を話し合いで解決した． **類solucionar**. ❷ を決心する，決断する；決定[決議]する． —*Resolvieron* divorciarse. 彼らは離婚することに決めた． Ese gol *resolvió* el partido. そのゴールが試合を決めた． Lo pensó y *resolvió* que dimitía. 彼はそのことを考え，辞任することに決めた． **類decidir, determinar**. ❸ (疑いなどを)晴らす，解明する． —Mi padre *resuelve* todas mis dudas. 父は私の疑問をすべて晴らしてくれる． **類aclarar**. ❹ (手続きなど)をとる，済ませる． —～ los trámites de divorcio 離婚手続きをとる． **類solventar, zanjar**.
—**se** 再 ❶[＋a＋不定詞](…することを)決心する，決意する． —*Se resolvió a* trabajar seriamente. 彼は真面目に働く決心をした． ❷ 解決される；決着する，片付く． —El partido *se resolvió* con la victoria de nuestro equipo. その試合は私たちのチームの勝利で決着した． ❸[＋en](大したことのない結果になる)；変わる． —La infracción *se resolvió en* una multa. その違反は罰金で済んだ． La tormenta que amenazaba *se resolvió en* cuatro gotas. 嵐になりそうだったが小雨がぱらついただけだった． El agua *se resuelve en* vapor. 水は水蒸気に変わる．❹《医学》(炎症・腫物(しゅもつ)などが)消える，散る． —La infección *se resolvió* con ese medicamento. 化膿はその薬で消えた．

resonad|or, dora [r̃esonaðór, ðóra] 形 (音が)反響する，鳴り響く；(部屋などが)共鳴を起こす．
—— 男《物理》共鳴体，共鳴器，共振体．

‡resonancia [r̃esonánθja] 囡 ❶ 響き，反響． —Las campanas de la iglesia producían unas agradables ～s. 教会の鐘はとても心地よい響きを奏でていた． ❷《物理》共鳴；《電気》共振． ❸ 影響，反響；重要性． —La caída del muro de Berlín tuvo ～s internacionales. ベルリンの壁の倒壊は国際的な反響を呼んだ． **類consecuencias, repercusión**.

resonante [r̃esonánte] 形 ❶ (音が)反響する，よく響く． —una voz ～ よく通る声． ❷ 評判の，めざましい，すばらしい． —un éxito ～ めざましい成功．

‡resonar [r̃esonár] [5.1] 自 ❶ 鳴り響く． —Los truenos *resonaban* en el valle. 雷鳴が谷間に鳴り響いていた． ❷ 反響する，共鳴する． —Sus pisadas *resonaban* en toda la casa. 彼の足音は家中に反響していた．～ un eco こだまが反響する． ❸ (音や言葉が)耳に残る． —Sus cariñosas palabras siguen *resonando* en mis oídos. 彼のやさしい言葉は私の思い出の中で耳に残っている．

resoplar [r̃esoplár] 自 あえぐ，はあはあ[ぜえぜえ]と息をする． **類jadear, resollar**.

resoplido [r̃esoplíðo] 男 ❶ 荒い息，あえぎ；荒い鼻息． —dar ～s あえぐ． **類resoplo**. ❷ 荒々しい返答． —Le soltó un ～ al niño y éste se echó a llorar. ぶっきらぼうに返答されて，その子は泣き出した．

resoplo [r̃esóplo] 男 荒い息，あえぎ；荒い鼻息． **類resoplido**.

resorber [r̃esorβér] 他 を再び吸い込む，再び吸収する． **類reabsorber**.

resorción [r̃esorθjón] 囡 再吸収，再吸入．

resorte [r̃esórte] 男 ❶ ばね，スプリング，ぜんまい． —Saltó furioso de la silla como movido por

un ～．彼はばねで動かされたかのように怒りで椅子から飛び上がった．圞**muelle** ❷ 弾力，弾性．❸ 手段，方策．圞**medio**.
conocer todos los resortes （あることの）一部始終を知る．
tocar todos los resortes あらゆる方策をつくす．*Tocó todos los resortes para conseguir el puesto.* 彼はその地位を手に入れるためにあらゆる手段を講じた．

respaldar¹ [r̄espaldár] 男 （椅子の）背，背もたれ．圞**respaldo**.

respaldar² [r̄espaldár] 他 ❶ （人）を支持する，支援[援助・後援]する．— *Le respalda gente importante.* 彼は偉い人たちの後ろ盾を得ている．*Yo te respaldé con mi voto; más no podía hacer.* 私は君に一票入れた．それ以上のことはできなかった．圞**apoyar, proteger**. ❷ （書類など）に裏書きする．を保証する．圞**garantizar**.
—**se** 再 ❶ ［＋en/contra］（…）にもたれる．— *Se respaldó en la mecedora e intentó dormir.* 彼女は揺り椅子にもたれて眠ろうとした．❷ ［＋en/con］を頼りにする，（…）に頼る．— *Juan se respalda en la abuela cuando ve que la madre se enfada.* フアンは母が怒っているのを見ると，祖母を頼りにする．

respaldo [r̄espáldo] 男 ❶ （椅子の）背，背もたれ．❷ (*a*) （紙・書類などの）裏，裏面．— *firmar al [en el] ～* 書類に署名する．(*b*) （書類）の裏書き．❸《比喩》後援，援助．圞**apoyo**. ❹ 保証，確約．圞**garantía**.

respectar [r̄espektár] 自 ［＋*a*］…に関する，関(かん)する．
por [en] lo que respecta a ... …に関しては，…に関する限り．圞**atañer, concernir, tocar**.

:**respectivamente** [r̄espektíβaménte] 副 それぞれ，めいめい．— *Juan y Carlos estudian derecho e ingeniería ～.* フアンとカルロスはそれぞれ法律と工学を学んでいる．圞**respective**.

respective [r̄espektíβe] 副 それぞれ，めいめい．圞**respectivamente**.
respective a ... 《話》…に関しては（＝respecto a）．

:**respectivo, va** [r̄espektíβo, βa] 形 それぞれの，各自の．— *Los diplomáticos asistieron al banquete acompañados de sus respectivas esposas.* 外交官達は各自の妻を同伴して宴会に出席した．*Cada policía estaba en su ～ puesto.* 各警官はめいめいの持ち場にいた．圞**correspondiente**.
en lo respectivo a ... …に関しては．

****respecto** [r̄espékto レスペクト] 男 関係，関連．
al [a este, ese] respecto その件[これ，それ]に関して．*No me han dicho nada al respecto.* その件に関しては何も聞いていません．
con respecto a [respecto a, respecto de] …に関して．*Hubo mucha polémica con respecto al nuevo impuesto sobre el consumo.* 新しい消費税に関して大いに論議された．

respetabilidad [r̄espetaβiliðáð] 女 尊敬に値すること，立派さ；社会的地位．— *Su ～ y honradez son conocidas de todos.* 彼の立派さ，高潔さは皆の知るところである．

:**respetable** [r̄espetáβle] 形 ❶ 尊敬すべき，尊重すべき．— *A la recepción fue invitada la gente más ～ del pueblo.* 町のレセプションには村の最も尊敬に値する人々が招待された．*Es una opinión [derecho, razón] ～.* それは尊重すべき意見[権利，理由]だ．圞**honorable, venerable**. ❷ かなりの，相当な．— *Hubo un ～ número de candidatos a la presidencia.* かなりの数の大統領候補者がいた．圞**considerable**.
— 男 《話》（劇やショーなどの）観客，聴衆．— *Desde el primer momento, el ～ se entregó a la actuación.* 最初の瞬間から観客はその演奏に熱中した．

:**respetar** [r̄espetár] 他 ❶ を**尊敬**する，尊重する，敬(けい)う．— *Este chico no respeta a nadie.* この若者はだれをも尊敬しない．*Hay que ～ las opiniones de los ancianos.* 老人の意見は尊重せねばならない．*Es este país no respetan los derechos humanos.* この国では人権を尊重しない．❷ （法規など）を守る，順守する．— *～ las normas de circulación* 法律[交通規則]を守る．❸ を大事にする，大切にする，保存する．— *Respetemos el medio ambiente.* 環境を大切にしよう．

****respeto** [r̄espéto レスペト] 男 ❶ 尊敬，敬意，尊重．— *guardar [tener, tratar con] ～ a ...* …に敬意をもつ．— *～ a la opinión ajena [a los mayores de edad]* 他人の意見[年長者]に対する尊敬の念．*～ a los derechos humanos* 人権尊重．*Es una falta de ～ entrar en el templo en bañador.* 水着を着て寺院に入るのは不作法だ．*Siempre ha tratado a sus padres con el debido ～.* 彼はいつもしかるべき敬意をもって両親と接してきた．圞**consideración**. ❷ 敬 敬意の表示，（よろしくとの）あいさつ．— *La delegación ha presentado sus ～s al alcalde.* 代表団は市長に表敬訪問した．❸ 恐れ．— *Me dan mucho ～ los temblores de tierra.* 私は地震が恐ろしい．圞**miedo**.
campar por sus respetos 自分の思い通りにする，好きなようにふるまう．*Cuando termines la carrera podrás campar por tus respetos.* 学校を卒業したら君は自分の好きなようにふるまえばいいよ．
de respeto 予備の，スペアーの．*habitación [cama] de respeto* 予備の部屋[ベッド]．
faltar al respeto [perder el respeto] a ... …に失礼なことをする，敬意を払わない．
por respeto a ... …を考慮して．
respeto de sí mismo 自尊心．
respetos humanos 他人への配慮，世間体．

respetuosidad [r̄espetuosiðáð] 女 丁重さ，ていねいさ，慇懃(いんぎん)さ．

:**respetuoso, sa** [r̄espetuóso, sa] 形 敬意をはらう，丁重な，うやうやしい．— *Es muy ～ para con los profesores.* 彼は先生方にたいして恭順である．*En ese país son poco ～s con la ley.* その国ではあまり法律が尊重されない．

respingado, da [r̄espiŋɡáðo, ða] 過分 形 ❶ （鼻が）上向きの．圞**respingona**. ❷ （裾などが）まくれ上がった．

respingar [r̄espiŋɡár] [1.2] 自 ❶ （衣服の裾などが，作り方や着かたの悪いせいで）持ち上がっている，片方だけ上がっている．— *La chaqueta te respinga un poco por la espalda.* 君の上着は背中で少し持ち上がっているよ．❷ （動物が，何かをいや

がって)びくっとする, うなりながら身もだえする. 類 **cocear**. ❸《比喩》(人が)不平を言う, いやがる. 類 **gruñir, protestar, replicar**.
── **se** 再《衣服の裾などが, 作り方や着かたの悪いせいで》持ち上がっている.

respingo [ʀespíŋgo] 男 ❶ (驚いて)びくっとすること. ─ dar un ～ びくっとする. Marta, al oír su nombre, dio un ～ en su silla. マルタは自分の名前を聞いて, 椅子に座ったままびくっとした. ❷ (人から命令・依頼を受けたときの)無愛想な[つっけんどんな]返答, いやそうな態度. ─ No quiero ～s cuando se te manda algo, ¿comprendido? 命令を受けたときにいやな顔をしないでもらいたい, いいかね? ❸ きつい叱責(しっせき), 小言. ─ Le han dado un buen ～ por fumar. 彼はたばこを吸ったことで大目玉をくらった. ❹ 《衣服の裾(すそ)などが》つり上がっていること, 一部が短くなっていること. La gabardina te hace un ～ por detrás. 君のコートの裾の後ろが上がっているよ.

respingona [ʀespiŋgóna] 形 《女性形のみ》《話》(鼻が)上を向いた. ─ nariz ～ 上を向いた鼻.

respirable [ʀespiráβle] 形 呼吸しうる, 呼吸に適した.

***respiración** [ʀespiraθjón] 女 ❶ 呼吸(作用), 息. ～ artificial 人工呼吸. ～ asistida (主に機械を使った)人工呼吸. ～ boca a boca マウス・ツー・マウス人工呼吸. ～ pulmonar (abdominal) 胸[腹]式呼吸. Al llegar a la cima de la montaña, le faltaba la ～. 山の頂に着いた時彼は息を切らしていた. Me llevé un susto tan grande que casi se me corta la ～. 私はとても驚いたので息が詰まった. El enfermo tiene la ～ muy agitada. 病人は荒い息をしている. ❷ 換気, 通風, 空気の流通. ─ Esta habitación no tiene ～ suficiente. この部屋は風通しがあまりよくない. 類 **ventilación**.

cortarle a ... la respiración をびっくりさせる.
faltarle a ... la respiración (…の)息が切れる.
sin respiración《話》(1)〚＋quedarse/dejar など〛(感動や驚きで)息をつまらせた, 息をこらした, かたずを飲んだ. Cuando vi los estragos del tifón, me quedé *sin respiración*. 台風の被害を見たとき私は胸が一杯になった. La noticia de la muerte de su padre, le dejó *sin respiración*. 父の突然の死を知って彼は息を詰まらせた. (2)〚＋llegar など〛息を切らした; へとへとになった, 疲労困憊(はい)した. Subió las escaleras corriendo y llegó *sin respiración*. 階段を走って登ったので彼は息を切らしていた. Fue un día de trabajo duro y *llegué* a casa *sin respiración*. その日は仕事がハードでへとへとになって家に帰った.

respiradero [ʀespiraðéro] 男 ❶ 通気孔, 通気口. 類 **lumbrera**. ❷《比喩》安堵(あんど), 安心; 息抜き. ─ Con mi marido enfermo, fue un ～ que al chico le dieran una beca. 夫が病気なこともあり, 子供が奨学金をもらえてほっとした. 類 **alivio, respiro**.

****respirar** [ʀespirár レスピラル] 自 ❶ 呼吸する, 息をする. ─ ～ profundamente [hondo, fuerte, a fondo, a pleno pulmón, con fuerza] 深呼吸する. ～ con dificultad 息を切らす, あえぐ, 呼吸困難になる. 類 **aspirar, espirar, inspirar**. ❷ 息をしている, 生きている. ─ *Respira* todavía. 彼はまだ呼吸をしている[生きている]. 類 **vivir**. ❸ (部屋などの空気を入

れ換える, 換気する. ─ Abre la ventana para que *respire* el cuarto. 部屋の換気のために窓を開けなさい. 類 **ventilarse**. ❹ 一息つく, ほっとする, 安心する. ─ Cuando el médico me dijo que no tenía nada, *respiré*. 医者が私は何でもないと言ってくれたので, 私は一安心した. ❺ 休息する, 休む. ─ Después de tanto trabajo necesitas ～. そんなに働いたんだから, 君は休息をとる必要がある. dejar ～ a los caballos 馬を休ませる. 類 **descansar**. ❻〚普通否定文で〛ものを言う, 口を開く. ─ El niño estaba muy enfadado y no *respiró* en todo el día. 子供は大いに怒って1日中口を利かなかった. ❼〚無主語の3人称単数形で〛(大気が)涼しくなる. ─ Por el día hace calor, pero *respira* por la noche. 日中は暑いが, 夜間は涼しい. ❽ 新鮮な空気を吸う, 外気にあたる. ─ Salgo a la terraza a ～, que aquí hace mucho calor. ここはとても暑いので, テラスに出て新鮮な空気を吸おう. 類 **airearse**. ❾ 消息が知れる. ─ No ha vuelto a ～ desde la última carta que nos escribió hace dos años. 2年前彼に最後の手紙をもらってからは消息不明だ.

── 他 ❶ を呼吸する, 吸い込む. ─ Los alpinistas *respiran* aire puro en la montaña. 登山家たちは山できれいな空気を吸っている. ❷ を感じ出す, にじみ出す. ─ Tu madre *respira* alegría. 君のお母さんは見るからにうれしそうだ. Estas noches de otoño *respiran* paz. この秋の夜は心をなごませてくれる. ❸ (臭いなど)を発する.

no dejar respirar a ...《話》(人)に気の休まる暇もないほど口うるさい. Se casó con una chica que *no le deja respirar*. 彼に息つくひまも与えないような娘と彼は結婚した.

no poder (ni) respirar (1) とても疲れている. Está tan cansado que *no puede respirar*. 彼はとても疲れていて呼吸もできない. (2) とても忙しい. Está tan ocupado que *no puede ni respirar*. 彼はとても忙しくて息つくひまもない.

respirar por la herida 胸の内を明かす.
respirar tranquilo ほっと安堵(あんど)の胸を撫(な)で下ろす. Al saber que todo ha ido bien, *he respirado tranquilo*. すべてがうまくいったと知って, 私はホッと安堵の胸を撫で下ろした.

sin respirar (1) 休む間もなく, 休みなく. Trabajó todo el día *sin respirar*. 彼は1日中休みなく働いた. (2) 息を凝らして, 熱中して. mirar [escuchar] *sin respirar* 息を凝らして見る[聴く].

ver [saber] por dónde respira ... (人)の考えを探る.

respiratorio, ria [ʀespiratórjo, rja] 形 呼吸の; 呼吸のための. ─ aparato ～ 呼吸器. ejercicios ～s depth 深呼吸. gimnasia *respiratoria* 呼吸運動.

respiro [ʀespíro] 男 ❶ 呼吸. 類 **respiración**. ❷ 安堵, 一息つくこと, 安らぎ. ─ La muerte del marido fue un ～ para ella tener a sus hijos en casa. 夫の死に際して, 子供たちが家にいることは彼女にとって慰めだった. 類 **calma, desahogo, reposo, sosiego**. ❸ (仕事の)休息. ─ Llevo varios días sin un momento de ～. 私は何日も前から少しも休む暇がない. 類 **descanso**. ❹ (義務遂行や借金返済などの)延期, 猶予. ─ darle (un) ～ para ... を猶予してやる. 類 **prórroga.

resplandecer [r̃esplandeθér] [9.1] 自 ❶ 輝く, きらめく, 光り輝く. —La luna llena *resplandecía* en un cielo sin nubes. 雲のない空に満月が輝いていた. A pleno sol, su pelo dorado *resplandecía* como si fuera de fuego. 陽光をいっぱいに浴びて, 彼女の金髪がまるで火のように輝いていた. 類**brillar, lucir, relumbrar**. ❷【+de/en/por】(…の点で)優れている, 秀でる, 卓越している. —~ *de* hermosura 美しさに輝く. ~ *en* sabiduría 学識が深い. 類**resaltar, sobresalir**. ❸ (人が)顔に顔を輝かす, (顔が)喜びに輝く.

resplandeciente [r̃esplandeθjénte] 形 ❶ 輝いている. —Abrió el balcón y un sol ~ inundó la habitación. 彼が窓を開けるときらめく太陽の光が部屋を満たした. [比喩的にも用いられる] un rostro ~ de alegría 喜びに輝いた顔. 類**brillante**. ❷【+de/en/por】(…の点で)秀でている, 卓越している. 類**sobresaliente**.

*****resplandor** [r̃esplandór] 男 輝き, 光彩, きらめき; 閃光. —Me cegó el ~ del sol. 私は太陽の光で目がくらんだ. ~ del rayo 稲妻の閃光. El ~ de sus ojos me cautiva. 彼女の目の輝きは私を虜(とりこ)にする. 類**brillo, luminosidad**.

responder [r̃espondér レスポンデル] 他【+a に】…と答える, 返事する, 応答する; (情報)リプライする. —Le *respondí* que no me convencía. 私は納得がいかないと彼に返事した. *Respondió* que sí [que no]. 彼ははい[いいえ]と答えた. Se puso nervioso y no sabía qué ~. 彼はあがってしまい, 何と答えていいのか分からなかった. *Respondió* que llamaría más tarde. 彼はあとで電話すると答えた. 類contestar**. —自 ❶【+a に】返事をする, 答える; (電話・ノックなどに)応答する. —~ *a* las preguntas del profesor 先生の質問に答える. ~ *a* una carta 手紙の返事を書く. ~ *al* saludo 答礼する. He llamado a la puerta, pero nadie *responde*. 私はベルを押したが誰も出ない. Los novios han *respondido a* mi felicitación. 新婚夫婦は私のお祝いの手紙に返事をくれた. La perra *respondió a* los ladridos de sus cachorros. 雌犬が子犬の鳴え声に鳴き返した. 類**contestar**. ❷【+a に, con で】(態度・行動に)応(こた)える, 応じる, 報いる. —El público *respondió a* su actuación con una larga ovación. 観客は彼の演技に大喝采を送った. Ella ha *respondido a* mis favores *con* una traición. 彼女は私の親切に裏切りで応えた. ❸【+a に】(要望・期待に)応(こた)える, 見合う, (必要などを)満たす; 合致する. —~ *a* la esperanza [súplica] de … (人)の期待[願い]に応える. ~ *a* la descripción 記述[説明]に一致する. Necesito un coche que *responda a* mis necesidades. 私の必要を満たしてくれるような車が必要だ. Las cifras no *responden a* la realidad. 数字は現実を反映しない. ❹ (機械などが)反応する, 対応できる, 作動[機能]する. —Este coche *responde* aun en malas carreteras. この車は悪路でも平気だ. Los mandos de mi coche no *responden*. 私の車のハンドルは言うことをきかない. ❺ 効果がある, 好結果[利益]を生む. —Si este negocio *responde*, me compraré una casa. この商売がもうかれば家を買います. Si haces ejercicio, el cuerpo *responde*. 運動をすると体にいいよ. El enfermo no *responde* al tratamiento del médico. 患者は医者の治療に対し効果が見られない. 類**rendir**. ❻【+a に】感謝する, 謝意を表わす. —Tengo que ~ a sus atenciones. 私は彼の親切に感謝せねばならない. Sé que si le ayudo él *responderá*. 彼を助ければ彼が感謝することは分かっている. ❼【+a に】言い返す, 反論する, 応酬する, 口答えする. —No está bien ~ a los padres. 両親に口答えするのはよくない. 類**replicar**. ❽【+de について】責任がある, 責任を持つ. —Yo *respondo de* mis actos. 私は自分の行動に責任を持ちます. ~ *del* pago 支払いの責任を持つ. 類**responsabilizarse**. ❾【+por】(人に)責任がある, (人の)保証人となる. —Yo *respondo por* ti en todo. 私がいつでも君に責任を持つよ. Él *responde por* mí como si yo fuera su propio hermano. 彼は私のことを弟のように面倒を見てくれる. ❿【+de/por を】保証する, 請け合う. —Yo *respondo de* su buen carácter. 私が彼の性格のよさを保証します. ⓫【+de の】罰を食う, 報いを受ける. —El ladrón *respondió de* sus robos con la cárcel. 泥棒は服役することで盗みの報いを受けた.

responder al nombre de … という名前である; …と呼ばれて応える. Esa mujer *responde al nombre de* Carmen. その女性はカルメンという名だ.

respondón, dona [r̃espondón, dóna] 形 口答えばかりする, 反抗的な. —名 口答えばかりする人, 反抗的な人.

:responsabilidad [r̃esponsaβiliðá(ð)] 女 責任, 責務. —Tiene un cargo de mucha ~. 彼は責任の重い仕事についている. Sobre sus hombros pesa la ~ de toda esta tienda. この店全部の責任が彼の両肩にかかっている. Actuó bajo mi ~. 彼は私の責任の下で行動した. No le incumbe ~ en el accidente. その事故での責任は彼にはかからない. cargar con la ~ de … (人)に…の責任を負わせる. cargar con la ~ de … …の責任をもつ. ~ limitada 有限責任. sentido de ~ 責任感. ~ social 社会的な責任. libre de ~ 責任のない. exigir ~ 責任を求める.

responsabilizar [r̃esponsaβiliθár] [1.3] 他【+de に】(人)に(…の)責任を負わせる. —Me *responsabilizaron del* fracaso de la operación. 私が手術の失敗の責任を負わされた.

—*se* 再【+de に】(…の)責任を負う, 責任を取る.

:responsable [r̃esponsáβle] 形 ❶ 責任感のある. —No falta a su palabra: es una persona ~. 彼は約束を破らない, 責任感のある人ですから. ❷【+de】(…に)責任を負う. —No es ~ *de* sus actos. 彼は自分の行動に責任をもたない. persona ~ 責任者, 担当者. Es el ~ *de* cobrar la cuenta. 彼に勘定を取り立てる責任がだ. Él es el ~ *del* escándalo. 彼がそのスキャンダルの張本人だ. A los dieciocho años uno tiene que ser ~ *de* su propia conducta. 18 才になると人は自分の行動に責任を持たねばならない.

hacerse [salir] responsable de … の責任を負う, 責任を取る. No me *hago responsable de* lo que pase después. 私はあとでどうなっても責任は持てない.

—男女 責任者. —~ de una discoteca [de la investigación] ディスコ[研究]責任者. En la reunión no se presentó el ~ de la empresa.

会社の責任者はその会議には現れなかった． Deseo hablar con el ～． 私は責任者と話したい．

responso [r̃espónso] 男 ❶《カトリック》死者のための祈り．—rezar un ～ 死者のために祈る． 類 **responsorio**． ❷ 叱責(ﾋｯｾｷ)． 類 **reprensión, reprimenda**．

responsorio [r̃esponsórjo] 男 《カトリック》❶（朗誦(ﾚｸﾂｨｵ)後独唱でまたは聖歌隊が歌う）レスポンソリウム，応唱． ❷ 死者のための祈り(の歌)． 類 **responso**．

respuesta [r̃espuésta レスプエスタ] 女 ❶ 答え，返事，返答．—Se marchó sin esperar ～． 彼は返事を待たずに帰って行った． Mi pregunta quedó sin ～． 私の質問には返答がないままになった． Ayúdame a redactar la ～． 返事を作成するのを手伝って． Dio una ～ un tanto equívoca. 彼は若干あいまいな返答をした．Todavía no he recibido ～ a mi carta. 私はまだ手紙の返事を受け取っていない． A lo lejos se oyó la ～ de un ciervo. 遠くで鹿が答える鳴声が聞こえた． derecho de ～ 反論掲載権． 類 **contestación, réplica． ❷ 報復．—～ militar 軍事的報復．

dar la callada por respuesta →callada．

resquebradura [r̃eskeβraðúra] 女 ＝resquebrajadura．

resquebrajadizo, za [r̃eskeβraxaðíθo, θa] 形 ひびが入りやすい，割れやすい．

resquebrajadura [r̃eskeβraxaðúra] 女 亀裂，ひび，割れ目．—Se ha roto el plato que tenía la ～. あのひびの入った皿はもう割れてしまった． 類 **grieta, hendidura**．

resquebrajamiento [r̃eskeβraxamjénto] 男 亀裂[ひび]が入ること．

resquebrajar [r̃eskeβraxár] 他 …に亀裂を作る，ひび入らせる．

—se 再 ひびが入る．

resquebrar(se) [r̃eskeβrár(se)] [4.1] 自(再) ひびが入る．

resquemar [r̃eskemár] 他 ❶ を少し焦がす；(舌や口の中を)ひりひりさせる，やけどさせる． ❷ (人)を不快にさせる，(人)にいやな思いをさせる．

— 自 少し焦げる；(舌や口の中が)ひりひりする．

—se 再 ❶ 少し焦げる． ❷ （心の中で）不快になる，くよくよする．

resquemor [r̃eskemór] 男 ❶ （心の中の）不安，もやもやした気持ち，(表に出ない)怒り．—No estoy enfadada con él, ni siquiera siento ～. 私は彼に腹を立てていないし，気にも留めていません． 類 **desasosiego, desazón, escozor**． ❷ 口の中[舌]がひりひりすること．

resquicio [r̃eskíθjo] 男 ❶ （ドアとかまちの間の）すき間；（一般に）すき間，穴．—Una débil luz se filtraba por el ～ de la puerta. 戸のすき間から弱い光が漏れていた．mirar por el ～ de la cerradura 鍵穴からのぞく． 類 **abertura, grieta**． ❷ わずかな望み，小さな可能性．—Todavía queda un ～ de esperanza. まだ一縷(ﾙ)の望みが残っている． 類 **ocasión, oportunidad**．

resta [r̃ésta] 女 ❶《数学》引き算．—hacer ～s 引き算をする． 類 **sustracción**． ❷（引き算した）残り．

*restablecer [r̃estaβleθér] [9.1] 他 ❶ （元の状態）を取り戻す，回復させる；を復旧する，回復する，再開する，再建する；《情報》リセットする．—～ el orden [la paz] 秩序[平和]を回復させる．～ las relaciones diplomáticas 国交を回復する．～ las finanzas 財政を立て直す．～ la comunicación telefónica 電話回線を復旧する．*Restableció* la antigua costumbre de cenar fuera los domingos. 彼は毎週日曜日の夕食は外で食べるという以前の習慣を取り戻した． 類 **recobrar, recuperar, restaurar**．

—se 再 ❶〔+de から〕（病気から）回復する，治る，立ち直る．—Ya *se ha restablecido* de la pulmonía. 彼はもう肺炎が治った． 類 **curarse, recobrarse, recuperarse**． ❷ 復旧[回復]される；再興[再建]される．

restablecimiento [r̃estaβleθimjénto] 男 ❶ 再建，再興．—～ económico 経済再建．～ de la monarquía 王政復古．～ de la pena de muerte 死刑の復活． ❷（健康の）回復．—～ de un enfermo 病人の回復． 類 **recuperación**．

restablezca(-) [r̃estaβleθka(-)] restablecer の接・現在．

restablezco [r̃estaβléθko] 動 restablecer の直・現在・1 単．

restallar [r̃estaʎár] 自 ❶ *(a)*（鞭(ﾑﾁ)などが）ピュッと鳴る，うなる． *(b)* パチッと鳴る． 類 **chascar, chasquear, crujir**． ❷ 舌を鳴らす，舌打ちする． 類 **chascar, chasquear**．

— 他 （鞭など）ピュッと鳴らす．—El capataz *restalló* el látigo. 親方がピュッと鞭を鳴らした．

restallido [r̃estaʎíðo] 男 （鞭(ﾑﾁ)などが）ピュッと鳴る音；舌打ちの音；パチッという音．

:restante [r̃estánte] 形 残りの，残っている．—Pasó los ～s años de su vida en un pueblo aragonés. 彼は人生の残りの歳月をアラゴンのある村で過ごした．Nos contó lo ～ al día siguiente. 彼は話の残りを翌日私たちに語ってくれた． 類 **sobrante**．

— 男 残り，余り． 類 **resto, sobra**．

restañar[1] [r̃estaɲár] 他 （液体，特に血液の流れ）を止める．—～ la sangre 止血する．～ la herida 傷口の血を止める．

restañar las heridas (1) 心の傷を癒(ｲﾔ)す． (2) 傷口の血を止める．

restañar[2] [r̃estaɲár] 他 をスズめっきし直す．

restañar[3] [r̃estaɲár] 自 ＝restallar．

restaño[1] [r̃estáɲo] 男 止血；（液体の）よどみ．—Los niños se bañaban en el ～ del arrollo. 子供たちは小川のよどみで水浴びしていた．

restaño[2] [r̃estáɲo] 男 （金糸・銀糸を用いた）昔の錦(ﾆｼｷ)織の織物（宗教的装飾品に用いられた）．

:restar [r̃estár] 他 ❶《数学》〔+de から〕（数）を引く，減じる，マイナスする．—Si *restamos* 347 *de* 400, el resultado es 53. 400 から 347 を引くと，結果は 53 である． 類 **sustraer**． 反 **sumar**． ❷〔+de から〕を減じる，低下させる，弱める．—Ese fracaso le *ha restado* toda autoridad. その失敗で彼の権威は失墜した．Aunque la falta fue muy grave, el jefe le *restó* importancia. それは重大な過ちだったが，上司はその重要性を軽視した．～ fuerzas al enemigo 敵の戦力を低下させる．～ mérito(s) a ...（人）の功績を取り上げる．～ ánimo [energías] 元気をなくさせる． 類 **mermar, rebajar**． 反 **aumentar**．

— 自 ❶ 残る，余る．—Este muro es todo lo

1662 restauración

que *resta* del castillo. 城で残っているのはこの城壁だけだ. 類 **quedar**. ❷『＋para までに』まだある. —*Restan* sólo tres días *para que* empiece la temporada de exámenes. 試験期間が始まるまでにあと3日しかない. Sólo me *resta* agradecerle su desinteresada ayuda. あとはただただ彼の無償の援助に感謝するばかりだ. El trabajo está casi acabado, sólo *resta* darle un repaso. 仕事はほとんど終わっているあとはチェックするだけでいい. 類 **quedar**. ❸《スポーツ》(テニスなどでボールを)打ち返す, 返球する, リターンする.

en lo que resta de ... 現在から…の終わりまでの期間内に(→en lo que va de ...『…の初めから現在までの期間内に』). *en lo que resta de [del]* año 今から年末までに.

***restauración** [r̄estau̯raθi̯ón] 囡 ❶ 復旧, 回復. —~ de la salud 健康の回復. El pueblo pedía la ~ de la democracia. 民衆は民主主義の回復を要求していた. ❷ 再興, 復職, 復位; 王政復古. —la ~ de la monarquía 王政復古. La ~ de Fernando VII se llevó a cabo en 1813. フェルナンド7世の復位は1813年だった. ❸ 修復, 復元; 修復工事. —La catedral está en ~. 大聖堂は修復[工事]中だ.

restaurador, dora [r̄estau̯raðór, ðóra] 图 レストラン店主; 美術品修復技術者.

‡**restaurante** [r̄estau̯ránte] 男〔口語では restorán, restaurán などの形もある〕レストラン, 料理店. —Conozco un ~ bueno y barato. 私はおいしくて安いレストランを知っています. Hemos ido a cenar a un ~ japonés. 私たちは日本料理店へ夕食に出かけた.

‡**restaurar** [r̄estau̯rár] 他 ❶《古美術品・建物など》を**修復する**, 復元する. —~ las pinturas de Miguel Ángel ミケランジェロの絵を修復する. El Rey mandó ~ el palacio en su totalidad. 王は宮殿の全面的な修復を命じた. 類 **reconstruir, reparar**. ❷《元の状態》を取り戻す, 復活させる, 回復させる; 復旧する. —~ la tranquilidad 平穏を取り戻す[回復させる]. ~ las buenas costumbres よい習慣を復活させる. El nuevo gobierno trató de ~ el orden sin conseguirlo. 新政府は秩序を回復しようとしたが出来なかった. 類 **restablecer**. ❸《政治体制など》を復活させる, 復興[復古]させる. —~ la monarquía 王政を復活させる. Tras la revolución, *restauraron* la república. 革命後, 共和制が復活した. Tras morir el dictador, *restauraron* la democracia. 独裁者の死後, 民主政治が復活した. ❹《体力・元気など》を回復する, 取り戻す. —Los excursionistas *restauraron* energías tomando bocadillos y vino. ハイカーたちはボカディージョとワインを摂って元気を取り戻した. ~ fuerzas 元気を取り戻す[回復する]. 類 **recobrar, recuperar**.

restinga [r̄estíŋga] 囡 浅瀬.

restitución [r̄estituθi̯ón] 囡 ❶ 返還, 返却. —~ de lo robado 盗品の返還. 類 **devolución**. ❷ 回復, 復旧. 類 **reposición**.

restituible [r̄estiti̯úiβle] 形 ❶ 返すことのできる, 返還可能な. ❷ もとに戻せる, 回復[復旧]可能な.

restituir [r̄estitu̯ír] [11.1] 他 ❶ を**返す**, 返還する. —El ladrón le *restituyó* el pasaporte. ど

ろぼうは彼にパスポートを返した. El nacimiento de un nuevo hijo le *restituyó* la alegría y el deseo de vivir. 新しい息子が生まれたことで彼は喜びと生きる望みが戻った. 類 **devolver**. ❷ をもとに戻す, 回復[復旧, 復元]する. —La fachada *ha sido restituida* a su forma original. その建物の外面は最初の形に復元された. 類 **restaurar**.

—**se** 再〔+a〕(もとの場所・職などに)戻る, 帰る. —~*se a* la compañía 会社に戻る, 復職する. 類 **volver**.

restitutorio, ria [r̄estitutóri̯o, ri̯a] 形 返還の, 返却の, 還付の.

****resto** [r̄ésto レスト] 男 ❶ 残り, 余り, 残額. —Os contaré el ~ mañana. 君たちに残りを明日話してあげよう. Tengo guardado el ~ del helado en la nevera. アイスクリームの余りは冷蔵庫にとってあります. 類 **diferencia, residuo**. ❷ 残りもの, 食べ残し. —~s de comida 食べ残し. 類 **desperdicio, residuos**. ❸ 複 遺骸(がい), 遺体. —~s mortales 遺骸. Sus ~s reposan en el cementerio de su pueblo natal. 彼の遺骸は故郷の墓地に眠っている. ❹ 複 遺物, 遺跡. —Han encontrado ~s de una tumba romana. ローマ時代の墓の遺跡が発見された. ❺《算数》(引き算の)残り, (割り算の)余り. ❻《スポーツ》(球技)リターン; レシーバー, レシーバーの位置.

a resto abierto 無制限に.

echar el resto (1) 全力を尽くす. *Han echado el resto* para llevar a cabo el proyecto. 彼はその計画を達成するために全力を尽くした. (2) 有り金全部を賭ける.

restorán [r̄estorán]〔＜仏〕男 レストラン. 類 **restaurante**.

restregar [r̄estreɣár] [4.4] 他 ❶ (*a*) を(ごしごし)こする, (強く)摩擦する. (*b*) を磨く. —El suelo brilla de tanto ~lo. 床はよく磨いたので輝いている. Tiene la manía de la limpieza y todos los días *restriega* el suelo. 彼女は掃除に熱中しており, 毎日床を磨く. 類 **estregar, rascar**. ❷《衣類など》を揉(も)む. —Si no *restriegas* el cuello de la camisa no quedará limpia. そのシャツは襟を揉み洗いしないときれいにならないだろう. ❸ しつこくあてこする.

—再 (自分の体を)こする. —~*se* los ojos 目をこする.

restregón [r̄estreɣón] 男 ❶ こすること, こすって磨くこと. ❷ こすった跡.

‡**restricción** [r̄estrikθi̯ón] 囡 ❶ 制限. —Durante ese régimen existió una considerable ~ de la libertad. その政権下ではかなり自由の制限が存在した. hablar [obrar] sin *restricciones* のびのびと話す[ふるまう]. ~ mental 心中留保. 類 **limitación**. ❷《主に 複》節減, 削減. —Como no llueva más, habrá *restricciones* de agua este verano. これ以上雨が降らないと今年の夏は節水ということになるだろう. *restricciones* eléctricas 電気供給節減. 類 **reducción**.

restrictivo, va [r̄estriktíβo, βa] 形 制限する, 制限の. —tomar medidas *restrictivas* 規制措置を講じる. órdenes *restrictivas* 制限令.

restringir [r̄estriŋxír] [3.6] 他 ❶ を制限する, 限定する. —~ gastos 出費を抑える. ~ la libertad de imprenta 出版の自由を制限する. 類 **limitar, reducir**. 反 **ampliar**. ❷《生理》(筋肉な

ど)を収縮させる.

restriñir [restriɲír] [**3.10**] 他 ❶ を収斂(しゅうれん)させる, 収縮させる. 類**astringir**. ❷ 《医学》を便秘にさせる. 類**astringir, estreñir**.

resucitación [resuθitaθjón] 女 蘇生(そせい)(法); 生き返り, 復活.

‡**resucitar** [resuθitár] 他 ❶ を生き返らせる; 《医学》蘇生(そせい)させる. —~ con un masaje cardiaco 心臓マッサージで蘇生させる. El evangelio dice que Jesucristo *resucitó* a Lázaro. 福音書によるとキリストはラザロをよみがえらせた. ❷《話, 比喩》を復活させる, よみがえらせる. —Los jóvenes de este pueblo *han resucitado* un espectáculo clásico y tradicional. この村の若者たちは古典的で伝統的な芸能を復活させた. ~ una fiesta antigua 昔の祭りを復活させる. ~ un recuerdo 忘れていたことを思い出させる. 類**restablecer, restaurar**. ❸《話》を元気づける. —Este licor te *resucitará*. このリキュールを飲めば元気が出るよ. Aquellas vacaciones me *resucitaron*. その休暇のおかげで私は元気が出た. 類**reanimar, reavivar**.

—— 自 ❶ 生き返る, 蘇生する;《宗教》復活する. —Según La Biblia, Jesucristo *resucitó* al tercer día después de su muerte. 聖書によるとキリストは死後3日目に復活した. ~ de entre los muertos 生き返る, 蘇生する. 類**revivir**. ❷《比喩》復活する, よみがえる. —Las modas antiguas siempre *resucitan*. 昔のファッションはいつもよみがえる.

resudar [resuðár] 自 ❶ 汗ばむ, 軽く汗をかく. 類**sudar**. ❷ (瓶(びん)などが)漏る. 類**rezumar**.

resuell- [resuéʎ-] 動 resollar の直・現在, 接・現在, 命令・2単.

resuello [resuéʎo] 男 息, 荒い息. —sin ~ 息を切らして.

meter(le) el resuello en el cuerpo a ... (調子に乗っている人)を戒める, おどして黙らせる.

perder el resuello/quedarse sin resuello 息を切らす.

*resueltamente [resueltaménte] 副 決然として, 断固として, きっぱりと. —Se dirigió ~ a la fiera. 彼は決然として野獣に向かって行った.

resuelto, ta [resuélto, ta] 過分〔<resolver〕 形 ❶ 決然[断固]とした, きっぱりした. —con gesto ~ 決然とした面持ちで. Es un chico ~ y valiente. Sabrá hacer frente a las dificultades. 彼はしっかりした勇敢な青年だ. 困難にも立ち向かって行けるだろう. 類**decidido**. ❷〔+a+不定詞〕…することを決心[覚悟]した. —María está *resuelta* a afrontar la situación. マリアはその状況に立ち向かう覚悟ができている. Sigo ~ *a* probar el alcohol. アルコールは飲まないことにずっと決めています. ❸ 解決された; 問題のない. —Todo está ~. すべて解決された. 万事 OK だ. un futuro ~ 安逸な未来. Éste es un asunto ya ~. これはすでに解決ずみの問題だ.

resuelv- [resuélβ-] 動 resolver の直・現在, 接・現在, 命令・2単.

resuen- [resuén-] 動 resonar の直・現在, 接・現在, 命令・2単.

resulta [resúlta] 女 ❶〔主に複〕欠員, 空席. —cubrir las ~s 欠員を補充する. ❷ 結果, 成果. —de ~s de ... …の結果として (como consecuencia de). Se quedó cojo de ~s del accidente. 彼は事故のせいで片足が不自由になってしまった. 類**consecuencia, resultado**. ❸ (審議などの)結論, 決議. 類**acuerdo**.

‡‡**resultado** [resultáðo レスルタド] 男 ❶ 結果, 成果, 効果. —el ~ del partido de fútbol [de las investigaciones, de las elecciones, del examen] サッカーの試合[調査, 選挙, 試験]の結果. ❷《算数》解答, 答え. —~ de una multiplicación [una división] かけ算[割り算]の答え.

dar (buen) resultado いい結果を生む, うまくいく. Sus gestiones *dieron* un óptimo *resultado*. 彼の措置はとてもよい結果をもたらした.

resultando [resultándo] 男 《司法》(判決の)論旨.

resultante [resultánte] 形 ❶〔+de〕(…の)結果として生じる[生じた]. —La gasolina es un producto industrial ~ *de* la destilación del petróleo crudo. ガソリンは原油の蒸留によって得られる工業製品である. ❷ 合成された. —fuerza ~《物理》合力.
—— 女 《物理》合力.

‡‡**resultar** [resultár レスルタル] 自 ❶〔+de から〕結果として生じる, 生まれる. —*Del* primer encuentro *resultó* un profundo enamoramiento. 初対面から深い恋心が芽生えた. 類**derivar, surgir**. ❷〔+形容詞/副詞/名詞〕…の結果になる, …に終わる. —La casa ya nos *resulta* pequeña. 家は私たちにはもう手狭になっている. Sus esfuerzos *resultaron* nulos. 彼の努力は結果的に無駄となった. ~ lo mismo 結果的に同じことになる. En el accidente *resultaron* muertas tres personas. 事故で3人が亡くなった. 類**salir**. ❸《話》(期待通り)良い結果になる, うまくいく, 上首尾に終わる. —El baile *resultó*. ダンスパーティーは成功裡に終わった. El negocio *resultó* y se hicieron ricos. 事業は実り, 彼らは金持ちになった. Traté de convencerlo, pero no *resultó*. 彼を説得しようと努めたが, うまくいかなかった. 類**producir, rendir**. ❹〔主に+不定詞〕…と判明する, 分かる. —*Resultó* ser un pariente lejano. 彼は何と遠い親戚だった. Aquí la vida *ha resultado* muy cara. ここは物価がとても高いことが分かった. si *resulta* ser verdadero ... もしそれが事実ならば. ❺〔3人称単数形で, +que+直説法〕(意外にも) …という結果になる, …であることが分かる. —*Resulta* que ella es una buena persona. 彼女は善人であることが分かった. Ahora *resulta* que no me habían reservado entrada. 今になって私の入場券が予約していなかったというのだ. ❻〔+en の〕結果をもたらす, …になる. —El accidente de tráfico *resultó en* tres muertos y veinte heridos. その交通事故は死者3名と負傷者20人を出した. El pacto *ha resultado en* beneficio de todos. 条約はみんなの利益となった. ❼《話》(肉体的に)魅力的である. —El chico no es guapo, pero *resulta*. その男の子はハンサムではないが, かっこいい. ❽ …に思える, …に見える. —La chica me *resulta* muy simpática. その女の子は大変感じがいいと思う. La película me *resultó* aburridísima. その映画はとても退屈だった. ❾ 合う, 似合う, ぴったりである. —Esta corbata no *resulta* con este

1664 resumen

traje. このネクタイはこのスーツに合わない。La luz indirecta *resulta* muy bien en este salón. その間接照明はこの大広間にはぴったりだ。❿『+a +金額』(費用が)かかる。— Me ha resultado este vestido *en* cien euros. この服は100ユーロした。Comprándolo al por mayor *resulta* más barato. それを卸して買えば、もっと安くつくよ。類 **costar**.

‡**resumen** [r̃esúmen] 男 要約，概要，レジュメ。— Nos repartieron el ~ de la ponencia. 私たちは研究発表のレジュメを配付された。hacer ~ de … …の要約をする。

en resumen (1) 要約して。Nos contó *en resumen* las aventuras de su viaje. 彼は私たちに自分の旅のさまざまな冒険について手短に語ってくれた。(2) 結局，要するに。*En resumen*, que no estás de acuerdo. 結局君は賛成ではないのね。

resumidero [r̃esumiðéro] 男 《中南米》排水溝。類 **sumidero**.

‡**resumir** [r̃esumír] 他 を要約する，概括する，まとめる。— *Resumió* en pocas palabras lo ocurrido. 彼は起こったことを手短かにかいつまんで話した。Te voy a ~ la clase de hoy. かいつまんで今日の授業の話をしよう。

resumiendo 要約すると，要するに，簡単に言えば。—**se** 再 ❶『+en に』(予想以下の)結果になる[終わる]，帰する；変化する，変わる。— El accidente de tráfico *se resumió* en el pago de una multa. その交通事故は罰金だけで済んだ。❷『+en に』要約される，まとめられる。— *En* la obra de Goya *se resume* su época. ゴヤの作品には彼の時代が凝縮されている。

resurgimiento [r̃esurximéento] 男 復興，回復，再起。— ~ de la industria nacional 国内産業の復興。Hoy se da un ~ del interés por las tradiciones del país. 今日その国の伝統への関心が高まっている。

‡**resurgir** [r̃esurxír] [3.6] 自 ❶ 再び現れる，再現する，復活する。— *Han resurgido* las tensiones entre los dos países. 再び両国間の緊張が高まった。類 **renacer**. ❷ 元気を取り戻す，再起する，再生する，復活する。— El equipo *ha resurgido* esta temporada y no pierde un partido. チームは今シーズンよみがえり，1試合も負けていない。

‡**resurrección** [r̃esurek̃θjón] 女 ❶ 復活，生き返り。— la R~ 《宗教》キリストの復活。Domingo de R~ 《宗教》復活祭の日。Pascua de R~ 《宗教》(最後の審判の日の)すべての死者の復活。❷ 復興，再起。

***retablo** [r̃etáβlo] 男 ❶ 祭壇背後の飾壁[ついて]，祭壇画。❷ (聖書の話を題材にした)宗教劇。❸ 人形劇。

retablo de dolores 大きな不幸にみまわれた人。

retacar [r̃etakár] [1.1] 他 ❶ (よりたくさん容器にはいるように，内容物を)押し込む，詰め込む。類 **recalcar**. ❷ 《ビリヤード》(球)を二度突き[リク撞き]する。

retaco [r̃etáko] 男 ❶ 銃身の短い銃(薬室が補強されている)。❷ 《話》ずんぐりむっくりした人。類 **grueso**，**rechoncho**，**regordete**. 反 **delgado**，**esbelto**，**flaco**. ❸ 《ビリヤード》普通よりも短いキュー。

retador, **dora** [r̃etaðór, ðóra] 形 挑戦する；挑戦的な。— 名 挑戦者。

retaguardia [r̃etaɣwárðja] 女 ❶ 《軍事》(部隊の)後衛，しんがり。— picar la ~ 部隊を後方から襲撃する。反 **vanguardia**. ❷ 銃後，非交戦地域。— El enemigo bombardeó la ~. 敵は非交戦地域を爆撃した。La ~ trabaja para el frente. 銃後では前線のために働いている。

a [*en la*] *retaguardia* 遅れを取って。La industria de ese país todavía está *en la retaguardia*. その国の産業はまだ水準よりも遅れている。類 **atrasado**, **postergado**, **rezagado**.

a retaguardia de … …のうしろで[から]。類 **detrás de**.

retahíla [r̃etaíla] 女 (事柄の)連続，羅列。— Soltó una ~ de imprecaciones e insultos que me dejaron boquiabierto. 彼は次から次へと呪いの言葉や悪口を並べて，私はあっけに取られてしまった。類 **serie**.

retal [r̃etál] 男 ❶ (布，皮，紙，板金などの)切れ端，残りくず。— Ha hecho una cortina preciosa a base de ~*es*. 彼は端布(はぎれ)で素晴らしいカーテンを作った。❷ (絵の具や画布を作るための膠(にかわ)の材料となる)皮の切れ端。

retama [r̃etáma] 女 《植物》エニシダ。

retar [r̃etár] 他 ❶ 『+a (決闘など)を』(人)に挑む。— ~ *a* duelo *a* … (人)に決闘を申し込む。*Retamos* a un partido de béisbol. 我々は君たちと野球の試合がしたい。❷ を非難する；を讒訴(ざんそ)する。— Le *retaron* de traidor. 彼は裏切り者として非難された。類 **reprender**.

retardación [r̃etarðaθjón] 女 ❶ 遅延，遅滞。類 **retraso**. ❷ 《機械》減速。

retardado, **da** [r̃etarðáðo, ða] 過分 形 遅れた；遅延の。— bomba de efecto ~ 時限爆弾。caja fuerte de abertura *retardada* タイムロック式金庫。

retardador, **dora** [r̃etarðaðór, ðóra] 『女性形は retardatriz とも』形 《機械》動きを抑える，減速の。— fuerza *retardatriz* 《物理，機械》減速力。

retardar [r̃etarðár] 他 を遅らせる，滞らせる；(進行，発展など)を妨げる。— ~ el pago 支払いを先に延ばす。~ la partida 出発を延期する。Es un tratamiento muy doloroso y sólo *retardará* unas semanas su muerte. その治療はとても苦しく，しかも彼の死期を数週間遅らせるに過ぎない。類 **atrasar**, **detener**, **diferir**, **retrasar**.

—**se** 再 遅れる。

retardatriz [r̃etarðatríθ] 形 『女性形→retardador』。

retardo [r̃etárðo] 男 遅れ，遅滞；延期。類 **retardación**.

retasar [r̃etasár] 他 ❶ を評価し直す，…の価値を付け直す。❷ (競買で)見積り額を下げる。

retazo [r̃etáθo] 男 ❶ 残り布(ぎれ)，端布(はぎれ)。類 **retal**. ❷ (文章，演説などの)断片。— un discurso hecho de ~*s* まとまりのない演説。類 **fragmento**.

rete- [rete-] 接頭 「誇張，大…」の意。— *retebién*，*retecontento*.

retejar [r̃etexár] 他 (屋根)を修理する(欠けている瓦(かわら)を補うなどして)。

retejer [r̃etexér] 他 を目を詰めて織る，固く織る。

retemblar [r̃emblár] [4.1] 自 震える, 震動する. —Las casas *retemblaron* por el terremoto. 地震で家々が揺れた.

retemplar [r̃etemplár] 他 『中南米』(人)を励ます, 元気づける.
——**se** 再 『中南米』元気づく.

retén [r̃etén] 男 ❶ (軍事の)予備軍(隊); (消防などの)隊. —En el atentado murió un soldado del ~ que permanecía en el cuartel. その襲撃で, 兵舎に残っていた予備軍の兵士が一人死んだ. Un ~ acudió a reforzar la guardia real. 一個の予備軍が王宮衛兵隊を増強するためにやって来た. un ~ de bomberos 消防隊. 類 **guardia, refuerzo.** ❷ 蓄え, 予備(品). 類 **reserva.**

retención [r̃etenθjón] 女 ❶ 保持, 保有; 保存. ❷ 『法律』留置, 拘置, 監禁. ❸ (給料などの)控除, 差し引くこと; 支払い停止. ❹ 『医学』停滞, 貯留. —~ de orina 尿閉. ❺ 交通渋滞.

retendr- [r̃etendr-] 動 retener の未来, 過去未来.

‡**retener** [r̃etenér] [10.8] 他 ❶ (a) を保持する, 保存する, 置いておく. —Es peligroso ~ mucho dinero en casa. 大金を家に置いておくのは危険だ. (b) (水分など)を含む, 吸い込む. —El algodón *retiene* el agua. 綿は水を吸い込んでいる. (c) を返さずに借りっ放しにする, とどめて置く. —No *retengas* tanto tiempo los discos que te prestaron. 君に貸してもらったレコードをそんなに長い間借りっ放しにするなよ. ❷ を記憶にとどめる. —Nuestro profesor *retiene* los nombres de todos sus alumnos. 我々の先生は全生徒の名前を覚えている. 類 **memorizar, recordar.** ❸ を引きとめる, 留置する, 拘留する, 監禁する. —La policía *retuvo* a los testigos para interrogarlos. 警察は目撃者たちを尋問のため引き止めた. Le *retuvieron* toda la noche en la comisaría. 彼は警察署に１晩拘留された. 類 **detener.** ❹ を妨げる, 阻止する, 邪魔する. —La manía que le tengo a mi tío me *retuvo* y no visité su casa. 叔父に対する反感が邪魔をして私は叔父の家を訪れなかった. ❺ (ある金額)を差し引く, 天引きする; 差し押さえる. —La administración tributaria me *retiene* un 15% de mis ingresos. 税務署は私の収入の15％を差し引く. Le *retuvieron* el sueldo. 彼は給料を差し押さえられた. ❻ (感情など)を抑制する, 抑える, こらえる. —~ el aliento 息を殺す. Retuvo las ganas de llorar. 彼は泣きたい気持ちをこらえた. 類 **reprimir.**
——**se** 再 (感情など)を抑制する, 抑える, こらえる. —Tienes que ~*te* ese genio vivo. 君はその短気をこらえなければならない.

retenga(-) [r̃eteŋga(-)] 動 retener の接・現在.

retengo [r̃eteŋgo] 動 retener の直・現在・１単.

retenida [r̃eteníða] 女 支柱, 支索.

retentiva [r̃etentíβa] 女 記憶力. —tener buena [mala] ~ 記憶力が良い[悪い]. 類 **memoria.**

retentivo, va [r̃etentíβo, βa] 形 ❶ 保持する, 保持力のある. ❷ 記憶力が強い.

reteñir [r̃eteɲír] [6.5] 他 ❶ を再び染める, 染め直す. ❷ =retiñir.

Retia [r̃étja] 固名 ラエティア(古代ローマの属州).

reticencia [r̃etiθénθja] 女 ❶ それとなく言うこと, ほのめかし; あてこすり. —hablar con ~ (はっきり言わずに)それとなく言う, ほのめかす. ❷ (心理的な)抵抗; ためらい. —hacer ... con ~ いやいや…をする.

reticente [r̃etiθénte] 形 (人が)ストレートに物を言わない; (言葉・話し方が)暗示的な, 言外に意味のある.

retícula [r̃etíkula] 女 ❶ 『光学』レチクル, 十字線. ❷ (写真製版用の)網線井桁印. ❸ 網状のもの, 網状組織.

reticular [r̃etikulár] 形 網状の.

retículo [r̃etíkulo] 男 ❶ (望遠鏡のレンズに付いている)十字線. ❷ 『動物』(反芻(ﾊﾝｽｳ)動物の)第二胃. ❸ 網状のもの, 網状組織.

retien- [r̃etjen-] 動 retener の直・現在.

retina [r̃etína] 女 『解剖』(眼球の)網膜.

retinal [r̃etinál] 形 網膜の.

retintín [r̃etintín] 男 ❶ (耳の中に残る, 鐘の音などの)響き, 余韻. ❷ 『話』皮肉, 嫌み, あてこすり. —hablar con ~ 皮肉たっぷりに話す. El ~ con que dijo aquello me molestó. 彼があの事を言った時の皮肉な調子が私は嫌だった.

retinto, ta [r̃etínto, ta] 形 焦げ茶色の, 暗い栗色の.

retiñir [r̃etiɲír] [3.10] 自 (耳の中に, すでに鳴りやんだ音の)余韻が残る.

‡**retirada** [r̃etiráða] 女 ❶ (軍隊の)退却, 撤退, 撤兵. —toque de ~ 退却ラッパ. La ~ de las tropas se llevó a cabo al precio de un gran sacrificio. 軍の撤退は大きな犠牲を払って行われた. 類 **repliegue.** ❷ 引退, 退職, 退役. —La principal causa de la ~ del futbolista fue la lesión de una pierna. そのサッカー選手の引退の主な理由は足の怪我だった. ❸ 取消, 撤去, 回収; (預金などの)引き出し. —~ del permiso de residencia en el país 居住許可の取消. —~ de nieve 除雪(作業). ❹ 隠れ家, 避難場所. —Cansado de la vida urbana buscó su ~ en el campo. 彼は都会の生活に疲れて田舎に引き込む場所を探した.

cortar la retirada 敵の退路を断つ;《比喩》(言い逃れができないように)先手を打つ.

cubrir(se) la retirada 退却の準備をしておく;《比喩》万全の備えをする.

retiradamente [r̃etiráðaménte] 副 ひっそりと, 隠遁(ﾄﾝ)して, 世間から離れて. —vivir ~ ひっそりと暮らす, 閑居する.

‡**retirado, da** [r̃etiráðo, ða] 過分 形 ❶ 人里離れた, 辺鄙(ﾍﾝﾋﾟ)な, (場所が)引っ込んだ〖estar＋〗. —Mi casa *está* un poco *retirada*. 私の家は少しへんぴな所にある. Vive en las afueras, en una calle muy *retirada*. 彼は郊外の非常に奥まった通りに住んでいる. 類 **alejado, apartado, distante.** ❷ 引退した, 退職した; 引きこもった, (軍人が)退役の〖estar＋〗. —oficial ~ 退役将校. La actriz *estaba retirada* cuando murió. その女優は死んだときには既に引退していた. Lleva una vida *retirada*. 彼は隠遁生活を送っている. 類 **jubilado.**
—— 名 引退した人, 退職者; 退役軍人.

retiramiento [r̃etiramjénto] 男 =retiro.

‡**retirar** [r̃etirár] 他 ❶〖＋de から〗(a) を引き離す, 分離する, 遠ざける. —*Retira* las chuletas del fuego, que se van a quemar. 火からスペア

1666 retiro

リブを遠ざけなさい, 焦げてしまうから. (b) を取り除く, 片付ける; (預金を)下ろす. — ~ la nieve de la carretera 道路の雪かきをする. *Retiré* todo el dinero *de* mi cuenta. 私は私の口座から預金を全部下ろした. ❷ を引退させる, 退職させる; 退場させる. —El árbitro *retiró* al futbolista del terreno de juego enseñándole la tarjeta roja. レフェリーはレッドカードを示してサッカー選手にピッチからの退場を命じた. ❸ を引っ込める, 回収する, 隠す. —*Retiraron* de la circulación los camiones defectuosos. 欠陥のあるトラックは通行しないよう回収した. ❹ (発言などを)取り下げる, 取り消す, 撤回する. —*Retiro* lo que he dicho. 私は言ったことを撤回する. ❺ を取り止める, 中止する. —Le *retiré* el saludo. 私は彼に挨拶するのをやめた.

—se 再 ❶〖＋de から〗離れる, 遠ざかる, 引き下がる. —*Retírate* de ahí, que estorbas. そこからどいてよね, 邪魔になるから. Puede usted ~*se*. もう下がってもいいですよ. El jurado *se retira* a deliberar. 審査員団は協議のため退場する. ❷〖＋de から〗引退する, 引きこもる, 隠遁する. —A los 70 años *se retiró* de la enseñanza. 彼は 70 歳で教職を退いた. ~*se* al campo 田舎に引っ込む. ❸ 家に帰る, 寝に戻る. —Permitidme que *me retire*. Es que mi mujer se encuentra mal. すまないけど家に帰らせてくれ, 女房が病気なんだ. *Me retiro* ya. Buenas noches. 私はもう寝に帰ります. おやすみなさい. ❹ (軍隊が)撤退する, 退却する, 後退する.

‡**retiro** [řetíro] 男 ❶ 引退; 退職, 退官, 退役. — un militar en ~ 退役軍人. Va a llegar este año a la edad de ~. 今年彼は定年になる. Le mandaron el ~. 彼は退職を命じられた. 類 **jubilación**. ❷ (a) 隠遁所, 人里離れた静かな場所. —Se ha ido a su ~ para huir de los líos. 彼はごたごたから逃れる為に隠遁所に引き籠もってしまった. Tengo muchas cosas que pensar, y me gustaría poder pasar unos días en un ~. 考えるべきことがたくさんある. どこか静かな場所で二三日過ごせたらなあ. 類 **abrigo**, **refugio**. (b) 隠遁; 閉居. —Desde que fracasó en su negocio vive en ~. 彼は事業に失敗して以来隠遁生活を送っている. ❸ (預金などの)引き出し. —Hice un ~ de mi cuenta. 私は預金を引き出した. ❹ 退職年金, 恩給. —cobrar el ~ 年金を受け取る. 類 **pensión**. ❺ 〖宗教〗修養会, 静想(一定の期間, 静かな所で行う宗教的研修).

reto [řéto] 男 ❶ 挑戦. —aceptar el ~ 挑戦を受けて立つ. lanzar un ~ 挑戦する. Aquel proyecto era un ~ para él. 彼にとってあの計画はひとつの挑戦だった. 類 **desafío**, **provocación**. ❷ 脅し, 脅迫. —echar ~s 脅迫する. Sí que oí el ~, pero yo no podía pelear con aquel gigante. 確かに脅し文句は聞こえたが, 僕にはあの大男とけんかするなどとできなかった. 類 **amenaza**. ❸ 叱責, 非難. 類 **rapapolvo**, **reprimenda**. ❹ 〖チリ〗侮辱. 類 **denuesto**, **insulto**.

retobado, da [řetoβáðo, ða] 過分 形 ❶ 〖中南米〗頑固な; 反抗的な. ❷ 〖アルゼンチン, ペルー〗用心深い, 抜け目のない.

retobar [řetoβár] 他 〖中南米〗…に革を張る.
—se 再 〖中南米〗❶ 頑固な態度を取る. ❷ 不平[愚痴]を言う.

retobo [řetóβo] 男 〖中南米〗❶ 革張り. ❷ くず, 残りかす. ❸ 〖チリ〗梱包(ぶう)用の布.

****retocar** [řetokár] [1.1] 他 (a) (作品などに)最後の仕上げをする, 仕上げの手を加える. — ~ un dibujo デッサンに加筆する. (b) (計画などを)手直しする, 修正する; (写真を)修整する. — ~ un proyecto [una ley] 計画[法律]を修正する. ~ una fotografía 写真を修整する. ❷ を修復する, 修理する. — ~ un cuadro 絵を修復する. ❸ (髪形・化粧を)直す, 整える. —La peluquera *retocó* el peinado de la modelo. 美容師はモデルの髪形を手直しした. ❹ を何度も触る. —Deja de ~ el vestido, que lo vas a arrugar. ドレスをいじくるのはやめなさい, しわになってしまうよ.

—se 再 (自分の髪形・化粧を)手直しする. —Ella ha entrado a ~*se* un poco. 彼女はちょっとした髪形の手直しを始めた.

retoñar [řetoɲár] 自 ❶ (植物, 種子などが)新芽を出す. 類 **rebrotar**. ❷ 《比喩》再び現れる, 再発する. —Con la venida de la democracia, *retoñaron* en él las viejas ilusiones políticas. 民主主義の到来とともに彼の心に昔の政治的野心がよみ返った.

retoñecer [řetoɲeθér] [9.1] 自 = retoñar.

retoño [řetóɲo] 男 ❶ 芽, 新芽. ❷ 幼児, 子供; 幼い息子.

****retoque** [řetóke] 男 ❶ 修正, 手直し; 仕上げ. —dar un ~ al vestido [al maquillaje] ドレスの寸法直し[化粧直し]をする. hacer unos ~s en el cuadro [en la foto] 絵に加筆する[写真の修正をする]. ❷ (病気などの)兆候.

retoque(-) [řetóke(-)] 動 retocar の接・現在.

retoqué [řetoké] 動 retocar の直・完了過去・1 単.

retor [řetór] 男 撚(ょ)り糸の綿.

retorcedura [řetorθeðúra] 女 = retorcimiento.

retorcer [řetorθér] [5.9] 他 ❶ をねじる, ひねる; を絞る. — ~ el brazo a (＋人) (人)の腕をねじる. *Retuerce* bien la ropa antes de tenderla. 服を干す前に良く絞りなさい. Cuesta trabajo ~ este alambre. この針金をよじるのは大変だ. ❷ 《比喩》(相手の論法)を逆手に取って相手に反論する, (相手の論理)を切り返す. —*Ese* argumento se puede ~ en tu contra. その論理は君の不利になるように切り返すことができる. *Retorció* las razones del oponente con admirable maestría. 彼女は驚嘆すべき巧みさで相手の立論を切り返した. ❸ 《比喩》(発言の内容などを)ねじ曲げる, 歪曲(ಊきょく)する. —El primer ministro asegura que la prensa *ha retorcido* sus palabras. 首相は新聞が自分の発言を歪曲したと明言している. 類 **tergiversar**.

retorcer el pescuezo a … (鳥など)を(首をひねって)殺す; (人)を殺す. ¡Te *retuerzo* el pescuezo! お前の首をへし折ってやる.

—se 再 ❶ ねじれる; からみ合う. 類 **enredarse**, **enroscarse**. ❷ (苦痛などに)身をよじる. — ~ de dolor 身をよじって痛がる. ~ de risa 身をよじって笑う.

****retorcido, da** [řetorθíðo, ða] 過分 形 ❶ ねじれた, よじれた, 曲がりくねった. —Iba tendiendo la ropa *retorcida* y bien escurrida. 彼は絞ってよく脱水した衣類を干していった. ❷ (文体などが)回り

くどい, 持って回った, 込み入った. —El escritor usa un lenguaje ~. その作家は回りくどい文体を用いる. 類**artificioso, conceptuoso**. ❸ 陰険な, 底意地の悪い, ひねくれた. —mente *retorcida* ねじけた心. Ella acabará siendo víctima de sus ~s planes. 彼女は結局彼の陰険なもくろみの犠牲者になるだろう. 類**maligno, sinuoso, tortuoso**.

—— 名 陰険な[底意地の悪い, ひねくれた]人.

retorcimiento [r̃etorθimjénto] 男 ❶ (*a*) よじり, ひねり, 縒(ょ)り合わせ. (*b*) よじれ, ねじれ. ❷ 絞ること. ❸ (話し方・文体の)回りくどさ, 難解さ. ❸ (真意の)取り違え, 曲解; 歪曲(ホィ,ょく). ❹ (性格の)ゆがみ, ひねくれ(ていること). ❺ 身もだえ, 身をよじる[じって苦しむ]こと.

‡**retórica** [r̃etórika] 女 ❶ **修辞学**, レトリック; 雄弁術. ❷ 美辞麗句, 大げさな表現; 詭弁. —Él siempre usa demasiada ~. 彼はいつも美辞麗句を使いすぎる. ❸ 複 回りくどい話, 持って回った言い方. —No me venga usted con ~s. 回りくどい話はやめて下さい.

‡**retórico, ca** [r̃etóriko, ka] 形 修辞学[雄弁術]の, 修辞的な. —interrogación *retórica* 修辞疑問. usar un lenguaje ~ 持って回った(空疎で内容のない)言い方をする.

—— 名 ❶ 修辞学者. ❷ 雄弁家, 美辞麗句を弄(ぁ)する人.

‡**retornar** [r̃etornár] 自 ❶【+a に】帰る, 戻る. —No quiso ~ *a* su patria. 彼は母国に帰りたがらなかった. 類**regresar**. ❷【+a の】手に戻る. —El terreno ha *retornado a* su legítimo dueño. 土地はその正式な持ち主の手に戻った.

—— 他 を戻す, 返す. —El seguro le *retornó* el dinero de la reparación. 保険で彼に修理費が戻ってきた. 類**devolver**.

‡**retorno** [r̃etórno] 男 ❶ 帰る(戻る)こと, 帰還; 回帰. —~ al país [pueblo] 帰国[帰郷]. 類**regreso, vuelta**. ❷ 返すこと, 返還, 返却; 返礼. —~ de la deuda 借金の返済. ~ del territorio 領土の変換. 類**devolución, restitución**. ❸ 取り交わすこと, 交換. —~ de regalos プレゼントの交換. 類**cambio, trueque**. ❹【情報】キャリッジ・リターン. ~ automático de la palabra ワード・ラップ. ~ del carro キャリッジ・リターン.

retorsión [r̃etorsjón] 女 = retorcimiento.

retorta [r̃etórta] 女 ❶【化学】レトルト, 蒸留器. ❷ 縒(ょ)りの強い糸で織った丈夫な布.

retortero [r̃etortéro] 男【次の成句で】

al retortero まわりに. —Vive una artista famosa con muchos hombres *al retortero* 取り巻きの男たちを大勢従えた有名女優.

andar [*ir*] *al retortero* (1) とても忙しい. (2)【+por】を切望[渇望]している, …に恋い焦がれている.

llevar [*traer*] *a ... al retortero* (1) 夢中にさせる, 言いなりにさせる. (2) をこき使う, きりきり舞いさせる.

retortijón [r̃etortixón] 男 ❶ 速くねじること, 強いひねり. —dar *retortijones* a ... を強くねじる[ひねる, 絞る]. ❷【話】急激な腹痛, 胃痙攣(ホェム)(=~ de tripas).

retostar [r̃etostár] [5.1] 他 を焼き直す; 十分に焼く; 焼き過ぎる.

retozar [r̃etoθár] [1.3] 自 ❶ (子供・動物などが)跳ね回る, 遊び騒ぐ, はしゃぎ回る. 類**brincar**. ❷ (異性同士が)いちゃつく. ❸ (笑い・感情などが)込み上げる. —*Retoza* la risa en los labios. 唇に笑いが込み上げている.

retozo [r̃etóθo] 男 ❶ 跳ね回ること, はしゃぎ回り. ❷ (異性同士の)いちゃつき.

retozo de la risa くすぐり笑い, 忍び笑い.

retozón, zona [r̃etoθón, θóna] 形 ❶ 浮かれた, はしゃぎ屋の. ❷ (笑いなどが)込み上げてくる.

retracción [r̃etrakθjón] 女 ❶ 引っ込める[引っ込む]こと; 撤退. ❷ 撤回. ❸ 収縮. ❹【医学】退縮.

retractable [r̃etraktáβle] 形 (発言などが)撤回できる, 取り消しうる.

retractación [r̃etraktaθjón] 女 ❶ (前言の)取り消し, 撤回. ❷《法学》取り[買い]戻し.

retractar [r̃etraktár] 他 ❶ (前言・約束などを)取り消す, 撤回する. 類**revocar**. ❷《法学》を取り[買い]戻す.

—— **se** 再 前言を撤回する; 【+de を】取り消す, 撤回する. 類**desdecirse**.

retráctil [r̃etráktil] 形 (猫の爪, カメの頭のように)引っ込められる.

retracto [r̃etrákto] 男 ❶【法律】買い戻し(権). —derecho de ~ 買い戻し権. ❷ 取り消し, 撤回.

‡**retraer** [r̃etraér] [10.4] 他《文》❶【+de を】(人)に思い止まらせる, 断念させる. —*Retrajo* a su hijo *de* participar en el proyecto. 彼は息子が計画に参加することを思い止まらせた. ❷ (体の一部などを)引っ込める, 隠す. —El caracol *retrae* sus cuernos. カタツムリは角を引っ込める.

—— **se** 再《文》❶【+de を】あきらめる, 思い止まる, 断念する. —*Se retrajo* de sus planes de dedicarse a la política. 彼は政治に携わるという計画を断念した. ❷ 後退する, 撤退する; 引き下がる. —Ante el ataque, el ejército *se retrajo*. 攻撃を受けて軍は撤退した. 類**retirarse, retroceder**. ❸【+en/a に, +de から】引きこもる, 隠遁する, 身を隠す. —Hace tiempo que *se retrajo* del mundo. かなり前に彼は世間から姿を消した.

‡**retraído, da** [r̃etraíðo, ða] 過分〈<retraer〉形 ❶ 引きこもった, 隠遁した; (人・物が)引っ込んだ 【estar+】. —Vive sola y *retraída* en un piso enorme. 彼女は広いマンションでひとり引きこもって暮らしている. ❷ 内気な, うち解けない, 引っ込み思案の【ser/estar+】. —La niña *es retraída* y apenas sale de casa. その女の子は内気で, ほとんど家を出ない. 類**introvertido, reservado, tímido**.

—— 名 内気な[人付き合いの悪い]人. —Era un ~, sin amigos en la universidad. 彼は内気な人間で, 大学では友達もいなかった.

retraimiento [r̃etraimjénto] 男 ❶ 隠遁(ぇん), 閑居. 類**retiro**. ❷ 隠れ家. ❸ 内気, 引っ込み思案.

retranca [r̃etráŋka] 女 ❶ (馬具の)尻繋(ミッ)(馬などを止めたり後退させたりするのに用いる). ❷【中南米】ブレーキ. 類**freno**. ❸《比喩》(言葉・行動などの)裏の意味, 隠された意図. —Lo dijo con ~. 彼がそう言ったのには裏の意味がある.

retransmisión [r̃etransmisjón] 女 ❶ (*a*) (テレビ・ラジオの)中継放送. —~ en directo 生中継. ~ en diferido 中継録画[録音]. (*b*) 再放送. ❷ (伝言などの)中継ぎ.

1668 retransmitir

retransmitir [retransmitír] 他 ❶ (a) を(テレビ・ラジオで)中継放送する, 生中継する. (b) を再放送する. ❷ (伝言などを)中継ぎして伝える.

*__retrasado, da__ [retrasáðo, ða] 過分 形 ❶ 遅れた, 遅い〖estar+〗. —un tren ~ 延着した列車. Voy cinco minutos ~. 私は5分遅れて行く. Mi reloj siempre va tres minutos ~. 私の時計はいつも3分遅れている. 類 **atrasado, retardado, rezagado.** 反 **adelantado.** ❷ (発達・成長などが)遅れた, 遅れている〖estar+〗. —persona de ideas *retrasadas* 遅れた考えの人. El niño va muy ~ en inglés. その子供は英語の勉強が大変遅れている. Estos frutales **están** ~s para la época que es. これらの果樹は時期の割には成長が遅れている. ❸ 知恵遅れの〖ser+〗. —niño ~ 知恵遅れの子ども. ❹ (支払い・仕事などが)遅れた, 遅くなった, 滞った〖estar+〗. —**Está** ~ en el pago del alquiler. 彼は家賃の支払いが滞っている. ❺ 古くなった, 昔の. —Búscame los números ~s de esta revista. この雑誌のバックナンバーを探してくれ.

— 名 知恵遅れの人.

retrasado mental (1) 知恵遅れの人. (2) 《軽蔑》大ばか, まぬけ. Es imposible trabajar con *retrasados mentales* como vosotros. お前たちみたいな大ばかとはいっしょに働くことはできないな.

‡**retrasar** [retrasár] 他 ❶ を遅らせる, 遅くする. —Una avería *ha retrasado* el despegue del avión. 故障のため飛行機の出発が遅れた. ~ la paga 支払いを遅らせる. Tengo que ~ mi reloj porque adelanta mucho. 私の時計は大変進むので遅らせねばならない. 類 **atrasar, retardar.** ❷ (a) を渋滞させる, 停滞させる. —Un accidente *retrasó* la circulación. 事故のため交通が渋滞した. (b) を遅刻させる. —Un asunto imprevisto lo *ha retrasado*. 予期しないことで彼は遅刻してしまった.

— 自 遅れる. —Mi reloj *retrasa*. 私の時計は遅れる. El niño *retrasa* en los estudios. その男の子は勉強が遅れている.

— **se** 再 ❶ 遅れる, 遅くなる, 遅刻する. —El tren *se ha retrasado* media hora. 列車は30分延着した. Pidió perdón por *haberse retrasado*. 彼は遅刻したことに許しを請うた. Si *te retrasas*, no te espero. もし君が遅刻したら待たないよ. No te fíes de ese reloj, que *se retrasa* con frecuencia. その時計は信用するな, しょっちゅう遅れているから. ❷ 後れをとる, (他よりも)遅れている. —En Historia Universal *me he retrasado*. 世界史で私は他の人に後れをとった.

‡**retraso** [retráso] 男 ❶ 遅れ, 遅滞, 遅延. —Perdona el ~. 遅れてすみません. Ese tren casi nunca llega con ~. その列車はめったに遅れて着くことはない. El avión llegó con quince minutos de ~ [con un ~ de quince minutos]. その飛行機は15分遅れで着いた. Ya llevo un ~ de dos semanas en el trabajo. 私はすでに2週間分も仕事に遅れをとっている. 類 **demora.** ❷ 低開発, 後進性. —Las provincias de esta región llevan mucho ~. この地方の諸州はたいへん遅れている. ❸ 〖主に 複〗(借金)返済の遅れ, 滞納.

retraso mental 知恵遅れ.

‡**retratar** [retratár] 他 ❶ …の肖像画を描く, 肖像写真を撮る. —Goya *retrató* a la familia de Carlos IV. ゴヤはカルロス4世の家族の肖像画を描いた. Nuestro hijo *retrató* a mi mujer y a mí. 私たちの息子が妻と私の写真を撮ってくれた. 類 **fotografiar, pintar.** ❷ (人物などを)描写する, 記述する, 叙述する. —En el artículo *retrata* la personalidad del novelista. 彼は論文の中でその作家の人物像を描写している. Azorín *retrata* los paisajes de Castilla magistralmente. アソリンはカスティーリャの風景を見事に描写する. ~ la situación política de un país ある国の政治情勢を記述する.

— **se** 再 ❶ 肖像画を描いてもらう, 自分の写真を撮ってもらう. ❷ (自分の姿が)写し出される, 描写される. —Con sus declaraciones xenófobas *se retrató*. 彼は外国人嫌いの発言でその実像を示していた.

*__retratista__ [retratísta] 男女 肖像画家, (ポートレートを撮る)写真家.

‡**retrato** [retráto] 男 ❶ 肖像(画), ポートレート. —En el rectorado colgaban los ~s de los anteriores rectores de la universidad. 学長室には大学のこれまでの学長の肖像がかけられていた. ~ de cuerpo entero [de tamaño natural] 全身[実物大]の肖像画. 類 **fotografía, imagen.** ❷ 描写, 記述. —Sus cuentos son un ~ de las costumbres vascas. 彼の物語はバスクの風習を描写したものだ. ❸ 生き写し, そっくり. —Este chiquillo es el vivo ~ de su abuelo. この坊やはおじいさんに瓜二つだ.

retrechería [retretʃería] 女 ❶《話》魅力(のあること), 愛嬌(^{あいきょう}). 類 **encanto.** ❷《話》(問題をはぐらかす[いやな事をやらずに済ます]ための)ずる賢さ, 悪知恵. 類 **astucia.** ❸ 〖《ベネズエラ》〗けち, 吝嗇(^{りんしょく}). 類 **cicatería, tacañería.**

retrechero, ra [retretʃéro, ra] 形 ❶《話》(人の)魅力的な, 人を引きつけるような. —ojos ~s 魅惑的な目つき. 類 **encantador.** ❷《話》ずる賢い, ごまかしのうまい. 類 **astuto.**

retrepado, da [retrepáðo, ða] 過分 形 うしろへ傾いた, (ゆったりと)もたれた. —Leía cómodamente ~ en el sofá. 彼はゆったりとソファーにもたれて読書していた.

retreparse [retrepárse] 再 ふんぞり返る, (椅子の背に)もたれる. — ~ en un sillón 長椅子にふんぞり返って[深々と]座る.

retreta [retréta] 女 ❶《軍事》退却[帰営]の合図(ラッパ, 太鼓など). —tocar a ~ 退却[帰営]のラッパを吹く[太鼓を叩く]. ❷ 夜の軍隊パレード(音楽やカンテラを伴う). ❸ 〖《中南米》〗軍楽隊の野外コンサート.

retrete [retréte] 男 便所; 便器. ♦この語はあまり上品でない響きを持つので, 「トイレ」にはスペインでは servicio, aseo, 中南米では (cuarto de) baño を用いる.

retribución [retriβuθjón] 女 報酬, 謝礼; 報い. 類 **recompensa, remuneración.**

retribuido, da [retriβuíðo, ða] 過分 形 報酬が支払われる, 有給の(仕事など). —un puesto bien [mal] ~ 報酬の良い[悪い]地位.

retribuir [retriβuír] [11.1] 他 (人・仕事)に報酬を支払う; (恩など)に報いる, お返しする. —*Retribuye* magníficamente a sus empleados. 彼は従業員たちにとても良い給料を支払っている. Ahora podré ~le el favor que me prestó. 今なら

私は彼がしてくれたことへの恩返しができるだろう. 圞 **pagar, recompensar, remunerar**.

retributivo, va [r̄etriβutíβo, βa] 形 もうけになる, 報酬のある(仕事など); 報酬の.

retro- [retro-] 接頭 「後方へ, 逆に; 過去に遡って」の意. ―*retroactivo, retroceder, retrogradar*.

retroacción [r̄etroakθión] 女 ❶ あと戻り, 後退. 圞**regresión**. ❷ 遡(^{そかのぼ})及, 遡(^{そきゅう})ること. 圞 **retroactividad**.

retroactividad [r̄etroaktiβiðáð] 女 (法律・効力などの)遡(^{そきゅう})及性, 遡及力.

retroactivo, va [r̄etroaktíβo, βa] 形 (効力などの)過去に遡(^{そかのぼ})る, (法律などの)遡(^{そきゅう})及力のある. ―efectos ～s 遡及力, 遡及的効果. La subida salarial tiene efectos ～s desde mayo. 昇給は5月に遡って有効である.

retrocarga [r̄etrokárɣa] 女 元込め(弾丸を銃身・砲身の後部から装填(^{そうてん})すること); 元込め式の銃. ―de ～ 元込め式の, 後部装填式の. arma de ～ 元込め銃, 後装銃[砲].

‡**retroceder** [r̄etroθeðér] 自 ❶ [＋en/a/hacia へ, ＋hasta まで] 後退する, 後戻りする, 後ろに下がる. ―*Retrocedan* un poco, por favor. すみません, ちょっと下がってください. *Retrocedió* para volver a mirar la cartelera. 彼はもう一度看板を見るために後退した. Tenemos que ～ *hasta* la plaza. 私たちは広場まで戻らなければならない. ❷ 後に引く, しりごみする, ひるむ. ―No es una persona que *retrocede* ante las dificultades. 彼はその難局を前にして後に引くような人ではない. ❸ 断念する. ―No esperamos que *retroceda* en su negativa. 私たちは彼が反対の意向を撤回するとは期待しない.

retrocesión [r̄etroθesión] 女 ❶ 《法律》(物や権利の)返還. ❷ 後退, 後戻り. 圞**retroceso**.

retroceso [r̄etroθéso] 男 ❶ (a) 後退, 後戻り; (軍隊などの)退却. 圞**regresión, regreso, retorno, retrocesión, vuelta**. 反**avance**. (b) (もとの主張・要求などからの)後退, 譲歩, 退歩. ―～ en la negociaciones [en las negociaciones] 交渉の後退. (c) (機械の)逆行. ―Una cinta magnetofónica produce, en su ～, un sonido excitante y agudo. 磁気テープは逆回転の時, きつい高い音を出す. (病状の)ぶり返し, 悪化. ―Hay síntomas de ～ en la enfermedad. 病気のぶり返しの徴候が見られる. 圞**recrudecimiento**. ❸ (銃などの発射の)反動. ❹ (ビリヤード)戻り球.

retrocohete [r̄etrokoéte] 男 逆推進ロケット.

retrogradación [r̄etroɣraðaθión] 女 《天文》(惑星の見かけ上の)逆行.

retrógrado, da [r̄etróɣraðo, ða] 形 ❶ (a) 旧弊な. 圞**atrasado**. (b) (政治・思想的に)復古的な, 保守反動的な. 圞**reaccionario**. ❷ 逆行する, 後退する. ―movimiento ～ 《天文》(惑星の見かけ上の)逆行.

―名 旧弊な人; 復古派の人, 保守反動主義者.

retrogresión [r̄etroɣresión] 女 後退, 退行, 逆行. 圞**regresión, retroceso**.

retropropulsión [r̄etropropulsión] 女 《航空》ジェット推進. ♦*propulsión por chorro* とも言う.

retrospección [r̄etrospekθión] 女 回顧, 回想, 思い出. 圞**recuerdo, reminiscencia**.

retuv- 1669

retrospectivo, va [r̄etrospektíβo, βa] 形 過去を振り返った, 回顧の. ―escena *retrospectiva* (映画)フラッシュバック(の場面). exposición *retrospectiva* 回顧展. echar una mirada *retrospectiva* a を振り返って[回顧して]みる. Los vestidos tienen un vago aire ～. それらの衣服は何となく昔懐かしい雰囲気を持っている.

retrotraer [r̄etrotraér] [10.4] 他 ❶ を過去に遡(^{そかのぼ})らせる[＋a の時点まで]. ―～ el relato [la narración] *a* los tiempos de la guerra 話を戦争中にまで遡らせる. ～ el origen *al* siglo X その起源を10世紀まで遡らせる. ❷ 《法律》…の日付を実際よりも前にする.

――**se** 再 過去に遡る[＋a の時点まで]. ―Si queremos entender el conflicto, hemos de ～nos a su origen. その紛争を理解したいなら, 我々はその発端に遡って考えねばならない.

retrovender [r̄etroβendér] 他 《法律》(を売り手へ同じ価格で)売り戻す.

retrovisor [r̄etroβisór] 男 (車の)バックミラー, サイドミラー. ♦*espejo retrovisor* とも言う.

retrucar [r̄etrukár] [1.1] 自 ❶ (ビリヤード)(玉が)キスする. ❷ 《トランプ》(相手の賭(^か)け金に対して)賭け返す. ――他 (議論で, 相手が言ったのと同じ理屈)を言い返す.

retruécano [r̄etruékano] 男 ❶ 語順をさかさまにして全く意味の違うことを言う一種の修辞法または言葉遊び. ♦例:Ni son todos los que están, ni están todos los que son. (ここにいる人が皆そうだというわけでもないし, そうである人が皆ここにいるというわけでもない.) 圞**conmutación**. ❷ 言葉遊び, 語呂(^ろ)合わせ.

retruque [r̄etrúke] 男 ❶ 言い返し, 口答え. ❷ 《ビリヤード》(戻り玉の)キス. ❸ 《トランプ》(相手の賭(^か)け金への)賭け返し.

de retruque 『中南米』(その)反動で, はずみで; (その)結果として. 圞**de rechazo, de resultas**.

retruque(-) [r̄etruke(-)] 動 retrucar の接・現在.

retruqué [r̄etruké] 動 retrucar の直・完了過去・1単.

retuerza(-) [r̄etuérθo(-)] 動 retorcer の接・現在.

retuerzo [r̄etuérθo] 動 retorcer の直・現在・1単.

retumbante [r̄etumbánte] 形 ❶ (音・歓声などが)鳴り響く, 辺りにこだまするような. ―el fragor ～ de la tempestad 嵐の轟音(^{ごうおん}). ❷ 大げさな, 仰々しい. ―un estilo ～ 美文調の文体. un lujo ～ これ見よがしのぜいたく. 圞**aparatoso, grandilocuente, rimbombante**.

retumbar [r̄etumbár] 自 ❶ (音や声が)鳴り響く, 反響する. ―Las explosiones *retumbaban* en el silencio de la noche como si fuera a acabarse el mundo. 爆発音が夜の静けさの中でこの世の終わりのように響き渡っていた. ❷ (場所から, 音で)響き渡る, こだまする. ―Aquellos gritos de dolor *retumbaban* en su cerebro. 痛がっているあのうめき声が彼の頭の中にこだましていた.

retumbo [r̄etúmbo] 男 ❶ 鳴り響く音, とどろき. ❷ 鳴り響くこと, 反響. 圞**resonancia**.

retuv- [r̄etuβ-] 動 retener の直・完了過去, 接・過去.

reuma, reúma [réuma, reúma] 男 〖しばしば女〗《医学》リューマチ (=reumatismo). — padecer ~ リューマチにかかっている.

reumático, ca [r̄eumátiko, ka] 形 《医学》リューマチ(性)の. — 名 リューマチ患者.

reumatismo [r̄eumatísmo] 男 =reuma, reúma.

reumatoideo, a [r̄eumatoiðéo, a] 形 《医学》リューマチ様の.

reún- [r̄eún-] 動 reunir の直・現在, 接・現在, 命令・2 単.

:**reunido, da** [r̄euníðo, ða] 過分 形 ❶ 集まった, 合同した. ❷ まとまった, 結合した, 合わせ持った.

reunión [r̄eunjón レウニオン] 女 ❶ 集まり, 集会, 会合. — Celebremos una ~ para tratar del asunto. 私たちはその件について話し合うため会合を開くことにしている. ~ social 親睦会. ~ plenaria 総会. ~ de vecinos 住民集会. ~ en la cumbre 首脳会議. punto de ~ 会場, 集合所. 類asamblea, conferencia**. ❷ (集会の)参加者, 会衆. — La ~ era variada. 集会にはさまざまな人が参加していた. ❸ 集めること, 収集. — La ~ de datos es imprescindible para cualquier investigación. データを集めることはいかなる研究にとっても不可欠だ.

**reunir [r̄eunír レウニル] [3.12] 他 ❶ (人)を集める, 集合させる, 召集する. — Reunía a los hijos y les comunicó la grave enfermedad que padecía. 彼は子どもたちを呼び集め, 彼がかかっている重い病気のことを知らせた. ❷ (物・金)を集める, 収集する. — ~ datos 資料を集める. Reunió en un libro todos los artículos que había publicado. 彼はそれまでに発表した全部の論文を本にまとめた. Reunimos el dinero necesario para ayudarle económicamente. 私たちは彼を経済的に支援するために必要な金を集めた. ❸ (条件など)を備える, 併せ持つ, 満たす. — Usted reúne todas las condiciones para ocupar el puesto vacante. あなたはその空きポストを占めるためのあらゆる条件を満たしている.

—— **se** 再 ❶ 集まる, 集合する. — Después de muchos años, se reunieron unos veinte condiscípulos. 何十年も経って約 20 名の同窓生が集まった. Los socios se reúnen mensualmente. 会員たちは毎月会合を開く. ❷ 〖+con と〗会う. — El presidente se reunió con los obreros. 社長は労働者たちと会った. ❸ 再び一緒になる, より戻る. — Los padres de Carmen se reunieron después de diez años de divorcio. カルメンの両親は 10 年間離婚した後でよりを戻した.

revacunación [r̄eβakunaθjón] 女 《医学》(ワクチンの)再接種, 再種痘.

revacunar [r̄eβakunár] 他 (人)に再びワクチンを接種する, 再種痘する.

reválida [r̄eβáliða] 女 ❶ 最終試験, 学力認定試験. ❷ 再び有効にすること; 認定. 類**revalidación**.

revalidación [r̄eβaliðaθjón] 女 再び有効にすること; 認定. 類**reválida**.

revalidar [r̄eβaliðár] 他 ❶ を再び有効にする, を認定する. — Estos estudios no podrás ~los en tu país. これらの研究を君は自分の国で認めてもらうことができないだろう. 類**confirmar, convalidar, ratificar**. ❷ (科目など)の最終試験[学力認定試験]を受ける.

—— **se** 再 最終試験[学力認定試験]を受ける.

revalorar [r̄eβalorár] 他 =revalorizar.

revalorización [r̄eβaloriθaθjón] 女 ❶ 再評価. ❷ (通貨の)切り上げ, 価値の回復.

revalorizar [r̄eβaloriθár] [1.3] 他 ❶ を再評価する. ❷ (通貨)を切り上げる. — El yen japonés se ha revalorizado. 日本円が切り上げられた. 反**devaluar**.

revaluación [r̄eβaluaθjón] 女 =revalorización.

revancha [r̄eβántʃa] 〖<仏〗女 ❶ 報復, 仕返し. — tomar(se) la ~ de ... …の仕返しをする. 類**represalia, venganza**. ❷ (スポーツ)雪辱戦, リターンマッチ. 類**desquite**.

revejido, da [r̄eβexíðo, ða] 形 (年齢の割に)老け込んだ. 類**envejecido**.

:**revelación** [r̄eβelaθjón] 女 ❶ 暴露, 発覚. — La ~ de secretos de Estado constituye un grave delito. 国家秘密の暴露は重大な犯罪である. ❷ 意外な話, 新しい事実. — Esa noticia fue una ~ para mí. その知らせは私には意外だった. 類**descubrimiento**. ❸ (神の)啓示, 天啓. ❹ (新人の)登場. — Aquella novela corta constituyó su ~ como escritor. あの短編小説は彼の作家としての登竜門となった.

:**revelado** [r̄eβeláðo] 男 《写真》現像. — El ~ tarda sólo una hora. 現像はたった 1 時間でできる.

revelador, dora [r̄eβelaðór, ðóra] 形 明らかにする, 暴露する. — Es un hecho ~ que no haya querido venir. それは彼が来たがっていなかったことを明かす事実だ.

—— 名 明らかにする人, 暴露者, 漏洩(⟨ぇ⟩)者.

—— 男 《写真》現像液.

:**revelar** [r̄eβelár] 他 ❶ を明らかにする, 公表する, 暴露する. — ~ un secreto de Estado 国家機密を暴露する. ~ una conspiración 陰謀を暴く. Una encuesta revela que el índice de natalidad ha descendido mucho. ある調査によると出生率は非常に低下したことが明らかになった. ❷ を表す, 証明する, 物語る. — Sus palabras revelan inquietud. 彼の言葉には不安が現れている. ❸ (写真)を現像する. — Ya he revelado dos carretes de fotos. 私は写真のフィルム 2 本をもう現像した. ❹ (神が)を啓示する.

—— **se** 再 ❶ (本性・実像を)現す, 示す. — Se reveló como una gran artista. 彼女は大芸術家としての姿を明らかにした. ❷ 明らかになる, …という結果になる. — Mis intentos de persualdirle se han revelado inútiles. 彼を説得しようとする試みは無駄であったことが明らかになった. Tus sospechas se revelaron ciertas. 君の疑いは確かなものであることが分かった.

revellín [r̄eβeʎín] 男 《建築》(城の)半月堡(ほ).

revender [r̄eβendér] 他 を再び売る, 転売する; を小売りする.

revendr- [r̄eβendr-] 動 revenir の未来, 過去未来.

revenga(-) [r̄eβeŋga(-)] 動 revenir の接・現在.

revengo [r̄eβéŋgo] 動 revenir の直・現在・1

revenir [r̃eβenír] [10.9] 自 元に戻る。— ~ sobre este tema central この中心テーマに戻る。
— **se** 再 ❶ (少しずつ)縮む、しぼむ。 ❷ (保存食や酒が)酸っぱくなる、酸味を帯びる。 ❸ 水分を出す、汗をかく、(パンなどが)しける。 ❹ 譲歩する、軟化する。

reventa [r̃eβénta] 女 ❶ 転売; 小売り。 ❷ プレイガイド。

reventadero [r̃eβentaðéro] 男 ❶ 〘話〙つらい仕事。 ❷ 起伏の多い(でこぼこの)土地。

*****reventar** [r̃eβentár] [4.1] 他 ❶ (a) を破裂させる、爆発[爆破]させる。—La presión del agua *ha reventado* las tuberías. 水圧で水道管が破裂した。La dinamita *reventó* el puente. ダイナマイトで橋が爆破された。(b) をつぶす、壊す、たたき潰す。—El exceso de volumen *reventó* los altavoces. 音量を上げすぎてスピーカーが壊れた。Pisé un huevo y lo *reventé*. 私は卵を踏みつぶしてしまった。(c) (袋など)を破る、(服など)を引き裂く。—Metí demasiadas cosas en la bolsa de papel y la *reventé*. 私は紙袋に物を詰めすぎて破ってしまった。*Reventé* los pantalones al agacharme. 私はかがんだ拍子にズボンを破ってしまった。 ❷ をぶち壊す、台無しにする。—Los espectadores *reventaron* la representación con su falta de atención. 観客たちは注意散漫で上演をぶち壊してしまった。 ❸ (人・動物)を酷使する、疲労困憊(ぶんばい)させる。—Este trabajo tan duro terminará por ~me. こんな重労働は最後にくたばってしまいそうだ。Van a ~ al caballo haciéndole correr tanto. 彼らはあんなに馬を走らせてへばらせてしまうぞ。 ❹ 〘話〙をひどく不快にする。—Me *revienta* tener que asistir a la fiesta. パーティーに出なければならないのは非常に嫌だ。
 reventar los precios/reventar el mercado 大安売りをする、たたき売りをする。Si siguen *reventando los precios*, no podremos aguantar. 彼らが安売りを続ければ私たちは耐えきれなくなるだろう。
— 自 ❶ (a) (風船などが)割れる、破裂する、破ける。—Inflé tanto el globo que *reventó*. 私は風船をふくらませすぎたので割れた。(b) (卵などが)割れる、つぶれる。—El huevo cayó al suelo y *reventó*. 卵が床に落ちて割れた。(c) (波が)砕ける。—Las olas *revientan* contra las rocas. 波は岩に当たって砕ける。(d) (エンジンなどが)壊れる。—El motor va a ~. エンジンが壊れそうだ。 ❷ 疲労困憊する、へとへとになる。—Si sigues estudiando tanto, *reventarás*. そんなに勉強を続けると参ってしまうぞ。 ❸ 〘話〙(a) 〘+*por*〙~したくてたまらない。—Ella *revienta por* verte. 彼女は君に会いたくてたまらないのだ。(b) 〘+*de*〙(感情などが)爆発する、噴出する。—~ *de risa* 爆笑する。~ *de alegría* 大喜びをする。*Reventó* la ira que había contenido durante tanto tiempo. 彼は長い間抑えていた怒りを爆発させた。Papá está que *revienta*. お父さんはえらく怒っている。 ❹ 〘話〙〘+*a* にとって〙腹立たしい、いまいましい。—Me *revienta* que te rías de mí. 私は君がばかにするのが腹立たしい。 ❺ 〘話〙(a) (満腹して)お腹がはち切れそうである。—Deja ya de comer, que vas a ~. おなかがパンクするから、もう食べるのはやめなさい。(b) 〘+*de*〙いっぱいである。—El tren *reventaba de* pasajeros. 列車は乗客でいっぱいだった。 ❻ 〘話〙(a) くたばる、死ぬ。—¡Ojalá *reviente* ese canalla! あの悪党がくたばればいいのに。(b) 破局を迎える。—Esta situación *reventará algún día*. この状況はいつか破局を迎えるだろう。
— **se** 再 ❶ 破裂する、パンクする。— ~se una tubería 配管が破裂する。El neumático *se reventó* cuando el coche iba a poca velocidad. 車が低速で走っているときタイヤがパンクした。 ❷ (人・動物が)疲労困憊する、へとへとになる。—*Se reventó* trabajando toda la noche. 彼は一晩中働いてへとへとになった。El caballo *se reventó* antes de llegar. 馬はたどりつく前に参ってしまった。

reventazón [r̃eβentaθón] 女 ❶ (波などが)砕け散ること; 砕浪。 ❷ 〘アルゼンチン〙低い尾根。 ❸ 〘メキシコ〙〘医学〙鼓腸(胃や腸にガスがたまること)。 ❹ 〘メキシコ〙湧(ゎ)き水。

*****reventón, tona** [r̃eβentón, tóna] 形 ❶ 破裂しそうな、はち切れんばかりの、はじけそうな。—boca *reventona* でっかい口。labios *reventones* ぽってりした唇。clavel ~ オランダセキチク。Es una pequeña habitación *reventona* de muebles. それは家具類ではち切れそうな小さい部屋である。 ❷ (目が)飛び出しそうな、出目の。—ojos *reventones* 飛び出しそうな目、出目。類**saltón**.
— 男 ❶ 破裂、(タイヤの)バースト、パンク (= ~ *de una rueda*)。—Si vas a mucha velocidad, un ~ de las ruedas puede ser peligroso. 高速で走行している場合、タイヤのバーストは危険な事態を引き起こす可能性がある。類**estallido, explosión**. ❷ 〘話〙死にそうな羽目、窮地。—Deja ya de comer, que vas a dar [pegar] un ~. おなかがパンクするから、もう食べるのはやめなさい。 ❸ 急な坂。
 darse [*pegarse*] *un reventón* 必死にがんばる、全力を尽くす。Estudié poco durante el curso y al final tuve que *darme un reventón*. 学期中はほとんど勉強しなかったので、最後に私は必死にがんばらなければならなかった。

rever [r̃eβér] [16] 他 ❶ を再び見る、再び調べる; 注意深く調べる。 ❷ 〘司法〙(訴訟)を再審理する。

reverberación [r̃eβerβeraθjón] 女 ❶ 反射(光[熱]); 残響(音)。類**reflexión**. ❷ 〘冶金〙(石灰などの)反射炉処理法。

reverberar [r̃eβerβerár] 自 ❶ (a) (光が)反射する。—La luz de la luna *reverberaba* en las tranquilas aguas del mar. 月の光が静かな海の水面に反射していた。(b) (表面が)光を反射する、きらきら光る。類**reflejar, resplandecer**. ❷ (音が)反響する、響き渡る。

reverbero [r̃eβerβéro] 男 ❶ 反射、照り返し。—el ~ de la nieve 雪の照り返し。類**reflexión, reverberación**. ❷ 反射鏡; 反射面; (ガラス・金属など、光を反射する物)面。—horno de ~ 反射炉。 ❸ (反射鏡を備えた)街灯。 ❹ 〘中南米〙アルコールこんろ。

reverdecer [r̃eβerðeθér] [9.1] 自 ❶ (枯れていた植物・野原などが)再び緑色に[元気に]なる。—Con esta lluvia *reverdecerán* los campos. この雨で野が再び色づくだろう。 ❷ 〘比喩〙(廃れていたものが)よみがえる。—Trabajan para que *reverdezca* el teatro tradicional. 伝統劇が復活するために彼らは働いている。
— 他 (枯れていた植物・野原などを)再び緑色に[元気に]する。—La lluvia *reverdece* los prados. 雨が牧草地を再び色づかせる。
— **se** 再 = reverdecer 自。

reverencia [reβerénθja] 囡 ❶ (特に神聖なるものに対する)畏敬の念，尊敬，敬意．— La niña contemplaba con ~ la imagen de María. 少女はマリア像を強い畏敬の念を持って見つめていた．Trataban a su abuelo con ~. 彼らは祖父を丁重にもてなした．類**veneración**. ❷ おじぎ，敬礼．La mujer hizo una ~ ante el obispo. その女性は司教の前でおじぎをした．❸ 聖職者への敬称．— Su [vuestra] ~ 神父さま，尊師．

reverencial [reβerenθjál] 形 恭(うやうや)しい，尊敬のこもった，崇敬の念に満ちた．

reverenciar [reβerenθjár] 他 を崇(あが)める，崇拝する，尊敬する．~ a Dios 神を崇める．~ la imagen de un santo 聖人像を崇敬する．類**adorar, respetar, venerar**.

reverendísimo, ma [reβerendísimo, ma] 形 《宗教》高貴な(司教，大修道院長など高位聖職者に対する敬称)．— Su excelencia reverendísima, don Pedro Cantero, Arzobispo de Zaragoza (宛名として)サラゴサ大司教ドン・ペドロ・カンテーロ猊下(げいか)．

‡**reverendo, da** [reβeréndo, da] 形 ❶ 《宗教》(聖職者の敬称)…師，…様(略 r.)． — el padre Angel アンヘル神父様．la reverenda madre 修道院長様．❷ 重々しい，まじめそうな．❸ 大きい，すごい，— un ~ imbécil すごい愚か者．— 图 神父，シスターなど聖職者にたいする敬称．

reverente [reβerénte] 形 敬虔(けいけん)な，恭しい．— con una actitud ~ 丁重な態度で．Al entrar en el templo guardaron un silencio ~. 寺院の中にはいると彼らは敬虔な沈黙を保った．類**piadoso, respetuoso**.

reversible [reβersíβle] 形 ❶ 逆にできる，反転可能な，逆行可能な．— reacción ~《化学》可逆反応．tren ~ 前後に運転室のある列車．La enfermedad ha entrado en un proceso difícilmente ~. 病気は回復困難な段階にはいった．反 **irreversible**. ❷ 〈衣服などが〉裏返しに着られる．— abrigo ~ リバーシブルのコート．❸ 《法律》(判決などが)破棄[取消]可能な．

reversión [reβersjón] 囡 ❶ 元どおりになること；逆戻り；復帰．類**reposición, restitución**. ❷ 《法律》(財産・権利などの)復帰．

reverso [reβérso] 男 裏(面)，逆，反対．— El teléfono está en el ~ de la tarjeta. 電話番号はカードの裏に書いてある．En el ~ de la moneda había un animal. コインの裏側には動物が刻まれていた．類**revés**. 反**anverso**.

ser el reverso de la medalla まったく反対の(人，もの)である．Él es muy serio, pero su hermana es el reverso de la medalla. 彼は生まじめだが，彼の妹は全く反対の性格だ．

revertir [reβertír] [7] 自 ❶ (a) 元どおりになる；逆戻りする．~ a su estado primitivo 最初の状態に戻る．(b)《法律》(財産・権利などが)…に復帰する，帰属する【+a】． — ~ al Estado 国有化される．❷ (結果的に)…になる【+en】．~ en beneficio [perjuicio] de ... …にとって有利[不利]になる．類**redundar, resultar**.

a cobro revertido《電話》コレクトコール(料金着信人払い)で．

‡‡**revés** [reβés レベス] 男 ❶ 裏(面)，背面．~ de una hoja [una tela] 一枚の紙[布]の裏．類**dorso, reverso**. 反**anverso**. ❷ 手の甲，手の甲での打撃；《テニス》バックハンド・ストローク．~ de la mano 手の甲．dar un ~ 逆手打ちをする．❸ 逆境，不運，挫折．— los ~es de la vida 人生の逆境．~es de fortuna 不運．sufrir un ~ 逆境に苦しむ．類**contratiempo, desgracia**.

al revés 逆に，さかさまに．Es muy despistada y todo lo entiende al revés. 彼女はうっかり者で何でも逆に理解してしまう．Todo nos salió al revés. すべてがわれわれにとって裏目に出た．類**al contrario**.

al revés de ... …とは逆に．Lo hace todo al revés de como le manda su jefe. 彼は上司が命ずることをすべて逆にしてしまう．

del revés （位置が)逆に，さかさまに．Llevas la camiseta del revés. 君はTシャツを後前(うしろまえ)に着ているよ．volver ... del revés 裏がえしにする，位置を変える．

revesado, da [reβesáðo, ða] 形 ❶ (事柄・問題が)複雑な，込み入った．類**complicado**. ❷ (子供などが)御しにくい，手に負えない．類**indócil, travieso**.

revestimiento [reβestimjénto] 男 上張り，外装，コーティング．— una puerta con ~ de tela 布張りのとびら．

‡**revestir** [reβestír] [6.1] 他 ❶【+de/con で】を覆う，上塗りをする．— Revistieron el coche con una cubierta para que no se ensuciara. 彼らは車が汚れないようにカバーを掛けた．~ el suelo con corcho libre コルクで覆う．❷ (外観)を呈する，物語る．— La lesión no reviste gravedad. その傷は重くなさそうだ．❸ (a)【+con を補う，ごまかす，粉飾する．— El dictador revestía la vacuidad de sus discursos con un lenguaje pomposo. 独裁者は演説の空虚さを仰々しい言葉でごまかしていた．類**disfrazar**. (b) …のふりをする．

— **se** 再 ❶ (a)【+de の】様相[性格]を帯びる[呈する]．— La ceremonia se revistió de una gran solemnidad. 儀式は非常に荘厳な様相を呈した．(b) 態度を示す．— Se revistió de la dignidad que le confería el cargo. 大統領はその職務がしらしめる威厳を示していた．❷【+de】身に付ける，持つ．— Se revistió de paciencia para aguantar la larga reunión que le esperaba. 彼は待ちかまえている長い会議を我慢するための忍耐を身に付けていた．❸【+de で】いっぱいになる，…だらけになる．— En primavera los árboles se revisten de hojas. 春になると木々は葉で覆われる．❹ (聖職服を)着る．

reviejo, ja [reβjéxo, xa] 形 非常に高齢の． — 男 木の枯れ枝．

revien- [reβjén-] reventar の直・現在．

revient- [reβjént-] reventar の直・現在，命令・2単．

revin- [reβín-] revenir の直・完了過去，接・過去，現在分詞．

revirar [reβirár] 他 をひねる，ねじる；を反対向きにする．類**torcer**. —《海事》(船が)再び針路を変える．

revisación [reβisaθjón] 囡【アルゼンチン】＝**revisión**.

revisada [reβisáða] 囡【中南米】＝**revisión**.

‡**revisar** [reβisár] 他 ❶ を点検する，検査する；

校閲する. ― *Revisé* el motor del coche antes de emprender el viaje. 私は旅行に出かける前に車のエンジンを点検した. *Revisó* el equipaje para comprobar que lo llevaba todo. 彼は全部持ったかどうか確認するために荷物を点検した. ～ las cuentas 勘定をチェックする. ❷ を見直す, 調べ直す, 再検討する. ― *Revisó* la composición antes de entregarla al profesor. 彼は先生に提出する前に作文を見直した.

*revisión [r̃eβisjón] 囡 ❶ 見直し, 再検討, 再調査. ― hacer una ～ de los documentos 書類を見直す. 類**revista**. ❷ 点検, 検査, 調査; 検閲. ～～ de cuentas 会計監査. pasar la ～ médica [coche] 検診[車検]を受ける. 類**inspección**. ❸ 校正, 校閲, 校訂. ― ortográfica スペルチェック. ❹《司法》再審.

revisionismo [r̃eβisjonísmo] 男《政治》修正主義, 修正社会主義.

revisionista [r̃eβisjonísta] 形 修正主義(者)の, 修正社会主義(者)の.
― 男女 修正主義者, 修正社会主義者.

revis|or, sora [r̃eβisór, sóra] 名 ❶ 検札係, 車掌. ❷ 検査者[官], 監査人. ― ～ de cuentas 会計監査人. ❸ 校閲者, 検査係.
― 形 検査[校訂]する, 検査[校訂]の(ための).

revist- [r̃eβist-] 動 *revestir*の直・完了過去, 接・現在/過去, 現在分詞.

‡revista [r̃eβísta] 囡 ❶ 雑誌, 定期刊行物, 紀要. ― semanal [mensual] 週刊[月刊]誌. ～ de modas ファッション雑誌. ～ juvenil 若者向けの雑誌. ～ del corazón ゴシップ雑誌. ～ de libros 書評. ～ teatral 劇評. ～ cinematográfica 映画評論. ～ electrónica 電子雑誌. ❷ 点検, 検討, 検査. ～ de armamento 武器の点検. 類**control, inspección**. ❸《軍事》閲兵, 観閲. ❹《演劇》レビュー(＝～ musical). ❺《法律》再審理.

pasar revista (1) 点検する. (2) 閲兵する, 観兵式を行なう. *pasar revista* a las tropas 閲兵する. (3) 回顧する. Espero que aproveches estas vacaciones para *pasar revista* a tu vida. この休暇を利用して君の人生をふり返ってくれることを期待している.

revistar [r̃eβistár] 他《軍事》を閲兵[観兵]する;(軍艦)を観艦する.

revist|ero, ra [r̃eβistéro, ra] 男 マガジン・ラック. ― 名 (新聞・雑誌の)評論欄担当記者. ― ～ deportivo スポーツ記者. ～ literario 文芸担当記者.

revitalizar [r̃eβitaliθár] [**1.3**] 他 をよみがえらせる; …の生気を回復させる; を活性化する. 類**re-vivificar**.

revival [r̃eβiβál]〈＜英〉男 リバイバル, 復興.

revivificar [r̃eβiβifikár] [**1.1**] 他 を元気づける; を生き返らせる, よみがえらせる. ― Este café *re-vivifica*. このコーヒーを飲むと生き返るようだ. 類**animar, reavivar, vivificar**.

*revivir [r̃eβiβír] 自 ❶ 生き返る, 復活する; よみがえる. ― El animal estuvo a las puertas de la muerte, pero *revivió*. その動物は生死の境にあったが, 息を吹き返した. Revive la música de hace veinte años. 20年前の音楽が再流行している. 類**resucitar**. ❷ 再燃する, 再発する. ― Al verle, *revivió* en ella su antiguo amor. 彼を見ると彼女の中に昔の愛がよみがえった. Reviven las ten-

siones entre los dos países. 両国間に緊張が再燃した.
― 他 を思い出す, …の記憶がよみがえる. ― Al volver al pueblo *revivió* los días de su infancia. 村に帰ると彼は幼年時代の思い出がよみがえった. 類**evocar, recordar**.

revocable [r̃eβokáβle] 形 廃止[取消し]できる; 廃止[取消し]すべき. ― sentencia ～ 撤回可能な[取消しすべき]判決.

revocación [r̃eβokaθjón] 囡 ❶ 取り消し, 廃止;《法律》撤回, 破棄. 類**abrogación, anulación, casación**. ❷ (大使などの)召還, 呼び戻し.

*revocar [r̃eβokár] [**1.1**] 他 ❶ を無効にする, 取り消す, 破棄する. ― ～ una ley 法律を無効にする. ～ una orden 注文を取り消す. ～ una sentencia anterior 前の判決を破棄する. ❷ (壁)を塗り替える, 塗り重ねる. ― ～ la pared con yeso 壁にしっくいを塗る. ❸ を逆流させる, 吹き戻す, 逆戻りさせる. ― El viento *revocaba* el humo. 風で煙が吹き戻されていた.
― 自 逆流する, 逆戻りする.

revocatorio, ria [r̃eβokatórjo, ria] 形 取り消しの, 廃止の;《法律》撤回の, 破棄の.

revoco [r̃eβóko] 男 ❶《建築》外壁の塗り直し; しっくい塗り. 類**revoque**. ❷ (煙などの)逆流, 吹き戻し.

revolar [r̃eβolár] [**5.1**] 自 ❶ (鳥が)再び飛び立つ. ❷ (鳥が)飛び回る. 類**revolotear**.

revolcadero [r̃eβolkaðéro] 男 (動物が, ころがりまわって)泥浴びする所(池・くぼみなど).

*revolcar [r̃eβolkár] [**5.3**] 他 ❶ をひっくり返す, 引きずり倒す, 転倒させる. ― El toro *revolcó* al torero. 牛は闘牛士を倒して引きずった. ❷《話》(議論などで)人を打ち負かす, やっつける, やりこめる. ❸《話》を不合格にする, 落第させる. ― Lo *revolcaron* en física. 彼は物理学で落とされた.
― **se** 再 ❶ 転げ回る, のたうち回る. ― El cerdo *se revolcaba* en el barro. ブタは泥の上を転げ回っていた. ～se de risa 笑い転げる. ❷《俗》性的関係を持つ.

revolcón [r̃eβolkón] 男 ❶ 転倒する[させる]こと, ころげまわること. ― Después de aquel ～ que le dio la vaca, no volvió a acercarse a ella. あのとき牛にころばされて以来, 彼は二度とその牛に近寄らなかった. 類**revuelco**. ❷ 論破.

dar un revolcón a ... (1) を転倒させる. (2)《話》(議論などで, 人)をへこませる, さんざんやっつける.

revolear [r̃eβoleár] 自 (ぐるぐると)飛び回る. 類**revolotear**.
― 他《中南米》(投げ縄など)をぶんぶん振り回す.

‡revolotear [r̃eβoloteár] 自 ❶ (鳥・虫などが)飛び回る, はね回る. ― Los gorriones *revoloteaban* alrededor de las migas de pan. スズメたちはパンくずの周りを飛び回っていた. ❷ ひらひら舞う, 宙を舞う. ― Las octavillas que tiraban desde los balcones caían al suelo *revoloteando*. バルコニーからばらまかれたビラが地上にひらひら舞い落ちていった. ❸《話》(人)につきまとう, べったりくっつく. ― Ella siempre tiene chicos *revoloteando* a su alrededor. 彼女はいつもその周りを男の子たちがつきまとっている.
― 他 を投げ上げる, ほうり上げる. ― El niño

1674 revoloteo

revoloteó el diáblo y volvió a recogerlo. 子どもは空中ゴマを投げ上げ、またそれを拾い止めた。

revoloteo [r̄eβoloté͡o] 男 ひらひら飛ぶこと; 飛び回ること, 旋回.

revolque(-) [r̄eβolke(-)] 動 revolcar の接・現在.

revolqué [r̄eβolké] 動 revolcar の直・完了過去・1単.

revoltijo [r̄eβoltíxo] 男 ❶ ごたまぜ, 乱雑, 雑多な物の山. ―Había en el cuarto un ~ de libros, papeles y objetos personales. 部屋の中では本や書類や身のまわりの物が山になっていた. ❷ もつれ, 紛糾. 類**embrollo, enredo**.

revoltillo [r̄eβoltíjo] 男 ❶ 乱雑, 雑多な物の山. 類**revoltijo**. ❷ もつれ, 紛糾. 類**embrollo, enredo, revoltijo**. ❸ (動物の)内臓, 臓物. 類**tripa**. ❹《料理》揚げ物, 炒(いた)め物. 類**fritada**.

‡revoltoso, sa [r̄eβoltóso, sa] 形 ❶ いたずら好きな, わんぱくな; 手に負えない. ―Antonio es un niño inquieto y ~. アントニオは落ち着きがなくわんぱくな子だ. 類**enredador, travieso**. 反**tranquilo**. ❷ 反抗的な, 扇動的な. ―Un grupo de jóvenes ~s promovió los disturbios callejeros. 扇動的な若者の一団が通りで騒ぎを起こした. 類**alborotador, rebelde, sedicioso**.
― 名 ❶ いたずら坊主, おてんば, もんちゃくを起こす人. ❷ 反抗者, 暴徒. ―La policía cargó contra los ~s. 警察が暴徒に向って突撃した.

‡‡revolución [r̄eβoluθjón レボルシオン] 女 ❶ 革命, 大変革. ―estallar una ~ 革命が勃発する. R~ Francesa フランス革命. ~ industrial 産業革命. ~ burguesa ブルジョア革命. ❷ 変革, 革新. ―La minifalda trajo consigo una ~ en la moda. ミニスカートはファッションに大変革をもたらした. ❸ 回転, 旋回; 《天文》公転. ―doscientas *revoluciones* por minuto 毎分200回転. 類**rotación, vuelta**.

‡revolucionar [r̄eβoluθjonár] 他 ❶ をひっかき回す, 動転[動揺]させる, …に騒ぎを引き起こす. ―Esa chica está *revolucionando* toda la clase. その女の子はクラス中に騒ぎを引き起こしている. ❷ …に革命を起こす, 変革する. ―*Revolucionó* la cirujía cardiovascular en el mundo. 彼は世界の心臓外科に革命を起こした. ❸ (エンジンなどの)回転数を上げる. ―~ el motor エンジンの回転数を上げる.

‡revolucionario, ria [r̄eβoluθjonárjo, rja] 形 ❶ 革命の, 革命的な; 革新的な. ―tropas *revolucionarias* 革命軍. ideas *revolucionarias* 革命的思想. dirigentes ~s 革命の指導者たち. gobierno ~ 革命政府. tecnología *revolucionaria* 革新的な技術. ❷ 扇動的な, 騒々しい.
― 名 ❶ 革命家, 革命論者. ❷ 扇動者.

‡revolver [r̄eβolβér] [5.11] 他 ❶ (a) をかき混ぜる, かき回す. ―*Revuelve* bien la ensalada. サラダをよくかき混ぜなさい. 類**mezclar**. (b) をひっかき回す, 乱雑にする, ごちゃごちゃにする. ―Los ladrones *han revuelto* todos los cajones de mi escritorio. 泥棒たちは私の机のあらゆる引き出しをひっかき回した. 類**desordenar**. ❷ (a) を不愉快にさせる, 腹立たせる, 怒らせる. ―La hipocresía me *revuelve*. 偽善には私は腹が立つ. (b) …に吐き

気を催させる. ―El niño tiene que ir en tren porque el autobús le *revuelve*. その子どもはバスは酔うので列車で行かなければならない. (c) (…の心)をかき乱す, 不安にする. ―El discurso del general *revolvió* a la tropa. 将軍の演説は部隊を動揺させた. 類**inquietar**. ❸ を熟考する, 熟慮する. ―Deja ya de ~ el pasado. 過去のことを思い巡らすのはもうやめなさい. を思い出させる, 蒸し返す. ―No *revuelvas* esas cuestiones ante mis padres. 私の両親の前でそういった問題を蒸し返さないでくれよ. 類**discurrir, reflexionar**.
―― 自 【+en を】詮索する, 調べ回る. ―No *revuelvas en* su pasado. 彼の過去を詮索するなよ.
――**se** 再 ❶ 寝返りを打つ, 身をだえする, のたうち回る. ―~*se* en la cama ベッドで寝返りを打つ. ❷ (a) 振り向く, 振り返る. ―La chica *se revolvía* y gritaba: "Suéltame, idiota". 少女は急に振り返ると「放っといてよ, ばか」と叫んだ. (b) 【+contra に対して】立ち向かう, 刃向かう. ―El herido jabalí *se revolvió contra* mí. 手負いのイノシシは私に対して向かってきた. ❸ (天候が)悪化する, 崩れる, 悪天候になる. ―Esta mañana hacía buen tiempo, pero ahora *se está revolviendo*. けさは天気だったのに, 荒れ模様になっている. 類**empeorar**. ❹ (沈殿物がかき回されて水が)濁る.

‡revólver [r̄eβólβer] 男 リボルバー, 回転弾倉式連発拳銃.

revoque [r̄eβóke] 男 ❶ (壁の)塗り替え, 上塗り; しっくい塗り. ❷ しっくい, 壁土; 水性白色[石灰]塗料(上塗りに用いる).

revoque(-) [r̄eβóke(-)] 動 revocar の接・現在.

revoqué [r̄eβoké] 動 revocar の直・完了過去・1単.

revuelco [r̄eβu̯élko] 男 ❶ 転倒, 転落. ―darLE un ~ a ... を突き倒す. 類**revolcón**. ❷ 論破.

revuelo [r̄eβu̯élo] 男 ❶ (a) (鳥が)再び飛ぶこと. (b) ひらひら飛ぶこと; くるりと向きを変えて飛ぶこと; 旋回すること). ―El pesquero avanzaba acompañado del ~ de las gaviotas. ひらひらと舞うカモメたちにつきそわれて漁船は前進していた. 類**revoloteo**. (c) (鳥などが)集団で飛ぶ[舞い上がる]こと. ―Contemplaba el ~ de papeles y hojas secas producido por el aire. 彼は紙や枯れ葉が風に舞い上がるのをながめていた. ❷《比喩》動揺, 混乱, 波紋. ―Hay ~ entre los asistentes. 観客の間にざわめきが起こっている. 類**agitación, turbación**.
de revuelo ついでに(言えば).

revuelque(-) [r̄eβu̯élke(-)] 動 revolcar の接・現在.

‡revuelta [r̄eβu̯élta] 女 ❶ (街頭での)騒乱, 騒動, 暴動. ―La ~ estudiantil condujo al cierre temporal de la universidad. 学生の暴動によって大学は一時閉鎖に追い込まれた. 類**alboroto, asonada, disturbio, motín**. ❷ (大勢の)けんか, 衝突, 乱闘. ―Se formó una ~ en la que tuvo que intervenir la policía. 警察が介入しなければならないような衝突が起きた. 類**disputa, pendencia, tumulto**. ❸ 曲がり角, カーブ. ―Esta carretera tiene muchas ~s. この国道はカーブが多い. 類**curva, esquina**.
dar vueltas y revueltas ぐるぐる回る, 堂々巡りをする.

revueltamente [r̄eβu̯éltaménte] 副 雑然と,

無秩序に.

revuel_to, ta_ [r̄eβuélto, ta] 過分〔<revolver〕形 ❶ かき回した, かき混ぜた, ごちゃごちゃになった〖estar+〗. —huevos ～s スクランブル・エッグ. En unas chabolas viven ～s los animales y las personas. いくつかの掘立て小屋では動物も人もごちゃ混ぜになって生活している. 類 **mezclado**. ❷ 乱雑な, 取り散らした, 混乱した〖estar+〗. —pelo ～ 乱れ髪. Los ladrones dejaron el piso todo ～. どろぼうどもがマンションをすっかり荒らしていった. 類 **desordenado**. ❸ 取り乱した, (精神的に)動揺した, 不安になった〖estar+〗. —El novio la ha dejado y su ánimo anda ～. 恋人が彼女を捨てたので, 彼女は気持が動揺している. La tasa de paro es altísima y el país está muy ～. 失業率が大変高いので, その国は非常に不安定になっている. 類 **agitado, inquieto**. 反 **sosegado, tranquilo**. ❹ (天候が)変わりやすい, 不安定な, 荒れ模様の〖estar+〗. —El día *está* muy ～. 今日の天気は非常に不安定だ. 類 **agitado, trastornado, variable**. ❺ (水などが)濁った, 混濁した〖estar+〗. —Las aguas del río bajaban turbias y *revueltas*. 川の水は濁り, 泥と混じって流れていた. 類 **turbio**. ❻ いたずらな, 腕白な. —Es un niño listo y ～. 彼は利口でいたずらな子どもだ. 類 **revoltoso, travieso**.

tener [*estar con*] *el estómago revuelto* 胃がむかむかする, 吐き気がする. *Estoy con el estómago revuelto.* 私は胃がむかむかしている.

— 男 卵でとじた料理. —～ *de gambas* 小エビの卵とじ.

revuelv- [r̄eβuélβ-] 動 revolver の直・現在, 接・現在, 命令・2単.

revulsión [r̄eβulsjón] 女 《医学》誘導〖反射〗刺激法.

revulsivo, va [r̄eβulsíβo, βa] 男 ❶ 《医学》誘導薬; 誘導器具. ❷ 《比喻》刺激, 薬. —Aquel fracaso me sirvió de ～. あのときの失敗は私にとっていい薬になった.
— 形 《医学》誘導〖反射〗刺激の.

rey [r̄éi] 男 ❶ 王, 国王, 国王, 君主. —Don Juan Carlos I, ～ *de España*. スペイン国王ドン・ホアン・カルロスⅠ世. ～*es* 国王夫妻. *los R*～*es Católicos* カトリック両王(カスティーリャ女王のイサベルとその夫のアラゴン王フェルナンド). *El pequeño es el* ～ *de la casa*. その子どもさんは家の中ではまるで王様だ. ～ *absoluto* 絶対君主. ～ *constitucional* 立憲君主. ～ *de Romanos* 《歴史》神聖ローマ皇帝. ～ *católico* 《歴史》スペイン王. 類 **monarca, soberano. ❷ (動植物などの)王様, (ある分野の)第1人者, 王. —*El león es el* ～ *de los animales*. ライオンは百獣の王である. (*el*) ～ *del petróleo* 石油王. ❸ 《ゲーム》(チェスやトランプの)キング, 王将.

a cuerpo de rey 王様のように. *Nos trataron a cuerpo de rey.* 私たちは(まるで)王様のように丁重に扱われた.

A rey muerto, rey puesto. 〖諺〗王が死ぬと別の王が位につく(誰かが欠けてもそれを補う者が現われる).

ser del tiempo del rey que rabió 古い昔の, 大昔.

día de (los) Reyes 《キリスト教》主顕節, 主の御公現の祝日 (1月6日. キリスト生誕のとき東方の三博士 los Reyes (Magos) が訪れたことをキリス

トの神性の顕現として祝う).

Ni quito ni pongo rey. 私にはどちらでもかまわない.

ni rey ni Roque 誰一人として…ない, たとえ何であろうと…ない. *Ni rey ni Roque se pueden meter en nuestros asuntos*. たとえ誰であっても私たちのことに干渉することはできない.

rey de armas 《歴史》紋章院長官.

reyerta [r̄ejérta] 女 口論, 口げんか; けんか. 類 **contienda, disputa, riña**.

Reyes [r̄éjes] 固名 レジェス〖レィエス〗(アルフォンソ Alfonso ～)(1889-1959, メキシコの詩人・思想家).

Reyes Magos [r̄éjes máγos] 固名 《聖書人名》東方の三博士(キリスト降誕の際に宝物を持って祂拝しに来た).

reyezuelo [r̄ejeθwélo] 〔<rey〕男 ❶ 小国の王; 酋(しゅう)長. ❷ 《鳥類》キクイタダキ属の各種の鳥.

rezagado, da [r̄eθaγáðo, ða] 形 (支払い, 進歩などが)遅れている. —*ir* [*andar*] ～ 遅れをとっている, *quedar* ～ 取り残されている.
— 名 落後者, (連れに)はぐれた人; 遅刻した人.

rezagar [r̄eθaγár] [1.2] 他 ❶ を置き去りにする. 類 **dejar**. ❷ (行事などを)延期する, 遅らせる. 類 **retrasar, suspender**.
—**se** 遅れる, 遅れを取る. —*Tenemos que aligerar la marcha: nos hemos rezagado mucho*. 我々は歩みを速めなければならない, かなり遅れを取ってしまったので. 類 **retrasarse**.

**rezar [r̄eθár レサル] [1.3] 他 ❶ (祈りの文句)を唱える, 祈る. —*Mi madre reza cada noche el padrenuestro*. 私の母は毎晩主の祈りを唱える. ❷ (ミサを)とり行う, ささげる. —*El sacerdote reza hoy la misa*. 司祭は今日ミサを挙げる. ❸ 《話》(文書が)…と書いてある, うたう. —*El letrero reza lo siguiente*: «*Se prohíbe fumar*». 張り札は次のことをうたっている. 「禁煙」
— 自 ❶〖+a に〗(神・聖人などに)祈る; お祈りをする. —*Mi abuela reza a los santos por los difuntos*. 私の祖母は死者のために聖人に祈っている. ❷ 書いてある, 書かれている, うたっている. —*Como reza la nota, este caso constituye una excepción*. 注に書いてあるように, このケースは例外となる. ❸〖+con と〗関係がある, 関わりがある. —*Este asunto no reza conmigo*. この件は私とは関係がない. ❹ (口の中で何か)ぶつぶつ不平を言う, 小言を言う. 類 **gruñir, refunfuñar**.

rezno [r̄éθno] 男 ❶ (虫類)ウマバエの幼虫. ❷ 《植物》トウゴマ, ヒマ. 類 **ricino**.

rezo [r̄éθo] 男 祈祷(きとう); 祈ること. 類 **oración**.

rezongador, dora [r̄eθoŋgaðór, ðóra] 形 ぶつぶつ言う; 不きげんな, 気難しい.
— 名 気難し屋, 不平家. 類 **renegón**.

rezongar [r̄eθoŋgár] 自 ❶ ぶつぶつ不平を言う(特に, したくない事を命令された時など). 類 **gruñir, refunfuñar, renegar**.

rezongo [r̄eθóŋgo] 男 ぶつぶつ言うこと, 不平, 不満. 類 **refunfuño, reniego**.

rezongón, gona [r̄eθoŋgón, góna] 形 名 = rezongador, dora.

rezumar [r̄eθumár] 自 ❶ (液体などを)にじみ出

る, 漏(も)れる. —El sudor le *rezumaba* por la frente. 彼の額に汗がにじんでいた. Le *rezuma* la alegría. 彼の顔には喜びがにじみ出ている. ❷《容器などが》漏る. —Este cántaro *rezuma*. このつぼは水が漏る.
── 他 をにじみ出させる; を漏らす. —El tubo *rezuma* agua. その管は水漏れがする. Los zapatos *rezuman* humedad. その靴は水をしみ通す. *Rezuma* humildad por todos lados. いたる所に貧しさがにじみ出ている.
──se 再 ❶《容器が》漏る; 《液体が》漏れる. —El túnel se *rezuma* en lluvia. そのトンネルは雨漏りがする. El agua se *rezuma* de la cañería. 水が水道管から漏れている. ❷《秘密が》漏れる; 《事実が》表に出る.
類 **insinuarse, traslucirse**.

ria- [r̃ia-] 動 reír の接・現在.
ría [r̃ía] 女『地理』広い河口; 入り江; リアス. —costa tipo ~s リアス式海岸.
ría(-) [r̃ía(-)] 動 reír の接・現在.
riacho, riachuelo [r̃iátʃo, r̃iatʃuélo] [< río] 男 小川.
riada [r̃iáða] 女 ❶ 川の氾濫(はんらん); 大水, 洪水. 類 **avenida, crecida, inundación**. ❷《比喩》氾濫(はんらん), 殺到, 大量. —Una ~ de admiradores salió a recibir al torero. 一群のファンが闘牛士を迎えあでにあふれるように出ていた.
ribazo [r̃iβáðo] 男 土手; (特に川の土手や道路の両側にある, 急勾配(こうばい)の)斜面.
Ribera [r̃iβéra] 固名 リベラ(ホセ・デ José de ~)(1591-1652, 画家).
‡**ribera** [r̃iβéra] 女 (川, 海, 湖の)岸(辺), 土手 (主に自然のもの); 沿岸部(の地域). —pasear por la ~ del Júcar. フカル川の流域に畑を持っている. 類 **borde, margen, orilla**.
riberano, na [r̃iβeráno, na] 形 名『中南米』= ribereño, ña.
ribereño, ña [r̃iβeréɲo, ɲa] 形 川岸[海岸, 湖畔]の, 川岸[湖畔]に近い[沿った]. ── 名 川岸[海岸, 湖畔]の住人.
ribete [r̃iβéte] 男 ❶『服飾』飾り縁, トリミング; (補強または装飾用の)縁取りテープ. 類 **galón**. ❷ (話を面白くするための)言い足し, 余談. —En sus clases pone ~s de humor. 彼は自分の授業にユーモラスな余談を交える. ❸ 複 で比喩的に 徴候, 現れ. —Tiene sus ~s de poeta. 彼には詩人ふうの所がある. 類 **asomos, atisbos, indicios**.
ribeteado, da [r̃iβeteáðo, ða] 過分 形 ❶ 《服飾》縁飾りがしてある; 縁取りのある. —cuello ~ 縁飾りつきのえり. ❷ (目が)赤くはれた, 泣きはらしている. —tener los ojos ~s はれた目をしている.
ribetear [r̃iβeteár] 他《服飾》…に縁飾りをつける, トリミングする.
ricacho, cha [r̃ikátʃo, tʃa] 形《話, 軽蔑》大金持の. ── 名《話, 軽蔑》大金持, 成金.
ricachón, chona [r̃ikatʃón, tʃóna] 形《話, ときに軽蔑》の. ── 名《話, ときに軽蔑》の大金持.
ricadueña, ricahembra [r̃ikaðuéɲa, r̃ikaémbra] 女 (昔の)貴族の婦人, 貴族の妻[娘].
ricahombría [r̃ikaombría] 女『歴史』リコ

ンブレ(大公)の爵位.
ricamente [r̃ikaménte] 副 ❶ 快適に. —Aquí lo paso tan ~. ここで私は実に快適にしている. 類 **cómodamente**. ❷ 富裕に; 豪華に. ❸ 素晴らしく. 類 **primorosamente**.
Ricardo [r̃ikárðo] 固名 ❶《男性名》リカルド. ❷ (~ I (Corazón de León)) リチャード1世(獅子心王)(1157-99, イギリス王, 在位 1189-99).
rice(-) [r̃iθe(-)] 動 rizar の接・現在.
ricé [r̃iθé] 動 rizar の直・完了過去・1単.
ricino [r̃iθíno] 男『植物』トウゴマ(唐胡麻), ヒマ(蓖麻). —aceite de ~ ヒマシ油.

‡**rico, ca** [r̃íko, ka リコ, カ] 形 ❶ 金持ちの, 裕福な. —Se ha casado con una mujer de familia *rica*. 彼は裕福な家庭の女性と結婚した. Se hizo ~ sólo en un año. 彼はたった1年で金持ちになった. 類 **acaudalado, adinerado**. 反 **pobre**. ❷ 豊かな, たくさんある, 富んだ, 一杯の [+en/de]. —mujer *rica de* virtudes 美徳豊かな女性. alimento ~ *en* proteínas たんぱく質が豊富な食物. país ~ *en* petróleo 石油の豊富な国. 類 **abundante, opulento**. ❸ (土地が)肥沃な, 肥えた. —Es propietario de tierras *ricas*. 彼は肥沃な土地の地主だ. 類 **fértil**. ❹ 豪華な, ぜいたくな; 高価な. —Nos hizo pasar a un ~ despacho. 私たちを豪華な事務室に通された. pared adornada con ~s tapices 豪華なタペストリーで飾られた壁. Lucía una *rica* pulsera de esmeraldas. 彼女はエメラルドの高価なブレスレットをひけらかしていた. 類 **lujoso**. ❺ おいしい, 美味な. —Esta carne está muy *rica*. この肉はとてもおいしい. 類 **exquisito, sabroso**. ❻ かわいらしい, 愛らしい. —¡Qué *rica* está la niña con ese vestido! そのドレスを着るとこの子は何てかわいいのだろう.
¡Qué rico! (皮肉) よくやるねえ, よく言うよ.
── 名 ❶ 金持ち. —nuevo ~ 成金. ❷ (子供に向かって愛情をこめた呼びかけ)ねえ, 君, おまえ. —Oye, ~, ¿me puedes pasar la sal? ねえ, ぼく, お塩をとってくれる. Anda, ~, vete a jugar. さあ, お前, 遊んでおいで. ❸ (軽蔑的な呼びかけ). —¡Venga, ~! さあさあ, お前!
rictus [r̃íktus] 男《単複同形》顔を引きつらせること, 口をゆがめること, 引きつった笑い. —~ de amargura [dolor] 苦笑.
ricura [r̃ikúra] 女 ❶ おいしさ, 美味であること; おいしいもの. —El helado que hace mi madre es una ~. 私の母が作るアイスクリームはおいしい. ❷ かわいらしさ; 素晴らしいこと. —Cuando pequeña era una ~ de niña. 彼女は小さいころかわいらしい女の子だった.
ridiculez [r̃iðikuléθ] 女《複 ridiculeces》 ❶ 滑稽な[ばかげた]こと; 滑稽さ. —decir *ridiculeces* ばかげたことを言う. Es una ~ ir a la fiesta con ese vestido. その服を着てパーティーに行くなんてばかげている. ❷ ささいなこと, 取るに足りないこと. —Se ha enfadado por una ~. 彼はささいなことで腹を立てている. 類 **nimiedad**.
ridiculizar [r̃iðikuliθár] [1.3] 他 (人)をばかにする, からかう, あざける. —No pierde ocasión de ~me en público. 彼は機会さえあれば私を人前でばかにする. 類 **burlarse, caricaturizar, satirizar**.
‡**ridículo, la** [r̃iðíkulo, la] 形 ❶ ばかげた, 滑稽な, おかしな. —Lleva una corbata *ridícula*. 彼は変なネクタイをしている. decir cosas *ridículas* は

かげたことを言う. Me hizo una sugerencia *ridícula*. 彼は私にばかげた忠告をしてくれた. No seas ~ y come. ばかなことを言わずに食べなさい. ❷ ほんのわずかな, 取るに足りない. —Le pagan un salario ~. 彼はほんのわずかな給料をもらっている. [類] **escaso, insignificante**.

—— 滑稽な状態, 物笑いの種.

caer en el ridículo 笑いものになる, ぶざまな状態になる.

hacer el ridículo 笑いものになる, ばかなことをする. Con ese peinado vas a *hacer el ridículo*. そんな髪形にすると皆に笑われるよ.

poner [dejar] ... en ridículo をばかにする, からかう.

ponerse [quedar] en ridículo 笑いものになる. *Quedó en ridículo* al descubrirse que había copiado. カンニングをしたことが見つかって彼は笑いものになった.

rie- [řie-] 動 reír の直・完了過去, 現在分詞.
rié(-) [řié-] 動 reír の直・現在, 命令・2 単.
rieg- [řiéɣ-] 動 regar の直・現在, 接・現在, 命令・2 単.

:**riego** [řiéɣo] 男 ❶ 水撒き, 散水. — boca de ~ 消化[散水]栓. camión de ~ 散水車. — por aspersión スプリンクラーによる散水. ❷ 灌漑; 灌漑用水. —canal de ~ 灌漑用水路.

riego sanguíneo 血液の循環.

riel [řiél] 男 ❶ (鉄道の)レール, 線路. [類] **carril, raíl**. ❷ 金属の小さな延べ棒, 鋳(ﾁｭｳ)塊, インゴット.

rielar [řielár] 自 (月や星の光が, 主に水などに)映ってきらめく. —En aquella noche fría de otoño, la luna *rielaba* sobre el mar. あの寒い秋の晩, 月が海面に映って輝いていた. [類] **brillar, resplandecer, temblar**.

:**rienda** [řiénda] 女 ❶ 手綱. [類] **correa**. ❷ 複《比喩》支配, 実権. —Trataba de apoderarse de las ~s del Estado. 彼は国家の支配権を握ろうとしていた. [類] **dirección, mando**. ❸ 抑制, 統制. —Criticó sin ~ a su jefe en público. 彼は皆の前で上司をあからさまに批判した. [類] **freno**.

aflojar las riendas 手綱をゆるめる.

a rienda suelta 全速力で; 思う存分, はげしく. Cuando se reúnen, critican a las suegras *a rienda suelta*. 彼女らは集まると思いきり姑(ｼｭｳﾄﾒ)たちの批判をする. Discutieron *a rienda suelta* en el bar. 彼らはバルではげしく口論した.

a toda rienda 全速力で.

coger [tener] las riendas (1) 手綱をとる. (2) 引き受ける.

dar rienda suelta a ... …に自由にさせる, 思う存分させる. *dar rienda suelta a* sus deseos [a su imaginación, al llanto] 欲望におぼれる[想像の世界に遊ぶ, 思い切り泣く].

llevar [empuñar] las riendas (1) 手綱をとる. (2) 実権をにぎる, 牛耳る, 支配する. Mi abuela todavía *lleva las riendas* de la casa. 祖母がまだ家の実権をにぎっている. [類] **dirigir, gobernar**.

tirar de la rienda [las riendas] を押さえる, …の手綱を引く.

volver (las) riendas 後もどりする. Ya es tarde y no puedes *volver las riendas*. もう手遅れで君は後もどりできないよ.

riente [řiénte] 現分〔＜reír〕形 ❶ ほほえんでいる, にこやかな, 笑い顔の. [類] **sonriente**. ❷ 陽気な, 愉快な, 気持のいい. —Unos niños retozaban en el ~ prado. 何人かの子供たちが気分のよい牧草地ではしゃいでいた. [類] **alegre**.

riera(-) [řiera(-)] 動 reír の接・過去.
ríes [říes] 動 reír の直・現在・2 単.
riese(-) [řiése(-)] 動 reír の接・過去.

:**riesgo** [řiésɣo] 男 ❶ 危険, 冒険. —En este caso vale la pena correr el ~. この場合危険をおかす値打ちがある. El juego siempre conlleva ~. 賭け事はいつも危険を伴なう. No hay ningún ~ intentándolo. 試みるだけならなんら支障はない. Es un gran ~ bañarse en ese río. その川で泳ぐのはとても危険だ. [類] **aventura, peligro**. ❷ (保険の対象となる)災害. —seguro a todo ~ 全災害保険.

a [con] riesgo de ... を覚悟のうえで, …の危険を承知のうえで. Se lo dije al jefe *a riesgo de* que perdiera mi puesto [perder mi puesto]. 私は地位を失う覚悟でそれを上司に言った.

correr (el) riesgo de ... …する危険をおかす. Si no haces reserva hoy, *corres el riesgo de* no encontrar asiento. 今日予約をしないと, 席が見つからない危険性があるよ.

riesgoso, sa [řiesɣóso, sa] 形 〖中南米〗危険な. [類] **arriesgado, peligroso**.

Rif [řif] 固名 (El ~) リフ山脈(モロッコ北部の山脈).

rifa [řifa] 女 ❶ くじ; 富くじ(小規模な宝くじ. しばしば慈善を目的とする). — ~ benéfica チャリティーくじ. [類] **lotería, sorteo, tómbola**. ❷ けんか, 口論. [類] **pendencia, riña**.

rifar [řifár] 他 を賞品にしたくじを売る. —Van a ~ dos coches a beneficio del asilo de ancianos. 老人ホームの財源のため, 車 2 台を商品としたくじが売り出される. [類] **sortear**.

—— 自 ❶ くじを売る. ❷ けんかする, 口論する. [類] **pelear, reñir**.

——**se** 再 を取り合う; をめぐって争う. —Los dos amigos *se rifan* el amor de la joven. 二人の友人がその若い女性の愛を得ようと競っている.

rifeño, ña [řiféɲo, ɲa] 形 リフ山脈 (Rif) の.
—— リフ山脈の住民[出身者].

rifirrafe [řifiřráfe] 男 (あまり大きくない)けんか, 騒ぎ. [類] **bulla, contienda, gresca**.

rifle [řifle] 〔＜英〕男 ライフル銃.

rig- [řix-] 動 regir の直・完了過去, 接・現在/過去, 命令・2 単, 現在分詞.

rigidez [řixiðéθ] 女 ❶ 堅いこと, 硬直, 曲がらないこと. — ~ cadavérica 死後硬直. [類] **inflexibilidad**. [反] **ductilidad, flexibilidad**. ❷ 厳しさ, 厳格さ, 厳密さ. —Educan a sus hijos con mucha ~. 彼らは子供たちを大変厳格に教育している. [類] **austeridad, severidad**.

:**rígido, da** [říxiðo, ða] 形 ❶ 堅[固]い, 曲がらない〖ser/estar＋〗. —disco ~ ハードディスク. El hierro es un material ~. 鉄は堅い素材である. La cera se vuelve *rígida* al enfriarse. ロウは冷えると堅くなる. [類] **duro, endurecido, inflexible**. [反] **dúctil**. ❷ (手足などが)硬直した, こわばった, 曲げられない. —La lesión le dejó la pierna derecha *rígida*. 彼はけがで右脚が曲がらない. Se quedó ~ por el frío. 彼は寒さで体がかじかんでしまった. ❸ 厳格な, 厳しい〖ser/estar＋〗. —Impuso una *rígida* disciplina en el colegio. 彼は小学

1678 rigodón

校で厳格な規律を強いた. El profesor está muy ～ con los alumnos últimamente. その先生は最近生徒たちに非常に厳格だ. 類**austero, riguroso, severo**. ❹ (性格・規則などに) 柔軟性がない, 融通の利かない, 頑固な. —Mi madre es muy *rígida* con el horario de las comidas. 私の母は食事の時間が大変厳格だ. Es muy ～ y no cambiará de opinión. 彼は非常に頑固だから, 意見を変えないだろう. 類**firme, inflexible**. ❺ 無表情な, 表情の乏しい. —Su rostro jamás se inmutaba; siempre permanecía ～. 彼の顔色は決して変えることがなく, いつも無表情のままだった.

rigodón [řiɣoðón] (<仏) 男 リゴドン舞踏 (17-18世紀に流行した, 2/4または4/4拍子の快活な二人舞踏); リゴドン舞曲.

‡rigor [řiɣór リゴル] 男 ❶ 厳しさ, 厳格さ. —Castiga con ～ a sus hijos. 彼は厳しく子供を罰する. 類**dureza, severidad**. ❷ 正確, 精密. —Expuso su teoría con todo ～ científico. 彼は完全な科学的厳密さをもって自分の理論を発表した. 類**exactitud, precisión**. ❸ (気候の) 厳しさ. —～ del clima 気候の厳しさ. el ～ del invierno 冬の厳しさ. ～ del frío 厳しい寒さ.
de rigor (1) おさだまりの, お決まりの. después de los saludos [del discurso] *de rigor* おさだまりの挨拶[スピーチ]のあと. los consejos *de rigor* 型通りのアドバイス. (2) 不可欠の, …でなくてはならない. Es *de rigor* llevar chaqueta y corbata para entrar en este establecimiento. 当店にご入店の際は上着とネクタイの着用が必要です. 類**indispensable, obligado**.
en rigor 厳密に言うと, 実際は. *En rigor*, nadie sabe qué es lo que ocurre. 厳密に言うと誰にも何が起こっているのか分からない.
ser el rigor de las desdichas 悪い星の下に生れた人である.

rigorismo [řiɣorísmo] 男 ❶ 厳しさ, 厳格さ; 厳格すぎること. —El ～ en la aplicación de las normas tiene descontentos a los estudiantes. 規則の運用が厳格なため, 学生たちは不満を持っている. 類**rigor, rigurosidad**. ❷ 厳格主義.

rigorista [řiɣorísta] 形 非常に厳格な, 厳格主義の. — 男女 非常に厳格な人, 厳格主義者.

rigurosamente [řiɣurosaménte] 副 厳しく, 絶対に. —Está ～ prohibido hablar con el conductor. 運転手と話すことは厳禁.

rigurosidad [řiɣurosiðáð] 女 厳しさ, 厳格さ. —Las normas establecidas deben cumplirse con ～. 決められた規則は厳格に守らなければならない. No podía imaginar la ～ del verano en esta región. 私はこの地方の夏の厳しさを想像することができない. 類**rigor, severidad**.

‡riguroso, sa [řiɣuróso, sa] 形 ❶ 厳しい, 厳格な. —Mi abuelo era un hombre muy ～. 私の祖父はとても厳格な人だった. los hados ～s 過酷な運命. 類**estricto, intolerante, severo**. ❷ 厳正な, 正確な. —cálculo [análisis] ～ 正確な計算[分析]. datos ～s 正確なデータ. Una aplicación *rigurosa* de la nueva ley será contraproducente. 新しい法律の厳正な適用は逆効果だろう. ❸ (気候が) 厳しい. —～s calores del verano 夏の厳しい暑さ. temperatura *rigurosa* 厳し

い気温. 類**inclemente**.

rijosidad [řixosiðáð] 女 ❶ けんか早いこと, 短気. ❷ (a) 好色, みだらなこと. (b) (動物の)発情, 盛り.

rijoso, sa [řixóso, sa] 形 ❶ けんか早い, すぐに怒る. 類**pendenciero**. ❷ (a) 好色な, みだらな. 類**lujurioso, sensual**. (b) (動物が)盛りのついた.

‡rima [říma] 女 ❶ 韻(を踏むこと), 脚韻, 押韻. —～ asonante 類韻韻. ～ consonante 同音韻. ❷ 複 韻文, 詩歌; 抒情詩. —Compuso unas ～s dedicadas a su primer hijo. 彼は最初の息子に捧げる詩歌を作った.

rimador, dora [řimaðór, ðóra] 形 韻を踏む. — 男女 へぼ詩人.

rimbombancia [řimbombánθja] 女 ❶ 大言壮語, 大げさな言葉[表現]. ❷ もったいぶること; 大げさな[行為・態度]. ❸ 反響, 響き, エコー. 類**resonancia**.

rimbombante [řimbombánte] 形 ❶ (言葉・態度などが)大げさな, 誇張した. —Pronunció un discurso lleno de frases y palabras ～s. 彼は美辞麗句に満ちた演説をした. 類**altisonante, grandilocuente**. ❷ 派手な, けばけばしい, これ見よがしの. —Como la boda será en el pueblo, no conviene que sea muy ～. 結婚式は村で行なうのだから, あまり派手でも具合が悪い. 類**aparatoso, llamativo, ostentoso, pomposo**. ❸ 鳴り響く, 反響する. 類**resonante**.

rimbombar [řimbombár] 自 (音が)鳴り響く, 反響する. 類**repercutir, resonar, retumbar**.

rímel [římel] 男 マスカラ(化粧品).

rimero [řiméro] 男 (積み重ねた物の)山, 堆(たい)積. —un ～ de libros [platos] 本[皿]の山. 類**cúmulo, montón, pila, rima**.

Rin [řin] 固名 (el Río ～) ライン川(ヨーロッパの大河).

‡rincón [řinkón リンコン] 男 ❶ 隅(すみ), かど. —En un ～ de la habitación hay una lámpara. 部屋の隅にランプがある. ❷ 片隅; 一隅. —En un ～ de su corazón ocultaba remordimientos. 彼は心の片隅に後悔の念を秘めていた. Todavía guardo tus palabras en un ～ de la memoria. いまだに君のことばがぼくの記憶の片隅に残っている. ❸ かくれ場所, へんぴな場所. —Después de jubilarse se retiró a un ～ de la Costa Brava. 停年後彼はコスタ・ブラバのへんぴな所に引きこんだ. 類**escondrijo**. ❹ しまい込むもの. —Esta tarde la dedico a sacar *rincones*. 今日の午後はしまい込んだ物を片づけるのに使うことにする. 類**residuo**. ❺ 狭い土地[部屋]. —Cada aldeano posee un ～ de tierra. 村人のめいめいが狭い土地をもっている.

rinconada [řiŋkonáða] 女 片隅, (広場や街路の)隅.

rinconera [řiŋkonéra] 女 ❶ (部屋のコーナーに置く)三角形の家具, コーナーキャビネット, コーナーテーブル. 類**cantonera**. ❷ (建築)部屋の角窓などの間の壁.

rind- [řind-] 動 rendir の直・現在/完了過去, 接・現在/過去, 命令・2 単, 現在分詞.

ring [řin, řiŋ] (<英) 男 《スポーツ》(ボクシング・レスリングの)リング.

ringla [říŋgla] 女 =ringlera.
ringle [říŋgle] 男 =ringlera.
ringlera [řiŋgléra] 女 (人や物の)列, 並び. 類

fila, hilera.

ringorrango [riŋgoráŋgo] 男 ❶ (文字の)飾り書き. ❷【主に⑱】無用の飾り.

rinitis [rinítis] 囡【単複同形】【医学】鼻炎.

rinoceronte [rinoθerónte] 男 【動物】サイ(犀).

rinología [rinoloxía] 囡【医学】鼻科学.

rinoplastia [rinoplástia] 囡【医学】鼻形成術.

riñ- [riɲ-] 動 reñir の直・現在/完了過去, 接・現在/過去, 命令・2単, 現在分詞.

‡**riña** [ríɲa] (<reñir) 囡 けんか, 口論. — callejera 往来のけんか. ~ de gallos 闘鶏. 類 pelea, pendencia.

‡**riñón** [riɲón] 男 ❶【解剖】腎臓, (食用となる牛や豚などの)腎臓. — artificial 人工腎臓. No debería tomar tanta sal porque padece del ~. 腎臓に悪いからそんなに塩分を取ってはいけない. ❷ 中心, 核心. — Es cómodo vivir en el ~ mismo de una gran capital. 大都会のど真ん中に住むのは快適だ. Su pregunta toca al ~ del problema. 彼の質問は問題の核心に触れている. ❸ ⑱ 腰部. — He hecho demasiado ejercicio y ahora me duelen los riñones. 私は運動をしすぎて腰が痛い.

costar un riñón 《俗》とても高い; 高くつく. El ático en que vivimos nos *ha costado un riñón*. 私たちが住んでいるテラスハウスはとても高かった. *Costará un riñón* tomar copas en un bar de tanto lujo. そんな高級なバーで酒をのんだら目玉がとびでるよ.

pegarse al riñón 【普通否定的に用いられる】栄養がある. Esta comida no *se pega* [*se pega poco*] *al riñón*. この食物は栄養が無い[あまり無い].

tener (*bien*) *cubierto el riñón* 《俗》裕福である; 金回りがよい. Los que puedan vivir en una mansión tan grande *tendrán bien cubierto el riñón*. こんな大きな屋敷に住めるような人はさぞかし大金持ちだろう. Recibió la herencia de su tío y *tiene bien cubierto el riñón*. 叔父さんの遺産を受けて彼は金回りが良い.

tener riñones 《俗》根性がある, 勇気がある. No te preocupes por él, que *tiene riñones*. 彼には根性があるから心配には及ばないよ.

riñonada [riɲonáða] 囡 ❶【解剖】(腎臓(ﾖﾘ)を包む)脂肪皮膜. ❷ 腰部; 腎臓のある体の部分. ❸【料理】腎臓のシチュー.

costar una riñonada 《話》莫大(ﾀﾞｲ)な費用がかかる.

riñonera [riɲonéra] 囡 (腰痛などの)コルセット.

rió [rjó] 動 reír の直・完了過去・3単.

río¹ [río] 動 reír の直・現在・1単.

‡**río²** [río] 男 ❶ 川, 流れ. —~ arriba [abajo] 上流に[下流に]. el R~ Ebro エブロ川. cangrejo de ~ ザリガニ. brazo de ~ 支流. ❷ 大量, たくさん. —Un ~ de gente bajaba por la calle. 大勢の人がこちらにやって来た. Intentó impresionarnos con un ~ de palabras. 彼はたくさん言葉を並べて私たちに強い印象を与えようとした.

a río revuelto 混乱のさなかで, どさくさにまぎれて.

A río revuelto, ganancia de pescadores.【諺】川が反乱すると漁夫がもうける(混乱に乗じて第三者が利益を得る).

Cuando el río suena, agua lleva. 火の無いところに煙は立たぬ(うわさには必ず何か根拠がある).

de perdidos al río《話》覚悟をきめてやり終える.

pescar en [*a*] *río revuelto* どさくさにまぎれてうまいことをしようとする(漁夫の利を占める).

Ríoacha [rjoátʃa] 固名 リオアーチャ(コロンビアの都市).

Riobamba [rjobámba] 固名 リオバンバ(エクアドルの都市).

Río de Janeiro [río ðe xanéjro] 固名 リオデジャネイロ(ブラジルの都市).

Río Gallegos [río ɣaʎéɣos] 固名 リオ・ガジェゴス(アルゼンチンの都市).

Río Grande del norte [río ɣránde ðel nórte] 固名 リオ・グランデ(デルノルテ)川(メキシコとアメリカ合衆国の国境を流れる河川).

riojano, na [rjoxáno, na] 形 ラ・リオハ (La Rioja, スペイン北部の自治州・県; アルゼンチン北西部の州・都市)の, ラ・リオーハ出身の.
— 名 ラ・リオーハ(出身)の人.

rioplatense [rjoplaténse] 形 ラ・プラタ川 (el Río de la Plata) の; ラ・プラタ川流域の.
— 男女 ラ・プラタ川流域の住民[出者].

riostra [rjóstra] 囡【建築】突っ張り, 支柱, 筋交い.

ripia [rípja] 囡 磨きてなくでこぼこした薄い木の板; 材木のでこぼこした面.

ripio [rípjo] 男 ❶ 石くず, 割栗(ﾜﾘｸﾞﾘ)石, れんがの破片(道路や建築物の詰め物に用いる). 類 **cascajo**. ❷ くず, 残りかす. 類 **desperdicio**. ❸【比喩】(文章の)埋め草, (押韻のための)冗語. —meter mucho ~ en el discurso 無駄な言葉の多い演説をする.

no desechar ripio チャンスを逃さない.

no perder ripio 一言も聞き漏らさずに聞く; 細部まで見落とさずに見る.

ripioso, sa [ripjóso, sa] 形 ❶ (詩などが)冗語の多い. ❷【中南米】ぼろを着た.

‡**riqueza** [rikéθa リケサ] 囡 ❶ 富, 財産. —Heredó tierras, joyas y otras ~s. 彼は不動産, 宝石類, そしてその他の財産を相続した. Toda mi ~ son mis hijos. 子供たちが私の全財産です. ❷ 豊かさ, 豊富. —Las legumbres tienen gran ~ proteica. 豆類はたんぱく質を豊富にもっている. Esta novela revela una gran ~ de imaginación. この小説は豊かな想像力を示している. Es una zona conocida por la ~ de minerales. そこは豊富な鉱物で知られた地域である. 類 **abundancia**. 反 **pobreza**. ❸ 豪華, ぜいたく, りっぱなこと. 類 **esplendor, lujo**.

riqueza imponible 課税財産.

‡**risa** [rísa リサ] 囡 ❶ 笑い, 笑い声. —~ de conejo 作り笑い. ~ estridente 甲高い笑い声. comerse de [contener la] ~ 笑いをこらえる. caerse [descoyuntarse, desternillarse, mearse, mondarse, morirse, reventar, troncharse] de ~ 大笑いする, 腹を抱えて笑う. Sus chistes siempre me dan ~. 彼の冗談はいつも面白い. La niña tiene una ~ fácil y se ríe de cualquier cosa. その女の子は笑いじょうごで, どんなことにでもすぐ笑う. Su manera de hablar provoca la ~ de todos. 彼の話し方は皆の笑いを誘った. Al escuchar hablar a mi amigo me

risada

entró la ~. 友達の話を聞いていたら笑いがこみあげてきた. ❷ おかしいこと, 笑いの種. —¡Qué ~! ¡Mira qué dice este artículo! なんておかしいんだ! この記事を見てみろよ. Su hijo es la ~ de todo el pueblo. 彼の息子は町中のもの笑いの種だ. No es cosa de ~. Él lo hace en serio. 笑ってはだめ. 彼は一生懸命やっているんだから.

echar a risa 一笑に付する, ばかにする, 相手にしない.

muerto de risa 見放された, 忘れられた. Sus viejos vestidos están *muertos de risa* en el armario. 彼女の古いドレスはタンスの肥やしになっている. Tiene muchos libros *muertos de risa* en la estantería. 彼の多くの本は本棚の飾り物だ.

tomar a risa 一笑に付する, ばかにする, 相手にしない. *Tomamos a risa* sus propuestas. 私たちは彼の提案を一笑に付した. No *tomes a risa* a ese joven, que tiene talento. その若者をばかにしてはいけない. あれで才能あるんだ.

risada [risáða] 囡 高笑い, ばか笑い. 類 **carcajada, risotada**.

risco [rísko] 男 切り立った岩山, 岩壁. 類 **acantilado, escarpadura, peñasco**.

riscoso, sa [riskóso, sa] 形 (山などが)険しい, 急勾配(コウバイ)の; 岩のごつごつした. 類 **escarpado**.

risible [risíβle] 形 ❶ おかしい, こっけいな. 類 **cómico**. 反 **serio**. ❷ 笑うべき, ばかげた. 類 **ridículo**.

risilla, risita [risíja, risíta] 囡 ❶ 作り笑い. ❷ くすくす笑い, 忍び笑い.

risotada [risotáða] 囡 高笑い, ばか笑い. —soltar una ~ 爆笑する. 類 **carcajada, risada**.

rispidez [rispiðéθ] 囡 〖エクアドル, メキシコ〗粗野, 乱暴さ.

ristra [rístra] 囡 ❶ 数珠つなぎ(になったもの). ◆ 特にニンニク・タマネギなどを吊(つ)るすためにひもで一つなぎにしたものを指すことが多い. ❷ 〖話〗一連のもの; 連続. —una ~ de palabrotas 悪口の連発. ***en ristra*** 一列になって.

ristre [rístre] 男 〖甲冑(カッチュウ)の〗胸部の〗槍(ヤリ)受け 〖通例, 次の成句で〗. ***en ristre*** 構えの位置〖姿勢〗で, すぐに攻撃できる状態で. llevar la lanza *en ristre* 槍(ヤリ)を構える. Pluma *en ristre*, empezó a escribir. 彼はペンを執(と)って書き始めた. Con el bastón *en ristre* le conminó a que le devolviera la cartera que le había robado. 彼は杖(ツエ)を振り上げて, 盗んだ財布を返せと言って威嚇した.

ristrel [ristrél] 男 〖建築〗モールディング, 跨(コ)型.

:**risueño, ña** [risuéɲo, ɲa] 形 ❶ にこにこした, ほほえんだ. —cara *risueña* にこにこした顔, 笑顔. ❷ 心地よい, ゆかいな. —paisaje ~ 心地よい風景. Descansamos junto a una *risueña* fuente. 私たちは心地よい泉のそばで休んだ. 類 **agradable, grato**. ❸ (見通しが)明るい, 輝かしい. —Tiene un futuro ~. 彼には輝かしい未来がある. 類 **favorable, próspero**.

Rita [ríta] 固名 〖女性名〗リタ.

ritmar [ritmár] 他 …にリズムを付ける.

rítmico, ca [rítmiko, ka] 形 リズミカルな, 律動的な; 韻律のある; 周期的な. —Fuera se oye el paso ~ de unos soldados. 外で数人の兵士たちの規則正しい足音が聞こえる. 類 **acompasado**. 反 **arrítmico**.

:**ritmo** [rítmo] 男 ❶ リズム, 律動, 拍子. —Este baile tiene un ~ difícil de coger. この踊りは合わせにくいリズムだ. marcar el ~ リズムをとる. ❷ (進行の)速度, 割合, ペース. —~ de crecimiento 成長の度合. El paisaje cambia de acuerdo con el ~ de las estaciones. 風景は季節の移り変わりに合わせて変化する. Están trabajando a buen ~ [a un ~ acelerado]. みんないい調子で [急ピッチで]働いている. ❸ 周期(性). —~ respiratorio 呼吸の周期. 類 **periodicidad**. ❹ 〖詩歌〗律韻; 〖音楽〗リズム. 類 **cadencia, metro**.

:**rito** [ríto] 男 ❶ (宗教的)儀礼, 祭式, 式. —~ católico カトリックの典礼. Los ~s de iniciación de los neófitos los celebran a puerta cerrada. 新信徒の入信式は非公開で行なわれる. 類 **ritual**. ❷ (儀式的)習慣, 習わし. —Dormir la siesta es todavía un ~ para algunos españoles. シエスタをする(昼寝をする)ことはまだいくらかのスペイン人にとっては日常の習慣である. 類 **ceremonia**.

:**ritual** [rituál] 形 典礼の, 祈祷式の. —oraciones [cantos] ~es 典礼の祈り〖聖歌〗.
—— 男 ❶ 典礼, 祈祷式. —Esa religión tiene un ~ muy simple. その宗教はとても素朴な祈祷式を行う. 類 **liturgia, rito**. ❷ 典礼書, 定式書, 儀式書. —libro ~ 典礼書.

[ser] de ritual 習慣で, しきたりの. Intercambiamos los saludos *de ritual*. 私たちは習慣であいさつを交わす. *Es de ritual* el té a media mañana. 朝の10時ごろの紅茶がしきたりになっている.

ritualidad [ritualiðá(ð)] 囡 形式〖儀礼〗主義, 儀礼を重んじること. —con ~ 形式にのっとって.

ritualismo [ritualísmo] 男 形式〖儀礼〗主義; 形式〖儀礼〗の偏重. —El ~ burocrático me desespera. 私は官僚の形式主義にうんざりしている.

ritualista [ritualísta] 形 形式〖儀礼〗主義の; 形式を重んじる.
—— 男女 形式〖儀礼〗主義者.

:**rival** [riβál] 形 競争する, ライバルの. —ciudades ~es ライバル都市.
—— 男女 競争相手, ライバル, 好敵手. —En la última competición venció a todos sus ~es. いちばん最近の競技会で彼はすべての競争相手を負かした. En belleza no tiene ~. 彼女は美しさの点では敵なしである. 類 **competidor**.

:**rivalidad** [riβaliðá(ð)] 囡 競争, 張り合い; 敵対. —Desde hace tiempo existe entre ellos una ~ no confesada. ずっと以前から彼らの間には口には出さないライバル関係がある.

•**rivalizar** [riβaliθár] [1,3] 自 ❶ 〖+por で〗〖+con と〗争う, 競う, 対抗する. —Un equipo español *rivaliza por* la Copa de Europa *con* otros equipos extranjeros. スペインのチームはヨーロッパ杯を他の外国チームと争う. *Rivalizan por* ese cotizado premio. 彼らはその評価の高い賞を争っている. ❷ 〖+en ...で〗張り合う, いい勝負である. —Estas dos chicas *rivalizan en* belleza. これら2人の女性は美しさの点で甲乙つけ難い. 類 **competir**.

Rivas [ríβas] 固名 (Duque de ~) リーバス公爵 (1791–1865, スペインの詩人・劇作家).

Rivera [riβéra] 固名 ❶ リベーラ(ウルグアイの都市). ❷ リベーラ(Diego ~)(1886–1957,

メキシコの画家).

rivera [řiβéra] 女 小川. 類**arroyo, riachuelo**.

rizado, da [řiθáðo, ða] 過分 形 ❶ (髪が)巻き毛の, 縮れ毛の, カールした. —Ella tiene el pelo ~. 彼女は髪をカールしている; 彼女の髪は巻き毛だ. ❷ (水面などが)波立っている, うねっている.

rizador [řiθaðór] 男 ヘア・アイロン, カール用アイロン; ヘア・カーラー.

‡**rizar** [řiθár] [1.3] 他 ❶ (毛を)縮れさせる, カールさせる, 巻き毛にする. —Estas tenacillas sirven para ~ el pelo. このカーラーは髪をカールさせるのに役立つ. ❷ …に折り目をつける, しわをつける. —~ un papel 紙に折り目をつける. ❸ …にさざ波を立たせる. —La brisa *riza* el mar. そよ風で海面にさざ波が立っている.

— **se** 再 ❶ 髪が縮れる, (自分の髪を)巻き毛にする. —*~se* el pelo 自分の髪の毛をカールさせる. La nena nació con el pelo *rizado*. その女児は縮れっ毛で生まれてきた. ❷ さざ波が立つ. —El estanque *se riza* con el viento. 風が出ると池にさざ波が立つ.

rizar el rizo →rizo.

rizo, za [říθo, θa] 形 巻き毛の, カールの. —pelo ~ 巻き毛.

— 男 ❶ 巻き毛, 縮れ毛, カール. —De pequeña tenía unos hermosos ~s en el pelo. 小さいときには彼女の髪には美しいカールがあった. ❷ (水面の)さざ波. —Un pato se mecía en los ~s del lago. アヒルが湖のさざ波に揺れていた. ❸ テリーベルベット(ビロードの一種). ❹ 《航空》宙返り. —hacer el ~ 宙返りをする. ❺ 《海事》縮帆索.

rizar el rizo (1) 宙返りをする. (2) 事をよりややこしくする. No *rices el rizo*, por favor. お願いだから, ややこしくしないで. Es amigo de *rizar el rizo*. 彼はもめ事をさらにこじれさせるのが好きだ. (3) うまくやってのける. Tú eres capaz de *rizar el rizo* en esta difícil situación. 君はこの困難な状況をうまく乗り切ることができる.

tela de rizo テリークロス, タオル地.

rizoma [řiθóma] 男 《植物》根茎, 地下茎, リゾーム.

rizópodo, da [řiθópoðo, ða] 形 《動物》根足虫綱[類]の(アメーバ, 有孔虫など).

— 男 ❶ 根足虫(アメーバ・有孔虫など). ❷ 複 根足虫綱.

rizoso, sa [řiθóso, sa] 形 (髪が)巻き毛の; 巻き毛になりやすい, 縮れ毛(気味)の.

RNE 頭字 [<Radio Nacional de España] 女 スペイン国営ラジオ.

roa [řóa] 女 《海事》船首材, 船首. 類**roda**.

roastbeef [řos(t)βíf] 《英》男 《料理》ローストビーフ (≒ de buey).

robalo, róbalo [řoβálo, róβalo] 男 《魚類》バス(スズキの類). 類**lubina**.

‡**robar** [řoβár ロバル] 他 ❶ (a)(物)を盗む, 奪う, すり取る. —Me *robaron* la cartera en el metro. 私は地下鉄の中で札入れを盗まれた. Fue detenido por ~ coches. 彼は自動車泥棒で逮捕された. 類**hurtar**. (*b*) (時間・心など)を奪う, とる. —Yo no quisiera ~le el tiempo, pero necesito hablar con usted. お時間はとらせませんが, お話ししたいことがあります. En el trabajo me *roba* el sueño. 仕事で私は睡眠時間をとられている. El atractivo y la belleza de la chica

robustez 1681

le *robaron* el corazón. その女の子の魅力と美しさが彼の心を奪った. ❷ (土地など)を削り取る, 狭くする. —El río va *robando* la tierra de las orillas. 川は川岸の土地を浸食して行く. 類**arrastrar**. ❸ (トランプ・ドミノで山から札・牌)をとる, 沢山集める, 我が物とする. —Te toca ~. カードをとるのは君の番だ.

Roberto [řoβérto] 固名 《男性名》ロベルト.

robín [řoβín] 男 錆(さび). 類**herrumbre, moho, orín**.

robladura [řoβlaðúra] 女 打ち込んだくぎの先などを打ち曲げて[たたきつぶして]固定させること. 類**remache**.

roblar [řoβlár] 他 (打ち込んだくぎの先などを)打ち曲げて[たたきつぶして]固定させる. 類**remachar**.

‡**roble** [řóβle] 男 ❶ 《植物》オーク(カシワ, ナラ, カシなど堅くて大きくなる樹木), オーク材. —puerta de ~ オーク材のドア. ❷ たくましい人; 頑丈な者. —Nunca ha estado enfermo. A sus setenta años es un ~. 彼は一度も病気をしたことがない. 70 歳にして頑丈そのものだから. Está más fuerte que un ~. 彼はとても頑丈だ.

robleda [řoβléða] 女 =robledal.

robledal [řoβleðál] 男 カシワ類の大規模な林.

robledo [řoβléðo] 男 カシワ類の林.

roblón [řoβlón] 男 ❶ リベット(鉄板などを接合する); 鋲(びょう). ❷ (屋根瓦の)甍.

roblonar [řoβlonár] 他 ❶ (打ち込んだ釘の先などを)打ち曲げて[たたきつぶして]固定させる. 類**remachar, roblar**. ❷ をリベットで固定する.

***robo** [řóβo ロボ] 男 ❶ 盗み, 窃盗, 強盗. —Le han acusado de ~. 彼は窃盗の罪で訴えられた. ~ a mano armada 凶器をもった強盗. ¡Esto es un ~! これじゃぼったくりだ. 類**estafa, hurto**. ❷ 盗まれたもの, 盗難品. —El valor del ~ asciende a varios millones de euros. 盗品の価格は数百万ユーロにものぼる.

roborar [řoβorár] 他 ❶ (陳述・考えなどを)確証する. 類**afirmar, asegurar, confirmar, corroborar**. ❷ を補強する, 強化する. 類**reformar**.

robot [řoβó(t)] 《英》複 robots [řoβó(t)s]] 男 ❶ ロボット, 人造人間. —~ de cocina フードプロセッサー. 類**autómata**. ❷ 《比喩》あやつり人形, 他の人の言うとおりに動く人. 類**pelele**.

robótica [řoβótika] 女 ロボット工学.

robótico, ca [řoβótiko, ka] 形 ロボットの.

robotizar [řoβotiθár] [1.3] 他 (工場などを)ロボット化する.

robustecer [řoβusteθér] [9.1] 他 を強くする, 丈夫にする, がんじょうにする. —Hace ejercicio para ~ su salud. 彼は身体を強くするために運動をしている. 類**consolidar, fortalecer, reforzar**. 反**debilitar**.

— **se** 再 強くなる, 丈夫になる, がんじょうになる. —*Se han robustecido* las relaciones comerciales con España. スペインとの通商関係が確固たるものになった.

robustecimiento [řoβusteθimjénto] 男 強くする[なる]こと, 補強. —La separación contribuyó al ~ de su amor. 離れることで彼らの愛はさらに強くなった.

robustez [řoβusteθ] 女 (人や物の)強さ, がんじょうさ, 丈夫さ. 類**fortaleza, fuerza, resisten**-

cia, solidez, vigor. 反 debilidad.
:**robusto, ta** [r̄oβústo, ta] 形 ❶ 頑健な, たくましい. — Es un hombre ~ y deportivo. 彼はたくましい男でスポーツマンだ. ❷ がっしりした, 丈夫な(作りの). — El nuevo puente está sostenido por dos ~s pilares. 新しい橋は2本のがっしりした柱で支えられている. 類 **fuerte**.

****roca** [r̄óka ロカ] 女 ❶ 岩, 岩石, 石. — Nos sentamos en una ~ para pescar. われわれは釣りをするために岩の上に腰を下ろした. ~ eruptiva [ígnea] 火成岩. ~ metamórfica 変成岩. ~ sedimentaria 堆積(慧)岩. ❷ 堅くてしっかりしたもの, 不動の人. — corazón de ~ 不動の心. Se mantuvo firme como una ~. 彼は岩のように不動のままだった.
cristal de roca →cristal.

rocadero [r̄okaðéro] 男 糸巻き棒.
rocalla [r̄okáʎa] 女 ❶ 『集合的に』〔岩を砕いて[岩が割れてできた]〕石ころ, 割栗(㌣)石. ❷ 大玉のビーズ.
rocalloso, sa [r̄okaʎóso, sa] 形 小石の多い, 石ころだらけの.

:**roce** [r̄óθe] 男 ❶ こする[こすれる]こと, すれること. — Los brazos de los sillones están muy gastados por el ~. ひじ掛け椅子のひじ掛けはこすれてとてもすり減っている. 類 **frotamiento**. ❷ こすれ跡, すり傷. — El cristal no está roto: esa raya es el ~ de la rama del árbol. ガラスは割れているのではない. その線は木の枝のすり傷なのである. 類 **rozadura, rozamiento**. ❸ つき合い, 交際. — Con el ~ se toma cariño. 人はつき合っているうちに親しみを感じるようになるものだ. 類 **contacto**. ❹ かるいけんか, いさかい; 摩擦. — Desde antiguo hay ~s entre esos países vecinos. 昔からその隣国の間では紛争がたえない. 類 **fricción, pelea**.

rocé(-) [r̄oθé(-)] 動 rozar の接・現在.
rocé [r̄oθé] 動 rozar の直・完了過去・1単.
rociada [r̄oθiáða] 女 ❶ (水などを)まく[まき散らす]こと, 吹きかけること; 散水, 散布. ❷ ぬらすこと, 湿らすこと. ❸ 『比喩』(主に言葉・殴打などの)連発. — una ~ de bromas absurdas くだらないジョークの連発. 類 **ráfaga, serie**. ❹ 叱(§)りつけ, 小言. 類 **reprensión, reproche**. ❺ 露, しずく. 類 **rocío**.

rociadera [r̄oθiaðéra] 女 ❶ じょうろ. 類 **regadera**. ❷ (畑や庭園の灌水(鰐)のための)スプリンクラー.
rociador [r̄oθiaðór] 男 ❶ 霧吹き器, 噴霧器; スプレー. ❷ (消火用の)スプリンクラー.
rociadura [r̄oθiaðúra] 女 (水などを)まき散らす[吹きかける]こと; 散水, 散布, 散布.

***rociar** [r̄oθiár] [1.5] 他 ❶ 『+con を』(水などを)…にまく, かける, 吹きかける. — Mi madre rociaba las camisas *con* agua antes de plancharlas. 母はアイロンをかける前にワイシャツに霧を吹きかけていた. *Rociaron* los documentos *con* queroseno y les prendieron fuego. 彼らは書類に灯油をかけて火をつけた. ❷ まき散らす, ばらまく, 投げ散らす. — ~ confeti sobre los invitados 招待客の上に紙吹雪をまく. *Han* rociado a los novios *con* arroz. 新婚夫婦はライス・シャワーを浴びた. 類 **diseminar, esparcir**. ❸ 『+con を』(料理に飲物を)つける, 添える. — *Rociaron* la carne *con* un buen vino tinto. 彼らは肉料理に良い赤ワインを添えた.
— 自 『無主語で』露が降りる, 霧雨が降る. — Esta noche *ha* rociado. 今夜は露が降りた.

rocín [r̄oθín] 男 ❶ 老いぼれ馬, 駄馬. ❷ 荷役馬. ❸ 『話』無知なやつ; 無骨者.
rocinante [r̄oθinánte] 男 やせ馬; 老いぼれて役に立たなくなった馬. ♦ドン・キホーテの愛馬の名 Rocinante から.
rocino [r̄oθíno] 男 = rocín.
Rocío [r̄oθío] 固名 《女性名》ロシーオ.
:**rocío** [r̄oθío] 男 ❶ 露, (水)滴. — El jardín amaneció cubierto de ~. 朝明けどきには庭は夜露でぬれていた. ❷ 霧雨. 類 **llovizna**.
rococó [r̄okokó] 男 『美術』ロココ様式. ◆18世紀フランスで始まった華麗な建築・美術の様式.
— 形 ❶ ロココ様式の. — palacio de estilo ~ ロココ様式の宮殿. ❷ 『比喩』装飾過剰の.
***rocoso, sa** [r̄okóso, sa] 〔< roca〕形 ❶ 岩の多い, 岩だらけの, 岩石の. — Aquí la costa es *rocosa* y no hay playas para bañarse. この辺は海岸が岩だらけで, 泳げる浜辺がない. 類 **pedregoso, peñascoso, roqueño**. ❷ 岩石のような, 岩のように堅い. — Su cara es alargada y *rocosa*. 彼の顔は不機嫌そうで石のように無表情だ.

roda [r̄óða] 女 『造船』船首材; 船首.
rodaballo [r̄oðaβáʎo] 男 ❶ 『魚類』ターボット, イシビラメ(ヨーロッパ産の大型のヒラメ), — ~ menor (ヨーロッパ産の)ヒラメ. ❷ 『比喩』ずる賢い男. 類 **astuto, taimado**.
rodada [r̄oðáða] 女 ❶ わだち, 車輪の跡. 『中南米』落馬; 馬の転倒.
rodado, da [r̄oðáðo, ða] 過分 形 ❶ 車両の, 車両交通の. — tráfico [tránsito] ~ 車両交通, 自動車の交通量. ❷ (ころがって)丸くなった. — canto ~/piedra *rodada* 丸い小石. ❸ 『比喩』(文体・話し方が)スムーズな, 流暢(鰐)な. ❹ 経験を積んだ, 老練な, ベテランの. 類 **experimentado**.
venir rodado 『話』(事が)思いがけなく[タイミングよく]起こる. *Ha* venido rodada la ocasión. 思いがけないチャンスが訪れた.
— 男 『中南米』車両.

rodadura [r̄oðaðúra] 女 ❶ 回転, 転がす[転がる]こと. 類 **giro, rotación**. ❷ わだち, 車輪の跡. 類 **rodada**. ❸ (タイヤの)トレッド, 踏み面(地面に直接に接する部分).
rodaja [r̄oðáxa] 女 ❶ (a) 小さな車輪, (家具などの)キャスター; 円盤. (b) (拍車の)歯輪. (c) 《機械》ローラー. (d) 《服飾》ルーレット(布地などに印をつけるため, 柄の先に歯輪のついた道具). ❷ (食べ物の)輪切りにしたもの, スライス. — limón en ~s 輪切りにしたレモン. una ~ de salchichón 一枚のスライス・ソーセージ. 類 **raja, rebanada**. ❸ (脂肪の)ひだ.
***rodaje** [r̄oðáxe] 男 ❶ 《映画》撮影. ❷ (集合的に)車輪. ❸ (自動車などの)慣らし運転, 慣らし運転期間. ❹ 『比喩』(物事に対する)慣れ. — estar en ~ 慣らし運転中である.
rodal [r̄oðál] 男 ❶ (色・状態などがまわりと異なっている)丸い部分. — un ~ sin pelo 円形に脱毛した部分. El roce ha dejado grandes ~es en los codos de la chaqueta. 上着の両ひじに大きなこすれた跡ができてしまった. ❷ (草の生えかた・種類など)様子が周りと異なっている土地. 類 **mancha**. ❸ わだち, 車輪の跡. 類 **rodada**. ❹ 小さな丸いマット.

[類] **esterilla, ruedo.** ❺ 円形テーブルセンター.

rodamiento [roðamjénto] 男 ❶《機械》軸受け, ベアリング. ~ **de agujas** ニードル・ベアリング. ~ **de bolas** ボール・ベアリング. ~ **de rodillos** ローラー・ベアリング. ❷ (タイヤの)トレッド, 踏み面. [類] **rodadura.**

Ródano [róðano] 固名 (el Río ~) ローヌ川.

rodante [roðánte] 形 転がる, 回転する, 回転できる. —**material** ~ (一鉄道[運輸]会社の)所有車両.

rodapié [roðapjé] (<rodar+pie) 男 ❶ 幅木(はばき)(壁の床に接する部分に張る横板). ❷ 幕板 (ベッド・テーブルなどの脚を隠すため横に長く張った板).

rodaplancha [roðaplántʃa] 女 (鍵の先の)切りこみ, 刻み目.

‡**rodar** [roðár] [5.1] 自 ❶ (a) 転がる, 転がって行く. —El aro *rodó* unos segundos antes de detenerse. リングは止まる前に数秒間転がった. (b) 転がり落ちる, 転落する. —Una piedra *rodó* ladera abajo. 石が坂を転がり落ちた. (c) 滑り落ちる, 滑降する. —Un alud *rodó* por la ladera. なだれが斜面を滑り落ちた. Resbaló y *rodó* escalera abajo. 彼は足を滑らせ, 階段を転がり落ちた. (d) (水滴などが)したたり落ちる, 流れ落ちる. —Las lágrimas le *rodaban* por las mejillas. 涙が彼のほおを流れ落ちた. [類] **correr, deslizarse.** ❷ (車両が)動く, 走る. —Esta bicicleta *rueda* bien. この自転車はすいすい走る. ❸ 回転する, 回る. —La ruleta ha comenzado a ~. ルーレットが回り始めた. Las aspas del molino no *ruedan* porque el viento ha dejado de soplar. 風が凪(な)いだので風車は回らなくなった. ❹ 転々とする, 移り歩く, 渡り歩く. —*Rodó* por todo el mundo antes de afincarse en Lima. 彼はリマに居を定める前に世界中を転々とした. El florero *rueda* por toda la casa. 花瓶は家中あちこちへと移される. He *rodado* todo el día para encontrarte. 私は君を見つけようと一日中歩き回った. [類] **deambular, vagar.** ❺ 次々と起こる, 順調に行く. —*Rueda* bien el negocio. 商売は繁昌している. [類] **funcionar, marchar.** ❼ 出回っている, (あちこち に)転がっている. —En los casinos *ruedan* el dinero. カジノには金がいくらでもある. Detrás de la droga *rueda* la delincuencia. 麻薬の背後には犯罪が横行している.

— 他 ❶ (a)(映画)を撮影する. —El director *rodó* esta escena en la playa. 監督はこのシーンを浜辺で撮影した. [類] **filmar.** (b)(映画)…に出演する. —Penélope ha *rodado* más de quince películas. ペネロペは15以上の映画に出演した. ❷ (車)を慣らし運転する. —~ **el nuevo coche** 新車を慣らし運転する. ❸ を転がす. —*Rodaron* el tonel porque pesaba mucho. たるが非常に重いので彼らはそれを転がした.

echar a rodar 《話》を台なしにする, ぶちこわす. [類] **frustrar, malograr.**

Rodas [róðas] 固名 ロドス島(ギリシャの島).

rodeado, da [roðeáðo, ða] 過分 形 取り囲まれた, 包囲された.

‡**rodear** [roðeár] 他 ❶ を囲む, 取り囲む; 包囲する. —Una tapia *rodea* la casa. 塀が家を囲んでいる. Los alumnos *rodean* a la profesora. 生徒たちは先生を取り囲んでいる. La policía *rodeó* el edificio. 警官隊は建物を包囲した. El ejército enemigo ha *rodeado* el castillo. 敵軍は城を包囲した. [類] **circundar.** ❷ 〔+con を〕…に巻く, 巻きつける, (腕など)を)回す. —Le *rodeó* el cuello con los brazos y la besó. 彼は彼女の首に手をまわし, キスをした. [類] **cercar.** ❸ (a) を一周する. —Tardé cinco horas en ~ el lago. 私は湖を一周するのに5時間かかった. (b) を迂回する, 遠回りする. —*Rodeó* la plaza para no encontrarse con conocidos. 彼は知人に出会わないように広場を迂回した. ❹ を回避する, 避けて通る. —*Rodeó* el tema para evitar preguntas indeseables. 彼は望ましくない質問を避けるためその問題を回避した. [類] **eludir.** ❺ 〖中南米〗(家畜)を1か所に集める.

— 自 ❶ 〔+por を〕迂回する, 遠回りする. —Para salir del pueblo hay que ir *rodeando* por el río. 村から出るには川を迂回しなければならない. ❷ 回りくどい説明をする.

—**se** 再 ❶ 〔+de に〕取り囲まれる. —Ella *se rodeó de* aduladores. 彼女はおべっかを使う連中に取り囲まれている. ❷ (落ち着かず)動き回る. [類] **rebullirse, removerse, revolverse.**

rodela [roðéla] 女 ❶ 円盾(たて). ❷〖チリ〗(頭に荷物を載せるときの)輪状の当て布. [類] **rodete.**

rodeno, na [roðéno, na] 形 (土・岩石などが)赤い. —**tierra** *rodena* 赤土. **pino** ~ カイガンショウ(海岸松).

rodeo [roðéo] 男 ❶ 回り道, 迂回. —Para ir al centro debemos dar un ~. 中心街へ行くためにはわれわれは回り道をしなくてはいけない. [類] **desvío.** ❷ 複 遠回しな言い方, 持って回った話し方. —Dilo sin ~**s**. 遠回しはやめてはっきり言ってくれ. **andar(se) con** ~**s** (本題に入らずに)遠回しに言う. **dejarse de** ~**s** (遠回しに言わずに)本題に入る. Déjate de ~**s** y dime lo que quieres. 回りくどいことを言わないで欲しいものを言ってごらん. [類] **circunloquio.** ❸《主に複》回避, 回り道. —No hace más que dar ~**s** para no enfrentarse a la situación. 彼はその状況に直面しないように回避するばかりである. ❹ (a) ロデオ, カウボーイの競技会. (b)〖中南米〗家畜の駆り集め.

rodera [roðéra] 女 わだち, 車輪の跡. [類] **rodada.**

rodesiano, na [roðesjáno, na] 形 ローデシア(Rodesia, アフリカ南部にあった旧イギリス自治植民地. 現代北半分が Zambia, 南半分が Zimbabue としてそれぞれ独立)の.
— 名 ローデシア人.

rodete [roðéte] 男 ❶ (後頭部からうなじにかけて結った)束髪, 巻き髪. ❷ (頭に荷物を載せるときの)台ぶとん. ❸ 錠(鍵穴)の中の突起; 鍵の刻み目.

‡**rodilla** [roðíʎa ロディヤ] 女 ❶ 膝(ひざ). —Estaba sentada con el nieto en sus ~**s**. 彼女は孫を膝の上にのせて座っていた. ❷ (頭の上に物をのせて運ぶのに用いる)当て布. ❸ 床雑巾, モップ.

caer de rodillas ひざまずく.

de rodillas ひざまずいて. Rezaba *de rodillas* ante el altar. 彼は祭壇の前にひざまずいて祈っていた.

estar de rodillas ひざまずいている.

hincar [poner, doblar] la rodilla (1) ひざまずく, 片ひざをつく. *Hincó la rodilla* ante la cruz.

彼は十字架の前でひざまずいた．(2) 屈服する，服従する．No tienen otro remedio que *doblar la rodilla* ante los enemigos. 彼らは敵に屈服する以外仕事はない．

hincarse [*ponerse*] *de rodillas* ひざまずく．
poner ... de rodillas 屈服させる．

rodillazo [roðiʎáθo] 男 ❶ ひざで押す[突く]こと．—dar un ~ a ... をひざで押す[突く]．romper el cristal de un ~ ひざで一突きしてガラスを割る．❷ (闘牛) 片ひざをついてするパーセ．

rodillera [roðiʎéra] 女 ❶ ひざ当て，ひざの防具．❷ ズボンのひざの継ぎあて．❸ ズボンのひざのたるみ．

rodillo [roðiʎo] 男 ❶ ローラー，地ならし機，圧延機．—~ de vapor (道路を締め固める) 蒸気式のロードローラー．~ entintador (印刷機の) インクローラー．~ pintor 塗料[ペンキ] ローラー．pintar a ~ ローラーでペンキを塗る．類 **rulo**. ❷ (重い物を動かすための) ころ．類 **tronco**. ❸ (料理) めん棒．❹ (洗濯物の) しわ伸ばし機．

rodio [róðjo] 男 (化学) ロジウム (金属元素, 記号 Rh, 原子番号 45).

Rodó [roðó] 固名 ロド (ホセ・エンリーケ José Enrique ~) (1872-1917, ウルグアイの思想家・作家).

rododendro [roðoðéndro] 男 (植物) シャクナゲ．

Rodolfo [roðólfo] 固名 (男性名) ロドルフォ．

rodrigar [roðriɣár] [1.2] 他 (植物に) 支柱をそう．

Rodrigo [roðríɣo] 固名 (男性名) ロドリーゴ．

rodrigón [roðriɣón] 男 ❶ (植物を支える) 支柱，つっかえ棒．類 **puntal**. ❷ 昔の貴婦人のお供をした老僕．類 **acompañante**.

roedor, dora [roeðór, ðóra] 形 ❶ (動物) 齧歯(ᵍᵉᵗˢᵉˢᵃᵢ) 目の，齧歯類の．❷ 物をかじる．❸ (比喩) (苦痛・後悔の念などが) 心を食いちぎるような，激しい．—Unos ~es celos le atormentaban. 心をさいなむ嫉妬(ˢᵉⁿ)の念が彼を苦しめていた．
— 男 齧歯類目の動物 (ネズミ・リスなど).

roedura [roeðúra] 女 ❶ かじること．❷ かじった跡．❸ かじり取った部分．

:**roer** [roér] [10.1] 他 (ただし直・現 royo; 接・現 roya(-) の活用もある) 〔型 (a) をかじる; かじり取る．—Los ratones *roen* la madera. ネズミは木をかじる．(b) …の骨から肉をかじり取る．—Cogió el hueso de la chuleta para ~lo. 彼はスペアリブの骨から肉をかじり取るために骨をつかんだ．❷ 浸食する, 削り取る, むしばむ．—El agua *roe* las rocas. 水は岩を侵食する．La enfermedad le *roía* la salud. 病気によって彼の健康はむしばまれていた．❸ (良心などを) 苦しめる, さいなむ, 痛めつける．—El crimen que había cometido le *roía* la conciencia. 犯した罪のために彼の良心は咎(とが)めた．

rogación [roɣaθjón] 女 ❶ 願い, 陳情, 嘆願. 類 **petición**. ❷ 複 (カトリック) 祈願祭 (復活祭後の第5の主日後3日間のミサ); 祈願祭の祈り．

:**rogar** [roɣár ロガル] [5.4] 他 ❶ を懇願する, 願う, 頼む．—El condenado *rogó* clemencia. 刑を宣告された男は寛大な措置を懇願した．Me *rogó* que le dejase un poco de dinero. 彼は私に少しばかりお金を貸してくれるよう

に頼んだ．Hágame ese favor, se lo *ruego*. どうかそれをやっていただけませんか, お願いします．Se *ruega* no hablar con el conductor. 仲介者にはお話しなさらないようお願いします．類 **implorar**. ❷ (神などに) を祈願する．—*Rogaba* a Dios que su hijo se curara. 彼は息子の病気が治るように神に祈っていた．

hacerse (*de*) *rogar* もったいぶる, 何度も相手に頭を下げさせる．Venga, hombre, cuenta el chiste. *No te hagas de rogar*. さあさあ, 冗談を聞かせてくれ．もったいぶらないで．
— 自 頼む, 祈る．

rogativas [roɣatíβas] 女 複 祈祷(き̣とう), 祈願, 嘆願の祈り．—hacer ~ 祈願する．Han sacado al santo patrón en ~ para que llueva. 彼らは雨が降るようにと守護聖人の名を挙げて祈った．類 **plegaria, rezo, súplica**.

rogué [roɣé] 動 rogar の直・完了過去・1 単．

roído [roíðo] 動 roer の過去分詞．

roído, da [roíðo, ða] 過分 [< roer] 形 ❶ かじられた, 虫に食われた; むしばまれた．類 **carcomido**. ❷ (物が) 乏しい, わずかな; 不足した．類 **escaso, exiguo, mísero**. ❸ (人が) けちな, さもしい．類 **mezquino, tacaño**.

roiga(-) [roíɣa(-)] 動 roer の接・現在．

roigo [róiɣo] 動 roer の直・現在・1 単．

Rojas [róxas] 固名 ロハス (フェルナンド・デ Fernando de ~) (1465?-1541, スペインの作家).

rojear [roxeár] 自 ❶ 赤くなる, 赤みがかる; 赤く見える．❷ (物が) 赤く映える, (物の) 赤さが目立つ．—El horizonte *rojeaba* al atardecer. 日暮れ時, 水平線が赤く映えていた．

rojete [roxéte] 男 頬紅(ẖう). 類 **arrebol, colorete**.

rojez [roxéθ] 女 ❶ 赤いこと, 赤色, 赤み．❷ 皮膚の赤くなった部分．

:**rojizo, za** [roxíθo, θa] [< rojo] 形 赤みがかった, やや赤い．—Ante nosotros se extendía un paraje de tierras *rojizas* y calvas. 私たちの目の前に土壌が赤みがかって不毛な土地が広がっていた．

*rojo, ja [róxo, xa ロホ, ハ] 形 ❶ 赤い, 赤色の．—mejillas *rojas* 赤らんだ頬．pelo ~ 赤毛 (= pelirrojo). Mar *R*~ 紅海．❷ (恥ずかしさで) 赤い, 赤面して．—poner ~ 恥ずかしい思いをさせる．ponerse ~ 赤くなる, 赤面する．estar más ~ que un cangrejo 真赤になっている．❸ 共産主義の, 左翼の, (スペイン市民戦争で) 共和派の．
— 名 共産主義者, 左翼, 共和派の人．類 **radical, revolucionario**. — 男 赤, 赤色．—mujer en ~ 赤い服を着た女性．El semáforo está en ~. 信号は赤になっている．~ cereza チェリーレッド．

al rojo blanco 白熱の．
al rojo cereza (熱さで) 真赤になって．
al rojo (*vivo*) (1) 白熱している, 真赤になっている．El hornillo estaba *al rojo vivo*. コンロは真赤になっていた．(2) 興奮した, 熱狂した．Los ánimos están *al rojo vivo*. 気持ちは昂っている．
rojo de labios 口紅．

rojura [roxúra] 女 赤色, 赤み．類 **rojez**.

rol [ról] [< 仏] 男 ❶ 名簿; 目録, 表．(b) (海事) 船員名簿．類 **lista, nómina**. ❷ (a) (演劇) 役, 役割．(b) (一般に) 役目, 任務, 務め．

類**papel**.

roldana [r̄oldána] 囡 (滑車の)綱車.

rollizo, za [r̄oʎíθo, θa] 厖 ❶ 丸い, 円筒(形)の, 円柱(状)の. 類**cilíndrico**. ❷ 丸々と太った, 肉よきの良い, ふっくらとした. ―Pinta angelitos de *rollizas* piernas. 彼はむっちりした脚の天使たちを描く. 類**gordo**. ❸ がっしりした, 頑丈な. 類**robusto**. ― 男 丸太.

‡**rollo** [r̄ójo] 男 ❶ 巻いたもの, 1巻き, 円筒状のもの. ~ de papel higiénico トイレットペーパー1巻き. ~ de alambre [cuerda] 針金[ロープ]1巻き, en ~ 巻いた(状態)の. ❷ (*a*) (写真, 映画の)フィルム1巻き. (*b*) [料理] ロールパン, ドーナツ形のパン. (*c*) (木の)丸太. (*e*) (羊皮紙などの)巻き物. ❸ (腹や手足の)贅肉. ❹ [話] (*a*) いやな人[事], 退屈な人[物]. ―Ese tío es un ~. あいつはいやなやつだ. El concierto ha sido un ~. コンサートは退屈だった. ¡Vaya ~! 何て退屈だ. ¡Corta el ~, hombre! おしゃべりはそこまでにしてくれよ. Como empiece a soltar su clásico ~, me marcho. 彼がまた退屈な話を始めだしたら私は帰るから. (*b*) 問題, 一件. ―Ya estamos otra vez con el ~ de siempre. またいつもの問題の繰り返しだ.

ROM [r̄óm] [<英 read-only memory] 囡 読み出し専用記憶装置.

Roma [r̄óma] 圊名 ローマ(イタリアの首都).

romadizo [r̄omaðíθo] 男 [医学] ❶ 鼻風邪. 類**catarro, gripe**. ❷ [プエルトリコ] リューマチ. 類**reumatismo**.

Román [r̄omán] 圊名 《男性名》ロマン.

romana [r̄omána] 囡 さおばかり, てんびん.

‡**romance** [r̄ománθe] 厖 [言語] ロマンス語の. ―lenguas ~s ロマンス諸語.
― 男 ❶ [文学] ロマンセ(スペインで中世以降発達した1行8音節からなる小叙事詩). ❷ [言語学] ロマンス語, (古い時代の文献で, ラテン語に対しての)スペイン語・カスティーリャ語. ❸ 恋愛(事件), ロマンス, 情事. ―Él fue un Don Juan y tuvo ~s con varias mujeres. 彼はドンファンで, 色々な女性とロマンスがあった. ❹ 複 無駄口, くどい言い訳.

hablar en romance よくわかるようにはっきり話す.

romancero [r̄omanθéro] 男 [文学] ロマンセ集. ―, **ra** 名 ❶ ロマンセ詩人; ロマンセ歌手. ❷ 《比喩》大げさに話す人.

romancesco, ca [r̄omanθésko, ka] 厖 小説的な, (小説のように)奇異な, 空想的な. ―pasión *romancesca* 現実離れした情熱.

románico, ca [r̄omániko, ka] 厖 ❶ [建築, 美術] ロマネスク様式(中世初期にヨーロッパで行なわれた建築・芸術上の様式)の. ―arte ~ ロマネスク美術. estilo ~ ロマネスク様式の. ❷ [言語] ロマンス語系統の言語, フランス語・イタリア語・スペイン語・ポルトガル語・ルーマニア語などの). ―lenguas *románicas* ロマンス諸語.
― 男 ロマネスク様式.

romanista [r̄omanísta] 男女 ❶ ロマンス語学者, ロマンス文学者. ❷ ローマ法学者.
― 厖 ❶ ロマンス語学(者)の, ロマンス文学(者)の. ❷ ローマ法学(者)の.

romanizar [r̄omaniθár] [1.3] 他 [歴史] (土地)をローマ化する, ローマの支配下に置く, ローマ文明の中に取り込む. ―Séneca y Trajano son pruebas evidentes de que Hispania había sido *romanizada*. セネカとトラヤヌスはヒスパニアがローマ化されていたという明白な証拠である.
――**se** 再 (土地が)ローマ化する.

‡**romano, na** [r̄ománo, na] 厖 ❶ ローマ(Roma)の, ローマ帝国の, (古代)ローマ[風]の. ―el Imperio R~ (de Occidente) (西)ローマ帝国. números ~s ローマ数字. saludo ~ ローマ式敬礼(片手を突き出す古代ローマ式の挨拶, ファシストが採用). ❷ (ローマ)カトリックの. ―el Pontífice R~ ローマ教皇[法皇]. La Iglesia *Romana* ローマ・カトリック教会. ❸ [印刷] ローマ体の(普通の欧文印刷字体). ―letras *romanas* ローマ字, ローマン体の文字.
― 名 (古代)ローマ人, ローマ市民, ローマ出身者. ―Los ~s construyeron el acueducto de Segovia. ローマ人はセゴビアの水道橋を建設した.

a la romana ローマ風の[に]. calamares *a la romana* ローマ風イカフライ(卵でといたパン粉の衣をつけて揚げたもの). saludar *a la romana* ローマ式敬礼をする.

obra de romanos 大事業, 大変な仕事, 至難の業(ワザ).

― 男 《隠》軍隊, 警察; 兵隊. ―No encontraba otro trabajo y se metió de ~. 彼は他の仕事が見つからないので軍隊に入った.

‡**romanticismo** [r̄omantiθísmo] 男 ❶ ロマン主義, ロマン派. ―~ literario 文芸上のロマン主義. ❷ ロマンチックなこと, ロマンチシズム.

‡**romántico, ca** [r̄omántiko, ka] 厖 ❶ ロマンチックな, 空想的な, 感傷的な. ―hombre [paisaje] ~ ロマンチックな男[風景]. ❷ ロマン主義の, ロマン派の. ―escritor ~ ロマン主義の作家. época [literatura] *romántica* ロマン主義の時代[文学].
― 名 ❶ ロマン主義[派]の芸術家, ロマン主義者. ❷ ロマンチックな人. 類**sentimental, soñador**.

romanza [r̄ománθa] 囡 [音楽] ロマンス. ◆形式にとらわれない叙情的な小曲.

romaza [r̄omáθa] 囡 [植物] ヒメスイバ(ギシギシ属). ◆葉は緑色, 波形で大きい. 時に葉を料理に用いる.

rombal, rómbico, ca [r̄ombál, r̄ómbiko, ka] 厖 [幾何] ひし形の, 斜方形の.

rombo [r̄ómbo] 男 ❶ [幾何] ひし形, 斜方形. ❷ [魚類] ヒラメ.

romboedro [r̄omboéðro] 男 [幾何] 斜方六面体, 菱(リョウ)面体.

romboidal [r̄omboiðál] 厖 [幾何] 偏菱(ヘンリョウ)形の[を有する], 長斜方形の[を有する].

romboide [r̄ombóiðe] 男 [幾何] 偏菱(ヘンリョウ)形, 長斜方形. ◆長方形でない平行四辺形.

Romeo [r̄oméo] 圊名 《男性名》ロメーオ.

romería [r̄omería] 囡 ❶ [宗教] 巡礼の旅, 聖地巡り. ―ir de [en] ~ a Santiago サンティヤゴへ巡礼に行く. 類**peregrinación**. ❷ 《比喩》小旅行, 観光. 類**excursión**. ❸ 村祭り, 祭礼, (宗教行事・聖地参拝の後の)野外ダンスパーティー. 類**fiesta**. ❹ 《比喩》(場所を訪れる)大群衆, 人の波. ―Una interminable ~ acudió al concierto de Plácido Domingo. 果てしのない大群衆がプラシド・ドミンゴの演奏会に集まった. 類**muchedumbre, multitud, tropel**.

romero[1] [r̄oméro] 男 [植物] マンネンロウ, ローズマリー.

romero², ra [rroméro, ra] 形 巡礼の, 巡礼者の. 類**peregrino**.
—— 名 巡礼者. 類**peregrino**.

romo, ma [rrómo, ma] 形 ❶ (刃先などが)とがっていない, 丸くなっている; (刃物が)刃先のない. — una navaja *roma* 刃先のないナイフ. una plegadera de borde ~ 端のとがっていないペーパーナイフ. 類**obtuso**. 反**agudo**. ❷《比喩》(人が)注意力の鈍い, ぼんやりした, 鈍感な. — Hasta el televidente más ~ se dará cuenta de la poca calidad de ese programa. どんなに鈍い視聴者でもその番組の質の低さに気づくだろう. 類**torpe**. ❸ (鼻が)低い; (人が)鼻ぺちゃの. 類**chato**.

rompecabezas [rrompekaβéθas] 男〔単複同形〕❶ パズル, ジグソーパズル; なぞなぞ. — la última pieza del ~ ジグソーパズルの最後のピース. ❷ 難問, 難題, 頭痛の種. — Este aparato es un ~. この装置はやっかいだ. Armonizar los intereses de las minorías étnicas es un ~. 少数民族間の利害を釣り合わせるのは難事業だ. 類**problema**. ❸ 短い柔軟な棒の両端に鉄[鉛]の重い球をつけた昔の武器.

rompedero, ra [rrompeðéro, ra] 形 割れやすい, こわれやすい. 類**rompible**.

rompedura [rrompeðúra] 女 こわす[割る]こと; こわれる[割れる]こと. 類**rompimiento**.

rompehielos [rrompejélos] 男〔単複同形〕砕氷船.

rompehuelgas [rrompewélɣas] 男女〔単複同形〕《話》スト破りの人[労働者].

rompenueces [rrompenwéθes] 男〔単複同形〕くるみ割り器. 類**cascanueces**.

rompeolas [rrompeólas] 男〔単複同形〕防波堤, 波よけ. 類**dique**.

romper [rrompér ロンペル] [2.1] 他 ❶ (*a*) を割る, 砕く; 折る. — ~ un vaso [un cristal] コップ[グラス]を割る. ~ una rama 枝を折る. (*b*) を引き裂く, 破る. — El gato *ha roto* la cortina. ネコはカーテンをズタズタにした. ~ el papel en varios pedazos 紙をいくつもの紙片にちぎる. Los niños *rompieron* el balón en unos días. 子どもたちは数日間でボールに穴を開けてしまった. ~ el silencio [el equilibrio] 沈黙[均衡]を破る. ~ la armonía 調和を乱す. 類**despedazar, rasgar**. ❷《衣服など》をすり切らせる; (靴などを)はきつぶす. — ~ las botas ブーツをはきつぶす. *Ha roto* el coche de tanto usarlo. 彼は車をさんざん使って壊してしまった. 類**descomponer, destrozar, gastar**. ❸ を壊す, 破壊する. — *Rompí* la caja fuerte porque no podía abrirla. 私は金庫を開けられなかったので壊した. El sol *rompía* la niebla. 日がさして霧を消していった. El capitán ordenó ~ filas. 大尉は隊列を散開するよう命じた. Si sigues quejándote, *romperás* el límite de mi paciencia. 君が文句ばかり言い続けていると, 私の我慢の限界も切れることになるよ. 語源**romper** が広く「破壊」を, 特に「形の破壊」を意味するのに対し, **estropear** は「器具の機能の破壊」を意味するのが原則. **despedazar** や **destrozar** は「粉々に砕く」意味が強く, **destruir, derribar, derrumbar** は「建造物を倒壊させる」意味が強く, **arruinar** は「壊滅」の意味である. ❹ を中断する, 遮(¾ª)る. — La proyección de diapositivas *rompió* la monotonía de la conferencia. スライドの上映によって単調な講演に終止符が打たれた. ~ las negociaciones 交渉を中断する. ~ el aire 空気を遮(¾)断する. ~ las aguas 水流を遮る. 類**cortar, interrumpir**. ❺ (約束など)を破る, …に違反する. — La dirección *ha roto* el compromiso con el sindicato. 経営者側は組合との約束を破った. ~ el noviazgo 婚約を破棄する. ❻ (土地)を切り開く, 開墾する. ❼ を始める. — A las cinco de la mañana *rompieron* la marcha. 午前5時に彼らは歩き始めた. ~ las hostilidades 敵対を始める.

—— 自 ❶ (*a*) 仲違いする, けんか別れする. — Los novios *han roto*. 恋人たちはけんか別れした. (*b*)〔+con と〕縁を切る, 絶交する, 別れる. — María *ha roto con* su novio. マリーアは恋人と別れた. 〔+por を通って〕(水)がしみ出る. — El agua *ha roto por* el techo. 水が天井からしみ出た. ❸ (*a*) 始まる. — Al ~ el día, salieron de excursión. 夜が明けた時, 彼らは遠足に出掛けた. (*b*)〔+a+不定詞/en+名詞〕(…)始める. — En cuanto me vio la niña, *rompió a* llorar. 女の子は私を見たとたん泣き出した. ~ a gritar 叫び出す. ~ en carcajadas 大笑いを始める. ❹ (波が)砕け散る. — ~ las olas 大波が砕ける. ❺《話》大成功する, 大ヒットする. — El disco *rompió* y ahora es un superventas. そのレコードは大当たりをとり今やベストセラーだ. ❻ (花が)開く, 咲く. — Los claveles están a punto de ~. カーネーションが今まさに開こうとしている.

de rompe y rasga 大胆な, 肝の座った. Es una mujer *de rompe y rasga*. 彼女は肝の座った女性だ.

—— *se* 再 ❶ 粉々になる, 折れる, 砕ける. — El vaso *se rompió* al caer. コップは落ちて割れた. Al caerse de la escalera *se rompió* una pierna. はしごから落ちて彼は片脚を折った. ❷ 穴が開く, 破れる. — Los calcetines *se me han roto*. 私のソックスに穴が開いた. *Se rompen* con facilidad estos objetos. これらの品物は簡単に破れる. *Se rompió* la cuerda. ロープが切れた. ❸ 壊れる. — *Se ha roto* el televisor. テレビが壊れた. 類**averiarse**. ❹ 途切れる, 中断する. — Las negociaciones *se han roto* definitivamente. 交渉は最終的に決裂した. ❺ (約束などが)破られる, 破棄される. — *Se ha roto* el acuerdo. 協定は破棄された.

rompiente [rrompiénte] 男 ❶ 岩礁. 類**escollo**. ❷〔複〕(岩に砕ける)波.

***rompimiento** [rrompimiénto] 男 破綻, 断絶, 絶交. — ~ de la amistad 友情の破綻. ~ de las relaciones entre los dos países 2国間の国交断絶.

ron [rrón] 男 ラム酒. ◆糖蜜またはサトウキビから作る. — ~ añejo 熟成ラム酒.

ronca¹ [rróŋka] 女 ❶ (*a*) (発情期の雄ジカの)ほえる声, うなり声. (*b*) (特に雄ジカの)発情期. 類**brama**. ❷《比喩》脅迫, 脅し文句, 威嚇の言葉. — echar ~s 脅し文句を言う. 類**amenaza**. ❸《比喩》叱(ん)り, 非難, reprimenda.

roncador, dora [rroŋkaðór, ðóra] 形 いびきをかく. —— 名 いびきをかく人.

‡roncar [rroŋkár] [1.1] 自 ❶ いびきをかく. — El marido *ronca* y no deja dormir a su mujer. 夫はいびきをかいて妻を眠らせない. ❷ (雄ジカが雌を

呼んで)鳴く.

roncear [r̄onθeár] 自 ❶ ぐずぐずする; 仕事などをなかなか始めない, 面倒がる. ❷ (なにか目的があって)人をおだてる, 丸め込む, 甘言でだます. 類 **halagar**. ❸ (船が)ゆっくり[のろのろ]進む.

roncería [r̄onθería] 女 ❶ のろのろ[ぐずぐず]すること; 気が進まないこと. 類 **lentitud, tardanza**. ❷ (目的があっての)お世辞, おべっか. 類 **halago**. ❸ (船の)ゆっくり[のろのろ]した航行.

roncero, ra [r̄onθéro, ra] 形 ❶ (人が)のろい, ぐずぐずした, しぶしぶの. 類 **lento, perezoso, reacio, remolón**. ❷ 気難しい, 不機嫌な; ぶつぶつ言う. 類 **regañón**. ❸ おべっかを使う, お世辞たらたらの, 調子のいい. 類 **marrullero**. ❹ (船が)ゆっくり[のろのろ]進む.

roncha [r̄óntʃa] 女 ❶ (虫さされ・打撲などによる)腫(は)れ, こぶ, 打ち身. —La picadura del mosquito le ha producido una tremenda ～. 彼は蚊に刺されてひどい腫れができた. Esa ～ es consecuencia de un golpe que se dio en la pierna. そのこぶは彼が自分の脚をぶつけた結果である. 類 **cardenal, equimosis**. ❷ (食べ物の)薄い輪切り. —una ～ de limón 薄切りのレモン1枚. 類 **rebanada, rodaja**. ❸ (詐欺・策略による)損害. *levantar ronchas* 人を悩ます, 悔しがらせる. 類 **mortificar**.

:**ronco, ca**² [r̄óŋko, ka] 形 ❶ (声が)しゃがれた, かすれた, しゃがれ声の. —voz ronca しゃがれ声. De tanto cantar nos quedamos ～s. たくさん歌ったあとみんなのどがかれてしまった. ❷ (低く)うなるような. —Se quedó despierto oyendo el ～ bramido del viento en el desfiladero. 山道に吹く風の低いうなり声を聞いて彼は目覚めたままであった.

Ronda [r̄ónda] 固名 ロンダ(スペインの町).

:**ronda** [r̄ónda] 女 ❶ 夜警, 夜回り; 巡察, パトロール. —El sargento mandó a sus soldados que hicieran la ～ a media noche. 軍曹は兵士たちに真夜中に見回りをするよう命じた. Los guardias fueron de ～. 警官たちはパトロールに出かけた. ❷ ロンダ(若い男性たちが楽器を奏で歌を歌いながら若い女性の住む家々を巡り歩く). —Los universitarios van de ～ los fines de semana. 大学生たちは週末ロンダに出る. ❸ グループの全員にとわたりする分の飲食物; 一同への振る舞い. —Entró en el bar un hombre muy bien vestido y nos invitó a una ～ a todos. 身なりの良い男がバーに入ってきて, われわれ皆に一杯おごってくれた. ❹ (トランプの)一勝負, 一回. —Seguro que ganaré en la próxima ～. 次の回にはきっと勝つよ. ❺ 環状道路, 村の回りの遊歩道. ❻ 交渉(の一回), ラウンド. —la R～ de Uruguay ウルグアイラウンド(多角的貿易交渉). ❼ (郵便・郵便配達員の)一巡(する区域), (鳥などの)旋回. ❽ 《スポーツ》シリーズ. —primera ～ 予選. ～ de octavos 準々決勝戦シリーズ.

rondalla [r̄ondáʎa] 女 ❶ 街路を歌い演奏して歩く楽団. ❷ 作り話; 作り事, でっちあげ.

:**rondar** [r̄ondár] 自 ❶ (a) ロンダ(夜間若者の一団が女性を奏しながら歌い歩くこと)をする. —La tuna está *rondando*. 学生の一団が音楽を奏しながら通りを練り歩いている. (b) (見張りのために)巡回する, 巡視する. —Estamos tranquilos porque la policía *ronda* por aquí. 警察がこの辺りをパトロールしているから, 私たちは安心だ. 類

ronroneo 1687

patrullar. (c) 夜間通りをぶらつく. —Es peligroso ～ de noche por estas calles. この辺の通りを夜間ぶらつくのは危険だ. 類 **merodear**. ❷ (a) しきりに頭をよぎる. —Me *ronda* que su enfermedad puede ser grave. 彼は重病ではなかろうかという考えがしきりに私の念頭をよぎる. (b) (考えが)思い浮かぶ. —A Florencio le *ronda* la idea de comprar un piso. マンションを1つ買おうという考えがフロレンシオに思い浮かぶ. ❸ (眠気・病気などが)とりつき始める. —Me *ronda* el sueño. 私は眠気がさしてきた. Me *ronda* un catarro. 私は風邪をひきかけている. 類 **amagar**.

—— 他 ❶ (a) を夜回りする, 巡回する, 見回る. —Dos policías *rondan* estas calles durante la noche. 2人の警官がこれらの通りを夜間巡回している. (b) 夜間歩く. —No tenía ganas de dormir y me he pasado la noche *rondando* las calles. 私は眠くならなかったので, 街を歩き回って夜を過ごした. ❷ を頻繁に訪れる. —Ella no suele ～ estas discotecas. 彼女はこれらのディスコにはあまり来たことがない. ❸ (a) …に付きまとう, まといつく, 付き添う. —Aquella idea no dejaba de ～le por la cabeza. そういう考えが彼の頭を離れようとしないのだった. (b) (女性に)言い寄る, 誘いをかける. —Él la *ronda*, pero ella no le hace caso. 彼は言い寄るが, 彼女は相手にしない. (c) (女性に)ロンダをしかけて気を引く. —～ a las chicas ロンダをして娘たちの関心を引く. ❹ (年齢などが)…前後になる. —Ella *rondará* los cincuenta años. 彼女はもう50歳前後になるだろう.

rondel [r̄ondél] 男 《詩学》ロンデル. ♦ 3連14行から成るフランス風の詩形. abba, abab, abbaab という韻形を持つ.

rondeña [r̄ondéɲa] 女 →**rondeño**.

rondeño, ña [r̄ondéɲo, ɲa] 形 ロンダ(Ronda, アンダルシア地方マラガ県の都市)の, ロンダ出身の. —— 名 ロンダ(出身)の人. —— 女 ロンデーニャ(ロンダの民謡と舞踏).

rondó [r̄ondó] 男 [＜仏] 《音楽》《詩学》《複 rondós》 ❶ 《音楽》ロンド(形式), 回旋曲. ♦ 主題がくり返し現われる音楽の様式. ❷ 《詩学》♦ くり返しを含むフランス風の定型詩. 13行または20行から成る.

ronque(-) [r̄oŋke(-)] 動 roncar の接・現在.

ronqué [r̄oŋké] 動 roncar の直・完了過去・1単.

ronquear [r̄oŋkeár] 自 ❶ 声がかれている; しゃがれ声で話す. 類 **enronquecerse**. ❷ からいばりする; こけおどしを言う. ❸ (マグロなどを)切る, 解体する. 類 **trocear**.

ronquedad, ronquera, ronquez [r̄oŋkeðá(ð), r̄oŋkéra, r̄oŋkéθ] 女 (声の)かれ, かすれ; しゃがれ声.

ronquido [r̄oŋkíðo] 男 ❶ 《主に 複》いびき. —Anoche me desvelaron tus ～s. ゆうべは君のいびきで眠れなかった. ❷ (風などの)うなり, ひゅーひゅーいう音.

ronronear [r̄onr̄oneár] 自 ❶ (猫が)ごろごろいう, のどを鳴らす. ❷ 《比喩》(考えなどが)人を不安にする. —La posibilidad de un golpe de estado empezó a ～ entre la población. クーデターが起きるかも知れないという考えが住民たちを不安にし始めた.

ronroneo [r̄onr̄onéo] 男 猫がのどを鳴らすこと,

1688 ronzal

猫がのどを鳴らす音.

ronzal [ronθál] 男 ❶ (馬などの)端網(はづな). 類 **cabestro, ramal.** ❷ (船舶)(帆をたたみ込めるための)索; (船の万力滑車の)ロープ.

ronzar [ronθár] **[1.3]** 自 「─」（食べ物が)ぱりぱり[ばりばり]と音を立てる.

roña [róɲa] 女 ❶ (羊などの)疥癬(かいせん), 皮癬(ひぜん). 類 **sarna.** ❷ (a)(金属の)さび. 類 **herrumbre, orín.** (b)(植物の)さび病. ❸ (こびりついた)汚れ, しみ;垢(あか). 類 **mugre, suciedad.** ❹《比喩》(精神的な)退廃, 堕落. ❺《話》けち, 吝嗇(りんしょく), しみったれ. 類 **cicatería, mezquindad, roñería, roñosería, tacañería.** ❻ 松の樹皮.
—— 形《話》けちな.
—— 男女 けちな人. — El ~ de tu novio ni siquiera me invitó a una cerveza. あなたの恋人ときたらケチで私にビール1杯もおごってくれなかった.

roñería, roñosería [roɲería, roɲosería] 女 けち, 吝嗇(りんしょく), しみったれ. 類 **avaricia, miseria, tacañería.**

roñoso, sa [roɲóso, sa] 形 ❶ (羊などが)疥癬(かいせん)のできた. 類 **sarnoso.** ❷ (金属が)さびた, さびついた. 類 **herrumbroso, oxidado.** ❸ 汚い, 不潔な; あかで汚(よご)れた. 類 **mugriento, sucio.** ❹《話》けちな, しみったれな. 類 **avaro, mezquino, tacaño.** ❺〔中南米〕恨み[悪意]をいだいた. 類 **rencoroso.**

*   **ropa** [rópa ロパ] 女 ❶《集合的に》衣服, 衣類. — No me pude cambiar de ~ en varios días. 私は数日間服を着替えることができなかった. Echa la ~ sucia en la lavadora. 汚れた衣類を洗濯機に入れなさい. No quiere que nadie toque su(s) ~(s). 彼は自分の衣類を他人にさわられたがらない. ~ hecha 既製服. ~ limpia 洗濯した服. ~ usada 古着. ~ y calzado 衣料品・履き物類, 服飾品. 類 **traje, vestido.** ❷ (シーツ, タオル, テーブルクロスなど)家庭用の布類, リネン. ~ blanca (シーツ, タオル, テーブルクロスなどの)リンネルの布類, 下着. ~ de cama (シーツ, ベッドカバーなど)ベッド用リネン. ~ de mesa テーブルクロス. ~ interior 下着類.

a quema ropa (1) 至近距離から. disparar *a quema ropa* 至近距離から撃つ. (2) だしぬけに, 不意に. 類 **de improviso, sin rodeos.**

Hay ropa tendida. 壁に耳あり. Habla bajo, que *hay ropa tendida.* 聞いている人がいるから低声で話しなさい.

La ropa sucia se lava en casa.《諺》内輪の恥は隠しておくべきだ(さらけ出してはいけない).

(nadar y) guardar la ropa 危険におちいることなく巧妙に利益を得る.

no tocarle la ropa (危害を加えようと)手をふれることなどしない.

tentarse la ropa あらかじめ熟考する. *Tiéntate la ropa* antes de cambiar de empleo. 転職する前によく考えなさい.

ropaje [ropáxe] 男 ❶ 礼服; 法衣(特に聖職者・聖歌隊員が礼拝の際に着る祭服など). 類 **vestidura.** ❷ 厚着. — No sé cómo puedes dormir con tanto ~. どうして君がそんなに厚着して眠れるのか私にはわからない. ❸ (一般に)衣類. ❹《比喩》ものの言い方, 言葉うかい. 類 **lenguaje.** ❺《比喩》美辞麗句.

ropavejería [ropaβexería] 女 古着店; 古道具屋.

ropavejero, ra [ropaβexéro, ra] 名 古着商人, 古道具商人.

ropería [ropería] 女 ❶ 洋服店; 衣類販売店. ❷ 衣装部屋; クローク, クローク係.

ropero [ropéro] 男 ❶ 洋服だんす, 衣装だんす. ❷ 衣装部屋. ❸ 衣類を支給する慈善団体. ——, **ra** 名 ❶ 洋服屋, 既製服の商人. ❷ 衣装係; クローク係. ——, **ra** 形 衣類の, 衣服をしまうための. — armario ~ 洋服だんす.

ropón [ropón] 男 ❶ ガウン, (他の衣服の上に着る)長くゆったりした服. 類 **capa, capote, gabán.** ❷〔中南米〕婦人用乗馬服.

roque [róke]《チェス》ルーク, 城.

estar (quedarse) roque 眠っている, 眠り込む.

roqueda [rokéða] 女 岩だらけの[ごつごつした]土地. 類 **peñascal, roquedal.**

roquedal [rokeðál] 男 岩だらけの[ごつごつした]土地. 類 **peñascal, roqueda.**

roquedo [rokéðo] 男 岩; 岩山; 岸壁. 類 **cantil, peñasco, roca.**

roquefort [rokefór]《＜仏》男 ロックフォールチーズ. ◆凝固した羊の乳から作る, かびを含んだフランス産のチーズ.

roqueño, ña [rokéɲo, ɲa] 形 ❶ 岩の多い, ごつごつした; 岩石からなる. 類 **peñascoso, rocoso.** ❷ 岩のように固い. 類 **duro.**

roquete [rokéte] 男《カトリック》(聖職者が着る)筒状の袖を持つ短い白い法衣. 類 **sobrepelliz.**

rorcual [rorkuál] 男《動物》ナガスクジラ. —— blanco シロナガスクジラ. 類 **ballena.**

rorro, rorró [róro, roró] 男 ❶ 赤ちゃん, 小さな子供. — mi ~ querido 私のかわいい赤ちゃん(呼びかけ). 類 **bebé, criatura.** ❷〔中南米〕人形. 類 **muñeco.**

ros [rós] 男《軍隊》(面頬(ひさし)のついた円筒形の)軍帽.

Rosa [rósa] 固名《女性名》ロサ.

*   **rosa** [rósa ロサ] 女《植物》バラ(の花). — un ramo de ~s バラの花束. ~ del azafrán サフランの花. ~ del Japón ツバキ. ~ de Jericó フヨウ.
—— 形《不変化》una camisa ~ ピンク色のシャツ.
—— 男 ❶ バラ色, ピンク. — tela de un ~ claro 明るいピンクの布. vestido de color (de) ~ バラ色のドレス. ❷《建築》(教会の)バラ窓, 円窓. ❸ (皮膚の)赤い斑点, あざ.

como las propias rosas 満足して, 快適に. En Japón me encontraba *como las propias rosas.* 日本では私は快適だった.

como una rosa (1) 元気はつらつとした. Para su edad está *como una rosa.* 彼は年の割にははつらつとしている. (2) 快適な, くつろいだ. Después de la siesta me siento *como una rosa.* 昼寝のあと私はとてもくつろぐ.

cutis como una rosa 柔らかですべすべした肌.

No hay rosa sin espinas. とげのないバラはない(この世には完全な幸せはない).

novela rosa 甘い恋愛小説.

rosa de los vientos [*rosa náutica*] コンパスカード(羅針盤の文字盤で全周を32等して方位を配したもの).

rosácea [r̄osáθea] 囡 →rosáceo.
rosáceo, a [r̄osáθeo, a] 形 ❶ バラ色の, ピンク色の. 類**rosado**. ❷《植物》バラ科の.
── 囡《植物》バラ科の植物.
rosada [r̄osáða] 囡 →rosado.
rosado, da [r̄osáðo, ða] 形 ❶ バラ色の, ピンク色の. — vino ～ ロゼ・ワイン. ❷《バラの》バラの入った. —un ramo ～ バラの[入った]花束. aceite ～ ばら油(天然香料の一種).
── 男 霜. 類**escarcha**.
‡**rosal** [r̄osál] 男 ❶《植物》バラの木, バラの茂み[生垣]. ～ silvestre 野バラ.
rosaleda, rosalera [r̄osaléða, r̄osaléra] 囡 バラ園, バラの花壇.
Rosalía [r̄osalía] 固名《女性名》ロサリーア.
Rosalinda [r̄osalínda] 固名《女性名》ロサリンダ.
Rosario [r̄osárjo] 固名 ❶《女性名》ロサリオ. ❷ ロサリオ(アルゼンチンの都市).
‡**rosario** [r̄osárjo] 男 ❶《宗教》(カトリックの)数珠, ロザリオ, ロザリオの祈り(1つの祈りごとに1つずつ玉を繰る). —rezar el ～ (1つの祈りごとに1つの玉を繰って)お祈りを唱える. las cuentas del ～ ロザリオの玉. ❷ 一続き(のもの), 数珠つなぎ(のもの). —Me soltó un ～ de tacos. 彼は私に向かって続けて汚い言葉を吐いた. En aquella ciudad me esperaba un ～ de desdichas. その町で様々な不幸が私を待ち受けていた. 類**sarta**. ❸《話》背骨, 脊柱. 類**espinazo**.
acabar como el rosario de la aurora まとまらないうちに終わる.
Rosas [r̄ósas] 固名 ロサス(フアン・マヌエル・デ Juan Manuel de ～)(1793-1877, アルゼンチンの独裁者).
rosbif [r̄osβíf] [＜英 roast beef] 男《料理》ローストビーフ.
rosca [r̄óska] 囡 ❶ (a) 円筒形のもの; リング状[ドーナツ型]の物. —～s de calamar イカの胴. (b) ドーナツ型のパン[ケーキ]. 類**bollo, rosco**. ❷ ねじ, ねじ山. —paso de ～ (ねじの)ピッチ. tapón de ～ (びんなどの)ねじぶた. ❸ らせん, らせん状のもの. 類**hélice**. ❹《盛り上がった》ぜい肉; はれ(上がり), 隆起部. 類**carnosidad**. ❺《中南米》(a) 口論. (b) (頭に荷物を載せて運ぶときに当てる)クッション. (c) (トランプなどをするときの)車座.
hacer la rosca a ... (人)に取り入る, ごまをする.
hacerse (una) rosca 体を丸くして寝る. Encontraron al niño en el portal *hecho una rosca* y tiritando de frío. その男の子が玄関の所で寒さに震えながら丸くなって寝ているのが見つかった.
no comerse una rosca《俗》異性とうまく行かない.
pasarse de rosca (1) やり過ぎる, 言い過ぎる. (2) ねじがすり減っていて合わない.
pasarse una rosca ねじ山がつぶれていて使い物にならなくなる.
roscar [r̄oskár] [1.1] 他 ❶ ねじを切る. ❷ ねじ止めする. 類**atornillar, enroscar**.
rosco [r̄ósko] 男 ❶ リング状のパン[ケーキ]; ドーナツ. 類**bollo, torta**. ❷ (首, 腹などの)ぜい肉. ❸ 浮き輪. ❹《話》(テストの)0点.
no comerse un rosco《俗》失恋する.
roscón [r̄oskón] [＜rosca] 男 ❶ リング状の大型のパン[ケーキ]. —R～ de Reyes 御公現の祝日(1月6日)の祝い菓子(中に小さな人形などが入っ

ている). ❷《話》(テストの)0点.
róseo, a [r̄óseo, a] 形 バラ色の, ピンク色の.
roséola [r̄oséola] 囡《医学》ばら疹(1). ◆皮膚に多発する小形の紅色の発疹.
roseta [r̄oséta] 囡 [＜rosa] 囡 ❶ 頬の赤み, 紅潮. —Cuando se excita, aparecen dos simpáticas ～s en sus mejillas. 興奮すると彼の両ほほに人なつっこい赤みがさす. 類**chapeta**. ❷ バラの模様[形]をしたもの; (リボンなどの)結び目; じょうろの散水口. ❸ 履 ポップコーン. 類**palomitas**. ❹《中南米》拍車の先端の歯車. ❺《中南米》とげ[いが]のある実[種].
rosetón [r̄osetón] 男 ❶《建築》バラ窓, 円花窓. ❷ バラの模様の装飾. ❸ (高速道路の)四つ葉のクローバー型立体交差.
rosicler [r̄osiklér] 男 ❶ 朝焼け(のあかね色). —Partimos cuando el horizonte se teñía de ～. 地平線が朝焼けに染まっていたときに私たちは出発した. ❷《鉱物》ルビー・シルバー, 濃[淡]紅銀鉱.
rosillo, lla [r̄osíjo, ja] 形 ❶ (馬などが)草毛(ｲ゙)の. ❷ 赤みがかった; ピンク色の. 類**rojizo, rosa, rosado**.
rosita [r̄osíta] 囡 [＜rosa] 囡 ❶ 小さなバラ. ❷ 履 ポップコーン. 類**palomitas, rosetas**. ❸《チリ》イヤリング.
andar [estar] de rosita《アルゼンチン, メキシコ》失業中である.
de rosita《ボリビア, メキシコ》ただで, 無料で.
de rositas 楽々と, たやすく.
rosquilla [r̄oskíja] [＜rosca] 囡 ❶ ドーナツ. —venderse como ～s ドーナツのように(簡単に・よく)売れる. ❷ うじ虫, 毛虫. ❸ (煙草などの)煙の輪.
saber a rosquillas (事柄が)喜ばしい, うれしい.
no saber a rosquillas (事柄が)いやな, 悲しい.
rostrado, da, rostral [r̄ostráðo, ða, r̄ostrál] 形 先が(鳥のくちばしのように)とがった. —columna rostrada [rostral] (古代ローマの)戦勝記念柱.
‡‡**rostro** [r̄óstro ロストロ] 男 ❶ (人間の)顔, 顔面, 顔つき. —～ alegre [sonriente] 笑顔. Su ～ se puso serio al oír la noticia. その知らせを聞くと彼の顔つきが真剣になった. Una sombra de tristeza cruzó por su ～. 寂しさの影が彼の顔を横切った. ❷ (鳥の)くちばし. 類**pico**. ❸ (軍船, 戦艦の)船首の突出部, 衝角.
echarle en rostro を責める(＝echar en cara).
hacer rostro …に面と向かう.
tener (mucho) rostro ずうずうしい顔をする, 厚かましい.
torcer el rostro しかめっ面をする.
Rota [r̄óta] 固名《カトリック》ローマ教皇庁控訴院.
rota[1] [r̄óta] 囡 ❶《植物》トウ(籐). ❷ 敗走, 壊滅(状態); 敗北. 類**derrota**.
‡**rotación** [r̄otaθjón] 囡 回転, (地球の)自転. —fondo de ～ 回転資金. ～ de cultivos《農業》輪作. 類**giro**.
por rotación 交替(制)で, 順ぐりに. La presidencia del club se ejerce *por rotación* de los miembros. クラブの主宰はメンバーによる交替制である.
rotacismo [r̄otaθísmo] 男《言語》ロタシズム, r音化. ◆特にラテン語で母音間のs音がr音になった

1690　rotario

変化(例:[honōsis]→[honōris])を指すことが多い.

rotario, ria [r̄otárjo, rja] 形　ロータリークラブ(Club Rotario)の.
── 名　ロータリークラブの会員.

rotativa[1] [r̄otatíβa] 囡 《印刷》輪転機. ─La nueva ~ imprime muchos más ejemplares por hora. 新しい輪転機は1時間あたりの印刷部数がはるかに多い.

***rotativo, va**[2] [r̄otatíβo, βa] 形　❶ 回転する, 回転式の. ─fondo ~ 運転資金. asador ~ (肉の)回転式ロースター. La rueda describe un movimiento ~ sobre su eje. 車輪は車軸の周りで回転運動を見せる.　❷ 交代制の, 輪番制の. ─cultivo ~ 輪作.　❸《印刷》輪転式の, 輪転機の. ─máquina rotativa 輪転機.
── 男 《文》新聞. ─~ vespertino 夕刊紙. 類 **periódico**.
en rotativo　交代制で, 輪番制で, 順番に. Vamos a corregir este trabajo *en rotativo*. この作品は皆で順番に校正をしよう.

rotatorio, ria [r̄otatórjo, rja] 形　回転する, 回転式の, 回転(運動)の. ─movimiento ~ 回転運動. puerta *rotatoria* 回転ドア.

roten [r̄óten] 男　❶《植物》トウ(籐);(かごなどの材料としての)籐の茎. 類 **rota**.　❷ 籐のステッキ.

rotería [r̄otería] 囡 《中南米》❶ 下層社会, 下層民たち(全体). 類 **plebe**.　❷ 粗野な[下品な]言動.

rotífero [r̄otífero] 男　❶《動物》ワムシ(輪虫類).　◆水中に住む体長0.3ミリメートルほどの動物. 輪虫綱の袋形動物の総称.　❷ 履 《動物》輪虫綱.

roto [r̄óto] 動　romper の過去分詞.

****roto, ta**[2] [r̄óto, ta　ロト, タ] 過分 [< romper] 形　❶ こわれた, 破れた, 割れた, 砕けた. ─mesa *rota* こわれたテーブル. camisa *rota* 破れた[ほつれた]シャツ. papel ~ 破れた[ちぎれた]紙. vaso ~ 割れたコップ. El médico le ha dicho que tiene el brazo ~. 医者は彼に腕が折れていると言った. 類 **quebrantado**.　❷ ぼろをまとった. ─Últimamente veo que va todo ~ y sin afeitar. 彼がぼろをまとってひげをそっていないのを最近見かけます. 類 **haraposo**.　❸ 狂わされた, 挫折した, めちゃくちゃになった. ─Cuando le conocí llevaba una vida *rota*. 彼と知り合ったころ挫折した人生を送っていた. 類 **destrozado**.
── 男　❶ (布, 服の)ほつれ, 破れ. ─Tienes un ~ en el pantalón. 君のズボンにほつれがあるよ.　❷《軽蔑》チリ人.
Nunca falta un roto para un descosido.《諺》類は友を呼ぶ

rotograbado [r̄otoɣraβádo] 男 《印刷》輪転グラビア印刷.

rotonda [r̄otónda] 囡　❶ 円形[半円形]の建物[広間, 回廊, 広場].　❷ (乗合車庫の)最後部車室.　❸ 《鉄道》の機関車車庫.

rotor [r̄otór] 男 《機械》(モーター・タービンなどの)回転子, 回転部分.　❷ 《航空》(ヘリコプターなどの)回転翼.

rótula [r̄ótula] 囡　❶《解剖》膝蓋骨(しつがいこつ), ひざの皿.　❷《機械》玉継ぎ手, ボールソケット形軸継ぎ手.

rotulación [r̄otulaθjón] 囡　❶ レタリング;文字[記号]を書き入れること.　❷ 看板[標識, 張り紙]をつけること.

rotulador [r̄otulaðór] 男 フェルトペン, マーカー.

rotular[1] [r̄otulár] 他　❶ …にはり紙をする, 看板[標識]をつける. ─Han rotulado las calles con nombres alusivos a la revolución. 街路に革命にちなんだ名前の標識がついた.　❷ …に見出し[表題]をつける.　❸ (地図などに)文字を書き入れる;レタリングする.

rotular[2] [r̄otulár] 形　膝蓋骨(しつがいこつ)の. ─lesión ~ 膝蓋骨損傷.

:**rótulo** [r̄ótulo] 男　❶ 看板, 掲示(板), 標識. ─Gira a la derecha donde veas un gran ~. 大きな看板が見えるところで右へ曲がりなさい. ~ luminoso ネオンサイン. 類 **cartel, letrero**.　❷ 見出し, 表題, タイトル. ─Los artículos de las revistas llevan ~s sensacionales. 雑誌の記事にはセンセーショナルがついている. 類 **encabezamiento, título**.　❸ (ビンや箱などの)ラベル, 付け札. 類 **etiqueta**.

rotundamente [r̄otúndamente] 副　きっぱりと, 断定的に;にべもなく.

rotundidad [r̄otundiðá(ð)] 囡　❶ (言葉・態度の)きっぱりとした感じ, 率直さ, 断固とした様. ─Habló con tal ~ que quedaron convencidos. 彼がとてもきっぱりとした話し方をしたので, 彼らは納得した.　❷ 丸いこと, 丸み;肥満.　❸ 表現の豊かさ;(知識・経験の)多方面にわたっていること.

:**rotundo, da** [r̄otúndo, da] 形　❶ (受け答えなどが)きっぱりした, 断固とした, そっけない. ─Me dio un sí [no] ~. 彼は私にきっぱりとはい[いいえ]と答えた. La exposición ha sido un éxito ~. 展示会は大成功だった. 類 **completo, preciso, terminante**.　❷ (文体が)的確な, うまく表現している. ─Sólo tiene estudios primarios, pero escribe unas cartas llenas de palabras y frases *rotundas*. 彼は初等教育しかうけていないが, 的確な言葉や文に満ちた手紙を書く.

rotura [r̄otúra] 囡　❶ 破損, 破壊, 損傷. ─El escape de gas se debió a una ~ de la tubería. ガス漏れの原因は配管のひび割れだった. 類 **rompimiento, ruptura**.　❷ 破損個所; 割れ目.　❸《医学》損傷;骨折. 類 **fractura**.　❹ 中断;決裂. ─~ de las negociaciones 交渉決裂.

roturación [r̄oturaθjón] 囡 開墾, 開拓;耕作.

roturar [r̄oturár] 他 (土地)を開墾する, 開拓する;(畑)を耕す. 類 **arar**.

roulote, roulotte [r̄ulóte, r̄ulót] 囡 トレーラーハウス.

round [ráun(d)] [<英] 男 (ボクシング)ラウンド.

roy- [r̄oj-] 動 roer の直・現在/完了過去, 接・現在/過去, 現在分詞.

roya [r̄ója] 囡 《農業》さび病. ◆さび菌の寄生によって起こる作物の病害.

royalty [r̄ojálti] [<英] 男 著作権[商標権, 特許権]使用料, 印税, ロイヤリティー.

roza [r̄óθa] 囡　❶ (壁や天上に配管用にあける)穴, 溝.　❷ (除草してある)作付け地.

rozadura [r̄oθaðúra] 囡　❶ かすり傷, ひっかき傷, 擦過傷. ─Este zapato me ha hecho una ~ en el pie. この靴のせいで私の足にすり傷ができた. 類 **arañazo, excoriación, lesión**.　❷ こすった[かすった]跡, すり切れ. ─Tiene el coche lleno de ~s. 彼の車はこすった跡だらけだ. 類 **raspadura**.　❸ 《植物》樹皮の腐敗病.

rozagante [roθaɣánte] 形 ❶ (服装が)目立つ, はでな, けばけばしい. —Las Damas lucían ~s vestidos de noche. 婦人たちは派手なイブニングドレスをきらびやかしていた. ❷ **ostentoso, vistoso**. ❷ 満足げな; 得意げな, 自慢げな. —Supe que había aprobado al ver su rostro ~. 私は彼の得意げな顔を見て彼が合格したことを知った. 類 **orgulloso, satisfecho, ufano**.

rozamiento [roθamjénto] 男 ❶ こすれること; すり傷. 類 **roce, rozadura**. ❷ (物理)摩擦;(機械)摩耗, 摩滅. 類 **fricción**. ❸ (比喩)あつれき, 不和. —tener un ~ con ... (人)と仲たがいする. 類 **discordia, enemistad**.

‡**rozar** [roθár] [1.3] 他 ❶ をかすめる, かする, こする. —La bala le rozó el cuello. 弾丸は彼の首をかすめた. Al ~ la cuchilla se hizo un corte. 包丁が触れて彼は切り傷を作った. El balón rozó el poste pero salió fuera. ボールはゴール・ポストをかすめたが外へ出た. ❷ をすり減らす, 摩耗させる. —He rozado el cuello de esta camisa de tanto usarla. 私はこのシャツを着古して襟がすり切れた. ❸ (すり傷・しみ・魚の目を)作る. —Estos zapatos me rozan. 私はこの靴をはくと豆ができる. ❹ …の雑草をとる, 除草する, を抜く. —~ de surcos la tierra para plantar tomates トマトを植えるために畝(ɔ̌)の除草する. ❺ …に近い, 似ている; …すれすれである. —Su forma de hablar roza la pedantería. 彼の話しぶりは学者気取りだと言ってもいいくらいだ. El precio de este traje roza los quinientos euros. このスーツの値段は 500 ユーロになるかならないかくらいだ. 類 **lindar, rayar**.

— 自 [＋en と] …に近づく. —Su modo de reír roza en la burla. 彼の笑い方は嘲笑に近い. Su reacción rozó con el ridículo. 彼の反応はこっけいに近いものだった.

— se 再 ❶ すれる, すり減る. —Se me han rozado los pies con los zapatos nuevos. 新しい靴で私の足に靴ずれができた. Se me han rozado los cuellos de dos camisas. 私の2枚のシャツのカラーがすり切れてしまった. ❷ [＋con と]付き合う, 交際する. —Me rozo poco con los vecinos. 私は隣人たちとあまり付き合わない. 類 **relacionarse**. ❸ 似ている.

roznar¹ [roθnár] 他 を音を立ててかみ砕く, ばりばりかじる. 類 **ronzar**.

roznar² [roθnár] 自 (ロバが)鳴く, いななく. 類 **rebuznar**.

roznido¹ [roθníðo] 男 歯でかみ砕く音.

roznido² [roθníðo] 男 (まれ)ロバの鳴き声. 類 **rebuzno**.

Rte. (略号) ＝remitente 発信人, 発送者.

RTVE (頭字)(＜Radio Televisión Española) 女 スペイン国営放送(RNE と TVE を合わせて言う).

rúa [rúa] 女 通り, 街路. ◆多くは具体的な通りの名前の中で固有名詞として用いられる. 普通に「通り」と言うときは calle を使う.

ruana [rwána] 女 ❶ 毛織物. 類 **lana**. ❷ すり切れた毛布. ❸ (コロンビア, ベネズエラ)ポンチョ. 類 **poncho**.

Ruanda [rwánda] 固名 ルワンダ(首都キガリ Kigali).

ruandés, desa [rwandés, désa] 形 ルワンダの.
— 名 ルワンダ人.

ruano, na [rwáno, na] 形 (馬などが)葦毛(ぁし)

の. 類 **roano**.

rubefacción [ruβefakθjón] 女 (医学)発赤(ほっ). ◆皮膚や粘膜の炎症に際して, 充血のためにその部分が赤く見える状態.

Rubén [ruβén] 固名 (男性名)ルベン.

rúbeo, a [rúβeo, a] 形 赤みがかった, 赤みを帯びた. 類 **rojizo, rubescente**.

rubéola [ruβéola] 女 (医学)風疹(ぃ), 三日しか.

rubescente [ruβesθénte] 形 赤みがかった. 類 **rojizo, rúbeo**.

rubeta [ruβéta] 女 (動物)アマガエル.

‡**rubí** [ruβí] 男 [複rubíes, rubís] (鉱物)ルビー, 紅玉, (時計の)石.

rubia [rúβja] 女 →rubio.

rubiáceas [ruβjáθeas] 女複 (植物)アカネ科.

rubial [ruβjál] 男 アカネ畑.

rubiales [ruβjáles] 男女 [単複同形] (話)金髪の人.

Rubicón [ruβikón] 固名 ルビコン[ルビコーネ]川 (イタリアの河川).

rubicundo, da [ruβikúndo, ða] 形 ❶ (顔色などが)健康で赤い, 血色の良い. ❷ 赤みがかった, 赤らんだ.

rubidio [ruβíðjo] 男 (化学)ルビジウム. ◆アルカリ金属元素のひとつ. 元素記号 Rb. 原子番号 37.

rubificar [ruβifikár] [1.1] 他 を赤く初める, 赤くする.

‡**rubio, bia** [rúβjo, βja ルビオ, ビア] 形 ❶ 金髪の, ブロンドの. —Tiene el pelo ~. 彼は金髪だ. chica rubia 金髪の娘. ❷ (タバコが)軽い(種類の), ルビオの. —Sólo fumo tabaco ~. 私は軽いタバコしか吸わない.
— 男 ❶ 金髪の男性. ❷ 金色, 亜麻色. ❸ (魚類)ホウボウ. ❹ (俗)1ペセタ硬貨(金色のもの).
— 女 ❶ 金髪の女. —rubia de bote [de frasco] 脱色して金髪にした女. rubia platino プラチナブロンド(銀白色に近い薄い金髪)の女. ❷ (俗)1ペセタ硬貨(金色のもの). ❸ (自動車)ステーションワゴン(後部に折り畳み[取り外し]式座席のついた大型の乗用車). ❹ (植物)アカネ. ◆根から赤の染料を取る.

rublo [rúβlo] 男 ルーブル. ◆ロシア・旧ソ連の通貨単位.

‡**rubor** [ruβór] 男 ❶ 真っ赤, 真紅. ❷ 赤面, (顔やほおの)紅潮. —Al oír aquella pregunta tan insolente, el ~ encendió el rostro de la chica. その無礼な質問を聞くと少女は真っ赤になった. 類 **sonrojo**. ❸ 恥ずかしさ, 羞恥(しゅぅち). —Se paseaba sin el menor ~ con aquella escandalosa minifalda. 彼女は例の大胆なミニスカートをはいて全然恥ずかしげもなく歩き回った. 類 **vergüenza**.

ruborizado, da [ruβoriθáðo, ða] 形 顔を赤くした, 恥ずかしそうな. —Ella me miró y volvió la cabeza, un poco ruborizada. 彼女は私を見つめ, やや恥じらいながら顔をそむけた.

‡**ruborizar** [ruβoriθár] [1.3] 他 を赤面させる, 恥じ入らせる, 恥ずかしがらせる. —El chiste que contó la ruborizó. 彼の話した冗談に彼女は赤面した. 類 **avergonzar, turbar**.
— se 再 赤面する; 恥じ入る, 恥ずかしがる. —La madre se ruborizó al oír lo que decían de su

1692 ruboroso

hijo. 母親は自分の息子が言っていることを聞いて恥ずかしくなった。

ruboroso, sa [r̃uβoróso, sa] 形 ❶〖estar＋〗恥じらった，顔を赤らめた．類**ruborizado**. ❷〖ser＋〗はにかみやの，人見知りをする；すぐに赤面する．—Cuando la conocí, era una chica tímida y *ruborosa*. 私が彼女と知り合ったとき，彼女は内気ではにかみ屋の女の子だった．

***rúbrica** [r̃úβrika] 囡 ❶ 表題, (章，節などの)題名，見出し．—El capítulo se inicia bajo la ～ de "¡Viva la libertad!". その章は「自由万歳!」という見出しで始まっている．類**epígrafe, título**. ❷ (偽筆を防ぐために署名に添える)飾り書き，花押．❸《比喩》最後，結び．—Como ～ de la ceremonia todos cantaron el himno nacional. 式の最後に全員が国家を歌った．類**colofón**.
de rúbrica 《文》型通りの，決まりきった；習慣的な．Después de intercambiar los regalos *de rúbrica* …. いつも通りの贈り物を交わした後で…．

rubricar [r̃uβrikár] [1.1] 他 ❶ (書類に花押を記す，頭文字で署名する．—firmado y *rubricado* 署名され花押が記される．❷《比喩》花押を仕上げる，しめくくる．❸ (事柄を)認める，…に同意する；を証言する．—El líder de la oposición *rubricó* la reforma fiscal expuesta por el ministro. 野党の党首は大臣が表明した財政改革に同意した．

rubro, bra [r̃úβro, βra] 形 真っ赤な，真紅の．類**encarnado, rojo**. — 男《中南米》表題，見出し，タイトル．類**rúbrica**.

rucio, cia [r̃úθjo, θja] 形 ❶ (動物の毛が)灰色の；(馬が)葦毛(ﾉｹﾞ)の. ❷ (人が)しらがまじりの，ごま塩頭の．❸《チリ》金髪の．— 男 (動物)ロバ．類**asno, burro**.

ruco, ca [r̃úko, ka] 形《中米》(馬などが)老いぼれた，役立たずになった．

ruda [r̃úða] 囡 (植物)ヘンルーダ, 芸香(ｳﾝｺｳ). ♦地中海沿岸原産のミカン科の常緑多年草．強い臭気があり，薬用・香辛料・防腐剤などに用いる．
ser más conocido que la ruda よく知られている．

rudamente [r̃úðamente] 副 粗雑に，不作法に，ぶさつに．—El policía le cogió ～ del brazo y se lo llevó. 警官は彼の腕を乱暴につかんで彼を連れ去った．

rudeza [r̃uðéθa] 囡 ❶ 不作法，ぶさつさ，粗雑．—responder con ～ ぶっきらぼうに答える．La ～ de sus modales fue severamente criticada. 彼の行儀の悪さは厳しく批判された．類**brusquedad, descortesía, grosería, tosquedad**. ❷ ざらつき，ざらざらしていること．❸ (気候の)厳しさ，苛酷さ．類**dureza**. ❹ 愚かさ．— ～ de entendimiento 頭の鈍さ．

rudimental, rudimentario, ria [r̃uðimentál, r̃uðimentárjo, rja] 形 ❶ 基本的，初歩の．—conocimientos *rudimentales* [*rudimentarios*] 基礎知識．類**elemental, fundamental**. ❷《生物》未発達の；発育不全の．類**embrionario**. ❸《生物》(器官が)痕跡の(ｺﾝｾｷ).

rudimento [r̃uðiménto] 男 ❶ 概要，基礎知識．— ～s de la química 化学の基本．類**compendio, elemento**. ❷《生物》(器官が)未発達な段階．類**embrión, germen**. ❸《生物》痕跡(ｺﾝｾｷ)器官．

***rudo, da** [r̃úðo, ða] 形 ❶ (a)粗雑な，粗い；ざらざらした．—suelo ～ ででこぼこした地面．madera *ruda* ざらざらした材木．La casa está construida con materiales ～s, pero es muy acogedora. その家は粗雑な建材で建てられているが，とても居心地がいい．類**áspero, tosco**. (b) (機械などが)堅い，なめらかに動かない．類**duro**. ❷ 粗野な，不作法な，洗練されていない．—Se ha enamorado de un chico alto y rubio pero de modales ～s. 彼女は背が高くて金髪だが不作法な男性に恋をした．類**descortés, grosero, tosco**. ❸ (打撃などが)激しい，厳しい；難しい，きつい．—Sufrió un ～ golpe de fortuna. 彼ははげしい不運にみまわれた．trabajo ～ 骨の折れる仕事．類**difícil, riguroso, violento**.

rueca [r̃uéka] 囡 糸巻棒．♦糸，糸を紡ぐのに使った．

rued- [r̃uéð-] 動 rodar の直・現在, 接・現在, 命令・2単．

****rueda** [r̃uéða ルエダ] 囡 ❶ 車輪，輪；(家具や人の脚などに付いている)キャスター．—～ de automóvil 自動車の車輪．～ de molino (粉をひく)石うす．～ hidráulica [de agua] 水車．～ dentada 歯車．～ de recambio [repuesto] スペアの車輪．～ de Santa Catalina (時計の)がんぎ車．de [con] dos ～s 二輪．coche de tracción a las cuatro ～s 四輪駆動車．patinaje sobre ～s ローラースケート．patines de ～s ローラースケートの靴．～ delantera [trasera] 前[後]輪．～ de alfarero ろくろ．❷ (人や物の)輪，集まる人．～ de ancianos. 彼は車座になった老人たちの前でしゃべった．Los niños hicieron una ～ y comenzaron a cantar. 子供たちは輪になって歌い始めた．en ～ 円形になって．類**círculo, corro**. ❸ (果物，肉，魚などの)輪切り，スライス，(薄い)一切れ．— ～ de salchichón [merluza] 腸詰め[メルルーサ]一切れ．～ de limón レモンのスライス．類**rodaja**. ❹ (クジャクなどの)扇状に広げた尾の羽．❺ 継続したる行為．❻《俗》アンフェタミン．

chupar rueda (1)(自転車競技で)他の選手の後ろについて風を避ける．(2)《俗》他人の骨折りに便乗する．

comulgar con ruedas de molino 何でも信じこむ，だまされる．

hacer la rueda (1) 尾の羽を広げる．オスがメスの回りをまわる．(2) ごきげんをとる，…に取り入る．(3) (女性に)言い寄る，口説く．類**rondar**.

ir [*marchar*] *sobre ruedas* (物事が)うまく行く．El negocio *marcha sobre ruedas*. 仕事は順調だ．

la rueda de la fortuna (運命の女神が人間の浮沈を生じさせたという)運命の輪，転変．

rueda de prensa 共同記者会見．

tragárselas como ruedas de molino (ありそうにもないことを)真にうける．

ruedo [r̃uéðo] 男 ❶ (丸いものの)へり，端，縁．— ～ de un vestido 服のすそ．類**borde**. ❷ (闘牛)闘技場，アレーナ．類**arena, redondel**. ❸ 丸いマット．❹ (人の)輪，人垣．類**corro**. ❺ 縁飾り．
echarse al ruedo 思いきって決心する．

rueg(-) [r̃uéɣ(-)] 動 rogar の直・現在, 命令・2単．

****ruego** [r̃uéɣo ルエゴ] 男 願い，頼み，懇願．—a ～ mío [suyo] 私の[彼の]

願いに応じて. a ～ de ... …の願いに応じて. atender [acceder] a los ～s de ... …の願いを聞き入れる. Antonio me dio esta carta con el ～ de que te la entregase en mano. アントニオは君に手渡してくれるようにと私にこの手紙を託した.
ruegos y preguntas (会議・集会などで)質疑応答 (の時間). 類**petición, súplica.**

ruegue(-) [r̄ué ɣe(-)] 動 rogarの接・現在.

rufián [r̄ufján] 男 ❶ 売春あっせん業者, ポン引き; 売春宿の主人. 類**alcahuete, chulo.** ❷ 悪党; ごろつき. 類**granuja.**

rufianear [r̄ufjaneár] 自 他 …に売春のあっせんをする. 類**alcahuetear.**

rufianesca [r̄ufjanéska] 女 ❶ 【集合的に】ならず者たち. ❷ 暗黒街.

rufianesco, ca [r̄ufjanésko, ka] 形 ❶ 下劣な, ならず者の. ❷ 売春をあっせんする; 売春あっせんの.

rufo, fa [r̄úfo, fa] 形 ❶ (a) 赤毛の, 金髪の, 頭髪が薄茶色の. 類**pelirrojo.** (b) 巻き毛の, 縮れ毛の. ❷ 独りよがりの, 自己満足の. 類**chulo, orgulloso, ufano.** ❸ たくましい, 頑丈な. 類**robusto, tieso.** ❹ 人目を引く, 派手な. 類**vistoso.**

rugby [r̄úɣβi] 男 [<英] 《スポーツ》ラグビー.

*rugido [r̄uxíðo] 男 ❶ (猛獣などの)ほえ声, うなり声; 叫び声. —El león lanzó un estremecedor ～. ライオンがぞっとするようなうなり声をあげた. 類**bramido.** ❷ (風や嵐の)ゴーゴーという音, うなり; とどろき. 類**estruendo.** ❸ 《話》お腹のゴロゴロとなる音.

rugiente [r̄uxjénte] 形 ほえている; ほえるような.

*ruginoso, sa [r̄uxinóso, sa] 形 《文》錆びた. —guantelete ～ (鎧の)錆びた籠手(ﾋｰ). 類**herrumbroso, mohoso, oxidado.**

*rugir [r̄uxír] [3.6] 自 ❶ (ライオンなど猛獣が)ほえる, 咆哮(ほうこう)する. —Oíamos ～ a los leones. 私たちはライオンがほえるのを聞いていた. 類**bramar.** ❷ 《話》大声をあげる, 大きな叫び声を発する. —Los gamberros entraron *rugiendo* en la plaza. 悪がきたちは大声をあげながら広場に入って来た. 類**chillar.** ❸ (海や風が)うなりを発する, うなる, ほえる. —～ el mar 海がほえる. ❹《話》(腹が)鳴る. —Mis tripas *rugen* de hambre. 私のお腹は空腹のため鳴っている.

rugosidad [r̄uɣosiðá(ð)] 女 ❶ しわだらけであること; しわ. —Las ～es de la cara delataban su vejez. 顔のしわの多さが彼が高齢であることを表していた. 類**arruga.** ❷ ざらざら[ごつごつ, でこぼこ]していること. —Las ～es del terreno impedían avanzar con rapidez. 地面の凸凹のせいで速く進むことができなかった.

rugoso, sa [r̄uɣóso, sa] 形 ❶ しわの寄った, しわだらけの. —El niño tenía fijos los ojos en aquel pescuezo flaco y ～. その男の子はあのやせしわだらけの首に目をくぎづけにしていた. 類**arrugado.** ❷ ざらざらした, (表面が)粗い; でこぼこの. 類**áspero.**

ruibarbo [r̄uiβárβo] 男 《植物》ダイオウ属, ダイオウの根茎. ◆葉柄はハーブに, 根茎は下剤・苦み薬になる.

ruido [r̄uíðo ルイド] 男 ❶ 物音, 騒音, 雑音. —Ya ha amanecido y se oye ～ en la calle. もう夜が明けて通りに人の声が聞こえる. No hagas ～, que está dormido el bebé. 赤ん坊が寝ているんだから物音をたててはいけないよ. Podéis seguir levantados por ～. お前たちはまだ起きていてもいいがうるさくしてはいけないよ. 類**rumor, sonido.** ❷ 騒動, 大騒ぎ, 物議. —Las declaraciones del rey han armado mucho ～. 王の声明は大いに物議をかもした. No esperaba que aquella prohibición levantara tanto ～. 彼はその禁止があれほど大きな騒動を起こすとは思っていなかった. 類**alboroto, escándalo, jaleo.** *hacer* [*meter*] *ruido* 物議をかもす, 大騒ぎになる.

mucho ruido y pocas nueces 大山鳴動してネズミ一匹, から騒動(←クルミを割る音に比べて中身は少ない).

ruidosamente [r̄uiðósaménte] 副 ❶ 大きな音[声]をたてて, 騒がしく, にぎやかに. ❷ 《比喩》世間をあっと言わせるように.

*ruidoso, sa [r̄uiðóso, sa] [<ruido] 形 ❶ 騒々しい, やかましい, うるさい〖ser/estar+〗. —Vive en una calle *ruidosa*. 彼はあるにぎやかな通りに住んでいる. Este niño está muy ～. この子はとてもよくさわぐ騒いでいる. 類**bullicioso, estruendoso.** ❷ 世間を騒がせる, 世間で評判の, うわさの. —acontecimiento ～ 世間を騒がせた出来事. Llevaba una corbata *ruidosa*. 彼は人をひくネクタイをしていた. 類**escandaloso, llamativo, sonado.**

*ruin [r̄uín] 形 ❶ いやしい, 下劣な. —hombre [acción] ～ 下劣な男[行動]. chico de aspecto ～ 貧相な男の子. 類**despreciable, vil.** ❷ けちな. —Es tan ～ que no te prestará ni un euro. 彼はとてもけちだから君には1ユーロすら貸してくれないだろう. 類**avaro, mezquino, tacaño.** ❸ 小さい, 発育不全の. 類**desmedrado, pequeño.**

*ruina [r̄uína] 女 ❶ 崩壊, 荒廃, 倒壊. —La antigua torre amenaza ～. 古い塔はいまにも壊れそうだ. La inundación causó la ～ de todo el pueblo. 洪水は村全体を破壊した. 類**destrucción.** ❷ 廃虚, 遺跡. —～s de Roma ローマの遺跡. ～s de un templo maya マヤ神殿の遺跡. La casa donde nací ya está en ～s. 私が生まれた家にはもう廃屋となっている. 類**restos.** ❸ 破滅, 没落. —la ～ del imperio romano ローマ帝国の没落. Aquel fracaso causó la ～ de sus ilusiones. その失敗は彼の夢を破滅(ﾊﾒﾂ)させた. ir a la ～ 破滅させる. El escándalo del soborno llevó a la empresa a la ～. 汚職のスキャンダルでその会社は倒産することになった. Los militares condujeron el país a la ～. 軍部が国家を滅亡へと導いた. 類**perdición.** ❹ 破産. —El negocio le ha llevado a la ～. 商売がもとで彼は破産してしまった. estar en la ～. ❺ 破滅, 破産, 破産の原因. —El alcohol ha sido su ～. アルコールが彼の破滅の原因だった. ❻ 衰えた人[物]. —Después de la enfermedad su padre está hecho una ～. 病気をしてから彼の父は見る影もなくなってしまった.

*ruindad [r̄uindá(ð)] 女 卑劣さ, 下劣さ; 卑劣な行為. —Ha cometido muchas ～es. 彼は多くの卑劣な行為をしてきた. 類**vileza.**

*ruinoso, sa [r̄uinóso, sa] [<ruina] 形 ❶ 崩れかけた, 荒れ果てた, 荒廃した〖ser/estar+〗. —Desalojaron a los inquilinos del ～ edificio.

借家人たちは崩壊しそうな建物から立ち退かせられた. ❷ 破滅的な, 破滅を招く, (経済的に)損失の大きい. —La situación de la agricultura es *ruinosa*. 農業の状況は破滅的だ. Se metió en negocios ～s y perdió todo su capital. 彼は危険の大きい商売に首を突っ込んで全資金を失ってしまった. Tiene una salud *ruinosa*. 彼の健康は損なわれている.

ruiseñor [r̄uiseɲór] 男 《鳥類》ナイチンゲール, さよなきどり.

Ruiz de Alarcón [r̄uiθ ðe alarkón] 固名 ルイス・デ・アラルコン(フアン Juan ～)(1581?-1639?, メキシコ生まれのスペインの劇作家.

ruja(-) [r̄uxa(-)] 動 rugir の接・現在.

rujo [r̄úxo] 動 rugir の直・現在・1単.

ruleta [r̄uléta] [＜仏] 女 《賭博, ゲーム》ルーレット. ～ rusa ロシアンルーレット.

rulo [r̄úlo] 男 ❶ ローラー; 地ならし機; 圧延機. ❷ 《料理》麺(%)棒. ❸ ヘアカーラー. ❹ 巻き毛, 縮れ毛. 類 **rizo**.

Rumania [r̄umánia] 固名 ルーマニア(首都ブカレスト Bucarest).

:**rumano, na** [r̄umáno, na] 形 ルーマニア(Rumania)の, ルーマニア人[語]の. —Bucarest es la capital *rumana*. ブカレストはルーマニアの首都である.

—— 名 ルーマニア人, ルーマニア出身の人.

—— 男 ルーマニア語. —El ～ es la más oriental de las lenguas románicas. ルーマニア語はロマンス諸語の中で最も東にある言語である.

rumba [r̄úmba] 女 ❶ 《音楽》ルンバ. ❷ 《フラメンコ》ルンバ(2拍子リズムの一種).

rumbeador [r̄umbeaðór] 男 〖アルゼンチン, ボリビア〗道案内人, 道をよく知っている人.

rumbear [r̄umbeár] 動 ❶ ルンバを踊る. ❷ 〖南米〗進んで行く. ❸ 〖中南米〗パーティー[どんちゃん騒ぎ]をする. ❹ 〖メキシコ〗森を切り開いて道を作る.

rumbero, ra [r̄umbéro, ra] 形 〖南米〗ルンバ(好き)の; お祭り好きの.

:**rumbo** [r̄úmbo] 男 ❶ 《航空, 航海》方向, 進路, コース. —¿Qué ～ vamos a seguir? どちらの方向に進もうか. El barco puso [hizo] ～ al cabo. 船は岬の方向に進んだ. El anciano siguió su ～ hacia el pueblo. 老人は村に向って歩み続けた. Salimos con ～ a Sevilla. 私たちはセビーリャの方に向って出発した. navegar con ～ norte [nordeste] 北[北東]に向って航海する. marcar el ～ 進路を決める. corregir el ～ 進路を修正する. perder el ～ 進路を見失う. abatir el ～ 風下に進路を向ける. 類 **dirección, ruta**.

❷ 方針, やり方, 道. —Al terminar la carrera cambió el ～ de su vida. 彼は学校を終えると人生の進路を変えた. Es una lástima que haya tomado un ～ equivocado. 彼が進む道を誤ったのは残念だ. No estoy enterado de los nuevos ～s del proyecto. 私はその計画の新方針を知らない. 類 **camino, senda**.

❸ 気前よさ, ぜいたく. —Vive con mucho ～ desde que le tocó el premio gordo. (宝くじに)大当たりして以来彼はとてもぜいたくに暮している. 類 **esplendidez, generosidad**.

❹ 豪勢, 誇示. —Celebraron su boda con mucho ～. 彼らは豪勢に結婚式を催した. 類 **os-**

tentación.

***rumboso, sa** [r̄umbóso, sa] 形 ❶ 気前のよい, 鷹揚(#)な, 太っ腹な〖ser/estar＋〗. —Ayer estaba ～ y nos invitó a todos a comer. 昨日彼は気前が良くてわれみんなに食事をおごってくれた. 類 **desprendido, generoso, liberal**. 反 **tacaño**. ❷ 豪勢な, 豪華な, ぜいたくな〖ser/estar＋〗. —Dieron una fiesta *rumbosa*. 彼らは豪勢なパーティーを開いた. 類 **ostentoso, pomposo, suntuoso**.

***rumia** [r̄úmia] 女 ❶ 反芻(%). ❷ 沈思, 熟考.

***rumiante** [r̄umjánte] [＜rumiar] 男 《動物》反芻動物, 複 反芻類. —La vaca y el camello son ～s. 牛とラクダは反芻類である.

—— 形 反芻する, 反芻類[動物]の. —animales ～s 反芻動物.

***rumiar** [r̄umjár] 他 ❶ を反芻(%)する. —～ la hierba 草を反芻する. ❷ 熟考する, 熟慮する, 思い巡らす. —He estado *rumiando* su oferta y no me interesa. 私は彼の申し出をよく考えてみたが, 関心がわかないのだ. *Rumió* una perversa estratagema. 彼はよこしまな策略を思い巡らした. 類 **meditar**. ❸ (不平など)をぶつぶつ言う. —Deja de ～ y vete a la cama. ぶつぶつ不平を言うのはやめて寝なさい. 類 **refunfuñar, rezongar**.

rumo [r̄úmo] 男 (樽(%)の)上部にはめるたが.

:**rumor** [r̄umór] 男 ❶ うわさ, (世間の)評判. —Circula [Corre] el ～ de que se casará pronto el príncipe. 皇太子がすぐにご結婚されるといううわさが広まっている. 類 **chisme**. ❷ ささやき, ぼそぼそいう人声. —Se oía un ～ (de voces) en la calle. 通りにぼそぼそいう人声が聞こえていた. 類 **murmullo**. ❸ (樹木, 風, 水などの)かさかさ[さらさら]いう音, ざわめく音. —～ de la fuente 泉のさらさら流れる音. —～ de los árboles 木々のざわめく音.

:**rumorearse** [r̄umoreárse] 再 (ある事が)うわさされる, 〖＋que＋直説法〗(…という)うわさが流れている. —Se *rumorea* que va a casarse. 彼はもうすぐ結婚するといううわさだ.

rumoroso, sa [r̄umoróso, sa] 形 ❶ かすかな音を立てる, さらさらいう, さざめく. —arroyo ～ さらさら流れる小川, fronda *rumorosa* ざわざわとそよぐ茂み. ❷ うわさになっている.

runa [r̄úna] 女 《言語》ルーン文字, 北欧古代文字(古代ゲルマン人の文字).

rúnico, ca [r̄úniko, ka] 形 ルーン文字の, ルーン文字で書かれた. —caracteres ～s ルーン文字.

runrún [r̄unr̄ún] 男 ❶ がやがやいう声. —Le despertó el ～ que llegaba del pasillo. 廊下から聞こえるざわめきで彼は目が覚めた. ❷ うわさ. —Corre el ～ de que va a subir la gasolina. ガソリンが値上がりするといううわさが流れている. 類 **rumor**. ❸ (機械などの)ぶーんという音.

runrunearse [r̄unr̄uneárse] 再 うわさになる, うわさが流れる. —Se *runrunea* que … …といううわさだ. Se *runrunea* un posible cierre de la frontera. 国境封鎖があるかもしれないといううわさだ.

runruneo [r̄unr̄unéo] 男 ❶ うわさ 類 **rumor, runrún**. ❷ ざわめき. —Hasta la madrugada no se extinguió el ～ de la gente en la playa. 海岸では人々のざわめきが明け方まで耐えなかった.

rupestre [r̄upéstre] 形 ❶ (絵や彫刻が)岩に描かれた[彫られた]. —pintura ～ 洞窟(#2)画. ❷ 《生物》岩の間にすむ; 岩の上に生える. —planta ～ 岩生植物.

rupia [r̄úpi̯a] 囡 ❶ ルピー(インド・パキスタン・スリランカなどの通貨単位). ❷《医学》カキ殻疹.

ruptura [r̄uptúra] 囡 ❶ 決裂, 絶交, 断交. — ~ de relaciones diplomáticas 国交断絶. Aquel incidente condujo a la ~ con su novia. あのもめごとが彼が恋人と決裂する原因になった. 類**rompimiento, rotura**. ❷ 破損, 破壊; 破損個所. ❸《医学》裂傷. ❹《軍事》突破(作戦).

:**rural** [r̄urál] 形 ❶ 地方の, 田舎の, 農村の. —vida ~ 田舎の生活. costumbres ~es 田舎の風習. economía ~ 農業経済. paisaje ~ 田園風景. 反**urbano**. ❷ 粗野な, 田舎くさい.

Rusia [r̄úsi̯a] 固名 ロシア(首都モスクワ Moscú).

:**ruso, sa** [r̄úso, sa] 形 ロシア(Rusia)の, ロシア出身の. —Es un especialista en literatura *rusa*. 彼はロシア文学の専門家だ. revolución *rusa* ロシア革命. —— 名 ロシア人. —— 男 ロシア語.

rústica [r̄ústika] 囡《次の成句で》
en [a la] rústica 仮綴(ﾄｼﾞ)じの, 柔らかい紙表紙の, ペーパーバックの. edición *en rústica* ペーパーバック版. libro *en rústica* ペーパーバック.

rusticidad [r̄ustiθiðá(ð)] 囡 ❶ いなか風; 素朴, 質素. 類**ingenuidad, sencillez, simplicidad**. ❷ 粗野, がさつさ. 類**grosería, rudeza, tosquedad**.

:**rústico, ca** [r̄ústiko, ka] 形 ❶ 田舎の, 農村の. —finca [propiedad] *rústica* 田舎の所有地. Su música tiene cierto sabor ~. 彼の音楽には田園的な味わいがある. 類**rural**. ❷ 粗野な, 無骨な. —modales ~s 粗野なふるまい. 類**inculto, tosco**. —— 名 田舎の人, 農民;《軽蔑》田舎者. 類**campesino**.

:**ruta** [r̄úta] 囡 ❶ 道(筋), 道程, ルート. —Voy por la ~ de la costa. 私は海岸線のルートを行く. la ~ de Don Quijote ドン・キホーテの歩んだ道程. ~ aérea 航空路. Debido al mal tiempo tuvimos que cambiar la ~ del viaje. 悪天候のため私たちは旅程を変更しなければならなかった. ~ jacobea サンティアーゴ巡礼ルート. 類**camino, itinerario**. ❷ (比喩的に)道, 進路, やり方. —Debes enseñarle a tu hijo la ~ que debe seguir en la vida. 君は息子に人生で進むべき道を教えてやらないといけない.

rutenio [r̄uténi̯o] 男 《化学》ルテニウム. ◆白金族の金属元素. 元素記号 Ru, 原子番号 44.

rutilante [r̄utilánte] 形 光り輝く, きらめいている, ぴかぴかする. —estrellas ~s きらめく星々. 類**brillante, resplandeciente**.

rutilar [r̄utilár] 自《文》輝く, きらめく. 類**brillar, relumbrar, resplandecer**.

rutilo [r̄útilo] 男 《鉱物》ルチル, 金紅石(TiO 2).

rútilo, la [r̄útilo, la] 形 ❶ 光り輝く. 類**brillante, rutilante**. ❷ 金色の, 金色に輝く. 類**áureo, rubio**.

:**rutina** [r̄utína] 囡 きまった**仕事[手続き]**, 日常の仕事;《情報》ルーチン. — ~ diaria 毎日のきまった仕事. Trabaja por ~, sin el menor interés. 彼は少しの興味もなく決まった習慣のように働いている. En la inspección de ~ descubrieron el escape de gas. 定期検査でガス漏れが発見された. 類**costumbre, hábito**.

***rutinario, ria** [r̄utinári̯o, ri̯a] 〔＜rutina〕形 ❶ 決まり切った, 型どおりの, いつもと変わらない. —La policía llamó al testigo para hacerle un interrogatorio ~. 警察は型どおりの尋問をするため目撃者を呼んだ. Dio su ~ paseo después de comer. 彼は食後いつもどおりの散歩をした. 類**acostumbrado, habitual**. ❷ (人が)型にはまった, 月並の, ありきたりの. —médico ~ 型どおりの医者.

—— 名 型どおりの人; 型にはまったやり方をする人. —Es un buen profesor, no un ~. 彼は良い先生で, 型にはまった人ではない.

rutinero, ra [r̄utinéro, ra] 形 ❶ 日常お決まりの, 習慣的な, 慣例の. —trabajo ~ いつもの仕事. ❷ (人が)慣例に忠実な; 平凡な, 並みの.
—— 名 慣例に忠実な人; 凡人.

ruzafa [r̄uðáfa] 囡 アラブ風の庭園. 類**jardín**.

S, s

S, s [ése] 囡 スペイン語アルファベットの第 20 文字.

S. 《略号》 ❶ =sur 南. ❷ =san 聖…（男性）.

s. 《略号》 =siglo 世紀.

S. A. 《略号》 ❶ =Sociedad Anónima 株式会社. ❷ =Su Alteza 殿下. ❸ =Sudamérica 南米.

sab. 《略号》 =sábado 土曜日.

*sábado [sáβaðo サバド] 男 土曜日. —Hoy es ~. 今日は土曜日だ. Te llamaré el ~. 土曜日に電話するよ. Su cumpleaños cae en ~. 彼の誕生日は土曜日に当たっている. S~ de Gloria [S~ Santo]《カトリック》聖土曜日（復活祭の前の土曜日）.

hacer sábado（週に一度まとめて土曜日に）大掃除をする.

sábalo [sáβalo] 男 《魚類》シャッド（大型のニシン）.

sabana [saβána] 囡 《地理》（熱帯・亜熱帯の）大草原, サバンナ. 類 **llanura**.

*sábana [sáβana] 囡 ❶ 敷布, シーツ. — ~ bajera [de debajo] 敷シーツ（敷き布団, マットの上に敷くシーツ）. — encimera [de encima] 掛けシーツ（毛布の下に敷くシーツ）. ❷《宗教》祭壇の掛け布. *Sábana Santa*《カトリック》（キリスト埋葬のときに包んだ）聖骸布.

pegarse … las sábanas 寝過ごす, 朝寝坊をする. *Me acosté muy tarde anoche y se me han pegado las sábanas esta mañana.* 夕べは遅く寝たので今朝は寝坊をしてしまった.

sabandija [saβandíxa] 囡 ❶ 虫, 虫けら; 小さな爬（ﾊ）虫類. 類 **bicho**. ❷《比喩》虫けらのようなやつ, 薄汚い人, 卑劣な人.

sabanear [saβaneár] 自《中南米》❶ 家畜を駆り集める; 家畜の番をする. ❷ 草原［サバンナ］を歩き［走り］回る. — 他《中南米》❶ を捕まえる. ❷（人）にへつらう.

sabanero, ra [saβanéro, ra] 形 サバンナの; サバンナに住む.
— 男 囡 ❶ サバンナの住人. ❷ 家畜の番人. ❸《中南米》凶悪漢, 暴漢, 殺し屋.

sabanilla [saβanílja] [<sábana] 囡 ❶《宗教》（教会の）祭壇布. ❷ 小さな布; 小さなシーツ. ❸《チリ》ベッドカバー. 類 **cobertor, colcha**.

sabañón [saβaɲón] 男《主に複》しもやけ,《医学》凍瘡（ｿｳ）.

comer como un sabañón《話》大食する, がつがつ食べる.

sabático, ca [saβátiko, ka] 形 土曜日の.
año sabático (1) サバティカル・イヤー, 有給休暇年. ◆休養・旅行・研究のため 7 年ごとに大学教授に与えられる 1 年間の有給休暇. (2)《宗教》（古代ユダヤで, 7 年ごとの）安息年.

sabedor, dora [saβeðór, ðóra] 形 〖+de〗…に気づいている, を知っている,（…について）情報を持っている. —Parece que él era ~ de que su mujer le traicionaba. 彼は妻に裏切られていることに気づいていたらしい. 類 **conocedor, enterado**.

sabelotodo [saβelotóðo] 男《単複同形》《話》知ったかぶりをする人, 物知りぶる人. 類 **sabidillo, sabihondo**.

*saber [saβér サベル] [17] 他 ❶ (a)〖+名詞〗を知っている, 分かる. —¿Sabes su número de teléfono? 彼の電話番号を知っているかい. (b)〖+不定詞〗を知る, 知っている. —No sé ir a tu casa. 私は君の家への行き方を知らない. (c)〖+que+直説法, si+直説法, +疑問詞+直説法〗を知る, 知っている. —Sé que me engañó. 私は彼が私をだましたことを知っている. No sabía que era universitaria. 彼女が女子大生であることを私は知らなかった. Supe que se había divorciado. 私は彼が離婚していた事を知った. No sé si piensa venir. 私は彼が来るのかどうか知らない. No sé qué decirte. 私は君に何と言ったらいいのか分からない. Ella no sabía qué hacer. 彼女はどうしたらいいのか分からなかった. No sabe cómo se va a la plaza de Oriente. 彼はオリエンテ広場への行き方を知らない. 類語 **saber** は知識・情報を持っているという意味での「知る」であるのに対し, **conocer** は他人と顔見知りであるという意味の「知る」であるが, また経験・見聞を通じての「知る」でもある. ❷〖+不定詞〗…できる. —La niña ya sabe nadar. 女児はもう泳げる. Todavía no sabe hablar. 彼はまだしゃべれない. ¿Sabes tocar el piano? 君はピアノが弾けるかい. Ella no sabe aguantar las bromas. 彼女は冗談には我慢できない. Creo que sabré llegar solo a la estación. 私はひとりで駅に着けるだろうと思う. 類語 **saber** は学習・訓練によって「…できる」ようになることについて用いられ, 一旦できるようになったら失われることのない技量を指す. これに対し **poder** はある具体的な状況の下で, 1 回性の「…できる」を意味する.
— 自 ❶ (a) 知っている, 頭が良い, 博識である. —Esa niña sabe mucho para ser tan pequeña. その女児はあんなに小さいにしては博識である. (b)〖+de について〗知っている. —Ricardo sabe mucho de literatura. リカルドは文学をよく知っている. ¿Qué sabes de Alfonso? アルフォンソについて何か知っているかい. No sé nada de ella desde hace diez años. 私は 10 年このかた彼女について何も知らない. Ella sabe de todo un poco. 彼女はあらゆることについて少しの心得がある. ❷〖+a の〗(a) 味がする. —Este pan sabe a queso. このパンはチーズの味がする. Este consomé sabe muy bien. このコンソメの味はとても良い. (b) 気がする, 感じがする,（…と感じられる. —Me supo muy mal que ella no me hiciera caso. 私は彼女に無視されてとても嫌な感じがした. ❸《南米》〖+不定詞〗…する習慣である.

a saber (1) すなわち, 言い換えれば. El 22, *a saber*, el próximo viernes visitaré tu casa. 22 日, すなわちこんどの金曜日に私は君の家を訪ねよう. Extremadura tiene dos provincias, *a saber*, Cáceres y Badajoz. エストレマドゥーラには 2 つの県がある.すなわちカセレスとバダホスである. (2) 知れたものでないし, 分かるものでない. *¡A saber* cómo y dónde perdiste tu carné de identidad! 君がどうやってどこで身分証明書を紛失したか知れたものではない.

cualquiera sabe →vete a saber.

El saber no ocupa lugar. 【諺】知識は場所を取らない.

no saber a qué carta quedarse 迷う, 決断がつかない, どうしたらいいか分からない. Con tantas opciones *no sabía a qué carta quedarme*. 選択肢が沢山あって, 私はどれにしたらいいか分からなかった.

no saber de la misa la media (mitad) 【＋de】…について全く無知である.

no saber dónde meterse 穴があったら入りたい, とても恥ずかしい. Cuando mi hijo empezó a decir tonterías, *no sabía dónde meterme*. 息子が馬鹿なことを言い始めた時, 私は穴があったら入りたかった.

no saber lo que tiene 大変しあわせである. *No sabe lo que tiene* con esa mujer. あんな女性といっしょだと大変しあわせだ.

no saber por dónde (se) anda (pesca) 何をやっているのか全く分からない, どうやったらいいか全然分からない.

no sé cuántos なんのなにがし, なんのたれがし. Un señor llamado Mario *no sé cuántos* vino a verme. マリオなにがしと名乗る人が私に会いにやって来た.

no sé qué 【＋名詞】何だかよく分からない…, 得体の知れない…. Pepe dice que habla *no sé qué* idioma. ペペは何とかいう言語をしゃべると言っている. Ella tiene un *no sé qué* de elegancia. 彼女には何かしら上品なところがある.

no sé qué te diga (言いよどんで)何て言ったらいいのか. *No sé qué te diga*, tal vez sería mejor que le escribieses. 何て言ったら良いのかわからないが, たぶん君が彼女に手紙を書いた方が良いのではないだろうか.

qué sé yo [yo qué sé] (1) (開き直り)私が知るものか, 分かるわけないだろう. (2) (困惑)よく分からないけれど. Habrá hecho, *qué sé yo*, treinta películas. よく分からないけれど彼はフィルム 30 本は撮ったんじゃないだろうか.

quién sabe どうだか, 知れたものでない.

saber a cuerno quemado 不愉快に感じる, 面白くない. Le *supo a cuerno quemado* que le preguntaran la edad. 彼らが年齢のことを聞いたのは彼女には不愉快であった.

saber a gloria とてもおいしい. Esta paella *sabe a gloria*. このパエーリャはとてもおいしい.

saber al dedillo 完全に知っている.

saber a poco 足りない, 不充分だ. Estas vacaciones me *han sabido a poco*. 今回の休暇は私には不十分だった.

saber dónde le aprieta el zapato 自己の実際をわきまえている.

saber estar (人)が場所柄をわきまえる. Ella *sabe estar*. 彼女は場所柄をわきまえてふるまう.

saber lo que es bueno 罰[叱責]を受ける.

Como se entere papá, vas a *saber lo que es bueno*. お父さんは知っているからお前は叱られるよ.

saber mal 不快感を与える, すまないという思いを与える, 落ち着かなくさせる. Me *sabe mal* no poder ayudarte. 私は君を手伝えなくて悪いと思う.

sabérselas todas 抜け目がない, 経験豊富である. Ese mocoso *se las sabe todas*. あの青二才はなかなか抜け目がない.

¿Sabes una cosa?/¿Sabes lo que te digo? (話し始めるときの)あのね, 実はね.

según mi [nuestro] leal saber y entender 私[私たち]の知るところによれば. *Según mi leal saber y entender*, eso no se corresponde con la verdad. 私の知るところによれば, それは真実のとおりではない.

vete a saber/vaya usted a saber (まあ探ってごらんなさい, 絶対分からないから). *Vete a saber* qué tipo de persona es aquel hombre. あの男は実に不可解な人物だ.

¡y qué sé yo! その他いろいろと.

―**se** 再 ❶ 知っている, 覚えている; 分かる. —Me *sé* el texto de memoria. 私はその文章を暗記している. ❷ 【＋名詞・形容詞】自分が…であると分かっている. ❸ 知られている, 周知のことである.

―**男** ❶ 知識. —Cuanto más ~ se tiene, mejor se comprende el mundo. 人は知識があればあるほど世の中がよく分かるようになる. 類 **cultura, sabiduría**. ❷ 学問, 学術. —El ~ medieval lo representaba la teología. 中世の学問を代表していたのは神学であった. el ~ filosófico 哲学的知識.

sabiamente [sáβjaménte] 副 ❶ 賢明に, 思慮深く;【文修飾副詞として】賢明にも. 類 **sensatamente**. ❷ 巧みに, 上手に.

sabidillo, lla [saβiðíʎo, ʎa] 形 《軽蔑》知ったかぶりの, 利口ぶった. 類 **sabihondo**.

― 名 知ったかぶりの人, 利口ぶった人. 類 **sabelotodo, sabihondo**.

:**sabido, da** [saβíðo, ða] 過分 形 ❶ 知られている. —como es ~ ご存知のように, いうまでもなく. ~ es que … よく知られているように…だ. es cosa [noticia] *sabida* que … 知られているように…. tener ~ que … …ということは周知している. ❷ 《皮肉》博識な, 学問のある. —Es un anciano muy ~. とても物知りな老人だ. ❸ いつもの. —Vino con las *sabidas* disculpas. 彼はいつものいいわけをした. 類 **consabido**.

de sabido もちろん, たしかに.

:**sabiduría** [saβiðuría] 女 ❶ 知識, 学識. —Le admiran por la gran ~ que tiene. 彼はその豊富な知識で称賛されている. 類 **instrucción, saber**. ❷ 分別, 賢明さ, 知恵. —actuar con ~ 分別をもってふるまう. Libro de la S~ (旧約聖書の)知恵の書. Dirige la empresa con gran ~. 彼は賢明に会社を経営している.

sabiendas [saβjéndas] 【次の成句で】

a sabiendas 知っていながら, 承知の上で, わざと. Se ha equivocado *a sabiendas* 彼はわざと間違えた. Comenzó a fumar *a sabiendas* de que me molestaba. 彼は私がいやがると知りながらタバコを吸い始めた.

sabihondo, da [saβjóndo, da] 形 知ったかぶりをする, もの知り顔の, 理屈屋の. 類 **pedante**,

sabidillo.
— 名 知ったかぶりをする人, 学習ぶる人, 理屈屋. 類**pedante, sabidillo.**

sabina [saβína] 女 ❶《植物》ビャクシン属(ヒノキ科, 薬用植物). ❷《物理》セービン(吸音力の単位).

sabino, na¹ [saβíno, na] 形《歴史》(古代イタリア中部の)サビニ人[語]の.
— 名 サビニ人.
— 男 サビニ語.

sabino, na² [saβíno, na] 形 (馬・ロバなどが)葦⁽あし⁾毛の, 類**rosillo.**

⁑sabio, bia [sáβjo, βja サビオ, ビア] 形 ❶ 知識のある, 学識のある. — Al congreso asistieron los más ~s científicos del mundo. その会議には世界中で最も学識のある科学者が参加した. 類**docto, erudito.** ❷賢明な, 分別のある; 道理にかなった. — Me ha dado un ~ consejo. 彼から賢明な忠告をうけた. 類**prudente, sensato.** ❸《軽蔑》知ったかぶりをする. 類**sabihondo.** ❹(動物が)訓練をうけた, 調教された. — perro ~ 訓練をうけた犬.
— 名 ❶ 知識のある人; 賢明な人. — De ~ s es mudar de opinión.『諺』君子は豹変⁽ひょうへん⁾す(←賢人は意見を変える). Alfonso X el ~ 賢王アルフォンソ10世(1221年～84年). ❷ 学者. ❸《軽蔑》物知りぶる人.

sabiondo, da [saβjóndo, da] 形 名 =sabihondo, da

sablazo [saβláθo] 男 ❶ サーベルでの一撃. — El guardia le derribó de un ~. 警官は彼を一太刀で倒した. ❷ サーベルによる傷, 刀傷. — Su cara muestra la cicatriz del ~ sufrido en la pelea. 彼の顔にはそのけんかで負った刀傷の跡がついている. ❸《比喩》おねだり, 金の無心, たかり. — dar un ~ [~s] a ... (人に金をねだる[たかる]. vivir de ~s 人にたかって生活する.

sable¹ [sáβle] 男 ❶ サーベル, 騎兵刀. — desenvainar el ~ サーベルを抜く. ❷《フェンシング》サーブル(剣の一種). ❸《話》《比喩》他人に金をせびること; 他人に金をねだる能力. — vivir del ~ 人にたかって生活する.

sable² [sáβle] 男《紋章》黒色.

sablear [saβleár] 自《話》《比喩》他人に金をせびる[たかる]; 他人にたかって生活する. — Vive de ~ a sus parientes. 彼は親戚にたかって生活している.

sablista [saβlísta] 名《話, 比喩》他人にたかって生活する人.

⁑sabor [saβór サボル] 男 ❶ 味, 味覚, 風味. — Ella pidió un helado con ~ a menta. 彼女はミント味のアイスクリームを注文した. Esta fruta tiene un ~ rarísimo. この果物はとても変な味がする. una bebida sin ~ 味のない(まずい)飲み物. ❷味わい, 趣. — Su última novela tiene un ligero ~ exótico. 彼の最新の小説は少しエキゾチックな趣がある. Aquella película dejó un buen [gran] ~ a todos los aficionados al cine. あの映画はすべての映画ファンにすばらしい印象を与えた.

dejar ... mal sabor de boca …に嫌な思いを残す. Su dimisión *nos ha dejado mal sabor de boca*. 彼の辞職はわれわれに気まずい思いを残した.

saborcillo [saβorθíjo] [<sabor] 男 かすかな風味.

⁑saborear [saβoreár] 他 ❶ を味わう, 賞味する. — *Saborea* bien este tinto, que es buenísimo. この赤ワインをよく味わってごらん, 極上品だから. ❷ を楽しむ, 満喫する. — ~ un buen libro 良書を楽しむ. — ~ la belleza de un paisaje 景色の美しさを満喫する. El campeón mundial *ha saboreado* el triunfo intensamente. 世界チャンピオンは勝利に大いに酔いしれた. ❸ …に味つけをする. — Usa hierbas aromáticas para ~ el guiso. 彼女はシチューの味つけに香草を使う.

sabotaje [saβotáxe] [<saβot] 男 ❶ サボタージュ, 怠業. ❷ (労働者側や労働者が機械・製品などに対して故意に行う)破壊行為, 生産妨害.

saboteador, dora [saβoteaðór, ðóra] 形 サボタージュの, サボタージュする. — acto ~ サボタージュ行為.
— 名 ❶ サボタージュする人, 破壊活動家. ❷《情報》クラッカー.

sabotear [saβoteár] 他 …にサボタージュを起こす; を故意に妨害[破壊]する.

saboyano, na [saβojáno, na] 形《歴史》サヴォイ(フランス南東部の地方, もと公国)の, サヴォイ王家の, サヴォイ人の. — 名 サヴォイ人.

sabr- [saβr-] 動 saberの未来, 過去未来.

⁑sabroso, sa [saβróso, sa サブロソ, サ] 形 ❶ おいしい, 風味のある. — un cocido ~ おいしい煮込み料理. La cena ha sido muy *sabrosa*. 夕食はとてもおいしかったです. ¡Qué *sabrosa* está la paella! このパエリヤはうまいなあ. 類**delicioso, rico.** ❷ 実質的な(内容が)充実した. — un sueldo ~ かなりの給料. lectura *sabrosa* 充実した読書. ❸ しんらつな, きつい, きわどい. — un comentario ~ しんらつな批評. una broma *sabrosa* きわどい冗談. 類**malicioso, picante.** ❹ 少々塩辛い.

sabuco [saβúko] 男《植物》ニワトコ. ◆スイカズラ科の落葉低木. 類**saúco.**

sabueso, sa [saβuéso, sa] 男《動物》ブラッドハウンド(嗅覚)が鋭い大型の猟犬・警察犬. perro sabueso とも言う).
— 名 ❶《比喩》探偵; 刑事. 類**detective, pesquisador, policía.** ❷《皮肉》嗅⁽か⁾ぎまわり屋.

saburra [saβúra] 女《医学》舌苔⁽ぜったい⁾, 舌ごけ; (胃などの食物残渣⁽ざんさ⁾などによる)苔状物.

saburroso, sa [saβuróso, sa] 形《医学》(舌が)舌苔⁽ぜったい⁾のできた; (胃などの食物残渣⁽ざんさ⁾などによる)苔状物の生じた.

saca¹ [sáka] 女 (布製の丈夫な)大袋, 郵袋 (saca de correo(s) とも言う). 類**costal.**

saca² [sáka] 女 ❶ 取り出すこと, 取り除くこと, 引き抜くこと. ❷《商業》輸出. ❸ (公証人が作成して認可を得た)謄本.

estar de saca 売り出し中である; (女性が)適齢期である.

sacabalas [sakaβálas] 男『単複同形』 槊杖⁽さくじょう⁾(砲身に詰まった弾丸などを取り除く道具).

sacabocado [sakaβokáðo] 男 ❶ 穴あけ器, 穴あけばさみ, パンチ. ❷《比喩》うまいやり方, コツ.

sacabocados [sakaβokáðos] 男『単複同形』= sacabocado.

sacabotas [sakaβótas] 男『単複同形』 ブーツ脱ぎ器. ◆V字型にカットとした板にブーツのかかとを

sacabuche¹ [sakaβútʃe] 男 ❶ 《楽器》サックバット(中世のトロンボーン). ❷ 《音楽》サックバット奏者. ❸ 《海事》排水用手押しポンプ.

sacabuche² [sakaβútʃe] 男 ❶ 先のとがったナイフ. 類**navaja**. ❷《軽蔑》ちび, いたずらっ子. 類**renacuajo**.

sacaclavos [sakakláβos] 男【単複同形】くぎ抜き.

sacacorchos [sakakórtʃos] 男【単複同形】コルク栓抜き.
sacar a ... con sacacorchos (人)から…を無理やり聞き出す. *A él siempre hay que sacarle las cosas con sacacorchos.* 彼から話を聞き出すのはいつも大変だ.

sacacuartos [sakakwártos] 名【単複同形】=sacadineros.

sacada [sakáða] 女 →sacado.

sacadineros [sakaðinéros] 男【単複同形】❶ つまらない見世物. —*Esos puestos de venta son un ~ para extranjeros ingenuos.* それらの売店は無邪気な外国人目当てのつまらない物だ. ❷ 安物の装身具.
── 名 いかさま師, 詐欺師.

***sacado, da** [sakáðo, ða] 過分 形 引き出した, 取り出した, 取得した.
── 女 ・地方自治体などの飛び地.

sacamanchas [sakamántʃas] 男【単複同形】(洗濯に使う)しみ抜き剤. 類**quitamanchas**.

sacamantecas [sakamantékas] 名【単複同形】❶ バラバラ殺人犯. ❷ すぐにナイフを取り出す強がり屋.

sacamuelas [sakamwélas] 名【単複同形】❶《話》《戯》歯医者. 類**dentista**. ❷ おしゃべりな人. 類**charlatán**. —*hablar más que un ~* べらべらとよくしゃべる. *mentir más que un ~* とんでもないうそをつく.

sacapuntas [sakapúntas] 男【単複同形】鉛筆削り.

****sacar** [sakár サカル][1.1]他 ❶ (a)『+ a/de/por から』を取り出す, 突き出す, 飛び出させる. —*El niño sacó la cabeza por la ventanilla.* 子供は車窓から頭を出した. *Sacó unos caramelos de la caja.* 彼はいくつかのあめを箱から取り出した. *¡Saca pecho, campeón!* 胸を張れ, チャンピオン! (b)『+de から』を引き出す, 抽出する. —*~ dinero del banco* 銀行から預金を引き出す. *En la bodega sacan el vino de las uvas.* ワイン醸造所ではブドウからワインを作っている. *En la almazara sacan el aceite de las aceitunas.* 搾油工場ではオリーブ油をオリーブの実から抽出している. 類**extraer**. (c) を連れ出す. —*Sacó al perro a pasear.* 彼は犬を散歩に連れ出した. *La niñera saca al niño al parque.* ベビーシッターは子供を公園に連れ出す. (d) (歯など)を抜く, 引き抜く. —*~ una muela* 奥歯を抜く. ❷『+ a/de から』を得る, 手に入れる, 獲得する. —*Mi marido ha sacado unas buenas ganancias del negocio.* 私の夫はこの取引からかなりの利益を得た. *Juan saca a su abuelo todo lo que quiere.* フアンは祖父から何でも欲しいものをもらっている. *El partido ha sacado 60 escaños.* その党は60議席を獲得した. *Ana María ha sacado el carnet de conducir.* アナ・マリアは運転免許証を取った. ❸ (a) (入場券・切符)を買う. —*Gonzalo sacó dos entradas para un partido de fútbol.* ゴンサーロはあるサッカーの試合の入場券を買った. *~ la puesta* 掛け金を取る. 類**comprar**. (b) (当たりくじ)を引き当てる, (掛け金)を獲得する. —*Un amigo mío ha sacado el premio gordo de la lotería.* 私の友人の1人は宝くじで1等賞を引き当てた. 類**tocar**. (c) …に合格する, 合格点を取る; …の成績を取る. —*Saqué todos mis estudios el mes pasado.* 私は先月全科目に合格した. *Saqué tres sobresalientes.* 私は優を3つとった. ❹ を導き出す, 解く, 解決する. —*No logro ~ esta ecuación.* 私はこの方程式の答を出すことができない. ❺『+de から』を救う, 救出する. —*Esa ayuda le sacará de apuros.* その援助が彼を困窮から救い出すだろう. *La vuelta del hijo le sacó de cuidados.* 息子が帰ってきたので彼の心配はなくなった. ❻ (a) を作り出す, 生産する, 作成する. —*Esta fábrica saca miles de televisores al mes.* この工場は月に数千台ものテレビを作っている. *~ una moda* ファッションを作る. *~ una fotocopia* コピーをとる. (b) を世に出す, 発行する, 流通させる. —*Han sacado una nueva moneda de un euro.* 新しい1ユーロ硬貨が発行された. 類**lanzar**. ❼ を見つけ出す, 探し出す. —*Mi mujer siempre saca defectos a los demás.* 私の妻はいつも他人のあらさがしをしている. ❽ (写真)を撮る; (コピー)を取る. —*Sacamos fotos del Palacio Real.* 私たちは王宮の写真を撮る. ❾ (テレビなどに)出演させる, 登場させる. —*Mañana van a ~ a mi hija por la tele.* 明日娘はテレビに出ることになっている. ❿ (トランプのカード, ドミノの牌)を出す. —*Mi tía sacó el as de oros y nos ganó.* 私の叔母は金貨(ダイヤ)のエースを出して我々を負かした. ⓫ (染み)を抜く, 除去する. —*~ una mancha* 染みを抜く. ⓬ 《裁縫》(上げ・詰め)を下す, 伸ばす. —*La modista sacó el bajo de la falda.* 婦人服デザイナーはスカートの裾を長くした. ⓭ を上回る, 追い越す. —*Mi hija le saca la cabeza a su madre.* 私の娘は背丈で頭1つ母親より大きい. *Ella me saca tres años.* 彼女は私より3歳年上だ. ⓮ (サッカー)…キックをする. —*El medio sacó el córner.* ボランチがコーナー・キックをした.

sacar a bailar …に一緒に踊ろうと頼む, をダンスに誘う. *Manuel la sacó a bailar.* マヌエルは彼女をダンスに誘った.

sacar adelante (1) を養う, 食わせる; 育てる. *El chico solo saca adelante a su familia.* 若者は独りで一家を養っている. (2) (事態)を好転させる, 向上させる. *Rodolfo logró ~ adelante el supermercado.* ロドルフォはスーパーの売れ行きを伸ばすのに成功した.

sacar a (la) luz (1) (作品)を発表する, …に日の目を見させる. (2) (真実)を明るみに出す, 告白する. *El presunto autor ha sacado a luz toda la verdad del caso.* 容疑者は事件の全容を明かした.

sacar de sí a ... …を激怒させる. *La mala educación lo sacaba de sí.* 不作法に対して彼は怒っていた.

sacar en claro [en limpio] …にはっきりした結論を出す.

── 自 ❶《スポーツ》サーブする. ❷《サッカー》キックオフする, キックする; スローインする. —*Sacó el de-*

1700 sacarímetro

lantero. フォワードはキックオフした.
— se 再 ❶ を取得する. — *Me he sacado* el permiso de conducir. 私は運転免許証を取得した. ❷【+de から】（自分の身に付けている物を）取り出す. — *Se sacó* la cartera *del* bolsillo interior de la chaqueta. 彼は上着のポケットから財布を取り出した. ❸【中南米】服を脱ぐ.

sacarímetro [sakarímetro] 男 《化学》検糖計, サッカリメーター.

sacarina [sakarína] 女 《化学》サッカリン.

sacarino, na [sakaríno, na] 形 砂糖の; 砂糖のような, 糖質の. ❷ 糖分を含む.

sacarosa [sakarósa] 女 《化学》蔗糖(とう), スクロース, サッカロース.

sacatrapos [sakatrápos] 男〔単複同形〕（銃・大砲などに詰まった物を取り除く先端がら旋状の）ウォーム. 類 **sacabalas**.
— 〔単複同形〕秘密を聞き出す名人.

sacerdocio [saθerðóθjo] 男 ❶《カトリック》(a) 司祭職, 司祭の身分; 聖職者の身分. — Ejerció el ～ hasta su muerte en este pueblo. 彼は死ぬまでこの町の司祭をつとめた. (b)《集合的に》司祭団; 聖職者たち. ❷ 聖職. — La abogacía tiene algo de ～. 弁護士の仕事には聖職のようなところがある. Se dedica a la enseñanza de sordomudos considerándola como un ～. 彼は聾唖(ろうあ)者の教育を聖職と心得て従事している.

‡**sacerdotal** [saθerðotál] 形《カトリックなどの》聖職者の（ような）, 司祭の. — vestidura ～《聖職者の》祭服. residencia ～ 司祭館. El orden ～ es uno de los siete sacramentos. 品級は七つの秘跡の一つである.

‡**sacerdote** [saθerðóte] 男 聖職者, 僧;《カトリック》司祭. — Le llegó su hora y mandaron llamar a un ～. 彼の臨終の時がやってきて司祭が呼びにやられた. sumo ～（ユダヤ教の）大司祭. 類 **clérigo, cura**.

‡**sacerdotisa** [saθerðotísa] 女 《宗教》（キリスト教以外の）女性聖職者, 巫女(みこ), 尼. — ～ del templo sintoísta（神道の）神社の巫女.

sachar [satʃár] 他（雑草）を抜く;（土地）に雑草を除く. 類 **escardar**.

saciable [saθjáβle] 形 ❶（欲求が）満足させ得る. 反 **insaciable**. ❷（人が）簡単に満足する. ❸ 少食な.

saciar [saθjár] 他 ❶（空腹・のどの渇き）を癒(いや)す, 満腹させる. — Sólo disponían de vino para ～ la sed. 彼らは渇きを癒すのにワインしか持っていなかった. —（人または欲求・必要）を満足させる,（意）を満たす. — Sólo la presidencia *saciará* su ambición de poder. 彼の権力欲を満足させるのは大統領の地位だけだろう. 類 **satisfacer**. ❸ をうんざりさせる, 飽き飽きさせる. 類 **hartar**.
— se 再 ❶【+con/de で】満足する. — ～*se* con poco いずれた食べる. Por fin he podido comer hasta ～*me*. ようやく私は思う存分食べることができた. 類 **satisfacerse**. ❷【+con/de に】うんざりする, 飽き飽きする. — Lleva dos semanas visitando iglesias y aún no *se ha saciado*. 彼は2週間教会を歴訪しているが, まだ飽きていない. 類 **hartarse**.

saciedad [saθjeðá(ð)] 女 満足, 充足・堪能(たんのう)すること. — comer hasta la ～ 腹いっぱい〔思う存分〕食べる. 類 **satisfacción**. ❷ 飽き飽きすること. 類 **hartazgo, hartura**.

‡**saco** [sáko] 男 ❶ 袋, かばん. — ～ de dormir 寝袋. — ～ de noche [viaje] 旅行かばん. ❷ 袋の中身, 一袋分. — Ha comprado diez ～s de harina. 彼女は小麦粉10袋分を買った. ❸《生物》嚢(のう)（体液などふくむ袋状のもの）. — ～ lacrimal 涙嚢(のう). ❹ ゆったりとした上っ張り, スモック. ❺《中南米》ジャケット. 類 **chaqueta**. ❻ 略奪. — el ～ de Roma《歴史》ローマの略奪. 類 **saqueo**. ❼ (…の性質を)多くもっている(人). — Está hecho un ～ de huesos. 彼はやせてげっそりしている. Es un ～ de mentiras. あいつはうそつきだ. ～ de malicia [gracia] 悪意にみちた人〔大変面白い人〕.
a sacos たくさん, たんまり. Tiene dinero *a sacos*. 彼はたんまりお金をもっている.
caer en saco roto（聞いたことが）右の耳から入って左の耳からぬける, 馬の耳に念仏.
entrar [meter] a saco 略奪する.
no echar [meter] en saco roto …に十分注意する, 忘れないよう気をつける. *No echaré en saco roto* los consejos que me ha dado usted. あなたからいただいたご忠告を忘れぬよう気をつけるつもりです.
no ser [parecer] saco de paja 軽んじることができない, 無視できない.

sacra [sákra] 女 《カトリック》（額に入れられ, 祭壇の上に置かれた）ミサ典文.

sacramentado, da [sakraméntáðo, ða] 過分 形《カトリック》❶ 聖化区別された. — Jesús ～ 聖体, 聖餐式のパン, ホスチア. ❷（臨終にある人が）臨終の秘跡を受けた.

sacramental [sakramentál] 形 ❶《宗教》（カトリックで）秘跡の;（プロテスタントで）聖礼典の; 聖餐の. — auto ～《聖餐》（聖体の祝日に上演された, 寓意的な一幕物の宗教劇）. especies — *es* 聖餐のパンとぶどう酒. sigilo ～ 聴罪司祭が守らねばならない秘密. ❷《比喩》昔ながらの; お決まりの.
palabras sacramentales (1) 秘跡の言葉. (2) お決まりの文句.

sacramentar [sakramentár] 他 ❶《カトリック》（パン）を聖変化させる, 聖別する. ❷《カトリック》（臨終の人に）臨終の秘跡を授ける. ❸《比喩》を隠す.

‡**sacramento** [sakraménto] 男 《宗教》❶《カトリック》秘跡の. ◆洗礼 bautismo, 聖体 comunión, 堅信 confirmación, 告解 confesión, 終油 extremaunción, 品級(叙階) orden, 婚姻 matrimonio の7つの秘跡のひとつ. — el Santísimo S～ 聖体, 聖餐式. recibir el ～ de la confirmación 堅信の秘跡を受ける. administrar [recibir] los (últimos) ～s 臨終の秘跡を授ける〔受ける〕. ❷《プロテスタント》聖礼典.

sacrificador, dora [sakrifikaðór, ðóra] 形 犠牲を払う, いけにえを捧げる.
— 名 ❶ 供犠者, 犠牲を払う人, いけにえを捧げる人. ❷ 屠殺人(とさつ), 畜殺者.

‡**sacrificar** [sakrifikár] [1.1] 他 ❶ をいけにえとして捧げる. — *Sacrificaban* a los dioses un animal como ofrenda. 彼らは神々にある動物を供物として捧げていた. ❷（家畜など）を畜殺する, 処分する. — *Sacrificaban* cerdos para tener alimento durante el invierno. 彼らは冬の間の食料を確保するためブタを殺していた. ❸（ある目的のため）を犠牲にする, 手放す. — ～ la vida por la patria 祖国のために生命を犠牲にする. Se vieron obliga-

dos a ～ empleados en bien de la empresa. 彼らは会社の利益のために社員を犠牲にすることを余儀なくされた.
— se 再 〔＋por/para のため〕自らを犠牲にする，犠牲になる；我慢する. — El profesor *se sacrificó* para salvar a un alumno que se estaba ahogando. 先生はおぼれかかっていた生徒を助けるために自らを犠牲になった. Si no hay otro remedio, *me sacrificaré* e iré. 他に手段がないのなら，私が我慢して行きましょう. Es una mujer que siempre *se ha sacrificado* por la familia. 彼女はいつも家族のために献身していた女性だった. 類 re-signarse.

:**sacrificio** [sakrifiθjo] 男 ❶ いけにえ，捧げもの. — Los antiguos aztecas ofrecían ～s humanos a sus dioses. 古代のアステカ人は神々に人身御供(ごくう)を捧げていた. ❷ 犠牲(ぎせい)(的行為). — Estudiar en Inglaterra supuso un gran ～ para sus padres. 彼の英国留学は両親には大きな犠牲を強いることとなった. Sé que para ti es un ～, pero hazlo por todos nosotros. 君にとっては辛いことだろうが，われわれみんなのためにやってくれ. ❸ 《宗教》ミサ. — celebrar el santo ～ ミサをあげる.

sacrifique(-) [sakrifike(-)] 動 sacrificar の接・現在.

sacrifiqué [sakrifiké] 動 sacrificar の直・完了過去・1 単.

sacrilegio [sakriléxjo] 男 ❶ 神聖を汚(けが)すこと，神聖冒瀆(ぼうとく)；神聖冒瀆の行為. 類 impiedad, profanación. 反 veneración. ❷ 《比喩》失礼(な行為).

sacrílego, ga [sakríleɣo, ɣa] 形 神聖を汚(けが)す，冒瀆(ぼうとく)の，不敬な(人または行為). — acción *sacrílega* 冒瀆行為.
— 名 冒瀆者.

sacristán [sakristán] 男 《宗教》聖具室係.

sacristana [sakristána] 女 《宗教》(女子修道院の)聖具室係.

sacristanía [sakristanía] 女 《宗教》聖具室係の職.

sacristía [sakristía] 女 《宗教》(教会の)聖具室.

sacro, cra [sákro, kra] 形 ❶ 神聖な，聖なる. — arte ～ 宗教美術. historia *sacra* 聖書に記されている歴史. música *sacra* 宗教音楽. Sacra Familia 聖家族(ぞく). la *Sacra* Faz キリストの顔の像(特にベロニカの聖顔布(paño de la Verónica)に残ったと言われる像). el S～ Colegio 〈カトリック〉枢機卿(すうききょう)会(全枢機卿から成る教皇の最高諮問機関). el S～ Imperio (Romano) 《歴史》神聖ローマ帝国. 類 sagrado. ❷ 《解剖》仙骨(部)の.
— 男 《解剖》仙骨 (= hueso sacro).

Sacro Monte [sákro mónte] 固名 サクロ・モンテ(スペイン，グラナダ市郊外の丘).

sacrosanto, ta [sakrosánto, ta] 形 (人・場所・法律などが)きわめて神聖な，不可侵な，至聖の.

Sacsahuamán [saksawamán] 固名 サクサワアマン(ペルー，クスコ市郊外のインカ遺跡).

sacudida [sakuðíða] 女 ❶ 揺さぶること，震動. — ～s sísmicas 地震. Le cogí por los hombros y le di varias ～s, pero no le pegué. 私は彼の両肩をつかんで何度も揺さぶったが，彼をなぐりはしなかった. ❷ はたくこと，たたくこと. — Por llegar tarde le han dado una buena ～. 彼は遅刻したせいでたっぷりぶたれた. ❸ ショック，衝撃. — eléctrica 電気ショック. Aún no se ha recuperado de la ～ que le produjo la muerte de su novia. 彼は恋人の死によるショックからまだ立ち直っていない. ❹ 《比喩》(政治などの)大変動，激変，動乱.

sacudido, da [sakuðíðo, ða] 過分〔＜ sacudir〕形 ❶ (人が)固く決心した，断固とした. 類 desenvuelto, resuelto. ❷ 性格が悪い；強情な. 類 áspero, intratable. ❸ 奔放な，大胆な. 類 atrevido, audaz.

sacudidor, dora [sakuðiðór, ðóra] 形 揺する；はたく，たたく.
— 男 (掃除用具の)はたき；ふとんたたき.

sacudidura [sakuðiðúra] 女 (主にほこりを払うために)はたくこと.

sacudimiento [sakuðimjénto] 男 揺さぶること；たたいて落とすこと，はたくこと.

:**sacudir** [sakuðír] 他 ❶ を揺さぶる，揺する，揺り動かす. — *Sacudió* el bote de salsa antes de abrirlo. 彼はふたを開ける前にソース入れを振った. Ella lo *sacudió* para que se despertara. 彼女は目覚めさせようと彼を揺さぶった. ❷ を振り払う，払い落とす，はたき落とす. — la alfombra じゅうたんのほこりをはたく. — la sábana para ventilarla 風に当てるためにシーツのほこりを払う. ❸ を叩く，ぶつ，殴る. — Le *sacudiste* una tremenda bofetada. 君は彼を思いっきりひっぱたいた. Calla o te sacudo. 黙らないと殴るぞ. 類 atizar, golpear. ❹ …の心を揺さぶる，を感動させる，驚かす. — La noticia de la guerra *sacudió* a toda la nación. 戦争のニュースは全国民を動揺させた. 類 conmocionar.
— se 再 ❶ を払い落とす，振り払う，払いのける. — *Sacúdete* el albornoz, que está lleno de polvo. バスローブがほこりだらけだから振り払いなさい. Las vacas *se sacudían* las moscas con el rabo. 牛たちはその尻尾でハエを追い払っていた ❷ …から逃れる，を寄せつけない. — No pude ～*me* a esa pesada en todo el día. 私はあのうるさい女から 1 日中逃れられなかった.

sádico, ca [sáðiko, ka] 形 サディズム[サディスト]的な，加虐的な.
— 名 サディスト.

sadismo [saðísmo] 男 サディズム，加虐性色欲異常；残酷好き.

saduceo, a [saðuθéo, a] 形 《宗教》サドカイ派(霊魂の不滅や復活などを信じないユダヤ教の一派)の. — 名 《宗教》サドカイ派の人.

saeta [saéta] 女 ❶ 矢. 類 flecha. ❷ 《音楽》サエタ，♦聖週間の聖母マリアなどの行列に向かって歌われるアンダルシーア地方の宗教歌.

saetada [saetáða] 女 = saetazo.

saetazo [saetáθo] 男 ❶ 矢を射ること. ❷ 矢による傷.

saetera [saetéra] 女 ❶ 銃眼；矢狭間(はざま). ❷ 幅の狭い窓.

saetilla [saetíʎa] 女 〔＜ saeta〕女 ❶ (時計の)針. ❷ 磁針，羅針. 類 brújula. ❸ 小さな矢.

saetín [saetín] 男 ❶ 無頭釘(むとうてい)，頭部のない細釘(ほそくぎ). ❷ (水車を回すための)導水溝.

safena [saféna] 女 《解剖》伏在静脈. ♦vena safena とも言う.

saga¹ [sáγa] 女《文学》❶ サガ, 北欧(王侯)伝説. 類**hazaña, tradición.** ❷ 一族物語, 年代記.

saga² [sáγa] 女 魔女, 女妖術(ﾖｳｼﾞｭﾂ)師. 類**adivina, bruja, hechicera.**

sagacidad [saγaθiðá(ð)] 女 ❶ 機敏さ, 抜けめなさ, 利口さ. 類**astucia, perspicacia.** 反**bobería, ingenuidad.** ❷ (犬などの)嗅覚(ｷｭｳｶｸ)の鋭さ, 鼻のきくこと.

sagaz [saγáθ] 形 ❶ (a) 利口な, 物わかりの速い. —Es un hombre muy ~ para los negocios. 彼はとても商才にたけた男だ. 類**agudo, astuto, avispado, vivo.** (b) 慧敏(ｹｲﾋﾞﾝ)な, 洞察力のある. 類**cauto, perspicaz.** ❷ (犬などの)嗅覚(ｷｭｳｶｸ)の鋭い, 鼻のきく.

sagita [saxíta] 女《数学》矢. ◆円弧の中点からその弦の中点までの長さ.

sagitario [saxitárjo] 男 ❶ (S~)《占星術》射手(ｲﾃ)座; 人馬宮. ❷ 弓の射手, 弓術家.

*‡**sagrado, da** [saγráðo, ða] 形 ❶ 聖なる, 神聖な. —Sagrada Comunión 聖餐式. Sagrada Familia 聖家族(キリスト, 聖母マリア, 聖ヨハネなどの一団を表した絵). Sagrada Escritura 聖書. S~ Corazón 聖心(槍で貫かれたキリストの心臓. 人類にたいする愛の象徴). historia sagrada (聖書が語る)聖史. 類**sacro, venerable.** 反**profano.** ❷ 侵しがたい, 畏敬すべき. —El despacho del abuelo era un lugar ~ para los nietos. 祖父の書斎は孫たちにとっては足を踏み入れることのない場所であった. 類**respetable.**

— 男 聖域, 避難場所.

acogerse a lo sagrado 聖域に逃れる.

sagrario [saγrárjo] 男《カトリック》❶ 聖櫃(教会内で聖櫃(ｾｲﾋﾂ)を収めておく場所). ❷ 聖櫃(ミサの後, 病者のために聖別されたパンを保存しておく箱). ❸ (大聖堂の中の)礼拝堂, 客堂.

sagú [saγú] [<マレーシャ語] 男 ❶《植物》サゴヤシ, サゴ. ◆サゴヤシの幹の髄からとった白い米粒状のでんぷん. 食料, また糊(ﾉﾘ)の原料となる.

Sagua la Grande [sáγua la gránde] 固名 サグア・ラ・グランデ(キューバの都市).

saguntino, na [saγuntíno, na] 形 サグントの.

— 名 サグントの住民, サグント出身者.

Sagunto [saγúnto] 固名 サグント(スペインの都市).

Sahara [saára] 固名 (Desierto del ~) サハラ砂漠(アフリカ北部の砂漠).

Sahara Occidental [saára okθiðentál] 固名 西サハラ(旧スペイン領).

saharaui, saharauí [sa(x)aráwi, sa(x)arawí] 形 サハラ砂漠(特に旧スペイン領西サハラ)の.

— 名 (西)サハラ砂漠の住民[出身者].

sahariana [sa(x)arjána] 女《服飾》ブッシュジャケット, ◆パッチポケットとベルトの付いた長いシャツ風の綿のジャケット.

sahariano, na [sa(x)arjáno, na] 形 サハラ砂漠の.

— 名 サハラ砂漠の住民[出身者].

sahornarse [saornárse] 再 (皮膚がこすれて)炎症を起こす, 赤く腫(ﾊ)れる, ただれる.

sahumar [saumár] [1.8] 他 …に香(ｺｳ)をたき込める. —El sacerdote *sahúma* el altar. 司祭が祭壇に香をたく. 類**aromatizar, incensar, perfumar.**

sahumerio [saumérjo] 男 香(ｺｳ); 香の煙; 香をたくこと.

saín [saín] 男 ❶ 獣脂, 動物の脂肪. 類**grasa.** ❷ (特に灯油用の)魚油. ❸ (襟, そで口などのあか, 汚れ. 類**mugre.**

sainete [sajnéte] 男 ❶《演劇》サイネーテ. ◆18世紀スペインで流行した, 一幕物の風俗喜劇. ❷ (食べ物の)ひと口, おいしいひと口. 類**bocadito.** ❸ (味を良くするための)ソース, 調味料. ❹《比喩》趣を添えるもの.

sainetero, ra [sajnetéro, ra] 名《演劇》サイネーテ (sainete) の作者, サイネーテ作家.

sainetista [sajnetísta] 男女 → sainetero.

saíno [saíno] 男《動物》ヘソイノシシ, ペッカリー.

sajadura [saxaðúra] 女《外科》(うみ・血などを出すための)切開.

Sajalín [saxalín] 固名 サハリン(樺太; ロシアの州).

sajar [saxár] 他《外科》(うみ・血などを出すために, はれものなど)を切開する. —El cirujano le *sajó* el grano para limpiarlo de pus. 外科医はうみを出すために彼の吹き出物を切開した.

sajón, jona [saxón, xóna] 名《歴史》サクソン族[人]の.

— 名《歴史》サクソン族[人]. ◆ドイツ北部の古代民族で, 5-6 世紀にイングランドに侵入, 定住した.

Sajonia [saxónja] 固名 ザクセン(ドイツの地方).

sake, saki, sakí¹ [sáke, sáki, sakí] [<日] 男 酒, 日本酒.

sakí² [sakí] 男《動物》サキ. ◆南米産オマキザル科サキ属のサルの総称. 尾が長くて太く, 鼻が大きい.

*‡**sal¹** [sál サル] 女 ❶ 塩, 食塩. —~ común (de cocina) 食塩. ~ de mesa 食卓塩. ~ gema 岩塩. Se echa una pizca de ~ al caldo. スープに一つまみの塩を入れる. Pásame la ~ por favor. 塩をとってください.
❷ 面白さ, ウィット, 趣き. —Estas cosas son la ~ de la vida. このようなことが人生の妙味だ. Es una historia sosa, pero cuando él la cuenta, adquiere mucha ~. それはつまらない話なのだが, 彼が語るととても面白くなる. 類**agudeza, gracia, ingenio.**
❸ いきいきとした魅力, 活発さ. —Tu novia tiene mucha ~. 君の彼女はとてもいきいきとして魅力的だ. ~es《化学》塩(ｴﾝ). ~ de acederas 蓚酸カリ. ~ infernal 硝酸銀. ~es 複 浴用剤; 気つけ薬.

con sal y pimienta 機知がきいて, ウィットに富んで. Contó anécdotas de Japón *con sal y pimienta*. 彼は面白おかしく日本での逸話を語って聞かせた.

sal² [sál] 動 salir の命令.2 単.

*‡**sala** [sála サラ] 女 ❶ 広間, 室, 居間. —~ de estar 居間. ~ de espera 待合室. ~ de fumar 喫煙室. deporte de ~ 室内スポーツ. ~ de hospital (病院の)大部屋. Nos sirvieron el café en la ~. 私たちは居間でコーヒーをごちそうになった. 類**aposento, salón.** ❷ 会場, ホール. —~ capitular 教会参事会会場. ~ de clase 教室. ~ de conferencias 会議室. ~ de exposición [muestras] ショールーム. ~ de fiestas 宴会場; ダンスホール. ~ de lectura 読書室. ~ de máquinas 機械室. ~ de operaciones 手

術室. ❸ 劇場, 映画館. ―~ de espectáculos 劇場, 映画館. ~ de estreno 封切り映画館. ~ X ポルノ映画館. ❹ 法廷, 裁判所. ―~ de lo civil 民事法廷. ~ de lo criminal 刑事法廷. ~ de justicia 法廷. 類**tribunal**.

salacidad [salaθiðá(ð)] 囡 好色, わいせつ, 淫乱(シミシ). 類**indecencia, lascivia, lujuria, obscenidad**.

salacot [salakót] 男 【複 salacots [salakó(t)s]】(熱帯地用の)日よけ帽, 防熱ヘルメット.

saladar [salaðár] 男 塩性沼沢(地), 塩湿地.

saladería [salaðería] 囡 (肉の)塩漬け加工業, 塩漬け肉製造業.

saladero [salaðéro] 男 (肉・魚の)塩漬け加工場.

saladilla [salaðíja] 囡 →saladillo.

saladillo, lla [salaðíjo, ja] [<salladas 塩味の付いた. ― almendras *saladillas* 塩味のするアーモンド. tocino ― 少量の塩をふった豚の脂身.

―― 囡 【植物】ハマカザ.

Salado [saláðo] 固名 (el Río ~) サラード川(アルゼンチンの河川).

:**salado, da** [saláðo, ða] 過分 形 ❶ 塩気のある, 塩辛い. ―agua *salada* 塩水. Esta carne está demasiado *salada*. この肉は塩辛すぎる. ❷ 機知に富んだ, 気のきいた, おもしろい. ―Nos atendió una secretaria muy *salada*. 私たちはとても気のきいた秘書に応対してもらった. 類**agudo, gracioso**. ❸ 魅力的な, かわいらしい. 類**atractivo**.

saladura [salaðúra] 囡 塩漬けにすること; (食品の)塩蔵. ―Esta carne de vaca se conserva bien gracias a la ~. この牛肉は塩漬けにしてあるので日持ちが良い.

Salamanca [salamáŋka] 固名 サラマンカ(スペイン, カスティーリャ・レオン地方の県・県都).

salamanca [salamáŋka] 囡 〖チリ, アルゼンチン〗❶ 洞窟, 岩屋. 類**cueva**. ❷ 魔術, 妖術.

salamandra [salamándra] 囡 ❶ 【動物】サンショウウオ. ❷ サラマンダー・ストーブ(石炭を用いる). ❸ 火とかげ(伝説上の動物); 火中に住む魔神, 火の精.

salamanqués, quesa[1] [salamaŋkés, késa] 形 名 =salmantino, na.

salamanquesa[2] [salamaŋkésa] 囡 【動物】ヤモリ.

salame, salami [saláme, salámi] 男 【料理】サラミソーセージ. 類**chorizo, salchichón**.

salar[1] [salár] 他 ❶ (保存のために肉・魚などを)塩漬けにする. 類**conservar, curar**. ❷ 【料理】塩をかける, 塩味をつける. 類**sazonar**. ❸ 料理に塩を入れすぎる. ❹ 【中南米】…の名誉を汚す, …に恥辱を与える. 類**deshonrar**. ❺ 【中南米】…をだめにする, 台なしにする. 類**estropear**. ❻ 【中南米】…に不運をもたらす.

salar[2] [salár] 男 〖アルゼンチン, チリ, ボリビア〗天然塩田, 岩塩坑.

salarial [salarjál] 形 賃金の, 給料の. ―solicitar un aumento ~ 賃上げを要求する.

:**salario** [salárjo] 男 賃金, 給料. ―Le pagan un pequeño [gran] ~. 彼は安い[高い]給料をもらっている. cobrar el ~ 給料を受けとる. Me deducen del ~ trescientos euros de renta mensualmente. 私は毎月給料から家賃 300 ユーロを差し引かれる. ~ base 基本給. ~ por hora 時間給. ~ tope [máximo] 最高賃金. ~ mínimo 最低賃金. ~ de hambre 飢餓賃金, 薄給. 類**paga, sueldo**.

salaz [saláθ] 形 好色な, わいせつな. 類**lujurioso**.

Salazar [salaθár] 固名 サラザール(アントニオ・デ・オリベイラ Antonio de Oliveira ~)(1889-1970, ポルトガルの政治家).

salazón [salaθón] 囡 ❶ (肉・魚)塩漬けにすること; 塩漬け加工(業). ❷ 複 塩漬け肉, 塩漬け魚肉.

salceda [salθéða] 囡 ヤナギの林.

salcedo [salθéðo] 男 =salceda.

:**salchicha** [saltʃítʃa] 囡 (豚肉の)腸詰め, ソーセージ.

salchichería [saltʃitʃería] 囡 ソーセージ店.

salchichón [saltʃitʃón] 男 [<salchicha] 【料理】太いサラミ・ソーセージ. 類**chorizo, embutido, salame, salchicha**.

salcochar [salkotʃár] 他 (食べ物)を塩ゆでにする.

saldar [saldár] 他 ❶ (借金を)返済[完済]する, 精算する; (口座などを)しめる. ―~ la deuda 借金を完済する. ~ la cuenta corriente 当座勘定をしめる. 類**liquidar**. ❷ を安売り[投げ売り]する. ―*Saldan* los productos por cierre de la tienda. 店じまいのため商品の安売りをしている. ❸ 《比喩》…に決着をつける. ―Por fin *saldaron* sus diferencias. ついに彼らは意見のくい違いを解消した. No te olvides de que tenemos un asunto pendiente que ~. 私たちには決着をつけなければならない未解決の問題があることを忘れるな. 類**liquidar**.

saldar la [*una*] *cuenta* 《比喩》仕返しをする.

saldista [saldísta] 共 ❶ 在庫一掃セールをする商人. ❷ 在庫一掃セールの商品を買う人.

:**saldo** [sáldo] 男 ❶ 清算, 支払い. ―~ de la deuda 借金の清算. 類**pago**. ❷ 《会計》収支, 貸借勘定, 差額. ―el ~ de una cuenta corriente en el banco 銀行の当座預金の収支高. ~ acreedor [a favor, positivo] 貸方残高. ~ deudor [en contra, negativo] 借方残高. el ~ es a su favor 彼の受取り勘定になっている. 類**liquidación**. ❸ 大売り出し, バーゲン. ―venta de ~s バーゲンセール. ❹ はんぱ物, 残り物. ―Los muebles tan caros que compró resultaron ser un ~. 彼女が買ったあんなに高価な家具は結局中途はんぱなしろものだった.

saldr- [saldr-] 動 salir の未来, 過去未来.

saledizo, za [saleðíθo, θa] 形 突き出した, 出っ張った. ―Ristras de ajos cuelgan del techo ~ 張り出した屋根からニンニクの数珠つなぎにしたものが何本かつり下がっている. 類**saliente**.

―― 男 ❶ (建物の)突出部, 張り出し(屋根・バルコニーなど). ❷ (壁などから突き出た)棚.

salero [saléro] 男 ❶ (食卓・台所用の)塩入れ, 塩つぼ. ❷ 魅力, 愛嬌(ポピポ), 機知. ―tener mucho ~ 魅力がある. bailar con gran [mucho] ~ 魅力たっぷりに踊る. 類**donaire, gracia, sal**. ❸ 塩の倉庫.

saleroso, sa [saleróso, sa] 形 魅力的な, 愛嬌(ポピポ)のある, 機知に富んだ. 類**gracioso, salado**.

salesa [salésa] 囡 〖S～ とも綴る〗(カトリック) 聖母訪問会の修道女. ◆聖母訪問会 (orden de la Visitación de Nuestra Señora)は1610年に San Francisco de Sales がフランスで設立した修道女会で, 貧者・病人の慰問および少女教育を目的とする.
── 形 〖S～ とも綴る. 女性形のみ〗(カトリック) 聖母訪問会の.

salesiano, na [salesjáno, na] 图 (カトリック) サレジオ会の修道士. ◆サレジオ (congregación de San Francisco de Sales)は1859年にイタリアのカトリック司祭 San Juan Bosco が貧しい子供の教育を目的として創設.
── 形 (カトリック) サレジオ会の.

saleta [saléta] 〔<sala〕 囡 ❶ (王家の)控え室, 次の間. 類**antecámara**. ❷ 〖歴史〗控訴院 (= sala de apelación).

salga(-) [sálɣa(-)] 動 salir の接・現在.

salgo [sálɣo] 動 salir の直・現在・1単.

salicilato [saliθiláto] 男 〖化学〗サリチル酸塩, サリチル酸エステル.

salicílico, ca [saliθíliko, ka] 形 〖化学〗サリチル酸の. ─ácido ～ サリチル酸.

sálico, ca [sáliko, ka] 形 〖歴史〗(フランク族中のサリ支族の. ─ley *sálica* サリカ法典. ◆サリ支族の法の起源とされる. 女子の土地相続権・王位継承権を否認する.
── 名 サリ支族の人.

salida [salíða サリダ] 囡 ❶ 出ること, 出発, 発車. ─La ～ del tren se demoró cinco minutos. 列車の発車は5分遅れた. ─La ～ internacional 国際線出発(ゲート). La ～ de los corredores es a las doce. ランナーのスタートは12時である. A la ～ del trabajo fuimos a echar un trago. 仕事が終ってから我々は一杯やりに行った. 類partida**. 反**llegada**. ❷ 出口. ─Hay que pagar a la ～ del aparcamiento. 駐車場の出口で料金を払わなくてはいけない. No pude encontrar la ～ a la calle. 私は通りへの出口を見つけることができなかった. calle sin ～ 袋小路, 行き止まりの道. ～ de emergencia [de incendios] 非常口. ～ de artistas 楽屋出入口. Este país no tiene ～ al mar. この国は海への出口がない. 類**paso, puerta**. 反**entrada**. ❸ (太陽など天体が)出ること, 昇ること. ─～ del sol 日の出. 反**puesta**. ❹ 散策, 遠足. ─He hecho algunas ～s para conocer las afueras. 私は郊外を知るために何度か散策に出かけました. ❺ 解決策, 方法. ─No veo ninguna ～ a este problema. この問題には解決策が見あたらない. No tenemos otra ～ que aceptar su invitación. 私たちは彼の招待を受ける以外に手はない. 類**solución**. ❻ 言い逃れ, 弁解. ─Estuvo buscando una ～ para no asistir a la reunión, pero no la encontró. 彼はその会合に出席しない口実をさがしていたが, 見つからなかった. 類**escapatoria, pretexto**. ❼ おもしろい考え, 行い; うまい返答. ─Tiene unas ～s muy graciosas y nunca te aburres. 彼はとても面白いことを言うので退屈することはない. 類**ocurrencia**. ❽ 販売, 売れゆき. ─Creo que el nuevo producto va a tener mucha [poca] ～. 新製品はよく売れる[あまり売れない]と思う. dar ～ a ... よく売れる, 市場を見出す. ❾ 支出. ─Este mes hemos tenido muchas ～s, y ya no queda dinero. 今月は支出が多かったので, お金は残っていない. ❿ 漏れ, はけ口. ─Dio ～ a su indignación. 彼は怒りをあらわした. ⓫ (演劇) 登場. ─～ a escena 舞台への登場. ⓬ 就職口, 欠員. ─No hay muchas ～s para los estudiantes de letras. 文学部の学生には就職口がない. ⓭ 突出側, 出っ張り. ⓮ (スポーツ) スタート. ⓯ (軍事) 突撃(隊), 出撃. ⓰ (コンピュータ) アウトプット, 出力; (テレビなどの)出力端子.
dar la salida 出発[スタート]の合図をする.
dar salida a 感情を発露させる. Cuando despegó el avión *dio salida a* su tristeza y empezó a llorar. 飛行機が離陸すると彼女は寂しさをおさえきれず泣き出した.
salida de baño バスローブ.
salida de pie [pata] de banco/salida de tono へまな言動, 不適切な発言.
tener salida a ... …に通じている, …に面している. Este hotel *tiene salida a* la playa. このホテルは浜辺への出口があります.

salidizo [saliðíθo] 男 〖建築〗張り出し(建物の外に張り出して造りつけた部分).

salido, da [salíðo, ða] 過分 形 ❶ 突き出ている, 出っ張っている. ❷ 〖女性形のみ〗(雌が)盛りのついた, 発情した.

‡saliente [saljénte] 〔<salir〕形 ❶ 突き出た, 出っ張った, 張り出した. ─El diente ～ empuja a los otros dientes. その生えかけの前歯が他の前歯を圧迫している. Tiene los pómulos ～s. 彼は頬骨が突き出ている. 類**abultado**. ❷ 目立った, 抜きんでた, 顕著な. ─Lo más ～ de la reunión fue el discurso del presidente. 会議で最も傑出していたのは大統領の演説だった. 類**prominente**. ❸ やめて行く, 退職[離任, 引退]する(予定の). ─Los profesores ～s saludaron a los entrantes. 離任する先生たちは新任の先生たちに挨拶した. 反**entrante**. ❹ (太陽などが)出る, のぼる. ─sol ～ のぼる太陽, 旭日.
── 男 ❶ 出っ張り, 張り出した[突き出た]部分, 突出部. ─Me enganché con el ～ del armario. 私はロッカーの突き出た部分に引っかかった. Como llovía, nos metimos debajo de un ～ de la fachada. 雨が降ったので, 私たちは建物正面の張り出し屋根の下に入った. ❷ 東. 類**este, levante, oriente**. 反**poniente**.

salificar [salifikár] [1.1] 他 〖化学〗を塩化する. ─**se** 再 〖化学〗塩化される.

salina [salína] 囡 ❶ 岩塩坑, 岩塩産地. ❷ 〔主に 複〕塩田; 製塩所[場].

salinero, ra [salinéro, ra] 形 ❶ 塩田の; 製塩に関する. ─industria *salinera* 製塩業. ❷ (牛が)赤茶と白のぶちの.
── 男 製塩業者; 塩商人.

salinidad [saliniðá(ð)] 囡 塩分(含有率), 塩度; 塩気. ─El mar Mediterráneo tiene una ～ muy elevada. 地中海の塩分含有率はとても高い.

salino, na [salíno, na] 形 ❶ 塩分を含んだ; 塩気のある, 塩辛い. ─Esos terrenos no pueden cultivarse por su naturaleza *salina*. その土地は塩分を含んだ地質のため耕作することができない. ❷ (牛などが)白ぶちの.

**salir [salír サリル] [10.6] 自 ❶ (a) 〔+ de から〕出る, 出て行く [来る]. ─Sa-

limos del teatro a la una de la noche. 我々は夜の1時に劇場を出た. Pronto *saldrá de* clase. 間もなく彼は教室から出てくるだろう. Voy a ~ al balcón. バルコニーに出よう. (b) 外出する; 遊びに出る. —*Suelo* ~ *de* casa a las ocho y media. 私は8時半に家を出るのが常だ. Esta noche no *salgo*. 今夜私は外出しない. *Sale* con los amigos todos los domingos. 彼は日曜日になると友だちと遊びに出かける. Sólo *salimos* los fines de semana. 我々は週末だけ遊びに出掛ける. (c) 出発する, 出航する, 発車する. —El tren *sale* a las tres y cuarto. 列車は3時15分に発車する. 類 **partir**. (d)【+de+名詞】(…のため)出かける. —El próximo jueves *salen de* vacaciones. こんどの木曜日に彼らは休暇に出掛ける. ~ *de* compras 買物に出掛ける. ~ *de* viaje 旅行に出掛ける. (e)【+a+不定詞】(をしに)出かける. —~ *a* buscarla 彼女を迎えに行く. (f)【+現在分詞】(…しながら, …して)出る. —El niño *salió* corriendo. 子どもが走って出て来た. El ladrón *salió* huyendo. 泥棒は飛び出して逃げて行った. ❷ (a)【+de】(芽などが)出る, (歯などが)生える, 生じる. —Le *ha salido* un diente a la niña. その女の子に歯が1本生えた. Ya empieza a ~ el trigo en los sembrados. 畑でもう小麦の芽が出始めている. 類 **brotar, nacer**. (b) (答え)が出る, (問題)が解ける. —Me *ha salido* la multiplicación. 私は掛算の答を出した. No me *salen* las cuentas. 私は計算が合わない. (c) (日)が出る, 昇る. —El sol *sale* a las seis. 日の出は6時だ. (d) 現れる, 姿を現す. —*Salió* al escenario para agradecer los aplausos. 彼は拍手喝采に感謝するため舞台に姿を現した. ❸ (a)【+a】に(機会などが)やって来る, 訪れる. —Me *ha salido* una oferta para trabajar de auxiliar en un laboratorio. 私に実験室で助手として働かないかという申し出があった. Me *ha salido* una buena oportunidad. またとないチャンスが私に到来した. 類 **encontrar**. (b)【+a】に(記憶などが)出て来る, (…の)頭に浮かぶ. —*Salió de* ella estudiar historia. 歴史を勉強しようというのは彼女の思いつきだった. *Sé* su nombre, pero no me *sale* su apellido. 私は彼の名は知っているのだが, 姓の方が出て来ない. (c) (くじなど)が当たる; 当選する. —¿Qué número *ha salido* en el sorteo de la lotería? 宝くじで何番が当たったの. *Salió* presidente por votación. 彼は投票で議長に当選した. ❹【+a へ】(道など)が出る, 通じる. —Esta calle *sale a* la Plaza Mayor. この通りはマヨール広場へ出る. 類 **desembocar, dar**. ❺【+con と】(異性と)デートする, 付き合う, 交際する. —*Salgo con* una chica desde hace un mes. 私は1か月前からある女の子と付き合っている. ❻【+de から】(列車・バスなどから)降りる. —Dejen ~. (駅のアナウンスで)降りる人が先です. No empuje, yo también *salgo*. 押さないでください, 私も降りますから. 類 **bajar**. 反 **subir a, tomar**. ❼【+en に】(写真に)写る; (新聞などに)出る. —¡Qué bien *has salido en* esa foto! その写真で君は何とよく写っていることか. ❽ (新聞・雑誌などが)出る, 発行される. —Esta revista *sale* los martes. この雑誌は毎週火曜日に発売される. Esa película pronto *saldrá* en vídeo. その映画は間もなくビデオになって出るだろう. ❾【+de の】(役を演じる. —Ese actor *salía de* Don Quijote. その俳優はドン・キホーテを演じていた. ❿ 出っ張る, 突き出

salir 1705

ている; 目立つ. —El balcón *sale* más que los del resto del edificio. そのバルコニーは建物の他のバルコニーよりもせり出している. 類 **sobresalir**. ⓫ (a)【+de を】辞める, 脱退する. —~ *de* un partido 脱党[離党]する. 類 **abandonar**. (b)【+de から】脱する, 抜け出る. —La empresa *salió de* la crisis. 会社は危機を脱した. No consigue ~ *de* apuros. 彼は苦境から抜け出ることができない. —Sus palabras *salen de* lo normal. 彼の発言は常軌を逸している. 類 **excederse, sobrepasar**. ⓬ (染みが)消える. —Esta mancha no *sale* con nada. この染みはどうしても取れない. 類 **quitarse**. ⓭【+de から】作られる, できる. —El vinilo *sale del* petróleo. ビニルは石油から作られる. ⓮【+a/por に】値段が…になる, かかる. —Cada plato *sale a* dos euros. 皿1枚は2ユーロである. Este coche me *salió por* doce mil euros. この車は私に12,000ユーロかかった. ⓯【名詞・形容詞】(結果として)…になる. —Todas sus hijas *han salido* muy guapas. 彼の娘たちは皆大変な美人になった. ⓰【+con で】ゲームを始める. —Víctor *salió con* el as de oros. ビクトルは初手に金貨(ダイヤ)のエースを出した. ⓱【+con を】(意外なこと・突飛なことを)言い出す, しでかす. —No me *salgas* ahora *con* que no quieres venir. 君は今さら来たくないなんて言い出さないでくれ. ⓲【+con を】やり遂げる, 達成する. —~ *con* el propósito 目的を達成する. ⓳【+a に】似る. —Esta niña *ha salido a* su padre. この女の子は父親に似ている. ⓴ (a)【+por】保証する. —*Salió por* su amigo. 彼は友人のために保証した. 類 **defender, fiar**. (b) かばう, 味方する. —Menos mal que nuestro profesor *ha salido* en nuestra defensa. 私たちの先生がかばってくれたのは不幸中の幸いだった.

a lo que salga/salga lo que salga 考えなしに, 当てずっぽうに. Voy de viaje *a lo que salga*. 私は行き当たりばったりの旅に出る.

salir adelante 難関を切り抜ける. Pase lo que pase, ella sabrá *salir adelante*. 何が起ころうとも, 彼女は難関を切り抜けられるだろう. El proyecto no pudo *salir adelante*. 計画はうまく進められなかった.

salir bien [*mal*] うまく行く[行かない], 成功[失敗]する. *Salí bien* del [en el] examen. 私は試験に合格した. Creo que va a *salir bien* el negocio. 私はこの取引はうまく行くと思う. A Pili no le *sale bien* la paella. ピリはパエーリャがうまくできない.

salir pitando 大急ぎで飛び出す[走り出す]. En cuanto vio la liebre al zorro, *salió pitando*. ウサギはキツネを見たとたん, 全速力で逃げ出した.

—**se** 再 ❶ 漏れる, 漏れ出す. —El agua *se sale del* florero. 花瓶は水漏れしている. ❷ あふれる; 吹きこぼれる. —No eches más agua en el vaso, que *se va a salir*. それ以上コップに水を入れるな, こぼれてしまうから. ❸ (ねじなどが)抜ける, 外れる. —*Se ha salido* el tornillo. ねじがとれた. Como he adelgazado, el anillo *se sale del* dedo fácilmente. 私がやせたので, 指輪が簡単に指から抜ける. El coche *se salió de* la vía en una curva. 車はカーブで道路からとび出した. ❹【+de から】抜け出す, 外に出る; 脱退する. —

Héctor *se ha salido de* la asociación. エクトルは協会を辞めた. El mono *se salió de* la jaula. サルはおりから逃げ出した. ❺【+de から】(規範・常職などから)外れる, それる, 逸脱する. —Su actitud *se sale de* lo razonable. 彼の態度は道理から外れている.

salirse con la suya 思った通りにやる, 我意を通す. Pili *se salió con la suya* y se casó con Juan. ピリは我意を通してフアンと結婚した.

salitral [salitrál] 形 硝石を含む. 類 **salitroso**.
— 男 硝石床.

salitre [salítre] 男《化学》❶ 硝石, 硝酸カリウム. 類 **nitro**. ❷ チリ硝石, 硝酸ナトリウム.

salitroso, sa [salitróso, sa] 形 (土地などが)硝石を含んだ土地. 類 **salitral**. —terreno ~ 硝石を含んだ土地.

‡**saliva** [salíβa] 女 唾液(だ液), つば.
gastar saliva (説得などしようとして)無駄に話す. Estás *gastando saliva* en balde:no podrás convencerle. いくら言っても無駄だよ. 彼は君の説得に耳を貸さないだろうよ.
tragar saliva (怒りなどの)感情を抑える, がまんする. No me quedó más remedio que *tragar saliva* y callarme. 私にはぐっとがまんして, 黙っている以外に手はなかった.

salivación [saliβaθjón] 女 ❶ つば[よだれ]を出すこと, 唾液(だ液)分泌. ❷《医学》唾液過多, 流涎(りゅうぜん)(症).

salivadera [saliβaðéra] 女《アンダルシーア, チリ, アルゼンチン》痰壺(たんつぼ).

salival [salißál] 形 つば(唾液)の. —líquido ~ 唾液. glándulas ~es 唾液腺(せん).

salivar [saliβár] 自 ❶ 唾液を分泌する, つばを出す. ❷ つばを吐く. 類 **escupir**.

salivazo [saliβáθo] 男 (吐き出した)つば; つばを吐くこと. —echar [arrojar] ~ つばを吐く[吐きかける].

salivera [saliβéra] 女 【主に複】(馬具の)馬銜(はみ)につける数珠玉.

salmantino, na [salmantíno, na] 形 サラマンカ (Salamanca)の.
— 名 サラマンカの住民, サラマンカ出身者.

salmear [salmeár] 自《宗教》(旧約聖書の)詩編を歌う[祈る]; 賛美歌[聖歌]を歌う.

salmista [salmísta] 男 ❶ 詩編の作者[作曲者]. ❷ 詩編詠唱者; 賛美歌を歌う人. ❸ (S~)ダビデ王 (el rey David). ◆旧約聖書の詩編の作者と言われている.
— 形《カトリック》賛美歌を歌う(人, 時間など).

salmo [sálmo] 男 ❶ 聖歌, 賛美歌. ❷ (S~)複《聖書》(旧約聖書の)詩編.

salmodia [salmóðja] 女 ❶ 聖歌詠唱; 詩編朗唱. ❷《話》単調な(変化のない, 退屈な)歌.

salmodiar [salmoðjár] 自 聖歌[賛美歌]を歌う; 詩編を詠唱する. — 他《話》(詩・歌などを)単調な調子で読む[歌う].

‡**salmón** [salmón] 男《魚類》サケ, 鮭. —~ ahumado スモーク・サーモン. —al corte 鮭の切り身. (de) color ~ サーモン・ピンクの.

salmonado, da [salmonáðo, ða] 形 サケに似ている; サーモンピンク(色)の. —trucha *salmonada*《魚類》ベニマス(紅鱒). Ha comprado una tela de tono ~. 彼はサーモンピンクの色調の布地を買った.

salmonella [salmonéja] 女 サルモネラ菌.

salmonelosis [salmonelósis] 女《単複同形》《医学》サルモネラ菌感染症.

salmonete [salmonéte] 男《魚類》ヒメジ.

salmuera [salmwéra] 女 ❶ 飽和状態の塩水, 鹹水(かんすい). ❷ (塩漬けに用いる)塩水, 漬け汁; (塩漬けから出る)汁. —aceitunas en ~ オリーブの塩漬け.

salmuerizado, da [salmwerjθáðo, ða] 形 塩漬けの. —codillo de cerdo ~ 塩漬けの豚肩肉.

salobral [saloβrál] 形 塩分を含んだ; 塩辛い.
— 男 塩分を含んだ土地.

salobre [salóβre] 形 (自然の状態で)塩分を含んでいる; 塩気のある. —agua ~ 塩気のある水, 海水. Este bacalao ha perdido su gusto ~. このタラは塩味が抜けてしまった. 類 **salado**.

salobreño, ña [saloβréno, na] 形 (土地が)塩分を含んだ. 類 **salobral**.

salobridad [saloβriðá(ð)] 女 塩分を(含んでいること); 塩気; 塩味.

saloma [salóma] 女 (共同作業をしながら歌う)仕事歌, 労働歌;(水夫が仕事をしながら歌う)船歌.

Salomé [salomé] 固名《聖書人名》サロメ(新約聖書, ユダヤ王ヘロデ Herodes の娘).

Salomón [salomón] 固名《聖書人名》ソロモン(前10世紀のイスラエルの賢明な王).

salomónico, ca [salomóniko, ka] 形 ソロモン王 (el rey Salomón) の(ような); 思慮分別のある, 賢明な. —columna *salomónica*《建築》らせん状の飾りのついた円柱. justicia *salomónica* 賢明な裁き.

‡**salón** [salón サロン] [<sala] 男 ❶ 居間, 客間. —Mi casa tiene un ~ y dos dormitorios. 私の家には居間と寝室が2つある. 類 **sala**. ❷ 大広間, 集会室, ホール. —~ de actos 講堂. ~ de belleza 美容院. ~ de conferencias 講義室. ~ de fiestas [de baile] ダンスホール. ~ de fumar 喫煙室. ~ de juegos ゲームセンター. ~ de pintura 画廊. ~ de reuniones [de sesiones] 集会場. ~ de té 喫茶店, ティールーム. ~ de masaje マッサージ店. ❸ 展示(場). —~ del automóvil 自動車展示場. ~ de muestras [exposiciones] ショールーム. 類 **exposición, feria**. ❹ 複 社交界, サロン(名士の集まり). ❺ (学校の)休憩室, 談話室.

de salón (1) zapatos *de salón* ヒールのある室内履き(女性用). (2) 通俗的な, 軽薄な. escritor *de salón* 通俗小説作家.

saloncillo [salonθíjo] [<salón] 男 (劇場・レストランなどの)特別室, 小広間.

salpicadero [salpikaðéro] 男 ❶ (自動車・飛行機などの)計器盤, ダッシュボード. ❷ (馬車の前面の)泥よけ.

salpicadura [salpikaðúra] 女 ❶ (水・泥などが)跳ねかかること, (水・泥などを)跳ね上げる[跳ねかける]こと. 類 **asperges, salpicón**. ❷ 飛び散り; (飛び散ったものの)染み, 跳ね. —Esta pared está llena de ~s de aceite. この壁は油の染みだらけだ. ❸ 複《比喩》巻き添え, とばっちり.

salpicar [salpikár] [1.1] 他 ❶ 【+de/conを】…に跳ねかける, 跳ね散らす. —Un coche *ha salpicado de* barro la pared. 車が壁に泥を跳ねかけた. El camarero me *salpicó* el traje al servirme. 給仕は料理を持って来た時に私の服に跳ねを散らした. ❷ (水・泥など)をまく,まき散らす. —~ agua sobre el suelo 地面に水をまく. 類 **diseminar, esparcir.** ❸ 『+de 』(などに)挿入する,交える. —El conferenciante *salpicó* la charla *de* proverbios antiguos. 講演者は話の中に古いことわざをおり交ぜた. ❹ をちりばめる. —Eso es la ~ la mesa con rosas テーブルの上にバラの花を散らす.

salpicón [salpikón] 男 ❶ 飛び散り, (水・泥などの)跳ね上げ. 類 **salpicadura.** ❷『料理』サルピコン. ◆肉・魚などを刻んで塩やこしょう・ドレッシングで味つけしたサラダ. ❸ 切り刻んだもの, 細かく砕いたもの. ❹ (細かく切った果物の)冷たいフルーツジュース.

salpimentar [salpimentár] [4.1] 他 ❶ (料理)に塩コショウで味をつける. 類 **aderezar, sazonar.** ❷『比喩』…に趣を添える, 味わいをつける. —*Salpimienta* la conversación con chistes y divertidas anécdotas. 彼は笑い話や楽しい逸話で会話に趣を添える. 類 **amenizar.**

salpresar [salpresár] 他 (料理)を塩漬けにする.

salpreso, sa [salpréso, sa] 形 『料理』塩漬けにした.

salpullido [salpuʝíðo] 男 ❶ 『医学』発疹(はっしん), 蕁麻疹(じんましん). 類 **erupción, urticaria.** ❷ 虫さされ跡; はれもの.

:**salsa** [sálsa] 女 ❶『料理』ソース; 肉汁, ドレッシング. —~ bechamel [besamel] ベシャメル・ソース. ~ blanca ホワイト・ソース. ~ de tomate トマト・ソース. ~ mahonesa [mayonesa] マヨネーズ. ~ tártara タルタル・ソース. ~ vinagreta フレンチドレッシング(油, 酢, タマネギ, パセリなどで作ったソース). ❷ おもしろ味, 刺激になるもの. —Eso es la ~ de la vida. それが人生のおもしろいところだ. La ~ de esta novela está en los chispeantes diálogos de los personajes. この小説のおもしろ味は登場人物のウィットに富んだ対話にある. ❸(音楽, 舞踊)サルサ(キューバ系ラテン音楽・ダンス).

en su propia salsa 本領を発揮して, 気楽に. Cuando vuelve a su pueblo natal, se encuentra *en su propia salsa.* 故郷へ帰ると彼は水を得た魚のようである.

salsera [salséra] 女 ソース入れ.

salsereta, salserilla [salseréta, salseríʝa] 女 (絵の具・化粧品などを混ぜるのに使う)小皿, 絵の具皿.

salsifí [salsifí] 男 『植物』バラモンジン, セイヨウゴボウ. ◆キク科の2年草. 根は食用になる.

salsoláceas [salsoláθeas] 女複 『植物』アカザ科の(植物).

Salta [sálta] 固名 サルタ(アルゼンチンの都市).

saltabanco [saltaβáŋko] 男 《話》❶ 大道の薬売り. 類 **charlatán.** ❷ 軽業師, 曲芸師. 類 **saltimbanqui, titiritero.** ❸ おせっかい焼き, でしゃばり. 類 **mequetrefe.**

saltabancos [saltaβáŋkos] 男 【単複同形】《話》=saltabanco.

saltabardales [saltaβarðáles] 名 【単複同形】《話》いたずらな[無分別な]若者.

saltabarrancos [saltaβarráŋkos] 名 《話》落ち着かない[せわしない, やたらに動き回る]人.

saltadizo, za [saltaðíθo, θa] 形 こわれやすい, 割れやすい; ひびが入りやすい.

saltador, dora [saltaðór, ðóra] 形 跳びはねる

る, 飛ぶ. —El grillo es un insecto ~. コオロギは跳ぶ昆虫である.

—— 名 《スポーツ》ジャンプ競技の選手. —~ con esquí スキーのジャンプ選手, ~ de altura [longitud] 高跳び[幅跳び]の選手, ~ de pértiga 棒高跳びの選手.

—— 男 (縄跳びの)縄. 類 **comba.**

saltadura [saltaðúra] 女 (石などの表面の)欠けた跡, 欠けた傷, 破損箇所.

saltamontes [saltamóntes] 男 【単複同形】《虫類》バッタ; イナゴ. 類 **cigarrón, langosta, saltón.**

saltante [saltánte] 形 ❶ よく跳ぶ, 跳びはねる. ❷ 『チリ, ペルー』目立つ, 特にすぐれた. 類 **destacado, prominente, sobresaliente.**

saltaojos [saltaóxos] 男 【単複同形】『植物』ボタン; シャクヤク. 類 **peonía.**

***saltar** [saltár サルタル] 自 ❶ 跳ぶ, 跳躍する. —*Saltó* para tocar el techo con la mano. 彼は天井に手をつこうと跳びあがった. *Saltó* con la pértiga ocho metros. 彼は棒高跳びで8メートル跳んだ. ❷ 飛び降りる, 降り立つ. —Tuvo que ~ del primer piso al suelo. 彼は2階から地面へ飛び降りねばならなかった. ~ en paracaídas パラシュートで降下する. ❸ 『+ sobre 』(に)飛びかかる, 襲いかかる. —En la obscuridad *saltaron sobre* mí dos ladrones. 暗がりで2人の泥棒が私に飛びかかった. ❹ 跳ねる, 飛び出る. —El tapón de la botella de champán *saltó* y dio contra el techo. シャンパンの栓がびんから飛び出て天井に当った. *Saltó* el aceite de la sartén y me quemé la cara. フライパンから油が飛び, 私は顔をやけどした. —~ chispas de la lumbre 暖炉の火から火花が飛び跳ねる. ❺ 『+a 』(場所に)飛び出す, 登場する. —Los jugadores del Real Murcia *saltaron* al terreno de juego. レアル・ムルシアの選手たちはピッチに飛び出した. ❻ 爆発する; 砕け散る, 四散する, 粉々になる. —*Saltó* el polvorín. 火薬が爆発した. La fábrica de fuegos artificiales *saltó* en mil pedazos. 花火工場は爆発して粉々に砕け散った. ❼ 激しく怒り出す, 怒り心頭に発する. —No pudo soportar aquel desprecio y *saltó*. 彼はあのような軽蔑に耐えられず, 激しく怒り出した. ❽『+con 』(意外な・突飛なことを)言いだす[しだす]. —A pesar de haberle avisado, *saltó* con que no sabía nada. 彼には知らせていたにもかかわらず, 何も知らないなどと意外なことを言った. ❾ 首になる, (任)を解かれる. —Algunos ejecutivos *saltaron* de sus cargos. 何人かの重役は解任された. ❿ 突然鳴り出す, 作動する. —*Saltó* la alarma cuando empezó el incendio. 火事が起こった時警報器が作動した. ⓫ (喜びなどを)表情に表す. —Al ver el regalo, *saltó* de alegría. プレゼントを見ると彼は喜びを表情に表した. ⓬ 急により高い地位につく; 突然とんでもない場所へ移る. —*Ha saltado* al segundo puesto de los libros más vendidos. その本は急に売り上げベストテンの2位となった. En un día *salté* de un extremo a otro de Norteamérica. 私は1日でアメリカの端から端へ移動した.

—— 他 ❶ を跳ぶ, 跳び越える. —El caballo *saltó* la valla. 馬は障害を跳び越えた. ~ una zanja de dos metros 幅2mの溝を跳び越える. *Ha sal-*

saltarín

tado dos puestos en el escalafón. 彼は2階級特進した. ❷を省く, …しないで済ます, 抜かす. ━━**se** 再 ❶ 跳び越える. ━El ladrón se escapó *saltándose* la tapia. 泥棒は塀を跳び越えて逃げた. ❷ を省く, 抜かす. ━*Me he saltado* una página [dos renglones]. 私は1ページ[2行]飛ばしてしまった. ❸ …に違反する, 破る. ━El que *se salte* la ley será castigado. 法に違反した者は罰せられる. *Se ha saltado* un semáforo. 彼は信号を無視した.

andar [*estar*] *a la que salta* (1) 好機を待ち構える. No va a perder la oportunidad, porque *está a la que salta*. 彼はチャンスが来るのを待ち構えているので逃さないだろう. (2) 他人のすきをうかがう. Ten cuidado con lo que dices, que tus rivales *están a la que salta*. 物言いに気をつけろよ, 君のライヴァルたちはいつでも君のミスにつけ入ろうとしているのだから.

saltar a la vista [*a los ojos*] 見え見えである, 明々白々である. *Salta a la vista* que no se fía de sí. 彼が自信喪失しているのは明々白々だ.

saltar por los aires [*en pedazos*] 爆発する. El vagón cargado de pólvora *saltó por los aires*. 火薬を積んだ貨車が爆発した.

saltarse a la torera (規則などを)無視する. Mi tío *se salta a la torera* el código de circulación. 私の叔父はすべての交通法規を無視する.

saltarín, rina [saltarín, rína] 形《話》❶(人が)落ち着かない, 絶えず忙しく動き回っている, そわそわした. ━Unos niños, alegres y *saltarines*, jugaban en la playa. 何人かの子どもたちが陽気にはしゃぎながら海辺で遊んでいた. ❷(人の)気持ちの変わりやすい. ❸ よく跳びはねる, 踊る, 舞う. ━━名《話》❶ 落ち着かない人. ❷ 気の変わりやすい人. ❸ 踊り屋, ダンサー. 類**bailador, bailarin**.

salteado [salteáðo] 男《料理》ソテー. ━━*s con carne, bacon o pasta* 肉・ベーコン・パスタ入り野菜ソテー.

salteador, dora [salteaðór, ðóra] 名 追いはぎ(= ~ de camino). 類**atracador, bandido, bandolero**.

salteamiento [salteamjénto] 男 追いはぎ[強盗]を働くこと, 強奪. 類**atraco, robo**.

saltear [salteár] 他 ❶(人に)襲いかかる; (人から)を強奪する, 略奪する. ━Por aquí, los bandoleros *salteaban* a los viajeros. このあたりでは山賊が旅人たちを襲ったものだ. 類**asaltar, atacar**. ❷ をとばす, とびとびにする. ━El profesor *salteó* ayer los nombres y me cogió en blanco. 先生は昨日名前をとばして不意に私を当てた. ❸《料理》をソテーにする. ━Cuece las habas y después las *saltea* con jamón. 豆をソラマメを煮て, そのあとハムといっしょにそれをソテーにする. ❹(人を)出し抜く, (人の)先手を打つ.

salterio [saltérjo] 男 ❶《宗教》(*a*)(旧約聖書の)詩編. (*b*)詩歌集, 詩編入り典礼書. (*c*)聖務日課書のうち詩編の部分. (*d*)ロサリオの祈り(聖母に捧げられた祈りで, 祝詞を150回唱える). ❷《音楽》プサルテリウム. ◆古代の弦楽器の1種. 指またはばちではじき鳴らす.

Saltillo [saltíjo] 固名 サルティーヨ(メキシコの都市).

saltimbanqui [saltimbáŋki] 名 ❶(旅回り の)曲芸師, 軽業師. 類**acróbata, saltabancos, titiritero**. ❷《比喩》プレイボーイ.

Salto [sálto] 固名 サルト(ウルグアイの都市).

:salto [sálto] 男 ❶ 飛び上がること, 跳躍. ━dar [pegar] un ~ 飛び上がる. de un ~ ひと飛びで. dar ~s de alegría 小躍りして喜ぶ. ❷《スポーツ》ジャンプ, 跳躍, 高飛び, ダイビング. ━un ~ de dos metros 2メートルの跳躍. ~ de altura 走高飛び. ~ de campana 宙返り. ~ de goma バンジージャンプ. ~ de longitud 幅飛び. ~ de la carpa エビ型 [con] pértiga 棒高飛び. ~ de la carpa エビ型飛び込み. ~ de trampolín 飛び板飛び込み. ~ mortal とんぼ返り, 宙返り. triple ~ 三段飛び. ~ con paracaídas スカイダイビング. ❸(2つの物の間の)へだたり, 推移. ━Entre los dos hermanos hay un ~ de ocho años. 2人の兄弟の間には8歳のへだたりがある. Entre estos dos acontecimientos hay un ~ de diez años. この2つの出来事の間には10年の開きがある. ❹ 急変, 急転. 類**cambio**. ❺(文章の)省略部分, 空白. ━Aquí hay un ~ de varias líneas. ここには数行の空白がある. 類**omisión**. ❻(はげしい)鼓動, 動悸. ━Al abrir la carta, me dio un ~ el corazón. その手紙を開けると私は心臓がドキドキした. ❼ きっかけ, 跳躍台. ━La publicación de esa novela ha sido el ~ a la popularidad. その本の出版が有名になるきっかけとなった. ❽ 滝(= ~ de agua), 断崖, 絶壁.

a salto de mata (1) すばやく(逃れる). Escapó *a salto de mata*. 彼はすばやく逃げた. (2) ゆきあたりばったりの, その日暮らしに. Odia atarse a un trabajo; prefiere vivir *a salto de mata*. 彼は一つの仕事にしばられるのを嫌う. その日暮らしの方を好む.

a saltos とばしとばし, 思い出したように; 跳びはねて. No entendí bien su conferencia porque la escuché *a saltos*. 私は彼の講演をとばしとばし聞いたのでよく理解できなかった.

de [*en*] *un salto* (1) すぐさま. En caso de urgencia me pongo ahí *en un salto*. 緊急の場合はすぐにそちらへ行くよ. (2) 一飛びで. Se subió al camión *de un salto*. 彼は一飛びでトラックに飛び乗った.

salto de cama《衣服》ネグリジェ, ガウン.

saltón, tona [saltón, tóna] 形 ❶(目・前歯などが)出た, 突き出た. ━ojos ~*es* 出目. dientes ~*es* 出っ歯. ❷ 跳びはねる. ❸《コロンビア, チリ, ベネズエラ》生焼けの, 生煮えの. ❹《虫類》バッタ, イナゴ. 類**langosta, saltamontes**.

salubre [salúβre] 形 ❶ 健康的な, 健康に良い. ━Viven en la zona menos ~ de la ciudad. 彼らは市の最も不健康な地区に住んでいる. 類**saludable**. ❷ 健康な; 健康そうな. 類**sano**.

salubridad [saluβriðáð] 女 ❶ 健康であること;(気候などが)健康に良いこと. ━La ~ de estas aguas está gravemente amenazada por la contaminación del suelo. この水の安全性は土壌の汚染によって重大な危機に瀕している. ❷(通常, 統計による)公衆衛生状態. ━La instalación de agua corriente mejorará la ~ del barrio. 水道の敷設により地域の衛生状態は向上するだろう.

**salud [salú(ð) サル] 女 ❶ 健康(状態), (体の)調子. ━estar bien [mal] de ~ 元気である[調子が悪い]. tener poca ~ 調子が

良くない。Goza de una ~ de hierro. 彼は頑強である。Siempre rebosa ~. 彼はいつも元気一杯だ。El rey no pudo asitir a la ceremonia por razones de ~. 国王は健康上の理由でその儀式に出席できなかった。 類**sanidad, vitalidad.** ❷ 福利, 福祉; 活力. —La ~ de la economía de nuestro país va de mal en peor. わが国の経済の活力はますます悪化している。❸《宗教》救い, 救済. —~ eterna 永遠の救い.

beber a la salud de ... …の健康を祝して乾杯する.

curarse en salud 対策を講じる. En la reunión no ha dicho nada para *curarse en salud*. 彼は会議中用心して何も発言しなかった.

—間 ❶ 乾杯! —¡Salud! ¡Salud! ¡A la salud de todos! 皆の健康を祝して乾杯! ❷ (くしゃみをした人に向って)おだいじに! —¡Achis!-¡S~!-¡Gracias. ハックション!-おだいじに!-ありがとう.

‡**saludable** [saluðáβle] 形 ❶ 健康な, 元気そうな; 健康によい. —Nos saludó un pescador viejo con un aspecto muy ~. とても元気そうな顔色をした老漁夫が私たちにあいさつしてくれた. aire fresco y ~ 新鮮で健康的な空気. 類**robusto, sano.** ❷ ためになる, 有益な. —Tanto mimo no es ~ para la educación del niño. そんなに甘やかすとその子のしつけにはためにならない.

saluda*dor, dora* [saluðaðór, ðóra] 名 (まじないで病気を治す)祈祷師, まじない師.

‡**saludar** [saluðár サルダル] 他《+a に》❶ (a) 挨拶する; 敬礼する. —Es un niño muy educado y siempre nos *saluda*. 彼はとてもしつけの良い子で, いつも私たちに挨拶する. Me *saludó* con la mano. 彼は私に手を振って挨拶した. En la policía debe ~ *a* su superior al cruzarse con él en la calle. 警官は通りで上司とすれ違う時は敬礼をせねばならない. (b) よろしくと言う. —*Saluda a* tus padres de mi parte. 君の両親に私からよろしくと伝えてくれ. ❷ (物事)を歓迎する. —Todos *saludamos* la llegada de la primavera. 我々は皆春の到来を歓迎する.

no saludar …ともロを利かない, 敵対関係にある. *No saludo* a mi primo después de aquella discusión. あの口論後私はいとこと絶交状態だ.

—se 再 挨拶を交わす. —Se *saludaron* secamente. 彼らはそっけなく挨拶を交わした.

‡**saludo** [salúðo サルド] 男 ❶ 挨拶, 会釈, おじぎ. —Nos dirigió un ~ muy caluroso. 彼は私たちに心のこもった挨拶をしてくれた. 類**salutación.** ❷ よろしくの伝言, (手紙の結びの文句)敬具, 草々. —¡Un ~ a tus padres! 君のご両親によろしく! Mi familia te envía muchos ~s. ぼくの家族が君によろしくと言っていたよ. Reciba un atento ~ de nuestra parte. 敬具. ~s respetuosos 敬具. un afectuoso ~ [un ~ cordial] 敬具. ¡S~s a todos! 皆さんによろしく! ❸《軍事》敬礼.

salutación [salutaθjón] 女 あいさつ, あいさつの言葉(仕方). —Lo primero que *aprendí* del español fueron las fórmulas de ~. 私がスペイン語で最初に覚えたのは, あいさつの仕方だった. 類**saludo.**

la Salutación angélica 天使祝詞, アベマリア (聖母マリアにささげる祈り).

salutífero, ra [salutífero, ra] 形 ❶ 健康に良い, 健康的な. 類**salubre, saludable.** ❷ 有益

な, 健全な.

salva[¹] [sálβa] 女 ❶ (拍手などの)あらし, 一斉に起こる喝采(?). —~ de aplausos あらしのような拍手喝采. ❷《軍事》礼砲, 祝砲, 敬礼. —tirar [disparar] una ~ 礼砲を撃つ. ❸《軍事》一斉射撃. ❹ (王侯などの食事の)毒味.

gastar la pólvora en salva 無駄な努力をする.

hacer la salva 発言の許可を求める.

salvabarros [salβaβáros] [< salvar + barro] 男《単複同形》(自動車・自転車などの)泥よけ. 類**guardabarros.**

salvable [salβáβle] 形 救い得る, 救済できる.

‡**salvación** [salβaθjón] 女 ❶ 救出, 救助. —A la ~ de los alpinistas atrapados en la nieve acudió un helicóptero. 雪に閉じ込められた登山家たちの救助にヘリコプターが向った. Esta víctima del accidente ya no tiene ~. この事故の犠牲者はもう救いようがない. El cambio de tiempo fue nuestra ~. 気候の変化が我々の救いとなった. ❷《宗教》救い, 救済. —~ eterna 永遠の救い. Ejército de S~ 救世軍.

salvadera [salβaðéra] 女 (インクを吸い取るための)砂を入れた容器.

salvado [salβáðo] 男 (穀物の)ふすま, ぬか. 類**afrecho.**

Salvador [salβaðór] 固名《男性名》サルバドール.

‡**salva***dor, dora* [salβaðór, ðóra] 形 救いとなる, 救いの. —Aquel libro ~ lo apartó del suicidio. あの救いの本が彼を自殺から遠ざけた. 類**protector.**

—名 ❶ 救済者, 救い手. —El dictador se consideraba ~ de la patria. その独裁者は国の救済者だと考えられていた. El S~ 救い主, イエス・キリスト. ❷ 海難救助者.

‡**salvadoreño, ña** [salβaðoréɲo, ɲa] 形 エル・サルバドル(El Salvador)の, エル・サルバドル人の.
—名 エル・サルバドル人.

salvaguarda [salβaɣwárða] 女 =salvaguardia.

salvaguardar [salβaɣwarðár] 他 を保護する, 守る, 擁護する. —Pidió que estuviera presente un abogado para ~ sus derechos. 彼は自分の権利を守るために弁護士を一人置くよう頼んだ. 類**amparar, defender, guardar, proteger.**

salvaguardia [salβaɣwárðja] 女 ❶ 通行[入構, 入国]許可証, 安全通行証, パス. —Lo detuvieron cuando intentaba entrar con una ~ falsa. 彼は偽者の通行証で入ろうとしてつかまった. 類**pasaporte, pase, salvoconducto.** ❷ 保護, 擁護; 防御. —El ejército ha jugado un papel importante en la ~ de la unidad nacional. 軍隊は国内団結を守る上で重要な役割を果たした. Trabaja en pro de la ~ de los derechos humanos. 彼は人権を守るために働いている. 類**amparo, custodia, defensa, protección.**

—男 ❶ 番人, 監視人, 番兵. 類**guarda.** ❷ (戦時の)保護物件の標識.

salvajada [salβaxáða] 女 ❶ 残忍な行為, 乱暴(な言行), 蛮行. —cometer [hacer] una ~ [~s] 残忍な行為をする. ¡No digas ~s, por favor! 頼むから乱暴な口をきかないでくれ! 類**atrocidad, barbaridad, brutalidad.** ❷ 残忍さ, 恐ろし

1710 salvaje

さ 類 atrocidad, crueldad.

:**salvaje** [salβáxe] 形 ❶ 野蛮な, 未開の; 粗野な. —Ya es difícil encontrar tribus ~s. もう未開の種族を見つけることは困難になっている. ¡No seas ~! むちゃはよせ. 類 **bárbaro, bruto, feroz.** 反 **civilizado, culto, educado.** ❷ 野性の. —planta ~ 野性の植物. tierras ~s 未開の土地. animal ~ 野性の動物. 類 **silvestre.** 反 **cultivado, doméstico.**
—— 男女 ❶ 未開人, 野蛮人. ❷ 粗野な人, 不作法者. —No te vuelvo a llevar a la piscina:te has comportado como un ~. もう二度とお前をプールに連れて行ってやらないから. とても行儀が悪かったからね.

salvajería [salβaxería] 女 =salvajada.
salvajina [salβaxína] 女 →salvajino.
salvajino, na [salβaxíno, na] 形 ❶ 未開の; 未開人の(ような), 野蛮人の(ような). 類 **salvaje.** ❷ 野生の, 自生の; 野生動物の. —carne salvajina 野生の獲物の肉. —— 女 未開人, 野蛮人. 類 **salvaje.** —— 女 野生動物; 猛獣.
salvajismo [salβaxísmo] 男 ❶ 野蛮さ, 残忍, 凶暴. —Ese acto de ~ es imperdonable. その残忍な行為は許しがたい. 類 **barbarie, salvajada.** ❷ 未開の状態. ❸ 残忍な行為, 蛮行. 類 **brutalidad, vandalismo.**
salvamano [salβamáno] 男 [次の成句で]
a salvamano 安全に, 無事に, つつがなく. 類 **mansalva.**
salvamanteles [salβamantéles] 男 [単複同形] なべ敷き, テーブルマット.
salvamento [salβaménto] 男 ❶ 救助, 救出 (活動). —~ marítimo サルベージ. bote [equipo] de ~ 救命ボート[救助隊]. —~ y socorrismo 人命救助, ライフセービング. ❷ 避難所, 救護所.
salvar [salβár サルバル] 他 ❶ [+de を]を救う, 救助する. —Un chico *salvó* a un niño que se estaba ahogando. 1人の若者が溺れていた子を救った. Este préstamo *salvará* a la empresa *de* la ruina. この融資が会社を倒産から救うだろう. ❷ 《キリスト教》を救う, …の罪を許す. —Jesucristo vino al mundo para ~ a los hombres. イエスキリストは人々の罪を許しにこの世にやって来た. ❸ を避ける, 回避する. —El presidente logró ~ a la empresa de una gran pérdida. 社長は会社を大損失から回避させるのに成功した. ❹ を除外する, 考慮しない. —*Salvando* algunos pequeños fallos, todo salió estupendamente. 小さなミスを除けばすべてうまくいった. ❺ を走破する, 踏破する. —*Salvamos* los veinte kilómetros en tres horas. 我々は20キロを3時間で踏破した. ❻ を克服する, 乗り越える. —*Salvó* de un salto la zanja. 彼はひとっ跳びで溝を越えた. La riada *saltó* el pretil del puente 川が橋の欄干を越えた. —un monte 障害を乗り越える. ❼ 《陸上競技》(走り高跳び・棒高跳びのバー)を越える. —Por fin el atleta *salvó* el listón. ついに選手はバーを越えた. ❽ (データ)を保存する. —~ el documento en el disquete その文書をフロッピー・ディスクに保存する. ❾ (文書の修正部分が)有効であると注記する.
—— se 再 ❶ [+de を]免れる, (…から)助かる, 命拾いする. —Los alpinistas *se salvaron* de mo-

rir porque abandonaron la conquista de la cumbre. 登山家たちは登頂を断念したので命拾いした. ❷ (例外的に)ましである. —Todos los profesores son unos poco antipáticos; don Manuel es el único que *se salva*. 先生は皆少々感じが悪いが, その中でドン・マヌエルだけはまだましだ. 類 **exceptuar.**
sálvese quien pueda 全員退避(←退避できる者は退避せよ).

salvaslip [salβaslí(p)] 男 (生理用)ナプキン.
salvavidas [salβaβíðas] 男 [単複同形] ❶ 救命具; 浮き袋, 浮き輪. ❷ [名詞の後について形容詞的に] 救命用の. —balsa [bote] ~ 救命艇[ボート]. boya ~ 救命ブイ. cinturón ~ 救命帯, 安全ベルト. chaleco ~ 救命胴衣.
salvedad [salβeðá(ð)] 女 条件, ただし書き; 留保. —con la ~ de … …という条件で. Es una orden y no se puede hacer ninguna ~. それは命令であって例外は一切設けられない. 類 **condición, excepción, excusa.**
salvia [sálβja] 女 《植物》サルビア, 薬用サルビア.
salvilla [salβíja] 女 (コップなどをはめるくぼみのついた)盆, トレー. 類 **bandeja.**
*salvo, va[2] [sálβo, βa サルボ, バ] 形 安全な, 危険のない. —Atravesaron una zona de guerra, pero lograron llegar sanos y ~s. 彼らは戦争をしている地域を横切ったが, 無事に到着することができた(→sano).
a salvo 無事に, 無傷で, 安全に [+de (の危険)から]. poner ~ a salvo を安全な場所に置く[移す]. ponerse *a salvo* 安全な場所に身を置く. quedar *a salvo* 助かる, 保護される. salir *a salvo* 無事に切り抜ける. Mi honor está *a salvo*. 私の名誉は無傷のままだ. Teresa se siente *a salvo* de las persecuciones. テレーサは迫害を逃れたと思い, ほっとしている.
dejar a salvo 除外する, 別にする.
en salvo 安全に, 無事に.
poner a salvo 安全な場所に置く, 移す.
ponerse a salvo 安全な場所に身を置く.
sano y salvo 無事な, つつがない, 変わりない. Estamos *sanos y salvos*. 私たちは無事です.
—— 前 を除いて(は), …以外の; …は別にして. —Han venido todos, ~ Manuel. マヌエル以外は全員やって来た. ~ casos en que … …する場合を除いて. ~ errores u omisión 誤記脱落はこの限りでない. 類 **excepto, menos.**
salvo buen fin 《商業》無事決済されたならば (s. b.f. と略記).
salvo buen recibo 《商業》無事受け取ったならば (s.b.r. と略記)
salvo el parecer de usted あなたの見解とは違うかも知れませんが.
salvo las reservas normales 《商業》通常の権利留保.
salvo que[+接続法]/*salvo si*[+直説法] …しない限り. Mañana iremos de excursión, *salvo que* llueva [*salvo si* llueve]. 雨が降らなければ, あした私たちはハイキングに行く.
salvo que[+直説法] …であることを除けば. No ha cambiado nada en este cuarto, *salvo que* hay un nuevo reloj en la pared. 壁に新しい時計が掛かっていることを除けば, この部屋の中は何も変わっていない.

salvo venta 《商業》先売り[売り違い]御免.
salvoconducto [salβokondúkto] 〔<salvo+conducto〕男 (特に戦時の,特定地区の)安全通行券,通行許可証.
samario [samárjo] 男 《化学》サマリウム. ♦希土類元素のひとつ.記号 Sm,原子番号 62.
samaritano, na [samaritáno, na] 形 《歴史》サマリア (Samaria) の.
—— 名 《歴史》サマリア人. — buen ～ 《聖書》よきサマリア人(仮);困っている人を助ける憐れみ深い人.
samba [sámba] 男 《音楽・舞踊》サンバ(ブラジルの民族舞踊).
sambenito [sambeníto] 〔<San Benito〕男 ❶ 汚名,悪評;不名誉. — Ahora que se ha casado, espera librarse del ～ de mujeriego. 彼は結婚した今こそ,女好きの汚名から解放されると期待している. 類**descrédito, difamación**. ❷ 《歴史》囚衣. ♦スペインの宗教裁判所で異端者に着せられたマント.悔悟した者に着せた黄色の悔悟服と,悔悟せずに火刑に処せられる者に着せた黒色の地獄服とがある. ❸ 《歴史》教会の戸口に掲げられた,悔悟者の名と刑を書いた板.

colgar [poner] a[＋人] *el sambenito de* ... (人)に…の汚名を着せる. Me han colgado el ～ de mentiroso, y no veo la razón. 私はうそつきの汚名を着せられたがその理由がわからない.

samnita [samníta] 形 《歴史》サムニウム (Samnio, 古代イタリアの国)の.
—— 名 サムニウム人.
Samoa [samóa] 固名 ❶ サモア独立国(首都アピア Apia). ❷ (～ Occidental) 西サモア.
samovar [samoβár] 〔<露〕男 サモワール(ロシヤ風の湯沸かし器).
sampán [sampán] 〔<中〕男 サンパン. ♦中国や東南アジヤに用いられる,甲板のない小舟.
Samuel [samuél] 固名 《男性名》サムエル.
samurai, samurái [samurái] 〔<日〕男 (日本の)さむらい,武士.
San [san] 形 〖男性の個人名の前に置いて〗聖…. — *San Pedro* 聖ペテロ. *San Juan* 聖ヨハネ. ♦聖人名には San ではなく Santo を用いることもある(→ santo).

san se acabó →sanseacabó.

sanable [sanáβle] 形 (病気が)治せる,治癒しうる,治療の余地がある. 類**curable**.
sanador, dora [sanaðór, ðóra] 形 治療する.
—— 名 治療する人.
San Agustín [san agustín] 固名 聖アグスティン[アウグスティヌス](354-430, 初期キリスト教会の教父・哲学者).
sanalotodo [sanalotóðo] 男 ❶ 万能薬. 類**curalotodo**. ❷ 《比喩》あらゆる場合に対応できる解決策.
sanamente [sánamente] 副 ❶ 健康で,健全に,健康的に. ❷ 誠実に,心から;善意で.
San Andrés [san andrés] 固名 サン・アンドレス(コロンビアの都市).
San Andrés y Providencia [san andrés i proβiðénθja] 固名 サン・アンドレス・イ・プロビデンシア(コロンビアの地区).
sanar [sanár] 他 (病気・傷・病人)を治す,治療する,回復させる. — Creía que aquella medicina lo *sanaría*. 私はあの薬で彼は治ると思っていた. 類**curar**.
—— 自 (病気・傷)が治る,治癒する;(病人が)回復する. — Si sigues este tratamiento, vas a ～ dentro de poco. この治療を続けていけば,君はじきに治るだろう. 類**mejorar**.
——**se** 再 治る,回復する.
sanativo, va [sanatíβo, βa] 形 治療の;治療に有効な.
:**sanatorio** [sanatórjo] 男 サナトリウム,(長期の)療養所;診療所. — El enfermo murió en el ～. その病人はサナトリウムで死んだ.
San Braulio [sam bráuljo] 固名 《聖人の名》聖ブラウリオ(サラゴサの司教・聖人,祝日は 3 月 26 日).
San Carlos [saŋ kárlos] 固名 サン・カルロス(ベネズエラの都市;チリの都市).
Sancho [sántʃo] 固名 ❶ サンチョ(男子名). ❷ サンチョ・パンサ (Sancho Panza, ドン・キホーテの従者);サンチョ・パンサ的な人物,実利的・迎合的な人. ❸ サンチョ 3 世大王. ♦Sancho III (Tercero), el Mayor, ナバーラ王,在位 1000-35.
sancho [sántʃo] 男 《メキシコ》❶ 雄羊,子羊;雄ヤギ. ❷ (一般に)家畜.
sanción [sanθjón] 女 ❶《法学》(違反者・国際法違反国に対する)制裁,処罰. — poner [imponer] una ～ 制裁を加える. *sanciones* económicas 経済制裁. 類**castigo, multa, pena**. ❷ 承認,許可;《法学》批准. — El senado dará hoy la ～ a la reforma del código penal. 上院は今日,刑法の改正を承認するだろう. El nuevo horario de clases aún no ha recibido la ～ del claustro de profesores. 新しい授業時間割はまだ教授会の承認を受けていない. 類**aprobación, confirmación**. ❸ (道徳的・社会的な)拘束.
sancionable [sanθjonáβle] 形 ❶ 罰しうる;制裁に値する,処罰すべき. ❷ 承認[認可]しうる.
sancionar [sanθjonár] 他 ❶《法学》を処罰する;…に制裁を加える. — A Tomás le *sancionaron* con mil euros de multa por incumplimiento del contrato. トマスは契約不履行のため1000 ユーロの罰金を課せられた. 類**castigar, penar**. ❷ を承認する,認可する;《法学》を批准する. —— ～ una ley 法律を批准する. Esa disposición sólo viene a ～ una costumbre establecida. その規定はすでに確立している慣習をただ追認することになるだけだ. 類**aprobar, autorizar, confirmar**.
sancochar [saŋkotʃár] 他 《料理》を半ゆで[半煮え]にする;(下ごしらえなどのために)あらかじめ固めにゆでて[煮て]おく.
sancocho [saŋkótʃo] 男 ❶ 《中南米》《料理》サンコーチョ. ♦肉,バナナ,ユッカのはいったシチュー. ❷ 生煮えの料理.
San Cristóbal [saŋ kristóβal] 固名 サン・クリストバル(ベネズエラの都市).
San Cristóbal de las Casas [saŋ kristóβal de las kásas] 固名 サン・クリストバル・デ・ラス・カサス(メキシコの都市).
San Cristóbal y Nieves [saŋ kristóβal i niéβes] 固名 セントクリストファー・ネイビス(首都バステール Basseterre).
sancta [sáŋkta] 〔<ラテン〕男 《宗教》聖所. ♦ユダヤ教の幕舎の前部で,幕によって至聖所と仕切られている.

non sancta 〖名詞の後につけて形容詞的に〗邪悪

な. gente *non sancta* 悪者ども.

sanctasanctórum [saŋktasaŋktórun]〔<ラテン〕男 ❶《宗教》至聖所. ◆ユダヤ教の幕舎の最奥部. ❷《比喩》最も神聖な場所, 聖域.

Sancti Spíritus [sáŋ(k)ti (e)spíritus] 固名 サンクティ・スピリトゥス(キューバの都市).

sanctus [sáŋktus]〔<ラテン〕男 《カトリック》サンクトゥス. ◆ミサの式文のひとつ.「聖なるかな」を意味するこの語を3度くり返して始まる.

sandalia [sandália] 女 サンダル. — llevar ~s サンダルを履いている. ponerse [quitarse] las ~s サンダルを履く[脱ぐ].

sándalo [sándalo] 男 《植物》ビャクダン(ビャクダン科の半寄生常緑高木). — ~ rojo シタン(マメ科の常緑小高木).

sandáraca [sandáraka] 女 ❶ サンダラック樹脂(ワニスまたは香に用いる). ❷《鉱物》鶏冠石(砒素(ひ)の硫化鉱物).

sandez [sandéθ] 女〔複 sandeces〕ばかげたこと. — decir *sandeces* ばかなことを言う. Ha sido una ~ salir con el tiempo horrible que hace. こんなひどい天気のときに出かけたのは愚かなことだった. 類 **necedad**, **tontería**.

:**sandía** [sandía] 女 《植物》スイカ. — De postre me pusieron dos rajas de ~. デザートに私はスイカ2切れ出してもらった.

Sandino [sandíno] 固名 サンディーノ(アウグスト・セサル Augusto César ~)(1895-1934, ニカラグアのゲリラ指導者).

sandio, dia [sándjo, ðja] 形 ばかな, 愚かな. 類 **majadero**, **simple**, **tonto**.
— 名 ばかな人, 愚かな人.

Sandra [sándra] 固名 《女性名》サンドラ.

sandunga [sandúŋga] 女 ❶ 愛嬌(あいきょう), 魅力; 機知. — tener ~ 愛嬌がある, ウィットに富んでいる. carecer de ~ 愛嬌がない. 類 **donaire**, **garbo**, **gracia**, **salero**. ❷【中南米】大宴会, お祭り騒ぎ. 類 **jarana**, **parranda**. ❸《舞踊》サンドゥンガ(メキシコの民族舞踊のひとつ).

sandunguero, ra [sanduŋgéro, ra] 形 魅力的な, 愛嬌(あいきょう)のある, 機知に富んだ.
— 名 魅力的な人, 愛嬌のある人, 機知に富んだ人.

sandwich [sándwitʃ, sáŋgwiθ]〔<英〕男〔複 sandwiches, sandwichs〕《料理》サンドイッチ. — ~ de jamón ハムサンド.

sandwichera [sanduitʃéra, saŋguitʃéra] 女 サンドイッチメーカー(調理器).

saneado, da [saneáðo, ða] 過分 形 ❶ (経済・財政・収入・地位・通貨などが)安定した. — disponer de unos bienes ~s 安定した財産を持っている. 類 **estable**, **seguro**. ❷ (土地が)水はけされた, 排水された. ❸ (財産などが)免税の, 税金がかからない. 類 **exento**. ❹ (経済状態・財政が)正常化した.

saneamiento [saneamjénto] 男 ❶ (経済の)再編成, (財政の)再建, (通貨の)安定化. — El ~ de la economía de la región será una tarea difícil. その地域の経済再建は難事業だろう. 類 **estabilización**, **reorganización**. ❷ 排水, 水はけ; 排水設備. ❸ 衛生的にすること, 浄化; 衛生設備. — artículos de ~ 衛生陶器(便器・浴槽・流しなど), 浴室備品. Las obras de ~ del pueblo llevarán varios años. その村の衛生設備工事には何年かかかるだろう. ❹《法律》保証; 賠償, 補償. 類 **garantía**, **indemnización**.

sanear [saneár] 他 ❶ (土地・家などに)排水をする, …に排水[下水]設備をする, …から湿気を取る. 類 **drenar**. ❷ (土地・家などの)衛生状態を良くする. ❸ (経済状態・財政)を再編成する, 立て直す; (通貨)を安定させる. 類 **estabilizar**, **reorganizar**, **restablecer**. ❹ を修理する. 類 **reparar**. ❺《法律》を保証する; 賠償する, 補償する. 類 **garantizar**, **indemnizar**.

sanedrín [saneðrín] 男 《歴史》サンヘドリン. ◆ ローマ統治時代, エルサレムにあったユダヤ人の最高自治機関.

sanfasón [saɱfasón]〔<仏〕男 ずうずうしさ, 厚かましさ. 類 **descaro**, **desfachatez**.
a la sanfasón 【中南米】形式ばらずに; 気楽に; 不注意に.

San Felipe [saɱ felípe] 固名 サン・フェリペ(ベネズエラの都市; チリの都市).

San Fermín [saɱ fermín] 固名 《聖人の名》聖フェルミン(祝日は7月7日).

San Fernando [saɱ fernándo] 固名 サン・フェルナンド(チリの都市).

San Fernando de Apure [saɱ fernándo ðe apúre] 固名 サン・フェルナンド・デ・アプーレ(ベネズエラの都市).

San Francisco [saɱ franθísko] 固名 サンフランシスコ(アメリカ合衆国の都市).

sangradera [saŋgraðéra] 女 ❶《医学》ランセット(外科用の両刃のメス). 類 **lanceta**. ❷ (人工)水路, 放水路; 灌漑(かんがい)用水路. ❸ 水門. ❹ (瀉血(しゃけつ)治療の際の)血受け皿.

sangrado [saŋgráðo] 男 《印刷》インデント, (文字の)字下げ.

sangrador [saŋgraðór] 男 ❶ 瀉血(しゃけつ)師. ❷ 放水口, 水門. ❸ (容器の, 液体を注ぎ出すための)口, 注ぎ口.

sangradura [saŋgraðúra] 女 ❶ 肘(ひじ)の内側. ❷《医学》放血, 瀉血(しゃけつ); (放血のための)血管切開術. 類 **corte**, **sangría**. ❸ 排水口, 放水口.

sangrante [saŋgránte] 形 ❶ 出血している; 血だらけの. ❷《比喩》(不正・不品行などが)ひどい, 目に余る, 極悪の. — Las condiciones en que trabajan constituyen una injusticia ~. 彼らの労働条件はひどく不当なものだ. ❸《比喩》血の出るような, 苦しい, 厳しい.

sangrar [saŋgrár] 他 ❶ …から血を抜き取る, 瀉血(しゃけつ)する, 刺絡(しらく)する. — Antiguamente se creía que ~ a los enfermos les ayudaba a sanar. 昔は病人から瀉血することが回復の助けになると信じられていた. ❷ (水などを)排水する. ❸ (人)を苦しめる. ❹ (木)に切り口をつけて樹脂を取る. ❺《話》(人)から金を搾り取る; (金・物)を盗む, かすめ取る. — No compres en esa tienda, que te *sangran*. その店で買っちゃ駄目だ, ぼられるから. 類 **hurtar**, **sisar**. ❻《印刷》(文頭)を字下げする.
— 自 ❶ 出血する. — La herida *sangra* todavía. 傷からまだ血が出ている. ❷《比喩》(精神的に)痛む. — Aún *sangra* la humillación. 彼は屈辱がまだ忘れられない.
estar sangrando (1) まだ新しい, 新鮮である. (2) 明白である.
sangrar como un cochino [un toro] 《話》大

出血する.
— se 再 瀉血[刺絡]してもらう.

**sangre [sángre サングレ] 女 ❶ 血, 血液. — roja [arterial] 動脈血. ~ negra [venosa] 静脈血. donar ~ 献血をする. Sale ~ del brazo. 腕から血が出ている. Mi hijo echó ~ por las narices. 息子は鼻血を出した. Al caer se hizo ~ en las rodillas. ころんで膝から血が出た. ❷ 血統, 血筋; 家柄. — lazo de ~ 血縁, 血のつながり. limpieza de ~ 純血. ~ azul 貴族(の家柄). Es un caballo de pura ~. 血統の良い馬だ. Se trasladó a otro pueblo con todos los de su ~. 彼は一族を引き連れて別の村に移って行った. ❸ 気質, 性質. — Mi amigo tiene ~ de horchata. 友だちは物に動じない極めて冷静な性格だ. Ese hombre tiene mala ~. あの男は意地が悪い. ❹ 流血, 殺傷.

a sangre caliente かっとなって, 興奮して. Tiene la mala costumbre de tomar una desición *a sangre caliente*. 彼にはかっとなって決断を下す悪い癖がある. No le hagas caso, pues te lo ha dicho *a sangre caliente*. 彼のことを気にするな. かっとなって君にそんなことを言ったんだよ.

a sangre fría あわてず冷静に, 平然として, 冷酷に. El homicida mató a los empleados *a sangre fría*. その殺人犯は平然として店員たちを殺した.

a sangre y fuego (1) 情け容赦なく. La batalla se libró *a sangre y fuego*. 戦闘は情け容赦なく始まった. (2) 必ず, 執拗に.

bullirLE la sangre (en las venas) (人の)血が騒ぐ, うずうずする. Cuando vio por primera vez a la mujer, *le empezó a bullir la sangre*. 初めてその女性を見たとき, 彼の血は騒ぎ始めた.

chorrear sangre 明らかに間違いである, 言語道断である.

chupar la sangre a ... (人を)搾取する, こき使う. Esta empresa está *chupando la sangre a los empleados*. この会社は従業員を搾取している.

dar su sangre por ... …に尊い血を流す, 命を懸ける. Mucha gente *dio su sangre por la paz*. 多くの人が平和を得る為に尊い血を流した.

de sangre caliente すぐかっとなる. Mi amigo es *de sangre caliente* y se enfada fácilmente. 私の友だちはすぐにかっとなる質で, すぐ怒り出す.

encenderle [alterarle, freírle, quemarle] la sangre いらだたせる, 怒らせる. Esa mala noticia *le encendió la sangre*. その悪い知らせは彼をいらだたせた.

escribir con sangre 多くの犠牲を払って事を成す. Ha hecho una fortuna *escribiendo con sangre*. 彼は多くの犠牲を払って財産を築いた. La revolución se *escribió con sangre*. 革命は多くの犠牲を払って達成された.

hacerLE sangre 傷を負わせる, 怪我させる. *Le hice sangre* cuando le golpeé. 彼にぶつかったとき私は彼を怪我させた.

lavar con sangre (侮辱などを)血でそそぐ, 血で洗う復讐をする. Los hombres de los tiempos antiguos debían *lavar con sangre* las ofensas. 昔の男は受けた侮辱を血でそそがねばならなかった.

llevar ... en la sangre 生まれつき…の素質を持つ. *Llevaba* el fútbol *en la sangre*. Fue un jugador maravilloso. 彼は生まれつきフットボールの才能があり, 素晴らしいプレーヤーになった.

no llegar la sangre al río (争いなどが)大事に至らない. Estas dos familias están enfrentadas pero *nunca llega la sangre al río*. この両家は対立しているが, 大事に至らないでいる.

sangre fría 平静, 冷静. Es un hombre de *sangre fría*. 彼は冷静な男だ.

sangre ligera 《中南米》感じのいい人, 人見知りをしない人. El nuevo vecino es un *sangre ligera*. 新しく隣に来た人は感じのいい人だ.

subírseLE la sangre a la cabeza かっとなる, 頭に血が上る. Al oírlo *se le subió la sangre a la cabeza*. それを聞くと彼はかっとなった.

sudar sangre 多くの苦労をする, 辛酸をなめる. El emigrante triunfó en el nuevo mundo después de *sudar sangre*. その移民は多くの苦労をした後に新天地で成功を収めた.

sangregorda [saŋgreɣórða] 男女 怠け者, 不精者.

ːsangría [saŋgría] 女 ❶ (飲物)サングリア(赤ワインをベースにして砂糖, 炭酸水, レモン, オレンジや他の果物を加えた冷たい飲み物). ❷《医学》血抜き, 瀉血(しゃ). ❸《解剖》肘(ひじ)の内側. ❹ 流出, 出費. — El mantenimiento de un ejército tan grande es una ~ para la economía del país. こんなに大きい軍隊を維持することは国の経済の大出費となる. ❺ (樹液を採るために樹皮につけた)切り口. ❻《印刷》(段落の1行目の)字下げ, インデント.

sangrientamente [saŋgrjéntaménte] 副 血まみれになって; 無惨に, 残虐に.

ːsangriento, ta [saŋgrjénto, ta] 形 ❶ 出血している. — nariz *sangrienta* 出血している鼻. ❷ 血まみれの. — espada *sangrienta* 血まみれの剣. Llevaba la camisa *sangrienta*. 彼のシャツは血に染まっていた. ❸ 血みどろの, 流血の. — batalla *sangrienta* 血みどろの戦闘. ❹ 残酷な, 痛烈な. — Ese periodista es muy temido por su *sangrienta* ironía. そのジャーナリストは痛烈な皮肉ゆえにとても恐れられている. 類 **cruel**.

sanguijuela [saŋgixuéla] 女 ❶《動物》ヒル(蛭). ❷《比喩》人から金銭を搾り取る者, たかり屋.

sanguina [saŋgína] 女 ❶ 赤のクレヨン[コンテ](で描いたデッサン). ❷《植物》チミカン, ブラッドオレンジ(＝naranja ~).

sanguinaria [saŋginárja] 女 →sanguinario.

sanguinario, ria [saŋginárjo, rja] 形 残酷な, 残虐な, 血に飢えた. 類 **brutal, cruel, feroz, salvaje**. — 女《鉱物》血石, ブラッドストーン(3月の誕生石).

sanguíneo, a [saŋgíneo, a] 形 ❶ 血の, 血液の; 血液を含んだ. — grupo ~ 血液型. vasos ~s 血管. transfusión *sanguínea* 輸血. El colesterol dificulta el riego ~. コレステロールは血液の循環を悪くする. ❷ 血の色をした, 血紅色の. — rojo ~ 血の色のような赤色. ❸ (人が)血の気が多い, 短気な. — Es de complexión *sanguínea* y se enfada por nada. 彼は血の気の多い体質で, 何でもないことに腹を立てる.

sanguino, na [saŋgíno, na] 形 ❶ 血の, 血液の. ❷ 残忍な, 血を好む. 類 **sanguinario**.

— 男 《植物》クロウメモドキ属の植物.

sanguinolencia [saŋinolénθja] 女 出血(していること); 血まみれの状態.

sanguinolento, ta [saŋinolénto, ta] 形 ❶ 出血している; 血まみれの; 充血した. —ojos ~s 充血した[血走った]目. ❷ 血の色の.

:**sanidad** [saniðá(ð)] 女 ❶ 衛生, 公衆衛生. —~ pública 公衆衛生. patente de ~ (飲食業の)衛生証明書. Cuidado con la comida porque la ~ es pésima allí. むこうへ行ったら衛生状態が最悪だから食べ物に気をつけて. Dirección General de S~ 公衆衛生局. 類 higiene. ❷ 健康, 健全. —Me sorprendió la ~ de las costumbres de aquellas gentes. あの人々の健全な習慣が私を驚かせた. 類 salud.

sanie [sánje] 女 《主に複》《医学》希薄腐敗膿(のう)(潰瘍(かいよう)などから分泌される薄い漿液(しょうえき)).

San Ignacio de Loyola [san iɣnáθjo ðe lo jóla] 固名 《聖人の名》聖イグナシオ(デ・ロヨラ)(1491?-1556, イエズス会の創設者).

San Isidoro [san isiðóro] 固名 《聖人の名》聖イシドロ(セビーリャの大司教・神学者・知識人).

San Isidro Labrador [san isíðro laβraðór] 固名 《聖人の名》聖イシドロ(マドリードの守護聖人, 祝日は5月15日).

:**sanitario, ria** [sanitárjo, rja] 形 (公衆)衛生の, 衛生上の. —medidas sanitarias 衛生処置. toallas sanitarias 生理用ナプキン. aparatos ~s 衛生器具.
— 男 ❶ (軍隊)衛生兵; 保健員. ❷ 複(トイレ, 浴室などの)衛生設備.
— 女 保健婦.

sanjacobo [saŋxakóβo] 男 ハムとチーズのカツ.

San José [saŋ xosé] 固名 ❶ サンノゼ(アメリカ合衆国の都市). ❷ サンホセ(コスタリカの首都; ウルグアイの県・県都).

San Juan [saŋ xuán] 固名 サン・フアン(プエルトリコの首都; ベネズエラの都市; アルゼンチンの州・州都).

sanjuanada [saŋxuanáða] 女 サン・フアン(San Juan, 聖ヨハネ)祭(6月24日).

San Juan Bautista [saŋ xuám bautísta] 固名 ❶ 《聖書人名》聖ヨハネ(祝日は6月24日). ❷ サン・フアン・バウティスタ(パラグアイの都市団員).

San Juan de la Cruz [saŋ xuán de la krúθ] 固名 サン・フアン・デ・ラ・クルス(1542-1591, スペインの宗教家・詩人).

sanjuanero, ra [saŋxuanéro, ra] 形 ❶ サン・フアン(San Juan, 聖ヨハネ)祭の; (果実などが)サン・フアン祭(6月24日)のころに実る. ❷ (キューバの)サン・フアン在住[出身]の.
— 名 (キューバの)サン・フアンの住民[出身者].

San Juan Evangelista [saŋ xuán eβaŋxelísta] 固名 《聖書人名》聖ヨハネ(十二使徒の1人).

sanjuanista [saŋxuanísta] 形 《歴史》聖ヨハネ騎士団(la orden de San Juan de Jerusalén)の. — 名 《歴史》聖ヨハネ騎士団員.

San Lorenzo [san lorénθo] 固名 (el Río ~) セント・ローレンス川(アメリカ合衆国とカナダの国境付近をはしる河川).

San Lucas [san lúkas] 固名 《聖書人名》聖ルカ(福音書の著者).

San Luis [san luís] 固名 ❶ セントルイス(アメリカ合衆国の都市). ❷ サン・ルイス(アルゼンチンの都市).

San Luis Obispo [san luís oβíspo] 固名 サン・ルイス・オビスポ(アメリカ合衆国の都市).

San Luis Potosí [san luís potosí] 固名 サン・ルイス・ポトシ(メキシコの都市).

San Marino [sam maríno] 固名 サンマリノ(イタリア半島の小国).

San Martín [sam martín] 固名 ❶ サン・マルティン(ペルーの県; アルゼンチンの都市). ❷ サン・マルティン(ホセ・デ José de ~)(1778-1850, ラテンアメリカ独立運動の指導者).

San Miguel [sam miɣél] 固名 サン・ミゲル(エルサルバドルの都市・県).

San Miguel de Tucumán [sam miɣél de tukumán] 固名 トゥクマン(サン・ミゲル・デ・~)(アルゼンチンの都市).

*:**sano, na** [sáno, na サノ, ナ] 形 ❶ 健康な. —persona sana 健康な人. ~ de cuerpo y alma 心身ともに健康な. Alma (Mente) sana en cuerpo ~. 〖諺〗健全な精神は健全な肉体に宿る. 反 enfermo, malo. ❷ 健康によい, 健康的な. —El agua de la sierra es muy sana. 山の水はとても健康的だ. aire ~ 健康的な空気. alimentación sana 健康食品. 類 saludable. ❸ 健全な, 正常な. —Su padre le inculcó unos ~s principios. 彼の父は彼にいくつかの堅実な信条を教え込んだ. ❹ 無傷の, 傷もない. —una pera sana 傷んでいないナシ. Ella no sabe fregar bien y no queda ni un vaso ~ en toda la casa. 彼女は食器洗いがへたで, 家中で傷んでないグラスは残っていない. 類 entero, intacto. ❺ 堅実な, 誠実な. —política financiera sana 堅実な財政政策. Es de una familia muy sana. 彼は誠実な家庭の出である. 類 honrado, recto.

cortar por lo sano 思いきった策をとる. Lo mejor que haces es *cortar por lo sano* y despedirle. 君にできる一番いいことは思い切って彼を首にすることだ.

sano y salvo 無事に, つつがなく. Ha sido un milagro que llegara *sano y salvo* a su destino. 彼が目的地に無事着いたのは奇跡的なことだった.

San Pablo [sam páβlo] 固名 《聖書人名》(聖)パウロ(キリスト教をローマ帝国に伝えた, 祝日は6月29日).

San Pedro [sam péðro] 固名 サン・ペドロ(パラグアイの都市).

San Pedro de Macorís [sám péðro ðe makorís] 固名 サン・ペドロ・デ・マコリス(ドミニカの都市).

San Pedro Sula [sam péðro súla] 固名 サン・ペドロ・スラ(ホンジュラスの都市).

San Peterburgo [sam peterβúrɣo] 固名 サンクトペテルブルグ(旧名レニングラード).

San Quintín [saŋ kintín] 固名 サンカンタン(スペイン軍がフランス軍を破ったフランス, パリ近郊の都市).

San Salvador [san salβaðór] 固名 ❶ サンサルバドル(エルサルバドルの首都). ❷ サン・サルバドル島(西インド諸島の島).

sánscrito, ta [sánskrito, ta] 形 サンスクリットの, 梵語(ぼんご)の.

—— 男 サンスクリット, 梵語 (古代インドの文語).

sanseacabó [sanseakaβó] 男 《話》【主に y sanseacabó の形で】それで(話はおしまい、これ以上何も言うことはない). —No insistas. He dicho que estés en casa a las nueve, y ~. 口答えするな. 9時には家にいろと私は言った、それで話はおしまいだ.

San Sebastián [san seβastján] 固名 サン・セバスティアン(スペインの都市).

santa [sánta] 女 聖女; 聖女のような人. —Esa mujer es una ~. その女性はまさに聖女だ.

Santa Ana [santa ána] 固名 サンタ・アナ(アメリカ合衆国の都市; エルサルバドルの都市; ボリビアの都市).

Santa Anna [santa ána] 固名 サンタアナ(アントニオ・ロペス・デ Antonio López de (1795-1876, メキシコの大統領, 在任 1833-55).

Santa Bárbara [santa bárβara] 固名 サンタ・バーバラ(アメリカ合衆国の都市).

santabárbara [santaβárβara] 女 《軍事》(軍艦の)弾薬庫, 火薬庫.

Santa Cruz [santa krúθ] 固名 サンタ・クルス(アルゼンチン最南端の州).

Santa Cruz de Tenerife [santa krúθ ðe tenerífe] 固名 サンタ・クルス・デ・テネリーフェ(スペイン, カナリア諸島, テネリーフェ島の都市).

Santa Elena [santa eléna] 固名 セントヘレナ島(イギリス領, ナポレオンが流された島).

Santa Fe [santa fé] 固名 サンタ・フェ(アメリカ合衆国の都市; アルゼンチンの州・州都).

Santa Hermandad [santa ermandá(ð)] 女 《スペイン史》サンタ・エルマンダー (15-16世紀のスペインの市町村自警組織).

Santa Lucía [santa luθía] 固名 セントルシア(首都カストリーズ Castries).

Santa Marta [santa márta] 固名 サンタ・マルタ(コロンビアの都市).

santamente [sántaménte] 副 気高く, 聖人のように; 聖人として. —vivir ~ 徳の高い生活を送る.

Santander [santandér] 固名 サンタンデール(スペインの都市; コロンビアの県).

santanderino, na [santanderíno, na] 形 サンタンデール (Santander, スペイン北部の都市)の, サンタンデール在住[出身]の. 類 **santanderiense**.
—— 名 サンタンデールの住民[出身者]. 類 **santanderiense**.

Santa Rosa [santa ŕósa] 固名 サンタ・ロサ(アルゼンチンの都市).

santateresa [santateŕésa] 女 《虫類》カマキリ.

Santa Teresa de Ávila [santa teŕésa ðe áβila] 固(人名) (聖)テレサ (1511-82, スペインのカトリック修道女).

santero, ra [santéro, ra] 形 偶像を崇拝する, 聖人像を過度に崇(ﾏ)める.
—— 名 ❶ 聖堂[修道院]の管理人. ❷ 聖人像を持って家から家へと施しを求めて歩く人. ❸《中南米》聖人像[聖人画]の職人[商人].

Santiago [santjáɣo] 固名 ❶ サンティアゴ(ドミニカの都市). ❷(男性名)サンティアゴ.

Santiago de Chile [santjáɣo ðe tʃíle] 固名 サンティアゴ・デ・チレ(チリの首都).

Santiago de Compostela [santjáɣo ðe compostéla] 固名 サンティアゴ・デ・コンポステーラ (スペイン, ガリシア地方の都市, 中世以来の聖地).

Santiago de Cuba [santjáɣo ðe kúβa] 固名 サンティアゴ・デ・クーバ(キューバの都市).

Santiago del Estero [santjáɣo ðel estéro] 固名 サンティアゴ・デル・エステーロ(アルゼンチン北部の都市).

Santiago el Mayor [santjáɣo el majór] 固名 《聖書人名》(聖)大ヤコブ(十二使徒の一人, 祝日は7月25日).

santiagueño, ña [santjaɣéɲo, ɲa] 形 サンティヤーゴ・デル・エステーロ (Santiago del Estero) の.
—— 名 サンティヤーゴ・デル・エステーロの住民[出身者].

santiaguero, ra [santjaɣéro, ra] 形 サンティヤーゴ・デ・クーバ (Santiago de Cuba) の.
—— 名 サンティヤーゴ・デ・クーバの住民[出身者].

santiagués, guesa [santjaɣés, ɣésa] 形 サンティヤーゴ・デ・コンポステーラ (Santiago de Compostela) の.
—— 名 サンティヤーゴ・デ・コンポステーラの住民[出身者].

santiaguino, na [santjaɣíno, na] 形 サンティヤーゴ・デ・チーレ (Santiago de Chile) の.
—— 名 サンティヤーゴ・デ・チーレの住民[出身者].

santiaguista [santjaɣísta] 形 聖ヤコブ騎士団 (la orden militar de Santiago, 12世紀末に結成された僧兵団)の.
—— 男 聖ヤコブ騎士団の僧兵.

santiamén [santjamén] 男 《次の成句で》
en un santiamén 《話》即座に, たちまち, またたく間に. Termino este trabajo *en un santiamén*, y nos vamos. 私がこの仕事をぱっと片づけるからそうしたら出かけよう.

:**santidad** [santiðá(ð)] 女 神聖(であること), (聖人のような)気高さ. —Se retiró a un convento donde llevó una vida de ~ hasta su muerte. 彼は修道院に隠とんし, そこで死ぬまで聖人のように気高い人生を送った.
morir en olor de santidad 聖人の誉れをもって死ぬ.
Su Santidad (ローマ教皇に対する尊称)聖下.

santificable [santifikáβle] 形 《宗教》神聖にしうる; 聖別すべき; (人が)列聖に値する.

santificación [santifikaθjón] 女 《宗教》❶ 神聖化, 聖なるものとして崇(ﾊ)めること, 聖別(式). —La ~ del domingo implica pensar, al menos en algún momento, en Dios. 日曜日を神聖視することは, 少なくとも時には神について考えるということを意味している. ❷ 列聖, 聖人の列に加えること.

santificador, dora [santifikaðór, ðóra] 形 《宗教》神聖にする, 聖別する.
—— 名 《宗教》神聖にする人, 聖別する人.

:**santificar** [santifikár] [1.1] 他 ❶ を聖者の列に加える. —Cien años después *santificaron* al joven que había muerto martirizado. 殉教した若者を百年後に聖者の列に加えられた. ❷ を神に捧げる. —La Iglesia manda ~ las fiestas. 教会は祭りを神に奉献することを命じる. ❸ を聖なるものとしたたえる. —~ el nombre de Dios 神の御名(ﾅ)をたたえる.
—— se 再 聖者となる.

santiguada [santiɣuáða] 囡 十字を切ること. *para [por] mi santiguada* 誓って，間違いなく.

santiguar [santiɣuár] [1.4] 他 ❶ …に対して十字を切る; を十字を切って祝福する. —*Antes de partir santiguó* a su hijo y le dijo que se portara bien. 彼は立ち去る前に息子に向かって十字を切り，良い子でいるようにと言った. *Al verla con aquella minifalda las viejas se santiguaron escandalizadas.* 彼女があのミニスカートをはいているのを見て老女たちはあきれ返って十字を切った. 類 **persignar**. ❷《俗》を殴る.

—**se** 再 ❶（自分に）十字を切る. —*Al entrar en la iglesia se santiguó.* 教会にはいるとき彼は十字を切った. 類 **persignarse**. ❷《話》びっくり仰天する; びっくりして十字を切る.

santimonia [santimónja] 囡 ❶ 神聖さ, 気高さ. 類 **santidad**. ❷《植物》アラゲシュンギク, クジャクギク. 類 **crisantemo**.

*__santísimo, ma__ [santísimo, ma]〔santoの絶対最上級〕形 とても神聖な. —*la Virgen Santísima* 聖母マリア. *el S~ Sacramento* 聖体. *S~ Padre* ローマ教皇.

—男《カトリック》(el S~) 聖体.

hacer ... la Santísima《話》をうんざりさせる.

santo, ta [sánto, ta サント, タ] 形 ❶ 聖なる, 神聖な. —*Santa Iglesia Católica* 聖カトリック教会. ~ *patrón* 守護聖人. *la guerra santa* 聖戦. *tierra santa* 聖地. *año ~* 聖年(25年毎). *Espíritu S~* 聖霊. ❷ 聖…〔女性の聖人名と, 男性の聖人では Domingo, Tomás, Tomé, Toribio の前を除くその他の男性の聖人名の前では San になる〔〈略〉S., Sto., Sta.)〕. —*S~ Tomás* 聖トマス. *S~ Tomé* 聖トメ. *S~ Toribio* 聖トリビオ. *S~ Domingo* 聖ドミンゴ. *Santa Ana* 聖アナ. *San Antonio* 聖アントニオ. ❸ 聖…〔復活祭前の一週間とその各曜日名と一緒に〕. —*Semana Santa* 聖週間. *Viernes S~* 聖金曜日. ❹ 敬虔な, 信心深い, 聖人のような. —~ *varón* お人好し. Mi abuela es una persona *santa*. 私の祖母は敬虔な人だ. *Aquel golfo ahora lleva una vida santa*. あのやくざな男も今では聖人のような生活をしている. ❺ ためになる, よく効く. —*hierba santa* 薬草. *tomar un ~ remedio* よく効く薬を飲む. *Mi amigo me dio un ~ consejo*. 友人がためになる忠告をしてくれた. ❻《話》反語的に名詞の意味を強調. —*Pasé todo el ~ día metido en casa*. 私はまる一日家に閉じ籠もっていた. *Ése es un mal educado y siempre hace su santa voluntad*. そいつはしつけが悪いからいつも好き勝手をする.

—名 ❶ 聖人, 聖者(カトリック教会に聖人と認められた人). —*Día de Todos los S~s* 諸聖人の祝日(11月1日). *Te felicito por el día de tu ~*. 聖人の日おめでとう. ❷《比喩》忍耐強く徳のある人, 聖人のような人. —*Tiene que ser una santa para aguantar a un marido tan egoísta*. あんなに利己的な夫に我慢しているのだから彼女は聖人みたいなよくできた人にちがいない.

—男 ❶ 聖人の日, 霊名の祝日(洗礼名の元となった聖人の日を祝う習慣がある). —*Hoy es mi ~*. 今日は私の聖人の日だ. ❷〖主に 複〗挿絵. ❸ 聖人の像[絵].

alzarse [cargar] con el santo y la limosna 人の物までごっそり持ち去る. *Es un cara dura, se ha alzado con el santo y la limosna*. 人の物までごっそり持って行ってしまうなんて, 図々しい奴だ.

¿a qué santo? / ¿a santo de qué? 一体どうして. *¿A santo de qué tenemos que invitaros?* いったいどうしてぼくが君たちを招待しなくちゃならないんだ. *¿A santo de qué?* Me llamas aunque ya nos hemos separado. もう別れたのに電話してきたりして, いったいどうして? *¿A santo de qué tengo que ir contigo?* どうしてお前と一緒に行かなければならないんだ.

desnudar un santo para vestir a otro 甲からとって乙に渡す, 借金を借金で返す. *No hay otro remedio. Tenemos que desnudar un santo para vestir a otro*. 借金を借金で返す他に方法はない.

¡Dios santo! / ¡Santo Dios! / ¡Virgen santa!（驚き, 賞讃などの感嘆）わあ, あら, すごい. *¡Dios santo!*, las doce y el niño sin venir. あら, 12時なのに子供が帰ってこないわ.

írsele el santo al cielo 度忘れする. *¡Ay! ¡Qué tengo que decirte yo! ¡Se me ha ido el santo al cielo!* あれ, お前に何を言うつもりだったのだろう. すっかり忘れてしまった.

llegar y besar el santo たやすく手に入れる.

no ser santo de la devoción de ... どうも好きになれない, 好きになれない. *El nuevo jefe no es santo de mi devoción*. 今度の課長はどうも好きになれない.

¡Por todos los santos (del cielo)! お願いだから, 後生だから. *Pero, ¡por todos los santos!, ¿quieres soltarme? Ya tengo un cardenal en el brazo*. お願いだから放してよ. 腕にあざができるわ.

quedarse para vestir santos（女性が）ずっと独身のままでいる. *Mi hermana se quedó para vestir santos*. 姉はずっと独身で過ごした.

santo y seña 合言葉. *dar el santo y seña* 合言葉を交わす.

tener el santo de cara [espaldas] 幸運に恵まれる[不幸な星の下に生まれる].

Santo Domingo [santo ðomíŋgo] 固名 サントドミンゴ(ドミニカ共和国の首都).

santón [santón] 男 ❶（キリスト教以外, 特にイスラム教の）行者, 隠者. 類 **anacoreta**, **asceta**. ❷《話》（特定集団内で影響力を持つ）大物, ボス（しばしば皮肉, 軽蔑〔…〕の意味がこもる）. ❸《話》偽善者, えせ信心家. 類 **hipócrita**.

santoral [santorál] 男《カトリック》❶ 聖人伝. ❷ 聖人の祝日表. ❸ 聖人の聖務日課を含む聖歌集〔典礼文集〕.

Santo Tomé y Príncipe [santo tomé i prínθipe] 固名 サントメ・プリンシペ(公式名 República Democrática de Santo Tomé y Príncipe, 首都サントメ Santo Tomé).

:**santuario** [santuárjo] 男 ❶《宗教》神聖な場所, 聖域(神殿, 寺院), 聖堂. —*En esta capital antigua hay cientos de templos budistas y ~s sintoístas*. この古都には何百もの寺院や神社がある. *Han realizado una peregrinación al ~ de Fátima*. 彼らはファティマへの巡礼を実行した. *S~ de Yasukuni* 靖国神社. 類 **ermita**, **templo**. ❷《キリスト教》聖地.

santurrón, rrona [santurrón, ŕóna] 形 ❶ 信心に凝り固まった, 過度に信心深い. 類**beato**. ❷ 信心家ぶった, 殊勝ぶった. ── 名 ❶ 信心に凝り固まった人. ❷ えせ信心家, 偽善者. 類**gazmoño, hipócrita**.

santurronería [santuŕonería] 女 ❶ 信心に凝り固まること, 信心狂い. ❷ 信心家ぶること, 偽善. 類**hipocresía**.

San Valentín [sam balentín] 固名 (聖人の名)(聖)バレンティン[バレンティノ](祝日は2月14日).

San Vicente y Granadinas [sam biɣénte i ɣranaðínas] 固名 セントビンセント・グレナディーン(首都キングスタウン Kingstown).

Sanz del Río [sánθ ðel río] 固名 サンス・デル・リーオ(フリアン Julián 〜)(1814-69, スペインの哲学者).

saña [sáɲa] 女 ❶ (攻撃, 非難などの)執拗(よう)さ, 激しさ, 容赦のなさ. ─con 〜 執拗に, 激しく, 容赦なく. ❷ 怒り, 激怒. 類**furia, furor, rabia**.

sañoso, sa, sañudo, da [saɲóso, sa, saɲúðo, ða] 形 ❶ (人が)激怒した, 怒り狂った; 怒りっぽい. ❷ (攻撃, 非難などが)執拗な, 容赦ない, 残忍な.

Sao Paulo [sao páulo] 固名 サンパウロ(ブラジルの都市).

sapidez [sapiðéθ] 女 味わい, 風味(のあること). 類**sabor**.

sápido, da [sápiðo, ða] 形 味わい[風味]のある. 類**sabroso**. 反**insípido**.

sapiencia [sapjénθja] 女《文》❶ 知恵, 賢さ, 英知. 類**sabiduría**. ❷ 知識, 学識. 類**conocimiento**.

sapiencial [sapjenθjál] 形《文》知恵に関する. ─libros 〜es (旧約聖書中の)知恵の書.

sapiente [sapjénte] 形 賢い, 知恵のある; 学問[学識]のある. 類**sabio**.

sapino [sapíno] 男《植物》モミ(樅)の木. 類**abeto**.

:**sapo** [sápo] 男 ❶《動物》ヒキガエル. 類**rana**. ❷ (名前のわからない, とくに水中の)虫, 小動物. 類**bicho**.
echar [soltar] (por la boca) sapos y culebras どなりちらす, 悪態をつく.

saponáceo, a [saponáθeo, a] 形《化学》せっけん質の, せっけんの(ような). ─un compuesto de naturaleza *saponácea* せっけん質の化合物. 類**jabonoso**.

saponaria [saponárja] 女《植物》サポナリア, シャボン草(ナデシコ科). 類**jabonera**.

saponificar [saponifikár][1.1] 他《化学》を鹼化(ケン)する, せっけんにする.

sapote [sapóte] 男《植物》サポジラ, チューインガムノキ. ◆アカテツ科の常緑高木. 樹皮からとれるゴム状の乳液を煮つめた固形物はチクル (chicle) といい, チューイン・ガムの原料. 類**zapote**.

saprófito, ta [saprófito, ta] 形《生物》腐生の, 腐敗物を栄養源とする. ─bacterias *saprófitas* 腐生バクテリア.
── 男《生物》腐生植物; 腐生菌類.

saque[1] [sáke] 男《スポーツ》(a) (テニスなどの)サーブ, サービス; サービスライン (=línea de 〜). romper el 〜 サービスをブレイクする. (b) (サッカー・ラグビーの)キック・オフ (= 〜 inicial). 〜 de banda (サッカーの)スローイン, (ラグビーの)ラインアウト. 〜 de castigo ペナルティー・キック. 〜 de esquina コーナー・キック. 〜 de puerta [de portería] ゴール・キック.
tener buen saque 大食いである; 大食いする.
── 名《スポーツ》サーバー(選手).

saque[2] [sáke] 男《中南米》焼酎製造所.

saqué [saké] 動 sacar の直・完了過去・1単.

saque(-) [sake(-)] 動 sacar の接・現在.

saqueador, dora [sakeaðór, ðóra] 形 略奪する, 強奪する. ── 名 略奪者, 強奪者.

saqueamiento [sakeamjénto] 男 略奪, 強奪. 類**despojo, pillaje, saco, saqueo**.

saquear [sakeár] 他 (都市・建物などを)荒らし回る, …から(大量に)略奪する. ─La tropa enemiga *saqueó* la ciudad. 敵軍が都市を略奪して回った. 〜 una casa 家を荒らす. 類**expoliar, pillar, robar, saltear**.

saqueo [sakéo] 男 略奪, 強奪. ─ 〜 y pillaje 略奪. 類**despojo, pillaje, saco, saqueamiento**.

saquería [sakería] 女 ❶ 袋の製造, 袋製造業. ❷《集合的に》袋類.

saquerío [sakerío] 男 =saquería.

saquito [sakíto] 〔<saco〕男 小さな袋. ─ 〜 de papel 紙袋.

S. A. R.《略号》=Su Alteza Real 殿下.

Sara [sára] 固名《女性名》サラ.

Sarajevo [saraxéβo] 固名 サラエボ(ボスニア・ヘルツェゴビナの首都).

sarampión [sarampjón] 男 ❶《医学》はしか, 麻疹(ミン). ❷《比喩》(社会の)弊害; 悩みの種.

sarao [saráo] 男 (音楽や談話の)夜会, イブニング・パーティー.

sarape [sarápe] 男《メキシコ》《服装》サラーペ. ◆原色の幾何学模様のある毛布地で, 主にポンチョとして用いられる.

sarasa [sarása] 男《俗》女っぽい男, おかま; 同性愛の男. 類**marica**.

Sarasate [sarasáte] 固名 サラサーテ(マルティン・パブロ・デ Martín Pablo de 〜)(1844-1908, スペインの作曲家・バイオリニスト).

sarazo, za [saráθo, θa] 形《中南米》(主にトウモロコシが)実り始めた, 実りかけの.

sarcasmo [sarkásmo] 男 (辛辣な)皮肉, いやみ; 風刺. 類**ironía**.

sarcásticamente [sarkástikaménte] 副 皮肉に, あてこすって; 風刺的に. 類**irónicamente**.

sarcástico, ca [sarkástiko, ka] 形 皮肉な, いやみな; 風刺的な. ─decir [soltar] palabras [frases] *sarcásticas* いやみを言う. El comentario 〜 que hizo no venía a cuento. 彼がした皮肉なコメントは適切ではなかった. 類**irónico**.

sarcófago [sarkófaɣo] 男《歴史》(古代の, 装飾を施した)石棺. 類**ataúd, sepulcro**.

sarcoma [sarkóma] 男《医学》肉腫(ュ). ─ 〜 óseo 骨肉腫. 類**tumor**.

sardana [sarðána] 女《音楽, 舞踊》サルダーナ. ◆カタルニャ地方の, 輪になって踊る民族舞踊, およびその曲.

sardanapalesco, ca [sarðanapalésko, ka] 形 (アッシリア最後の王サルダナパロス (Sardanápalo) のように)放埓(ホラ)な, 放蕩(トラ)にふける. ─lle-

1718 sardina

var una vida *sardanapalesca* 放縦(ほうじゅう)な生活を送る. 類**disoluto, libertino**.

sardina [saɾðína] 囡 イワシ.
estar como sardinas en lata ぎゅうぎゅう詰めである.

sardinal [saɾðinál] 男 《漁業》イワシを取る網. 類**red**.

sardinel [saɾðinél] 男 ❶《建築》(煉瓦の)小端立(こばたて)て積み. ◆煉瓦の一番大きな面を互いに合わせた積み方. ❷《建築》(家などの)入り口の段差.

sardinero, ra [saɾðinéɾo, ɾa] 形 《漁業》イワシの, イワシ漁の. — barco ~ イワシ船.
—— 名 イワシ漁師; イワシ売り.

sardineta [saɾðinéta] 囡 [<sardina] ❶ 小イワシ. ❷ 軍服の逆三角形の袖章. ❸ しっぺ. ❹ チーズの, 型からはみ出して切り取られた部分.

sardo¹, da¹ [sáɾðo, ða] 形 サルジニア[サルデーニャ]島 (Cerdeña) の.
—— 名 サルジニア島の住民[出身者].
—— 男 サルジニア語.

sardo², da² [sáɾðo, ða] 形 (牛が)まだら模様の.

sardonia [saɾðónja] 囡 《植物》タガラシ(田芥).
◆キンポウゲ科の越年草. 有毒.

sardónico, ca [saɾðóniko, ka] 形 冷笑的な; 皮肉な. —gesto ~ 皮肉な表情. risa *sardónica* 冷笑, せせら笑い; 《医学》痙攣(けいれん)笑い. 類**irónico**.

sarga¹ [sáɾɣa] 囡 《織物》サージ(綾(あや)織りの服地).

sarga² [sáɾɣa] 囡 《植物》キヌヤナギ.

sargazo [saɾɣáθo] 男 《植物》ホンダワラ(海藻).
— Mar de los *Sargazos* 藻海, サルガッソー海(北大西洋の, 西インド諸島とアゾレス諸島の間の海域).

sargentear [saɾxenteáɾ] 他 ❶《軍事》(兵)を軍曹として指揮する. 類**capitanear, mandar**. ❷《比喩, 話》(人々)を指揮[監督]する; (人々)を牛耳る, …にいばり散らす.
—— 自 《比喩, 話》いばり散らす, 親分風を吹かせる.

sargentería, sargentía [saɾxentería, saɾxentía] 囡 《軍事》軍曹の職[地位]; 軍曹の執務室.

:**sargento** [saɾxénto] 男 ❶《軍事》軍曹. —~ primero 曹長. ❷ 暴君, ワンマンな人. —Es un ~ que no deja salir a su mujer a ningún sitio. 彼の妻をどこにも行かせない横暴な男だ.

sargentona [saɾxentóna] 囡 《話, 軽蔑》男まさりの女; 厳格でいばった女.

sargo [sáɾɣo] 男 《魚類》クロダイ, チヌ(スズキ目の海魚).

sari [sáɾi] [<ヒンディー語] 男 《服飾》サリー(インド女性の服装).

sarmentoso, sa [saɾmentóso, sa] 形 ❶ 植物のつるのような; 《比喩》(手・指などが)やせて細長い. —manos *sarmentosas* やせ細った手. 類**delgado, demacrado, enflaquecido, flaco**. ❷《植物》つるのある, つるを持った.

Sarmiento [saɾmjénto] 固名 サルミエント(ドミンゴ・ファウスティーノ Domingo Faustino ~) (1811-88, アルゼンチンの作家・大統領, 在任 1968-74).

sarmiento [saɾmjénto] 男 《植物》❶(ブドウ, ツタなどの)つる, つる茎. ❷ ブドウの木の小枝. —~ cabezudo 挿し木用に切り取った小枝.

sarna [sáɾna] 囡 《医学》疥癬(かいせん), 皮癬(ひぜん).
más viejo que la sarna ひどく古ぼけた; 老いぼれた.
Sarna con gusto no pica. 【諺】自ら招いた面倒は苦にならない. (←好みの疥癬はかゆくない.)
no faltarLE sino sarna que rascar 何ひとつ不自由ない. (←掻(か)くべき疥癬がないだけだ.)

sarniento, ta [saɾnjénto, ta] 形 名 【中米】 =sarnoso.

sarnoso, sa [saɾnóso, sa] 形 《医学》疥癬(かいせん)[皮癬(ひぜん)]にかかった.
—— 名 《医学》疥癬[皮癬]患者.

sarpullido [saɾpujíðo] 男 =salpullido.

sarraceno, na [saraθéno, na] 形 《歴史》サラセン人(中世のイスラム教徒)の, サラセン人風の. — trigo ~ ソバ(蕎麦). 類**agareno, árabe, mahometano, moro, musulmán**.
—— 名 《歴史》サラセン人.

sarracina [saraθína] 囡 ❶ 乱闘, 大勢のけんか. —La discusión, que empezó amistosamente, terminó en una ~. その議論は初めは友好的だったが最後は大げんかになった. 類**pelea, riña**. ❷ 大量破壊, 大量死; 大虐殺. 類**destrozo, escabechina, matanza, mortandad**. ❸《比喩》大勢の処罰; (試験で)大量の不合格. —¡Menuda ~ han hecho en primero! 1年生ではずいぶん大勢落とされたなあ!

sarria [sária] 囡 (わらを運ぶのに用いる)目の粗い網.

sarrillo¹ [saríjo] 男 《植物》アラムリリー, ヒメカイウ(サトイモ科).

sarrillo² [saríjo] 男 臨終の際の喘鳴(ぜんめい).

sarrillo³ [saríjo] 男 [<sarro] 歯石.

sarro [sáro] 男 ❶ (容器などにこびりついた)水あか; 沈殿物; (ぶどう酒を作る際にできる)酒石; 澱(おり). 類**sedimento, tártaro**. ❷ 歯石. 類**tártaro**. ❸《植物》さび病; うどん粉病. ❹《医学》舌苔(ぜったい), 舌こけ. 類**saburra**.

sarroso, sa [saróso, sa] 形 ❶ (容器などに)水あかのついた, 沈殿物(ちんでんぶつ)のたまった. ❷ (歯が)歯石のついた. ❸《植物》さび病[うどん粉病]にかかった. ❹《医学》舌苔(ぜったい)[舌こけ]のできた.

sarta [sáɾta] 囡 ❶ 一連(のもの), ひとつなぎ; 連続. —decir una ~ de disparates [tonterías] 次々にばかげたことを言う. —una ~ de embustes [mentiras] うその連続, うそ八百. soltar una ~ de insultos 次々に罵声(ばせい)を浴びせる. 類**serie**. ❷ 数珠つなぎにしたもの. —~ de ajos[perlas] 数珠つなぎにしたニンニク[真珠].

:**sartén** [saɾtén] 囡 フライパン.
coger la sartén por donde quema 軽率にふるまう.
saltar de la sartén y dar en la brasa 小難から逃れて大難にあう.
tener la sartén por el mango 支配する, 統制する. En su casa, la mujer *tiene la sartén por el mango*. 彼の家では妻が仕切っている.

sartenada [saɾtenáða] 囡 フライパン一杯分, フライパンで一回に焼く量. —una ~ de patatas フライパン一杯分のジャガイモ.

sarteneja [saɾtenéxa] 囡 ❶ 小さなフライパン. ❷【エクアドル, メキシコ】(湿地が乾燥してできた)ひび割れ. ❸【メキシコ】深い沼地.

sartorio, ria [saɾtóɾjo, ɾja] 形 《解剖》縫工

筋の.
── 男 《解剖》縫工筋 (＝músculo～). ◆腰骨と脛骨(ばばば)上部を結ぶ帯状の筋.

sasafrás [sasafrás] 男 《植物》サッサフラス. ◆北米原産のクスノキ科の落葉高木. 根から香料を取る. 樹皮は薬用.

sasánida [sasániða] 形 《歴史》ササン朝(ペルシャ)(226-651)の.
── 男女 ササン朝ペルシャ人.

sastra [sástra] 女 ❶ (女の)紳士服仕立屋, 洋服屋. ❷ 紳士服仕立屋の妻.

‡**sastre, tra** [sástre, tra] 名 ❶ 洋服屋, 仕立て屋, テーラー. —encargar a ～ un traje 仕立て屋にスーツを注文する. hecho por ～ あつらえの, 注文仕立ての. ❷ (舞台用の)衣装屋.
cajón de sastre →cajón.
Entre sastres no pagan hechuras. 【諺】武士は相身互い(←仕立屋どうしは仕立て代を払わない).
jabón de sastre →jabón.

***sastrería** [sastrería] 女 洋服仕立業; (注文服の)洋服店. —Siempre me hago los trajes en la misma ～. 私はいつも同じ洋服店でスーツを作る.

satánico, ca [satániko, ka] 形 ❶ 《宗教》サタンの, 魔王の. —tentaciones *satánicas* サタンの誘惑. ❷ 悪魔のような, 凶悪な, 邪悪な. —ira *satánica* 激怒. orgullo ～ 傲慢(ごうまん). Ha tramado un proyecto ～ para adueñarse del poder. 彼は権力をひとり占めするために非道な計画を立てた. 類 **demoníaco, diabólico, perverso**.

satanismo [satanísmo] 男 ❶ 悪魔的な行為; 悪魔的な特性. 類 **maldad, perversidad**. ❷ 悪魔主義; 悪魔教, 悪魔崇拝.

‡**satélite** [satélite] 男 ❶ 《天文》衛星. —La luna es el ～ de la tierra. 月は地球の衛星である. ❷ 人工衛星. —～ artificial 人工衛星. Ese ～ da la vuelta a la tierra en diez horas. その人工衛星は10時間で地球を1回りする. lanzar un ～ 人工衛星を打ち上げる. ～ de radiodifusión 放送衛星. ～ de comunicación [telecomunicaciones] 通信衛星. ～ meteorológico 気象衛星. vía ～ 衛星中継. ❸ 衛星国, 衛星都市. ◆形容詞的に用いて país [ciudad] satélite 衛星国 [都市]とも言う. —Mis padres viven en una ciudad ～ que está a cinco kilómetros de la capital. 両親は首都から5キロ離れた衛星都市に住んでいます. ❹ 取り巻き, 腰ぎんちゃく. —El alcalde siempre aparece rodeado de sus ～s. 市長はいつも腰ぎんちゃくに取り囲まれて姿を見せる. ❺ 《機械》衛星歯車.

satén [satén] 男 《織物》サテン, 繻子(しゅす). 類 **raso**.

satín [satín] 男 ❶ アメリカ大陸産のクルミに似た木材. ❷ 『中南米』《織物》サテン, 繻子(しゅす).

satinado, da [satináðo, ða] 形 〔＜satinar〕繻子(しゅす)のような, 光沢[つや]のある, つやつやした. —papel ～ 光沢紙. ── 男 光沢, つや; つや出し.

satinar [satinár] 他 (布・紙などに)光沢をつける, つや出しする.

sátira [sátira] 女 風刺; 風刺文学, 風刺文[詩]. —La obra es una ～ contra el fascismo. その作品は, ファシズムに対する風刺だ. 類 **crítica, ironía, sarcasmo**.

satírico, ca [satíriko, ka] 形 ❶ 風刺の, 風刺的な(文学・文学者). —novela *satírica* 風刺小説, poeta ～ 風刺詩人. ❷ 風刺を好む, 皮肉屋の.
── 名 ❶ 風刺作家, 風刺詩人. ❷ 風刺好き, 皮肉屋.

satirio [satírjo] 男 《動物》ノネズミ.

satirión [satirjón] 男 《植物》サティリオン(ランの一種).

satirizar [satiriθár] [1.3] 他 を風刺する. —En esta obra el autor *satiriza* la actual sociedad consumista. この作品で著者は現代の消費社会を風刺している. 類 **criticar, zaherir**.
── 自 風刺文[風刺詩]を書く.

sátiro [sátiro] 男 ❶ 〔ときに S～〕《ギリシャ神話》サテュロス. ◆半人半獣の森の神で酒と女を好む. ローマ神話の fauno, 牧神に当たる. ❷ (サテュロスのような)好色な男. ❸ 《文学》艶笑(えんしょう)劇.

‡**satisfacción** [satisfakθjón] 女 ❶ 満足(感), 充足(感), 満足させること(もの). —Sentí una gran ～ al oír la noticia. その知らせを聞いて私は大満足した. Es para nosotros una gran ～ poder contar con su asistencia al congreso. あなたに会議へご出席願えて私たちは大いに満足いたしております. La niña tocó el violín a la entera [completa] ～ de sus padres. その女の子は両親が心ゆくまでバイオリンを演奏した. 類 **placer, agrado**. ❷ 謝罪, 償い. —La próxima vez que le vea, voy a exigirle [pedirle] una ～ por insultarme. 次に彼に会ったときには, 私は彼に侮辱されたことに対して謝罪を求めるつもりだ. ❸ 自負心; うぬぼれ. —Tiene mucha ～ de sí mismo. 彼はうぬぼれの気持ちが強い. 類 **presunción, vanagloria**.

*‡**satisfacer** [satisfaθér] サティスファセル [10.10] 他 (*a*) を満足させる. —No le *satisface* el trabajo que hace. 今やっている仕事に彼は満足していない. (*b*) を納得させる. —No me *satisface* la excusa que has dado para no asistir a clase. 授業に出席しないための君の理由には私には納得がいかない. (*c*) を喜ばせる. —Me *satisface* tú éxito. 私には君の成功が喜ばしい. (*d*) (のどのかわき)をいやす, ── ～ la sed [el apetito] のどのかわきをいやす[食欲を満たす]. 類 **saciar**. ❷ (条件など)を満たす, (需要)に応える, (希望)をかなえる, …に添う. —Es difícil ～ todos los deseos de todos los alumnos. 生徒たち全員の希望をすべてかなえてやるのは難しい. 類 **cumplir, responder**. ❸ …に答を出す, 解決策を与える, を解決する. —La madre no pudo ～ la curiosidad de su hijo. 母親は彼女の息子の好奇心に答を出すことができなかった. ❹ を支払う, まかなう, …の埋め合わせをする. —El seguro *satisfará* todos los gastos en caso de accidente. 保険が事故の際の全費用を支払ってくれるだろう. ～ una deuda 借金を返済する. ❺ …に報いる, を償う, あがなう. —～ la pena 罰を受ける.
──**se** 再 ❶ 〔＋con に〕満足する. —*Se satisfará* con dos mil euros de sueldo mensual. 彼は2千ユーロの月給に満足するだろう. Tu padre no *se* va a satisfacer con esa excusa. お父さんはそんな言い訳では満足しないだろう. ❷ 〔＋de の〕仕

返しをする，報復をする．—Begoña piensa ~*se de ese agravio*. ベゴーニャは受けた侮辱への報復を考えている．[類]**vengarse**.

satisfactoriamente [satisfaktórjaménte] 副 十分満足に，申し分なく，思い通りに．—No me muevo de aquí hasta que me conteste ~. 満足な返答をいただくまで私はここを動きません．

‡**satisfactorio, ria** [satisfaktórjo, rja] 形 ❶ 満足のいく，納得できる．—El resultado de las negociaciones ha sido ~. 交渉の結果は満足いくものだった．Sus explicaciones no son *satisfactorias*. 彼の弁明は納得がいかない．❷ 好ましい，良好な．—Llevamos dos años en los que el estado de la economía es ~. 経済の状態が良好な2年が経った．[類]**bueno, grato, próspero**.

satisfaga(-) [satisfaɣa(-)] 動 satisfacer の接・現在．

satisfago [satisfáɣo] 動 satisfacer の直・現在・1単．

satisfar- [satisfar-] 動 satisfacer の未来，過去未来．

satisfaz [satisfáθ] 動 satisfacer の命令・2単．

satisfecho [satisfétʃo] 動 satisfacer の過去分詞．

****satisfecho, cha** [satisfétʃo, tʃa ティスフェチョ，チャ] [過分] 形 [<satisfacer] ❶ [+con/de] 満足した，満ち足りた，喜んだ．—Estoy ~ *con* mi nuevo destino. 私は新しい使命に満足している．No quedó muy ~ *de* la reparación efectuada en su coche. 彼はできあがった車の修理にあまり満足しなかった．Está *satisfecha* de sí misma. 彼女はうぬぼれて[思い上がって]いる．El padre sonrió ~. 父は満足そうにほほえんだ．[類]**complacido, conforme, contento**. [反]**insatisfecho**. ❷ 満腹した，腹いっぱいの [estar+]．—He comido muy bien y me he quedado ~. よく食べたのでお腹いっぱいだ．[類]**harto, lleno, saciado**. ❸ 充足した；償った，返済した．—Tiene *satisfechas* todas sus necesidades. 彼は必要なものは全部充足している．Parece que la cantidad *satisfecha* no es suficiente. 支払った金額は十分ではないように思われる．

darse por satisfecho con ... (物事に)満足する．
dejar satisfecho a ... (人を)満足させる．

satisfic- [satisfiθ-] 動 satisfacer の直・完了過去，接・過去．

sátrapa [sátrapa] 男 ❶ [歴史] (古代ペルシア帝国の)地方総督，大守，サトラップ．❷ [比喩]ずる賢い男．❸ [比喩]暴君．

satrapía [satrapía] 女 [歴史] (古代ペルシア帝国の)地方総督の権威；地方総督の治める州．

saturación [saturaθjón] 女 ❶ 飽和，充満，いっぱいになる[する]こと．—Se jugaba la final de la Copa del Mundo y el público llenaba el estadio hasta la ~. ワールドカップの決勝戦が行われており，観衆がスタジアムを埋めつくしていた．— del mercado 市場の飽和，供給過剰．❷ (化学)飽和(状態)．❸ (ホテルの)オーバーブッキング．

saturado, da [saturáðo, ða] [過分] 形 ❶ [+de] (で)充満した，(が)一杯に詰まった．—Su rostro dibujó un gesto ~ *de* tristeza. 彼の顔は悲しみに満ちた表情を見せていた．[類]**lleno**. ❷ (化学)[+de] (で)飽和した，飽和状態の．—agua *saturada de* sal 食塩の飽和水溶液．Ese arctículo no tiene porvenir: el mercado ya está ~. その商品には将来性がない．市場はすでに飽和状態だ．

——男 (化学)飽和溶液．

saturar [saturár] 他 ❶ [+de で]一杯にする，満たす．—No saques más comida, que me vas a ~. もう食べ物を出さないで，私はお腹が一杯になってしまうから．Me *saturaron* de miradas y de preguntas. 私はじろじろ見られ，質問攻めに会った．[類]**llenar, saciar**. ❷ (化学)を飽和させる．——se 再 ❶ [+de で]一杯になる．❷ (化学)飽和する．

saturnal [saturnál] 形 ❶ [天文]土星の．❷ (ローマ神話) サトゥルヌス (Saturno, 農耕の神)の．
——女 ❶ ばか騒ぎ，乱痴気騒ぎ．[類]**bacanal, orgía**. ❷ (ときに S~)[複] 農神祭，サトゥルヌスの祭り．♦古代ローマの12月中旬の収穫祭で冬至の祭り．

saturnino, na [saturníno, na] 形 ❶ むっつりした，陰気な．[類]**taciturno, triste**. ❷ [医学]鉛の．❸ (医学)鉛による，鉛中毒の．—cólico ~ 鉛疝痛(ｾﾝ). intoxicación *saturnina* 鉛中毒．

saturnismo [saturnísmo] 男 [医学]鉛中毒(症)，鉛毒症．

‡**sauce** [sáuθe] 男 (植物)ヤナギ(柳)．—~ llorón [de Babilonia] シダレヤナギ．

sauceda [sauθéða] 女 ヤナギの林，柳林．

saucedal [sauθeðál] 男 =sauceda.

saucera [sauθéra] 女 =sauceda.

saúco [saúko] 男 (植物)ニワトコ．♦スイカズラ科の落葉低木で，高さは5メートルほど．枝葉を薬用にする．

saudade [sauðáðe] [<ポルトガル語] 女 郷愁，ノスタルジー，昔懐かしさ．—Siento ~ de mi tierra. 私は故郷が懐かしい．[類]**añoranza, nostalgia**.

saudí [sauðí] 形 [複] saudí(e)s サウジアラビア (Arabia Saudí) の．
——男女 サウジアラビア人．

saudita [sauðita] 形 =saudí.

sauna [sáuna] 女 サウナ風呂(の)，サウナ浴場．

saurio, ria [sáurjo, rja] 形 (動物)トカゲ類の．
——男 (動物)トカゲ類の動物；[複] トカゲ類．

savia [sáβja] 女 ❶ 樹液．❷ (比喩)元気，活力，生気．—La investigación y la enseñanza han sido la ~ de su vida. 研究と教育が彼の生きる活力だった．El joven equipo director infundió nueva ~ a la empresa. 若い経営陣が企業に新しい活力を吹き込んだ．[類]**energía, fuerza, vigor**.

saxífraga [saksífraɣa] 女 (植物)ユキノシタ．♦山中の岩などに自生する多年草．観賞用にも栽培される．

saxofón, saxófono [saksofón, saksófono] 男 (楽器)サキソフォン，サックス．

saxofonista [saksofonísta] 男女 サックス奏者．

saya [sája] 女 ❶ (衣類)スカート．[類]**falda**. ❷ (衣類)ペチコート．[類]**enagua, refajo**.

sayal [sajál] 男 目の粗い毛織物，粗ラシャ．

sayo [sájo] 男 ❶ (服飾)スモック，上っ張り．[類]**casaca**. ❷ (服飾)チュニック(ひざ上まで届く古代ギリシャ・ローマ人の半ずで上衣)．

cortar a ... *un sayo* (話)(人)の陰口を言う．

decir para [*a*] *su sayo* 《話》独り言を言う; 心の中で思う.

hacer de su capa un sayo 《話》好き勝手にふるまう.

sayón [sajón] 男 ❶ 死刑執行人. 類**verdugo**. ❷ 雇われて暴力をふるう人. —Envía a sus *sayones* para amedrentar a los morosos. 彼は返済遅滞者をおどすために手下の乱暴者たちを送っている. ❸ 恐ろしい顔つきの人. ❹《カトリック》聖週間に長いチューニックを着て行列する信徒.

‡**sazón** [saθón] 女 ❶ 成熟, 円熟. —Los melocotones de esta huerta ya están en ~. この畑のモモはもう熟している. 類**madurez**. ❷ 味つけ, 調味. —Está muy rica la paella! La ~ está en su punto justo. このパエリアはとてもおいしい! 味つけがちょうどいい. 類**sabor**. ❸ 好機, 時期. —Ahora es buena ~ para presentar nuestra propuesta. 今こそわれわれの提案をするよい時だ. 類**coyuntura**, **ocasión**.

a la sazón その時に. 類**entonces**.

en sazón (1)（果物などが）旬(しゅん)の, 熟した. (2) 折よく.

fuera de sazón 折悪く, 季節外れの.

sazonado, da [saθonáðo, ða] 形 ❶（果実などが）熟した, 食べごろの. 類**maduro**. ❷ [+de]（…で）味付けした, 調味した. 類**aderezado**. ❸ 味のよい, おいしい. 類**sabroso**. ❹（言葉などが）機知に富んだ, ウィットのある, 味わい深い. 類**gracioso**, **oportuno**.

‡**sazonar** [saθonár] 他 ❶（料理）に味をつける, 味つけをする, を調味する. —Antes de asar la carne la *sazonó*. 肉を焼く前に彼女は味付けをした. 類**aderezar**, **condimentar**. ❷ を成熟させる, 完全なものにする. —El sol *sazona* las frutas. 太陽のおかげで果物が熟する.

—**se** 再 成熟する, 熟れる; うるおう. —Se han *sazonado* las chirimoyas del huerto. 果樹園のチリモーヤが熟れた. —se la tierra 土地がうるおう.

scanner [(e)skáner] 男《通信, 医学》スキャナー.

scherzo [(e)skérθo]〔＜伊〕男《音楽》スケルツォ.

scooter [(e)skúter]〔＜英〕男〔単複同形, または scooters〕スクーター.

scout [(e)skóu(t), (e)skáu(t)]〔＜英〕男 ボーイスカウト.

SE《略号》＝sureste 南東.

***se**¹ [se] 代 (再帰) ❶〔与格·対格 3 人称単数·複数; 再帰用法〕(a)〔対格用法 **自分自身を**. —Ella *se* levanta a las siete y *se* acuesta a las once. 彼女は 7 時に起き, 11 時に寝る. ¿Cómo *se* llama usted? あなたのお名前は? (b)〔真の再帰; 自分自身に動作を行う〕—Ella *se* mira en el espejo. 彼女は自分の姿を鏡に映す. Ella *se* ama a sí misma. 彼女は自分自身を愛する. (c)〔再帰形式専用の動詞: arrepentir*se* de（を後悔する）, atrever*se* a（あえて…する）, jactar*se* de（…を自慢する）, quejar*se* de（…に不平を鳴らす）など〕—*Se* arrepiente de haber regañado al niño con severidad. 彼は子どもを厳しく叱ったことを後悔している. (d)〔与格用法 自分に; 自分自身から. —Los niños *se* lavan las manos antes de comer. 子どもたちは食事の前には手を洗う. Ellos no *se* quitan los zapatos ni siquiera en casa. 彼らは屋内でさえも靴を脱がない

〔(a)〜(c) の場合, se は主語の人称·数に対応して変化し, 与格·対格を表す〕. ❷〔対格·与格; 3 人称複数. 相互再帰用法〕お互いに…し合う. —Los dos hermanos *se* ayudan. 2 人兄弟は助け合っている. Ella y yo *nos* queremos. 彼女と私とは愛し合っている〔主語は原則として複数だが, 単数の集合名詞の場合もある: Todo el mundo *se* entiende. すべての人々は理解し合っている〕. ❸〔与格; 3 人称単数·複数; 主として自動詞に付いてその意味を強めたり変えたりする〕(a)〔自動詞+se; 強意用法〕—El nene *se* ha dormido. 赤ん坊は寝入った. Mi padre *se* murió a los ochenta años. 私の父は 80 歳で亡くなった (b)〔他動詞+se; 強意用法〕—Los secuestradores *se* llevaron a mi único hijo. 誘拐犯は私の 1 人息子を連れ去った. Carlos *se* pasó la semana sin hacer nada. カルロスはその週を何もしないで無為に過ごした. *Me* temo haberle ofendido. 私は彼を怒らせたのではないかと心配だ. (c)〔自動詞+se; 転意用法〕—*Se* fue sin despedirse de mí. 彼は私に別れの挨拶をすることなく立ち去った. Como no desayunó, *se* moría de hambre. 彼は朝食をとらなかったので, 空腹で死にそうだった. (d)〔他動詞+se; 転意用法〕—*Se* comió tres filetes de vaca. 彼はビフテキ 3 人前をぺロリと平らげた. ❹〔再帰受動用法; 主語は原則として物, 動詞は 3 人称単数·複数に限られる〕(a) …れる, られる. —Aquí *se* cultiva el trigo. ここでは小麦が栽培されている. En Japón *se* come el pescado crudo. 日本では魚を生(なま)で食べる（←生の魚が食べられる）〔主語が物の場合, 受動用法④のときと再帰用法①のときがある: El sol *se* pone en el oeste. 太陽は西に沈む〕. Conjúguense los verbos siguientes en presente de indicativo. 次の動詞を直説法現在に活用させなさい〔命令の受動用法〕. (b)〔中動的用法〕—En la Calle de los Libreros *se* venden muchos libros usados. リブレーロス街では古本が沢山売れている〔能動「売る」, 受動「売られる」に対し中動「売れる」の意味〕. ❺〔不定主語用法; 動詞には必ず 3 人称単数形〕人は（一般に）…する, …である. —*Se* vive bien aquí. ここでは暮らしやすい. En este restaurante *se* come muy bien. このレストランは料理がとてもおいしい.

***se**² [se] 代 (人称)〔与格〕3 人称単数·複数; 話し手でも話し相手でもないその他の人を指す〕彼に, 彼女に, 彼らに, 彼女らに;〔3 人称単数·複数; usted, ustedes に対応する〕あなたに, あなたがたに;〔3 人称単数·複数; 物を指す〕それに, それらに. —¿Le vas a enviar este paquete?—Sí, *se* lo enviaré pronto. 君はこの小包を彼に送るつもりか?—うん, すぐに送るつもりだ〔この文例のように, 与格·対格代名詞がともに 3 人称単数の時に, 与格の le, les の代わりに se が用いられる〕.

sé [sé] 動 ❶ saber の直·現在·1 単. ❷ ser の命令·2 単.

S. E.《略号》＝Su Excelencia 閣下.

sea(-) [sea(-)] 動 ser の接·現在.

sebáceo, a [seβáθeo, a] 形 皮脂腺[性]の; 脂肪を分泌する. —glándulas *sebáceas*《解剖》皮脂腺(せん), quiste ~《医学》皮脂嚢胞(のうほう).

Sebastián [seβastján] 固名《男性名》セバスティアン.

sebo [sébo] 男 ❶ 獣脂, グリース; (人の)脂肪. 類 **grasa**. ❷ 肥満. 類 **gordura**. ❸ 脂汚れ. **mugre, suciedad**. ❹《解剖》皮脂. ❺《話》酔っ払っていること, 酩酊(%). 類 **borrachera**.

seborrea [seβoréa] 女《医学》脂漏(症)(皮膚の分泌が過剰な状態).

seboso, sa [seβóso, sa] 形 ❶ 獣脂の; 脂肪(質)の; 脂肪の多い. —Nos sirvieron una carne dura y *sebosa*. 私たちは硬くて脂身の多い肉を出された. 類 **grasiento**. ❷ 脂じみた, 脂で汚れた. 類 **mugriento**.

seca [séka] 女 ❶ 日照り, 干ばつ; 乾期. 類 **sequía**. ❷《地理》砂州, 浅瀬; 砂丘. ❸《医学》腺(%)の肥大[梗塞(%%)].

secadal [sekaðál] 男 乾燥地; 灌漑(%%)のできない土地. 類 **secano**.

secadero, ra [sekaðéro, ra] 形 (果実などが)乾燥保存に適した.
— 男 (果実・チーズなどの)乾燥室, 乾燥場.

secado [sekáðo] 男 乾かすこと, 乾燥(させること). —En esta industria se realiza el 〜 por medios mecánicos. この産業では機械を用いて乾燥が行われる.

*__secador, dora__ [sekaðór, ðóra] 形 乾燥させる, 乾かす. — máquina *secadora* 乾燥機.
— 男 ❶ (a) (ヘア)ドライヤー. 〜 de pelo [manos] ヘアドライヤー[エアタオル]. Cuando me lavo el pelo, me lo seco con un 〜 de mano. 私は頭を洗うと, (手持ち式の)ドライヤーを使う. (b) エアタオル(手の乾燥機). ❷ 物干し(場), 乾燥室.
— 女 (特に衣類の)乾燥機. —〜 de ropa 衣類乾燥機. — evacuación 脱水乾燥機.

secadora [sekaðóra] 女 →secador.

secamente [sékaménte] 副 ❶ 冷淡に, そっけなく, ぶっきらぼうに. —Se saludaron al cruzarse. 彼らはすれ違うときにそっけないあいさつをかわした. ❷ 乾燥して.

secamiento [sekamjénto] 男 乾燥(する[させる]こと). 類 **secado**.

secano [sekáno] 男 ❶ (灌漑(%%)設備のない)乾地農法の土地(=campo de 〜, tierra de 〜). — cultivo de 〜 乾地農法. 類 **secadal, sequedal**. ❷ 砂州; 中州. 類 **bajío, bajo, banco**. ❸ 乾燥したもの, 干からびたもの.
abogado de secano《軽蔑》へぼ弁護士, 三百代言.

*__secante__[1] [sekánte] 形 ❶ 乾燥させる, 乾かす; 吸湿性の. — papel 〜 吸い取り紙. calor 〜 乾燥した暑さ. ❷ 速乾性の. — pintura 〜 速乾性塗料.
— 男 ❶ 吸い取り紙. —Pasó el 〜 sobre la firma y metió la carta en el sobre. 彼は署名の上に吸い取り紙をあてて, 手紙を封筒に入れた. ❷ (塗料の乾燥を早める)乾性油. —El aceite de linaza es un 〜. 亜麻仁(%)油は乾性油の一つである. ❸《スポーツ》(相手選手を)マークする人.

secante[2] [sekánte] 形 (線や面が)交わる, 分割する. — recta 〜 割線.
— 女《幾何》割線, 正割, セカント.

:**secar** [sekár] [1.1] 他 ❶ を乾かす, 乾燥させる, ふく, ぬぐう. —Mi hermana se *ha secado* el pelo con el secador. 私の妹はドライヤーで髪を乾かした. La madre le *secó* al niño el sudor con un pañuelo. 母親はハンカチで子供の汗をふいてやった. Esta toalla seca muy bien. このタオルは吸湿性がよい. 類 **enjugar**. 反 **mojar**. ❷ 〜 の水分をとる, を干からびさせる, 枯れさせる. —El calor *ha secado* los rosales. 暑さでバラが枯れた. ❸《サッカー》(相手チームのフォワード)にきついマークをしてプレイできなくさせる. —La defensa visitante *secó* a nuestros delanteros. ビジターチームのバックスは味方のフォワードを釘付けにした. ❹ (傷など)を乾かす, 治す.
— se 再 ❶ (a) 乾く, 乾燥する. —Con este sol los pantalones *se secarán*. この日差しだとズボンが乾くだろう. Ya *se ha secado* la herida. もう傷はじくじくしていない. (b) (河川などの水が)かれる. —Este río *se seca* en verano. この川は夏に水がなくなる. *Se ha secado* la fuente. 泉の水が枯れた. ❷ (草木が水不足で)枯れる. —La hierba *se ha secado* por falta de agua. 草は水不足で枯れた. 類 **agostarse, marchitarse**. ❸ (想像力が)干上がる, 燃え尽きる; 無感動になる. —No puedo escribir más porque *se me ha secado* la imaginación. 私は想像力が尽きたのでこれ以上1行も書けない. 類 **embotarse**. ❹ (肌が)荒れる.

secarral [sekarál] 男《地理》乾燥地.

:**sección** [sekθjón] 女 ❶ (本の)節, セクション; (新聞の)欄. —Las tres primeras 〜es constituyen una introducción a este libro. 最初の三つのセクションはこの本の導入部になっている. 〜 de anuncios [de deportes] 広告欄[スポーツ欄]. ❷ 部門, 部, 課; 売り場. —〜 de contabilidad 経理課. La 〜 de zapatería está en la planta baja. 靴売り場は1階にある. 類 **sector, departamento**. ❸ 切開, 切断. —hacer una 〜 en ... ... を切開する, 切る. El cirujano procedió a la 〜 del tejido canceroso. 外科医は癌組織の切断に取りかかった. ❹ 部分, 区分, 区域. —Esta 〜 de la planta está desocupada. フロアのこの区域は使用されていない. ❺ 断面(図). —〜 vertical [horizontal, oblicua] de un objeto ある物体の垂直[水平, 斜]断面(図). ❻ 派, セクト. ❼《軍事》小隊.

*__seccionar__ [sekθjonár] 他 を切り落とす; 断片にする, 分割する. —Faltó poco para que la sierra eléctrica le *seccionara* el dedo al operario. 工員はもう少しで電気のこぎりに指を切り落とされるところだった. 類 **cercenar**.

secesión [seθesjón] 女 (国家・教会・党派などからの)脱退, 離脱, 分離. 〜 Guerra de S〜《歴史》(アメリカ合衆国の)南北戦争. Estos últimos días se ha producido la 〜 de varios políticos del partido. 最近数日間に数人の政治家の党からの離反が生じた. 類 **alejamiento, división, retraimiento, segregación, separación**. 反 **acercamiento, unión**.

secesionista [seθesjonísta] 形 分離派の, 脱退論支持の.
— 名 分離派の人, 脱退論支持者.

*:**seco, ca** [séko, ka セコ, カ] 形 ❶ 乾いた, 乾燥した, 湿気のない [estar+]; (気候などが)乾燥性の [ser+]. —La ropa debe de estar ya *seca*. 衣類はもう乾いているはずだ. La tierra está *seca* por falta de lluvia. 大地は雨不足で乾燥している. El clima de esta región es muy 〜. この地方の気候は非常に乾燥している. 反 **húmedo, mojado**. ❷ (川などの)水のか

れた，干上がった，水のない『estar+』．— El cauce del río está ~ en verano. その川の河床は夏には干上がってしまう． ❸ 干した，乾かした，乾物の．— frutos ~s ナッツ．De postre tomamos higos ~s. デザートに私たちは干しイチジクを食べた． ❹ (植物が)枯れた，ひからびた，しおれた『estar+』．— árbol ~ 枯れ木. hojas secas 枯れ葉. Sobre la mesa había un ramo de flores secas. テーブルの上にはドライフラワーの束があった． 類 **agostado, marchito, muerto**. ❺ やせっぽちの，やせこけた，骨と皮の．— Está seca y aún quiere adelgazar más. 彼女はやせこけているのにまだやせたがっている． 類 **chupado, delgado, flaco**. ❻ 《話》のどからからの『estar+』．— Dame un vaso de agua, que estoy ~. 水を一杯下さい．のどがからからです． ❼ (a) 脂気のない，かさかさした，潤いのない．— cabello ~ ぱさぱさした髪. Ella se da una crema nutritiva porque tiene la piel seca. 彼女は荒れ性の肌なので栄養クリームをつけている． 反 **graso**. (b) (料理が)汁気のない，ぱさぱさした．— El arroz ha quedado ~. ご飯がぱさぱさに炊けてしまった． 反 **jugoso**. (c) 乳の出ない．— vaca seca 乳の出ない雌牛． ❽ (a) (音が)鈍い，響きのない．— Al caer el saco se oyó un sonido ~ y apagado. 袋が落ちて，どすんと鈍い音が聞こえた． (b) 空咳(せき)の．— Fue al médico porque tenía una tos seca. 彼は空咳が出るので医者に行った． ❾ (酒の)辛口の，糖分の残っていない．— Tomaron un vino blanco ~. 彼らは辛口の白ワインを飲んだ． ❿ (a) (人，言葉などが)そっけない，ぶっきらぼうな，無愛想な．— Me respondió con un no ~. 彼はぶっきらぼうにだめだと私に答えた． 類 **adusto, áspero, brusco**. (b) (作品などが)無味乾燥な，面白みのない，つまらない．— El estudio de las matemáticas me es ~ para mí. 数学の勉強は私には無味乾燥だ． (c) (文体などが)飾り気のない，ありのままの．— Hizo una exposición seca de la situación. 彼はありのまま状況を説明した． (d) (人などが)厳しい，無情な，冷たい．— Tiene ~ el corazón. 彼は心が冷たい．Es un profesor ~ y autoritario. 彼は冷たく威張り散らす先生だ． 類 **desabrido, frío**. 反 **cordial**. ⓫ (a) 添え物のない，それきりの，そのものだけの．— Este mes he cobrado el sueldo ~, sin complementos. 今月は本給だけで手当はもらわなかった． (b) 混じりのない，生(き)のままの，混ぜ物をしていない．— Para este plato es preferible el aguardiente ~. この料理には生のままの焼酎が合っている． ⓬ 《工業》乾式の，液体を使用しない．— pila seca 乾電池． ⓭ 《話》金がない，無一文の『estar+』． ⓮ 《話》呆然とした『estar+』．

a palo seco →palo.

a secas ただそれだけ(で)，ただ単に．Comía pan *a secas*. 私はパンを何も添えずに食べた．Todos le llamaban Paco *a secas*. 皆が彼のことをただパコと呼んでいた．

dejar seco a ... (1) 《話》(人を)即死させる，撃ち殺す．Un tiro *le dejó seco* en la calle. 一発の銃弾によって彼は通りで撃ち殺された． (2) 《話》(人を)唖然[呆然]とさせる，言葉を失わせる．Aquella inesperada respuesta *me dejó seca*. あの予想もしなかった返事に私は呆然となった．

dique seco →dique.

en seco (1) 突然，いきなり，出し抜けに．El autobús se paró *en seco*. バスは急停車した． (2) (洗濯を)ドライで[の]. Este abrigo tiene que ser lavado *en seco*. このコートはドライクリーニングで洗わなければならない． (3) 陸に上がって．El barco paró *en seco*. 船は陸地に乗り上げた．

limpieza en seco →limpieza.

quedarse seco (1) 《話》即死する，急死する．Se *quedó seco* de un infarto. 彼は心筋梗塞で急死した． (2) 《話》呆然となる．*Me quedé seco* cuando lo oí decir que se casaba. 私は彼が結婚すると言うのを聞いて呆然となった．

secoya [sekója] 囡 《植物》セコイア(スギ科の常緑大高木)．

secreción [sekreθjón] 囡 《生理》分泌，分泌作用；分泌物．— órganos de ~ interna 内分泌器官．

secreta¹ [sekréta] 囡 ❶ 《話》私服警官(= policía ~). ❷ (カトリック)(ミサの)密誦(みっしょう). ❸ 《法律》秘密調査．

****secretamente** [sekrétaménte] 副 ひそかに，内密で，秘密に．— Se lo diré ~. 彼にそれをこっそり言ってやろう． 類 **clandestinamente**.

secretar [sekretár] 他 《生理》分泌する． 類 **segregar**.

secretaria [sekretárja] 囡 ❶ 女性秘書． ❷ 女性書記(官)．

:**secretaría** [sekretaría] 囡 ❶ 事務局，秘書課[室]，書記局．— S~ de las Naciones Unidas 国連事務局． ❷ 書記[秘書]の職． ❸ (集合的に)書記局員，秘書課員． ❹ (メキシコなど)(政府の)省，(スペイン)局 (=S~ de Estado).

secretariado [sekretarjáðo] 男 ❶ 事務局，秘書課；官房．— Este trámite ha de realizarlo en el ~ de la empresa. この手続きは会社の事務局で取らねばならない． 類 **secretaria**. ❷ 書記[秘書](官)の職．— Está muy contento con el ~ de la oficina. 彼はその事務所の秘書の職にとても満足している．

:**secretario, ria** [sekretárjo, rja] 名 ❶ 秘書．— *secretaria* particular 私設秘書．Necesitamos una *secretaria* que sepa taquigrafía. 速記のできる秘書を求む． ❷ 書記(官)，事務官．— S~ de Estado (米国の)国務長官．S~ General de Naciones Unidas 国連事務総長．

secretear [sekreteár] 自 《話》『+con と』ひそひそ話をする，内緒話をする．

secreteo [sekretéo] 男 《話》ひそひそ話，内緒話．

secreter [sekretér] 〔<仏〕男 書き物机，ライティングデスク． 類 **escritorio**.

****secreto, ta**² [sekréto, ta セクレト, タ] 形 ❶ 秘密の，機密の．— agente ~ 秘密課(か)報部員. sociedad *secreta* 秘密結社. votación *secreta* 無記名投票. información *secreta* 極秘情報. La policía halló una puerta *secreta* en la casa. 警察はその家で秘密の扉を見つけた． ❷ 隠れた，人目につかない．— Mi hija guarda el diario en un lugar ~ de su habitación. 娘は日記を自分の部屋の隠し場所にしまっている． 類 **oculto, escondido**. ❸ 内緒の．— En un tono ~ me contó la verdad. 内緒で彼は私に真実を語ってくれた． 類 **confidencial, reservado**. ❹ (人が)隠しだてをする，口の堅い．

— 男 ❶ 秘密，機密．— guardar [revelar,

1724 secretor

descubrir] un ~ 秘密を守る[明らかにする]. estar en el ~ …の秘密を知っている. Me molesta que ella ande siempre con ~s. 彼女がいつも秘密を抱えていることが私を不快にさせる. hacer ~ de …を隠しだてする, ～を隠しごとする. ~ de confesión 告解の秘密. ~ de Estado 国家機密. ~ de fabricación 企業秘密. ~ profesional (医者, 弁護士などの)職業上の秘密. ❷ 内緒(ごと). —Con gran ~ me escribió el número clave de la caja fuerte. 彼はまったくの内緒で金庫の暗証番号を書いてくれた. 類 **reserva, sigilo**. ❸ 【+ para のための】秘訣, 秘伝. —El ~ para adelgazar es llevar una vida ordenada. 痩せる秘訣は規則正しい生活をすることです.

en secreto こっそりと, 秘密に (= secretamente). La madre daba dinero a la hija casada *en secreto*. 母は結婚している娘にこっそりとお金をやっていた.

secreto a voces 公然の秘密. Aunque nadie se atreve a mencionarlo, su despido es ya un *secreto a voces*. だれも口に出しては言わないが, 彼の解雇はもう公然の秘密になっている.

secretor, tora, secretorio, ria [sekretór, tóra, sekretórjo, rja] 形 《生理》分泌(性)の, 分泌(物)に関する; 分泌を促す. —glándula secretora [secretorio] 分泌腺(炎).

secta [sékta] 囡 ❶ (*a*) 分派, 派閥, セクト. —formar una ~ 一派閥を作る, 一派を成す. (*b*) 学派; 宗派 (= ~ religiosa). ❷ 《宗教》[しばしば軽蔑的に]異端. 類 **cisma, herejía**.

sectador, dora, sectario, ria [sektaðór, ðóra, sektárjo, rja] 形 ❶ 《軽蔑》党派心の強い, セクト主義的な, 偏狭な. 類 **fanático, intolerante, intransigente**. ❷ 分派の; 学派の; 宗派の.

— 图 ❶ 《軽蔑》党派心の強い人, セクト主義者, 偏狭な人. ❷ 分派[学派, 宗派]のメンバー; 信奉者, 追随者.

sectarismo [sektarísmo] 男 派閥心, セクト主義; 政治[宗教]的不寛容.

‡**sector** [sektór] 男 ❶ 分野, 部門. — ~ privado [público] 民間[公共]部門. ~ primario [secundario, terciario] 第 1 次[第 2 次·第 3 次] 産業. ~ agrario [pesquero] 農業[漁業]. Los obreros del ~ metalúrgico no secundaron la huelga. 鉄鋼労働者はストライキを支持しなかった. ❷ 地区, 区域. —Quedó inundado el ~ sur de la ciudad. 市の南地区が浸水した. Su voz no llegó hasta el ~ posterior del público. 彼の声は聴衆の後部にまでは届かなかった. ❸ 党派. —Su discurso fue abucheado por un ~ de la Cámara. 彼の演説は議会の一党派によって野されれた. ❹ 《幾何》扇形. — ~ circular 扇形. ❺ 《軍事》扇形戦闘地区, 防衛区域.

secuaz [sekuáθ] 男女 ❶ 〔熱心な追随者, (忠実な)信奉者, 同志. —El cabecilla de la banda siempre va acompañado de varios de sus *secuaces*. 一味の首謀者はいつも何人もの追随者たちに取り巻かれている. 類 **adepto, adicto, partidario, seguidor**. ❷ 《軽蔑》子分, 取り巻き, 手下.

secuela [sekuéla] 囡 ❶ 影響, 結果. —el paro con todas sus ~s 失業とそのあらゆる影響. 類 **consecuencia, efecto, resultado**. ❷ 《医学》

後遺症, 続発症, 余病. —Ésta es una enfermedad que no deja ~s. これは後遺症の残らない病気だ.

secuencia [sekuénθja] 囡 ❶ 一連のもの[こと], ひと続き, 連続. —una ~ de tragedias 一連の悲劇. El libro trata una amplia ~ de temas. その本は広範な一連のテーマを扱っている. 類 **serie, sucesión**. ❷ 《映画》シーン(まとまりのある一連のシーン). ❸ 《カトリック》(ミサ曲の)続誦(ぞくしょう). ❹ 《コンピュータ》シーケンス(一連の演算命令, 一連のデータ). ❺ 《数学》列, 数列. ❻ 《音楽》ゼクエンツ(動機の転調による反復). ❼ 《トランプ》シークエンス(数が連続している 3 枚以上の同種札).

secuestración [sekuestraθjón] 囡 = secuestro.

secuestrador, dora [sekuestraðór, ðóra] 形 ❶ 誘拐する, 人質を取る. —criminal ~ 誘拐犯. ❷ 《法学》差し押さえる, 没収する(人). ❸ ハイジャックする(人).

— 图 ❶ 誘拐犯. ❷ 《法学》差し押さえ人. ❸ ハイジャッカー, 乗っ取り犯.

***secuestrar** [sekuestrár] 他 ❶ を(身代金目当てに)誘拐する. —Han secuestrado al hijo mayor del alcalde. 市長の長男が誘拐された. 類 **raptar**. ❷ (乗物, とくに飛行機を)ハイジャックする, 乗っ取る. —Los terroristas intentaron ~ el avión. テロリストたちは飛行機のハイジャックを企てた. ❸ 《司法》(財産)を差し押さえる, 押収する; 発禁処分にする. —Le *secuestraron* la casa por impago de impuestos. 彼は税金未納で家を差し押さえられた. El juez ordenó ~ la edición de esa revista. 裁判官はその雑誌の発禁を命じた. 類 **embargar**.

‡**secuestro** [sekuéstro] 男 ❶ 誘拐; ハイジャック, 乗っ取り. —Se teme un desenlace trágico del ~. 誘拐の悲劇的な結末が心配される. Durante el ~ los pasajeros permanecieron encerrados en el avión. ハイジャックのあいだ乗客たちは機内に閉じ込められたままであった. ❷ 押収, 没収, 差し押え. — ~ de bienes 財産の差し押え.

***secular** [sekulár] 形 ❶ 世俗の, 俗人の, 非宗教的な. — brazo ~ (教会に対して)俗権. Las monjas pueden llevar vestimenta ~ actualmente. 修道女は現在私服を着てもかまわない. 類 **laico, seglar**. ❷ 《宗教》(修道会に属さない, また修道院に居住しない)在俗の. —sacerdote [clero] ~ 教区[在俗]聖職者. ❸ 百年以上の, 数百年も続く, (幾)時代を経た. —El carnaval en España es una tradición ~. スペインのカーニバルは何百年も続く伝統である. ❹ 百年[世紀]ごとの. —El temor al fin del mundo es un sentimiento ~. 世界の終わりという恐怖は世紀末ごとに繰り返される感情である.

— 男 《宗教》教区付き司祭, 在俗司祭.

secularización [sekulariθaθjón] 囡 ❶ (教育などの)宗教[教会]からの分離, 世俗化. ❷ 還俗(げんぞく). ❸ (教会財産などの)国有化, 民有化.

secularizar [sekulariθár] 他 [1.3] ❶ を宗教[教会]から分離する, 世俗化する. — ~ la enseñanza 教育を宗教から分離する. ❷ (教会財産など)を国有化[民有化]する, 民有化する. ❸ 《カトリック》(修道院司祭)を修道院外[教区在任]司祭にする. ❹ (人)を還俗(げんぞく)させる.

— se 再 還俗する.

secundar [sekundár] 他 を支持する, 支援する;

補佐する. —*Secundaré* vuestros esfuerzos. 君たちの努力を支援しよう. ~ la moción 動議を支持する. No encuentro quien *secunde* mis iniciativas. 私の主導権を支持してくれる人がいない. 類**apoyar, auxiliar, ayudar, cooperar, favorecer.**

‡**secundario, ria** [sekundárjo, rja] 形 ❶ 第二の, 二次的な, 二番目の. —industria *secundaria* 第二次産業. 類**segundo.** ❷ 副次的な, 重要でない. —Para él la compañía es algo ~; Lo más importante es la familia. 彼にとって会社は二の次である. 一番大事なものは家族である. 類**auxiliar, accesorio.** 反**principal.** ❸ 中等教育の, 中等学校の. —escuela *secundaria* 中等学校. enseñanza *secundaria* 中等教育.
era secundaria (地質)中生代.

secundinas [sekundínas] 女 複 《医学》後産(ごさん).

secuoya [sekujója] 女 《植物》セコイア.

‡**sed** [sé(ð)] セ 女 ❶ (喉の)渇き, 渇. —. 私は目が覚めた時ひどく喉の乾きを感じた. Este refresco te quitará la ~. この清涼飲料水を飲むと喉の乾きがとれるよ. Durante el viaje en tren pasamos mucha ~. 汽車旅行の間私たちはとても喉が乾いた. morirse de ~ 喉が乾いて死ぬ[死にそうになる]. ❷ 熱望, 渇望. —Tiene una insaciable ~ de dinero. 彼は貪欲(どんよく)な金銭欲をもっている. ~ de justicia [amor, paz] 正義[愛, 平和]への渇望. 類**anhelo, ansia.** ❸《農業》旱魃(かんばつ), 乾燥. —Ha llovido muy poco y los campos tienen mucha ~. 雨降りが少く田畑は乾燥している.

‡**seda** [séða] 女 ❶ 生糸, シルク, 絹糸, 絹布. —~ cruda 生糸. ~ floja 真綿. ~ hilada 絹紡糸. ~ artificial 人絹, レーヨン(=rayón). ~ natural 本絹. blusa [corbata] de ~ シルクのブラウス[ネクタイ].
como una seda 容易に, 問題なく. Las negociaciones marcharon *como una seda* y pudimos firmar el contrato. 交渉はスムーズに進み, 私たちは契約にサインすることができた.
de seda 絹のような, すべすべした. Ella tiene un cutis *de seda*. 彼女は絹のようにすべすべした肌をしている.

sedal [seðál] 男 釣り糸.

sedalina [seðalína] 女 人絹, レーヨン.

sedán [seðán] 男 セダン(型乗用車).

sedante [seðánte] 形 ❶ 安らぎを与える, 苦しみを和らげる, ほっとさせるような. —el ~ rumor de las olas 心を和ませる波のせせらぎ. ❷《薬学》痛みを緩和する, 鎮静[鎮痛]効果のある. —Ha tomado una infusión de hierbas ~s para los nervios. 彼は神経を鎮(しず)める煎(せん)じ薬を飲んだ.
── 男《薬学》鎮静剤, 鎮痛剤. 類**calmante, sedativo.**

sedar [seðár] 他 (痛み)を和らげる, (興奮・悲しみなど)を鎮める, (人)を落ち着かせる. 類**apaciguar, calmar, sosegar.**

sedativo, va [seðatíβo, βa] 形《医学》鎮痛させる.
── 男《薬学》鎮静剤, 鎮痛剤.

‡**sede** [séðe] 女 ❶ 本拠地, 本部, 本社. —Es una empresa multinacional con ~ en Tokio. それは東京を本拠地とする多国籍企業である. ~ social 本社. ~ del PP 国民党本部. La ~ de las Naciones Unidas (de la ONU) está en Nueva York. 国連の本部はニューヨークにある. ❷ 司教(管)区. — ~ episcopal 司教座. Santa S~ [~ apostólica] 法王庁, 教皇庁.

sedentario, ria [seðentárjo, rja] 形 ❶ 座ってする(仕事など); 座ってばかりいる, 閉じこもりがちの(生活など). —llevar una vida *sedentaria* 閉じこもりがちの生活を送る. labor *sedentaria* 座ってする仕事, 座業. ❷ 定住する, 定住性の. —tribu *sedentaria* 定住民族. 反**nómada.**

sedentarismo [seðentarísmo] 男 定住(していること), 定住性.

sedente [seðénte] 形 座った姿勢の. —una imagen ~ de San José 聖ヨセフの座像.

sedeño, ña [seðéɲo, ɲa] 形 ❶ 絹の, 絹製の; 絹のような. ❷ (動物が)剛毛のある.

sedera [seðéra] 女 剛毛のブラシ[はけ].

sedería [seðería] 女 ❶ 絹物販売店; 服地屋. ❷『集合的に』絹織物, 絹製品. ❸ 絹物業. ❹ 絹物工場.

sedero, ra [seðéro, ra] 形 絹の. —industria *sedera* 絹織物業.
── 名 絹物商; 服地商.

sedicente, sediciente [seðiθénte, seðiθjénte] 形『しばしば軽蔑的に』自称の. —el ~ artista 自称芸術家. 類**pretendido, supuesto.**

sedición [seðiθjón] 女 反乱, 暴動; 教唆扇動. —Se trama una ~ contra el gobierno 政府への反乱が企てられている. 類**insurrección, levantamiento, motín, sublevación.**

sedicioso, sa [seðiθjóso, sa] 形 謀反を起こした, 反乱の; 扇動する. —Él no formaba parte del grupo ~. 彼は反乱グループに属していなかった. 類**amotinado, insurrecto, rebelde, sublevado.**
── 名 反逆者; 破壊分子; 扇動者.

sediento, ta [seðjénto, ta] 形 ❶ (人・動物が)のどが渇いた. —Los ~s niños se acercaron a la fuente y bebieron ávidamente. のどの渇いた子供たちは水飲み場に近寄って水をむさぼるように飲んだ. ❷ (土地・植物などが)乾燥した. —terreno ~ 干からびた土地. ❸《比喩》『+de』を渇望する. —Está ~ de gloria. 彼は名誉欲に駆られている. 類**anhelante, ansioso, deseoso.**

sedimentación [seðimentaθjón] 女 沈殿[沈降, 堆(たい)積](作用).

sedimentar [seðimentár] 他 ❶ (かすなど)を沈殿させる, 堆(たい)積させる. 類**depositar, precipitar.** ❷《比喩》(感情)を静める, 落ち着かせる. 類**aquietar, calmar, sosegar.**
── 自 沈殿物を残す.
── se 再 ❶ (かすなど)が沈殿する, 堆積する. ❷《比喩》(感情が)静まる, 落ち着く.

sedimentario, ria [seðimentárjo, rja] 形 沈殿物の; 沈殿[堆(たい)積](作用)による. —roca *sedimentaria* 堆積岩, 水成岩.

sedimento [seðiménto] 男 ❶ 沈殿物, おり; 堆(たい)積物. —Encontraron el cadáver medio enterrado en el ~ del río. その死体は川の堆積物に半分埋まった状態で見つかった. 類**hez, poso.** ❷《比喩》心の傷あと. —Aquellos sufrimientos dejaron un ~ de amargura en su corazón. あれらの苦労が彼の心に苦い傷あとを残した.

***sedoso, sa** [seðóso, sa] [<seda] 形 絹のような, (絹のように)柔らかい, すべすべした. ―Ella tiene el cabello rubio y ~. 彼女は金髪で柔らかい髪をしている.

seducción [seðukθjón] 女 ❶ 誘惑, そそのかし. ―En su juventud fue un maestro de la ~. 若いころ彼は誘惑の名人だった. ❷ 魅力, 魅惑. ―Era una mujer de una irresistible ~. 彼女は抗しがたい魅力をもった女だった. 類 **atractivo, encanto**.

‡**seducir** [seðuθír] [**9.3**] 他 ❶ を悪の道へと誘う, 誘惑する. ―Le *sedujo* para que participara en el robo. 彼は泥棒の仲間に加わるように誘われた. 類 **embaucar**. ❷ を魅惑する, 魅了する, …の気を引く. ―A ella le *seducen* las joyas. 彼女は宝石に魅了されている. Me *seduce* la idea de un crucero por el Mediterráneo. 地中海クルージングをするというアイデアに私は魅かれている. 類 **fascinar**. ❸ (性的に)を誘惑する; 口説き落とす. ―*Seduce* a las chicas y después se olvida de ellas. 彼は女の子たちを誘惑してすぐに捨ててしまう.

seductivo, va [seðuktíβo, βa] 形 魅惑的な, 人をひきつける, 心をそそる.

seductor, tora [seðuktór, tóra] 形 魅惑的な, 人を誘惑する, 欲望をそそる. ―unos ojos ~*es* 魅惑的な目(つき). un ofrecimiento ~ よだれの出るような申し出. 類 **atractivo, cautivador, fascinante**.

――― 名 誘惑者; 魅惑的な人[物].

――― 男 女たらし, ドン・ファン.

seduj- [seðux-] 動 seducir の直・完了過去, 接・過去.

sefardí [sefarðí] 男女 《歴史》セファルディー. ◆スペイン系ユダヤ人で,1492年の追放令でスペインから追放された. 形 セファルディーの.

sefardita [sefarðíta] 男女, 形 =sefardí.

segadera [seɣaðéra] 女 草刈り鎌. 類 **hoz**.

segador, dora [seɣaðór, ðóra] 名 収穫者, 刈り取りをする人.

――― 女 刈り取り機; 芝刈り機. ―~ atadora バインダー. ~ de césped 芝刈り機. ~ trilladora コンバイン.

――― 男 《動物》メクラグモ(脚の長い小型のクモ).

segar [seɣár] [**4.4**] 他 ❶ (草・穀物など)を刈る, 刈り取る. ―~ las mieses 穀物を刈る. máquina de ~ 刈り取り機. ❷ (突き出た部分)を切り取る, 切り落とす. ―*Segaron* las cabezas de los árboles que sobresalían. 彼らは木々の飛び出していた先端を切り落とした. 類 **cortar, truncar**. ❸ 《比喩》(希望など)を断ち切る, (成長など)を妨げる. ―La guerra *segó* las esperanzas de volver a su país. 戦争は彼が故郷の国に帰るという希望を断ち切った. 類 **frustrar**.

seglar [seɣlár] 形 ❶ 非聖職者の, 一般信徒[平信徒]の; 在俗の. 類 **civil, laico**. 反 **eclesiástico**. ❷ 世俗の, 世俗的な. 類 **mundano**. 反 **religioso**.

――― 男女 在俗の人, 非聖職者, 一般信徒.

segmentación [seɣmentaθjón] 女 ❶ 分割, 区分, 区分け. ❷ 《生物》卵割, 分割.

segmento [seɣménto] 男 ❶ (区分けされた)部分, 区分. 類 **fracción, fragmento, parte, porción, trozo**. ❷ 《幾何》線分 (=~ lineal); 弓形 (=~ circular); 球台 (=~ esférico). ❸ 《動物》体節.

Segovia [seɣóβja] 固名 セゴビア(スペインの都市).

segoviano, na [seɣoβjáno, na] 形 セゴビア(Segovia)の.

――― 名 セゴビアの住人[出身者].

segregación [seɣreɣaθjón] 女 ❶ 分離, 隔離; (特に人種による)差別. ―~ racial 人種差別, 人種隔離. 類 **discriminación, separación**. ❷ 《生理》分泌. 類 **secreción**.

segregacionismo [seɣreɣaθjonísmo] 男 人種隔離主義(政策).

segregacionista [seɣreɣaθjonísta] 男女 人種隔離主義者, 人種差別肯定者.

segregar [seɣreɣár] [**1.2**] 他 ❶ を分離[隔離]する; (人)を差別する; (人)を除名する. 類 **escindir, separar**. ❷ 《生理》を分泌する. 類 **excretar, secretar**.

segueta [seɣéta] 女 糸鋸(のこ).

seguibola [seɣiβóla] 女 《情報》トラック・ボール.

‡**seguida** [seɣíða] 女 進みぐあい, 続き. ―En cuanto cojas la ~ lo harás más rápido. 君はリズムをつかむとすぐにもっと速くそれができるようになるよ.

de seguida (1) すぐ, ただちに (=en ~). (2) 続けて (=seguidamente).

en seguida すぐさま, ただちに (=enseguida). *En seguida* termino. すぐに終えるよ. Camarero, tráigame una cerveza, por favor.―*En seguida*, señor. ボーイさん, ビールを一杯お願いします. ―すぐにお持ちいたします.

‡**seguidamente** [seɣíðaménte] 副 ❶ 続けて, 連続して (=de seguida). ―Ella cantó ~ tres canciones. 彼女は続けて3曲歌った. 類 **sin interrupción**. ❷ すぐあとに, 直ちに (=enseguida). ―*S*~, escucharán las noticias. (放送で)引き続きニュースをお聞きください.

seguidilla [seɣiðíja] 女 ❶ 《詩学》セギディーヤ. ◆5音節と7音節の詩行を組み合わせた4~7行の連. ❷ 複《音楽》セギディーヤス. ◆スペインの代表的な3拍子の民俗舞踊.

‡**seguido, da** [seɣíðo, ða] 過分 形 ❶ 連続して, 続けざまに. ―Estuve ocho días ~s en casa de mi amigo. 私は1週間連続で友人の家にいた. Tres tifones ~s han azotado el sur del país. 続けざまに3つの台風が国の南部を襲った. Ha tenido dos niños ~s. 彼女は続けて2人子供を生んだ. 類 **continuo, sucesivo**. ❷ まっすぐな, 直線の. ―Tome esta calle *seguida* hasta llegar a la plaza. 広場に出るまでこの通りをまっすぐ行って下さい.

――― 副 ❶ まっすぐに. ―Vaya todo ~ hasta el fin de la calle. 突き当たりまでまっすぐ行きなさい. 類 **derecho**. ❷ すぐ後から, 続いて. ―Iba delante su coche y ~ el mío. 彼の車が先に行き, 私の車がそれに続いた. 類 **seguidamente**. ❸ 〖中南米〗しばしば, 頻繁に. 類 **a menudo, frecuentemente**.

punto y seguido ピリオドを打ち, 改行せずに続けよ.

seguidor, dora [seɣiðór, ðóra] 名 信奉者, 追随者; ファン. ―~ del marxismo マルクス主

信奉者.
—— 形 信奉する, 付き従う; ファンの. —la juventud *seguidora* de la actriz その女優のファンの若者たち.
—— 男 罫(ﾏ)線.

seguimiento [seɣimjénto] 男 ❶ 追跡; 追究. —ir en ～ de …を追い求める. estación de ～ (人工衛星の)追跡基地. 類 **persecución**. ❷ 継続, 続行. 類 **continuación**.

*seguir [seɣír セギル] [6.3] 他 ❶ …の後を追う, 後に来る, …に従う; を尾行する, …の後をつける. —Te *seguiré* adondequiera que vayas. 君の行くところどこへでも私はついて行く. Un policía *seguía* al terrorista a poca distancia. 刑事はテロリストを少し後から尾行していた. El perro me *siguió* hasta la salida del parque. 犬は公園の出口まで私についてきた. ❷ (a) を守る, 順応する, …に服従する. —*Siguió* los consejos del médico. 彼は医者のアドヴァイスを守った. (b) を模範とする, まねる. —*Siguen* a ese actor en la forma de llevar el pelo. 人々はその俳優のヘアースタイルをまねている. (c) …に共鳴する, 共感を覚える. —El compositor *siguió* las tendencias de la escuela atonal. 作曲家は無調楽派の作風に共鳴した. (d) …に身を任せる, 身を委ねる. —Carmina *siguió* los deseos de su hermano. カルミーナは弟の望み通りにしてやった. (e) …を理解する. —No he podido ～ sus explicaciones. 私は彼の説明についていけなかった. 類 **comprender**. ❸ を続ける, 続行する, 継続する. —*Siguió* sus estudios en otra universidad. 彼は別の大学で勉強を続けた. El hijo *siguió* el negocio que sus padres habían comenzado. 息子は両親が始めた商売を続けた. ❹ を目で追う. —*Seguí* con la vista el coche hasta que se perdió en la distancia. 私は車が遠くに見えなくなるまで目で追った. (a) を見続ける; 聞き続ける. —No tengo tiempo de ～ esa serie de televisión. 私にはそのテレビの続き物を見続ける暇がない. *Seguimos* el partido por la radio. 私たちは試合の続きをラジオで聞いた. ❺ を履修する, 専攻する. —Teresa piensa ～ los cursos de doctorado. テレーサはドクターコースを履修するつもりだ. ❻ をたどる, 追跡する. —El cazador *siguió* las huellas [los pasos, el rastro] de la liebre que quedaban en la nieve. 猟師は雪の上に残っているウサギの足跡を追った.

—— 自 ❶ (a) 続く. —Esta carretera *sigue* de Madrid hasta La Coruña. この道路はマドリードからラ・コルーニャまで続いている. Yo me bajo en la estación que *sigue*. 私は次の駅で降ります. (b) [+a に] 後続する. —*Sigue* al dorso. 裏へ続く. El domingo *sigue* al sábado. 土曜日の翌日は日曜日である. ❷ …のままである, 続いている. —Toda mi familia *sigue* bien. 私の家族は皆変わりありません. *Sigue* muy gorda. 彼女は相変わらずとても太っている. La televisión *sigue* estropeada. テレビは壊れたままだ. Los ojos del niño *seguían* fijos en el escaparate. その子の目はショーウィンドーに釘付けになっていた. ¿Cómo *sigue* usted? あなた, ごきげんいかがですか. ❸ [+por を] 行く, たどる. —*Siga* por esta calle hasta la plaza. 広場までの通りをまっすぐ行って下さい. ～ todo derecho 真っ直ぐ歩く. ❹ [+con] (職業)を継ぐ. —*Sigue con* la carnicería. 彼は肉屋を継ぐ. ❺ [+現在分詞] …し続ける. —A pesar del consejo del médico *sigue bebiendo*. 医者の忠告にもかかわらず, 彼は飲み続けている. *Sigue leyendo, por favor*. どうぞ読み続けて下さい.

—— se 再 (ある結論から)次の結論が出る, 派生する, 引き出される. —De ello *se sigue* que no debemos precipitarnos. このことから言えるのは, 私たちはあわててはいけないということだ.

a seguir bien 『別れの挨拶』ごきげんよう.
seguir adelante con [en] あくまで…を続ける.
seguir sin 『+不定詞』依然として…ない. —*Seguimos sin* tener noticias de él. 依然として彼からの便りがない.

*según [seɣún セグン] 前 『+人称代名詞のときは主格形を用いる』❶ 『依拠』…によれば. —S～ el mapa, la carretera pasa por la orilla del mar. 地図によれば道路は海岸のそばを通るようだ. S～ Platón プラトンによれば. ❷ 『基準』…に従って. —Los huevos están clasificados ～ el tamaño. 卵はその大きさによって分類されている. ❸ 『条件』…によって. —No sé si podré acabar el trabajo; ～ la cantidad. この仕事を終えることができるかどうかわからない. 量しだいだ. Iré contigo, ～ dónde. 君と一緒に行くけど, 行き先による.

—— 接 ❶ 『依拠』…するところによれば. —S～ dice el guía allí se encuentran unos edificios árabes. ガイドによればそこにアラビアの建築がいくつかあるそうだ. Deberá de odiarla, ～ la crítica. 批判するところを見ると彼は彼女のことを憎んでいるのだろう. ❷ 『同時進行』…にしたがって, …と同時に. 『未来のときは+接続法』—S～ evolucione el enfermo, se decidirá si operarle o no. 病人の状況次第で手術するかどうか決まることになる. Correos está ～ se tuerce a la derecha. 郵便局は右に曲がってすぐです. ❸ 『単独』場合による 『副詞として. 発音は[seɣún セグン]となる』. —¿Vienes conmigo? -S～. 君は僕と来るかい？ -場合による.

según que 『+接続法』…によって. *Según que* veamos su rendimiento, le subiremos el salario. 彼の作業能率を見ながら給料を上げていこう.
según y cómo [conforme] … …によって; 『単独』場合による. ¿A ti te gustan los niños? -*Según y cómo*; a veces son una lata. 君は子供が好きかい？-場合によりけりだね. やっかいなこともあるしね.

segunda [seɣúnda] 女 →segundo.
segundar [seɣundár] 他 ❶ をもう一度行う. 類 **repetir**. ❷ を補佐する, 後援する, 支持する. 類 **ayudar**.
—— 自 2番目になる, 2番目である.
segundero [seɣundéro] 男 (時計の)秒針.

*segund*o*, da [seɣúndo, da セグンド, ダ] 形 『数』❶ 第2の, 2番目の. —*segunda* parte 第2部. ～ piso 3階(→piso). Isabel II (*segunda*) イサベル2世, (英国の)エリザベス2世. *segunda* hipoteca 第(2)抵当. *segunda* enseñanza 中等教育. *segundas* nupcias 再婚. ～ semestre 下半期, 2学期. *segunda* mitad 後半. Le he llamado por *segunda* vez. 私は彼に2度目の電話をした. ❷ 2

位[等]の, 次の; 二流の. —~ premio 2等賞. camarote de *segunda* clase 2等船室. en ~ lugar 第2に, 次に; 第2位に.
de segunda mano →mano.
segunda intención →intención.
segundo plano →plano.

—— 名 ❶ 【普通, 定冠詞を付けて】第2のもの[人], 2等[番, 位, 者]. —Soy el ~ de la fila. 私は列の2番目だ. ❷ 次席(の人), 代理者, 補佐役. —~ de a bordo 1等航海士; 《話》2番目に偉い人. Yo no puedo atenderle, pero lo hará mi ~. 私はお相手できませんが, 私の代理の者がお相手します. ❸ (ボクシングなどの)セコンド, 介添人.

—— 男 ❶ (時間, 角度の)秒. —135 grados 24 minutos 46~s de longitud este 東経135度24分46秒. Un minuto equivale a sesenta ~s. 1分は60秒に相当する. ❷《話》ほんの一瞬. —Espera ~, por favor. すみません, ほんのちょっと待ってください. 類*momento*.
en un segundo 一瞬の間に, たちまち, すぐに. Vuelvo *en un segundo*. 私は今すぐ戻ります.
sin segundo 比類のない.

—— 女 ❶ (乗り物の)2等, 2等車(=*segunda* clase). —viajar en ~ 2等車で旅行する. ❷ (自動車)セカンドギヤ(=*segunda marcha*). —meter la ~ セカンドギヤに入れる. subir la cuesta en ~ セカンドギヤで坂道を上る. ❸ 下心, 底意 (=*segunda intención*). —hablar con ~ [~s] 下心を持って話す. ❹ (音楽)2度(音程).

—— 副 第2に, 次に. —Primero yo no estaba allí y, ~, aunque hubiera estado no hubiera dicho nada. 第1に, 私はその場にいなかったし, 第2に, たとえいたとしても何も言わなかっただろう.

segundogénito, ta [seɣundoxénito, ta] 形 第二子の. —— 名 第二子.

segundón [seɣundón] 男 ❶ 次男, 第二子である男子; 第二子以下の息子. ❷ 2番手(の人), ナンバーツーの人.

segur [seɣúr] 男 ❶ 斧(おの), まさかり. 類*hacha*. ❷ 鎌(かま), 小鎌. 類*hoz*.

‡**seguramente** [seɣuraménte] 副 ❶ たしかに, きっと. —~ nos estará esperando. きっと彼は私たちを待っていてくれるだろう. ❷ たぶん, おそらく. —¿Llegarán sobre las cinco?-S~. 彼らは5時頃やって来るだろうか? -たぶん. 類*probablemente, acaso*. ❸ 確実に. —Si no lo sabes ~, cállate. それを確実に知っているのでないだったら黙っていなさい. 類*con seguridad*.

‡**seguridad** [seɣuriðá(ð)] 女 ❶ 安全, 安全性, セキュリティー. —~ ciudadana [social] 治安. ~ vial 道路の安全. La ~ del país se ve amenazada. 国の安全が脅かされている. La mala ~ del museo facilitó el robo. 博物館の劣悪な防犯体制が窃盗を容易にした. cinturón de ~ 安全ベルト. muelle de ~ 安全バネ, スプリング. válvula de ~ 安全弁. cerradura de ~ セーフティロック. ❷ 信頼, 確実性. —Tiene mucha ~ en sí mismo. 彼には大きな自信がある. La ~ del mecanismo está comprobada. メカニズムの確実性が実証されている. ❸ 確信. —Habla con ~. 彼は確信を持って話す. No lo saben con ~. 彼らは確実にそれを知っているわけではない. tener la ~ de que …ということを確信する. Tengo la ~ de que él volverá a ser elegido. 彼が再選されることを私は確信している. Tengan la ~ de que nadie les molestará. 誰もあなた方の邪魔をしないとお考え下さい. En la ~ de que ganarán el campeonato, han preparado un desfile. 彼らが選手権に勝利することを確信してパレードが準備された. ❹ 防ım, 防御手段. —medidas de ~ 防衛手段. S~ Social 社会保障. Consejo de S~ (国連の)安全保障理事会. Tratado de S~ Nipo-norteamericano 日米安保条約. Dirección General de S~ (スペインの)警察庁.
estar en seguridad 安全なところにいる.
para mayor seguridad 大事をとって, 念のため. Echa el cerrojo *para mayor seguridad*. 彼は念のためかんぬきを掛けておく.

‡**seguro, ra** [seɣúro, ra セグロ, ラ] 形
—estar ~ de 【+que+直説法】を確信している. no estar ~ de 【+que+接続法】…かどうか確信がない. No estoy ~ de que haya tenido éxito. 彼が成功したかどうか確信はない. Estoy ~ de que ha tenido éxito. 彼が成功したと私は確信している(=Estoy ~ de su éxito). ❷ 確実な. —ser ~【+que 直説法】…は確かである. Es ~ que le interesa el plan. 彼が計画に興味を持つことは確かだ. no ser ~【+que 接続法】…かどうか確かではない. No es ~ que le interese el plan. 彼がその計画に興味があるかどうか確かではない. Lo más ~ es avisarle. 一番いいのは[安全なことは]彼に知らせることだ. En estas negociaciones no hay nada ~. この交渉では確実なことはなにもない. 類*cierto*. ❸ 安全な. —un sitio ~ 安全な場所. una inversión *segura* 安全確実な投資. El dinero está más ~ en la caja fuerte. お金は金庫の中に入れておけばより安全だ. ❹ 信頼できる. —fuentes *seguras* 信頼できる筋. informaciones poco *seguras* あまり信頼できない情報. Confía en él, que es un amigo ~. 彼は頼れる友人だから信用しなさい. Está ~ de sí mismo. 彼には自信がある. ❺ 確定した, 安定した. —fecha *segura* 確定した日時. El viaje en las vacaciones es ~. 休暇中に旅行することは決まっている. ❻ しっかりした, 堅実な. —Ha llovido mucho y el suelo no está ~. 雨がたくさん降って地面がしっかりしていない. 類*estable, firme*.
dar por seguro …を当り前のことと思う, 確実視する. *Da por seguro* que aprobará. 彼は合格するのを当り前と思っている.

—— 副 ❶ 確かに, はっきりと. —Todavía no me lo ha dicho ~. 彼からまだはっきりとはそのことを聞いていない. ❷ きっと, 必ず. —¿Me llamarás mañana? -S~. 明日電話してくれる? -きっとするよ.
seguro que【+直説法】きっと…だ. *Seguro que* vendrá mañana. きっと明日やって来るよ.

—— 男 ❶ 保険. —~ a todo riesgo 総合保険. ~ contra accidentes 傷害保険. ~ contra incendios 火災保険. ~ del coche 自動車保険. compañía de ~s 保険会社. ~ de desempleo 失業保険. ~ de vida/~ sobre la vida 生命保険. ~ social 社会保険. prima de ~ 保険料. póliza de ~ 保険証券. ❷ (鍵や銃の)安全装置, ロック. —echar el ~ ロックをかける.
a buen seguro [*al seguro*] たぶん. *A buen seguro* nos está llamando a estas horas. たぶん今頃彼は私たちに電話をかけているだろう.

de seguro [*a buen seguro, al seguro*] たしかに、きっと. 類 **ciertamente, seguramente**.
en seguro 安全なところで.
sobre seguro 安全に. Debes hacer la prueba sobre seguro. 君は安全を考えて実験すべきだ.

＊seis [séis セイス] 形(数) **6の, 6個[人]の**; [序数詞的に]6番目の. —Allí hay ~ mujeres. あそこに6人の女性がいる. Llegó el día ~ de este mes. 彼は今月の6日にやって来た.
—— 男 6; 6 (の数字). —Dos por tres son ~. 2×3は6. el ~ de espadas (スペインのトランプの)剣の6.

seisa*vo, va* [sejsáβo, βa] 形 **6分の1の**.
—— 男 **6分の1**. ❷ 六角形. 類 **hexágono**.

＊seiscientos, tas [sejsθjéntos] 形(数) **600の, 600個[人]の**; [序数詞的に]**600番目の**. —*seiscientas* cincuenta euros 650ユーロ.
—— 男 **600**; **600 (の数字)**.

seise [séjse] 男 祭のときに大聖堂で歌う(通常6人組)の少年の一人一人.

seisillo [sejsíjo] 男《音楽》6連符.

seísmo [séjsmo] 男 **地震**. 類 **sismo, terremoto**.

SELA [séla] [< Sistema Económico Latinoamericano] 男 **ラテンアメリカ経済機構**.

＊selección [selekθjón] 女 ❶ **選ぶこと, 選択, 選抜**. —Tuvimos que hacer una ~ entre muchos candidatos. 私たちは多くの候補者の中から選抜しなければならなかった. ~ natural《生物》**自然淘汰**. 類 **elección**. ❷ **選ばれた人(もの)**. (*a*) より良い, 精選品. —Disponen de una buena ~ de vinos en el restaurante. そのレストランでは精選されたワインを出してくれる. (*b*) **選抜[代表]チーム**. — ~ *japonesa de fútbol*. サッカーの日本代表チーム. ~ *nacional* ナショナル・チーム (国内選抜チーム). *S~ Española* (サッカーなどの)スペイン代表チーム. (*c*) 選集. — ~ *de poemas mejicanos* メキシコ詩選集.

seleccionador, dora [selekθjonaðór, ðóra] 形 **選抜[選別・選択]する(人・機械)**. —*dispositivo* ~ 選別装置.
—— 名 選抜する人; (特にスポーツの)選手選考委員. —— 男 選別器, セレクター.

＊seleccionar [selekθjonár] 他 **を選ぶ, 選抜する**. —*Seleccionaron* a los mejores jugadores de todos los equipos. 全チームから最良の選手が選ばれた. *Selecciona* la ropa que te vas a llevar de viaje. 旅行に着ていく服を選びなさい. 類 **elegir**.

selectividad [selektiβiðá(ð)] 女 ❶ **選抜試験, (特に大学入学の)資格試験**. ❷ **選抜基準**. —*superar la prueba de ~ para entrar en la universidad* 大学入学資格試験に合格する. ❸《電気》(受信機などの)**選択感度, 選択性, 分離度**.

selectivo, va [selektíβo, βa] 形 ❶ **選択の; 選抜[選考]のための**. —Escogí de una *selectiva* los libros que me llevaría. 私は買って行く本を吟味して選んだ. ❷《電気》(通信機などが)**選択性の良い, 分離度の高い**.
—— 男 予備講座, (学習課程の中で専門過程の前の)最初の講座.

＊selecto, ta [selékto, ta] 形 **選ばれた, 精選された, 極上の**. —*cuentos* ~s 物語選集. En la bodega probamos ~s vinos de Jerez. 酒倉で

私たちはヘレスの極上ワインを試飲した. Esta tela es de lo más ~. この布は精選品です. 類 **escogido, delicado, exquisito**.

selector [selektór] 男《情報》**セレクター**.

selenio [selénjo] 男《化学》**セレン, セレニウム**. ♦ 非金属元素の一つ, 記号 Se, 原子番号 34.

selenita [selenita] 女 ❶《鉱物》**セレナイト, 透明石膏**(ﾄｳﾒｲｾｯｺｳ). 類 **espejuelo**. ❷《化学》**亜セレン酸塩**. —— 名 (想像上の)月人.

selenografía [selenoɣrafía] 女《天文》**月理学, 月面地理学**.

self [sélf] 男《電気》**自己誘導(コイル)**.

self-service [selfsérβis] [< 英] 男 **セルフサービス**.

sellado, da [sejáðo, ða] 過分 形 ❶ **押印[捺印](ｵｳｲﾝ)してある, 封印された**. ❷ **切手の貼ってある**.
circuito sellado《自動車》**シールド・サーキット**.
papel sellado **印紙**.
—— 男 **押印; 封印; 切手を貼ること**. 類 **selladura**.

selladura [sejaðúra] 女 **封印(すること), 検印(を押すこと)**. 類 **sellado**.

sellar [sejár] 他 ❶ (書類などに)**判を押す, 押印する**. — ~ *un documento oficial* 公的書類に捺印(ｱｲﾝ)する. 類 **timbrar**. ❷ [+*con* で]…に印をつける, 跡をつける. —Rellene estos papeles y *séllelos con* su firma. これらの書類に記入して署名して下さい. ❸ …に切手[印紙, 証紙]をはる. —*Selló* la carta y la echó en el buzón. 彼は手紙に切手をはってポストに投函した. ❹ …に封をする, 封印する. — ~ *el sobre con lacre* 封筒を封ろうで閉じる. ❺ **をかたく閉じる, ふさぐ**. 類 **cerrar, cubrir, tapar**. ❻ (取引・約束などを)**強固にする, 確固としたものにする**. — ~ *la amistad con un brindis* 友情の印に乾杯する. ~ *el pacto* 協定の遵守を確約する.

＊sello [séjo] 男 ❶ **切手; 印紙, 証紙**. — ~ *postal [de correo(s)]* **郵便切手**. ~ *fiscal* 収入印紙. *poner* ~s *en la carta* 手紙に切手を貼る. *matar el* ~ 消印を押す. *Dos* ~s *de dos euros, por favor*. 2ユーロの切手を二枚下さい. 類 **timbre**. ❷ **印, 印鑑, スタンプ; 印鑑付き指輪**. — ~ *de caucho [de goma]* ゴム印. *poner* [*estampar*] *el* ~ *en los documentos* 書類に判を押す. ❸ 押された印(ｼﾙｼ), **検印; 品質保証印, 折り紙**. —*Este documento lleva el* ~ *de la embajada*. この書類には大使館の印が押してある. *Me han marcado con el* ~ *de ladrón*. 私は泥棒のレッテルを貼られた. *Esta sortija lleva el* ~ *de calidad*. この指輪には品質保証の刻印が押してある. ❹ **特徴, しるし**. —*En sus palabras y acciones hay un* ~ *ingenuo*. 彼の言動には素朴な特徴が表れている. ❺ **封印(紙), シール**. ❻ (薬の)**オブラート; カプセル**.

＊selva [sélβa] 女 ❶《地理》**密林, 森林, ジャングル**. —*El camión avanzaba con lentitud a través de la* ~ *del Amazonas*. トラックはアマゾン川の密林を通ってゆっくり進んで行った. 類語 **bosque** は比べ樹木が密生し、野生動物が住む密林やジャングルより少. ❷ **いろんなもののごたまぜ**. —Pasé todo el día trabajando en aquella ~ *de papeles*. 私は書類の山の中で1日中働いた.

Selva negra [sélβa néɣra] 固名 **シュバルツバ**

ルト(ドイツの山地, 森林地帯).

selvático, ca [selβátiko, ka] 形 ❶ 森林の, 密林の, ジャングルの. —terreno ~ 密林地帯. ❷ 未開の, 野蛮な, 粗野な. 類**inculto, rústico, salvaje**. ❸ 野生の. 類**salvaje**.

***selvoso, sa** [selβóso, sa] [<selva] 形 森林 [密林]の(ような), 森林の多い, 森林に覆われた. —El sur del país es una región *selvosa*. その国の南部は森林の多い地域である.

semáforo [semáforo] 男 ❶ 信号(機), 交通信号. —~ verde 青信号. ~ amarillo [ámbar] 黄信号. ~ rojo 赤信号. El ~ está (en) rojo. 信号が赤だ. respetar el ~ 信号を守る. saltarse un ~ 信号を無視する. ❷(海事)手旗信号(=~ de banderas). ❸(鉄道)腕木信号機.

****semana** [semána セマナ] 女 週, 1週間. —Te llamaré la ~ que viene [próxima]. 来週君に電話するよ. Se marchó para Europa la ~ pasada. 彼は先週ヨーロッパへと旅立った. Voy a la universidad tres veces a la ~. 私は週に3度大学へ行く. No tengo trabajo esta ~. 私は今週は仕事がない. ¿Qué día de la ~ es hoy? –Hoy es miércoles. 今日は何曜日ですか? –水曜日です. Hoy hace una ~ que me operaron. 私が手術を受けて今日で1週間だ. ♦ 1週間のことを8日 ocho días で表現することがある. Volverá dentro de ocho días. 彼は1週間でもどってくるだろう. 同様に2週間は quince días と言われることが多い.

días entre semana 週日, ウイークデー. ¿Qué haces los *días entre semana*? ウイークデーは何しているの?

entre semana 週日に, ウイークデーに. Descansa *entre semana*. 彼は週日休みます.

fin de semana 週末. Este *fin de semana* hemos estado en la playa. 今週末私たちは海辺に行ってきた. Voy a casa de mis padres los *fines de semana*. 毎週末私は実家へ行くことにしている.

la semana que no tenga viernes 絶対ありえない.

semana inglesa 土曜の午後と日曜を休む勤務週.

semana laboral 平日.

Semana Santa 《宗教》聖週間(復活祭前の1週間).

*‡**semanal** [semanál] 形 ❶ 毎週の, 1週間の. —Tengo dos días de descanso ~. 私は週休2日です. Hablamos de esto en nuestras llamadas ~es. 私たちは毎週電話するときに何でも話す. Esta pila tiene una duración ~. この電池は1週間もつ. —revista ~ 週刊誌.

semanalmente [semanálménte] 副 毎週, 週に1回; 週ぎめで. —«Cambio 16» se publica ~. 「カンビオ 16」誌は毎週発行される. A Juan le pagan ~. フアンは週給をもらっている.

***semanario, ria** [semanárjo, rja] [<semana] 形 毎週の, 週1回の, 週刊の. 類**semanal**.
—— 男 《週刊誌》[紙]. —Este ~ sale los jueves. この週刊誌は毎週木曜日に出る. 類**hebdomadario**. ❷ 7個が一組になっているもの; 7個のリングからなる腕輪(=~ de pulseras).

semanero, ra [semanéro, ra] 形 週給で働く(人); 1週間契約で働く(人).
—— 名 週給で働く労働者; 1週間契約で働く労働者.

semántica [semántika] 女 →**semántico**.

semántico, ca [semántiko, ka] 形 ❶ 《言語》意味論の, 意味論に関する. ❷ 意味(上)の, 語義(上)の.
—— 女 《言語》意味論. ~ generativa 生成意味論. ~ cognitiva 認知意味論.

‡**semblante** [semblánte] 男 ❶ 顔つき, 顔の表情. —~ alegre [triste, saludable, enfermizo, risueño] 陽気な[寂しそうな, 健康そうな, 病弱な, にこにこした]顔つき. 類**cara, aspecto**. ❷ 顔だち. —Había oscurecido y no pude ver bien el ~ del hombre que la acompañaba. 暗くなっていて私は彼女と一緒にいた男の顔だちがよく見えなかった. ❸(物事の)見通し, 様子. —El nuevo proyecto presenta un ~ muy prometedor. 新しい企画はとても見通しが明るい.

alterar [demudar, mudar] el semblante 顔色を変えさせる, あわてさせる.

componer el semblante 落ち着きをとりもどす.

mudar de semblante (1) 顔色を変える. (2) 様相が一変する. Mudaron de semblante las negociaciones. 交渉は様相が一変した.

tener buen [mal] semblante 元気に[調子が悪そうに]見える, 機嫌がよい[悪い].

***semblanza** [semblánθa] 女 (個人の)略歴; 人物評. —hacer una ~ del autor 作者の略歴を紹介する. 類**biografía, esbozo, relato**.

sembradera [sembraðéra] 女 《農業》種まき機, 播種(はしゅ)機.

sembradío, a [sembraðío, a] 形 (土地・畑などが)耕作できる, 耕作に適した.

***sembrado, da** [sembráðo, ða] 過分 形 ❶ 種をまいた. —Desde el tren podía ver los campos ~s de trigo. 列車からは小麦の種をまいた畑が見えた. ❷ [+de が]ちりばめられた, まき散らされた. —El profesor me devolvió la composición *sembrada* de correcciones. 先生は添削したところがいっぱいの作文を私に返してくれた. ❸ 《話》ひょうきんな[estar+]. —Esta noche está ~ 今夜彼はひょうきんだ. 類**ingenioso, ocurrente**.
—— 男 (種をまいた)畑. —No pises por el ~. 畑を踏みつけてはいけないよ. 類**campo**.

sembrador, dora [sembraðór, ðóra] 形 種をまく(人).
—— 名 種をまく人.
—— 女 《農業》種まき機, 播種(はしゅ)機(=sembradera).

sembradora [sembraðóra] 女 →**sembrador**.

sembradura [sembraðúra] 女 種をまくこと, 種まき.

‡**sembrar** [sembrár] [4.1] 他 ❶ (種を)まく, …に種まきをする. —Siembran trigo en el campo. 彼らは畑に小麦の種をまいている. Sembramos en abril. 私たちは4月に種をまく. ❷ [+de に]をまく, まき散らす, ばらまく. —Los manifestantes *sembraron* la ciudad *de* prospectos contra la política del gobierno. デモ隊は政府の政策に反対のビラを町にまいた. —el camino de pétalos 道路に花びらをまく. 類**desparramar, esparcir**. ❸ を引き起こす. —~ la discordia entre los her-

manos 兄弟ゲンカをさせる. ～ el pánico パニックを引き起こす. ～ el desconcierto entre la población 民衆の混乱を引き起こす. ❹ …の土台作りをする, 基礎固めをする. —Mi padre *sembró* con su trabajo la felicidad de la familia. 私の父はその労苦でもって一家の幸福の基礎を築いた.

Quien siembra amor, recibirá amor. 【諺】愛をばらまく者は愛をもらう者だ.

Quien siembra vientos recoge tempestades. 【諺】悪事を働く者はその報いを受ける(←風を起こす者は嵐を招く).

sembrío [sembrío] 男 《中南米》種をまいてある畑. 類**sembrado**.

***semejante** [semexánte セメハンテ] 形 ❶ [+a] 類似した, 似た. —Tienes un carácter muy ～ al de tu padre. 君は君のお父さんと似た性格をしている. Eres ～ a tu padre en el carácter. 君は性格の点でお父さんと似ている. Son dos ideas ～s. それらは2つの似た考えである. 類**parecido, similar**. 反**dispar, diferente**. ❷ そのような, 同様の. —No he visto a ～ mujer. 私はそんな女性は今まで見たことがない. 類**tal**. ❸《数学》相似形の. —dos pentágonos ～s 2つの相似の5角形.

—— 男 隣人, 人間同士. —Hay que amar a nuestros ～s. われわれの隣人を愛さなければならない.

‡**semejanza** [semexánθa] 女 類似, 類似点. —Existe una innegable ～ entre las dos películas. それら2つの映画には否定できない類似性がある. Su caso tiene cierta ～ con el mío. その事例は私の場合といく分似たところがある. Construyó la casa a ～ de un castillo. 彼はお城に似せて家を建てた. 類**semejante**.

semejar [semexár] 他 ❶ …に似ている. —Por el sabor *semeja* un melocotón. 味の点ではそれは桃に似ている. ❷ (…のように)見える, 思える. —Para él, aterrorizado, las sombras *semejaban* fantasmas. 恐れおののいていた彼には影が幽霊に見えた. 類**parecer**.

—— se 再 ❶ [+a] (…に)似ている. —*Se semeja* mucho *a* su hermano menor. 彼は弟によく似ている. 類**parecerse**. ❷ 互いに似ている. —*Se semejan* en la voz. 彼らは声が似ている.

semen [sémen] 男 ❶《生理》精液. 類**esperma**. ❷《植物》種(た), 種子. 類**semilla**.

semental [sementál] 形 ❶ 種畜の. —caballo ～ 種馬(分). ❷ 種まきの, 種まき用の.

—— 男 種畜, 種馬.

sementera [sementéra] 女 ❶《農業》種まき; 種をまく時期. 類**siembra**. ❷《農業》種をまいた畑. 類**sembrado**. ❸《比喩》(悪事・不快の)種, もと. —una ～ de disgustos 煩(ジ)の種. una ～ de delincuentes 犯罪者の温床. 類**semillero**.

***semestral** [semestrál] (<**semestre**) 形 ❶ 半年ごとの, 年2回の. —Pronto llegarán los exámenes ～es. まもなく学期末試験が始まる. Publican una revista ～. 彼らは半年に1回雑誌を発行する.

❷ 半年(間)の, 6か月間の. —asignatura ～ 半期科目. Organizan cursillos de español trimestrales y ～es. スペイン語の3か月コースと6か月コースが設けられている.

semestralmente [semestrálménte] 副 半年ごとに, 年2回.

‡**semestre** [seméstre] 男 ❶ セメスター, (2学期制の)学期. —Esa asignatura la estudiamos en el primer ～. その科目を私たちは1学期に勉強する. ❷ 6か月間, 半年間.

semi- [semi-] 接頭「半, 準」の意. —*semi*círculo, *semi*diós, *semi*final.

semibreve [semiβréβe] 男 《音楽》全音符. 類**redonda**.

semicircular [semiθirkulár] 形 半円の, 半円形の. —canales ～es《解剖》半規管.

semicírculo [semiθírkulo] 男 半円, 半円形.

semicircunferencia [semiθirkuɱferénθia] 女 《幾何》半円周.

semiconsciente [semikonsθiénte] 形 半ば意識のある, 半意識的な; 意識のはっきりしない.

semiconsonante [semikonsonánte] 形《言語》半子音の.

—— 女 《言語》半子音. ◆二重母音・三重母音の最初の要素である弱母音. スペイン語では piano の i, cuándo の u など.

semicorchea [semikortʃéa] 女 《音楽》16分音符.

semicualificado, da [semikuɑlifikáðo, ða] 形 (職工などの)半熟練の, 半人前の.

semidesierto, ta [semiðesiérto, ta] 形 ほとんど住む人のない, ほとんど人通りのない.

semidesnudo, da [semiðesnúðo, ða] 形 半裸の.

semidiámetro [semiðiámetro] 男 《幾何》半径.

semidiós, diosa [semiðiós, ðiósa] 名 ❶ (神と人との間に生まれた)半神半人, 神人(ギリシャ神話の Hércules など). ❷ 神格化された英雄, 傑出した人物.

semidormido, da [semiðormíðo, ða] 形 うとうと[うつらうつら]している, 半睡状態の.

semieje [semiéxe] 男 《幾何》(楕円(ﾀﾞ)・双曲線などの)半軸.

semifinal [semifinál] 女 【主に複】準決勝(戦).

semifinalista [semifinalísta] 形 準決勝進出の; 準決勝戦の.

—— 男女 準決勝進出選手[チーム].

semifusa [semifúsa] 女 《音楽》64分音符.

‡**semilla** [semíʎa] 女 ❶《植物》種(た), 種子. 類**simiente**. ❷ (争いなどの)種, 原因. —Aquel hiriente comentario fue la ～ de la discordia entre las dos. あの辛辣(ﾗ)な発言が2人の女性の不和の原因となった.

semillero [semiʎéro] 男 ❶ 苗床, (植物の)温床. ❷《比喩》養成所; 源, 発生地; (悪事などの)温床, 巣. —Este instituto es un ～ de especialistas en tecnología punta. この研究所は先端技術の専門家の養成所だ. La fricción económica fue un ～ de conflictos entre los dos países. 経済摩擦が2国間の紛争の源だった. Este barrio es un ～ de delincuencia. この地区は犯罪の温床だ.

semilunar [semilunár] 形 半月状の, 半月形の; 三日月形の.

semimedio [semiméðjo] 男 《スポーツ》(ボクシングの)ウェルター級.

semimuerto, ta [semimuérto, ta] 名 瀕死の

人.

seminal [seminál] 形 ❶《生理》精液の. —líquido ~ 精液. vesícula ~ 精囊(ﾉｳ). ❷《植物》種子の.

‡seminario [seminárjo] 男 ❶ 神学校. — ~ conciliar 神学校. Mi primo estudia en un ~ para hacerse sacerdote. 私の従兄弟は司祭になるために神学校で勉強している. ❷ セミナー, ゼミ. —Hoy tenemos un ~ de historia de las bellas artes. 今日は美術史のゼミがある.

seminarista [seminarísta] 男女 ❶ 神学生. ❷ [ゼミナール]受講生.

seminífero, ra [seminífero, ra] 形 ❶《解剖》精液を運ぶ, 精液を生ずる. —tubos ~s 輸精管. ❷《植物》種子を生ずる.

semioficial [semjofiθjál] 形 半ば公式の; 半官半民の.

semiología [semjoloxía] 女 ❶ 記号学. ❷《医学》症候学.

semiprecioso, sa [semipreθjóso, sa] 形《鉱石》準宝石の.

semirrígido, da [semirríxiðo, ða] 形 半剛体の.

semisalvaje [semisalβáxe] 形《動植物が》半ば野生の;《民族など》半ば未開の.

semita [semíta] 形 ❶ セム族の, セム系の. =**semítico**. ❷ ユダヤの, ユダヤ人の. 類judío, semítico.
— 男女 ❶ セム族. ◆ヘブライ人, アルメニア人, フェニキア人, アラビア人, アッシリア人など. ❷ ユダヤ人.

semítico, ca [semítiko, ka] 形 ❶ セム族の, セム系の. 類semita. ❷ ユダヤ(人)の. 類judío, semita. ❸《言語》セム語派の. —las lenguas *semíticas* セム語, セム系諸語.
— 男《言語》セム語派. ◆アフロ・アジア語族に属し, アラビア語, ヘブライ語などを含む.

semitono [semitóno] 男《音楽》半音. — ~ cromático [menor] 半音階的半音. ~ diatónico [mayor] 全音階的半音.

semivocal [semiβokál] 形《言語》半母音の.
— 女《言語》半母音. ◆二重母音・三重母音の最後の要素である弱母音. スペイン語では peine の i, causa の u など.

sémola [sémola] 女《料理》セモリーナ. ◆マカロニなどの原料となる, 上質の小麦粉.

semoviente [semoβjénte] 形 家畜の. —bienes ~s 家畜(類).
— 男《主に複》家畜(類).

sempiterno, na [sempitérno, na] 形《文》❶ 永遠の; 永続的な; 不朽の. —Se juraron ~ amor. 彼らは互いに永遠の愛を誓った. 類eterno, perpetuo. ❷ いつもながらの, 相変わらずの. —su *sempiterna* sonrisa de compromiso 彼のいつもの作り笑い.

sen [sén] 男《植物》センナ. ◆アラビア・アフリカ産のマメ科の草木. 葉は下剤になる.

sena [séna] 女 ❶《植物》=sen. ❷(サイコロの) 6の目; 複 6のぞろ目.

senado [senáðo] 男 ❶《政治》(議会の)上院, 貴族院; 上院[貴族院]議事堂. ❷《歴史》(古代ローマの)元老院. ❸ 評議(員)会, 理事会.

senador, dora [senaðór, ðóra] 名 ❶《政治》上院議員, 貴族院議員. ❷ 評議員, 理事.
— 男《歴史》(古代ローマの)元老院議員.

senaduría [senaðuría] 女 ❶《政治》上院[貴族院]議員の職[地位, 任期]. ❷《歴史》(古代ローマの)元老院議員の職[地位, 任期]. ❸ 評議員[理事]の職[地位・任期].

senario, ria [senárjo, rja] 形 6つの要素からなる.

senatorial, senatorio, ria [senatorjál, senatórjo, rja] 形 ❶《政治》上院[貴族院]の; 上院[貴族院]議員の. ❷《歴史》(古代ローマの)元老院(議員)の. ❸ 評議(員)会[理事会]の; 評議員[理事]の.

S. en C.《略号》=Sociedad en Comandita 合資会社.

‡sencillamente [senθijaménte] 副 ❶ 簡単に, 平易に, あっさりと. —Eso se soluciona ~. それは簡単に解決できる. ❷ 簡素に, 質素に, 飾り気なく. —Ella vestía ~, pero con mucha elegancia. 彼女は質素ではあるが非常に上品な装いをしていた. ❸ 簡単に[平たく]言えば. —Lo que has hecho es, ~, una canallada. 君がやったことは簡単に言えば卑劣なことだ. ❹《形容詞の前で》本当に, 実に. —El discurso ha sido ~ sensacional. その演説は実にすばらしいものだった.

sencillez [senθijéθ] 女 ❶ 簡単なこと, 平易さ; 単純さ, 単一なこと. —Me habló con mucha ~. 彼は私にとても分かりやすい言葉で話してくれた. ❷ 素朴, 質素, 純真さ, 純粋さ. —Vive con ~. 彼は質素な生活をしている. La ~ es una de sus virtudes. 純真なのが彼の取り柄の一つだ. ❸ 人のよいこと; 単純, 愚直. —Sus compañeros se aprovecharon de su ~. 仲間は彼の人がいいことを利用した.

*sencillo, lla [senθíjo, ja センシヨ, ヤ] 形 ❶ 簡単な, 単純な, やさしい. —Ha sido un examen ~. それはやさしい試験だった. El problema es ~ de resolver. その問題は簡単に解決できる. 類fácil. 反complicado, difícil. ❷ (*a*) 質素な, 飾り気のない, あっさりとした. —comida *sencilla* 質素な食事. Ella llevaba un vestido blanco muy ~. 非常にシンプルな白いドレスを着ていた. 類llano. (*b*)《文体・言葉づかいなどの》平明な, 簡素な. —Debes utilizar un lenguaje ~ para que te entiendan los niños. 君は子どもたちが分かるように易しい言葉づかいをするべきだ. (*c*)(出身が)つつましい, 庶民の. —gente *sencilla* 庶民. ❸ (*a*) 素朴な, 純朴な, 実直な. —Es una persona *sencilla* y amable. 彼は実直で親切な人だ. 類espontáneo, franco, sincero. (*b*) 気さくな, 気取りのない, もったいぶらない. —Es muy ~ en el trato con los demás. 彼は他人とのつき合いで大変気さくである. (*c*) お人好しの, 無邪気な, だまされやすい. ❹ (*a*) 単一の, 単独の. —Reservó una habitación *sencilla*. 彼はシングル・ルームを予約した. El jarabe ~ se hace sólo con agua y azúcar. 純シロップは水と砂糖だけで作る. 類simple. 反complejo, doble. (*b*) (花, 糸などが)一重の. —Cose con un hilo doble porque uno ~ se rompería. 一本取りの糸だと破れるかもしれないから二本取りで糸を縫いなさい. (*c*)(切符が)片道の. —billete ~ 片道切符. ❺ (*a*)(布などが)薄手の, (造りが)やわな. —tabique ~ 薄仕切壁. La tela es *sencilla* y se romperá pronto. その生地は薄手なので, すぐ破れそうだ. (*b*)

(体が)虚弱な.
── 男 ❶〔アメリカ, スペイン南部〕小銭. ― No llevaba ~ y tuve que pagar con un billete. 私は小銭を持っていなかったので札で払わなければならなかった. 類**suelto**. ❷ (レコードの)シングル盤 (= disco ~).

:**senda** [sénda] 女 ❶ (踏み固められてできた)**小道**, 細道; (庭や林の中の)通り道. ― Atravesamos el bosque por una ~. 小道を通って私たちは森を抜けた. 類**camino, sendero, vereda**. ❷《比喩》進むべき道; 手段, 方法. ― Siguió una penosa ~ para tener éxito en sus negocios. 彼は仕事で成功するために苦しい道を歩んだ. 類**camino**.

***sendero** [sendéro] 男 小道(→senda).
Cada sendero tiene su atolladero. 【諺】どんなことにも難しさはつきもの.
Sendero Luminoso センデロ・ルミノソ(『輝く道』, ペルーのゲリラ組織).

sendos, das [séndos, das] 形 複 それぞれの, おのおのひとつずつの. ― Se hallan sentados en ~ butacones separados entre sí. 彼らは互いに離れた所でそれぞれひじ掛け椅子にすわっている.

Séneca [séneka] 固名 セネカ(ルキウス・アンナエウス Lucio Anneo ~)(前4?-後65, ローマの哲学者).

senectud [senektú(ð)] 女《文》老齢, 老年期. ― En su ~ aprendió ruso. 彼は老年になってからロシア語を覚えた. 類**ancianidad, vejez**. 反**juventud**.

Senegal [seneɣál] 固名 セネガル(首都ダカール Dakar).

senegalés, lesa [seneɣalés, lésa] 形 セネガル (Senegal, アフリカ西部の共和国)の.
── セネガル人.

senescal [seneskál] 男 (王室などの)執事, 家令, 重臣. 類**mayordomo**.

senescencia [senesθénθja] 女 老化(現象), 老衰. 類**envejecimiento**.

senescente [senesθénte] 形 老化の始まった. ― el período ~ 老衰期.

senil [seníl] 形 老人の, 老年(性)の. ― fallecer por muerte ~ 老衰で死ぬ. demencia ~ 老年性痴呆[認知症].

senilidad [seniliðá(ð)] 女 ❶ 老衰, 老化(現象); もうろく. 類**envejecimiento**. ❷ 老年期. 類**vejez**.

sénior [sénjor] 形 ❶ (親子など, 同じ名前の2人のうち)年上のほうの, 親の. 反**júnior**. ❷《スポーツ》シニアクラスの. ♦Júnior (ジュニアクラス)と veterano (ベテランの)の間.
── 男女 ❶ 年長者, 年上の人. ❷《スポーツ》シニアクラスの選手.

:**seno** [séno] 男 ❶ (a)《雅》胸; 乳房. ― una mujer de grandes ~s バストの大きな女性. Ella sintió un dolor agudo en su ~. 彼女は胸に激しい痛みを感じた. 類**pecho**. (b) (衣服の)胸部, 胸元; 懐. ― Se ha desprendido un botón del ~ de la blusa. ブラウスの胸のボタンが一つとれてしまった. Siempre lleva la foto de su novio en el ~. 彼女は恋人の写真をいつもふところに入れて持っている. ❷ 内部, 奥. ― Se escondieron los tesoros en el ~ de la tierra. 宝は地中深く隠された. En este país la democracia no ha penetrado todavía en el ~ de la sociedad. この国では民主主義が社会の内部にまだ浸透していない.

❸ くぼみ, 空洞; 波の谷間. ― el ~ de la vela 帆のふくらみ. 類**concavidad, hueco**. ❹ 子宮; 胎内. ― ~ materno 子宮. 類**matriz**. ❺ 小さな湾, 入江. ❻《数学》正弦, サイン. ― ~ de ángulo 正弦, サイン. ❼《解剖》(骨の)洞(⑤), 腔(⑤).

:**sensación** [sensaθjón] 女 ❶ (a) 感じること; 感じ, 気持ち. ― Esta tela me da ~ de frío. この生地は肌ざわりがひんやりしている. Tenía la ~ de que alguien me perseguía. 誰かに尾行されている感じがした. (b) 感覚, 知覚. ― ~ auditiva 聴覚. ~ de táctil 触覚. 類**impresión, sentimiento**. ❷ 感動, 興奮, センセーション. ― Esta novela me ha causado [me ha hecho] una gran ~. この小説に私はとても感動した. Sus obras causaron [produjeron] ~ en el mundo teatral. 彼の作品は演劇界にセンセーションを巻き起こした.

:**sensacional** [sensaθjonál] (<sensación) 形 ❶ 世間を驚かせる, 刺激的な, 大評判の. ― Su boda fue una noticia ~ 彼らの結婚は世間を驚かせるニュースだった. 類**extraordinario, impresionante**. ❷《話》すばらしい, 非常によい. ― He visto una película ~. 私はすばらしい映画を見た.

sensacionalismo [sensaθjonalísmo] 男 (報道, 芸術などの)扇情主義, センセーショナリズム.

sensacionalista [sensaθjonalísta] 形 扇情主義な; 扇情主義的な.
── 男女 扇情主義的な人.

sensatez [sensatéθ] 女 分別, 賢明さ, 思慮. ― Él tiene más ~ que tú. 彼は君よりも分別がある. Has obrado con poca ~. 君は思慮の足りない行動をした. 類**discreción, prudencia**.

sensato, ta [sensáto, ta] 形 (人, 行動などが)分別のある, 賢明な. ― persona *sensata* 分別のある人. Será ~ que tú lo averigües. 君が調べてみるのが賢明だと思う. 類**discreto, prudente**.

:**sensibilidad** [sensiβiliðá(ð)] 女 ❶ 感受性, 感性, 感じやすさ. ― ~ afectiva 情緒. ~ artística 美的感覚. Es un muchacho de mucha ~. 彼は感受性が豊かな少年だ. El pianista ha interpretado con una gran ~. そのピアニストは感性豊かに演奏した. 類**sentido**. ❷ 感覚, 感じること. ― ~ orgánica 五感による感覚. ~ al dolor 痛みに対する感覚. Mis dedos tienen poca ~. 指の感覚がほとんどない. 類**sentido**. ❸ (機器の)感度; 精度; (フィルムの)感(光)度. ― Este receptor tiene gran ~. この受信機は感度がいい.

sensibilización [sensiβiliθaθjón] 女 ❶ 敏感にすること, 感度を高めること. ❷《写真》(フィルムなど)感光性を与えること, 増感. ❸《医学》感作(なさ). ♦生体を抗原に対して感じやすい状態にすること.

sensibilizar [sensiβiliθár] [1.3] 他 ❶ (人, 感覚など)を敏感にする, 感じやすくする. ― Hay que ~ a los jóvenes sobre los problemas ecológicos. 若い人たちが環境問題に敏感になるようにしなければならない. ❷ (世論など)を喚起する. ❸《写真》(フィルムなどに)感光性を与える, ~を増感する. ❹《医学》(人, 生体)を感作(%な)する; 抗原に敏感にする.

:**sensible** [sensíβle] 形 ❶ (a)〔+a 〕…に敏感な, 感じやすい. ― Soy mucho más ~ al frío que al calor. 私は暑さよりも寒さにずっと敏感だ.

1734 sensiblemente

反insensible. (b) 感受性の鋭い, 多感な, 心の優しい. —corazón ~ 感じやすい心. Se ha casado con una chica cariñosa y ~. 彼は愛情深く心の優しい女の子と結婚した. 類emotivo, impresionable. (c) 敏感に反応する, 神経過敏な. —El gobierno no es ~ al problema del medio ambiente. 政府は環境問題に敏感ではない. (d) (機械などが)高感度の, 高精度の, (刺激に対し)反応しやすい. —termómetro ~ 精度の高い温度計. ~ a las mayúsculas 大文字を区別する. Las películas fotográficas son ~s a la luz. 写真フィルムは感光性がある. ❷ 感覚[知覚力]のある. —Los animales son seres ~s. 動物は知覚を持つ存在である. 類sensitivo. ❸ (a) はっきり感じられる, 目立つ, 著しい. —Para los próximos días se prevé un aumento ~ de la temperatura. 今後数日間気温の著しい上昇が予想される. 類apreciable, notable, perceptible. 反imperceptible. (b) 知覚[認知]できる, 感覚で捕らえられる. —El mundo ~ está formado por todo lo que nos rodea. 知覚できる世界は私たちを取り巻くすべてのもので構成されている. ❹ 悲しむべき, 痛ましい. —Es ~ que malogre sus buenas cualidades con la pereza. 彼が怠惰によって良い素質を台無しにしているのは嘆かわしい. Su muerte ha sido una pérdida ~ para todos. 彼の死は誰にとっても悲しむべき損失だ. 類deplorable, lamentable, lastimoso. ❺《音楽》導音の. —nota ~ 導音.

sensiblemente [sensiβleménte] 副 著しく, 目に見えて, かなり. —El enfermo mejora ~. 病人は目に見えて良くなっている.

sensiblería [sensiβlería] 女 《しばしば軽蔑的に》感傷癖, 涙もろいこと, (過度の)センチメンタリズム.

sensiblero, ra [sensiβléro, ra] 形 《しばしば軽蔑的に》感傷的な, 涙もろい, (過度の)センチメンタルな.

sensitiva [sensitíβa] 女 →sensitivo.

‡**sensitivo, va** [sensitíβo, βa] 形 ❶ 感覚の, 知覚能力のある, 知覚できる. —capacidad sensitiva 知覚能力. órganos ~s 感覚器官. nervios ~s 知覚神経. 類sensorial, sensual. ❷ 感じやすい, 敏感な, 影響されやすい. —Es un chico muy ~ a la belleza. 彼は非常に美の感覚の鋭い子どもだ. 類sensible. ❸ 感覚を刺激する. —música sensitiva 心地よい音楽.
— 女 《植物》ミモザ, ネムリグサ, オジギソウ(マメ科の多年草).

sensorial [sensorjál] 形 《生理》感覚(上)の, 知覚(上)の. —fibras ~es 神経繊維. órganos ~es 感覚器官.

sensorio, ria [sensórjo, rja] 形 《生理》感覚(上)の, 知覚(上)の. —órganos ~s 感覚器官.

‡**sensual** [sensuál] 形 ❶ 官能的な; 肉感的な, セクシーな. —mirada ~ 官能的な視線. La provocaba aquella voz ~. あの官能的な声に彼はどきどきした. ❷ 快楽的な, 好色の. ❸ 感覚に訴える, 感覚による. —Echaba de menos la alegría ~ de las ciudades mediterráneas. 彼は地中海の都市の, 感覚を刺激する心地よさをなつかしんでいた.

sensualidad [sensualiðá(ð)] 女 官能的であること; 好色, 肉欲. 類lujuria, sensualismo, voluptuosidad.

sensualismo [sensualísmo] 男 ❶ 官能主義; 好色, 肉欲(にふけること). ❷《哲学》感覚論. ◆すべての認識の源泉は感覚にあるとする考え方.

Sensuntepeque [sensuntepéke] 固名 センスンテペーケ(エルサルバドルの都市).

sentada [sentáða] 女 →sentado.

‡**sentado, da** [sentáðo, ða センタド, ダ] 過分《<sentar(se)》形 ❶ 座った, 座っている. —Todos estaban ~s a la mesa. 全員がテーブルの席に着いていた. ❷ (人が)落ち着いた, 腰の据わった, 分別のある. —A pesar de su poca edad, habla de una forma muy sentada. 若年にもかかわらず, 彼は非常に落ち着いて話をする. 類juicioso, sensato, reflexivo. ❸ 確定した, 設立[樹立]した, 制定した. ❹《植物》(花に)花柄(ぷ)の.

dar ... por sentado (物事)を当然のことと思いこむ. *Da por sentado* que aprobará el examen. 彼は試験に受かるものと決めてかかっている.
— 女 ❶ (抗議のための)座り込み, 居残りストライキ. —Los obreros hicieron una *sentada* pidiendo un aumento de sueldo. 労働者たちは賃上げを要求して座り込みをした. 類huelga. ❷ 座っていること[時間]; 座ってじっくり語り合うこと.
de una sentada 一度に, 一息に, 一気に. He leído la novela *de una sentada*. 私はその小説を一気に読んだ.
tener una sentada sobre ... (物事)についてじっくり検討[議論]する. Tuvimos *una sentada* de una hora con el alcalde *sobre* el tema del incinerador de basuras. 私たちはごみ焼却炉の問題について市長と1時間じっくり話し合った.
— 男 定着.

sentadura [sentaðúra] 女 ❶ (皮膚を何かに)擦った跡; 靴ずれ, 床ずれ. ❷ 果物の傷.

‡**sentar** [sentár センタル] [4.1] 他 ❶ を座らせる, 着席させる. —Sentó a los invitados, que seguían de pie. 彼はお客さんが立ったままなので座らせた. ❷ を確立する, 設定する, 築く. —Don Ramón *sentó* las bases de la lingüística hispánica de España. ドン・ラモンはスペインのスペイン語学の基礎を築いた.
— 自 ❶ 似合う, ふさわしい, マッチする. —Te *sienta* bien la nueva chaqueta. こんどの上着は君にぴったりだ. 類caer. ❷［+bien/mal］《話》良い[悪い]感じを与える. —Le *sentó* mal que nos riésemos. 私たちが笑ったことで彼は怒った. ❸《話》［+bien/mal］(a) (ある食物が消化が)良い[悪い]. —A mí no me *sienta* bien el pulpo. 私にとってはタコは消化がよくない. Una sopa te *sentará* bien. スープが体にいいだろう. (b) ためになる[ならない], 有[無]益である. —Te *sentará* bien tomar el sol. 君のためには日光浴がいいだろう. ❹ 安定する. ❺《話》回復する, 落ち着く. —El tiempo *ha sentado* después de la tormenta. 嵐のあと天気は持ち直した. ❻ 底に沈む, 沈殿する.
— *se* 再 ❶ 座る, 腰掛ける, 腰を下ろす. —*~se* a la mesa [en la silla] テーブルにつく[椅子に座る]. *Siéntese* usted, por favor. どうぞお座り下さい. ❷ (肌に何かの)跡がつく. —Se le ha *sentado* una costura. 下着の縫い目の跡が彼の肌についた. ❸《話》安定する, 落ち着く. —Por fin *se ha sentado* el tiempo. やっと天気が安定した.
sentar como un tiro 似合わない, 気に食わない.

Ese traje le *sienta como un tiro*. そのスーツは彼には似合わない. Me *sentó como un tiro* tener que trabajar durante las fiestas. 私は祝日の間働かねばならず、とても嫌だった.
sentar (un) *precedente* 先例を作る. El profesor *sentó un precedente* al suspender automáticamente a los que se habían ausentado cinco veces. 先生は5回欠席した者を自動的に落第とするという先例を作った.

:**sentencia** [senténθja] 囡 ❶《司法》裁定, 判決; 判定. ～ de muerte 死刑判決. dictar [pronunciar] la ～ 判決を言い渡す. cumplir la ～ 刑に服する. ❷ 格言, 金言. 類 **proverbio, máxima**.

sentenciar [stentenθjár] 他 ❶〖＋a の〗(人)を刑に処する; (人)に判決を言い渡す. ― Le han *sentenciado a* cinco años de cárcel. 彼は懲役5年を言い渡された. Estos pinos están *sentenciados a* la tala. これらの松の木は伐採される運命にある. ～ los libros *a* la hoguera 本を燃やしてしまう. 類 **condenar**. ❷《法学》(人・事件を)裁判する, 審判する, 審査する. 類 **juzgar**. ❸ (格言)を言う

*****sentencioso, sa** [sentenθjóso, sa]〔<sentencia〕形 ❶もったいぶった, おごそかな, いかめしい. ― El tono ～ de ese profesor no da opción a que nadie le discuta nada. その先生はいかめしい調子で話すのでだれもきかえし反論しようとはしない. 類 **afectado, grave, solemne**. ❷ 格言的な, 教訓を含む. ― Pronunció un largo y ～ discurso. 彼は長い教訓的な演説をした.

sentidamente [sentiðaménte] 副 ❶ 悲しそうに, 残念そうに; 悲しい気持ちで. ❷ 心から, 本当に. 類 **sinceramente**.

*****sentido** [sentíðo センティド] 男 ❶ 意味. (*a*) 意味, 意味の解釈. ― ～ figurado 比喩的な意味. en ～ estricto 狭義では. Lo que ha dicho tiene varios ～s. 彼の言ったことにはいろいろな意味がある. Ésta es una palabra de doble ～. これは裏の意味がある語だ. En cierto ～ tienes razón. ある意味では君の言うことは正しい. Lo interpretaron en mal [buen] ～. そのことは悪い意味で[良い意味で]解釈された. 類 **acepción, significado**. (*b*) 意義, 価値, 重要性. ― Esta obra tiene un ～ especial en la historia de la literatura. この作品は文学史上特別な意義を持っている. Esto carece de ～. このことは重要ではない. No tiene ～ que se lo digas. 彼にそれを言っても無駄だ. ❷ 感覚. (*a*) 感覚, 感覚機能. ― ～ de la vista 視覚. ～ del oído 聴覚. cinco ～s. 五感. sexto ～ 第六感, 予知感覚. Si aguzas los ～s, puedes oír hablar a alguien. 耳を澄ませて聞くと, 誰かの話し声が聞こえるよ. (*b*) (に対する)感覚, センス. ― ～ de la orientación 方向感覚. ～ del humor ユーモアのセンスのある人. Tiene un gran ～ para apreciar la belleza. 彼には美に対する優れたセンスがある. 類 **gusto**. ❸ 感じること, 意識すること. (*a*) 意識, 正気. ― perder [recobrar] el ～ 気を失う[正気に戻る]. La maravillosa vista del valle les quitó el ～ a todos. その素晴らしい渓谷の眺めは全ての人を魅了した. (*b*) 思慮, 分別, 判断力. ― ～ común [buen ～] 常識, 良識. ～ del deber 責任感. ～ de la justicia 正義感. Que una mujer salga sola a esas horas carece de ～. こんな時

sentimiento 1735

間に女性一人で外出するなんてどうかしている. (*c*) 観念, 観点, 見方. ― Tiene un ～ muy particular del amor. 彼は特別な恋愛観を持っている. ❹ 方向, 向き. ― Esta calle es de ～ único. この通りは一方通行だ. Como no hace viento, el humo sube en ～ casi vertical. 風がないので煙はほぼ垂直に登っている. ¡Estamos corriendo en el ～ contrario al destino! 我々は目的地とは反対の方向を走っている! 類 **dirección**.

con los cinco *sentidos* 注意深く, 熱心に. Su familia está *con los cinco sentidos* pendiente del enfermo. 家族の者はその病人の容態を注意深く見守っている.

poner los [*sus*] **cinco *sentidos* en** ... (ある事に)神経を集中する, 没頭する. *Puso sus cinco sentidos en* aquel ruido misterioso. 彼はその不思議な物音に全神経を集中させた. *Puse mis cinco sentidos en* lo que hacía. 私は自分のしていることに没頭した.

sin *sentido* (1) 意味の無い; 無意味に. El hombre emitía palabras *sin sentido* con una mirada distraída. その男はうつろな目つきで意味もない言葉をつぶやいていた. A veces habla *sin sentido*. 彼は時々意味もなくしゃべる. (2) 気を失った, 意識の無い. Entonces quedó *sin sentido*. その時彼は気を失った. (3) 馬鹿げた, 分別の無い. Ser presidente del país es un deseo *sin sentido*. 大統領になるなんてことは馬鹿げた望みだ.

*****sentido, da** [sentíðo, ða] 週形 ❶ 心からの. ― Le doy mi más ～ pésame. 心からお悔やみを申しあげます. 類 **sincero**. ❷ 怒りっぽい; 感じやすい性格の; 怒っている. ― Déjale en paz, que es muy ～. 彼は怒りっぽいから構うな. ❸ 悲しい, 悲惨な. ― ～ adiós 悲しい別れ. Fue un incidente muy ～. それはとても痛ましい事件だった.

sentimental [sentimentál]〔<sentimiento〕形 ❶ (*a*) (人の)感傷的な, 感傷的な, 情にもろい. ― Es una chica muy ～. 彼女は非常に感傷的な女の子だ. (*b*) 感動的な, 感情を表す. ― Se despidió con unas palabras ～*es* que nos hicieron llorar. 彼は私たちを泣かせるような感情のこもったことばで別れを告げた. 類 **conmovedor, emocionante**. ― (作品が)感傷的な, センチメンタルな, お涙ちょうだいの. ― novela ～ 感傷的な小説. ❸ 恋愛の, 愛情の. ― compañero [compañera] ～ 愛人, 内縁関係の人. Mantiene una relación ～ con una antigua amiga. 彼は古い女友達と愛人関係を続けている. 類 **amoroso**. ❹ 感情の, 情緒の. ― educación ～ 情緒教育.

── 男女 感傷[感情]的な人, 感情過多の人.

sentimentalismo [sentimentalísmo] 男 ❶ 感傷, 感傷癖, 涙もろさ. ❷ 感情主義, 感傷主義.

*****sentimiento** [sentimjénto センティミエント] 男 ❶ 気持ち, 感じ, 感情. ― expresar sus ～s 自分の気持ちを表す. actuar con ～ 感情を込めて演ずる. Eso le producía un curioso ～ de tristeza. それは不思議にも, 彼を悲しい気持ちにさせていた. Los versos revelan un triste ～ amoroso. その詩は悲しい愛の気持ちを表している. Creo que la inteligencia y el ～ se contraponen. 私は知性と感情とは対立すると考えている. En sus comportamientos se nota un cierto desequilibrio de ～s. 彼の行

1736 sentina

動から, ある種の情緒不安定が見てとれる. ❷ 思いやり, 人間らしい気持ち, 感情. —buenos ~s 思いやり. hombre sin ~s 思いやりの無い人. Si tuviera ~s no podría hacer tal cosa. 彼に人間らしい気持ちがあれば, そんなことは出来ないはずだ. ❸ 意識, 自覚. —~ de la responsabilidad 責任感. Le falta el ~ del deber. 彼は義務感がない. [類] **sentido.** ❹ 悲しみ, 苦しみ. —Le acompaño en el ~. お悔やみ申し上げます.

sentina [sentína] 囡 ❶ 〖造船〗ビルジ(船底の湾曲した部分). ❷ 下水道, 下水溝; 汚水ためる. [類] **alcantarilla, atarjea.** ❸ 《比喩》悪の温床, 悪の巣窟(そうくつ).

sentir [sentír センティル] [7] 他 ❶ を感じる (a) (身体への刺激)を感じる, 知覚する. —Al enterarme de la noticia, *sentí* que me palpitaba el corazón. 私はそのニュースを知って, 心臓が高鳴るのを覚えた. *Sentí* un dolor en el pecho. 私は胸に痛みを覚えた. ~ calor [frío] 暑さ[寒さ]を感じる. ~ hambre [sed] 空腹[のどの渇き]を感じる. (b) (精神的刺激)を感じる. —Él *siente* un gran amor por su novia. 彼は恋人に一方ならぬ愛を感じている. ~ alegría [miedo, tristeza] 喜び[恐怖, 悲しみ]を感じる. (c) 思う, 感じる. —Yo siempre digo lo que *siento*. 私は感じることをいつも口に出す. (d) を聞きつける, 感知する. —~ pasos 足音を感じる. [類] **oír, percibir. (e) を予感する. —*Sentí* que algo malo le iba a ocurrir. 私は彼に何か悪いことが起こるだろうと予感した. [類] **barruntar, presentir.** (f) (芸術などを)味わう, ···に感動する. —No *sentí* lo que representaba con ese papel. 私は彼のその役の演じ方に感動しなかった. ❷ を残念に思う, 気の毒に思う. —*Siento* mucho la muerte de su padre. 彼の父親が亡くなったお気の毒だ. *Siento* haberte hecho esperar. お待ち遠さま. *Siento* que te marches. 君が行ってしまうなんて残念だ. [類] **lamentar.**

—**se** ❶ 自分が…と感じる. —Tuve que salir de la sala porque *me sentía* muy mal. 私はとても気分が悪くなったので会場から出ていかねばならなかった. Se *sintió* obligada a hacerlo. 彼女はそれをせねばならぬと感じた. —~se enfermo 病気になったと感じる. ❷ 不満に思う, 不愉快に感じる. —Se *sintió* mucho del retraso en recibir el pago. 彼は支払いが遅れることをとても不満に思った. ❸ 〖+de が〗痛む. —Se *siente* con frecuencia del estómago. 彼はしばしば胃が痛くなる. [類] **resentirse.** ❹ (ないがしろにされて)傷つく. —Se *sintió* mucho del trato que le dieron. 彼はひどい扱いを受けて傷ついた. ❺ 割れ目が入る. —~se una pared [una campana] 壁[鐘]に割れ目が入る.

— 男 意見, 考え; 感情, 気持ち. —el ~ general [popular] 世論. En mi ~, tú no llevas razón. 私の考えでは君が正しいとは言えない. [類] **juicio, opinión, parecer.**

dejarse [hacerse] sentir あらわとなる, だれの目にも明らかとなる. El frío *se ha dejado sentir* ya. 寒さはもうだれにも感じられるようになってきた.

lo siento mucho 大変残念です, お気の毒です.

sin sentir 感づかぬうちに, 知らぬ間に, 知らず知らずのうちに. Se me ha pasado el tiempo *sin sentir*lo. 時間は私の知らぬ間に過ぎ去っていた.

sentón [sentón] 男 ❶ 〖中米, メキシコ〗尻もち. ❷ 〖中米, エクアドル〗(馬などの)速度を急に落とすこと, 急停止.

senyera [seɲéra] 囡 (カルターニャの)旗.

*seña [séɲa] 囡 ❶ 合図, サイン; 身ぶり, 手まね. —Tu compañero nos está haciendo ~s para que nos acerquemos a él. 君の仲間が私たちに来るように合図している. Mi hermano, que no sabe francés, está hablando por ~s con una francesa. 兄はフランス語がわからないので, 一人のフランス女性と身ぶり, 手ぶりで話している. [類] **señal, signo.** ❷ 〔複〕人や物の特徴, 人相風体格好. —Con estas ~s personales 人相背格好. —~s personales 人相背格好. Dame más ~s para que le reconozca. 彼がわかるようにもっと彼の特徴を教えてくれ. ❸ 〔複〕住所. —Dame sus ~s, que voy a escribirle. 彼に手紙を書くから住所を教えてくれ. No dejes de poner las ~s del remitente en el sobre. 差出人の住所を封筒を書くのを忘れないように. [類] **dirección.** ❹ 〖軍事〗合言葉. —santo y ~ 合言葉. Cuando iba a entrar en el puesto de guardia, el centinela le pidió el santo y ~. 彼が警備詰め所に入ろうとしたら, 歩哨が彼に合言葉を言うように求めた.

por [para] más señas さらに特徴を付け加えると, その上, おまけに. Es bajo y gordo y, *por más señas* es calvo. 彼は背が低く, 太っていておまけに禿だ.

*señal [seɲál セニャル] 囡 ❶ 印 (a) 印, 目印, マーク. —Mi impermeable es éste, seguro, aquí está la ~ que le puse yo. 私のレインコートは確かにこれだ, なぜならこに私が付けた目印がある. He hecho una ~ en la página para consultarla después. 私は後で参照するためにそのページに印を付けた. [類] **marca, seña, signo.** (b) 象徴, 印. —hacer la ~ de la cruz 手で十字を切る. Llevar vestido negro es ~ de luto. 黒い服を着ているということは喪中であるということだ. [類] **signo.** ❷ 手掛かり (a) 手掛かり, 証拠, 証. —Durante la guerra tú no diste ~es de vida. 戦争中, 君は生きているのか死んでいるのか分からなかった. No vemos ni ~es de que este hombre sea el criminal. この男が犯人であるという証拠が全く見つからない. (b) 跡, 痕跡. —No quedó ni ~ de su paso por allí. 彼があそこに立ち寄った形跡はなかった. La niña está dormida, pero en su cara aún queda ~ de que ha llorado. 少女は眠ったが, その顔には泣いたあとがまだ残っている. La vida dejó crueles ~es en su rostro. 彼女の辿った過酷な人生が彼女に残酷な跡を残していた. [類] **huella.** (c) 兆し, 兆候. —Es una buena ~ que nuestro hijo tenga ganas de estudiar más. 息子がもっと勉強したいと思っているのはいい兆候だ. [類] **indicio, síntoma.** (d) 様子; 片鱗, 一端. —El niño daba ~es de descontento. その子は不満な様子だった. El joven pintor ya da ~es de su talento. その若い画家はすでにその才能の片鱗を示している. ❸ (a) 合図, 信号. —Echamos a correr cuando den la ~. 合図があったら駆けだそう. [類] **seña.** (b) 信号, 信号音; 警報. —~ de llamada (電話の)呼び出し信号. ~ de ocupado 話し中の信号音. ~ de interrupción 《通信》ブレーク信号. ~ de

rojo-verde-azul RGB 信号. dar la ~ de alarma 警戒警報を出す. (c) 標識. ——~es de tráfico 交通[道路]標識. ❹ 傷, 傷あと. —Le notaban dos ~es alrededor de los labios. 彼の口もとには傷あとが二つあった. 類 cicatriz. ❺ 手付金, 頭金, 契約金. —Nos dejó como ~ la décima parte del precio. 彼は代金の 10 分の 1 を手付け金として私たちに払った. 類 anticipo.
con pelos y señales もっと詳しく言えば.
en señal de ... …の証として, 印に. Mi marido me compró una finca *en señal de* amor. 夫は愛の証として私に別荘を買ってくれた. Quiero invitarle a Ud. a la cena *en señal de* agradecimiento. お礼の印に貴方を夕食にご招待したいと思っています.

señaladamente [señaláðaménte] 副 ❶ 特に, とりわけ, ことに. 類 especialmente. ❷ 明らかに, はっきりと. 類 claramente.

:**señalado, da** [señaláðo, ða] 過分 形 ❶ 定められた, 指定された, 予定の. —El día ~ no acudió a la cita. 予定された日に彼は約束の場所に行かなかった. ❷ 目立つ, めざましい, 顕著な. —Su concierto logró un ~ éxito. 彼のコンサートはめざましい成功を収めた. 類 destacado, marcado, notable. ❸ 著名な, 名うての. ——~ novelista 著名な小説家. 類 célebre, famoso, insigne.

señalamiento [señalamjénto] 男 ❶ 指示, 指摘, 指定. ❷《司法》(審理などの)日時の指定.

señalar [señalár] [1.3] 他 ❶ (a) …に印をつける, をマークする, 指摘する. —*Señalaré* sólo las equivocaciones con una ×(equis). 私は誤りにだけ×印をつけよう. 類 marcar. (b) を強調する. —En la conferencia *señaló* tres problemas fundamentales de la política económica del país. 講演において彼は我が国の経済政策の 3 つの基本的問題点を強調した. ❷ を指差す. —Es de mala educación ~ a las personas con el dedo. 人を指すのは行儀が悪い. ❸ (a) を指示する. —El escritor me *señaló* el día y la hora de la entrevista. 作家は私にインタビューの日時を指示した. El reloj *señala* la una y cuarto. 時計は 1 時 15 分を指している. (b) を意味する, 表わす. —La floración de los almendros *señala* la llegada de la primavera. アーモンドの開花は春の到来を意味する. 類 indicar. ❹ …と評価する, 値踏みする. —El propietario *ha señalado* el valor de su terreno en sesenta mil euros. 地主は彼の土地の価格を 6 万ユーロと評価した. 類 estimar. ❺ (a) …に傷をつける, を負傷させる. —Ella *señaló* la cara de su marido con un cuchillo. 彼女はナイフで夫の顔に傷をつけた. (b) …の名声に傷をつける. —Aquel escándalo *señaló* al político durante mucho tiempo. あのスキャンダルでその政治家の名声は永い間傷がついた. ❻ …のそぶりを見せる, 真似をする. ——~ una estocada en la esgrima フェンシングの突きを真似る.
——**se** 再 抜きん出る, 頭角を現わす, 目立つ. —El científico *se señaló* con su descubrimiento. 科学者は彼の発見で頭角を現わした. 類 distinguirse, singularizarse.

señalización [señaliθaθjón] 女 ❶《集合的に》交通標識; 交通標識の体系. —El accidente se debió a una defectuosa ~. その事故は不十分な交通標識のせいで起きた. ❷ 交通標識[信号機]の設置.

señalizar [señaliθár] [1.3] 他 (道路などに)交通標識[信号機]を設置する.

señero, ra [señéro, ra] 形 ❶ 無類の, 傑出した, 特にすぐれた. ——figura *señera* 大御所、第一人者. 類 destacado, prominente, sobresaliente. ❷ 孤独の, 孤立した. 類 solitario.

*:**señor** [señór セニョール] 男 ❶【男性に対する敬称として】…さん, …様; …氏【Sr. と略され. 呼びかけ以外は定冠詞を付ける】.
(a)【普通は姓または姓名の前に付ける】—Sr. Gutiérrez グティエレスさん. Sr. Manuel Gutiérrez マヌエル・グティエレスさん. Sr. don Manuel Gutiérrez ドン・マヌエル・グティエレス様(手紙の宛て名の場合). El Sr. Ramírez es de Granada. ラミレス氏はグラナダの出身です. (b)【称号, 肩書, 役職などに付ける】—Sr. marqués 侯爵様. Sr. obispo 司教様. El Sr. secretario ha sido muy amable y nos ha atendido muy bien. 秘書の方がとても親切で, 私たちの面倒をよくみて下さいました. (c)【田舎では年配の人やあまり親しくない人の名前の前に付けることがある】—Llamamos Sr. Pedro a nuestro jefe. 私たちは親方のことをペドロさんと呼んでいる. (d)《複》…夫妻. —Los ~es (de) Gonzaga tienen dos hijos. ゴンザガ夫妻には二人のお子さんがいらっしゃいます. ❷【男性に対する呼びかけとして】(a)【見知らぬ人に対して, または名前を言わずに単独で用いて】—¡Señoras y ~es! 皆さん. S~, aquí se prohíbe fumar. あの, ここは禁煙です. (b)【文末に用いて敬意を払ったり, 丁寧さを出す】—Buenos días, ~. おはようございます. ¡Oiga! ¿Es usted de aquí?-Sí, ~. ¿Qué desea? すみません, この辺の方ですか?-はいそうです. 何をさしあげましょう? (c)【普通, 親しい人との会話で, Sí, No と用いて決然とした諾否を表す.】—Estos días van subiendo los precios, ¿verdad?-Sí, ~. 最近物価が上がっているねえ.-まったくそのとおり. Juan, tú tienes la culpa.-No, ~. La culpa es tuya. フアン, 君が悪いんだ.-とんでもない, 悪いのは君だ. ❸ 男の人; 紳士. —Cuando me perdí en el camino, me acompañó un ~ hasta la estación. 道に迷っていたら, ある男の人が駅まで連れていってくれた. Carlos, este ~ necesita tu ayuda. カルロス, この人が君の手を借りたいようだ. Es un ~. 彼は立派な紳士だ. Se las da de ~. 彼は紳士気取りだ. ❹ 主人, 雇い主; 所有者. —Ellas son criadas y sirven al mismo ~. 彼女たちはお手伝いさんで, 同じ主人に使えている. El ~ de esta casa ahora vive en el extranjero. この家の主人は今外国に住んでいる. ❺ 君主, 領主. ——~ feudal 封建領主. ❻ 主イエスキリスト; 神【大文字で書きはじめる】. —¡(Nuestro) S~! 主イエスキリスト. recibir al S~ 聖体拝領をする. ❼【手紙で】—Muy ~(es) mío(s);, Muy ~(es) nuestro(s): 拝啓.

——, **ra**[1] 形 ❶【名詞に後置して】高貴な, 優雅な, 上品な. —Es un traje muy ~. それはとても品のいいスーツだ. El ajedrez es un juego muy ~. チェスはとても優雅なゲームだ. 類 noble. ❷.【名詞に前置して, 名詞を強調する】《話》とっても大きな, 立派な; ひどい. —Se ha comprado una *señora* casa. 彼はえらく立派な家を買った. Tuve una *señora* vergüenza. 私はひどく恥をかいた.

1738 señora²

A tal señor, tal honor. 『格言』しかるべき人に，しかるべき栄誉．

descansar [dormir] en el Señor 亡くなる，永眠する． Pasó la vida cristianamente y *descansó en el Señor*. 彼はキリスト教徒としての一生を送り，神に召された．

Ninguno puede servir a dos señores. 『諺』二つの義務を同時に成し遂げることはできない．

**señora² [señóra セニョラ] 囡 ❶『既婚の女性に対する敬称として』…夫人，…さん，…様『Sra. と略される．呼びかけ以外は定冠詞を付ける』— *Sra.* Gutiérrez グティエレス婦人． *Sra.* Ángela Gutiérrez アンヘラ・グティエレスさん． *Sra.* doña Angela Gutiérrez ドーニャ・アンヘラ・グティエレスさん(手紙の宛て名の場合)． La *Sra.* Ramírez es de Granada. ラミレス夫人はグラナダの出身です． (b)『称号, 肩書, 役職名などに付ける』— *Sra.* marquesa 侯爵夫人． Buenos días, *Sra.* portera. 管理人さん, おはようございます． (c)『田舎では年配のあまり親しくない人の名前の前に付けることがある』—La *Sra.* María cuida a esos niños huérfanos. マリアがそれらの孤児たちの面倒を見ています． ❷ 夫人, 奥さん. (a)『普通名詞として』—Ésta es la ~ de Gutiérez. こちらがグティエレス夫人です． Señor Ramírez, su ~ le espera en su coche. ラミレスさん, 奥さんが車でお待ちです． (b)『見知らぬ人に対して, または名前を言わずに単独で用いて』—S~, se le ha caído el billete. 奥さん, 切符を落としましたよ． (c)『文末に用いて敬意を払ったり, 丁寧さを出す』— Buenas noches, ~. こんばんわ, 奥さん． ❸ 婦人, 淑女． — tienda de confección para ~s 婦人服店． Mi vecina es toda una ~. 隣の婦人は立派な婦女だ． ❹ 妻, 女房．— A mi ~ no le gusta que yo fume en casa. 妻は私が家で煙草を吸うのを好まない． ❺ 女主人, 奥様．— Lo siento, señor, pero la ~ no está. すみません, 奥様はいらっしゃいません． ❻ Nuestra S~ 聖母マリア． ❼ (手紙で) — Muy ~ mía 拝啓．

señorear [señoreár] 他 ❶ 統治する, 支配する, さいなりにする．— El duque *señoreaba* todos los pueblos del valle. その公爵が谷間の全ての村を治めていた． 類 **dominar, mandar**. ❷ (感情を)抑制する, 抑える．— Tienes que ~ tus pasiones. 君は感情をコントロールしなければならない． 類 **controlar, dominar, refrenar**. ❸ (まわりの土地, 建物などから)ひときわ高くそびえている．— El castillo *señorea* la ciudad. その城は町でひときわ高くそびえている． 類 **descollar, dominar, sobresalir**. ❹《話》(人)に対して威張り散らす, 尊大にふるまう． ── ひときわ高くそびえている．— La torre *señorea* en el llano [sobre las casas vecinas]. その塔は平地の中で[まわりの家々の間で]ひときわ高くそびえている．

── **se** 再 ❶［+ de を］わが物にする; 奪い取る, 占領する．— ~se de la ciudad 都市を占領する． ❷ 横柄な態度を取る． ❸ 自分の(感情を)コントロールする．

señoría [señoría] 囡 ❶『敬称; しばしば su Señoría, vuestra Señoría の形で』閣下; 奥様, お嬢様. ◆貴族や高僧などの身分の高い人, およびその夫人, 令嬢に用いる．— Ese cargo le confiere el tratamiento de ~. その職務は彼に閣下の称号を与える． ❷ 貴族[君主, 高僧]の身分; 支配者であること; 統治権. 類 **señorío**. ❸ 統治, 支配; 領地. 類 **dominio, reinado, señorío**. ❹ (歴史の)(中世・ルネッサンス期イタリアなどの共和制都市国家の)市会.

señorial, señoril [señoriál, señoríl] 形 ❶ 威厳[品位]のある, 堂々とした, 荘重な．— una casa ~ 豪邸. un comportamiento ~ 紳士的な態度. 類 **majestuoso, noble**. ❷ 領主の, 君主の; 貴族の．— tierra ~ 領主の土地.

señorío [señorío] 男 ❶ 支配(権), 統治(権), 領主権．— ~ feudal 宗主権, 領主の地位[権力]. La gente del pueblo vivía bajo el ~ del conde. その村の人々は伯爵に支配されていた． 類 **dominio, mando**. ❷ 領地; 荘園. 類 **dominio, territorio**. ❸ 威厳, 荘重さ．— Es un torero valiente y con ~. 彼は勇敢で威厳のある闘牛士だ. 類 **dignidad, elegancia, majestuosidad**. ❹ (感情などの)コントロール, 抑制. ❺『集合的に』上流階級の人々, お歴々; 有名人.

*señorita [señoríta セニョリタ] 囡 ❶『未婚女性に対する敬称』…さん, …様『Srta. と略される. 呼びかけ以外は定冠詞をつける. doña といっしょには用いられない』— S~ Valdés, éste es mi amigo José Antonio Rodríguez. バルデスさん, これは友達のホセ・アントニオ・ロドリゲスです． La ~ María Isabel González va a llegar esta tarde. マリア・イサベル・ゴンサレスさんは今日の午後お着きになります． ❷ お嬢さん, 未婚の女性『看護師, 公務員などの職業女性に対する敬称や呼びかけとしても用いる』．— Paco, te visita una ~. パコ, どこかのお嬢さんがお前を訪ねてきたぞ． Su hija tiene treinta años, pero todavía es ~. 彼の娘は 30 歳だがまだ独身だ. ¿Qué desea usted, ~? どんなご用件ですか, お嬢さん. ¡Oiga, ~! ¿Dónde está el consultorio del doctor Mestre? 看護師さん, メストレ先生の診察室はどこですか． ❸ (使用人が主人に対して)お嬢さん; 奥様『既婚の女主人に対しても用いることがある』．— Lo siento, señora, pero la ~ ha salido. 申しわけありませんが, お嬢様[奥様]は外出中です． ❹ (未婚か既婚かを問わず, 生徒から見た女性の)先生．— La ~ ya está en la clase. 先生がもう教室にいる． ❺ 細身の短い葉巻.

señoritingo, ga [señoritingo, ga] 名『señorito の軽蔑』《話》(金持ちで世間知らずの)お坊ちゃん, お嬢ちゃん; お坊ちゃん[お嬢さん]気取りの若者.

señoritismo [señoritismo] 男『軽蔑』世間知らず.

*señorito [señorito セニョリト] 男 ❶ (使用人が見て主人に対して)お坊っちゃま, 若旦那様．— ~ está en el comedor, señora. 奥様, お坊っちゃまは食堂にいらっしゃいます． Un café, Elvira. —Sí, ~. エルビラ, コーヒーをくれ. —かしこまりました, 若旦那様． ❷ どら息子, 道楽者．— En los cafés de este barrio se reúnen muchos ~s. この辺りのカフェにはどら息子たちがたくさんあつまってくる.

señorón, rona [señorón, róna] 形『＜señor, señora』『しばしば軽蔑』金持ちの; 金持ちふうの, 大物ぶった．— No seas tan ~ y ayuda como los demás. そんなにお高くとまらないで, 他の人たちといっしょに手伝ってくれ.

―― 名 金持ち, 大物; 旦那ぶった[奥様然とした]人.

señuelo [seɲuélo] 男 ❶ おとり, デコイ(鳥をおびき寄せる), わな. 類**añagaza**, **reclamo**. ❷ 《比喩》(人を陥れる)わな, 計略. 類**engaño**, **trampa**.

seo [séo] 女 (スペイン, アラゴン地方の)大聖堂. 類**catedral**.

sepa [sépa] 動 saber の接・現在.

sepáis [sepáis] 動 saber の接・現在・2 複.

sépalo [sépalo] 男 《植物》萼(がく)片(萼を形成するおのおのの裂片).

sepamos [sepámos] 動 saber の接・現在・1 複.

sepan [sépan] 動 saber の接・現在・3 複.

separable [separáβle] 形 分離可能な, 区別できる; 取りはずし可能な.

*__separación__ [separaθjón] 女 ❶ 分けること, 分離; 別離, 別居. ―― de los (tres) poderes 三権分立. ～ de color 色分解. ～ de pantalla 画面分割. ～ conyugal (司法)(夫婦の)別居. A los novios les espera una dolorosa ～. 恋人たちには辛い別れが待っていた. ❷ 隔たり, 間隔. ―― La ～ entre las líneas es de dos centímetros. 線と線の間隔は 2 センチだ.

separadamente [separáðaménte] 副 別々に, 単独に, 離れて.

*__separado, da__ [separáðo, ða] 過分 形 ❶ 分離した; 離れた; 区切られた. ―― En un pequeño huerto ～ de la casa cultivan verduras. 家から離れた小さい菜園で彼らは野菜を栽培している. ❷ 別居した, 別れた. ―― Está ～ de su mujer. 彼は妻と別居中だ.

por separado 別々に, 別個に, 分離して. El jefe nos fue entrevistando a todos por separado. 上司は私たち全員と別々に面接して行った.

―― 名 別居中の人[夫, 妻].

separador [separaðór] 男 《情報》セパレーター.

*__separar__ [separár セパラル] 他 ❶ (a) 【+de から】を離す, 引き離す, 遠ざける. ―― al niño de la chimenea 子供を暖炉から遠ざける. Separó la mesa de la pared. 彼はテーブルを壁から離した. 類**alejar**. (b) …の中に割って入る, を引き分ける. ―― Separó a los niños que se estaban peleando. 彼はけんかしている子供たちを引き離した. 類**alejar**, **apartar**. 反**aproximar**. (c) を隔離する. ―― Se ordenó ～ a las vacas enfermas. 病気の牛を隔離するよう命令された. ❷ (a) 【+de から】をより分ける, えり分ける, 選別する. ―― Separa las manzanas de los melocotones. 彼はリンゴをモモからより分ける. 反**juntar**. (b) 【+de から】を区別する. ―― Debes ～ tu vida pública de la privada. 君は君の公的生活を私生活から区別すべきだ. (c) を別にしてとっておく. ―― Separé diez plátanos para regalárselos a un amigo. 私はバナナを 10 本友人にプレゼントしようと別にしてとっておいた. ❸ 【+de から】(人)を解任する, クビにする. ―― Le separaron de su cargo por enfermedad. 彼は病気という理由で職務を解任された.

―― se 再 ❶ 別れ別れになる; 【+de から】離れる, を辞める. ―― Fuimos juntos hasta Ávila, y allí nos separamos. 我々はアビラまで一緒に行き, そこで別れ別れになった. La niña no se separó de su madre. 女児は母親から離れることはなかった. Se

ha separado de ese club de fútbol. 彼はそのサッカー・クラブを辞めた. ❷ (夫婦が)別居する. ―― Parece que ya no se separan. 彼らはもう別居していないようだ. ❸ 【+de とは】別行動をとる, 分派行動をとる, 分離独立する. ―― Ellos se separaron del partido porque no estaban de acuerdo con su política. 彼らは党の政策に納得せず, 分派行動をとった. 類**independizarse**. ❹ 【+de】(信念・態度)を捨てる, …と袂(たもと)を分かつ.

separata [separáta] 女 《印刷》(論文などの)抜き刷り.

separatismo [separatísmo] 男 《政治》分離主義.

separatista [separatísta] 形 《政治》分離主義(者)の. ―― movimientos ～s 分離主義運動. 男女 分離主義者. ―― ～ checheno チェチェン分離派. 類**secesionista**.

sepas [sépas] 動 saber の接・現在・2 単.

sepedón [sepeðón] 男 《動物》ヘビトカゲ. 類**lagarto**.

sepelio [sepéljo] 男 (宗教儀式を伴った)埋葬. 類**entierro**.

sepia [sépja] 女 ❶《美術》セピア. ◆イカの墨から作る黒茶色の絵の具. ―― color ～ セピア色. ❷《動物》コウイカ; (一般に)イカ.

sepsis [sépsis] 女 《医学》敗血症. 類**septicemia**.

sep(t). 《略号》＝septiembre.

septenario, ria [septenárjo, rja] 形 7 つ 1 組の, 7 個から成る.

―― 男 ❶ 7 日間. ❷ (宗教)7 日間の祈祷(きとう).

septenio [septénjo] 男 7 年間, 七年期.

septentrión [septentrjón] 男 ❶ 北, 北方, 北部(地方). ―― zona glacial del ～ 北部の氷河地帯. 類**norte**. ❷ (S～)《天文》北斗七星, 大熊座.

*__septentrional__ [septentrjonál]〔<septentrión〕形 北の, 北部の, 北方の. ―― Las regiones ～es de España son más húmedas que las meridionales. スペインの北部地方は南部よりも湿潤である. 反**meridional**.

septeto [septéto] 男 《音楽》七重奏[唱]; 七重奏[唱]曲.

septicemia [septiθémja] 女 《医学》敗血症. 類**sepsis**.

septicémico, ca [septiθémiko, ka] 形 《医学》敗血症の.

séptico, ca [séptiko, ka] 形 《医学》腐敗性の, 腐敗性による; 敗血症(性)の.

septiembre [septjémβre] 男 9 月 (＝setiembre).

septillo [septíjo] 男 《音楽》7 連符.

séptima [séptima] 女 →séptimo.

*__séptimo, ma__ [séptimo, ma セプティモ, マ] 形(数) ❶ 第 7 の. ―― el ～ cielo 第七天(神や天使の住むとされる天国の最上界). Mi oficina está en la séptima planta. 私の会社は 8 階にある(→planta). ❷ 〔序数詞的に〕第 7 番目の. ―― Fernando VII (séptimo) フェルナンド 7 世. ❸ 7 分の 1 の. ―― Le di una séptima parte de la tierra. 私は土地の 7 分の 1 を彼に分けた.

―― 名 第 7 のもの[人], 7 番目, 第 7 位. ―― Es el

1740 septingentésimo

～ empezando por la derecha. それ[彼]は右から数えて7番目だ. — 副 7番目に. — 男 7分の1. — A cada uno le corresponde un ～ de la herencia. それぞれに遺産の7分の1が割り当てられる. — 囡《音楽》7度(音程).

septingentésimo, ma [septinxentésimo, ma] 形《数》❶ 第700番目の. ❷ 700分の1の.
— 男 700分の1.

septo [sépto] 男《解剖》中隔, 隔膜, 隔壁.

septuagenario, ria [septuaxenário, ria] 形 70歳代の, 70歳代の人.

septuagésima [septuaxésima] 囡 →septuagésimo.

septuagésimo, ma [septuaxésimo, ma] 形《数》❶ 第70番目の. ❷ 70分の1の.
— 男 70分の1.
— 囡《カトリック》七旬節; 七旬節の主日. ◆復活祭(Pascua de Resurrección)の70日前の意だが, 実際は63日前.

septuplicar [septuplikár] [1.1] 他 を7倍(に)する. — Con la nueva maquinaria se *ha septuplicado* la producción semanal. 新しい装置によって週ごとの生産量が7倍になった.

séptuplo, pla [séptuplo, pla] 形 7倍の.
— 男 7倍.

sepulcral [sepulkrál] 形 ❶ 墓の; 埋葬に関する. — inscripción ～ 墓碑銘. lápida ～ 墓石. ❷ 墓地のような, 陰気な, 不気味な. — frío ～ ぞっとするような寒さ. silencio ～ 不気味な静けさ. voz ～ 陰気な声. 類 **fúnebre, lúgubre, sombrío.**

‡**sepulcro** [sepúlkro] 男 ❶ (石製の棺や箱の形をした)墓. — Santo S～ 聖墓(キリストの墓). 類 **sepultura, tumba.** ❷ (教会の祭壇に設けられた)遺品の安置場所.
bajar al sepulcro 死ぬ.
ser un sepulcro 秘密を忠実に守る. Puedes contarle tu secreto: *es un sepulcro*. 彼は秘密を必ず守るから打ち明けてもいいよ.

***sepultar** [sepultár] 他 ❶ を墓に安置する, 埋葬する. — Ayer *sepultaron* al difunto. 昨日故人を埋葬した. 類 **enterrar.** ❷ をすっかり覆い隠す, 壊滅させる, 葬り去る. — Un deslizamiento de tierras *sepultó* parte del pueblo. 土砂崩れで村の一部が壊滅した. ❸ を忘れ去る. — En vano procuraba ～ los tristes recuerdos. 彼は悲しい思い出を忘れ去ろうと努めたが, 無駄だった. ❹ を不安・悲痛のどん底に陥れる.
— *se* 再 〖＋en〗(悲嘆のどん底に)陥る. 類 **abismarse, sumergirse.**

sepulto, ta [sepúlto, ta] 形 埋葬された; 埋められた.

‡**sepultura** [sepultúra] 囡 ❶ 埋葬. — dar ～ al difunto 故人を埋葬する. Se ordenó la inmediata ～ del cadáver. 遺体をすみやかに埋葬するよう命令された. ❷ (地面に掘られた)墓, 墓穴, (死者が埋葬された場所としての)墓場. — cavar una ～ 墓穴を掘る. 類 **sepulcro, tumba.**
dar sepultura a ～ (人)を埋葬する. 類 **enterrar.**

sepulturero [sepulturéro] 男 墓掘り人.

Sepúlveda [sepúlβeða] 固名 セプルベダ(フアン・ヒネス・デ Juan Ginés de ～)(1490?-1573, 人文学者・法学者).

seque(-) [seke(-)] 動 secar の接・現在.

sequé [seké] 動 secar の直・完了過去・1単.

sequedad [sekeðá(ð)] 囡 ❶ 乾燥(状態). — La ～ de la tierra impidió plantar los tomates. 土地が乾燥しているためトマトを植えることができなかった. 反 **humedad.** ❷ 冷淡, そっけなさ. — Me produjo pena la ～ de sus palabras. 彼の言葉の冷たさに私は悲しくなった. 類 **aspereza.**

sequedal, sequeral [sekeðál, sekerál] 男 乾燥地, 乾燥した地.

sequía [sekía] 囡 (長期の)日照り, 旱魃(かんばつ). — Si continúa la ～ se perderá la cosecha de maíz. 旱魃(かんばつ)が続くとトウモロコシの収穫が被害を受けるだろう.

séquito [sékito] 男 ❶《集合的に》(特に王侯, 貴族などの)随員, 従者, 側近の人々. — El rey y su ～ viajan en ese avión. 王様と供の人々はその飛行機で旅行する. 類 **acompañamiento, comitiva, cortejo.** ❷《集合的に》(政治家などの)支持者グループ, 取り巻き; (タレントなどの)ファン. ❸《比喩》(事件, 戦争, 災害などの)余波, 影響. — el seísmo y su ～ de calamidades 地震とその惨禍.

***ser** [sér セル] [12] 自

I 〖繫辞(けいじ)として〗 ❶ …である〖A es B.「AはBである」という文においてAとBとの同一性, Aの属性を表わす〗. (**a**)〖半永久的性質[属性]〗— *Es* una mujer muy inteligente. 彼女はとても頭のいい女性だ. *Somos* viejos. 我々は年寄りだ. (**b**)〖身分, 職業, 国籍, 宗教〗— *Somos* universitarios. 我々は大学生だ. Ellos *son* funcionarios. 彼らは公務員だ. *Soy* francesa. 私はフランス女性です. Vosotros *sois* cristianos, y nosotros *somos* budistas. 君たちはキリスト教徒だが, 我々は仏教徒だ. (**c**)〖原因〗— El beber *fue* su perdición. 飲酒が彼の破滅のもとだった. (**d**)〖所有関係〗— Este reloj *es* mío. この時計は私ので. (**e**)〖出身地〗— *Es* extremeña. 彼女はエクストレマドゥーラの出身だ. (**f**)〖原材料〗— Esta silla *es* metálica. この椅子は金属製である. La mesa *es* de madera. テーブルは木製である. (**g**)〖日時, 曜日, 日付〗— Hoy *es* miércoles, 23 de julio. 今日は7月23日, 水曜日である. ¿Cuál *es* el día de tu cumpleaños? 君の誕生日は何月何日だい. (**h**)〖計算の答〗— Cinco menos tres *son* dos. 5-3=2. (**i**)〖価格〗— La ensalada mixta *son* dos euros. ミックス・サラダは2ユーロです. ¿Cuánto *es* un café con leche? ミルクコーヒーはいくらですか. ¿A cómo *es* el salmón? サーモンはいくらですか. 類 **costar, valer.** (**j**)〖断定, 定義〗— Querer *es* poder. 〖諺〗意志があれば道は開ける(←意志は力である). Eso *es*. (相槌を打って)その通りだ. ❷〖無主語文で, 時期を表わす〗— Ya *es* tarde. もう遅い. *Es* de noche. 夜(よる)になった. *Es* la una. 1時です. *Eran* las cinco de la tarde. 午後の5時だった. ❸〖＋de〗(**a**)〖所有関係〗— Este libro *es* de Pablo. この本はパブロのだ. (**b**)〖所属〗— *Es* del Partido Liberal. 彼は自由党員だ. (**c**)〖出身地〗— Emilio *es* de Oviedo. エミリオはオビエドの出身だ. (**d**)〖原材料〗— Esta mesa *es* de mármol. このテーブルは大理石製だ. (**e**)〖典型的属性〗— Ese detalle *es* muy de ella. そんな心遣い

はいかにも彼女らしい. Ese proceder no *es* de un hombre honesto. そんなふるまいは誠実な人のふるまいではない. ❹【同意】【+con】—*Soy con* usted en todo lo que ha hecho. 私はあなたのなさったことすべてに賛成です. ❺【応対】【+con】—Espere un momento, que en seguida *soy con* usted. 少々お待ちを, すぐ参りますから. ❻ (*a*)【用途】【+para】—Este cuchillo *es para* cortar la carne. このナイフは肉を切るためのものだ. Los idiomas *son para* comunicarse. ことばはコミュニケーションをとるためのものだ. (*b*)【適合】—Este traje no *es para* ti. このスーツは君にふさわしくない. ❼ …になる.—Cuando *seas* mayor, lo comprenderás. 君が大人になったら, きっとわかるだろう. ❽【+不定詞/que】—*Es* necesario estudiar [*que* estudiemos] mucho. よく勉強する必要がある. *Es* cierto que *está* casado. 彼が結婚しているのは確かだ. ❾【関係詞を使った強調構文】—*Es* Juan el que me ama más. 私を一番愛してくれているのはフアンだ. *Es* a Juan a quien quiero. 私の愛しているのはフアンだ. Aquí *es* donde se sale el agua. 水が漏れているのはここだ.

II【一般的動詞として】❶ ある, **存在する**.—Pienso, luego *soy*. 我思う, ゆえに我あり. Dios *es*. 神は存在する. ❷【場所や時の副詞】おこなわれる, 催される.—La boda *es* en el Hotel Palace. 結婚式はパレスホテルだ[でおこなわれる]. La reconquista de Granada *fue* en 1492. グラナダの奪回は1492年です. 類 acontecer, suceder. ❸【様態の副詞】起こる, おこなわれる.—¿Cómo *fue* el accidente? 事故はどんなでしたか? El concierto *fue* al aire libre. コンサートは屋外だった. ◆「…である」と和訳する動詞は, **ser** の他に, **estar** がある. その補語が形容詞または形容詞相当句(「前置詞+名詞」とか過去分詞)の時に, **ser** は主語の半永久的性質・属性を表わし, **estar** は一時的状態を表わす. → *Soy* viejo. 私は老人だ. *Estoy* viejo. 私はもう年老いた. *Es* listo. 彼は利口だ. *Está* listo. 彼は準備ができている. Pili *es* alegre. ピリは陽気な性格だ. Pili *está* alegre. ピリは(今だけ)はしゃいでいる. また **estar** には「所在」を表わす用法があるが, このようなケースに **ser** を用いると, 「断定」の意味になってしまう. → *Tu asiento está* aquí. 君の席はここにある. *Tu asiento es* aquí. 君の座席はここである.

III【主語に性・数一致する過去分詞を従えて受身の意味を出す】—Ese profesor *es* muy respetado por sus alumnos. その先生は生徒たちからとても尊敬されている. La noticia *fue* difundida por la prensa. ニュースは新聞によって広まった.

男 ❶ **存在**.—*~* vivo 生物. *~* inanimado 無生物. *~* humano 人間. S*~* Supremo 至高の存在, 神. ❷ **人物**; 存在物.—La novela trata de un *~* cuya existencia la historia pone en duda. その小説は歴史上の実在が疑わしい人物を扱っている. ❸ **生**.—Mis padres me dieron el *~*. 私の両親は私に生を与えた. 類 vida. ❹ **本質**, **存在理由**.—La lengua forma parte de nuestro *~* como pueblo. 言語は民族としての我々の本質を構成している. ❺ **人間** (= *~* humano) 人.—Un *~* maravilloso. 彼は素晴しい人だ. *~es* queridos 愛される人たち. 類 **persona**.

a [*de*] *no ser por* もし…がなかったら, …でなければ. *A no ser por* su fortuna, nadie le haría caso. 彼に財産がなければ誰も相手にしないだろう.

a no ser que 【+接続法】…でないならば. Podríamos salir a dar un paseo, *a no ser que* quieras descansar. もし君が休みたくないなら散歩にでも出かけられるのだが.

a poder ser できることなら. *A poder ser*, prefiero que vengas mañana. できることなら君に明日来て欲しい.

como debe ser しかるべく, 立派に.

¿Cómo es que …? 【+直説法】どうして…なんだ. ¿Cómo es que has llegado tan tarde? 一体どうしてこんなに遅れたんだ.

¡Cómo ha de ser! 仕方ないよ.

como sea 是が非でも, 何とかして. Tengo que estar allí a las cuatro *como sea*. 私は是が非でも4時にそこに行っていねばならない.

con ser …にもかかわらず.

érase que se era/érase una vez 昔むかしある所に…が住んでおりました. *Érase que se era* una anciana. 昔むかしある所に1人の老婆が住んでおりました.

es más さらに言えば. Yo no me fiaría de él, *es más*, creo que te está engañando. 私なら彼を信用しないだろう. さらに言えば, 君は彼にだまされていると思うよ.

es que …【+直説法】(1) 実は…である(言い訳・釈明). ¿Por qué no fuiste a la fiesta?—*Es que* no quería ver a José. 君なぜパーティへ行かなかったの.—だってホセに会いたくなかったからさ. (2)【疑問文】…だというのか. ¿*Es que* rechazas mi ayuda? 私の援助を断るというのか? ¿*Es que* ya no me quieres? もう私を愛していないって言うのかい.

lo que sea 何でも(よい). Dame algo de comer, *lo que sea*. 何か食べる物をくれ, 何でもいいから.

no es nada del otro jueves (**mundo**) それほど図抜けたものではない. La exposición *no es nada del otro jueves*. 展示会はそれほどたいしたものではない.

no es que 【+接続法】…というわけではない. *No es que* no pueda, es que no quiero hacerlo. 出来ないというわけではなく, それをやりたくないだけだ. *No es que* quiera ofenderle. 別に彼を侮辱したいわけではない.

no sea que 【+接続法】…だといけないので. Llévate la bufanda *no sea que* cojas frío. 風邪をひくといけないのでマフラーをして行きなさい.

o somos o no somos ここが決心のしどころだ, 思い切ってやってみろ.

¿Qué ser de …? …はどうなのだ. ¿*Qué es de* sus hijos? 息子たちはどうしている?

sea como [*cual*] *sea* いずれにしても; 何が何でも.

sea …, sea … …かあるいは…か, …にせよまた…にせよ. Fue una buena propuesta *sea* para la empresa, *sea* para los empleados. それは会社にとっても, また従業員にとっても, いずれにしてもよい提案だった.

ser algo/ser alguien 大物だ, 大人物だ. Tan joven y ya *es alguien* en la empresa. あんなに若いのに彼は会社ではすでにひとかどの人物だ.

ser cosa de … …の役目である, お手の物である. El guisar *es cosa de* mi marido. 料理作りは夫

1742 sera

のお手の物よ.
ser de 【+不定詞】 …された通りである, のはずである. *Esa reacción suya era de esperar.* 彼のそういう反応は予想通りであった.
ser de lo que no hay 図抜けている, 孤高の人である. *Tu novia es de lo que no hay.* 君の婚約者はまたとない存在だ.
ser muy suyo 自分勝手である.
si no es por もし…がなければ, もし…がいなかったら. *Si no es por esa beca, yo no hubiera podido estudiar en la universidad.* もしあの奨学金がなければ私は大学で勉強できなかっただろう.
soy contigo [con usted] すぐに行きます.
un [sí] es no es ほんの少し, わずか. *El plato está un es no es picante.* 料理はほんの少し辛かった.

sera [séra] 囡 荷かご. ♦カヤ製の大型のかごで通常取っ手がなく, おもに石炭などの運搬に用いる. 類 **espuerta**.

será [será] 動 *ser* の直・未来・3 単.

seráfico, ca [seráfiko, ka] 形 ❶《宗教》セラフィムの(ような), 熾(し)天使の(ような). ❷《宗教》アッシジの聖フランチェスコ(San Francisco de Asís, el padre seráfico)の; 聖フランチェスコ修道会の. ❸《天使のように》あどけない, 清らかな, かわいらしい. ❹質素な, つましい. 類 **humilde, pobre**. ❺穏やかな, 温和な. — *mirada* [*sonrisa*] *seráfica* 穏やかな目つき[微笑]. 類 **bondadoso, pacífico, plácido**.

serafín [serafín] 男 ❶《宗教》セラフィム, 熾(し)天使. ♦旧約聖書で, 神の御座(ぎょざ)近くにあって, 神をたたえる最高位の天使. 6つの翼を持つ. ❷《宗教》(一般の)天使. 類 **ángel**. ❸《比喩》(天使のように)かわいい人.

serán [serán] 動 *ser* の直・未来・3 複.

serás [serás] 動 *ser* の直・未来・2 単.

serbal, serbo [serβál, sérβo] 男《植物》ナナカマド(バラ科の落葉小高木).

Serbia Montenegro [sérβja montenéɣro] 固名 セルビア・モンテネグロ(首都ベオグラード Belgrado).

serbio, bia [sérβjo, βja] 形 セルビアの.
— 名 セルビア人.
— 男 セルビア語.

seré [seré] 動 *ser* の直・未来・1 単.

seréis [seréis] 動 *ser* の直・未来・2 複.

seremos [serémos] 動 *ser* の直・未来・1 複.

serena [seréna] 囡《音楽》(昔, 吟遊詩人が歌った)小夜曲, セレナーデ.

‡**serenar** [serenár] 他 を落ち着かせる, 平静にさせる, 安堵(あんど)させる. — *Esa buena noticia serenó a la abuela.* その吉報を聞いて祖母は安心した. 類 **calmar, sosegar, tranquilizar**.
— *se* 再 ❶落ち着く, 平静になる, 安堵(あんど)する. — *Me sereno oyendo música.* 音楽を聴くと私は心がなごむ. ❷ (海・風などが)穏やかになる, 静まる, 凪(な)ぐ. — *Saldremos del puerto en cuanto se serene la mar.* 海が静まりしだい我々は出港しよう.

serenata [serenáta] 囡《音楽》セレナーデ, 小夜(さよ)曲. ♦夜, 恋人の部屋の窓の外で男が歌う[奏で]曲. また, 小編成の器楽による組曲.

serenero [serenéro] 男 (女性用の)頭巾(ずきん), ヘッドスカーフ.

serenidad [sereniðáð] 囡 ❶ 静かさ, 静粛; 落ち着き, 冷静. — *Un disparo turbó la ~ de la noche.* 一発の銃声が夜の静けさを乱した. *Ante el peligro conservaba la ~.* 危険を前にして彼は落ち着いていた. ❷ 晴朗; のどかさ, 平穏. — *Me agrada la ~ de la vida del campo.* 田舎ののどかな生活は快適だ. ❸《*Su* とともに敬称として》殿下.

serenísimo, ma [serenísimo, ma] 形【おもに次の成句で】
Su serenísima Majestad 殿下; 国王陛下. ♦王侯, 特に王子に対する敬称.

‡**sereno, na** [seréno, na] 形 ❶ (a) 静かな, 穏やかな. — *La calle está muy serena.* 通りは静まりかえっている. *Las olas están serenas.* 波は穏やかだ. 類 **sosegado, tranquilo**. (b) 落ち着いた, 冷静な. — *persona serena* 冷静な人. *Tienes que estar más ~.* 君はもっと落ち着かなくてはいけない. ❷ 晴れだった; (晴れて)穏やかな. — *una tarde serena* ある穏やかな午後. *El día [cielo] está ~.* 今日は晴天だ[空は晴れわたっている].
— 男 ❶ 夜露, 夜気. ❷ 夜警, 夜回り.
al sereno 夜間戸外で, 夜露にぬれて. *dormir al sereno* 野宿する.

Sergio [sérxjo] 固名《男性名》セルヒオ.

serial [serjál] 男 (テレビ・ラジオの)続き物, 連続ドラマ. — *un ~ de doce episodios* 全12話のドラマ.

‡**seriamente** [sérjaménte] 副 ❶ 真剣に, まじめに, 本気で. — *Estoy ~ preocupado.* 私は本気で心配している. ❷ ひどく, 重大に. — *Está ~ enferma.* 彼女は重い病気だ.

sericicultor, tora [seriθikultór, tóra] 名 = *sericultor, tora*.

sericicultura [seriθikultúra] 囡 = *sericultura*.

sérico, ca [sériko, ka] 形 ❶ 絹の. ❷《医学》漿液(しょうえき)の, 血清の.

sericultor, tora [serikultór, tóra] 名 養蚕家.

sericultura [serikultúra] 囡 養蚕(業).

‡**serie** [sérje] 囡 ❶ 同じ種類や連続するもの. (a) ひと続き, 一連のもの; 続きもの. — *Una ~ de pruebas le hicieron confesar el crimen.* 一連の証拠によって彼は罪を自白した. (b) (テレビドラマなどの)連続物; 双書. — *~ televisiva* 連続テレビドラマ. *escribir novelas en ~* 連続小説を書く. (c) (切手などの)一揃い, 一組. — *Estos sellos pertenecen a la misma ~.* これらの切手は同じシリーズのものだ. ❷《話》多くのもの. — *Tiene una ~ de amigos y compañeros.* 彼には多くの友人や仲間がいる. ❸《スポーツ》予選. ❹《数学》級数. ❺《通信》スレッド.
en serie 大量生産の(で). *producción en serie* 大量生産(品). *fabricar máquinas en serie* 機械を大量生産する. (2)《電気》直列的(に). *instalar bombillas en serie* 電球を直列につなぐ.
fuera de serie (1) 並外れた, 特別な. *Es un pintor fuera de serie.* 彼は並外れた画家だ. (2) 残り物の, 売れ残りの. *artículos fuera de serie* 売れ残り商品, 半端もの.

‡**seriedad** [serjeðáð] 囡 ❶ まじめさ, 誠実さ; 真剣さ. — *Él tiene poca ~.* 彼にはまじめさが足りない. *Siempre trabaja con toda ~.* 彼はいつも実にまじめに働く. ❷ 威厳, 品位; 分別. — *Su*

conducta carece de ～. 彼の行動は軽薄である.

serigrafía [seriɣrafía] 囡 《印刷》シルクスクリーン印刷(法).

serio, ria [sério, ria セリオ, リア] 厖 ❶ (*a*) まじめな, 真剣な, 本気の〖ser/estar＋〗. —Lo dijo en tono ～. 彼は真剣な調子でそれを言った. Su actitud era poco *seria*. 彼の態度はあまりまじめではなかった. Hoy estás muy ～. 今日君はずいぶんまじめだね. 題formal, grave**. (*b*) 誠実な, 信頼できる, 頼りになる. —Puedes fiarte de ella porque la considero una persona *seria*. 彼女は誠実な人だと思うから君は信用していい. Es una empresa muy *seria*. それは非常に信頼できる企業だ. 題**confiable, formal, responsable**. (*c*) (本などが) 堅い, 堅実な. —Sólo lee libros ～s. 彼は堅い本しか読まない. (*d*) 正式の, 礼儀正しい, 厳粛な. —Tengo que asistir a una recepción *seria*. 私は正式なレセプションに出なければならない. ❷ (*a*) 堅苦しい, きまじめな, 気むずかしい〖ser/estar＋〗. —Es un señor tan ～ que jamás lo he visto reírse. 彼は大変きまじめな紳士で笑っているのを見たことがない. 題**formal, grave, severo**. (*b*) 深刻な, (表情などが)堅い, 険しい. —Con su *seria* mirada me indicó que me callara. 彼は厳しい視線で私に黙るよう合図した. ❸ (事件などが)重大な, ゆゆしい, (病気などが)重い. —enfermedad *seria* 重い病気. Estamos ante un ～ problema de dinero. 私たちは深刻なお金の問題に直面している. 題**considerable, grave, importante**. ❹ (色などが)地味な, 落ち着いた. —Lleva un traje muy ～ para este tipo de fiesta. 彼はこの種のパーティーには非常に地味な服を着ている. La decoración del piso es fría y *seria*. そのマンションの装飾は冷ややかで地味である. 題**severo, sobrio**.

en serio (1) 真剣に, まじめに, 本気で. Te lo digo *en serio*, así que hazme caso. 私はまじめに言っているのだから注意して聞いてくれ. (2) 熱心に, 一生懸命に. Aquí se trabaja *en serio*. ここでは皆熱心に働いている. 題**mucho, intensamente**.

tomar ... en serio (事を)真に受ける, まじめにとる. No *tomes en serio* esa broma. そんな冗談を真に受けるなよ.

sermón [sermón] 男 ❶ 《宗教》説教. —S～ de la Montaña. 《聖書》山上の垂訓. El cura pronunció un ～ sobre la castidad. 神父は純潔について説教した. ❷ お説教, 小言. —echar un ～ a ... (人)にお説教する. 題**amonestación, reprimenda**.

sermoneador, dora [sermoneaðór, ðóra] 厖 名 説教好きの(人), 説教ばかりする(人). —Mi padre es muy ～: aprovecha cualquier motivo para reñirnos. 私の父はじつに説教好きだ. どんなことでも理由にして私たちを叱(½)りつける.

sermonear [sermoneár] 他 ❶ 《話》…に(しつこく, くり返し)小言を言う, お説教をする. ❷ 《宗教》(神父などが)説教する.
—— 自 《宗教》説教する. 題**predicar**.

sermoneo [sermonéo] 男 小言, お説教.

serología [serolox́ía] 囡 《医学》血清学.

serón [serón] 男 (＜sera) 男 (馬, ロバなどに背負わせる)荷かご, 背負いかご.

seropositivo, va [seropositíβo, βa] 厖 名 《医学》(エイズなどの)血清診断で陽性反応の(人).

serosa [serósa] 囡 →seroso.

serosidad [serosiðá(ð)] 囡 《生理》漿液(ﾅぅ); 漿液性.

seroso, sa [seróso, sa] 厖 《生理》漿液(ﾅぅ)の; 漿液性の; 漿液を分泌する. —membrana *serosa* (ﾅぅ)膜. líquido ～ 漿液.
—— 囡 《解剖》漿膜.

serpa [sérpa] 囡 《植物》(ブドウなどの)下枝, つる, 匍匐茎(ﾅﾚﾊﾟ).

serpear [serpeár] 自 ＝serpentear.

serpentario [serpentárjo] 男 ❶ (S～)《天文》へびつかい座. ❷ 《鳥類》ヘビクイワシ.

serpenteante [serpenteánte] 厖 (道, 川などが)曲がりくねった, 蛇行している.

serpentear [serpenteár] 自 ❶ (道, 川などが)曲がりくねる, 蛇行する. —Un río *serpentea* entre los campos de arroz de la llanura. 平地の水田の間を一本の川が蛇行して流れている. ❷ (蛇のように)くねくねと(ずるずると)這(は)う.

serpenteo [serpentéo] 男 ❶ 蛇行, 曲がりくねり, ジグザグ. ❷ 這(は)うこと, 這い歩き.

serpentín [serpentín] 男 ❶ (蒸留器などの)らせん管, 蛇管. ❷ 《鉱物》蛇紋石.

serpentina[1] [serpentína] 囡 ❶ (パーティーなどで投げる)紙テープ. —tirar ～s de color 色とりどりの紙テープを投げる. ❷ 《鉱物》蛇紋石.

serpentino, na[2] [serpentíno, na] 厖 ❶ 《詩》蛇行している, 曲がりくねった. ❷ ヘビの(ような).

*serpiente [serpjénte] 囡 ❶ 《動物》ヘビ(蛇). —～ de anteojos インドコブラ. ～ de cascabel ガラガラヘビ. ～ pitón ニシキヘビ. 題**culebra**. ❷ 悪への誘惑者, 悪魔; 狡猾な人. ❸ (S～)《天文》蛇座.

serpol [serpól] 男 《植物》イブキジャコウソウ. ♦シソ科の小低木. 芳香があり, 薬用・香料とする.

serpollar [serpoʝár] 自 (木が)新芽[若枝]を出す. 題**retoñar**.

serpollo [serpóʝo] 男 (植物の)新芽, 若枝. —echar ～s 新芽を出す. 題**retoño**.

serrado, da [seráðo, ða] 過分 厖 のこぎり状の, ぎざぎざの, 鋸歯(ﾄﾞｽ)状の.

serraduras [seraðúras] 囡複 おがくず, のこぎりくず. 題**serrín**.

serrallo [seráʝo] 男 ❶ (イスラム教国の)後宮, ハーレム. 題**harén**. ❷ 売春宿. 題**burdel, lupanar**.

serrana [seŕána] 囡 →serrano.

serranía [seranía] 囡 山地, 山岳地帯, 山の多い地方.

serraniego, ga [seranjéɣo, ɣa] 厖 ❶ 山岳地帯の. ❷ 山国に住む; 山家育ちの. ❸ 田舎風の; がさつな.
—— 名 山国の人, 山家者.

serranilla [seraníʝa] 囡 《詩学》セラニーリャ. ♦田舎をテーマにした, 短い行からなる詩. 騎士と羊飼いの娘の恋を歌ったものが多い.

*serrano, na [seráno, na] (＜sierra) 厖 ❶ 山地の, 山国の; 山に住む. —Vive en un pueblo ～. 彼は山地の村に住んでいる. ❷ 《詩》はつらつとした, 見目麗しい. —cara *serrana* 麗しい顔.
—— 名 山地の住民, 山国の人. —Una *serrana* venía por el camino. 一人の山の娘が道を歩いて来た.
—— 囡 ❶ ロンダ山地のフラメンコ歌謡. ❷ 中世の

叙情歌(旅人と羊飼いの娘の出会いを主題にする). *jamón serrano* →jamón.

serrar [seřár] [4.1] 他 をのこぎりで切る; のこぎりで挽(ʰ)いて作る. —~ la madera 木材をのこぎりで切る. Está *serrando* las tablas para hacer una cómoda. 彼は整理だんすを作るためにのこぎりで板を切っている.

serratil [seřátil] 形 ❶(医学)(脈拍が)不整の. —pulso ~ 不整脈. ❷(解剖)(骨のつながりかたが)鋸歯(きょ)状の. —juntura ~ (頭蓋骨の)縫合.

serrería [seřería] 囡 製材所. 類 **aserradero**.

serreta [seřéta] 囡 ❶(<sierra 囡) 小のこぎり. ❷ 鼻環(ば)(馬具のひとつ). 類 **mediacaña**. ❸《軍事》(縁ぎざぎざの)階級章.

serrijón [seřixón] 男 小さな山脈.

serrín [seřín] 男 おがくず, のこぎりの切りくず. —~ de corcho コルクくず. ◆木材以外にも用いる. —~ metálico 金くず. 類 **serraduras**.

serrucho [seřútʃo] 男 (片手で使う)手びきのこぎり.

servicio [seřβíθio セルビシオ] 男 ❶(各種の)サービス, 給仕; サービス料. —~ a domicilio 宅配サービス. ~ postventa アフターサービス. Nos han ofrecido muy buen ~ en este hotel. このホテルはサービスがとても良かった. En el restaurante pagamos diez mil pesetas, ~ incluido. レストランではサービス料込みで一万ペセタ支払った. (*b*) 公的サービス, 公益業務; 公共施設. —~ público 公共サービス. ~ de correos 郵便業務. ~ de incendios 消防組織. ~ secreto 秘密情報機関. Esta ciudad tiene buenos ~s sanitarios. この市には衛生施設が整っている. ~ funerales 葬儀社. (*c*)(交通などの)便, 運行. —~ de transportes 交通の便. ¿De aquí al centro hay ~ de autobús? ここから町の中心地までの便はありますか. ❷勤め. (*a*) 勤務, 勤め; 当直. —hoja de ~ 職歴. —~ al Estado 国家公務員の職. No puedo salir contigo porque estoy de ~. 勤務中だから私は一緒に出掛けられない. Todos los coches están de ~ ahora. 車は全部今仕事で使用中である. Mi amigo se hirió gravemente en acto de ~. 友人は勤務中に重傷を負った. Esta tarde entro en [salgo de] ~. 今日の午後から当直だ[当直が明ける]. (*b*)《軍事》兵役, 軍務. —~ militar 兵役. sargento de ~ activo 現役の軍曹. ~ en tierra 陸上勤務. hacer [cumplir] el ~ 兵役を勤める[終える]. ~ NBQ (治安警察隊の)核·生物·化学兵器対策部隊. (*c*)《宗教》お勤め, 礼拝, 儀式. —~s religiosos 宗教の儀式. ❸ 奉仕(活動), 尽力, 世話. —Mi mujer se dedica a los ~s sociales. 妻は社会奉仕の仕事をしている. Sus padres me prestaron un ~ que nunca les agradeceré bastante. あなたのご両親には感謝しきれない程のお世話になりました. ◆有用, 役に立つこと; 功労. —Esta máquina presta diversos ~s. この機械はいろいろと役に立つ. ❺ 便所, トイレ, 《主に 複》公衆便所. —¿Dónde están los ~s? 公衆トイレはどこですか. 類 **retrete. ❻召使, 使用人; 使用人部屋. —~ doméstico 召使. La pieza de ~ está al lado de la cocina. 使用人部屋は台所の隣です. ❼(食器などの)セット, 一そろい. —~ de mesa テーブルセット(ナイフやフォークなど一式). regalar un ~ de café コーヒーセットをプレゼントする. ❽(テニスなどの)サーブ, サービス. —Fracasó en el primer ~ y va a sacar el segundo. 第1サーブを失敗してこれから第2サーブをするところだ.

a su servicio かしこまりました, お引受けします. Estoy [Me tiene Ud.] *a su servicio*. どんなことでもいたします.

hacer un flaco servicio a ... (人に)迷惑をかける, 損害を与える. Ayudó a su amigo con buena intención, pero *le hizo un flaco servicio*. 彼は好意で友人の手伝いをしたのだが, 彼に迷惑をかけてしまった.

:servidor, dora [seřβiðór, ðóra] 图 ❶召使, 使用人; 僕(ぼく). —En aquella casa trabajan muchos ~es. あの家には多くの使用人がいる. ~ público 公務員. 類 **criado**, **serviente**. ❷(話し手自らを謙遜して)私です. —¿Quién va a cantar ahora?-S~. 今度は誰が歌うの?-私です. ¿Quién es Ema Salvador?-*Servidora*. エマ·サルバドールさんですか.-はい, (私が)そうです. ❸(出席を取るときの返事)はい(現在は「Presente.」の方が多い). —José Joaquín Rueda.-¡S~! ホセ·ホアキン·ルエダ君.-はい.

Servidor de usted. (用件を頼まれるときなどの丁寧な言い方)何でございましょうか. ¡Oiga, por favor!-*Servidor de usted*. すみません.-はい, 何でございましょう.

Su [atento] seguro servidor. (丁寧な手紙で)敬具(略 S. [atto.] s. s.).

—— 男《情報》サーバー. —~ de correo [de terminales, de video] メール[端末, ビデオ]サーバー. ~ web Webサーバー. ~ proxy 代理[プロキシ]サーバー.

:servidumbre [seřβiðúmbre] 囡 ❶〖集合的に〗(一箇所で働く)使用人たち, 召使たち. —En esta casa la ~ duerme en una habitación. この家では使用人たちは一つの部屋に寝ている. ❷何かに隷属すること. (*a*) 奴隷(の状態), 隷属. —Espartaco pasó muchos años de ~ y se sublevó contra Roma. スパルタクスは奴隷として何年も過ごし, ついにローマに対して反乱を起こした. (*b*) 束縛, 拘束, 辛い義務. —No pudo liberarse de la dura ~ de su tiránico esposo. 彼女は横暴な夫の厳しい束縛から逃れられなかった. (*c*)(悪癖·感情などを)抑えきれない衝動, 断ち切れない状態. —Es muy preciso abstenerse de la ~ de la droga. 麻薬への抑えきれない衝動を断つことが必要だ. ❸《法律》地役権. —~ de luces 日照権. ~ de paso 通行権. ~ de vista 眺望権.

servil [seřβíl] 形 ❶ 卑屈な; へつらう; 奴隷根性の. —Me molesta la actitud ~ que él toma ante el jefe. 彼が上司の前で取る卑屈な態度が私のしゃくにさわる. ❷ 類 **bajo**, **rendido**. ❷ 奴隷の, 下僕の, 召使いの. ❸(職業, 人, 行為などが)卑しい, 卑劣な, 下劣な. 類 **rastrero**. ❹〖歴史〗《軽蔑》尊王派の. ◆19世紀初頭スペインの王党派に対する蔑称. ❺(模倣などが)独創性の全くない.

—— 男女〖歴史〗《軽蔑》尊王派(の人).

servilismo [seřβilísmo] 男 ❶ 卑屈さ; へつらい; 奴隷根性. ❷ 奴隷状態, 隷属. ❸〖歴史〗《軽蔑》尊王派.

:servilleta [seřβijéta] 囡 (食卓用)ナプキン. *doblar la servilleta* 《俗》死ぬ.

servilletero [seřβijetéro] 男 ナプキンリング. ◆

環状の食卓用ナプキン差し.

servio, via [serβio, βia] 形 セルビア (Serbia) の, セルビア人(語)の. — 名 セルビア人. — 男 セルビア語.

serviola [serβióla] 女 《造船》(へさきの両側の)吊鉤(ちょう)架, キャットヘッド.

**servir [serβír セルビル] [6.1] 自 ❶ *(a)* 【+de として】役立つ, 有用である. — Una cueva nos *sirvió* de refugio. 洞窟が私にとって避難場所となった. *(b)* 【+para のために】役立つ. — El bolígrafo *sirve para* escribir. ボールペンはものを書くのに役立つ. Ella no *sirve para* ser secretaria. 彼女は秘書としては役に立たない. ❷ *(a)* …に仕える, 奉仕する, サービスする. — El botones *sirve* a los huéspedes. ホテルのベルボーイは泊り客にサービスする. ~ a Dios 神に仕える. ¿En qué puedo ~le? 何のご用でしょうか, 何を差し上げましょうか? *(b)* 【+de として】…として働く. — Rafael *sirve de* mozo de cocina en un hotel. ラファエルはあるホテルでボーイとして働いている. Águeda *sirve de* pasante con un médico. アゲダはある医者の所で見習いとして働いている. *(c)* 使用人として働く, 家事手伝いをする. — Estuvo *sirviendo* en la casa de un abogado. 彼女は弁護士の家で使用人として働いていた. *(d)* 食事を出す, 給仕する. — En este restaurante *sirven* muy bien. このレストランはとてもおいしい. ¿Le *sirven* ya a usted? もうご注文うかがいましたか? ❸ 兵役につく, 軍人として働く. — *Sirvió* quince años en infantería de marina. 彼は15年間海兵隊で兵役についた. ❹ 《スポーツ》サービスをする, サーブをする. — ~ con mucha potencia ~ (テニスなどで)強力なサーブを打つ. ❺ 《トランプ》前の人のと同じカードを出す.

— 他 ❶ (テーブル・カウンターに料理を)出す, 運ぶ, 給仕する. — El camarero tardó mucho en ~ la comida. ボーイは食事を出すのに手間取った. 類 **poner**. ❷ を与える, くれる. — ¿Quiere usted ~me un poco más de verduras? 野菜をもう少しください. 類 **poner**. ❸ を卸す, 供給する; 配達する. — La fábrica *sirve* pasteles a esta pastelería. その工場はこのケーキ店にケーキを卸している. 類 **suministrar**.

— **se** 再 ❶ 【+不定詞】…してくださる. — *Sírvase* usted escribirme en cuanto llegue allá. あちらにお着きになりしだいお手紙をくださいませ. ❷ 【+de】を用いる, 使う. — *Se sirvió* de un soborno para conseguir su objetivo. 彼は目的達成のためにわいろを使った. ❸ (料理を)自分で取る, (飲物を)自分でつぐ. — *Sírvase* usted, por favor. どうぞお取り下さい.

ir servido 勘違いしている, 間違っている. Manuel *va servido* si cree que vamos a aceptar su propuesta. マヌエルは我々が彼の提案を受け入れると思っていたら間違いだ.

no servir de nada 何の役にも立たない, 無駄である. No lo vas a convencer, así que *no sirve de nada* que lo intentes. 君が彼を説得することはできないだろうからやっても無駄だ.

para servirle (1) どうぞよろしく. Soy José Martínez, *para servirle*. 私ホセ・マルティネスです, どうぞよろしく. (2) 【メキシコ】どういたしまして. Gracias. — *Para servirle*. ありがとう. — どういたしまして.

servocroata [serβokroáta] 形 セルビア・クロアチア語(系住民)の. — 男 セルビア・クロアチア語.

— 男女 セルビア・クロアチア語を母語とする人.

servofreno [serβofréno] 男 《機械》サーボブレーキ.

servomotor [serβomotór] 男 《機械》サーボモーター.

sésamo [sésamo] 男 《植物》ゴマ; 〖集合的に〗ゴマの実.

¡Sésamo, ábrete!/¡Ábrete, sésamo! 開け, ゴマ!

sesear [seseár] 自 《言語》ce, ci, z の子音を([θ]音でなく)[s] 音で発音する. 類 **スペインのアンダルシーア地方, カナリヤス諸島, および中南米のほとんどの地域で一般的な発音**.

*sesenta [sesénta センタ] 形(数) ❶ 60 の, 60 個[人]の. ❷ 〖序数詞的に〗60 番目の. — capítulo ~ 第 60 章. los (años) ~ (その世紀の)60 年代, 60 歳台. Quiere jubilarse a los ~ años. 彼は 60 歳で年金生活に入りたいと思っている.

— 男 60(の数字).

sesentavo, va [sesentáβo, βa] 形(数) ❶ 60 分の1の, 60 等分の. ❷ 60 番目の, 第 60 の.

— 男 60 分の1.

sesentón, tona [sesentón, tóna] 形 《話》60 歳(ぐらい)の; 60 歳台(ぐらい)の.

— 名 60 歳(ぐらい)の人; 60 歳台(ぐらい)の人. 類 **sexagenario**.

seseo [seséo] 男 《言語》ce, ci, z の子音を([θ]音でなく)[s] 音で発音すること[傾向].

sesera [seséra] 女 ❶ 《解剖》頭蓋(ずがい); 脳. 類 **cerebro**. ❷ 《話》頭脳, 知力. — carecer de ~ 頭が悪い. 類 **inteligencia**.

sesgado, da [sesɣáðo, ða] 過分 形 ❶ 斜めに置かれた; 傾いた. 類 **inclinado, oblicuo**. ❷ 斜めに切った; 《服飾》バイアスに裁った. ❸ 《まれ》平穏な, 穏やかな, 落ち着いた. 類 **quieto, sosegado, tranquilo**.

sesgadura [sesɣaðúra] 女 《服飾》布地を斜めに切ること, バイアスに裁つこと, バイアス裁断.

sesgar [sesɣár] [1.2] 他 ❶ を傾ける, 斜めにする. 類 **inclinar**. ❷ 《服飾》(布地)を斜めに切る, バイアスに裁つ. ❸ 《まれ》(人)をなだめる, 落ち着かせる. 類 **tranquilizar**.

‡sesión [sesjón] 女 ❶ (個々の問題や活動のための)会議, 会合, 集まり; 法廷. ~ secreta [a puerta cerrada] 秘密会議. ~ plenaria 本会議. ~ extraordinaria 臨時会議. abrir la ~ 開会[開廷]する. levantar [cerrar] la ~ 閉会[閉廷]する. Se abre [Queda abierta] la ~. これより開会いたします. 類 **asamblea, consejo, junta, reunión**. ❷ (会議などが)開かれていること; 会期, 開会[開廷]期間. — El consejo está en ~. 役員会は開会中である. La ~ de la asamblea se prolongó una semana. 大会の会期は一週間に及んだ. ❸ (映画や演劇などの)上映, 上演, 公演. — ~ continua 入替えなしの連続上映. Hay dos *sesiones* por la tarde. 午後には 2 回上映[上演]される. Hoy tenemos una ~ de música folclórica. 今日民族音楽の公演がある. ❹ (仕事などの)継続時間; 1 回分の診察; (絵などの)モデルになる 1 回分. — Por la mañana hago una ~ de trabajo de cuatro horas. 午前中私は 4 時間続けて働く. Una ~ con el oculista dura media hora. 眼科医の診療は 30 分だ.

‡**seso** [séso] 男 ❶ 【主に複】脳, 脳髄;（食用となる牛や羊の）脳. —tapa de los ～s 頭蓋骨. Al caerse, el fuerte golpe le dañó los ～s. 転んだ時頭を強く打って脳に障害をきたした. Pedí ～s de ternera fritos. 私は子牛の脳みそのフライを注文した. 類**cerebro**. ❷ 頭脳, 知力, 頭. —Su hijo tiene mucho ～. 彼の息子は頭がいい. Éste no tiene ni un gramo de ～. こいつは馬鹿だ.

beber [beberse, perder] el seso [los sesos] 頭が変になる, 気が狂う. El fracaso de su negocio le *bebió los sesos*. 事業に失敗して彼は頭が変になった.

calentarse [devanarse] los sesos 知恵を絞る, 脳みそを絞る. *Se calentó los sesos* para resolver el problema. 彼はその問題を解くために知恵をしぼった.

tener sorbido el seso (1)〔＋a〕(人)を夢中にする, 虜にする. Las invenciones *le tienen sorbido el seso*. 彼は発明に夢中になっている. El cantante *tiene sorbido el seso a* mi hermana. 妹はその歌手に夢中だ. (2)〔＋por〕(人)に首ったけである. Tengo el seso sorbido por Maribel. 私はマリベルに首ったけだ.

sesquióxido [seskióksiðo] 男 【化学】三二酸化物.

sesteadero [sesteaðéro] 男 （家畜のための）日陰の休み場.

sestear [sesteár] 自 ❶（昼食後に）昼寝する. —～ un rato en el sofá しばらくの間ソファーで昼寝する. ❷（家畜が）日陰で休む.

sesteo [sestéo] 男 【中南米】❶ 昼寝, 午睡. 類**siesta**. ❷（家畜が）日陰で休むこと.

sestercio [sestérθjo] 男 《歴史》セステルティウス. ◆古代ローマの銀[青銅]貨. 2.5 アス(ases), 0.25 デナリウス(denario)に相当.

sesudamente [sesuðaménte] 副 《しばしば皮肉で》賢く, 抜け目なく. 類**sensatamente**.

sesudo, da [sesúðo, ða] 形 《しばしば皮肉で》賢い, 抜け目ない, 分別のある. —Es una niña muy callada y *sesuda*. 彼女はとても無口で賢い子だ. 類**inteligente, prudente, sensato**.

set [sé(t)] 〔＜英〕男〔複〕 sets [séts]〕（スポーツ）（テニス・バレーボールなどの）セット.

‡**seta** [séta] 女 《植物》(主に食用の)キノコ(茸). —Quiero tomar un plato de ～s. 私はキノコの料理を食べたい. 類**hongo**.

‡**setecientos, tas** [seteθjéntos, tas] 形(数) ❶ 700 の, 700 個[人]の. —kilómetro ～ 700 キロ(メートル)地点. ❷【序数詞的に】700 番目の. —los(números) ～ 700 の数字.

*setenta [seténta セテンタ] 形(数) ❶ 70 の, 70 個[人]の. —Pesa ～ kilos. 彼は体重が 70 キロある. ❷【序数詞的に】70 番目の. —los(años) ～（その世紀の）70 年代, 70 歳台.
— 男 **70**(の数字).

setentavo, va [setentáβo, βa] 形(数) ❶ 70 分の 1 の. —una *setentava* parte 70 分の 1. ❷ 第 70 の, 70 番目の. 類**septuagésimo**.
— 男 uno ～ de ocho ～ s の 70 分の 8.

setentón, tona [setentón, tóna] 形 70 歳台の. 類**septuagenario**.

— 名 70 歳台の人. 類**septuagenario**.

‡**setiembre** [setjémbre] 男 9 月（＝septiembre).

setimo, ma [sétimo, ma] →séptimo.

seto [séto] 男 ❶ 柵[垣], 囲い. —Un ～ separaba las dos propiedades. 柵がその 2 つの地所を隔てていた. 類**cerca, cercado**. ❷ 生け垣, 垣根(＝～ vivo[verde]). —Los niños juegan al escondite entre los ～s. 子供たちが生け垣のところでかくれんぼをしている

setter [séter] 男 《動物》セッター. ◆猟犬の一種. 耳が垂れて, 足が長い, イギリス原産.

seudo [seúðo] 形 《無変化》偽の, 偽…, エセ…. —～ poeta 偽詩人. 類**pseudo**. ◆後続の名詞について一語になることもある. 例:seudopoeta.

seudohermafrodita [seuðoermafroðíta] 形 性同一障害の.
— 男女 性同一障害者.

seudónimo [seuðónimo, ma] 男 ペンネーム, 筆名; 芸名; 偽名. —Fernán Caballero es el ～ de Cacilia Böhl de Faber. フェルナン・カバリェーロはセシリア・ベール・デ・ファーベルのペンネームである. 類**alias, apodo, mote, nombre artístico, nombre de pluma, sobrenombre**.

—, ma 形 ペンネームの; ペンネームで書かれた.

Seúl [seúl] 固名 ソウル(大韓民国[韓国]の首都).

*severidad [seβeriðá(ð)] 女 ❶ 厳しさ, 厳格さ. —El padre educó a su hijo con ～. 父親は息子を厳しく躾けた. No me explico la ～ del castigo que le han impuesto. 私には彼に課せられた罰の過酷さが納得できない. ❷ 簡潔さ, 地味. —～ de estilo 文体の簡潔さ.

*severo, ra [seβéro, ra セベロ, ラ] 形 ❶ (a)〔＋con/para〕…に対して厳しい, 厳格な, 厳正な. —disciplina [crítica] *severa* 厳しい規律[批判]. castigo ～ 厳罰. Era muy ～ *con* sus hijos. 彼は子どもたちに大変厳しかった. 類**duro, estricto, riguroso**. (b)（気候などが）厳しい, 過酷な. —Tuvimos un invierno muy ～. 非常に厳しい冬だった. 類**duro, riguroso**. (c)（表情などが）厳しい, きつい, かめしい. —Su padre tenía una expresión *severa* en el rostro. 彼の父は顔に厳しい表情を浮かべていた. Una señora delgada, de aspecto ～, se sentó a mi lado. やせ厳しい顔つきの婦人が私のかたわらに座った. 類**austero, grave, serio**. ❷（外見などが）飾り気のない, 簡素な, 殺風景な. —La decoración del piso es *severa*, poco ostentosa. そのマンションの装飾は簡素で, ほとんど派手なところがない. 類**austero, serio, sobrio**.

sevicia [seβíθja] 女 《文》残酷さ, 残忍性, 野蛮さ. 類**brutalidad, crueldad**.

Sevilla [seβíja] 固名 セビーリャ[セビリア](スペインの都市).

sevillanas [seβijánas] 女複《音楽, 舞踊》セビリャーナス. ◆スペイン, セビリャの伝統的な民謡・舞踊.

‡**sevillano, na** [seβiján₀, na] 〔＜Sevilla〕形 セビーリャの[人], セビリャ人[風]の. —La cocina *sevillana* es muy sabrosa. セビーリャ料理は非常においしい.

— 名 セビリャの人[住人, 出身者].

sexagenario, ria [seksaxenárjo, rja] 形 60 歳代の. — 名 60 歳台の人.

sexagesimal [seksaxesimál] 形 60 の, 60 ず

つで数える. 60進数[進法]の. — numeración ～ 60進法. una fracción ～ 60分の1.

sexagésimo, ma [seksaxésimo, ma] 形(数) ❶ 第60の, 60番目の. ❷ 60分の1の.
── 男 60分の1.

sex appeal [seksapíl] [<英]男 セックスアピール, 性的魅力. — Es la artista de televisión con más ～ del momento. 彼女は今いちばんセックスアピールのあるテレビ・タレントだ.

sexcentésimo, ma [se(k)sθentésimo, ma] 形(数) ❶ 第600の, 600番目の. ❷ 600分の1の.
── 男 600分の1.

sexenio [seksénjo] 男 6年間.

sexismo [seksísmo] 男 性差別, 性差別主義.

‡**sexo** [sékso] 男 ❶ (生物の)性; 性別. — el ～ débil 女性. el bello ～ 女性. el ～ feo [fuerte] 男性. 類**género**. ❷ 性器. 類**genitales**. ❸ セックス, 性行為. 類**sexualidad**.

sexología [seksoloxía] 女 《医学》性科学.

sexólogo, ga [seksóloɣo, ɣa] 名 性科学者.

sex shop [sekʃo(p), se(k)sʃó(p), se(k)só(p)] [<英]男 ポルノショップ.

sex symbol [se(k)ssímbol] [<英]男/女 セックスシンボル.

sexta[1] [sé(k)sta] 女 ❶ 《カトリック》六時課. ◆聖務日課 (oficios divinos)の一つ. 正午に行う. ❷ 《音楽》6度(音程). — ～ mayor 長6度. ～ menor 短6度. ❸ (トランプで)続き番号の6枚のカード. ❹ 《歴史》(古代ローマの)日中を4つに分けた3番目の時間(ほぼ正午から午後3時まで).

sextante [se(k)stánte] 男 ❶ 《海事》六分儀. ❷ 《歴史》(古代ローマの)セクスタンス青銅貨(6分のlasの価値を持つ). ❸ (el S～)《天文》六分儀座. ❹ 《幾何》六分円 (60°の弧).

sexteto [se(k)stéto] 男 《詩学》(一行8音節以下の)6行詩. ❷ 《音楽》六重奏[唱]; 六重奏[唱]団; 六重奏[唱]曲.

sextilla [se(k)stíʝa] 女 《詩学》(一行8音節以下の)6行詩.

sextillo [se(k)stíʝo] 男 《音楽》六連符. 類 **seisillo**.

sextina [se(k)stína] 女 《詩学》セクスティーナ. ◆各行11音節で, 6行連6つと3行連1つからなる詩.

‡**sexto, ta**[2] [sé(k)sto, ta セ(ク)スト, タ] 形(数) ❶ 第6の, 6番目の. —en ～ lugar 6番目に. Alfonso VI (sexto) アルフォンソ6世. ❷ 6分の1の. —una sexta parte de la herencia 遺産の6分の1.
── 名 ❶ 第6のもの[人], 6番目, 第6位. ❷ 6分の1. —Dos ～s equivalen a un tercio. 6分の2は3分の1に等しい.
── 副 6番目に.
── 男 ❶ 6分の1. ❷ (el ～)《話》(十戒の中の)第6戒(姦淫の戒め).

sextuplicar [se(k)stuplikár] [1.1]他 を6倍にする[増やす].

séxtuplo, pla [sé(k)stuplo, pla] 形 6倍の.
── 男 6倍, 6倍の量, 6倍の数.

sexuado, da [seksuáðo, ða] 形 《生物》有性の. —especies sexuadas 有性種(の生物). reproducción sexuada 有性生殖.

‡**sexual** [seksuál] 形 性の, 性的な, (生物の)有性の. —deseo ～ 性欲. órganos ～es 性器, 生殖器. educación ～ 性教育. acoso ～ セクハラ. reproducción ～ 有性生殖. Era un obseso ～. 彼は性的な妄想にとりつかれていた.

***sexualidad** [seksualiðá(ð)] 女 ❶ 性的機能, 性的能力. —～ masculina [femenina] 男性[女性]機能. ❷ 性別, 性. —Es difícil determinar la ～ de los pollos. ひよこの雄・雌の区別をするのは難しい. ❸ 性欲; 性行為. —saciar la ～ 性欲を満たす. ～ satisfactoria 満足のいく性行為. 類**apetito sexual**.

sexualmente [seksuálménte] 副 性的に; 性別によって.

sexy [séksi] [<英]形 〖無変化〗セクシーな, 色っぽい. —Lleva una minifalda muy ～. 彼女はとてもセクシーなミニスカートを穿(は)いている.

Seychelles [sejtʃéles] 固名 セイシェル(首都ビクトリアVictoria).

Shanghai [sáŋgai] 固名 上海[シャンハイ](中国の都市).

Shantou [santóu] 固名 汕頭[シャントウ](中国の都市).

shareware [ʃéawea] 男 《情報》シェアウェア.

Shenyang [seŋján] 固名 瀋陽[シェンヤン](中国の都市).

sheriff [(t)ʃérif, sérif] [<英]男 (米国の郡の)保安官, シェリフ; (英国の)州長官.

sherry [(t)ʃéri] [<英]男 シェリー酒 (=vino de Jerez). 類**jerez**.

shock [ʃó(k), só(k), tʃó(k)] [<英]男 〖複〗shock, shocks〗ショック, 衝撃. 類**choque**.

shogun [ʃoɣún, soɣún] [<英]男 将軍.

shopping [ʃópin, sópin] [<英]男《話》ショッピング, 買い物.

shorts [(t)ʃórts, sór(ts)] [<英]複 《服飾》ショートパンツ.

shot [ʃó(t), só(t)] [<英]男 《南米》(サッカー)シュート.

si[1] [sí] 男 〖複 sis〗《音楽》ロ音(シ).

‡**si**[2] [si シ]接 ❶《条件》もし…ならば, …だとすれば. —Si tienes tiempo, ven. もし時間があったら, 来なさい. Si salió hace una hora, no tardará en llegar. 彼が1時間前に出たなら到着することはないだろう. Si lo has prometido, tienes que ir. 行くのを約束したのなら君は行かなければならない. Es bueno si los hay. 世の中に善人がいるとすれば, 彼はまさしくそれだ. Si hablo, malo, si no hablo peor. 話をするのはまずいし, 話さなければもっとまずい. ❷《対立》…ではあるが. —Si los hay educados, también muy maleducados. 行儀のよい人もいるが, 大変悪い人もいる. ❸《非現実的な仮想》もし…ならば. —Si tuviera dinero, compraría un coche. 私はお金があるならば自動車を買うのだけれども. 〖条件節に接続法過去形を, 帰結節に直説法過去未来を用いる. 帰結節には接続法過去形の-ra形になることもある: Si tuviera dinero, comprara un coche.〗. ❹《過去の事実に反する仮想》もし…であったならば. —Si hubiera tenido dinero, habría comprado un coche. 私はお金があったならば自動車を買ったのだけれども 〖条件節に接続法過去完了形を, 帰結節に直説法過去未来完了形を用いる. 帰結節は直説法過去未来完了形も用いる〗. ❺《間接疑問文》…かどうか. —No sé si viene hoy. 私は彼が今日来るかどうか

知らない. ❻ 〖願望文〗…であればいいのに. —¡*Si* me tocara la lotería! 宝くじが当たればいいのに. ❼《話》〖文頭で強調〗…なのに. —*Si* te lo he dicho mil veces. 君に何回もそれを言っといたのに. ❽ 〖疑問文の文頭で〗…だろうか? —¿*Si* me habrá mentido? 彼は私に嘘をついたのだろうか? ¿*Si* serás caradura? おまえはそんな恥知らずなのか.

si bien ... …けれども. *Si bien* llegué tarde allí, me esperaban. 私はそこへ遅れて着いたが, 彼らは私を待っていてくれた. 題 **aunque**.

si es así そういうことなら, もしそうだとすれば.

si es que 〖+直説法〗…ということならば, …だとすれば. *Si es que* no puedes, dímelo claramente. もしできないのならはっきりそう言ってくれ.

si no そうでなければ, そうしないと. Toma un taxi, *si no*, pierdes el tren. タクシーに乗りなさい. そうしないと列車に乗り遅れるよ.

***sí**[1] [sí シ]代 (再帰)〖se の前置詞格, 3人称単数·複数. con の後で consigo となる〗自分(自身), それ(自身). —Nunca piensa en *sí* misma. 彼女は決して自分のことを考えない. Raras veces hablan de *sí* mismos. めったに彼らは自分自身のことを話さない.

de sí (1) 元来, もともと. Ha sido futbolista *de sí*, pero ahora es empresario. 彼はもともとサッカーの選手であったが, 今は実業家である. (2) 自体で, それだけで. Su tesis es perfecta *de sí*. 彼の論文はそれだけで完璧である.

de por sí それ自体で, それだけで. Él es *de por sí* una excelente persona. 彼はもともとすぐれた人物だ.

en sí それ自体で, それだけで. El artículo es tan perfecto que puede constituir un libro *en sí*. 論文はまったく非の打ち所がなく, それだけで本にしてもいいくらいだ.

entre sí 心の中で, 内心で, だれにも聞こえないように. Maldije mi suerte *entre mí*, pero no se lo dije a nadie. 私は心の中で私の運命を呪ったが, それをだれにも言わなかった.

fuera de sí 我を忘れて, 興奮して, 怒り狂って. Me puse tan *fuera de sí* que no me acuerdo de qué hice ni qué dije. 私は大変興奮したので何をし, 何を言ったか覚えていない.

para sí (mismo) 心の中で, 内心で, だれにも聞こえないように. Juana maldijo su suerte *para sí misma*. フアナは内心自分の運命を呪った.

por sí solo (1) 自然に, ひとりでに, それ自体で. Los problemas no se solucionan *por sí solos*. 問題はひとりでに解決されるものではない. (2) 自分だけで, 独力で. No te preocupes, lo hago *por mí solo*. 心配するな, 僕がひとりでやるからね.

***sí**[2] [sí シ]副 ❶ (*a*)〖肯定の答え〗はい, ええ, そうだ. —¿Me comprendes?–*Sí*. (私の言ったことが)わかったかい?–はい. ¿Está contento?–*Sí, sí*. 満足してますか.–はい, もちろん. ¿Te gusta el fútbol?–*Sí*, mucho. サッカーは好きかい.–うん, 大好きだ. ¿Qué tal un café?–*Sí*, por favor. コーヒーでもどう.–はい, いただきます. ¡Ah, *sí*? ああ, そうなんですか. Contéstame ahora *sí* o no. 今答えてくれ, 承知するかしないかの. (*b*)〖否定疑問·否定命令に対して〗いや, いいえ. —¿No las terminado los deberes? –*Sí*, ya los he terminado. 宿題は終わってないの?–いや, もう終わったよ.

(*c*)〖電話を受けて〗はい. —*Sí*, diga. はい, もしもし. ❷〖肯定して〗そう, 本当に. —Lo hice, *sí*, pero no tenía más remedio. 確かに私がやったけど, 仕方なかったんだ. Ah, *sí*, ya me acuerdo. ああそうだ, 今思い出した. ❸〖完全な節の代用〗そう(だ), そうする. —Yo no voy, pero mi marido *sí*. 私は行かないけれど, 夫は行きます. Creo que *sí*. 私はそう思う.

porque sí 〈話〉(1) だってそうなんだから, そうしたいから. Te acompaño *porque sí*. 君といっしょに行くよ, だって行きたいんだもの. (2) 〖強調して〗本当に, 実に. Es una historia interesante *porque sí*. それは本当におもしろい話だ.

¡pues sí! (1) もちろんだ, そのとおりだ. ¿Está usted enterado de todo?–¡*Pues sí*! 全部ご存じなんですか.–もちろんですよ. (2) 何だって, まったく困ったもんだ.

pues sí que 〖+直説法〗本当に[まったく]…だ. ¡*Pues sí que* estáis buenos! まったく君たちはひどいもんだ.

sí que 確かに, まったく. ¡Esto *sí que* es grande! こいつは本当に大きいや.

—— 男 (複sies) 肯定の答え, 賛成, 承諾. —La novia pronunció el *sí* delante del sacerdote. 花嫁は司祭の前ではいと言った. Vacilaba entre un *sí* y un no. それは承諾するか断るか迷った.

Siam [sián] 固名 シャム(タイ Tailandia の旧名).

siamés, mesa [siamés, mésa] 形 シャム(Siam)の;シャム人[語]の. ♦以下の成句以外, 今日では tailandés, desa を用いる.

gato siamés シャム猫.

hermanos siameses シャム双生児.

—— 名 シャム人. —— 男 シャム語(タイ語の旧称).

sibarita [siβaríta] 形 ❶〖歴史〗シュバリス(市民)の. ♦シュバリス(Sibaris)は古代ギリシャのぜいたく好き·快楽主義で知られた都市. ❷〖比喩〗ぜいたくな, 享楽的な;色好みの.

—— 男女 ❶ シュバリスの人. ❷ ぜいたくな人, 享楽的な人;色好みの人.

sibarítico, ca [siβarítiko, ka] 形 ぜいたくな, 享楽的な;色好みの. 題 **epicúreo, sensual**.

sibaritismo [siβaritísmo] 男 ぜいたく好き, 享楽主義;色好み.

siberiano, na [siβerjáno, na] 形 シベリヤ(Siberia)の. —— 名 シベリヤ人.

sibil [siβíl] 男 ❶ (食料品などの)地下貯蔵室. 題 **despensa**. ❷ 地下のほら穴. 題 **cavidad, cueva**.

sibila [siβíla] 女 (古代ギリシャ·ローマで予言能力があるとされた)巫女(ふじょ), 女予言者, 女占い師. 題 **adivina, pitonisa**.

sibilante [siβilánte] 形 ❶ シューシュー音をたてる. —una respiración ~ (肺炎などによる)音のする呼吸. ❷〖音声〗歯擦音の.
—— 女〖音声〗歯擦音([s], [z], [ʃ], [ʒ]など).

sibilino, na [siβilíno, na] 形 ❶ 巫女(ふじょ)の(ような);女予言者[女占い師]の(ような). —oráculo ~ 巫女の御託宣. ❷ 神託のような, 予言的な;謎めいた. 題 **confuso, misterioso, oscuro**.

sic [sí(k)]〈ラテン〉副 原文のまま, ママ. ♦誤った単語·文などを引用したとき, その後に [sic] などと付記する.

SICA [síka]〈<Sistema de Integración Centroamericana〉男 中米統合機構.

sicalipsis [sikalípsis] 女〖単複同形〗❶ エロチ

シズム, 猥褻(ﾜｲｾﾂ). 類 **obscenidad**. ❷ ポルノ, 好色文学; ポルノ映画[写真]. 類 **pornografía**.

sicalíptico [sikalíptiko] 挑発的な, いかがわしい, ポルノ的な. 類 **erótico, escabroso, obsceno, pornográfico**.

sicario [sikárjo] 男 殺し屋, (雇われた)刺客. 類 **asesino**.

sicastenia [sikasténja] 女《医学》神経衰弱, 精神衰弱.

Sichuan [sitʃuán] 固名 四川[スーチョワン](中国の省).

sicigia [siθíxja] 女《天文》朔望(ｻｸﾎﾞｳ). ◆新月と満月.

Sicilia [siθílja] 固名 シチリア(イタリアの島).

siciliano, na [siθiljáno, na] 形 シチリア島(Sicilia)の, シチリア人の. ── 名 シチリア人. ── 男 シチリア方言.

sicoanálisis [sikoanálisis] 男 精神分析(法); 精神分析学 (= psicoanálisis).

sicoanalista [sikoanalísta] 男女 精神分析医, 精神分析学者 (= psicoanalista).

sicoanalítico, ca [sikoanalítiko, ka] 形 精神分析(法)の, 精神分析学の (= psicoanalítico).

sicoanalizar [sikoanaliθár] 他 (人の)精神を分析する, …に精神分析を施す (= psicoanalizar).

sicodélico, ca [sikoðéliko, ka] 形 幻覚的な, サイケデリックな, (色彩などが)けばけばしい (= psicodélico).

sicodrama [sikoðráma] 男《医学》心理劇, サイコドラマ (= psicodrama). ◆患者にドラマを即興で演じさせる集団心理療法.

sicofanta, sicofante [sikofánta, sikofánte] 男 ❶ こびへつらう人, 追従(ﾂｲｼｮｳ)者. 類 **adulador, lisonjero**. ❷ 中傷者. 類 **calumniador, difamador**.

sicología [sikoloxía] 女 = psicología.

sicológico, ca [sikolóxiko, ka] 形 = psicológico.

sicólogo, ga [sikóloɣo, ɣa] 名 = psicólogo.

sicomoro, sicómoro [sikomóro, sikómoro] 男《植物》エジプトイチジク.

sicópata [sikópata] 男女《医学》精神病質者 = psicópata.

sicopatía [sikopatía] 女《医学》精神病質 (= psicopatía).

sicopático, ca [sikopátiko, ka] 形《医学》精神病(質)の, 精神障害の (= psicopático).

sicosis [sikósis] 女〔単複同形〕《医学》精神病 (= psicosis). ── ~ maniaco-depresiva 躁鬱(ｿｳｳﾂ)病. ~ disociativa 精神分裂病 (esquizofrenia).

sicoterapia [sikoterápja] 女《医学》心理療法, 精神療法 (= psicoterapia).

SIDA, sida [síða]〔< **S**índrome de **I**nmuno**d**eficiencia **A**dquirida〕男 エイズ(後天性免疫不全症候群)(英 AIDS).

sidecar [siðekár]〔<英〕男 (オートバイの)サイドカー.

sideral, sidéreo, a [siðerál, siðéreo, a] 形《天文》星[恒星]の; 星座の. ── año ~ 恒星年(365日6時間9分9.54秒).

siderosa [siðerósa] 女《鉱物》菱(ﾘｮｳ)鉄鉱. ◆炭酸鉄を主成分とする鉱物. 鉄の抽出に好適.

siderurgia [siðerúrxja] 女 製鉄(業).

siderúrgica [siðerúrxika] 女 → siderúrgico.

siderúrgico, ca [siðerúrxiko, ka] 形 製鉄(業)の. ── industria *siderúrgica* 製鉄業. fábrica *siderúrgica* 製鉄所. ── 女 製鉄所.

sidra [síðra] 女 シードル, リンゴ酒.

sieg- [sjéɣ-] 動 segar の直・現在, 接・現在, 命令・2単.

siega [sjéɣa] 女 ❶ 収穫, 取り入れ; 草刈り. ── Hoy la ~ del trigo se hace a máquina. 今日では小麦の刈り入れは機械で行なう. ❷ 収穫期, 刈り入れ時. ❸ 収穫物; 収穫高.

siembr- [sjémbr-] 動 sembrar の直・現在, 接・現在, 命令・2単.

siembra [sjémbra] 女 ❶ 種まき; 種まきの時期, 播種(ﾊｼｭ)期. 類 **sementera**. ❷ 種まきした畑. 類 **sembrado, sementera**.

***siempre** [sjémpre シエンプレ] 副 ❶ いつも, 常に, いつでも. ── S~ hace lo mismo. 彼はいつも同じ事をしている. El tío Pablo ~ fumaba puros. パブロ伯父さんはいつも葉巻をすっていた. S~ está hablando de fútbol. いつでも彼はサッカーの話をしている. S~ te querré. いつまでも君を愛しているよ. S~ es un buen momento para tomar un vaso de vino. ワイングラスを傾けるのはいつでも悪くないものだ. 類 **constantemente, continuamente, perpetuamente**. ❷ とにかく, いずれにせよ. ── No sé si lo conseguiré, pero ~ podré decir que lo he intentado. 私にできるかどうか分からないが, とにかくそれをやろうとしたとだけは言えるだろう. 類 **cuando menos**. ❸ きっと, 確かに, 必ず. ── S~ vivirás mejor solo que mal acompañado. 悪い連れ合いと暮らすよりは一人で暮らす方が絶対良い. 類 **decididamente**. ❹《メキシコ》やはり, 結局. ── S~ se murió. やはり彼は死んでしまった.

como siempre いつものように, 相変わらず. Llegas tarde *como siempre*. 相変わらず君は遅刻だね.

de siempre (1) いつもの. La clase empieza a la hora *de siempre*. 授業はいつもの時間に始まった. Nos reunimos los *de siempre*. 私たちいつもの連中が集まった. 類 **habitual**. (2) 昔から(の), 古くから(の). Somos amigos *de siempre*. 私たちは昔からの友達だ.

desde siempre 昔から, ずっと前から. Eso lo sé yo *desde siempre*. そんなことは昔から知っている.

¡Hasta siempre! またいつか会いましょう; いつでもお待ちしています.

para siempre いつまでも, 永遠に. Ella se fue *para siempre*. 彼女は永遠に去ってしまった.

por siempre (*jamás*) 永遠[永久]に, いつまでも. Te lo juro *por siempre jamás*. 君にそのことを永遠に誓う. *Por siempre* sea bendito y alabado. とこしえに神が祝福され, ほめたたえられますように. 類 **perpetuamente**.

siempre que (1)〔+接続法〕もし…するのなら. Saldrás a jugar *siempre que* hayas hecho los deberes. もし宿題が終われば遊びに行っていいよ. (2)〔+直説法〕するときはいつも. *Siempre que* le llamo está comunicando. 私が電話すると, 彼はいつもお話し中だ.

siempre y cuando 《＋接続法》もし…するのなら. Estoy dispuesta a hacer las paces *siempre y cuando* él me pida perdón. 彼の方で許しを乞うのなら私はいつでも仲直りをする用意がある.

siempreviva [sjempreβíβa] 囡 《植物》永久花(枯死しても色や光沢などが変わらない花); (特に)ムギワラギク.

:**sien** [sién] 囡 《解剖》こめかみ; こめかみ付近の頭髪.

siena [sjéna] 囡 濃黄土.

sienés, nesa [sjenés, nésa] 形 シエナ(Siena, イタリア中部の都市)の. — 名 シエナの人.

sient- [siént-] 動 ❶ sentir の直・現在, 接・現在, 命令・2単. ❷ sentar の直・現在, 接・現在, 命令・2単.

sierpe [sjérpe] 囡 ❶《動物》ヘビ. 類 **culebra, reptil, serpiente**. ❷《比喩》ひどく醜い人; 怒りっぽい人. ❸《比喩》(ヘビのように)くねくねとのたくるもの. ❹《比喩》(根から出る)若枝.

****sierra** [sjéřa シエラ] 囡 ❶ のこぎり, 鋸. — ～ circular 電動丸のこ. ～ continua チェーンソー. ～ de arco 弓形のこ. ～ de mano 手挽きのこ. cortar una tabla de madera con una ～ のこぎりで木の板を切る. ❷ 山脈, 山々, 山地. -la Sierra de Guadarrama (マドリードの近郊にある)グワダラマ山脈. Tenemos un chalé en la ～. うちには山に別荘がある. 類 **cordillera**.

Sierra Leona [sjéřa leóna] 固名 シエラ・レオネ (首都フリータウン Freetown).

Sierra Madre [sjéřa máðre] 固名 シエラ・マドレ(メキシコの山脈).

Sierra Morena [sjéřa moréna] 固名 シエラ・モレーナ(スペインの山脈).

Sierra Nevada [sjéřa neβáða] 固名 ❶ シエラネバーダ(合衆国の山脈). ❷ シエラ・ネバーダ(スペインの山脈).

sierva [sjérβa] 囡 ❶ 女奴隷. 類 **esclava**. ❷ 女の召使い; 女の僕(しもべ)[家来]. 類 **servidora**.

:**siervo** [sjérβo] 名 ❶ 奴隷. — ～ de la gleba (中世の)農奴. 類 **esclavo**. ❷ (宗教応募などに)奉仕する人, しもべ. — ～ de Dios 神のしもべ. ❸ (自らを卑下して)私め, しもべ. — ～ de los ～s de Dios (ローマ教皇が自らを卑下していう)神の最も卑しいしもべ. Mándeme lo que quiera, que soy su ～. 私めになんなりとお命じ下さい.

sieso [sjéso] 男 《解剖》直腸の末端部(肛門を含む).

:**siesta** [sjésta] 囡 ❶ 昼寝, 午睡. — ～ del carnero 昼食前のうた寝. dormir [echar(se)] la (una) ～, tomar la ～ 昼寝をする. 類 **sueño**, **cabezada**. — En verano, a la hora de la ～, hace un calor insoportable. 夏の昼下がりが耐えられない程暑い. ❷ 昼下がり.

****siete** [sjéte シエテ] 形(数) 7の, 7つ[個, 人]の; [序数詞的に] 7番目の. —Mi hijo tiene ～ años. 私の息子は7歳です. Son las ～. 7時です.
— 男 ❶ 7(の数字). —Cuatro más tres son ～. 4たす3は7. tres ～s (トランプ遊びの)21. ❷《俗》(衣服などの)かぎ裂き. — hacerse un ～ en la chaqueta 上着にかぎ裂きを作る.
¡La Gran siete! 【南米】これは驚いた, それはすごい.
más que siete《俗》たくさん, どっさり. comer [beber] *más que siete* 大食いする[大酒を飲む]. hablar *más que siete* しゃべりまくる.
tener siete vidas como los gatos →vida.

sietemesino, na [sjetemesíno, na] 形 ❶ 妊娠7か月で生まれた, 早産の. — El índice de ～s es muy alto en este pueblo. この町の早産率はとても高い. ❷ 発育不全の, ひよわな, 未熟児の. — Su hijo nació ～ y le costó mucho criarlo. 彼の息子は未熟児で生まれ, 育てるのに大変苦労した. 類 **enclenque, raquítico**. ❸ (子供が)生意気な, 大人ぶった. 類 **presumido**.
— 名 ❶ 早産児. ❷ 未熟児. ❸ 大人ぶった子供.

sífilis [sífilis] 囡 《医学》梅毒.

sifilítico, ca [sifilítiko, ka] 形 《医学》梅毒の, 梅毒にかかった. — 名 梅毒患者.

sifón [sifón] 男 ❶ サイフォン, 吸い上げ管. ❷ (排水管の)U字管, トラップ; 防臭弁. ❸ (炭酸水を入れる)サイフォン瓶; 炭酸水, ソーダ水. — whisky con ～ ハイボール.

siga(-) [siɣa(-)] 動 seguir の接・現在.

sigilar [sixilár] 他 ❶ を隠す, 隠匿する, 秘密にする. 類 **ocultar**. ❷ …に封をする; を密封する. 類 **sellar**.

sigilo [sixílo] 男 ❶ 秘密(にすること), 内密(のやり方). —con mucho [gran] ～ こっそりと, 秘密裡(り)に. ～ profesional (弁護士・医師などの)守秘義務. ～ sacramental《カトリック》聴罪司祭の守るべき秘密. 類 **secreto**. ❷ 慎重さ, 思慮深さ, 分別さ. 類 **discreción**. ❸ 封印. 類 **sello**.

sigilografía [sixiloɣrafía] 囡 印章学.

sigilosamente [sixilósamente] 副 こっそりと, 足音をしのばせて; 慎重に.

sigiloso, sa [sixilóso, sa] 形 ❶ 秘密の, 内密の, 人目を盗んだ. —Entré con pasos ～s para no despertarle. 私は彼が目を覚まさないように忍び足ではいった. ❷ 慎重な, 思慮のある.

sigla [síɣla] 囡 ❶ (頭文字による)略語, 略字. —PSOE es la ～ [son las ～s] del Partido Socialista Obrero Español. PSOE はスペイン社会労働党の略称である. 類 **abreviatura**. ❷ (一般に)略語, 短縮形. ♦ Adjetivo (形容詞)を意味する "adj." など. 類 **abreviatura**.

****siglo** [síɣlo シグロ] 男 ❶ 世紀, 100年間; 時代. —el S～ de Oro 黄金世紀(スペイン文学の隆盛期となった17世紀). el ～ de las Luces (18世紀フランスの)啓蒙思想の時代. ～s medios 中世 (la Edad Media). en el s. XX (siglo veinte) 20世紀. Se tardó más de un ～ en construir esta iglesia. この教会は建設されるのには1世紀以上かかった. Hacia el ～ VII a. de J.C. (séptimo antes de Jesucristo), los Celtas penetraron en la Península. 紀元前7世紀頃ケルト人がイベリア半島に入って来た. ❷ 長い年月, 長い間. —¡Hola Paco! Hace un ～ [～s] que no te veo. やあパコ, 久し振りだねぇ. ❸ 俗世間, 俗界, 現世. —retirarse del ～ 修道院に入る.
por los siglos de los siglos 永遠に, 未来永劫に. Te voy a maldecir *por los siglos de los siglos*. 永遠にお前を呪ってやる.

sigmoideo, a [siɣmoiðéo, a] 形 S字状の.
— 男 《解剖》S状結腸.

signar [siɣnár] 他 ❶ (書類など)に判を押す, 調印する. 類 **marcar, señalar**. ❷ 《宗教》…に対して十字を切る; を十字架で祝福する. 類 **persignar, santiguar**. ❸ …に署名する, サインする. 類 **firmar**.
——**se** 再 《宗教》十字を切る. 類 **persignarse, santiguarse**.

signatario, ria [siɣnatárjo, rja] 形 署名した, (条約などに)調印した; 署名[調印]者. —los países ∼s 調印国. 類 **firmante**.
—— 名 署名者, 調印者. 類 **firmante**.

signatura [siɣnatúra] 女 ❶ (書籍などの)分類番号, 書架番号, カタログ番号. ❷ (本物であることを証明する)署名, サイン. 類 **firma**. ❸ (印刷)背丁(ちょう). ◆折本の順序を示す番号など. ❹ 《音楽》シグネチュア. ◆譜表の最初にある調と拍子の記号.

:**significación** [siɣnifikaθjón] 女 意味, 重要性, 意義. —Este hecho tiene gran ∼ en su vida. この事実は彼の人生にとって極めて重大である. Este incidente carece de ∼ histórica. この事件には歴史的意義はない.

:**significado** [siɣnifikáðo] 過分 男 ❶ 語義, 意味. —¿Cuál es el ∼ de esta palabra? この語の意味は何ですか. No comprendí bien el ∼ de lo que habían dicho. 私には言われたことの意味がよく理解できなかった. ❷ 《言語》シニフィエ, 所記, 記号内容. 反 **significante**.
——, **da** 形 有名な, 周知の; 特に優れた. —Es un ∼ pintor. 彼は有名な画家だ. 類 **conocido, distinguido, famoso, importante**.

significante [siɣnifikánte] 形 重大な, 意義深い. 類 **significativo**.
—— 男 《言語》シニフィアン, 能記, 記号表現. 反 **significado**.

:**significar** [siɣnifikár シグニフィカル] [1.1] 他 ❶ …を意味する, 物語る, 示す. —No sé qué *significa* en español esa palabra. 私はその言葉がスペイン語で何という意味か知らない. La sigla ONU *significa* Organización de las Naciones Unidas. ONUという略語は「国際連合」のことである. 類 **querer decir**. (b) …に等しい, …と同じだ. —Eso *significa* la catástrofe. それは破滅に等しい. ❷ を表明する, 表わす, 述べる. —En varias ocasiones he *significado* mi desacuerdo con el proyecto de ley. 機会を見ては私はその法案への不賛成の意を表明してきた.
—— 自 重要である. —Esas palabras tuyas *significan* mucho para mí. 君のそういう発言は私にとってとても重要だ.
——**se** 再 ❶ [+por で]抜きん出る, 群を抜く, 図抜ける. —El niño *se significa* por su habilidad para el ajedrez. その子はチェスの腕前で抜きん出ている. 類 **distinguirse**. ❷ (政治上・宗教上の)考えを表明する. —Él siempre *se ha significado* como pacifista. 彼は常に自分が平和主義者であることを述べてきた.

:**significativo, va** [siɣnifikatíβo, βa] 形 ❶ 意味を表す, 意味を持つ, [＋de を]表[示]す. —El morfema is la mínima unidad *significativa*. 形態素は意味を持つ最小の単位である. Hizo un gesto ∼ de desprecio. 彼は軽蔑を表す仕草をした. ❷ 意味ありげな, 意味深長な, 暗示的な. —mirada *significativa* 意味ありげな視線. Es muy ∼ que no haya querido venir con nosotros. 彼が私たちといっしょに来ようとしなかったのは非常に意味深長だ. ❸ 意味のある, 意義深い, 有意義な. —La firma del tratado de paz ha sido muy *significativa*. 講和条約の調印は非常に意義深い.

signifique(-) [siɣnifike(-)] 動 significar の接・現在.

signifiqué [siɣnifiké] 動 significar の直・完了過去・1単.

:**signo** [síɣno] 男 ❶ 何かを意味するもの. (a) 記号, 符号, しるし. —∼ de admiración 感嘆符. ∼ de interrogación 疑問符. ∼s de puntuación 句読点. ∼ de intercalación [sonrisa] 《情報》キャレット[スマイリー]. ∼ igual 等号 (＝). ∼ más [positivo] プラス記号 (＋). ∼ menos [negativo] マイナス記号 (－). Vamos a poner el ∼ "x" junto al nombre de quien no haya pagado aún. まだお金を払ってくれていない人の名前に×印を付けよう. (b) …の表れ, しるし, 証拠. —Ponerse pálido es un ∼ de terror. 真っ青になるのは恐怖の印だ. 類 **seña, señal**. ❷ 傾向, 動向; 兆候, 兆し. —La situación actual presenta un ∼ económico favorable. 最近の状況は経済の好調な傾向を示している. 類 **seña, señal**. ❸ 運命, 宿命. —Desde que nació lleva un ∼ trágico. 彼は生まれつき悲劇の運命を持ち合わせている. ❹ 《占星》…座. —Mi ∼ del zodiaco es Acuario. 私の星座は水瓶座だ.

sigo [síɣo] 動 seguir の直・現在・1単.

sigue(-) [siɣe(-)] 動 seguir の直・現在, 命令・2単.

sigui- [siɣi-] 動 seguir の直・完了過去, 接・過去, 現在分詞.

:**siguiente** [siɣjénte] [＜seguir] 形 ❶ 次の, 次に続く, 翌…. —Me dijo que volvería el día ∼. 彼は私に次の日戻ると言った. Bebió mucho y a la mañana ∼ se murió. 彼は大酒を飲んで翌朝死んでしまった. El dibujo está en la página ∼. 挿し絵は次のページにある. Lo ∼ que haremos será formar a los sucesores. 次に私たちがすべきことは後継者を育成することだろう. 類 **posterior, subsiguiente, ulterior**. 反 **anterior**. ❷ 以下の, 次に述べる, 下記の. —Vamos a debatir el tema ∼. 次のようなテーマを議論しましょう. Antes de marcharse me dijo lo ∼. 出て行く前に彼は私に次のようなことを言った.
—— 男女 次の人. —El secretario hizo pasar al ∼. 秘書は次の人を入室させた.

sílaba [sílaβa] 女 《言語》音節, シラブル. —∼ abierta [libre] 開音節, 母音で終わる音節. ∼ aguda [átona] アクセントのある[ない]音節. ∼ breve [larga] 短[長]音節. ∼ cerrada [trabada] 閉音節, 子音で終わる音節. ∼ postónica 強勢音節の次の無強勢音節. ∼ protónica 強勢音節の前の無強勢音節. ∼ tónica 強勢音節.

silabario [silaβárjo] 男 ❶ つづり字教科書. ◆読み方を習うための, 単語が音節ごとに分けて書いてある本. ❷ 音節表. ❸ 音節文字.

silabear [silaβeár] 他 (文章・単語)を音節に区切る. 音節ごとに区切って発音する. —Ese chico aún lee *silabeando* las palabras. その男の子はまだ音節に区切って読む.
—— 自 音節ごとに発音する.

silábico, ca [siláβiko, ka] 形 ❶ 音節の. —la

estructura *silábica* en español スペイン語の音節構造. ❷《言語》音節主音的な, 成節的な.

silba [sílβa] 囡 (野次・抗議・ブーイングの)口笛. —Le dieron una ~ estrepitosa. 彼は猛烈な抗議の口笛を浴びた.

silbar [silβár] 自 ❶ 口笛[指笛]を吹く. 類 **chiflar**, **pitar**, **rechiflar**. ❷ (風などが)ピュービューと吹く; (弾丸・矢などが)ピューッと飛ぶ; シュッシュッ[ヒューヒュー]と鳴る[いう, 飛ぶ]. —Fuera arrecia la tormenta y *silba* el viento. 外では嵐が強まり, 風が吹きまくっている. 類 **soplar**. (劇場などで)口笛を吹いてやじる. 類 **abuchear**. ❹ (人が)苦しそうに息をする.
— 他 ❶ (メロディー)を口笛で吹く. —*Silbaba* por lo bajo la música de una canción. 彼はある歌のメロディーを小さく口笛で吹いていた. ❷ (人・犬などを)口笛で呼ぶ. ❸ を口笛でやじる. 類 **abuchear**.

silbatina [silβatína] 囡 【中南米】非難の口笛; やじ. 類 **pita**, **silba**.

silbato [silβáto] 男 ❶ 警笛; 汽笛. — de alarma 警笛. 類 **pito**. ❷ 呼び子, ホイッスル. —Se oyen los ~s de la Policía y el ulular de sirenas. 警察の呼び子とうなるようなサイレンが聞こえる. 類 **pito**. ❸ (気体・液体がもれるような)小さなすき間[割れ目, 裂け目]. 類 **grieta**, **rendija**.

silbido, **silbo** [silβíðo, sílβo] 男 ❶ 口笛(の音); 呼び子警笛, 汽笛の音. —dar un ~ 口笛[呼び子]を吹く. 類 **pito**, **silbato**. ❷ ピューッという[飛ぶ]音; 風のピュービュー吹く音. —Se oye, primero vagamente y después después cada vez más próximo, el ~ del viento. 風のヒューヒューという音が, 始めはかすかに, やがてだんだん近く, 聞こえてくる. ❸ 非難[やじ]の口笛. —El público recibió a los jugadores con ~s. 観衆は非難の口笛ととも選手たちを迎えた. 類 **abucheo**. ❹ ぜいぜいいう音[息].
silbido de oídos 耳鳴り.

silbón [silβón] 男 《鳥類》ヒドリガモ.

silenciador [silenθjaðór] 男 (銃などの)消音装置, サイレンサー; (エンジンの)マフラー.

silenciar [silenθjár] 他 (ある事柄について)沈黙する, を黙殺する; もみ消す. —En mis declaraciones *silenciaré* todo lo que pueda perjudicarte. 供述では私は君の不利になりうることはすべて黙っていることにする. Un periodista nunca debe ~ la verdad de los hechos. ジャーナリストは決して出来事の真相をもみ消してはならない. ❷ (人)を黙らせる, 静かにさせる. —Los aplausos no lograron ~ las protestas que se levantaban contra el ministro. 拍手の音も大臣に対してわき上がる抗議の声をかき消すことはできなかった. ❸ …に覆いをかけて消音する.

:**silencio** [silénθjo] 男 ❶ ものを言わないこと. (a) **沈黙**, 無言. —¡S~! 静粛に! cuatro minutos de ~ 4分間の黙祷. Él guardaba ~ mientras nosotros hablábamos. 私たちが話している間彼は黙っていた. Todos guardaron un minuto de ~ por los muertos de la guerra. 皆は戦死者たちの為に黙祷を捧げた. El profesor impuso ~ a unos estudiantes que no paraban de charlar. 先生はおしゃべりを止めない学生を黙らせた. El presidente, ejerciendo su autoridad, redujo al ~ a todos los que se oponían. 議長は職権を行使して反対する者を黙らせた. (b) **秘密を守ること**, 黙秘. —A pesar del tenaz interrogatorio guardó ~ sobre el suceso. 執拗な尋問にもかかわらず彼はこの事件について秘密を守った. Dijo muchas cosas pero pasó en ~ lo de ayer. 彼はいろいろなことを話したが昨日のことについては何も言わなかった. Rompió el ~ y reveló su secreto. 彼は沈黙を破って彼の秘密を明かした. Ha decidido entregar el asunto al ~. 彼はその件を二度と口にしない決心をした. (c) **音信不通**, 便りのないこと. —Por fin me ha escrito después de cinco años de ~. 5年間の音信不通の後やっと彼からの便りがあった. Tu ~ les preocupa mucho a tus padres. 君からたよりがないので両親はとても心配しているよ. ❷ **静かなこと**, 静寂. —Cuando llegué a casa no había nadie y todo estaba en ~. 家に帰ったとき誰もおらず静かだった. Después de un aplauso la sala quedó en ~. 拍手喝采の後会場は静けさに包まれた. Aquí hay un ~ absoluto. ここは静まりかえっている. Un absoluto ~ reinaba en la noche. 静寂が夜を覆っていた. ❸ 《音楽》休止, 休止符.

en silencio (1) 黙って, ものも言わずに. Seguía comiendo *en silencio*. 彼は黙って食べ続けていた. (2) 不平を言わずに, 黙々と. Sufrió su desgracia *en silencio*. 彼は不幸を黙々と耐え忍んだ.

:**silencioso**, **sa** [silenθjóso, sa] (＜silencio) 形 ❶ 沈黙した, 無言の, 無口な［ser/estar＋］. —Es una mujer muy *silenciosa* y reservada. 彼女は非常に無口で遠慮深い人だ. Hoy estás muy *silenciosa*. 今日君は大変口数が少ないね. El niño nos miraba ~. 子供は黙って私たちを眺めていた. 類 **callado**, **mudo**, **taciturno**. ❷ 静かな, 静粛な, 閑静な［ser/estar＋］. —La casa estaba completamente *silenciosa*. 家は完全に静まりかえっていた. ❸ (機械などが)音の静かな, 音を立てない, 低騒音の. —motor ~ 低騒音エンジン. Las aguas del río corrían *silenciosas*. 川の水が音もなく流れていた. — 男 (自動車などの)マフラー, 消音装置. 類 **silenciador**.

silepsis [silépsis] 囡《単複同形》❶《文法》兼用法, 軛[くびき]用法, シレプシス. ❷ 性・数・人称の変化が文法的にではなく意味的に行なわれること. La mayor parte votaron en contra. 大部分の人が反対票を投じた. ❷《修辞》兼用法, 一語双叙法, シレプシス. ◆1語を同時に本来的意味と比喩的意味の2義に用いること. 例:Lo dejaron más suave que un guante. 彼らは彼を手袋よりも柔らかくした(完全に手なずけた).

sílex [síle(k)s] 男《単複同形》《鉱物》燧石(すいせき); 火打ち石.

sílfide [sílfiðe] 囡 ❶《神話》(女の)空気［風］の精. ❷《比喩》すらりとした美しい女性.

silfo [sílfo] 男《神話》(男の)空気［風］の精.

silicato [silikáto] 男《化学》珪酸塩; 珪酸エステル.

sílice [síliθe] 囡《化学》シリカ, 二酸化珪(けい)素, 無水珪酸. ◆ガラスや磁器など珪酸塩工業の原料として重要. 化学式 SiO_2.

silíceo, **a** [silíθeo, a] 形《化学, 鉱物》シリカの(ような), シリカを含む, 珪質(けいしつ)の.

silicio [silíθjo] 男《化学》珪素(けいそ)(元素記号 Si. 原子番号14).

silicona [silikóna] 囡《化学》シリコン. ◆耐熱

性・耐薬品性・電気絶縁性が高く, 水をよくはじく合成樹脂.

silicosis [silikósis] 囡 〖医学〗珪(ﾎぃ)肺(症). ◆珪酸を含む粉塵(ﾋﾞん)の吸入による肺機能障害で, 職業病のひとつ.

‡silla [síja シャ] 囡 ❶ 椅子. — sentarse en una ~ 椅子に座る. ~ eléctrica (処刑用の)電気椅子. ~ gestatoria (儀式で座したままの教皇を運ぶ)輿. ~ de manos 椅子籠, 輿. ~ de la reina (二人が手を互いに組んで作る)手車. ~ de ruedas 車椅子. ~ de tijera (足が鋏のように動く)折り畳み椅子. ~ plegable con apoyabrazos 肘掛け付き折り畳み椅子. ~ ordenador パソコン用椅子. 類**asiento**. ❷ 鞍. — ~ de montar 鞍. ~ jineta 競馬用の鞍. 類**montura**. ❸ 〖宗教〗玉座, 高位の聖職者の座; 権威の座. — ~ pontificia 教皇の座. 類**sede**.

pegársele la silla a ... (1) 長い時間椅子に座っている. El anciano no se levantó y *se le pegaba la silla*. その老人は長い間椅子に座っていて, 立とうとはしなかった. (2) (訪問先で)長居をする. Siempre que mi mujer visita a su hermana, *se le pega la silla*. 妻は彼女の姉を訪ねると, いつも長居する.

sillar [sijár] 男 ❶ 〖建築〗切り石. ❷ 馬の背(鞍)を置く部分. 類**lomo**.

sillería¹ [sijería] 囡 ❶ 〖集合的に〗椅子; 椅子・ソファーなどの一そろえ. ❷ (劇場などの連なった)座席; (教会の)聖歌隊席. ❸ いす製作工場; 椅子販売店; いす製作[販売]業.

sillería² [sijería] 囡 ❶ 〖建築〗〖集合的に〗切り石. ❷ 切り石造りの建物.

sillero, ra [sijéro, ra] 男 囡 ❶ 椅子製造[販売, 修理]業者. ❷ 鞍(ﾞ)製造業者.

silleta [sijéta] (<silla) 囡 ❶ 小さな椅子. ❷ (病人用の)差し込み便器, おまる. 類**orinal, sillico**.

silletazo [sijetáθo] 男 椅子での殴打.

sillico [sijíko] 男 室内用便器, おまる. 類**orinal, silleta**.

sillín [sijín] 男 ❶ (自転車・オートバイなどの)サドル. ❷ 軽装の鞍(ﾞ).

sillita [sijíta] 囡 小さな椅子. — ~ de niño ベビーカー.

‡sillón [sijón] 男 ❶ 肘掛け椅子. — ~ cama 椅子兼用ベッド. ~ de aluminio apilable 積み重ね可能アルミ椅子. ~ de ruedas 車椅子. ~ de orejas ウイングチェア(横からの風を防ぐ為に背もたれの両側に頭受けの付いた肘掛け椅子). ~ multiposiciones リクライニング椅子. ~ plegable acolchado クッション付き折り畳み椅子. ~ de respaldo alto 高背もたれ椅子. Después de la cena, como de costumbre, empezó a leer libros sentado en un ~. 彼は夕食の後いつものように肘掛け椅子に座って読書を始めた. ❷ (女性用の)横鞍.

silo [sílo] 男 サイロ; 穀物・飼料などの(地下)倉庫. 類**granero**.

silogismo [siloxísmo] 男 〖論理, 哲学〗三段論法. ◆大前提 (premisa mayor), 小前提 (premisa menor), および帰結 (conclusión) からなる推論の方法.

silogístico, ca [siloxístiko, ka] 形 〖論理, 哲学〗三段論法の[による].

silogizar [siloxiθár] [1.3] 自 〖論理, 哲学〗三段論法で推論する.

‡silueta [siluéta] 囡 ❶ 影, シルエット; 影絵, 〖美術〗半面画像. — La ~ de un hombre se dibujó en la pared blanca y luminosa. 明るい白壁に男の影が浮かんだ. ❷ 輪郭, (特に女性の)体の線. — Se preocupa mucho por mantener su ~. 彼女は体の線を保つのに一生懸命だ. 類**contorno, perfil**.

siluriano, na, silúrico, ca [siluriáno, na, silúriko, ka] 形 〖地学〗シルル紀の.
— 男 シルル紀. ◆古生代の3番目の紀. 約4億4600万年前から4億1600万年前まで.

siluro [silúro] 男 ❶ 〖魚類〗ナマズ. ❷ 〖軍事〗自動推進式魚雷.

silvático, ca [silβátiko, ka] 形 ❶ 森の, 森に住む. 類**selvático**. ❷ 田舎(風)の, 素朴な; 粗野な. 類**rústico, selvático**.

‡silvestre [silβéstre] 形 ❶ (主に植物が)野生の, 自生の. — plantas ~s 野生の植物. Van a la montaña a buscar fresas ~s. 彼らは山に野イチゴを探しに行く. ❷ (土地などが)人の住んでいない, 自然のままの. — La casa está rodeada de tierras ~s que nunca han sido trabajadas. その家は人の手が入ったことのない自然のままの土地に囲まれている. 類**agreste, inculto, rústico**.

aves silvestres → ave.

silvicultor, tora [silβikultór, tóra] 名 林学者, 育林学研究者; 植林者.

silvicultura [silβikultúra] 囡 林学; 営林, 造林.

sima [síma] 囡 ❶ (地表・氷河などの)深い割れ目[裂け目], 深いふち, 底知れぬ穴. 類**abismo, cavidad, fosa, grieta**. ❷ 〖比喩〗(意見などの)隔たり, みぞ. ❸ 〖地質〗シマ. ◆海洋地殻と大陸地殻の下部とを構成する部分.

simbiosis [simbiósis] 囡 〖単複同形〗❶ 〖生物〗(相利)共生, 共棲, 共存.

simbólico, ca [simbóliko, ka] (<símbolo) 形 ❶ 象徴的な, 象徴する; 形ばかりの. — La paloma es la representación *simbólica* de la paz. ハトは平和の象徴的な表現である. Recibió una cantidad *simbólica* como agradecimiento por su trabajo. 彼は仕事へのお礼として形ばかりの金額を受け取った. ❷ 象徴の, 記号[符号]の, 記号[符号]による. — lógica *simbólica* 記号論理学.

simbolismo [simbolísmo] 男 ❶ 象徴性; (事物の)象徴的な意味. ❷ 記号[符号]による表示; 記号体系. — La cruz forma parte del ~ cristiano. 十字架はキリスト教の記号体系の一部を成す. ❸ 〖文学, 美術〗象徴主義, サンボリズム, シンボリズム.

simbolista [simbolísta] 形 ❶ 〖文学, 美術〗象徴主義(者)の; 象徴主義的な. ❷ 記号[符号, 符号]を用いる. — 名 ❶ 〖文学, 美術〗象徴主義者. ❷ 象徴[記号, 符号]を使う人.

simbolizar [simboliθár] [1.3] 他 ❶ (事物が, ある事柄を)象徴する, 表わしている; (の)象徴[記号]である. — La balanza *simboliza* la justicia. 秤(ﾊﾞか)は裁きの象徴である. 類**representar**. ❷ [+con/en で] (人が, ある事柄を)象徴する; を象徴[記号]で表わす. — Los cristianos *simbolizan*

1754 símbolo

su religión *con* la cruz. キリスト教徒は十字架で自分たちの宗教を象徴する.

símbolo [símbolo] 男 ❶ 象徴, 表象, シンボル. —La bandera blanca es ～ de rendición. 白旗は降伏の象徴だ. ❷ 記号, 符号; 元素記号. —El ～ del oro es Au. 金の元素記号は Au だ.

simetría [simetría] 女 (左右)対称, 均斉; 調和(美). —Si quitáis la fuente, romperéis la ～ del jardín. 噴水を取り去ると庭園の対称性を崩すことになるよ. eje de ～《数学》対称軸. 類 **harmonía**. 反 **asimetría**.

simétrico, ca [simétriko, ka] 形 (左右)対称の; 均整の取れた, 釣り合った. 類 **proporcionado**. 反 **asimétrico**.

símico, ca [símiko, ka] 形 サルの, 類人猿の. 類 **simiesco**.

simiente [simjénte] 女 ❶ 種(た), 種子 [集合名詞としても用いられる]. La ～ tarda en dar fruto este año. 今年は実りが遅い. 類 **semilla**. ❷《比喩》(もめごと・災いなどの)原因, 種. 類 **causa, motivo**. ❸ 精液. 類 **esperma, semen**.

simiesco, ca [simjésko, ka] 形 サルに似た, サルのような; サル[類人猿]の. 類 **símico**.

símil [símil] 男 ❶ (類似)点, 似ていること. —Es inútil establecer un ～ entre los dos hermanos, porque son muy diferentes. その二人の兄弟たちの類似点を挙げるのは無駄なことだ, 二人は全く異なっているから. 類 **semejanza, similitud**. ❷ 比較, 対照. —hacer un ～ entre los dos pintores 二人の画家を比較する. 類 **comparación**. ❸《修辞》直喩(°), 明喩.
—— 形 類似した, 共通点のある. 類 **semejante**.

:**similar** [similár] 形 ❶ [+a] …に類似した, 共通点のある, 同様の. —Este caso es ～ a uno que ocurrió hace años. この事例は何年か前に起きたのと似ている. Nos encontramos con problemas ～es. 私たちは同じような問題に遭遇した. 類 **análogo, parecido, semejante**. 反 **diferente, dispar, distinto**. ❷《数学》相似の. —figura ～ 相似図形.

similitud [similitú(ð)] 女 類似性; 相似. —Existen muchos puntos de ～ entre los dos crímenes. 二件の犯罪には数多くの類似点がある. 類 **semejanza, símil**.

similor [similór] 男 金色銅, 模造金, ピンチベック. ◆銅と亜鉛の合金. 見かけが金に似ている.
de similor 見かけ倒しの, いんちきの.

simio, mia [símjo, mja] 名《動物》サル, 類人猿. 類 **mono**.

Simón [simón] 固名《男性名》シモン.

simón [simón] 男 ❶ 辻馬車, 貸し馬車 (＝coche simón). ❷ 辻馬車[貸し馬車]の御者. 類 **cochero**.

simonía [simonía] 女《カトリック》聖職[聖物]売買, 沽聖(こせい).

simoniaco, ca, simoníaco, ca [simonjáko, ka, simoníako, ka] 形《カトリック》聖職[聖物]売買をなす; 沽聖(こせい)の.
—— 名 聖職[聖物]売買者.

*:**simpatía** [simpatía] 女 ❶ 好感, 好意; 愛着. —Todos tienen [sienten] ～ al [por el] jefe. 皆は課長に好感を抱いている. Con sus amabilidades se ha ganado las ～s de la vecindad. 彼は親切な行いで近所の人達から好感を持たれた. En la clase nadie me tiene ～. クラスでは私は誰からも好意を持たれていない. 反 **antipatía**. ❷ 魅力. —Su padre es una persona con mucha ～. 彼のお父さんはとても魅力的な人だ. ❸ 共感, 同感; 支持者, 友人. —Es un egoísta y no tiene ～s en la oficina. 彼はエゴイストで, 会社では友人がいない.

simpatice(-) [simpatiθe(-)] 動 simpatizar の接・現在.

simpaticé [simpatiθé] 動 simpatizar の直・完了過去・1 単.

***simpático, ca** [simpátiko, ka] 形 ❶ (人が)感じのよい, 好感の持てる, 愛想のいい [ser/estar＋]. —Es un chico ～ y divertido. 彼は感じが良くて楽しい男の子だ. Se ve que tú no le has caído ～. 君は彼に気に入られていないようだ. Mi padre no siempre está así de ～. 父はいつもあんな風に愛想が良いわけではない. 類 **agradable, amable**. 反 **antipático**. ❷ 気持ちのいい, 楽しい, 快適な. —Siempre cuenta cosas *simpáticas*. いつも彼は楽しい話をしてくれる. 類 **agradable, divertido, gracioso**. ❸ 好意的な, 親切な, 優しい, 思いやりのある. —Era muy *simpática* conmigo. 彼女は私に大変親切だった. ❹《生理》交感神経(系)の. ❺《中南米》《話》美人の, 格好がいい.

tinta simpática → **tinta**.
—— 名 感じのいい人.
—— 男《生理》交感神経 (＝nervio ～). —gran ～ 交感神経系.

・**simpatizante** [simpatiθánte] [＜ simpatizar] 形 共鳴[同調]する, 支持する, 同情する. —Desde joven era poco ～ del marxismo. 若いときから彼はあまりマルクス主義に共鳴していなかった.
—— 男女 共鳴[同調]者, 支持者, シンパ. —El movimiento ecológico tiene muchos ～s. 環境運動にはたくさんの支持者がいる.

:**simpatizar** [simpatiθár] [1.3] 自 [+con に] ❶ 魅力を覚える, 共感を覚える, 親密になる. —José *ha simpatizó con* sus nuevos compañeros inmediatamente. ホセは新しい友達とすぐに意気投合した. Las dos chicas *simpatizaron* en unos minutos. 2 人の少女は数分間で親友になった. ❷ (思想などに)共鳴する. —*Simpatizó* durante un tiempo *con* el facismo. 彼は一時ファシズムに共鳴した.

***simple** [símple] 形 ❶ (a) 単純な, 単一の, 単独の. —mayoría ～ 単純多数. tiempo ～《文法》単純時制. oración ～《文法》単文. interés ～《金融》単利. El hidrógeno es una sustancia ～. 水素は単体である. 類 **sencillo, único**. 反 **compuesto, doble, múltiple**. (b)《名詞の前で》ただ一つの, 単なる, ただの. —por ～ curiosidad 単なる好奇心で. a ～ vista ちょっと見たところでは. No era más que un ～ soldado. 彼はただの兵隊にすぎなかった. Le basta con tu ～ llamada telefónica. 彼には君の電話 1 本かけるだけで十分なのだ. 類 **mero, puro**. ❷ 簡単な, 易しい. —El examen me ha parecido muy ～. 試験は私には大変簡単だと思えた. 類 **fácil, sencillo**. ❸ 簡素な, 質素な, 飾り気のない. —La decoración de la habitación es muy ~. その部屋の装飾は非常に簡素である. Me gustan las comidas ~s, sin demasiados aderezos. 私は味付けの濃すぎないあっさりした料理が好きだ. 類 **sencillo**. ❹ (*a*)(人の)単純な, 純朴な, 無邪気な. —Tiene un carácter ~, que se aviene a todo. 彼は単純な性格で, 何でも納得してしまう. 類 **incauto, ingenuo, sencillo**. (*b*) お人好しの, まぬけな, とんまな. —Le engañan a veces porque es muy ~. 彼は非常にお人好しなのでときどきだまされる. 類 **abobado, pánfilo, simplón** [-ísimo を付ける場合, **simplísimo** または **simplicísimo**《文》となる].

—— 男女 単純な人, お人好し, まぬけ. —Los ~s creen todo lo que les cuentan. 単純な人は他人の話を何でも信じる.

‡**simplemente** [símpleménte] 副 ❶ 単に, ただ. —S~ le dije que volviera otro día. 私はいつか戻ってきてほしいと言った. S~, porque no me apetecía. ただ私はその気になれなかっただけなのだ. Era ~ un resfriado. それはただの風邪だった. 類 **sólo**. ❷ 単純に, 簡単に, 平易に. —Ese problema no se soluciona tan ~ como tú crees. その問題は君が思っているほど簡単には解決できない. ❸ まったく, 本当に. —Son ~ geniales. 彼らは本当に天才的だ.

***simpleza** [simpléθa] 女 ❶ 愚直さ, お人好しさ, 愚かしさ. —Su ~ nos ha dejado con la boca abierta. 彼のお人好しに, 私たちは呆れて物も言えなかった. 類 **bobería**. ❷ 馬鹿なこと[もの, 言動], 愚かなこと. —No dice más que ~s. 彼は馬鹿なことしか言わない. 類 **necedad, tontería**. ❸ つまらないもの, とるにたらないもの. —Se inquieta por cualquier ~. 彼はつまらないことにいつもくよくよする. 類 **insignificancia**.

‡**simplicidad** [simpliθiðá(ð)] 女 ❶ 単純さ, 簡単なこと; 簡素. —La ~ es lo más importante en todo. 何にとって簡単なことが最も重要だ. Uno de los principios de su vida es la ~. 彼の生活信条の一つは簡素なことである. ❷ 純真さ, 無邪気さ, 素朴さ.

simplificable [simplifikáβle] 形 単純化できる, 簡略化しうる.

simplificación [simplifikaθjón] 女 単純化, 簡略化; 単純化すること[したもの]. —Con la ~ de los trámites se ahorraría mucho tiempo. 手続きを簡素化すれば多くの時間を節約できるだろう.

‡**simplificar** [simplifikár] [1.1] 他 ❶ を単純化する, 単純にする. —Deberían ~ los trámites. 手続きを簡素化すべきだろうに. ❷《数学》を約分する.

simplista [simplísta] 形 あまりに単純な, 短絡的な, 割り切り過ぎの. —Sus ideas sobre la situación económica son muy ~s. 経済状況についての彼の考えはあまりにも安直だ.

—— 男女 あまりに単純な考え方をする人, 短絡的な人.

simplón, plona [simplón, plóna] [< simple] 形 お人よしな, ばかな, 愚直な. 類 **ingenuo, sencillo**.

—— 名 お人よし, おばかさん.

simposio [simpósjo] 男 (主に学問上の特定の問題についての)討論会, シンポジウム. —celebrar un ~ シンポジウムを開催する. 類 **conferencia, congreso, reunión**.

simulación [simulaθjón] 女 ❶ 見せかけ, ふり; 仮病. 類 **disimulo, fingimiento**. ❷ シミュレーション(コンピュータを用いて諸現象の動向予測や問題分析をする手法); 模擬実験.

simulacro [simulákro] 男 ❶ 見せかけ, ふり. —~ de amor 見せかけの愛, hacer el ~ de …のふりをする, と自称する, [+不定詞]…するふりをする. ❷ 実地訓練, シミュレーション. 《軍事》擬戦. —~ de ataque 擬装攻撃, ~ de combate 擬装戦闘, ~ de salvamento 救助訓練. 類 **simulación**. ❸ 像, 似姿; 幻影. 類 **imagen**.

simulado, da [simuláðo, ða] 形 ❶ 見せかけの, 偽りの; 偽装の. —alegría *simulada* うれしいふり. 類 **fingido**. ❷ 模擬の. —vuelo ~ 模擬飛行.

simulador [simulaðór] 男《情報》ダミー.

‡**simular** [simulár] 他 ❶ を偽る, 装う; …に見せかける, …のふりをする. —*Simuló* un dolor de cabeza para no ir a trabajar. 彼は仕事に行かないために頭痛を装った. ~ la realidad 現実に見せかける. Pepe *simula* que duerme. ペペは狸寝入りをしている. 類 **fingir**. ❷《情報》シミュレートする.

simultáneamente [simultáneaménte] 副 同時に, 一斉に. —Los dos accidentes ocurrieron ~. その2件の事故は同時に起こった.

simultanear [simultaneár] 他 を同時に行う. —~ dos cosas 2つの事を同時にする. No tendré más remedio que ~ el trabajo con los estudios. 私は仕事と勉強を両立させざるを得ないだろう.

simultaneidad [simultaneiðá(ð)] 女 同時性, 同時であること, 時間が一致すること. —La ~ de agentes como el agua y el viento contribuye a la erosion. 水と風のような要因が同時に発生すると侵食が促される.

simultáneo, a [simultáneo, a] 形 同時の, 一斉の. —ecuaciones *simultáneas*《数学》連立方程式. traducción *simultánea* 同時通訳. Ver la sangre y desmayarse fue ~. 彼は血を見るが早いか失神した.

simún [simún] 男 シムーン. ♦ アラビヤ, 北アフリカなどの砂漠で起こる, 砂を含む乾いた熱風.

****sin** [sin シン] 前 ❶ …のない, …していない. —Me gusta el café ~ azúcar. 私は砂糖が入っていないコーヒーが好きだ. No come la fruta *sin* pelar. 彼は皮をむかずには果物を食べない. ❷ …なしで, …しなくても. —Habla inglés casi *sin* acento. 彼はほとんどなまりのない英語を話す. Un pájaro es capaz de hacer su nido *sin* aprender a hacerlo. 鳥は学ばなくても自分の巣を作ることができる. ❸ …せずに. —Llevo dos días *sin* dormir. 私は2日間眠らずにいる. No puedo irme de Japón *sin* ver Kyoto. 京都を見ずに日本を発つわけにはいかない. ❹ …の上に. —Costó diez dólares *sin* los gastos de envío. 輸送料のほかに10ドルかかった. ❺【条件】…がないと, …しないと. —*Sin* paraguas nos vamos a empapar. 傘がないと濡れてしまいますよ. No puede estar contento *sin* tener dinero. 彼は金がなければ満足できない. ❻【+不定詞】…しないで(命令). —¡Oye, *sin* ofender! いいですか, 私を怒らせないでくださいよ.

1756 sin-

no sin … がないわけではない. Me lo contó, *no sin* cierta reserva. 彼はそれを語ってはくれたが, ある種の遠慮がないわけではなかった.

sin duda →duda.

sin embargo →embargo.

sin falta →falta.

sin que〖＋接続法〗…しないで. Entraron *sin que* nadie les observara. 彼らは誰にも見られずに入った.

sin más [***ni más***] →más.

sin- [sin-]〖接頭〗「否定(無), 剥奪; 統合; 同時」の意. —*sin*fin, *sin*hueso, *sin*sabor, *sin*vergüenza, *sín*tesis, *sin*fonía.

sinagoga [sinaɣóɣa]〖女〗❶シナゴーグ, ユダヤ教会堂. ❷ユダヤ教徒の集会. ❸〖集合的に〗ユダヤ教会.

sinalefa [sinaléfa]〖女〗〖言語〗母音融合[合一]. ◆語末の母音が次の語の語頭の母音と融合すること, また同一の音節内で発音されること. 例: l*a a*miga [la-mí-ga], ir *a E*spaña [i-raes-pá-ɲa]. 反 hiato.

Sinaloa [sinalóa]〖固名〗シナロア(メキシコの州).

sinapismo [sinapísmo]〖男〗❶からし泥(ﾃﾞｲ)〖軟膏(ﾅﾝｺｳ)〗. ◆体内の熱を取るのに用いる. ❷〖比喩〗迷惑な[うんざりさせる]人[物, 事].

sinapsis [sinápsis]〖女〗〖単複同形〗〖医学〗シナプス.

Sincelejo [sinθeléxo]〖固名〗シンセレーホ(コロンビアの都市).

sinceramente [sinθeráménte]〖副〗心から, 本気に; 誠実に. Le acompaño ～ en el sentimiento. 心からお悔み申し上げます.

sincerarse [sinθerárse]〖再〗❶〖＋ante の前で/con に〗すべてを告白する, 腹蔵なく話す. ―～ *ante* el juez 裁判官の前ですべてを話す. Si *te sinceras con* alguien, quedarás más aliviado. だれかにすべてを打ちあければ, もっと気分が楽になるよ. ❷弁解する, 嫌疑を晴らす.

:**sinceridad** [sinθeriðá(ð)]〖女〗誠実; 正直; 率直. ―Me trataron con ～. 彼らは誠実に私を扱ってくれた. Con toda ～, no puedo hacer eso. 正直に[率直に]言って, 私にはそんなことは出来ません.

sincero, ra [sinθéro, ra] シンセロ, ラ 〖形〗誠実な, 誠意のある, (行動などが)心からの. ―actitud *sincera* 誠実な態度. Ella le dio su más ～ pésame. 彼女は心からのお悔やみを彼に述べた. Te dirá lo que piensa porque es muy ～. 彼は非常に誠実だから考えていることを君に言うだろう. 類 **franco, veraz, verdadero.

sinclinal [siŋklinál]〖形〗〖地質〗向斜の, 向斜した. ◆地層が褶曲(ｼｭｳｷｮｸ)して谷形になっていること. 反 **anticlinal**.

síncopa [síŋkopa]〖女〗❶〖言語〗語中音消失(例:Natividad→Navidad など). ❷〖音楽〗シンコペーション, 移勢法.

sincopado, da [siŋkopáðo, ða]〖形〗〖音楽〗シンコペーションを用いた.

síncope [síŋkope]〖男〗❶〖医学〗失神, 気絶. ―～ cardíaco [cardiaco] 心拍停止. ～ respiratorio 呼吸停止. ❷〖言語〗語中音消失. ◆Natividad→Navidad (クリスマス)など.

sincretismo [siŋkretísmo]〖男〗〖宗教, 哲学〗諸教[諸説]混交(主義), 習合, シンクレティズム.

sincronía [siŋkronía]〖女〗❶同時性; 同時に発生すること. 類 **coincidencia, simultaneidad**. ❷〖言語〗共時態[相]; 共時論, 共時的研究.

sincrónico, ca [siŋkróniko, ka]〖形〗❶同時(性)の, 同時に発生する. ―dos acontecimientos ～s 同時に起きた2つの出来事. Los movimientos de los dos bailarines son perfectamente ～s. 2人のダンサーの動きはぴったりとそろっている. 類 **coincidente, simultáneo**. ❷〖物理〗同期式の. ❸〖言語〗共時態[相]の; 共時的研究の.

sincronismo [siŋkronísmo]〖男〗❶同時性; 同時発生. 類 **coincidencia, simultaneidad**. ❷〖物理〗同期(性). ❸〖映画〗映像と音声の同期.

sincronización [siŋkroniθaθjón]〖女〗同期(化), 同調, 同時化.

sincronizar [siŋkroniθár]〖1.3〗〖他〗❶…の時刻を合わせる; を同時に進行[作動]させる; を同期させる. ―dos relojes 2つの時計の時刻を合わせる. ～ las imágenes con los sonidos 映像を音声と同期させる. natación *sincronizada* シンクロナイズド・スイミング. ❷を同調させる, シンクロする. ―～ las frecuencias 周波数を合わせる.

síncrono, na [síŋkrono, na]〖形〗同時の.

sindéresis [sindéresis]〖女〗分別, 良識, 判断力. ―un hombre de probada ～ 分別があると皆が認める男. 類 **discreción, juicio, sensatez**.

sindicado, da [sindikáðo, ða]〖過分〗〖形〗労働組合に加盟している.

―〖男〗労働組合. 類 **sindicato**.

:**sindical** [sindikál]〖形〗❶労働組合の. ―movimiento ～ 組合運動. organización ～ 組合組織. Los representantes ～*es* se reunieron con los directivos de la empresa. 労働代表はその企業の経営陣と会談を行った. ❷代表委員の.

sindicalismo [sindikalísmo]〖男〗労働組合主義, サンディカリスム; 労働組合活動.

sindicalista [sindikalísta]〖形〗労働組合主義の, サンディカリスムの.

―〖男女〗労働組合主義者, サンディカリスト.

sindicar [sindikár]〖1.1〗〖他〗(労働者など)を労働組合に組織する〖加入させる〗.

―**se**〖再〗❶労働組合に加入する. ―Se sindicó para defender sus intereses profesionales. 彼は自分の職業上の利益を守るために労働組合に加入した. ❷労働者同士を結成[結成]させる.

:**sindicato** [sindikáto]〖男〗❶労働組合. ―La mayoría de los ～s laborales se ha puesto en huelga. 労働組合の大部分がストに入った. ❷組織, 組合, 団, シンジケート. ―～ patronal 雇用者組合. ～ estudiantil 学生自治会. ❸企業(家)連合, シンジケート.

síndico [síndiko]〖男〗❶〖法律〗破産管財人. ❷(地域・組織などの)代表者, 共益委員.

síndrome [síndrome]〖男〗〖医学〗症候群, シンドローム. ―～ de Estocolmo ストックホルム症候群(被害者が犯人に対して好意や同情を抱いてしまうこと). ～ de inmunodeficiencia adquirida 後天性免疫不全症候群, エイズ〖略〗SIDA). ～ de Down ダウン症. ～ respiratorio agudo severo 重症急性呼吸器症候群, SARS (通常は英語の略称を用いて el SARS と言う).

sinécdoque [sinékðoke]〖女〗〖修辞〗提喩(法).

代喩. ◆pan (パン) de alimentos (食物)を表わすなど, 一部で全体を表わす法.

sinecura [sinekúra] 囡 (待遇のよい)閑職, 楽な仕事, 名誉職. 類**prebenda**.

sine die [síne ðíe] [＜ラテン] 副 無期限に. —aplazar una reunión ～ 会合を無期限に延期する.

sinéresis [sinéresis] 囡 《言語》合音, 母音縮約. ◆隣接する2つの母音を1つの二重母音として発音すること. 例えば te-a-tro→tea-tro.

sinergia [sinérxja] 囡 ① 《生理》(筋肉などの)共同作用. ② 《薬学》(薬などの)相乗作用.

sinfín [simfín] 男 無数, 無限. —Tiene cinco hijos y un ～ de preocupaciones. 彼には5人の子供と無数の心配事がある. 類**infinidad**, **montón**, **sinnúmero**.

sínfisis [símfisis] 囡 《単複同形》① 《植物》合生, 癒(ゆ)合. ② 《解剖》線維軟骨結合.

*****sinfonía** [simfonía] 囡 ① 《音楽》交響曲, シンフォニー. —la quinta ～ de Beethoven ベートーベンの交響曲第5番. ② 調和, ハーモニー. —El cielo crepuscular era una ～ de colores. 夕暮れ時の空は色の織りなすハーモニーだった. 類**armonía**.

sinfónica [simfónika] 囡 →sinfónico.

sinfónico, ca [simfóniko, ka] 形 《音楽》交響曲の, シンフォニーの. —música sinfónica 交響楽. — 囡 交響楽団 (= orquesta sinfónica).

Singapur [siŋgapúr] 固名 シンガポール.

singar [siŋgár] [1.2] 自 《海事》船尾にあるオールをこいで船を進める.
— 他 《中南米》(人)をじゃまする, いらいらさせる.

singladura [siŋglaðúra] 囡 ① 《海事》(a) 1日の航行距離(正午から計り始める). (b) 航行日 (正午から正午まで) ② 進路; 方針. —Con el nombramiento de un nuevo presidente, se inició en la empresa una nueva ～. 新社長が任命され, 社では新しい方針が採られ始めた. 類**dirección**, **recorrido**, **rumbo**.

single [síŋgle] [＜英] 男 ① 《スポーツ》シングルス. ② (レコードなどの)シングル版.

*****singular** [siŋulár] 形 ① 並外れた, まれに見る, 比類のない. —Posee una facilidad ～ para las matemáticas. 彼はたぐいまれな数学の能力が伴っている. Me trató con ～ generosidad. 彼は私を並外れた気前のよさでもてなしてくれた. 類**excepcional**, **extraordinario**, **raro**. ② 特異な, 奇妙な, 風変わりな. —Tiene una manera ～ de hablar. 彼は独特の話し方をする. Tiene un carácter ～ y no me extraña su reacción. 彼は風変わりな性格だからその反応にも驚かない. 類**extraño**, **extravagante**. ③ 単独の, 唯一の. —una ～ excepción 唯一の例外. 類**solo**, **único**. ④ 《文法》単数の.
— 男 《文法》単数(形). —el ～ de los adjetivos 形容詞の単数形.
en singular (1) 特に, とりわけ. Me interesa este asunto en singular. 私はこの件について関心がある. 類**especialmente**, **particularmente**. (2) 《文法》単数で[の]. Los sustantivos y adjetivos aparecen en singular o en plural. 名詞や形容詞は単数形あるいは複数形で用いられる.

singularice(-) [siŋulariθe(-)] 動 singularizar の接・現在.

singularicé [siŋulariθé] 動 singularizar の直・完過去・1単.

singularidad [siŋulariðáð] 囡 ① 特異性, 風変わり; 独自性. —Lo que más me atrae de ella es la ～ de su carácter. 私が彼女に最も引かれる点は彼女の性格の風変わりな所だ. 類**distintivo**, **originalidad**, **particularidad**. ② 単独性, 単数であること. 反**pluralidad**.

singularizar [siŋulariθár] [1.3] 他 ① を目立たせる, 個別化する; …に特に言及する. —La secta singulariza a sus miembros rapándoles la cabeza. その一派では成員の髪を剃(そ)ってしまうので見分けがつくようにしている. 類**destacar**, **distinguir**. ② を選び出す, えり抜く, よりすぐる. 類**seleccionar**. ③ 《文法》を単数形にする, 単数形で使う. 反**pluralizar**.
— **se** 目立つ, 立派である, 傑出する. —En el grupo, él se singulariza por un escaso sentido del humor. グループの中で彼は目立ってユーモアのセンスがない. 類**distinguirse**, **sobresalir**.

:singularmente [siŋulárménte] 副 特に, 格別に, 際だって. —Me gusta ～ la segunda parte. 私は特に第2部が好きだ.

sinhueso [sinuéso] 囡 《話》舌. 類**lengua**.
darle a la sinhueso/soltar la sinhueso ぺらぺらしゃべる, 出まかせを言う.

siniestra¹ [sinjéstra] 囡 《文》左手; 左. —escribir con la ～ 左手で書く. 類**mano izquierda**. 反**diestra**.

siniestrado, da [sinjestráðo, ða] 形 損害を受けた, 被災した; (乗り物などが)事故に遭った, 遭難した. —El avión ～ era como éste: un Tupolev 154. 遭難したのはこれと同型機で, トゥポレフ154型である.
— 名 被害者, 被災者, 犠牲者. 類**víctima**.

:siniestro, tra² [sinjéstro, tra] 形 ① 不吉な, 忌まわしい, 悲惨な. —casualidad siniestra 不運な偶然. Fue un día ～ en el que todo salió mal. それはすべてがうまく行かない縁起の悪い日だった. 類**aciago**, **desgraciado**, **funesto**. ② 悪意のある, よこしまな, 不気味な. —cara siniestra 不気味な顔. El dictador era un hombre ～. その独裁者はよこしまな男だった. 類**maligno**, **malintencionado**, **perverso**. ③ 《文》左の, 左側の. —mano siniestra 左手. 類**izquierdo**, **zurdo**.
a diestro y siniestro →diestro.
— 男 災難, 災害, 事故. —Ese incendio ha sido el ～ de más alcance en los últimos diez años. その火事は最近10年間で最大規模の災害だった. Aún no se conoce la causa del ～. その災害の原因はまだ分かっていない. 類**azote**, **desastre**.

:sinnúmero [sinnúmero] 男 無数, 途方もない数. —Todavía muere de hambre un ～ de niños. 現在もまだおびただしい数の子供たちが飢えて死んでいる.

*****sino**¹ [síno シノ] 接 ① 【no と相関して訂正を示す】…ではなくて…. —No ha viajado en tren ～ en coche. 彼は汽車ではなくて自動車で旅行した. No sentí alegría al verle, ～, antes bien, pena. 私は彼に会ってうれしさというよりむしろ苦しさを感じた. ② 【排除】…だけ(しか). —Nadie ha asistido a la reunión ～ su padre. その会議には彼の父しか出席しなかった. No hace ~ que quejarse. 彼は不平を言うことしかない. No te pido ~ que me escuches un momento. 私は君にちょっと話を聞いてくれと頼んでいるだけだ. ❸《追加》(…だけでなく)…もまた). —Él estudia no sólo matemáticas ~ también literatura. 彼は数学だけでなく文学も研究している [sino の後の también は省略されることがある]. ❹《疑問詞の後で》…以外に(あるだろうか) —¿Dónde ~ en este país pueden ocurrir estas cosas? この国以外でこんなことが起こるだろうか. ¿Quién ~ tú puede habérselo dicho? 君以外の誰が彼にそんなことを言えるだろうか.

sino[2] [síno] 男 運命, 宿命. —Cree que su ~ es morir joven. 彼は自分が若死にする運命だと思っている. 類**destino**.

sinodal [sinoðál] 形 《宗教》宗教会議の, 教会会議の.

sínodo [sínoðo] 男 ❶《宗教》宗教会議, 教会会議. ~ diocesano 教区司教会議. ~ episcopal 司教会議. 類**asamblea, concilio**. ❷《天文》(惑星の)合(ゴウ).
Santo Sínodo (ロシア正教会の)聖宗務院.

sinología [sinoloxía] 女 中国研究, 中国学.

sinólogo, ga [sinóloɣo, ɣa] 名 中国研究家, 中国学者.

sinonimia [sinonímja] 女 《言語》同義(性), 類義(性). —Existe ~ entre las palabras 'riña', "lid" y "pelea". "Riña" と "lid" と "pelea" という語の間には類義性がある.

sinónimo, ma [sinónimo, ma] 形 《言語》同義(語)の, 類義(語)の. —palabras *sinónimas* 同義語, 類義語. 反**antónimo**.
— 男 同義語, 類義語. —"Bonito", "guapo" y "hermoso" son ~s. "Bonito" と "guapo" と "hermoso" は類義語だ.

sinopsis [sinópsis] 女〖単複同形〗梗概(コウガイ), 要約, シノプシス. —hacer una ~ de …の梗概を作る, を要約する. Después de este breve ~ pasaremos a desarrollar el tema. 以上の短い要約に引き続き, 本題にはいって行きましょう. 類**compendio, resumen, síntesis**.

sinóptico, ca [sinóptiko, ka] 形 梗概(コウガイ)の, 大意の; 概観的な. —cuadro ~/tabla *sinóptica* 一覧表.

sinovia [sinóβja] 女《生理》(関節)滑液.

sinovial [sinoβjál] 形《生理》滑液の, 滑液を分泌する. —cápsula [membrana] ~ 滑液膜. líquido ~ 滑液.

sinrazón [sinřaθón] 女 ❶(権力などの乱用による)不正(行為), 不法. —cometer *sinrazones* 不正を働く. las sinrazones de la política 政治の不正. 類**atropello, injusticia**. ❷ばかげたもの[こと, 言動]. —Es una ~ hacer ese viaje solo. その旅行に一人で行くのはむちゃだ. 類**disparate**.

sinsabor [sinsaβór] 男《主に複》❶不満, 悩み, 苦労の種. —causar [producir・proporcionar] ~es 悩みをひき起こす. Este negocio sólo me produce ~es この取り引きは私にとって悩みの種に過ぎない. 類**disgusto, pena, pesadumbre**. ❷無味乾燥, 味気ないこと.

sinsombrerismo [sinsombrerísmo] 男 無帽, 帽子をかぶらずに外出すること[習慣].

sinsonte [sinsónte] 男《鳥類》マネツグミ. ◆他の鳥の鳴きまねがうまい; 北米南部・西インド諸島産.

sinsubstancia, sinsustancia [sinsuβstánθja, sinsustánθja] 男女 中身のない人, 軽薄者.

sintáctico, ca [sintáktiko, ka] 形《言語》統語論の, 統語(論)上の.

:**sintaxis** [sintáksis] 女〖単複同形〗《言語》統語論, 語辞論, シンタックス. —La ~ es una parte de la gramática. 統語論は文法の一部である.

:**síntesis** [síntesis] 女〖単複同形〗❶総合, 統合; 総合体. —Su opinión es la ~ de las de todos los que asistieron a la reunión. 彼の意見は会議に出席している全ての人の意見を総合したものだ. ❷概括, 概括. —en ~ 要約すると, 一言で言えば. Vamos a hacer una ~ de lo que quiere decir esta obra. この作品の言わんとすることをまとめてみよう. 類**resumen, sinopsis, compendio**. ❸《化学, 情報》合成. ~ de voz 音声合成.

:**sintético, ca** [sintétiko, ka] 形 ❶総合的な, 綜合の. —juicio ~ 総合的判断. lengua *sintética*《言語》総合的言語. 類**analítico**. ❷(工業製品が)合成の, 人工の; 合成繊維の. —piel *sintética* 人工皮革. fibras *sintéticas* 合成繊維. bañador ~ 化繊の水着.

·**sintetizar** [sintetiθár] [1.3] 他 ❶を総合する, まとめる, 要約する. —La mayor parte de la gente prefiere analizar a ~. 大多数の人々は総合よりも分析を好む. He conferencia para publicarla en una revista ある雑誌に発表するために講演を要約する. ❷《化学》を合成する. ~ resina 樹脂を合成する.

sinti- [sinti-] 動 *sentir* の直・完了過去.

sintie- [sintje-] 動 *sentir* の接・過去, 現在分詞.

sintoísmo [sintoísmo]〖<日〗《宗教》神道.

sintoísta [sintoísta]〖<日〗形 男女 神道の.

:**síntoma** [síntoma] 男 ❶《医学》(病気の)兆候, 症状. —Se aprecian ~s de bronquitis. 気管支炎の兆候が見える. ❷(物事の)兆し, 兆候; 前兆, 前触れ. —Que estén siempre discutiendo es ~ de que su relación no va bien. いつも口論ばかりしているということは彼らの仲がうまくいっていないという兆しだ.

sintomático, ca [sintomátiko, ka] 形 ❶《医学》症状の; (病気の)徴候を示す; 対症的な. —terapéutica *sintomática* 対症療法. ❷ [+de] (の)徴候[前兆]である, を示す, 表わす. —La fiebre y el cansancio general son signos ~s de gripe. 熱と全身のだるさは風邪の徴候である.

sintomatología [sintomatoloxía] 女 ❶(病気の)総合的症状. —Por la ~ que presenta el enfermo, se diría que padece cirrosis hepática. 患者の示す総合的症状から見て, 肝硬変にかかっていると言えよう. ❷《医学》徴候学, 病状所見.

sintonía [sintonía] 女 ❶《電気》同調, (ラジオなどの)チューニング. —Es difícil dar con la ~ de esa emisora. その放送局にチューニングを合わせるのは難しい. ❷(テレビ・ラジオ番組の)テーマ音楽. ❸調合, 一致. —estar en ~ con ... (人が)…と(好み・考えなどの点で)一致している. La ~ entre ma-

sintonice(-) [sintoniθe(-)] 動 sintonizar の接・現在.

sintonicé [sintoniθé] 動 sintonizar の直・完了過去・1単.

sintónico, ca [sintóniko, ka] 形 〈電気〉同調の.

sintonización [sintoniθaθjón] 女 ❶〈電気〉同調, チューニング. —He comprado una radio de ~ automática. 私は自動チューニングのラジオを買った. ❷〈一般〉同調, 調和.

sintonizador 男 〈電気〉チューナー, 受信機. —~ digital デジタル受信機.

sintonizar [sintoniθár] [1.3] 他 〈電気〉を同調する, (チューナーを)…に合わせる. —~ Radio Nacional de España (ラジオのダイヤルを)スペイン国営放送に合わせる.
—— 自 調和する, 順応する. —Es joven y *ha sintonizado* fácilmente con el nuevo ambiente. 彼は若いので新しい環境に簡単に順応した.

sinuosidad [sinwosiðá(ð)] 女 ❶ (*a*) 曲がりくねり, 湾曲, 蛇行. —Las ~*es* de la carretera no permiten aumentar la velocidad. 道路が曲がりくねっているのでスピードを上げることができない. 類 **ondulación, tortuosidad**. (*b*) カーブ, 湾曲部. 類 **curva**. ❷ くぼみ, へこみ. 類 **concavidad, seno**. ❸ (言葉の)回りくどさ, 分かりにくさ. —un pueblo que gusta de la ~ en la comunicación 回りくどいコミュニケーションを好む民族.

sinuoso, sa [sinwóso, sa] 形 ❶ 曲がりくねった, 波状の, 蛇行した. —Conduce despacio, que es una carretera estrecha y *sinuosa*. ゆっくり運転しなさい, 狭くて曲がりくねった道だから. 類 **ondulante, torcido, tortuoso**. ❷『比喩』(人・方法などが)回りくどい, 本心を隠した; (問題などが)こみ入った. 類 **retorcido**.

sinusitis [sinusítis] 女〖単複同形〗《医学》副鼻腔(ﾎﾞｳ)炎, 静脈洞炎.

sinvergüencería [simberɣwenθería] 女 ❶ 恥知らず(な性格), 厚顔無恥. ❷ 恥知らずな言動, 卑劣なやり方.

sinvergüenza [simberɣwénθa] 男女 恥知らず, ずうずうしい人; ろくでなし. —No me agrada que te muestres tan amable con un ~ como ése. 君があいつのような恥知らずにそんなやさしい態度を取るなんて私は気分が良くない. 類 **descarado, desvergonzado, granuja**.
—— 形 恥知らずの, ずうずうしい. —un tío ~ 恥知らずな男. No seas ~ y paga como todos. ずうずうしいことをせずにみんなと同じように払いなさい.

sinvergüenzada [simberɣwenθáða] 女《中南米》《話》卑劣な仕打ち, きたない謀略.

sionismo [sjonísmo] 男 シオニズム, シオン主義. ♦ 19世紀末, ヨーロッパに起きたユダヤ人の国家建設運動.

sionista [sjonísta] 形 シオニズムの, シオン主義の.
—— 男女 シオニスト, シオン主義者.

sioux [sjú] 形 男女〖単複同形〗(北米先住民)スー族(の).

Siqueiros [sikéjros] 固名 シケイロス (ダビ・アルファロ David Alfaro ~) (1896-1974, メキシコの象徴派の壁画家).

siquiatra, siquíatra [sikjátra, sikiátra] 男女 精神科医; 精神病学者. 類 **psiquiatra**.

sisal 1759

síquico, ca [síkiko, ka] 形 精神的な, 心的な, 心の. —enfermedad *síquica* 精神病. 類 **psíquico, espiritual, mental**.

***siquiera** [sikjéra シキエラ] 接〖譲歩; 十接続法〗…ですもの. —No dejes de llamarme por teléfono, ~ sea la medianoche. たとえ夜中でも必ず私に電話をしてくれ.
—— 副 ❶ 少なくとも. —Déjame ~ acabar este trabajo. 少なくともこの仕事を終わらせてくれ. ❷〖否定語とともに〗…さえも…ない. —No tiene ~ zapatos. 彼は靴も持っていない. No tengo un euro ~. 私は1ユーロも持っていない.
ni siquiera …さえも…ない. No tuve tiempo *ni siquiera* para cenar. 私は夕食をとる時間さえなかった. *Ni siquiera* sabía que habías vuelto. 私は君が戻ったことすら知らなかった.

:**sirena** [siréna] 女 ❶ サイレン, 警笛. —Se oye la ~ del coche patrulla. パトカーのサイレンが聞こえる. Suena la ~ para anunciar el fin de la jornada de la fábrica. 工場の終業を告げるサイレンが鳴っている. ❷ 人魚; (ギリシア神話) セイレン (美しい歌声で船乗りを誘い難破させたと言われる半人半鳥または半人半魚の海の精).

sirga [sírɣa] 女 《海事》(船を引くための)引き綱. —tirar de la barca por medio de una ~ 引き綱を使って船を引く. camino de ~ (川・運河沿いの)引き船道.

sirgar [sirɣár] [1.2] 他 《海事》(船)を引き綱で引く.

Siria [sírja] 固名 シリア (首都ダマスカス Damasco).

sirimbo, ba [sirímbo, ba] 形《キューバ》ばかな, 愚かな, ばかげた. 類 **estúpido, imbécil, necio, tonto**.

sirimiri [sirimíri] 男 霧雨, ぬか雨. 類 **llovizna**.

siringa [siríŋga] 女 ❶《楽器》パンフルート, パンパイプ (長さの違う葦(ｱｼ)の茎を並べた笛). 類 **zampoña**. ❷『中南米』《植物》ゴムノキ. 類 **cauchera**.

siringe [siríŋxe] 男 《鳥類》鳴管 (鳥類の発声器官).

sirio, ria [sírjo, rja] 形 シリア (Siria) の; シリア人の.
—— 名 シリア人.

siroco [siróko] 男 《気象》シロッコ. ♦ サハラ砂漠に発し, アフリカ北岸から地中海周辺に吹く熱風.

sirope [sirópe] 男 『中南米』シロップ. 類 **almíbar, jarabe**.

sirte [sírte] 女 (海の)浅瀬. 類 **bajio**.

sirv- [sirβ-] 動 servir の直・現在/完了過去, 接・現在/過去, 命令・2単, 現在分詞.

sirvienta [sirβjénta] 女 メイド, お手伝い, 女中. 類 **criada**.

sirviente [sirβjénte] 男 ❶ (男の)召使い, 下男; 給仕. 類 **camarero, criado, servidor**. ❷《軍事》(砲兵隊の)砲手.
—— 形 仕えている, 奉仕の.

sisa [sísa] 女 ❶ (おもに使用人が買い物などのために預かったお金から小額をくすねること, ちょろまかし; くすねた金額. ❷『服飾』(衣服の)袖ぐり.

sisal [sisál] 男 ❶《植物》サイザル. ♦ リュウゼツラン科の多年草でメキシコ原産. ❷ サイザル麻, シザル

麻, サイザルヘンプ. ♦植物のサイザルの葉の繊維. 漁業・船舶用のロープとする.

sisar [sisár] 他 ❶ (特に, 小額の金)をくすねる, ちょろまかす. ❷ 《服飾》(衣服)に袖ぐりを開ける. —~ mucho el vestido 服の袖ぐりを大きく開ける.

sisear [siseár] 自 《注意を引くため, 人を静かにさせるため, または非難・不同意を表すために》シッシッ[シー, ツッツッ, チッチッ]と言う. —*El profesor siseó para pedir silencio.* 先生は静かにさせようとしてシーッと言った.
—— 他 (講演者など)をシッシッ[シー, ツッツッ, チッチッ]と言って野次る.

siseo [siséo] 男 《注意を引くため, 人を静かにさせるため, または非難・不同意を表すための》シッシッ[シー, ツッツッ, チッチッ]という声.

sísmico, ca [sísmiko, ka] 形 地震の, 地震に関する; 地震によって起こる. —*movimiento* ~ 地震動. *onda sísmica* 地震波.

sismo [sísmo] 男 地震. 類 **seísmo, terremoto**.

sismógrafo [sismóɣrafo] 男 地震計.

sismología [sismoloxía] 女 地震学.

sisón¹, sona [sisón, sóna] 形 (小額のお金を)よくくすねる, 手癖の悪い, 盗癖のある.
—— 名 よくくすねる人, 手癖の悪い人, 盗癖のある人.

sisón² [sisón] 男 《鳥類》ヒメノガン(姫野雁). ♦地中海周辺産.

:sistema [sistéma] 男 ❶ 制度, 組織, 機構. —~ *económico capitalista* 資本主義体制. ~ *tributario* 税制. *Se ha establecido un nuevo* ~ *educativo.* 新しい教育制度が制定された. *El* ~ *político de este país está en transición.* この国の政治制度は過渡期にある.
❷ 体系, 系統. (a) (思想・理論などの)体系. —*La lengua tiene su* ~. 言語には体系がある. *Creó un* ~ *filosófico moderno.* 彼は現代的な哲学体系をうちたてた. (b) 組織網, …系. —*nervioso* ~ 神経系統. ~ *planetario* (太陽の)惑星系. ~ *solar* 太陽系. (c) 《地理》山系, 山脈. —*S— Central* (イベリア半島の)中央山系.
❸ (組織立った)方式, 方法, …法. —~ *cegesimal CGS* 単位(センチメートル, グラム, 秒からなる単位系). ~ *decimal* 十進法. ~ *métrico (decimal)* メートル法. *En esta fábrica se emplea un nuevo* ~ *para aumentar la productividad.* この工場では生産性を向上させる新しい方式が用いられている. *Tiene un buen* ~ *para aprender palabras.* 彼は単語を覚える良い方法を知っている. ❹ 装置, システム. —~ *operativo (en disco)* (ディスク)オペレーティングシステム. ~ *antiincendios* 防火システム. ~ *automático de alarma* 自動警報装置. ~ *central [principal]* 《情報》ホスト. ~ *de archivos jerárquico* 階層型ファイルシステム. ~ *de comunicación [de información geográfica, de seguimiento en 3-d]* 通信[地理情報, トラッキング]システム. ~ *localización global* 地球測位システム, GPS. ~ *multiusuario* マルチユーザー・システム.
por sistema (特別な根拠なく)いつも決まって, 習慣的に. *Por sistema desobedece a sus padres.* いつも彼は親に逆らっている.

sistemática [sistemátika] 女 →**sistemático**.

*sistemáticamente [sistemátikaménte] 副 ❶ 体系的に, 組織的に, 整然と. —*Deberías trabajar* ~. 君は計画的に働くべきだろう. ❷ 一貫して; 規則的に. —*Se opone a todo* ~. 彼はあらゆることに一貫して反対する.

*sistemático, ca [sistemátiko, ka] 形 ❶ 体系的な, 組織的な, 系統だった. —*método* ~ 体系的方法. *Una investigación sistemática es siempre más fiable.* 体系的研究は常により信頼できるものである. 類 **consecuente, metódico**. ❷ (人の)几帳面な, いつも変わらない, 型どおりの. —*Es demasiado* ~ *para hacerle cambiar el horario de comidas.* 彼は食事の時間を変えさせようにもあまりにも几帳面すぎる.
—— 女 ❶ 《生物》分類学. ❷ 体系, 体系論. —~ *jurídica codificada* 成文法体系.

sistematización [sistematiθaθión] 女 組織化, 体系化, 系統立て. —*Tu tesis está mal enfocada y carece de* ~. 君の論文は論点がはっきりせず系統立ってもいない.

*sistematizar [sistematiθár] [1.3] 他 を体系化する, 組織化する. —~ *los datos obtenidos* 手に入れたデータを体系化する.

*sistémico, ca [sistémiko, ka] 形 組織全体の; 全身の.

sístole [sístole] 女 ❶ 《医学》(心)収縮, (心)収縮期. 反 **diástole**. ❷ 《韻律》音節短縮. ♦韻律を整えるため, 長音節を短音節として用いること. 反 **diástole**.

sitiado, da [sitiáðo, ða] 過分 形 包囲された, 包囲攻撃されている. —*ejército* ~/*tropa sitiada* 籠[城]城軍.
—— 名 包囲された人, 取り囲まれた人.

sitiador, dora [sitiaðór, ðóra] 形 包囲(攻撃)する, 取り囲んでいる. —*ejército* ~/*tropa sitiadora* 包囲軍, 攻囲軍.

sitial [sitiál] 男 (儀式用の)座席, (特に)貴賓席.

sitiar [sitiár] 他 ❶ 《軍事》(軍隊が町, 砦などを)包囲(攻撃)する. —*Sitiaron la ciudad para obligarla a rendirse.* 彼らは都市を包囲して降伏を迫った. 類 **asediar, rodear**. ❷ 《比喩》(人)を取り囲む, 攻めたてる, 悩ます. —*Me sitiaron de tal forma que tuve que dejar la compañía.* 私は会社を辞めざるを得ない所まで追いつめられた. 類 **acorralar, acosar, apremiar, importunar**.

*sitio [sítio シティオ] 男 ❶ 場所, 所; 箇所. —*en cualquier* ~ どこでも. *en todos los* ~s 至る所に. *He encontrado un buen* ~ *para aparcar el coche.* 駐車するのに良い場所を見つけた. *Vamos a descansar aquí, pues es un* ~ *muy bonito.* とても美しい所だから少し休みましょう. *El agua se sale del florero, debe de haber una raja en algún* ~. この花瓶は水が漏る. どこかにひびでもあるに違いない. 類 **lugar, parte**. ❷ 席, 座席; ポスト. —*No queda ningún* ~ *en el teatro para la función de hoy.* 劇場の本日分の席はない. *El joven cedió [dejó] el* ~ *al anciano.* その若者は老人に席を譲った. *¿Por qué no trabajas con nosotros? Te ofrecemos un buen* ~. いいポストを用意するからうちで働いてみないか? ❸ 空間, 余地, 場所. —*En esta sala todavía hay* ~ *de sobra.* この部屋にはもっと人が入る余裕がある. *Esta máquina funciona bien y además no ocupa mucho* ~. この機械は性能

がい上にあまり場所をとらない. No hay ~ para hacer tonterías. ばかな事をやっている余裕ない. ❹ 地域, 地区; 所在地. —Su casa está en el mejor ~ de la ciudad. 彼の家はこの町の一等地にある. ❺ 位置, 地位; 身分. —Este señor tiene un ~ muy elevado en la sociedad. この人は社会的な地位が高い. Esa compañía ocupa el tercer ~ en la lista de clientes. その会社は顧客リストの3位に位置している. ❻ 〖軍事〗包囲(戦). —levantar el ~ 包囲を解く. poner ~ a la fortaleza 砦を包囲する. ❼ (王侯・貴族の)別荘. —Real S~ 王室の御用邸. ❽ 〖情報〗サイト. —~ de archivo アーカイブ・サイト. ~ espejo [réplica] ミラー・サイト. ~ web Webサイト.

dejar a ... en el sitio 即死させる. El atracador disparó tres tiros y *dejó al* empleado *en el sitio*. 強盗は銃を3発撃って店員を即死させた.

hacer (un) sitio 場所[席]をあける. Apretaos un poco para *hacer un sitio* a esta anciana. 君たち少し詰めて, このお年寄りの婦人に場所をあけてくれ. Me *hicieron un sitio* entre los socios del club. クラブの会員に一人分の空きをつくって私を入れてくれた.

poner a ... en su sitio 身の程を思い知らせる. Él tiene demasiada confianza en su propio talento. Hay que *ponerle en su sitio*. 彼は自分の能力を過信している. 身の程を分からせねばならない.

quedarse en el sitio 即死する. Bebió el veneno y *se quedó en el sitio*. 彼は毒を飲んで即死した.

sito, ta [síto, ta] 形 〖+en〗(…に)位置する. —una librería *sita en* el número ocho de la Calle de Goya ゴヤ通り8番地所在の書店. 類 *situado*.

bienes sitos 不動産(=bienes inmuebles [raíces, sedientes, sitios]).

situación [sitŭaθjón シトゥアシオン] 女 ❶ (a) 状況, 状態; 情勢. —~ de ánimo 精神状態. ~ económica [política] 経済[政治]情勢. Los monumentos históricos de la ciudad están en ~ ruinosa. この市の歴史的建造物は荒廃した状態である. La política nacional está en una ~ delicada. 国の政治は微妙な状況にある. Ha fracasado en su negocio y no está en ~ de ayudarte. 彼は事業に失敗して, 君を援助できるような状況ではない. 類 *condición, aspecto, fase*. (b) (主に安定した)経済状態. —crearse una ~ 経済的に自立する. No quiero casarme mientras no tenga una ~. 生活が安定するまで私は結婚したくない. 類 *posición*. ❷ 地位, 身分; 職. — ~ social 社会的地位, 身分. Por fin mi hijo ha conseguido una ~ asegurada. やっと息子は安定した職を手にした. Mi abuelo, que es funcionario, está ahora en ~ pasiva [todavía está en ~ activa]. 私の祖父は役人だが, 今は休職中[未だ在職中]である. 類 *posición, cargo, empleo*. ❸ 位置, 場所, 立地条件. —La ciudad *está en* una ~ muy favorable desde el punto de vista de las comunicaciones. その市は交通の便がたいへんよい場所に位置している. Estamos buscando una casa que tenga una buena ~. 私たちは立地条件のいい[環境のいい]家を探している. 類 *posición, lugar, sitio*.

situado, da [sitŭáðo, ða] 過分 形 ❶ (ある場所に)位置している. —Tiene una casa de campo *situada* a orillas del lago. 彼は湖岸に位置する別荘を持っている. ❷ 〖*bien* などを伴って〗(恵まれた)境遇の, (良い)地位にある. —Está *bien situada*. 彼女は恵まれた境遇にある.

— 男 ❶ (タクシーなどの)乗り場. ❷ 屋台, 露店.

situar [sitŭár シトゥアル] [1.6] 他 ❶ (a) 〖+en〗に配置する, 位置づける. —*Situaron* a dos guardias en la entrada del hotel. ホテルの入口に2人の警官が配置された. (b) (場所がどこにあるか)を指し示す, 言い当てる. —Él sabe ~ Ibiza en el mapa. 彼は地図でイビーサ島がどこにあるか指し示すことができる. ❷ (a) (金)を使う, 費す, 消費する. —El matrimonio *situó* sus ahorros para comprar un piso. 夫婦はマンションを買うために預金を使った. (b) を預金する. — ~ dinero en un banco de Suiza スイスの銀行に預金する.

— se 再 ❶ 位置する, 場所を占める, 居る. —Los padrinos *se situaron* al lado de los novios. 付添人は新郎新婦の脇に位置した. ❷ 高い地位につく. —Le costó mucho ~se. 高い地位につくのに彼は多くの代償を払った. ❸ (数値が)…である. —La tasa de paro *se sitúa* en 12%. 失業率は12%だ.

siútico, ca [sjútiko, ka] 形 〖中南米〗きざな, 気取った. 類 *afectado, cursi*.

siutiquería, siutiquez [sjutikería, sjutikéθ] 女 〖中南米〗きざな態度, 気取った言動. 類 *afectación, cursilería*.

siux [sjú, sjú(k)s] 形 〖単複同形〗(北米インディアンの)スー族の; スー語の.
— 名 〖単複同形〗スー族の人.
— 男 スー語.

sixtino, na [si(k)stíno, na] 形 《歴史》ローマ教皇シクストゥス(Sixto)の. —La Capilla *Sixtina* システィーナ礼拝堂. ♦ヴァチカン宮殿の教皇の礼拝堂. シクストゥス4世(Sixto IV)の命で建てられた. ミケランジェロ(Miguel Angel)の壁画で有名.

S. L. 〖略号〗=Sociedad Limitada 有限会社.

slalom [(e)slalóm] 男 (スキーの)回転競技; スラローム.

slam [(e)slán] 〈英〉 《トランプ》(ブリッジの)スラム. ♦全勝, または1組を除いて全部勝つこと.

slip [(e)slí(p)] 〈英〉男 〖複〗 slips[(e)slíps] ❶ 〖服飾〗(男子用下着の)パンツ, ブリーフ. 類 *calzoncillos*. ❷ 〖中南米〗〖服飾〗水泳パンツ.

slogan [(e) slóɣan] 〈英〉 男 〖複〗 slogans [(e)slóɣan(e)s] スローガン, モットー, 標語. 類 *eslogan, lema, mote*.

S. M. 〖略号〗〖複 SS. MM.Q〗=Su Majestad 陛下.

smash [(e)smáʃ, (e)smás] 〈英〉男 (スポーツ)スマッシュ.

smog [(e)smóɣ] 〈英〉男 スモッグ.

smoking [esmókin, (e)smókin] 〈英〉男 〖複〗 smokings [(e)smókin(e)s] 〖服飾〗タキシード. —Viene de ~. 彼はタキシード姿で来ている.

snob [(e)snóβ] 〈英〉形 〖複〗 snobs [(e)snóβ(e)s] 〖服飾〗俗物の, 上流気取りの, きざな.
— 名 俗物の, 上流気取りの人, きざな人. 類 *esnob*.

snowboard [(e)snóuβor(ð)] 〈英〉男 〖単複

同形〕スノーボード.
SO〔略号〕=sudoeste 南西.
so[so] 前 …のもとに.
　so pena de … …でなければ.
so[só] 間 (動物を制する声)どうどう.
soasar[soasár] 他 〖料理〗をさっと焼く;…に(強火で)軽く焦げ目をつける.
soba[sóβa] 女 ❶ (衣服, 布, 紙, 皮などを)もむこと, しわくちゃにすること; (粉, 土などを)こねること. ❷ 殴打, ひっぱたくこと. —*Como suspendas te van a dar [propinar] una buena* ~. もし不合格になったら, 君は思い切りひっぱたかれるだろう. 類 **golpeo, paliza, zurra**. ❸ (衣服などの)しわ, しわくちゃな状態.
sobacal[soβakál] 形 腋(芳)の下の.
sobaco[soβáko] 男 ❶ 腋(芳)の下の; 〖解剖〗腋窩(芳). 類 **axila**. ❷ 〖建築〗三角小間(芳). 類 **enjuta**.
sobado, da[soβáðo, ða] 過分 形 ❶ (衣服などが)着古した, 擦り切れた, 使い古した. —*Llevaba una camisa de* ~ *cuello*. 彼は襟(芳)の擦り切れたシャツを着ていた. ❷ 〖比喩〗ありふれた, 陳腐な. —*una excusa sobada* 陳腐な言い訳. *Estoy harto de oír hablar de un tema tan* ~. 私はこんな手あかのついたテーマについての話を聞くのはうんざりだ. 類 **manido, trillado**.
　— 男 〖スペイン〗〖料理〗ソバード(ラード・油を使った菓子パン.)
sobajar[soβaxár] 他 をいじくり回す, 荒々しく扱う;をしわくちゃにする.
sobaquera[soβakéra] 女 ❶ 〖服飾〗袖(蒼)ぐり, アームホール(腕を通す穴). ❷ 〖服飾〗腋(芳)の下に当てる汗よけ(の布). ❸ (衣服にできた)腋の下の汗じみ.
sobaquina[soβakína] 女 わきが.
sobar[soβár] 他 ❶ (衣服, 布, 紙など)をしわくちゃにする. ❷ (粉, 土など)をこねる, 練る. —*la masa de pan* パンの生地をこねる. 類 **amasar**. ❸ (物)をいじり回す, 手荒く扱う;(人)にしつこく触る. —*Al frutero le molesta que los clientes soben la fruta*. 果物屋は客が果物をいじり回すのをいやがる. 類 **manosear**. ❹ (皮など)をもんで柔らかくする. ❺ (人)を愛撫する. 類 **acariciar**. ❻ (人)をしつこく悩ます, (うるさくして, 人)を困らせる. 類 **fastidiar, molestar**. ❼ (罰として, 人)をたたく. —*En mis tiempos, los maestros se sobaban si no obedecías*. 私の頃は, 言うことをきかないと先生にたたかれたものだ. 類 **golpear, zurrar**.
sobarba[soβárβa] 女 ❶ (馬具の)鼻革. 類 **muserola**. ❷ 二重あご. 類 **papada, sotabarba**.
soberanamente[soβeránaménte] 副 非常に, きわめて, この上なく.
***soberanía**[soβeranía] 女 ❶ 〖政治〗主権, 統治権; 宗主権, 支配. —*En una democracia la* ~ *reside en el pueblo*. 民主主義では主権は国民にある. *ejercer la* ~ *sobre los países vecinos* 近隣諸国を支配する. ❷ 〖政治〗独立, 自治. —*La colonia recobró la* ~. 植民地は独立した. ❸ 至上, 卓越. —*La* ~ *de la interpretación del protagonista dejó a todos embelesados*. 主人公の演技のすばらしさに全員が魅了された.
soberanismo[soβeranísmo] 男 (バスクの)主権要求論.
soberanista[soβeranísta] 男女 (バスクの)主権要求論者.
:soberano, na[soβeráno, na] 形 ❶ 主権を有する, 至上権を持つ, 独立した. —*estado* ~ 主権国家. *En las democracias, el pueblo* ~ *elige libremente a sus gobernantes*. 民主制では主権を有する国民が自由に統治者を選ぶ. 類 **supremo**. ❷ 〖話〗この上ない, とてつもない, 大変な. —*belleza soberana* この上ない美しさ. *Ha sido un fracaso* ~. それはとんでもない失敗だった. *Le dieron una soberana paliza*. 彼は手ひどくなぐられた. 類 **enorme, insuperable, soberbio**. ❸ 君主[国王]の, 元首の.
　— 名 ❶ 君主, 元首; 主権者. —*Los* ~*s han realizado una visita oficial a nuestro país*. 国王夫妻はわが国を訪問された. 類 **monarca, reina, rey**. — ❷ 〖歴史〗英国の旧ソブリン金貨.
***soberbia**[soβérβja] 女 ❶ 思い上がり, 尊大, 高慢. —*La* ~ *de esa mujer es inaguantable*. その女の高慢さは我慢できない. 類 **altanería, altivez, arrogancia, orgullo**. 反 **humildad, modestia**. ❷ 壮大さ, 壮麗さ, 立派さ. —*La* ~ *de la catedral causa adimiración en sus visitantes*. 大聖堂の壮麗さは見物人を感嘆させる. 類 **majestuosidad, solemnidad**. ❸ 怒り, 憤激. 類 **cólera, ira, rabia**.
:soberbio, bia[soβérβjo, βja] 形 ❶ 高慢な, 傲慢(汽)な, 尊大な. —*Nos dirigió una mirada soberbia*. 彼は私たちに尊大な視線を向けた. —*un chico envidioso y* ~. 彼はねたみ深くて高慢な男の子だ. 類 **altanero, altivo, arrogante**. ❷ 壮大[壮麗]な, 立派な, すばらしい. —*Viven en una mansión soberbia*. 彼らは壮大な邸宅に住んでいる. 類 **esplédido, grandioso, magnífico**. ❸ 非常に大きい, とてつもない, すごい. —*La galería de arte está en un edifico* ~. その画廊は巨大なビルの中にある. *Recibió una soberbia reprimenda*. 彼はとても厳しい叱責をこうむった.
sobo[sóβo] 男 =**soba**.
sobón, bona[soβón, βóna] 形 ❶ (特に, 人の体に)やたらに触りたがる; いちゃつくのが好きな. —*Me desagradan los chicos* ~*es*. 私はまとわりついてくる子供が嫌いだ. ❷ 仕事嫌いの, 怠惰な.
　— 名 ❶ 触りたがる人, (電車の中などの)痴漢; いちゃつく人. —*Ten cuidado, que a mi gato no le gustan los* ~*es*. 気をつけて, 私の猫は触りたがる人が嫌いだから. ❷ 仕事嫌い, サボリ屋.
sobornable[soβornáβle] 形 (人が)買収されやすい, 金で動く, 賄賂(賃)のきく. 類 **venal**.
sobornar[soβornár] 他 (人)に賄賂(賃)を贈る, を買収する. —*Para escaparse sobornó al policía que lo vigilaba*. 彼は逃げるために, 見張っている警官に賄賂を贈った. *dejarse* ~ (*por* ...) (…から)賄賂を取る. 類 **cohechar, corromper**.
soborno[soβórno] 男 ❶ 賄賂(賃)行為(贈賄または収賄), 買収. —*delito de* ~ 贈[収]賄罪. *hacer [cometer] un* ~ 買収する. *Le han detenido por intento de* ~ *a un político*. 彼は政治家への贈賄未遂で逮捕された. 類 **cohecho**. ❷ 賄賂. —*aceptar un* ~ 賄賂を受け取る. ❸ 〖比喩〗(人を思い通りに操る)術. —*Con su jefe empleaba la adulación como* ~. 彼はおべっかを使って上司に取り入っていた. ❹ 〖中南米〗追加の[余分の]積荷; 積み過ぎ(の荷). 類 **sobrecarga**.
　de soborno 〖中南米〗さらに, その上に.

:sobra [sóβra] 囡 ❶ 過剰, 余剰, 超過. —La ~ de patatas hizo bajar su precio. ジャガイモがとれ過ぎて値がさがった. 類**demasía, exceso**. 反**falta**. ❷ 残り(もの), 余り(もの); (余った)くず. —~s de comida 残飯. Quedaron muchas ~s de tela después de hacer el vestido. ドレスを作ったあと, たくさんの布が余った. 類**desechos**.

de sobra あり余るほどの, 余分な, 十二分に. Tenemos problemas de sobra. 私たちは余るほどの問題を抱えている. Aquí hay papeles de sobra. ここに余った紙がある.

estar de sobra 余計である, 邪魔(者)である. Yo estuve de sobra en aquella reunión. あの会合で, 私は邪魔者だった. Ese comentario está de sobra. そのコメントは余計だ.

tener de sobra para …しても余る, …するのに余りある. Con estos víveres tendremos de sobra para pasar una semana en las montañas. これだけの食料があれば私たちが山で一週間過ごしても余るだろう.

sobradamente [soβráðamente] 副 十分すぎるほど, 大いに, 極度に. —conocer a … ~ (人を)知りすぎるほど良く知っている. 類**de sobra**.

sobradero [soβraðéro] 男 排水管. 類**rebosadero**.

sobradillo [soβraðíʎo] 男 《建築》さしかけ屋根, 下屋(ﾋﾟ), ひさし. 類**alero**.

*****sobrado, da** [soβráðo, ða] 過分 形 ❶ 余った, 残った, 余分な. —Hay tiempo ~. 時間が余っている. ❷ 十分すぎる, あり余る, 余裕のある. —Tienes razón sobrada. 君の言っていることは十二分に正しい. Tienes talento ~ para hacer este trabajo. 君がこの仕事をするには十分すぎるくらいの才能がある. ❸ 金の余裕がある, 裕福な. —Parece que no anda muy ~ (de dinero). 彼はあまり金がゆとりがないらしい. ❹ 横柄な, 不遜な. ❺ 《南米》思い上がった, 尊大な.
— 副 十二分に, 十分すぎるほど.
— 男 ❶ 屋根裏部屋. —He guardado la bicicleta vieja en el ~. 私は古い自転車を屋根裏部屋にしまった. 類**desván**. ❷ 複 《スペイン南部, アメリカ》(食事の)残り物, 食べ残し. —Ella dio los ~s al perro. 彼女は犬に残り物を与えた. 類**sobras**. ❸ 《中南米》食器棚. 類**vasar**.

sobrancero, ra [soβranθéro, ra] 形 職のない, 失業中の. 類**desocupado**.
— 名 失業者.

*****sobrante** [soβránte] [<sobrar] 形 余っている, 残っている, 余分の. —fondo ~ 剰余金. Congelaré el pollo ~ para comerlo después. 今度食べるように余ったチキンを冷凍しておこう.
— 男 ❶ 余り, 残り, 余剰. ❷ 剰余金, 繰越金[高], 残額.

*****sobrar** [soβrár] 自 ❶ まだある, 残っている. —Ha sobrado mucha comida. 料理がたくさん余った. ❷ 余る, あり余る. —En esa empresa sobran empleados. その会社では社員があり余っている. ❸ 余計である, 不必要である. —Se dió cuenta de que sobraba allí y se marchó. 彼はそこでは自分が不要な人間であると気付き立ち去った. Cuando hay amor, las palabras sobran. 愛があれば言葉は不要だ.

sobrasada [soβrasáða] 囡 《料理》ソブラサーダ. ≪豚のひき肉などでできた辛くて太いソーセージ. スペイン, Mallorca 地方の特産. 類**embutido**.

sobre- [soβre-] 接頭 「上, 優越, 過度」の意. —sobrehumano, sobremesa, sobresalir, sobrecargado, sobrenatural.

sobre¹ [sóβre] 男 ❶ 封筒. —bajo ~ 封筒に入れて. por ~ separado 別封で. ~ monedero 現金封筒. Metí [Puse] dentro del ~ la carta, lo cerré, le puse el sello y lo eché al buzón. 私は手紙を封筒に入れ, 封をし, 切手を貼り, ポストに投函した. ❷ 小袋. —Esta medicina se presenta en jarabe o en ~s. この薬はシロップか, または小袋入りの粉末の形で提供されている.

*****sobre²**　[soβre ソブレ] 前

I 【場所】…の上で[に].
II 【主題】…について.
III 【加算】…に加えて.
IV 【比較, 優位】…に対して.
V 【回転の中心】…の回りを.
VI 【保証】…あてに, …を担保にして.
VII 【後, 反復】…の後で.
VIII 【副詞的に】おおよそ….
IX 【接近】…に面して[迫って].

I 【場所】❶ …の上で[に, へ]. —Pon el libro ~ la mesa. その本をテーブルの上に置きなさい. Se sentó ~ el cesped. 彼は芝生にすわった. El termómetro marcaba 40 grados ~ cero. 温度計は40度を指していた. ❷ (離れて)…の上を[に], …の上空を. —Subimos a mayor altura, y volamos ~ las nubes. われわれは高度を上げて雲の上を飛んだ. 類語**encima de**. 「離れて上方に」あるときは, sobre よりも **encima de** がよく用いられる. ❸ …へ, …をめがけて, …に対して. —El gato se lanzó ~ el ratón. 猫がネズミに飛びかかった. Tiene mucha influencia ~ los miembros de su partido. 彼は党員に大きな影響力を持っている. impuesto ~ la renta [el valor añadido] 所得[付加価値]税. ❹ …を見張って, 監視して. —La maestra siempre está ~ sus alumnos. その先生はいつも生徒達を監視している.

II 【主題】…について, …に関して(の). —Esperaba tener más datos ~ este asunto. 私はこの件についてもっと多くの資料を期待していた. Estuvieron hablando ~ ecología. 彼らはエコロジーについて話していた.

III 【加算】…に加えて. —S~ su inteligencia tiene una gran memoria. 彼は聡明なばかりでなく記憶力にも長けている. Tuvo que pagar diez mil más de euros ~ lo acordado. 彼は同意額に加えて1万ユーロも支払わなければならなかった.

IV 【比較, 優位】…に対して, …よりも. —3 ~ 100 100 に対して 3.

V 【回転の中心】…の回りを, を中心にして. —La rueda está girando velozmente ~ su eje. 車輪はその軸を中心にして高速で回転している.

VI 【保証】《商業》(a) (為替振出し)…あてに; (決済)…で. —girar la letra ~ … …あてに手形を振出す. (b) …を担保にして. —Me dieron el crédito ~ mis propiedades. 私は土地財産を担保にして借金をした.

VII 【後, 反復】…の後で; …につぐ…, …ばかり. —Siempre se fuma algún puro ~ comida. 彼はいつも食事後に葉巻を吸う. Estaba cometiendo

1764 sobreabundancia

crimen ～ crimen. 彼は罪を重ねていた. Acumuló éxito ～ éxito. 彼なは成功に成功を重ねた.
VIII〖副詞的に〗おおよそ…, 約…; …頃に. ― Nos veremos ～ las cuatro. 4時頃に逢いましょう.
IX〖接近〗 ❶ …に面して. ― La ciudad está situada ～ un afluente del Amazonas. その町はアマゾン川の支流に面している. ❷ …に迫った, …に近づいた. ― La policía está ～ la pista de los atracadores. 警察は強盗たちの足どりに迫っている.

sobre todo →todo.

sobreabundancia [soβreaβundánθja] 囡 過多, 過剰, あり余っていること. ― La ～ de trigo, debida a la buena cosecha, hará bajar su precio. 豊作による小麦の重収で, 小麦の値段は下がるだろう. 類**exceso, sobra**.

sobreabundante [soβreaβundánte] 形 過多の, 余剰の, あり余った. 類**demasiado, excesivo**.

sobreabundar [soβreaβundár] 自 多すぎる, 過剰である;〖+en が〗余るほどある. ― Los materiales de socorro *sobreabundan en* el puerto, pero faltan medios de transportarlos al pueblo. 援助物資は港にあり余っているのに, それを町に輸送する手段がない. La sala *sobreabunda en* brillantes decoraciones. 広間はきらびやかな装飾に満ちあふれている.

sobrealimentación [soβrealimentaθjón] 囡 栄養過多; 食物[栄養]の与えすぎ.

sobrealimentar [soβrealimentár] 他 ❶ (人)に食べさせすぎる, を栄養過多にする. ❷《機械》(エンジン)を過給する.

sobrealzar [soβrealθár] [1.3] 他 をとても高く上げる, 高く上げすぎる.

sobreañadir [soβreaɲaðír] 他 をさらに加える; 余分に付け足す.

sobreasada [soβreasáða] 囡 =sobrasada.

sobrecalentar [soβrekalentár] [4.1] 他 (エンジンなど)を過熱[オーバーヒート]させる.
―― se 再 過熱[オーバーヒート]する.

sobrecama [soβrekáma] 囡 ベッドカバー. 類**colcha**.

sobrecarga [soβrekárɣa] 囡 ❶ 荷物の積みすぎ, 過積載; 積みすぎた荷物. ― llevar ～ 荷物を積みすぎる. ❷《比喩》心の重荷, 精神的負担; 重責. ❸《電気》過負荷. ❹ 荷作り用のひも. 類**cuerda, soga**. ❺(切手の)額面訂正印.

sobrecargar [soβrekarɣár] [1.2] 他 ❶ (車など)に荷を積みすぎる, 人を乗せすぎる. ― *Sobrecargó* el camión y no pudo subir la cuesta. 彼はトラックに荷を積みすぎて坂を上れなかった. 類**recargar**. ❷ (人)に過重な負担をかける;《電気》(回路など)に負荷をかけすぎる. ❸(切手など)に額面訂正印を押す. ❹《服飾》(縫い目のへり)を伏せ縫いにする.

sobrecargo [soβrekárɣo] 男 ❶ 追加料金. 類**recargo, sobretasa**. ❷《海事》貨物上〔に〕乗り人(船に乗り組む積み荷監督).
―― 男女 (飛行機・船舶の)パーサー. ― Señores pasajeros, les habla el ～. 乗客の皆様, パーサーから申し上げます.

sobreceja [soβreθéxa] 囡 (眉のすぐ上の)額.

sobrecejo [soβreθéxo] 男 ❶ しかめっ面, 眉間にしわを寄せること. ― mirar de ～ 眉間にしわを寄せて見る. poner ～ しかめっ面をする, 眉をひそめる. 類**ceño**. ❷《建築》楣.(窓, 入り口などの上の横木). 類**dintel**.

sobreceño [soβreθéɲo] 男 しかめっ面. 類**ceño, sobrecejo**.

sobrecincha [soβreθíntʃa] 囡 (馬具の)腹帯.

sobrecoger [soβrekoxér] [2.5] 他 ❶ (人)をぎょっと[びっくり, どきりと, ぎくりと]させる, 驚かす. ― La noticia del golpe de estado *sobrecogió* a toda la población. クーデターの知らせに住民全員がびっくりした. 類**asustar, aterrar, espantar, sorprender**. ❷ (人など)の不意を打つ;(要塞など), 町など)に奇襲をかける. 類**asaltar, sorprender**.
―― se 再 ぎょっと[びっくり, どきりと, ぎくりと]する. ― *Se sobrecogió* al oír aquel estallido que parecía una bomba. 彼は爆弾のようなあの大音響を聞いてびっくりした. 類**asustarse, aterrarse, espantarse, sorprenderse**.

sobrecomprimir [soβrekomprimír] 他 (航空機, 潜水器具などの内部)を気圧調節する, 一定の気圧に保つ.

sobrecubierta [soβrekuβjérta] 囡 ❶ ブックカバー, (本の)ジャケット. ❷ (カバーの上にさらにする)カバー.

sobrecuello [soβrekwéʎo] 男《服飾》❶ 聖職者用カラー, ローマン・カラー, クレリカル・カラー. ♦襟の後部で留める細く堅いカラー. 類**alzacuello, collarín**. ❷ 重ね襟, オーバーカラー.

sobredicho, cha [soβreðítʃo, tʃa] 形 前述の, 上記の.

sobredorar [soβreðorár] 他 ❶ …に金めっきする. 類**chapear, dorar**. ❷《比喩》(失敗など)のうわべを取りつくろう, を糊塗[ﾄ]する, 言い訳する.

sobreentender [soβreentendér] [4.2] 他 (言葉など)を頭の中で補って解釈する[補で解釈する]; (ことがら)を暗黙のうちに了解する, 察する.
―― se 再 暗黙のうちに了解される, ほのめかされている. ― Aunque no lo dice claramente, *se sobreentiende* por su cara que no le ha gustado la sopa. はっきりとは言わないが, スープが彼の口に合わなかったことはその顔から見て取れる. Aquí *se sobreentienden* dos palabras. ここでは2つの単語が(自明のものとして)省略されている.

sobreesdrújulo, la [soβreesðrúxulo, la] 形《言語》(単語が)終わりから4番目の音節にアクセントのある(例:devuélvemela).

sobreexcitación [soβree(k)sθitaθjón] 囡 極度の興奮, 異常興奮, 熱狂.

sobreexcitar [soβree(k)sθitár] 他 (人)を極度に興奮させる, 熱狂させる.
―― se 再 極度に興奮する, 熱狂する.

sobreexponer [soβree(k)sponér] [10.7] 他《写真》を露出過多にする.

sobreexposición [soβree(k)sposiθjón] 囡《写真》露出過多.

sobrefalda [soβrefálda] 囡《服飾》上スカート, オーバースカート.

sobrefaz [soβrefáθ] 囡 [sobrefaces] 表面, 外面; 表〔お〕. 類**exterior, superficie**.

sobrefusión [soβrefusjón] 囡《化学》過融解. ♦物質が, 凝固点よりも低温で液体であること.

sobregrabar [soβreɣraβár] 他《情報》を上書きする.

sobrehaz [soβreáθ] 囡 [履 sobrehaces] ❶ 表(ネネラ), 外面, 表面. 類**sobrefaz**. ❷ 外見, 見かけ. 類**apariencia, aspecto**. ❸ 覆い, カバー. 類**cubierta**.

sobrehilado [soβreiláðo] 男 《服飾》(布がほつれるのを防ぐ)縁かがり, へりかがり.

sobrehilar [soβreilár] [**1.7**] 他 《服飾》(ほつれないように, 布に)縁[へり]をかがる.

sobrehumano, na [soβreumáno, na] 形 超人的な, 人間わざでない, 神業の. —hacer [realizar] un esfuerzo ~ 超人的な努力をする.

sobreimpresión [soβreimpresjón] 囡 《映画, 写真》重ね焼き付け, オーバーラップ.

sobrejuanete [soβrexuanéte] 男 《造船》最上檣(ﾁﾋﾟ), ロイヤルマスト.

sobrelecho [soβrelétʃo] 男 《建築》(重ねてある)切り石の下面(真下の石に接している面).

sobrellenar [soβrejenár] 他 [+de で]を満ちあふれさせる.

sobrellevar [soβrejeβár] 他 ❶ (苦痛, 困難などに)耐える, を我慢する. —Va sobrellevando la desgracia con dignidad. 彼は不運に堂々と耐えている. 類**aguantar, soportar, tolerar**. ❷ (人の苦労, 負担)を分かち合う, 軽くしてやる. ❸ (人の欠点, 過失)を見逃す, 大目に見てやる.

sobremesa [soβremésa] 囡 ❶ (会食者たちがまだ立ち去る前の)食後のひととき, 食後の会話. —hacer [tener] una ~ 食後のおしゃべりをする. fumar un puro en la ~ 食後に葉巻を一服する. ❷《まれ》テーブルクロス. 類**mantel, tapete**. ❸ デザート. 類**postre**.
de sobremesa (1) 卓上(用)の. reloj *de sobremesa* 置時計. lámpara *de sobremesa* 卓上電気スタンド. (2) 食後に[の]. Se quedaron *de sobremesa* hasta la hora de la merienda. 彼らは食後, おやつの時間になるまで帰らずにいた.

sobremesana [soβremesána] 囡 《造船》後檣(ｼｮｳ)の上横帆, ミズン・トップスル.

sobrenadar [soβrenaðár] 自 (液体の表面, 空中などに)浮く, 浮かぶ, 漂う. —El petróleo *sobrenadaba* en el agua de la bahía. 流出した石油が湾の水面に浮いていた.

sobrenatural [soβrenaturál] 形 ❶ 超自然的な, 不可思議な, 神秘的な. —ciencias ~es 神秘学. fenómeno ~ 超自然現象. La tormenta parecía ~. 嵐はまるでこの世のものでないようだった. 類**milagroso, sobrehumano**. ❷ 死後の, 死後に存在する. —vida ~ 死後の生命; 来世.

:**sobrenombre** [soβrenómbre] 男 異名, 添え名; あだ名, 愛称. —Pedro I, rey de Castilla y León, tenía el ~ de "el Cruel". カスティーリャとレオンの王, ペドロ1世は「残酷王」という異名を持っていた. 類**apodo**.

sobrentender [soβrentendér] [**4.2**] 他 = sobreentender.

sobrepaga [soβrepáɣa] 囡 割り増し賃金, 特別手当, 賞与.

sobreparto [soβrepárto] 男 産後, 産褥(ｼﾞｮｸ)(期). —morir de ~ 産後の肥立ちが悪くて死ぬ. dolores de ~ 後(ｺﾞ)陣痛. 類**puerperio**.

sobrepasar [soβrepasár] 他 ❶ を超える, 超過する. —~ el límite de velocidad 制限速度を超える. Los gastos *sobrepasaron* en mucho (a) lo previsto. 費用は予算を大幅にオーバーした. 類**exceder, rebasar**. ❷ をしのぐ; …より勝る, …に

---

sobresaliente 1765

打ち勝つ. —Tú tienes capacidad para ~ a todos los de tu clase. 君にはクラスのみんなに勝つだけの能力がある. Tu fortaleza física *sobrepasa* en mucho la mía. 君の肉体的な力は私のよりもずっと強い. 類**aventajar, superar**.

sobrepelliz [soβrepeʎíθ] 囡 [履 sobrepellices] 《宗教》サープリス. ♦儀式で聖職者・聖歌隊員が着る短い白衣.

sobrepelo [soβrepélo] 男 『アルゼンチン』(鞍(ｸﾗ)の下に敷く)鞍敷き, 鞍下. 類**sudadero**.

sobrepeso [soβrepéso] 男 積みすぎ, 重量超過. —~ infantil 子供の太りすぎ. 類**sobrecarga**.

sobreponer [soβreponér] [**10.7**] 《tú に対する肯定命令形 sobrepón》 他 ❶ を重ねる, 積み重ねる. —~ una capa de barniz en otra ニスを重ね塗りする. 類**superponer**. ❷ [+a を]優先させる, 上位に置く. —En trabajos de construcción hay que ~ la seguridad *a* la rapidez. 工事では速さよりも安全を優先させなければならない. 類**anteponer**.
— se 再 ❶ [+a](困難, 感情, 誘惑などに)打ち勝つ, を克服する. —Es un hombre fuerte y sabrá ~ *a* la desgracia. 彼は強い男だから不運に打ち勝つことができるだろう. 類**superar, vencer**. ❷ 立ち直る, しっかりする. —Pareció agotado un instante, pero *se sobrepuso* rápido y se irguió. 彼は一瞬疲れ切った様子に見えたが, すぐに立ち直り起き上がった. 類**recuperarse**. ❸ 自制する, 自分を制御する. ❹ 重なる.

sobreprecio [soβrepréθjo] 男 割り増し料金, 追加料金. —imponer un ~ 追加料金を課する. Este artículo lleva un ~. この商品は料金が割り増しになっている.

sobreproducción [soβreproðukθjón] 囡 生産過剰, 過剰生産.

sobrepuesto, ta [soβrepuésto, ta] 過分 (< sobreponer) 形 重ねられた, 重ね合わせた. —bordado ~ 《服飾》アップリケ.
— 男 ❶ 《服飾》アップリケ. ❷ (ミツバチが巣板の上に作る)2番目の巣. ♦より上質の蜂蜜が取れる. ❸ (ミツバチに2番目の巣を作らせるために, 巣にかぶせる粘土製の)つぼ.

sobrepujar [soβrepuxár] 他 [+en で](人)をしのぐ, …に勝る, を越える. —Os *sobrepuja* a todas *en* elegancia y distinción. 彼女は優雅さや気品の点で君たちの誰よりも勝っている. 類**exceder, superar**.

sobrequilla [soβrekíʎa] 囡 《造船》内竜骨, ケルソン.

sobrero, ra [soβréro, ra] 形 ❶ 《闘牛》(牛が)予備の. ❷ 余分の; 予備の, スペアの.
— 男 《闘牛》(予定されていた牛が使えない時のための)予備の牛.

sobresal [soβresál] 動 sobresalir の命令・2単.

sobresaldr- [soβresaldr-] 動 sobresalir の未来, 過去未来.

sobresalga(-) [soβresalɣa(-)] 動 sobresalir の接・現在.

sobresalgo [soβresálɣo] 動 sobresalir の直・現在・1単.

:**sobresaliente** [soβresaljénte] [< sobresalir]形 ❶ 抜きん出た, 傑出した, 優れた. —Es uno de los escritores más ~s de este país. 彼はこの国でもっとも卓越した作家の一人である. 類 destacado, distinguido, notable. ❷ 突き出た, 飛び出た, 張り出した. —Aquella torre ~ es la de la iglesia. あの突き出ているのは教会の塔だ.

— 男 (成績の)優〖良 notable の上〗, 優等. —El alumno ha sacado ~ en latín. その生徒はラテン語で優を取った.

— 男女 (闘牛士, 主役などの)代役〖この意味では女性形 sobresalienta もある〗.

:sobresalir [soβresalír] [10.6] 自 ❶ 突出する, 出っ張る. —El Monte Cervino *sobresale* entre otros montes de los Alpes. マッターホルンはアルプスの他の山々の間で突出している. ❷ 〖+por/de〗…で優秀である, 秀でている, 傑出している. —Gustavo *sobresale* entre sus compañeros de clase *por* su inteligencia. グスターボはその頭の良さでクラスメートの中で傑出している.

sobresaltar [soβresaltár] 他 (人)をびっくりさせる, ぎょっとさせる; (人)を恐がらせる. —El más pequeño ruido me *sobresalta*. どんなに小さな物音にも私はびくっとしてしまう. Nos *sobresaltó* la noticia del accidente. 私たちを事故の知らせに仰天した［震え上がった］. 類 alarmar, asustar.

—se 再〖+con/por に〗びっくりする, ぎょっとする; おびえる. —*Se sobresaltó* al oír el timbre del teléfono. 彼は電話のベルを聞いてびくっとした. Estela se levantó *sobresaltada*. エステーラはびっくりして立ち上がった.

sobresalto [soβresálto] 男 ❶ びっくり［ぎょくっと, どきっと］すること, 驚き, 仰天. —Tuve un ~ al verte llegar de repente. 君が急にやって来たのを見て私はびっくりした. Una llamada a medianoche produce un ~. 夜中に電話がかかってくるとぎくりとする. 類 sorpresa, susto. ❷ 恐怖, 怖れ. —La falta de noticias de su hijo la tiene en continuo ~. 息子の頼りがないので彼女は絶えずおびえている. 類 miedo, susto, temor.

de sobresalto 突然, 不意に, 急に.

sobresanar [soβresanár] 自 ❶ (傷などが)表面だけ癒(い)える. ❷〖比喩〗うわべを取り繕う. 類 disimular.

sobresaturar [soβresaturár] 他 〖化学〗(溶液)を過飽和にする.

sobrescrito [soβreskríto] 男 あて名, 上書き.

sobresdrúju*lo, la* [soβresðrúxulo, la] 形 =sobresdrújulo.

sobreseer [soβreseér] [2.6] 他 ❶〖司法〗(審理)を中止する, 打ち切る, 棄却する. — ~ la causa 告訴を却下する. ❷ をあきらめる, 思いとどまる, 断念する.

— 自 ❶〖司法〗審理を打ち切る. ❷〖+de を〗あきらめる, 思いとどまる, 断念する.

sobreseimiento [soβreseimjénto] 男 〖司法〗(裁判, 審理の)打ち切り; (訴えの)棄却, 却下.

sobresello [soβreséjo] 男 副印章; 二重封印.

sobrestadía [soβrestaðía] 女 ❶〖商業〗(荷の積みおろしのための, 貨物船の)超過停泊, 滞船. ❷〖商業〗超過停泊料金, 滞船料, デマレージ.

sobrestante [soβrestánte] 男 (工場・工事現場などの)現場監督, 作業長. 類 capataz.

sobrestimación [soβrestimaθjón] 女 過大評価, 買いかぶり.

sobrestimar [soβrestimár] 他 を過大評価する, 買いかぶる. 類 supervalorar.

—se 再 自己を過大評価する, うぬぼれる. 類 presumir, ufanarse.

sobresueldo [soβresuéldo] 男 特別手当て, 割増賃金, 追加給.

sobretasa [soβretása] 女 追加料金, 割増料金, 加徴金.

:sobretodo [soβretóðo] 男 オーバー, 外套. 類 abrigo, gabán.

sobrevenir [soβreβenír] [10.9] 自〖3人称のみ〗(事が)突然起こる, 不意に発生する. —Mientras cenaba le *sobrevino* un ataque cardíaco. 夕食の最中, 彼を突然心臓発作が襲った. No podía ni imaginar que pudieran ~ tantas desgracias al mismo tiempo. こんなに多くの不幸が一度に起こりうるなんて, 想像もできなかった.

sobrevidriera [soβreβiðrjéra] 女〖建築〗❶ (二重ガラス窓の)外窓. ❷ (ガラス窓の補強用の)金網.

sobreviviente [soβreβiβjénte] 形 生き延びている, 生き残った, 生存している. —El cónyuge ~ tiene derecho a una pensión por viudez. 配偶者に先立たれた人は寡婦・寡夫年金を受給する資格がある. 類 superviviente.

— 男女 生存者, 生き残った人. —Dos niños fueron los únicos ~s del accidente aéreo. その飛行機事故で生き残ったのは二人の子供だけだった.. 類 superviviente.

:sobrevivir [soβreβiβír] 自 ❶〖+a より〗長生きする. —La hermana mayor *sobrevivió* a las dos menores. 長姉は 2 人の妹より長生きした. ❷〖+a から〗生き残る, 生き延びる. —La familia *sobrevivió* milagrosamente *al* terremoto de Kobe. 一家は神戸の震災から奇跡的に生き延びた. ❸ 最低生活をする. —El sueldo que cobro no me llega ni para ~. 私がもらう給料は最低生活をするためにさえ足りない.

sobrevolar [soβreβolár] [5.1] 他〖航空〗…の上空を飛ぶ. —El piloto anunció que estábamos *sobrevolando* Granada. パイロットは現在グラナダ上空を飛行中であるとアナウンスした.

sobrexceder [soβre(k)θeðér] 自〖+a を〗上回る, まさる, しのぐ. —Su ira *sobrexcedía* a su control. 彼の怒りは抑えようがなかった. En inteligencia *sobrexcedía* a sus compañeros. 知性の点で彼は同僚たちよりもまさっていた. 類 exceder, superar.

:sobriedad [soβrjeðáð] 女 ❶ 控え目, 節制, 節度. — comer y beber con ~ 控え目に飲食する. ❷ 地味, 簡素. — la ~ de sus costumbres 簡素な習慣. la ~ de estilo 地味なスタイル. 類 mesura, moderación.

sobrino, na [soβríno, na] 名 甥(おい), 姪(めい). — ~ carnal (血縁上の)甥. sobrina política 義理の姪. ~ segundo いとこの息子. sobrina tercera またいとこの娘.

:sobrio, ria [sóβrjo, rja] 形 ❶ (*a*)〖+de/en〗…に控えめな, 節度のある, (飲食を)節制した. —Es ~ *en* comer y beber. 彼は飲み食いについて節度がある. Es *sobria* de conversación. 彼女は口数が少ない. 類 moderado, prudente, templado. (*b*) (食事などが)軽い, あっさりした. —Una cena *sobria* asegura una buena digestión. 夕

食を軽くすると消化を助ける. ❷ 地味な, 簡素な. —decoración sobria 控えめな装飾. estilo ~ 簡潔な文体. Lleva un traje ~. 彼は地味な服を着ている. 類 sencillo. ❸ 酔ってない, しらふの〖estar +〗. —Si no estás ~, no conduzcas. しらふでないのなら運転してはいけない. 類 sereno. ❹ 落ち着いた, 沈着な, 穏やかな. —Se mantuvo ~ a pesar de la tragedia. 彼は悲劇があったにもかかわらず冷静だった.

socaire [sokáire] 男 物陰; 風の当たらない側[部分]; 風を遮る物. —estar a [al] ~ 風の当たらない所にいる[ある].

al socaire de ... …の保護[庇護]を受けて[のもとで]. *Al socaire de* un influyente político ha logrado hacerse con un buen puesto en la empresa. ある有名な政治家の庇護のおかげで彼は社内で高い地位につくことができた.

socaliña [sokalíɲa] 女 (人をこちらの思う通りに行動させるための)術策, 策略; 口のうまさ. —emplear ~ 策を弄(%)する, うまい事を言う.

socaliñar [sokaliɲár] 他 (金など)をだまし取る, 策を弄(%)してせしめる. 類 estafar, sonsacar.

socaliñero, ra [sokaliɲéro, ra] 形 (人をこちらの思う通りに行動させるために)策を弄(%)する, 狡猾(%%)な, 悪賢い.
— 名 狡猾な人, 悪賢い人.

socapa [sokápa] 女 (本心を隠すための)口実, 言いわけ; 見せかけ.
a [de] socapa こっそりと, 秘密に, ひそかに. 類 disimuladamente.

socarrar [sokařár] 他 を少し焦がす; …の表面を(軽く)焼く; をあぶる. —~ la camisa con la plancha アイロンでシャツに焼け焦げを作る. 類 chamuscar, quemar, tostar.
—**se** 再 少し焦げる, 表面が(軽く)焼ける. —*Se ha socarrado* el estofado. シチューが少し焦げついた.

socarrón, rrona [sokařón, řóna] 形 ❶ 皮肉な, いやみな(人・態度など); (表面では無邪気を装い)陰で人を笑い物にする(人). 類 burlón, guasón, irónico. ❷ ずるい, 悪賢い, 陰険な. 類 cazurro, taimado.
— 名 ❶ 皮肉屋, いやみな人; 陰で人を笑い物にする人. 類 burlón, guasón. ❷ 悪賢い人, 陰険な人.

socarronería [sokařonería] 女 ❶ 皮肉, いやみ, 当てこすり. ❷ ずるいこと; 悪賢さ; 陰険さ.

socavación [sokaβaθjón] 女 下を掘ること; 根元を掘ること.

socavar [sokaβár] 他 ❶ …の下を掘る, …の下に穴を掘る. —La riada *ha socavado* los cimientos del edificio. 増水した水がビルの土台の下を掘り崩している. 類 minar. ❷ (比喩)を害する, むしばむ, 弱らせる. —Esa propaganda *socava* la moral de la población. その宣伝は大衆のモラルを低下させている. 類 debilitar.

socavón [sokaβón] 男 ❶ (地面の)沈下, 陥没, くぼみ. 類 hundimiento. ❷ 坑道, 祠穴. 類 cueva.

sochantre [sotʃántre] 男 (宗教)聖歌隊長, 教会の合唱指揮者.

sociabilidad [soθjaβiliðá(ð)] 女 社交性, 交際上手, 人づきあいのよさ.

sociable [soθjáβle] 形 ❶ 社交的な, 交際上手な, 人づきあいの良い. —El novio de mi hermana es un chico poco ~. 私の妹の恋人はつきあいにくい青年だ. 類 afable, tratable. ❷ (動物が)人になつきやすい.

*****social** [soθjál ソシアル] 形 ❶ 社会の, 社会的な; (文学などが)社会派の. —vida ~ 社会[社交]生活. clase ~ 社会階級. posición ~ 社会的地位. literatura ~ 社会派文学. luchas ~es 社会紛争. Está muy preocupada por los problemas ~es. 彼女は社会問題に非常に関心がある. ❷ 会社の, 法人の. —domicilio ~ 会社所在地. razón ~ 商号, 社名. capital ~ (株式会社の)資本金. ❸ 社会生活を営む; (動物)群生の; (植物)叢生の. —Las abejas y las hormigas son insectos ~es. ミツバチとアリは社会生活を営む昆虫である. ❹ 社交的な, 社交界の. —Han abierto un club ~ en el barrio. その地区で社交クラブが開設された.
— 女 ❶ (複) 社会科学 (=ciencias ~es). ❷ (スペイン・フランコ時代の)政治警察 (Brigada Político-Social の略).

socialdemocracia [soθjaldemokráθja] 女 社会民主主義.

socialdemócrata [soθjaldemókrata] 形 社会民主主義(者)の.
— 男女 社会民主主義者, 社会民主党員.

socialice(-) [soθjaliθe(-)] 動 socializar の接・現在.

socialicé [soθjaliθé] 動 socializar の直・完了過去・1単.

*****socialismo** [soθjalísmo] 男 **社会主義**, 社会主義運動.

*****socialista** [soθjalísta] 形 **社会主義(者)の**, 社会党(員)の. —partido ~ 社会党. En muchos países se practicó una política ~. 多くの国で社会主義的政策が実施された.
— 男女 社会主義者, 社会党員. —~ utópico 空想的社会主義者.

socialización [soθjaliθaθjón] 女 ❶ (土地・企業などの)国有化, 国営化. ❷ 社会主義化.

socializar [soθjaliθár] [1.3] 他 ❶ (土地・企業など)を国有化する, 国営化する. ❷ を社会主義化する.

socialmente [soθjálménte] 副 ❶ 社会的に. ❷ 社交的に.

*****sociedad** [soθjeðá(ð) ソシエダ] 女 ❶ **社会**, 共同社会; 世間. —~ computerizada [informatizada] 情報化社会. ~ conyugal (民法上の)夫婦. Los hombres y muchos animales también viven en ~. 人間や多くの動物もまた社会生活を営んでいる. Tal costumbre es resto de las ~es primitivas. そのような習慣は原始社会のなごりだ. ❷ 協会, (学)会; 組織, 団体. —S~ Protectora de Animales 動物愛護協会. S~ de Naciones 国際連盟. Pertenezco a una ~ de amigos del ajedrez. 私はあるチェスの愛好会に入っている. ❸ 会社. —~ anónima (〖略〗S.A.) 株式会社. ~ comanditaria [en comandita] 合資会社. ~ (de responsabilidad) limitada 有限会社. ~ mercantil [comercial] 商事会社. Vamos a montar una ~ para tratar en bienes inmuebles. 不動産を扱う会社を設立しよう. ❹ 社会階層, …界; 社交界. —buena [alta] ~ 上流階級. entrar [presentarse] en ~ 社交界にデビューする. ❺ 交際,

付き合い. —Todavía le falta ~ para ganarse la confianza de mi padre. 父の信頼を得るには彼はまだ付き合いが浅い.

‡socio, cia [sóθjo, θja] 名 ❶ (組織や団体の)一員, 会員, メンバー. —~ de número 正会員. —~ de honor/~ honorario 名誉会員. hacerse ~ de un club de deportes スポーツクラブの会員になる. 類 **miembro**. ❷ (商業) 共同経営者, 共同出資者; 事業のパートナー. —~ capitalista 出資社員. ~ industrial 業務担当社員. Él es mi ~ en el negocio. 彼は私の共同経営者だ. ❸ 《話》(仕事の)同僚, 仲間, 友だち. —Él y yo somos ~s de juerga. 彼と私は共に飲んで大騒ぎする仲間どうしだ. ¿Qué pasa, ~? お前, どうしたんだ? 類 **amigo, colega, compañero, compinche**.

socioeconómico, ca [soθjoekonómiko, ka] 形 社会経済の, 社会経済的な.

sociología [soθjoloxía] 女 社会学.

sociológico, ca [soθjolóxiko, ka] 形 社会学の, 社会学的な.

sociólogo, ga [soθjóloɣo, ɣa] 名 社会学者.

socolor [sokolór] 男 口実, 言いわけ. 類 **pretexto**.

socolor de ... を口実として.

‡socorrer [sokořér] 他 を救う, 助ける, 救助する. —No me ahogué porque un amigo me socorrió. 1人の友人が救ってくれたので私は溺死しなしに済んだ. Han enviado víveres para ~ a los refugiados de guerra. 戦争からの難民を救うために食糧が送られた.

socorrido, da [sokořído, ða] 過分 形 ❶ 便利な, 役に立つ. —La tortilla es un plato muy ~ en caso de apuro. オムレツは金のない時にとても便利な料理だ. 類 **conveniente, útil**. ❷ 安易な; ありふれた. —El resfriado es una excusa socorrida para hacer novillos. 風邪による休みするための安易な口実だ. ❸ (店などが)品ぞろえの良い.

socorrismo [sokořísmo] 男 ❶ 応急手当, 救急療法. ❷ 人命救助.

socorrista [sokořísta] 男女 救助隊員, 救急隊員, (プール・海岸などの)監視員.

‡socorro [sokóřo] 男 ❶ 救助, 救援, 救出. — pedir ~ 助けを求める, 救助を要請する. prestar ~ 助ける, 救助する. casa de ~ 救急病院. 類 **auxilio, ayuda**. ❷ (金・食糧などの)救援物資. —enviar ~ a los damnificados 被災者に救援物資を送る. ❸ 《軍事》授軍; 救援隊.
— 間 助けて! —¡S~! 助けてくれ!

Sócrates [sókrates] 固名 ソクラテス(前469?-399, ギリシャの哲学者).

socrático, ca [sokrátiko, ka] 形 《哲学》ソクラテス (Sócrates, 前470/69~399, 古代ギリシャの哲学者)の, ソクラテス哲学の, ソクラテス門下の.
— 名 ソクラテス学派の人.

soda [sóða] 女 ❶ ソーダ水, 炭酸水. ❷ 《化学》ソーダ(狭い意味には炭酸ナトリウム, 広義には他のナトリウム化合物も). —agua de ~ ソーダ水. ~ cáustica 苛性(ポェ)ソーダ(水酸化ナトリウム). 類 **sosa**.

sódico, ca [sóðiko, ka] 形 《化学》ナトリウムの. —carbonato ~ 炭酸ナトリウム. cloruro ~ 塩化ナトリウム.

sodio [sóðjo] 男 《化学》ナトリウム(元素記号 Na, 原子番号11).

sodomía [soðomía] 女 (特に男性の)同性愛, 男色; 獣姦(♣ぇ); 肛門性交. 類 **homosexualidad, pederastía**.

sodomita [soðomíta] 形 ❶ (特に男性の)同性愛の, 男色の; 獣姦(♣ぇ)[肛門性交]の[をする]. 類 **homosexual**. ❷ 《歴史》ソドム (Sodoma, 旧約聖書創世記にある町の名. 住民の罪悪のため神に滅ぼされた)の; ソドムのような悪徳に満ちた.
— 男女 ❶ (特に男性の)同性愛者; 獣姦者. ❷ ソドム人.

sodomítico, ca [soðomítiko, ka] 形 ＝**sodomita**.

soez [soéθ] 形 《複》**soeces** 下品な, 卑猥(ガ₃)な; 粗野な. —chiste ~ 卑猥なジョーク, わい談. gesto ~ ぶしつけな仕草. palabras soeces 下品な言葉. 類 **grosero, obsceno, ofensivo**. 反 **elegante, noble, refinado**.

sofá [sofá] 男 《複》**sofás**) ソファー. —~ cama ソファーベッド.

Sofía [sofía] 固名 ❶ ソフィア(ブルガリアの首都). ❷ 《女性名》ソフィーア.

sofión [sofjón] 男 ❶ 怒りの声, 不機嫌な声[返事]; 叱責(ﾂﾂ). 類 **bufido**. ❷ らっぱ銃. 類 **trabuco**.

sofisma [sofísma] 男 詭(お)弁(を弄(ろ)すること), こじつけ, 屁(ヘ)理屈. 類 **falacia**.

sofista [sofísta] 形 詭(お)弁の; 詭弁を弄(ろ)する.
— 男女 詭弁家, 屁(ヘ)理屈屋.
— 男 《歴史》ソフィスト. ◆古代ギリシャで弁論術や政治・法律などを教えた職業的教育家たち.

sofistería [sofistería] 女 詭(お)弁(法), こじつけ, 屁(ヘ)理屈.

sofisticación [sofistikaθjón] 女 ❶ 詭(お)弁を弄(ろ)すること, こじつけ, 屁(ヘ)理屈. ❷ 気取り, わざとらしさ, 過度の気取り. 類 **afectación**. ❸ (知的・人工的な)洗練; 精巧さ.

sofisticado, da [sofistikáðo, ða] 過分 形 ❶ 気取った, きざな, わざとらしい. —emplear un lenguaje ~ 気取った物言いをする. 類 **afectado, cursi, presumido**. ❷ (機械などが)複雑な, 精巧な, 精緻(ﾂﾞ)な. —Trabaja con unos ordenadores muy ~s. 彼はとても高性能のコンピューターを使って仕事をしている. 類 **complejo, preciso**.

sofisticar [sofistikár] [1.1] 他 を歪曲(ﾜﾝ)する, ゆがめる, ごまかす. —¡Acepta la vida como es y no intentes ~ la realidad! 現実をごまかそうとせず, 人生をありのままに受け入れろ. 類 **adulterar, falsificar**. ❷ …に不自然なほど手を加える; を巧妙にしすぎる. ❸ (機械など)を複雑化する, 精巧にする.

sofístico, ca [sofístiko, ka] 形 ❶ (議論などが)詭(お)弁の, こじつけの; 偽りの. ❷ (人が)詭弁を弄(ろ)する, 屁(ヘ)理屈を並べる.

sofito [sofíto] 男 《建築》(軒蛇腹・雪ひさしなど, 張り出した部分の)下端(ク)(アーチの)内輪.

soflama [sofláma] 女 ❶ 大演説, 熱弁, 獅子吼(ﾋﾆ). 類 **perorata**. ❷ 弱い[消えかけの]炎. ❸ 赤面. 類 **bochorno, rubor**. ❹ 《まれ》甘言, おだて, おべっか. 類 **marrullería, zalamería**.

soflamar [soflamár] 他 ❶ を焦がす, あぶる; …の表面を焼く. 類 **chamuscar, socarrar, tostar**. ❷ (人を)赤面させる, 辱める. 類 **abochornar**. ❸ (人に)おべっかを使う.

—se 再 ❶ (軽く)焦げる. 類**tostarse**. ❷ 赤面する.

sofocación [sofokaθjón] 女 ❶ 息苦しさ, 息の詰まるような感じ; 窒息. 類**ahogo, sofoco**. ❷ (a) (反乱などの)抑圧, 鎮圧. 類**opresión, represión**. (b) (醜聞·事件などの)もみ消し, 隠蔽. (c) 鎮火, 消火. 類**extinción**. ❸ 赤面. 類**rubor**.

‡**sofocante** [sofokánte] [＜sofocar]形 ❶ (暑さなどの)**息苦しい**, むっとする. —Hoy hace un calor ～. 今日は蒸し暑い. ❷ (雰囲気などが)息が詰まりそうな, 重苦しい, うっとうしい. —atmósfera ～ 息苦しい雰囲気.

‡**sofocar** [sofokár] [1.1] 他 ❶ **を息苦しくさせる**, 呼吸困難にする, 窒息させる. —Este cuarto tan pequeño y sin ventana me *sofoca*. 小さく, しかも窓のないこの部屋は私には息苦しい. El calor que hacía las *sofocaba*. 暑さで彼女たちは窒息しそうだった. 類**ahogar, asfixiar**. ❷ をうんざりさせる, …に大迷惑をかける. —Los niños me *sofocaban* con sus continuas preguntas. 子どもたちが次から次へと質問を連発するので私はうんざりした. 類**acosar, importunar**. ❸ (a) を消す, 消火する. —apagar el incendio 火事を消す. 類**apagar, extinguir**. (b) を鎮圧する. —～ la rebelión 反乱を鎮圧する. 類**dominar**. ❹ を恥じ入らせる, …に恥をかかせる. —Me *sofocan* las palabras de mi padre. 父が言うことは私には恥ずかしい. 類**avergonzar**. ❺ を抑える, こらえる, 抑制する. —～ la risa 笑いをこらえる.

—se 再 ❶ 息が詰まる, 窒息する, 息切れする. —La abuela *se sofoca* cuando sube las escaleras. 祖母は階段を昇ると息切れする. ❷ 恥じ入る, 恥をかく, 恥ずかしい思いをする. —Ella *se sofocó* al oír aquel elogio. 彼女はそんなに賞賛されるのを聞いて恥ずかしくなった. 類**ruborizarse, sonrojarse**. ❸ いらいらする, 腹を立てる. —No *te sofoques* ahora que estoy estudiando. 今私は勉強中なんだからそんなに腹を立てるな. ❹ 気落ちする, 落胆する, 絶望する. —No *te sofoques* tanto, que todo se arreglará. そんなに気落ちするなよ, 万事解決するから.

sofoco [sofóko] 男 ❶ 息苦しさ; 息がつまるような感じ; 窒息. —El humo se extendía y aumentaba nuestro ～. 煙が広がり, 私たちはますます息苦しくなった. 類**ahogo, sofocación**. ❷ 怒り, 立腹, かっとすること. —tomarse un ～ 腹を立てる. Cuando mi madre sepa que me han suspendido, le va a dar un ～. 私が不合格になったことを母が知ったら, 母は怒るだろう. 類**disgusto, enfado, sofocón**. ❸ 赤面, 恥ずかしさ, 困惑. 類**bochorno, rubor, sonrojo**. ❹ (生理)(閉経期の)体のほてり.

sofocón [sofokón] [＜sofoco]男 (話)激怒, 逆上; 不快感. —darse [llevarse, tomarse] un ～ かっとなる. 類**desazón, disgusto, enfado, sofoco**.

sofoquina [sofokína] 女(話) ❶ 激怒, 逆上. ❷ 息が詰まるような暑さ. —¡Menuda ～ hace aquí! ここは息が詰まるほど暑いなあ!

sofreír [sofreír] [6.6] 他 (料理) を軽く油で揚げる, さっと炒(いた)める.

sofrenada [sofrenáða] 女 ❶ 馬の手綱を強く引いて止めること. ❷ (比喩)叱責(しっせき), 叱(しか)りつけ. 類**reprimenda**. ❸ (比喩)(情念·興奮などの)抑制. 類**represión**.

sofrenar [sofrenár] 他 ❶ (馬の)手綱を強く引いて止める. 類**refrenar**. ❷ (比喩)(人)をきつく叱(しか)る. 類**reñir, reprender**. ❸ (比喩)(興奮·情熱など)を抑制する, 抑える. 類**detener, reprimir**.

software [sóf(t)uer] [＜英]男 (通信) ソフトウェア, プログラム. ～ de aplicaciones [de comunicaciones] アプリケーション·ソフト[通信ソフト]. ～ integrado [libre] 統合ソフトウェア[フリー·ソフト].

soga [sóɣa] 女 ❶ 縄, 綱, ロープ. —Ataron el caballo con una ～ a un árbol. 彼らは馬を縄で木につないだ. 類**cuerda**. ❷ (壁などのれんが·切り石の)むき出しになった面.

a soga (建築)(れんが·切り石などが)長手積みの[にして] 反 *a tizón*.

dar soga a … (1) (ある話題について話すように)(人)に水を向ける. (2) (人)をからかう, ばかにする.

estar con la soga a la garganta [*al cuello*] 絶体絶命の危機に瀕している, にっちもさっちも行かない.

hablar de [*mentar, nombrar*] *la soga en casa del ahorcado* 場違いな[無神経な]話をする (←絞首刑人の家で縄の話をする).

Siempre se quiebra [*rompe*] *la soga por lo más delgado*. 弱い者がいつも損をする(←縄はいつも一番細い所で切れる).

soirée [suaré] [＜仏]女 夜会; (オペラなどの)夜の部.

sois [sóis] 動 *ser* の直·現在·2 複.

soja [sóxa] 女 (植物)ダイズ(大豆). —salsa de ～ しょう油.

sojuzgar [soxuθɣár] [1.2] 他 ❶ を征服する, 鎮圧する. —Los árabes *sojuzgaron* gran parte de España. アラビア人たちはスペインの大部分を征服した. 類**conquistar, someter**. ❷ を(圧制的に)支配する. 類**avasallar, dominar**.

Sol [sól] 固名 (女性名)ソル (Soledad の愛称).

***sol**¹ [sól] 男 (音楽)ト音(ソ). —clave de ～ ト音記号.

***sol**² [sól] 男 (化学)ゾル, コロイド溶液.

‡‡**sol**³ [sól ソル] 男 ❶ **太陽**, 日. —salir el ～ 日が昇る. ponerse [caer] el ～ 日が沈む, 日が暮れる. salida del ～ 日の出. puesta [caída] de ～ 日没. al ～ puesto 日暮れに. de ～ a ～ 朝から晩まで. La Tierra es una planeta del S～. 地球は太陽の惑星だ(天文学的に扱うときは大文字). Quiero volver a casa con ～. 日のあるうち[明るいうち]に家に帰りたい. ❷ **日光**, 日なた; 晴天. —tomar el ～ 日光浴をする. El ～ pega fuerte. 日差しが強い. Los niños juegan al ～. 子供たちは日なたで遊んでいる. Hace ～. 晴れている. Aquí hay muchos días de ～. ここでは晴れの日が多い. ❸ (a) かわいい子, 愛する人. —¡Qué ～ de niño! なんてかわいい子だ. ¡Eres un ～, mi amor! 君が大好きだ. (b) (呼びかけ)おまえ, あなた. —¡Eres muy guapa, mi ～! おまえはなんてきれいなんだ. ❹ (闘牛の)日なたの席(→sombra). ❺ ペルーの旧貨幣ソル.

arrimarse al sol que más calienta 頼れるひとに取り入る, 強い者にすがる. Nunca hace nada por sí solo y siempre *se arrima al sol que* más calienta. 彼はひとりでは何もしないで、いつも強い者にすりよっている。

¡Aún hay sol en las bardas! まだ望みはある。 La situación va de peor en peor.¡Pero *aún hay sol en las bardas*! 状況は我々にとって益々悪くなっているが、まだ望みはある。

como el sol que nos alumbra 火を見るより明らかに。*Como el sol que nos alumbra* es verdad lo que ha dicho. 火を見るより明らかなように彼が言ったことは真実である。

no dejar ni a sol ni a sombra 人にうるさく付きまとう。 *Nunca me dejas ni a sol ni a sombra*. ¡Ya estoy harta de ti! いつも私にうるさく付きまとって。あなたなんかもううんざりだわ。

¡Salga el sol por donde quiera! どんな事が起ころうとも。

solada [soláða] 囡 沈殿物, おり; かす. 類 *poso*.

solado [soláðo] 男 《建築》床張り; (タイルなどを張った)床. 類 *pavimento*.

solador [solaðór] 男 《建築》床張り職人.

****solamente** [sólaménte ソラメンテ] 副 ただ、…だけ、単に、…のみ。 ～ tú me dijiste eso. 君だけがそれを言ってくれたのだ。Quiero ～ que me oigas. ただ君に話を聞いてもらいたいだけなのだ。Tengo ～ diez céntimos. 私はたった10センティモしか持っていない。Vino a Madrid ～ para eso. 彼はわざわざそのためだけにマドリードに来た。Vino ～ una vez. 彼は一度だけ来た。 類 *sólo*, *únicamente*.

con solamente que/solamente con que [＋接続法] …しさえすれば, ただ…であれば。 *Solamente con que* le escribas unas líneas quedará contenta. 君が二, 三行でも手紙を書いてやりさえすれば彼女は満足するだろう。

no solamente ..., sino que (también) ... …であるだけでなく…でもある。 El asesino *no solamente* vive, *sino que* está escondido en esta ciudad. 殺人犯は生きているだけでなく, この町に潜んでいる。

solamente que (1) [＋直説法] ただ…だけなのだ。 Él te quiere, *solamente que* no sabe expresarlo. 彼は君が好きなんだが, ただそれを言い表せないだけなのだ。(2) [＋接続法] …しさえすれば, ただ…であれば。 Hubiera sido un buen proyecto, *solamente que* hubiéramos tenido medios para realizarlo. 私たちがそれを実現する手段さえあったら、それはいい計画だったのだが。

solana [solána] 囡 ❶ 日当たりの良い場所, 日だまり, 日なた。 — El trigo crece bien en la ～. 小麦は日当たりの良い所でよく育つ。 ❷ サンルーム; (日当たりの良い)ベランダ, テラス. 日当たり, 日差し。 — Ahora hay mucha ～. 今は日差しが強い。

solanera [solanéra] 囡 ❶ 強い日差し, 焼けつくような日差し。 ❷ 《医学》日射病。 — coger [agarrar] una ～. 日射病にかかる。*insolación*。 ❸ 日差しの強すぎる場所。 — Este patio es una ～. この中庭は日差しが強すぎる。 ❹ サンルーム; (日当たりの良い)ベランダ, テラス。 類 *solana*.

solano [soláno] 男 ❶ 東風. ❷ 《植物》イヌホウズキ(ナス科の一年草)。

solapa [solápa] 囡 ❶ 《服飾》(ジャケットの)折り襟, ラペル。 — Lleva un clavel en el ojal de la ～. 彼は襟の飾りボタン穴にカーネーションを差している。 ❷ 《服飾》(ポケットの)垂れ蓋(ぶた)。 — bolsillo con ～. 蓋つきポケット。 ❸ (本のカバー, 封筒などの)折り返し。 ❹ 《比喩》口実, 言い訳。 類 *pretexto*.
de solapa こっそりと, ひそかに。

solapadamente [solapáðaménte] 副 ずるく, こそこそと, 陰でこっそりと。 類 *ocultamente*, *secretamente*.

solapado, da [solapáðo, ða] 過分 形 ずるい, こそこそした, 卑劣な(人)。 類 *astuto*, *taimado*.

solapar [solapár] 他 ❶ (悪意などを)隠す。 — *Solapaba* su envidia con fingidos elogios. 彼は心にもないほめ言葉で自分の嫉妬心を覆い隠していた。 類 *disimular*, *esconder*, *fingir*, *ocultar*. ❷ ～を(一部が重なり合うように)置く[並べる]。 — ～ una fila de carpetas sobre una mesa 机の上にファイルを一列に重なり並べる。 ❸ 《服飾》(服)の前の打ち合わせを重なり合わせる; …の前合わせをたっぷり取る。

— 自 ❶ 一部が重なり合っている, 重複する。 類 *traslapar*. ❷ 《服飾》前合わせ[打ち合わせ]が重なり合う。 — Este chaleco *solapa* bien. このベストは前合わせがたっぷりしている。

solapo [solápo] 男 ❶ 《服飾》襟(えり)。 類 *solapa*. ❷ (瓦(かわら)などの)重なり合った部分, 重ね目。
a solapo ずるく, こっそりと, 陰で。 類 *ocultamente*, *solapadamente*.

solar¹ [solár] 形 太陽の, 太陽から生じる, 太陽熱[光線]利用の。 — año ～ 《天文》太陽年(365年5時間48分46秒), batería ～/pila de energía ～ 太陽電池。 calor ～ 太陽熱。 crema ～ 日焼け止めクリーム。 central ～ 太陽光発電所, eclipse ～ 《天文》日食。 energía ～ 太陽エネルギー。 plexo ～ 《解剖》太陽神経叢(そう)(胃の後方にある)。 rayos ～s 太陽光線。 reloj ～ 日時計。 sistema ～ 《天文》太陽系。

***solar**² [solár] 男 ❶ 土地, 敷地, (建設などの)用地。 — ～ patrio 祖国の地。 En ese ～ se construirá un edificio de 8 pisos. この土地には8階建ての建物が建設される。 ❷ 名家, 名門, 旧家。 — Antonio viene del ～ de Vegas. アントニオはベガスという名門の出身だ。

— 形 旧家の, 名門の。 類 *solariego*.

solar³ [solár] [5.1] 他 ❶ (建物・場所に)床板を張る, 敷石を敷く; …の床張りをする。 類 *enlosar*, *pavimentar*. ❷ (靴)の底革を張り替える。

***solariego, ga** [solariéɣo, ɣa] [＜ solar] 形 名門の, 名家の, 古い家柄の。 — escudo ～ 名門の紋章。 casa *solariega* 旧家, 名家の館(やかた)。

— 名 名門[名家]出身の人。

solario, **solarium**, **solárium** [solário, soárjun] 男 (療養所などの)日光浴室, サンルーム; (プールサイドなどの)サンデッキ。 類 *solana*.

solaz [soláθ] 男 ❶ 慰め, 慰安, 慰めとなるもの。 — La paz que reinaba en ～ para su alma entristecida. そこに満ちあふれていた平和は, 彼の悲しい心にとって慰めであった。 類 *alivio*, *consuelo*.

❷ 娯楽, 気晴らし, レクリエーション。 類 *diversión*, *esparcimiento*, *recreo*.

❸ 息抜き, 休養, くつろぎ。 類 *descanso*, *reposo*.

solazar [solaθár] [1.3] 他 ❶ (人)を楽しませる, (人)の喜びとなる。 類 *divertir*. ❷ (人)を慰める, (人)の慰め[安らぎ]となる。 — Escucha música para ～ su espíritu. 彼は自分の精神を慰めるために音楽を聴く。 類 *aliviar*.

—se 再 〖+con で〗楽しむ, 息抜きをする. —Mi abuela *se solaza* con el paseo diario por el parque. 私の祖母は毎日公園を散歩して楽しんでいる.

solazo [soláθo] 男 《話》焼けつくような日差し. 類 **solanera**.

soldada [soldáða] 女 (特に軍隊における)給料, 俸給, 賃金. 類 **salario, sueldo**.

soldadesca [soldaðéska] 女 ❶ 軍人の職, 兵役; 軍隊生活. ❷ 軍隊; (集合的に)兵士たち. ❸ 《軽蔑》規律の乱れた軍隊.

soldadesco, ca [soldaðésko, ka] 形 兵士の, 軍隊の; 軍人風の, 軍隊式の. —disciplina *soldadesca* 軍規, 軍律. vida *soldadesca* 軍隊生活.

soldadito [soldaðíto] 男 (普通, おもちゃの)兵隊. —~ de plomo (おもちゃの)鉛の兵隊.

soldado [soldáðo ソルダド] 男女 ❶ 兵士, 兵隊; 軍人. —~ bisoño 新兵. ~ de plomo (おもちゃの)鉛の兵隊. mujer ~ 女性兵士. ~ raso 一兵卒. ~ veterano 古参兵. ~ voluntario 志願兵. la tumba del *S*~ Desconocido 無名戦士の墓. Los ~*s* saludaron a su superior. 兵士たちは上官に敬礼した. 類 **militar. ❷ (信仰や主義のために戦う)戦士, 闘士. —~ de la libertad 自由の(ために戦う)戦士.

soldador, dora [soldaðór, ðóra] 名 溶接工; はんだ付け工.
—— 男 はんだごて.
—— 女 《機械》溶接機.
—— 形 溶接の; はんだ付けの[をする]. —mecánico ~ 溶接工, はんだ付け工.

soldadura [soldaðúra] 女 ❶ はんだ付け, 溶接. —~ autógena (はんだなどの溶接剤を用いない)自生溶接. La ~ está mal hecha y se volverá a romper. はんだ付けがしっかりしていないから, またこわれるだろう. ❷ はんだ付けした部分, 溶接部, 接合点. ❸ はんだ, 溶接棒. ❹《比喩》修正, 訂正. 類 **corrección, enmienda**.

soldar [soldár] [5.1] 他 ❶ をはんだ付けする, 溶接する. 類 **adherir, pegar, unir**. ❷《比喩》(欠点などを)取り繕う; (争い事などを)一時的に収める.
—— **se** 再 結び付く, 接合する.

soleado, da [soleáðo, ða] 過形 日当たりの良い; 日にさらした. —Era un día cálido y ~. 暑く日の照った日だった.

soleamiento [soleamjénto] 男 日照, 日当たり; 日に当たる[当てる]こと. —Mi habitación tiene cinco horas de ~. 私の部屋は 5 時間の日照時間がある.

solear 他 を日に当てる, 日なたに置く, 日干しにする. 類 **asolear**.
—— **se** 再 日光浴をする.

solecismo [soleθísmo] 男 《文法》文法[語法]上の誤り, 破格.

Soledad [soleðáð] 固名 《女性名》ソレダー.

:soledad [soleðáð] 女 ❶ 孤独, 独りでいること; 孤独感, 寂寥(ホョウ)(感). —Su depresión deriva de su ~. 彼が落ち込んでいるのは孤独だからだ. Para escribir necesita ~. 物を書くのには独りになる必要がある. 類 **aislamiento**. ❷ 〖主に複〗 寂しい場所, 人の住んでない所. —No puedo creer que él viva en estas ~*es*. 彼がこんな寂しい場所に住んでいるなんて私には信じられない.

:solemne [solémne] 形 ❶ (儀式などが)盛大な, 荘重な, 荘厳な. —~ fiesta 盛大なパーティー. misa ~ 盛式[荘厳]ミサ. Se celebró la ~ inauguración de la Feria de Muestras. 見本市の開会式が大々的に行われた. 類 **ceremonioso, grandioso, majestuoso**. ❷ (態度, 口調などが)厳かな, 重々しい; もったいぶった. —La oradora habló con voz seria y ~. 演説者は真剣な重々しい声で話した. El vestíbulo del hotel tiene un aspecto demasiado ~. ホテルの玄関はとても荘厳な外観をしている. 類 **imponente, majestuoso, suntuoso**. ❸〖名詞の前〗まったくの, とんでもない, ひどい. —Es un ~ disparate. それはまったくのでたらめだ. ❹ 正式の, 儀式に則った. —Al tomar posesión de su cargo, el nuevo ministro hizo juramento ~ de fidelidad a la Constitución. 新大臣は就任する際に憲法遵(ジュン)守を正式に誓約した.

:solemnemente [solémneménte] 副 盛大に, 荘重[荘厳]に, 厳かに. —Lo declaró ~. 彼はそれを厳粛に宣言した.

:solemnidad [solemniðáð] 女 ❶ 厳粛, 荘厳さ, おごそかな様子. —Inauguraron la nueva fábrica con gran ~. とてもおごそかに新しい工場の落成式が行われた. ❷ 儀式, 典式; 宗教的儀式. —Con ~ se inauguran las fiestas del pueblo. 村のお祭りは式典から始まる. 類 **acto, ceremonia**. ❸ 式次第; 正式な手続き. —Con el discurso de clausura han terminado todas las ~*es*. 閉会の辞をもって, 全ての式次第が終了した.

pobre de solemnidad《俗》一文なしの(人). Es pobre [malo] de solemnidad. 彼は一文なしだった.

solemnizar [solemniθár] [1.3] 他 を厳粛に行う; 盛大に祝う. —Organizaron una gran fiesta para ~ el décimo aniversario de su boda. 彼らは盛大なパーティーを開いて結婚 10 周年を祝った. 類 **celebrar, festejar**.

solenoide [solenóiðe] 男 《電気》筒状コイル, ソレノイド. ♦導線を円筒状に均一に巻いたコイル.

sóleo [sóleo] 男 《解剖》ひらめ筋. ♦ふくらはぎを形成する筋肉のひとつ.

soler [solér ソレル] [5.2] 他 …するのが常である, …する習わしである. —José *solía* citarse con Carmen a las cinco en la Plaza Mayor. ホセはマヨール広場で 5 時にカルメンと待ち合わせるのが常だった. En Japón *suele* llover durante todo el mes de junio. 日本では 6 月は 1 か月間雨が降るのが常である. 類 **acostumbrar. ♦この助動詞の意味からして直説法未来形, 同過去未来形, 命令法は存在しない.

solera [soléra] 女 ❶ 由緒, 伝統, 格式. —familia de ~ 旧家. marca de ~ 由緒あるブランド. torero de ~ 老練な闘牛士. vino de ~ 年代物のワイン. 類 **abolengo, tradición**. ❷《建築》根太(ネタ), 梁(ハリ), 桁(ケタ), 横木. ❸ (柱などの)台座, 土台石, 柱礎. 類 **peana, pedestal**. ❹ (ブドウ酒の)おり, かす. 類 **hez**. ❺ (ひき臼(ウス)の)下臼.
❻ 年代物の. —brandy ~ reserva 年代物のブランデー.

soleta [soléta] 女 ❶ (靴下の)継ぎ, 当て布. 類 **remiendo**. ❷《話》恥知らずの女.

apretar [picar] de soleta/tomar soleta《話》

1772 solevantar

ずらかる, 急いでいなくなる. 類 **huir**.

dar soleta a ...《話》(人)を追い出す, ほうり出す.

solevantar [soleβantár] [<levantar] ❶ を押し上げる, 持ち上げる. ❷ (人)を扇動する, 奮起させる, 鼓舞する. 類 **soliviantar**.

—**se** ❶ 押し上げられる, 持ち上げられる. ❷ 扇動される, 奮起する, 反乱を起こす.

solfa [sólfa] 女 (*a*)《音楽》ソルフェージュ, 視唱(法). 類 **solfeo**. (*b*) 記譜法,《集合的》音符. ❷《話》殴打, ひっぱたくこと. —*dar* [*echar*] *una* ~ *a* ... (人)をなぐる. 類 **paliza, zurra**. ❸《話》叱責(と), 小言. —*dar* [*echar*] *una* ~ *a* ... (人)を叱(と)りつける. 類 **reprensión, reprimenda**.

estar en solfa《話》(1) 上手に[きちんと]やってある. (2) わかるように書かれている[説明してある].

poner en solfa《話》(1) をからかう, あざ笑う, ひやかす. 類 **ridiculizar**. (2)(物事)をきちんとやっておく; 整理する.

tocar la solfa a ...《話》(人)をなぐる. 類 **golpear, zurrar**.

tomar la solfa《話》(人の話など)をまじめに取らない, 本気にしない.

solfatara [solfatára] 女《地質》硫気孔. ♦火山ガスの噴気孔のうち, 特に硫化水素や二酸化硫黄を多量に噴出する穴.

solfear [solfeár] 他 ❶《音楽》を階名(ドレミファ)で歌う. ❷《話》(人)をなぐる, ひっぱたく. 類 **golpear, zurrar**. ❸《話》(人)を叱(と)りつける. 類 **reprender**.

solfeo [solféo] 男 ❶《音楽》ソルフェージュ, 視唱(法). 類 **solfa**. ❷《話》殴打, ひっぱたくこと. ❸《話》叱責(と), 小言.

solicitación [soliθitaθjón] 女 ❶ 願い, 懇願, 依頼; 要求, 要請. —Atiende risueño las molestas *solicitaciones* de los clientes. お客さんちの不愉快な要求に彼は笑顔で応じている. ~ *de fondos*《商業》払込請求. ❷ 誘惑, 誘い; 求愛. —No pude resistir a la ~ de llevar una vida disoluta. 私はふしだらな生活を送る誘惑に抵抗できなかった. 類 **tentación**.

solicitado, da [soliθitáðo, ða] 過分 形 (人が)人気がある, 引っ張りだこである. —*una canción* [*atriz*] *muy solicitada* 非常に人気のある歌[女優].

— 名《ベネズエラ》《話》お尋ね者. —Es un ~. 彼は警察に追われている.

solicitador, dora [soliθitaðór, ðóra] 名 申請者, 志願者, 申込者.

— 形 申請する, 懇願する. —*una actitud solicitadora* 懇願するような態度.

‡**solicitante** [soliθitánte] 男女 志願者, 申し込み者. 類 **solicitador**.

‡**solicitar** [soliθitár] 他 ❶ を請求する, 申請する; 懇願する, 請願する. —*Ha solicitado* un certificado a la secretaría de la Universidad. 彼は大学の事務局に証明書を請求した. *Solicitó unos momentos de atención*. 彼が少しの間注目してくれるよう懇願した. Le han *solicitado* para dar una conferencia. 彼は講演するよう懇願された. ❷ (注意・関心)を呼ぶ, 引きつける. —*Estas obras solicitan* la atención del visitante. これらの作品は訪れる人の関心を呼んでいる. ❸ (女性)を口説く, …に言い寄る. —Es muy atractiva y la *solicitan* muchos chicos de la clase. 彼女はとても魅力的なのでクラスの男の子が彼女に言い寄る. 類 **cortejar**.

‡**solícito, ta** [solíθito, ta] 形 よく気のつく; 思いやりのある. —Los hijos son muy ~s (para) con sus padres. 息子たちは両親に対してとても思いやりがある. En todo momento se mostró ~ y dispuesto a aclararnos cualquier duda. 彼はいつでも私たちの疑問を明らかにする用意があった. Ella, *solícita*, se adelantó para abrir la puerta. よく気のつく彼女は先にドアを開けてくれた. 類 **amable, cuidadoso, diligente**.

‡**solicitud** [soliθitúð] 女 ❶ 申込み, 申請(書), 請求(書); 懇願, 嘆願(書). —atender la ~ 申請に応ずる. desestimar la ~ 申請を却下する. Hice una ~ para la admisión en un club deportivo. 私はあるスポーツクラブに入会を申し込んだ. Presentó su ~ en la ventanilla correspondiente. 彼は受付窓口に申請書を提出した. rellenar una ~ 申請書に記載する. 類 **instancia**. ❷ 思いやり, 心づかい. —Ella atendió con ~ a su anciano suegro. 彼女は心をこめて年老いた舅(しゅうと)の世話をした. 類 **amabilidad, diligencia**.

a solicitud 申込み[請求]次第. Se enviará la lista de precios *a solicitud*. ご請求があればすぐに価格表をお送りします.

solidar [soliðár] 他 (物質など)を強化する; (理論などを)(論拠を示して)強固にする. 類 **consolidar, fortalecer**.

‡**solidaridad** [soliðariðáð] 女 連帯, 団結, 結束; 連帯責任. —Era hermoso ver la ~ que había entre todos. 皆が団結しているのを見るのは美しい. Los universitarios se unieron a la huelga por ~ con los obreros. 大学生たちは労働者たちと連帯してストライキに参加した.

solidario, ria [soliðárjo, rja] 形 ❶ 連帯した, 団結した. —*responsabilidad solidaria* 連帯責任. Nos hacemos ~s de él [de su opinión]. 我々は彼[彼の意見]を支持する. ❷ 連帯責任の[を持つ]; 共通利害の.

solidarizar [soliðariθár] [1.3] 他 を連帯させる, 団結させる; に連帯責任を負わせる. —La opresión *solidarizó* al pueblo. 圧制が民衆を団結させた.

—**se** 再 (互いに)連帯[団結]する;〖+con と〗連帯[団結]する. —*Nos solidarizamos* con vuestras reivindicaciones. 我々は君たちと連帯して要求する.

solideo [soliðéo] 男 小帽子. ♦つばの無いお椀形で聖職者がかぶる.

‡**solidez** [soliðéθ] 女 ❶ (物事の)堅固さ, 固いこと, 丈夫さ. —la ~ del edificio 建物の堅牢さ. ~ del terreno 地盤の固さ. la ~ de las relaciones de cooperación 協力関係の固さ. 類 **dureza, firmeza**. ❷ (考え, 論拠の)確固としていること, 確かなこと. —Todos reconocen la ~ de sus argumentos. 彼の論拠の確かさはすべての者が認めている. ❸ 色あせしないこと. ❹ 体積, 容積.

solidificación [soliðifikaθjón] 女 凝固, 凝結, (液体の)固体化.

solidificar [soliðifikár] [1.1] 他 (液体)を凝固[凝結]させる, 固体化する.

—**se** 再 凝固する, 凝結する, 固体化する.

‡**sólido, da** [sóliðo, ða] 形 ❶ 丈夫な, 堅固な.

—muros ～s 丈夫な壁. estado ～ 確固たる地位. calzado ～ 丈夫な靴. color ～ あせない色. ❷ 確実な, 堅実な; 重々しい. —un hombre de *sólida* cultura [de *sólidas* convicciones] しっかりとした教養を身につけた[信念を持った]人. un empresario de ～ prestigio 手堅く評価されているビジネスマン. una *sólida* experiencia profesional 確実さと専門的経験.

—— 男 ❶《物理, 数学》立体. ❷ 固体; 複《医学》固形食.

soliloquiar [solilokjár] 自 ❶ 独り言を言う. ❷《演劇》独白する. 類 **monologar**.

soliloquio [solilókjo] 男 ❶ 独り言, 独語. ❷《演劇》独白, モノローグ. 類 **monólogo**.

solimán [solimán] 男《化学》昇汞(しょうこう), 塩化水銀 (= sublimado corrosivo). ♦ 化学式 HgCl$_2$. 極めて有毒.

solio [sóljo] 男 ❶《天蓋(てんがい)つきの》王座, 玉座. 類 **trono**. ❷ 王位, 王権. —ocupar el ～ real 王位につく. el ～ pontificio 教皇の座.

solípedo, da [solípeðo, ða] 形 《動物》単蹄(たんてい)の.

—— 男《動物》単蹄動物; ウマ科の動物. 類 **équido**.

solista [solísta] 男女《音楽》独唱者, 独奏者, ソリスト.

solitaria [solitárja] 女 →solitario.

*__solitario, ria__ [solitárjo, rja] 形 ❶ 孤独な, 単独の. —Es un chico ～ y apocado. 彼は孤独で気の弱い少年だ. Llevó una vida muy *solitaria* en los últimos años de su vida. 彼は晩年非常に孤独な生活を送った. Tuvo una niñez muy *solitaria*. 彼は非常に孤独な子供時代を送った. ❷ 誰もいない, 人通りのない; 人里離れた. —Nació en un pequeño y ～ pueblo. 彼は小さい人里離れた村で生まれた. Da miedo andar de noche por unas calles tan *solitarias* como ésta. そんなに人通りの少ない通りを夜歩くのは怖い.

en solitario 単独で, 一人で; ソロで. Ahora él canta *en solitario*. 今度は彼がソロで歌う. Hizo la travesía *en solitario*. 彼は単独航海を行った.

—— 名 世捨て人, 隠者, 単独で行動する人.

—— 男 ❶《トランプなどで》一人遊び. —Estoy haciendo un ～. 私は一人ゲームをしている. ❷《ダイアモンドの》一つ石; 指輪の一つはめの石.

—— 男《動物》ジョウチュウ(条虫), サナダムシ (= lombriz solitaria). 類 **tenia**.

sólito, ta [sólito, ta] 形 通常の, 普段の, 慣例の. 類 **acostumbrado, corriente**. 反 **insólito**.

soliviantar [soliβjantár] 他 ❶《人を》扇動する, そそのかす;《感情》をかきたてる. —Los revolucionarios intentaron ～ a las masas. 革命家たちは大衆を扇動しようとした. ～ los ánimos 士気を高める. 類 **alborotar, excitar, incitar**. ❷《人》を怒らせる, いらいらさせる. —Me *soliviantaba* su orgullosa actitud. 彼の傲慢(ごうまん)な態度には腹が立つ. 類 **exasperar, indignar, irritar**. ❸《人》に幻想を抱かせる;《人》をおだててうぬぼれさせる. —No le *soliviantes* con ilusiones no fundadas. 根拠のない幻想を彼に抱かせないでくれ. 類 **encandilar**.

——**se** 再 ❶ 反乱を起こす. 類 **rebelarse, sublevarse**. ❷ 怒る. 類 **enfadarse, indignarse**.

solivar [soliβjár] 他 を持ち上げる, 押し上げる.

類 **alzar, elevar, levantar**.

——**se** 再《横たわっていた人が》半ば起き上がる, 半身を起こす. 類 **levantarse**.

solla [sója] 女《魚類》プレイス(カレイ科). 類 **rodaballo**.

sollado [sojáðo] 男《海事》最下甲板.

sollamar [sojamár] 他 を軽く焼く, あぶる; の表面を焦がす. 類 **socarrar**.

sollastre [sojástre] 男 ❶ 台所の下働き, 皿洗い, 見習いコック. 類 **pinche**. ❷ 悪者, 悪党. 類 **canalla, malvado, pícaro**.

sollo [sójo] 男《魚類》チョウザメ (= esturión).

sollozar [sojoθár] [1.3] 自 すすり泣く, むせび泣く. 類 **gimotear, llorar, lloriquear**.

sollozo [sojóθo] 男 すすり泣き;【主に 複】すすり泣く声, 嗚咽(おえつ). —estallar [prorrumpir, romper] en ～s 嗚咽を漏らす. Un lastimero ～ resonó en el pasillo del hospital. 悲しげなすすり泣きが病院の廊下に響いた.

*__solo__^{1}, la [sólo, la ソロ, ラ] 形 ❶ 孤独な, 寂しい; 一人の, 単独の. —Sus amigos han ido muriendo y está muy ～. 友人がだんだんと亡くなり彼はとても孤独になっている. Se marcharon todos y lo dejaron ～. 彼らはみんな去って行って, 彼はまったく一人きりになってしまった. Estaba [Me sentía] muy *sola*. 私はとても寂しかった. El niño ya camina ～. 赤ちゃんはもう一人で歩いている. Lo hice yo ～. それは私が一人でやった. Se quedó ～ cuando era todavía un niño. 彼はほんの子供のときに天涯孤独になってしまった. Es presumida como ella *sola*. 彼女のようなうぬぼれの強い女性は見たことがない. Habla *sola*. 彼女は独り言を言う. ❷【名詞の前で】ただ一つの, 唯一の. —Te lo presto con una *sola* condición. 貸してやるが一つ条件がある. No puso ni una *sola* objeción. 彼女は何の異議も立てなかった. Su *sola* presencia me cohibía. 彼女がいるというだけで私は気が動転した. Hay una *sola* solución. 一つだけ解決策がある. 類 **único**. ❸《コーヒー, 茶が》ブラックの, 《ウイスキーが》ストレートの. —Un café ～, por favor. ブラックコーヒーをひとつ下さい. Me gusta el pan ～, sin mantequilla. 私はパンは何もつけないのが好きだ.

a solas 一人で, 助けなしで. Tenemos que hablar tú y yo *a solas*. 私と君だけで話さねばならない.

quedarse más solo que la una まったくの一人ぼっちになる, 孤立無援に陥いる.

más vale solo que mal acompañado 好きでない人といるよりは一人の方がいい.

—— 男 ❶《音楽》ソロ. —un ～ de violín バイオリンソロ. ❷《トランプ》一人遊び. ❸《舞踊》ソロ.

*__solo__^{2}, sólo [sólo ソロ] 副【形容詞と紛らわしい場合はアクセント付き】…だけ, ただ, …のみ. —S～ quería pedirte un favor. 君に少しだけ頼みたいことがあるんだが. Es ～ un momento. ちょっと時間がかかりそうだ. S～ está en casa por las noches. 彼女は夜にだけ家にいる. ¡Pero si es ～ un niño! しかし, 彼はまだほんの子供じゃないか. S～ de pensarlo me dan ganas de reir. そのことをちょっと考えただけでおかしくなる. Tan ～ te pido que me escuches cinco minutos. 私は5分間話を聞けと言っている

1774 solomillo

だけだ.
con sólo [sólo con]【＋不定詞】…するだけで. *Sólo con* mencionar tu nombre, cambiaron de actitud. 君の名前を言っただけで彼らの態度が変わった.
con sólo [sólo con] que【＋接続法】…するだけで, …しさえすれば. *Con sólo que* estudies una hora diaria podrás aprobar. 毎日1時間勉強しさえすれば君は合格するだろう.
no sólo … sino (también) …だけでなく…もまた. *No sólo* estudio *sino* que también trabaja. 私は勉強だけでなく仕事もしている.

solomillo [solomíjo]〔＜solomo〕男 《料理》ヒレ肉, フィレ. ～～ de cerdo ibérico イベリア豚のヒレ肉. 類**filete, lomo, solomo**.

solomo [solómo] 男 ❶ ヒレ肉, フィレ. 類**solomillo**. ❷ 豚の腰肉. 類**lomo**.

solsticio [solstíθjo] 男《天文》至(し). ～～ de invierno/～ hiemal 冬至. ～ de verano/～ de estío/～ vernal 夏至(げ).

:**soltar** [soltár] [5.1] 他 ❶ *(a)* を解放する, 自由にする. —*Soltaron* al prisionero. その囚人は自由の身になった. *Soltó* un pájaro. 彼は小鳥を放してやった. ¡*Suélta*me! 手を放してよ. *(b)* を放す, 放つ, 手放す. —*Suelta* el bolso, que es mío. そのハンドバッグを放してよ, 私のものだから. *(c)* をゆるめる, ほどく, 解く. —Si te aprieta el cinturón, *suélta*telo. もしベルトがきついならゆるめなさい. *Suelta* más cable para que llegue hasta el enchufe. コンセントまで届くようにもっとコードをほどきなさい. *(d)* を排出させる. —No *sueltes* el agua del baño, que sirve para regar las plantas. 風呂の水を落とすなよ, 植木にまくのに使えるから. ❷ を(口から)出任せにする, ぶちまける. —Es un maleducado y siempre está *soltando* tacos. 彼はしつけが悪い男でいつも卑語を口から出任せにする. No me pude aguantar y se lo *solté* todo. 私は我慢ができなくて洗いざらいぶちまけた. ～ un discurso 演説をぶつ. ❸ を出す, 放出する. —Cuece primero la carne para que *suelte* grasa. 最初に肉を煮て脂を出してください. Este jersey *suelta* pelo. このセーターは毛が立っている. 類**desprender**. ❹ (突然声などを)発する. —～ un grito 叫び声をあげる. ～ una carcajada 高笑いする. ～ un estornudo くしゃみをする. ❺【話】(一発)をかます, 食らわせる, ぶんなぐる. —～ una bofetada 平手打ちを食らわせる. ～ un puñetazo げんこを食らわせる. ❻【話】金を与える. ❻ (便泄(べんせ))を良くする, 快適にする. —Estas hierbas son buenas para ～ el vientre. このハーブは便通を良くするのに効く.

— **se** 再 ❶ (自分の髪などを)とく, ほどく. —*Se soltó* las trenzas. 彼女は三つ編みの髪をほどいた. ❷ 自分を解き放す. —El perro consiguió ～*se*. 犬はうまく逃げた. ❸ 上達する, 腕が上がる. —Al principio me costó mucho manejar el ordenador personal, pero ya *me he soltado*. 最初はパソコンを使うのに大汗をかいたが, 今では私の腕前は上がった. 類**manejarse**. ❹ 本性を丸出しにする, さらけ出す, のびのび振舞う. —Le cuesta ～*se* cuando no está en su ambiente. 場違いな場所にいると彼はのびのび振舞うのに骨が折れる. ❺ *(a)*【＋a＋不定詞】…し始める. —A los siete meses ya *se soltó a andar* a gatas. 赤ん坊は7か月で早くもはいはいを始めた. *(b)*【＋con】突然始める. —*Se soltó* con unas tonterías. 彼は当然はかなことを言い出した. ❻ 便通がよくなる. —Mi abuela toma mucho yogur para ～*se* el vientre. 私の祖母は便通がよくなるようにとヨーグルトをたくさん食べる. ❼《話》金を出す, 支払う. —Ese amigo tuyo nunca *se suelta* un céntimo. その君の友人はいつも一銭たりとも金を出さない.

soltera [soltéra] 女 独身女性, 未婚女性.

soltería [soltería] 女 未婚(であること), 独身(状態); 独身生活.

＊**soltero, ra** [soltéro, ra ソルテロ, ラ] 形 独身の, 未婚の; 自由な, 気ままな. —madre *soltera* 未婚の母. ¿Es Ud. casado?-No, soy ～. 結婚されていますか.-いいえ, 独身です. 反**casado**. — 名 独身者.

solterón, rona [solterón, róna]〔＜soltero〕名【話, 軽蔑的に】独り者, 婚期を過ぎて独身の人.

soltura [soltúra] 女 ❶ (弁舌, 文章などの)なめらかさ, 流暢(りゅうちょう)さ. —Para pasar ese examen tienes que hablar y escribir con ～ el inglés y el alemán. その試験に受かるためには英語とドイツ語がすらすらと読み書きできなければならない. **fluidez**. ❷ 敏捷(びんしょう)さ, 機敏さ, 身軽さ. —Ya maneja el ordenador con mucha ～. 彼はもうパソコンを軽々とあやつる. 類**agilidad, presteza**. ❸ 自由, 気ままさ, 放埒(ほうらつ). 類**libertinaje**. ❹ 厚かましさ, ずうずうしさ. 類**descaro, frescura**.

solubilidad [soluβiliðáð] 女 ❶ 溶けること, 可溶性, 溶解度. ❷ (問題などの)解決[解答]できること, 解決可能性.

soluble [solúβle] 形 ❶ 溶ける, 可溶性の. —El azúcar es ～ en (el) agua. 砂糖は水に溶ける. ❷ (問題などが)解決できる, 解答できる. —De tener dinero, éste sería un problema fácilmente ～ お金があればこれは簡単に解決できる問題なのだが. 類**resoluble**.

:**solución** [soluθjón] 女 ❶ (問題などの)解決, 解答; 解決策【法】. —Hemos dado una ～ a este problema. 私たちはこの問題を解決した. Hay que encontrar una ～ para arreglar el conflicto. 紛争を解決するための策を見つけねばならない. comprobar las *soluciones* del examen de matemáticas 数学の試験の答え合わせをする. ❷《化学》溶解; 溶液. —～ diluida 希薄溶液. ～ saturada 飽和溶液. 類**disolución**. ❸ (劇などの)クライマックス, 大詰め, 結末.
sin solución de continuidad 連続して, 続いて. —Este año hemos pasado del frío al calor *sin solución de continuidad*. 今年は寒い日から急に暑くなった. 類**interrupción**.

solucionar [soluθjonár] 他 を解決する, 解く. —～ un problema 問題を解く. ～ una ecuación 方程式を解く.

— **se** 再 解決がつく, 解決する. —Esos problemas no *se solucionan* con negociaciones. そういった問題は話し合いでは解決がつかない.

solvencia [solβénθja] 女 ❶ (会社などの)支払い能力; 資力; 信用性. —La empresa carece de ～ para hacerse cargo de las deudas. この会社には債務を引き受けるだけの支払い能力がない. ❷ (負債・税金・勘定などの)支払い, 決算, 清算. 類**liquidación, pago**. ❸ 有能と, 職責遂行能力; 信頼性. —un cirujano de gran ～ profesional とても有能な[信頼の置ける]外科医.

solventar [solβentár] 他 ❶ (負債・税金・勘定などを)支払う, 返済する. — Ya *ha solventado* sus deudas y puede vivir en paz. 彼はもう借金を返してしまったのでのんびりと暮らす. 類 **liquidar, pagar**. ❷ (問題・紛争などを)解決する, 処理する, 片付ける. —Esos despidos no ayudarán a ~ el conflicto en la empresa. そんなふうに解雇しても社会の紛争の解決には役立たないだろう. 類 **resolver, solucionar**.

solvente [solβénte] 形 ❶ 支払い能力のある. —Sólo concedemos crédito a personas totalmente ~s 私たちは完全に支払い能力のある人にだけ貸し付ける. ❷ 借金[負債, 債務]のない. ❸ 有能な, 職務遂行能力の高い. ❹ 《化学》溶解力がある, (他の物質を)溶かす.
—— 男《化学》溶媒, 溶剤. 類 **disolvente**.

soma [sóma] (<ギリシャ) 男 ❶ 《生物》体(⇔). ◆ 生物体のうち, 生殖と遺伝に関与する要素を除いた全組織. 類 **germen**. ❷ 《医学》体細胞; (精神に対して)肉体. 類 **cuerpo**.

somalí [somalí] 形 ソマリアの(Somalia, アフリカ東部の共和国)の; ソマリア人の.
—— 男女 ソマリア人.
—— 男 ソマリ語.

Somalia [somálja] 固名 ソマリア(首都モガジシオ Mogadiscio).

somanta [sománta] 女《話》(人を)たたくこと, 殴打. —Le dieron una buena ~. 類 彼はひどくなぐられた. 類 **paliza, tunda, zurra**.

somatar [somatár] 他 《中南米》(人を)たたく, 殴る, ぶつ. 類 **golpear, zurrar**.

somatén [somatén] 男 [カタルーニャ] ❶ 自警団, 市民軍. 類 **milicia**. ❷ 警報. —tocar a ~ 警報を鳴らす. 類 **rebato**. ❸ 《比喩》大騒ぎ. 類 **alboroto, bulla**.

somático, ca [somátiko, ka] 形 ❶ 《生物, 医学》体(⇔)の, 体性の. ❷ 《医学》(疾患が)器質性の. 反 **funcional**. ❸ 身体の, 肉体の. 類 **corporal**. 反 **espiritual, psíquico**.

sombra [sómbra ソンブラ] 女 ❶ 光の当たらない部分. (a) 陰, 日陰, 物陰. —luz y ~ 光と陰. sentarse a la ~ 日陰に座る. Los árboles dan una buena ~ a la plaza. 木々が広場に程よい日陰を作っている. Estamos en la ~ porque en el sol hace calor. 日向は暑いので私たちは日陰に居る. 類 **opacidad. 反 **luz**. (b) 复(暗)闇, 夕闇. —el reino de las ~s 闇の王国. La niña teme mucho las ~s de la noche. その女の子は夜の闇を怖がっている. 類 **oscuridad, tinieblas**. (c) 目立たないこと, 秘密. —El actor quería retirarse y vivir en la ~. その俳優は引退してひっそりと生きたいと思っている. Trató de echar al enemigo en la ~. 彼は秘密裏に敵と取引した. (d) (絵などの)陰影, 暗い部分. —Este cuadro tiene un buen contraste de claridades y ~s. この絵は明暗の対照が程よい. (e) (闘牛の)日陰の席. ◆日向の席 sol や途中から日陰になる席 sol y sombra より値段が高い. —conseguir dos entradas en la ~ 日陰の席を2枚手に入れる. ❷ 影, 影法師; 影のように付きまとう人. —~s chinescas 影絵. ~ de ojos アイシャドー. El farol da una larga ~ a la calle. 街灯が通りに長い影を落としている. La luz proyecta mi ~ en el suelo. 光が私の影を地面に映している. La niña tiene miedo hasta de su ~. 少女は自分の影さえも怖がっている. Ese tío es la ~ del director. あいつは社長の腰巾着だ. 類 **silueta**. ❸ 亡霊, 幽霊; 面影. —Allí aparecen las ~s de los muertos. あそこには死んだ人の幽霊が出る. 類 **fantasma, visión**. ❹ 复 無知, わからないこと. —De este asunto tenemos muchas ~s. この件については我々に分からないことが多い. ❺ (人格・名声などに対する)欠点, 汚点. —Una ~ de su carácter es la mezquindad. 彼の性格上の欠点はけちなことだ. Tal cosa dará una ~ a su honor. そんな事をすると彼の名誉に傷がつく. ❻ 《俗》運, 幸運. —tener buena [mala] ~ 運がいい[悪い]. ¡Ya es mala ~ que se nos haya acabado la gasolina. ガス欠になるなんてついてないなあ. 類 **suerte**. ❼ 《俗》(主に抽象的な事柄について)微量, 少量. —Se nota una ~ de tristeza en su rostro. 彼の顔には悲しみの色が少し見られた. No tiene ni una ~ de parecido con su padre. 彼は父親には全く似ていない. ❽ [buena, mala と用いられて]資質, 才気; 趣. —Tiene muy buena ~ para atender a los clientes. 彼は客扱いがとてもうまい. Cuando se emborracha tiene mala ~. 彼は酔っぱらうと手がつけられない. Siempre gasta bromas de muy mala ~. 彼はいつも趣味の悪い冗談を言う. 類 **gracia**. ❾ 不安, 心配の種. —No veo más que ~s a mi alrededor. 私の周りには不安材料しかない. ❿ 《アルゼンチン, ホンジュラス》罫線付き下敷き. ⓫ 《中南米, チリ》日傘; 日除け.

a la sombra 《俗》刑務所に. Le pusieron *a la sombra*. 彼は刑務所に入れられた. Estuvo seis meses *a la sombra* por un robo. 彼は窃盗の罪で6か月刑務所に居た.

a la sombra de... (1) …の陰に. sentarse *a la sombra de* un árbol 木陰に座る. (2) …の庇護のもとで, …の援助で. El niño llegó a ser un gran hombre de negocios *a la sombra de* su padre. その子は父親の庇護のもとで立派な実業家に育った. (3) …を隠れ蓑にして.

hacer sombra (1) 光をさえぎる, 陰をつくる. Quítate de ahí que me *estás haciendo sombra*. 私が陰になるからそこをどいてくれ. (2) 影を薄くする, 目立たなくさせる. Pilar canta bien, pero le *hace sombra* su hermana. ピラールは歌がうまいが, 彼女の姉が歌うと影が薄くなってしまう.

ni por sombra 少しも…ない. No lo dudo *ni por sombra*. 私は少しもそのことを疑っていない.

no dejar ni a sol ni a sombra 人にうるさく付きまとう. →sol.

no fiarse ni de su sombra 《比喩》とても疑い深い, 何も信用しない. Nunca estará tranquilo pues *no se fía ni de su sombra*. 彼はとても疑い深い質だから心の休まることはなかろう.

no ser ni sombra de lo que era 見る影もない(ほど悪く変わってしまう). Después de pasar tres meses en el hospital, *no era ni sombra de lo que había sido*. 3か月入院したら, 彼は見る影もなくやせ衰えてしまっていた.

no ser su sombra 見る影もない(ほど悪く変わってしまう). →no ser ni sombra de lo que era.

sombraje, sombrajo [sombráxe, sombráxo] 男 (木の枝などより合わせた物で作った)日よ

け, 日陰. —En la playa hicimos un ~ para protegernos del sol. 私たちは海辺で日光から身を守るために日陰を作った. hacer ~s (わざと人や物の前に立って)陰にする, 暗くする.

caerse a ... los palos del sombrajo (人が)落胆する, がっかりする.

sombreado [sombreáðo] 《過分》 男 《美術》陰影づけ, 明暗法, ハッチング.

sombreador [sombreaðór] 男 アイシャドー (= ~ de ojos).

sombrear [sombreár] 他 ❶ を陰にする; …に陰を落とす. —Unos naranjos *sombrean* el patio en las horas de sol. 日の照っている時間には何本かのオレンジの木が中庭を日陰にする. ❷《美術》…に陰影をつける, 明暗[濃淡]をつける; ハッチングをする.

sombrerazo [sombreráθo] 男 ❶ 帽子を取ってする大げさな挨拶(あい). —Mi mujer quedó desconcertada ante aquel ~ que le dio el anciano. 私の妻は老人が帽子を取って大げさに挨拶したので当惑してしまった. ❷ 帽子で殴ること.

・**sombrerera** [sombreréra] 女 →sombrerero.

・**sombrerería** [sombrerería] 女 帽子店, 帽子製造所[工場].

・**sombrerero, ra** [sombreréro, ra] 名 帽子製造[販売]者.
—— 女 (帽子をしまっておく)帽子箱; 〖南米〗帽子掛け.

sombrerete [sombreréte] 男 ❶《植物》(キノコの)かさ. ❷ (煙突の頂上につける)煙突帽. ❸ (帽子の形の)ふた, キャップ. ❹〖しばしば軽蔑的に〗小さな帽子.

sombrerillo [sombrerijo] 〖<sombrero〗男《植物》(キノコの)かさ.

***sombrero** [sombréro ソンブレロ] 男 ❶ (周りに縁のある)帽子. —ponerse [quitarse] el ~ 帽子をかぶる[脱ぐ]. hombre con un ~ puesto 帽子をかぶった人. ~ cordobés コルドバ帽. ~ chambergo 広い縁の一か所がややり上がり, 羽根やリボンの飾りのある帽子. ~ de copa (alta) シルクハット. ~ de jipijapa パナマ帽. ~ de pelo〖アルゼンチン, チリ〗シルクハット. ~ de tres picos [de candil] 三角帽子. ~ flexible 柔らかいフェルト製の帽子. ~ hongo 山高帽. 〖類〗boina, casco, gorra, gorro. ❷ (教会の説教台の)天蓋. ❸ キノコ, 笠.

quitarse el sombrero ante ... …に脱帽する, 敬意を払う. *Me quité el sombrero ante* su esfuerzo. 私は彼の努力に敬服した.

sombrilla [sombríʝa]〖<sombra〗女 日傘, パラソル. 〖類〗parasol, quitasol.

‡**sombrío, bría** [sombrío, βría] 形《文》❶ 暗い, 薄暗い. —Vive en un piso pequeño y ~. 彼は小さく薄暗いマンションに住んでいる. El porvenir se presenta bastante ~. 未来はかなり暗い. 〖類〗umbrío. ❷ 陰気な, うっとうしい. —Tiene un carácter ~. 彼は陰気な性格だ. 〖類〗lúgubre.

someramente [sómeraménte] 副 大まかに, ざっと; 表面的に.

‡**someter** [sometér] 他 ❶ を屈服させる, 従わせる, 服従させる; 押しつける. —El tirano no pudo ~ a toda la nación. 専制君主は全国民を従わせ

られなかった. ~ a los amotinados 反乱者たちを静める. ❷〖+a に〗(人)を付する, かける, 処する. —El fiscal *sometió* al acusado *a* un hábil interrogatorio. 検事は容疑者を巧妙な尋問にかけた. *Sometieron* al enfermo *a* operación. 病人に手術を受けさせることにした. ❸ を提出する, 提案する, かける. —El empleado *ha sometido* su proyecto a la junta directiva. 社員は自分の計画を重役会議に提案した.

—— se 再 ❶〖+a に〗屈服する, 服従する, 従う; を受け入れる. —El presidente *se sometió a* la demanda de los obreros. 社長は労働者たちの要求に従った. ❷ (自分自身を)ゆだねる. —*Me sometí* a tratamiento en el Hospital Municipal. 私は市民病院で治療を受けることにした.

sometimiento [sometimiénto] 男 ❶ 服従; 降伏, 降参. —El ~ de los sublevados se consiguió después de una sangrienta lucha. 血なまぐさい戦いの後で反乱者たちはようやく降伏した. 〖類〗rendición, sumisión. ❷〖+a〗(テスト・検査などに)かけること. ❸ (判断に)ゆだねること.

somier [somjér]〖<仏〗男 (ベッドの)マットレス台, ボックススプリング.

somnambulismo [somnambulísmo] 男 = sonambulismo.

somnámbulo, la [somnámbulo, la] 形 = sonámbulo, la.

somnífero, ra [somnífero, ra] 形 催眠性の, 眠りを誘う. —Esa planta tiene propiedades *somníferas*. その植物には催眠作用がある. 〖類〗hipnótico.
—— 男 睡眠薬, 催眠薬.

somnolencia [somnolénθja] 女 ❶ 眠気, 半睡状態; けだるさ. —Viendo una película siempre me entra [da] ~. 映画を見ていると私はいつも眠くなる. 〖類〗modorra, pereza, sopor, sueño. ❷《医学》傾眠, 嗜眠.

somnolento, ta, somnoliento, ta [somnolénto, ta, somnoliénto, ta] 形 ❶ 眠くなるような, 退屈な. —Es extraño que te guste un programa tan *somnoliento*. こんな眠気を誘うような番組を君が好きだなんて不思議だ. 〖類〗adormecedor, soporífero. ❷〖estar+〗眠い, 半睡の, ぼうっとしている. 〖類〗soñoliento.

somorgujar [somorɣuxár] 他 を沈める, 浸す, 潜らせる. 〖類〗sumergir.
—— se 再 沈む, 潜る.

somorgujo, somormujo [somorɣúxo, somormúxo] 男《鳥類》水に潜る鳥(アビ, カイツブリ, ウミスズメなど), 〖特に〗カンムリカイツブリ.

a (lo) somorgujo (1) 水に潜って. (2)《比喩》隠れて, こっそりと.

somos [sómos] 動 ser の直・現在・1 複.

Somoza Debayle [somóθa ðeβájle] 固名 ❶ ソモーサ・デバイレ(アナスタシオ Anastasio ~) (1925-80, ニカラグアの大統領). ❷ ソモーサ・デバイレ(ルイス Luis ~)(1922-67, ニカラグアの大統領).

Somoza García [somóθa ɣarθía] 固名 ソモーサ・ガルシーア(アナスタシオ Anastasio ~) (1896-1956, ニカラグアの大統領).

son[1] [són] 動 ser の直・現在・3 複.

son[2] [són] 男 ❶《快》音, (楽器の音(ね)). —Se oyen los ~*es* de un arpa. ハープの音が聞こえる. 〖類〗sonido. ❷ うわさ, (世間の)評判. —Corre el

～ de que el Primer Ministro va a dimitir. 首相が辞任するといううわさだ. 類**rumor**. ❸ 方法, やり方, 流儀. —en [a, por] este ～ このように, こうやって. Tomás siempre estudia a su ～. トマスはいつも自己流で[マイペースで]勉強する. 類**manera, modo**. ❹ (音楽, 舞踊) ソン(キューバの民族音楽・舞踊).
al son de ... …の音[伴奏]に合わせて.
¿A qué son?/¿A son de qué? どうして?, どういうわけで? *¿A qué son* me despiertas a estas horas? どうしてこんな時間に私を起こすの?
bailar al son que LE tocan まわりの調子に合わせる; 付和雷同する.
en son de ... …の態度[様子]で. decir *en son de* broma 冗談めかして言う. *en son de* guerra 敵対的に. *en son de* paz 友好的に. *en son de* reproche 非難の調子で. *en son de* riña けんか腰に.
no saber a qué son bailar どうしたら良いかわからない, 途方に暮れている.
sin son/sin ton ni son 理由もなく, とりとめのない[もなく], とんちんかんに. Comenzó a insultarme *sin ton ni son* 彼はわけもなく私をののしり始めた.

sonadero [sonaðéro] 男 洟(は)をかむためのハンカチ. 類**pañuelo**.

sonado, da [sonáðo, ða] 過分 [<sonar] 形 ❶ [ser+] 有名な, 話題[評判]になっている; 音に聞こえた. —Es extraño que no te acuerdes porque fue un suceso muy ～. 君が覚えていないとは不思議だ, 世間を大いに騒がせた出来事だったから. una fiesta muy *sonada* 世に名高い祭り. 類**conocido, famoso**.
❷ [estar+]《話》気が狂っている. 類**chiflado, loco**.
❸ (ボクサーが, パンチで)足がふらついている.
hacer una (que sea) sonada 物議をかもす, スキャンダルをまき起こす.

sonaja [sonáxa] 女 ❶ (楽器) (a) (タンバリンの)鈴, ジングル. 類**cascabel**. (b) 複 タンバリン. 類**pandereta**. ❷ (おもちゃの)がらがら.

sonajero [sonaxéro] 男 (おもちゃの)がらがら.

sonambulismo [sonambulísmo] 男 《医学》夢遊病, 夢中遊行症.

sonámbulo, la [sonámbulo, la] 形 《医学》夢遊病の.
— 名 夢遊病(患)者.

sonante [sonánte] 形 ❶ よく鳴る, 響き[鳴り]渡る. 類**sonoro**. ❷ 《言語》自鳴音の, ソナントの.
— 男 《言語》自鳴音, ソナント.

sonar[1] [sonár, sónar] [<英] 男 ソナー, 水中音波探知機.

＊**sonar**[2] [sonár ソナル] [5.1] 自 ❶ 音を立てる, 音を発する, 鳴り響く. —La voz del cantante *suena* muy bien. 歌手の声はとてもよく響く. *Suena* el teléfono. 電話が鳴る. No *sonó* el despertador. 目覚まし時計が鳴らなかった. 反**callar**. ❷ (a) 漠然とした思いがある, 見たことがある, 聞いたことがある. —Su nombre me *suena*, pero no creo que la conozca. 彼女の名前を聞いたことがあるが, 知り合いとは思えない. (b)《話》…と思える, …のように聞こえる, …のにおいがする. —Lo que dijo *suena* a falso. 彼が言ったことはうそのように思える. ❸ 挙がっている, うわさされている, ささやかれている. —Su nombre *suena* como futuro embajador de España en Japón. 彼の名前は将来の駐日スペイン大使にささやかれている. *Suena* que habrá cambio de rector. 学長の交代があるらしい. ❹ 発音される. —La letra h no *suena*. h という文字は発音されない. ❺ (時計が)…時を知らせる, …時を打つ. —En el reloj del Ayuntamiento acaban de ～ las tres. 市役所の時計では 3 時を打ったばかりだ. ❻ (南米) 死ぬ, 重病にかかる; 嫌な思いをする.
— 他 ❶ (はな)をかんでやる. ❷ を鳴らす. —～ las campanas 鐘を鳴らす.
— se 再 (はな)をかむ. —*Se sonó* ruidosamente. 彼は大きな音を立ててはなをかんだ.
como suena/así como suena/tal como suena ありのままに伝えるならば, 文字どおりには. Nos dijo que odiaba nuestro país, *así como suena*. ありのままに表現すると, 彼は私たちの国を嫌いだと我々に言った.
Cuando el río suena, agua lleva.【諺】火のない所に煙は立たぬ(←川の音がする時は川は水を運んでいる).
lo que sea sonará 結果はだいたい知れている. No lo pienses tanto, que *lo que sea sonará*. そんなに考えるなよ, 結果はだいたい分かっているんだから.
sonar bien [mal] 良い[悪い]印象を与える. No sé si tus palabras *se han sonado bien*. 君の発言が彼らに良い印象を与えたかどうか私は知らない.

sonata [sonáta] [<伊] 女 《音楽》ソナタ, 奏鳴曲.

sonatina [sonatína] [<伊] 女 《音楽》ソナチネ, 小奏鳴曲.

sonda [sónda] 女 ❶《海事》(a) (水深を測るための)測鉛, 測錘; 水深探知機. —～ acústica 音響測深機. 類**plomada**. (b) (測鉛などによる)測深, 水深探知. ❷ (a)《気象》観測機, 探査機. (b)《気象, 天文》探査用ロケット. —cohete ～ 気象観測用ロケット. ～ espacial 宇宙探査用ロケット[人工衛星]. ❸《医学》(外科用)ゾンデ, 消息子; 探り針. 類**catéter**. ❹《土木》掘り[掘削]機, ボーリング機. ❺ (一般に, 直接はわれない部分を)探る[探って作業する]ための道具; 探ること, 探査. —～ destapacaños (排水管などの詰まりを除く)長い鋼索, パイプクリーナー.

sondaje [sondáxe] 男 =sondeo.

sondar, sondear [sondár, sondeár] 他 ❶《海事》(測鉛などを用いて)(海などの)深さを測る, (水深)を測量する. ❷《気象, 天文》(大気, 宇宙など)を探査する. ❸《医学》(人)の体内にゾンデ[探り針]を入れて検査[処置]する. ❹《土木》(地下, 地層など)を探索する, 穿孔(ｾﾝｺｳ)して調べる. ❺《比喩》(人の意向, 世論など)を探る, 調べる; に探りを入れる.

sondeo [sondéo] 男 ❶《海事》測深, 水深探知; 水底調査. 類**sonda**. ❷《比喩》(人の意向, 世論などを知るための)探り; 調査. —Según los ～s de la opinión (pública) la abstención superará el 30%. 世論調査によると棄権率は 30 パーセントを越える見込みだ. conversaciones de ～ 予備折衝. ❸《医学》ゾンデを用いた検査[処置], 消息子法. ❹《土木》ボーリング, 穿孔(ｾﾝｺｳ), 掘削(ｸｯｻｸ)調査. —Los ～s del terreno han permitido detectar una bolsa de petróleo. 地面の掘削調査によって石油だまりが発見できた.

sonería [sonería] 女 【集合的に】時計のチャイム

を鳴らす仕掛け.

sonetista [sonetísta] 男女 《詩学》ソネット詩人.

soneto [sonéto] 男 《詩学》ソネット, 十四行詩.
♦通例, 11音節の詩行が4行, 4行, 3行, 3行の4連を成す.

songa [sóŋga] 女 ❶ 《キューバ, プエルトリコ》嫌味, 皮肉, 当てこすり. ❷ 《メキシコ》下品な言葉.
a la songa, a la songasonga 《中米, チリ, エクアドル》本心を隠して, 陰険に.

sónico, ca [sóniko, ka] 形 音速の; 音の, 音波の.

sonido [soníðo ソニド] 男 ❶ 音(ホェ), 音響; (テレビの)音声, ～～ digital デジタル音(響). la velocidad del ～ 音速. atravesar la barrera del ～ 音速の壁を破る. A lo lejos se oyó el ～ de un disparo. 遠くに銃声が聞こえた. 類 **ruido, son, voz. ❷ (音の)音(ネ_).— El ～ de la 'rr' no es igual que el de la 'r'. rr の音は r の音と同じではない.

soniquete [sonikéte] 男 ＝sonsonete.

Sonora [sonóra] 固名 ソノーラ(メキシコの州).

sonoridad [sonoriðáð] 女 ❶ 音の響き, (音が)よく響き渡ること.— Esta sala de concierto tiene buena ～. このコンサートホールは音響が良い. ❷ 《言語》 (a) (音(ネ_)の)有声性, 有声であること. (b) (音(ネ_)の)聞こえ(度).

sonorización [sonoriθaθjón] 女 ❶ 《映画》音入れ. ❷ 《言語》(無声音の)有声化. ❸ (アンプ, スピーカーなどによる)拡声, 音量の増大.

sonorizar [sonoriθár] [1.3] 他 ❶ 《映画》(音のはいっていない映画)に音入れをする. ❷ 《言語》(無声音)を有声化する. ❸ (場所)に音響[拡声]装置を設置する.

sonoro, ra [sonóro, ra] 形 ❶ (声などが)朗々とした, よくとおる; (一般に, 音が)よく響く.— una voz *sonora* 朗々とした声. Las *sonoras* campanas de la iglesia despertaron al niño. 教会のよく響く鐘の音で子供が目を覚ました. Le di una *sonora* bofetada. 私は彼に大きな音のびんたをくらわせた. ❷ (場所が)音のよく響く. — sala *sonora* 音響のよいホール. ❸ 音の, 音のある, 音を出す. — banda *sonora* 《映画》サウンドトラック. efectos ～s 音響効果. película *sonora* トーキー映画. ❹ 《言語》有声の. — consonante *sonora* 有声子音. 反 **sordo**.

sonreí(-) [sonreí(-)] 動 sonreír の直・完了過去, 命令・2 複, 過去分詞.

**sonreír [sonreír ソンレイル] [6.6] 自 ❶ ほほえむ, 微笑する. — La niña *sonrió* al verme. 女の子は私を見てほほえんだ. La mirada de la chica *sonreía*. 少女の目はほほえんでいた. ❷ (運が人に味方する, ほほえみかける. — Parece que la suerte me *sonríe*. 運が私に向いているようだ.
— se 再 ほほえむ.

sonri- [sonrí-] 動 sonreír の直・完了過去, 接・過去, 現在分詞.

sonrí- [sonrí-] 動 sonreír の直・現在, 接・現在, 命令・2 単.

sonriente [sonrjénte] 形 微笑する, ほほえみかける, にこにこしている.

:sonrisa [sonrísa] 女 ほほえみ, 微笑; 笑顔. — En su rostro se dibujaba una cálida ～. 彼の顔にはあたたかいほほえみが浮かんだ. Mi suegra me recibió con la mejor de sus ～s. 私の姑(ネ_)はうわべだけの笑いを浮かべて私を迎えた. Al verme, me dirigió una ～ de cumplido. 彼は私に会うとつくり笑いを浮かべて私を見た.

sonrojar [sonroxár] 他 (人)を赤面させる.— Con tantos elogios me vas a ～. 君にそんなにほめられると赤面してしまう.
— se 再 赤面する, 顔を赤らめる; 恥ずかしがる.— Es una chica tímida y *se sonroja* con facilidad. 彼女は内気な少女ですぐ赤面する. 類 **ruborizarse**.

sonrojo [sonróxo] 男 ❶ 赤面(すること). 類 **rubor**. ❷ 恥ずかしいこと, 恥ずかしさ. — La fea conducta de su hijo le produjo un gran ～. 息子の醜い行動に彼はひどく恥ずかしくなった. 類 **vergüenza**.

sonrosado, da [sonrosáðo, ða] 過分 (＜sonrosar) 形 (主に人の顔が健康的に)バラ色の, 血色の良い.

sonrosar, sonrosear [sonrosár, sonroseár] 他 (人)を紅潮させる, 赤面させる; をバラ色にする; …に赤みを帯びさせる.
— se 再 紅潮する, 赤面する; バラ色になる, 赤みを帯びる.

sonsacamiento [sonsakamjénto] 男 ❶ (甘言を弄(ホョ)しての)だまし取り, 巻き上げ. ❷ (情報, 秘密などの)聞き出し. ❸ (人材の)引き抜き.

sonsacar [sonsakár] [1.1] 他 ❶ 上手に口説いて(金など)を手に入れる, だまし取る, 甘言を弄(ホョ)して巻き上げる. — Le *sonsaca* todo lo que quiere a su padre. 彼はうまい事をする父親から何でも欲しい物を巻き上げている. ❷ (情報, 秘密など)を巧みに聞き出す, 知るために人にかまをかける, 時間をかけて引き出す. — Le *sonsacaron* los nombres de los premiados. 彼は受賞者たちの名前を聞き出されてしまった. ❸ (人材)を引き抜く.

sonsear [sonseár] 自 《中南米》ばかげたことをする[言う]. 類 **tontear**.

sonsera, sonsería [sonséra, sonsería] 女 《中南米》ばかげた言動, 愚行. 類 **estupidez**.

sonso, sa [sónso, sa] 形 《中南米》ばかげた, 愚かな.
— 名 《中南米》愚かな人, ばか. 類 **mentecato, simple, zonzo**.

Sonsonate [sonsonáte] 固名 ソンソナーテ(エルサルバドルの都市).

sonsonete [sonsonéte] 男 ❶ 単調にくり返す音, トントン[コツコツ]いう音. — Se oía el ～ de una máquina de escribir. タイプライターのカタカタいう音が聞こえていた. ❷ (話し方, 歌い方の)単調さ, 一本調子; 棒読み. ❸ 繰り言; (特に頼み事や愚痴などの)しつこい話. ❹ からかうような口調[笑い]. 類 **tonillo**.

soñación [soɲaθjón] 女 《次の成句で》
¡Ni por soñación! そんな事は夢にも思わない, とんでもない, まさか.

soñado, da [soɲáðo, ða] 過分 (＜soñar) 形 夢の, 夢にしか(まで)見た, 理想の. — mi viaje ～ 私が夢見ている[夢にまで見ていた]旅行. el hombre ～ 理想的な男; (特に結婚相手として)ぴったりの男性. *que ni soñado* 《成句》すばらしい, 理想的な. — Hemos encontrado una casa *que ni soñada*. 私たちはすばらしい家を見つけた.

soñador, dora [soɲaðór, ðóra] 形 夢見るような, 夢想にふける. — Soy muy ～. 私は本当に夢想家だ.
—— 名 夢想家, 空想家.

＊soñar [soɲár ソニャル] [5.1] 自 ❶ 【＋con を】(…のことを)夢に見る. — Anoche *soñé con* mi novia. 昨夜私は恋人の夢を見た. (*b*) 熱望する. — El niño *sueña con* ser conductor de autobuses. その子はバスの運転手になりたがっている. *Sueña con* que su padre le regale una moto. 彼女は父親がオートバイをプレゼントしてくれることを熱望している. 類 **anhelar, ansiar**. ❷ 想像をたくましくする, 夢想する, 夢うつつである. — Siempre anda por las calles *soñando*. 彼はいつも夢うつつで通りを歩いている.
—— 他 (眠っていて)夢に見る. — Anoche *soñé* que él era un demonio. 昨夜私は彼が悪魔だという夢を見た.

ni soñarlo/ni lo sueñes 絶対不可能である. ¿Que te deje mi coche?, *¡Ni soñarlo!* 私の車を貸してくれだって？ そんなこと絶対だめだ.

soñar despierto 夢を本当と思い込む. Si crees que te voy a dar permiso, *sueñas despierto*. 私が君に許可を与えるなんて思っているんだったら, 君は夢を見ているんだ.

soñarrera [soɲařéra] 女 ❶ (強い)眠気, 睡魔. 類 **somnolencia, soñera, soñolencia, sopor, sueño**. ❷ 深い眠り, 熟睡.

soñera [soɲéra] 女 (強い)眠気, 睡魔. 類 **somnolencia, soñarrera, sopor, sueño**.

soñolencia [soɲolénθja] 女 眠気; 夢うつつ, 半睡状態. 類 **somnolencia, soñarrera, soñera, sopor, sueño**.

soñolientamente [soɲoljéntaménte] 副 眠そうに; 夢うつつで.

soñoliento, ta [soɲoljénto, ta] 形 眠い, うとうとしている, 眠そうな. 類 **somnolento, somnoliento**.

‡sopa [sópa] 女 ❶ スープ. — ～ de ajo ガーリックスープ. ～ fresca de berros [de tomate, de verduras] クレソン[トマト, 野菜]スープ. ～ juliana 千切り野菜の入ったスープ. ～*s* 砂袋入り(粉末)スープ. De primero voy a tomar ～ de mariscos. 最初に私は魚介のスープを飲みます. 類 **caldo**. ❷ スープやコーヒーなどに浸したパン; パンの入ったスープやミルクなどの料理. — ～ boba 修道院で貧しい人に分け与える食べ物. En el desayuno toma café con leche con ～s. 朝食に彼はミルクコーヒーを飲みながらパンを食べます. ❸ 複 スープに入れる薄切りのパン.

a la sopa boba 《話》他人の世話になって, 居候生活の. Juan vive en casa de sus padres *a la sopa boba*. フアンは実家で親のスネをかじって暮らしている.

como (hecho) una sopa 《話》(1) ずぶぬれになって. Llovía a cántaros y llegué *hecho una sopa*. どしゃ降りの雨だったので, 私はずぶぬれになって着いた. (2) 泥酔して, ぐでんぐでんに酔っぱらって. Anoche bebí demasiado y estuve *como una sopa*. 昨夜は飲み過ぎて, ぐでんぐでんに酔っぱらった.

dar sopas con honda a ... 《話》(人より)はるかにまさる, 顔色をなくさせる, 大きな優越感を持てる[見せる]. Pedro *nos da sopas con honda en* física. ペドロは私たちよりはるかに身体が大きい.

estar sopa 《話》(1) よく眠っている. (2) 酔っぱらっている.

hasta en la sopa 《話》うんざりした, 飽き飽きした. Estoy harto de él, le veo *hasta en la sopa*. 彼にはもううんざりだ.

sopapear [sopapeár] 他 《話》❶ (人)を平手で打つ, …にびんたを食らわせる. ❷ 《比喩》(人)を虐待する, いじめる. 類 **maltratar, ultrajar**.

sopapina [sopapína] 女 連続の平手打ち; 人の顎(き)を続けざまにたたくこと.

sopapo [sopápo] 男 ❶ 平手打ち, びんた. — Como vuelvas a molestarme te voy a dar [arrear] un ～. 今度じゃましたらひっぱたいてやるぞ. 類 **bofetada, cachete**. ❷ 人の顎(き)の下をたたく[殴る]こと.

sopar, sopear [sopár, sopeár] 他 (パンなど)を(スープ, ソースなどに)浸す 【＋en】. — ～ el pan *en* la leche パンをミルクに浸す. 類 **mojar**.

sopera [sopéra] 女 (ふた付きの)スープ鉢(そこからスープを各自に取り分ける).

sopero, ra [sopéro, ra] 形 スープ用の. — cuchara *sopera* スープ・スプーン.
—— 男 スープ皿(＝plato ～).
—— 名 スープ好きの人.

sopesar [sopesár] 他 ❶ を持ち上げて重さを測る. ❷ (予想される困難, 利害など)をあらかじめ検討する. — los pros y los contras de un proyecto 企画への賛否を予測検討する.

sopetón[1] [sopetón] 男 《話》平手打ち, びんた. 類 **bofetada**.

de sopetón 突然, 思いがけなく, 前ぶれもなく. Le dio la noticia *de sopetón* y casi se desmaya. 彼は突然知らせを受けて気を失いそうになっている.

sopetón[2] [sopetón] 男 《料理》オリーブ油に浸したトースト.

sopicaldo [sopikáldo] 男 《料理》具のほとんどないスープ.

sopladero [sopladéro] 男 通風孔, 風穴.

soplado, da [sopláðo, ða] 過分 [＜soplar] 形 ❶ こぎれいな; 着飾った. ❷ (人が)気取った, つんとした; うぬぼれた. 類 **orgulloso, presumido, presuntuoso, vanidoso**. ❸ 酔っ払った. — No le hagas caso, que está un poco ～. 彼にかまうな, 少し酔っ払っているんだ. 類 **borracho, ebrio, embriagado**.
—— 男 (ガラス器などの成形のための)ガラス吹き作業[製法].

soplador, dora [sopladór, ðóra] 名 ❶ ガラス吹き職人. ❷ 吹く人; 《比喩》人々をあおる人, 扇動者.
—— 男 うちわ, (あおぐための)せんす. 類 **abanico, soplillo**.

sopladura [sopladúra] 女 ❶ 吹くこと, 吹きつけ. ❷ (ガラス器などの成形のための)ガラス吹き作業[製法].

soplamocos [soplamókos] 男 [単複同形] [＜soplar＋moco] 男 顔(特に鼻のあたり)への殴打. — darLE un ～ (人)に平手打ちを食らわせる. 類 **bofetada, cachete, sopapo**.

‡soplar [soplár] 自 ❶ 息を強く吐く. ❷ (風が)吹く. — *Sopla* la brisa. そよ風が吹いている. Hoy *sopla* un viento caliente. 今日は暖かい風が吹いている. ❸《機械的》風を送る. —*Sopla* el fuelle. ふいごが風を送っている. ❹《話》大酒を飲む, (酒を)飲み過ぎる. —Durante el banquete los novios *soplaron* mucho. 祝宴の間に新郎新婦は飲み過ぎた.

—⊕ ❶ を吹く, 吹き消す, 吹き飛ばす. —El niño *ha soplado* las velas de la tarta de cumpleaños. 子供はバースデイ・ケーキのろうそくを吹き消した. ~ el polvo ほこりを吹き飛ばす. *Sopla* la sopa, que está muy caliente. スープは熱いからフーフーしなさい. ❷ (熱したガラスの塊・風船)を吹いてふくらませる. — ~ la pasta de vidrio ガラスの熱い塊を吹いてふくらませる. ~ un globo 風船をふくらませる. ❸《話》を密告する, 告げ口する. —*Sopló* a la policía el nombre del ladrón. 彼は警察に泥棒の名前を密告した. 類**acusar, delatar**. ❹《話》をこっそり盗む, …の窃盗を働く. —Me *soplaron* la cartera en el autobús. 私はバスの中で財布をこっそり盗まれた. ❺ を小声で[こっそり]教える, …のヒントを与える. —El profesor se distrajo unos momentos y un compañero me *sopló* la pregunta. 先生が少しぼんやりした隙にひとりの友人が質問をこっそり教えてくれた. Irene le *sopló* a Ana el examen. イレーネはアナに試験の答えをこっそり教えた. ❻ (チェッカーで)(相手の駒(こま))を取る, 取り上げる. — ~ las fichas 駒を取る. ❼ [+a に] (平手打ちなど)を食わせる. —Le *soplaron* una bofetada. 彼はひっぱたかれた.

—se 再 ❶ (自分の体の一部)に息を吹きかける. —Tenía las manos heladas y *se las soplaba*. 彼は手が凍りついていたので息を吹きかけていた. ❷ 大量に食べる[飲む]. —Él solo *se ha soplado* la tarta [una botella de whisky]. 彼は独りでデコレーション・ケーキを平らげた[ウイスキーを1瓶空けた]. *¡Sopla!* 驚いた. *¡Sopla* con el anciano! あの老人には驚いた!

soplete [soplété] 男《技術》❶ (溶接用やペンキをはがすための)発炎装置, 吹管, トーチ. — ~ oxiacetilénico (金属の溶接・切断用の)酸素アセチレントーチ. — ~ soldador 溶接トーチ. ❷ (ガラス工用の)吹管, 吹きざお.

soplido [soplído] 男 (息・風の)強いひと吹き. —Apagó las velas de la tarta de un (solo) ~. 彼はケーキのろうそくを(わずか)ひと吹きで消した.

soplillo [soplíjo] [< soplo] 男 (火を起こすためのうちわ. 類**abanico, aventador, soplador**.

‡**soplo** [sóplo] 男 ❶ (息を)吹くこと; (風の)一吹き. —Apagó la vela de un ~. 彼はろうそくの火を一吹きで消した. Un ~ de aire se llevó la boina. 一陣の風がベレー帽を飛ばした. ❷ またたく間, 一瞬. —Vuelvo en un ~. すぐ戻るよ. La juventud pasa en un ~. 青春はまたたく間に過ぎる. ❸ 少量, 僅かな量. —No corría ni un ~ de aire. 風がすよとも吹かなかった. Al final se le echa un ~ de sal y vinagre. 料理の出来上がりに塩と酢を少量入れる. ❹《話》告げ口, 密告; (試験などで)小声でこっそり教えること. —dar el ~ a la policía 警察に密告[内報]する. Papá no se enterará si tú no vas con el ~. お前が告げ口しなければパパにはわからないよ. 類**delación, denuncia**. ❺《医学》(心臓などの器官から聞こえる)雑音. — ~ cardiaco 心臓の雑音.

soplón, plona [soplón, plóna] 形《話》密告好きな. 告げ口屋の.

—名《話》告げ口屋, 密告者, たれ込み屋.

soplonear [soploneár] ⊕ (人)のことを密告する; (秘密など)を告げ口する. 類**acusar, denunciar**.

soponcio [sopónθio] 男《話》気絶, 失神, 卒倒. —Le dio un ~. 彼は気絶した.

sopor [sopór] 男 ❶ 眠気, 睡魔. — tener (sentir) ~ 眠気を感じる. Me dio [cogió] el ~. 私は睡魔に襲われた. 類**adormecimiento, sueño**. ❷《医学》(a) 病的な眠気. 類**somnolencia**. (b) (昏睡(こんすい))に近い深い睡眠(状態). 嗜眠(しみん). 類**coma**.

soporífero, ra [soporífero, ra] 形 ❶ 催眠の, 催眠(誘発)性の. 類**somnífero**. ❷《話, 比喩》眠けを催す, ひどく退屈な. — una clase *soporífera* 眠くなるような授業. 類**aburrido, tedioso**.

—男 眠気を催すもの; 睡眠薬, 寝酒.

soportable [soportáβle] 形 我慢できる, 耐えられる; なんとかしのげる. —Tomando estos calmantes, el dolor se hace más ~. この鎮痛剤を飲めば痛みがいくらかしのぎやすくなりますよ. 類**aguantable, llevadero, tolerable**. 反**insoportable**.

soportal [soportál] 男 ❶《建築》ポーチ, 車寄せ(屋根のついた玄関口). 類**porche, pórtico**. ❷ 複《建築》アーケード, 拱廊(きょうろう), 列拱(れっきょう). ◆列柱に囲まれ, アーチ形の天井を持つ通路. 類**porche, pórtico**.

‡**soportar** [soportár] ⊕ ❶ を支える, …に堪える. —Cuatro ruedas *soportan* el peso de la carrocería. 4つの車輪が車体の重量を支えている. ❷ を我慢する, 耐え忍ぶ. —*Soportaba* el dolor con mucha resignación. 彼は痛みをじっと我慢していた. No *soporto* que me insulten. 私は侮辱されるのが耐えられない. 類**aguantar, tolerar**.

soporte [sopórte] 男 ❶ (a) 支え(る物). — ~ del brazo (肘(ひじ)かけ椅子の)肘乗せ, アームレスト. 類**apoyo**. (b) 台, 台座; スタンド; 支柱. — ~ con ruedas para maceta 車輪付き植木鉢台. Hay un boceto de escultura sobre el ~. 台の上に彫刻の習作が乗っている. (c) 支持金具, (棚などを支える)腕木, 腕金. (d) 回転軸. ❷《比喩》(精神的)支え. —Su mujer es su más firme ~. 妻が彼の最も強い支えである. ~ técnico テクニカルサポート. ❸《情報》記憶[記録]媒体, メディア. —Los documentos se ofrecen en ~s magnéticos. 文書は磁気媒体の形で提供される. ❹《紋章》盾持ち. ◆紋章の盾の両側にいる一対の動物.

soprano [sopráno] 男 ❶《音楽》ソプラノ(女性・少年の最高声域), ソプラノ声部; ソプラノ楽器(同系楽器の中で最高音部を受け持つ). 類**tiple**. ❷ 去勢された男.

—男女《音楽》ソプラノ歌手. — una famosa ~ lírica 有名なリリック・ソプラノ歌手.

***sor** [sór] 女《修道女の名前につける敬称》シスター…, …尼. —S~ Inés シスター・イネス. 類**fray** (修道士の名前につける敬称, …師).

sorber [sorβér] ⊕ ❶ (液体)をすする, ちびりちびり飲む, を吸う. — ~ horchata con una paja ストローでオルチャータを飲む. ~se las lágrimas 涙を飲む, 苦しみに耐える. No *sorbas* los mocos y *suénate* con el pañuelo. 鼻水をすすらないで, 鼻をかみなさい. 類**aspirar, beber**. ❷ を吸収する,

吸い込む, 吸い上げる. —Esta esponja *sorbe* mucha agua. このスポンジは水を吸い吸う. 類 **absorber, empapar, tragar**. ❸《比喩》を吸い込む, 巻き込む, 飲み込む. —El tornado *sorbía* todo cuanto hallaba a su paso. 竜巻はその通り道にあるあらゆるものを巻き込んで行った. 類 **arrastrar, atraer, tragar**. ❹《比喩》(言葉・話に)聞き入る; 熱心に聞く, 傾聴する. —Los nietos *sorbían* las palabras de la abuela mientras les contaba el cuento. 祖母が物語を語っている間, 孫たちはその言葉に聞き入っていた.

sorbete [sorβéte] 男 ❶ シャーベット. ❷《中南米》ストロー. 類 **paja**.

sorbetera [sorβetéra] 女 ❶ シャーベット製造器. ❷《話》山高帽子, シルクハット.

sorbetón [sorβetón] (<sorbo) 男 ❶ ぐいっと[ごくりと]飲むこと. —Se bebió la bebida de un ~. 彼は飲み物をひと口でごくりと飲み干した. ❷ (飲み物の)ひと口[ひと飲み].

sorbito [sorβíto] (<sorbo) 男 ❶ ちょっと飲む[する]こと. —beber a ~s una manzanilla マンサニーヤをちょっとずつ飲む. ❷ (飲み物の)ひと口, ひとすすり.

sorbo [sórβo] 男 (飲み物の)ひと口[ひと飲み, ひとすすり](の量). —tomar [beber] un ~ de limonada レモネードをひと口飲む.

a sorbos. すすって. Beber *a sorbos* la sopa es de mala educación. スープをすすって飲むのは行儀が悪い. 類 **trago**.

a (pequeños) sorbos (飲み物を)少しずつ. beber un coñac *a sorbos* コニャックをちびちび飲む.

de un sorbo (飲み物を)一口で. beber la cerveza *de un sorbo* ビールを一気に飲み干す.

sordamente [sorðaménte] 副 ❶ 黙って; 静かに, 音もなく. 類 **calladamente**. ❷ ひそかに, 秘密に. 類 **secretamente, sigilosamente**.

sordera [sorðéra] 女 ❶ 耳が聞こえないこと, 聾(ろう). ❷ 耳が不自由なこと, 耳が遠いこと, 難聴. —Su ~ ha aumentado últimamente. 彼の難聴は最近悪化した.

sordidez [sorðiðéθ] 女 ❶ 不潔(な状態)[行為], むさ苦しさ; 惨めさ. —Quiero dejar esta pobreza y ~ en que vivo. 私は今のこの貧乏で惨めな暮らしから抜け出したい. 類 **suciedad**. ❷ 浅ましさ, けち, 強欲. —No te dejes vencer por su ~. あいつの強欲さに負けるな. 類 **avaricia, tacañería**.

sórdido, da [sórðiðo, ða] 形 ❶ (場所・環境などが)汚い, むさ苦しい; (身なり・建物などが)惨めな, みすぼらしい. —Vivió en un apartamento ~ y obscuro. 彼は暗くみすぼらしいアパートに住んでいた. 類 **miserable, sucio**. ❷ 浅ましい; けちな, 強欲な. 類 **avaro, mezquino, ruin, tacaño**. ❸ (道徳的に)不潔な, 下品な, みだらな. —La novela narra la *sórdida* historia de un funcionario. その小説はある公務員のふしだらな物語を語っている. 類 **impuro, indecente, obsceno**.

sordina [sorðína] 女 ❶《音楽》(楽器の)弱音器, (ピアノの)ダンパー(ペダル), (管楽器の)ミュート. ❷ 消音装置.

a la sordina《比喩》ひそかに, 内密に.
con sordina (1)《音楽》弱音器を付けて. (2)《比喩》ひそかに, こっそりと.

***sordo, da** [sórðo, ða ソルド, ダ] 形 ❶ 耳の不自由な, 聴覚障害の. —Se ha quedado completamente ~. 彼は全く耳が聞こえなくなってしまった. Es ~ de nacimiento [del oído derecho]. 彼は生まれつき[右の]耳が聞こえない. No me grites que no soy [estoy] ~. 大声を出すな. 私は耳が不自由なわけではない. ❷ 耳を貸さない. —Permaneció ~ a [ante] las súplicas de sus padres. 彼は自分の両親の頼みに耳を貸そうとはしなかった. 類 **indiferente, insensible**. ❸ (*a*) (音や衝撃が)にぶい. —campana *sorda* 音のこもった鐘の音. ruido ~ にぶい音. (*b*)《言語学》無声の. (*c*) (痛みが)鈍い, 鈍痛の. (*d*) (怒りや憎悪が)抑えられた, 鬱積した. —Sentía un odio ~ hacia ella. 彼は彼女に対して内にこもった憎しみを抱いていた.

a lo sordo [*sordas*] こっそりと, ひそかに.

—— 名 耳の不自由な人. —una escuela para ~s 聴覚障害者のための学校. hacerse el ~ 聞こえないふりをする. No hay peor ~ que el que no quiere oír. 聞く気のない人にはなんと言っても仕方がない. diálogo de *sordos* 相手の言うことを聞こうとしない者同士の会話, 話の合わない会話.

sordomudez [sorðomuðéθ] 女 聾唖(ろうあ).

sordomudo, da [sorðomúðo, ða] 形 聾唖(ろうあ)の.
—— 名 聾唖者.

sordura [sorðúra] 女《医学》聴覚障害.

sorgo [sórɣo] 男《植物》モロコシ.

Soria [sórja] 固名 ソリア(スペイン中北部の県・県都).

Soriano [sorjáno] 固名 ソリアーノ(ウルグアイの県).

soriano, na [sorjáno, na] 形 ソリア(Soria)の.
—— 名 ソリアの住人[出身者].

sorna [sórna] 女 ❶ 皮肉(の言葉), 嫌味, 当てこすり. —En sus palabras advertí un ligero tono de ~. 彼の言葉の中に私は軽い皮肉な調子を見て取った. mirar con ~ ばかにしたように見る. 類 **ironía, mofa, sarcasmo**. ❷ 悠長, (特に, わざと)のろのろすること.

sorocharse [sorotʃárse] 再《中南米》❶ 高山病にかかる. ❷ 赤面する. 類 **ruborizarse**.

soroche [sorótʃe] 男《中南米》❶ 高山病. ❷ 赤面. 類 **rubor**. ❸《鉱物》方鉛鉱. 類 **galena**.

sorprendente [sorprenðénte] 形 驚くべき; 意外な, 珍しい, 特別な. —La conclusión fue ~. 結論は驚くべきものだった.

***sorprender** [sorprendér ソルプレンデル] 他 ❶ をびっくりさせる, 驚かす, 仰天させる. —Su suicidio me *sorprendió*. 私は彼の自殺にびっくり仰天した. *Sorprendió* a todos con aquel peinado. 彼のあのヘアスタイルはみんなを驚かせた. 類 **asombrar**. ❷ …に不意打ちを食わせる, …の不意を突く. —La tormenta nos *sorprendió* en pleno campo. 私たちは野原の真中で嵐に襲われた. *Sorprendieron* al ladrón entrando por la ventana. 泥棒は窓から侵入したところを捕えられた. ❸ を暴露する, あばく, 明るみに出す. —*Sorprendió* el lugar donde guardaban el dinero. 彼はお金の隠し場所を見つけた.

——*se* 再 [+*de*に] びっくりする, 驚く, 仰天する. —*Me sorprendí* mucho de que mi primo hubiera cometido un crimen. 私のいとこが犯罪を犯したことに私はとても驚いた. *Se sorprendió* al ver a su novia en un lugar de tan mala fama. 彼は恋人がそんないかがわしい場所にいるのを見てびっくりした.

sorpresa [sorprésa ソルプレサ] 囡 ❶ (不意の)驚き. —Me causó [produjo] ~ encontrarme con él en ese sitio. あんな所で彼に出会って驚いた. Me dio una ~ con su llamada. 彼らから電話があってびっくりした. ¡Qué [Vaya] ~! わあ驚いた. 類 asombro, susto. ❷ びっくりする事[物], 思いがけない事[物] (贈り物・良い知らせなど好ましい場合が多い). —Aquí tienes una ~. いいものをあげる. Te traigo una ~. 君にいい知らせがあるんだ. ❸ (軍事) 奇襲, 不意打ち.

de [por] sorpresa 不意に, 意表をついて. Me cogió *de sorpresa* su pregunta. 彼の質問に私は不意をつかれた. Le atacaron *de sorpresa*. 彼は不意打ちをくらった.

sorpresivo, va [sorpresíβo, βa] 形 【中南米】意外な, 予測しない, 突然の. 類 inesperado.

sorrostrada [soŕostráða] 囡 ずうずうしさ, 横柄, 傲慢. 類 descaro, frescura, insolencia.

sorteable [sorteáβle] 形 ❶ 避けられる, 回避できる; 避けるべき, 回避すべき. —Todas tus dificultades son ~s si actúas con astucia. 君の問題は, うまく立ち回ればすべて回避できる. 類 evitable. ❷ 抽せんにできる, くじで決めることができる.

sorteamiento [sorteamjénto] 男 くじ; くじ引き, 抽せん. 類 sorteo.

*sortear [sorteár] [〈suerte〉] 他 ❶ をくじ引きで決める, 抽選にする. —Van a ~ un televisor. くじ引きの商品はテレビだろう. ❷ を回避する, 避ける, よける. —Manuel ha sorteado muchos peligros. マヌエルはこれまでに多くの危険を回避してきた. El torero sorteó al toro. 闘牛士は牛に対して身をかわした. ❸ …の兵役の勤務地を抽選で決める. —Han sorteado a los quintos, y a Jesús le ha tocado Segovia. 新兵たちが抽選にかけられ, へススは勤務地をセゴビヤに決まった.

‡**sorteo** [sortéo] 男 ❶ くじ引き, 抽選; くじ. —~ bonoloto ナンバーズくじ. el ~ de la lotería 宝くじの抽選. elegir por ~ くじ引き[抽選]で選ぶ. Me tocó el primer premio en el ~. 私はくじ引きで一等賞を当てた. ❷ 避けること, 回避.

sortija [sortíxa] 囡 ❶ 指輪. 類 anillo. ❷ 巻き毛, カール. 類 rizo.

sortilegio [sortiléxjo] 男 ❶ 占い, 運勢判断. 類 adivinación, predicción. ❷ 魔法, 魔術. 類 brujería, hechicería, magia. ❸ 《比喩》魔力, 魅力. —echar un ~ a … (人)を魅惑する. 類 encanto.

SOS 〈頭字〉 男 遭難信号, SOS.

sosa [sósa] 囡 ❶ 《化学》炭酸ナトリウム, ソーダ. —~ cáustica 苛性(か)ソーダ, 水酸化ナトリウム. 類 soda. ❷ 《植物》オカヒジキ(アカザ科の一年草); オカヒジキを焼いた灰(この灰からソーダが得られる).

sosaina [sosáina] 男女 《話》退屈な人, 面白味のない人.

sosegado, da [soseɣáðo, ða] 形 ❶ (海・天候などが)穏やかな, 静かな, 風[波]のない; (嵐などの後で)静かになった. —aire ~ そよ風. 類 quieto, tranquilo. ❷ (人・気持ち・態度などが)落ち着いた, 平穏な. —carácter ~ y abierto 穏やかで気さくな性格. 類 reposado, tranquilo. ❸ (社会・生活などが)平和な, 平穏な. —Ha llevado una vida *sosegada* y *próspera*. 彼は平穏で裕福な生活を送ってきた. 類 pacífico, tranquilo.

sosegador, dora [soseɣaðor, ðóra] 形 静める, なだめる, 穏やかにする.
— 名 仲裁者, 調停者. 類 conciliador.

*sosegar [soseɣár] [1.4] 他 を落ち着かせる; を静める, 穏やかにする. —El padre procuraba a su nerviosa hija. 父親はあがっている彼の娘を落ち着かせようとしていた. *Sosegaba* su miedo con palabras tranquilizadoras. 彼は安心させるような言葉で彼の恐怖心を和らげていた. 類 calmar, serenar, tranquilizar.
— 自 一息入れる, 休む, 休息する.
— se 再 ❶ 落ち着く, 静まる, 治まる. —Se tumbó en la cama para ~*se*. 彼は気を静めるためにベッドに寝そべった. Pasada la tormenta, el viento *se sosegó*. 嵐が通り過ぎると風が穏やかになった. 類 calmarse. ❷ 一息入れる, 休む.

sosera [soséra] 囡 つまらないこと, 退屈なこと; つまらなさ. 類 insulsez.

soseras [soséras] 男女 《単複同形》《話》つまらない人. 類 soso.

sosería [sosería] 囡 つまらないこと, 退屈なこと; つまらなさ, 退屈. —Es una ~ ir solo a tomar una copa. 一人で飲みに行くのはつまらない.

sosia [sósja] 男 そっくりな人, 瓜(う)二つの人, 生き写し(の人). —Hoy he visto en el tren a una chica que es tu ~. 今日, 電車の中で君にそっくりの女の子を見たよ. 類 doble.

‡**sosiego** [sosjéɣo] 男 落ち着き, 平穏; 静けさ, 平穏. —Lo hizo con ~. 彼は落ち着いてそれをした. El ~ del pueblo le fue aliviando poco a poco el corazón herido. その村の平穏さが彼の傷ついた心を少しずつ癒していった. No he tenido en todo el día un momento de ~. 私は一日中落ち着く暇がなかった. 類 reposo, serenidad, tranquilidad.

soslayar [soslajár] 他 ❶ (困難・問題・いやな質問などを)回避する, 逃れる, かわす, 巧みに言い抜ける. —El ministro *soslayó* las preguntas cuyas respuestas podían comprometerle. 大臣は答えると自分の不利になりそうな質問をうまくかわした. 類 eludir, esquivar, evitar, sortear. ❷ を(狭い所を通せるように)傾ける, 斜めにする, 横にする. 類 inclinar, ladear.

soslayo, ya [soslájo, ja] 形 斜めの, 傾いた, 傾けてある. 類 oblicuo, soslayado.
al [de] soslayo (1) (困難・問題などを)かわして, 逃れて, よけて. dejar *de soslayo* la dificultad 困難をかわす. (2) 斜めに; (狭い所を通せるように)傾けて. pasar *de soslayo* entre los asientos 座席の間をすり抜けて通る.
mirar de soslayo を横目で見る; 疑い[非難, 不快]の目で見る.

soso, sa [sóso, sa] 形 ❶ (食べ物が)味[風味]のない; 薄味の, 塩気の足りない. —Échale un poco de sal a la sopa porque está *sosa*. スープが薄味だから少し塩を振りなさい. 類 insípido. 反 sabroso, salado. ❷ 面白味のない, 味気ない, 退屈な. —Es una película larga y *sosa*. 長くて退屈な映画だ. ¡Qué ~ eres! 君はつまらない男だな. 類 aburrido, tedioso.

‡**sospecha** [sospétʃa] 囡 疑い, 疑惑, 嫌疑; 〔直

説法の従属節を伴って］(…ではないかと)疑うこと. — Albergó una ～ infundada. 彼はいわれの無い嫌疑を抱いた. Su actitud indecisa despertó nuestras ～s. 彼の優柔不断な態度が私たちに疑惑の念を抱かせた. Él hizo todo lo posible para que se disipara la ～ que caía sobre él. 彼は自分にかかっていた疑いが晴れるよう出来るかぎりのことをした. Tengo la ～ de que ellos me están engañando. 私は彼らが私を騙しているのではないかと思う.

fuera [por encima] de toda sospecha 疑われる余地なく[のない]. Nosotros estamos *fuera de toda sospecha*. 我々は疑われる余地はない.

sospechar [sospetʃár ソスペチャル] 他 …と考える，想像する；［＋que＋接続法］…ではないかと想像する，疑う. — Ella *sospecha* que su marido le es infiel. 彼女は夫が彼女を裏切っていると考えている. Todos *sospechaban* que él estuviera mintiendo. 皆は彼はうそをついているのではないかと疑っていた. — *Sospecho* que descansará mañana. 私は彼が明日休むだろうと思っている. 類 **conjeturar, suponer.

— 自 [＋de]…に不信の念を持つ，を信用しない，疑う. — *Sospechan de* un vecino de la familia. 彼らは隣人に不信感を抱いている.

sospechosamente [sospetʃósaménte] 副 疑い深く，怪しんで; 怪しげに. — Me miraron ～. 私は怪しむような目で見られた.

:sospechoso, sa [sospetʃóso, sa] 形 疑わしい，怪しい，不審な. — actitud *sospechosa* 怪しい[不審な]態度. un tipo ～ 不審な人物，怪しいやつ. Me parece ～ que pasen por aquí a estas horas. こんな時間にこの辺りを通りかかるなんてどうもおかしい.

— 名 疑わしい人，容疑者. — Ha sido arrestado el ～ del crimen. 犯罪の容疑者が逮捕された.

sostén¹ [sostén] 男 sostener の命令・2 単.

:sostén² [sostén] 男 ❶ 支え；支えるもの，支柱. — Es necesario poner un ～ para que no se caiga la pared. 壁が崩れないように支えが必要だ. ❷ 支える人，大黒柱，重鎮. — Yo soy el único ～ de mi familia. 私だけがわが家の支えだ. Mi amigo es el principal ～ de un partido liberal. 私の友人はあるリベラルな政党の重鎮だ. ❸ 心の支え，よりどころ. ❹ ブラジャー. — ponerse el ～ ブラジャーを付ける. 類 **sujetador**. ❺ 食べ物，食糧；生活の糧. — ganarse el ～ 食いぶちを稼ぐ.

sostendr- [sostendr-] 動 sostener の未来，過去未来.

sostener [sostenér ソステネル] [10.8] 他 ❶ (a)を支える，補強する. — Grandes pilares *sostienen* los arcos de la bóveda. 大きな支柱が丸天井のアーチを支えている. *Sostén* en brazos a la niña un momento, que voy a buscar un taxi. ちょっとの間この女の子を抱いていてくれ，タクシーを探しに行くから. 類 **apoyar, sujetar, sustentar. (b) …の生活を支える，食べさせる，養う. — El hijo mayor *sostiene* a toda la familia. 長男が一家を養っている. 類 **mantener**. (c) …を応援する，支援する，支持する. — Irene sigue en la política porque su marido la *sostiene*. イレーネが政治の世界に留まっているのは夫が彼女を応援しているからだ. ❷ …(自説など)を主張する，弁護する. — *Sostiene* que su país no debe ingresar en la Unión Europea. 彼は自分の国が EU に加盟すべきではないと主張している. ❸ …を続ける，続行する；永続させる. — Mi madre *sostiene* largas conversaciones con la vecina. 母親は隣人と長話をしている.

— **se** 再 ❶ 生計を立てる，自活する. — La familia *se sostenía* gracias a la ayuda de unos parientes. その家族は何人かの親戚の援助のおかげで生計を立てていた. ❷ (倒れずに)立っている，動かずにいる. — Está muy débil y apenas puede ～*se*. 彼は衰弱していてほとんど立っていられない. ❸ ほどけない，ばらけない. — El andamio *se sostuvo* a pesar del viento huracanado. 足場は大嵐のような風でも崩れなかった. ❹ 元気一杯である，もつ. — *Se sostuvo* con un bocadillo al día. 彼は1日にボカディーヨ1つでもつ. ❺ …であり続ける，…のままでいる. — No *se sostendrá* mucho tiempo en el poder. 彼は権力の座に永くはとどまれないだろう.

sostenga(-) [sostenga(-)] 動 sostener の接・現在.

sostengo [sosténgo] 動 sostener の直・現在・1 単.

sostenidamente [sosteníðaménte] 副 連続して，絶え間なく. 類 **continuamente**.

*sostenido, da [sosteníðo, ða] 過分 形 ❶ 持続する，絶え間ない. — esfuerzo ～ たゆまぬ努力. mejoramiento ～ de la economía 経済の持続的な改善. a un ritmo ～ 途切れることなく[一定のペースで]. ❷ (相場などが)安定した，堅調の. — valor ～ en la Bolsa 安定した株価. ❸〘音楽〙半音高い. — fa ～ ファのシャープ, 嬰(えい)ヘ.

— 男 ❶〘音楽〙嬰記号，シャープ(♯). — doble ～ ダブルシャープ. ❷ スペイン舞踊の(爪先で立って踊る)技の一つ.

sostenimiento [sostenimjénto] 男 ❶ 維持，扶養；整備，保全；経営. — Su sueldo no llegaba para el ～ de una familia tan numerosa. 彼の給料ではこんなに大人数の家族は維持できない. 類 **mantenimiento**. ❷ (主張・意見などの)支持，擁護. — El ～ de aquella actitud le creó muchos problemas. あの態度を擁護するということが彼に多くの問題をもたらした. 類 **defensa, protección**. ❸ 支え；支えること，支持. 類 **apoyo, soporte**. ❹ (関係などを)保つこと，維持，持続. ❺ (生きるのに必要な)食物，栄養(物)；生きる糧.

sostien- [sostjén-] 動 sostener の直・現在.

sostuv- [sostuβ-] 動 sostener の直・完了過去，接・過去.

sota [sóta] 女 ❶ (ナイペ(naipe, スペイン風トランプ)の)ジャック. ◆数字の10に当たり，従者の絵が描いてある. ❷〘軽蔑〙恥知らずな女；売春婦. 類 **prostituta**.

sota-, soto- [sota-, soto-] 接頭 「下(側，位，級)」の意. — *sota*banco, *soto*ministro.

sotabanco [sotaβáŋko] 男 ❶ 屋根裏；屋根裏部屋. 類 **ático, buhardilla, desván**. ❷〘建築〙(アーチの)迫元(せりもと)石, 起拱(ききょう)石.

sotabarba [sotaβárβa] 女 ❶ 二重顎(あご). 類 **papada**. ❷ (一方のもみあげから顎の下の線に沿って他方のもみあげに至る)顎ひげ.

sotana [sotána] 女 ❶〘カトリック〙〘服飾〙スータン(司祭の平服). ❷ 殴打，なぐりつけ. — Vas a recibir una buena ～. 君は一発がつんとなぐられ

るぞ. 類 **paliza, somanata, zurra**.

‡**sótano** [sótano] 男 **地階**, 地下室; 地下貯蔵庫. — Este edificio tiene dos pisos del ～. この建物は地下 2 階になっている.

sotavento [sotaβénto] 男 《海事》風下(側). —a ～ de ... …の風下に. avanzar hacia ～ 風下に向かって進む. 反 **barlovento**.

sotechado [sotetʃádo] 男 掘立て小屋, 物置, 納屋. 類 **cabaña, caseta, cobertizo, techado**.

soterrar [soterár] [4.1] 他 ❶ を埋める, 埋めて隠す. — ～ el tesoro en el bosque 宝物を森に埋めて隠す. 類 **enterrar**. ❷ 《比喩》を隠す, 見えない[現われない]ようにする. 類 **esconder, ocultar**.

sotierr- [sotjer̄-] 動 soterrar の直・現在, 接・現在, 命令・2 単.

sotileza [sotiléθa] 女 《サンタンデール》細い糸; 釣り糸の最も細い(針をつける)部分.

soto [sóto] 男 ❶ (特に川岸の)並木, 木立. 類 **arboleda**. ❷ 雑木林, やぶ, 低木の茂み.

soufflé [suflé] 〈仏〉男 《料理》スフレ(フランス菓子の一種).

soul [sóul] 男 形 ソウルミュージック(の).

soviet [soβjé(t)] 〈露〉男 [複 soviets [soβjé(s)];[soβjéts];[sóβje(s)];[sóβjets]] 《政治, 歴史》ソビエト, 労働者評議会. ◆ソビエト連邦で政治単位ごとに設置された政治権力機関. —el ～ supremo ソ連邦最高会議.

‡**soviético, ca** [soβjétiko, ka] 形 ソビエトの, ソ連の. —la Unión *Soviética* ソ連邦. economía *soviética* ソ連経済.
— 名 ソ連人.

sovietización [soβjetiθaθjón] 女 《政治, 歴史》ソビエト化, 共産化; ソ連圏にはいる[入れる]こと.

sovietizar [soβjetiθár] [1.3] 他 《政治, 歴史》(国などを)ソビエト化する, 共産化する; をソ連圏に入れる.

soy [sój] 動 ser の直・現在・1 単.

spleen [(e)splín] 〈英〉男 ❶ 憂うつ, ふさぎ込み. 類 **depresión, melancolía**.

sport [(e)spór(t)] 〈英〉男 ❶ 《衣類》スポーツウェア; くつろいだ[ラフな, 非公式な]服装. —chaqueta (de) ～/americana de ～ スポーツ・ジャケット. estar [ir] vestido de ～ スポーティーなしてけた, くつろいだ服装をしている. ❷ スポーツ 《この意味では普通 deporte(s) を用いる》. —coche de ～ スポーツ・カー.

spray [(e)spráj, (e)spréj] 〈英〉男 スプレー.

sprint [(e)sprín(t)] 〈英〉男 [複 sprints[esprín(s)];[esprínts]] 《スポーツ》スプリント, 短距離競争, 全力疾走.

sprinter [(e)sprínter] 〈英〉男 《スポーツ》スプリント; 短距離走者, 全力疾走者.

sputnik [(e)spútnik] 〈露〉男 スプートニク(旧ソ連の人工衛星).

Sr. 《略号》[複 Sres., Srs.] = Señor (男性に)…様[氏, さん], …御中.

Sra. 《略号》[複 Sras.] = Señora (既婚女性に)…さん[様, 夫人], …御中.

Sri Lanka [(e)srí láŋka] 固名 スリランカ(首都スリジャヤワルダナプラコッテ).

S.R.L. 《略号》= Sociedad de Responsabilidad Limitada 有限(責任)会社.

Srta. 《略号》[複 Srtas.] = Señorita (未婚女性に)…様[さん], …御中.

S.S. 《略号》❶ = Su Santidad 教皇聖下. ❷ = Seguro Social 社会保険. ❸ = Seguro Servidor (複 SS. SS.)(商業文で)敬具. ❹ = Su Señoría 閣下.

SSE 《略号》=sudsudeste 南南東.

SSO 《略号》=sudsudoeste 南南西.

S.S.S. 《略号》[複 SS. SS. SS.] = Su Seguro Servidor (商業文で)敬具.

Sta. 《略号》=santa 聖… (女性).

stand [(e)stán(d)] 〈英〉男 [複 stands [están(d)(s)]] 売店, スタンド, 屋台. 類 **puesto, quiosco, tenderete**.

standing [(e)stándin] 〈英〉男 (社会的)地位.

star [(e)stár] 〈英〉男女 スター, 花形.

starter [(e)stárter] 〈英〉男 (エンジンの)スターター.

status [(e)státus] 〈英〉男 《単複同形》(社会的)地位.

status quo [(e)státu(s) kuó] 〈ラテン〉男 現状; その時の状態.

Sto. 《略号》=santo (一部の男性の聖人に)聖….

stock [(e)stó(k)] 〈英〉男 [複 stocks [estó(k)s]] 《商業》(商品の)在庫, 在庫品, ストック. 類 **almacenamiento**.

stop [(e)stó(p)] 〈英〉男 [複 stops [estó(p)s]] ❶ (交通標識の)止まれ, ストップ, 一時停止. ❷ (電報で)終止符, ピリオド.

*‡**su** [su ス] 形(所有) sus 〘3 人称単数・複数; 話し手でも話し相手でもない他の人をさす〙彼の, 彼らの, 彼女の, 彼女らの, 〘3 人称単数・複数; usted, ustedes に対応する〙あなたの, あなたがたの, 〘3 人称単数・複数; 物をさす〙それの, あれらの. —No asisto a *su* clase. 私は彼の授業に出ていない. *Su* marido es japonés. 彼女の夫は日本人だ ◆前に定冠詞や指示形容詞をつけない. 名詞の後や叙述補語としては suyo が用いられる. un amigo suyo 1 人の彼の友人〙.

suabo, ba [suáβo, βa] 形 シュヴァーベン (Suabia, ドイツ南西部の地方)の.
— 名 シュヴァーベンの人.

suasorio, ria [suasórjo, rja] 形 ❶ 説得の. —Aunque emplees todos los medios ～s, no lograrás convencerle. たとえあらゆる説得の手段を講じても, 君は彼を納得させることはできないだろう.. ❷ 説得力のある. 類 **convincente, persuasivo**.

*‡**suave** [suáβe スワベ] 形 ❶ 柔らかい, なめらかな. —pelo ～ しなやかな髪. acero ～ 軟鋼. carne ～ 柔らかい肉. cutis ～ すべすべした肌. toalla ～ 柔らかい[手触りのよい]布. 類 **blando, liso**. 反 **duro**. ❷ (形式が)平らな, 緩い. —curva ～ 緩やかなカーブ. carretera ～ 平坦な道路. pendiente ～ 緩やかな坂[勾配]. ❸ (動きが)なめらかな, 軽やかな. ～paso ～ 軽やかな足取り. marcha ～ スムーズな走行. dirección ～ 滑らかな操縦性. ❹ (刺激・作用が)柔らかな, 穏やかな, 軽微な; 優しい, 心地良い. —vino ～ 軽い口当たりのワイン. aroma ～ ほんのりした香り. brisa ～ 心地良いそよ風. clima ～ 穏やかな気候. color ～ 柔らかい調子の色. sabor ～ まろやかな味. tacto ～ 柔らかな[心地良い]肌触り. iluminación ～ 微弱な照明. medicamento ～ 優しい効きめの薬. 反 **fuerte, intenso**. ❺ 優しい, 厳しくない. —pala-

bras ~s 優しい言葉. reglas ~ 柔軟な規則. ❻ **柔和な**, おっとりした; 従順な. —carácter ~ おっとりした性格. Desde la última reprimenda está muy ~. こないだ叱りつけてから以来おとなしく[従順そうに]している. 類 **apacible, dócil, manso**. ❼【中南米】すばらしい, 魅力的な. ❽【話, 皮肉】ものすごい, 強烈な.

── 男 《俗》蒸留酒. 類 **aguardiente**.

── 副 柔らかに, そっと, 優しく.

‡**suavemente** [suáβeménte] 副 柔らかに, そっと, 優しく.

‡**suavidad** [suaβiðá(ð)] 女 ❶ 滑らかさ, 柔らかさ, 快さ. —la ~ de la piel 肌の滑らかさ. la ~ del sabor 味のまろやかさ. ❷ 優しさ, 穏やかさ, 温厚さ. —la ~ de su carácter 彼の性格の優しさ. la ~ de los colores 色彩の穏やかさ. Acarició con ~ la cabeza de su hija. 彼は娘の頭を優しく撫でた. ❸ 平らなこと, 平坦. —la ~ de la autopista 高速道路の平坦さ. Debes exponer la cuestión con ~. 君は問題点を明らかにせばならない.

suavizador, dora [suaβiθaðór, ðóra] 形 ❶ 滑らかにする, 柔らかくする. ❷ 和らげる, 穏やかにする. ── 男 (かみそりを研ぐ)皮砥(なめ).

suavizante [suaβiθánte] 男 (衣類を柔らかくする)柔軟剤, ソフナー. ── diluido [concentrado] 希釈[濃縮]柔軟剤.

*‡**suavizar** [suaβiθár] [1.3] 他 ❶ を柔らかくする, 軟らかする, 和らげる. —Esta crema *suaviza* el cutis. このクリームは肌を柔らかくする. ❷ (態度など)を軟化させる. —*El suavizó* su actitud al oír mis excusas. 彼は私の弁明を聞いて態度を軟化させた. ❸ …のコントラストを弱める. —~ un color 色のコントラストを弱める.

──se 再 ❶ 柔らかくなる, 軟らかくなる, 和らぐ. —En marzo el clima comienza a *~se*. 3月には気候が和らぐ. ❷ 緩和される, 穏やかになる. —Las tensiones entre Francia y Estados Unidos *se han suavizado*. フランスと合衆国との間の緊張は緩和された. Su caracter *se ha suavizado* mucho. 彼の性格はとても穏やかになった.

sub- [suβ-] 接頭 「下(位), 次, 後; 少し」の意.: *sub*terráneo, *sub*marino 《様々な異形を持つ: soterrar, sorreír, sorprender, sostener, suponer, suspender》.

subacuático, ca [suβakuátiko, ka] 形 水面下の, 水中の. —masaje ~ 水中マッサージ. 類 **submarino**.

subafluente [suβafluénte] 男 (川の, 支流からさらに分かれた)支流. 類 **afluente**.

subalimentación [suβalimentaθión] 女 《医学》栄養不良, 栄養失調.

subalimentado, da [suβalimentáðo, ða] 形 《医学》栄養不良の, 栄養失調の.

subalpino, na [suβalpíno, na] 形 (アルプス)山麓(ﾛ)の. —la Italia *subalpina* イタリアのアルプス山麓地帯.

subalterno, na [suβaltérno, na] 形 ❶ (身分などが)下の, 下級の, 下役の. —personal ~ (集合的に)平社員, 下級職員. 類 **inferior**. ❷ 二次的な, 副次的な; 従属的な. 類 **secundario, subordinado**.

── 名 ❶ 部下, 下級[下位]の者; 下働き. ❷ 《軍隊》下級将校 (oficial よりも下位の).

subarrendador, dora [suβařendaðór, ðóra] 名 又貸しする人, 転貸者.

subarrendar [suβařendár] [4.1] 他 ❶ を又貸しする, 転貸する. ❷ を又貸ししてもらう, 又借りする.

subarrendatario, ria [suβařendatárjo, rja] 名 又借り人, 転借人. 類 **subinquilino**.

subarriendo [suβařjéndo] 男 ❶ 又貸し, 又借り, 転貸借. ❷ 転貸借の料金.

subártico, ca [suβártiko, ka] 形 北極に近い, 亜北極の.

‡**subasta** [suβásta] 女 競売, 競(ﾋﾞ), オークション; (公共事業などの)入札. —sacar los artículos de antigüedades a ~ 骨董品をオークションにかける. sacar a pública ~ 公売にだす, 公開入札にかける. Nuestro adversario adquirió la contrata de la limpieza del hospital en ~. わが社の競争相手が病院の清掃の請負を落札した.

subastador, dora [suβastaðór, ðóra] 名 《商業》競売人. 類 **licitador**.

subastar [suβastár] 他 を競売にかける, 競売で売る; …の入札を行なう.

subcampeón, ona [suβkampeón, óna] 名 (競技, 競争などの)第2位の者[チーム]; 準優勝者.

subclase [suβkláse] 女 ❶《生物》亜綱. ❷ 下位区分.

subclavio, via [suβkláβjo, βja] 形 《解剖》鎖骨の下の. —arterio ~ 鎖骨下動脈.

subcomisión [suβkomisjón] 女 小委員会, 分科会.

subcomité [suβkomité] 男 =subcomisión.

subconsciencia [suβkonsθjénθja] 女 《心理》潜在意識, 下意識.

subconsciente [suβkonsθjénte] 形 《心理》潜在意識の(中にある), 意識下の; おぼろげにしか意識されない.

── 男 《心理》潜在意識, 下意識. 類 **subconsciencia**.

subcontinente [suβkontinénte] 男 亜大陸 (インド, アラビア, ニューギニアなど).

subcontratista [suβkontratísta] 男女 下請け業者.

subcontrato [suβkontráto] 男 下請け, 下請け契約.

subcutáneo, a [suβkutáneo, a] 形 《医学, 解剖》皮下の. —inyección *subcutánea* 皮下注射.

subdelegado, da [suβðeleɣáðo, ða] 名 代表者, 委員の代理人, 副代理; 再受託者.

subdesarrollado, da [suβðesařojáðo, ða] 形 低開発の, 後進の. —país ~ 後進国(今日では país en desarrollo「発展途上国」と言うほうが好ましいとされる).

subdesarrollo [suβðesařójo] 男 低開発(状態); 後進(性).

subdiácono [suβðjákono] 男 《カトリック》副助祭.

subdirección [suβðirekθjón] 女 ❶ 副社長[副会長, 副所長などの]職[地位]. ❷ 副社長[副会長, 副所長など]の事務所[執務室].

subdirector, tora [suβðirektór, tóra] 名 ❶ 副社長, 副支配人, 副部長, 次長, 副会長. 類 **subjefe, vicepresidente**. ❷ 副所長, 副校長,

1786 súbdito

副会長. 類**subjefe**. ❸ 助監督;副指揮者;副編集長.

súbdito, ta [súβðito, ta] 形【+de】(に)支配された,従属[服従]する. —Los habitantes de esta región eran ~s de la Corona de Aragón. この地域の住民たちはアラゴン王国に支配されていた.
—— 名 ❶ 家来; 臣民, 臣下. 類**vasallo**. ❷ 国民, 公民, 人民. — un ~ español スペイン国民. 類**ciudadano**.

subdividir [suβðiβiðír] 他 をさらに分ける, 再分割する, 細別する.
—— se 再 再分割される, 細別される.

subdivisión [suβðiβisjón] 女 ❶ 再分割[細別](すること). ❷ 下位区分; 再分割[細別]された1部分.

subdominante [suβðominánte] 女 《音楽》下属音, サブドミナント(音階の第4音). —acorde de ~ 下属和音.
—— 形 下属音の.

suberoso, sa [suβeróso, sa] 形 コルクの, コルク質の, コルク状の.

subespecie [suβespéθje] 女 《生物》亜種.

subestación [suβestaθjón] 女 変電所.

subestimación [suβestimaθjón] 女 過小評価, 軽視. 反**sobreestimación**.

subestimar [suβestimár] 他 を過小評価する, 軽視する, 見くびる. —Perdió el partido porque *subestimó* a su rival y se confió. 彼はライバルを見くびって油断したので試合に敗れた. 反**sobrestimar, supervalorar**.

subexpuesto, ta [suβe(k)spwésto, ta] 形 《写真》露出不足の, 露光不足の.

subfamilia [suβfamílja] 女 《生物》亜科.

subfusil [suβfusíl] 男 自動小銃.

subgénero [suβxénero] 男 《生物》亜属.

subida [suβíða] 女 ❶ 登ること, 上方へあがること, 上昇. —La ~ de los últimos cien metros de la montaña fue agotadora. 山の最後の百メートルを登るのは辛かった. ~ de un avión 飛行機の上昇. 類**ascensión, elevación**. ❷ 上り板, 上り勾配[坂]; 類**cuesta, pendiente**. ❸ (温度などの)上昇; (物価の)上昇, 騰貴. — ~ de los precios 物価の上昇. ~ de los impuestos 増税. 類**alza**. ❹ 昇進, 昇格, 出世. 類**ascensión, promoción**.

*__subido, da__ [suβíðo, ða] 過分 形 ❶ 高い, 高められた. (*a*) (ある特性の度数が)高い, 高まった. — temperatura *subida* 高い気温. un boxeador ~ de peso 重量級のボクサー. Tuvo vértigo por la *subida* de la presión de sangre. 彼は血圧のためめまいがした. (*b*) 高額の. —deuda *subida* 高額の借金. precio ~ 高価格. ◆品物が高価だという時には caro を用いる: un reloj caro 高価な時計. 類**alto, elevado**. ❷ 上に伸びた. (*a*) (植物が)伸びきった. —bambúes ~s 伸びきった竹. **espigado**. (*b*) (衣類が)上に突っ張った, 襟を立てた. —Iba con el cuello de la gabardina ~. コートの襟を立てて歩いていた. ❸ 強烈な, 激しい. (*a*) (刺激・作用が)強烈な, 鮮烈な. —olor ~ 強烈な臭い. rojo ~ 強烈な[鮮やかな]赤色. vino ~ 強いワイン. tensión *subida* 張り詰めた緊張. 類**fuerte, intenso**. 反**suave**. (*b*) 高揚した; 強調された, 過度な. — ~ entusiasmo 強烈な情熱. reacción *subida* 大げさな反応. escena de ~ interés político 政治色を強調した場面. (*c*) 大胆な, どぎつい, きわどい. — ~ comentario ~ 大胆な[どぎつい]論評. un chiste ~ de tono [color] (特に性的な意味で)きわどい冗談. ❹ 【un/el+形容詞】この上ない, とびきりの. —Ella es de un guapo ~. 彼女はとびきりの美人だ. Estás con el tonto ~. 君はこの上ない大馬鹿者だよ. ❺ 《話》うぬぼれた, 増長した. —Él es un tipo muy ~. 彼はうぬぼれやだ. 類**creído, ensoberbecido**.

subíndice [suβíndiθe] 男 ❶ 下つき数字, 添え字. ♦CO₂の₂など. ❷ 《情報》サブスクリプト.

subinquilino, na [suβiŋkilíno, na] 名 (家屋, 土地の)又借り[転借]人. 類**subarrendatario**.

*__subir__ [suβír スビル] 自 ❶【+a に】(*a*) 登る, 上がる. —Sube a ver si se ha despertado el niño. 子どもが目を覚ましたかどうか上へ行って見てくれ. ~ *a* un árbol 木に登る. ~ al Monte Fuji 富士山に登る. ~ en un ascensor エレベーターで登る. ~ por la escalera 階段で登る. 類**ascender**. (*b*) (乗り物に)乗る, 乗り込む. — ~ al autobús [tren] バス[列車]に乗る. (*c*) (馬・ラクダなどに)乗る. — ~ *a* un caballo 馬に乗る. 類**montar**. (*d*) (金額が…に)上る, 達する. —Su deuda *ha subido a* cinco mil euros. 彼の借金は5千ユーロに上った. ❷ 増える, 上がる, 大きくなる. —Tras la tempestad *ha subido* la temperatura. 嵐のあと気温が上がった. El río *ha subido* después de la tormenta. 嵐のあと川の水量が増した. *Ha subido* la fiebre. 熱が上がった. ~ de grado 《情報》アップグレードする. ❸ 昇進する; 向上する. —Tomás *sube* rápidamente en la empresa. トマスの会社での昇進のスピードは早い. ❹ (音・調子が)高くなる; 《音楽》高音域が出る. —Pasaron a hablar de política y la discusión *subió* de tono. 政治に話題が移ると議論が白熱した.
—— 他 ❶ を増やす, 上げる, 大きくする. —Me *subieron* el sueldo. 私は昇給した. ~ el volumen de la radio ラジオの音量を上げる. ~ las persianas シャッターを上げる. ❷ を高く持ち上げる, より高くする. —*Subí* a mi hijo sobre mis hombros para que viera mejor. 息子がもっとよく見られるように私は肩車をした. *Sube* esa cabeza. その顔を上げなさい. *Suban* los brazos. 腕を上げてください. ~ una pared [una torre] 壁[塔]を高くする. 類**alzar, levantar**. ❸ を登る. —La anciana *sube* las escaleras muy despacio. 老婆はとてもゆっくり階段を登る. ❹ (車に・人を)乗せる, 積む; 運び上げる. —El viajero mismo *subió* la maleta al tren. 旅行客自身がスーツケースを列車に載せた. ❺ を値上げする. —El verdulero *ha subido* las verduras. 八百屋は野菜を値上げした. ❻ を昇進させる. —Le *han subido* de categoría en la empresa. 彼の社内での地位は上がった. ❼《音楽》(音)を高くする. —El fa está un poco bajo y hay que ~lo. ファの音が少し低いので, 高くなければならない.
—— se 再 ❶ よじ登る, はい上がる. —El niño *se subió* al árbol. 子どもは木によじ登った. ❷ (身に付けているものを)上げる, 高くする. — ~*se* los calcetines 靴下を上げる. ~*se* las mangas de la camisa シャツの袖をまくる. ❸【+a(人)を】《話》

(*a*) 酔わせる. —El vino *se me sube* a la cabeza en seguida. 私はワインですぐ酔っ払う. (*b*) 思い上がらせる, のぼせ上がらせる, いい気にさせる. —La victoria *se le ha subido*. 勝利のために彼はいい上がった. ❹《話》大きな態度をとる, ばかにする. —Los alumnos *se le suben* a esa joven profesora. 生徒たちはその若い女性教師をばかにしている.
*subírse*LE *a la cabeza* (1)(酒・アルコールが人を)酔わせる. (2)(人を)思い上がらせる, 鼻高にさせる, いい気にさせる. A José Luis *se le ha subido* el éxito *a la cabeza*. ホセ・ルイスは成功していい気になってしまった.

súbitamente [súβitaménte] 副 突然, 不意に, 急に. **類inesperadamente, repentinamente, súbito**.

:**súbito, ta** [súβito, ta] 形 ❶ 突然の, 急激な, 突発的な. —cambio ~ 急激な変化. muerte *súbita* 急死. un ~ vértigo 突然のめまい. subida *súbita* de la presión de la sangre 血圧の急激な上昇. **類imprevisto, repentino**. ❷ 衝動的な, 激しやすい. —carácter ~ 直情的な性格.
de súbito 突如として. Me preguntó *de súbito* si tenía dinero. 彼はお金があるかどうかいきなり聞いてきた.
—— 副 突然, 急激に, にわかに.

subjefe [suβxéfe] 男 副主任, 次長; 補佐官; 助役. **類subdirector, vicepresidente**.

subjetividad [suβxetiβiðáð] 女 主観性, 主観的であること; 自己本位.

subjetivismo [suβxetiβísmo] 男 ❶《哲学》主観論, 主観主義. ❷ 主観的な態度, 自己本位な態度.

:**subjetivo, va** [suβxetíβo, βa] 形 ❶ 主観的な; 思いこみの. —juicios ~s 主観的な判断. realidad *subjetiva* 主観的な想像上の現実. una valoración *subjetiva* 主観的な評価. ❷ 個人的な, 私的な. —una interpretación *subjetiva* 個人的な解釈. ❸《医学》自覚症状の. —síntoma ~ 自覚症状. ❹《哲, 心理》主体の, 主観の. 反**objetivo**. ❺《文法》主語[主格]の.

:**subjuntivo, va** [suβxuntíβo, βa] 形《文法》接続法の. —modo ~ 接続法.
—— 男 接続法. —el presente [imperfecto] de ~ 接続法現在[過去].

:**sublevación** [suβleβaθjón] 女 反乱, 蜂起; 暴動. —estallar una ~ 暴動[反乱]が起こる. sofocar un ~ 暴動[反乱]を鎮圧する. **類levantamiento, motín, rebelión, revuelta, sedición**.

:**sublevar** [suβleβár] 他【+contra に対して】(人に)反乱を起こさせる, 反抗させる, を決起させる. —El capitán *sublevó* a los soldados *contra* el jefe del batallón. 中隊長は兵士をひきつれて大隊長に対して反乱を起こさせた. ~ al pueblo 民衆を蜂起させる. **類alzar, amotinar, levantar, rebelarse**. ❷ を憤慨させる, 反発させる. —Me *subleva* su orgullo. 私は彼の傲慢さに腹が立つ.
—*se* 再 ❶【+contra に対して】反乱を起こす, 決起する. —Los obreros *se sublevaron contra* el gobierno. 労働者は政府に対して反乱を起こした. ❷ 憤慨する, 反発する. —*Se subleva* por nada. 彼は何にでも腹を立てる. **類enfurecerse, indignarse**.

sublimación [suβlimaθjón] 女 ❶《心理》昇華; 純化, 高尚化. —~ del apetito sexual 性欲の昇華. La distancia produjo la ~ de sus recuerdos. 遠く離れることで彼の思い出は高尚化した. ❷《化学》昇華. ❸《比喩》称揚, 礼賛.

sublimado [suβlimáðo] 男《化学》昇華物.

sublimar [suβlimár] 他 ❶《心理》(情念・欲求などを)昇華させる, 純化する. 高尚(なもの)にする. —Ella *ha sublimado* su desgracia. 彼女は自分の不幸を昇華した. ❷《化学》(物質)を昇華させる. ❸《比喩》をほめたたえる, 称揚する. —Ese historiador *sublima* las discutibles hazañas del conquistador. その歴史家は征服者による議論の余地のある戦果をほめたたえている. **類ensalzar, exaltar**.
—*se* 再《化学》昇華する.

:**sublime** [suβlíme] 形 ❶ 崇高な, 気高い, 至高の; 偉大な, 秀逸な. —belleza ~ 崇高な[至高の]美. palabra ~ 崇高な言葉. un escritor ~ 偉大な作家. **類excelente**. ❷ 特上の, 極上の. —un plato ~ 特上の料理.

*sublimidad** [suβlimiðáð] 女 崇高, 荘厳; 高尚; 極致. —Es incomparable la ~ que tiene este cuadro. この絵の崇高さは他と比較できない.

subliminal [suβliminál] 形《心理》閾下(い)値下の, サブリミナルの. —efecto ~ サブリミナル効果. percepción ~ 閾下知覚.

sublingual [suβliŋgwál] 形《解剖》舌下の.

sublunar [suβlunár] 形 月下の; 地上の; この世の. —el mundo ~ この世.

submarinismo [suβmarinísmo] 男 ❶ 潜水, ダイビング. **類buceo, sumersión**. ❷ 海底開発.

submarinista [suβmarinísta] 男女 ❶ 潜水作業員; ダイバー. **類buzo**. ❷ 潜水艦乗組員.
—— 形 潜水する, 潜水の.

submarino, na [suβmaríno, na] 形 水面下の; 海中の, 海底の. —cable ~ 海底ケーブル. pesca *submarina* 水中フィッシング(マリンスポーツ). volcán ~ 海底火山.
—— 男 潜水艦, ~~ (de propulsión) nuclear 原子力潜水艦.

submaxilar [suβmaksilár] 形《解剖》下顎(あご)の; 顎下腺(がっか)の, 顎下骨の.

submenu [suβménu, suβmenú] 男《情報》サブメニュー.

submúltiplo, pla [suβmúltiplo, pla] 形《数学》約数の.
—— 男《数学》約数. **類divisor**.

subnormal [suβnormál] 形 (特に知能的に)普通[標準]以下の; 知恵遅れの.
—— 男女 知恵遅れの人(特に子供).

subnormalidad [suβnormaliðáð] 女 ❶ 知恵遅れ. ❷ 普通[正常]以下であること.

suboficial [suβofiθjál] 男女《軍隊》下士官(曹長・軍曹など).

suborden [suβórðen] 男《生物》亜目.

subordinación [suβorðinaθjón] 女 ❶ 従属(関係), 服従; 下(下位)に置く[置かれる]こと. —La ~ a las normas establecidas no admite discusión. 確立された規範に従うことには議論の余地がない. **類dependencia, sujeción, sumisión**. ❷《文法》従属関係. 反**coordinación**.

subordinado, da [suβorðináðo, ða] 過分 形 ❶ 従属する, 服従した;【+a】…よりも下位の. ❷《文法》従属の, 従位の. —oración *subordinada* 従属節.

―图 部下, 配下; 下級[下位]の者.

subordinar [suβorðinár] 他 ❶【+a より】に下位に置く;（…）に従属[服属]させる. ―*Subordinó* su bienestar al de la sociedad. 彼は自分の豊かさよりも社会の豊かさを優先した. 類**someter, sujetar**. ❷《文法》(節などを)従属させる, 従位関係に置く.

― **se** 再 ❶【+a に】従属[服属]する, 仕える, 従う. ❷《文法》従属している, 従位関係にある.

subproducto [suβproðúkto] 男 副産物, 第二次製品.

subproletariado [suβproletarjáðo] 男【集合的に】《社会》ルンペンプロレタリアート(労働者階級から脱落した極貧層).

subrayable [suβrajáβle] 形 ❶ 特筆に値する, 注目すべき, 顕著な. 類**notable**. ❷ 下線を引くことができる. ―Este texto no es ~ ya que no disponemos de copia. このテキストはコピーがないので下線を引いてはいけない.

subrayado, da [suβrajáðo, ða] 過分 形 ❶ 下線[アンダーライン]を引いた; イタリック体[斜体字]の. ―Traduzcan al japonés las frases *subrayadas*. 下線部の語句を日本語に訳しなさい. ❷ 強調された.
― 男 下線部; イタリック体[斜体字]の部分.

:**subrayar** [suβrajár] 他 ❶ …に下線[アンダーライン]を引く. ― ~ una palabra 単語に下線を引く. ❷ を強調する, 力説する. ―*Subrayó* la importancia de las próximas negociaciones. 次の交渉の重要性を彼は力説した. 類**recalcar**.

subred [suβréð] 女《通信》サブネット.

subregión [suβrexjón] 女 (region 中の)小区域, 小地域. 《生物》亜区.

subreino [suβréjno] 男《生物》亜界.

subrepticiamente [suβreptiθjaménte] 副 こっそり, こそこそと, 隠れて. 類**clandestinamente, ocultamente, secretamente**.

subrepticio, cia [suβreptíθjo, θja] 形 内密の, 内々の; こそこそした. 類**clandestino, disimulado, furtivo, oculto**.

subrogación [suβroɣaθjón] 女《法律》代位; 代位弁済; (権利などの)肩代わり.

subrogar [suβroɣár] [1.2] 他《法律》(権利などを)(第三者に)代位させる, 肩代わりさせる. ―El tribunal *subrogó* el contrato de alquiler de la casa en favor de su hermana. 裁判所はその家の賃貸契約を彼の妹に代わって彼に代位させた.

― **se** 再《法律》代位する, 肩代わりする.

subrutina [suβrutína] 女《情報》サブルーチン.

subsanable [suβsanáβle] 形 ❶ (行為などが)許せる, 見逃してやれる; 申し訳の立つ. 類**disculpable, excusable, perdonable**. ❷ (困難などが)克服可能な, 乗り越えられる. 類**superable, vencible**. ❸ (損失・誤りなどが)取り返しのつく.

subsanar [suβsanár] 他 ❶ を許す, 勘弁する, 大目に見る. ―Trató de ~ su descuido alegando una pueril excusa. 彼は幼稚な言いわけをして自分の不注意を不問に付そうとした. 類**disculpar, excusar, perdonar**. ❷ を償う, 補う; …の埋め合わせをする. ―Necesitamos un mecánico para ~ la avería del motor. エンジンの故障を直すために整備工を呼ばなければならない. 類**remediar, resarcir**. ❸ (困難など)を克服する, 乗り越える. 類**rendir, superar, vencer**. ❹ (誤り)を正す, 改める. ―Reconozco mi error y procuraré ~lo. 私は自分の誤りを認めており, それを改めようと努めるつもりだ. 類**corregir, enmendar, rectificar**.

subscribir [suβskriβir] 他 =suscribir.

:**subscripción** [suβskripθjón] 女 ❶ (入会, 株式, 定期講読などの)予約, 申込み, 応募; 寄付. ―abrir [cerrar] la ~ 入会[購読]申込みの受付が始まる[終わる]. ❷ 予約(申込み)金, 定期購読料; 入会金, 会費. ―pagar la ~ anual de …… …の年間購読料(会費)を払う. renovar la ~ a la revista 雑誌の定期購読を更新する. ❸ サイン, 署名. ―Finalmente puso su ~ al pie del contrato. 彼は最後に契約書の末尾に自分のサインをした. ❹ 同意, 賛成. ❺ 出資.

subscriptor, tora [suβskriptór, tóra] 名 =suscriptor, tora.

subscrito [suβskríto] 過分 形 =suscrito.

subsecretaría [suβsekretaría] 女 ❶ 次官の職; 副秘書[秘書補佐, 秘書代理]の職. ❷ 次官の執務室; 副秘書[秘書補佐, 秘書代理]の執務室.

:**subsecretario, ria** [suβsekretárjo, rja] 名 秘書の補佐[代理]; (スペインの省庁の)次官. ~ de Asuntos Exteriores 外務次官. ~ de Agricultura 農政次官. ~ de Estado 国務次官.

subsector [suβsektór] 男 小区分; 係, 班. ♦ Sector をさらに細分化したもの.

subsecuente [suβsekwénte] 形 =subsiguiente.

subseguir [suβseɣír] [6.3] 自【+a の】後にすぐ続く[続いて起こる], (…)に後続する. ―Los años que *subsiguieron* a la guerra los pasó en el extranjero. 彼は戦争の後の数年間を外国で過ごした. 類**seguir**.

subsidiar [suβsiðjár] 他 (人・団体など)に補助金[助成金]を給付する. 類**subvencionar**.

subsidiario, ria [suβsiðjárjo, rja] 形 ❶ 補助的な, 代わりの, 予備の. ―medida *subsidiaria* 補助対策, 予備手段. 類**auxiliar, secundario**. ❷ 助成[金]の[による], 補助金の[による], 扶助の[による] ―conceder un empleo ~ a los parados 失業者を救済のために雇用する.

:**subsidio** [suβsíðjo] 男 補助(金), 助成(金), 奨励(金); 給付金, 手当. ― ~ de enfermedad 医療給付金, 医療手当. ~ de invalidez 障害手当. ~ de paro 失業手当. ~ de vejez 養老年金. ~ familiar 家族手当. ~ para la investigación 研究助成(金), 研究奨励金. solicitar un ~ al Gobierno 政府に補助[助成]金を申請する. conceder un ~ a una entidad ある団体に補助[助成]金を与える. 類**subvención**.

subsiguiente [suβsiɣjénte] 形 その次の, 直後の, 次に(結果として)起こる. ―en los años ~s その後の数年間に. 類**siguiente, subsecuente**.

subsiguientemente [suβsiɣjénteménte] 副 引き続いて, 引き続いても; …のすぐ後に.

:**subsistencia** [suβsisténθja] 女 ❶ 生存; 生活, 暮らし, 生計. ―Teníamos todo lo necesario para la ~. 生活の為に必要なものはすべて揃っていた. ❷《主に複》生活必需品; 食糧. ―acumular ~s para un desastre 災害時の為に食糧を備蓄する. ❸ 存続, 残存. ―Estas reglas han perdido la razón de ~. これらの規則は存在する理由がない.

subsistente [suβsisténte] 形 (依然として)残っている, 残存する, 生き残っている. —costumbres y tradiciones aún ~s 今なお残っている習慣や伝統. fuerza ~ 残存勢力.

:**subsistir** [suβsistír] 自 ❶ **存続する**, 残存する, 懸案のままである, 継続している. —En ese pueblo *subsisten* antiquísimas costumbres. その村には古くさい習慣が依然として残っている. El proyecto *subsiste* a pesar de los problemas. その計画は問題があるにもかかわらず継続している. 類**conservarse, perdurar**. ❷ 生存する, 生計を維持する; 棲息している. —La familia *subsiste* sólo con el sueldo del hijo mayor. 一家は長男の給料だけで暮らしている. En esta selva *subsisten* muchas clases de animales. このジャングルには多くの種類の動物が棲息している.

subsónico, ca [suβsóniko, ka] 形 亜音速の, 音速より遅い. 反**supersónico**.

:**substancia** [suβstánθja] = sustancia.
substancial [suβstanθjál] 形 = sustancial.
substanciar [suβstanθjár] 他 = sustanciar.
substancioso, sa [suβstanθjóso, sa] 形 = sustancioso, sa.
substantivar [suβstantiβár] 他 = sustantivar.
substantividad [suβstantiβiðáð] 女 = sustantividad.
***substantivo, va** [suβstantíβo, βa] 形・名 →sustantivo, va.
substitución [suβstituθjón] 女 = sustitución.
substituible [suβstituíβle] 形 = sustituible.
substituir [suβstituír] 他 = sustituir.
substitutivo, va [suβstitutíβo, βa] 形 男 = sustitutivo, va.
substituto, ta [suβstitúto, ta] 形・名 = sustituto, ta.
substituy- [suβstitui̯-] 動 substituir の直・現在/完了過去, 接・現在/過去, 命令・2 単, 現在分詞.
substracción [suβstrakθjón] 女 = sustracción.
substraendo [suβstraéndo] 男 = sustraendo.
substraer [suβstraér] [10.4] 他 = sustraer.
substrato [suβstráto] 男 = sustrato.
subsuelo [suβsu̯élo] 男 ❶ 〖地質〗心土, 下層土. ❷ 地下.
subtender [suβtendér] [4.2] 他 〖数学〗(弧)に対して弦を引く; (曲線・折れ線など)の両端を線分で結ぶ.
subteniente [suβtenjénte] 男女 〖軍事〗准尉.
subterfugio [suβterfúxjo] 男 口実, 言い訳; ごまかし. —emplear un ～ 口実を使う. inventar un ～ 言い訳をでっちあげる. 類**excusa, pretexto**.

:**subterráneo, a** [suβteřáneo, a] 形 (<sub +tierra) ❶ 地下の. —paso ～ 地下道. cable ～ 地下ケーブル. tallo ～ 地下茎. aguas *subterráneas* 地下水. recursos ～s 地下資源. ❷ (*a*) 隠れた, 表に出ない; 地下の, 秘密の. —acciones *subterráneas* 地下活動. 類**clandestino**.

subvertir 1789

(*b*) 隠れもった, 秘めた; 潜在的な. —ambición *subterránea* 秘めた野望.
—— 男 ❶ 地下道, 地下室, 地下倉庫. ❷ 〖アルゼンチン, ウルグアイ〗地下鉄. 類**metro**.

subtipo [suβtípo] 男 亜類型, サブタイプ.
subtitular [suβtitulár] 他 ❶ (本など)に副題[サブタイトル]をつける. ❷ (映画・ビデオなど)に字幕(スーパー)をつける.

subtítulo [suβtítulo] 男 ❶ 副題, サブタイトル. ❷ 〖主に 複〗〖映画〗字幕, スーパー(インポーズ); テロップ. —versión original con ～s en español スペイン語字幕きオリジナルバージョン.

subtropical [suβtropikál] 形 亜熱帯の. —zona ～ 亜熱帯.

suburbano, na [suβurβáno, na] 形 ❶ 郊外の, 町はずれの, 都市周辺の. —áreas *suburbanas* 郊外(地域). vida *suburbana* 郊外生活. ❷ 場末の, スラム(街)の. —delincuencia *suburbana* スラムの犯罪.
—— 名 郊外居住者.
—— 男 郊外電車(=ferrocarril ～, tren ～).

suburbio [suβúrβjo] 男 ❶ 郊外, 町はずれ, 都市周辺地域. 類**afueras, arrabal**. ❷ 場末, (町はずれの)スラム(街). 類**arrabal**.

subvalorar [suββalorár] 他 を過小評価する, 見くびる. 類**desestimar, infravalorar, subestimar**.

:**subvención** [suββenθjón] 女 助成(金), 補助(金), 奨励(金). —Pediremos una ～ al Estado para realizar nuestro proyecto. 我々の計画を実現するために国に助成金を求めます. La ～ de tus gastos corre por mi cuenta. 君の出費は私の口座から補ってやる. 類**subsidio**.

***subvencionar** [suββenθjonár] 他 を助成する, …に助成金[補助金]を出す, 奨励金を支給する. —El Programa Miguel de Unamuno nos *subvenciona* durante tres años. ミゲール・デ・ウナムーノ基金が 3 年間我々に助成金を出してくれる. ～ una investigación [una película] 研究[映画製作]に助成金を出す.

subvendr- [suββendr-] 動 subvenir の未来, 過去未来.

subvenir [suββenír] [10.9] 自 [+a を] (特に財政的に)援助する; (…の)費用を負担する. —～ *al* mantenimiento de su familia 家族を養う. ～ *a* la educación de sus sobrinos 甥姪(おいめい)の学費を負担する. 類**amparar, auxiliar, costear, subvencionar, sufragar**.

subversión [suββersjón] 女 (秩序などの)転覆, 破壊; 革命. —～ del orden establecido 既成秩序の破壊. El gobierno recurrió al ejército para acabar con la ～. 政府は革命を抹殺するために軍事力に訴えた. 類**destrucción, perturbación, revolución**.

subversivo, va [suββersíβo, βa] 形 反体制的な, (秩序などを)破壊[転覆]しようとする. —actividades *subversivas* 破壊活動. ideas *subversivas* 反体制思想. literatura *subversiva* 反体制文学. 類**revoltoso, revolucionario, sedicioso**.

subvertir [suββertír] [7] 他 (政府・体制など)を覆す, 破壊する; (主義・思想など)を打倒[打破]する. —～ el orden social 社会秩序を攪乱(かくらん)する. ～ los valores morales 道徳的価値観を覆

subyacente

す. 類**destruir, perturbar, revolucionar, trastornar.**

subyacente [suβjaθénte] 形 ❶ 下にある,下方にある,下に横たわる. —tejidos ～s《解剖》下部組織. ❷ 隠れた,裏に潜んだ. —intención ～裏の意図,下心. 類**oculto.**

subyugación [suβjuɣaθjón] 女 ❶ 制服,鎮圧;(圧制的な)支配. 類**conquista, dominio, opresión.** ❷ 屈服,隷属. 類**sujeción, sumisión.**

subyugador, dora [suβjuɣaðór, ðóra] 形 ❶ 人の心を奪うような,魅惑的な,ほれぼれさせる. 類**atractivo, encantador, fascinante.** ❷ 征服する,支配する.
—— 名 征服者,支配者.

subyugar [suβjuɣár] [1.2] 他 ❶ を征服する;を隷属させる,(圧制的に)支配する. —Los musulmanes *subyugaron* (a) casi toda la Península Ibérica. イスラム教徒たちは,ほぼイベリア半島全域を支配した. 類**conquistar, dominar, oprimir, someter, sujetar.** ❷《比喩》(人)を魅了する,うっとりさせる. —Su belleza *subyugó* a Carlos. 彼女の美しさにカルロスは夢中になった. 類**atraer, encantar, fascinar.**
——se 再《+a＋》隷属する,屈従する.

succión [sukθjón] 女 吸うこと,吸引,吸い上げ,吸い込み. —mecanismo de ～ de una aspiradora [bomba] 掃除機[ポンプ]の吸引メカニズム. 類**absorción.**

succionar [sukθjonár] 他 を吸う,吸引する,吸い上げる,吸い込む. —El bebé *succiona* con fuerza el chupete. 赤ん坊がおしゃぶりを力強く吸っている. Las raíces *succionan* el agua. 根が水を吸い上げる. 類**absorber, chupar.**

sucedáneo, a [suθeðáneo, a] 形《＋de》…の代用の,代わりの. —La malta es un cereal *sucedáneo* del café. 煎った大麦はコーヒーの代用になる穀物である. 類**substitutivo.**
—— 男 代用品,代替物;まがい物. —un ～ de caviar まがい物のキャビア.

⁑suceder [suθeðér スセデル] 自 ❶ 起こる,生じる. —¿Qué *sucede*?- Nada de particular. どうしたの?-なんでもないよ. Poco después *sucedió* la tragedia. それから少し後で悲劇は起こった. *Sucedió* ese día estábamos de huelga. たまたまその日は私たちがストライキをやっていた. 類**acaecer, acontecer, ocurrir, pasar.** ❷《＋a》に続く,(…の)後に来る. —El mes de septiembre *sucede al* de agosto. 8月の後には9月が来る. *A* la tempestad *sucede* la calma. 嵐の後は穏やかな状態になる.
—— 他 ❶ …の後を継ぐ,後継者となる,を継承する. —*Sucedió* a un tío suyo en la dirección de la empresa. 彼はおじの後を継いで社長になった. Tristes acontecimientos se *sucedieron* uno tras otro. 悲しい事件が次々と起こった. 反**anteceder.** ❷ …の遺産を相続する. 類**heredar.**

*****sucedido** [suθeðíðo] 過形 → 出来事.
—— 男《話》出来事,事件. —Te voy a contar un ～ muy raro. お前に一つ変わった出来事について話してあげよう. 類**acontecimiento, hecho, suceso.**

⁑sucesión [suθesjón] 女 ❶ (出来事などの)連続,継起. —Las desgracias llegaron en ～ ininterrumpida. 不幸は連続して起こった. Su vida ha sido una ～ de éxitos. 彼の人生はこれまで成功の連続だった. 類**serie.** ❷ 継承. —Guerra de ～ de España スペイン王位継承戦争 (1701-1715). Don Carlos ocupaba el cuarto puesto en el orden de ～ al trono. ドンカルロスの王位継承順位は第4番目だった.《法律》相続;相続財産,遺産. —— forzosa 法定相続. ～ intestada 遺言の無い相続. ～ testada 遺言による相続. ～ universal 包括相続. ❹ 跡取り,後継者;子孫. —Se casó ya viejo y no tuvo ～. 彼は年をとってから結婚したので子孫がいなかった.

⁑sucesivamente [suθesíβamente] 副 相次いで,次々と. —Tuve que responder ～ a todas las reclamaciones. 全てのクレームに次々と答えなくてはならなかった.

y así sucesivamente 以下同様に. Primero empujas el botón de arriba y luego el de abajo, *y así sucesivamente*. まず上のボタンを押して次に下のを押して,その後も同様にしなさい.

⁑sucesivo, va [suθesíβo, βa] 形 ❶ 相次ぐ,連続的な. —accidentes ～s 相次ぐ事故. Ganaron en tres partidos ～s. 彼らは3試合連続勝利した. ❷ 引き続く. —en días ～s [en ～s días] 日を追って.

en lo sucesivo 今後は,これからは. *En lo sucesivo* llama antes de entrar. これからは入る前にノックをするように.

⁑suceso [suθéso] 男 ❶ 出来事,イベント,事件;事故. —sección [páginas] de ～s 《新聞の》社会面,三面記事. Este año han ocurrido muchos ～s graves. 今年は重大な出来事が多かった. 類**acontecimiento, hecho, suceso.** ❷ 結果,成り行き;成功,成果. —El plan se llevó a cabo con (buen) ～. 計画は首尾よく達成された.

⁑sucesor, sora [suθesór, sóra] 名 後継者,継承者;相続人. —El ～ al trono fue asesinado. 王位継承者が暗殺された. Fue nombrado ～ del presidente de la empresa. 彼は社長の後継者に指名された. No tenemos ～es. 我々には跡継ぎがいない.
—— 形 後を継ぐ;相続する. —el hijo ～ al trono 王位継承者である息子.

sucesorio, ria [suθesórjo, rja] 形 相続の[に関する],継承の[に関する]. —derecho ～ 相続権. impuesto ～ 相続税. ~ ley *sucesoria* 相続法.

⁺suciamente [súθjaménte] 副 汚く,不潔に;下品に;卑劣な方法で,不正に. —hablar ～ 下品な話し方をする.

suciedad [suθjeðáð] 女 ❶ 不潔(さ),汚れ;汚物,不潔な物. —Me repugna la ～ que hay en su casa. 彼の家の不潔さが私はいやだ. 類**inmundicia, porquería.** 反**limpieza.** ❷《比喩》卑猥さ;下品,卑猥. —una novela llena de ～es 卑猥さに満ちた小説. ❸ 不正;(スポーツなどの)反則.

sucintamente [suθíntaménte] 副 簡潔に,簡単に;手短に. —Expondré ～ lo que ocurrió. 起きたことを手短に説明しましょう. 類**brevemente, concisamente, sencillamente.**

⁺sucinto, ta [suθínto, ta] 形 ❶ 簡潔な,手短な. —una explicación *sucinta* 簡潔な説明. un ～ informe 簡潔な報告[レポート]. 類**breve, conciso.** ❷ (衣類の裾が)短い.

sucio, cia [súθio, θia] 形 ❶《estar+》汚い, 汚れた, 不潔な. — El delantal *está* ~. 前掛けがよごれている. manos *sucias* 汚い[不潔な]手. 反 **limpio**. (*a*)《ser+》汚れやすい. — El blanco *es* un color ~. 白は汚れやすい色だ. (*b*) 汚れになる, 汚い. — Este trabajo que hace *es* ~. 彼のしている仕事は汚れがつきやすい. ❷《ser+》不潔にしている, きれい好きでない. — Es un niño ~. 不潔な子だ. 類 **desaseado**. ❹（色が）くすんだ, さえない. — blanco ~ くすんだ白. ❺ 雑な, 粗い. — bosquejo ~ 雑なスケッチ. en ~ 下書きで, 草稿で. ❻《医学》(舌に)舌苔(ぜったい)のついた. — lengua *sucia* 白くなった[舌苔のついた]舌. ❼ 卑劣な, 不正な; やましい. — dinero ~ 不正な金. juego ~ 反則行為[卑劣なプレー]. negocio ~ いかがわしい商売. Él tiene la conciencia *sucia*. 彼にはやましいところがある. ❽ 下品な, 卑猥な. — chiste ~ みだらなジョーク. tener una lengua *sucia* 口が悪い, 口汚い. vocablo ~ 汚い[下品な]言葉. 類 **deshonesto, obsceno**.

— 副 汚く, 雑に; 不正に, 卑劣に. — jugar ~ 卑劣なプレーをする. trabajar ~ 仕事の仕方が汚い[雑である].

Sucre [súkre] 固名 ❶ スクレ(コロンビアの県; ベネズエラの州; ボリビアの都市, 憲法上の首都). ❷ スクレ(アントニオ・ホセ・デ Antonio José de ~)(1795-1830, ボリビアの大統領).

sucre [súkre] 男 スクレ(エクアドルの通貨単位). ◆略号 S.

sucrosa [sukrósa] 女 蔗糖(しょ).

súcubo [súkuβo] 男 (俗に, 女の姿になって睡眠中の男と交わるという)夢魔. 類 **incubo**.

— 形 夢魔の.

suculencia [sukulénθia] 女 ❶ 栄養豊富(なこと); 美味. ❷《植物》多肉, 多汁.

suculento, ta [sukulénto, ta] 形 ❶ 栄養豊富な; 美味な. — Comimos con ganas aquel ~ asado. 私たちはあのおいしい焼き肉を喜んで食べた. El besugo está ~, voy a repetir. タイがおいしいからおかわりしよう. 類 **alimenticio, sabroso**. ❷《植物》多肉の, 多汁の. ❸《比喩》豊富な, ふんだんな. — El concurso tiene ~s premios. そのコンクールは賞品が豊富だ.

sucumbir [sukumbír] 自 ❶《+a に》屈服する, 負ける. ~ *a* la adversidad 逆境に屈する. ~ *a* la tentación de comerse un pastel 誘惑に負けてケーキを食べてしまう. 類 **rendirse, someterse**. ❷ 命を落とす, (事故・災害などで)死ぬ; 滅亡する. — Todos los viajeros *sucumbieron* en el accidente. 乗客全員が事故で死亡した. El Imperio Romano *sucumbió* en el Siglo V. ローマ帝国は5世紀に滅亡した. 類 **fallecer, morir, perecer**. ❸《法律》(訴訟に)負ける, 敗訴する.

:sucursal [sukursál] 女 支店, 支社, 支局; 出張所. — nuestra ~ de Oviedo わが社のオビエド支店. ~ bancaria 銀行の支店. La empresa tiene su oficina central en Madrid y veinte ~es en otras ciudades. その会社はマドリードに本社があり, その他の都市に20の支店がある.

— 形 支店の, 支社の, 支局の. — Esta empresa es ~ de una multinacional japonesa. この会社は日本の多国籍企業の支店だ.

sud [sú(ð)] 男《中南米》南. 類 **sur**.

sudación [suðaθjón] 女 ❶《医学》発汗; 発汗療法. ❷ 滲出(しゅっ), 滲出作用, 染み出し.

sudoeste 1791

sudadera [suðaðéra] 女 ❶《服飾》トレーナー, ジャージー上着, スウェットシャツ. ❷ 大汗をかくこと. — ¡Qué ~ me ha entrado en el tren! 電車の中で大汗をかいたよ! ❸ 汗ふき用タオル. ❹ サウナ室. ❺《馬術》鞍敷き.

sudadero [suðaðéro] 男 ❶ 汗ふき用タオル. ❷ サウナ室. ❸《馬術》鞍敷き.

Sudafricana [suðafrikána] 固名 南アフリカ共和国(公式名 República Sudafricana, 首都プレトリア Pretoria).

sudafricano, na [suðafrikáno, na] 形 南アフリカ共和国(La República Sudafricana)の, 南アフリカ共和国人の. — 名 南アフリカ共和国人.

Sudamérica [suðamérika] 固名 南アメリカ[南米].

:sudamericano, na [suðamerikáno, na] 形 南米の;《まれ》中南米の. — literatura *sudamericana* 南米文学.

— 名 南米人;《まれ》中南米人.

Sudán [suðán] 固名 スーダン(首都ハルツーム Jartum).

sudanés, nesa [suðanés, nésa] 形 スーダン(Sudán)の, スーダン人の. — 名 スーダン人.

:sudar [suðár] 自 ❶ 汗をかく, 発汗する. — Ha pasado la noche dando vueltas y *sudando*. 昨夜私は寝返りをうったり汗をかいたりした. Estaba muy nervioso y las manos le *sudaban*. 彼はとても興奮していて手に汗をかいた. ❷ 水分を出す, 樹脂[樹液]を出す. — Si tuestas las castañas, *sudan*. 君が栗を焼くと, 栗は水分を出す. ❸ (物が)汗をかいている, 水滴をつける, 結露する. — Con esta humedad las paredes *sudan*. この湿気で壁が結露している. ❹ 汗水たらして[懸命に]働く, 苦労する. — *Sudé* mucho hasta conseguir pasar el examen. 私は試験に合格するまで一所懸命によく勉強した.

— 他 ❶ を汗でぬらす, 汗びっしょりにする. — He *sudado* la camiseta y la camisa del calor. 私は暑さでアンダーシャツとシャツを汗びっしょりにした. ❷ を(努力して)かち得る, 獲得する, 我が物とする. — Ahora vive muy bien pero lo *ha sudado*. 彼は今とても良い生活をしているがそれは努力して手に入れたものだ.

hacer sudar (人)をうんと働かせる. Les pagan muy bien, pero les *hacen sudar*. 彼らは良い給料をもらっているがとても働かされている.

sudar la gota gorda [*sangre, tinta*] (何かを手に入れるために)汗水流す.

sudársela a ...《話》全然気にしない, 全くかまわない.

sudario [suðárjo] 男 (埋葬のための)屍衣(い), 経かたびら; 死者の顔にかぶせる布. — el Santo S~《カトリック》(キリストの)聖骸布(せいがい).

sudeste [suðéste] 男 ❶ 南東, 南東部. ◆略号 SE. ❷ 南東の風.

— 形 南東(部)の.

sudista [suðísta] 形《歴史》(アメリカ合衆国の南北戦争で)南軍の, 南軍側の. 反 **nordista**.

— 名《歴史》(アメリカ合衆国の南北戦争で)南軍(側)の人. 反 **nordista**.

sudoeste [suðoéste] 男 (しばしば S~)南西, 南西部; 南西風《略》SO). 類 **suroeste**.

1792 sudor

—— 形 南西(部)の; 南西風の. 類 suroeste.

:**sudor** [suðór] 男 ❶ 汗, 発汗. —con el ~ de la frente 額に汗して, 一生懸命努力して. enjugarse el ~ 汗をぬぐう. estar bañado [empapado] en ~ 汗びっしょりである. El ~ le resbalaba por el rostro. 彼の顔には汗が流れている. Me corría un ~ frío mientras esperaba el resultado del examen. 試験の結果を待っている間私は冷や汗をかいていた. ❷ 《主に 複》 苦労, 骨折り. —Le costó muchos ~es conseguir su riqueza. 彼は大変苦労して富を手に入れた. ❸ (物の表面の)水分, 水滴, (植物の)樹液. —el ~ de la goma ゴムの樹液.

sudoriento, ta [suðorjénto, ta] 形 汗にまみれた, 汗びっしょりの. 類 **sudoroso, sudoso**.

sudorífero, ra, sudorífico, ca [suðorífero, ra, suðorifiko, ka] 形 発汗をうながす, 発汗性の.

—— 男 発汗剤(＝medicamento ~). —El médico le ha recetado un ~. 医者は彼に発汗剤を処方した.

sudoríparo, ra [suðoríparo, ra] 形 《生理, 解剖》発汗の, 汗分泌の. —glándula *sudorípara* 汗腺.

sudoroso, sa [suðoróso, sa] 形 ❶ 汗にまみれた, 汗びっしょりの. —Los corredores terminaron ~s la carrera. 競走の選手たちは汗びっしょりでゴールインした. 類 **sudoriento, sudoso**. ❷ (人が)汗っかきの. ❸ (仕事などが)汗が出るほどの, 骨の折れる.

sudoso, sa [suðóso, sa] 形 汗にまみれた, 汗びっしょりの. 類 **sudoroso, sa**.

Suecia [swéθja] 固名 スウェーデン(首都ストックホルム Estocolmo).

sueco, ca [swéko, ka] 形 スウェーデン(Suecia)の, スウェーデン人の.

—— 名 スウェーデン人. —— 男 スウェーデン語.

hacerse el sueco 《話》わからない[聞こえない]ふりをする. Como no me apetecía verlo, cuando me llamó *me hice el sueco*. 私は彼に会う気がなかったので, 彼に呼ばれたとき聞こえないふりをした. ¡No *te hagas el sueco* y contéstame! 聞えないふりをしないで返事しろよ!

:**suegra** [swéɣra] 女 義理の母, 義母, 姑(しゅうとめ).

:**suegro** [swéɣro] 男 義理の父, 義父, 舅(しゅうと). —los ~es 義理の両親, 舅と姑.

suel- [swél-] 動 soler の直・現在, 接・現在, 命令・2単.

suela [swéla] 女 ❶ (a) 靴底. —Tengo un agujero en la ~ de los zapatos. 私の靴は底に穴があいている. (b) なめした革, 靴底革. —Estos zapatos son de ~. この靴は革底だ. 類 **cuero**. ❷ 《魚類》シタビラメ. 類 **lenguado**. ❸ (a) 座金(ざがね). (b) 《建築》土台. ❹ 《話》固くてパサパサのステーキ.

de siete [*tres, cuatro*] *suelas* 《話》ひどい, どうしようもない. un pícaro *de siete suelas* 大悪党.

medias suelas (1) (靴の修理用の)半革, 半張り. (2) 《比喩》応急処置, 一時しのぎ.

no llegarLE a la suela del zapato (人)の足元にもおよばない. Marta es muy guapa, pero en carácter *no le llega a la suela del zapato*. マルタはとても美人だが, 性格では君の足元にも及ばない.

sueldo [swéldo] ｽｴﾙﾄﾞ 男 給料, 賃金, 俸給. —~ anual [mensual] 年俸[月給]. ~ base 基本給. pedir aumento [subida] de ~ 賃上げを要求する. Cobra ~ tres mil euros al mes. 彼の月給は3千ユーロだ. Trabaja por un miserable ~. 彼は薄給で働いている. 類 **jornal, piso, salario.

a sueldo 金で雇われた, 給料をもらって. asesino *a sueldo* 殺し屋. trabajar *a sueldo* 給料をもらって働く. Estoy *a sueldo en* esta empresa [de un millonario]. 私はこの会社[ある金持ち]に雇われている.

suelo [swélo] ｽｴﾛ 男 ❶ 地面; 路面. —Al dejar pasar un coche se cayó al ~. 彼は車を避けようとして地面に転んだ. ❷ 床(ゆか). —El ~ está cubierto con una alfombra. 床にはじゅうたんが敷きつめられている. Al despertarme me di cuenta de que estaba dormido en el ~. 目を覚ますと, 私は床に寝ていた. ~ rafia ラフィアヤシ製シート(キャンプ用). 類 **pavimento, piso. ❸ 土地. ⓐ 土壌, 地質. —~ fértil [estéril] 肥沃な[不毛な]土. ~ vegetal 表土(植物が根を下ろす地層). mejorar el ~ 土壌を改良する. ⓑ 土地, 敷地. —la explotación del ~ 土地開発. El precio del ~ ha subido mucho. 地価がとても上がった. ⓒ 《文》地方, 国. —el ~ natal [patrio] 祖国, 故郷. El pintor exiliado falleció en ~ extranjero. その亡命画家は異国の地で亡くなった. 類 **tierra**. ❹ (容器の)底. —Esta olla tiene una grieta en el ~. この鍋にはひびが入っている.

arrastrar [*poner, tirar*] *por el suelo* [*por los suelos*] (ある事が名誉などを)傷つける, 汚す. Aquella mala conducta arrastró su reputación *por el suelo*. あの悪い態度が彼自身の名声を汚した.

arrastrarse [*echarse*] *por el suelo* [*por los suelos*] へりくだる; 卑屈になる.

besar el suelo 前にばったり倒れる. Tropezó contra una piedra y *besó el suelo*. 彼は石につまずいて前にばったり倒れた.

dar CONSIGO *en el suelo* 倒れる, 転ぶ. Entonces me desmayé y *di conmigo en el suelo*. その時私は意識を失った.

estar por los suelos (価値・評価などが)下がっている, (状態などが)悪化している. Con esa obra malograda, el prestigio del autor *está por los suelos*. その失敗作のおかげでその作家の権威は失墜した. Ahora el dólar *está por los suelos*. 今ドルは下がっている. Mi amigo *está por los suelos*. 友人は意気消沈している.

irse [*caerse*] *al suelo* (計画・希望などが)だめになる, ご破算になる. Los planes de reforma que tenía el gobierno *se han ido al suelo* tras perder las elecciones. 与党が選挙に敗れて政府の復興計画はご破算になった.

medir el suelo (*con su cuerpo*) ばったり倒れる. Al niño le vacilaron los pies y *midió el suelo*. その子は足がもつれてばったり倒れた.

venirse al suelo (物が)倒れる; (組織などが)崩壊する. El viejo edificio *se vino al suelo* debido al terremoto. その古い建物は地震で倒れた. La empresa *se ha venido al suelo* por haberse equivocado en el análisis de la situación económica. その会社は経済見通しを誤って破産した.

suelt- [suélt-] 動 soltar の直・現在, 接・現在, 命令・2単.

suelta [suélta] 女 ❶ 解放; (動物などを)放すこと。—dar ～ a …を自由にさせる, 放任する, 解き放つ。～ de palomas 放鳩。[類]**liberación**. ❷ 自由。[類]**libertad**. ❸ (牛馬などを放牧する際の)足かせ綱。[類]**traba**.

‡suelto, ta [suélto, ta] 形 ❶【estar+】(a) 放たれた, 解かれた, ほどけた。—Los perros están ～s en el jardín. 犬は庭で放し飼いにされている。Los botones están ～s. ボタンがはずれている。Lleva el abrigo ～. 彼はコートの前を閉めずに着ている。pelo ～ ほどいた髪。(b) はずれかけた。—El tornillo está ～. ねじがゆるんでいる。Este libro tiene algunas hojas sueltas. この本はいくつかのページが取れかかっている。❷【ser+】ゆったりとした。—Este vestido es ～. この服はゆったりとしている。El pantalón te queda ～. そのズボンは君にはゆるいね。❸ (a) ばらの, 断片的な; 揃っていない。—Estos cubiertos no se venden ～s. この食器はセットでしか売りません。un calcetín ～ 片方だけの靴下。un volumen ～ de la colección 全集のうちの一冊。palabras sueltas 片言。baile ～ パートナーの手を取らない踊り方。(b) 容器に入っていない, 包装していない。—Aquí venden café ～. ここではコーヒーの計り売りをしてくれる。❹ ばらけた, 固まりにならない。—El arroz de la paella ha quedado ～. パエーリャのご飯がばらばらに仕上がった。❺ 小銭の。—Tengo cinco euros ～s. 小銭で5ユーロ持っている。❻ (a) 解放された, 自由な, 拘束されない。—El hombre detenido todavía no está ～. 逮捕された男はまだ釈放されていない。verso ～ 無韻詩。(b) 奔放な; 軽はずみな, ふしだらな。—una mujer suelta 奔放な[ふしだらな]女。Él es ～ de lengua/Él tiene la lengua suelta. 彼は口から出任せばかり言う。(c) (文章が)軽やかで平明な。—estilo ～ 軽やかな文体。❼ 手慣れた, 自在な。—con mano suelta 慣れた手つきで。movimiento ～ 自在な動き。Ya está muy ～ conduciendo. 彼はいつもう車の運転はお手のものだ。❽【estar+】【婉曲】下痢ぎみの(=～ de vientre).

—— 男 ❶ 小銭。❷ 小記事, 寸評.

suen- [suén-] 動 sonar の直・現在, 接・現在, 命令・2単.

sueñ- [suéɲ-] 動 soñar の直・現在, 接・現在, 命令・2単.

‡‡sueño [suéɲo スエニョ] 男 ❶ 睡眠, 眠り。—— ～ pesado 深い眠り。descabezar [echar] un [el] ～ うとうとする, まどろむ。Anoche tuve un ～ profundo [ligero]. 昨夜は熟睡した[眠りが浅かった]。Ayer mi abuelo entró en el ～ eterno. 祖父は昨日永眠しました。❷ 眠気。—¿Tienes ～? 眠いのかい。Me estoy cayendo de ～ [Tengo un ～ que no veo]. 私は眠くて仕方ない。El ruido me ha quitado el ～. 物音で私は眠気が覚めた。Me ha dado [entrado] ～. 私は眠くなった。❸ 夢。(a) 夢; 夢の内容, 夢の中の出来事。—tener un buen [mal] ～ 良い[悪い]夢をみる。interpretar los ～s 夢判断をする。No es real sino que lo habrás visto en [entre] ～s. 現実じゃないよ, きっと夢の中で君はそれをみたんだろう。(b) 憧れ, 望み; 幻想。—abrigar un ～ dorado 大望を抱く。Se han cumplido [realizado] mis ～s. 私の夢がかなった。Se han deshecho [frustrado] sus ～s. 彼の夢が破れた。Mi hermano siempre vive de ～s. 兄はいつも夢ばかりみている。Esos son ～s y nada más. それは幻想に過ぎない。❹《俗》すばらしいもの[事, 人]。—Consiguió una casa que es un ～. 彼はとてもすばらしい家を手に入れた。Antonio es mi dulce ～. アントニオは私の最愛の人です。

coger el sueño 寝つく, 寝入る。Me cuesta mucho *coger el sueño*. 私は寝つきが悪い。El niño se acostó y *cogió el sueño* en seguida. その子は横になるとすぐに寝ついた。

conciliar el sueño やっとのことで眠れる。Tomó una pastilla para *conciliar el sueño*. 彼は眠れるように薬を飲んだ。Estos días no puedo *conciliar el sueño*. この2・3日どうも眠れない。

entregarse al sueño 知らないうちに眠ってしまう, 眠気に負ける。*Me entregué al sueño* en el sofá. 私はソファーで眠ってしまった。

ni en sueños [ni por sueño] 絶対に…ない, 決して…ない。No la invitaré *ni en sueños*. 私は絶対に彼女を招待しない。No podrás alcanzarle *ni por sueño*. 君は決して彼に追いつくことはできない。

perder el sueño por … をひどく心配する, …が気掛かりでしかたがない。Ahora está *perdiendo el sueño por* este asunto. 彼は今この件で気掛かりでしかたがない。Es una tontería *perder el sueño por* asuntos triviales. くだらない事を気にするのはばかばしい。

quitarLE **el sueño** ひどく心配させる, 頭を悩ませる。El mal comportamiento de su marido *le quita del sueño*. 夫の身持ちの悪さが彼女の悩みの種だ。

suero [suéro] 男 ❶《医学》漿液(しょうえき), 血清。—— ～ sanguíneo 血清。～ antidiftérico 抗ジフテリア血清。～ fisiológico 生理的食塩水。～ de la verdad《薬学》ペントール(麻酔剤, 催眠剤)。❷ 乳清, ホエー。

sueroterapia [sueroterápja] 女《医学》血清療法。

‡‡suerte [suérte スエルテ] 女 ❶ (a) 運; 幸運。—el hombre de ～ 幸運な人。número de la ～ ラッキーナンバー。por ～ 幸運にも。¡(Buena) S～! 御幸運を, 頑張って下さい。¡Qué ～! なんてついているんだ。tener buena [mala] ～ 運がいい[悪い]。tener mucha ～ ついている。tener una ～ loca [de mil demonios] とてもついている。Siempre he tenido ～ en los exámenes. 私はいつも試験にはついている。Tuvimos la ～ de ganar el partido. 運よく私たちはその試合に勝った。S～ que he llegado a tiempo. 間に合ってよかった。Se me nota que her mejorado de ～. 私には運が向いて来たようだ。Les deseamos buena ～. 皆様の御多幸をお祈りします。Dicen que esta muñeca nos trae [da] buena [mala] ～. この人形は我々に幸福[不幸]をもたらすと言われている。[類]**fortuna**. (b) 運命, 宿命。—Así lo ha querido la ～. こうなるのが運命だ。Nuestra ～ está decidida. 我々の運命は決まった。もう後には引けない。Parece que su vida está sometida al capricho de la ～. 彼の人生は運命にもてあそばれているようだ。[類]**destino**, **hado**. (c) 成り行き, 偶然。—Dejaremos [Confiaremos] el resultado a la ～. 結果は成り行きにまかせよう. Su ～ le llevó al lugar del crimen a esa hora. 彼はたまたまその時刻に犯行現場にやって来た. 類**azar, casualidad**. ❷ 境遇, 身の上. —Siempre se queja de su ～. 彼はいつも自分の境遇に不平を言っている. Nadie sabe la ～ que le espera. 誰も明日の我が身はわからない. La crisis económica empeoró la ～ de los obreros. 経済危機によって労働者の条件が悪くなった. 類**condición, estado, situación**. ❸ くじ, 抽籤(ちゅうせん). —¡Vamos a elegir representante por [a] ～! 代表をくじで決めよう. Echaron [Tiraron] a ～s para ver quién asistía a la reunión. 彼らは会合に出席するかを抽籤で決めた. 類**rifa, sorteo**. ❹ 種類. Aquí se vende toda ～ de alimentos. ここではあらゆる食料品を売っている. 類**clase, especie, género**. ❺《まれ》方法, やり方. —Si sigues comportándote de esta ～, nadie confiará en ti. そんな風にしていると誰もおまえを信用しなくなるぞ. Me trataron de tal ～ que me enfadé mucho. 私はそんな風に扱われたのでとても腹が立った. 類**manera, modo**. ❻《闘牛の》各場面, 各演技. ♦picador (槍で牛を突く人), banderillero (モリを牛に打込む人), matador (主役)などが登場して演技する. —～ de varas (ピカドールが登場して)槍で牛を突く場面. cambio de ～ 次の演技(場面)に移ること.

caerle [**tocarle**] **en suerte** (1) (くじなどで物が)当たる. *Me cayó en suerte* una botella de vino. くじ引きでブドウ酒が1本私に当たった. (2) (物事が)偶然起る. *Le tocó en suerte* encontrarse en ese lugar. たまたま彼はその場に居あわせた.

de otra suerte さもなくば. Tienes que estudiar.*De otra suerte*, no aprobarás el examen. 勉強しなさい. さもなくば試験にうからないぞ.

de suerte que 〖+直説法〗 (1) 〘結果〙従って. Le he comprado un coche nuevo, *de suerte que* ya está contento. 彼に新車を買ってやったので満足している. (2) 〘方法〙…のように. Me lo advirtió *de suerte que* los demás no se enteraron. 他の人には知られないように彼は私にその事を告げた.

¡Decídalo la suerte! (1) 成り行きにまかせろ, 何とかなるさ. (2) くじで決めよう.

probar suerte 運を試す, (運を信じて何かを)思いきってやってみる. *Probaré suerte* en la lotería. (運を試すために)宝くじを買ってみよう. Pienso cambiar de trabajo para *probar suerte*. 私は思いきって仕事を変えてみるつもりだ.

suertero, ra [suertéro, ra] 形 〖中南米〗幸運な, 運のいい. 類**afortunado, dichoso**.
— 男 〖中南米〗宝くじ売り.

suertudo, da [suertúðo, ða] 形 〖中南米〗《話》幸運な, 運のいい. 類**afortunado, dichoso**.

sueste [suéste] 男 ❶ 南東. 類**sudeste, sureste**. ❷ 〘海事〙(水夫の)防寒帽. ❸ 南東の風.

suéter [suéter] 〖<英 sweater〗 男 セーター. ♦通常, jersey よりも薄手の物をいう. 複 is suéteres. 類**jersey**.

suevo, va [suéβo, βa] 形 〘歴史〙スエビ族の.
— 名 〘歴史〙スエビ人. ♦ゲルマン民族のひとつ. 5世紀にイベリア半島に侵入した.

Suez [suéθ] 固名 スエズ. —el Canal de ～ スエズ運河.

sufí [sufí] 男女《複sufís, sufíes》スーフィー教徒.
— 形 《複sufís, sufíes》スーフィー教(徒)の.

suficiencia [sufiθiénθia] 女 ❶ 自信過剰, うぬぼれ; 物知りぶること. —sonreír con ～ 自信たっぷりにほほえむ. No soporto su aire de ～. 彼の思い上がった態度には我慢ならない. 類**jactancia, orgullo, pedantería, presunción**. ❷ 能力, 適性, 力量. —mostrar su ～ 能力を発揮する. 類**aptitud, capacidad**. ❸ 十分, 足りること, 充足. —con ～ 十分に.

∗suficiente [sufiθiénte スフィシエンテ] 形 ❶〖+para〗(…にとって)(のために)十分な, 適正な, 有効な. —La explicación que ha dado es ～. 彼の与えた説明は納得がいく. El suministro de la electricidad no es ～ *para* nuestra fábrica. 我々の工場への電力供給が十分ではない. 類**bastante**. 反**insuficiente**. (*a*) 〖+para+不定詞, +para que+接続法〗(…のに)十分な. —Hay ～s huevos *para* hacer tres tortillas. オムレツを3つ作るのに十分なだけ卵がある. Hay ～s razones *para que* rehúsen el pago. 彼らが支払いを拒否するのも無理はない. (*b*) 〖ser ～ que+接続法〗(…だけすれば)十分だ. —Es ～ *que* digan lo que vieron [Con *que* digan lo que vieron ～]. 見たままを話してもらえばいい. (*c*) 〘皮肉〙我慢できない, たくさんだ. —¡Ya es ～! ¡Nunca volveré a hablar contigo! もうたくさんだ. 二度と君とは口をきくものか. ❷ 適性のある. —Él es una persona ～ para este cargo. 彼はこの仕事に適した人物だ. ❸ ひとりよがりな, 自信たっぷりの; 尊大な. —hablar muy ～ やたら自信たっぷり[偉そう]に話す. ❹ 〘副詞的〙十分に. —ganar ～ 十分稼ぐ.
— 男 (成績評価の)可.

∶suficientemente [sufiθiénteménte] 副 十分に; 〖lo … 形容詞/副詞+(como) para〗(…するのに)十分なだけ. —No he dormido ～. 十分に眠れなかった. Él es lo ～ inteligente (como) para entenderlo. 彼は十分頭が良いのでそれを理解出来る.

sufijo, ja [sufíxo, xa] 形 〘文法〙接尾辞の, 接尾的な.
— 男 〘文法〙接尾辞. ♦señorita *o*-ita, muchísimo *o*-ísimo, fácilmente *o*-mente など. 反**prefijo**.

sufismo [sufísmo] 男 〘宗教〙スーフィー教, スーフィーズム. ♦イスラム教神秘主義のひとつ. 禁欲主義, 神との神秘的合一を説く.

sufragáneo, a [sufraɣáneo, a] 形 付属の, 他の管轄下にある. —obispo ～ 〘カトリック〙補佐司教.
— 男 〘カトリック〙補佐司教.

sufragar [sufraɣár] [1.2] 他 ❶ (費用など)を負担する, まかなう. —～ los gastos 費用を負担する. 類**costear, pagar, satisfacer**. ❷ …に出資する; …の費用を負担する. —Su abuelo le *sufraga* los estudios universitarios. おじいさんが彼の学資を出している. 類**costear, pagar, satisfacer**. ❸ を(資金的に)援助する. 類**ayudar**. ❹ 〖中南米〗に投票する. 類**votar**.
— 自 〖中南米〗〖+por に〗投票する. 類**votar**.

sufragio [sufráxio] 男 ❶ (*a*) 選挙; 選挙制

度,選挙方法. ~ universal [restringido] 普通選挙[制限選挙]. ~ femenino 婦人選挙権. 類**elección**. (b) 票; 投票. —recuento de ~s 票の集計. 類**voto**. ❷ (資金などの)援助, 後援. 類**amparo, ayuda**. ❸ 《カトリック》代祷(とう), とりなしの祈り. ♦煉獄(れんごく)にいる死者の霊魂の贖罪(しょくざい)のための祈り. —Ayer se celebró una misa en ~ por las víctimas del incendio. 火災の犠牲者たちのための祈禱のミサが昨日おこなわれた.

sufragismo [sufraxísmo] 男 婦人参政権運動, 婦人参政権論.

sufragista [sufraxísta] 男女 婦人参政権論者.

sufrible [sufríβle] 形 我慢できる, 耐えられる. —dolor ~ 我慢できる痛み. 反**insufrible**.

*__sufrido, da__ [sufrído, ða] 過分 形 ❶ 忍耐強い, 辛抱強い. —Fue un hombre ~ que nunca se quejó de nada. 彼はどんなことにも不平を言わない忍耐強い男だった.
❷ 耐久性のある; (布などが)色褪せしない; (色が)汚れの目立たない. —El cactus es una planta muy *sufrida* y arraiga en tierras secas. サボテンは強い植物で, 乾いた土地にも根差す. una cortina muy *sufrida* 色褪せしにくいカーテン. color poco ~ 汚れやすい色.

sufridor, dora [sufrióðr, ðóra] 形 苦しんでいる, 悩んでいる, 耐えている. —No seas tan *sufridora*, que tus hijos ya son mayorcitos y saben lo que hacen. そんなに悩むなよ, 君の子どもたちはもう大きくて自分のしていることがわかっているんだから.

—— 名 苦しんで[悩んで・耐えて]いる人.

:**sufrimiento** [sufrimjénto] 男 ❶ 苦しみ, 苦痛; 苦悩. —Nadie comprenderá su ~. 誰も彼の苦しみを理解できないだろう. 類**dolor, padecimiento**. ❷ 忍耐(力), 辛抱. 類**paciencia, tolerancia**.

****sufrir** [sufrír スフリル] 他 ❶ (苦痛・逆境に)堪える, をこらえる, 我慢する. —*Sufrió* una intervención quirúrgica. 彼は外科手術に堪えた. *Sufre* su penosa situación con paciencia. 彼はつらい状況をじっと耐えている. A esta mujer no hay quien la *sufra*. この女性に我慢ができる人はいない. ~ hambre 空腹に耐える. ~ persecuciones 迫害を受ける. 類**aguantar, padecer, soportar, tolerar**. ❷ を容認する, 見て見ぬふりをする, 見逃す. —No sé cómo puedes ~ esas burlas. 私にはどうして君がああした嘲笑を許しておけるのかわからない. ❸ (害など)を被る, 体験する. —Las temperaturas han *sufrido* un leve descenso. 気温が少し下がった.

—— 自 ❶ 苦しむ, 悩む. —*Sufre* de pesadillas. 彼は悪夢に悩んでいる. Han *sufrido* mucho por esos hijos. 彼らはあの息子たちにとても悩んでいる. *Ha sufrido* para sacar adelante a la familia. 彼は子どもたちを立派に育て上げることに苦しんでいる. 類**padecer**. ❷ 【+de】を病む, 患う. —Jorge *sufre* de diabetes. ホルヘは糖尿病を患っている.

***sugerencia** [suxerénθja] 女 提案, 勧め; 暗示, 示唆. —He visitado el museo por ~ de mis amigos. 友人たちの勧めで私はその美術館へ行ってきた. Rechazó [Admitió] todas mis ~s. 彼は私の提案を全て拒んだ[受け入れた]. 類**insinuación, sugestión**.

sugerente [suxerénte] 形 ❶ 示唆に富む, 暗示的な. —una ~ guía de jardinería 示唆に富んだガーデニングのガイドブック. 類**sugestivo**. ❷ 【+de】を思い起こさせる, 思い出させる.

sugeridor, dora [suxeriðór, ðóra] 形 =**sugerente**.

:**sugerir** [suxerír] [7] 他 ❶ を示唆する, 暗示する; 勧める. —Me *sugirió* que reflexionara antes de decidirme. 彼は私に決心する前によく考えるようにと示唆した. El camarero nos *sugiere* una sopa de pescado de primer plato. ボーイは我々に最初の料理として魚のスープはどうかと勧める. 類**aconsejar, insinuar, recomendar**. ❷ を思い付かせる, 触発させる. —El viaje por Japón le *sugirió* el tema de una de sus novelas. 日本旅行は彼に小説のひとつのテーマの着想を与えた. ❸ を思い起こさせる, 連想させる. —Esa música me *sugiere* recuerdos de la infancia. その音楽は私に幼い頃の思い出を思い起こさせる. El dibujo *sugiere* una cascada. その画は滝を連想させる. 類**evocar**. ❹ …に似ている, …みたいだ.

:**sugestión** [suxestjón] 女 暗示, 示唆; 提案. —las *sugestiones* del diablo 悪魔のささやき. obedecer a una ~ 暗示にかかる. A pesar de sus *sugestiones*, nadie se enteró de la situación. 彼の示唆にもかかわらず, 誰も状況を理解しなかった. 類**sugerencia**.

sugestionable [suxestjonáβle] 形 (人が)影響されやすい, 暗示にかかりやすい.

***sugestionar** [suxestjonár] 他 ❶ …の考え方に影響を及ぼす, を感化する; 暗示にかける. —Ese orador tiene el poder de ~ a la gente. その講演者は人々に影響を与える力を持っている. ~ a un paciente 患者に暗示をかける. ❷ …の心をとらえる, を魅了する, 夢中にさせる. —El encanto de aquella mujer lo *sugestionó*. あの女性の魅力が彼を夢中にさせた. 類**fascinar, hechizar**.

——se 再 固定観念に取り付かれる, 自己暗示にかかる, 盲信する. —*Se ha sugestionado* y cree que va a morir pronto. 彼は自己暗示にかかって, まもなく死ぬと思っている.

sugestivo, va [suxestíβo, βa] 形 ❶ 暗示的な, 示唆に富む; 【+de】を思い起こさせる. —El tema de esta película es muy sugestiva. この映画のテーマはとても暗示的だ. ❷ 魅力的な. —Tenemos un plan muy ~ para el fin de semana. 私たちはとても素敵な週末のプランを立てている. 類**atractivo**.

sugier- [suxjér-] 動 **sugerir** の直・現在, 接・現在, 命令・2 単.

sugir- [suxir-] 動 **sugerir** の直・完了過去, 接・現在/過去, 現在分詞.

Sui [suí] 固名 隋(ずい)(中国の王朝, 581-619, 都は長安).

***suicida** [suiθíða] 形 自殺の; 自殺的な, 無謀な. —decisión ~ 決死の覚悟. operación ~ 決死の[無謀な]作戦. Es ~ despegar del aeropuerto en esta tempestad. この嵐の中離陸するなんて自殺行為だ.

—— 男女 自殺者, 自殺志願者; 命知らずの人.

:**suicidarse** [suiθiðárse] 再 自殺する. —*Se suicidó* por un desengaño amoroso. 彼は失恋

1796 suicidio

で自殺した. 類**matarse**.

:**suicidio** [suiθíđjo] 男 **自殺**, 自殺的行為. —tentativa de ~ 自殺未遂. cometer un ~ 自殺する. Nadar con este frío es un ~. この寒さに泳ぐなんて自殺行為だ. ~ asistido 幇助(ほうじょ)による自殺.

sui géneris [sui xéneris] 〔<ラテン〕特有の; 独特の.

suite [suít(e)] 〔<仏〕女 [複 suites[suítes, suits]] ❶ (ホテルなどの)スイートルーム, 特別室. ❷《音楽》組曲.

Suiza [suíθa] 固名 スイス(首都ベルン Berna).

:**suizo, za** [suíθo, θa] 形 **スイス**(Suiza)**の, スイス人の**. —Confederación Suiza スイス連邦.
—— 名 ❶ スイス人. ❷ 信奉者.
—— 男 ❶《料理》スイツ(卵と砂糖の入った丸い菓子パン)(= bollo ~). 類**bollo**. ❷《料理》生クリーム入りのチョコレート飲料. ❸《古》歩兵; 騎士の戦いを演ずる仮装大会の参加者.

sujeción [suxeθjón] 女 ❶ 服従, 従属. —~ a las leyes 法の遵守. ~ a la disciplina del partido 党の規律への服従. 類**obediencia, sumisión**. ❷ 拘束, 束縛; しばる[つなぐ]こと. —Susanita tiene demasiada libertad para su edad; necesitaría algo más de ~. スサニータは年齢の割に放任され過ぎている. もう少し束縛したほうがいいだろう. La ~ del caballo nos costó muchos esfuerzos. 馬をつなぐのに私たちはとても苦労した. ❸ 留め具, つなぐ物, 支える道具.

sujetadatos [suxetađátos] 男複 《情報》クリップボード.

sujetador, dora [suxetađór, đóra] 形 留める, つなぐ, 締める.
—— 男 ❶《服飾》ブラジャー. 類**sostén**. ❷ (紙・髪の)クリップ. ❸ 留め具, 留め金.

sujetalibros [suxetalíβros] 男〖単複同形〗ブックエンド, 本立て.

sujetapapeles [suxetapapéles] 男〖単複同形〗(紙をはさむ)クリップ, 紙ばさみ.

:**sujetar** [suxetár] 他 ❶ **を支配する, 服従させる**. —En ese colegio sujetan a los niños con una férrea disciplina. その学校では厳格な規律で子供たちをしつけている. Ese niño no hay quien lo sujete. その子で言うことを聞かせられる人はいない. ❷ (a) を押えつける, 捕まえる. —Sujeta al gato mientras lo lavo. 洗ってやる間ネコを捕まえていてくれ. (b) を固定させる, 留める, 支える. —Sujeta la ropa con pinzas porque hace viento. 風があるので彼女は洗濯物を洗濯ばさみでとめる.

—— se 再 〖+a に〗❶ つかまる, しがみつく. —La anciana sube la escalera sujetándose a la barandilla. 老婆は手すりにつかまりながら階段を登って行く. ¡Sujétense bien! しっかりつかまってください. Los árboles se sujetan al suelo mediante las raíces. 木は根によって地面にしっかりと立っている. ❷ 従う, 合わせる, 合致する. —Lo que me has dicho hoy no se sujeta a lo que me dijiste ayer. 今日君が私に言ったことは昨日私に言ったことと一致しない. Debe ~se a lo dispuesto en el reglamento. ルールに規定されていることに従わねばならない.

られた, 押さえられた. —La cuerda está bien sujeta. ひもはしっかりと結んである. El cargamento está bien ~ con un cable metálico. 積荷はワイヤロープでしっかり固定してある. Los papeles están ~s con grapas. 紙はホッチキスで留めてある. ❷〖a+〗(a) …に**拘束**された, 縛りつけられた. —Está ~ al tiempo [trabajo]. 彼は時間[仕事]に縛られている. (b) …に従う, による; を被る, を要する. —Esta zona está sujeta a una restricción medioambiental. この地区は環境規制下にある. El aumento de los precios está ~ a resultados de este año. 予算の増額は今年の実績次第だ. ~ a derechos arancelarios 関税の対象となる. Cada producto ~ a pruebas de seguridad. 製品一つ一つが安全検査を受ける. La programación está sujeta a cambios sin previo aviso. 番組編成は予告なしに変更されることがあります. Su inscripción está sujeta a la aprobación de la Junta Directiva. あなたの参加登録は理事会の承認を必要とする.

—— 男 ❶ 人. (a)《軽蔑》やつ. —Ese ~ me hizo trampa. あいつが私を罠にはめた. (b)《法律》(権利・義務を有する)人. —~ pasivo 債務者. ❷ 主題, テーマ. ❸《文法》主語. —~ agente [paciente] 動作主主語[被動作主主語]. ❹ (a)《哲学》主体, 主観. (b)《論理》主辞, 主語.

sulfamida [sulfamíđa] 女 《化学, 薬学》スルホンアミド(抗菌作用がある).

sulfatación [sulfataθjón] 女 ❶《化学》硫酸化. ❷《農業》(消毒・害虫駆除のための)硫酸銅[硫酸鉄]溶液の噴霧.

sulfatado [sulfatáđo] 男 《化学》硫酸(塩)処理; 硫酸(塩)化.

sulfatar [sulfatár] 他 ❶《農業》(農薬として, 植物に)硫酸銅[鉄]溶液を噴霧する, (植物に)硫酸銅[鉄]溶液に浸す. ❷《化学》を硫酸(塩)処理する; を硫酸化する.

sulfato [sulfáto] 男《化学》硫酸塩; 硫酸エステル. —~ de cobre 硫酸銅. ~ sódico 硫酸ナトリウム.

sulfhídrico, ca [sulfíđriko, ka] 形 《化学》硫化水素の. —ácido ~ 硫化水素.

sulfito [sulfíto] 男 《化学》亜硫酸塩.

sulfurado, da [sulfuráđo, đa] 形 ❶《化学》硫化した. —hidrógeno ~ 硫化水素. ❷ 激怒した, かんかんに怒った. 類**colérico, enfadado, enojado**.

sulfurar [sulfurár] 他 ❶ (人)を激怒させる, かんかんに怒らせる. —Ese maleducado camarero me sulfura. あの態度の悪いウェイターには実に腹が立つ. 類**encolerizar, enfurecer, irritar**. ❷《化学》を硫化する, 硫黄と化合させる.

—— se 再 激怒する, かんかんに怒る. —Tiene muy mal genio y se sulfura por nada. 彼は怒りっぽい性格で, 何でもないことに激怒する.

sulfúreo, a [sulfúreo, a] 形 《化学》硫黄の, 硫黄質[色]の; 硫黄を含んだ. 類**sulfuroso**.

sulfúrico, ca [sulfúriko, ka] 形 《化学》硫黄の, (特に 6 価の)硫黄を含む. —ácido sulfúrico 硫酸.

sulfuro [sulfúro] 男 《化学》硫化物. —~ de plomo 硫化鉛.

sulfuroso, sa [sulfuróso, sa] 形 《化学》硫黄色の, 硫黄質の; (特に 4 価の)硫黄を含む. —ácido ~ 亜硫酸. fuente [manantial] de aguas *sulfurosas* 硫黄泉.

sultán [sultán] 〔<アラビア語〕男 スルタン, サルタン. ◆イスラム教国の君主.

sultana [sultána] 〔<アラビア語〕女 スルタン[サルタン]の妃(ᵏⁱ)〔母, 姉, 妹, 娘〕.

sultanato [sultanáto] 男 スルタンの領土; スルタンの位〔統治〕.

Sultanato de Omán [sultanáto ðe omán] 固名 オマーン(首都マスカット Mascate).

sultanía [sultanía] 女 スルタンの領土.

***suma** [súma スマ] 女 ❶ 合計, 和; 総額. — Los gastos van a llegar a la ~ de cien euros. 費用は合計100ユーロになる. La ~ de dos y tres es cinco. 2と3の和は5である. 類**adición, total**. ❷足し算, 加算. — hacer ~s 足し算をする. ❸ 金額. — una buena ~ de dinero かなりな額のお金. Me pidió una ~ importante. 彼は大金を私に要求した. ❹ 真髄, 権化. — Esta pintura es la ~ y compendio de todas las bellezas. この絵はあらゆる美の真髄である. ❺ 全書, 大全. — La S~ Teológica『神学大全』(トマス・アクィナスの著書).

en suma 要するに, つまり. *En suma*, *lo que dices no tiene ninguna coherencia*. 要するに, 君の言うことは支離滅裂だ. 類**en resumen**.

sumador, dora [sumaðór, ðóra] 形 足し算の; 合計の; 合計する. —— 女 加算器, 計算器.

sumadora [sumaðóra] 女 =sumador.

⁑**sumamente** [súmamente] 副 極度に, 大変.

sumando [sumándo] 男 《数学》(足し算の)項. ◆例えば 2+3=5 の 2 と 3 のこと.

⁑**sumar** [sumár] 他 ❶を**合計する**, 足し合わせる, 加える. — Si *sumamos* el esfuerzo de cada uno, podemos hacer cualquier cosa. もし我々が1人ひとりの努力を結集すれば何でもできる. *Suma*, para terminar, las dos cantidades. 最後にそれら2つの数量を足し合わせなさい. 反**restar**. ❷ 合計に…になる. — Dos y tres *suman* cinco. 2と3を足すと5になる. Mis ingresos y los de mi mujer *suman* ocho mil euros. 私の収入と私の妻の収入とを合わせると, 合計8ユーロになる.

—— **se** 再 ❶〖+a に〗加わる, 参加する; 共鳴する. —*Se sumó a* nuestra excursión. 彼は私たちの遠足に加わった. *A* mí la falta de tiempo *se suma* ahora otra obligación. 私には時間がないだけでなく今度は別にしなければならないことができた. Jesús *se sumó a* la protesta de los obreros. ヘススは労働者の抗議に共鳴〔参加〕した. ❷ 集まる, 一丸となる.

suma y sigue (1) (帳簿で)次ページへ繰越し, 次ページへ続く. (2) 連続, 繰り返し. La vida de ese hombre ha sido un *suma y sigue* de adversidades y fracasos. その人の一生は逆境と挫折の連続だった.

sumaria [sumárja] 女 ❶《司法》起訴; 起訴状. 類**acta, acusación, procesamiento, sumario**. ❷《司法》予審. 類**instrucción, sumario**.

sumarial [sumarjál] 形《司法》起訴(状)に関する; 予審(のため)の. —diligencias ~*es* 予審手続き.

sumariamente [sumárjamente] 副 簡潔に, 略式で; 即決で.

⁑**sumario, ria** [sumárjo, rja] 形 ❶ 要約した, 簡潔な, 手短な. —discurso ~ 手短な議論.

suministración 1797

Hágame una exposición *sumaria* de sus proyectos. あなたの計画の概要を私に行って下さい. 類**breve, resumido**. ❷《法律》略式の, 簡易(な). —juicio ~ 簡易裁判.

—— 男 ❶ 要約, 概略. — Al fin hizo un ~ de todo lo que había dicho. 最後に彼はそれまで述べたすべての要約を行った. 類**resumen**. ❷《法律》起訴; 予審. — El ministro fiscal instruyó ~ contra el presunto criminal. 検事局は容疑者を起訴した.

sumarísimo, ma [sumarísimo, ma] 形《司法》(裁判が)略式の, 即決の. —juicio ~ 略式裁判.

***sumergible** [sumerxíβle] 形 水に沈められる, 潜水できる; 水中用の, 防水の. —bomba [cámara, reloj] ~ 水中ポンプ[カメラ, 時計].

—— 男 潜水艦[艇]. 類**submarino**.

***sumergido, da** [sumerxíðo, ða] 形 ❶ 水中の. — planta *sumergida* 水中[沈水性]植物. ❷《比喩》潜伏した, 水面下の, 地下の. — actividad *sumergida* 地下活動. economía *sumergida* 闇経済. 類**clandestino**. ❸ (意識が)不活性な, 沈滞した. — Tiene la mente *sumergida* en el sopor. 彼は眠くぼうっとしている. ❹ 沈思している, 考え込んでいる.

sumergimiento [sumerximjénto] 男 =sumersión.

***sumergir** [sumerxir] 〖3.6〗他 〖+en に〗❶を(水面下に)沈める, 水没させる, 浸す. —*Sumergió* los pies *en* el agua del río. 彼は川の中に足を入れた. 類**hundir**. ❷を没頭させる, 没入させる. — La novela me *sumergió* en la vida de la Edad Media. その小説のおかげで私は中世の生活のことを深く考えた. Ese profesor *sumerge* a los alumnos en sus explicaciones. その先生の説明は生徒たちの注意をひきつけた.

—— **se** 再 ❶ 沈む, 水没する, 潜水する. — El submarino *se sumergió* al salir del puerto. 潜水艦は港を出ると潜水した. ❷〖+en に〗没頭する, 没入する, ふける. — El fraile *se sumergió en* sus meditaciones. 修道士は瞑想にふけった. *Se sumergió en* la lectura de la novela. 彼はその小説を読むのに夢中になった. 類**sumirse**.

sumerio, ria [sumérjo, rja] 形《歴史》シュメール(Sumer または Sumeria, 紀元前3000年頃, チグリス川・ユーフラテス川の下流域に築かれた都市国家)の.

—— 名《歴史》シュメール人.

sumersión [sumersjón] 女 ❶ 潜水. 類**buceo**. ❷ 浸水, 冠水; 沈没. 類**anegación, inundación**. ❸《比喩》〖+en〗…への没頭, 専念. 類**absorción, dedicación**.

sumidero [sumiðéro] 男 排水口[溝], 水はけ口; 排水路, 下水道. — Se ha atascado el ~ del lavabo. 洗面台の排水口が詰まった.

sumiller [sumijér] 男 ❶ (レストランの)ワイン係, ソムリエ. ❷《歴史》(王宮の)執事, 侍従, 家令. 類**mayordomo**.

suministración [suministraθjón] 女 供給, 支給; 補給. — El retraso en la ~ de alimentos puede causar graves problemas. 食料供給の遅れが重大な問題をひき起こすかも知れない. 類**abastecimiento, suministro**.

suministrador, dora [suministraðór, ðóra] 形 供給する, 補給する.
── 名 供給者, 補給者.

‡**suministrar** [suministrár] 他 を供給する, 支給する, 提供する. ─El campesino *suministra* verduras a los restaurantes de la zona. 農夫はその一帯のレストランに野菜を供給している. fluido eléctrico 電流を供給する. 類**abastecer, proveer, surtir**.

‡**suministro** [suminístro] 男 ❶ 供給, 支給, 補給. ~ de papel 紙の支給. ~ de combustibles 燃料の補給. ~ de alimentos a los necesitados 困窮者への食糧の供給. 類**abastecimiento, aprovisionamiento, oferta, suministración**. ❷ 複 必需品; 食糧. ─En este país empiezan a escasear los ~s. この国では食糧が不足し始めている. 類**víveres**. ❸ 供給物; 蓄え, 在庫品. 類**abasto, provisión, reserva**.

sumir [sumír] 他 ❶【+en (状態)に】(人)を陥れる, 追い込む. ─La noticia me *sumió en* un mar de preocupaciones. その知らせは私を心配でたまらなくさせた. La persistente sequía *sumió* a los labradores *en* la miseria. 長びく旱魃(かんばつ)が農民たちを極貧に陥れた. ❷ を沈める, 埋める. ─Olas gigantescas *sumieron* la barca en el fondo del mar. 巨大な波が小舟を海底に沈めてしまった. 類**enterrar, hundir, sumergir**. ❸《カトリック》(聖体)を拝領する. 類**consumir**.
──**se** 再 ❶【+en に】没頭する, 専念する;(ある状態)に陥る. ~*se en* la lectura del libro 読書に没頭する. ~*se en* la desesperación 絶望状態に陥る. ❷ 沈む, 沈没する; 埋まる. ─El coche cayó al lago y *se sumió* con rapidez. 車は湖に落ち, すぐに沈んで行った. ❸ (ほおなどが)こける, くぼむ.

sumisión [sumisjón] 女 ❶ 服従, 降伏. ~ a su dueño 主人への服従. 類**acatamiento, obediencia, sometimiento**. 反**insumisión**. ❷ 従順(な態度), 柔和, 素直さ. ─hablar con ~ e hipocresía 従順そうに偽善的に話す. 類**docilidad**. 反**insumisión**.

sumiso, sa [sumíso, sa] 形 従順な, おとなしい, 服従的な. ─chico ~ 言うことをよく聞く子供. 類**dócil, obediente**. 反**insumiso, rebelde**.

súmmum [súmmun] [＜ラテン] 男 最高点, 頂点, 極み. ─el ~ de la elegancia 優雅さの極み. Ha llegado al ~ de la paciencia y no aguanto más. 私は忍耐の限界に達していてこれ以上がまんできない. 類**colmo**.

‡**sumo**[1], **ma** [súmo, ma] 形 ❶【名詞に前置して】最高位の. ─la *suma* autoridad 最高権威, el S~ Sacerdote キリスト. S~ Pontífice 《カトリック》教皇. ❷ 最高度の, 極度の. ─con ~ cuidado 細心の注意を払って. con prudencia *suma* 極めて慎重に. *suma* alegría [felicidad] 至上の喜び[幸福]. en ~ grado 極度の[に], Lo que dijo fue una *suma* tontería. 彼の言ったことはこの上なくばかげていた.
a lo sumo 多くとも, せいぜい. Cobrarás *a lo sumo* setenta u ochenta euros al día. せいぜい日給 70～80 ユーロにしかならないよ. La solicitud se debe presentar *a lo sumo* el viernes por la mañana. 申請は遅くとも金曜の午前中には提出しな
くてはなりません.
de sumo すっかり, 完全に.

sumo[2] [súmo] [＜日] 男《スポーツ》相撲. ─luchador de ~ 相撲とり.

Sung [sún] 固名 宋(ミ゙)《中国の王朝; 北宋, 960-1127; 南宋, 1127-79).

suni, suní, sunni, sunní [súni, suní, súnni, sunní] 形 [suní の複 sunís, suníes; sunní の複 sunnís, sunníes]《宗教》イスラム教スンニ派の.
──男女《宗教》イスラム教スンニ派の教徒.

sunita, sunnita [suníta, sunníta] 男《宗教》イスラム教スンニ派.
──男女《宗教》イスラム教スンニ派の教徒.

sunna [súnna] [＜アラビア] 女《宗教》スンナ. ♦ イスラム教で, 予言者ムハンマド(Mahoma)の言行に関する口伝, およびそれに基づく律法.

suntuario, ria [suntuárjo, rja] 形 ぜいたくな, 奢侈(し゜)の; ぜいたくに関する. ─impuesto ~ ぜいたく税, 奢侈税. ley *suntuaria* 奢侈禁止法. gastos ~s ぜいたくな出費, 浪費.

suntuosidad [suntuosiðá(ð)] 女 ぜいたく(さ), 奢侈(し゜), 豪華(さ). ─Han decorado su casa con ~. 彼らは家を豪華に飾り付けた. 類**lujo**.

suntuoso, sa [suntuóso, sa] 形 ❶ 豪華な, ぜいたくな; 高価な. ─Vive en una *suntuosa* mansión. 彼は豪奢(ご゜)な邸宅に住んでいる. Siempre ha llevado una vida *suntuosa*. 彼はずっとぜいたくな生活をしてきた. 類**costoso, lujoso**. ❷ (人が)優雅な, 威厳のある. 類**elegante, majestuoso**.

supe 再 ❶【+en に】saber の直・完了過去・1 単.

supeditación [supeðitaθjón] 女 従属, 服従. 類**obediencia, sumisión**.

supeditar [supeðitár] 他 ~ a に】を従わせる, 服従させる, 合わせる. ~ la diversión *al* estudio 娯楽よりも勉強を優先させる. ~ el aumento de sueldo *al* rendimiento en el trabajo 仕事の業績に応じて昇給を決める.
──**se** 再【+a に】従う, 服従する, 合わせる. ─~*se a* las normas sociales 社会的規範に従う. 類**obedecer**.

super- [super-] 接頭「(以)上, 超…, 過…」の意. ─*super*sónico, *super*hombre, *super*fino, *super*productivo.

súper [súper] 形《話》すごい, すばらしい. ─El café está ~. コーヒーがすごくおいしい.
── 副《話》すごく良く, すばらしく; 非常に. ─Lo pasamos ~ en la fiesta. パーティーで私たちは最高に楽しく過ごした.
── 男《話》スーパー(マーケット). 類**supermercado**. ── 女《話》ハイオクタン価ガソリン. 類**supercarburante**.

superable [superáβle] 形 打破できる, 乗り越えることのできる, 打ち勝つことのできる. ─un obstáculo difícilmente ~ 容易に打破できない障害. 類**vencible**. 反**insuperable, invencible**.

superabundancia [superaβundánθja] 女 過多, 過剰. ─Este año ha habido ~ de trigo. 今年は小麦がとれすぎた. 類**sobreabundancia**.

superabundante [superaβundánte] 形 多すぎる, あり余る, 過剰の. ─Ha sido un año ~ en catástrofes. 災害の非常に多い 1 年だった. 類**sobreabundante**.

superabundar [superaβundár] 自 あり余る

ほど多くある, 多すぎる, 過剰である. —*Superabundan* los coches en venta debido a la crisis económica. 経済危機のせいで車がたくさん売れ残っている. [類] **sobreabundar**.

superación [superaθjón] 囡 ❶ 克服, 凌駕, 乗り越えること. ～ de la enfermedad 病気の克服. ～ del récord mundial 世界記録の更新. ❷ 克己, 自己改善. —afán de ～ 向上心.

superalimentar [superalimentár] 他 に過度に食べ物[栄養]を与える. [類] **sobrealimentar**.

:**superar** [superár] 他 ❶ …より**勝る**, をしのぐ, …に先んじる. —El niño *supera* a muchos compañeros de clase en inteligencia. その子は頭の良さで多くの同級生より優れている. [類] **aventajar, exceder, sobrepasar**. ❷ (ある限界・数値など)を越える, 超過する. —La temperatura ha *superado* hoy los treinta y cinco grados. 今日は気温が35度を越えた. La novela *supera* el millón de ejemplares vendidos. その小説は100万部を突破した. [類] **rebasar**. ❸ (a)(障害・困難)を乗り越える, 克服する, 脱する. —Ha *superado* muy bien su depresión. 彼はとても上手に精神的危機を乗り越えた. Hay que ～ los prejuicios raciales. 人種的偏見を克服する必要がある. (b) …に合格する, を突破する. —Juan Ramón *superó* la primera prueba. フアン・ラモンは第1次試験を突破した.

—**se** 再 進歩する, 向上する. —El escritor *se ha superado* en su nueva novela. 作家は今度の小説に進歩の跡を示した. Es maravilloso el afan de ～*se* de ese chico. その子の向上しようとする意欲はすばらしい.

superávit [superáβi(t)] 〔＜ラテン〕男 〔単複同形または **superávits**[superáβi(t)s]〕 《商業》黒字, 剰余, 余剰金. ～ comercial 貿易黒字. Este año la empresa ha cerrado con ～. 会社の今年の決算は黒字だった. [反] **déficit**.

supercarburante [superkarβuránte] 男 高オクタン価ガソリン, ハイオク.

superchería [supertʃería] 囡 ❶ いんちき, いかさま, 詐欺. —No conseguirás timarme con tus ～s. 君のいんちきで私をだまそうとしても無駄だ. [類] **engaño, fraude**. ❷ (特に宗教的な)迷信. [類] **superstición**.

superciliar [superθiljár] 形 《解剖》眉(まゆ)の, 眉に接した, 眼窩[眼窟]上の. —arco ～ 眉弓(きゅう).

superconductividad [superkonduktiβiðá(ð)] 囡 《物理》超伝導(性).

superconductor, tora [superkonduktór, tóra] 形 《物理》超伝導の. —material ～ 超伝導体. —男 《物理》超伝導体.

superdirecta [superðirékta] 囡 《自動車》オーバードライブ, 増速駆動装置.

superdominante [superðomináte] 〔＜super+dominante〕男 《音楽》下中音. ♦音階の第6音. 長音階のラ, 短音階のファ.

—— 《音楽》下中音の, (和音の)下中音を根音とする.

superdotado, da [superðotáðo, ða] 形 極めて優秀な, 天才的な.

supereminente [supereminénte] 形 きわめて優れた, 卓越した, 抜きんでた.

superempleo [superempléo] 男 過剰雇用(状態).

superentender [superentendér] [4.2] 他 (仕事・労働者・施設など)を監督する, 指図する, 管理する. [類] **custodiar, dirigir, supervisar**.

supererogación [supereroɣaθjón] 囡 ❶ 義務以上に勤めること, 余分な努力. ❷ 《宗教》功徳(く), 余徳の業.

superestrato [superestráto] 男 ❶ 《言語》上層(言語). —El ～ árabe dejó numerosas palabras en el español. アラビア語の上層が多くの語をスペイン語に残した. ❷ 《地質》上層.

superestructura [superestruktúra] 囡 ❶ 上部構造, 上部構築物. ❷ 《経済, 哲学》上部構造.

superferolítico, ca [superferolítiko, ka] 形 上品[繊細]すぎる; きざな, 気取った. [類] **afectado, cursi**.

:**superficial** [superfiθjál] 形 ❶ (a) 表面の, 表層の; 浅い. —capa ～ 表層[浅い層]. área ～ 《幾何》表面積. extensión ～ 《地理》面積. tensión ～ 《物理》表面張力. una herida ～ 浅い傷. (b) 地表面上の; 地表面近くの. —agua ～ 地表水(→agua subterránea 地下水). red de transporte ～ (地下鉄に対して)地上交通網. ozono ～ 大気圏オゾン(=ozono troposférico) (→ozono estratosférico 成層圏オゾン). ❷ 表面的な, うわべだけの; 浅薄な, 薄っぺらな. —amistad ～ 見せかけの友情. conversación ～ 中身のない会話. idea ～ 浅薄な考え. observación ～ 表面的な観察.

superficialidad [superfiθjaljðá(ð)] 囡 浅薄(なこと), 表面的なこと, 皮相. —Me marché hastiada de la ～ de la charla. 私はスピーチの浅薄さにうんざりして立ち去った. [反] **profundidad**.

superficialmente [superfiθjálménte] 副 ❶ 浅薄に, うわべだけの. —No debes juzgarle ～. 彼をうわべだけで判断してはいけない. ❷ 〖文修飾副詞として〗表面上は, 表面的には.

:**superficie** [superfíθje] 囡 ❶ 表面, 面. —～ del mar 海面. ～ terrestre [de la tierra] 地表. ～ esférica 《幾何》球面. ～ plana 《幾何》平面. ～ de rodadura (タイヤの)接地面, トレッド. transporte de ～ (空輸, 海輸に対する)水上[陸上]輸送. El submarino salió a la ～. 潜水艦は浮上した. ❷ 面積. —Esta granja tiene una ～ de cien hectáreas. この農場の面積は100ヘクタールである. La ～ es de diez kilómetros cuadrados. 面積は10km²である. ❸ 外観, 見かけ.

superfino, na [superfíno, na] 形 ❶ 極細の, 極薄の. —rotulador con punta *superfina* 極細のサインペン. ❷ 極上の, とびきりの. ❸ 非常に上品な.

superfluidad [superfluidá(ð)] 囡 過剰, 余分; 余計な物, 余分な物.

:**superfluo, flua** [supérfluo, flua] 形 **余分な**, 不要な, 無駄な. —discusión *superflua* 無駄な議論. gastos ～s 無駄な出資. función *superflua* 無駄な[不要な]機能. información *superflua* 余計な情報. Gasta dinero en cosas *superfluas*. 彼は無駄なことに金を費やしている. pelo [vello] ～ ムダ毛.

superfosfato [superfosfáto] 男 《化学》過リン酸塩; 過リン酸肥料.

superhombre [superómbre] 男 超人, スーパーマン.

superíndice [superíndeθe] 男 《印刷》上付き文字.

superintendencia [superintendénθja] 女 ❶ 監督[指図, 管理](すること). 類 dirección, supervisión. ❷ 監督(者)[管理人]の職. ❸ 監督(者)[管理人]の執務室.

superintendente [superintendénte] 男女 監督者, 管理者, 管理人. 類 director, supervisor.

‡**superior**¹ [superjór] 形 [+a] 反 inferior. ❶ 〖位置〗(…より)上の, 上の. —labio ~ 上唇. vía aérea ~ 《医学》上気道. Véase la nota ~. 上の注記を参照のこと. la parte ~ de la muralla 城壁の上部. La sala de reunión está en la planta ~ a ésta. 会議室はここよりも上の階にある. ❷ 〖数量, 度数〗(を)上回る, (…より)多い[大きい]. —estancia ~ a un mes 1か月を超える滞在. inversión ~ a cien millones de euros 1億ユーロを超える投資. niños de edad ~ a cinco años e inferior o igual a diez años 6才以上10才以下の子供. extremo ~ 《数学》上限. ❸ 〖段階, 等級〗(…より)上位の, 上級の, 高等の. —curso ~ 上級コース. diploma ~ 上級免許[資格]. enseñanza [educación] ~ 高等教育. Ocupó un cargo ~ al mío. 彼は私より上位の役職についた. ámbito territorial ~ al de una provincia 1県を超える範囲. ❹ 〖質〗(…より)優れた, 上質[上等]の; (…より)意義がある. —terapia ~ a fármacos 薬剤よりも優れた療法. Pedro es ~ a mí en todo. ペドロは全てにおいて私にまさっている. Sólo usa trajes de calidad ~. 彼は上質のスーツしか着ない. Ese equipo fue ~ a nosotros; jugó un partido perfecto. そのチームは完璧な試合運びで我々を圧倒した.

superior², **riora** [superjór, rjóra] 名 ❶ 上役, 上司, 先輩. —Si quieres seguir en la empresa, debes obedecer a tus ~es. 会社にい続けたいなら, 上役に従わなければならない. ❷ 《カトリック》修道院長. —el padre ~ 男子修道院長. la madre ~ 女子修道院長.

‡**superioridad** [superjorjðá(ð)] 女 ❶ [+sobre に対する] 優越, 優位; 高慢. —sentimiento [complejo] de ~ 優越感. Tiene ~ sobre los demás en cuanto a valor. 彼の勇気は他の人より勝っている. El partido gubernamental goza de una manifiesta ~ en las elecciones generales. 与党は総選挙で明確な優勢を誇っている. Siempre nos habla con aires de ~. 彼はいつも私たちを見下したように話す. 類 ventaja. 反 inferioridad. ❷ 〖定冠詞+〗当局, 官憲. —por disposición de la ~ 当局のお達しにより. dirigir una instancia a la ~ 当局に陳情する. 類 autoridad.

‡**superlativo**, **va** [superlatíβo, βa] 形 ❶ 極度の, 極端な; 最高の. —en grado ~ 極端[極度]に. Este salón es ~. この広間は最高だ. Tengo un interés ~ en el resultado de este pleito. 私はこの訴訟の結果に大きく関心がある. ❷ 《文法》最上級の. —forma *superlativa* 最上級(の形).

—— 男 《文法》最上級. —adjetivo [adverbio] ~ 形容詞[副詞]の最上級形. ~ absoluto 絶対最上級. ~ relativo 相対最上級(「一番…」を表す通常の最上級).

superligero [superlixéro] 男 《スポーツ》《ボクシングの》ライトウェルター級.

supermercado [supermerkáðo] 男 スーパーマーケット.

supernova [supernóβa] 女 《天文》超新星, スーパーノバ.

supernumerario, **ria** [supernumerárjo, rja] 形 ❶ 定員外の, 余分の. ❷ 休職中の.
—— 名 臨時雇い; 冗員; エキストラ.

superpoblación [superpoβlaθjón] 女 人口過剰; 人口過密.

superpoblado, **da** [superpoβláðo, ða] 形 人口過剰の, 人口過密の. —Tokio es una ciudad *superpoblada*. 東京は人口過密都市だ.

superpondr- [superpondr-] 動 superponer の未来, 過去未来.

superponer [superponér] [10.7] 他 ❶ を重ねる, 重ね合わせる, 上に置く. —No debes ~ las fotografías en el album porque no se verán bien. アルバムに写真を重ねて置いてはいけない, よく見えなくなるから. 類 acumular, amontonar, sobreponer. ❷ [+a より] を優先させる, 重視する. —*Superpone* lo material *a* lo afectivo. 彼は情緒的なことよりも物質的なことを大切に考える. 類 preceder.

——**se** 再 [+a より] 前にある, 先に立つ, 先行する [+a]. —Los deseos de mi novia siempre *se superponen* a los míos. 私の恋人の望みは私の望みよりも常に優先される.

superposición [superposiθjón] 女 ❶ 上に置くこと, 重ね合わせ, 上に重ね. —La ~ de libros en la biblioteca impide que se puedan consultar fácilmente. 図書館で本が積み重ねてあって, 簡単に探す妨げになっている. ❷ 優先, 重視. —La ~ de sus intereses particulares a los del resto de su familia es evidente. 彼が家族のほかの者たちの利益よりも自分の利益を優先させているのは明らかだ.

superpotencia [superpoténθja] 女 超大国.

superproducción [superproðukθjón] 女 ❶ 生産過剰. —La ~ de aceite ocasionó la baja de precios. オリーブ油の生産過剰が価格の下落をひき起こした. ❷ 《映画》超大作.

superpus- [superpus-] 動 superponer の直・完了過去, 接・過去.

superrealismo [superrealísmo] 男 超現実主義, シュールレアリズム. 類 surrealismo.

superrealista [superrealísta] 形 シュールレアリズムの, 超現実主義の. 類 surrealista.

—— 男女 シュールレアリスト, 超現実主義者. 類 surrealista.

supersecreto, **ta** [supersekréto, ta] 形 極秘の, 最高機密の.

supersónico, **ca** [supersóniko, ka] 形 超音速の, 音速を超えた. —avión ~ 超音速機. muro ~ 《物理》超音速の壁. velocidad *supersónica* 超音速. 類 ultrasónico.

‡**superstición** [superstiθjón] 女 迷信, 縁起かつぎ; 盲信. —creer en *supersticiones* 迷信を信ずる. ~ de la ciencia 科学への盲信.

supersticioso, **sa** [superstiθjóso, sa] 形 迷信深い; 迷信の, 迷信的な. —No le gusta el número 13 porque es una *supersticiosa*. 彼女は迷信深いので数字の13が嫌いだ. creencias *supersticiosas* 迷信. prácticas *supersticiosas* 迷信的な習慣.

superusuario [superusuárjo] 男 《情報》スーパー・ユーザー.

supervalorar [superβalorár] 他 を過大評価する, 買いかぶる. —El dinero tiene su importancia, pero tampoco debes ～lo. お金はそれなりに大切なものだが, あまり重視しすぎてもいけない. 類 **sobreestimar**. 反 **infravalorar**.

supervisar [superβisár] 他 《仕事・労働者・施設など》を監督する, 指図する, 管理する. 類 **inspeccionar, revisar, superintender**.

supervisión [superβisjón] 女 監督(すること), 指図, 管理. 類 **dirección, inspección, superintendencia**.

supervisor, sora [superβisór, sóra] 名 監督(者), 管理者, 管理人; 《情報》スーパーバイザー. 類 **director, inspector, superintendente**.

supervivencia [superβiβénθja] 女 ❶ 生き残ること, 生存; 存続. —lucha por la ～ 生存競争. ～ de las tradiciones antiguas 古い伝統の存続. ❷ 《司法》生存者権. ♦共有財産の権利を生き残った者が取得する権利.

superviviente [superβiβjénte] 形 生き残っている. 類 **sobreviviente**.
—— 男女 生存者, 生き残り. —No hubo ～s en el accidente aéreo. その飛行機事故の生存者はいなかった. 類 **sobreviviente**.

supiera(-) [supjera(-)] 動 saber の接・過去.
supieron [supjéron] 動 saber の直・完了過去・3複.
supiese(-) [supjése(-)] 動 saber の接・過去.
supimos [supímos] 動 saber の直・完了過去・1複.

supinación [supinaθjón] 女 ❶ あお向け(になる[でいる]こと). ❷ 《手・足の》回外(運動). 反 **pronación**.

supinador, dora [supinaðór, ðóra] 形 《手・足の》回外(運動)の. —músculo ～ 《解剖》回外筋.
—— 男 《解剖》回外筋.

supino, na [supíno, na] 形 ❶ あお向けになった. —en posición *supina* あお向けになって. 反 **prono**. ❷ 《悪いことに関して》極度の, ひどい. —ignorancia *supina* 極度の無知. Ha dicho una *supina* tontería. 君はとんでもなく馬鹿なことを言った.
—— 男 《文法》(ラテン語の)動詞状名詞, スピーヌム.

supiste [supíste] 動 saber の直・完了過去・2単.
supisteis [supístejs] 動 saber の直・完了過去・2複.

súpito, ta [súpito, ta] 形 ❶ 突然の. 類 **súbito**. ❷ 《中南米》びっくりした, 唖然（ぜん）とした.

suplantación [suplantaθjón] 女 ❶ (違法に)取って代わること; 地位を奪うこと; 代理(を務めること). —Está acusado de ～ de la identidad. 彼は他人になりすましたかどで告発されている. ❷ 《文書などの》改竄（ざん）.

suplantar [suplantár] 他 ❶ …に(違法に)取って代わる, …の地位を奪う; …の代わりをする. —Lo sorprendieron *suplantando* a un compañero en el examen. 彼は試験でクラスメートの替え玉をしているところを取り押さえられた. 類 **suplir, reemplazar**. ❷ 《文書など》を改竄（ざん）する. 類 **falsificar**.

suplementario, ria [suplementárjo, rja] 形 ❶ 追加の, 補充の, 補遺の. —empleo ～ 副業. lista de las lecturas *suplementarias* 補充文献目録. presupuesto ～ 追加予算. trabajo ～ 超過勤務. tren ～ 臨時列車. ❷ 《数学》補角の. —angulos ～s 補角.

***suplemento** [suplemento] 男 ❶ 補充, 補足, 追加; 付属品. —～ de la vacante 欠員の補充. Los ～s de esta máquina sirven mucho. この機械の付属品は大変役に立つ. ❷ 増刊(号), 別冊付録, 補遺（い）. —～ dominical 日曜増刊版. Esta revista siempre lleva un ～. この雑誌にはいつも付録が付いてくる. ❸ 割増料金, 追加料金. —Me pagan un buen ～ por las horas extras trabajadas. 残業に対して充分な割増金を支払ってくれる. ～ por exceso de equipaje 重量オーバーによる荷物の割増料金. ～ de primera clase 1等車の追加料金. ❹ 《幾何》補角, 補弧.

suplencia [suplénθja] 女 代用, 代理; 代理[代行]期間 —cubrir las ～s, hacer la ～, hacer ～s 代行する, 代理を務める.

suplente [suplénte] 形 代理の, 代行の; 補欠の. —jugador ～ 補欠選手. maestro ～ 代用教員.
—— 男女 代理人; 補欠; 《情報》ダミー. —Han nombrado a un ～, por si acaso. 念のために補欠が一人決められた.

supletorio, ria [supletórjo, rja] 形 追加の, 補足の, 補助の. —un teléfono ～ (親子電話の)子機. Como vienen los primos, colocaremos una cama *supletoria*. いとこたちが来るので, ひとつ予備のベッドを置こう.
—— 男 補助物, 予備, (親子電話の)子機. —Esta mesa tiene un ～ para el ordenador. この机にはパソコン用の補助机がひとつ付いている.

***súplica** [súplika] 女 懇願, 嘆願; 嘆願書, 請願書. —a ～ de …に懇願されて, …の要求に応じて. presentar una ～ a la Dieta 国会に請願書を提出する. 類 **petición, ruego, solicitud**.

suplicación [suplikaθjón] 女 ❶ 嘆願, 懇願, 哀願. 類 **súplica**. ❷ 《司法》上訴.

***suplicante** [suplikánte] 形 懇願[哀願]する, 陳情する. —en un tono ～ 懇願するような調子で. con ojos ～s すがるような目で. palabras ～s 陳情の言葉.
—— 男女 懇願する人, 陳情者.

***suplicar** [suplikár] [1.1] 他 ❶ を懇願する, 嘆願[哀願]する. —Le *suplicó* que le perdonara. 彼女は彼に許してくれるよう懇願した. Ayúdame, te lo *suplico*. お願いだから助けてくれ. 類 **rogar**. ❷ 《司法》上訴する, 控訴する.

suplicatoria[1] [suplikatórja] 女 《司法》(上級の裁判所への)審理依頼状, 証人調査依頼状.

suplicatorio, ria[2] [suplikatórjo, rja] 形 懇願[哀願・嘆願]の. —tono ～ 懇願するような口調.
類 **suplicante**.
—— 男 ❶ 《司法》=suplicatoria. ❷ 《司法》(議員に対する)逮捕許諾請求.

***suplicio** [suplíθjo] 男 ❶ (肉体的に激しく長い

1802 suplique(-)

苦痛を伴う)**刑罰, 体罰, 拷問**. —el último ～ 死刑. Sometieron a ～ al reo. その罪人を体罰に処した[拷問にかけた]. ❷ (肉体的, 精神的)**激しい苦痛, 苦悶**. —～ de Tántalo《ギリシア神話》タンタロスの責め苦(欲しいものを目の前にして手に入れられない苦しみ). Vivir bajo esta miseria es un verdadero ～. こんな悲惨な生活をするのは本当に苦痛だ.

suplique(-) [suplíke(-)] 動 suplicar の接・現在.

supliqué [supliké] 動 suplicar の直・完了過去・1単.

‡**suplir** [suplír] 他 ❶ を補う, 補足する, 補完する. —Pasea para ～ el ejercicio físico que no puede hacer. 彼は運動ができないので, それを補うために散歩をしている. ❷ …に取って代わる, …の代理[代役]を務める. —Un jugador de reserva suplirá al titular lesionado en el próximo partido. 補欠の選手が今度の試合では負傷したレギュラー選手の代役を務めるだろう. 類 **reemplazar, sustituir**. ❸〖＋por で〗を代用する. —～ el lápiz por un bolígrafo 鉛筆の代わりにボールペンを用いる.

supo [súpo] 動 saber の直・完了過去・3単.

supón [supón] 動 suponer の命令・2単.

supondr- [supondr-] 動 suponer の未来, 過去未来.

‡suponer** [suponér スポネル] **[10.7]** 他 ❶ …と想像する, 推測する, 推定する. —Supongo que está dispuesto a colaborar. 私は彼には協力する用意があると思う. La suponía más sincera. 私は彼女がもっとまじめだと思っていた. Le supongo unos sesenta años. 彼は60歳くらいだと私は思う. Lo supongo, pero no te lo puedo asegurar. そうは思うが, 君に保証することはできない. ❷ …と想定する, 仮定する. —Supongamos que existe la vida en Marte. 火星に生物がいると仮定しよう. 類 **creer, imaginar**. ❸ を前提とする; 意味する. —La fiesta supone muchos gastos. パーティーには莫大な出費が前提となる. ❹ を伴う, もたらす. —Ese gran proyecto supondrá la creación de empleo. その大プロジェクトは雇用を生み出す. 類 **conllevar, implicar, ofrecer**.

—— 自 重要である, 意味がある. —Como es natural, sus padres suponen mucho para él. 当然のことだが, 彼にとって両親の持つ重要性は大きい. En avión, esa distancia no supone nada. 飛行機ならその距離は大したことはない. Ella supone mucho en el mundo de la moda. 彼女はファッション界の大物だ. 類 **significar**.

ser de suponer que〖＋直説法/接続法〗…は考えられる, あり得る, 当然だ. Después de ese desplante, es de suponer que esté molesto contigo. そんな無礼なことをした後では, 彼が君を不快に思っていても当然だ.

—— 男 推定, 推測. —Es un mero ～, pero no te lo aseguro. それは単なる推測であって, 君に確約しているのではない. 類 **suposición**.

suponga(-) [supoŋga(-)] 動 suponer の接・現在.

supongo [supóŋgo] 動 suponer の直・現在・1単.

‡**suposición** [suposiθjón] 女 **想像, 推測; 仮定**. —～ gratuita (根拠の無い)当て推量. Es algo agradable hacer suposiciones sobre el futuro de uno propio. 自分の未来についてあれこれ想像するのは何か楽しいことだ. Resulta que tus suposiciones son falsas. 結局君の想像は当たらなかった.

supositorio [supositórjo] 男 **座薬, 座剤**. —ponerse un ～ 座薬を入れる.

supra- [supra-] 接頭 「(以)上, 超…, 過…」の意. —suprarrealismo.

supranacional [supranaθjonál] 形 **超国家的な, 一国の規模を越えた**. —un organismo ～ 超国家的な機関.

suprarrenal [suprarenál] 形《解剖》腎臓(じんぞう)の上にある, 副腎の. —glándula ～ 副腎腺.

suprasensible [suprasensíβle] 形 ❶ **高感度の; 過敏な**. —película ～ 高感度フィルム. ❷ **超感覚的な, 五感を超越した, 精神的な**.

supremacía [supremaθía] 女 **優位, 最高位; 覇権**. —El bien común goza de ～ sobre los intereses particulares. 公共の福利は個人の利益よりも優先する. El rey tiene la ～ en ese país. その国では国王が覇権を持っている. 類 **precedencia, prioridad**.

‡**supremo, ma** [suprémo, ma] 形 ❶ **最高位の, 最高権能の**. —Tribunal S～ 最高裁判所. Ser [Hacedor] ～ 第一存在(神). jefe ～ del ejército 軍の最高司令官. bajo la suprema dirección de … を最高指導者[責任者]として. ❷ **最高度の, 至上の**. —arte ～ 究極の技. calidad suprema 最高品質. felicidad suprema 至上の幸福. recompensa suprema 最高のご褒美. 類 **excelente, extraordinario**. ❸ **最後の, 最終局面の; 決定的な**. —hora suprema (1) 最重要の局面, 正念場. (2)《詩》臨終. momento ～ (1) 臨終. (2) 決定的瞬間. sacrificio ～ 命を犠牲にすること. —estadio del imperialismo 帝国主義の究極段階.

—— 男 (S～) ❶ **最高裁判所**. ❷《数学》**上限**(＝extremo superior). 反 **ínfimo**.

—— 女 ❶《歴史》**最高宗教裁判所**[異端審問所]. ❷《料理》**シューブリーム**(＝salsa suprema: 鶏のだしを加えたクリームソース); **シューブリーム添えの料理**. —suprema de merluza メルルーサのシューブリーム添え.

supresión [supresjón] 女 ❶ **削除, 消去, 省略**. —efectuar supresiones en el texto 文中の語句を削除する. 類 **borradura, omisión**. ❷ **廃止, 撤廃**. —～ de las prerrogativas 特権の廃止. 類 **abolición, anulación**. ❸ **抑圧, 鎮圧**. 類 **opresión**.

‡**suprimir** [suprimír] 他 ❶ **を廃止する, 排除する, 取り除く**. —El alcalde ha suprimido todas las líneas del tranvía. 市長は市電の全路線を廃止した. ～ un impuesto [una pensión] 税[助成金]を廃止する. 類 **eliminar, quitar**. ❷ **を削除する, 抜かす; 省略する**;《情報》**削除する, デリートする**. —El censor suprimió una noticia importante. 検閲官は重要なニュースを削除した. ～ pormenores en la narración de un accidente 事故の話で細かいところを省く. 類 **omitir**.

supuestamente [supwéstaménte] 副〖文修飾副詞として〗**推定では…, と思われる, …と想像される**.

‡**supuesto, ta** [supuésto, ta] 過分 〔〈 suponer〕形 ❶ 〖＋名詞〗…と想定[推定]された, 仮定の; …の嫌疑のある. —— ~ delincuente 容疑者. *supuesta* obra de Goya ゴヤのものと推定される作品. *supuestas* víctimas del bombardeo 爆撃の犠牲者と思われる人々. Fue detenido por ~s abusos a niños. 彼は幼児虐待の容疑で逮捕された. ❷ 偽の, 偽装した. —— bajo un nombre ~ 偽名を使って. con *supuesta* calma 平静を装って. ❸ 〖＋名詞〗自称…. —— ~ experto 自称専門家.

dar por supuesto 当然のこと[もの]と思う, 前提として考える. *Doy por supuesto* que esto ya lo sabéis. 当然君たちはもうこの事は知っている. *Dan por supuesto* la validez de este criterio. 彼らはこの判断基準が有効だということを前提に考えている. En nuestra vida la televisión se *da por supuesto*. 私達の生活においてテレビは空気のような存在になっている.

por supuesto もちろん, 当然. ¿Yo también voy a la fiesta? ¡*Por supuesto*!. ぼくもパーティーに行くかって？もちろんだとも. *Por supuesto* que no es fácil cambiar la situación. もちろん状況を変えるのは簡単ではない.

supuesto que (1)〖＋直説法〗…であるから. *Supuesto que* ha perdido el tren, no llegará esta noche. 電車に乗り遅れたからには, 彼は今晩じゅうに到着しないだろう. (2)〖＋接続法〗…であると仮定すれば. *supuesto que* tenga sentido hablar de eso 仮にもそれについて語ることに意味があるとすれば.

—— 男 ❶ 推定, 推測, 仮定, 前提. (*a*) —Eso es sólo un ~. それは単なる仮定[推測]でしかない. (*b*)〖＋de＋直説法〗(…という)前提. —Mi análisis se basa en el ~ *de que* todos estos fenómenos son universales. 私の分析はこれらの現象が全て普遍的だとの前提に基づいている. (*c*)〖＋de＋接続法〗(…という)仮定. —En el ~ *de que* haya más aspirantes que plazas … 志願者が定員オーバーの場合には…. ❷ 模擬訓練. —— ~ de trabajo 職業訓練(コース). ~ táctico《軍事》演習. ❸ 資料, データ.

supuración [supuraθjón] 女 化膿, 膿(ぅﾞ). —— ~ de la herida 傷口の化膿.

supurar [supurár] 自 化膿する, 膿(ぅﾞ)む. —La herida me *supura* todavía. 私の傷口がまだ膿んでいる.

supus- [supus-] 動 *suponer* の直・完了過去, 接・過去.

‡**sur** [súr スル] 男 ❶ 南, 南部〖大文字で書き始めることがある〗. —América del S~ 南アメリカ. Mi habitación da al ~. 私の部屋は南向きだ. Toledo está al ~ de Madrid. トレドはマドリードの南にある. Sevilla está situada en el S~ de España. セビリャはスペインの南部にある. 類 **mediodía**. ❷ 南風. —Aquí se descompone el tiempo cuando sople el ~. ここでは南風が吹くと天気が崩れる. 類 **austro**.

surá [surá] 男〖織物〗シュラー. ◆柔らかいあや絹またはレーヨン織りの一種. 婦人服, ネクタイ用.

surafricano, na [surafrikáno, na] 形 ＝ **sudafricano, na**.

‡**suramericano, na** [suramerikáno, na] 形 **南米の**(＝sudamericano). —— 名 南米人.

‡**surcar** [surkár]【1.1】他 ❶ (*a*)(船が水)を切って進む, 航行する. —El barco *surca* el Mar Mediterráneo. 船は地中海の波を切って進む. (*b*)(鳥・飛行機が空中)を飛ぶ. —El cóndor *surca* el viento. コンドルが風を切って飛ぶ. El reactor *surca* el cielo a velocidad supersónica. ジェット機は超音速で空を飛ぶ.

❷ …に筋[線]をつける; (畑)に畝溝をつける. —Las arrugas *surcan* su frente. 彼の額にしわが刻まれている. Las lágrimas *surcaban* sus mejillas. 涙が彼女のほほに流れていた.

‡**surco** [súrko] 男 ❶ (畑の畝と畝の間の)溝; (レコードの)溝. —abrir ~s en el campo 畑に畝溝を掘る. ❷ 跡, 筋. —— ~ de barco 航跡. El coche se fue dejando ~ en el camino. 車は道にタイヤの跡を残して行ってしまった. ❸ (顔などの)しわ. —El viejo tiene muchos ~s en el rostro. その老人は顔に多くのしわがある. 類 **arruga**.

surcoreano, na [surkoreáno, na] 形 韓国(Corea, Corea del Sur)の, 大韓民国の. —— 名 韓国人.

sureño, ña [suréno, na] 形 南の, 南部の, 南からの. —el clima ~ 南部の気候. —— 名 南の人, 南部出身者.

surero [suréro] 男〖ポリビア〗冷たい南風.

surestada [surestáða] 女〖アルゼンチン〗雨混じりの強い南東風.

sureste [suréste] 男 ＝ sudeste.

surf [súrf]〔〈英〕男 《スポーツ》サーファー. 類 **surfista**.

surfer [súrfer]〔〈英〕男 《スポーツ》サーファー.

surfing [súrfin]〔〈英〕男 《スポーツ》サーフィン. —— ~ a vela ウィンドサーフィン.

surfista [surfísta] 男女 サーファー.

‡**surgir** [surxír]【3.6】自 ❶〖＋de から〗(水などが)わき出る, 噴出し, 姿を現わす. —De una hendidura en la roca *surge* el manantial. 岩の割れ目から泉が湧き出ている. De su habitación *surgió* una repentina luz. 彼の部屋から突然光が見えた. 類 **brotar**. ❷ (現象・問題などが急に)出現する, 現われる, 生じる. —En ese país están *surgiendo* ideas xenófobas. その国では外国人嫌いの風潮があらわになっている. 類 **aparecer, manifestarse**. ❸ そびえる, そびえ立つ, 高く上がる. —En el centro *surge* el campanario de la iglesia. 中央に教会の鐘楼がそびえていた.

Surinam [surinán] 固名 スリナム(首都パラマリボ Paramaribo).

suripanta [suripánta] 女 ❶ (ミュージカルの)コーラスガール. ❷《俗》身持ちの悪い女.

surja(-) [surxa(-)] 動 *surgir* の接・現在.

surjo [súrxo] 動 *surgir* の直・現在・1 単.

surmenage, surmenaje [surmenáxe]〔〈仏〕男 過労, 過労による体調不良.

suroeste [suroéste] 男 ＝ sudoeste.

surrealismo [sureálismo] 男《芸術》超現実主義, シュールレアリズム.

surrealista [surealísta] 形 ❶《芸術》超現実主義の, シュールレアリズムの. —el manifiesto ~ シュールレアリズム宣言. el movimiento ~ シュールレアリズム運動. ❷《比喩》難解な, 奇天烈な.
—— 男女《芸術》超現実主義者, シュールレアリスト.

1804 surtidero

surtidero [surtiðéro] 男 ❶ (貯水池などの)排水口, 水はけ口. ❷ (水の)噴出. 類**chorro**.

***surtido, da** [surtíðo, ða] 過分 形 ❶ 〖+de が〗豊富に揃った, 品揃えの良い. —barrio ~ de tiendas 各種店舗の揃った地区. Estamos bien ~s de especialidades de la región. 当店は当地の特産品を豊富に取り揃えております. ❷ 取り合わせの, 詰め合わせの. —una caja de bombones ~s キャンディーの詰め合わせ一箱.

—— 男 ❶ 取り揃え, 品揃え. —Esta tienda tiene un gran [magnífico] ~ de utensilios de cocina. この店は台所用品が各種揃えて揃えてある. ❷ 取り合わせ, 詰め合わせ. —un ~ de embutidos ソーセージの詰め合わせ. ~ de pastas クッキー詰め合わせ. ~ de lazos リボン詰め合わせ. ~ de Navidad [navideño] クリスマス菓子詰め合わせ. ❸ 仕入れ, 買い入れ.

surtidor [surtiðór] 男 ❶ (a) (水の)噴出, 噴出口. —el ~ de una fuente 噴水の噴射. (b) 噴出口, 消火栓. —Los bomberos enchufaron la manguera al ~. 消防士たちはホースを消火栓につないだ. 類**chorro**. ❷ (ガソリンスタンドの)給油機. —parar el coche frente al ~ [de gasolina] 給油機の前に車を止める. ❸ 噴水. 類**fuente, manantial**.

——, **dora** 名 仕入れ先, 納入者; 供給者.
—— 形 供給する, 補給する.

‡**surtir** [surtír] 他 ❶〖+de が〗…に供給する, 提供する. —Este pantano surte a la ciudad de agua. この貯水池が市に水を供給している. 類**abastecer, proveer, suministrar**. ❷ (効果)をもたらす. —El castigo no ha surtido efecto. 罰は効果をもたらさなかった.

—— 自 噴出する, 湧き出る. —Del pozo surte un agua limpia y fresca. 井戸からはきれいで新鮮な水が湧き出ている. 類**brotar, surgir**.

surtir efecto 期待通りになる, 効き目を現わす. El medicamento ha surtido efecto. 薬が効き目を現わした.

——se 再〖+de を〗仕入れる. —Nos surtimos de carne y pescado en el mercado. 私たちは市場で肉と野菜を仕入れた.

surto, ta [súrto, ta] 過分〖<surgir〗形 《海事》〖+en〗(船が)…に停泊している, 投錨(とうびょう)している.

surumpe [surúmpe] 男 《中南米》雪目(ゆきめ), 雪盲(せつもう), 雪眼炎.

sus- [sus-] 接頭 〖sub- の異形〗—suspender, sustentar.

‡**sus**[1] [sus] 形(所有) su の複数形.

sus[2] [sús] 間 ❶ (犬などを追い払うときの)しっ! ❷ さあ, がんばれ. 類**ánimo**.

Susana [susána] 固名 《女性名》スサーナ.

susceptibilidad [susθeptiβiliðá(ð)] 女 ❶ 怒りっぽさ, 短気. 類**impaciencia, irascibilidad**. ❷ 感受性, 感じやすさ. 類**delicadeza, sensibilidad**.

susceptible [susθeptíβle] 形 ❶〖+de〗…のできる, 可能性がある. —Esta tesis es ~ de mejora. この学位論文は改良の余地がある. ❷ (人が)怒りっぽい, 短気な. —No le contradigas, que es muy ~. 彼に反論するな, すごく怒りっぽいから. 類**impaciente, irascible**. ❸〖+a〗…に過敏な, 影響されやすい. —Es ~ a la crítica. 彼は批判に対して過敏だ.

***suscitar** [susθitár] 他 (感情・反応など)を引き起こす, 生じさせる, 起こす. —Sus afirmaciones suscitaron una violenta discusión en el congreso. 彼の発言は学会で一大議論を巻き起こした. ~ entusiasmo [envidia, risa] 興奮[嫉妬, 笑い]をさそう. 類**causar, promover, provocar**.

‡**suscribir** [suskriβír] [3.3] 他 ❶ (文書の末尾に)署名する, サインをする. —Todos los directores han suscrito el documento. 重役は全員文書に署名した. ❷ …に賛同する, 同意する, 同調する. —Suscribo lo que les han dicho mis padres. 私の両親が彼らに言ったことに私も賛成だ. Ese país no suscribió el acuerdo. その国は決議に賛成しなかった. 類**apoyar, respaldar**. 反**discrepar**. ❸ (株・債券など)を取得する, 買い付ける. —Suscribo bonos del Tesoro. 私は国債を買う.

——se 再〖+a に〗❶ (金銭を支払って)定期[予約]購読を申し込む, 定期[予約]購読の申込をする. —Me he suscrito a una revista mensual. 私はある月刊雑誌に定期購読の申込をした. ❷ 入会する, 加入する. —Me he suscrito a una organización no gubernamental. 私はある非政府機関[NGO]に加入した.

suscripción [suskripθjón] 女 ❶ (雑誌などの)定期購読(予約). —pagar la ~ 定期購読料金を支払う. renovar la ~ 定期購読予約を更新する. ❷ 署名. 類**firma**. ❸ 支持, 賛同, 同意. 類**apoyo, aprobación**.

suscriptor, tora, suscritor, tora [suskriptór, tóra, suskritór, tóra] 名 ❶ 購読者, 予約者, 申込者; 応募者. —Soy ~ de una revista económica. 私はある経済雑誌を予約購読している. ❷ 同意者, 賛同者; 署名者.

suscrito, ta [suskríto, ta] 過分〖<suscribir〗形 ❶ (人が)署名した. ❷ (人が)予約した, 予約講読している.

—— 名 署名者.

sushi [súsi, súfi]〖<日本〗男《料理》寿司.

susodicho, cha [susoðítʃo, tʃa] 形《文》前述の, 上記の. —el ~ individuo, el personaje ~ 上記の者.

—— 名《文》前述の者, 上記の者.

‡**suspender** [suspendér] 他 ❶ をつるす, ぶら下げる. —~ una lámpara del techo 天井から電灯をつるす. ~ la cesta de una rama del peral ナシの木の枝にかごをつるす. ❷ を中止する, 中断する, 保留する; 《情報》サスペンドする. —Han suspendido la construcción del edificio. ビルの建設が取り止めになった. Suspendieron el partido de tenis debido a la lluvia. 雨でテニスの試合が中止になった. La revista ha quedado suspendida por seis meses. 雑誌は6か月発行停止になった. ❸ (給料の支払い)を一時停止する, 停職にする. —Nos han suspendido las pagas extras. 我々のボーナスは一時停止された. ❹ (a) を不合格とする, 落第させる, …に不可をつける. —El profesor me ha suspendido en lingüística. 言語学の先生が私に不可をつけた. 反**aprobar**. (b) (学生が単位)を落とす, (学科目)に不合格となる. —Mi amigo suspendió la asignatura de filosofía. 私の友人は哲学の科目を落とした. ❺ をうっとりさせる, 夢中にさせる. —Aquella música suspendía a las

muchachas. あの音楽は少女たちを夢中にしていた. 類**embelesar**.

—— 自 不合格になる, 落第する, 留年する. —*Suspendió en tres asignaturas*. 彼は3科目不合格になった.

——se 再 中止になる, 中断する; ぶらさがる. —*Se han suspendido las negociaciones*. 交渉は中止になった. *El mono se suspendía de las ramas del árbol*. サルが木の枝にぶらさがっていた.

suspense [suspénse] [＜英] 男 サスペンス. —*novela de ～* サスペンス小説. *La película tiene mucho ～*. その映画はサスペンスいっぱいだ.

suspensión [suspensjón] 女 ❶ 中止, 停止; 延期. ～ *de empleo y sueldo* 停職. ～ *de hostilidades* 停戦. ～ *de garantías* (政変などによる)憲法上の権利の停止. ～ *de las representaciones de ópera* オペラの公演延期. ～ *de pagos* 支払い停止. ～ *de pruebas nucleares* 核実験の中止. 類**cesación, detención, interrupción, parada**. ❷ 《自動車》サスペンション, 懸架装置. ❸ (液体・気体中の)浮遊物, 浮遊状態; 《化学》懸濁(ﾀﾞｸ)(液). —*en ～* 浮遊状態の. ❹《音楽》係留音, 繋留(ｹｲﾘｭｳ)音. ❺ つるすこと, 掛けること. ❻ 驚愕, びっくり; サスペンス.

suspensivo, va [suspensíβo, βa] 形 ❶ 中止の, 停止の, 保留の. —*puntos ～s* 省略記号(…). *El gobierno ha dictado una orden suspensiva contra el diario*. 政府はその新聞に刊行中止命令を発した. ❷ 不安な, 不確かな, あやふやな.

*****suspenso, sa** [suspénso, sa] 過分 形 ❶ 吊りさげた, 宙に浮いた. —*～ en el aire* 宙づりになった. *Los ahumados están ～s de la viga*. 薫製は梁(ﾊﾘ)から吊るしてある. *jardines ～s [colgantes] de Babilonia* バビロニアの空中庭園. ❷ 唖然とした, あっけにとられた, 当惑した. —*Se quedó ～ de su belleza*. 彼は彼女の美しさにあっけに取られた. *Se quedó suspensa al oír su explicación*. 彼女は彼の説明を聞いて唖然とした. ❸ 中断された, 先送りされた; 躊躇している. —*La resolución quedó suspensa*. 採決が保留されている. *La discusión quedó suspensa allí*. 議論はそこで先送りとなった. *cheque ～ de pago* 支払いの遅れている小切手. *Están ～s de sus labios*. 彼らは言いたい事を言わずにいる. ❹ 不合格の, (資格・権利を)解除された. —*alumnos ～s* (試験の)落第生. *Tengo dos asignaturas suspensas*. 私は不合格が2科目ある. *Quedó ～ de su encargo*. 彼は解任された.

—— 名 不合格者, 落第生.

—— 男 ❶ [*en*+] 中断, 保留. —*dejar en ～ la discusión* 議論を先送りにする. *El asunto está en ～*. その件は懸案になっている. *número de ～s de pago* 支払いの遅延の件数. ❷ (成績の)不合格, 不可; 不合格科目. —*dar un ～ a ...* (人)を不合格にする[(人)に不合格の判定を下す]. *recibir un ～* 不合格の判定をくらう. *Los alumnos con tres ～s repetirán el curso*. 不合格科目が3つある学生は留年になる.

suspensores [suspensóres] 男 複 《中南米》《服飾》ズボンつり, サスペンダー. 類**tirantes**.

suspensorio, ria [suspensórjo, rja] 形 つり下げの, つるすための; 懸垂式の.

—— 男 ❶ つり包帯. ❷ (男子運動選手用の)サポーター.

suspicacia [suspikáθja] 女 疑惑, 不信感; 疑い深さ. —*Noté que me miraba con ～*. 私は彼が私を疑いの目で見ているにの気づいた. *Su matrimonio se estropeó debido a la ～ y a los celos*. 不信感と嫉妬のために彼らの結婚生活はこわれた. 類**desconfianza, recelo, sospecha**.

suspicaz [suspikáθ] 形 疑い深い, 邪推する; 警戒心の強い. —*Es muy ～ y desconfía siempre de lo que le dicen*. 彼はとても疑い深く, 人の言うことをいつも疑う. 類**desconfiado**.

suspirado, da [suspiráðo, ða] 過分 形 待望の, 待ちに待った. 類**ansiado, apetecido, esperado**.

‡**suspirar** [suspirár] 自 ❶ ため息をつく. —*Estaba muy triste y suspiraba*. 彼はとても悲しくてため息ばかりついていた. ❷〖＋*por*+〗(*a*) 熱愛する. —*Él suspira por una compañera de clase, pero ella no le hace caso*. 彼はクラスの女の子を熱愛しているが, 彼女は彼を相手にしていない. (*b*) 熱望する. —*Suspiraban por un viaje a Japón*. 彼らは日本への旅行を熱望していた.

‡**suspiro** [suspíro] 男 ❶ (悲しみや満足などの)ため息, 嘆息. —*dar [exhalar, lanzar] un ～* ため息をつく. *deshacerse en ～s* 深い大きくため息をつく. *Al ver las notas de su hijo, la madre dejó escapar un ～ de decepción*. 母親は子供の成績を見て溜め息をもらした. ❷《比喩》(風などの)そよぐ音; かすかな音, ほとんど知覚されないもの. —*No se oía más que el ～ del viento*. 風のそよぐ音のほかには何も聞こえなかった. *Cuando dejó el hospital, pesaba menos que un ～*. 私は退院したら体重がすっかり減ってしまった. ❸《話》とても短い時間. —*El joven se tomó la cena en un ～*. 若者はあっという間に夕食を終えた. *Vuelvo en un ～*. すぐに戻ります. ❹ 小麦, 砂糖, 卵で作った菓子. ❺《音楽》4分休止(符).

dar [*exhalar*] *el último suspiro* 息を引き取る, 死ぬ. *Apretando la mano de su novia, exhaló el último suspiro*. 彼は恋人の手を握って息を引き取った.

Lo que no va en lágrimas va en suspiros. 〖諺〗50歩100歩(←涙にならないものはため息になる).

‡**sustancia** [sustánθja] 女 ❶ 物質, 物. —*～ líquida* [*sólida*] 液[固]体. *～ blanca* [*gris*]《解剖》(脳髄, 脊髄の)白[灰]白質. *Esto está hecho de no sé qué ～*. これはよく分からない物質でできている. 類**materia**. ❷ 本質, 実質; 中身, 内容. —*Tú no has captado la ～ del discurso*. 君は演説の中身をとらえていない. *Él es una persona sin ～*. 彼は中身のない薄っぺらな人物だ. *Habla mucho pero tiene poca ～*. 彼はよくしゃべるが内容が乏しい. 類**esencia**. ❸ 栄養分, エキス, 抽出物. —*Este estofado tiene mucha ～*. このシチューは栄養がある. *～ de carne* 肉のエキス. ❹《哲学》実体, 本質.

en sustancia 実質的には, 要するに. *Nos vino a decir, en sustancia, que quería participar en nuestros beneficios*. 要するに彼は我々の儲けの分け前にあずかりたいと言ったのだ.

sustancial [sustanθjál] 形 ❶ 本質的な, 根本的な, 肝心の. —*Es ～ que me paguen lo suficiente para llevar una vida decente*. 肝心なのは私がそこそこの生活を送るのに足りるだけのお

金がもらえるということだ. la parte ~ del artículo 論文の重要な部分. 類 **esencial, fundamental, importante**. ❷ 実質的な, 中身のある. —El Primer Ministro no dijo nada ~. 首相は実質的なことは何も言わなかった. una ayuda ~ 実質のある援助. ❸ 栄養のある. —La carne es un alimento ~. 肉は栄養のある食品だ.

sustanciar [sustanθjár] 他 ❶ (本・話などを)要約する, 簡約化する. —*Sustanció* el artículo en cuatro líneas. 彼はその論文を4行に要約した. 類 **compendiar, resumir**. ❷ (法律, 訴訟を)審理する; (主張などを)立証する, 実証する. —El juez que iba a ~ el caso cayó enfermo. その事件を審理することになっていた判事が病気になってしまった.

sustancioso, sa [sustanθjóso, sa] 形 ❶ 栄養のある, 滋養に富む. —comidas ligeras pero *sustanciosas* 軽いけれども栄養のある食事. 類 **alimentoso, nutritivo**. ❷ 中身のある, 内容の充実した; 実質的な. —ganancias muy *sustanciosas* とても充実した収入.

sustantivación [sustantiβaθjón] 女 《言語》名詞化.

sustantivar [sustantiβár] 他 《文法》(動詞・形容詞などを)名詞化する, 名詞として使う.

sustantividad [sustantiβiðáð] 女 ❶ 実質性, 実体性. ❷ 《文法》名詞性(名詞としての性質).

:**sustantivo, va** [sustantíβo, βa] 形 ❶ 実質的な, 根本的な, 本質的な. —verbo ~ 存在動詞(ser のこと). En su opinión falta algo ~. 彼の意見には何か実質的なものが欠けている. 類 **esencial, fundamental**. ❷ 《文法》名詞の(働きをする). —nombre ~ 名詞, 実詞〔伝統文法で, nombre adjetivo (形容詞)と区別される〕.

— 男 《文法》名詞, 実詞. —Este ~ funciona como sujeto del verbo. この名詞は主語の働きをしている. 類 **nombre**.

sustentable [sustentáβle] 形 ❶ (議論・学説などが)支持できる, 擁護(弁護)できる. —Tu argumentación no es ~. 君の議論は支持できない. ❷ 支えられる, 支えられうる.

sustentación [sustentaθjón] 女 ❶ 支え(となるもの), 支持; 維持. —La columna sirve de ~ del edificio. その柱が建物の支柱の役を果たしている. ❷ 生計, 暮らしの支え; 扶養. —Ganaba lo justo para la ~ de su familia. 彼はちょうど家族を養っていけるだけの額を稼いでいた. ❸ 支持, 擁護, 弁護. —La ~ de sus ideas me creó muchos enemigos. 彼の考えを支持したことで私には大ぜいの敵ができてしまった.

sustentáculo [sustentákulo] 男 支え(となるもの), 支柱; 台座.

sustentador, dora [sustentaðór, ðóra] 形 支える, 支えとなる. —superficie *sustentadora* 《航空》翼面.

— 名 支えとなる物[人], 支持者.

sustentamiento [sustentamjénto] 男 ❶ 支え, 支持; 維持. ❷ 生計; 扶養. ❸ 支持, 擁護, 弁護.

:**sustentar** [sustentár] 他 ❶ を支える. —Cuatro barras de hierro *sustentan* el toldo. 4本の鉄棒がテントを支えている. La esperanza de una mejora de vida *sustentaba* la moral de los emigrantes. 生活を良くしたいという望みが出稼ぎの人たちの気力を支えていた. ❷ を養う, 扶養する, …の生計を支える. —Con su escaso sueldo *sustenta* a toda la familia. 彼はわずかな給料で一家を養っている. 類 **alimentar, mantener**. ❸ を支持する, 擁護する. —El presidente *sustentó* la opinión de los directores. 社長は重役たちの意見を支持した. ❹ 〔+en に〕を基づかせる. —Ella *sustentaba* su teoría en falsos argumentos. 彼女の理論は誤った論拠に基づいていた.

— **se** 再 ❶ (*a*)〔+de を〕摂取する, (…で)栄養を取る. —Se sustentó sólo de agua durante tres días. 彼は3日間水ばかり飲んでいた. (*b*) 生計を立てる, 暮らす. —Las personas sin hogar *se sustentan* gracias a la ayuda que les proporciona el ayuntamiento. ホームレスの人たちは市が与える援助のおかげで暮らしている. ❷ 〔+en の上に〕(*a*) 支えられる, 成り立つ. —Su teoría *se sustenta* en repetidos experimentos. 彼の理論はくり返された実験の上に成り立っている. (*b*) 立つ, かかる. —El puente *se sustenta* en sólidos pilares. 橋は頑丈な支柱の上にかかっている.

***sustento** [susténto] 男 ❶ 生活の支え, 生計; 糧(ぼ), 食物. —Cobro lo suficiente para tener asegurado el ~ de mi familia. 私は我が家の生計を確保するのに十分な収入を得ている. 類 **alimento, mantenimiento**. ❷ 支え, 支えるもの, 支持. —El amor de sus hijos fue su único ~ durante aquella grave enfermedad. 彼の息子たちへの愛情があの重病にかかっている間の唯一の支えだった.

sustitución [sustituθjón] 女 ❶ 取り替え; 代用, 代替. —~ de los cristales rotos por otros nuevos 割れたガラスの新しいものへの交換. ❷ 代理; 《法律》(相続の)代襲. ❸ 《数学》代入. ❹ 《化学》置換.

sustituible [sustituíβle] 形 取り替えできる, 代替[代用・代理]可能な; 代わりのある.

*:**sustituir** [sustituír] [11.1] 他 ❶ 〔+por で〕を置き換える, 入れ替える, 取り替える; 《情報》上書きする. —*Sustituye* la comida *por* un simple bocadillo. 彼は昼食の代わりにサンドイッチだけを食べている. ❷ 〔+a に〕取って代わる, …の代理代役をする. —Mientras él está de viaje yo lo *sustituyo* en las clases. 彼の旅行中は私が授業を交代する.

sustitutivo, va [sustitutíβo, βa] 形 代用の, 代理の. —maestro ~ 代用の教師.

— 男 代用品. —La sacarina es un ~ del azúcar. サッカリンは砂糖の代用品である. 類 **sucedáneo**.

sustituto, ta [sustitúto, ta] 名 ❶ 代理人, 身代わり, 補欠. —Ella es la sustituta del profesor. 彼女が先生の代理だ. ❷ 後任者. ❸ 《演劇》代役. —Buscan un ~ para el protagonista. 主役の代役を探している.

— 形 代わりの, 代理の. —Las clases las dará una profesora *sustituta*. 授業は代わりの女性教師が行う.

sustituy- [sustituj-] 動 sustituir の直・現在/完了過去, 接・現在/過去, 命令・2単, 現在分詞.

*:**susto** [sústo] 男 (突然で恐怖を伴った)驚き, 驚愕(ミぐ). —¡Qué ~! わぁ, びっくりした. El estallido del globo le dio un ~ al niño. 風船が破裂

してその子はびっくりした. Me di [Me llevé, Me pegué] un ~ al ver aquella sombra. あの影を見て私はぎょっとした. Al encontrar un cadáver me caí del ~. 死体を見つけて私はびっくり仰天した.

dar susto al miedo ぞっとする, 見るも恐ろしい. El hombre se enfureció y puso una cara que *daba susto al miedo*. その男は怒って見るも恐ろしい形相をした.

sustracción [sustrakθjón] 囡 ❶ 盗み, 窃盗, 横領; 巻き上げ(ること). 類**hurto, robo**. ❷《数学》引き算; 差し引き, 控除. 類**deducción, resta**. 反**adición**. ❸ 除去, 撤去, 取り除き.

sustraendo [sustraéndo]《数学》減数, 引く数. ◆たとえば「5－3＝2」の3. 反**minuendo**.

sustraer [sustraér] [10.4] 他 ❶ を盗む, くすねる. —Le *sustrajeron* la cartera en el metro. 彼は地下鉄で財布をすられた. 類**hurtar, robar**. ❷ (章)を取り去る, 除去する, 撤去する. 類**eliminar, quitar**. ❸《数学》を引く; 差し引く, 控除する. —~ tres a [del número] cinco 5から3を引く. 類**adicionar, añadir**.

—**se** 再 ❶ 〖＋a〗 (攻撃などを)うまくかわす, (質問などを)はぐらかす, (義務などから)逃れる, 免れる. —Se marchó al extranjero para ~*se* de aquellos problemas. 彼はあれらの問題から逃れるため国外に去った. ❷ 〖＋a〗に抵抗する, 耐える. —~*se* a la tentación 誘惑に耐える. 類**oponerse, resistir(se)**.

sustrato [sustráto] 男 ❶ 下層, 基層;《地質》下層土, 心土. ❷《言語》基層(言語).

susurrante [susurránte] 形 ❶ ささやく(ような), つぶやく(ような). —con voz ~ ささやき声で. ❷ サラサラ[カサカサ]いう.

susurrar [susurár] 自 ❶ ささやく, つぶやく, 小声で言う. —~ al oído palabras de amor 愛の言葉を耳元でささやく. 類**cuchichear, murmurar, musitar**. ❷ サラサラ[カサカサ]と鳴る, 小さな音をたてる. —El arroyo *susurraba* en la montaña. その小川は山の中をサラサラと流れていた.

—**se** 再 (うわさなどが)広まる. —Se *susurra* que se van a casar. 彼らは結婚するといううわさだ.

susurro [susúřo] 男 ❶ ささやき, つぶやき. —hablar en un suave ~ 優しくささやく. En el patio se oía el ~ de unas viejas. 中庭では数人のおばあさんのささやく声が聞こえた. 類**cuchicheo, murmullo**. ❷ サラサラ[カサカサ]いう音; せせらぎ, そよぎ. —el ~ del arroyo 小川のせせらぎ. el ~ de las olas かすかな波音. el ~ del viento 風のそよぐ音.

‡**sutil** [sutíl] 形 ❶ 薄い, 細い, 細かい. —un alfiler muy ~ 極細のピン. una ~ gasa 薄いガーゼ. ❷ かすかな, 微妙な, 淡い. —aroma ~ ほのかな香り. color ~ 淡い[淡い]色. sabor ~ かすかな味. viento ~ 微風. ~ diferencia 微妙な違い. ❸ 巧妙な, 絶妙な; 感覚の冴えた, 抜け目ない. —persona ~ 鋭敏な[抜け目ない人]. palabras ~*es* 巧妙な言い回し. Es una forma ~ de llamarme tonto. それは遠回しに私を馬鹿だと言っているようなものだ.

sutileza [sutiléθa] 囡 ❶ 鋭敏さ, 機知, ウィット. —Me habían hablado mucho de la ~ de ese joven. その青年の鋭敏さについてはよく聞いていた. 類**agudeza, habilidad, ingenio**. ❷ 回りくどい言葉, 凝った言い方, 美辞麗句. —Te rue-

switch 1807

go que hables claro y te dejes de ~*s*. 頼むから回りくどい言い方をしないではっきり話してくれ. ❸ 細かさ, 薄さ. —la ~ de la tela 布地の薄さ.

sutilidad [sutiliðáð] 囡 ＝**sutileza**.

sutilizar [sutiliθár] [1.3] 他 ❶ (a) を細くする, 薄くする. —Se ha puesto a régimen para ~ su figura. 彼女は体系を細くするためにダイエットを始めた. 類**adelgazar**. (b) を鋭くする, とがらせる; 磨く. 類**aguzar, pulir**. ❷ を洗練する, 微妙にする; (感覚などを)鋭敏にする. ❸ を微細に論じる.

— 自 微細に論じる, (あまりにも)細かい区別をたてる.

sutura [sutúra] 囡 ❶ 《医学》(傷口の)縫合(ごう); 縫合用の糸. —Me hice un corte en la cabeza y me dieron dos puntos de ~. 私は頭に切り傷を負い, 二針縫ってもらった. 類**cosido, costura, unión**. ❷ 縫い目, 綴じ目. 類**costura**. ❸《解剖》(頭蓋(がい)の)縫合線. —~ craneal 頭蓋縫合.

suturar [suturár] 他《医学》を縫合(ごう)する, 縫い合わせる.

‡**suya** [súja] 形(所有) **suyo**の女性単数形.

‡**suyas** [sújas] 形(所有) **suyo**の女性複数形.

‡**suyo, ya** [sújo, ja スヨ, ヤ] 形(所有) 〖強勢〗 代 **suyos, suyas**〗

❶ 〖名詞の後で〗 ❶ 3人称単数・複数; 話し手でも話し相手でもない他の人をさす〗 彼の, 彼らの, 彼女の, 彼女らの; 〖3人称単数・複数; usted, ustedes に対応する〗あなたの, あなたがたの. ❷ 〖3人称単数・複数; 物をさす〗それの, それらの. —la idea *suya* 彼の考え〖後置形は対比的に強い意味になる. 名詞の前では su が用いられる〗. ❷ 〖叙述補語として〗彼のもの, 彼らのもの, 彼女のもの, 彼女らのもの, あなたのもの, あなたがたのもの. —La idea fue *suya*. その考えは彼[彼女]のものだった. El diccionario es ~. その辞書は彼[彼女]のものだ. ❸ 〖定冠詞をつけて所有代名詞となる〗彼のもの, 彼らのもの, 彼女のもの, 彼女らのもの, あなたのもの, あなたがたのもの. —Mi mujer y la *suya* son buenas amigas. 私の家内と彼の奥さんは良い友達だ.

de suyo それ自体で, ひとりでに.

hacer suyo (人の考えなどを)わがものとする, 賛同する.

ir a lo suyo 自分勝手なことをする.

salirse con la suya 思いどおりにする.

ser muy suyo 自信を持っている, 自己流にやっている.

‡**suyos** [sújos] 形(所有) **suyo**の男性複数形.

Suzhou [sutʃóu] 固名 蘇州[スーチョウ](中国の都市).

svástica, swástica [(e)sβástika] 囡 ❶ まんじ(卍), 逆まんじ (卐). 類**cruz gamada**. ❷ 鉤(かぎ)十字(章), ハーケンクロイツ(ナチスドイツの国章). 類**cruz gamada**.

swahili [suaíli] 男 スワヒリ語. ◆バントゥー諸語の一つ. アフリカ東部・中部で広く用いられる.

Swazilandia [suaθilándja] 固名 スワジランド (首都ムババーネ Mbabane).

swing [(e)suíŋ, suíŋ] 〈英〉男 ❶ 〖複 swings〗(スポーツ)(ボクシング・ゴルフなどの)スイング. ❷《音楽》スイング(ジャズの一形式).

switch [(e)suítʃ] 〈英〉男《南米》(車の)スターター; (電気の)スイッチ.

T, t

T, t [té] 囡 スペイン語アルファベットの第 21 文字.
taba [tába] 囡 ❶《解剖》距骨(きょこつ)《かかと付近にある骨の一つ》. ❷ 羊の距骨(または似た形の金属片・プラスチック)を投げる子供の遊び. —jugar a la ~ 骨投げ遊びをする.
tabacal [taβakál] 男 タバコ畑, タバコ農園.
tabacalera [taβakaléra] 囡 →tabacalero.
tabacalero, ra [taβakaléro, ra] 形 タバコの, タバコの栽培・流通などに関する. —industria *tabacalera* タバコ産業. La producción *tabacalera* ha crecido. タバコの生産高が増大した.
— 名 タバコ生産者, タバコ商人.
— 囡 タバコ(専売)公社.
‡**tabaco** [taβáko] 男 《喫煙用の》タバコ〖集合名詞として通常単数形で用いる〗, 《植物の》タバコ(の葉). ~ negro (スペインなどの)黒っぽい香りの強いタバコ. ~ picado 刻みタバコ. ~ rapé (de polvo) 嗅ぎタバコ. ~ rubio (日本のタバコのような)バージニア種のタバコ. ~ de hebra 細長く刻んだタバコ. ~ de pipa パイプタバコ. color ~ タバコ色. tomar ~ 嗅ぎタバコをやる. ¿Quieres ~? タバコ欲しいかい.
acabársele el tabaco〖アルゼンチン〗無一文になる. Si gastas así, pronto *se te* va a *acabar el tabaco*. そんな金の使い方をすると, すぐに無一文になってしまうぞ.
tabalada [taβaláða] 囡 ❶ 殴打, 平手打ち. 類**bofetada, golpe**. ❷(落っこちでついた)しりもち.
tabalear [taβaleár] 自 (テーブルなどを)指でこつこつ叩く. —~ sobre [encima de] la mesa テーブルを指でこつこつ叩く. — 他 を揺らし, 振る.
tabaleo [taβaléo] 男 ❶(テーブルなどを)指で叩くこと[音]. ❷ 揺らすこと, 振ること.
tabanco [taβáŋko] 男 ❶(食べ物の)屋台, 露店. 類**puesto de venta**. ❷〖中米〗屋根裏. 類**buhardilla, desván**.
tábano [táβano] 男 ❶《虫類》アブ. ❷《話, 比喩》しつこい人.
tabanque [taβáŋke] 男《陶芸》(ろくろを回すための足で回す)フライホイール, はずみ車..
tabaqueada [taβakeáða] 囡〖メキシコ〗殴り合い.
tabaquera [taβakéra] 囡 ❶ 嗅(か)ぎタバコ入れ; タバコ入れ. ❷(パイプの)火皿.
tabaquería [taβakería] 囡 タバコ店.
tabaquero, ra [taβakéro, ra] 形 タバコ(業)の; タバコを生産する; タバコを製造[販売]する. —Cuba es un importante país ~. キューバは重要なタバコ生産国である. — 名 タバコ屋, タバコ商人; タバコ生産者, タバコ農家.
tabaquismo [taβakísmo] 男 タバコ中毒, ニコチン中毒; 過度の喫煙. —Su aparato respiratorio está muy afectado por el ~. 彼の呼吸器はタバコの吸いすぎによってとても侵されている.

tabardillo [taβarðíʎo] 男 ❶《医学》日射病. 類**insolación**. ❷《話, 比喩》いやな人, やっかいな人. —Esos chicos son unos ~s. あいつらはいやなやつらだ. ❸《医学》腸チフス. 類**tifus**.
tabardo [taβárðo] 男 ❶《服飾》(昔の農民が着た)厚い布製のゆったりした上着. ❷《服飾》そで無しの外套(がいとう).
tabarra [taβára] 囡《話》いやなこと[人]; やっかいな(人). —Tener que levantarse pronto es una ~. 早起きしなければならないというのはやっかいなことだ.
dar la tabarra《話》(同じことを言い張って, 人をうるさがらせる, うんざりさせる. El niño lleva todo el día *dando la tabarra* con que quiere ir al cine. その男の子は一日じゅう映画に行きたいとうるさく言い続けている.
Tabasco [taβásko] 固名 タバスコ(メキシコの州).
tabasco [taβásko] 男《料理》タバスコ(ソース).
‡**taberna** [taβérna] 囡 居酒屋, 飲み屋. —En esta ~ sirven vinos y tapas muy buenos. この居酒屋ではとてもうまいブドウ酒とつまみを出してくれる. 類**bodega, tasca, cantina**.
tabernáculo [taβernákulo] 男 ❶《宗教》幕屋(まくや). ♦ユダヤ人が荒野を放浪した時に契約の箱を納めていた移動式神殿. ❷《カトリック》(聖体を入れる)聖櫃(せいひつ). 類**sagrario**. ❸《歴史》(古代ユダヤ人が住んだ)幕屋, テント.
tabernario, ria [taβernárjo, rja] 形 ❶ 居酒屋ふうの, 下品な, 卑俗な. —lenguaje ~ 下品な言葉遣い. Tu amigo tiene unos modales un tanto ~s. 君の友だちのマナーにはちょっと粗野なところがある. 類**grosero, tosco, vulgar**. ❷ 居酒屋の.
tabernero, ra [taβernéro, ra] 名 居酒屋の主人[女将(おかみ)]; 居酒屋の給仕人.
tabes [táβes] 囡《医学》癆(ろう)(症), 消耗(症). —~ dorsal 脊髄(せきずい)癆.
tabica [taβíka] 囡《建築》(階段の)蹴込(けこ)み(板), 穴をふさぐ板, カバープレート.
tabicar [taβikár] [1.1] 他 ❶(入口, 窓などを)ふさぐ, 通れなくする. 類**cerrar, tapar**. ❷ を壁で仕切る. —Van a la sala y hacer dos habitaciones. 彼らは広間を壁で仕切って二部屋にするつもりだ.
— se 再 ふさがる, 詰まる. —Se me ha tabicado la nariz. 私は鼻が詰まった.
tabique [taβíke] 男 ❶ 薄い壁, 間仕切り, 隔壁. —~ corredizo アコーディオン・カーテン. ~ colgado カーテンウォール. ~ de panderete 小口積みれんがの壁(もろいことが多い). ~ sordo 中空壁. levantar un ~ 仕切りを作る. 類**pared**. ❷《解剖》隔膜. —~ nasal 鼻中隔.
‡**tabla** [táβla] 囡 ❶ (*a*) 板; 棚(板). ~ de anuncios 掲示板. ~ de juego《比喩》賭博場.

～s de la ley 十戒(の石板). ～ de picar まな板. ～ de planchar アイロン台. ～ del pecho 胸板. ～ de río 《比喩》川幅が広く流れのゆるい所. ～s reales 西洋すごろく. (b)《美術》タブロー, 板絵. ❷ 表, リスト, 目録;《情報》配列. ― ～ de logaritmos 対数表. ～ de materias 牽引. ～ de multiplicar かけ算の九九表. ～ de precios 値段表. ❸ (スカートなどの)ひだ, プリーツ. 類 pliegue. ❹ (並木などで区画された)畑, (小区画の野菜畑, 段々畑. ❺ 複 引き分け, (チェスの)スチールメイト, 手詰まり. ― Hicimos (Quedamos en) ～s en la última partida. この前の対局で私たちは引き分けだった. Este asunto ha hecho ～s. この件は解決がつかなくなってしまった. ❻ (スポーツ)(水泳, サーフィンなどの)板, ボード. ❼ 複 舞台; 俳優稼業. ― pisar las ～s 舞台を踏む, 俳優になる. salir [subir] a las ～s 舞台に出る, 演じる. Este actor no tiene ～s. この役者は演技がうまくない. ❽ 複 (競技場と客席を隔てる)闘牛場の柵, 闘技場内の柵に近い所. ― El toro chocó contra las ～s. 牛は柵にぶつかった.

a raja tabla [*a rajatabla*] (命令の実行などで)絶対に, 何が何でも. Debes cumplir mis órdenes *a raja tabla*. 君は私が命令したことを絶対にやり遂げねばならない.

hacer tabla rasa de 知らん顔をする, を忘れ去る. Hizo *tabla rasa del* pasado. 彼は過去のことなど知らん顔だった.

tabla de salvación 最後の手段, 頼みの綱. Como *tabla de salvación* acudió a sus padres. 最後の手段として彼は両親に助けを求めた.

tablada [taβláða] 囡《農業》(灌漑(蘖)のために)区切った)畑の一区画.

tablado [taβláðo] 男 ❶ 舞台, ステージ; 板張りの台[壇]. ― salir [subir] al ～ 舞台に登る, 登場する. actuar sobre el ～ 舞台上で演技する. sacar a ... al ～ (人)を舞台に出す, 世に出す. 類 **escenario**, **tablas**. ❷ 板張りの床. ― El ～ de la habitación cruje al pisar. その部屋の板張りの床を踏むと音がきしむ. ❸ タブラオ, フラメンコ・ショーを見せるレストラン. ❹ ベッドの台. ❺ 絞首台.

tablaje [taβláxe] 男 ❶《集合的に》板類. ❷ 賭博(と)場.

tablajería [taβlaxería] 囡 ❶ 肉屋の店. 類 **carnicería**. ❷ 賭博(と)による儲(も)け. ❸ 賭博癖.

tablajero [taβlaxéro] 男 ❶ 肉屋の主人. 類 **carnicero**. ❷ 板張りの舞台を組む大工. ❸ 祭の見世物の席料を取る人.

tablao [taβláo]『*tablado* の語中音消失形』男 タブラオ (= *tablao flamenco*. フラメンコのショーを見せるレストラン[酒場]).

tablazón [taβlaθón] 囡 ❶ 板張り; 張り板. ❷ (船舶)甲板(の板張り)用材, 敷き板; 外板.

tableado [taβleáðo] 過分 男《服飾》ひだ, プリーツ. 類 **pliegue**.

tablear [taβleár] 他 ❶ (木材)を板にする; (金属)を板状に伸ばす. ❷《服飾》(服地)にひだ[プリーツ]をつける. ― falda *tableada* プリーツ・スカート. ❸ (果樹園・花壇など)を小区画に分ける. ❹ (地面)を平らにする, ならす. 類 **allanar**.

tablero, ra [taβléro, ra] 形 板材にする, 板材用の. ― madero *tablero* 整板用材.

― 男 ❶ 板. ― ～ de anuncios 掲示板. ～ de dibujo 画板, 製図板. ～ eléctrico 電光板. ❷ 黒板; ボード, パネル. 類 **pizarra**. ❸ チェス盤 (= ～ de ajedrez); ゲーム盤. ❹ 計器盤 (= ～ de instruments); 制御盤,《自動車》ダッシュボード (= ～ de mandos), 《情報》タブレット (= ～ de gráficos). ❻ (バスケットボールの)バックボード.

tableta [taβléta] [< **tabla**] 囡 ❶ 板チョコ (～ de chocolate); 板状のトゥロン菓子 (～ de turrón). ❷ 錠剤. ― una ～ para el estómago 胃薬1錠. 類 **pastilla**. ❸《情報》タブレット.

tableteado [taβleteáðo] 男 = **tableteo**.

tabletear [taβleteár] 自 (板・拍子木などが)カチカチ[カタカタ]と鳴る; (機械・モーター・機関銃などが)がたがた[バリバリ]音をたてる.

tableteo [taβletéo] 男 (板・拍子木などの)カチカチ[カタカタ]いう音; (機械・モーター・機関銃などの)がたがた[バリバリ]いう音.

tablilla [taβlíλa] [< **tabla**] 囡 ❶ 小さな板. ❷ 掲示板, 告知版. ❸《医学》(骨折部に当てる)添え木, 当て木. ❹ 複《歴史》(古代ローマの)書字版.

tablillas [*tabletas*] *de San Lázaro* 聖ラザロの拍子木. ♦ 3 枚の板を結ぶもので, 振ると大きな音がする. 昔, 病院などで施しを乞うのに用いた.

tablón [taβlón] [< **tabla**] 男 ❶ 大きな板; 厚板. ― ～ de un andamio 足場板. ❷ 掲示板, 告知版 (～ de anuncios). ― ～ de anuncios electrónico 電子掲示板.

agarrar [*coger*, *pillar*] *un tablón*《話》酔っぱらう. Con el *tablón que cogiste* anoche no me extraña tu tengas resaca. ゆうべの君の酔っぱらいかたでは今二日酔いでも不思議はない.

tabor [taβór] 男《歴史》(1910 年代モロッコ戦争における)スペイン正規軍大隊.

tabú [taβú] 男〔複 **tabúes**, **tabús**〕タブー, 禁忌; 禁句. ― tema ～ 避けるべき話題. palabra ～ 禁句.

tabuco [taβúko] 男 ❶ 掘っ立て小屋. 類 **barraca**, **cabaña**, **caseta**, **choza**. ❷ 狭苦しい部屋. 類 **cuchitril**.

tabulador [taβulaðór] 男 タビュレーター, タブ. ♦ タイプライターやワードプロセッサーで, 事前に設定した位置まで用紙やカーソルを移動する機能. また, そのためのキー.

tabuladora [taβulaðóra] 囡《コンピュータ》タビュレーター, 作表機. ♦ データを読み込んでリストや表を打ち出す装置またはソフトウェア.

tabular[1] [taβulár] 形 ❶ 表の形になった, 表の. ❷ 平板な, 平たい. 類 **liso**, **llano**, **plano**.

tabular[2] [taβulár] 他 ❶ を表にする, 表で示す. ― Después de ～ los datos, procederemos al análisis. データを表にした後で, 分析に進もう. ❷《コンピュータ》(データ)をタビュレーターに入力する.

taburete [taβuréte] 男 ❶ (背・ひじ掛けのない 1 人用の)腰掛け, 丸いす, スツール. ― Los ～s de la barra de un bar suelen ser muy altos. バーのカウンターのいすは, 通常とても高い. 類 **asiento**, **banquete**, **banquillo**. ❷ 背もたれが非常に小さいいす.

TAC [ták] [< *Tomografía Axial Computerizada*] 囡 CT スキャン.

tac [ták] 男 チクタク, カチカチ, どきどき (時計・心臓などの擬音).

tacada [takáða] 女 ❶（ビリヤードなどで）玉を突くこと，ストローク．❷（ビリヤードで）連続得点，連続キャノン．
de una tacada 一気に，一息に．—Leí la novela *de una ~*. 私はその小説を一気に読んでしまった．

tacañear [takaɲeár] 自 ❶ けちけちする，出し惜しみする．—No *tacañees*, y paga el café. けちけちしないでコーヒー代を払えよ．❷ ずる賢く振る舞う．

tacañería [takaɲería] 女 ❶ けち，貪欲(ﾄﾞﾝﾖｸ)；貪欲な行い．—Su ~ le hizo perder muchos amigos. 彼はけちのせいで多くの友人を失った．No invitarte fue una ~ imperdonable. 君におごらなかったなんて，けちで許せないことだ． 類 **avaricia, mezquindad, ruindad**. ❷ ずる賢さ；ずる賢い行動． 類 **astucia, sagacidad**.

tacaño, ña [takáɲo, ɲa] 形 ❶ けちな；強欲な．—No seas ~. けちけちするな．La muy *tacaña* nos dijo que no venía porque pagábamos a escote. あのしみったれた女は，割り勘だから来ないと私たちに言った． 類 **avaro, mezquino, ruin**. ❷ ずる賢い，狡猾な． 類 **astuto, sagaz**.

tacatá, tacataca [takatá, takatáka] 男（幼児用の）歩行器．

*‡**tacha** [tátʃa] 女 ❶ 欠点，きず，汚点；不名誉．—El Sr. Hernández es un hombre sin ~. エルナンデス氏は非のうちどころのない人物だ．Es una obra maestra, no tiene ni una ~. これは傑作だ．全く欠点がない． 類 **defecto, falta, imperfección, mancha, mancilla**. ❷ 鋲(ﾋﾞｮｳ)，飾り鋲，釘(ｸｷﾞ)． 類 **clavo, tachuela**. ❸【法律】(裁判での)不信動議(証人の供述に対する無効の申立て)．
poner tachas a …にけちをつける．No le hagas caso que siempre *pone tachas a* todo. 彼は何にでもけちをつけるが，気にするな．

*‪**tachadura** [tatʃaðúra] 女（文字などに線をひいて）消すこと，抹消，消し跡．—El borrador de este documento tiene muchas ~*s*. この書類の草稿には多くの消し跡がある．

‡**tachar** [tatʃár] 他 ❶ を(線を引いて)消す，抹消する．—*Ha tachado* de su agenda los nombres de las personas con quienes ya no trata. 彼はもはや付き合っていない人々の名前を手帳から消した．*Tache* las respuestas incorrectas. 間違った答を線で消しなさい．❷【+de として】を非難する，とがめる．—La *tachan* de ingrata y fría. 彼女は恩知らずで冷淡だと非難されている．*Tachan* el programa de tendencioso. その番組は偏向していると非難されている． 類 **tildar**. ❸《司法》(証言)に異議を申し立てる．

tachero [tatʃéro] 男【中南米】❶ 砂糖工場のボイラー係．❷ ブリキ屋． 類 **hojalatero**. ❸ タクシー運転手． 類 **taxista**.

Táchira [tátʃira] 固名 タチラ(ベネズエラの州).

tacho [tátʃo] 男【中南米】❶ 鍋；フライパン．❷ バケツ；洗面器．❸ 砂糖工場のボイラー．
irse al tacho【中南米】《話》(1) 失敗する．(2) 死ぬ．

tachón [tatʃón] 男 ❶ 書いたものを消した線，抹消線．❷ 飾り鋲．❸《服飾》縁飾り，トリミング．

tachonado, da [tatʃonáðo, ða] 過分 形【+de】…のちりばめられた．—un cielo ~ de estrellas 星のちりばめられた空．

tachonar [tatʃonár] 他 ❶【+con/de】を…にちりばめる．❷ に飾り鋲(ﾋﾞｮｳ)を打つ．❸《服飾》に縁飾りをつける．

tachuela [tatʃuéla] 女【<tacha】❶ 鋲(ﾋﾞｮｳ)；飾り鋲．—poner ~*s a* las botas ブーツに飾り鋲を打つ．❷《話》比喩》背の低い人．

tacita [taθíta] 女【<taza】小さなカップ．
la Tacita de Plata 小さな銀杯．♦カディス(Cádiz，南スペインの港町)の異名．
ser (como) una tacita de plata (住居などが，掃除が行き届いて)きれいだ，ぴかぴかだ．

Tácito [táθito] 固名 タキトゥス(プブリウス・コルネリウス Publio Cornelio ~)(55?–115?，ローマの歴史家).

tácito, ta [táθito, ta] 形 ❶ 暗黙の，口に出さない，言外の．—acuerdo *tácito* 暗黙の了解． 類 **implícito, sobreentendido**. 反 **explícito, expreso**. ❷ 無口な，もの静かな． 類 **callado, silencioso**.

taciturnidad [taθiturniðá(ð)] 女 ❶ 無口，寡黙．❷ 憂鬱(ﾕｳｳﾂ)，陰気．

*‪**taciturno, na** [taθitúrno, na] 形 ❶【ser+】無口な，寡黙な，口数の少ない．—Es un chico inteligente y ~. 彼は知的で寡黙な男の子だ．carácter ~ 無口な性格．❷【estar+】もの憂げな，寂しげな；ふさぎ込んだ．—Últimamente María *está taciturna*. 最近マリーアは寂しげにしている．Ayer lo hallé ~. 昨日彼はふさぎ込んでいた．

Tacna [tákna] 固名 タクナ(ペルーの都市).

taco [táko] 男 ❶ 木片，くさび；埋め木，詰め物．—Puse un ~ debajo de la mesa para que no se moviera. 私はテーブルの下に木片をはさんで動かないようにした． 類 **cuña, tapón**. ❷（紙の）一綴じ)り，一冊，束．—~ de papel メモ用紙の綴り．—~ de billetes de metro 地下鉄の回数券．calendario de ~ はぎ取り式のカレンダー，日めくり．meter un ~ de folios en la impresora 印刷機に紙を一束入れる．❸（チーズ・ハムなどの，小さくて厚い）一切れ．—Como aperitivo sirvieron ~*s* de jamón y tortilla. 前菜として小さくさいの目に切ったハムとオムレツが出た． 類 **trozo**. ❹《話》ののしりの言葉，悪たれ口．—soltar ~*s* 悪態をつく．❺《話》乱雑，散らかった物の山；混乱．—armarse [hacerse] un ~ 困ったことになる，混乱してしまう． 類 **confusión, desorden, lío**. ❻（ビリヤードの）キュー．❼【中南米】《料理》タコス．♦トウモロコシの粉で作った皮にひき肉やチーズなどをはさんだメキシコ料理．❽（靴の）スパイク．❾【中南米】かかと．❿ 間食，おやつ；おつまみ．⓫（銃の）槊杖(ｻｸｼﾞｮｳ)（銃身内の掃除棒）．⓬ 複《話》…歳．—Ya he cumplido cuarenta ~*s*. 私はもう40歳になっていた．
armarse [hacerse] un taco 困ったことになる，混乱してしまう．*Me hice un taco* buscando la calle donde vives. 私は君が住んでいる通りを捜して途方に暮れてしまった．Un cliente no quería pagar y *se armó un taco* en el bar. 客の一人が支払うのをいやがってバーで騒ぎを起こした．

tacómetro [takómetro] 男《自動車》(エンジンなどの)回転速度計，タコメーター．

tacón [takón] 男（靴の）かかと，ヒール．—zapatos de ~ alto [bajo] ハイ[ロー]ヒール．~ (de) aguja スパイクヒール．

taconazo [takonáθo] 男 かかとで床[地面]を踏み鳴らすこと，かかとで床を打つ音；かかとで蹴ること．—cuadrarse dando un ~ かかとを打ち合わせて

敬礼する. La profesora dio un ～ en el suelo para que nos calláramos. 先生は私たちが黙るように、床をドンと踏み鳴らした. Metí un gol de un ～. 私はかかとで蹴ってゴールを決めた.

taconear [takoneár] 自 ❶ かかとを鳴らして(急いで・尊大に)歩く; かけずり回る, 奔走する. ― toda la ciudad 町中を歩き回る. *Taconea* al bajar la escalera y molesta a los vecinos. 彼は階段を降りるときかかとを鳴らして近所の人たちに迷惑をかける. ❷ (踊りで)かかとで床[地面]を踏み鳴らす.

taconeo [takonéo] 男 靴音; かかとを踏み鳴らすこと[音].

táctica [táktika] 女 ❶ 作戦, 策略, 駆け引き. ―cambiar de ～ 作戦を変える. emplear una ～ 策を弄する. Me enseñaron ～s para pasar los exámenes. 私は試験に受かるための作戦を教わった. *táctica* defensiva 防衛策. Decir que le duele la cabeza es una de sus *tácticas* para no ir al colegio. 頭が痛いと言うことが彼の学校を休むための作戦だ. 類**procedimiento, técnica**. ❷《軍事》戦術, 戦法. ―～ defensiva 防御戦術. ～ ofensiva 攻撃戦術.

*‡**táctico, ca** [táktiko, ka] 形 戦術の, 戦術的な. ―arma nuclear *táctica* 戦術核兵器. plan ～ 戦術計画. supuesto ～《軍事》演習.
― 名 戦術家, 策略家.

táctil [táktil] 形 触覚の. ―sensación ～ 触感.

‡**tacto** [tákto] 男 ❶ 触覚, 触感, 感触, 手触り, 触ること. ―Esta tela es suave al ～. この布は手触りがいい(= なめらかだ). Reconoce las cosas al [por el] ～. 彼は触って物を識別する. ❷《比喩》器用さ, 上手, 機転, 如才なさ. ―Obra en todo con mucho ～. 彼は何事においてもうまく立ち回る. Ten mucho ～ al decírselo. 彼女にそれを言う時には上手くやりなさいよ. ❸《医学》触診.

Tacuarembó [takuarembó] 固名 タクアレンボ(ウルグアイの都市).

taekwondo [taekuóndo]〔＜朝鮮〕男《スポーツ》テコンドー.

tafetán [tafetán] 男 ❶《織物, 服飾》タフタ, こはく織り. ❷ 絆創膏(ばんそうこう)(＝～ inglés). 類**esparadrapo**. ❸複 旗. 類**bandera**. ❹複 女性の盛装. 類**galas**.

tafia [táfja] 女《飲物》タフィア. ♦ ラム酒の一種. 類**aguardiente, ron**.

tafilete [tafiléte] 男 モロッコ革. ♦ ヤギまたはヒツジの皮を柔軟になめしたモロッコ特産の革.

tafiletear [tafileteár] 他 にモロッコ革を張る.

tagal*o*, *la* [taɣálo, la] 形 (フィリピンの)タガログ人の, タガログ語の.
― 名 タガログ人.
― 男 タガログ語.

tagarnina [taɣarnína] 女 ❶《植物》キバナアザミ. 類**cardillo**. ❷ 質の悪い葉巻きタバコ.《中南米》類**borrachera**.

tagarote [taɣaróte] 男 ❶《鳥類》ハイタカ(鷂). ❷《話》やせて背の高い人. ❸ 貧乏な郷士. ❹ 公証人. 類**notario**.

tagua [táɣua] 女 ❶《鳥類》オオバン(大鷭). ❷《植物》アメリカゾウゲヤシ(象牙椰子).

tahalí [taalí] 男 ❶ (肩から斜めに肩にかけて剣, 太鼓などを吊る綬帯(じゅたい), 飾帯(しょくたい); 剣帯. ❷ (キリスト教徒が護符を, モーロ人がコーランを入れて持ち歩いた)革の小箱.

Tahití [taití] 固名 タヒチ(南太平洋のフランス領).

tahona [taóna] 女 ❶ パン製造販売店. 類**panadería, horno**. ❷ (馬を動力とする)製粉機, 製粉場. 類**molino**.

tahoner*o*, *ra* [taonéro, ra] 名 パン製造販売店(製粉場)の主人.

tah*úr*, *hura* [taúr, úra] 名 ❶ ばくち打ち, ギャンブラー; 賭け事好き. ❷ いかさま師. 類**fullero, tramposo**.

taifa [táifa] 女 ❶ 派閥, 徒党. ❷《話》(悪人たちの)一団.
reinos de taifa(s) (1)《歴史》タイファ王国. ♦ 1031年にコルドバ(Córdoba)カリフ国が分裂した後にできた数多くの小王国. (2)《比喩》群雄割拠, 分裂状態.

taiga [táiɣa]〔＜露〕女《地理》タイガ. ♦ ユーラシア大陸・北米大陸の北部(亜寒帯)に発達する針葉樹林. ―Al sur de la ～ está la estepa, y al norte la tundra. タイガの南にステップが, 北にツンドラがある.

tailand*és*, *desa* [tailandés, désa] 形 タイ(Tailandia)の; タイ人[タイ語]の.
― 名 タイ人.
― 男 タイ語.

Tailandia [tailándja] 固名 タイ(首都バンコク Bangkok).

taimad*o*, *da* [taimáðo, ða] 形 ❶ ずるい, 抜け目のない, 悪賢い. ―Es un hombre *taimado* del que no debes fiarte. あの男は悪賢いから信用できないよ. 類**astuto, sagaz**. ❷ 不機嫌な. 類**malhumorado**.

taimería [taimería] 女 悪賢さ, 抜け目なさ, 悪知恵. 類**astucia**.

Taipei [taipéi] 固名 タイペイ[台北](台湾の首都).

taita [táita] 男 ❶《幼》パパ, お父ちゃん. ❷『アルゼンチン, チリ』…様(さま)! ―¡ ～ cura! 神父様! el ～ Dios 神様. ❸ 売春をさせる人. 類**rufián**.

Taitao [taitáo] 固名 (Península de ～) タイタオ半島(チリの半島).

Taiwán [taiwán] 固名 台湾(Formosa とも).

tajada [taxáða] 女 ❶ (食べ物, 特に肉の)1切れ, 切り身. ―una ～ de pollo 鶏肉1切れ. hacer ～s 切り身にする, 切り刻む. 類**porción, trozo**. ❷《話》利益; 分け前. ―sacar ～ de …から利益[分け前]を得る. llevarse la mejor ～ いちばん良いところを吸う, うまい汁を吸う. 類**provecho, ventaja**. ❸《話》酔い. ―agarrar [coger, pillar] una ～ 酔っぱらう. 類**borrachera**. ❹ 切り傷. 類**corte**.

tajadera [taxaðéra] 女 ❶《料理》肉切り包丁. ❷《料理》肉切り台, まな板. ❸《技術》冷(ひや)たがね.

tajadero [taxaðéro] 男《料理》肉切り台, まな板. 類**tajadera, tajo**.

taj*ado*, *da* [taxáðo, ða] 過分 形 ❶ (岩・がけなどが)切り立った, 険しい. ❷《話》酔っぱらった. 類**borracho, ebrio**.

taj*ador*, *dora* [taxaðór, ðóra] 形 切る, 切るための. 類**cortante**.
― 男《料理》(肉切り用の)まな板. 類**tajo**.

tajamar [taxamár] 男《海事》(船首の)水

切り. 類**espolón**. ❷【建築】(橋脚の)水よけ. 類**espolón**. ❸ 堤防, 防波堤, 防潮壁. 類**dique**, **espolón**. ❹『中南米』ダム. 類**embalse**, **presa**.

tajante [taxánte] 形 ❶ (*a*) きっぱりとした; はっきりした. ─dar una ~ negativa きっぱりと否定する. Hay una diferencia ~ entre las dos ideas. その二つの考えの間にははっきりとした違いがある. 類**categórico**, **terminante**. (*b*) 厳しい, 妥協のない, 有無を言わせない. ─Me ordenó, de forma tajante, que me fuera. 彼は有無を言わせない調子で, 出て行けと私に命じた. ❷ 切る, 切れる. ─cuchillo con un filo muy ~ とてもよく切れる刃のついた包丁. 類**cortante**.
── 男 肉屋の主人. 類**carnicero**.

tajar [taxár] 他 を切る, 切り分ける, 切断する. ─~ el melón con el cuchillo ナイフでメロンを切り分ける. Le han tajado el brazo en una pelea. 彼はけんかで腕を切り落とされた. 類**cortar**, **dividir**, **partir**.

Tajo [táxo] 固名 (el Río ~) タホ川[テジョ川](スペイン・ポルトガルの河川).

tajo [táxo] 男 ❶ (*a*) (深い)切り傷; 切り口, 断面. ─Me hice un ~ en un dedo. 私は指に切り傷を作ってしまった. 類**corte**, **tajada**. ─de un ~ ばっさりと, 一太刀のもとに. ❷ 断崖, 絶壁; 峡谷. ─Por el fondo del ~ discurre un río. 断崖の底に川が流れている. 類**precipicio**. ❸《話》仕事, 作業. ─Tengo mucho ~. 私はたくさん仕事を抱えている. ¡Vamos al ~! 仕事にかかろう. 類**trabajo**. ❹(畑, 鉱山などで)作業中の地点; (鉱山の)切羽(％). ❺(肉をさばく用のまな板. 類**tajadera**, **tajador**. ❻(刃物の)刃.

Tajumulco [taxumúlko] 固名 (Volcán de ~) タフムルコ火山(グアテマラの高峰).

**tal [tál タル] 形(不定) ❶ (*a*)(質的に)そのような, そんな. ─No debes decir tal cosa. 君はそんなことを言ってはいけない. En circunstancias *tales*, es mejor quedarse en casa. そんな状況では家にいた方がよい. (*b*)【叙述用法】(前述内容を受けて)先に述べた, 以上; それ. ─Tal es mi idea. 以上が私のアイディアです. (*c*)『tal ..., tal ...』と繰り返して』類似の, そのような. ─De tal palo, tal astilla. 【諺】カエルの子はカエル(←あんな棒切れからは, こんな木屑が出る). De tal padre, tal hijo. 【諺】カエルの子はカエル(←その親にしてこの子あり). ❷ (程度として)そんな, それほど[これほど]の. ─Esperamos no volver a ver jamás *tales* alborotos. 私たちはもう二度とそんな暴動は見たくない. ❸ 『+como』…と同じほどの, …のような. ─Nunca hemos visto tal desvergüenza *como* la de esta señora. 私たちはこの女性のような厚かましさを見たことがない. ❹ 『+que』あまり…なので…だ. ─Comió tal barbaridad *que* se puso enfermo. 彼はあまりむちゃ食いをしたので病気になった. Hace tal frío *que* nadie se atreve a salir. あまり寒いので誰も外出しようとしない. ❺ (明示せずに)しかじかの, これこれの. ─No tienes más que decirme: necesito tal cantidad y yo te la presto. 君は「しかじかの額必要だ」と言うだけでいい. そうすればそれを貸してあげるよ. ❻ (*a*)『不定冠詞+tal+固有名詞』…とかいう人. ─Hay un tal Alberto a la puerta. アルベルトという人が玄関に来ています. (*b*)『不定冠詞+tal』《軽蔑》つまらない人. ─Ése es un tal. そいつはつまらない奴だ. una tal《軽蔑》売春婦. ❼ (*a*)『定冠詞+tal+人をあらわす名詞』, 軽くからかった表現』あの…は. ─Es muy terco el tal Rodríguez. あのロドリーゲスはとても頑固だ. (*b*)【定冠詞+tal】(前述された)その人, その, あの人, あの…. ─¿Conoces a la nueva secretaria?─La tal no me cae bien. 新任の秘書を知ってるかい. ─あいつは感じ悪いよ.

como si tal cosa (1) 何事もなかったように. Ayer los niños se pelearon, pero hoy se comportan *como si tal cosa*. 昨日子どもたちはけんかをしたが, 今日は何事もなかったように振舞っている. (2) 平然と, 無造作に. Me ha pedido mil euros *como si tal cosa*. 彼は何でもないように私に1,000ユーロの借金を求めた.

¿qué tal 【+名詞】**?** どのような…. Todos están hablando del nuevo jefe, pero *¿qué tal persona* es? みんな今度きた上司について話しているけど, どんな人の.

tal como …と同じようなそんな, …のような. Quiero unas botas *tales como* las que lleva Juan. 僕はフアンが履いているようなあんなブーツが欲しい.

tal cual (1)『+単数名詞』わずかの, 一つ二つの. En esta calle a estas horas sólo pasa *tal cual* borracho. この通りのこの時間帯には酔っ払いがほつぽつ通るだけだ. (2)《話》まあまあの, そのままの.

tal para cual《話》どっちもどっち, 似たりよったり, どんぐりの背比べ. Estos dos son *tal para cual*. この2人はどっちもどっちのようなものだ.

tal por cual《話》取るに足りない, 大したことない.

tal que《話》…のような, 例えば. Yo me conformo con algo ligero, *tal que* un bocadillo de jamón. 僕はハムのボカディーヨのような軽い物でいいよ.

tal vez たぶん, おそらく『+接続法/直説法』. *Tal vez* la próxima vez tengamos más suerte. たぶん私達は次はもっと運があるでしょう. *Tal vez* el avión salió con retraso. たぶん飛行機の出発が遅れたのでしょう.

tal y cual あれこれの, しかじかの.

── 代(不定) ❶ そのような人物・事. ─Nunca he visto ni oído tal. そのようなことは見たことも聞いたこともない『tal が物に宣うときは tal cosa の方が好まれる』. ❷ ある人, 誰か. ─Tal [Tales] habrá que lo sienta [sientan] así y no lo diga [digan]. そう感じてもそれを言わないというような人もいることだろう.

como tal (先行する名詞を受けて)そのままで(は), それだけで(は). Esta frase, *como tal*, es correcta, pero en ese contexto me suena muy rara. この文は文としては正しいが, その文脈ではとても奇妙に聞こえる.

con tal de『+不定詞/(de) que+接続法』『条件』…ならば, …という条件ならば, …さえすれば. *Con tal de* no molestar puedes hacer lo que quieras. 邪魔さえしなければ君何をしてもいいよ. *Con tal [de] que no molestéis*, podéis hacer lo que queráis. 迷惑さえかけなければ君たち何をしてもいいよ.

fulano de tal 某氏.

¡No hay tal!【感嘆】そんなことはない.

que si tal [y] que si cual《話》あれこれ, あれやこれや. Siempre anda quejándose: que si no gana mucho su marido, *que si tal que si cual*. 彼女はいつも不平をこぼしている. 夫の稼ぎが悪

いとか, 何とか.
tal o cual 誰か, ある人.
tal y cual [tal]《話》あれやこれや, しかじか. Ella me cansa porque anda siempre quejándose de *tal y cual*. 彼女には疲れてしまう. 何だかんだといつも不平を言うから. Nos dijo *tal y cual*, y así lo hicimos. 彼は私たちにこれこれするように言った. それで, そうしたんだ.
— 副 ❶ (a)《＋como》…のような方法で…, …のように. —*Tal* hablaba, *como* si no existieran los demás. 彼はまるで他の人がいないかのような話し方をしていた. *Tal como* dice mi padre, la vida es una tómbola. 父が言うように, 人生は宝くじ(のようなもの)だ. (b)《＋que》そのように…の…で…. —*Tal* hablaba, *que* parecía que lo había visto. 彼はそんなふうに話していたので, それを見たかのようだった. ❷《sí, no に後続して強調》確かに, 断じて
cual [como, así como] …, tal … と同様に, …だ. *Cual* el sol da luz a Tierra, *tal* la verdad ilumina el entendimiento. 太陽が地上を照らすように, 真実は悟性を啓蒙する.
¿Qué tal? (1)《話》(親しい者どうしの挨拶)お元気かい. ¡Hola!, ¿*Qué tal*?-Bien, ¿y tú? やあ元気かい.-元気かで君は. ¿*Qué tal* está tu familia? ご家族は元気ですか. (2)(a) どのように…. ¿*Qué tal* resultó el viaje? 旅行はどうでしたか. 類 **cómo**. (b)《動詞なしで》…はどうだったか. ¿*Qué tal* el fin de semana? 週末はどうでしたか. (3)(相手に勧めて)…はどうですか. ¿*Qué tal* un café? コーヒーはどうですか.
¿Qué tal si《＋直説法現在か1人称複数形》*? …しませんか. ¿*Qué tal si* tomamos algo? 何か飲まないか.
tal cual [como] (1) …するそのままに, …するように. Déjalo *tal cual* está. それはそのままにしておいて. La vida hay que aceptarla *tal cual* es. 人生はあるがままに受け入れなければならない. (2)《＋así》…するように, …だ. *Tal cual* se siente él, *así* me siento yo. 彼が感じるように私も感じている. (3)《＋ser》そうではあるが, そうではあっても. Este piso es caro y pequeño, pero *tal cual* es, lo prefiero al otro por el sitio en que está. このマンションは値段が高くて小さいが, それでも私はその立地のよさからもう一つのよりこっちの方がいい.
tala [tála] 女 ❶ 伐採. —~ abusiva de los pinos マツの乱伐. ❷ 棒打ち遊び; 棒打ち遊びの棒. §地面に突き刺したとがった木の棒を別の棒で打ち, 空中でもう一度打って遠くに飛ばす遊び. ❸ 刈り込み, 剪定(%%). 類 **poda**. ❹ 破壊, 混乱, 荒廃. 類 **destrucción**.
talabarte [talaβárte] 男 (革製の)剣帯, 刀帯.
talabartería [talaβartería] 女 ❶ 馬具製造所, 革具工場. ❷ 馬具店, 革具店.
talabartero [talaβartéro] 男 ❶ 馬具職人, 革具職人. ❷ 馬具商, 革具商.
talache [talátʃe] 男《メキシコ》鍬(%). 類 **azada**.
taladrador, dora [talaðraðór, ðóra] 形 ❶ 穴をあける, 穿孔(%)する, 掘削する. —aparato ~ 穴あけ器. ❷《比喩》突き刺すような, 鋭い.
— 男 ❶ 穴をあける人.
taladradora [talaðraðóra] 女 ❶《機械》ドリル, 穿孔(%)機. —~ eléctrica [neumática] 電動[空気]ドリル.
taladrar [talaðrár] 他 ❶ に(ドリルなどで)穴をあ

talega 1813

ける; (切符など)にパンチを入れる. —~ la pared 壁に穴をあける. El dolor me *taladraba* las sienes. こめかみに穴をあけられているような痛みだった. 類 **agujerear, horadar**. ❷《比喩》(騒音などが, 耳)をつんざく. —Esa horrible música me está *taladrando* los oídos. あのひどい音楽で耳がおかしくなりそうだ.
taladro [taláðro] 男 ❶《機械》ドリル, 穿孔(%%)機; きり. —~ a batería 電池式ドリル. 類 **barrena, taladradora**. ❷ (ドリルなどであけた)穴. —La pared estaba llena de ~s. 壁は穴だらけだった. 類 **agujero**.
talamete [talaméte] 男《船舶》小型船の船首甲板. 類 **cubierta**.
tálamo [tálamo] 男 ❶《文》(特に新婚の)夫婦の寝床, 初夜の床(=~ nupcial). 類 **cama, lecho**. (b) (特に新婚の)夫婦の寝室. 類 **alcoba**. ❷《解剖》視床(=~s ópticos). ❸《植物》花床.
talán [talán] 男 ❶《通常くり返して》カーンカーン(鐘の擬音). ❷ 鐘(のような)音.
talanquera [talaŋkéra] 女 ❶ 柵(%%), 防壁. 類 **muro, pared, valla**. ❷ 避難所, 安全な所. 類 **refugio**.
talante [talánte] 男 ❶ 機嫌, 気分. —estar de buen [mal] ~ 機嫌が良い[悪い]. 類 **humor**. ❷ 気質, 気性. —Es un hombre de ~ progresista. 彼は進歩的な気質の男だ. 類 **carácter**. ❸ 意欲. —de buen ~ 喜んで, いそいそと. de mal ~ しぶしぶ, いやいや. 類 **agrado, gana, voluntad**.
talar[1] [talár] 形 (衣服が)かかとまで届く. —vestidura ~ かかとまで届く長い服.
talar[2] [talár] 他 ❶ (木など)を根元から切る, 切り倒す. 類 **cortar**. ❷ (木など)を剪定(%%)する, 刈り込む. 類 **podar**. ❸ (町, 畑など)を破壊する, 破滅[荒廃]させる. —El enemigo *taló* pueblos y ciudades a su paso. 敵は通り道の町や市を破壊して行った. 類 **arrasar, devastar, arruinar**.
talasocracia [talasokráθja] 女 制海権, 海上権.
Talavera de la Reina [talaβéra ðe la r̃éina] 固名 タラベーラ・デ・ラ・レイナ(スペインの都市).
talayot, talayote [talajó(t), talajóte] 男 (スペイン Baleares 諸島に残る, 先史時代の円錐(%%)形の)石塁.
Talca [tálka] 固名 タルカ(チリの都市).
talco [tálko] 男 ❶ 滑石粉, タルカムパウダー(化粧用の打ち粉)(=~ en polvo, polvos de ~). ❷《鉱物》滑石.
talcualillo, lla [talkwalíjo, ja] 形 ❶ まあまあの, 並の, 並程度の. —Tiene una inteligencia *talcualilla*. 彼の頭は並のできだ. Es de calidad *talcualilla*. 並の品質のものだ. 類 **mediano, regular**. ❷ (病人が)少し回復した. —Aún está ~, pero mucho mejor. 彼はまだ少し回復した程度だが, ずいぶん良くなっている.
talega [taléɣa] 女 ❶ (粗布などでできた, 貯蔵・運搬用の)袋, 手提げ袋. —llevar la merienda en una ~ 袋におやつをいれて行く. 類 **bolsa, saco, talego**. ❷ 一袋分. —una ~ de patatas ジャガイモ一袋. tres ~s de ropa sucia 三袋分の汚れた衣服. ❸《主に複》金, 財産; 大金.

Parece pobre pero tiene ~s. 彼は貧乏そうに見えるが金を持っている. 類**caudal, dinero**. ❹ ヘアネット.

talegada [taleɣáða] 囡 ❶ 一袋分. ❷ (転んだり倒れたりしたときの)打撲, 強打.

talegazo [taleɣáθo] 男 (転んだり倒れたりしたときの)打撲, 強打. ― Se ha dado un ~ con los patines y lleva la pierna vendada. 彼はスケート中に打撲を負い, 足に包帯をしている. 類**costalada, porrazo**.

talego [taléɣo] 男 ❶ (粗布などでできた, 貯蔵・運搬用の)袋, 手提げ袋. 類**bolsa, saco, talega**. ❷ (話)太った人, ずんぐりした人. ❸ (俗)刑務所. 類**cárcel**. ❹ (俗)1,000ペセタ札. ―¿Me dejas tres ~? 3,000ペセタ貸してくれないか?

taleguilla [taleɣíja] [< talega] 囡 ❶ (闘牛)闘牛士のズボン. ❷ 小さな袋, 手提げ袋.

★★talento [talénto タレント] 男 ❶ 才能, 天分; すぐれた才能, 知性. ― Viena estimuló su ~ musical. ウィーンが彼女の音楽的才能を育んだ. Me quedé maravillado del ~ del muchacho. 私はその少年の才能に驚嘆した. ❷ 才能(タレント)のある人. ―Es un ~ esa chica. あの娘には才能がある. ❸ [歴史] タラント(古代ギリシャ・ローマの貨幣単位).

talentoso, sa, talentudo, da [talentóso, sa, talentúðo, ða] 形 才能のある, 有能な.

talero [taléro] 男 [アルゼンチン, チリ](乗馬用の)鞭. 類**fusta, látigo**.

talgo [tálɣo] 男 (鉄道)タルゴ号. ◆スペイン国鉄の特急列車 (Tren Articulado Ligero Goicoechea Oriol の略記).

talibán [talißán] 形 男 [複] talibanes または単複同形 タリバーン, イスラム神学生.

talidomida [taliðomíða] 囡 [薬学]サリドマイド(睡眠薬の一種).

talio [táljo] 男 (化学)タリウム. ◆白色の金属元素, 元素記号 Tl. 元素番号 81.

talión [taljón] 男 「目には目を」のように被害者と同じ苦痛を与える(同害刑, 復讐(ふくしゅう)刑. ― ley del ~ 同害刑法, 復讐法.

talismán [talismán] 男 お守り, 魔よけ.

*****talla** [tája] 囡 ❶ (木, 石, 金属などを)削ること. (a) 彫刻; 彫刻品, 木彫り. ― El escultor se dedica a la ~ de figura de santos. その彫刻家は聖人の彫刻を主に手がけている. una ~ policroma renacentista ルネッサンス期の彩色像. 類**escultura**. (b) (宝石などの)カット; 彫金. ― ~ de diamantes ダイヤモンドのカット.
❷ 計測される[する]もの. (a) 身長, 背丈; 身長計. ― El criminal es de ~ mediana y muy delgado. 犯人は中背でとても痩せている. Mi ~ es de un metro setenta. 私の身長は1m70cmだ. 類**estatura**. (b) (衣類・靴などの)サイズ, 寸法. ― ~ grande Lサイズ. ― media Mサイズ. ― pequeña Sサイズ. ¿Qué ~ tiene Ud. en camisa? ―La 44. あなたのシャツのサイズは幾つですか? ―44です.
❸ 知的[精神的]価値, 才能. ―Él es un escritor de ~. 彼は優れた作家だ. Carece de ~ moral para ese cargo. 彼の人格はその地位にはふさわしくない.

dar la talla (1) (入隊などの)身長の基準を満たす. No *daba la talla* y le eximieron del servicio militar. 彼は身長の基準を満たしていなかったので, 兵役を免除された. Para ser azafata es necesario *dar la talla*. スチュワーデスになるには身長が基準に達している必要がある. (2) (一般に)必要な条件を満たす, 基準に達する. No pudo ascender por no *dar la talla*. 彼は資格が不十分ということで昇進できなかった.

tallado, da [tajáðo, ða] 過分 形 ❶ 彫った, 細工した. ― El balcón tiene una balaustrada de mármol ~. そのバルコニーには大理石を細工した手すりがついている. ❷ 研磨した.
― 男 ❶ 彫刻, 彫金, 木彫り; 彫刻[彫金]すること. ―especialista en el ~ de madera 木彫りの専門家. ❷ (宝石の)カット, 研磨.

tallador, dora [tajaðór, ðóra] 名 彫刻師, 彫金師; 彫刻家.
― 男 (軍隊)(新兵などの)身長測定官.

tallar¹ [tajár] 他 ❶ (木・石・金属などを)彫る, 刻む, 彫り[彫金]する. ― ~ una imagen en madera 木で像を彫る. 類**cincelar, entallar, esculpir, labrar**. ❷ (宝石を)カットする, 研磨する. ― ~ los diamantes ダイヤモンドを研磨する. 類**afilar, cortar, pulir**. ❸ (人の)身長を測る. ❹ (ねじなどの)歯を削る; を歯切りする. ― ~ ruedas dentadas 歯車を切る. ❺ (トランプのカードなど)を配る, ディールする. ❻ に課税する. ❼ を見積もる, 値踏みする. ❽ [中南米] (人)をいやがらせる; (人)を殴る.
― 自 ❶ [中南米] おしゃべりする, 人のうわさ話をする. 類**charlar**. ❷ [中南米] 言い寄る, 求愛する. 類**cortejar**.

tallar² [tajár] 形 最初の伐採が可能になった (山・森など).
― 男 ❶ 最初の伐採が可能になった山(森). ❷ 新たに木の芽が生え始めた山.

tallarín [tajarín] 男 [主に複](料理)タリエリーニ. ◆スープ用の平たく短いパスタ.

:**talle** [táje] 男 ❶ 体型, スタイル, プロポーション. ―La atleta tiene un ~ cimbreante. その女子陸上選手はしなやかな体型をしている. Me gusta el ~ airoso de mi novia. 私は恋人のすらっとしたスタイルが気に入っている.
❷ 胴, ウエスト. ― La cogió por el ~ y le dio un beso. 彼は彼女のウエストに手をかけてキスをした. 類**cintura**.
❸ 衣服の胴回り; 衣服の肩から腰までの長さ[丈]. ― Tendré que estrechar el ~ de esta falda porque he adelgazado. 私は痩せたのでこのスカートのウエストを詰める必要がある.

tallecer [tajeθér] [9.1] 自 (植物)芽を出す, 発芽する. 類**entallecer(se)**.
― **se** 再 (植物)芽を出す, 発芽する.

:**taller** [tajér] 男 ❶ (特に手工業の)工場, 作業場, 仕事場, アトリエ, 工房. ― ~ de reparación 修理工場. ~ de escultura 彫刻のアトリエ. ❷ 自動車修理工場. ―La grúa llevó mi coche al ~. レッカー車が私の車を修理工場まで運んだ. ❸ [集合的に] (芸術家, 科学者の)一派; 製作スタッフ. ❹ (芸術, 科学などの)ワークショップ, セミナー. ―Este verano he asistido a un ~ de literatura contemporánea. 今年の夏私は現代文学のワークショップに出席した.

tallista [tajísta] 男女 木彫り師, 木の彫刻家. 類**escultor, tallador**.

tallo [tájo] 男 ❶ 〖植物〗茎. ❷ 〖植物〗新芽.

*talludo, da [tajúðo, ða] 形 ❶ 〖植物の〗茎の長い, 茎の育った; 《方》〖野菜が〗育ちすぎて固い. — planta *talluda* 茎の伸びた植物. El rosal silvestre ya está ～. 野バラはもうだいぶ茎が長くなっている. ❷ 背の高い; 背筋の伸びた. — Es un chico ～. 上背のある子だ. Me perseguía la sombra *talluda* de un señor. 一人の男性のすっと伸びた影が私の後を追って来ていた. ❸ 〖しばしば縮小辞形 (*talludito, ta*) で〗若くない, 十分大人の; いい年をした. — Mi marido ya está bastante ～. 私の夫はもういい年です. La cantante debutó ya *talludita*. その歌手は遅めのデビューを飾った. Ya eres *talludito*. Compórtate con más prudencia. もう若くはないのだから, もっと節度をもって行動しなさい. ❹ (樹などが)染みついた. ❺ 〖メキシコ〗(肉/野菜などが)固い, 歯ごたえのある; (果物などが)皮をむきにくい.

── 男 《キューバ》❶ トウモロコシの粉を固めた食品. ❷ もつれ, 混乱.

talmente [tálménte] 副 《話》まさに, まるっきり. — Su casa es ～ una pocilga. 彼の家は豚小屋そのものだ.

talmúdico, ca [talmúðiko, ka] 形 〖宗教〗タルムード(el Talmud, ユダヤ教の律法とその注解の集大成)の.

talo [tálo] 男 〖植物〗葉状体. ◆茎と葉の区別のない植物体. コケ類, 藻類, 菌類など.

talón [talón] 男 ❶ かかと; 〖靴・靴下の〗かかと; (馬などの)あと足のかかと. — El zapato me roza en el ～. 靴がかかとに擦れる. Tienes un agujero en el ～ del calcetín. 君のソックスのかかとに穴があいているよ. ❷ 半券, クーポン(券); (小切手帳から切り取った)小切手. — ～ de canje 引換券. cobrar un ～ 小切手を現金化する. pagar con ～ 小切手で支払う. Me extendió un ～ por la cantidad de dinero que le pedí. 彼は私が頼んだ金額の小切手を切ってくれた. 類 **bono, cupón, cheque**. ❸ (銃の)台尻. ❹ (バイオリンの弓などの)握り部分. ❺ 〖海事〗マストなどの下端, 竜骨の尾部. ❻ (タイヤの)輪縁(ﾘﾑ), フランジ. ❼ 〖経済〗貨幣本位. — ～ de oro 金本位. ❽ 〖建築〗葱花形型(ｿｳｶｶﾞﾀ).

apretar los talones 《話》走り出す, 逃げ出す.

ir pegado a ... los talones 《話》(人)につきまとう.

*pisar*LE *los talones (a ...)* 《話》(人)のすぐ後をつける.

talón de Aquiles 〖解剖〗アキレス腱(ｹﾝ); 《比喩》弱点.

talonada [talonáða] 女 (馬を走らせるために)かかとで蹴ること, 拍車をかけること.

talonar [talonár] 他 〖スポーツ〗(ラグビーで, ボール)をヒールアウトする.

talonario, ria [talonárjo, rja] 形 クーポン式の, 小切手帳型の(券を切り離した後に半券が残る). — billete ～ クーポン券. libro ～ 切り取り式の券綴(ﾂﾂﾞ)り.

── 男 小切手帳, クーポン券, 受取証帳. — ～ de cheques [vales] 小切手帳. ～ de recibos 受取証帳.

talonazo [talonáθo] 男 かかとで蹴ること, かかとで踏みつけること.

talonear [taloneár] 他 〖中南米〗(馬)に拍車をかける. 類 **espolear**.

── 自 急ぎ足で歩く.

talonera [talonéra] 女 ❶ 〖服飾〗靴下のかかとの当て布. ❷ 〖服飾〗縁取り材料, バイアス布.

talud [talú(ð)] 男 斜面, 傾斜地; 勾配(ｺｳﾊﾞｲ). 類 **declive, pendiente**.

tamal [tamál] 男 ❶ 〖中南米〗〖料理〗タマル, タマーレ. ◆トウモロコシの粉を挽いたものと挽き肉などの具を混ぜ, それをトウモロコシやバナナの皮で包んで蒸したメキシコ料理. ❷ 陰謀, はかりごと. 類 **conspiración, intriga**.

tamandúa [tamandúa] 男 〖動物〗コアリクイ.

tamango [tamáŋgo] 男 〖中南米〗❶ 古靴, 粗末な靴. ❷ 男の幼児.

tamañito, ta [tamaɲíto, ta] 形 困惑した, ろうばいした; 恐縮した. — dejar a [+人] ～ (人)を困惑させる. quedarse ～ 困惑する. 類 **achicado, confuso**.

**tamaño [tamáɲo タマニョ] 男 大きさ, サイズ, 寸法. — ～ de letra 文字の大きさ. El ～ de estas manzanas es irregular. これらのリンゴは大きさが不揃いだ. Estos zapatos son diferentes en el ～, pero no en el modelo. これらの靴は大きさは違うが形は違わない. ¿Qué ～ tiene ese campo de juegos? その運動場の広さはどのくらいですか. ～ de memoria necesario 〖情報〗必要メモリ. a [de] ～ natural 実物[等身]大の.

──, **ña** 形 ❶ それほどの(大きさの). — No creo que haga *tamaña* tontería. 彼がそんなばかげたことをするなんて思わない. ❷ [+como] …と同じくらいの大きさの.

támara [támara] 女 ❶ 〖植物〗(カナリヤ諸島産の)ナツメヤシ; ナツメヤシの林. ❷ 複 〖植物〗(房になった)ナツメヤシの実.

tamarao [tamaráo] 男 〖動物〗タマラオ, ミンドロヤマスイギュウ. ◆フィリピンのMindoro島産の小さな水牛の一種.

tamarindo [tamaríndo] 男 ❶ 〖植物〗タマリンド(マメ科の常緑高木). ❷ 〖植物〗タマリンドの実(食用・薬用になる).

tamarisco, tamariz [tamarísko, tamaríθ] 男 〖植物〗ギョリュウ(御柳, ギョリュウ科の落葉小高木).

Tamaulipas [tamaulípas] 固名 タマウリパス(メキシコの州).

Tamayo [tamájo] 固名 タマーヨ(ルフィーノ Rufino ～)(1899-1991, メキシコの画家).

Tamayo y Baus [tamájo i βáus] 固名 タマーヨ・イ・バウス(マヌエル Manuel ～)(1829-98, スペインの劇作家).

tambaleante [tambaleánte] 形 よろめく, ふらふらした, 不安定な. 類 **inestable, vacilante**.

tambalear(se) [tambaleár(se)] 自 (再) ❶ よろめく, ふらつく, よろよろ歩く. — Cuando salió del bar *se tambaleaba* debido al exceso de bebida. 彼は飲み過ぎのせいでバーから出てくるときにはふらふらしていた. ❷ 不安定である. — Ante semejantes injusticias, mi fe en la humanidad *se tambalea*. こんな不正を目にすると, 私の人間への信頼は揺らいでしまう.

tambaleo [tambaléo] 男 ❶ よろめき, ふらつき; 揺れ. — Dice que no ha bebido, pero el ～ de su marcha lo delata. 彼は飲んでいないと言ってい

るが, 歩くときのふらつきでわかってしまう. 類 **tituo**. ❷ 不安定, 同様. 類 **inestabilidad, vacilación**.

tambarria [tambárja] 囡 《中南米》どんちゃん騒ぎ. 類 **jaleo, juerga**.

****también** [también タンビエン] 副 ❶ 〖肯定〗…もまた (否定→tampoco). —¿Tú vas a comer? Pues, yo ~. 君食事に行くの? じゃあ僕も行く. Los sellos se pueden comprar ~ en los estancos. 切手はタバコ屋でも買えます. ❷ その上, さらに, 加えて. —Es muy guapa y ~ inteligente. 彼女はとてもかわいくて頭も良い.

no sólo ... sino (que) también ...〖動詞が変わる場合は *que* を入れる〗…だけでなく…も. *No sólo es rico, sino también* muy inteligente. 彼は金持ちだけでなく, とても賢い. *No sólo* cometió un grave error, *sino que también* lo trató de ocultarlo. 彼は重大な過ちを犯しただけでなく, それを隠そうとまでした.

tambo [támbo] 男 《中南米》❶ 宿屋. ❷ 搾乳所. ❸ 売春宿.

:**tambor** [tambór] 男 ❶《音楽》太鼓, ドラム; 鼓手. —tocar el ~ 太鼓をたたく. Descargó su energía aporreando el ~ como un loco. 彼は猛烈に太鼓をたたいてエネルギーを発散させた. ❷《料理》(製菓用の)ふるい; (コーヒー・ココアの)ロースター. ❸《服飾》(円形の刺繍(しゅう)枠. ❹ (回転式拳銃の)弾倉. ❺《解剖》鼓膜. ❻《建築》(大きな建物の中に仕切られた)小部屋; ドラム, 鼓状部(ドームの下部に築かれる円筒形の壁体); 円筒形石材, 太鼓石(円柱の一部をなす). ❼《海事》(汽船の外車箱(おおい); 車地(しゃち)(錨を巻き上げる装置). ❽《機械》ブレーキドラム. ❾《メキシコ》《カリブ》ドラム缶.

a tambor batiente 《比喩》意気揚々と.

tambora [tambóra] 囡 ❶《音楽》大太鼓. 類 **bombo**. ❷《中南米》類 **bola, mentira**.

tamborear [tamboreár] 自 指でとんとん叩く. 類 **tabalear**.

tamboril [tamboríl] 男《音楽》小太鼓(左肩からさげて右手のばちで叩く).

tamborilada [tamboriláða] 囡 ❶ しりもち, 転倒; しりもち[転倒]の音. ❷ (頭・肩への)げんこつ, 平手打ち.

tamborilazo [tamboriláθo] 男 = tamborilada.

tamborilear [tamborileár] 自 ❶《音楽》太鼓[小太鼓]を叩く. ❷ 指でとんとん叩く. —Cuando mi padre está enfadado, *tamborilea* sobre la mesa わが父は怒ると指でテーブルをこつこつ叩く. ❸《比喩》(雨が)ばらばらと音をたてる.
—— 他 ほめる, 賞賛する. 類 **alabar**.

tamborileo [tamboriléo] 男 ❶《音楽》太鼓[小太鼓]を叩くこと. ❷ 指でとんとん叩くこと.

tamborilero [tamboriléro] 男《音楽》鼓手, 太鼓[小太鼓]の奏者. —El gaitero tocaba acompañado por un ~. バグパイプ奏者は鼓手の伴奏で演奏していた.

tamborilete [tamboriléte]〔<tamboril〕男 ❶《印刷》(活字の高さを揃えるための)ならし木. ❷《音楽》小太鼓.

tamborín, tamborino [tamborín, tamboríno] 男《音楽》小太鼓.

Tamerlán [tamerlán] 固名 チムール(1336-1405, チムール帝国の始祖).

Támesis [támesis] 固名 (el Río ~) テムズ川.

tamiz [tamíθ] 男〔複〕tamices〕(目の細かい)ふるい. —pasar la harina por el ~ 小麦粉をふるいにかける. 類 **criba**.

pasar por el tamiz 細かくチェックする. El jurado *pasó* primero *por el tamiz* las solicitudes de los concursantes. 審査員団はまず応募者たちの申請書を細かくチェックした.

tamizar [tamiθár]〔1.3〕他 ❶ をふるいにかける. —~ un poco de azúcar sobre la tarta 少量の砂糖をケーキの上でふるう. 類 **cribar**. ❷《比喩》をより分ける, 選別する; 洗練する. —*Tamizó* sus palabras para no ofender a nadie. 彼はだれも不快にしないように言葉を選んで話した.

tamo [támo] 男 ❶ ほこり, 綿ぼこり, ちり. —Barrió el ~ de la habitación antes de darle cera al suelo. 床にワックスをかける前に彼は部屋のほこりを掃(は)いた. 類 **pelusa, polvo**. ❷ 毛くず, 綿くず. 類 **pelusa**.

tampax, támpax [tampá(k)s, támpa(k)s] 男〔単複同形〕《商標》(生理用)タンポン(= tampón).

Tampico [tampíko] 固名 タンピーコ(メキシコの都市).

****tampoco** [tampóko タンポコ] 副〖否定〗〖tampoco を動詞に後置させる場合, 他の否定語を動詞に前置させる〗❶ …もまた(…ない). —Si tú no vas, yo ~. 君が行かないなら, 私も行かない. Él no ve la televisión. No va al cine ~. 彼はテレビを見ません. 映画にも行きません. ❷ その上(…ない). —No lo pudiste terminar antes de la fecha fijada, y ~ intentaste consultar conmigo. 君は期日までにそれを終えられなかったし, 私に相談してみようともしなかった.

ni tampoco …すらも(…ない). No podré quedarme aquí *ni tampoco* una hora. 私はここに1時間でもとどまっていることはできないでしょう. Ya no quiero hablar más contigo, *ni tampoco* quiero oír tu voz. もう君とは話したくない. 声を聞くのも嫌だ.

tampón [tampón] 男 ❶ スタンプ台. —apretar el sello en el ~ スタンプをスタンプ台に押しつける. ❷ タンポン, 止血栓.

tamtam [tamtán]〔<ヒンディー〕男《楽器》タムタム.

tamujo [tamúxo] 男《植物》(ほうきの材料となる)ヒースの一種.

:**tan** [tán] 副〖不定〗〖tanto の語尾脱落形, +形容詞/副詞〗❶ それほど, そんなに, こんなに. —No seas ~ soberbio. そんなに威張るもんじゃない. No imaginaba que la herida fuera *tan* grave. 私はその傷がそれほど深刻なものだとは思いもよらなかった. No hables *tan* rápido, por favor. そんなに早口で話さないで. ❷ (*a*)〖*tan ... como*+名詞〗…と同じくらい…. —Esta novela es *tan* interesante como aquélla. この小説はあれと同じくらい面白い. Juan habla italiano *tan* bien *como* Carmen. フアンはカルメンと同じくらいイタリア語が上手い. Antonio no habla italiano *tan* bien *como* Carmen. アントニオはカルメンほどイタリア語が上手くない. (*b*)〖*tan ... como*+形容詞〗で

あり同様に…. —Es *tan* prudente *como* inteligente. 彼は賢くもあり慎重でもある. (*c*)〔*tan* ... *como*+文〕…のように…. —No es *tan* joven *como* usted piensa. あなたはあなたが思っていらっしゃるほど若くはない. Conseguirlo no es *tan* fácil *como* dicen. それを達成するのは彼らが言うほど簡単ではない. 〔*tan ... que*〕非常に…なので…. —Estaba *tan* cansada *que* no pude dormir. 私は非常に疲れていたので眠れなかった. Hablas *tan* rápido *que* no entiendo lo *que* dices. あなたは非常に早口だから何を言っているか分からない. No está *tan* lejos *que* no puedas ir andando. 彼は歩いて行けないほど遠くはない. ❹〔感嘆文で qué+名詞+tan+形容詞〕何と…な…. —¡Qué día *tan* bonito! 何とすてきな日だろう.

cuan ..., tan ...〔*tan ..., cuan ...*〕…であるだけに, それだけ…. *Cuan* grande fue la culpa, *tan* grande será el castigo. 彼の罪が罪だけに, 罰もそれ相当だろう.

de tan あまりに…なので. *De tan* bueno, es tonto. 彼はあまり人が良すぎてばかだ.

ni tan siquiera …さえ…でない. Ella no me habla, *ni tan siquiera* me saluda. 彼女は私に話しかけないし挨拶さえしない.

tan pronto como →pronto.

tan siquiera せめて, 少なくとも. Si tuvieras *tan siquiera* un hijo. あなたに息子でもいればねえ. Es extraño que no hayan mencionado su nombre *tan siquiera*. 彼らが彼の名前すらあげなかったというのは変だ.

tanaceto [tanaθéto] 男《植物》ヨモギギク(胃薬などに用いる).

Tananarive [tananaríβe] 固名 タナナリブ(マダガスカルの首都).

tanate [tanáte] 男 ❶〖中南米〗背負いかご; 背嚢(のう). 類 **mochila**. ❷複〖中南米〗がらくた, 半端の寄せ集め.

cargar con los tanates 引っ越す, 立ち退く. 類 **marcharse, mudarse**.

tanatorio [tanatórjo] 男 遺体安置所.

tanda [tánda] 女 ❶ (分けられた)群れ, 組, グループ. —Ha llegado una nueva ~ de turistas. 観光客の新しいグループが到着した. la nueva ~ de alumnos 生徒の新規採用. Los alumnos comen en dos ~s. 生徒たちは2組に別れて食事をしなければならなかった. Tu ropa la lavaré en la próxima ~. 君の衣類は次の洗濯物と一緒に洗おう. Cada dos minutos hay una ~ de avisos. 〖中南米〗2分ごとにコマーシャルがある. Cocemos el pan en dos ~s. 我々はパンを2つに分けて焼く. 類 **grupo**. ❷ 一続き. —Te mereces una buena ~ de azotes. お前を痛い目に遭わせてやらないとならない. ❸〖スペイン〗順番. —¿Me da ~? 列の最後は誰ですか. 類 **turno**. ❹ 仕事. —Me queda una buena ~ de exámenes para corregir. 私には試験の採点というひと仕事が残っている. 類 **tarea**. ❺〖アメリカ, メキシコ〗《話》(*a*)(土地サボテンの生えている場所). (*b*)(劇場での)一幕, (映画での)一幕. (*c*)〖コロンビア, メキシコ〗(酒などの)一回分の注文. 類 **ronda**. (*d*)〖チリ〗《話》—Es muy bueno para la ~. 彼はいい笑い物だ. dar ~ 冗談を言う. 類 **broma**.

tándem [tánden]〔＜英＋ラテン〕男 複 **tándemes** [tándenes, tándemes]〕❶ 二人乗り自転車. —montar en ~ 二人乗り自転車に乗る. ❷ 二人組, コンビ; 二つ組. —Esos dos jugadores forman un temido ~ en tenis. その二人の選手がテニスで恐れられているコンビである.

Tang, T'ang [táŋ] 固名 唐(中国の王朝, 618-907, 都は長安).

tanganear [taŋganeár] 他〖中南米〗を殴る. 類 **golpear, pegar**.

tanganillas [taŋganíʎas] 女〔次の成句で〕*a* [*en*] *tanganillas* 不安定に, 危ないかんじで.

tanganillo [taŋganíʝo] 男 支え, つっかい棒, (一時的に)支えとなる物. 類 **apoyo, soporte, sostén**.

tángano, na [táŋgano, na] 形〖メキシコ〗背の低い. 類 **bajo**.
—— 男 賭金(かけきん)を載せた木片を倒す遊びで使う木片.

tangencia [taŋxénθja] 女 接触. 類 **contacto**.

tangencial [taŋxenθjál] 形 ❶《数学》接線の; 正接[タンジェント]の; (力などが)接線に沿って働く. —línea ~ 接線. coordenadas ~es 接線座標. ❷《比喩》わずかに触れる[関連する]程度の. —Su estudio toca los aspectos ~es del problema y olvida los principales. 彼の研究は問題にわずかに関連する点に触れていて, 主要な点を忘れている.

*****tangente** [taŋxénte] 形 (線や面が)接する.
—— 女《数学》接線; タンジェント, 正接.

salirse [*irse, escapar*(*se*)] *por la tangente* 《話》答えをはぐらかす, うまく言い逃れる. Preguntaron a la actriz sobre su divorcio, pero *se salió por la tangente*. その女優は離婚について尋ねられたが答えをはぐらかした.

Tánger [táŋxer] 固名 タンジール(モロッコ北部の港町).

tangerino, na [taŋxeríno, na] 形 タンジール(Tánger)の.
—— 名 タンジールの人.

tangible [taŋxíβle] 形 ❶ 触れることができる, 触知できる; 有形の. —Las imágenes de nuestros sueños no son ~s. 我々の夢で見る物にはさわることができない. La aspereza de la piel era ~. 皮膚の荒れはさわってわかるほどだった. ❷ 明白な, 確実な, 確かな. —ganancias ~s 確実な儲(もう)け. resultados ~s 明白な結果. La tensión del ambiente era ~. 雰囲気が緊迫しているのは明らかだった.

:tango [táŋgo] 男《音楽》タンゴ(アルゼンチンの音楽・舞踊). —cantar un ~ タンゴを歌う. bailar un ~ タンゴを踊る. ~ argentino アルゼンチンタンゴ. el ~ continental コンチネンタルタンゴ. ~ canción タンゴ・カンシオン(歌が主要なタンゴ).

tangón [taŋgón] 男《海事》帆桁(ほげた), ブーム. 類 **botalón**.

tanguear [taŋgeár] 自 タンゴを踊る.

tanguista [taŋgísta] 名 ❶ (ダンスホールなどで客の踊りの相手をする)踊り子, ダンサー. ❷ (特にタンゴの)踊り手.

tánico, ca [tániko, ka] 形《化学》タンニン(性)の. —ácido tánico タンニン酸.

tanque [táŋke] 男 ❶ (燃料・水などを蓄える)タンク; (貯)水槽, 油槽. —Llenó en la estación de servicio el ~ de gasolina de su coche. 彼は

1818 tanquista

サービス・ステーションで車のガソリン・タンクを満タンにした. 類**aljibe, depósito**. ❷《軍事》戦車, タンク. ❸《水・油などの》輸送船, タンカー, タンクローリー.

tanquista [taŋkísta] 男《軍事》戦車隊員.
tanta [tánta] 女《ペルー, ボリビア》トウモロコシパン.
tantalio [tantáljo] 男《化学》タンタル. ◆酸・高温に強い金属. 元素記号 Ta. 原子番号 73.
tantán [tantán] 男 どら, ゴング; タムタム(太鼓).
—— 間 ❶ カンカン(鐘の擬音); ドンドン(太鼓の擬音).
tantarán, tantarantán [tantarán, tantarantán] 間 男 ドンドン, タンタン(太鼓などの擬音).
—— 男《比喩》殴打, 激しい揺さぶり.
tanteador, dora [tanteaðór, ðóra] 名 ❶《スポーツ》スコアラー, 得点記録係. ❷《スポーツ》得点者.
—— 男《スポーツ》スコアボード, 得点掲示板.

***tantear** [tanteár] 他 ❶《大体の値を》見積る, 目分量で出す, 概算する. — ~ el peso de un paquete 小包の大体の目方を計る. ❷ (a)《意図・腹》を探る, …に探りを入れる, 打診する. — Tanteó su estado de ánimo antes de pedirle el permiso. 彼女は彼に許可をもらえるよう頼む前に彼の機嫌を伺った. (b)《闘牛》(どの程度の牛であるか)を試す. — ~ varios toros con varios pases para probar su fuerza. 何頭かの牛に何回かパスしを数回やって牡牛の力を試す. ❸《事前に》検討する, 試験する, 調査する. — Hay que ~ el proyecto antes de llevarlo a cabo. 計画を実行に移す前によく検討すべきである. Tanteó varias posibilidades antes de decidirse. 決定する前に彼はいろいろな可能性を確かめた. 類**considerar, sopesar**. ❹《ゲームの得点》を記録する. — El anotador oficial tantea siempre el resultado del partido. 公式記録員は常に試合の結果を記録している.

—— 自 ❶ 手探りする, 手探りで進む. — Se apagó la luz y tuve que buscar una vela tanteando. 停電になって私はローソクを手探りで探さねばならなかった. Tanteó el cuarto hasta que encontró la ventana. 彼は部屋を手探りで歩いて窓を見つけた. ❷《司法》(落札価格と同額で取得する)優先権を行使する.

tanteo [tantéo] 男 ❶ 概算, 見積もり. — He hecho un ~ para ver lo que costarán las vacaciones. 私は休暇の出費がどのくらいになるか概算してみた. 類**aproximación**. ❷ 探り(を入れること), 打診. — Hagamos un ~ para ver qué quiere de regalo para su cumpleaños. 彼の誕生日のプレゼントに何を欲しがっているか, 探りを入れてみよう. ❸《スポーツ》得点. — El ~ final fue de tres a uno a favor del equipo local. 最終得点は 3 対 1 で地元チームの勝ちだった. ❹《大まかな》推測. 類**medida**. ❺ 試み, 試し; 検査. 類**prueba**. ❻《絵画》デッサン, 素描. 類**boceto, bosquejo, esbozo**. ❼ 優先購入権.
a [por] tanteo 大まかに, 概算で; 当て推量で. Calcula el peso a tanteo y casi nunca se equivoca. 彼は勘で重さを当て, めったに間違えない.

***tanto, ta** [tánto, ta タント, タ] 形 (不定) ❶ それほど多くの, そんなに あんなに多くの. — No imaginaba que Juan tuviera ~ dinero. 私はフアンがそんなにお金を持っているなんて思いもよらなかった. Yo no podía imaginar tanta pobreza. 私はあれほどの貧困は想像もできなかった. ❷《+como》《同等比較》…と同じ数[量]の《同等比較級→más, menos》. — Teresa tiene tantas muñecas como María テレサはマリアと同じくらいたくさん人形を持っている. No tengo tanta suerte como José. 私はホセほど運がよくはない. No hace ~ calor como para ir en mangas de camisa. 上着なしで出かけるほど暑くはない. ❸《+que》それほど多くの…なので…だ. — Anoche tomé ~ café que no pude dormir bien. 昨夜はコーヒーをたくさん飲み過ぎてあまりよく眠れなかった. No tengo ~s amigos que no quepan en mi casa. 私には家に入りきれないほどたくさんの友だちはいない. ❹《+cuanto》…するだけの. — Te daré ~ dinero cuanto quieras. 君に望むだけのお金をやろう. ❺《数詞+, 数・量をぼかした表現》…なにがし, …いくつかの. — Juan tiene cuarenta y ~s años, ¿no? フアンは 40 何才だよね.

—— 代 (不定) ❶ それほど多くの物[人・量], それほどの事. — Para ella yo era uno de ~s, nada más. 彼女にとって僕はたくさんのうちの一人に過ぎなかった. No llegues a ~ en tu enfado. 君そこまで怒ることはないよ. A ~ arrastra la envidia. 嫉妬はそこまで行っている. Yo no lo dije por ~. 私はそんなことのためにそう言ったのではない. ❷《+como 同等比較》…と同じだけ多くの数[量]の人[物]. — ¿Tienes dinero?-Sí, pero no ~ como tú. お金持っるかい. — ええ, でも君ほどではないよ. Tus problemas no son ~s como para que no los solucione el tiempo. 君の問題は時が解決できないほどたくさん多くはない. ❸《+que》あまりに多くの物[人]なので…だ. — A la fiesta vinieron ~s, que no cabía un alfiler más en la sala. そのパーティーには立錐の余地もないほど多くの人が来た. ❹《数詞+, 数・量をぼかした表現》いくつか, なにがし. — a ~s de agosto 8 月の何日かに. ¿Cuántos años tiene ella?-Treinta y ~. 彼女は何才ですか. -30 いくつかだ.

en [entre] tanto そうこうするうちに, その間. Haré la compra y, entre tanto, tú cuida del niño. 私は買物に行くから, その間あなたが子どもを見ていてよ.

en tanto que (1)《+直説法》《文》…するまで. Siéntese en tanto que llega el taxi. タクシーが来るまで掛けてお待ちください. (2)《+直説法》…する一方で. Éstos son maravillosos, en tanto que los otros no tienen ningún valor. これらは素晴らしいけれど, 他のものはまったく価値がない. (3)《+接続法》…する限り. Seguiremos adelante en tanto que todos estén de acuerdo. 彼らが皆同意している限りは続行しよう. (4)《+名詞》…として. En tanto que ministra, su decisión fue correcta. 大臣として彼女の決断は正しかった.

hasta tanto no《+接続法》…するまで. Tendremos que aguantar hasta tanto no se supere esta crisis. この危機が克服されるまで私たちは我慢しなければならないだろう《否定の no があるが文意は肯定となる》.

hasta tanto que (no)《+接続法》…するまで. No me acostaré hasta tanto que (no) vuelva él. 彼が戻るまで私は寝ない.

mientras tanto →mientras.

no es para tanto. それは大したことではない，それほどのことではない．Deja ya de llorar, que *no es para tanto*. もう泣くのはおよし，それは大したことではないんだから．

otro tanto (前述と)同じ数[量]，同じ事．Dame dos kilos de naranjas y *otros tantos* de manzanas, por favor. オレンジ２キロとリンゴも同じだけください．Tú no puedes hablar mal de ella porque has hecho *otro tanto*. 君は彼女のことを悪く言えないよ．だって，君も同じ事をしたんだから．

por [lo] tanto したがって，それゆえに，だから．Usted no se presentó al examen *y por lo tanto* no espere aprobar. あなたは試験を受けませんでした．したがって，合格は期待しないでください．

tanto monta [monta tanto] どちらでもよい，同じである．*Tanto monta, monta tanto* Isabel como Fernando. イサベルとフェルナンドは同じである(カトリック両王 los Reyes Católicos の権限が等しいことを表す銘). *Tanto monta* que venga o no ella. 彼女が来ようと来まいと同じだ．

── 副 【ただし形容詞と副詞の前では tan】 ❶ それほど多く，そんなに．—¿Llueve ~ en Galicia? ガリシアはそんなに雨が降るんですか．No sabía que ibas a tardar ~. 私は君がそんなに時間がかかるとは知らなかった．❷【+como, 同等比較】(a)…と同じだけ多く，…と同じに．—La quiere ~ como a su madre. 彼は母親に対してと同じくらい彼女を愛している．No te preocupes, hoy puedes comer ~ como quieras. 心配しないで，今日は好きなだけ食べられるよ．(b)…と同様に，…も，…も．—En Madrid como en Barcelona me he encontrado con muchos turistas japoneses. マドリードでもバルセロナでも私は多くの日本人観光客に出会った．T~ si viene *como* si no viene, a mí me da igual. 彼が来ようと来まいと私には同じことだ．❸【+que】あまり多く…なので…だ，…するほど…だ．—Anoche bebí ~ *que* hoy me duele mucho la cabeza. 昨夜飲みすぎたので今日はとても頭が痛い．No trabajo ~ *que* no tenga tiempo para descansar. 私は休む時間がないほどたくさん働いてはいない．❹【+cuanto】…するだけ…．—Mi mujer gasta ~ *cuanto* quiere. 私の妻は好きなだけ金を使う．❺【+比較級，強調】いっそう，さらに，ずっと．—Es ~ más grande *que* el otro. それは別のものよりずっと大きい．Si puedes venir mañana, ~ *mejor*. 明日来られるなら，さらによい．

ni tanto así (親指と中指あるいは人差し指を合わせるジェスチャーを伴いながら)これっぽっちも[少しも]…ない．No le tengo *ni tanto así* de lástima. 私は彼に対してこれっぽっちも同情を抱いていない．

ni tanto ni tan calvo [poco] 《話》(極端な行動をしようとする人に注意する表現として)ほどほどに[しなさい]．

tanto 【+比較級 cuanto+比較級】…すればするほどます…．*Tanto más* se defendió *cuanto más* le atacaron. 彼は攻撃されればされるほどますます防戦した．

tanto es así que (前文の結果として)だから…，そういうわけで…．Estaba verdaderamente aterrada, *tanto es así que* llamé a la policía. 私は本当に怖かった．だから，警察まで呼んだの．

tanto más que …だからなおのこと．He aceptado el trabajo de Barcelona, *tanto más que* mi madre vive sola allí. 私はバルセロナの仕事を引き受けました．母がそこで一人暮らしをしていることもあったので．

tanto …, tanto … …するほど…する．*Tanto* tienes, *tanto* vales. お金を持てば持つほど君の値打ちが上がる．

¡Y tanto! 《話》(相手の発言・行動に賛同することを強調して)そのとおり，まったくだ．Le di una bofetada porque se la merecía.-*¡Y tanto!* あいつ一発かましてやった，それが当然だからな．-まったくだ！

── 男 ❶ ある数[量]；【主に un+】いくらか，何がしか．—Se ha pagado un ~ al contado y el resto a plazos. ある量は即金で残りは分割で支払われた．~ alzado 《商業》一括額，請負額．Le pagan un ~ al mes. 彼は月同量の給料をもらっている．❷《スポーツ》得点，点，点数．—Perdimos por tres ~s a uno. 私たちは３対１で負けた．

algún tanto いくらか，少し．

al [por el] tanto (他の人と)同じ値段で，同じ価格で．

al tanto de … (1)…を知った，…に精通した．¿Estáis *al tanto de* las últimas noticias? 君たちは最新のニュースことを知っているかい．(2)《話》…の世話になって；…を担当して．Durante el día, mis niños están *al tanto de* mi madre. 日中私のこどもたちは私の母の世話になっている．

apuntarse un tanto (a su favor) 点を稼ぐ，有利になる．Con esa manera de comportarse ella *se ha apuntado un tanto* ante el jefe. その立ち居振る舞いで彼女は上司に対して点数を稼いだ．

en su tanto その割合で．

un tanto (1)(副詞として)少し，何かしら，いくぶん．La señorita está *un tanto* triste. そのお嬢さんは何かしら悲しそうだ．(2)【+de】何かしらの，いくぶんの，少しの．También tienes *un tanto de* culpa. 君にも何かしら責任がある．

un tanto así (身ぶりを伴いながら)これくらいの量．

── 安 《話》夜遅い時間．—Llegué a las *tantas* de la noche. 私は夜遅い時間に着きました．Ya son las *tantas*. Tengo que marcharme. もうこんな時間だ．お暇(いとま)しなくちゃ．

tantrismo[1] [tantrísmo] 副 【tanto の語尾消失形】そんなに［それほど]…な[に]．

tantrismo[2] [tantrísmo] 男 タントラ仏教．

Tanzania [tanθánja] 固名 タンザニア(アフリカの連合国)．

tanzano, na [tanθáno, na] 形 名 タンザニア(の人)．

tañedor, dora [taɲeðór, ðóra] 名 演奏者．—~ de guitarra ギター奏者．

tañido [taɲíðo] 男 (鐘・打楽器・弦楽器の)音(ね)．—Cuando oí el ~ de campanas me di cuenta de que era muy tarde. 鐘の音を聞いて私はとても遅い時刻になっていることに気づいた．類 son, sonido.

tao[1] [táo] 男 《宗教》T 形十字．◆聖アントニウス(San Antón) 会員，聖ヨハネ(San Juan) 会員の紋章．類 tau.

tao[2] [táo] 男 《宗教》(道教・儒教の)道．

taoísmo [taoísmo] 男 《宗教》道教．

tapa [tápa] 安 ❶ (箱などの)ふた；栓，キャップ．—

1820 tapaboca

quitar la ～ ふたを取る. la ～ del piano ピアノのふた. levantar la ～ del baúl トランクのふたを開ける. poner la ～ a la cazuela 土鍋にふたをする. 《料理》酒のつまみ, つきだし. —ir de ～s 飲みに行く. Pedí una caña y una ～ de boquerones. 私は生ビール1杯とイワシのおつまみを注文した. ❸ 口への殴打. —Como vuelvas a molestarme, te doy un ～. 今度私のじゃまをしたら, 口のあたりをなぐってやるぞ. ❹ マスク. ❺《フェンシング》たんぽさの一撃.

tapabocas [tapaβókas] 男【単複同形】❶《服飾》(特に, 幅の広い)えりまき, マフラー; スカーフ. 類**bufanda**. ❷《軍事》(銃口・砲口などの)砲栓, 砲口蓋(がい).

tapacubos [tapakúβos] 男【単複同形】《自動車》ハブキャップ, ホイールキャップ.

tapaculo [tapakúlo] 男《植物》ノイバラ, ノイバラの実. 類**escaramujo**.

tapada [tapáða] 過分 女 ❶ ベールを被った女性. ❷《中南米》否認; 反駁(ばく). 類**mentís**.

tapadera [tapaðéra] 女 ❶ 蓋(ふた); 覆い, カバー. —levantar la ～ de la olla 鍋の蓋をあける. 類**tapa**. ❷《比喩》隠す(ための)人[もの], 隠れ蓑(みの). —Ese restaurante es una ～ para el tráfico de drogas. そのレストランは麻薬取引のための隠れ蓑だ.

tapadillo [tapaðíjo] [<tapado] 男 ❶《女性がベールなどで》顔を隠すこと. ❷《楽器》(オルガンの)フルートストップ.
de tapadillo こっそりと, 内緒で. salir *de tapadillo* こっそりと出かける. Te digo esto *de tapadillo* porque no quiero que se entere nadie más. 私は君にこのことを内緒で言う, 他の誰にも気づかれたくないので.

tapado, da [tapáðo, ða] 過分 形 ❶ 蓋(ふた)をした; 覆われた, 隠されている. 類**cubierto, envuelto**. ❷《中南米》馬など)が一色の.
— 男 ❶《中南米》《服飾》(女性・子供用の)コート. ❷《中南米》隠された財宝.
— 名《中南米》選挙前に既に当選・就任が確定しているが, 時期が来るまでその名が隠されている候補者.

tapafunda [tapafúnda] 女 《ホルスター, 拳銃の革ケース》ホルスター, ホルスターのはね蓋(ふた).

tapagujeros [tapaɣuxéros] 男【単複同形】❶《話》へたな左官屋. ❷《話》(当座の)身代わり, 替え玉, キャッチ・イン.

:tapar [tapár] 他 ❶ …に蓋(ふた)[栓]をする, を覆う, かぶせる. —～ la botella con el corcho 瓶にコルクの栓をする. 反**destapar**. ❷ (穴など)をふさぐ, 防ぐ. —Una gran piedra *tapaba* la entrada del túnel. 大きな石がトンネルの入口をふさいでいた. —～ las grietas de la pared con yeso 壁のひび割れを石膏でふさぐ. ❸ をさえぎる, 覆い隠す. —Las nubes *tapaban* el sol. 雲が太陽をさえぎっていた. Quítate de ahí, que me *tapas* la visión. 前が見えないからそこをどいてくれ. 類**ocultar**. ❹ を隠す, かばう, かくまう. —Los niños *tapan* sus travesuras. 子供たちは彼らのいたずらを包み隠す. Intentaron ～ el escándalo. 彼はスキャンダルを隠そうとした. ❺ …にふとん[毛布]をかける, を布で覆う. —～ bien a los niños cuando se acuestan 寝る時に子供たちによくふとんをかけてやる. Cuando se van de vacaciones *tapan* los muebles con sábanas. 休暇に出かける時は, 家具にシーツでカバーをするのがならわしだ.

—**se** 再 ❶ くるまる, 身をくるむ. —*Tápate* bien con el abrigo, que hace frío. オーバーを着ろよ, 寒いから. ❷ を覆い隠す. —El presunto autor del crimen *se tapó* la cara con las manos al entrar en la comisaría. 容疑者は警察署に入るとき顔を両手で覆った.

tapara [tapára] 女《中南米》《植物》ヒョウタン.

taparrabo [taparráβo] 男 ❶ 腰布, ふんどし. ❷ 水泳パンツ.

taparrabos [taparráβos] 男【単複同形】= taparrabo.

tapera [tapéra] 女 ❶《中南米》廃村. ❷ 彫っ立て小屋, あばら屋.

tapete [tapéte] 男 ❶ テーブルセンター, 小型のテーブル掛け; 家具に掛ける布. —～ de ganchillo レースのテーブルセンター. ～ de raso サテンのテーブルセンター. 類**mantel**. ❷ 小型のじゅうたん[敷物]. 類**alfombra**.
estar sobre el tapete (問題などが)検討中である.
poner [colocar] sobre el tapete (問題などを)提起する, 俎上(そじょう)に載せる.
tapete verde トランプ用[ギャンブル用]テーブル, 賭博(とばく)台; ルーレットのテーブル.

:tapia [tápja] 女 ❶《建築》壁, 土塀, 石塀. —El ladrón saltó la ～ y entró en el jardín. 泥棒は塀をよじ登って庭に降りた.
más sordo que una tapia [*como una tapia*] 《話, 比喩》ひどく耳が遠い.

tapial [tapjál] 男 ❶《建築》(日干し煉瓦などの)塀, 壁, 土壁. 類**muro, tapia**. ❷《建築》(壁を作るため, コンクリートを流し込む)板枠.

tapiar [tapjár] 他 ❶ を塀[壁]で囲む, 塀[壁]で仕切る. —*Tapiaron* la finca para que no entrase nadie. 彼らは地所を塀で囲んで誰も入らないようにした. 類**cercar, rodear**. ❷ を壁で覆う[ふさぐ]. —*Han tapiado* las ventanas que dan al patio. 彼らは中庭に面した窓を壁でふさいだ.

tapicería [tapiθería] 女 ❶《集合的に》タペストリー, つづれ織り; 壁掛け. 類**tapiz**. ❷ (家具の)布張り装飾. ❸ タペストリーの制作[技術]. ❹ タペストリーの工房[製作所], タペストリーの店.

tapicero, ra [tapiθéro, ra] 名 ❶ タペストリー[つづれ織り]職人. ❷ 家具の布張り職人.

tapioca [tapjóka] 女 タピオカ. ◆キャッサバの根から取ったでんぷん. 食用にする. 類**mandioca**.

tapir [tapír] 男《動物》バク.

tapisca [tapíska] 女《中米》トウモロコシの収穫[取り入れ].

tapiscar [tapiskár] [1.1] 他《中米》(トウモロコシ)を収穫する[取り入れる].

tapiz [tapíθ] 男 [複] tapices ❶ タペストリー、つづれ織り；壁掛け. —Adornaron el salón con un ~ que representaba un paisaje. 彼らは広間を風景画の柄の壁掛けで飾った. ❷ (地面・床などを)覆うもの. —En primavera, el prado se convierte en un ~ de florecillas silvestres. 春になるとその牧草地は野生の花のじゅうたんになる. [類] alfombra.

tapizar [tapiθár] [1.3] 他 ❶ (家具などに)布張りする. —Han tapizado con cretona el sofá. 彼らはソファーにクレトン布を張った. [類] forrar, mullir. ❷ (家具・壁などを)タペストリーで飾る. ❸ (床などを)覆う.

tapón [tapón] [<tapa] 男 ❶ 栓(せん)、ふた. —~ corona (瓶の)王冠. ~ de corcho コルク栓. ~ de rosca (de tuerca) ねじぶた. quitar el ~ de la botella 瓶の栓を抜く. ❷ 交通渋滞. —Había un tremendo ~ para entrar en la ciudad. 町に入るときひどい渋滞があった. [類] atasco, congestión, embotellamiento. ❸ 障害、妨害. —La acción guerrillera fue un ~ para el reparto de los víveres. ゲリラ活動が食糧配達の妨げになった. [類] obstáculo. ❹《医学》タンポン、止血栓、綿球. [類] tampón. ❺《話》ずんぐりした人、太っていて背の低い人. —El novio que tiene es un ~. 彼女の恋人はずんぐりした人だ. ❻《スポーツ》《バスケットボールなどの》シュートのカット、インターセプト. ❼ 耳垢.

taponamiento [taponamjénto] 男 ❶《医学》タンポン挿入(法). ❷ 交通渋滞. ❸ 栓[詰め物]をすること、(穴、割れ目などを)ふさぐこと.

taponar [taponár] 他 ❶ (a) …に栓[詰め物]をする、(すき間)をうめる. —~ una botella 瓶に栓をする. ~ una brecha con ladrillos れんがですき間をうめる. taponarse los oídos 耳栓をする. (b) を詰まらせる; (場所を)通行できなくする. —Las colillas taponaron la tubería. 吸いがらが管を詰まらせた. Los manifestantes han taponado la carretera. デモ隊が街道の通行を妨げた. [類] atascar. ❷ (ガーゼ、綿などで、傷口を)ふさぐ、(出血など)を止める. —La enfermera me tapon ó la herida con un trozo de algodón. 看護婦が脱脂綿で私の傷口をふさいでくれた. ❸ にタンポン[止血栓]を挿入する.

—se 再 ❶ 自分の…に詰める. ❷ (耳・鼻などが)詰まる、ふさがる. —Se me taponado la nariz. 私の鼻が詰まっている.

taponazo [taponáθo] 男 ❶ コルク栓などを抜くときのポンという音；コルク栓が飛んで当たること.

taponería [taponería] 女 ❶【集合的に】栓、ふた. ❷ 栓[ふた]製造工場；栓[ふた]販売店；栓[ふた]製造業.

taponero, ra [taponéro, ra] 形 栓の、ふたの. —industria taponera 栓製造業.
— 名 栓[ふた]業者.

tapujarse [tapuxárse] 再 (ベールなどで)顔を覆い隠す. [類] embozarse.

tapujo [tapúxo] 男 ❶《主に複》隠し立て、ごまかし、偽り. —No me andes [vengas] con ~s y cuéntame lo que ocurrió. 私に隠し立てしないで何が起きたのか話してくれ. Nos ha dicho toda la verdad, sin ~s. 彼は私たちに本当のことをすべて包み隠さず言ってくれた. Su conversación es un continuo ~. 彼の話はごまかしばかりだ. ❷《服飾》顔を隠すもの、ベール.

---

taquear [takeár] 他《中南米》❶ をねらって撃つ. ❷ を(…で)いっぱいにする『+de』.
— 自 ❶《アルゼンチン、メキシコ、ペルー》ビリヤードをする. ❷《キューバ》着飾る、おめかしする. ❸《メキシコ》タコスを食べる.
—se 再《コロンビア》金持ちになる.

taquera [takéra] 女 (ビリヤードの)キュー立て.

taquería [takería] 女《メキシコ》タコス店.

taquicardia [takikárðja] 女《医学》頻拍(はく)、頻脈.

taquigrafía [takiɣrafía] 女 速記(術).

taquigrafiar [takiɣrafjár] [1.5] 他 を速記する.

taquigráficamente [takiɣráfikaménte] 副 速記で. —coger un discurso ~ 講演を速記で記録する.

taquigráfico, ca [takiɣráfiko, ka] 形 速記(術)の.

taquígrafo, fa [takíɣrafo, fa] 名 速記者.

:**taquilla** [takíʎa] 女 ❶ 切符売り場[窓口]. —No quiero hacer cola en la ~. 私は切符売り場に並んでいたくない. ❷ 書類棚、キャビネット；分類[整理]棚；ロッカー. —Allí hay una fila de ~s. Puedes usar la que quieras. あそこにロッカーが並んでいるだろう. どれを使ってもいいよ. ❸ (芝居などの)興行の収入[利益]. —La obra de teatro batió un record de ~. その劇は空前の客入りだった. hacer taquilla 切符の売れ行きがよい.

taquillaje [takiʎáxe] 男 ❶ (劇場などの)入場券の販売枚数. —El ~ de ese cine es de mil entradas. その映画館の入場券の販売枚数は千枚である. [類] taquilla. ❷ (劇場などの)入場券の売上高. [類] recaudación, taquilla.

taquillero, ra [takiʎéro, ra] 形 (出し物・俳優などが)興業成績のよい、大当たりの. —Es una cantante muy taquillera. 彼女はドル箱歌手だ. película taquillera 大ヒット映画.
— 名 切符売り、窓口係.

taquimeca [takiméka] 女 (女性の)速記兼タイピスト. [類] taquimecanógrafa.

taquimecanógrafo, fa [takimekanóɣrafo, fa] 名 速記兼タイピスト.

taquimetría [takimetría] 女《測量》スタジア測量、視距測量.

taquímetro [takímetro] 男《測量》タキメーター、スタジア測量器、視距儀.

tara [tára] 女 ❶ 風袋(ふうたい)量、(積み荷・乗客などを除いた)車体重量. —Las patatas pesan cinco kilos con ~. そのジャガイモは風袋込みで5キロある. ❷ 欠陥、欠点；短所. —Pagué menos por el vestido porque tenía una ~. そのドレスは傷物だったので、私は値引きしてもらった. [類] defecto, tacha. ❸ 身体障害. —~ hereditaria 先天性身体障害. ❹ 風袋錘(ふうたいおもり)、タラ(容器分の重さの分銅).

tarabilla [taraβíʎa] 女 ❶ 早口、まくしたてること、あわてた話しぶり. —Era tal su ~ al explicar lo sucedido que ni él mismo se entendía. 彼の事件の説明ぶりがあまりにも早口で、彼自身にも理解できないほどだった. ❷ (戸・窓の)戸閉まり用の留め金、落とし.
— 男女 早口な人、とりとめなくしゃべる人.

tarabita [taraβíta] 女 ❶ (ベルト・バックルの)舌.

1822 taracea

❷ 〖中南米〗(渡しかごの)ロープ.

taracea [taraθéa] 囡 寄せ木細工; はめ込み細工, 象眼.

taracear [taraθeár] 他 に(装飾として)はめ込む, 象眼する, ちりばめる〖+con〗. — ~ el bufete con marfil 書斎机に象牙を象眼する.

tarado, da [taráðo, ða] 過分 形 ❶ 欠陥のある. — Devolvimos las cinco piezas *taradas*. 私たちは欠陥のあった5つの部品を返品した. 類 **defectivo, defectuoso**. ❷《軽蔑》身体に障害のある. ❸〖話, 軽蔑〗頭のおかしい; まともなことができない(人).

— 名〖話, 軽蔑〗頭のおかしい人; まともなことができない人. — Ese crimen tiene que ser obra de un ~. その犯罪は頭のおかしい人間の仕業に違いない.

tarambana [tarambána] 男女〖話, 軽蔑〗落ち着きのない人, そわそわしい人; 奇人.

— 形〖話, 軽蔑〗(人が)落ち着きのない, 頭のおかしい. 類 **alocado, aturdido**.

taranta [taránta] 囡〖中南米〗❶ 精神障害, 狂気. 類 **demencia, locura**. ❷ 当惑, うろたえ, 混乱. 類 **confusión, perplejidad**. ❸ 酒酔い, 酩酊(%). 類 **borrachera**. ❹《虫類》毒グモ, タランチュラ. 類 **tarántula**.

tarantela [tarantéla] 囡《音楽, 舞踊》タランテラ. ◆イタリア, ナポリ付近の活発な踊り, その曲.

tarántula [tarántula] 囡《虫類》毒グモ, タランチュラ.

Tarapacá [tarapaká] 固名 タラパカー(チリの県).

tarar [tarár] 他 の風袋を量る[差し引く]. — Al ~ el cargamento, el peso del mismo se redujo considerablemente. 風袋を差し引くと, その積み荷の重量はかなり軽くなった.

tarará [tarará] 男 ラッパの音[合図].

tararear [tareáeár] 他 を口ずさむ, 鼻歌[ハミング]で歌う. 類 **canturrear**.

tarareo [taráeo] 男 鼻歌, ハミング.

tararí [tararí] 間 ❶〖しばしば tararí tarará の形で〗ブーブー, パンパカパーン(トランペット・ラッパの擬音). ❷ まさか, そんなバカな, とんでもない.

— 男 トランペット[ラッパ]の音. — El ~ de la trompeta sobresalía entre los otros instrumentos. トランペットの音が他の楽器よりも際立っていた.

— 形〖話〗〖estar+〗頭のおかしい; 酔っ払った. 類 **borracho, chiflado, loco**.

tarasca [taráska] 囡 ❶《聖体行列の》大蛇の張り子. ❷《話》醜い女; ずうずうしい女.

tarascada [taraskáða] 囡 ❶ 噛(%)みつくこと; 噛まれた傷. — Aún me duele la ~ que me dio tu gato. 君のネコに噛まれた傷がまだ痛い. ❷ つっけんどんな[そっけない]返事. — contestar con una ~ つっけんどんな返事をする. 類 **exabrupto**. ❸ 殴打. 類 **golpe**.

tarascar [taraskár] [1.1] 他 ❶ (犬などが)噛(%)みつく. 類 **morder**. ❷ (人に)つっけんどんな話す, がみがみ言う.

tarascón [taraskón] [<tarasca] 男 噛(%)み傷.

taray [tarái] 男《植物》ギョリュウ(御柳). ◆ギョリュウ科の落葉小高木.

tardador, dora [tarðaðór, ðóra] 形 (人が)遅れている, 手間取る, のろまな.

— 名 のろまな人, 遅れを取っている人.

‡tardanza [tarðánθa] 囡 遅れ, のろさ, 遅滞; 遅刻. — Le informaremos sin ~ cuando hayamos decidido los detalles. 詳細が決まりましたら即刻連絡します. La razón de su ~ es que perdió el tren. 彼が遅刻した理由は電車に乗り遅れたためだ. 類 **demora, retraso**.

*tardar [tarðár タルダる] 自 ❶ 時間がかかる. — ¿Cuánto *tarda* el tren de Madrid a Sevilla? マドリードからセビリヤまで列車でどのくらいかかりますか. *Tardo* una hora desde mi casa hasta la universidad. 私の家から大学へは1時間かかる. *Tardarán* todavía varios meses en terminar la construcción del puente. 橋の建設が終るまでにはまだ数か月かかる. ❷ 手間取る, 遅れる, ぐずぐずする. — Ana *tarda* mucho en arreglarse. アナは身仕度にとても暇がかかる. No *tardes* en volver. ぐずぐずせずに早く帰りなさい.

a más tardar 遅くとも. Llegaré a las dos *a más tardar*. 私は遅くとも2時に着くだろう.

*tarde [tárðe タルデ] 囡 ❶ 午後. — La reunión terminó a las 4 de la ~. 会議は午後4時に終わった. Nos veremos mañana por la ~. 明日の午後に会いましょう. ❷ 夕方. — Los coches se movían lentamente durante la hora punta de la ~. 夕方のラッシュで車は のろのろ運転だった (=「ように」進んだ). Sale a pasear todas las ~s. 彼は毎日夕方になると散歩に出る.

— 副 ❶ 遅く, 遅れて, 遅刻して. — Siento haberle hecho venir tan ~. こんなに遅くお呼び立てして申し訳ありません. El autobús llegó 5 minutos ~. バスは5分遅れで来た. 反 **temprano**. ❷ 後で. — Le haré una visita más ~ en su oficina. あとであなたの事務所に伺います.

a la caída de la tarde/al caer la tarde 夕暮れに. Las sombras se alargan *al caer la tarde*. 夕方になると影が長くなる.

a media tarde 午後6時ごろに.

Buenas tardes.（午後, 日暮れまでのあいさつ）こんにちは; （午後, 日暮れまでの間の別れ際のあいさつ）さようなら.

de la tarde 午後の. Se despertó a las cuatro *de la tarde*. 彼は午後4時に目覚めた.

de tarde（衣服が)昼用の; (興行が)昼の, マチネーの. vestido *de tarde* アフタヌーンドレス. función *de tarde* 昼(マチネーの)興行. 反 **de noche**.

de tarde en tarde たまに, 時おり.

hacerse tarde（時間が)遅くなる. *Se me hizo tarde* y no pude asistir al mítin. 遅くなってしまったのでミーティングには出席できなかった.

(más) tarde o (más) temprano 遅かれ早かれ.

más pronto o más tarde →pronto.

tarde, mal y nunca（人のすることの)のろくて, 下手である;（物事が)不都合なときに起こる.

tardecer [tarðeθér] [9.1] 自〖3人称単数のみに活用〗夕方になる, 陽が傾く; 日が暮れる. 類 **atardecer**.

tardecica, tardecita [tarðeθíka, tarðeθíta] [<tarde] 囡 たそがれ, 日暮れ.

tardíamente [tarðíaménte] 副 遅れて, 遅くなって(から). 類 **tarde**.

tardío, a [tarðío, a] 形 遅い. (a) 遅れをとった, 遅延した, 手遅れの. —pago ~ 滞った支払い. medida *tardía* 後手及手の対策[対応]. No debemos permanecer ~s en arreglar la situación. 事態の収拾に躊躇してはいられない. (b) 晩生 [晩成], 遅咲きの; 成長が遅い. — fruto ~ (1) 晩生[遅なり]の果実. (2)《比喩》遅れた成果[成熟]. escritor ~ 晩成した作家. niño ~ en andar 歩き始めるのが遅い子. (c) 晩年の. —amor ~ 老いらくの恋. hijo ~ 年を取ってからの子. (d) 後期の, 末期の. —latín ~ 後期ラテン語. síntoma ~ 末期症状. estilo barroco ~ 後期バロック様式. (e)《医学》遅発性の; 過het. —embarazo ~ 遅発性妊娠. encefalitis viral ~ 遅発性ウイルス脳炎.

tardo, da [tárðo, ða] 形 のろい, 緩慢な; 鈍い. —con paso ~ ゆっくりとした足取りで. Soy ~ de reflejos. 私は反射神経が鈍い. Este chico es un poco ~ en entender. この子は少し理解が遅い.
類 **calmoso, lento, perezoso, torpe**.

tardón, dona [tarðón, dóna] [< *tardo*] 形《話》(人が)のろまの, ぐずぐずした. —Eres tan ~ que me sacas de quicio cuando te espero. 君があんまりのろまだから, 私は君を待っているといらいらする. —— 名《話》のろまな(人). —Es una *tardona* y le lleva horas arreglarse. 彼女のろまで, 身じたくに何時間もかかる.

‡**tarea** [taréa] 女 ❶ **仕事, 作業**; 担当, 業務, 任務, ノルマ. —~s domésticas 家事. Esa ~ supera su capacidad. その仕事は彼の力に及ばない. ❷ 宿題, 課題. —No puedes ver la tele hasta que no acabes tu ~. 宿題がすむまでテレビを見ちゃだめだよ. ❸《情報》タスク.

Tarifa [tarífa] 固名 タリーファ(スペインの都市).

tarifa [tarífa] 女 ❶ 料金, 運賃; 料金表. —~ del agua 水道料金. ~s de correos 郵便料金. ~s eléctricas [telefónicas] 電気[電話料金]. ~ nocturna 夜間料金. ~ reducida 割引料金. Está expuesta la ~ de los platos. 料理の料金表が表示してある. 類 **coste, precio, tasa**. ❷ 税(額), 関税; 税率. — aduanera 関税表. ~ preferencial 最恵国待遇関税(率). ~ proteccionista 保護関税(率). 類 **derechos, impuesto**.

tarifar [tarifár] 他 ❶ の価格[料金・税率]を決める. —Los productores *tarifaron* los productos lácteos. 生産者たちは乳製品の価格を決めた. ❷ 料金を取る.
—— 自《話》争う, けんかする; 不和になる. —No habléis de política, que vais a terminar *tarifando*. 君たち政治の話はするな, 最後はけんかになるんだから. 類 **pelear, reñir**.

Tarija [taríxa] 固名 タリーハ(ボリビアの都市).

tarima [taríma] 女 ❶ (地面・床からわずかに高くなった)壇, 台; 教壇. —El profesor da la clase hablando desde la ~. 教授は壇上から授業をしている. 類 **cadalso, tablado**. ❷ 寄せ木づくりの床. 類 **entarimado, parqué**.

tarja [tárxa] 女 (木製の)割り符.

tarjar [tarxár] 他 に印をつける; に×印をつけて消す.

‡‡**tarjeta** [tarxéta タルヘタ] 女 ❶ **名刺**, **カード, 名札,** (カード型の)証明書, 招待状. —~ de visita 名刺. ~ de crédito クレジットカード. ~ de embarque [embarcación] 搭乗券. ~ de socio 会員証. ¿Cómo va a pagar usted? ¿Con ~ de crédito? お支払いはどのようになさいますか. カードですか. Lleva siempre la ~ de identidad. 身分証明書はいつでも身につけていなさい. ~ magnética 磁気カード. ~ telefónica テレフォンカード. ❷ はがき. ~ de Navidad クリスマスカード. ~ postal (ilustrada) 絵はがき. mandar [enviar] una ~ はがきを出す. Mi amigo español me envía todos los años una ~ de Navidad. スペインの友達が毎年クリスマスカードを送ってくれる. ❸《スポーツ》カード. —~ amarilla イエローカード. ~ roja レッドカード. ❹《情報》カード. —~ de expansión [de memoria, de modem, de sonido, de vídeo] 拡張[メモリー, モデム, サウンド, ビデオ]カード. ~ de circuito impreso perforada パンチカード. ~ inteligente IC カード, スマートカード.

tarjeteo [tarxetéo] 男 名刺の頻繁な使用; 名刺の乱用.

tarjetera [tarxetéra] 女《中南米》= tarjetero.

tarjetero [tarxetéro] 男 名刺入れ, カード入れ. 類 **cartera**.

tarlatana [tarlatána] 女《繊維》ターラタン. ◆ 薄地のモスリン. 舞台衣裳, 舞踏服用.

tarot [taró(t)] 男《複》tarots [tarós] ❶ タロットカード(= cartas de ~). ◆ 占いに使う78 枚一組のカード. —una baraja de ~ 一組のタロットカード. ❷ タロット占い; タロット遊び.

tarquín [tarkín] 男 泥土, 軟泥, へどろ. 類 **cieno**.

tarraconense [taRakonénse] 形 ❶ タラゴーナ(Tarragona, スペイン, カタルーニャ地方の都市)の. ❷《歴史》タラコ(Tarraco, ローマ支配下の都市. 現在のスペイン, タラゴーナ, およびその周辺の地域)の. —— 男女 ❶ タラゴーナの住人[出身者]. ❷《歴史》タラコの人.

Tarragona [taRaɣóna] 固名 タラゴーナ(スペインの県・県都).

Tárrega [táReɣa] 固名 タレガ(フランシスコ Francisco ~)(1855-1909, スペインの作曲家・ギタリスト).

tarrina [taRína] 女 (食品用の小さな)ケース. —~ de caviar キャビアのケース. ~ de margarina マーガリンのケース.

tarro [táRo] 男 ❶ 壺(⦅), 広口の瓶(⦆). —un ~ de miel 蜂蜜の瓶. ❷《話》(人の)頭, 頭脳. —tener un buen ~ 頭がいい. Tú estás mal del ~. 君はおつむが変になっている.
comer el tarro a...(人)をうまく説得する, 言いくるめる, 洗脳する. ¡Hay que ver cómo *te ha comido el tarro* esa chica! 君はすっかりあの娘に言いくるめられてしまったね!
comerse el tarro 思い悩む, くよくよと考える. No arregles nada con *comerte el tarro*. くよくよ考えても何も解決しないよ.

tarso [társo] 男 ❶《解剖》足根(骨). ◆足首と足の部分(の骨). ❷ (節足動物の)付節; (馬などの)後足の足首の関節; (鳥類の)跗蹠(ふしょ)(脚の細い部分).

tarta [tárta] 女 ケーキ.

tártago [tártaɣo] 男 ❶《植物》トウダイグサ. ◆樹液は下剤になる. ❷《話》災難, 不幸. ❸《話》悪ふざけ, いたずら.

darse un tártago《話》あくせく働く；せかせか動く．

tartajear [tartaxeár] 自 どもる，口ごもる；たどたどしく話す． 類**tartalear, tartamudear.**

tartajeo [tartaxéo] 男 どもること，吃音(きつおん)；たどたどしい話し方． 類**tartamudeo, tartamudez.**

tartajoso, sa [tartaxóso, sa] 形 (人・話し方が)どもる，口ごもる． 類**tartamudo.**
—— 名 どもる人．

tartalear [tartaleár] 自 ❶ ふらふら動く，よろよろ歩く． ❷ どもる，口ごもる． 類**tartajear, tartamudear.**

tartamudear [tartamuðeár] 自 どもる，口ごもる；たどたどしく話す． 類**tartajear, tartalear.**

tartamudeo [tartamuðéo] 男 どもること，口ごもること． 類**tartajeo, tartamudez.**

tartamudez [tartamuðéθ] 女 どもり，吃音(きつおん)． 類**tartajeo, tartamudeo.**

tartamudo, da [tartamúðo, ða] 形 (人が)どもる，口ごもる． 類**tartajoso.**
—— 名 どもる人．

tartán [tartán] 男 《服飾》タータン，格子縞(ごうしじま)の毛織物．

tartana [tartána] 女 ❶ 幌付きの2輪馬車． ❷《船舶》1本マストの三角帆船． ❸《話》(主に自動車を指して)おんぼろ，ポンコツ．

tartáreo, a [tartáreo, a] 形《文》タルタロス(ギリシャ神話で，地獄の下の底なしの淵)の，地獄の(ような)． 類**infernal.**

tartárico, ca [tartáriko, ka] 形《化学》酒石(酸)(を含む，から得た)．— ácido *tartárico* 酒石酸． 類**tártrico.**

tártaro, ra [tártaro, ra] 形 ❶《歴史》タタール(人)の，韃靼(だったん)(人)の． ❷《料理》タルタルの．— un bistec ~ タルタルステーキ．salsa *tártara* タルタルソース．
—— 名 タタール人，韃靼(だったん)人．◆モンゴル系の一部族．
—— 男 ❶ タタール語． ❷ 酒石．◆葡萄(ぶどう)酒醸造で，発酵樽の底に生ずる結晶性沈澱．酒石酸の原料．— ~ emético タルタル石(せき)． ❸ 歯石．◆sarro. ❹《文》(*a*)《神話》タルタロス．◆ギリシャ神話で，地獄の下の底なしの淵．(*b*) 地獄． 類**infierno.**

tartera [tartéra] 女 ❶ 弁当箱；食べ物の密閉容器．— Cuando no puedo ir a comer a casa, me llevo la comida al trabajo en una ~. 昼食を食べに家に帰れない時は，私は弁当箱に食べ物を詰めて仕事に持って行く． 類**fiambrera.** ❷《料理》(パイ・ケーキを焼く)平鍋(ひらなべ)． 類**cazuela.** ❸《料理》(パイ・ケーキ用の)型．

tartesio, sia [tartésjo, sja] 形《歴史》タルテーソス(Tartesos)の．
—— 名《歴史》タルテーソス人．

Tartesos [tartésos] 固名 タルテーソス[タルテッソス](前2000年紀末～前6世紀ごろのイベリア半島南西部の王国)．

tartrato [tartráto] 男《化学》酒石酸塩．

tártrico, ca [tártriko, ka] 形《化学》酒石(酸)の．— ácido ~ 酒石酸． 類**tártaro.**

tartufo [tartúfo] 男 偽善者．◆フランスの劇作家モリエール(Moliére)の喜劇《Le Tartuffe》の主人公名より． 類**hipócrita.**

tarugo [tarúγo] 男 ❶ (短くて厚い)木片．— Echa unos ~s a la chimenea para que se avive el fuego. 火を強くするために暖炉に木片をいくつか放り込め． 類**zoquete.** ❷ (硬くなった)パンの切れ端． ❸ (木製の)くさび，栓；木釘(きくぎ)． 類**clavija.** ❹ 木製の舗装用ブロック． ❺《話》あほう，うすのろ． 類**zoquete.** ❻《話》ずんぐりした人．

tarumba [tarúmba] 形 困惑した，狼狽(ろうばい)した．— estar ~ ぼう然としている．Esa chica me tiene ~. あの女の子のせいで私は頭がおかしくなっている． 類**confuso.**
volver tarumba a ... (人)を困惑させる．*Me vuelve tarumba con sus continuos cambios de parecer.* 彼の外見が絶えず変わるので私はめんくらってしまう． 類**atontar, aturdir, confundir.**
volverse tarumba 困惑する．

tas [tás] 男 (金属細工用の)小型の金床(かなとこ)． 類**yunque.**

tasa [tása] 女 ❶ 料金．— abonar [pagar] las ~s 料金を支払う．Han subido las ~s de matrícula. 登録料が値上がりした． 類**pago, precio.** ❷ 割合，率，レート．— ~ de cambio 為替レート． ~ de desempleo [paro] 失業率． ~ de interés 利率． ~ de natalidad [mortalidad] 出生[死亡]率． ~ preferencial プライム・レート． ~ de inflación インフレ率． 類**proporción, razón, relación, tipo.** ❸ 公定価格，相場．— ~ sobre los crudos 原油の公定価格．En ese establecimiento no respetan las ~s. その店では公定価格を尊重しない． ~ gubernativa 行政指導に基づく公定価格． ❹ 制限，限度．— poner una ~ a los gastos mensuales 毎月の出費を制限する． 類**límite, restricción.** ❺ 見積もり，評価；価格の決定．— La ~ del piso la realizará un perito. マンションの価格見積もりは専門家が行なう予定だ． 類**tasación, valoración, valuación.** ❻ 税金．— ~ de importación 輸入税． 類**impuesto.**
sin tasa (*ni medida*) 際限なく．comer y beber *sin tasa* やたらに飲み食いする．

tasación [tasaθjón] 女 ❶ 見積もり(額)，評価(額)，査定(額)．— Para la ~ del cuadro recurrieron a un experto. その絵の価格査定のために専門家が呼ばれた． 類**tasa, valoración, valuación.** ❷ 計算． 類**cálculo.**

tasadamente [tasáðaménte] 副 倹約して，わずかずつ，ほどほどに．

tasador, dora [tasaðór, ðóra] 形 評価する，査定する，鑑定する．— perito ~ 査定の専門家．
—— 名 鑑定士，鑑定人．

tasajear [tasaxeár] 他《中南米》(肉)を乾燥させる，乾燥肉にする．

tasajo [tasáxo] 男 ❶《料理》乾燥肉，干し肉． 類**cecina.** ❷《料理》肉の切り身．

tasajudo, da [tasaxúðo, ða] 形《中南米》やせて背が高い(人)．

‡**tasar** [tasár] 他 ❶《+en と》を査定する，評価する，値踏みする．— El banco debe ~ el piso antes de conceder el crédito. 銀行はローンを融資する前にマンションの価格を評定しなければならない．*Tasaron* el cuadro *en* ochenta mil euros. その絵には8万ユーロの値がついた． 類**evaluar.** ❷ …の公定価格を決める．— El gobierno *ha tasado* el precio de las viviendas. 政府は住宅の公定価格を決めた． ❸ …に上限を決める，を制限する；

出し惜しむ. —~ la comida al enfermo 患者に食事を制限する. Si quieres ahorrar debes ~ los gastos. 貯金したいのなら出費を押さえるべきだ. 類**racionar, restringir**.

tasca [táska] 女 ❶ 酒場, 居酒屋. —ir de ~s《話》はしご酒をする. 類**taberna**. ❷ 賭博(とばく)場. 類**casino, timba**.

tascar [taskár] [1.1] 他 ❶ (麻・亜麻など)をたたいて繊維にする. ❷ (動物が草)をばりばり食べる. *tascar el freno* (1)(馬がいらだって)轡(くつわ)をかむ. (2)(人が怒りを抑えて)しぶしぶ義務を果たす.

Tasquent [taskén(t)] 固名 タシケント(ウズベキスタンの都市).

tata [táta] 女 ❶《幼》ばあや, お姉ちゃん(姉・乳母・家政婦への呼びかけ). 類**niñera**. ❷《話》女中, お手伝いさん. 類**criada**.
— 男《中南米》❶《話》パパ, お父ちゃん. 類**papá**. ❷ ご主人様(雇い主への呼びかけ).

tatami [tatámi] [<日] 男 畳.

tatarabuelo, la [tataraβuélo, la] 名 高祖父(母)(曾祖父母の父母).

tataranieto, ta [tataranjéto, ta] 名 玄孫(やしゃご)(ひ孫の子).

tato [táto] 男《幼》お兄ちゃん.

tatú [tatú] 男《動物》オオアルマジロ.

tatuaje [tatuáxe] 男 入れ墨, 入れ墨模様. —Popeye lleva un ~ con un ancla en el brazo. ポパイは腕に錨(いかり)の入れ墨をしている.

tatuar [tatuár] [1.6] 他 …の入れ墨をする.
—**se** 再 自分の体に(…の)入れ墨をする. —*Se tatuó en el brazo con un corazón con el nombre de su novia*. 彼は腕にハートと恋人の名前の入れ墨をした.

tau [táu] 男 T字形. — 女 タウ(ギリシャ語アルファベットの第19字. T, τ).

taumaturgia [taumatúrxja] 女 奇跡を行うこと[力], 魔法, 神通力.

taumaturgo [taumatúrɣo] 男 奇跡を行う人, 神通力のある人.

taurino, na [tauríno, na] 形 闘牛の; 牛の. —empresario ~ 闘牛の興業主. festival ~ 闘牛大会. ganadería *taurina*(家畜としての)牛の群れ. peña *taurina* 闘牛愛好会.

Tauro [táuro] 男 ❶《天文》牡牛座 ❷《占星》(十二宮の)金牛宮.

taurómaco, ca [taurómako, ka] 形 闘牛の; 闘牛通の, 闘牛に詳しい. — 闘牛通, 闘牛に詳しい人.

tauromaquia [tauromákja] 女 ❶ 闘牛術. —escuela de ~ 闘牛牛学校. ❷ 闘牛術の本. —consultar una ~ 闘牛術の本を調べる.

tauromáquico, ca [tau romákiko, ka] 形 闘牛(術)の. — término ~ 闘牛用語.

tautología [tautoloxía] 女 ❶ 同語[類語]反復, トートロジー. 類**repetir otra vez**(もう一度くり返す), **bajar abajo**(下に降りる)など. ❷《論理》恒真式.

tautológico, ca [tautolóxiko, ka] 形 ❶ 同語[類語]反復の, トートロジーの. ❷《論理》恒真(式)の.

taxativamente [taksatíβaménte] 副 限定的に, 厳密な意味で.

taxativo, va [taksatíβo, βa] 形 ❶ 制限的な, 厳密な, 明確な. —indicar de forma *taxativa* 厳密に指定する. 類**categórico, preciso**. ❷ 絶対的な, 議論を許さない. —En esta empresa, las órdenes de los superiores son *taxativas*. この会社では上役の命令は絶対だ.

Taxco [tásko] 固名 タスコ(メキシコの都市).

‡**taxi** [táksi] 男 タクシー. — coger [tomar] un ~ タクシーをつかまえる. llamar un ~ タクシーを呼ぶ. Se llega antes en tren que en ~. タクシーよりも電車の方が早くつきます.

taxidermia [taksiðérmja] 女 剥製(はくせい)(術). —taller de ~ 剥製工房.

taxidermista [taksiðermísta] 男女 剥製(はくせい)職人.

taxímetro [taksímetro] 男 タクシーの料金メーター. —El ~ marcaba 8 euros con 50. タクシーのメーターは8ユーロ50セントになっていた.

taxista [taksísta] 男女 タクシー運転手.

taxón [ka(k)són] 男《生物》分類単位[群].

taxonomía [taksonomía] 女 ❶ 分類学; 分類. 類**clasificación**. ❷《生物》分類法.

Tayikistán [tajikistán] 固名 タジキスタン(公式名 República de Tayikistán, 首都ドゥシャンベ Dushanbé).

‡**taza** [táθa] 女 ❶ 茶わん, カップ. —~ graduada 計量カップ. ¿Quiere usted otra ~ de té? お茶をもう1杯いかがですか. Me tomé una ~ de café para quitarme el sueño. 眠気ざましにコーヒーを1杯飲んだ. ❷(噴水の)水盤. 類**pila** ❸(便)便器.

tazón [taθón] [<日] 男 (取っ手のない)大カップ, ボール, 碗(わん). —Para desayunar, echo leche en un ~ y mojo galletas. 朝食のとき, 私はボールにミルクを注ぎ, ビスケットをひたす. 類**bol**.

Tbilisi [tβilísi] 固名 トビリシ(グルジアの首都).

te¹ [té] 女[複 tes] ❶ T字; T字形. ❷ T定規. 類**escuadra**.

‡**te²** [te テ] 代 (人称)《2人称単数与格・対格; 話し相手をさす》❶〖直接補語として〗君[おまえ]を. —Me quiere mucho. 彼は君をとても愛している. ❷〖間接補語として〗君[おまえ]に. —Te regalo un ramo de rosas. 私は君に1束のバラを贈ります. ❸〖再帰代名詞として〗—No te has lavado las manos. 君は手を洗っていない.

‡**té** [té テ] 男 ❶ 茶. —~ con leche ミルクティー. ~ con limón レモンティー. ~ frío アイスティー. ~ negro 紅茶. ~ verde 緑茶. hacer [preparar] un ~ お茶を入れる. tomar un ~ お茶を飲む. ¿Quiere usted otra taza de ~? お茶をもう1杯いかがですか. ❷ 茶の集まり, ティーパーティー. —Sabe mucho de la ceremonia del ~. 彼女は茶の湯についてはよく知っている. ❸《植物》茶の木. —Uji es famoso como centro productor [región productora] de ~. 宇治はお茶の産地として名高い.

dar el té 《話, 比喩》わずらわせる, うんざりさせる(=*molestar*).

té borde [*de España/de Europa*]《植物》アリタソウ.

té de los jesuitas [*del Paraguay*](=*yerba mate*) マテ茶.

tea [téa] 女 ❶ たいまつ, トーチ. —Entraron en la cueva alumbrándose con una ~. 彼らはトーチで照らしながら洞窟に入っていった. 類**antorcha**. ❷《話》酔い. —coger una buena ~ すっ

かり酔っぱらう. Lleva una ~ impresionante. 彼はすごい酔っぱらいぶりだ. 類 borrachera.

teatino, na [teatíno, na] 形 《カトリック》テアティーノ修道会の.
— 名 《カトリック》テアティーノ修道会の司祭[修道士].

‡**teatral** [teatrál] 形 ❶ 演劇の, 芝居の. —grupo ~ 劇団. esgrima ~ 殺陣. crítica ~ 演劇批評. cartelera ~ 演劇広告[(新聞等の)演劇欄]. representación ~ 芝居の上演. ❷《軽蔑》芝居がかった, わざとらしい. —rostro ~ 本心を隠した顔. gesto ~ わざとらしい[おおげさな]身ぶり. en tono ~ わざとらしい調子で. con voz ~ 芝居がかった声で.

teatralidad [teatraliðáð] 女 ❶ 演劇性; 演技力. ❷ 芝居がかった様子, 大げさ, わざとらしさ.

‡‡**teatro** [teátro テアトロ] 男 ❶ 演劇, 芝居. —obra de ~ 戯曲. Escribe para el ~. 彼は脚本を書いている. ❷《集合的に》劇作品, 戯曲. —de Tirso de Molina ティルソ・デ・モリーナの戯曲. — clásico [barroco] 古典(バロック)演劇. ❸ 演劇活動, 職業としての演劇, 演劇界. —Se dedica al ~ desde muy joven. 彼女は若いときから演劇をやっている. ❹ 観客. —El ~ se puso en pie y ovacionó a la actriz. 観客は立ち上がりその女優に喝采の拍手を送った. ❺《比喩》演技, 見せかけ. —Su amor era un puro ~. 彼女の愛はまさに見せかけだった. ❻《比喩》劇場. —Este ~ tiene una capacidad de 300 asientos. この劇場は 300 人収容できる. ❼ (演劇の)舞台, ステージ;《比喩》(出来事の)舞台, 場所, 現場. — ~ de operaciones《軍事》戦域.
hacer [*tener*] *teatro*《比喩》芝居がかる, 大げさなことをする.

tebano, na [teβáno, na] 形 《歴史》テーベ[テーバイ](Tebas, 古代ギリシャの都市)の.
— 名《歴史》テーベ[テーバイ]の人.

Tebas [teβás] 固名 《歴史》テーベ[テーベ](エジプト古代都市遺跡).

tebeo [teβéo] 男 (子供向けの)漫画雑誌, 漫画本. 類 cómic.
estar más visto que el tebeo《話》とても有名な. Ahora no me acuerdo del nombre, pero es un actor que *está más visto que el tebeo*. 今は名前を思い出せないが, 彼はだれもが知っている俳優だ.

teca[1] [téka] 女 《植物》チーク, チーク材.

teca[2] [téka] 女 ❶《動物, 解剖》包膜. ❷《植物》(コケ植物の)胞子嚢(のう); (蘚類の)蒴(さく); (被子植物の)花粉嚢.

teca[3] [téka] 女 《カトリック》聖遺物箱.

techado [tetʃáðo] 男 屋根. —bajo ~ 屋根の下で, 屋内で. 類 techo.

techar [tetʃár] 他 …に屋根をふく, 屋根をかぶせる. —Ya están *techando* la casa, así que pronto la podremos habitar. もう家に屋根をふいているところだから, じきに住めるようになるだろう.

‡**techo** [tétʃo] 男 ❶《建築》天井. —Como el ~ es demasiado alto, el cuarto no se calienta fácilmente. 天井が高すぎて部屋がなかなか暖まらない. ❷《建築》屋根 (= tejado). —Vivieron bajo el mismo ~ tres años. 彼らは 3 年間同じ屋根の下で暮らした. ❸《比喩》家, すまい. —No tiene ~ donde cobijarse. 彼には住む家がない. 類 **casa, domicilio, habitación**. ❹《比喩》(*a*) 頂点, 極限, 限界; シーリング, 最高限度. —El mercado de valores ha tocado ~. 株式市場は頭打ちだ (= 行きつくところまで行った). (*b*)《航空》上昇限度, 最高限度.

techumbre [tetʃúmbre] 女 『集合的に』屋根部; 屋根, 天井.

tecla [tékla] 女 (ピアノ, タイプライターなどの)鍵(けん), キー. —tocar [pulsar] las ~s del piano キーをたたく. Pulsa esa ~ del ordenador para comenzar a imprimir. 印刷を始めるには, コンピュータのそのキーを押しなさい. — ~ de activación [de desplazamiento/mayúsculas, de función, de método abreviado, retorno]《コンピュータ》ホット[シフト, ファンクション, ショートカット, リターン]キー.
dar en la tecla《話》うまくやりとげる, 適切な行動を取る.
tocar (todas) las teclas《話》あらゆる手を尽くす, すべてを考慮に入れる, 万全を期す. Yo sé qué *teclas* hay que *tocar* para convencerlo. 彼を説得するにはどんな手を打てばいいかはわかる.

teclado [tekláðo] 男 ❶ 鍵盤; キーボード. —el ~ de un ordenador コンピューターのキーボード. El ~ del piano tiene teclas blancas y negras. ピアノの鍵盤には白鍵と黒鍵がある. ❷《音楽》キーボード(鍵盤のついた電子楽器). —Ana toca el ~ en un grupo de música pop. アナはポップスのバンドでキーボードを弾いている.

teclear [tekleár] 自 ❶ (タイプライター, ピアノなどの)キーをたたく[押す]; タイプを打つ; ピアノを弾く. —Las secretarias *teclean* muy deprisa. 秘書たちはとても速くタイプを打つ. ❷ 指でコツコツたたく. 類 **tamborilear**.
— 他 (人)に働きかける. —*Teclearé* a influyentes amigos, pero no creo que se pueda solucionar el problema. 影響力のある友人たちに働きかけてみるけれど, 問題が解決できるとは思わない.

tecleo [tekléo] 男 ❶ キーをたたくこと[音]. ❷ 指でコツコツたたくこと[音].

‡**técnica** [téknika] 女 ❶ 技術. — ~ moderna 現代の技術. progreso de la ~ 技術の進歩. — pedagógica 教授法. He aprendido la ~ necesaria para esculpir una estatua. 私は彫像を彫る技術を学んだ. ❷ 方法, 手段, 手法. —emplear una ~ ある方法を使う. ❸ 技巧, テクニック. —Su fortaleza como boxeador está en la ~ más que en los músculos. ボクサーとしての彼の強みは筋力よりも技巧だ. 類 **destreza, habilidad**.

técnicamente [téknikaménte] 副 ❶ 技術的に. ❷ 専門的に; 専門用語[術語]を使って.

tecnicidad [tekniθiðáð] 女 専門性, 専門的性質; 専門的方法[表現].

tecnicismo [tekniθísmo] 男 ❶ 専門用語, 術語. —La palabra «sintagma» es un ~ de la lingüística. 「連辞」という言葉は言語学の専門用語である. ❷ 専門性, 専門的性質. 類 **tecnicidad**.

‡**técnico, ca** [tékniko, ka] 形 ❶ 専門の, 専門的な, 専門分野の. —revista *técnica* 専門誌. diccionario ~ 専門辞典. terminología *técnica* 専門用語. ❷ 技術の. (*a*) 技術上の, 科

学技術の. —enseñanza *técnica* 技術教育. dibujo ～ 製図. asesoramiento ～ 技術指導. ayuda[cooperación] *técnica* 技術援助[協力]. (b) 特定技能の, 技能資格の. —escuela *técnica* 専門学校. arquitecto ～ 建築施士. auxiliar ～ sanitario 医療技術員. ❸ 技巧的な, 術の冴えた. —jugador ～ 技の冴えた選手.

—— 图 ❶ 技術者, 技術士, (特定技術・職能の)専門家. ～ en gestión inmobiliaria 不動産管理の専門家. ～ dental 歯科技工士. ～ de soldadura 溶接技術士. ～ de sonido [iluminación] 音響[照明]技師. ～ de seguridad informática コンピュータ安全技術者. ❷《スポーツ》監督, コーチ; 技巧派の選手.

tecnicolor [teknikolór] 男《映画, 商標》テクニカラー.

tecnocracia [teknokráθia] 女 テクノクラシー, 技術主義, 技術者支配; 技術主義社会.

tecnócrata [teknókrata] 男女 テクノクラート, (特に経営・管理の職にある)専門技術者, 技術官僚.

—— 形 テクノクラシーの(ような), テクノクラートの(ような).

*__tecnología__ [teknoloxía] 女 ❶ テクノロジー, 科学技術; 工学. ～ agraria 農業技術. ～ electrónica 電子工学. ～ militar 軍事技術. ～ punta 先端技術. emplear una ～ avanzada para abaratar el coste del producto 生産コストを下げるために進んだ技術を用いる. ❷ 技術用語; 専門用語, 術語. —diccionario de ～ 科学技術用語辞典.

tecnológico, ca [teknolóxiko, ka] 形 テクノロジーの, 科学技術の; 技術的な. —avances ～s 科学技術の進歩. innovación *tecnológica* 技術革新. con los más avanzados medios ～s 最先端の技術的な手法を用いて.

tecnólogo, ga [teknóloɣo, ɣa] 名 技術者, 科学技術者, 工業技術者.

tecolote [tekolóte] 男 ❶《中米》《鳥類》ミミズク. 類 **búho, lechuza**. ❷《話》警官; 夜警.

—— 形《中米》《話》酔っぱらった.

tecomate [tekomáte] 男《中米》❶《植物》ヒョウタン; ヒョウタンの椀(ｳﾝ). 類 **calabaza**. ❷ 土器[陶器]の椀.

tedéum [teðéun]男《単複同形》(しばしば T～)《カトリック》賛美の歌, テデウム. ◆Te Deum laudamus.(ラテン語「我ら, 神なる汝をほめたたえる」)で始まる.

tediar [teðjár] 他 …にうんざりする, をいとわしく思う. 類 **aborrecer**.

tedio [téðjo] 男 退屈, 倦怠(ﾀｲ). —Este trabajo me interesaba al principio, pero ahora me produce ～. 私は始めこの仕事に興味を持っていたが, 今ではうんざりしている. 類 **aburrimiento, fastidio, repugnancia**.

tedioso, sa [teðjóso, sa] 形 ❶ 退屈な, 飽き飽きする. —La película era tan *tediosa* que salimos del cine antes de que acabara. その映画があまりに退屈だったので, 私たちは終わる前に出てきた. 類 **aburrido, fastidioso**. ❷ うるさい, 迷惑な. 類 **fastidioso, molesto**.

Tegucigalpa [teɣuθiɣyálpa] 固名 テグシガルパ(ホンジュラスの首都).

tegumento [teɣuménto] 男《生物》(動物の)外皮, 皮; (植物の)外被, 包被. 類 **membrana, piel, tela**.

Teherán [te(e)rán] 固名 テヘラン(イランの首都).

Teide [téiðe] 固名 (el ～) テイデ山(カナリア諸島, テネリフェ島の火山).

teína [teína] 女《化学》テイン, (茶に含まれる)カフェイン.

teísmo [teísmo] 男《哲学》有神論. 反 **ateísmo**.

teísta [teísta] 形《哲学》有神論の. 反 **ateísta**.

—— 男女《哲学》有神論者.

*__teja__ [téxa] 女 ❶ (屋根の)瓦(ｶﾜﾗ). —— árabe 丸瓦. ～ plana 平瓦. ❷ (僧・牧師の)帽子. ❸《植物》シナノキ, 菩提樹.

a toca teja《話, 比喩》現金で, 即金で(＝en efectivo).

de tejas abajo《話, 比喩》この世の[で], 現世の.

de tejas arriba《話, 比喩》あの世の[で], 天国の.

tejadillo [texaðíjo] [＜tejado] 男《建築》小屋根, ひさし.

*__tejado__ [texáðo] 男 (特にスペインで)屋根.

tejamaní, tejamanil [texamaní, texamaníl] 男《中南米》屋根板, こけら板.

tejano, na [texáno, na] 形 ❶ テキサス(Tejas, Texas, アメリカ合衆国の州)の. ❷《服飾》ジーンズの. —pantalón ～ ジーンズ・パンツ. 類 **vaquero**.

—— 男《主に複》《服飾》ジーンズ.

tejar [texár] 他 (建物の)屋根に瓦(ｶﾜﾗ)をふく, (屋根)に瓦をふく; にタイルを張る.

—— 男 瓦(ﾚﾝｶﾞ)[タイル]工場.

tejavana [texaβána] 女 掘っ立て小屋. 類 **cabaña, caseta**.

tejedor, dora [texeðór, ðóra] 形 織る, 編む, 織物の, 編み物の. —máquina *tejedora* 織機, 編み機. —— 名 織り手, 織工; 編む人.

—— 男 ❶《虫類》アメンボ. ❷《鳥類》ハタオリドリ. —— 女 織機, 編み機.

tejedora [texeðóra] 女 → tejedor.

tejedura [texeðúra] 女 ❶ 織ること; 編むこと. ❷ 織り方, 織り目. 類 **textura**.

tejeduría [texeðuría] 女 ❶ 織り方, 織物技術. ❷ 織物工場, 紡績工場.

tejemaneje [texemanéxe] 男 ❶《話》たくらみ, 奸計. —Con algunos ～s logró el ascenso. 彼は何か策を弄(ﾛｳ)して昇進を勝ち取った. 類 **intriga, manejo**. ❷《話》大騒ぎ, 大忙し. —¡Vaya ～ que te traes para mudarte de cuarto! まあ部屋を変わるのに君の忙しそうなことと言ったら!

*__tejer__ [texér] 他 ❶ (a) を織る, 織り上げる. —En este taller *tejen* la seda. この工場では絹の布を織っている. (b) を編む, 編み上げる. —～ un jersey de lana ウールのセーターを編む. ～ un cesto de esparto エスパルトの籠(ｶｺﾞ)を編む. (c) (クモが)網を張る, (芋虫・カイコが)まゆを作る. ❷ (a) をたくらむ, 計画する, 構想する. —*Tejieron* un plan para derrocar al director. 彼らは社長を退陣させる計画を練った. 類 **tramar, urdir**. (b) を…に備える, …のために努力する. —Si trabajas, podrás ～te un futuro. 働けば君は将来に備えることができるだろう. 類 **forjar**.

tejer y destejer あれこれ迷う, 一進一退をくり返

す. El jefe es un hombre indeciso que *teje y desteje*. チーフは優柔不断で、あれこれやり方が変わる.

tejería [texería] 囡 瓦(ﾟﾗ)[れんが、タイル]工場. 題**tejar**.

tejero, ra [texéro, ra] 名 瓦(ﾟﾗ)[れんが、タイル]職人.

‡**tejido** [texíðo] 男 ❶ 織物, 編んだ物, 布地, 生地. — tienda de ~s 服地の店. ~ de seda 絹織物. ~ de punto 編み物. ❷《植物,解剖》組織. — ~ muscular 筋肉組織. ~ nervioso 神経組織. ~ celular 細胞組織. ~ conjuntivo 結合組織. ~ óseo 骨組織. ❸《比喩》組織, 社会, 体系. —Las elecciones forman parte fundamental del ~ de la democracia. 選挙は民主社会の根本を成す.

tejo[1] [téxo] 男 ❶ (石投げ遊び・石けりなどで使う)投げ石, おはじき. ❷ 石投げ遊び. 題**rayuela**. ❸(輪投げ用の)輪. ❹ 金塊.

tirar [*echar*] *los tejos*《話》(人に)気のある素振りをする, 色目を使う.

tejo[2] [téxo] 男《植物》イチイ.

tejoleta [texoléta] 囡 ❶ 土器片, タイル[れんが・瓦(ﾟﾗ)]のかけら. ❷《音楽》(陶製の)カスタネット.

tejón [texón][<tejo] 男 《動物》アナグマ(穴熊). — el ~ macho 雄のアナグマ. el ~ hembra 雌のアナグマ. El ~ se aletarga en invierno. アナグマは冬のあいだ冬眠する.

tejonera [texonéra] 囡 アナグマ[タヌキ]の巣[穴].

tejuelo [texuélo][<tejo] 男 ❶ (本の背に貼る)ラベル. ❷ 土器片, タイル[れんが・瓦(ﾟﾗ)]のかけら. ❸ (略号) = teléfono 電話.

tel., teléf., tfono. (略号) = teléfono 電話.

‡**tela** [téla] 囡 ❶ (*a*) 布, 布地, 織物. — ~ fina 上質の布地. ~ metálica (目の細かな)金網. ~ tenue 薄い生地. Esta ~ no deja pasar el agua./Esta ~ es impermeable. この布は水を通さない. La textura de esta ~ es áspera. この布は生地が粗い. Esta ~ repele el agua. この布地は水をはじく. (*b*) (絵画用)カンバス, 画布, 油絵. —Una ~ impresionista preside el salón. 一枚の印象派の油絵がその部屋を占めている. 題**pintura**. ❷ 表面の薄膜,《解剖》膜, 膜組織. — ~ de cebolla タマネギの薄皮. ❸ (仕事の)難しさ. —Esta traducción tiene ~. この翻訳は難しい. ❹《比喩》話題, 話の種. —Las vecinas ya tienen ~ para rato. 隣のおばさんたちには話の種がいっぱいある. ❺ クモの巣(=tela de araña). ❻ 目のくもり, かすみ. ❼《話, 比喩》金, 財産. —Tiene mucha ~ y nos invitará a cenar. 彼はお金持ちだから私たちに夕食をごちそうしてくれるだろう. 題**dinero**.

haber tela que cortar 問題がたくさんある.

haber [*tener, ser*] *tela* [*marinera*]《スペイン,話》手間がかかる, やっかいである.

llegar a las telas del corazón 胸をうつ, 痛ましい.

poner ... [*estar*] *en tela de juicio* …を問題にする, 検討する, …が問題になっている, 検討されている. Su honestidad *está en tela de juicio*. 彼の誠実さが疑問視されている.

telamón [telamón] 男 ❶ (T~)《神話》テラモーン(ギリシャ神話で Salamis 島の王). ❷《建築》男像柱.

telar [telár] 男 ❶ 織機, 機織り機. ❷《主に複》織物工場. ❸《演劇》(緞帳(ﾄﾞﾝ)・照明・大道具などを操作する)舞台上の天井部. ❹《建築》(扉・窓の)枠. 題**cuadro**. ❺ (手綴じで製本する際の)かがり台.

tener ... *en el telar* 作成中である. Tengo mi tesis doctoral *en el telar*. 私は博士論文を作成中だ.

telaraña [telarána] 囡 ❶ クモの巣. ❷ 薄雲. ❸ 目のかすみ. ❹《通信》ウェブ. — ~ mundial ワールド・ワイド・ウェブ, WWW.

mirar las telarañas ぼんやりしている, 上の空である. Durante la clase se pasa el tiempo *mirando las telarañas*. 彼は授業中ずっとぼんやりしている.

tener telarañas en los ojos 公平な判断ができない, 判断力が鈍っている. Habría que *tener telarañas en los ojos* para no ver algo tan evidente. あんなに明らかなことに気づかないなんて, どうかしていたに違いない.

tele [téle] 囡《話》テレビ(televisión, televisor の短縮語). — ver la ~ テレビを見る.

teleadicto, ta [teleaðíkto, ta] 形 名 テレビ好き(の).

telecirugía [teleθiruxía] 囡 遠隔外科手術.

telecomunicación [telekomunikaθjón] 囡 ❶ (電話・電信・テレビ・ラジオなどの)遠距離通信. ❷ 電気通信;《複》電気通信学.

telediario [teleðjárjo] 男 テレビニュース.

teledifusión [teleðifusjón] 囡 テレビ放送; テレビ番組.

teledirigido, da [teleðirixíðo, ða] 形 リモコン[遠隔操作]の. — barquito ~ ラジコンの模型船. coche [vehículo] ~ リモコン車. nave *teledirigida* 無人宇宙船. proyectil ~ 誘導ミサイル(弾).

teleférico [teleférico] 男 ロープウエイ, ケーブルカー. 題**funicular**.

telefilm, telefilme [telefílm, telefílme] 男 テレビ(用)映画.

telefonazo [telefonáθo] 男《話》電話をかけること. — dar un ~ a ... (人)に電話をかける. Cuando llegues a casa dame un ~. 家に着いたら電話をくれ.

‡**telefonear** [telefoneár] 自[+a に]電話する. —*Telefonearé a* mis padres comunicándoles que he aprobado el examen. 私は両親に試験の合格を知らせる電話をしよう.

—— を電話で知らせる. —Me *telefoneó* la carta. 彼は私にこの手紙のことを電話で知らせてくれた.

telefonema [telefonéma] 男 電話電報(電話で申し込む電報).

telefonía [telefonía] 囡 電話, 音声通信(技術). — la red de ~ móvil 携帯電話通信網.

‧**telefónico, ca** [telefóniko, ka] 形 **電話の**, 電話による; 電話局[会社]の. — guía *telefónica* 電話番号案内. cabina *telefónica* 電話ボックス. circuito ~ 電話回線. llamada *telefónica* 電話の呼び出し[通話]. escucha *telefónica* 電話盗聴. tarjeta *telefónica* テレフォンカード. compañía *telefónica* 電話会社. empleado ~ 電話局[会社]員. cuadro ~ [cuadro de distribución *telefónica*] 電話交換機.

―― 图 電話局[会社]員.
―― 囡 (La T～) 電話会社(特にスペイン国営電話会社 Compañía *Telefónica* Nacional de España).

***telefonista** [telefonísta] 男女 電話交換手, オペレータ, 電話技師.

teléfono [teléfono テレフォノ] 男 **電話, 電話機. ― llamar por ～ 電話をかける. guía de ～s 電話帳. hablar por ～ 電話で話す. coger [colgar] el ～ 電話を取る[切る]. ～ celular [móvil] 携帯電話. ～ de línea compartida 親子電話. ～ de teclado プッシュホン. ～ fijo 固定電話. ～ gratuito フリーダイヤル. ～ público 公衆電話. ～ inalámbrico [sin hilos] コードレス電話. Justo en ese momento sonó el ～. ちょうどその時電話が鳴った. Ella me dijo su número de ～ en secreto. 彼女は私にそっと自分の電話番号を教えてくれた.

telefoto [telefóto] 男 = telefotografía.
telefotografía [telefotoɣrafía] 囡 望遠写真(術); 電送写真, 写真電送術.
telefotográfico, ca [telefotoɣráfiko, ka] 形 望遠写真術の; 電送写真の.
telegrafía [teleɣrafía] 囡 電信(技術). ～ sin hilos [inalámbrica] 無線電信. ～ múltiple 並列通信. ～ óptica 光通信.

:**telegrafiar** [teleɣrafiár] **[1.5]** 他 を電報で知らせる, 電信で送る. ― Me *han telegrafiado* para avisarme que él había perdido el avión. 私は彼が飛行機に乗り遅れたことを電報で知らされた.
―― 自 電報を打つ. ― Os *telegrafiaré* antes de salir de Japón. 私は日本を去る前に君たちに電報を打つよ.

telegráfico, ca [teleɣráfiko, ka] 形 ❶ 電信[電報]の, 電信[電報]による. ― código ～ 電信略号. giro ～, transferencia *telegráfica* 電信為替. oficina *telegráfica* 電報局. ❷ (文体が, 電報のように)簡潔な. ― tomar notas con un estilo ～ 簡潔にメモを取る. respuesta *telegráfica* 簡潔な回答.

telegrafista [teleɣrafísta] 男女 電信技師, 無線技師.

:**telégrafo** [teléɣrafo] 男 **電信, 電信機, 信号機**.

:**telegrama** [teleɣráma] 男 **電報, 電文**. ― poner [enviar] un ～ 電報を送る. recibir un ～ 電報を受け取る. ～ de felicitación. 祝電. Recibí un ～ de mi madre con el mensaje de que mi padre estaba muy enfermo. 母から父が重病だという電報を受け取った.

teleimpresor [teleimpresór] 男 電信印刷機, テレプリンター, テレタイプ.

telele [teléle] 男 《俗》失神, 気絶, 卒倒. ― Con este calor me va a dar [entrar] un ～. この暑さで気を失いそうだ.

telémetro [telémetro] 男 ❶ 測距儀, 測遠儀. ❷ テレメーター, 遠隔測定器. ❸ (カメラなどの)距離計.

telenque [telénke] 形 〖チリ〗病弱な. 類 **enclenque, enfermizo**.

teleobjetivo [teleoβxetíβo] 男 《写真》望遠レンズ. ― Esta foto se tomó con un ～ muy potente. この写真はとても強力な望遠レンズを使って撮った.

teleología [teleoloxía] 囡 《哲学》目的論.

teleósteo, a [teleósteo, a] 形 《魚類》硬骨魚類の. ―― 男 複 《魚類》硬骨魚類.

telépata [telépata] 男女 テレパシー能力者.
telepatía [telepatía] 囡 テレパシー, 精神感応. ― transmitirse sensaciones por ～ テレパシーで感覚を伝え合う.
telepático, ca [telepátiko, ka] 形 テレパシーの, 精神感応の.

telera [teléra] 囡 ❶ 横材, 横木. ❷ 鋤(すき)棒.
telerreceptor [telerreθeptór] 男 テレビ受像機. 類 **televisor**.

telerruta [telerrúta] 囡 〖複 なし〗(電話などによる, 公的な)道路交通情報. ― Según la ～, hay una caravana de diez kilómetros. 道路交通情報によると 10 キロの渋滞があるそうだ.

telescópico, ca [teleskópiko, ka] 形 ❶ 望遠鏡の; 望遠鏡で見た. ― un juego de lentes *telescópicas* 望遠鏡用のレンズ一式. ❷ 望遠鏡がなければ見えない, (遠くて)肉眼では見えない. ― un grupo de asteroides ～s 肉眼では見えない小惑星群. ❸ (望遠鏡の筒のように)入れ子式の, 振り出し式の. ― antena *telescópica* ロッドアンテナ.

:**telescopio** [teleskópjo] 男 **望遠鏡**. ― ～ Habel ハッブル望遠鏡. mirar por el ～ 望遠鏡で見る. Este ～ aumenta [amplía] 20 veces el tamaño de los objetos. この望遠鏡は物体を 20 倍大きくして見せる(=拡大する). Todo el rato estuvo mirando [No dejó de mirar] al cielo con el ～. 彼は望遠鏡でずっと空を眺めていた.

telesilla [telesíja] 男 (スキー場の椅子型の)リフト.

telespectador, dora [telespektaðór, ðóra] 名 テレビ視聴者. 類 **televidente**.

telesquí [teleskí] 男 (スキー場の)T バーリフト, ロープ塔.

teletexto [teleté(k)sto] 男 文字放送. ― un televisor con ～ 文字放送機能つきテレビ. leer el ～ 文字放送を読む.

teletipo [teletípo] 男 《商標》テレタイプ; テレタイプ通信文. ― utilizar el ～ para transmitir noticias ニュースを伝えるためにテレタイプを利用する. leer un ～ de última hora 最新のテレタイプ通信文を読む.

televidente [teleβiðénte] 男女 テレビ視聴者. 類 **telespectador**.

televisar [teleβisár] 他 をテレビ放送する. ― ～ el partido en directo [en diferido] 試合をテレビ中継する[録画放送する].

:**televisión** [teleβisjón] 囡 ❶ テレビ(受像機) (=televisor). ― ver la ～ テレビを見る. poner [encender] la ～ テレビをつける. apagar la ～ テレビを消す. ¿Cuántas horas al día ves la ～? 毎日何時間テレビを見ますか. Cuando yo tenía tu edad no había ～. 私が君の年齢のころにはテレビがなかった. ❷ テレビ放送, テレビジョン; テレビ放送局. ― ～ de alta definición ハイビジョンテレビ (T. A. D. と略される). La ～ emitió un especial sobre la Antártida. テレビは南極大陸の特別番組を放映した. ～ basura 質が最悪のテレビ番組[放送]. ～ de pago ペイテレビ[有料テレビ放送]. ～ digital デジタルテレビ. ～ educativa 教育用テレビ放送. ～ local ローカルテレビ[局]. ～ por cable ケーブルテレビ. ～ privada [pública] 民間[公

televisivo

televisivo, va [teleβisíβo, βa] 形 ❶ テレビの. —presentador ~ テレビ司会者. programa ~ テレビ番組. ❷ テレビ向けの，テレビに適した；テレビ写りの良い. —Los dos jóvenes tenían un rostro ~. その二人の若者はテレビ写りの良い顔をしていた. Los partidos de fútbol son muy ~s. サッカーの試合はテレビにとても適している.

televisor [teleβisór] 男 テレビ受像機. —un ~ estéreo de veintiocho pulgadas 28インチ・ステレオテレビ. ~ en blanco y negro 白黒テレビ. ~ de plasma プラズマテレビ. Se ha estropeado el ~. テレビが故障してしまった. Tiene un ~ con teletexto. 彼は文字放送が受信できるテレビを持っている. 類 **tele, televisión**.

télex [téle(k)s] 男《単複同形》テレックス；テレックス通信文.

telilla [telíja]《＜tela》女 ❶（牛乳など液体の表面に生じる）皮膜. ❷ 薄手の毛織物.

‡**telón** [telón] 男 ❶《演劇》(舞台の)幕. —~ de boca 舞台前面の幕. ~ de foro 舞台正面の奥の幕. ~ de acero《政治, 歴史》鉄のカーテン. Cuando los bailarines ocuparon sus puestos, se alzó el ~. ダンサーが配置について幕が上がった. Bajó el ~ y se dió por terminada la obra con un final feliz. 劇がハッピーエンドで終わり, 幕が降りた.
caer el telón 幕が降りる；解決する.
telón de fondo (1)（＝telón de foro）. (2)《比喩》(物事, 出来事の)背景, 状況. Una industria de guerra fue *el telón de fondo* del desarrollo económico. 経済発展の背景には軍事産業があった.

telonero, ra [telonéro, ra] 形 前座の. —cantante *telonera* 前座の(女性)歌手. el partido ~ 幕開けの試合.
— 男 ❶ 前座の人(役者, 歌手, 芸人, 選手). ❷（舞台の）幕《緞帳(どんちょう)》.

telúrico, ca [telúriko, ka] 形 ❶《地質》地球の. —fenómenos ~s 地球科学の現象. sacudida *telúrica* 地震. ❷《化学》テルルの, テルルを含む.

telurio [telúrjo] 男 《化学》テルル（元素記号 Te）.

‡**tema**[1] [téma] 男 ❶ 主題, 題目, テーマ, 話題；題材. —~ de una conversación 話題. cambiar de ~ 話題を変える. De acuerdo, vamos a pasar al ~ principal. では本題に入りましょう. Se sirvió del caso como ~ de la obra. 彼はその事件を劇の題材にした. ❷《音楽》主題, テーマ, 主旋律；楽曲. —~ musical テーマソング, テーマミュージック. ❸（試験・宿題の）問題, 課題. ❹《文法》語幹の変化形(例: caberのcab-, cup-, quep-など).

tema[2] [téma] 女 執念, 執着；反感.

temario [temárjo] 男 ❶《集合的に》テーマ, (講義・講演などの)題目；会議事項. —He estudiado bien todo el ~ del examen, así que espero aprobar. 私は試験科目をすべてよく勉強したのだから, 合格を期待している. ❷ 題目リスト, (研究・討議などの)プログラム. —El profesor dio el primer día el ~ y la bibliografía. 教師は第1日目に講義題目と文献リストを配った.

temática [temátika] 女 ❶《集合的に》主題, 全主題. —La ~ de su obra es muy amplia. 彼の作品の主題はとても広範である. ❷ 教義, イデオロギー. 類 **doctrina, ideología**.

temático, ca [temátiko, ka] 形 ❶ テーマの, 主題に関する；テーマ別の. —En esta novela hay un predominio ~. この小説はテーマがきわだっている. enciclopedia *temática* sobre los animales テーマ別動物百科事典. ❷《文法》語幹の. —vocal *temática* 語幹母音. ❸《音楽》主題の. —melodía *temática* 主調となるメロディー. ❹《話》《まれ》無分別な, 無思慮な；無味乾燥な.

tembladal [tembladál] 男 沼沢地, 泥炭地. 類 **tremedal**.

tembladera [tembladéra] 女 ❶（激しい）体の震え, 身震い. —Hacía frío en la sala, y al niño le entró una ~. ホールの中は寒く, その男の子は身震いした. ❷ らせん状の針金に飾った宝石.

tembladeral [tembladerál] 男 《アルゼンチン, メキシコ, ウルグアイ》沼地, 湿地. 類 **tembladero, tremedal**.

tembladero, ra [tembladéro, ra] 形 震える, 揺れる；おののく. 類 **temblador**.
— 男 沼地, 湿地. 類 **ciénaga, tremedal**.

temblador, dora [temblaðór, ðóra] 形 震える, 揺れる；おののく.
— 名《宗教》クエーカー教徒. 類 **cuáquero**.

‡**temblar** [temblár] [4.1] 自 ❶ 震える, 身震いする. —*Tiembla* de frío. 彼は寒さで身震いする. Le *temblaban* las manos por el nerviosismo. 彼はあがってしまって両手がぶるぶる震えている. Le tembló la voz al pronunciar tu nombre. 彼は君の名前を言うとき声が震えた. 類 **tiritar, titilar**. ❷ 揺れる, 震動する. —El edificio *tembló* con el seismo. 建物は地震で揺れた. ❸ 怖がる, 恐れおののく, びくびくする. —La niña *temblaba* de temor en la oscuridad. 女の子は暗がりの中で恐れおののいていた. *Tiemblo* sólo de pensarlo. それを考えただけでも身震いがする.
dejar［*quedar*］*temblando*《話》(1) ほとんど使ってしまう[なくなる]. *Tomó* la botella de ginebra y la *dejó temblando*. 彼はジンを飲み, ほとんど1本を空にした. (2) ぞっとさせる, 不安になる. Esta mañana el profesor nos *ha dejado temblando* con el examen. 今朝先生は試験をして我々をびっくりさせた.

tembleque [tembléke] 形《まれ》(体・声などの)震える, わななく. —con voz ~ 声を震わせて. 類 **tembloroso**.
— 男 ❶（体・声などの）震え, 身震い. —Me entró un ~ en la mano, y se me cayó el plato al suelo. 私は手に震えが来て床に皿を落としてしまった. 類 **tembladera**. ❷ 震えている人. ❸ らせん状の針金に飾った宝石.

temblequear [temblekeár] 自 ❶ 激しく震える；身震いする. 類 **temblar**. ❷《話, まれ》震えている[びくびくしている]ふりをする.

temblón, blona [temblón, blóna] 形 すぐに震える, 震えがちな；震えが止まらない. —Este hijo mío es friolero y ~. この私の息子は寒がりですぐに震える.
— 男《植物》ハコヤナギ（＝álamo temblón）.

temblor [temblór] 男 ❶ 震え, 身震い, 振動. —Este niño tiene fiebre y ~es. この子は熱と悪寒がある. La explosión produjo un gran ~

en el suelo. その爆発は地面を大きく揺り動かした. Estaba nervioso y no podía controlar el ~ de las manos. 彼は落ち着きを失っていて, 手が震えるのを抑えられなかった. 類 **escalofrío, temblque, tremor**. ❷ おののき, 戦慄. 類 **estremecimiento**. ❸ 地震 (= ~ de tierra). —Un ~ de gran intensidad sacudió ayer la ciudad. 昨日強い地震が町を揺るがした. 類 **seísmo, sismo, terremoto**.

***tembloroso, sa** [tembloróso, sa] 形 ❶ 震える. (a) (感情で)震える. —con voz [la mano] *temblorosa* 声(手)を震わせて. Ella lo escuchaba *temblorosa* de cólera [emoción]. 彼女は怒り[感動]に身を震わせながらそれを聞いていた. (b) 揺れる, ゆらめく. —hojas *temblorosas* 揺れる木の葉. llama *temblorosa* de amor ゆらめく愛の炎. ❷ 震えさせる; ぞっとさせる. —recuerdo ~ おぞましい記憶. emoción *temblorosa* 震えるような感動. imagen *temblorosa* ぞっとする映像.

****temer** [temér テメル] 他 ❶ ~ を怖がる, 恐れる. —Los niños *temen* a los perros. 子供は犬を怖がる. No *temo* a la muerte. 私は死を恐れない. ❷ (a) 〔+直説法〕を心配する. —*Temo* que vendrá una desgracia. 私は何か悪い事が起こるのを心配だ. (b) 〔+接続法〕(…のではないか)と心配する, 懸念する; 疑う. —*Temo* que no pueda asistir a la fiesta. 私はパーティーに出席できないのではないかと心配だ. *Temo* que se haya perdido. 私は彼が道に迷ったのではないかと思う. *Temo* que tenga más años de los que aparenta. 彼は外見よりも年をとっているのではないかと私は疑っている. 類 **creer, sospechar**.

— 自 〔+por を〕心配する. —Cuando oí el griterío, *temí por* mi hija. 叫び声を聞いた時, 私は娘のことを心配した. *Teme por* su futuro. 彼は自分の将来を心配している. No *temas*, que mejorará pronto. 心配するな, 彼の病気はすぐ良くなるから.

—**se** 再 ❶ 〔+直説法, +接続法〕を心配する; 疑う. —*Me temo* que he perdido la cartera. 私は財布を失くしたかもしれない. ❷ 互いに恐れを抱く.

temerario, ria [temerário, ria] 形 ❶ 無謀な, むこうみずの, 無分別な. —La conducción *temeraria* es una causa de los accidentes de tráfico. 無謀な運転は交通事故の原因である. 類 **atrevido, imprudente**. ❷ 軽率な, 気の早い, はやまった. —hacer juicios *temerarios* 軽率な判断をする. 類 **frívolo, gratuito, infundado**.

temeridad [temeriðá(ð)] 女 無謀さ; 軽率; 無謀な行為. —actuar con ~ 無分別な行いをする. Cruzar aquel río a nado fue una ~. あの川を泳いで渡るなんて無謀なことだった. 類 **atrevimiento, imprudencia, insensatez**.

temerón, rona [temerón, róna] 形 (人が)いばりちらす. —形 いばりちらす人.

temerosamente [temerósaménte] 副 おそるおそる.

temeroso, sa [temeróso, sa] 形 ❶ 〔+de を〕恐れている, 怖がっている; を畏(ﾞ)れている. —~ de Dios 神を畏れる. Está ~ de que el tren llegue tarde. 彼は電車が遅れるのではないかと恐れている. ❷ 臆病な. —Es una niña muy *temerosa* y se asusta de todo. 彼女はとても臆病な女の子で, 何

temperatura 1831

にでもおびえる. 類 **tímido**. ❸ 恐ろしい, 恐るべき. —Las carreteras heladas son *temerosas*. 凍った路面は恐ろしい. 類 **horrible, temible**.

temible [temíβle] 形 恐ろしい, 恐るべき. —El huracán tiene unos efectos destructores realmente ~s. ハリケーンは実に恐るべき破壊力を持っている. 類 **horrible, temeroso**.

***temido, da** [temído, ða] 過分 形 恐れられる, 恐れていた, 心配[懸念]される. —situación *temida* 懸念される事態. Me hicieron la pregunta más *temida*. 私は最もされたくなかった質問をされた. el barrio más ~ de la ciudad 市内で最も危険視されている地区. Los dentistas son ~s por los niños. 歯医者は子供達に恐れられている.

temor [temór] 男 ❶ 恐れ, 恐怖. —Anselmo tiene ~ a [de] la oscuridad. アンセルモは暗がりが恐い. No se han divorciado por ~ al qué dirán. 彼らは他人のうわさが恐くて離婚しなかったのだ. 類 **miedo**. ❷ 心配, 不安, 懸念. —Abrigo el ~ de que le haya pasado algo. 彼に何か起きたのではないかと私は不安だ. 類 **sospecha**. ❸ 畏(ｵｿ)れ, 畏敬(ｹｲ). —~ de Dios 神への畏敬の念.

témpano [témpano] 男 ❶ 氷塊, 浮氷. —Los ~s dificultaban la navegación por el río. 氷塊のためにその川の航行は困難だった. 類 **iceberg**. ❷《音楽》太鼓の皮, ドラムヘッド. 類 **parche**. ❸ 硬い平板状のかたまり.

como un ~ 冷えきった. Este cuarto está *como un témpano*. この部屋は冷えきっている.

témpera [témpera] 〔< 伊〕女 ❶《美術》テンペラ絵の具. ♦卵黄や蜂蜜, 膠(ﾆｶﾜ)などを混ぜた不透明な絵の具. 類 **templa**. ❷《美術》テンペラ画.

temperamental [temperamentál] 形 ❶ 気質の, 気性の, 気質的な. —característica ~, rasgo ~ 個性. ❷ 気性の激しい, 気まぐれな, 怒りっぽい. 類 **apasionado**.

‡**temperamento** [temperaménto] 男 ❶ 気質, 気性; 気性の激しさ, 血気, 活力. —tener ~ 気性が激しい. Tiene un ~ artístico. 彼は芸術家気質だ. ❷《美術, 文学》表現力. ❸《中南米》《気象》気候, 天候. ❹《音楽》平均律.

temperancia [temperánθia] 女 自制されていること, 節制; 控えめ. —La ~ en la bebida es buena para la salud. 飲酒を控えめにするのは健康に良い. 類 **mesura, prudencia, templanza**.

temperante [temperánte] 形 ❶ (怒り・興奮などを)鎮める;《医学》鎮静作用のある. ❷《中南米》禁酒主義の.
— 男女《中南米》禁酒主義者.

temperar [temperár] 他 ❶ を和らげる, 抑える, 加減[軽減]する. —Tus palabras *temperaron* su aflicción. 君の言葉が彼の苦悩を和らげた. 類 **atenuar, calmar, moderar**. ❷《医学》(痛み・症状)を和らげる, 鎮静する. ❸《音楽, 楽器》を調律する, チューニングする(特に平均律に). 類 **afinar, templar**.
— 自《中南米》避暑する; 転地(療養)する.
—**se** 再 ❶ (気候が)温暖になる. ❷ 和らぐ, 軽減する.

‡**temperatura** [temperatúra] 女 ❶《気象》気温; (一般に)温度. —~ máxima 最高気温. ~ mínima 最低気温. ~ media 平均気温. ¿Qué

~ marca el termómetro? 寒暖計は何度ですか. La olla de vidrio puede aguantar una ~ de 120℃ (ciento veinte grados centígrados). そのガラスポットは120度の熱に耐えられる. ❷《医学》体温; 高熱. — ~ corporal [del cuerpo] 体温. tener ~ 熱がある. tomar la ~ a ... …の体温を計る. Su ~ subía y bajaba en torno a los 38 grados. 彼女の熱は38度を上下していた.
temperatura ambiente 室温. El vino tinto debe servirse a *temperatura ambiente*. 赤ワインは室温で出さなければならない.

temperie [tempérje] 囡 天候, 天気, 気象. 類 **clima, tiempo**.

‡**tempestad** [tempestáð] 囡 ❶《気象》嵐, しけ, 悪天候. — ~ de arena 砂嵐. ~ de nieve 吹雪. La ~ estuvo azotando toda la noche. 一晩中嵐が吹き荒れた. ❷《比喩》激論, 騒ぎ, 興奮, 激情. — El mitin terminó con una ~ de aplausos [protestas]. その集会は称賛[抗議]の嵐で終わった.

tempestear [tempesteár] 自 ❶《まれ》(天気が)荒れる; 嵐になる. ❷《まれ》(人が)激怒する, 怒鳴り散らす.

tempestivo, va [tempestíβo, βa] 形 (行為・できごとが)タイミングの良い, 都合の良い. 類 **oportuno**.

tempestuoso, sa [tempestuóso, sa] 形 ❶ 嵐の, 悪天候の; (天気・海が)荒れ模様の. — un día ~ 嵐の一日. un viento ~ 暴風. El mar estaba ~. 海が荒れていた. 類 **tormentoso**. ❷《比喩》大荒れの, 騒々しい, 興奮した. — carácter ~ 荒々しい性格. Yo no estuve presente en aquella reunión *tempestuosa*. あの紛糾した会議に私は出席していなかった.

templa [témpla] 囡《美術》テンペラ絵の具; テンペラ画(法).

*****templado, da** [templáðo, ða] 形 ❶ 暖かい. (*a*) 温い, 温かい. — Tomé un vaso de leche *templada*. 私は温めたミルクを一杯飲んだ. piscina de agua *templada* 温水プール. 類 **tibio**. (*b*) 温暖な; 温帯気候の. — clima ~ 穏やかな[温暖な]気候. zona *templada* 温帯地方[温帯]. tarde *templada* 暖かな午後. ❷ 適度な. (*a*) 控えめな, 抑えぎみの. — tono ~ 控えめな調子. fuerza *templada* 程よい力かげん. (*b*) 節度ある. — vida *templada* 節度ある生活. Él es ~ en la bebida. 彼はほどほどに酒をたしなむ. (*c*)《音楽》調律[調弦]した. (*d*) ほろ酔いの. ❸ 落ち着いた, 度胸のすわった. — nervios ~s 落ち着いた[図太い]神経. hombre de carácter ~ 度胸のすわった性格の男. ❹ (金属・ガラスなどが)焼き入れした, 強化した. — acero ~ 鍛鉄. cristal [vidrio] ~ 強化ガラス. ❺ (なぞなぞで)正解に近い. ❻【中南米】(*a*)【コロンビア, ベネズエラ】性格のきつい; 厳格な. (*b*)【メキシコ】利発な, 抜け目ない. (*c*)【コロンビア, ボリビア, チリ】恋している.
— 男 (金属・ガラスなどの)焼き入れ, 強化処理.

templadamente 副 程よく, 節度をもって.

templadura [templaðúra] 囡 ❶ 温め; 適温にすること. ❷ 抑制, 沈静; 和らげること.

templanza [templánθa] 囡 ❶ 抑制, 節制, 控えめ. — La ~ en el comer y en el beber ayuda a tener una buena salud. 飲食の節制は健康の助けになる. actuar con ~ 控えめにふるまう. 類 **mesura, prudencia, temperancia**. ❷ 温暖, 温和; 適温. ❸《美術》(色彩の)調和.

templar [templár] 他 ❶ を温める, 適温にする. — ~ la leche 牛乳を温める. ❷ を和らげる, 鎮める, 抑える. — *Templa* tu ira y no insultes a nadie. 怒りを鎮めて, 誰も侮辱するな. ❸ (金属・ガラス)を焼き入れする, 焼き戻す. — Para hacer las espadas hay que ~ el hierro cuando está al rojo. 刀を作るには, 鉄が赤いうちに焼き入れなければならない. ❹《音楽》(楽器)を調律する, チューニングする. — ~ la guitarra ギターを調弦する. 類 **afinar, temperar**. ❺ (ねじなど)を締める, 固定する. ❻ (色・光)を和らげる; (色)を調和させる. ❼《闘牛》(ムレータなどの動き)を牛の動きに合わせる.
— 自 (気候が)暖かくなる, (寒さが)緩む.
— **se** 再 ❶ 自制する, 節制する. — ~*se* en el beber 節酒する. ❷ 温まる, 適温になる. ❸ (感情が)鎮まる, 和らぐ; (風雨が)おさまる. ❹ ほろ酔い加減になる. 類 **entonarse**. ❺【中南米】(+de)(に)恋する.

templario [templárjo] 男《歴史》神殿[テンプル]騎士団員.

temple [témple] 男 ❶ 度胸, 勇気. — Tiene mucho ~ y no se asusta fácilmente. 彼はとても度胸があり, 簡単にはひるまない. 類 **fortaleza, valentía**. ❷ 気分, 機嫌. — estar de buen [mal] ~ 機嫌が良い[悪い]. persona de un ~ muy variable お天気屋. 類 **humor**. ❸《美術》テンペラ画 (= pintura al ~); テンペラ画法. — pintar al ~ テンペラ画を描く. ❹ (金属・ガラスの)焼き入れ, 焼き戻し. — dar ~ al acero 鋼鉄に焼き入れする. ❺《音楽》調律, チューニング. ❻ 天候, 天気, 気温. ❼ (T~)《歴史》神殿[テンプル]騎士団 (= los Caballeros del ~, la Orden Militar del ~). ◆ 十字軍参戦のために結成された騎士修道会の一つ. 14世紀に解散.

templete [templéte] [<templo] 男 ❶ 小礼拝堂, お堂. ❷ ほこら, やしろ; 祭壇. ❸ (屋根つきの)野外音楽堂.

‡**templo** [témplo] テンプロ 男 ❶《宗教, 建築》寺, 寺院, 神殿; 礼拝堂, 教会堂, 聖堂. — ~ budista 寺. ~ sintoísta 神社. Ella acude cada día al templo a rezar. 彼女は毎日そのお寺に参詣に行く. ❷《比喩》(一般に)殿堂.
como un templo《話, 比喩》とても大きい. Ha dicho una verdad *como un templo*. 彼女はとてつもない真実を述べた.

‡**temporada** [temporáða] 囡 ❶ 時, 時期, シーズン. — ~ alta ハイシーズン. ~ baja シーズンオフ. ~ de turismo 観光シーズン. Las tarifas hoteleras son algo más altas en la ~ turística. シーズン中はホテルの料金が若干高くなる. El equipo de béisbol ha contratado a un jugador dominicano para la próxima ~. 球団はそのドミニカ人選手と来シーズンの契約をした. ~ de ópera [de lluvias] オペラシーズン[雨季, 梅雨]. ❷ 期間. — Todos los años pasamos una ~ en Izu. 私たちは毎年伊豆の期間伊豆で過ごします.
de temporada 一定期間の, 一時期の. fruta *de temporada* 季節の果物.

temporal¹ [temporál] 形 こめかみの, 側頭部の. — hueso ~ 側頭骨. lóbulo ~ 側頭葉.
— 男 側頭骨.

temporal² [temporál] 形 ❶ 一時的な, 臨時の, 仮の. —estancia ～ 一時滞在. empleo [trabajo] ～ 臨時の職. suspensión ～ de licencia 免許の一時停止. 反**definitivo, permanente**. ❷ 世俗的な, 現世の. —pena 浮世の労苦. poder ～ 俗事上の権力. interés ～ 現世の利益. ❸ 時間の;《文法》時間を表す, 時制の. —concordancia ～ 時制の一致[照応]. oración subordinada ～ 時を表す従属節.
── 男 ❶ (a) 嵐. ——～ de nieve 雪嵐. Aquí son frecuentes los ～es. ここでは頻繁に嵐が起こる. (b)《気象》10度の強風, ◆ビューフォート風力階級の10度(44～50ノット)の風. 51ノット以上の強風は temporal duro. ❷ 雨期. —Está de ～. 今は雨期だ. ❸《方》『アンダルシアー』季節労働者. ❹『キューバ』怪しい人, うさんくさい人.
capear el temporal 嵐を切り抜ける; 困難を乗りきる. Nuestro país no ha podido *capear el temporal* de la crisis económica. 我が国は経済危機という難局を乗りきることが出来なかった.

temporalidad [temporaliðá(ð)] 女 ❶ 一時性, 臨時であること; はかなさ. —Cuando me contrataron me avisaron de la ～ del empleo. 私は契約時に雇用が一時的なものであることを知らされた. ❷『主に複』世俗的財産[所有物](特に教会・聖職者の収入・財産).

temporalizar [temporaliθár] [1.3] 他 を一時的にする, 世俗化する; を一時的[世俗的]なものとして扱う.

temporalmente [temporálménte] 副 一時的に, 臨時に, 間に合わせに. —Le han contratado ～. 彼は臨時に雇われた. 類**provisionalmente**.

temporáneo, a [temporáneo, a] 形 ❶ 臨時の, 仮の, 当座の. 類**provisional, temporal**. ❷ 一時的な, つかの間の. 類**efímero, pasajero, temporal**.

tempora*rio*, *ria* [temporárjo, rja] 形 一時的な, 臨時の. —chalet de alquiler ～ para vacaciones 休暇中に一時的に貸し出される山荘. 類**temporal**.

tempore*ro*, *ra* [temporéro, ra] 形 臨時雇いの;(特に収穫時のみ農業に従事する)季節労働の. —Los contratados ～s reciben un sueldo distinto de los fijos. 臨時契約の人たちは常勤の人たちとは異なる賃金を受け取る. 類**provisional, temporal**.
── 名 臨時雇い; 季節労働者. —Para la vendimia se contrata a muchos ～s. ブドウの収穫のため大勢の季節労働者が雇われる.

temporizador [temporiθaðór] 男《技術》(電気機器・カメラなどの)タイマー, (爆弾の)時限装置.

temporizar [temporiθár] [1.3] 自 ❶ 時勢に迎合する, 日和見をする. 類**contemporizar**. ❷ 時間をつぶす, 時間稼ぎ[一時しのぎ]をする.

tempranal [tempranál] 形《農業》(畑・農地が)早生(恕)種用の.

tempranamente [tempránaménte] 副 早く, 早めに; 初期に. 類**temprano**.

tempranero, ra [tempranéro, ra] 形 ❶ 早い, 早めの. —El equipo sorprendió con un gol ～. そのチームは開始早々いきなりゴールを決めた. 類**temprano**. ❷ 早起きの. 類**madrugador**. ❸《農業》早生(恕)種の. —fruto ～ 早生(恕)種の果

物. ── 名 早起き(の人).
tempranito [tempraníto] (＜ temprano) 副 ちょっと早く, 早めに.

*temprano, na [tempráno, na テンプラノ, ナ] 形 ❶ 早い. 反**tardío**. ❷ (a) 早い時間の, 早期の, 初期の. —Salieron a una hora *temprana*. 彼らは朝早くに出かけた. edad *temprana* 幼年[若年]期. nieve *temprana* 早めの降雪. síntoma ～ 初期症状. tratamiento ～ 早期治療. (b) 早生の, はしりの, 初物の. —fruta *temprana* 早生の[はしり]の果物. pescados ～s 初物の魚. patatas tempranas 新ジャガ.
── 男 早生の作物.
── 副 早く, 早いうちに, 早期に. —levantarse ～ 早起きする. salir ～ por la mañana 朝早くから出かける. Me marché ～ de la fiesta. 私はパーティーから早々に引き上げた. Las uvas han madurado más ～ que [de] lo normal. ブドウの熟すのがいつもより早かった. 類**pronto**. 反**tarde**.
tarde o temprano [más tarde o más temprano] 遅かれ早かれ, いずれそのうち. *Tarde o temprano* pagarás las consecuencias de tus actos. 遅かれ早かれ君の行為のつけがまわって来ることになるよ.

Temuco [temúko] 固名 テムーコ(チリの都市).
ten [tén] 動 tener の命令・2単.
Tena [téna] 固名 テナ(エクアドルの都市).
*tenacidad [tenaθiðá(ð)] 女 粘り強さ, 執拗さ; 頑固さ; (物の)頑丈さ. —Corteja con gran ～ a la hija de un millonario. 彼は大金持ちの娘を粘り強く口説いている. Ha conseguido la beca gracias a su ～ en el estudio. 彼は粘り強く勉強したおかげで奨学金を得ることができた. 類**constancia, firmeza, obstinación, perseverancia**.

tenacillas [tenaθíjas] 女複 ❶ (角砂糖・ケーキなどをはさんで取る)はさみ, トング. ❷ ヘアアイロン, カールごて.

*tenaz [tenáθ] 形 ❶ 粘り強い, 頑固な. —～ resistencia 不屈の抵抗. Eres muy ～ y algún día conseguirás lo que deseas. 君は粘り強いから, いつか望みをかなえるだろう. Él era ～ impulsando el nuevo proyecto y no cedía. 彼は新しい計画の推進を頑固に主張して譲らなかった. 類**perseverante**. ❷ なかなか取れない; 効果が長持ちする. —dolor ～ しつこい痛み. mancha ～ 頑固な汚れ. perfume ～ 香りの長持ちする香水. adhesivo ～ 強力な接着剤. ❸ 硬い, 強靭な; 加工しにくい. —madera dura y ～ 固くて加工しにくい木材.

tenaza [tenáθa] 女『主に複』❶ (a)《技術》やっとこ, ペンチ, 各種のはさみ具. —coger las brasas de la chimenea con las ～s 暖炉の炭を炭ばさみでつかむ. No se le puede sacar ... ni con ～s.《比喩》彼はなかなか一言も言わない[手放さない]. (b) (菓子などをつまむ)はさみ, トング. —No se puede coger ... ni con ～s.《比喩》…はひどく汚れている. (c)《医学》鉗子(歳ᅳ); ピンセット. (d) 釘抜き. ❷《動物》(エビ・カニ・サソリなどの)はさみ, (昆虫の)鉗子状器官.

tenazón [tenaθón] 男《次の成句で》
a tenazón, de tenazón (1) 突然に, 不意に, にわかに. (2) 狙いもつけずに.

tenca¹ [ténka] 囡 〖魚類〗テンチ(コイ科の食用魚の一種). — la ~ macho 雄のテンチ.

tenca² [ténka] 囡 ❶〖チリ, アルゼンチン〗〖鳥類〗マネシツグミ. ❷〖チリ〗うそ, いかさま. 類**engaño, fraude, mentira**.

ten con ten [tén kon tén] 男《話》慎重さ, 如才さ. — llevar las cosas en un 一 慎重に事を運ぶ. vivir en un ~ con los vecinos ご近所とそつなくつきあう. 類**prudencia, tacto**.
— 副《話》慎重に.

tendal [tendál] 男 ❶ 天幕, 日よけ, 雨よけ. 類**toldo**. ❷ (オリーブの実の収穫時などに木の下に広げる張り布. ❸〖集合的に〗干し物. ❹ 物干し場. 類**tendedero**.

tendalera [tendaléra] 囡《話》散らかった物, 乱雑にばらまかれた物.

tendedero [tendeðéro] 男 ❶ 物干し場. ❷〖集合的に〗物干し用のロープ〖針金〗; タオル掛け.

tendejón [tendexón] 男 売店, 屋台店.

tendel [tendél] 男 ❶ (れんがなどを積むときに水平を見るために使う)モルタル. ❷ (れんがなどの目地に塗る)モルタル. 類**argamasa**.

‡**tendencia** [tendénθja] 囡 ❶〖主に複〗傾向; 趣勢（きせい）, 動向, 風潮. — Está aumentando la ~ a la violencia. 暴力に訴える傾向が増えている. ~ inflacionista インフレ傾向. ~s económicas 経済の動向. ❷ 性向, 性癖. — Tiene ~ a perder los nervios. 彼はとかく短気をおこす. Tiene la ~ a [de] comer en exceso. 彼は食べ過ぎる傾向がある.

***tendencioso, sa** [tendenθjóso, sa] 形 偏向した, (特定の思想/観点に)偏った. — opinión *tendenciosa* 偏向した意見. enseñanza *tendenciosa* 偏った教育. información *tendenciosa* 偏った報道.

tendente [tendénte] 形 =tendiente.

****tender** [tendér テンデル] [4.2] 他 ❶ を広げる, 敷く, のべる. — *Tendieron* una manta en el suelo y se echaron a dormir. 彼らは床に毛布を広げて眠ってしまった. ~ un plano 地図を広げる. ❷ (a) を敷設する, (橋)を架ける, 渡す. ~ la vía 線路を敷く. ~ un puente sobre el río 川の上に橋を架ける. (b) (ロープなど)を張る, 張り渡す. ~ ~ una cuerda ロープを張る. ❸ を横にする, 横たえる, 寝かせる. — *Tendimos* al señor mareado y llamamos a la ambulancia. 我々は気分の悪くなった男の人を寝かせて救急車を呼んだ. 類**tumbar**. ❹ (洗濯物)を干す, つるす. ~ la ropa 洗濯物を干す. ❺ を差し出す, 差し伸べる. — Le *tendió* la mano para saludarla. 彼は彼女に挨拶をするために手を差し伸べた. ❻ (罠)を仕掛ける. — Nos *tendieron* una emboscada. 私たちは待ち伏せされた.

— 自 (a) 〖＋a＋不定詞〗…する傾向がある, …しがちである. — *Tiende a* deprimirse. 彼はすぐ意気消沈してしまう. La situación política *tiende a* estabilizarse. 政局は安定化の傾向にある. Los adultos *tienden a* creer que los niños no les comprenden. 大人は子どもが分かってくれないと考えがちである. (b)〖＋a〗(特に色について)…がかった. — un color que *tiende a* amarillo 黄色がかった色.〖数学〗〖＋a〗(無限に)近づく, 接近する. — La variable *tiende a* infinito. その変数は無限大に近づく.

— se 再 横たわる. — *Tiéndete* un rato y descansa. 少し横になって休みなさい. 類**echarse, tumbarse**.

ténder [ténder] 〖＜英 tender〗男〖鉄道〗炭水車, テンダー.

tendera [tendéra] 囡 ❶ 店の女主人; 女の店番. ❷ 女のテント職人.

tenderete [tenderéte] 男 ❶ 露店, 屋台 — comprar una chaqueta en un ~ del mercadillo. 小市場の露店で上着を買う. 類**caseta, puesto**. ❷ 物干し場. 類**tendedero**. ❸ 乱雑さ, 混乱; 散らかった物. — ¡Menudo ~ has montado en el cuarto! 君はずいぶん部屋を散らかしたなあ! 類**desorden**.

‡**tendero, ra** [tendéro, ra] 名 ❶ 店の主人, 店員, 小売り商. ❷ テント職人.

***tendido, da** [tendíðo, ða] 過分 形 ❶ 広げられた, 伸ばされた, (a) (洗濯物などが)広げて干された, (ひもなどに)かけられた. — Recoge la ropa *tendida* en el patio. 中庭に干してある洗濯物を取り込みなさい. (b) (手が)差し伸べられた. — Se acercó a mí con las manos *tendidas*. 彼は手を差し伸べながら私に近寄って来た. (c) 視界の開けた, 広々した. — llanura *tendida* 広々した平原. ❷ 張り渡された; (橋などが)かけられた; (線・管などが)敷設された. — alambre ~ a lo largo del camino 道に沿って張られた鉄線. cables ~s 配線されたケーブル. ❸ 横たわった, 倒れた. — Quedó ~ en la hierba durante una hora. 彼は10分間芝生の上に横になって[倒れこんで]いた. ❹〖闘牛〗(剣の突きが)水平に近い. — estocada *tendida* 水平に[浅く]入った突き. ❺ (海が)うねった. — mar *tendida* うねった海. ❻ (走りが)全力の. — a galope ~ 全力疾走で. ❼〖メキシコ〗(a) (遺体が安置された). (b) 世話好きの.

dejar a ... tendido.《話》(人)を打ちのめす.
dormir a pierna tendida.《話》大の字になって寝る; ぐっすり眠る.
El puente está tendido. 見通しがついている.
Hay ropa tendida.《話》(話を聞かれると不合な)人が来る.

— 男 ❶ 架橋; 配線[配管]; (敷設された)電線[導管]. — ~ eléctrico 電気の配線. ~ de cables [tuberías] 配線[配管]工事. ❷〖集合的に〗洗濯物; 洗濯物を干すこと. — En este barrio se prohíbe el ~ de ropa al exterior. この地区では洗濯物を街路側に干すのは禁止されている. ❸〖闘牛〗(闘牛場の)無蓋席. ❹ 屋根の斜面. ❺ (壁の)塗り. ❻〖集合的に〗焼き釜に入れる前段階のパン. ❼ 一型分のレース編み. ❽〖方〗〖リオン〗晴れ渡った空. ❾〖中南米〗(a)〖コロンビア, エクアドル, メキシコ〗〖集合的に〗シーツ・ベッドカバー類 (= ropa de cama). (b)〖キューバ, パナマ〗綱. (c)〖メキシコ〗遺体. (d)〖メキシコ〗露店.

tendiente [tendjénte] 形 ❶〖＋a〗(…に)傾向がある, (…に)なりがちな. — ~ sociedad ~ a despreciar la ética 倫理を軽視しがちな社会. 類**tendente**. ❷〖＋a〗(…を)目指した, 目的とした. — tomar medidas ~s a estabilizar los precios 物価安定を目指す政策を採る. 類**tendente**.

tendinitis [tendinítis] 囡〖単複同形〗〖医学〗腱炎（けんえん）.

tendinoso, sa [tendinóso, sa] 形 (肉が)腱の質の, 筋っぽい; 腱の. — carne *tendinosa* 筋だらけ

の肉. inflamación tendinosa 腱炎.

tendón [tendón] 男 《解剖》腱(%). 〜〜 de Aquiles アキレス腱; (比喩)弱点.

tendr- [tendr-] 動 tener の未来, 過去未来.

tenducha [tendútʃa] [＜tienda] 女 みすぼらしい店.

tenducho [tendútʃo] 男 ＝tenducha.

tenebrismo [teneβrísmo] 男 《複 な》《美術》テネブリスモ, 明暗対比技法. ◆明暗の対比を強調する絵画の技法.

tenebrista [teneβrísta] 形 《美術》(絵画・画家が)テネブリスモの, テネブリスモ的な.

tenebrosidad [teneβrosiðá(ð)] 女 暗さ; 暗やみ. 〜 de las perspectivas del futuro inmediato 目先の見通しの暗さ. Desapareció en la 〜 de la noche. 彼は夜の闇の中に消えた. 類 **oscuridad**.

***tenebroso, sa** [teneβróso, sa] 形 ❶ 真っ暗な, 暗闇の. —lago 〜 闇夜の湖. El pasillo está 〜. 廊下は真っ暗だ. ❷ 【＋名詞, 名詞＋】(比喩)暗い, 暗鬱な; 絶望的な. —porvenir 〜 [〜 porvenir] 暗い未来. tenebrosa historia 暗い歴史. perspectiva tenebrosa 暗い[絶望的な]見通し. 類 **tétrico**. ❸ 【＋名詞, 名詞＋】隠密の, 不法の; 陰険な. —negociación tenebrosa 闇取引. maquinaciones tenebrosas 腹黒い陰謀.

:**tenedor** [teneðór] 男 ❶ フォーク. —comer con 〜 フォークで食べる. 〜 de pescado 魚用フォーク. 〜 de postre デザート用フォーク. ¿Comes con 〜 o con palillos? 君はフォークで食べる？それとも箸で？ ❷ 《スペイン》レストランの格付け(1本から5本まである). —restaurante de cuatro 〜es 4本フォークのレストラン.

—, **dora** 名 ❶ 【＋de】を持つ人. ❷ 《商業》【＋de】(証券・手形などの)所有者, 持参者. ❸ (球技の)玉拾い.

tenedor de libros 簿記係.

teneduría [teneðuría] 女 ❶ 簿記; 帳簿; 簿記[帳簿]係の職 (＝〜 de libros). ❷ 簿記[帳簿]係の執務室.

tenencia [tenénθja] 女 ❶ 所有, 所持. —Lo acusaron de 〜 ilícita de drogas. 彼は薬物の不法所持で告発された. 類 **posesión**. ❷ teniente (中尉, 代理人)の職[任期]. —〜 de alcaldía (市町村の)助役の職. ❸ teniente (中尉, 代理人)の執務室.

****tener** [tenér テネル] [10.8] 他 ❶ を持つ. (a) 【＋具体名詞】【所有】— Tenemos una casa de campo en Málaga. 我々はマラガに別荘を持っている. Tienen dinero. 彼らは金持ちだ. Tengo el certificado a mano. その証明書は私の手元にある. Tengo dos hermanas. 私には姉妹が2人いる. Tengo un perro. 私は犬を飼っている. Ella va a 〜 un hijo. 彼女に子供が生まれようとしている. Enfrente tiene usted la plaza. あなたの正面に例の広場があります. Tenemos un corresponsal en Madrid. 我が社はマドリードに特派員を1人置いている. Teresa ha tenido en casa a unos parientes. テレーサは家に親戚を迎え入れた. Tengo a mi padre en la cama. 私の父はベッドで寝ている. (b) 【＋抽象名詞】【所有】— Ana Mari tiene mucha influencia en todos sus discípulos. アナ・マリは彼女の弟子たち全員に大きな影響力を持っている. Rafael tiene mucho poder en la empresa. ラファエルは会社の中で絶

tener 1835

大な権力の持主だ. (c) 【年齢】— Tengo sesenta y cinco años. 私は65歳だ. ¿Cuántos años tiene ella? 彼女は何歳か. (d) 【享受, 時間経過】— He tenido un mes muy divertido. 私は大変楽しい1か月を過ごした. Tengo las vacaciones en Mallorca. 私は休暇をマジョルカ島で過す. Esta iglesia tiene ya más de seiscientos años. この教会は建設以来600年以上が経過している. (e) 【特徴, 形状】— Pili tiene el pelo rubio. ピーリはブロンドの髪の毛をしている. El edificio tiene una forma singular. その建物はユニークな形をしている. El monumento tiene el aspecto de un gigante. その記念碑は巨人の姿をしている. La torre tiene 150 metros de alto. 塔は高さが150メートルある. Este río tiene aquí una anchura de 100 metros. ここで川幅は100メートルある. Hoy tenemos 40 grados al sol. 今日は日向で40度ある. (f) 【含有】— El piso tiene siete habitaciones. そのマンションには7部屋ある. (g) 【雇用, 採用】— El director me tiene de chófer. 社長は私を運転手として雇っている. (h) 【感情, 感覚】— Tengo mucho miedo a las arañas. 私はクモがとても怖い. Ten mucho cuidado con los coches. 車にはよく気をつけなさい. Juan tiene un cariño especial a su tío. フアンは彼の叔父に並々ならぬ愛着を感じている. Tengo mucho frío [calor]. 私はとても寒い[暑い]. Tuve dolor de estómago ayer. 私は胃が痛かった. 〜 hambre 空腹である. 〜 sed のどが渇いている. 〜 vergüenza 恥ずかしい. (i) 【体調, 疾病】— Hoy no tengo bien el estómago. 今日は私は胃の調子が良くない. ¿Qué tiene tu padre?–Tiene cáncer de estómago. お父さんはどうしたの.–胃癌(%)にかかっているんだ. Tengo diarrea. 私は下痢をした. (j) 【実行, 業務, 会合開催】— Tiene clase de historia de España los jueves. 彼は毎木曜日スペイン史の授業をする. Mañana tengo un examen. 明日私は試験を1つ受ける. El médico tiene consulta de cuatro a seis los días laborables. その医者は平日4時から6時まで診察する. Tenemos una reunión en el Hotel Menfis. 我々はメンフィス・ホテルで会合がある. Tengo una cita a las 4 en la estación. 私は4時に駅で人と待ち合わせている. (k) 【把握, 保持】— Ten estos libros mientras me ato el cordón del zapato. 私が靴のひもを結んでいる間, これらの本を持っていてくれ. (l) 【貯蔵, 保管】— Este depósito tiene petróleo. この倉庫には石油が貯蔵されている. (m) 【受領】— Tenga usted la vuelta. お釣りは取っておいてください. Al llegar tu santo, tendrás un regalo de parte mía. 君の霊名の祝日がやって来たら, 私からのプレゼントを受け取ってください.

❷ 【＋直接目的語＋que＋不定詞】…すべき…がある. — Tengo un montón de cosas que contarte. 私は君に話さなければならないことがたくさんある. No tiene que hacer. 彼は何もすることがない.

❸ 【＋形容詞(直接目的語と性数一致)＋直接目的語】を…している. — Tengo enfermas a mis dos hijas. 私は病気の娘を2人抱えている. El niño tiene frías las manos. その子は両手が冷たくなっている. Tienes la chaqueta mojada. 君の上着は濡れている. (b) を…の状態にする. — Nos tiene intranquilos ese terrorismo. そのテ

ロが我々を不安にしている.

❹【＋過去分詞(直接目的語と性数一致)＋直接目的語】を…してある. ― Ya *tengo* escritas esas dos cartas. 私はそれら2通の手紙をもう書いてある. Te *tengo* dicho que no salgas. お前には出かけるなと言っておいたぞ.

【語法】③④の形容詞・過去分詞は直接目的語の性・数に一致することに注意. Ya he escrito esas dos cartas. は「私はすでに2通の手紙を書き上げた」と「完了」を表わすだけだが, Ya tengo escritas … の方は「動作完了後の状態」にまで触れている.

❺ (a)【＋por と】を思う, みなす. ― Me *tienen* por un tipo raro. 私は奇人と言われている. *Tenga* por cierto que no le devolveré el dinero. 私が彼にお金を返さないものと思って下さい. *Tenga* por seguro que le escribiré a usted. もちろん私はあなたに手紙を出します. (b)【＋a＋名詞/形容詞, と】を考える, みなす. ― *Tiene* a honra lo que ha hecho. 彼は自分のしたことを名誉なことと考えている. Ya me *tienes* harto. 君はもう私に飽きている. 類 **considerar, juzgar, reputar.**

❻【＋en (省略されることもある)と】を評価する, 判断する. ― Le *tienen* en gran estima. 彼は高く評価されている. Le *tienen* mucho aprecio en la empresa. 彼は会社での評価が高い.

❼【＋直接目的語＋現在分詞】(a) を…させておく. ― *Tengo* a un amigo mío esperando fuera. 私は友人を一人外で待たせてある. (b) …は…している. ― *Tiene* a su hija trabajando de cajera en unos grandes almacenes. 彼の娘はある百貨店でレジ係として働いている.

❽ 劻【＋que＋不定詞】(a) …しなければならない, …する必要がある. ― Ahora mismo *tengo que* salir de compras. 私は今すぐ買物に出掛けねばならない. No *tienes que* contestar su carta. 彼の手紙に返事を書く必要はないよ. (b) …するに違いない. ― *Tiene que* nevar pronto. 間もなく雪が降るに違いない. *Tiene que* estar loco para viajar por esa región. そんな地方を旅行するなんて気の違っいないに相違ない. ¡*Tenía que* ser la imbécil de María! やはり大は愚か者のマリアのせいだったんだ.

¡*Ahí tienes* [*tiene usted*]*!* (相手の言ったことに対して)やはりそうだ, ほらごらん.

aquí tienes ..., *aquí tiene usted* ... (1)(人に物を差し出して)はい, …をどうぞ, をお受け取りください. *Aquí tienes* la vuelta. はい, これお釣りだよ. (2)(人・物を別の人に紹介して)こちら[これ]が…です. *Aquí tiene usted* al señor González. こちらがゴンサーレスさんです. *Aquí tienes* el restaurante. これが例のレストランだよ.

(*Conque*) *¿esas tenemos?* 何だって, そりゃないだろう. *Conque, ¿esas tenemos?* Pues te quedas sin merienda. こりゃあ, 驚いた. 君にはおやつないんだ.

no tener dónde caerse muerto 赤貧の状態で生活する.

no tenerlas todas consigo どうも自信がない, 何か悪いことが起こりそうである. *No las tengo todas conmigo* para el examen. 私は受験に自信がない.

no tener más que【＋不定詞】…しさえすればよ

い. Si necesitas algo, *no tienes más que* avisarme. もし何か必要なら私に連絡してくれればいいですから.

no tener por dónde agarralo [*cogerlo*] (1) (人・物が)非常に悪い, どうしようもない. (2) 欠点がない.

Tanto tienes, tanto vales. 〖諺〗金持であればあるほど尊敬される.

tener a bien【＋不定詞】…してくださる. Quisiera que tuviesen ustedes a bien contestarme a la mayor brevedad posible. できるだけ早くお返事をくださるとありがたいのですが.

tener ángel 愛嬌がある, 感じが良い. Esta universitaria *tiene ángel*. この女子大生は感じが良い.

tener buen [*mal*] *perder* 負けっぷり[往生際]が良い[悪い]. Manuel *tiene mal perder*. マヌエルは往生際が悪い.

tener encima 重い負担・責任を抱える, 苦しむ. *Tiene encima* la reciente muerte de su mujer. 彼は最近妻に死なれて苦しんでいる.

tener en contra 敵に回す, …に対立している. *Tiene en contra* a toda la familia. 彼は家族全員と対立している.

tener en mucho を尊重する. Tenemos que *tener en mucho* los consejos de los ancianos. 私たちは老人の忠告は尊重せねばならない. 類 **apreciar, estimar.**

tener en poco [*en menos*] を軽視する, 見くびる. Le *tienen en poco en* la empresa. 彼は会社では軽視されている.

tenerla tomada con ... を嫌う, 非難する. Ese profesor *la tiene tomada contigo*. その先生は君を嫌っている.

tenerlo crudo 難しくしている.

tener lo suyo 見かけより魅力的である, 思った以上に面白い; それなりに難しい.

tener para sí 思う, 想像する. *Tengo para mí* que no dice la verdad. 私は彼が本当のことを言っていないと思う.

tener por seguro を確信する. Julia *tiene por seguro* que su hijo aprueba el examen. フリヤは彼女の息子が試験に合格すると確信している.

tener que ver con ... …と関係がある. Ese asunto no *tiene* nada *que ver con*migo. その件は私とは何の関係もない.

— *se* 再 ❶ しっかりと立っている, 姿勢を保つ, ゆるがない. ― *Tente*, niño, que te vas a caer. 坊や, しっかり立ってろよ, じゃないとろぶよ. Tengo tanto sueño que no *me tengo*. 私は眠くて立っていられない. Está borracho y no *se tiene* de pie. 彼は酔っ払って足で立っていられない. ❷【＋a に】従う, こだわる, 執着する. ― Yo *me tengo* a lo que ha dicho el jefe. 私は課長の言ったことに従う. ❸【＋形容詞・過去分詞】…になっている. ― La niña ya *se tiene* sola. その女の子はひとりぼっちだ. ❹【＋por と】自分を考える. ― *Se tiene por* un genio. 彼は自分を天才だと思っている.

tenería [tenería] 囡 なめし皮工場; 皮なめし(法). ⇔ **curtiduría.**

Tenerife [tenerífe] 固名 テネリーフェ(スペイン, カナリア諸島の最大の島).

teng- [teng-] 他 tener の直説法現在1人称単数, 接続法現在.

tenga(-) [teŋga(-)] 動 tener の接・現在.

tengo [téŋgo] 動 tener の直・現在・1人.
tenia [ténja] 女 条虫, サナダムシ. 類**solitaria**.
tenida [teníða] 女 《中南米》集まり, 会合, 集会. 類**reunión**.
tenienta [tenjénta] 女 *(a)* 《軍隊》女性の中尉. *(b)* 《市町村の》女性助役. *(c)* 女性の警部補. *(d)* 中尉[助役・警部補]の妻.
tenientazgo [tenjentáθɣo] 男 中尉[助役・警部補]の職[地位].
:**teniente** [tenjénte] 男女 ❶ 陸軍[空軍]中尉. ― primer ～ 中尉. segundo ～ 少尉. ～ coronel 陸軍[空軍]中佐. ～ de navío 海軍大尉. ～ general 陸軍[空軍]中将. ❷ 代理人; 助役; 警部補. ― ～ de alcalde 市町村助役.
― 形 ❶ 〔estar+〕(果実が)熟していない, (豆・野菜などが)半煮えの, 生煮えの. ❷ 〔estar+〕《話》耳が遠い, 聞こえない. 類**sordo**. ❸ 《比喩, 話, まれ》けちな.
:**tenis** [ténis] 男 ❶ 《スポーツ》テニス. ― jugar al ～ テニスをする. raqueta de ～ テニスラケット. ～ de mesa 卓球, ピンポン. La pelota de ～ iba vertiginosamente de un lado a otro de la red. テニスボールはネットをはさんでめまぐるしく飛び交った. ❷ 《スポーツ》テニスコート. ❸ 複 テニスシューズ.
tenista [tenísta] 男女 《スポーツ》テニス選手, テニスプレーヤー. ― El ～ se preparaba para sacar. そのテニス選手はサーブの準備をしていた.
Tenochtitlán [tenotʃtitlán] 固名 テノチティトラン(アステカ王国の首都).
:**tenor** [tenór] 男 ❶ 《音楽》テノール; テノール歌手. ❷ 文面, (文書の)内容.
a este tenor この調子で.
a tenor de ... ...に従って.
tenorio [tenórjo] 男 プレイボーイ, 女たらし, ドン・ファン. ― Mi padre, en su juventud, fue un ～. 私の父は若いころプレイボーイだった. ◆スペインの劇作家 Tirso de Molina, José Zorrilla などの戯曲の主人公 Don Juan Tenorio の名前による. 類**donjuán**.
tenosinovitis [tenosinoβítis] 女 《医学》腱鞘炎.
tensar [tensár] 他 をぴんと張る. ― ～ una cuerda 綱をぴんと張る. 類**estirar**.
tensiómetro [tensjómetro] 男 血圧計.
:**tensión** [tensjón] 女 ❶ 緊張(状態); 精神的緊張, ストレス, 重圧. ― estar en [bajo] ～ 緊張している. La ～ internacional de la guerra fría ha desaparecido. 冷戦の国際的緊張は消えうせた. vivir en ～ 緊張状態の中で暮らす. El testigo estaba en un estado de extrema ～. その証人は非常に緊張していた.
❷ 《医学》血圧 (=～ arterial). ― Tiene la ～ alta. 彼は高血圧である. ― baja 低血圧. ¿Sirve esta medicina para rebajar la ～? この薬を飲めば血圧が下がりますか.
❸ 伸張, 張り. ― ～ superficial 表面張力. ❹ 《物理》圧力, 電圧; (気体の)膨張力. ― ～ eléctrica 電圧. cable de alta ～ 高圧ケーブル.
:**tenso, sa** [ténso, sa] 形 ❶ 張った. 類**tirante**. *(a)* ぴんと張った. ― una cuerda *tensa* ぴんと張ったひも[弦]. El cable para sujetar el aparato debe estar muy ～. 装置を固定するワイヤーはしっかりと張っていなくてはならない. *(b)* (筋肉が)緊張した[張った], (体が)こわばった. ― Tengo

---

～s los brazos. 私は腕がこわばっている[腕の筋肉が張っている]. músculos ～s y contraídos por estrés. ストレスで収縮した筋肉. ❷ 〔+名詞, 名詞+〕(精神的に)緊張している, 張りつめた; 緊迫した. ― Están ～s esperando ser llamados para la entrevista. 彼らは面接の順番待ちで緊張している. ambiente ～ 張りつめた雰囲気. relaciones *tensas* 緊迫[緊張]した関係. *tensas* vísperas de guerra 開戦前夜の緊迫した時期. ❸ 《言語》(音声が)張りのある. ― vocales *tensas* 張り母音.
tensor, sora [tensór, sóra] 形 伸張性のある, 張力の. ― músculos *tensores* 《解剖》張筋. Este suero tiene un efecto ～ de las arrugas de la cara. この乳清は顔のしわを伸ばす効果がある.
― 男 ❶ 《解剖》張筋. ❷ 張り綱, 支え線[綱]. ❸ つっぱり, 支柱. ❹ 《技術》引き締めねじ. ❺ 《数学, 物理》テンソル.
:**tentación** [tentaθjón] 女 誘惑, 誘い, 誘惑するもの, 〔+de+不定詞〕...したい気持ち. ― caer en la ～ 誘惑に負ける. resistir la ～ 誘惑に抗する. La juventud tiende a ceder ante la ～. 若い人はややもすれば誘惑に負けやすい. Cedió a la ～ del sake. 彼は酒の誘惑に負けた.
tentacular [tentakulár] 形 ❶ 《動物》触手[触腕]の; 触手[触腕]を持った. ❷ 《動物》触糸[触毛]の; 触糸[触毛]を持った. ❸ 触手状の.
tentáculo [tentákulo] 男 ❶ 《動物》(下等動物の)触手, (頭足類の)触腕. ― El pulpo tiene ocho ～s. タコには触腕が 8 本ある. ❷ 《植物》触糸, 触毛. ❸ 複 《比喩》影響力. ― Los ～s de la mafia se había extendido por el mundo político. マフィアの影響力は政界にまで広がっていた.
tentadero [tentaðéro] 男 《闘牛》子牛の選定 (tienta) をするための囲い場.
:**tentador, dora** [tentaðór, ðóra] 形 誘惑する, 興味[欲求]をそそる, 期待を持たせる. ― oferta *tentadora* 魅力的な付け値. mirada *tentadora* 気を持たせる目つき. propuesta *tentadora* 魅力的な提案. crujido ～ de las galletas クッキーのサクサクという美味しそうな音. La oferta que me has hecho es muy *tentadora*. 君が私にした申し出はとても気をそそられる. Esta paella está *tentadora*. このパエリャはおいしそうだ. 類**atractivo**, **encantador**.
― 名 誘惑する人.
― 男 (el T～) 悪魔. 類**diablo**.
:**tentar** [tentár] [4.1] 他 ❶ を誘惑する, 魅了する, 魅了する. ― El diablo nos *tienta*. 悪魔が私たちを誘惑している. El viaje me *tienta*, pero no tengo dinero. 旅行は私にとって魅力だが, 金がない. Me *tentaba* con guiños. 彼はウィンクをして私を誘惑していた. Un amigo le *tentó* a fumar marijuana. 一人の友人が彼に大麻を吸うよう誘った. 類**inducir, instigar**. ❷ を手探りする, ...に触れる, さわる. ― Me *tenté* los bolsillos y me di cuenta de que había perdido el llavero. 私はポケットを探り, キー・ホールダーを失くしたことに気づいた. *Tentó* la pared buscando el interruptor. 彼は壁面を手探りでスイッチを探した. 類**tocar**. ❸ 《闘牛》(長槍で子牛を)試す. ― ～ los becerros 子牛を(将来闘牛に向くかどうか)選定する.
tentativa[1] [tentatíβa] 女 ❶ 試み, 企図; 努

力. —～ infructuosa 無駄な試み. Después de varias ～s, consiguió llegar a la cima de la montaña. 何度も試みた末、彼は山頂にたどり着いた. 類**ensayo, intento, prueba**. ❷《司法》未遂行為. —～ de asesinato [de homicidio] 殺人未遂. —～ de suicidio 自殺未遂. quedar en ～ 未遂に終わる. ❸《古》(大学の)入学試験.

:**tentativo, va**² [tentatíβo, βa] 形 ❶ 試験的な, 手探りの; 実験的な. —proyecto ～ 実験的計画. instalación *tentativa* (機材等の)試験的導入. poesía *tentativa* 実験的詩[詩作]. ❷ 暫定案の, 正式決定前の. —nómina *tentativa* 仮登録簿. agenda *tentativa* de la reunión 会議の仮日程.

tentemozo [tentemóθo] 男 ❶ 支柱, つっかえ棒. 類**puntal, soporte**. ❷ 起きあがりこぼし. 類**tentempié**. ❸ (馬具の)頬(ﾊﾟ)革, 頬骨(ﾊﾟﾈ). 類**quijera**.

tentempié [tentempjé] 男 ❶ 軽食, 軽い食事. —tomar un ～ 軽食を取る. 類**refrigerio**. ❷ 起きあがりこぼし. 類**tentemozo**.

tenue [ténue] 形 ❶ 細い; 薄い, 希薄な. —hilos ～s del gusano de seda カイコの細い糸. ～ niebla 薄い霧. ～ tela de araña 薄いクモの巣. ～ tela veraniega 夏服の薄い布. Me gustan más los colores ～s que los chillones. 私は派手な色よりも薄い色のほうが好きだ. 類**delgado, fino, sutil**. 反**denso, espeso, grueso**. ❷ わずかな; かすかな, 弱々しい. —cenar a la ～ luz de las velas ろうそくのほのかな光のもとで夕食を取る. voz ～ 弱々しい声. ～ mejoría en la situación 状況のわずかな好転. hacer una ～ insinuación 遠まわしにほのめかす. 類**débil, vago**. ❸ 簡素な. —estilo ～ 簡素な文体. 類**sencillo, simple**.

tenuidad [tenuiðá(ð)] 女 ❶ 細さ, 薄さ. ❷ わずかである(こと); かすかな(こと), 弱々しさ. ❸ つまらないもの, ささいなこと. 類**simpleza**.

tenuirrostro [tenuiróstro] 男 《鳥類》細嘴(ﾊﾟ)類の鳥. 形 細嘴類の.

teñido, da [teɲíðo, ða] 過分 形 ❶ 染めた. —un impermeable ～ de azul 青に染めたレインコート. Matilde tiene el pelo ～ de rubio. マティルデは髪を金髪に染めている. ❷《比喩》[＋de] …の傾向のある, …気味の. —críticas *teñidas* de odio 憎悪の傾向のある批評. una creencia *teñida* de fanatismo 狂信性を帯びた信念.
—— 男 ❶ 染色, 染めること. —El ～ frecuente del cabello puede debilitarlo. 髪を頻繁に染めていると, 髪が弱くなる可能性がある. ❷ 染料.

:**teñir** [teɲír] [6.5] 他 ❶ [＋de] …色に…を染める, 染色する. —*Tiñó* el vestido *de* negro. 彼は服を黒に染めた. ❷ (a)[＋de] …の色彩を…に帯びさせる, 傾向を帯びさせる, ニュアンスをつける. —*Tiñe* sus historias de cierta melancolía. 彼は物語を少し憂鬱(ﾕｳｳﾂ)な雰囲気にしている. (b) 帯びる, 貫く, 一貫する. —La antipatía hacia la dictadura *teñía* toda su conferencia. 独裁政治への反感が彼の講演全体を貫いていた. ❸ (色)をぼやけさせる, 暗くする.
—**se** 再 (自分の)髪を染める. —Se *ha teñido* el pelo *de* (color) rubio. 彼は髪の毛をブロンドに染めた.

teocali [teokáli] 〔＜ナワトル〕男 《歴史》(アステカ人が丘上に築いた)神殿, 祭壇.

teocracia [teokráθja] 女 神権政治, 神政; 神政国家.

teocrático, ca [teokrátiko, ka] 形 神権政治[神政]の, 神政国家の.

teodicea [teoðiθéa] 女 《哲学, 神学》弁神論, 神義論. ◆諸悪の存在に対し, 神の全能と義を弁証する論議.

teodolito [teoðolíto] 男 経緯儀, セオドライト. ◆天体の位置測定や地上の測量に使用される角度測定装置.

Teodoro [teoðóro] 固名 《男性名》テオドーロ.

teofanía [teofanía] 女 《神学》神の出現, 神の顕現(ｹﾝｹﾞﾝ). 類**epifanía**.

teogonía [teoɣonía] 女 神々の系譜; 神統系譜学, 神統記.

teologal [teoloɣál] 形 神学(上)の, 神学的な. —virtudes ～*es* 対神徳(fe 信仰, esperanza 希望, caridad 慈悲).

teología [teoloxía] 女 神学. —～ de la liberación 解放の神学(南米で起こった神学の運動). ～ dogmática 教理神学. ～ mística 神秘神学. no meterse en teologías《話》面倒な問題を避ける.

teológico, ca [teolóxiko, ka] 形 神学(上)の, 神学的な.

teologizar [teoloxiθár] [1.3] 自 神学を講ずる; 神学を研究する.

teólogo, ga [teóloɣo, ɣa] 形 神学(上)の, 神学的な.
—— 名 神学生, 神学者.

teorema [teoréma] 男 《数学, 論理》定理; 一般法則. —～ de Pitágoras ピタゴラスの定理.

teorético, ca [teorétiko, ka] 形 理論的な, 理論上の. 類**teórico**. 反**práctico**.

:: **teoría** [teoría テオリア] 女 ❶ 理論, 説, 学説, …論; 理屈. —defender una ～ 説を主張する. atacar una ～ ある説に異論を唱える, 論駁する. poner una ～ en práctica ある理論を実践に移す. Eso es pura ～. それは理屈だ(＝実践的でない). Darwin propuso una nueva ～ de la evolución. ダーウィンは新しい進化論を唱えた. Tu ～ no se ajusta a la realidad. 君の理論は事実に適合していない. ❷ 推測, 意見, 私見.

en teoría 〘文修飾〙理論的には…(実際はそうでないという意味がこめられる). *En teoría* es así, pero en la práctica es imposible. 建て前はそうだが, 実際には不可能だ.

teórica [teórika] 女 ＝teórico.

teóricamente [teórikaménte] 副 ❶ 理論上は, (現実はともあれ)理論的には. ❷ 理論的に.

:**teórico, ca** [teóriko, ka] 形 理論の, 理論的な; 理論上の, 理論だけの. —marco ～ 理論の枠組み. física *teórica* 理論物理学. fundamento(s) ～(s) [base(s) *teórica*(s)] 理論的基盤. valor ～ 理論値. Eso es una suposición meramente *teórica*. それはあくまで理論上の想定でしかない.
—— 名 理論家; 《軽蔑》理屈だけの人.
—— 女 ❶ 理論学(＝teoría). —*teórica* y práctica 理論と実践. ❷《北米》おしゃべり.

teorizar [teoriθár] [1.3] 自 理論[学説]を立てる. —Los críticos *teorizan* sobre la actual crisis económica, pero no dan soluciones. 評論家たちは現代の経済危機について理論を述べて

いるが, 解決策は出していない.
── 他 を理論づける.

teoso, sa [teóso, sa] 形 ❶ たいまつの, トーチの. ❷ (木材が)樹脂の多い.

teosofía [teosofía] 女 《宗教》神智学.

teosófico, ca [teosófiko, ka] 形 《神学》神智学(上)の.

teósofo [teósofo] 男 《神学》神智論者.

Teotihuacán [teotiwakán] 固名 テオティワカン(メキシコの古代遺跡都市).

tepe [tépe] 男 (移植のため四角に切り出した)一片の芝生. 類 **césped**.

tepetate [tepetáte] 男 ❶ 【ホンジュラス, メキシコ】(鉱山の)廃物. ❷ 【メキシコ, ニカラグァ】建築用石材.

Tepic [tepí(k)] 固名 テピク(メキシコの都市).

tequila [tekíla] 男 テキーラ(メキシコ産の蒸留酒). ─ tomar un trago de ～ con sal y limón 塩とレモンといっしょにテキーラを一口飲む.

terapeuta [terapéuta] 男女 《医学》治療専門家, セラピスト. ─ Su ～ le recomendó hacer ejercicio físico para aliviar el estrés. セラピストは彼に, ストレスを和らげるための体操を勧めた.

terapéutica [terapéutika] 女 《医学》治療学, 治療論. 類 **terapia**.

terapéutico, ca [terapéutiko, ka] 形 《医学》治療(上)の, 治療学[法]の; 治療[健康維持]に役立つ. ─ remedio ～ 治療法. tratamiento ～ 治療(法).

terapia [terápia] 女 《医学》治療, 治療法, セラピー. ～ de grupo グループ療法. ～ ocupacional [laboral] 作業療法(適当な軽い仕事を与えておこなう健康回復法).

teratología [teratoloxía] 女 奇形学.

terbio [térβio] 男 《化学》テルビウム(元素記号 Tb). ─ El ～ se usa como fuente del láser. テルビウムはレーザー光源として用いられる.

tercamente [térkaménte] 副 がんこに, 強情に; しつこく.

tercena [terθéna] 女 ❶ 【中南米】肉屋. 類 **carnicería**. ❷ 専売店.

tercer [terθér] 形 tercero の語尾脱落形. 男性単数名詞の前で用いる形. →tercero.

tercera [terθéra] 女 →tercero.

terceramente [terθéraménte] 副 第 3 に, 3 番目に.

tercería [terθería] 女 ❶ 調停, 仲裁; 仲介. 類 **mediación**. ❷ 《司法》第三者[第三当事者]の権利. ❸ 売春幹旋(紅).

tercerilla [terθeríja] [＜tercera] 女 《詩》(1 行 8 音節以下の)3 行詩句.

tercermundismo [terθermundísmo] 男 ❶ 《社会》第三世界の状況, 第三世界問題. ─ El ～ es una de las cuestiones más urgentes de esta época. 第三世界の問題は今日の最も緊急な問題の一つである. ─ El ～ de nuestro servicio de correos es preocupante. 我が国の郵便事情の遅れは深刻だ.

tercermundista [terθermundísta] 形 ❶ 《社会》第三世界の, 第三世界的な. ❷ 《軽蔑》まるで第三世界のような, 遅れた, 前近代的な. 類 **atrasado**. 反 **moderno**.

****tercero, ra** [terθéro, ra テルセロ, ラ] 形 (数) [男性単数名詞の前では tercer] ❶ 第 3 の. ─ Es la *tercera* vez que voy a España. 私がスペインへ行くのは 3 回目だ. En el *tercer* semáforo, gire a la derecha. 3 つめの信号を右折してください. *tercera* parte 《情報》サード・パーティ. ❷ 『序数的に』3 番目の. ❸ 3 分の 1 の. ─ una *tercera* parte de los ingresos 収入の 3 分の 1. ❹ 調停をする. ─ Tendrán que acudir a una *tercera* persona para llegar a un acuerdo. 彼らが合意に至るには調停人を立てる必要があるだろう.

── 名 ❶ 第 3 者. ─ No se permite que intervenga un ～. 第 3 者の介入はできない. El seguro del coche sólo lo tengo a ～s. 自動車保険は対人と対物賠償した入っていない. ❷ 仲裁者, 調停人. ─ Actuó como ～ en el conflicto entre patronos y obreros. 彼がその労使紛争の調停者になった. ❸ 第 3 位, 3 等. ─ La japonesa quedó *tercera* en patinaje artístico. 日本の女子選手がフィギュア・スケートで第 3 位になった. ❹ 男女の仲を取り持つ者. 類 **alcahuete**. ❺ 《宗教団体の》第 3 会員. 類 **terciario**. ❻ 複 《情報》サード・パーティ.

── 女 ❶ 《自動車などの》サードギア, 第 3 速. ❷ (トランプの)同種札の 3 枚続き. ❸ (列車の)3 等車(席); 3 等船室. ❹ 《音楽》3 度(音程). ─ *tercera* mayor 長 3 度. *tercera* menor 短 3 度. ❺ 売春周旋人. 類 **alcahueta**.

a la tercera 3 度目に. Dio en el blanco *a la tercera*. 彼は 3 度目に言い当てた.

A la tercera va la vencida. 【諺】3 度目の正直. Espero no fracasar ahora; además, *a la tercera va la vencida*. 3 度目の正直だ, もう失敗は出来ない.

tercera edad 老年, 高齢. residencias para la *tercera edad* 高齢者住宅.

tercerola [terθeróla] 女 ❶ 短銃, ショットガン. ❷ 《音楽》小型のフルート. ❸ 中型の樽(絵). ❹ 《話》(列車の)3 等車(席).

terceto [terθéto] 男 ❶ 《詩》(各行 11 音節の)3 行連句. (通常, 第 1 行と第 3 行が押韻する.) ❷ 《音楽》三重奏[唱]; 三重奏[唱]組曲.

tercia [térθia] 女 ❶ 3 分の 1; 3 等分したうちのひとつ(分). 類 **tercio**. ❷ 《古》3 分の 1 バーラ. ◆ バーラ (vara)は長さの単位で約 83.59 センチ. ❸ 《カトリック》(聖務日課 (oficios divinos)の)第三時課(午前 9 時ごろ). ❹ 《古代ローマで, 昼間を 4 つに分けたうちの)2 番目の時間帯(現在の午前 9 時から正午). ❺ 《トランプ》同種の 3 枚続き.

terciado, da [terθiáðo, ða] 形 ❶ 中ぐらいの大きさの, 《闘牛》(牛が)中型の. ─ melocotones ～s 中型の桃. ❷ 斜めの, 斜めに置いた. ─ con la escopeta *terciada* a la espalda 猟銃を肩から斜めに掛けて. con el sombrero ～ 帽子を斜めにかぶって. ❸ 3 分の 1 欠けた, 3 分の 1 を費やした. ─ jamón ～ 3 分の 1 ほど切り取られた後のハム. azúcar ～ [*terciada*] 赤砂糖.

── 男 ❶ 広刃の刀. ❷ 幅広の絹のリボン.

terciana [terθiána] 女 《主に複》《医学》三日熱.

terciar [terθiár] 自 ❶ 仲裁する, 調停する; 仲介する. ─ ～ en el debate 議論を仲裁する. ～ entre las dos posturas 双方の立場を調停する. 類 **arbitrar, intervenir, mediar**. ❷ (*a*) 介入する, 加わる; 参加する. ─ ～ en la conversación

terciario

会話に加わる. 類**intervenir, participar**. (b)(ゲームなどに, 人数を満たすために)参加する. ❸(月が)三日月形になる.

── 他 ❶ を斜めに置く[掛ける]. ── ~ la banda a ...(人)に懸章を掛ける. ❷ ❸ を3等分する. ❸(左右の重さが同じになるように, 積み荷の釣り合いを取る. ❹《農業》(畑)に第3耕を施す. ❺〖中南米〗を背負う, 肩にかつぐ. ❻〖中南米〗(酒)を水で割る.

── se 再 ❶ を(自分の体に)斜めに掛ける. ── ~se la capa マントを肩に背負う. ❷〖3人称のみ〗都合よくなる, 好機が訪れる. ── Si *se tercia*, le hablaré del asunto. 良い機会があったら, その件について彼に話そう.

terciario, ria [terθjárjo, rja] 形 ❶ 第3の, 3番目の; 第3次の. ── sector ── 第三次産業(サービス業など). 類**tercero, tercio**. ❷3番目に重要な, 二の次・三の次の. ── No tengo tiempo para ocuparme de asuntos ~s. 私にはそういう問題にかかわっている暇はない. ❸《地質》第三紀の. ── terrenos ~s 第三紀の地層.

── 男《地質》第三紀.

── 名《カトリック》(修道会の)第三会員.

⁑**tercio, cia** [térθjo, θja] 形《主に2桁以上の序数で》3番目の. ── la décimo *tercia* edición (書物の)第13版. 類**tercero**.

── 男 ❶ 3分の1. ── El incendio forestal afectó a un ~ de los residentes. 山火事は住民の3分の1に影響を与えた. El ~ de la población de este país necesita ayuda económica. この国の人口の3分の1が経済援助を必要としている. ❷(ビールの)3分の1リットル瓶. ¶通常のビール瓶 tercio, 小瓶は quinto. ❸ つに区分されたものの各部. (a)《カトリック》ロザリオの祈りの三奥義(喜び gozo, 苦しみ dolor, 栄え gloria)の各々; 〖ドミニカ〗ロザリオの祈り. (b)《闘牛》闘牛場の3つに区分された闘技区域の各々, (特に中央区域 medios と防壁区域 tablas の間の)主闘技区域. (c)《闘牛》1回の闘牛を構成する3段階の各々. ── de varas 槍刺しの場. ── de banderillas 銛打ちの場. ── de muerte 死(とどめ)の場. (d) 競馬の3段階(スタート arrancar, 疾走 correr, ゴール後の停止 empezar a parar)の各々. (e) 3部からなるフラメンコ歌詞の一つの部分. (f) 馬の体高の3区分の各々. ¶下から順に, 前膝 rodilla, 腋の下 encuentro, き甲 cruz で3分する. (g)〖中南米〗《スポーツ》(野球の3アウトのうちの)1アウト. ── Trabajó seis entradas y dos tercios. 彼は7イニング目の2アウトを取るまで登板した. ❹ 軍隊 (a)《軍事》(志願兵・義勇兵等の)部隊;〖(T~)〗固有名詞的に〗部隊. ── ~ extranjero 外人部隊. T~ de Armada スペイン海軍陸戦戦闘部隊(TEAR). (b)(治安警察隊 Guardia Civil などの)方面隊. (c)《歴史》16-17世紀の歩兵部隊; ガレー船乗り込みの部隊. ❺ 漁業協同組合. ❻(馬や ロバ等の)鞍の振り分け部分. ❼〖キューバ〗振り分け荷物にした1キンタル(quintal)分の生タバコ. ❼ 靴下の(ふくらはぎに当たる)最も幅の広い部分. ❽《複》(太くたくましい)四肢. ── tener buenos ~ s 腕や脚ががっしりしている[腕っぷしが強い]. ❾《方》(a)〖アンダルシーア〗(隔年で休閑地にする農法の)農牧地. (b)〖カナリア諸島〗ワインの小樽. ❿〖中南米〗(a) 荷物, 包み. (b)〖ドミニカ〗二頭立ての牛車; 同伴者, 道連れ.

hacer mal tercio 〖メヒコ〗(婦人が)若い未婚女性の付き添い役をする.

cambiar de tercio 話題を変える.

hacer buen[*mal*]*tercio a* ...(人)の助けになる[ならない].

mejorado en tercio y quinto 程よく配分された.

── 名〖ベネズエラ〗《軽蔑》人, やつ.

terciopelado, da [terθjopeláðo, ða] 形 ビロードのような, 柔らかな. 類**aterciopelado**.

── 男 構造ビロード.

terciopelo [terθjopélo] 男 ビロード, ベルベット.

⁑**terco, ca** [térko, ka テルコ, カ] 形 ❶(人)頑固な; 頑に守られる, 頑強な. ── hombre ~ 強情な人. *terca* idea 頑固な考え. nuestra *terca* ilusión 私達が頑に抱き続ける夢[幻想]. 類**obstinado, pertinaz**. ❷ 変え難い, 認めざるを得ない. ── *terca* evidencia 動かぬ証拠. La realidad es *terca*. 現実は動かし難い. ❸(動物が)扱いにくい, 御しにくい. ── vacas *tercas* 御しにくい牛. ❹(物が)頑強な; 細工しにくい; 緩みにくい. ── piedra *terca* 固い石材. tuerca *terca*(締め付けが)強力なナット. ❺〖エクアドル〗無愛想な, 冷淡な.

── 名 強情な人.

Tere [tére] 固名《女性名》テレ(テレーサ Teresa の愛称).

tere [tére] 形〖コロンビア〗泣き虫の; 弱い, 病弱な.

terebinto [tereβínto] 男《植物》テレビノキ(地中海地方のウルシ科の木).

terebrante [tereβránte] 形 (痛みが)突き刺すような.

Teresa [terésa] 固名《女性名》テレーサ.

teresa [terésa] 女 ❶《カトリック》跣足(せんそく)カルメル会修道女. ♦カルメル会の改革をした Santa Teresa de Jesús(1515-82)の名による. 類**carmelita**. ❷(虫類)カマキリ. 類**santateresa**. ❸《主に複》俗女性の胸.

teresiana¹ [teresjána] 女 ❶《軍隊》士官の軍帽. ❷ →teresiano.

teresiano, na² [teresjáno, na] 形《宗教》聖テレサ[聖テレジア](Santa Teresa de Jesús)の; 跣足(せんそく)カルメル会の. ── colegio ~ カルメル会の学校. monja *teresiana* カルメル会修道女.

── 女《宗教》カルメル会聖テレジア派の修道女.

tergal [teryál] 男《服飾, 登録商標》テルガル.

tergiversación [terxiβersaθjón] 女 ❶(意見・事実の)歪曲(わいきょく); 曲解. ❷ ごまかし, 言い逃れ.

tergiversar [terxiβersár] 他 ❶(意見・事実)を歪曲(する), 誤り伝える; 曲解する. ── El periodista *tergiversó* sus declaraciones. 新聞記者は彼の証言を歪曲した. 類**deformar, torcer**. ❷ をごまかす, 言い逃れる.

terliz [terlíθ] 男《複》*terlices* (マットレス・枕などのカバーや室内装飾に用いる)丈夫な亜麻布[木綿地].

termal [termál] 形 温泉の. ── aguas ~es 温泉. balneario ~ 湯治場.

termas [térmas] 女複 ❶ 温泉(施設), 湯治場. 湯治. ── ~ curativas 治療効果のある湯治場. El médico me aconsejó las ~ para combatir mi reumatismo. 私はリューマチと戦うため, 医者に湯治を勧められた. ❷《歴史》(古代ローマの)公衆浴場.

termes [térmes] 男〖単複同形〗《虫類》シロアリ. —el ~ hembra [macho] メス[オス]のシロアリ. 類**térmita, termite**.

térmico, ca [térmiko, ka] 形 ❶ 熱の, 温度の; 熱による. —central *térmica* 火力発電所. fiebre *térmica* 熱射病. ❷ 保温の. —recipiente ~ 保温容器. revestimiento ~ コーティング.

terminacho [terminátʃo] 男《話, 軽蔑》下品な言葉, 卑語.

:**terminación** [terminaθjón] 安 ❶ 終了, 終わり, 終止, 完了. —Es impredecible la fecha de ~. それはいつ終わるのかめどがつかない. ❷ 完成; 結末, 結果, 終点. —Este trabajo refleja una exquisita ~. この作品はみごとな仕上がりを見せている. ❸ 端, 末端. ❹《文法》語尾.

:**terminado, da** [terminádo, ða] 過分 形 ❶ 終わった, 終了した, 完了した. —trabajo ~ 終了[完了]した仕事. asunto ~ もう済んだ事. Da por *terminadas* sus funciones. 彼は自分がもうお役御免になったと思っている. ❷ 完成した; 完成品既製品の; 仕上げを施した. —productos ~s 完成品. vivienda *terminada* 完成[建て売り]住宅. broche ~ en cinc 亜鉛仕上げの止め金. ❸〖+ en〗(終末・末尾・先端が)…(の形)で終わる. —madero ~ *en* punta 先を尖らせた木材. palabra *terminada en* jota Jで終わる単語. historia de amor *terminada en* tragedia 悲劇で終わる恋愛物語.
—— 男 仕上げ, 仕上げ処理; 仕上がり具合. —~ brillante 光沢のある仕上がり. ~ en laca [oro] ラッカー[金メッキ]仕上げ.

*****terminal** [terminál] 形 ❶ 最後の, (a) 最終的な, 最終段階の, 仕上げの. —obra ~ 最終工事. informe ~ 最終報告. objetivo ~ 最終目的. (b)《医学》末期の. —cáncer ~ 末期癌. cuidado ~ ターミナルケア. enfermo ~ 末期の患者. ❷ 末端の, (a) 末端の, 終点の. —apéndice ~ 末端の突起. estación ~ 終着駅. (b)《植物》頂生の. —yema ~ 頂生の芽.
—— 男 ❶ 出荷基地, ターミナルプラットホーム. —~ de frutas 果物の出荷基地. —~ de refinería 精油[精錬]所の輸送基地. ~ de carga aérea 航空貨物基地. ❷《電気》端子, 電極. —~ de conexión 接続端子. —~ de bocina 筒型圧着端子. ~ de anillo [~ en aro] リング型圧着端子. ~ de espada [~ de pala] フォーク型圧着端子. ~ positivo [negativo] プラス[マイナス]の端子. ~《通信》ターミナル, 端末装置. —~ de mano(s) 携帯端末. ~ inalámbrico ワイヤレスの電話機. ~ inteligente [remoto] インテリジェント・ターミナル[リモート端末].〖副〗安〖un [una] ~ de trabajo ワークステーション. ❹ 結合具, 連結具. —~ de cable シャックル(ロープ等を連結する金具). ❺〖まれ〗(道の)終点.
—— 安 ❶ (交通機関の)終点, 終着駅; ターミナル, 乗降基地, 発着基地. —~ de cargas 貨物操車場. ~ de autobuses バスターミナル. ~ de contenedores コンテナーターミナル. ~ de almacenamiento y distribución 集荷・配送ターミナル. ❷《解剖》末端, 末端突起物の. —~ nerviosa 神経終末.

:**terminante** [terminánte] 形 断定的な, 決定的な, きっぱりとした. —Fue ~ en su negativa. きっぱり断った. Las instrucciones cursadas son ~s. 培った教養は決定的である. 類**concluyente**.

terminantemente [terminántemɛ́nte] 副 断固として, 決定的に; 厳しく. —Está [Queda] ~ prohibido fumar en la sala. ホールでの喫煙は厳禁である.

*****terminar** [terminár テルミナル] 他 を終える, 終了する, 完了する. —*Terminó* su carrera y se marchó para su tierra natal. 彼は学業を終え生れ故郷に帰った. *Terminó* sus días en un asilo de ancianos. 彼は最後の日々を老人ホームで終えた. Ha *terminado* el vino. 彼はワインをすっかり飲んでしまった. 類**acabar**.
—— 自 ❶ 終わる, 終了する, 完了する. —*Terminó* la fiesta y regresó la calma. パーティーが終わり, 静寂が戻った. El programa *termina* dentro de unos minutos. 番組は数分で終わる. ❷ (a)〖+por+不定詞〗とうとう…する, ついに…する. —*Terminaron por* rendirse. とうとう彼らは降伏した. (b)〖+現在分詞〗とうとう…する, 最後に…する. —*Terminó* marchándose. ついに彼は立ち去った. ❸〖+de+不定詞〗…したばかりである. —La niña *termina* de despertar. 女の子は目が覚めたばかりである. ❹〖+con〗(a) 終わらせる; 台無しにする. —Hay que ~ *con* la injusticia. 不正な行為は終わらせる必要がある. La helada *terminó con* la cosecha de naranjas. 冷害のためにオレンジの収穫は台無しになった. 類**aniquilar**. (b) (人)と別れる. —Ha *terminado con* su novia. 彼は恋人と別れた. ❺〖+en で〗終わる, 末端は…にある. —La pértiga *termina* en punta. 棒の先には尖りがついている. Mi finca *termina* aquí. 私の地所はここまでだ.
—— se 再 ❶ 終わる, 終了する. —*Se han terminado* las vacaciones. 休暇が終わった. La guerra *se terminó* con nuestra derrota. 戦争は我々の敗北をもって終わった. El día *se terminó* con lluvia. その日は最後に雨が降った. ❷ 無くなる. —*Se ha terminado* el pan. パンが無くなった. ❸ 終えてしまう, すばやく済ませる. —No te has *terminado* el desayuno. お前はまだ朝食が済んでないぞ[早く済ませなさい].
para terminar 最後に, 終わりに当たって. *Para terminar*, le expreso una infinita gratitud por las atenciones que me ha prestado. 最後に, あなたが私にお与えくださったもろもろのご配慮に対し深甚の謝意を表します.

terminar bien [mal] 良い[悪い]結果に終る.

*****término** [término テルミノ] 男 ❶ 終わり, 終末; 最後. —Se acercaba al ~ de su agonía. 彼は死に近づいていた. 類**fin**. ❷ (a) 端, 末端. —Al ~ del cordón se descubrió un aparato de escucha clandestina. そのコードの端に盗聴器があるのが発見された. 類**extremo**. (b) 限界, 限度. —Entonces yo había llegado al ~ de la paciencia. その時私はもう我慢の限界に達していた. 類**límite**. (c) 境, 境界; 境界標. —~ de la provincia 県境. ~ de la región 州境. 類**límite, mojón**. ❸ 期限, 期間. —Debemos saldar la deuda en el ~ de diez días. 私たちは10日の期間のうちに借金を清算せねばならない. 類**plazo**. ❹ 目的, 目標. —El ~ de sus estudios es llegar a ser un excelen-

1842 terminología

te ingeniero. 彼の学業の目的は優秀な技術者になることだ. 類 **fin, meta, objeto**. ❺ (a) 言葉,語; (特に)専門語. —medios ~s 逃げ口上. En este libro abundan los ~s técnicos. この本には専門語が多い. 類 **palabra, vocablo**. (b) 言い方, 表現. —El profesor explica siempre en ~s claros y sencillos. 先生はいつもはっきりとやさしい表現で説明する. 類 **voz**. ❻ 地区, 管轄区域. — ~ municipal 市の管轄地, 市域. ~ redondo (他に属する所のない)完全管轄地. ❼ 複 条件, 標準. —¿En qué ~s podemos plantear la cuestión? 我々はどんな条件で問題を提起できるのか. ❽ (論理)(a) ひとつの概念を完全に内包する範囲. (b) (命題や三段論法の)名辞. — ~ mayor 大名辞. ~ medio 中名辞. ~ menor 小名辞. ❾ (数学)(式式や数列の成分となる)項; (分数の)分子, 分母. ❿ (絵画)(遠近法の)景. —primer ~ 近景, segundo ~ 中景, tercer ~ 遠景. ⓫ (建築)境界柱, 境界神の胸像が上部にある柱.

dar término a ... を終える. Pronto *darán término a* las discusiones sobre este asunto. 彼らはまもなくこの件についての論議を終えるだろう.

en último término 結局, とどのつまり. Le he pedido muchas veces que me acompañe, pero *en último término* iré solo. 私は何度も彼に同伴を求めたが, 結局は私ひとりで行くことになるだろう.

invertir los términos 話をそらす. No *inviertas los términos* y contesta mis preguntas. 話をそらさないで私の質問に答えなさい.

llevar a término 完全に行う, 成し遂げる. Es muy difícil *llevar a término* lo que nos mandó. 彼が我々に命じた事を成し遂げるのはとてもむずかしい.

poner término a ... をやめさせる, 中止させる. Hay que *poner término a* tales acciones violentas. そんな暴力的な行為はやめさせねばならない.

por [como] término medio 平均して. Los precios suben todos los años un diez *por ciento por término medio*. 毎年物価は平均して10%上昇する.

términos hábiles 可能性, 有効性.

terminología [terminoloxía] 女 [集合的に]専門用語, 術語. — ~ médica 医学用語.

terminológico, ca [terminolóxiko, ka] 形 専門用語の, 術語の. —diccionario ~ 専門用語辞典. problema ~ 用語上の問題.

termita[1] [termíta] 女 (虫類)シロアリ. 類 **termes, termite**.

termita[2] [termíta] 女 (化学)テルミット. ◆金属酸化物とアルミニウムの粉末とを混合したもの.

termite [termíte] 男 (虫類)シロアリ. 類 **termes, termita**.

termitero [termitéro] 男 シロアリの巣.

termo [térmo] 男 魔法瓶. — ~ jarra 魔法瓶.

termocauterio [termokautério] 男 (医学)焼灼(しょうしゃく)器.

termoconductor [termokonduktór] 男 (物理)熱伝導体.

termodinámica [termoðinámika] 女 →termodinámico.

termodinámico, ca [termoðinámiko, ka] 形 (物理)熱力学の. —— 女 (物理)熱力学.

termoelasticidad [termoelastiθiðá(ð)] 女 (物理)熱弾性.

termoelectricidad [termoelektriθiðá(ð)] 女 (電気, 物理)熱電気, 熱電気学.

termoeléctrico, ca [termoeléktriko, ka] 形 (電気, 物理)熱電気の. —efectos ~ 熱電効果. par ~ 熱電対(?).

termoestable [termoestáβle] 形 (化学)耐熱(性)の, 熱安定の.

termogénesis [termoxénesis] 女 (生物)(体内での)熱発生, 産熱.

termografía [termoɣrafía] 女 自記温度法; (医学)サーモグラフィー. ♦体の表面の温度を測定・画像化し, 診断に用いる方法.

termógrafo [termóɣrafo] 男 自記温度計; (医学)サーモグラフ.

termoiónico, ca [termojóniko, ka] 形 (物理)熱イオンの; 熱電子の. —tubo ~ (テレビ・ラジオの)熱電子管.

termología [termoloxía] 女 熱学.

termometría [termometría] 女 温度測定, 検温; 温度測定学.

:**termómetro** [termómetro] 男 ❶ 温度計. —El ~ marca 12℃ (doce grados centígrados). 気温は摂氏12度だ. ~ de máxima [mínima] 最(低)温度計. ❷ 体温計. —Ponte el ~ a ver si tienes fiebre. 熱がないか計ってごらんなさい.

termonuclear [termonukleár] 形 熱核(反応)の, 核融合の, 熱核[水素]爆弾の. —bomba ~ 熱核[水素]爆弾. explosión ~ 熱核爆発. reacción ~ 熱核反応.

termopar [termopár] 男 (物理)熱電対, サーモカップル.

termopila [termopíla] 女 (物理)熱電対列, 熱電堆, サーモパイル.

termoplástico, ca [termoplástiko, ka] 形 熱可塑性の. —— 男 熱可塑性の物質.

termoquímica [termokímika] 女 (化学)熱化学.

termorregulación [termoreɣulaθjón] 女 温度調節; (生物)体温調節(機能).

termorregulador, dora [termoreɣulaðór, ðóra] 形 温度調節の; (生物)体温調節(機能)の. —— 男 温度調節器, サーモスタット. 類 **termostato**.

termos [térmos] 男 [単複同形] 魔法瓶.

termosifón [termosifón] 男 ❶ 瞬間湯沸かし器, 給湯装置, (家庭用)ボイラー. ❷ 温水暖房器. ❸ (物理)熱サイホン.

termostato [termostáto] 男 サーモスタット, 自動温度調節器. —Esta plancha tiene un ~ que la desconecta cuando llega a determinada temperatura. このアイロンにはサーモスタットがついていて, 一定の温度になるとスイッチが切れる.

termotanque [termotánke] 男 (南米)湯わかし器.

termotecnia [termotéknja] 女 (工学)熱工学.

termoterapia [termoterápja] 女 (医学)温熱療法.

termoventilador [termoβentilaðór] 男 温風器.

terna [térna] 女 ❶ 3人組, 3つ組. 類 **terno, trío**. ❷ 3人の候補者(のリスト). ❸ (さいころで)3

のペア.

ternario, ria [ternário, ria] 形 ❶ 3つから成る、3つ組の、三重の. ❷ 《化学, 数学》三元の. ― compuesto ～ 三元化合物. ❸ 《音楽》3拍子の. ― compás ～ 3拍子(の小節).
――― 男 『カトリック』3日間の祈禱(きとう).

terne [térne] 形 ❶ 頑固な, 強情な, 扱いにくい. ― ～ que ～ 頑固で手に負えない. Con los años se ha vuelto ～. 年とともに彼は頑固になった. 類 **obstinado, pertinaz, terco**. ❷ 強がりの, 虚勢を張る, 勇み肌の. 類 **valentón**. ❸ 頑丈な, 壮健な. ― Tiene ya noventa años pero sigue ～. 彼はもう90歳だが依然として壮健だ.
――― 男女 ❶ 頑固者. ❷ 強がりの人.

‡**ternera** [ternéra] 女 ❶ 《料理》子牛の肉. ― filete de ～ 子牛のヒレ肉. En este restaurante te sugiero el estofado de ～. この店ではビーフシチューを勧めたいね. ❷ 《動物》雌の子牛.

‡**ternero** [ternéro] 男 《動物》(雄の)子牛.

ternerón, rona [ternerón, róna] 形 《話》心優しい, 情け深い; 涙もろい.
――― 名 《話》心優しい人, 情け深い人; 涙もろい人.

terneza [ternéθa] 女 ❶ 優しさ, 情け深さ; 涙もろさ. 類 **fineza, ternura**. ❷ 《主に《話》愛情のことば, 甘い言葉, 睦言(むつごと). ― Los novios se decían ～s contemplando la puesta de sol. 恋人たちは夕日を見ながら甘い言葉をかわしていた.

ternilla [terníja] 女 《解剖》軟骨, 軟骨組織. ― En las orejas no hay hueso, sino ～. 耳には骨がなく, 軟骨だ. 類 **cartilago**.

ternilloso, sa [ternijóso, sa] 形 《解剖》軟骨質の, 軟骨のような; 軟骨から成る. 類 **cartilaginoso**.

ternísimo, ma [ternísimo, ma] 形 『tiernoの絶対最上級』非常に優しい, きわめて柔らかい.

terno [térno] 男 ❶ 《服飾》三つ揃い, スリーピース. ❷ 3つ組, 3人組. 類 **palabrota, terna, trío**. ❸ 《話》ののしり言葉, 悪口; のろいの言葉. ― echar [soltar] ～s ののしる; のろう. 類 **maldición**.

‡**ternura** [ternúra] 女 ❶ やさしさ, 愛情; やさしい態度, 愛情を示す行為. ― con ～ 優しく. ❷ 甘い言葉, 愛の言葉. 類 **requiebro**.

terpeno [terpéno] 男 《化学》テルペン.

‡**terquedad** [terkeðá(ð)] 女 頑固さ, 強情.

terracota [terakóta] 〔＜伊〕女 テラコッタ, 粘土の素焼き, 素焼きの土器.

terrado [teráðo] 男 《建築》平屋根, 屋上, ルーフ・テラス. 類 **azotea, terraza**.

terraja [teráxa] 女 ❶ 《機械》(ボルトなどのねじ切り用の)ダイス回し. ❷ 縁取(ふちどり)用の型版.

terral [terál] 形 《気象》(特にスペインの地中海岸で)陸から吹く(風). ― viento ～ 陸風.
――― 男 陸風.

terramicina [teramiθína] 女 《薬学》テラマイシン.

Terranova [teranóβa] 固名 ニューファンドランド島(カナダの島).

terranova [teranóβa] 男 ニューファンドランド犬(＝perro de Terranova).

terraplén [teraplén] 男 ❶ 盛り土(された土地), 土手. ― El coche se salió de la carretera y cayó por un ～. 車は道をはずれて土手から落ちた. 類 **ribazo, ribera**. ❷ (地面の)勾配(こうばい), 坂. 類 **cuesta, talud**. ❸ 土塁. ― Construyeron un ～ para defender el castillo 彼らは城を守るために土塁を築いた. 類 **montículo**.

terraplenar [teraplenár] 他 ❶ (土地)を平らにする, 地ならしする. ― Están *terraplenando* los campos donde construirán la factoría. 工場建設予定地を整地中である. 類 **allanar, aplanar**. ❷ …に土手を作る, 盛り土をする.

terráqueo, a [terákeo, a] 形 水陸から成る, 水陸の. ― globo *terráqueo*, esfera *terráquea* 地球.

terrateniente [teratenjénte] 男女 大地主, 大土地所有者. 類 **arrendador, hacendado, latifundista**.

‡**terraza** [teráθa] 女 ❶ 《建築》ベランダ, テラス, 露台, 屋上, 大型バルコニー; (カフェーの)テラス. ― Esta ～ da al mar. このテラスは海に面している. ❷ 《農業》段々畑, 区画; 《地理》段丘. ― cultivo en ～s 段々畑の耕作.

terrazgo [teráθɣo] 男 ❶ 耕地, 農地, 畑. 類 **campo, granja**. ❷ 小作料, (小作人が農地の地主に支払う)地代.

terrazo [teráθo] 男 《建築》テラゾ. ♦内装材に用いる, 大理石に外観を似せた人造石.

‡**terremoto** [teremóto] 男 (大)地震. ― El edificio se derrumbó por el ～. 地震でそのビルが倒壊した. Los ～s en Japón son frecuentes. 日本は地震が多い. 類 **seísmo, sismo**.

terrenal [terenál] 形 この世の, 現世の, 俗世の. ― bienes *terrenales* この世の財産. paraíso ～ 地上の楽園. vida ～ 現世の命.

‡**terreno** [teréno] 男 ❶ 土地, 地所, 区画; 地表, 地盤. ― ～ llano 平地. Casi todo el ～ fue ocupado por fábricas. その地域はほとんど工場が占めていた. El ～ por aquí es firme. この辺の地盤は固い. ❷ 《比喩》分野, 領域, (活動の)場; 場面, 場, 範囲. ― Su investigación cubre un ～ muy amplio. 彼の研究は広範囲に及んでいる. 類 **ámbito, campo, esfera**. ❸ 《スポーツ》グランド, コート. ― El ～ de juego estaba cubierto de hierbas. 運動場には草が生い茂っていた. ❹ 《地質》層[群], 地形. ― ～ volcánico 火山層.
―――, **na** 形 地球の, この世の, 世俗の.

estar [*encontrarse*] *en su propio terreno* 有利な位置[立場]にある, 得意分野にいる.
ganar terreno 《比喩》前進する, 優勢になる.
minar el terreno a ... …の計画をぶち壊す.
perder terreno 不利な立場に立つ, 劣勢になる.
preparar el terreno 《比喩》下準備をする, 地ならしする.
saber qué terreno se pisa 事情に詳しい, 問題の性質を見極める.
sobre el terreno 実地に[で], その場で.
tantear el terreno 状況[意図]を見きわめる[探る].
terreno abonado 《比喩》温床.

térreo, a [téreo, a] 形 土の; 土のような. ― de color ～ 土色の.

terrero, ra [teréro, ra] 形 ❶ 土の, 地面の; 土運び用の. ― cesta *terrera* 土運びかご. ❷ (鳥が)地面をかすめて飛ぶ; (馬が)足をほとんど上げずに進む. ❸ 《比喩》卑しい, 下賤(げせん)な. 類 **humilde, llano**.
――― 男 ❶ 盛り土. 類 **montículo**. ❷ (鉱山など

の)捨て石の山.

:**terrestre** [teréstre] 形 ❶ 地球の. —eje ~ 地軸. el globo ~ 地球儀. corteza ~ 《地学》地殻. magnetismo ~ 地磁気. ❷ 地上の, 陸上の. —ofensiva ~ 地上攻撃. estación ~ 《衛星放送受信の》地上局. transporte ~ 陸上輸送. ♦ transporte aéreo 空輸, transporte marítimo 海上輸送. ❸《生物》陸生の. —tortuga ~ 陸ガメ. fauna [flora] ~ 陸生動物相[植物相]. animales [plantas] ~s 陸生動物[植物]. 反 **acuático**. ❹《比喩》地上の, 現世の, 世俗の. —gloria ~ 地上の栄光. deseo ~ 世俗の欲望. 類 **terrenal**.
—— 男女 地球人 (=terrícola).

****terrible** [teríβle テリブレ] 形 ❶ 恐ろしい, 怖い; 残虐な. —— plaga ~ 恐ろしい災害. imagen ~ 残虐な映像. Pasé una noche de pesadilla ~. 悪夢にうなされる怖い一晩だった. 類 **atroz, espantoso**. ❷ 物凄い, すさまじい; ひどい. —costo ~ 大変な出費. Cometió un error ~. 彼はとんでもない過ちを犯した. El ruido era ~. 騒音はすさまじかった. — ola de frío ひどい寒波. — impostura ひどい中傷. 類 **horroroso, tremendo**. ❸《話》手に負えない; 嫌な性格の. —niño ~ 手に負えない子供. Nuestro nuevo jefe es ~. 今度の上司は我慢ならぬやつだ. ❹《話》辛い, 過酷な. —Es ~ viajar en tren con tantas mochilas. こんなにたくさんリュックを持って列車で旅行するなんて大変だ.

terrícola [teríkola] 男女 ❶ 陸生動物, 陸生植物. ❷ 地球人.
—— 形 陸に住む, 陸生の.

terrier [terjér] (<仏)男 《動物》テリア犬.

terrífico, ca [terífiko, ka] 形 恐ろしい, 怖い. 類 **horrible, terrible, terrorífico**.

:**territorial** [teritorjál] 形 ❶ 領土の, 国土の. —limite ~ 領土境界. extensión ~ (1)国土[領土]面積. (2)領土拡大. aguas ~es [mar ~] 領海. ❷ 地域の; 管区の. —desarrollo ~ 地域開発. Centro Meteorológico T~ de ... …管区気象台.

territorialidad [teritorjaliðáð] 女 ❶ 領土であること, 領土の地位; 属領性. ❷ 領土権. ❸ なわばり意識; (動物のなわばり)制.

territorialmente [teritorjálménte] 副 領土上.

:**territorio** [teritórjo] 男 ❶ 領土, 領地, 国土; 領域, 地域. —ocupar el ~ 領地を占領する. los ~s del Norte 北方領土. Los ferrocarriles forman una complicada red en todo el ~ nacional. 国中を鉄道が縦横に走っている. ❷ 縄張り, テリトリー. —Los animales defienden instintivamente su ~. 動物は本能的に自分の縄張りを守る. ❸ 受け持ち区域, 管区. ❹《中南米》直轄領地.

terrizo, za [teríθo, θa] 形 土でできた, 土製の; 土器の.

terrón [terón] 男 ❶ (砂糖などの)かたまり. —— de azúcar 角砂糖. ~ de harina 粉のかたまり, だま. ~ de sal 岩塩. ❷ 土くれ; (腹)農地, 耕地. —Mi abuelo abandonó los ~es y emigró a la ciudad. 私の祖父は農地を捨てて町に移り住んだ.

:**terror** [terór] 男 ❶ 恐怖, 恐ろしさ. —causar ~ 恐怖を引き起こす. sentir ~ 恐怖を抱く. película de ~ 恐怖映画. Me quedé sin respiración por el ~. 恐ろしさにはっと息をのんだ. De repente me invadió el ~. 私は突然激しい恐怖に襲われた. ❷ 恐怖[恐ろしさ]を起こす人[物]. —Esa banda es el ~ del barrio. その一団は区域の恐怖だ. ❸《政治》恐怖政治, 恐怖時代.

terrorífico, ka [terorífiko, ka] 形 ❶ 恐ろしい, 恐い. —película *terrorífica* 恐怖映画. 類 **terrífico**. ❷《話》ひどい. —Abrígate bien porque hace un frío ~. 厚着して行きなさい, ひどい寒さだから. 類 **espantoso, horrible**.

:**terrorismo** [terorísmo] 男 ❶ テロ(行為), テロリズム. —~ callejero 街頭テロ. El ~ amenaza la democracia de nuestro país. テロがわが国の民主主義を脅かしている. ❷《政治》恐怖政治 (=terrorismo de Estado).

:**terrorista** [teroríšta] 形 ❶ テロ(リスト)の. —organización ~ テロ組織. atentado ~ テロ事件. ❷《政治》恐怖政治の.
—— 男女 テロリスト. —El presidente fue asesinado por unos ~s. 大統領はテロリストに暗殺された.

terrosidad [terosiðáð] 女 ❶ 土のようであること, 土らしさ. ❷ 土汚れ, 泥汚れ.

terroso, sa [teróso, sa] 形 ❶ 土の, 土でできた; 土のような. ❷ 土色の; 土[泥]で汚れた.

terruño [terúɲo] 男 ❶ 郷土, 生地, 故郷. —Sólo piensa en volver al ~. 彼は故郷に帰ることばかり考えている. Sigue añorando su ~. 彼は今でも郷土を懐かしんでいる. ❷ 1区画の土地; 耕地. —Se ha comprado un ~ para hacerse una pequeña huerta. 彼は自分用の小さな畑にするために土地を買った.

***terso, sa** [térso, sa] 形 ❶ なめらかな, すべすべした. —cutis ~ すべすべした肌. chaqueta de piel *tersa* なめらかな革のジャケット. ❷ 光沢のある, 磨かれた. —acabado ~ 光沢のある仕上げ. superficie *tersa* y brillante 磨かれて光沢のある表面. ❸ 澄んだ, 明るい. —mar ~ 澄んだ海. ❹ (言葉が)流麗な. —Escribe con estilo ~ y llano. 彼は流麗で平明な文体で書く.

tersura [tersúra] 女 ❶ なめらかさ, 平坦さ. —~ de la piel 肌のなめらかさ. 類 **lisura, suavidad**. ❷ つや, 光沢, 輝き. —La ~ del aire me invitaba a dar un paseo por la orilla del mar. 空気の輝きが私を海辺の散歩へと誘っていた. 類 **brillo, claridad, limpieza, resplandor**.

tertulia [tertúlja] 女 ❶ (気の合った仲間が習慣的にカフェテリヤなどで行う)集まり, 会合. —Mi padre asistía a la ~ que tenía en el Café Oriental todas las tardes. 父はカフェ・オリエンタルで行われた集まりに毎晩出席したものだった. 類 **reunión**. ❷ (同好の)仲間, サークル. —~ literaria 文学サークル, 文学同人. 類 **círculo, club, peña**. ❸《通信》チャット.

tertuliano, na [tertuljáno, na] 形 集いの, 会合の, 茶話会の.
—— 名 集い[会合・茶話会]の客[常連].

tertuliante [tertuljánte] 男女 =tertuliano, na.

tertuliar [tertuljár] 自《南米》集い[会合・茶話会]に出席する; 集まる, 会って歓談する.

Teruel [terwél] 固名 テルエル(スペインの県・県都).

terylene [teriléné] 男《商標》テリレン(ポリエステル繊維).

tesar [tesár] 他《海事》(索・帆・綱などを)ピンと張る. 類 **tender**.

tesela [teséla] 女 (モザイクに用いる)大理石などの四角い小片, テッセラ.

tesina [tesína] 女 ❶ (大学の)卒業論文. —defender su ～ 卒業論文の口頭試問を受ける. ❷ 小論文. 類 **tesis**.

‡**tesis** [tésis] 女〔単複同形〕❶ 意見, 見解, 主張. —Él y yo discutimos mucho porque sosteníamos ～ opuestas. 我々は異なった意見を持っていたので大いに議論した. Comprobé la verdad de la ～ que defendía. 私は自分で主張していた見解の正しさを証明した. 類 **opinión, proposición**. ❷ 学位論文, 卒業論文. ◆卒業論文など学位論文よりカテゴリーの低いものはふつう tesina を用いる. —Hizo una brillante ～. 彼は輝かしい学位論文を書いた. Presentó la ～ doctoral a la facultad. 彼は博士論文を学部に提出した. 類 **disertación**. ❸《哲学》定立, テーゼ. 反 **antítesis**.

tesitura [tesitúra] 女 ❶《音楽》(歌手・楽器などの)声域, 音域. —La voz de soprano es la de ～ más alta. ソプラノは最も高い音域の声である. ❷ 気分, 機嫌, 精神状態. ❸ 状況, 事情.

teso, sa [téso, sa] 形 ぴんと張った. 類 **tenso, tieso, tirante**. —— 男 ❶ (山・丘などの)頂, 頂上. ❷ (平面の)突起.

tesón [tesón] 男 がんばり, 頑固, 執拗(とう)さ. —estudiar con ～ がんばって勉強する. Con ～ consiguió lo que se había propuesto. 彼はねばった末, 提案していたことを成し遂げた. 類 **empeño, firmeza, perseverancia**.

tesonería [tesonería] 女 ❶ 忍耐(力), がんばり, ねばり強さ. 類 **firmeza, perseverancia**. ❷ 頑固, 強情. 類 **obstinación**.

tesonero, ra [tesonéro, ra] 形 ❶ がんばり屋の, ねばり強い, 不屈の. 類 **perseverante**. ❷ 頑固な, 強情な, しつこい. 類 **obstinado, terco**.

__tesorería__ [tesorería] 女 ❶ 国庫, 公庫; (企業などの)資金. ❷ 会計課, 経理部; 財務局.

__tesorero, ra__ [tesoréro, ra] 名 ❶ 会計係, 経理係, 出納係; 財務官. ❷《宗教》(教会の)宝物管理係.

‡tesoro [tesóro テソロ] 男 ❶ 宝, 宝物, 財宝. —～ escondido 隠された[埋蔵された]宝. Buscaban un ～ en un barco que se había hundido en el siglo XVII. 彼らは17世紀の沈没船で宝物を探していた. ❷ 富, 財産. ❸《比喩》貴重な人[物], 宝(愛する人々の呼びかけにも用いられる). —Juan es un ～ para nuestro pueblo. フアンは私たちの村にとって貴重な人だ. Este libro vale un ～. この本はとても貴重だ. ¡T～ mío! あなた[おまえ]. ❹ 国庫. —～ público [nacional] 国庫. ❺ (辞書や全集のタイトルに用いられて)宝典, 珠玉集. —～ de la lengua española スペイン語宝典. ～ de la literatura moderna 現代文学珠玉集.

test [tés(t)] 男〔＜英〕男〔複〕**tests** [tés(ts)], **test** [tés(t)]〕テスト, 試験; 心理テスト.

testa [tésta] 女 ❶ 頭, 額(#*). —darse un golpe en la ～ 頭をぶつける. 類 **cabeza, frente**. ❷《比喩》頭脳, 理解力, 能力. —Tiene una buena ～ para los negocios. 彼はビジネスの才覚がある. testa coronada 君主, 王.

testáceo, a [testáθeo, a] 形《動物》有殻の, 外殻を持つ. —— 男 有殻類.

testado, da [testáðo, ða] 過分 形 ❶ 遺言を残した(人). ❷ 遺言で定められた, 遺贈された. —reparto de la herencia testada 遺言で定められた遺産の配分.

testador, dora [testaðór, ðóra] 名 遺言者.

testaferro [testaférro] 男 (当人ではない名義人, ダミー. —aparecer de ～ en el contrato 名義人として契約書に記載されている.

testamentaría [testamentaría] 女 ❶ 遺言の執行. ❷〔集合的に〕遺言執行関係書類. ❸ (遺言者の死後, 相続人に遺贈される前の)遺産. ❹ 遺言執行者の会議.

testamentario, ria [testamentário, ria] 形 遺言の, 遺言に関する; 遺言による. —disposiciones testamentarias 遺言の条項. —— 名 遺言執行者.

‡**testamento** [testaménto] 男 ❶ 遺言, 遺言状[書]. —～ abierto 臨終口頭遺言(書). ～ cerrado [escrito] 秘密遺言(書). ～ ológrafo 自筆遺言(書). hacer [otorgar] ～ 遺言書を作成する. 類 **última disposición, última voluntad** ❷ 旧約[新約]聖書. —Antiguo [Viejo] T～ 旧約聖書. Nuevo T～ 新約聖書.

testar [testár] 自 遺言する, 遺言状を作成する. —— 他 ❶ を消す, 抹消する. 類 **borrar**. ❷ を試す, 点検する. 類 **probar**.

testarada [testaráða] 女 ❶ 頭をぶつけること; 頭突き. 類 **cabezazo, testarazo**. ❷ 頑固なこと, 強情, しつこさ. 類 **obstinación, terquedad, testarudez**.

testarazo [testaráθo] 男 頭をぶつけること, 衝突; 頭突き. —darse un ～ contra la pared 壁に頭をぶつける. 類 **cabezazo, testarada**.

testarudez [testaruðéθ] 女 頑固なこと, 強情. —comportarse con ～ 頑固にふるまう. 類 **obstinación, terquedad**.

__testarudo, da__ [testarúðo, ða] 形 ❶ 頑固な, 頭が固い; 固執した. —gesto ～ 頑固な態度. No seas tan ～, es obvia tu equivocación. そんなに意地を張るな. 君の間違いは明白だ. Uds. llevan años de testaruda ignorancia de la realidad. あなた方は何年も頑なに現実から目を背けてきた. ❷ 変え難い. —Los hechos son ～s. 事実は動かし難い. —— 名 頑固者.

testera [testéra] 女 ❶ 前面, 正面. ❷ (動物の)額(ホε).

testero [testéro] 男 ❶ 前面, 正面. ❷ 壁. 類 **pared**.

testículo [testíkulo] 男《解剖》睾丸(ぷ), 精巣.

testificación [testifikaθjón] 女 ❶《司法》証言. 類 **testimonio**. ❷ 立証; 証拠. —servir de ～ de ... …の証拠となる.

testifical [testifikál] 形《司法》証人の. —prueba ～ 証拠.

testificar [testifikár] [1.1] 他 ❶《司法》を証言する. —Testifiqué todo lo que sabía del caso. 私はその事件について知っていることをすべて証言した. 類 **atestiguar, declarar**. ❷ を断言する. —Testifico que no sé nada del asunto. 私はこのことについては何も知らないと断言する. 類 **afirmar,**

asegurar, declarar. ❸ の証拠となる. —Los informes del forense *testifican* la verdad de lo expuesto. 法廷医の報告が陳述の正しさを証明している.

‡**testigo** [testíγo] 男女 ❶ 証人. ~ de cargo [de descargo] 原告[被告]側証人, 検察[弁護]側証人. El tribunal puso [tomó] por ~ a mi primo. 裁判所は私のいとこを証人として召喚した. ❷ 目撃者・立会人. ~ ocular [de vista] del suceso 事件の目撃者. ~ presencial 現場の目撃者. Quiero que haya un ~ en esta contratación. 私はこの契約には立会人がいて欲しい.
── 男 ❶ 証拠, 証明, 証(*あかし*). 類 prueba, testimonio. ❷ 《スポーツ》(リレー競技などの)バトン.

testimonial [testimonjál] 形 《司法》証拠の, 証拠[証明]になる. —documento ~ 証拠書類. prueba ~ 証拠.
── 女 ⓟ ❶ 《司法》証拠書類. ❷ (人物・資格などの)証明書; 推薦状.

testimoniar [testimonjár] 他 ❶ を立証する, 証言する; の証拠となる. —*Testimonió* que no había tomado parte en el robo. 彼はその窃盗には関与していないと証言した. Estas ruinas *testimonian* la existencia de un antiguo poblado celta. これらの廃墟は古代ケルトの集落が存在したことを証明している. 類 atestiguar, testificar. ❷ を述べる, 表明する. ~ la condolencia a ... ...にお悔やみを述べる.
── 自 証言する, 証人になる. ~ a favor del procesado 被告人に有利な証言をする.

‡**testimonio** [testimónjo] 男 ❶ 証言. —falso ~ 偽証. Dio ~ del caso en el juicio. 彼は裁判でその事件についての証言をした. ❷ 証拠, 証明; 証(*あかし*). —Las autoridades dieron ~ de su culpabilidad. 当局は彼の有罪の証拠を示した[立証した]. Me dio este anillo como ~ de su verdadero amor. 真実の愛の証として彼はこの指輪をくれた. 類 evidencia, prueba, testigo. ❸ 《司法》宣誓供述書. ❹ 《情報》トークン. *levantar falso testimonio a* ... (人)を中傷する, 誹謗する. Ella *levantó falso testimonio a* su amiga por la envidia que tenía. 彼女は抱いていた嫉妬心から友達を中傷した.

testuz [testúθ] 男 ❶ (馬などの)額(*ひたい*). 類 frente. ❷ (牛などの)うなじ, 首筋. 類 nuca.

teta [téta] 女 ❶ 乳房; 乳首; 《話》おっぱい. —El recién nacido mamaba de la ~ de su madre. 新生児が母の乳房から乳を吸っていた. 類 mama, pecho, pezón. ❷ 授乳, 哺乳(*ほにゅう*). —dar (la) ~ a ... ...に授乳する. niño de ~ 乳幼児, 乳飲み子. quitar la ~ a ... ...を離乳させる. ❸ 《比喩》小山, 丘. 類 cerro, colina.
── 形 《無変化》《俗》とても良い.
── 副 《俗》とても良く, とても楽しく.
teta de vaca (菓子) メレンゲ.

tetania [tetánja] 女 《医学》テタニー, 強直, 強直性痙攣(*けいれん*)症.

tetánico, ca [tetániko, ka] 形 ❶ 《医学》破傷風の, 破傷風による. —síntomas ~s 破傷風の兆候. ❷ 《医学》テタニーの, 強直性の.

tétano(s) [tétano(s)] 男 【tétanos は単複同形】 ❶ 《医学》破傷風. —vacuna del ~, vacuna contra el ~ 破傷風ワクチン. ❷ 《筋肉の》強直, テタニー.

tetera[1] [tetéra] 女 ティーポット, (蛇口つきの)紅茶沸かし, 急須. —Me han regalado una ~ de porcelana y seis tazas a juego. 私は磁器のティーポットと6つのカップのセットをプレゼントしてもらった.

tetera[2] [tetéra] 女 《中南米》おしゃぶり; (哺乳(*にゅう*)瓶の)乳首.

tetero [tetéro] 男 《中南米》哺乳(*にゅう*)瓶. 類 biberón.

tetilla [tetíja] 〔<teta〕女 (男・雄の)乳首; (哺乳(*にゅう*)瓶の)乳首.

tetina [tetína] 女 (哺乳(*にゅう*)瓶の)乳首. 類 tetilla.

tetón [tetón] 男 (刈り込まれた後, 幹に残った)枝.

tetra- [tetra-] 接頭 「4」の意. —*tetrá*gono.

tetracampeón, ona [tetrakampeón, óna] 名 4回優勝した人[チーム].

tetracordio [tetrakórðjo] 男 《音楽》四音音階, テトラコード.

tetraedro [tetraéðro] 男 《幾何》四面体.

tetrágono [tetráγono] 男 《幾何》四角形, 四辺形.

tetralogía [tetraloxía] 女 ❶ 《演劇》(古代ギリシャの)四部劇(3悲劇と1風刺劇から成る). ❷ 《文学》四部作.

tetramorfo, fa [tetramórfo, fa] 形 (想像上の動物で, 人間の頭, ワシの翼, 獅子の前足, 雄牛の後足という)4つの生きものの形を持った.
── 男 《主に複》《宗教, 美術》(しばしば T~)4福音書記者を象徴する組み合わせ形象.

tetramotor [tetramotór] 形 《航空》4エンジン搭載の. ── 男 《航空》4エンジン搭載機.

tetraplejía [tetraplexía] 女 《医学》四肢麻痺.

tetrápodo, da [tetrápoðo, ða] 形 《動物》(の)4足の. 類 cuadrúpedo.
── 男 ❶ 四足獣, 四肢動物. 類 cuadrúpedo. ❷ 《商標名》テトラポッド(消波用のコンクリート製四脚体).

tetrarca [tetrárka] 男 《歴史》(古代ローマの)四分領主; (属領・分国の)小王.

tetrarquía [tetrarkía] 女 《歴史》四分領主の職[領地]; 四分統治, 四頭政治.

tetrasílabo, ba [tetrasilaβo, βa] 形 (単語・詩句が)4音節の, 4音節から成る.
── 男 4音節詩.

tétrico, ca [tétriko, ka] 形 陰気な, 憂鬱(*ゆううつ*)な, もの悲しい. —Está de un humor ~. 彼は暗い気持ちでいる. Me deprime pasar el verano en esta *tétrica* mansión. この陰気な屋敷で夏を過ごすなんて憂鬱だ. 類 fúnebre, lúgubre, triste.

Tetuán [tetuán] 固名 テトゥアン(モロッコの都市).

tetuda [tetúða] 形 《話》(女性が)乳房が大きい.
── 女 《話》乳房の大きい女性.

teutón, tona [teutón, tona] 形 ❶ 《歴史》チュートン族[人]の. ❷ ドイツ人の.
── 名 《歴史》チュートン族[人]. ♦紀元前2世紀末イタリアに侵入を企てた部族. ゲルマンともケルトともされる. ❷ ドイツ人.

teutónico, ca [teutóniko, ka] 形 ❶ 《歴史》チュートン族[人]の. ❷ ドイツ人の.
── 男 《歴史, 言語》チュートン語; ゲルマン語.

‡**textil** [te(k)stíl] 形 繊維の, 織物の; 織物用の.

—planta ～ 繊維材料植物. industria ～ 繊維産業. — 男 繊維（=fibra textil）.

texto [té(k)sto] 男 ❶ 文献，書物；教科書. —Sobre este tema hay muchos ～s. このテーマについては多くの文献がある. el ～ de español スペイン語の教科書. libro de ～ 教科書. el Sagrado T～ 聖書.（注，挿絵などに対して）本文 —El libro tiene poco ～; la mitad consta de notas e ilustraciones. この本の本文は少ない，半分は注と挿絵だ. poner tus notas a pie del ～ 本文に脚注をつける. el ～ de la carta 手紙の本文. ❸（注釈書，翻訳などの）原文，テキスト. —leer el ～ del Quijote ドン・キホーテの原文を読む. Investigaban los ～s originales del siglo XV. 彼らは15世紀のオリジナル・テキストを調べていた. ～ plano《情報》プレーンテキスト. ❹ 引用文，抜粋；聖書の句. —El autor cita varios ～s de Ortega. この著者はオルテガの文をいくつか引用している.

textual [te(k)stuál] 形 ❶ 本文の，原文の；《文学》テキストの. —crítica ～《文学》本文批判，テキストクリティーク. ❷ 原文どおりの，逐語的な. —Estas fueron sus palabras ～es. これが彼の言ったとおりの言葉だ. 類 **exacto, literal, preciso**.

textualmente [te(k)stuálménte] 副 ❶ 原文どおりに，一語一句違えずに. 類 **al pie de la letra**. ❷ 原文に関して(...).

textura [te(k)stúra] 女 ❶ 織物. —La seda es de una ～ suave. 絹はすべすべした織物である. 類 **tejido**. ❷ （物質の）組織，構造，組成. —Esta tela tiene una ～ rugosa. この布地はざらざらした材質である. 類 **contextura, estructura**. ❸ 織り方，織りの状態；織り目. ❹《情報》テクスチャ.

tez [téθ] 女 （顔の）皮膚，肌；顔色. —Su ～ se puso sonrosada. 彼女の顔の肌は桜色になった. 類 **cutis**.

thriller [θríler]〔＜英〕男 スリラー（映画）.

Ti [tí] 固名 始皇帝（前259-210, 中国の最初の統一国家の初代皇帝, 在位前247-210）.

*ti [tí ティ] 代 （人称）［2人称単数前置詞格；話相手をさす］（前置詞の後で）君［おまえ］. —Lo hice para ti. 私はそれを君のためにしました. A ti te estiman mucho. 君はとても尊敬されている.【con と用いられるときは contigo となる. Voy contigo. 僕，君と一緒に行くよ】.

*tía [tía] 女 ❶ おば，伯母，叔母. —～ abuela 大おば. ～ carnal おば. ～ segunda 又[父]のおば，従姉妹(ぃと). ❷《話》（親しみをこめて）おばさん，おばちゃん；（親しい女性同士の会話で）あんた. —la ～ Rosa ロサおばさん【この例のように個人名の前につけるときは通常無強勢】. ¡Anda, ～, invítame a una copa! ねえ，一杯おごってよ. ❸ 女，しばしば軽蔑）女. —Lo que diga esa ～ me trae sin cuidado. あの女の言うことなど私は気にしない. ¡Qué ～!. Actúa de maravilla. すごい女だ，すばらしい演技をする！【この例文のように，ほめる時に使われる場合もある】. ❹《話》売春婦. 類 **prostituta, puta**.

¡Cuéntaselo a tu tía! 《話》そんなこと，だれが信じるもんか！

No hay tu tía. 《話》どうしようもない，処置なしだ.

tía buena 【話, 俗】外見[見た目]が格好いい[魅力的な]女性.

¡Tu tía! 《話》だめだに！とんでもない！

Tiahuanaco [tjawanáko] 固名 ティワナコ（ボリビアの遺跡）.

tiemblo 1847

tiamina [tjamína] 女 《生化》チアミン，サイアミン. ◆ビタミンB1の国際名.

tiangue [tjánge] 男 【中南米】（小さな）市場；屋台. 類 **mercado, puesto**.

tianguis [tjángis] 男 【単複同形】【中南米】= tiangue.

Tianjin [tjanjín, tjanjín] 固名 天津［ティエンジン］（中国の都市）.

tiara [tjára] 女 ❶ （ローマ教皇の）教皇冠, 三重冠；《比喩》教皇の位. ❷ （古代ペルシャなどの）冠, 頭飾り, 頭巾(🔖). ❸ ティアラ（宝石や花を配した冠形の女性用頭飾り）.

tiberio [tiβérjo] 男 《話》大騒ぎ, 騒動. —Estaban borrachos y armaron un buen ～. 彼らは酔っ払ってひどい騒ぎを起こした. 類 **alboroto, jaleo**.

Tíbet [tíβe(t)] 固名 西蔵［シィツァン］（Xizang；中国のチベット自治区）.

tibetano, na [tiβetáno, na] 形 チベット（el Tíbet）の. — 名 チベット人. — 男 チベット語.

tibia [tíβja] 女 《解剖》脛骨(けい)(向こうずねの骨).

tibieza [tiβjéθa] 女 ❶ なまぬるさ，なま暖かさ，微温. ❷ 熱意のなさ，不熱心.

tibio, bia [tíβjo, βja] 形 ❶ なまぬるい，なま暖かい，微温の. —ducharse con agua tibia ぬるま湯のシャワーを浴びる. 類 **templado**. ❷ 気乗りしない, 熱のこもらない；淡々とした. —carácter ～ さめた性格. recibimiento ～ 熱のこもらない歓迎. La relación entre él y sus padres es tibia. 彼と両親との間はさめた関係だ. Los ～s ataques de nuestros delanteros fueron desbaratados por las defensas rivales. 味方チームのフォワードの淡泊な攻撃は敵のディフェンスに打ち砕かれた. No se alteraron con la noticia y se mantuvieron ～s. 彼らはその知らせを聞いても顔色を変えず, 淡々としたままだった. 類 **descuidado, flojo, indiferente**.

ponerse tibio 《話》(1) たらふく食べる. (2)（人が）汚れる, きたなくなる.

poner tibio a ...《話》…をののしる, 侮辱する.

‡tiburón [tiβurón] 男 ❶《魚類》サメ, 鮫. ❷ 野心家.

tic [tí(k)] 男 [複 tics [tík(s)]] ❶《医学》チック(症)（顔面などの筋の不随意痙攣(いっ)）. —Tiene un ～ en el ojo derecho. 彼は右目にチックが出る. ❷ 癖(^く). —Tiene el ～ de carraspear mientras habla. 彼は話すときに咳払いする癖がある. 類 **hábito**.

ticket [tíke(t)]〔＜英〕男 [複 tickets [tíke(t)s]] ❶ 領収書, レシート. 類 **recibo, tique**. ❷ チケット, 切符, 入場券. 類 **billete, boleto, tique**.

tico, ca [tíko, ka] 形 【中南米】コスタリカ（Costa Rica）出身の, コスタリカ人の. 類 **costarricense**. — 名 【中南米】コスタリカ人.

tictac, tic-tac [tiktá(k)] 男 チクタク（いう音）, カチカチ（いう音）（時計などの擬音）. —El ～ del despertador no me dejaba dormir. 目覚ましのチクタクいう音で私は眠れなかった.

tiembl- [tjémbl-] 動 temblar の直・現在, 接・現在, 命令・2単.

tiemblo [tjémblo] 自 temblar の直説法現在1

人称単数形.
— 男《植物》ヤマナラシ(ヤナギ科の落葉高木).

tiempo [tiémpo ティエンポ] 男 ❶ 時, 時間; 期間; 時, タイム; ひま, 余暇. —～ compartido《コンピュータ》時分割, タイムシェアリング. ～ de acceso [de respuesta]《コンピュータ》アクセスタイム [応答時間]. ～ de ejecución《コンピュータ》実行時, ランタイム. ～ real [restante]《コンピュータ》リアルタイム [残り時間]. Hace ～ que no viene por aquí. 彼はずい分と長い間このあたりに姿を見せていない. ¿Cuánto ～ hace que vive en Japón? 日本に住んでもうどのくらいですか. Todavía hay ～ para tomar una cerveza. まだビールを飲む時間はある. Hay ～ de sobra. 余裕がある. Tiene ～ de sobra. 彼は時間をもて余している. ❷《主に 複》(a) 時代, 頃. — Einstein se adelantó a su ～ [época]. アインシュタインは時代をはるかに先んじていた. en ～ de Carlos Ⅲ カルロス三世の時代. En mis ～s poca gente tenía coche. 私が若い頃は車を持っている人はほんのわずかだった. En aquel ～ los precios eran más baratos. あの頃は物価はもっと安かった. (b) 好機, 時機, 機会; 季節. — A su ～ lo sabrás. 時機が来れば分かるよ. Habrá ～ para discutir el tema. そのテーマについて議論する機会はあるだろう. Estamos en ～ de sardinas. イワシのシーズンだ. Llega el ～ de la vendimia. ブドウの収穫期がやってきた. ❸ 天気, 天候. — agradable 気持のいい天候. ～ anormal 異常気象. ～ apacible 穏やかな天気. ～ estable 安定した天気. ～ horroroso ひどい悪天候. ～ inestable 変わりやすい天気. ～ libre 余暇. ～ magnífico たいへんいい天気. ～ maravilloso すばらしくいい天気. buen ～ いい天気. mal ～ 悪い天気. Hace buen ～, ¿verdad? いい天気ですね. Desgraciadamente, el ～ era horrible. あいにく天気は悪かった. ❹《文法》時制. — ～ simple 単純時制. ～ compuesto 複合時制. ～ perfecto 完了時制. ～ absoluto 絶対時制. ～ relativo 相対時制. ～ futuro 未来時制. ❺《スポーツ》ハーフタイム. — primer [segundo] ～ del partido 試合の前半 [後半]. ～ muerto タイムアウト. pedir ～ タイムを取る. ❻《技術》(エンジンの)サイクル. — motor de cuatro ～s 4 サイクルエンジン. ❼ (子どもの)年齢 (まだ1歳になっていない赤ちゃんの年齢を尋ねる際に用いられる). — ¿Cuánto ～ tiene su hijo? お子さんはおいくつですか. ❽《海事》嵐, 荒天. ❾《音楽》テンポ. ❿《宗教》(典礼暦上の)期節, 季節 (= litúrgico). — ～ pascual 復活節. ～ de pasión 受難節. ⓫《天文》時(ʲ). — ～ sidéreo [sideral] 恒星時. ～ solar [verdadero] 真太陽時.

acomodarse al tiempo 状況に従う.
a tiempo 時間通りに, 間に合って. Si hubieras [hubieses] venido diez minutos antes, habrías llegado *a tiempo*. あと 10 分早く来ていれば間に合っていたのに.
a tiempo completo フルタイムで, 常勤の. lector *a tiempo completo* 常勤講師.
a tiempo parcial パートタイム.
a tiempos 時々, しばしば.
al correr del tiempo 将来になって, 時がたってから, 後になって.
al mismo tiempo 同時に. Este pescado es delicioso, y *al mismo tiempo* nutritivo. この魚はおいしいし, かつ (= その上)栄養もある.
al poco tiempo その後すぐに.
al tiempo [si no, al tiempo] 時が来れば. Ese chico no se casa con ella. *Al tiempo*. その青年は彼女とは結婚しないけれど, 時が来ればね(いつかは結婚するさ).
andando el tiempo →al correr del tiempo.
a un [al] tiempo 同時に.
con el tiempo 時がたつにつれて.
con tiempo 前もって, あらかじめ, ゆっくりと, 間に合って. Ojalá me hubieras avisado *con tiempo* de tu llegada. いらっしゃるのなら前もって知らせておいてくださればよかったのに.
correr el tiempo 時間が経つ.
¡Cuánto tiempo [sin verle]! 久しぶりですね!
dar tiempo a ... …に時間を与える, …に時間がある. Hoy no me *da tiempo* de desayunar. 私は今日朝食をとる時間がない. *Dale tiempo* y no lo pongas nervioso. 彼に時間を与えて緊張させないように.
dar tiempo al tiempo 機会を待つ.
de algún [un] tiempo a esta parte 少し前から.
dejar ... al tiempo …を時が解決するのを待つ.
del tiempo (果物が)旬(ʲ゚)の; (飲み物が)室温の, 冷えていない.
del tiempo de Maricastaña〖話, 比喩〗ずい分昔の; 流行遅れの.
de tiempo en tiempo 時々.
en otro tiempo 以前, かつて.
en otros tiempos 昔, 昔に.
en poco tiempo たちまち, 短時間で.
en tiempos かつて, 昔.
estar a tiempo de ...〖+不定詞〗まだ…する時間がある. Decídete pronto, pues todavía *estás a tiempo*. まだ間に合いますから急いで決めなさい.
faltar tiempo a ... para〖+不定詞〗…がたちまち…する.
fuera de tiempo 時期外れに; 時機を失して.
ganar tiempo 時を稼ぐ.
gastar [malgastar] el tiempo 時間をむだにする.
hacer tiempo (1) 時間がたつ. (2) 暇つぶしをする.
llevar tiempo 時間がかかる. Este trabajo me ha llevado mucho *tiempo*. この仕事にはずいぶん手間取った (= 時間を取った).
matar [engañar, entretener] el tiempo 時をつぶす.
noche de los tiempos →noche.
pasar el tiempo 時を過ごす.
perder (el) tiempo 時間を無駄にする.
por un tiempo しばらくの間. Dejé de fumar *por un tiempo*. 私はいったんタバコをやめた.
sin perder [pérdida de] tiempo 時を移さずに, ただちに.
¡Tanto tiempo! 久しぶりですねえ.
tiempo de perros ひどい天気.
tomar el tiempo como viene 成り行きまかせにする.
tomarse (su) tiempo 時間の余裕を見る.
un tiempo 昔, かつては.

tiend- [tiénd-] 動 tender の直・現在, 接・現在, 命令・2 単.

tienda [tiénda ティエンダ] 囡 ❶ 店, 小売店. —~ de comestibles [ultramarinos] 食料品店. ~ de confecciones 婦人・子供服店. ~ de moda ブティック, ファッション店. ~ de muebles 家具店. ~ de electrónica 電器店. ~ de souvenirs 土産物店. abrir [poner] una ~ 新規に店を開く, 開店する. ❷ テント, 天幕. —~ de campaña [de campo] キャンプ用のテント. armar [montar] la ~ テントを張る. alzar [desarmar, levantar] la ~ テントをたたむ. ❸ (船や乗物の日光・雨よけの)幌, シート.

ir de tiendas 買物に行く.

tiene(-) [tjéne(-)] 動 tener の直・現在.

tient- [tjént-] tentar の直・現在, 接・現在, 命令・2 単.

tienta¹ [tjénta] 他 tentar の直説法現在 3 人称単数形.

tienta² [tjénta] 囡 ❶ (闘牛)子牛の選定(勇猛さをテストする). —Ese becerro no pasó la ~. その子牛にはパスしなかった. ❷ 〖医学〗探り針, 消息子, ゾンデ. ❸ 明敏さ, 才気, 如才のなさ. —Vete con ~ o te engañarán. 気をつけて行かないとだまされるぞ.

a tientas 手探りで;《比喩》当てずっぽうで. Llegué al interruptor de la luz *a tientas*. 私は手探りで電灯のスイッチに触れた. Contesté *a tientas* pero pasé el examen. 私は当てずっぽうで答えたのに試験に受かった.

tientaguja [tjentayúxa] 〔<tentar＋aguja〕 囡 (地質検査用の)測量ロッド.

tiento¹ [tjénto] 他 tentar の直説法現在 1 人称単数形.

tiento² [tjénto] 男 ❶ 慎重さ, 用心, 気配り. —Es un chico muy delicado y hay que tratarlo con mucho ~ para que no se enfade. 彼はとても繊細な若者なので, 怒らせないためによく気をつけてつき合わなければならない. 類 **cautela, cuidado, miramiento**. ❷ 手探り;手触り, 触感. 類 **tacto**. ❸ 腕の確かさ, 技能の見事さ. —El niño pinta con buen ~. その男の子は絵を描くのが上手だ. ❹ 盲人用の杖(2). 類 **bastón**. ❺ 〖音楽〗試し弾き, 試奏;音合わせ. ❻ 復 〖音楽〗ティエントス(スペイン Andalucía 地方の歌謡, および同じ名の舞踏). ❼〖話〗殴打, 一撃, 殴りつけ. 類 **golpe**. ❽ (曲芸師のバランス棒. 類 **balancín**. ❾ (画家の腕を支える)腕杖(2), マールスティック.

a tiento, por el tiento 手探りで.

con tiento 注意深く. Anda *con mucho tiento* que es un asunto espinoso. やっかいな件だから慎重にやりなさい.

dar un tiento a … …を一口飲む[食べる・味見する] *dar un tiento a* la jarra de vino つぼのワインを一口飲んでみる.

tiernamente [tjernaménte] 副 優しく, 愛情深く. —pedir ~ 甘い口調でねだりする. La madre abrazó ~ la cabeza del niño. 母は子供の頭をそっと抱いた.

*:tierno, na** [tjérno, na] 形 ❶ 柔らかい, しなやかな. —verduras *tiernas* 湯がいて柔らかくした野菜. piel *tierna* y delicada 柔らかく繊細な肌. Este pollo asado está muy ~ y jugoso. このローストチキンはとても柔らかくジューシーだ. 類 **blando**. 反 **duro**. ❷ 若い, 幼い. —niño ~ 幼児. tallo ~ 若芽, 若枝. A la *tierna* edad de 6 años tuvo que separarse de sus padres. 彼は

6 才という年端も行かない時期に両親と離れ離れにさせられた. 反 **viejo**. ❸ 〖ser/estar＋〗優しい, 情愛に満ちた;(刺激が少なくて)優しい. —colorido ~ 優しい色調. *tierna* mirada [sonrisa] 優しい眼差し[笑み]. ~ amor de madre 母のいつくしみ深い愛. unas caricias *tiernas* やさしい愛撫, 優しく撫でること. 類 **afectuoso, amoroso, cariñoso**. 反 **antipático, arisco, hosco**. ❹ (心に沁みる;可愛らしい. —~s recuerdos 胸を熱くする思い出. una historia de amor *tierna* 胸にじんと来る愛の物語. muñequito ~ 可愛らしいマスコット人形. ❺ 感じやすい, 涙もろい. —Esas chicas son muy *tiernas*. あの女の子たちはとても涙もろい. 類 **sensible**. ❻ か弱い, 繊細な. —una mujer con expresión languidez *tierna* アンニュイ感じの女性. ❼ 〖中南米〗(実が)熟していない.

poner los ojos [mirar con los ojos] tiernos (主に男性が女性に)色目を使う.

—— 名 〖中南米〗(a)〖グアテマラ, ニカラグア〗赤ん坊. (b)〖ニカラグア〗末っ子.

*tierra [tjéra ティエラ] 囡 ❶ (la T~)地球. —La mayor parte de la T~ está cubierta por el mar. 地球の大部分は海に覆われている. ❷ 陸, 陸地. —Al atardecer, avistamos ~ desde la cubierta. 日が落ちると甲板から陸が遠くに見える. ❸ 地面, 大地. —cavar la ~ 地面を掘る. bajo ~ 地下に. ~ virgen 処女地. La ~ quedó generosamente empapada de agua después de la lluvia. 雨の後で大地はたっぷり水を吸っていた. ❹ 土地, 耕地, 田畑, 地所;土, 土壌. —~ estéril やせた土地. ~ fértil [fecunda] 肥えた土地. ~ laborable 耕作可能な土地. El precio de la ~ se ha duplicado en los dos últimos años. ここ 2 年間で地価が倍になった. ❺ 国, 地方, 地域;生地, 故郷. —Viajaré a ~ japonesa. 私は日本に旅行する. abandonar su ~ 故郷を捨てる. ~ natal 故郷, 郷土. ¿Cuál es tu ~? あなたの故郷はどちらですか. ❻ (天国に対して)現世, この世, 世の中. —Lo que hagas en la ~ te valdrá después para el cielo. この世でやったことは後にあの世で役立つよ. ❼ 〖電気〗アース, 接地線.

besar la tierra 〖話〗うつぶせに倒れる.

caer por tierra 〖比喩〗倒れる, 失敗する. Todas sus ilusiones *cayeron por tierra*. 彼の夢はすべて消え去った.

dar en tierra con … …を倒す, 捨てる.

dar tierra a … …を埋葬する, …を葬る.

de la tierra (果物などが)その土地の産の, 地元産の, 国産の. vino *de la tierra* 地ワイン.

echar tierra a [sobre] … 〖比喩〗…には言及しない, …を話題にしない. *Echemos tierra* al asunto y no discutamos más. その件は忘れることにしてこれ以上議論するのはやめよう.

echar por tierra 〖比喩〗計画などを駄目にする, 失敗させる.

irse [venirse] a tierra 倒れる, 破滅する, 失敗に帰す.

poner tierra (de) por medio 逃げ去る, 大急ぎで逃げる.

por tierra 陸路で, 陸送で. transporte *por tierra* 陸上輸送.

1850 Tierra del Fuego

quedarse en tierra （乗り物）に乗れない，乗り遅れる．
tierra adentro 奥地で．
tierra batida 〖テニス〗クレーコート．
tierra de labor 耕地．
tierra de nadie 中立地帯．
tierra firme 大陸，陸地．
Tierra Prometida 〖聖書〗約束の地（カナン）．
tierra rara 〖化学〗希土類化合物．
Tierra Santa 〖聖書〗聖地．
tomar tierra （1）〖海事〗入港する，上陸する．（2）〖航空〗着陸する．（3）慣れる，様子が分かる．
¡Trágame, tierra! 穴があったら入りたい．
tragársele a ... la tierra 〖比喩〗…が姿を消す．
venirse a tierra → *irse a tierra*.
ver tierras 世界を旅行する．

Tierra del Fuego [tjéřa ðel fuéɣo] 固名 ティエラ・デル・フエゴ（南アメリカ大陸南端の地域）．

‡**tieso, sa** [tjéso, sa] 形 ❶ ぴんと張った[立った]，背筋を伸ばした，凛とした．— Anda muy ~. 彼はしゃきっとして[しゃちほこばって] 歩く．*cuerda tiesa* ぴんと張ったロープ．*El perro puso las orejas tiesas* 犬が耳をぴんと立てた．類 **tenso, tirante**. ❷〖ser/estar＋〗こわばった，硬直した．— *hombro* ~ 五十肩．*cuello* ~ でごわごわの襟（衿）．*tela tiesa* ごわごわした布．*Seguí caminando con las piernas tiesas*. 私は脚を棒にして歩き続けた．*Cuando hay heladas, la ropa tendida se queda tiesa*. ひどく冷え込むと，干した洗濯物がかちかちになる．類 **duro, inflexible, rígido**. ❸（寒さで）かじかんだ．— *No había calefacción y estábamos* ~s. 暖房がなくて凍えそうだ．類 **rígido**. ❹〖estar＋〗〖話〗一文無しの，困窮した．— *situación tiesa* 緊迫した状況．*Estoy* ~ *después de las compras de la Navidad*. クリスマスの買い物のあとでかんぴんだ．❺〖estar＋〗〖話〗健康な，元気な．— *Ese viejo está muy* ~ *para la edad que tiene*. あの老人は歳のわりにピンピンしている．❻〖ser＋〗〖話〗（*a*）思い上がった．— *Es tan tiesa que no saluda a nadie*. 彼女はお高くとまっていて誰にも挨拶しない．~ *de cogote* 高慢な，いばった．類 **engreído, estirado, soberbio**. （*b*）〖ir＋〗誇らしげな，鼻高々な，得意な，取りすました．— *Va muy* ~ *desde que le dieron el premio*. 彼は賞をもらってから鼻高々だ．*¡Mira qué* ~ *va con su traje nuevo!* ほらごらん，彼が新しいスーツを着て得意満面だから．類 **orgulloso, ufano**. ❼〖ser/estar＋〗〖話〗（態度が）堅苦しい，無愛想な，冷たい．— *No me cae bien, es muy* ~. 私は彼とは馬が合わない．彼は大変無愛想だ．*Su timidez le lleva a ser demasiado* ~ *con los desconocidos*. 彼は内気なので見知らぬ人に対してそっけない態度をとる．*Me recibió muy* ~. 彼は私を冷ややかに迎えた．類 **frío, seco**. 反 **agradable, simpático**. ❽〖estar＋〗〖話〗強情な，執拗な，頑固な．— *Tuvo que ponerse* ~ *para conseguir imponer sus ideas*. 彼が自分の考えを押しつけることができるには，自分の考えが揺るぎないものにしなければならなかった．類 **tenaz, terco**. ❾〖話〗即死の．— *Lo dejaron* ~ *de un tiro*. 彼は一発でとどめを刺された．類 **muerto**. ❿（ショックで）唖然とした，びくっとした．— *Es muy tímido, y al ver un perro se pone* ~. 彼はとても臆病で，犬を見ただけでびくっとする．*Me quedé* ~ *al escuchar su estúpida propuesta*. 私は彼の馬鹿げた提案を聞いて唖然とした．
dejar tieso a ... 〖話〗（1）（人）を即死させる．（2）（人）を唖然とさせる．
más tieso que un poste 〖*andar ir caminar＋*〗取りすました[て]，お高くとまった[て]，いばりくさった[て]．
más tieso que un ajo/tieso como un ajo 思い上がった，得意満面の［に］，取りすました［て］．
quedarse tieso 〖話〗（1）（寒さで）かじかむ，こわばる．（2）死ぬ．（3）唖然とする，びっくりする．
tieso que どんなことがあっても，頑固に，しつこく（＝ *erre que erre*）．
tenérselas [*traérselas*] *tiesas* (1)〖＋a〗…に敢然と立ち向かう．(2)〖＋con〗…の話に聞く耳を持たない．
— 副 ひどく，強く．— *golpear* ~ ひどく殴りつける．

*****tiesto** [tjésto] 男 ❶（おもに土製の）植木鉢．類 **jardinera, maceta, pote**. ❷〖主に複〗土器・陶器の破片．

tiesura [tjesúra] 女 ❶ 堅さ，こわばり，硬直．**dureza, rigidez**. ❷ うぬぼれ，横柄さ．類 **arrogancia, orgullo**. ❸ がんこさ．類 **obstinación, pertinacia, terquedad**.

tífico, ca [tífiko, ka] 形 〖医学〗発疹チフスの．— 名 〖医学〗発疹チフス患者．

tifo [tífo] 男 〖医学〗発疹チフス．— ~ *asiático* コレラ．~ *de América* 黄熱病．~ *de Oriente* 腺ペスト．類 **tifus**.

tifoidea[1] [tifojðéa] 女 〖医学〗腸チフス．

tifoideo, a[2] [tifojðéo, a] 形 〖医学〗発疹チフスの，腸チフスの．— *fiebre tifoidea* 腸チフス．*morir de infecciones tifoideas* チフスの感染で死亡する．

tifón [tifón] 男 〖気象〗台風．類 **ciclón, huracán**.

tifus [tífus] 男〖単複同形〗❶〖医学〗チフス．~ *abdominal* 〖vulgar〗腸チフス．~ *asiático* コレラ．~ *de América*, ~ *icterodes* 黄熱病．~ *exantemático* 発疹チフス．類 **tifo**. ❷〖話〗〖集合的に〗（芝居などの）さくら；（無料で入場できる）招待客たち．— *asistir de* ~ さくらになる．*entrar de* ~ 無料で入場する．

*****tigra** [tíɣra] 女 ❶ 雌の虎．❷〖中南米〗雌のジャガー．類 **tigresa**.

Tigre [tíɣre] 固名 ティグレ（アルゼンチンの都市）．

‡**tigre** [tíɣre] 男 ❶ 虎；雄の虎．— ~ *tasmanio* タスマニア・タイガー（絶滅した有袋類）．❷〖中南米〗ジャガー；雄のジャガー．類 **jaguar**. ❸〖比喩〗残忍な人．

tigrero, ra [tiɣréro, ra] 形 〖アルゼンチン〗勇敢な．類 **valiente**.
— 名 〖中南米〗ジャガー撃ちのハンター．

*****tigresa** [tiɣrésa] 女〖＜仏〗❶ 雌の虎．類 **tigra**. ❷〖比喩〗残忍な女性，色っぽい女性，危険な女性．

tigrillo [tiɣríjo] 〖＜tigre〗男 〖動物〗ヤマネコ，オセロット（中南米産の樹上性のオオヤマネコ）．類 **lince, ocelote**.

Tigris [tíɣris] 固名 （el ~）チグリス川（西アジアの大河）．

tija [tíxa] 女 （鍵の，通常円筒形の）心棒．

‡**tijera** [tixéra] 女 はさみ．— *cortar con*

las ～s をはさみで切る. Ese barbero era muy diestro con las ～s. その理容師はハサミさばきが非常に熟練している. Cortó el pelo de la niña con unas ～s. 彼ははさみで少女の髪をちょきん(ちょきん)と切った. ❷《比喩》はさみ状のもの. ❸《羊用の》剪毛(せんもう)機. ❹ 木挽(ひき)き台. ❺ 溝, 水はけ, 排水溝.

echar [meter] la tijera《話, 比喩》(1) ばっさりと切る, 意を決して切る. (2)(映画, 文学作品などを)カットする.

meter tijera en … …に口を挟む.

trabajo de tijera《比喩》寄せ集めの作品.

tijereta [tixeréta]〈＜tijera〉女 ❶《虫類》ハサミムシ. ❷(ぶどうの)巻きひげ. ❸ 小型のはさみ. ❹ 挟み跳び(脚を交叉させて跳ぶこと)(＝salto de ～).

tijeretada [tixeretáða] 女／男 tijeretazo ははさみで切ること. —De una ～ se cortó la trenza. 彼女は自分の三つ編み髪をはさみでチョキンと切り落とした.

tijeretear [tixereteár] 他 ❶ をはさみで切る; を誤って[下手に]はさみで切る. 類cortar. ❷《話》(他人のことに)干渉する, ちょっかいを出す, おせっかいを焼く. 類entrometerse.

tijereteo [tixeretéo] 男 ❶ はさみで切ること, はさみで切る音. ❷《話》(他人のことへの)干渉, ちょっかい, おせっかい.

tila [tíla] 女 ❶《植物》シナノキ(の花), ボダイジュ(の花), リンデン(の花). ❷ シナノキの花の茶(鎮静作用がある).

tílburi [tílβuri] 男 (一頭立て, 無蓋の)軽二輪馬車.

tildar [tildár] 他 ❶《＋de》…に…という汚名を着せる, を…であるとして責める[悪口を言う]. —Me tildaron de sinvergüenza, pero no me lo merezco. 私は恥知らずと言われたが, そんなおぼえはない. 類tachar. ❷《文字》にティルデ(～)を打つ, アクセント記号(´)を打つ. ❸ を抹消する.

*****tilde** [tílde] 女 ❶ エニェの符号(ñ の上についた波形の符号). —poner una ～ エニェの符号をつける. ❷ アクセント符号 (á の上についたアクセントの印号). —Una ～ indica acento en una sílaba. アクセント記号は一つの音節における強勢を示す. ❸ 中傷, 汚名. ❹《比喩》小さなもの.

tiliche [tilítʃe] 男《主に複》《中米, メキシコ》がらくた, 安物. 類bagatela, baratija, cachivache.

tilichero [tilitʃéro] 男《中米・メキシコ》行商人, 呼び売り商人.

tilín [tilín] 男 チリンチリン, リンリン(鈴の擬音).

en un tilín《ラ米》たちまち, 即座に.

hacer tilín a …《話》…の気に入る. A Juan le hace tilín tu hermana. フアンは君の妹が気に入っている.

tilingo, ga [tilíŋgo, ga] 形《中南米》ばかな, 頭のおかしい.

tilla [tíja] 女 (小型船の敷き板.

tillado [tiʎáðo] 過分男 板張りの; 板張りの床. 類entablado.

tilma [tílma] 女《南米》かぶり布, ポンチョ. 類manta, poncho.

tilo [tílo] 男《植物》シナノキ, ボダイジュ, リンデン.

timador, dora [timaðór, ðóra] 名 詐欺(さぎ)師, ペテン師. —Ándate con cuidado que es un ～. 気をつけろ, 彼は詐欺師だから. 類estafador.

tímalo [tímalo] 男《魚類》ヒメマス. 類timo.

timar [timár] 他 ❶ (人)から物をだまし取る; (物・金など)をだまし取る. —Me timó el taxista. 私はタクシー運転手にぼられた. 類engañar, estafar, robar. ❷ (人)をぺてんにかける, (嘘の約束など)でだます. —Me timaron con esta casa. その家のことではだまされた. 類engañar, estafar.

— *se* 再《話》(人たちが)互いに目くばせする.

timba [tímba] 女 ❶《話》(賭け事の)勝負, ゲーム. —Siempre que se reúnen, se montan una ～. 彼らは集まるといつも博打(ばくち)を打つ. 類juego de azar. ❷《話》賭博(とばく)場. 類casa de juego, garito. ❸《中南米》たいこ腹. 類barriga.

timbal [timbál] 男 ❶《主に複》《楽器》ティンパニ. ❷《主に複》《楽器》ティンパレス(キューバ音楽で用いる2個一組の小太鼓). 類tamboril. ❸《料理》タンバール(鶏肉や野菜を焼いたもの).

timbalero, ra [timbaléro, ra] 名《音楽》ティンパニ奏者; ティンバレス奏者.

timbiriche [timbirítʃe] 男《中南米》小さな店.

timbrado, da [timbráðo, ða] 過分形 ❶ (書類などに)証印のある. —papel ～ 証印つきの書類; レターヘッドつきの便せん. ❷《通常 bien～の形で》(声が)よく通る, よく響く. —Tiene una voz bien timbrada. 彼はよく通る声をしている.

timbrar [timbrár] 他 ❶ (書類・封書などに)印紙[切手]を貼る, 証印を押す. —Estos sobres hay que timbrarlos. これらの封筒には切手を貼らなければならない. 類estampar, sellar, señalar. ❷ (切手に)消印を押す. ❸ (声)をうまく響かせる.

timbrazo [timbráθo] 男 けたたましい呼び鈴[ベル]の音. —dar un ～ けたたましい呼び鈴[ベル]を鳴らす. Un potente ～ me despertó. 私はけたたましい呼び鈴[ベル]の音で目が覚めた.

*****timbre** [tímbre ティンブレ] 男 ❶ ベル(の音). —Toque el ～ si necesita algo. 用があったらベルを鳴らしてください. Esta cafetera tiene un ～ que suena cuando el café está hecho. このコーヒー沸かしはコーヒーができるとブザー(＝ビーという音)が鳴ります. ❷ 収入印紙, 証紙; シール. —～ móvil 収入印紙. ❸《中南米》切手(＝sello). —pegar un ～ 切手を貼る. ❹ (楽器などの)音色, 音質. ❺ 偉業, 功績.

timeleácea [timeleáθea] 女 →timeleáceo.

timeleáceo, a [timeleáθeo, a] 形《植物》ジンチョウゲ科の.

— 女 《植物》ジンチョウゲ科.

*****timidez** [timiðéθ] 女 ❶ 臆病, 小心, 内気. —La ～ le impedía hacer amistades. 内気が災いして彼女は友達がなかった. ❷ 遠慮. —No pude decirlo por ～. 遠慮があってそんなことは言えなかった.

*****tímido, da** [tímiðo, ða ティミド, ダ] 形 ❶ 内気な, 気の小さい, 臆病な, 遠慮がちな. —Su hermana es una niña muy tímida. 彼女の妹はとても内気な女の子だ. No seas tan ～ y habla más claro. あんなにおどおどせずにもっとハッキリと話しなさい. ❷《主に＋名詞》かすかな, 微弱な, 控えめな. —tímida luz [sonrisa] かすかな光[笑み]. tímida reacción 控えめな反応. 類leve, ligero.

— 名 内気な[気弱な, 遠慮がちな]人.

timo[1] [tímo] 男 《話》詐欺(さぎ), ペテン. —dar un ～ a … …をだます. Intentó venderme un reloj falso, pero enseguida comprendí que era un ～. 彼は私に偽物の時計を売りつけようとしたが, 私はすぐにそれが詐欺であることを見抜いた. 類 **engaño, estafa, robo**.

timo[2] [tímo] 男 《解剖》胸腺(きょうせん).

timo[3] [tímo] 男 《魚類》ヒメマス. 類 **tímalo**.

timón [timón] 男 ❶ 《海事, 航空》(船・飛行機の)舵(かじ). —manejar [empuñar] el ～ 舵を取る. poner el ～ a babor [a estribor]《海事》舵を左舷(さげん)[右舷(うげん)]に取る. ～ de dirección (航空)方向舵(だ). ～ de profundidad (航空)昇降舵(だ). 《比喩》舵(かじ)取り, 主導権. —El presidente lleva con firmeza el ～ de la nación. 大統領がしっかりと国の舵取りをしている. 類 **dirección, mando**. ❸ (鋤(すき)の)柄(え). 類 **mango**. ❹ (車の)長柄(ながえ), かじ棒. 類 **pértigo**. ❺ 《中南米》(車の)ハンドル. 類 **volante**.

timonear [timoneár] 自 ❶ 《海事》舵(かじ)を取る, 操舵(そうだ)する. ❷ 《中南米》(車の)運転をする.

timonel [timonél] 男女 《海事》操舵手(そうだしゅ), 舵(かじ)取り. —El ～ fijó el rumbo hacia el este. 操舵手は航路を東に取った. 類 **timonero**.

timonera [timonéra] 女 ❶ 《鳥類》尾羽. ❷ 《海事》操舵(そうだ)室.

timonero, ra [timonéro, ra] 形 ❶ 柄のついた. ～ arado ～ 柄つきの鋤(すき). ❷ 《鳥類》pluma timonera 尾羽.
—— 名 《海事》操舵手(そうだしゅ), 舵(かじ)取り. 類 **timonel**.

timorato, ta [timoráto, ta] 形 ❶ 臆病な, 小心な; 恥ずかしがり屋の. —No seas timorata y habla con los chicos. もじもじしないで男の子たちと話しなさい. ❷ 伝統的な倫理を気にする, 道徳に厳しい; 信心家ぶった. —Los padres de Silvia son muy ～s y nunca permitirán que vaya de viaje con su novio. シルビアの両親はとても倫理を気にする人たちだから, 恋人と旅行に行くことなど決して認めないだろう. 類 **indeciso, tímido**.

timpánico, ca [timpániko, ka] 形 ❶ 《解剖》鼓(つづみ)膜の; 中耳腔(くう)の. —membrana ～ 鼓膜. ❷ 《医学》鼓腸の, 鼓腸による.

timpanitis [timpanítis] 女 ❶ 《医学》鼓(つづみ)腸. 類 **timpanización**. ❷ 《医学》中耳炎.

timpanización [timpaniθaθjón] 女 《医学》鼓(つづみ)腸. 類 **timpanitis**.

timpanizarse [timpaniθárse] [1.3] 再 《医学》(主に腹部にガスがたまって)膨張する, 鼓(つづみ)腸になる.

tímpano [tímpano] 男 ❶ 《解剖》(a) 鼓(つづみ)膜. —La rotura de su ～ le produjo sordera. 彼は鼓膜が損傷して耳が聞こえなくなってしまった. (b) 中耳腔(くう). ❷ 《音楽》(a) 《主に複》ティンパニ. 類 **timbal**. (b) ダルシマー. (c) 小太鼓. ❸ 《建築》ティンパヌム. ◆建物正面の上の三角面, またそこに彫られた彫刻. ❹ 《印刷》チンパン.

tina [tína] 女 ❶ (素焼きの)かめ; (工業用の)槽, タンク. —En las cocinas de los pueblos solía haber siempre una ～ con agua. いなかの台所には決まって水のはいった大がめがあったものだ. 類 **tinaja**. ❷ (木製の)桶(おけ), たらい. —fregar los cacharros en una ～ 桶で皿を洗う. 類 **balde, cubo**. ❸ 風呂桶, 浴槽, 湯船. 類 **bañera**.

tinaja [tináxa] 女 ❶ (水・油・ワインなどの保存用の, 素焼きの)大がめ. 類 **tina**. ❷ 《フィリピン》液体の体積の単位(約48リットル).

tinca [tíŋka] 女 ❶ 《アルゼンチン, チリ》(指先で)軽くはじくこと. 類 **capirotazo, papirotazo**. ❷ 《チリ》予感, 虫の知らせ. 類 **presentimiento**.

tincar [tiŋkár] [1.1] 他 《アルゼンチン, チリ》を(指先で)軽くはじく, たたく.
—— 自 《チリ》予感がする. —Me tinca que algo muy malo va a suceder. 何かとても悪いことが起きるような予感がする.

tinción [tinθjón] 女 染色. 類 **teñido, tinte, tintura**.

tinerfeño, ña [tinerféɲo, ɲa] 形 テネリーフェ(Tenerife, スペイン, Canarias諸島の島, またそこにある都市)の. —El relieve ～ es volcánico. テネリーフェは火山の多い地形である.
—— 名 テネリーフェの住民[出身者].

tinglado [tiŋgláðo] 男 ❶ 騒ぎ, 無秩序, ごたごた. —No sé cómo puedes trabajar con ese ～ de libros y papeles en la mesa. 机の上を本や紙でそんなに散らかしてどうして君は仕事ができるのか私にはわからない. Las vecinas empezaron a discutir y montaron un buen ～ en la calle. 近所の女性たちが道で口論を始め, 大騒ぎを演じた. ¡Menudo ～ se montó [se armó, se formó]! ひどい騒ぎになったものだ. 類 **desorden, lío**. ❷ 陰謀, 術策, 策略. —No me gusta este negocio porque es un ～ misterioso. 私はこの取り引きが気に入らない, 何か裏がありそうだから. 類 **artificio, intriga**. ❸ 納屋, 物置; 小屋. 類 **cobertizo**. ❹ (板張りの)壇. 類 **tablado**.

tiniebla [tiniéβla] 女 ❶ 《主に複》闇, 暗闇. —Un lobo emergió de las ～s de la noche. 夜の闇から一匹のオオカミが現れた. La casa en ～s daba miedo. 暗闇の中でその家は恐ろしげに見えた. 類 **oscuridad, tenebrosidad**. ❷ 無知, 蒙昧(もうまい). —estar en ～s 全くわからない. Acerca de esta enfermedad, la ciencia permanece en las ～s. この病気に関して科学は解明できないままである. 類 **confusión, ignorancia**. ❸ 複 《カトリック》テネブレ, 暗闇の朝課(聖週間最後の3日間に唱えられる朝課と賛歌).

príncipe de las tinieblas →príncipe.

tino [tíno] 男 ❶ 射撃(しゃげき)の腕前, 狙いの確かさ. —Pepe tiene muy buen ～ y da en el blanco casi siempre. ペペは射撃の腕が達者で, ほとんど必ず的に命中させる. 類 **acierto, puntería**. ❷ 分別, 思慮; 確かな判断. —Es un asunto delicado y hay que obrar con mucho ～. これは微妙な件なので大いに慎重に振る舞わねばならない. 類 **discreción, prudencia**. ❸ 節度, 抑制, 控えめ. —gastar sin ～ 湯水のように金を使う. comer y beber con ～ 飲み食いをほどほどにする. 類 **mesura, moderación**. ❹ 目分量を測る能力, 目測の確かさ. —Reparte tú la paella, que tienes mucho ～. 君がパエリャを分けてくれ, 君は目分量で分けるのがうまいから.

a tino 手探りで.

coger el tino 感じをつかむ, こつを覚える.

sacar de tino a … (人)を怒らせる.

tinta [tínta] 女 ❶ インク, 墨. —～ china 墨. ～ del calamar イカの墨. Las correciones hay que hacerlas en [con] ～ roja. 訂正は赤インクでお願いします. ～ simpática [invisible] あぶり出しインク, 隠しインク. ❷ 圏 色, 色調, 色合い. —las ~s del amanecer 夜明けの色. ❸ 染色, 染料. ❹ 〖絵画〗色の混じ具合.

a medias tintas 《話》生半可な, 中途半端な. Un plan tan *a medias tintas* no se puede poner en marcha. そんな生半可な計画では実行に移せない.

cargar [recargar] las tintas 《話》大げさに言う, 誇張する.

correr [ríos de] tinta 《比喩》(新聞, 雑誌などで)…について盛んに書かれる, …が盛んに取り沙汰される. Sobre la boda del príncipe *ha corrido* mucha *tinta*. 皇太子の結婚については(新聞, 雑誌で)本当にいろんなことが書かれた.

de buena tinta 《話》(情報の出所が)信頼に足る, 確かな.

medias tintas (表現, 態度などが)あいまいな, はっきりしない, 不明瞭な.

media tinta (色彩が)ハーフトーン, 半濃淡; (明暗の)中間色.

sudar tinta [china] 《話》血のにじむような努力をして達成する. He sudado *tinta* para aprobar el examen. 私は血のにじむような努力をして試験に合格した.

tintar [tintár] 他 ❶ を染める, 染色する. 類 teñir.

tinte [tínte] 男 ❶ 染色, 染めること. — ~ de cabello 髪染め, ヘアダイ. — ~ del vestido 服の染め変え. 類 teñido, tinción, tintura. ❷ 染料. 類 colorante, tintura. ❸ 染物屋; ドライクリーニング店. 類 tintorería. ❹ 見かけ, うわべの雰囲気. —Tiene ~ de persona importante. 彼はうわべは偉い人ふうである. ❺ ニュアンス. —Dio unos ~s políticos a sus palabras. 彼は自分の言葉に政治的なニュアンスを漂わせた.

tinterillo [tinterí jo] 〔<tintero〕男 ❶ 《話》(特に下っ端の)事務員. ❷ 〖中南米〗いかさま弁護士.

tintero [tintéro] 男 インク壺, インク瓶.

dejar(se) ... en el tintero …を忘れる. Creo que ya se lo he contado todo y que no *me dejo* nada *en el tintero*. 私はもう彼にすべて語ってしまい, 何も言い忘れていないと思う.

tintillo, lla [tintíjo, ja] 〔<tinto〕男 明るい色の赤ワイン; 〖アルゼンチン〗赤ワイン.
— 形 (ワインが)明るい赤色の.

tintín [tintín] 男 〖擬音語〗チリンチリン(鈴などの音), カチン(コップなどの当たる音).

tintinar, tintinear [tintinár, tintineár] 自 チリンチリン[カチン]と鳴る. —Las monedas *tintineaban* en los bolsillos. 硬貨がポケットの中でチャリンと鳴っていた.

tintineo [tintinéo] 男 チリンチリン[カチン]と鳴る音. —Se oyó el ~ de las copas al brindar. 乾杯のときにグラスのカチンと鳴る音が聞こえた.

tinto, ta [tínto, ta] 形 ❶ (ワインが)赤の. —vino *tinto* 赤ワイン. ❷ 〔+de, en〕(に)染まった. —El puñal estaba ~ en sangre. その短剣は血に染まっていた. 類 teñido.
— 男 ❶ 赤ワイン. —una botella de ~ 赤ワイン1本. Póngame un ~. 赤ワイン1杯ください. ❷ 〖コロンビア, ベネズエラ〗ブラック・コーヒー(=café solo).

tintóreo, a [tintóreo, a] 形 (植物などが)染料になる; 染色用の. —sumergir los tejidos en un baño ~ 織物を染色槽につける.

tintorera [tintoréra] 女 〖魚類〗ヨシキリザメ. —la ~ macho オスのヨシキリザメ.

tintorería [tintorería] 女 ❶ クリーニング店. —llevar la camisa a la ~ クリーニング屋にシャツを持っていく. 類 tinte. ❷ ドライ・クリーニング. ❸ 染物店, 染色工場. ❹ 染色. 類 teñido, tinte, tintura.

tintorero, ra [tintoréro, ra] 名 ❶ クリーニング屋の店主[店員]. ❷ 染物屋の店主[店員], 染物職人.

tintorro [tintóřo] 男 《話》(おもに安物の)赤ワイン.

tintura [tintúra] 女 ❶ 染色, 染め物. 類 teñido, tinción, tinte. ❷ 染料(液). —Ésta es una ~ hecha con productos naturales. これは自然の材料でできた染料です. ❸ 《比喩》付け焼き刃, 生半可(###)な知識. —No tengo más que una ~ de la historia española. 私はスペイン史については生かじりの知識しかない. ❹ 〖薬学〗チンキ(剤). —desinfectar la herida con ~ de yodo ヨードチンキで傷を消毒する.

tinturar [tinturár] 他 ❶ を染める, 染色する. 類 teñir. ❷ に表面的[生半可]な知識を与える.
—**se** 再 表面的[生半可]な知識を得る.

tin- [tin-] 動 teñir の直・現在/完了過去, 接・過去, 命令・単, 現在分詞.

tiña [tína] 女 ❶ 〖医学〗白癬(###), しらくも; たむし. —De niño perdió el pelo a causa de la ~. 彼は子供のとき白癬で髪の毛が抜けた. ❷ 〖虫類〗ハチミツスガ, ハチミツガ. ❸ 《話, 比喩》(*a*) 貧乏. 類 escasez, miseria, pobreza. (*b*) けち, しみったれ. 類 mezquindad, tacañería. —más viejo que la ~ ひどく古い.

tiñería [tinería] 女 ❶ 《話》貧乏. 類 escasez, miseria, pobreza. ❷ 《話》けち, しみったれ. 類 mezquindad, tacañería.

tiñoso, sa [tinóso, sa] 形 ❶ 〖医学〗白癬(###)[しらくも, たむし]にかかった. —niño ~ 白癬にかかった子ども. ❷ 《話, 比喩》けち. 類 mezquino, tacaño.
— 名 ❶ 〖医学〗白癬患者. ❷ 《話》けちな人.

***tío** [tío ティオ] 男 ❶ おじ, 伯父, 叔父(→tía 「おば」). — ~ carnal おじ(父母の兄弟). Me quedé por la noche en casa de mi ~. 一晩おじの家にやっかいになった. ¿Dónde está Juan? フアンおじさんはどこ. ❷ 複 おじ夫婦. —Hoy vienen de visita mis ~s. おじ夫婦が今日訪ねてくる. ❸ 大おじ(祖父母の兄弟)(=tío abuelo). — ~ abuelo paterno 父方の大おじ. ❹ 《話》(軽蔑または尊敬の意味をこめて)あの人, やつ, あいつ; アイツ. —¡Vaya un ~ fresco! あいつはなんて図々しいやつだ. A ese ~ le voy a romper la cara. やつを必ず打ちのめしてみせる. Es un ~ formidable. あいつはすごいよ. ❺ 《話》(親しみを込めて)おじさん. ❻ 《話》某, だれそれ(名前がわからない, またはそれを伏せる場合). —Nos recibió un ~ poco amable. まったく無愛想な人が私たちを迎えた.

tener un tío en América [en las Indias] 〖話, 皮肉〗大金持ちの親戚がいる(普通大金を持っていないと思われている人が急に金持ち風になった際のあてこすりの表現). ¿De dónde has sacado tanto

1854 tiovivo

dinero? ¿Tienes un tío en América? お前、一体どこからそんな大金を手に入れたんだい、金持ちの親戚でもいるのかい.

tío bueno 〖話, 俗〗外見[見た目]が格好いい[魅力的な]男性.

tío con toda la barba 《話, 比喩》男らしい男.

tío del saco 《比喩》おばけ.

tiovivo [tioβíβo] 男 回転木馬, メリーゴーラウンド. —montar en el ～, subirse al ～ メリーゴーランドに乗る. 類 **caballitos, carrusel**.

tipa [típa] 女 ❶ 〖植物〗ティーパ(南米産のマメ科の高木, 家具などに使われる). ❷ 〖南米〗かご, 編みかご. 類 **cesta**. ❸ 〖南米〗ふしだらな女; 女の子, 女.

tiparraco, ca [tipařáko, ka] 名 《話, 軽蔑》取るに足りない人物; 変なやつ. —No permito que entre en casa ese ～. 私はあのちんぴらが家に入るのを許さない.

tipejo, ja [tipéxo, xa] 〔<tipo〕名 《話, 軽蔑》変なやつ, 唐変木; 取るにたりない人. 類 **tiparraco**.

‡**típico, ca** [típiko, ka] 形 ❶ 典型的な, 代表的な, 特有の. —ejemplo ～ 典型的な例. Es ～ de los jóvenes de hoy usar el móvil aun comiendo. 食事中でも携帯電話で話すとはいかにも今の若者だ. 類 **característico, peculiar**. ❷ 伝統的な, 古来からの. —baile [plato] ～ de la región 郷土舞踊[料理].

tipificación [tipifikaθjón] 女 ❶ 分類; 特徴づけ. —Su acción recibió por parte del fiscal la ～ de robo con intimidación. 彼の行為は検察によって恐喝に分類された. 類 **clasificación**. ❷ 典型. —Esta presentadora está considerada como la ～ de la mujer moderna y activa de hoy. このキャスターは今日(ﾃﾞｨｱ)の現代的で行動的な女性の典型と見られている. 類 **ejemplar, modelo, tipo**. ❸ 標準形とすること, 標準化.

tipificar [tipifikár] [1.1] 他 ❶ を分類する. —Ha tipificado las especies animales de su región. 彼は自分の地域の動物を分類した. ❷ の特徴を示す; 典型となる. —Esta chica tipifica a la juventud del momento. この女性は現代の若者を代表している. ❸ を規格に合わせる, 標準型とする.

tipismo [tipísmo] 男 ❶ 地方色, 郷土色; 伝統. ❷ 典型的であること.

tiple [típle] 男 ❶ 〖音楽〗ソプラノ, 最高音部. 類 **soprano**. ❷ 〖楽器〗ティプレ(サルダーナなどに使われる木管楽器). ❸ 〖楽器〗トレブルギター, 高音ギター. ❹ 〖海事〗(一本柱の)帆柱.
— 男女 〖音楽〗ソプラノ歌手.

‡‡**tipo** [típo ティポ] 男 ❶ タイプ, 型, 定型, 様式, 類型, 種類. —Esa tienda tiene artículos de todo ～. あの店はあらゆる種類の品物をおいている. Los libros de este ～ son caros. こういう種類の本は値段が高い. ❷ 姿, スタイル, かたち. —A mi hermana le dicen a menudo que tiene un buen ～. 姉はスタイルがいいとよく人に言われます. ❸ 性質, 人格, タイプ. —Aquí viene todo ～ de gente. ここにはあらゆるタイプの人々がやって来る. No eres el ～ de banquero. 君は銀行家タイプではない. ❹ 〖商業〗率, レート. —～ de interés 利率. ～ de cambio 為替レート. En los hoteles el ～ de cambio es malo. ホテルで両替するとレートが悪い. ❺ 〖話〗〔しばしば軽蔑的に〕人, やつ, 男. —～ raro 変わった人. ¡Cómo habla ese ～! あいつはなんてよくしゃべるんだ. 類 **individuo**. ❻ 好きなタイプ. —Juan no es mi ～. フアンは私の好みのタイプではない. ❼ (作品の)登場人物. —～ de galán 美男子役. ～ de Celestina やり手婆(ﾊﾞﾊﾞ)(の役). ❽ 〖印刷〗活字, 字体, 書体 (=～ de imprenta). —Ese libro está impreso en ～s de imprenta grandes. その本は大きな活字で印刷されている. ❾ 〖植物, 動物〗型, 類型.

aguantar [mantener] el tipo 敢然と立ち向かう, たじろがない.

jugarse el tipo a ... …に命を賭ける.

tipografía [tipoɣrafía] 女 ❶ 印刷, 活版印刷, 印刷法. —En esa imprenta aún siguen usando la ～ tradicional. その印刷所では未だに伝統的な印刷法を使っている. La ～ de este libro es muy agradable a la vista. この本の印刷はとても目にやさしい. 類 **imprenta, impresión**. ❷ 印刷所, 印刷工場. ❸ 書体. 類 **imprenta**.

tipográfico, ca [tipoɣráfiko, ka] 形 印刷の, 活版印刷の. —error ～ 誤植. rotativa tipográfica 輪転機.

tipógrafo, fa [tipóɣrafo, fa] 名 印刷工, 植字工.
— 男 複 書体.

tipología [tipoloxía] 女 ❶ 類型論[学], 分類学, タイポロジー. ❷ 〖神学〗予表論. ◆新約中のできごとは旧約の中ですでに予表されているとする説.

tipómetro [tipómetro] 男 〖印刷〗活字尺, 組み版用ゲージ.

típula [típula] 女 〖虫類〗ガガンボ.

tique [tíke] 〔<英〕男 複 tiques, tíquets ❶ チケット, 切符. 類 **billete**. ❷ 証書; 債券. ❸ 預り証.

tiquete [tikéte] 男 〖中南米〗チケット, 切符.

tiquismiquis [tikismíkis] 男女 〖単複同形〗ささいなことにこだわる人, 細かいことを心配する人. —Juan es un ～ para comer. フアンは食べ物に関しては潔癖性だ.
— 男 複 〖単複同形〗 ❶ 〖話〗取り越し苦労, よけいな心配; 枝葉末節にこだわること. —Déjate de ～. 細かい心配をするな. Están discutiendo por ～. 彼らはつまらないことで言い争っている. 〖話〗気取った振る舞い, きざな言動. 類 **ñoñería**. ❸ 〖話〗いさかい, 争い, いざこざ.

andar(se) con tiquismiquis 《話》ささいなことで争う, 細かいことにこだわる.

tira [tíra] 女 ❶ 細長い切れ; ひも(状のもの), ストラップ. —una ～ de cuero 革ひも. Con una ～ de tela de una sábana improvisó una venda. 彼はシーツの布を細長く切ってあり合わせの包帯を作った. ❷ 〖話〗〔la+〕たくさん, とても, 大いに. —Vino la ～ de gente. 大勢の人々が来た. Me hicieron la ～ de regalos. 私は山のようなプレゼントを受け取った. esperar la ～ 長いこと待つ. divertirse la ～ 大いに楽しむ. ❸ (新聞などの)続きこま漫画. ❹ (綴り式の)回数券. 類 **bono, taco**. ❺ 〖中南米〗〖俗〗警察.

hacer tiras (1) (物)をびりびりにひき裂く, こなごなに砕く. El niño ha hecho tiras el periódico. その男の子は新聞紙をびりびりにやぶってしまった. 類 **destrozar**. (2) (人)をひどい目に合わせる(おどしに使う言い方). Si vuelves a insultarme, te hago tiras. 二度と私を侮辱したらただではおかないぞ.

quitar la piel a tiras, sacar las tiras del pellejo 《話》こき下ろす, ひどくけなす.

tirabala [tiraβála] 男 (おもちゃの)紙鉄砲, 豆鉄砲. 類**taco**.

tirabeque [tiraβéke] 男 ❶ サヤエンドウ. ❷ (おもちゃの)パチンコ. 類**tiragomas**.

tirabotas [tiraβótas] 男『単複同形』ブーツフック. ◆長靴・乗馬靴を履くときに用いる長柄のフック.

tirabuzón [tiraβuθón] 男 ❶ 巻き毛, カール. —La niña llevaba el pelo rubio peinado con *tirabuzones*. その女の子はカールした金髪だった. 類**rizo**. ❷ コルク栓抜き. 類**sacacorchos**.
*sacar*LE *... con tirabuzón* 《話》(人)からむりやり聞き出す, 泥を吐かせる. *Le saqué con tirabuzón* el por qué de su negativa. 私は彼の拒絶の理由をむりやり彼から聞き出した.

trachinas [tiratʃínas] 男『単複同形』(石などを飛ばす, おもちゃの)ぱちんこ. 類**tirador, tiragomas**.

tirada [tiráða] 女 ❶ かなりの距離; 長い期間. —Desde tu casa a la universidad hay una buena ~. 君の家から大学まではかなりの距離がある. 類**distancia, período, plazo**. ❷ 一続き. —leer una ~ de versos 詩の一節を読む. 類**serie**. ❸ 投げること. —Lancé el dado y en la primera ~ saqué [me salió] un seis. 私はさいころを振って, 1回目で6を出した. ❹ (印刷)1回の印刷部数; 刷, 版. —La primera ~ fue de diez mil ejemplares. 第1刷は1万部だった. ~ aparte 抜き刷り. 類**imprenta, tiraje**.
de [en] una tirada 一気に, いっぺんに. Me leí la novela *de una tirada*. 私はその小説を一気に読んでしまった.

tirado, da [tiráðo, ða] 過分 形 ❶ 投げ(捨て)られた, 散らばっている; 引っ張られた. —Encontré muchas cosas *tiradas* en el suelo. 私はいろんなものが床に散らばっているのを見つけた. carro ~ por cuatro caballos 4頭立ての馬車. ❷ 《話》とても安い, 投げ売りされている. —Estos pantalones están ~ s de precio. これらのズボンは投げ売りされている. 類**barato**. ❸ 《話》とてもたやすい, お茶の子の, ちょろい. —Esa asignatura está *tirada*. それは楽勝科目だ. 類**fácil**. ❹ 《話》途方に暮れた, 退きすれた. —El coche se averió y nos dejó ~ s en la carretera. 車が故障して, 私たちは道路の真ん中でどうしようもなくなってしまった.
escribir (muy) tirado 急いで書く, 走り書きする.
—— 名 堕落した人, ならず者. —Unos ~ s la atacaron en el parque. 数人のならず者が公園で彼女を襲った.

*__**tirador, dora**__ [tiraðór, ðóra] 名 (銃や弓の)射手, 撃つ人; 投げる人. —El ~ disparó desde el balcón. 射撃手はバルコニーから撃った.
—— 男 ❶ (ドアや引き出しなどの)取っ手, 握り, ノブ; (機械などの)つまみ. —Dio vuelta al ~ y abrió la puerta. 彼は取っ手を回してドアを開けた. 類**asa**. ❷ (鐘や鈴を鳴らす)紐. ❸ (小石を飛ばす)ぱちんこ. 類**tirachinas**. ❹ (石工の使う)金属製の定規. ❺ 《南米》(ガウチョの)幅広のベルト.

tirafondo [tirafóndo] 男 ❶ 木ねじ. 類**tornillo**. ❷ 《医学》ピンセット, 鉗子(ど). 類**pinzas**.

tiragomas [tiraɣómas] 男『単複同形』(小石などを飛ばす)ぱちんこ. 類**tirachinas**.

tiraje [tiráxe] 男 ❶ 印刷; 印刷部数. —Aún no hemos recibido la orden de ~. 私たちはまだ印刷の指示を受けていない. Se ha hecho un ~ de mil ejemplares. 1,000部印刷された. 類**tirada**. ❷ 投げること, 撃つこと; 引っ張ること. ❸ 《中南米》煙突の煙道.

tiralevitas [tiraleβítas] 男『単複同形』《話》おべっか使い, お追従者. 類**adulador, lisonjeador**.

tiralíneas [tiralíneas] 男『単複同形』からす口.

Tirana [tirána] 固名 ティラナ(アルバニアの首都).

‡**tiranía** [tiranía] 女 ❶ 《政治》専制政治, 圧制, 暴政; 専制国家. ❷ 《歴史, 政治》(古代ギリシャの)僭主政治. ❸ 《比喩》圧力, 弾圧, 横暴.

tiranicida [tiraniθíða] 形 暴君殺害の, 暴君殺害者の.
—— 男女 暴君殺害者.

tiranicidio [tiraniθíðjo] 男 暴君殺害.

tiránico, ca [tirániko, ka] 形 専制的な, 圧制的な; 暴虐な. —gobierno ~ 専制政府. Tiene un padre ~. 彼の父は暴君だ. 類**despótico, dictatorial**.

tiranizar [tiraniθár] [1.3] 他 ❶ (人々・国などに)専制政治を行う, 圧制を施す. —El dictador *tiranizó* al pueblo durante muchos años. 独裁者は長年にわたって民衆に圧制を施した. ❷ 思いのままに支配する; を虐げる. —La droga *tiraniza* la voluntad de los que la consumen. ドラッグは使用者の意志を完全に支配する. 類**oprimir, sojuzgar**.

‡**tirano, na** [tiráno, na] 名 ❶ 暴君, 専制君主, 僭主. —El ~ oprimía al pueblo. 暴君は人民を圧迫した. ❷ 《比喩的に》横暴な人. —¡Qué ~ es! 何て横暴な人だろう 類**déspota**.
—— 形 専制的な, 圧制的な, 暴虐な, 非道な.

‡**tirante** [tiránte] 形 ❶ 〖estar+〗ぴんと張った, つっ張った. —piel ~ つっ張った肌. Pon más ~ el cable. ケーブルをもっとぴんと張れ. La camisa me está un poco ~. シャツが少しきつすぎる. ❷ 〖estar+〗(関係が)緊張した, 緊迫した, 険悪な. —relaciones ~ s 緊張関係. discusión ~ 緊迫した議論. Trabajan con los nervios ~ s. 彼らは神経を張りつめて仕事をしている. Él siempre está ~ contigo. 彼はいつも君と仲が悪い.
—— 男 ❶ 複《服飾》サスペンダー, ストラップ, 吊り紐. —camiseta con [de] ~ s タンクトップ. vestido sin ~ s トップレスのドレス. Se sujeta los pantalones con ~ s. 彼はズボンをサスペンダーで吊っている. ❷ 《建築》下弦材, つなぎ梁(ば); (吊り橋の)桁(た). ❸ (支えるための)索, ワイヤー. ❹ (馬車・橇の)引き綱[手綱]. ❺ 凧糸.

‡**tirantez** [tiranteθ] 女 ❶ 張った状態; 緊張, 緊迫(した関係). —excesiva ~ de un cable ケーブルの張りすぎ. ~ de una tela 布張り. ~ en las relaciones entre dos países 2国間の緊迫した関係. ❷ 直線距離, 最短距離. —~ entre el punto A y el B 点Aと点Bとの直線距離. ❸ 《建築》架梁.

tirapié [tirapjé] 男 《製靴・靴修理の際に, 靴と木型を結びつけるための, 輪状の革ひも.

‡**tirar** [tirár ティラル] 他 ❶ (a) (石・ボール)を投げる, ほうる; (水)をぶっかける. —

tirilla

Tiré una piedra al lago. 私は湖に石を投げた. *Tiré* el papel al suelo. 私は紙を床に捨てた. Le *tiró* el vino a la cara. 彼女は彼の顔にワインをぶっかけた. La *tiró* al agua. 彼は彼女を水に放り込んだ. **類 arrojar, echar.** (b) 《サッカー》(ボール)を蹴(")る. —El delantero *tiró* a puerta. フォワードはボールをゴールに蹴り込む. ❷ (a) (紙・灰)を落とす, 散らかす. —No *tires* colillas al suelo. 君, 床に吸殻を落とすなよ. *Tiré* el jarrón de repente sin querer. 私はうっかり壷を棚から落とした. (b) 倒す, 壊す. —Están *tirando* el antiguo edificio de unos grandes almacenes. ある百貨店の古いビルを取り壊し中だ. ❸ を捨てる, 廃棄する, 手放す. —No *tires* la basura en la calle. 通りにごみを捨てるなよ. —la ropa vieja ĉi ropaを処分する. Esta falda está para ~la. このスカートはもう処分してもいい頃だ. ❹ を浪費する, 無駄遣いする. —Eso es ~ el dinero. それはお金をドブに捨てるようなものだ. **類 malgastar.** ❺ 《話》を不合格にする, 落とす. —El profesor me ha *tirado* en el examen de filosofía. 先生は哲学の試験で私を不合格にした. **類 suspender.** ❻ (写真)を撮る, 撮影する, (カメラ)のシャッターを切る. —Les *tiró* una foto a los novios. 彼は新郎新婦の写真を撮った. **類 disparar, hacer [sacar] una foto.** ❼ を刷る, 印刷する, 出版する. —Han *tirado* nuevos ejemplares de la gramática española. スペイン語文法の新版が出た. Nuestra revista semanal *tira* unos cien mil ejemplares. 我々の週刊誌は約10万部を発行している. ❽ (線)を引く, (設計図)の線引きをする. —*Tira* una línea punteada aquí abajo. この下に点線を引きなさい. **類 trazar.** ❾ …に(危害などを)加える. —¡Qué mordisco me ha *tirado* ese perro! その犬は何て咬みつきをしてくれたんだ. ~ una coz 〔蹴〕る. ~ un pellizco つねる. ❿ を発射する, 撃つ. —*Tiran* fuegos artificiales. 花火が打ち上げられている.

—— 自 ❶ 〖+de を〗引く. —*Tiró* de la puerta y entró en la habitación. 彼はドアを引いて部屋の中に入った. Mi mujer *tira* de la cuerda para correr la cortina. 私の妻はカーテンを引くためにひもを引っ張っている. ❷ (a) 〖+a に〗気に入る, 好きである, 魅力がある. —A este chico le *tira* la cocina. この若者は料理作りが好きだ. La patria chica *tira* siempre. 故郷はいつでも懐かしいものだ. (b) 〖+a/hacia の方に〗興味がある, 関心がある, 適性を示す. —Esta chica *tira* hacia la música. この女性は音楽に興味がある. ❸ (衣服が)きつい, きつくる. —Este vestido me *tira* de cintura. このドレスは胴回りがきつい. ❹ 〖+de (武器など)〗取り出す, 手に取る. —*Tiró* de la pistola al verse acorralado. 彼は追い詰められてピストルを取り出した. ❺ 撃つ, 射撃する, 発射する. —Sabe ~ muy bien al blanco. 彼は大変な射撃の名手だ. ❻ (a) (事が)うまく進行する, 運ぶ. —El negocio *tira* bien. 取引は順調に運んでいる. (b) 力を発揮する, 馬力がある. —Este camión *tira* bien en las subidas. このトラックは上り坂で威力を発揮する. ❼ (a) よく燃える, 火つきがよい. —Este pitillo no *tira*. このタバコは火つきが悪い. (b) (煙突などが)吸い込みがよい, 煙をよく通す. —Esta chimenea *tira* bien. この煙突は煙の通りがよい. ❽ (a) (人が)何とかやって行く, どうにか生きて行く. —Mi abuela *va tirando* aunque ya tiene 90 años. 私の祖母は90歳だが何とか生きている. (b) 長持ちする, もつ, 使用に耐える. —Esta lavadora *tirará* cinco años más. この洗濯機はあと5年はもつだろう. ❾ (a) 〖+para に〗なりたがっている, …志望である, (を)目指している. —Esta chica *tira* para abogada. この女性は弁護士志望である. **類 aspirar.** (b) 〖+a〗…色がかる, (…の)傾向がある. —Su pelo *tira* a rojo. 彼女の頭髪は赤毛に近い. (c) 〖+a に〗似ている. —La niña *tira* a su madre. 女の子は母親似だ. **類 parecerse.** ❿ 〖+de を〗元気づける. —El capitán *tira* de los otros jugadores. 主将は他の選手たちを励ましている. (b) 活性化する. —La inversión pública no *tira* de la economía ya. 公共投資はもはや経済を活性化しない. ⓫ 〖+de を〗引きつける, 引き寄せる. —El imán *tira* del hierro. 磁石は鉄を引き寄せる. ⓬ 〖+a/hacia の方向に〗行く, 進む. —*Tire* usted por esa calle. その通りを行ってください. *Tire* hacia la izquierda en la quinta bocacalle. 5番目の曲がり角で左折してください.

—— se 再 ❶〖+a へ〗飛び込む, 飛び降りる; 飛びかかる. —Marta *se tiró* a la piscina desde el trampolín. マルタは飛び板からプールへ飛び込んだ. *Se tiró* del tranvía en marcha. 彼は走っている市街電車から飛び降りた. Nos *tirábamos* al suelo de risa. 私たちは床の上で笑い転げた. ❷ 寝そべる; 倒れる, 転がる. —Llegó agotado y *se tiró* en la cama todo el día. 彼は疲れ果ててベッドに倒れ込んだ. ❸ (時間)を過ごす, 費やす. —Me he *tirado* la mañana arreglando el televisor. 私はテレビを修繕して午前中を費やした. Las señoras *se tiraban* horas y horas hablando por teléfono. 奥様たちは電話でのおしゃべりで何時間も過ごすのであった. El niño *se ha tirado* el día llorando. その子は一日中泣いて過した. *Se ha tirado* el día nevando. 一日中雪が降っていた. ❹ 《俗》〖+a と〗セックスする. —Ella *se tiró* a su vecino. 彼女は隣人と寝た.

a todo tirar どんなに引き延ばしても, せいぜい, 多くて. Nos quedan víveres, *a todo tirar*, para una semana. 我々には多目に見積もっても1週間分の食糧しか残っていない.

ir tirando 何とかやっていく. ¿Cómo estás?-*Voy tirando*. どうだい?—何とかやっているよ. En casa, mal que bien, *vamos tirando*. いろいろあるが家ではどうにかこうにかやっている.

tira y afloja いざこざ, やりとり, 駆け引き. Llegaron a un acuerdo en un *tira y afloja*. いろいろやりとりのあげく合意にこぎつけた.

tirar a matar 意地の悪い言動をする. El profesor *tiró a matar* en el examen oral. その先生は口述試験で意地悪質問をした.

tirar con bala(s) →**bala**.

tirilla [tiríʝa] 〔< tira〕女 ❶ 細ひも; 短いひも. ❷《服飾》(シャツの)台襟(䇑), ネックバンド(カラーを取りつける所).

tirio, ria [tírjo, rja] 形 《歴史》テュロス(Tiro, 古代フェニキアの港町)の. —— 《歴史》テュロス人. 「犬と仲」 *tirios y troyanos* 敵味方, 犬猿の仲(←テュロ↑)

tirita [tiríta] 女 ばんそうこう, バンドエイド.

tiritar [tiritár] 自 ❶ (寒さ・恐怖などで)震える. —~ de frío 寒さで震える. Los niños salían de la piscina *tiritando*. 子供たちは震えながらプールから出てくるところだった. 類 **estremecerse, temblar, titiritar**. ❷《話, 比喩》『*tiritando* の形で』尽きてしまいそうな, 破産寸前の. —Con los últimos pagos, se me ha quedado la cuenta del banco *tiritando*. 最近の支払いで, 私の銀行の口座は尽きそうになってしまった.

tiritón [tiritón] 男 震え, 身震い; 悪寒. 類 **estremecimiento, temblor**.

tiritona [tiritóna] 女《話》(寒さ・熱などによる) 震え, 悪寒. —Me dio [Me entró] una ~. 私は寒気がした.

‡**tiro** [tíro] 男 ❶ 発砲, 射撃, 発射, 一発, 銃声; 射程, 飛駆距離. —Mató el oso de un sólo tiro. 彼はその熊を一発で仕とめた. Tenía dos ~s en el pecho. 彼は胸に二発撃たれていた. Se oyeron ~s y gritos. 銃声と叫び声が聞こえた. ❷ 投げること; 引くこと. ❸《スポーツ》射撃, 射撃場; キック, シュート, ドライブ. —~ a puerta シュート. ~ al blanco 射的, 標的射撃. ~ al plato クレー射撃. ~ con arco アーチェリー. ~ directo 直接フリーキック. ~ indirecto 間接フリーキック. ~ de penalty ペナルティキック. ~ de recreo 射的. ~ libre フリーキック. ~ (一組の)引き馬; (馬車などの)引き綱. —cambiar el ~ de un carruaje 馬車の馬を交替する. ~ par 4 頂上で. ❺ (巻き上げ機の)綱, ひも, ロープ. ❻ (煙突などの)送風, 吸い込み; 通風口. ❼《服飾》**(a)** (布地の)長さ. **(b)** 前身ごろの肩から肩までの幅. **(c)** 股上(悲). —Este pantalón tiene el ~ corto. このズボンは股上が浅い. ❽ 砲身, 銃砲. ❾ 階段の一区切り. ❿《比喩》泥棒, 万引き. ⓫ 当てつけ, からかい. ⓬複(剣の)吊り革.

a tiro 射程内で, 手の届く範囲内で. Si se pone *a tiro*, le hablaré del tema. チャンスがあれば, 彼にそのテーマについて話しをしよう.

a tiro hecho (1) ねらいを外さず, 確実に. (2) 意図して.

a tiro limpio 激しく銃撃して.

al tiro 《中南米》すぐに. Vuelvo *al tiro*. すぐ戻ってきます.

a un tiro de piedra すぐ近くに. La estación está *a un tiro* de piedra de mi casa. 駅は私の家から目と鼻の先です.

caer como un tiro →sentar como un tiro

de tiros largos めかし込んで, 着飾って. ponerse *de tiros largos* めかし込む.

errar el tiro 失敗する.

ni a tiros 《話》絶対…ない. No saldrá del pueblo *ni a tiros*. 彼は絶対村を出て行かないだろう.

no van por ahí los tiros 《話》(言ったこと, 思っていたことなどが)間違いである, 的外れだ.

pegarse un tiro 《話》自殺する.

pegar un tiro [dos, cuatro tiros] a ... …を撃ち殺す.

salir el tiro por la culata 予期外のことが起こる, 期待外れになる.

sentar como un tiro 《話》…にショックを与える, の気に入らない; に似合わない. Ese vestido te *sienta como un tiro*. そのドレスは君には全然似合っていないよ.

tiroideo, a [tiroiðéo, a] 形《解剖》甲状腺(磙)の. —hormona *tiroidea* 甲状腺ホルモン.

tiroides [tiroíðes] 形『単複同形』《解剖》甲状腺(磙)の. —glándula ~ 甲状腺. hormona ~ 甲状腺ホルモン.

—— 男『単複同形』《解剖》甲状腺.

tirolés, lesa [tirolés, lésa] 形 チロル地方(Tirol)の. —región *tirolesa* チロル地方.

—— 名 チロル地方の住民[出身者].

‡**tirón** [tirón] 男 ❶ 強く引っぱること. —Le di un ~ de pelo [oreja]. 私は彼女の毛[耳]を強く引っぱった. 類 **estirón**. ❷ ひったくり. —dar un ~ a ... を(人)からひったくる. ❸《スポーツ》スパート. —dar un ~ スパートする. ❹ (筋肉の)痙攣.

de un tirón 一度に, 一気に. Me leí el libro *de un tirón*. 私はその本を一気に読んでしまった.

ni a dos [tres] tirones 生半可なことではだめだ, 少々の努力ではだめだ. No puedes convencerla *ni a dos tirones*. 生半可なことでは君は彼女を説得できない.

tirotear [tirotreár] 他 (人)に繰り返し発砲する. —La policía *tiroteó* a los terroristas. 警察はテロリストたちにくり返し発砲した. 類 **balear, disparar**.

—— se ❶ 撃ち合う. ❷ 言い争う, 口論する.

tiroteo [tirotéo] 男 撃ち合い, 銃撃; 銃声. —Se produjo un ~ en plena calle entre policías y ladrones. 通りの大中で警察と泥棒の撃ち合いがあった. El ~ me despertó. 私は銃声で目が覚めた.

Tirreno [tiréno] 固名 (Mar ~) ティレニア海.

tirria [tíria] 女《話》嫌悪, 反感. —Ese profesor me tiene ~. あの先生は私を嫌っている. Les tengo ~ a los perros. 私は犬が嫌いだ. 類 **antipatía, odio**.

Tirso de Molina [tírso ðe molína] 固名 ティルソ・デ・モリーナ (1580 頃-1648, スペインの劇作家).

tisana [tisána] 女 煎(紛)じ薬, 薬湯. —Me tomé una ~ de anís para asentar el estómago. 私は胃を落ち着かせるためにアニスの煎じ薬を飲んだ.

tísico, ca [tísiko, ka] 形《医学》肺結核の, 肺結核にかかった.

—— 名《医学》肺結核患者.

tisiología [tisjoloxía] 女《医学》結核病学.

tisis [tísis] 女『単複同形』《医学》肺結核 (= tuberculosis pulmonar).

tisú [tisú] [<仏]『複tisúes, tisús』 ❶《織物》ラメ, 金糸・銀糸を織り込んだ絹織物. 類 **lamé**. ❷ ティッシュペーパー. —sonarse la nariz con un ~ ティッシュペーパーで鼻をかむ. 類 **pañuelo**.

tita [títa] [<tía]女《話, 幼》おばさん, おばちゃん.

titán [titán] [<ギリシャ]男 ❶ (通例 T~)《ギリシャ神話》ティタン, タイタン. ❷《比喩》大物, 傑物; 怪力の男.

titánico, ca [titániko, ka] 形 ❶ 巨大な, 並外れた, 超人的な. —un esfuerzo ~ 並外れた努力. una fuerza *titánica* 超人的な怪力. 類 **desmedido, enorme, excesivo**. ❷《化学》チタンの. ❸《ギリシャ神話》ティタンの, タイタンの.

titanio [titánjo] 男《化学》チタン(元素記号 Ti).

títere [títere] 男 あやつり人形. —Hoy llevo a

1858 titerista

los niños a ver una representación de ～s. 今日は人形劇を見に子供たちを連れて行く. 類 **fantoche, marioneta**.
── 男女 ❶《比喩》傀儡(かいらい), 他人の言うなりに動く人.── gobierno ～ 傀儡政権. ❷でくの坊, 自分の意志のない人.── Es un ～ y no es capaz de hacer nada por su propia voluntad. 彼はでくの坊で, 自分の意志では何もする能力がない. 類 **pelele**.
no dejar títere con cabeza (1) めちゃめちゃにする, 台無しにする. (2) 徹底的にやきころす[けなす].
no quedar títere con cabeza めちゃめちゃになる, 台無しになる.

titerista [titerísta] 男女 あやつり人形師, 人形使い. 類 **titiritero**.

titi [tití] 男女《俗》若い人;(特に)若い女の子.── Sale con una ～ muy atractiva. 彼はとても素敵な女の子とデートしている. 類 **chico**.

tití [tití] 男〔複 titíes, titís〕《動物》キヌザル, ティーティーモンキー.◆南米産の小型のサル. 体は灰色, 顔は白, 鼻は黒.── el ～ hembra メスのキヌザル.

Titicaca [titikáka] 固名 (Lago ～) ティティカカ湖(ボリビア西部からペルー南東部にかけての湖).

titilación [titilaθjón] 女 ❶ (小さな)震え, 痙攣(けいれん). ❷(星などの)またたき, きらめき.

titilar [titilár] 自 ❶ (小さく)震える, 痙攣(けいれん)する.── Cuando está nervioso le *titilan* los párpados. 彼は緊張するとまぶたがピクピク動く. 類 **temblar**. ❷ またたく, きらめく.── Las estrellas *titilan* en el cielo. 空に星がまたたいている. 類 **brillar, destellar, resplandecer**.

titileo [titiléo] 男 (星などの)またたき, きらめき;(光の)明滅.

titipuchal [titiputʃál] 男《メキシコ》群衆, 人ごみ, 雑踏. 類 **multitud, tropel**.

titirimundi [titirimúndi] 男 コズモラマ, 世界風俗のぞきめがね.◆のぞき窓のついた箱で, 世界の風俗が絵や動く人形で見られる.

titiritaina [titiritáina] 女 笛などの雑然とした音; どんちゃん騒ぎ.

titiritar [titiritár] 自 (寒さ・恐怖などで)震える. 類 **tiritar**.

titiritero, ra [titiritéro, ra] 名 ❶ 人形師, あやつり人形使い. ❷ 曲芸師, 軽業師. 類 **volatinero**.

Tito [títo] 男 ❶《聖書》テトス(紀元前1世紀の異邦人の改宗者). ❷《歴史》ティトゥス(Lucio Tito Flavio Sabino Vespasiano, ローマ皇帝, 在位 79-81).

tito¹ [títo] 男〔<tío〕《話, 幼》おじさん, おじちゃん.

tito² [títo] 男 果物の種. 類 **hueso, pepita**.

titubeante [tituβeánte] 形 ❶ 躊躇(ちゅうちょ)する, ためらいがちな.── Contestó con voz ～. 彼はためらいがちな声で答えた. ❷ 口ごもる, 言いよどむ, どもる(話し方). ❸ よろける, ふらふらした(歩き方など).── un andar ～ 千鳥足.

*titubear [tituβeár] 自 ❶ 口ごもる, 言葉につかえる, 言い淀む.── Estaba tan nervioso que *titubeó* al dar la conferencia. 彼はとてもあがってしまい, 講演の際に言葉につかえた. Aún *titubea* bastante al hablar inglés. 彼はまだ英語がたどたどしい. 類 **balbucear**.
❷ 迷う, ためらう, 躊躇(ちゅうちょ)する.── Contesté que sí sin ～. 私は迷わずイエスと答えた. Estaba nevando y *titubeó* antes de salir. 雪が降っていたので彼は外出前にためらった.
❸ ふらつく, よろめく.── Bebió tanto que *titubeaba*. 彼は飲み過ぎて足元がふらついていた. 類 **tambalearse**.

titubeo [tituβéo] 男 ❶ 躊躇(ちゅうちょ), ためらい.── sin ～(s) 躊躇せずに. Deja a un lado tus ～s y compra la casa de una vez. ためらってばかりいないでさっさとその家を買いなさい. 類 **duda, vacilación**. ❷ 口ごもり, 言いよどみ, どもり.── Me contestó con tantos ～s que me dejó escamado. 彼があまりに口ごもりながら私に答えたので, 私は不安になった. 類 **tartajeo, tartamudeo**. ❸ よろけ, ふらつき. 類 **tambaleo**.

titulación [titulaθjón] 女 ❶ 学位(の取得), 大学卒の資格.── Obtuvo la ～ de Doctor en Filosofía. 彼は哲学博士の学位を取得した. 類 **licencia, título**. ❷ 題名[表題]をつけること, タイトルづけ.── En el periodismo es muy importante la ～ de las noticias. ジャーナリズムではニュースの見出しを決めることがとても大切だ.

***titulado, da** [tituláðo, da] 過分 題された, 表題[見出し]のついた.── Es un famoso cuadro ～ "La maja desnuda". それは『裸のマハ』と題された有名な絵だ.
── 形 名 資格を持った(人);〔＋en〕…の学位を持った(人), (爵位等の)称号を有する(人). ～ a medio (3年間の)大学基礎課程修了者. ～ en pedagogía 教育学士. ～ superior [universitario] 大学卒業者. enfermera *titulada* 有資格看護師. profesional ～ 学位を有する専門家.

***titular**¹ [titulár] 形 正規の資格[肩書き]を持つ, 正式に任命された.── profesor ～ 正教員;(大学の)助教授. Hoy no está el médico ～ y vendrá el suplente. 今日は正式の担当医師がいないので代診の医師が来る.
❷《スポーツ》レギュラーの.── jugador ～ 正選手. ❸《印刷》見出し用の(文字).── letras ～es 見出し用の(大きな)文字.
── 男女 ❶ (a)資格所有者, 正規の担当者.── En ausencia del ～, se hizo cargo del caso el juez suplente. 担当判事が不在だったため, 代理の判事がその件を扱った. (b) 正教員. (c) 名義人, 筆頭者.── Debe venir el ～ del pasaporte. パスポートの名義人が来なければならない. ❷《スポーツ》レギュラー選手, 正選手.
── 男 複 (新聞記事などの)見出し.── La noticia ha aparecido en los ～es de todos los periódicos. そのニュースはあらゆる新聞の見出しに載った.

titular² [titulár] 他 ❶ …に題名[見出し]をつける. ❷ (人に)称号[肩書き・爵位]を与える.
── 自 ❶ 爵位を得る. ❷《化学》滴定する.
── se 再 ❶〔＋en〕の学位を取得する.── Fernanda *se titulará en* medicina el año que viene. フェルナンダは来年医学の学位を取得する予定だ. ❷ …という題名[タイトル]である.── ¿Cómo *se titula* la película? その映画のタイトルは何ですか.

titulillo [titulíjo] 男〔<título〕《印刷》欄外見出し, 柱.◆ページの欄外に印刷した見出し.
andar en titulillos《話》ささいなことにこだわる.

‡**título** [título] 男 ❶ 題名, 表題, 題目, タイトル, 名称, ヘッドライン. — poner [dar] un ~ a ... ...に題をつける. El ~ de la obra es "La Vida es Sueño". この劇の題は『人生は夢』です. ❷ 権利, 資格; 学位; 称号, 肩書, 爵位; 免許状. ~ conseguir un ~ 学位を得る. ~ de maestro 教員免許. ~ profesional 職業の資格. ~ nobiliario 爵位. La reina le otorgó un ~ de nobleza. 女王は彼に貴族の称号を与えた. ❸ 理由, 根拠. ❹《スポーツ》選手権. — Disputé con él por el ~. 私は彼と優勝をかけて戦った. ❺《商業》債券, 証券(不動産の)権利証書. — ~ de propiedad 不動産登記証書. ❻ (法令・法律文書などの)編, 章. ❼《法律》資格, 権利.

a título de ... (1) ...の資格[立場]で. (2) ...として.

¿A título de qué? 何の理由で.

títulos de crédito ...(テレビ, 映画)クレジットタイトル.

tiza [tíθa] 女 ❶ 白墨, チョーク. — escribir con ~ チョークで書く. ❷ (ビリヤードで, キューにつける)チョーク, 滑り止め. — poner ~ al taco キューにチョークをつける. ❸ 焼いた鹿の角.

tizna [tíθna] 女 すす, 汚れ. 類 **hollín, tizne**.

tiznadura [tiθnaðúra] 女 (すすなどで黒く)汚すこと; 汚れ.

tiznajo [tiθnáxo] 男 (すすなどの)汚れ.

tiznar [tiθnár] 他 ❶ を(すす・煙などで)黒く汚す; 汚れをつける. — El humo ha tiznado el techo de la cocina. 煙が台所の天井を黒く汚した. 類 **ensuciar, manchar**. ❷ (の名誉などを)汚す, 傷つける; (人を)侮辱する. — ~ el buen nombre de una familia 家族の名声を傷つける. La tiznaron de frívola. 彼女は軽薄だと侮辱された. 類 **afrentar, insultar, manchar**.

—**se** 再 ❶ (すす・煙などで)黒く汚れる, すすける. ❷ (自分の体を)汚す. — Estuvo pintando la puerta y se tiznó las manos. 彼はドアに色を塗っていて手を汚してしまった. ❸《中南米》酔っぱらう. 類 **emborracharse**.

tizne [tíθne] 男 (ときに 女) すす; (なべなどについた)すすの汚れ. — Está restregando la sartén con el estropajo para quitarle la ~. 彼はすすを取ろうとしてフライパンをたわしでこすっている. 類 **hollín, tizna**.

tiznón [tiθnón]〔<tizne〕男 (すす・煙などの)黒い汚れ.

tizo [tíθo] 男 (薪(まき)などの)燃えさし, 燠(おき). 類 **tizón**.

tizón [tiθón]〔<tizo〕男 ❶ (薪(まき)などの)燃えさし, 燠(おき). — Se quemó la mano con un ~ de la chimenea. 彼は暖炉の燠で手をやけどした. 類 **tizo**. ❷ (れんが・石材の)一番小さな面, 小口面. ❸《植物》黒穂病, 黒穂粉菌.

a tizón (れんが・石材の)小口面を表に出して積んだ. paredes *a tizón* れんがの小口面を表に出して積んだ壁.

tizona [tiθóna] 女《話》刀, 剣, 武器(エル・シードの名刀 La Tizona の名から).

tizonazos [tiθonáθos] 男複《戯》地獄の火あぶりの刑.

tizonear [tiθoneár] 自 (暖炉などの)火をつついてかき立てる.

tlapalería [tlapalería] 女【メキシコ】❶ 塗料店, 塗装具店. ❷ (電気工事・水道工事・大工・左官などの)用具店.

tlascal [tlaskál] 男【メキシコ】トウモロコシ粉のトルティーリャ.

Tlaxcala [tlaskála] 固名 トラスカラ(メキシコの都市).

TLC《頭字》[<Tratado de Libre Comercio de América del Norte]男 北米自由貿易協定(英 NAFTA).

Tm., tm.《略号》=tonelada métrica 重量トン.

Tn.《略号》=tonelada トン.

TNT《頭字》[<trinitrotolueno] トリニトロトルエン, TNT 火薬.

toa [tóa] 女《海事》船の曳航(えいこう)用の綱, 引き綱; 錨索. 類 **maroma**.

‡**toalla** [toája] 女 タオル, 手ぬぐい; タオル地; 枕カバー. — ~ de baño バスタオル. ~ de mano ハンドタオル.

arrojar [lanzar] la toalla (1)《ボクシング》タオルを投げ入れる. (2) あきらめる, 放棄する, さじを投げる. *Arrojó la toalla* porque su empresa tenía un montón de problemas. 彼の会社には問題が山積していたので, 彼はさじを投げた.

toallero [toajéro]〔<toalla〕男 タオル掛け.

toar [toár] 他《海事》(船を)曳航(えいこう)する, 牽引する.

toba [tóβa] 女 ❶《地質》凝灰岩. 類 **tufo**. ❷ 歯石. 類 **sarro**. ❸ 人差し指と親指を親指の上をすべらせて, 人や物をはじくこと. ❹《話》タバコの吸いがら. ❺《植物》オオヒレアザミ.

tobar [toβár] 男《地質》凝灰岩の採取場.

tobera [toβéra] 女 (炉・コンロなどの)通気管; ノズル.

tobillera [toβiʝéra] 女 →tobillero.

tobillero, ra [toβiʝéro, ra]〔<tobillo〕形 くるぶしまで届く(ズボン, コートなど). — gabardina *tobillera* くるぶしまで届くレインコート.

— 女 くるぶし用のサポーター.

tobillo [toβíʝo] 男 くるぶし. — Se me ha torcido el ~ y me duele mucho. 私はくるぶしを捻挫(ねんざ)してしまってとても痛い. 類 **talón**.

tobogán [toβoɣán] 男 ❶ すべり台. — Los chicos se deslizaban por el ~ y caían en la piscina. 少年たちはすべり台をすべってプールに飛び込んでいた. ❷《スポーツ》トボガン, リュージュ. ❸ (商品運搬用の)スロープ. 類 **rampa**.

toca [tóka] 女 ❶《服飾》(女性用の)頭巾(ずきん), かぶり物; (女性用の)つばの狭い帽子. 類 **caperuza, sombrero**. ❷ (修道女の)頭巾(ずきん); (看護婦の)ナースキャップ.

tocable [tokáβle] 形 ❶ (音楽が)演奏可能な, 演奏が容易な. ❷ 触れることができる.

tocadiscos [tokaðískos] 男《単複同形》 レコードプレーヤー. — cambiar la aguja del ~ レコードプレーヤーの針を替える. poner el ~ レコードをかける. ~ tragamonedas ジュークボックス.

tocador, dora [tokaðór, ðóra] 形 演奏する(人).

— 名 演奏者, 演奏家. — ~ de violoncelo チェロ奏者.

— 男 ❶ 鏡台, 化粧台; 化粧道具入れ. — artículos de ~ 化粧品. jabón de ~ 化粧石けん. Los cepillos están en el cajón del ~. ブラシは

鏡台の引き出しにある. [類]**coqueta**. ❷ 化粧室, 化粧部屋. ~ de señoras 女性用化粧室. [類]**aseo**.

tocamiento [tokamjénto] 男 ❶ 接触, さわること, 触れること. ❷《比喩》ひらめき, 着想, インスピレーション.

***tocante** [tokánte] 形 ❶【+a】…に触れる, 関わる. —Pronunció unas palabras ~s a la situación política. 彼は政治情勢に関する若干の発言をした. ❷《ラ・プラタ》心を動かす, 感動的な.
en [por] lo tocante a ... …に関して. *En [Por] lo tocante a los derechos de los ciudadanos ...* 市民の権利に関しては….
tocante a ... …に関しては, …に関する.

****tocar** [tokár トカル][1.1] 他 (a)…に触れる, さわる. —Me *tocó* en el brazo. 彼は私の腕にさわった. No *toques* la fruta. 果物にさわるな. Las hojas de la acacia tocaban el cristal de la ventana. アカシアの葉が窓ガラスに触れていた. El balón *tocó* la red. ボールはゴール・ネットを揺らせた. Las hojas del plátano se *tocaban* con el viento. プラタナスの葉が風で触れ合っていた. El niño *tocó* la caja de bombones, pero no la abrió 子供は手がボンボンの箱に届いたが開けられなかった. (b) (を)いじり回す, いじる; 手直しする. —No *toques* mis documentos, por favor. どうか私の書類をいじり回さないでくれ. No *toques* más la carta, que está muy bien escrita. 手紙はとても良く書けているから, これ以上文章をいじるな. ❷ (a) を弾く, 奏でる. —Antonio *toca* la guitarra. アントニオはギターを弾く. (b) を演奏する. —La orquesta *tocó* la sinfonía inacabada de Schubert[tʃúːβer]. オーケストラはシューベルトの未完成交響曲を演奏した. ❸ (鐘など) を鳴らす, …で合図する. — ~ las campanas [castañuelas] 鐘[カスタネット]を打ち鳴らす. ~ diana 起床ラッパを吹く. ❹ …に言及する, 触れる, …について述べる. —Como no tenemos tiempo, sólo *tocaremos* el tema. 我々には時間がないので, そのテーマには触れるだけにしておく. ❺ を感動させる, …に感銘を与える. —Esa interpretación le *tocó* en lo más hondo. その演奏は彼の心の琴線に触れた. Dios le *tocó* a ella el corazón y entró en un convento. 神の声が心に響き, 彼女は修道院に入った. ❻ …の責任をとる, に悩む, 苦しむ. ❼ (船が)…に寄港する, 立ち寄る. —El barco *tocó* tierra en Valencia y se dirigió a Cartagena. 船はバレンシアに寄港し, それからカルタヘーナに向かった.

— 自 ❶【+a の】番である, 順番[役]に当たっている. —¿A quién le *toca* pagar hoy? 今日払うのはだれの番だ. A ti te *toca* lavar los platos hoy. 今日皿を洗うのは君の番だ. Ahora me *toca* hablar *a* mí. こんどは私が発言する番だ. *A* ti, que eres jefe, te *toca* decidir. 君がボスなんだから, 君が決めるべきだ. [類]**corresponder**. ❷【+a】(くじが)当たる, 当選する. —A Gonzalo le *ha tocado* el gordo. ゴンサーロに宝くじの 1 等が当たった. ❸【+a】関係がある. —Este asunto no le *toca a* ella. この件は彼女に無関係だ. ❹ 鳴る. —*Tocó* la sirena. サイレンが鳴った. Las campanas *tocan* a misa. ミサの開始を告げる鐘が鳴っている. ~ a muerto 弔鐘が鳴る. ❺【+que】偶然…であ

る. —Aquel día *tocó* que ella estaba fuera de casa. あの日は偶然彼女は外出中であった. ❻【+a/en に】(船が)寄港する. —Un crucero va a ~ a puerto. 巡航船が寄港しようとしている. ❼【+en に】近い, 似る. —Su ingenuidad *toca en* estupidez. 彼の無邪気さはばかと紙一重だ. ❽【+a と】親戚である. —*A* mí él no me *toca* nada. 彼は私の親戚なんかではない.

— se 再 ❶【+con を】かぶる. —La señorita *se tocó con* un sombrero. そのお嬢さんは帽子をかぶった. —*Se tocaba* las manos en silencio. 彼は静かに両手をこすり合わせていた. ❸ 接触し合う, 触れ合う. —Ten cuidado de que no se *toquen* los vasos en la mesa. テーブルの上でコップがぶつかり合わないように気をつけなさい.
en [por] lo que toca a ... …に関して. *Por lo que a mí me toca*, *no tengo de qué quejarme*. 私に関しては何らの不平不満もない.
tocar a alguien bailar con la más fea《話》…に損な役回りが当たる.
tocar de cerca (1) 実際的な知識がある. (2)【+a】…に密接な関係がある.
tocar en la herida 痛い所を突く. No hables más de su divorcio, que eso es *tocar en la herida*. 彼の離婚のことはこれ以上話題にするなよ, 痛い所を突いたことになるのだから.
tocárselas《話》逃げる, ずらかる.

tocata [tokáta] 女 ❶《音楽》トッカータ.♦自由な形式の鍵盤楽曲. ❷ 殴打. [類]**paliza**. ❸《話》レコードプレーヤー (= tocadiscos).

tocateja [tokatéxa] 副《次の成句で》
a tocateja 即金で. La televisión es una ganga, pero hay que pagarla *a tocateja*. そのテレビは掘り出し物だが, 即金で払わなければならない.

tocayo, ya [tokájo, ja] 名 同名の人, 同名異人. —Mi madre y yo somos *tocayas* porque las dos nos llamamos Marta. 私の母と私は同名で, 2 人ともマルタという名である. Mi madre es mi *tocaya*. 私の母は私と同名である.

tocho, cha [tótʃo, tʃa] 形《話》愚かな, まぬけな. —Ese amigo tuyo es bastante ~. 君のその友だちはかなり間が抜けている. [類]**necio, tonto, torpe**.

— 男 ❶《話》愚か者, まぬけ. ❷《話》退屈なもの [本・映画など]; 厚い本, 読むのに骨の折れる本. ❸ (5 センチほどの厚さの粗末な)煉瓦(ホミム). [類]**ladrillo**. ❹ 鉄の延べ棒. [類]**barra, lingote**.

tocinería [toθinería] 女 豚肉店.

tocinero, ra [toθinéro, ra] 名 豚肉店の店員.

‡**tocino** [toθíno] 男 豚肉の脂身(主として煮込み料理に使う). — ~ de [del] cielo 卵黄とシロップを固めて作った菓子. ~ entreverado 豚の背のすじ肉の付いた脂身. ~ fresco 塩漬けにしていない, とったばかりの豚の脂身. ~ rancio 臭いを抜いた保存用の豚の脂身.

toco, ca [tóko, ka] 名《中米》同名の人, 同名異人. [類]**tocayo**.

tocología [tokoloxía] 女 《医学》産科(学). [類]**obstetricia**.

tocólogo, ga [tokóloɣo, ɣa] 名 《医学》産科医.

tocomocho [tokomótʃo] 男《話》偽物のくじを使った詐欺; 偽物のくじ.

tocón, cona [tokón, kóna] 男 ❶ (木の)切り

株. —Se sentó a descansar en un ～ del borde del camino. 彼は道ばたの切り株に腰掛けて休んだ. ── 図 《切断された手足の》付け根, 断端.
── 図 《話》何でも触りたがる[手に取りたがる]人; すぐ相手の体に触る人. —No seas *tocona* y deja las cosas en su sitio. やたらに物に触らないでもとの場所に置いておきなさい. Me sulfuran los chicos *tocones*. やたらに触ってくる男の子たちには腹が立つ.

tocuyo [tokújo] 男 《南米》粗い木綿布.

todavía [toðaβía トダビア] 副 ❶ まだ, いまだに. —El tren ～ no sale. 列車はまだ出発しない. ¿T～ está abierta la tienda? 店はまだ開いてますか? ¿Eres ～ profesional? - Ya no. 君はまだプロなの?—もうやめました. T～ no he leído el periódico de hoy. まだ今日の新聞を読んでいない. 類 aún. ❷ それでも, なおも. —Lo tengo todo preparado, y ～ me veo ansioso. 全て準備は整っているのに, それでもまだ落ち着かない. ❸ 『比較表現を伴い』なお一層, ずっと, いっそう. —Ayer llovió mucho, y hoy ～ más. 昨日はよく雨が降ったが, 今日はもっとすごい. Es ～ más trabajador que su padre. 彼は父よりもなお一層働き者だ. ❹ せめて…ならまだしも. —¿Que quieres ir a la discoteca? Tu hijo ～, que es joven. ディスコに行きたいって? 息子さんなら若いからまだしもね.

todo, da [tóðo, ða トド, ダ] 形 (不定) ❶ 『単数＋冠詞・所有形容詞・指示形容詞』…の全体, …の全部. —Se comió ～ el pan. 彼はパンを全部食べてしまった. Ha perdido *toda* su fortuna. 彼は自分の財産をすべて失った. Me robaron ～ el equipaje. 私は荷物全部が盗まれた. No he visto nada más bonito en *toda* mi vida. 私の一生でこんな美しいものは見たことがない. T～ el pueblo salió a recibir al rey. 全住民が王を迎えに出た. T～ el que venga será bien recibido. 来る者は全員暖かく迎えられるだろう. Hice ～ lo que pude por él. 彼のために出来ることは全てした. Come ～ lo que quieras. 好きなものは全部食べなさい. ❷ 『単数＋不定詞』まったくの, 完全な. —Las negociaciones han sido ～ un fracaso. 交渉はまったくの失敗だった. ❸ 『単数＋冠詞・所有形容詞・指示形容詞なしで』…なら誰でも, いかなる…も. —T～ hombre es mortal. 人間は誰でも死ぬものである. *Toda* guerra es injusta. いかなる戦争も不当である. ❹ 『複数, 冠詞・所有形容詞・指示形容詞＋複数名詞』すべての…. —Voy al cine ～s los domingos. 日曜日にはいつも映画を見に行きます. T～s mis amigos son muy simpáticos. 私の友人は皆とても感じよい. Le gustan ～s los perros. 彼はすべての犬が好きだ. Murieron ～s los pasajeros. 乗客は全員死亡した. He leído ～s los libros. 私は本を全部読んだ. ～s los años [días, meses, semanas] 毎年[日, 月, 週]. T～s ellos nos ayudarán. 彼ら全員が我々を助けてくれるだろう. Son cinco sobrinos y tengo que llevarles un regalo a ～s ellos. 甥は5人で, 全員にプレゼントを持って行かなければならない. ❺ 『＋地名』全域・全住民. He viajado por ～ México en tres meses. 私は3か月でメキシコ全国を旅行しました. T～ Tokio vio la película. 東京の全都民がその映画を見た. ❻ 『類似』…そっくりの. —La niña tiene *toda* la cara de su abuela. その女の

子は顔が祖母そっくりだ. ❼ 『＋名詞＋不冠詞』全く; 完全な 『強調のような役割を果たす』. —Este pescado es ～ espinas. この魚は骨ばかりだ. Este chico es ～ nervios. この子は全く神経質だ. El ya es ～ un hombre. 彼はもうすっかり一人前だ. Te quiero de ～ corazón. 君を心から愛している. Te lo agradezco con *toda* el alma. そのことは, 君に心から感謝している. Me habló con *toda* franqueza. 彼は極めて率直に私に話した. ❽ 『＋lo＋形容詞』全く; 一杯に. —Ella es muy cariñosa, ～ lo contrario de su hermana. 彼女は妹とは全く反対にとても優しい. La noticia se difundió a ～ lo largo y ancho del país. そのニュースは全国に広まった.

── 代 (不定) ❶ 男 すべての事(物). —Muchas gracias por ～. いろいろありがとうございました. ¿Cuánto es ～? 全部でいくらですか. Estaba deprimido y ～ me daba igual. 落ち込んでいて, すべてどうでもよかった. Ella lo quiere ～. 彼女はそれを全部欲しがっている. Nos va ～ estupendamente. 我々にとって, すべてがすごくうまく行っている. Lo he visto ～. それを全部見た. ❷ 複 すべての人. —T～s estamos cansados. 私たちは全員疲れている. Vendrán ～s a la fiesta. 全員パーティーに来るだろう.

── 男 全体, 全部. —El equipo debe actuar como un ～. チームは一体となって行動すべきだ.

── 副 すっかり, 全く. —Llegaron a casa ～ borrachos. 全員すっかり酔払って帰宅した. Lo he leído ～. 全部読んだ. Lo he hecho ～ lo rápido que he podido. それを全速力でやった. Estaba lloviendo y llegué ～ empapado. 雨が降っていて, ずぶぬれで到着した.

ante todo まず初めに, 第一に. *Ante todo* debemos avisarle. まず, 我々は彼に知らせなければならない.

a pesar de todo それにもかかわらず, それでも.

así y todo. (結局)それにもかかわらず, そうであっても.

a toda máquina 全速力で.

a todo 出来る限り, 全力で; 全速力で. ilustraciones *a todo* color 全色のイラスト. seguro *a todo* riesgo 全災害保険 Salió *a todo* correr. 全速力で出かけた.

a todo esto/a todas éstas 『時間』その間(ずっと). *A todo esto*, él no paraba de comer. その間, 彼は食べるのを止めなかった.

como un todo 全体として.

con todo しかし, とはいえ.

con [eso y] todo, con todo y con eso → *así y todo*.

contra todo どんなことがあろうとも.

del todo すっかり, まったく. Ya lo has estropeado *del todo*. 君はそれをすっかり壊してしまった.

después de todo 結局のところ.

de todas todas 『断定の強調』きっと.

de todo あらゆる種類のもの. En esta tienda se vende *de todo*. この店では何でも売っている. Habla *de todo* pero no entiende de nada. 彼は何でも話すが, なにも理解しない.

de todo en todo すっかり, まったく.

de todos modos いずれにせよ, とにかく.

en medio de todo つまるところ, 結局; いずれにして

も.
en un todo 全体として.
estar en [a] todo 全責任を引き受けている,すべてに目を配る.
ir a por todas 決心し,成功しようと一つの事をする. Si queremos ganar, tenemos que *ir a por todas*. 勝とうと思えば,決意して,成功しようとしなければならない.
jugarse el todo por el todo 一か八か勝負にでる. Está dispuesto a *jugarse el todo por el todo* para conseguirlo. 彼はそれを手に入れるため一か八かの勝負にでるつもりだ.
por encima de todo 何よりも[まず],何はさておき.
por todo lo alto 《話》贅沢に,盛大に;立派に. La boda se celebró *por todo lo alto*. 結婚式は豪華だった.
ser todo uno 同じ一つのものである;同時である. Beber y sentir ardor de estómago *es todo uno*. 飲むのと,胸やけがするのは同時である.
sobre todo 多くの中でも特に,とりわけ. Me encanta pasear, *sobre todo* al atardecer. 私は散歩が好きだが,とりわけ日暮れの散歩が大好きだ. 類 **con especialidad, mayormente**.
todo lo 最大限の,出来る限りの. Aguanta *todo lo* que puedas. できるだけ我慢せよ. Escucha bien *todo lo* que te voy a decir. これから言うことをできるだけよく聞け.
todo lo más 多くても,せいぜい. *Todo lo más* te puedo prestar cien euros. 君には,多くても100ユーロしか貸せないよ.
todo puede ser さあどうなるかな,どうなることやら.
todo puede ser que せいぜい…である.
… y todo …までも;…ではある. Se ha comprado una casa de campo con piscina *y todo*. 彼はプールまでもある別荘を買った. Enfermo *y todo*, siguió actuando. 彼は病気ではあるが,役目を果たし続けている.

todopoderoso, sa [toðopoðeróso, sa] 形 全能の,万能の;絶大な力を持つ. — el *Todopoderoso* 全能者,神. 類 **omnipotente**.
todoterreno [tóðoteřéno] 形 (車などが)悪路でも走行できる,オフロード用の. — *coche* ~ ジープ. *moto* ~ オフロード・バイク.
— 男 《自動車》ジープ. 類 **jeep**.
tofe, toffee [tófe, tófi] 〔<英 toffee〕男 《菓子》タフィー(キャンディーの一種).
tofo [tófo] 男 ❶ 《医学》通風結節. ❷ 《南米》耐火粘土.
toga [tóɣa] 女 ❶《服飾》(司法官・教授などが着るゆるやかな礼服)[職服]. ❷《歴史,服飾》トーガ. ♦古代ローマ市民が着用したゆるやかな上着.
togado, da [toɣáðo, ða] 形 (司法官・教授などが)職服を着た. — *jueces* ~s 職服を着た判事たち.
— 名《比喩》司法官,裁判官,法曹人. — Cinco ~s formaban el tribunal. 5人の裁判官が法廷を構成していた.
Togo [tóɣo] 固名 トーゴ(首都ロメ Lomé).
toilete, toilette [tualéte, tualé(t)] 〔<仏〕女 ❶[この意味のときには 男]トイレ. — *ir a la [al]* ~ トイレに行く. 類 **aseo, lavabo, servicio**. ❷ 洗面,身繕い. — *hacerse la* ~ 身繕いする. 類 **arreglo, peinado**. ❸ 化粧台,鏡台. 類 **tocador**.
toilette [tualé(t)] 女 ❶ 身だしなみ. ❷ トイレ,洗面所.
toisón [toisón] 〔<仏〕男 ❶《歴史》金羊毛騎士団(= la Orden del Toisón de Oro). ♦1429年にブルゴーニュ公国で創設され,後にスペイン王が代々団長になった. ❷《歴史》金羊毛騎士団の記章. ❸ ヒツジの毛皮.
el Toisón de Oro 《ギリシャ神話》金の羊毛皮. ♦英雄イアソン (Jasón) が冒険の末これを奪う.
tojo [tóxo] 男 《植物》ハリエニシダ.
Tokio [tókjo] 固名 東京(日本の首都).
tolda [tólda] 女 ❶《中南米》(店先などの)テント,日よけ. 類 **toldo**. ❷ テント用の布地,ズック,カンバス. ❸《プエルトリコ》(穀物などを入れて運ぶ)大布袋. ❹《プエルトリコ,ウルグアイ》(馬車などの)幌(ほろ).
toldar [toldár] 他 ❶…に日よけ[雨覆い]をつける,テントを張る. 類 **entoldar**. ❷ (壁)を壁掛けで飾る.
toldería [toldería] 女 《南米》インディオ集落.
toldilla [toldíja] 〔<tolda〕女 《船舶》船尾楼甲板.
toldo [tóldo] 男 ❶ 天幕,テント;日よけ. — Baja [Echa] el ~ del escaparate para que no entre el sol. 日が射さないようにショーウインドウの日よけを下ろしなさい. 類 **pabellón, tendal**. ❷ (馬車などの)幌(ほろ).
tole [tóle] 男 ❶ どよめき,騒ぎ,喧噪. — Se armó un ~ tremendo. ひどい騒ぎになった. 類 **alboroto, bulla**. ❷ 悪いうわさ,悪評. 類 **rumor**.
tomar [coger] el tole 《話》立ち去る,退散する.
toledano, na [toleðáno, na] 形 トレド (Toledo, スペイン Castilla-La Mancha 地方の都市)の. — 名 トレドの住人[出身者].
Toledo [toléðo] 固名 トレド[トレード](スペインの県・郡都).
*****tolerable** [toleráβle] 形 がまんできる,許容できる. — *dolor* ~ がまんできる痛み. No te preocupes. Es una falta ~. 心配するな.許容範囲内のミスだ. Es ~ que los niños se acuesten tarde el sábado por la noche. 子供達が土曜の夜遅くまで起きていることぐらいは仕方ないだろう. 類 **llevadero, soportable**. 反 **intolerable**.
tolerado, da [toleráðo, ða] 過分 形 〔estar +〕(映画などが)一般向けの,成人向けではない. — No puedes ver esa película, porque no *es tolerada*. その映画は君には見られないよ,成人向けだから.
:tolerancia [toleránθia] 女 ❶ 抵抗力,耐久力;(困難,苦痛に対する)堪える力,忍耐力. — Este metal muestra alta ~ a las torceduras. この金属はねじれに対して高い耐久力を示す. 類 **paciencia, aguante**. 反 **intolerancia**. ❷ (他人の行動や意見に対する)寛容,雅量. — El nuevo gobierno tiene mucha ~ con todas las posturas políticas. 新政府は全ての政治姿勢に対してとても寛容である. 類 **consideración, veneración**. 反 **irreverencia**. ❸《建築・機械の》許容限度[誤差]. ❹ (貨幣の)公差. ❺《医学》(薬品や毒物に対する)耐性. ❻ 信仰の自由の承認.
tolerante [toleránte] 形 寛容な,寛大な,度量のある. — Tienes suerte de tener un padre tan ~. 君はあんなに寛容なお父さんを持って運がいい. 類 **comprensivo**. 反 **intolerante**.
tolerantismo [tolerantísmo] 男 (宗教上の)寛容主義,信教自由主義.

‡**tolerar** [tolerár] 他 ❶ を我慢する,こらえる; もちこたえる. —No estoy dispuesto a ～ esas impertinencias. 私はそういう無礼を大目に見るつもりはない. ❷ を容認する, (異なる意見)を受け入れる. —No estoy de acuerdo con su forma de actuar, pero la *tolero*. 私は彼女の行き方に賛成できないが,彼女を受け入れることはできる. 類**sufrir**. ❸ を許容する,許す. —No podemos ～ que nuestra hija se case con ese chico. 我々は娘がその青年と結婚することを許さない. No *tolero* que me insultes delante de los demás. 他人の前で君が私を侮辱するのは許さない. 類**consentir, permitir**. ❹ (飲物などを)受け付ける, 意に介しない. —Mi estómago no *tolera* la leche. 私の胃は牛乳を受け付けない.

tolete [toléte] 男 ❶ 〖海事〗櫂栓(かいせん),オール受け,檣(しょう)べそ. 類**escálamo**. ❷ 〖中南米〗こん棒. 類**palo**. —— 形 男女 〖中南米〗まぬけ(な),うすのろ(の). 類**torpe**.

toletole [toletóle] 男 〖話〗騒ぎ, 騒動, 混乱 (= tole).

Tolima [tolíma] 固名 トリーマ(コロンビアの州・州都).

tolla [tója] 女 ❶ 湿地, 沼地. 類**tremedal**. ❷ 〖キューバ, メキシコ, チリ〗(家畜に水をやる)水槽, 桶(おけ). 類**artesa**.

tollina [tojína] 女 〖話〗ひっぱたくこと,むち打つこと,殴打. —dar una ～ a ... をひっぱたく. 類**paliza, zurra**.

tolmo [tólmo] 男 (道標のようにそびえ立った)大岩. 類**peñasco**.

tolondro, dra [tolóndro, dra] 形 落ち着きのない, 注意力散漫な, そわそわした. —La noticia me ha dejado ～ . その知らせに私は落ち着きを失ってしまった. 類**aturdido, inquieto, nervioso**. —— 名 落ち着きのない人, あわて者, そわそわした人. —— 男 こぶ, 腫(は)れ物(=chichón).

tolondrón [tolondrón] 〈<tolondro〉男 こぶ, 腫(は)れ物(=chichón).

a tolondrones 断続的に, 発作的に.

Tolosa [tolósa] 固名 トゥールーズ(フランスの都市).

tolteca [toltéka] 形 〖歴史〗トルテカ族の, トルテカ文化の. —— 男女 〖歴史〗トルテカ族(の人). ◆アステカの前の古代メキシコの先住民族. —— 男 〖歴史, 言語〗トルテカ語(ナワトル語と同系).

Toluca [tolúka] 固名 トルーカ(メキシコの都市).

tolueno [tolwéno] 男 〖化学〗トルエン.

tolva [tólβa] 女 ホッパー(穀物・石炭などを下に落とすじょうご形の装置). —camión ～ コンクリート・ミキサー車. meter café en la ～ para molerlo コーヒー豆を挽(ひ)くためにホッパーに入れる.

tolvanera [tolβanéra] 女 砂あらし, 砂ぼこり. —Se levanta una ～ . 砂ぼこりが上がる.

toma [tóma] 他 tomar の直説法現在 3 人称単数形, 命令法 2 人称単数形. —— 女 ❶ 取ること, 採取. ～ de declaración 事情聴取. ～ de muestras 標本抽出, サンプリング. ～ de sangre 採血. ～ de sonido 録音. ～ de tierra 着陸, 着地; 〖電気〗アース. El director quedó satisfecho con la ～ de vistas. 監督は撮影に満足した. 類**extracción, tomadura**. ❷ 掌握; 引き受けること, 就任. ～ de conciencia 自覚, 認識. ～ de control 支配権の掌握. ～ de hábito 〖カトリック〗修道服着願(をたてること), 修道会[修道院]にはいること. ～ de mando 指揮権の掌握. ～ de posesión 就任(式). ❸ (薬などの)一服. —Dé al niño una ～ de este jarabe tres veces al día. 子供にこのシロップを1日3回一服ずつ与えなさい. Dos ～s diarias serán suficientes. 1日2回服用すれば十分でしょう. ❹ 〖電気・電話〗の差し込み口, コンセント; (水道などの)栓. —～ de agua 蛇口, 放水口. ～ de aire 通風口, 換気口. ～ de auricular (ステレオなどの)ヘッドフォン端子. ～ de corriente [de luz] 〖電気〗のコンセント. ～ de gas ガスの元栓. ～ de teléfono 電話のソケット. ❺ 占領, 攻略. —la ～ de la Bastilla 〖歴史〗バスティーユ監獄の陥落. La ～ de Granada por los Reyes Católicos fue en el año 1492. カトリック両王によるグラナダの攻略は1492年のことだった. 類**conquista, ocupación, tomada**.

Más vale un ～ que dos te daré. 明日の百より今日の五十.

toma y daca ギブ・アンド・テイク, 持ちつ持たれつ.

tomacorriente [tomakorjénte] 男 〖中南米〗(電源を取る)コンセント. 類**enchufe**.

tomada [tomáða] 女 ❶ (戦争による土地の)奪取, 占領. 類**apoderamiento, toma, tomadura**. ❷ 〖中南米〗(電気の)プラグ, コンセント. 類**base, clavija, enchufe**.

tomadero [tomaðéro] 男 ❶ 取っ手, 柄. 類**asa, mango**. ❷ 蛇口, 放水口. 類**grifo**.

***tomado, da** [tomáðo, ða] 過分 形 ❶ しわがれた, かすれた. —Tiene la voz *tomada*. 彼はかすれた声をしている. 類**ronco**. ❷ ひなびた. —pueblo ～ ひなびた田舎町. ❸ 〘まれ〙錆びた. 類**oxidado**. ❹ [estar+]〖中南米〗酒に酔った. 類**borracho**.

tomador, dora [tomaðór, ðóra] 形 ❶ 取る, 受け取る. ❷ 盗む. ❸ 〖中南米〗飲んべえの. —— 名 ❶ 取る人, 受け取る人. ❷ 〖商業〗手形名宛(なあて)人, 手形の受取人. ❸ 泥棒, すり. 類**ladrón**. —— 男 〖船舶〗ガスケット(畳んだ帆を帆桁(ほげた)に結びつけるための細い綱).

tomadura [tomaðúra] 女 ❶ 取ること. 類**toma**. ❷ (戦争による土地の)奪取, 占領. 類**apoderamiento, toma, tomada**. ❸ (薬などの)一服. 類**toma**.

tomadura de pelo からかい, ひやかし; 冗談. Toda esta historia no es más que una *tomadura de pelo*. この話は単なるからかいにすぎない. 類**broma, burla**.

tomahawk [toma(x)ó(k)] 〈<英〉男 トマホーク(北米インディアンの戦闘用斧(おの)).

tomaína [tomaína] 女 プトマイン, 死毒.

*tomar [tomár トマル] 他 ❶ (a) を(手に)取る, 持つ; 抱き上げる. —Tomó el diccionario en las manos. 彼は辞書を手に取った. *Toma* la olla con un paño, que quema. 鍋は布を当てて持ちなさい, 火傷するから. El abuelo *tomó* a la nieta entre sus brazos. 祖父は孫娘を抱き上げた. *Tomé* una piedra y la tiré al río. 私は石を拾って川に投げた. 類**agarrar, asir, coger**. (b) をつかむ. —Me *tomó* de un brazo. 彼は

1864 tomar

私の腕をつかんだ. (c) をすくい上げる, 引き出す. —*Tomó* agua de la fuente. 彼は泉から水をすくった. ~ sangre 採血する. (d) を浴びる, 吸い込む. —Manuela *toma* el sol en la playa. マヌエラは浜辺で日光浴をした. ~ el aire [el fresco] [新鮮な]空気を吸い込む[涼をとる]. (e) (ノート)をとる. —Conchita *toma* apuntes en clase. コンチータは授業中ノートをとる. (f) (食事)を取る, 食べる; 飲む. — ~ el desayuno [la cena] [el pollo [夕食]を取る. Me apetece ~ un café [una cerveza]. 私はコーヒー[ビール]が飲みたい. 類**beber, comer**. ❷ (a) を購入する, 買い取る; 手に入れる. —*He tomado* dos entradas para el partido de esta noche. 私は今夜の試合の入場券を2枚購入した. Carlos *ha tomado* un supermercado. カルロスはスーパーを1軒買い取った. 類**comprar**. (b) を借りる, 賃借りする. —La familia González *ha tomado* un piso (en alquiler) para veranear en la Costa del Sol. ゴンサーレス一家はコスタ・デル・ソルで避暑をするためにマンションを借りた. ~ un coche [un palco] 車を借りる[ボックス席を取る]. Le *tomé* prestados 500 euros. 私は彼に500ユーロ借りた. *Ha tomado* una criada. 彼はメードを雇った. 類**alquilar**. (c) (習慣)を身につける, …に染まる. —José Antonio *tomó* el vicio de fumar en la mili. ホセ・アントニオは兵役で喫煙の悪習を身につけた. 類**adquirir, contraer**. ❸ (a) (態度・措置)をとる. —Paco *ha tomado* una actitud incomprensible. パコは理解しがたい態度をとった. Voy a ~ medidas para que no vuelva a suceder esto. 私はこのことが2度と起こらぬような措置をとろう. (b) (決心)をする. —El anciano *tomó* la decisión de ingresar en un asilo. 老人はホームに入る決心をした. (c) を行使する, 使う, 用いる. —Jesús *se ha tomado* demasiadas libertades con una familia a la que apenas conocía. ヘススはほとんど知らない家族に対して余りになれなれし過ぎた. ❹ を受け取る, もらう. —Hija, *toma* lo que te da tu tía. 娘よ, お前の叔母さんが下さるのはいただきなさい. El botones no quiere ~ la propina que le he dado. ベル・ボーイは私が彼に与えたチップを受け取ろうとしない. *Tome* usted la vuelta. 私, お釣りは要りませんよ. — ~ (乗り物)に乗る. — ~ el tren [el avión, el autobús, el metro] 列車[飛行機, バス, 地下鉄]に乗る. ~ un taxi タクシーに乗る. 類**coger, subir**. ❻ を雇う, 採用する. —El director *ha tomado* otra secretaria en la oficina. 社長はオフィスにもう1人女性秘書を雇った. ❼ (名前)を継ぐ, 名乗る. を占める, 占領する. —Las tropas enemigas *tomaron* la capital del país. 敵軍は国の首都を占領した. ❽ [+por と] を思う, みなす; 勘違いする. —Me *toman por* antipático, pero creo que no lo soy. 私は嫌なやつと思われているが, 自分はそう思っていない. Le *tomaron por* ladrón. 彼は泥棒と間違えられた. ~ una cosa *por* otra ある ことを別のことと勘違いする. La *tomaron por* su hermana. 彼女は姉[妹]と間違われた. (b) [+a と]を解する, 解釈する. ~ a broma を冗談にとる. ~ *a* bien [mal] いい方[悪い方]に考える. ❿ (写真)を撮る, 撮影する. —*He tomado* fotos de la Sagrada Familia. 私は(バルセロナの)聖家族教会の写真を撮った. 類**fotografiar, filmar**. ⓫ (品物・道)を選ぶ; 行く, 進む. —*Tomé* cinco tarjetas postales de la tienda. 私は土産物店の絵葉書を5枚選んだ. *Tomamos* la carretera de La Coruña. 我々はラ・コルーニャ街道を行った. El taxi *ha tomado* la calle Serrano. タクシーはセラーノ通りをたどった. ~ una curva カーブを切る. ⓬ (体温)を測る, 計測する. —Sus padres le *tomaron* la temperatura. 両親は息子の体温を測った. ~ la altura de la casa 家の高さを計測する. Están *tomando* los datos de la tormenta. 彼らは嵐のデータを集計している. ⓭ (やり方など)に従う, 受け継ぐ. —*Ha tomado* los modales de su madre. 彼女は母親のマナーを受け継いだ. ⓮ (気力など)を得る. — ~ aliento 一息入れる; 息を吹き返す. ⓯ [+名詞] …する. — ~ una resolución 決心する (=resolver). ~ aborrecimiento 嫌悪する (=aborrecer). ~ (生理的欲求などが) …に起こる. —Le *tomó* el sueño [la risa, un desmayo]. 彼は眠気に襲われた[笑いがこみあげた, 気絶した]. ⓱ (雄が雌)と交尾する. —El perro *toma* a la perra. 雄犬が雌犬と交尾している.

—— 自 ❶ [+a/hacia/por の方向に] 向う, 進む. —*Tomé* por la carretera de Badajoz. 私はバダホス街道を進んだ. Al llegar a la esquina, *tomó* a la derecha. 角に着くと彼は右に曲った. ❷ 【中南米】を飲む. —Mario *toma* poco. マリオはほとんど飲まない. ❸ (植物が)根づく.

—— se 再 ❶ (a) を浴びる, 吸い込む (=他(I)(d)). —Voy a *tomarme* un baño. 私はひと風呂浴びよう. ~*se* una ducha シャワーを浴びる. (b) (休暇など)を取る. —Roberto *se ha tomado* vacaciones. ロベルトは休暇を取った (c) を解釈する, 受け取る. —Cecilia *se lo toma* todo en serio. セシリアはすべてを真に受ける. No *te lo tomes* de esa forma. それをそんな風に受け取らないでくれ. ~*se* a broma 冗談ととる. ❷ 錆びる. —El hierro *se toma* con el agua. 水で鉄が錆びる. ❸ [+con と]けんかする. —*Se tomaba con* cualquiera. 彼はだれとでもけんかしていた. 類**reñir**. ❹ 酔っぱらう. ❺ やかれ声になる. 鼻声になる. ❻ 【医学】測定する. — ~*se* la presión [la temperatura] 血圧[体温]を測る.

de armas tomar 『話』(性格が)豪胆な, 果敢な. Es una mujer *de armas tomar*, no se detiene ante nada. 彼女は豪胆な女性で何事にもひるまない.

tenerla tomada con … …にしつこく反対する, 辛く当たる.

¡toma! (1) ほら, はい. —*¡Toma!* Aquí tienes la vuelta. ほら, お釣りだよ. (2) こりゃ, おどろいた. *¡Toma!* ¡Tú por aquí! あれまあ, 君がここにいるのか. (3) なあんだ, 大したことない. *¡Toma!* Eso lo hace cualquiera. それぐらいなら, それはだれでもすることだ. (4) へえ, そうなのか, やっと分かった. *¡Toma!* Ahora me lo explico todo. そうだったのか. 今全部わかった. ⑸ いい気味だ, ざまあ見ろ. ¿No te dije que tuvieras mucho cuidado? Pues, *¡toma!* よく気をつけろよと言わなかったかなあ, ざまを見ろだ.

tomar a pecho …に執心する; …に腹を立てる.
tomarla con (1) …に反感をもつ, 意地悪をする; を非難する. No sé por qué, pero Roberto *la toma* siempre *conmigo*. なぜだか分からないが, ロベルトはいつも私に意地悪をする. (2) …にじゃれつく.

El perro *la ha tomado con* mi falda. 犬は私のスカートにじゃれついた.

tomar las de Villadiego 一目散に逃げる, ずらかる. En cuanto oyó la sirena, *tomó las de Villadiego*. 彼はサイレンを聞くや否や姿を消した.

tomar por donde queman 悪い意味に理解する. No *tomes* estas cosas *por donde queman*. これらのことを悪くとらないでくれ.

tomar sobre sí を引き受ける. *Tomó sobre sí* toda la responsabilidad del accidente. 彼は事故の全責任を一手に引き受けた.

tomar y〖＋動詞の活用形〗突然…する, すぐさま…する. *Tomó y se escapó*. 彼は急にいなくなった.

toma y daca お互いさま, 持ち持たれつ, ギブ・アンド・テイク.

¡tómate ésa! いい気味だ, ざまあ見ろ. Has sido perezoso, pues *¡tómate ésa!* お前は怠け者だったから当然の報いだ.

Tomás [tomás] 固名 《男性名》トマス.

tomatada [tomatáða] 女 《料理》トマトを揚げたもの; トマトサラダ.

tomatal [tomatál] 男 トマト畑.

tomatazo [tomatáθo]〔<tomate〕男 トマトの投げつけ. — En la fiesta, los niños se liaron a ~s. 祭りで子供たちはトマトの投げつけっこを始めた.

‡**tomate** [tomáte] 男 ❶《植物》トマト, トマトの実. ~ bola トマト. ~ frito 揚げトマト. ❷(靴下や手袋の)破れ, 穴.

como un tomate《話》(トマトのように)赤い. Ella se puso *como un tomate*. 彼女の顔が赤くなった.

haber [tener] mucho tomate《話》(1) 紛糾している, もつれている. *Hay mucho tomate* en esta discusión. 議論はひどく紛糾している. (2) (行うのに)難しい. Este trabajo *tiene mucho tomate*. この仕事はとても難しい.

tomatera [tomatéra] 女 《植物》トマト.

tener tomatera 気取る, お高くとまる.

tomatero, ra [tomatéro, ra] 名 トマト売り; トマト栽培者.
— 形《料理》トマト料理に適した(食材). — pollo ~ (トマト料理に適した, 小ぶりで柔らかい)鶏肉.

tomavistas [tomaβístas] 男〖単複同形〗8 ミリカメラ, 小型撮影機.

tómbola [tómbola]〔<イタリア語〕女 慈善目的の宝くじ; 慈善宝くじの抽選会場. — jugar a la ~ 慈善宝くじに手を出す[買う]. Los beneficios de la ~ irán directamente a un asilo de ancianos. この宝くじの収益金はただちに老人ホームに送られます. 類 **lotería, sorteo, rifa**.

tómbolo [tómbolo]〔<伊〕男《地理》(島と対岸を結ぶ)砂州[洲], 地峡. 類 **bajío, istmo**.

tomillo [tomíʎo] 男《植物》タイム, タチジャコウソウ. ~ blanco シナヨモギ. ~ salsero タイム(香料).

tomismo [tomísmo] 男《哲学》トマス・アクィナス (Tomás de Aquino,1225-1274) の神学説, トマス説.

tomista [tomísta] 形《哲学》トマス派の.
— 男女 《哲学》トマス派神学者.

tomiza [tomíθa] 女 アフリカハネガヤの縄.

‡**tomo** [tómo] 男 ❶ (書籍の)巻, 冊; (大型の)本. — una enciclopedia de diez ~s 10 巻本の百科事典. el primer ~ del diccionario 辞書の第 1 巻. 類 **ejemplar, libro, volumen**. ❷重要性, 価値.

de tomo y lomo 全くの, 徹底的な, 第一級の(軽い軽蔑や非難の意味). Es un sinvergüenza [descarado] *de tomo y lomo*. あいつは全く恥知らずな奴[図々しい奴]だ.

tomografía [tomoɣrafía] 女《医学》(X線)断層撮影(法).

ton [tón] 男《次の成句で》

sin ton ni son 理由もなく, とりとめもなく, 筋道も立てず. Se puso a llorar *sin ton ni son*. 彼はとりもなく泣き出した.

ton.《略号》= tonelada トン.

toná [toná]〖tonada の語中音消失形〗女《音楽》無伴奏のフラメンコ歌謡.

tonada [tonáða] 女 ❶ 歌詞, 歌うために書かれた詩. — El cantantor escribe sus ~s. シンガーソングライターは自分の歌の歌詞を書く. 類 **letra**. ❷歌, 節, メロディー. — cantar una ~ 歌を歌う. 類 **canción**. ❸《中南米》(言葉の)なまり; 口調. 類 **acento, dejo, tonillo**.

tonadilla [tonaðíʎa]〔<tonada〕女 ❶ (短い歌曲用の)歌詞; 短い歌曲. 類 **canción, tonada**. ❷《音楽》トナディーリャ (18 世紀後半スペインで流行した小規模な歌劇).

tonadillero, ra [tonaðiʎéro, ra] 名《音楽》トナディーリャ (tonadilla) の作曲家[歌手].

tonal [tonál] 形 ❶《音楽》音調の, 調性の; 調性を有する. 反 **atonal**. ❷《美術》色調の. ❸《言語》音調の, 抑揚の; 声の高さの[による].

tonalidad [tonaliðáð] 女 ❶《音楽》調性, 調. — ~ mayor [menor] 長[短]調. ❷《美術》色調. ❸ (ラジオなどの)音質, トーン. ❹《言語》抑揚, イントネーション (= entonación).

tonante [tonánte] 形 雷[雷鳴]のような, とどろく. — Júpiter ~ 雷鳴をとどろくユピテル.

tonca [tónka] 形《植物》— haba ~ トンカ豆 (南米産で, 香料の原料).
— 女 《植物》トンカ豆.

tonel [tonél] 男 ❶ 樽(ﾀﾙ); 1 樽分の量. — un ~ de vino blanco 白ワイン 1 樽. 類 **barrica, barril, cuba**. ❷《話, 比喩》とても太った人. — Se ha puesto a régimen porque está hecho un ~. 彼はビア樽のように太ってしまったのでダイエットを始めた.

‡**tonelada** [toneláða] 女 ❶ トン(重量の単位). — ~ métrica (de peso) メートルトン (1000kg, スペイン, フランス, 日本などで用いる). ~ de peso 重量トン. Esta carga es de tres ~s. この積荷は 3 トンだ. ❷ トン(船舶の大きさ, 積載量の単位). — ~ de arqueo 容積トン(約 2.83m³). ~ de desplazamiento (軍艦の)排水トン (35 立方フィートの重量). ~ de registro 登簿トン (100 立方フィート). ❸〖集合的に〗 大量(ﾀｲ).

tonelaje [toneláxe] 男 (船舶・車両などの)トン数, 容積トン数, 貫量. — ~ bruto [neto] 総[純]トン数. barco [buque] de gran ~ 大型船.

tonelería [tonelería] 女 ❶ 樽(ﾀﾙ)製造業. ❷ 樽[桶]工場; 樽[桶]販売店. ❸〖集合的に〗樽, 桶.

tonelero, ra [toneléro, ra] 名 樽(ﾀﾙ)職人, 桶(ｵｹ)職人.
— 形 樽[桶]の, 樽[桶]製造の.

tonelete [toneléte]〔<tonel〕男 ❶ (よろいの)腰当て, 武者ばかま; (昔の兵士の)キルト. ❷ 膝まで

Tonga

のスカート; (子供用の)裾(#)丈の短い服. ❸ チュチュ(バレリーナのスカート). ❹ 樽(翕)[桶(#)]の形をしたもの.

Tonga [tóŋga] 固名 トンガ(首都ヌクアロファ Nukualofa).

tonga, tongada [tóŋga, toŋgáða] 囡 ❶ (積み重ね, 塗りなどの)層. —dar una ~ de barniz al entarimado. 床にワニスを一層塗る. 類**capa**. ❷ 山積みになった物. 類**montón, pila**.

tongo [tóŋgo] 男 八百長; 不正, ごまかし. —El partido fue invalidado porque se descubrió que hubo ~. 八百長が発覚したのでその試合は無効になった.

tongonearse [toŋgoneárse] 再 【中南米】(肩・腰を振って)気取って歩く. 類**contonearse**.

tongoneo [toŋgonéo] 男 【中南米】(肩・腰を振った)気取りの歩き方. 類**contoneo**.

tónica [tónika] 囡 ❶ (清涼飲料水の)トニック(=agua tónica). —ginebra con ~ ジントニック. ❷ 全体的な傾向, 雰囲気, 調子. —La general del congreso fue de apatía. 会議は全体的に無気力な雰囲気だった. 類**tendencia, tono**. ❸ 《音楽》主音.

tonicidad [toniθiðá(ð)] 囡 《生理》(筋肉などの)緊張, 緊張度.

tónico, ca [tóniko, ka] 形 ❶ 強勢のある, アクセントのある. —sílaba *tónica* 強勢のある音節. 類**acentuado**. 反**átono**. ❷ 強壮の, 活力をつける. —recetar un remedio ~ 強壮剤を処方する. Se aplica una loción *tónica* para el cabello. 彼は髪にトニック・ローションをつける. ❸ 《音楽》主音の.
— 男 ❶ トニック・ウォーター. —~ capilar ヘアトニック. ❷ 《医学》強壮剤. —~ cardiaco [cardíaco] 強心剤. Toma un ~ para abrir el apetito. 彼は食欲を出すために強壮剤を飲む.

tonificación [tonifikaθjón] 囡 強壮にすること, 活力を与えること, 元気づけること.

tonificante [tonifikánte] 形 強壮にする, 活力を与える, 元気づける. —bebida ~ 強壮ドリンク. 類**tónico**.

tonificar [tonifikár] [1.1]他 (体の組織に)活力を与える, を元気づける, 引き締める. —Un masaje después del partido me *tonifica* los músculos. 試合のあとのマッサージは私の筋肉に活力を与えてくれる. La ducha me *ha tonificado*. シャワーで私は元気になった. 類**entonar, vigorizar**.

tonillo [toníʝo] [<tono] 男 ❶ 口調, 話し方. —Habla con un ~ tan monótono que aburre. 彼の話し方はあまりに単調なので退屈してしまう. 類**tono**. ❷ 単調な[抑揚のない]話し方; 皮肉な話しぶり. —Lo dijo con un ~ despreciativo. 彼はさげすむような口調でそう言った. 類**retintín**. ❸ (言葉の)なまり. 類**acento, dejo**.

tonina [tonína] 囡 ❶ 《魚類》マグロ. 類**atún**. ❷ 《動物》イルカ. 類**delfín**.

tono [tóno] 男 ❶ (音の)調子, 音色. —~ el ~ grave de órgano パイプオルガンの荘厳な音色. Este instrumento tiene un ~ muy agudo. この楽器はとても高い音色だ. ❷ (声の)調子, 口調, 語気. —bajar [subir] el ~ 語気を和らげる[荒くする]. cambiar [mudar] el [de] ~ 口調を変える. Siempre habla con un ~ muy monótono. 彼はいつも気だるい口調で話す.
❸ (書物, 講演などの)調子, 傾向; 論調. —Esta novela tiene un ~ político. この小説には政治小説的な傾向がある. La discusión acabó por tomar un ~ agresivo. 議論は遂に攻撃的な論調を帯びるに至った. ❹ 気品, 風格; 階級. —Es de buen [mal] ~. 彼は上品[下品]だ. una familia de buen ~ 上流階級の家庭. ❺ 色調, 色合い; 色の濃淡. —un ~ rojizo 赤っぽい色調. Este cuadro se destaca por su ~ azul. この絵は青の色合いが際立っている. 類**matiz**. ❻ 《音楽》音階, 調. —~ mayor 長音階, 長調. ~ menor 短音階, 短調. ~ de sol mayor ト長調. 類**modo**. ❼ 《解剖》(器官・組織の)正常な緊張状態. ❽ 詩, 歌. 類**tonada**.

darse tono 気取る, もったいぶる; 思いあがる. *Se da tono* de intelectual. 彼はインテリを気取っている. 類**darse aires**.

estar a tono con 釣り合っている, 調和している. El color de las cortinas *está a tono con* los muebles. カーテンの色は家具と釣り合っている. Su vida *está a tono con* sus ingresos. 彼の収入と釣り合いがとれている.

fuera de tono 見外した, 場違いに. Sus preguntas están *fuera de tono*. 彼の質問は場違いだ.

salida de tono 突拍子も無いこと, 調子外れな(事), むちゃ(なこと). Debido a su *salida de tono*, la situación se ha hecho muy delicada. 彼が突拍子も無い事をしてくれたおかげで, 状況は大変微妙になってしまった.

subir(se) el tono (1) 語気を荒げる, 横柄になる. Estaba muy exaltado y *subía el tono* poco a poco. 興奮して次第に彼は語気を荒くしていった. (2) 生活が派手になる, ぜいたくな暮らしをするようになる.

tonsila [tonsíla] 囡 《解剖》扁桃腺(ホミ&). 類**amígdala**.

tonsura [tonsúra] 囡 《カトリック》(聖職者の頭頂部の丸い)剃髪(紀); 剃髪式.

tonsurado, da [tonsuráðo, ða] 過分 形 《カトリック》剃髪した, 剃髪式の.
— 男 《カトリック》剃髪式を受けた人, 聖職者.

tonsurar [tonsurár] 他 ❶ 《カトリック》を剃髪する, の剃髪式を行う. ❷ (羊)の毛を刈る.

tontada [tontáða] 囡 愚かな言動, ばかげたこと. —decir ~s ばかなことを言う. Deja ya de hacer ~s. ばかなことはもうやめろ. 類**bobada, tontería**.

tontaina [tontáina] 形 《話》ばか, まぬけな.
— 男女 《話》ばか, まぬけ. —No me apetece ir de fiesta con esos ~s. 私はあのばかなやつらとパーティーに行く気がしない.

tontamente [tóntaménte] 副 ❶ ばからしく, ばかげたやり方で; 愚かにも. —Te comportaste con ella ~. 君は彼女に対して愚かなふるまいをした. ❷ 気づかぬうちに. —Se nos fueron ~ cien euros. 私たちは気づかぬうちに 100 ユーロも使っていた.

tontarrón, rrona [tontařón, řóna] 形 → **tontorrón**.

tontear [tonteár] 自 ❶ ばかなことをする[言う]. —Ya eres mayorcito para estar *tonteando* a todas horas. お前はもうばかりしている歳(ピ)ではない. ❷ 《話》[+con] (異性と)いちゃつく; (異性を)誘惑する, (異性に)言い寄る. —A los catorce años ya empezó a ~ con los chicos.

彼女は14歳で男の子たちといちゃつくようになった. 類 coquetear.

tontedad, tontera [tonteðáð, tontéra] 女 ばかげた言動, ばかなこと. 類 tontería.

‡**tontería** [tontería] 女 ❶ 愚かさ; ばかなこと[言葉, 行動], くだらないこと. —decir [cometer] ~s ばかなことを言う[する]. Es una ~ que te molestes por eso. そんなことで君が腹を立てるなんてばかげている. Déjate de ~s y vete de aquí. ばかなことをやめて, さっさと出て行け. 類 estupidez, idiotez. 反 seriedad. ❷ こび, へつらい, おべっか. —Me dijo ~s con una sonrisa disimulada. 彼はごまかし笑いをしながら私におべっかを使った. 類 halago, melindre, remilgo, zalamería.

tontivano, na [tontiβáno, na] 形 〈tonto+vano〉見栄っぱりの, 気取った. 類 presumido.
—名 見栄っぱり, 気取り屋.

****tonto, ta** [tónto, ta, トント, タ] 形 ❶ ばかな, 間抜けな, 愚かな, ばかばかた..—un error ~ ばかな間違い. pregunta tonta 愚問. No llame a mi niño ~. 私の子をばか呼ばわりしないで下さい. 類 bobo, idiota, imbécil, majadero, necio, simple, torpe. 反 agudo, avispado, inteligente, listo. ❷ 『ser+』純真な, お人好しな. —Eres ~ si te callas ahora. ここで黙ってしまったらばかだよ. Fui tan ~ que me dejé engañar por todo el mundo. 私は大変お人好しだったのでみんなにだまされた. 類 ingemuo, infeliz. ❸ 『ser+』感じやすい, 涙もろい. —Es muy tonta y llora por nada. 彼女はとても涙もろく, 何でもないことで泣いてしまう. 類 emotivo, tierno. ❹ 『ser+』無駄な, 無意味な. —gasto ~ 無駄な出費, 無駄遣い. Hemos hecho un esfuerzo ~. 私たちは無駄骨を折った. 類 absurdo, inútil. ❺ 『ser/estar+』《話》迷惑な, 煩わしい, うっとうしい; (子供が聞き分けのない, 甘ったれた. —¡Qué tiempo tan ~ hace! なんて変わりやすい天気なんだ! No seas ~ y acuéstate ya. 聞き分けのない事言っていないでもう寝なさい. Este bebé se pone ~ cuando tiene sueño. この赤ん坊は眠くなるとむずかる. 類 mimoso, molesto, pesado. ❻ 『estar+』思い上がった, 気取った, 高慢な. —Está muy ~ con el premio que ganó hace años. 彼は何年も前に取った賞のことを鼻にかけている. Desde que les tocó la lotería, se han vuelto completamente ~s. 彼らは宝くじが当たってから, すっかり思い上がってしまった. 類 chulo, engreído, gallito, insolente. ❼ 『estar+』びっくり仰天した, 呆然とした. —Me quedé ~ oyendo la noticia. 私はそのニュースを聞いて大変驚いた. 類 asombrado, atónito.
—名 ばか者, 愚か者; お人好しの人. —~ útil 何でも言うことを聞くばか.
—男 ❶ 道化師. —~ de circo ピエロ. 類 payaso. ❷ (スペイン風の)妊婦服. ❸ (a)『チリ』投げ縄. 類 boleadoras. (b) 『チリ, ベネズエラ』陰茎. 類 pene. (c) 『コロンビア, コスタリカ, チリ』(トランプの)ばば抜き. 類 mona.

a lo tonto 《話》しばしば繰り返して 無意識のうちに, 知らぬ間に. A lo tonto fui aprendiendo a montar en la bicicleta. 私は知らず知らずのうちにいつの間にか自転車の乗り方を覚えていった.

a tontas y a locas 《話》でたらめに, むちゃくちゃに, いいかげんに, でまかせに.

dejar tonto a ... (人)を呆然とさせる, 驚かす.

hacer el tonto (1) くだらない事をして時間を過ごす; ばかな事をする, もて遊ぶ. Pasaron los días haciendo el tonto. 彼らはだらだらと無駄に日々を過ごした. (2) ばかなことを言う, 冗談[しゃれ]を言う.

hacerse el tonto しらばくれる, 気づかぬ[知ら, 聞こえ]ないふりをする(＝hacerse el sueco). Me di cuenta de que me mentía, pero opté por *hacerme el tonto*. 私は彼が嘘をついていることに気づいたが, 知らないふりをすることにした.

hacer tonto a ... 『チリ』(人)を欺く[かつぐ].

ponerse tonto 《話》(1) 気取る, 偉そうな態度を取る, 思い上がる. (2) (子供などが)ぐずる, むずかる, 甘ったれる.

ser tonto del bote [del culo, del haba, del higo, de capirote, de remate]/ser más tonto que Abundio [que una mata de habas] 《話》正真正銘のばかである, どうしようもないばかである.

tontorrón, rrona [tontoőón, őóna] 形 《話》大ばかの.
—名 《話》大ばか者.

tontuna, tontura [tontúna, tontúra] 女 ばかげたこと, 愚かな言動. 類 tontería.

toña [tóɲa] 女 ❶ 棒打ち遊び(両端のとがった棒を別の棒で打って飛ばす遊び); 棒打ち遊びの棒. ❷ 《話》殴打, 殴りつけ. 類 golpe, paliza, puñetazo. ❸ 《話》酔っ払うこと. —coger una ~ 酔っ払う. 類 borrachera.

Toño [tóɲo] 固名 《男性名》トーニョ(Antonio の愛称).

top [tó(p)] 男 『単複同形』❶ 『服飾』トップス(キャミソール, ベアトップなど), タンクトップ. ❷ リーダー的人物.

¡**top!** [tó(p)] 間 『海事』止まれ(船を止めるための用語).

topacio [topáθjo] 男 『鉱物』トパーズ, 黄玉. —~ ahumado 黄水晶. ~ oriental インド黄玉. falso ~/~ de Hinojosa 擬黄玉.

topada [topáða] 女 頭突き, 頭[角]をぶつけること.

‡**topar** [topár] 自 ❶ 〔+con/contra に〕ぶつかる, 衝突する. —Un coche *topó contra* la mediana. 1台の車が中央分離帯にぶつかった. 類 chocar. ❷ 〔+con (障害物)に〕ぶち当たる, 突き当たる. —¡Con cuántas dificultades *he topado* en mi vida! 私は私の生涯においてどれほどの障害があったことか! 類 encontrar. ❸ 〔+con と〕偶然出会う, 出くわす. —En una librería de viejo *topé con* el libro que buscaba. ある古書店で私は探していた本にめぐりあった. ❹ 〔闘牛〕〔+contra〕(牛が柵に)激突する; 動物が角で突く. —El toro *topó contra* la barrera. 牛は柵に激突した. 類 topetar, topetear.
—se 再 〔+con に〕出くわす; 突き当たる. —Me *topé con* mi antigua novia en la calle. 私は通りで昔の恋人とばったり出会った.

tope[1] [tópe] 男 ❶ 限度, 限界, 頂点. —fecha ~ 期限, 締め切り日. precio ~ 最高価格. El peso excede el ~ de 30 kilos. 重量が限度の30キロを超過している. Has llegado al ~ de mi paciencia. 君にはもう我慢の限界だ. He conseguido la puntuación ~ en el examen. 私は試験で満点を取った. 類 extremo, límite. ❷ 先端,

端. — de ~ a ~ 端から端まで. 類**extremo, punta**. ❸《海事》檣頭(しょうとう)《船のマストのてっぺん》; 檣楼員〔鐘楼員〕《マストの先の見張り人》.
a [al] tope ぎゅうぎゅう詰めで, 満員で; 最大限に, ぎりぎりまで. La sala estaba *a tope* de gente y no pude entrar. ホールは人でいっぱいで私は入れなかった. Trabaja *al tope*. 彼は精いっぱいに働いている. Pisé el acelerador *a tope*. 私はアクセルをいっぱいに踏んだ.
hasta el tope [los topes] 満杯で, 満員で. Llevo la bolsa *hasta los topes*, no cabe nada más. 私の袋はいっぱいで, もう何もはいらない.

tope[2] [tópe] 男 ❶ 緩衝(かんしょう)器, バンパー. — El golpe ha sido en el ~ del coche y no ha pasado nada. ぶつかったのは車のバンパーだったので何も起きなかった. 類**parachoques**. ❷ 止め板; ドア押さえ; (線路の)車止め. — El ~ impide que la rueda se salga del eje. 止め具が車輪から はずれないようにしている. ❸ 障害. — Aquí está el ~. ここに障害がある. ここが難しいところだ. 類**impedimento, obstáculo**. ❹ 衝突, 頭突き. 類**colisión, choque**. ❺ けんか, いさかい. 類**disputa, querella, riña**.

topera [topéra] 女 モグラの巣.

topetar [topetár] 自〔+contra〕(特に角のある動物が)(…に)ぶつかる, 頭突きをくらわす.
— 他 …にぶつかる.

topetazo [topetáθo] 男 衝突; 頭をぶつけること, 頭突き. — darse un ~ contra el armario he chocado con él. 2台のオートバイがたった今衝突した.

topetear [topeteár] 他 =topetar.

topetón [topetón] 男 =topetazo.

‡**tópico, ca** [tópiko, ka] 形 ❶ (表現・考えなどが)ありふれた, 平凡な, 使い古された. — expresiones *tópicas* ありふれた表現. observaciones *tópicas* 平凡な意見. ❷《薬学》外用の. — Este medicamento es sólo de uso ~. この薬は外用専用である.
— 男 ❶ ありふれた表現[考え], つまらない表現[考え], 古くさい表現[考え], きまり文句. — Sólo habla de ~s. ありふれたことだけを話す. 類**lugar común, trivialidad, vulgaridad**. 反**genialidad**. ❷《薬学》外用薬. — Este ~ tiene mucho efecto para la herida. この外用薬は傷によく効く. ❸ (議論と考えのもとになる)一般原則, 根拠. — Su argumento se basa en interesantes ~s. 彼の議論は興味深い根拠に基づいている. ❹《中南米》話題, 論題, テーマ. — Hablamos de varios ~s cotidianos. 私たちはいろいろな日常の話題について話した.

topless [tóples] 〔〈英〉女〕〔単複同形〕トップレスの女性.
— 男〔単複同形〕❶ トップレス. — ponerse en ~ トップレスになる. ❷ トップレスバー.

top-model [tó(p) moðél, to(p)moðél]〔〈英〉名〕(ファッション・ショーなどの)トップ・モデル.

topo [tópo] 男 ❶《動物》モグラ. — el ~ hembra 雌のモグラ. Los ~s han destrozado el jardín con sus toperas. モグラたちが巣を掘って庭を駄目にした. ❷《話, 比喩》目がよく見えない人. — Mi abuelo es un poco ~. 私の祖父はあまり目がよく見えない. ❸《話, 比喩》へまな人, 間抜け. — Si sigues siendo tan ~, no conseguirás nada en la vida. いつまでもそんなに間抜けだと, 一生何も得られないぞ. ❹《話, 比喩》スパイ, 密偵, 間諜(かんちょう). — Un policía era el ~ de una banda de narcotraficantes. 一人の警官が麻薬密売集団のスパイだった. 類**espía, infiltrado**. ❺ 水玉模様. ❻《歴史》スペイン内戦終了後に長年潜伏していた共和制支持者.

ver menos que un topo《話》ものごとに暗い; ほとんど目が見えない.

topocho, cha [topótʃo, tʃa] 形《ベネズエラ》まるまる太った, ふっくら(ぼっちゃり)した. 類**rechoncho**.

topografía [topoɣrafía] 女 ❶ 地形図作成(術); 地形測量[調査]; 地形学. ❷ 地誌(学); (一地方の)地形, 地誌. — La ~ española es muy montañosa. スペインの地形はとても山が多い.

topográfico, ca [topoɣráfiko, ka] 形 地形(学)の; 地誌(学)の. — carta *topográfica*, mapa ~ 地形図, 地勢図. levantamiento ~ 地形測量.

topógrafo, fa [topóɣrafo, fa] 男 ❶ 地形[地誌]学者. ❷ 地形図作成者; 地形測量士.

topolino [topolíno] 男女 (流行を気にする)ティーンエージャー(特に女の子).
— 男 複 ウェッジヒールの婦人靴.

topón [topón] 男《南米》衝突, 頭をぶつけること. 類**colisión, choque**.

toponimia [toponímja] 女 ❶ 地名学. ❷〔集合的に〕(ある地域・国の)地名.

toponímico, ca [toponímiko, ka] 形 地名の, 地名学の. — estudiar los significados ~s de la región. その地域の地名の意味を研究する.

topónimo [topónimo] 男 地名.

‡**toque** [tóke] 男 ❶ (a) (瞬間的に軽く)触れること, さわること. — El niño dio un ~ al insecto con la punta de un dedo. 子供は指の先でその昆虫をさわった. Con un ~ de varita mágica el ratón se convirtió en un caballo. 魔法のつえでさわると, ネズミは馬に変わった. (b) (薬などを)塗ること. — Dese unos ~s con este ungüento en la parte afectada. 患部にこの軟こうを塗ってください. ❷ (主に何かを知らせるために, 鐘や太鼓などの)楽器を鳴らすこと; その音. — ~ de alba 暁の鐘. ~ de ánimas 晩鐘. ~ de diana 起床ラッパ[太鼓]. ~ de difuntos 弔鐘. Dio dos ~s de timbre. 彼は2度鈴を鳴らした. Las campanas de la iglesia daban el ~ de llamada a misa. 教会の鐘がミサを告げる鐘の音を鳴らしていた. ❸ (おもに仕上げの)1筆, 1書き, 加筆; 筆致. — Con algunos ~s se acababa la pintura [el ensayo]. もう幾筆[何行]かでその絵[随筆]は仕上がる. El pintor dio los últimos ~s a su obra. 画家が作品の最後の仕上げをした. ❹ 試験, テスト, 検査. — piedra de ~ 試金石. 類**examen, prueba**. ❺ (注意などを)喚起すること. — ~ de atención 注意の喚起, 警告. 類**advertencia, indicación, llamamiento**. ❻ 要点, 重要な点, 根本. — Ahí está el ~. そこが要点だ. En eso está el ~. それが重要な点だ. 類**quid**. ❼ 色調, 特徴, のらしさ. — Se nota el ~ femenino en la obra. 作品には女性らしさが感じられる.

a toque de campana (1) 規則正しく. Los enfermos deben vivir *a toque de campana*. 病人は規則正しい生活を送らねばならない. (2) 時

間どおりに, 時間に正確に. Él siempre *vuelve a toque de campana*. 彼はいつも時間どおりに戻る. *dar los primeros toques a* ... (事を)始める, 着手する; 計画する. *Dieron los primeros toques a la construcción de un edificio nuevo*. 新しい建物の建築が着手された.

dar un toque (1) (人に)注意をうながす. *El padre dio un toque a su hijo para que fuera más prudente*. 父は息子にもっと慎重になるよう注意をうながした. (2) (人に対して何かについての)考えや思惑をさぐる, 腹をさぐる. *Pienso darle un toque para saber si va conmigo o no*. 私と一緒に行くかどうか彼の腹をさぐってみるつもりだ.

toque de queda (戒厳令下などの)夜間外出禁止令. *Proclamaron el toque de queda*. 夜間外出禁止令がしかれた.

toque(-) [toke(-)] 動 tocar の接·現在.

toqué [toké] 動 tocar の直·完了過去·1単.

toquetear [toketeár] 他 ❶ を手でいじりまわす, もてあそぶ, やたらにさわる. — *Deja de ~ el pan*. パンをいじるのをやめなさい. ❷ (楽器)をいじる, かき鳴らす. ❸《俗》(人)をなで回す, 愛撫する. 類**sobar**.

toqueteo [toketéo] 男 ❶ 手でいじりまわすこと, もてあそぶこと, やたらにさわること. — *Con tanto ~ vas a ensuciar la tela*. そんなにさわると布が汚れるよ. 類**manoseo**. ❷ 楽器をいじる[かき鳴らす]こと. ❸ 人をなで回すこと, 愛撫.

toquilla [tokíja] [<toca] 女〖服飾〗❶ (主に三角形の)スカーフ. 類**pañuelo**. ❷ ニットの肩掛け, ショール. 類**chal**.

torácico, ca [toráθiko, ka] 形 胸の, 胸部の, 胸郭の. — *cavidad torácica*〖解剖〗胸腔(ॐ).

torada [toráða] 女 雄牛の群. 類**manada**.

toral [torál] 形 ❶ 主要な. — *La cuestión la dejamos para el final*. 主要な問題は最後に取っておこう. 類**principal**. ❷ 頑丈な, 丈夫な. — *arco ~* 補強アーチ. 類**firme, robusto, sólido**.
— 男 銅棒; 銅棒の型.

tórax [tóra(k)s] 男〖単複同形〗❶〖解剖〗胸, 胸郭; 胸腔(ॐ). — *hacer una radiografía del ~*. 胸部レントゲンを撮る. 類**pecho**. ❷〖昆虫·節足動物の〗胸部. — *Las patas de los cangrejos están en el ~*. カニの脚は胸部にある.

torbellino [torβejíno] 男 ❶ 旋風, つむじ風; 竜巻き. — *De repente hubo un ~*. 突然旋風が起こった. ❷ (何かが)次から次へ起こること; 一度に色々な事が起こって混乱すること. — *Su juventud fue un ~ de desgracias*. 彼の青春は不幸の連続だった. ❸ 慌ただしい人, 落ちつきのない人, せっかちな人. — *Él es un ~ y siempre hace las cosas atropelladamente*. 彼は慌ただしくせっかちないつも慌てふためいて何かを行う.

torcaz [torkáθ] 形〖複〗torcaces《鳥類》モリバトの. — *paloma ~* モリバト.

torcecuello [torθekuéjo] 男 《鳥類》アリスイ (キツツキ科).

torcedor, dora [torθeðór, ðóra] 形 よじる, ねじる.
— 名 〖キューバ〗タバコをよる人, 葉巻職人.
— 男 紡錘.

torcedura [torθeðúra] 女 ❶ ねじること; ねじれ, ゆがみ. — *El peso de los libros produjo la ~ del estante*. 本の重みで本棚がゆがんでしまった. 類**torcijón, torcimiento, torsión**. ❷〖医学〗捻挫(ॐ); 筋違い. — *Manuel no puede jugar el partido por una ~ de tobillo*. マヌエルはくるぶしの捻挫のせいで試合に出られない. 類**esguince, torcimiento**. ❸ 安ワイン. 類**aguapié**.

:torcer [torθér] [5.9] 他 ❶ (*a*) をねじ曲げる, ひん曲げる. — *El luchador ha torcido una barra de hierro*. プロレスラーは鉄の棒をひん曲げた. (*b*) をねじる, よじる, よる. — *Al oír la explosión torció la cabeza*. 爆発音を聞いて彼は振り向いた. *Torció el brazo del niño*. 彼は子どもの腕をねじった. *~ los ojos* 斜視になる. (*c*) を絞る. — *~ la ropa* 洗濯物を絞る. ❷ (*a*) (方向)を変える, (首)を回す. — *El tifón ha torcido el rumbo*. 台風は進路を変えた. *~ la cabeza* 首を回す. (*b*) (意見·考え)を変えさせる, 変える. — *Espero que no tuerza sus buenas intenciones*. 私は彼が自分の善意を曲げることを期待している. *No lograrás ~ su voluntad*. 君に彼の意志を曲げさせることはできないだろう. ❸ を(悪の道へ)誘い込み, 堕落させる. — *Los malos amigos han torcido al chico*. 悪友たちのせいで少年は悪の道へと走った. ❹ を誤解する, 曲解する, 悪意にとる. ❺ (怒り·不快感)を顔に出す, (顔)をしかめる. — *Cuando le dije lo que pensaba, torció la cara*. 私が彼に私の考えていることを伝えたら彼はしかめ面をした. *~ el gesto [el morro]* 顔をしかめる.

— 自 ❶ (人·車が角などを)曲がる, 折れる. — *Torcí a la izquierda en la segunda bocacalle*. 私は2番目の通りの角を左に曲がった. 類**doblar**. ❷ (道が)曲がる, 折れる. — *La carretera tuerce a la derecha tras el paso a nivel*. 道路は立体交差のあと右へ曲がっている.

— se 再 ❶ ねじれる, 曲がる, ゆがむ. — *Debido al terremoto se ha torcido el puente*. 地震のために橋がゆがんでしまった. *El cuadro se ha torcido por el viento*. 絵は風で曲がってしまった. ❷ 捻挫(ॐ)する, くじく. — *Me torcí el tobillo al tropezar con una piedra*. 私は石につまずいてくるぶしを捻挫した. ❸ 考え[意図]を変える. — *Su actitud se torció tras conocer el resultado*. 結果を知ってから彼の態度は変わった. ❹ 悪の道に走る, ぐれる. — *Con esas amistades, la chica se torció*. そんな交友関係で少女は不良化してしまった. 類**pervertirse**. ❺ (事業·計画が)失敗する, 挫折する. — *Nuestros planes se han torcido y no encontramos ninguna solución*. 我々の計画は挫折して, 解決策がさっぱり見つからない. 類**frustrarse**.

torcida¹ [torθíða] 女 ❶ (ろうそく·ランプの)芯(ॐ), 灯心 (=*mecha*). ❷〖南米〗(スポーツの)ファンの集団.

torcidamente [torθíðaménte] 副 ❶ 曲がって, ねじれて, ねじれて. ❷ 不正に; 邪悪に.

·torcido, da² [torθíðo, ða] 過分 形 ❶〖*estar +*〗曲がった, ねじれた; 傾いた. — *calles torcidas* 曲がりくねった街路. *piernas torcidas* 湾曲した脚. *Llevas la corbata torcida*. ネクタイが曲がってるよ. *El cuadro en la pared está ~*. 壁に架けた絵が傾いている. ❷〖*estar +*〗《比喩》心の曲がった, ひねくれた, 下心のある, よこしまな: ゆがんだ. — *carácter ~* ひねくれた性格. *cabeza torcida* 偽善者. *idea torcida* よこしまな考え. *torcida relación* ゆがんだ関係. *torcidas interpretaciones* 曲がった解釈. 類**retorcido**. 反**honesto**. ❸〖中米〗不

1870 torcijón

運な, 不幸な. ❹《話, 隠》麻薬で酩酊した.
— 男 ❶ 絹の太いより糸. ❷ 安ワイン (= vino ~). ❸ ジャム入りのねじりパン. ❹ ねじり, 撚(ょ)り.
torcijón [torθixón] 男 ❶ 急な腹痛, さしこみ. ❷ ねじれ, よじれ. 類**torcedura, torcimiento, torsión**.
torcimiento [torθimjénto] 男 ❶ ねじること; ねじれ, ゆがみ. 類**torcedura, torción, torsión**. ❷《医学》捻挫(ねん). 類**esguince, torsión**.
tordillo, lla [tordíjo, ja](< tordo) 形 (馬などが)葦毛(あし)の, 白黒まだらの, 白黒ぶちの.
tordo, da [tórðo, ða] 形 (馬などが)葦毛(あし)の, 白黒まだらの, 白黒ぶちの. — una mula torda 葦毛のラバ.

— 男 ❶ 葦毛の馬. — La torda ha tenido un potro negro. その葦毛の雌馬に黒毛の子馬が生まれた.

— 男 ❶《鳥類》ツグミ. — el ~ hembra 雌のツグミ. 類**zorzal**.
toreador [toreaðór] 男 闘牛士. ♦今日では普通 torero を用いる. 類**lidiador, torero**.
torear [toreár] 他 ❶ (闘牛)(牛)と戦う, (牛)をあしらう. — El joven torero toreó las dos reses con maestría y valor. 若い闘牛士は2頭の牛を巧妙かつ勇敢に戦った. 類**lidiar**. ❷《比喩》(困難・いやな人などを)避ける, かわす. — ~ bien las dificultades 困難なことをうまくかわす. Lleva varios meses toreando al cobrador del seguro. 彼は何か月も前から保険料の集金係に会わないようにしている. 類**escapar, evitar**. ❸《比喩》(人)を適当にあしらう, (人)に言い逃れを言う. — Si no quieres ayudarme, dímelo, pero no me torees dándome largas. もし私を助けたくないのなら, そう言ってくれ. 適当に答えを引き延ばしたりするな. ❹《比喩》(人)をからかう, 侮る. — No se deja ~ por nadie.《話》彼は人に馬鹿にされるのを許さない. 類**burlarse**. ❺ (雄牛)を交尾させる. ❻『アルゼンチン・中米』(動物)をけしかける, 挑発する. ❼『ボリビア・アルゼンチン』(犬)に(人)に吠えかかる.

— 自 ❶ 闘牛をする. — José Manuel torea. ホセ・マヌエルは闘牛をする[闘牛士である]. ❷ (牛)が交尾する.
*__toreo__ [toréo] 男 ❶ 闘牛(をすること), 闘牛術(の技). — ~ a caballo 馬上の闘牛. un ~ delicado 繊細な闘牛の技. 類**lidia, tauromaquia**.
torera¹ [toréra] 女 ❶ 闘牛士の着る短い上着; ボレロ. ❷《服飾》ボレロ, 短い胴着. 類**chaquetilla**.

saltarse a la torera（義務, 約束などを)無視する, 違反する. Al adelantar un coche *se saltó a la torera* el código de circulación. 彼は車を追い越すとき, 交通法規を無視した.
torería [toreríalb] 女 ❶『集合的に』闘牛士たち; 闘牛界. ❷ 闘牛士の技; 闘牛士の勇敢さ. ❸『キューバ・グアテマラ』いたずら.
torero, ra² [toréro, ra] 形 闘牛の, 闘牛士の. — Tiene sangre *torera*. 彼には闘牛士の血が流れている. El valor ~ no tiene igual. 闘牛士の勇敢さは比類なきものだ. aire ~ (人が持っている)闘牛士のような雰囲気(勇猛果敢な感じ). sangre *torera* 闘牛士のような気質.

— 男 ❶ 闘牛士(特にマタドール). 類**matador**.
torete [toréte] 男 ❶ (< toro) 男 ❶ 小さな牛, 若牛;

勇敢でない牛. ❷《比喩》元気の良い[頑健な]子供; かんしゃく持ちの子供. ❸ 難題, 難問. ❹ (会話の)話題.
toril [toríl] 男 (牛の)囲い場. ♦闘牛に出場する前の牛を入れておく.
torio [tórjo] 男《化学》トリウム(元素記号 Th).
*__tormenta__ [torménta] 女 ❶ 嵐, 暴風雨, 大しけ. — ~ de arena [de granizo] 砂嵐(壹た°嵐). ~ tropical ハリケーン. Descarga la ~. 嵐になる. Cesó la ~. 嵐が止む. Los ferrocarriles sufrieron grandes daños con la ~ de ayer. 鉄道は昨日の嵐で大きな被害を被った. 類**borrasca, tempestad, temporal**. 反**calma, serenidad**. ❷ 激情, 激昂(げ), 怒り. — Lo ofuscaba una ~ de celos. 彼は嫉妬で逆上していた. Aquella reunión de amigos acabó en ~. その友人たちの会合は怒号のうちに終わった. ❸ 不運, 逆境. — Se dejó a la ~. 彼は逆境に身をまかせた. 類**adversidad, desgracia**.
*__tormento__ [torménto] 男 ❶ *(a)*（精神的・肉体的の)苦痛, 苦しみ, 悩み. — El pobre hombre está sufriendo grandes ~s. かわいそうにその男は本当に苦しんでいる. 類**aflicción, angustia, congoja, dolor, pena, preocupación**. *(b)* 苦痛[苦悩]の原因, 苦労[心配]の種. — Este niño es un ~; no me deja en paz ni un momento. この子は苦痛の種だ, 少しの間も私は落ち着いていられない. ❷ 拷問; 拷問の方法. — ~ de cuerda 縄しばりの拷問. ~ de garrucha つるしあげの拷問. 類**tortura**.

dar tormento 苦しめる, 悩ます; 拷問にかける.
dar tormento al padre [al reo] 父親を悩ます[罪人を拷問にかける]. 類**atormentar**.
tormentoso, sa [tormentóso, sa] 形 ❶ 嵐の, 暴風雨の; (天気が)荒れ模様の. — tiempo ~ 荒れ模様の天気. nubes *tormentosas* 嵐を起こす雲. 類**borrascoso**. ❷ 激しい, 激烈な. — Su vida siempre ha sido *tormentosa*. 彼の人生は常に波乱に満ちていた.
Tormes [tórmes] 固名 (el ~) トルメス川(スペイン, ドゥエロ川の支流).
tormo [tórmo] 男 ❶ (孤立した)岩山. 類**tolmo**. ❷ 塊(かた). — ~ de azúcar 角砂糖. 類**terrón**.
torna [tórna] 女 ❶ 帰ること, 帰還. 類**vuelta**. ❷ 返すこと, 返却, 返還. 類**devolución, restitución**. ❸ (用水路・溝などの)堰(ま), 仕切り. 類**dique, presa**.

volver [cambiar] a ... las tornas (人)のつきを変える, (人)に仕返しをする.
volverse las tornas つき[流れ・雲行き]が変わる.
Se han vuelto las tornas y ahora el que manda es él. 流れが変わり, 今では彼が指示している.
tornaboda [tornaβóða] 女 結婚式の翌日(の祝宴).
tornada [tornáða] 女 帰ること, 帰途; (同じ場所に)再び行くこと. 類**torna, vuelta**.
tornadizo, za [tornaðíθo, θa] 形 ❶ (人)がすぐ考えを変える, 移り気な, 意志薄弱な. 類**inconstante**. ❷ (天候などが)変わりやすい. 類**variable**. ❸ 変節[転向]した, 脱党した, 裏切った. 類**renegado**.
tornado [tornáðo] 男《気象》トルネード. ♦おもに北米, 西アフリカの竜巻. — El ~ ha destruido una gran cantidad de viviendas en la costa.

トルネードは海岸にある多数の家屋を破壊した.

tornamiento [tornamjénto] 男 変わること, 変化, 変更. 類 **alteración, cambio, modificación.**

tornapunta [tornapúnta] 女 ❶《建築》方杖(ほう).◆垂直材と水平材が交わる角に補強のために入れる短い材. ❷ 支え, 支柱. 類 **puntal.**

‡**tornar** [tornár] 自 ❶ 帰る, 戻る. — *Tornó de Extremadura hace una semana.* 彼はエクストレマドゥーラから 1 週間前に戻ってきた. 類 **regresar, volver.** ❷《+a+不定詞》再び…する. — *Torné a leer su novela.* 私は彼の小説を読み返した.
—— 他 ❶ 返す, 戻す; 元に戻す. ~ los libros a la estantería 本を本棚に戻す. Tengo que ~le el paraguas que me prestó. 私は貸してくれたカサを彼に返さなければならない. 類 **devolver.** ❷《+en に》変える. — *La lluvia tornó el camino en un lodazal.* 雨が道をぬかるみに変えた.
—— se 再 …になる; 変わる. — *El cielo se va tornando colorado a medida que sube el sol.* 日が昇るにつれて空は赤く染まっていく. *El amor se tornó en odio.* 愛は憎しみになった.
tornar en sí 意識をとり戻す. *Se desmayó pero enseguida tornó en sí.* 彼は失神したがすぐに意識を取り戻した.

tornasol [tornasól] 男 ❶ (光の当たり方で変化する)きらめき. — *Me encanta el ~ de esta seda.* 私はこの絹のきらめきがとても気に入っている. 類 **brillo, viso.** ❷《化学》リトマス(色素). — *papel de ~* リトマス試験紙. ❸《植物》ヒマワリ. 類 **girasol.**

tornasolado, da [tornasoláðo, ða] 過分 形 虹色[玉虫色]にきらめく, 光沢のある; (光の当たり方で)光沢が変化する. — *seda tornasolada* 玉虫色の絹布. *la superficie tornasolada del mar* 虹色にきらめく海面.

tornasolar [tornasolár] 他 に光沢[つや]を与え, 虹色[玉虫色]に光らせる.
—— se 再 (光の当たり方によって変わるような)光沢, 虹色[玉虫色]に光る.

tornátil [tornátil] 形 ❶ (旋盤・ろくろなどで)回して作った. ❷《比喩, 詩》ぐるぐる回る, 軽やかに回る. ❸《比喩》変わりやすい, 気まぐれな. 類 **tornadizo.**

tornavía [tornaβía] 女 (鉄道車両の)ターンテーブル.

tornavoz [tornaβóθ] 男《複》tornavoces 反響版, 共鳴版.

torneado, da [torneáðo, ða] 過分 形 ❶ 旋盤[ろくろかんな]で削り[加工した]. ❷ (身体・脚などが)やわらかい曲線の. — *Su novia tiene unas piernas largas y torneadas.* 彼の恋人の脚は長くてやわらかい曲線をなしている.
—— 男 旋盤[ろくろかんな]による加工.

torneador [torneaðór] 男 ❶ 旋盤工, 旋盤[ろくろかんな]で加工する人. 類 **tornero.** ❷ 馬上槍試合の出場者.

tornear [torneár] 他 を旋盤[ろくろかんな]で削る[加工する], 旋削する. —— 自 ❶ ぐるぐる回る, 回転する, 旋回する. ❷ あれこれと考えを巡らす. ❸ (中世の)馬上槍試合に出る.

torneo [tornéo] 男 ❶ トーナメント, 勝ち抜き戦. — *Ha ganado el ~ de golf.* 彼はゴルフのトーナメ

toro¹ 1871

ントで優勝した. ❷ (中世の)馬上槍試合. 類 **justa.**

tornería [tornería] 女 ❶ 旋盤作業[技術]; 旋盤加工, 旋盤[ろくろ]細工. ❷ 旋盤工場.

tornero, ra [tornéro, ra] 形 ❶ 旋盤工, 旋盤[ろくろかんな]で加工する. ❷ (修道院の)回式式受付台の係の. —— 名 ❶ 旋盤工, 旋盤[ろくろかんな]で加工する人. ❷ (修道院の)回転式受付台の係の修道士[修道女].

tornillería [tornijería] 女 ❶《集合的に》ねじ, ねじくぎ. ❷ ねじ製造業; ねじ販売業. ❸ ねじ販売店.

‡**tornillo** [tornijo] 男 ねじ, ねじくぎ, ボルト; 万力. ~ *de banco* 万力, バイス, クランプ. ~ *de rosca golosa* 木ネジ. ~ *sin fin* ウォーターギヤー. *apretar los tornillos* (人に)圧力をかける, はっぱをかける, 強要する. *Hay que apretar los tornillos a todos para que terminen cuanto antes.* できるだけ早く終えるよう皆にはっぱをかけねばならない.
faltar un tornillo 思慮分別を欠く, 頭が狂っている. *Sólo dice tonterías. Yo creo que le falta un tornillo.* 彼はいつもばかなことばかり言っている. 彼は頭が狂っていると私は思う.
tener flojos los tornillos 思慮分別が無い, 頭が狂っている. *¡Ha cometido el mismo error! ¡Tiene flojos los tornillos!* 同じ間違えをするなんて, 彼には思慮分別が無い.

torniquete [torniκéte] 男 ❶《医学》止血帯, 圧迫帯. — *Le hicieron un ~ en el brazo y lo trasladaron rápidamente al hospital.* 彼は止血帯を施され, ただちに病院に運ばれた. ❷ 回転木戸; 回転式改札口. — *En la entrada del recinto había un ~.* 場内への入口に回転木戸があった.

torniscón [tornisκón] 男《話》❶ つねること. 類 **pellizco.** ❷ 手の甲で人の顔や頭をたたくこと. 類 **bofetada, sopapo.**

‡**torno** [tórno] 男 ❶ (大工の)旋盤. ~ *de ceramista* [alfarero] 陶ろくろ. ❷《歯科》ドリル. ❸ (重い物を持ち上げる)ウインチ. ❹ 回転式の入り口. ❺ ~ *de banco* 万力.
en torno a ... (1) …に関して. *La conversación giró en torno a las próximas elecciones.* 会話は次の選挙について行われた. 類 **acerca de.** (2) …の回りに. *Los alumnos se sentaron en torno al profesor.* 生徒たちは先生の回りに座った. 類 **alrededor de.** (3) …ぐらい. *La casa me costó en torno al medio millón de euros.* 私の家は 50 万ユーロぐらいかかった.
en torno de ... …の周囲に, …に関して.

‡**toro¹** [tóro トロ] 男 ❶ 雄牛. — ~ *bravo* (闘牛の攻撃的な)牛. ~ *de lidia* 闘牛の牛. ~ *mejicano* 野牛. ❷《複》闘牛. — *ir a los ~s* 闘牛(見物)に行く. 類 **fiesta [corrida] de toros.** ❸ 強く逞しい男. — ~ *corrido* 熟練者, したたかな人. *Está hecho un ~.* 彼は逞しくなった. ❹《天体》雄牛座; 《占星》金牛宮(4月 20日から 5月 20日までの).
coger [agarrar, tomar] el toro por los cuernos 恐れず困難に立ち向かう. *Era tan valiente que cogió el toro por los cuernos.* 彼は勇敢にも困難を恐れず立ち向かった.

echar [***soltar***] ***el toro*** (人を)こっぴどく叱る,(人に)ずけずけ物を言う.
¡Otro toro! 話題を変えよう.
ver [***mirar***] ***los toros desde la barrera*** 高見の見物をする. Siempre *ve los toros desde la barrera* y nunca se mete en nada. 彼はいつも高見の見物ばかりで,決して首を突っ込まない.

toro² [tóro] 男 《建築》半円状の凸面をしたくり形,大王線(ﾀﾞｲｵｳｾﾝ). ❷《幾何》円環面体.

toronja [torónxa] 女《中南米》《植物》 ❶ グレープフルーツ(の実). 類 **pomelo**. ❷ ザボン(の実).

toronjil [toronxíl] 男《植物》メリッサ,セイヨウヤマハッカ. 類 **melisa, toronjina**.

toronjina [toronxína] 女《植物》メリッサ,セイヨウヤマハッカ. 類 **melisa, toronjil**.

toronjo [torónxo] 男《中南米》《植物》 ❶ グレープフルーツ(の木). 類 **pomelo**. ❷ ザボン(の木).

torozón [toroθón] 男 ❶《獣医》(激情を伴う)腸炎; 動物が腸炎であばれること. ❷ 不安,落着きのなさ. 類 **desazón, inquietud**.

:**torpe** [tórpe] 形 ❶ 動きが鈍い,のろい,よく動かない. —animal de movimientos ~s 動きののろい動物. Mi abuela ya está ~ (de movimientos). 祖母はもう体がよく動かない. Se ha vuelto ~ con los años. 彼は年をとるにつれて動きが鈍くなった. 類 **lento**. 反 **ágil**. ❷ [ser ~, +con/en/para] 不器用で,下手な,ぎこちない; 苦手な. —Soy ~ *en* las negociaciones. 私は交渉事が苦手だ. *Es ~ con* las manos./Tiene las manos ~s. 彼は手先が不器用だ. Soy muy ~ *para* [*con*] los trabajos manuales. 私は手仕事が大変不器用だ. *Es ~ para* obtener lo necesario. 彼は必要なものを得るために立ち回るのが下手だ. *Es muy ~ conduciendo*. 彼は大変運転が下手だ. 類 **inepto, inhábil, negado**. 反 **diestro, hábil, habilidoso, mañoso**. ❸ [ser ~] 頭の回転が鈍い,愚鈍な,愚かな,ばかな. —Ha sido la manera más ~ de perder las elecciones. 最も愚かな選挙での負け方だった. *Es muy ~ para* las matemáticas. 彼は数学ができない[得意ではない]. *Es muy ~ y no entiende nada de lo que le digo*. 彼は頭が鈍く,私の言っていることを全く理解できない. 類 **bruto, corto, incapaz, necio, tonto**. 反 **despierto, espabilado, inteligente, listo**. ❹ 淫らな,卑猥な,下劣な. —conversación ~ 猥談(ﾜｲﾀﾞﾝ). gesto ~ 卑猥な仕草. palabras ~s 猥褻(ﾜｲｾﾂ)な言葉. Le hizo ~s caricias en su espalda. 彼は彼女の背中をいやらしそうに撫でた. 類 **deshonesto, impúdico, lascivo**. ❺ 見当外れの,場違いな,不適切な. —~s comentarios 見当外れのコメント. disculparse de manera ~ ちぐはぐな言い訳をする. Ofendió a la anfitriona con su ~ desaliño. 彼は場違いなだらしない格好をして主人の気分を害した. 類 **desacertado, inoportuno**. 反 **opoutuno**.

más torpe que un arado《話》救いようのないばかな.

pelotón de los torpes《話》(勉強・訓練の)落ちこぼれ集団.

torpe de oído 耳の遠い.

torpedeamiento [torpedeamiénto] 男《軍事》魚雷攻撃. 類 **torpedeo**.

torpedear [torpedeár] 他 ❶《軍事》を魚雷で攻撃する. —El submarino *torpedeó* un buque enemigo. その潜水艦は敵艦を魚雷で攻撃した. ❷《比喩》(計画・政策など)を粉砕する,失敗させる. —El presidente de la empresa *torpedeó* el proyecto. その会社の社長が計画を粉砕した. 類 **boicotear, estorbar, impedir**.

torpedeo [torpedéo] 男《軍事》魚雷攻撃. 類 **torpedeamiento**.

torpedero, ra [torpedéro, ra] 形《軍事》(船が)魚雷を搭載した. —Fueron atacados por una lancha *torpedera*. 彼らは魚雷艇に攻撃された. — 名《軍事》 ❶ 魚雷[水雷]艇; 雷撃機. ❷ 魚雷射手.

torpedo [torpédo] 男 ❶《軍事》魚雷. —El submarino lanzó dos ~s contra el acorazado y lo hundió. 潜水艦は戦艦に2発の魚雷を発射し,これを撃沈した. ❷《魚類》シビレエイ.

torpemente [tórpeménte] 副 のろのろと; ぎこちなく,不器用に; 愚かにも.

:**torpeza** [torpéθa] 女 [< torpe] 女 ❶ 不器用さ,動きの鈍さ,のろま. —El muchacho maneja la herramienta con ~. その少年は工具を不器用に扱う. 類 **inhabilidad**. 反 **habilidad**. ❷ (*a*) 愚鈍,頭の鈍さ,うすのろ. —Nos reímos mucho de su ~. 私たちは彼の愚鈍さをおおいにあざわらった. 類 **necedad**. (*b*) ばかな言動,ぶざまな行為・態度),醜態. —cometer una ~ 醜態を演じる. Fue una ~ mía tener una cita con semejante hombre. あんな男とデートの約束をするなんて私はばかなことをした. ❸ 猥褻(ﾜｲｾﾂ)(な言葉・行為).

torpón, pona [torpón, póna] [< torpe] 形 (人が)反応の鈍い,のろまな,不器用な.

torpor [torpór] 男 ❶《医学》麻痺(ﾏﾋ),無感覚,しびれ. 類 **entumecimiento**. ❷ 不活発,無気力. —El anciano se mueve con ~. その老人はのろのろと動く.

torrado [toráđo] 過分 男 炒(ｲ)って塩をまぶしたエジプト豆.

torrar [torár] 他 (コーヒー・カカオなど)を炒(ｲ)る,ローストする; を(炒りすぎて)焦がす.

∗**torre** [tóre トレ] 女 ❶ 塔,やぐら,タワー. — ~ de Babel バベルの塔. ~ de control (空港の)管制塔. ~ de extracción 石油井戸のやぐら. encerrarse en una ~ de marfil 象牙の塔に閉じこもる(俗世間から隔絶して研究活動をするなど). las Torres Gemelas (ニューヨークの)ツインタワー. ❷ 高い建物,楼閣; 鐘楼. — ~ del homenaje (城の)天守閣. ~ de Madrid マドリードのスペイン広場の北側にある高層建物. ~ de viento 空中の楼閣. ❸ (チェスの)ルーク(将棋の飛車に相当). ❹ (軍艦の旋回)砲塔. ❺ (ラジオ・テレビ局の)送電専用の鉄塔. ❻ 《スペイン東北部》別荘. 類 **chalet, quinta**.

torrefacción [toref̱akθión] 女 炒(ｲ)ること,焙(ﾛｳ)じること.

torrefactar [torefaktár] 他 を炒(ｲ)る,焙(ﾛｳ)じる. 類 **tostar**.

torrefacto, ta [torefákto, ta] 形 炒(ｲ)った,焙(ﾛｳ)じた. —café ~ 炒ったコーヒー.

torreja [toréxa] 女《料理》フレンチトースト(= torrija). —Es tradicional comer ~s en Semana Santa. 聖週間にフレンチトーストを食べる伝統がある.

Torremolinos [toremolínos] 固名 トレモリノス(スペインの都市).

torrencial [toreṅθiál] 形 (雨が)激しい, 豪雨の(ような); (水流が)急な. —Cae una lluvia ~. 豪雨が降っている.

‡**torrente** [toréṅte] 男 ❶ 急流, 激流, 奔流. —En las montañas, las aguas se acumulan y forman un ~. 山間部では雨水が集まって急流となる. ❷ (a) (人々の)殺到; 大勢. —Un ~ de gente se dirigía hacia la plaza. 人々がその広場に殺到していた. (b) (物の)氾濫(はんらん); 大[多]量. —tener un ~ de voz 声量あふれる声をしている. Le caía un ~ de lágrimas por las mejillas. 彼女のほほにあふれる涙が流れていた.

torrentera [toreṅtéra] 女 渓流, 谷川; (水流によってできた)小渓谷. —En verano los ~s están secas. 夏にはそれらの渓流は干上がってしまう.

torrentoso, sa [toreṅtóso, sa] 形 《南米》激流の, 急流の. 類 **torrencial**.

torreón [toreóṅ] (<torre) 男 (城・広場の防衛のための)大きな塔[やぐら].

torrero [toréro] 男 灯台守(もり); (見張り塔の)見張り番. 類 **guardia, vigilante**.

Torres Naharro [tóres naáro] 固名 トーレス・ナーロ(バルトロメー Bartolomé ~)(1476?-1531?, スペインの詩人・劇作家).

torreta [toréta] (<torre) 女 ❶《軍事》司令塔; (大砲などの)砲塔, 銃座. —Los cañones de los barcos de guerra iban montados en ~s giratorias. 戦艦の大砲は回転砲塔に据え付けてあった. ❷(建物に付属した)小塔. ❸(通信用の)鉄塔.

torrezno [toréθno] 男《料理》油で揚げた豚の脂身; ベーコンフライ.

tórrido, da [tórido, ða] 形 ❶ 熱帯の. —zona tórrida 熱帯. 類 **tropical**. ❷ 灼熱(しゃくねつ)の, ひどく暑い. —Hemos tenido una noche tórrida. ゆうべはひどく暑かった. 類 **ardiente, caliente, sofocante**. 反 **gélido**.

torrija [toríxa] 女 ❶《料理》フレンチトースト(=torreja). ❷《話》酔い. 類 **borrachera**.

torsión [torsjóṅ] 女 ❶ ねじり, ねじれ. —balanza de ~ ねじり秤(ばかり). hacer una ~ ねじる. ❷《機械, 物理》トーション, ねじり力. —barra de ~ ねじり棒, トーションバー(車のサスペンションに用いる). momento de ~《物理》ねじりモーメント. ❸《医学》捻転(ねんてん). —~ intestinal 腸捻転.

torso [tórso] 男 ❶ (人の)胴体, 上半身. —Paseaba por el campo con el ~ desnudo. 彼は上半身裸で海岸を散歩していた. ❷《美術》トルソ(頭と手足のない人体像).

‡**torta** [tórta] 女 ❶《料理》ケーキ, パイ, トルテ; パイ状の塊. —hacer unas ~s de carne ミートパイを作る. A falta de pan buenas son ~s.《諺》有りあわせで間に合わせるしかない(←パンがなければケーキでもよい). 類 **bollo, golosina, pastel**. ❷《話》平手打ち, 殴打. —Si no te callas, te voy a dar una ~. もし黙らなければひっぱたくぞ. 類 **bofetada**. ❸《話》酔い. —coger [tener] una ~ 酔っぱらう[酔っぱらっている]. 類 **borrachera**. ❹《話》(衝突や転倒などの)衝撃, 打撃. —Se pegó una ~ con la moto y se rompió tres costillas. 彼はオートバイにぶつかって肋骨を3本折った. ❺《印刷》フォント(同じサイズや書体の活字のセット).

costar la torta un pan《話》苦労の割りには結果がよくない, 結局高くつく. Se pavonea del piso, pero le *costó la torta un pan*. 彼はマンションを手に入れていい気になっているが, たいした話ではない.

ni torta《話》まったく…ない. No entiende *ni torta* de ordenadores. 彼はコンピュータのことなんか全く分からない. No veo *ni torta*. 私には何にも見えない. 類 **nada**.

no estar el horno para tortas《話》今はその時ではない. No vendas esas acciones. *No está el horno para tortas*. その株は売るな. 未だその時ではない.

no tener ni media torta 弱い, 病弱である.

ser tortas y pan pintado《話》(1) いたって簡単なことである, なんの造作もないことである. Convencerle *es tortas y pan pintado*. 彼を説得するなんてことは簡単なことだ. (2) (損害, 労働などが)他と比べるとずっと少ない[軽い].

tortada [tortáða] 女 ❶《料理》(肉・菓子などを詰めた)パイ, ミートパイ. 類 **pastel, torta**. ❷《農業》(肥料・飼料用の)油かす. ❸《建築》しっくい.

tortazo [tortáθo] 男 ❶《話》平手打ち, びんた. —Le ha dado tal ~ que le ha dejado la marca en la cara. 彼は顔に跡が残るほどの平手打ちを食らった. 類 **bofetada, golpe, sopapo**. ❷ 激突; 衝撃. —Se dio un ~ con una bicicleta. 彼は自転車と激突した. 類 **choque, golpe, torta**.

tortícolis, torticolis [tortíkolis, tortikólis] 女《ときに 男, 単複同形》(寝違えなどによる)首の痛み;《医学》斜頚(しゃけい).

‡**tortilla** [tortíja] 女 ❶《料理》オムレツ. —~ (a la) española (ジャガイモ入りの)スペインオムレツ. ~ (a la) francesa (卵だけの)プレーンオムレツ. ~ paisana 野菜入りオムレツ. ❷《メキシコ, 中米》平たく丸いトウモロコシパン, タコスの皮.

hacer tortilla a... をペチャンコにする, 粉々にする. Esta máquina *hizo tortilla a*l coche. この機械は車をペチャンコにした.

volverse [cambiar] la tortilla 状況が正反対になる, 期待に反した結果になる; ツキが変わる. Se ha vuelto *la tortilla* y podremos ganar el partido. 状況が逆になったので我々は試合に勝てるだろう.

tortillera[1] [tortijéra] 女《俗》レスビアン. 類 **lesbiana**.

tortillero, ra[2] [tortijéro, ra] 名《メキシコ》トルティーリャ屋.

tortita [tortíta] (<torta) 女《料理》パンケーキ; (詰め物をした)パイ.

hacer [dar] tortitas (幼児などに)遊びで手をたたかせる.

tórtola [tórtola] 女《鳥類》キジバト.

tortolito, ta [tortolíto, ta] (<tórtolo) 形 ❶《話》未熟な, 不慣れな; おどおどした. —Cometes los errores propios de un ~. 君は初心者特有の間違いを犯している. 類 **inexperto**. ❷《話》(恋人同士が)仲睦まじい, べたべたしている.

tórtolo [tórtolo] 男 ❶《鳥類》キジバト. 複 恋人同士, カップル. —Los ~s hacían manitas en un banco del parque. その恋人たちは公園のベンチで手を絡めあっていた. 類 **novio**. ❷《鳥類》オスのキジバト.

Tortosa [tortósa] 固名 トルトーサ(スペインの都

市).

tortuga [tortúγa] 囡 《動物》(陸および海の)カメ(亀). —andar a paso de ～ のろのろと歩く.

tortuosidad [tortγosiðá(ð)] 囡 ❶ 曲がりくねっていること, 曲折. ❷ よこしまさ, 陰険さ, 悪質さ.

tortuoso, sa [tortγóso, sa] 形 ❶ 曲がりくねった, カーブの多い. —un camino ～ 曲がりくねった道. ❷ よこしまな, 陰険な, 悪質な. —Es muy ～ y nunca sé cuándo dice la verdad. 彼はとても悪質なので, 私は彼がいつ本当のことを言っているのか全然わからない. 類 **astuto, cauteloso, sinuoso**.

tortura [tortúra] 囡 ❶ 拷問, 責め苦. —El acusado confesó el delito mediante ～. 被告は拷問を受けて犯行を自白した. 類 **suplicio**. ❷ (精神的・肉体的な)苦痛, 苦悩, 苦しみ. —El secuestro del padre fue una ～ para todos. 父親の誘拐は皆にとって苦しみだった. El dolor de muelas es una ～ insoportable. 歯痛は耐えがたい苦痛だ. 類 **sufrimiento, suplicio, tormento**.

torturador, dora [torturaðór, ðóra] 形 拷問する. —— 名 拷問する人.

torturar [torturár] 他 ❶ を拷問にかける. —— al prisionero 囚人を拷問にかける. ❷ を苦しめる, 悩ませる, 責めさいなむ. —Lo *torturaban* unos horribles celos. 激しい嫉妬が彼を悩ませていた. 類 **atormentar**.

—— se 再 ひどく苦しむ, 悩む, 苦悩する. —*Me torturaba* pensando en el futuro que me esperaba. 私は先のことを考えて悩んでいた. 類 **atormentarse, padecer, sufrir**.

torva [tórβa] 囡 《気象》吹雪(ふぶき); 暴風雨, 暴風雪. 類 **nevasca, remolino, tempestad**.

torvo, va [tórβo, βa] 形 (目つきなどが)険しい, 恐ろしい. —una *torva* mirada 険しい目つき. 類 **horrendo, terrible**.

torz- [torθ-] 動 torcer の接・現在.

torzal [torθál] 男 ❶ 絹のより糸, 刺繡糸. 類 **hilo**. ❷ 〖南米〗(革の)編みひも; 革ひもの投げ輪.

tos [tós] 男 咳(せき), せきの出る病気. —tener ～ せきをする. fingir ～ (注意をひくためにわざと)せき払いをする. —ferina 百日咳. —perruna [de perro] 激しい咳. —seca から咳, 咳払い.

tosca [tóska] 囡 ❶ 凝灰岩. 類 **toba**. ❷ 歯石. 類 **sarro, toba**.

toscano, na [toskáno, na] 形 トスカーナ(Toscana, イタリア中西部の州)の; 《建築》トスカーナ様式の.

—— 男 トスカーナの住人[出身者].

—— 男 トスカーナ方言.

tosco, ca [tósko, ka] 形 ❶ 粗雑な, 雑な, 粗末な; 簡素な. —escultura *tosca* 荒削りの彫刻. tela *tosca* 地の粗い布, 粗布. hotel ～ ひなびた[簡素な]ホテル. mueble ～ 粗末な[簡素な]家具. acabado ～ 粗雑な仕上がり. 類 **basto, burdo**. 反 **delicado, refinado, trabajado**. ❷ 〖ser/estar+〗粗野な; 不作法な, 教養のない. —gesto ～ 粗野な仕草. mujer de modales ～s 不作法[がさつ]な女性. palabras *toscas* (中傷などの)粗野な[下品な]言葉. 類 **frosero, rudo, zafio**. 反 **cortés, fino**.

toser [tosér] 自 ❶ 咳(せき)をする, 咳が出る. —El niño *tose* sin parar. その子は咳が出て止まらない. ❷ わざと咳払いをする. —*Tosió* un poco para llamar mi atención. 彼は私の注意をひくために少し咳払いをした. ❸ 〖+a に〗対抗する, 匹敵する〖通常否定文で〗. —A *mí* nadie me *tose*. だれも私にはかなわない. A él no hay quien le *tosa* [jugando] al ajedrez. チェスのゲームをすれば彼は敵なしだ.

tósigo [tósiγo] 男 ❶ 毒, 毒物. 類 **ponzoña, veneno**. ❷ 悩み, 苦しみ, 苦悩. 類 **dolor, padecimiento, pena**.

tosigoso, sa¹ [tosiγóso, sa] 形 ❶ (人が)毒を盛られた. 類 **envenenado**. ❷ 有毒な, 毒入りの. 類 **envenenado, venenoso**.

tosigoso, sa² [tosiγóso, sa] 形 (人が)よく咳(せき)をする, 咳の発作のある.

tosquedad [toskeðá(ð)] 囡 ❶ 粗野, 無作法. —la ～ de un comportamiento ふるまいの無作法さ. 類 **incultura, rudeza, rusticidad**. ❷ 粗雑, 荒削りな感じ. 反 **refinamiento**.

tostada [tostáða] 囡 →tostado.

tostadero [tostaðéro] 男 ❶ (コーヒー豆の)焙煎(ばいせん)場; 焙煎器. —Su padre dirige un ～ de café. 彼の父はコーヒーの焙煎場を経営している. ❷ ひどく暑い場所; 灼熱(しゃくねつ)の地. —Esta casa en verano es un ～. この家は夏には蒸し風呂のようになる.

tostado, da [tostáðo, ða] 過分 ❶ こんがり焼いた, 炒った; きつね色の. —pan ～ 〖料理〗トースト. café ～ 炒ったコーヒー豆. maíz ～ 焼きトウモロコシ. una chaqueta de color ～ きつね色のジャケット. ❷ 日焼けした, 小麦色の. —cutis *tostado* 日焼けした肌. 類 **bronceado, moreno**. ❸ (a) 〖メキシコ〗きりきり舞いした. (b) 〖ベネズエラ〗頭のおかしい.

—— 男 ❶ こんがり焼くこと, 炒ること, 焙煎. ❷ 〖料理〗トースト, トーストサンド. ❸ (肌の)日焼け. ❹ 〖エクアドル〗焼きトウモロコシ.

tostador, dora [tostaðór, ðóra] 形 トーストする; 炒(い)る, 焙(ほう)じる.

—— 名 焼く[炒る, 焙じる]人.

—— 男 ❶ トースター, コーヒーロースター, 焙煎(ばいせん)器. —— eléctrico [de pan] トースター.

—— 囡 トースター(=tostador).

tostadura [tostaðúra] 囡 トーストすること; 炒(い)る[焙(ほう)じる]こと, 焙煎(ばいせん).

tostar [tostár] [5.1] 他 ❶ (食物, とくにパンなど)をきつね色に焼く, あぶる. —～ castañas [bellotas] 栗[どんぐり]を焼く. —un pollo キチンを焼く. 類 **dorar**. ❷ (皮膚)を焼く. —El sol y el mar han *tostado* su rostro. 太陽と海が彼の顔を真っ黒にした. 類 **broncear**. ❸ を熱する, 熱くする.

—— se 再 ❶ 焼ける. —Ya *se ha tostado* el pan. パンがもう焼けた. ❷ 熱くなる. —Por culpa de la calefacción *me estoy tostando*. 暖房のおかげで私は熱くなっている. ❸ 日焼けする. —*Se ha tostado* esquiando. 彼はスキーをして日焼けした.

tostón [tostón] 男 ❶ 〖話〗うんざりさせるような物[人]; 退屈な物[人]. —dar el ～ a ... をうんざりさせる. ¡Qué ～! まったくうんざりだ! ¡Vaya ～ de película! なんて退屈な映画だ! Mi suegra es un ～, habla demasiado. 私の姑(しゅうとめ)にはうんざりする, しゃべり過ぎだ. 類 **lata, tabarra**. ❷ 〖主に 複〗《料理》クルトン. —tomar la sopa con *tostones*

スープにクルトンを入れて飲む. 類**pica**t**oste**. ❸《料理》炒(い)ったガルバンソ豆. ❹《料理》揚げバナナ. ❺《料理》子豚の丸焼き. ❻《料理》トーストしてオリーブ油を塗ったパン. ❼焼け焦げた物[パン].

****total** [totál トタル] 形 ❶ **全体の, 全部の, 総計の.** —peso ～ 総重量. número ～ 総数. suma ～ de los gastos 支出総額. venta ～ 総売上げ. En cinco días hemos recorrido la mitad del camino ～. 私たちは5日間で全行程の半分を踏破した. ❷ **全面的な, 完全な.** —cambio ～ 全面的な変更. guerra ～ 全面戦争[総力戦]. hacer una reforma ～ del edificio 建物を全面的にリフォームする. sentir una ～ tranquilidad すっかり安心する. Algunos trabajadores tienen una ～ desconfianza en el nuevo gobierno. 労働者の一部は新政府に対し全面的な不信感を抱いている. 類**completo, íntegro**. 反**incompleto, parcial**. ❸《話》完璧な, 素晴らしい. —¡Qué música tan ～! なんて素晴らしい音楽だ! 類**completo, excelente**.

—— 男 ❶ **総計,** 合計, 総額. —el ～ de una deuda 負債総額. ～ de los gastos 支出総額. 類**suma**. ❷ **全体,** 全部, 全員. —～ de la población 総人口. Si se toma el ～ del país, el aumento de población supera el 10 por ciento. 国全体で見ると, 人口の増加は10パーセントを超えている. Aprobó la selectividad el ～ de mis alumnos. 私の生徒は全員が大学入学資格試験に合格した. 類**totalidad**. 反**parte**.

en total **全部で,** 合計で; *en total, en suma,* つまりは. Me cobraron ochenta euros *en total*. 全部で80ユーロとられた.

—— 副 ❶ **結局,** つまり, 要するに(=en fin, en resumen). —*T*～, que él no me quiere ayudar. 結局のところ彼は私の手助けはする気がないということだ. ❷〖無関心を表して〗実際のところ(=en realidad). —Esa corbata no me gusta pero da igual. *T*～, te la vas a comprar tú. そのネクタイは好きじゃないけどまあいいか. 実際君が買うわけだし.

:**totalidad** [totaliðá(ð)] 女 **全体,** 総体, 全部. —la ～ de los miembros メンバー全体. Esta obra ha salido bien en su ～. この作品は総体的によく出来た.

totalitario, ria [totalitárjo, rja] 形 ❶ 包括的な, 総括的な. —hacer [realizar] un estudio ～ 包括的な研究をする. 類**general, global**. 反**parcial**. ❷《政治》全体主義の, 全体主義的な. —régimen [sistema] ～ 全体主義体制.

totalitarismo [totalitarísmo] 男《政治》全体主義.

totalizar [totaliθár] [1.3] 他 を合計する, 総計する; 総計…に達する. —El coste de la obra *totalizó* cincuenta millones de euros. 工事費用は総額5千万ユーロに達した. 類**sumar**.

:**totalmente** [totálménte] 副 **全く, 完全に,** 全面的に. —Estoy ～ de acuerdo con Ud. あなたに全面的に賛成です. Dejó el cuarto ～ limpio. 私は部屋を完全にきれいにして明け渡した. El gobierno liberalizó ～ el mercado de los productos agrícolas. 政府は農作物市場を全面的に解放した.

tótem [tóten] 〖<オジブワ〗男 〖複 tótems [tótens], tótemes, tótenes〗 ❶ トーテム. ❷ トーテムポール.

tozudo 1875

totémico, ca [totémiko, ka] 形 トーテムの, トーテム崇拝の. —pilar ～ トーテムポール. religión totémica トーテム崇拝の宗教.

totemismo [totemísmo] 男 トーテム崇拝, トーテミズム.

totora [totóra] 女 《南米》《植物》ガマ; (チチカカ湖の)ガマ舟.

totovía [totoβía] 女 《鳥類》モリヒバリ.

totuma [totúma] 女 《植物》ヒョウタン(の実); ヒョウタンの実で作った容器.

totumo [totúmo] 男 《植物》ヒョウタン, ヒョウタンノキ. 類**güira**.

tótum revolútum [tótun r̄eβolútun]〖<ラテン〗男〖複 なし〗《話》混乱(状態), 乱雑. —Su habitación era un ～. 彼の部屋はひどい散らかりようだった. 類**desorden**.

tour [túr]〖<仏〗男〖複 tours [túrs]〗 ❶ ツアー, 周遊旅行. ❷ (音楽家・劇団などの)ツアー, 巡業, 公演旅行. 類**gira**.

tour de force [fórs] 離れわざ, 巧みなわざ.

tour operador 団体旅行業者.

tournée [turné]〖<仏〗女 ❶ ツアー, 周遊旅行. ❷ (音楽家・劇団などの)ツアー, 巡業, 公演旅行. 類**gira**.

tour-operador [túroperaðór]〖<英〗男 団体旅行業者.

toxemia [toksémja] 女 《医学》毒血症; 妊娠中毒症. —～ gravídica 妊娠中毒症.

toxicidad [toksiθiðá(ð)] 女 毒性, 有毒性. 類**venenosidad**.

tóxico, ca [tóksiko, ka] 形 有毒な, 毒性のある. —gas ～ 有毒ガス. Los productos ～s deben mantenerse fuera del alcance de los niños. 有毒な製品は子供の手の届かない所に置いておかねばならない. 類**venenoso**.

—— 男 毒物.

toxicología [toksikoloxía] 女 毒物学, 毒理学, 中毒学.

toxicológico, ca [toksikolóxiko, ka] 形 毒物学の, 毒理学の, 中毒学の.

toxicólogo, ga [toksikóloɣo, ɣa] 名 毒物学者, 毒理学者, 中毒学者.

toxicomanía [toksikomanía] 女 麻薬中毒, 麻酔中毒. —La ～ es un grave problema en la sociedad actual. 麻薬中毒は現代社会の深刻な問題である. 類**drogadicción**.

toxicómano, na [toksikómano, na] 形 麻薬中毒の.

—— 名 麻薬中毒患者.

toxicosis [toksikósis] 女 《医学》中毒症. —～ de embarazo 妊娠中毒症.

toxina [toksína] 女 毒素, トキシン. —En el sudor se eliminan ～s. 汗の中に毒素が排出される.

toxoplasmosis [toksoplasmósis] 女 《医学》トキソプラズマ症.

tozudez [toθuðéθ] 女 がんこ(さ), 強情(さ). 類**terquedad, testarudez**.

tozudo, da [toθúðo, ða] 形 (人が)がんこな, 強情な; (動物が)言うことを聞かない. —No lograrás que cambie de opinión porque es muy ～. 君は彼の意見を変えさせることができないだろう, 彼はとてもがんこだから. 類**cabezota, terco, testarudo**.

――名 がんこな人、強情な人.

tozuelo [toθwélo] 男 (動物の)首筋. 類 **cerviz**.

tra- [tra-] 接頭 [trans-の異形] ―*tra*ducir, *tra*yecto.

***traba** [tráβa] 女 ❶ (動物や物が動かないよう)結ぶもの、止めるもの; 足かせ, (馬の)足綱. ―poner una ~ en la rueda 車に車止めをつける. El caballo no puede moverse con las ~s. その馬は足綱のために動けない. ❷ 妨害, 障害, じゃま(物). ―No tienes ninguna ~ para casarte con ella. 君と彼女が結婚するための障害は何もない. 類 **impedimento**.
poner trabas 妨害する, じゃまする. Nadie pondrá trabas a la celebración del comité. 誰も委員会の開催を妨害しないだろう.

trabacuenta [traβakwénta] 女 ❶ 計算間違い. 類 **error**. ❷ 論争, 議論, 言い争い. 類 **debate, discusión, disputa, polémica**.

trabado, da [traβáðo, ða] 形 ❶ (逃げないように)つながれた, 足かせをはめられた, 両脚を縛られた(馬・囚人など). 類 **atado**. ❷ (話などが)まとまりのある, 首尾一貫した. 類 **coherente**. ❸ (馬などが)前脚が白い, 右前脚と左後脚[左前脚と右後脚]が白い. ❹ (マヨネーズなどのように)どろりとした, 粘り気のある. 類 **espeso**. ❺ 頑丈な, 強健な, たくましい. 類 **nervudo, robusto**. ❻ 〖言語〗(音節が)閉じた, 子音で終わっている, 閉音節の. 類 **cerrado**.

trabadura [traβaðúra] 女 結合, 結びつき, つなぎ止め. 類 **ligazón, unión**.

trabajado, da [traβaxáðo, ða] 過分 形 ❶ 丹精こめた, 念入りに作った. ―El escritor tiene un estilo muy ~. この作家はとても精緻な文体を持っている. Presentó un proyecto poco ~. 彼はいい加減に作った企画を提出した. 類 **elaborado, esmerado**. ❷ (仕事などで)疲れきった, 精魂尽き果てた. ―Mi padre ha sufrido mucho y está muy ~. 私の父はとても辛い目にあったのですっかり疲れ果ててしまった. 類 **agotado, rendido**.

‡**trabajador, dora** [traβaxaðór, ðóra] 形 ❶ よく働く, 勤勉な, 働き者の. ―Alicia es una persona muy *trabajadora*. アリシアはとてもよく働く人だ[働き者だ]. 類 **aplicado, diligente, laborioso**. 反 **gandul, holgazán, perezoso, vago**. ❷ 労働者の, 労働者階級の. ―clase *trabajadora* 労働者階級. juventud *trabajadora* 〖集合的に〗労働者の若者達.
――名 ❶ 労働者; 職工, 工員. ―~ mental 頭脳労働者. ~ de minas 鉱山労働者. ~ autónomo [independiente, por cuenta propia] 自営業者. ~ estacional 季節労働者. ~ industrial 工場労働者. ~ no calificado 未熟練労働者. ~ temporal 臨時労働者. ~ temporero 臨時[季節]労働者. Unión General de T~es (スペインの)労働総同盟(〖略〗U.G.T.). ~ infantil (開発途上国などの)児童労働者. ~ subcontratado 下請け労働者. ~ por cuenta ajena 被雇用労働者. ~ de la construcción 建設作業員. ~ social ソーシャルワーカー. reunión de los ~es 労働者集会. 類 **asalariado, jornalero, obrero**. ❷〘チリ〙〖鳥類〗セッカカマドドリ(雪下竃鳥).

trabajar [traβaxár トラバハル] 自 ❶ 働く, 仕事をする; 勉強する. ―En esta empresa *trabajan* mil personas. この企業では千人が働いている. Ha pasado todo el día *trabajando* en el campo. 彼は畑仕事をして丸1日を過ごした. Ese estudiante *trabaja* mucho. その学生はよく勉強する. Ese actor *trabaja* muy bien. その俳優はとても演技が上手だ. He comenzado a ~ en la tesis doctoral. 私は博士論文執筆の仕事にとりかかった. ❷〖+de+無冠詞名詞〗を職業としている, 職業は…だ, …の社員である. ―*Trabaja* de diseñadora. 彼女の職業はデザイナーだ. *Trabaja* en una casa comercial. 彼女は商社マンである. *Trabaja* como jardinero. 彼の職業は庭師だ. ❸ (a) 作業する, 稼働する. ―Han bajado los pedidos y las máquinas no *trabajan* a pleno rendimiento. 注文が減って, 機械はフル稼働していない. Los ordenadores *trabajan* según programas determinados. コンピュータは特定のプログラムに従って動く. 類 **funcionar. (b) 作用する, 働く, 力を発揮する. ―La naturaleza *trabaja* para vencer la infección. 自然は感染を克服しようと働く. ~ por la paz 平和のために活動する. ❹〖+con と〗取引する. ―Nuestra empresa *trabaja* con la de Julio. 我々の会社はフリオの会社と取引がある. *Trabajamos* con distintas agencias de viajes. 我々はいろいろな旅行代理店と取引している. ❺ (作物の収穫が)あがる. ―Cuanto más abonamos la tierra, más *trabaja*. 我々が土地に肥料をやればやるほど, 収穫が増える.
――他 ❶ を細工する, 加工する, …に手を加える. ―El cantero *trabaja* la piedra. 石工(いし)に手を加える. ~ la madera [el cuero] 木[皮革]を加工する. ❷ (土地・畑)を耕す. ―~ la tierra 畑を耕す. 類 **cultivar**. ❸ を働きかける, 目指す. ―Ha *trabajado* el ascenso. 彼は出世を目指した. *Trabajó* a su mujer para hacerle cambiar de idea. 彼は考えを変えさせるため妻に働きかけた. ❹ を勉強する, 学ぶ, 研究する. ―Sólo *trabaja* la filosofía. Parece que no le interesa otra cosa. 彼は哲学しか勉強しない. 他の事には興味がないようだ. ❺ ~ El panadero *trabaja* la masa. パン屋はパン生地をこねている. ❻ (体)を鍛える. ―*Trabaja* el músculo dorsal. 君, 背筋を鍛えないな. ❼ を悩ませる, 苦しめる, さいなむ. ―Lo *trabajaba* la idea del suicidio. 自殺という考えに彼は苦しんでいた. 類 **afligir, mortificar**.
――se 再〖+a に〗(懸命に)働きかける, 説得する. ―~ a los clientes 顧客たちに働きかける.
El que no trabaja, no come. 〖諺〗働かざる者, 食うべからず.

trabajo [traβáxo トラバホ] 男 仕事 ❶ (a) (心身の活動としての)仕事, 労働, 作業; 勉強, 研究. ―~ corporal [físico] 肉体労働. ~s forzados [forzosos] 重労働; いやな仕事. ~ intelectual 知的労働. ~ de equipo チームワーク. ~ de zapa 裏面工作. día de ~ 仕事日, 平日. Estamos en ~. 私たちは仕事中です. 類 **labor. (b) (為すべき)仕事, 業務; 就労. ~ por horas 時間業務. ~ por turno 交代制業務. He terminado el ~ de hoy. 私は今日の仕事を終えた. 類 **faena, tarea**. (c) (賃金を伴う)仕事, 職; 職場. ―ir al ~ 仕事に行く. No es un ~ bien pagado. これはあまり給料のよい職ではない. 類 **ocupación**. (d) (生産力としての)労働, 労働力. ―Este país ofrece ~ barato. この国は安い労働力を提供している. ❷ (仕事の結果としての)

作品, 著作, 研究(成果). — ~ de mano 手工細工. Ha pintado un maravilloso ~. 彼はすばらしい作品を描きあげた. Publicó un ~ sobre la sociedad actual de España. 彼は現代スペインの社会についての研究を発表した. 類**obra**. ❸ 努力; 苦労. — sin ~ わけなく, 容易に. Lo conseguí con ~. 私は苦労して, それを手に入れた. 類**dificultad, esfuerzo**. ❹ 圏 苦難, 辛苦, 苦労. — Pasó muchos ~s en su juventud. 彼は青春時代に多くの苦労を味わった. 類**apuros, dificultades, penalidades**. ❺《物理》仕事, 仕事量.

costar trabajo《事物が主語》…するのに骨がおれる, …するのに苦労する. Nos costó trabajo seguir el proyecto. 我々にとって, その計画を推進するのは骨がおれた. Eso me *costará* mucho *trabajo*. それは私にとって苦労の多いものになるだろう.

dar trabajo 手間がかかる, 面倒くさい.

de trabajo 仕事用の, 労働用の. ropa *de trabajo* 仕事着.

Trabajo te doy. 簡単にはいかないぞ.

trabajosamente [traβaxósaménte] 副 苦労して, 骨を折って, やっとのことで.

•**trabajoso, sa** [traβaxóso, sa] 形 ❶ 困難な, 厄介な, 骨の折れる. — triunfo ~ 苦戦の末の勝利. estudio ~ y complicado 複雑で困難な研究. Es un plato ~ de hacer. これは作るのに苦労する料理だ. Es ~ traducir una obra de ficción. フィクションを翻訳するのは難しい. Tuvo una vida dura y *trabajosa*. 彼はつらく苦しい生活を送った. 類**dificultoso, laborioso, penoso**. 反**descansado, llevadero**. ❷《中南米》気難しい.

trabalenguas [traβalénguas] 男《単複同形》早口言葉, 発音しにくい語句. — Repite este ~: Un tigre, dos tigres, tres tigres trigaban trigo en un trigal. この早口言葉を繰り返してごらん,「1頭のトラ, 2頭のトラ, 3頭のトラが小麦畑で小麦を混ぜ合わせている」.

trabamiento [traβamjénto] 男 接合, 結合.

‡**trabar** [traβár] 他 ❶ を結び合わせる, 接合[結合]させる, 組み合わせる. — El comunicante no *ha trabado* bien los temas de su ponencia. 発表者は自分の発表のいくつかのテーマをうまく関係づけなかった. ❷ (液)を濃くする, 濃縮する, …に粘りを与える. — ~ una salsa ソースを濃縮する. — ~ las claras 卵の白味に粘り気を与える(固く泡立てる). 類**espesar**. ❸ を開始する, 始める. — Raquel *traba* conversación con cualquier persona. ラケルはだれとでも(気軽に)口を利く. ~ amistades 交友関係を広げる. ~ batalla 戦闘を交える. 類**comenzar, emprender, entablar**. ❹ を捕らえる, 捕まえる, しっかりとつかむ. — El policía *trabó* al ladrón de la chaqueta. 警官は泥棒の上着をつかんだ. 類**asir, prender**. ❺ を阻害する, 邪魔する. — Intereses conflictivos *traban* las negociaciones. 衝突する利害のため交渉がはかどらない. 類**obstaculizar**. ❻ を固定する, …にかいものをする. — *Traba* la puerta para que entre aire. 風が入るようにドアにかいものをしなさい. *Trabaron* los maderos con unos alambres. 丸太はワイヤーで固定された.

—— 自 合う, 引っ掛かる. — Este gancho no *traba*. このホックは掛からない.

——**se** 再 ❶ (錠前・掛け金が)かみ合う. — La cerradura *se trabó*. 掛け金はかみ合った. ❷ (舌などが)もつれる, 口ごもる. — Estaba nervioso y *se le ha trabado* la lengua. 彼はあがっていて舌がもつれた. — *Se le trabaron* los pies en la cuerda y se cayó. 彼はロープ上で足がもつれて転落した. ❸ 固まる, 粘り気が出る. — Si bates las claras, *se traban*. 卵の白味をホイップすると, 粘り気が出る(クリームになる). ❹ 論争し合う; 戦火を交える. — Los dos *se trabaron* en el congreso. 2人は会議で論争した.

trabazón [traβaθón] 女 ❶ 接合(部), 結合(部), つなぎ. — La ~ de los maderos parece resistente. 角材の接合部は頑丈そうに見える. 類**enlace, unión**. ❷ (話の)つながり, まとまり, 首尾一貫性. — Su discurso carece de ~ y es incomprensible. 彼の演説はまとまりがなく, 何を言っているのかわからない. 類**coherencia, consistencia**. ❸ (マヨネーズなどの)とろみ, 粘り気. 類**consistencia, espesor**.

trabe [tráβe] 女《建築》梁(はり), 桁(けた). 類**viga**.

trabilla [traβíʎa] 女 (< traba) ❶《服飾》(ズボンなどの)ベルト通し. — meter el cinturón por las ~s del pantalón ズボンのベルト通しにベルトを通す. ❷《服飾》(足・靴の裏にかけてズボンなどを留める)小さなバンド, ストラップ. ❸《服飾》(上着・コートなどの)背ベルト.

trabucar [traβukár] [1.1] 他 ❶ (言葉・綴りなど)を言い間違える, 書き間違える. — ~ «celo» por «cero»「嫉妬」と「ゼロ」を言い[書き]間違える. 類**confundir**. ❷ を混同する, 取り違える, ごっちゃにする. — Siempre *trabuca* nuestros nombres. 彼はいつも私たちの名前を混同する. 類**confundir**. ❸ (順番・秩序など)を乱す, ごちゃごちゃにする. — El niño *ha trabucado* los libros en la estantería. その男の子は本棚の本をごちゃごちゃにしてしまった. 類**desordenar**.

——**se** 再 ❶ (順番・秩序などが)乱れる, ごちゃごちゃになる. — Con el traslado los papeles *se han trabucado*. 引越しで書類がごちゃごちゃになってしまった. 類**desordenarse, embarullarse**.

trabucazo [traβukáθo] 男 ❶ ラッパ銃の発射; ラッパ銃による負傷. ❷《比喩》衝撃的な事件, ショッキングな知らせ.

trabuco [traβúko] 男 ラッパ銃. ♦筒先がラッパのように開いた昔の近距離用の銃.

traca [tráka] 女 ❶ (導火線でつなげて次々に爆発するようになっている)爆竹[打ち上げ花火]. 類**cohete, petardo**. ❷ (花火ショーの最後を飾る)大爆発.

de traca《比喩, 軽蔑》茶番の, お笑いぐさの. La reunión ha sido *de traca*. 集会はひどい茶番だった.

trácala [trákala] 女《話》❶【メキシコ, プエルトリコ】ぺてん, 策略. 類**trampa**. ❷【エクアドル】群集; 暴徒.

tracalada [trakaláða] 女《話》❶【南米】群集; 多数. — una ~ de ... 多くの…. 類**muchedumbre**. ❷【メキシコ】ぺてん, 策略. 類**trampa**.

tracalero, ra [trakaléro, ra] 形《中南米》(人が)狡猾(こうかつ)な, ずるい, 悪賢い. 類**tramposo**.
—— 名《中南米》ぺてん師, 詐欺師. 類**estafador**.

tracamundana [trakamundána] 女 ❶《話》(がやがやした)騒ぎ, 混乱. 類**baraúnda, barullo, jaleo**. ❷《話》(安物の)交換, 取り替えっこ.

1878 tracción

類 cambalache.

tracción [trakθjón] 囡 引くこと, 牽引(ﾎﾟ)(力); 駆動. —〜 delantera [trasera] 前輪[後輪]駆動. doble 〜, 〜 a [en] las cuatro ruedas, 〜 integral [total] 四輪駆動. vehículo de 〜 animal 動物が引く乗り物. **類** arrastre.

trace(-) [traθé(-)] 動 trazar の接・現在.

tracé [traθé] 動 trazar の直・完了過去・1単.

tracería [traθería] 囡《建築》狭間(ﾊ ｻ ﾏ)飾り, トレーサリー(ゴシック建築の窓の上部などを飾る透かし彫り).

Tracia [tráθja] 固名 トラキア(バルカン半島の地方).

tracio, cia [tráθjo, θja] 形《歴史》トラキアの, トラキア人[語]の.
—— 名《歴史》トラキア人.
—— 男《歴史, 言語》トラキア語.

tracoma [trakóma] 男《医学》トラコーマ, トラホーム.

tractivo, va [traktíβo, βa] 形 牽引(ﾎﾟ)(用)の.

tracto [trákto] 男 ❶《解剖》管; (神経の)束. —〜 biliar 胆管. 〜 digestivo [gastrointestinal] 消化管. 〜 intestinal 腸管. ❷《カトリック》詠唱(ﾋ ｮ ｳ), トラクトゥス. ❸ (時間的な)間(ｱ ｲ ﾀﾞ), 間(ﾏ).

tractor, tora [traktór, tóra] 形 牽引(ﾎﾟ)する. — rueda tractora《機械》動輪, (自動車などの)駆動輪.
—— 男 トラクター; 牽引車. — enganchar el arado al 〜 鋤(ｽ ｷ)をトラクターにつなぐ. enganchar el remolque al 〜 トレーラーを牽引車につなぐ.

tractorista [traktorísta] 男女 トラクター運転者.

‡**tradición** [traðiθjón] 囡 ❶ 伝統; 慣習, しきたり. — Hay que seguir [mantener] la 〜. 伝統に従わ[を守ら]ねばならない. No podemos faltar a [romper con] la 〜. 我々は伝統を破ることはできない. **類** costumbre, hábito, práctica, uso. ❷ 伝説, 伝承, 言い伝え. — En esta comarca abundan las leyendas y tradiciones. この地方には伝説や言い伝えがたくさんある. **類** creencia, crónica, leyenda. ❸《司法》譲渡, 交付, 引渡し. **類** entrega.

‡**tradicional** [traðiθjonál] 形 ❶ 伝統的, 伝統的な, 慣習的, 慣例的な. — artesanía 〜 伝統工芸. costumbres 〜es 伝統的風習. fiesta 〜 伝統的な祭り. gramática 〜 伝統文法. Es 〜 comer cocido los domingos. 日曜日に煮込みを食べるのが古くからの習慣となっている. ❷ 昔ながらの, 昔風の, 保守的な. — pensamiento 〜 伝統的な[昔ながらの, 古くさい]考え方. partido político de ideas 〜es 保守的思想の政党. Sus padres son muy 〜es, por eso no les gustan las ideas muy nuevas. 彼の両親は昔風の人なので, 新しい考え方が嫌いだ. **類** conservador. **反** innovador, progresista. ❸ ありきたりの, 型にはまった, 平凡な. — Ella siempre viste de una manera 〜. 彼女はいつも型にはまった服装をしている. **類** corriente.

tradicionalismo [traðiθjonalismo] 男 伝統主義.

tradicionalista [traðiθjonalísta] 形 伝統主義的な, 伝統主義者の.
—— 男女 ❶ 伝統主義者. ❷《歴史》(19 世紀スペインの)カルロス党員, カルリスタ(carlista). ♦ 絶対君主制を支持.

tradicionalmente [traðiθjonálménte] 副 伝統的に.

‡**traducción** [traðukθjón] 囡 ❶ 翻訳(すること), 翻訳(したこと), 訳(文), 訳(文). — directa 外国語を自国語に翻訳すること(したもの). — inversa 自国語を外国語に翻訳すること(したもの). 〜 literal 直訳, 逐語訳. 〜 libre 意訳, 自由訳. **類** versión, traslación. ❷ (あるテキストや作品の)解釈. — Tiene su propia 〜 de la obra. 彼はその作品について独自の解釈をしている.

traducible [traðuθíβle] 形 翻訳可能な, 言い換え可能な.

***traducido, da** [traðuθíðo, ða] 過分 翻訳された.

‡‡traducir [traðuθír トラドゥシル] [9.3] 他 ❶ を翻訳する, 訳す. — Tradujo «Yerma» al japonés. 彼は『イェルマ』を日本語に訳した. ❷ (a) を表現する, 言い表わす. — No encontraba palabras adecuadas para 〜 mis sentimientos. 私は自分の感情を表現する適当なことばが見つからなかった. (b) を解説する, 説明する. — Le traduje al niño lo que me dijo el médico. 私は医者が私に言ったことを子供に説明してやった. **類** explicar, interpretar. ❸〔+en に〕を変える, 変化させる. **類** convertir, mudar, trocar.

——**se** 再〔+en に〕変わる. — Su deseo de fama se tradujo en una verdadera obsesión. 彼の名声欲は本当の強迫観念になった.

‡**traductor, tora** [traðuktór, tóra] 名 翻訳者, 訳者; 通訳[者]. — nota del 〜 訳注.
—— 形 翻訳する, 通訳の. — programa 〜《情報》翻訳プログラム.
—— 男《情報》翻訳ソフト, 翻訳ルーチン, トランスレータ.

traduj- [traðux-] 動 traducir の直・完了過去, 接・過去.

traduzca(-) [traðuθka(-)] 動 traducir の接・現在.

traduzco [traðúθko] 動 traducir の直・現在・1単.

traedizo, za [traeðíθo, θa] 形 持ち運びできる; よそから持ってきた.

*‡**traer** [traér トラエル] [10.4] 他 ❶ を持って来る, 連れて来る; 持参する. — Te he traído el disco que me pediste. 君に頼まれたレコードを持って来ました. Traeré a los niños en el coche. 私は車で子どもたちを連れて来ましょう. **反** llevar. ❷ を身にまとう, 身につけている, 着ている. — Ella trae un vestido muy elegante. 彼女は今日とてもしゃれたドレスを着ている. **類** llevar. ❸ …の原因・理由となる, を引き起こす, もたらす. — Este niño sólo me trae problemas. この子は私に問題ばかり起こしてくれる. La ociosidad trae muchos vicios. 無為は多くの悪徳の元だ. **類** causar, ocasionar. ❹ を含む, 掲載している, …が付いている. — Su gramática japonesa trae dos (cintas) cassettes. 彼のスペイン語文法書にはカセットテープを 2 つ付いている. Esa revista suele 〜 artículos interesantes. その雑誌は興味深い記事を載せるのが常である. ❺ を(ある状態・状況)にする, 置く. — Me trae loco con sus imperti-

nencias. 彼の無礼な言動に私は怒り狂っている. ~ inquieto 気をもませる. ❻ を持つ, 経験している. —*Traigo* mucha hambre. 私はとてもお腹が空いている. *Traigo* pruebas irrefutables. 私には反論の余地のない証拠がある.

por la cuenta que LE *trae* 自分自身のために, 悪いことを. *Por la cuenta que te trae*, estudia. 悪いことは言わないから勉強しておくれ.

traer a la memoria を思い出す, 懐かしむ. *Traigo a la memoria* mi juventud. 私は私の若かった頃を懐かしんでいる.

*traer*LE *al fresco* 《話》関係ない, 無関心である. *Me trae al fresco* lo que digan de mí. 私は自分のうわさには無関心だ.

traer a mal traer を苦しめる; 怒らせる. Que el niño no quiera ir a la escuela *trae a mal traer* a sus padres. その子が学校に行きたがらないので両親は困っている.

traer consigo を引き起こす. Sus declaraciones *trajeron consigo* problemas. 彼の証言は問題をもたらした.

traer cuenta 割に合う, 有利である. Este negocio nos *trae cuenta*. この取引は我々のそろばんに合う.

traer de acá para allá あちこちと引っ張り回す. Déjame en paz, no me *traigas de acá para allá*. ほっといてくれ, 私をあちこち引っ張り回さないでくれ.

traer de cabeza 《話》心配させる, 悩ませる. La física me *trae de cabeza*. 物理学は私にとって悩みの種だ.

*traér*SE*la floja* 《俗》関係ない, 無関心である. *Me la trae floja* que no me hayan invitado. 私は招かれなかったがどうでもいい.

traer sin cuidado 関係ない, 無関心である. Me *trae sin cuidado* lo que piensen. 彼らが何を考えようと私には関係ない.

traer y llevar をあちこち引っ張り回す, の目を回らせる. El guía me *trajo y me llevó* por Madrid. 私はガイドにマドリード中あちこち引っ張り回された.

—*se* 再 (を)たくらむ, 謀る. —Parece que *se traen* algo entre manos. 彼らは陰謀をたくらんでいるようだ. Quisiera saber qué *se traen* entre manos. 彼らが何を企んでいるのかできたら知りたいものだ.

traérselas 《話》(見かけよりも)難問を提起する, なかなかの難物である. Parece que es una buena chica, pero la verdad es que *se las trae*. 彼女は一見したところ善良な娘さんだが, 実はなかなかの難物.

trafagar [trafaɣár] [**1.2**] 自 ❶ 忙しく立ち働く, せかせかと動き回る. —Paula está *trafagando* en la cocina para preparar la fiesta. パウラはパーティーのしたくのために台所で忙しく立ち働いている. 類 ajetrearse, trajinar. ❷ 商売する, 商いをする. 類 comerciar, traficar.

tráfago [tráfaɣo] 男 ❶ 盛んな往来, 活気. —Hay mucho ~ en la calle. 街は往来がとても盛んだ. ❷ せわしなさ, 大忙し. 類 ajetreo, trajín.

Trafalgar [trafalɣár] 固名 (Cabo ~) トラファルガル(岬)(スペインの岬).

traficante [trafikánte] 男女 商人, 取引業者; 密売人. —banda de ~s de droga 麻薬密売団. ~ de inmigrantes 密入国斡旋業者.

— 形 〖+con/en〗を商う, 取引する, 密売する.

traficar [trafikár] [**1.1**] 自 〖+con, en〗(を)密売する, 闇で売買する. —~ con armas 武器を密売する.

****tráfico** [tráfiko トラフィコ] 男 ❶ 交通, 往来, 輸送, 運輸. —~ aéreo 空の交通, 航空輸送. ~ rodado 車両交通. policía 〖guardia〗 de ~ 交通巡査. ~ telefónico 電話回線による情報のやり取り. controlar el ~ 交通〖流通〗を管理〖規制〗する. accidente de ~ 交通事故. información de ~ 交通情報. infracción de ~ 交通違反. señales de ~ 交通標識. Hay mucho ~ en esta calle. この通りは交通量が多い. 類 circulación, tránsito. ❷ 《商業》交易, 貿易. —~ de divisas 外国為替取引. ~ intermedio 中継貿易. ~ de esclavos 《歴史》奴隷売買. ~ triangular 三角貿易. 類 comercio. ❸ 《俗》取引, 密売, 売買. —~ de drogas 麻薬の取引〖密売〗. ~ de personas 人身売買. ~ ilícito de armas 武器の不正売買. ~ de influencias 政治的影響力〖権力〗の不正利用. 類 comercio. 《通信》トラフィック.

trafique(-) [trafike(-)] 動 traficar の接・現在.

trafiqué [trafiké] 動 traficar の直・完了過去・1 単.

tragacanto [traɣakánto] 男 ❶ トラガカントゴム(トラガカントゴムノキから抽出するゴム質). ❷ 《植物》トラガカントゴムノキ.

tragaderas [traɣaðéras] 女複 ❶ 《話》のど, のどもと. —Se le ha clavado una espina en las ~s. 彼ののどに魚の骨が刺さってしまった. 類 faringe, garganta. ❷ 《話, 比喩》信じやすさ, お人よしであること. —Se creerá todo lo que le cuentes porque tiene muy buenas ~s. 彼はすぐ信じる人だから, 何を言ってもみんな信じてくれるだろう. ❸ 《話, 比喩》(不正などに対する)寛大さ, がまん強さ. —Para aguantar esta injusticia, hay que tener muchas ~s. この不正を耐えるには, よほどがまん強くなければならない. ❹ 《話, 比喩》(好き嫌いなく)何でもたくさん食べる能力. —No le preocupa la clase de comida porque tiene buenas ~s. 彼は何でもたくさん食べる人なので食べ物の質を気にしない.

tragadero [traɣaðéro] 男 ❶ (特に液体の)吸い込み口, 排水口. —tapar el ~ de la pila 流しの排水溝をふさぐ. 類 sumidero. ❷ 《話》のど (= tragaderas①). ❸ 《話》人をすぐ信じてしまうこと (= tragaderas②).

tragador, dora [traɣaðór, ðóra] 名 食いしん坊, 大食漢. — 形 食いしん坊の.

trágala [tráɣala] 男 ❶ 《歴史》トラガラ. ♦19 世紀初頭, 自由主義者が王党派を風刺した歌. «Trágala o muere...» で始まる. ❷ 大食漢.
cantar el trágala a ... 面と向かって(人)をあざ笑う.
a la trágala 無理やりに.

tragaldabas [traɣaldáβas] 男女 〖単複同形〗 ❶ 《話》食いしん坊, 大食家. 類 glotón, tragón. ❷ 《話》何でも信じる人, お人よし.

tragaleguas [traɣaléɣu̯as] 男女 〖単複同形〗 よく歩く人, 健脚家.

tragaluz [traɣalúθ] 男 〖複 tragaluces〗 天窓; 採光窓, 明かり取りの窓. —La buhardilla tiene un par de *tragaluces* para iluminarla. 屋根裏部屋には明かり取りのために2つの天窓がついている. [類] **claraboya**.

tragantada [traɣantáða] 囡 ごくんと飲み下すこと, 嚥下(&2). [類] **trago**.

tragantón, tona [traɣantón, tóna] 图 《話》食いしん坊, 大食家.
── 形 食いしん坊の.

tragantona [traɣantóna] 囡 ❶《話》大ごちそう, 大宴会; 飽食. [類] **comilona**. ❷《話》無理に飲み込むこと. ❸《話, 比喩》無理やり信じ込もうとすること.

tragaperras [traɣapéRas] 男/囡 [単複同形] スロットマシーン, (コインを入れる)ゲーム機 (= máquina tragaperras).

‡**tragar** [traɣár] [1.2] 他 **-se** 再 ❶ (a) を飲み込む, 嚥下(&2)する. ── *Me tragué* dos pastillas sin masticarlas. 私は錠剤を2錠かまずに飲み込んだ. *Se tragó* el caramelo entero. 彼はアメをそのまま飲み込んだ. (b) (水はけ)を良くする. ── Este tubo de desagüe no *traga* bien el agua. この排水管は水はけが良くない. [類] **deglutir**. (c) (水面にあるもの)を水没させる, 沈める. ── Las olas *se tragaron* la barca de pesca. 釣り舟は波に飲まれた. (d) を読み終える, (番組など)を最後まで見る. ── Ella *se tragó* tres novelas en una noche. 彼女は一晩に小説を3冊読み終えた. (e) をかきこむ, がつがつ食べる. ── Alberto *se tragó* el pastel entero en unos minutos. アルベルトはケーキを丸ごと数分で食べ尽くした. [類] **devorar, engullir**. ❷ を信じ込む, 鵜呑(ǎ)みにする. ── Le conté una mentira y *se la tragó*. 私が彼にうそをついたら彼はそれを信じ込んだ. [類] **creer**. ❸ を消費する, 使い果たす, (燃料など)を食う. ── Este aparato *traga* mucha electricidad. この器具は電気を多く食う. La obra *se tragó* más cemento del que creía. その工事は思っていたよりも多くのセメントを消費した. [類] **absorber, consumir**. ❹ (a) を我慢する, こらえる, …に耐える. ── Tuve que ─ toda clase de injurias. 私はありとあらゆる罵詈(ǎ)雑言(ǎǎ)に耐えねばならなかった. Nos tuvimos que ─ aquel largo discurso. 我々はあの長い演説を我慢して聞かねばならなかった. [類] **soportar**. (b) を抑える, 抑制する. ── *Se tragó* su orgullo. 彼は自分のプライドをぐっと抑えた. (c) を包み隠す. ── ─ el dolor 痛くないふりをする. ─ las lágrimas 泣きたいのをぐっとこらえる. [類] **aguantar, sufrir**.

── **se** 再《話》 ❶ にぶつかる, 衝突する. ── *Se tragó* una farola. 彼は街灯に衝突した. ❷ (信号など)を無視する. ── *-se* un semáforo 信号無視する.

no tragar, no poder tragar …に反感を抱く, を嫌う. *No lo tragó*; es un tío tacaño y presumido. あいつ大嫌いだ. けちで気さくな奴だから.

tragar saliva ぐっとこらえる, 抑える.

tragarse [*las palabras*] 前言を撤回する, 取り消す.

tragasables [traɣasáβles] 男 剣[ナイフ]を飲み込む軽業師.

tragasantos [traɣasántos] 男/囡《話, ときに軽蔑》信心深い人.

tragedia [traxéðja] 囡 ❶ (1編の)悲劇, (演劇ジャンルとしての)悲劇. ── "Bodas de Sangre" es una ─ de García Lorca.「血の結婚」はガルシア・ロルカの悲劇の1編だ. El autor sobresale en la ─. その作家は悲劇に秀でている. ❷ 悲劇的事件, 惨事. ── Sus proyectos terminaron [terminaron] en ─. 彼の計画は惨めな結末に終った. [類] **desastre, desdicha, desgracia, fracaso, infortunio**.

trágicamente [tráxikaménte] 副 ❶ いたましいことに, 悲惨なことに. ❷ 悲劇的に, 悲惨に.

‡**trágico, ca** [tráxiko, ka] 形 ❶ 悲劇の. ── novela *trágica* 悲劇小説. actor ─ 悲劇俳優. ❷ 悲劇的な, 悲惨な. ── accidente ─ [─ accidente] いたましい事故. Este cuadro representa la *trágica* historia del pueblo. この絵は民族の悲劇的な歴史を描いている. [類] **desgraciado, dramático**. [反] **cómico, feliz**. ❸ [ser/estar+]《話》悲観的な. ── ─ presagio. 不吉な前兆. [類] **pesimista**.

ponerse trágico (1)(物事を)深刻に受け取る, 悲観的になる. No te *pongas tan trágico*, que la próxima vez te saldrá bien. そう悲観的になるな. 次回はうまく行くさ. (2) (状況が)深刻になってる.

tomar por lo trágico (物事を)深刻に考える, 心配する.

── 图 悲劇作家 (= autor ─), 悲劇俳優[女優] (= actor ─ [actriz trágica]).

tragicomedia [traxikoméðja] 囡 ❶ 悲喜劇. ── ~ de Calisto y Melibea《文学》『カリストとリベアの悲喜劇』(Fernando de Rojas 作の戯曲形式の小説. 1499年. 通称 «La Celestina»). ❷ 悲劇的なできごと, 泣き笑い.

tragicómico, ca [traxikómiko, ka] 形 悲喜劇の; 悲喜劇的な.

‡**trago** [tráɣo] 男 ❶ (ひと飲みの)量, 一口. ── Hay que tomar un ─ de este jarabe tres veces al día. 日に3回この飲み薬を一口ずつ飲まねばならない. [類] **sorbo**. ❷《俗》酒(類); 飲酒. ── Vamos a tomar [echar(nos)] un ─. 一杯やろう. Él es aficionado al ─. 彼は酒好きだ. ❸《俗》不幸, 不運, 苦しみ. ── pasar un mal ─ [un ─ amargo] 苦しみを味わう. [類] **adversidad, disgusto, pena**.

a tragos 少しずつ. Se va mejorando *a tragos*. 彼は少しずつ良くなっていく. [類] **poco a poco**.

de un trago 一口で, 一気に. Se bebió la cerveza *de un trago*. 彼はビールを一気に飲み干してしまった.

tragón, gona [traɣón, ɣóna] [<trago] 形《話》大食の, がつがつ食べる.
── 图 大食家, 食いしん坊. ── El niño está gordo porque es un ─. この男の子はたくさん食べるので太っている.

tragonería [traɣonería] 囡《話》大食, 大食癖.

trague(-) [traɣe(-)] 動 tragar の接・現在.

tragué [traɣé] 動 tragar の直・完了過去・1単.

‡**traición** [trajθjón] 囡 ❶ 裏切り, 反逆, 背信. ── Sus hombres le hicieron ─. 部下たちは彼を裏切った. [類] **infidelidad, deslealtad, perfidia**. [反] **lealtad**. ❷ 反逆罪; 売国行為. ── alta ─ 大逆罪. cometer (el delito de) ─ 反逆罪を犯す.

a traición 裏切って. Le entregaron a los enemigos *a traición*. 彼は裏切られて敵に引き渡

された.

‡traicionar [traiθjonár] 他 ❶ を裏切る，…に背く. —Bruto *traicionó* a Julio César. ブルタスはジュリアス・シーザーを裏切った. Ella *traicionó* a su marido con otro hombre. 彼女は他の男と不倫を働いて夫を裏切った. 挫折させる. ❷ …の失敗[挫折]の原因となる を失敗させる. —Los nervios le *traicionaron* y suspendió el examen. 彼はあがってしまい，試験に落ちた. ❸ 〈無意識に〉を表わす，うっかり表に出す，露呈する. —Disimula alegría, pero su expresión la *traiciona*. 隠しても喜びが彼の表情からもれ出ている. 類**delatar**.

traicionero, ra [traiθjonéro, ra] 形 ❶ 裏切り(者)の，不実な. —acto ～ 裏切り行為. amigo [socio] ～ 裏切った仲間. ❷ 信用できない；見かけだおしの. —Cuidado con ese vino, que es muy ～. そのワインには気をつけろ，見てくればかりで強い. 類**engañador**. ❸ 暴露する. —Las *traicioneras* arrugas delatan que tiene más edad de la que dice. そのしわのせいで，彼が自分で言っているよりも年を取っていることがばれてしまっている. 類**revelador**. —— 名 裏切り者. 類**traidor**.

traída [traíða] 女 持ってくること，運び入れ，供給. —～ de aguas, ～ del agua 給水. canal de ～ 導水路. 類**abastecimiento, suministro**.

traído [traíðo] 動 traer の過去分詞.

*****traído, da** [traíðo, ða] 過分 〈＜traer〉持ってきた，もたらされた.
—— 形 使い古した，着古した. —Esta chaqueta está muy *traída*. このジャケットは相当着古している. 類**ajado**.
bien traído 〈話〉気の利いた，機知に富む.
traído por los pelos [*los cabellos*] 無理にこじつけた，ありそうもない.
traído y llevado 言い古された，陳腐な，話題にし尽くされた. tema *traído y llevado* さんざん議論されてきたテーマ，やつれは馴染みの話題.

‡traidor, dora [traiðór, ðóra] 形 ❶ 〔＋a〕〈…に対する〉裏切り(者)の，反逆の；二心ある，不実な. —acción *traidora* 裏切り行為. soldado ～ a la patria 祖国を裏切った兵士. ojos ～*es* ずるそうな眼差し；反抗的な目つき. con una sonrisa *traidora* 腹黒い微笑を浮かべて. Es un amigo ～ que no guarda los secretos. やつは秘密を守らない不実な友人だ. Es una política económica *traidora* a los intereses de la nación. それは国益に反する経済政策だ. 類**alevoso, desleal1, falso, infiel, traicionero**. 反**fiel, leal**. ❷〈話〉しておきたいことを〉暴く，隠しきれない. —Han empezado a salirle unas canas *traidoras*. 彼は年をのぞかせる白髪が出始めた. 類**acusador, delator, rebelador, traicionero**. ❸〈話〉見かけに反して危険な[有害な]，人をだます. —Ese vino tan dulce es muy ～ y enseguida te emborracha. その甘口のワインは大変口当りが良いが回りが速く，すぐに酔っ払ってしまうよ. No hace frío pero abrígate. Este vientecillo de la noche es muy ～. 寒くはないけど上着を着なさい. こういう夜風は要注意だよ. 類**enbañoso**. 反**beneficioso**. ❹ (馬などが)反抗的な，手に負えない，従順な. —caballo ～ 言うことを聞かない馬. 類**rebelde, desobediente**. 反**dócil**.
—— 名 裏切り者，反逆者；背信者，不実者. —～ a la patria 売国奴. 類**traicionero**.
Traductor, traidor. 【諺】翻訳者は裏切り者. ♦

翻訳は原文の文体・意を忠実に伝えることはできないものだ. イタリアの諺 "Traduttore Traditor" から来ている.
—— 男 反抗的な馬，じゃじゃ馬.

traidoramente [traiðoraménte] 副 裏切って，反逆的に.

traiga-, traigo- [tráiɣa, tráiɣo] 他 →traer.

traiga(-) [tráiɣa(-)] 動 traer の接・現在.

traigo [tráiɣo] 動 traer の直・現在・1単.

trailer, tráiler [tráiler] 〔＜英〕男〔複〕trailers, tráilers〕 ❶ トレーラー. —un ～ cargado de vigas de acero 鋼鉄の梁(はり)を積んだトレーラー. 類**remolque**. ❷〈映画〉予告編. —Pusieron un ～ del próximo estreno. 次回封切り映画の予告編をやった. 類**avance**.

traílla [traíʎa] 女 ❶ (動物，とくに狩猟や訓練のときに犬をつなぐ)革ひも，綱. 類**cuerda**. ❷ (皮ひもでつながれた)犬の一団. ❸〈技術〉地ならし機. ❹〈農業〉まぐわ.

traillar [traiʎár] [1.7] 他 (地面を)地ならし機[まぐわ]でならす，平らにする. 類**allanar**.

traína [traína] 女〈漁業〉引き網，トロール網(おもにイワシ漁でよく使われる).

trainera [trainéra] 女〈漁業〉引き網漁船，トロール船. ❶ イワシ漁船. ❷ (ボートレース用の)ボート.

traiña [traíɲa] 女〈漁業〉(イワシ漁用の大きな)引き網.

traj- [trax-] 動 traer の直・完了過去，接・過去.

Trajano [traxáno] 固名 トラヤヌス(マルクス・ウルピウス Marco Ulpio ～)(53-117, スペイン生まれのローマ皇帝，在位 98-117).

‡‡traje [tráxe トラヘ] 男 ❶ (*a*) スーツ(男性用は，上着とズボン，またはチョッキ，女性用は(女性用の上下から成る)仕立服，注文服. El hombre llevaba un ～ de color oscuro. その男はダーク・スーツを着ていた. (*b*) (特別な目的・用途の)衣服，…服，…着. —～ corto フラメンコの踊手や闘牛士などが着る短い上着とハウエストで腰の部分がぴったりとしたズボンから成る服. ～ de baño 水着. ～ de ceremonia [de etiqueta] (主に男性の)式服，正装；制服. ～ de diario [de casa] 平服，ふだん着. ～ de gala (男女の)正装，式服. ～ espacial 宇宙服. ～ de luces 金や銀の刺繍(ししゅう)のある闘牛士の服. ～ de noche (女性の)イブニングドレス. ～ de novia ウェディングドレス. (*c*) (外から見た全体の)服装，身なり. —Le tomaron por un rico debido a su ～. 彼の身なりから人々は彼を金持とみなした. 類**vestido, vestidura, prenda, ropa**. ❷ (ある時代，地方，階級などに特有な)服装，衣装. —un ～ típico de Japón 和服. el ～ regional asturiano アストゥリアス地方の民族衣装.

trajeado, da [traxeáðo, ða] 過分 形 正装した，身なりの良い. —bien [mal] ～ 身なりの良い[悪い].

trajear [traxeár] 他 (人に)服を着せる，正装させる；(人)に衣類をあてがう. —Mis padres se empeñaron en *trajearme* para la cena. 両親は私がディナーのために正装するように言い張った. 類**vestir**.
—— *se* 再 服を着る，(スーツ・ドレスなどで)正装する；

(自分の)衣服を買う.

trajín [traxín] 男 ❶《話》(せわしない)用事; 大忙し, 奔走. —He tenido tal ~ esta mañana que ahora estoy agotada. 今朝あまりに忙しかったので, いま私はくたくただ. Había mucho ~ en el restaurante y tuvimos que esperar una hora para comer. レストランはてんてこまいで, 私たちは食事するまで1時間待たなければならなかった. ❷《話》雑用, 用事. —el ~ de la casa 家事. ❸ 運送.

trajinante [traxinánte] 形 運送の.
—— 男女 ❶ 運送業者. ❷《話》あくせくしている人.

trajinar [traxinár] 自 ❶ 忙しく動き回る, あくせくして働く, 奔走する. —Los sábados no dejamos de ~ porque tenemos muchos clientes. 土曜日はお客がたくさんいるので, 私たちはずっと忙しく動き回っている. 類 ajetrear. ❷《俗》(愛情もなく)性交する.
—— 他 を運ぶ, 運搬する. 類 llevar, transportar.
——se 再 ❶《話》(人を)説得する, くどく. —Se está *trajinando* a sus padres para que le dejen ir de viaje. 彼は旅行に行かせてもらえるように両親にかけあっているところだ. ❷《俗》(愛情もなく)性交する.

trajinería [traxinería] 女 運搬, 配送. 類 **transportación, transporte**.

tralla [trája] 女 ❶ (先が房になっている)鞭(㌧); 鞭の先の房. —El conductor de la diligencia golpeaba a los caballos con la ~. 乗合馬車の運転手は馬たちを鞭打っていた. 類 **azote, látigo**. ❷ ロープ, 綱. 類 **correa, cuerda**.
dar tralla《比喩》厳しく批判する, 酷評する. Los críticos *dieron* mucha *tralla* a su última novela. 批評家たちは彼の新作の小説をこっぴどく批判した.

trallazo [trajáθo] 男 ❶ 鞭(㌧)打ち, 鞭打ちの音. —dar un ~ al caballo 馬に鞭を入れる. 類 **azote, latigazo**. ❷《比喩》厳しい批判, 激しい叱責. ❸《比喩》強い打撃; (サッカーの)強いキック, 強いシュート.

***trama** [tráma] 女 ❶ (小説や劇などの)筋(書き), 構想, プロット. —La ~ de esta novela no tiene nada de original. この小説の筋は全くありふれたものだ. 類 **argumento, enredo**. ❷ 陰謀, 陰謀, たくらみ. —~ terrorista テロ陰謀. Ligaron una ~ para que fracasara el proyecto. 彼らは計画が失敗するよう共謀した. Los servicios de inteligencia han descubierto una ~ golpista para el gobierno. 諜報員たちは政府に対するクーデターの陰謀を発見した. 類 **confabulación, intriga**. ❸ (織物の)横糸; (織物の横糸に使う)絹糸. 反 **urdimbre**. ❹ (テレビの)走査線.

:**tramar** [tramár] 他 ❶ (悪事を)たくらむ, 画策する. —Los revolucionarios *tramaron* un complot para derrocar al rey. 革命家たちは国王を倒すために陰謀をたくらんだ. 類 **maquinar, urdir**. ❷ (縦糸に)横糸を通す. ❸《グラフィック・アート》(イメージを)網目スクリーンにかける.

tramitación [tramitaθjón] 女 (一連の)手続き, 処理. —~ urgente del pasaporte パスポートの至急取得. ~ de documentos 書類の手続き. 類 **trámite**.

tramitar [tramitár] 他 の手続きを取る; を処理する. —Ha comenzado a ~ su divorcio. 彼は離婚の手続きを始めた. ~ su pasaporte パスポート取得の手続きをする. 類 **gestionar**.

:**trámite** [trámite] 男 (物事を行うための)手続き, 処理; 正式な手続き. —abreviar [acortar] los ~s 手続きを簡略化する. Cumplí con [Hice] los ~s necesarios para conseguir el pasaporte. 私はパスポートを手に入れるために必要な手続きをとった.

tramo [trámo] 男 ❶ (道路などの)区間, 一区切り; (土地の)区画. —~ único 単線. Algunos ~s de la carretera están en obras. その道路には1部の区間が工事中である. ❷ (2つの踊り場の間の)階段. —Hay cuatro ~s de escalera para llegar a mi casa. 私の家に着くまで, 間に踊り場が3つある階段を通る. ❸ (内容・期間を分割した)部分. —El curso se divide en dos ~s que se pueden hacer de forma independiente. その講義は2期に分かれていて, それぞれ独立に受講することができる.

tramontana [tramontána] 女 ❶ 北風. —La ~ es un viento frío y seco. 北風は冷たく乾いた風である. ❷ 北側; 北部. 類 **norte**. ❸《比喩》うぬぼれ, 驕(㌻)り, 尊大さ. 類 **altivez, soberbia, vanidad**.
perder la tramontana 落ち着きをなくす, うろたえる.

tramontano, na [tramontáno, na] 形 山の向こうの. —pueblo ~ 山の向こうの町.

tramontar [tramontár] 自 山の向こうへ行く; (太陽などが)山の陰に沈む. —El sol acaba de ~. 太陽がたった今山の陰に沈んだ.
—— 他 ❶ (人)が山の向こうへ逃げるのを助ける. ❷《比喩》(人)が逃げるのを助ける, (人)を逃がしてやる.
——se 再 ❶ 山の向こうへ逃げる. ❷《比喩》(危険から)身を隠す.

tramoya [tramója] 女 ❶《演劇》舞台装置, 仕掛け. —La ~ de este teatro tiene muchas posibilidades. この劇場の舞台装置でいろいろなことができる. 類 **máquina**. ❷《比喩》計略, 策略. —Maquinaron una ~ para que despidieran a Juan. 彼らはフアンがくびになるように一計を案じた. 類 **estratagema, trama**.

tramoyista [tramojísta] 男女 ❶《劇場》舞台(装置)係, 道具方, 裏方. ❷《比喩》計略家, 策士; ぺてん師.

:**trampa** [trámpa] 女 ❶ (動物を捕える)わな; 落し穴, おとり. —poner una ~ para liebres 野ウサギのわなを仕掛ける. ❷ (a) (人を陥れる)計略, 策略, わな. —armar una ~ al enemigo 敵を陥れる. Los rivales cayeron en la ~. ライバルたちは策略にはまった. 類 **ardid**. (b) (賭博の)いかさま, ぺてん. —Él hace ~s a veces en el juego. 彼はゲーム中に時々イカサマをする. (c) 手品, トリック. —No pudimos descubrir las ~s del prestidigitador. 私たちはその手品師のトリックを見破れなかった. ❸ (床の)上げ蓋, (地下へ通じる)戸; (カウンターなどのはね上げ扉. ❹ (滞った)借金. —~ adelante 借金返済のための別の借金.
coger en una [la] trampa だまして[いたずらをして]人を驚かす. Los niños se divertían *cogiendo* a los adultos *en la trampa*. 子供たちは大人をだまして楽しんでいた.

trampantojo [trampantóxo] 男《話》ごまか

し, トリック, わな. —No le faltaban ~s para engañarla y tenerla dominada. 彼女をだまして言う通りにさせるためのトリックは彼の手の内にいろいろあった. 類 **engañar**, **trampa**.

trampear [trampeár] 自 《話》 ❶ なんとかやりくりする, 苦しい生活を切り盛りする. —Murió el padre, y la familia va *trampeando* como puede. 父親が死に, 家族はできる限りのしかたで生き抜いている. ❷ 借金生活をする; 人から金をだまし取って[だまし借りして]生活する. —Durante años tuve que vivir *trampeando*. 何年もの間私は借金生活をしなければならなかった.
— 他 《話》 ❶ (苦境から逃れるため・楽をするために)(人)に嘘をつく, (人)をだます. —José ha *trampeado* a la maestra para irse antes de la escuela. ホセは学校を早退するために先生に嘘をついた. 類 **engañar**, **mentir**. ❷ (人)から金をだまし取る[だまし借りする].

trampería [trampería] 女 いんちき, 詐欺, ぺてん. 類 **engaño**, **falsedad**, **fraude**.

trampero, ra [trampéro, ra] 名 わなを使って狩をする猟師; わなを仕掛ける人.

trampilla [trampíja] [<trampa] 女 ❶ 《建築》(床または工事がけられた)揚げ戸. Hay que abrir la ~ para subir al desván. 屋根裏へ上るには揚げ戸を開けなければならない. 類 **trampa**. ❷ 《服飾》(ズボンなどの)フライ(ファスナー部分)を隠す穴. 類 **portañuela**.

trampista [trampísta] 名 いんちきをする人, いかさま師. 類 **tramposo**.
— 男女 いんちきをする, ずるい.

trampolín [trampolín] 男 ❶ 《体操》トランポリン. ❷ 《水泳》飛びこみ台. —salto de ~ 飛び板飛び込み. ❸ 《陸上》踏みきり板. ❹ 《スキー》ジャンプ台. —~ largo ラージヒル. ~ corto ノーマルヒル. ❺ (成功のための)踏み台. —Utilizaste a tu mejor amigo como ~ para ascender de puesto. 君はいちばんの親友を昇進のための踏み台に使った.

tramposo, sa [trampóso, sa] 形 (人が)いんちきをする, いかさまする, ずるい. 類 **fullero**.
— 名 ❶ いんちきをする人, いかさま師, 詐欺師. 類 **trampista**. ❷ 借金の返済を渋る人.

tranca [tráŋka] 女 ❶ 太い棒, こん棒. —Agredió al vecino con una ~. 彼は近所の人をこん棒で襲った. 類 **garrote**. ❷ かんぬき. —cerrar la puerta y echar [poner] la ~ ドアを閉めてかんぬきをかける. ❸ 《話》酔い, 泥酔. —coger [pillar] una ~ 《話》酔っ払う. 類 **borrachera**, **cogorza**.
a trancas y barrancas 《話》やっとのことで, 苦労のあげく. Beatriz terminó la carrera *a trancas y barrancas*. ベアトリスはなんとか大学を卒業した.

trancada [traŋkáða] 女 ❶ 広い歩幅; 大きな歩き. —Di una ~ para no pisar el charco de agua. 私は水たまりを踏まないために大またでまたいだ. 類 **tranco**, **zancada**.
en dos trancadas あっという間に, すぐに (=en dos trancos).

trancazo [traŋkáθo] 男 ❶ こん棒で殴(％)ること; 強打, こん棒で殴る. —darLE un ~ en la cabeza (人)の頭をこん棒で殴る. romper la puerta de un ~ ドアを押し破る. 類 **golpe**. ❷ 《話》ひどい風邪(%). 類 **catarro**, **gripe**, **resfriado**. ❸ 《俗》泥酔. 類 **borrachera**.

:trance [tránθe] 男 ❶ (決定的な)時, (重大な)時期; 危急の時. —el postrer [último] ~ 臨終. Entonces pasaba por un ~ muy difícil. 当時, 私は困難な時期を過ごしていた. En tal ~ no podía ni siquiera pedir socorro. あのような危機のさなか, 私は助けを求めることできなかった. ❷ 夢うつつ, 恍惚(ミミ), 昏(ミ)睡状態. —estar en ~ 夢うつつの状態である. despertar del ~ 昏(ミ)睡状態から覚める.
a todo trance どんなに犠牲を払っても, 危険をかえりみず. Voy a ayudarle *a todo trance*. どんなに犠牲を払っても私は彼を助けてやる.
en trance de (1) …の途中に. (2) まさに…するばかりの. Ella estaba *en trance de* llorar. 彼女は泣き出さんばかりであった.

tranco [tráŋko] 男 ❶ 大また, 大また歩き. —andar a (grandes) ~s 大またで歩く. 類 **trancada**, **zancada**. ❷ 跳躍. 類 **brinco**, **salto**. ❸ 敷居. 類 **umbral**.
a trancos 大急ぎで, あわてて. Te sale mal porque lo haces *a trancos*. 君はあわててやるからうまくいかないのだ.
en dos trancos あっという間に, すぐに (=en dos trancadas). *En dos trancos* llegas a la estación. 駅はすぐ近くだよ.

tranquera [traŋkéra] 女 ❶ 柵(ミ), 矢来(ミホ). 類 **barrera**, **estacada**, **valla**. ❷ 《南米》(柵についている)木戸.

tranquero [traŋkéro] 男 ❶ 《建築》楣(エャ)石. ◆戸や窓の上に架け渡す横材として用いる石. ❷ 《建築》戸枠[窓枠]用の石材.

tranquil [traŋkíl] 男 《建築》(おもりのついた下げ振り糸が示す)垂直線, 鉛直線.

:tranquilamente [traŋkilaménte] 副 ❶ 静かに, 穏やかに, 安らかに. —hablar ~ 静かに[穏やかに]話す. ❷ 安心して, 落ち着いて. —En este barrio la gente no puede pasear ~. この地区では人々は安心して散歩も出来ない. ❸ ゆっくりと, 急がず, 悠々と. —Vamos ~. ゆっくり行こう.

:tranquilidad [traŋkiliðá(ð)] 女 平静, 平穏; 落ち着き. —tener [perder la] ~ (人が)落ち着いている[落ち着きをなくす]. hablar con toda ~ とても冷静に話す.

tranquilizador, dora [traŋkiliθaðór, ðóra] 形 心をなごませる, 落ち着かせる. —palabras *tranquilizadoras* 心をなごませてくれる言葉.

tranquilizante [traŋkiliθánte] 男 《医学》鎮静剤, 精神安定剤, トランキライザー.
— 形 落ち着かせる, 鎮静させる; 《医学》精神安定(剤)の.

:tranquilizar [traŋkiliθár] [1.3] 他 (心)を平静にする, 落ち着かせる, 安心させる. —Trataba de ~ el ánimo oyendo música. 私は音楽を聞いて気持ちを静めようとしていた. La noticia me *tranquilizó*. そのニュースに私は安心した. 類 **sosegar**.
— se 再 平穏になる, 安心する, 落ち着く. —Me *tranquilicé* al saber que Pepe iba mejorando. ペペが快方に向かいつつあると知って私は一安心した. *Tranquilícese*, que no pasa nada. 安心してください, 何でもありませんから.

tranquilla [traŋkíja] [<tranca] 女 ❶ 掛け金, かんぬき. 類 **tranca**. ❷ 《話》(相手に本心を言わせるために掛ける)かま, (言葉の)わな. 類 **ardid**, **es-**

1884 tranquillo

tratagema.

tranquillo [traŋkíjo] 男 〖話〗こつ, 要領. — coger [dar con, pillar] el ～ de ... …のこつをつかむ, 要領を覚える. 類 maña, secreto, truco.

**tranquilo, la [traŋkílo, la トランキロ, ラ] 形 ❶ (場所・環境が)静かな, 閑静な, 穏やかな. — El mar está ～ hoy. 今日の海は穏やかだ. una zona residencial *tranquila* 閑静な住宅地. En la isla pasamos una noche *tranquila*. 島で私達は静かな一夜を過ごした. 類 apacible, calmado. 反 bullicioso, inquieto. ❷ 〖ser/estar＋〗(人が)穏やかな, 物静かな, おとない, おっとりした. — carácter ～ おっとりした性格. tono ～ 物静かな[落ち着いた]口調. El enfermo *está* hoy ～. 今日患者は落ち着いている. *Es* un hombre muy ～. 彼は大変おっとりした人だ. 類 apacible, sosegado. 反 inquieto, intranquilo, nervioso. ❸ 〖estar＋〗平静な, 動じない, 平然とした. — Se bebió dos botellas de vino y se quedó tan ～. 彼はワインをボトル2本飲み干しても全く動じなかった. 類 impasible. 反 intranquilo. ❹ (a)〖estar＋〗安心した, 安らかな, 心配のない. — sueño ～ 安らかな眠り. Me quedé ～ al oír su voz a través del teléfono. 私は彼の声を電話で聞いて安心した. 類 despreocupado. 反 intranquilo, preocupado. (b) 〖話〗〖間投詞的に〗; しばしば tranqui!〗大丈夫, 安心しなさい. —¡T～! [Tú *tranqui*]! No tienes que pensar en nada. 大丈夫. 君は何も考えなくていいからね. ❺ (物事・状況が)平穏な, 穏やかな, のんびりした. — cambio ～ ゆるやかな変化. llevar una vida *tranquila* のんびり[平穏無事に]暮らす. Aquí la vida es *tranquila*. ここでの生活は楽やかだ. 類 apacible, sereno. ❻ 良心に恥じる[やましい]ところがない. — tener la conciencia *tranquila* 良心にやましいところがない. ❼ (義務などに)だらしがない, いい加減な, 無頓着な. — Eres demasiado ～ con tus obligaciones. 君はあまりにいい加減で義務を果たさない. 類 despreocupado. 反 preocupado.

dejar tranquilo a ... (人)をそっとしておく. ¡*Déjalo tranquilo*! 彼をそっとしといてやれ.

Estáte [*Esté*] *tranquilo*. 落ち着きなさい; 安心しなさい.

trans- [trans-] 接頭 「越えて, 向う側へ, 貫いて, 変化」の意 (tras- という語形になることもある). — *trans*atlántico, *trans*formar, *trans*parente.

transacción [transakθjón] 女 ❶ (商業)取引, 売買(契約). —～ al contado 現金取引[売買]. ～ de capital 資本取引. ～ de divisas 外国為替取引. ～ invisible 貿易外収支. — monetaria 金融取引. La ～ ha producido beneficios a las dos empresas. その取引は双方の会社に利益をもたらした. 類 negocio, trato. ❷ 譲歩, 妥協. 類 concesión. ❸ 〖法律〗示談, 和解. 類 arreglo, reconciliación. ❹ 〖情報〗トランザクション.

transalpino, na [transalpíno, na] 形 (イタリアから見て)アルプスの向こう側の; アルプス横断の. 類 trasalpino. 反 cisalpino.

transandino, na [transandíno, na] 形 アンデスの向こう側の, アンデス横断の.
— 男 アンデス横断鉄道.

transar [transár] 自 〖中南米〗妥協する, 譲歩する. 類 transigir.
— 他 〖メキシコ〗〖話〗(人)からだまし取る.
— se 他 〖中南米〗妥協する, 譲歩する.

transatlántico, ca [transatlántiko, ka] 形 大西洋の向こうの; 大西洋横断の. — navegación *transatlántica* 大西洋横断航海.
— 男 大西洋横断定期船; 大型客船.

* **transbordador, trasbordador** [transβorðaðór, trasβorðaðór] 男 ❶ (川に川や運河などの)フェリー(ボート), 渡し船. スペースシャトル. — puente ～ (人や車両を対岸へ運ぶ)運搬橋. ～ espacial スペースシャトル. ～ funicular ケーブルカー.

* **transbordar** [transβorðár] 他 ❶ (貨物を)移し替える, 積み替える. — Los cargadores tardaron dos horas en ～ las cargas. 沖仲仕たちは船荷を積み替えるのに2時間かかった. ❷ を乗り換えさせる. — Tuvieron que ～ a los pasajeros a otro tren. 乗客たちは別の列車に移動を余儀なくされた.
— 自 乗り換える. — En la próxima estación tenemos que ～. 次の駅で我々は乗り換えねばならない.

transbordo [transβórðo] 男 乗り換え; 積み換え. — hacer ～ en el tren 汽車を乗り換える.

transcendencia [transθendénθja] 女 → trascendencia.

transcendental [transθendentál] → trascendental.

transcendentalismo [transθendentalísmo] → trascendentalismo.

***transcendente** [transθendénte] → trascendente.

transcender [transθendér] 自 他 ＝trascender.

transcontinental [transkontinentál] 形 大陸横断の. — ferrocarril ～ 大陸横断鉄道.

***transcribir** [transkriβír] 【3.3】他 ❶ (a) を転写する, 書き換える. —*Ha transcrito* el texto ruso en caracteres latinos. 彼はロシア語のテキストをラテン文字に書き換えた. 類 transliterar. (b) を文字化する. —～ una entrevista grabada 録音インタビューを筆記する. (c) を書き写す, 筆写する. (d) を音標文字[音声記号]で書き表わす. ❷ (感情)を書面に書き表わす. — Me costó trabajo ～ mis sentimientos en la carta. 手紙の中で私の感情を書き表わすのは骨が折れた. ❸ を(他の楽器用に)編曲する. — Juan está *transcribiendo* para orquesta una partitura de piano. フアンはピアノのための楽譜を管弦楽用に編曲している.

***transcripción** [transkripθjón] 女 ❶ (書かれたものや, 聞いたことを)書き写すこと, 転写, 複写; 写し(たもの). —～ de un discurso 講演の書き写し. ❷ (他の言語や文字への)書き換え; 書き換えたもの. — la ～ del texto griego en latín ギリシャ語テキストのラテン語への書き換え. ❸ 〖音楽〗編曲.

***transcurrir** [transkuřír] 自 (時が)過ぎる, 経過する, 推移する. —*Ha transcurrido* mucho tiempo desde aquel día. あの日から長い時が流れた. Mi juventud *transcurrió* en Córdoba. 私の青春時代はコルドバで過ぎた. 類 correr, pasar.

***transcurso, trascurso** [transkúrso, traskúrso] 男 (時間の)経過, 推移; 期間. — Con el ～ del tiempo se le olvidará lo que le ha pasado. 時間が経てば彼は起こったことをすっかり忘

れてしまうだろう．Tenemos que terminar el informe en el ～ de dos días. 私たちは2日間で報告書を作成せねばならない． 類**intervalo**.

transepto [transépto] 男 《建築》(教会の)袖(そで)廊, 翼廊(十字型の教会堂の左右の翼部).

‡**transeúnte** [transeúnte] 男女 ❶ 通行人, 通りがかりの人. —Muchos ～s se pararon para contemplar el accidente. 多くの通行人がその事故を見るために立ち止まった．類**peatón, viandante, caminante**. ❷ 短期滞在者. —No pienso vivir aquí, sólo soy un ～. 私はここに住むつもりはない．単なる短期滞在者だ．反**residente**.

—— 形 ❶ 通りがかりの, 歩行中の. —un peatón ～ 通行人, 歩行者. ❷ 短期滞在の, 仮の居住の. —viajeros ～s 短期滞在の旅客. ❸《医学》一過性の.

transexual [transeksuál] 形 性転換した; 異性化願望のある, 性同一性障害の.

—— 男女 性転換者; 異性化願望の持ち主.

transexualidad [transeksualiðá(ð)] 女 性転換; 異性化願望, 性同一性障害.

transferencia [transferénθja] 女 ❶ 譲渡; 名義変更. —～ de acciones 株式名義書き換え. 類**cesión, transmisión**. ❷ 為替, 振替, 送金. —～ bancaria 銀行振替. He hecho una ～ de 5.000 euros de mi cuenta a la tuya. 私は自分の口座から君の口座に 5,000 ユーロの送金をした. ❸ 移動, 移転. —～ de capital 資本の移転. —～ de un jugador 選手の移籍. 類**traspaso**. ❹《心理》感情転移. ❺《情報》転送.

transferible [transferíβle] 形 譲渡可能な; 移転[移動]できる. —El carnet de socio no es ～. 会員証は他人に譲渡できません. 反**intra(n)sferible**.

transferir [transferír] [7] 他 ❶ (人)を異動させる, (物・金など)を移動させる. —Han transferido al director a una sucursal de provincias porque no sabía dirigir. 部長は地方の支社に異動させられた. 類**mudar, trasladar**. ❷ (お金)を振りこむ, 送金する. —Me han transferido ya el dinero que me debían. 私は支払ってもらうべきだったお金をすでに振り込んでもらった. ❸ (財産・権利など)を譲渡する, 委譲する. —La abuela transfirió sus bienes a su nieta. 祖母は財産を孫娘に譲った. 類**ceder, traspasar**. ❹ (語の意味)を比喩によって変化[拡大]する. ❺ を延期する. 類**diferir, posponer**.

transfier- [transfjér-] 動 transferir の直・現在, 接・現在, 命令・2単.

transfiguración [transfiɣuraθjón] 女 ❶ 変貌(へんぼう), 変身. —sufrir una ～ 変貌を遂げる. ❷ (La T～)《聖書》キリストの変容「「マタイによる福音書」17章1-9節など]; 変容の祝日, 顕栄祭(8月6日).

transfigurar [transfiɣurár] 他 を変貌(へんぼう)させる. —El dolor le transfigura la expresión. 苦痛が彼の表情をゆがめている.

—— se 再 変貌する, 姿(すがた)を変える.

transfijo, ja [transfíxo, xa] 形 [刃物・とがった物で]突き刺された. 類**atravesado**.

transfir- [transfir-] 動 transferir の直・完了過去, 接・現在/過去, 現在分詞.

transfixión [transfiksjón] 女 (槍などの)貫通.

transformable [transformáβle] 形 変形できる, 変換可能な. —sillón ～ (en cama) ソファーベッド.

‡**transformación** [transformaθjón] 女 変形, 変換, 転換;《生物》変態. —Las costumbres del país están sufriendo una crucial ～. この国の習慣は今, 根本から変わりつつある.

transformacional [transformaθjonál] 形《言語》変形の. —gramática ～ 変形文法. 類**transformativo**.

‡**transformado, da** [transformáðo, ða] 過分 [<transformar(se)] 変形された, 加工された; 蘇生した;〚+en〛…に変えられた. —piel transformada 蘇生した皮膚. productos ～s de la carne 肉の加工品. conocimientos ～s en dogma 教条と化した知識.

*** transformador, dora** [transformaðór, ðóra] 形 変形する, 加工する. —industria transformadora 加工産業. idea transformadora 革新的思想.

—— 男《電気》変圧器, トランス.

‡**transformar** [transformár] 他 (a)(物)を変える, 変形させる, 変化させる. —Existe la necesidad de ～ los planes de estudio. 研究計画を変更する必要性がある. 類**cambiar**. (b)(人)を変える, 変容させる, 変貌(へんぼう)させる. —El trato con esa mujer le ha transformado. その女性との交際で彼は人が変わった. El ordenador ha transformado nuestra vida diaria. コンピューターは我々の日常生活を変えてしまった. (c)〚+en〛を変える, 加工する. —～ las uvas en vino ブドウをワインにする. ～ la harina en pan 小麦粉をパンにする. Las lluvias transformaron el campo de fútbol en un barrizal. 雨でサッカー場はぬかるみと化した. ❷ (a)《サッカー》(ペナルティー)を得点に変える, ゴールに入れる. —El delantero ha transformado el penalti en gol. ストライカーはペナルティキックでゴールを決めた. (b)《ラグビー》をコンバートする.

—— se 再〚+en〛に変わる, 変化する. —Él se transformó completamente después de casarse. 彼は結婚した後完全に人が変わった. Debido a la prolongada sequía, la llanura se tranformó en un desierto. 長びく干ばつのため, 平原は砂漠と化した. El agua, al hervir, se transforma en vapor. 水は沸騰すると蒸気になる.

—— 自《ラグビー》(トライの後)コンバートを決める.

transformativo, va [transformatíβo, βa] 形 ❶ 変化の, 変形の. ❷《言語》変形の. —gramática transformativa 変形文法. 類**transformacional**.

transformismo [transformísmo] 男 ❶《生物》生物変移説(かつての進化説の一つで, 今は行われない). ❷ 早変わりの芸.

transformista [transformísta] 形《生物》生物変移説の[を唱える]. —— 男女 ❶《生物》生物変移説支持者. ❷ 早変わりの芸人.

tránsfuga [tránsfuɣa] 男女 ❶ 脱走兵, 逃亡者. —Detuvieron al ～ en la frontera. その脱走兵は国境で捕らえられた. 類**fugitivo**. ❷ 転向者, 変節漢.

tránsfugo [tránsfuɣo] 男 = **tránsfuga**.

transfuguismo [transfuɣísmo] 男《政治》政党[派閥]を移籍すること.

transfundir [transfundír] 他 ❶ (a)(液体)

transfusión

を移し替える，注入する．<副義b>《医学》(血液)を輸血する．(話など)を広める，流布させる．**類** **difundir, divulgar**.

——se 再 (話などが)広まる，流布する．—*Se transfundió* la noticia de su divorcio. 彼らの離婚のニュースが広まった．**類 difundirse, divulgarse**.

transfusión [transfusjón] 囡 ❶《医学》輸血．— hacer una ~ (de sangre) al herido けが人に輸血する．❷(液体の)移し替え，注入．

transfusor, sora [transfusór, sóra] 形《医学》輸血の(を行なう)．—equipo ~ 輸血の設備．

transgredir [transɣreðír] 他《文》(法律など)を犯す，破る; に違反する．—*Transgredió* la ley y ahora está en la cárcel. 彼は法を犯し，今は刑務所にいる．**類 contravenir, infringir, violar**.

transgresión [transɣresjón] 囡《文》違反，違犯，違背．**類 violación**.

transgresor, sora [transɣresór, sóra] 形《文》(法律などに)違反する，違反した．
— 名 違反者．

transiberiano, na [transiβerjáno, na] 形 シベリア横断の．
— (el T~) シベリア横断鉄道．

⁑transición [transiθjón] 囡 ❶ 移り変わり，移行，変遷．— de tono《音楽》転調．~ de la sociedad feudal a la moderna 封建社会から近代社会への移行．**類 cambio, paso, mutación**. ❷ 過渡期，変わり目．—Estamos en una etapa de ~ política. 我々は政治的過渡期にいる．

transido, da [transíðo, ða] 形 [estar+, +de]《文》…に苦しんでいる，さいなまれている，打ちひしがれている．— ~ de dolor 悲しみに打ちひしがれた，痛みに苦しんでいる．~ de miedo 恐れおののいている．**類 angustiado, atormentado**.

transigencia [transixénθja] 囡 ❶ 妥協，譲歩．—No tiene la menor ~ por lograr un éxito. 彼は成功するためには少しも妥協しない．**compromiso, concesión**. **反 intransigencia**. ❷ 妥協的な態度，弱腰; 寛大さ．—Con tanta ~ vas a maleducar a tu hijo. そんなに寛容だと君は息子を甘やかすことになってしまうよ．**類 generosidad, indulgencia, tolerancia**.

transigente [transixénte] 形 寛容な; 妥協的な．—Sé más ~ y déjala volver tarde esta noche. もっと寛容になって今夜は彼女を遅くまで外出させてやりなさい．**類 tolerante**. **反 intransigente**.

⁕**transigir** [transixír] [3.6] 自 [+con と, en の ことで] ❶ 妥協する，折り合う，歩み寄る．—Al final no tuvo más remedio que ~. しまいには彼は妥協せざるをえなかった．No estoy dispuesto a ~ *en* mis principios. 私の主義主張を曲げるつもりはない．❷ を容認する，…に同意する．—No *transijo con* la hipocresía. 私は偽善を認めない．Mi padre no *transige con* mi boda. 父は私の結婚に同意しない．**類 consentir, tolerar**.

Transilvania [transilβánja] 固囡 (los Alpes de ~) トランシルバニア山脈(ルーマニアの山脈)．

transistor [transistór] 男 ❶《電気》トランジスタ．— de película delgada 薄膜トランジスタ, TFT. ❷ トランジスタ・ラジオ．

transistorizado, da [transistoriθáðo, ða] 形《電気》トランジスタを用いた，トランジスタ式の．

transitable [transitáβle] 形 (道などが)通行可能な．—Las máquinas quitanieves han hecho ~ la carretera. 除雪車が道路を通行可能にした．**反 intransitable**.

transitar [transitár] 自 [+por] 通行する，通る; (バスなどが)ときどき止まりながら走る．—Pocas personas *transitaban* por la Gran Vía a aquella hora. その時刻にグラン・ビーア通りを通る人は少なかった．**類 circular, pasar**.

transitivo, va [transitíβo, βa] 形《言語》他動詞の，他動詞構文の．—verbo ~ 他動詞．**反 intransitivo**.—男《言語》他動詞．

⁑**tránsito** [tránsito] 男 ❶ 通ること，通行，通過．—El ~ por este camino es peligroso. この道を通るのは危険だ．La carretera está cerrada al ~. 道路は通行止めになっている．**類 paso**. ❷ (人，車，船，航空機の)交通，往来; 交通量．—el ~ de peatones 歩行者の行き来．Hay poco ~ los fines de semana. 週末は交通量が少ない．**類 circulación, tráfico**. ❸ 輸送，運送，移動．—agente de ~ 運送会社．el ~ rodado 車輌(による)輸送．❹ (a)(特に聖母や聖人の)死，昇天．—~ al otro mundo あの世行き．(b) (T~) 聖母被昇天(祭) (8月15日)

de tránsito かりに，一時的に; (旅客，貨物が)通過中の．viajeros [mercancías] *de tránsito* 通過旅客[貨物]．puerto *de tránsito* 中継港．No me quedaré aquí mucho tiempo, sólo estoy *de tránsito*. 私は一時的に立ち寄っただけなので，ここには永く居るつもりはない．

hacer tránsito (旅や仕事の)途中で休息[宿泊]する．Durante la excursión *hicimos tránsito* dos veces. 遠足の途中私たちは2度休息した．

transitoriedad [transitorjeðá(ð)] 囡 はかなさ，移ろいやすさ，一過性．—la ~ de la vida humana 人の命のはかなさ．**類 fugacidad**.

⁕**transitorio, ria** [transitórjo, rja] 形 ❶ 一時的な，過渡的な，臨時の，暫定的な．—empleo ~ 臨時雇用; 臨時職．estado ~ 過渡[一時的]状態．período ~ 過渡期．instalación *transitoria* 仮設．señal *transitoria* (工事現場等の)仮設標識．disposiciones [medidas] *transitorias* 暫定措置．Su estancia en Tokio es *transitoria*. 彼の東京滞在は一時的なものだ．**類 temporal, pasajero**. **反 definitivo, permanente**. ❷ [ser+] はかない，束の間の，仮初めの; 現世の．—Esta vida es *transitoria*. この世ははかないものだ．ilusión *transitoria* はかない願望．**類 efímero, pasajero**.

albergue transitorio『アルゼンチン』ラブホテル．

translación [translaθjón] 囡 ❶《天文》(地球の)公転．—El movimiento de ~ de la Luna tiene lugar alrededor de la Tierra. 月の公転運動は地球のまわりで起きている．❷ 移動，移送．**類 desplazamiento, mudanza, traslado**. ❸《言語》比喩，転義．**類 metáfora**. ❹ 翻訳．**類 traducción**. ❺ 複写，転写．**類 copia**.

translaticio, cia [translatíθjo, θja] 形《言語》比喩(ひゆ)的な，転義の．—sentido ~ 比喩的な意味，転義．**類 figurado**. **反 recto**.

translimitación [translimitaθjón] 囡 ❶ やり過ぎ，逸脱; 越権(行為)．❷《軍事》侵犯, (軍隊による他国領土の)通過．**類 penetración**.

translimitar [translimitár] 他 ❶（権利など）を過剰に行使する;（常識・妥当な程度）を逸脱する. — ~ el derecho 越権行為をする. 類**infringir, transgredir**. ❷《軍事》(軍隊が他国との国境を) 通過する.
— **se** 再 度を過ごす, やり過ぎる; 越権行為をする.

transliteración [transliteraθjón] 女 《言語》翻字(ﾎﾝｼﾞ). ◆仮名からローマ字のように, 異なる文字体系に書きかえること.

translucidez [transluθiðéθ] 女 半透明.

translúcido, da [translúθiðo, ða] 形 透けて見える, 半透明の. — plástico ~ 半透明プラスチック. 類**transluciente**.

transluciente [transluθjénte] 形 半透明の. 類**translúcido**.

translucir [transluθír] [9.2] 他 = traslucir.

transmigración [transmiɣraθjón] 女 ❶《宗教》(霊魂の)乗り移り; 輪廻(ﾘﾝﾈ), 転生. — ~ de las almas 霊魂の乗り移り, 生まれ変わり. 類**metempsicosis, reencarnación**. ❷ 移住, 移民. — realizar una ~ 移住[移民]する. 類**emigración, inmigración, migración**.

transmigrar [transmiɣrár] 自 ❶《宗教》(人などが)生まれ変わる, 転生する;（霊魂の)乗り移る. 類**reencarnarse, trasmigrar**. ❷ 移住する,（民族が)移動する. 類**emigrar, inmigrar**.

transmisibilidad [transmisiβiliðá(ð)] 女 ❶ 伝達[送信]可能性. ❷ 伝染性; 遺伝しうること. ❸ 譲渡可能であること.

transmisible [transmisíβle] 形 ❶ 送る[伝える]ことのできる, 伝達[送信]可能な. ❷ 伝染性の; 遺伝しうる. ❸ 譲渡可能な.

***transmisión, trasmisión** [transmisjón, trasmisjón] 女 ❶ 伝達すること, 送ること, 伝達. — La internet ha facilitado mucho la ~ de las noticias. インターネットはニュースの伝達をとても容易にした. La ~ de la fuerza motriz se realiza por este aparato. 動力はこの装置によって伝えられる. ❷ 感染. — las rutas de ~ de la enfermedad 病気の感染ルート. enfermedad de ~ sexual 性行为感染症. ❸《機械》伝動[駆動]装置;（車の)トランスミッション, 変速機. — ~ delantera 前輪駆動. ~ trasera 後輪駆動. ❹ 放送, 中継; 送信. — ~ en directo 実況放送, 生中継. ❺ 継承, 委譲;《法律》譲渡. — ~ de bienes 財産の譲渡. derechos de ~ de bienes 遺産相続税. ~ de dominio 所有権の譲渡. ❻㊥《軍事》通信, 連絡.

transmisor, sora [transmisór, sóra] 形 ❶ 伝える, 伝達する; 伝染させる. — Las garrapatas son transmisoras de enfermedades. ダニは病気を媒介する. ❷ 送信する, 放送する.
— 男《通信》送信機. — El espía llevaba un pequeño transmisor en el bolsillo. スパイはポケットの中に小型の送信機を入れていた.

‡**transmitir** [transmitír] 他 ❶ (*a*)（情報を）伝える, 伝達する. — Al enterarme del fallecimiento del padre de mi amigo, le *transmití* mi pésame. 私の友人の父親の訃報(ﾌﾎｳ)に接し, 私は友人に弔意を伝えた. Le *transmitiré* tus saludos. 彼に君からよろしくと伝えておくよ. El noticiario de las seis *transmitió* la noticia. 6時のニュース番組がそのニュースを伝えた. (*b*)（動き)を伝える, 伝動する;《物理》伝導する. — El motor *transmite* el movimiento a las ruedas del coche. エンジンが運動を車の車輪に伝える. ❷ を放送する, 放映する, 中継する. — El canal 4 está *transmitiendo* en directo [en diferido] un partido de hockey sobre patines. 4チャンネルはローラー・ホッケーの試合を生[録画]中継している. ❸ をうつす, 感染させる. — La niña *transmitió* su gripe a los padres. 女児は両親にかぜをうつした. Un mosquito *transmite* la fiebre del Nilo. 蚊がナイル熱を伝染させる. 類**contagiar, pegar**. ❹ を譲渡する. — Han transmitido esa costumbre de generación en generación. その習慣は代々受け継がれた.
— **se** 再 （病気が)うつる, 伝染する. — La gripe *se transmitió* por todo el pueblo. インフルエンザは村中に伝染した. El SIDA *se transmite* de padres a hijos. エイズは両親から子どもに伝染する.

transmudar [transmuðár] 他 ❶ を移す, 移動[移転]させる. 類**mudar**. ❷（物質)を変化[変質]させる. 類**alterar, cambiar, convertir**. ❸ (人)の考えを変えさせる. — Su padre le *transmudó* de parecer. 父が彼の考え方を変えさせた. 類**cambiar, trasmudar**.
— **se** 再 ❶ 移る, 移動[移転]する. — *Se transmudó* de residencia. 彼は住まいを移した. 類**mudarse**. ❷ 変化[変質]する. — El enfado del niño *se transmudó* en súbita alegría. 男の子の怒りは突然の喜びに変わった. ❸ 考えを変える.

transmutable [transmutáβle] 形 変化[変形・変質]しうる. 類**cambiable, convertible**.

transmutación [transmutaθjón] 女 ❶ 変化, 変形, 変質. 類**cambio, transformación, trasmutación**. ❷《物理》(原子核の)変換. ❸《生物》(種の)変移.

transmutar [transmutár] 他 ❶ を…に変化[変形・変質]させる［+en］. — Jesucristo realizó el milagro de ~ el agua *en* vino. イエス・キリストは水をワインに変える奇跡を行なった. ❷《物理》(物質)を変換する.
— **se** 再 …に変化[変形・変質]する［+en］. — Su alegría *se transmutó* en llanto. 彼の喜びは涙に変わった. 類**convertirse, transformarse**.

transoceánico, ca [transoθeániko, ka] 形 ❶ 大洋の向こうの. ❷ 大洋横断の. — ruta transoceánica 大洋横断航路[航空路].

transpacífico, ca [transpaθífiko, ka] 形 ❶ 太平洋の向こうの. — regiones transpacíficas 太平洋の向こうの地域. 類**traspacífico**. ❷ 太平洋横断の. 類**traspacífico**.

‡**transparencia** [transparénθja] 女 ❶ 透明な状態[性質], 透明度. — la ~ del agua 水の透明度. el grado de ~ 透明度. 反**opacidad**. ❷ スライド; OHPのトランスパレンシー（フィルム).

transparentar [transparentár] 他 ❶ を透かして見せる. — Estas cortinas tan delgadas *transparentan* la luz. これらのカーテンはとても薄いので光を透かしてしまう. ❷ をほのめかす, うかがわせる. — Tus palabras *transparentan* los celos que sientes. 君の言葉から君が感じている嫉妬がわかる. 類**tra(n)slucir**.
— 自 透ける. — La gasa *transparenta*. 薄絹(ﾊﾞｸｹﾝ)は透ける(素材だ).
— **se** 再 ❶ 透ける, 透けて見える. — Es una tela tan fina que *se transparenta*. それはとても

薄い布なので透けて見える。❷《内心の感情などが》透けて見える, 表情に表れる. —En su mirada se transparentaba el odio. 彼の目つきの中に憎しみが表れていた. ❸《話》(人が)やせ細っている.

transparénte [transparénte] 形 ❶ 透明な, 透き通った. —caja de acrílico ～ 透明なアクリル製の箱. papel ～ 透き通った紙. 類diáfano. 類opaco. [＋ser/estar] 澄んだ, きれいな. —agua ～ 澄んだ[透明な]水. El aire *está* muy ～ hoy. 今日は空気が澄んでいる. ❸ 極めて薄い, 透けて見える. —cortina [tela] ～ (透けて見える)ごく薄手のカーテン[布地]. La chica tenía puesta solamente una bata ～ que dejaba ver el contorno de su cuerpo. その女の子は体の輪郭が透けて見えるガウンしか身に着けていなかった. 類translúcido. ❹ 明白な, 分かりやすい, 見え透いた. —mentira ～ 見え透いた嘘. Tus intenciones son ～s. 君の意図は明白だ. Habla de manera ～ para que podamos entenderte. 私たちに理解できるように分かりやすく話しなさい. 類claro. 反ambiguo, incomprensible. ❺《比喩》(情報などが)透明な, ガラス張りの, 情報を開示した; (人・性格が)包み隠しのない, 率直な. —gobierno ～ 透明な政府.

—— 男 ❶ (光を和らげる)薄手のカーテン, シェード, ブラインド. ❷《建築》(教会の祭壇奥の)ガラス窓, ステンドグラス. ❸ (El T～) スペインのトレド Toledo の大聖堂の礼拝所. ❹ (内側から照明を当てる)看板, 広告. ❺《アルゼンチン》掲示板 (＝tablón de anuncios).

transpiración [transpiraθjón] 女 ❶ 発汗. —La ～ permite regular la temperatura corporal. 発汗は体温の調節を可能にしている. 類sudor. ❷《植物》蒸散.

transpirar [transpirár] 自 ❶ 発汗する. —Hacía mucho calor y todo mi cuerpo transpiraba copiosamente. とても暑いので私は体じゅうから大汗をかいていた. 類sudar. ❷《植物》蒸散する. 他 (衣服などが)汗を通す. —Este abrigo no transpira. このコートは汗を通さない.

transpirenaico, ca [transpirenáiko, ka] 形 ❶ (スペインから見て)ピレネー山脈の向こう側の. ❷ ピレネー山脈横断の.

transplantado, da [transplantádo, ða] 名 内臓移植者, レシピエント. —～ de corazón [hígado, riñón] 心臓[肝臓, 腎臓]移植者.

transplantar [transplantár] 他 ＝trasplantar.

transpondr- [transpondr-] 動 transponer の未来, 過去未来.

transponér [transponér] [10.7] 他 ❶ を移す, 移転する; 移植する. —José *transpuso* su oficina a las afueras de la ciudad. ホセは自分のオフィスを市の郊外に移した. Ahora es la época de ～ los rosales. 今はバラを植えかえる時期だ. 類**transplanter**. ❷ を越える, 飛び越える. —El caballo *transpuso* la valla sin dificultad. 馬は障害物を難なく飛び越えた. ❸ を動揺させる, たじろがせる. —El severo tono de mi tío me *transpuso*. 叔父のきびしい口調に私はたじろいだ.

—— se 再 ❶ (太陽などが)沈む, 隠れる. —El sol se *traspuso* tras las montañas. 太陽は山々の陰に沈んだ. ❷ うとうとする, うたた寝をする. —Suele ～se después de la comida. 彼は昼食の後うたた寝するのがならわしだ. 類**adormitarse**. ❸ 動揺する, たじろぐ.

transportáble [transportáβle] 形 輸送できる; 持ち運びできる. —Se ha comprado un televisor ～. 彼はポータブル・テレビを買った. 類**portátil**.

transportación [transportaθjón] 女 輸送, 運送, 運搬. 類**tra(n)sportamiento, tra(n)sporte**.

transportador, dora [transportaðór, ðóra] 形 物を運ぶ, 運搬の. —cinta [banda] *transportadora* ベルトコンベア.

—— 男 ❶ 分度器. ❷《機械》コンベア, 運搬機. —— ～ aéreo ロープウェイ. ～ de correa [de cinta, mecánico] ベルトコンベア.

—— 名 運搬者.

transportamiento [transportamjénto] 男 輸送, 運送, 運搬. 類**tra(n)sportación, tra(n)sporte**.

transportár [transportár] 他 ❶ を運ぶ; 輸送する, 運搬する. —*Transportaron* los muebles en una furgoneta. 彼らは家具をワゴン車にのせて運んだ. El camión *transporta* pescado de Galicia a Madrid. トラックはガリシアからマドリードまで魚を運ぶ. ❷ (虚構の世界などへ)連れて行く, 誘う. —Esa película me *transportó* a un mundo de sueños y esperanzas. その映画は私を夢と希望の世界へといざなった. ❸ を夢中にさせる, 陶然とさせる, うっとりさせる. —La belleza de la chica me *transporta*. 女の子の美しさに私はうっとりする. ❹《音楽》を移調する.

—— se 再 うっとりとする, 我を忘れる. —Me *transporté* oyendo la interpretación de ese famoso director. 私はその有名な指揮者の演奏を聞いてうっとりとした. 類**extasiarse**.

transpórte [transpórte] 男 ❶ (a) 運送, 輸送; 輸送機関. —el ～ de mercancías 商品の運送. los ～s públicos [colectivos] 公共輸送機関. (b) (兵士や物資の)輸送船[機]. ❷ 有頂天; 逆上. —en un ～ de alegría [ira]. 喜びで[怒りで]有頂天になって[逆上して]. ❸《音楽》転調, 移調.

transportísta [transportísta] 男女 運送業者, 運搬人, トラック運転手.

—— 形 運送業の. —compañía ～ 運送会社.

transposición [transposiθjón] 女 ❶ 移動, 転移, 移し替え. 類**tra(n)sferencia, tra(n)sporte**. ❷《文法, 修辞》転置法. 類**hipérbaton**. ❸《数学》移項. ❹《音楽》移調.

transpus- [transpus-] 動 transponer の直・完了過去, 接・過去.

transubstanciación, transustanciación [transuβstanθjaθjón, transustanθjaθjón] 女《カトリック》化体(ك.), 全質変化(説). ◆パンとワインがキリストの肉と血になること.

transuránico, ca, transuránio, nia [transurániko, ka, transuránjo, nja] 形《化学》(原子番号がウランの 92 よりも大きい)超ウランの. —— 男《化学》超ウラン元素.

transvasár [transβasár] 他 ❶ (液体)を(他の容器に)移し替える《＋a》. —～ el vino de las cubas a las botellas ワインを樽から瓶に移す. ❷ (川の水など)を(他の川・湖などに)引く.

transvase [transβáse] 男 ❶ (液体の)移し替

え. ❷ 灌漑(ホミミ), 川の水などを他の川・溝などに引くこと; 灌漑路, 用水, 放水路.

transverberación [transβerβeraβjón] 囡 ❶ 貫通. ❷ penetración. ❸《カトリック》~ del corazón de Santa Teresa 聖テレサのトランスベルベラシオ(天使の矢が胸を貫いた神秘体験).

transversal [transβersál] 圏 ❶ 横切る, 横断の; (垂直に)交差する. —dar un corte ~ a la fruta 果物を横に切る. una calle ~ de [a] la Calle Mayor マヨール通りと交差する通り. 類 **perpendicular, tra(n)sverso, vertical**. 反 **consanguíneo**. ❷ 傍系親族の. 類 **colateral**. 反 **consanguíneo**.
—— 男女 傍系親族.
—— 囡 ❶《数学》横断線. ❷《+de と》交差する通り. —Vive en una ~ de Serrano. 彼はセラーノ通りと交差する通りに住んでいる.

transverso, sa [transβérso, sa] 圏 横向きの, 横断の. —músculo ~《解剖》横筋. 類 **tra(n)sversal**.

‡**tranvía** [trambía] 男 **市街電車**, (近郊の町を結ぶ)近距離電車; その路線・車輌.

tranviario, ria [tranbjárjo, rja] 圏 路面電車の. —Hay una línea *tranviaria* hasta la estación. 駅まで路面電車が通っている.
—— 名 路面電車の運転手[従業員].

trapa¹ [trápa] 囡 (La T~)《カトリック》トラピスト修道会.
—— 囡(男) (人々の足音や声の)騒ぎ《通常次の例文のように繰り返して使う》. —Se oía una [un] ~ ~ en la calle que no me dejaba dormir. 外が騒がしくて私は眠れなかった.

trapa² [trápa] 囡 複《海事》(船を固定する)綱, ロープ.

trapacear [trapaθeár] 自 詐欺を働く, いかさまをする; 不正取引をする. 類 **engañar**.

trapacería [trapaθería] 囡 詐欺(ホミ), いんちき; 不正取引. —Las ~s políticas son frecuentes en el país. その国では政治の不正が頻繁にある. 類 **engaño, fraude, trapaza**.

trapacero, ra [trapaθéro, ra] 圏 詐欺(ホミ)を働く, いかさま師の; 不正取引をする. —Nadie se ha comportado antes de un modo tan ~. 今までこんないんちきなふるまいかたをした人はだれもいなかった.
—— 名 詐欺師, いかさま師. 類 **engañoso, tramposo, trapacista**.

trapacista [trapaθísta] 圏 詐欺(ホミ)を働く, いかさま師の; 不正取引をする.
—— 名 詐欺師, いかさま師. 類 **engañoso, tramposo, trapacero**.

trapajo [trapáxo]〈<trapo〉男《軽蔑》ぼろ, ぼろ切れ, ぼろ布. —No sé cómo puedes salir a la calle con esos ~s. 私はどうして君がそんなぼろを着て外に出られるのかわからない. 類 **andrajo, pingajo**.

trapajoso, sa [trapaxóso, sa] 圏 ❶(人が)ぼろをまとった, (服が)ぼろぼろの. 類 **andrajoso**. ❷ 発音が不明瞭な, もそもそとしゃべる. —Habla de un modo ~. 彼は不明瞭に話す. 類 **inarticulado**.

trápala [trápala] 囡 ❶《話》騒ぎ, 喧騒(カミミ). —En la calle había mucha ~ a causa de un atraco. 通りは強盗事件のせいで大騒ぎになっていた. 類 **alboroto, jaleo**. ❷《話》ごまかし, いんちき, 詐欺(ホミ). —Se cree las ~s que le cuenta su amigo. 彼は友人の言ういんちきな話を信じこんでいる. 類 **embuste, engaño, fraude**. ❸ 馬の蹄(ホミ)の音; パカパカ擬音.
—— 男女《話》❶ うそつき, 詐欺師. 類 **engañoso, mentiroso, tramposo**. ❷ おしゃべりな人. —¡Menuda ~ es su mujer! Lleva una hora hablando sin parar. 彼の奥さんはたいへんなおしゃべりだ!もう1時間も休みなくしゃべっている. 類 **charlatán, parlanchín, trapalón**.

trapalear [trapaleár] 他 ❶(人が)大きな足音をたてる; (馬が)蹄(ホミ)の音をたてる. ❷《話》無駄口をたてる. 類 **cascar, charlar**.

trapalón, lona [trapalón, lóna] 圏《話》❶ おしゃべりな, やたらにしゃべる. —Me encontré con un buhonero trapisondista y ~. 私ははんかく早くておしゃべりな行商人と出会った. 類 **charlatán, parlanchín**. ❷ うそつきの. 類 **mentiroso**.
—— 《話》おしゃべりな人; うそつき.

trapatiesta [trapatjésta] 囡《話》けんか, 言い争いなどによる騒ぎ, 騒動. —armar [montar] una ~ 一悶着起こす. 類 **alboroto, bronca, gresca**.

trapaza [trapáθa]〈<ポルトガル〉囡 = **trapacería**.

trapeador [trapeaðór] 男《メキシコ, グアテマラ, チリ》モップ, 床ぞうきん. 類 **fregona**.

trapear [trapeár] 他《中南米》をぞうきん[モップ]でふく.
—— 自《3人称のみ》(大粒の)雪が降る.

trapecio [trapéθjo] 男 ❶(体操・サーカスの)ブランコ. 類 **columpio**. ❷《幾何》台形. —~ isósceles 等脚台形. ❸《解剖》(背筋上部の)僧帽筋. ❹《解剖》(手首の)大多角骨.

trapecista [trapeθísta] 男女 (サーカスの)空中ブランコ乗り.

trapense [trapénse] 圏《カトリック》トラピスト(修道会の).
—— 男女 トラピスト会修道士[修道女].

trapería [trapería] 囡 ❶《集合的に》ぼろ, ぼろ切れ, 布くず. ❷ (*a*) 古着屋, 中古衣料店. (*b*) 古道具屋, 中古店.

****trapero, ra** [trapéro, ra] 名 くず屋, 廃品回収業者.

trapezoidal [trapeθoiðál] 圏《幾何》不等辺四角形の.

trapezoide [trapeθóiðe] 男 ❶《幾何》不等辺四角形. ❷《解剖》(手首の)小多角骨.

trapiche [trapítʃe] 男 ❶(オリーブ・サトウキビなどの)圧搾機. ❷《中南米》(鉱石の)粉砕機.

trapichear [trapitʃeár] 自《話》❶ 陰でたくらむ, こそこそと策謀する. ❷ 小売りする; 小口の商売をする. —Se gana la vida *trapicheando* con lo que puede. 彼はできる範囲の小口の商売をして生活している. ❸ 非合法な小売り[小口の商売]をする.
—— **se** 再 服を脱ぎ着する, 着替える.

trapicheo [trapitʃéo] 男《話》❶《主に複》不正なやり口, こそこそとしたたくらみ. —andar con ~s 不正なやり方[裏取引]をする. Siempre anda metido en algún ~. 彼はいつも何かしらの不正に関わっている. ❷ 小売り; 小口の商売. ❸ 非合法な小売り; 非合法な小口の商売.

trapichero, ra [trapitʃéro, ra] 名 ❶ オリーブ

[サトウキビ]搾(½)りの職人. ❷《話》不正な[非合法な]商売をする人.

trapillo [trapíʝo] [<trapo]男 ❶ 小さなぼろ切れ. ❷《話》へそくり, わずかな貯え.
de trapillo 普段着の, 普段着の(のまま)で. Llevaba un traje *de trapillo*, inadecuado para aquella ocasión. 彼はその場にふさわしくない普段着姿だった.

trapío [trapío]男《話》❶ (闘牛用の牛の)姿の良さ, (闘牛用の牛の)闘志, 荒々しさ. —Aquel toro tenía ~. あの牛には闘志があった. ❷ (特に女性の)優雅さ, 気品. —Está casado con una señora de ~. 彼は気品ある女性と結婚している. 類**garbo, gracia**.

trapisonda [trapisónda]女《話》❶ 大げんか, もめごと, 騒ぎ. —armar ~s [una ~] 騒ぎを起こす. 類**alboroto, jaleo, riña**. ❷ 詐欺(ホ), いんちき, ぺてん. 類**engaño, fraude**.
— 男女 =trapisondista.

trapisondear [trapisondeár]自《話》騒ぎを起こす. 類**alborotar**.

trapisondista [trapisondísta]男女《話》❶ けんか好き(な人); もめごとを起こす人, トラブルメーカー. ❷ 詐欺(ホ)師, ぺてん師.

trapito [trapíto] [<trapo]男 ❶ 小さなぼろ切れ. ❷ 複(特に女性の)衣服.
trapitos de cristianar 一張羅.

:**trapo** [trápo]男 ❶ (*a*) ぼろ, ぼろきれ; 端ぎれ. —Tapé la grieta con un ~. 私は割れ目をぼろでふさいだ. (*b*) ぞうきん, 布きん. —limpiar la mesa con un ~ 布きんでテーブルをふく. ❷ (船の全ての)帆. 類**velamen**. ❸《俗》(闘牛の)赤い布, ケープ, ムレタ. 類**capote, muleta**. ❹ (軽蔑的, 主に女性の)着物, 衣服. —Mi mujer sólo piensa en ~s. 女房は着物のことしか頭にない.
a todo trapo (1)《海軍》帆をいっぱいに張って. (2) 全速力で, 素早く. acudir *a todo trapo* 全速力で駆けつける. 類**a toda vela**.
estar hecho un trapo (肉体的・精神的に)ぼろぼろになる, 疲労こんぱいする. Estoy hecho un trapo después de ese duro partido. その激しい試合で私はくたくただ.
poner como un trapo (*sucio*) 人をしかりつける, 人をひどくののしる. El jefe le *puso como un trapo* por no haber cumplido sus deberes. 上司は彼がやるべきことをしなかったので彼をしかりつけた.
sacar [*salir*] *los trapos a relucir* [*a la colada*] 過去の古傷をほじくり出す[が暴露される]. En la riña me *sacó los trapos a relucir*. そのけんかで彼女は私の過去の古傷をほじくり出した.
soltar el trapo (こらえきれずに)泣き[笑い]出す. Ella no pudo contener las lágrimas [reprimir la risa] y *soltó el trapo*. 彼女は涙を[笑いを]こらえきれずに, ついに泣き[笑い]出した.

traque [tráke]男 ❶ (爆竹・花火などの)炸裂(ホ)する音. 類**estallido**. ❷ 導火線. ❸ (音のする)おなら. 類**pedo**.
a traque barraque《話》しょっちゅう, 何かにつけて. Viene a criticar a las vecinas *a traque barraque*. 彼はしょっちゅう近所の女性たちの悪口を言いにやって来る.

tráquea [trákea]女 ❶《解剖, 動物》気管. ❷《植物》導管.

traqueal [trakeál]形 ❶《解剖》気管の. —infección ~《医学》気管感染. ❷《動物》気管呼吸の. —animales ~*es* 気管呼吸の動物. ❸《植物》導管の.

traquear [trakeár]自 =traquetear.

traquearteria [trakeartéria]女《解剖》気管. 類**tráquea**.

traqueitis, traqueítis [trakéitis, trakeítis]女〔単複同形〕《医学》気管炎.

traqueo [trakéo]男 =traqueteo.

traqueotomía [trakeotomía]女《医学》気管切開(術).

traquetear [traketeár]自 (物が動いて)ごとごと[がたがた]と音をたてる, 大きな音を出す. —El camión *traqueteaba* en aquel camino pedregoso. トラックはあの砂利道で大きな音をたてていた. 類**traquear**.
— 他 ❶ を音をたてて振る[動かす]; (中身を混ぜるために瓶など)をよく振る. 類**agitar, mover, sacudir**. ❷ (鈴など)をじじゃんと鳴らす. 類**manosear**.

traqueteo [trakitéo]男 ❶ ごとごと[がたがた]いう音. —A lo lejos se oía el ~ del tren. 遠くで列車のごとごという音がしていた. ❷ (花火・爆竹などの, 続けざまの)炸裂(ホ)音.

traquido [trakíðo]男 ❶ 銃声. 類**disparo, estampido**. ❷ (木が折れたり, 物が壊れたりするときの)ぽきっ[ばきっ]という音. 類**chasquido**.

:**tras**¹ [tras トラス]前 ❶《場所》…の後ろで[に]; …の後を. —El sol comienza a ocultarse ~ la montaña. 太陽が山の陰に隠れ始める. Los niños corrían ~ un perro. 子供達が犬の後を追いかけていた. 類語*tras*は「すぐ後ろ」という意味が強い. 普通は *detrás de* を用いる. ❷《時間》…の後で. —*T*~ la muerte de su padre cambiaron mucho las cosas. 父親の死後, 生活が大きく変わった. ❸〔同一名詞(句)をつなげて〕次々に. —día ~ día 日に日に[毎日]. Se fumaba un cigarrillo ~ otro. 彼は次から次とタバコを吸っていた. ❹〔+不定詞〕…した後で; …したうえに, …したのに(それでも). —*T*~ descansar un rato reanudaremos el trabajo. しばらく休んだ後で仕事を再開しましょう. *T*~ comer todo, aún pidió más. 彼は全部食べた後さらに注文した.
tras de …の後ろで[に]; …の後で, …のうえ, さらに. *Tras de* los árbitros venían los jugadores. 審判員の後で選手達がやってきた. *Tras de* ser mala la comida, cara. その食事はまずい上に高い.

tras² [trás トラス]男《話》尻, 腰.

tras- [tras-]接頭 (trans- の異形) —*tras*ladar, *tras*nochar.

trasalcoba [trasalkóβa]女 (寝室の奥の)小部屋.

trasalpino, na [trasalpíno, na]形 =transalpino.

trasaltar [trasaltár]男 (教会の)祭壇の後ろ, 祭壇裏.

trasandino, na [trasandíno, na]形 =transandino.

trasatlántico, ca [trasatlántiko, ka]形 =transatlántico.

trasbordar [trasβorðár]他 =transbordar.

trasbordo [trasβórðo]男 =transbordo.

:**trascendencia** [trasθendénθja]女 ❶ 重要性, 重大さ. —Hay que reconocer la ~ que tiene este asunto. この件の持つ重要性を認識せねばならない. un problema de gran ~ [sin ~] 重大な[取るに足りない]問題. 類**envergadura, importancia, relevancia**. 反**intra(n)scendencia**. ❷ (秘密などが)漏れること, 伝わること. —Tratamos de evitar la ~ del secreto. 我々は秘密が漏れないように努めた. ❸ 超越, 卓越. —la ~ de su propio interés 個人の利益の超越. ❹ 見抜く力, 洞察力. —Con gran ~ adivinó el peligro. 彼は鋭い洞察力で危険を察知した.

*trascendental [trasθendentál] 形 ❶ 極めて重要な; 大変意義深い; 卓越した. —hecho de ~ importancia 極めて重大な出来事. decisión ~ para el futuro del país 国の将来にとって極めて重大な決定. 類**fundamental**. 反**intrascendente, irrelevante**. ❷ 〖哲学〗(a) 超越論的な; 〖神学〗(物や物質の存在が時間を超越する. —ente ~ 超越的存在. filosofía ~ 超越論的哲学. 類**trascendente**. (b) 〖カント哲学〗の先験的な. —idealismo ~ 先験的観念論(＝trascendentalismo). estética ~ 先験的感性論. objeto ~ 先験的対象. ❸ 〖数学〗超越の. —El pi es un número ~. πは超越数である. función ~ 超越関数. ◆非代数的な関数:指数関数 función exponencial, 対数関数 función logarítmica, 三角関数 función trigonométrica など.

*trascendentalismo [trasθendentalísmo] 男 〖哲学〗先験論.

*trascendente [trasθendénte] 形 ❶ 極めて重要な[意義深い]. 類**importante, relevante**. 反**intrascendente**. ❷ 〖哲学〗超越的な(例えばカント哲学であらゆる可能な経験を超越した). —ideas ~s 超越的概念. función ~ 〖心理〗(ユング心理学の)超越機能. el yo ~ 超越的自我. 類**fundamental, importante**. ❸ 〖数学〗超越の. —número ~ 超越数(代数式で表現できない数). curva ~ 超越曲線.

*trascender [trasθendér] [4.2] 自 ❶ (ニュースなどが)もれ伝わる, 知れ渡る. —El caso *ha trascendido* a la prensa. その事件は新聞の知るところとなった. Hasta ahora no *ha trascendido* el nombre del nuevo ministro. 新しい大臣の名前はまだ明らかになっていない. No pudieron evitar que el secreto *trascendiera*. 彼らは秘密が漏洩(ﾛｳｴｲ)するのを防ぐことはできなかった. 類**difundirse, divulgarse**. ❷〖文〗〖+a へ〗(影響などが)広がる, 波及する. —El descontento *ha trascendido* a otros sectores sociales. 不満は他の社会部門にも広がっている. El terrorismo de esa banda *trasciende* las fronteras. その集団のテロ行為は国境を越えて広がっている. 類**extenderse**. ❸〖文〗〖+de を〗越える, 超越する. —No puedo tomar una decisión que *trascienda* el ámbito de mis atribuciones. 私は自分の権限の範囲を越える決定をすることはできない. ❹〖哲学〗(経験・理などを)超越する, 先験的である.

— 他 ❶ を越える, 超越する. —Sus palabras *trascendieron* el ámbito del sentido común. 彼の発言は常識の範囲を越えた. La solidaridad humana *trasciende* las fronteras. 人間の連帯は国境を越える. La concesión de ese permiso *trasciende* a mis atribuciones. その許可の付与は私の権限を越える. 類**sobrepasar**. ❷ を見抜く, 推し量る. —Es imposible ~ las intenciones de un suicida. 自殺者意図を推察するのは不

trasfondo 1891

可能だ.

trascocina [traskoθína] 女 (台所の裏の)小部屋.

trascolar [traskolár] [5.1] 他 ❶ (液体)を漉(ｺ)す, 濾過(ﾛｶ)する. —el agua con un trozo de gasa 1 枚のガーゼで水を漉す. 類**colar**. ❷ を越える. —~ el río en la excursión. ハイキングで川を越える. 類**atravesar, cruzar**.

trasconejarse [traskonexárse] 再 ❶ (狩りで, 獲物が)猟犬の後ろにまわる, 猟犬をやり過ごす. ❷《話》(物が)なくなる, どこに行ったかわからなくなる. —Se me han *trasconejado* los apuntes que me prestaste. 君が貸してくれたノートがどこかへ行ってしまった. 類**extraviarse, perderse**.

trascordarse [traskorðárse] [5.1] 再 ❶ (…を)忘れる, と忘れる〖+de〗. —si no estoy *trascordado* 私のど忘れでなければ. Se ha *trascordado* de la promesa que me hizo. 彼は私にした約束を忘れてしまった. 類**olvidarse**.

trascoro [traskóro] 男 ❶ (教会の)聖歌隊席の奥の空間, 奥内陣. ❷ (教会の)聖歌隊席の後列.

trascorral [traskořál] 男 ❶ (農家の)家畜小屋[囲い場]の奥の空き地. ❷《話》尻(ｼﾘ). 類**culo, nalga, trasero**.

trascribir [traskriβír] 他 ＝transcribir.

trascripción [traskripθjón] 女 ＝transcripción.

trascuarto [traskwárto] 男 次の間, 控えの間.

trascurrir [traskuřír] 自 ＝transcurrir.

trascurso [traskúrso] 男 ＝transcurso.

trasdós [trasðós] 男 ❶ 〖建築〗(アーチ・丸天井の)外輪(ｹﾞｲ). ❷ 〖建築〗(柱の一部をさらに張り出した付け柱, 片蓋(ｶﾀﾌﾞﾀ)柱.

trasegar [traseɣár] [4.4] 他 ❶ (液体)を移し替える; (物)を移動させる. —~ el vino de la jarra a la botella ワインをつぼから瓶(ﾋﾞﾝ)に移す. —los libros del salón al estudio 本を広間から書庫に移す. 類**mudar, trasladar, trasvasar**. ❷ をひっくり返す, かき回す; ちらかす. —No *trasiegues* mis cajones. 私の引き出しの中身をかきまぜるな. 類**desordenar, revolver**. ❸《話》(アルコール飲料)をたくさん飲む. —Le gusta ~ vino tinto. 彼は赤ワインをしこたま飲むのが好きだ.

trasera[1] [traséra] 女 後ろ, 後部, 背後. —entrar por la ~ de la casa 家の裏口からはいる. Tienes abollada la ~ del coche. 君の車の後ろがへこんでいるよ. 反**delantera**.

‡**trasero, ra**[2] [traséro, ra] 形 うしろの, 後部の. —Él tomó asiento en la parte *trasera* del autobús. 彼はバスの後部に座った. 類**posterior, postrero**. 反**delantero**.

—— 男 ❶ おしり, 尻, 臀部(ﾃﾞﾝﾌﾞ) —El padre pegó a su hijo en el ~. 父親は自分の息子の尻をひっぱたいた. 類**culo, nalgas**. ❷ 複《俗》祖先, 先祖.

trasferencia [trasferénθja] 女 ＝transferencia.

trasferir [trasferír] [8.1] 他 ＝transferir.

trasfiguración [trasfiɣuraθjón] 女 ＝transfiguración.

trasfigurar [trasfiɣurár] 他 ＝transfigurar.

trasfixión [trasfiksjón] 女 ＝transfixión.

trasfondo [trasfóndo] 男 ❶ (比喩的な意味で)

の)背景; 背後の事情. — Para comprender esta obra hay que conocer el ~ histórico de su época. この作品を理解するためにはその時代の歴史的背景を知る必要がある. 類**fondo**. ❷ 隠された本音, 底意. — Detrás de aquella inusual amabilidad se escondía un ~ de interés. あの並はずれた親切のかげに, ひともうけしようという本音が隠れていたのだ. 類**intención**. ❸ (底·壁·仕切りの向こうの)隠れた物[場所]. — La maleta tenía un ~ en el que escondía la droga. そのスーツケースには隠し場所があり, 彼はそこに薬物を隠していた.

trasformación [trasformaθjón] 囡 =transformación.

trasformador [trasformaðór] 形 男 =transformador.

trasformar [trasformár] 他 =transformar.

trásfuga [trásfuɣa] 男女 =tránsfuga.

trasfundir [trasfundír] 他 =transfundir.

trasfusión [trasfusjón] 囡 =transfusión.

trasfusor, sora [trasfusór, sóra] 形 = transfusor.

trasgo [trásɣo] 男 ❶ 小鬼, 小悪魔, (いたずらな)小妖精. 類**duende**. ❷ いたずらっ子, わんぱく小僧.

trasgredir [trasɣreðír] 他 =transgredir.

trasgresión [trasɣresjón] 囡 =transgresión.

trasgresor, sora [trasɣresór, sóra] 形 名 =transgresor.

trashoguero, ra [trasoɣéro, ra] 形 (仕事に出ないで)家でぶらぶらしている, 怠惰な, なまけ者の. 類**perezoso, vago**.
— 名 なまけ者.
— 男 ❶ (暖炉の)背壁. ❷ (太い)薪(たきぎ). 類**leña**.

trashojar [trasoxár] 他 (本)にざっと目を通す; (ページ)をめくる. 類**hojear**.

trashumación [trasumaθjón] 囡 =trashumancia.

trashumancia [trasumánθja] 囡 移牧(季節ごとの家畜の移動). — La ~ es cada vez menos frecuente. 移牧は次第に回数が減ってきている.

trashumante [trasumánte] 形 季節によって移動する. — ganado ~ 移牧される家畜. rebaño ~ 移牧される家畜の群れ.

trashumar [trasumár] 自 (家畜などが)移牧する(季節ごとに新しい牧草地に移動する).

trasiego [trasjéɣo] 男 ❶ (特に液体の, 他の容器への)移し替え, 入れ替え, 詰め替え. — En el ~ se perdió parte del aceite. 油を移し替えるときに少しこぼれてしまった. 類**tra(n)svase**. ❷ 混乱; はたばたとした忙しさ. — ¡Menudo ~ hemos tenido con la mudanza! 全くばたばたと大変な引っ越しだった! 類**ajetreo, jaleo**.

trasijado, da [trasixáðo, ða] 形 やせ細った. 類**delgado, flaco**.

traslación [traslaθjón] 囡 =translación.

trasladable [traslaðáβle] 形 移動可能な.

‡**trasladar** [traslaðár] 他 ❶【+a へ】を移す, 移動する. — El abogado ha trasladado su oficina a un nuevo edificio. 弁護士は彼のオフィスを新築のビルに移した. ❷【+a へ】(人)を配置換えする. — Le trasladaron de la sección de contabilidad a la de asuntos generales. 彼は会計課から庶務課に配置換えされた. ❸【+a に】(会議の日時)を変更する, 延期する. — Han trasladado la apertura del congreso al próximo viernes. 会議の開会日がこんどの金曜日に変更になった. ❹【+a に】を訳す, 翻訳する. — El filólogo ha trasladado el texto latino al español. 文献学者はラテン語のテキストをスペイン語に訳した. ❺ を複写する, 転写する. 類**copiar**. ❻ を提出する, 上申する. — Trasladé mi opinión a la junta directiva. 私は私の意見書を重役会に提出した. ❼ (考えなど)を表現する, 形にする. — No es fácil ~ las vivencias al papel. 個人的経験を書き表すのは容易でない.

— **se** 再【+a に】引っ越す, 転居する. — Los González se han trasladado a Badajoz. ゴンサーレス一家はバダホスに転居した.

‡**traslado** [trasláðo] 男 ❶ (a) 移動, 移転; 転居, 転任. — el ~ de casa 引っ越し. Se realizó el ~ de un enfermo al hospital. 病人を病院へ移動した. Pedí un ~ a Barcelona. 私はバルセロナへの転任を願い出た. ❷ コピー, 複写. — dar ~ de una orden 注文書のコピーを送る. ❸ 《司法》告示[文], 通知書.

traslapar [traslapár] 他 ❶ (二つのもの)を一部重ね合わせる. 類**solapar**. ❷ をオーバーラップさせる.

traslapo [traslápo] 男 ❶ 重なり合うこと; 重なり合った部分, 重ね目. ❷ 《映画》オーバーラップ.

traslaticio, cia [traslatíθjo, θja] 形 =translaticio.

traslativo, va [traslatíβo, βa] 形 譲渡の, 委譲の. — título ~ de dominio 所有権譲渡証書.

traslúcido, da [traslúθiðo, ða] 形 =translúcido.

trasluciente [trasluθjénte] 形 =transluciente.

traslucir [trasluθír] [9.2] を(しばしば無意識に)示す, 表す, かいま見せる. — Su aspecto trasluce su categoría. 彼の外観が彼の身分を表している. El tono de sus palabras traslucía un ofensivo desprecio. 彼の口調には軽蔑の気持ちが見え隠れしていた. 類**revelar**.

— 自 ❶ 半透明である, 透けて見える. — Esa tela trasluce. その布地はすけて見える. ❷ (感情などが)かいま見える, 見て取れる. — dejar ~ かいま見せる, ほのめかす. Tu cara deja ~ el temor que sientes. 君の顔は君が感じている恐れをかいま見せている.

— **se** 再 ❶ 半透明である, 透けて見える. ❷ (感情などが)かいま見える, 見て取れる. — Las caras estaban tan serias que nada se les traslucía. 彼らの顔はあまりにもまじめで, 何も読み取れなかった.

traslumbrar [traslumbrár] 他 の目をくらませる. 類**deslumbrar**.

— **se** 再 ❶ 目がくらむ. ❷ ちらちらする; 突然現われてすぐ消える.

trasluz [trasluθ] 男 ❶ 透過光. — el ~ del amanecer por la ventana 窓からはいってくる夜明けの光. ❷ 反射光.

al trasluz 光に透かして. mirar los negativos de las fotos *al trasluz* 写真のネガを光に透かして見る.

trasmallo [trasmáʝo] 男 《漁業》刺し網; 刺し網漁.

trasmano [trasmáno] 男 (ゲームなどの)二番手, 後手.

a trasmano (1) 手の届かないところに. *La impresora me queda a trasmano y tengo que levantarme para coger los papeles.* プリンタは私の手の届かないところにあって, 紙を取るために立ちあがらなければならない. (2) 不便なところに; 人里離れたところに. *Yo gustaría ir a verte, pero tu casa me pilla a trasmano.* 君に会いに行きたいのだが, 君の家は私に行きにくいところにある. *Yo nací a trasmano, en estas sierras.* 私は人里離れたこの山脈で生まれた.

trasmigración [trasmiɣraθjón] 女 =transmigración.

trasmigrar [trasmiɣrár] 自 =transmigrar.

trasminar [trasminár] 他 ❶ (地面を)掘って地下道[坑道]を作る. — *El preso trasminó la celda y se fugó.* 囚人は独房の下を掘って逃走した. ❷ 浸透させる.
— 自 浸透する, にじみ出る.
— **se** 再 浸透する, にじみ出る. — *La humedad se trasmina por las paredes.* 湿気が壁に染み出ている. 類 **filtrarse**.

trasmisible [trasmisíβle] 形 =transmisible.

trasmitir [trasmitír] 他 =transmitir.

trasmudar [trasmuðár] 他 =transmudar.

trasmutable [trasmutáβle] 形 =transmutable.

trasmutación [trasmutaθjón] 女 =transmutación.

trasmutar [trasmutár] 他 =transmutar.

trasnochada [trasnotʃáða] 女 →trasnochado.

trasnochado, da [trasnotʃáðo, ða] 形 ❶ 古くなった; 新味のない, 陳腐な. — *lema ~* 手垢のついた文句. *naranja trasnochada* ひからびたオレンジ. *idea trasnochada* 新味のないアイデア. 類 **antiguo, anacrónico**. ❷ やつれた; 健康を損ねた. — *La vi trasnochada y envejecida.* 彼女はやつれて年老いたように見えた. 類 **desmejorado, maciento**.
— 女 夜更かし; 徹夜. — *Con la trasnochada de ayer estoy muerto de sueño.* 昨日夜更かししたので私は眠くてたまらない.

trasnochador, dora [trasnotʃaðór, ðóra] 形 夜更かしの, 宵っ張りの.
— 名 宵っ張り, 夜更かしする人.

‡**trasnochar** [trasnotʃár] 自 ❶ 徹夜する, 夜更かしをする. — *Cuando sale de fiesta los fines de semana suele ~. Él suele 週末パーティーに出かけると夜遅くなるのが常だ.* ❷ 外泊する.

trasnoche, trasnocho [trasnótʃe, trasnótʃo] 男 《話》夜ふかし; 徹夜. — *programa de ~* 深夜番組.

trasoír [trasoír] [10.2] 他 を聞き違える.

trasojado, da [trasoxáðo, ða] 形 やつれた; 目に隈ができた. 類 **demacrado, ojeroso**.

trasoñar [trasoɲár] [5.1] 他 を勘違いする; について思い違いする.

trasovado, da [trasoβáðo, ða] 形 《植物》(葉が)倒卵形の. ♦先の方が丸く広く, 元の方がすぼまった形.

traspapelar [traspapelár] 他 (書類を)紛失する. — *La secretaria ha traspapelado la factura y no la encuentra.* 秘書が送り状をなくしてしまい, 見つからない.
— **se** 再 (書類が)なくなる, 見当たらなくなる. — *Su solicitud de matrícula se ha traspapelado, así que tendrá que hacerla de nuevo.* 彼の入学願書がなくなってしまったので, もう一度書きなおさなければならないだろう.

trasparencia [trasparénθja] 女 =transparencia.

trasparentar [trasparentár] 他 =transparentar.

trasparente [trasparénte] 形 =transparente.

traspasamiento [traspasamjénto] 男 =traspaso.

‡**traspasar** [traspasár] 他 ❶ を移す, 移動する. — *Hemos traspasado el televisor del comedor a la sala de estar.* 我々はテレビを食堂から居間に移した. ❷ を渡る, 横切る, 渡河する. — *un río [un camino]* 川[道]を渡る. 類 **atravesar, cruzar**. ❸ (a) を譲渡する, 売り渡す. — *Voy a ~ mi bar.* 私は自分のバルを売りに出すつもりだ. (b) を譲る, 引き渡す. — *Traspasé mi negocio a mi hijo.* 私は事業を息子に譲った. ❹ (a) を貫く, 突き抜く, 貫通する. — *La espada traspasó el corazón del toro.* 刀は牡牛の心臓を貫いた. *El dolor me traspasaba el estómago.* 痛みが私の胃を貫いていた. *El frío me ha traspasado hasta los huesos.* 寒さは私の骨にまでしみ通った. *El agua traspasó la pared.* 水が壁をしみ通った. (b) を(心理的に)打ちのめす, さいなむ. — *La pena por la muerte de mi padre me traspasó el alma.* 父の死に対する悲しみで私は魂をえぐられる思いになった. ❺ を越える, 超過する. — *El coche en que iba yo traspasó la velocidad permitida.* 私が乗っていた車は制限速度を越えた. *El balón no había traspasado la línea de gol cuando pitó el árbitro.* レフェリーが笛を吹いた時ボールはゴール・ラインを割っていなかった. *Tu actitud traspasa el límite de lo razonable.* 君の態度は道理ある限界を越えている.

‡**traspaso** [traspáso] 男 ❶ 通過, 移動; 横断, 貫通. — *el ~ de las cabras* 山羊の移動. *el ~ de la calle* 道路の横断. ❷ 譲渡, 譲渡物[財産], 譲渡価格. — *el ~ de una propiedad* 不動産の譲渡. *El ~ por esta finca no será excesivo.* この地所の譲渡価格は法外なものではないだろう. ❸ 深い悲しみ, 悲嘆; 悲しみの原因.

traspatio [traspátjo] 男 《南米》裏庭.

traspié [traspjé] 男 ❶ つまずき, よろめき. — *Manolo dio un ~ con el escalón y casi se cayó por la escalera.* マノーロは段につまずいてもう少しで階段から落ちるところだった. 類 **resbalón, tropezón**. ❷ しくじり, 失敗, へま. — *cometer [dar] un ~* しくじる, 失態を演じる. *Ha tenido muchos ~s en su vida profesional.* 彼はこれまでに仕事でいくつもの失態を演じてきた. 類 **equivocación, error**.

traspiración [traspiraθjón] 女 =transpiración.

traspirar [traspirár] 他 =transpirar.
traspirenaico, ca [traspirenáiko, ka] 形 =transpirenaico.
trasplantado, da [trasplantáðo, ða] 名 → trasplantar.
‡**trasplantar** [trasplantár] 他 ❶ (植物を)移植する, 植え替える. —He trasplantado los claveles de la maceta al jardín. 私が植木鉢のカーネーションを庭に移植した. ❷ (臓器を)移植する. —A mi madre le trasplantaron las córneas el año pasado. 私の母は昨年角膜の移植手術を受けた. ❸ を持ち込む, 導入する. —La música occidental fue trasplantada a Japón al final del siglo XIX(diecinueve). 西洋音楽は19世紀末に日本へもたらされた. El krausismo se trasplantó de Alemania a España a comienzos del siglo XVIII(dieciocho). クラウゼ主義は18世紀初頭にドイツからスペインへ導入された. ❹ (人)を移住させる. ❺ (施設などを)移転させる.
—**se** 再 移住する. —Me trasplanté a este pueblo por el clima. 私は気候của ことを移住した.
***trasplante** [trasplánte] 男 移植, (植物の)植え替え; (臓器などの)移植. —hacer [realizar] un ~ de corazón 心臓移植を行う. ~ de riñón 腎臓移植.
trasponer [trasponér] [**10.7**] 他 =transponer.
traspontín [traspontín] 男 =traspuntín.
trasportador, dora [trasportaðór, ðóra] 形 =transportador.
trasportar [trasportár] 他 =transportar.
trasporte [traspórte] 男 =transporte.
trasportín [trasportín] 男 =traspuntín.
trasposición [trasposiθjón] 女 =transposición.
traspuesta [traspwésta] 女 ❶ 移動, 置き換え, 移すこと. 類 **tra(n)sferencia, tra(n)sporte, tra(n)sposición**. ❷ (視界をさえぎる)山, 丘. ❸ 逃走; 避難, 退避. 類 **huida**. ❹ (母屋の裏にある)小屋, 戸, 庭.
traspuesto, ta [traspwésto, ta] 過分 → trasponer —— 形 うとうとした.
traspunte [traspúnte] 男女 (演劇) ❶ プロンプター(せりふ付け役). 類 **apuntador**. ❷ (役者の出番の)呼び出し係.
traspuntín [traspuntín] 男 ❶ (乗り物の)補助いす, 折りたたみいす. ❷ 小型のクッション; 類 **colchoneta**. ❸ 《話》尻(的). 類 **culo, nalgas, trasero**.
trasquila [traskíla] 女 =trasquiladura.
trasquilador, dora [traskilaðór, ðóra] 名 (羊などの)毛を刈る人.
trasquiladura [traskilaðúra] 女 ❶ 下手な散髪, とら刈り. —Su madre le ha cortado el pelo y se lo ha dejado lleno de ~s. 母親が彼の髪を刈ってとら刈りにしてしまった. ❷ (羊毛などの)刈り取り, 剪毛(⤴); 剪毛期. 類 **esquila**. ❸ 《話, 比喩》切り詰め, 削減, 減額. 類 **reducción**.
trasquilar [traskilár] 他 ❶ (人)の髪を下手に刈る, とら刈りにする. —No vayas a esa peluquería que te trasquilan. あの床屋へは行くな, とら刈りにされるから. ❷ (羊など)の毛を刈る. —Es época de ~ (a) las ovejas. 羊毛を刈る季節だ. 類 **esquilar**. ❸ 《話, 比喩》を切り詰める, 削減する. 類 **menoscabar, mermar, reducir**.
ir por lana y volver [salir] trasquilado もうけるつもりが損をする; ミイラ取りがミイラになる(← 羊毛を取りに行き, 刈られて帰って[出て]くる).
salir trasquilado 《話》大損をする, (賭け事などに負けて)丸裸にされる. Una vez intentó abrir un negocio y salió trasquilado. 彼は事業を起こそうとして大損したことがある.
trasquilón [traskilón] [< trasquila] 男 ❶ 《話》下手な散髪, とら刈り. —He tenido que ir a la peluquería a que me arreglen los trasquilones. 私はとら刈り頭を整えるために床屋に行かなければならなかった. 類 **trasquila, trasquiladura**. ❷ 《話, 比喩》不正に得た金; (金銭の)不正な使いこみ; 痛手. —Dio un ~ a la empresa donde trabajaba. 彼は自分の会社の金を使いこんだ[会社の財産に損害を与えた].
a trasquilones 《話》とら刈りに; でたらめに, めちゃくちゃに.
trastabillar [trastaβiʝár] 自 ❶ よろめく, ゆらぐ. —Estaba borracho y andaba trastabillando. 彼は酔ってよろめきながら歩いていた. 類 **tambalear(se), titubear, vacilar**. ❷ つまずく. 類 **tropezar**. ❸ どもる, 口ごもる. 類 **tartamudear**.
trastada [trastáða] 女 ❶ 《話》(特に子供の)いたずら, 悪ふざけ. —Estos niños no hacen más que ~s. この子供たちはいたずらばかりしている. 類 **broma, diablura, travesura**. ❷ 《話》汚い手口, 不正, いかさま. —Ha sido una ~ no admitirlo, después de las promesas que le hicieron. 彼に約束したのに結局彼を入れてやらなかったというのは汚いやり方だった. 類 **faena, jugada, mala pasada**.
trastajo [trastáxo] 男 役に立たないもの, がらくた, くず. 類 **basura, cachivache**.
trastazo [trastáθo] 男 (体の一部を)ぶつけること, 強打, 激突. —darse un ~ contra una farola 街灯に激突する. 類 **golpe, porrazo**.
traste [tráste] 男 ❶ (楽器)(ギターなどの)フレット. ❷ 《集合的》《中南米》道具. 類 **trastos**. ❸ 《南米》尻(:). 類 **nalgas, trasero**.
dar al traste con ... …を台無しにする, めちゃくちゃにする. La lluvia dio al traste con la excursión. 雨でハイキングが台無しになった.
ir fuera de trastes やけになる, 自暴自棄になる.
irse al traste 台無しになる, めちゃくちゃになる. Mis planes se fueron al traste cuando caíste enfermo. 君が病気になって私の計画は台無しになった. 類 **destruirse, echar a perder**.
sin trastes でたらめに.
trastear [trasteár] 他 ❶ (音楽)(ギターなどに)フレットをつる; (フレットのついた楽器を)弾く. ❷ 《話》(人など)を操る. —Ella sabe cómo ~ a su marido. 彼女は夫の操縦法を知っている. 類 **manejar**. ❸ (闘牛)(牛)をムレータでかわす[あしらう].
—— 自 ❶ ものを引っかきまわす, かき回して探す. —No me gusta que trastees en mi armario. 君が私のたんすの中を引っかきまわされるのはいやだ. ❷ あちこち(忙しく)歩き回る. —A las seis de la mañana ya está la abuela trasteando en la casa. 朝の6時になると祖母はわが家の中をあちこち歩き回っている. 類 **trajinar**. ❸ いたずらをする. ❹

《音楽》(ギターなどの)フレットを押さえる.

trastejar [trastexár] 他 ❶《建物》の屋根を修理する, 屋根瓦をふきかえる. 類**retejar**. ❷ を修繕する, 修繕する. 類**arreglar, remendar, reparar**.

trasteo [trastéo] 男 ❶《闘牛》牛をムレータでかわす[あしらう]こと. ❷《話》人などを好きなように操ること.

trastera [trastéra] 女 ❶ 物置, がらくた部屋. ❷《メキシコ》食器戸棚.

trastería [trastería] 女 ❶《集合的に》古道具, がらくたの山. —Todos estos ordenadores viejos se han convertido en una ~. これらの古いコンピューターは全部がらくたになってしまった. ❷ いたずら, 悪ふざけ. 類**trastada**.

trastero, ra [trastéro, ra] 形 物置の. —cuarto ~ 物置部屋.
— 男 ❶ 物置(部屋), 納屋, 納戸. —Han comprado un piso con garaje y ~. 彼らは車庫と物置つきのマンションを買った. ❷《メキシコ》食器戸棚.

trastienda [trastjénda] 女 ❶ 店の奥(の部屋). —El dependiente entró en la ~ y sacó de allí otro par de zapatos. 店員は店の奥に行き, そこからもう一足の靴を取ってきた. 類**rebotica**. ❷《話, 比喩》用心; 抜け目なさ, 悪がしこさ. —Hay que tener mucha ~ para resolver ese asunto. その件を解決するためには用心しなければならない. 類**astucia, cautela**. ❸《話, 比喩》隠し事. —Ella es una persona sin ~. 彼女は裏表のない人間だ.

:**trasto** [trásto] 男 ❶ (a)《家財》道具, 家具, 用品. —Vete de aquí con todos tus ~s. 全ての家財道具を持って出て行け. (b) がらくた, 古道具. —tirar los ~s viejos 古道具を捨てる. No quedaban más que cuatro ~s en la casa. 家にはわずかながらくたしか残っていなかった. (c)《複》(一揃いの)道具, 用具. —los ~s de pescar 釣道具. los ~s de golf ゴルフ用具.
❷ 役に立たない者, ごくつぶし. —¡Eres un verdadero ~! No sirves para nada. おまえは本当に役立たずだ. 何の役にも立たない.

tirarse los trastos a la cabeza (物を投げ合うような)大げんかをする, 大口論をする. El matrimonio *se tiró los trastos a la cabeza*. その夫婦は大げんかをした.

trastocar [trastokár] [1.1] 他 をごちゃごちゃにする, 混乱させる. —*Trastocó* mis fichas y no encuentro la que busco. 彼が私のカードを引っかきまわしてしまって私の捜しているカードが見つからない. La contaminación está *trastocando* el clima del planeta. 汚染が地球の気候を混乱させている. 類**trastornar**.
— se 再 (人が)取り乱す, 頭がおかしくなる. —Mi abuelo *se ha trastocado* con la noticia. 私の祖父はその知らせを聞いて取り乱してしまった. 類**trastornarse**.

trastornado, da [trastornáðo, ða] 過分 形 (人が)取り乱した, 気のふれた;《精神が》不安定な.

trastornadura [trastornaðúra] 女 = trastorno.

trastornamiento [trastornamjénto] 男 = trastorno.

:**trastornar** [trastornár] 他 ❶ を錯乱させる, 狂わせる; 動転させる. —El consumo de droga *trastorna* la mente. 麻薬を使用すると精神は異常をきたす. Aquel perfume me *trastornaba* y no me dejaba pensar. あの香水に私はくらくらして考えることができなくなっていた. Las noticias de la guerra *trastornan* a la población. 戦争のニュースは住民を動転させる. 類**inquietar, intranquilizar, perturbar**. ❷ を心配させる, 不安にさせる. —Me *trastorna* que ella no me escriba desde hace dos meses. 2か月前から彼女が手紙をくれないので私は心配だ. ❸ を混乱させる, 乱す. —La huelga de transportes *ha trastornado* todos mis planes. 交通機関のストのために私の計画はすべて狂わされた. ❹ を熱中させる, 夢中にさせる, 大好きになる. —Este vino me *trastorna*. 私はこのワインに目がない. Esa chica *trastorna* a Diego. ディエゴはその女の子に首ったけだ. 類**entusiasmar**. ❺ を移し替える; ごちゃごちゃにする, ひっかき回す. —A Miguel le gusta ~ toda la casa. ミゲールは家中の家具をあちこちと移し替えるのが好き. 類**desordenar**.
— se 再 錯乱する, 気がふれる; 動転する. —Cuando bebe *se trastorna* tanto que parece loco. 彼は酒を飲むと非常におかしくなってしまい狂人のようだ.

:**trastorno** [trastórno] 男 ❶ 混乱, 動揺; 騒ぎ, 面倒. —La devaluación causó un ~ en la economía del país. 平価切り下げがその国の経済に混乱を引き起こした. ~ mixto de personalidad 多重人格. 類**confusión, desorden**. ❷ (体の)不調, (軽い)病気;《医学》障害. —padecer ~s en el estómago 胃に不調をきたす. ~s alimenticios [de personalidad] 栄養[人格]障害.

trastrabillar [trastraβiʝár] 他 = trastabillar.

trastrocamiento [trastrokamjénto] 男 ❶ 誤解, 取り違え. ❷ 変更. 類**cambio, transformación, trueque**.

trastrocar [trastrokár] [5.3] 他 ❶ (意味)を取り違える, 誤解[曲解]する. —Creo que el jefe *ha trastrocado* tus palabras. 上司は君の言葉を誤解したのだと思うよ. 類**malentender**. ❷ (順番など)を変える, 変更する, 入れかえる. —~ el orden 順番を変える. 類**cambiar, mudar, transformar**.

trastrueco, trastrueque [trastrwéko, trastrwéke] 男 = trastrocamiento.

trasudar [trasuðár] 自 汗ばむ, 軽く汗をかく. 類**sudar**.
— 他 (人)を汗ばませる. 類**sudar**.

trasudor [trasuðór] 男 汗ばむこと, (軽い)発汗. 類**sudor**.

trasuntar [trasuntár] 他 ❶ を写す; のコピー[複製, 模写]を作る. 類**copiar**. ❷ を要約する. 類**compendiar, resumir**. ❸ (考え方など)を反映する. 類**reflejar**.

trasunto [trasúnto] 男 ❶ 転写, 写本, コピー. —Necesito un ~ del contrato. 私は契約書の写しが1枚必要だ. 類**copia**. ❷ (正確な)複製, 模写; (正確な)描写. —Esta novela es un fiel ~ de las costumbres medievales. この小説は中世の風俗の忠実な再現である. 類**imagen**. ❸ 要約. 類**compendio, resumen**. ❹ (考え方などの)反映. 類**reflejo**.

trasvasar [trasβasár] 他 =transvasar.
trasvase [trasβáse] 男 =transvase.
trasvenarse [trasβenárse] 再 (液体が)こぼれる、もれる.
trasver [trasβér] [16] 他 ❶ をかいま見る、他のものを通して見る、透かして見る. —*Trasvió* la figura del policía a través de la cortina y huyó. カーテン越しに警官の姿が見えたので彼は逃げた. ❷ をなんとか見る、かろうじて見る.
trasverberación [trasβerβeraθjón] 女 = transverberación.
trasversal [trasβersál] 形 =transversal.
trasverso [trasβérso] 形 =transverso.
trasverter [trasβertér] [4.2] 自 (液体が)あふれる. —No eches más agua en el cubo porque ya *trasvierte*. あふれてしまうからバケツに上水を注ぐな. 類 **rebosar**.
trasvolar [trasβolár] [5.1] 他 (土地・領域)の上を飛び越える. —El avión *trasvoló* la ciudad. 飛行機はその都市の上を飛び越えた.
trata [tráta] 女 人身売買. ~ de blancas (主に売春のための)白人女性の人身売買. ~ de esclavos 奴隷売買、奴隷貿易. ~ de negros (主に奴隷としての)黒人売買.
tratable [tratáβle] 形 ❶ (人が)つき合いやすい、好感の持てる. —Es un chico ~ y cortés. 彼は気さくで礼儀正しい若者だ. 類 **afable, simpático, sociable**. 反 **intratable**. ❷ (問題などが)扱いやすい、処理し得る; (病気などが)治療可能な.
*__tratadista__ [tratadísta] 男女 専門書の著者、(学術的な)論文の執筆者. —un ~ de economía 経済についての著作のある専門家.
‡__tratado__ [tratáðo] 過分 男 ❶ 条約、協定(書); 契約(書). ~ de amistad y buena vecindad 友好善隣条約. firmar un ~ de paz 講和条約を結ぶ. 類 **convenio, pacto, trato**. ❷ (専門分野についての学術的な)著作、論文. —Escribió un ~ de historia medieval de España. 彼はスペイン中世史の論文を書いた. 類 **discurso, obra**.
‡__tratamiento__ [tratamjénto] 男 ❶ 取り扱い; 扱い方. —recibir buenos [malos] ~s 良い[悪い]扱いを受ける. 類 **trato**. ❷ 敬称、肩書き、称号. —Los generales reciben el ~ de excelencia. 将軍たちは閣下の敬称で呼ばれる. Los estudiantes se dan el ~ de tú. 学生達は互いに tú で呼び合う. ❸ (a)(医者の行う)処置、治療(法)、治療薬. —~ antibiótico 抗生物質投与. ~ de radioterapia 放射線療法. El médico me dijo que debía seguir el mismo ~. 医者は私に同じ治療を続けるべきだと言った. (b)(化学・冶金などの)処理; 製法. —~ térmico 熱処理. ~ de extracción del componente 成分抽出法. ~ de textos 《情報》ワードプロセッシング. ~ de la información《コンピュータ》情報処理.
apear el tratamiento 敬称を省いて話す. —Desde el principio él me *apeó el tratamiento*. 最初から彼は私に敬称を省いて話していた.
tratante [tratánte] 男女 (特に家畜の)商人、仲買人. —~ de [en] ganado 家畜仲買人.
── 形 (化粧品などが)トリートメント効果のある. —champú ~ トリートメント・シャンプー.
‡**tratar** [tratár トラタル] 他 ❶ (a) を扱う、取り扱う; 待遇する. —No deben ~ tan mal a los animales. 動物をそんなに虐待してはいけないよ. Tus amigos me *trataron* estupendamente. 君の友人たちは私にすばらしいもてなしをしてくれた. Aquí *tratamos* a todos por igual. ここでは我々は全員平等に対応する. Le *tratan* como si fuera un niño. 彼はまるで子どもみたいに扱われている. (b)(物)を扱う、用いる、使う. —Te dejo mi calculadora electrónica. *Trátala* con cuidado. 君にぼくの電卓を貸してあげるよ. 気をつけて使ってね. (c)(問題など)を取り扱う、取り上げる. —~ una cuestión ある問題を取り扱う. ❷ [+de] (a) を(…で)遇する、呼ぶ. —No me *trates* de usted, *trátame* de tú. 君、私を「あなた」呼ばわりしないでくれ、「君」で呼んでくれ. Le *trató* de señoría. 彼はその人に閣下と呼ばれた. (b)(人)を…扱いする、(…と)見なす. —En el barrio le *tratan* de golfo. その地区では彼はならず者扱いされている. ❸ を処理する、加工する. —En esta fábrica, los obreros se dedican a ~ el metal. この工場では工員たちは金属の加工に従事している. *Tratan* el agua con azufre. 水を硫黄と反応させている. ❹ を協議する、交渉する. —Las dos empresas han *tratado* las condiciones de pago. 両企業は支払い条件の協議をした. ❺ (医者が)を治療する、処置する. —Quiero que me *trate* un buen médico. 私は立派な医者に治療してもらいたい. Le *tratan* con antibióticos. 彼は抗生物質を使った治療を受けている. ❻《コンピュータ》を情報処理する. —~ los datos 情報データを処理する.

── 自 ❶【+de/sobre について】論じる、話す、(を)話題にする. —Este artículo *trata* del acoso sexual. この論説はセクハラを扱っている. ❷【+con と】つき合う、交際する. —Juana ya no *trata* con Luis. フアナはもはやルイスとつき合ってはいない. 類 **relacionarse**. ❸【+de+不定詞、que+接続法】…しようと努める、努力する. —*Trató* de obtener el mejor resultado posible. 私はできるだけ良い結果を得ようと努めている. *Trató* de olvidarla en vano. 彼は彼女を忘れようとしたが無駄だった. Hay que ~ de que ellos no se enteren. 彼らが気付かないようにしなければならない. ❹【+en の】商売をする、(を)商う. —Este establecimiento *trata en* antigüedades. この店は骨董品の商いをしている. ❺【+con を】扱う、用いる. —Ponte la máscara, que vamos a ~ *con* gas tóxico. マスクをつけなさい、有毒ガスを扱うのだから.

──**se** 再 ❶【+con と】つき合う、交際する. —Juana *se trata con* Juan. フアナはフアンとつき合っている. ❷【3人称のみ、+de】問題[問題]は…である. —¿De qué *se trata*? 何の話なの? En la reunión *se trató de* muchas cosas. 会議では多くのことが問題になった. *Se trata de* un espinoso asunto. やっかい問題を取り上げている. *Se trata de* no herir su amor propio. 問題は彼の自尊心を傷つけないことだ.

‡**trato** [tráto] 男 ❶ (a) 扱い(方)、(人に対する)態度、待遇. —~ de nación más favorecida 最恵国待遇. recibir un ~ bueno y cordial 誠意ある扱いを受ける. Ese hombre tiene un ~ muy amable. その男はとても親切な態度だ. (b) 交際、付き合い; 交渉. —~ colectivo 団体交渉. ~ de gentes 人付き合いの良さ. ~ sexual 性交渉. Rompió el ~ con los vecinos. 彼は隣人との付き合いを断った. No quiero ~(s) con

Juan. 私はファンとは付き合いたくない. Estamos en ～s con los compradores. 私たちは買い手と交渉中である. ❷ (a) 取り決め, 協定, 条約. —¡T～ hecho! これで決まりだ. hacer [deshacer] un ～ 協定を結ぶ[破棄する]. 類**acuerdo, arreglo, convenio, tratado**. (b) 取り引き, 契約. —cerrar [hacer] un ～ 取り引きに合意する, 契約を結ぶ. 類**contrato**. ❸ 敬称. —Dábamos un ～ especial a aquel señor. 私たちはその人に特別な敬称を使っていた. 類**tratamiento**.

trauma [tráuma] 男 ❶《医学, 心理》精神的外傷, トラウマ. — ～ síquico (精神的)トラウマ. Tiene problemas mentales por algún ～ infantil que desconocemos. 彼は我々の知らない子供の時のトラウマのせいで精神的な問題をかかえている. ❷《比喩》心の痛手, (後を引く)精神的なショック. — La muerte de su mejor amigo ha constituido un ～ tremendo para él. 一番の親友の死が彼の心の傷になってしまっている. ❸《医学》外傷(=traumatismo). —Su trabajo en un ambiente muy ruidoso le ha ocasionado un ～ acústico. とてもうるさい環境で仕事をしたせいで彼は聴覚器官に外傷を負った. 類**herida, lesión**.

traumático, ca [traumátiko, ka] 形 ❶《医学》外傷(性)の; 外傷治療(用)の. —sufrir una grave lesión traumática 重い外傷を負う. ❷ (精神的)外傷になるような, 衝撃的な, ショッキングな. —El divorcio de sus padres fue un hecho ～ para él. 両親の離婚は彼にとってトラウマとなる出来事だった.

traumatismo [traumatísmo] 男 《医学》外傷, 損傷; 外傷性障害. — ～ craneal 頭蓋骨損傷. ～ síquico 精神的外傷.

traumatizante [traumatiθánte] 形 トラウマ[精神的ショック]の原因となる. —Aquel fracaso fue ～ para mí. あの失敗は私にとってトラウマの元になった.

traumatizar [traumatiθár] [1.3] 他 (人)にトラウマ[精神的ショック]を与える. —El accidente ha traumatizado a todos los viajeros. 事故は乗客全員にトラウマを与えた.

traumatología [traumatoloxía] 女 《医学》外傷学, 災害外科学.

traumatólogo, ga [traumatóloɣo, ɣa] 名 《医学》外傷(学)の専門医.

travelín, travelling [traβelín, tráβelin] 〈英〉男《映画》ドリー(移動式撮影機台); ドリーによる移動撮影.

***través** [traβés トラベス] 男 〔熟語として使われることが多い〕❶ 傾き, 傾斜; ねじれ, 歪み **inclinación, torcimiento**. ❷ 《運命の逆転》, 不幸; 失敗, つまづき. —Sufrió un ～ en sus negocios. 彼は商売の不運[つまづき]に見舞われた. 類**desgracia**. ❸《建築》大梁(はり), 横桁(けた); 《造船》ビーム, 甲板梁. ❹《軍事》横墻(しょう). 類**travesía**.

a través de ... (1) を横切って, …と交差して, を越えて. Había una barrera colocada a través de la carretera. 道路を横切って(防いで)いる柵があった.〔de+名詞句の部分が所有形容詞になることがある〕Cruzaron el río colocando un tablón a su través. 彼らは板を渡してその川を渡った. (2) を貫いて, 通して. pasar a través de los árboles 木々の間を抜ける. Se veía la playa a través de la ventana. 窓を通して海岸が見えた.〔de+名詞句の部分が所有形容詞になることがある〕Esta pared es tan gruesa que no se oye nada a su través. この壁はとても厚いので壁を通して何も聞こえない. (3) を介して, 通じて, …から. Me enteré de la noticia a través de mi amigo. 私は友人を通じてそのニュースを知った. 類**mediante, por medio de**.

al través (1)〔→a través de …〕横切った, 間を通った. En el camino había un árbol caído al través. 1本の倒木が道を横切っていた. (2) 横(向き)に, 斜めに(→de través).

dar al través con ... を台無しにする, ぶちこわす. Por falta de prudencia, él dio al través con todo. 慎重さを欠いたため, 彼は全てを台無しにしてしまった. 類**dar al traste con**.

de través (1) 横(向き)に, 横断して. sentarse en la silla de través 椅子に横向きに座る. El coche aparcado de través no nos dejaba pasar. 横向きに駐車した車のために私たちは通れないでいた. (2) 斜めに, 曲って. una banda colocada de través sobre el pecho 胸に斜めにかけられた懸章帯.

mirar de través 横目で見る; 斜視[やぶにらみ]である. Ella me miraba de través con desprecio. 彼女は私をさげすみながら横目で見ていた.

travesaño [traβesáɲo] 男 ❶ 横木, 横材;《建築》桁(けた). —Dos ～s unen las patas de la mesa. 2本の横材がテーブルの脚の間に渡してある. 類**traviesa, viga**. ❷《スポーツ》(サッカーなどの)ゴールのクロスバー(横木) —El balón rebotó en el ～. ボールがゴールのクロスバーに当たった. 類**larguero**. ❸ 長枕. 類**travesero**.

travesear [traβeseár] 自 ❶ 落ち着きなく動き回る; いたずらをする, ふざけ回る. —Se ha pasado la mañana traveseando por la oficina. 彼は午前中ずっと会社の中をゴソゴソと歩き回っていた. ❷ 放蕩(とう)な[自堕落な]暮らしをする. ❸ てきぱきと考える[話す].

travesero, ra [traβeséro, ra] 形 横向きの, 横向きに置いた. — barra travesera 横木. flauta travesera 《楽器》フラウト・トラベルソ(フルートの前身の古楽器). — 男 長枕. 類**travesaño**.

***travesía** [traβesía] 女 ❶ (幹線道路を結ぶ)支道, 横道, 路地. —Es más corto pasar por esta ～. この横道を通った方が近い. ❷ (2地点間の)距離, 道のり. —De aquí a la estación hay una larga ～. ここから駅まではかなりの距離がある. 類**distancia, trayecto, recorrido**. ❸《海·空の》横断(旅行), 渡航. —la ～ del Pacífico 太平洋横断. la ～ de un barco de vela 帆船による渡航. ❹ (軍事)(横からの攻撃を防ぐための)防御土塁, 横墻(しょう). ❺《海事》陸へ向けて吹く横風.

travestí, travesti [traβestí, traβésti] 男女〔複travestís, travestis〕異性服装倒錯者; 男装[女装]した人.

travestido, da [traβestíðo, ða] 形名 異性の服装をした(人), 女装[男装]趣味の(人). —hombre ～ (de mujer) 女装した男.

travestirse [traβestírse] [6.1] 再 (男性が)女装する, (女性が)男装する.

***travesura** [traβesúra] 女 (子供などの)いたずら, 悪ふざけ;(大人の)茶目っ気のある行為, 機転をきかした冗談. —hacer ～s いたずらをする. las ～s de la juventud 若気の過ち. 類**diablura, tras**-

traviesa¹

tada.

traviesa¹ [traβiésa] 囡 ❶《鉄道》(a) 枕木. 類 **durmiente**. (b)（車台の）つなぎ材. ❷《建築》(a) 大梁(棱), 横桁(殼). 類 **travesaño, viga**. (b) 側面の土壁. ❸《鉱業》間道. ❹《遊戯》(賭博ゲームなどで)(a) 賭け金の上乗せ. (b)（賭けをしている人に第三者が賭ける）賭け金. ❺《狩猟》（獲物を狩り出す範囲の）中心位置の猟師の構え. ❻『アラゴン』（用水路の水流を変えるための）堰(崽).

‡**travieso, sa**² [traβjéso, sa] 形 ❶《ser+》いたずら好きな, 腕白な, じっとしていない. —Es un niño muy ~. やんちゃな[じっとしていない]子だ. duende ~（伝説などでいたずらお化け[小鬼, 妖怪]. 類 **revoltoso**. 反 **tranquilo**. ❷ いたずらな, 小悪魔的な. —Ella era una niña guapa y tenía ojos ~s. 彼女は小悪魔的な目をした可愛らしい子だった. Estás hoy muy ~. 今日君はいたずらが過ぎる. ❸ 抜け目ない, ずる賢い, 機知に富む. 類 **sagaz, sutil**. ❹ 放蕩な. —vida traviesa 放蕩生活.

—— 男《古》(航路または街道の)距離, 道のり.

*trayecto [trajékto] 男 ❶ 行程, 道のり, 距離; 区間. —Es largo el ~ hasta el pueblo. 町までの道のりは長い. Me quedé dormido en el ~ entre Zaragoza y Calatayud. サラゴサとカラタユの間は眠ってしまった. Hablamos de muchas cosas durante el ~. 私たちは道すがらいろいろなことについて話した. Recorrimos el ~ en dos días. 私たちは行程を2日で踏破した. ❷ 経路, ルート; 路線. —¿Cuál es el ~ de la procesión? 行列の通る道はどれですか. el ~ del tren 電車の路線. 類 **itinerario, recorrido**.

trayectoria [trajektórja] 囡 ❶ 軌道, 弾道, 軌跡. —~ de una bala 弾道. ~ de un planeta 惑星軌道. ~ ortogonal《幾何》直交軌線. ❷ 経歴. —Su ~ profesional ha sido espectacular. 彼の職歴には目を見張るものがあった. 類 **carrera**. ❸《気象》(台風・ハリケーンなどの)進路. —En su ~, el tifón cruzará la isla de Honshu. 進路に従って台風は本州を横切るだろう.

trayendo [trajéndo] 動 traer の現在分詞.

‡**traza** [tráθa] 囡 ❶（建物の）平面図,（機械の）設計(図); 計画. 類 **diseño, plano**. ❷ 外見, 容姿, 顔つき. —Ella tenía muy buena ~. 彼女はとてもすばらしい容姿をしていた. ~ de maleante 性悪の顔つき. 類 **apariencia, aspecto**. ❸ 能力, 才覚. —María tiene buena [mala, mucha, poca] ~ para cocinar. マリアは料理の才覚がある[ない, とてもある, あまりない]. 類 **habilidad**.
darse traza(s) 何とかして[工夫して]…をやってのける. *Se dio traza para manejar la máquina*. 彼は何とかしてその機械を動かした.
llevar traza(s) de … …するように見える. *La lluvia llevaba trazas de no parar nunca*. 雨は決して止みそうになかった.
por las trazas 見たところ, 外見上. *Por las trazas, Juan no quiere casarse conmigo*. 見たところファンは私と結婚する気はない.

‡**trazado, da** [traθáðo, ða] 過分『bien/mal+』❶ 描かれた, 設計された; 外見の良い[悪い]. —argumento complejo pero *bien* ~ 複雑だが筋道の通った論法. Tiene muy *bien* ~ su programa de vida. 彼にはしっかりした人生設計がある. ❷ 見かけ[容貌]がよい[悪い]. —joven apuesto y bien ~ ハンサムで恰幅(勢)のよい青年.

—— 男 ❶《建築》設計(図), 図面, 図案, デザイン. —~ del puente 橋の設計(図). hacer [realizar] el ~ de … …の設計をする. 類 **plano, traza**. ❷（道路・鉄道などの）路線(図), ルート, 道; 川筋. —modificar el ~ del ferrocarril 鉄道のルートを変更する. ~ de autobús バス路線. ~ sinuoso [irregular] 曲がりくねった[でこぼこの]路線. 類 **itinerario, recorrido**. ❸ 輪郭(線). —El recorrido sigue el ~ de la villa medieval. 散策は町の中世期の境界線に沿っている. El ~ de las líneas es claro y nítido. 線が非常に鮮明だ. ❹ 線を引くこと, 図を描くこと. —El niño ya domina el ~ de las letras. その男の子はすでに文字の書き方をマスターしている. ❺『ボリビア』山刀.

trazador, dora [traθaðór, ðóra] 形 ❶ 構想する[の], 立案する[の]; 設計する[の]. ❷ 描く, 素描する[の]. ❸ 曳光(芯)の, 光跡を残す. —bala trazadora 曳光弾.

—— 名 立案者; 設計者, 製図家. —El ~ de este museo es un famoso diseñador. この博物館の設計者は有名なデザイナーだ. 類 **delineante**.

—— 男 ❶ 製図の装置. —~ de gráficos《コンピュータ》作図装置, プロッタ. ❷《医学, 生物》トレーサー(検査用の放射性物質).

‡**trazar** [traθár] [**1.3**] 他 ❶（線）を引く,（図）をかく. —El diseñador *ha trazado* un plano de la fábrica. 設計士は工場の平面図をかいた. ~ una línea vertical en la pizarra 黒板に垂直線を引く. El Tajo *traza* en torno a Toledo una pronunciada curva. タホ川はトレード市の周りで際立ったカーブを描いている. ❷ を考える, 考案する, 意図する. —El ingeniero *ha trazado* un proyecto genial. 技師は天才的な計画を考案した. ❸ を(簡潔に)叙述する, 描写する. —Es muy difícil ~, con pocas palabras, la impresión que me produjo aquel paisaje. あの景色から私が受けた印象をわずかな言葉で述べるのはとても難しい. *Trazó* una humorística semblanza del personaje. 彼は名士のユーモラスな人物評を著した.

trazo [tráθo] 男 ❶（描かれた）線; 筆づかい, 筆致. —~ rectilíneo 真っすぐな線. Los ~s del dibujo son enérgicos. その画の線は力強い. 類 **línea, raya, rasgo**. (b)（字の）1画(鴛). —~ magistral 太く書く字の1画. El ~ de esta letra queda poco claro. この文字の1画はあまりはっきりしていない. (c) 輪郭(図), 描線. —dibujar al ~ el mapa de España スペインの地図を輪郭図で描く. ❷ (a) 面影, のし. —El hombre tiene una cara con muchos ~s. その男はしわだらけの顔をしている. (b)（衣類の)折り目, ひだ. 類 **pliegue**.

trébede [tréβeðe] 囡 ❶《建築》床下暖房の部屋. ❷ 複 3本脚の五徳.

trebejo [treβéxo] 男 ❶〖主に 複〗用具, 道具. —~s de la cocina 台所用品. ~s de pintar 画具. 類 **utensilio, útil**. ❷（チェスの）駒(鴛).

‡**trébol** [tréβol] 男 ❶《植物》クローバー. —~ de cuatro hojas 4つ葉のクローバー. buscar ~ en la madrugada del día de San Juan 聖ファンの日の早朝にクローバーを摘みに行く. ❷（トランプの）クラブ(の札).

****trece** [tréθe トレセ] 形(数) ❶ 13 の. ❷〖序数的に〗13 番目の. —Su oficina está en el piso ~. 彼のオフィスは13[14]階にある.

— 男 **13の数字**. — Siete más seis son ~. 7+6＝13.

estar [mantenerse, seguir] en sus trece 意見や立場を固守する. A pesar de todas las protestas *él seguía en sus trece*. いかなる反対にもかかわらず彼は自分の意見を固守していた.

treceavo, va, trezavo, va [treθeáβo, βa, treθáβo, βa] 形 13分の1の.

‡**trecho** [trétʃo] 男 ❶ **距離**, 道のり. — Anduvo un buen ~. 私はかなりの距離を歩いた. ❷ (ある行為にかかる)時間; 時の経過. — Ayer caminó largo ~. 昨日彼は長い時間歩いた.

a trechos 所々に; 断続的に. *A trechos* quedan charcos en el camino. 道には所々水溜りが残っている.

de trecho en trecho (空間, 時間の)間隔をおいて.

trecientos, tas [treθiéntos, tas] 形 ＝trescientos, tas.

tredécimo, ma [treðéθimo, ma] 形 第13の, 13番目の. 類**decimotercero, decimotercio**.

trefilar [trefilár] 他 (金属)を引き伸ばして針金にする; (針金)を引き伸ばして細くする.

trefilería [trefilería] 女 針金工場.

‡**tregua** [tréɣua] 女 ❶ 休戦, 停戦協定. — acordar una ~ 休戦を決議する. pedir una ~ 休戦を求める. 類**cesación**. ❷ (a)(労働や活動)を休むこと, 休息. — Después de dos horas de trabajo hicimos una ~. 2時間働いた後私は休息をとった. (b)(苦痛などの一時的)休止, 中断, 小康.

dar tregua(s) (1) (苦痛などが一時的に)休止する, 小康状態になる. El dolor de vientre no me *dio tregua* en toda la noche. 私の傷の痛みは一晩中止まなかった. (2) 時間の猶予を与える, 急がない. Nos han *dado tregua* para la entrega de los documentos. 彼らは私たちに書類を提出するのに時間の猶予をくれた.

****treinta** [tréinta トレインタ] 形 ❶ **30の**. 序数的に)**30番目の**. — número ~ ナンバー30. el ~ aniversario de la muerte del pintor その画家の没後30年記念.

— 男 【基数】**30**. — Quince por dos son ~. 15×2＝30.

treintaidosavo, va [treintaiðosáβo, βa] 形 32等分の, 32分の1の.

— 男 ❶ 32分の1. — en ~ 【印刷】32折り判の.

treintañero, ra [treintaɲéro, ra] 形 30歳台の. — 名 30歳台の人.

treintavo, va [treintáβo, βa] 形 30等分の, 30分の1の. — 男 30分の1.

Treinta y Tres [treinta i trés] 固名 トレインタ・イ・トレス(ウルグアイの都市).

treintena [treinténa] 女 ❶ (集合的に)(約)30のまとまり. — una ~ de trabajadores 30人(ほど)の労働者. ❷ 30分の1. 類**treintavo, treinteno, trigésimo**. ❸ 30歳ぐらいの年齢, 30歳台. — Su novio ronda la ~. 彼女の恋人は30歳ぐらいだ.

treinteno, na [treinténo, na] 形 ＝trigésimo.

trematodo [tremató∂o] 男 《生物》吸虫(ヒツジの肝臓などに寄生する).

tremebundo, da [tremeβúndo, da] 形 恐ろしい, 不気味な, ぞっとするような. — Había unas colas *tremebundas* para sacar las entradas del concierto. コンサートの入場券を買うための恐ろしいほどの行列があった. 類**horrible, terrible, tremendo**.

tremedal [tremeðál] 男 沼地, 湿地. 類**ciénaga**.

tremendismo [treméndísmo] 男 ❶ 視聴者を不安にさせる報道. ❷《美術, 文学》トレメンディスモ(現実の過激な部分を誇張する手法). ❸《闘牛》見た目の派手な技を好む傾向.

tremendista [tremendísta] 形 ❶《美術, 文学》トレメンディスモの. ❷ (報道などが)視聴者を不安にさせる傾向にある.

— 男女 トレメンディスモの芸術家[作家].

‡**tremendo, da** [treméndo, da] 形 ❶ 恐ろしい, 目を覆うような. — crimen ~ 恐ろしい犯罪. Cuando se enfada es ~. 彼は怒ると恐い. Daban unas *tremendas* voces. 彼らはぞっとするような声を上げていた. 類**temible, terrible**. ❷ ものすごい, ひどい, 途方もない, 並み外れた, 巨大な. — Tengo un dolor de cabeza ~. 私はものすごく頭が痛い. Es un tipo ~. あいつは凄い奴だよ. Este invierno ha hecho un frío ~. 今年の冬は大変な寒さだった. Tengo unas ganas *tremendas* de verte. すごく君に会いたい. 類**enorme, gigantesco**. 反**insignificante**. ❸【ser+】《話》(子供が)腕白な, 手に負えない. — El niño *es* ~; no está quieto ni un momento. その男の子は手に負えない腕白小僧で, いっときもじっとしていない. 類**malo, revoltoso**.

a la tremenda 大げさに. plantearse las cosas a la tremenda 何でも大げさに考える.

echar por la tremenda すぐかっとなる. ¡No empieces, por favor! Hablando de esto siempre *echas por la tremenda*. また始まった!この話になるといつもすぐかっとなるんだから!

por la tremenda 乱暴な[思いきった]やり方で; 大げさに.

tomar(se) por [a] la tremenda《話》大げさに考える. No *te tomes* ese fallo *a la tremenda* porque no es tan grave. その失敗は大したことではないので, 大げさに考えるな.

trementina [trementína] 女 《化学》テルペンチン(マツ科植物から採取する油脂). — aceite de ~ テレピン油(ペンキ·油絵具などの溶剤に用いる).

tremielga [tremiélɣa] 女 《魚類》シビレエイ. 類**torpedo**.

tremolante [tremolánte] 形 ❶ はためく, 翻る, ひらひらする. — Desde el balcón se veían las ~s banderas del barco. バルコニーから船の旗がはためいているのが見えた. 類**ondeante**. ❷ (声が)震える. — con voz ~ 震え声で.

tremolar [tremolár] 自 (旗などが)はためく, 翻る. 類**ondear**. — 他 (旗など)を振る.

tremolina [tremolína] 女 ❶ 騒ぎ, 騒動. — armar la ~ 騒ぎを起こす. 類**alboroto, bulla, jaleo**. ❷ 強風, 暴風.

trémolo [trémolo] 男 ＜伊》❶《音楽》トレモロ, 顫音(せんおん). ❷ 声の震え, 震え声.

tremor [tremór] 男 ❶ 震え, 震動. ― ~ de la voz 声の震え. 類 **temblor**.

trémulamente [trémulaménte] 副 震えながら.

trémulo, la [trémulo, la] 形 ❶ 震える. ― Debe de hacer viento porque veo hojas *trémulas* en el árbol. 木の葉が震えているのが見えるから, 風があるに違いない. 類 **tembloroso**. ❷（光などが）揺らめく, 点滅する, チカチカする.

**tren [trén トレン] 男 ❶ 汽車, 列車. ― tomar [dejar, perder] el ~ 汽車に乗る[を降りる, に乗り損なう]. ~ ascendente 上り列車(スペインではマドリー行き). ~ botijo 夏期のリゾート地へ向う列車. ~ correo 郵便列車(通常夜行で各駅停車). ~ descendente 下り列車. ~ directo 直通列車. ~ expreso [rápido] 急行列車. ~ de mercancías 貨物列車. ~ nocturno 夜行列車. ~ ómnibus 1等から3等までの客車のある列車. ~ tranvía 各駅停車の近郊短距離列車. ❷（走る）ペース, 速度. ― Los tres primeros corredores llevaban buen ~. 先頭の3人の走者はよいペースで走っていた. ❸ 機械, 機器, 設備. ― ~ de aterrizaje（飛行機の）着陸装置. ~ de laminación [laminador] 圧延機, 圧延工場. ~ de lavado 洗車機. ❹（進み方の長い列, 隊列. ― un ~ de camiones トラックの一隊.

a todo tren 金にいとめをつけずに, 贅を尽くす.

estar como un tren 《話》美男[美女]である, すばらしい.

para parar un tren 《話》大量の[に], たっぷりと.

tren de vida 暮し向き, 生活水準. llevar un gran *tren de vida* 豪華な生活を送る.

trena [tréna] 女 《話》監獄, 刑務所. ― Estuvo dos años en la ~ por robo. 彼は窃盗で2年間刑務所にいた. 類 **cárcel**.

trenca [trénka] 女 ❶《服飾》ダッフルコート. ❷（植物の）主根. ❸（養蜂用の蜂箱の）桟.

meterse hasta las trencas 《話》ぬかるみにはまる;（商売・問題などの）深みにはまる.

trencilla [trenθíja] 女 (< trenza) 飾りひも,（装飾用の）編みひも, 組みひも. 類 **pasamanería, trenza, trenzado**.

treno [tréno] 男 哀歌, 哀悼歌, 挽歌.

*trenza [trénθa] 女 ❶ 髪の3つ編み, お下げ髪. ― Ella lleva ~s. 彼女は髪を3つ編みにしている. ❷（3つ以上のひもでつくる）組みひも, 編みひも.

trenzado, da [trenθáðo, ða] 過分 形 組んだ, 編んだ;（髪を）三つ編みにした.
― 男 ❶（髪の）三つ編み. 類 **trenza**. ❷ 飾りひも,（装飾用の）組みひも, 編みひも. 類 **pasamanería, trencilla, trenza**. ❸（バレエの）アントルシャ(跳び上がっている間に脚を交差させる動作).

trenzar [trenθár] [1.3] 他（髪・ひもなどを）編む, 組む, 三つ編みにする. ― La madre (le) *trenza* el cabello a su hija. 母親が娘の髪を三つ編みにしている. ― 自（バレエで）アントルシャをする.

trepa[1] [trépa] 女 ❶ よじ登ること. ❷ でんぐり返り, 前転.
― 男女 《話, 軽蔑》出世のことばかり考えている人. ― Es un ~, capaz de hablar mal de un compañero para ganarse el favor del jefe. あいつは上司の気に入られるためなら同僚の悪口を言いかねない出世主義者だ. 類 **arribista**.

trepa[2] [trépa] 女 ❶ 穿孔. 類 **taladrado, trepado**. ❷《服飾》縁飾り. ❸ 木目.

trepado, da [trepáðo, ða] 過分 形 ❶（動物が）たくましい, 丈夫な. ❷ 後ろに寄りかかった, ふんぞり返った. 類 **retrepado**.
― 男 ❶《服飾》縁飾り. 類 **trepa**[2]. ❷ 穿孔, 穴あけ. 類 **taladrado, trepa**[2]. ❸（切り取り用の）ミシン目.

trepador, dora [trepaðór, ðóra] 形 よじ登る. ― ave *trepadora*（キバシリなど）木によじ登る鳥. planta *trepadora* つる植物, 匍匐植物.
― 女 ❶《鳥類》(キバシリなど)木によじ登る鳥;《植物》つる植物, 匍匐植物.
― 名 《話, 軽蔑》出世のことばかり考えている人. 類 **arribista**.

trepadora [trepaðóra] 女 → **trepador**.

trepanación [trepanaθjón] 女 （頭蓋の）穿孔, 穿頭術.

trepanar [trepanár] 他《医学》(特に頭蓋に) 穿孔する, 穿頭する.

trépano [trépano] 男 ❶《医学》穿頭器, 冠状のこぎり, トレフィン. ◆頭蓋に穴をあけるのに用いる. ❷《機械》削岩機.

*trepar [trepár] 自 ❶ よじ登る, 登攀する. ― Es un montañero acostumbrado a ~ riscos. 彼は険しい岩山の登攀に慣れた登山家だ. El gato *trepó* por [a] un árbol. 猫は木をよじ登った. ❷（植物が）伝う, まつわりつく. ― La hiedra *trepa* por la pared. つたの壁をよじ伝って行く. ❸ 《話》(あらゆる手段を用いて)成り上がる, 登りつめる. ― Ha *trepado* en la empresa sin importarle nada ni nadie. 彼は誰にも何事にも構わず会社での地位をのぼりつめた.

trepatroncos [trepatrónkos] 男 〖単複同形〗《鳥類》アオガラ, シジュウカラ. 類 **herrerillo**.

trepe [trépe] 男 ❶《話》叱りつけ, 叱責. ― Te van a echar un ~ por fumar. 君はタバコを吸ったことを叱られるだろう. 類 **bronca, reprimenda**. ❷《話》騒ぎ. ― armar un ~ 騒ぎを起こす. 類 **alboroto, jaleo**.

trepidación [trepiðaθjón] 女（地面・機械などの）震動, 震え. ― Estas antiguas casas no fueron diseñadas para aguantar la ~ del tráfico rodado. これらの古い家屋は車両交通の震動に耐えるように設計されていない. 類 **temblor**.

trepidante [trepiðánte] 形 ❶ 激しい, 目まぐるしい, 息つく間もない. ― película de acción ~ 息つく間もないアクション映画. llevar una ~ vida social あわただしい社交生活を送る. ❷ 震動する, 震動の. ― ruido ~ 震動音.

trepidar [trepiðár] 自（地面・機械などが）震動する, 揺れる, 震える. ― Esta casa *trepida* cada vez que pasa un tren. 列車が通るたびにこの家は揺れる. 類 **agitarse, temblar**.

**tres [trés トレス] 形(数) ❶ 3つの. ❷〖序数的に〗3番目の. ― número ~ ナンバー3. el día ~ de agosto 8月3日.
― 男 ❶ 3(の数字). ❷（カード遊び）3のカード. ― Tengo cuatro ~es. 私は3のカードを4枚持っている.

como tres y dos son cinco 確実に, 明らかに; 絶対に. Él me ayuda, *como tres y dos son cinco*. 彼は確実に私を助けてくれる. No le vuelven a prestar el dinero, *como tres y dos son cinco*.

彼らは絶対に彼に再び金を貸さない.
ni a la de tres 〘否定文で〙どうしても…できない. No puedo resolver el problema *ni a la de tres*. 私にはどうしてもこの問題が解けない.

tresbolillo [tresβolíĥo] 男 〘次の成句で〙
a [al] tresbolillo さいころの五の目の形に, 五点型に. plantar los olivos *al tresbolillo* オリーブの木をさいころの五の目の形に植える.

‡**trescient|os, -as** [tresθjéntos, tas] 形(数) ❶ 300 の. ❷ 〚序数的に〛300 番目の.
— 男 300. — Ciento cincuenta por dos son ～. 150×2＝300.

tresdoblar [tresðoβlár] 他 ❶ を3倍にする. 類 **triplicar**. ❷ を3回する. ❸ を3回折る, 三つ折りにする.

tresillo [tresíĥo] 〔＜tres〕男 ❶ 応接三点セット(ソファ 1 つと安楽椅子 2 脚から成る). ❷ 3人掛けのソファ. 類 **sofá**. ❸ トレシーヨ(3人で遊ぶトランプ遊びの一種). ❹ 〘音楽〙3 連符.

tresnal [tresnál] 男 〘農業〙(脱穀前の)束ねた穀物を積み上げた山.

treta [tréta] 女 ❶ わな, 策略, 計略. — valerse de una ～ 策を弄(3)する. Ideó una ～ para librarse del examen. 彼は試験を受けずにすむ策を思いついた. 類 **ardid**, **jugada**. ❷ 〘フェンシングで〙フェイント.

trezav|o, -a [treθáβo, βa] 形 13 分の 1 の.
— 男 13 分の 1.

tri- [tri-] 接頭 「3」の意. — *triá*ngulo, *tri*logía.

tría [tría] 女 選別, えり分けること; 選び出すこと. — Es difícil la ～ entre tantos muebles. こんなにたくさんの家具の選別は難しい. 類 **elección**, **selección**.

triaca [trjáka] 女 ❶ 昔の万能薬(アヘンなどを含んでいた). ❷ 治療. 類 **remedio**.

tríada [tríaða] 女 3 つ組, 3 つ一組のもの, 3 点セット.

trial [trjál] 〔＜英〕男 〘スポーツ〙(オートバイや自転車の)トライアル競技.

triangulación [trjaŋglaθjón] 女 ❶ 三角測量. ❷ 〘スポーツ〙三角パス.

‡**triangular**¹ [trjaŋgulár] 形 ❶ 三角形の. — vela ～ 〘海事〙三角帆. escuadra ～ 三角定規. pañuelo ～ 三角巾. prisma ～ 三角柱. músculo ～ 〘解剖〙三角筋. pirámide ～ 三角錐, 四面体. superficie ～ 三角形の面積. frontón ～ 〘建築〙三角形の妻壁[ペディメント]. ❷ 三者間の. — comercio ～ 三角貿易. torneo ～ 〘スポーツ〙3 チーム[3 か国]対抗試合. acuerdo ～s 三角協定. conversaciones ～es 三者会談.
— 〘スポーツ〙3 チーム[3 か国]対抗試合.

triangular² [trjaŋgulár] 他 を三角形に配置する, 三角形に分ける.
— 自 ❶ 三角測量をする. ❷ 〘スポーツ〙三角パスをする.

‡**triángulo** [trjáŋgulo] 男 ❶ 三角形. — ～ acutángulo 鋭角三角形. ～ equilátero 正三角形. ～ escaleno 不等辺三角形. ～ esférico 球面三角形. ～ isósceles 二等辺三角形. ～ obtusángulo 鈍角三角形. ～ rectángulo 直角三角形. ～ 三角関係. — Juan y la matrimonio forman un ～. フアンとその夫婦は三角関係だ. ❸ 〘楽器〙トライアングル.

triar [trjár] [1.5] 他 を選別する, えり分ける; 選び出す. 類 **elegir**, **escoger**, **seleccionar**.

triásico, -ca [trjásiko, ka] 形 〘地質〙三畳紀の. — terreno *triásico* 三畳紀の地層.
— 男 〘地質〙三畳紀.

tribal [triβál] 形 部族の, 種族の. — luchas ～es 部族間の戦い. ritos ～es 部族のしきたり. sociedad ～ 部族社会.

tribalismo [triβalísmo] 男 〘社会〙❶ 部族組織, 部族制. ❷ 同属意識, 同族的忠誠心, 部族的優越感.

tribásic|o, -ca [triβásiko, ka] 形 〘化学〙(酸が)3 塩基の; (分子が)1 価の塩基性原子 3 個を持つ.

tribu [tríβu] 女 ❶ (主に原始, 古代の)部族, 種族. — Los antiguos hebreos se dividían en doce ～s. 古代ヘブライ人は 12 の部族に分かれていた. una ～ nómada 遊牧部族. ❷ 〘生物〙族 〚科 (familia) と属 (género) の間のグループ〛. ❸ 〘比喩〙大家族; 大集団, 徒党. — En esta pequeña casa vive toda su ～. この小さな家に彼の大勢の家族が全て住んでいる. 類 **pandilla**.

tribulación [triβulaθjón] 女 ❶ 苦難, 試練, 逆境. — Su vida ha estado llena de *tribulaciones*. 彼の生活は苦難に満ちたものだった. pasar muchas *tribulaciones* 多くの苦難を経験する. 類 **dificultad**, **pena**, **sufrimiento**. ❷ 悩み. — La enfermedad del padre es una nueva ～ para la familia. 父親の病気が家族の新たな悩みになった. 類 **pena**, **preocupación**.

tribuna [triβúna] 女 ❶ (a) 演壇, 説教壇. — ～ del acusado 被告席. ～ del jurado 陪審員席. (b) 〘比喩〙(主に政治的な)演説. ❷ (a) (街頭に設置された, 主に賓客用の)観客席, 見物席. — Contemplaban las procesiones de carnaval desde la ～. 彼らは見物席からカーニバルの行列を見物していた. (b) (競技場の階段式の)観覧席. ❸ (教会などの奥にある)回廊.

tribunado [triβunáðo] 男 〘歴史〙(古代ローマの)護民官の職[任期].

‡**tribunal** [triβunál] 男 ❶ (a) 裁判所, 法廷. — ～ de apelación 控訴院. T～ de Justicia Internacional 国際司法裁判所. T～ Supremo 最高裁(判所). T～ Constitucional 憲法裁判所. T～ Penal Internacional 国際刑事裁判所. ～ tutelar de menores 少年裁判所. El ～ dictó la sentencia. 裁判所は判決を言い渡した. (b) 裁き, 裁判. — ～ de Dios 神の裁き, 最後の審判. ～ de la conciencia 良心の呵責. ～ de la penitencia 告解(室). (c) 覆 訴訟, 裁判. — acudir a los ～es 訴訟を起す. Me llevaron a los ～es. 私は裁判にかけられた. (d) 〚集合的に〛裁判官, 判事. ❷ 評議[審査]委員会; 〚集合的に〛評議[審査]委員. — ～ de conciliación laboral 労働調停委員会. T～ de Cuentas 会計検査院. ～ de examen 審査(試験)委員会. ～ de honor 品行調査委員会.

tribuno [triβúno] 男 ❶ 〘歴史〙(古代ローマの)護民官 (=～ de la plebe). — ～ militar (古代ローマの)軍団司令官. ❷ (特に政治家の)弁舌家, 雄弁家.

tributación [triβutaθjón] 女 納税; 租税制度; みつぎ物.

‡**tributar** [triβutár] 他 ❶ (税金など)を納める, 納税する; 貢納[上納]する. — Todos los ciuda-

danos tienen la obligación de ~ [impuestos]. 全市民が税金を納めねばならない. ❶ 《敬意などを》捧げる, 払う, 表わす. —A mi antiguo maestro le sigo *tributando* un gran respeto. 恩師に私は大いなる敬意を払い続けている. ~ un homenaje de respeto a, 賞賛する.

── 自 納税する.

tributario, ria [triβutárjo, rja] 形 ❶ 税の, 租税の; (人が)納税の義務をもつ. —deber ~ 納税の義務. derecho ~, legislación *tributaria* 税法. sistema [régimen] ~ 税制度. ❷ (川が)支流の; …に注ぐ[+de]. —río *tributario* del Mediterráneo. El Ebro es *tributario* del Mediterráneo. エブロ川は地中海に注ぐ.

── 名 納税者.

:**tributo** [triβúto] 男 ❶ 税(の総称), 租税(個々の税の名称としては用いない); 貢ぎ物. —pagar los ~s al Estado 国に税金を払う. 類 **contribución, impuesto.** ❷ (利益に対する)代償; 負担. —Debes pagar un ~ a nuestra colaboración. 君は我々の協力に対して代価を支払わねばならない. 類 **carga.** ❸ 賛辞, 敬意. —un ~ de amor 愛への賛辞.

tricampeón, ona [trikampeón, óna] 名 3 回の優勝を遂げた人[チーム].

tricentenario [triθentenárjo] 男 300年(間); 300年(記念)祭.

tricentésimo, ma [triθentésimo, ma] 形 (数) ❶ 300番目の. ❷ 300分の1の.

── 男 300分の1.

tríceps [tríθeps] 男『単複同形』《解剖》三頭筋(= músculo ~).

triciclo [triθíklo] 男 三輪車.

tricípite [triθípite] 形 3つの頭を持つ.

triclinio [triklínjo] 男《歴史》(古代ローマの)食事用の寝椅子; 寝椅子が置かれた食堂.

tricolor [trikolór] 形 三色の, トリコロールの; 三色旗の. —bandera ~ 三色旗.

tricomoniasis [trikomonjásis] 女《医学》トリコモナス症.

tricornio, nia [trikórnjo, nja] 形 3つの角を持つ; 三角帽子の. —sombrero ~ 三角帽子.

── 男 ❶ 三角帽子. ❷『スペイン』《話》治安警備隊員.

tricot [trikó(t)] 男《服飾》ニットの服[布].

tricotar [trikotár] 自 編み物をする. —máquina de ~ 編み機.

── 他 を編む, を編んで作る. 類 **tejer.**

tricotomía [trikotomía] 女 ❶《植物》(枝・茎・葉などの先が) 3つに分かれること. ❷ 3つに分けること, 三分法.

tricotosa [trikotósa] 女 編み機(= máquina ~).

tricromía [trikromía] 女《印刷》三色印刷(法)(三原色の組み合わせによる).

tricúspide [trikúspiðe] 形《解剖》三尖(弁)の. —válvula ~ (心臓の)三尖弁.

── 女《解剖》(心臓の)三尖弁.

tridáctilo, la [triðáktilo, la] 形《動物》指が三本の.

tridente [triðénte] 男 ❶ 三叉(さ)の道具[やす・くま手]. ❷《神話》(海神ネプチューン Neptuno が持つ)三叉のほこ.

tridentino, na [triðentíno, na] 形 ❶ トレント(Trento, イタリアの都市)の. ❷《カトリック》トリエント公会議(el Concilio Tridentino, 1545-63年)の. ── 男 トレントの住民; トレント出身者.

tridimensional [triðimensjonál] 形 三次元の, 立体の. —imagen ~ 立体映像.

triduo [tríðuo] 男《カトリック》❶ トリドゥウム, 三日黙祷(とう), 三日黙想. ❷ (特に)聖三か日(聖週間の木・金・土曜日).

triedro, dra [trjéðro, ðra] 形 3つの面を持つ; 《数学, 幾何》三面体の.

── 男《数学, 幾何》三面体; 三面角.

trienal [trjenál] 形 ❶ 3年の, 3年間の. —contrato ~ 3年契約. ❷ 3年に1度の. —inspección ~ 3年ごとの検査.

trienio [trjénjo] 男 ❶ 3年間, 3か年. —el T~ liberal《歴史》自由主義の3か年(1820-23年. Fernando VII の独裁が一時的に停止し, 自由主義的な1812年憲法が復活した). ❷ (3年ごとに支給される)勤続手当. —Lleva treinta años en la empresa y *cobra* ya diez ~s. 彼は会社に30年いるので, すでに勤続手当を10回もらっている.

trifásico, ca [trifásiko, ka] 形《電気》(電流が)三相の. —corriente *trifásica* 三相交流.

trífido, da [trífiðo, ða] 形《植物》葉が三裂の.

trifoliado, da [trifoljáðo, ða] 形《植物》三小葉の, 3つの小葉を持つ. —El trébol es una planta *trifoliada*. クローバーは三小葉の植物である.

triforio [trifórjo] 男《建築》トリフォリウム.

trifulca [trifúlka] 女 ❶《話》けんか, 口論; (争いによる)騒ぎ. —Al terminar el partido se armó una ~ entre los aficionados. 試合が終わるとファン同士のけんか騒ぎがあった. 類 **bronca, pelea, riña.** ❷ (溶鉱炉の)送風装置(3本のレバーを持つ).

trifurcarse [trifurkárse] [1.1] 再 三叉(さ)に分かれる, 3つに分岐する. —La rama de este árbol *se trifurca* en el extremo. この木の枝の端は3つに分かれている.

*·**trigal** [triɣál] 男《主に複》小麦畑. —Se ven los ~es. 小麦畑が見える.

trigémino, na [trixémino, na] 形《解剖》三叉(さ)神経の. —nervio ~ 三叉神経.

── 男《解剖》三叉神経. ◆頭部・顔面の大部分の感覚と咀嚼(しゃく)運動を支配する.

trigésimo, ma [trixésimo, ma] 形(数) ❶ 30番目の, 第30の. —el ~ nieto 30番目の孫. la ~a primera lección 第31課. ❷ 30分の1の.

── 男 30分の1.

triglifo [triɣlífo] 男《建築》トリグリュフォス, トリグリフ. ◆ドーリア式建築の縦3本の柱(または溝)による装飾.

:**trigo** [tríɣo トリゴ] 男 ❶ 小麦, 小麦の実[種]. —~ candeal 白麦. ~ marzal 春まき小麦. ~ sarraceno ソバ. ❷ 複 小麦畑. 類 **trigal.**

no ser trigo limpio 〈人柄や事柄が〉いかがわしい, いんちきくさい. Este negocio *no es trigo limpio*. この取引きはいんちきくさい.

trigonometría [triɣonometría] 女《数学, 幾何》三角法.

trigonométrico, ca [triɣonométriko, ka]

形《数学，幾何》三角法の，三角法による；三角関数の．— función *trigonométrica*《数学》三角関数．

trigueño, ña [triɣéno, ɲa] 形 ❶ 小麦色の，(頭髪が)金栗色の，濃いブロンドの．— pelo ～ 金栗色の髪. 題 **castaño**. ❷ (肌が)小麦[オリーブ色]の，黄褐色の．— piel *trigueña* 小麦色の肌. tez *trigueña* 小麦色の顔. 題 **moreno, tostado**. ❸ 〖中南米〗《婉曲》浅黒い；黒人の．
—— 男 小麦色，金栗色，黄褐色 (= color trigueño).

triguero, ra [triɣéro, ra] 形 ❶ 小麦の．— campos ～s 小麦畑. aumentar la producción *triguera* 小麦の生産を増やす．❷ 小麦の間で栽培される．— espárrago ～ 小麦の間で栽培されるアスパラガス．❸ 小麦栽培に適した．
—— 名 小麦商人．

trilátero, ra, trilateral [trilátero, ra, trilaterál] 形《幾何》3つの辺を持つ．

trilingüe [trilíŋgwe] 形 3か国語の，3か国語を話す；3か国語対照の．— intérprete ～ 3か国語を話す通訳者. edición ～ de la Biblia 3か国語対照聖書．

trilita [trilíta] 女《化学》TNT 火薬，トリニトロトルエン．題 **trinitrotolueno**.

trilito [trilíto] 男《考古》トリリトン (3つの石から成る巨石記念物)．

trilla [trí ja] 女 ❶《農業》脱穀；脱穀期；脱穀機．❷〖中南米〗《方, 話》めった打ち，殴打．題 **tunda**.

trillado, da [trijáðo, ða] 過分 形 ❶ 脱穀された．❷ ありふれた，ありきたりの；使い古された．— En su conferencia abordó un tema ～. 講演ではありきたりの話題に終始した．題 **común, sabido**. *camino trillado* →camino.

trillador, dora [trijaðór, ðóra] 形《農業》脱穀の，脱穀する．— máquina *trilladora* 脱穀機．
—— 女 脱穀機．

trilladora [trijaðóra] 女 →trillador.

trilladura [trijaðúra] 女 →trilla.

trillar [trijár] 他 ❶《農業》を脱穀する．— ～ el trigo 小麦を脱穀する．❷《比喩, 話》を繰り返して使う，古くさくする．

trillizo, za [trijíθo, θa] 形 三つ子の．
—— 名 三つ子の(一人)．— Una de mis amigas tuvo ～s en su primer parto. 私の友人の一人は初めてのお産で三つ子を産んだ．

trillo [tríjo] 男《農業》脱穀機．

trillón [trijón] 男《代数》百京 (煮), 10の18乗．

trilobulado, da [triloβuláðo, ða] 形《植物》(クローバーのように，葉が)三裂の，3つの小葉に分かれた．— arco ～ 三葉形アーチ．

trilogía [triloxía] 女 (文学作品などの)三部作．— La ～ "Los mercaderes" es una obra representativa de Ana María Matute. 三部作「商人たち」はアナ・マリア・マトゥーテの代表作である．

trimembre [trimémbre] 形 三部構成の，三人の．

trimestral [trimestrál] 形 ❶ 3か月ごとの，年4回の；学期ごとの(3 学期制を取る学校で)．— notas ～*es* 学期ごとの成績. revista ～ 季刊誌．❷ 3か月間の．— vacaciones ～*es* 3か月間の休暇．

trimestralmente [trimestrálménte] 副 3か月ごとに，毎季に．

trimestre [triméstre] 男 ❶ 3か月間，四半期；(3学制制の1つの)学期．— el primer [segundo] ～ (3 学期制の)第1[2]学期；第1[2]四半期. el cuarto ～ 第4四半期．❷ (支払い・受取りの)3か月分．— pagar por ～s 3か月[四半期]毎に支払う. pagar el ～ completo [entero] (家賃など) 3か月分を満額支払う．
—— 形 3か月間の．— curso ～ preparatorio 3か月間の準備コース．

trimotor [trimotór] 形 (飛行機が)3エンジンの．
—— 男《航空》三発機，3エンジンの飛行機．

trinado [trináðo] 男 ❶ さえずり．❷《音楽》トリル．

trinar [trinár] 自 ❶ (鳥が)さえずる．題 **gorjear**. ❷《音楽》トリルを奏する．❸《話》〖estar que trina の形で〗かんかんである，いきり立つ．— Papá *está que trina* porque no has ido a clase. あなたが学校に行かなかったからお父さんがかんかんよ．題 **rabiar**.

trinca [tríŋka] 女 ❶ 3個組，3人組．— una ～ de ases エースのスリーカード．❷《海事》繋索 (繁)．❸ (少人数の)徒党，仲間．

trincar[1] [triŋkár] [1.1] 他 ❶ を縛りつける，押さえつける；《海事》を縛って固定する．題 **amarrar, atar**. ❷ を捕える，投獄する．題 **detener, encarcelar**.

trincar[2] [triŋkár] [1.1] 他 自《話》(酒)(を)飲む．— Se ha trincado tres güisquis. 彼はウイスキーを3本空けた. En la fiesta *trincaron* una trompa. パーティーで皆ぐでんぐでんになった．

trincha [trínt∫a] 女《服飾》(ベストやズボンの幅を調節する)ベルト，アジャスター．

trinchante [trint∫ánte] 男 ❶ (肉を切り分けるナイフ；肉を押さえるフォーク．❷ (肉を切り分ける)給仕人．
—— 形 (食卓で)肉を切り分ける．

trinchar [trint∫ár] 他 ❶ (肉などを)切り分ける．❷《話, 比喩》を仕切る．題 **mangonear**.

trinchera [trint∫éra] 女 ❶ トレンチコート．❷ (軍陣の)塹壕 (紛)．— abrir ～ ざんごうを掘り始める. guerra de ～s ざんごう戦. montar la ～ 守備のためにざんごうに入る．❸ (鉄道や道路の)切り通し．

trinchero [trint∫éro] 男 ❶ (肉を切り分けたり，食器を載せたりする)配膳台，ワゴン．❷ (肉を切り分ける)大皿．

trinchete [trint∫éte] 男 (靴底を切る)ナイフ．題 **chaira**.

trineo [trinéo] 男 橇 (質)．

Trini [tríni] 固名《女性名》トリニ (Trinidad の愛称)．

Trinidad [triniðá(ð)] 固名《女性名》トリニダード (男性の名としても用いられる)．

trinidad [triniðá(ð)] 女 ❶《宗教》三位 (義)一体．— (Santísima) T～ 三位一体(父なる神，子なるキリスト，聖霊を一体と見る，キリスト教の根本的教義の一つ)．❷《比喩》(軽蔑的な)3人組．

Trinidad y Tobago [triniðáð i toβáɣo] 固名 トリニダード・トバゴ (首都ポートオブスペイン Puerto España)．

trinitaria [trinitárja] 女《植物》三色すみれ，

1904 trinitario

パンジー. 類**pensamiento**.

trinitario, ria [trinitárjo, rja] 形 ❶ (カトリック) 聖三位一体修道会 (Orden de la Santísima Trinidad) の. ❷ トリニダード・トバゴ (Trinidad y Tobago) (人) の, トリニダード (Trinidad) の.
— 名 聖三位一体修道会士; トリニダード・トバゴ人, トリニダードの人.

trinitrotolueno [trinitrotoluéno] 男 《化学》トリニトロトルエン, TNT (高性能爆薬として使われる).

trino¹, na [tríno, na] 形 ❶ 3部分から成る. 類**ternario**. ❷《宗教》三位一体の; 聖三位一体修道会の. — Dios es ~ y uno. 神は唯一にして三位からなる.

trino² [tríno] 男 ❶ さえずり. — Me desperté el ~ de los pájaros en el jardín. 私は庭の鳥のさえずりで目を覚ました. 類**gorjeo**. ❷《音楽》トリル.

trinomio [trinómjo] 男《代数》三項式.

trinquetada [triŋketáða] 女 ❶《海事》(強風など悪天候下での) フォアマストのみによる航行. ❷《中南米》《比喩》苦悩, ピンチ.

trinquete [triŋkéte] 男 ❶《機械》(歯車の) 歯止め, つめ. ❷《スポーツ》フロントン (壁にボールをぶつけて打ち合うスペインの球技) の屋内コート. ❸《海事》フォアマスト, 前檣('hu); フォースル, 前檣大帆.
estar más fuerte que un trinquete《話》びくともしない, 大変丈夫[頑健]である.

trinquis [triŋkis] 男《単複同形》《話》(酒の) 一飲み, 一杯. — ¿Por qué no nos echamos un ~ antes de visitarle? 彼のところへ行く前に一杯やらないか. Me parece que le gusta mucho el ~. 君は一杯やるのがお好きなようだね.

trío [trío] 男 ❶ 3人組, 3個組. — un ~ de ases エース 3 枚組. ❷《音楽》トリオ, 3重唱[奏]団; 三重唱[奏]曲. 類**terceto**.

tríodo [tríoðo] 男《物理》三極真空管.

tripa [trípa] 女 ❶ 内臓, はらわた, 腸. — Se comió el boquerón crudo y sin quitarle las ~s. 彼はイワシを生で, しかも内臓も取らずに食べてしまった. 類**entraña, vísceras**. ❷《話》おなか, 太鼓腹; 妊婦の腹. — Me duele la ~. おなかが痛い. No deberías beber cerveza: tienes mucha ~. ビールは飲まない方がいいんじゃないの, おなかが出てるから. 類**barriga, panza, vientre**. ❸ (つぼなどの) 膨らんだ部分. ❹《比喩》中身, 内部. — las ~s de un melón. メロンの種子 (柔らかい部分). las ~s de un reloj 時計の機械部分. A la almohada se le salen las ~s. 枕の中身が飛び出してるよ.
echar las tripas《話》激しく吐く.
echar tripa《話》おなかが出る. Desde que dejó de fumar, *está echando tripa*. タバコを止めてからおなかが出てきた.
*gruñir*LE a ... *las tripas*《話》(…の) おなかが鳴る.
hacer de tripas corazón 勇気を奮い起こす. *Hice de tripas corazón* y me tiré de cabeza al río. 私は自分を奮い立たせて頭から川に飛び込んだ.
*revolvérse*LE a ... *las tripas*《話》(人に) 吐き気 [嫌悪感] が起きる. Al ver la sangre *se me revolvieron las tripas*. 血を見て私は気分が悪くなった.
*rompérse*LE a ... *una tripa*《話》(人が) (頼みご

とをするなどの) 変な気を起こす.
tener ... malas tripas《話》残忍である.

tripada [trípáða] 女《話》満腹, 腹一杯食べること. — Se dio una ~ de paella y ya no pudo con el postre. 彼はパエリャをたらふく食べて, もうデザートも入らなかった. 類**hartazgo, panzada**.

tripanosomiasis [tripanosomjásis] 女《医学》トリパノソーマ症.

tripartir [tripartír] 他 を 3 分する, 3 つに分ける.

tripartito, ta [tripartíto, ta] 形 3 者 [人, 国] 間の; 3 部分から成る. — un acuerdo ~ 3 国間協定. una hoja *tripartita* 3 つに分かれた葉.

tripería [tripería] 女 ❶ 臓物店; 臓物店街. ❷ [集合的に] 臓物.

tripero, ra [tripéro, ra] 名 ❶ 臓物売り. ❷《話》大食漢.
— 男 腹巻き.

tripicallero, ra [tripikaxéro, ra] 名 臓物料理売り.

tripicallos [tripikáʝos] 男複 臓物料理 (牛の胃などの煮込み). 類**callos**.

triplano [tripláno] 男《航空》主翼が 3 枚の航空機.

:**triple** [tríple] 形 ❶ 3倍の. — Tienes ~ cantidad de dinero que yo. 君は僕の 3 倍のお金を持っている. tomar una ~ dosis de medicamentos 薬を服用量の 3 倍飲む. 類**triplo**. ❷ 3 重の, 3 段の. — ~ salto《スポーツ》三段跳び. hacer un ~ salto mortal《スポーツ》3 回宙返りをする. puerta ~ 3 重扉. avenida de ~ calzada 3 車線の大通り. cerradura de seguridad con ~ cierre 3 重ロックの安全錠. ❸ 3 者からなる. — ~ alianza 三国同盟. 類**tripartito**. ❹《話》大変な, ものすごい. — ~ idiota 大ばか. ❺ — ~ espacio《印刷》トリプルスペース. ❻ — punto ~《物理, 化学》三重点.
— 男 (a) 3倍, 3重. — al ~ 3 倍で [に]. El ~ de seis es [son] dieciocho. 6 の 3 倍は 18 である. La puerta nueva es el ~ de ancho que la antigua. 新しい扉は古い扉の 3 倍の幅がある. Como ~ el que tú. 私は君の 3 倍食べる. ❷《スポーツ》(バスケットの) 3 ポイント; (野球の) 三塁打. — pegar un ~ 3 塁打を打つ. Encestó un ~ en el último segundo. 彼は最後の 1 秒で 3 ポイントシュートを決めた. ❸《音楽》三重奏. ❹《電気》3 口コンセント.
— 副《話》3倍に, 3重に. — Esta caja es ~ grande que ésa. この箱はそれよりも 3 倍大きい.

triplicación [triplikaθjón] 女 3倍 [重] にすること, 3部作ること.

triplicar [triplikár] [1.1] 他 を 3倍 [重] にする, 3部作る.
— *se* 再 3倍になる. — Debido a la publicidad, *se han triplicado* las ventas. 広告のおかげで売り上げが 3 倍に伸びた.

tríplice [tríplíθe] 形 →**triple**.

triplicidad [tripliθiðá(ð)] 女 3倍 [重] であること.

triplo, pla [tríplo, pla] 形 →**triple**.

trípode [trípoðe] 男 (カメラ用) 三脚; 三脚椅子 [テーブル].

tripón, pona [tripón, póna] 形《話》→**tripudo**.

tríptico [tríptiko] 男 ❶《美術》3 つ折りの絵

画(特に宗教画), トリプティク. ❷ 3枚続きの祭壇画.

*triptongo [triptóŋgo] 男 《言語》三重母音 (例えば cambiáis の iái の音). 類**diptongo**.

tripudo, da [tripúðo, ða] 形 太鼓腹の, おなかの出た. —La tabernera era una mujer alta y *tripuda*. 女将(_{おかみ})は背が高く, 腹がでっぷりした女だった.

‡**tripulación** [tripulaθjón]《集合的に》女 (船や飛行機の)**乗組員**, 搭乗員. —En el accidente la ~ actuó con serenidad y aplomo. その事故の時, 搭乗員は皆沈着, 冷静に行動した.

tripulante [tripulánte] 男女 (船や飛行機の)乗務員, 乗組員. —Tres ~s resultaron heridos en el accidente. その事故で3人の乗務員が負傷した.

*tripular [tripulár] 他 ❶ (船・航空機)を操縦し, 運行する. —El piloto *tripula* el avión alternándose con el copiloto. 操縦士は副操縦士と交代で飛行機を操縦する. 類**pilotar**. ❷ …に乗り組む; 乗務する. —Trabaja en una compañía dedicada a ~ barcos. 彼は船舶乗務に従事する会社に勤務している.

trique [tríke] 男 はじけたり割れたりすること, その音.

a cada trique 《話》機会あるごとに, 始終. Esta chica llora *a cada trique*. この娘はすぐに泣く.

triquina [tikína] 女 《動物》旋毛(_{せんもう})虫 (哺乳動物に寄生する線虫).

triquinosis [trikinósis] 女 《医学》旋毛(_{せんもう})虫症.

triquiñuela [trikiɲuéla] 女 《話》ごまかし, 策略; 言い逃れ. —Conoce bien las ~s del oficio. 彼は商売の駆け引きの術をよく知っている. Cada día se inventa alguna ~ para salir por la tarde. 彼は毎日のように午後出かけるための新しい言い訳を考え出す. 類**ardid, artimaña, evasiva, treta**.

triquitraque [trikitráke] 男 ❶(物が揺れたりぶつかり合う)ガタガタ音. —el ~ del tren 列車の通る音. ❷ 爆竹, 銃花火.

a cada triquitraque → a cada TRIQUE.

trirreme [triréme] 男 《歴史》(古代の)三段オールのガレー船.

tris [trís] 男 ❶《話》わずか, 少し(の間). —No (me) faltó un ~ para que lo atropellara. もう少しで彼を轢(_ひ)くところだった. Al menor ~ se viene abajo la casa. 今にも家がつぶれそうだ. ❷ (ガラスなどが)割れたり, ひびが入るときの音, パリッ, ピシッ.

estar en un tris de+不定詞 (*de*) *que*+接続法 もう少しで…しそうになる. *Estuve en un tris de dejar caer el plato al oír la noticia*. 私はそのニュースを聞いて皿を落としそうになった.

por un tris もう少しのところで, 間一髪で. No se ahogó *por un tris*. 危うくおぼれそうになった. 類**por poco, por los pelos**.

trisagio [trisáxjo] 男 《宗教》三聖誦(_{しょう})(三位一体を称える祈り).

trisca [tríska] 女 ❶ 物を踏み潰す音, 踏み鳴らす音. ❷ 騒ぎ, 騒動. 類**algazara, bulla**.

triscar [triskár] [1.1] 自 ❶ 跳ね回る, じゃれる, ふざける. —Los cachorros *triscaban* en el jardín. 小犬たちは庭でじゃれまわっていた. 類**retozar**. ❷ 踏みつける, 足音を立てる.

— 他 ❶ …を混合する. —Esta cebada *está triscada*. この大麦は混ぜものがしてある. ❷ (のこぎりの)目立てをする.

trisecar [trisekár] [1.1] 他 《数学》を3(等)分する.

trisección [triseksjón] 女 《数学》3(等)分.

trisemanal [trisemanál] 形 ❶ 週に3回の. ❷ 3週間ごとの.

trisemanalmente [trisemanálménte] 副 週に3回; 3週間ごとに.

trisílabo, ba [trisílaβo, βa] 形 《言語》3音節の.
— 男 3音節語.

‡**triste** [tríste トリステ] 形 ❶ 〖estar+〗(人が)悲しい, 悲しんでいる. —Desde la muerte de su padre *está* muy triste. 彼は父の死以来悲しみに沈んでいる. Esta música me pone ~. 私はこの音楽を聞くと悲しくなる. 類**afligido, melancólico**. 反**alegre, contento**. ❷ (表情などが)悲しげな, 悲しそうな, 沈んだ. —expresión [cara, mirada] ~ 悲しそうな表情[眼差し]. tener los ojos ~s 悲しげな目をしている. ❸〖ser+〗(物事が)悲しい, 悲しみを誘う; 痛ましい, 悲惨な. —suceso [destino] ~ 悲しい出来事[運命]. historia ~ 悲しい物語. Tengo que darles una ~ noticia. あなた方に悲しいお知らせをしなくてはなりません. tener un ~ final 痛ましい[悲惨な]最後を遂げる. 類**doloroso, penoso**. 反**alegre, feliz**. ❹ 陰気(_{いんき})な, 陰気な, 薄暗い, もの寂しい, わびしい. —vida ~ わびしい生活. paisaje ~ もの寂しい風景. habitación ~ 陰鬱な[薄暗い]部屋. tiempo ~ うっとうしい天気. Es una mujer muy ~ y siempre tiene la cara larga. 彼女は大変陰気な女性で, いつもぶすっとしている. 類**melancólico, sombrío**. 反**alegre**. ❺ 〖ser+, 主語+que+接続法〗残念な, 悲しむべき, 嘆かわしい, つらい. —*Es* ~ *que* siempre haya guerras en el mundo. 世界で戦争が絶えないのは悲しいことだ. *Es* ~ haber trabajado tanto para nada. そんなに働いて無駄だったなんて残念だ. *Es* la ~ realidad. それは残念ながら事実だ. 類**deplorable, doloroso**. ❻ 色のくすんだ[あせた]. —Esta chaqueta es bonita, pero ~. このジャケットは素敵だけれど色がくすんでいる. 類**apagado, oscuro**. 反**vivo**. ❼ (植物が)しおれた. —Sin lluvia por tantos días, las plantas están ~s. 何日も雨が降らないので植物はしおれている. ❽〖+名詞〗貧弱な, わずかな, 取るに足らない; 質の悪い. —~ sueldo 薄給. En toda su vida fue un ~ campesino. 彼は生涯通じてしがない農民でしかなかった. Me han servido una ~ copa de vino. 彼らは申し訳程度のワインを一杯だけ出してくれた. Pensar que esto le ocurre a muchas personas es un ~ consuelo. それは多くの人に起こっていることだと思っても大した慰めにならない. 類**miserable, escaso**. 反**afortunado**. ❾ 《メキシコ, ボリビア》内気な, はにかみ屋の.

ni un [*una*] *triste* 〖+名詞〗…さえも…ない. No se quedó conmigo *ni una triste hora*. 彼は私と1時間も一緒にいてくれなかった.

— 男 《アルゼンチン, ペルー》トリステ(アンデス高原の民謡で, ギターの伴奏で歌うもの悲しい恋歌).

‡**tristeza** [tristéθa] 女 悲しみ, 悲哀; 悲しみの原因. —Se ve la ~ en su cara. 彼の顔には悲しさ

が伺える. Aquella noche me confesó todas sus ～s. あの晩彼は私に彼のすべての悲しみの種を語った.

tristón, tona [tristón, tóna] 〔＜triste＋ón〕形 寂しがïる, 悲しがる. —Lo ha pasado en el colegio, porque ha vuelto ～. 何か学校であったんだよ, 沈み込んで帰ってきたからね.
—— 名 陰気な人, ふさぎ込んだ人.

tritón [tritón] 男 ❶《動物》イモリ. ❷《ギリシャ神話》(T～) トリトン(半人半魚の海神).

trituración [trituraθjón] 女 すりつぶし, 粉砕.

triturador, dora [triturað̞óɾ, ðóra] 形 粉砕する, すりつぶす.
—— 男 ディスポーザー(生ゴミ処理機).
—— 女 粉砕機.

trituradora [trituraðóra] 女 →triturador.

triturar [triturár] 他 ❶ を粉砕する, すりつぶす, 挽く. —～ la carne 肉を挽く. ～ la piedra para convertirla en cascajo 石を砕いて砂利(ｼﾞｬﾘ)にする. 類 **moler**. ❷ をかみ砕く, 咀嚼(ｿｼｬｸ)する. 類 **mascar, masticar**. ❸ を(肉体的, 精神的に)痛めつける, 苦しめる. —Si cojo al ladrón, lo *trituro*. 盗んだ奴を捕まえたらぼろぼろにしてやる. 類 **maltratar, moler, vejar**. ❹ (理論などを)論駁(ﾛﾝﾊﾞｸ)する, 非難する.

triunfador, dora [triumfaðóɾ, ðóra] 形 勝者の, 勝利した, 成功した. —Ninguno de los dos países ha salido ～ en esa guerra. その戦争でどちらの国も勝者にはなれなかった.
—— 名 勝利者, 勝者.

‡**triunfal** [triumfál] 形 ❶ 勝利の, 凱旋(ｶﾞｲｾﾝ)の, 勝利的な; 成功した. —arco ～ 凱旋門. corona ～ 勝利の栄冠, 月桂冠. marcha [desfile] ～ 勝利の行進[パレード]. Los aliados hicieron la entrada ～ en la ciudad. 同盟国がその町に凱旋入場した. 類 **victorioso, triunfante**. ❷ 熱狂的な, 華々しい. —acogida ～ 熱狂的な歓迎. ❸ 勝ち誇った, 意気揚々とした. —sonrisa ～ 勝ち誇った笑み. ～ actuación 勝ち誇った[意気揚々とした]態度.

triunfalismo [triumfalísmo] 男 自信過剰, 自信満々であること.

triunfalista [triumfalísta] 形 勝利を確信した, 自信過剰の. —La prensa ha criticado las declaraciones *triunfalistas* del primer ministro. 新聞は首相の楽観的な声明を批判した.
—— 男女 自信家.

triunfalmente [triumfalménte] 副 勝ち誇って, 意気揚々と.

‡**triunfante** [triumfánte] ❶〔＋de/en〕(…で)勝利した, 勝利の; 成功した; 勝ち誇った. —ejército ～ 戦勝軍. retorno ～ 勝利の帰還. Salió ～ en el torneo [del torneo]. 彼はトーナメントで優勝した. 類 **triunfador**. 反 **derrotado**. ❷ (*a*)～勝利した(＝triunfal). —entrada ～ 凱旋入城. (*b*)《カトリック》凱旋の. —Iglesia ～ 凱旋[勝利]の教会. ◆この世の生を終え, キリストとの一致において天国の至福を楽しんでいる信者たちの交わり.

‡**triunfar** [triumfár] 自 ❶ 勝つ, 勝利を博する. —Nuestro equipo *triunfó* en la liga. 我々のチームはリーグ優勝した. 類 **ganar, vencer**. ❷ 成功を収める, 成功する. —*Ha triunfado* en la vida y es respetado por todos. 彼は人生の勝利者で皆に尊敬されている. *Triunfó* en el teatro. 彼は演劇で成功を収めた. 類 **tener éxito**. ❸《トランプ》—*Triunfan* tréboles. クラブが切り札である. ❹ 金をたくさん使う, 乱費する. —Le gusta ～ y no ahorra un céntimo. 彼は派手にお金を使うのが好きで1センティモも節約しない.

‡**triunfo** [triúmfo] 男 (*a*)(大)勝利; 大成功, 大当り. —obtener el ～ en la batalla 戦場で大勝利を収める. Ha sido un ～ teatral. 芝居は大当りだった. 類 **victoria, éxito**. 反 **fracaso**. (*b*) トロフィー, 勝利のしるし. —Tiene guardados muchos ～s conseguidos en el golf. 彼はゴルフで得たトロフィーをたくさん集めている. 類 **trofeo**. (*c*)(古代ローマの)凱旋式. ❷(カード・ゲームの)切り札(の組). —Gané la partida de cartas por tener varios ～s en la mano. 私は切り札を持っていたおかげでトランプに勝った.
en triunfo 勝ち誇って, 意気揚々と.
costar un triunfo【事柄が主語】大きな努力が必要となる. Nos *costó un triunfo* convencerle. 彼を納得させるのに私たちは大きな努力が必要であった.

triunvirato [triumbiráto] 男 ❶《歴史》(古代ローマの)三頭政治. ❷ 3 人の連合政治, 3 者連合.

triunviro [triumbíro] 男 《歴史》(古代ローマの)三頭政治の執政者.

‡**trivial** [triβjál] 形 ❶ ささいな, 取るに足らない, つまらない. —conversación ～ よもやま話. Él siempre me hace preguntas ～*es*. 彼はいつもどうでもいい質問ばかりしてくる. 類 **baladí, banal, insignificante**. ❷ 陳腐な, ありふれた, 平凡な. —conclusión [expresión] ～ 陳腐な結論[表現]. hombre ～ 平凡な男. 類 **banal, común**. 反 **extraordinario, original**.

‡**trivialidad** [triβjaliðáð] 女 取るに足らない物事, くだらないこと; 平凡, 陳腐. —Nos sorprendió la ～ de sus ideas. 彼の考え方が平凡なので私たちは驚いた. En su discurso sólo dijo ～*es*. 彼はスピーチでつまらないことばかり話した. 類 **traspié, tropezón**.

trivialización [triβjaliθaθjón] 女 軽視, 過少評価.

trivializar [triβjaliθár] [1.3] 他 を軽視する, 小さく扱う. —La prensa conservadora *ha trivializado* las declaraciones del Presidente. 保守的な新聞は大統領の宣言を小さくしか取り上げなかった.

trivio [tríβjo] 男 ❶ 三叉路(ｻﾝｻﾛ), 三つ辻. ❷《歴史》三学(中世の大学の教養科目のうち, 文法, 修辞, 弁証法).

triza [tríθa] 女 かけら, 小片, 断片.
hacer trizas … 物をちぎり[びりびり]にする. Enfadado, cogió la carta y la *hizo trizas*. 怒った彼は, 手紙をつかむとびりびりに破ってしまった. La jarra *se hizo trizas* al caer. 壺は落っこちて粉々になった.
hacer trizas a … (人)をくたくたにする, 打ちのめす[やっつける]. A los cinco minutos del debate ya *había hecho trizas a* su oponente. 5 分も議論しないうちにもう彼は相手を言い負かしていた. Su partida me dejó *hecho trizas*. 彼が行ってしまって私は打ちのめされた.

trocamiento [trokamjénto] 男 →trueque.

trocánter [trokánter] 男 《解剖》転子(大腿骨上部の突起).

trocar[1] [trokár] 男 《医学》套(&)管針(外科で腹腔などから採液するのに用いられる).

*****trocar**[2] [trokár] **[5.3]** 他 ❶『+por と』を交換する,物々交換する,取り換える. — *Trocó* la parcela de tierra *por* un piso. 彼は一区画の土地をマンションと交換した. 類**cambiar, mudar**. ❷『+en に』を変える. — ~ el amor *en* antipatía 愛情を反感に変える. ❸ を間違える,取り違える. — A este niño no se le puede encargar nada porque todo lo *trueca*. この子は何もかも取り違えてしまうから何も任せられない. 類**equivocar**. ❹ を吐く,もどす. 類**vomitar**.

── **se** 再『+en に』変わる. — La suerte *se trocó en* adversidad. 幸運は逆境に変わった. 類**cambiarse, mudarse**.

trocear [troθeár] [<*trozo*] 他 ❶ を細かくする,刻む. — ~ una pata de cordero 子ヒツジの足を切り分ける. ❷ 《古い爆発物を処理する》.

troceo [troθéo] 男 細切り刻み,切り分け.

trocha [trótʃa] 女 ❶ 脇道,抜け道;(草むらの中の)細道. 類**atajo, vereda**. ❷ 《中南米》(レールの)軌間.

troche, trochemoche [trótʃe, trotʃemótʃe] 『次の成句で』

a troche y moche [*a trochemoche*] 《話》めちゃくちゃに,でたらめに. Repartió calderilla entre los niños *a trochemoche*. 彼は子供たちに小銭を適当に分け与えた.

trocoide [trokóiðe] 形 《数学》トロコイドの,余擺(*)線の.
── 女 《数学》トロコイド,余擺(*)線.

trofeo [troféo] 男 ❶ トロフィー,優勝記念品. — El alcalde entregó el ~ al triunfador. 市長は優勝者にトロフィーを授与した. ❷ 戦利品;戦勝や狩猟の記念となる装飾品(敵の武器や獣の頭の剥製など). 類**botín, panoplia**. ❸ 《比喩》勝利,優勝. 類**triunfo, victoria**.

troglodita [troɣloðíta] 形 ❶ 《歴史》洞窟に住む,穴居生活を送る. 類**cavernícola**. ❷ 《比喩》野蛮な,粗野な. 類**bárbaro, grosero**. ❸ 大食の. 類**glotón**.
── 男女 ❶ 《歴史》穴居人. ❷ 野蛮人,粗野な人. ❸ 大食漢.

troica [trójka] 〔<露〕 トロイカ(ロシアの3頭立て馬ぞり).

troj [tró(x)] 女 穀物置き場,穀物倉庫.

troja [tróxa] 女 《中南米》→troj.

troje [tróxe] 女 →troj.

trola [tróla] 女 《話》うそ,作り話. 類**embuste, engaño, mentira**.

trole [tróle] 男 ❶ 《電気》触輪(電車のポールの先にあって架空線から電気を取り入れる). ❷ 《中南米》トロリーバス.

trolebús [troleβús] 男 トロリーバス.

trolero, ra [troléro, ra] 形 《話》うそつきの. 類**mentiroso**.
── 名 《話》うそつき.

tromba [trómba] 女 《気象》(海上の)竜巻,つむじ風. 類**manga**.

como una [*en*] *tromba* 嵐のように,すごい勢いで. Al llegar la policía, los manifestantes echaron a correr *como una tromba*. 警察が来た途端にデモ隊はクモの子を散らすように逃げ出した.

tromba de agua どしゃ降り,集中豪雨;《比喩》突然すごい勢いでやってくる物事.

trombiculosis 女 羔虫(??)病.

trombo [trómbo] 男 《医学》血栓.

trombón [trombón] 男 《楽器》トロンボーン.
── 男女 トロンボーン奏者.

trombosis [trombósis] 女 《医学》血栓症.

trompa [trómpa] 女 ❶ 《楽器》ホルン. ❷ 《動物》(*a*)(ゾウやバクなどの)発達した鼻口部. (*b*)(昆虫の)吻,口先. ❸ 《話》(人の特に大きい)鼻;《中南米》厚い唇. ❹ 大ごま,うなりごま. 類**peón, peonza, trompo**. ❺ 《解剖》管. ~ de Falopio 卵管. ~ de Eustaquio 耳管,エウスタキオ管. ❻ 《話》酒酔い. — coger una ~ 酔っ払う. Está ~. べろんべろんである. 類**borrachera**. ❼ 《建築》スキンチ,隅迫持(?).
── 男女 ホルン奏者.

trompada [trompáða] 女 ❶ 《話》ぶつかること,(正面)衝突. — Al doblar la esquina, me pegué una tremenda ~ con una chica que venía corriendo. 角を曲がったところで走ってきた女の子とひどい勢いでぶつかってしまった. 類**encontrón, porrazo**. ❷ 《話》打撃,パンチ. — Se volvió enfadado y le dio una ~. 彼は怒って振り返ると一発なぐった. 類**golpazo, puñetazo**.

trompazo [trompáθo] 男 →trompada.

trompear [trompeár] 自 こまを回す.
── 他 《中南米》をなぐりつける,…とぶつかる.

trompeta [trompéta] 女 《楽器》トランペット;ラッパ. 類**clarín**.
── 男女 ❶ 《音楽》トランペット奏者;ラッパ吹き. ❷ 《比喩》役立たず,つまらぬ奴.

trompetada [trompetáða] 女 《話》場違いの言葉. 類**clarinada**.

trompetazo [trompetáθo] 男 ❶ ラッパなどの(甲高い調子はずれの)音. ❷ (ラッパなどで)殴ること.

trompetear [trompeteár] 自 トランペット[ラッパ]を吹く.

trompetería [trompetería] 女 ❶ 〖集合的に〗《音楽》(楽団などの)トランペット部. ❷ パイプオルガンの音栓.

trompetero, ra [trompetéro, ra] 名 ❶ トランペット吹き,ラッパ手. ❷ トランペット[ラッパ]を作る人.

trompetilla [trompetíja] 女 補聴器. 類**audífono, corneta acústica**.

trompetista [trompetísta] 男女 《音楽》トランペット奏者.

trompicar [trompikár] **[1.1]** 他 をよろつかせる,ふらつかせる.
── 自 よろよろする,(何度も)つまずく. — El borracho atravesó la plaza *trompicando*. 酔っ払いはおぼつかない足取りで広場を横切った.

trompicón [trompikón] 男 ❶ つまずき,よろめき;揺れ. — Salió de la taberna dando *trompicones*. 彼は居酒屋からふらつきながら出てきた. 類**tropezón**. ❷ 打撃,強打.

a trompicones (1) 途切れ途切れに,やっとのことで. Terminó la tarea *a trompicones*. 彼はどうにかこうにか仕事を終えた. (2) 力ずくで,無理矢理. Logró abrirse paso *a trompicones*. なんとか力ずくで道を開けた. 類**a empujones, a golpes**.

trompillar [trompijár] 他 自 →trompicar.

trompis [trómpis] 男〖単複同形〗《話》殴打, 打撃. 類 **trompada**.

trompo [trómpo] 男 ❶ こま. —jugar al ～ こまを回す, こまで遊ぶ. 類 **peón, peonza**. ❷《比喩, 話》まぬけ, のろま. 類 **bolo**. ❸《貝類》サザエ. *ponerse como [hecho] un trompo*《話》腹一杯食べる[飲む].

trompón [trompón] 男 ❶ 強打, 打撃. —Le di un ～ en la cara. 私は彼の顔面を一発殴りつけた. ❷《植物》ラッパスイセン. 類 **narciso**.
a [de] trompón めちゃくちゃに, でたらめに.

trompudo, da [trompúðo, ða] 形 唇の厚い; 口をとがらせた. 類 **jetudo**.

tronada [tronáða] 〔<trueno〕女 《気象》雷雨.

tronado, da [tronáðo, ða] 過分 形 ❶ 使い古した, 流行遅れの. ❷《卑》気のふれた, 頭のおかしい. 類 **loco**.

tronante [tronánte] 形 〔雷のように〕とどろく.

:**tronar** [tronár] [5.1] 自 ❶〖3人称単数形のみ〗雷が鳴る. —Anoche hubo tormenta y *tronó*. 昨夜は嵐になって雷が鳴った. ❷ (大音響が) とどろき渡る, 鳴り響く. —Los cañones *tronaron* al amanecer. 大砲が夜明けに鳴り響いた. ❸ どなりつける, のしる. —Al hablar con la secretaria, el presidente *tronaba* muy enfadado. 女性秘書と話していて, 社長は非常に腹を立てどなりちらした. El diario *ha tronado* contra el primer ministro. 新聞は首相を激しく非難した. ❹〔+con と〕仲たがいする, けんか別れする. —Su mujer *ha tronado con* la vecina. 彼の妻は隣の奥さんとけんか別れした. 類 **discutir, reñir**.
—他〖中米〗❶ (科目を) 落す. ❷ (学生を) 落第させる.

tronazón [tronaθón] 女〖中南米〗雷雨.

troncal [troŋkál] 形 幹の, 胴体の; 主要な. —Nueva Línea T～ de Tokaido 東海道新幹線.

troncar [troŋkár] [1.1] 他 →truncar.

troncha [tróntʃa] 女〖中南米〗一切れ, 一片, スライス.

tronchar [trontʃár] 他 ❶ (木などを) へし折る, 折る. —El tifón *tronchó* los dos árboles del jardín. 台風で庭の2本の木が折れてしまった. ❷《比喩》(希望などを) 挫く, 断つ. —La enfermedad *tronchó* las ilusiones de estudiar en el extranjero. その病気のせいで, 外国で勉強するという夢は断たれてしまった. 類 **frustrar, truncar**. ❸《比喩, 話》(人を) がっかりさせる.
—**se** 再 折れる; だめになる; へばれる.
troncharse (de risa) 笑いころげる.

troncho [tróntʃo] 男 (植物)(野菜の) 芯, 軸, 茎. —～ de col キャベツの芯.

tronco [troŋko トロンコ] 両 ❶ (木の) 幹; 流木. —el ～ del árbol 木の幹. ❷ (身体の) 胴体; 主要部. —el ～ del encéfalo 脳幹. 類 **cuerpo. ❸ 血統, 家系. —Ellos pertenecen al mismo ～ familiar. 彼らは同じ家系だ. 類 **linaje**. ❹ (車などを引く2頭以上の) 馬[牛]など, 連畜. 類 **tiro**. ❺ 〈数学〉切頭体. —～ de cono 円錐台. ～ de pirámide 角錐台. ❻ のろま, とんま.
dormir como un tronco ぐっすり眠る.
estar como [hecho] un tronco (1) ぐっすり眠っている. (2) 麻痺している, 動けない.

tronera [tronéra] 女 ❶《建築》小窓, 明かりとり. ❷《軍警》銃眼, 狭間(はざま). ❸《海事》舷窓. ❹ (ビリヤードの) ポケット. ❺ (折り紙の) 紙鉄砲.
—男女 遊び人, 道楽者. —Hasta que se casó fue un ～. 結婚するまで彼は遊び人だった.

tronido [troníðo] 男 ❶ 雷鳴; 大音響. ❷ →tronío.

tronío [tronío] 男《話》豪勢, 派手. —Anoche me invitaron a una fiesta de mucho ～. 昨夜私は大い豪勢なパーティーに招ばれた.

:**trono** [tróno] 男 ❶ (a) 王位, 王権. —ocupar el ～ 即位する. suceder en el ～ 王位を継承する. (b) 王座, (儀式で) 最高位の人が座る座席. ❷ 複 〈神学〉(9 階級中上から3番目の) 座天使.

tronzar [tronθár] [1.3] 他 ❶ を切り分ける, 割る. ❷《比喩》を疲れでぐったりさせる. 類 **rendir, tronchar**. ❸《服飾》(スカートに) 細かいプリーツをつける.

:**tropa** [trópa] 女 ❶ (a) 軍隊. —～ de asalto 突撃隊. ～ de línea 常備軍. ～s gubernamentales 政府軍. ～ ligera 遊撃隊. 類 **militar**. (b) 複 軍隊, 兵士たち. —Las ～s aliadas atacaron la base enemiga. 味方の軍が敵の基地を攻撃した. (c) (将校と区別して) 兵, 下士官. ❷ (主に人の) 群, 一団; 群衆. —una ～ de mujeres 女性の一団. 類 **muchedumbre**. ❸〖南米〗(特に移動中の) 家畜の群.
en tropa 群をなして, 一団となって. Todos entraron *en tropa*. 全員が一団となって入った.

:**tropel** [tropél] 男 ❶ (動きのある) 群衆, ひしめき, 暴徒の群れ; 多数の(人々など). —Un ～ de gente se dirigía a la plaza. 大勢の人々が広場に向かっていた. ❷ 急ぎあわてること, 殺到. —Él siempre hace las cosas despacio y sin ～. 彼は常に物事をあわてることなく, ゆっくりと行う. ❸ 乱雑, 散乱, 山積み. —No sé cómo puedes trabajar con este ～ de libros y papeles que tienes en la mesa. こんなに机の上に本や書類を乱雑にしてどうやって君が仕事をするのか私にはわからない.
en [de] tropel どっと, 殺到して. Los niños entraron *en tropel* en la clase. 子供たちは教室にどっとなだれ込んだ.

tropelía [tropelía] 女 ❶ 虐待, 横暴. —acto de ～ 虐待行為, 不法行為. cometer ～s contra los inmigrantes 移民に対して暴力を働く. 類 **arbitrariedad, atropello, vejación**. ❷《まれ》殺到, あわてふためき.

tropero [tropéro] 男〖中南米〗❶ 牛飼い, 牧童. ❷ 粗野な人.

:**tropezar** [tropeθár] [4.5] 自 ❶〔+con/en に〕つまずく, 足を取られる. —*Tropezó con* una piedra y cayó de bruces. 彼は石につまずいてうつぶせに倒れた. ❷〔+con/contra に〕突き当たる, 衝突する, ぶち当たる. —Las negociaciones *tropezaron con* un montón de problemas. 交渉は多くの問題に突き当たる. 類 **topar**. ❸〔+con に〕出くわす, ばったり会う. —*Tropecé con* tu madre al salir de la estación. 私は駅から出たとき君のお母さんにばったり会った. ❹ 間違う, 誤りを犯す. —En el examen oral *tropezó* varias veces en las respuestas. 口述試験で彼は何回か答えを間違えた. 類 **equivocarse**. ❺〔+con と〕言い争いをする, 口論する; 意見が衝突する. —Ha *tropezado* varias veces *con* ese profesor. 彼はその

教師と何度か衝突した. 類**disutir**.

—**se** 再 〖+conに〗出くわす, ばったり会う. —Ayer *me tropecé con* una antigua amiga. 昨日私は昔の女友だちにばったり会った. Anoche Julio y yo *nos tropezamos* en un bar. 昨夜フリオと私はあるバルでばったり出くわした.

tropezón [tropeθón] 男 ❶ つまずき, ぶつかり. —dar un ~ つまずく, ぶつかる. 類**traspié**. ❷《比喩》失敗, 間違い. —Aquel grave ~ estuvo a punto de costarle el cargo. あの大きな失敗のせいで彼は仕事を失うところだった. 類**desacierto, equivocación, falta, tropiezo, yerro**. ❸《料理》《話》(スープなどの)具, 実. —una paella con muchos *tropezones* 具だくさんのパエリヤ.

a tropezones《話》途切れ途切れに, つっかえながら. Hizo su carrera *a tropezones*. 彼はやっとのことで課程を修了した. Antonio lee *a tropezones*. アントニオはたどたどしく読む.

‡**tropical** [tropikál] 形 ❶ **熱帯の, 熱帯性の**. —clima ~ 熱帯性気候. frutas ~*es* トロピカルフルーツ. planta ~ 熱帯植物. región ~ 熱帯地方. 類**tórrido**. 反**polar**. ❷ ひどく暑い, 熱帯のような, 酷暑の. —calor ~ 猛暑. 類**bochornoso, sofocante, tórrido**. 反**gélido, helado**. ❸《話》**派手な, 大げさな, 陽気な, 熱気あふれる**. —música ~ 陽気で熱気あふれる音楽. carácter ~ 陽気で開けっぴろげな性格.

trópico¹, **ca** [trópiko, ka] 〔<tropo〕形《修辞》比喩の, 文彩の, 転義の. 類**figurado**.
— 男《修辞》比喩, 文彩.

***trópico**², **ca** [trópiko, ka] 形《天文》回帰の. —año ~ 太陽年, 回帰年.
— 男 ❶《地理》回帰線;《天文》天の回帰線. —~ de Cáncer 北回帰線, 夏至線. ~ de Capricornio 南回帰線, 冬至線. ❷ 熱帯地方. —el ~ americano 中南米の熱帯地方. vegetación exuberante de los ~s 熱帯地方の豊かな植生. ❸ 複〖コロンビア, キューバ, プエルトリコ〗困窮, 苦労. —pasar los ~s 苦労する, 辛い目にあう.

tropiec- [tropjeθ-] 動 tropezarの接・現在.

tropiez- [tropjéθ-] 動 tropezarの直・現在, 命令・2単.

***tropiezo** [tropjéθo] 男 ❶ つまずき. —La abuela dio un ~ y se rompió el tobillo. 老婆はつまずいてかかとを怪我した. ❷ 障害, 邪魔; 災難, 不運. —En ese viaje encontramos muchos ~s. その旅行では不慮の出来事が多かった. Ese ha sido el primer ~ que ha tenido en su negocio. それは彼が事業で直面した最初の障害であった. 類**contratiempo, dificultad**. ❸ 過ち, 過失, 失敗;《話》男女間の過ち. —Cometimos un ~ revelándole el secreto. 彼に秘密を打ち明けたのは失敗だった. 類**desliz**. ❹ 意見の対立, 衝突. —Ya ha tenido varios ~s con su jefe. すでに彼は上司と何度も衝突していた. 類**choque**.

tropismo [tropísmo] 男《生物》向性, 屈性. —~ positivo (negativo) 正[負]の向性.

tropo [trópo] 男《修辞》比喩, 転義.

troposfera [troposféra] 女《気象》対流圏.

troque(-) [troke(-)] 動 trocarの接・現在.

troqué [troké] 動 trocarの直・完了過去・1単.

troquel [trokél] 男《工業》打ち型, 打ち抜き型. 類**cuadrado, cuño**.

troquelador [trokelaðór] 男 (車のプレートの)刻印機.

troquelar [trokelár] 他《工業》を型押しする, 鋳造する. 類**acuñar**.

troqueo [trokéo] 男《詩学》(古典詩の)長短格; (スペイン詩などの)強弱格.

trotacalles [trotakáʎes] 男女〖単複同形〗《話》ぶらぶらしている人, 遊び人. 類**azotacalles**.

trotaconventos [trotakombéntos] 女〖単複同形〗男女の仲を取り持つ女. 類**alcahueta**.

trotador, dora [trotaðór, ðóra] 形 (馬などが)速足の, よく走る.

trotamundos [trotamúndos] 男女〖単複同形〗世界を飛びまわっている人, 旅行家.

‡**trotar** [trotár] 自 ❶ *(a)* (馬が)**速足で駆ける**. —Los caballos *trotan* por el prado. 馬が牧場を速足で駆ける. *(b)* (人が)馬を速歩で駆けさせる. —El jinete *trota* sobre su caballo. 騎手は馬に乗って速歩で駆ける. ❷ 走り回る, 駆けずり回る. —He estado *trotando* todo el día de acá para allá. 私は1日中あちこちと走り回った.

***trote** [tróte] 男 ❶ (馬の)速足. —El caballo corre al ~. 馬は速足で走っている. ❷ 忙しい仕事, 激務, 激しい活動. —Tiene mucho ~ en casa con nueve hijos. 9人も子供がいるので彼女は家の中では大忙しだ. ❸ 厄介なこと, 面倒. —No quiero meterme en tales ~s. 私はそんな厄介なことに巻き込まれたくない. 類**enredo**. ❹ 使い古すこと. —A esta máquina de escribir ya le he dado mucho [buen] ~. このタイプライターを私はさんざん使い古した.

a [al] trote 速足で; 大急ぎで. Como ya era muy tarde, fue *al trote* a la cita. とても遅くなったので彼は大急ぎで約束の場所に行った.

de mucho trote (衣類などが)丈夫な, 長持ちする. Los pantalones vaqueros son *de mucho trote*. ジーンズは丈夫だ.

no estar para muchos [esos] trotes (1) 激務に耐えられない El abuelo ya *no está para esos trotes*. 祖父はもうそんな辛い仕事には耐えられない. (2) 使い古した. Este abrigo ya *no está para muchos trotes*. このオーバーはさんざん使い古した.

para todo trote ふだん着の, 日常用の. Esta chaqueta no es para una fiesta sino *para todo trote*. この上着はよそいきではなくて, ふだん着だ.

trotón, tona [trotón, tóna] 形 (馬について)足の速い.
— 男《動物》速歩馬, トロッター種.

trotskista [tro(t)skísta] 形 トロツキズムの, トロツキストの.
— 男女 トロツキスト.

troupe [trú(p)] 女〖複 troupes〗劇団, サーカス団.

trova [tróβa] 女《文学》❶ (中世に吟遊詩人によって吟唱, 朗読された)詩歌. ❷ (一般的に)韻文, 詩.

trovador, dora [troβaðór, ðóra] 男《歴史》トルバドゥール(中世, 南仏を舞台にオック語で作詞作曲をした叙情詩人の総称).
— 名《文》詩人.
— 形《文》韻文の; 詩人の.

trovadoresco, ca [troβaðorésko, ka] 形《歴史, 文学》トルバドゥールの, トルバドゥール的の.

trovar [troβár] 自 詩[歌]を作る.
— 他 ❶ をもじって歌う. ❷《比喩》を歪曲する,

…に異なる意味をつける.

trovero [troβéro] 男 《歴史》トルベール(中世,北仏を舞台にオイル語で作詞作曲した詩人の総称).

Troya [trója] 固名 トロイ(小アジア北西部の古都).

troyano, na [trojáno, na] 形 《歴史》トロイ(小アジア北西部の古都)の.
— 名 トロイ人.

:**trozo** [tróθo] 男 ❶ (物の)断片, 一片, 一部分. —un ~ de madera [pan, papel] 木の切れ端[パンのひとかけら, 紙の断片]. ❷ (文学・音楽・美術などの)作品の一部, 断片. —Sólo he leído ~s del Quijote. 私はドン・キホーテを部分的に読んだにすぎない. —~s escogidos de la literatura española del siglo XVIII 18世紀スペイン文学選集.

trucaje [trukáxe] 男 《映画》トリック撮影, 特殊撮影, 特殊効果.

:**trucha** [trútʃa] 女 《魚類》マス(鱒). —~ arcoíris 虹マス. ~ marina ウミマス. ~ ración マス料理(1人前).

trucha² [trútʃa] 男女 《まれ》ぬけめのない人, ずるい人. **truchimán**.

truchimán, mana [trutʃimán, mána] 名 《話》通訳; 仲介者. **trujamán**. ❷ 悪党, ずる賢い奴. **granuja**.

truchuela [trutʃuéla] [< trucha] 女 タラの燻製(ﾊﾟﾂ).

truco [trúko] 男 ❶ トリック, 仕掛け; ごまかし, いかさま; 《映画》トリック撮影. —arte de los ~s 手品. Ese tío se anda con ~s. そいつはずるい手を使うぞ. Esta partida no vale: has hecho ~. このゲームは無効だ. おまえがいかさまをしたから. **artimaña, engaño, trampa, treta**. ❷ こつ, 要領. —No tardó mucho tiempo en cogerle el ~ al nuevo trabajo. 彼はすぐにあたらしい仕事のこつをつかんだ. **habilidad, maña, tranquilo**. ❸ 《ビリヤード》相手の玉をポケットに入れること.

truculencia [trukulénθja] 女 すさまじさ, 戦慄, 残虐. —La película tiene escenas de una ~ sobrecogedora. その映画にはぞっとするような残虐なシーンが出てくる.

truculento, ta [trukulénto, ta] 形 すさまじい, ぞっとするような, 残虐な. **atroz, terrible, tremendo**.

truec- [truék-] 動 trocar の直・現在, 命令・2単.

trueco [truéko] 男 →trueque.

truen- [truén-] 動 tronar の直・現在, 接・現在, 命令・2単.

:**trueno** [truéno] 男 ❶ (a) 雷, 雷鳴. —Los ~s y relámpagos no cesaron en toda la noche. 夜通し雷と稲妻がやまなかった. (b) (雷のような)とどろき, 大音響. —~ gordo 花火の爆発音. Se oye, lejano, el ~ de los cañones. 大砲のとどろきが遠くに聞える. ❷ 《比喩》向う見ずな若者, 無鉄砲な若者.

trueque [truéke] 男 ❶ 交換, 物々交換. —comercio de [por] ~ 交換貿易, バーター制貿易. **cambio**. ❷ 複 《中南米》おつり.

a [*en*] *trueque de* ... …と交換で, …の代わりに. Se empeña en hacerlo aun *a trueque de* perder el puesto. 彼はたとえ職を失うことになってもそれをやると言い張る.

trueque(-) [truéke(-)] 動 trocar の接・現在.

trufa [trúfa] 女 ❶ 《植物》トリュフ, 西洋松露(地中に生育する食用キノコの一種). ❷ 《話, 比喩, まれ》うそ, ごまかし. **mentira**.

trufar [trufár] 他 (肉などに)トリュフを詰める[添える]. —~ el pavo 七面鳥にトリュフを詰める.
— 自 《話, まれ》うそをつく, ごまかす.

truhán, hana [truán, ána] 形 ❶ 悪党の, 詐欺(ﾀﾞ)師の. ❷ おどけ者の, ひょうきんな.
— 名 ❶ 悪党, 詐欺師, やくざ. **granuja, pícaro**. ❷ 道化者, おどけ者. **bufón**.

truhanada, truhanería [truanáða, truanería] 女 ❶ 悪事, やくざ. ❷ 道化, おどけ.

truhanesco, ca [truanésko, ka] 形 ❶ 不正な, ペテンの. ❷ おどけた.

trujal [truxál] 男 ❶ 《機械》(ブドウやオリーブの)圧搾機, 搾油機. ❷ (石けん製造用の)炭酸ソーダを入れるかめ.

trujamán, mana [truxamán, mána] 名 《まれ》通訳; 世話役, 相談役.

trujamanear [truxamaneár] 自《まれ》❶ 通訳をする, 仲介役をする. ❷ 品物を交換する.

Trujillo [truxíjo] 固名 ❶ トルヒーリョ(スペインの都市; ホンジュラスの都市; ベネズエラの都市; ペルーの都市). ❷ トルヒージョ(トルヒーヨ)(ラファエル Rafael ~)(1891-1961, ドミニカ共和国の独裁者・大統領, 在任 1942-52).

trulla [trúja] 女 ❶ 騒ぎ, 騒音. **bulla**. ❷ 雑踏, 人込み. **turba**.

truncado, da [truŋkáðo, ða] 過分 形 《幾何》(円錐台について)先端を切った, 切頭の. —pirámide *truncada* 切頭角錐. cono ~ 切頭円錐.

truncamiento [truŋkamjénto] 男 ❶ 先端を切ること, 削除. ❷ 《比喩》中途で終わらせること. —El ~ del proyecto se debió a falta de fondos. 計画が頓挫したのは資金不足のせいだった.

truncar [truŋkár] [1.1] 他 ❶ …の一部を削除する, をカットする; 切断する. —Truncaron la última parte de la película por falta de presupuesto. 予算不足で映画の最後の部分が削られた. **mutilar, omitir, suprimir**. ❷ を中断させる, 阻止する. —La muerte de su padre le *truncó* la esperanza de terminar la carrera. 父親が死んだので, 彼の大学卒業するという希望は挫かれた. **frustrar, tronchar**.

trunco, ca [trúŋko, ka] 形 一部分欠けた, (手足などを)切断された. **mutilado, truncado**.

truque [trúke] 男 ❶ トランプ遊びの一種. ❷ 石蹴り遊びの一種.

trusa [trúsa] 女 ❶《中南米》水泳パンツ. ❷ (ひざ上の)ズボン, パンツ.

trust [trús(t)] [<英] 男 《経済》トラスト, 企業合同.

truste [trúste] 男 →trust.

tse-tsé [tsetsé] 女 《虫類》ツェツェバエ.

Tsin [(t)sín] 固名 ❶ 晋(ﾆ)(中国の王朝; 西晋, 265-316; 東晋, 317-420).

tsunami [tsunámi] [<日] 男 津波.

****tu** [tu トゥ] 形(所有)《複 tus》《2人称単数; 親しい間柄の相手のものをさす》 君[おまえ]の. —¿Éste es *tu* libro? これは君の本ですか? Acaban de llegar *tus* padres. 君の両親が今着いたところだ. Tienes que asegurarte con *tus* propios ojos. 君は自分自身の目で確かめなければいけない『前に定冠詞や指示形容詞をつけることはで

きない。名詞の後ま主語の補語としては tuyo が用いられる］.

tú [トゥ] 代(人称) ❷ 2人称単数主格; 親しい間柄の相手をさす］『与格・対格 te, 前置詞格 ti』 ❶ 【主語として】君[おまえ]が[は]. — *Tú lo sabes todo.* 君はそれをすべて知っている【主語の tú は表示しないのが普通. わざわざそれを示すときは強調や対比の意味がある: Sabes todo］. ❷ 【主語の補語となる; 人】…は君[おまえ]だ. — ¡Ah!, ¿eres *tú*? やあ, 君かい? 【このような場合, 動詞は叙述補語に一致する. ¿es tú? とはならない］.

de tú a tú 親密に, ひざをつめて. *Ese problema hay que tratarlo de tú a tú.* その問題は個人的に話し合わなければならない.

hablar [llamar] de tú 君[おまえ]で話をする[呼ぶ]. *Háblame de tú, por favor.* どうか「君」で話してください.

tuba¹ [トゥバ] 女 《音楽》チューバ(金管楽器の一種).

tuba² [トゥバ] 女 (フィリピン産の)ヤシ酒.

tuberculina [トゥベルクリナ] 女 《医学》ツベルクリン. — *reacción de ~* ツベルクリン反応.

tubérculo [トゥベルクロ] 男 ❶ 《解剖, 医学》結節, 隆起物. ❷ 《植物》塊茎(かいけい), 塊根(かいこん).

tuberculosis [トゥベルクロシス] 女 《単複同形》《医学》結核. — *coger la ~* 結核にかかる. *~ pulmonar* 肺結核.

tuberculoso, sa [トゥベルクロソ, サ] 形 ❶ 《医学》結核(性)の, 結核にかかった. ❷ 結節状の; 塊茎(かいけい)状の.
— 名 結核患者.

tubería [トゥベリア] 女 ❶ 導管, 管(の集合). ❷ 管工場; 管業者.

tuberosa [トゥベロサ] 女 《植物》チュベローズ, 月下香(げっかこう).

tuberosidad [トゥベロシダ(ッ)] 女 結節, 隆起; 《植物》塊茎(かいけい).

tuberoso, sa [トゥベロソ, サ] 形 結節のある, 隆起した; 《植物》塊茎(かいけい)状の.

:**tubo** [トゥボ] 男 ❶ (液体や気体を通す)管, パイプ, 筒. *~ del agua* 水道管. *~ de desagüe* 下水管. *~ de ensayo* 試験管. *~ de rayos catódicos* ブラウン管. *~ de vacío* 真空管. ❷ (歯磨きなどの)チューブ. *~ de pasta dentífrica* 歯磨チューブ. *~ de pintura* 絵の具チューブ. ❸ 《解剖》管, 管状器官. *~ capilar* 毛細管. *~ digestivo* (口から肛門までの)消化管. *~ intestinal* 腸管, 腸.

tubular [トゥブラル] 形 管の, 管状の, 管から成る.
— 男 (スポーツ)競技用自転車のタイヤ.

caldera tubular → caldera.

túbulo [トゥブロ] 男 《解剖》細管. *~ seminífero* 精細管.

tucán [トゥカン] 男 《鳥類》オオハシ(巨大なくちばしと美しい羽毛を持つ. 熱帯アメリカ産).

tuco, ca [トゥコ, カ] 形 《中南米》片腕の, 片手の. 類 *manco*.
— 名 《中南米》片腕の人.
— 男 《中南米》(切断された手足の)基部. 類 *tocón, muñón*.

Tucupita [トゥクピタ] 固名 トゥクピタ(ベネズエラの都市).

tudesco, ca [トゥデスコ, カ] 形 ❶ ザクセン(Sajonia)の一地域の. ❷ ドイツの.
— 名 ドイツ人. 類 *alemán*.

comer [beber, engordar] como un tudesco 《話》たくさん食べる[飲む, 太る]こと.

Tudor [トゥドル] 固名 チューダー朝(イギリスの王朝, 1485-1603).

tueco [トゥエコ] 男 ❶ (木の)虫食い穴. ❷ 切り株.

tuerc- [トゥエルθ-] 動 torcer の直・現在, 接・現在, 命令・2単.

tuerca [トゥエルカ] 女 ナット. — *apretar una ~* ナットを締める. *Ese tío tiene una ~ floja.* そいつはちょっと頭のねじが緩んでいるんだ.

apretar a … las tuercas (人)にねじを巻く, …の気持の緩みを正す.

tuerce [トゥエルθエ] 男 《中南米》災い, 不運.

:**tuerto, ta** [トゥエルト, タ] 形 ❶ 【ser/estar+】片目の. — *Se quedó ~ en la pelea.* 彼は喧嘩で片目が見えなくなった. *Ella es tuerta del ojo derecho.* 彼女は右目が見えない. *Nuestro coche está ~ ahora.* 僕達の車は今片目だ(片側のライトがつかない). ❷ (*a*)《文》本来は torcer の過去分詞］よじれた, 曲がった. — *La madera está tuerta.* 木材が曲がっている. *camino ~* 曲がりくねった道. (*b*)【比喩的に】ねじ曲げられた, 不正な. — *La justicia está tuerta.* 正義はねじ曲げられている. (*c*)『身体部位を表わす語形成要素と結合して』…のねじれた, 偏向した(例: ojituerto 斜視の, patituerto 脚の曲がった, など).
— 名 片目の人.

En el país de los ciegos, el tuerto es el rey. 【諺】盲人の国では片目の人が王.
— 男 ❶ 不正, 不当. — *hacer un ~ imperdonable* 許しがたい無礼を働く. 類 *agravio, injusticia, ofensa*. ❷ 複 《医学》後(こう)陣痛. 類 *entuertos*.

a tuertas 逆さまに, あべこべに.

a tuertas o a derechas (1) よく考えずに, 軽率に, でたらめに. *Recoge las cosas a tuertas o a derechas y luego no sabe dónde las tiene.* 彼はいい加減な片付け方をして, 後でどこにあるか分からない. (2) 是非はともかく, 良かれ悪しかれ.

este [el] tuerto 《話》『3人称で自分を指して』私. *Es increíble. ¿Quién lo dice?-Este [El] tuerto.* それは信じられない. 誰がそう言ってるんだ?-(自分を意味して)こいつさ.

parece que ha mirado a … un tuerto 《話》(人)がついているようだ.

tuerz- [トゥエルθ-] 動 torcer の接・現在.

tuest- [トゥエスト-] 動 tostar の直・現在, 接・現在, 命令・2単.

tueste [トゥエステ] 男 ［< tostar］ 男 炒ること, 焼き色をつけること. — *el ~ del café* コーヒーを炒ること. 類 *torrefacción, tostadura*.

tuétano [トゥエタノ] 男 ❶ 《解剖》髄, 骨髄. 類 *médula*. ❷ 【比喩】真髄, 核心, 奥底. — *Hemos de llegar al ~ de este asunto.* 我々はこの件の核心に迫らねばならない. 類 *meollo*.

hasta los tuétanos [el tuétano] 《話》骨の髄まで. *La lluvia nos caló hasta los tuétanos.* 私たちは雨でずぶぬれになった. *Está enamorado hasta el tuétano.* 彼は心底惚れぬいている.

tufarada [トゥファラダ] 女 異臭, 悪臭, 強烈な臭い. — *Al abrir la puerta, me llegó una ~ de gas.* ドアを開けると強いガス臭が鼻をついた.

tufillas [トゥフィジャス] 男女 『単複同形』《話》気難し

屋，怒りっぽい人．

tufo¹ [túfo] 男 ❶ 腐臭，異臭；悪臭．— Pronto notó el ~ que despedía el borracho. 彼はすぐに酔っ払いのアルコール臭に気づいた．類 **hedor**. ❷ 俗《話》気取り，高慢．— Ese profesor se da muchos ~s al hablar con sus alumnos. その先生は生徒と話すとき偉そうな態度を取る．類 **orgullo, vanidad**.

tufo² [túfo] 男 （耳元などにかかる）巻き毛．

tufo³ [túfo] 男 《地質》凝灰岩．類 **toba**.

tugurio [tuɣúrjo] 男 ❶ ぼろ家，あばら家；みすぼらしい部屋．類 **choza**. ❷ 羊飼いの小屋．

tul [túl] 男 (< 仏)《織物》チュール．

Tula [túla] 固名 トゥラ（メキシコの遺跡）．

tulipa [tulípa] 女 （チューリップ型の)ランプシェード，かさ．

‡**tulipán** [tulipán] 男 《植物》チューリップ(の花)．

tulipanero, tulipero [tulipanéro, tulipéro] 男 《植物》ユリノキ．

tullido, da [tuʝíðo, ða] 過分 [< tullirse] 不随の, (体や手足が)麻痺した．類 **impedido, inválido**.
—— 名 (体や手足が)麻痺した人，身体障害者．

tullimiento [tuʝimjénto] 男 不随, (手足の)麻痺，身体障害．

tullir [tuʝír] [3.9] 他 ❶ (人)を身体障害にする, (人)の体をきかなくさせる．類 **imposibilitar, paralizar**. ❷ 《比喩》(人)をくたくたにする，打ちのめす．

Tumaco [tumáko] 固名 トゥマーコ（コロンビアの都市）．

‡**tumba** [túmba] 女 ❶ (地中に掘ったり，石を建てたりした)墓，墓所．— Se aproximó llorando a la ~ de su amigo. 彼は友人の墓に泣きながら近づいた．類 **sepulcro, sepultura**. ❷ 《比喩》口の固い人，物言わぬ人．— No te preocupes, que no dirá nada: es una ~. 心配するな，彼は何も言わないから．彼は口の固い男だ．

tumbaga [tumbáɣa] 女 ❶ 《金属》トムバック，人造金（銅と亜鉛との合金）．❷ (人造金でできた)指輪．

‡**tumbar** [tumbár] 他 ❶ (a) を倒す，打ち倒す．— Le *tumbó* de un tremendo puñetazo. やつは彼をすさまじいパンチで倒した．類 **derribar**. (b) を横にする，寝かせる．— La madre *tumbó* a la nena en la cama. 母親はベッドに女児を寝かせた．(c) を(地面すれすれに)倒す，傾ける．— Al tomar la curva *tumba* la moto. カーブを切るとき彼はオートバイをめいっぱい傾ける．❷ 《話》を卒倒させる．— El coñac me *ha tumbado*. 私はコニャックに酔って伸びてしまった．El olor era tan fuerte que *tumbaba*. そのにおいはあまりにも強烈で卒倒するくらいだった．❸ 《話》を不可にする，落第させる．— Le *han tumbado* dos veces en literatura. 彼は文学が2度不合格になった．類 **catear, suspender**. ❹ を殺す，撃ち倒す．— El cazador *tumbó* a un jabalí con su escopeta. 猟師はイノシシを彼の猟銃で撃ち倒した．
—— **se** 再 ❶ 寝そべる，横になる，倒れ込む．— *Se tumbó* un rato en la cama porque estaba agotado. 彼はへとへとに疲れていたのでしばらくベッドに倒れ込んだ．❷ 怠ける，だらける．— En cuanto aprobó el examen, empezó a ~*se*. 彼は試験に合格したとたん怠け始めた．

que tumba 《話》すごい，ひどい．Actúa con una frescura *que tumba*. 彼はひどずうずうしいふるまいをする．

Tumbes [túmbes] 固名 トゥンベス（ペルーの都市）．

***tumbo** [túmbo] 男 ❶ (車両などの)激しい揺れ，動揺．— Me mareé con los ~s que daba el autobús. バスが揺れて私は気分が悪くなった．El borracho caminaba dando ~s por la calle. 酔っぱらいが道路を千鳥足でふらついた．類 **sacudida**. ❷ 転倒，転覆．— El coche se salió de la carretera y, dando ~s, cayó al río. 車は道路を飛び出し, 転倒して, 川に落ちた．類 **voltereta, vuelco**.

dar tumbos よたよたしながら；どうにかこうにか，苦労して．Ha tenido que *dar* muchos *tumbos* para sacar el negocio adelante. 彼は事業を発展させるためにおおいに苦労した．

tumbón, bona [tumbón, bóna] 形 ❶《話》怠け者の, 怠惰な．類 **holgazán, perezoso**. ❷《話》ずるい，腹黒い．類 **socarrón**.
—— 名 怠け者；ずるい人．
—— 女 デッキチェアー，(折畳式の)寝椅子．— ~ plegable multiposiciones 折り畳み式リクライニング・デッキチェア．~ resina 樹脂製デッキチェア．

tumefacción [tumefakθjón] 女 《医学》腫れ，膨張．類 **hinchazón**.

tumefacto, ta [tumefákto, ta] 形 《医学》腫れ上がった．類 **hinchado**.

tumescente [tumesθénte] 形 《医学》膨張性の, 腫れ上がる．

túmido, da [túmiðo, ða] 形 腫れ上がった．類 **hinchado**.

tumor [tumór] 男 《医学》腫瘍(ニュ)；膨張．— ~ maligno [benigno] 悪性[良性]腫瘍．— ~ cerebral 脳腫瘍．

tumulario, ria [tumulárjo, rja] 形 墓の，塚の．— inscripción *tumularia* (墓石の)碑文．

***túmulo** [túmulo] 男 ❶ (石や土を盛り上げた)墳墓，塚；古墳．類 **sepulcro, tumba**. ❷ (葬儀で棺を安置しておく飾りのついた黒布で覆われた)棺台．

tumulto [tumúlto] 男 ❶ 騒乱，暴動．— La ejecución del líder obrero ocasionó graves ~s en diversas ciudades. 労働者の指導者を死刑にしたためにあちらこちらの町で大きな暴動が起こった．類 **alboroto, asonada, motín**. ❷ 騒ぎ，混乱，喧騒(ぐう)．— A la salida del estadio se forman siempre ~s de jóvenes. サッカー場の出口ではいつも若者たちが集まって騒いでいる．

tumultuario, ria [tumultuárjo, rja] 形 → tumultuoso.

tumultuoso, sa [tumultuóso, sa] 形 騒然とした，激しい；騒動を引き起こす．— multitud *tumultuosa* 荒れ狂う群衆．

tuna¹ [túna] 女 《植物》ウチワサボテン (nopal) の実．

tuna² [túna] 女 ❶ 放浪生活，浮浪生活．— correr la ~ 気ままな生活を送る．❷ トゥナ（中世の衣装を着て歌い歩く学生の一団）．類 **estudiantina**. ❸ 《話》身持ちの悪い女．

tunanta [tunánta] 女 ❶ →tunante. ❷ 売春婦．

tunantada [tunantáða] 女 悪行，悪さ，下劣な行為．類 **bribonada**.

tunante, ta [tunánte, ta] 形 悪党の，ずる賢い．

―― 名 悪党, ごろつき; いたずらっ子. 類 **granuja**, **pícaro**, **truhán**.

tunantería [tunantería] 女 悪行, 下劣な行為; 卑劣であること.

tunatear [tunateár] 自 放浪生活をする, ごろつきの生活を送る.

tunda¹ [túnda] 女 ❶ (棒や鞭での)殴打, めった打ち. —dar una ～ a … (人)を叩きのめす. 類 **paliza**. ❷《比喩》大変な骨折り, くたくたにすること. —¡Qué ～ me ha dado! He tenido que reexaminar todos los documentos. ひどい目にあったなあ. 書類を全部調べ直さなくちゃならなかったんだぜ.

tunda² [túnda] 女 《織物》剪毛(せんもう), (毛織物表面の)けばを取ること.

tundición [tundiθjón] 女 《織物》→**tunda**².

tundidor, dora [tundiðór, ðóra] 形 《織物》剪毛(せんもう)する, 毛織物のけばを取って仕上げをする.
―― 名 剪毛する人, 剪毛職人.
―― 男 剪毛機.

tundidora [tundiðóra] 女 →**tundidor**.

tundidura [tundiðúra] 女 《織物》→**tunda**².

tundir¹ [tundír] 他 ❶《話》を(棒や鞭などで)打ちのめす, お仕置する. —Como tu padre te vea fumando, te *tunde*. 親父にタバコを吸ってるのを見られたらひどい目にあうぞ. ❷《比喩, 話》をくたくたにする.

tundir² [tundír] 他 《織物》を剪毛(せんもう)する, 刈り込む.

tundra [túndra] 女 《地理》ツンドラ, 凍土帯, 凍原.

tunear [tuneár] 自 やくざな暮らしをする, ぶらぶらして暮らす.

tunecí [tuneθí] 形 名 →**tunecino**.

tunecino, na [tuneθíno, na] 形 ❶ チュニス(Túnez)の. ❷ チュニジア(Tunicia)の.
―― 名 ❶ チュニスの人. ❷ チュニジア人.

‡**túnel** [túnel] 男 トンネル, 地下道, 洞. —～ aerodinámico (物理実験の)風洞. ～ cortado トンネル通行止.

Túnez [túneθ] 固名 チュニス(チュニジアの首都).

tungsteno [tuŋgsténo] 男 《化学》タングステン(記号 W).

túnica [túnika] 女 ❶《服飾》チュニック(腰までのゆったりした上衣). —～ amarilla (自転車首位チームの着る)黄色シャツ, マイヨ・ジョーヌ. ❷《解剖》被膜; 《植物》種皮.

tunicado, da [tunikáðo, ða] 形 被膜に包まれた; 外皮のある.

tunicela [tuniθéla] 女 《カトリック》トゥニチェラ, (ミサのとき司祭が上祭服の下に着る)祭服.

Tunicia [tuníθja] 固名 チュニジア(首都チュニス Túnez).

Tunja [túnxa] 固名 トゥンハ(コロンビアの都市).

tuno, na [túno, na] 形 (ときに親愛を込めて)悪党の, いたずらな. —El muy ～ quería engañarme. あの悪い人ったら, 私をだまそうとしたのよ. 類 **pícaro**, **tunante**.
―― 名 悪い人, いたずらっ子.
―― 男 ❶ トゥナ(tuna)の構成員. ❷《植物》→**tuna**.

tuntún [tuntún] 〖次の成句で〗
al (buen) tuntún (1) 考えなしに, 行き当たりばったりに. Ha gastado el dinero *al buen tuntún* y ahora se arrepiente. 彼はお金をめちゃくちゃに使ってしまい, 今ごろ後悔している. (2) いいかげんに, でまかせに. Empezó a hablar *al tuntún*, sin esperar a ver de qué iba la conversación. 何についての話かを見極めるのも待たず, 適当に話し始めた.

tupé [tupé] 男 ❶ (額にたれる)前髪. 類 **copete**. ❷《比喩, 話》ずうずうしさ, 厚かましさ. —Tuvo el ～ de presentarse a la boda sin haber sido invitado. やつは面の皮が厚いよ, 呼ばれもしないのに結婚式に現れるんだから. 類 **atrevimiento**, **descaro**, **desfachatez**.

tupido, da [tupíðo, ða] 形 ❶ 目のつんだ, 密な. —un ～ bosque うっそうとした森. un paño ～ 厚手の生地. ❷《比喩》(感覚や頭脳が)鈍い. 類 **obtuso**, **torpe**.

tupí-guaraní [tupíɣuaraní] 形 男女 トゥピ・グアラニー族(の人).
―― 男 トゥピ・グアラニー語.

tupinambo [tupinámbo] 男 《植物》キクイモ. 類 **aguaturma**.

tupir [tupír] 他 を密にする, (布地の目などを)詰ませる, (草など)を密生させる.
―― 自 密になる, 生い茂る.
――**se** 再 ❶ →自. ❷《話》腹一杯詰め込む. ❸《中南米》頭がぼうっとする, 何が何だかわからなくなる.

*****turba**¹ [túrβa] 女《主に複》暴徒の群れ, 群衆, 群れ. —La ～ recorrió la calle gritando contra el gobierno. 群衆が政府に反対を叫んで通りを歩きまわった. 類 **muchedumbre**, **multitud**.

*****turba**² [túrβa] 女 (燃料・肥料用の)ピート, 泥炭.

turbación [turβaθjón] 女 混乱; 当惑, 動揺. —Su rostro revelaba la ～ que le embargaba. 彼の顔色から彼がすっかり動揺しているのがありありと見て取れた. 類 **confusión**, **desorden**, **trastorno**.

turbado, da [turβáðo, ða] 過分〖< turbarse〗形〖**estar**+〗混乱した, 動揺した, 当惑した.

turbador, dora [turβaðór, ðóra] 形 混乱させる, 心を乱す. —Me dirigió unas palabras *turbadoras*. 彼は私に向かってまどわせるようなことを言った.

turbamulta [turβamúlta] 女《軽蔑》群衆, 烏合(うごう)の衆.

turbante [turβánte] 男《服飾》ターバン.

‡**turbar** [turβár] 他 ❶ (a) をかき乱す, 混乱させる. —El nuevo horario ha *turbado* mi ritmo de vida. 新しい時間割のために私の生活リズムはかき乱された. (b) を妨げる, 妨害する. —La ruidosa música *turba* el sueño del enfermo. 騒がしい音楽が病人の安眠を妨げている. —～ el silencio [el sosiego] 静寂を乱す. 類 **perturbar**. ❷ (a) を動転させる, (心理的に)動揺させる, どぎまぎさせる. —Las malas noticias *turbaban* sus ilusiones. 悪いニュースが彼の夢を動揺させた. La presencia de aquella hermosa mujer le *turbaba*. あの美女が現れて彼はどぎまぎしていた. (b) (士気)を失わせる, (意気)を消沈させる. —La posibilidad de un traslado le *turbó* el ánimo. 異動の可能性に彼は意気消沈した. 類 **alterar**, **sorprender**.
――**se** 再 ❶ 動転する, 動揺する, うろたえる. —Ella *se turbó* visiblemente. 彼女は目に見えて動

揺した. Los jugadores *se turbaron* en el partido final y perdieron. 選手たちは決勝戦で動揺し敗退した. ❷ 意気消沈する, 落胆する, 悲嘆にくれる.

turbera [turβéra] 囡 《地質》泥炭地.

túrbido, da [túrβiðo, ða] 形 →turbio.

turbiedad [turβjeðá(ð)] 囡 ❶ 濁り, 不透明; 不明瞭. ❷《比喩》混乱. 類 **confusión**.

turbina [turβína] 囡《機械》タービン. ~ hidráulica 水タービン. ~ de vapor 蒸気タービン.

*****turbio, bia** [túrβjo, βja] 形 ❶ 〖ser/estar +〗濁った, 不透明な. — líquido ~ 濁った液体. vino ~ (発酵が不十分で)濁ったワイン. El agua está *turbia*. 水が濁っている. 類 **borroso, túrbido**. 反 **nítido, transparente**. ❷ (目・画像などが)不鮮明な, かすんだ, ぼやけた. — ojos ~s (輝きのない)どんよりした目, とろんと濁った目. tener la vista *turbia* 目がかすんでいる. 類 **borroso, confuso**. 反 **claro, diáfano**. ❸ 不鮮明な, 曖昧な(勲し), はっきりしない. — expresión *turbia* 曖昧な表現. Sus intenciones son *turbias*. 彼の意図がはっきりしない. 類 **borroso, difuso**. 反 **claro, diáfano, nítido**. ❹ 〖ser/estar+〗(商売などが法的に)怪しげな, いかがわしい, 胡散(ﾂｺ)臭い. — andar metido [involucrado] en ~s negocios いかがわしい商売に関わる. Mantenía oculto su ~ pasado. 彼は胡散臭い過去を隠していた. 類 **dudoso, ilegal, ilícito**. 反 **claro, legal, lícito, seguro**. ❺ 混乱した, 騒然とした. — período ~/ época *turbia* 動乱期, 混乱期.

pescar en agua turbia どさくさにまぎれてうまい汁をすう.

—— 男 複 (油・ワイン・酢などの)沈殿物, おり.

—— 副 かすんで, 不鮮明に. — Tengo que descansar. Ya veo ~. 休ませないと. 目がかすんできた.

turbión [turβjón] 男 ❶《気象》スコール, (突風を伴う)にわか雨. ❷《比喩》(なだれのように)降りかかる物事, — un ~ de balas 弾丸の雨. El país ha sufrido un ~ de calamidades. その国は一度にいくつもの災難に見舞われた.

turbocompresor [turβokompresór] 男《機械》ターボコンプレッサー.

turbogenerador [turβoxeneraðór] 男《機械》タービン発電機.

turbohélice [turβoéliθe] 男《航空》ターボプロペラエンジン.

turbomotor [turβomotór] 男《機械》ターボモーター.

turbonada [turβonáða] 囡《気象》雷雨, (雷を伴う)にわか雨.

turborreactor [turβoreaktór] 男《航空》ターボジェット.

turbulencia [turβulénθja] 囡 ❶《気象》乱気流;《物理》乱流. ❷ 騒ぎ, 混乱; 不穏. — Debido a la ~ que reina en el país, apenas si vienen turistas. 政情不安のため, 国を訪れる観光客はほとんどいない. 類 **agitación, alboroto, confusión** ❸ 濁り, 不鮮明.

turbulento, ta [turβulénto, ta] 形 ❶ 乱れた, 荒れた, 混乱した. — una época [manifestación] *turbulenta* 動乱の時代 [大混乱のデモ]. La barca zozobró en las *turbulentas* aguas del río. 小舟は大荒れの川で転覆した. 類 **agitado, al-** borotado, confuso. ❷ 騒ぎを起こす, 騒々しい. — Es un niño ~, que siempre anda peleándose. あれは落ち着きのない子で, 行く先々でけんかばかりしているんだ.

turca[1] [túrka] 囡《話》酔い. — Anoche cogió una ~ e hizo muchas tonterías. 昨晩彼はひどく酔っ払って馬鹿なことをたくさんしでかした. 類 **borrachera**.

:**turco, ca**[2] [túrko, ka] 名 トルコ人. — el gran ~ トルコ皇帝.

—— 男 トルコ語.

—— 形 トルコ(人)の.

túrdiga [túrðiɣa] 囡 革ひも.

turf [túrf] 〈←英〉男《スポーツ》競馬場; 競馬.

turfista [turfísta] 形 競馬好きの.

—— 男女 競馬狂.

turgencia [turxénθja] 囡 張り, 膨満, 勃起. — ~ de las ubres (動物の)乳の張り. Su piel conserva una admirable ~. 彼女の肌はすばらしい張りを保っている.

turgente [turxénte] 形 張った, 膨らんだ, 勃起した. — Era una mujer de senos opulentos y ~s. 彼女は豊満でよく張った胸を持つ女性であった.

túrgido, da [túrxiðo, ða] 形《文》→turgente.

turibulario [turiβulárjo] 男《まれ》→turiferario.

turíbulo [turíβulo] 男 下げ[吊り]香炉. **incensario**.

turiferario [turiferárjo] 男 ❶ 香炉を下げる人, 香炉持ち. ❷《比喩》おべっか使い.

turificar [turifikár] [1.1] 他 …に香をたき込める. 類 **incensar**.

Turín [turín] 固名 トリノ(イタリアの都市).

:**turismo** [turísmo] 男 ❶ 観光旅行, 観光事業, (スポーツの)遠征旅行. — hacer un viaje de ~ 観光旅行をする. ❷ 自家用車, ツーリングカー. — automóvil de ~ 自家用車. El ~ colisionó contra un árbol. 自家用車は木に衝突した.

:**turista** [turísta] 男女 観光客, 遠征中のスポーツ選手.

*****turístico, ca** [turístiko, ka] 形 ❶ 観光の. — guía *turística* 観光案内(書); (女性の)観光ガイド. lugar [zona] ~ 観光地. mapa ~ 観光地図. ciudad *turística* 観光都市. agencia turística 旅行社, 旅行代理店. Oficina de Información *Turística* 観光局, 観光案内所. hacer un viaje ~ por las islas Canarias カナリア諸島を観光旅行する. ❷ ツーリストクラスの. — clase *turística* ツーリストクラス (=clase turista).

Turkmenistán [turkmenistán] 固名 トルクメニスタン(首都アシハバード Ashjabad).

turma [túrma] 囡 ❶《解剖》睾丸(駟). 類 **criadilla, testículo**. ❷《植物》トリュフ.

turmalina [turmalína] 囡《鉱物》電気石(磁)(硼素, アルミニウムなどを含む珪酸塩鉱物).

turnar [turnár] 自 交代でする, 順番でやる.

——**se** 再 〖en+名詞/para+不定詞〗を交代でする. — *Nos turnamos para* fregar los platos. 私たちは交代で皿洗いをしている. *Me turno con* mi esposo *en* el cuidado de mi suegra enferma. 私は夫と交代で病気の姑の面倒を見ている. 類 **alternar(se)**.

:**turno** [túrno] 男 ❶ 順番, 番. — Por fin me ha llegado el ~. やっと順番がきた. ~ de preguntas 議会[会議]での質疑応答. ❷ 交替(制); (仕事などの)シフト, 交替勤務の人. —trabajo por ~s 交替勤務. esperar el ~ para ver al dentista 歯医者の順番を待つ. lista de ~s 当番表. Está en el ~ de día [noche]. 彼は日[夜]勤に. A las siete entra el ~ de noche. 夜勤の従業員は7時にやって来る.

al [*por*] *turno* 順番で, 交替して.

de turno (1) 当番の. médico *de turno* 当番医. (2) 目下の; よく知られた, いつもの. el sabelotodo *de turno* いつもの知ったかぶり.

turolense [turolénse] 形 テルエル (Teruel, スペイン東部の都市)の.
— 名 テルエル(生まれ)の人.

turón [turón] 男 《動物》ケナガイタチ.

***turquesa** [turkésa] 女 トルコ石.
— 男 トルコ石色(明るい青緑色), ターコイズブルー. —El ~ es uno de mis colores favoritos. ターコイズブルーは私の好きな色の一つだ.
— 形 明るい青緑色の, ターコイズブルーの. —un coche de color ~ ターコイズブルーの車. una falda azul ~ ターコイズブルーのスカート.

turquesco, ca [turkésko, ka] 形 トルコ (Turquía)の; トルコ風の.

Turquestán [turkestán] 固名 トルキスタン(ロシア南部と中国の地域).

turquí [turkí] 形 藍色の. —azul ~ 藍色.
— 男 藍色.

Turquía [turkía] 固名 トルコ(首都アンカラ Ankara).

turrar [turár] 他 をこんがり焼く, 焦がす.

turrón [turón] 男 トゥロン(アーモンドなどを炒って糖蜜でまとめた菓子, クリスマスに良く食べる. ヌガー状のものもある). —~ blando [duro] ハード[ソフト]タイプのトゥロン. ~ de chocoalmendra [chocogalleta, chocoavellana, chocolate crujiente] アーモンドチョコ[ビスケットチョコ, ヘーゼルナッツチョコ, クランキーチョコ]のトゥロン.

turronería [tuřonería] 女 トゥロン屋, トゥロンを売る店. →turrón.

turronero, ra [tuřonéro, ra] 名 トゥロン売り; トゥロン製造者. →turrón.

turulato, ta [turuláto, ta] 形 《話》呆然とした, 仰天した. —Esa noticia me dejó ~. そのニュースに私は唖然(あぜん)となった. Al oír que se divorciaban me quedé ~. 彼らが離婚すると聞いて私は開いた口がふさがらなかった. 類**alelado, estupefacto, pasmado**.

turumba [turúmba] 女【次の成句で】
volver a ... turumba【中南米】《話》(人)を茫然自失させる(→volver a ... TURUMBA).

tururú [tururú] 男 トゥルルー(トランプ遊びの一種, 同価の札を3枚そろえる).
— 形 《卑》正気でない, おかしくなった. —No le hagas caso; está ~. 奴の言うことを気にするな. まともじゃないから. 類**chiflado, loco**.

¡Tururú! まさか! (不信感や冷やかしを表す). ¿Borracho yo? *¡Tururú!* 僕が酔っ払ってるだって?とんでもない!

:tus [tus] 形 (所有)tu の複数形.

tusa [túsa] 女【中南米】❶ トウモロコシの軸[外皮, 穂の毛]. ❷ (馬の)たてがみ. ❸ あばた. ❹ 身持ちの悪い女.

tusar [tusár] 他【中南米】(毛などを)刈る, 刈り込む. 類**trasquilar**.

tusilago [tusiláɣo] 男【植物】フキタンポポ. 類**fárfara**.

tuso, sa [túso, sa] 形【中南米】❶ 刈り込まれた. ❷ 尾のない, 尾を切り取られた. 類**rabón**. ❸ あばたらけの.

tusor [tusór] 男《織物》(タフタ織りの)綿布.

tute [túte] 男 ❶ トゥーテ(トランプ遊びの一種, 4枚の王か馬のカードを集める). ❷ (同じ身分の)4人の集まり.

dar un tute a ... を酷使する. Este invierno *le ha dado un buen tute al* abrigo. この冬はすっかりコートの世話になった.

darse un tute 集中して[必死で]する. *Se dio un tute* traduciendo aquel montón de documentos. 彼はあの山のような書類を翻訳するのに必死で働いた.

tutear [tuteár] 他 (人)と (usted でなく)tú を使って話す, 親しい付き合いをする.
— **se** 再 互いに tú を使って話す. —¿Por qué no nos *tuteamos*? お互いに tú を使って話さないか.

tutela [tutéla] 女 ❶【法律】後見. —Desde que quedó huérfano, una tía ejerce la ~ del niño. 孤児になってからおばの一人がその子の後見人になっている. ❷ 保護, 監督. —Ese territorio está bajo ~ de la ONU. その地域は国連の信託統治下にある. Cuando ingresó en el hospital, la viuda encargó la ~ de la hija a una hermana. その未亡人は入院するときに娘の世話を姉妹の一人に頼んだ. 類**amparo, protección**. ❸【教育】指導, 指導する仕事. —Aprendió el oficio de carpintero bajo ~ de su abuelo. 彼は大工の仕事を祖父の指導のもとで学んだ. 類**dirección**.

tutelar [tutelár] 形 ❶【法律】後見する, 後見人の. —gestión ~ 後見. ❷ 保護する. —ángel ~ 守護の天使. divinidad ~ 守護神.
— 他 を後見する, 保護する. —El abuelo *tutela* al niño desde la muerte de su padre. その子の父親が死んでからは祖父が後見人をしている.

tuteo [tutéo] 男 (usted でなく)tú を用いて話すこと. —Los jóvenes prefieren emplear el ~ desde el primer momento. 若者は初めから tú を用いて話すのを好む.

tutilimundi [tutilimúndi] 男 ❶【中南米】《話》誰もが, 皆. —¡*T*~ lo sabe! 誰だって知ってるよ! ❷ コズモラマ(世界各地の風物を覗(のぞ)きめがねを使って見せる装置).

tutiplé, tutiplén [tutiplé, tutiplén]【次の成句で】
a tutiplé [*tutiplén*] 《話》(見境ないほど)大量に, たっぷりと. Cuando va de viaje, da propinas *a tutiplén*. 彼は旅行に出るとチップを惜しげなくばらまく.

***tutor, tora** [tutór, tóra] 名 ❶《司法》後見人, 保護者; (一般的な)保護者, 守護者. —Es huérfano y un tío suyo es el ~. 彼は孤児でおじのひとりが後見人だ. Ha sido nombrado ~ del museo. 彼は博物館長に任ぜられた. 類**valedor**. ❷ (全教科の)家庭教師; (大学の個別科目の)指導教官, チューター. —Mi hijo repasa las matemáticas con un ~. 息子は家庭教師と数学の復習をしている. el ~ del curso 学年のチューター. el ~ de Historia 歴史の教官.

―― 男 《農業》添え木, 支柱.

tutoría [tutoría] 囡 ❶《法律》後見; 保護, 監督. ―El niño está bajo la ～ de su abuelo. その子は祖父の後見を受けている. 類 **tutela**. ❷《教育》指導. ―El profesor de inglés lleva la ～ de segundo B. 英語の先生は 2 年 B 組の担任をしている.

tutriz [tutríθ] 囡 [複 tutrices] (女性の)後見人[保護者, 指導教官]. 類 **tutora**.

tutsi [tú(t)si] 形 男女 [複 tutsis] ツチ族(の).

tutú[1] [tutú] 男 【中南米】《鳥類》ハチクイモドキ.

tutú[2] [tutú] 男《服飾》チュチュ(バレリーナ用の短いスカート).

tuv- [tuβ-] 動 tener の直・完了過去, 接・過去.

Tuvalu [tuβálu] 固名 ツバル(首都フナフチ Funafuti).

tuve [túβe] 他 → tener の完了過去 1 人称単数.

Tuxtla Gutiérrez [tústla ɣutjéreθ] 固名 トゥストラ・グティエレス(メキシコの都市, チアパス州の州都).

‡**tuya**[1] [túja] 形(所有) tuyo の女性単数形.

tuya[2] [túja] 囡《植物》コノテガシワ(アメリカの針葉樹の一種).

‡**tuyas** [tújas] 形 (所有)tuyo の女性複数形.

***tuyo** [tújo トゥヨ] 形(所有)[複 tuyos, 囡複 tuyas]【2 人称単数; tú に対応する】❶【名詞の後で】**君[おまえ, あなた]の**. ―aquella casa *tuya* あの君の家. Me he puesto una camisa *tuya*. 私は君のシャツの 1 枚を着た【名詞の前では tu が用いられる】. ❷【叙述補語として】君[おまえ, あなた]のもの. ―¿Es ～ este libro? この本は君のですか. ❸【定冠詞をつけて所有代名詞となる】(*a*) 君[おまえ, あなた]のもの. ―*Lo mío es lo* ～. 私のものは君のものだ. (*b*) 君[おまえ, あなた]の得意(なもの). ―*Lo* ～ *es la música*. 君が得意なのは音楽だ.

la tuya 君の好機. Ahora es la tuya. 君のチャンスだ.

los tuyos 君の家族[仲間, 味方].

‡**tuyos** [tújos] 形(所有) tuyo の男性複数形.

TVE《略号》[< Televisión Española] 囡 スペイン国営テレビ.

tweed [tuí(ð)] [<英] 男《織物》ツイード.

U, u

U, u [ú] 囡 スペイン語アルファベットの第22文字.

u [u] 接 〖接続詞 o が o や ho で始まる語の前で用いられる形〗…か…, …または…. ―siete *u* ocho 7 か 8. mujer *u* hombre 女性か男性.

U. 《略号》=usted あなた.

ubérrimo, ma [uβérrimo, ma] 形 (非常に)肥沃な, (大変)豊かな. ―valle ~ 肥沃な谷間. los ~s naranjos 豊かに実ったオレンジの木. 類 **fecundo, fértil, productivo**.

ubicación [uβikaθjón] 囡 配置, 設置; 位置. ―La ~ de la central nuclear traerá problemas. 原子力発電所の設置によっていろいろ問題が起こるだろう.

ubicar [uβikár] [1.1] 自 〖+en〗…に位置する. ―**se** 再 〖+en〗…に位置する. ―Ese restaurante *se ubica en* la calle Rosales. そのレストランはロサレス通りにある.
― 他 《中南米》〖+en〗…に置く, 配置する, 位置づける. ―~ el carro 駐車する. ~ cinco personas *en* la sección その課に5人を配置する. No puedo ~ el significado de esa frase. 私にはその文の意味が取れません. 類 **colocar, situar**.

Úbico Castañeda [úβiko kastanéða] 固名 ウビコ・カスタニェーダ(ホルヘ Jorge ~)(1878-1946, グアテマラの独裁者).

ubicuidad [uβikwiðáð] 囡 遍在, 全ての場所に同時に存在すること;《宗教》(神の)遍在性.

ubicuo, cua [uβíkwo, kwa] 形 ❶《宗教》遍在する, 全ての場所に同時に存在する. ❷ どこにでも現れる, 神出鬼没の.

ubre [úβre] 囡 (哺乳動物の)乳房. 類 **mama, pecho, teta**.

ucase [ukáse] 男 ❶《歴史》(旧帝政ロシアの)勅令. ❷《比喩》理不尽な命令, 一方的な命令.

UCI [úθi] 《<Unidad de Cuidados Intensivos》囡 集中治療病棟[室](英ICU).

Ucrania [ukránja] 固名 ウクライナ(首都キエフ Kiev).

ucraniano, na, ucranio, nia [ukranjáno, na, ukránjo, nja] 形 ウクライナの; ウクライナ[語]の. ― 名 ウクライナ人. ― 男 ウクライナ語.

Ud. 《略号》=usted あなた.

Uds. 《略号》=ustedes あなた方.

UE 《頭字》(<Unión Europea) 囡 欧州連合(英EU).

UEFA [uéfa] 《<Unión Europea de Fútbol Asociación》囡 ヨーロッパ・サッカー協会.

¡uf! [úf] 間 ふう, やれやれ, まったく!(疲れ, 嫌悪, 安堵などを表す). ―*¡U*~, menos mal que ha dejado de llorar! やれやれ, 泣きやんでくれよかった! ¡*U*~!, cómo pasa el tiempo. 本当に, なんて時間がたってしまったんでしょう!

ufanamente [ufánaménte] 副 得意気に.

ufanarse [ufanárse] 再 〖+con/de〗を自慢する, 鼻にかける, 得意になる. ―*Se ufana de* su propia belleza. 彼女は自分の美しさを鼻にかけている. 類 **engreírse, gloriarse, jactarse**.

ufanía [ufanía] 囡 ❶ 自慢, 得意, うぬぼれ, 思い上がり. ―tener [mostrar] ~ 得意気である. con ~ 得意気で, 尊大に. 類 **arrogancia, jactancia, orgullo**. ❷ 満足, 喜び. 類 **alegría, satisfacción**. ❸ 決意, 決断. 類 **decisión, resolución**. ❹ (植物の)繁茂, みずみずしさ.

ufano, na [ufáno, na] 形 ❶〖estar+, +con/de/por〗(…に関して)自慢げな, 誇らしげな, 思い上がった. ―Juan *está* muy ~ *con* las buenas notas en los exámenes. フアンは試験で良い成績を取ったので得意満面だ. Nos enseñó muy *ufana* la medalla que había ganado. 彼女は獲得したメダルを大変誇らしげに私たちに見せてくれた. 類 **arrogante, orgulloso, presuntuoso**. ❷〖estar+, +con〗満足した, 喜んだ. ―Está muy ~ *con* su trabajo. 彼は自分の仕事に大変満足している. Iba todo ~ del brazo de su novia. 彼は恋人と腕を組んでいかにもうれしそうに歩いていた. 類 **alegre, contento, satisfecho**. 反 **triste**. ❸ 意気込んだ, 張り切った. 類 **decidido, cauteloso**. ❹ (植物が)青々と茂った, 生き生きした. ―Al regarlas, las plantas se ponen *ufanas*. 植物は水をやると生き生きしてくる. 類 **lozano**. 反 **mustio**.

Uganda [uɣánda] 固名 ウガンダ(首都カンパラ Kampala).

ugandés, desa [uɣandés, désa] 形 ウガンダの. ― 名 ウガンダ人.

UGT 《頭字》(<Unión General de Trabajadores》囡 《スペイン》労働者総連合(社会労働党系の組合連合).

UIT 《頭字》(<Unión Internacional de Telecomunicaciones》囡 国際電気通信連合(英ITU).

ujier [uxjér] 男 ❶ (宮廷や裁判所などの)門衛, 門番. ❷ 下級官吏, 廷吏.

ukelele [ukeléle] 男 《楽器》ウクレレ.

Ulán Bator [ulám batór] 固名 ウランバートル(モンゴル国の首都).

ulano [uláno] 男 《軍隊》(ドイツ, オーストリア, ロシアの)槍騎兵.

úlcera [úlθera] 囡 《医学》潰瘍(かいよう). ―~ gástrica [duodenal] 胃[十二指腸]潰瘍. 類 **llaga**.

ulceración [ulθeraθjón] 囡 《医学》潰瘍(かいよう)化.

ulcerado, da [ulθeráðo, ða] 過分 〖<ulcerarse〗形 《医学》潰瘍(かいよう)化した, 潰瘍性の.

ulcerar [ulθerár] 他 《医学》(人)に潰瘍(かいよう)を作る.

—se 再 潰瘍化する, ただれる. —*Se le han ulcerado* las quemaduras. やけどの跡がただれてしまった.

ulceroso, sa [ulθeróso, sa] 形 《医学》潰瘍(ようしょう)性の, 潰瘍にかかった, 潰瘍の.

ulema [uléma] 男 ウラマー(イスラムの法[宗教]学者).

ulluco [uʝúko] 男 《中南米》《植物》オユーコ (ジャガイモに似た塊茎植物)(=olluco).

ulmáceas [ulmáθeas] 女 複 《植物》ニレ科植物.

‡ulterior [ulterjór] 形 ❶【+a】《文》(時間的に)…の後の, 先々の; (空間的に)後ろの. —En la reunión ~ vamos a decidirlo todo. この後の会議で全て決定しましょう. El índice de materias aparece en las páginas ~*es* del libro. 内容目録は本の後ろのページに載っている. 類 **posterior**. 反 **anterior, pasado**. ❷ (空間的に)…の向こうの. —la Europa ~ *a* los Pirineos ピレネーの向こう側のヨーロッパ. 類 **allende**. 反 **citerior**. ❸ 《歴史》(ローマ帝国領内でローマから)最も離れた, 遠隔地の. —Hispania ~ 遠スペイン. la Galia ~ 遠ガリア. 類 **citerior**.

ulteriormente [ulterjórménte] 副 後に, その後, 引き続き. —U~, ascendió a general. 後に彼は将軍に昇進した. 類 **después**.

ultimación [ultimaθjón] 女 完成, 終了, 詰め. —Esperan la llegada del presidente para la ~ del acuerdo. 大統領が到着して協定が成立するのを待っているところだ.

‡últimamente [últimaménte] 副 ❶ 最近, 近頃. —Los platos turcos están muy de moda ~. 近頃トルコ料理が大変はやっている. 類 **recientemente**. ❷ 最後に; 結局. —*Ú*~, me gustaría expresar mi agradecimiento a mis asistentes. 最後になりますが, 助手の皆さんに謝辞を述べさせて頂きたいと思います. 類 **por último, finalmente**. ❸ 他に打つ手ない場合, いさとなって.

ultimar [ultimár] 他 ❶ を完成する, 終了する, 仕上げる. —Están *ultimando* los preparativos para la boda. 結婚式の準備の最後の仕上げをしているところだ. Los países beligerantes *ultiman* un tratado de paz. 交戦国は平和条約を締結しようとしている. 類 **acabar, concluir, finalizar, terminar**. ❷ 《中南米》を始末する, 殺す.

ultimátum [ultimátun] 男 《単複同形》最後通牒, 最終決定[提案]. —Plantearles así las cosas es como dirigirles un ~. 彼らにそういう提案をするということは最後通牒を突きつけるようなのだ. Las condiciones del ~ son inaceptables para nuestro país. 最終提案の条件は我が国に到底受け入れられるものではない.

‡‡último, ma [último, ma] ウルティモ, マ 形 ❶ 最後の, 最終の; 《教会》臨終の. —~ tren 終電車. última disposición [voluntad] 遺言(=testamento). ~*s* sacramentos 臨終の秘跡. hasta el ~ momento 死ぬまで. Hoy es el ~ día del trimestre. 今日は学期の最終日だ. El pintor no dejó ninguna obra en sus ~*s* años. 画家は晩年全く作品を残さなかった. La vi por *última* vez hace tres días. 彼女に最後に会ったのは 3 日前だ. 類 **postrero**. 類 **primero**. ❷ 究極的な, 決定的な, 最終的な. —fin ~ 究極の目的. *última* pena 死刑. ~ precio 最低値[これ以上下げられないぎりぎりの値段]. en ~ caso 最悪の場合には. Esta es mi *última* palabra. もうこれ以上は言いませんし[これ以上は一歩も譲れません]. Ésta es mi *última* decisión. これが私の最終的な決断です. como [en] ~ recurso [en *última* instancia] 最後の手段として. ❸ 最近の, 最新の, 直近の. —estos ~*s* años この 2・3 年, 近年. los ~*s* tiempos 最近, 近頃, 近年. en los ~*s* tres meses この 3 か月間. *últimas* noticias/noticias de *última* hora 最新の[ホット]ニュース. prendas de *última* moda 最新流行の衣服. comprarse un ordenador que es el ~ grito 最新型のコンピューターを買う. ¿Todavía no has leído mi *última* carta? 僕の一番最近の手紙をまだ読んでないの? 類 **fresco, nuevo, reciente**. 反 **antiguo, pasado**. ❹ 最も遠い, 辺鄙(へんぴ)な; 最上の, 最下の. —el ~ rincón del mundo 地の果て. Vamos a subir hasta el ~ piso. 最上階まで上りますよ. Se agachó y abrió el ~ cajón. 彼はかがんで最下段の引き出しを開けた. ❺ 最低の, 最悪の. —ser el ~ mono ほとんど力がない, 最低である, 一番下っ端である. Es el ~ lugar que escogería para vivir. そこは住む場所としてとても選ぶ気になれない.

ahora último 《チリ》最近.

a la última 《話》(進歩・流行の)最先端に, 最新流行の. vestir [ir vestido] *a la última* 最新流行の服を着ている. El profesor está *a la última* en su especialidad. その先生は専門分野では最先端を行っている.

a última hora (1)【+de】(午前・午後の)遅くに; …の終わる頃に. (2) ぎりぎりに, 間際に, いよいよという時に.

en el último momento →*a última hora*②.

en último caso [*extremo*] ほかに打つ手ない場合, 最後の手段として, いさとなったら, 最悪の場合.

en último lugar 最後に; 最後の手段として, やむなく.

en último término やむを得ない場合は.

estar a lo último de… を終わりかけている. Estoy a lo último de esta investigación. 私はこの研究の最終段階まで来ている. *estar a lo último de la novela* 小説を読み終えるところである.

estar en las últimas [*en los últimos, a lo último, a los últimos*] (1) 死にかけている. Tiene un cáncer en fase terminal y *está en las últimas*. 彼は末期癌(がん)で死にかけている. (2) 《話》金が尽きかけている. Tendré que pedir dinero a alguien porque *estoy a las últimas*. 私はもうお金がなくなるので, だれかにお金を無心しなければならないだろう. (3) 尽きかけている.

por último 最後に, 結局.

ser lo último 《話》(1) 最悪[最低, 最高]である, 我慢できない. (2) 最新型[最新流行]である. Esto *es lo último* en coches. これは最新型の車だ. Que les estafen dinero a los ancianos *es lo último*. 老人達から金をだまし取るなんて最低だ.

Última Cena 《キリスト教》最後の晩餐.

—名 ❶ 最後の人[物]; 後者. —Hoy he sido el ~ en llegar. 今日は僕が一番の到着となった. ¿Quién es el ~ (de la fila)? (列の)一番後ろは誰ですか? ❷ 最低の人.

—男 (週・月・年の)最後の時期.

a últimos de… …の終わり頃, …末. *a últimos*

de mes [semana] 月[週]末に. *a últimos de junio* 6月の終わり頃に.

ultra [última] 形 《政治》極端な, 過激な; 極右の. ― 男女 極端論者, 過激派; 極右主義者. 類 **extremista**.

ultra- [ultra-] 接頭 「越えて, 向う側へ, 超…, 過…」の意. ―*ultra*derechista, *ultra*mar, *ultra*rojo.

ultracorrección [ultrakoṙekθión] 女 《言語》過剰修正(例えば transacción などからの類推で, inflación の代わりに inflacción を用いること).

ultracorto, ta [ultrakórto, ta] 形 《物理》超短波の; 極端に短い.

ultraísmo [ultraísmo] 男 《文学》ウルトライズム(1920年頃スペイン・中南米の詩人が起こした形式・テーマの革新を唱える文学運動).

ultrajador, dora [ultraxaðór, ðóra] 形 乱暴を働く, 侮辱する.

ultrajante [ultraxánte] 形 侮辱的な, 無礼な. ―palabras ~s 侮辱的なことば.

ultrajar [ultraxár] 他 侮辱する, 辱める; 踏みにじる. ―Con sus despectivos gestos, *ultrajó* al nuevo profesor. 彼は軽蔑したような態度で新任の教師を侮辱した. *Lo ultrajaron* en su dignidad diciéndole que era un ladrón. 彼は泥棒呼ばわりされて人間性を傷つけられた.

ultraje [ultráxe] 男 侮辱, 無礼な言動; 暴行, 侵害. ―Ese programa es un ~ a la religión. そのプログラムは宗教に対する冒涜である. 類 **afrenta, agravio, injuria, insulto, ofensa**.

ultrajoso, sa [ultraxóso, sa] 形 →ultrajante.

ultramar [ultramár] 男 海外, 海外の国. ―territorios de ~ 海外領土. Ha vivido ocho años en ~. 彼は海外で8年暮らした.
azul de ultramar 群青色, ウルトラマリン.

ultramarino, na [ultramaríno, na] 形 海外の; 外国産の. ―territorios ~s 海外領土.
azul ultramarino 群青色, ウルトラマリン.
― 男複 ❶(輸入)食料品. 類 **víveres**. ❷(単数扱い)食料品店 (= tienda de ~s).

ultramicroscopio [ultramikroskópio] 男 限外顕微鏡.

ultramoderno, na [ultramoðérno, na] 形 超モダンな, 最近[現]代的な.

ultramontanismo [ultramontanísmo] 男 《宗教》教皇権至上主義.

ultramontano, na [ultramontáno, na] 形 ❶山の向こう側の. ❷《宗教》教皇権至上主義の. ❸《比喩》反動的な.
― 名 ❶《宗教》教皇権至上主義者. ❷《比喩》反動主義者. 類 **reaccionario**.

ultramundano, na [ultramundáno, na] 形 超現世の, あの世の.

ultranza [ultránθa] 《次の成句で》
a ultranza (1) 必死に, 何としても, 断固として. Defendió su opinión *a ultranza*, pero no convenció a nadie. 必死で自分の意見を主張したが, 誰も納得させることはできなかった. (2) 完全に, 徹底した. Es un nacionalista *a ultranza*. 彼は徹底した民族主義者だ.

ultrarrápido, da [ultraṙápido, ða] 形 超高速の.

ultrarrojo, ja [ultraṙóxo, xa] 形 《物理》赤外(線)の. ―rayos ~s 赤外線. 類 **infrarrojo**.

ultrasónico, ca [ultrasóniko, ka] 形 《物理》超音波の. ―ondas *ultrasónicas* 超音波. *terapia ultrasónica* 超音波治療.

ultrasonido [ultrasoníðo] 男 《物理》超音波.

ultratumba [ultratúmba] 女 死後, あの世 【とくに de ultratumba という組み合わせでよく用いられる】. ―el enigma *de* ~ 死後の世界の謎. Anoche, al pasar junto al cementerio, me pareció oír voces *de* ~. 昨晩墓地のそばを通ったら, あの世からの声が聞こえたような気がした.
― 副 あの世で. ―Mi patria se encuentra ~. 私の祖国は天上にある.

ultraviolado, da [ultraβioláðo, ða] 形 → ultravioleta.

ultravioleta [ultraβioléta] 形 《物理》紫外(線)の. ―rayos ~s 紫外線.

ultravirus [ultraβírus] 男 《医学》超濾過(ろ)性ウイルス.

úlula [úlula] 女 《鳥類》モリフクロウ (= antillo).

ulular [ululár] 自 ❶(動物や風が)うなる, 吠える; (フクロウなどが)鳴く. ―Se oía ~ a los lobos en el pinar. 松林でオオカミが吠える声が聞こえていた. El helado viento de invierno *ululaba* entre las ramas de los árboles. 冬の凍てつく風が木々の枝で音を立てていた. 類 **aullar**. ❷ 泣き叫ぶ, 悲鳴を上げる.

ululato [ululáto] 男 うなり声, 鳴き声; 叫び声. 類 **alarido, clamor, lamento**.

umbela [umbéla] 女 ❶《植物》繖(さん)形花序. ❷ひさし.

umbelíferas [umbelíferas] 女複 → umbelífero.

umbelífero, ra [umbelífero, ra] 形 《植物》セリ科の; 散形花序の.
― 女 セリ科植物.

umbilicado, da [umbilikáðo, ða] 形 [< ombligo] へそ状の; へそ状の窪みを持つ.

umbilical [umbilikál] 形 《解剖》へその. ―cordón ~ へその緒, 臍帯(さいたい). uvasras ~es へそ脈管.

umbráculo [umbrákulo] 男 (植物用の)日よけ.

umbral [umbrál] 男 ❶ 敷居. ―Lo encontraron muerto en el ~ de la casa. 彼は家の敷居のところで死んでいた. ❷【主に複】《比喩》始まり, 入り口, 第一歩. ―Ahora estamos en los ~es de una nueva era. 今私たちは新しい時代を目前にしています. Ya en los ~es de la vejez, se volvió a casar. 彼は老年期にさしかかろうというときに再婚した. 類 **comienzo, inicio, origen, principio**. ❸ 限界(点), 境界. ―Eso está en los ~es de lo imposible. それはほとんど不可能に近い. 類 **límite**.
pisar [atravesar] los umbrales de ... …の敷居をまたぐ, …に入る. Hace ya tres años que no piso *[atravieso] los umbrales de* la iglesia. 教会に足を向けなくなってもう3年だ. 類 **entrar**.

umbría [umbría] 女 日当たりの悪い地域, 日陰地.

umbrío, a [umbrío, a] 形 日当たりの悪い, 日陰の. ―alameda *umbría* 日陰になっている並木

1920 umbroso

道.

umbroso, sa [umbróso, sa] 形 ❶ 日をよく遮る. —Recostado en el tronco de un ~ olivo, un pastor cantaba. 日をしっかり遮って生い茂るオリーブの木の幹によりかかって一人の羊飼いが歌を歌っていた. ❷ 薄暗い.

***un, una** [ún, úna ウン, ウナ] 冠(不定)【強勢語; 女性 una】【アクセントのある a, ha ではじまる女性単数名詞の前では una は un となることがある: *un* haya または *una* haya 「1本のブナの木」; 冠詞と名詞の間に形容詞がある場合は una となる: *una* otra haya「別のブナの木」】❶ 【数えられる名詞の単数形に付けて】ある1つ[1人]の, 何かの, 何らかの…の. —Llamó a *un* señor. 彼はある人を呼んだ. Pasaremos la tarde en *un* parque. どこかの公園で午後を過ごしましょう. *Una* señora pregunta por ti. ある奥さんが君のことを尋ねている. ¿Qué es eso?–Es *un* diccionario. それは何ですか. ‐辞書です. Ocurrió un viernes. それはある金曜日に起きた【日本語では特に訳さなくてよい場合が多い】. ❷ 【数詞として】1つの, 1人の. —Aquí hay dos sillas y *una* mesa. ここに2つの椅子と1つのテーブルがある. No puedo terminarlo en *un* día. 私はそれを1日で終えることができない. Tardaremos *una* semana. 私たちは1週間かかるだろう. ❸ 【種類一般を表す】どの…も, …ならばどれでも; …というのは. —*Un* estudiante de medicina debe saber esto. 医学の学生ならばこのことを知っていなければならない. *Una* mujer no debe andar sola por estas calles. 女性が1人でこんな通りを歩いてはいけない. *Un* hombre como él nunca se portaría así. 彼のような男なら決してそんなふるまいはしないはずだ. ❹ 【同一性を表わす】同じ…. —¡Qué importa bastón, idea o luz! En el fondo todo es *un* ideal. 権力も理念も光も問題ではない. 根本ではすべて同一の理念なのだ. ❺ 【本来数えられない名詞に付けて】(*a*) 1個の, 1杯[本]の; 少しの. —*Un* café, por favor. コーヒー(1杯)お願いします. Póngame *una* cerveza. ビールを1本頼みます. Le di *una* propina. 私は彼にちょっとのチップを渡した. No hay *una* nube en el cielo. 空には一片の雲もない. (*b*) 一種の, …の1例. —Te ha dicho *una* mentira. 彼は君にうそをついた. Tengo *una* estupenda idea. 私にすばらしい考えがある. ❻ 【固有名詞に付けて】(*a*) …と(か)いう. —*Un* tal señor Fernández desea hablar con usted. フェルナンデスさんという方があなたとお話ししたいそうです. (*b*) …のような人, …のようなもの. —En *un* Madrid, no faltan teatros. マドリードほどの都市には劇場がないはずはない. Eres *un* sol. 君は太陽のような人だ. (*c*) …の作品. —Poseen *un* Picasso. 彼らはピカソの作品を1点所有している. ❼ 【名詞(句)を強調する】(*a*) 本当の, まさに…. —¡El señor López es *un* profesor! ロペスさんは本当の教師だ!(*b*) ひどい…, ひどい…. —¡Vaya *una* canción la de esos señores! その人たちの歌といったらたいへんな代物だ. (*c*) 【否定文の強調】ひとつの…もない. —No dijo *una* palabra. 彼はひとことも言わなかった. ❽ 【他の品詞を普通名詞にかえる】…というもの. —*Un* cuatro en matemáticas, no está bien. 数学で4をとるのはよくない. ❾ 【時の名詞(句)とともに副詞句をつくる】ある…に. —*Un* día visitaré esa ciudad. いつか私はその町を訪れよう. ❿ 【複 unos, unas】(*a*) いくつかの. —*unas* revistas 数冊の雑誌. (*b*) 1対(つい)の. —*unos* zapatos 1足の靴. (*c*) 【+数詞】およそ, 約…. —*unos* veinte niños 約20人の子ども.

:**una** [úna] 形(数)【強勢】uno の女性形.
— 冠(不定)【強勢】uno の女性形.

UNAM [únam] 〔<Universidad Nacional Autónoma de México〕女 メキシコ国立自治大学.

Unamuno [unamúno] 固名 ウナムノ(ミゲル・デ Miguel de ~)(1864-1936, スペインの思想家・詩人・小説家).

:**unánime** [unánime] 形 全員同意見の, 満場一致の, 異口同音の. —un grupo ~ 意見を同じくしているグループ. Todos están ~s en reconocer la necesidad de un cambio. 変革の必要性を認める点では皆意見が一致している. El jurado se mostró ~ en el veredicto. 陪審員は満場一致でその評決に賛成した. Hacen críticas ~s al gobierno. 彼らは政府を異口同音に批判している. 類 **acorde, conforme.** 反 **disconforme, dispar, parcial.**

***unánimemente** [unánimeménte] 副 満場一致で, 異口同音に. —El proyecto fue ~ aprobado[rechazado]. 法案は満場一致で可決[否決]された.

***unanimidad** [unanimiðá(ð)] 女 満場一致, 全員の合意. —Me sorprendió la ~ de pareceres. 全員の意見が同じで私は驚いた. Aprobaron su propuesta por ~. 彼の提案を満場一致で採択した.

unción [unθjón] 女 ❶ (油, 軟膏(なんこう)などの)塗布.❷ 【カトリック】(聖油の)塗布; 終油の秘跡). —administrar la ~ al agonizante 臨終の人に終油の秘跡を授ける. 類 **extremaunción.** ❸ 献身, 傾倒, 熱心. —Durante el sermón, los fieles escuchaban con la ~ debida. 説教の間, 信者たちはちゃんと熱心に耳を傾けていた. La enfermera atendía a los pacientes con gran ~. 女性看護士は大変献身的に患者の面倒を見ていた. 類 **devoción, recogimiento.**

uncir [unθír] [3.5] 他 (牛など)をくびきでつなぐ, …にくびきをかける. —El niño ayuda a su padre a ~ los bueyes al carro. 父親が牛にくびきをかけて荷車につなぐのを子供が手伝っている.

undecágono [undekáɣono] 男 〖幾何〗十一角形.

***undécimo, ma** [undéθimo, ma] 形(数) ❶ 11番目の. —el ~ piso 11階, (スペインなどで)12階. Empezamos por la lección *undécima*. 第11課から始めましょう. ❷ 11分の1の. —una *undécima* parte 11分の1. 類 **onceavo, onzavo.**
— 男 11分の1. —Cada uno tuvo que pagar un ~ del precio. それぞれが11分の1ずつの額を払わなければならなかった.

UNED [unéð] 〔<Universidad Nacional de Educación a Distancia〕女 〖スペイン〗国立通信教育大学.

UNESCO, Unesco [unésko] 〔<英 United Nations Educational, Scientific and Cultural Organization (Organización de las Naciones Unidas para la Educación, la Ciencia y la Cultura)〕女 国連教育科学文化機関, ユネ

ungido, da [uŋxíðo, ða] 過分 形 《宗教》(聖油を注がれて)聖別された.
── 男 《宗教》聖別された王[聖職者]. —el *U*~ del Señor 主に油を注がれた者(キリストを指す).

ungimiento [uŋximjénto] 男 《宗教》塗油, 聖油を塗ること.

ungir [uŋxír] [3.6] 他 ❶《宗教》…に聖油を塗って聖別する, 終油を施す. —Han llamado a un sacerdote para que venga a ~ al moribundo. 臨終者に終油を施すために司祭が呼ばれた. ❷ …に油などを塗る.

ungüento [uŋgwénto] 男 ❶ 軟膏(ﾅﾝｺｳ), 塗り薬, クリーム. ❷《比喩》ごまかし, 一時しのぎ; 懐柔策. —Con él no funciona el ~ del dinero. 彼は金でごまかせない.

unguiculado, da [uŋgikuláðo, ða] [<uña] 形 《動物》有爪(ﾕｳｿｳ)の, 爪を持つ.
── 名 爪を持つ哺乳動物.

unguis [úŋgis] 男〔単複同形〕《解剖》涙骨.

ungulado, da [uŋguláðo, ða] 形 《動物》有蹄(ﾕｳﾃｲ)の, 蹄(ﾋｽﾞﾒ)のある.
── 名 有蹄の哺乳動物.
── 男 複 有蹄類.

uni- [uni-] 接頭「単, 単一」の意. —*unicornio, uniforme, unipersonal*.

‡**únicamente** [únikaménte] 副 もっぱら…だけ, ただ…だけ. —*Ú*~ lo sabes tú. 君だけがそれを知っている. Me gustó el anillo que me regalaste, ~ que no me cabe en el dedo. 君がくれた指輪は気に入ったよ. ただ指に合わないんだ. No lo haría nadie. *Ú*~ que estuviera loco. 誰もそんなことしないよ. 頭でもおかしくなければね. [類]solamente.

unicameral [unikamerál] 形《政治》一院制の.→bicameral.

UNICEF, Unicef [uniθéf] [<英 United Nations International Children's Emergency Fund (Fondo Internacional de las Naciones Unidas para la Ayuda a la Infancia)] 男 国連児童基金, ユニセフ.

unicelular [uniθelulár] 形《生物》単細胞の.

unicidad [uniθiðáð] 女 単一性, 一つしかないこと; 独特. —la ~ de Dios 神の唯一性.

‡**único, ca** [úniko, ka ユニコ, カ] 形 ❶ 唯一の, たった一つ[一人]の. —Me han quitado la *única* esperanza que tenía. 私はたった一つの希望を奪われた. Es hijo ~. 彼は一人っ子だ. Lo ~ que deseo es que me dejes en paz. 僕の唯一の願いは君が僕をそっとしておいてくれることだ. ❷《名詞に後置》類のない, 並ぶものがない; 特異な. —Es una obra *única*. それは二つとないすばらしい作品だ. [類]excepcional, singular.

unicode [unikóðe] [<英] 男《情報》ユニコード.

unicolor [unikolór] 形 単色の.

unicornio [unikórnjo] 男 ❶ 一角獣, ユニコーン(馬に似て額に角を持つ伝説上の動物). ❷ サイ. [類]rinoceronte.

unicornio de mar [*mariono*] 《動物》イッカク(歯クジラ類イッカク科の海獣). [類]narval.

‡**unidad** [uniðáð] 女 ひとつにまとめたもの. ❶ 1個, 一人, 1単位. —La caja de chocolates trae seis ~*es*. このチョコレートの箱は6個入りだ. Las naranjas se venden por quilo, pero se pueden comprar por ~. オレンジはキロ単位で打っているが, ばらでも買える. ❷ (計量などの)単位. —~ de tiempo 時間の単位. ~ de longitud さの単位. ~ monetaria 貨幣単位. ❸ まとまり, 統一(性), 調和. —Esta obra literaria carece de ~ estilística. この文学作品は文体的にまとまっていない. El pueblo lucha por la ~ de la patria. 国民は祖国の統一の為に戦っている. ❹ 一致, 団結. —No se ha conseguido la ~ de opiniones sobre el asunto. その件については意見の一致がみられなかった. Esa familia forma una ~ perfecta. その家族は一致団結している. ❺ (機械や設備などの)1式, 装置, ユニット; 部門, 室. —~ central de proceso 中央演算装置(CPU). ~ de control [de discos, salida] 制御装置[ディスク・ドライブ, 出力デバイス]. ~ de cuidados intensivos 集中治療室(ICU). ~ de vigilancia intensiva 集中治療室(UVI). ❻ (軍隊などの)部隊, 編隊. —~ canina 捜索犬部隊. ~ de emergencia [de vuelo] (警察の)緊急対応チーム[航空チーム]. ❼《数学》単位, 1の数; 1の位の数.

regla de tres unidades 《演劇》(時・所・筋の)三一致の法則(アリストテレスの提唱を基にした古典劇構成上の原則). ~ de acción 筋の一致, ~ de lugar 場所の一致, ~ de tiempo 時の一致.

unidamente [uníðamente] 副 仲良く, 結束して.

unidireccional [uniðirekθjonál] 形《物理》一方向の, 単向の. —corriente ~ 直流. antena ~ 単一指向性アンテナ.

‡**unido, da** [uníðo, ða] 過分 形 つながった; 結束した; 連合した. —Las dos son hermanas muy *unidas* y se ayudan mucho. 二人はとても結束の固い姉妹で, よく助け合っている. Estamos ~*s* de corazón. 僕たちは心が通じ合っている.

Estados Unidos de América アメリカ合衆国.

Organización de las Naciones Unidas 国際連合.

unifamiliar [unifamiljár] 形 一家族のための.

vivienda unifamiliar 一戸建ての家.

unificación [unifikaθjón] 女 統一, 統合; 単一化, 均一化. —Se han iniciado las negociaciones para la ~ de los dos países. 2国統合のための交渉が始まった.

unificador, dora [unifikaðór, ðóra] 形 統一する, 統合する.
── 名 統一者, 統合者.

unificar [unifikár] [1.1] 他 を一つにまとめる, 統一[統合]する, 単一化する. —~ dos reinos 2つの王国を統一する. ~ los criterios [enfuerzos] 基準を1つにまとめる[努力を結集する]. ~ los sueldos de los funcionarios 公務員の給与を一本化する. [類]uniformar.
── **se** 再 一つにまとまる, 一つになる, 統一[統合]される. —Castilla y Aragón *se unificaron* a finales del siglo XV. カスティーリャとアラゴンは15世紀末に統合された. El precio de este artículo *se unificó* en todo el país. この商品の価格は全国で統一された.

unifique(-) [unifike(-)] 動 unificar の接・完了過去・1単.

unifiqué [unifiké] 動 unificar の直・完了過去・1単.

uniformado [uniformáđo] 男 〖中南米〗警察官, 刑事.

*__uniformar__ [uniformár] 他 ❶ を一様[一律]にする, 画一化する, 規格化する. —~ los formularios de solicitudes [el formato de los documentos] 申請用紙[書類の大きさ]を統一する. 類 **unificar**. ❷ …に制服[ユニフォーム]を着せる. — En ese colegio privado *uniforman* a los niños. その私立小学校では児童に制服を着せている.
— **-se** 再 一様[一律]になる, 画一になる.

:uniforme [unifórme] 形 ❶ 同じの, 同形の, 均一の; 画一的な. —color ~ 単色. movimiento ~《物理》等速度運動. Todas estas bolsas tienen un peso ~. これらの袋は皆重さが同じである. En ambas cuestiones hemos seguido criterios ~s. どちらの問題でも私達は同一の基準に従った. 類 **igual**. ❷ 変化のない; 単調な. —Habla en un tono ~. 彼は一本調子で話す. Ha llevado siempre una vida ~. 彼はずっと何の変哲もない毎日を送ってきた.

movimiento uniforme →**movimiento**.

— 男 制服, ユニフォーム. —~ militar 軍服.

uniformidad [uniformiđá(đ)] 女 画一性, 均質性, そろっていること. —Es chocante la ~ de las casas en esta zona. この地域の家々が画一的なのが気に入らない. Exige ~ de pareceres en los integrantes de este proyecto. このプロジェクトの参加者には意見の一致が求められている.

unigénito, ta [unixénito, ta] 形 一人っ子の; 唯一の. —hijo ~ 一人っ子.
el Unigénito《宗教》神の子キリスト.

unilateral [unilaterál] 形 ❶ 片側だけの, 一方的な; 偏った. —contrato ~《法律》片務契約. Tiene un criterio demasiado ~ del tema. 彼のその問題に対する見方はあまりに偏っている. ❷《植物》偏側性の.

unilateralmente [unilaterálménte] 副 一方的に.

unión [unión ウニオン] 女 ❶ 結合, 合体; 合併; 団結. —La ~ de oxígeno y de hidrógeno produce agua. 酸素と水素の結合で水ができる. La ~ entre los habitantes de este pueblo es muy fuerte. この村では村民の結びつきがとても固い. Se proyecta la ~ de las dos empresas. その2つの企業の合併が計画されている. La ~ hace la fuerza. 〖諺〗団結は力なり. ❷ 組合, 同盟, 協会, ユニオン. —~ de cooperativas 協同組合. *U*~ General de Trabajadores 労働者総同盟. ❸ 連邦, 連合. —*U*~ Europea →Unión Europea**. ~ aduanera《経済》関税同盟. La *U*~ de Países Andinos アンデス共同体. *U*~ de Repúblicas Socialistas Soviéticas 旧ソ連. ❹ 結婚. —La ~ se celebró en la catedral. 結婚は大聖堂でとりおこなわれた. ❺《機械》連結(器), ジョイント. ❻《医学》縫合, 傷口を塞ぐこと.

Unión de Emiratos Árabes [unjón đe emirátos áraβes] 国名 アラブ首長国連邦(首都アブダビ Abu Dhabi).

Unión Europea [unjón européa] 国名 欧州[ヨーロッパ]連合, EU.

*__unionista__ [unjonísta] 形《政治》統一[連合]主義の;《歴史》自由連合党の. —partido ~ 統一主義政党.
— 男女 統一[連合]主義者.

*__unipersonal__ [unipersonál] 形 ❶ 個人の; 個人向けの. —vivienda ~ 単身者向け住居. Las taquillas de la piscina son ~es. プールのロッカーは個人用である. ❷《文法》単人称の. —verbo ~ 単人称動詞. ♦ **llover** など3人称単数の活用形しか持たない動詞.
— 男 〖中南米〗一人芝居.

unir [unír ウニル] 他 ❶ (*a*) を結びつける, 結合させる, 組み合わせる. —Intereses comunes *unen* a las dos empresas. 共通の利害関係が2つの企業を結びつける. No han podido ~ todas las piezas rotas del jarrón. 彼らは壷のすべての破片を集められなかった. El niño *ha unido* todas las piezas del rompecabezas. 子供はジグソーパズルの全部片を組み合わせた. Nos *une* una profunda amistad. 深い友情が我々を結びつけている. 類 **juntar. 反 **separar**. (*b*) を合併させる, 統合する. —El industrial *ha unido* todas las tiendas en una gran cadena. その実業家はすべての店を1大チェーンに統合した. (*c*)〖+ **con** と〗を連結させる, 連絡させる, つなげる. —Esta plaza *une* la calle de Bravo Murillo *con* la carretera de Burgos. この広場はブラーボ・ムリーリョ通りをブルゴス街道とつないでいる. ❷ を結婚させる. —El sacerdote *unió* a los dos contrayentes en matrimonio. 司祭は2人の婚約者を結婚させた. 類 **casar**. ❸《医学》(傷口)を縫合する, 閉じる. —Me *han unido* la herida. 私は傷口を縫合してもらった. ❹ (液体)を混ぜ合わせる, つなぐ; 濃くする. —~ las yemas y las claras del huevo 卵の黄身と白身を混ぜ合わせる. 類 **ligar**, **mezclar**.
— **-se** 再 ❶ (*a*)〖+ **a** に〗加わる, 参加する. —En aquella casa la desgracia *se ha unido* a la pobreza. あの家では貧困に不運が加わった. (*b*) 結びつく, 団結する; 合意する. —*Se unieron* para luchar contra el dictador. 彼らは独裁者と戦うため団結した. ❷ 近接する, 隣接する. —Las dos casas *se unen* por un tabique. 2つの家は仕切り壁で接している. ❷ 結婚する. —Los novios *se unirán* en una iglesia el próximo domingo. こんどの日曜日恋人同士はある教会で結婚するだろう. ❸ 混ざる, 混ざり合う. —Remueve la salsa hasta que *se una* bien. ソースをよく混ぜ合うまで振りなさい.

unisex [unisé(k)s]〖＜英〗形 ユニセックスの, 男女共用の.
unisexual [uniseksuál] 形《生物》単性の.
unisón [unisón] 形 →**unísono**.
unisonancia [unisonánθja] 女 ❶《音楽》同音, 同度. ❷ (演説などにおける)単調さ, 一本調子の.
unísono, na [unísono, na] 形《音楽》同音の, 同調の.
— 男 斉唱, 斉奏.

al unísono いっせいに, そろって. Para conseguir el objetivo, tenemos que actuar *al unísono*. 目的を達成するためには我々はそろって行動しなければ. Todos hablaban *al unísono* y no había forma de entenderse. 皆が同時に話していたのでわかり合えるはずもなかった.

unitario, ria [unitárjo, rja] 形 ❶ 単一の, 統一的な, 一単位からなる;《政治》統一主義の. —estado ~ 単一国家. partido ~ 単一政党. El acuerdo fue ～. 合意は全員一致でなされた. ❷ 単位の. —precio ～ 単価. ❸〖宗教〗ユニテリアン派[主義](unitarismo) の.

unitarismo [unitarísmo] 男 ❶〖政治〗統一主義, 中央集権主義. ❷〖宗教〗ユニテリアン主義(三位一体説に反対し, 神の単一性を主張する).

univalvo, va [uniβálβo, βa] 形 ❶〖貝類〗単殻の. ❷〖植物〗単弁の, 単葉の.
— 男〖貝類〗単殻軟体動物, 単殻軟体動物の殻;《植物》単弁の果実の朔(?)片.

:**universal** [uniβersál] 形 ❶ **全世界の**, 万国の; すべての人の; 世界中に知られた. —historia ～ 世界史. exposición ～ 万国博覧会. Ese escritor goza de fama ～. その作家は世界的名声を得ている. Dieron la bienvenida al famoso y ～ atleta. 人々はその世界的に有名な選手を歓迎した. ❷ 普遍的な, 一般的な; 万能の. —verdad ～ 普遍的真理. proposición ～〖論理〗全称的命題(主語の全範囲にわたる命題). Este cable es ～ para todos los electrodomésticos. このコードはどの家電にも使える. El amor es un tema ～ en las novelas. 愛は小説の普遍的テーマの一つである. 反**particular**. ❸ 宇宙の, 森羅万象の. —atracción [gravitación] ～ 万有引力.
sufragio universal →sufragio.
— 男 ❶〖主に複〗普遍的特性;〖哲学〗一般概念. —～es lingüísticos 〖言語〗言語の普遍的現象, 言語(的)普遍. ◆全ての自然言語に認められる現象.

***universalidad** [uniβersaliðá(ð)] 女 普遍性, 一般性. —Esta teoría tiene ～. この理論には普遍性がある. Ese autor se caracteriza por su ～. その作家は作品の普遍性に特徴がある.

universalizar [uniβersaliθár] **[1.3]** 他 を普遍化する, 一般化する. —Esta marca *se ha universalizado* por su calidad. このブランドは品質が良いことで一般に普及した.

universalmente [uniβersálménte] 副 普遍的に, 広く; 世界中で. —La música de este compositor es conocida ～. この作曲家の曲は世界中で知られている.

:**universidad** [uniβersiðá(ð)] 女 ❶ **大学**, 総合大学; 大学の建物[施設], 大学の関係者[職教員]. —Mi hijo ingresa en la ～ esta primavera. うちの息子は今度の春大学へ上がる. Hizo un curso [Tomó clases] de psicología en la ～. 彼女は大学で心理学を学んだ. Para entonces ya me habré graduado de la ～. その頃にはもう大学を卒業しているでしょう. ～ laboral 科学技術専門学校. ～ privada 私立大学. ❷ 普遍性, 世界性.

:**universitario, ria** [uniβersitárjo, rja] 形 ❶ 大学の. —ciudad *universitaria* 大学都市. profesor ～ 大学の教員. ～ 大学生の; 大学卒の. —título ～ 大学卒の肩書き.
curso de orientación universitaria (スペインで以前行われていた)大学予備教育(略 COU).
colegio universitario →colegio.
residencia universitaria →residencia.
— 名 ❶ 大学生; 大学卒業者. —Dos ～s subieron al autobús. 大学生が2人バスに乗った. ❷ 大学教員.

universo [uniβérso] 男 ❶ 宇宙, 万物. —Expuso su teoría sobre la formación del ～. 彼は宇宙の形成についての自論を発表した. El universo es infinito. 宇宙に限りはない. ❷ 領域, 分野, 世界. —El tema ～ constituye parte esencial en el ～ literario del novelista. その小説家の文学空間の中では時間の経過が大変重要な役割を果たしている. ❸〖数学, 統計〗母集団. —El ～ de la encuesta está formado por cinco mil personas comprendidas entre los 20 y 30 años. アンケートは20才から30才までの5千人を対象としている.
—, **sa** 形 世界の, 宇宙の.

unívoco, ca [unίβoko, ka] 形 一義的な; 同質の, 同価値の. —interpretación *unívoca* 唯一の解釈. correspondencia *unívoca* →correspondencia.

*:**uno, una** [úno, úna ウノ, ウナ] 形(数)〖男性名詞の前では un〗 ❶ 一つの, 1個の, 一人の. —No tengo más que *un* euro. 私は1ユーロしか持っていない. Póngame *una* caña. 生ビールを1杯ください. *Un* café con leche, por favor. カフェ・オレを一つお願いします. Tengo ciento *un* perritos en casa. 彼は家で101匹の犬を飼っている. ❷〖単独または名詞の後で; 序数的に〗第1の, 1番目の. —Vamos a empezar por la lección *una*. 第1課から始めましょう. ❸ 一体の, 同一の. —Su hermano y él son *uno*. 彼と彼の兄弟は一心同体だ. Aquí no distinguen las nacionalidades. Todos los extranjeros somos *unos*. ここでは国籍は区別されない. われわれ外国人は皆同じだ.〖①②のように数詞として用いる場合は複数にならないが, ③の意味では複数になることがある〗
— 名 ❶ 1, 1個, 一人. —¿Cuántas manzanas quieres?–Quiero solo *una*. リンゴがいくつ欲しいの. —つだけ欲しい. Tiene muchos hermanos y yo solo *uno*. 彼は兄弟がたくさんいるが, 私は一人だけだ. ❷ 1番目, 1日(ミツ). —Hoy estamos a *uno* de mayo. 今日は5月1日だ.
— 女 ❶(時刻の)1時. —Es la *una* y media. 1時半だ. ❷〖話〗ひどいこと, 大変なこと. —Mira los nubarrones que se están formando. Va a caer *una* buena. ほら, だんだん大きな黒い雲が立ちこめてきてる. ひどい嵐になりそうだ.
— 代(不定)〖複 unos, unas〗 ❶〖不定の人・物を示す〗ある人, あるもの. —En la reunión *uno* me preguntó por ti. 会議である人が君のことについて尋ねた. *Unos* lo contaron ayer. 何人かの人が昨日それを話した. ❷〖一般的に〗人, 人というもの, 人はだれでも. —Cada *uno* debe reconocer sus propias limitaciones. 人はそれぞれ自分の限界を認識しなければならない. A estas horas lo que *uno* está deseando es acostarse. こんな時間には人は誰でも床につきたいと考えている. ❸〖暗に自分を示す〗人, 自分. —Con este calor *uno* no tiene ganas de pensar. この暑さでは何も考える気にならない. ❹〖名詞の代わりに〗一つ, 一人, 一つのこと. —Este coche ya no sirve. Tú puedes comprarte *uno* nuevo. この車はもう使えない. 新しいのを買ってもいいよ. ¿Qué bolígrafo quieres? –*Uno* cualquiera. どのボールペンが欲しいの. —どれでもいい. La calle Ginza es *una* de las vías más concurridas de Tokio. 銀座通りは東京でもっとも人通りの多い通りのひとつだ. ❺〖他と対比して〗ある人[もの・こと], 一方(のもの). —Nos apo-

1924 untadura

yamos el *uno* sobre el *otro*. われわれはたがいに支えあって生きている。Compró un montón de regalos, baratos *unos* y caros *otros*. 彼女はたくさんのプレゼントを買ったが, 安いものもあれば高いものもあった。¿Es pintor o escultor?-Ni lo *uno* ni lo *otro*. -Es médico. 彼は画家, それとも彫刻家？-どちらでもない。医者だよ。

a [*de*] *una* 一度に, 同時に。Entre los dos lo cogieron y, *a una*, lo lanzaron a la piscina. 二人で彼をつかまえて同時にプールに投げ込んだ。

¡a la una, a las dos, a las tres! (1) (何かを始める際のかけ声) 1, 2 の 3！ (2) 競売でのせり声。Treinta euros *a la una*, treinta euros *a las dos* …¿no hay quien dé más? 30 ユーロいませんか, 30 ユーロいませんか, それ以上の人はいませんか。

de uno en uno 一つずつ, 順々に。Vayan saliendo *de uno en uno*. 一人ずつ順に出て行ってください。

hacer una de las suyas [*tuyas*] いつものいたずら [悪ふざけ] をする。

lo uno …, lo otro … 一つには…, もう一つには…。Hoy te quedas sin merienda, *lo uno*, por desobediente, y *lo otro*, por perezoso. 今日はおやつは無しよ。一つには, 言うことを聞かなかったから, もう一つには, ぐずぐずしてたためよ。→*hacer lo uno …, lo otro/lo primero …, lo segundo*

lo uno por otro 釣り合いがとれた。Trabajo más horas, pero también gano más. Vaya *lo uno por lo otro*. 私は他人よりたくさん働くが稼ぎも他人より多い。釣り合いはとれている。

más de uno 一人 [一つ] ならず, 多くの人 [もの]。*Más de uno* se arrepintió después. 多くの人が後で後悔した。

no dar [*acertar*] *una* 常に的外れである。Es preferible que te calles porque no *das una*. 君は黙っておく方がよい, いつも的外れだから。

una de [+名詞] 大変な数 [量] の…。Había en la plaza *una de* gente. 広場には大変な数の人がいた。

una de dos 二つのうちの一つ。*Una de dos*, o vienes con nosotros, o te quedas en casa. 二つのうちどっちかだ, 私たちと一緒に来るか, 家に残るか。

una y otra vez 何度も。Leyó la carta de su novia *una y otra vez*. 彼は恋人からの手紙を何度も読んだ。

uno a otro [*el uno al otro*] 互いに。Se echaron la culpa *el uno al otro*. 彼らは互いに罪をなすりつけあった。

uno de tantos [*más, del montón*] 十把ひとからげの人 [物], 大したことのないもの, 同類。Ese museo es *uno de tantos*. その美術館はたいしたことはない。

uno por [*a*] *uno* 一つずつ, 順々に。Respondió las preguntas *una por una*. 彼は質問に一つずつ答えた。

uno que otro 一人か二人の, 1 つか 2 つの; 何人かの, いくつかの。*Uno que otro* vecino ha protestado. 一人か二人のお隣さんが抗議した。

uno tras otro 次々に。Las desgracias fueron llegando *una tras otra*. 不幸が次から次へと襲ってきた。

uno y otro どちらも, 二人 [二人] とも。*Uno y otro* estáis equivocados. 君たちどちらも間違っている。

unos y otros どちらも全員。

untadura [untaðúra] 囡 ❶ 油 [軟膏(なんこう)] を塗ること。—Deja un poco de aceite para la ~ de los frenos de la bici. 自転車のブレーキに塗るのに油を少し残してよ。❷ 潤滑油, 軟膏(なんこう)。 [類] **untura**. ❷ 潤滑油, 軟膏(なんこう)。[類] **ungüento, untura**.

:**untar** [untár] 他 ❶ (*a*) [＋*con* (油など) を]…に塗る, 塗布する。— la tostada *con* mantequilla トーストにバターを塗る。(*b*) [＋*con* を] (…につける; [＋*en* に] を浸す。— el pan *en* aceite パンをオリーブオイルに浸す。Ella *untó* el chupete *con* azúcar. 彼女はおしゃぶりに砂糖をつけた。(*c*) (油で) を汚す, しみをつける。—Le *untó* la chaqueta de pintura. 彼は上着をペンキで汚された。❷ (話) (わいろ) を贈る, 買収する。— Trató de ~ a un funcionario. 彼は役人を買収しようとした。[類] **corromper, sobornar**.

— **se** 再 ❶ (油などで) 自分を汚す, 汚れる; 塗る。— Arreglando la máquina *se ha untado* de grasa. 機械を修理しているうちに彼は油で汚れてしまった。❷ (話) わいろを受け取る, 汚職をする。—El director *se untó* bien antes de dimitir. 部長は辞職をする前にたっぷり私腹を肥やした。

unto [únto] 男 ❶ (塗り付けるための) 油, グリース, 軟膏。❷ 脂肪, 脂身。❸ [中南米] 靴墨。

unto de México/unto de rana (話) 賄賂(わいろ), 袖の下。Le habrá dado un buen *unto de rana* para que no diga la verdad. 彼が真相を話さないようにたっぷりと袖の下を使ったに違いない。

untuosidad [untuosiðá(ð)] 囡 ❶ 油っぽさ, べたつき。❷ (比喩) へつらい, 人に媚(こ)びを売ること。— Me repele la ~ de sus modales. 彼のへつらうような態度にはうんざりする。

untuoso, sa [untuóso, sa] 形 ❶ 油っぽい, べとべとした, ぬるぬるした。[類] **aceitoso, grasiento, graso**. ❷ (比喩) 甘ったるい, へつらうような。— voz *untuosa* 猫なで声。

untura [untúra] 囡 ❶ (油, 軟膏(なんこう)の) 塗布。(＝untadura). ❷ (塗りつける) 油, 軟膏(なんこう)。 [類] **ungüento**.

unza(-) [únθa(-)] 動 uncir の接・現在。

unzo [únθo] 動 uncir の直・現在・1 単。

uña [úɲa ウニャ] 囡 ❶ つめ(爪)。—No he podido quitarle el hábito de morderse las ~s. 彼の爪をかむ習慣をやめさせることができなかった。Después de salir del baño se cortó las ~s. 彼はふろから上がって爪を切った。❷ (牛や馬の) 蹄(ひづめ), (鳥獣の) 鉤爪(かぎづめ)。— ~ de vaca 《料理》牛の足。❸ サソリの毒針。❹ (木, 金属の) ほぞ穴, 刻み目, 切り込み。❺ (器具などの) 爪, 爪がかり; 《海事》錨爪。❻ (話) (車の) バンパー。

afilar (*se*) *las uñas* 《話, 比喩》大いに知恵を働かせる。

a uña de caballo 《話》(huir, escapar, salir などとともに) 全速力で, 大急ぎで。

con uñas y dientes (defender, luchar などとともに使われて) 精一杯, できる限りの力で。Defendió su postura *con uñas y dientes*. 彼は精一杯に自分のスタンスを守った。

dejar (*se*) *las uñas en* … 《話》…に精を出す。

de uñas 《話》敵意がある。Estuvo *de uñas* con su marido toda la noche. 彼女は一晩中夫に対して敵意を見せていた。

***enseñar** [**mostrar**, **sacar**] *las uñas* 《話》敵意を見せる, 牙(㌔)をむく.
***hacer** *las uñas* 爪の手入れをする, マニキュアをする.
***ser largo de uñas** [**tener las uñas afiladas**] 盗癖がある, 手癖が悪い.
***ser uña y carne** 《話》一心同体である, 切っても切り離せない仲である.
***uña de caballo** 《植物》フキタンポポ.
uñada [uɲáða] 囡 爪跡, (爪の)ひっかき傷. — Al agarrar al ratero le dejé una ~ en la muñeca. すりを取り押さえた時, 手首にひっかき傷をつけてやった.
uñarada [uɲaráða] 囡 →uñada.
uñero [uɲéro] 男 (爪の回りの)炎症, ひょうそ; 爪が肉に食いこんでいること.
¡upa! [úpa] 間 よいしょ, それ(子供などを持ち上げる際のかけ声)(=aúpa).
***a upa** 《幼》抱き上げて. ¡Mamá, cógeme *a upa*! お母さん, 抱っこして!
upar [upár] 他 (子供などを)抱き上げる, 持ち上げる. 類 **aupar**, **levantar**.
UPU 《頭字》〔<Unión Postal Universal〕囡 万国郵便連合.
uranio¹, nia [uránjo, nja] 形 《まれ》天体の, 宇宙の.
uranio² [uránjo] 男 《化学》ウラン, ウラニウム(元素記号 U) — ~ enriquecido 濃縮ウラン. ~ natural 天然ウラン.
uranita [uraníta] 囡 《鉱物》閃(㌔)ウラン鉱, ウラナイト.
uranografía [uranoɣrafía] 囡 天体学, 天文学. 類 **cosmografía**.
urbanamente [urβánaménte] 副 都会風に, 上品に; 礼儀正しく. — portarse ~ 行儀よくふるまう.
urbanidad [urβaniðá(ð)] 囡 礼儀正しさ, エチケット; 品の良さ. — manual de ~ エチケットブック. reglas [normas] de ~ マナー, 作法. 類 **comedimiento**, **cortesanía**.
urbanismo [urβanísmo] 男 ❶ 都市計画. — Ministerio de Obras Públicas y U~ 公共事業・都市計画省. ❷《中南米》宅地造成, 土地開発.
urbanista [urβanísta] 形 都市計画の.
— 男女 都市計画専門家.
urbanístico, ca [urβanístiko, ka] 形 都市計画の, 都市化に関する. — conjunto ~ 造成地, ニュータウン.
urbanización [urβaniθaθjón] 囡 ❶ 都市化, 都市開発. ❷ 新興住宅地, 分譲地, ニュータウン. — Vive en una lujosa ~ cerca de la costa. 彼は海岸近くの高級分譲地に住んでいる. ❸ しつけ, 教化, 洗練.
urbanizar [urβaniθár] [1.3] 他 ❶ を都市化する, 開発する. — La municipalidad piensa ~ toda esta zona en menos de diez años. 自治体はこの区域全体を十年以内に開発することを計画している. ❷ …に教育を施す, (生活習慣, 礼儀など)を教える.
‡urbano, na [urβáno, na] 形 ❶ 都市の. — transporte [autobús] ~ 都市交通[市バス]. Un guardia ~ nos indicó el camino. 1人の市警察官が私達に道を教えてくれた. ❷ 都会的な, 洗練された. — Tiene unos modales ~s. 彼の立ち居振る舞いは都会風だ. 類 **cortés**, **educado**.
urbe [úrβe] 囡 大都市, 都会.
urchilla [urtʃíja] 囡 ❶ 《植物》リトマスゴケ(地衣類). ❷ (リトマスゴケから採れる)紫色染料, リトマス, オルチラ.
urdidor, dora [urðiðór, ðóra] 形 ❶ 《織物》整経する, 縦糸を機(㌔)にかける. ❷ 《比喩》企む, 画策する.
— 名 ❶ 《織物》整経工, 縦糸をかける人. ❷《比喩》(陰謀などの)仕掛け人.
urdidura [urðiðúra] 囡 ❶ 《織物》整経, 縦糸を仕掛けること. ❷ 《比喩》陰謀, 企み.
urdiembre [urðjémbre] 囡 《古》→urdimbre.
urdimbre [urðímbre] 囡 ❶ 《織物》縦糸. 反 **trama**. ❷ 《まれ, 比喩》陰謀, 悪だくみ.
‡urdir [urðír] 他 ❶ (陰謀)をたくらむ, 企てる. — Los dos *urdieron* un plan para secuestrar el avión. 2人は飛行機をハイジャックするために計画を練った. 類 **maquinar**, **tramar**. ❷ (縦糸)を掛ける, 揃える, 整経する.
urdú [urðú] 男 ウルドゥー語.
urea [uréa] 囡 《化学》尿素.
uremia [urémja] 囡 《医学》尿毒症. — tener ~ 尿毒症にかかる.
urente [urénte] 形 焼けつく, ひりひりする. — sabor ~ 焼けつくほど辛い味.
uréter [urétér] 男 《解剖》輸尿管.
uretra, urétera [urétra, urétera] 囡 《解剖》尿道.
uretritis [uretrítis] 囡 《医学》尿道炎.
‡urgencia [urxénθja] 囡 ❶ 緊急性, 差し迫ったこと, 応急. — Siento la ~ de aprender español. スペイン語を身につけなければと切実に思う. En caso de ~, llámame, por favor. 至急の場合は電話をください. ❷ 緊急に必要なこと, 切迫. — Tiene ~ de dinero. 彼は緊急にお金が必要だ. ❸ 〖主に複〗(病院の)救急センター, 救急部門. — servicio de ~s 救急サービス. ❹ 救急患者, 緊急を要する病気[負傷]. — Este hospital no puede atender a todas las ~s. この病院は必ずしもすべての救急患者に対応できるわけではない.
***con urgencia** 至急, 緊急に. El paciente necesita ser operado *con urgencia*. その患者の手術は緊急を要する. 類 **urgentemente**.
‡urgente [urxénte] 形 ❶ 緊急の, 差し迫った. — Tengo que hablar con él de un asunto ~. 彼と早急に話さなければならないことがあるんだ. Es ~ que lo llames. 君はすぐにでも彼に電話すべきだ. ❷ 速達の. — correo ~ 速達郵便. telegrama ~ 至急電報.
urgentemente [urxéntemént̪e] 副 緊急に, 早急に, 差し迫って. — Necesitamos ese documento ~. 我々はその書類を早急に必要としている.
‡urgir [urxír] [3.6] 自 (物事が)急を**要する**, 切迫している, 緊急に必要とする. — Me *urge* ir a correos. 私は至急郵便局に行かねばならない.
— 他 ❶〖+a+不定詞〗(*a*) (…するよう)…に強制する, せきたてる. — El editor le *urgió a* terminar la obra. 編集者は彼に作品を完成させるよう催促した. (*b*) (法令などが)を義務づける, 命じる. — La ley *urge* al gobierno *a* tomar medidas

inmediatas para evitar una nueva inundación. 法律は政府に対し新たな洪水を回避するための緊急の措置をとるよう命じている。❷ を強く要求する. —Los vecinos *urgen* la construcción de una guardería. 住民たちは保育園の建設を強く要求している. 類**obligar**.

urinario, ria [urinárjo, rja] 形 尿の, 泌尿の. —aparato ～ 泌尿器. conducto ～ 尿管.
—— 男【主に複】公衆便所, 簡易便所.

urja(-) [urxa(-)] 動 urgir の接・現在.

urjo(-) [úrxo] 動 urgir の直・現在・1単.

urna [úrna] 女 ❶ 投票箱; くじ引き用の箱. —～ electoral 投票箱. acudir [ir] a las ～s 投票に行く. ❷ 骨つぼ, つぼ, かめ. ❸ ガラスケース.

uro [úro] 男《動物》オーロックス (17世紀に絶滅した西欧産の野牛).

urogallo [uroɣájo] 男《鳥類》ヨーロッパオオライチョウ.

urogenital [uroxenitál] 形《医学》泌尿生殖器の, 尿性器の.

urolitiasis [urolitjásis] 女 尿路結石症.

urología [uroloxía] 女《医学》泌尿器科学.

urólogo, ga [uróloɣo, ɣa] 名《医学》泌尿器科医.

urraca [uřáka] 女 ❶《鳥類》カササギ. ❷《比喩》おしゃべり(な人). ❸《比喩》がらくたを集めるのが好きな人.
hablar más que una urraca ものすごいおしゃべりであること.

URSS [úrs] [< Unión de Repúblicas Socialistas Soviéticas] 女《歴史》ソ連.

Úrsula [úrsula] 固名《女性名》ウルスラ.

ursulina [ursulína] 女 ❶《カトリック》ウルスラ会の修道女. ❷《比喩》極端に内気な女性.

urticante [urtikánte] 形 ちくちくする. —Tiene una erupción ～ en la piel. 彼は皮膚にちくちくする吹き出物ができている.

urticaria [urtikárja] 女《医学》蕁麻疹(じんましん). —Me sale ～ cuando como pescado crudo. 私は生魚を食べると蕁麻疹が出る.

Urubamba [uruβámba] 固名 ウルバンバ(ペルーの河川).

urubú [uruβú] 男【複urubúes】《中南米》《鳥類》クロコンドル.

Uruguay [uruɣuái] 固名 ウルグアイ(公式名は República Oriental del Uruguay, 首都モンテビデオ Montevideo).

‡**uruguayo, ya** [uruɣuájo, ja] 形 ウルグアイ(Uruguay)の. —la cultura *uruguaya* ウルグアイの文化.
—— 名 ウルグアイ人.

urunday [urundái] 男《中南米》《植物》ウルンデイ(ウルシ科アストロニウム属の樹木).

‡**usado, da** [usáðo, ða] 過分 形 中古の, 使用済みの, 【estar+】使い古された. —Ha comprado un coche ～. 彼は中古車を1台買った. Este traje está muy ～ y me da vergüenza ponérmelo. この服はだいぶ擦り切れているのでそれを着るのが恥ずかしい. Ese chiste ya está muy ～. そのしゃれはもう古い.

usagre [usáɣre] 男《医学》膿痂疹(のうかしん); 《獣医》(家畜類の)疥癬(かいせん).

usanza [usánθa] 女 様式, 方法; 習慣.

a la usanza de … …風に, 式に. Se vistieron *a la usanza* campesina. 彼らは農民風の服を身につけた.

‡**usar** [usár ウサル] 他 ❶ を使う, 用いる, 利用する. —Para comer *usamos* los palillos. 私たちは食事の時箸を使う. Tengo una bicicleta pero apenas la *uso*. 私は自転車を持っているが, ほとんど使わない. *Uso* el terreno de mi tío para cultivar verduras. 私は野菜栽培のため叔父の土地を使っている. 類**servirse de, utilizar, valerse de**. ❷ (習慣的に)を身に着ける, 着用する, かぶる. —Siempre *uso* sombrero cuando salgo a la calle. 私は外出する時はいつも帽子をかぶっている. Yo no *uso* gafas. 私は眼鏡をしていない. 類**llevar**. ❸【+不定詞】…するならわしである, 習慣とする. —Antes yo *usaba* salir de paseo todos los días. 以前私は毎日散歩に出掛けるのが常であった.
—— 自【+de を】用いる, 利用する, 行使する. —Es natural que *uses* de tu derecho. 君が権利を行使するのは当然のことだ. *Usó de* su influencia para colocar a su hija en esa empresa. 彼は娘をその会社に就職させるために自分のコネを使った.
——**se** 再 頻繁に使われる, 流行する, はやる. —Ya no *se usa* llevar largo el pelo. もはや長髪は流行遅れである. 類**estar de moda**.

usina [usína] 女《中南米》工場; 発電所; 市街電車駅.

‡**uso** [úso ウソ] 男 ❶ (a) 使用, 利用; 行使. —～ incorrecto 誤使用. medicamento de ～ externo 外用薬. objetos de ～ personal 私用物, 身の回り品. el ～ de la violencia 武力の行使. 類**empleo, utilización**. 反 **desuso**. (b) 用途, 使い道. —Este instrumento tiene muchos ～s. この道具は使い道がたくさんある. (c) 使用可能性, 使用の自由. —El accidente le quitó el ～ de la pierna derecha. その事故は彼の右足の自由を奪った. (d) 使用法. —instrucciones para el ～ de la máquina 機械の使用説明書. ❷ (a) 習慣, 慣例; やり方. —～s y costumbres de España スペインの風俗習慣. 類**costumbre, hábito**.
al uso 習慣に従って. La boda se celebró *al uso* de la región. 結婚式はその地方の習慣に従って行われた. Llevaba una gorra *al uso*. 彼は当時のならわしに従って帽子をかぶっていた.
en buen uso まだ充分使える. Esta lavadora está *en buen uso*. この洗濯機はまだ充分に使える.
en [fuera de] uso 使用中の[使わなくなった]. las máquinas *en uso* 使用中の機械. La habitación está *fuera de uso*. その部屋は使われていない.
en uso de を使って, 行使して. Reclamé contra la decisión *en uso de* mi derecho. 私は権利を行使してその決定に異議の申し立てをした.
hacer uso de を使う, 行使する. *hacer uso de* la palabra 発言する, 討議に加わる.

‡**usted** [ustéð ウステ] 代(人称)【強勢】【複 ustedes】3人称単数主格・前置詞格; 目上の人やあまり親しくない間柄の話し相手に用いる. ❶【主語として】あなたは, あなたが. —U～ ha sido muy amable. あなたはとても親切でした. ❷【叙述補語として】…はあなたです. —¿Es ～? それはあなたですか? ❸【前置詞の後で用いられる】あなた. —Lo he comprado para ～. 私は

それをあなたのために買いました. Cuento con ~. あなたをあてにしています. Tienes que tratarle de ~. 君は彼に対して「あなた」を使うべきだ.

ustedes [ustédes ウステデス] 代(人称)《3人称複数主格・前置詞格; usted の複数形》❶ **あなたがた** 〔目上の人やあまり親しくない相手の人に用いる〕. ❷《中南米》〔vosotros の代わりに用いられる〕君たち, あなたがた〔親しい人にも親しくない人にも用いられる〕.

ustorio [ustórjo] 形 《次の成句で》
espejo ustorio 天日取り(レンズ).

Usuaia [usuája, usuája] 固名 ウスアイア(アルゼンチンの都市).

:**usual** [usuál] 形 常用の, 普段の. — Trasnochar es algo ~ en él. 徹夜は彼の場合よくあることだ. Nos veremos en el lugar ~. いつもの場所で会いましょう. Lo más ~. それはもっともよくあることだ. 類 **corriente, habitual**.

usualmente [usualménte] 副 普通, 通常. — U~ vemos la televisión después de la cena. 普通私達は夕食の後テレビを見ます. 類 **ordinariamente**.

usuario, ria [usuárjo, rja] 形 使用する, 利用する.
— 名 ❶ 使用者, 利用者, ユーザー. — Los ~s de los servicios públicos se quejan de su mal funcionamiento. 公共サービスの利用者は効率の悪さに文句を言っている. ~ avanzado 《情報》パワー・ユーザー. ❷《法律》用益権者, 使用権者.

usufructo [usufrúkto] 男 ❶《法律》用益権. ❷ 収益, 利益.

usufructuar [usufruktuár] [1.6] 他 …の用益権を持つ, 用益権を行使する.
— 自 収益を上げる.

usufructuario, ria [usufruktuárjo, rja] 形 用益権を持つ; 利用権および所有権を持つ.
— 名 用益権所有者; 利益権所有者.

Usumacinta [usumaθínta] 固名 (el ~) ウスマシンタ川(グアテマラの河川).

*usura [usúra] 女 ❶《商業》利子, 利息; 高利, 暴利. — prestar dinero con ~ 利子を取って金を貸す. ❷《商業》金貸し業, 高利貸し, 金を貸すこと. — practicar la ~ 金貸し業を営む. ❸《比喩》もうけ, かせぎ高, 収益.

usurar [usurár] 自 《まれ》→usurear.

usurario, ria [usurárjo, rja] 形 《法外な高利の, 暴利を貪(むさぼ)る. — intereses ~s 法外な高利.

usurear [usureár] 自 高利で金を貸す[借りる], 不当な利子を取る.

:**usurero, ra** [usuréro, ra] 名 ❶《商業》高利貸し. ❷ 法外な収益を得る人.

usurpación [usurpaθjón] 女 ❶ 〔地位, 権利, 土地などの〕強奪, 横取り. ❷《法律》横領, 侵害. — Ese funcionario ha sido acusado de ~ de fondos públicos. その官僚は公金横領で訴えられた. ❸ 横領された物.

usurpador, dora [usurpaðór, ðóra] 形 強奪する, 横領する, 侵害する.
— 名 強奪者, 横領者, 侵害者.

usurpar [usurpár] 他 ❶〔+a〕〔地位, 権力, 土地などを〕…から強奪する, 横取りする. — El estafador aprovechó la inocencia de la anciana para ~le la propiedad. 詐欺師は老婦人の

無知につけこんで彼女の財産を横領した. ❷〔権利などを〕侵害する. — ~ la corona 王権を侵害する.

usuta [usúta] 女 《中南米》サンダルの一種.

utensilio [utensíljo] 男 道具, 器具, 用具. — ~s de cocina 調理器具. — ~s de laboratorio 実験用器具. ~ de pesca 釣り道具. 類 **instrumento**.

uterino, na [uteríno, na] 形 《解剖》子宮の. — hermanos ~s 異父兄弟. cáncer [cérvix] ~ 子宮癌[頸部].

útero [útero] 男 《解剖》子宮.

UTI [úti] →UCI.

:**útil** [útil ウティル] 形 ❶〔+a/para〕(…に)役立つ, 有用な. — Este diccionario te será ~ en España. この辞書はスペインへ行ったら何かと便利ですよ. Te será ~ conocerlo. 彼と知り合っておくと役に立つでしょう. Si puedo serte ~ en algo, avísame. 何か僕で役に立つことがあったら言ってくれ. ❷ 有効な. — día ~ 営業日; 《法律》有効日. 類 **hábil**.
— 男 〔主に複〕道具, 用具. — ~es de cocina [de labranza] 台所用品[農具].

utilería [utilería] 女 用具, 道具一式; 《演劇》小道具. 類 **atrezo**.

utilice(-) [utilíθe(-)] 動 utilizar の接・現在.

utilicé [utiliθé] 動 utilizar の直・完了過去・1単.

:**utilidad** [utiliðá(ð)] 女 ❶ 有用(性), 有益(性), 実用性, 役に立つこと, 効用. — valor de ~ 利用価値. ~ de la práctica deportiva スポーツの効用. tener ~ 効用がある(役に立つ). Ese libro es de gran ~ a los estudiantes. その本は生徒を益するところ大である. Este instrumento tiene varias ~es. この道具はいろいろな役に立つ. ❷《商業》利益, もうけ. — promover la ~ pública 公共の利益をはかる. Procuramos sacarle la máxima ~ a esta finca. 我々はこの農園から最大の利益をあげるよう努めている. 類 **beneficio, interés, provecho, rentabilidad**.
de utilidad 有用な. hombre *de utilidad* para el partido 党にとって有用な人. 類 **útil**.

utilitario, ria [utilitárjo, rja] 形 功利主義の, 実利的な; 実用本位の. — automóviles ~s 実用車.
— 男 (小型の)実用車.

utilitarismo [utilitarísmo] 男 《哲学》功利主義[説].

utilizable [utiliθáβle] 形 使える, 利用できる, 有効な. — Si se hacen algunas reparaciones, la casa es todavía ~. 数か所直したらこの家はまだ使える.

utilización [utiliθaθjón] 女 利用, 活用. — La ~ de los electrodomésticos ha hecho más llevaderas las tareas domésticas. 電化製品を使用することで家事は楽になった.

:**utilizar** [utiliθár] [1.3] 他 を利用する, 使用する, 役立たせる. — Para el café debes ~ esta taza, y para el vino este vaso. コーヒーにはこのカップを, ワインにはこのグラスを使ってくれ. En caso de urgencia no *utilicen* el ascensor. 緊急の場合にはエレベーターを使用しないでください. Por fin se dio cuenta de que lo estaban *utilizando*. 彼は利用されていることにやっと気づいた. 類 **servir-**

se de, usar, valerse de.

utillaje [utijáxe] 男 〖集合的に〗用具, 道具一式.

útilmente [útilménte] 副 有益に, 有効に. —Pasarás los días más ~ si te levantas temprano. 早起きしたらもっと有益な毎日が送れますよ.

utopía [utopía] 女 ユートピア, 理想郷(トマス・モーアの同名の作品に基づく想像上の理想的な社会). —Lo que promete el gobierno es una mera ~. 政府が約束しているのは単なる絵空事の理想でしかないよ.

utópico, ca [utópiko, ka] 形 ユートピアの, 理想郷の; 非現実的な. —socialismo ~ 空想的社会主義. soñador ~ 実現不可能なことを夢見る人.
—— 名 ユートピアの住人, 現実を見ない人. —Eres un ~ si crees que la felicidad dura toda la vida. 幸せが一生続くと思っているなら君はおめでたいよ.

utopista [utopísta] 形 夢想的な, 空想的理想主義の.
—— 男女 夢想家, 空想的理想家.

utrículo [utríkulo] 男 ❶〖解剖〗卵形嚢(のうけい); 〖生理〗小嚢. ❷〖植物〗胞果, 胞嚢(のう).

UV [úβe] 〔<ultravioleta〕紫外線.

:uva [úβa] 女〖植物〗ブドウ(葡萄), ブドウの実. —racimo de ~s ブドウの房. ~ blanca [negra] 黄緑[暗紫]色のブドウ. ~s de la suerte 幸福のブドウ(大晦日から新年にかけて鐘の音に合わせて 1 つずつ食べるぶどう). ~ moscatel マスカット. ~s pasas 干しブドウ, レーズン. El vino se hace de la ~. ワインはブドウから作る. El año pasado tuvimos una cosecha abundante de ~s. 昨年はブドウの当たり年[ブドウが豊作]だった.
de uvas a peras 《話》たまにしか…しない.
estar de mala uva 《話》機嫌が悪い.
tener mala uva 《話》悪意を持っている; 怒りっぽい.

uve [úβe] 女 (アルファベットの)V[v] の名称. —de [en] forma de ~ V 字形の. escote en ~ V ネック. ~ doble (アルファベットの)W.

uvero, ra [uβéro, ra] 形 ブドウの. —exportación *uvera* ブドウの輸出.
—— 名 ブドウ売り, ブドウ商人.
—— 男 〖中南米〗〖植物〗ハマベブドウ.

UVI [úβi]〔<unidad de vigilancia intensiva〕女 集中治療室[病棟].

úvula [úβula] 女〖解剖〗口蓋(こうがい)垂, のどひこ (=~ palatina). 類 **campanilla**.

uvular [uβulár] 形 ❶〖解剖〗口蓋(こうがい)垂の. ❷〖音声〗口蓋垂調音の.

Uxmal [usmál, uʃmál] 固名 ウシュマル(メキシコの古代都市遺跡).

uxoricida [uksoriθíða] 形 妻殺しの.
—— 男 妻殺しの夫.

uxoricidio [uksoriθíðjo] 男 妻殺し.

¡uy! [új] 間 わあ, あら, おやまあ!(驚き, 痛み, 喜びなどを表す). —*¡U~, por Dios, qué música más fea!* まあ何て不愉快な音楽でしょう!

Uzbekistan [uθβekístan] 固名 ウズベキスタン (首都タシケント Tashkent).

uzbeko, ka, uzbeco, ca [uθβéko, ka] 形 ウズベキスタンの.
—— 名 ウズベキスタン人.

V, v

V, v [úβe] 【中南米で [bé] と呼ばれることがある】 囡 ❶ スペイン語アルファベットの第 23 文字. ❷ (V)(ローマ数字の)5.

V. 《略号》 ❶ =Véase. 参照. ❷ =voltio《電気》ボルト.

va [bá] 動 ir の直・現在・3 単.

**vaca [báka バカ] 囡 ❶ (a) 雌牛. — ~ lechera 乳牛. ~ de San Antón テントウ虫. ~ marina マナティー, ジュゴン. enfermedad de las ~s locas 狂牛病. (b) 牛肉, 牛革. — estofado de ~ ビーフ・シチュー. ❷ (賭けの)共同の元手.

las vacas flacas [gordas] 窮乏[繁栄]の時期, つらい[楽しい]日々. Tras cinco años de crisis económica llegan, por fin, *las vacas gordas*. 5 年間の経済危機の後, やっと繁栄の時期が訪れた.

**vacación [bakaθjón バカシオン] 囡 【主に複】休暇, 休日, 休養; 休暇の期間. — *vacaciones* escolares 学期末休暇. *vacaciones* retribuidas [pagadas] 有給休暇. Estamos [Nos vamos] de *vacaciones*. 私たちは休暇中である[に出かける]. Pasamos las *vacaciones* de verano en Marbella. 私たちは夏休みをマルベーリャで過す.

vacada [bakáða] 囡 牛の群れ.

vacancia [bakánθja] 囡 欠員, 空席, 空き.

:**vacante** [bakánte] 形 (職などが)空いている, 空席の. — Hay un puesto [una plaza] ~ en la Facultad de Derecho. 法学部に一人欠員が出ている. No hay ninguna cama ~ en este hospital. この病院には空きベッドがない.
— 囡 空き, 欠員.(=un puesto [una plaza] ~) — cubrir una ~ 欠員を埋める.

vacar [bakár] [1.1] 自 ❶ (地位, 職, 場所などが)空く. — Tienes que esperar hasta que *vaque* algún puesto. 欠員が出るまで待たないとなりませんよ. ❷【+de が】欠く,(…が)不足している. — No *vacó de* misterio. 不思議なことは事欠かなかった. 類 **carecer**. ❸ (一定期間仕事などを)休む. ❹【+a/en に】熱中する, 没頭する.

vacarí [bakarí] 形 牛革製の, 牛革張りの.

vací- [baθí-] vaciar の直・現在, 接・現在, 命令・2 単.

vaciadero [baθjaðéro] 男 下水溝, 排水管; ゴミ捨て場.

vaciado¹ [baθjáðo] 過分 ❶ 空にすること. — ~ de la piscina プールの水抜き. ❷ 鋳造; 型に入れて作ること[作られたもの]. — ~ en bronce ブロンズ像. Este ~ representa a Hércules. この像はヘラクレスを表している. ❸ (刃物の)研ぐこと. ❹ 穴堀り; くり抜くこと.

vaciado², da [baθjáðo, ða] 形【中南米】❶《話》おもしろい, 楽しい. 類 **divertido**. ❷《話》お金のない.

vaciamiento [baθjamjénto] 男《まれ》空にすること.

vaciante [baθjánte] 男 引き潮. 類 **bajamar, menguante, reflujo**.

***vaciar** [baθjár] [1.5] 他 ❶ を空ける, 空(から)にする. — ~ un armario [un local, una botella] 棚[席, 瓶]を空ける. Es mejor no ~ la piscina ni siquiera en el invierno. 冬でもプールの水を抜かない方が良い. ~ el tronco de un árbol 木の幹をくり抜く. ❷ (内容物)をまく, ばらまく. — ~ el agua en el jardín 水を庭に撒く. 類 **arrojar, sacar, verter**. ❸ …に穴を開ける; くり抜く, 空洞にする. — Están *vaciando* la pared de roca para colocar dinamita. 彼らはダイナマイトを仕掛けるために岩壁に穴を開けている. ❹ を鋳造する, 鋳型に流し込む. ❺ (本などから)知識を抜き出す. ❻ (刃)を研ぐ. — ~ el cuchillo ナイフを研ぐ.
—**se** 再 ❶ 空になる. ❷ 本心をさらけ出す, 秘密をぶちまける. — *Me he vaciado* ante un amigo y ahora me siento aliviado. 私は友人に一切合財ぶちまけたので今は気が軽くなっている. ❸【+en に】全力を傾注する.

vaciedad [baθjeðá(ð)] 囡 空虚; 意味のないこと, ばかばかしいこと. — Déjate ya de decir ~*es*. もうそんなばかげたことを言うのはやめなさい. 類 **necedad, tontería**.

:**vacilación** [baθilaθjón] 囡 ❶ 揺れること, 揺れ, 動揺. — La ~ de la lámpara le asustó: creía que era un terremoto. 電気が揺れて, 地震かと思い, 彼はとても驚いた. ❷ ためらい, 躊躇(ちゅうちょ), 優柔不断. — Tras un instante de ~, abrió la puerta. 一瞬ためらった後, 彼はドアを開けた. Actuaré sin *vacilaciones*. 私は躊躇なく行動します. 類 **indecisión**.

vacilante [baθilánte] 形 ❶ 不安定な; よろよろする, 震える. — luz ~ ちらちら光. andar con pasos ~s よろよろと歩く. Me entregó el papel con mano ~. 彼は震える手で私に紙を渡した. ❷ ためらいがちの, はっきりしない. — No se puede confiar en él dada su ~ actitud. あんな優柔不断な態度ではとても彼を信頼することはできない.

:**vacilar** [baθilár] 自 ❶ 揺れる, ふらつく, よろめく. — Un ligero temblor de tierra y la araña *vacilaba*. 軽い地震があって, シャンデリアが揺れていた. *Vacilaba* mucho el puente colgante. 吊り橋は激しく揺れていた. Estaba tan borracho que *vacilaba* al caminar. 彼は大層酔っていたので千鳥足で歩いていた. ❷【+en を】迷う, ためらう, 躊躇(ちゅうちょ)する. — Sus firmes creencias comienzan a ~. 彼の堅い信念もゆらぎ始めている. Contestó a mis preguntas sin ~ ni un momento. 彼は一瞬たりとも迷わずに私の質問に答えてくれた. *Vaciló* a la hora de elegir a su sucesor. 彼は後継者を選ぶ段になって心が揺れた. 類 **dudar**,

titubear. ❸ 〖+entre ... y と…との〗中間で(,(…の)間をも)揺れ動く. — Su modo de hablar *vacilaba entre* lo elegante *y* lo grosero. 彼の話し振りは上品と下品の間を行ったり来たりしていた. ❹ 〖話〗からかう, 冷やかす. — No *vaciles* conmigo, que ya estoy harto de tus bromas. 私をからかわないでくれ, 君の冗談には飽き飽きしているんだから. 類 **burlarse.** ❺ 〖話〗〖+con と〗自慢する, ひけらかす. — ¡Cómo *vacila con* su mujer! 彼はどれだけ奥さんのことを自慢することか. ❻ 〖話〗図抜ける, 目立つ. — *Vacila* mucho con su coche descapotable. コンバーチブルの車のせいで彼はずいぶんと目立つ. ❼ 〖俗〗騒ぎを巻き起こす, 評判となる.

vacile [baθíle] 男 〖俗〗からかい, 冗談; 大騒ぎ. — Esta noche salgo de ~ por los bares con la pandilla. 今日の夜は仲間とバルで楽しんでくるよ. No hagas caso; está de ~. 気にするな, 奴はふざけてるだけだから. 類 **broma.**

vacilón, lona [baθilón, lóna] 形 〖話〗 ❶ 冗談好きの, 人をからかう. — Es muy ~ y nunca se sabe cuándo habla de serio. 彼は冗談好きで, いつまじめな話をしているのかわからない. ❷ 〖中南米〗大騒ぎする, お祭り好きの. ❸ 〖俗〗かっこいい, しゃれた. ❹ 麻薬中毒の.
— 男 〖中南米〗〖話〗お祭り騒ぎ, どんちゃん騒ぎ.
— 名 〖話〗 ❶ 冗談好き; お祭り好き. ❷ 空威張りをする人.

vacío, a [baθío, a バシオ, ア] 形 ❶ 〖estar+〗空の, 空いている; 人がいない. — Llenó los vasos de vino que estaban ~s. 彼は空のグラスにワインを注いだ. El pueblo se queda ~ en invierno. 村は冬の間人気(½)がなくなる. Tengo el estómago ~. おなかがぺこぺこだ. 反 **lleno. ❷ (心の)空虚な, 虚しい. — Me siento ~ desde que ella se fue. 彼女が行ってしまってから僕の心は空っぽだ. Lleva una vida *vacía* desde que se jubiló. 退職してから彼は虚ろな人生を送っている. ❸ 〖+de〗(内容が)ない, 軽薄な. — Pronunció un discurso largo y ~ *de* contenido. 彼は長くて無内容な演説をした. Es un tipo ~, no se puede hablar con él nada serio. 奴は頭が空っぽでまともな話はできない. 類 **frívolo, superficial.**
— 男 ❶ 空所, 隙間(ﾋｬ); 空白. — En ese banco hay un ~. Vamos a sentarnos. そのベンチに場所が空いてるわ. 座りましょうよ. ~ de poder [político] 権力の[政治的]空白. ❷ 空間, 虚空. — Se lanzó al ~ en paracaídas. 彼はパラシュートをつけて空中に身を躍らせた. ❸ 虚しさ, 寂しさ, (心の)隙間. — La muerte de su mujer le dejó un gran ~. 妻が死んで彼の心にはぽっかりと大きな穴が開いた. ❹ 〖物理〗真空. — tubo de ~ 真空管. Este alimento está envasado al ~. この食品は真空パックになっている. ❺ 脇腹; 〖中南米〗(料理)リブ肉.

caer [**quedar**] **en el vacío** 無視される, 反応を得られない. Su propuesta *cayó en el vacío*. 彼の提案は見向きもされなかった.

con las manos vacías 手ぶらで; 成果を得られずに. Fue a buscar trabajo y volvió *con las manos vacías*. 仕事を探しに行ったものの何も見つからずに帰ってきた.

de vacío 何も積まずに; 成果を得られずに. El camión volvió *de vacío*. トラックは荷台を空にして帰ってきた. Fui al banco para solicitar un préstamo, pero tuve que irme *de vacío*. ローンを申し込みに銀行に行ったが, 空手で帰らされた.

hacer el vacío 〖+a〗(人)を疎んじる, ないがしろにする. No quiere ir al colegio porque sus compañeros le *hacen el vacío*. 彼は, クラスメートから仲間外れにされるので学校へ行きたがらない.

vacuidad [bakuiðá(ð)] 女 空であること, 空疎, 中身のないこと. — Me sorprendió la ~ del discurso que pronunció. 彼の演説のくだらなさには驚いた.

vacuna [bakúna] 女 ❶ 〖医学〗ワクチン. — ~ viva 生ワクチン. ~ mixta 混合ワクチン. ~ preventiva 予防ワクチン. ❷ 〖獣医〗牛痘(ﾞ)(種).

vacunación [bakunaθión] 女 〖医学〗ワクチン注射, 予防接種. — ~ contra la influenza インフルエンザの予防接種.

vacunar [bakunár] 他 ❶ 〖+contra〗〖医学〗(人)に…の予防接種をする. — Todos los niños del país tienen que *ser vacunados contra* el tétano antes de los tres años. この国の子供達は皆 3 才までに破傷風の予防注射を受けなければならない. ❷ 〖比喩〗〖+contra〗(人)に((逆境, 苦難など)に対する)免疫をつける. — Con esta experiencia quedarás *vacunado* para afrontar las adversidades. この経験で困難に立ち向かうことには慣れたでしょう.

vacuno, na [bakúno, na] 形 牛の, ウシ科の; 牛革の. — ganado ~ (家畜としての)ウシ. 類 **bovino.**

vacuo, cua [bákuo, kua] 形 ❶ 空の, 空っぽの. 類 **vacío.** ❷ 〖比喩〗中身のない, くだらない. — No me interesan las chicas *vacuas* que sólo se preocupan de la apariencia. 外見だけを気にする頭が空っぽの女の子には僕は興味がないんだ. 類 **frívolo, insustancial.**

vacuola [bakuóla] 女 〖生物〗液胞, 空胞(細胞内にあって原形質から膜によって区画された空所).

vade [báðe] 男 ❶ ファイル, 紙ばさみ, 書類ばん(=vademécum). 類 **cartapacio.** ❷ 書き物机, 書き物台.

vadeable [baðeáβle] 形 ❶ (川などが)歩いて渡れる. ❷ 〖比喩〗(困難などが)乗り越えられる, 克服しうる.

vadear [baðeár] 他 ❶ (川など)の浅瀬を渡る, を浅瀬伝いに(歩いて)渡る. — Vamos a buscar un lugar donde podamos ~ este río. この川を歩いて渡れる場所を探そう. ❷ 〖比喩〗(困難など)を乗り越える.

— **se** 再 〖比喩〗振る舞う, 立ち回る. — *Se vadea* muy bien en su nuevo trabajo. 彼は新しい職場で非常にうまくやっている. 類 **conducirse, manejarse.**

vademécum [baðemékun] 〖＜ラテン〗男 〖複〗 vademécums または vademécum] ❶ 便覧, ハンドブック, 必携の書. ❷ 〖まれ〗学生かばん.

vadera [baðéra] 女 (歩いて渡れる)広い浅瀬.

vado [báðo] 男 ❶ (歩いて渡れる)浅瀬. — Cruzamos el río asustados por un ~. 私達はおっかなびっくり浅瀬を渡った. 類 **vadera.** ❷ (歩道上の)車両出入り口. — Le pusieron una multa por aparcar en el ~. 車両出入口に車を止めて罰金を取られた. ❸ 〖比喩〗(困難なことからの)逃

道, 解決策.
al vado o al puente 《話》右を取るか左を取るか, 二つに一つ.
tentar el vado (1) 深さを測る. (2)《比喩》(商売などで)先行きを推し測る.

***vagabundaje** [baɣaβundáxe] 男 放浪, 放浪生活; 放浪癖.

vagabundear [baɣaβundeár] 自 ❶ さまよう, 放浪する; 浮浪生活を送る. —Deberías buscar un trabajo y dejar ya de ～. そろそろ仕事を探してぶらぶらするのは止めたらどうだい. 類 **errar**, **vagar**. ❷ 歩き回る. —V～ por las calles de la ciudad sin rumbo fijo, me relaja muchísimo. これと言った目的もなく街をぶらぶらすると, とても気分転換になるんだ.

vagabundeo [baɣaβundéo] 男 放浪, 浮浪; 歩き回ること.

:**vagabundo, da** [baɣaβúndo, da] 形 **放浪する**, 流浪の, 浮浪の. —un perro ～ 野良犬. Él es un pintor ～. 彼は放浪画家だ. 類 **errante**.
— 名《軽蔑》❶ 怠け者. —Lo han suspendido porque es un ～. 彼は怠け者なので単位を落とした. ❷ 浮浪者, ホームレス. —Lo he visto con un grupo de ～s que merodean por la estación. 私は彼が駅にたむろする浮浪者の一団といっしょにいるところを見た.
— 男《解剖》迷走神経 (= nervio ～).

***vagamente** [báɣaménte] 副 ぼんやりと, 漠然と, 曖昧(ﾏｲﾏｲ)に. —Me acuerdo ～ de su cara. 彼の顔はぼんやり覚えている. Ensimismado en sus recuerdos, oía ～ los gritos de los niños en la plaza. 思い出に浸る彼の耳に広場の子供たちの歓声が遠く聞こえていた.

vague(-) [baɣe(-)] 動 *vagar* の接・現在.

vagué [baɣé] *vagar* の直・完了過去・1 単.

vaguear [baɣeár] 自 →*vagar* ②.

:**vaguedad** [baɣeðá(ð)] 女 曖昧(ﾏｲﾏｲ)さ, はっきりしないこと; 曖昧な言葉[表現]. —La ～ de sus declaraciones ha aumentado la sospecha de la policía. 彼の曖昧な証言は警察の疑惑をつのらせた. Ha sido una conferencia aburridísima, llena de ～es. 曖昧な表現ばっかりのとても退屈な講演だった.

vagamundear [baɣamundeár] 自 →*vagabundear*.

vagamundo, da [baɣamúndo, ða] 形 名 →*vagabundo*.

vagancia [baɣánθja] 女 ❶ 流浪, 浮浪, 働かずにぶらぶらすること. ❷ 怠惰, 怠け. —No fue al trabajo por pura ～. 彼はただ怠けたいというだけで仕事に行かなかった.

vagante [baɣánte] 形 ❶ 放浪する, さまよう. ❷ (ねじなどが)ぐらぐらする, 緩い.

:**vagar**¹ [baɣár] **[1.2]** 自 ❶ [＋*por*を]さまよう, さまよい歩く, 流浪する. —Dedicó la mañana a ～ *por* las calles. 彼は午前中を町の散策に当てた. Dejó ～ la vista por el valle. 彼はぼんやりと谷間を眺めた. Por el aire *vagaba* un olor a jazmín. ジャスミンの香りが漂っていた. ❷ [＋*por*を] 歩き回る. —*Vagué por* la montaña buscando un arroyo. 私は谷川を探し求めて山を歩き回った. Los elefantes *vagan* en busca de alimento. 象がえさを求めて歩き回っている. ❸ あれやこれやと思いをめぐらす. —Mi mente *vagaba* despreocupada. 私はぼんやりと考えることをしていた. ❹《機械》(ねじなどが)ぐらぐらする, 緩む.
dejar vagar la imaginación [*el pensamiento*] 想像[考え]を巡らす.

***vagar**² [baɣár] 自 ❶ 時間に余裕がある; 暇である. ❷ のらくら暮らす, 怠けて過ごす. —Se ha pasado todo el año *vagando* y viviendo a costa de sus padres. 彼は一年中何もしないで両親の臑(ｽﾈ)を噛(ｶ)じって過ごした. 類 **gandulear**, **holgazanear**.
— 男 ❶ 暇, 余暇, 余裕. —No tengo tanto ～. 私はそれほど時間に余裕はない. ❷ 落ち着き, 悠長さ, のろさ. —La niña lo hace todo con mucho ～. 女児は何でもとてもゆっくりとやる.

andar [*estar*] *de vagar* することがない, 暇である.

vagido [baxíðo] 男 (新生児の)泣き声.

vagina [baxína] 女《解剖》腟(ﾁﾂ).

vaginal [baxinál] 形《解剖》腟(ﾁﾂ)の.

vaginitis [baxinítis] 女《単複同形》《医学》腟(ﾁﾂ)炎.

***vago, ga** [báɣo, ɣa] 形 ❶ はっきりしない, 曖昧(ﾏｲﾏｲ)な, かすかな. —Su explicación fue tan *vaga* que nadie la entendió. 彼の説明はひどく不明瞭で誰にも理解できなかった. Tengo un ～ recuerdo de mi abuelo. 私は祖父についておぼろげな記憶がある. 類 **impreciso**, **indeterminado**. ❷《軽蔑》怠け者の, (定職なしに)ぶらぶらしている. —un alumno ～ 勉強しない生徒.
— 名《軽蔑》❶ 怠け者. —Lo han suspendido porque es un ～. 彼は怠け者なので単位を落とした. ❷ 浮浪者, ホームレス. —Lo he visto con un grupo de ～s que merodean por la estación. 私は彼が駅にたむろする浮浪者の一団といっしょにいるところを見た.
— 男《解剖》迷走神経 (= nervio ～).

***vagón** [baɣón] 男 (鉄道の)**車両**, 客車, 貨車. —～ cama 寝台車. —～ restaurante 食堂車.

vagoneta [baɣonéta] 女 (小型の)無蓋(ﾑｶﾞｲ)貨車, トロッコ.

vaguada [baɣwáða] 女《地理》谷線, 凹線.
—～ barométrica 気圧の谷.

vaharada [baaráða] 女 ❶ (蒸気, 息などの)ひと吹き. —una ～ de humedad [calor]湿気[熱風]. Hacía mucho frío y las vacas soltaban ～s por la boca. とても寒かったので牛たちは口から白い息を吐いていた. ❷ 臭気, におい.

vahear [baeár] 自 ❶ 湯気を立てる, 蒸気を放つ. ❷ においを放つ.

vahído [baíðo] 男 めまい, 立ちくらみ, (一瞬)気が遠くなること. —Al ver la sangre le dio un ～. 血を見て彼はくらっとした.

vaho [báo] 男 ❶ 蒸気, 湯気. —Limpia el ～ del parabrisas; es peligroso. フロントガラスの曇りをふき取りなさいよ, 危ないから. ❷ 呼気, 息. ❸ 複《医学》吸入. —tomar (hacer) ～s 吸入する. 類 **inhalación**.

vaída [baíða] 形《建築》【次の成句で】
bóveda vaída (半球の四方を切り落とした形の) 丸天井, アーチ型天井.

vaina [bájna] 女 ❶ (剣などの)鞘(ｻﾔ), ケース. ❷《植物》(豆などの)莢(ｻﾔ), 葉鞘(ﾖｳｼｮｳ). ❸【中南米】《話》厄介なこと, 面倒, 嫌なこと. —¡Qué ～ tener que examinarse! 試験を受けなければならないなんて嫌になるよ! 類 **fastidio**, **molestia**.
— 男女《話》ろくでなし, 役立たず.

vainazas [bajnáθas] 男女《単複同形》《話》無精者, だらしない人, 怠け者.

vainica [bainíka] 囡 《服飾》ヘムステッチ，縁かがり飾り．

vainilla [bainíja] 囡 《植物》バニラ；《料理》バニラエッセンス．— helado de ～ バニラアイスクリーム．

vais [báis] 動 ir の直・現在・2複．

***vaivén** [baibén] (＜va (ir)＋y＋ven (venir)) 男 [複 vaivenes] ❶ 揺れ，振れ；往復運動．— del péndulo 振り子の揺れ. el ～ del barco 船の揺れ. Da gusto el ～ de la mecedora. ロッキングチェアーの揺れは心地好い．類 **balance, balanceo**. ❷ 移り変わり，浮き沈み，有為転変．— los vaivenes de la vida 人生の浮き沈み. En un ～ de la fortuna se hizo un millonario. 運不運を乗り越えて彼は大金持ちになった．

vajilla [baxíja] 囡 〖集合的に〗食器（セット）．— ～ de porcelana 磁器（製食器）. regalar una ～ 食器を1セット贈る．

val [bál] valer の命令・2単．

valdepeñas [baldepéɲas] 男〖単複同形〗バルデペーニャス(スペイン南部の町)産のワイン．

Valdivia [baldíβia] 固名 バルディビア(チリの県)．

valdr- [baldr-] 動 valer の未来，過去未来．

vale[1] [bále] 男 ❶ 引き換え券，クーポン券，商品券．— Allí te darán un ～ para el almuerzo. あそこで昼食券がもらえますよ. Puedes canjear el ～ por unos pantalones. この券をズボンと引き換えることができます．類 **bono**. ❷ 受領書；約束手形．— ～ de correo [postal] 郵便為替. Recibió el paquete y firmó el ～ que justificaba la entrega. 荷物を受け取り，受領を証明する署名をした．類 **pagaré, recibo**. ❸ 招待券，無料入場券．

vale[2] [bále] 男《話》オーケー(同意，承諾を表す表現)．— ¿Vamos a comer? —V～. 食事しに行こうか．—いいよ. Te espero a las ocho. ¿V～? 8時に待ってるよ．いいかね？

***valedero, ra** [baledéro, ra] 形 〖＋hasta/para/por〗…のために［…の間，…まで〗有効な．— Este partido es ～ para la Copa Mundial. この試合は世界選手権の予選として有効である. Compré un billete ～ para [por] seis meses. 6か月有効の券を買った．

valedor, dora [baledór, dóra] 名 保護者，後援者．類 **protector, tutor**.

Valencia [balénθia] 固名 バレンシア(スペイン東部の自治州，州都；ベネズエラの都市)．

***valencia** [balénθia] 囡 《化学》原子価．

valencianismo [balenθjanísmo] 男 《言語》バレンシア (Valencia) 方言，バレンシア地方特有の語法．

***valenciano, na** [balenθjáno, na] 形 バレンシア (Valencia) の．— paella a la valenciana バレンシア風パエーリャ．

—— 名 バレンシアの人．

—— 男 バレンシア方言．

valentía [balentía] 囡 ❶ 勇敢さ，力強さ，活力；大胆さ．— Nunca le faltó ～ en las muchas batallas que libró. 彼は加わった数々の戦いにおいて常に勇敢であった. Enfrentándose a los atracadores, probó su ～. 強盗に出会って彼は度胸があることを立証した．類 **arrojo, gallardía,**

vigor. ❷ 勇敢な行為，偉業．❸ 《軽蔑》強さをひけらかすこと，傲慢．

valentísimo, ma [balentísimo, ma] 形 〖valiente の絶対最上級〗非常に勇敢な．

***valentón, tona** [balentón, tóna] 〔＜valiente〕形 からいばりの，強がりの．類 **bravucón, matón**.

—— 名 からいばり屋，けんか好き．

valentonada [balentonáða] 囡 空いばり，強がり．

****valer** [balér バレル] [10.5] 他 ❶ (a)…の値段である，値段は…になる．— Estos zapatos valen 50 euros. この靴は50ユーロである. ¿Cuánto vale esta blusa? このブラウスはいくらですか？ (b) …の価値がある，…にふさわしい．— La canasta vale tres puntos. そのシュートは3点に相当する. (c) …に等しい，…と等価である．— Un euro ha llegado a ～ 136 yenes. 1ユーロが136円になった．❷ 結果として…となる，…という結果となる，…のもととなる．— Aquel fracaso le valió una gran pérdida económica. あの失敗が彼に大きな経済的損失を招くことになった. Su descubrimiento le valió el aplauso internacional. その発見によって彼は国際的に評価された．❸ 《文》守る，守護する．— Ojalá Dios me valga en esta crisis. この危急の時に神様が私をお守りくださいますように．

—— 自 ❶ 〖＋para のために〗役立つ，利用できる．— Este abrigo vale todavía. このコートはまだ着られる. Este cajón vale para guardar muchas cosas. この箱はたくさん物をしまうのに役立つ. Tus trucos no te valdrán conmigo. 君の術策は私には通用しないだろう. No hay excusa que valga. 弁解の余地はない．❷ 〖＋para に〗適している，向いている，(…の)資質がある．— Esa chica vale para novelista. その女の子には小説家の素質がある. Él no vale para ese trabajo. 彼はその仕事には向いていない. Juan vale mucho. ファンにはとりえがたくさんある．❸ 〖＋para に〗有効である，効力がある．— Esta entrada sólo vale para hoy. この入場券は本日に限り有効である. Este visado no vale. Está caducado. このビザは無効です．期限が切れています．❹ 〖＋por に〗相当する，匹敵する，(…の)値打がある．— Ese argumento vale por muchos. この論拠だけでたくさんの論拠に匹敵する. Cada cupón vale por mil yenes. クーポン券は1枚1,000円の価値がある. Por esa tontería no vale que os disgustéis. その悪ふざけは，君たちが腹を立てる〔仲たがいする〕ほどのものではない．❺ ぴったりである，(大きさが)合っている．— Esos zapatos no te valen, te vienen grandes. その靴は君には合わない，ぶかぶかだ．❻ (物が)試用可能である，利用できる．— Esta leche ya no vale, está descompuesta. このミルクはもう飲めない．腐っている．

hacerse valer 実力を発揮する，(当然のこととして)上位に立つ. En esa situación no hay más que hacerse valer en la empresa. そういう状況では会社の中で実力を発揮するしかない．

hacer valer 主張する，物を言わせる. Es natural que quieras hacer valer tus derechos. 君が自分の権利を主張するのは当然だ. El padre hizo valer su autoridad. 父親は自分の権威に物を言わせた．

más vale 〖＋不定詞，＋que＋接続法〗…する方が良い，…の方がましである. Más vale no precipitarse. あわてない方が良い. *Más vale* tarde que nunca. 【諺】遅くてもないよりはまし.

más valiera 〖皮肉〗…した方がよかろう. Si piensas seguir con esa vida, *más te valiera* no casarte. そういう生活を続けようと思うのなら, 結婚しない方がいいだろう.

vale 〖スペイン〗(1) よろしい, オーケー, わかった. (2) もうたくさんだ.

valer la pena 【+不定詞】…してみる値打ちがある, …するだけの価値がある. Creo que *vale la pena* intentarlo. それをやってみる価値はあると思う.

valer lo que pesa とても立派である, 尊敬に値する.

valer su peso en oro 値千金だ, 千金に値する, 千金の値打ちがある. Este chico *vale su peso en oro*. この子は値千金だ[とても有望だ].

***valga la expresión* (*la palabra*)** 例えるならば, こう言ってよければ.

¡*válgame* [*Dios*]! 何てことだ; おやまあ.

— se 再 ❶【+de を】用いる, 利用する, 使う. — Para conseguir el empleo *se valió de* un amigo. 彼は職に就くのに, 友人の力を借りた. ~*se de* una herramienta 工具を使用する. 一人で身の回りのことができる. — Mi abuelo todavía *se vale* muy bien por sí mismo. 私の祖父はまだ一人で十分に何でもできる.

valerse por sí mismo 自立[独立]している, 自分のことを自分でやる.

— 男 価値, 値打ち, 真価, 能力. — Su padre es una persona de gran ~. 彼の父親はとても有能な人だ. 類**valía, valor**.

Valera [baléra] 固名 バレーラ(フアン Juan ~) (1824-1905, スペインの小説家).

valeriana [balerjána] 女 〖植物〗カノコソウ.

valerosidad [balerosiðá(ð)] 女 勇敢さ, 勇ましさ.

*****valeroso, sa*** [baleróso, sa] 形 ❶ 勇敢な, 勇ましい. — soldado ~ 勇敢な兵士. Estaba orgullosa de la *valerosa* muerte de su marido. 彼女は夫の勇敢な死を誇りにしていた. 類**bravo, esforzado, valiente**. ❷《まれ》価値のある, 高価な, 貴重な, 有能な. 類**eficaz, valioso**.

valet [balé(t)] 〖←仏〗男 〖複〗valets (トランプの)ジャック.

valetudinario, ria [baletuðinárjo, rja] 形 病弱な, 病気がちの. 類**achacoso, enfermizo**. — 名 病弱な人.

valga(-) [balγa(-)] 動 valer の接・現在.

valgo [bálγo] 動 valer の直・現在・1 単.

valía [balía] 女 ❶ 価値, 有用性, 能力. — un médico de gran ~. 有能な医師. En la exposición hay piezas de gran ~. 展覧会には貴重な作品が出品されている. ❷ 寵(ちょう)愛, 引き立て. 類**privanza, valimiento**.

validación [baliðaθjón] 女 有効性の付与, 有効化, 批准. — ~ de un tratado 条約の批准.

validar [baliðár] 他 有効化する, 批准する; を確かにする. 類**legalizar**.

validez [baliðéθ] 女 有効性, 効力, 正当性. — ¿Todavía tiene ~ este carnet? この証明書はまだ有効ですか? Nadie pone en duda la ~ de sus argumentos. 誰も彼の論法の正当性を疑おうとしない.

valido, da [balíðo, ða] 形   お気に入りの, 寵(ちょう)愛を受けている.

— 名 お気に入り, 寵臣. 類favorito, privado.

*****válido, da*** [báliðo, ða] 形 ❶ (法的に)有効な, 効力のある. — El contrato no es ~ porque falta la firma. その契約は署名がないから有効でない. Esta garantía es *válida* hasta diciembre. この保証は12月まで有効だ. Tu argumento es ~. 君の議論は有効だ. 類**aceptable, legal, legítimo**. 反**inválido**. ❷ (人が)強壮な, たくましい, 丈夫な; (老人が)身体が自由な. 類**robusto**. — 名 健常者, 身体の自由な老人.

✱valiente [baljénte] 形 ❶ 勇敢な, 勇ましい, 勇気のある. — ~ soldado 勇敢な兵士. Tomó una ~ decisión. 彼は勇気ある決断をした. Ella estuvo muy ~ en la entrevista. 彼女は会見でまったくものおじしなかった. 類**bravo, valeroso**. 反**cobarde**. ❷【主に感嘆や皮肉の意味で】たいした, 相当の. — ¡V~ frío hace! おそろしく寒さだ. ¡V~ plaza de toros la de Sevilla! セビリャの闘牛場は実にすばらしい. ¡V~ novia te has buscado! ひどい恋人を君は見つけたもんだ. ❸ (軽蔑的に)自慢癖の, ほらふきの, からいばりの. 類**valentón**.

— 男女 ❶ 勇敢な人, 勇者. ❷ 自慢屋, ほらふき, からいばり屋. — No es más que un ~ de taberna. 彼は酒場で強がってるだけだ.

*****valientemente*** [baljéntemente] 副 ❶ 勇敢に, 潔く. — Lucharon ~. 彼らは勇敢に戦った. ❷《文》力強く.

valija [balíxa] 女 ❶ 旅行かばん. ❷ (郵便物を入れる)皮袋. — ~ diplomática (税関手続きを免除される)外交文書袋.

valimiento [balimjénto] 男 ❶ 寵(ちょう)愛, 引き立て, ひいき. — Él tiene mucho ~ con su jefe. 彼は上司に信任が厚い. 類**amparo, defensa, favor, privanza, protección**. ❷ 価値があること, 有益. 類**mérito**.

⁚valioso, sa [baljóso, sa] 形 ❶ 価値の高い, 高価な. — regalo ~ 高価な贈り物. Le regaló una pulsera muy *valiosa*. 彼は彼女に非常に高価な腕輪を贈った. 類**precioso**. ❷ 貴重な, 価値のある, 有益な. — *valiosa* idea 役に立つ考え. Me dio un ~ consejo. 彼は貴重な助言をしてくれた. ❸ (人が)裕福な.

valisoletano, na [balisoletáno, na] 形 名 →vallisoletano.

valla [bája] 女 ❶ 柵, 囲い, 垣根. — ~ de madera 木製フェンス. ~ protectora ガードレール. levantar [poner] una ~ 囲いをする. 類**cerca, estacada, vallado**. ❷《比喩》障壁, 障害. — El japonés constituyó para él una ~ infranqueable. 彼にとっては日本語すら越えられない障壁だった. 類**barrera, impedimento, obstáculo**. ❸《スポーツ》ハードル, 障害物. — carreras de (saltos de) ~s 障害物競走. quinientos metros ~s 500 メートル障害物走. ❹《軍事》バリケード. 類**barricada**.

***romper* [*saltar*(*se*)] *la valla* [*las vallas*]** 節を越える, 枠を外れる. *Saltaron la valla* y decidieron vivir juntos. あいつら思いきって一緒に住むことにしたんだ.

valla publicitaria 広告板.

valladar [bajaðár] 男 柵, 囲い; 障壁.

vallado [baʝáðo] 男 囲い, 塀; 防壁.

Valladolid [baʝaðolí(ð)] 固名 バリャドリード (スペイン北西部の県・県都).

vallar [baʝár] 他 …に柵を巡らす, 囲いをする.

:valle [báʝe] 男 ❶ (a) 谷, 谷間, 渓谷. — ～ de lágrimas《比喩》つらい現世, うき世. (b) 谷間の集落, 谷間の村. ❷《河の》流域. — el ～ del Ebro エブロ河流域. 類 **cuenca**.

Valledupar [baʝeðupár] 固名 バリェドゥパル (コロンビアの都市).

Valle-Inclán [báʝe iŋklán] 固名 バリェ・インクラン(Ramón ～)(1869?-1936, スペインの小説家・劇作家・詩人).

vallisoletano, na [baʝisoletáno, na] 形 バリャドリード(Valladolid)の; バリャドリード生まれの.
— 名 バリャドリードの人.

valón, lona [balón, lóna] 形 ワロン(ベルギー南東部にある Valonia)の, ワロン人の, ワロン語の.
— 名 ワロン人. — 男 ワロン語.
— 女 ❶《服飾》(17世紀頃用いられた)大きいえり飾り. ❷《中南米》《刈りこまれた》馬のたてがみ.

valona [balóna] 女 → valón.

valor [balór バロル] 男 ❶ **価値, 真価, 値打ち. — ～ universal 普遍的な価値. tener ～ 価値がある. Este cuadro seguro que aumentará de ～ en el futuro. この絵は将来きっと値打ちが出るだろう. Hasta entonces no me había dado cuenta del ～ de la música. その時まで私は音楽の価値を理解していなかった. ❷ **勇気, 度胸, 勇敢さ**. — tener ～ 勇気がある. En el último momento, le faltó ～. いよいよという時になって彼は勇気がなくなった. ❸ **有効性, 力, 効力**. —Esa votación no tiene ningún ～. その票は何の有効性もない. El certificado no tiene ～ sin el sello de la Universidad. 証明書は大学の印がなければ有効でない. ❹ (a)《商業》**価格, 値段, 代価**. — El ～ de mi depósito ha disminuido con [por] la inflación. インフレで預金が目減りした. (b) **証券, 株式; 資産**. — bolsa de ～es 株式市場. ❺ **価, 数値**. — ～ alimenticio 栄養価. ¿Cuál es el ～ de x en esta ecuación lineal? この一次方程式の x の値を求めよ. ❻《話》**ずうずうしさ, 無恥**. — ¡Qué ～! ¡Llega tarde a la cita y se enfada con nosotros! さあ, 恥知らずな人! 集まりに遅れてきておいて, みんなを怒るなんて! ❼《言葉などの》**意味, 意義, 重要性**. ❽《音楽》《音符の》**長さ**. ❾ **才能のある人**. —Es un joven ～ del piano. 彼はピアノの若き才能だ. ❿《美術》**明暗の度合い**.

armarse de valor 勇気を奮い起こす.
dar valor a … を信用する.
de valor 貴重な, 価値の高い. objetos *de valor* 貴重品.
por valor de … …の価値で, 価格で.

valoración [baloraθjón] 女 ❶ 評価, 査定, 価値判断; アセスメント. —La inmobiliaria hizo una ～ de la casa que van a vender. 不動産会社は彼らが売却する家の査定をした. No está satisfecho con la ～ que se ha hecho de su trabajo. 彼は自分の仕事に与えられた評価に満足していない. 類 **evaluación, tasación**. ❷ 価値の見直し[引きあげ], 再評価. —La apertura de la nueva línea ferroviaria ha supuesto una gran ～ del terreno. 新線の建設は土地価格の大きな引き上げを意味した.

valorar [balorár] 他 ❶ 【+en】を(金銭的に)…と評価する, …の値段を…と見積もる. —*Valoraron* la pérdida causada por el fuego *en* dos millones de yenes. 火事による損害は二百万円と見積もられた. 類 **estimar, evaluar, tasar, valuar**. ❷ …の真価を認める, を尊重する. —En esta compañía no saben ～ mi trabajo. この会社では私の仕事を評価してくれない. 類 **apreciar, estimar**. ❸ …の価値を高める. —La construcción del metro *valorará* la tierra. 地下鉄が建設されると土地の値が上がるだろう.

valorización [baloriθaθjón] 女 ❶ 価値の引き上げ, 値上げ. ❷ 査定, 値踏み, (金銭的)評価.

valorizar [ΒaloriΘár] [1.3] 他 ❶ …の価値を上げる, 評価を高める. —Con el nuevo puente se *han valorizado* los terrenos de la isla. 新しい橋ができて島の土地が値上がりした. ❷ を(金銭的に)評価する, 査定する. 類 **evaluar, valorar**.

Valparaíso [balparaíso] 固名 バルパライソ(チリの都市).

valquiria [balkírja] 女《北欧神話》ワルキューレ(神話中の武装した処女たち; 倒れた戦士を天上に導く).

vals [báls] 男【単複同形】《音楽》ワルツ. —Estoy aprendiendo a bailar el ～. 私はワルツを踊る練習をしています.

valsar [balsár] 自《音楽》ワルツを踊る.

valuación [balwaθjón] 女 → valoración.

valuar [balwár] [1.6] 他 → valorar.

valva [bálβa] 女 ❶《貝類》(2枚貝などの)貝殻. ❷《植物》殻(⛓), 蒴片(⛓), 裂片(⛓).

válvula [bálβula] 女 ❶《機械》弁, バルブ. — ～ de escape 排気弁;《比喩》息抜き, 気晴らし, ストレス解消. ～ de seguridad 安全弁. ❷《解剖》弁, 弁膜. — ～ tricúspide [mitral] 《心臓の》三尖弁／僧帽弁. La obstrucción de una ～ del corazón le causó la muerte. 心臓弁膜の閉塞が彼を死に至らしめた. ❸《電気》真空管(= ～ electrónica). 類 **lámpara**.

valvular [balβulár] 形 弁の, 弁状の, 弁のある.

vamos [bámos] 動 ir の直・現在・1 複.

vampiresa [bampirésa] 女 (特に映画で)妖婦, 魔性の女, 男を惑わす女.

vampirismo [bampirísmo] 男 ❶ 吸血鬼伝説(信仰). ❷《比喩》(吸血鬼のように)他人から絞りとること, 強欲.

vampiro [bampíro] 男 ❶《中南米》《動物》吸血コウモリ. ❷ 吸血鬼. ❸《比喩》(吸血鬼のような)搾取者, 他人を食いものにする人.

van [bán] 動 ir の直・現在・3 複.

vanadio [banáðjo] 男《化学》バナジウム(化学記号 V).

vanagloria [banaɣlórja] 女 虚栄, 見栄, 尊大. —Habló de su negocio con mucha ～. 彼は自分の商売のことを自慢気に話した. 類 **jactancia, presunción, vanidad**.

vanagloriarse [banaɣlorjárse] [1, 1.5] 再【+de/por】を自慢する, 鼻にかける, …とうぬぼれる. —*Se vanagloria de [por]* su linaje. 彼は自分の家柄を鼻にかけている. *Se vanagloria de* ser amigo de una estrella de cine. 彼はある映画スターの友人だということを鼻にかけている. 類 **enva-**

necerse, jactarse, presumir, ufanarse.

vanaglorioso, sa [banaɣlorióso, sa] 形 見栄っぱりの, 偉ぶった, 尊大な. 類**jactancioso, presuntuoso, ufano**.

—— 名 見栄っぱり, うぬぼれ屋, 自慢ばかりする人. —Mira ese ~, ya ha empezado a hablar como siempre. ほら, あのうぬぼれ屋, またいつも通り話し始めたぞ.

vanamente [bánaménte] 副 ❶ むだに, 空しく. —Intentaron ~ convencerle. 彼を説得しようとしたがむだであった. (=en vano) ❷ 根拠もなく. ❸ うぬぼれて, 見栄を張って. 類**arrogantemente**.

vandálico, ca [bandáliko, ka] 形 ❶《比喩》破壊的な, 野蛮な. —acto ~ 野蛮な行為. ❷《歴史》バンダル (5 世紀にイベリア半島に移ったゲルマンの部族)の.

vandalismo [bandalísmo] 男 (芸術, 文化, 自然などに対する)破壊的態度, 蛮行 (5 世紀にローマに侵攻したバンダル族の破壊行為から).

vándalo, la [bándalo, la] 形 ❶ 破壊的な, 野蛮な. 類**bárbaro, salvaje**. ❷《歴史》バンダル族の.

—— 名 ❶ 破壊的行為をする人, 野蛮人, 乱暴者. —Unos ~s destrozaron varias cabinas telefónicas. 数人の暴徒が電話ボックスをいくつか破壊した. ❷《歴史》バンダル族[人]. ◆東ゲルマンの混成部族, イベリア半島に移住後西ゴート族に追われ, アフリカに渡った.

‡**vanguardia** [baŋguárðia] 女 ❶ (軍隊の)前衛, 第一線. —Murió luchando en la ~. 彼は前線で戦って死んだ. ❷ (政治・芸術活動の)前衛, 先駆; 先導者. —Es un pintor de ~. 彼は前衛画家だ.

a la [*en*] *vanguardia* [estar, ir などと用いられて] 最先端を行く, 先頭に立つ. Japón *va a la vanguardia* de la técnica. 日本は技術の最先端を行っている.

***vanguardismo** [baŋguarðísmo] 男《芸術, 文学》前衛主義, アバンギャルド運動.

vanguardista [baŋguarðísta] 形《美術, 文学》前衛主義の[派]の, アバンギャルドの. —escultura ~ 前衛彫刻. Picasso fue un gran pintor ~. ピカソは偉大な前衛画家であった.

—— 男女 前衛主義者.

‡**vanidad** [baniðá(ð)] 女 ❶ 虚栄(心), うぬぼれ, 虚飾. —halagar la ~ 虚栄心を満たす. herir la ~ うちひしがれる, 自信を失くす. Renunció a las ~es del mundo e ingresó en un convento. 彼は虚飾の世界を捨てて修道院に入った. Juan hace ~ de su talento. フアンは自分の才能うぬぼれている. ❷ 空虚(なこと), はかなさ; はかない事[物]. —V~ de ~es, todo es ~. 空の空なるかな, すべて空なり. Él no comprende la ~ de su deseo. 彼ははかない望みを抱いていることがわかっていない.

*****vanidoso, sa** [baniðóso, sa] 形 **虚栄心の強**い, うぬぼれた. —*vanidosas* aspiraciones 虚栄心に満ちた野望. Es más ~ que un pavo real. 彼は孔雀(しゃく)よりもうぬぼれ屋だ.

vanilocuencia [banilokuénθia] 女 (内容のない)おしゃべり, 長話.

***vano, na** [báno, na バノ, ナ] 形 ❶ 虚しい, 中身がない. —Sus *vanas* palabras no convencieron a nadie. 彼の内容のない言葉に誰も納得しなかった. Esas almendras están *vanas*. そのアーモンドは殻だけで中身がない. 類**hueco, vacío**. ❷《軽蔑》軽薄な, 浅はかな. —No aguanto a las personas *vanas* y volubles. 私は軽佻(けいちょう)浮薄な人たちには我慢できない. 類**frívolo**. ❸ 根拠のない; はかない. —No te hagas ilusiones; tus esperanzas son *vanas*. その気になるなよ. お前が勝手に期待しているだけなんだから. 類**ilusorio, infundado**. ❹《文》架空の, 実在しない. —*Vanas* sombras le atormentaban cuando dormía. 実体のない影が眠っている彼を苦しめた. 類**inexistente, irreal**. ❺ 実りのない, 無駄な. —Todos sus esfuerzos resultaron ~s. 彼の努力はすべて水の泡となった. 類**infructuoso, inútil**.

—— 男 (壁の)開口部.

en vano 無駄に, 虚しく. Esperé la llamada *en vano*. 私は電話を待ったが無駄だった. Te esfuerzas *en vano*. 君は無駄な努力をしているぞ. 類**inútilmente**.

Vanuatu [banuátu] 固名 バヌアツ(首都ポートビラ Port Vila).

‡**vapor** [bapór] 男 ❶ (*a*) 蒸気, 湯気, 蒸発気体. — ~ de agua 水蒸気. baño de ~ スチームバス. barco [buque] de ~ 汽船. judía [guisantes] al ~ 蒸しインゲン豆[エンドウ豆]. máquina de ~ 蒸気機関. (*b*) 汽船, 蒸気船. ❷《医学》ふさぎこみ, 憂鬱(ゆうつ)(症).

al [*a todo*] *vapor* 全速で, 全力で. El tren corría *a todo vapor*. 汽車は全速で走った.

vapora [bapóra] 女 小型蒸気船.

vaporación [baporaθión] 女 蒸発, 蒸散. 類**evaporación**.

vaporar [baporár] 他 →evaporar.

vaporear [baporeár] 他 →evaporar.

—— 自 蒸気を出す, 蒸発する.

vaporización [baporiθaθión] 女 ❶ 蒸発, 気化. ❷《医学》蒸気による治療.

vaporizador [baporiθaðór] 男 ❶ 噴霧器, スプレー. —El envase del desodorante lleva incorporado un ~. におい消しの容器にはスプレーがついている. 類**pulverizador**. ❷ 蒸気発生装置.

vaporizar [baporiθár] [1.3] 他 ❶ ~を蒸発させる, 気化させる. 類**evaporar**. ❷ ~を噴霧する.

—— se 再 蒸発する, 気化する.

vaporoso, sa [baporóso, sa] 形 ❶ 蒸気を出す, 蒸気のたちこめた. —El cuarto de baño está ~. 浴室に湯気がたちこめている. ❷ (布などが)薄物の, 透ける. —Lleva un ~ vestido de organdí. 彼女はオーガンディーの薄手の服を着ている. 類**ligero, tenue**. ❸ かすむ, ぼやけている. —imagen *vaporosa* かすんでいる画像.

vapulear [bapuleár] 他 ❶ ~を(繰り返し)たたく, (ふとんを)はたく. —Dos cabezas rapadas lo *vapulearon* y lo dejaron malherido. 彼は 2 人のスキンヘッドの男に暴行されて重傷を負った. *Vapuleó* la alfombra para sacarle el polvo. ほこりを出すためにじゅうたんをはたいた. 類**azotar**. ❷《比喩》~を叱りつける, 非難する, 酷評する.

vapuleo [bapuléo] 男 ❶ たたくこと, 打ちのめし. —¡Menudo ~ le dio su padre por desobedecerle! 言うことを聞かないせいであの子が父親にぶたれたことといったら! ❷《比喩》叱責, 非難, 酷評. —Su última novela recibió impresionante ~

de la crítica. 彼の最後の小説は批評家から散々けなされた.

vaquería [bakería] 囡 ❶ 酪農場, 搾乳場. ❷ 乳牛の群れ (=vacada).

vaqueriza [bakeríθa] 囡 →vaquerizo.

vaquerizo, za [bakeríθo, θa] 形 乳牛の, 牛の. —corral [pastor] ～ 牛飼い場[牛飼い].
— 男 牛飼い.(=vaquero).
— 囡 (冬期用いる)牛舎.

vaquero, ra [bakéro, ra] 形 牛飼いの, カウボーイの; 牛の. —pantalones ～s ジーンズ. cazadora *vaquera* ジーンズジャンパー, G ジャン.
— 男 牛飼い, カウボーイ. —Me encantan las películas de ～s. 私は西部劇の映画が大好きだ.
— 男 《主に複》《服飾》ジーンズ.

vaqueta [bakéta] 囡 (なめした)子牛の革.

vaquetón, tona [baketón, tóna] 形 『中南米』《話》❶ ずるい, 油断ならない. ❷ ずうずうしい, 厚かましい. ❸ うすのろの.

vaquilla [bakíja] 囡 ❶ (素人闘牛用に使われる)子牛. ❷ 圏《子牛を使った》素人闘牛. ❸ [ニカラグア, チリ] 一歳半～二歳の子牛.

vaquillona [bakijóna] 囡 『中南米』(2-3 才)の若い雌牛.

vara [bára] 囡 ❶ 細長い棒; 杖; (葉を取った)枝. —～ de pescar 釣り竿. ～ mágica [de las virtudes] 魔法の杖. ❷《比喩》(権威の象徴としての)杖, 職権, 官杖. —doblar la ～ de la justicia 不公平な裁きを下す. empuñar la ～ (市長などの)職につく. ❸ バーラ(長さの単位: 83.59cm); バーラ単位のものさし. ❹《植物》(ユリなどの)花茎. ❺《闘牛》槍. —poner ～s (牛)を槍で突く. ❻ (馬車の轅(ながえ)).

tener vara alta 権力をふるう, 影響力を持つ.

varada [baráða] 囡《海事》座礁, 乗り上げ; (船を浜に)引き上げること. 類 **varadura**.

varadera [baraðéra] 囡《船舶》(船側への)防舷(ぼうげん)材(丸太).

varadero [baraðéro] 男《海事》乾ドック, 船舶の(修理, 建造, 清掃用)保管所.

varado, da [baráðo, ða] 過分 形《海事》座礁した, 乗り上げた; 浜に引きあげられた. 類 **encallado**. ❷『中南米』失業した, 職のない.
— 名『中南米』失業者, 定職がない者.

varadura [baraðúra] 囡《海事》座礁, (船を浜に)引き上げること.

varal [barál] 男 ❶ (太く長い)棒, 丸太.(荷車などの)轅(ながえ). ❷《話》ひょろ長い人, のっぽ.

varano [baráno] 男《動物》オオトカゲ.

varapalo [barapálo] 男 ❶ こん棒. ❷ 棒での殴打. 類 **golpe, paliza**. ❸《比喩》(強い)叱責, 大目玉. 類 **rapapolvo, regañina, represión**. ❹《比喩》《話》痛手, 打撃, つらい事. —Aún no ha digerido el ～ que le ha propinado la crítica. 彼はまだ批評家から酷評された痛手から立ち直っていない.

varar [barár] 自 ❶《海事》座礁する, (船が浜に)乗り上げる. —El yate *varó* en un banco de arena. ヨットは砂州に乗り上げた. 類 **embarrancar, encallar**. ❷《比喩》行き詰まる, 暗礁に乗り上げる.
— 他 (船)を浜に引き上げる.

varazo [baráθo] 男 (棒での)殴打, 強打.

varear [bareár] 他 ❶ を(棒で)たたく. —*Varea* la lana de los colchones para que quede suelta. ふとんの毛がふんわりするようにたたいてよ. ❷ (木の実)をたたき落とす. —～ las olivas オリーブの実をたたき落とす. ❸《闘牛》(牛)を槍で突く. ❹ をバーラ (vara) 単位で測る. (布など)をバーラ単位で測り売りする.

varec [baré(k)] 男 漂流海草, 海草灰.

varenga [baréŋga] 囡《海事》肋板(ろっぱん), 船底床板.

vareo [baréo] 男 棒でたたくこと, 実をたたき落とすこと; バーラ単位で測ること. —el ～ de los nogales クルミの実を落として取ること.

vareta [baréta] 囡 ❶ 鳥もち竿. ❷《服飾》(布地上の)しま模様. ❸《話》当てこすり, 皮肉. —echar una ～ 嫌みを言う, 当てこする. 類 **indirecta, pulla**.

estar [irse] de vareta 《話》下痢をしている[する].

varetazo [baretáθo] 男《闘牛》(角による)横からの突き.

Vargas Llosa [bárɣas jósa] 固名 バルガス・リョサ[ジョサ](マリオ Mario ～)(1936 年生れ, ペルー出身の作家).

vari- [barí-] 動 variar の直・現在, 接・現在, 命令・2 単.

variabilidad [barjaβiliðá(ð)] 囡 変わりやすさ, 可変性. —～ del tiempo 天候の不安定さ. La ～ de sus opiniones hace que no pueda confiar en él. 彼は意見が変わりやすいので信用する気になれない. 類 **inconstancia, inestabilidad**.

***variable** [barjáβle] 形 ❶ 変わりやすい; 気まぐれの. —Siempre ha tenido un carácter ～. 彼はこれまでずっと移り気な性格だった. El tiempo está ～ en toda la región. 全地域にわたって天候が変わりやすくなっている. ❷ 可変の, 変えられる. —acciones de renta ～《経済》変動利付き債券. El horario de comidas es ～. 食事の時間は日によって変わります. día de fiesta ～ (年によって)日が変わる祝祭日, 移動祝祭日. ❸《数学》変数.

‡**variación** [barjaθjón] 囡 ❶ 変化, 変動; 偏差. —En plan ha introducido una ～. 計画は少し変更された. ❷《音楽》変奏曲.

***variado, da** [barjáðo, ða] 過分 形 多様な, 変化に富む; 不均質な. —El clima en este país es muy ～. この国の気候は非常に変化に富んでいる. "Pasteles ～s." 「各種ケーキをそろえています」. Disponemos de una *variada* gama de productos. 私たちは様々な種類の製品を作っている.

variante [barjánte] 囡 ❶ 異形, 異種, 変異体; 異本. —Ha recopilado cuatro ～s de un mismo romance. 彼は1つのロマンセについて4つの異本を集めた. 類 **variedad**. ❷ (異形同の)差異. —Conocía esa tradición pero con alguna ～. その習わしは知っていたが少し形が違う. 類 **diferencia, discrepancia**. ❸ 抜け道, 回り道. —Han hecho una ～ y ya no hay que atravesar el pueblo. 抜け道ができたので, もう町を通り抜ける必要はない. ❹【スペイン】《スポーツ》サッカー賭博の券の種類. —X y 2 son las ～s de la quiniela. X と 2 はサッカー賭博の券の種類である.
— 形 変わる, 変わりやすい.

‡**variar** [barjár] [1.5] 他 ❶ を**変える**, 変更する, 変化させる. —*Han variado* la organización

del club. クラブの組織が変わった. *Han variado* la colocación de los cuadros. 絵の配置が変わった. Las nuevas medidas no *han variado* la tendencia de la economía. 新たな対策も経済情勢を変えることはなかった. 類**alterar, cambiar, modificar**. ❷ …に変化をつける, を多様化する, 多彩にする. —Debes ~ las comidas. 君は食事に変化を持たせるべきだ.

── 自 ❶ (いろいろと)変わる, 変化する. —¡Cómo *varía* el tiempo estos días! この 2, 3 日何と天気が変わりやすいことか. ❷〔+de と〕変える, 取り替える. —Le gusta ~ *de* sombrero. 彼は帽子を取り替えるのが好きだ. *Ha variado* de actitud. 彼は態度を変えた. ❸〔+de と〕異なる, 違う. —La moda de este año *ha variado* mucho respecto *de* la del año pasado. 今年の流行は去年のとは大いに違っている. Las relaciones de pareja *varían* mucho *de* una sociedad *a* otra. 恋人[夫婦]の関係は, 社会によって大きく異なる.

varice, várice [baríθe, báriθe] 囡 《医学》静脈瘤.

varicela [bariθéla] 囡《医学》水痘(ホミネミ), 水疱瘡(ネミセミネミ).

varicoso, sa [barikóso, sa] 形《医学》静脈瘤(ツ゚)の, 静脈瘤性の. —vena *varicosa* 静脈瘤性の血管. síndrome ~ 静脈瘤性症候群.

── 图 静脈瘤症患者.

‡**variedad** [barjeðá(ð)] 囡 ❶ (*a*) 変化(のあること), 多様性, 相違. —Es difícil llegar a una conclusión dada la ~ de opiniones. 意見の相違があって結論に至るのが困難だ. España tiene una gran ~ de productos agrícolas. スペインの農産物にはとても多様性がある. En la ~ está lo interesante. 変化的妙味がある. 類**diferencia, diversidad**. (*b*) (あるグループ内にみられる)種類, 変種. —Del mismo modelo de muchas disponemos de muchas ~*es*. 同じ型のテレビにも多くの種類がある. ❷《生物》変種. ❸ 複《演劇》(歌・踊り・寸劇などで構成される)バラエティー・ショウ, 寄席演芸.

varietés [barjetés] 〈 < 仏〉男/女複 バラエティ (ショー). 類**espectáculo de varietédes**.

varilarguero [barilarɣéro] 男《闘牛》《話》ピカドール. 類**picador**.

varilla [baríʎa] 囡 ❶ (細長い)棒, 枝, つえ. —~ indicadora [graduada] オイルゲージ. ❷ (傘, 扇などの)骨. ❸ カーテンレール. 類**riel**. ❹《話》あごの骨.

varillaje [bariʎáxe] 男《集合的に》傘, 扇などの骨(全体).

‡‡**vario, ria** [bárjo, rja バリオ, リア] 形 ❶〔名詞に前置〕複 いくつかの, 数人の. —Hablé con ~*s* estudiantes. 私は何人かの学生と話した. Esperé ~*s* minutos. 私は数分待った. ❷ 様々な, 多様な. —ingresos ~*s* 雑収入. Las respuestas fueron *varias*. 回答は多岐にわたっていた. El parque estaba lleno de flores *varias*. 公園はいろいろな種類の花で一杯だった. 類**variado**.

── 男複 いくつかのもの, 何人かの人. —Se quedaron ~*s* sin desayunar. 何人かが朝食にありつけなかった.

── 男複 (分類名として) その他. —Esos gastos los pones en el apartado de ~*s*. その支出は雑費のところにつけておいて下さい.

vascuence 1937

variólico, ca, varioloso, sa [barjóliko, ka, barjolóso, sa] 形《医学》天然痘(ホシ)の, 天然痘にかかった.

── 图 天然痘患者.

variopinto, ta [barjopínto, ta] 形 種々多様の, 雑多な, 色とりどりの. —Una *variopinta* multitud llenaba la playa. 種々雑多な人々が海岸を埋めていた. 類**abigarrado, diverso, mezclado, multiforme**.

varita [baríta] 囡 (短い)棒. —~ mágica [de las virtudes] 魔法の杖.

variz [bariθ] 囡 複 varices] →varice.

‡**varón** [barón] 男 (女子と区別しての)男, 男子; 成年の男子; 立派な男. —santo ~ 善良な男. No tengo hijas, todos son *varones*. 私には娘がなく, 皆息子たちです.

varonil [baroníl] 形 ❶ 男性的な; 〔ほめことばとして〕男らしい, 雄々しい. —Su aspecto ~ llamó mucha atención entre las chicas. 彼の男らしい様子は女の子達の関心を集めた. 類**viril**. ❷ 男性の, 男性用の. —colonia ~ 男性用オーデコロン.

Varsovia [barsóβja] 固名 ワルシャワ(ポーランドの首都).

varsoviano, na [barsoβjáno, na] 形 ワルシャワ (Varsovia) の.

── 图 ワルシャワの人.

vas [bás] 動 ir の直・現在・2 単.

vasallaje [basaláxe] 男 ❶《歴史》(君主に対して)臣下の関係にあること. —rendir ~ 臣下の誓いをする, 忠誠を誓う. ❷《比喩》従属, 隷属. 類**sujeción, sumisión**. ❸ 貢ぎ物.

vasallo, lla [basáʎo, ʎa] 形 ❶ 臣下の, 忠誠の誓いを立てた. —gente *vasalla* 家臣, 臣下. ❷ 従属する, 統治される. 類**súbdito**.

── 图 ❶ 臣下, 家臣; 人民, 臣民. ❷《比喩》隷従者, 従属者. —Más que una esposa, lo que quería en casa era una *vasalla*. 彼が家の中に欲しかったのは妻というよりも女中みたいなものだった.

vasar [basár] 男 (壁から張り出した)食器棚.

***vasco, ca** [básko, ka] 形 バスク地方[人, 語]の. —el País V~ バスク地方. ◆スペイン北部の自治州, またはフランス南西部とスペイン北部にまたがるバスク語の文化圏を指す. pelota *vasca*《スポーツ》フロントン(球を壁に当てて返す球技), ハイ・アライ (jai alai).

── 图 バスク人.

── 男 →vascuence.

Vasco de Gama [básko ðe ɣáma] 固名 = Gama.

vascófilo, la [baskófilo, la] 图 バスク(語)研究家, バスク(語)研究愛好者.

vascofrancés, cesa [baskofranθés, θésa] 形 フランス領バスク地方の.

── 图 フランス領バスク地方の人.

Vascongadas [baskoŋɡáðas] 固名 バスコンガダス(スペインの地方).

vascongado, da [baskoŋɡáðo, ða] 形 バスク地方の. —las (Provincias) *Vascongadas* バスク地方.

── 男 バスク語 (=vascuence).

Vasconia [baskónja] 固名 バスコニア(現在のバスク地方の旧名).

***vascuence** [baskwénθe] 男 バスク語. ◆スペイン

バスク地方、ナバーラ地方、フランス領バスクで話される。スペイン公用語のひとつ. 類**euskera, vasco**.
— 形 バスク(語)の.

vascular [baskulár] 形 《解剖, 動物, 植物》血管の, 導管の, 管状の; 血管の多い. — sistema ~《解剖》脈管系統,《植物》維管束系統.

vasectomía [basektomía] 女《医学》精管切除(術).

vaselina [baselína] 女《化学》ワセリン.
dar vaselina a ... 《話》(人)をおだてる, …にごまをする.

vasera [baséra] 女《まれ》食器棚; (コップを載せる)盆.

vasija [basíxa] 女 鉢, つぼ, 器. — ~ de barro 素焼きのつぼ.

**vaso [báso バソ] 男 ❶ (a) コップ, グラス; コップ一杯(の量). — beber un ~ de agua コップ一杯の水を飲む. (b) 容器, 入れ物. — ~s sagrados (ミサなどに用いる)聖器. ~s comunicantes《物理》連通管. (c)《装飾用の》つぼ, 花びん; 花びん型彫刻. — Unos hermosos ~s árabes adornan el patio. 中庭をいくつかのアラビヤ風のつぼが飾っている. ❷《解剖, 植物》導管, 脈管, 管. — ~ capilar 毛細管, 毛細血管. ~ linfático リンパ管. ~ sanguíneo 血管.
ahogarse en un vaso de agua つまらない事を大げさに騒ぐ. No se le puede encomendar nada porque es de los que *se ahogan en un vaso de agua*. いつもつまらない事で大騒ぎするから彼には何も頼めない.

vasoconstrictor, tora [basokonstriktór, tóra] 形《医学》血管を収縮させる.
— 男 血管収縮剤[神経].

vasodilatador, dora [basoðilataðór, ðóra] 形《医学》血管を拡張させる.
— 男 血管拡張剤[神経].

vasomotor, tora [basomotór, tóra] 形《医学》血管運動を調整する, 血管運動神経の. — nervio ~ 血管(運動)神経.

vástago [bástaɣo] 男 ❶《植物》新芽, 若枝. — Los rosales han comenzado a echar los ~s. バラの木が芽をふき始めた. 類**renuevo, retoño**. ❷《比喩》《文》息子, 血を引く者. — No hace un año que se casó y ya tiene un ~. 結婚して1年もたたないのにもう子供がいる. ❸《機械》軸, 連接棒, ロッド. — ~ de émbolo ピストン棒.

vastedad [basteðá(ð)] 女 広大, 莫大. — Me impresionó profundamente la ~ de la sabana. 私はサバンナの広大さに深い感銘を受けた.

***vasto, ta** [básto, ta] 形 広大な, 非常に広い. — Se extendía ante mí un ~ desierto. 私の目の前には広漠たる砂漠が広がっていた. Ese profesor tiene una *vasta* cultura. その先生は幅広い教養の持ち主だ.

vate [báte] 男《文》❶ 詩人. 類**poeta**. ❷ 予言者. 類**adivino**.

vater, váter [báter] [<英 water] 男 (水洗)便所; (水洗便所の)便器. 類**baño, inodoro, wáter**.

vaticano, na [batikáno, na] 形 バチカン市国[宮殿]の, ローマ教皇庁の.

vaticinador, dora [batiθinaðór, ðóra] 形 予言[予見]する. — Después comprendí que eran señales *vaticinadoras* de la desgracia. 後でそれが不幸の前触れだったことが私にわかった.
— 男 予言者, 占い師.

vaticinar [batiθinár] 他 を予言する, 予告する. — Me *vaticinó* un buen futuro. 彼は私に幸せな未来を予言した. Estas nubes *vaticinan* tormenta. この雲では嵐になりそうだ. 類**augurar, presagiar, pronosticar**.

vaticinio [batiθínjo] 男 予言, 予知, 占い. 類**adivinación, predicción**.

vatímetro [batímetro] 男《電気》ワット計, 電力計.

vatio [bátjo] 男《電気》ワット(電力, 仕事量の単位). — una bombilla de sesenta ~s 60ワットの電球.

Vaupés [baupés] 固名 バウペス(コロンビアの地区).

vaya [bája] 女《まれ》からかい, ひやかし. — dar ~ からかう, ひやかす. 類**burla, mofa**.

vaya(-) [baja(-)] 動 ir の接・現在.

¡vaya! [bája] [<ir] 間 あれ!, まあ!, へえ!, 畜生!, おやおや!(驚き, 感嘆, 失望, 怒りなどを表す). — *¡V~!* ¿No lo sabías? 何, 知らなかったの. Me ha tocado la lotería. *¡V~!* 宝くじが当たったのよ. — まあ, すごい! La excursión se ha suspendido. *¡V~!* 遠足が中止になったんだって. 何てことだ!
¡Vaya con ...*!* …には驚いた! *¡Vaya con* el niño! あの子にはあきれた.
¡Vaya problema [*día, etc.*]*!* 何て困ったこと[日など]だ!

Vd.《略号》[複 **Vds.**] = usted あなた.
Vda.《略号》= viuda 未亡人.
ve[1] [bé] 動 ir の命令・2 単.
ve[2] [bé] 女 (アルファベットの)V, v の名称(= ube).
vea(-) [bea(-)] 動 ver の接・現在.

vecinal [beθinál] 形 ❶ 近隣の. — relación ~ 近隣関係. asociación ~ 町内会. ❷ 市町村の. — camino ~ 市[町, 村]道. 類**municipal**.

:**vecindad** [beθindá(ð)] 女 ❶ (a) 近所, 近接. (b) まわり, 近所, 近隣. — No hay ninguna carnicería por la ~. 近所には肉屋は一軒もない. No somos amigos, nuestras relaciones son de pura ~. 私たちは友だちではなく, 単なる近所付き合いの間柄だ. ❷【集合的に】(ある建物や地域の)住民, 住人. — casa de ~ アパート. La ~ está alarmada con la ola de fuegos provocados en la zona. 住民はその地域に起っている一連の放火事件におびえている. 類**vecindario**.

:**vecindario** [beθindárjo] 男【集合的に】(ある地域の)住民, 住人. — El ~ está aterrorizado por el horrible crimen perpetrado en la calle San Juan. サンフアン通りで起ったその恐しい犯罪に住民は恐れおののいている. 類**vecindad**.

**vecino, na [beθíno, na ベシノ, ナ] 名 ❶ 隣人, (同じ町や地域の)人. — Apenas trato con mis ~s. 私は隣人とはほとんど付き合わない. ❷ (特定地域の)住人, 居住者. — Aquel gran pintor fue ~ de nuestro pueblo. あの偉大な画家は私達の町の住人だった. En el pueblo sólo quedan ya treinta ~s. もう村にはたった30人の住民しかいない.
— 形 ❶ 隣りの, 近隣の, 近所の. — Portugal es un país ~ de España. ポルトガルはスペインの隣国である. ❷ 近くの, 側の. — Su casa

vecina a la mía. 彼の家は私の家の近くに. 類 **cercano, próximo.** 反 **lejano.** ❸ 似た, 類似の. —Tu opinión y la mía son *vecinas*. 君の意見と私の意見は似ている. 類 **parecido.** 反 **diferente.**

vector [bektór] 男 《数学, 物理》ベクトル(大きさと向きを有する量). —La velocidad y la fuerza son ~*es*. 速度や力はベクトルで表わされる. radio ~ 位置ベクトル.

vectorial [bektorjál] 形 《数学, 物理》ベクトルの. —cálculo ~ ベクトル計算.

Veda [béða] 男 ベーダ(バラモン教の聖典).

*veda [béða] 女 (法令による)禁止; 禁猟[漁]; 禁猟[漁]期間. —Se ha levantado la ~ del faisán. 雉(きじ)猟が解禁になった.

vedado, da [beðáðo, ða] 過分 形 立ち入り禁止の, (法令などにより)禁じられた. —coto ~ 禁猟区, 保護区. zona *vedada* de pesca 禁漁区. *Vedada* la entrada a menores de dieciocho años. 18歳未満立ち入り禁止. La religión es tema ~ en esta reunión. 宗教の話題はこの会合ではタブーである.
── 男 立ち入り禁止区域, 禁猟[漁]区. ~ de caza [pesca] 禁猟[漁]区.

*vedar [beðár] 他 ❶ (法令で)を禁じる, 禁止する. —*Han vedado* la pesca en este río. この川での漁は禁じられた. 類 **prohibir.** ❷ を妨げる, 妨害する. 類 **estorbar, impedir.**

vedegambre [beðeɣámbre] 男 《植物》バイケイソウ.

vedette [beðéte, beðé(t)] 〔<仏〕女 スター, 花形女優.

védico, ca [béðiko, ka] 形 《宗教》ベーダ(バラモン教の聖典)の; ベーダ語の.

vedija [beðíxa] 女 (羊毛, 毛髪などの)房; もつれ毛, 縮れ毛.

Vega¹ [béɣa] 固名 ❶ ベガ(ガルシラーソ・デ・ラ Garcilaso de la ~)(1501-36, スペインの詩人). ❷ ベガ(ロペ・デ Lope de ~)(1562-1635, スペインの詩人・劇作家・作家).

Vega² [béɣa] 女 《天文》琴座のα星ベガ(織女星).

*vega [béɣa] 女 ❶ 肥沃な平野, 沃野; 肥沃な河川の流域. —la ~ del Guadalquivir グワダルキビル河流域の沃野. 類 **huerta.** ❷ 《キューバ》タバコの栽培地. ❸ 《チリ》湿地.

*vegetación [bexetaθjón] 女 (集合体としての)植物, 草木; (地方特有の)植物, 植生. —En Japón la ~ es exuberante. 日本では植物がよく生い茂っている. 類 **planta.** ❷ 植物の生長・発育. —El clima de aquí es favorable a la ~. ここの気候は植物の生長に適している. ❸ 複 《医学》アデノイド, 腺様増殖(症). 類 **vegetaciones adenoideas.**

*vegetal [bexetál] 形 植物の, 植物性の. —aceite ~ 植物性油. carbón ~ 木炭. tierra ~ 有機土.
── 男 ❶ (*a*) 植物. —Este ~ requiere mucha luz solar. この植物は日光によく当てなければならない. (*b*) 植物人間. —El derrame cerebral lo ha convertido en un ~. 彼は脳溢血(いっけつ)のせいで植物人間になってしまった. 類 **planta.** ❷ 複 野菜. —Tienes que comer más ~*es*. 君はもっと野菜を食べるべきだ. 類 **verdura.**

vegetar [bexetár] 自 ❶ 《植物》(*a*) 生長する, 生育する. 類 **crecer.** (*b*) 芽を出す. 類 **germinar.** ❷ 《比喩》(*a*) (人が)植物状態で生きる. —Su vida se extinguió tras ~ dos meses. 2か月間植物状態になった後, 彼の命の火は消えた. (*b*) 無気力に暮らす, 無為に過ごす. —En vacaciones me olvido de todo y me dedico a ~. 休暇には全てを忘れて何もしないで暮らすことにしている.

vegetarianismo [bexetarjanísmo] 男 菜食主義.

vegetariano, na [bexetarjáno, na] 形 菜食主義の. —comida *vegetariana* 野菜食.
── 名 菜食主義者.

vegetativo, va [bexetatíβo, βa] 形 ❶ 生長に関する, 栄養の. —aparatos ~*s* 栄養器官(運動, 生殖器官に対して). célula *vegetativa* 栄養細胞. ❷ 《生理, 医学》植物性の, 自律神経の. —neurosis *vegetativa* 自律神経症. ❸ 《比喩》不活発な, 生きているというだけの. —estado ~ 植物状態. Después de la operación, lleva una vida *vegetativa*. 手術の後, 彼は植物人間となっている.

vegoso, sa [beɣóso, sa] 形 《中南米》(土地が)湿った.

veguer [beɣér] 男 ❶ 《歴史》(アラゴン, カタルーニャ, マヨルカの)執政官, 代官. ❷ (アンドーラで)保護国の使節, 代表.

veguero, ra [beɣéro, ra] 形 沃野の, 沃地の.
── 名 (沃地で働く)農夫.
── 男 (一枚葉の)葉巻きタバコ.

*vehemencia [beeménθja] 女 激しさ, 激烈, 猛烈さ; 性急さ. —Insistió con tanta ~ que nadie se opuso. 彼は誰も反対できないほど激しくそのことを主張した.

*vehemente [beeménte] 形 熱情的な, 激しい; 衝動的な. —Ella me entró un ~ deseo de verla. 私は彼女に会いたいという激情にかられた. Es un chico ~ que no sabe controlarse. あの子は気性が激しくて自分を抑えることができない. 類 **apasionado, impetuoso, impulsivo.**

*vehículo [beíkulo] 男 ❶ (水・陸・空の)輸送機関, 乗り物; 車, 船. —un ~ de motor 自動車. ~ espacial 宇宙船. ❷ (*a*) 伝達物, 媒介物; 伝達手段. —El aire es ~ del sonido. 空気は音の伝達物[媒質]である. Los mosquitos pueden ser un ~ de infección. 蚊が伝染の媒体かもしれない. (*b*) 《医学》(病原菌の)伝播者[物], 保菌者.

veía(-) [beía(-)] 動 ver の直・不完了過去.

veintavo, va [beintáβo, βa] 形(数) 20分の1の. 類 **veinteavo, vigésimo.**
── 男 20分の1.

****veinte** [béinte ベインテ] 形(数) ❶ 20の. —~ mujeres 20人の女性. ❷ 〔序数的に〕20番目の. —el siglo ~ 第20世紀. los años ~ 20年代. 類 **vigésimo.**
── 男 **20**(の数字); 20日. —el ~ de diciembre 12月20日(に).

veinteañero, ra [beinteañéro, ra] 形 名 20代の(人).

veinteavo, va [beintéaβo, βa] 形 男 →veintavo.

veintena [beinténa] 女 (約)20個[人, 日, 年]. —una ~ de huevos 卵20個. La primera de su vida la pasó en Madrid. 彼は人生の最初

の20年をマドリードで過ごした.

veinteno, na [beinténo, na] 形 ❶ →vigésimo. ❷ →veinteavo.

***veinticinco** [beintiθíŋko] 形(数) ❶ 25の. ─ ~ mujeres 25人の女性. ❷『序数的に』25番目の. ─el capítulo ~ 第25章. 類 **vigésimo quinto**.
── 男 25(の数字); 25日. ─el ~ de mayo 5月25日(に).

***veinticuatro** [beintikuátro] 形(数) ❶ 24の. ─~ mujeres 24人の女性. ❷『序数的に』24番目の. ─el capítulo ~ 第24章. 類 **vigésimo cuarto**.
── 男 24(の数字); 24日. ─el ~ de abril 4月24日(に).

***veintidós** [beintiðós] 形(数) ❶ 22の. ─~ mujeres 22人の女性. ❷『序数的に』22番目の. ─el capítulo ~ 第22章. 類 **vigésimo segundo**.
── 男 22(の数字); 22日. ─el ~ de febrero 2月22日(に).

***veintinueve** [beintinuéβe] 形(数) ❶ 29の. ─~ mujeres 29人の女性. ❷『序数的に』29番目の. ─el capítulo ~ 第29章. 類 **vigésimo no(ve)no**.
── 男 29(の数字); 29日. ─el ~ de septiembre 9月29日(に).

***veintiocho** [beintiótʃo] 形(数) ❶ 28の. ─~ mujeres 28人の女性. ❷『序数的に』28番目の. ─el capítulo ~ 第28章. 類 **vigésimo octavo**.
── 男 28(の数字); 28日. ─el ~ de agosto 8月28日(に).

***veintiséis** [beintiséis] 形(数) ❶ 26の. ─~ mujeres 26人の女性. ❷『序数的に』26番目の. ─el capítulo ~ 第26章. 類 **vigésimo sexto**.
── 男 26(の数字); 26日. ─el ~ de junio 6月26日(に).

***veintisiete** [beintisiéte] 形(数) ❶ 27の. ─~ mujeres 27人の女性. ❷『序数的に』27番目の. ─el capítulo ~ 第27章. 類 **vigésimo séptimo**.
── 男 27(の数字); 27日. ─el ~ de julio 7月27日(に).

***veintitrés** [beintitrés] 形(数) ❶ 23の. ─~ mujeres 23人の女性. ❷『序数的に』23番目の. ─el capítulo ~ 第23章. 類 **vigésimo tercero**.
── 男 23(の数字); 23日. ─el ~ de marzo 3月23日(に).

***veintiún** [beintiún] 形 『veintiunoが男性名詞の前で語尾の-oを落した形式』21の. ─~ libros 21冊の本.

***veintiuna** [beintiúna] 女 トランプやダイスの21.

***veintiuno, na** [beintiúno, na] 形(数) ❶ 21の. ─veintiuna mujeres 21人の女性. ❷『序数的に』21番目の. ─el capítulo ~ 第21章. (la) lección veintiuna 第21課. 類 **vigésimo primero**.
── 男 21(の数字); 21日. ─Tres por siete son ~. 3×7=21. el ~ de enero 1月21日.

veis [béis] 動 verの直・現在・2複.

vejación [bexaθión] 女 侮辱, 虐待, いじめ. ─Sufre *vejaciones* de su jefe desde que entró en la empresa. 彼は会社に入って以来ずっと上司にいじめられている. 類 **afrenta, maltrato, ofensa, vejamen**.

vejamen [bexámen] 男〔複 vejámenes〕 侮辱, いじめ; 揶揄($\frac{*}{\$}$), 風刺. ─En el colegio recibió toda clase de *vejámenes*. 彼は学校でありとあらゆるいじめを受けた. 類 **vejación**.

vejancón, cona [bexaŋkón, kóna]〔<viejo〕形《軽蔑》老いぼれの.
── 名《軽蔑》老いぼれ, じじい, ばばあ.

vejar [bexár] 他 を侮辱する, 虐待する. ─No puedo permitir que le *vejen* así delante de todos. 彼が皆の前であんなに侮辱されるのを見過ごすことはできない 類 **humillar, maltratar, mortificar**.

vejatorio, ria [bexatórjo, rja] 形 屈辱的な, 侮辱的な. ─Fue una actitud *vejatoria* pedir perdón después de todo lo que había pasado. あれだけのことがあった後で許しを乞うのは屈辱的なことだった. No puedo aceptar esas *vejatorias* condiciones. そんな屈辱的な条件は呑むことができません.

vejestorio [bexestórjo]〔<viejo〕男《話, 時に軽蔑》老いぼれ(男性形で男女共に対して用いる). ─¿Todavía sigues con ese ~? まだそんな老いぼれと付き合っているのか.

vejete [bexéte]〔<viejo〕形《話》《軽蔑的で, あるいは親しみを込めて》年よりの, 老いぼれの.
── 男 老人, 年より; 《演劇》(おどけ役の)老人. ─Hoy se le veía mal a aquel ~ del bar. 今日は例のバーのじいさん, 調子が悪そうだった.

:**vejez** [bexéθ]〔<viejo〕女〔複 vejeces〕 ❶ 老い, 老年, 老齢; 老年期. ─La pérdida de memoria es un síntoma de ~. 記憶力がなくなったのは年をとったしるしだ. 反 **juventud**. ❷ (老人の)奇行, 奇癖. ─No te enfades tanto con sus *vejeces*. Tú también las tendrás cuando seas anciano. 彼の奇行にそんなに腹をたてるな. 君だって年をとればそんなことをするだろう.

A la vejez, viruela. 年寄の冷や水.

vejiga [bexíɣa] 女 ❶《解剖》膀胱(^{ぼうこう}); 囊(^{のう}). ─inflamación de la ~ 膀胱炎. ~ de la bilis 胆囊. ~ natatoria (魚の)浮袋. ~ de la orina 膀胱. ❷《医学》水脹れ, 丘疹. 類 **ampolla**.

vejigatorio, ria [bexiɣatórjo, rja] 形 《まれ》《医学》発泡させる.
── 男 (内部炎症を鎮めるための)発泡剤, 膏薬(^{こうやく}). 類 **cáustico**.

vejiguilla [bexiɣíʎa]〔<vejiga〕女《医学》小囊(^{のう}), 小胞, 小水疱(^{ほう}). 類 **vesícula**.

***vela**¹ [béla]〔<velar〕女 ❶ 眠らないこと, 徹夜. ─estar [permanecer] en ~ 眠らずにいる. pasar la noche en ~ 徹夜する. ❷ ろうそく. ❸ (*a*) 夜警, 夜の見張り. (*b*) 通夜, 徹夜の看病; 《宗教》夜業.

dar vela en [para] este [ese, etc] entierro《比喩, 俗》〔否定文, 反語的疑問文で〕くちばしをはさむ資格を与える, おせっかいをやく権利を与える. ¿Quién te *ha dado vela en este entierro?* 誰がおまえにおせっかいをやけって言ったんだい.

encender [poner] una vela a Dios y otra al diablo《比喩, 俗》敵味方双方と仲良くする.

estar a dos velas《比喩, 俗》お金が無い. No

puedo invitarte, pues *estoy a dos velas*. 今金が無いから君におごってやれない.

*vela² [béla] 囡 ❶ 帆, 帆布; 天幕. ― ~ latina 大三角帆. ~ mayor (メインマストの)主帆. ~ de cruz 横帆. barco [navegación] de ~ 帆船. alzar ~s 出帆[出港]する. hacer(se) a la ~ 出帆[出港]する. largar las ~s 出帆[出港]する. La ~ es muy popular en este país. ヨットレースはこの国でとても人気がある.

a la vela 必要な準備[用意]をした. El barco está *a la vela*. 船は出港の準備ができている.

a toda vela (1) 満帆に風を受けて. El barco navegaba *a toda vela*. 船は満帆に風を受けて航海していた. (2) 全力で, 一生懸命に. Si no estudias *a toda vela*, es difícil que pases el examen. お前は一生懸命に勉強しないと試験に受かるのはむずかしい.

a velas desplegadas →a toda vela.

recoger [arriar] velas (1) 帆を降ろす. (2) 引きさがる, 矛をおさめる.

velacho [belátʃo] 男 《造船》フォアマストのトップスル.

velación [belaθjón] 囡 ❶ 一晩寝ないこと;(特に聖体, 故人などを)寝ずに見守ること, 通夜. 類 **vela, vigilia**. ❷ 《主に 複》《カトリック》婚姻のミサで新郎新婦にベールをかける, かつて行われていた儀式.

velada [beláða] 囡 ❶ 夜の集まり, (夕食後の)パーティー. ― Anoche pasamos una buena ~ con unos amigos. 昨夜は友人達と集まって楽しく過ごした. En una ~ literaria recitó sus versos. 彼は夜の文学の集いで詩を朗読した. ❷ (音楽会, スポーツなどの)夜の部, 夜間興行. ― una ~ de boxeo ボクシングの夜間試合. ❸ 徹夜, 一晩寝ないこと. 類 **vela**.

velado, da [beláðo, ða] 過分 形 ❶ ぼやけた, はっきりしない. ― ojos ~s por las lágrimas 涙でくもった目. Su voz estaba *velada* y no pude entenderlo bien. 彼の声はこもっていて何を言っているのよくわからなかった. ❷ ベールで覆われた, 隠された. ― una *velada* crítica 遠回しな批判. ❸ 《写真》感光した, 光を被った. ― El carrete estaba ~. フィルムは光が入ってしまっていた.

velador, dora [belaðór, ðóra] 名 寝ずの番をする人, 番人.

― 男 丸テーブル, 円卓;《中南米》ナイトテーブル (=mesa de noche).

veladura [belaðúra] 囡 覆うこと, 覆い;《絵画》上塗り.

velamen [belámen] 男 《造船》《集合的に》帆 (= velaje).

velar¹ [belár] 形 《解剖》軟口蓋の;(音声) 軟口蓋音の.

― 囡 《音声》軟口蓋音 ([k], [g], [x] などの). ― La j se pronuncia como ~. 文字 j は軟口蓋音として発音される.

‡**velar²** [belár] 他 ❶ …の**通夜**をする. ― Manuel *veló* el cadáver de su padre toda la noche. マヌエルは一晩中父親の死体の通夜をした. ❷ を徹夜で看病する. ― La mujer *veló* a su marido enfermo. 妻は病気の夫を徹夜で看病した.

― 自 ❶ 徹夜する, 夜番をする. ― *He velado* tres días seguidos para el examen. 私は試験のために3日続けて徹夜した. 類 **trasnochar**. ❷

〖+por を〗気遣う, (…に)注意を払う. ― *Velo por* la salud de mi mujer. 私は妻の健康が心配だ. La policía *velará por* su seguridad. 警察は彼の安全に注意するだろう.

velar³ [belár] 他 ❶ を包み隠す, (真意など)を覆い隠す. ― Le *velamos* nuestras verdaderas intenciones. 我々は彼に我々の真の意図を伏せておいた. La niebla *velaba* las montañas. 山にはベールがかかっていた. 類 **cubrir, ocultar**. ❷ (誤ってフィルムを)感光させる, かぶらせる. ― La luz *ha velado* todas las fotos del carrete. 感光してフィルム一本全部駄目になった. ❸ …にベールをかける. ❹ 《美術》…に透明な絵の具で上塗りをする, グラッシをほどこす.

― **se** 再 ❶ (フィルムが)感光する, かぶる. ― *Se han velado* todas las fotos del carrete. フィルムの写真はすべて感光してしまった. ❷ ベールをかぶる. ― ~*se* el rostro 顔をベールで隠す.

velarte [belárte] 男 《古》(マントなどに用いられた)黒服地.

velatorio [belatórjo] 男 ❶ 通夜; 通夜の参列者. ❷ (病院などで死者に夜付き添うための)遺体安置室.

Velázquez [beláθkeθ] 固名 ベラスケス(ディエゴ Diego ~)(1599-1660, スペインの画家).

veleidad [beleiðá(ð)] 囡 ❶ 気まぐれ, 思い付き. ― Son ~*es* propias de esa edad. それはあの年代に特有の気まぐれだ. ❷ 移り気, 変わりやすさ. ― Es extraña tal ~ en una persona de cincuenta años. 50歳のいい大人があんなに軽薄だとは珍しい. 類 **inconstancia, ligereza**.

veleidoso, sa [beleiðóso, sa] 形 移り気な, 気まぐれな, 変わりやすい. 類 **inconstante, mudable, voluble**.

***velero, ra** [beléro, ra] 形 《海事, 航空》帆走の;(帆船が)よく走る. ― barco ~ 帆船 (=barco de vela).

― 男 《海事》帆船;《航空》グライダー.

***veleta** [beléta] 囡 ❶ 風見, 風向計. ❷ (魚釣りの)浮き.

― 男女 移り気な人, 無定見な人. ― Juan es un ~. フアンは移り気な奴だ.

velilla [belíja] 囡 《方》(スペインの Albacete, Andalucía, León などの地方で)マッチ. 類 **cerilla, fósforo**.

***vello** [béjo] 男 ❶ うぶ毛, (頭髪, 髭などを除く柔らかく短い)体毛. ❷ (果物の表面にある)軟毛; 綿毛.

vellocino [bejoθíno] 男 羊毛, 羊毛皮. ― ~ de oro 《神話》金の羊毛皮.

vellón¹ [bejón] 男 ❶ (羊一頭分の)羊毛. ❷ 羊毛皮. ❸ 羊毛房.

vellón² [bejón] 男 《古》(昔の)銅貨; 銅貨の原料にした銅と銀の合金.

vellosidad [bejosiðá(ð)] 囡 体毛[綿毛]に覆われていること, 毛深さ; 体毛. ― Utiliza cera para eliminar la ~ de las piernas. 彼女は脚の産毛を除毛するのにワックスを使っている.

velloso, sa [bejóso, sa] 形 体毛[綿毛]に覆われた, 産毛のはえた, けばだった.

velludillo [bejuðíjo] 男 《繊維》(綿)ビロード, 別珍.

velludo, da [beʝúðo, ða] 形 (非常に)毛深い, 毛むくじゃらの.
— 男 《繊維》フラシ天(ビロードの一種). 類 **felpa**.

:**velo** [bélo] 男 ❶ ベール, ショール; 薄絹, 覆い布. — ~ humeral (司祭がミサで用いる)肩掛け. Llevaba la cabeza cubierta con un ~ negro. 彼女は黒いベールで頭を覆っていた. Un ~ blanco cubría la entrada. 白い布が入り口を覆っていた. ❷ くもり, かすみ. — Un ~ de niebla ocultaba el pueblo. 霧でかすんで村は見えなかった. ❸ 見せ掛け, 偽装, 口実. — Esta actitud no es más que un ~ de humildad. その態度は謙虚さを装ったものにすぎない. ❹ 《写真》かぶり.
correr [descorrer] el velo 真相を隠す[明かす].
correr [echar] un tupido velo sobre 秘密にする, 話題にしない.
tomar el velo 修道女になる.
velo de paladar 《解剖》硬口蓋(²).

:**velocidad** [beloθiðá(ð)] 女 ❶ 速いこと, 迅速, 速さ. —a gran [pequeña] ~ 至急[普通]便で. Es admirable su ~ en el manejo del ordenador. 彼のコンピュータの扱いの素早さは賞賛すべきだ. 類 **rapidez**. ❷ 速度, 速力. —a gran [toda] ~ 全速力で. El nuevo tren puede correr a una ~ de 200 km por hora. 新しい列車は時速200キロで走る. ~ de transimisión 伝送速度. ~ en baudios 《情報》ボー・レート. ❸ 速度. —Al subir la cuesta pon la segunda ~. 坂を昇る時はギアをセカンドに変えろ. Este coche tiene cuatro ~*es*. この車は4速である.

velocímetro [beloθímetro] 男 速度計, スピードメーター. 類 **cuentakilómetros**.

velocípedo [beloθípeðo] 男 (初期の)(2[3]輪)自転車.

velódromo [belóðromo] 男 競輪場.

velomotor [belomotór] 男 原(動機)付き自転車(=ciclomotor).

velón, lona [belón, lóna] 男 ❶ 石油ランプ. ❷ 大ろうそく.
— 名 《中南米》たかり屋, 居候.

velorio¹ [belórjo] 男 ❶ (農村部で, 一仕事終わった後の)夜の打ち上げ会. ❷ (特に子供の)通夜. 類 **velatorio**.

velorio² [belórjo] 男 《カトリック》(修道女がベールを被る)誓願式.

:**veloz** [belóθ] 形 [複 **veloces**] 速い, 素早い. — un atleta muy ~ とても足の速い選手. una respuesta ~ 即答.
— 副 速く, 素早く. — El gavilán alzó ~ el vuelo. ハイタカはあっという間に空中高く舞い上がった. 類 **rápido, velozmente**.

velozmente [beloθménte] 副 速く, 素早く, 急いで. — El camión pasó ~ ante mis ojos. トラックはあっという間に私の目の前を通り過ぎた.

veludillo [beluðíʎo] 男 → **velludillo**.

vemos [bémos] 動 ver の直・現在・1複.

ven [bén] 動 venir の命令・2単.

:**vena** [béna] 女 ❶ 《解剖》静脈; 血管. — ~ cava 空静脈. ~ porta 肝門脈. ~ coronaria 冠静脈. ~ porta 肝 **arteria** (動脈). ❷ (a) 鉱脈. 類 **filón**. (b) (地層中の)水脈. ❸ (石や木の)理(*), 条(*), しま. ❹ 《植物》葉脈. ❺ 気分, 衝動; 詩的感興. —Cuando le da la ~, se va de viaje. 彼は気が向くと旅に出かけてしまう. ❻ (詩の)才能; 才能, 資質. —Tiene ~ de pintor. 彼は画家の才能がある.

coger [hallar] en vena (人が)その気になっているのがわかる. Si le *coges en vena*, te prestará el dinero que quieras. 彼がその気になっていれば, 君が欲しい金を貸してくれるだろう.

dar la vena [por ...] 《3人称単数形で》をする気にさせる, 衝動を起こさせる. Si le *da la vena*, es capaz de pasarse el día bebiendo. もしその気になれば彼は一日中酒を飲んで過すことも可能だ.

estar en vena (para ...) をする気分になっている. Cuando *está en vena*, no para de contar chistes. 彼は気分が乗っている時は際限なく冗談を言う.

venablo [benáβlo] 男 投げ槍, 投げ矢. 類 **dardo**.
echar venablos ののしる, 怒ってわめく.

venado [benáðo] 男 ❶ 《動物》シカ(時にクマ, イノシシなどの大型狩猟用動物も指す). 類 **ciervo**. ❷ 《料理》シカ肉.
correr [pintar] el venado 《中南米》サボる.

venal¹ [benál] 形 《解剖》静脈の.

venal² [benál] 形 ❶ 売り物の. —El abrigo expuesto en el escaparate no es ~. ショーウィンドウのコートは売り物ではありません. ❷ 金次第の, 買収されやすい. —funcionario ~ 賄賂のきく役人.

venalidad [benaliðáð] 女 金次第で動くこと, 汚職体質.

venático, ca [benátiko, ka] 形 気違いじみた, 変わり者の.

venatorio, ria [benatórjo, rja] 形 狩りの, 狩猟の. 類 **cinegético**.

vencedero, ra [benθeðéro, ra] 形 《商業》期限付きの, 期限が切れる.

:**vencedor, dora** [benθeðór, ðóra] [<vencer] 名 勝者, 勝利者の. —En esa guerra no había ~*es* ni vencidos. その戦争では勝者も敗者もなかった. 反 **vencido**.
— 形 勝った, 勝利を収めた. —el país [equipo] ~ 戦勝国[勝利チーム].

vencejo¹ [benθéxo] 男 《鳥類》アマツバメ(雨燕).

vencejo² [benθéxo] 男 (特に穀物などを束ねる)ひも, わら.

vencer [benθér] ベンセル [2.4] 他 ❶ (*a*)(相手)を打ち負かす, 破る, …に勝つ. —Pedro *venció* a Ramón en el combate de boxeo. ペドロはボクシングでラモンに勝った. El equipo noruego *venció* al sueco. ノルウェーのチームがスウェーデンに勝った. (*b*)(欲求, 誘惑など)に打ち勝つ. —Quería estudiar toda la noche, pero le *venció* el sueño. 彼は徹夜で勉強したかったのだが, 眠気に負けた. ~ la tentación 誘惑に打ち勝つ. (*c*) [+a/en で] …に勝つ. —A correr nadie le *vence*. 走ることにかけてはだれも彼に勝たない. Al final, el sentido común *venció* a la estupidez. 最後には, 常識が非常識に勝った. 類 **ganar**. 反 **perder**. ❷ (重みが)をそらせる, 曲げる, 壊す. —El peso de la maleta me *vencía*. スーツケースが重くて私は体が曲っていた. 類 **doblar**. ❸ を克服する, 乗り越える, 抑える. —Debes ~ la pereza. 君は怠け癖を克服せねばならない. ～ una enfermedad 病気を克服する.

── 自 ❶ (期限が)切れる, 満期になる. ─Mañana *vence* el plazo para la presentación de solicitudes. 明日申し込みの提出期限が来る. 類 **expirar**. ❷ 勝つ, 勝ち越す, 勝(る)する. ─El equipo japonés *vence* por dos puntos al final de la primera parte. 日本チームは前半の終了時に2点勝ち越している.

── se 再 (重みで)曲がる, かしぐ, 壊れる. ─Debido al peso de los libros *se venció* el estante. 本の重みで本棚が壊れた.

vencetósigo [benθetósiɣo] 男 《植物》カモメヅル(カガイモ科).

vencible [benθíβle] 形 打ち負かせる, 克服できる. ─Esa dificultad es ～ si pones empeño. 頑張れば解決できるよ. Creían que era un equipo fácilmente ～. 彼らはそのチームには簡単に勝てると思っていた.

***vencido, da** [benθíðo, ða] 過分形 ❶ 期限切れの, 満期の. ─El plazo de pago ya está ～. 支払い期限はもう過ぎている. Se paga el interés a mes ～. 利子は1か月ごとに支払われる. ❷ 打ち負かされた, 敗れた. ─No te des por ～, que todavía hay posibilidades. あきらめるな. まだ可能性はある.

── 名 敗者.

A la tercera [A las tres] va la vencida. 【諺】三度目の正直(←2度失敗した者が3度目に成功する).

de vencida 終わりそうな, 力尽きそうな. La enfermedad va *de vencida*. もう少しで病気を克服しそうである. El año va *de vencida*. 今年も押し詰まってきた.

***vencimiento** [benθimjénto] 男 ❶ (支払などの)期限, (手形などの)満期, 満了; 締切. ─Mañana es el día de ～ de la letra. 明日は手形の支払い期日だ. ❷ (重みで)たわむこと, しなること; 湾曲. ─El techo se hundió debido al ～ de las vigas. 梁(はり)が湾曲して天井が崩れ落ちた. ❸ 打ち勝つこと, 克服すること.

venda [bénda] 女 包帯. ─Se dislocó la muñeca y le pusieron una ～. 彼は手首を脱臼して包帯をしてもらった.

caérseLE la ... la venda de los ojos 目から鱗(うろこ)が落ちる, 迷いから覚める.

llevar [tener] una venda en [delante de] los ojos 真実が見えない状態にある. No merece la pena hablar contigo; *llevas una venda en los ojos*. 君と話してもしようがない. 道理が分からなくなっているよ.

ponerLE a ... una venda en los ojos (人に)真実に対して目をふさがせる, 道理をわからなくさせる.

vendaje [bendáxe] 男 《医学》包帯を巻くこと; 包帯. ～～ enyesado ギプス. Hay que cambiar el ～ cada dos días. 包帯は2日毎に替えなければいけません.

vendar [bendár] 他 …に包帯を巻く. ─Desinfectada la herida del dedo, se lo *vendaron*. 彼は指の傷を消毒後, 包帯してもらった.

vendarLE los ojos a ... (人に)真実に対して目をふさがせる, 道理をわからなくさせる.

***vendaval** [bendaβál] 男 (特に南や南西から吹く)強風, 嵐.

vendedor, dora [bendeðór, ðóra] 名 販売員, 売り子, 店員; 売り手; セールスマン. ～ ambulante 行商人. ～ callejero 路上の物売り. ～ de lotería 宝くじ売り. ～ de prensa 新聞売り. Trabaja de *vendedora* en un supermercado. 彼女はスーパーの店員をしている. 反**comprador**.

── 形 売る, 販売の, 売り手の. ─Hay un catálogo editado por la casa *vendedora*. 販売店作成のカタログがある.

vendeja [bendéxa] 女 競売; 競売に出される品物.

****vender** [bendér ベンデル] 他 ❶ 【＋por/a (価格)で】を売る, 販売する. ─En los quioscos *venden* periódicos y revistas. キオスクで新聞雑誌を売っている. ～ un coche por cinco mil euros lo ～ a 5,000ユーロで売る. 類**comprar**. ❷ (*a*) (良心・秘密など)を売り渡す. ─Fausto *vendió* su alma a Mefistófeles. ファウストは自分の魂をメフィストフェレスに売り渡した. Un empleado *vende* información a una empresa rival. ある社員がライバル企業に情報を流している. (*b*) を裏切る. ─Con tal de ascender no le importaba ～ a sus íntimos amigos. 彼は昇進のためなら親友を裏切ることなど何でもなかった.

── se 再 ❶ 売られる; 売れる, 売りさばける. ─Este perfume *se vende* mucho. この香水はよく売れる. Todo *se vende* a cien yenes. どれも100円で売られている. ❷ 買収される, わいろを受け取る, 汚職をする. ─Quisieron sobornar al contable, pero no *se vendió*. 彼らは会計係にわいろを贈ろうとしたが, 彼は買収されなかった. ❸ うっかり本音を明かす, 本心をさらけ出す. ─*Se vendió* al fruncir las cejas revelando sus verdaderas intenciones. 彼はうっかり自分の本心を明かすしかめ面をしてしまった. ❹【＋por として】名前を売っている, (…という)あやしい評判がある. ─*Se vende por* generoso, pero es muy tacaño. 彼は気前が良いとされているが, 実は大変けちである.

estar vendido 危険な状態である.

vender caro 高く売りつける, 相手をてこずらせる.

venderse caro お高くとまっている, 人を寄せつけない. No *te vendas caro* y ven a visitarnos. お高くとってないで, 私たちのところに来いよ.

vendetta [bendéta] 女 ❶ 復讐. ❷ 《スポーツ》雪辱戦.

vendí [bendí] 男 (売却価格, 品物の出自を記した)売却証明.

vendible [bendíβle] 形 売れる, 売り物の. ─Este reloj no es ～, porque es un recuerdo de mi abuelo. この時計は祖父の形見なので売れません.

vendido, da [bendíðo, ða] 過分形 ❶ 売られた. ─Hoy ya llevamos diez coches ～s. 今日はもう10台も車が売れた. ❷ 買収された. ─No puedes confiar en ese árbitro, porque está ～. その審判は信用できないよ, 買収されているからね.

ir [estar] vendido (身の回りの人間や持ち物のせいで)ひどい目にあわされる, 危うい状態に置かれる. Con ese jefe de ventas en la empresa *vas vendido*. 会社でその販売課長の下にいるんじゃおまえもひどい目にあうぞ.

vendimia [bendímja] 女 ❶ ブドウの取り入れ, 収穫; 収穫祭; 収穫期. ❷ 年代もののワイン. ─la

~ de 1982 1982年もののワイン. ❸《比喩》ボロ儲け.

vendimia*dor*, *dora* [bendimjaðór, ðóra] 名 ブドウを摘む人.

vendimiar [bendimjár] 他 ❶（ブドウを）摘む，（ブドウを）収穫する. ❷《比喩》(自分の利益のために)を利用する，…から甘い汁を吸う. —Se hizo millonario *vendimiando* el trabajo de los inmigrantes ilegales. 彼は不法入国者の労働を搾取して大金持ちになった. ❸《まれ, 俗》殺す, 始末する.

vendr- [bendr-] 動 venir の未来, 過去未来.

venduta [bendúta] 囡《中南米》❶ 競売. 類 **subasta**. ❷（小さな）八百屋, 果物屋.

Venecia [benéθja] 固名 ベネチア[ベニス](イタリア北部の都市).

veneciano, *na* [beneθjáno, na] 形 ベネチア[ベニス](Venecia)の.
— 名 ベニスの人.

venencia [benénθja] 囡 （ワインやブドウの搾り汁をすくい上げる金属製のお玉, 柄付きカップ.

‡**veneno** [benéno] 男 ❶ 毒; 有害物, 害毒. —Le puso ~ en la comida. 彼の食事に毒を入れた. Esta clase de revistas son un ~ para los jóvenes. この種の雑誌は青少年にとって有害である. ❷（ことばに含まれる）悪意, 敵意; とげ. —La pregunta que hizo llevaba mucho ~. 彼の質問には多くのとげが含まれていた. ❸ 落ち着かない気持ち, いらだち. —El ~ de los celos no la dejaba vivir. 嫉妬心が彼女をいらいらさせ, とても生活できる状態ではなかった.

venenosidad [benenosiðá(ð)] 囡 毒性.

venenoso, *sa* [benenóso, sa] 形 ❶ 有毒の, 毒性の, 有害の. —seta *venenosa* 毒きのこ. 類 **nocivo**, **tóxico**. ❷《比喩》悪意のある, 人を傷つけようとする, frase *venenosa* 毒のある言葉. La *venenosa* lengua de la vecina propagó el rumor. 近所の人の心無いおしゃべりが噂を広げた. 類 **malintencionado**.

venera [benéra] 囡 ❶《貝類》ホタテ貝(の一種); ホタテ貝の貝殻. ◆Santiago de Compostela への巡礼者がマントに貝殻を縫い付けた. 類 **vieira**. ❷（ホタテ貝の形をした)騎士団の記章.

***venerable** [beneráβle] 形 ❶（高齢, 高徳で)敬うべき, りっぱな. —un anciano ~ 尊敬すべき老人. un monumento ~ 由緒ある建物. ❷《カトリック》尊者(聖人, 福者に次ぐ位)の. —el ~ Simón 尊者シモン師.

***veneración** [beneraθjón] 囡 尊敬, 敬愛; 崇拝. —Siente ~ por su jefe. 彼は上司を敬愛している.

venerando, *da* [benerándo, da] 形《まれ》→ venerable.

‡**venerar** [benerár] 他 ❶ を尊ぶ, 敬う. —*Veneran* a sus abuelos. 彼らは祖父母を尊敬している. ❷ を崇拝する, あがめる, (聖人)を崇敬する. —Los cristianos *veneran* a Jesucristo. キリスト教徒はイエスキリストを崇拝する. ~ a la Virgen María 聖母マリアを崇敬する.

venéreo, *a* [benéreo, a] 形 ❶《医学》性交による, 性病の. —enfermedad *venérea* 性病. ❷ 性愛の.

venero [benéro] 男 ❶ 泉. 類 **fuente, manantial**. ❷《鉱業》鉱物資源; 《比喩》宝庫. —Ese hombre es un ~ de ciencia. その人は博学だ. La internet es un ~ de información. インターネットは情報の宝庫だ. 類 **mina**.

venezolanismo [beneθolanísmo] 男 ベネズエラ特有の表現, ベネズエラ方言.

venezolano, *na* [beneθoláno, na] 形 ベネズエラの.
— 名 ベネズエラ人.

Venezuela [beneθuéla] 固名 ベネズエラ(公式名 República Bolivariana de Venezuela, 首都カラカス Caracas).

venga(-) [benga(-)] 動 venir の接・現在.

venga*dor*, *dora* [bengaðór, ðóra] 形 復讐(ふくしゅう)する, 報復の. —Cayó sobre él la justicia *vengadora*. 正義は彼に復讐した.
— 名 復讐者.

‡**venganza** [bengánθa] 囡 報復, あだ討ち. —Esperaba la primera oportunidad para tomar ~. 彼はあだ討ちをする最初の機会をうかがっていた. 類 **represalia, revancha**.

venganza de Moctezuma【メキシコ】《話》(メキシコへの旅行者が経験する)下痢.

‡**vengar** [bengár] [1.2] 他 【+a のために, +en に対して】…の**復讐**(ふくしゅう)**をする**, 敵(かたき)を討つ, 仕返しをする. —Voy a ~ una afrenta de mi amigo *en* ellos. 私は友人の受けた侮辱の仇を彼らに対して討とう. *Vengué a* mi hija golpeándole sin piedad. 私は娘のために情容赦なく彼をなぐり倒して報復した.
— *se* 再 【+de について, +en に対して】報復をする, 仕返しをする. —Juró ~*se de* ella. 彼は彼女の復讐をすると誓った.

vengativo, *va* [bengatíβo, βa] 形 報復的な; 復讐(ふくしゅう)心の強い, 執念深い. —carácter ~ 復讐心の強い性格. Se volvió ~ después de que lo traicionaron. 彼は裏切られてから復讐心に取りつかれた. 類 **rencoroso**.
— 名 復讐心の強い人, 執念深い人. —Es un ~ y jamás perdona mi ofensa. 彼は執念深い男で私から受けた屈辱を決して許さない.

vengo [béŋgo] 動 venir の直・現在・1単, vengar の直・現在・1単.

vengue(-) [benge-] 動 vengar の接・現在.

vengué [bengé] 動 vengar の直・完了過去・1単.

venia [bénja] 囡 ❶ 許可, 承諾(許可を与える人への尊敬を含む). —con la ~ de ... …の許しを得て. Pidió la ~ de la asamblea para hablar. 発言をするために議会の許可を求めた. 類 **consentimiento, permiso**. ❷（罪や過ちに対する)許し. ❸ 会釈, お辞儀.

venial [benjál] 形（罪や違反について)軽い, 軽微な, 許される. —pecado ~《カトリック》小罪. Su error fue considerado falta ~ y sólo lo reprendieron. 彼の失敗は軽いものとみなされ, 叱責を受けただけですんだ.

venialidad [benjaliðá(ð)] 囡 （罪や違反の)軽さ, 軽微なこと.

‡**venida** [beníða] 囡 ❶ 来ること, 訪れ. —Este viento anuncia la ~ del otoño. この風が秋の訪れを示している. Ha retrasado dos días su ~ a Madrid. 彼のマドリードへの到着は2日遅れた. 類 **llegada**. ❷《フェンシング》互いの攻撃.

venide*ro*, *ra* [beniðéro, ra] 形 来たるべき, こ

れからの, 将来の. —en lo ～ 将来には. Esperamos que la economía de este país mejore en los años ～s. ここ数年でこの国の経済が好転することを願っています.

— 男複 次の世代, 後世の人々.

venido [beníðo] 過分 [＜venir] 来た.

bien ～ →bienvenido.

venir [beníɾ ベニル] [10.9**] 自 ❶ (*a*) 来る, やって来る, 着く. —*Hemos venido* en taxi. 私たちはタクシーで来た. el mes que *viene* 来月. Ya *viene* el autobús. バスが来た. Ya *viene* la primavera. 春が来た. Dijo que *vendría* a las siete. 7時に着くだろうと彼は言った. Voy al cine. ¿*Vienes* conmigo?-Sí, voy. 私は映画を見に行くが, 君もいっしょに来るかい. —ああ, 行くよ. 反ir. (*b*) (所有権が)移る, 転がり込む. —La casa me *vino* por herencia. その家は相続財産として私に転がり込んだ. (*c*) 現れる, 姿を現わす. —Los campesinos *vinieron* ante el rey para pedirle un juicio justo. 農民たちは公正な裁きを請うて王の前に姿を現わした. (*d*) 降る, 降りかかる. —La nieve *vino* sobre la tierra. 雪が地上に舞い落ちた. ❷ 生じる, 起こる. —*Vinieron* sobre la familia una desgracia tras otra. その家族は次々と不幸に見舞われた. Le *vinieron* de repente ganas de gritar. 彼は突然叫びたい衝動に駆られた. Me *vinieron* náuseas al acabar de comer. 私は食べ終えた途端に吐き気に襲われた. Le *vinieron* ganas de llorar. 彼は泣きたくなった. ❸ [＋de] …から由来する, …の出身である; …の出である(家系,). …が原因である. —¿De dónde *vienes*?-*Vengo* de España. 君, どこから来たの.-スペインからだよ. Marta *viene* de alto linaje. マルタは名家の出である. Su neurosis le *viene del* abuso del ordenador. 彼のノイローゼはコンピューターの使い過ぎが原因だ. Sus peleas *vienen* de los celos. 彼らのけんかは嫉妬から起きた. Esa palabra *viene* del griego. その単語はギリシャ語から来ている. *Viene de* la página anterior. 前ページから続く. ❹ 思い浮かぶ. —Me ha *venido* la idea de establecerme en Costa Rica. コスタリカに住もうという考えが私に浮かんだ. ❺ [＋a にとって] (*a*) ぴったりする, 似合う, しっくりする. —El traje le *viene* bien. その洋服は彼に似合う. (*b*) …である. —Esta chaqueta me *viene* ancha [estrecha]. この上着は私にはだぶだぶだ[きつい]. (*c*) [＋con/mal] 都合が良い[悪い]. —Esta tarde me *viene* bien. 今日の午後には私は都合が良い. Si te *viene* mal, lo dejamos para mañana. もし君の都合が悪ければそれは明日にしよう. ❻ [＋en に] 載っている. —*En* ese periódico no *viene* el artículo que busco. この新聞には私が探している記事は載っていない. Tu nombre no *viene* en la lista. 君の名前は名簿に載っていない. ❼ [＋a に] 戻る. —*Vengamos al* tema principal. 主要テーマに戻ろう. ❽ [＋con (意外なこと)を] 言う, 言い出す. —No me *vengas con* esas tonterías. そういった馬鹿なことを私に言わないでくれ. ❾ [＋en＋無冠詞名詞] (*a*) (…)になる. —*Vino en* deseo de tomarse unas vacaciones. 彼は休暇をとりたい気持ちになった. (*b*) (…するに)至る. —Cuando *vino en* conocimiento del accidente, quedó profundamente apenada. 彼女は事故のことを耳にした時深く悲しんだ. ❿ [＋a＋不定詞] (*a*) (…するために)来る. —*Vengo* a pedirte que me hagas un favor. 私は君にお願いがあってやって来た. *Ven* a buscarme a las cuatro. 4時に私を迎えに来てよ. (*b*) …するに至る, …することになる. —Con el tiempo, *vino a* ser director de la empresa. 時を経て彼はその会社の社長になるに至った. Por fin *vino a* hacerse diplomático. ついに彼は外交官となるに至った. Después de aquel duro trabajo, *vino a* enfermar. あのきつい仕事の後で彼は病気になった. ⓫ [＋de＋不定詞] …してきたところだ. —*Vengo de* hacer unas compras. 私はちょっと買い物をしてきたところだ. ⓬ [＋現在分詞] …して来る, ずっと…して来ている. —Te lo *vengo* diciendo desde hace mucho tiempo. 私はずっと前からそのことを君に言い続けてきた. ⓭ [＋過去分詞] …の状態で来る, …されたものである. —Este accidente *viene* ocasionado por el descuido del chófer. この事故は運転手の不注意によって引き起こされたものである. *Vine* sentado en el tren. 私は電車に座って来た. ⓮ [＋en について] 妥協する, 同意する. —Por más que insistí, no *vino en* lo que le pedía. 彼がどんなにしつこく言っても彼は頼んだことに同意してくれなかった.

¿A qué viene [＋名詞/不定詞] なぜ…なのか. *¿A qué viene* no ir hoy a trabajar? 君が今日仕事に出掛けないのはなぜなんだ.

en lo (que) por venir 将来において.

no venir a [＋人] *de* … …にとっては…は大した迷惑[費用]ではない.

¡venga! (1) さあ来い; さあ急いで[相手を tú で呼んでいてもこの形を用いる]. ¡*Venga*, date prisa! さあ, 君, 急ぎなよ. (2)[拒絶を表わして] 駄目だよ, とんでもない. ¡*Venga* ya, quién se va a creer eso! そりゃ駄目だよ. だれもそんなことを信じやしないよ.

venga lo que viniere 何が起ころうとも, どうなろうとも.

venir a menos 落ちぶれる. Es una familia aristocrática *venida a menos*. それは落ちぶれ貴族の一家だ.

venir (muy) ancho [*grande*] 荷が重い, 負担が重過ぎる. El cargo me *viene ancho*. 私にとって負担が重い.

venir rodado (偶然に・思いがけず)都合のよいことが起こる.

— se 再 ❶ (はるばる)やってくる. —*Se vino* de Sevilla a Granada andando. 彼はセビーリャからグラナダまで歩いてやって来た. Pedro *se ha venido* de su tierra natal con toda su familia. ペドロは家族とともに生まれ故郷からやって来た. ❷ 妥協する. —Al final *se vino* a lo que su hijo decía. 結局彼は息子が言っていたことに同意した. ❸ オルガスムに達する, いく.

venirse abajo [*a tierra*] 崩れる; 失敗する.

venirse a buenas 妥協する, 譲歩する.

venoso, sa [benóso, sa] 形 《解剖, 植物》静脈の; 静脈[葉脈]のはっきりした. sangre *venosa* 静脈血. manos *venosas* 血管の浮き出た手.

*venta [bénta] [＜vender] 女 ❶ 売ること, 販売, 売り出し. ～ a crédito クレジット販売. ～ a domicilio 訪問販売. ～ a plazos [por cuotas] 『アメリカ』割賦販売. ～ al contado 現金売り. ～ al por menor [al por mayor] 小売[卸売り]. ～ callejera 街頭販売. ～ pública 競売, せり. ex-

1946 ventada

posición y ~s 展示即売. puesto de ~ 販売店. Esta casa está en ~. この家は売りに出ている. De ~ en toda España. スペイン全国販売中. 反**compra**. ❷ 販売数量. —Las ~s de automóviles han bajado este año un tres por ciento. 車の販売台数は今年3パーセント下がった. ❸ (街道や郊外の)宿屋, 旅館. 類**fonda, posada**.

ventada [bentáða] 囡 一陣の風. —Una ~ se llevó su sombrero. さっと風が吹いて彼は帽子を飛ばされた. 類**ventolera**.

‡**ventaja** [bentáxa] 囡 ❶ 優位, 優勢, 有利. —Tú tienes la ~ de poder trabajar en la fábrica de tu padre. 君にはお父さんの工場で働けるという優位性がある. Él me lleva ~ por su experiencia en el trabajo. 彼はその仕事の経験がある点で仕事上私より有利だ. ❷ 有利な点, 長所, 強み. —Todo tiene sus ~s y sus inconvenientes. どんなものにも長所と欠点がある. 類**provecho, utilidad**. 反**inconveniente**. ❸ (スポーツやゲームで)優位, ハンディキャップ; (テニスの)アドバンテージ. —Llegó a la meta con una ~ de cien metros sobre el segundo. 彼は2位の選手に100メートルの差をつけてゴールした.

ventajear [bentaxeár] 他 『中南米』 ❶ …より優勢に立つ, …に勝る. 類**aventajar**. ❷ を(汚い手段で)負かす, 出し抜く.

ventajista [bentaxísta] 形 (非難をこめて)利にさとい, ずる賢い.
—— 男女 ずる賢い人, 自分の利益のために手段を選ばない人.

*__ventajoso, sa__ [bentaxóso, sa] 形 ❶ 有利な, 利益を生む. —un negocio muy ~ 大変もうかる商売. La nueva ley es ventajosa para las grandes empresas. 新法は大企業に有利だ. ❷ 『中南米』《話》利己的な, 功利主義の. 類**ventajista**.

ventalla [bentája] 囡 《機械》弁, バルブ; 《植物》莢(ᵃ᫘). 類**valva, válvula**.

‡**ventana** [bentána ベンタナ] 囡 ❶ 窓, 窓枠; 明かり取り. —~ de guillotina 上下開閉式窓. Se sentó junto a la ~. 彼は窓際に座った. Ha puesto unas ~s de aluminio. 彼はアルミ製の窓枠を取り付けた. ❷ 《情報》ウインドウ. ❸ 《解剖》鼻孔.

arrojar [*echar, tirar*] *por la ventana* 無駄にする, 浪費する; 取り逃がす. Estáis *arrojando por la ventana* una estupenda ocasión. 君たちはすばらしいチャンスを無駄にしている.

echar [*tirar*] *la casa por la ventana* →casa.

ventanaje [bentanáxe] 男 [集合的に] 窓.

ventanal [bentanál] 男 大窓.

ventanear [bentaneár] 自 《話》窓からよく顔をのぞかせる.

‡**ventanilla** [bentanija] 囡 ❶ (銀行, 切符売り場などの)窓口. —Puede Ud. cobrar en la ~ número cinco. 5番窓口でお金を受け取ってください. ❷ (乗り物の)窓. —Es peligroso asomarse a la ~ del tren. 汽車の窓から身を乗り出すのは危険だ. ❸ (封筒の)宛名窓. 類**ventana**. ❹ 鼻腔.

ventanillo [bentaníjo] 男 ❶ 小窓. ❷ (訪問客を見るための)のぞき穴. ❸ 小扉.

ventarrón [bentařón] 男 強風.

ventear [benteár] 他 [時に自] ❶ (動物が)(に おい)を嗅(ᵃ)ぐ. —El perro *venteaba* buscando la caza. 犬は獲物を捜すためにおいを嗅ぎ回っていた. 類**olfatear**. ❷ 《比喩》を嗅ぎ回る, 詮索する; 嗅ぎ付ける. 類**husmear, olfatear**. ❸ を風に当てる, …に風を通す. —Tienes que ~ la habitación de vez en cuando aunque no estés utilizándola. 使ってなくても時には部屋に風を通さないとね. 類**airear**.

—— 自 [3人称単数の活用で] (強)風が吹く.
——*se* 再 ❶ (乾きで)ひび割れる. 類**agrietarse**. ❷ (れんがなど焼き物の表面に)気泡が入る. ❸ (タバコなどが空気に触れて)傷む. ❹ おならをする. 類**ventosear**.

ventero, ra [bentéro, ra] 名 宿屋の主人[女将].

*__ventilación__ [bentilaθjón] 囡 ❶ 換気, 通風, 風通し. —conducto de ~ 送風管. una habitación sin ~ 風通しの悪い部屋. ❷ 換気孔, 通風口; 換気装置. 類**respiradero, ventilador**.

*__ventilador__ [bentilaðór] 男 扇風機; 換気扇[装置]; 通風[換気]孔. —~ de techo con luz 電灯付き天井ファン. ~ de techo con 4 aspas 4枚羽天井ファン.

*__ventilar__ [bentilár] 〔<viento〕他 ❶ …に風を通す, …の換気を行う. —Abrió las ventanas para ~ la habitación. 彼は部屋の換気を行うため窓を開けた. 類**airear**. ❷ を風に当てる, 外気にさらす, 干す. —El traje olía a tabaco y tuvo que ~lo. 服にタバコの臭いがしたので, 彼はそれを外気に当てなければならなかった. ❸ [+con と] 話し合って…を決める, …の決着を付ける. —Ya *hemos ventilado* el problema de los despidos *con* el director. 私たちは解雇問題について重役と話し合ってすでに決着を付けた. ❹ (私事)を言いふらす. —La revista *ventiló* el divorcio de esa famosa actriz. 雑誌はその有名な女優の離婚を暴露した.

——*se* ❶ 風が通る, 通風[換気]が良い. —Esta cocina *se ventila* mal. この台所は換気が悪い. ❷ 十分風に当たる, 臭い[湿気]が抜ける. ❸ 《話》(a) 食べ尽くす, 飲み尽くす, 平らげる. —Los dos *se ventilaron* una botella de whisky en media hora. 2人は30分でウイスキー1瓶を空けた. (b) (人)を片付ける, 殺す. —Los terroristas *se ventilaron* a los policías. テロリストたちは警官を殺した. 類**matar**. (c) (仕事)を片付ける, 済ませる. —Cecilia *se ventiló* el trabajo en un cuarto de hora. セシリアは15分でその仕事を片付けた. ❹ 《俗》 [+a と] セックスする. —~*se a* una mujer ある女性とセックスする.

ventisca [bentíska] 囡 《気象》 ❶ 吹雪(ᶠᵘ), (雪を伴う)嵐. 類**nevasca**. ❷ 強風. 類**ventarrón**.

ventiscar [bentiskár] [1.1] 自 [3人称単数の活用で] 《気象》 ❶ 雪が舞い上がる, 雪が吹き溜まりを作る. —Si *ventisca* mañana, no podremos continuar la escalada. もしあしたもふぶいたら登攀(ᵗᵒ̂)を続けるのは無理だろう.

ventisquear [bentiskeár] 自 → ventiscar.
ventisquero [bentiskéro] 男 ❶ 万年雪, 雪渓; 雪の残る場所. ❷ (山中の)ふぶきやすいところ. ❸ 吹雪(ᶠᵘ) (=ventisca).

ventolera [bentoléra] 囡 ❶ 突風. —Se levantó una ～ y derribó el letrero. 突風が起こって看板が倒れた. ❷《話, 比喩》突拍子もない考え, 思い付き. — Le dio la ～ y dejó los estudios. 彼は突然気まぐれを起こして学業を投げ出してしまった. ❸《話, 比喩》気取り, うぬぼれ. 類 **soberbia, vanidad**.

ventolina [bentolína] 囡 《海事》(方向の変わりやすい)微風.

ventor, tora [bentór, tóra] 形 (動物が)嗅覚の利く, においをかぎ分ける. — perro ～ (ポインター種などの)猟犬.

ventorrillo [bentoříjo] [<ventorro] 男 (地方の町外れにある)小食堂, ドライブイン; 【中南米】小さな店.

ventorro [bentóřo] [<venta] 男《軽蔑》安宿, 木賃宿.

ventosa [bentósa] 囡 ❶ 吸盤. —las ～s del pulpo タコの吸盤. Esta ～ resiste hasta dos kilos. この吸盤は2キロまでの重さに耐える. ❷ 通気孔, 換気孔. — la ～ de la estufa ストーブの空気抜き口.

ventosear [bentoseár] 自 おならをする, 放屁(ほうひ)する. — Alguien ha ventoseado porque huele fatal. 誰か屁(へ)をこいたな, ひどいにおいがするぞ.

ventosidad [bentosiðáð] 囡 (腸内の)ガス, 腹の張り.

ventoso, sa [bentóso, sa] [<viento] 形 ❶ 風の強い. — Marzo es un mes ～. 3月は風の強い月である. ❷ 腸にガスのたまった.

ventral [bentrál] [<vientre] 形 《解剖》腹の, 腹部の.

ventregada [bentreɣáða] 囡 ❶《動物》一腹の子. 類 **camada**. ❷《比喩》(一度に現われる)たくさんのもの.

ventrera [bentréra] 囡 腹巻き, 腹帯;《武器》腹当て.

ventricular [bentrikulár] 形《解剖》心室の, 脳室の. — fibrilación ～ 心室細動.

ventrículo [bentríkulo] 男《解剖》心室, 脳室;《動物》胃袋;《鳥類》砂嚢(のう). —～ izquierdo 左心室.

ventrílocuo, cua [bentrílokuo, kua] 形 腹話術の. — arte ～ 腹話術. humorista ～ 腹話術を使うコメディアン.
—— 名 腹話術師.

ventriloquia [bentrilókia] 囡 腹話術.

ventrudo, da [bentrúðo, ða] 形 腹の出た, 太鼓腹の. 類 **tripón**.

✴**ventura** [bentúra] 囡 ❶ 運. (a) 運命; 運勢. — probar ～ 運を試す, 一か八かやってみる. Ella me echó la buena ～. 彼女が私に良い運を与えくれた. 類 **fortuna, suerte**. (b)《文》幸運, 幸福. — Les deseo sinceramente toda clase de ～s en el año entrante. 新年にあたり, 皆様方のご多幸を心よりお祈り申し上げます. 類 **felicidad**. ❷ 偶然. — La ～ quiso que le perdiera el avión siniestrado. 偶然にも彼は事故のあった飛行機に乗り遅れた. 類 **casualidad, contingencia**. ❸ 危惧, 悪い予感; 危険. — Por mi mala ～, se me averió el coche en la autopista. 私の悪い予感が当たって, 車が高速道路で故障してしまった.
a la ventura 運にまかせて, 成り行きにまかせて.
por ventura (1)《文》幸運にも. 類 **afortunadamente**. (2)《文》[疑問文で] ひょっとして. — ¿Deseas, por ventura, dejar los estudios? まさか学校をやめたいんじゃないだろうな. 類 **acaso, quizás**.

venturero, ra [benturéro, ra] 形 ❶ 定職のない. ❷ → venturoso. ❸ 冒険好きな, 冒険家の. 類 **aventurero**.

✴**venturoso, sa** [benturóso, sa] 形 幸運な, 幸せな. — Nos conocimos en una venturosa ocasión. 幸運にも私たちは知り合いになれた. 類 **afortunado, dichoso, feliz**.

vénula [bénula] 囡《解剖》細静脈.

Venus [bénus] 固名 ❶《ローマ神話》ヴィーナス (愛と美の女神). ❷《天文》金星.

venus [bénus] 囡 ❶(絶世の)美女. ❷《まれ》性的快楽.

venz- [benθ-] 動 vencer の直・現在・1単, 接・現在.

veo [béo] 動 ver の直・現在・1単.

✴✴**ver** [bér ベル] [16] 他 ❶ (a) を見る, 見掛ける, …が見える. — No he visto el libro en ninguna librería. 私はその本をどの本屋でも見掛けなかった. Veo a los niños jugando al escondite. 私は子供たちが隠れんぼうをしているのを見ている. Las vemos correr. 私たちは彼女らが走るのを見る. ～ la televisión テレビを見る. Miré pero no vi a nadie. 私は目をこらして見たが, だれも見えなかった. 類 **mirar**. 類語 **ver** が漠然と見るのに対し, **mirar** は注意深く見るという意味で, 「見詰める, じっと見る, 凝視する」である. (b) を調べる, 確かめる. — Voy a ～ cómo ha resultado el partido. 試合はどういう結果になったか見てみよう. Mañana veré la propuesta que me has presentado. 私は明日君が出してくれた提案に目を通すことにしよう. Mira a ver si el niño sigue dormido. 子どもが眠ったままでいるかどうか見てごらん. (c) を観覧する, 鑑賞する, 見物する. — ¿Has visto ya esa película? 君はその映画をもう見たかい. ～ la Feria de Sevilla セビーリャの春祭りを見物する. (d) を目撃する, …の舞台となる. — Navas de Tolosa vio una famosa batalla. ナーバス・デ・トローサは有名な戦いの舞台となった. ❷ (人)に会う. — Iré a verte mañana. 明日君に会いに行く. Hace dos años que no la veo. 2年前から私は彼女に会っていない. ❸ を考える, 考慮する. — Sólo ve lo que le interesa. 彼は自分に関心のあることしか考えない. ❹ (a) …が分かる, …に気づく, を理解する. — Ya veo lo que quieren decir. 私は彼らが言いたいことが分かった. ¿No ves que estás equivocado? 君が間違っているのが分からないのか. 類 **entender**. (b) を見出す, 知る. — Te veo muy triste. 君はとても悲しそうだね. He visto en la prensa que el rey va a visitar Japón. 私は新聞で国王が日本を訪問することを知った. ❺ を体験する. — No he visto nada igual en mi vida. 私はいままで一度も同様なものを見たことがない. ❻ を予見する, 予感する, 予想する. — Estoy viendo que este hombre no se va a casar nunca. 私はこの男が全然結婚しそうもないという感じがする. ❼ を扱う, …について論じる. — Mañana veremos el tema que quieres discutir. 私たちは君が議論したがっているテーマを明日取り上げよう. 類 **tratar**. ❽ を診察する, …に精密検査をする. — Deberías ir al médico para

1948 ver

que te *viera*. 君は医者に行って見てもらった方がいい。 ❾ …と思う，考える，感じる。—*Veo* que nos va a faltar de nuevo el vino. 私たちはまたワインが足りなくなりそうだ。*Veo* difícil que ella salga bien del examen. 私は彼女が試験に合格するのは困難だと考える。Eso lo *veo* imposible. それは私は不可能だと思う。 願 **juzgar, pensar**. ❿ を想像する，思い浮かべる，夢見る。—Su cerebro siempre *ve* cosas extrañas. 彼の頭脳は常に奇妙な事を想像している。 ⓫ (賭け事で相手の挑戦)を受けて立つ，(相手と同額の賭け金で挑戦)に応じる。—Bueno, *veo* la jugada. よし，一勝負やってやるぞ。

aquí donde ver こう[ああ]見えても。*Aquí donde me ven* ustedes, … 私はこう見えましても….

a ver (1) どれどれ，A *ver*, enséñamelo. どれどれ，私に見せてごらん。(2) さて，ところで。A *ver* qué hace ahora. さて彼は今度何をするのかな。(3) その通り，それはそうだとも。¿Quién debe cuidar del niño? ¿Yo?—A *ver*. だれが子供の世話をするの。私?—そうだとも。(4) 〖中米〗(電話で)もしもし。

a ver si 〖+直説法〗(1) 〖提案，要請〗…したらどうか。A *ver si* estudias más. 君はもっと勉強したらどうだ。A *ver si* vienes por casa uno de estos días. 二・三日中に家に来たらどうだい。(2) 〖期待，懸念〗…あるといいが。A *ver si* hay suerte. 運が良ければいいが。(3) 〖懸念〗…かもしれない。Date prisa en arreglarte, a *ver si* llegamos tarde. 急いで支度しろ，遅刻するかもしれないから。(4) 〖命令詞の後で〗…するかどうか。Voy a *ver si* ha vuelto ya. 彼が戻っているかどうか確かめてみよう。Mira a *ver si* llueve. 雨が降っているかどうか見てくれ。

darse a ver/dejarse ver 姿を見せる，目立つ。¿Qué habrá sido de él? Hace tiempo no *se deja ver* por el bar. 彼はどうしたのだろう。しばらく前からバールに姿を現わさないが。

dejar ver ほのめかす。

echar de ver …に気づく，を感づく。En seguida *echó de ver* que había dejado su cartera en casa. すぐに彼は家に札入れを置き忘れたことに気づいた。

estar por ver まだ分からない，未確認だ。Está *por ver* que haya conseguido el puesto por sus méritos. 彼が実績によって地位を得たかどうかはまだ分からない。

estar(se) viendo …と疑い始める，(疑わしい)と予見する。Estoy *viendo* que ella me va a dar calabazas. 私は彼女にふられるのではないかという悪い予感がしている。

habrá que ver …は疑わしい，疑問である。Habrá *que ver* si le han avisado. 彼らが彼に知らせたかどうか疑わしい。

hacerLE ver …の考えを変えさせる，誤りに気づかせる。Le hice *ver* que estaba equivocado. 私の指摘で彼は間違っていることに気づいた。

Hay que verlo para creerlo. (懐疑的に)どんなものだろうね，さあどうだか。

Lo estaba viendo. 恐れていたとおりだ。

lo nunca visto 驚くべきこと。

ni visto ni oído. あっという間に。

no poderse ver 嫌い合う，憎み合う。

no poder ver ni en pintura を憎む，…に我慢できない。No puedo *verla ni en pintura*. 私は彼女に我慢できない。

para que veas ざまあみろ，分かったか。

(que) no veas (あることを強調して)君には分からない。*No veas* lo enfadada que se puso. 彼女がどんなに怒ったか君には分かるまい。Ya estoy mejor, pero he pasado unos días *que no veas*. もう良くなったけれど，私はそれはひどい数日間を過ごしたんだ。

ser de [para] ver 見ものである，称賛に値する。Es *de ver* lo educada que es esta niña. この女の子のしつけの良さと言ったら大したものだ。

Si te he visto no me acuerdo. 恩知らず(な奴)だ。

tener un sueño [hambre] que no ver まぶたが自然にふさがるほど眠い(空腹).*Tengo un sueño que no veo*. 私はまぶたが自然にふさがるほど眠い。

verás (1) (説明の前に)実はこういうことなんだ。*Verás*. Yo salí de casa, doblé a la izquierda, luego … 実はこんな具合だ。私は家を出て，左に曲がり，それから…。(2) (脅し)今に見ていろ。Me miró enfadado y dijo: "*Verás*". 彼は怒って私を見ると「今に見ろよ」と言った。(3) 〖+*como*〗…しそうだよ。*Verás como* nieva este fin de semana. この週末は雪が降りそうだよ。(4) 〖強調〗だって…でしょう。Anda, hombre, *verás* qué bien lo pasamos. おい，元気を出せ，楽しくやってきたじゃないか。

ver(las) venir (1) 成り行きを見る。El muy astuto no tomó partido para *verlas venir*. あの非常に抜け目のない男は成り行きを見るために態度をはっきりさせなかった。(2) 相手の狙いを見抜く。

verLE venir 意図が見え見えである。

ya lo veo なるほど，わかったよ。

(ya) veremos (1) そうだなあ，どうするかなあ。¿Me dejarás ir al cine?—*Veremos*. 映画に行ってもかまわない?—さて，どうするかね。(2) どうだかな，知れたものではない。Te aseguro que viene.—Ya *veremos*. 彼きっと来るよ。—どうだかね。

—— 自 ❶ 見る；会う；分かる。—Estas gafas son para ~ de cerca [de lejos]. この眼鏡は近く[遠く]を見るためのものだ。Ella siempre ha visto muy bien. 彼女はいつもよくものを分かっていた。❷ 〖+*de*+不定詞〗…しようと努める，…するつもりである。—*Veré de* llevar a cabo lo que me he propuesto. 私はやろうと決めたことは実行するつもりだ。*Veremos de* ayudarla en lo posible. 私たちはできるだけ彼女を助けるように努力したい。

¡A [Hasta] más ver! ではまた会う日まで，さようなら。

hay que ver 驚いた，信じられない。*¡Hay que ver* cómo ha crecido este niño! この子がこんなに成長するなんて，信じられないよ。

tener que ver con …と関係がある。Ese asunto no *tiene* nada *que ver conmigo*. その件は私とは何の関係もない。

vamos a ver (1) さて(と)，どれどれ；え一と。*Vamos a ver*. Abran el libro por la página doce. さて，それでは，本の12ページを開けてください。(2) いいかね。*Vamos a ver*. A las cinco en casa, ¿eh? いいかね，家に5時に来るんだよ。

ver y creer/ver para creer どうだか知れたものではない；これは驚いた。*¡Ver y creer!* Así que se ha casado. これは驚いた。彼女結婚していたなんて。

¿ves? ほらね，わかるでしょ。

—— *se* 再 ❶ 〖+形容詞/過去分詞〗…である，…の状態にある。—~*se* pobre [abatido] 貧乏で

[打ちひしがれている]. *Se ve* muy cansado y necesita descansar. 彼はとても疲れていて休息を必要としている. ~*se* en un apuro 苦境にある. 類 **encontrarse, estar, hallarse**. ❷ 見える. — Desde aquí no *se ve* nada. ここからは何も見えない. *Se veía* a una mujer asomada a la ventana. 窓のところに女性が一人顔をのぞかせているのが見えた. *Se ve* que el cielo va a despejarse. 空は晴れ上がりそうだ. ❸ 自分の姿を見る. —~*se* al espejo 自分の姿を鏡で見る. ❹ (互いに)会う, 会見する. —¡Cuánto tiempo sin ~*nos*! 久らくご無沙汰しました. *Nos vemos* mañana y hablamos del asunto. 明日会ってその件を話し合いましょう.
¡habráse visto! 何ということだ, こんなことってあっただろうか. *¡Habráse visto* cabezonería! 何て頑固なんだ. *¡Qué* falta de educación! *¡Habráse visto!* 何と言う不作法だ. こんなことがあっていいものか.
se ve que 〖+直説法〗…ということが分かる, 明らかである.
vérselas con (ある人)と対決する, けんかする. Si me sigues insultando, *te las verás con*migo. もしお前が私を毎辱し続けるなら, いずれ私と対決することになる.
vérselas y deseárselas 大骨折れる, 苦労する. *Se las ve y se las desea* para mantener a esa familia numerosa. その大家族を養うために彼は大変苦労している.
— 男 ❶ 視覚, 視力. — recobrar el ~ 視力を取り戻す. 類 **vista**. ❷ 外見, 外観, 容姿. — Es una chica simpática y de buen ~. 彼女は感じが良くて, 見かけもよい女の子だ. 類 **apariencia, aspecto, parecer**. ❸ 意見, 考え. —A mi ~, deberías actuar con mucha paciencia. 私の考えでは, 君はもっと辛抱強く行動した方がいいんじゃないか. 類 **parecer**.

****vera** [béra ベラ] 女 ❶ (川や海の)岸. —Él estaba de pie a la ~ del río. 彼は川岸に立っていた. 類 **orilla**. ❷ そば, 近く. —Ella lloraba a mi ~. 彼女は私のそばで泣いていた. Trabaja en un taller a la ~ de mi casa. 彼は私の家の近くの工場[仕事場]で働いている. 類 **lado**.

veracidad [beraθiðá(ð)] 〖< veraz〗女 真実性, 誠実さ. —No dudo de la ~ de tus afirmaciones, pero resultan difíciles de creer. 君の主張がうそだと疑うわけじゃないがちょっと信じがたいね.

Veracruz [berakrúθ] 固名 ベラクルス(メキシコの都市).

veranada [beranáða] 女 〘牧畜〙夏場, 夏期.

veranadero [beranaðéro] 男 〘牧畜〙(夏期の)放牧場.

veranda [beránda] 女 ベランダ, 縁側. 類 **galería, mirador, terraza**.

***veraneante** [beraneánte] 男女 避暑客. —En verano el pueblo se llena de ~*s*. 夏になると村は多くの避暑客であふれる.

⁑**veranear** [beraneár] 自 夏の休暇を過ごす, 避暑をする. —¿A dónde vais a ~ este año? 君たちは今年の夏休みはどこに行くの. Tien*en* la costumbre de ~ en Tenerife. 彼らはテネリーフェ島で夏休みを過ごす習慣である.

⁑**veraneo** [beranéo] 男 避暑. —E*s*te año va-mos de ~ a San Sebastián. 私たちは今年サン・セバスティアンへ避暑に行きます. Estaremos de ~ el mes de agosto. 8月には私たちは避暑に行っています.

***veraniego, ga** [beranjéɣo, ɣa] 形 夏の; 夏らしい, 夏のような. —vestido ~ 夏服. vacaciones *veraniegas* 夏期休暇. Hoy vas muy ~. 今日はずいぶん薄着だね.

veranillo [beraníʎo] 男 (季節外れの)暑さの戻り, 小春日和. —~ de San Martín [Miguel] スペインで秋の中頃に訪れる暑さの戻り.

****verano** [beráno ベラノ] 男 ❶ 夏. ❷ (熱帯地方の)乾期.

de verano 〘俗〙知るもんか, いやなこった. ¿Me prestas dinero? –¡*De verano*! 君, お金を貸してくれない? –いやなこった.

***veras** [béras] 女 複 真実, 事実, 誠実〖次の表現以外には用いられない〗.
de veras (1) 本当に, 見せ掛けでなく. Me arrepiento *de veras*. 私は本当に後悔している. ¿*De veras*? 本当? 類 **de verdad**. (2) 本気で, 冗談でなく. Te digo *de veras* que voy a casarme con ella. 本気で君に言うが, 私は彼女と結婚するつもりだ. 類 **en serio**. (3) とても, 非常に. Estoy cansado *de veras*. 私はひどく疲れている.
ir de veras 現実のものである, 本物である. Esta vez *va de veras* que me voy de casa. 私の家出は今度は本物だ.

veraz [beráθ] 形 複 veraces (言明が)真実の, 事実と合った; (人が)誠実な, 正直な. —Dispongo de una información ~. 私は手元に正しい情報を持っています.

***verbal** [berβál] 形 ❶ 言葉による, 言語の. — comunicación ~ 言語による意思疎通(身振りなどを用いた comunicación no ~ に対して). — contrato ~ 口頭契約. 類 **oral**. ❷ 〘文法〙動詞の, 動詞を含む; 動詞から派生した. —perífrasis ~*es* 迂言(ᴗᴖ)形式(動詞と不定詞[現在分詞, 過去分詞]の組み合わせ). adjetivos ~ *es* 動詞から派生した形容詞 (trabajador < trabajar など).

verbalismo [berβalísmo] 男 内容よりも言葉遣いにこだわること.

verbasco [berβásko] 男 〘植物〙モウズイカ (= gordolobo).

***verbena** [berβéna] 女 ❶ 前夜祭, 夜祭(聖人の祝日の前夜に屋外でダンスなどが行われる祭); 屋外で行われるダンス. ❷ 〘植物〙クマツヅラ, バーベナ.

verbenero, ra [berβenéro, ra] 形 祭りの, にぎやかな. —un tipo ~ お祭り好きの男, 騒々しい男.
— 名 祭り好きな人, にぎやかな人.

verbigracia [berβiɣráθja] 〖<ラテン〗副 例えば (= por ejemplo). 略 **v. gr**.

***verbo** [bérβo] 男 ❶ 〘文法〙動詞. — ~ auxiliar 助動詞. ~ defectivo 不完全[欠如]動詞. ~ impersonal[unipersonal] 非人称[単人称]動詞. ~ intransitivo 自動詞. ~ irregular 不規則動詞. ~ pronominal[reflexivo, reflejo] 代名[再帰]動詞. ~ recíproco 相互比動詞. ~ regular 規則動詞. ~ transitivo 他動詞. ❷ 言葉, 言葉遣い. —El comentarista tiene un ~ tan claro y preciso que podemos entenderlo todo. その解説者の言葉はとても明確で私たちは彼の言う事がすべて理解できる. 類 **palabra, térmi-**

no. ❸(V~)三位一体の第二位としてのイエスキリスト.

verborrea [berβoréa] 囡 饒舌(ぜつ), 多弁, 言葉数の多さ. —El contenido de su discurso se diluyó en tanta ~ que la acción resulta ser muy poco y el contenido es ligero. 彼の演説は余りに言葉数が多くて内容が薄いものになってしまった.

verbosidad [berβosiðá(ð)] 囡 ことばの冗長さ, くどいこと. —Es un buen profesor pero de una ~ que cansa. 彼はいい教師なのだが話がくどくて疲れる.

verboso, sa [berβóso, sa] 形 言葉数の多い, くどくどしい, 冗長な.

verdad [berðá(ð)] ベルダ 囡 ❶ 本当, 真実, 真理; 信憑(ぴょう)性. —la pura ~ 混じりけのない真実. una ~ como un puño [~*es* como puños] 紛れもない真実. ~ de Perogrullo わかりきったこと, 言わずもがなのこと. Es lo que dice. 彼の言うことは本当だ. No nos quiere decir la ~ de lo que ha pasado. 本当のところ何が起こったのか彼は私たちに言いたがらない. científica [filosófica, matemática] 科学的[哲学的, 数学的]真理. ¿Jura decir la ~, sólo la ~ y nada más que la ~?《法廷の決まり文句》真実のみを語り, 真実以外の何ものも語らないことを誓いますか? ❷ 事実, 実情, 実在. —Es ~ que tiene cáncer. 彼が癌(がん)であるのは事実だ. La ~ es que se habían casado hacía un año. 実際には, 彼らはすでに1年前に結婚していた. 類realidad**. ❸ 誠実, まこと. —un hombre de ~ 誠実な人. ❹《文末で付加疑問として》そうですよね. —No puedes venir, ¿~? 君は来られないんだよね.

a decir verdad (1)《告白として》本当は. *A decir verdad*, a mí me aburren las fiestas. 実は, 私にとってパーティーは退屈なんだ. (2)《前言や既成事実を否定・修正して》まさかと思うだろうが本当は. *A decir verdad*, él no es mi hermano. まさかと思うだろうが本当は, 彼は私の兄弟ではない.

bien es verdad que →*verdad es que*.

decir [*cantar*] (*las*) *cuatro verdades* [*las verdades del barquero*] 耳の痛い真実をずけずけ言う. Cansado de tanto orgullo le *dije las cuatro verdades* a aquel hombre tan hinchado de orgullo. 私は彼の高慢さにうんざりして彼には耳の痛いことをずけずけ言ってやった.

de verdad (1)《言っていることが》確かである, 本当に~だ. *De verdad* que me vuelvo a España. 私がスペインへ帰ってしまうと言うのは本当だ. (2) 実際に, 本当に. *De verdad*, te presto el dinero que necesites. 必要な金を本当に貸してやる. 類 *de veras*. (3) 正真正銘の, 本物の. Es un caballero *de verdad*. 彼は本物の紳士だ. 類**verdadero**. (4) 正直に. Te lo digo *de verdad*. 私は正直に君にそのことを言っている. 類**en serio, sinceramente**.

en verdad que 本当に, 実に. *En verdad que* no había visto una cosa tan graciosa. 本当にこんなおかしな事は見たことがなかった.

faltar a la verdad うそをつく. *Faltó a la verdad* diciendo que no lo había visto. 彼はそれを見たこともないというそをついた.

la hora [*el momento*] *de la verdad* 肝心な時, 決定的瞬間, 正念場. Presumía de inteligente pero a *la hora de verdad* reveló su ignorancia. 彼は賢い風をよそおっていたが, 肝心な時に無知をさらけ出してしまった.

la verdad (*es que*) 実は, 本当は. *La verdad*: [*La verdad es que*] no sé nada del asunto. 実は, 私はその件について何も知りません.

verdad es que いかにも…である. *Verdad es que* él es competente pero le falta experiencia. いかにも彼は有能だが経験が不足している.

*verdaderamente [berðaðerámente] 副 本当に, 実に, 全く. —un trabajo ~ duro 実に辛(つら)い仕事. V~, yo no puedo hacerlo. 本当に私にはできないんです. ¡Qué calor! ¿eh?–V~. 暑いですね. —全く.

*verdadero, ra [berðaðéro, ra] 形 ❶ 本当の, 真実の, 実際の. —Están averiguando la *verdadera* causa del accidente. 現在事故の真の原因を調査している. Ésta es una historia *verdadera* que viví durante la guerra. これは戦争中私が体験した本当の出来事です. 類 **cierto**. 反 **falso**. ❷ 本物の, 正真正銘の. —Estos collares no son de perlas *verdaderas*. このネックレスは本真珠製ではない. Ésta sí que es una *verdadera* novela policíaca. これこそが真の推理小説だ. 類 **auténtico**. 反 **falso**. ❸ 誠実な. —un hombre ~ 正直な男.

tiempo verdadero →tiempo SOLAR.

verdal [berðál] 形 《植物》(熟した後も)果実が緑色の. —ciruela ~ 青梅, 緑色のプラム.

verdasca [berðáska] 囡 (緑色の, しなやかな)小枝, 細い枝.

*verde [bérðe] ベルデ 形 ❶ 緑(色)の, ~ color ~ 緑色. El semáforo está ~ 青信号だ. Tiene unos ojos ~s. 彼は緑色の目をしている. Aquí no se puede construir porque es zona ~. ここは緑地帯なので何も建てられない. La avioneta sobrevolaba la España ~. 軽飛行機は緑豊かなスペイン上空を飛んでいた. ❷《estar+》青々とした, 水分を含んだ, 乾かしていない. —hoja ~ 青葉. judía ~ サヤインゲン. Esta leña no arde porque está ~. この薪(まき)は乾いていないので火がつかない. 反 **seco**. ❸ 熟していない, 未熟な, 完全でない. —Estos melocotones todavía están ~s. この桃はまだ固い. vino ~ 熟していないブドウを原料とするワイン. El proyecto está muy ~ para ser entregado. この計画はよく練っていないのでまだまだ提出できない. Tú estás todavía muy ~. 君もまだまだ未熟だな. 反 **maduro**. ❹ 卑猥な, わいせつな, 好色な. —chistes ~s 卑猥なジョーク. un viejo ~ 好色な爺(じじい)さん. 類 **indecente, obsceno**. ❺ 環境保護の, 無[低]公害の. —partido ~ 《政治》緑の党. gasolina ~ 低公害ガソリン.

dar luz verde a ... …にゴーサインを出す. El gobierno *dio luz verde* a la privatización de los ferrocarriles nacionales. 政府は国有鉄道の民営化にゴーサインを出した.

mole verde 《メキシコ》《料理》青トウガラシのソースを使った煮込み.

ponerse verde 《話》(度が過ぎて)嫌になる. *Me he puesto verde* de comer dulces. 私は嫌というほど甘いものを食べた. 類 **hartarse**.

poner verde a ... 《話》(人)をこき下ろす; (人)をしかりつける.

salsa verde 《料理》(パセリ[青トウガラシ]を用いた)グリーンソース.

— 男 ❶ 緑色. — esmeralda エメラルドグリーン. ~ (de) musgo モスグリーン. ~ botella 暗緑色, 深緑. ~ claro 薄緑. ~ obscuro 深緑. ~ manzana アップルグリーン. El ~ es el color preferido de mi madre. 緑は母の好きな色である. ❷ 芝, 草. —regar el ~ 芝に水をやる. 類**césped, hierba**. ❸ 複 《政治》緑の党 (=partido ~)の党員. —He votado a los ~s. 私は緑の党に投票した.

verdear [berðeár] 自 ❶ 緑がかる, 緑に見える. —La pared *verdeaba* a causa de la humedad. 壁は湿気で緑色を帯びていた. ❷ 《野や草木などが》芽をふく, 葉を茂らす, 青々とする. —Cayó una tremenda nevada cuando ya los árboles comenzaban a ~. そろそろ木々も芽を吹くころに大雪が降った. 類**verdecer**.
— 他 《そのまま食べるためにブドウやオリーブの実などを》つまむ, 摘(つ)む.

verdeceledón [berðeθeleðón] 男 《染色》黄色がかった緑.

verdecer [berðeθér] [9.1] 自《通常 3 人称単数形で》《野や草木などが》緑でおおわれる, 青々とする. 類**reverdecer**.

verdecillo [berðeθíʎo] 男 《鳥類》アオカワラヒワ (=verderón).

verdegay [berðeɣái] 形 薄緑の.
— 男 薄緑色.

verdemar [berðemár] 形 海緑色の.
— 男 海緑色, 薄い青緑色.

verderol, verderón [berðeról, berðerón] 男 ❶ 《鳥類》アオカワラヒワ. ❷ 《貝類》トリガイ (ザルガイ科) (=verberecho).

verdete [berðéte] 男 緑青(ろくしょう); 《染色, 絵画》緑色顔料 (=cardenillo).

verdiblanco, ca [berðiβláŋko, ka] 形 名 《話》《スポーツ》ユニフォームの色が白と緑の(チームや選手).

verdín [berðín] 男 ❶ 《植物》(池の水面を覆う)アオミドロ, アオコ; (湿った場所, 果物などに生じる)カビ. —La humedad ha cubierto la pared de ~. 湿気のせいで壁がかびだらけになった. ❷ 新芽, 若葉. ❸ 緑青(ろくしょう). 類**verdete**.

verdinegro, gra [berðinéɣro, ɣra] 形 暗緑色の.

verdolaga [berðoláɣa] 女 《植物》スベリヒユ; 複 青菜類.

***verdor** [berðór] 男 ❶ (植物が)青々と茂っていること, 新緑, 緑. —Ante nosotros se extendía una llanura desnuda de ~. 私たちの前には新緑の平原が鮮やかに広がっていた. ❷ 若々しさ, 水々しさ. ❸ 青春. 類**juventud**.

verdoso, sa [berðóso, sa] 形 緑色がかった, 緑の入った.

verdugado [berðuɣáðo] 男 《服飾》《古》(スカートを膨らませるために用いられた)輪骨入りペチコート[スカート].

verdugo [berðúɣo] 男 ❶ 《歴史》死刑執行人, 刑吏. 類**sayón**. ❷ 《比喩》暴君, 残虐な人; 苦しみを与えるもの. —Fue un ~ para sus hijos. 彼は自分の子供達に対しては情容赦もなかった. ❸ 鞭(むち), 鞭で打たれた跡. 類**verdugón**. ❹ 《植物》若枝, 新芽. ❺ 細身の剣. ❻ 《鳥類》→alcaudón. ❼ (目, 鼻, 口を残して頭部全体を被る)毛糸の帽子.

verdugón [berðuɣón] 男 ❶ 鞭(むち)に打たれた跡, みみず腫れ. ❷ 若枝, 新芽.

verduguillo [berðuɣíʎo] 男 ❶ 細身の剣; (ひげそり用の)かみそり. ❷ (リング型の)イヤリング[ピアス]. 類**arete**.

verdulería [berðulería] 女 ❶ 八百屋, 青果店. ❷ 《話》猥褻(わいせつ), みだらなこと.

verduler/o, ra [berðuléro, ra] 名 青果商, 野菜売り.
hablar como una verdulera 《軽蔑》口汚く話す, 下品な話し方をする.

:**verdura** [berðúra] 女 ❶ (一般的に)野菜; (特に)緑色野菜, 青物. —Está a régimen de ~s. 彼は菜食療法をしている. 類**hortaliza, legumbre**. ❷ (主に植物の)緑, 緑色. —la ~ de los prados 草原の緑. 類**verdor**. ❸ わいせつ, わいせつな行為. 類**obscenidad**.

verdusco, ca [berðúsko, ka] 形 暗緑色の, 濁った緑色の.

verecundia [berekúndja] 女 《文》羞恥心, 恥ずかしさ, はにかみ (=vergüenza).

verecund/o, da [berekúndo, da] 形 恥ずかしがりの, 内気な. 類**vergonzoso**.

vereda [beréða] 女 ❶ (踏み固められた)小道, 細道. 類**senda**. ❷ 『中南米』歩道, 進むべき道. 類**acera**. ❸ 《比喩》正しい道, 進むべき道. —Después de cinco años de vagancia por fin ha entrado en ~. 5年間ぶらぶらと過ごしたあとようやくまともな生活を始めた. Esa experiencia dura le metió en [por] ~ y empezó a buscar un trabajo. そのつらい経験のおかげで彼は改心して仕事を探し始めた.

veredicto [bereðíkto] 男 ❶ 《司法》(陪審員による)評決. —~ de culpabilidad [inculpabilidad] 有罪[無罪]の評決. ❷ (権限を受けた委員による)答申, 裁定, 意見の申し立て. —La novela ha recibido el ~ negativo de la crítica. その小説は批評家からは否定的な評価を受けた.

verga [bérɣa] 女 ❶ 《造船》帆桁(ほげた). ❷ 《解剖, 動物》(哺乳類の)陰茎, ペニス.

vergajo [berɣáxo] 男 (牛の陰茎で作られた)鞭(むち).

vergé [berxé] 形 透かし模様の入った. —papel ~ 透かし模様入りの紙.

vergel [berxél] 男 果樹園, 花畑, 花壇.

vergonzante [berɣonθánte] 形 恥じ入った. —El viejo, ~, me pidió un cigarrillo. 老人は恥じ入った様子で私にタバコを一本ねだった.

vergonzosamente [berɣonθósaménte] 副 恥ずかしげに, 恥ずべきことに.

***vergonzoso, sa** [berɣonθóso, sa] 形 ❶ 恥ずべき, 恥ずかしい. —un suceso ~ 恥ずべき事件. partes *vergonzosas* 《解剖》恥部. Fue algo ~ tener que pedirle perdón. 彼に謝らないればならないのは何だか恥ずかしいことだった. ❷ 恥ずかしがりの, 内気な; 恥ずかしそうな. —El nuevo profesor es muy ~. 新しい先生はとても恥ずかしがりだ. Nos dirigió una mirada *vergonzosa*. 彼は私たちに恥ずかしそうな視線を向けた.
— 名 恥ずかしがり屋, はにかみ屋. —Se hace el ~ para no saludarnos. 彼は恥ずかしがり屋のふりをして私達に挨拶しない.

****vergüenza** [berɣwénθa ベルグエンサ] 女 恥. ❶ *(a)* 恥ずかしい気持ち, 恥ずかしさ, 羞恥心. —Sintió mucha ~

cuando le suspendieron en el examen. 彼は試験に失敗してとても恥かしく思った. Me dio ~ la conducta de mi amigo. 私は友人の態度を恥かしく思った. (*b*) 恥ずべき行為, 不名誉な行為. —Es una ~ dejar las calles tan sucias. 通りをこんなに汚れたままにしておくのは恥ずべきことだ. (*c*) 恥のもと, つらよごし, 恥さらし. —Eres la ~ de la familia. おまえは家族の面汚しだ. (*d*) 恥かしめ, さらし者. —sacar a la ~ 恥かしめる, さらし者にする. 類 **deshonra, humillación.** 反 **honra.** ❷ 誇り, 自尊心, 面目. —hombre de ~ 自尊心のある人. ¡Sin ~! 恥知らず. 類 **pundonor.** ❸ 恥ずかしがり, 気後れ; 弱気, 内気. —Me da ~ pedirle tal cosa. 私は彼にそんな事を頼むのは恥かしい. Tengo ~ de hablar en público. 私は人前で話すのが恥かしい. 類 **encogimiento, timidez.** ❹ 複(人体の)恥部.

perder la vergüenza 羞恥心を捨てる, 傲(ゴウ)慢になる. Ella *perdió la vergüenza* e insultó a su padre en público. 彼女は傲慢になって父親をののしった.

vericueto [berikuéto] 男 【主に複】難路, 難所, 険しい道.

verídico, ca [berídiko, ka] 形 ❶ 真実の, 本当の. —historia *verídica* 実話. La película nos impresionó porque trataba de algo ~. その映画は本当の話だったので私達は感動した. ❷ 誠実な, 嘘をつかない. —hombre ~ 正直な人. 類 **veraz.** ❸ 真実味のある, 本当らしい. —La escena representada le pareció tan *verídica* que lloró con la protagonista. 上演された劇は余りに真に迫っていたので彼は主人公に合わせて泣いてしまった. 類 **verosímil.**

verificación [berifikaθión] 女 ❶ (真実性の)実証, (機器などが正しく機能するかどうか, 作業結果が正しいかどうかの)検査, 確認, 検証. —~ de cálculo 計算の照合. —~ de frenos ブレーキの検査. Estos datos no bastan para realizar la ~ de sus declaraciones. このデータだけでは彼の申し立ての正しさを証明することはできない. ❷ 実行, 履行.

verificador, dora [berifikaðór, ðóra] 形 検査する, 確認する, 実証する.
—— 名 検査員.
—— 男 検査用機器.

‡**verificar** [berifikár] [1.1] 他 ❶ を真実であると証明する, 立証する, 実証[確認]する. —Tendrás que ~ esa teoría. 君はその理論を実証しなければるまい. ~ un testimonio 証言を確認する. 類 **confirmar, corroborar.** ❷ を検査する, 点検する, 確認する; 《情報》ベリファイする. —El chófer *ha verificado* el funcionamiento del motor. 運転手はエンジンの性能を点検した. 類 **examinar.** ❸ を実行する, 実施する. 類 **efectuar, realizar.**

——*se* 再 ❶ 行なわれる, 実施される. —Las elecciones *se verificarán* en mayo. 選挙は 5 月に実施されるだろう. ❷ 実証[立証]される. —Sus pronósticos *no se han verificado*. 彼の予測は実証されていない.

verija [beríxa] 女 《解剖》陰部, 恥丘. 類 **pubis.**

veril [beríl] 男 《海事》浅瀬[砂州]の縁.

verisímil [berisímil] 形 → **verosímil.**

verismo [berísmo] 男 ❶ 《芸術》ベリズモ, 真実主義. ♦ 19 世紀末, フランス自然主義の刺激を受けてイタリアに興ったリアリズム志向の文学運動, 思潮. 没我の立場で真実を描き出そうとするもの. ❷ 写実的であること, 事実を生々しく描写するやりかた.

verja [bérxa] 女 鉄格子, 柵(サク), 格子窓, 格子戸.

vermicida [bermiθíða] 形 《医学》駆虫剤の, 虫下しの.
—— 男 駆虫剤, 虫下し.

vermicular [bermikulár] 形 蠕虫(ゼンチュウ)状の; 虫のはったような; 回虫のいる. —apéndice ~ 《解剖》虫垂. movimiento ~ 蠕動(ゼンドウ)運動.

vermiforme [bermifórme] 形 蠕虫(ゼンチュウ)状の, (ミミズ, 蛆(ウジ)など)虫の形をした. —apéndice ~ 《解剖》虫垂.

vermífugo, ga [bermífuɣo, ɣa] 形 虫下しの, 駆虫剤の. 類 **vermicida.**

verminoso, sa [bermnóso, sa] 形 《医学, 獣医》回虫による, (潰瘍部分に)虫のわく.

vermú, vermut [bermú, bermú(t)] 〔＜仏〕男 複 vermús, vermuts, vermutes〕❶ ベルモット酒(＝ガヨモギや味蓑をつけた白ワインを原料とする食前酒). ❷ 《中南米》(映画などの)昼の部, 早い時間の興行, マチネー.

vernáculo, la [bernákulo, la] 形 (主に言語について)その土地本来の, 自分の土地の. —lengua *vernácula* 自国の言葉, 現地の言葉. 類 **doméstico, nativo.**

vernal [bernál] 形 《文, 詩》春の. —equinoccio ~ 春分. 類 **primaveral.**

vernier [bernjér] 男 《技術》副尺, バーニヤ. 類 **nonio.**

vero [béro] 男 ❶ 《動物》テン; テンの毛皮. ❷ 複 《紋章》毛皮紋(小さい鐘型を青色と銀色で交互に並べた模様).

verónica [berónika] 女 ❶ 《闘牛》ベロニカ(両手でカパを広げて牛を待ち受ける型). ❷ 《植物》クワガタソウ.

verosímil [berosímil] 形 本当らしい, 信じられる, 真実味がある. —Si quieres que te creamos, cuéntanos algo más ~. 信じてほしかったら, もうちょっともっともらしい話をしろよ.

verosimilitud [berosimilitú(ð)] 女 本当らしさ, 真実味, 信憑(シンピョウ)性.

verosímilmente [berosimílménte] 副 おそらく, 確かに.

verraco [beřáko] 男 種豚.

verraquear [beřakeár] 自 《話》❶ ぶつぶつ言う, ぶうぶう言う. ❷ (子供が)泣きわめく. 類 **gruñir, berrear.**

verraquera [beřakéra] 女 泣きわめき, 泣き叫び.

verriondo, da [beříjóndo, da] 形 【estar＋】❶ (豚などが)発情期の, さかりのついた. ❷ (草木が)しおれた. ❸ (料理が)生煮えの.

verruga [beřúɣa] 女 ❶ 《医学》いぼ; 《植物》瘤(コブ). —Se me ha formado una ~ en el pie. 足にいぼができてしまった. ❷ 《比喩, 話》厄介なもの, 困りもの, 癌(ガン).

verrugoso, sa [beřúɣoso, sa] 形 いぼ[こぶ]だらけの, いぼ[こぶ]のたくさんある.

versado, da [bersáðo, ða] 過分 形 【＋en】…に精通した, 詳しい, 熟練した. —A mí no me preguntes; no soy ~ en matemáticas. 私には聞かないでよ, 数学は弱いんだから. 類**ducho, entendido, instruido.**

versal [bersál] 形 《印刷》大文字の. —letra ~ 大文字. Los títulos irán de ~es. タイトルは大文字で行こう.
—— 女 《印刷》大文字. 類**mayúscula.** 反**minúscula**

versalita [bersalíta] 形 《印刷》スモールキャピタル体の, 小型大文字の.
—— 女 スモールキャピタル体の活字, 小型大文字.

Versalles [bersáljes] 固名 ベルサイユ(フランスの都市).

versallesco, ca [bersajésko, ka] 形 ベルサイユの, 宮殿風の.

versar [bersár] 自 ❶ [＋acerca de/sobre について]述べる, を扱う. —Su discurso versó sobre el romanticismo en España. 彼の演説はスペインのロマン主義に関するものだった. 類**referirse a, tratar sobre.** ❷ 回る, 巡る. 類**girar.**
—— se 再 熟練する, 上手になる.

versátil [bersátil] 形 ❶《比喩》気が変わりやすい, すぐ意見を変える, 移り気な. —un carácter ~ 移り気な性格. 類**inconstante, veleidoso, voluble.** ❷ 方向が変わりやすい, 反転する. —los dedos ~es《動物》(鳥類などが持つ)反転性の指. ❸ 用途の広い, 幅のある. —una cámara ~ 機能性の高いカメラ.

versatilidad [bersatiliðáð] 女 ❶ 移り気, 変わりやすさ. ❷ 反転性. ❸ 用途の広さ.

versículo [bersíkulo] 男 ❶《宗教》聖書やコーランなどの(章を細分した)節. —Leía unos ~s de la Biblia antes de dormir. 彼は寝る前に聖書を何節か読む習慣があった. 類**verso.** ❷《詩》(不定形詩の)行.

versificación [bersifikaθjón] 女 作詞, 韻文化; 韻律形式.

versificador, dora [bersifikaðór, ðóra] 名 作詞家.

***versificar** [bersifikár] [1.1] 自 詩を書く, 作詩する. —El niño versifica genialmente. その子は素晴らしい詩を書く.
—— 他 を韻文にする, 韻文で書く. —El poeta sabe ~ sus inspiraciones. 詩人は自分のインスピレーションを詩にできる.

‡**versión** [bersjón] 女 ❶ 翻訳, 訳, 翻訳テキスト. —~ moderna 現代語訳. Conseguí una ~ castellana de "Sasameyuki". 私は『細雪』のスペイン語訳を手に入れた. ❷ (a)(事柄や作品の)解釈, 説明. —No me convence su ~ de los hechos. 事実に対する彼の解釈に私は納得がいかない. Estas dos versiones de la obra son muy diferentes. 作品に対するこの２つの解釈はとても異っている. (b)(ある解釈の行われた文芸作品など の)テキスト; 版; (音楽の)編曲. —Leí el "Libro de Buen Amor" en la ~ de Corominas. 私は『良き愛の書』をコロミナス版で読んだ. ❸《情報》バージョン. —~ beta ベータ・バージョン.

versista [bersísta] 男女 (趣味で詩を作る人, (素人)詩人; 作詞家.

‡**verso** [bérso] 男 ❶ (特定の韻律法に従った)詩; 詩の一行. —~ métrico 韻律詩. —~ blanco [libre, suelto] 無定形詩, 自由詩. Recitó unos ~s de Garcilaso. 彼はガルシラーソ詩を数行朗読した. ❷ (散文に対する)韻文; 詩形. —escribir en ~ 韻文で書く. 反**prosa.** ❸《俗》(一般的な意味での)詩, 詩歌. —hacer [escribir] ~s 詩を作る(書く). 類**poesía.**
—— 形 名 裏ページ(の), 偶数ページ(の), 左側のページ(の). 反**recto.**

vértebra [bérteβra] 女《解剖》脊椎(ｾｷﾂｲ)骨, 椎(ﾂｲ)骨.

vertebrado, da [berteβráðo, ða] 形《動物》脊椎(ｾｷﾂｲ)を持つ, 脊椎動物の.
—— 男 複 脊椎動物.

vertebral [berteβrál] 形《解剖》脊椎(ｾｷﾂｲ)の, 椎(ﾂｲ)骨からなる, 脊椎の. —columna ~ 脊柱. Dicen que tiene intensos dolores ~es. 彼は脊椎がひどく痛むそうだ.

columna vertebral →columna.

vertedera [berteðéra] 女《農業》すきのへら.

vertedero [berteðéro] 男 ❶ 瓦礫(ｶﾞﾚｷ)捨て場, ごみ捨て場. —El ~ está en las afueras del pueblo. ごみ捨て場は町外れにある. ❷ 排水口; (水をあふれさせないための)排出口.

vertedor [berteðór] 男 ❶ 排出口, 排水口, 注ぎ口. ❷《海事》垢(ｱｶ)取り, 垢くみ(=achicador). ❸ (計り売りの商品をすくう)小型スコップ. 類**librador.**

‡**verter** [bertér] [4.2] 他 ❶ を注ぐ, つぐ, 空ける. —El camarero vierte té en una taza. ウェイターはカップに紅茶を注いだ. El vinicultor vierte vino del barril en las botellas. 醸造者はワインを樽から瓶に移している. ❷ [＋en/sobre に]こぼす, 垂れ流す; ばらまく. —El niño ha vertido la leche en el mantel. 子供はミルクをテーブルクロスにこぼした. —~ lágrimas 涙をこぼす. La fábrica vertía residuos tóxicos en el río. 工場は有毒廃液を川に垂れ流していた. 類**derramar.** ❸《文》[＋a に]を翻訳する. —Vertió el poema latino al castellano. 彼はラテン語の詩をカスティーヤ語に翻訳した. 類**traducir.** ❹《文》(意見などを)表明する, 述べる. —Será llevado a juicio por ~ falsedades. 彼は虚偽を述べたかどで裁判にかけられるだろう.
—— 自 [＋a/en に](河が)注ぐ. —El Guadiana vierte en el Atlántico. グワディアーナ河は大西洋に注ぐ. 類**desembocar.**
—— se 再 こぼれる. —El vino se vertió sobre el mantel de la mesa. ワインがテーブル・クロスの上にこぼれた.

***vertical** [bertikál] 形 垂直な, 直立した; 縦の. —un plano ~ 垂直面. un avión de despegue ~ 垂直離着陸機. (claves) ~es (クロスワードパズルの)縦のヒント. piano ~ 縦型[アップライト]ピアノ. organización ~ del ejército 軍隊の縦[階層的]組織. poner el respaldo del asiento en posición ~ (リクライニングの)座席の背もたれを立てる[元の位置に戻す].

sindicato vertical →sindicato.

—— 女 ❶《数学》垂直線. ❷ 逆立ち. —hacer una ~ 逆立ちをする.
—— 男《天文》鉛直圏.

verticalidad [bertikaliðáð] 女 垂直であること, 垂直性.

***verticalmente** [bertikálménte] 副 垂直に, 縦に, 階層的に. —El helicóptero se fue elevando ~. ヘリコプターはまっすぐ上昇していった.

vértice [bértiθe] 男 ❶ (*a*) 頂点, (2 つの線が交わって角をつくるときの)頂点, 角頂. (*b*) (複数の平面が交わる)頂点; (円錐の)頂点, 頂上. ❷《解剖》頂, 頭頂, 頭蓋頂点. 類 **coronilla**.

verticilo [bertiθílo] 男 《植物》輪生(茎の一つの節に葉[花など]が 3 枚以上つく葉序).

vertiente [bertjénte] 安《時に 男》❶ 斜面, スロープ; 傾斜. — la ~ este de una montaña 山の東側斜面. ~ del tejado 屋根の傾斜. ❷《比喩》(問題や事態などの)一側面; とらえ方, 見方. — Es preciso considerar el asunto desde varias ~s. 問題を多くの側面から考慮する必要がある. —— 形 注ぐ, 流れる.

vertiginosamente [bertixinósaménte] 副 目が回るほど(速く), めまいがするほど. — Los precios suben ~. 物価が暴騰する.

vertiginosidad [bertixinosiðáð] 安 目が回る[くらむ]ほど速いこと.

vertiginoso, sa [bertixinóso, sa] 形 ❶ めまいを起こすような, 目が回る. — Ese rascacielos tiene una altura *vertiginosa*. その摩天楼は目がくらむような高さだ. ❷ めまぐるしい, 急速な; 激しい. — El pueblo fue cambiando de una manera *vertiginosa*. 村はめまぐるしく変わっていった. El avión realizó un ~ descenso. 飛行機は急降下した.

vértigo [bértiɣo] 男 ❶ 目まい, 目がくらむこと; 失神. — ~ de altura 高所恐怖. No puedo montar en la noria porque me da ~. 私は目まいがするので観覧車には乗れない. 類 **desmayo, mareo**. ❷ 驚き, たまげること. — Me dio un ~ al saber que tenemos una deuda de un millón de euros. 我が社に 100 万ユーロの負債があるのを知って私は目を回した. 類 **asombro**. ❸ 逆上, 乱心, 激しい興奮; (発作的)精神錯乱. — Llevado por un ~ de celos estuvo a punto de matar a su mujer. 彼は嫉妬に狂って自分の妻を殺すところだった. 類 **arrebato**. ❹ 目まぐるしさ, 異常な性急さ. — Leía [Hablaba] a una velocidad de ~. 彼はものすごいスピードで読んだ[話した]. Me dejé envolver en el ~ del gentío. 私は足速に動く人混みの中に巻き込まれた. Me entusiasma el ~ de las grandes ciudades. 私は大都会の目まぐるしさに興奮を覚える.

ves [bés] 動 ver の直・現在・2 単.

vesania [besánja] 安 激怒, 憤激, 狂乱;《医学》精神錯乱. 類 **demencia, furia, locura**.

vesánico, ca [besániko, ka] 形 激怒した;《医学》精神錯乱の.
—— 名《医学》精神錯乱者.

vesical [besikál] 形《解剖》膀胱(ぼうこう)の. — litiasis ~ 膀胱結石.

vesicante [besikánte] 形 = vesicatorio.

vesicatorio, ria [besikatórjo, rja] 形 水泡を生じる, 発泡剤の. — gases ~s 糜爛(びらん)性毒ガス.

vesícula [besíkula] 安《解剖》小囊(のう), 小胞; 《医学》水疱(ほう);《植物》気胞, 液胞. — ~ seminal [biliar] 精囊[胆囊].

vesicular [besikulár] 形 小胞[小囊]の, 水疱(ほう), 気胞, の, 小胞[小囊, 水疱, 気胞]状の.

vesperal [besperál] 男《カトリック》晩課集.

vespertino, na [bespertíno, na] 形 夕方の, 晩の. — diario ~ 夕刊. sesión *vespertina* 夕方の部.
—— 男 ❶ 夕刊. ❷《カトリック》晩課(聖務日課の夜の祈り).

Vespucio [bespúθjo] 固名 ベスプッチ(アメリゴ Américo ~)(1454-1512, イタリアの航海者・商人).

vestal [bestál] 形《ローマ神話》ベスタ神(かまどの火を司(つかさど)る女神)の.
—— 安《宗教》(古代ローマで)ベスタ神に仕える巫女(みこ), 処女.

vestibular [bestiβulár] 形《解剖》前庭[前房, 前室]の.

vestíbulo [bestíβulo] 男 ❶ (*a*) (建物の)入りホール, (家の)玄関, (ホテルの)ロビー. — ~ principal メインロビー. (*b*) (各部屋に戸で通じている)広間. ❷《解剖》前庭, 内耳の一部.

vestido [bestíðo ベスティド] 過分 形 【+de】を着た, 身に着けた; 【+副詞】の服装をした. — mujer *vestida* de negro 黒い服を身に着けた女性. Le gusta ir bien ~. 彼はきちんとした服装で出かけるのが好きだ. Venía ~ de luto. 彼は喪服を着ていた.
—— 男 ❶ 着物, 衣服; 服装. — ~ de ceremonia [etiqueta] 礼服. historia del ~ 服装の歴史. Se quitó los zapatos y el ~. 彼は靴と服を脱いだ. 類 **ropa**. ❷ (ワンピースの)婦人服, ドレス. — Llevaba un elegante ~ de seda. 彼女は絹製のすてきなドレスを着ていた. 類語 **traje, ropa**, **vestido** とも一般的な衣服を表すが, **ropa** には布製品の意味もある. 狭義では, **vestido** は婦人のドレス, **traje** は男女のスーツを意味する. また **traje** には民族衣装の意味もある. ❸【集合的に】服装, 服飾. — En esta sala se exhibe el ~ del siglo XVI. この部屋には 16 世紀の服装が展示されている.

vestidor [bestiðór] 男 更衣室; 楽屋. 類 **camarín, vestuario**.

vestidura [bestiðúra] 安 ❶《文》着物, 衣服. 類 **vestido**. ❷【複】《カトリック》僧服. — las ~s sacerdotales 僧服. 類 **vestimenta**.
*rasgarse las vestiduras*s《比喩》おおげさにあきれる, おおげさに腹を立てる. El divorcio es natural hoy día; no tienes por qué *rasgarte las vestiduras*. 今日では離婚は当りまえのことだから, 君がおおげさに腹を立てる必要はない.

vestigio [bestíxjo] 男 痕跡(こんせき), 形跡, しるし; 【主に 複】遺跡[遺物]. — ~s de la civilización antigua 古代文明の遺跡[遺物]. En la sala no había el menor ~ de su presencia. 部屋には彼がいた形跡は全く残っていなかった. 類 **huella, indicio, restos**.

vestiglo [bestíɣlo] 男 怪物, 化け物.

vestimenta [bestiménta] 安 ❶【集合的に】衣服, 衣装; 服装. — Con su ~ tiene ocupados todos los armarios. 彼女のタンスは皆自分の服で一杯だ. ¡Cómo te atreves a salir con esa ~! その格好でよくも外に出られるわね. 類 **vestido**. ❷【主に 複】(司祭の)祭服. 類 **vestidura**.

vestir [bestír ベスティル] [6.1] 他 ❶ …に衣服を着せる. — ~ al niño 子供に服を着せる. 反 **desnudar, desvestir**. ❷ …に服を支給する, 衣服を作って[買って]やる. — Estos grandes almacenes *visten* a sus dependientes. この百貨店は店員に制服を支給している。❸ …の服を仕立てる[作る]。— Un famoso diseñador de modas *viste* a la familia real. 有名なファッションデザイナーが王室の服を作っている。❹ 《文》[+con/de で]を覆う,…に上張りする,を飾る。— ~ el comedor *con* azulejos 食堂の壁に青タイルを張る。Ella *vistió* la cama *con* una bonita colcha. 彼女はきれいなベッドカバーでベッドを覆った。類 cubrir. ❺ を身にまとう, 付ける, 着用する。— La modelo *viste* una preciosa falda azul. モデルは素敵な青色のスカートを身にまとっている。❻ [+de/con で]を装う, 見せかける。— *Viste* el rostro *de* severidad ante los alumnos. 彼は生徒の前で表面は厳格さを装っている。類 disimular.

— 自 ❶ [+de の]衣服を着る。— *Viste de* gris. 彼はグレイの服を着ている。— *de* uniforme [luto] 制服[喪服]を着る。— *de* etiqueta 正装をする。Elena *viste* bien [mal]. エレーナは着こなしがうまい[下手だ]。❷ (衣服が)品が良い, 決まっている, 似合う。— El color negro *viste* mucho. 黒い服は非常に品が良い[フォーマルな感じである]。❸《話》はくが付く, 見栄えがする, はやりである。— El título de doctor *viste* mucho. 博士号は人に大変なはくを付ける。Ya no *viste* tanto vivir en ese barrio. その地区で暮すのはもうそれほどもてはやされない。

—se 再 ❶ [+de の]服を着る。— Él *se vistió de* mujer en la fiesta de disfraces. 彼は仮装パーティーで女装した。El niño ya sabe ~se solo. その子はもう一人で服が着られる。❷ 服を買う, 服を仕立てさせる, あつらえる。— Suelo ~*me* en la sastrería que se halla cerca de mi casa. 私はいつも家の近くの仕立屋で服を仕立ててもらう。❸ [+de で]覆われる。— Los árboles *se visten de* hojas. 木々は葉で覆われている。El cielo *se vistió de* nubes. 空は雲で覆われた。

a medio vestir 半裸で; 下着姿で。

Aunque la mona se vista de seda, mona se queda. 【諺】絹をまとえども猿は猿。

de vestir 品が良い, 正装の. traje *de vestir* フォーマルスーツ。

el mismo que viste y calza まぎれもない本人. ¿Es usted Alfonso?-*El mismo que viste y calza*. あなたはアルフォンソさんですか.-私がまぎれもない本人です。

Vísteme despacio, que tengo prisa. 【諺】せいては事を仕損じる。

vestuario [bestuárjo] 男 ❶ 持ち衣装, 衣装(一式); 舞台衣装。— encargado del ~ 衣装係。No le falta nada a su ~. 彼のワードローブは完全だ。Esta película ha ganado un óscar por su ~. この映画は衣装でオスカーを取った。❷ 更衣室; 楽屋; クローク。— Este gimnasio dispone de ~s con sauna. この体育館にはサウナ付きの更衣室が備られている。❸ 軍服。

Vesubio [besúβjo] 固名 ベスビオ山(イタリアの火山)。

veta [béta] 女 ❶ 縞目(しまめ), 筋(すじ), 木目, 石目。— madera con ~s oscuras 黒っぽい木目のある木材。las ~s del jamón ハムの筋。類 **faja, lista, vena**. ❷ 《地質》鉱脈。— Han encontrado una ~ de oro. 彼らは金の鉱脈を見つけた。類 **filón, vena**. ❸《比喩》性向, 傾向。— Tiene una ~ de loco. 彼には狂人のようなところがある。類 **propensión, tendencia**.

vetar [betár] 他 を拒否する, (拒否権によって)否認する。— ~ el acuerdo de la asamblea 議会の決定に拒否権を行使する。

veteado, da [beteáðo, ða] 過分 形 縞目(しまめ) [木目, 石目]のある。— madera *veteada* 木目の入った木材。

— 男 縞(しま)模様。

vetear [beteár] 他 (天然木や大理石のように見せるため)縞目(しまめ)[木目, 石目]が入る。

veteranía [beteranía] 女 熟練性, 先輩であること, 年功。

‡**veterano, na** [beteráno, na] 形 ❶ (軍隊で)古参の。❷ 古く経験を積んだ, ベテランの。— Es un partido decisivo y sacaremos a los jugadores ~s. これは大事な試合だからベテランの選手を出そう。

— 名 古参兵, 古く経験豊富な人, ベテラン。

veterinario, ria [beterinárjo, rja] 名 獣医。

— 形 獣医(学)の, 獣医(学)についての。— hospital ~ 動物病院, 家畜病院。médico ~ 獣医。

— 女 獣医学。

veto [béto] 男 《政治》拒否(権); 不認可, 禁止。— poner el ~ a … …に異議を唱える, を拒否する。ejercer el derecho a ~ 拒否権を行使する。Cinco estados tienen derecho de ~ en la ONU. 国連では5つの国が拒否権を有する。

vetustez [betustéθ] 女 《文または軽蔑, 皮肉》年を経ていること, 古びていること。類 **antigüedad, vejez**.

vetusto, ta [betústo, ta] 形 《文または軽蔑, 皮肉》古びた, 古くさい, 古色蒼然たる。— *vetusta* ciudad 古びた町。costumbres *vetustas* 大昔の習慣。¿Todavía funciona ese coche ~? その年代物の車はまだ動くのかい? 類 **anticuado, antiguo, viejo**.

‡**vez** [beθ ベス] 女 《複》**veces** ❶ 回, 度。— Juega al tenis dos *veces* a la semana. 彼は週に2回テニスをする。Le he escrito muchas [repetidas] *veces*. 私は彼に何度も[繰り返し]手紙を書いた。En 2001 fui a Madrid por primera [última] ~. 私がマドリードに最初に[最後に]行ったのは2001年だった。❷ 機会, 時。— Esta ~ pago yo. 今回は私が支払います。La próxima ~ que vengas, yo no estaré aquí. 今度君が来るときには私はここにいないだろう。Unas *veces* le convidaba yo y otras él. あるときは私がおごり, 別のときは彼がおごってくれた。Hay *veces* que me entran ganas de abofetearle. 時々彼を殴りたくなるときがある。❸ 倍。— Éste es dos *veces* más caro que aquél. これはあれよりも2倍も値段が高い。❹ 順番, 番。— Te ha llegado la ~ de hablar. こんどは君が話す番だ。¿Quién da [tiene] la ~? 次は誰の番ですか? 列の最後は誰ですか? Cedí la ~ a una anciana. 私は老婦人に順番を譲ってあげた。類 **turno**.

a la vez 同時に, 一度に。No puedo hacer dos cosas *a la vez*. 私は2つのことを同時にはできない。類 **de una vez, simultáneamente**.

a mi [tu, su …] vez 私[君, 彼…]は私[君, 彼 …]で。Él me enseña a nadar y yo, *a mi vez*, le enseño a jugar al tenis. 彼は私に水泳を教えてくれ, 私は私で彼にテニスを教えている。

alguna vez 時に、たまに;［疑問文で］かつて. *Alguna vez* le he visto por aquí. 私は時たま彼をここで見かけた. Si *alguna vez* necesitas ayuda, llámame. もし助けが必要な時があれば電話してくれ. ¿Has ido *alguna vez* a España? 君はかつてスペインに行ったことがあるかい.

alguna que otra vez たまに、時たま.

algunas veces 時々.

a veces 時々.

cada vez (1)［+que］するときはいつも. *Cada vez que* bebe se emborracha. 彼は酒を飲むときはいつも酔っ払う. (2)［比較級とともに］ますます、だんだんと. *Cada vez* hace más frío. だんだん寒くなる.

de una vez (1) 一度に、一気に、息もつかずに. Se bebió la jarra de cerveza *de una vez*. 彼はピッチャーに入ったビールを一気に飲み干した. (2)［いらだちの表現で］はっきりと、きっぱりと. Acabemos esta discusión *de una vez*. もうこの議論はこれっきりにしよう.

de una vez para siempre [*por todos*] 決定的に、きっぱりと. Así escarmentará *de una vez para siempre*. これで彼もすっかり懲りるだろう.

de vez en cuando [*en vez*] 時々.

en veces 何回かに分けて、断続的に. Amuebló la casa *en veces*. 彼は何回かに分けて家の家具を入れた.

en vez de (1) の代わりに. Asistiré yo *en vez de* mi hermano. 兄に代わって私が出席します. 類 **en lugar de** (2) …とは反対に、…どころか. *En vez de* pedir perdón, contestó con más arrogancia. 彼は許しを請うどころか、ますます傲慢に口答えをした.

hacer las veces 代わりをする、代理を務める. La hermana mayor *hace las veces* de madre. 長女が母親代わりだ.

otra vez (1) 再び、もう一度. (2)［命令や勧告で］次は、今度こそは. *Otra vez* levántate más temprano. 次はもっと早く起きなさい.

rara vez めったに…ない. *Rara vez* nos visita. 彼はめったにわたしたちのところへ来ない.

tal cual vez たまに、まれに.

tal vez ［+接続法］たぶん、おそらく. *Tal vez* venga él. 彼はたぶん来るでしょう. 類 **posiblemente, quizá(s)**.

toda vez que するからには、ということは. *Toda vez que* no ha venido es que no quiere participar en la reunión. 彼がまだ来ないということは会議に出たくないからだ.

tomar la vez 先を越す、先んずる. Yo iba a prestarle el dinero, pero ella me *tomó la vez*. 私が彼にお金を貸そうと思っていたら、彼女に先を越された.

una que otra vez 時々.

una vez (1) ある時、かつて、昔. *Una vez* viví en este pueblo. 私は昔この町に住んでいた. Éra(se) [Había] *una vez* un rey. 昔々あるところに一人の王様がおりました. (2) …した後で、…してから. *Una vez* terminado el curso, buscará otro apartamento. 彼は学業を終えてから別のアパートを探すだろう.

una vez que …した後で、…してから. *Una vez que* hayamos terminado el trabajo, nos iremos a tomar unas copas. 私たちは仕事を終えてから一杯飲みに行きます.

vg., v.g., v. gr.《略号》=ラテン verbi gracia (por ejemplo) 例えば.

vi [bí] 動 ver の直・完了過去・1単.

***vía** [bía ビア] 女 ❶ 道、道路、通り;通り道. ~ de comunicación (陸・海・空の) 交通路. V~ Láctea 天の川. ~ pública 公道. Gran V~ グランビア (都市の重要な広い通りの名称). ~ de agua (船の) 水もれ個所. El tráfico en esta ~ es muy intenso. この道の交通量はけはしい. 類 **camino**. ❷ (a) 経路、経由地. — Desde la India seguiremos la antigua ~ de la seda. 我々はインドから昔のシルクロードを経由するだろう. por ~ oral 口から. Mando esta carta por ~ aérea. 私はこの手紙を航空便で送る. (b)［無冠詞の副詞的補語として］…経由で. — una retransmisión ~ satélite 衛星中継. Vendrán ~ Londres. 彼らはロンドン経由で来るだろう. ❸ (a) (鉄道の) 線路、レール;軌道. —~ ancha [estrecha] 広 (狭) 軌. ~ férrea 鉄道. ~ muerta 待避線、引き込み線. (b) (土の上についた車の) わだち、わだちの間. — En la oscuridad nos guiábamos por las ~s dejadas por los carros. 暗やみの中では私は荷車の残したわだちの跡をたどっていた. ❹ (a)《司法》手段、処分、手続き. — ~ ejecutiva 行政処分、差し押え処分. ~ ordinaria 通常手続き. ~ sumaria 略式手続き. seguir la ~ judicial 訴訟手続きをふむ. (b)《化学》処理、処理法. — ~ húmeda 湿式処理. ~ seca 乾式処理. ❺《解剖》管、路. — ~s urinarias 尿路. ~ respiratoria 気道. ~ biliar 胆道、胆管.

cuaderna vía 13・14 世紀の韻文の形式. (1行は韻律的に7音節の2つの部分から成り、単脚韻を踏んだ4行びとつの連が用いられる)

dar vía libre a … (1) (人や車に) 道を空ける [譲る]. Cambia de carril y *da vía libre* al autobús. 車線を変更してバスに道を譲る. (2) 自由に…させる. Me han *dado vía libre* para conducir la empresa. 会社の経営を私の自由にさせてくれた.

de vía estrecha 凡庸な、三流の. No es más que un pintor *de vía estrecha*. 彼は三流の画家にすぎない.

en vías de … 進行中の、手続き中の. El conflicto está *en vías de* solución. 紛争は解決に向っている. país *en vías de* desarrollo 発展途上国.

por vía de … …という名目で、…という形で. Él asegura que el dinero lo recibió *por vía de* donación política. 彼は政治献金という名目でその金を受け取ったと断言している. 類 **de forma [manera, modo] de**.

viabilidad [bjaβiliðá(ð)] 女 ❶《比喩》実現可能性、現実性. — Vuestro plan es una utopía; carece de ~. 君たちの計画は夢物語だ. 実現不可能だよ. ❷ (新生児、胎児の) 生存能力、成育力. — La ~ del feto es mínima. この胎児が育つ可能性は非常に低い. ❸ 通行可能性.

viable [bjáβle] 形 ❶ 実現可能な、実行性のある. — El nuevo técnico presentó la propuesta más ~. 新入りの技術者がもっとも実行性の高い提案をした. ❷ (新生児、胎児が) 成育力のある、生きのびる力を備えた. — El feto no era ~ y la madre abortó. 胎児は生命力がなかったので母親は中絶した. ❸ 通行可能の. — camino ~ sólo para vehículos todo terreno ジープのみ通行可能な道.

***vía crucis, viacrucis** [bíakrúθis, biakrúθis] 男 ❶ 十字架の道(行き)(キリストの苦難をしのんで, 信者たちが祈りながら巡る, 多くの十字架や祭壇のある道); その時の祈りの書; 教会の壁に掲げられた, キリストの苦難を表わす 14 の十字架または絵. ❷ 《比喩》苦悩, 苦難. —Lleva, con mucha serenidad, el ~ de su enfermedad. 彼はとても冷静にではあるが病気に苦しんでいる.

viaducto [biaðúkto] 男 (谷間にかかる)高架橋, 高架道路[鉄道].

viajante [biaxánte] 男 外交員, セールスマン, 出張販売人. —Es ~ y se pasa meses sin ver a sus hijos. 彼はセールスマンで, 何カ月も自分の子供たちに会えない.

— 男女 旅人, 旅行家. 類 **viajero**.
— 形 旅をする. 類 **pasajero**, **viajero**.

****viajar** [biaxár ビアハル] 自 ❶ 旅行する, 旅をする; (乗り物で)通う. —Pienso ~ por España en el mes de julio. 私は 7 月にスペインを旅行するつもりだ. ~ en autobús バスで旅行する[通う]. ❷ 運行する, 航行する. —Los cohetes *viajan* a gran velocidad. ロケットは高速で飛行する. ❸ 運ばれる, 運送される. —Los paquetes llegaron a tiempo porque *viajaron* de noche. 小包は夜間運送だったので時間通り着いた. ❹ 《隠》(麻薬で)幻覚を見る, トリップする.

viaje[1] [biáxe] 男 ❶ (短い刃物での)ひと突き, 襲撃. —Me tiró un ~ con la navaja. 彼はナイフで私をひと突きした. ❷ (建物や壁の)傾斜, 傾き.

****viaje**[2] [biáxe ビアヘ] 男 ❶ 旅すること, 旅行; 旅行記. — ~ circular 周遊旅行. ~ de novios 新婚旅行. ~ de ida y vuelta 往復の旅. emprender el último ~ 死出の旅に出る. estar de ~ 旅行中である. hacer un ~ 旅行する. El ~ lo hará en barco. その旅行は船でするだろう. ❷ (物の運搬, ある目的のために)行くこと; 往復すること. —Este es el cuarto ~ que hace hoy a la taberna. これで今日, その居酒屋へ行くのは 4 度目だ. ❸ (車や容器で)1 回に運ばれる量, 1 回分. —un ~ de trigo[agua, arena] 小麦[水, 砂]の 1 回に運ばれる分量.
¡Buen viaje! (1) よいご旅行を! (2) それはそれで構わない, 何ともない. Yo les diré la verdad, y si se enfadan ... *¡buen viaje!* 彼らに本当のことを言うつもりだ. それで彼らが腹を立てるなら, それで構わない.

****viajero, ra** [biaxéro, ra ビアヘロ, ラ]
名 ❶ 旅人, 旅行者. —Este hotel está siempre lleno de ~s. このホテルはいつも旅行者で満員だ. 類 **viajante**. ❷ 乗客, 旅客. —Se ruega a los señores ~s que no hablen con el conductor. 運転手に話しかけないよう乗客の皆様にお願い致します. 類 **pasajero**.
— 形 旅をする; 渡りの. —ave *viajera* 渡り鳥. 類 **pasajero**, **viajante**.

vial [biál] 形 道路の, 交通の. —reglamento ~ 交通規則. seguridad ~ 交通安全.
— 男 並木道.

vialidad [bialiða(ð)] 女 道路網, 道路施設. —Esta ciudad emplea muchos fondos para cubrir los gastos de ~. この町は道路施設の維持に多くの資金を費やしている.

vianda [biánda] 女 食べ物, 料理(特に肉や魚などの主菜); 料理を盛った大皿.

viandante [biandánte] 男女 ❶ 歩行者, 通行人. 類 **peatón**, **transeúnte**. ❷ (徒歩の)旅人; 放浪者. 類 **vagabundo**.

viario, ria [biárjo, rja] 形 道路の.

viaticar [biatikár] [1.1]他 《宗教》(臨終者)に聖体を授ける.

viático [biátiko] 男 ❶ 《宗教》臨終の聖体拝領[聖餐]. ❷ (公用の)旅費, 出張手当; 旅行用糧食.

***víbora** [bíβora] 女 ❶ 《動物》ヨーロッパクサリヘビ. ❷ 腹黒い人, 意地の悪い人; からむ人. —Él es una ~ que intenta sembrar la discordia entre nosotros. 彼は私たちの仲を裂こうとする悪い奴だ.

viborezno [biβoréθno] 男 毒蛇[マムシ]の子.

***vibración** [biβraθjón] 女 震える[震わす]こと, 震え, 振動. —Cuando pasan los camiones se producen *vibraciones* en los vidrios de las ventanas. トラックが通ると窓ガラスが振動する.

***vibrante** [biβránte] 形 ❶ 震える, 振動する; 響く. —Contestó con una voz ~. 彼は震える声[響き渡る声]で答えた. ❷ 心を震わせる, 興奮させる. —Pronunció un discurso ~. 彼は力強い演説をした. ❸ 《音声》("r" などの)震え音の. —sonido ~ 震え音, 顫(さん)動音.
— 女 《音声》震え音, 顫動音(= sonido ~).

⁝**vibrar** [biβrár] 自 ❶ (物が)震える, 振動する, 揺れる. —El terremoto ha hecho ~ las casas. 地震のために家が揺れた. ❷ 震えおののく, (声・体などが)震える; 感動する. —Estaba muy emocionada y le *vibraba* la voz. 彼女は非常に感動して声が震えた. Los espectadores *vibraron* viendo el emocionante partido. 観客たちは感動的な試合を見て身震いした. 類 **conmoverse**, **estremecerse**. ❸ 鳴り響く, 反響する. — Su voz *vibraba* en todo el salón. 彼の声は大広間いっぱいに鳴り響いていた.
— 他 を震わせる, 振動させる, 揺らす.

vibrátil [biβrátil] 形 《解剖》(ある器官が)振動する, 振動性の. —pestañas ~es (下等動物の)振動性の繊毛.

vibratorio, ria [biβratórjo, rja] 形 振動する, 振動を起こす, 振動性の. —aparato ~ 振動器, バイブレーター. movimiento ~ 振動.

vibrión [biβrjón] 男 《細菌》ビブリオ.

viburno [biβúrno] 男 《植物》ガマズミ(属の植物).

vicaria [bikárja] 女 ❶ → **vicario**. ❷ 《植物》ツルニチソウ(属の植物).

vicaría [bikaría] 女 **vicario** (助任司祭, 司祭代理, 教区牧師)の職[地位, 所管区域, 住居).
pasar por la vicaría 《話》結婚する(= casarse). Viven juntos pero aún no *han pasado por la vicaría*. 同棲はしているもののまだ籍は入れていない.

vicariato [bikarjáto] 男 ❶ 助任司祭[司祭代理, 教区牧師]館. ❷ 助任司祭[司祭代理, 教区牧師]の職[任期].

***vicario, ria** [bikárjo, rja] 名形 代理(の), 代理人(の). —El Papa es el ~ de Dios en la tierra. 教皇は地上における神の代理人である. Es secretario ~ de la exposición. 彼は展示会の事務長代理だ.

― 男 ❶ 教皇[司教]代理．~~ apostólico 教皇代理．~ general 総代理(司祭) ❷ (教区の)助任司祭．
― 女 (女子修道院の)副院長．

vice- [bíθe-] 接頭 「副，次，代理」の意．―*vicecónsul, vicegobernador, vicepresidente.*

vicealmirante [biθealmiránte] 男女 海軍中将．

vicecanciller [biθekanθiʝér] 男 副書記官，副書記，大学副総長，《カトリック》教皇庁尚書院長代理，『中南米』外務大臣代理．

vicecónsul [biθekónsul] 男 副領事．

Vicente [biθénte] 固名 《男性名》ビセンテ．

vicepresidencia [biθepresiðénθja] 女 副大統領[副総裁，副社長]の地位．

vicepresidente, ta [biθepresiðénte, ta] 名 副大統領，副総裁，副社長．

vicerrector, tora [biθerektór, tóra] 名 副学長，副校長，副院長．

vicesecretario, ria [biθesekretárjo, rja] 名 書記[秘書，長官]代理，副書記[副長官]．

vicetiple [biθétiple] 女 ❶ 《話》《音楽》コーラスガール． ❷ メゾソプラノ歌手．

***viceversa** [biθeβérsa] 副 〈ラテン〉逆もまた同様になる；逆に．―Se hace bien lo que se hace a gusto, y ~. 好きなことは上手にできるし，上手なことは好きになる．
― 男 逆のもの，反対のもの．
a la viceversa 副 →viceversa.

Vichada [bitʃáða] 固名 ビチャダ(コロンビアの地区)．

vichar [bitʃár] 他 『中南米』を見張る，窺(ぅかが)う，偵察する． 類 **acechar, bichear, espiar.**

vichy [bítʃi, bisi] 〈仏〉〘織物〙ヴィシー織り(エプロンなどに用いられるストライプやチェックの綿布の一種)．

viciado, da [biθjáðo, ða] 過分 〈viciarse〉 形 悪くなった，堕落した；(原形が)ゆがんだ；(空気が)よどんだ；無効の．―votos ~s 無効票．

viciar [biθjár] 他 ❶ をだめにする，損なう．―Pisando así, vicias el zapato. そんな風に踏み付けていたら靴を傷めるよ． 類 **corromper, dañar, estropear.** ❷ (人)を堕落させる，(人，動物)に悪い習慣をつける．―Las malas compañías pueden ~le. 悪い友達といたら悪く染まってしまうかもしれない．A mi hija la *han viciado* con la bebida. 娘は飲酒癖がついてしまった． 類 **corromper, enviciar.** ❸ 無効にする．―La falta de póliza *vició* esa instancia. 証紙がついていないのでその申請書は無効になった． 類 **anular, invalidar.** ❹ ⋯の原形をゆがめる，を歪曲(ゎぃきょく)する．―~ el documento 証書を改竄(ゕぃざん)する．La prensa *vició* sus declaraciones. 新聞は彼の供述を歪曲した． 類 **deformar, falsear, falsificar.** ❺ (空気など)を汚染する． 類 **contaminar.**
―*se* 再 ❶ 堕落する，〔+con に〕おぼれる，(⋯)の悪癖にはまり込む．―*Se ha viciado con* el juego. 彼は賭け事にのめり込んだ． 類 **enviciarse.** ❷ 変形する，ゆがむ，反り返る．―Las ventanas *se han viciado* por la humedad. 窓枠が湿気でゆがんでしまった．❸ よどむ，汚れる．

****vicio** [bíθjo ビシオ] 男 ❶ 悪徳．―La envidia es un ~ ruin. 嫉妬は下劣な悪徳のひとつだ．Lleva una vida entregada al ~ del juego. 彼は博打という悪徳に身を委ねた生活をおくっている． 反 **virtud.** ❷ 悪い癖，悪習．―Tiene el ~ de escupir. 彼はつばを吐くという悪い癖がある．Para ella salir de compras es un ~. 彼女の悪い癖は買い物に行くことだ． ❸ 欠陥，不備，誤り；《法律》(書類などの)不備，瑕疵(ゕし)．―~ de dicción 言葉づかいの誤り，誤用．Ese modelo de coche tiene un ~ de fabricación. そのモデルの車は製造上の欠陥がある． 類 **defecto, imperfección.** ❹ ゆがみ，よじれ．―Con la humedad la puerta ha cogido ~ y no cierra bien. 湿気でドアがゆがんでしまい，よく閉まらない． ❺ 甘やかし，しつけの悪さ．―Vivió al cuidado de sus abuelos y ahora tiene ~. 祖父母に育てられたので今も甘えん坊だ． 類 **mimo.** 反 **rigor.** ❻ (枝葉の)茂りすぎ，(芽，苗の)生えすぎ，伸びすぎ．
de vicio (1) たいした理由でなく．No le pasa nada, se queja *de vicio.* 何も起こっていないのに，彼はつまらないことで不平を言っている．(2) 《話》とても，とても上手に．La paella estaba *de vicio.* パエリャはとてもよくできていた．Su padre escribe *de vicio.* 彼のお父さんはとても字が上手だ．

viciosamente [biθjósamente] 副 悪癖に染まって，邪悪に；不完全に，誤って．

***vicioso, sa** [biθjóso, sa] 形 ❶ 悪癖に染まった，邪悪な．―una costumbre *viciosa* 悪癖．un viejo ~ 堕落した老人．círculo ~ 悪循環．Nunca fue ~ de gastar. 彼には浪費癖が全くなかった． ❷ 欠陥のある，誤った．―funcionamiento ~ del sistema システムの誤作動． ❸ (植物が)よく茂った．―Los niños jugaban en un ~ prado. 子供たちは草の生い茂る牧場で遊んでいた．
― 名 悪癖におぼれる人，常習者；堕落した人．

‡**vicisitud** [biθisitúð] 女 ❶ (急な)変化，変動．―~*es* del clima 天候の変化． ❷ 出来事，事件．―Después de muchas ~*es* Colón llegó a América. 多くの出来事の後，コロンブスはアメリカに到達した． ❸ 浮き沈み，栄枯盛衰．―las ~*es* de la vida 人生の浮き沈み．

‡**víctima** [bíktima] 女 (*a*) 犠牲者，被害者，餌食．―~ de error judicial 誤審被害者．Federico García Lorca fue una de las ~*s* de la Guerra Civil. フェデリコ・ガルシア・ロルカはスペイン内乱の犠牲者のひとりだ．(*b*) 被害者，被災者，犠牲者．―~ mortal (事故の)死亡者．El número de ~*s* del incendio se elevó a cien. その火事の被災者の数は100人に昇った． ❷ 生贄(ぃけにえ)，人身御供(ごくぅ)．―~ propiciatoria 人身御供．Ofrecieron un cordero como ~. 生贄として一匹の小羊が捧げられた． 類 **sacrificado.**

victimar [biktimár] 他 『中南米』を殺す． 類 **asesinar, matar.**

victimario [biktimárjo] 男 ❶ 加害者；『中南米』殺人者． ❷ (異教の)いけにえの儀式の介添人．

Víctor [bíktor] 固名 《男性名》ビクトル．

víctor [bíktor] 男 →vítor.

victorear [biktoreár] 他 →vitorear.

Victoria [biktórja] 固名 ❶ 《女性名》ビクトリア． ❷ ビクトリア女王(1819-1901, イギリスの女王，在位1837-1901)． ❸ (Lago ~)ビクトリア湖(アフリカ中央の湖)．

‡**victoria** [biktórja] 女 ❶ 勝ち，勝利．―~ pírrica 引き合わない勝利．Consiguieron [Alcanzaron, Obtuvieron] una ~ decisiva frente

a los enemigos. 彼らは敵に対して決定的な勝利を収めた. [類]**triunfo**. ❷ (困難や欲望などの)克服, 抑制. —la ～ sobre los vicios 悪習の克服. ❸ 🏇 勝った! ❹ (英国のヴィクトリア女王が最初に使った)ほろ付きの2人乗り馬車.

cantar victoria (1) 勝利を得る, 苦労して望みを達する. ¡Ánimo! Al final *cantaremos victoria*. 頑張れ! 最後に勝つのは我々だ. (2) 勝利を誇る. ¿Crees que tienes motivos para *cantar victoria*? お前が勝利を自慢するいわれがあるとでも思っているのかい.

victoriano, na [biktorjáno, na] 形 〖歴史〗(英国の)ビクトリア朝(風)の, ビクトリア女王(時代)の. —arquitectura *victoriana* ビクトリア朝風の建築.

victorioso, sa [biktorjóso, sa] 形 勝利を得た, 勝利の; 勝ち誇った. —Nunca olvidaremos este día ～. この勝利の日を我々は決して忘れないだろう. Regresaron ～s de la batalla. 彼らは戦いに勝利して戻ってきた. El equipo ～ fue vitoreado por miles de aficionados. 勝利チームの面々は何千人ものファンからの歓声を浴びた. [類]**ganador, triunfador, triunfante, vencedor**.

vicuña [bikúɲa] 女 ❶ 〖動物〗ビクーナ(アンデスに住むラクダ科の動物). ❷ 〖織物〗ビクーナ織.

*****vid*** [bíð] 女 〖植物〗(種としての)ブドウ, ブドウの木

vida [bíða ビダ] 女 ❶ (a) 命, 生命; 生, 生きていること. —arrancar [cortar, quitar] la ～ 命を奪う. perder la ～ (事故などで)命を落とす. quitarse la ～ 自殺する. dar la ～ a otros seres 他人の命を救う. El enfermo estuvo tres días entre la ～ y la muerte. その病人は3日間生死の間をさまよった. ～ artificial 人工生命. (b) 生き甲斐, 大切なもの, 生命. —media ～ 大好きなもの, とても喜ぶこと. Para él, el fútbol es la ～. 彼にとってサッカーは生き甲斐だ. Informar de la verdad es la ～ del periódico. 真実の報道は新聞の生命である. ❷ 一生, 生涯, 寿命. —amigo de toda la ～ 生涯の友人. Su ～ terminó a los veinte años. 彼の一生は20歳で終った. Esta lavadora es de larga ～. この洗濯機の寿命は永い. ❸ (a) 生活, 暮らし; 生活の仕方. —～ airada ふしだらな生活. ～ de perros つらい生活. ～ privada 私生活. buena ～ 良い暮らし. gran ～ 楽な生活. mala ～ ふしだらな生活. mujer de (mala) ～ 売春婦. nivel de ～ 生活水準. ～ y milagros 生き様, 生活態度. Lleva [Tiene] una ～ muy modesta. 彼はとてつましい生活をしている. La ～ del piloto está sometida a una gran tensión. パイロットの生活は緊張度が高い. (b) 実生活, 人生; 世界. —～ eterna あの世. ～ futura 来世. la otra ～ あの世. mudar de ～ 生活を改める. partir(se) de esta ～ 死ぬ. pasar a mejor ～ あの世へ行く. Así es la ～. 人生とはこんなものだ. La ～ es sueño. 人生は夢のごとし. ❹ 生計, 生活費, 生活必需品. —el costo de la ～ 物価. Ya tienes edad de buscar(te) la ～. もうお前は生計を立てる手段を見付けねばならない歳だ. Con esta crisis económica es difícil ganar(se) la ～. 今度の経済危機のもとで, 我々は生計を立てるのがとても難しい. [類]alimento, mantenimiento, sustento.** ❺ 伝記, 言行録. —Me gustaba leer ～s de científicos célebres. 私は有名な科学者の伝記を読む

のが好きだった. [類]**biografía**. ❻ 活力, 精力, 輝き. —Tiene unos ojos llenos de ～. 彼の目は輝きに満ちた目をしている. Todos sus cuadros están llenos de ～. 彼の絵はすべて生き生きとしている. La ciudad se llena de ～ por la tarde. 夕方になるとその市には活気がみなぎる. [類]**energía, vitalidad, viveza**.

a vida o muerte のるかそるかの, 一か八かの. Para vencer la crisis, tenemos que tomar medidas *a vida o muerte*. この危機を乗り越えるには, 一か八かの策を採らねばならない.

complicar(se) la vida 苦労を背負い込む. Me parece que *te complicas* demasiado *la vida*. 君は苦労を背負い込んでいるようだ.

costar la vida (1) 死ぬ思いをさせる, 死ぬ程苦しめる. Aquel accidente le podía haber *costado la vida*. あの事故で彼は死ぬ思いをしたかもしれなかった. (2) 犠牲にする, (人の)命を奪う. Estoy dispuesto a llevarlo a cabo aunque me *cueste la vida*. たとえ命を落とそうとも, 私はそれを最後まで成し遂げる決心をしている.

dar la vida 慰めになる, 元気づけになる. Sus visitas *daban la vida* al pobre viejo. 彼の訪問がその哀れな老人の慰めになっていた.

dar la vida por ... …のために命を捧げる, 多大の犠牲を払う. El soldado debe estar dispuesto a *dar la vida por* la patria. 兵士は祖国に命を捧げる決心をしなければいけない.

dar mala vida (特に夫が妻を)虐待する. Su marido le *da* muy *mala vida*. 彼女の夫は彼女をひどく虐待している.

darse buena [la gran] vida 安楽な暮らしをする. Desde que le ha tocado la lotería *se da la gran vida*. 宝くじに当たって以来, 彼は安楽な暮らしをしている.

dar vida a ... (物・事を)作り出す, 生む. En esta obra, el autor *ha dado vida a* un nuevo personaje. 作者はこの作品の中で新しいタイプの主人公を作り出した.

dejarse la vida (仕事や企業に)一生尽くす, 骨を埋める. *Se dejó la vida* luchando por la causa de la libertad. 彼は自由のために戦うのに一生を尽くした.

de mi vida 〖通常, 怒りを抑えた呼び掛けや愛情を込めた呼び掛けの時, 名詞の後に付ける形容詞句〗. Pero hijo [Carmen] *de mi vida*, ¿qué me dices? まあ, この子[カルメン]ったら, 何てこと言うの.

de por vida 生きている限り, 一生, 永遠に. Ha quedado ciego *de por vida*. 彼は一生目が見えなくなってしまった.

en la [su] vida 決して…ない. No ha cometido ningún error *en su vida*. 彼はこれまで決して誤りを犯さなかった.

enterrarse en vida 俗世間から逃れる, 出家する. *Se entierra en vida* en un pueblecito. 彼はある小さな村に引きこもっている.

en vida 生きている間に, 生存中に. Cedió sus bienes *en vida*. 彼は生きている間に財産を譲渡した.

escapar [salir] con (la) vida (危険から)脱する. Por fortuna pudo *escapar con vida* de aquella terrible situación. 幸運にも彼はあのひどい状況から抜け出すことができた.

hacer la vida imposible a ... 迫害する, 虐げる. El carcelero *hacía la vida imposible a* los prisioneros. 看守は囚人たちを虐げていた.

hacer por la vida 食べる. No me molestes. Estoy *haciendo por la vida*. じゃまするな, 食べてる最中じゃないか.

hacer vida (*común*) 夫婦生活をする. Hace tiempo que no *hacemos vida común*. だいぶ以前から私たちは夫婦生活をしていない.

¡mi vida! [*¡vida mía!*]【愛する者への呼び掛け】おまえ, あなた. ¡Cómo te quiero, *mi vida*! おまえ, とても愛しているよ.

pasar la vida a tragos《俗》苦しい人生[生活]を送る. Desde que se quedó huérfano, *ha pasado la vida a tragos*. 彼は孤児になって以来, 苦しい人生を送ってきた.

pasarse la vida【現在分詞とともに】(事を)何度も繰り返す, だらだらと長時間行う. *Se pasa la vida* hablando de lo mismo. 彼は同じことを何度も繰り返して[だらだらと長時間]話している.

¡por (*mi*) *vida!* 天命に誓って, きっと, 必ず. Te prometo *por mi vida* que no saldré con la otra. きっと他の女性とデートしないと, 約束するよ.

¿qué es de tu [*su*] *vida?* (しばらく会わなかったときの挨拶)元気だった? どう過していた? ¡Tanto tiempo sin verte! ¿*Qué es de tu vida*? 久し振りだね, 元気だったかい.

tener la vida en [*pendiente de*] *un hilo* 大きな危険にさらされている. →pender de un HILO.

tener siete vidas como los gatos《俗》大きな危険から無傷で逃れる, 九死に一生を得る. No murió en aquel horrible accidente, tiene *siete vidas como los gatos*. あの恐ろしい事故で彼は九死に一生を得た.

vender cara la vida 勇敢に死ぬまで戦う, 敵に多くの犠牲を与えて戦死する. Todos los soldados *vendieron cara la vida* para defender su posición. 兵隊たちは陣地を守って勇敢に死ぬまで戦った.

vidala, vidalita [biðála, biðalíta] 女《中南米》ビダリータ(アルゼンチンの哀愁を帯びた民謡).

vide [bíðe]《<ラテン》参照, 見よ(=véase; 略 v., vid.).

vidente [biðénte] 形 目が見える. — persona ~ 目が見える人.
—— 男女 予知能力者, 予言者, 占い師.【類】**adivino, profeta**.

:vídeo, video [bíðeo, biðeó]《<英》❶ ビデオ(録画再生機器). —~ de 6 cabezales 6磁気ヘッド・ビデオ. ❷ ビデオ(技術, システム). ❸《話》ビデオテープ.

grabar en video ビデオ録画をする.

videoaficionado, da [biðeoafiθjonáðo, ða] 名 ビデオ愛好者, アマチュア・ビデオカメラマン.

videoarte [biðeoárte] 男 ビデオ撮影の技術.

videoartista [biðeoartísta] 男女 ビデオアーチスト.

videocámara [biðeokámara]《<英》女 ビデオカメラ.

videocasete [biðeokaséte]《<英 video cassette》女/男 ビデオテープ.

videocinta [biðeoθínta] 女 ビデオテープ.

videoclip [biðeoklí(p)] 男【複 videoclips】ビデオクリップ, プロモーションビデオ.

videoclub [biðeoklúβ] 男【複 videoclub(e)s】レンタルビデオショップ.

videoconferencia [biðeokomferénθja] 女 テレビ会議; ビデオによる講演.

videoconsola [biðeokonsóla] 女 テレビゲーム機.

videocontrol [biðeokontról] 男 ビデオカメラによる監視システム.

videodisco [biðeoðísko]《<英 videodisc》男 ビデオディスク, レーザーディスク.

videofonía [biðeofonía] 女 テレビ電話(の仕組み).

videófono [biðeófono] 男 →videoteléfono.

videofrecuencia [biðeofrekuénθja] 女《テレビ》映像周波数.

videograbadora [biðeoɣraβaðóra] 女 ビデオデッキ, ビデオ.

videograbar [biðeoɣraβár] 他 録画する.

videográfico, ca [biðeoɣráfiko, ka] 形 ビデオの, ビデオで撮った.

videojuego [biðeoxuéɣo] 男 テレビ[ビデオ]ゲーム.

videolibro [biðeolíβro] 男 ビデオブック(小説などを映像化したもの).

videomontaje [biðeomontáxe] 男 編集映像.

videopelícula [biðeopelíkula] 女 ビデオフィルム.

videoportero [biðeoportéro] 男 テレビインターホン, (モニター付き)開錠装置.

videoteca [biðeotéka] 女 ❶ 収集したビデオテープ, ビデオライブラリー. ❷ ビデオ収納棚, ビデオラック.

videotelefonía [biðeotelefonía] 女 →videofonía.

videoteléfono [biðeoteléfono] 男 テレビ電話.

videotex, videotexto [biðeoté(k)s, biðeoté(k)sto] 男 ビデオテックス(オンラインで画像による情報を提供するシステム).

vidorra [biðóra]《<vida》女《話》安楽生活, 気楽な生活. —¡Menuda ~ se pega, el tío! 奴め, 結構な暮らしているじゃないか!

vidriado, da [biðrjáðo, ða] 過分《<vidriarse》形 釉薬(ゆうやく)のかかった.
—— 男 釉薬をかけること, 釉薬のかかった陶磁器; 釉薬.

vidriar [biðrjár] [1, 1.5] 他 …に釉薬(ゆうやく)をかける, つやを付ける.
—**se** 再 ガラス状になる, (目が)生気を失う.

·vidriera[1] [biðrjéra] 女 ❶ ガラス窓[戸], ステンドグラス. —~ de colores ステンドグラス. ❷【中南米】ショーウィンドー.【類】**escaparate**.

vidriería [biðrjería] 女 ガラス工場, ガラス屋[店].

·vidriero, ra[2] [biðrjéro, ra] 名 (窓ガラスを入れる)ガラス職人; ガラス工; ガラス販売業者.

:vidrio [bíðrjo] 男 ❶ (材料としての)**ガラス**, ガラス製品, ガラス板. —una tienda de ~ ガラス製品の店. Se ha roto el ~ de la ventana. 窓ガラスが割れた. Está aprendiendo la técnica del ~. 彼はガラス細工の技術を習っている.【類】**cristal**. ❷ 壊れやすい物; 怒りっぽい人.

pagar los vidrios rotos ぬれぎぬを着せられる;

一人で罪をかぶる. Se escaparon sus cómplices y tuvo que *pagar los vidrios rotos*. 他の共犯者達は逃げてしまい, 彼は一人で罪をかぶらねばならなかった.

vidriosidad [biðrjosiðá(ð)] 囡 (ガラスのような)もろさ, こわれやすさ, 傷つきやすさ; 滑りやすさ. —La ~ del problema exige tratarlo con suma discreción. デリケートな問題なので非常に慎重な扱いが必要である.

vidrioso, sa [biðrjóso, sa] 形 ❶ もろい, こわれやすい. —un material ~ こわれやすい材質. 類 **frágil, quebradizo**. ❷ (ガラスのように)つるつるした, (凍って)滑りやすい. 類 **liso, resbaladizo**. ❸《比喩》(問題が)微妙な, デリケートな. —un tema ~ 扱いの難しいテーマ. 類 **delicado**. ❹《比喩》怒りっぽい, 傷つきやすい. —un carácter ~ 感じやすい性格. 類 **quisquilloso, susceptible**. ❺ (目が)生気のない, 死んだような. —una mirada *vidriosa* うつろな眼差し.

Viedma [bjéðma] 固名 ビエドマ(アルゼンチンの都市).

vieira [bjéjra] 囡《貝類》ビエイラ貝(ガリシア近海のホタテ貝の一種); その貝殻(Santiago de Compostela への巡礼者のシンボルとなった). 類 **venera**.

vieja [bjéxa] 形囡 →viejo.

viejales [bjexáles] 男女『単複同形』《話》年寄り, じいさん[ばあさん]. —Su abuelo es un ~ simpatiquísimo. 彼のおじいさんはとても感じのいい人だよ.

viejo, ja [bjéxo, xa ビエホ, ハ] 形 ❶『ser+』『名詞に後置』年とった, 年老いた —un hombre alto y ~ 背が高い老人. Mi perro ya es muy ~. 私の犬はたいへん年をとっている. Ya soy muy ~ para ese trabajo. 私はその仕事をするにはもう年を取りすぎている. 類 **anciano, mayor. 反 **joven**. ❷『ser+』古い, 月日を経た, 『estar+』古くなった, 使い古した. —ropa *vieja* 古着. Esta ciudad es muy *vieja* y tiene muchos monumentos históricos. この都市は歴史が古く, たくさんの史跡を残している. Mi abrigo está tan ~ que me da vergüenza ponérmelo. 私のコートはだいぶ傷んでいて着るのが恥ずかしいほどだ. 反 **nuevo**. ❸『estar+』老けた, 老い込んだ. —Lo encontré cansado, triste y ~. 彼はくたびれて, 悲しげで老け込んで見えた. Está ~ para la edad que tiene. 彼は年齢の割には老けている. 類 **avejentado, envejecido**. ❹昔の; 『名詞に前置して』昔からの. —un vídeo de modelo ~ 旧式のビデオ. Somos ~s conocidos. 私たちは古くからの知り合いである. la *vieja* historia de siempre いつもの決まりきった話. un vino ~ 年代もののワイン. V~ Continente 旧大陸. 類 **antiguo**.

ser más viejo que (*el patriarca*) *Matusalén* ひどく年を取っている.

— 名 ❶ (*a*) 老人, おじいさん[おばあさん]. —Cedió el asiento a un ~. 彼は1人の老人に席を譲った. (*b*)《話, 軽蔑》じじい[ばばあ]. —¿Qué está tramando ese ~? あの野郎何をたくらんでるんだ. ❷《話》(愛情を込めて)お父さん[お母さん]. —Esta noche voy a hablar con mi ~. 今晩親父と話してみる. Mis ~s te envían recuerdos. 僕の両親が君によろしくと言っていたよ. あ

いつ, あの人;(呼びかけて)あなた, 君. —¿Qué te pasa, ~? あんた, どうしたの.

año viejo 大晦日(おおみそか), 年越し.

caerse de viejo 古くなる; 老け込む. Estos zapatos *se caen de viejo*. ¿Por qué no los tiras? この靴はだいぶ傷んでるよ. もう捨てたら?

de viejo 中古(販売)の, 古物(商)の. librería *de viejo* 古本屋.

la cuenta de la vieja《話》指を使った計算; 単純な作業.

perro viejo《話》老練者, やり手.

Viena [bjéna] 固名 ウィーン(オーストリアの首都).

viene [bjéne] 動 venir の直・現在・3単.

vienen [bjénen] 動 venir の直・現在・3複.

vienes [bjénes] 動 venir の直・現在・2単.

vienés, nesa [bjenés, nésa] 形 ウィーン(Viena)の.
—— 名 ウィーンの人.

Vientiane [bjentjáne] 固名 ビエンチャン(ラオスの首都).

viento [bjénto ビエント] 男 ❶ 風. —Hace [Corre, Sopla el] ~. 風が吹いている. levantarse el ~ 風が吹き始める. saltar el ~ 風向きが変わる. ~ cardinal 東西南北の一方から吹く風. ~ de proa 向かい風, 逆風. ~ fresco 帆を一杯に張れる風. ~ hurracanado ハリケーン化した暴風. ~ largo 船の進路に対して直角に吹く風. ~ marero 海風. ~ terral 陸風. ~s alisios 貿易風. instrumento de ~ 吹奏楽器. 類 **aire. ❷ うぬぼれ, 虚栄(心). —Es un hombre lleno de ~. 彼は虚栄心の強い人だ. ❸ 張り綱, 吊りロープ, (アンテナなどの)支え綱. —Sujetaron el mástil con tres ~s. 帆柱は3本の支え綱で支えられている. ❹《俗》胃や腸にたまるガス, おなら. 類 **ventosidad**. ❺《狩猟》獲物の臭い, 臭跡;(犬や鷹などの)嗅覚.

a los cuatro vientos 四方八方に, あらゆる所に. Anunciaron que les había tocado la lotería *a los cuatro vientos*. 彼らが宝くじに当たったことがあちこちに知られた.

beber los vientos por (1)(物・事)を切望して懸命になる. *Bebe los vientos por* tener coche. 彼は車を持とうとして一生懸命だ. (2) 恋い焦がれる. Mi hermano *bebe los vientos por* la hija del vecino. 私の兄は隣の娘に恋い焦がれている.

como el viento 素早く, 急速に. La epidemia se extendió *como el viento*. 伝染病は急速に広まった.

contra viento y marea 逆境に負けずに, 困難や障害に立ち向かって. Seguiremos adelante *contra viento y marea*. 私たちは逆境に負けないように前進しましょう.

con viento fresco 黙って, 文句を言わずに. O me obedeces o te largas *con viento fresco*. 私に従うか, 黙って出ていくかのどちらかだ. Pagaban una miseria y me largué [marché] *con viento fresco*. ひどい給料だったので私はさっさとそこをやめてしまった.

correr malos vientos 状況が悪い, 事情が良くない. Ahora *corren malos vientos* para cambiar del trabajo. 今は転職には状況が悪い.

dar el viento を察する, …ではないかと思う. *Me da el viento* que nos está engañando. 彼が私

たちを欺いているのではないかと思える.
llevarse el viento はかなく消える. Con aquella lesión de las piernas, *se llevó el viento* su sueño de ser futbolista. あの両足のけがで, 彼のサッカー選手になる夢ははかなく消えた.
Quien siembra vientos, recoge [cosecha] tempestades. 【諺】自業自得(←風の種をまく人は嵐を収穫する).
tomar el viento (1)《海事》風をよく捕らえるように帆を操る. Vete a *tomar el viento.* とっとと出て行け. (2)《狩猟》犬や鷹が獲物を追う, 猟師が獲物の風下に位置する.
viento en popa 順風満帆, 幸運に, 繁栄して. Sus nuevos negocios van [marchan] *viento en popa.* 彼の新しい商売は順風満帆である.

vientre [biéntre ビエントレ] 男 ❶ (*a*) 腹, 腹部; 下腹部. —bajo ~ 下腹部. La bala le penetró por el ~. 弾は彼の腹を貫通した. 類 **abdomen.** (*b*) 内臓, 臓物. ❷ (楽器・陶器の)ふくらんだ部分, 胴. —El ~ de este cántaro es muy ancho. このつぼの胴はとても太い.
descargar [evacuar, exonerar, mover] el vientre 排泄する, 大便をする.
hacer de [del] vientre 排泄する.
sacar el vientre del mal año [de pena] 普段食べられないごちそうをたらふく食べる. Pasa hambre y lo invito de vez en cuando para que *saque el vientre del mal año.* 彼はひもじい暮しをしているので, 私は時々ごちそうをたらふく食べさせるために招待している.

vier.《略号》= viernes 金曜日.

viernes [biérnes ビエルネス] 男《単複同形》形 金曜日. —V~ Santo 聖週間 (Semana Santa) の金曜日.
comer de viernes 肉以外の魚や野菜の食事をする. 類 **comer de vigilia.**
haber aprendido [oído] en viernes あることをしつこく繰り返すことに対する批判のことば. Parece que *has aprendido* eso *en viernes.* よくも同じことばかり言えるね.

vieron [biéron] 動 ver の直・完了過去・3 複.

viert- [biért-] 動 verter の直・現在, 接・現在, 命令・2 単.

vierteaguas [bierteáɣuas] 男《単複同形》《建築》水切り.

Vietnam [bjetnán] 固名 ベトナム(首都ハノイ Hanoi).

vietnamita [bjetnamíta] 形 ベトナム (Vietnam) の.
— 男女 ベトナム人.
— 男 ベトナム語.

*viga [bíɣa] 女 ❶《建築》梁(はり), 桁(けた); たる木; I字鋼. —~ maestra 大梁. ~ de aire 外部から支える梁. ❷(オリーブなどの)搾(しぼ)り機, 圧搾(さく)機.

vigencia [bixénθja] 女 有効性, 効力. —Esta ley entra en ~ el uno de enero. この法律は1月1日より施行される. Nuestro sentido común ya no tiene ~ entre los jóvenes. 我々の常識は若者の間ではもう通用しない.

*vigente [bixénte] 形 (法律などが)効力を持つ, 現行の, 施行中の〖estar+〗. —los precios ~s 現価格. Esa ley no está ~. その法は現在施行されていない. Esas normas siguen ~s. それらの法規はまだ有効だ.

vigesimal [bixesimál] 形《数学》20個単位の, 20進法の. —numeración ~ 20進法.

vigésimo, ma [bixésimo, ma] 形〈数〉❶ 20番目の. —~ primero [segundo] 21[22]番目の. 類 **veinteno.** ❷ 20分の1の. —una *vigésima* parte 20分の1. 類 **veintavo, veinteavo.**
— 男 20分の1.

vigía [bixía] 男女 見張り番, 監視員. 類 **vigilante.**
— 女 ❶ 監視塔, 望楼. 類 **atalaya.** ❷ 見張り, 監視. ❸《海事》(水面から頭を出している)岩礁(しょう).

:**vigilancia** [bixilánθja] 女 見張り, 用心, 警戒, 監視. —Me encomendó la ~ de sus maletas y se fue. 彼は私にスーツケースの見張りを頼んで行ってしまった. Burlando la ~ escapó de la prisión. 監視の目を欺いて彼は脱獄した.

vigilante [bixilánte] 形 警戒する, 用心した. —Tienes que estar muy ~ en esa zona de la ciudad. 町のその地区では相当用心しないといけないよ.
— 男女 警備員, 監視員, ガードマン. —~ nocturno 夜警. ~ jurado (民間会社の)ガードマン. ~ de Cruz Roja (海水浴場の)赤十字監視人.

vigilantemente [bixiIántemɛ́nte] 副 油断なく, 用心して, 警戒して.

:**vigilar** [bixilár] 他 を見張る, 監視する, 警戒する. —Yo *vigilaré* la casa durante tu ausencia. 君の不在では私が家の番をしよう. Un policía *vigilaba* al sospechoso. 警官が被疑者を監視していた. El tribunal debe ~ el cumplimiento de las leyes. 司法機関は法の履行を監視しなければならない.
— 自〖+por/sobre を〗監視する, 警戒する, 見守る. —Tienes que ~ *por* tu salud. 君は健康に気を配るべきだ. 類 **velar.**

vigilia [bixília] 女 ❶ 寝ずの番, 徹夜(の仕事); 不眠. —Pasaron las noches en ~, estudiando. 彼らは勉強で幾晩も徹夜した. ❷ (特に宗教的祭日の)前夜; 前夜祭; 前夜の祈り. —~ de San Juan 聖ヨハネの祝日 (12月27日) の前夜祭. 類 **víspera.** ❸《カトリック》小斎(肉食を断つこと), 精進(料理). —comer de ~ 肉食を慎み, 精進料理を食べる. día de ~ 小斎の日.

Vigo [bíɣo] 固名 ビゴ(スペインの都市).

:**vigor** [biɣór] 男 ❶ 力, 力強さ, 活力. —Él trabajaba con todo el ~ de sus veinte años. 彼は20才の若者としての全精力を傾けて働いていた. 類 **energía, fuerza.** 反 **debilidad.** ❷ (法律の)効力, 拘束力; 施行. —El nuevo decreto entrará en ~ dentro de una semana. その新しい政令は一週間後に施行される. ❸ (植物の)成長(力), 発育. —Estas plantas han perdido su ~. これらの植物は成長が止まった. ❹ (組織や団体の)威力, 勢力. —el ~ de la nación 国威. ❺ (表現, 作品の)迫力, 力強さ, 説得力. —Defendió sus opiniones con ~. 彼は強力に自分の意見を守った.

vigorizador, dora [biɣoriθaðór, ðóra] 元気を出させる, 活気づける. —medicamentos ~s 強壮剤.

vigorizante [biɣoriθánte] 形 →vigorizador.

vigorizar [biɣoriθár] [1.3] 他 …に活気を与える、を活気づける、元気づける。— El ejercicio *vigoriza* el cuerpo. 運動は身体を活性化する. 類 **animar**.

—se 再 活気づく、元気が出る、活性化する。— Los niños *se vigorizan* haciendo deporte. 子どもたちはスポーツをして元気になる.

vigoroso, sa [biɣoróso, sa] 形 活力のある、元気な、力強い。— un joven ~ たくましい若者. Su ~ toque se destacaba entre los demás cuadros en la exposición. 彼の力強いタッチは展覧会のその他の絵の中でひときわ目立っていた. Su reclamación *vigorosa* hizo cambiar por fin la opinión del presidente. 彼らの強い抗議にあってやっと社長は考えを改めた.

viguería [biɣería] [< viga] 女 《建築》[集合的に] 梁(はり), 桁(けた).

vigués, guesa [biɣés, ɣésa] 形 ビーゴ(スペイン北西部の都市 Vigo)の.
— 名 ビーゴの人、ビーゴ出身の人.

vigueta [biɣéta] [< viga] 女 《建築》 小梁(こばり), 小桁(こげた).

VIH 《頭字》[< Virus de Inmunodeficiencia Humana] 男 エイズ・ウィルス(英 HIV).

vihuela [biwéla] 女 《音楽》 ビウエラ(ギターに似た中世スペインの弦楽器).

vihuelista [biwelísta] 男女 《音楽》 ビウエラ奏者.

vikingo, ga [bikíngo, ga] 名 《歴史》 バイキング(8-11世紀にスカンジナビア, デンマークからヨーロッパに侵攻した北ゲルマン族).
— 形 バイキングの.

*****vil** [bíl] 形 卑劣な、卑しい; 何の値打ちもない。— Eres un hombre ~. 君も見下げ果てた男だな. 類 **despreciable, indigno**.
el vil metal お金.
garrote vil 《歴史》(鉄輪を用いた)絞首台; 絞首刑.

vilano [biláno] 男 《植物》 ❶(タンポポ, アザミなどの)冠毛, 綿毛. ❷ アザミの花.

*****vileza** [biléθa] 女 卑劣さ, 卑しさ; 卑劣な行為。— Traicionar a un amigo es una ~. 友人を裏切るのは恥ずべき行為である. La ~ de ese hombre es incomprensible. あの男の卑劣さは理解の程度を越えている. 類 **bajeza, indignidad, infamia, villanía**.

vilipendiar [bilipendjár] 他 をさげすむ, 卑しめる; 中傷する, けなす. 類 **denigrar, despreciar, humillar**.

vilipendio [bilipéndjo] 男 さげすみ, 軽蔑; 中傷。— Después de su fracaso, recibió todo tipo de ~. その失敗のあと, 彼は散々こき下ろされた. 類 **desprecio, humillación**.

vilipendioso, sa [bilipendjóso, sa] 形 軽蔑的な、侮蔑に満ちた。— una carta *vilipendiosa* 中傷する手紙.

*****villa** [bíja] 女 ❶ 別荘, 別邸. ❷ 町, (特権や歴史的伝統を持った)町。— la antigua ~ de Madrid 昔のマドリードの町. ~ y corte de Madrid マドリード(の慣用的呼称). 類 **pueblo**.

Villahermosa [bijaermósa] 固名 ビジャエルモーサ(メキシコの都市).

villanada [bijanáða] 女 卑劣な行為, 恥ずべき行い.

villanaje [bijanáxe] 男 ❶ 平民であること, 生まれの卑しいこと. ❷ [集合的に] 村人, 村民, 百姓.

*****villancico** [bijanθíko] 男 ❶ クリスマスの歌, クリスマス・キャロル. ❷ 導入部分と反復部分から成る詩の1形式; この形式の民俗謡.

villanesco, ca [bijanésko, ka] 形 百姓(風)の, 田舎の。— traje ~ 田舎っぽい服.

*****villanía** [bijanía] 女 ❶ 極悪非道; 卑劣な行為, 悪事。— Engañar a un viejo tan inocente es una ~. あんな罪のない老人をだますなんて卑劣だ. ❷ 卑しい生まれ[身分]。— Aquellas palabras revelaron su ~. あの言葉で彼の卑しい生まれの卑しさが表れた. ❸ 卑猥(ひわい)なことば, 猥褻(わいせつ)な表現. 類 **obscenidad**.

*****villano, na** [bijáno, na] 形 ❶ 卑劣な, 下劣な; 粗野な。— No le creía capaz de acción tan *villana*. 彼がここまで卑劣な行動をとれるとは思わなかった. 類 **indigno, vil**. ❷ 《歴史》平民の; 村(人)の.
— 名 ❶ 悪党; 卑劣な人。— el ~ de la película 映画の悪役. Ese hombre es un ~. あいつは卑劣な男だ. ❷ 《歴史》平民; 村人。— nobles y ~s 貴族と平民. ❸ 《音楽》ビリャーノ(16, 17世紀スペイン大衆歌謡[舞踊]).

villar [bijár] [< villa] 男 〈まれ〉(小さい)村. 類 **villaje**.

Villavicencio [bijaβiθénθjo] 固名 ビジャビセンシオ(コロンビアの都市).

villorrio [bijórjo] [< villa] 男 〈軽蔑〉(へんぴな)田舎町, 片田舎.

vilmente [bílmente] 副 卑劣に, 不正に, 恥知らずにも。— Lo torturaron ~ para sacarle la información. 奴らは情報を得るため卑劣にも彼に拷問を加えた.

vilo [bílo] [次の成句で]
en vilo (1) 宙ぶらりんに, 空中に. Mantén al niño *en vilo* mientras le pongo los calcetines. 靴下をはかせる間子供を持ち上げてくれ. (2)《比喩》落ち着かない状態で, 気をもんで; 中断して. Estoy *en vilo* para saber el fin de esta telenovela. 私はこのドラマの結末を知りたくてうずうずしています. Mi trabajo está *en vilo*, porque parece que van a cerrar la tienda. どうも店をたたむらしくて職が危ないんだ.

vilordo, da [bilórðo, ða] 形 怠け者の, 鈍い. 類 **perezoso, tardo**.

vilorta [bilórta] 女 ❶ 輪, たが; 止め金; 座金(ざがね). ❷《植物》クレマチス. ❸《スポーツ》木球を用いた球技の一種.

vilorto [bilórto] 男 ❶《植物》クレマチス. ❷ 輪, たが. ❸《スポーツ》(vilorta ❸に使われる)ラケット.

vilote [bilóte] 形《中南米》臆病な. 類 **cobarde, pusilánime**.
— 男 臆病者, いくじなし.

vimos [bímos] 動 ver の直・完了過去・1複.

*****vinagre** [bináɣre] 男 ❶ 酢。— ~ de yema (樽の中央部で醸造された)高品質の酢. ❷ いつも不機嫌な人, 怒りっぽい人。— No hagas caso de ese tío ~. そんな不機嫌な奴には構うな.

vinagrera [binaɣréra] 女 ❶ (卓上の)酢入れ, 酢の入った瓶(びん). ❷ 調味料入れ(普通オリーブ油と

1964 vinagreta

酢が対になったもの). 類**angarillas**. ❷【中南米】胸やけ.

vinagreta [binaɣréta] 囡【料理】ビネグレットソース(酢, 油, 塩, 刻み玉葱などからなるソース).

vinagroso, sa [binaɣróso, sa] 形 ❶ 酢の味がする, 酸っぱい. ❷《比喩, 話》気難しい, 不機嫌な. 類**malhumorado**.

vinajera [binaxéra] 囡 ❶《カトリック》(ミサで用いる)ブドウ酒と水を入れた2つの小瓶(ﾋﾞﾝ)(の一つ). ❷ 圈 2つの小瓶と小瓶を乗せる盆.

vinatería [binatería] 囡 ワイン販売店, ブドウ酒店; ブドウ酒の交易.

vinatero, ra [binatéro, ra] 形 ブドウ酒[ワイン]商人, ワイン業者.

vinaza [bináθa] 囡 (澱(ｵﾘ)から作った)安物のブドウ酒[ワイン].

vinazo [bináθo] 男《話》強くて濃いブドウ酒[ワイン].

vinca, vincapervinca [bíŋka, biŋkaperβíŋka] 囡【植物】ツルニチニチソウ.

vincha [bíntʃa] 囡【中南米】ヘアバンド, 鉢巻き.

vinculable [biŋkuláβle] 形【+a】…に結び付けられる;《法律》…に相続人を限定できる.

vinculación [biŋkulaθjón] 囡 ❶ 結び付き, つながり, 関連. —Por mucho que lo intento, no encuentro ninguna ~ entre los dos hechos. どうしても2つの事実の間に関連性を見つけることができない. Niega su ~ con el asesino. 彼は殺人者との関係を否定している. ❷【法律】(不動産の)相続人限定.

vincular [biŋkulár] 他 ❶【+a に】を結び付ける. —El destino *vinculó* nuestras vidas. 運命は私達の人生を結び付けた. No tienes por qué ~ tu suerte a la de la empresa. 自分の運命を会社の運命と一緒にすることはないよ. ❷【+a に】を拘束する. —El contrato lo *vincula* ocho horas diarias. 契約で彼は日に8時間拘束される. ❸【+en に】(希望など)をつなぐ. —*Vinculo* mis esperanzas *en* esta visita. 私は希望をこの訪問につないでいます. ❹《法律》【+a に】(不動産)の相続人を限定する.
——**se** 再 結び付く, つながる.

vínculo [bíŋkulo] 男 ❶ 絆(ｷｽﾞﾅ), 結び付き, つながり. —~ amoroso [familiar] 恋愛[親戚]関係. ~ económico 経済上の結び付き. Los une un ~ de amistad. 彼らを結び付けているのは友情関係である. No hay entre ellos ~ de parentesco. 彼らの間には血縁関係はない. 類**lazo, ligadura, nexo**. ❷《法律》限嗣(ｹﾞﾝｼ)相続, 相続人の限定.

vindicación [bindikaθjón] 囡 ❶ 復讐. ❷ (侵害された権利や名誉の)擁護, 主張.

vindicar [bindikár] [1.1] 他 ❶ …の復讐をする, (仕打ちに)報復をする. —No cejó hasta ~ la ofensa que había recibido. 彼は受けた侮辱に報復するまでは後に引けなかった. 類**vengar**. ❷ (不当に侵害された権利や名誉などを)擁護する, (の回復)を主張する. —Lucharon para ~ la fama de sus antepasados. 彼らは先祖の名誉を守るために戦った. 類**reivindicar**.
——**se** 再 復讐する, 恨みをはらす; 自己を擁護[主張]する.

vindicativo, va [bindikatíβo, βa] 形 ❶ 報復的な, 執念深い. —No seas ~, y perdónale. もう恨むのはやめて奴を許してやれよ. 類**vengativo**. ❷ 擁護する, 擁護のための. —Presentó un alegato ~ de sus derechos. 彼は自分の権利の主張を申し立てる陳述書を提出した.

vindicatorio, ria [bindikatórjo, rja] 形 擁護する, 擁護のための; 懲罰の, 制裁的な.

vindicta [bindíkta] 囡 懲罰, 制裁;《まれ》復讐. —~ pública 社会的制裁. 類**venganza**.

vine [bíne] 動 venir の直・完了過去・1単.

vinería [binería] 囡 ワインショップ, ブドウ酒店.

vínico, ca [bíniko, ka] 形 ブドウ酒の. —alcohol ~ ブドウ酒から採ったアルコール, 酒精.

vinícola [biníkola] 形 ブドウ酒[ワイン]生産[製造, 醸造]の. —industria ~ ブドウ酒製造業. región ~ ブドウ酒生産地.

vinicultor, tora [binikultór, tóra] 名 ブドウ栽培家, ブドウ酒[ワイン]生産者, ブドウ酒醸造家.

vinicultura [binikultúra] 囡 ブドウ酒[ワイン]生産, ブドウ酒製造.

viniera(-) [binjéra(-)] 動 venir の接・過去.

vinieron [binjéron] 動 venir の直・完了過去・3複.

viniese(-) [binjése(-)] 動 venir の接・過去.

vinificación [binifikaθjón] 囡 ブドウ酒[ワイン]醸造, ブドウ酒発酵過程.

vinílico, ca [biníliko, ka] 形《化学》ビニル(基)の.

vinillo [biníʝo] [<vino] 男 (アルコール分の)弱いブドウ酒[ワイン]; 上質のブドウ酒.

vinilo [binílo] 男 ビニール;《化学》ビニル(基). —bolsa de ~ ビニール袋.

vinimos [binímos] 動 venir の直・完了過去・1複.

viniste [biníste] 動 venir の直・完了過去・2単.

vinisteis [binísteis] 動 venir の直・完了過去・2複.

vino[1] [bíno] 動 venir の直・完了過去・3単.

**vino[2] [bíno] 男 ブドウ酒, ワイン; 果実酒. —~ blanco [tinto] 白ワイン[赤ワイン]. ~ clarete [rosado] ロゼワイン. ~ de aguja スパークリング[発泡性の]ワイン. ~ de dos [tres] hojas 2年[3年]もののワイン. ~ de Jérez ヘレス産のワイン, シェリー酒. ~ de lágrima 圧搾せずに発酵させたワイン. ~ de la casa レストラン自家製のワイン. ~ de mesa [de pasto] テーブル・ワイン. ~ de solera 新酒の味を良くするために混合する最も古くて強いワイン. ~ de yema 酒樽の中央に溜まっているワイン. ~ dulce 甘口のワイン. ~ garnacha [de garnacha] ガルナチャ種のブドウから造られるワイン. ~ generoso テーブル・ワインよりも古く, 強く, 上等なワイン. ~ pardillo 白っぽい甘口の色でやや甘口な低品質のワイン. ~ peleón ワインの普及品, 安ワイン. ~ seco 辛口のワイン. ~ verde 舌触りの悪い辛口のワイン. ~ Roja リオーハ産ワイン.

aguar [*bautizar, cristianizar*] *el vino* ワインを水で割る.

dormir el vino 酔って眠る. Debe de estar *durmiendo el vino* a estas horas porque anoche bebió hasta muy tarde. 昨夜は遅くまで飲んでいたから, 彼は今時分は酔って眠っているはずだ.

tener buen [*mal*] *vino* 酒癖が良い[悪い]. Su mayor defecto es que *tiene mal vino*. 彼の最

大の欠点は酒癖が悪いことだ.
vinolento, ta [binolénto, ta] 形 大酒飲みの, 酒に溺れた.
vinoso, sa [binóso, sa] 形 (特に色が)ブドウ酒のような. —el rojo ～ ワインレッド.
viña [bíɲa] 女 ブドウ畑, ブドウ園.
De todo hay en la viña del Señor.【諺】物事いい面もあれば悪い面もある(←主のブドウ園には何でもある).
ser una viña《話》ドル箱である, 大きな利益を生む元である.
tener una viña con《話》…で大もうけする. *Por entonces tenían una viña con* el negocio de café. 当時彼らはコーヒーの商売で大もうけをしていた.
viñador, dora [biɲaðór, ðóra] 名 ブドウ園で働く農民.
viñal [biɲál] 男【中南米】→viñedo.
viñatero, ra [biɲatéro, ra] 名【中南米】→viñador.
viñedo [biɲéðo] 男 (大規模な)ブドウ園.
viñeta [biɲéta] 女 ❶【印刷】(本のタイトルページ, 章頭, 章尾などに付ける)飾り模様; 《情報》バナー. ❷ (セリフ, コメントのついた)挿し絵, カット. ❸ (団体や企業を表す)シンボルの図柄.
vio [bjó] 動 ver の直・完了過去・3 単.
viola[1] [bjóla] 女【楽器】ビオラ.
—— 男女 ビオラ奏者.
viola[2] [bjóla] 女《植物》スミレ. 類**violeta**.
violáceo, a [bjoláθeo, a] 形 ❶ すみれ色の, 紫色の. 類**morado, violado**. ❷《植物》スミレ科の.
violación [bjolaθjón] 女 ❶ 違反, 侵害; 冒涜(ぼうとく). ～ de la ley 法律違反. ～ del territorio 領土の侵犯. ～ de la intimidad プライバシーの侵犯. ～ de los derechos humanos 人権侵害. 類**ofensa, vulneración**. ❷ 強姦(ごうかん), レイプ.
violado, da [bjoláðo, ða] 形 スミレ色の. 類**violáceo**. —— 男 スミレ色.
violador [bjolaðór] 男 婦女暴行犯, 強姦(ごうかん)魔.
——, **dora** 違反者, 侵害者, 冒涜(ぼうとく)者.
:**violar** [bjolár] 他 ❶《法》に違反する,(権利)を侵害する. —Todos los que *violen* la ley serán castigados. 法に違反する人はすべて罰せられる. ～ los derechos humanos 人権を侵害する. 類**contravenir, infringir, transgredir**. ❷ (女性)に暴行する, 強姦する, 凌辱する. —～ a una mujer 女性をレイプする. ❸ (神聖な場所)を荒らす, 冒涜(ぼうとく)する;(国境)を侵犯する. —～ una tumba 墓地を荒らす. 類**profanar**.
:**violencia** [bjolénθja] 女 ❶ (*a*) 暴力, 暴行, 強姦. —～ de género 女性に対する暴力. No cometí ninguna ～ al castigarlo. 彼を罰するのに私は何も暴力はふるわなかった. (*b*) 力ずく, 強要, 無理強い. —por la ～ 力ずくで, 強制的に. Abrió la puerta con ～ [sobre el]. 彼は無理やり戸をこじ開けた. No hagas ～ al [sobre el] niño, aunque no quiera comer. たとえその子が食べたくなくても無理強いするな. 類**fuerza**. ❷ 激しさ, 猛烈さ, 熱烈さ. —Me da miedo la ～ de su carácter. 私は彼の性格の激しさが怖い. El tifón alcanzó una ～ terrible. 台風はとても激しくなった. ❸ 屈辱, 不本意. —Me causó ～ pedirle ayuda a ese sin-

vergüenza. そんな恥知らずな奴に助けを求めることは私には屈辱的な気持ちでした.
violentamente [bjoléntaménte] 副 激しく; 暴力的に; 無理やり. —La policía reprimió a los manifestantes ～. 警察は力でデモ隊を制圧した.
:**violentar** [bjolentár] 他 ❶ をこじ開ける;(家などに)押し入る, 侵入する. —～ una cerradura 錠をこじ開ける. ～ una casa 家に侵入する. 類**forzar**. ❷ を無理強いする, 強制する. ❸ …に不愉快な思いをさせる, 迷惑をかける; を怒らせる. —Su comportamiento *violentó* a los presentes. 彼のふるまいは居合わせた人々を怒らせた. 類**enfadar, enojar, molestar**. ❹《文》…に暴力をふるう, を暴行する. ❺ (原文) をねじ曲げる, 歪曲(わいきょく)する, 曲解する. —*Violentó* el texto dándole un sentido distinto. 彼はテキストに異なる意味を付してそれを歪曲した.
—— **se** 再 ❶ 自己を抑制する, 我慢する. —*Violentándome* mucho decidí aceptar la invitación. 非常に自分を抑えて私は招待を受ける決心をした. ❷ (*a*) 当惑する, 困惑する, 立ち往生する. —*Me violenté* cuando me confesó su verdadera intención. 彼が本心を打ち明けたとき私は困惑してしまった. (*b*) 怒る, 激怒する. —El equipo perdía y los hinchas comenzaron a —*se*. チームが負けそうなのでファンたちは怒り出した.

****violento, ta** [bjolénto, ta ビオレント, タ] 形 ❶ 暴力的な, 乱暴な; 激怒しやすい. —usar medios ～s 暴力的手段に訴える. Esta película contiene muchas escenas *violentas*. この映画には暴力的な場面がたくさん出てくる. Me contestó de una manera *violenta*. 彼は私に乱暴な答え方をした. Tiene un carácter ～. 彼は激しやすい性格だ. ❷ (程度の)激しい, 猛烈な. —Todavía no debes hacer ejercicios ～s. まだ激しい運動をしてはいけません. Se produjo un ～ choque de trenes. ひどい列車事故が起こった. ❸ 不自然な, 無理やりの. —Tenía el cuello en una postura *violenta*. 彼は不自然な向きに首を曲げていた. *muerte violenta* 変死. Dieron una interpretación *violenta* al problema. 彼らは問題をねじ曲げて解釈した. 類**forzado**. ❹ 気まずい, きまりの悪い. —Me sentí algo ～ al pedirle aquel favor. 彼にあの頼みごとをするのは少々気恥ずかしかった. Me resulta ～ decírselo ahora, pero no hay otro remedio. 今これを申し上げるのは心苦しいのですが, しょうがないのです. 類**cohibido, incómodo**.

:**violeta** [bjoléta] 女 スミレ属の植物, スミレ; スミレの花.
—— スミレ色. —El ～ es el color que me gusta más. スミレ色が私の一番好きな色だ.
—— 形 スミレ色の《名詞との性・数一致は行われない場合が多い》. —un vestido ～ スミレ色のドレス. una falda ～ スミレ色のスカート. estos vestidos ～ これらのスミレ色のドレス. dos faldas ～ 2 着のスミレ色のスカート.
violetera [bjoletéra] 女 スミレ売り, スミレの花束を街頭で売る女性.
violetero [bjoletéro] 男 (スミレを入れる)小鉢, 花器. 類**florero**.
violín [bjolín] 男《音楽》バイオリン. —tocar el

～ バイオリンを弾く.
—— 男女 (オーケストラの)バイオリン奏者. —El es el primer ～ de esta orquesta. 彼はこのオーケストラの第一バイオリン奏者だ. 類 **violinista**.

violín de Ingres 趣味, 余技. Su *violín de Ingres* es coleccionar sellos. 彼の趣味は切手の収集だ.

*__violinista__ [bjolinísta] 男女 《音楽》バイオリニスト, バイオリン奏者.

violón [bjolón] 男 《音楽》コントラバス. 類 **contrabajo**.
—— 男女 コントラバス奏者.
tocar el violón (会話についていけずに)間の抜けたことを言う[態度を取る].

violoncelista [bjolonθelísta] 男女 《音楽》チェロ奏者, チェリスト.

violoncelo [bjolonθélo] 男 《楽器》チェロ.

violonchelista [bjolontʃelísta] 男女 →violoncelista.

violonchelo [bjolontʃélo] 男 →violoncelo.

vip, VIP, v.i.p [bíp] [<英 Very Important Person] 男女 〖複〗vips または単複同形〗重要人物.

viperino, na [biperíno, na] 形 マムシの, 毒蛇の; 毒蛇のような, 邪悪な. —comentario ～ 悪意に満ちた論評.
lengua viperina 毒舌(家).

vira [bíra] 女 ❶ (靴底と甲の継ぎ目を補強する)細革. ❷ 細身の矢.

virada [biráða] 女 《海事》転回, 針路の変換; 間切り.

virador [biraðór] 男 ❶《写真》調色液. ❷《海事》補助索, 吊索.

virago [biráɣo] 女 男まさりの女.

viraje [biráxe] 男 ❶ (船, その他の乗り物が)方向を変えること, 方向転換, 旋回. —Dio un ～ brusco y se salió de la pista. 急旋回をしてコースから飛び出した. 類 **giro**. ❷ 曲がり角, 転回点. 類 **curva**. ❸《比喩》(意見, 態度などの)転向, 急変. —La política exterior necesita dar un ～ radical. 外政は抜本的な政策の転換を迫られている. ❹《写真》調色.

viral [birál] [<英] 形《医学》ウイルス(性)の, ウイルスによる. 類 **vírico**.

virar [birár] 自 〖+a/hacia へ〗方向[進路]を変える(特に移動中の乗り物や運転者, また, 比喩的に人の意志, 態度について). —Viró hacia [a] la derecha para evitar el choque. 彼は衝突を避けるために右へハンドルを切った. Después de la guerra el país *ha virado* en redondo. 戦後, 国は180度の方向を変えた. En cuanto le cambiaron de colegio, su conducta *viró*. 彼は学校を変わると態度が一変した.
—— 他 ❶《海事》…の針路を変える. ❷《写真》を調色する.

virgen [bírxen ビルヘン] 女 〖複〗vírgenes〗 ❶ (V～)聖母マリア. —La Santísima V～ 聖母マリア. ❷ 聖母マリアの絵(像). —En esta iglesia hay una ～. この教会には聖母マリアの絵がある. ❸ 聖女(の称号).
Fíate de la Virgen, y no corras. 他人を当てにするな. 自分のことは自分でしない.
un viva la virgen のんき者, 楽天家. Es *un viva la virgen*, no ha pensado nunca en su futuro. 彼はのんき者だ, 自分の将来について考えたこともない.
¡Virgen santísima! ¡Santísima Virgen! (驚き, 悲しみ, 憤り, 嘆願などの感嘆表現)ああ, 後生です, ちくしょう. *¡Virgen santísima*, qué mala suerte tengo yo! ああ, なんて運が悪いんだ.
—— 男女 処女, 童貞.
—— 形 ❶ 処女の, 童貞の. —Ella se mantuvo ～ hasta el matrimonio. 彼女は結婚するまで処女だった. ❷ 処女らしい, 純潔な, 汚れのない. —una inteligencia ～ 汚れのない知性. ❸ 触れられたことのない, 未踏の, 未墾の; 未使用の. —una nieve ～ 処女雪. la selva ～ 原生林. ❹ 本物の, 混ざり物のない; 加工されてない. —lana ～ 純毛.

virgiliano, na [birxiljáno, na] 形 ウェルギリウス(ローマの詩人)の.

*__virginal__ [birxinál] 形 処女の; 《宗教》聖母マリアの; 純潔な, けがれのない. —amor y entrega ～ (聖母マリアのような)純粋な愛と献身. una sonrisa [un rostro] ～ 無垢(むく)なほほえみ[表情].
—— 男 《音楽》バージナル(16, 17世紀イギリスのハープシコードの一種).

virgíneo, a [birxíneo, a] 形 →virginal.

Virginia [birxínja] 固名 ❶ バージニア州(アメリカ合衆国の州). ❷《女性名》ビルヒニア.

virginiano, na [birxinjáno, na] 形 ヴァージニア州(Virginia, 米国)の.
—— 名 ヴァージニア州の人.

*__virginidad__ [birxiniðáð] 女 処女(童貞)であること, 純潔, 無垢.

virgo [bírɣo] 男 ❶ →virginidad. ❷《占星》処女宮(黄道12宮の6番目). ❸《天文》乙女座. ❹《話》《解剖》処女膜. 類 **himen**.

virguería [birɣería] 女 ❶《話》出来上がりがすばらしいもの, 見事な技. —Es una ～ de película. その映画は傑作だ. Antonio hace ～s con la guitarra. アントニオはギターですばらしい演奏をする. ❷ (過度の)装飾, 飾り.

virguero, ra [birɣéro, ra] 形《話》すばらしい, すごい. —Este pulpo está ～. このタコはすばらしくおいしい.

vírgula [bírɣula] 女 ❶ →virgulilla. ❷ 小さい棒, 細線. ❸《医学》コレラ菌.

virgulilla [birɣulíja] 女 文字に付加する記号(ティルデ(ñ の上部分), アクセント符号など). 類 **tilde**.

vírico, ca [bíriko, ka] 形 →viral.

*__viril__[1] [biríl] 形 ❶ (成人)男性の. —miembro ～ ペニス, 陰茎. la edad ～ 壮年期. ❷ 男性的な, 男らしい. —Tiene una complexión ～. 彼はたくましい体をしている. Es un hombre muy ～ y responsable. 彼は責任感が強くてとても男らしい人です. 類 **varonil**.

viril [biríl] 男《カトリック》聖体納器(聖体顕示台中央部の聖体を収める透明部分); ガラスケース.

*__virilidad__ [biriliðáð] 女 ❶ 男らしさ, たくましさ, 力強さ. —Aprovecha cualquier ocasión de mostrar su ～. 彼は事あるごとに彼の男らしさを示そうとしている. ❷ (男子の)成年, 壮年期. —Él está en su plena ～. 今彼は男盛りだ.

virola [biróla] 女 (ナイフや工具などの先端の)止め金, 止め輪; (杖, 傘などの)石突き. 類 **casquillo, contera**.

virolento, ta [biroléntota] 形 あばたのある、天然痘にかかった.

virología [biroloxía] 女 ウイルス学.

virólogo, ga [biróloɣo, ɣa] 男女 ウイルス学者.

virosis [birósis] 女〖単複同形〗〖医学〗ウイルス性疾患.

virote [biróte] 男 ❶ (鉄の矢じりのついた)太矢. ❷ (逃亡を防ぐために奴隷の首につけられた)鉄棒. ❸《話》堅物(かたぶつ)、くそまじめな男. ❹《話》伊達男、遊び人.

virotillo [birotíjo] 男〖建築〗小支柱.

virreina [birréina] 女〖歴史〗副王夫人；(女性の)副王.

virreinal [birreinál] 形 副王の、副王領の.

virreinato [birreináto] 男〖歴史〗❶ 副王領. — V~ de Nueva España ヌエバ・エスパーニャ副王領(1535 年~). V~ del Perú ペルー副王領(1543 年~). V~ de Nueva Granada ヌエバ・グラナダ副王領(1717 年~). V~ del Río de La Plata ラ・プラタ副王領(1776 年~). ❷ 副王の職務[地位、任期].

*__virrey__ [birréi] 男〖歴史〗(本国にいる国王の代理として、植民地などでその権限を代行して統治する)副王、総督、太守；その地位.

virtual [birtuál] 形 事実上の、実際上の；潜在的な. —Se le considera como el ~ presidente de la empresa. 彼は事実上の社長と考えられている. 類 **potencial**. ❷ 仮想上の、非現実の. —imagen ~《光学》虚像. masa ~《物理》仮想質量. realidad ~ 仮想現実、バーチャル・リアリティー.

virtualidad [birtualiðá(ð)] 女 実際上の能力、実質；潜在している力、可能性. —La ~ de su propuesta no me convenció. 私は彼の提案の実質的な有効性について納得できなかった. 類 **posibilidad, potencia, potencialidad**.

virtualmente [birtuálménte] 副 実質的には、事実上；暗に；可能性の上では. —V~ ya está decidido. もう事実上決まったも同然だ.

__virtud__ [birtú(ð) ビルトゥッ] 女 ❶ (a) 徳、美徳；徳性. —las cuatro ~es cardinal 4 本徳(慎重、正義、堅忍、節制の 4 徳). —teologal 対神徳(信仰、希望、慈悲の 3 徳). hombre de gran ~ 徳の高い人. poseer la ~ de la templanza 慎みの徳を持つ. 反 **vicio. (b) 高潔、貞淑、正直. —Además de ser muy guapa, es una mujer de ~. 彼女はとても美人であるばかりでなく貞淑な女性だ. ❷ 力、効力、実効；効き目. —Tiene una ~ especial para convencer a los demás. 彼には他人を説得できる特別な力がある. Conoce muchas plantas que tienen ~es curativas. 彼は薬効のある植物をたくさん知っている. ❸ 複《神学》力天使→ángel.

en [por] virtud de ... …の力で、…によって. En [Por] virtud de una ley de 1950 se ha librado de ir a la cárcel. 彼は 1950 年の法令によって投獄を免れた.

virtuosismo [birtuosísmo] 男 (特に楽器演奏における)並外れて高度な技術性、(名人芸的な)技巧. —Demuestra gran ~, pero carece de sensibilidad. 彼の演奏は非常に巧みだが、感性に欠けている.

*__virtuoso, sa__ [birtuóso, sa] 形 ❶ 徳のある、高潔な. —Es una persona virtuosa que sabe sacrificarse por los demás. あの人は他人のために自分を犠牲にできる立派な人だ. Su ~ comportamiento nos emocionó. 彼の崇高な行動は私達を感動させた. ❷ (特に音楽の)名人の、技巧に優れた.

— 名 ❶ 徳のある人. ❷ 名手、名人. —Es un ~ de la guitarra clásica. 彼は古典ギターの名手である.

viruela [biruéla] 女 ❶〖主に複〗〖医学〗天然痘、痘瘡(とうそう). ❷ ~s locas 水疱瘡、水痘. ❸ あばた、痘痕(とうこん). ❹ あばた状のぶつぶつ. —El rostro picado de ~s あばたのある顔. A la vejez, ~s.〖諺〗年寄りの冷や水.

virulé [birulé]〖次の成句で〗

a la virulé《話》ゆがんで、曲がって；ひどい状態で. Del puñetazo le dejó un ojo a la virulé. 一発殴られて彼の目の周りにはあざができた.

virulencia [birulénθia] 女 ❶ (病気などが)悪性[ウィルス性]であること. —~ de una epidemia ある疫病がウィルス性であること. ❷《比喩》(文体などに)毒があること. —Me sorprendió la ~ de los ataques contra el gobierno. 私は政府に対する批判が余りに辛辣なので驚いた.

virulento, ta [biruléntoa] 形 ❶〖医学〗(a) ウィルス性の、悪性の. 類 **maligno**. (b) 化膿した. —una herida virulenta 化膿した傷. 類 **purulento**. (c) 急性の、激しい. —Unas fiebres virulentas lo dejaron al borde de la muerte. 激しい高熱が彼を死の淵まで追いやった. ❷《比喩》(文体などに)毒のある、辛辣な. —una crítica virulenta 手厳しい批判. 類 **mordaz**.

virus [bírus] 男〖単複同形〗❶〖医学〗ウィルス. —enfermedad producida por ~ ウィルス性疾患. ❷〖情報〗(コンピューター)ウィルス (=~ informático).

viruta [biruta] 女 (木や金属などの)削りくず、かんなくず. 類 **cepillado, cepilladura**.

vis [bís] 女〖次の成句で〗

vis a vis 向かい合って、直接顔を合わせて. Este asunto lo resolveré vis a vis con él. この件は彼と直接会って決めましょう.

vis cómica 人を笑わせる才能、ひょうきんさ. Ese actor tiene vis cómica. あの俳優は人を笑わせる才能がある.

visa [bísa] 女〖中南米〗→visado.

visado [bisáðo] 男 ❶ ビザ、査証. —solicitar el ~ ビザを申請する. ❷ (旅券などに)裏書きすること、査証手続き.

visaje [bisáxe] 男 しかめっ面、顔をゆがめること；おどけ顔. —Hizo ~s para hacer reír a los niños. 子供達を笑わせようとおどけ顔をしてみせた. 類 **mohín, mueca**.

*__visar__ [bisár] 他 ❶ (書類・器具などを)検査する、審査する、確認する. —Esta factura será visada en la sección de contabilidad. この請求書は会計課でチェックされるだろう. 類 **calificar**. ❷ (旅券などに)ビザを査証する、裏書する、証明する. —~ el contrato 契約書を有効と認める. ❸ (砲撃・測量で)…に照準を合わせる. —~ el blanco 標的に照準を合わせる.

víscera [bísθera] 女〖主に複〗〖解剖〗内臓、はらわた. 類 **entraña**.

visceral [bisθerál] 形 ❶〖解剖〗内臓の. ❷《比喩》腹の底からの、根深い. —odio ~ 激しい憎

悪. ❸《比喩》感情を表に出す, 気性の激しい. ― Elena es muy ~ y razona poco. エレーナは大変感情的で論理的でないということをいう.

visco [bísko] 男 鳥もち. 類 **liga**.

viscosa [biskósa] 女《化学》ビスコース(レーヨン, セロファンの原料として用いられる, セルロース生成物を元にしたコロイド溶液).

viscosidad [biskosiðá(ð)] 女 ❶ 粘着性, ねばねば[どろどろ]していること;《物理》粘性, 粘度. 類 **glutinosidad**, **pegajosidad**. ❷《動物, 植物》粘液, ねばねばしたもの, ぬめり.

*****viscoso, sa** [biskóso, sa] 形 ねばねばした, 粘着質の; ぬるぬるした. ― La piel de la anguila está recubierta por una substancia *viscosa*. ウナギの皮膚はぬるぬるした物質で覆われている. La botella contenía un líquido ~. 瓶にはなにかねばねばはする液体が入っていた.

visera [biséra] 女 ❶ (野球帽などの)ひさし, つば. ― La ~ de la gorra es de plástico. その帽子のつばはプラスチック製だ. ❷ サンバイザー. ― En el bar regalaron al niño una ~. バーで子供にサンバイザーをもらった. ❸《歴史》兜の(かぶと)の面頬(めんぼお). ❹ (車の)遮光板, 日除け.

*****visibilidad** [bisiβiliðá(ð)] 女 ❶ 見えること, 見える程度, 視界. ― Con este tiempo la ~ en el monte Fuji será estupenda. この天気なら富士山からの眺めは素晴らしいだろう. El avión no pudo aterrizar porque la ~ era nula. 視界がゼロだったので飛行機は着陸できなかった. ❷《気象, 海洋》視程.

:visible [bisíβle] 形 ❶ 目に見える, 目につく; 見た目に明らかな. ― La erupción del volcán era ~ desde mi ventana. 私の窓からも噴火する火山が見えた. Nos miró con un ~ desprecio. 彼は私たちを明らかに軽蔑して見た. Se despidió de todos sin emoción ~ en su rostro. 彼は顔に何の感情も見せずに皆に別れを告げた. 類 **claro, evidente, perceptible**. ❷《話》人前に出られる; きちんと服を着た. ― Sal tú a la puerta; yo no estoy ~ todavía. あなたが玄関に出てちょうだい, 私はまだ服も着てないから.

visiblemente [bisíβleménte] 副 明らかに, 目に見えて. ― Su salud ha empeorado ~. 彼の健康状態は目に見えて悪化した. Estaba ~ nervioso. 彼は明らかにいらいらしていた.

visigodo, da [bisiɣóðo, ða] 形《歴史》西ゴート人の. 反 **ostrogodo**.
― 名 西ゴート人.
― 男 複 西ゴート族. ♦イベリア半島に西ゴート王国(414-711)を建設した東ゲルマンの一部族.

visigótico, ca [bisiɣótiko, ka] 形 西ゴート族の.

visillo [bisíjo] 男《主に複》❶ (薄手の)カーテン. ― Se acercó a la ventana y levantó un poco el ~. 窓に近づくとちょっとカーテンをもちあげた. ❷ 椅子の背カバー.

*****visión** [bisjón] (<ver) 女 ❶ 見ること, 見えるの; 視覚, 視力. ― Aquella súbita ~ nos dejó helados. それが急に目に入って, 私たちはゾッとした. Ha ido poco a poco perdiendo la ~. 彼の視力は少しずつ失われてきている. 類 **vista**. ❷ まぼろし, 幻覚, 幻想. ― Él es tan nervioso que a veces tiene *visiones*. 彼は時々幻覚を見る程神経質で ある. 類 **ilusión, imaginación**. ❸ 見方, 見解. ― Tiene una ~ especial de la educación de sus hijos. 彼は自分の子供たちの教育について特別な見解を持っている. ❹《俗》醜い人(物), 変てこな人(物). ― No salgas así, que vas hecha una ~. 見っともないから, そんな格好で出かけるな. ❺《宗教》聖母などの姿を見ること. ― ~ beática 至福者が神を見ること.

quedarse como quien ve visiones 呆然とする, 唖然(ぁぜん)とする. A la muerte de su novia, *se quedó como quien ve visiones*. 恋人の死を知って, 彼は呆然とした.

ver visiones 思い違いをする, 錯覚する. ¡Pero si nadie está en contra de tu proyecto! Tú *ves visiones*. 君の計画に誰も反対してないなって! 君の思い違いだよ.

visionado [bisjonáðo] 男 (テレビや映画の批評などを目的に)映像を見ること.

visionario, ria [bisjonárjo, rja] 形 空想的な, 幻を見る; 現実離れした. 類 **iluso**.
― 名 幻を見る人, 夢想家; 現実の見えない人.

visir [bisír] 男《歴史》(イスラム教国の)大臣. ― gran ~ (オスマントルコの)首相.

:visita [bisíta] 女 ❶ (a) 訪問, 見舞い, 見物; 参詣. ― ~ de cumplido [cumplimiento] 儀礼上の訪問. ~ de médico 短時間の訪問. ~ de pésame 弔問. ~ relámpago 電撃訪問. devolver (pagar) la ~ 答礼の訪問をする. hacer una ~ a ... を訪ねる. (b) 訪問客, 見舞者, 見物人, 参詣者. ― Tengo una ~ esta tarde. 今日の午後, 私には来客がある. ❷ (a) 視察, 検査, 検閲, 巡視. ― ~ de sanidad (船舶の)検疫. ~ pastoral 司教の教区巡察. (b) 往診, 回診. ― Ya es la hora de que el doctor pase ~ en el hospital. もう回診の時間だ.

visitación [bisitaθjón] 女《宗教》聖母マリアの聖エリザベート訪問, 聖母訪問の祝日(7月2日).

*****visitador, dora** [bisitaðór, ðóra] 形 訪問好きな. ― Mi abuela es muy *vistadora* y se pasa día fuera de casa. 私の祖母はとても外出好きで, 家にいる日はない. 類 **visitero**.
― 名 ❶ 訪問好きな人. ― Es un asiduo ~ de museos. 彼は熱心に美術館通いをしている. ❷ 視察者, 監督官;《宗教》巡察使.

:visitante [bisitánte] 形 ❶ 訪問する, 見舞いの, 参詣の. ― el equipo ~ 遠征[ビジター]チーム. ❷ 視察する, 巡察の.
― 男女 ❶ 訪問客, 面会人, 観光客, 参詣人. ― Por su valor histórico esta ciudad atrae a muchos ~s. 歴史的価値によって, この市は多くの観光客を引きつけている. ❷ 視察者, 巡察官.

⁑visitar [bisitár ビシタル] 他 ❶ (a) を訪れる, 訪問する. ― Si no te molesta, te *visito* mañana. もし君が迷惑でなかったら, 明日私は君に会いに行く. (b) を観光する, 見物する; …に参詣する. ― ¿*Has visitado* Teotihuacán? 君はテオティワカンを観光したことあるかい. He *visitado* la Catedral de León. 私はレオンの大聖堂に参詣したことがある. (c) ...へ何度も行く; を歴訪する. ― El primer ministro *visitará* varios países de África. 首相はアフリカの数カ国を歴訪する. ❷ (a) (病人)を見舞う. ― ¿Qué te parece si vamos a ~ a nuestro amigo enfermo? 病気の友人を私たちで見舞いに行くというのはどうだい.

(b) (医者が病人宅)へ往診する. — El doctor *visita a sus pacientes de las cuatro a las siete.* 医者は彼の患者たちを4時から7時まで往診する. (c) を診察する, 診察する. — *a los pacientes* 患者を診察する. ❸ を視察する. — *El gobernador ha visitado todas las ciudades de su provincia.* 県知事は県下のすべての都市を視察した.

visiteo [bisitéo] 男 家に呼んだり呼ばれたりすること. — *Deja el ~ y limpia la casa.* お呼ばれはいい加減にして, 家の掃除でもしなさい.

visitero, ra [bisitéro, ra] 形《話》訪問好きの. 類**visitador.**

visivo, va [bisíβo, βa] 形 視覚の, 視力の.

vislumbrar [bislumbrár] 他 ❶ をほのかに見る, おぼろげに見える. — *Vislumbré una sombra en la oscuridad.* 暗やみの中で人影がちらっと見えた. 類**entrever.** ❷《比喩》(解決などの)糸口が見える, (新事実などの)輪郭が見える, を推測する. — *Vislumbro algo de lo que está pasando, pero quiero que me expliquéis claramente.* 何が起こっているのかある程度想像はつくんだけど, はっきり説明してほしいの.

— se 再 垣間見える, ほのかに見える. — *A lo lejos, entre los árboles, se vislumbraba el pueblo.* 遠く, 木々の間に町がかすかに見えていた. *Por fin parece que se vislumbra una solución.* どうやらやっと解決の兆しが見えてきたようだ.

vislumbre [bislúmbre] 女 ❶ ちらっとさす光, (かすかな)きらめき.《比喩》兆候, しるし; うすうすわかること. — *Hay una pequeña ~ de que va a mejorar la situación.* 状況が好転するかすかな兆しがあります. 類**indicio.**

viso [bíso] 男 ❶《主に複》つや, 光沢, 玉虫色の輝き. — *El traje es de color negro con ~s azules.* その服は青っぽい光沢の入った黒色をしている. *La tela hace ~s con la luz.* その布地は光に当たると玉虫色に輝く. 類**destello, reflejo.** ❷《比喩》外観, 様相. — *Se fue sin dar ~s de volver.* 彼は戻ってくる気配も見せずに行ってしまった. *La situación económica tiene ~s de empeorar.* 経済情勢も悪化する兆候を見せている. 類**apariencia, aspecto.** ❸《服飾》(透ける服の下につける色物の)アンダードレス, 裏地.

a dos visos 二重の意図で. *Lo invitaron a dos visos.* 彼を招待したのには二重の意図があった.

de viso 著名の, 立派な. *persona de viso* 一角(かど)の人物.

visón [bisón] 男《動物》ミンク; ミンクの毛皮.

visor [bisór] 男《写真》ファインダー;《情報》ディスプレイ;(銃器の)照準器.

visorio, ria [bisórjo, rja] 形 視覚の, 見るための. — 男 鑑定, 検査.

‡**víspera** [bíspera] 女 ❶ (祭日などの)前日, 前夜. — *la ~ de Navidad* クリスマス・イブ. *la ~ del viaje* 旅行の前日. ❷ 複 直前, 間際. — *No estudia hasta que está en ~s de un examen.* 彼は試験の直前になるまで勉強しない. ❸《古代ローマの》夕暮, 夕方. ❹《宗教》晩祷(18時から21時の祈り), 夕べの祈り(聖歌).

vist- [bist-] 動 *vestir* の直・現在/完了過去, 接・現在/過去, 命令・2単, 現在分詞.

‡**vista** [bísta ビスタ]〈< ver〉女 ❶ (a) 視覚, 視力, 目. — *corto de ~* 近視,《比喩》洞察力が乏しいこと. *~ cansada* 老眼.

perder la ~ 失明する. (b) 視界, 視野, 見える範囲. — *extender [tender] la ~ alrededor* 周囲を広く見渡す. *Aunque no laves la ropa, quítala, por lo menos de la ~.* たとえ洗濯しなくとも, せめてその衣類を見えない所に片づけろ. (c) 見ること, 視線, 一見. — *a media [primera, simple] ~* 一見して, ひと目で. *~ de lince [águila]* 鋭い視線. *clavar [fijar, poner] la ~ en ...* を じっと見る. *apartar [volver] la ~* 目をそらす. *torcer [trabar] la ~* 横目で見る. 類**mirada, visión.** (d) 外見, 見た目, 見掛け. — *~ preliminar*《情報》プレビュー. 類**apariencia, aspecto.** (e) 会うこと, 会見. — *Hasta la ~.* さようなら. (f) 洞察力, 鑑識眼. — *Tiene mucha ~ para los negocios.* 彼は商売にとても鋭い鑑識眼を持つ. ❷ 景色, 風景, 眺め. — *Desde el avión se divisaba una impresionante ~ de Tokio.* 飛行機から東京のきれいな景色が眺められた. 類**escena.** (b) 風景画, 風景写真, 絵葉書. — *Compré una ~ de Toledo.* 私はトレドの風景画を買った. ❸《司法》審理, 審問. — *celebrarse la ~ del juicio* 裁判が行われる. ❹ カフス, 襟, 胸当て.

— 男 税関吏, 検察官.

aguzar la vista よく見る, 凝視する. *Agucé la vista intentando reconocer a mi amigo en la muchedumbre.* 私は群衆の中に友人を見つけようとして目を凝らした.

a la vista (1) 一見して, 見たところ. *A la vista, parece una buena persona.* 見たところ彼はよい人間のようだ. 類**al parecer.** (2) 人目に触れて, 公開されて. *Pusieron a la vista todos los regalos.* 彼らは贈物を全て人に見せた. (3) 明らかな, よく分った. *Está a la vista que no tiene hambre.* 彼が空腹でないことは明らかだ. (4) 将来における, 先を見越して. *No tengo ningún plan a la vista para este verano.* 私にはこんどの夏の予定は何もない.

a la vista de ... (1) を見ると. ❷ *A la vista de aquella escena, recordó su niñez.* 彼はあの光景を見ると, 子供の頃を思い出した. (2) を監視して, ...に注意して. *No te preocupes, que yo estoy a la vista de lo que ocurre.* 私が成り行きに注意しているから君は心配するな. (3) を考慮すると, ...によると. *A la vista de lo que dicen, él es culpable.* 彼らの言うのによると彼が悪い.

a vista de ... (1) ...の面前で, ...に直面して. *A vista de las dificultades se echó para atrás.* 困難に直面して彼はしりごみした. (2) ...と比較して. *A vista de la nieve, el cisne es negro.* 上には上があるよ(←雪と比べると白鳥は黒い). (3) ...の近くで, を目前にして. *Anocheció a vista del pueblo.* 村を目前にして夜となった.

a vista de pájaro 鳥瞰(かん)的に[な]. *sacar una fotografía de la capital a vista de pájaro* 鳥瞰的に首都の写真をとる.

comerse con la vista (怒り, 羨望, 好奇心などの感情で)見つめる, じろじろ見る. *Los hombres se comían con la vista a aquella voluptuosa mujer.* 男たちはあのセクシーな女性をじろじろ見ていた.

conocer de vista 顔見知りである, 面識のある. *Sólo lo conozco de vista, y no sé dónde vive.* 彼とは単なる顔見知りで, どこに住んでいるか知らな

い.

con vistas a ... を目指して, 意図して. El equipo se entrenó mucho *con vistas* a la final del campeonato de la liga. チームはリーグチャンピオンを目指して猛練習した. Ahorro mucho *con vistas a* hacer un viaje por el mundo. 私は世界旅行のためにたくさん貯金している.

devorar con la vista →comerse con la vista.

echar la vista a ... (1) を見る, …に視線を向ける. Al cruzar la calle, *echa la vista a* ambos lados. 通りを渡る時は左右をよく見なさい. (2) …に目星をつける. Han comprado la casa a la que *habíamos echado la vista*. 私たちが目星をつけていた家を誰かが買ってしまった. (3) →echar la vista encima.

echar la vista encima (会いたい人に)会う, (探し物)を見付ける. En cuanto le *eche la vista encima* a ésete le digo que es un sinvergüenza. あいつに会ったらすぐ, 恥知らずと言ってやるつもりだ.

echar una vista a ... 【多くの場合命令形】を監視する, …に気をつける. *Échale una vista al* perro, no vaya a salirse del jardín. 庭から出て行かないようにその犬を見てくれ.

empañarse [nublarse] la vista (1) 目が霞(かす)む. Sentí que *se me empañaba la vista*. 私は目が霞んでいるように感じた. (2) (感極まって)目に涙があふれる. *Se le empañó la vista* al ver la calurosa bienvenida que le daban. 彼は人々の温かな歓迎を見て目に涙があふれた.

en vista de ... を考慮して, …から判断して. Suspendimos el viaje *en vista de* la mala situación del país. 私たちはその国の治安が悪いことから判断して旅行を断念した.

hacer la vista gorda 見ぬ振りをする, 黙認する. El profesor vio que yo copiaba pero *hizo la vista gorda*. 私がカンニングをしていたのを先生はわかったが, 見て見ぬ振りをした.

herir la vista 目をくらませる, 目まいがする. El sol me *hería la vista* y tuve que parar el coche. 日光で私は目がくらみ, 車を止めなければならなかった.

irse la vista 目がくらむ, めまいがする. *Se me va la vista* a veces; voy a consultar al médico. 時々私はめまいがするので医者に行く.

no perder de vista (1) …に監視を続ける, 気を付けている. *No pierdas de vista* al niño, que puede hacer una travesura. いたずらをするから, その子をよく見ていろ. (2) 思い続ける, 忘れない. *No pierdas de vista* que fui yo el que te aconsejé desistir. 君に断念するよう忠告したのは私だということを忘れないでくれ.

nublarse la vista →empañarse la vista.

pasar[poner] la vista en ... →echar la vista a….

perder de vista (1) 見えなくなる. Esperó en el muelle hasta que el barco se *perdió de vista*. 彼は船が見えなくなるまで桟橋で待っていた. (2) …と付き合わなくなる, 音信不通になる. Hace un año que lo *perdí de vista*. 彼とは1年間付き合いがない.

saltar a la vista 明らかである, 当たり前である. *Salta a la vista* que ella no quiere casarse con ese golfo. 彼女がそんなやくざな男と結婚したがらないのは当たり前だ.

tragarse con la vista →comerse con la vista.

volver la vista atrás 昔を思う, 過ぎた事を考える. Es cosa de viejos *volver la vista atrás*. 昔のことを思うのは年寄りのすることだ.

vista(-) [bísta(-)] **動** vestir の接・現在.

:**vistazo** [bistáoo] **男** 一見, ひと目; 一読. —Me reconoció de un ~. 彼はひと目で私と分かった. Eché [Di] un ~, pero aún no había llegado. 私はのぞいてみたが, 彼はまだ着いていなかった. Mientras desayuno, echo un ~ al periódico. 私は朝食をとりながら新聞にざっと目を通す. **類 mirada, ojeada**.

viste [bíste] **動** ver の直・完了過去・2 単, vestir の直・現在・3 単.

visti- [bistí-] **動** vestir の直・完了過去, 接・過去.

vistillas [bistíjas] **女 複** 高台, 展望台. **類 mirador**.

visto [bísto] **動** ver の過去分詞.

:**visto, ta** [bísto, ta] [＜ver] **形** ❶ 見られた, 目にされた; 目に見えるところである. —Esa enfermedad es poco *vista* en las mujeres. その病気は女性にはめったに見られない. Éste es uno de los programas más ~s últimamente. これは最近もっとも視聴率の高い番組の1つです. Ofrecieron un espectáculo nunca ~. 彼らは今まで見たこともないようなショーを見せてくれた. ❷ 考慮された; 調べられた; (法律)審理された. —V~ esto, llegamos a la siguiente conclusión. このことから我々は次のような結論に達した.

estar bien [mal] visto (社会的に)よい[悪い]ものと考えられている. Ser fumador empieza a *estar mal visto*. 喫煙者は患者扱いされ始めている.

estar muy visto 《話》使い古しである, 流行遅れである. Ese tema ya *está muy visto*. その話題はもう古い. Ese presentador de televisión *está muy visto*. その司会者はテレビに顔を出しすぎだ. Teñirse el pelo de rubio *está muy visto*. 金髪に染めるのはもう流行遅れだ.

Está visto que ... 明らかに…である. *Está visto que* no le interesa el plan. 彼がこの計画に関心がないのは明らかだ.

habrase visto →ver.

lo nunca visto 驚異, 空前絶後.

ni visto ni oído (1) あっという間に. (2) 見たことも聞いたこともないようなこと.

por lo visto 見たところ. *Por lo visto* se llevan muy mal. どうやら彼らは全くうまく行っていないようだ. **類 al parecer**.

visto bueno 承認済み(書類などの認証印. 【略】Vo., Bo.). **男** 承認. La comisión dio el *visto bueno* a la venta del nuevo producto. 委員会は新製品の売り出しに許可を達した.

visto que ... …なので. *Visto que* ya no había nada que hacer, me fui. もうすることもなかったので私はその場をあとにした.

visto y no visto 《話》あっという間(の). Todo fue *visto y no visto* y ahora casi no me acuerdo de nada. 全てがあっという間で今ではほとんど何も思い出すこともできない. Pusieron la paella en la mesa y *visto y no visto*. パエリャをテー

ブルに出したと思ったらもうなくなった.

vistosamente [bistósaménte] 副 華々しく, 華やかに, 派手に.

vistosidad [bistosiðá(ð)] 女 派手さ, 華やかさ, 人目を引くこと. —Le encantó la ~ de las decoraciones navideñas. 彼はクリスマス飾りの華やかさに心を奪われた.

:**vistoso, sa** [bistóso, sa] 形 派手な, 華やかな. —Le gusta llevar trajes ~s. 彼は派手なスーツを好んで身につける.

visual [bisuál] 形 視覚の, 視覚による. —examen ~ 視覚検査. memoria ~ 視覚による記憶. capacidad ~ 視力. ángulo ~ 視覚角度. campo visual→campo.
—— 女 視線.

visualidad [bisualiðá(ð)] 女 見栄え; あでやかさ. —La ~ de su vestido llamaba la atención de todos. 彼女の服の派手さは皆の注目の的だった. 類 **vistosidad**.

visualización [bisualiθaθjón] 女 視覚化, 映像化.

visualizador [bisualiθaðór] 男 《情報》ビューア.

visualizar [bisualiθár] [1.3] 他 ❶ を視覚化[映像化]する, 目に見えるようにする. —Con el microscopio se pueden ~ los microbios. 顕微鏡を使うと微生物を目で見ることができた. En la pantalla del ordenador *visualizó* la fluctuación de las ventas. 彼はコンピューターの画面に売上高の変動を映し出した. ❷ を思い浮かべる. —Han pasado muchos años pero aún puedo ~ su rostro. 何年も経ったのにまだ彼の顔を思い浮かべることができる. ❸ を(視覚で)認める. 類 **divisar**.

visualmente [bisuálménte] 副 視覚的に, 視覚によって.

:**vital** [bitál] 形 ❶ 生命の; 生命維持の. —Sus funciones ~*es* se están debilitando. 彼の生命機能は弱まってきている. ❷ 不可欠な, 生死に関わる; 極めて重要な. —Este asunto es de importancia para mí. この件は私にとって死活問題だ. espacio ~ (生命維持のために不可欠な)生活空間. ❸ 活力のある, エネルギーにあふれた. —El empresario era un hombre ~. 企業家はバイタリティーにあふれる人物であった. Tiene un carácter ~, alegre y emprendedor. 彼は明朗快活で積極的な性格である.

vitalicio, cia [bitaliθjo, θja] 形 終生の, 終身の. —cargo ~ 終身職. pensión [renta] *vitalicia* 終身年金.
—— 男 終身年金; 生命保険.

vitalidad [bitaliðá(ð)] 女 ❶ (生命体や文体などの)活力, 生命力; 活気. —La ~ de ese anciano sorprendió a todos. その老人のバイタリティーは皆を驚かせた. 類 **dinamismo, energía, vigor**. ❷ (根本的な)重要性.

vitalismo [bitalísmo] 男 ❶ 《生物, 哲学》生気論. ◆生命現象は物理, 化学の法則と全く異なり, 生物に特有の原理に基づくという学説. ❷ 活力, 元気. —Tiene un ~ admirable. 彼は驚くほど活力にあふれている. 類 **vitalidad**.

vitalista [bitalísta] 形 ❶ 《生物, 哲学》生気論の. ❷ 活気あふれる, 元気いっぱいの. —Mi abuelo es una persona muy ~. 私の祖父は大変元気な人である.

—— 男女 生気論者.

vitalizar [bitaliθár] [1.3] 他 …に生命[活力, 生気]を与える. —~ el pelo dañado 痛んだ髪を蘇生させる. medidas para ~ la economía 経済復興策.

:**vitamina** [bitamína] 女 ビタミン.

vitaminado, da [bitamináðo, ða] 形 ビタミン入りの, ビタミン添加の. —alimento ~ ビタミン添加食品.

vitamínico, ca [bitamíniko, ka] 形 ビタミンの, ビタミンを含む. —contenido ~ ビタミン含有量. preparado [complejo] ~ ビタミン調合薬.

vitando, da [bitándo, ða] 形 ❶ 避けるべき. —el tema ~ 触れてはならない話題. ❷ 《文》忌まわしい, おぞましい. —un crimen ~ 恐ろしい犯罪. 類 **abominable, execrable, odioso**.

vitela [bitéla] 女 子牛羊紙(子牛の革で作った上質の獣皮紙).

vitelino, na [bitelíno, na] 形 《生物》卵黄の. —membrana *vitelina* 卵黄膜.

vitelo [bitélo] 男 《生物》卵黄.

vitícola [bitíkola] 形 ブドウ栽培の. —región ~ ブドウ栽培地.

viticultor, tora [bitikultór, tóra] 名 ブドウ栽培者.

viticultura [bitikultúra] 女 ブドウ栽培.

vitíligo [bitíliɣo] 男 《医学》白斑(ﾟ). ◆皮膚のメラニン色素がなくなってできた斑.

vitivinícola [bitiβiníkola] 形 ブドウ栽培[ブドウ酒製造]の. —industria ~ ブドウ酒製造業.

vitivinicultor, tora [bitiβinikultór, tóra] 名 ブドウ栽培者, ブドウ酒製造者.

vitivinicultura [bitiβinikultúra] 女 ブドウ栽培, ブドウ酒製造.

vito [bíto] 男 ビト(スペイン, アンダルシーア地方に伝わる陽気な踊り, それに伴う歌).

vitola [bitóla] 女 ❶ 葉巻タバコの銘柄・種類(を表す帯). ❷ 《比喩》外見, 風采. —Este ícono es la ~ de buen profesor. 彼は良き教師といった様子で現われた. 類 **traza**. ❸ 《機械》内径[口径]測定器.

vítor [bítor] 男 【主に 複】歓呼, 万歳の声, 喝采. —El triunfador apareció entre los ~*es* de la multitud. 人々の歓声の中, チャンピオンが現われた. 類 **aplauso, viva**.
—— 間 万歳!, いいぞ!

vitorear [bitoreár] 他 …に喝采する, 歓呼の声を送る. —La muchedumbre *vitoreó* el desfile del equipo ganador del campeonato. 人々は優勝チームのパレードに喝采を送った. 類 **aclamar, aplaudir**.

Vitoria [bitórja] 固名 ❶ ビトリア(スペインの都市; アラバ県の県都). ❷ ビトリア(フランシスコ・デ・Francisco de ~)(1486-1546, スペインの法学者).

vitral [bitrál] 男 (教会などの)ステンドグラス(の窓). 類 **vidriera**.

vítreo, a [bítreo, a] 形 ガラスの, ガラス製の, ガラス状の. —brillo ~ ガラスの光沢. material ~ ガラス材. cuerpo ~ 《解剖》(目の)硝子体. humor ~ →humor.

vitrificable [bitrifikáβle] 形 ガラス化できる.

vitrificación [bitrifikaθjón] 女 ガラス化, 透

明樹脂塗装.

vitrificar [bitrifikár] [1.1] 他 をガラス化する, ガラス状にする; …に透明樹脂を塗る. — ~ la cerámica 陶器に上塗りをかける. ~ el suelo de madera para protegerlo 木の床に保護のために透明樹脂を塗る.

— **se** 再 ガラス化する, ガラス状になる. — Esa substancia *se vitrifica* a altas temperaturas. その物質は高温でガラス化する.

‡**vitrina** [bitrína]〔<vidrio〕女 ガラスの陳列ケース(棚), ショーウィンドウ. 類 **escaparate**.

vitriolo [bitrjólo] 男〖化学〗硫酸塩, 濃硫酸. — aceite de ~ 濃硫酸. 類 **sulfato**.

vitrocerámica [bitroθerámika] 女 結晶化ガラス; 結晶化ガラス[ガラスセラミック]製の電気レンジ台.

vitrola [bitróla] 女 〖中南米〗レコードプレイヤー, 蓄音機. 類 **gramola, tocadiscos**.

vitualla [bitwája] 女 《主に 複》(特に軍隊などで)食糧, 糧食, 兵糧. 類 **víveres**.

vituallar [bitwajár] 他 →avituallar.

vituperable [bituperáβle] 形 非難されるべき, けしからぬ. — No había nada ~ en su actitud. 彼の態度には何ら責められるべきところはなかった. 類 **reprochable**.

vituperación [bituperaθjón] 女 非難, とがめだて; 罵倒(ばとう).

*****vituperar** [bituperár] 他 を厳しく非難する, 罵倒する. — Escribió un artículo *vituperando* a sus colegas. 彼は同僚を厳しく非難するような論文を書いた. 類 **criticar, reprender, censurar**.

vituperio [bitupérjo] 男 ❶ 非難(の言葉), ののしり. — Al volver borracho a casa, su mujer lo llenó de ~s. 酔っ払って帰宅した彼は妻の非難を浴びた. 類 **censura, reproche**. ❷ 恥, 面汚し. — Lo que hizo es un ~ para nuestro nombre. 彼のしたことは我々の名を汚すものだ. 類 **afrenta, baldón, oprobio**.

vituperioso, sa [bituperjóso, sa] 形 非難に満ちた, 罵倒する. — una carta *vituperiosa* 糾弾の手紙.

viuda [bjúða] 女 ❶ 未亡人, 寡婦, 後家(→viudo). ❷ 〖植物〗マツムシソウ(科の植物). ❸ 《鳥類》テンニンチョウ(属の鳥).

viuda negra 毒グモの一種(交尾の後, 雌が雄を食べる習性を持つ).

viudedad [bjuðeðá(ð)] 女 ❶ 未亡人[男やもめ]の身分. 類 **viudez**. ❷ 寡婦年金, 配偶者死亡による手当.

*****viudez** [bjuðéθ] 女 未亡人[男やもめ]の暮らし. — Pasados diez años de ~, se volvió a casar. 彼は10年間やもめ暮らしをした後再婚した.

viudita [bjuðíta] 女 ❶ (若い)未亡人. ❷ 〖中南米〗〖鳥類〗タイランチョウ(属の鳥).

**viudo, da [bjúðo, ða ビウド, ダ] 形 未亡人の, 男やもめの.

— 名 未亡人, 男やもめ. — Estoy [Me he quedado] ~, pues mi mujer se ha ido de veraneo con los niños. 妻が子供達を連れて避暑に行ってしまったので, 今私はやもめ暮しだ.

— 女 《植物》マツムシ草.

viva [bíβa] 男 歓呼の声, 万歳の声. — El pueblo recibió al rey con ~s. 村人達は国王を歓声と共に迎えた.

— 間 万歳!, やったぞ!ー i V~ la novia! 花嫁万歳! ¡V~!, hemos ganado. やった! 勝ったぞ.

vivac [biβá(k)] 男〖複〗**vivacs, vivaques**〗→ vivaque.

*****vivacidad** [biβaθiðá(ð)] 女 ❶ 活気, 生命力; (色彩の)鮮やかさ. — Tiene ~ en su mirada. 彼の目は生き生きと輝いている. Es un niño de mucha ~. その子供はエネルギーにあふれている. 類 **vigor**. ❷ 利発さ, 鋭敏さ; 敏捷さ. 類 **agudeza, sagacidad, viveza**.

vivalavirgen [biβalaβírxen] 男女〖話〗〖軽蔑的に〗いい加減な人, 無責任な人. 類 **despreocupado, irresponsable**.

vivales [biβáles] 男女〖単複同形〗〖話〗ずる賢い奴. — No te fíes de él, que es un ~. 奴を信用するなよ, ずる賢いから.

vivamente [bíβaménte] 副 ❶ 深く, 強く, 心から. — Lo siento ~. 深く同情いたします. Deseo ~ que se mejore. 良くなられますようにより祈っております. 類 **intensamente, mucho, profundamente**. ❷ 生き生きと, 鮮やかに. — Todavía lo recuerdo ~. まだはっきり覚えています. La hija mayor reproduce ~ la imagen de su madre. 上の娘は母親に生き写しだ. ❸ 力強く, 元気良く. — Respondió ~ a mi pregunta. 彼は私の質問にはきはきと答えた.

vivan [bíβan] →viva.

vivaque [biβáke] 男 《登山, 軍事》ビバーク, 露営, 野営; 衛兵所.

vivaquear [biβakeár] 自 《軍事, 登山》露営する, 野営する, ビバークする.

vivar [biβár] 男 (ウサギなどの)飼育場; 養殖場, 養魚池.

vivaracho, cha [biβarátʃo, tʃa] 形 活発な, 利発な, おてんばの; (瞳が)きらきらした. — Es un niño de expresión muy *vivaracha*. とても利口そうな顔つきをした子供だ.

vivaz [biβáθ] 形 ❶ 機敏な, 鋭敏な, 利発な. — ojos *vivaces* 鋭い眼力. Es un chico muy ~ y seguirá la clase sin dificultad. 彼は頭のいい少年だから難無く授業についていけるだろう. 類 **ágil, agudo, perspicaz, sagaz**. ❷ 活気のある, 力強い. — Tiene una fe ~. 彼は強い信仰心を持っている. 類 **vigoroso**. ❸ (特に色について)強烈な, 激しい. — Siempre utiliza colores *vivaces*. 彼はいつも調子の強い色を使う. 類 **fuerte, intenso**. ❹ 《植物》多年生の. 類 **perenne**.

vivencia [biβénθja] 女 (個人に深く影響を及ぼした)実体験[出来事]. — Aquellas ~s en la guerra marcaron su forma de pensar. 戦争中のの体験が彼の考え方を形作った.

vivencial [biβenθjál] 形 自己確立に関わる, 内面形成の.

*****víveres** [bíβeres]〔<vivir〕男 複 食糧, 食物, 食料品. — proveer de ~ 食糧を備える. Antes de emprender la escalada, se ha provisto de ~ suficientes. 登山に行く前に十分な食糧が準備された. 類 **alimento, comestibles, mantenimientos**.

vivero [biβéro] 男 ❶ (a) 苗床, 栽培所, ビニールハウス. (b) 養殖場, 養魚池. 類 **criadero, semillero, vivar**. ❷ 《比喩》温床, 生み出す元. — ~ de discordias 不和の種. Esa ciudad es un ~ de artistas. その町は芸術家をたくさん生み出し

ている. 類**semillero**.

Vives [bíβes] 固名 ビーベス(フアン・ルイス Juan Luis ～)(1492-1540, スペインの人文学者・哲学者).

‡**viveza** [biβéθa] 女 **❶** (行動の)**素早さ**, 敏捷性, 活発さ. —La dependienta me atendió con ～ y amabilidad. その女店員は素早く, 親切に応対してくれた. **❷** (感情・表現などの)激しさ, 熱っぽさ, 力強さ. —A veces no se puede dominar a sí mismo debido a la ～ de sus sentimientos. 時々彼は感情の激しさゆえに自分自身を抑えられない. **❸** (*a*) (創意・表現などの)鋭さ, 鮮やかさ, 切れの良さ. —Nadie le gana en ～ de ingenio. 誰も独創性では彼より優れる者はいない. (*b*) (色などの)鮮やかさ, 輝き. —Es impresionante la ～ del colorido de este cuadro. この絵の色使いの鮮やかさはとても印象的だ. (*c*) (目つきの)輝き, 鋭さ. —Al entrar en el cuarto, sus ojos resplandecían en toda su ～. 部屋に入る時, 彼の目はひときわ輝いていた.

vividero, ra [biβiðéro, ra] 形 住むことのできる, 住むのに適した. —Esa casa es una porquería; busquemos otra más *vividera*. あの家はどうしようもない代物だよ. もっと住みやすい家を捜そう.

vivido, da [biβíðo, ða] 過分 個人的に経験した, 経験から生まれた, 生の. —Amenizó la charla con interesantes episodios ～*s*. 彼は楽しい体験談で会話を活気づけた.

vívido, da [bíβiðo, ða] 形 **生き生きした**, 鮮やかな. —una descripción *vívida* 真に迫った描写. La pared estaba pintada con colores ～*s*. 壁は鮮やかな色で塗られていた. Esa experiencia le dejó una impresión *vívida*. その体験は彼に鮮明な印象を残した.

***vividor, dora** [biβiðór, ðóra] 形 生活する; よく働く.
— 名 他人を当てにして生活している者, 寄食者, たかりや.

***vivienda** [biβiénda] 女 住まい, 住居. —el problema de la ～ 住宅問題. La escasez de ～*s* constituye un grave problema social. 住宅不足は深刻な社会問題となっている. Perdió no sólo el dinero, sino también su ～. 彼は金ばかりでなく家まで失った. Miles de personas se quedaron sin ～. 何千人もの人々が家を失った. un bloque de ～*s* マンションの建物, 共同住宅. la construcción de 3.000 ～*s* en la zona その地域での3000戸の住宅建設. un complejo de ～*s* 住宅開発, 宅地開発. ～ de interés social/〚メキシコ, ペルー〛 de protección oficial 国家の補助金つきのマンション(住宅は家など), 低所得者住宅. ～*s* tuteladas 〚スペイン〛老人や身体障害者などのための援護住宅ホーム. ～ unifamiliar 一戸建て住宅.

‡**viviente** [biβiénte] 形 **生きている**. —seres ～*s* 生物. muertos ～*s* 死霊.
bicho viviente →bicho.
— 男女 生きている人.

vivificación [biβifikaθión] 女 活気[元気]うけ, 蘇生.

vivificador, dora [biβifikaðór, ðóra] 形 活気[元気]うける, 生気を蘇らせる. —va*caciones vivificadoras* 元気を取り戻す休暇. Sus *vivificadoras* palabras sosegaron mi espíritu. 彼の励ましの言葉で私の気持は落ち着いた.

vivificante [biβifikánte] 形 →vivificador.

vivificar [biβifikár] [1.1] 他 を活気[元気]うける; …に生気を与える, を生き返らせる. —La lluvia *vivificó* el trigo que estaba a punto de secarse. 干上がりそうだった小麦を雨が蘇らせた. Necesito un buen vaso de vino que me *vivifique*. 元気うけにワインを一杯必要だよ.

vivíparo, ra [biβíparo, ra] 形 《動物, 植物》胎生の. 反**ovíparo**.
— 男 胎生動物.

****vivir** [biβír ビビル] 自 **❶** (*a*) **生きる**, 生きている, 生存する. —Ya no *vive*. Murió hace dos años. 彼はもう生きてはいない. 2年前に死去した. Mi gato *vivió* doce años. 私の飼い猫は10年生きた. *Vivió* hasta los ochenta años. 彼は80歳まで生きた. Torcuato *vive* de milagro. トルクワートは食うや食わずの生活を送っている. *Viven* para su trabajo. 彼らは仕事のために生きている. 類**existir**. 反**morir**. (*b*) (記憶の中で)生きている, (思い出に)残る. —El recuerdo de mi difunto padre *vivirá* para siempre en mi memoria. 亡き父の思い出は私の記憶の中で永久に生き続けるだろう. (*c*) 生き残っている, 幅をきかす. —La música medieval *vive* aún en algunas piezas de Respighi. 中世の音楽はまだレスピーギのある曲の中で生き残っている. **❷** (*a*) **生活する**, 暮らす. —Con ese sueldo bajo no puedo ～. この薄給では私は生活できない. Lo único que deseo es ～ en paz. 私の唯一の願いは平和に暮らすことだ. La joven *vive* con un casado. その娘は既婚者と同棲している. 〚「+de de」生計を立てる, 暮らしを立てる. —Alfonso *vive de*l trabajo de su mujer. アルフォンソは妻の働きで暮らしている. Este pueblo *vive de* la pesca. この村は漁業で暮らしを立てている. **❸** 住む. —Mi tío *vive* en Nueva York. 私の叔父はニューヨークに住んでいる. 類**habitar**.

— 他 **❶** を生きる, 経験する, 過ごす. —El matrimonio *ha vivido* juntos momentos buenos y malos. 夫婦はこれまで良い時も悪い時も生きてきた. Mis padres *vivieron* la guerra. 私の両親は戦争の時代を生きた. *Vivió* una vida desgraciada. 彼は不幸な人生を送った. Sus alegrías y sus penas fueron *vividas* por toda la familia. 喜びも悲しみも家族全員で体験してきた. *Vivimos* momentos de pánico. 私たちは恐怖の瞬間を体験した. 類**experimentar**, **pasar**. **❷** …と一体化する, 一体感をもつ, …になり切る. —La actriz *vive* todos los papeles que interpreta. 女優は自分が演じるすべての役になり切っている.

Como se vive se muere. 〚諺〛生き方が良ければ死に方もよい(←人は生きてきたとおりに死ぬ).
de mal vivir いかがわしい生活をしている. gente *de mal vivir* いかがわしい生活をしている人々.
no dejar vivir 〚話〛を困らせる, 悩ませる, …に迷惑をかける. Los celos *no la dejaban vivir*. 彼女は嫉妬に悩まされていた.
no vivir 〚話〛心配で生きた心地がしない. Cada vez que sale mi hijo con la moto *no vivo*. 私の息子がバイクで出掛けるたびに私は生きた心地がしない.
Quien más vive, más sabe. 〚諺〛長生きする者ほど知恵がある.

vivisección

¿Quién vive? だれか(歩哨(ほしょう)の誰何(すいか)).
viva 万歳. ¡*Viva* el rey! 王様万歳.
vive Dios/vive Satanás/vive el diablo (怒りを表して)この野郎, ちくしょう.
vivir aprisa [*de prisa*] 身を粉にして働く, 働き過ぎる.
vivir para ver 《話》これは驚いた, 信じられない; 先が楽しみだ.

— 男 『形容詞と共に』生活, 暮らし; 生き方. — Tiene un seguro ～. 彼は堅実な暮しをしている.
de mal vivir 品行の悪い, 道を踏み外した. No te acerques a ellos; son gente *de mal vivir*. あいつらに近づくなよ. 奴らは不良だからな.

vivisección [biβisekθjón] 囡 《医学》生体解剖.

vivito [biβíto] 形 (＜vivo) ぴんぴんしている, 生き生きとした.
vivito y coleando (1) ぴんぴんしている. pescado *vivito y coleando* 獲れたてでぴんぴんしている魚. (2) 未解決の. El asunto sigue *vivito y coleando*. その件は未解決のままである.

**vivo, va [bíβo, βa ビボ, バ] 形 ❶ 生きている, 生命を持つ. — un ser ～ 生物. El alud enterró ～s a algunos esquiadores. 雪崩(なだれ)は何人かのスキーヤーを生き埋めにした. Es un milagro que esté ～. 彼が生きているなんて奇跡だ. 反 muerto. ❷ 存続している, 力を保っている. — ¡Cuidado!, que el fuego todavía está ～. 気をつけて, まだ火は消えてないからね. En esa región aún permanecen *vivas* algunas costumbres precolombinas. その地方ではコロンブス到着以前の慣習がまだ生きている. Su recuerdo quedará ～ en nuestra mente para siempre. 彼の思い出はずっと私たちの心で生き続けるでしょう. Se dice que hay más de seis mil idiomas ～s en el mundo. 世界に現存する言語は6千以上と言われている. 反 muerto. ❸ 活発な, 激しい, 強烈な. — Era un niño ～ e inquieto. 彼は活発でじっとしていない子供だった. fuego ～ 強火. La discusión fue muy *viva*. 議論は大変白熱した. Me gustan los colores ～s para vestir. 私は鮮やかな色の服を着るのが好きだ. Él tiene un temperamento ～. 彼は短気な性格である. Entonces sentí un ～ deseo de volver a mi tierra. そのとき私は故郷に帰りたいという強い願望を感じた. 類 fuerte, intenso. ❹ 生き生きとした, 眼前に見るような. — Nos hizo una *viva* descripción de lo ocurrido. 彼は起こったことを生々しく私達に語った. Ella es la *viva* imagen de su madre. 彼女は母親に生き写しだ. ❺ 鋭い, 敏捷な; 抜け目のない. — Tiene una inteligencia muy *viva*. 彼は鋭い知性の持ち主だ. Es muy ～ para los negocios. 彼は商売にかけてはかなりのやり手である. 類 astuto, despierto, listo. ❻ (建築)鋭角の. —arista *viva* 鋭角.

— 名 ❶ 抜け目ない人. — Es un ～; se aprovecha de todo. 彼は何でも利用するしたたか者だ. ❷ 生者, 生きている人.
al [*a lo*] *vivo* 生々しく, 激しく. Me contó su horrible experiencia *a lo vivo*. 彼は恐ろしい体験を生々しく私に語った.
al rojo vivo →rojo.
de lo vivo a lo pintado 月とスッポンほど(異なる). Entre eso y esto hay una diferencia como *de lo vivo a lo pintado*. それとこれとでは大違いだ.
de viva voz →voz.
en carne viva →carne.
en cueros vivos →cuero.
en vivo (1) 生放送[演奏]で. Presentamos el programa *en vivo*. 生中継でお送りいたします. (2) 直接に, じかに. Si vienes por aquí, vas a verlo *en vivo*. ここへ来たら直接彼と会えますよ. (3) 生きたまま. Ésta es una báscula para ganado *en vivo*. これは生きた家畜を計量する秤(はかり)です.
lo (*más*) *vivo* 急所, 肝心なところ. Ahí está *lo más vivo* de la cuestión. そこがこの問題のもっとも核心となるところです. Sus palabras le hirieron en *lo más vivo*. 彼の言葉は彼女のもっとも痛いところを突いた.
ni vivo ni muerto/ni muerto ni vivo どこにも…ない. Llevo buscándole todo el día pero no lo encuentro *ni vivo ni muerto*. もう丸1日彼を探しているのに影も形も見えない.

vi(z)- [βi(θ)-] 接頭 [vice- の異形] →*viz*conde, virrey.

vizcacha [biθkátʃa] 囡 《動物》ビスカーチャ(齧歯(げっし)類, チンチラ科の南米産小動物).

vizcaíno, na [biθkaíno, na] 形 ビスカヤ(Vizcaya)の.
— 名 ビスカヤの人.

Vizcaya [biθkája] 固名 ビスカヤ(スペイン北部の県).

vizcondado [biθkondáðo] 男 子爵の地位[財産, 領土].

*vizconde [biθkónde] (＜conde) 男 子爵; 伯爵の権限の代行者.

vizcondesa [biθkondésa] 囡 子爵夫人.

*vocablo [bokáβlo] 男 語, 言葉. — ～ adoptado 借用語. jugar del ～ 言葉遊びをする. 類 palabra, término.

*vocabulario [bokaβulárjo] 男 ❶ 『集合的に』語彙(い). — Este ejercicio tiene mucho ～. この練習問題には語彙がたくさんある. ❷ 語彙表[集], 用語表, 辞書. 類 diccionario. ❸ (ある言語の)総語彙. — El ～ español tiene muchos préstamos del francés. スペイン語の語彙にはフランス語からの借用語が多い. ❹ (ある作家や話し手の)語彙, 使用単語. — el ～ de Cervantes セルバンテスの語彙.

*vocación [bokaθjón] 囡 ❶ (職業や生き方への)傾向, あこがれ; 天職. — Al ver los cuadros de Picasso, se le despertó la ～ artística. 彼はピカソの絵を見て芸術家として生きる決心をした. ❷ 神のお召し, 召命.
errar la vocación 職業の選択を誤る.

vocacional [bokaθjonál] 形 天性の, 天職の.
vocacionalmente [bokaθjonálménte] 副 職業上, 使命として.

*vocal [bokál] 形 ❶ 声の, 音声の. —cuerdas ～*es* 声帯. música ～ 声楽. ❷ 口頭の, 言葉による. — oración ～ 声にしての祈り.

— 囡 ❶ (音声)母音, 母音字. — ～ abierta 開母音. ～ breve 短母音. ～ cerrada 閉母音. ～ larga 長母音. ～ nasal 鼻母音. ❷ (音楽)声楽.

— 男囡 (総会や委員会などで)発言権を持つ者,

委員.

vocálico, ca [bokáliko, ka] 形 《音声》母音の. —el sistema ~ del español スペイン語の母音体系.

vocalismo [bokalísmo] 男 母音体系[組織]. —el ~ del francés フランス語の母音体系. ~ tónico [átono] 音韻型[非音節型]母音体系.

vocalista [bokalísta] 男女 《音楽》ボーカリスト, 歌い手.

vocalización [bokaliθaθjón] 女 ❶《音楽》(特に "a" などの母音による)発声法. ❷《音声》母音化. ❸ はっきりとした発音. —Ese locutor tiene una ~ perfecta. そのアナウンサーは非常にきちんと発音する.

vocalizar [bokaliθár] [1.3] 他 ❶ をはっきり発音する. —Esa palabra es fácil de ~. その単語は発音しやすい. No *vocaliza* bien las erres. 彼は"R" をちゃんと発音できない. ❷《音声》を母音化する.

—— 自 《音楽》(母音を用いて)発声練習をする.

vocalmente [bokálménte] 副 声に出して, 言葉で, 口頭で. —A las preguntas se responderá ~ y no por escrito. 質問には筆記ではなく口頭で答えるように.

vocativo [bokatíβo] 男 《言語》呼格(呼びかけに用いる格).

voceador, dora [boθeaðór, ðóra] 形 大声を出す, 告げ知らせる; 触れ回る.

—— 名 ❶ 大声を出す人, 告げ知らせる人; 触れ回る人. —Esa mujer es la *voceadora* de todos los problemas de los vecinos. あの女は隣り近所の悩みごとを何でも言い触らす. 類 **pregonero**. ❷ (呼び込みをする物売り).《中南米》新聞売り.

—— 男 お触れを伝える役人 (= pregonero).

*****vocear** [boθeár] 自 大声を上げる, 叫ぶ. —Deja de ~, que está durmiendo la niña. 大声を出すのをやめろ, 子どもが寝ているから. 類 **gritar**, **vociferar**.

—— 他 ❶ を大声で言う, 触れ回る. —La señora *vocea* la salida de la prensa deportiva. 女性がスポーツ新聞を呼び売りしている. 類 **pregonar**. ❷ を大声で呼び止める. —*Voceó* el nombre para ver si su amigo se encontraba entre el público. 彼は群集の中に友人がいるか確かめようと名前を叫んだ. ❸ (秘密など)を言い触らす, 暴露する. —Periódicos y revistas *vocearon* la intimidad de la actriz. 新聞雑誌が女優の私生活を書き立てた. ❹ …に喝采を送る, 歓呼の声を上げる. —La gente *voceó* al cantante. 人々は歌手に喝采を送った. 類 **aclamar**. ❺ を物語る, 示す. —Su fabulosa casa de campo *vocea* su riqueza. 彼のすばらしい別荘はその豊かさを物語っている. 類 **manifestar**. ❻ を自慢気に言いふらす. —*Voceó* los favores que le hizo el embajador. 彼は大使が施してくれた恩恵を吹聴した.

vocejón [boθexón] 男 がなり声, どら声. 類 **vozarrón**.

vocería [boθería] 女 ❶ → vocerío. ❷ 通告を触れ回る仕事.

vocerío [boθerío] 男 叫び声, 騒ぐ声; 喧騒(ﾟ). —Cada mañana me despierta el ~ del mercado. 私は毎朝市場の喧騒で目が覚める. 類 **griterio**.

vocero [boθéro] 男 スポークスマン, 代弁者. 類 **portavoz**.

vociferación [boθiferaθjón] 女 騒ぐ声, わめきたて, 叫喚.

vociferador, dora [boθiferaðór, ðóra] 形 大声を出す, 叫びたてる.

vociferante [boθiferánte] 形 → vociferador.

vociferar [boθiferár] 自 大声を出す, 騒ぎ立てる. —Deja de ~ que vas a despertar a papá. 大騒ぎするのはやめなさい. お父さんが起きちゃうでしょう. 類 **vocear**.

—— 他 を触れ回る, (自慢気に)吹聴する; (大声で)言い立てる. —No creo que el favor que me ha hecho sea para ~lo. 私を助けてくれたのがあとでそれを吹聴するためだったとは思えない. Los espectadores *vociferaban* insultos al árbitro. 観客は審判にののしりの声を浴びせた. 類 **vocear**.

vocinglería [boθiŋglería] 女 わめき声, 騒ぎ立てる声; 騒々しさ, **chillería**, **vocería**.

vocinglero, ra [boθiŋgléro, ra] 形 大声で話す, わめきたてる; おしゃべりの. —No seas ~ y baja el tono de la voz. そんなにわめかないで, 声の調子を下げなさい.

—— 名 大声で話す人; (べらべらと)よくしゃべる人. —Los ~s suelen tener poca idea de lo que dicen. おしゃべりな人は自分が何を言っているかわかっていないことが多い.

vodca, **vodka** [bó(ð)ka] 〔<露〕男/女 《飲物》ウオッカ.

vodevil [boðeβíl] 〔<仏〕男 《演劇》ボードビル (歌, 踊り, 黙劇などが間に入る風刺的風俗劇).

vodevilesco, ca [boðeβilésko, ka] 形 《演劇》ボードビルの.

vodú [boðú] 男 《中南米》《宗教》ブードゥー教 (西インド諸島のハイチで行われる宗教. アフリカの宗教とカトリシズムが混交したもの).

vol. 《略号》= volumen …巻, 部; 量, 額; 音量.

volada [boláða] 〔<vuelo〕女 一飛び, (短距離の)飛行. —El gavilán atrapó a su presa en una ~. ハイタカは一飛びで獲物を捕まえた.

voladera [bolaðéra] 女 (水車の)水受け板.

voladero, ra [bolaðéro, ra] 形 ❶ 飛ぶ, 飛ぶことのできる. 類 **volante**, **volátil**. ❷ はかない, 束の間の. —un recuerdo ~ すぐに消え去る思い出. 類 **efímero**, **fugaz**.

—— 男 断崖. 類 **despeñadero**.

voladizo, za [bolaðíθo, θa] 形 張り出した, 突き出した. —viga *voladiza* 出っ張った梁(ﾟ).

—— 男 《建築》張出し; 軒, ひさし. 類 **saledizo**.

volado, da [boláðo, ða] 過分 形 ❶《印刷》肩つきの. —letras *voladas* 肩つきの文字. ❷《建築》張り出した, 突き出た. 類 **voladizo**.

estar volado 《話》(1) 落ち着かない, 気をもんでいる. *Estoy volado* porque no recuerdo si apagué la estufa. ストーブを消したかどうか覚えていないので気が気でない. (2) (麻薬で)幻覚状態にある.

—— 副 《中南米》急いで. —Salió ~ de la reunión. 彼は会合の場を急いで出た.

volador, dora [bolaðór, ðóra] 形 ❶ 飛ぶ. —pez ~ 飛魚. 類 **volante**. ❷ (飛ぶように)速い, 素早い. ❸ ぶら下がった, 吊るされた.

—— 男 ❶ ロケット花火. ❷《魚類》(a) ニシセミホウボウ. (b) イカの一種(マイカより大きく食用). ❸ 《中南米》《植物》レースバーク(ジンチョウゲ科の高

木). ❹《芸能》ボラドール(ポールの先端から下ろしたロープを体に結びつけて4人の男たちが鳥のように舞い下りてくる、メキシコ先住民族の伝統芸能).

voladura [boladúra] 囡 爆破, 発破(はっぱ). ~ de un edificio ビルの爆破.

volandas [bolándas] 〖次の成句で〗
en volandas (1) 宙吊りで, ぶら下がって, 担ぎ上げて. Los hinchas sacaron *en volandas* del estadio al ídolo. ファン達はアイドルをスタジアムから担ぎ出した. (2)《話》すっ飛んで, 大急ぎで. Voy *en volandas* a avisarle. すぐに彼に知らせに行ってくるよ.

volandera [bolandéra] 囡 ❶ (車軸などの)ワッシャー, 座金. ❷ (ひき臼の)回転石, 上臼. 類 **muela**. ❸《話, 比喩》うそ, 作り話. 類 **bola**, **mentira**.

volandero, ra [bolandéro, ra] 形 ❶ (ぶらさがった状態で)ゆらゆらする, 固定されていない. ― hojas *volanderas* 風に揺れる葉. ❷《比喩》不安定な, 定住しない. 類 **vagabundo**. ❸《比喩》偶発的な, その場の. ― un rumor ~ 一時的な噂(うわさ). un dolor ~ 一過性の痛み. 類 **casual**, **imprevisto, pasajero**. ❹ (鳥類)巣立ちの. 類 **volantón**.

volandillas [bolandíjas] 〖次の成句で〗
en volandillas →en volandas.

***volante** [bolánte] 形 ❶ 飛行する. ―objeto ~ no identificado 未確認飛行物体, UFO (略 ovni). ❷ 移動する, 固定場所をもたない;《軍事》遊撃の. ―La carrera ciclista será retransmitida por equipos ~s. 自転車競技は移動中継車によって放送される予定だ. sede ~ 移動基地. ❸ (壁などから)突出する, 出っ張っている. ―La paloma se posó en una de las figuras ~s de la fachada. 鳩は正面壁から張り出している像の1つに止まった.
― 男 ❶ 《自動車》ハンドル, (比喩的に)車, モータースポーツ. ―Le encanta ponerse al ~. 彼はハンドルに向かうのが好きである. Es un as del ~. 彼は運転がうまい[トッププレーサーである]. ❷ 書状, 書き付け;《中南米》ビラ. ―El médico le dio un ~ para que fuera al especialista. 医者は専門医にかかるように彼に紹介状を渡した. Los trabajadores salieron a la calle para repartir ~s. 労働者たちはビラを配りに町に出た. ❸《服飾》(服や壁掛けの)フリル, 縁飾り. ―El vestido lleva un ~ en las mangas. そのドレスには袖のところにフリルがついている. ❹《機械》はずみ車. ❺《スポーツ》(バドミントンの)シャトルコック, 羽根. ❻《スポーツ》ボランチ(サッカーで攻守の中心となるポジション).

volantín [bolantín] 男 ❶ (数個の針のついた)釣糸. ❷《中南米》凧. ❸《中南米》宙返り.

volantón, tona [bolantón, tóna] 形 (鳥類)巣立ちの.
― 图 巣立ちを迎えた雛(ひな)鳥.

volapié [bolapié] 男 《闘牛》ボラピエ(走りながら牛の肩を突く技, とどめをさす時に用いる).

****volar** [bolár ボラル] [5.1] 自 ❶ (a) 飛ぶ, 飛行する. ―El avión *volaba* a diez mil metros de altura. 飛行機は高度1万メートルを飛んでいた. El águila *vuela* buscando una presa. ワシは獲物を探して飛んでいる. (b) 飛行機旅行をする, (人が)飛ぶ, 飛行機を操縦する. ―El mes pasado *voló* dos veces a Madrid. 先月彼は2度マドリードへ飛んだ. El piloto *vuela* una vez a la semana. パイロットは週に1回空を飛んでいる. (c) 飛び上がる. ―El balón, lanzado por el guardameta, *voló* hasta más allá de la línea de medio campo. ゴールキーパーがけったボールはハーフウェイラインのかなたへ飛んだ. El chófer *voló* por los aires tras la explosión. 運転手は爆発のあと空に吹き飛ばされた. (d) (うわさなどが速く)伝わる. ―Los rumores *vuelan*. うわさは飛ぶように広がる. (e) 吹き飛ぶ, 飛び散る, 四散する. ―Han *volado* todos los papeles. 書類が全部吹き飛ばされた. (f) 飛び交う. ―Antes de entrar el profesor, *volaban* tizas en la clase. 先生が入って来る前には教室にはチョークが飛び交っていた. ❷ (あっと言う間に)無くなる, 消え失せる. ―Me descuidé un momento en la estación y mi cartera *voló*. 私が駅で一瞬油断していたら財布が消え失せた. ❸ (a) 大急ぎで行く, 飛んで行く. ―Tengo que ~ para llegar a tiempo al teatro. 私は劇場に間に合うよう急がねばならない. ¡Cómo *vuela* el tiempo! 時は何と速く過ぎることか. (b) 〖+a+不定詞〗大急ぎで…する. ―*Vuela* a comprar vino. 大急ぎで酒を買ってきてくれ. (c) 〖現在分詞の形で〗大急ぎで(…する). ―Desayuné *volando* para llegar a tiempo a la oficina. 私は会社に遅刻しないよう大急ぎで朝食をとった. ❹ 〖+de から〗自立する, ひとり立ちする. ―En cuanto el chico cumplió los veinte años, *voló* de casa. 青年は20歳になるとすぐ親の家を出た. 類 **emanciparse, independizarse**. ❺ (建物が)張り出す, 突き出る.
― 他 ❶ を爆破する. ―Los guerrilleros *volaron* el puente. ゲリラ兵たちは橋を爆破した. 類 **explosionar**. ❷ (鳥)を飛び立たせる. ―El perro de caza *vuela* a la perdiz. 猟犬はシャコを飛び立たせる. ❸ を怒らせる, いらいらさせる. ―Aquella pregunta la *voló*. あの質問は彼女を怒らせた. 類 **enfodar, irritar**.
echar a volar (ニュース・悪口)を広める, 言いふらす.
echarse a volar 飛び始める, 飛び立つ. Las palomas, asustadas por el ruido del camión, *se echaron a volar*. ハトはトラックの轟音(ごうおん)に驚いて飛び立った.
volando 急げ. ¡*Volando*!, que llegas tarde. 急がないと遅れるぞ.
― se 再 ❶ 舞い上がる; 吹き飛ぶ; 飛び去る. ―Entró viento y los papeles del escritorio *se volaron*. 風が吹いてきて机の上の紙が飛び散った. De la bofetada que le dio *se le volaron* las gafas. 平手うちをくらって彼の眼鏡が飛んだ. ❷《中南米》激怒する, いきり立つ.

volatería [bolatería] 囡 ❶ 鷹(たか)狩り, 訓練した鳥を用いた狩. ❷ 家禽(かきん)類, 鳥類. ❸ 雑念, とりとめのない考え. ―hablar de ~ 思うにまかせて話す.

volátil [bolátil] 形 ❶ 飛ぶ, 飛ぶことができる, (空中を)浮遊する. ―aves ~ 空中を飛べる鳥類. 類 **volante**. ❷《比喩》変わりやすい, 不安定な. ―No me puedo fiar de él porque tiene un carácter muy ~. 彼は気が変わりやすいので信用できない. 類 **inconstante, mudable, voluble**. ❸《化学》揮発性の, 蒸発しやすい. ―aceites ~es 揮発油. ❹《情報》(スイッチを切ると)消去さ

volatilidad [bolatiliðá(ð)] 女 飛ぶことができること; 不安定性; 揮発性.

volatilización [bolatiliθaθjón] 女 揮発, 蒸発.

volatilizar [bolatiliθár] [1.3] 他 揮発させる, 蒸発させる. 類 **evaporar, vaporizar**.

—— **se** 再 ❶ 蒸発する, 気化する. ——La gasolina *se volatiliza* en contacto con el aire. ガソリンは空気に触れると気化する. ❷《比喩》消えて無くなる. ——Los dulces que habían en el plato *se han volatilizado*. お皿にあったお菓子はすっかりなくなってしまった.

volatín [bolatín] 男 (綱渡りなどの)曲芸, 軽業; 曲芸師, 軽業師. ——hacer *volatines* 曲芸をする. 類 **acrobacia**.

volatinero, ra [bolatinéro, ra] 名 (綱渡りなどの)曲芸師, 軽業師. 類 **acróbata, volteador**.

‡**volcán** [bolkán] 男 ❶ 火山. —~ activo 活火山. —~ apagado [extinto] 死火山. —~ inactivo 休火山. El ~ entró en erupción. 火山が爆発した. ❷ 激しい感情, 激情. ——Su corazón es un ~ de ira. 彼の怒りは激しかった.

estar sobre un volcán 危険な状況にある, 一触即発の状況である. *Estamos sobre un volcán, porque en cualquier momento puede estallar la guerra*. 今はとても危険な状況だ. 何故ならいつでも戦争が起こりそうだから.

volcanada [bolkanáða] 女《中南米》風の一吹き, ぷんとした匂い.

volcánico, ca [bolkániko, ka] 形 ❶ 火山の, 火山性の. —actividad *volcánica* 火山活動. rocas *volcánicas* 火山岩. ❷《比喩》燃えるような, 激しい. —un carácter ~ 激しい気性. 類 **ardiente, fogoso**.

***volcar** [bolkár] [5.3] 他 ❶ 倒す, ひっくり返す. —Sin querer, *volqué* la botella. 思わず私はびんを倒してしまった. *Volcó* un vaso de vino sobre mi chaqueta. 彼は私の上着の上にワイングラスをひっくり返した. ❷ (中身)をぶちまける. —Ella *volcó* el contenido de la bolsa sobre la alfombra. 彼女はじゅうたんの上にかばんの中身をぶちまけた.

—— 自 ひっくり返る, 転覆する, 横転する. —A la bajada del puerto *volcó* el camión. 峠の下りでトラックが転覆した.

—— **se** 再 ❶ 倒れる, ひっくり返る. —*Se ha volcado* un camión que cargaba melones. メロンを積んでいたトラックがひっくり返った. ❷〖+con に対して〗気を配る, できるだけの事をする. —Ella *se vuelca con* las amigas. 彼女は友だちのためにできるだけの事をしてやる. ❸〖+en に〗没頭する, 専念する. —*se vuelca en* la pintura 絵画に傾倒する. *Se volcó* para sacar las mejores notas. 彼は最高の成績をとろうと懸命になった. 類 **afanarse, esforzarse**.

volea [boléa] 女《スポーツ》ボレー(球が地につかないうちに打ち返すこと). —media ~ ハーフボレー. Metió un gol de ~. ボレーでシュートを決めた. El tenista devolvió la ~ de su adversario. そのテニス選手は相手のボレーを打ち返した.

volear [boleár] 他 ❶《スポーツ》(球など)を打ち返す. ❷ (種など)をばらまく.

—— 自《スポーツ》ボレーをする.

‡**voleibol** [boleiβól] 男《スポーツ》バレーボール. 類 **balonvolea, volibol**.

voleo [boléo] 男 ❶《スポーツ》→volea. ❷《話》一撃, 平手打ち. 類 **bofetón, cachetada**. ❸ (スペイン舞踊で)ボレオ(足を高く振り上げる動作).

a [*al*] *voleo* ばらまくように, ばらばらに. Repartieron *a voleo* el resto de los dulces entre todos. 残りのお菓子は皆に適当に分けた.

sembrar al voleo 種をばらまく.

de un [*del primer*] *voleo*《話》素早く, さっと. Voy y vuelvo *de un voleo*. ぱっと行って戻ってくるよ.

volframio [bolfrámjo] 男《化学》タングステン(記号 W). 類 **tungsteno, wolframio**.

‡**volibol** [boliβól] 男 バレーボール. 類 **balonvolea, voleibol**.

volición [boliθjón] 女 意志作用, 意志力.

volitivo, va [bolitíβo, βa] 形 意志の, 意志に基づいた;《文法》意志を表す.

volquete [bolkéte] 男 ダンプカー, 放下車(荷台を傾けて積載物を落とす車).

voltaico, ca [boltáiko, ka] 形《電気》ボルタ式の, ボルタ電池の, 流電気の. —arco ~ 電弧. pila *voltaica* ボルタ電池.

voltaje [boltáxe] 男《電気》電圧, 電圧量, ボルト数. —cables de alto ~ 高圧電線.

voltámetro [boltámetro] 男《電気》ボルタメーター, 電解電量計.

voltariedad [boltarjeðá(ð)] 女《まれ》移り気, 気まぐれ.

voltario, ria [boltárjo, rja] 形《中南米》移り気な, 気まぐれな, わがままな.

volteada [bolteáða] 女《中南米》❶《牧畜》家畜の駆り集め. ❷ 転向, 脱党.

volteador, dora [bolteaðór, ðóra] 名 曲芸師, 軽業師. 類 **acróbata, volatinero**.

‡**voltear** [bolteár] 他 ❶ (*a*) をひっくり返す, 裏返す, 逆さにする. —~ un vaso コップを逆さにする. ~ una silla いすをひっくり返す. ~ la tierra 土地を掘り起こす. (*b*) をぐるっと回す; 引き回す;《闘牛》(牛が闘牛士)を角で引っ掛けて振り回す. —El primer toro *volteó* al torero. 最初の牛が闘牛士を角で引っ掛けて振り回した. ❷ を一変させる, 変化させる. ❸ (鐘)を突く, 打ち鳴らす. —~ las campanas 鐘を突く, 鐘を打ち鳴らす. ❹《チリ》(身体の一部)を回す, ひねる. ❺《中南米》(容器)をひっくり返す, こぼす.

—— 自 ❶ (方向)が変わる, 曲がる. —~ a la izquierda 左へ曲がる. ❷《中南米》帰る, 戻る.

—— **se** 再 ❶《中南米》(政治的に)転向する, 鞍替えする. ❷《中南米》振り向く. ❸《アルゼンチン》《俗》〖+con と〗セックスする.

volteo [boltéo] 男 ❶ ひっくり返し, 反転, 回転. ❷ 曲馬術, 曲乗り. ❸ 鐘の打ち鳴らし.

voltereta [boltetéta] 女 宙返り, とんぼ返り. —dar una ~ 宙返りをする.

volterianismo [bolterjanísmo] 男 ボルテール(Voltaire)主義[哲学]; (特に宗教, 哲学における)懐疑的態度.

volteriano, na [bolterjáno, na] 形 ボルテール主義の; 懐疑主義の.

—— 名 ボルテール主義者; 懐疑主義者.

voltímetro [boltímetro] 男《電気》電圧計.

voltio [bóltjo] 男《電気》ボルト(略号 V). —tensión de cien ~s 100 ボルト電圧. La corriente eléctrica que usamos aquí tiene una potencia de 220 ~s. ここで使用されている電流は220ボルトの出力を持っている.

volubilidad [boluβiliðá(ð)] 囡 ❶ 変わりやすさ, 移り気. —~ de carácter 移り気な性格. ❷《植物》巻き付きやすさ.

voluble [bolúβle] 形 ❶ 変わりやすい, 移り気の, 気まぐれな. —No tengo confianza en él porque es una persona ~. 彼は気まぐれだから信用できない. 類 **caprichoso, variable, versátil**. ❷《植物》巻き付く.

:**volumen** [bolúmen] 男〔複 volúmenes〕 ❶ 大きさ, かさ; 体積, 容積. —El ~ de esta caja es casi el doble del de aquélla. この箱の容積はあの箱のおよそ2倍だ. ❷ 巻, 冊. —La obra completa del autor consta de tres *volúmenes*. その作家の全集は3巻本である. 類 **tomo**. ❸ 音量, 声量, 音の大きさ. —No pongas la radio a todo ~. ラジオの音量をいっぱいにするな. ❹ 量, 規模; 出来高. —~ de capital invertido 投下資本高. ~ de negocios [ventas] 取引き高. una empresa de mucho ~ 大規模な企て.

volumetría [bolumetría] 囡 容量[体積]測定(法).

volumétrico, ca [bolumétriko, ka] 形 容量[体積]測定の.

__voluminoso, sa__ [boluminóso, sa] 形 分量の多い, かさのある, 分厚い. —Está leyendo una novela *voluminosa*. 彼は今長編小説を読んでいる. Tenía los labios ~s. 彼は厚い唇をしていた. Iba acompañado de una *voluminosa* mujer. 彼は体格のいい女性を連れていた.

voluntad [boluntá(ð) ボルンタ] 囡 ❶ 意志(の力), 意欲, 決意. —buena ~ 善意, 好意, 親善. mala ~ 悪意. ~ divina 神意. ~ ferrea [de hierro, indomable] 不屈の意志. Lo hizo por su propia ~. 彼は自らの自由意志でそれをした. Él no tiene ~ de dimitir. 彼には辞職する意志はない. Este joven tiene mucha [poca] ~. この若者はやる気がある[ない]. Tuve que asistir a la reunión contra mi ~. 私は自分の意志に反して[しぶしぶ]その会合に出ねばならなかった. Para dejar de fumar se necesita fuerza de ~. 禁煙するには意志の力が必要だ. ❷ 意思, 意向; 望み, 願い. —última ~ 遺言. Su ~ es trabajar en el extranjero. 彼の意思は外国で働くことだ. Por ~ del cliente, se ha anulado el contrato. 顧客の意向により契約が解除された. Puedes hacerlo a tu ~. 君の好きなようにやっていい. Es muy egoísta y siempre hace su ~. 彼はわがままで, いつも好き勝手なことをしている. La situación va de mal en peor por razones ajenas a nuestra ~. 事態は我々の思惑と関係なくどんどん悪い方に進んでいる. ❸ 愛情, 好意; 好み, 愛着. —María tiene (buena) ~ a su compañero. マリアはパートナーに好意を抱いている. Es muy sincero y se gana la ~ de todos. 彼はとても誠実なのでみんなに好意をもたれている. 類 **cariño**.

a voluntad 自由に, 好きなように, 随意に. Aquí nadie le ha impuesto nada, ha actuado siempre *a voluntad*. ここでは誰も彼に何も言わないので, いつも好き勝手に振舞ってきた. Esta válvula puede abrirse o cerrarse *a voluntad*. このバルブはいつでも開閉できる.

buena voluntad 好意, 善意. Me ofrecí a ayudarle de *buena voluntad*. 私は好意で援助を申し出た. Si hay *buena voluntad* por parte de todos, llegaremos a un acuerdo. 皆にその気があるなら私達は意見の一致をみるだろう.

zurcir voluntades 色事のとりもちをする. Ese tío se gana la vida *zurciendo voluntades*. そいつはポン引きで生計を立てている.

voluntariado [boluntarjáðo] 男《軍事》志願による入隊;《集合的》志願兵, 義勇兵.

voluntariedad [boluntarjeðá(ð)] 囡 ❶ 意志に基づくこと, 自発性, 随意. —La ~ de tu decisión es lo que importa. 肝心なのは君が自発的に決めるかどうかだ. ❷ わがまま, 気まぐれ; 意志の強さ. —Su ~ me saca de quicio. 彼のわがままには腹が立つ.

:**voluntario, ria** [boluntárjo, rja] 形 自由意志による, 自発的の; 随意の. —Su renuncia fue obligada, no *voluntaria*. 彼の辞職は強制されたものであって, 自分の意志によるのではなかった. Fue una acción *voluntaria*. それは自発的な行動だった. La contribución está abierta, en período ~, hasta el año próximo. 寄付は来年まで随時受け付けます. músculo ~ 随意筋.
— 图 ボランティア, 志願兵. —Trabajo en un hospital como ~. 私はある病院でボランティアとして働いています.

voluntarioso, sa [boluntarjóso, sa] 形 ❶ 熱意のある, 意志が強い. ❷ わがままな, 我が強い, 強情な; 気まぐれな. —No seas tan ~ y ponte en el lugar del otro. そんなに我を張らないで相手の身になってごらん. 類 **caprichoso, obstinado, testarudo**.

__voluptuosidad__ [boluptuosiðá(ð)] 囡 官能性, 肉感性; 官能的快楽.

__voluptuoso, sa__ [boluptuóso, sa] 形 ❶ 官能的な, 肉感的な. —Ella tenía formas *voluptuosas*. 彼女は豊満な体つきをしていた. Es una mujer *voluptuosa*. 彼女はセクシーな女性だ. 類 **sensual**. ❷ 享楽的な, 快楽を求める. —Llevaba una vida *voluptuosa*. 彼は快楽に溺れた生活を送っていた.
— 图 享楽的な人.

voluta [bolúta] 囡 ❶《建築》(イオニア式, コリント式の柱頭などに見られる)渦巻き型の装飾. ❷ せん形のもの. —~ de humo 立ち上る煙. 類 **espiral**. ❸《貝類》ヒタチオビ科(ガクンボラ科)の巻き貝.

volver [bolβér ボルベル] [5.11] 自 ❶ (a)〔+a に〕戻る, 帰る, 帰ってくる. —Volvió a casa a las cinco. 彼は5時に家に戻った. Ha vuelto a su país. 彼は故国へ帰った. Volveré en un momento. 私はすぐに戻ってくる. Vuelve del pueblo natal. 彼は郷里から戻ってくる. Aún no ha vuelto del viaje. 彼はまだ旅行から帰ってきていない. Volvamos al asunto que nos ocupa. 私たちの懸案に戻ろう. 類 **regresar** (主に中南米で使用). (b) (ある状態に)戻る, 返ってくる. —Las desgracias *volvieron* con la guerra. 戦争とともにいろいろな不幸がぶり返してきた. Le *volvió* la alegría perdida. 彼に失っていた喜びが戻ってきた. Ha vuelto el calor. 暑さが戻ってきた. ❷〔+a +不定詞〕再び[また]…する. —Volvió a visitar España. 彼は再びスペインを訪れた.

~ a empezar 再び始める. ❸【+aへと】曲がる, 向きを変える. ― *Vuelva* usted *a* la derecha. 右へ曲がってください. 類**doblar, torcer**. ❹【+porを】守る, 保護する. ― ~ *por* su fama 自分の名声を守る. ~ *por* un amigo 友人を守る. 類**defender**.

volver a nacer 一命を取り留める. *Ha vuelto a nacer después de su grave accidente.* 重大事故後も一命は取り止めた.

volver atrás 後戻りする, 引き返す. *Como se dio cuenta de que se había equivocado de camino, volvió atrás.* 道を間違えたことに気が付いて彼は後戻りした.

volver de vacío (1) 手ぶらで戻って来る. *Fui a buscar el libro que tanto deseaba, pero no lo encontré y volví de vacío.* 私は大変欲しかった本を探しに行ったが見つからず, 手ぶらで帰って来た. (2) 不成功に終わる, 失敗する. *Fui a pedir dinero a mi hermana, pero volví de vacío.* 私は姉にお金をねだりに行ったが, 不成功に終わった.

volver en sí 我に返る, 意識を取り戻す. *Se desmayó, pero enseguida volvió en sí.* 彼は失神したが, すぐに意識を取り戻した.

volver sobre sí 思いとどまる.

―― 他 ❶ を裏返す, ひっくり返す, 反転させる. ― ~ la tortilla オムレツをひっくり返す *Vuelve* los calcetines, que los llevas al revés. 靴下を裏返せよ, 裏返しに履いているよ. ❷【+a/haciaへ】を向ける, 振り向ける, …の向きを変える. ― ~ la espalda 背中を向ける. ~ la cabeza 頭を振り向ける. *Volvió* los ojos *hacia* mí. 彼は私の方へ目を向けた. ❸ (ページなどを)めくる. ― ~ la página ページをめくる. ❹【+aに】を返す, 戻す, 返却する. ― *Algún día te volveré* el favor que me has hecho. あなたがくれた好意をいつか私はお返ししよう. *El ama de casa volvió los platos al aparador.* 主婦は食器戸棚へ皿を戻した. *El tenista no podía ~ los reveses de su contrincante.* そのテニス選手は相手のバックハンドストロークを打ち返すことができなかった. 類**devolver**. ❺【+名詞/形容詞】に変える. ― *Los éxitos lo han vuelto frío y orgulloso.* 数々の成功が彼を冷たいうぬぼれ屋に変えた. *Esa chica lo vuelve loco.* その少女は彼を夢中にさせる. *El nuevo director volvió las pérdidas en ganancias.* 新しい経営者は損失を利益に変えた. ❻ (ドアなどを)閉める, 回転させる. ― ~ la puerta ドアを閉める. ❼ を翻意させる.

volver lo de arriba abajo ひっくり返す, 引っかきまわす.

―― se 再 ❶【+aへ】帰る, 戻る; 引き返す. ― *Terminadas las vacaciones, se volvió* de su pueblo *a* Madrid. 休暇が終わったので, 彼は自分の村からマドリードへ戻った. ❷【+名詞・形容詞】(…に)なる, 変わる. ― ~ *se* loco 狂人になる. *Su cara se volvió* pálida. 彼は顔面蒼白になった. *Con los años se le ha vuelto* muy tacaño. 年をとるとともに彼は非常にけちになった. ❸【+haciaの方を】振り向く, 振り返る, 向く. ― *Al oír la voz se volvió hacia* mí. 彼は声を聞くと私の方に振り向いた. ❹ 裏返しになる, ひっくり返る. ❺【+deについて】翻意する.

no tener a dónde volverse 帰る所がない; 頼る人がいない.

todo se LE vuelve … …するばかりとなる. Después de que murió su hijo *todo se le vuelve* llanto. 息子が死んでからというもの彼は泣いてばかりいる.

volverse atrás 約束を破る, 前言を撤回する. *Si ahora te vuelves atrás*, me haces polvo. もし君が約束を守らないのなら私は破滅だ.

volverse (en) contra (de) … かえって…に裏目に出る. *Su buena intención se volvió contra él.* 彼の善意はかえって彼に裏目に出た.

vólvulo [bólβulo] 男 《医学》腸捻転(ねんてん)(= ~ intestinal).

vómer [bómer] 男 《解剖》(鼻の)鋤骨(じょこつ).

vómico, ca [bómiko, ka] 形 →vomitivo.

****vomitar** [bomitár ボミタル] 他 ❶ (*a*) を吐く, もどす. ― Se mareó en el barco y *vomitó* todo lo que había tomado. 彼は船酔いして食べたものをすべて吐いた. 類**devolver**. (*b*) を吐いた物で汚す. ― El niño me *ha vomitado* encima. 子供が吐いて私は汚されてしまった. ❷ を噴出[放出]する, 吹く. ― El volcán *vomita* lava. 火山は溶岩を噴出している. Los fusiles *vomitaban* fuego. 銃が火を吹いていた. ❸ (*a*) 自白する, 白状する, 吐く. ― Le hicieron ~ todo lo que había robado. 彼は盗んでいたもの全部について白状させられた. (*b*) (悪口)を浴びせる. ― La anciana empezó a ~ toda clase de insultos contra mí. 老女は私に対して悪口雑言の限りを尽くし始めた. 類**prorrumpir, soltar**.

―― 自 吐く, 嘔吐する.

vomitera [bomitéra] 女 →vomitona.

vomitivo, va [bomitíβo, βa] 形 ❶ 《医学》吐き気を催させる. ❷《比喩》へどが出そうな, ひどくまずい. ― La sopa que sirven en ese chiringuito es *vomitiva*. あの屋台で出すスープは最悪だ.

―― 男 《医学》吐剤.

***vómito** [bómito] 男 ❶ 吐くこと, 嘔吐(おうと). ― ~ de sangre 黄熱病. ~ negro [prieto] 喀血(かっけつ). ❷ 吐いた物, 反吐(へど).

provocar a vómito 《俗》不愉快にさせられる, 反吐(へど)が出る. *Su cara altiva me provoca a vómito*. 彼の高慢な顔をみると反吐(へど)が出る.

vomitona [bomitóna] 〔<vómito〕女 《話》(繰り返し起こる)激しい嘔吐. ― Mi hijo tuvo una ~ anoche. 昨晩息子はひどく吐いた.

vomitorio, ria [bomitórjo, rja] 形 《医学》 →vomitivo. ―― 男《建築》(古代ローマの円形劇場, 現代の競技場の)出入り口, 通用門.

voracidad [boraθiðá(ð)] 女 ❶ 旺盛な食欲, がつがつ食べること. ― La ~ del cocodrilo es impresionante. ワニの食欲旺盛さには驚かされる. ❷ 貪欲さ, むさぼるような熱心さ. ― Lee todo tipo de revistas con ~. 彼はあらゆる種類の雑誌をむさぼり読んでいる. ❸ (火の)猛威.

vorágine [boráxine] 女 ❶ 大渦巻き. 類**tromba**. ❷《比喩》騒乱, 喧騒. ― Le encanta la ~ de las grandes ciudades. 彼は大都会の騒々しさが大好きである. 類**torbellino**. ❸《比喩》(激情の)嵐, 渦. ― Una ~ de celos lo enajenó. 嫉妬の炎で彼は逆上した.

voraz [boráθ] 形 [複 voraces] ❶ がつがつした, むさぼるような, 貪欲な. ― Aquellos *voraces* cerdos acabaron con el maizal. あの食欲な豚ども

が畑のトウモロコシを食べ尽くしてしまった. Mostró una hambre — cuando le ofrecieron de comer. 彼は食べ物を出されるとすさまじい食欲を見せた. ❷ 〖比喩〗(火が)勢いのある, 激しい. —Un fuego — arrasó toda la ciudad. 火は恐ろしい勢いで町中を焼きつくした.

vórtice [bórtiθe] 男 ❶ 渦, 渦巻き; つむじ風. 類 **remolino, torbellino**. ❷ 〖気象〗台風(の目), 熱帯低気圧(の中心).

vorticela [bortiθéla] 女 〖虫類〗ツリガネムシ.

vortiginoso, sa [bortixinóso, sa] 〔<vórtice〕形 渦を巻く, つむじ風の.

‡**vos** [bós] 代(人称)〖中南米〗〖2人称単数主格・前置詞格; 親しい間柄の相手に tú の代りに用いる〗❶ 〖主語として〗君[おまえ]が[は]. ❷ 〖叙述補語として〗…は君[おまえ](だ).〖このような場合には動詞は叙述補語に一致する〗. ❸ 〖前置詞の後で用いられる〗君, おまえ. —¿Sos vos? それは君か? ❹ 〖2人称複数主格・前置詞格; 身分の高い相手に対して用いる〗〖古〗あなた(が, は), あなたがた(が, は).

vosear [boseár] 他 …に vos を用いて話しかける.
—自 vos を用いて話す(→voseo, voseo).
—男 〖言語〗(tú の代りに)vos を用いて話すこと. ◆この代名詞体系はアルゼンチン, ウルグアイ, パラグアイ, およびパナマ以外の中央アメリカなどで一般的に見られる. →vos.

voseo [boséo] 男 〖中南米〗話し相手を (tú でなく)vos で呼ぶこと.

‡**vosotras** [bosótras] 代 (人称)〖vosotros の女性形〗あなたたち(が, は).〖全員が女性のときにだけ用いられる〗.

****vosotros** [bosótros ボソトロス] 代(人称)〖女 vosotras〗〖2人称複数主格・前置詞格; 親しい間柄の相手に対して用いられる. 中南米やスペインの南部では vosotros の代わりに ustedes が用いられる〗. ❶ 〖主語として〗君[おまえ]たちが[は]. —¿V~ sois estudiantes? 君たちは学生ですか〖主語の代名詞は表示しないのが普通. わざわざ主語を示すときは強調や対比の意味がある: ¿Sois estudiantes?〗 ❷ 〖叙述補語として〗…は君[おまえ]たち(だ). —Sois ~ los que tienen [tenéis] que decidir. 決定をしなければならないのは君たちだ〖この場合, 動詞は叙述補語に一致する. Son ~. とはならない〗. ❸ 〖前置詞の後で用いられる〗君[おまえ]たち. —Con ~ iré a la playa. 君たちといっしょに海岸へいこう. Me acuerdo mucho de ~. 私は君たちのことをよく覚えている.

‡**votación** [botaθjón] 女 ❶ 投票(すること), 票決. —Los socios decidieron por ~ que él fuera el presidente. 会員たちは投票によって彼を会長に決定した. ❷ 投票数, 得票. —una ~ nutrida 大量の投票. ❸ 投票法, 票決法. —La ~ fue a mano alzada. 投票法は挙手によるのだった. ~ nominal 記名投票. ~ ordinaria (挙手や起立などによる, 誰が何に投票したかがわかる)一般投票. ~ secreta 無記名投票. 類 **voto**.

votante [botánte] 形 投票する.
—男女 投票者; 有権者.

‡**votar** [botár] 他 ❶ …に投票する. ❷ を票決する, 議決する. —Debemos ~ si hacemos huelga o no. われわれはストライキをやるかどうかを投票で決めなければならない.
—自 ❶〖+a/por に〗投票する. —~ a favor [en contra] 賛成[反対]票を投じる. ~ en blanco 白票を投じる. Votaré a un partido de la oposición. 私はある野党に投票するだろう. ❷ (神などに)誓う. 類 **jurar**. ❸ ののしる, 悪態をつく.
¡Voto a Belcebú [a tal, a bríos]! 何だと, くそっ, そりゃ驚いた.

votivo, va [botíβo, βa] 形 奉納した. —misa votiva 奉納ミサ.

‡**voto** [bóto] 男 ❶ (a) 投票, 賛否表示. —~ de censura 不信任投票. ~ de confianza 信任投票; 信任. (b) (個々の)票, 投票. —El proyecto fue aprobado por veinte ~s a favor y cinco ~s en contra. 賛成 20 票, 反対 5 票でその計画は承認された. ~ de calidad 決定投票(可否同数の時議長が投ずる一票). (c) 投票方法. —~ secreto 無記名投票. 類 **votación**. (d) 票決権, 選挙権. —En el comité el tiene voz pero no ~. 委員会で, 彼は発言権はあるが票決権はない. ~ pasivo 被選挙権. (e) 投票者, 有権者. 類 **votante**. ❷ (a) (神や聖人などに対して行う)誓い, 誓約. —Ha hecho ~ de dejar el juego. 彼は賭け事を断つと神に誓っている. (b) 修道士(聖職者)になるときの誓い. —~ de castidad 貞節の誓い. ~ de obediencia 恭順の誓い. ~ de pobreza 清貧の誓い. ❸ 意見, 見解. —Él tiene su propio ~ sobre ese asunto. 彼はこの件について独自の意見を持っている. 類 **opinión, parecer**. ❹ 不敬な言葉, ののしりの言葉. ❺ 希望, 願望. —Hago ~s por el restablecimiento de su padre. 私はあなたのお父さんの健康が回復することを願っております. 類 **deseo**. ❻ (祈願の実現に対する返礼としての)奉納物. 類 **exvoto**.

vox [bó(k)s] 〔<ラテン〕〖次の成句で〗
vox pópuli (=voz del pueblo) 世論, 一般的に認められていること.
Vox pópuli, vox Dei. 〖諺〗民の声は神の声(→世論には勝てない).

voy [bój] 自 ir の直・現在・1 単.

voyeur [bojér] 〔<仏〕形 のぞき魔の.
—男女 のぞき魔, 窃視症の人.

voyeurismo [bojerísmo] 〔<仏〕男 のぞき; 窃視症.

****VOZ** [bóθ ボス] 女 〖複 **voces**〛 ❶ (a) (人や動物の)声, 音声; 声の質, 声の調子. —~ aguda 金切り声. ~ argentina よく通る声. ~ empañada かすれ声. ~ de trueno 蛮声, 大音声(おんじょう). ~ opaca 弱々しい声. ~ tomada しゃがれ声. ¿No has oído una ~? 何か声が聞こえなかったかい. (b) 〖比喩〗(実際には出しはしないもの の)声. —~ de la conciencia 良心の声. ~ del cielo 天の声, お告げ. ❷ (楽器や自然などの)音, 響. —~ del órgano オルガンの音. ~ del viento 風の音. ❸ 〖主に 複〗叫び声, 怒鳴り声, 大声. —~ de mando 指揮などでの大きな命令. Dale una ~, y dile que venga. 大きな声を出して彼に来るように言いなさい. No tienes que dar *voces*, que no somos sordos. 私たちは耳がわるいわけではないから, 君は怒鳴る必要はない. ❹ 言葉, 語. —El español moderno ha aceptado muchas *voces* inglesas. 現代スペイン語は沢山の英語の言葉を受け入れてきている. ❺ (曲や合奏の)声部, パート. —~ cantante 第1声部. segunda ~ 第2 声部. Ellos cantaron una canción a cuatro *voces*. 彼らは 4 部合唱の曲を 1 曲歌った. ❻ 歌手, ボーカル. —Nos faltan *voces* femeninas para organizar un coro. 私たちが合唱団を組織するには女性の歌手が欠けている. ❼ (a) 意見, 声. ― ～ pública 世論, 民衆の意見. Sus manifestaciones representan la ～ de todos los futbolistas. 彼の声明は全てのサッカー選手の声を代表している. (b) うわさ, 風聞; 中傷. ― ～ común 風説, 人のうわさ話. Corre la ～ de que nuestra compañía está a punto de quiebra. 私たちの会社が破産寸前だといううわさが流れている. ❽ (代表する)人・物. ―Ese autor constituye la ～ más representativa de la novela actual. その作家は現代小説の最も代表的な人物である. ❾ (議会や集会での)発言権. ―Aquellos delegados asistieron con ～ y voto al consejo. あの代議員たちは発言権と投票権を持って(完全な資格で)理事会に出席した. ❿ 《文法》態. ― ～ activa 能動態. ～ media 中間(動)態. ～ pasiva 受動態.

aclarar la voz 喉(²)の調子を整える. Mientras hablaba, el conferenciante carraspeó con frecuencia para *aclarar la voz*. 話すとき, その講演者は度々喉(²)の調子を整えるために咳(½)払いをした.

ahuecar la voz 語気を強める. Él *ahuecó la voz* para que le escucháramos con más atención. 私たちがもっと注意深く聞くよう, 彼は語気を強めた.

alzar la voz 横柄な口をきく. No te permito que *alces la voz* a tu madre. おまえがお母さんに向って横柄な口をきくのを私は許さない.

a media voz 小さい声で, 低い声で. Hablaban *a media voz* para no molestar al enfermo. 病人の迷惑にならないよう彼らは小声で話した.

anudarse la voz (感動で)声が詰まる. *Se me anudó la voz* con la intensa emoción que sentí. 激しく感動して私は声が詰まった.

a una voz 満場一致で. Adoptaron *a una voz* el proyecto. 彼らは満場一致でその計画を採択した.

a voces 大声で, 叫んで. Había mucho ruido y teníamos que hablar *a voces*. とてもうるさかったので私たちは大声で話し合わねばならなかった.

a voz en cuello [*en grito*] 精一杯声を張り上げて. Está tan sordo que hay que hablarle *a voz en cuello*. 耳がとても遠いので精一杯声を張り上げて彼に話す必要がある.

dar voces al viento [*en desierto*] 無駄なこと[努力]をする. Procurar convencerle es *dar voces al viento*. 彼を説得しようなんてことは無駄な努力をすることだ.

de viva voz (1) 口頭で, 口述で. Se lo comunicaré *de viva voz*. 私は口頭で彼にそのことを伝えよう. (2) 耳で聞いて. El niño aprendió toda la poesía *de viva voz*. その子はそれらの詩をすべて耳で聞いて覚えた.

empañarse la voz (感動で)声がかすれる. Mientras hablaba *se le empañó la voz*. 話をしている間, 彼の声はかすれた.

en voz 言葉で, 口頭で.
en voz alta 高い声で, 声高に.
en voz baja 低い声で, 小さい声で.

estar en voz (1) (歌うために)声の状態[調子]がよい. Se notaba que el cantante no *estaba* hoy *en voz*. その歌手は, 今日は声の状態がよくないようだった. (2) (何かをするのに)よい状態である. Estos días no *estoy en voz* para nada. 私はこの2, 3日, 何もできるような状態でない.

estar pidiendo a voces (物事が何かを)緊急に必要としている. Estas paredes *están pidiendo a voces* que las repinten. これらの壁は急いで塗り替えが必要である.

levantar la voz →alzar la voz.

llevar la voz cantante 指導権を握っている, のさばっている. En nuestro grupo no hay nadie que *lleve la voz cantante*. 私たちのグループには, のさばっている者は誰もいない.

pedir a voz en grito 甲高い声で要求する. En la reunión todos *pedían a voz en grito* la dimisión del presidente. 集会では全員がその社長の辞任を甲高い声で要求した.

temblar la voz 声が震えてとぎれとぎれになる. Al dar las gracias, estaba tan emocionado que le *temblaba la voz*. 感謝の気持ちを述べる時, 感動のあまり彼の声は震えてとぎれとぎれになっていた.

tener la voz tomada 声がかれて[かすれて]いる. *Tiene la voz tomada* a causa del resfriado. 風邪のために彼の声はかれている.

tomarse la voz 声がかれる[かすれる]. Cogió un resfriado y *se le tomó la voz*. 彼は風邪をひいて声がかれた.

vozarrón [boθaɾón] [＜voz]男 どら声, 太く濁った声. ―Con su ～ asusta a todo el mundo. 彼はその太い声で皆をびっくりさせる. 類 **grueso, potente**.

Vto. Bno. 《略号》 =visto bueno 検査済み, OK.

vudú [buðú] 男 →vodú.

***vuecencia** [bueθénθia] 男女 『vuestra excelencia の縮約形. vuecelencia の形もある』閣下, 貴下.

vuel(-) [buél(-)] 動 volar の直・現在, 接・現在, 命令・2単.

vuelapluma [buelaplúma] 《次の成句で》
a vuelapluma 筆に任せて, 走り書きで.

vuelc- [buélk-] 動 volcar の直・現在, 命令・2単.

***vuelco** [buélko] [＜volcar]男 ❶ ひっくり返り, 転倒, 転覆; こぼれること. ―Frenó de repente, el coche coleó y cayó dando ～s al río. 彼が急ブレーキをかけると車はローリングして, 川へ落ちてひっくり返った. ❷ 変化, 変遷; 破滅. ―La vida da muchos ～s. 人生はいろいろと変化しやすい.

dar un vuelco el corazón (1) (心臓がひっくり返るほど)大変驚く, 強い印象を受ける. Al oír que había habido un atentado cerca de su casa, le *dio un vuelco el corazón*. 彼の家の近くで襲撃事件があったと聞いて, 彼は大変驚いた. (2) 突然ある予感を感じる. Al ver que aquel hombre me seguía, me *dio un vuelco el corazón*. あの男が私のあとを付けていることを知って, 私は胸さわぎを覚えた.

vuelillo [buelíjo] [＜vuelo]男 《服飾》袖口のフリル.

***vuelo** [buélo] [＜volar]男 ❶ (a) 飛ぶこと, 飛行. ― ～ a ciegas 盲目飛行, 計器飛行. ～ a vela (グライダーなどの)滑空. ～ con visibilidad 有視界飛行. ～ de órbita (着陸待ちの)旋回飛行. ～ en picado 急降下. ～ espacial 宇宙飛

行. ~ libre グライダー. ~ planeado [sin motor] (飛行機がエンジンを停止して行う)滑空. ~ sin etapas 無着陸飛行. Me encanta contemplar el ~ de las águilas. 私は鷲が飛ぶのを見るのが好きだ. **(b)** (鳥や航空機の)飛行距離, 飛行時間. — Las golondrinas realizan ~s largos. ツバメは飛行距離が長い. **(c)** (航空機の)飛程, 便, フライト. — el ~ 3406 de Iberia con destino a París イベリア航空パリ行き 3406 便. ~ charter チャーター便. ❷ 翼, 羽根. 類 **ala, pluma**. ❸ (衣服の)ゆったりとした部分, フレアー. — María lleva una falda de mucho ~. マリーアはフレアーのたっぷりとしたスカートを身に着けている. ❹ (袖口などの)レース飾り, フリル. ❺ (建物の)突出部, せり出し部. — El ~ del balcón estaba sostenido por dos columnas. バルコニーの突出部は 2 本の円柱で支えられていた.

a [al] vuelo (1) [*cazar, tirar* とともに] 飛んでいる鳥や昆虫を捕まえる[撃つ, 射る]. El niño coge moscas *al vuelo*. その子は飛んでいるハエを捕まえられる. (2) [*cazar, coger, pescar, pillar* とともに] 理解が早い, 察しがいい. Juan es muy listo y *coge* las cosas *al vuelo*. フアンはとても賢く, 察しがいい.

alzar [emprender, levantar] el vuelo (1) 飛び立つ, 舞い上がる. Al oír el disparo los pájaros *alzaron el vuelo*. 鳥たちは銃声を聞いて飛び立った. (2) 巣立つ, 独立する. Ya tienes edad suficiente para *alzar el vuelo*. 君はもう独り立ちするのに十分な年齢だ.

coger [tomar] vuelo 増大する, 発展する; 重要性を増す. Los rumores de una disolución del parlamento *toman* cada día más *vuelo*. 議会が解散するといううわさは日ごとに広がっている.

cortar los vuelos (…の)鼻をへし折る. No te preocupes, ya le *cortarán los vuelos* cuando empiece a trabajar. 気にするな, 彼が仕事を始めればすぐに鼻をへし折られるだろう.

dar vuelos 図に乗らせる, 増長させる. Eso no sirve más que para *darle vuelos* al niño. そんな事はその子を図に乗らせる役にしかたたない.

de altos vuelos 壮大な, 野心的な. Siempre está soñando empresas *de altos vuelos*. 彼はいつも壮大な企てを夢みている.

de [en] un vuelo 躊躇(ちゅうちょ)なく, 素早く. Voy *en un vuelo*. すぐ行くよ.

oírse [poder oírse, no oírse] el vuelo de una mosca (ハエの羽音が聞える, または聞こえないくらい)とても静かである. Se hizo un silencio tan grande que *se podía oír el vuelo de una mosca*. とても静かになった.

vuelque(-) [buélke(-)] 動 volcar の接・現在.
vuelqué [buelké] 動 volcar の直・完了過去・1 単.

＊vuelta [buélta ブエルタ] [<volver] 女 ❶ **(a)** (全部または部分的な)回転, 旋回, 転覆. — La Tierra da ~s sobre sí misma y alrededor del sol. 地球は自ら回転し, さらに太陽の周りを回っている. El camión chocó con el tren y dio la ~. トラックは汽車と衝突して, ひっくり返った. ~ al derecho 順回転. ~ al mundo 世界一周. ~ al revés 逆回転. ~ de campana 宙返り, とんぼ返り. media ~ 半転. **(b)** (特に閉めるために)鍵を回すこと, 施錠. — Para cerrar la puerta bien hay que dar dos ~s a la llave. このドアをきちんと閉めるには鍵を 2 回まわす必要がある. — La bufanda le daba varias ~s alrededor del cuello. 彼の首には巻き物が幾重にも巻かれていた. ❷ **(a)** (ある場所を)ひと回りすること, ひと巻き, 巡回. — Dio una ~ a la plaza en bicicleta. 彼は自転車で広場までひと回りした. **(b)** 短い散歩, 小旅行. — Dio una ~ por el parque. 彼は公園を少し散歩した. ❸ 曲線, 曲り, 彎り. — Esta carretera da muchas ~s. その国道は曲りくねっている. 類 **curva**. ❹ **(a)** 戻ること, 帰還. — Tenía proyectada su ~ a casa para el martes. 彼は火曜日までには帰宅する計画だった. 類 **regreso**. **(b)** 返却, 返還, 返済. — Aún estoy esperando la ~ del dinero que le presté. 彼に貸した金の返済を私はまだ待っている. 類 **devolución**. **(c)** おつり. **(d)** 償い, 報酬; 報い. 類 **recompensa, retorno**. ❺ (繰り返される行為での)順, 回, 度. — Nos repartiremos cincuenta euros por barba, y si sobra algo, daremos otra ~. ひとり 50 ユーロずつ分けるが, もし余ったら, もう一順しよう. 類 **vez**. — En el segundo semestre daremos otra ~ a la física. 後期に, 私たちは物理の授業をもう一度繰り返すだろう. ❻ 裏, 裏側, 反対側. — El esquema se encuentra a la ~ de la página. 図はそのページの裏にある. 類 **dorso, revés**. ❼ **(a)** (状態や考え方などの)急激な変化, 転換, 転向. — La situación política del país dio una ~ con la subida al poder de los socialistas. 社会党が政権に就いたので国の政情勢は大きく変化した. Bajo influencia de su amigo, sus ideas han dado una ~ completa. 彼の思想は彼の友人の影響を受けて全く転換してきている. **(b)** 転換期, 変わり目. — La vida da muchas ~s. 人生には何度か転換期がある. ❽ ~ むち打ち, 殴打. ❾ 虐待, 不当な扱い. ❾ 襟や袖口の飾り布. ❿ (編み目の)列, 段.

a la vuelta 帰途に, 途中に. *A la vuelta*, pasé por la casa de mi tío. 帰る途中, 私はおじの家に立ち寄った.

a la vuelta de... …たったら, …後に. *A la vuelta de* una semana salgo de viaje. 一週間後には, 私は旅行に出かける.

a la vuelta de la esquina (1) とても近くに. *A la vuelta de la esquina* hay una parada de autobús. とても近くにバス停がある. (2) 手に入りうる状態で, 手の届く. Yo no podía imaginar entonces que tenía la felicidad *a la vuelta de la esquina*. その当時, 私は幸せが手の届くところにあるとは想像もしなかった.

andar a vueltas けんかする. Anda siempre *a vueltas* con su novia. 彼はいつも恋人とけんかしている.

andar a vueltas con [para, sobre] (あること)に一生懸命である, 全力で取り組んでいる. Él *anda a vueltas con* la compra de una casa. 彼は家を買うことに一生懸命である.

a vuelta de correo 折り返し郵便で.

a vuelta [vueltas] de... (1) …の近くに. (2) …の力で, …のおかげで. *A vuelta de* explicaciones logré entenderlo. いろいろな説明のおかげで私はついにそのことが理解できた.

buscar las vueltas a ... (ある人)のあら探しをしている. ¡Ojo! El jefe te anda *buscando las vueltas*. 気を付けろ，上役がおまえのあら探しをしているぞ．

coger las vueltas a ... (ある人)の計画・意図・性格を見抜く. Es muy fácil *cogerle las vueltas a* ese tío. あいつの腹のうちを見抜くのは簡単だ．

dar cien vueltas a ... (ある人)より知識・能力の点でずっと優れている. Tú *das cien vueltas a* tu jefe. 君の方が君の上司よりずっと能力がある．

dar vueltas (1) 回転する，回る. Las hélices están *dando vueltas*. プロペラが回っている． (2) (発見することなく)探し回る. *Di vueltas* por todas partes, pero no encontré mi cartera. あちこち探し回ったが，書類カバンは見つからなかった． (3) …に考えを巡らす，よく考える. (Le) He dado muchas *vueltas* a ese asunto, pero no encuentro la solución. 私はその件についてよく考えてみたが，解決策がみつからない．

de vuelta →a la vuelta.

estar de vuelta (1) 感づいている，気づいている. Aunque le guardamos esto en secreto, creo que él ya *está de vuelta*. 私たちはこの事を彼に秘密にしているが，彼はもう気づいていると思う． (2) 物事に精通していて冷静に対処できる，悟りきっている. Tan joven y ya *está de vuelta*. 彼はそんなに若いのにもうすっかり悟りきっている．

no tener vuelta de hoja (ある事は)疑いの余地が無い，明白である．

poner de vuelta y media a ... (ある人)を非難・中傷する. Ya sé que aunque somos amigos me *pone* a veces *de vuelta y media*. 私たちは友人なのに，彼が私を時々非難しているのを私は知っている. Le *pone de vuelta y media* hasta su más íntimo amigo. 彼の親友までもが彼を非難している．

¡Vuelta! (しつこさや頑固さに腹を立てて)またか! いいかげんにしろ. Y ¡*vuelta*! otra vez sales con ese golfo. それで，またそんなろくでなしとデートするのか，いいかげんにしろ．

vuelto, ta [buélto, ta] 過分 [＜volver] 形 ❶ [+a/hacia の方に] 向いた. —Se coloca el cuchillo con la hoja *vuelta hacia* el plato. ナイフは刃を皿の方に向けて置かれる. Tienes que mantener la mirada *vuelta hacia* el futuro. 君は常に未来の方向を見ていなければならない． ❷ 裏返された，裏返しの. —Llevas la camiseta *vuelta del revés*. 君は T シャツを裏返しに着ているよ．

folio vuelto →folio.

—— 男 〖中南米〗お釣り，釣り銭. 類 **vuelta**.

vueludo, da [buelúðo, ða] 形 〖服飾〗フレアのたっぷりついた. —una falda *vueluda* たっぷりしたフレアスカート．

vuelv- [buélβ-] 動 volver の直・現在, 接・現在, 命令・2単．

‡*vuestra* [buestra] 形 (所有) vuestro の女性単数形．

‡*vuestras* [buestras] 形 (所有) vuestro の女性複数形．

****vuestro, tra** [buestro, tra] ブエストロ, トラ 形 (所有) [複] vuestros, vuestras [2人称複数; vosotros, vosotras に対応する. スペインの南部や中南米では su が用いられる] ❶ 〖名詞の前で〗君[おまえ]たちの．—¿Es ésta *vuestra* escuela? これが君たちの学校かい? [前に定冠詞や指示形容詞をつけることはできない］. ❷ 〖名詞の後で，強勢語〗君[おまえ]たちの. —aquella casa *vuestra* あの君たちの家. ❸ 〖叙述補語として〗君[おまえ]たちのもの. — Este huerto es ~. この果樹園は君たちのものだ. El ~ pueblo es una maravilla. 皆さんの村はすばらしいところだ． ❹ 〖定冠詞をつけて所有代名詞となる〗君[おまえ]たちのもの. —Nuestro profesor es muy amable, pero el ~ no lo es. 私たちの先生はとても親切だが君たちの先生はそうではない． ❺ 〖敬意の複数; 1人の身分の高い相手に対してその尊称に付ける〗陛下の，閣下の. —*Vuestra Majestad* 陛下. *Vuestra Señoría* 閣下．

la vuestra 君たち[おまえたち]の好機. Ahora es *la vuestra*. 今が君たちのチャンスだ．

los vuestros 君たちの家族[仲間, 部下]．

‡*vuestros* [buestros] 形 (所有) vuestro の男性複数形．

vulcanismo [bulkanísmo] 男 〖地質〗 ❶ 火成論(岩石の生成について地球内部の火(熱)を重視した学説)． ❷ 深成活動(地殻中のマグマから深成岩ができる現象)．

vulcanita [bulkaníta] 女 〖化学〗エボナイト，硬化ゴム．

vulcanización [bulkaniθaθjón] 女 〖化学〗加硫(生ゴムに硫黄(いおう)を混ぜて加熱し，ゴムの弾性を増加させる操作)．

vulcanizar [bulkaniθár] [1.3] 他 〖化学〗(生ゴム)を加硫処理する．

vulcanología [bulkanoloxía] 女 火山学．

vulcanólogo, ga [bulkanóloɣo, ɣa] 名 火山学者．

‡*vulgar* [bulɣár] 形 ❶ 通俗的な, 一般大衆の; ありふれた. —latín ~ 〖言語〗俗ラテン語. Campanilla es el término ~ para petunia. カンパニーリャはペチュニアの俗称である. García es un apellido ~ en España. ガルシアはスペインでよくある名字である. Ese político es muy popular entre la gente ~. その政治家は一般大衆にとても人気がある. 類 **común, frecuente**. 反 **clásico**． ❷ 〖軽蔑〗俗悪な, 下品な. —modales ~es 品性のないふるまい. Era un hombre de gustos ~es. 彼は低俗な趣味の持ち主だった. 類 **chabacana, ordinario, tosco**.

—— 男女 俗人, 下品な人．

vulgaridad [bulɣariðá(ð)] 女 ❶ 下品(な言動), 俗悪. —En este programa sólo hablan ~es. この番組は下品な話ばかりする. 類 **grosería, ordinariez**． ❷ 通俗性, 陳腐. 類 **banalidad, trivialidad**.

vulgarismo [bulɣarísmo] 男 俗語(法), 卑語(法); 誤用表現. —Decir "haiga" en vez de "haya" es un ~. "haya" の代わりに "haiga" と言うのは誤用表現である．

vulgarización [bulɣariθaθjón] 女 大衆化, 通俗化. —obra de ~ 一般向けの本, 入門書．

vulgarizar [bulɣariθár] [1.3] 他 ❶ を大衆化する, 一般に広める, 普及させる. —Esta película sirvió mucho para ~ el baile tradicional de la tierra. この映画はその地方の伝統舞踊を広めるのにとても役立った. 類 **difundir, divulgar, popularizar**． ❷ を通俗化する; …の品位を下げる. —El trato con esa gente *ha vulgarizado* sus

refinadas costumbres. あの人達と付き合って上品だった彼の生活態度は堕落してしまった.
　—— se 再 ❶ 普及する, 一般に広まる. —La ópera *se ha vulgarizado* entre la gente. オペラは民衆の間に広まった. ❷ 通俗化する, 堕落する. —Desde que sale con ese chico, *se ha vulgarizado*. あいつとデートするようになってから彼女は品が悪くなった.

vulgarmente [bulɣárménte] 副　下品に, 俗に.

‡**vulgo** [búlɣo] 男 ❶ 人民, 民衆; 大衆, 下層階級の人々. —Allí pudo vivir tranquilo y apartado de las molestias del ～. ここで彼は大衆の煩わしさから逃れて静かに暮せた. ❷ 無教養な人々, 専門的知識のない人々, 大衆. —Su última obra fue claramente una concesión al ～. 彼の最新作は明らかに大衆への迎合だった. 類 **masa, público**.
　—— 副 俗に言うと. —El cloruro sódico, ～ "sal", es una materia química muy importante. 俗に「塩」と呼ばれる塩化ナトリウムはとても重要な化学物質である.

vulnerabilidad [bulneraβiliðá(ð)] 女　傷つきやすさ, もろさ, 弱さ.

vulnerable [bulneráβle] 形 【+a】…に対して弱い, 傷つきやすい, 感じやすい. —Es muy ～ *a* la crítica. 彼は批判に弱い. Le atacaron en su punto más ～. 彼はもっとも弱い所を攻められた. Esta niña es muy ～ *a* los virus. この子はウイルスに感染しやすい.

vulneración [bulneraθjón] 女 ❶ 損傷, 傷つけること. ❷ 違反, 違背.

vulnerar [bulnerár] 他 ❶ を傷つける, 害する. —～ la honra 名誉を傷つける. 類 **dañar, herir, lastimar, lesionar, perjudicar**. ❷ (法律などに)違反する, を破る. 類 **contravenir, infringir, quebrantar, transgredir, violar**.

vulnerario, ria [bulnerárjo, rja] 形 《医学》傷に効く.

vulpeja [bulpéxa] 女 《動物》雌キツネ. 類 **zorra**.

vulpino, na [bulpíno, na] 形 雌キツネの; 雌キツネのような, ずる賢い.

vulva [búlβa] 女 《解剖》(女性生殖器の)外陰部, 陰門.

vulvitis [bulβítis] 女 【単複同形】《医学》外陰炎.

W, w

W, w [úβeðóβle] 囡 スペイン語アルファベットの第24文字. ◆もっぱら外来語に用いられ, しばしば"v"で置き換えられる.

w., W.《略号》＝vatio ワット.

wagneriano, na [baɣneriáno, na] 形 ワーグナー(Ricardo Wagner, ドイツの作曲家, 1813-1883)の, ワーグナー(の音楽)を崇拝する. —— 名 ワーグナー(の音楽)の崇拝者.

walkie-talkie [walkitálki]〔＜英〕男 ウォーキートーキー, トランシーバー.

walkman [wól(k)man, ɡuólman] 男〔単複同形または walkmans〕《商標名》ウォークマン.

Washington [wásinton] 固名 ワシントン(アメリカ合衆国の首都).

washingtoniano, na [wásintoniáno, na] 形/名 ワシントン(Washington)市[州]の(人).

water [báter, wáter]〔＜英〕男《話》トイレ. 類 **váter**.

water-polo [baterpólo, waterpólo]〔＜英〕男《スポーツ》水球, ウォーターポロ.

web, WEB [wéβ]〔＜英〕囡〔複 webs〕ホームページ. —— 男 ウェブサイト. —～ oficial 公式ホームページ.

weber, weberio [wéβer, weβério] 男《電気》ウェーバー.

webmaster [weβmáster]〔＜英〕男 ウェブマスター.

week-end [wíken(d)]〔＜英〕男 週末.

Weimar [báimar] 固名 ワイマール(ドイツの都市).

wélter [wélter]〔＜英〕男《ボクシング》ウエルター級.

western [wéstern]〔＜英〕男 西部劇, ウエスタン.

:**whisky, whiskey** [wíski, ɡuíski]〔＜英〕男〖whiski, güisqui と綴られることもある〗ウィスキー.

windsurf [windsúrf]〔＜英〕男《スポーツ》ウインドサーフィン.

wolframio [bolfrámio, wolfrámio] 男 →volframio.

wombat [wombá(t)] 男《動物》ウォンバット.

workstation [wor(k)stéiʃon]〔＜英〕男《情報》ワークステーション.

X, x

X, x [ékis] 囡 ❶ スペイン語アルファベットの第25文字. ❷《数学》変数, 未知数; 未知のもの. —a la hora ～ ある時刻に.

xantofila [santofila] 囡《化学》キサントフィル(葉, 花, 卵黄などに含まれる色素).

xantoma [santóma] 男《医学》黄色腫(ゅ).

xenófilo, la [senófilo, la] 形 外国(人)好きの. —— 名 外国(人)好きの人.

xenofobia [senofóβia] 囡 外国(人)嫌い.

xenófobo, ba [senófoβo, βa] 形 外国(人)嫌いの. —partido ～ 外国人排斥主義政党. política xenófoba 外国人排斥政策. —— 名 外国(人)嫌いの人.

xenón [senón] 男《化学》キセノン(希ガスの一, 元素記号 Xe).

xerocopia [serokópia] 囡《印刷》ゼロックスコピー(ゼログラフィーによる複写).

xeroderma [seroðérma] 囡《医学》乾皮症.

xerófilo, la [serófilo, la] 形《植物》乾燥を好む, 乾燥性の.

xeroftalmía [seroftalmía] 囡 眼球乾燥症, ドライアイ.

xerografía [seroɣrafía] 囡《印刷》ゼログラフィー(ゼロックス社が開発した乾式複写法の一).

xerografiar [seroɣrafiár] **[1.6]** 他 をゼログラフィーで複写する, ゼロックスコピーする.

xi [(k)si] 囡 クシー(ギリシャ語アルファベットの第14字, Ξ, ξ).

xifoideo, a [sifoiðéo, a] 形《解剖》剣状突起の.

xifoides [sifóiðes] 形《無変化》《解剖》剣状の. —apéndice ～ 剣状突起. —— 男《胸骨の》剣状突起.

xileno [siléno] 男《化学》キシレン.

xilófago, ga [silófaɣo, ɣa] 形 木を食う, 木に穴をあける. —— 男《虫類》キクイムシ.

xilofón [silofón] 男 ＝xilofono.

xilofonista [silofonísta] 男女《音楽》木琴奏者.

:**xilófono** [silofono] 男《楽器》**木琴**, シロフォン. 類 **marimba**.

xilografía [siloɣrafía] 囡 ❶ 木彫, 木版彫刻. ❷ 木版印刷, 木目印画法.

xilográfico, ca [siloɣráfiko, ka] 形《印刷》木版の, 木版術の.

Y, y

Y, y [íyriéya] 女 スペイン語アルファベットの第26文字.

y [i イ] 接 [i や hi で始まる語の前で e となる] ❶ 【語・句・節・文を結ぶ】…と…, そして…, および…. —pan *y* mantequilla パンとバター. Vienen aquí a comer *y* a beber. 彼らはここに食べたり飲んだりするために来る. Es guapa *y* atractiva. 彼女は美人で魅力的だ【異なった人称を結ぶ場合は普通 2 人称, 3 人称, 1 人称の順になる: tú *y* yo 君と僕】. ❷ 【数詞と結んで】…と…, …に加えて…. —sesenta *y* tres 63. Diez *y* cinco son quince. 10 足す 5 は 15. Son las once *y* veinte. 11 時 20 分です. ❸ 【時間的順序を示す】…, それから, すると. —Encontró la llave *y* abrió la puerta. 彼は鍵を見つけ, そしてドアを開けた. ❹ 【命令文の後で】. —Soy mayor *y* sé del mundo. 私は大人で世間のことは知っている. Estudió mucho *y* pasó el examen. 彼は非常に勉強したので, 試験に合格した. ❺ 【命令文の後で】そうすれば, だから. —Date prisa, *y* llegarás a tiempo. 急ぎなさい, そうすれば間に合うから. ❻ 【同じ語を繰り返して反復を示す】次々に. —Llegaron cartas *y* cartas. 次々に手紙が届いた. ❼ 【逆接】でも, それでも, しかし. —Está agotado *y* se empeña en seguir. 彼は疲れきっているのに, それでも先に進もうとする. Le llamé *y* no salió al teléfono. 彼は彼に電話したが, 彼は電話に出なかった. ❽ 【文頭で】(a)【話題の切り出し・変更】ところで, では, で. —¿*Y* Pedro? で, ペドロはいるの? [この意味では i で始まる語の前でも e とならない: ¿*Y* Isabel? で, イサベルはいますか? またこの Y には強勢がかかることもある]. Estoy muy bien, gracias. ¿*Y* usted? 私はとても元気です, ありがとう. で, あなたの方は? (b) 【驚き・不信・怒りなどを表して】でも, でも, だって. —*Y* no me habías dicho nada. でも君は何も言ってくれなかったじゃないか. *Y* él se lo había creído. それでも彼はそれを信じ込んでいた.

y eso que ... …だけれども. Habla muy bien el español, *y eso que* no ha vivido más que medio año en Salamanca. 彼はサラマンカに半年しか住んでいなかったけれどもスペイン語はとても上手だ.

¿Y qué? 《話》それがどうした?

ya [já ヤ] 副 ❶ 【前には成立していなかった事柄が今や成立するようになったことを表す】もう, 既に. —¿*Ya* has hecho tus deberes? もう宿題やった? Tranquilo; *ya* había terminado el trabajo cuando me llamaste. 大丈夫, 君が電話をくれた時にはもう仕事は終わっていたよ. ¿*Ya* acabó el concierto? もうコンサートは終わりましたか? No necesitas devolvérnoslo; ～ pensábamos comprar uno nuevo. 返さなくていいよ, もう買い換えようと思っていたから. (b)【新たな状況】今. —*Ya* estamos en primavera. もう春です. *Ya* tengo que irme. もう失礼しなければ. *Ya* caigo [entiendo, veo]. ああ, わかった. Mañana ya estaremos en México. 明日には私たちもうメキシコに着いている. *Ya* será imposible hacerlo. 今更それをするのは無理だろう. (c)【行為の開始】今, 今すぐ. —*Ya* voy. 今行きます. Tómate esta medicina *y ya* verás cómo te sientes mejor. この薬を飲んだらすぐに効き目がわかるよ. (d) [+ no]【状況の停止】もう, もはや. —*Ya* no lo quiero. 私はもう彼を愛していない. (e) [+ 直説法未来形]【不確定な事柄に対する期待, または脅し】今に, そのうち. —*Ya* nos veremos. いつかお会いしましょう. No te preocupes, *ya* habrá otra ocasión. 心配しないで, 又チャンスはあるよ. *Ya* te arrepentirás. そのうち後悔することになるよ. (f)【強め】—¿Crees que viene mi papá?-*Ya* lo creo. お父さん来ると思う? -もちろんさ. *Ya* te lo dije. だから言ったじゃないか. *Ya* podías haberme llamado. 電話してくれればよかったのに. ❷【単独でまたは繰り返して用いられ, (一時的な) 同意, 理解, 想起, 時に皮肉, 不信】そうだね, わかった, なるほど. —Tenemos que hablar.-*Ya*, pero primero me vas a escuchar tú. 僕たちは話合いが必要だ. -そうね, でもまず私の言い分を聞いてちょうだい. Quiero irme a vivir a un apartamento.-*Ya, ya*, de eso hablaremos después. ここを出てアパートに住もうと思うの. -わかった, わかった, その話ならあとでしょう. ¡Ah, *ya*! El es el actor que siempre sale en la tele. あっ, わかった. いつもテレビに出てる俳優ね. Quiero estudiar medicina.-*Ya*, ¿y has pensado en qué universidad? 医学を勉強しようと思うんだ. -なるほどね, で, それでどの大学へ行くつもり? Me ha dicho que gana cinco mil euros mensuales.-*Ya* será menos. 毎月 5,000 ユーロ稼いでいるそうだよ. -まさかそこまではいかないだろう. Dice que es gerente de una empresa.-¡*Ya, ya*, y yo ministro de economía! 彼, 会社の重役をしているって言うんだよ. -そうかい, 奴が重役なら僕は財務大臣だ.

desde ya《話》今から, 今すぐ. Empezamos *desde ya* mismo. もう今から始めましょう. *Desde ya* te agradezco tu colaboración. 先に手伝ってもらうお礼を言っておきます.

no ya ... *sino* ... / *ya no* ... *sino* ... ただ…だけではなく, …も. Te lo digo *no ya* por tu bien *sino* por el de tu familia. 君のためだけじゃなくて君の御家族のためを思って言ってるんだ.

(*Y*) *ya está*. さあこれでよし; もういいで.

ya estar [+ 現在分詞]《話》【苛立(いらだ)ちを含んだ命令】さあ…するんだ. *Ya estás* volviendo. もういい加減に帰りなさい.

ya mismo《話》すぐに, 今すぐ. *Ya mismo* está la comida. もうご飯ですよ. 類 **inmediatamente**.

ya que 〖前提となる事実や補足的な状況を説明する〗…なのだから. *Ya que estamos juntos, ¿por qué no hablamos del plan?* せっかく一緒にいるんだから、例の計画のことを話そうよ. *Que lo haga él, ya que tanto interés tiene.* そんなに興味があるなら彼がやればいいんだ. *Ya que no trabaja, podía ayudar en casa.* 働いていないんだから、家事を手伝えばいいのに. 類 **dado que, puesto que**.

ya veremos →ver.

ya ... ya ... …であろうと…であろうと、あるいは…あるいは…. *Ya por una cosa, ya por otra, siempre está preocupada.* 彼女は何やかやと心配ばかりしている. *Ya despierto, ya dormido, nunca dejo de pensar en ti.* 寝ても覚めても君のことを思っている.

yac [já(k)] 男 《動物》→yak.

yacaré [jakaré] 男 《中南米》《動物》(アリゲーター亜科の)ワニ. 類 **caimán**.

yacente [jaθénte] 形 横たわる、横になっている.
— una estatua ~ 横臥像.

****yacer** [jaθér ヤセル] [9.1] ただし、直・現・1 単 ya(z)go, 接・現 ya(z)ga(-) の活用形もある] 自《文》 **❶** (*a*) 横たわる、寝そべる.
— *Yace en su cama tratando de dormir.* 彼は眠ろうとしてベッドに横たわっている. (*b*) 存在する.
— *El pueblo yace a orillas de un lago.* 村はある湖のほとりにある. **❷** 《死体が墓に葬られる、眠っている.
— *Aquí yace el más ilustre novelista de la ciudad.* ここに市で最も有名な小説家が葬られている. *Aquí yace ...* (墓碑銘で)…ここに眠る. **❸** 〖+con と〗性的関係を持つ. — *Aseguró haber yacido con esa bella mujer.* 彼はその美女と性的関係を持ったと断定した.

yacht [já(t)] 〈英〉→yate.

yachting [játin] 〈英〉ヨットレース、ヨットスポーツ.

yaciente [jaθjénte] 形 →yacente.

yacija [jaθíxa] 女 **❶** (粗末な)寝床、寝わら. 類 **lecho**. **❷** 墓, 墓穴. 類 **fosa, sepultura, tumba**.

yacimiento [jaθimjénto] 男 **❶** 《鉱業》鉱脈, 鉱床. — ~ petrolífero 油田. ~ de carbón 石炭層, 炭層. 類 **filón, veta**. **❷** 《考古》遺跡を含む地層. — *Han descubierto un ~ paleolítico.* 旧石器時代の遺跡が発見された.

yacuzzi [jakúθi] 男/女 ジャグジー (=jacuzzi).

yaga(-) [jaɣa(-)] 動 yacer の接・現在.

yago [jáɣo] 動 yacer の直・現在・1 単.

yagua [jáɣwa] 女 《中南米》《植物》ダイオウヤシ.

yagual [jaɣwál] 男 《中南米》(荷物を載せて運ぶための)頭当て. 類 **rodete**.

yaguar [jaɣwár] 男 →jaguar.

yaguareté [jaɣwareté] 男 《中南米》→jaguar.

yaguré [jaɣuré] 男 《中南米》《動物》スカンク. 類 **mofeta**.

yak [já(k)] 男《複》yaks 《動物》ヤク(チベット、中国西部に分布するウシ科の哺乳類).

Yakarta [jakárta] 固名 ジャカルタ(インドネシアの首都).

Yalta [jálta] 固名 ヤルタ(ロシアの都市).

yámbico, ca [jámbiko, ka] 〈<yambo〉形 《詩学》(ギリシャ、ラテン詩の)短長格の、弱強格の.

yambo[1] [jámbo] 男 《詩学》短長格、弱強格.

yambo[2] [jámbo] 男 《植物》フトモモの木(果実は pomarrosa).

yanacón [janakón] 男 《中南米》《歴史》→yanacona[2].

yanacona [janakóna] 男女 《中南米》《歴史》 **❶** スペイン人に仕える原住民; インカ帝国の召使い. **❷** 農園で小作人として働く原住民. 類 **yanacón**.

Yangon [jángon] 固名 ヤンゴン(ミャンマーの首都).

Yang Tse Kiang [ján (t)sé kján] 固名 (el ~) 揚子江(中国の大河).

yanki [jánki] 形 男女 →yanqui.

***yanqui** [jánki] 形 《複》yanquis 《しばしば侮蔑》アメリカ(合衆国)(人)の、ヤンキーの.
—— 男女 (侮蔑的に)アメリカ(合衆国)人、ヤンキー.

yantar [jantár] 他 自 《古》(を)食べる(主に昼食についていう).
—— 男 《古》食事; 食べ物, 料理. 類 **manjar, vianda**.

yapa [jápa] 女 《中南米》おまけ、追加分; チップ.
— *En la tienda me dieron esto de ~.* 店でこれをおまけにもらった. 類 **llapa, ñapa**.

Yaracuy [jarakúi] 固名 ヤラクイ(ベネズエラの州).

yarará [jarará] 女 《中南米》《動物》ハララカ(アメリカハブ(猛毒を持つヘビ).

yaraví [jaraβí] 男 ヤラビ(南米の先住民族の歌謡の一種).

yarda [járða] 女 〈英 yard〉ヤード(約91.4 センチに相当する長さの単位).

yare [járe] 男 《中南米》ユッカ (yuca) の毒汁.

yaro [járo] 男 《植物》アルム(サトイモ科). 類 **aro**.

yatagán [jataɣán] 男 ヤタガン(トルコ人などが用いた刃が曲線型の刀).

‡**yate** [játe] 男 ヨット, 快走艇.

yaya [jája] 女 《中南米》 **❶** 《植物》ランスウッド(バンレイシ科の高木; アンティル諸島の木). **❷** 傷, かすり傷.

yayo, ya [jájo, ja] 男女 《話》おじいさん[おばあさん], 祖父[祖母].

yaz [jáθ] 〈英 jazz〉男 《音楽》ジャズ.

yazca(-) [jaθka(-)] 動 yacer の接・現在.

yazco [jáθko] 動 yacer の直・現在・1 単.

yazga(-) [jaθɣa(-)] 動 yacer の接・現在.

yazgo [jáθɣo] 動 yacer の直・現在・1 単.

y Cía. 《略号》 =y compañía … 会社.

***ye** [jé] 女 文字 y の名前. 類 **i griega**.

yedra [jéðra] 女 《植物》→hiedra.

***yegua** [jéɣwa] 女 **❶** 雌馬; (特に 5 歳以上の)雌馬(雄馬、馬の総称は caballo). — ~ caponera 馬群を誘導する雌馬. 類 **jaca, potra**. **❷** 《中米》葉巻タバコの吸い殻. 類 **colilla de cigarro**.

***yeguada** [jeɣwáða] 女 飼い馬の群.

yeguar [jeɣwár] 形 雌馬の.

yeguato, ta [jeɣwáto, ta] 雌馬と雄ロバのかけ合わせの. —— 名 《動物》ラバ.

yegüena [jeɣwéna] 女 →yeguada.

yegüería [jeɣweria] 女 馬の群れ. 類 **yeguada**.

yegüerizo, za [jeɣweríθo, θa] 形 雌馬の. 類 **yeguar**.
—— 名 馬飼い.

yegüero

yegüero, ra [jeɣuéro, ra] 名 馬飼い.
yeísmo [jeísmo] 男 《言語》Y 音化("ll"[j]を "y"[j]と同じように発音すること). ◆この現象はスペイン, 中南米の両方で広く見られる.
yeísta [jeísta] 形 Y 音化の, "ll"を "y" の音で発音する.
—— 男女 "ll" を "y" の音で発音する人.
yelmo [jélmo] 男 (中世に用いられた頭部と顔面を覆う)かぶと.
***yema** [jéma] 女 ❶ 卵の黄身, 卵黄;《中南米》卵(→clara). —— mejida 卵酒の一種で卵黄に砂糖を加え, 牛乳か湯でといたもの. ❷ (植物)葉芽, 新芽. — Las heladas tardías han quemado las —s de los árboles. 季節はずれの霜が木々の新芽を駄目にしてしまった. 類 **renuevo, retoño**. ❸ 指の腹, 指先. —— del dedo 指の腹. ❹ 《料理》ジェマ(卵黄と砂糖で作った菓子) ❺ 最も良い部分. ❻ 中の部分, 中央. — en la — del invierno 真冬に.
dar en la yema 的確に指摘する, 要点をつく. *Has dado en la yema.* 君は痛いところを突いた.
Yemen [jémen] 固名 イエメン(公式名 República de Yemen, 首都サヌア Sanaa).
yemení, yemenita [jemení, jemeníta] 形 イエメン(Yemen)の.
—— 男女 イエメン人.
yen [jén] 男 円(日本の通貨単位). — cien —es 100 円.
yendo [jéndo] 動 ir の現在分詞.
yente [jénte] 男 【次の成句で】
los yentes y vinientes 行き交う人々.
yerba [jérβa] 女 ❶ 草, 牧草 (=hierba). ❷《中南米》マテ茶 (=hierba [yerba] mate). ❸《中南米》《話》マリファナ. — Ése consume —. そいつはマリファナを常用している.
yerbabuena [jerβaβuéna] 女 →hierbabuena.
yerbal [jerβál] 男《中南米》❶ マテ茶畑. ❷ 草地, 草原 (=herbal).
yerbatero, ra [jerβatéro, ra] 形《中南米》❶ マテ茶の. ❷ (薬草を処方する)民間療法士の, まじない師の.
—— 名 ❶《中南米》マテ茶業者, マテ茶園で働く人; 飼料業者. ❷ 民間療法士, まじない師.
yerbear [jerβeár] 自《中南米》マテ茶を飲む (=matear).
yerg- [jérɣ-] 動 erguir の直・現在, 接・現在.
yermo, ma [jérmo, ma] 形 ❶ 未開の, 不毛の. — ¿Por qué compraste ese terreno —? どうしてあんな荒れ果てた土地を買ったのかい? 類 **baldío, estéril, inculto**. ❷ 人の住んでいない, 寂れた. — Muchos pueblos de la serranía se han quedado —s. 山間部の村の多くは過疎化した. 類 **deshabitado, despoblado**.
—— 名 荒れ地, 人の住まない土地.
yerna [jérna] 女《中南米》嫁. 類 **nuera**.
***yerno** [jérno] 男 娘婿. 類 **hijo político**.
yero [jéro] 男《主に複》《植物》エルブム(マメ科, 飼料用).
yerr(-) [jér(-)] 動 errar の直・現在, 接・現在, 命令・2 単.
yerro [jéřo] [<errar] 男 ❶ 間違い, 過失, ミス. — Es un veterano en el trabajo y ya no comete —s. 彼はこの仕事でベテランだからもう失敗はしない. 類 **equivocación, error, falta**. ❷ (宗教, 倫理, 芸術上の)過ち, 誤り. — Reconoció sus —s y se enmendó. 彼は過ちを認めて軌道を修正した.
yerto, ta [jérto, ta] 形 (寒さ, 恐れ, 死などによって硬直した, こわばった. — Tengo los pies —s de frío. 寒さで足がかじかんでしまった. Mi papá se quedó — cuando le dije que me iba de casa. 父は私が家を出ると言ったら茫然となった. 類 **inerte, rígido, tieso**.
yesal, yesar [jesál, jesár] 男 《鉱業》石膏(セッコウ)採掘場.
yesca [jéska] 女 ❶ 火口(ホクチ), 火付けに用いる燃えやすいもの; 乾いて燃えやすくなったもの. — encendedor [mechero] de — 点火器, ライター. No ha llovido en todo el verano y la hierba es —. 夏中雨が降らなかったので草が燃えやすくなっている. ❷《比喩》(a) 起爆剤, ちょっとした刺激で事態を激化させるようなもの[人]. — La crítica que le hiciste fue la — que desató su odio. 君に対する非難が彼の憎悪を煽るもとになった. (b) のどの渇きを煽る食べ物.
yesera [jeséra] 女 ❶ →yesar. ❷ →yesería.
yesería [jesería] 女 石膏(セッコウ)工場, 石膏店; 石膏細工.
yesero, ra [jeséro, ra] 形 石膏(セッコウ)の; しっくいの. — industria yesera 石膏製造業.
—— 名 石膏職人, 石膏屋; 壁塗り職人, 左官.
‡**yeso** [jéso] 男 ❶ 石膏(セッコウ), ジェッソ(ベン゙), プラスター. —— blanco 仕上げ用の白色良質の石膏. —— mate 水を加えるとすぐに固まる下地用の石膏. —— negro 下地用の灰色がかった石膏. dar de — a una pared 壁をプラスターで塗る. ❷《彫刻》石膏像. ❸ チョーク, 白墨.
yesón [jesón] 男 (建物を取り壊した後に出る)しっくい材; 石膏(セッコウ)のかたまり.
yesoso, sa [jesóso, sa] 形 石膏(セッコウ)の, 石膏を含む, 石膏のような.
yesquero, ra [jeskéro, ra] [<yesca] 形 火口(ホクチ)の.
—— 男 ❶ (火口を用いた)ライター (=encendedor de yesca); (ライターを入れる)袋. 類 **esquero**. ❷ 火口職人, 火口屋.
yeti [jéti] 男 (ヒマラヤに住むという)雪男.
yeyé [jejé] 形《話》(音楽や服装が)60年代のはやりの, イエイエの.
yeyuno [jejúno] 男 《解剖》空腸(腸膜腔内にある小腸の上部).
yezgo [jéθɣo] 男 《植物》ニワトコ(スイカズラ科の落葉大低木).
yihad [ji(x)á(ð)] [<イスラム] 男 ジハード(聖戦).
yin [jín] [<中] 男 (陰陽の)陰. — yin-yang 陰陽.
yiu-yitsu [jiujítsu] [<日] 男 (スポーツ)柔術 (=jiu-jitsu).
****yo** [jó] 代 (人称) 【1 人称単数主格; 話し手をさす. 与格・対格 me, 前置詞格 mí】 ❶ 【主語として】私は, 私が. — Yo no quiero hacer eso. 私はそれをしたくない【主語の yo は表示しないのが普通. わざわざそれを示す時は強調や対比の意味がある: No quiero hacer eso.】. Ella es más alta que yo. 彼女は私より背が高い. ❷ 【叙述補語として】…は私(だ). — Soy yo. それは私です【動詞は叙述補語に一致する. Es yo. とはならない】.

Yo que tú [él, ella, usted] 《話》私が君[彼, 彼女, あなた]だったら. *Yo que tú* no iría. 私が君の立場なら行かないだろう.

── 男　自我. ─Su *yo* idealista aflora en todas sus obras. 彼の理想主義的な自我が全作品に表出している.

yod [jóð] 安 ❶《音声》ヨッド("pie"[pjé]の[j]のように二重母音に現われる硬口蓋音; ヤ行音). ❷ ヘブライ語アルファベットの第10字.

yodado, da [joðáðo, ða] 形《化学》ヨウ素を含む, ヨード処理された.

yodo [jóðo] 男《化学》ヨード, ヨウ素(ハロゲン族元素の一, 元素記号 I).

yodoformo [joðofórmo] 男《化学》ヨードホルム(黄色結晶, 劇薬, 分子式 CHI₃).

yoduro [joðúro] 男《化学》ヨウ化物.

yoga [jóɣa] 男 〔ヒンズー教の〕ヨガ(宇宙の精神との合一を理想とするインドの神秘哲学, 及びその修業). ─practicar ~ ヨガ(の修業)をする.

yogui [jóɣi] 男女 ヨガの修業を行う人, ヨガの行者.

yogur [joɣúr] 男 ヨーグルト. ─ ~ (desnatado) con frutas 果物入り(低脂肪)ヨーグルト. ~ desnatado [natural] 脱脂[ナチュラル]ヨーグルト.

yogurtera [joɣurtéra] 安 ヨーグルト製造器.

yola [jóla] 安《海事》ヨール(4本, 又は6本オールの小型の船載兼用艇); ヨール型帆船.

yonki [jónki] 男女〔<英 junkie〕《隠》麻薬中毒者.

yoquey, yoki [jókei, jóki] 〔<英 jockey〕男 (競馬の)騎手, ジョッキー.

yoyo, yoyó [jójo, jojó] 男《玩具》ヨーヨー.

yuan [juán] 男 元(ﾀﾞ)(中国の貨幣単位).

yubarta [juβárta] 安《動物》ザトウクジラ.

yuca [júka] 安《植物》❶ ユッカ(ユリ科トラン属, 観賞用). 類 **izote**. ❷《中南米》キャッサバ(トウダイグサ科, サツマイモに似た根からタピオカでんぷんを取る. 類 **mandioca**.

yucal [jukál] 男 キャッサバ畑.

Yucatán [jukatán] 固名 ❶ ユカタン(メキシコの州). (Península de ~) ユカタン半島.

yucateco, ca [jukatéko, ka] 形 ユカタン(メキシコ東部の州, 半島)の.

── 名 ユカタン(生まれ)の人.

yudo [júðo] 男〔<日〕男 = judo.

yudoka [juðóka] 〔<日〕男女 柔道家(=judoka).

yugada [juɣáða] 安 ❶《農業》2頭立ての牛馬によって一日に耕される土地面積; 約32ヘクタール. ❷ (くびきでつながれた)2頭立ての牛馬.

yugo [júɣo] 男 ❶ くびき(車を引く2頭の牛馬の頚(ｹｲ)の後ろにかける横木). ❷《比喩》束縛, 拘束; 圧制. ─Prefiero permanecer soltero a vivir bajo el ~ del matrimonio. 結婚に縛られて生きるよりは独身でいる方がましだ. El pueblo luchó para liberarse del ~ del gobierno militar. 民衆は軍事政権の圧制から解放されるために戦った. ❸ 鐘を吊るす横木.

sacudir(*se*) *el yugo* 束縛[支配]から逃れる.

yugoeslavo, va, yugoslavo, va [juɣoesláβo, βa, juɣosláβo, βa] 形 ユーゴスラビア(Yugoslavia)の.

── 名 ユーゴスラビア人.

Yugoslavia [juɣosláβia] 固名 ユーゴスラビア(旧名, 現在はセルビア・モンテネグロ).

yuguero [juɣéro] 男 (くびきでつながれた牛馬を使う)農夫.

yugular¹ [juɣulár] 形《解剖》頚部(ｹｲ)の. ─ vena ~ 頚静脈. ── 安 頚静脈.

yugular² [juɣulár] 他 …の芽を摘む, (…の進展)を妨げる. ─Su rápida decisión *yuguló* la intentona golpista. 彼が早く決断したのでクーデター計画は座礁した.

yungas [júnɡas] 安複《中南米》(アンデス山脈ふもとの)暖かい谷間部.

yungla [júnɡla] 〔<英 jungle〕安 ジャングル, 密林.

yunque [júnke] 男 ❶ 鉄敷(ｶﾅｼｷ), 鉄床(ｶﾅﾄｺ)(鋳造や板金作業を行う際の作業台). ❷《比喩》困難に耐える人, 努力家. ❸《解剖》(中耳の)砧(きぬた)骨.

yunta [júnta] 安 (くびきでつながれて農作業をする)2頭立ての牛馬.

yuntería [juntería] 安 ❶〖集合的に〗2頭立ての牛馬. ❷ 家畜小屋.

yuntero [juntéro] 男 →yuguero.

yuppie [júpi] 〔<英〕男女 ヤッピー(若手都会派エリート).

yusera [juséra] 安 (ひき臼の)回転石の台, 下石.

yuso [júso] 副《古》下に. 類 **abajo, ayuso**.

yuta [júta] 安《中南米》ナメクジ. 類 **babosa**.

hacer la yuta 《話》さぼる, ずる休みする.

yute [júte] 男《植物, 繊維》ジュート, 綱麻(ｺｳﾏ), 黄麻(ｺｳﾏ); ジュートで織った布.

yuxta- [justa-] 接頭「近接」の意. ─*yuxta*poner.

yuxtaponer [ju(k)staponér] [10.7] 他〔+ a〕を…に並置する, を…と並べる. ─En el artículo se ha limitado a ~ datos. この論文はデータを並べただけだ.

yuxtaposición [ju(k)staposiθjón] 安 並置, 並列. ─ ~ de bicicletas 自転車の列. La palabra "aguardiente" está formada por la ~ de "agua" y "ardiente". "aguardiente" は "agua" と "ardiente" の並置から成る.

yuxtapuesto, ta [ju(k)stapuésto, ta] 過分〔<yuxtaponer〕形 〔+a/con〕…に〔と〕並置された, 並列された.

yuyal [jujál] 男《中南米》草地, 雑草地.

yuyero, ra [jujéro, ra] 名《中南米》(薬草を処方する)民間療法士; 薬草売り.

── 形《中南米》薬草好きの.

yuyo [jújo] 男《中南米》雑草; 食用の野草, 薬草. 類 **yerbajo**.

yuyuba [jujúβa] 安《植物》ナツメの実. 類 **azufaifa**.

Z, z

Z, z [θéta] 女 スペイン語アルファベットの第 27 文字(最終字).

zabordar [θaβorðár] 自 《海事》(船が)座礁する, 乗り上げる.

zabullir [θaβuɟír] 自 →zambullir.

zacapela, zacapella [θakapéla, θakapéɟa] 女 《まれ》けんか, 騒動.

zacatal [θakatál] 男 『中南米』牧草地. 類 pastizal.

zacate [θakáte] 男 『中南米』牧草, まぐさ. 類 foraje, pasto.

zacateca[1] [θakatéka] 男 複 サカテカ族(絶滅したメキシコの先住民族).
— 形 サカテカ族の.

zacateca[2] [θakatéka] 男 『中南米』葬儀屋, 墓堀人.

Zacatecas [θakatékas] 固名 サカテカス(メキシコの都市).

zacateco, ca[3] [θakatéko, ka] 形 サカテカス(Zacatecas, メキシコの州・都市)の(=zacatecano).
— 名 サカテカス(生まれ)の人; サカテカ族の人.

Zacatecoluca [θakatekolúka] 固名 サカテコルーカ(エルサルバドルの都市).

zafada [θafáða] 女 《海事》片付け, (邪魔なものの)取り外し, 取り外し.

zafado, da [θafáðo, ða] 形 ❶《方》『中南米』ずうずうしい, 恥知らずの. 類 descarado, desvergonzado. ❷『中南米』頭のおかしい, 気が変な. 類 chiflado, trastornado. ❸『中南米』口の軽い; 口汚い.

zafadura [θafaðúra] 女 『中南米』脱臼, ねんざ. 類 dislocación.

zafaduría [θafaðuría] 女 『中南米』ずうずうしい言葉[態度], 無礼. 類 descaro, desvergüenza.

zafar[1] [θafár] 他 ❶をほどく, 解く, 外す. — un nudo 結び目をほどく. ❷《海事》を片付ける, …の荷を軽減する.
— se 再 ❶[＋de]…から逃れる, を免れる. — Conseguí ~me de ese loco que siempre me rondaba. 私はいつもつきまとっていたあの変人をやっと厄介払いできた. Se zafó de limpiar la casa porque dijo que tenía fiebre. 熱があると言ったおかげで彼は家の掃除を免れた. 類 escaparse, excusarse, librarse. ❷『中南米』脱臼する. — ~se un brazo 片腕を脱臼する. 類 dislocarse. ❸ほどける, 外れる.

zafar[2] [θafár] 他 《まれ》を飾り付ける, …に装飾を施す; を覆う.

zafarrancho [θafařántʃo] 男 ❶《海事》(ある目的のために船の一部を)片付けること. ❷《話, 比喩》騒ぎ, 混乱; けんか. — Comenzaron a discutir de política y armaron un ~. 政治についての議論から大げんかになった. 類 estropicio, jaleo, riña.

zafarrancho de combate 戦闘準備.

zafiedad [θafieðá(ð)] 女 粗野, 無骨, 品の無さ. — No soporto la ~ de mi vecino. 私は隣人の無作法には我慢ならない.

zafio, fia [θáfjo, fja] 形 粗野な, 品の無い, 無作法な. — Me saludó de una manera tan *zafia*, que no le hice caso. 彼の挨拶はひどく礼儀に欠けていたので私は彼を無視した. 類 grosero, inculto, tosco.

‡zafiro [θafíro] 男 ❶ サファイア, 青玉(ぎょく). — ~ blanco 白サファイア. ~ oriental スター・サファイア. ❷ サファイアの青色.

zafo, fa [θáfo, fa] 形 ❶《海事》障害の無い, 邪魔になるものが無い. ❷《比喩》損害なしの, 無事の. — Salió ~ en el juego. 彼は賭け事で負けずにすんだ.
— 前 『中南米』を除いて, …の他は. 類 excepto, salvo.

zafra[1] [θáfra] 女 油缶(油を切るための)穴のあいた缶.

zafra[2] [θáfra] 女 ❶(特にサトウキビの)収穫; 収穫量; 収穫期. ❷ 砂糖の生産.

zafra[3] [θáfra] 女 《鉱業》スラグ, 鉱滓(こうさい)(鉱石を溶練する際に生ずる非金属性の滓(かす)).

zaga [θáɣa] 女 ❶ 背後; 後部. ❷《軍事》後方部隊.
— 男 (ゲームなどの)最後の者, しんがり.

a la zaga [*a zaga, en zaga*] 後ろに.

no ir en zaga a [*de*] ... (ある人物)にひけをとらない. Él es un abogado hábil, pero su hermano *no le va en zaga*. 彼は有能な弁護士だが, 彼の弟も彼にひけをとらない.

no quedarse en zaga a [*de*] ... →no ir en zaga a [de] ...

zagal, gala [θaɣál, ɣála] 名 ❶ 若者, 青年[娘]. 類 joven, mozo. ❷ 羊飼いの青年[娘].

zagalejo [θaɣaléxo] 男 ❶ 少年, (小柄の)若者. ❷《服飾》アンダースカート, ペチコート. 類 refajo.

zagalón, lona [θaɣalón, lóna] 名 体格のよい若者[娘].

Zagreb [θaɣréβ] 固名 ザグレブ(クロアチアの首都).

zagual [θaɣuál] 男 (カヌーなどをこぐ)櫂(かい), パドル. ◆短くへら状, 一本で用い, 船に固定しない.

‡zaguán [θaɣuán] 男 玄関, 戸口. 類 portal, vestíbulo.

zaguero, ra [θaɣéro, ra] [＜zaga] 形 後ろの, 後方の, しんがりの; 後部に荷を積みすぎた. — Los espectadores aplaudieron calurosamente al corredor ~. 観客は最後尾の選手に温かい声援を送った. 類 trasero.

— 男 ❶ びり,しんがり. ❷《スポーツ》バックポジションの選手,後衛. 反 delantero.

zahareño, ña [θaareɲo, ɲa] 形 (タカが)人に慣れない,扱いにくい;《比喩》無愛想な. 類 **arisco**.

zaheridor, dora [θaeriðór, ðóra] 形 非難する,中傷の. —Reconocí un tono ~ en su carta. 彼の手紙にはとがめるような調子があった. 類 **mofador, represivo**.

zaherimiento [θaerimjénto] 男 非難,中傷.

zaherir [θaerír] [7] 他 ❶ を非難する,とがめる. —Utilizaron aquella foto para ~la. 彼女を非難するためにあの写真が使われた. 類 **censurar, reprender**. ❷ を中傷する,嘲笑する. —Zahiere a su rival con sus crudos ataques verbales. 彼はその毒舌でライバルを言い下ろす. 類 **escarnecer, mortificar, pinchar**.

zahones [θaónes] 男複《服飾》(狩猟,農作業用の)オーバーズボン.

zahorí [θaorí] 男 (地下水脈のありかを探る)透視者,占い師;《比喩》透察力のある人.

zahorra [θaóra] 女《海事》バラスト,底荷(船の安定をよくするために船底に積むおもり). 類 **lastre**.

zahúrda [θaúrða] 女 豚小屋;《比喩》ボロ家. 類 **pocilga, tugurio**.

zaino, na [θáino, na] 形 ❶ (馬が)栗色一色の;(牛が)黒一色の. ❷ 不誠実な,人を欺く,信用できない;《動物》癖の悪い,扱いにくい. 類 **falso, traidor**.

Zaire [θáire] 固名 ザイール(公式名 República de Zaire, コンゴ民主共和国の旧名).

zalagarda [θalaɣárða] 女 ❶ 待ち伏せ,わな;《比喩,話》策略,落とし穴. —Caí en su ~. 彼の策略に引っ掛かってしまった. 類 **emboscada**. ❷《話》大騒ぎ,けんか.

zalama, zalamería [θaláma, θalamería] 女 おだて,おもねり;甘言. —El niño consiguió lo que quería con ~s. 子供は甘えて欲しいものを手に入れた.

*****zalamero, ra** [θalaméro, ra] 形 お世辞を言う,人に媚(こ)びる,へつらう,おもねる. —palabras zalameras おだて,ほめ言葉. No te pongas ~ conmigo, que hoy no voy a comprarte nada. 私をおだててもだめよ,今日は何も買ってあげないからね.

— 名 お世辞を言う人,おべっか使い.

zalea [θaléa] 女 羊の毛皮.

zalear[1] [θaleár] 他 を振る,揺さぶる.

zalear[2] [θaleár] 他 (犬などが)を追い払う.

zalema [θaléma] 女 ❶《話》へつらい,おだて;お世辞. —No me vengas con ~s, pues no conseguirás convencerme. わたしにおべっか使ってもだめよ,その手にはのらないから. 類 **zalamería**. ❷《話》敬礼,へりくだった挨拶. 類 **reverencia**.

zamacuco [θamakúko] 男 ❶《話》陰に回ってうまく立ち回る人,狡猾な人. 類 **cazurro, hipócrita, solapado**. ❷《話》まぬけ,馬鹿.

zamarra [θamára] 女 ❶《服飾》毛皮のベスト[ジャケット]. 類 **chamarra**. ❷ →zalea.

zamarrear [θamareár] 他 をつかんで揺さぶる;(犬などが)(獲物)を噛んで振り回す. —El marido estaba como enloquecido y zamarreaba a su mujer. 夫は怒り狂って妻を引きずり回した. ❷《比喩,話》を小突き回す;やり込める. —En la discusión, zamarrearon bien al conferenciante. 討議で講演者は手酷くやり込められた. 類 **zaran-**

dear.

zamarrico [θamaríko] 男 羊革の背負い袋.

zamarrilla [θamaríja] 女《植物》ニガクサ(の一種,シソ科).

zamarro [θamáro] 男 ❶ →zamarra①. ❷《比喩,話》(a) 田舎者;うすのろ. 類 **lerdo**. (b) ずるい奴,悪党. 類 **astuto, bribón**. ❸ 複【中南米】乗馬ズボン.

zamba [θámba] 女 ❶ サンバ(アルゼンチンの民俗舞踊[音楽]の一つ). ❷ →samba.

zambardo [θambárðo] 男【中南米】❶ へま,どじな奴. ❷ まぐれ当たり. 類 **chiripa**.

Zambia [θámbja] 固名 ザンビア(首都ルサカ Lusaka).

zambo, ba [θámbo, ba] 形 ❶ X 脚[外反膝]の. 類 **patizambo**. ❷【中南米】(a) 黒人と原住民の間に生まれた. (b) 白人と黒人の間に生まれた.

— 名 ❶ X 脚の人[動物]. ❷【中南米】(a) 黒人と原住民の混血児. (b) 白人と黒人の混血児. 類 **mulato**.

— 男《動物》クモザル.

zambomba [θambómba] 女《音楽》サンボンバ(中心に刺した棒の上下運動で音を出す打楽器).

— 間 これは驚いた,おやまあ. —¡Z~, ahí está mi padre! さあ,そこにいるのはお父さんじゃないか!

zambombazo [θambombáθo] 男 ❶《話》❶ 大音響;爆発. 類 **estampido**. ❷ パンチ,一撃.

zambombo [θambómbo] 男《話》田舎者,粗野な人.

zamborondón, dona [θamborondón, dóna] 形《話》❶ 粗野な,がさつな,雑な. 類 **basto, chapucero, ordinario, tosco**. ❷ 不器用な. 類 **desmañado, torpe**.

zambra [θámbra] 女 ❶ サンブラ(アンダルシーアのジプシーの踊り);(ジプシー[モーロ人]の)歌や踊りを中心とした祭り. ❷《話》どんちゃん騒ぎ,大騒ぎ. 類 **algazara, jaleo**.

zambucar [θambukár] [1.1] 他 (トランプの札など)をすばやく隠す,紛れ込ませる. 類 **escamotear**.

zambullida [θambujíða] 女 ❶ (水中への)飛び込み,潜り. —Me voy a dar una ~. ちょっと一泳ぎしてくる. ❷《スポーツ》(フェンシングの)フェイント,突きの一種.

zambullimiento [θambujimjénto] 男 → zambullida①.

zambullir [θambujír] [3.9] 他【+en】を…にさっと浸す[つける], (水などに)突っ込む. —~ la sardina en el vinagre イワシを酢にさっと通す. 類 **sumergir**.

— se 再 ❶【+a/en】…に飛び込む,潜る,つかる. —¿Vamos a ~nos en la piscina? プールで泳ぎに行かないか? ❷《比喩》…にのめり込む,没入する. —Se zambulló en la lectura. 彼は読書に没頭した. ❸《比喩》隠れる,潜り込む.

Zamora [θamóra] 固名 サモーラ(スペイン北西部の県・県都).

zamorano, na [θamoráno, na] 形 サモーラ (Zamora) の.

— 名 サモーラの人.

zampa [θámpa] 女《建築》杭,パイル.

zampabollos [θampaβóʎos] 男女【単複同形】《話》→zampatortas.

zampar [θampár] 他 ❶【+en】を…に突っ込

む[つける, 入れる]. ― el pan *en* el café パンをコーヒーに浸す. ❷ を投げつける[打ちつける]; (パンチなどを)食らわせる. ― Agarró un plato y lo *zampó* contra el suelo. 彼は皿をつかむと床に投げつけた. 類 **estampar**. ❸ をがつがつ食べる, むさぼり食う. 類 **devorar, tragar**.
― *se* 再 ❶［+*en*］…に潜り込む[入り込む]. ― *Se zampó en* la fiesta mezclándose entre los invitados. 彼は他の招待客に混じってパーティーに潜り込んだ. ❷［+*en*］…にはまり込む. ― ~*se en un charco* 水たまりにはまる. ❸ を平らげる. ― *Se zampó* la tarta en un minuto. 彼は1分でケーキを平らげた. 類 **tragarse**.

zampatortas [θampatórtas] 男女《単複同形》《話》❶ 大食い, 大食漢. 類 **comilón, glotón, tragón, zampón**. ❷《比喩》能無し, 間抜け.

zampeado [θampeáðo] 男 《建築》(弱い地盤の上に建築するための)基礎工事, べた基礎.

zampear [θampeár] 他 …に基礎工事をする.

zampón, pona [θampón, póna] 形《話》❶ 大食いの. 類 **comilón, glotón, tragón**. ❷ 潜りの, (許可なしに)入り込んだ.
― 名 大食い, 大食漢.

zampoña [θampóɲa] 女 ❶《音楽》(*a*) サンポーニャ, 連管笛. 類 **caramillo**. (*b*) 麦笛. **pipiritaña**. ❷《比喩》くだらないこと, たわごと.

zampuzar [θampuθár]［1.3］他 →zambullir.

zanahoria [θanaórja] 女 にんじん.

zanca [θáŋka] 女 ❶ (鳥類の)足;《比喩, 話》(人間や動物の)細くて長い足. ❷《建築》側桁 (がわげた) (階段の段板を支える斜材).

zancada [θaŋkáða] 女 (大股の)一歩, 歩み. ― Se alejaron a grandes ~s. 彼らは大股で立ち去った.
de [*en*] *dos zancadas* あっという間に, 直に. Llegaron al otro extremo del pueblo en *dos zancadas*. 彼らはあっという間に町の反対側に出てしまった.

zancadilla [θaŋkaðíja] 女 ❶ 足かけ, 足すくい (相手を転ばすために足を出すこと). 類 **traspiés**. ❷《比喩》わな, 策略. ― Le echaron [pusieron] ~s para que no saliera elegido. 彼が当選しないようにわなが仕掛けられた. 類 **ardid, trampa**.

zancadillear [θaŋkaðijeár] 他 ❶ …の足をくう, 足を払う. ― El defensa lo *zancadilleó* y casi se rompe una pierna. バックスの選手が彼に足を掛けたのでもう少しで足を折るところだった. ❷《比喩, 話》をわなにかける, …の邪魔をする. ― Lo *zancadillean* para que no ascienda. 彼は出世できないように足を引っ張られている.

zancajear [θaŋkaxeár] 自 歩き回りする.

zancajo [θaŋkáxo] 男 ❶ かかと(の骨); (靴, 靴下の)かかと部分. ❷《比喩, 話》背が低くて不格好な人.
no llegarle a los zancajos (人)の足元にも及ばない.

zancajoso, sa [θaŋkaxóso, sa] 形 ❶ O 脚[内反膝]の, がに股の. ❷ かかとが破れた靴下をはいた.

zancarrón [θaŋkařón] 男《軽蔑》❶ (ほとんど肉のついていない)脚の骨. ❷《話》ものを知らない教師. ❸《まれ, 話》骨ばかりの(みすぼらしい)老人.

zanco [θáŋko] 男《主に複》竹馬.
estar [*andar, ponerse* など] *en zancos*《比喩, 話》有利な立場にいる. *Anda en zancos* después de casarse con la hija del jefe. 彼は上司の娘と結婚してから何かといい思いをしている.

zancón, cona [θaŋkón, kóna] 形 ❶ 脚の長い;《中南米》脚が(不格好に)ひょろながい. 類 **zancudo**. ❷《中南米》丈の短すぎる. ― un vestido ~ つんつるてんの服.

zancuda [θaŋkúða] 女 →zancudo.

zancudo, da [θaŋkúðo, ða] 形 脚の長い;《鳥類》渉禽 (しょうきん) の, 脚が長く, 首, 脚が長く, 浅い水中を歩いて餌を搜す鳥)の. ― ave *zancuda* 渉禽類の鳥.
― 男《中南米》蚊. 類 **mosquito**.
― 女《複》《鳥類》渉禽類.

zanfonía [θaɱfonía] 女《音楽》サンフォニア, ハーディガーディー(ハンドルを回して音を出す鍵盤つき擦弦楽器).

zangamanga [θaŋgamáŋga] 女《話》いんちき, ぺてん.

zángana [θáŋgana] 女 →zángano.

zanganada [θaŋganáða] 女《話》ばかげたこと, 的外れなこと. 類 **majadería**.

zanganear [θaŋganeár] 自 (働かずに)ぶらぶらする, 怠けて暮らす. ― Ese chico se pasa todo el día *zanganeando* y no estudia nada. その子は一日中ぶらぶらして全然勉強しない. 類 **holgazanear**.

zanganería [θaŋganería] 女 怠けること, 怠惰. 類 **holgazanería**.

zángano, na [θáŋgano, na] 男《動物》ミツバチの雄.
― 名《比喩, 話》❶ 役立たず; 何もしない人, 怠けもの. ― Después de casarse, ese hombre se ha hecho un ~. その男は結婚してから全く何もしなくなった. 類 **flojo, holgazán**. ❷ どじな奴, まぬけ. 類 **patoso**.

zangarilleja [θaŋgarijéxa] 女《話》だらしない女, ごろつき女.

zangarrear [θaŋgařeár] 自 (ギターを)へたに弾く.

zangarriana [θaŋgařjána] 女 ❶《話》(頭痛などの)体の不調, 持病. ― Cada semana le da la ~ a mi madre. 毎週のように母は調子が悪くなる. ❷ 憂鬱 (ゆううつ), 落ち込み. ❸《獣医》水腫.

zangolotear [θaŋgoloteár] 他《話》を揺さぶる, 揺する, 振る. ― No *zangolotees* tanto al bebé. 赤ちゃんをそんなに振り回さないで.
―(*se*) 自(再)《話》❶ (きちんと固定されていないために)揺れる, がたがたする. ― Los cristales de la veranda (se) *zangolotean*. バルコニーのガラスがたがたしている. 類 **traquetear**. ❷ 動き回る, うろうろする. ― Te has pasado todo el día *zangoloteando* por casa, sin hacer nada. 君は一日中家をうろうろしているばかりで何もしていないじゃないか.

zangoloteo [θaŋgolotéo] 男 がたつき, 揺れ; うろうろすること.

zangolotino, na [θaŋgolotíno, na] 形《話》赤ん坊のような, 幼児的な. ― niño ~ 幼児性の抜けないこども.

zangón [θaŋgón] 男《話》図体ばかり大きくなって働かずにぶらくらしている若者.

zangotear [θaŋgoteár] 他 自 →zangolotear.

zanguanga¹ [θaŋguáŋga] 女《話》 ❶ 仮病. — hacer la ~ 仮病を使う. ❷《まれ》お世辞, おべっか. 類 **zalamería**.

zanguango, ga² [θaŋguáŋgo, ga] 形《話》怠け者の, 怠惰な, 無気力な. 類 **indolente**.
abrir zanjas《比喩》建築を始める; 着手する.

*****zanja** [θáɱxa] 女 ❶ 溝, 掘割り; 塹壕. ❷『アメリカ』降水時の流水で浸食されてできた溝状の谷, 雨溝, 水路.
abrir las zanjas (1) 建物を建て始める. (2)『+ de』…の基礎を築く.

zanjar [θaɱxár] 他 ❶《比喩》(議論などに)決着をつける, 片を付ける, (困難などを)切り抜ける. — Con esto vamos a ~ el asunto. これでこの問題にけりをつけよう. Con un apretón de manos, *zanjaron* sus diferencias. 握手を交わして彼らは論争を終わらせた. ❷ …に溝を掘る.

zanjón [θaɱxón] 男 ❶ 深い溝, 水路. ❷『中南米』断崖, 峡谷.

zanquear [θaŋkeár] 自 ❶ 大股で[急ぎ足で]歩く; 駆けずり回る. ❷ よたよた[がに股]で歩く.

zanquilargo, ga [θaŋkilárɣo, ɣa] 形《話》脚の長い.

zanquituerto, ta [θaŋkituérto, ta] 形《話》がに股の, 脚の曲がった.

zanquivano, na [θaŋkiβáno, na] 形《話》脚が細くて長い.

zapa¹ [θápa] 女 ❶《軍事》塹壕(ざんごう), 坑道. ❷ (塹壕を掘る)鋤(すき).
labor[*trabajo*] *de zapa* (反政府分子などの)地下活動, 地下工作.

zapa² [θápa] 女 ❶ サメ皮. 類 **lija**.

zapador [θapaðór] 男《軍事》工兵(坑道, 築城などに服する兵). — cuerpo de ~es 工兵隊.

zapallo [θapáʎo] 男『中南米』『植物』ヒョウタン, カボチャ(の一種). 類 **calabaza**.

zapapico [θapapíko] 男 つるはし, 根掘り鍬(くわ).

zapar [θapár] 自 塹壕(ざんごう)などを掘る.

zaparrastrar [θapařastrár] 自《話》裾を引きずる.

zaparrastroso, sa [θapařastróso, sa] 形 →zarrapastroso.

Zapata [θapáta] 固名 ❶ (Península de ~) サパータ半島(キューバの半島). ❷ サパータ(エミリアノEmiliano ~)(1879?-1919, メキシコの革命家・農民運動指導者).

zapata [θapáta] 女 ❶ 車輪の止め具; くさび. — ~ de freno ブレーキ片. 類 **calce**, **calza**, **cuña**. ❷ 家具の脚にはかせる当てもの. ❸『建築』柱の梁受け. ❹ 半長靴.

zapatazo [θapatáθo] 男 ❶ (人やもの, 地面を)蹴りつけること, (靴などによる)殴打. — Mató a la cucaracha de un ~. ゴキブリを一たたきで仕留めた. El soldado saludó al capitán dando un ~. その兵士は靴を鳴らして隊長に挨拶した. ❷《海事》帆が激しく(風で)鳴ること.
tratar a … a zapatazos (人)を手ひどく扱う, 虐待する.

zapateado [θapateáðo] [<zapato] 男《舞踊, 音楽》サパテアード(フラメンコの足の踏み鳴らし).

zapatear [θapateár] 他 ❶ (床を)踏み鳴らす; 踏みつける, 蹴りつける. — El niño tuvo una rabieta y *zapateó* la silla. その子はかんしゃくを起こして椅子を蹴とばした. ❷《話, 比喩》を虐待する, 手荒く扱う.
── 自 ❶《舞踊, 音楽》サパテアードで踊る, 足を踏み鳴らす. ❷《海事》(帆が)ばたばた鳴る.

zapateo [θapatéo] 男 足の踏み鳴らし, 蹴りつけ; 《舞踊, 音楽》タップダンス, サパテアード.

zapatera [θapatéra] 女 靴屋の妻, 女性の靴屋.

zapatería [θapatería] 女 ❶ 靴屋; 靴工場. ❷ ~ de viejo 靴直し屋. ❸ 靴製造業.

‡**zapatero** [θapatéro] 男 ❶ 靴職人, 靴屋. ❷ ~ remendón [de viejo] 靴直し. ❸ 下駄箱. ❸《虫類》あめんぼ, 水すまし. 類 **tejedor**. ❹《魚類》熱帯アメリカの海にいる硬骨魚類の名.
──, ra 形 ❶ (イモや豆などの野菜類が品質が悪かったり, 煮たりないために)固い状態である. — Estas patatas están *zapateras* porque han hervido poco tiempo. これらのじゃがいもは, 少しの時間しか煮なかったので固い. ❷《俗》(ゲームなどであがれない, 得点できない. — Esta vez te has quedado ~. こんどは, 君はあがれなかった.
Zapatero, a tus zapatos.【諺】分相応にしていろ, よけいな口(手)出しをするな(←靴屋は自分の靴を作る仕事をしろ).

zapateta [θapatéta] 女 飛び上がって履いている靴を手でたたく[左右の靴を打ち合わせる]動作(喜んだとき, 又は舞踊の中で行う).

zapatiesta [θapatjésta] 女《話》大騒ぎ, 大げんか. — Llegó borracho a casa y la mujer armó una ~. 彼が酔っ払って帰ったので, 妻がかんかんになった. 類 **jaleo**, **pelea**.

zapatilla [θapatíʎa] 女 ❶ 布靴, 上履き, スリッパ; スニーカー. — ~s de lona ズック靴. ~s de deportes 運動靴. ~s de baile バレーシューズ. ~ de piel (mocasín de piel) 革靴モカシン]. ~s sport スポーツシューズ. 類 **pantufla**. ❷《スポーツ》(フェンシングの剣やビリヤードのキューの先端につける)先革. ❸《動物》(ウシなどの)ひづめ.

zapato [θapáto] 男 靴, 短靴『左右一対の意味では 複』. — ponerse [quitarse] los ~ 靴をはく[脱ぐ]. andar con ~s de fieltro 慎重に行動する. 類 **calzado**.
como chico con zapatos nuevos →chico.
como tres en un zapato (三人がひとつの靴に足を突っ込むように)窮屈な, 困窮した.
no llegar a la suela del zapato ひどく劣る. En cuanto a conocimientos sobre economía, tú *no le llegas a la suela del zapato* a Juan. 経済学の知識に関しては, 君はフアンよりひどく劣っている.
saber dónde aprieta el zapato 自分自身や現実をよくわきまえている, 分相応に振る舞う. No te preocupes; él *sabe bien dónde le aprieta el zapato*. 心配するな, 彼は自分自身をよくわきまえているさ.
ser más necio[*más ruin*] *que su zapato* とても愚かである[卑しい].

zapatón [θapatón] 男 ❶ 大きい靴, どた靴. ❷ 『中南米』オーバーシューズ.

zape [θápe] 男《俗》ホモ, おかま.

¡zape! [θápe] 間 ❶ シッ!シッ!(猫などを追い払う声). ❷ おや!, まあ!(驚きを表す). — iZ~, no pensaba encontrarte aquí! まあ! あなたに会うとは思わなかったよ!

zapear [θapeár] 他 (猫など)を追い払う;《比喩》(人)を厄介払いする.

zapote [θapóte] 男 《植物》サポジラ,チューインガムノキ;その果実. ◆熱帯アメリカ産のアカテツ科の常緑高木.樹液からチューインガムの原料を採る.

zapoteco, ca [θapotéko, ka] 形 サポテカ族(メキシコ,オアハカ州の先住民族)の.
── 名 サポテカ族の人.
── 男 サポテカ語.

zapotero [θapotéro] 男 《植物》→zapote.

zapotillo [θapotíʎo] 男 《植物》→chicozapote, zapote.

zapping [θápin] [<英] 男 ザッピング(テレビ視聴などの際に頻繁にチャンネルを変えること).

zaque [θáke] 男 ❶ 小さい革袋. ❷ 《比喩, 話》大酒飲み.

zaquizamí [θakiθamí] 男 ❶ 屋根裏部屋,屋根裏. 類 **desván**. ❷ 《比喩》小さくてむさくるしい部屋[家].

zar [θár] 男 《歴史》ツァー(帝政ロシアなどの皇帝の称号)→zarina.

zarabanda [θaraβánda] 女 ❶ 《舞踊》サラバンド(16, 17 世紀スペインの陽気な舞踊[音楽]. ❷ 《比喩》大騒ぎ, 騒動. 類 **bulla, escándalo, jaleo, jolgorio**.

zaragata [θaraɣáta] 女 《話》騒動, けんか. 類 **bulla, gresca, tumulto**.

zaragate [θaraɣáte] 男 《中南米》ろくでなし, 悪党.

zaragatero, ra [θaraɣatéro, ra] 形 騒ぎをよく起こす,けんか早い.

zaragatona [θaraɣatóna] 女 《植物》オオバコ(属の一種).

Zaragoza [θaraɣóθa] 固有名 サラゴーサ(スペイン北東部の県・県都).

zaragozano, na [θaraɣoθáno, na] 形 サラゴーサ(Zaragoza)の.
── 名 サラゴーサ(生まれ)の人.

zaragüelles [θaraɣwéʝes] 男複 ❶ (スペインのバレンシア,ムルシア地方の農村で用いられる)ひだ付きのゆったりとしたズボン. ❷ 《植物》ドジョウツナギ属(イネ科).

zaranda [θaránda] 女 ふるい, ざる; 漉し器. 類 **cedazo, criba**.

zarandajas [θarandáxas] 女複 《話》くだらないこと,しょうもないこと. —Pasó toda la tarde entreteniéndose en 〜. 午後中つまらないことにかかりきりだった.

zarandear [θarandeár] 他 ❶ を振る; (人)を揺する;(人)をもみくちゃにする. —Lo agarró por los hombros y lo *zarandeó* para que se despejara. 彼の目を覚まさせるために肩をつかんで揺さぶった. 類 **agitar, sacudir**. ❷ をふるう,ふるいにかける; 漉(こ)す.
── **se** 再 ❶ 《中南米》《方》腰を振って歩く. 類 **contonearse**. ❷ 駆け回る, 右往左往する.

zarandeo [θarandéo] 男 ❶ ふるいにかけること; こすこと. ❷ 振ること; 揺すること, 揺れ. ❸ 駆けずり回ること,奔走. ❹ 《中南米》腰を振って歩くこと. 類 **contoneo**.

zarandillo [θarandíʎo] 男 ❶ 小さなふるい. ❷ 《比喩, 話》せわしない人[子供], 落ち着かない人[子供]. *llevar*[*traer*] *a ... como un zarandillo* (人)をきりきりまいさせる, 右往左往させる.

zarapito [θarapíto] 男 《鳥類》ダイシャクシギ. 類 **sarapico**.

zaraza [θaráθa] 女 《服飾》(木綿の)更紗, サラサ.

zarazas [θaráθas] 女複 殺鼠(そ)剤.

zarazo, za [θaráθo, θa] 形 《中南米》(果物が)熟れかけの,色づき始めた.

zarceño, ña [θarθéɲo, ɲa] 〔<zarza〕形 イバラの, イバラの多い.

zarcero, ra [θarθéro, ra] 形 《動物》小形猟犬の. —perro — 小形猟犬.

zarceta [θarθéta] 女 《鳥類》→cerceta.

zarcillo [θarθíʎo] 男 ❶ (リング型の)イヤリング. ❷ 《植物》巻きひげ.

zarco, ca [θárko, ka] 形 明るい青色の,ライトブルーの. —los ojos —s 明るい青色の目.

zarevitz [θareβí(t)θ, θareβít∫] 男 《歴史》(帝政ロシアの)皇太子.

zarigüeya [θariɣwéʝa] 女 《動物》オポッサム(中南米に分布する有袋類,オポッサム科の動物の総称).

zarina [θarína] 女 《歴史》(帝政ロシアの)皇后; 女帝(→zar).

zarismo [θarísmo] 男 《歴史》(帝政ロシアの)専制君主政治,ツァーリズム.

zarista [θarísta] 形 《世界史》(帝政ロシアの)専制君主政治の,ツァーリズムの.
── 男女 帝政ロシアの支持者.

zarpa [θárpa] 女 ❶ (ライオン,ネコなどの)鋭い爪のついた前脚, 鉤爪(かぎづめ). 類 **garra**. ❷ 泥はね, 泥染み. —Te has hecho una 〜. Anda rápido a lavarte. 泥だらけじゃないの. 早く洗ってらっしゃい. ❸ 錨(いかり)を揚げること.
echar la zarpa 爪をかける; ひったくる, 我がものにする. Cuídame la maleta para que nadie le *eche la zarpa*. 誰にも取られないようにスーツケースを見ていてちょうだい.

zarpada [θarpáða] 女 (猛獣の)爪による一撃. —El oso le dio una 〜 al pobre viejo. クマは気の毒な老人に爪をかけた.

zarpar [θarpár] 自 《海事》錨(いかり)を揚げる, 出港する. —El buque *zarpó* del puerto rumbo a Nueva York. 船は港を出てニューヨークに向かった.

zarpazo [θarpáθo] 男 →zarpada.

zarpear [θarpeár] 他 《中南米》…に泥をはねかける, をどろどろに汚す.

zarracatín [θařakatín] 男 安く買いたたく人, 値切る人.

zarrapastrón, trona [θařapastrón, tróna] 形 →zarrapastroso.

zarrapastroso, sa [θařapastróso, sa] 形 《話》汚らしい,薄汚れた, ぼろぼろの. 類 **andrajoso, desaliñado, desaseado**.

zarria [θářja] 女 ❶ 泥はね,泥染み. 類 **cazcarria**. ❷ ぼろ, ぼろ切れ. 類 **harapo, pingajo**. ❸ (サンダルの)革ひも.

*****zarza** [θárθa] 女 《植物》❶ バラ科キイチゴ属の植物数種の総称, クロイチゴ. ❷ イバラ, 野イバラ.

zarzal [θarθál] 男 《植物》キイチゴ[イバラ]の茂み.

zarzamora [θarθamóra] 女 《植物》キイチゴの実; キイチゴ.

zarzaparrilla [θarθapaříʎa] 女 《植物》サル

サパリルラ(ユリ科サルトロイバラ属の落葉低木); サルサ根(薬用, 飲料用).

zarzaperruna [θarθapeřúna] 囡 《植物》ノイバラ. 類 **escaramujo**.

zarzarrosa [θarθařósa] 囡 《植物》ノイバラの花.

zarzo [θárθo] 男 (作物の乾燥やカイコ棚などに用いた)網代(ぁじろ), 網垣, すのこ. 類 **cañizo**.

zarzuela [θarθuéla] 囡 ❶《演劇》サルスエラ(スペインで17世紀に発祥したオペレッタ); サルスエラの脚本. ❷《料理》サルスエラ(スペイン, カタルーニャ地方の魚介類の煮こみ料理).

zarzuelero, ra [θarθueléro, ra] 形 サルスエラの, サルスエラに関する.

zarzuelista [θarθuelísta] 男女 《演劇》サルスエラの脚本家[作曲家].

zas [θás] 間 ❶ パシッ, ガツン, ガチャン(パンチの音, 衝撃音). — Yo le iba a dar la mano pero ella, 〜, 〜, me dio un par de besos. 握手をしようとしたら, 彼女の方からチュッ, チュッとキスで挨拶してきた. ❷ パッ, ぱっ(物事が突然起きる様). — Iba pensando en él, y 〜, apareció por la esquina. 彼のことを考えていたらさっと角から本人が現れた.

zascandil [θaskandíl] 男 《話》役立たず, おっちょこちょい; でしゃばり. 類 **entrometido, mequetrefe**.

zascandilear [θaskandileár] 自 《話》でしゃばる, 首を突っ込む; 役にも立たないことをする. — Mejor vete a casa en vez de *estar zascandileando* por aquí. ここで余計なことに首を突っ込んでないで家に帰った. 類 **curiosear**.

zeda [θéða] 囡 →zeta.

zedilla [θeðíʝa] 囡 →cedilla.

zéjel [θéxel] 男 《韻文》セヘル(アラビア起源のスペインの民衆詩の詩形).

zen [θén] [＜日]
— 形 禅の. — práctica 〜 禅の修業.

zenit [θeni(t)] 男 →cenit.

zepelín [θepelín] 男 (硬式)飛行船, ツェッペリン飛行船.

zeta [θéta] 囡 ❶ セタ(スペイン語アルファベットの最終字, Z, z). ❷ ゼータ(ギリシャ語アルファベットの第6字, Ζ, ζ).

zeugma, zeuma [θéuɣma, θéuma] 囡 《修辞, 文法》くびき語法(一つの動詞または形容詞が同一文中で二つ以上の要素に関して用いられるとき二度目以降を省略さる).

zigoma [θiɣóma] 男 《解剖》頬骨(ほおぼね)(両眼の下の外側の骨).

zigzag [θiɣθáɣ] 男 [複 zigzags, zigzagues] ジグザグ, 稲妻形, 電光形, Z字形. — La senda subía en 〜 hasta el pueblo. 小道は町まで曲がりくねりながら山肌を登っていた. Estaba borracho y andaba haciendo 〜. 酔っ払って千鳥足で歩いていた.

zigzaguear [θiɣθaɣeár] 自 ジグザグ形[Z字形]に進む[続く]. — El río zigzaguea por la llanura. その川は平野を曲がりくねりながら流れている.

Zimbabwe [θimbáβμe] 固名 ジンバブエ(首都ハラレ Harare).

zinc [θíŋ(k)] 男 《化学》→cinc.

zíngaro, ra [θíŋgaro, ra] 形 →cíngaro.

zipizape [θipiθápe] 男 《話》けんか, 騒動. — armar un 〜 騒ぎを起こす. 類 **alboroto, jaleo**.

riña.

zípper [θíper] 〔＜英〕男 《中南米》 ジッパー(→ cremallera).

zircón [θirkón] 男 →circón.

zoantropía [θoantropía] 囡 《心理》自分を動物と思い込む妄想.

zócalo [θókalo] 男 ❶《建築》(建物の)土台, 礎石; (柱の)台座(の最下部). 類 **pedestal**. ❷《建築》幅木(室内の壁の最下部に張る横木), 腰板. 類 **friso**. ❸《中南米》(Z〜)(特にメキシコシティーの)中央広場.

zocato, ta [θokáto, ta] 形 ❶ 左利きの. 類 **zoco, zurdo**. ❷ (果物が)しなびた, 熟れないまま腐った.

zoclo [θóklo] 男 複 木靴, (木底の)サンダル. 類 **chanclo, zueco**.

zoco¹, ca [θóko, ka] 形 《まれ》左利きの. 類 **zacato, zurdo**.

zoco² [θóko] 男 →zueco, zócalo.

zoco³ [θóko] 男 (北アフリカの)市場.

zodiacal [θoðjakál] 形 《天文, 占星》黄道帯[獣帯]の.

zodiaco, zodíaco [θoðjáko, θoðíako] 男 《天文, 占星》黄道帯, 獣帯(太陽, 月, 惑星が運行する天球上の帯域, 黄道に沿って南北8度ずつの幅をもつ).

signos de zodiaco 黄道十二宮. ♦Aries 白羊宮, Tauro 金牛宮, Géminis 双子宮, Cáncer 巨蟹(きょかい)宮, Leo 獅子宮, Virgo 処女宮, Libra 天秤宮, Escorpión 天蠍(てんかつ)宮, Sagitario 人馬宮, Capricornio 磨羯(まかつ)宮, Acuario 宝瓶(ほうへい)宮, Piscis 双魚宮.

zollipar [θoʝipár] 自 《話》すすり泣く, 泣きじゃくる, しゃくり上げる. 類 **sollozar**.

zollipo [θoʝípo] 男 《話》すすり泣き, 泣きじゃくり, しゃくり上げて泣くこと. 類 **sollozo**.

zombi, zombie [θómbi, θómbje] 男 ゾンビ.
— 形 《話》ゾンビのような, ぼうっとした.

**zona [θóna ソナ] 囡 ❶ *(a)* (外観や行政上の特徴によって区分される)地帯, 地域, 区域. 〜〜 de ensanche 都市の拡張する[した]地帯. 〜 de influencia《国際法上》の勢力範囲. En esta 〜 de la ciudad abundan los delincuentes. 市のこの地区には犯罪者が多い. 〜 boscosa 山林地帯. 〜 cero 爆心地. 〜 euro ユーロ地域. 〜 donde ha aparecido el cadáver 遺体が発見された地域. 〜 para peatones 歩行者天国. *(b)* 帯, 帯状の部分. *(c)* 《地理》(寒帯, 温帯などの)帯. 〜〜 glacial 寒帯. 〜 templada 温帯. 〜 tórrida [tropical] 熱帯. ❷ 部分, 範囲, 領域. — Aunque le conocía muy bien, algunas 〜s de su mente me fueron siempre inaccesibles. 私は彼をよく知っていたが, 彼の考えのある部分はいつも私にとって理解できなかった.

zonal [θonál] 形 帯状の; 地帯の.

zoncear [θonθeár] 自 《話》《中南米》馬鹿な真似をする, ふざける. 類 **sonsear, tontear**.

zoncera [θonθéra] 囡 《話》《中南米》間の抜けたこと, 馬鹿なこと; つまらないこと. 類 **idiotez, simpleza, sonsera, tontería**.

zoncería [θonθería] 囡 つまらないこと, 面白味のないこと. 類 **insulsez, sosería**.

zonda [θónda] 囡 《中南米》ソンダ(アンデス山脈

zonzo

からアルゼンチンに吹く乾いた熱風.

zonzo, za [θónθo, θa] 形【特に中南米】《話》馬鹿な, 間の抜けた; 退屈な, つまらない. 類 **bobo, insulso, necio, soso, tonto**.
— 名 間抜け, 馬鹿. —¿O sea que tengo que aguantar un año más a la *zonza* esa de la jefa? あの馬鹿部長にもう一年付き合わなければならないってわけ?

zoo [θóo] 男 動物園→ parque zoológico.

zoófago, ga [θoófaγo, γa] 形《動物》肉食の.

zoofilia [θoofília] 女 動物に対する病的愛情; 獣姦. 類 **bestialismo**.

zoófito [θoófito] 男《動物》植虫(サンゴ, イソギンチャクなど形は植物に似た動物の総称).

zoogeografía [θooxeoγrafía] 女 動物地理学.

zoografía [θooγrafía] 女 動物誌学.

zooide [θoóiðe] 形 動物性の, 動物の.
— 男《生物》子虫(独立の運動能力をもつ動物体又は細胞); 個虫(群体を構成する各個体).

zoolatría [θoolatría] 女 動物崇拝.

zoología [θooloxía] 女 動物学.

zoológico, ca [θoolóxiko, ka] 形 動物の; 動物学の. — parque ~ 動物園. estudios ~s 動物学の研究.
— 男 動物園(= parque zoológico).

zoólogo, ga [θoóloγo, γa] 男女 動物学者.

zoom [θún]〔<英〕男《写真, 映画》画像の拡大「縮小」, ズーム; ズームレンズ.

zoomorfo, fa [θoomórfo, fa] 形 動物をかたどった.

zoospora [θoospóra] 女《植物, 動物》遊走子(無性生殖をする胞子の一種で鞭毛を有し水中を運動する能力があるもの).

zootecnia [θootéknia] 女 畜産学, 家畜飼育法.

zootécnico, ca [θootékniko, ka] 形 畜産学の, 家畜飼育法の.

zopas [θópas] 男女【単複同形】《話》舌足らずで話す人, [s] を [th] で発音する人.

zopenco, ca [θopéŋko, ka] 形《話》間抜けな, のろまの. 類 **tonto, torpe, tosco, zoquete**.
— 名《話》間抜け, うすのろ. —Nunca vuelvo a salir con un ~ como él. あんな役立たずとはもう二度とデートしないわ.

zopilote [θopilóte] 男《動物》【中南米】クロコンドル, ハゲタカ. 類 **urubú**.

zopo, pa [θópo, pa] 形 手[足]が奇形の[不自由な].

zoquete [θokéte] 男 ❶ 木片, 木切れ. ❷ (堅くなった)パンの固まり. ❸《比喩, 話》ずんぐりした小男.
— 男女《比喩, 話》うすのろ, でくのぼう, ばか. —No lo entiendes con lo fácil que es. Eres un ~. こんな簡単なのにわからないの. あなたっておばかさんね. 類 **tarugo, tonto, torpe, zopenco**.

zorcico [θorθíko] 男 ソルツィーコ(スペイン, バスク地方の民謡[舞踊]).

zoroástrico, ca [θoroástriko, ka] 形 ゾロアスター教の. — 名 ゾロアスター教徒.

Zoroastro [θoroástro] 固名 ゾロアスター(前6世紀頃, ペルシャのゾロアスター教の始祖).

zorongo [θoróŋgo] 男 ❶ スペインのアラゴン, ナバーラ地方の農夫が巻いた鉢巻き. ❷ 束髪, 髷(まげ). ❸ ソロンゴ(スペイン, アンダルシーア地方の民謡[舞踊]).

*__zorra__[1] [θóřa] 女 ❶《動物》キツネ(狐). ❷ 雌のキツネ. ❸《俗》売春婦. 類 **prostituta**. ❹《比喩, 俗》酔い, 酔っ払い. —Ha agarrado [pillado] una ~ de pánico. 彼はものすごく酔っぱらった. 類 **borrachera, embriaguez**.
zorra de mar (スペイン沿岸部に多い)サメの一種.
desollar [*dormir*] *la zorra*《比喩, 俗》酔って眠る. 類 **desollar** [**dormir**] **la borrachera** [**el lobo**].

*__zorra__[2] [θóřa] 女 (重量のある荷を積むための)荷台の低い頑丈な荷車.

zorrastrón, trona [θořastrón, tróna]〔< zorro〕形《話, 軽蔑》ずる賢い, 狡猾(こうかつ)な.
— 名《話, 軽蔑》古狐, 悪党. 類 **pícaro**.

zorrera [θořéra] 女 ❶ 狐の巣穴. 類 **madriguera**. ❷《比喩》煙草の立ちこめた部屋, 空気の悪い部屋. ❸《話》眠気, 睡魔.

zorrería [θořería] 女《話》ずる賢さ, 狡猾(こうかつ)さ; 悪だくみ, 卑劣な行為. —No te preocupes, que es una ~ para no ir a clase. 心配するな. 授業をサボるための作戦なんだから. 類 **astucia, cochinada, picardía**.

zorrero, ra[1] [θořéro, ra] 形 ❶《比喩》ずる賢い, 狡猾(こうかつ)な. ❷ 狐狩用の. — perro ~ フォックスハウンド. 類 **raposero**.

zorrero, ra[2] [θořéro, ra] 形 ❶《海事》船脚の遅い. ❷ 遅れをとった.

Zorrilla [θoříja] 固名 ソリーリャ(ホセ José ~) (1817-93, スペインの詩人・劇作家).

zorrillo, zorrino [θoříjo, θoříno] 男【中南米】《動物》スカンク. 類 **mofeta**.

*__zorro__ [θóřo] 男 ❶ 雄のキツネ. —~ *azul* 銀ギツネ. 類 **raposo**. ❷ キツネの毛皮. ❸《比喩, 俗》ずる賢い人, 腹黒い人, 狡猾(こうかつ)な人. —Ten cuidado con él; es un viejo ~ que se las sabe todas. 気をつけろ, 奴は何でも知っている狡猾な男だ. ❹ なまけもの. ❺ 覆 はたき.
estar hecho unos zorros 疲れ果てている. Después de un trabajo tan duro, él *estará hecho unos zorros*. そんなにきつい仕事の後では, 彼は疲れ果てているだろう.
hacerse el zorro ばか[間抜け]を装う. *No te hagas el zorro y contesta*. とぼけずに答えろ.
—, **rra** 形《比喩》ずる賢い, 腹黒い, 狡猾な. —No he conocido a una persona tan *zorra* como él. 私は彼のようにずる賢い人は今までに知らない. 類 **astuto, malicioso, taimado**. 反 **simple**.

zorruno, na [θořúno, na] 形 キツネの, キツネのような. —mañas *zorrunas* ずる賢い企み. 類 **vulpino**.

zorzal [θorθál] 男 ❶《鳥類》ツグミ. 類 **tordo**. ❷《比喩》ずる賢い人.

zorzal marino《魚類》クロベラ. 類 **merlo**.

zóster [θóster] 男 帯状の.

zote [θóte] 形《話》うすのろの, 頭の足りない. 類 **torpe, zopenco, zoquete**.

*__zozobra__ [θoθóβra] 女 ❶ 不安, 心配, 懸念. —A medida que pasaban las horas, la ~ que sentíamos todos aumentaba. 時がたつにつれて私たちみんなの不安は募っていった. 類 **angustia**. 反 **tranquilidad**. ❷ (船の)難破, 沈没; (事業の

の)失敗, 破産. ❸ 悪天候, 時化.
*zozobrar [θοθοβrár] 自 ❶ (a) 大いにあう, 海難にあう. —El barco *zozobraba* en la tormenta. 船は嵐のため海難寸前であった. (b) (船が)沈没する, 難破する, 遭難する. —Al barco le falta poco para ~. 船は沈没寸前だ. 類 **naufragar**. ❷ (事業などが)破綻に瀕している, 破綻(はたん)寸前である. —La empresa *zozobra* en estos momentos. 現時点では会社は破綻寸前である. ❸ 不安である, 苦悩する, 心配する.
— 他 (船・事業などを)危険にさらす.

zuavo [θuáβo] 男 《歴史》ズアーブ兵 (1831年に編成されたアルジェリア人から成るフランス軍歩兵, 又はその軍服を着た兵).
zueco [θuéko] 男 複 ❶ (農民が用いる)木靴; 突っかけ靴 (かかとの部分に覆いのない靴). 類 **zoco**. ❷ (病院などで用いられる)木(コルク)底の革靴.
zulaque [θuláke] 男 (管の継ぎ目などを封じるのに用いられる)ペースト, 封泥(ほうでい).
Zulia [θúlja] 固女 スリア(ベネズエラの州).
zulla¹ [θúja] 女 《話》糞(くそ).
zulla² [θúja] 女 《植物》イワオウギ(マメ科).
zullarse [θujárse] 再 《話》糞(くそ)をする[垂れる]. 類 **cagarse**.
zullón [θujón] 男 ❶ 《話》糞(くそ)を垂れる人, 屁をこく人. ❷ 透かし屁, 音の出ない屁. 類 **follón**.
zulú [θulú] 形 《複 zulúes》ズールー族(の). ❶ 《南アフリカのバンツー系民族》の. ❷ 《比喩, 話》野蛮な, 無作法な.
— 男女 ❶ ズールー族の人. ❷ 《比喩, 話》野蛮人, 無作法な人.
zumaque [θumáke] 男 ❶ 《植物》スマック(ウルシ属の一種). ~ falso ニワウルシ. ~ del Japón ウルシ(の木). ❷ 《話》ワイン. —Me parece que a ti te gusta mucho el ~. おまえ, ずいぶんワインが好きみたいだな.
zumba [θúmba] 女 ❶ からかい, 冷やかし, 冗談. 類 **broma, burla, chanza, guasa**. ❷ (先頭の牛馬がつける)大鈴. ❸《中南米》鞭(むち)打ち, 殴打. —Anoche le dieron una ~ terrible. 彼は昨晩ひどく殴られた. ❹ (うなり板(ひもを通した板を振り回してうなりを発せるおもちゃ). 類 **bramadera**.
zumbador, **dora** [θumbaðór, ðóra] 形 ぶんぶんいう, うなる. — insecto ~ ぶんぶんいう虫.
— 男 《電気》ブザー. —tocar el ~ ブザーを鳴らす.
*zumbar [θumbár] 自 ❶ (動物・機械が)低い振動音を立てる, ブンブン[ズーズー, ブツブツ]と言う. —Las abejas *zumban*. 蜜蜂がブンブン言っている. ❷ 耳鳴りがする. —Dice que le *zumban* los oídos. 彼は耳鳴りがすると言っている. ❸ (ある事態が)差し迫っている.
— 他 《話》を叩く, ぶつ. —Niño, si no me obedeces, te voy a ~. いいかい, もし私の言い付けに従わないようなら, ぶつよ.
—se 再 〖+de〗をあざ笑う, からかう, ふざける. —Me molesta que *te zumbes de* mí. 私は君にからかわれるのが迷惑だ.
zumbando 大急ぎで. Cuando termina el trabajo, sale *zumbando* de la oficina. 仕事を終えると, 彼は会社を飛び出した.
*zumbido [θumbíðo] 男 ❶ (ハチやモーターなどのブーンという)うなり, 騒音; 耳鳴り. —El ~ de los motores del avión no nos dejó dormir. 飛行機のエンジンの騒音で私たちは眠れなかった. ❷ 《俗》

zuro 1997

げんこでなぐること, パンチ.
zumbo [θúmbo] 男 →zumbido.
zumbón, bona [θumbón, bóna] 形 人をからかう, ふざけた. —Lo dijo con un tono ~. 彼はからかうような調子でそう言った. 類 **bromista, burlón**. — 名 ふざけ屋, おどけもの.
zumiento, ta [θumjénto, ta] 形 《まれ》水気の出る, 汁気のある.
:**zumo** [θúmo] 男 ❶ (主に野菜や果物の)ジュース, 絞り汁. 類 **jugo**. ❷ 《比喩》効用, 有用性; 利益. —En este asunto ya no queda ~ que exprimir. この件にはもはや得る利益はない. 類 **beneficio, utilidad**.
zumoso, sa [θumóso, sa] 形 汁気の多い, 汁気を含んだ. 類 **jugoso**.
zunchar [θuntʃár] 他 を鉄たがで補強する, …に鉄たがをはめる. 類 **enzunchar**.
zuncho [θúntʃo] 男 (補強に用いる)鉄たが, 止め金.
zupia [θúpja] 女 ❶ (ぶどう酒の)おり, かす. 類 **hez, poso**. ❷ 濁ったぶどう酒; 質の悪い飲み物. 類 **brebaje**. ❸ 《比喩》くず, かす, 軽蔑すべきもの[人].
Zurbarán [θurβarán] 固名 スルバラン(フランシスコ・デ Francisco de ~)(1598-1664, スペインの画家).
zurcido [θurθíðo] 男 繕い; 繕いもの. —Me han hecho un ~ en el codo de la chaqueta. 上着の肘を繕ってもらった.
zurcidor, dora [θurθiðór, ðóra] 名 繕う人, 服を補修する人. —Es una buena *zurcidora*. 彼女は繕いものがうまい.
zurcidura [θurθiðúra] 女 →zurcido.
zurcir [θurθír スルシル] [3.5] 他 を繕う, …に継ぎを当てる. —Cuando yo era niño, mi abuela me *zurcía* la ropa. 私が子供の時祖母が服を繕ってくれたものだった.
que te zurzan 《話》君には関係ない, いい加減にしろ, とっとと失せろ. —¿No quieres que te ayude? —Pues anda y *que te zurzan*. 私が助けてやろうか. —お前なんかとっとと失せろ.
zurcir voluntades 男女の仲を取り持つ.
zurda [θúrða] 女 →zurdo.
zurdazo [θurðáθo] 男 《スポーツ》左足でのキック, 左腕でのパンチ.
*zurdo, da [θúrðo, ða] 形 ❶ 左利きの. 類 **zocato**. 反 **diestro**. ❷ 左の. —la mano *zurda* 左手. 類 **izquierdo**.
— 名 左利きの人, サウスポー.
— 女 左手, 左足.
a zurdas (1) 左手で. Le dio a la pelota *a zurdas*. 左手でボールを打った. (2) 《話, 比喩》的外れに, 間違って. Este niño lo hace todo *a zurdas*. この子ったら何をやっても的外れなんだから.
no ser zurdo 《話, 比喩》馬鹿ではない, やり手である. ¿Creías que yo iba a hacer eso? ¡Hombre! Yo *no soy zurdo*. 俺がそんなことをすると思ったか. 俺は馬鹿じゃないぞ.
zurear [θureár] 自 (ハトが)クークーと鳴く.
zurito, ta [θuríto, ta] 形 (ハトが)野生の. —paloma *zurita* 野バト.
zuro, ra [θúro, ra] 形 →zurito.
— 男 (トウモロコシの)穂軸. 類 **carozo**.

zurra [θúřa] 囡 ❶《話, 比喩》たたきのめし, 殴打. —Como te portes mal te doy una ~. おまえ, いい子にしてないからお仕置きをするよ. 類 **azotaina, paliza, tunda**. ❷ 革なめし. ❸《話, 比喩》乱闘, けんか. ❹《話, 比喩》つらい仕事. —Anoche me di una ~ para el examen. 昨晩は試験のために猛勉強した.

zurrador [θuřaðór] 男 革なめし職人, 製革業者.

zurrapa [θuřápa] 囡 ❶〖主に 複〗(液体中の)おり, かす. —~s del café コーヒーのかす. ❷《話, 比喩》かす, くず. —~ ~ de la sociedad 社会のくず.

zurrapelo [θuřapélo] 男 《話》大目玉, きつく叱ること. 類 **rapapolvo**.

zurrapiento, ta, zurraposo, sa [θuřapiénto, ta, θuřapóso, sa] 形 おりの多い, かすのたくさん入った; 濁った.

zurrar [θuřár] 他 ❶ (皮)をなめす. ❷《話, 比喩》をたたきのめす, お仕置きをする. —Como no hagas los deberes, te *zurro*. 宿題をしてこなかったらただじゃおかないよ. ❸《話, 比喩》(議論や競争などで)打ち負かす, やっつける. —Nuestros rivales nos *zurraron* de lo lindo. 僕たちはライバルに完全にやられてしまった. ❹《話, 比喩》を(人前で)ののしる, こきおろす.

zurrarle a ... la badana 《話, 比喩》(人)を殴る; をこきおろす.

zurriaga [θuřiáɣa] 囡 →zurriago.

zurriagar [θuřiaɣár] [1.2] 他 を鞭(むち)で打つ.

zurriagazo [θuřiaɣáθo] 男 ❶ 鞭(むち)による一撃. 類 **latigazo**. ❷《比喩》(突然の)不運; (思いがけない)つらい仕打ち. —Los ~s de la vida le han vuelto muy pesimista. 彼は数々の不運な出来事を経てすっかり悲観主義者になってしまった.

zurriago [θuřiáɣo] 男 鞭(むち), 革ひも.

zurribanda [θuřiβánda] 囡《話》❶ 殴打, 打ちのめし. 類 **zurra**. ❷ 乱闘, けんか.

zurriburri [θuřiβúři] 男《話》❶ 騒ぎ, 騒動. 類 **barrullo, jaleo**. ❷ ろくでなし, くず. —Se junta con el ~ del barrio y acabará mal. あいつ町きっての不良と付き合っているんだ, ひどいことになるぞ.

zurrido¹ [θuříðo] 男 (特に棒による)殴打, ぶちのめすこと.

zurrido² [θuříðo] 男 きしみ音, ものが当たる耳障りな音.

zurrón [θuřón] 男 ❶ (食料や獲物を入れる)革袋. 類 **morral**. ❷《動物》羊膜. ❸《植物》外皮, 殻. —el ~ de la almendra アーモンドの殻.

zurullo [θurújo] 男 ❶ だま, 塊(かたまり). 類 **grumo**. ❷《話》人糞(ふん).

zurumbático, ca [θurumbátiko, ka] 形 茫然とした, ぼうっとした. —Amanecí ~ porque no había dormido bien. よく眠れなかったので目が覚めたら頭がぼうっとした. 類 **aturdido**.

zurupeto [θurupéto] 男《話》(登録されていない)株式仲買人; (無資格の)公証人.

zurza(-) [θurθa(-)] 動 zurcir の接・現在.

zurzo [θúrθo] 動 zurcir の直・現在・1 単.

zutano, na [θutáno, na] 名《話》〖主に fulano, mengano y zutano という語句の中で用いる〗ある人, だれそれ. —Estaban en la fiesta fulano, mengano y ~. パーティーにはどいつもこいつも来ていたよ.

zuzón [θuθón] 男《植物》ノボロギク. 類 **hierba cana**.

付　録

- 接尾辞
- スペイン語文法解説
- 動詞活用表・解説
- 語尾変化一覧
- 動詞活用表

接尾辞 (sufijos)

増大辞 (aumentativos)

増大辞は基本的には「大きな」の意味を加えるが,「不恰好, グロテスク, 不快」の意味を伴いやすく, 軽蔑的な意味合いで使われることも多い. 形式は増大辞だが縮小辞の意味で用いられている語もある.

callejón「路地」(＜calle「街」+-ejo+-ón), pelón「禿げた(人)」(＜pelo「髪」), ratón「ハツカネズミ」(＜rata「ネズミ」), tapón「栓」(＜tapa「蓋」), terrón「土くれ」(＜tierra「土地」), islote「小島」(＜isla「島」).

-ón, -ona 形/名【時に軽蔑辞】(例): cabezón「大頭の(人), 頑固な(人); 大頭」(＜cabeza「頭」), cucharón「大さじ, おたま」(＜cuchara「スプーン」), hombrón「大男」(＜hombre「男」), mujerona「大女」(＜mujer「女」), solterona「年配の独身女性」(＜soltera「独身女性」), casón/casona「(旧家の)豪邸, 古い館」(＜casa「家」), ricachón「成金(の), 金満家(の)」(＜rico「金持ち(の)」+-acho+-ón」), frescachón「はつらつとして逞しい」(＜fresco「さわやかな」+-acho+-ón), pobretón「ひどく貧しい(人)」(＜pobre「貧しい(人)」+-ete+-ón).

-arro, -arra; -urro, -urra 形/名【-ón とともに用いられることが多い】(例): chicarrón「年齢の割に逞しい少年」(＜chico「少年」), chinarro「(大きめの)小石」(＜china「小石」), nubarrón「大きな黒雲」(＜nube「雲」), ventarrón「強風」(＜viento「風」) (→軽蔑辞 -arro, -arra; -urro, -urra).

-azo, -aza 形/名 (例): amigazo「大親友, 良い仲間」(＜amigo「友人」), buenazo/bonazo「人のよい; お人好し」(＜bueno「善良な」), bocaza「大きな口」(＜boca「口」), padrazo「子供に甘い父親」(＜padre「父」).

-otas 名 (例): narizotas「大きな鼻の人」(＜nariz「鼻」).

-ote, -ota 形/名【滑稽・軽蔑】(例): amigote「悪友, 仲間」(＜amigo「友人」), grandote「ばかでかい」(＜grande「大きい」), palabrota「汚い言葉, 悪口」(＜palabra「言葉」), cabezota「大きな頭, 石頭」(＜cabeza「頭」), francote「ざっくばらんな, ずけずけ物を言う」(＜franco「率直な」), librote「大きな本; つまらない本」(＜libro「本」), papelote「紙くず, 役に立たない書類」(＜papel「紙」).

-udo, -uda 形/名【豊富(軽蔑辞的)】(例): barrigudo「腹の出た(人)」(＜barriga「腹」), panzudo「太鼓腹の(人)」(＜panza「太鼓腹, 腹」), velludo「毛深い(人)」(＜vello「体毛」), barbudo「ひげを生やした(人)」(＜barba「ひげ」), peludo「毛むくじゃらの(人)」(＜pelo「髪の毛」).

縮小辞 (diminutivos).

縮小辞は, 基本的には元の語に「小さい」とか「かわいらしい」という感情的な意味を付け加える. 増大辞ほどではないが, 軽蔑的な意味を含むこともある. 人名にも付く: Pepito「ペピート」(＜Pepe「ペペ」(José の愛称)). また, それぞれの縮小辞にはバリエーションがあり, 長いほうの形式は主に1音節語に用いられる.

florecita「小さい花」(＜flor「花」); panecillo「小型のパン, ロールパン」(＜pan「パン」); pececito/pececillo「小魚」(＜pez「魚」), piececito/piececillo/piececico/piecezuelo「小さな足, あんよ」(＜pie「足」).

-ete, -eta; -cete, -ceta; -ecete, -eceta 形/名 (例): abogadete「へぼ弁護士」(＜abogado「弁護士」), caseta「小屋; (海水浴場などの)脱衣所」(＜casa「家」), camioneta「小型トラック」(＜camión「トラック」), historieta「挿話」(＜historia「話, 歴史」), alegrete「陽気な」(＜alegre「明るい」), placeta「(町角の)小広場」(＜plaza「広場」), torete「闘志のない闘牛, 小さめの闘牛」(＜toro「牡牛」), pobrete「かわいそうな(人)」(＜pobre「かわいそうな(人)」), vejete「(軽蔑的に)老いぼれた; 老人」(＜viejo「年老いた; 老人」).

-ico, -ica; -cico, -cica; -(ec)ecico, -(ec)ecica 形/名 【アラゴン】 (例): angélico「小天使; 無邪気な子供」(＜ángel「天使」), burrico「小さなロバ」(＜burro「ロバ」), jovencico「若者」(＜joven「青年」), malico「いたずらな」(＜malo「悪い」), piececico「ちっちゃな足」(＜pie「足」).

-illo, -illa; -cillo, -cilla; -(ec)ecillo, -(ec)ecilla 形/名 (例): chiquillo「子供っぽい」(＜chico「子供」), dinerillo「小金」(＜dinero「金」), panecillo「小型のパン, ロールパン」(＜pan「パン」), listillo「(軽蔑的に)知ったかぶり, 利巧ぶる人」(＜listo「賢い, 利巧な」), ventanilla「窓口; 乗物の窓」, corderillo「子羊」, cosilla「小さな事[物]」, mesilla「ナイトテーブル」, platillo「小皿」.

-ín, -ino, -ina 形/名 (例): chiquitín「幼児」(＜chico「少年」+-ito+-ín), pequeñín「(子供が)とっても小さな」(＜pequeño「小さな」), maletín「小型スーツケース」(＜maleta「スーツケース」), poquitín「ほんのちょっぴり」(＜poquito「ほんの少し」＜poco「少し」), langostino「クルマエビ」(＜langosta「ロブスター」), calcetín「ソックス」, palomino「小鳩」.

-iño, -iña 形/名 【ガリシア】 (例): bobiño「ばか(な)」(＜bobo「ばか(な)」), casiña「小さな家」(＜casa「家」).

-ito, -ita; -cito, -cita; -(ec)ecito, -(ec)ecita 形/名 (例): abuelito「おじいちゃん」(＜abuelo「祖父」), casita「小さな家, 拙宅」(＜casa「家」), chiquitito「ちっちゃな, かわいい」(＜chiquito「小さい, かわいい」+-ito), piececito「小さな足, あんよ」(＜pie「足」), poquitito「ほんのちょっぴり」(＜poquito「ほんの少し」+-ito), cochecito「おもちゃの自動車; 乳母車」, cucharita「ティースプーン」, pobrecito「かわいそうな」, callandito「黙って, 静かに, こっそりと」(＜callando「黙って」), pequeñito「ちっぽけな」(＜pequeño「小さな」), piedrecita「小石」, momentito「ほんの瞬間」, pajarito「小鳥, 雛鳥」, cerquita「すぐ近くに」(＜cerca「近くに」), lejitos「かなり遠くに」(＜lejos「遠くに」), ahorita「『中南米』たった今; 今すぐ」(＜ahora「今」).

-uelo, -uela; -zuelo, -zuela; -(ec)ezuelo, -(ec)ezuela 形/名
(1) (例): pañuelo「ハンカチ」(＜paño「布」), reyezuelo「族長, 酋長」(＜rey「王」), arroyuelo「小川」, ladronzuelo「こそ泥, すり」, plazuela「小さな広場」, riachuelo「小川」(＜río「川」+-acho+-uelo), jovenzuelo「とても若い(＝jovencito)」(＜joven「若い」).
(2) 【軽蔑の意味合いが強い】(例): gordezuelo「太っちょの」(＜gordo「太った」), mujerzuela「あま, 女; 売春婦」(＜mujer「女」), escritorzuelo「三文文士」(＜escritor「作家」).

軽蔑辞 (despectivos, peyorativos)
名詞や形容詞につけて「軽蔑, 嘲笑, 醜さ」などのネガティブな意味を付け加える. このほかにも, 増大辞の多く, および, -illo, -uelo 系の縮小辞には軽蔑辞的な感じが入りやすい.

-aco, -aca; -uco, -uca 形/名 (例): bicharraco「気持ちの悪い虫」(＜bicho「虫」+-arro+-aco), casuca「小さなボロ家, あばら家」(＜casa「家」), frailuco「下っ端の修道士」(＜fraile「修道士」), libraco「くだらない本」(＜libro「本」), mujeruca「老女, いやしい女」, beatuco「信心に凝り固まった(人)」(＜beato「信心深い(人)」).

-acho, -acha 形/名 (例): ricacho「成金(の), 金満家(の)」(＜rico「金持ち(の)」), hombracho「屈強な大男; げすな[軽蔑すべき]男」(＜hombre「男」), vinacho「安酒」(＜vino「ワイン」), vivaracho「空元気の」(＜vivo「活気のある」).

-ajo, -aja 形/名 (例): hierbajo「雑草」(＜hierba「草」), sombrajo「日よけ」(＜sombra「陰, 日陰」), pequeñajo「ちび(の)」(＜pequeño「小さい(子)」), chiquitajo「ちっちゃな」(＜chico「小さな」+-ito+-ajo), latinajo「ラテン語(風の語法); 下手なラテン語」(＜latín「ラテン語」), terminajo「下品な言葉」(＜término「用語」), comistrajo「ごた混ぜのまずい料理」(＜conmisto「混合した」), escobajo「壊れ箒」(＜escoba「箒」), migaja「パンくず；かけら」(＜miga「パンの柔らかい中味」).

-arro, -arra; -urro, -urra 形/名 【-ón とともに用いられることが多い】(例): vozarrón「どら声, 大声」(＜voz「声」+-arro+-ón), mansurrón「おとなしすぎる, 意気地のない」(＜manso「おとなしい」), santurrón「信心に凝り固まった(人)」(＜santo「信心深い(人)」).

-astro, -astra 名 (例): poetastro「へぼ詩人」(＜poeta「詩人」), medicastro「やぶ医者」(＜médico「医者」), politicastro「政治屋」(＜político「政治家」), camastro「粗末なベッド」(＜cama「ベッド」), madrastra「継母, 冷酷な母親」(＜madre「母」).

-astre 名 (例): pillastre「ずる賢いやつ」(＜pillo「ずる賢い」).

-azas 名 (例): manazas「不器用な人, へたくそ」(＜mano「手」).

-azo, -aza (例): amigazo「悪友」(＜amigo「友人」), manaza「汚い手」(＜mano「手」), padrazo「子供を甘やかす父親」(＜padre「父親」).

-azos 形/名 (例): calzonazos「尻に敷かれている(夫)」(＜calza「長靴下」+-ón+-azos).

-ejo, -eja 名 (例): animalejo「小動物, かわいい動物」(＜animal「動物」), caballejo「子馬；駄馬」(＜caballo「馬」), librejo「安っぽい本, つまらない本」, regalejo「つまらない贈り物」, palabreja「みだらな言葉」.

-ica 形/名 (例): llorica「泣き虫」(＜llorar), acusica「告げ口屋」(＜acusar), quejica「不平屋」.

-orrio 名 (例): bodorrio「粗末な結婚式」(＜boda「結婚式」), villorrio「僻村, 寒村」(＜villa「町」).

-orro 名 (例): ventorro「安宿, 木賃宿」(＜venta「宿屋」), pitorro「(水入れの)飲み口」(＜pito「笛」).

-uco, -uca 形/名 (例): casuca「あばら家」(＜casa「家」), mujeruca「老女；いやしい女」(＜mujer「女」), feúco「不器量な」(＜feo「醜い」), frailuco「生臭坊主, 下っ端の修道士」(＜fraile「修道士」).

-ucho, -ucha 形/名 (例): animalucho「醜い動物」(＜animal「動物」), calducho「薄い[まずい]スープ」(＜caldo「スープ」), malucho「体の調子が悪い, 少し病気の」(＜malo「悪い；病気の」),

medicucho「やぶ医者」(<médico「医者」), casucha「あばら家」(<casa「家」), delgaducho「やせぼっちの, やせこけた」(<delgado「痩せた」).

-ujo, -uja 形/名 (例): blandujo「ふにゃふにゃな; 軟弱な」(<blando「柔らかい」), pequeñujo「ちっちゃな(子), ちび; (時に親愛を込めて)かわいい, おちびちゃん」(<pequeño「小さい」), papelujo「紙くず」.

-uzco, -uzca; -usco, -usca 形【性質・傾向(…っぽい)】(例): blancuzco「白っぽい」(<blanco「白い」), negruzco「黒っぽい」(<negro「黒い」), blanduzco「ふにゃふにゃな; 軟弱な」, pardusco「褐色を帯びた, 茶色がかった」.

-uzo, -uza 名 (例): gentuza「くだらない連中」(<gente「人々」).

●その他の接尾辞

-a 名
(1)【行為・結果】(例): toma「取ること, 占領」(<tomar「取る, 占領する」), poda「剪定(ﾃｲ)」(<podar「剪定する」), riña「けんか」(<reñir「けんかする」), contienda「争い」(<contender「争う」).
(2)【地名形容詞・名詞】(例): belga「ベルギー(人)の; ベルギー人」(<Bélgica「ベルギー」), persa「ペルシア(人・語)の; ペルシア人」(<Persia「ペルシア」).

-áceo, -ácea 形【所属・近似】(例): opiáceo「アヘンの」(<opio「アヘン」), grisáceo「灰色がかった」(<gris「灰色(の)」).

-aco, -aca 形/名
(1) →軽蔑辞.
(2)【地名形容詞・名詞】(例): austríaco「オーストリア(人)の; オーストリア人」(<Austria「オーストリア」), polaco「ポーランド(人・語)の; ポーランド人[語]」(<Polonia「ポーランド」).
(3)【形容詞化】(例): policíaco「警察の; 刑事ものの」(<policía「警察」), volcánico「火山の」(<volcán「火山」).

-ada 名
(1)【一撃・傷】(例): cabezada「頭突き」(<cabeza「頭」), patada「蹴り」(<pata「脚」), pedrada「投石による一撃」(<piedra「石」), palmada「平手で叩くこと; 拍手」, alcaldada「職権乱用, 横暴」(<alcalde「市[町, 村]長」), puñalada「短剣の突き刺し」.
(2)【集合】(例): muchachada「子供たち」(<muchacho「子供」).
(3)【材料・中味】(例): limonada「レモネード」(<limón「レモン」), naranjada「オレンジエード」(<naranja「オレンジ」), almendrada「アーモンドミルク」(<almendra「アーモンド」).
(4)【豊富】(例): mariscada「海の幸料理」(<marisco「海の幸, 魚介類」).
(5)【行為, …らしさ】(例): hombrada「男らしい行ない」(<hombre「男」), payasada「道化」(<payaso「道化師」), españolada「《軽蔑》(特質を誇張した)上っ面だけのスペイン的な事物, スペイン人らしい行動」(<español「スペイン人」).

-ado 名
(1)【集合】(例): alumnado「(一校の)生徒全体」(<alumno「生徒」), alcantarillado「(都市の)下水設備」(<alcantarilla「下水道, 暗渠(ｱﾝｷｮ)」).
(2)【職務】(例): papado「教皇位[職]」(<papa「教皇, ローマ法王」), rectorado「学長職」(<rector「学長」) (→-ato).
(3)【場所】(例): consulado「領事館; 領事職」(<cónsul「領事」), condado「伯爵領」(<conde

「伯爵」), principado「公国」(＜príncipe「王子」)(→-ato).
(4) 〖期間〗 (例): reinado「治世; 君臨」(＜reinar「君臨する」).

-ado, -ada 形/名/過分
(1) 〖AR 動詞の過去分詞語尾〗 (例): cantado (＜cantar), casado「結婚した(人)」(＜casar(se)).
(2) 〖…を持った, …に似た〗 (例): barbado「ひげの生えた」, arbolado「木々の茂った」, anaranjado「橙色の」, perlado「真珠のような」.

-aico, -aica 形 〖形容詞化〗 (例): judaico「ユダヤ人の」, incaico「インカ(族)の」, pirenaico「ピレネー山脈の」.

-aina 形/名
(1) 〖集合〗 (例): azotaina「鞭打ち, お尻をピシピシ叩くこと」(＜azote「鞭; 鞭打ち」).
(2) 〖軽蔑的〗 (例): tontaina「ばかな; ばか, 間抜け」(＜tonto「ばか(な)」).

-aje 名
(1) 〖集合〗 (例): equipaje「荷物」(＜equipo「備品」), mueblaje「(一軒の)家具全体」(＜mueble「家具」), ramaje「枝の茂み」, ropaje「衣類」, correaje「皮革類; ベルト類」, varillaje「(扇子などの)骨の全体」.
(2) 〖行為・結果〗 (例): aterrizaje「着陸」(＜aterrizar「着陸する」), abordaje「接舷」(＜abordar「接舷する」), pillaje「略奪」, rodaje「撮影」.
(3) 〖場所〗 (例): hospedaje「宿泊場所, 宿泊」(＜hospedar「宿泊する」).

-al 形/名
(1) 〖場所(栽培地など)・豊富〗 (例): arenal「砂地」(＜arena「砂」), dineral「大金, 巨額」(＜dinero「金」), manzanal「リンゴ畑」(＜manzano「リンゴの木」), maizal「トウモロコシ畑」, peñascal「岩だらけの土地」(＜peñasco「大岩」), arrozal「稲田, 水田」, cauchal「ゴム農園」.
(2) 〖形容詞化〗 (例): arbitral「調停による, 審判の」(＜árbitro「調停員, 審判員」), artesanal「職人の」(＜artesano「職人」), mural「壁の」(＜muro「壁」), empresarial「企業の, 経営の」(＜empresa「企業」), primaveral「春の(ような)」, estatal「国の」, nacional「国家の」.

-ales 形/名 〖親愛〗 (例): rubiales「金髪の(人)」(＜rubio「金髪の(人)」).

-ambre 名 〖軽蔑・集合〗 (例): pelambre「ぼさぼさの毛」(＜pelo「髪」).

-amen 名 〖集合〗 (例): maderamen「(一つの建築に使う)用材全部」(＜madera「木材」), pelamen「もじゃもじゃの毛, 刈り取った毛」(＜pelo「髪の毛」), velamen「(一隻の船の)帆」(＜vela「帆」).

-án, -ana 形/名
(1) 〖地名形容詞・名詞〗 (例): catalán「カタルーニャ(人・語)の; カタルーニャ人[語]」(＜Cataluña「カタルーニャ」), alemán「ドイツ(人・語)の; ドイツ人[語]」(＜Alemania「ドイツ」).
(2) 〖形容詞化・人〗 (例): holgazán「怠け者(の)」, capitán「キャプテン, 指揮官」, charlatán「《軽蔑》おしゃべり(な)」.

-ando, -anda; -endo, -enda 形 〖…にふさわしい〗 (例): venerando「敬うべき」(＜venerar「敬う」), reverendo「尊敬すべき」(＜reverenciar「崇める」).

-áneo, -ánea 形 (例): coetáneo「同時代の」, foráneo「外国の」.

-ano 名 【《化学》飽和炭化水素】 (例): metano「メタン(ガス)」, propano「プロパン(ガス)」.

-ano, -ana 形/名
(1)【形容詞化】(例): luterano「ルター派の(人)」(＜Lutero「ルター」), parroquiano「小教区の(信者)」(＜parroquia「(小)教区」), lejano「遠い」, urbano「都市の, 都会の」.
(2)【地名形容詞・名詞】(例): americano「アメリカの(人)」(＜América「アメリカ」), italiano「イタリア(人・語)の; イタリア人[語]」(＜Italia「イタリア」), venezolano「ベネズエラ人の; ベネズエラ人」(＜Venezuela「ベネズエラ」) (→-eno, -ena).
(3)【職業】(例): cirujano「外科医」, escribano「書記官, 写字生」.

-ante 形/名 【AR 動詞＋】
(1)【形容詞化】(例): ambulante「移動する」.
(2)【行為者・職業, …する物】(例): amante「愛人; 愛好家」(＜amar「愛する」), estudiante「学生」(＜estudiar「勉強する」), cantante「歌手」, negociante「商人」, calmante「鎮痛剤」.

-anza 名 【行為・状態・性質】(例): ordenanza「命令」(＜ordenar「命じる」), alabanza「称賛」(＜alabar「称賛する」), enseñanza「教育」(＜enseñar「教える」).

-ar 形/名/動
(1)【形容詞化】(例): familiar「家族の」(＜familia「家族」), angular「角の, 角度の」(＜ángulo「角度」), solar「太陽の」(＜sol「太陽」) (→-al).
(2)【場所(栽培地など)】(例): manzanar「リンゴ畑」(＜manzano「リンゴの木」), pinar「松林」(＜pino「松」) (→-al).
(3)【動詞化】(例): almacenar「倉庫に入れる」(＜almacén「倉庫」), ensuciar「汚す」(＜sucio「汚い」), noquear「ノックアウトする」.

-aria 名 【場所】(例): funeraria「葬儀社」(＜funeral「葬儀」).

-ario 名
(1)【集合】(例): vocabulario「語彙(集)」(＜vocabulo「語彙」), epistolario「書簡集」, vecindario「(同一ビル・市町村の)住民」.
(2)【場所】(例): acuario「水槽, 水族館」, campanario「鐘楼」, santuario「聖地, 巡礼地」.

-ario, -aria 形/名
(1)【職業】(例): boticario「薬剤師」(＜botica「薬局」), empresario「企業家, 経営者」(＜empresa「企業」), bibliotecario「司書」(＜biblioteca「図書館」), funcionario「公務員」.
(2)【形容詞化】(例): rutinario「型にはまった」(＜rutina「決まり切った型」), revolucionario「革命的な; 革命家」(＜revolución「革命」), parlamentario「議会の」.

-asta 名 【職業】(例): gimnasta「体操教師, 体育家」(→-ista).

-ata 名
(1)【行為・結果】(例): caminata「長い散歩, 遠足」(＜caminar「歩く」), cabalgata「騎馬行列」(＜cabalgar「馬に乗る」).
(2)【(話)省略】(例): bocata「ボカディーリョ」(＜bocadillo「ボカディーリョ」), cubata「クーバリブレ」(＜cubalibre「クーバリブレ」).

-ático, -ática 形/名 【形容詞化】(例): acuático「水の」, lunático「気まぐれな(人)」, dramático「劇の, 劇的な」(＜drama「劇」), maniático「偏執的な(人), マニア(的な)」(＜manía「マニア, 妄

想」), simpático「感じのよい(人)」(＜simpatía「好感」).

-ato 名
(1)〖職務〗 (例): decanato「学部長職」(＜decano「学部長」), liderato「指導者の地位」(＜líder「リーダー」), virreinato「副王の職」(＜virrey「副王, 総督」), literato「(軽蔑的に)作家」.
(2)〖組織・制度〗 (例): sindicato「労働組合」(＜síndico「組織代表」), orfanato「孤児院」.
(3)〖行為〗 (例): asesinato「殺人, 暗殺」(＜asesinar「殺害する, 暗殺する」), campeonato「選手権」(＜campeón「チャンピオン」).
(4)〖動物の子供〗 (例): cervato「小鹿」(＜ciervo「鹿」), ballenato「鯨の子」(＜ballena「鯨」).

-avo, -ava 形/名 〖分数〗 (例): doceavo「12分の1(の)」(＜doce「12(の)」), onceavo「11分の1(の)」(＜once「11(の)」).

-az 形/名 〖性質〗 (例): veraz「本当の」, vivaz「活気のある」; paz「平和」.

-azgo 名
(1)〖地位・高位〗 (例): almirantazgo「海軍大将の地位」(＜almirante「海軍大将」), liderazgo「指導者の地位, リーダーシップ」(＜líder「リーダー」).
(2)〖状態・期間〗 (例): noviazgo「婚約期間」(＜novio「婚約者, 恋人」).
(3)〖行為・結果〗 (例): mecenazgo「文芸[学術]の擁護」, hallazgo「発見」.

-azo, -aza 名
(1)〖一撃・爆発〗 (例): bombazo「爆発, 爆撃」(＜bomba「爆弾」), correazo「皮ひもで打つこと」(＜correa「皮ひも, ベルト」), manotazo「平手打ち」(＜mano「手」), cabezazo「頭突き」(＜cabeza「頭」), codazo「肘打ち」(＜codo「肘」), encontronazo「衝突」, pistoletazo「ピストルの発射」.
(2)→増大辞.

-ble, -bil 形 〖…できる, …される, 能力〗 (例): separable「分離可能な」(＜separar「分ける」), movible「動かせる」(＜mover「動かす」), corregible「訂正できる」(＜corregir「訂正する」), hábil「器用な; 有能な」, flexible「曲がりやすい」.

-bilidad 名 〖形容詞の名詞化〗 (例): amabilidad「親切」(＜amable「親切な」), responsabilidad「責任」(＜responsable「責任がある」).

-ción, -sión, -tión 名 〖動詞の名詞化〗 (例): separación「分けること, 分離」(＜separar「分ける」), extracción「引き抜くこと」(＜extraer「引き抜く」), expedición「発送, 遠征隊」(＜expedir「発送する」), comprensión「理解」(＜comprender「理解する」), sugestión「示唆」(＜sugerir「示唆する」), demolición「解体」(＜demoler「解体する」).

-da 名
(1)〖行為・結果〗 (例): entrada「入ること, 入口」(＜entrar「入る」), llegada「到着」(＜llegar「到着する」), partida「出発」(＜partir「出発する」), comida「食事」(＜comer「食べる」), herida「傷, けが」(＜herir「傷つける」).
(2)〖充満〗 (例): cucharada「1さじの量」(＜cuchara「スプーン, さじ」), carretada「荷馬車1台分の量」(＜carreta「荷馬車」), palada「スコップ1杯の量」(＜pala「スコップ」).

-dad 名
(1)〖性質. 通例, 3音節以上の形容詞は -idad〗 (例): crueldad「残酷」(＜cruel「残酷な」),

curiosidad「好奇心」(<curioso「好奇心の強い」), seriedad「まじめさ」(<serio「まじめな」), profundidad「深さ」, maldad「悪さ；悪事」, modernidad「現代性」.
(2)【状態・関係】(例): viudedad「やもめであること, やもめ暮らし」(<viudo「やもめ(の)」), fraternidad「兄弟関係」(<fraterno「兄弟の」).
(3)【集団】(例): vecindad「近所の人たち」(<vecino「近所の; 隣人」).

-dera 名 【道具】(例): regadera「じょうろ」(<regar「水をまく」), podadera「鉈(なた)」(<podar「剪定(せんてい)する」).

-dero, dera 形/名
(1)【可能性「…できる」】(例): casadero「結婚適齢期の」(<casar「結婚する」), hacedero「実行可能な」(<hacer「行う, する」), venidero「来るべき」, llevadero「耐えられる」.
(2)【場所・道具】(例): apeadero「無人駅, 停留所」(<apear「降ろす」), asidero「取っ手, 握り」(<asir「つかむ」), agarradero「取っ手, 握り」(<agarrar「握る, つかむ」), burladero「闘牛場の)待避場」, matadero「畜殺所」(<matar「殺す」), tendedero「物干し場, 物干しひも」.

-dizo, -diza 形/名
(1)【傾向「…しやすい, …しがちな」】(例): caedizo「落ちやすい」(<caer「落ちる」), corredizo「滑り[解け]やすい」(<correr「走る；よく滑る；解く」), resbaladizo「滑りやすい」(<resbalar「滑る」), huidizo「逃げやすい」(<huir「逃げる」).
(2)【可能性】(例): bebedizo「飲める」(<beber「飲む」), movedizo「可動の」(<mover「動く」).
(3)【名詞語尾】(例): pasadizo「抜け道；通路, 廊下」, saledizo, salidizo「《建築》張出し部分, 出っ張り」.

-do 名 【行為・結果】(例): lavado「洗うこと, 洗濯」(<lavar「洗う」), revelado「現像」(<revelar「現像する」), pedido「注文」(<pedir「注文する」), encendido「点火」(<encender「点火する」), resultado「結果」, teñido「染色」, secado「乾燥」, planchado「アイロンかけ」.

-do, -da 形 【形容詞化】(例): afrutado「フルーティな」(<fruta「果物」), barbado「ひげの生えた」(<barba「ひげ」), anaranjado「橙色の」(<naranja「オレンジ」), dolorido「痛い」(<dolor「痛み」), rosado「ばら色の」(<rosa「ばら」) (→-ado, -ada; -ido, ida; -udo, -uda).

-dor, -dora 形/名
(1)【行為者】(例): pecador「罪人」(<pecar「罪を犯す」), nadador「泳ぎ手」(<nadar「泳ぐ」), bebedor「酒飲み」(<beber「飲む」), consumidor「消費者」(<consumir「消費する」).
(2)【道具】(例): computador「コンピュータ」(<computar「計算する」), aspirador「電気掃除機」(<aspirar「吸い込む」), abridor「缶切り, 栓抜き」(<abrir「開ける, 開く」), encendedor「ライター」, secador「乾燥機, ヘアドライヤー」, lavadora「洗濯機」, mezcladora「ミキサー」.
(3)【場所】(例): cenador「園亭, あずまや」(<cenar「夕食を取る」), recibidor「玄関ホール, ロビー」(<recibir「迎え入れる」), mirador「展望台」, comedor「食堂」.
(4)【職業】(例): pescador「漁師, 釣り人」(<pescar「釣りをする」), proveedor「供給者」(<proveer「供給する」).
(5)【形容詞化】(例): aleccionador「教訓的な」(<aleccionar「教える」), emprendedor「進取的な」(<emprender「企てる, 着手する」), cumplidor「(義務などを)果たす」(<cumplir「(義務などを)果たす」), madrugador「早起きの」, acogedor「歓迎する」(→-tor, -tora).

-(d)umbre, -ambre 名
(1)【集合】(例): muchedumbre「群集, 群れ」, servidumbre「(1つの家の)使用人たち」, co-

chambre「汚らしい物; がらくた」.
(2) 〖性質〗 (例): certidumbre「確かさ」(<cierto「確実な」), pesadumbre「重苦しさ; 深い悲しみ」, mansedumbre「おとなしさ」(<manso「おとなしい」).

-dura 名
(1) 〖動詞の名詞化〗: (例): atadura「縛ること, ひも」(<atar「縛る」), barredura「掃除」(<barrer「掃除する」), freidura「揚げ物」(<freír「揚げる」), raspadura「削り落としたかす」, rozadura「こすった跡」.
(2) 〖道具〗 (例): cerradura「錠, 錠前」(<cerrar「閉める, 閉じる」).

-duría 名 〖場所〗 (例): pagaduría「経理部」(<pagar「払う」), freiduría「揚げ物店」(<freír「揚げる」), expendeduría「販売店」(<expender「小売する」).

-e 形/名
(1) 〖地名形容詞・名詞〗 (例): árabe「アラビア(人・語)の; アラビア人[語]」(<Arabia「アラビア」), etíope「エチオピアの(人)」(<Etiopía「エチオペア」).
(2) 〖動詞の名詞化〗(例): aguante「我慢, 辛抱」(<aguantar「我慢する」), goce「享受, 楽しみ」(<gozar「楽しむ」), empate「同点」(<empatar「同点になる」), debate「討論」(<debatir「討論する」), empuje「押すこと」(<empujar「押す」).

-ear 動
(1) 〖起動〗(例): amarillear「黄色くなる, 黄ばむ」(<amarillo「黄色(の)」), verdear「緑色になる」(<verde「緑色(の)」).
(2) 〖頻出〗(例): humear「煙を出す, くすぶる」(<humo「煙」), vocear「大声を出す, 叫ぶ」(<voz「声」).
(3) 〖動作〗(例): golpear「打つ, 叩く」(<golpe「殴打, 打撃」), agujerear「穴を開ける」(<agujero「穴」).

-ecer 動 〖状態の変化〗(例): entristecer「悲しませる」(<triste「悲しい」), palidecer「青ざめる」(<pálido「青白い」), florecer「花が咲く」(<flor「花」).

-eda 名 〖集合・場所〗 (例): alameda「ポプラ並木」(<álamo「ポプラ」), arboleda「木立, 林」(<árbol「木」), rosaleda「バラ園」(<rosal「バラ(の木・茂み)」).

-edal 名 〖集合・場所〗 (例): robledal「オークの林」(<roble「オーク」), lauredal「月桂樹畑」(<laurel「月桂樹」)(→-eda; -edo).

-edo 名 〖集合・場所〗 (例): robledo「オークの林」(<roble「オーク」), viñedo「大ブドウ園」(<viña「ブドウ畑」).

-ego, -ega 形/名 〖地名形容詞・名詞〗 (例): manchego「ラ・マンチャ人(の)」(<La Mancha「ラ・マンチャ」), gallego「ガリシアの(人); ガリシア語」(<Galicia「ガリシア」).

-el 名, 稀に 形 (例): cartel「ポスター」, pastel「ケーキ」, novel「初心者の, 新米の」.

-ena 名 〖集合〗 (例): docena「ダース」(<doce「12」), cuarentena「40からなる一組; 40日[月, 年], 40人[個]」(<cuarenta「40」).

-enco, -enca 形/名 〖地名形容詞・名詞〗 (例): ibicenco「イビサの(人)」(<Ibiza「イビサ」,

jijonenco「ヒホーナの(人)」(＜Jijona「ヒホーナ」).

-enda 名【場所・行為】(例): hacienda「農場, 農園」(＜hacer「する, 作る」), molienda「ひくこと, 製粉」(＜moler「ひく, 粉にする」), vivienda「住まい, 住居」(＜vivir「住む」).

-engo, -enga 形【関係・所属】(例): realengo「王室領の」(＜real「国王の」), abadengo「大修道院長の[に属する]」(＜abad「大修道院長」).

-eno, -ena 形/名
(1)【地名形容詞・名詞】(例): chileno「チリ(人)の; チリ人」(＜Chile「チリ」), esloveno「スロベニアの(人); スロベニア語」(＜Eslovenia「スロベニア」), moreno「浅黒い(人); 黒髪の(人)」(＜moro「モーロ人(の)」) (→-ano, -ana).
(2)【序数】(例): noveno「9番目の」(＜nueve「9」), onceno「11番目の」(＜once「11」).

-eño, -eña 形/名
(1)【類似「…のような」】(例): trigueño「小麦色の」(＜trigo「小麦」).
(2)【地名形容詞・名詞】(例): extremeño「エストレマドゥーラの(人)」(＜Extremadura「エストレマドゥーラ」), madrileño「マドリードの(人)」(＜Madrid「マドリード」), malagueño「マラガの(人)」(＜Málaga「マラガ」), costarriqueño「コスタリカの(人)」(＝costarricense).
(3)【形容詞化】(例): navideño「クリスマスの」(＜Navidad「クリスマス」).

-ense 形/名【地名形容詞・名詞】(例): costarricense「コスタリカの(人)」(＜Costa Rica「コスタリカ」), abulense「アビラの(人)」(＜Ávila「アビラ」), estadounidense「アメリカ合衆国の(人)」(＜Estados Unidos「アメリカ合衆国」).

-ente 形/名【ER・IR 動詞＋】
(1)【形容詞化】(例): referente「関連した」(＜referir「関係する」), sorprendente「驚くべき」(＜sorprender「驚かす」), coherente「首尾一貫した」, elocuente「雄弁な」(→-ante, -iente).
(2)【行為者】(例): delincuente「犯罪者」.

-ento, -enta 形/名【性質, 「…っぽい」】(例): amarillento「黄色っぽい(＝amarillejo)」(＜amarillo「黄色」), friolento「寒がりの」(＜frío「寒さ」) (→-iento, -ienta).

-eo, -ea 形【形容詞化】(例): arbóreo「樹木の(ような)」(＜árbol「木」), marmóreo「大理石の(ような)」(＜mármol「大理石」), romboideo「偏菱(へんりょう)形の」(＜romboide「偏菱形」).

-era 名
(1)【抽象名詞】(例): borrachera「酔い」(＜borracho「酔った」), sordera「耳が聞こえないこと」(＜sordo「耳の聞こえない」), tontera「愚かさ, ばかなこと」(＜tonto「ばかな」).
(2)【場所】(例): boquera「(灌漑用水路の)水門」, cacera「灌漑用水路」, cantera「石切り場, 採石場」, calera「石炭岩の採掘場」, carretera「幹線道路」(＜carreta「(二輪の)荷馬車, 荷車」).

-ería 名
(1)【集合】(例): palabrería「無駄話, おしゃべり」(＜palabra「語, ことば」), cacería「狩猟隊」(＜caza「狩猟」), morería「モーロ人街」(＜moro「モーロ人」).
(2)【性質・抽象】(例): holgazanería「怠惰, 不精」(＜holgazán「怠惰な, 無精な」), sosería「つまらないこと」(＜soso「つまらない」), camaradería「仲間意識」(＜camarada「仲間」).
(3)【場所・商店】(例): frutería「果物屋」(＜fruta「果物」), conserjería「守衛所; フロント」(＜conserje「守衛; ボーイ長」), carnería「肉屋」, pescadería「魚屋」, zapatería「靴屋」, tintorería

「ドライクリーニング店」, panadería「パン屋」.
(4)【行為（多くは軽蔑的に）】（例）: niñería「子供っぽい言動」（＜niño「子供」), tontería「愚かさ」（＜tonto「ばかな」), brujería「魔法, 魔術」（＜brujo「魔法使い」).

-erío 名 【集合】（例）: caserío「小集落」（＜casa「家」）(→-ería).

-ero 名
(1)【場所】（例）: basurero「ゴミ箱, ゴミ捨て場」（＜basura「ゴミ, くず」).
(2)【木】（例）: limonero「レモンの木」（＜limón「レモン」).

-ero, -era 形/名
(1)【容器・入れ物】（例）: cafetera「コーヒーポット」（＜café「コーヒー」), cigarrera「タバコ入れ」（＜cigarro「葉巻タバコ; 紙巻タバコ」), florero「花瓶」（＜flor「花」), monedero「小銭入れ」, papelera「屑かご」, sopera「スープ鉢」, cenicero「灰皿」, tetera「ティーポット」, salero「塩入れ」.
(2)【商売人・行為者】（例）: carnicero「肉屋」（＜carne「肉」), pescadero「魚屋」（＜pescado「魚」), pistolero「ピストル強盗」（＜pistola「ピストル」), librero「書店主, 本屋」（＜libro「本」), panadero「パン屋, パン職人」（＜pan「パン」), zapatero「靴屋, 靴職人」, frutero「果物商人」, vidriero「ガラス職人」, aduanero「税関吏」, guerrero「兵士, 戦士」（→-ndero, -ndera).
(3)【形容詞化】（例）: faldero「スカートの」（＜falda「スカート」), lastimero「痛々しい, 哀れっぽい」（＜lástima「哀れみ」), pesquero「漁の; 魚釣りの」（＜pesca「漁, 釣り」), quinceañero「ティーンエイジャーの; 15才の」, parlero「おしゃべりな」, sincero「誠実な」.

-érrimo, -érrima 形 【絶対最上級】（例）: paupérrimo「極貧の」（＜pobre「貧しい」), libérrimo「最も自由な」（＜libre「自由な」), pulquérrimo「大変清潔な」（＜pulcro「清潔な」).

-és, -esa 形/名 【地名形容詞・名詞】（例）: francés「フランス(人・語)の; フランス人[語]」（＜Francia「フランス」), japonés「日本(人・語)の, 日本人[語]」（＜Japón「日本」).

-esco, -esca 【形容詞化】（例）: libresco「（軽蔑的に）机上の」（＜libro「本」), principesco「王子としての」（＜príncipe「王子」), novelesco「小説的な」, gauchesco「ガウチョの」, quijotesco「ドン・キホーテ的な」.

-ésimo, -ésima 形 【序数】（例）: vigésimo「20番目の」.

-estre 形 【形容詞化】（例）: campestre「野原の, 田園の」（＜campo「野原, 田園」), terrestre「地球の, 陸生の」（＜tierra「地球, 陸」), rupestre「岩に描かれた」, pedestre「徒歩の」.

-ez 名 【形容詞の名詞化】（例）: altivez「横柄さ, 尊大さ」（＜altivo「尊大な, いばった」), brillantez「輝かしさ」（＜brillante「輝く, 輝かしい」), robustez「頑丈さ」, rapidez「速さ」, estrechez「狭さ」.

-eza 名 【形容詞の名詞化】: belleza「美しさ, 美」（＜bello「美しい」), dureza「硬さ, 硬度」（＜duro「硬い, 堅い」), pobreza「貧困」（＜pobre「貧しさ」), destreza「巧みさ」, largueza「長さ」, riqueza「富」, tristeza「悲しみ」.

-ezno, -ezna 名 【動物の子供】（例）: osezno「子熊」（＜oso「熊」), lobezno「狼の子」（＜lobo「狼」).

-grafía, -logía 名 【学問】（例）: geografía「地理学」, geología「地質学」.

-grafo, -grafa 名 〖職業・行為者〗 (例): geógrafo「地理学者」, topógrafo「地形地誌学者」.

-í 形/名
(1) 〖地名形容詞・名詞〗 (例): iraquí「イラク(人)の; イラク人」(<Irak「イラク」), marroquí「モロッコ(人)の; モロッコ人」, ceutí「セウタの(人)」, marbellí「マルベーリャの(人)」.
(2) 〖形容詞化〗 (例): alfonsí「アルフォンソ王派の」(<Alfonso「アルフォンソ王(派)」), nazarí「ナスリ王朝の(人)」.

-ia 名
(1) 〖性質・状態〗 (例): audacia「大胆」(<audaz「大胆な」), modestia「謙虚さ」(<modesto「謙虚な」), coherencia「一貫性」, elocuencia「雄弁」, tolerancia「寛容」, violencia「暴力」.
(2) 〖行為〗 (例): ansia「欲求, 希求」(<ansiar「切望する」), lidia「闘牛(をすること)」.
(3) 〖国名・地名〗 (例): Iberia「イベリア」, Francia「フランス」, Tailandia「タイ」.

-ía 名
(1) 〖状況〗 (例): cercanía「近いこと」(<cercano「近い」), lejanía「遠さ, 遠方」(<lejano「遠い」).
(2) 〖性質・態度〗 (例): alegría「喜び」(<alegre「うれしい」), cortesía「礼儀」(<cortés「礼儀正しい」), valentía「勇敢」(<valiente「勇敢な」), grosería「不作法」(<grosero「不作法な」).
(3) 〖職務〗 (例): alcaldía「市[町, 村]長の職」(<alcalde「市[町, 村]長」).
(4) 〖行為・人〗 (例): majadería「ばかげた言動」(<majadero「ばかげた, ひどい」), cría「動物の子; 飼育」(<criar「育てる」), espía「スパイ」(<espiar「スパイする」).
(5) 〖集合・場所〗 (例): cofradía「信徒会; 同職組合」(<cofrade「組合員, 仲間」), abadía「大修道院」(<abad「大修道院長」).
(6) 〖商店〗 (例): lechería「牛乳店」(<lechero「牛乳屋」) (→-ería).
(7) 〖国名・地名〗 (例): Normandía「ノルマンディー」, Turquía「トルコ」.

-ía, -ica 名 〖…学, 技術〗 (例): geometría「幾何学」, filosofía「哲学」, economía「経済学」, química「化学」, poética「詩学」, física「物理学」, lingüística「言語学」.

-iano, -iana 形/名 〖形容詞化〗 (例): cristiano「キリスト教(徒)の; キリスト教徒」(<Cristo「キリスト」), unamuniano「ウナムノの」(<Unamuno「ウナムノ」) (→-ano, -ana; -eno, -ena; -ino, -ina; -uno, -una).

-icia 名 〖名詞化〗 (例): franquicia「免除, 免税」(<franco「免れた」), avaricia「貪欲, けち」(<avaro「貪欲な, けちな」).

-icio, -icia 形 〖性質〗 (例): catedralicio「司教座のある」(<catedral「司教座聖堂, 大聖堂」), alimenticio「栄養のある; 食物の」(<alimento「栄養; 食物」), tribunicio「護民官の; 演説者の」(<tribuno「護民官; 演説者」), propicio「好都合な; 好意的な」.

-ico, -ica 形/名
(1) →縮小辞.
(2) 〖形容詞化〗 (例): alcohólico「アルコール(性・中毒)の; アルコール中毒患者」(<alcohol「アルコール」), periodístico「新聞(記者)の, ジャーナリスティックな」, numérico「数の」.

-ido 名
(1) 〖泣き声・音声〗 (例): balido「羊の鳴き声」(<balar「(羊・山羊が)泣く」), chillido「金切り声」(<chillar「金切り声を上げる」), ronquido「いびき」(<roncar「いびきをかく」), estallido「爆

発音」(<estallar「爆発する」), rugido「吠え声」(<rugir「吠える」).
(2)【行為】(例): pedido「注文」(<pedir「注文する」), sentido「感覚」(<sentir「感じる」).

-ido, -ida 形/名/過分
(1)【ER・IR 動詞の過去分詞語尾】(例): comido (<comer), vivido (<vivir), aburrido (<aburrir(se)).
(2)【形容詞語尾】(例): cálido「暑い, 暖かい; 心暖かい」, líquido「液体の」.

-iego, -iega 形/名
(1)【性質】(例): mujeriego「女好きの(男)」(<mujer「女」), veraniego「夏の」(<verano「夏」), solariego「旧家の(人)」(<solar「旧家」).
(2)【地名形容詞】(例): griego「ギリシャ(人)の; ギリシャ人」(<Grecia「ギリシャ」), pasiego「パス渓谷の(人)」(<(Valle del) Pas「パス渓谷」).

-iense 形/名【地名形容詞・名詞】(例): parisiense「パリの(人)」(<París「パリ」), londiense「ロンドンの(人)」(<Londres「ロンドン」), canadiense「カナダ(人)」(<Canadá「カナダ」).

-iente 形/名【ER・IR 動詞+】
(1)【形容詞化】(例): creciente「増える」(<crecer「成長する」), siguiente「次の」(<seguir「続く」), conveniente「都合のいい」(<convenir「都合がよい」)(→-ante, -ente).
(2)【行為者・職業, …する物】(例): sirviente「召使」(<servir「仕える」), dependiente「店員」, pendiente「イヤリング」(<pender「ぶら下がる」)(→-ante, -ente).

-iento, -ienta 形/名【性質・傾向】(例): avariento「強欲な(人)」(<avaro「けち, 貪欲」), hambriento「飢えた(人), 空腹の(人)」(<hambre「空腹」), sangriento「血みどろの」(<sangre「血」), ceniciento「灰色の」, soñoliento「眠い, 眠そうな」(→-ento, -enta).

-ificar 動【動詞化】(例): pacificar「平定する」(<paz「平和」), dulcificar「甘くする」(<dulce「甘い」), sacrificar「犠牲にする」, especificar「特定化する」.

-il 形/名
(1)【形容詞化】(例): mujeril「女性(特有)の」(<mujer「女, 婦人」), varonil「男の; 男らしい」(<varón「男性」), febril「熱のある」(<fiebre「熱」).
(2)【縮小辞】(例): tamboril「小太鼓」(<tambol「太鼓」).

-ilidad 名【形容詞の名詞化】(例): amabilidad「親切」(<amable「親切な」), flexibilidad「柔軟性」(<flexible「柔軟な」).

-ilo 名【《化学》基】(例): etilo「エチル(基)」, acetilo「アセチル基」, metilo「メチル(基)」.

-ín, -ina 形/名
(1)→縮小辞.
(2)【地名形容詞・名詞】(例): mallorquín「マヨルカ島(人)の; マヨルカ島人」(<Mallorca「マヨルカ島」), menorquín「メノルカ島(人)の; メノルカ島人」(<Menorca「メノルカ島」).
(3)【性質形容詞語尾・行為者】(例): parlanchín「おしゃべりな(人)」, bailarín「ダンサー」(<bailar「踊る」), andarín「よく歩く人」(<andar「歩く」).

-ina 名
(1)【化学的成分・薬品名】(例): cafeína「カフェイン」, cocaína「コカイン」, nicotina「ニコチ

ン」, panicilina「ペニシリン」.
(2)〖場所〗(例): cocina「台所」, oficina「事務所」, piscina「プール; 養魚池」.
(3)〖楽器名〗(例): dulzaina「ドゥルサイナ」, mandolina「マンドリン」, ocarina「オカリナ」.
(4)〖抽象的意味・内容〗(例): disciplina「規律; 学科」, rutina「習慣的な[型にはまった]行動」.
(5)〖激しい行為・状態〗(例): regañina「叱責」(＜regañar「叱る」), azotaina「何回も[ピシピシ]叩くこと」, sofoquina「蒸し暑さ, ひどい息苦しさ」.

-íneo, -ínea 形/名 〖形容詞化〗(例): apolíneo「アポロンの」(＜Apolo「アポロ」), sanguíneo「血液の」(＜sangre「血液」).

-ino, -ina 形/名
(1)〖地名形容詞・名詞〗(例): bilbaíno「ビルバオの(人)」(＜Bilbao「ビルバオ」), granadino「グラナダの(人)」(＜Granada「グラナダ」), neoyorquino「ニューヨークの(人)」(＜Nueva York「ニューヨーク」).
(2)〖形容詞化〗(例): marino「海の; 船員」(＜mar「海」), diamantino「ダイヤモンドの(ような)」(＜diamante「ダイヤモンド」) (→-ano, -ana; -iano, -iana; -uno, -una).
(3)→縮小辞.

-io 名
(1)〖行為〗(例): estudio「勉強」(＜estudiar「勉強する」), cambio「変化; 両替」(＜cambiar「変わる; 替える」).
(2)〖場所〗(例): estadio「スタジアム」, gimnasio「体育館; 高等学校」.

-ío 名
(1)〖行為〗(例): envío「発送」(＜enviar「送る」), extravío「道を誤ること」(＜extraviar「道を踏み誤らせる」).
(2)〖集合〗(例): gentío「群衆, 人の群」(＜gente「人々」), mujerío「女たち」(＜mujer「女」), grítrío「騒がしい叫び」(＜grito「叫び」), poderío「権力, 勢力; 富」.

-ío, -ía 形 〖形容詞語尾〗(例): cabrío「山羊の」(＜cabra「山羊」), sombrío「暗い, 薄暗い」(＜sombra「陰, 暗がり」), tardío「遅い; 遅ればせの」.

-is 形/名 〖滑稽・軽蔑〗(例): finolis「上品ぶった(人)」(＜fino「上品な」), locatis「気がふれた(人)」(＜loco「気が狂った(人)」).

-ísimo, -ísima 形 〖絶対最上級「とても…(＝muy)」〗(例): buenísimo/bonísimo「この上もなくよい」(＜bueno「よい」), jovencísimo「とても若い」(＜joven「若い」), bellísimo「とても美しい」(＜bello「美しい」).

-ismo 名
(1)〖主義・体制・主張・態度〗(例): comunismo「共産主義」(＜común「共通の, 共同の」), maoísmo「毛沢東主義」(＜Mao Ze Dong「毛沢東」), egoísmo「利己主義」(＜ego「自我, エゴ」), pesimismo「悲観主義, 悲観論」(＜pésimo「最悪の, 最低の」), compañerismo「仲間意識」(＜compañero「仲間」), modernismo「モダニズム」, fascismo「ファシズム」.
(2)〖病状・中毒〗(例): alcoholismo「アルコール依存症」(＜alcohol「アルコール」).
(3)〖スポーツ・活動(分野)・職業〗(例): atletismo「陸上競技」(＜atleta「競技者」), ciclismo「自転車競技」, periodismo「ジャーナリズム」, urbanismo「都市計画」.
(4)〖慣用句〗(例): anglicismo「英語的語法」, latinismo「ラテン語特有の語法」(＜latino「ラテン語」).

-ista 形/名
(1)【職業】(例): dentista「歯科医」(<diente「歯」), tenista「テニス選手」(<tenis「テニス」), guionista「脚本家」(<guión「脚本」), pensionista「年金受給者」, taxista「タクシー運転手」, pianista「ピアニスト」.
(2)【主義者】(例): maoísta「毛沢東主義者」(<Mao Ze Dong「毛沢東」), anarquista「無政府主義者」(<anarquía「無政府状態」), machista「マチスタ」(<macho「男らしい」).
(3)【…主義の】(例): comunista「共産主義(者)の」, socialista「社会主義の」, partidista「党派の」, pinochetista「ピノチェーの」(<Pinochet「ピノチェー」), psoeísta「スペイン社会主義労働者党の」(<PSOE「スペイン社会主義労働党」).
(4)【…の特性を持った(人)】(例): optimista「楽天的な; 楽天家, 楽観主義者」, vitalista「元気溌剌(はつらつ)とした(人)」.

-ístico, -ística 形 【形容詞化】(例): humorístico「ユーモラスな」(<humor「ユーモア」), novelístico「小説の」(<novela「小説」).

-ita 形/名
(1)【地名形容詞・名詞】(例): moscovita「モスクワの(人)」(<Moscú「モスクワ」), israelita「古代イスラエルの(人)」(<Israel「イスラエル」), vietnamita「ベトナム(人・語)の; ベトナム人[語]」(<Vietnam「ベトナム」).
(2)【所属】(例): jesuita「イエズス会の; イエズス会士」(<Jesús「イエス」), carmelita「カルメル会の(修道士・修道女)」(<Carmelo「カルメル会(の修道院)」).

-itis 名 《(医学)炎症》(例): apendicitis「盲腸炎, 虫垂炎」(<apéndice「虫垂」), meningitis「脳膜炎, 髄膜炎」(<meninge「(脳脊)髄膜」), hepatitis「肝炎」, otitis「耳炎」.

-ito 名
(1)【(化学)亜…酸塩(えん)】(例): sulfito「亜硫酸塩」, fosfito「亜リン酸塩」.
(2)【鉱物・岩石】(例): grafito「黒鉛, グラファイト」, lignito「褐炭, 亜炭」, meteorito「(天文)隕石(いんせき)」.

-itud 【形容詞の名詞化】(例): lentitud「遅さ, 緩慢」(<lento「遅い」), plenitud「完全さ」(<pleno「完全な」), aptitud「適性」, esclavitud「奴隷の身分, 奴隷制度; 隷属」(→-tud).

-ivo, -iva 形/名 【能力・性質】(例): comprensivo「物分りのよい」, expresivo「表情に富む」, defensivo「防御の」, compasivo「同情的な」, expresivo「表現力に富んだ」.

-iza 名 【場所】(例): caballeriza「馬小屋, 厩舎(きゅうしゃ)」(<caballo「馬, ロバ」), porqueriza「養豚場」(<puerco「豚」).

-izo, -iza 形/名 【近似・傾向】(例): cobrizo「銅色の, 赤褐色の」(<cobre「銅」), rojizo「赤っぽい」(<rojo「赤い; 赤色」), enfermizo「病弱な」(<enfermo「病気の; 病人」), fronterizo「国境の」(<frontera「国境」).

-izar 動 【動詞化】(例): islamizar「イスラム(教)化する」(<Islam「イスラム教[世界]」), nacionalizar「国有化する」(<nacional「国の」), modernizar「近代化する」(<moderno「近代の」), garantizar「保証する」, aterrizar「着陸する」.

-logía 名 【…学, 理論】(例): biología「生物学」, geología「地質学」, neurología「神経学, 神経内科」(→-ía, -ica).

接尾辞

-logo, -loga 图 〖…学者，談話〗（例）: geólogo「地質学者」, neurólogo「神経科医, 神経学者」, monólogo「モノローグ」.

-menta 图 〖集合〗（例）: vestimenta「衣類」(<vestir「着る」), cornamenta「(一匹の動物の)角」(<cuerno「(個別的に)角」).

-mente 副 〖副詞形成語尾〗（例）: rápidamente「速く」(<rápido「速い」), alegremente「楽しく」(<alegre「楽しい」), claramente「はっきりと」(<claro「明らかな」).

-mento 图 〖動詞の名詞化〗（例）: armamento「武装」(<armar「武装する」), fletamento「チャーター」(<fletar「チャーターする」), cargamento「船荷, 積み荷」(<cargar「荷を積む」), impedimento「妨げ, 支障」(<impedir「妨げる」).

-miento 图 〖動詞の名詞化〗（例）: conocimiento「知ること, 知識」(<conocer「知る」), nacimiento「出生, 誕生」(<nacer「生まれる」), tratamiento「扱い, 待遇, 治療」, aparcamiento「駐車」, sufrimiento「苦痛」.

-ncia 图
(1) 〖形容詞の名詞化〗（例）: abundancia「豊富」(<abundante「豊富な」), fragancia「芳香, 芳しさ」(<fragante「香りのよい, 芳しい」), clemencia「寛大」(<clemente「寛大な」), demencia「狂気」(<demente「発狂した」).
(2) 〖動詞の名詞化〗（例）: ganancia「もうけ, 利益」(<ganar「稼ぐ」), querencia「帰巣本能; 古巣;《稀》愛着」(<querer「欲する, 愛する」), asistencia「出席」(<asistir「出席する」).

-ndero, -ndera 图 〖行為者・職業〗（例）: barrendero「道路清掃人」(<barrer「掃除する」), curandero「偽医者; 祈禱師」(<curar「治療する」), hilandero「紡績工」(<hilar「紡ぐ」), labrandera「手仕事の上手な女」(<labrar「細工する」)(→-eco, -era).

-nte 形/图
(1) 〖行為者〗（例）: amante「愛人; 愛好家」, residente「居住者」, sirviente「召使, 下男」, dependiente「店員」.
(2) 〖形容詞化〗（例）: existente「実在の, 現存する」, sofocante「窒息させる, 息苦しい」, brillante「輝かしい」(<brillar「輝く」)(→-ante, -iente, -ente).

-nza 图 〖行為・結果〗（例）: enseñanza「教育」(<enseñar「教える」), tardanza「遅れ」(<tardar「遅れる」), venganza「復讐」(<vengar「復讐する」).

-o 图 〖行為・結果〗（例）: amago「兆候」(<amagar「兆候が見える」), socorro「救出」(<socorrer「救出する」), pago「支払い」(<pagar「払う」), bombardeo「爆撃」, mareo「乗物酔い」(<marear「乗物に酔わせる」).

-o, -a 形/图 〖地名形容詞・名詞〗（例）: ruso「ロシア(人・語)の; ロシア人[語]」(<Rusia「ロシア」), húngaro「ハンガリー(人・語)の; ハンガリー人[語]」(<Hungría「ハンガリー」), hispano「スペイン(人)の; スペイン人」(<Hispania「ヒスパニア」).

-ol 图
(1) 〖《化学》アルコール類・フェノール類〗（例）: benzol「ベンゾール」, fenol「フェノール」.
(2) 〖地名形容詞・名詞〗（例）: español「スペイン(人・語)の; スペイン人[語]」(<España「スペイン」), mongol「モンゴル(人・語)の; モンゴル人[語]」(<Mongolia「モンゴル」).

-ón 图 【すばやく荒っぽい動作】(例): empujón「突き, 強く押すこと」, estirón「突然ひっぱること」, limpión「ざっと掃除すること」, refregón「こすること, ごしごし磨くこと」, apagón「停電」.

-ón, -ona 形/名
(1) 【増大・(時に)軽蔑辞】(例): barrigón「腹の出た(人)」(<barriga「腹」), cabezón「大頭の(人), 頑固な(人); 大頭」, guapetón「男前の」(<guapo「ハンサムな」+-ete+-ón), simplón「お人好しな(人), 愚直な(人)」.
(2) 【反復】(例): preguntón「聞きたがり屋(の)」(<preguntar「質問する」), besucón「キス好きな(人)」(<besucar「やたらにキスをする」), adulón「おべっか使い; お世辞の」, llorón「泣き虫(の)」.
(3) 【年齢】(例): cuarentón「40歳台の(人)」(<cuarenta「40」), setentón「70歳台の(人)」(<setenta「70」).
(4) 【欠如】(例): pelón「禿げた(人), 髪の薄い(人)」(<pelo「髪, 毛」), rabón「尾のない, 尾の短い」(<rabo「尾」).

-or 图 【性質】(例): dulzor「甘さ, 甘み」(<dulce「甘い」), amargor「苦み」(<amargo「苦い」), grosor「厚さ, 太さ」(<grueso「厚い, 太い」).

-or, -ora, -er 形/名 【行為者, …する物】(例): actor「俳優」, conductor「運転手」, defensor「弁護する; 守護者」, escritor「作家」, escultor「彫刻家」, tractor「牽引(%)する; トラクター」.

-orio, -oria 形 (例): mortuorio「死(者)の; 葬式の」, ilusorio「見せ掛けの, むなしい」.

-osis 图
(1) 【過程・結果・状態】(例): apoteosis「神格化」, 賛美, 崇拝」, matamorfosis「変身」, 《動物》変態」(<tubérculo「結核結節」).
(2) 【症状・病状】(例): hipnosis「催眠(状態)」, neurosis「神経症, ノイローゼ」, tuberculosis「結核, 肺結核」.

-oso, -osa 形
(1) 【豊富】(例): boscoso「森の多い, 樹木の茂った」(<bosque「森」), rocoso「岩だらけの」(<roca「岩」), espumoso「泡の多い」(<espuma「泡」), lluvioso「雨の多い」(<lluvia「雨」).
(2) 【性質】(例): verdoso「緑色がかった」(<verde「緑色の」), estropajoso「(肉などが)筋のある; どもる; (身なりが)汚らしい」(<estropajo「へちま」).
(3) 【形容詞化】(例): amoroso「愛の, 恋の」(<amor「愛, 恋」), cariñoso「愛情のこもった」(<cariño「愛情」), cuidadoso「注意深い」(<cuidado「注意」), despacioso「ゆっくりした」(<despacio「ゆっくり」).

-sco, -sca 形
(1) 【形容詞化】(例): dieciochesco「18世紀の, 18世紀的な」(<dieciocho「18」), morisco「モリスコ(の)」(<moro「モーロ人(の)」).
(2) 【性質】(例): pardusco「褐色がかった」(<pardo「褐色(の)」), verdusco「くすんだ緑色の」(<verde「緑色(の)」).

-tad 图 【形容詞の名詞化】(例): lealtad「忠実」(<leal「忠実な」), libertad「自由」(<libre「自由な」)(→-tud, -dad).

-terio 图 【場所】(例): ministerio「…省, 中央官庁」, monasterio「修道院」.

-tivo, -tiva 形/名
(1)【形容詞化】(例): llamativo「人目を引く」, competitivo「競争の」, pensativo「物思いに耽る」.
(2)【行為】(例): donativo「寄贈, 寄付」(＜donar「寄贈する」).

-tor, -tora 形/名 【形容詞化・行為者】(例): seductor「誘惑的な; 誘惑者」(＜seducir「誘惑する」) (→-dor, -dora).

-torio, -toria 形/名
(1)【形容詞化】(例): definitorio「明確化する, 特徴的な」(＜definir「明確にする」), inhibitorio「禁止の」(＜inhibir「禁止する」), obligatorio「義務的な」, probatorio「証拠になる」.
(2)【場所】(例): laboratorio「実験室, 試験所」, consultorio「相談室; 医院」, sanatorio「サナトリウム」, dormitorio「寝室」, oratorio「祈禱室, 小礼拝堂」.

-tud 名 【形容詞の名詞化】(例): amplitud「広さ」(＜amplio「広い」), juventud「青春, 若々しさ」(＜joven「若い」), inquietud「不安」(＜inquieto「不安な」)(→-itud).

-uar, -iguar 動 【動詞化】(例): acentuar「強調する」(＜acento「アクセント」), apaciguar「落ち着かせる」(＜paz「平和」).

-udo, -uda 形/名 【豊富・特徴】(例): barbudo「ひげもじゃの」(＜barba「あごひげ」), peludo「毛深い(人)」(＜pelo「髪の毛」), zancudo「(鳥などが)脚の長い」, narigudo「(軽蔑)鼻の大きい(＝narigón)」(＜nariz「鼻」), panzudo「腹の出た」(＜panza「太鼓腹」).

-ulento, -ulenta 形 【豊富】(例): purulento「膿状の, 化膿した」, flatulento「胃腸内にガスを生じさせる」.

-undo, -unda; -cundo, -cunda 形/名 【性質・強調】(例): meditabundo「物思いに耽る」, moribundo「死にかけた(人), 瀕死の(人)」, oriundo「…生まれの」, fecundo「肥沃な, 多産な」, iracundo「怒りっぽい」.

-uno, -una 形 【関係・所属(よく軽蔑辞的に)】(例): frailuno「修道士じみた, 修道士の」(＜fraile「修道士」), hombruno「(女が)男のような」(＜hombre「男」), gatuno「猫の(ような)」(＜gato「猫」), ovejuno「羊の」(＜oveja「羊」)(→-ano, -ana; -iano, -iana; -eno, -ena).

-ura 名 【性質】(例): frescura「涼しさ; 新鮮さ」(＜fresco「涼しい; 新鮮な」), dulzura「甘さ; 優しさ」(＜dulce「甘い; 優しい」), altura「高さ」(＜alto「高い」), locura「狂気」(＜loco「気の狂った」).

-uro 名 【《化学》水素酸塩(え)】(例): sulfuro「硫化物」, cloruro「塩化物」(＜cloro「塩素」).

スペイン語文法解説

I. 主要な品詞

1. 可変語と不変語
語の中には，語形変化を行う可変語と変化しない不変語がある．
可変語——名詞 男 女 男女 名 固名，形容詞 形，冠詞 冠，代名詞 代，動詞 他 自 再
不変語——副詞 副，前置詞 前，接続詞 接，間投詞 間
(註) 品詞の後の略号は本辞典の見出しで使用されている用語で，それぞれの品詞に該当するものを示す．

2. 名詞
2.1. 名詞の性
名詞は，男性または女性のどちらかの種類に属する．本辞典の見出しでは，男性名詞は 男，女性名詞は 女 と示される．性は文法上の慣習で，名詞の意味とは直接かかわりがない．しかし，スペイン語では原則として人間・動物を表す名詞の場合，生物学的な性別(男・女，雄・雌)と文法上の性とが一致する: 男 padre「父」, hijo「息子」, caballo「雄馬」; 女 madre「母」, hija「娘」, vaca「雌牛」.

無生物を表す名詞の場合は意味と結びつけることはできないが，一般に，名詞の語尾は性との相関性が高い．
典型的な男性名詞語尾 -o
  libro「本」, ojo「目」, tiempo「時間・天気」
典型的な女性名詞語尾 -a, -ción, -sión, -dad, -tad, -tud, -ez, -ie, -umbre
  mesa「テーブル」, cabeza「頭」, idea「考え」; acción「行動」; pasión「情熱」; sociedad「社会」; facultad「能力」; juventud「青春」; niñez「幼年時代」; serie「系列」; costumbre「慣習」
  (註) -o と -a には少数の例外がある: día「日」, drama「劇」, mapa「地図」男; mano「手」, foto「写真」女 など．

人間・動物を表す名詞の中には，語尾の相違によって性の対立を示すペアがかなりある: amigo「(男の)友だち」/ amiga「(女の)友だち」, gato「雄猫」/ gata「雌猫」．この場合，本辞典では，amigo, ga 名 のように示してあり，amigo が男性名詞，amiga が女性名詞であることになる．

名詞の中には，同じ形で男性としても女性としても用いられる性共通の名詞(男女同形名詞)がある(本辞典の見出しでは 男女): estudiante「学生」, pianista「ピアニスト」．男女同形名詞は，それを修飾する冠詞または形容詞によって性を明示することが可能である: el estudiante「男子学生」, la estudiante「女子学生」.

2.2. 名詞の数変化
名詞には，単数または複数という数の区別がある．見出し語として示されているのは単数形であり，複数形はこれに複数語尾が加わって作られる．複数形を作る規則は次のとおりである．

	単数	複数
(1) 母音で終わる語	-V	-V-s
(2) 子音で終わる語	-C	-C-es
(3) -s で終わる語	-s	-s

V＝母音，C＝子音

(1) 語尾がアクセントのない母音で終わる名詞は，それに -s を付加する: libro「本」>libros, casa「家」>casas.
(2) 語尾が子音または -y で終わる名詞は，それに -es を付加する: papel「紙」>papeles, rey「王」>reyes.
(3) 語尾が -s で終わる名詞は，その最後の音節にアクセントがあれば(2)の規則によるが，そうでなければ単複同形である: mes「(暦の)月」>meses, país「国」>países; lunes「月曜日」>lunes, paraguas「雨傘」>paraguas.
  (註 1) 本辞典の用例中では(1)の規則に従うものは ~s, (2)の規則に従うものは ~es と示される．また，(3)の規則により変化しないものは，見出しで 単複同形 と示されている．
  (註 2) 上の規則どおり変化するが，正書法では複数形でアクセント記号が必要となるもの (examen「試験」>exámenes)，逆に不要になるもの (nación「国家」>naciones) がある．本辞典ではアクセント記号が必要となる場合のみ 複 として複数形を示してある．

語尾がアクセントのある母音で終わる語 (bambú「竹」bambú(e)s など) や外来語の場合 (club「クラブ」>club(e)s など) は，例外的な変化を行うことがある．

2.3. 固有名詞
名詞は普通名詞と固有名詞に分かれる．固有名詞 固名 は人名，地名，組織名などを表し，頭字が大文字で書かれる: Juan「フアン」, María「マリア」, España「スペイン」, ONU「国連」.
  (註)地名から派生した形容詞・名詞は，英語と異なり小文字で書かれる: español「スペインの; スペイン人,

スペイン語」, japonés「日本の; 日本人, 日本語」.

3. 形容詞
3.1. 形容詞の変化
形容詞 形 は性と数の区別により語尾変化を行う. この変化は, 形容詞が修飾する名詞の性と数に一致(呼応)して行われる. 変化の仕方により形容詞は2種類に分けることができる.

形容詞の種類		単数	複数
(1) -o で終わるもの	男性	-o	-os
	女性	-a	-as
(2) それ以外のもの	男性・女性	-V / -C	V-s / C-es

V=母音, C=子音

(1) 類 (largo「長い」, corto「短い」など) は性・数により変化するのに対し, (2) 類 (fuerte「強い」, joven「若い」など) は数の変化があるのみである. (1) 類は, 男性形の語尾 -o を -a に変えて女性形を作る. 複数形の作り方は, どちらも前記の名詞の複数変化に準じる.

(註1) 形容詞 形 の見出しで largo, ga のように最終音節が併記されているものは(1)類に属している. 見出しの largo は男性単数形を示し, その女性形が larga となることを示している. これ以外のものは(2)類に属する.

(註2) 形容詞の中には, (1)類に属していないのに性変化を行うものがある. -án, -ón, -or, -dor の語尾を持つもの(charlatán「おしゃべりの」, preguntón「質問好きな」, trabajador「働き者の」)や地名形容詞の大部分 (español, japonés) である.

3.2. 付加法と叙述法
形容詞には2つの用法がある.
(1) 付加法——名詞に隣接してそれを修飾する: el traje nuevo「新しい服」
(2) 叙述法——述語の一部となって叙述を行う: El traje es nuevo.「その服は新しい」
叙述法の場合, 形容詞は主語である名詞の性・数に一致する.

3.3. 形容詞の位置
形容詞は品質形容詞と限定形容詞に大別できる. 一般の品質形容詞は修飾する名詞の後に置くのが原則であるが, 前に置くこともできる. 一般に, 前置の場合は主観的または説明的, 後置の場合は客観的または制限的な意味合いを帯びるが, 多義的な形容詞の場合, 選択される位置によって意味が異なることもある: el pobre niño「かわいそうな子ども」 / el niño pobre「貧しい子ども」.

(註) 一部の形容詞は特別の前置形式を持つ: [+男性単数名詞] bueno「良い」>buen, malo「悪い」>mal; [+単数名詞] grande「大きい」>gran など: un *buen* libro「良い本」, una *gran* ciudad「大都市」

文法的な機能を果たす限定形容詞(所有形容詞, 指示形容詞, 疑問形容詞, 関係形容詞, 数形容詞, 不定形容詞)は位置が文法的に決まっており, その大部分は名詞の前に置かれる: *mi* casa「私の家」, *esta* noche「今夜」.

3.4. 形容詞の比較表現
形容詞の比較級および最上級を表すには, 次の形式を用いる.
(1) 比較級——[más / menos+形容詞]:
Rosa es *más alta* que Ana.「ロサはアナより背が高い」 / Ana es *menos alta* que Rosa.「アナはロサほど背が高くない」
(2) 最上級——[定冠詞+más / menos+形容詞]:
Rosa es *la más alta* de la clase.「ロサはクラスで一番背が高い」 / Paco es *el* alumno *más alto* de la clase.「パコはクラスで一番背が高い生徒だ」

(註1) 一部の形容詞には不規則な比較級の形式がある: bueno「良い」>mejor, malo「悪い」>peor, grande「大きい」>mayor, pequeño「小さい」>menor, mucho「たくさんの」>más, poco「わずかな」>menos. Este es el *mejor* hotel de la ciudad「これは町で一番良いホテルだ」

(註2) 形容詞に付加される接尾辞として -ísimo がある:caro「高価な」>carísimo. これは絶対最上級とも呼ばれ, 「非常に…」という意味を表す.

3.5. 形容詞の名詞化
スペイン語の形容詞はそのままの形で名詞に転用されることがある. 形容詞から転用された名詞は, 一般に, その形容詞の表す性質を持つ「人」を意味する. たとえば, enfermo 形「病気の」の項で棒見出しに 名 とあるのは, この形容詞が同時に名詞に転用されることを示し, 形容詞の男性形 enfermo は男性名詞「男の病人」, 女性形 enferma は女性名詞「女の病人」として用いられる.

4. 冠詞
4.1. 定冠詞と不定冠詞

冠詞 冠 には定冠詞と不定冠詞があり，性・数により変化する．
(1) 定冠詞

	単数	複数
男性	el	los
女性	la	las
中性	lo	—

(2) 不定冠詞

	単数	複数
男性	un	unos
女性	una	unas

(註 1) アクセントのある a-, ha- で始まる女性名詞には，定冠詞として el を用いる: el alma「魂」, el hada「妖精」．同じ場合に，不定冠詞として un を用いることもある．
(註 2) 前置詞 a, de と定冠詞 el は，融合形 al, del を作る．
不定冠詞単数形と基数詞の uno「1」が名詞を修飾する形式は同じである．不定冠詞複数は「若干の，二三の」を意味する場合と 1 対で 1 単位となる名詞に付く場合がある: unas camisas「数枚のシャツ」; unos zapatos「1 足の靴」．

4.2. 名詞の定と不定
名詞は，文脈の中で定か不定のどちらかに分かれる．定とはその名詞の指示対象が相手にも同定できると話者が見なしている場合，不定とはそう見なしていない場合である．
(1) 定名詞——普通名詞の場合は，指示形容詞 (este libro「この本」), 所有形容詞 (mi libro「私の本」), 定冠詞が付く場合 (el libro「その[例の]本」) であり，固有名詞 (Juan, Carmen) の場合はそれ自体で定である．
(2) 不定名詞——不定冠詞付き (un libro「ある (1 冊の) 本」), または，冠詞の付かない (無冠詞の) 普通名詞 (libros).

冠詞と名詞の定・不定の関係を可算名詞 (数えられる名詞) と不可算名詞 (数えられない名詞) の場合に分けて，次に示す．

		可算名詞		不可算名詞
		単数	複数	単数
定		el libro	los libros	el vino
不定	(具体的)	un libro	libros	vino
	(抽象的)	libro		vino

(註 1) 可算名詞と不可算名詞の区別は絶対的なものではなく，不可算名詞は容易に可算名詞に転化する．たとえば，vino「ワイン」は本来不可算名詞であるが，不定冠詞または数詞が付くと un vino「1 本のワイン」のように具体化し，可算名詞に転じる．
(註 2) 不定で無冠詞の可算名詞が文脈に現れる場合は限られている．それは具体的・個別的なものではなく，そのものの種類を表す: No tengo libro.「私は本 (というもの) を持っていない」 / la publicación de libro「本 (というもの) の出版」．

5. 人称代名詞
5.1. 人称代名詞の体系

			強勢形		無強勢形	
			主格	前置詞格	対格	与格
単数	1 人称		yo	mí	me	
	2 人称		tú	ti	te	
	3 人称	男性	él		lo/le	le (se)
		女性	ella		la	
		中性	ello		lo	
複数	1 人称	男性	nosotros		nos	
		女性	nosotras			
	2 人称	男性	vosotros		os	
		女性	vosotras			
	3 人称	男性	ellos		los	les (se)
		女性	ellas		las	

人称代名詞 代 (人称) は強勢形 (アクセントを持つ形式) と無強勢形 (アクセントのない形式) に大別される．強勢形のうち，主格は主語または属詞として用いられ，前置詞格は前置詞の後に用いられる．無強勢形は必ず動詞とともに用いられる付属形式であり，単独で出現することはない．

(註) 前置詞 con は 1・2 人称単数の人称代名詞・再帰代名詞と融合形を作る: con+mí>conmigo, con+ti>contigo, con+sí>consigo.

5.2. 主格代名詞の使用
スペイン語の動詞は人称語尾で主語を示すことができる．したがって，主格代名詞は通常は明示されない (省略される)．ただし，usted は丁寧な形式であるため，比較的明示されることが多い．

Voy en metro.「私は地下鉄で行く」/ ¿Va usted en metro?「あなたは地下鉄で行きますか」

この場合を除くと，主格代名詞を明示するのは強調・対比を表すため，または動詞の人称語尾だけでは曖昧さが生じるとき，それを避けるためである．

5.3. túとusted

相手を指す代名詞としては tú と usted がある．tú (vosotros, vosotras) は親族，友人，同僚など近しい間柄の人や子どもに対して用いる．これに対し，usted (ustedes) は知らない人や目上の人に用いる改まった言い方の形式である．語源的には所有形容詞＋名詞に由来するので文法的には3人称であり，動詞は3人称で一致する．

(註) tú と usted の使い分けは地域や世代によって多少の相違があり，現代のスペインでは中南米よりも tú が多用される．

5.4. 無強勢代名詞の位置

人称代名詞無強勢形は語順が定まっており，次の規則に従う．

(1) 定形動詞の目的語となる場合は，その前に置く．
 Lo sé.「私はそれを知っている」 / No lo sé.「私はそれを知らない」
(2) ただし，命令文では否定の場合は定形の前，肯定の場合は定形の後に置かなければならない．後に置く場合は動詞に直接付けて書く．
 No lo tomes.「それを取るな」 / Tómalo.「それを取りなさい」
(3) 不定形動詞の目的語となる場合は，その後に付ける．
 comprarlo「それを買うこと」
(4) ただし，不定形が動詞句(→11.8.)を構成している場合は，その句の前に置くこともできる．
 Puedo comprarlo. / Lo puedo comprar.「私はそれを買える」
(5) 無強勢形の与格と対格が共存する場合は，常に与格＞対格の語順となる．
 Me lo va a entregar. / Va a entregármelo.「彼は私にそれを渡すだろう」

与格と対格の代名詞がともに3人称である場合，与格の le, les の代わりに異形 se が用いられる．この se は再帰代名詞の se とは同音異義語である．
 Se lo entregué.「私は彼(ら)[彼女(ら)]にそれを渡した」

5.5. 無強勢代名詞の重複

代名詞の重複とは，直接目的語または間接目的語と同一の指示対象を指す対格または与格の代名詞が同じ文の中で共存して用いられることである．次のような場合には通常重複が起きる．

(1) 直接目的語・間接目的語が動詞の前に置かれている場合．
 La carta la he escrito.「手紙は私が書いた」 / A mi padre le gusta el ajedrez.「父はチェスが好きだ」
 (註) 目的語が不定の場合は重複しない: Una carta he escrito.「手紙を1通私は書いた」．
(2) 直接目的語の代名詞を強調したい場合．
 La vi a ella ayer.「私は彼女に昨日会った」
(3) 間接目的語が定の名詞である場合は，前置されていなくても重複することが多い．
 Le di una foto a mi amiga.「私は友だちに写真をあげた」

5.6. 人称代名詞の地域的相違

(1) voseo——相手を指す代名詞として，中南米の一部の地域(アルゼンチン，ウルグアイなど)では tú の代わりに vos という古い形式を用いる．この現象を voseo と言う．また，tú と vos が共存する地域(チリ，中米など)もある．vos には複数形がなく，複数の相手には ustedes を用いる．vos に対応する動詞は活用表には出ていない方言的形式をとる．
(2) vosotros の不使用——中南米では，voseo のない地域でも2人称複数の vosotros, vosotras が使用されることはない．相手を指す複数形としては ustedes だけが用いられる．したがって，中南米では動詞の2人称複数形が使用されない．
(3) leísmo——スペインの中央部・北部では3人称男性単数対格代名詞が人を指す場合，lo の代わりに本来は与格である le を用いる．この現象を leísmo と言う．
 Lo visito.「私はそこを訪問する」 / Le visito.「私は彼を訪問する」

ただし，複数対格で los の代わりに les を用いるのは誤った語法と見なされている．

 (註) 地域による相違とは別に他動詞が人称代名詞を目的語とする場合，与格 le をとるか，対格 lo, la をとるかは動詞により異なり，また同じ動詞でも意味によって相違が生じることがある．一般に，他動性(動作性)の強い動詞は lo, la をとりやすく，それが低い動詞は le をとりやすい．

6. 所有詞
6.1. 所有形容詞の体系

所有者	所有される名詞	無強勢形 単数 男性	無強勢形 単数 女性	無強勢形 複数 男性	無強勢形 複数 女性	強勢形 単数 男性	強勢形 単数 女性	強勢形 複数 男性	強勢形 複数 女性
単数	1人称	mi	mi	mis	mis	mío	mía	míos	mías
単数	2人称	tu	tu	tus	tus	tuyo	tuya	tuyos	tuyas
単数	3人称	su	su	sus	sus	suyo	suya	suyos	suyas
複数	1人称	nuestro	nuestra	nuestros	nuestras	nuestro	nuestra	nuestros	nuestras
複数	2人称	vuestro	vuestra	vuestros	vuestras	vuestro	vuestra	vuestros	vuestras
複数	3人称	su	su	sus	sus	suyo	suya	suyos	suyas

所有形容詞 形 (所有)には，無強勢形(前置形)と強勢形(後置形)がある．強勢形は性・数により変化するが，無強勢形のうち mi, tu, su は数の区別しかない．

(註) 中南米では2人称複数の vuestro は使用されない．(→5.6.(2))

6.2. 所有形容詞の用法
所有形容詞の性・数変化は普通の形容詞と同様，それが修飾する名詞の性・数に一致するもので，所有者とは無関係である．

無強勢形は必ず名詞の前に置かれる: mi familia「私の家族」，tus hijos「君の息子たち」．無強勢形が単独で現れることはない．

強勢形は次の場合に用いられる．
(1) 属詞として: Este cuaderno es mío.「このノートは私のだ」．
(2) 冠詞または指示形容詞の付く名詞の後に: un amigo mío「私の友人の一人」．
(3) 呼びかけ表現の名詞の後で: ¡Hija mía!「わが娘よ」．
(4) 所有代名詞として(下記)．

6.3. 所有代名詞
所有代名詞 代 (所有)は[定冠詞＋所有形容詞強勢形]の形式をとり，それが指示する対象に応じて性・数変化をする: el mío, la mía, los míos, las mías「私のもの」．

7. 指示詞
7.1. 指示詞の体系

	単数 男性	単数 女性	単数 中性	複数 男性	複数 女性
(1)	este	esta	esto	estos	estas
(2)	ese	esa	eso	esos	esas
(3)	aquel	aquella	aquello	aquellos	aquellas

(1)類の形式は話し手に近いものを指し，日本語の「この，これ」に相当する．(2)類は相手に近いものを指し，「その，それ」に相当する．(3)類は話し手・相手のどちらからも遠いものを指し，「あの，あれ」に相当する．ただし，その用法が日本語と常に一致するわけではない．

7.2. 指示形容詞と指示代名詞
男性形と女性形は指示形容詞 形 (所有)として通常は名詞の前に置かれ，その名詞の性・数に一致する．
este vaso「このコップ」，estas casas「この家々」

また，単独で指示代名詞 代 (指示)としても用いられる: Este es mi coche.「これは私の車だ」．

(註) 以前は，男性・女性の指示代名詞にはアクセント記号を付けることになっていたが，現在の正書法では，曖昧になるおそれがない限り付けないでよいことになっている．

7.3. 指示代名詞中性形
中性形は代名詞専用であって，次のような場合に用いる．
(1) 名前の分からないものを指す場合: ¿Qué es esto?「これは何ですか」．
(2) 「事柄」を指す場合: Eso es importante.「そのことは重要だ」．
(3) 集合的なものを指す場合: Todo esto es mío.「これは全部私のものだ」．

8. 疑問詞

疑問代名詞: 代 (疑問) / 疑問形容詞: 形 (疑問)	qué 何 / どの, どんな	quién だれ	cuál どれ	cuánto いくつ, いくつの, いくら, どのくらい
疑問副詞: 副 (疑問)		cuándo いつ	dónde どこに / adónde どこへ	cómo どのように

(註1) 疑問詞には必ずアクセント記号が付く.
(註2) 疑問代名詞または形容詞として用いられる quién, cuál, cuánto には, 語形変化がある. それぞれの用法については辞典各項目を参照.

9. 関係詞
9.1. 関係詞の種類

関係代名詞: 代(関係)	que	el que	quien	el cual	
関係形容詞: 形(関係)	cuyo				cuanto
関係副詞: 副(関係)	cuando	donde	como		(cuan)

(註) 関係代名詞または形容詞として用いられる el que, el cual, quien, cuanto, cuyo には語形変化がある. それぞれの用法については辞典各項目を参照.

関係代名詞としてもっとも頻繁に用いられるのは que であり, 先行詞は人でも物でもよい.

9.2. 関係詞の用法
関係詞は, その前にある名詞(先行詞)にそれを修飾する関係節を結びつける.
関係節には, 次の用法がある.
(1) 限定用法——先行詞が指示する人・物を限定する.
 El joven que hablaba conmigo es colombiano.「私と話をしていた青年はコロンビア人だ」
 (註) que は限定用法でも説明用法でもよく用いられる. しかし, 前置詞の後では使用に制約があるため, el que または quien を使用することが多い: La chica con la que yo hablaba es mexicana.「私が話をしていた女の子はメキシコ人だ」.
(2) 説明用法——先行詞に補足的な説明を加える.
 El joven, que es mexicano, ahora vive en Estados Unidos.「その青年はメキシコ人だが, 今は米国に住んでいる」
(3) 独立用法——関係節に先行詞が含まれる場合.
 Los que no tienen entrada no pueden entrar.「入場券のない人たちは入れない」
 (註) 独立用法の関係代名詞としては, 普通, el que, quien が用いられる.

10. 数詞
10.1. 基数詞

0 cero	21 veintiuno, ún, una	200 doscientos, as
1 uno, un, una	22 veintidós	201 doscientos uno, un, una
2 dos	23 veintitrés	220 doscientos veinte
3 tres	24 veinticuatro	300 trescientos, as
4 cuatro	25 veinticinco	400 cuatrocientos, as
5 cinco	26 veintiséis	500 quinientos, as
6 seis	27 vientisiete	600 seiscientos, as
7 siete	28 veintiocho	700 setecientos, as
8 ocho	29 veintinueve	800 ochocientos, as
9 nueve	30 treinta	900 novecientos, as
10 diez	31 treinta y uno, un, una	1.000 mil
11 once	32 treinta y dos	1.001 mil uno, un, una
12 doce	40 cuarenta	1.100 mil ciento
13 trece	50 cincuenta	1.230 mil doscientos treinta
14 catorce	60 sesenta	2.000 dos mil
15 quince	70 setenta	10.000 diez mil
16 dieciséis	80 ochenta	11.000 once mil
17 diecisiete	90 noventa	100.000 cien mil
18 dieciocho	100 ciento, cien	200.000 doscientos mil
19 diecinueve	101 ciento uno, un, una	201.000 doscientos un mil
20 veinte	110 ciento diez	1.000.000 un millón

2.000.000 dos millones
10.000.000 diez millones
100.000.000 cien millones
1.000.000.000 mil millones / un millardo
1.000.000.000.000 un billón

数詞 形(数)のうち基数詞は形容詞として名詞を修飾し, また単独で数を表すのに用いられる: dos hombres「2人の男」/ Dos y tres son cinco.「2足す3は5」. 単独の場合は男性名詞として扱われる.
(註1) uno は男性名詞の前では un となり, 女性形は una となる. 21 以上の uno を含む数の場合も同じ.
(註2) 31 以上の数では, 10 位と 1 位の間に接続詞 y を入れる.
(註3) ciento は, 名詞の前や他の数詞の倍数となるとき cien になる: cien alumnos「100人の生徒」,

cien mil「10万」. しかし, 現在では名詞を修飾しないときも cien を使うことが多い.
(註 4) ciento を除く 100 の桁の数詞には女性形がある: trescientas mujeres「300 人の女性たち」.
(註 5) mil は曖昧さを避ける必要がある場合, un を付ける(前記の表の 200.000 と 201.000 を比較すること).
(註 6) millón, billón は名詞であり, 複数形がある. また, 直後の名詞を修飾する場合は前置詞 de を必要とする: dos millones de euros「200 万ユーロ」.

10.2. 序数詞

1	I	primero	22	XXII	vigésimo segundo
2	II	segundo	30	XXX	trigésimo
3	III	tercero	40	XL	cuadragésimo
4	IV	cuarto	50	L	quincuagésimo
5	V	quinto	60	LX	sexagésimo
6	VI	sexto	70	LXX	septuagésimo
7	VII	séptimo	80	LXXX	octogésimo
8	VIII	octavo	90	XC	nonagésimo
9	IX	noveno	100	C	centésimo
10	X	décimo	101	CI	centésimo primero
11	XI	undécimo	200	CC	ducentésimo
12	XII	duodécimo	300	CCC	tricentésimo
13	XIII	decimotercero	400	CD	cuadragentésimo
14	XIV	decimocuarto	500	D	quingentésimo
15	XV	decimoquinto	600	DC	sexcentésimo
16	XVI	decimosexto	700	DCC	septingentésimo
17	XVII	decimoséptimo	800	DCCC	octingentésimo
18	XVIII	decimooctavo	900	CM	noningentésimo
19	XIX	decimonoveno	1.000	M	milésimo
20	XX	vigésimo	1.100	MC	milésimo centésimo
21	XXI	vigésimo primero	2.000	MM	dos milésimo

序数詞はすべて性・数の変化をする: la primera jornada「第 1 日」, primeros años「初期の年代」. 序数詞の 11 以上は文語的で, 普通はあまり使用されず, 基数詞で代用することが多い.
(註 1) primero と tercero は男性単数名詞の前ではそれぞれ primer, tercer となる: el primer tomo「第 1 巻」, el tercer mundo「第 3 世界」.
(註 2) 国王の世代, 世紀, 会議・祭典回数などを表す場合, 上記の表に示したローマ数字で表記するのが普通である: Juan Carlos II「フアン・カルロス 2 世」, Luis XIV「ルイ 14 世」, el siglo XXI「21 世紀」. この場合も 10 までは序数詞, 11 以上は基数詞で読むのが普通である.

10.3. 分数

1/2	un medio	1/12	un doceavo
1/3	un tercio	1/18	un dieciochoa$_{vo}$
2/3	dos tercios	1/20	un veinteavo
1/4	un cuarto	1/21	un veintiunav$_{o}$
3/4	tres cuartos	1/30	un treintavo
1/5	un quinto	1/100	un centésimo
1/10	un décimo	1/1.000	un milésimo
1/11	un onceavo	1/10.000	un diezmilésim$_{o}$

1/10 までの分数は分子に基数詞, 分母に序数詞を用いる. ただし, 分子 3 には特別の形式 (tercio) が用いられる. 11 以上の分母は[基数詞+-avo]の形式が用いられる. 分子が複数の場合, 分母も一致して複数形にしなければならない.
(註) 分母に -avo を付加する場合, 基数詞の語末母音を削除する形式と残す形式がある (once>onzavo / onceavo, dieciocho>dieciochavo / dieciochoavo) が, 現代では残す形式が普通である. ただし, 基数詞の語尾が -a の場合は削除される: cuarenta>cuarentavo.

11. 動詞
11.1. 動詞の活用

動詞には規則動詞と不規則動詞がある. 規則動詞は不定詞の語尾 (-ar, -er, -ir) に応じて 3 種類の変化型があり, 付録の動詞活用表の規則動詞のモデルにしたがって語形変化(活用)させることができる.
(註) 不規則動詞は動詞の見出しの後に[1.1]のように対応する活用表の数字が示してあるので, そのモデルにしたがって活用させればよい.

11.2. 他動詞, 自動詞および再帰動詞

直接目的語をとる動詞を他動詞, とらないものを自動詞という. 本辞典の見出しで 他 および 自 と示されている.

(註 1) 他動詞と自動詞の区別は絶対的なものではなく, 他動詞が直接目的語をとらずに自動詞的に用いられることもあるし, その逆もあり得る.

再帰代名詞を伴う動詞形式を再帰動詞(代名動詞)と言い, 見出しでは 再 となっている. 再帰代名詞 se は主語の人称・数に一致して変化する.

11.3. 定形と不定形
動詞の形式は人称語尾を持つ定形(人称形)とこれを持たない不定形(無人称形)がある. 不定形には不定詞, 現在分詞, 過去分詞の 3 種類がある. 以下ではかっこ内に cantar を例として示す.

不定詞 (cantar)——動詞の名詞形であるが, 語尾変化はしない. 動詞の基本形と見なされ, 辞典の見出し語となっている. 名詞と同じように機能し, 前置詞に支配されることもある. 時には男性定冠詞 el が付くこともある.

現在分詞 (cantando)——動詞の副詞形であり, 語尾変化はしない. 主な機能は主動詞と同時的な出来事を表す副詞的な句を構成すること, 進行形などの動詞複合句を構成することなどである. 例外的に形容詞的に用いられることもある.

(註) 不定詞と現在分詞には複合形 (haber cantado / habiendo cantado) があり, 主節の動詞よりも前に起きたことを表す.

過去分詞 (cantado)——動詞の形容詞形で, 性・数による語尾変化をする. 主な機能は形容詞として名詞を修飾すること, 複合時制を構成すること, 受動文を構成することなどである.

(註) 再帰動詞の不定詞は sentarse, 現在分詞は sentándose のように再帰代名詞が付くが, 過去分詞 sentado には付かない. ただし, 複合時制の場合は再帰代名詞が現れる: se ha sentado.

11.4. 直説法の時制
動詞定形には直説法, 接続法, 命令法の3つの法が属する. それぞれの形式については動詞活用表を参照すること.

直説法には単純時制と複合時制が各5時制, 計10時制ある. ただし, 直前過去完了は現代スペイン語ではほとんど用いられない. 時制は, 動詞の表す事態(出来事)の現在(発話時点)とどのように関連するかを示す. 未来, 過去未来, 未来完了および過去未来完了は直説法というより, むしろ別の法的な意味(推定を表す)を持つ時制と考えた方がよい. 各時制の主な用法は, 次のとおりである.

(1) 単純時制
 (a) 現在 (canto)——現在において事態が成立することを示す.
  Ahora *trabaja* en la fábrica.「今彼は工場で働いている」
  Siempre *viene* muy tarde.「いつも彼は大変遅く来る」
  Voy de compras esta tarde.「私は今日の午後買い物に行く」
 (b) 完了過去 (canté)——過去に成立した事態を全体的にひとまとまりのものとして示す.
  Puso platos sobre la mesa.「彼は皿をテーブルの上に並べた」
  Estuve un año en Madrid.「私はマドリードに1年間いた」
 (c) 不完了過去 (cantaba)——過去に成立した事態をある時点で展開中のものとして示す.
  Cenaba cuando me llamó anoche.「彼が昨晩電話してきたとき私は夕食をしていた」
  Sabía que no *estabas* en casa.「私は君が家にいないことを知っていた」
 (d) 未来 (cantaré)——現在, 事態を推定できることを示す.
  Mañana *vendrán* sus padres.「明日彼の両親が来るだろう」
  Ahora *estará* en la oficina.「今彼は会社にいるだろう」
 (e) 過去未来 (cantaría)——過去において事態が成立することを推定できること, または現在のある条件下で成立することが推定できることを示す.
  Dijo que *volvería* el día siguiente.「彼は翌日戻ると言った」
  Yo lo *haría* si tú me dejaras.「君がさせてくれるなら私がそれをするのだが」
  ¿*Podría* hablar con el señor García?「ガルシアさんとお話しできますでしょうか」

(2) 複合時制
「助動詞 haber + 過去分詞」の形式をとる. 複合時制は相対的な前時性を示す. 時制の名称には「完了」が含まれるが, 前時性のアスペクトは完了過去・不完了過去の間に見られる完了相・未完了相のアスペクト対立とは異なるので注意する必要がある.
 (a) 現在完了 (he cantado)——事態が現在までに成立することを示す.
  Ya *he terminado* la comida.「もう私は食事を終わった」
  Ha estado en Estados Unidos.「彼はアメリカに行ったことがある」
 (b) 直前過去完了 (hube cantado)——事態が過去のある時点の直前に成立することを示す. この時制は時の副詞節のみに用いられるが, 現代では代わりに完了過去または不完了過去で表すのが普通である.
  Se marchó apenas *hubo visto* [vio] a su padre.「彼は父親を見たとたん出て行った」
 (c) 過去完了 (había cantado)——事態が過去のある時点までに成立することを示す.
  Cuando llegué a la parada, ya *había salido* el autobús.「私が停留所に着いたら, もうバスは出てしまっていた」
 (d) 未来完了 (habré cantado)——現在, 事態がある時点までに成立することを推定できることを示す.

Habrá vuelto cuando vengas.「君が来る頃には彼は戻っているだろう」
(e) 過去未来完了 (habría cantado)——過去において事態がある時点までに成立することを推定できること、または、過去のある条件下で成立することが推定できることを示す。
Dijo que *habría vuelto* antes de que llegaras.「君が来る前に彼は戻ってくると言った」
Si te hubiera conocido ya, lo *habría contado*.「君とすでに知り合いだったら、それを話してあげたのに」

11.5. 接続法の時制

接続法には単純時制と複合時制が各3時制、計6時制ある。しかし、未来と未来完了は現代スペイン語ではほとんど使用されない。過去と過去完了には SE 形と RA 形の2形式があるが、下記の場合を除いて用法上は相違がない。スペインでは両形式とも使用するが、中南米ではほとんど RA 形のみを用いる。

(1) 接続法の時制の照応
従属節で用いられる接続法の時制は、主節の時制との相関で決められるのが原則である。以下に、主節の動詞(主動詞)に対応する従属節(特に名詞節)の動詞(従動詞)の時制の照応(相関関係)を示す。

主節 (直説法)	主動詞に対する従動詞の時間関係	従属節 (接続法)
(a) 現在、現在完了、未来、未来完了	(i) 同時 / 後	現在
	(ii) 前	現在完了 / 過去
(b) 完了過去、不完了過去、過去完了、過去未来、過去未来完了	(i) 同時 / 後	過去
	(ii) 前	過去完了

(a-i) Quiero que *vengas* pronto.「君にすぐ来てもらいたい」
 No es cierto que eso *sea* verdad.「それが本当かどうか確かではない」
(a-ii) Me alegro de que *hayas venido* pronto.「君がすぐ来てくれてうれしい」
 Es posible que ella lo *supiera*.「彼女はそれを知っていたのかもしれない」
(b-i) Quería que *vinieras* pronto.「君にすぐ来てもらいたかった」
 Me gustaría que lo *enseñase*.「彼がそれを教えてくれたらうれしいのだが」
(b-ii) Me alegré de que *hubieras venido* pronto.「君がすぐ来てくれたのはうれしかった」
 No creía que lo *hubieses hecho*.「私は君がそれをやったとは思わなかった」

(2) 主節の接続法
接続法は、命令文、願望文および疑惑文(推測を表す)の主節で用いられる。命令文ではもっぱら現在形が用いられる(→II. 9.)。願望文と疑惑文では現在・現在完了・過去・過去完了の4時制が用いられる。この場合、現在・現在完了は現在において成立が可能と想定される事態を表す。
 Quizá *haya* alguna solución.「たぶん何らかの解決があるだろう」[疑惑文]
 ¡Ojalá lo *hayan conseguido*! 彼らがそれを達成しているといいのだが」[願望文]
一方、過去は現在において成立が不可能と想定される事態を、過去完了は過去において成立が不可能と想定される事態を表す。
 ¡Ojalá *estuvieras* aquí!「君がここにいてくれたらなあ!」[願望文]
 Tal vez no *se hubiera atrevido* a decirlo.「たぶん彼は思い切ってそれを言わなかったのだろう」[疑惑文]
過去と過去完了の RA 形は、主節で婉曲な希望を表すのに用いられる。この用法の RA 形を SE 形で置き換えることはできない。
 Quisiera hablar con ella.「できたら彼女と話したいのです」
 Yo *hubiera querido* oponerme a su viaje.「私は彼の旅行に反対したかったのだが」

(3) 条件文の接続法
非現実的仮定(成立する可能性がまったくないか、またはほとんどない事態を仮定する)の si 条件文では、一般に次の時制が用いられる。
  si 前提節   帰結節
(a) 現在に関する仮定: 接続法過去   直説法過去未来
(b) 過去に関する仮定: 接続法過去完了 直説法過去未来完了
(a) Si *tuviera* tiempo, iría a verte.「もし時間があったら私は君に会いに行くのだが」
(b) Si *hubiera tenido* tiempo, habría ido a verte.「もし時間があったら私は君に会いに行ったのだが」
(註1) (b)の帰結節では、過去未来完了の代わりに接続法過去完了 RA 形を用いることがある。
(註2) 現実的仮定(現在において成立する可能性のある事態を仮定する)の si 条件文では、通常、前提節に直説法現在、帰結節に未来を用いる: Si es necesario, se lo avisaré.「必要があれば、彼にそれを知らせよう」。

11.6. 直説法と接続法の法的相違

直説法は、現実の世界で成立する事態を表す言い方(法)である。すなわち、ある事態を事実として示す。これに対して、接続法は、想定された世界で成立する事態を表す言い方である。すなわち、その事態が事実であるかどうかは問題とせず、話者または主語によって想定された望ましいこと(願望)、不確実なこと(可能性)、認められたこと(否認)、意外に感じられること(感情)、仮定されたこと(仮定)などを示す。このため、接続法は従属節で用いられることが多い。

直説法と接続法は、たとえば、次のような従属節において対比させることができる。それぞれのペアで後の例が接続法である。
  (1) 名詞節で
    Tu madre ha dicho que *vuelves* pronto.「お母さんは君がすぐ戻ると言った」
    Tu madre ha dicho que *vuelvas* pronto.「お母さんは君にすぐ戻るようにと言った」[願望]
    Creo que Pablo *viene* hoy.「私はパブロが今日来ると思う」
    No creo que Pablo *venga* hoy.「私はパブロが今日来るとは思わない」[否認]
    Es cierto que lo *saben*.「彼らがそれを知っていることは確かだ」
    Es posible que lo *sepan*.「彼らがそれを知っているかもしれない」[可能性]
    Me alegré al oír que *te habías mejorado*.「君が元気になったと聞いてうれしかった」
    Me alegré de que *te hubieras mejorado*.「君が元気になったとはうれしかった」[感情]
  (2) 副詞節で
    Aunque *llueve*, voy de paseo.「雨が降っているけれども私は散歩に出かける」
    Aunque *llueva*, voy de paseo.「たとえ雨が降ろうと私は散歩に出かける」[仮定]
  (3) 関係節で
    Puedes tomar lo que *quieres*.「君はほしい物をとっていい」
    Puedes tomar lo que *quieras*.「君はほしい物なら何でもとっていい」[仮定]

11.7. 命令法
 命令法は、相手に対する命令を表す。命令法には2人称単数 (canta) と複数 (cantad) の2形式しかない。命令文については II. 9 を参照。

11.8. 補助動詞
 動詞の中には、不定形の動詞と結合して動詞句を構成し、法性やアスペクトなどを表現するものがある。このような動詞句を構成する動詞を補助動詞または連鎖動詞と呼ぶ。補助動詞として常用される主な動詞には、次のようなものがある。
  (1) アスペクトを表すもの――アスペクトとは動詞が表す事態の展開の仕方を意味する。これらアスペクトを表す補助動詞が構成する句は迂言動詞句とも呼ばれる。
    【＋前置詞＋不定詞】: acabar de「…したばかりである」, acabar por「とうとう…する」, cesar de「…するのをやめる」, comenzar a「…し始める」, dejar de「…するのをやめる」, echar(se) a「…し始める」, empezar a「…し始める」, ir a「…しようとしている」, llegar a「…するに至る」, parar de「…するのをやめる」, pasar a「…するようになる」, ponerse a「…し始める」, romperse a「急に…し出す」, terminar de「…し終える」, venir a「…するようになる」, volver a「また…する」
    【＋現在分詞】: acabar「とうとう…する」, andar「よくしくっている」, continuar「…し続ける」, estar「…している」, ir「だんだん…して行く」, llevar「…し続けている」, quedarse「…したままである」, seguir「…し続ける」, venir「だんだん…して来る」
    【＋過去分詞】: dejar「…したままにする」, estar「…になっている」, ir「…になっている」, llevar「…してある」, quedar「…になっている」, tener「…してある」
    Voy a hacer todo lo posible.「私はできるだけのことをするつもりだ」
    Ahora *está hablando* por teléfono.「今彼は電話で話しているところだ」
    Está sentada junto a su madre.「彼女は母親の隣に座っている」
    (註) これらの迂言動詞句が人称代名詞無強勢形を補語とする場合、代名詞は不定形・現在分詞の語末に付けられるが、多くの迂言動詞句では補助動詞の前に置くことも可能である (→5.4.)。ただし、不定形が過去分詞の場合、補語代名詞は必ず補助動詞の前に置かれる: Lo tengo comprado.「私はそれを買ってある」
  (2) 法性を表すもの――法性(モダリティー)とは、文の内容に対する話者の心的態度を意味する。
    【＋不定詞】: acostumbrar a「いつも…する」, deber「…しなければならない」, necesitar「…する必要がある」, poder「…できる」, saber「…できる」, soler「いつも…する」
    【＋前置詞＋不定詞】: deber de「…するはずである」, haber de「…することになっている」
    【＋接続詞＋不定詞】: haber que (直説法現在 hay que)「…しなければならない」, tener que「…しなければならない」
    Puedes venir cuando quieras.「君はいつ来てもいい」
    Debe de estar en Atenas.「彼はアテネにいるはずだ」
    Hoy *tengo que ir* al banco.「今日私は銀行に行かなければならない」
  (3) その他のもの――使役、受動、願望など、さまざまな意味を表す。
    【＋不定詞】: conseguir「どうにか…する」, dejar「…させておく」, desear「…したい」, hacer「…させる」, impedir「…することを妨げる」, intentar「…するつもりである」, lograr「どうにか…する」, mandar「…するよう命じる」, pensar「…するつもりである」, procurar「…しようと努める」, prohibir「…することを禁じる」, querer「…したい」
    【＋前置詞＋不定詞】: atreverse a「思い切って…する」, ayudar a「…するのを助ける」, decidirse a「…する決心をする」, forzar a「…することを強いる」, obligar a「…することを強いる」, tender a「…する傾向がある」, tratar de「…しようと試みる」

【+過去分詞】: ser「…される」
Quiere trabajar en una agencia de viajes.「彼は旅行代理店で働きたがっている」
Me *hicieron esperar* en la sala.「彼らは私を広間で待たせた」
Nos hemos decidido a vender el coche.「私たちは車を売ることに決めた」

12. 副詞

12.1. 副詞の派生

副詞 圓 には, 固有のものと他の品詞から派生するものがある. 形容詞から派生する副詞は, 形容詞の単数女性形に -mente を付加して作られる: claro>claramente「明らかに」, fácil>fácilmente「容易に」. この形成法は生産性が高く, かなり自由に作り出されるので, 辞典には頻度の高い語しか挙げられていない.

12.2. 副詞の位置

副詞の位置は, それが修飾する語句の品詞などによって相違がある.
(1) 形容詞・副詞を修飾する場合は必ずその前に置く.
　Su padre es *muy* rico.「彼の父は非常に金持ちだ」/ Lo has hecho *muy* bien.「君はそれを非常にうまくやった」
(2) 動詞を修飾する場合はその後が普通だが, 強調するときは前に置かれる.
　Ha trabajado *mucho*. / *Mucho* ha trabajado.「彼はよく働いた」
(3) 文全体を修飾する副詞は, 普通, 文頭に置かれる.
　Afortunadamente llegamos a tiempo para coger el tren.「幸いにも私たちは列車に間に合った」
(4) 時・場所を示す副詞は位置がかなり自由であり, 文頭, 文末または動詞の直後のいずれかに置かれる.
　Ayer fui al cine. / Fui al cine *ayer*. / Fui *ayer* al cine.「昨日私は映画に行った」

12.3. 副詞の比較表現

副詞の比較表現は形容詞に準じる. ただし, 副詞には最上級の形式がない.
　(註) 不規則な比較級の形式として次のものがある: bien「良く」>mejor, mal「悪く」>peor, mucho「大いに」>más, poco「少し」>menos.

13. 縮小辞

縮小辞は接尾辞の1種で, 代表的なものに -ito, -illo, -ico などがあり, 付加される名詞の性に応じて語尾が変わる: chico「男の子」>chiquito, muchacha「少女」>muchachita. 主に名詞に付加されるが, 形容詞・副詞などにも付くことがある: poco「わずかな」>poquito, cerca「近くに」>cerquita.

縮小辞は「小さい」という意味を表すが, 親愛の気持ちなど情緒的意味合いを帯びることが多く, また語の意味が変わる場合もある. そういう慣用的に固定した場合は辞書に見出し語として出ている: bueno>bonito「きれいな」, ventana>ventanilla「窓口」など. しかし, 臨時に付加される場合が非常に多く, 特に中南米では頻繁に使用される.

II. 文の構成

1. 基本構文

1.1. 基本文型

スペイン語の典型的な動詞は平叙文で次のような文型をとる. 文要素の位置は固定的なものではなく, 文法的に可能な範囲で移動することができる.
　(註) V=動詞 (イタリックで示す), S=主語, Od=直接目的語, Oi=間接目的語, Cp=前置詞補語, A=属語, Cc=状況補語.

(1) 自動詞文
(a) S+V　　　　　　　　Juan *trabaja*.「フアンは働いている」
(b) S+V+Ci　　　　　　Su fracaso *obedece* al descuido.「彼の失敗は不注意によるものだ」
(c) S+V+Cp　　　　　　El resultado *depende* de tu esfuerzo.「結果は君の努力次第だ」
(d) S+V+A　　　　　　Teresa *es* estudiante.「テレサは学生だ」
(2) 他動詞文
(a) S+V+Od　　　　　　El niño *comió* un pastel.「子どもはケーキを食べる」
(b) S+V+Od+Oi　　　　Luis *regaló* las flores a su novia.「ルイスは恋人に花を贈った」
(c) S+V+Od+Cp　　　　Una colega *acusó* a Elena del robo.「同僚がエレナを窃盗のかどで訴えた」
(d) S+V+Od+A　　　　Los socios *eligieron* a Carlos presidente.「会員たちはカルロスを会長に選んだ」
(3) 無主語文——動詞の中には主語を必要としない単人称動詞がある. また, 一定の構文では主語のない文型をとる動詞もある. (d) を構成するのは他動詞, 他は自動詞である.
(a) V　　　　　　　　　*Llueve*.「雨が降っている」
(b) V+Cp　　　　　　　*Huele* a gas.「ガスの臭いがする」
(c) V+A　　　　　　　　*Son* las dos y media.「2時半だ」
(d) V+Od　　　　　　　*Hay* un piano en el salón.「広間にはピアノがある」
(註) 単人称動詞——典型的なものは気象現象を表す自動詞である: llover「雨が降る」, nevar「雪が降

る」, tronar「雷が鳴る」, helar「氷が張る」など.

1.2. 人の a
直接目的語が特定の人を指す名詞または人を指す代名詞の場合は, 前置詞 a が付く. それ以外の名詞の場合は何も標識がない.

Espero *a* mi amigo.「私は友だちを待っている」/ No espero *a* nadie.「私はだれも待っていない」/ Espero el autobús.「私はバスを待っている」

2. 主語後置文
次のような種類の動詞が構成する文では, 主語が動詞の後に置かれるのが普通である(主語はイタリックで示す).
(1) 人・事物の出現・存在・消滅などを表す自動詞(提示動詞)
　　Apareció de repente *un amigo*.「突然友だちが現れた」
(2) 感情・感覚を表す自動詞・他動詞(心理動詞)
　　Me gusta *esa película*.「私はその映画が好きだ」/ Le encanta *el fútbol*.「彼はサッカーが大好きだ」
(3) 話し手の評価・判断を表す自動詞(評価動詞)
　　Basta ya *la violencia*.「もう暴力はたくさんだ」
(4) [V+A+S (不定詞/名詞節)]の構成で, 話し手の評価・判断を表す連結動詞の文
　　Te conviene *descansar*.「君は休んだ方がよい」/ Es imposible *que alcancemos a Miguel*.「われわれがミゲルに追いつくのは不可能だ」

3. 再帰動詞文
3.1. 再帰動詞文の構成
再帰動詞文は再帰動詞によって構成される. 再帰動詞に付く再帰代名詞は与格または対格に相当し, 主語の人称・数に一致して変化する(動詞活用表を参照).
(註) 再帰動詞には, 他動詞または自動詞から派生するものと常に再帰動詞として用いられるもの(義務的再帰動詞)がある. 見出しの最初に atreverse「思い切ってする」のように se の付く形式が示されているのは, 義務的再帰動詞である.

3.2. 再帰動詞の意味
再帰動詞は, 次のような意味を表すために使用される.
(1) 直接再帰・間接再帰――自分自身または自分の身体の一部に動作を行うことを表す.
　　Carmen *se ducha* ahora.「カルメンは今シャワーを浴びている」/ Ramón *se lava* las manos.「ラモンは手を洗う」
(2) 相互再帰――複数の人(または物)が相互にある動作を行うことを表す.
　　Los alumnos *se saludan*.「生徒たちは互いに挨拶する」
(3) 自動詞化――他動詞を再帰動詞に変えて自動詞の意味を表す.
　　Me he levantado tarde.「私は遅く起きた」/ Rocío *se casa* con mi primo.「ロシオは私のいとこと結婚した」/ Su hermano *se hizo* diplomático.「彼の兄は外交官になった」
(4) 強意化(転意化)――動詞に動作の完遂, 起点からの移動などの意味を加えたり, 意味合いを変えたりする.
　　José *se fue* ya.「ホセは行ってしまった」/ El niño *se comió* todo el pastel.「子どもはケーキを全部平らげた」
(註) 再帰動詞の中には[se+与格人称代名詞+V+S]の文型をとるものがある. この型の構文(与格付き再帰文)は, 意図しない出来事を表す: *Se* me *olvidó* su número de teléfono.「私は彼の電話番号を忘れた」.

4. se 構文
動詞形式は再帰動詞と同じであるが, 常に 3 人称の se しか現れない構文がある.
(註)この se 構文はどの動詞からも作られる可能性があるので, 辞典の見出しでは再帰動詞としては取り上げられていない.
(1) 再帰受動文――[se+V+S]のように, 主語後置の文型をとるのが普通である. se の付く動詞は他動詞で, 原則として主語は人以外の事物に限られる.
　　Aquí *se venden* periódicos.「ここで新聞を売っている」[新聞が売られている]
(2) 不定主語再帰文――[se+V(+Od)]の文型をとる. 主語は「世間一般の人」を意味する. 動詞は他動詞でも自動詞でもよい.
　　En este pueblo *se vive* bien.「この村は暮らし向きがよい」/ *Se respetaba* a los ancianos.「老人は尊敬されていた」(←人は老人を尊敬していた)

5. 不定主語文
不定主語文は主語が特定できない場合, または主語を表現したくない場合に用いられる. 前記の不定主語再帰文のほか, 主語を明示せず, 動詞を 3 人称複数形にする構文(不定主語 3 人称文)が用いられる. この場合主語は「だれだか分からない(またはわざと言わない)ある人」を意味する.

Me *robaron* la maleta en el aeropuerto.「私は空港でスーツケースを盗まれた」(←人が私からスーツケー

スを盗んだ)

6. 受動文
受動表現には前記の再帰受動文のほか、[ser＋他動詞の過去分詞] の形式をとる分詞受動文がある。しかし、この構文は主語が人の場合を除いてあまり使用されない。
　　Los delincuentes *fueron detenidos*.「犯人たちは逮捕された」

7. 否定文
動詞の前に no など否定の副詞を置くと否定文になる。
　　Pilar *no* viene hoy.「ピラールは今日来ない」/ Pilar *nunca* ha venido.「ピラールは全然来たことがない」
主語が否定語である場合や否定語を含む句が動詞の前にある場合も否定文となる。
　　Nadie pasa por la calle.「だれも通りを通らない」/ En *ninguna* parte lo pude encontrar.「私はどこにもそれを見つけられなかった」
　(註) 否定文には動詞の前に何らかの否定語がなければならない。逆に、他の否定語があれば no は不要である：
　　No quiero nada. / *Nada* quiero.「私は何もほしくない」.

8. 疑問文
(1) 全体疑問文——通常、sí か no の答えを求めるもので、文法的には特別の標識がないが、主語が倒置して動詞の後に置かれることもある。
　　¿Antonio es peruano?「アントニオはペルー人ですか」/ ¿Habla usted español?「あなたはスペイン語を話しますか」
(2) 部分疑問文——疑問詞が必ず文頭に現れる。主語自体が疑問詞である場合を除き主語の倒置が起き、動詞の後に置かれる。
　　¿Quién viene?「だれが来るのか」/ ¿A quién busca usted?「あなたはだれを探しているのですか」

9. 命令文
(1) 肯定の命令——主語が 2 人称 (tú, vosotros) の場合は命令法を、3 人称 (usted, ustedes) に対する命令は接続法現在の動詞をそれぞれ用いる。
　　Ven pronto.「すぐ来い」/ *Callad*.「(お前たち)黙れ」/ *Espere* usted un momento.「ちょっとお待ちください」/ *Hábla*me en español.「私にスペイン語で話してくれ」
(2) 否定の命令——主語がどの人称でも、動詞は接続法現在を用いる。
　　No *salgas* afuera.「外に出るな」/ No *tiren* ustedes la basura.「皆さん、ごみを捨てないでください」/ No me *hables* en inglés.「私に英語で話さないでくれ」
　(註) 命令文の動詞の目的語や補語となる人称代名詞無強勢形および再帰代名詞の位置については I.5.4. 参照.

動詞活用表・解説

1. スペイン語の動詞の活用の全体は,以下のようになる.

直説法		接続法		命令形
現在	不完了過去(線過去)	現在	過去	
未来	過去未来	未来		
現在完了	過去完了	現在完了	過去完了	
未来完了	過去未来完了	未来完了		
完了過去(点過去)				
直前過去				

完了過去(点過去)および命令形以外は,すべての法と時制で次の活用形語尾が共通して現われる.

	単数	複数
1人称	なし	-mos
2人称	-s	-is
3人称	なし	-n

2. これとは別に,上の図式には入らない不定詞,現在分詞,過去分詞がある.辞書の見出しには不定詞の単純形が示されている.

不定詞の例	単純形	完了形
cantar		haber cantado
comer		haber comido
vivir		haber vivido

不定詞の語尾が ar である動詞を Ar 動詞, それが er である動詞を Er 動詞, ir である動詞を Ir 動詞とよぶ. 現在分詞は, Ar 動詞では不定詞語尾を除いて ando を, Er 動詞と Ir 動詞では iendo をつける.

例:

	単純形	完了形
cantar →	cantando	habiendo cantado
comer →	comiendo	habiendo comido
vivir →	viviendo	habiendo vivido

過去分詞は, Ar 動詞では不定詞の語尾を除いて -ado を, Er 動詞, Ir 動詞では -ido をつける.

cantar→cantado   comer→comido   vivir→vivido

3. 直説法・現在〔規則変化〕は,語根に次の変化語尾をつける.

	Ar 動詞		Er 動詞		Ir 動詞	
	単数	複数	単数	複数	単数	複数
1人称	-o	-amos	-o	-emos	-o	-imos
2人称	-as	-áis	-es	-éis	-es	-ís
3人称	-a	-an	-e	-en	-e	-en

例:

	cantar (活用表 1)		**comer** (活用表 2)		**vivir** (活用表 3)	
	単数	複数	単数	複数	単数	複数
1人称	canto	cantamos	como	comemos	vivo	vivimos
2人称	cantas	cantáis	comes	coméis	vives	vivís
3人称	canta	cantan	come	comen	vive	viven

4. 直説法・不完了過去〔規則変化〕は,語根に次の変化語尾をつける.

	Ar 動詞		Er 動詞		Ir 動詞	
	単数	複数	単数	複数	単数	複数
1人称	-aba	-ábamos	-ía	-íamos	-ía	-íamos
2人称	-abas	-abais	-ías	-íais	-ías	-íais
3人称	-aba	-aban	-ía	-ían	-ía	-ían

例:

	単数	複数	単数	複数	単数	複数
1人称	cantaba	cantábamos	comía	comíamos	vivía	vivíamos
2人称	cantabas	cantabais	comías	comíais	vivías	vivíais
3人称	cantaba	cantaban	comía	comían	vivía	vivían

Er 動詞と Ir 動詞の語尾は同じである.

5. 直説法・未来〔規則変化〕は, 不定詞に次の語尾変化をつける.

	単数	複数
1人称	-é	-emos
2人称	-ás	-éis
3人称	-á	-án

例:
	単数	複数	単数	複数	単数	複数
1人称	cantaré	cantaremos	comeré	comeremos	viviré	viviremos
2人称	cantarás	cantaréis	comerás	comeréis	vivirás	viviréis
3人称	cantará	cantarán	comerá	comerán	vivirá	vivirán

6. 直説法・過去未来〔規則変化〕は, 不定詞に次の変化語尾をつける.

	単数	複数
1人称	-ía	-íamos
2人称	-ías	-íais
3人称	-ía	-ían

例:
	単数	複数	単数	複数	単数	複数
1人称	cantaría	cantaríamos	comería	comeríamos	viviría	viviríamos
2人称	cantarías	cantaríais	comerías	comeríais	vivirías	viviríais
3人称	cantaría	cantarían	comería	comerían	viviría	vivirían

7. 直説法・完了形(現在完了, 過去完了, 未来完了, 過去未来完了)は, それぞれ haber の現在形, 不完了過去形, 未来形, 過去未来形と過去分詞を組み合わせてつくる.

現在完了	he cantado	hemos cantado
	has cantado	habéis cantado
	ha cantado	han cantado

過去完了	había cantado	habíamos cantado
	habías cantado	habíais cantado
	había cantado	habían cantado

未来完了	habré cantado	habremos cantado
	habrás cantado	habréis cantado
	habrá cantado	habrán cantado

過去未来完了	habría cantado	habríamos cantado
	habrías cantado	habríais cantado
	habría cantado	habrían cantado

8. 直説法・完了過去〔規則変化〕は, 語根に次の変化語尾をつける.

	Ar 動詞		Er 動詞		Ir 動詞	
	単数	複数	単数	複数	単数	複数
1人称	-é	-amos	-í	-imos	-í	-imos
2人称	-aste	-asteis	-iste	-isteis	-iste	-isteis
3人称	-ó	-aron	-ió	-ieron	-ió	-ieron

例:
	単数	複数	単数	複数	単数	複数
1人称	canté	cantamos	comí	comimos	viví	vivimos
2人称	cantaste	cantasteis	comiste	comisteis	viviste	vivisteis
3人称	cantó	cantaron	comió	comieron	vivió	vivieron

Er 動詞と Ir 動詞の語尾は同じ.

9. 直説法・直前過去は, haber の完了過去形と過去分詞を組み合わせてつくる.

例:
	単数	複数
1人称	hube cantado	hubimos cantado
2人称	hubiste cantado	hubisteis cantado
3人称	hubo cantado	hubieron cantado

10. 接続法・現在〔規則変化〕は, 直説法・現在・1人称単数の語尾 -o をとって次の変化語尾をつける.

	Ar 動詞		Er 動詞		Ir 動詞	
	単数	複数	単数	複数	単数	複数
1人称	-e	-emos	-a	-amos	-a	-amos
2人称	-es	-éis	-as	-áis	-as	-áis
3人称	-e	-en	-a	-an	-a	-an

例: | **cantar** | cant-o | **comer** | com-o | **vivir** | viv-o |

	単数	複数	単数	複数	単数	複数
1人称	cante	cantemos	coma	comamos	viva	vivamos
2人称	cantes	cantéis	comas	comáis	vivas	viváis
3人称	cante	canten	coma	coman	viva	vivan

Er 動詞と Ir 動詞の語尾は同じである.

11. 接続法・過去〔規則変化〕は直説法・完了過去, 3 人称複数の語尾 -aron, -ieron をとって, 次の変化語尾をつける.

	Ar 動詞		Er 動詞		Ir 動詞	
ra 形	単数	複数	単数	複数	単数	複数
1人称	-ara	-áramos	-iera	-iéramos	-iera	-iéramos
2人称	-aras	-arais	-ieras	-ierais	-ieras	-ierais
3人称	-ara	-aran	-iera	-ieran	-iera	-ieran

例: | **cantar** | cant-aron | **comer** | com-ieron | **vivir** | viv-ieron |

	単数	複数	単数	複数	単数	複数
1人称	cantara	cantáramos	comiera	comiéramos	viviera	viviéramos
2人称	cantaras	cantarais	comieras	comierais	vivieras	vivierais
3人称	cantara	cantaran	comiera	comieran	viviera	vivieran

se 形	単数	複数	単数	複数	単数	複数
1人称	-ase	-ásemos	-iese	-iésemos	-iese	-iésemos
2人称	-ases	-aseis	-ieses	-ieseis	-ieses	-ieseis
3人称	-ase	-asen	-iese	-iesen	-iese	-iesen

	単数	複数	単数	複数	単数	複数
1人称	cantase	cantásemos	comiese	comiésemos	viviese	viviésemos
2人称	cantases	cantaseis	comieses	comieseis	vivieses	vivieseis
3人称	cantase	cantasen	comiese	comiesen	viviese	viviesen

Er 動詞と Ir 動詞の語尾は同じである.

12. 接続法・未来〔規則変化〕は, 直説法・完了過去, 3 人称複数の語尾 -aron, -ieron をとって, 次の変化語尾をつける.

	Ar 動詞		Er 動詞		Ir 動詞	
	単数	複数	単数	複数	単数	複数
1人称	-are	-áremos	-iere	-iéremos	-iere	-iéremos
2人称	-ares	-areis	-ieres	-iereis	-ieres	-iereis
3人称	-are	-aren	-iere	-ieren	-iere	-ieren

例:

	単数	複数	単数	複数	単数	複数
1人称	cantare	cantáremos	comiere	comiéremos	viviere	viviéremos
2人称	cantares	cantareis	comieres	comiereis	vivieres	viviereis
3人称	cantare	cantaren	comiere	comieren	viviere	vivieren

Er 動詞と Ir 動詞の語尾は同じである.

13. 接続法の完了形(現在完了, 過去完了, 未来完了)は, それぞれ haber の接続法・現在形, 過去形, 未来形と過去分詞を組み合わせてつくる.

現在完了	haya cantado	hayamos cantado
	hayas cantado	hayáis cantado
	haya cantado	hayan cantado
過去完了 ra 形	hubiera cantado	hubiéramos cantado
	hubieras cantado	hubierais cantado
	hubiera cantado	hubieran cantado
se 形	hubiese cantado	hubiésemos cantado
	hubieses cantado	hubieseis cantado
	hubiese cantado	hubiesen cantado
未来完了	hubiere cantado	hubiéremos cantado
	hubieres cantado	hubiereis cantado
	hubiere cantado	hubieren cantado

14. 命令形　肯定命令の 2 人称の単数形と複数形に特有の形がある.

	Ar 動詞		Er 動詞		Ir 動詞	
	-a	-ad	-e	-ed	-e	-id
例:	**cantar**		**comer**		**vivir**	
	canta	cantad	come	comed	vive	vivid

15. つづり字の変化　発音上は活用の種類の代表形に従いながら, つづり字が変化するものがある.

15. 1. つづり字の変化 (1)　母音 e, i の前と母音 a, o の前とでは, 異なる子音が用いられる.

音	つづり字	
	e, i の前	a, o の前
[θ]	ce, ci	za, zo
[k]	que, qui	ca, co
[x]	ge, gi	ja, jo
[g]	gue, gui	ga, go
[gw]	güe, güi	gua, guo

例:

vencer　　　　　直説法・現在　　　　　　　　　接続法・現在
(活用表 2.4)
venzo　　　vencemos　　　　venza　　　venzamos
vences　　　vencéis　　　　　venzas　　venzáis
vence　　　vencen　　　　　venza　　　venzan

delinquir　　　　直説法・現在　　　　　　　　　接続法・現在
(活用表 3.8)
delinco　　　delinquimos　　　delinca　　　delincamos
delinques　　delinquís　　　　delincas　　delincáis
delinque　　delinquen　　　　delinca　　　delincan

coger　　　　　直説法・現在　　　　　　　　　接続法・現在
(活用表 2.5)
cojo　　　cogemos　　　　coja　　　cojamos
coges　　cogéis　　　　　cojas　　cojáis
coge　　　cogen　　　　　coja　　　cojan

distinguir　　　直説法・現在　　　　　　　　　接続法・現在
(活用表 3.7)
distingo　　　distinguimos　　distinga　　　distingamos
distingues　　distinguís　　　distingas　　distingáis
distingue　　distinguen　　　distinga　　　distingan

averiguar　　　直説法・現在　　　　　　　　　接続法・現在
(活用表 1.4)
averiguo　　　averiguamos　　averigüe　　　averigüemos
averiguas　　averiguáis　　　averigües　　averigüéis
averigua　　averiguan　　　　averigüe　　　averigüen

15. 2. つづり字の変化 (2)　ie, io が語頭または母音の後にあるときは, ye-, yo- となる.

errar　　　　　直説法・現在　　　　　　　　　接続法・現在
(活用表 4.6)
yerro　　　erramos　　　　yerre　　　erremos
yerras　　erráis　　　　　yerres　　erréis
yerra　　　yerran　　　　　yerre　　　yerren

leer　　　　　直説法・完了過去　　　　　　　接続法・過去
(活用表 2.6)
leí　　　　leímos　　　　　leyera　　　leyéramos
leíste　　leisteis　　　　leyeras　　leyerais
leyó　　　leyeron　　　　leyera　　　leyeran

15. 3. つづり字の変化 (3)　ue が語頭にあるときは, hue- となる.

oler　　　　　直説法・現在　　　　　　　　　接続法・現在
(活用表 5.10)
huelo　　　olemos　　　　huela　　　olamos
hueles　　oléis　　　　　huelas　　oláis
huele　　　huelen　　　　　huela　　　huelan

15. 4. つづり字の変化 (4)　ie, io が ch, ll, n, i, j の後にあるときは, e, o となる.

henchir　　　直説法・完了過去　　　　　　　接続法・過去
(活用表 6.4)
henchí　　　henchimos　　　hinchéra　　　hinchéramos
henchiste　henchisteis　　hincheras　　hincherais
hinchó　　　hincheron　　　hinchera　　　hincheran

bullir		直説法・完了過去		接続法・過去	
(活用表 3.9)	bullí	bullimos	bullera	bulléramos
	bulliste	bullisteis	bulleras	bullerais
	bulló	bulleron	bullera	bulleran

tañer		直説法・完了過去		接続法・過去	
(活用表 2.7)	tañí	tañimos	tañera	tañéramos
	tañiste	tañisteis	tañeras	tañerais
	tañó	tañeron	tañera	tañeran

reír		直説法・完了過去		接続法・過去	
(活用表 6.6)	reí	reímos	riera	riéramos
	reíste	reísteis	rieras	rierais
	rió	rieron	riera	rieran

decir		直説法・完了過去		接続法・過去	
(活用表 10.11)	dije	dijimos	dijera	dijéramos
	dijiste	dijisteis	dijeras	dijerais
	dijo	dijeron	dijera	dijeran

15. 5. アクセントの注意 (1) 母音に隣接する i や u に強勢があるときは，アクセント符号を書かなければならない．
例: **criar** (活用表 1.5)

直説法現在　　crío　　criamos
　　　　　　　crías　　criáis
　　　　　　　cría　　crían

continuar (活用表 1.6)
直説法現在　　continúo　　continuamos
　　　　　　　continúas　　continuáis
　　　　　　　continúa　　continúan

leer (活用表 2.6)
直説法完了過去　leí　　leímos
　　　　　　　　leíste　leísteis
　　　　　　　　leyó　　leyeron

15. 6. アクセントの注意 (2) 単音節語にはアクセント符号を書かない．
例: **ver**

(活用表 16)	直説法・現在		直説法・完了過去	
	veo	vemos	vi	vimos
	ves	veis	viste	visteis
	ve	ven	vio	vieron

ただし，dar の接続法現在は例外 (活用表 15).

16. 不規則変化．
不規則変化は各時制でみられるが，大別して次の 6 つになる．
(1) 直説法・現在，接続法・現在
(2) 不完了過去 (線過去)
(3) 直説法・完了過去 (点過去)，接続法・過去，接続法・未来
(4) 直説法・未来，過去未来
(5) 過去分詞
(6) 命令形

17. 直説法現在と接続法現在の不規則変化 (完了過去もふくむ) (1) 語根母音変化動詞
語根母音変化動詞は語根の最終母音が交替する動詞で，次の 5 種類である．

17. 1. e-ie　語根に強勢がある活用形において，語根の母音 e が ie に変化する．
例: **pensar**

(活用表 4.1)	直説法・現在		接続法・現在	
	pienso	pensamos	piense	pensemos
	piensas	pensáis	pienses	penséis
	piensa	piensan	piense	piensen

17.2. o-ue 語根に強勢がある活用形において、語根の母音 o が ue に変化する.
例: **contar**
(活用表 5.1)

直説法・現在		接続法・現在	
cuento	contamos	cuente	contemos
cuentas	contáis	cuentes	contéis
cuenta	cuentan	cuente	cuenten

17.3. e-i 母音 i (半母音ではない) で始まる活用語尾の前では e, その他は, i になる.
例: **pedir**
(活用表 6.1)

直説法・現在		接続法・現在	
pido	pedimos	pida	pidamos
pides	pedís	pidas	pidáis
pide	piden	pida	pidan

直説法・完了過去		接続法・過去	
pedí	pedimos	pidiera	pidiéramos
pediste	pedisteis	pidieras	pidierais
pidió	pidieron	pidiera	pidieran

17.4. e-ie-i 母音 i (半母音ではない) で始まる活用語尾の前では e, 語根に強勢がある活用形で ie, その他は i になる.
例: **sentir**
(活用表 7)

直説法・現在		接続法・現在	
siento	sentimos	sienta	sintamos
sientes	sentís	sientas	sintáis
siente	sienten	sienta	sientan

直説法・完了過去		接続法・過去	
sentí	sentimos	sintiera	sintiéramos
sentiste	sentisteis	sintieras	sintierais
sintió	sintieron	sintiera	sintieran

17.5. o-ue-u 母音 i (半母音ではない) で始まる活用語尾の前では o, 語根に強勢がある活用形で ue, その他は u になる.

例: **dormir**
(活用表 8.1)

直説法・現在		接続法・現在	
duermo	dormimos	duerma	durmamos
duermes	dormís	duermas	durmáis
duerme	duermen	duerma	duerman

直説法・完了過去		接続法・過去	
dormí	dormimos	durmiera	durmiéramos
dormiste	dormisteis	durmieras	durmierais
durmió	durmieron	durmiera	durmieran

18. 直説法現在と接続法現在の不規則変化 (2) 語根子音変化動詞
語根の最終子音が交替する.

18.1. c-zc -acer, -ecer, -ocer, -ucir で終わる動詞は, c が a, o の前で zc に変化する.
例: **nacer**
(活用表 9.1)

直説法・現在		接続法・現在	
nazco	nacemos	nazca	nazcamos
naces	nacéis	nazcas	nazcáis
nace	nacen	nazca	nazcan

18.2. g asir, caer, oír, traer, valer, salir, poner, tener, venir, hacer, decir およびその合成語では, a, o の前で子音 g が現われる.
例: **caer**
(活用表 10.1)

直説法・現在		接続法・現在	
caigo	caemos	caiga	caigamos
caes	caéis	caigas	caigáis
cae	caen	caiga	caigan

19. 直接法現在と接続法現在の不規則変化 (3) その他
- **haber** (活用表. 14)
- **ser** (活用表. 12)
- **estar** (活用表. 13)
- **huir** (活用表. 11.1)
- **dar** (活用表. 15)
- **ver** (活用表. 16)
- **caber** (活用表. 18)
- **saber** (活用表. 17)
- **ir** (活用表. 19)

これらの動詞のなかで haber, ser, estar, dar, saber, ir は直説法・現在 1 人称単数が -o で終わらず、特別な接続法現在形をもつ.

haber	haya	hayamos	**dar**	dé	demos
	hayas	hayáis		des	deis
	haya	hayan		dé	den
ser	sea	seamos	**saber**	sepa	sepamos
	seas	seáis		sepas	sepáis
	sea	sean		sepa	sepan
estar	esté	estemos	**ir**	vaya	vayamos
	estés	estéis		vayas	vayáis
	esté	estén		vaya	vayan

20. 不完了過去の不規則形が 3 つだけある.

ver		**ir**		**ser**	
veía	veíamos	iba	íbamos	era	éramos
veías	veíais	ibas	ibais	eras	erais
veía	veían	iba	iban	era	eran

21. 直説法完了過去, 接続法過去, 接続法未来の不規則形 (強変化)

21. 1. Er 動詞, Ir 動詞の規則変化と類似するが, 1 人称単数形と 3 人称単数形の語尾がそれぞれアクセントのない -e, -o となる点が異なる.

比較:
規則変化 Er・Ir 動詞		強変化	
-í	-imos	-e	-imos
-iste	-isteis	-iste	-isteis
-ió	-ieron	-o	-ieron

例:
poner	→	pus-	(活用表 10.7)
		puse	pusimos
		pusiste	pusisteis
		puso	pusieron

haber	→	hub-	(活用表 14)
estar	→	estuv-	(活用表 13)
querer	→	quis-	(活用表 4.8)
deducir	→	deduj-	(活用表 10.11)
traer	→	traj-	(活用表 10.4)
tener	→	tuv-	(活用表 10.8)
venir	→	vin-	(活用表 10.9)
hacer	→	hic-	(活用表 10.10)
decir	→	dij-	(活用表 10.11)
andar	→	anduv-	(活用表 20)
caber	→	cup-	(活用表 18)
saber	→	sup-	(活用表 17)

強変化の語根が j で終わる動詞では, 3 人称複数形で 語尾の -ieron が -eron となる.

例
traer	→	traj-	
(活用表 10.4)		traje	trajimos
		trajiste	trajisteis
		trajo	trajeron

強変化の語根は接続法・過去, 未来にも共通して用いられる.

21.2. 特殊な不規則形 (ser と ir は同じ).

ser	fui	fuimos	**ir**	fui	fuimos
(活用表 12)	fuiste	fuisteis	(活用表 19)	fuiste	fuisteis
	fue	fueron		fue	fueron

dar	di	dimos
(活用表15)	diste	disteis
	dio	dieron

22. 直説法・未来と過去未来の不規則形.
22.1. 不定詞の語尾の e が消える動詞.

saber	→	sabré	sabremos	(活用表 17)			
		sabrás	sabréis				
		sabrá	sabrán				
haber	→	habré	(活用表 14)	**poder**	→	podré	(活用表 5.12)
querer	→	querré	(活用表 4.8)	**caber**	→	cabré	(活用表 18)

22.2. 不定詞の語尾の e, i がとれて, かわりに d が入る動詞.

salir	→	saldré	saldremos	(活用表 10.6)			
		saldrás	saldréis				
		saldrá	saldrán				
valer	→	valdré	(活用表 10.5)	**tener**	→	tendré	(活用表 10.8)
poner	→	pondré	(活用表 10.7)	**venir**	→	vendré	(活用表 10.9)

22.3. 不定形が短縮する動詞.

hacer	→	haré	haremos	(活用表 10.10)
		harás	haréis	
		hará	harán	
decir	→	diré		(活用表 10.11)

23. 不規則な過去分詞.
いくつかの動詞は, 不規則な過去分詞をもつ.

volver	→	vuelto	(活用表 5.11)	**hacer**	→	hecho	(活用表 10.10)
morir	→	muerto	(活用表 8.2)	**decir**	→	dicho	(活用表 10.11)
poner	→	puesto	(活用表 10.7)	**ver**	→	visto	(活用表 16)

次は, 過去分詞だけが不規則な動詞である.

abrir	→	abierto	(活用表 3.1)	**prender**	→	preso	(活用表 2.2)
cubrir	→	cubierto	(活用表 3.2)	**proveer**	→	provisto	(活用表 2.3)
escribir	→	escrito	(活用表 3.3)	**resolver**	→	resuelto	
freír	→	frito		**romper**	→	roto	(活用表 2.1)
imprimir	→	impreso	(活用表 3.4)	**satisfacer**	→	satisfecho	

24. 不規則な命令形.
いくつかの動詞は, 不規則な 2 人称単数の命令形をもつ.

ser	→	sé	(活用表 12)	**venir**	→	ven	(活用表 10.9)
valer	→	val	(活用表 10.5)	**hacer**	→	haz	(活用表 10.10)
salir	→	sal	(活用表 10.6)	**decir**	→	di	(活用表 10.11)
poner	→	pon	(活用表 10.7)	**ir**	→	ve	(活用表 19)
tener	→	ten	(活用表 10.8)				

1 つの動詞でいくつかの不規則形がいろいろ活用形に現れるものがある. たとえば venir (活用表10.9) では, 語根母音の変化 (17.4), 子音 g の出現 (18.2), 完了過去の強変化 (21), そして不規則な未来形 (22) がある. 巻末の活用表は, 直説法の現在の形によって分類し, 活用形が似ている動詞をまとめて配列したものである.

1 (1.1-1.11)	Ar 形規則動詞 (つづり字の変化)
2 (2.1-2.7)	Er 形規則動詞 (つづり字の変化)
3 (3.1-3.12)	Ir 形規則動詞 (つづり字の変化)
4.1〜4.8	語根母音変化動詞 e〜ie
5.1〜5.12	語根母音変化動詞 o〜ue
6.1〜6.6	語根母音変化動詞 e〜i
7	語根母音変化動詞 e〜ie〜i
8.1, 8.2	語根母音変化動詞 o〜ue〜u
9	直説法現在 1 人称単数形と接続法に zc が現われる動詞
10.1〜10.12	直説法現在 1 人称単数形と接続法に g が現われる動詞
11.1, 11.2	不規則動詞 huir
12	不規則動詞 ser
13	不規則動詞 estar

14	不規則動詞 haber		
15	不規則動詞 dar		
16	不規則動詞 ver		
17	不規則動詞 saber		
18	不規則動詞 caber		
19	不規則動詞 ir		
20	不規則動詞 andar		

代表形 (ABC 順)

abrir	3.1	huir	11.1
adquirir	4.7	imprimir	3.4
agorar	5.7	ir	19
ahincar	1.10	jugar	5.8
aislar	1.7	leer	2.6
andar	20	llegar	1.2
argüir	11.2	lucir	9.2
asir	10.3	morir	8.2
aunar	1.8	mover	5.2
avergonzar	5.6	nacer	9.1
averiguar	1.4	negar	4.4
bendecir	10.12	oír	10.2
bruñir	3.10	oler	5.10
bullir	3.9	pedir	6.1
caber	18	pensar	4.1
caer	10.1	perder	4.2
cantar	1	poder	5.12
cocer	5.9	poner	10.7
coger	2.5	prender	2.2
comer	2	prohibir	3.11
contar	5.1	proveer	2.3
continuar	1.6	querer	4.8
corregir	6.2	reír	6.6
criar	1.5	reñir	6.5
cubrir	3.2	reunir	3.12
dar	15	rogar	5.4
decir	10.11	romper	2.1
deducir	9.3	saber	17
delinquir	3.8	salir	10.6
discernir	4.3	seguir	6.3
distinguir	3.7	sentir	7
dormir	8.1	ser	12
embaucar	1.9	tañer	2.7
empezar	4.5	tener	10.8
enraizar	1.11	tocar	1.1
errar	4.6	traer	10.4
escribir	3.3	uncir	3.5
estar	13	valer	10.5
fingir	3.6	vencer	2.4
forzar	5.5	venir	10.9
gozar	1.3	ver	16
haber	14	vivir	3
hacer	10.10	volcar	5.3
henchir	6.4	volver	5.11

語尾変化一覧

1. 規則変化動詞の活用語尾

時制	主語	単純形 AR動詞	単純形 ER・IR動詞	複合形 AR・ER・IR動詞	
直説法 現在	yo	o	o	he	[現在完了] +過去分詞
	tú	a-s	e-s	ha-s	
	él	a	e	ha	
	nosotros	a-mos	e-mos, i-mos	he-mos	
	vosotros	á-is	é-is, ís	habé-is	
	ellos	a-n	e-n	ha-n	
直説法 不完了過去	yo	aba	ía	hab-ía	[過去完了] +過去分詞
	tú	aba-s	ía-s	hab-ía-s	
	él	aba	ía	hab-ía	
	nosotros	ába-mos	ía-mos	hab-ía-mos	
	vosotros	aba-is	ía-is	hab-ía-is	
	ellos	aba-n	ía-n	hab-ía-n	
直説法 完了過去	yo	é	í	hub-e	[直前過去] +過去分詞
	tú	a-ste	i-ste	hub-i-ste	
	él	ó	ió	hub-o	
	nosotros	a-mos	i-mos	hub-i-mos	
	vosotros	a-steis	i-steis	hub-i-steis	
	ellos	a-ron	ie-ron	hub-ie-ron	
直説法 未来	yo	不定詞形+	é	habr-é	[未来完了] +過去分詞
	tú		á-s	habr-á-s	
	él		á	habr-á	
	nosotros		é-mos	habr-é-mos	
	vosotros		é-is	habr-é-is	
	ellos		á-n	habr-á-n	
直説法 過去未来	yo	不定詞形+	ía	habr-ía	[過去未来完了] +過去分詞
	tú		ía-s	habr-ía-s	
	él		ía	habr-ía	
	nosotros		ía-mos	habr-ía-mos	
	vosotros		ía-is	habr-ía-is	
	ellos		ía-n	habr-ía-n	
接続法 現在	yo	e	a	hay-a	[現在完了] +過去分詞
	tú	e-s	a-s	hay-a-s	
	él	e	a	hay-a	
	nosotros	e-mos	a-mos	hay-a-mos	
	vosotros	é-is	á-is	hay-á-is	
	ellos	e-n	a-n	hay-a-n	
接続法 過去	yo	ara	iera	hub-iera	[過去完了] +過去分詞
	tú	ara-s	iera-s	hub-iera-s	
	él	ara	iera	hub-iera	
	nosotros	ára-mos	iéra-mos	hub-iéra-mos	
	vosotros	ara-is	iera-is	hub-iera-is	
	ellos	ara-n	iera-n	hub-iera-n	

語尾変化一覧

2. 語根母音変化動詞

時制	主語	*pensar*	*contar*	*pedir*	*sentir*	*dormir*
直説法現在	yo	piens-o	cuent-o	pid-o	sient-o	duerm-o
	tú	piens-a-s	cuent-a-s	pid-e-s	sient-e-s	duerm-e-s
	él	piens-a	cuent-a	pid-e	sient-e	duerm-e
	nosotros	pens-a-mos	cont-a-mos	ped-i-mos	sent-i-mos	dorm-i-mos
	vosotros	pens-á-is	cont-á-is	ped-ís	sent-ís	dorm-ís
	ellos	piens-a-n	cuent-a-n	pid-e-n	sient-e-n	duerm-e-n
直説法完了過去	yo	pens-é	cont-é	ped-í	sent-í	dorm-í
	tú	pens-a-ste	cont-a-ste	ped-i-ste	sent-i-ste	dorm-i-ste
	él	pens-ó	cont-ó	pid-ió	sint-ió	durm-ió
	nosotros	pens-a-mos	cont-a-mos	ped-i-mos	sent-i-mos	dorm-i-mos
	vosotros	pens-a-steis	cont-a-steis	ped-i-steis	sent-i-steis	dorm-i-steis
	ellos	pens-a-ron	cont-a-ron	pid-ie-ron	sint-ie-ron	durm-ie-ron
接続法現在	yo	piens-e	cuent-e	pid-a	sient-a	duerm-a
	tú	piens-e-s	cuent-e-s	pid-a-s	sient-a-s	duerm-a-s
	él	piens-e	cuent-e	pid-a	sient-a	duerm-a
	nosotros	pens-e-mos	cont-e-mos	pid-a-mos	sint-a-mos	durm-a-mos
	vosotros	pens-é-is	cont-é-is	pid-á-is	sint-á-is	durm-á-is
	ellos	piens-e-n	cuent-e-n	pid-a-n	sient-a-n	duerm-a-n
接続法過去	yo	pens-ara	cont-ara	pid-iera	sint-iera	durm-iera
	tú	pens-ara-s	cont-ara-s	pid-iera-s	sint-iera-s	durm-iera-s
	él	pens-ara	cont-ara	pid-iera	sint-iera	durm-iera
	nosotros	pens-ára-mos	cont-ára-mos	pid-iéra-mos	sint-iéra-mos	durm-iéra-mos
	vosotros	pens-ara-is	cont-ara-is	pid-iera-is	sint-iera-is	durm-iera-is
	ellos	pens-ara-n	cont-ara-n	pid-iera-n	sint-iera-n	durm-iera-n
現在分詞		pens-a-ndo	cont-a-ndo	pid-ie-ndo	sint-ie-ndo	durm-ie-ndo

3. 直説法現在・接続法現在の不規則変化動詞

時制	主語	*conocer*	*hacer*	*poner*	*caer*	*traer*
直説法現在	yo	conozc-o	hag-o	pong-o	caig-o	traig-o
	tú	conoc-e-s	hac-e-s	pon-e-s	ca-e-s	tra-e-s
	él	conoc-e	hac-e	pon-e	ca-e	tra-e
	nosotros	conoc-e-mos	hac-e-mos	pon-e-mos	ca-e-mos	tra-e-mos
	vosotros	conoc-é-is	hac-é-is	pon-é-is	ca-é-is	tra-é-is
	ellos	conoc-e-n	hac-e-n	pon-e-n	ca-e-n	tra-e-n
接続法現在	yo	conozc-a	hag-a	pong-a	caig-a	traig-a
	tú	conozc-a-s	hag-a-s	pong-a-s	caig-a-s	traig-a-s
	él	conozc-a	hag-a	pong-a	caig-a	traig-a
	nosotros	conozc-a-mos	hag-a-mos	pong-a-mos	caig-a-mos	traig-a-mos
	vosotros	conozc-á-is	hag-á-is	pong-á-is	caig-á-is	traig-á-is
	ellos	conozc-a-n	hag-a-n	pong-a-n	caig-a-n	traig-a-n

時制	主語	*salir*	*oír*	*tener*	*venir*	*decir*
直説法現在	yo	salg-o	oig-o	teng-o	veng-o	dig-o
	tú	sal-e-s	oy-e-s	tien-e-s	vien-e-s	dic-e-s
	él	sal-e	oy-e	tien-e	vien-e	dic-e
	nosotros	sal-i-mos	o-í-mos	ten-e-mos	ven-i-mos	dec-i-mos
	vosotros	sal-ís	o-ís	ten-é-is	ven-ís	dec-ís
	ellos	sal-e-n	oy-e-n	tien-e-n	vien-e-n	dic-e-n
接続法現在	yo	salg-a	oig-a	teng-a	veng-a	dig-a
	tú	salg-a-s	oig-a-s	teng-a-s	veng-a-s	dig-a-s
	él	salg-a	oig-a	teng-a	veng-a	dig-a
	nosotros	salg-a-mos	oig-a-mos	teng-a-mos	veng-a-mos	dig-a-mos
	vosotros	salg-á-is	oig-á-is	teng-á-is	veng-á-is	dig-á-is
	ellos	salg-a-n	oig-a-n	teng-a-n	veng-a-n	dig-a-n

付録

時制	主語	*ir*	*dar*	*saber*	*ver*	*huir*
直説法現在	yo	voy	doy	sé	ve-o	huy-o
	tú	va-s	da-s	sab-e-s	v-e-s	huy-e-s
	él	va	da	sab-e	v-e	huy-e
	nosotros	va-mos	da-mos	sab-e-mos	v-e-mos	hu-i-mos
	vosotros	va-is	da-is	sab-é-is	v-e-is	hu-ís
	ellos	va-n	da-n	sab-e-n	v-e-n	huy-e-n
接続法現在	yo	vay-a	d-é	sep-a	ve-a	huy-a
	tú	vay-a-s	d-e-s	sep-a-s	ve-a-s	huy-a-s
	él	vay-a	d-é	sep-a	ve-a	huy-a
	nosotros	vay-a-mos	d-e-mos	sep-a-mos	ve-a-mos	huy-a-mos
	vosotros	vay-á-is	d-e-is	sep-á-is	ve-á-is	huy-á-is
	ellos	vay-a-n	d-e-n	sep-a-n	ve-a-n	huy-a-n

4. 直説法点過去・接続法過去の不規則変化動詞

時制	主語	*saber*	*andar*	*estar*	*haber*	*poder*
直説法完了過去	yo	sup- e	anduv- e	estuv- e	hub- e	pud- e
	tú	sup- i-ste	anduv- i-ste	estuv- i-ste	hub- i-ste	pud- i-ste
	él	sup- o	anduv- o	estuv- o	hub- o	pud- o
	nosotros	sup- i-mos	anduv- i-mos	estuv- i-mos	hub- i-mos	pud- i-mos
	vosotros	sup- i-steis	anduv- i-steis	estuv- i-steis	hub- i-steis	pud- i-steis
	ellos	sup- ie-ron	anduv- ie-ron	estuv- ie-ron	hub- ie-ron	pud- ie-ron
接続法過去	yo	sup- iera	anduv- iera	estuv- iera	hub- iera	pud- iera
	tú	sup- iera-s	anduv- iera-s	estuv- iera-s	hub- iera-s	pud- iera-s
	él	sup- iera	anduv- iera	estuv- iera	hub- iera	pud- iera
	nosotros	sup- iéra-mos	anduv- iéra-mos	estuv- iéra-mos	hub- iéra-mos	pud- iéra-mos
	vosotros	sup- iera-is	anduv- iera-is	estuv- iera-is	hub- iera-is	pud- iera-is
	ellos	sup- iera-n	anduv- iera-n	estuv- iera-n	hub- iera-n	pud- iera-n

時制	主語	*poner*	*tener*	*hacer*	*querer*	*venir*
直説法完了過去	yo	pus- e	tuv- e	hic- e	quis- e	vin- e
	tú	pus- i-ste	tuv- i-ste	hic- i-ste	quis- i-ste	vin- i-ste
	él	pus- o	tuv- o	(hizo)	quis- o	vin- o
	nosotros	pus- i-mos	tuv- i-mos	hic- i-mos	quis- i-mos	vin- i-mos
	vosotros	pus- i-steis	tuv- i-steis	hic- i-steis	quis- i-steis	vin- i-steis
	ellos	pus- ie-ron	tuv- ie-ron	hic- ie-ron	quis- ie-ron	vin- ie-ron
接続法過去	yo	pus- iera	tuv- iera	hic- iera	quis- iera	vin- iera
	tú	pus- iera-s	tuv- iera-s	hic- iera-s	quis- iera-s	vin- iera-s
	él	pus- iera	tuv- iera	hic- iera	quis- iera	vin- iera
	nosotros	pus- iéra-mos	tuv- iéra-mos	hic- iéra-mos	quis- iéra-mos	vin- iéra-mos
	vosotros	pus- iera-is	tuv- iera-is	hic- iera-is	quis- iera-is	vin- iera-is
	ellos	pus- iera-n	tuv- iera-n	hic- iera-n	quis- iera-n	vin- iera-n

時制	主語	*decir*	*traer*	*conducir*	*dar*	*ser, ir*
直説法完了過去	yo	dij- e	traj- e	conduj- e	d- i	fu- i
	tú	dij- i-ste	traj- i-ste	conduj- i-ste	d- i-ste	fu- i-ste
	él	dij- o	traj- o	conduj- o	d- ió	fu- e
	nosotros	dij- i-mos	traj- i-mos	conduj- i-mos	d- i-mos	fu- i-mos
	vosotros	dij- i-steis	traj- i-steis	conduj- i-steis	d- i-steis	fu- i-steis
	ellos	dij- e-ron	traj- e-ron	conduj- e-ron	d- ie-ron	fu- e-ron
接続法過去	yo	dij- era	traj- era	conduj- era	d- iera	fu- era
	tú	dij- era-s	traj- era-s	conduj- era-s	d- iera-s	fu- era-s
	él	dij- era	traj- era	conduj- era	d- iera	fu- era
	nosotros	dij- éra-mos	traj- éra-mos	conduj- éra-mos	d- iéra-mos	fu- éra-mos
	vosotros	dij- era-is	traj- era-is	conduj- era-is	d- iera-is	fu- era-is
	ellos	dij- era-n	traj- era-n	conduj- era-n	d- iera-n	fu- era-n

語尾変化一覧

5. 直説法未来・過去未来の不規則変化動詞

時制	主語	saber		poder		querer		poner		tener	
直説法未来	yo		é		é		é		é		é
	tú		á-s		á-s		á-s		á-s		á-s
	él	sabr-	á	podr-	á	querr-	á	pondr-	á	tendr-	á
	nosotros		e-mos		e-mos		e-mos		e-mos		e-mos
	vosotros		é-is		é-is		é-is		é-is		é-is
	ellos		á-n		á-n		á-n		á-n		á-n
直説法過去未来	yo		ía		ía		ía		ía		ía
	tú		ía-s		ía-s		ía-s		ía-s		ía-s
	él	sabr-	ía	podr-	ía	querr-	ía	pondr-	ía	tendr-	ía
	nosotros		ía-mos		ía-mos		ía-mos		ía-mos		ía-mos
	vosotros		ía-is		ía-is		ía-is		ía-is		ía-is
	ellos		ía-n		ía-n		ía-n		ía-n		ía-n

時制	主語	salir		venir		hacer		decir	
直説法未来	yo		é		é		é		é
	tú		á-s		á-s		á-s		á-s
	él	saldr-	á	vendr-	á	har-	á	dir-	á
	nosotros		e-mos		e-mos		e-mos		e-mos
	vosotros		é-is		é-is		é-is		é-is
	ellos		á-n		á-n		á-n		á-n
直説法過去未来	yo		ía		ía		ía		ía
	tú		ía-s		ía-s		ía-s		ía-s
	él	saldr-	ía	vendr-	ía	har-	ía	dir-	ía
	nosotros		ía-mos		ía-mos		ía-mos		ía-mos
	vosotros		ía-is		ía-is		ía-is		ía-is
	ellos		ía-n		ía-n		ía-n		ía-n

6. 規則的な現在分詞・過去分詞・命令形

動詞	AR 動詞	ER 動詞	IR 動詞
現在分詞	a-ndo	ie-ndo	
過去分詞	a-do	i-do	
命令形 (tú)	a	-e	
命令形 (vosotros)	ad	ed	id

7. 不規則な過去分詞

不定詞	過去分詞	不定詞	過去分詞
abrir	abierto	romper	roto
cubrir	cubierto	ver	visto
escribir	escrito	volver	vuelto
morir	muerto		
poner	puesto	decir	dicho
resolver	resuelto	hacer	hecho

8. 不規則な命令形

不定詞	命令形 (tú)	不定詞	命令形 (tú)
poner	pon	hacer	haz
tener	ten	decir	di
venir	ven	ir	ve
salir	sal	ser	sé

動詞活用表

不定詞 現在分詞 過去分詞	命令 2人称単数 2人称複数	直説法・現在	接続法・現在	不完了過去	完了過去
[1] **cant-ar** cant-ando cant-ado	 cant-a cant-ad	cant-o cant-as cant-a cant-amos cant-áis cant-an	cant-e cant-es cant-e cant-emos cant-éis cant-en	cant-aba cant-abas cant-aba cant-ábamos cant-abais cant-aban	cant-é cant-aste cant-ó cant-amos cant-asteis cant-aron
[1.1] **toc-ar** toc-ando toc-ado	 toc-a toc-ad	toc-o toc-as toc-a toc-amos toc-áis toc-an	**toqu-e** **toqu-es** **toqu-e** **toqu-emos** **toqu-éis** **toqu-en**	toc-aba toc-abas toc-aba toc-ábamos toc-abais toc-aban	**toqu-é** toc-aste toc-ó toc-amos toc-asteis toc-aron
[1.2] **lleg-ar** lleg-ando lleg-ado	 lleg-a lleg-ad	lleg-o lleg-as lleg-a lleg-amos lleg-áis lleg-an	**llegu-e** **llegu-es** **llegu-e** **llegu-emos** **llegu-éis** **llegu-en**	lleg-aba lleg-abas lleg-aba lleg-ábamos lleg-abais lleg-aban	**llegu-é** lleg-aste lleg-ó lleg-amos lleg-asteis lleg-aron
[1.3] **goz-ar** goz-ando goz-ado	 goz-a goz-ad	goz-o goz-as goz-a goz-amos goz-áis goz-an	**goc-e** **goc-es** **goc-e** **goc-emos** **goc-éis** **goc-en**	goz-aba goz-abas goz-aba goz-ábamos goz-abais goz-aban	**goc-é** goz-aste goz-ó goz-amos goz-asteis goz-aron
[1.4] **averigu-ar** averigu-ando averigu-ado	 averigu-a averigu-ad	averigu-o averigu-as averigu-a averigu-amos averigu-áis averigu-an	**averigü-e** **averigü-es** **averigü-e** **averigü-emos** **averigü-éis** **averigü-en**	averigu-aba averigu-abas averigu-aba averigu-ábamos averigu-abais averigu-aban	**averigü-é** averigu-aste averigu-ó averigu-amos averigu-asteis averigu-aron
[1.5] **cri-ar** cri-ando cri-ado	 **crí-a** cri-ad	**crí-o** **crí-as** **crí-a** cri-amos cri-áis **crí-an**	**crí-e** **crí-es** **crí-e** cri-emos cri-éis **crí-en**	cri-aba cri-abas cri-aba cri-ábamos cri-abais cri-aban	cri-é cri-aste cri-ó cri-amos cri-asteis cri-aron
[1.6] **continu-ar** continu-ando continu-ado	 **continú-a** continu-ad	**continú-o** **continú-as** **continú-a** continu-amos continu-áis **continú-an**	**continú-e** **continú-es** **continú-e** continu-emos continu-éis **continú-en**	continu-aba continu-abas continu-aba continu-ábamos continu-abais continu-aban	continu-é continu-aste continu-ó continu-amos continu-asteis continu-aron
[1.7] **aisl-ar** aisl-ando aisl-ado	 **aísl-a** aisl-ad	**aísl-o** **aísl-as** **aísl-a** aisl-amos aisl-áis **aísl-an**	**aísl-e** **aísl-es** **aísl-e** aisl-emos aisl-éis **aísl-en**	aisl-aba aisl-abas aisl-aba aisl-ábamos aisl-abais aisl-aban	aisl-é aisl-aste aisl-ó aisl-amos aisl-asteis aisl-aron

動詞活用表

接続法・過去 ra 形 (se 形)	未来 (過去未来)	
cant-ara (-ase) cant-aras (-ases) cant-ara (-ase) cant-áramos (-ásemos) cant-arais (-aseis) cant-aran (-asen)	cant-aré (-aría) cant-arás (-arías) cant-ará (-aría) cant-aremos (-aríamos) cant-aréis (-aríais) cant-arán (-arían)	Ar 型規則変化
toc-ara (-ase) toc-aras (-ases) toc-ara (-ase) toc-áramos (-ásemos) toc-arais (-aseis) toc-aran (-asen)	toc-aré (-aría) toc-arás (-arías) toc-ará (-aría) toc-aremos (-aríamos) toc-aréis (-aríais) toc-arán (-arían)	つづり字の変化(1) c が e の前で qu になる
lleg-ara (-ase) lleg-aras (-ases) lleg-ara (-ase) lleg-áramos (-ásemos) lleg-arais (-aseis) lleg-aran (-asen)	lleg-aré (-aría) lleg-arás (-arías) lleg-ará (-aría) lleg-aremos (-aríamos) lleg-aréis (-aríais) lleg-arán (-arían)	つづり字の変化(1) g が e の前で gu になる
goz-ara (-ase) goz-aras (-ases) goz-ara (-ase) goz-áramos (-ásemos) goz-arais (-aseis) goz-aran (-asen)	goz-aré (-aría) goz-arás (-arías) goz-ará (-aría) goz-aremos (-aríamos) goz-aréis (-aríais) goz-arán (-arían)	つづり字の変化(1) z が e の前で c になる
averigu-ara (-ase) averigu-aras (-ases) averigu-ara (-ase) averigu-áramos (-ásemos) averigu-arais (-aseis) averigu-aran (-asen)	averigu-aré (-aría) averigu-arás (-arías) averigu-ará (-aría) averigu-aremos (-aríamos) averigu-aréis (-aríais) averigu-arán (-arían)	つづり字の変化(1) gu が e の前で gü になる
cri-ara (-ase) cri-aras (-ases) cri-ara (-ase) cri-áramos (-ásemos) cri-arais (-aseis) cri-aran (-asen)	cri-aré (-aría) cri-arás (-arías) cri-ará (-aría) cri-aremos (-aríamos) cri-aréis (-aríais) cri-arán (-arían)	語尾 -iar のアクセント符号に注意
continu-ara (-ase) continu-aras (-ases) continu-ara (-ase) continu-áramos (-ásemos) continu-arais (-aseis) continu-aran (-asen)	continu-aré (-aría) continu-arás (-arías) continu-ará (-aría) continu-aremos (-aríamos) continu-aréis (-aríais) continu-arán (-arían)	語尾 -uar のアクセント符号に注意
aisl-ara (-ase) aisl-aras (-ases) aisl-ara (-ase) aisl-áramos (-ásemos) aisl-arais (-aseis) aisl-aran (-asen)	aisl-aré (-aría) aisl-arás (-arías) aisl-ará (-aría) aisl-aremos (-aríamos) aisl-aréis (-aríais) aisl-arán (-arían)	アクセント符号に注意

動詞活用表

不定詞 現在分詞 過去分詞	命令 2人称単数 2人称複数	直説法・現在	接続法・現在	不完了過去	完了過去
[1.8] **aun-ar** aun-ando aun-ado	 aún-a aun-ad	aún-o aún-as aún-a aun-amos aun-áis aún-an	aún-e aún-es aún-e aun-emos aun-éis aún-en	aun-aba aun-abas aun-aba aun-ábamos aun-abais aun-aban	aun-é aun-aste aun-ó aun-amos aun-asteis aun-aron
[1.9] **embauc-ar** embauc-ando embauc-ado	 embaúc-a embauc-ad	embaúc-o embaúc-as embaúc-a embauc-amos embauc-áis embaúc-an	embaúqu-e embaúqu-es embaúqu-e embauqu-emos embauqu-éis embaúqu-en	embauc-aba embauc-abas embauc-aba embauc-ábamos embauc-abais embauc-aban	embauqu-é embauc-aste embauc-ó embauc-amos embauc-asteis embauc-aron
[1.10] **ahinc-ar** ahinc-ando ahinc-ado	 ahínc-a ahinc-ad	ahínc-o ahínc-as ahínc-a ahinc-amos ahinc-áis ahínc-an	ahínqu-e ahínqu-es ahínqu-e ahinqu-emos ahinqu-éis ahínqu-en	ahinc-aba ahinc-abas ahinc-aba ahinc-ábamos ahinc-abais ahinc-aban	ahinqu-é ahinc-aste ahinc-ó ahinc-amos ahinc-asteis ahinc-aron
[1.11] **enraiz-ar** enraiz-ando enraiz-ado	 enraíz-a enraiz-ad	enraíz-o enraíz-as enraíz-a enraiz-amos enraiz-áis enraíz-an	enraíc-e enraíc-es enraíc-e enraic-emos enraic-éis enraíc-en	enraiz-aba enraiz-abas enraiz-aba enraiz-ábamos enraiz-abais enraiz-aban	enraic-é enraiz-aste enraiz-ó enraiz-amos enraiz-asteis enraiz-aron
[2] **com-er** com-iendo com-ido	 com-e com-ed	com-o com-es com-e com-emos com-éis com-en	com-a com-as com-a com-amos com-áis com-an	com-ía com-ías com-ía com-íamos com-íais com-ían	com-í com-iste com-ió com-imos com-isteis com-ieron
[2.1] **romp-er** romp-iendo roto	 romp-e romp-ed	romp-o romp-es romp-e romp-emos romp-éis romp-en	romp-a romp-as romp-a romp-amos romp-áis romp-an	romp-ía romp-ías romp-ía romp-íamos romp-íais romp-ían	romp-í romp-iste romp-ió romp-imos romp-isteis romp-ieron
[2.2] **prend-er** prend-iendo prendido, preso	 prend-e prend-ed	prend-o prend-es prend-e prend-emos prend-éis prend-en	prend-a prend-as prend-a prend-amos prend-áis prend-an	prend-ía prend-ías prend-ía prend-íamos prend-íais prend-ían	prend-í prend-iste prend-ió prend-imos prend-isteis prend-ieron
[2.3] **prove-er** prove-yendo provisto	 prove-e prove-ed	prove-o prove-es prove-e prove-emos prove-éis prove-en	prove-a prove-as prove-a prove-amos prove-áis prove-an	prove-ía prove-ías prove-ía prove-íamos prove-íais prove-ían	prove-í prove-íste prove-yó prove-ímos prove-ísteis prove-yeron

動詞活用表

接続法・過去 ra 形 (se 形)	未来 (過去未来)	
aun-ara (-ase) aun-aras (-ases) aun-ara (-ase) aun-áramos (-ásemos) aun-arais (-aseis) aun-aran (-asen)	aun-aré (-aría) aun-arás (-arías) aun-ará (-aría) aun-aremos (-aríamos) aun-aréis (-aríais) aun-arán (-arían)	アクセント符号に注意
embauc-ara (-ase) embauc-aras (-ases) embauc-ara (-ase) embauc-áramos (-ásemos) embauc-arais (-aseis) embauc-aran (-asen)	embauc-aré (-aría) embauc-arás (-arías) embauc-ará (-aría) embauc-aremos (-aríamos) embauc-aréis (-aríais) embauc-arán (-arían)	アクセント符号に注意 つづり字の変化(1) c が e の前で qu になる
ahinc-ara (-ase) ahinc-aras (-ases) ahinc-ara (-ase) ahinc-áramos (-ásemos) ahinc-arais (-aseis) ahinc-aran (-asen)	ahinc-aré (-aría) ahinc-arás (-arías) ahinc-ará (-aría) ahinc-aremos (-aríamos) ahinc-aréis (-aríais) ahinc-arán (-arían)	アクセント符号に注意 つづり字の変化(1) c が e の前で qu になる
enraiz-ara (-ase) enraiz-aras (-ases) enraiz-ara (-ase) enraiz-áramos (-ásemos) enraiz-arais (-aseis) enraiz-aran (-asen)	enraiz-aré (-aría) enraiz-arás (-arías) enraiz-ará (-aría) enraiz-aremos (-aríamos) enraiz-aréis (-aríais) enraiz-arán (-arían)	アクセント符号に注意 つづり字の変化(1) z が e の前で c になる
com-iera (-iese) com-ieras (-ieses) com-iera (-iese) com-iéramos (-iésemos) com-ierais (-ieseis) com-ieran (-iesen)	com-eré (-ería) com-erás (-erías) com-erá (-ería) com-eremos (-eríamos) com-eréis (-eríais) com-erán (-erían)	Er 型規則変化
romp-iera (-iese) romp-ieras (-ieses) romp-iera (-iese) romp-iéramos (-iésemos) romp-ierais (-ieseis) romp-ieran (-iesen)	romp-eré (-ería) romp-erás (-erías) romp-erá (-ería) romp-eremos (-eríamos) romp-eréis (-eríais) romp-erán (-erían)	過去分詞が不規則
prend-iera (-iese) prend-ieras (-ieses) prend-iera (-iese) prend-iéramos (-iésemos) prend-ierais (-ieseis) prend-ieran (-iesen)	prend-eré (-ería) prend-erás (-erías) prend-erá (-ería) prend-eremos (-eríamos) prend-eréis (-eríais) prend-erán (-erían)	過去分詞が不規則
prove-yera (-yese) **prove-yeras (-yeses)** **prove-yera (-yese)** **prove-yéramos (-yésemos)** **prove-yerais (-yeseis)** **prove-yeran (-yesen)**	prove-eré (-ería) prove-erás (-erías) prove-erá (-ería) prove-eremos (-eríamos) prove-eréis (-eríais) prove-erán (-erían)	過去分詞が不規則 つづり字の変化(2) ie, io が母音の後で ye, yo になる アクセント符号に注意

動詞活用表

不定詞 現在分詞 過去分詞	命令 2人称単数 2人称複数	直説法・現在	接続法・現在	不完了過去	完了過去
[2.4] **venc-er** venc-iendo venc-ido	 venc-e venc-ed	**venz-o** venc-es venc-e venc-emos venc-éis venc-en	**venz-a** **venz-as** **venz-a** **venz-amos** **venz-áis** **venz-an**	venc-ía venc-ías venc-ía venc-íamos venc-íais venc-ían	venc-í venc-iste venc-ió venc-imos venc-isteis venc-ieron
[2.5] **cog-er** cog-iendo cog-ido	 cog-e cog-ed	**coj-o** cog-es cog-e cog-emos cog-éis cog-en	**coj-a** **coj-as** **coj-a** **coj-amos** **coj-áis** **coj-an**	cog-ía cog-ías cog-ía cog-íamos cog-íais cog-ían	cog-í cog-iste cog-ió cog-imos cog-isteis cog-ieron
[2.6] **le-er** **le-yendo** **le-ído**	 le-e le-ed	le-o le-es le-e le-emos le-éis le-en	le-a le-as le-a le-amos le-áis le-an	le-ía le-ías le-ía le-íamos le-íais le-ían	le-í **le-íste** **le-yó** **le-ímos** **le-ísteis** **le-yeron**
[2.7] **tañ-er** **tañ-endo** tañ-ido	 tañ-e tañ-ed	tañ-o tañ-es tañ-e tañ-emos tañ-éis tañ-en	tañ-a tañ-as tañ-a tañ-amos tañ-áis tañ-an	tañ-ía tañ-ías tañ-ía tañ-íamos tañ-íais tañ-ían	tañ-í tañ-iste **tañ-ó** tañ-imos tañ-isteis **tañ-eron**
[3] **viv-ir** viv-iendo viv-ido	 viv-e viv-id	viv-o viv-es viv-e viv-imos viv-ís viv-en	viv-a viv-as viv-a viv-amos viv-áis viv-an	viv-ía viv-ías viv-ía viv-íamos viv-íais viv-ían	viv-í viv-iste viv-ió viv-imos viv-isteis viv-ieron
[3.1] **abr-ir** abr-iendo **abierto**	 abr-e abr-id	abr-o abr-es abr-e abr-imos abr-ís abr-en	abr-a abr-as abr-a abr-amos abr-áis abr-an	abr-ía abr-ías abr-ía abr-íamos abr-íais abr-ían	abr-í abr-iste abr-ió abr-imos abr-isteis abr-ieron
[3.2] **cubr-ir** cubr-iendo **cubierto**	 cubr-e cubr-id	cubr-o cubr-es cubr-e cubr-imos cubr-ís cubr-en	cubr-a cubr-as cubr-a cubr-amos cubr-áis cubr-an	cubr-ía cubr-ías cubr-ía cubr-íamos cubr-íais cubr-ían	cubr-í cubr-iste cubr-ió cubr-imos cubr-isteis cubr-ieron
[3.3] **escrib-ir** escrib-iendo **escrito**	 escrib-e escrib-id	escrib-o escrib-es escrib-e escrib-imos escrib-ís escrib-en	escrib-a escrib-as escrib-a escrib-amos escrib-áis escrib-an	escrib-ía escrib-ías escrib-ía escrib-íamos escrib-íais escrib-ían	escrib-í escrib-iste escrib-ió escrib-imos escrib-isteis escrib-ieron

付録

動詞活用表

接続法・過去 ra 形 (se 形)	未来 (過去未来)	
venc-iera (-iese) venc-ieras (-ieses) venc-iera (-iese) venc-iéramos (-iésemos) venc-ierais (-ieseis) venc-ieran (-iesen)	venc-eré (-ería) venc-erás (-erías) venc-erá (-ería) venc-eremos (-eríamos) venc-eréis (-eríais) venc-erán (-erían)	つづり字の変化(1) c が a, o の前で z になる
cog-iera (-iese) cog-ieras (-ieses) cog-iera (-iese) cog-iéramos (-iésemos) cog-ierais (-ieseis) cog-ieran (-iesen)	cog-eré (-ería) cog-erás (-erías) cog-erá (-ería) cog-eremos (-eríamos) cog-eréis (-eríais) cog-erán (-erían)	つづり字の変化(1) g が a, o の前で j になる
le-yera (-yese) le-yeras (-yeses) le-yera (-yese) le-yéramos (-yésemos) le-yerais (-yeseis) le-yeran (-yesen)	le-eré (-ería) le-erás (-erías) le-erá (-ería) le-eremos (-eríamos) le-eréis (-eríais) le-erán (-erían)	つづり字の変化(2) ie, io が母音の後で ye, yo になる アクセント符号に注意
tañ-era (-ese) tañ-eras (-eses) tañ-era (-ese) tañ-éramos (-ésemos) tañ-erais (-eseis) tañ-eran (-esen)	tañ-eré (-ería) tañ-erás (-erías) tañ-erá (-ería) tañ-eremos (-eríamos) tañ-eréis (-eríais) tañ-erán (-erían)	つづり字の変化(4) ie, io が ñ の後で e, o になる
viv-iera (-iese) viv-ieras (-ieses) viv-iera (-iese) viv-iéramos (-iésemos) viv-ierais (-ieseis) viv-ieran (-iesen)	viv-iré (-iría) viv-irás (-irías) viv-irá (-iría) viv-iremos (-iríamos) viv-iréis (-iríais) viv-irán (-irían)	Ir 型規則変化
abr-iera (-iese) abr-ieras (-ieses) abr-iera (-iese) abr-iéramos (-iésemos) abr-ierais (-ieseis) abr-ieran (-iesen)	abr-iré (-iría) abr-irás (-irías) abr-irá (-iría) abr-iremos (-iríamos) abr-iréis (-iríais) abr-irán (-irían)	過去分詞が不規則
cubr-iera (-iese) cubr-ieras (-ieses) cubr-iera (-iese) cubr-iéramos (-iésemos) cubr-ierais (-ieseis) cubr-ieran (-iesen)	cubr-iré (-iría) cubr-irás (-irías) cubr-irá (-iría) cubr-iremos (-iríamos) cubr-iréis (-iríais) cubr-irán (-irían)	過去分詞が不規則
escrib-iera (-iese) escrib-ieras (-ieses) escrib-iera (-iese) escrib-iéramos (-iésemos) escrib-ierais (-ieseis) escrib-ieran (-iesen)	escrib-iré (-iría) escrib-irás (-irías) escrib-irá (-iría) escrib-iremos (-iríamos) escrib-iréis (-iríais) escrib-irán (-irían)	過去分詞が不規則

動詞活用表

不定詞 現在分詞 過去分詞	命令 2人称単数 2人称複数	直説法・現在	接続法・現在	不完了過去	完了過去
[3.4] **imprim-ir** imprim-iendo **impreso**, imprimido	 imprim-e imprim-id	imprim-o imprim-es imprim-e imprim-imos imprim-ís imprim-en	imprim-a imprim-as imprim-a imprim-amos imprim-áis imprim-an	imprim-ía imprim-ías imprim-ía imprim-íamos imprim-íais imprim-ían	imprim-í imprim-iste imprim-ió imprim-imos imprim-isteis imprim-ieron
[3.5] **unc-ir** unc-iendo unc-ido	 unc-e unc-id	**unz-o** unc-es unc-e unc-imos unc-ís unc-en	**unz-a** **unz-as** **unz-a** **unz-amos** **unz-áis** **unz-an**	unc-ía unc-ías unc-ía unc-íamos unc-íais unc-ían	unc-í unc-iste unc-ió unc-imos unc-isteis unc-ieron
[3.6] **finj-ir** fing-iendo fing-ido	 fing-e fing-id	**finj-o** fing-es fing-e fing-imos fing-ís fing-en	**finj-a** **finj-as** **finj-a** **finj-amos** **finj-áis** **finj-an**	fing-ía fing-ías fing-ía fing-íamos fing-íais fing-ían	fing-í fing-iste fing-ió fing-imos fing-isteis fing-ieron
[3.7] **distingu-ir** distingu-iendo distingu-ido	 distingu-e distingu-id	**disting-o** distingu-es distingu-e distingu-imos distingu-ís distingu-en	**disting-a** **disting-as** **disting-a** **disting-amos** **disting-áis** **disting-an**	distingu-ía distingu-ías distingu-ía distingu-íamos distingu-íais distingu-ían	distingu-í distingu-iste distingu-ió distingu-imos distingu-isteis distingu-ieron
[3.8] **delinqu-ir** delinqu-iendo delinqu-ido	 delinqu-e delinqu-id	**delinc-o** delinqu-es delinqu-e delinqu-imos delinqu-ís delinqu-en	**delinc-a** **delinc-as** **delinc-a** **delinc-amos** **delinc-áis** **delinc-an**	delinqu-ía delinqu-ías delinqu-ía delinqu-íamos delinqu-íais delinqu-ían	delinqu-í delinqu-iste delinqu-ió delinqu-imos delinqu-isteis delinqu-ieron
[3.9] **bull-ir** **bull-endo** bull-ido	 bull-e bull-id	bull-o bull-es bull-e bull-imos bull-ís bull-en	bull-a bull-as bull-a bull-amos bull-áis bull-an	bull-ía bull-ías bull-ía bull-íamos bull-íais bull-ían	bull-í bull-iste **bull-ó** bull-imos bull-isteis **bull-eron**
[3.10] **bruñ-ir** **bruñ-endo** bruñ-ido	 bruñ-e bruñ-id	bruñ-o bruñ-es bruñ-e bruñ-imos bruñ-ís bruñ-en	bruñ-a bruñ-as bruñ-a bruñ-amos bruñ-áis bruñ-an	bruñ-ía bruñ-ías bruñ-ía bruñ-íamos bruñ-íais bruñ-ían	bruñ-í bruñ-iste **bruñ-ó** bruñ-imos bruñ-isteis **bruñ-eron**
[3.11] **prohib-ir** prohib-iendo prohib-ido	 **prohíb-e** prohib-id	**prohíb-o** **prohíb-es** **prohíb-e** prohib-imos prohib-ís **prohíb-en**	**prohíb-a** **prohíb-as** **prohíb-a** prohib-amos prohib-áis **prohíb-an**	prohib-ía prohib-ías prohib-ía prohib-íamos prohib-íais prohib-ían	prohib-í prohib-iste prohib-ió prohib-imos prohib-isteis prohib-ieron

動詞活用表

接続法・過去 ra 形 (se 形)	未来(過去未来)	
imprim-iera (-iese) imprim-ieras (-ieses) imprim-iera (-iese) imprim-iéramos (-iésemos) imprim-ierais (-ieseis) imprim-ieran (-iesen)	imprim-iré (-iría) imprim-irás (-irías) imprim-irá (-iría) imprim-iremos (-iríamos) imprim-iréis (-iríais) imprim-irán (-irían)	過去分詞が不規則
unc-iera (-iese) unc-ieras (-ieses) unc-iera (-iese) unc-iéramos (-iésemos) unc-ierais (-ieseis) unc-ieran (-iesen)	unc-iré (-iría) unc-irás (-irías) unc-irá (-iría) unc-iremos (-iríamos) unc-iréis (-iríais) unc-irán (-irían)	つづり字の変化 (1) c が a, o の前で z になる
fing-iera (-iese) fing-ieras (-ieses) fing-iera (-iese) fing-iéramos (-iésemos) fing-ierais (-ieseis) fing-ieran (-iesen)	fing-iré (-iría) fing-irás (-irías) fing-irá (-iría) fing-iremos (-iríamos) fing-iréis (-iríais) fing-irán (-irían)	つづり字の変化 (1) g が a, o の前で j になる
distingu-iera (-iese) distingu-ieras (-ieses) distingu-iera (-iese) distingu-iéramos (-iésemos) distingu-ierais (-ieseis) distingu-ieran (-iesen)	distingu-iré (-iría) distingu-irás (-irías) distingu-irá (-iría) distingu-iremos (-iríamos) distingu-iréis (-iríais) distingu-irán (-irían)	つづり字の変化 (1) gu が a, o の前で g になる
delinqu-iera (-iese) delinqu-ieras (-ieses) delinqu-iera (-iese) delinqu-iéramos (-iésemos) delinqu-ierais (-ieseis) delinqu-ieran (-iesen)	delinqu-iré (-iría) delinqu-irás (-irías) delinqu-irá (-iría) delinqu-iremos (-iríamos) delinqu-iréis (-iríais) delinqu-irán (-irían)	つづり字の変化 (1) qu が a, o の前で c になる
bull-era (-ese) **bull-eras (-eses)** **bull-era (-ese)** **bull-éramos (-ésemos)** **bull-erais (-eseis)** **bull-eran (-esen)**	bull-iré (-iría) bull-irás (-irías) bull-irá (-iría) bull-iremos (-iríamos) bull-iréis (-iríais) bull-irán (-irían)	つづり字の変化 (4) ie, io が ll の後で e, o になる
bruñ-era (-ese) **bruñ-eras (-eses)** **bruñ-era (-ese)** **bruñ-éramos (-ésemos)** **bruñ-erais (-eseis)** **bruñ-eran (-esen)**	bruñ-iré (-iría) bruñ-irás (-irías) bruñ-irá (-iría) bruñ-iremos (-iríamos) bruñ-iréis (-iríais) bruñ-irán (-irían)	つづり字の変化 (4) ie, io が ñ の後で e, o になる
prohib-iera (-iese) prohib-ieras (-ieses) prohib-iera (-iese) prohib-iéramos (-iésemos) prohib-ierais (-ieseis) prohib-ieran (-iesen)	prohib-iré (-iría) prohib-irás (-irías) prohib-irá (-iría) prohib-iremos (-iríamos) prohib-iréis (-iríais) prohib-irán (-irían)	アクセント符号に注意

動詞活用表

不定詞 現在分詞 過去分詞	命令 2人称単数 2人称複数	直説法・現在	接続法・現在	不完了過去	完了過去
[3.12] **reun-ir** reun-iendo reun-ido	 reún-e reun-id	reún-o reún-es reún-e reun-imos reun-ís reún-en	reún-a reún-as reún-a reun-amos reun-áis reún-an	reun-ía reun-ías reun-ía reun-íamos reun-íais reun-ían	reun-í reun-iste reun-ió reun-imos reun-isteis reun-ieron
[4.1] **pens-ar** pens-ando pens-ado	 piens-a pens-ad	piens-o piens-as piens-a pens-amos pens-áis piens-an	piens-e piens-es piens-e pens-emos pens-éis piens-en	pens-aba pens-abas pens-aba pens-ábamos pens-abais pens-aban	pens-é pens-aste pens-ó pens-amos pens-asteis pens-aron
[4.2] **perd-er** perd-iendo perd-ido	 pierd-e perd-ed	pierd-o pierd-es pierd-e perd-emos perd-éis pierd-en	pierd-a pierd-as pierd-a perd-amos perd-áis pierd-an	perd-ía perd-ías perd-ía perd-íamos perd-íais perd-ían	perd-í perd-iste perd-ió perd-imos perd-isteis perd-ieron
[4.3] **discern-ir** discern-iendo discern-ido	 disciern-e discern-id	disciern-o disciern-es disciern-e discern-imos discern-ís disciern-en	disciern-a disciern-as disciern-a discern-amos discern-áis disciern-an	discern-ía discern-ías discern-ía discern-íamos discern-íais discern-ían	discern-í discern-iste discern-ió discern-imos discern-isteis discern-ieron
[4.4] **neg-ar** neg-ando neg-ado	 nieg-a neg-ad	nieg-o nieg-as nieg-a neg-amos neg-áis nieg-an	niegu-e niegu-es niegu-e negu-emos negu-éis niegu-en	neg-aba neg-abas neg-aba neg-ábamos neg-abais neg-aban	negu-é neg-aste neg-ó neg-amos neg-asteis neg-aron
[4.5] **empez-ar** empez-ando empez-ado	 empiez-a empez-ad	empiez-o empiez-as empiez-a empez-amos empez-áis empiez-an	empiec-e empiec-es empiec-e empec-emos empec-éis empiec-en	empez-aba empez-abas empez-aba empez-ábamos empez-abais empez-aban	empec-é empez-aste empez-ó empez-amos empez-asteis empez-aron
[4.6] **err-ar** err-ando err-ado	 yerr-a err-ad	yerr-o yerr-as yerr-a err-amos err-áis yerr-an	yerr-e yerr-es yerr-e err-emos err-éis yerr-en	err-aba err-abas err-aba err-ábamos err-abais err-aban	err-é err-aste err-ó err-amos err-asteis err-aron
[4.7] **adquir-ir** adquir-iendo adquir-ido	 adquier-e adquir-id	adquier-o adquier-es adquier-e adquir-imos adquir-ís adquier-en	adquier-a adquier-as adquier-a adquir-amos adquir-áis adquier-an	adquir-ía adquir-ías adquir-ía adquir-íamos adquir-íais adquir-ían	adquir-í adquir-iste adquir-ió adquir-imos adquir-isteis adquir-ieron

動詞活用表

接続法・過去 ra 形 (se 形)	未来(過去未来)	
reun-iera (-iese) reun-ieras (-ieses) reun-iera (-iese) reun-iéramos (-iésemos) reun-ierais (-ieseis) reun-ieran (-iesen)	reun-iré (-iría) reun-irás (-irías) reun-irá (-iría) reun-iremos (-iríamos) reun-iréis (-iríais) reun-irán (-irían)	アクセント符号に注意
pens-ara (-ase) pens-aras (-ases) pens-ara (-ase) pens-áramos (-ásemos) pens-arais (-aseis) pens-aran (-asen)	pens-aré (-aría) pens-arás (-arías) pens-ará (-aría) pens-aremos (-aríamos) pens-aréis (-aríais) pens-arán (-arían)	[e-ie]の交替による不規則変化 eは強勢のある位置でieになる
perd-iera (-iese) perd-ieras (-ieses) perd-iera (-iese) perd-iéramos (-iésemos) perd-ierais (-ieseis) perd-ieran (-iesen)	perd-eré (-ería) perd-erás (-erías) perd-erá (-ería) perd-eremos (-eríamos) perd-eréis (-eríais) perd-erán (-erían)	[e-ie]の交替による不規則変化 eは強勢のある位置でieになる
discern-iera (-iese) discern-ieras (-ieses) discern-iera (-iese) discern-iéramos (-iésemos) discern-ierais (-ieseis) discern-ieran (-iesen)	discern-iré (-iría) discern-irás (-irías) discern-irá (-iría) discern-iremos (-iríamos) discern-iréis (-iríais) discern-irán (-irían)	[e-ie]の交替による不規則変化 eは強勢のある位置でieになる
neg-ara (-ase) neg-aras (-ases) neg-ara (-ase) neg-áramos (-ásemos) neg-arais (-aseis) neg-aran (-asen)	neg-aré (-aría) neg-arás (-arías) neg-ará (-aría) neg-aremos (-aríamos) neg-aréis (-aríais) neg-arán (-arían)	[e-ie]の交替による不規則変化 つづり字の変化(1) gがeの前でgu になる
empez-ara (-ase) empez-aras (-ases) empez-ara (-ase) empez-áramos (-ásemos) empez-arais (-aseis) empez-aran (-asen)	empez-aré (-aría) empez-arás (-arías) empez-ará (-aría) empez-aremos (-aríamos) empez-aréis (-aríais) empez-arán (-arían)	[e-ie]の交替による不規則変化 つづり字の変化(1) zがeの前でc になる
err-ara (-ase) err-aras (-ases) err-ara (-ase) err-áramos (-ásemos) err-arais (-aseis) err-aran (-asen)	err-aré (-aría) err-arás (-arías) err-ará (-aría) err-aremos (-aríamos) err-aréis (-aríais) err-arán (-arían)	[e-ie]の交替による不規則変化 つづり字の変化(2) ieが語頭でye になる
adquir-iera (-iese) adquir-ieras (-ieses) adquir-iera (-iese) adquir-iéramos (-iésemos) adquir-ierais (-ieseis) adquir-ieran (-iesen)	adquir-iré (-iría) adquir-irás (-irías) adquir-irá (-iría) adquir-iremos (-iríamos) adquir-iréis (-iríais) adquir-irán (-irían)	[i-ie]の交替による不規則変化

動詞活用表

不定詞 現在分詞 過去分詞	命令 2人称単数 2人称複数	直説法・現在	接続法・現在	不完了過去	完了過去
[4.8] **quer-er** quer-iendo quer-ido	 quier-e quer-ed	quier-o quier-es quier-e quer-emos quer-éis quier-en	quier-a quier-as quier-a quer-amos quer-áis quier-an	quer-ía quer-ías quer-ía quer-íamos quer-íais quer-ían	quis-e quis-iste quis-o quis-imos quis-isteis quis-ieron
[5.1] **cont-ar** cont-ando cont-ado	 cuent-a cont-ad	cuent-o cuent-as cuent-a cont-amos cont-áis cuent-an	cuent-e cuent-es cuent-e cont-emos cont-éis cuent-en	cont-aba cont-abas cont-aba cont-ábamos cont-abais cont-aban	cont-é cont-aste cont-ó cont-amos cont-asteis cont-aron
[5.2] **mov-er** mov-iendo mov-ido	 muev-e mov-ed	muev-o muev-es muev-e mov-emos mov-éis muev-en	muev-a muev-as muev-a mov-amos mov-áis muev-an	mov-ía mov-ías mov-ía mov-íamos mov-íais mov-ían	mov-í mov-iste mov-ió mov-imos mov-isteis mov-ieron
[5.3] **volc-ar** volc-ando volc-ado	 vuelc-a volc-ad	vuelc-o vuelc-as vuelc-a volc-amos volc-áis vuelc-an	vuelqu-e vuelqu-es vuelqu-e volqu-emos volqu-éis vuelqu-en	volc-aba volc-abas volc-aba volc-ábamos volc-abais volc-aban	volqu-é volc-aste volc-ó volc-amos volc-asteis volc-aron
[5.4] **rog-ar** rog-ando rog-ado	 rueg-a rog-ad	rueg-o rueg-as rueg-a rog-amos rog-áis rueg-an	ruegu-e ruegu-es ruegu-e rogu-emos rogu-éis ruegu-en	rog-aba rog-abas rog-aba rog-ábamos rog-abais rog-aban	rogu-é rog-aste rog-ó rog-amos rog-asteis rog-aron
[5.5] **forz-ar** forz-ando forz-ado	 fuerz-a forz-ad	fuerz-o fuerz-as fuerz-a forz-amos forz-áis fuerz-an	fuerc-e fuerc-es fuerc-e forc-emos forc-éis fuerc-en	forz-aba forz-abas forz-aba forz-ábamos forz-abais forz-aban	forc-é forz-aste forz-ó forz-amos forz-asteis forz-aron
[5.6] **avergonzar** avergonz-ando avergonz-ado	 avergüenz-a avergonz-ad	avergüenz-o avergüenz-as avergüenz-a avergonz-amos avergonz-áis avergüenz-an	avergüenc-e avergüenc-es avergüenc-e avergonc-emos avergonc-éis avergüenc-en	avergonz-aba avergonz-abas avergonz-aba avergonz-ábamos avergonz-abais avergonz-aban	avergonc-é avergonz-aste avergonz-ó avergonz-amos avergonz-asteis avergonz-aron
[5.7] **agor-ar** agor-ando agor-ado	 agüer-a agor-ad	agüer-o agüer-as agüer-a agor-amos agor-áis agüer-an	agüer-e agüer-es agüer-e agor-emos agor-éis agüer-en	agor-aba agor-abas agor-aba agor-ábamos agor-abais agor-aban	agor-é agor-aste agor-ó agor-amos agor-asteis agor-aron

動詞活用表

接続法・過去 ra 形 (se 形)	未来 (過去未来)	
quis-iera (-iese)	**querr-é (-ía)**	[e-ie]の交替による不規則変化
quis-ieras (-ieses)	**querr-ás (-ías)**	完了過去, 接続法過去が強変化
quis-iera (-iese)	**querr-á (-ía)**	の不規則
quis-iéramos (-iésemos)	**querr-emos (-íamos)**	未来, 過去未来が不規則
quis-ierais (-ieseis)	**querr-éis (-íais)**	
quis-ieran (-iesen)	**querr-án (-ían)**	
cont-ara (-ase)	cont-aré (-aría)	[o-ue]の交替による不規則変化
cont-aras (-ases)	cont-arás (-arías)	o が強勢のある位置で ue になる
cont-ara (-ase)	cont-ará (-aría)	
cont-áramos (-ásemos)	cont-aremos (-aríamos)	
cont-arais (-aseis)	cont-aréis (-aríais)	
cont-aran (-asen)	cont-arán (-arían)	
mov-iera (-iese)	mov-eré (-ería)	[o-ue]の交替による不規則変化
mov-ieras (-ieses)	mov-erás (-erías)	o が強勢のある位置で ue になる
mov-iera (-iese)	mov-erá (-ería)	
mov-iéramos (-iésemos)	mov-eremos (-eríamos)	
mov-ierais (-ieseis)	mov-eréis (-eríais)	
mov-ieran (-iesen)	mov-erán (-erían)	
volc-ara (-ase)	volc-aré (-aría)	[o-ue]の交替による不規則変化
volc-aras (-ases)	volc-arás (-arías)	つづり字の変化(1) c が e の前で qu
volc-ara (-ase)	volc-ará (-aría)	になる
volc-áramos (-ásemos)	volc-aremos (-aríamos)	
volc-arais (-aseis)	volc-aréis (-aríais)	
volc-aran (-asen)	volc-arán (-arían)	
rog-ara (-ase)	rog-aré (-aría)	[o-ue]の交替による不規則変化
rog-aras (-ases)	rog-arás (-arías)	つづり字の変化(1) g が e の前で gu
rog-ara (-ase)	rog-ará (-aría)	になる
rog-áramos (-ásemos)	rog-aremos (-aríamos)	
rog-arais (-aseis)	rog-aréis (-aríais)	
rog-aran (-asen)	rog-arán (-arían)	
forz-ara (-ase)	forz-aré (-aría)	[o-ue]の交替による不規則変化
forz-aras (-ases)	forz-arás (-arías)	つづり字の変化(1) z が e の前で c
forz-ara (-ase)	forz-ará (-aría)	になる
forz-áramos (-ásemos)	forz-aremos (-aríamos)	
forz-arais (-aseis)	forz-aréis (-aríais)	
forz-aran (-asen)	forz-arán (-arían)	
avergonz-ara (-ase)	avergonz-aré (-aría)	[o-ue]の交替による不規則変化
avergonz-aras (-ases)	avergonz-arás (-arías)	つづり字の変化(1) z が e の前で c
avergonz-ara (-ase)	avergonz-ará (-aría)	になる
avergonz-áramos (-ásemos)	avergonz-aremos (-aríamos)	つづり字の変化(5) ue が g の後で
avergonz-arais (-aseis)	avergonz-aréis (-aríais)	üe になる
avergonz-aran (-asen)	avergonz-arán (-arían)	
agor-ara (-ase)	agor-aré (-aría)	[o-ue]の交替による不規則変化
agor-aras (-ases)	agor-arás (-arías)	つづり字の変化(5) ue が g の後で
agor-ara (-ase)	agor-ará (-aría)	üe になる
agor-áramos (-ásemos)	agor-aremos (-aríamos)	
agor-arais (-aseis)	agor-aréis (-aríais)	
agor-aran (-asen)	agor-arán (-arían)	

付録

動詞活用表

不定詞 現在分詞 過去分詞	命令 2人称単数 2人称複数	直説法・現在	接続法・現在	不完了過去	完了過去
[5.8] **jug-ar** jug-ando jug-ado	 jueg-a jug-ad	jueg-o jueg-as jueg-a jug-amos jug-áis jueg-an	juegu-e juegu-es juegu-e jugu-emos jugu-éis juegu-en	jug-aba jug-abas jug-aba jug-ábamos jug-abais jug-aban	jugu-é jug-aste jug-ó jug-amos jug-asteis jug-aron
[5.9] **coc-er** coc-iendo coc-ido	 cuec-e coc-ed	cuez-o cuec-es cuec-e coc-emos coc-éis cuec-en	cuez-a cuez-as cuez-a coz-amos coz-áis cuez-an	coc-ía coc-ías coc-ía coc-íamos coc-íais coc-ían	coc-í coc-iste coc-ió coc-imos coc-isteis coc-ieron
[5.10] **ol-er** ol-iendo ol-ido	 huel-e ol-ed	huel-o huel-es huel-e ol-emos ol-éis huel-en	huel-a huel-as huel-a ol-amos ol-áis huel-an	ol-ía ol-ías ol-ía ol-íamos ol-íais ol-ían	ol-í ol-iste ol-ió ol-imos ol-isteis ol-ieron
[5.11] **volv-er** volv-iendo **vuelto**	 vuelv-e volv-ed	vuelv-o vuelv-es vuelv-e volv-emos volv-éis vuelv-en	vuelv-a vuelv-as vuelv-a volv-amos volv-áis vuelv-an	volv-ía volv-ías volv-ía volv-íamos volv-íais volv-ían	volv-í volv-iste volv-ió volv-imos volv-isteis volv-ieron
[5.12] **pod-er** pudiendo pod-ido	 pued-e pod-ed	pued-o pued-es pued-e pod-emos pod-éis pued-en	pued-a pued-as pued-a pod-amos pod-áis pued-an	pod-ía pod-ías pod-ía pod-íamos pod-íais pod-ían	pud-e pud-iste pud-o pud-imos pud-isteis pud-ieron
[6.1] **ped-ir** pid-iendo ped-ido	 pid-e ped-id	pid-o pid-es pid-e ped-imos ped-ís pid-en	pid-a pid-as pid-a pid-amos pid-áis pid-an	ped-ía ped-ías ped-ía ped-íamos ped-íais ped-ían	ped-í ped-iste pid-ió ped-imos ped-isteis pid-ieron
[6.2] **correg-ir** **corrig-iendo** correg-ido	 corrig-e correg-id	corrij-o corrig-es corrig-e correg-imos correg-ís corrig-en	corrij-a corrij-as corrij-a corrij-amos corrij-áis corrij-an	correg-ía correg-ías correg-ía correg-íamos correg-íais correg-ían	correg-í correg-iste corrig-ió correg-imos correg-isteis corrig-ieron
[6.3] **segu-ir** **sigu-iendo** segu-ido	 sigu-e segu-id	sig-o sigu-es sigu-e segu-imos segu-ís sigu-en	sig-a sig-as sig-a sig-amos sig-áis sig-an	segu-ía segu-ías segu-ía segu-íamos segu-íais segu-ían	segu-í segu-iste sigu-ió segu-imos segu-isteis sigu-ieron

動詞活用表

接続法・過去 ra 形 (se 形)	未来 (過去未来)	
jug-ara (-ase) jug-aras (-ases) jug-ara (-ase) jug-áramos (-ásemos) jug-arais (-aseis) jug-aran (-asen)	jug-aré (-aría) jug-arás (-arías) jug-ará (-aría) jug-aremos (-aríamos) jug-aréis (-aríais) jug-arán (-arían)	[u-ue]の交替による不規則変化 つづり字の変化(1) gがeの前でgu になる
coc-iera (-iese) coc-ieras (-ieses) coc-iera (-iese) coc-iéramos (-iésemos) coc-ierais (-ieseis) coc-ieran (-iesen)	coc-eré (-ería) coc-erás (-erías) coc-erá (-ería) coc-eremos (-eríamos) coc-eréis (-eríais) coc-erán (-erían)	[o-ue]の交替による不規則変化 つづり字の変化(1) cがa, oの前で zになる
ol-iera (-iese) ol-ieras (-ieses) ol-iera (-iese) ol-iéramos (-iésemos) ol-ierais (-ieseis) ol-ieran (-iesen)	ol-eré (-ería) ol-erás (-erías) ol-erá (-ería) ol-eremos (-eríamos) ol-eréis (-eríais) ol-erán (-erían)	[o-ue]の交替による不規則変化 つづり字の変化(3) ue が語頭で hueになる
volv-iera (-iese) volv-ieras (-ieses) volv-iera (-iese) volv-iéramos (-iésemos) volv-ierais (-ieseis) volv-ieran (-iesen)	volv-eré (-ería) volv-erás (-erías) volv-erá (-ería) volv-eremos (-eríamos) volv-eréis (-eríais) volv-erán (-erían)	[o-ue]の交替による不規則変化 過去分詞が不規則
pud-iera (-iese) **pud-ieras (-ieses)** **pud-iera (-iese)** **pud-iéramos (-iésemos)** **pud-ierais (-ieseis)** **pud-ieran (-iesen)**	**podr-é (-ía)** **podr-ás (-ías)** **podr-á (-ía)** **podr-emos (-íamos)** **podr-éis (-íais)** **podr-án (-ían)**	[o-ue]の交替による不規則変化 完了過去, 接続法過去が不規則 未来, 過去未来が不規則 現在分詞が不規則
pid-iera (-iese) **pid-ieras (-ieses)** **pid-iera (-iese)** **pid-iéramos (-iésemos)** **pid-ierais (-ieseis)** **pid-ieran (-iesen)**	ped-iré (-iría) ped-irás (-irías) ped-irá (-iría) ped-iremos (-iríamos) ped-iréis (-iríais) ped-irán (-irían)	[e-i]の交替による不規則変化 母音 i(半母音ではない)で始まる語尾の前でeになる
corrig-iera (-iese) **corrig-ieras (-ieses)** **corrig-iera (-iese)** **corrig-iéramos (-iésemos)** **corrig-ierais (-ieseis)** **corrig-ieran (-iesen)**	corre̱g-iré (-iría) corre̱g-irás (-irías) corre̱g-irá (-iría) corre̱g-iremos (-iríamos) corre̱g-iréis (-iríais) corre̱g-irán (-irían)	[e-i]の交替による不規則変化 つづり字の変化(1) gがa, oの前で jになる
sigu-iera (-iese) **sigu-ieras (-ieses)** **sigu-iera (-iese)** **sigu-iéramos (-iésemos)** **sigu-ierais (-ieseis)** **sigu-ieran (-iesen)**	segu-iré (-iría) segu-irás (-irías) segu-irá (-iría) segu-iremos (-iríamos) segu-iréis (-iríais) segu-irán (-irían)	[e-i]の交替による不規則変化 つづり字の変化(1) guがa, oの前でgになる

動詞活用表

不定詞 現在分詞 過去分詞	命令 2人称単数 2人称複数	直説法・現在	接続法・現在	不完了過去	完了過去
[6.4] **hench-ir** hinch-endo hench-ido	 hinch-e hench-id	hinch-o hinch-es hinch-e hench-imos hench-ís hinch-en	hinch-a hinch-as hinch-a hinch-amos hinch-áis hinch-an	hench-ía hench-ías hench-ía hench-íamos hench-íais hench-ían	hench-í hench-iste hinch-ó hench-imos hench-isteis hinch-eron
[6.5] **reñ-ir** riñ-endo reñ-ido	 riñ-e reñ-id	riñ-o riñ-es riñ-e reñ-imos reñ-ís riñ-en	riñ-a riñ-as riñ-a riñ-amos riñ-áis riñ-an	reñ-ía reñ-ías reñ-ía reñ-íamos reñ-íais reñ-ían	reñ-í reñ-iste riñ-ó reñ-imos reñ-isteis riñ-eron
[6.6] **re-ír** ri-endo re-ído	 rí-e re-íd	rí-o rí-es rí-e re-ímos re-ís rí-en	rí-a rí-as rí-a ri-amos ri-áis rí-an	re-ía re-ías re-ía re-íamos re-íais re-ían	re-í re-íste ri-ó re-ímos re-ísteis ri-eron
[7] **sent-ir** sint-iendo sent-ido	 sient-e sent-id	sient-o sient-es sient-e sent-imos sent-ís sient-en	sient-a sient-as sient-a sint-amos sint-áis sient-an	sent-ía sent-ías sent-ía sent-íamos sent-íais sent-ían	sent-í sent-iste sint-ió sent-imos sent-isteis sint-ieron
[8.1] **dorm-ir** durm-iendo dorm-ido	 duerm-e dorm-id	duerm-o duerm-es duerm-e dorm-imos dorm-ís duerm-en	duerm-a duerm-as duerm-a durm-amos durm-áis duerm-an	dorm-ía dorm-ías dorm-ía dorm-íamos dorm-íais dorm-ían	dorm-í dorm-iste durm-ió dorm-imos dorm-isteis durm-ieron
[8.2] **mor-ir** mur-iendo muerto	 muer-e mor-id	muer-o muer-es muer-e mor-imos mor-ís muer-en	muer-a muer-as muer-a mur-amos mur-áis muer-an	mor-ía mor-ías mor-ía mor-íamos mor-íais mor-ían	mor-í mor-iste mur-ió mor-imos mor-isteis mur-ieron
[9.1] **nac-er** nac-iendo nac-ido	 nac-e nac-ed	nazc-o nac-es nac-e nac-emos nac-éis nac-en	nazc-a nazc-as nazc-a nazc-amos nazc-áis nazc-an	nac-ía nac-ías nac-ía nac-íamos nac-íais nac-ían	nac-í nac-iste nac-ió nac-imos nac-isteis nac-ieron
[9.2] **luc-ir** luc-iendo luc-ido	 luc-e luc-id	luzc-o luc-es luc-e luc-imos luc-ís luc-en	luzc-a luzc-as luzc-a luzc-amos luzc-áis luzc-an	luc-ía luc-ías luc-ía luc-íamos luc-íais luc-ían	luc-í luc-iste luc-ió luc-imos luc-isteis luc-ieron

動詞活用表

接続法・過去 ra 形 (se 形)	未来(過去未来)	
hinch-era (-ese) hinch-eras (-eses) hinch-era (-ese) hinch-éramos (-ésemos) hinch-erais (-eseis) hinch-eran (-esen)	hench-iré (-iría) hench-irás (-irías) hench-irá (-iría) hench-iremos (-iríamos) hench-iréis (-iríais) hench-irán (-irían)	[e–i]の交替による不規則変化 つづり字の変化(4) ie, io が ch の後でe, oになる
riñ-era (-ese) riñ-eras (-eses) riñ-era (-ese) riñ-éramos (-ésemos) riñ-erais (-eseis) riñ-eran (-esen)	reñ-iré (-iría) reñ-irás (-irías) reñ-irá (-iría) reñ-iremos (-iríamos) reñ-iréis (-iríais) reñ-irán (-irían)	[e–i]の交替による不規則変化 つづり字の変化(4) ie, io が ñ の後でe, oになる
ri-era (-ese) ri-eras (-eses) ri-era (-ese) ri-éramos (-ésemos) ri-erais (-eseis) ri-eran (-esen)	re-iré (-iría) re-irás (-irías) re-irá (-iría) re-iremos (-iríamos) re-iréis (-iríais) re-irán (-irían)	[e–i]の交替による不規則変化 つづり字の変化(4) ie, io が i の後でe, oになる アクセント符号に注意
sint-iera (-iese) sint-ieras (-ieses) sint-iera (-iese) sint-iéramos (-iésemos) sint-ierais (-ieseis) sint-ieran (-iesen)	sent-iré (-iría) sent-irás (-irías) sent-irá (-iría) sent-iremos (-iríamos) sent-iréis (-iríais) sent-irán (-irían)	[e–ie–i]の交替による不規則変化 母音 i(半母音ではない)で始まる語尾の前ではeになる 強勢のある位置でie, その他はiになる
durm-iera (-iese) durm-ieras (-ieses) durm-iera (-iese) durm-iéramos (-iésemos) durm-ierais (-ieseis) durm-ieran (-iesen)	dorm-iré (-iría) dorm-irás (-irías) dorm-irá (-iría) dorm-iremos (-iríamos) dorm-iréis (-iríais) dorm-irán (-irían)	[o–ue–u]の交替による不規則変化 母音 i(半母音ではない)で始まる語尾の前ではoになる 強勢のある位置でue, その他はuになる
mur-iera (-iese) mur-ieras (-ieses) mur-iera (-iese) mur-iéramos (-iésemos) mur-ierais (-ieseis) mur-ieran (-iesen)	mor-iré (-iría) mor-irás (-irías) mor-irá (-iría) mor-iremos (-iríamos) mor-iréis (-iríais) mor-irán (-irían)	[o–ue–u]の交替による不規則変化 母音 i(半母音ではない)で始まる語尾の前ではoになる 強勢のある位置でue, その他はuになる 過去分詞が不規則
nac-iera (-iese) nac-ieras (-ieses) nac-iera (-iese) nac-iéramos (-iésemos) nac-ierais (-ieseis) nac-ieran (-iesen)	nac-eré (-ería) nac-erás (-erías) nac-erá (-ería) nac-eremos (-eríamos) nac-eréis (-eríais) nac-erán (-erían)	[c–zc]の交替による不規則変化 cがa, oの前でzcになる
luc-iera (-iese) luc-ieras (-ieses) luc-iera (-iese) luc-iéramos (-iésemos) luc-ierais (-ieseis) luc-ieran (-iesen)	luc-iré (-iría) luc-irás (-irías) luc-irá (-iría) luc-iremos (-iríamos) luc-iréis (-iríais) luc-irán (-irían)	[c–zc]の交替による不規則変化 cがa, oの後でzcになる

動詞活用表

不定詞 現在分詞 過去分詞	命令 2人称単数 2人称複数	直説法・現在	接続法・現在	不完了過去	完了過去
[9.3] **deduc-ir** deduc-iendo deduc-ido	 deduc-e deduc-id	deduzc-o deduc-es deduc-e deduc-imos deduc-ís deduc-en	deduzc-a deduzc-as deduzc-a deduzc-amos deduzc-áis deduzc-an	deduc-ía deduc-ías deduc-ía deduc-íamos deduc-íais deduc-ían	deduj-e deduj-iste deduj-o deduj-imos deduj-isteis deduj-eron
[10.1] **ca-er** ca-yendo ca-ído	 ca-e ca-ed	caig-o ca-es ca-e ca-emos ca-éis ca-en	caig-a caig-as caig-a caig-amos caig-áis caig-an	ca-ía ca-ías ca-ía ca-íamos ca-íais ca-ían	ca-í ca-íste ca-yó ca-ímos ca-ísteis ca-yeron
[10.2] **o-ír** o-yendo o-ído	 oy-e o-íd	oig-o oy-es oy-e o-ímos o-ís oy-en	oig-a oig-as oig-a oig-amos oig-áis oig-an	o-ía o-ías o-ía o-íamos o-íais o-ían	o-í o-íste o-yó o-ímos o-ísteis o-yeron
[10.3] **as-ir** as-iendo as-ido	 as-e as-id	asg-o as-es as-e as-imos as-ís as-en	asg-a asg-as asg-a asg-amos asg-áis asg-an	as-ía as-ías as-ía as-íamos as-íais as-ían	as-í as-iste as-ió as-imos as-isteis as-ieron
[10.4] **tra-er** tra-yendo tra-ído	 tra-e tra-ed	traig-o tra-es tra-e tra-emos tra-éis tra-en	traig-a traig-as traig-a traig-amos traig-áis traig-an	tra-ía tra-ías tra-ía tra-íamos tra-íais tra-ían	traj-e traj-iste traj-o traj-imos traj-isteis traj-eron
[10.5] **val-er** val-iendo val-ido	 val, vale val-ed	valg-o val-es val-e val-emos val-éis val-en	valg-a valg-as valg-a valg-amos valg-áis valg-an	val-ía val-ías val-ía val-íamos val-íais val-ían	val-í val-iste val-ió val-imos val-isteis val-ieron
[10.6] **sal-ir** sal-iendo sal-ido	 sal sal-id	salg-o sal-es sal-e sal-imos sal-ís sal-en	salg-a salg-as salg-a salg-amos salg-áis salg-an	sal-ía sal-ías sal-ía sal-íamos sal-íais sal-ían	sal-í sal-iste sal-ió sal-imos sal-isteis sal-ieron
[10.7] **pon-er** pon-iendo puesto	 pon pon-ed	pong-o pon-es pon-e pon-emos pon-éis pon-en	pong-a pong-as pong-a pong-amos pong-áis pong-an	pon-ía pon-ías pon-ía pon-íamos pon-íais pon-ían	pus-e pus-iste pus-o pus-imos pus-isteis pus-ieron

動詞活用表

接続法・過去 ra 形 (se 形)	未来 (過去未来)	
deduj-era (-ese) deduj-eras (-eses) deduj-era (-ese) deduj-éramos (-ésemos) deduj-erais (-eseis) deduj-eran (-esen)	deduc-iré (-iría) deduc-irás (-irías) deduc-irá (-iría) deduc-iremos (-iríamos) deduc-iréis (-iríais) deduc-irán (-irían)	[c-zc]の交替による不規則変化 完了過去, 接続法過去が不規則 つづり字の変化(4) ie が j の後で e になる
ca-yera (-yese) ca-yeras (-yeses) ca-yera (-yese) ca-yéramos (-yésemos) ca-yerais (-yeseis) ca-yeran (-yesen)	ca-eré (-ería) ca-erás (-erías) ca-erá (-ería) ca-eremos (-eríamos) ca-eréis (-eríais) ca-erán (-erían)	a, o の前で語根に ig がつく不規則変化 つづり字の変化(2) ie, io が母音の後で ye, yo になる アクセント符号に注意
o-yera (-yese) o-yeras (-yeses) o-yera (-yese) o-yéramos (-yésemos) o-yerais (-yeseis) o-yeran (-yesen)	o-iré (-iría) o-irás (-irías) o-irá (-iría) o-iremos (-iríamos) o-iréis (-iríais) o-irán (-irían)	a, o の前で語根に ig がつく不規則変化 o と e の間に y が入る つづり字の変化(2) ie, io が母音の後で ye, yo になる アクセント符号に注意
as-iera (-iese) as-ieras (-ieses) as-iera (-iese) as-iéramos (-iésemos) as-ierais (-ieseis) as-ieran (-iesen)	as-iré (-iría) as-irás (-irías) as-irá (-iría) as-iremos (-iríamos) as-iréis (-iríais) as-irán (-irían)	a, o の前で語根に g がつく不規則変化
traj-era (-ese) traj-eras (-eses) traj-era (-ese) traj-éramos (-ésemos) traj-erais (-eseis) traj-eran (-esen)	tra-eré (-ería) tra-erás (-erías) tra-erá (-ería) tra-eremos (-eríamos) tra-eréis (-eríais) tra-erán (-erían)	a, o の前で語根に ig がつく不規則変化 完了過去, 接続法過去が不規則 つづり字の変化(4) ie が j の後で e になる 現在分詞, 過去分詞が不規則
val-iera (-iese) val-ieras (-ieses) val-iera (-iese) val-iéramos (-iésemos) val-ierais (-ieseis) val-ieran (-iesen)	valdr-é (-ía) valdr-ás (-ías) valdr-á (-ía) valdr-emos (-íamos) valdr-éis (-íais) valdr-án (-ían)	a, o の前で語根に g がつく不規則変化 命令が不規則 未来, 過去未来が不規則
sal-iera (-iese) sal-ieras (-ieses) sal-iera (-iese) sal-iéramos (-iésemos) sal-ierais (-ieseis) sal-ieran (-iesen)	saldr-é (-ía) saldr-ás (-ías) saldr-á (-ía) saldr-emos (-íamos) saldr-éis (-íais) saldr-án (-ían)	a, o の前で語根に g がつく不規則変化 命令が不規則 未来, 過去未来が不規則
pus-iera (-iese) pus-ieras (-ieses) pus-iera (-iese) pus-iéramos (-iésemos) pus-ierais (-ieseis) pus-ieran (-iesen)	pondr-é (-ía) pondr-ás (-ías) pondr-á (-ía) pondr-emos (-íamos) pondr-éis (-íais) pondr-án (-ían)	a, o の前で語根に g がつく不規則変化 過去分詞・命令が不規則 完了過去, 接続法過去が不規則 未来, 過去未来が不規則

動詞活用表

不定詞 現在分詞 過去分詞	命令 2人称単数 2人称複数	直説法・現在	接続法・現在	不完了過去	完了過去
[10.8] **ten-er** ten-iendo ten-ido	 ten ten-ed	teng-o tien-es tien-e ten-emos ten-éis tien-en	teng-a teng-as teng-a teng-amos teng-áis teng-an	ten-ía ten-ías ten-ía ten-íamos ten-íais ten-ían	tuv-e tuv-iste tuv-o tuv-imos tuv-isteis tuv-ieron
[10.9] **ven-ir** viniendo ven-ido	 ven ven-id	veng-o vien-es vien-e ven-imos ven-ís vien-en	veng-a veng-as veng-a veng-amos veng-áis veng-an	ven-ía ven-ías ven-ía ven-íamos ven-íais ven-ían	vin-e vin-iste vin-o vin-imos vin-isteis vin-ieron
[10.10] **hac-er** hac-iendo hecho	 haz hac-ed	hag-o hac-es hac-e hac-emos hac-éis hac-en	hag-a hag-as hag-a hag-amos hag-áis hag-an	hac-ía hac-ías hac-ía hac-íamos hac-íais hac-ían	hic-e hic-iste hiz-o hic-imos hic-isteis hic-ieron
[10.11] **dec-ir** dic-iendo dicho	 di dec-id	dig-o dic-es dic-e dec-imos dec-ís dic-en	dig-a dig-as dig-a dig-amos dig-áis dig-an	dec-ía dec-ías dec-ía dec-íamos dec-íais dec-ían	dij-e dij-iste dij-o dij-imos dij-isteis dij-eron
[10.12] **bendec-ir** bendic-iendo bendecido	 bendice bendec-id	bendig-o bendic-es bendic-e bendec-imos bendec-ís bendic-en	bendig-a bendig-as bendig-a bendig-amos bendig-áis bendig-an	bendec-ía bendec-ías bendec-ía bendec-íamos bendec-íais bendec-ían	bendij-e bendij-iste bendij-o bendij-imos bendij-isteis bendij-eron
[11.1] **hu-ir** hu-yendo hu-ido	 huy-e hu-id	huy-o huy-es huy-e hu-imos hu-ís huy-en	huy-a huy-as huy-a huy-amos huy-áis huy-an	hu-ía hu-ías hu-ía hu-íamos hu-íais hu-ían	hu-í hu-iste hu-yó hu-imos hu-isteis hu-yeron
[11.2] **argü-ir** argu-yendo argü-ido	 arguy-e argü-id	arguy-o arguy-es arguy-e argü-imos argü-ís arguy-en	arguy-a arguy-as arguy-a arguy-amos arguy-áis arguy-an	argü-ía argü-ías argü-ía argü-íamos argü-íais argü-ían	argü-í argü-iste argu-yó argü-imos argü-isteis argü-yeron
[12] **s-er** s-iendo s-ido	 sé s-ed	soy eres es somos sois son	se-a se-as se-a se-amos se-áis se-an	era eras era éramos erais eran	fu-i fu-iste fu-e fu-imos fu-isteis fu-eron

動詞活用表

接続法・過去 ra 形 (se 形)	未来 (過去未来)	
tuv-iera (-iese) tuv-ieras (-ieses) tuv-iera (-iese) tuv-iéramos (-iésemos) tuv-ierais (-ieseis) tuv-ieran (-iesen)	tendr-é (-ía) tendr-ás (-ías) tendr-á (-ía) tendr-emos (-íamos) tendr-éis (-íais) tendr-án (-ían)	a, o の前で語根に g がつく不規則変化 直・現在に [e-ie] の交替がある 命令が不規則 完了過去, 接続法過去が不規則 未来, 過去未来が不規則
vin-iera (-iese) vin-ieras (-ieses) vin-iera (-iese) vin-iéramos (-iésemos) vin-ierais (-ieseis) vin-ieran (-iesen)	vendr-é (-ía) vendr-ás (-ías) vendr-á (-ía) vendr-emos (-íamos) vendr-éis (-íais) vendr-án (-ían)	a, o の前で語根に g がつく不規則変化 直・現在に [e-ie-i] の交替がある 現在分詞・命令が不規則 完了過去, 接続法過去が不規則 未来, 過去未来が不規則
hic-iera (-iese) hic-ieras (-ieses) hic-iera (-iese) hic-iéramos (-iésemos) hic-ierais (-ieseis) hic-ieran (-iesen)	har-é (-ía) har-ás (-ías) har-á (-ía) har-emos (-íamos) har-éis (-íais) har-án (-ían)	a, o の前で語根の c が g になる不規則変化 過去分詞, 命令が不規則 完了過去, 接続法過去が不規則 未来, 過去未来が不規則
dij-era (-ese) dij-eras (-eses) dij-era (-ese) dij-éramos (-ésemos) dij-erais (-eseis) dij-eran (-esen)	dir-é (-ía) dir-ás (-ías) dir-á (-ía) dir-emos (-íamos) dir-éis (-íais) dir-án (-ían)	a, o の前で語根の c が g になる不規則変化/直・現在に [e-i] の交替がある/現在分詞, 命令が不規則/完了過去, 接続法過去が不規則/つづり字の変化 (4) ie が j の後で e になる 未来, 過去未来が不規則
bendij-era (-ese) bendij-eras (-eses) bendij-era (-ese) bendij-éramos (-ésemos) bendij-erais (-eseis) bendij-eran (-esen)	bendecir-é (-ía) bendecir-ás (-ías) bendecir-á (-ía) bendecir-emos (-íamos) bendecir-éis (-íais) bendecir-án (-ían)	a, o の前で語根の c が g になる不規則変化 直・現在に [e-i] の交替がある 現在分詞, 命令が不規則 完了過去, 接続法過去が不規則 つづり字の変化 (4) ie が j の後で e になる
hu-yera (-yese) hu-yeras (-yeses) hu-yera (-yese) hu-yéramos (-yésemos) hu-yerais (-yeseis) hu-yeran (-yesen)	hu-iré (-iría) hu-irás (-irías) hu-irá (-iría) hu-iremos (-iríamos) hu-iréis (-iríais) hu-irán (-irían)	o, a, e の前で y が現れる つづり字の変化 (2) ie, io が母音の後で ye, yo になる
argu-yera (-yese) argu-yeras (-yeses) argu-yera (-yese) argu-yéramos (-yésemos) argu-yerais (-yeseis) argu-yeran (-yesen)	argü-iré (-iría) argü-irás (-irías) argü-irá (-iría) argü-iremos (-iríamos) argü-iréis (-iríais) argü-irán (-irían)	o, a, e の前で y が現れる つづり字の変化 (1) i の前で gü, その他は gu になる つづり字の変化 (2) ie, io が母音の後で ye, yo になる
fu-era (-ese) fu-eras (-eses) fu-era (-ese) fu-éramos (-ésemos) fu-erais (-eseis) fu-eran (-esen)	s-eré (-ería) s-erás (-erías) s-erá (-ería) s-eremos (-eríamos) s-eréis (-eríais) s-erán (-erían)	命令・2 人称単数が不規則 直説法現在が不規則 接続法現在が不規則 不完了過去が不規則 完了過去, 接続法過去が不規則

付録

動詞活用表

不定詞 現在分詞 過去分詞	命令 2人称単数 2人称複数	直説法・現在	接続法・現在	不完了過去	完了過去
[13] **est-ar** est-ando est-ado	 est-á est-ad	est-oy est-ás est-á est-amos est-áis est-án	est-é est-és est-é est-emos est-éis est-én	est-aba est-abas est-aba est-ábamos est-abais est-aban	estuv-e estuv-iste estuv-o estuv-imos estuv-isteis estuv-ieron
[14] **hab-er** hab-iendo hab-ido	 he hab-ed	he has ha (hay) hemos habéis han	hay-a hay-as hay-a hay-amos hay-áis hay-an	hab-ía hab-ías hab-ía hab-íamos hab-íais hab-ían	hub-e hub-iste hub-o hub-imos hub-isteis hub-ieron
[15] **d-ar** d-ando d-ado	 d-a d-ad	d-oy d-as d-a d-amos d-ais d-an	d-é d-es d-é d-emos d-eis d-en	d-aba d-abas d-aba d-ábamos d-abais d-aban	d-i d-iste d-io d-imos d-isteis d-ieron
[16] **v-er** v-iendo visto	 v-e v-ed	ve-o v-es v-e v-emos v-eis v-en	ve-a ve-as ve-a ve-amos ve-áis ve-an	ve-ía ve-ías ve-ía ve-íamos ve-íais ve-ían	v-i v-iste v-io v-imos v-isteis v-ieron
[17] **sab-er** sab-iendo sab-ido	 sab-e sab-ed	sé sab-es sab-e sab-emos sab-éis sab-en	sep-a sep-as sep-a sep-amos sep-áis sep-an	sab-ía sab-ías sab-ía sab-íamos sab-íais sab-ían	sup-e sup-iste sup-o sup-imos sup-isteis sup-ieron
[18] **cab-er** cab-iendo cab-ido	 cab-e cab-ed	quep-o cab-es cab-e cab-emos cab-éis cab-en	quep-a quep-as quep-a quep-amos quep-áis quep-an	cab-ía cab-ías cab-ía cab-íamos cab-íais cab-ían	cup-e cup-iste cup-o cup-imos cup-isteis cup-ieron
[19] **ir** yendo ido	 ve id	voy v-as v-a v-amos v-ais v-an	vay-a vay-as vay-a vay-amos vay-áis vay-an	i-ba i-bas i-ba í-bamos i-bais i-ban	fu-i fu-iste fu-e fu-imos fu-isteis fu-eron
[20] **and-ar** and-ando and-ado	 and-a and-ad	and-o and-as and-a and-amos and-áis and-an	and-e and-es and-e and-emos and-eis and-en	and-aba and-abas and-aba and-ábamos and-abais and-aban	anduv-e anduv-iste anduv-o anduv-imos anduv-isteis anduv-ieron

動詞活用表

接続法・過去 ra 形 (se 形)	未来 (過去未来)	
estuv-iera (-iese)	est-aré (-aría)	命令・2 人称単数が不規則
estuv-ieras (-ieses)	est-arás (-arías)	直説法現在が不規則
estuv-iera (-iese)	est-ará (-aría)	接続法現在が不規則
estuv-iéramos (-iésemos)	est-aremos (-aríamos)	完了過去, 接続法過去が不規則
estuv-ierais (-ieseis)	est-aréis (-aríais)	
estuv-ieran (-iesen)	est-arán (-arían)	
hub-iera (-iese)	habr-é (-ía)	命令・2 人称単数が不規則
hub-ieras (-ieses)	habr-ás (-ías)	直説法現在が不規則
hub-iera (-iese)	habr-á (-ía)	接続法現在が不規則
hub-iéramos (-iésemos)	habr-emos (-íamos)	完了過去, 接続法過去が不規則
hub-ierais (-ieseis)	habr-éis (-íais)	未来・過去未来が不規則
hub-ieran (-iesen)	habr-án (-ían)	
d-iera (-iese)	d-aré (-aría)	直・現在が不規則
d-ieras (-ieses)	d-arás (-arías)	完了過去, 接続法過去が不規則
d-iera (-iese)	d-ará (-aría)	アクセントの注意
d-iéramos (-iésemos)	d-aremos (-aríamos)	
d-ierais (-ieseis)	d-aréis (-aríais)	
d-ieran (-iesen)	d-arán (-arían)	
v-iera (-iese)	v-eré (-ería)	過去分詞が不規則
v-ieras (-ieses)	v-erás (-erías)	直・現在と接・現在が不規則
v-iera (-iese)	v-erá (-ería)	不完了過去が不規則
v-iéramos (-iésemos)	v-eremos (-eríamos)	アクセント符号に注意
v-ierais (-ieseis)	v-eréis (-eríais)	
v-ieran (-iesen)	v-erán (-erían)	
sup-iera (-iese)	sabr-é (-ía)	直/接・現在が不規則
sup-ieras (-ieses)	sabr-ás (-ías)	完了過去, 接続法過去が不規則
sup-iera (-iese)	sabr-á (-ía)	未来, 過去未来が不規則
sup-iéramos (-iésemos)	sabr-emos (-íamos)	
sup-ierais (-ieseis)	sabr-éis (-íais)	
sup-ieran (-iesen)	sabr-án (-ían)	
cup-iera (-iese)	cabr-é (-ía)	直/接・現在が不規則
cup-ieras (-ieses)	cabr-ás (-ías)	完了過去, 接続法過去が不規則
cup-iera (-iese)	cabr-á (-ía)	未来, 過去未来が不規則
cup-iéramos (-iésemos)	cabr-emos (-íamos)	
cup-ierais (-ieseis)	cabr-éis (-íais)	
cup-ieran (-iesen)	cabr-án (-ían)	
fu-era (-ese)	ir-é (-ía)	命令・2 人称単数が不規則
fu-eras (-eses)	ir-ás (-ías)	直/接・現在が不規則
fu-era (-ese)	ir-á (-ía)	不完了過去が不規則
fu-éramos (-ésemos)	ir-emos (-íamos)	完了過去, 接続法過去が不規則
fu-erais (-eseis)	ir-éis (-íais)	
fu-eran (-esen)	ir-án (-ían)	
anduv-iera (-iese)	and-aré (-aría)	完了過去, 接続法過去が不規則
anduv-ieras (-ieses)	and-arás (-arías)	
anduv-iera (-iese)	and-ará (-aría)	
anduv-iéramos (-iésemos)	and-aremos (-aríamos)	
anduv-ierais (-ieseis)	and-aréis (-aríais)	
anduv-ieran (-iesen)	and-arán (-arían)	

2005年2月20日 発行

クラウン西和辞典

2018年3月10日 第11刷発行

編 者	原　　誠 (はら・まこと)
	Enrique Contreras (エンリーケ・コントレーラス)
	寺崎英樹 (てらさき・ひでき)
	秋山紀一 (あきやま・のりかず)
	阿部三男 (あべ・みつお)
	高垣敏博 (たかがき・としひろ)

発 行 者　株式会社三省堂　代表者 北口克彦

印 刷 者　三省堂印刷株式会社

発 行 所　株式会社三省堂
　　　　　〒101-8371
　　　　　東京都千代田区神田三崎町二丁目22番14号
　　　　　　　電話 編集　(03) 3230-9411
　　　　　　　　　　営業　(03) 3230-9412

　　商標登録番号　663091・663092
　　http://www.sanseido.co.jp/

〈クラウン西和・2080 pp.〉

落丁本・乱丁本はお取替えいたします

ISBN978-4-385-12201-4

本書を無断で複写複製することは，著作権法上の例外を除き，禁じられています．また，本書を請負業者等の第三者に依頼してスキャン等によってデジタル化することは，たとえ個人や家庭内での利用であっても一切認められておりません．

クラウン和西辞典
カルロス=ルビオ・上田博人・
アントニオ=ルイズ=ティノコ・崎山昭　編
B6 変型判　1,600 頁

デイリーコンサイス西和・和西辞典
寺崎英樹・エンリーケ=コントレーラス　編
並版　B7 変型判　1,344 頁／中型版　B6 変形判

デイリー日西英・西日英辞典
上田博人・アントニオ=ルイズ=ティノコ　監修
B6 変型判　1,056 頁

デイリー日西英辞典　カジュアル版
三省堂編修所　編
B6 変型判　912 頁

デイリー日西英 3 か国語会話辞典
山村ひろみ　監修
B7 変型判　384 頁／カジュアル版　A6 変型判

デイリー 6 か国語辞典 日英独仏伊西
三省堂編修所　編
B6 変型判　832 頁

Centro histórico de la Ciudad de Arequipa
Oruro
Santa Cruz
L. Poopó
El Fuerte de Samaipata
Arica
Sucre
Ciudad de Potosí
Potosí
Ciudad Histórico de Sucre
Iquique
Tarija
PARAGUAY
Quebrada de Humahuaca
Calama
Gran Chaco
Antofagasta
San Salvador de Jujuy
Salta
Asunción
Paraguay
San Miguel de Tucumán
Formosa
Pilar
Resistencia
Posadas
Corrientes
Copiapó
Catamarca
Santiago del Estero
Gran Chaco
La Rioja
La Serena
Coquimbo
Parques Naturales de Ischigualasto y Talampaya
Córdoba
Santa Fe
Paraná
San Juan
Ciudad de Córdoba
Casco Histórico de la Ciudad Puerto de Valparaíso
Valparaíso
Santiago
Mendoza
San Luis
Rosario
Buenos Aires
La Plata
Rancagua
Talca
Chillán
Concepción
Los Ángeles
Océano Pacífico
ARGENTINA
Pampa
Los Andes
Bahía Blanca
Mar del Plata
Temuco
CHILE
San Carlos de Bariloche
Río Negro
Río Colorado
Valdivia
Osorno
Neuquén
Puerto Montt
Iglesias de Chiloé
Península Valdés
Península Valdés
Patagonia
Comodoro Rivadavia
L. Buenos Aires
Cueva de las Manos
L. Viedma
L. Argentino
Los Graciales
Islas Malvinas
Río Gallegos
Estrecho de Magallanes
Punta Arenas
Ushuaia
Cabo de Hornos
Isla Pinta
Isla Marchena
Isla San Salvador
Islas Galápagos
Islas Galápagos
Isla Fernandina
Isla Isabela
Isla Santa Cruz
Isla San Cristóbal
Isla Santa María
Isla Española
0
100km
Campo Grande
Paraná
Misiones jesuíticas de la Santísima Trinidad de Paraná y Jesús de Tavarangue
Foz do Iguaçu
Curitiba
Parque nacional Iguaçu
Bosque Atlántico - Reservas del sudeste
Florianópolis
Misiones jesuíticas de los Guaraníes
Uruguay
Porto Alegre
URUGUAY
Colonia del Sacramento
Montevideo
Punta del Este
Río de la Plata
Océano Atlántico
0
500
1000km
Centro histórico de Diamantina
Costa del descubrimiento - Reservas del bosque Atlántico
Ciudad histórica de Ouro Preto
Belo Horizonte
Vitória
Santuario del Buen Jesús de Congonhas
Campinas
Nova Iguaçu
Río de Janeiro
São Paulo
Santos
1 Santuario de ballenas de El Vizcaíno, Baja California Sur.
2 Pinturas rupestres de la Sierra de San Francisco
3 Zona arqueológica de Paquimé, Casas Grandes, Chihuahua
4 Centro histórico de Zacatecas, Zacatecas.
5 Centro histórico de Guanajuato, Guanajuato, y sus minas adyacentes
6 Hospicio Cabañas, Guadalajara, Jalisco.
7 Zona de monumentos históricos de Querétaro
8 Misiones franciscanas de la Sierra Gorda de Querétaro
9 Centro histórico de Morelia, Michoacán.
10 Ciudad prehispánica de Teotihuacán
11 Centro histórico de México y Xochimilco.
12 Primeros monasterios del siglo XVI, sobre las laderas del Popocatépetl.
13 Centro histórico de Puebla, Puebla.
14 Ciudad prehispánica de El Tajín, Veracruz.
15 Zona de monumentos arqueológicos de Xochicalco
16 Zona de monumentos históricos de Tlacotalpán, Veracruz.
17 Centro histórico de Oaxaca, Oaxaca y zona arqueológica de Monte Albán.
18 Ciudad prehispánica y parque nacional de Palenque, Chiapas.
19 Ciudad histórica fortificada de Campeche, Campeche.
20 Ciudad prehispánica de Uxmal, Yucatán.
21 Ciudad prehispánica de Chichén-Itzá, Yucatán.
22 Sian Ka'an, Yucatán.
23 Antigua Ciudad Maya de Calakmul, Campeche.
24 Sistema de Reservas de la Barrera del Arrecife de Belice
25 Parque nacional de Tikal
26 Antigua Guatemala
27 Parque arqueológico y ruinas de Quirigua
28 Ruinas mayas de Copán
29 Reserva de la biosfera de Río Plátano
30 Sitio arqueológico de Joya de Cerén
31 Zona de conservación de Guanacaste
32 Reservas de la cordillera de Talamanca / Parque Nacional La Amistad
33 Fortificaciones de la costa caribeña de Panamá : Portobelo-San Lorenzo
34 Sitio arqueológico de Panamá Viejo y el Distrito Histórico de la Ciudad de Panamá
35 Parque nacional Darién
36 Valle de Viñales
37 Ciudad vieja de La Habana y su sistema de Fortificaciones
38 Trinidad y el Valle de los Ingenios
39 Parque nacional Desembarco del Granma
40 Castillo de San Pedro de la Roca, Santiago de Cuba
41 Paisaje arqueológico de las primeras plantaciones de café del sudeste de Cuba
42 Parque nacional Alejandro de Humboldt
43 Parque nacional histórico: Ciudadela, Sans Souci y Ramiers
44 Ciudad colonial de Santo Domingo
45 Fortaleza y sitio histórico de San Juan de Puerto Rico
46 Parque nacional de Morne Trois Pitons
47 Zona histórica de Willemstad, centro de la ciudad y puerto, Antillas Holandesas